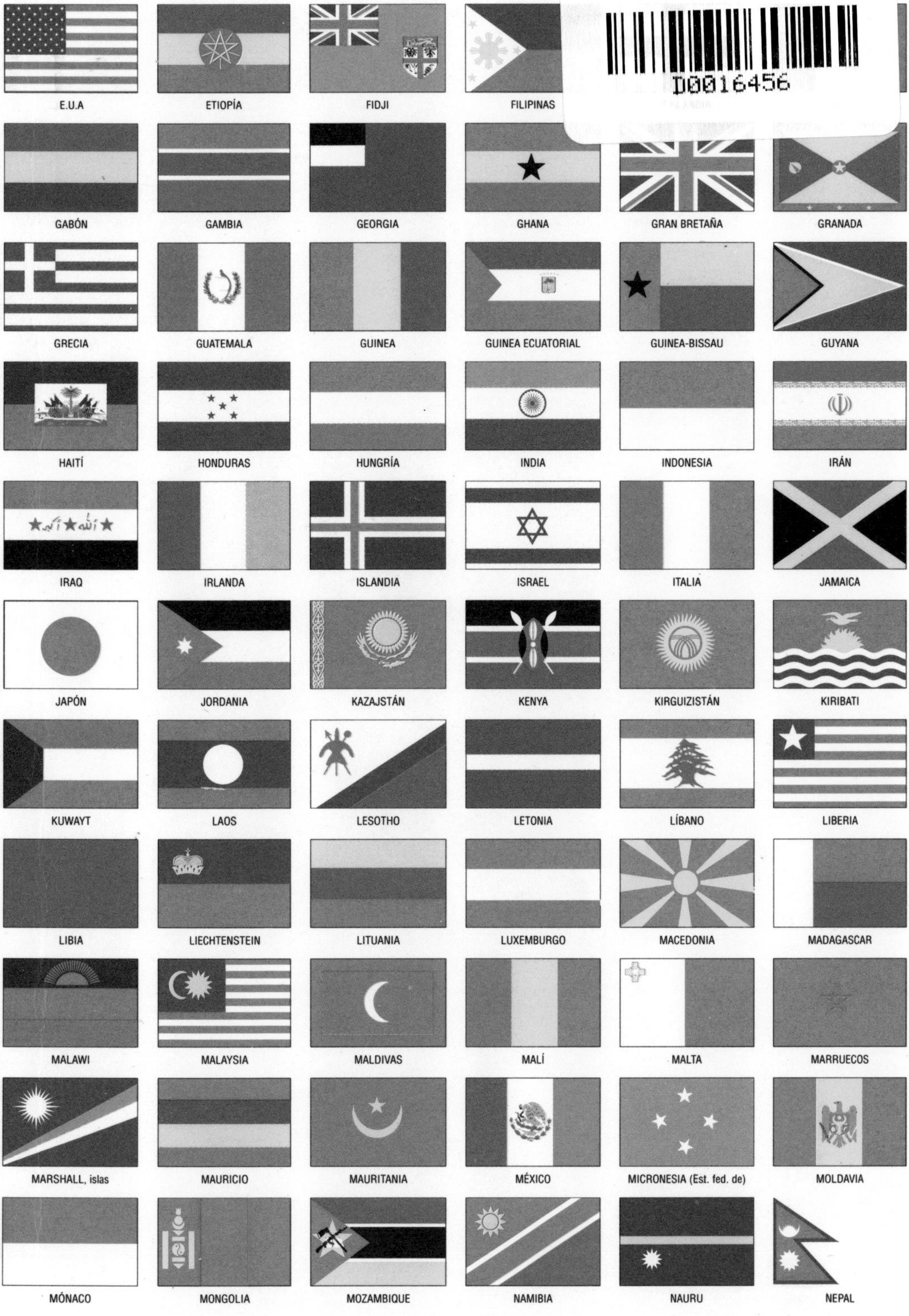
E.U.A
ETIOPÍA
FIDJI
FILIPINAS
GABÓN
GAMBIA
GEORGIA
GHANA
GRAN BRETAÑA
GRANADA
GRECIA
GUATEMALA
GUINEA
GUINEA ECUATORIAL
GUINEA-BISSAU
GUYANA
HAITÍ
HONDURAS
HUNGRÍA
INDIA
INDONESIA
IRÁN
IRAQ
IRLANDA
ISLANDIA
ISRAEL
ITALIA
JAMAICA
JAPÓN
JORDANIA
KAZAJSTÁN
KENYA
KIRGUIZISTÁN
KIRIBATI
KUWAYT
LAOS
LESOTHO
LETONIA
LÍBANO
LIBERIA
LIBIA
LIECHTENSTEIN
LITUANIA
LUXEMBURGO
MACEDONIA
MADAGASCAR
MALAWI
MALAYSIA
MALDIVAS
MALÍ
MALTA
MARRUECOS
MARSHALL, islas
MAURICIO
MAURITANIA
MÉXICO
MICRONESIA (Est. fed. de)
MOLDAVIA
MÓNACO
MONGOLIA
MOZAMBIQUE
NAMIBIA
NAURU
NEPAL

# EL PEQUEÑO LAROUSSE ilustrado



[redacted]

[redacted]

ES UNA OBRA

LAROUSSE

**Spes Editorial, S. L.** Barcelona

**Dirección editorial**
Núria Lucena

**Ediciones Larousse, S. A. de C. V.** México, D. F.

**Dirección editorial**
Aarón Alboukrek

COORDINACIÓN EDITORIAL
Eladio Pascual Foronda

EDICIÓN
Sofía Acebo García, Carlos Dotres Pelaz, Enrique Vicién Mañé

REDACCIÓN
Ernesto Carratalá García, Víctor Compta, Regino Etxabe Díaz,
Jordi Giménez, Inés Lara, María Ángeles Martínez de Marigorta,
Juan Pérez Robles, Pilar Pueyo, Carlos Pujol Lagarriga

COLABORADORES
Ignacio Agustín, Núria Cañellas, José Gárriz, Montserrat Güemes Alonso, Ramón Íbero,
Emili López Tossas, Elena Lorente, Raquel Luzárraga Alonso de Ilera, Mateo Madridejos Vives,
Emilio Manzano Mulet, José Luis Martín Ramos, José Miguel Masferrer, Anabel Mejuto,
Alex Mitrani, M.ª Estela Ocampo, Maricarmen Otero, Meritxell Peiró Vidal, Joan Pericay,
Francisco Rodríguez de Lecea, Antoni Romeu, Rosa Sala Rose, Daniel Torras, Casimiro Torreiro,
Mercè Viladrich Grau, Pilar Zueras

CARTOGRAFÍA
ComputerMap, S.L., Eduardo Dalmau, María Dolores Vila, Víctor Hurtado, Rafael Pavia

CONSEJEROS EDITORIALES
François Demay, Anne Tavard

# EL PEQUEÑO LAROUSSE ilustrado 2002

## EN COLOR

90 000 palabras
5 000 ilustraciones en color
250 mapas históricos y geográficos

LAROUSSE

*Av. Diagonal 407 Bis-10*
*08008 Barcelona*

*Dinamarca 81*
*México 06600, D. F.*

*21 Rue du Montparnasse*
*75298 París Cedex 06*

*Valentín Gómez 3530*
*1191 Buenos Aires*

COEDICIÓN INTERNACIONAL



OCTAVA EDICIÓN

ISBN 2-03-301200-4 (Larousse, S. A.)
ISBN 970-22-0020-2 (Ed. Larousse, México)
ISBN 950-538-091-7 (Ed. Larousse, Argentina)
ISBN 958-8058-54-6 (Ed. Larousse, Colombia)
ISBN 980-367-048-4 (Ed. Larousse, Venezuela)
DEPÓSITO LEGAL 1f56720010301391 (Ed. Larousse, Venezuela)



Impreso en Colombia — Printed in Colombia

Esta obra se terminó de imprimir y encuadernar en julio de 2001
en Printer Colombiana S.A. Calle 64 num. 88A-30
Bogotá, D.C. - Colombia.

[redacted]a de 58.500 ejemplares.

# Preámbulo

Voces y plumas agoreras se complacen en predecir el final —cercano— de la era Gutenberg. Según ellas, el progreso arrollador de la estimulante informática, por una parte, y de la estupefaciente televisión, por otra, desplazará de nuestros anaqueles el ya milenario libro felizmente popularizado por Gutenberg hace más de cinco siglos. Como resulta igualmente gratuito refutar tales pronósticos o asumirlos, nos contentaremos con asegurar a nuestros lectores que, si el soporte impreso de la lengua llegara a desaparecer, nos quedaría siempre ese milagro humano que es la palabra articulada con sus variantes formales, sus contenidos múltiples, sus usos metafóricos, sus evocaciones culturales, su duende, en fin. Y ¿quién o qué nos va a ayudar entonces a desentrañar los puntos oscuros del mensaje, a detectar la relación sutil de sus componentes con el ámbito geográfico, histórico, científico, técnico o artístico en que están incardinados, a comprobar la corrección de las formas empleadas y aun a calibrar la oportunidad de su empleo?

Información sobre todo ello es lo que *El Pequeño Larousse,* siguiendo el lema «Je sème à tout vent» (Siembro por doquier), tradicional de su progenitor francés *Petit Larousse,* ofrece a sus amables consultantes para facilitarles la comprensión de cualquier palabra que lean u oigan, para puntualizar todo dato siquiera sea sugerido por la imagen que estén contemplando en una pantalla, para ampliar su ilustración sobre ese tema que inopinadamente asalta la imaginación.

Así, esta edición se ha esmerado en actualizar el acervo léxico de una lengua viva que cada día pierde células envejecidas y crea otras nuevas que conviene conocer. La sección de términos comunes, rica de tablas, cuadros, esquemas y todo género de grabados, invita al lector a apurar la información hasta dejar satisfecha su curiosidad. Otro tanto sucede con la sección de nombres propios, cuyo contenido enciclopédico alcanza los últimos acontecimientos geopolíticos. Su miscelánea nos lleva sorprendentemente de una película famosa a un dictador, de éste a un cumplido mapa histórico, de aquí al cantautor entrañable que nos embelesó años atrás, toda una suerte de descubrimientos que esperamos colmen las exigencias de nuestros lectores.

Pues si el que busca desea encontrar, *El Pequeño Larousse* ha sido pensado, compuesto y editado para satisfacer ese deseo. Dos grandes secciones, la de términos comunes y la de nombres propios, aparecen separadas por las emblemáticas páginas rosa con sus frases célebres y un buen elenco de refranes. El todo va precedido de un breve apéndice gramatical que informa, entre otras cosas, de la heteróclita conjugación de los verbos españoles.

Consultar es siempre un gesto inteligente. Consultar un diccionario enciclopédico es, además, enriquecedor. Algo a lo que *El Pequeño Larousse* contribuirá con seguridad, si usted nos honra consultándolo.

# PRESENTACIÓN DE

## Organización de la obra

**páginas rosa**
- *frases célebres*
- *refranes*

**términos comunes**
- *vocabulario usual*
- *términos científicos y técnicos*
- *americanismos*
- *locuciones y expresiones*
- *desarrollos enciclopédicos*

**nombres propios**
- *personajes célebres*
- *paisajes y áreas geográficas*
- *grandes acontecimientos y períodos históricos*
- *dioses y divinidades*
- *instituciones*
- *héroes legendarios y literarios*
- *obras*

**páginas introductorias**
- *preámbulo*
- *presentación*
- *signos diacríticos*
- *alfabeto fonético*
- *acentuación*
- *formación del plural*
- *concordancia del adjetivo*
- *modelos de las conjugaciones*
- *prefijos y sufijos*
- *abreviaturas*

**apéndices**
- *academias en países de habla hispana*
- *premios Nobel*
- *medallas Fields*

## La ilustración de El Pequeño Larousse

**Dibujos**
*Descriptivos, muestran las formas y las estructuras de lo que representan.*

**Esquemas**
*Explicativos, permiten comprender los procesos representados y entender fenómenos complejos.*

**Mapas**
*Los mapas* ***geográficos*** *constituyen un verdadero atlas del mundo. Los mapas* ***históricos*** *proporcionan una clara descripción de las divisiones territoriales del pasado.*

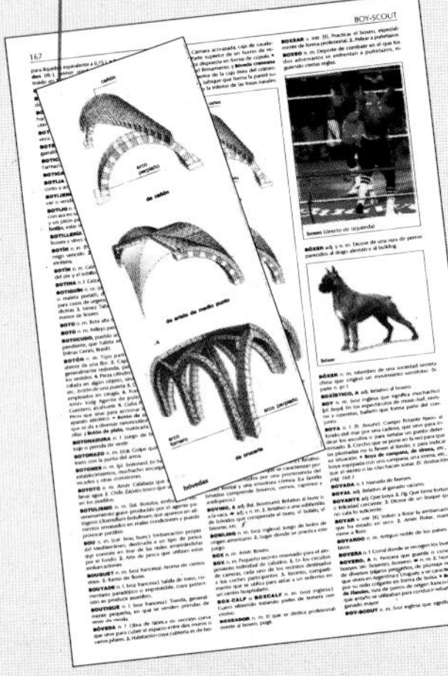

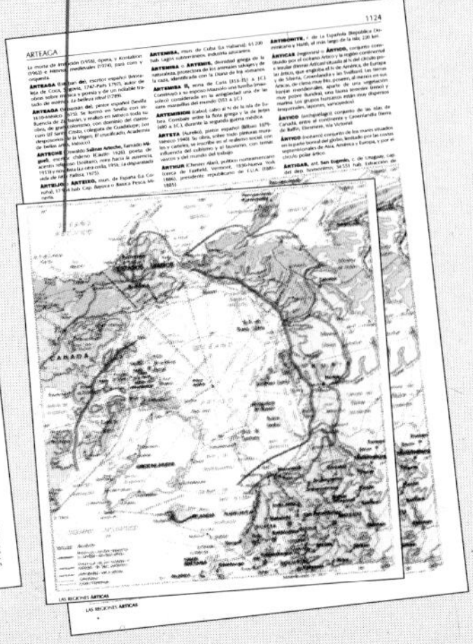

# EL PEQUEÑO LAROUSSE

## Estructura de los artículos

**Entrada**
*Además de la voz de entrada y de sus posibles variantes gráficas, aparece de forma abreviada la indicación de la categoría gramatical (todas las abreviaturas están en una lista al principio de la obra), la etimología (únicamente cuando es relevante), y el plural de la voz (generalmente cuando es irregular).*

**Marcas de materia**
*Indican el campo específico del saber al que pertenece la acepción.*

**Desarrollos enciclopédicos**
*Tras un cuadrado negro se ofrecen explicaciones enciclopédicas que completan el significado de la voz.*

**COXIS** o **CÓCCIX** n. m. (gr. *kokyx*) [pl. *coxis* o *cóccix*]. Hueso formado por la fusión de varias vértebras rudimentarias, en la extremidad del sacro.

**MOSQUITOS** → *misquitos.*

**RETRAER** v. tr. [**10**]. Reproducir una cosa en la imaginación. **2.** DER. Ejercer un derecho de retracto. ◆ tr. y pron. **3.** Retirar, retroceder. **4.** Apartar o disuadir a alguien de un intento. ◆ **retraerse** v. pron. **5.** Acogerse, refugiarse en algún sitio. **6.** Aislarse, retirarse del trato con la gente. **7.** Retirarse temporalmente de una actividad.

**NITRATO** n. m. Sal o éster del ácido nítrico: *nitrato de plata.* SIN.: *azoato.* ● **Nitrato de Chile,** nitrato sódico, nitrato potásico y pequeñas cantidades de sales de boro, yodo y otros elementos.
■ Los nitratos constituyen el principal alimento nitrogenado de las plantas, por ello se utilizan como abonos en agricultura (nitrato de sodio, de calcio, de potasio, de magnesio y principalmente de amonio).

**Remisiones**
*Se remite a la entrada en la cual se encuentra toda la información relativa a la voz.*

**Verbos**
*Todos los verbos van acompañados, tras la indicación de la categoría gramatical, de un número que remite a los modelos de las conjugaciones que están al principio de la obra.*

**Definiciones**
*Aparecen en redonda; los ejemplos en cursiva tras dos puntos. Al final de cada acepción se incluyen los sinónimos, si existen.*

**Rombo negro**
*Señala un cambio de categoría gramatical, de nombre a adjetivo, por ejemplo.*

**Topo negro**
*Introduce las locuciones y las formas compuestas de la voz, que van ordernadas alfabéticamente.*

**Cuadros**
*Proporcionan un acceso inmediato a datos comparativos, a listas de informaciones ordenadas a partir de un criterio de selección (cronológico, cuantitativo, etc.).*

**Láminas**
*Verdaderos desarrollos enciclopédicos ilustrados, que a veces ocupan una página entera, repartidos entre la parte de nombres comunes y nombres propios.*

**Fotografías**
*Obras de arte, instantáneas de personas ilustres, ciudades y paisajes, que dan fiel testimonio de la realidad representada, a la vez que constituyen una llamada al imaginario cultural.*

# PRINCIPALES SIGNOS DIACRÍTICOS DE LOS ALFABETOS LATINOS

| *letra* | *lengua* | *pronunciación aproximada* |
|---|---|---|
| ä | alemán, sueco y finés | *e* de cerro |
| ä | eslovaco | intermedio entre *a* y *e* |
| á | húngaro y checo | *a* larga |
| ã | portugués | *en* abierta nasal del francés *encore* |
| â | rumano | *u* de buque |
| å | danés, noruego y sueco | *o* de cose |
| ă | rumano | *e* cerrada labializada del francés *feu* [ö] |
| ą | polaco | *o* de nombre |
| ç | turco y albanés | *ch* de coche |
| ć | serbocroata | *t* (palatalizada) de tiara |
| ć | polaco | *ch* de chico |
| č | serbocroata y checo | *ch* de muchacho |
| ď | checo | *d* (palatalizada) de diablo |
| ë | albanés | *e* cerrada labializada del francés *feu* [ö] |
| ě | checo | *ie* de hierba |
| ẽ | portugués | *e* de nenúfar, más nasal |
| ę | polaco | *e* abierta nasal del francés *fin* [ẹ] |
| ğ | turco | *g* de alga [g] o *i* semiconsonante de hierba [j] delante de las vocales e, i, ö, ü |
| í | checo y húngaro | *i* larga |
| ı | turco | intermedio entre *i* y *e* |
| î | rumano | *u* de buque |
| ł | polaco | *l* velar del inglés *well* |
| ń | polaco | *ñ* de año |
| ň | checo | *ñ* de año |
| ö | alemán, finés, húngaro, turco | *e* cerrada labializada del francés *feu* [ö] |
| ö | noruego, sueco | *e* cerrada labializada del francés *feu* [ö] |
| ő | húngaro | *e* cerrada labializada del francés *feu*, larga [ö] |
| ó | húngaro y checo | *o* de cantó, larga |
| ó | polaco | *u* de música |
| õ | portugués | *o* de nombre, más nasal |
| ø | danés y noruego | *e* cerrada labializada del francés *feu* o *peut* [ö] |
| ř | checo | *r* fricativa [rs], [rz] |
| š | serbocroata y checo | *ch* del francés *cheval* o *x* del catalán *caixa* [s] |
| ş | turco y rumano | *ch* del francés *cheval* o *x* del catalán *caixa* [s] |
| ś | polaco | *ch* (palatalizada) del francés *chien* [z] |
| ť | checo | *t* (palatalizada) de tiene |
| ţ | rumano | *ts* del francés *tsar* o del catalán *potser* [ŝ] |
| ü | alemán, húngaro y turco | *i* labializada del francés *mur* [ü] |
| ű | húngaro | *i* labializada del francés *mur*, larga [ü] |
| ú | húngaro y checo | *u* de cebú, larga |
| ý | checo | *i* de bisturí, larga |
| ź | polaco | *y* de cónyuge |
| z | polaco | *g* del francés *gîte* o *j* del catalán *jove* [ž] |
| ž | serbocroata y checo | *g* del francés *gîte* o *j* del catalán *jove* [ž] |

# ALFABETO FONÉTICO

En esta obra no se incluyen indicaciones de pronunciación, pero el lector que así lo desee podrá consultar en el siguiente cuadro, la realización de los sonidos del español según el alfabeto fonético de T. Navarro Tomás, adoptado también por la *Revista de filología española*.

**vocales**

| | | |
|---|---|---|
| [a] | *a* media | casa, gata |
| [ạ] | *a* anterior | baño, calleja |
| [a̩] | *a* posterior | alga, causa |
| [ã] | *a* nasal | manada, mamá |
| [e] | *e* abierta | reja, cerro |
| [ẹ] | *e* cerrada | mesa, café, tela |
| [ẹ̃] | *e* cerrada nasal | ponencia, nenúfar |
| [i̧] | *i* abierta | fijo, risa |
| [i] | *i* cerrada | misa, bisturí |
| [ĩ̧], [ĩ] | *i* nasal, abierta y deslabializada | mimbre, ninguno |
| [o̧] | *o* abierta | foja, corre |
| [ọ], [o] | *o* cerrada | cantó, cose |
| [õ̧], [õ] | *o* nasal, abierta y cerrada | monte, anónimo |
| [u̧] | *u* abierta | rubio, dulce |
| [u] | *u* cerrada | música, buque, tabú |
| [ũ] | *u* nasal | nunca, mundo |

**semivocales**

| | | |
|---|---|---|
| [i̯] | *i, y* semivocales | reina, hay, aire, voy |
| [u̯] | *u* semivocal | pausa, neutro, aura |

**semiconsonantes**

| | | |
|---|---|---|
| [j] | *i* semiconsonante | quiero, hierba |
| [w] | *u* semiconsonante | nueve, cuadra, huaso |

**consonantes**

| | | |
|---|---|---|
| [p] | oclusiva bilabial sorda | pino, capa |
| [b] | oclusiva bilabial sonora | buque, cambiar |
| [ƀ] | fricativa bilabial sonora | abedul, cabo, uva |
| [m] | oclusiva bilabial nasal | cama, más, invento |
| [ɱ] | oclusiva labiodental nasal | confuso, ánfora |
| [n̟] | oclusiva interdental nasal | once, incendio |
| [n̩] | oclusiva apicodental nasal | antes, andino |
| [n] | oclusiva alveolar nasal | cono, niño |
| [n̮] | oclusiva prepalatal nasal | año, muñeco |
| [ŋ] | oclusiva velar nasal | cinco, tengo, nunca |
| [ŋ́] | oclusiva uvular nasal | angina, don Juan |
| [t] | oclusiva dental sorda | antes, tanto |
| [d] | oclusiva dental sonora | candente, durante |
| [đ] | fricativa interdental sonora | adular, juzgar, hada |
| [ṭ] | fricativa interdental sorda | azteca, hazte |
| [ŷ] | africada palatal sonora | conyugal, inyectar |
| [y] | fricativa palatal sonora | mayo, reyes, cuyo |
| [k] | oclusiva velar sorda | cama, queso |
| [g] | oclusiva velar sonora | angosto, ungüento |
| [ǥ] | fricativa velar sonora | alga, daga |
| [f] | fricativa labiodental sorda | fango, fuego, frágil |
| [∂] | fricativa interdental sorda | cera, calzada, cine |
| [ṣ] | fricativa dental sorda | este, casto |
| [ẓ] | fricativa dental sonora | desde, desdibujar |
| [s] | fricativa alveolar sorda | soplo, cansar, beso |
| [z] | fricativa alveolar sonora | trasgo, isla, báscula |
| [x] | fricativa velar sorda | jalón, genio |
| [ẋ] | fricativa uvular sorda | julio, juego |
| [ŝ] [ĉ] | africada palatal sorda | coche, muchacho |
| [l] | lateral alveolar | bala, celo, cola |
| [ʎ] | lateral palatal | pillo, calla |
| [l̟] | lateral interdental | calzado, úlcera |
| [l̩] | lateral dental | falta, caldo |
| [r] | vibrante simple | aro, pera, carne |
| [r̄] | vibrante múltiple | barro, rancio, río |

**los signos diacríticos indican:**

| | | |
|---|---|---|
| [ ̣ ] | en la parte inferior de una vocal: *neutra* | [ẹ] |
| [ ̣ ] | en la parte inferior de una vocal: *cerrada* | [ẹ] |
| [ ̧ ] | en la parte inferior de una vocal: *abierta* | [ȩ] |
| [ ˜ ] | en la parte superior de una vocal: *nasal* | [õ] |
| [ - ] | en la parte media de una consonante: *fricativa* | [ƀ] |
| [ ˆ ] | en la parte superior de una consonante: *africada* | [ŝ] |
| [ ˇ ] | en la parte superior de una consonante: *fricativa* | [š] |
| [ ˚ ] | en la parte superior de una consonante: *palatal* | [ŝ̊] |

# ACENTUACIÓN

Se llama acento tónico el que se pronuncia y acento gráfico el que, ocasionalmente, se escribe para representar a aquél.

## acentuación prosódica

Según el lugar que ocupe el acento tónico en las palabras, éstas se dividen en:

— **agudas** u **oxítonas:** las que tienen el acento en la última sílaba — *país, llegó, solar*

— **graves, llanas** o **paroxítonas:** las que tienen el acento en la penúltima sílaba — *vivo, siente, cárcel*

— **esdrújulas** o **proparoxítonas:** las que tienen el acento en la antepenúltima sílaba — *bárbaro, lástima*

— **sobresdrújulas** o **superproparoxítonas:** las que tienen el acento antes de la antepenúltima sílaba — *fácilmente*

## acentuación gráfica

**Llevan acento gráfico:**

— Las palabras agudas terminadas en *vocal,* en *n* o en *s* — *alhelí, cajón, compás*

— Las palabras llanas que terminan en *consonante* que no sea *n* ni *s* — *césped, azúcar, lápiz*

— Las palabras *esdrújulas* y *sobresdrújulas* — *cándido, ágilmente*

**No llevan acento gráfico:**

— El primer elemento de las palabras compuestas, con la excepción de los adverbios en mente y los compuestos con guiones — *decimoséptimo, rioplatense*
*lógicamente*
*histórico-crítico*

— Los monosílabos, con la excepción de los homónimos, que escriben el llamado acento diacrítico para distinguir la naturaleza gramatical de uno y otro — *pan, fue, fui, dio, vio*
*mi* padre; es para *mí*
*el* perro; *él* viene
no iré *más;* callo, *mas* no cedo

**Casos particulares:**

— Los pronombres *este, ese* y *aquel* y el adverbio *solo* pueden acentuarse o no según el riesgo que exista de ambigüedad con sus homónimos adjetivos — *éste* vino; *este* vino

— Todo acento que proceda escribirse en un diptongo que lleve *a, e,* u *o* se pone precisamente sobre esa vocal — *dieciséis, llegáis, náutica*

— Pero si el diptongo está formado por dos vocales débiles *(i, u)* el acento se pone en la segunda — *casuística, piúrido*

— Si dos vocales juntas no forman diptongo y el acento tónico recae sobre la vocal débil, sobre ella recae el acento gráfico aunque no se cumplan las condiciones exigidas por las reglas generales — *poderío, vahído, búho, sería, dúo*

# ACLARACIÓN SOBRE LOS SIGNOS ESPECIALES

El alfabeto latino ha sido adoptado por muchos países, pero algunos de ellos han añadido letras suplementarias con signos especiales, llamados signos diacríticos. Para evitar transcripciones fundadas en aproximaciones fonéticas y carentes de rigor científico, se ha preferido indicar los signos diacríticos de todos los alfabetos latinos; el lector podrá así conocer la ortografía real de cada vocablo. Para las lenguas que no utilizan el alfabeto latino, se han adoptado sistemas de transcripción o de transliteración coherentes, que no se aparten demasiado de grafías ya impuestas por el uso. En el caso de grafías múltiples, se han indicado y relacionado mediante envíos. Si el lector lo desea, podrá consultar en la obra los alfabetos árabe, griego, cirílico (ruso, búlgaro).
Para la escritura china, el sistema de transcripción adoptado es el «pinyin». La escritura pinyin, creada por los propios chinos, es internacional; sin embargo, las entradas en pinyin van seguidas de otras formas de transcripción cuyo uso también es frecuente (generalmente en sistema Wade-Giles).
En todos los casos, y a fin de facilitar la consulta, se han efectuado algunos envíos que conducen desde las diversas grafías de un nombre propio a su ortografía exacta. Cuando la tradición ha impuesto sólidamente un hábito de transcripción, se ha seguido el uso pero indicando en segundo lugar la grafía exacta.

# FORMACIÓN DEL PLURAL EN LOS SUSTANTIVOS Y ADJETIVOS

**REGLA GENERAL**

Se forma añadiendo una de las dos desinencias *s* o *es:*

**Añaden *s***

*a)* Todos los sustantivos y adjetivos terminados en vocal no acentuada: *casa/casas; bueno/buenos.*

*b)* Todos los que terminan en *e* u *o* acentuada: *café/cafés; dominó/dominós.*

**Añaden *es***

*a)* Los sustantivos y adjetivos que terminan en *i* o *u* acentuada: *alhelí/alhelíes, zulú/zulúes.* Ahora bien, tanto éstos como los que terminan en *a* acentuada (que de por sí son muy vacilantes: *faralá/faraláes, albalá/albaláes,* pero *papá/papás, sofá/sofás*) se pluralizan comúnmente con la simple adición de *s: esquí/esquís, bisturí/bisturís, champú/champús, menú/menús, rajá/rajás, ayatolá/ayatolás.*

*b)* Los sustantivos y adjetivos que acaban en consonante, excepto los acabados en *s* o *x* y cuya última sílaba es átona: *virtud/virtudes; francés/franceses.* Pero *lunes, crisis, tórax,* etc., no se modifican en plural.

**OTROS CASOS**

**Voces extranjeras.** Forman el plural según las reglas de la lengua española: *frac/fraques; lord/lores.* Hay en ello gran vacilación, según que la consonante final de la palabra se use o no como final en la lengua española. En las palabras de introducción reciente existe fuerte tendencia a añadir simplemente una *s: clubs, complots.* Las palabras latinas, como *ultimátum, déficit, superávit,* etc., presentan anomalías en sus plurales.

**Nombres propios.** Cuando un nombre propio ha de ser usado en plural, se pluraliza siguiendo las reglas generales de la lengua española, excepto los patronímicos acabados en *s* o *z* (*Rodés, Sánchez,* etc.), que son invariables.

**Nombres compuestos.** Forman el plural según la cohesión de sus componentes. La desinencia puede tomarla:

a) *el primer elemento,* en la composición imperfecta del tipo: *ojo de buey/ojos de buey; casa de campo/casas de campo.*

b) *los dos elementos,* en la composición imperfecta del tipo: *ricahembra/ricashembras; mediacaña/mediascañas.*

c) *el último elemento,* en la composición perfecta: *bocacalle/bocacalles; vanagloria/vanaglorias;* pero *cualquiera, quienquiera* hacen *cualesquiera* y *quienesquiera.*

**Cambio de acento en el plural.** Las palabras *carácter* y *régimen* en su plural cambian el acento de vocal, manteniéndolo en la misma posición relativa que en el singular: *carácter/caracteres* (ambas son llanas); *régimen/regímenes* (ambas son esdrújulas).

**Defectivos de número.** Algunos sustantivos se usan sólo en plural: *creces, albricias, víveres, añicos,* etc. Otros se usan solo en singular: *cariz, tez, sed, salud, sur,* etc.

(NOTA: Estas normas tienen un valor predominantemente morfológico. En algunos casos, su cumplimiento conlleva variaciones de tipo ortográfico. Por ejemplo, en los casos de palabras terminadas en *z* o en *c,* éstas se convierten en *c* y *qu* respectivamente: *luz/luces; frac/fraques.*)

# COLOCACIÓN Y CONCORDANCIA DEL ADJETIVO

**colocación**

| | |
|---|---|
| —El lugar del adjetivo calificativo viene determinado en parte por el uso | testa *coronada;* la *pertinaz* sequía |
| —El adjetivo antepuesto, llamado epíteto, es meramente explicativo, sea porque signifique algo ya inherente al sustantivo o porque responda a una pretensión subjetiva del hablante | el *invisible* aire que respiramos<br>el *invisible* esfuerzo de los atletas |
| —El adjetivo pospuesto tiene un carácter selectivo: añade notas nuevas al sustantivo y lo distingue de otros objetivamente | torre y portada *platerescas* |
| —Ciertos adjetivos varían de significado según precedan o sigan al nombre | un *pobre* hombre; un hombre *pobre* |

**concordancia**

| | |
|---|---|
| —Si el adjetivo calificativo acompaña a un solo nombre, concuerda con éste en género y número | una fuente de agua *cristalina* |
| —Si el adjetivo calificativo está en relación con dos o más nombres, la concordancia depende de la situación de aquél: | |
| 1.° si el adjetivo precede a los sustantivos, concuerda con el más próximo | *insólita* petulancia y atrevimiento |
| 2.° si el adjetivo sigue a los sustantivos, la concordancia depende del género y número de éstos: | |
| —Con sustantivos en singular y del mismo género, el adjetivo va en plural | lengua y literatura *españolas* |
| —No obstante, se puede poner en singular para expresar la unidad de los dos sustantivos | lengua y literatura *española* |
| —Con sustantivos en singular y de género diferente, el adjetivo se pone en plural | la ciencia y el arte *actuales* |
| —Con sustantivos en plural de género distinto, se suele preferir el masculino | hombres y mujeres *maltratados* |
| —Con sustantivos de diferente género y número, el adjetivo se suele poner en masculino plural | las cartas y el libro *abandonados* |

# MODELOS DE LAS CONJUGACIONES

El número y variedad de irregularidades que afecta a los verbos españoles aconseja una presentación original de su conjugación, por lo que se ha procedido a una meticulosa verificación de todas las formas en cada uno de los verbos (en número superior a doce mil) y al establecimiento de un código que permita, en cada caso, conocer con exactitud la forma correcta de conjugación. Se recogen hasta noventa y tres formas distintas de conjugación, agrupadas en treinta y una conjugaciones fundamentales. A cada una de ellas corresponde un número, que es la base del código; la letra acompañante, si la hay, indica la existencia de una variación secundaria respecto de la conjugación fundamental señalada por el número.

Todos los verbos contenidos en esta obra van acompañados del código correspondiente; éste remite a los modelos. Bastará aplicar al verbo objeto de consulta la conjugación del modelo para obtener todas sus formas de flexión. La terminología de los tiempos verbales es la normativa de la *Gramática* de la Real Academia Española; entre paréntesis figura la terminología de Andrés Bello, seguida en países hispanoamericanos.

Por ejemplo, el verbo *ordenar.* Su código es **[1]**. El modelo de conjugación correspondiente es, por tanto, el de este número: *am-ar.* Aplíquense las desinencias consignadas en el modelo a la raíz *orden* y se obtienen *orden-o, orden-as; orden-aba, orden-abas; orden-é, orden-aste,* etc.

| Infinitivo | **1 amar*** | **1a sacar** | **1b pagar** | **1c aguar** | **1d regar** |
|---|---|---|---|---|---|
| **Gerundio** | amando | sacando | pagando | aguando | regando |
| **Participio** | amado | sacado | pagado | aguado | regado |
| **Indicativo presente** | amo | saco | pago | aguo | riego |
| | amas | sacas | pagas | aguas | riegas |
| | ama | saca | paga | agua | riega |
| | amamos | sacamos | pagamos | aguamos | regamos |
| | amáis | sacáis | pagáis | aguáis | regáis |
| | aman | sacan | pagan | aguan | riegan |
| **Indicativo imperfecto (copretérito)** | amaba | sacaba | pagaba | aguaba | regaba |
| | amábamos | sacábamos | pagábamos | aguábamos | regábamos |
| **Indicativo perfecto (pretérito)** | amé | saqué | pagué | agüé | regué |
| | amaste | sacaste | pagaste | aguaste | regaste |
| | amó | sacó | pagó | aguó | regó |
| | amamos | sacamos | pagamos | aguamos | regamos |
| | amasteis | sacasteis | pagasteis | aguasteis | regasteis |
| | amaron | sacaron | pagaron | aguaron | regaron |
| **Indicativo futuro imperfecto (futuro)** | amaré | sacaré | pagaré | aguaré | regaré |
| | amaremos | sacaremos | pagaremos | aguaremos | regaremos |
| **Indicativo condicional (pospretérito)** | amaría | sacaría | pagaría | aguaría | regaría |
| **Subjuntivo presente** | ame | saque | pague | agüe | riegue |
| | ames | saques | pagues | agües | riegues |
| | ame | saque | pague | agüe | riegue |
| | amemos | saquemos | paguemos | agüemos | reguemos |
| | améis | saquéis | paguéis | agüéis | reguéis |
| | amen | saquen | paguen | agüen | rieguen |
| **Subjuntivo imperfecto (subjuntivo pretérito)** | amara, -ase | sacara, -ase | pagara, -ase | aguara, -ase | regara, -ase |
| **Subjuntivo futuro** | amare | sacare | pagare | aguare | regare |
| **Imperativo** | ama | saca | paga | agua | riega |
| | ame | saque | pague | agüe | riegue |
| | amemos | saquemos | paguemos | agüemos | reguemos |
| | amad | sacad | pagad | aguad | regad |
| | amen | saquen | paguen | agüen | rieguen |

* Paradigma de los verbos regulares de la primera conjugación (infinitivo terminado en *ar*).

| Infinitivo | **1e empezar** | **1f trocar** | **1g cazar** | **1h andar** | **1i desosar** |
|---|---|---|---|---|---|
| **Gerundio** | empezando | trocando | cazando | andando | desosando |
| **Participio** | empezado | trocado | cazado | andado | desosado |
| **Indicativo presente** | empiezo | trueco | cazo | ando | deshueso |
| | empiezas | truecas | cazas | andas | deshuesas |
| | empieza | trueca | caza | anda | deshuesa |
| | empezamos | trocamos | cazamos | andamos | desosamos |
| | empezáis | trocáis | cazáis | andáis | desosáis |
| | empiezan | truecan | cazan | andan | deshuesan |
| **Indicativo imperfecto (copretérito)** | empezaba | trocaba | cazaba | andaba | desosaba |
| | empezábamos | trocábamos | cazábamos | andábamos | desosábamos |
| **Indicativo perfecto (pretérito)** | empecé | troqué | cacé | anduve | desosé |
| | empezaste | trocaste | cazaste | anduviste | desosaste |
| | empezó | trocó | cazó | anduvo | desosó |
| | empezamos | trocamos | cazamos | anduvimos | desosamos |
| | empezasteis | trocasteis | cazasteis | anduvisteis | desosasteis |
| | empezaron | trocaron | cazaron | anduvieron | desosaron |
| **Indicativo futuro imperfecto (futuro)** | empezaré | trocaré | cazaré | andaré | desosaré |
| | empezaremos | trocaremos | cazaremos | andaremos | desosaremos |
| **Indicativo condicional (pospretérito)** | empezaría | trocaría | cazaría | andaría | desosaría |
| **Subjuntivo presente** | empiece | trueque | cace | ande | deshuese |
| | empieces | trueques | caces | andes | deshueses |
| | empiece | trueque | cace | ande | deshuese |
| | empecemos | troquemos | cacemos | andemos | desosemos |
| | empecéis | troquéis | cacéis | andéis | desoséis |
| | empiecen | truequen | cacen | anden | deshuesen |
| **Subjuntivo imperfecto (subjuntivo pretérito)** | empezara, -ase | trocara, -ase | cazara, -ase | anduviera, -ese | desosara, -ase |
| **Subjuntivo futuro** | empezare | trocare | cazare | anduviere | desosare |
| **Imperativo** | empieza | trueca | caza | anda | deshuesa |
| | empiece | trueque | cace | ande | deshuese |
| | empecemos | troquemos | cacemos | andemos | desosemos |
| | empezad | trocad | cazad | andad | desosad |
| | empiecen | truequen | cacen | anden | deshuesen |

| Infinitivo | 1j pensar | 1k errar | 1m rogar | 1n forzar | 1ñ jugar |
|---|---|---|---|---|---|
| Gerundio | pensando | errando | rogando | forzando | jugando |
| Participio | pensado | errado | rogado | forzado | jugado |
| Indicativo presente | pienso | yerro | ruego | fuerzo | juego |
| | piensas | yerras | ruegas | fuerzas | juegas |
| | piensa | yerra | ruega | fuerza | juega |
| | pensamos | erramos | rogamos | forzamos | jugamos |
| | pensáis | erráis | rogáis | forzáis | jugáis |
| | piensan | yerran | ruegan | fuerzan | juegan |
| Indicativo imperfecto (copretérito) | pensaba | erraba | rogaba | forzaba | jugaba |
| | pensábamos | errábamos | rogábamos | forzábamos | jugábamos |
| Indicativo perfecto (pretérito) | pensé | erré | rogué | forcé | jugué |
| | pensaste | erraste | rogaste | forzaste | jugaste |
| | pensó | erró | rogó | forzó | jugó |
| | pensamos | erramos | rogamos | forzamos | jugamos |
| | pensasteis | errasteis | rogasteis | forzasteis | jugasteis |
| | pensaron | erraron | rogaron | forzaron | jugaron |
| Indicativo futuro imperfecto (futuro) | pensaré | erraré | rogaré | forzaré | jugaré |
| | pensaremos | erraremos | rogaremos | forzaremos | jugaremos |
| Indicativo condicional (pospretérito) | pensaría | erraría | rogaría | forzaría | jugaría |
| Subjuntivo presente | piense | yerre | ruegue | fuerce | juegue |
| | pienses | yerres | ruegues | fuerces | juegues |
| | piense | yerre | ruegue | fuerce | juegue |
| | pensemos | erremos | roguemos | forcemos | juguemos |
| | penséis | erréis | roguéis | forcéis | juguéis |
| | piensen | yerren | rueguen | fuercen | jueguen |
| Subjuntivo imperfecto (subjuntivo pretérito) | pensara, -ase | errara, -ase | rogara, -ase | forzara, -ase | jugara, -ase |
| Subjuntivo futuro | pensare | errare | rogare | forzare | jugare |
| Imperativo | piensa | yerra | ruega | fuerza | juega |
| | piense | yerre | ruegue | fuerce | juegue |
| | pensemos | erremos | roguemos | forcemos | juguemos |
| | pensad | errad | rogad | forzad | jugad |
| | piensen | yerren | rueguen | fuercen | jueguen |

| Infinitivo | 1p dar | 1q agorar | 1r contar | 1s actuar | 1t vaciar |
|---|---|---|---|---|---|
| Gerundio | dando | agorando | contando | actuando | vaciando |
| Participio | dado | agorado | contado | actuado | vaciado |
| Indicativo presente | doy | agüero | cuento | actúo | vacío |
| | das | agüeras | cuentas | actúas | vacías |
| | da | agüera | cuenta | actúa | vacía |
| | damos | agoramos | contamos | actuamos | vaciamos |
| | dais | agoráis | contáis | actuáis | vaciáis |
| | dan | agüeran | cuentan | actúan | vacían |
| Indicativo imperfecto (copretérito) | daba | agoraba | contaba | actuaba | vaciaba |
| | dábamos | agorábamos | contábamos | actuábamos | vaciábamos |
| Indicativo perfecto (pretérito) | di | agoré | conté | actué | vacié |
| | diste | agoraste | contaste | actuaste | vaciaste |
| | dio | agoró | contó | actuó | vació |
| | dimos | agoramos | contamos | actuamos | vaciamos |
| | disteis | agorasteis | contasteis | actuasteis | vaciasteis |
| | dieron | agoraron | contaron | actuaron | vaciaron |
| Indicativo futuro imperfecto (futuro) | daré | agoraré | contaré | actuaré | vaciaré |
| | daremos | agoraremos | contaremos | actuaremos | vaciaremos |
| Indicativo condicional (pospretérito) | daría | agoraría | contaría | actuaría | vaciaría |
| Subjuntivo presente | dé | agüere | cuente | actúe | vacíe |
| | des | agüeres | cuentes | actúes | vacíes |
| | dé | agüere | cuente | actúe | vacíe |
| | demos | agoremos | contemos | actuemos | vaciemos |
| | deis | agoréis | contéis | actuéis | vaciéis |
| | den | agüeren | cuenten | actúen | vacíen |
| Subjuntivo imperfecto (subjuntivo pretérito) | diera, -ese | agorara, -ase | contara, -ase | actuara, -ase | vaciara, -ase |
| Subjuntivo futuro | diere | agorare | contare | actuare | vaciare |
| Imperativo | da | agüera | cuenta | actúa | vacía |
| | dé | agüere | cuente | actúe | vacíe |
| | demos | agoremos | contemos | actuemos | vaciemos |
| | dad | agorad | contad | actuad | vaciad |
| | den | agüeren | cuenten | actúen | vacíen |

| Infinitivo | 1u aislar | 1v ahincar | 1w aunar | 1x arcaizar | 1y avergonzar |
|---|---|---|---|---|---|
| Gerundio | aislando | ahincando | aunando | arcaizando | avergonzando |
| Participio | aislado | ahincado | aunado | arcaizado | avergonzado |
| Indicativo presente | aíslo | ahínco | aúno | arcaízo | avergüenzo |
| | aíslas | ahíncas | aúnas | arcaízas | avergüenzas |
| | aísla | ahínca | aúna | arcaíza | avergüenza |
| | aislamos | ahincamos | aunamos | arcaizamos | avergonzamos |
| | aisláis | ahincáis | aunáis | arcaizáis | avergonzáis |
| | aíslan | ahíncan | aúnan | arcaízan | avergüenzan |
| Indicativo imperfecto (copretérito) | aislaba | ahincaba | aunaba | arcaizaba | avergonzaba |
| | aislábamos | ahincábamos | aunábamos | arcaizábamos | avergonzábamos |
| Indicativo perfecto (pretérito) | aislé | ahinqué | auné | arcaicé | avergoncé |
| | aislaste | ahincaste | aunaste | arcaizaste | avergonzaste |
| | aisló | ahincó | aunó | arcaizó | avergonzó |
| | aislamos | ahincamos | aunamos | arcaizamos | avergonzamos |
| | aislasteis | ahincasteis | aunasteis | arcaizasteis | avergonzasteis |
| | aislaron | ahincaron | aunaron | arcaizaron | avergonzaron |
| Indicativo futuro imperfecto (futuro) | aislaré | ahincaré | aunaré | arcaizaré | avergonzaré |
| | aislaremos | ahincaremos | aunaremos | arcaizaremos | avergonzaremos |

| | | | | | |
|---|---|---|---|---|---|
| **Indicativo condicional (pospretérito)** | aislaría | ahincaría | aunaría | arcaizaría | avergonzaría |
| **Subjuntivo presente** | aísle | ahínque | aúne | arcaíce | avergüence |
| | aísles | ahínques | aúnes | arcaíces | avergüences |
| | aísle | ahínque | aúne | arcaíce | avergüence |
| | aislemos | ahinquemos | aunemos | arcaicemos | avergoncemos |
| | aisléis | ahinquéis | aunéis | arcaicéis | avergoncéis |
| | aíslen | ahínquen | aúnen | arcaícen | avergüencen |
| **Subjuntivo imperfecto (subjuntivo pretérito)** | aislara, -ase | ahincara, -ase | aunara, -ase | arcaizara, -ase | avergonzara, -ase |
| **Subjuntivo futuro** | aislare | ahincare | aunare | arcaizare | avergonzare |
| **Imperativo** | aísla | ahínca | aúna | arcaíza | avergüenza |
| | aísle | ahínque | aúne | arcaíce | avergüence |
| | aislemos | ahinquemos | aunemos | arcaicemos | avergoncemos |
| | aislad | ahincad | aunad | arcaizad | avergonzad |
| | aíslen | ahínquen | aúnen | arcaícen | avergüencen |

**1z cabrahigar.** Aunque por la terminación podría asimilarse a *pagar,* se suma la particularidad de que las vocales *a, i* forman hiato, señalado por el acento ortográfico, cuando el radical es tónico. Indicativo presente: cabrahígo, cabrahígas, cabrahíga, cabrahigamos, cabrahigáis, cabrahígan. Subjuntivo presente: cabrahígue, cabrahígues, cabrahígue, cabrahiguemos, cabrahiguéis, cabrahíguen. Imperativo: cabrahíga, cabrahígue, cabrahiguemos, cabrahigad, cabrahíguen.

| **Infinitivo** | **2 temer*** | **2a mecer** | **2b coger** | **2c nacer** | **2d tender** | **2e mover** |
|---|---|---|---|---|---|---|
| **Gerundio** | temiendo | meciendo | cogiendo | naciendo | tendiendo | moviendo |
| **Participio** | temido | mecido | cogido | nacido | tendido | movido |
| **Indicativo presente** | temo | mezo | cojo | nazco | tiendo | muevo |
| | temes | meces | coges | naces | tiendes | mueves |
| | teme | mece | coge | nace | tiende | mueve |
| | tememos | mecemos | cogemos | nacemos | tendemos | movemos |
| | teméis | mecéis | cogéis | nacéis | tendéis | movéis |
| | temen | mecen | cogen | nacen | tienden | mueven |
| **Indicativo imperfecto (copretérito)** | temía | mecía | cogía | nacía | tendía | movía |
| | temíamos | mecíamos | cogíamos | nacíamos | tendíamos | movíamos |
| **Indicativo perfecto (pretérito)** | temí | mecí | cogí | nací | tendí | moví |
| | temiste | meciste | cogiste | naciste | tendiste | moviste |
| | temió | meció | cogió | nació | tendió | movió |
| | temimos | mecimos | cogimos | nacimos | tendimos | movimos |
| | temisteis | mecisteis | cogisteis | nacisteis | tendisteis | movisteis |
| | temieron | mecieron | cogieron | nacieron | tendieron | movieron |
| **Indicativo futuro imperfecto (futuro)** | temeré | meceré | cogeré | naceré | tenderé | moveré |
| | temeremos | meceremos | cogeremos | naceremos | tenderemos | moveremos |
| **Indicativo condicional (pospretérito)** | temería | mecería | cogería | nacería | tendería | movería |
| **Subjuntivo presente** | tema | meza | coja | nazca | tienda | mueva |
| | temas | mezas | cojas | nazcas | tiendas | muevas |
| | tema | meza | coja | nazca | tienda | mueva |
| | temamos | mezamos | cojamos | nazcamos | tendamos | movamos |
| | temáis | mezáis | cojáis | nazcáis | tendáis | mováis |
| | teman | mezan | cojan | nazcan | tiendan | muevan |
| **Subjuntivo imperfecto (subjuntivo pretérito)** | temiera, -ese | meciera, -ese | cogiera, -ese | naciera, -ese | tendiera, -ese | moviera, -ese |
| **Subjuntivo futuro** | temiere | meciere | cogiere | naciere | tendiere | moviere |
| **Imperativo** | teme | mece | coge | nace | tiende | mueve |
| | tema | meza | coja | nazca | tienda | mueva |
| | temamos | mezamos | cojamos | nazcamos | tendamos | movamos |
| | temed | meced | coged | naced | tended | moved |
| | teman | mezan | cojan | nazcan | tiendan | muevan |

* Paradigma de los verbos regulares de la segunda conjugación (infinitivo terminado en *er*).

| **Infinitivo** | **2f torcer** | **2g yacer** | **2h oler** | **2i leer** | **2j ver** |
|---|---|---|---|---|---|
| **Gerundio** | torciendo | yaciendo | oliendo | leyendo | viendo |
| **Participio** | torcido | yacido | olido | leído | visto |
| **Indicativo presente** | tuerzo | yazco, yazgo *o* yago | huelo | leo | veo |
| | tuerces | yaces | hueles | lees | ves |
| | tuerce | yace | huele | lee | ve |
| | torcemos | yacemos | olemos | leemos | vemos |
| | torcéis | yacéis | oléis | leéis | veis |
| | tuercen | yacen | huelen | leen | ven |
| **Indicativo imperfecto (copretérito)** | torcía | yacía | olía | leía | veía |
| | torcíamos | yacíamos | olíamos | leíamos | veíamos |
| **Indicativo perfecto (pretérito)** | torcí | yací | olí | leí | vi |
| | torciste | yaciste | oliste | leíste | viste |
| | torció | yació | olió | leyó | vio |
| | torcimos | yacimos | olimos | leímos | vimos |
| | torcisteis | yacisteis | olisteis | leísteis | visteis |
| | torcieron | yacieron | olieron | leyeron | vieron |
| **Indicativo futuro imperfecto (futuro)** | torceré | yaceré | oleré | leeré | veré |
| | torceremos | yaceremos | oleremos | leeremos | veremos |
| **Indicativo condicional (pospretérito)** | torcería | yacería | olería | leería | vería |
| **Subjuntivo presente** | tuerza | yazca, yazga *o* yaga | huela | lea | vea |
| | tuerzas | yazcas, yazgas *o* yagas | huelas | leas | veas |
| | tuerza | yazca, yazga *o* yaga | huela | lea | vea |
| | torzamos | yazcamos, yazgamos *o* yagamos | olamos | leamos | veamos |
| | torzáis | yazcáis, yazgáis *o* yagáis | oláis | leáis | veáis |
| | tuerzan | yazcan, yazgan *o* yagan | huelan | lean | vean |
| **Subjuntivo imperfecto (subjuntivo pretérito)** | torciera, -ese | yaciera, -ese | oliera, -ese | leyera, -ese | viera, -ese |
| **Subjuntivo futuro** | torciere | yaciere | oliere | leyere | viere |
| **Imperativo** | tuerce | yace *o* yaz | huele | lee | ve |
| | tuerza | yazca, yazga *o* yaga | huela | lea | vea |
| | torzamos | yazcamos, yazgamos *o* yagamos | olamos | leamos | veamos |
| | torced | yaced | oled | leed | ved |
| | tuerzan | yazcan, yazgan *o* yagan | huelan | lean | vean |

| Infinitivo | 2k tañer | 2m carecer | 2n volver | 2ñ proveer | 2q prever |
|---|---|---|---|---|---|
| Gerundio | tañendo | careciendo | volviendo | proveyendo | previendo |
| Participio | tañido | carecido | vuelto | provisto, proveído | previsto |
| Indicativo presente | taño | carezco | vuelvo | proveo | preveo |
| | tañes | careces | vuelves | provees | prevés |
| | tañe | carece | vuelve | provee | prevé |
| | tañemos | carecemos | volvemos | proveemos | prevemos |
| | tañéis | carecéis | volvéis | proveéis | prevéis |
| | tañen | carecen | vuelven | proveen | prevén |
| Indicativo imperfecto (copretérito) | tañía | carecía | volvía | proveía | preveía |
| | tañíamos | carecíamos | volvíamos | proveíamos | preveíamos |
| Indicativo perfecto (pretérito) | tañí | carecí | volví | proveí | preví |
| | tañiste | careciste | volviste | proveíste | previste |
| | tañó | careció | volvió | proveyó | previó |
| | tañimos | carecimos | volvimos | proveímos | previmos |
| | tañisteis | carecisteis | volvisteis | proveísteis | previsteis |
| | tañeron | carecieron | volvieron | proveyeron | previeron |
| Indicativo futuro imperfecto (futuro) | tañeré | careceré | volveré | proveeré | preveré |
| | tañeremos | careceremos | volveremos | proveeremos | preveremos |
| Indicativo condicional (pospretérito) | tañería | carecería | volvería | proveería | prevería |
| Subjuntivo presente | taña | carezca | vuelva | provea | prevea |
| | tañas | carezcas | vuelvas | proveas | preveas |
| | taña | carezca | vuelva | provea | prevea |
| | tañamos | carezcamos | volvamos | proveamos | preveamos |
| | tañáis | carezcáis | volváis | proveáis | preveáis |
| | tañan | carezcan | vuelvan | provean | prevean |
| Subjuntivo imperfecto (subjuntivo pretérito) | tañera, -ese | careciera, -ese | volviera, -ese | proveyera, -ese | previera, -ese |
| Subjuntivo futuro | tañere | careciere | volviere | proveyere | previere |
| Imperativo | tañe | carece | vuelve | provee | prevé |
| | taña | carezca | vuelva | provea | prevea |
| | tañamos | carezcamos | volvamos | proveamos | preveamos |
| | tañed | careced | volved | proveed | preved |
| | tañan | carezcan | vuelvan | provean | prevean |

**2p romper.** Como *temer,* excepto el participio irregular: roto.

| Infinitivo | 3 partir* | 3a zurcir | 3b surgir | 3c delinquir | 3d asir |
|---|---|---|---|---|---|
| Gerundio | partiendo | zurciendo | surgiendo | delinquiendo | asiendo |
| Participio | partido | zurcido | surgido | delinquido | asido |
| Indicativo presente | parto | zurzo | surjo | delinco | asgo |
| | partes | zurces | surges | delinques | ases |
| | parte | zurce | surge | delinque | ase |
| | partimos | zurcimos | surgimos | delinquimos | asimos |
| | partís | zurcís | surgís | delinquís | asís |
| | parten | zurcen | surgen | delinquen | asen |
| Indicativo imperfecto (copretérito) | partía | zurcía | surgía | delinquía | asía |
| | partíamos | zurcíamos | surgíamos | delinquíamos | asíamos |
| Indicativo perfecto (pretérito) | partí | zurcí | surgí | delinquí | así |
| | partiste | zurciste | surgiste | delinquiste | asiste |
| | partió | zurció | surgió | delinquió | asió |
| | partimos | zurcimos | surgimos | delinquimos | asimos |
| | partisteis | zurcisteis | surgisteis | delinquisteis | asisteis |
| | partieron | zurcieron | surgieron | delinquieron | asieron |
| Indicativo futuro imperfecto (futuro) | partiré | zurciré | surgiré | delinquiré | asiré |
| | partiremos | zurciremos | surgiremos | delinquiremos | asiremos |
| Indicativo condicional (pospretérito) | partiría | zurciría | surgiría | delinquiría | asiría |
| Subjuntivo presente | parta | zurza | surja | delinca | asga |
| | partas | zurzas | surjas | delincas | asgas |
| | parta | zurza | surja | delinca | asga |
| | partamos | zurzamos | surjamos | delincamos | asgamos |
| | partáis | zurzáis | surjáis | delincáis | asgáis |
| | partan | zurzan | surjan | delincan | asgan |
| Subjuntivo imperfecto (subjuntivo pretérito) | partiera, -ese | zurciera, -ese | surgiera, -ese | delinquiera, -ese | asiera, -ese |
| Subjuntivo futuro | partiere | zurciere | surgiere | delinquiere | asiere |
| Imperativo | parte | zurce | surge | delinque | ase |
| | parta | zurza | surja | delinca | asga |
| | partamos | zurzamos | surjamos | delincamos | asgamos |
| | partid | zurcid | surgid | delinquid | asid |
| | partan | zurzan | surjan | delincan | asgan |

* Paradigma de los verbos regulares de la tercera conjugación (infinitivo terminado en *ir*).

| Infinitivo | 3e discernir | 3f adquirir | 3g lucir | 3h mullir | 3i embaír |
|---|---|---|---|---|---|
| Gerundio | discerniendo | adquiriendo | luciendo | mullendo | embayendo |
| Participio | discernido | adquirido | lucido | mullido | embaído |
| Indicativo presente | discierno | adquiero | luzco | mullo | |
| | disciernes | adquieres | luces | mulles | |
| | discierne | adquiere | luce | mulle | |
| | discernimos | adquirimos | lucimos | mullimos | embaímos |
| | discernís | adquirís | lucís | mullís | embaís |
| | disciernen | adquieren | lucen | mullen | |
| Indicativo imperfecto (copretérito) | discernía | adquiría | lucía | mullía | embaía |
| | discerníamos | adquiríamos | lucíamos | mullíamos | embaíamos |
| Indicativo perfecto (pretérito) | discerní | adquirí | lucí | mullí | embaí |
| | discerniste | adquiriste | luciste | mulliste | embaíste |
| | discernió | adquirió | lució | mulló | embayó |
| | discernimos | adquirimos | lucimos | mullimos | embaímos |
| | discernisteis | adquiristeis | lucisteis | mullisteis | embaísteis |
| | discernieron | adquirieron | lucieron | mulleron | embayeron |

| | | | | | |
|---|---|---|---|---|---|
| **Indicativo futuro imperfecto (futuro)** | discerniré | adquiriré | luciré | mulliré | embairé |
| | discerniremos | adquiriremos | luciremos | mulliremos | embairemos |
| **Indicativo condicional (pospretérito)** | discerniría | adquiriría | luciría | mulliría | embairía |
| **Subjuntivo presente** | discierna | adquiera | luzca | mulla | |
| | disciernas | adquieras | luzcas | mullas | |
| | discierna | adquiera | luzca | mulla | |
| | discernamos | adquiramos | luzcamos | mullamos | |
| | discernáis | adquiráis | luzcáis | mulláis | |
| | disciernan | adquieran | luzcan | mullan | |
| **Subjuntivo imperfecto (subjuntivo pretérito)** | discerniera, -ese | adquiriera, -ese | luciera, -ese | mullera, -ese | embayera, -ese |
| **Subjuntivo futuro** | discerniere | adquiriere | luciere | mullere | embayere |
| **Imperativo** | discierne | adquiere | luce | mulle | |
| | discierna | adquiera | luzca | mulla | |
| | discernamos | adquiramos | luzcamos | mullamos | |
| | discernid | adquirid | lucid | mullid | embaíd |
| | disciernan | adquieran | luzcan | mullan | |

**3k imprimir, 3m abrir, 3n escribir.** Como *partir* excepto participios: impreso, abierto, escrito.

| **Infinitivo** | **3j pudrir*** | **3ñ abolir** | **3p distinguir** | **3q cohibir** | **3r reunir** |
|---|---|---|---|---|---|
| **Gerundio** | pudriendo | aboliendo | distinguiendo | cohibiendo | reuniendo |
| **Participio** | podrido | abolido | distinguido | cohibido | reunido |
| **Indicativo presente** | pudro | | distingo | cohíbo | reúno |
| | pudres | | distingues | cohíbes | reúnes |
| | pudre | | distingue | cohíbe | reúne |
| | pudrimos | abolimos | distinguimos | cohibimos | reunimos |
| | pudrís | abolís | distinguís | cohibís | reunís |
| | pudren | | distinguen | cohíben | reúnen |
| **Indicativo imperfecto (copretérito)** | pudría | abolía | distinguía | cohibía | reunía |
| | pudríamos | abolíamos | distinguíamos | cohibíamos | reuníamos |
| **Indicativo perfecto (pretérito)** | pudrí | abolí | distinguí | cohibí | reuní |
| | pudriste | aboliste | distinguiste | cohibiste | reuniste |
| | pudrió | abolió | distinguió | cohibió | reunió |
| | pudrimos | abolimos | distinguimos | cohibimos | reunimos |
| | pudristeis | abolisteis | distinguisteis | cohibisteis | reunisteis |
| | pudrieron | abolieron | distinguieron | cohibieron | reunieron |
| **Indicativo futuro imperfecto (futuro)** | pudriré | aboliré | distinguiré | cohibiré | reuniré |
| | pudriremos | aboliremos | distinguiremos | cohibiremos | reuniremos |
| **Indicativo condicional (pospretérito)** | pudriría | aboliría | distinguiría | cohibiría | reuniría |
| **Subjuntivo presente** | pudra | | distinga | cohíba | reúna |
| | pudras | | distingas | cohíbas | reúnas |
| | pudra | | distinga | cohíba | reúna |
| | pudramos | | distingamos | cohibamos | reunamos |
| | pudráis | | distingáis | cohibáis | reunáis |
| | pudran | | distingan | cohíban | reúnan |
| **Subjuntivo imperfecto (subjuntivo pretérito)** | pudriera, -ese | aboliera, -ese | distinguiera, -ese | cohibiera, -ese | reuniera, -ese |
| **Subjuntivo futuro** | pudriere | aboliere | distinguiere | cohibiere | reuniere |
| **Imperativo** | pudres | | distingue | cohíbe | reúne |
| | pudra | | distinga | cohíba | reúna |
| | pudramos | | distingamos | cohibamos | reunamos |
| | pudrid | abolid | distinguid | cohibid | reunid |
| | pudran | | distingan | cohíban | reúnan |

* O **podrir.** De la forma antigua de este verbo sólo subsisten el infinitivo, bastante usado todavía, y el participio.

| **Infinitivo** | **4 estar*** | **5 poner** | **6 poder** | **7 querer** | **8 tener** |
|---|---|---|---|---|---|
| **Gerundio** | estando | poniendo | pudiendo | queriendo | teniendo |
| **Participio** | estado | puesto | podido | querido | tenido |
| **Indicativo presente** | estoy | pongo | puedo | quiero | tengo |
| | estás | pones | puedes | quieres | tienes |
| | está | pone | puede | quiere | tiene |
| | estamos | ponemos | podemos | queremos | tenemos |
| | estáis | ponéis | podéis | queréis | tenéis |
| | están | ponen | pueden | quieren | tienen |
| **Indicativo imperfecto (copretérito)** | estaba | ponía | podía | quería | tenía |
| | estábamos | poníamos | podíamos | queríamos | teníamos |
| **Indicativo perfecto (pretérito)** | estuve | puse | pude | quise | tuve |
| | estuviste | pusiste | pudiste | quisiste | tuviste |
| | estuvo | puso | pudo | quiso | tuvo |
| | estuvimos | pusimos | pudimos | quisimos | tuvimos |
| | estuvisteis | pusisteis | pudisteis | quisisteis | tuvisteis |
| | estuvieron | pusieron | pudieron | quisieron | tuvieron |
| **Indicativo futuro imperfecto (futuro)** | estaré | pondré | podré | querré | tendré |
| | estaremos | pondremos | podremos | querremos | tendremos |
| **Indicativo condicional (pospretérito)** | estaría | pondría | podría | querría | tendría |
| **Subjuntivo presente** | esté | ponga | pueda | quiera | tenga |
| | estés | pongas | puedas | quieras | tengas |
| | esté | ponga | pueda | quiera | tenga |
| | estemos | pongamos | podamos | queramos | tengamos |
| | estéis | pongáis | podáis | queráis | tengáis |
| | estén | pongan | puedan | quieran | tengan |
| **Subjuntivo imperfecto (subjuntivo pretérito)** | estuviera, -ese | pusiera, -ese | pudiera, -ese | quisiera, -ese | tuviera, -ese |
| **Subjuntivo futuro** | estuviere | pusiere | pudiere | quisiere | tuviere |
| **Imperativo** | está | pon | puede | quiere | ten |
| | esté | ponga | pueda | quiera | tenga |
| | estemos | pongamos | podamos | queramos | tengamos |
| | estad | poned | poded | quered | tened |
| | estén | pongan | puedan | quieran | tengan |

| Infinitivo | 9 valer | 10 traer | 11 hacer* | 12 saber | 13 caber |
|---|---|---|---|---|---|
| Gerundio | valiendo | trayendo | haciendo | sabiendo | cabiendo |
| Participio | valido | traído | hecho | sabido | cabido |
| Indicativo presente | valgo | traigo | hago | sé | quepo |
| | vales | traes | haces | sabes | cabes |
| | vale | trae | hace | sabe | cabe |
| | valemos | traemos | hacemos | sabemos | cabemos |
| | valéis | traéis | hacéis | sabéis | cabéis |
| | valen | traen | hacen | saben | caben |
| Indicativo imperfecto (copretérito) | valía | traía | hacía | sabía | cabía |
| | valíamos | traíamos | hacíamos | sabíamos | cabíamos |
| Indicativo perfecto (pretérito) | valí | traje | hice | supe | cupe |
| | valiste | trajiste | hiciste | supiste | cupiste |
| | valió | trajo | hizo | supo | cupo |
| | valimos | trajimos | hicimos | supimos | cupimos |
| | valisteis | trajisteis | hicisteis | supisteis | cupisteis |
| | valieron | trajeron | hicieron | supieron | cupieron |
| Indicativo futuro imperfecto (futuro) | valdré | traeré | haré | sabré | cabré |
| | valdremos | traeremos | haremos | sabremos | cabremos |
| Indicativo condicional (pospretérito) | valdría | traería | haría | sabría | cabría |
| Subjuntivo presente | valga | traiga | haga | sepa | quepa |
| | valgas | traigas | hagas | sepas | quepas |
| | valga | traiga | haga | sepa | quepa |
| | valgamos | traigamos | hagamos | sepamos | quepamos |
| | valgáis | traigáis | hagáis | sepáis | quepáis |
| | valgan | traigan | hagan | sepan | quepan |
| Subjuntivo imperfecto (subjuntivo pretérito) | valiera, -ese | trajera, -ese | hiciera, -ese | supiera, -ese | cupiera, -ese |
| Subjuntivo futuro | valiere | trajere | hiciere | supiere | cupiere |
| Imperativo | vale | trae | haz | sabe | cabe |
| | valga | traiga | haga | sepa | quepa |
| | valgamos | traigamos | hagamos | sepamos | quepamos |
| | valed | traed | haced | sabed | cabed |
| | valgan | traigan | hagan | sepan | quepan |

* **11a satisfacer.** Como *hacer.* En el imperativo: satisfaz o satisface. **11b rehacer.** Como *hacer.* En el indicativo indefinido (pretérito): rehíce, rehízo.

| Infinitivo | 14 haber | 15 ser | 16 caer | 17 placer | 18 ir |
|---|---|---|---|---|---|
| Gerundio | habiendo | siendo | cayendo | placiendo | yendo |
| Participio | habido | sido | caído | placido | ido |
| Indicativo presente | he | soy | caigo | plazco | voy |
| | has | eres | caes | places | vas |
| | ha (hay) | es | cae | place | va |
| | hemos (habemos) | somos | caemos | placemos | vamos |
| | habéis | sois | caéis | placéis | vais |
| | han | son | caen | placen | van |
| Indicativo imperfecto (copretérito) | había | era | caía | placía | iba |
| | habíamos | éramos | caíamos | placíamos | íbamos |
| Indicativo perfecto (pretérito) | hube | fui | caí | plací | fui |
| | hubiste | fuiste | caíste | placiste | fuiste |
| | hubo | fue | cayó | plació | fue |
| | hubimos | fuimos | caímos | placimos | fuimos |
| | hubisteis | fuisteis | caísteis | placisteis | fuisteis |
| | hubieron | fueron | cayeron | placieron | fueron |
| Indicativo futuro imperfecto (futuro) | habré | seré | caeré | placeré | iré |
| | habremos | seremos | caeremos | placeremos | iremos |
| Indicativo condicional (pospretérito) | habría | sería | caería | placería | iría |
| Subjuntivo presente | haya | sea | caiga | plazca | vaya |
| | hayas | seas | caigas | plazcas | vayas |
| | haya | sea | caiga | plazca | vaya |
| | hayamos | seamos | caigamos | plazcamos | vayamos |
| | hayáis | seáis | caigáis | plazcáis | vayáis |
| | hayan | sean | caigan | plazcan | vayan |
| Subjuntivo imperfecto (subjuntivo pretérito) | hubiera, -ese | fuera, -ese | cayera, -ese | placiera, -ese | fuera, -ese |
| Subjuntivo futuro | hubiere | fuere | cayere | placiere | fuere |
| Imperativo | he | sé | cae | place | ve |
| | haya | sea | caiga | plazca | vaya |
| | hayamos | seamos | caigamos | plazcamos | vayamos |
| | habed | sed | caed | placed | id |
| | hayan | sean | caigan | plazcan | vayan |

| Infinitivo | 19 decir | 19a bendecir | 20 conducir | 21 venir | 22 sentir |
|---|---|---|---|---|---|
| Gerundio | diciendo | bendiciendo | conduciendo | viniendo | sintiendo |
| Participio | dicho | bendecido | conducido | venido | sentido |
| Indicativo presente | digo | bendigo | conduzco | vengo | siento |
| | dices | bendices | conduces | vienes | sientes |
| | dice | bendice | conduce | viene | siente |
| | decimos | bendecimos | conducimos | venimos | sentimos |
| | decís | bendecís | conducís | venís | sentís |
| | dicen | bendicen | conducen | vienen | sienten |
| Indicativo imperfecto (copretérito) | decía | bendecía | conducía | venía | sentía |
| | decíamos | bendecíamos | conducíamos | veníamos | sentíamos |
| Indicativo perfecto (pretérito) | dije | bendije | conduje | vine | sentí |
| | dijiste | bendijiste | condujiste | viniste | sentiste |
| | dijo | bendijo | condujo | vino | sintió |
| | dijimos | bendijimos | condujimos | vinimos | sentimos |
| | dijisteis | bendijisteis | condujisteis | vinisteis | sentisteis |
| | dijeron | bendijeron | condujeron | vinieron | sintieron |

| | | | | | |
|---|---|---|---|---|---|
| **Indicativo futuro imperfecto (futuro)** | diré | bendeciré | conduciré | vendré | sentiré |
| | diremos | bendeciremos | conduciremos | vendremos | sentiremos |
| **Indicativo condicional (pospretérito)** | diría | bendeciría | conduciría | vendría | sentiría |
| **Subjuntivo presente** | diga | bendiga | conduzca | venga | sienta |
| | digas | bendigas | conduzcas | vengas | sientas |
| | diga | bendiga | conduzca | venga | sienta |
| | digamos | bendigamos | conduzcamos | vengamos | sintamos |
| | digáis | bendigáis | conduzcáis | vengáis | sintáis |
| | digan | bendigan | conduzcan | vengan | sientan |
| **Subjuntivo imperfecto (subjuntivo pretérito)** | dijera, -ese | bendijera, -ese | condujera, -ese | viniera, -ese | sintiera, -ese |
| **Subjuntivo futuro** | dijere | bendijere | condujere | viniere | sintiere |
| **Imperativo** | di | bendice | conduce | ven | siente |
| | diga | bendiga | conduzca | venga | sienta |
| | digamos | bendigamos | conduzcamos | vengamos | sintamos |
| | decid | bendecid | conducid | venid | sentid |
| | digan | bendigan | conduzcan | vengan | sientan |

| **Infinitivo** | **23 erguir** | **24 ceñir** | **25 reír*** | **26 oír** | **27 dormir**** |
|---|---|---|---|---|---|
| **Gerundio** | irguiendo | ciñendo | riendo | oyendo | durmiendo |
| **Participio** | erguido | ceñido | reído | oído | dormido |
| **Indicativo presente** | yergo *o* irgo | ciño | río | oigo | duermo |
| | yergues *o* irgues | ciñes | ríes | oyes | duermes |
| | yergue *o* irgue | ciñe | ríe | oye | duerme |
| | erguimos | ceñimos | reímos | oímos | dormimos |
| | erguís | ceñís | reís | oís | dormís |
| | yerguen *o* irguen | ciñen | ríen | oyen | duermen |
| **Indicativo imperfecto (copretérito)** | erguía | ceñía | reía | oía | dormía |
| | erguíamos | ceñíamos | reíamos | oíamos | dormíamos |
| **Indicativo perfecto (pretérito)** | erguí | ceñí | reí | oí | dormí |
| | erguiste | ceñiste | reíste | oíste | dormiste |
| | irguió | ciñó | rió | oyó | durmió |
| | erguimos | ceñimos | reímos | oímos | dormimos |
| | erguisteis | ceñisteis | reísteis | oísteis | dormisteis |
| | irguieron | ciñeron | rieron | oyeron | durmieron |
| **Indicativo futuro imperfecto (futuro)** | erguiré | ceñiré | reiré | oiré | dormiré |
| | erguiremos | ceñiremos | reiremos | oiremos | dormiremos |
| **Indicativo condicional (pospretérito)** | erguiría | ceñiría | reiría | oiría | dormiría |
| **Subjuntivo presente** | yerga *o* irga | ciña | ría | oiga | duerma |
| | yergas *o* irgas | ciñas | rías | oigas | duermas |
| | yerga *o* irga | ciña | ría | oiga | duerma |
| | yergamos *o* irgamos | ciñamos | riamos | oigamos | durmamos |
| | yergáis *o* irgáis | ciñáis | riáis | oigáis | durmáis |
| | yergan *o* irgan | ciñan | rían | oigan | duerman |
| **Subjuntivo imperfecto (subjuntivo pretérito)** | irguiera, -ese | ciñera, -ese | riera, -ese | oyera, -ese | durmiera, -ese |
| **Subjuntivo futuro** | irguiere | ciñere | riere | oyere | durmiere |
| **Imperativo** | yergue *o* irgue | ciñe | ríe | oye | duerme |
| | yerga *o* irga | ciña | ría | oiga | duerma |
| | yergamos *o* irgamos | ciñamos | riamos | oigamos | durmamos |
| | erguid | ceñid | reíd | oíd | dormid |
| | yergan *o* irgan | ciñan | rían | oigan | duerman |

* **25a freír.** Como *reír,* excepto participio: frito. ** **27a morir.** Como *dormir,* excepto participio: muerto.

| **Infinitivo** | **28 salir** | **29 huir** | **30 pedir** | **30a seguir*** | **31 argüir** |
|---|---|---|---|---|---|
| **Gerundio** | saliendo | huyendo | pidiendo | siguiendo | arguyendo |
| **Participio** | salido | huido | pedido | seguido | argüido |
| **Indicativo presente** | salgo | huyo | pido | sigo | arguyo |
| | sales | huyes | pides | sigues | arguyes |
| | sale | huye | pide | sigue | arguye |
| | salimos | huimos | pedimos | seguimos | argüimos |
| | salís | huís | pedís | seguís | argüís |
| | salen | huyen | piden | siguen | arguyen |
| **Indicativo imperfecto (copretérito)** | salía | huía | pedía | seguía | argüía |
| | salíamos | huíamos | pedíamos | seguíamos | argüíamos |
| **Indicativo perfecto (pretérito)** | salí | huí | pedí | seguí | argüí |
| | saliste | huiste | pediste | seguiste | argüiste |
| | salió | huyó | pidió | siguió | arguyó |
| | salimos | huimos | pedimos | seguimos | argüimos |
| | salisteis | huisteis | pedisteis | seguisteis | argüisteis |
| | salieron | huyeron | pidieron | siguieron | arguyeron |
| **Indicativo futuro imperfecto (futuro)** | saldré | huiré | pediré | seguiré | argüiré |
| | saldremos | huiremos | pediremos | seguiremos | argüiremos |
| **Indicativo condicional (pospretérito)** | saldría | huiría | pediría | seguiría | argüiría |
| **Subjuntivo presente** | salga | huya | pida | siga | arguya |
| | salgas | huyas | pidas | sigas | arguyas |
| | salga | huya | pida | siga | arguya |
| | salgamos | huyamos | pidamos | sigamos | arguyamos |
| | salgáis | huyáis | pidáis | sigáis | arguyáis |
| | salgan | huyan | pidan | sigan | arguyan |
| **Subjuntivo imperfecto (subjuntivo pretérito)** | saliera, -ese | huyera, -ese | pidiera, -ese | siguiera, -ese | arguyera, -ese |
| **Subjuntivo futuro** | saliere | huyere | pidiere | siguiere | arguyere |
| **Imperativo** | sal | huye | pide | sigue | arguye |
| | salga | huya | pida | siga | arguya |
| | salgamos | huyamos | pidamos | sigamos | arguyamos |
| | salid | huid | pedid | seguid | argüid |
| | salgan | huyan | pidan | sigan | arguyan |

* **30b regir.** Transforma la *g* del radical en *j,* delante de *a, o.* Indicativo presente: rijo, riges, rige, regimos, regís, rigen. Subjuntivo presente: rija, rijas, rija, rijamos, rijáis, rijan. Imperativo: rige, rija, rijamos, regid, rijan.

# PREFIJOS Y SUFIJOS

## Elementos de origen griego que entran en la formación de palabras españolas

| | *significado* | *ejemplos* |
|---|---|---|
| a, an | ausencia, negación, privación | amoral, apolítico, anaerobio, anhídrido |
| acro | extremo | acrofobia, acróspora |
| adelf(o), adelfia | hermano | adelfofagia, monadelfia |
| aden(o) | glándula | adenectomía, adenopatía, sialadenitis |
| aer(o) | aire | aeremia, aerobio |
| agogia, agogía, agogo, agoga | conducir | demagogia, pedagogía, colagogo |
| agro | campo | agropecuario, agrología |
| alg(o), algia, algesi | dolor | algia, algofobia, ostalgia, algesímetro, analgesia |
| alo | otro | alógeno, alomorfo, alotropía |
| alotri(o) | extranjero | alotriomorfo, alotriosmia |
| ambli | obtuso, romo | ambliopía, amblípodo |
| amil(o) | fécula, almidón | amilasa, amilopectina |
| ampel(o) | vid | ampelita, ampelografía |
| ana | oposición, retroceso, repetición, recorrido | anabaptista, anadromo, anatocismo |
| andro, andria | hombre, macho | androginia, poliandria |
| anemo | viento | anemómetro, anemófilo |
| anfi | alrededor de, a ambos lados, doble | anfiteatro, anfíptero, anfíbraco, anfibio |
| anfo | los dos | anfógeno, anfófilo |
| angi(o), angei(o) | vaso, receptáculo | angialgia, angioma, angeítis |
| aniso | desigual | anisocromía, anisostenia |
| anomal(o) | irregular, extraño | anomaloscopia |
| anquilo | encorvado | anquiloglosia, anquilorrinia |
| anter(o) | florido | anteridio, anterofilia |
| anti | oposición, hostilidad, defensa, protección | antialcohólico, antinuclear, antigás, antituberculoso |
| ant(o) | flor | antera, antófago, poliantocarpo |
| antrac(o) | carbón | antracita, antracosis, antracómetro |
| antrop(o), antropía | hombre | antropófago, filántropo, licantropía |
| apo | alejamiento, separación, modificación, negación, privación | apoastro, apoginia, apostasía, apomorfina, apofonía, apomixia, apogamia |
| aracn(o) | araña | arácnido, aracnología |
| arca, arquía | ser el primero, mandar | monarca, monarquía |
| areo | tenue, poco denso | areómetro, areometría |
| argiro, argiri(o) | plata | argiropirita, argiritrosa |
| argo | brillante, blanco | argófilo |
| aristo | el mejor, excelente | aristócrata, aristogénesis |
| aritm(o) | número | aritmomanía, logaritmo |
| arque, arqui, archi | comenzar superioridad jerárquica | arquetipo, arquidiócesis archidiocesano, archicanciller |
| arque(o) | antiguo, primitivo | arqueología, arqueocidario |
| arsen(o), arsenic(o), arseni(o) | arsénico | arsenamida, arsenobenzol, arsenicismo, arsenicófago, arseniosiderita, arseniuro |
| artr(o) | articulación | artritis, artrópodo |
| asco | odre | ascomicetes, ascoliquen |
| asteno, astenia | debilidad | astenosfera, neurastenia |
| aster(o) | estrella | asteroide, micraster, asterismo |
| aut(o) | por sí mismo, de sí mismo | autismo, autodidacta, automóvil |
| axio | justo, válido | axiología, axiómetro |
| axon(o) | eje | axonómetro, axonomorfo |
| balan(o) | glande | balanitis, balanopostitis |
| bar(i) | pesado, grave | barhidrómetro, barimetría, barítono |
| bar(o) | peso | barómetro, isobara |
| bat(i) | profundo | batipnea, batolito, euribatia |
| biblio | libro | bibliófilo, bibliografía |
| bio | vida | biosfera, simbiosis, anfibio |
| blasto | germen | blastómero, nematoblasto |
| blen(o) | viscosidad, moco | blenorragia, blenoftalmía |
| bol(e) | lanzar | anabolismo, hibérbole |
| botri(o) | racimo | botridio, botriogeno, botriomicoma |
| bradi | lento | bradicardia, bradipódido |
| branqui(o), branquia | branquia | branquiado, branquioma, lamelibranquio |
| braqui | corto | braquipnea, braquigrafía |
| bromat(o) | alimento | bromatología, bromatotoxina |
| bronco, bronqui(o) | bronquios | broncofonía, broncoscopia, bronquiectasia, bronquiolitis |
| caco | malo | cacografía, cacofonía |
| calco | bronce | calcolítico, calcotipia |
| cali, calo | bello | caligrafía, calobiótica |
| carcin(o) | cangrejo y cáncer | carcínido, carcinología, carcinoide |
| cardi(o), cardia | corazón | cardialgia, cardiograma, miocardio, taquicardia |
| cario | nuez, núcleo | cariocinesis, astrocario |
| carp(o), carpio | fruto | carpelo, carpóforo, endocarpio |
| cata | hacia abajo contra | catatonía, catacrotismo catadióptrico |
| caule, cauli, caulo | tallo | caulescente, acaule, caulífero, caulobacteríneo |
| cefal(o), cefalia | cabeza | cefalitis, cefalópodo, braquicéfalo, hidrocefalia |
| cele | tumor, hernia | cistocele, hidrocele |
| cen(o) | común | cenestesia, biocenosis, epiceno |
| ceno | vacío | cenología |
| ceno | nuevo | cenogénesis, plioceno |
| centesis | punción | artrocentesis, paracentesis |
| cera, cerat(o) | cuerno | ceratosaurio, ceratoideo, criptocerado |
| ciano | azul oscuro | cianofilia, cianografía, cianotipo |
| cicl(o) | círculo | cíclida, ciclodiálisis |
| cigo | yugo | cigofiláceo, cigomorfismo |
| cigot(o), cigosis, cigotia | enganchado, unido | cigoteno, heterocigoto, homocigosis, heterocigotia |
| cinemat(o) | movimiento | cinemático, cinematógrafo |
| cines(i), cinet(o) | movimiento | cinescopio, cinesimetría, cinética, cinetogénesis |
| cit(o) | célula | citemia, citología, leucocito |
| clast(o), clasta | roto | clastomanía, iconoclasta |
| clepto | ladrón | cleptoparásito, cleptómano |
| clima, climat(o), climo | clima | climatopatología, climatoterapia, climografía |
| clino | inclinar | clinómetro, clinostato |
| cola, colo | goma | colabilidad, coloide |
| cole, colía | bilis | colecistitis, acolía |
| coleo | vaina | coleorriza, coleóptilo |
| col(ono), colia | colon | colectomía, colonoscopia, aerocolia |
| colp(o) | vagina | colpoplastia, colpotomía |
| conc(o) | concha | concoide |
| condrio, condr(o) | grano, cartílago | condriosoma, condritis, condrología |
| coni(o) | polvo | coniosis, conímetro |
| copro | excremento | coprofagia, coprosterol |
| coro | país | corógrafo, corografía |
| cosmet(o) | relativo al cuidado de la persona | cosmética, cosmetología |
| cosm(o) | mundo | cósmico, cosmobiología, microcosmo |
| cracia, crata | fuerza, poder | tecnocracia, burócrata |
| crane(o) | cráneo | craneoclasis, hemicránea |
| crino | secretar | crinología, endocrino |
| cri(o) | frío glacial | crianestesia, criómetro |
| cript(o) | oculto | criptestesia, criptogamia |
| cris(o) | oro | crisanilina, crisoterapia |
| croma, crom(ato), cromo | color | cromatina, crómico, cromatocito, cromófilo, policromía |
| cron(o), cronía | tiempo | cronología, anacrónico, diacronía |
| dactil(i), (o) | dedo | dactiliforme, dactilografía |
| dactilio | anillo | dactiliología, dactilioteca |
| deca | diez | decámetro, decalitro, decasílabo |
| dem(o), demia | pueblo, país | demagogia, demografía, epidemia |
| dendri, dendro | árbol | dendriforme, dendrómetro, rododendro |
| derm(ato), dermo, dermia | piel | dermitis, dermalgia, dermatolisis, dermoplastia, paquidermo, hipodermia |
| deuto, deuter(o) | segundo | deutógeno, deuteronomio |
| di | duplicación | dicarpio, dimorfia |
| di(a) | a través de, aparte de | diálisis, diacronía, diacrítico |
| diali | separar | dialipétalo, dialicarpelar |

| | *significado* | *ejemplos* |
|---|---|---|
| dica, dico | en dos | dicasio, dicogamia, dicotomía |
| didacta | aprender | autodidacta |
| dinam(o) | fuerza | dinamogénesis, adinamia |
| dino | terrible | dinosaurio, dinocerátido |
| dipl(o) | doble | diplacusia, diplografía, hiperdiploide |
| dis | dificultad, anomalía, mal funcionamiento | disartria, dislexia, dismorfosia |
| disc(o) | disco | discartrosis, discodáctilo, cefalodisco |
| dodec(a) | doce | dodecafonismo, dodecasílabo |
| dolico | largo | dolicocolon, dolicocéfalo |
| domo | casa | astrodomo, litodomo, opistodomo |
| doxo, doxia | opinión | doxología, ortodoxo, heterodoxia |
| drama | acción teatral | sicodrama, melodrama |
| dri(o) | encina | dríada, drioptérido |
| dromo, dromia | carrera | dromomanía, loxodromia |
| eco | casa | ecología, economía |
| eco | eco | ecografía, ecolalia |
| ectasia | dilatación | bronquiectasia, atelectasia |
| ect(o) | fuera | ectocardia, ectosoma |
| ectomía | ablación | adenectomía, gastrectomía |
| edaf(o) | suelo | edáfico, edafogénesis |
| edro | cara | poliedro, pentaedro |
| elaf(o) | ciervo | elafebolias, eláfodo |
| electr(o) | ámbar amarillo | electroencefalograma, electroshock |
| embrio | feto | embriocardia, embriología |
| emesis, emesia | vomitar | hematemesis, hiperemesia |
| emia | sangre | hiperemia, hipemia |
| encefal(o), encefalia | cerebelo, cerebro | encefalitis, encefalograma, anencefalia |
| endeca | once | endecaedro, endecasílabo |
| end(o) | dentro | endoscopia, endocardio |
| enea | nueve | eneagonal, enandria |
| eno | vino | enología, enotecnia |
| enquima | infusión, inyección | parénquima, esclerénquima |
| enter(o) | intestino | enteralgia, enterocolitis, mesenterio |
| ent(o) | adentro | entozoario, entóptico |
| entom(o) | insecto | entomófilo, entomólogo |
| eo | aurora, parte inferior | eoceno, eodevónico |
| ep(i) | sobre | epexégesis, epicentro |
| erg(o), ergia | obra | ergativo, ergonomía, criergia |
| eritr(o) | rojo | eritremia, eritrodermia |
| erot(o), ero | amor | erotismo, erotómano, erógeno |
| escaf(o) | barca | escafandra, escafocefalia |
| escato | último | escatología, escatológico |
| escato | excremento | escatofagia, escatófilo |
| escler(o) | duro | esclerénquima, esclerodermia, esclerótica |
| esfer(o), esfera | globo | esferímetro, esferoide, estratosfera |
| esfigm(o) | pulso, latido | esfígmico, esfigmografía |
| espasmo | convulsión | espasmofilia, espasmolítico, angiospasmo |
| espele(o) | caverna, gruta | espeleísta, espeleología |
| esperm(a), espermat(o) | simiente | espermograma, espermafito, espermatismo, espermatogénesis, angiosperma |
| espiro | espiral | espironema, espiroidal |
| esplen(o) | bazo | esplenectomía, esplenopulmonía |
| espondil(o) | vértebra | espondilartritis, espondilosis |
| esquizo | dividir | esquizoanálisis, esquizofrenia |
| estafil(o) | racimo | estafilematoma, estafilococo |
| estat(o) | estacionario, parado, estable | estatoblasto, estatorreactor |
| estaur(o) | cruz, estaca | estauroteca, estaurolita |
| esten(o) | estrecho, apretado | estenobiosis, estenocefalia, broncoestenosis |
| estereo | sólido | estereometría, estereofonía |
| estesi(o), estesia | sensación, sensibilidad | estesiometría, anestesia |
| estigmat(o) | picadura, señal | estigmático, estigmatomicosis |
| estilo | columna | estiloides, estilohioideo, estilómetro |
| estomat(o), estom(o) | boca | estomatitis, estomatodinia, estomático, estomocordado, microstoma |
| estrepto | trenzado, redondeado | estreptococo, estreptomicina |
| estrob(o) | remolino | estroboscopio, estroboclino |

| | *significado* | *ejemplos* |
|---|---|---|
| estrof(o) | vuelta | estrofismo, estrofoide, estrófulo |
| etno | raza, pueblo | etnocéntrico, etnología |
| eto | carácter, costumbre | etoespecie, etograma |
| eu | bien | euforia, eugenesia |
| euri | ancho | euribatia, euricefalia |
| exo | fuera | exogamia, exotérmico |
| fac(o) | de forma lenticular | facólisis, facómetro |
| fago, faga, fagia | comer | litófago, antropofagia |
| fal(o) | miembro viril | faliforme, falocracia |
| fanero | manifiesto, visible | fanerógamo, faneroneuro |
| fano, fanía | claro | diáfano, epifanía |
| faring(o) | faringe | faringitis, faringoscopio |
| farmac(o) | medicamento | farmacología, sicofármaco |
| fasia | palabra | acatafasia, afasia |
| fen(o) | brillar, aparecer | fenotipo, fitofenología |
| fico, ficeo | alga | ficología, ficófago, clorofíceo |
| 1. fil(o), filia | que ama, amigo | filatelia, filosacárido, cinéfilo, bibliofilia |
| 2. fil(o) | hoja | filita, filomanía, clorofila |
| 3. fil(o) | raza | filético, filogenia |
| fisio, fisia, fisis | naturaleza | fisiocracia, organofisia, hipófisis |
| fit(o) | planta | fitófago, afital, briofito |
| fleb(o) | vena | flebitis, flebotomía |
| fobo, fobia | miedo | xenófobo, agorafobia |
| fon(o), fonía | voz, sonido | fónico, teléfono, eufonía |
| foro, fora | que lleva | semáforo, reóforo |
| fot(o) | luz | fotismo, fotografía, fotomontaje |
| fren(o), frenia | inteligencia | frenopatía, hebefrénico, esquizofrenia |
| galact(o), galia | leche | galactorrea, agalactia, poligalia |
| gamo, gama, gamia | unión, casamiento | gamopétalo, fanerógamo, heterogamia |
| gaster(o), gastr(o) | estómago | gasteritis, gasterópodo, gastritis, gastroenteritis, epigastrio |
| 1. geno | engendrar, producir | patógeno, hidrógeno |
| 2. geno, genia | raza, nacimiento, origen | genocidio, genodermatosis, embriogenia |
| geo | tierra | geografía, apogeo |
| gero, geront(o) | anciano | geromorfismo, gerontología |
| gigant(o) | gigante | gigantismo, gigantoblasto |
| gimn(o) | desnudo | gimnanto, gimnoblasto, gimnocito |
| gin(o), ginec(o), ginia | mujer | ginandria, ginogénesis, andrógino, ginecología, poliginia |
| giro | círculo | giroscopio, girómetro, autogiro |
| glauco | verde mar | glaucofana, glaucoma |
| glipt(o) | grabado | gliptodonte, glíptica |
| gluc(o), glic(o) | dulce | glucemia, glucómetro, glicina, glicógeno |
| gnat(o) | mandíbula | gnatodonto, prognatismo |
| gnos(ia) | conocimiento | gnoseología [noseología], geognosia |
| gonio, gono | ángulo | goniómetro, hexágono |
| gono | semilla, reproducción | gonococo, gonorrea |
| graf(o), grafía | escribir | grafismo, grafodrama, dactilografía |
| grama, gramo | letra, escritura | telegrama, radiograma, gramómetro |
| hagi(o) | santo | hagiografía, hagiología |
| hal(i), (o) | sal | halacárido, halícola, halomorfo |
| haplo | simple | haplografía, haploide |
| hapt(o) | unir, ligar | hapteno, haptotropismo |
| hect(o) | cien | hectárea, hectómetro |
| heli(o) | sol | helíaco, heliógrafo, helioscopio, helianto |
| hem(a), hemat(o), hemo | sangre | hemangioma, hemartrosis, hematemesis, hematocele, hemoglobina |
| hemer(o) | día | hemeralopía, hemeroteca |
| hemi | medio, mitad | hemiciclo, hemiplejía |
| hepat(o) | hígado | hepatitis, hepatoscopio |
| hepta | siete | heptaedro, heptasílabo |
| heter(o) | otro | heterocromía, heteróclito |
| hexa | seis | hexasílabo, hexaedro |
| hial(o) | cristal | hialógrafo, hialita |
| hidr(o) | sudor, agua | hidrante, hidrénquima, hidrógeno |
| hier(o) | sagrado | hierático, hierocracia |
| higr(o) | humedad | higrometría, higrófobo |
| hil(o) | materia | hilomorfismo, hilozoísmo |
| hiper | sobre, exceso | hiperespacio, hipertensión |
| hipn(o) | sueño | hipnagógico, hipnosis, hipnotismo |

| | significado | ejemplos |
|---|---|---|
| hip(o) | caballo | hipismo, hipólogo |
| hipso | altura | hipsómetro, hipsograma |
| 1. hister(o) | útero | histerografía, histerolabo |
| 2. hister(o) | posterior | histéresis, histerología |
| histio, hist(o) | tejido | histiocito, histidina, histología |
| holo | todo, entero | holocarpio, hologénesis |
| homeo | semejante | homeopatía, homeostático |
| hom(o) | el mismo | homoceno, homofonía |
| iatro, iatría | médico | iatrofísica, iatroquímica, foniatría |
| icono | imagen | iconostasio, iconóstrofo |
| icti(o) | pez | íctico, ictiología, ictíneo |
| ide(o) | idea | ideograma, ideología |
| idio | peculiar, personal | idiolecto, idiomorfo |
| ido | apariencia, aspecto | bóvido, mórbido |
| ilio | hueso ilíaco | iliopubiano, iliolumbar |
| iso | igual | isotópico, isobara |
| itis | inflamación | bronquitis, traqueítis |
| kilo o quilo | mil | kilogramo, kilómetro |
| lalo, lali(a) | hablar | lalopatía, ecolalia, glosolalia |
| lampro | brillante | lamprófido, lampróforo |
| laring(o) | laringe | laringitis, laringotomía |
| latra, latría | adorar | ególatra, zoolatría |
| lepido | escama | lepidocariáceo, lepidocrocita |
| lepro | escamoso | leprología, leproma |
| lept(o) | delgado | leptita, leptorrimo, leptocéfalo |
| leuc(o) | blanco | leucemia, leucomielitis |
| lexic(o), lexia | léxico, lectura, diccionario | lexicógrafo, lexicalización, dislexia |
| lic(o) | lobo | licántropo, licósido |
| limn(o) | lago, pantano | limnético, limnícola, limnobiología |
| lio | disolver | liocito, liófilo |
| 1. lip(o) | faltar, abandonar | lipotimia, lipiria |
| 2. lip(o) | grasa | lípido, lipoproteína |
| lisis, lisia | disolución | electrólisis, diálisis, ansiolítico |
| lit(o) | piedra | litiasis, litografía, aerolito |
| log(o), logía | ciencia, tratado, palabra | logaritmo, geólogo, sociología |
| loxo | oblicuo | loxodonta, loxodromia |
| macr(o) | grande | macroglosa, macrocosmos |
| mancia | adivinación | oniromancia, quiromancia |
| manía, mano | locura, pasión | megalomanía, melómano |
| mano(s) | presión | manómetro, manorreductor, manoscopio |
| maquia | lucha | logomaquia, tauromaquia |
| mast(o), mastia | pezón | mastitis, mastoideo, ginecomastia |
| mega(lo), megalia | grande | megacolon, megalómano, acromegalia |
| melan(o) | negro | melanita, melanóforo, melanuria |
| 1. mel(o) | canto, música | melomanía, melodrama |
| 2. melo, melia | miembro | melorreostosis, macromelia |
| mening(o) | membrana | meningitis, meningococo |
| meno | mes, lunación | menopausia, menotoxina |
| meri(s) | parte | merisma, meristema |
| mero | parte | meroblástico, isómero |
| mes(o) | medio | mesenterio, mesomería, mesocracia |
| met(a) | más allá, después, junto a | metalenguaje, metabolismo, metacarpo |
| 1. metr(o), metría | medida | metrónomo, taxímetro, audiometría |
| 2. metr(o) | matriz | metritis, metropatía |
| mic(o), micet(o) | hongo | micelio, micosis, micetófago, ascomicete |
| micr(o) | pequeño | microfilm, microbio |
| miel(o) | médula | mielina, mieloblasto, poliomielitis |
| 1. miria, mirio | innumerable | miríada, miriápodo |
| 2. miria | diez mil | miriámetro |
| mis(o) | odiar | misántropo, misoginia |
| mito | leyenda | mitógrafo, mitomanía |
| mix(o) | mucosidad | mixedema, mixobacteria, amixia |
| mnesia | memoria | mnemónico, catamnesia |
| monad(o) | unidad | monádico, monadófito |
| mon(o) | único, solo | monarca, monocultivo, monoatómico |
| morf(o), morfia | forma | morfología, isomorfismo, homomorfía |
| narco | entumecimiento, letargo | narcomanía, narcoterapia |
| necro | cadáver, muerto | necrofilia, necrosis |
| nect(o) | que nada | nectocáliz, notonéctida |
| nefel(o) | nube | nefelismo, nefelómetro |
| nefr(o) | riñón | nefritis, nefropatía |

| | significado | ejemplos |
|---|---|---|
| nema, nemat(o) | hilo, filamento | nemafilita, nematelminto, nematocisto, axonema |
| nemo | memoria | nemotecnia, nemotaxia |
| neo | nuevo, reciente, renovado | neocito, neografismo, neogótico |
| neso | isla | nesodóntido, nesosilicato |
| neumat(o), neum(o) | aire, espíritu y pulmón | neumaturia, neumatolisis, neumartrosis, neumotórax |
| neur(o) | nervio | neuralgia, neurología, mixoneura |
| nict | noche | nictálope, nictíbido, nictanto |
| nomo, nomia | ley, costumbre | nomograma, nomogénesis, gastronomía, agronomía |
| noso | enfermedad | nosología, nosocomio |
| noto | espalda | notoencéfalo, notocordio |
| odo, hodo | camino | odómetro, electrodo |
| odont(o), odonte, odoncia | diente | odontalgia, odontólogo, mastodonte, ortodoncia |
| ofi(o) | reptil | ofiocéfalo, oficalcita, ofiuroideo |
| oftalm(o) | ojo | oftalmólogo, oftalmodinia, anoftalmo, xeroftalmia |
| oide(s), oideo | forma, aspecto exterior | hialoide, elipsoide, esfenoides, ofiuroideo |
| ole(o) | aceite | oleáceo, oleocultivo, oleobromía |
| olig(o) | poco, pequeño | oligofrenia, oligohemia |
| oma | tumor | fibroma, hematoma |
| onco | tumor | oncología, oncólogo |
| onir(o) | sueño | onirismo, oniromancia, onirocrítica |
| onoma(to), onimo, onimia | nombre | onomatopeya, onomástica, epónimo, toponimia |
| ont(o) | ser, ente | ontología, óntico, ontogenia |
| oo | huevo | oogamia, oosfera, oolito |
| ope, opia | ojo | opecarpo, miope, miopía |
| opisto | detrás | opistódomo, opistobranquio |
| opsis, opsia | visión | sinopsis, autopsia |
| opt(o) | visible | optometría, optotipo |
| ornito | ave | ornitólogo, ornitorrinco |
| oro | montaña | orogénesis, orografía |
| ort(o) | recto | orticonoscopio, ortodoxia, anortosis |
| osis | enfermedad no inflamatoria o crónica | neurosis, sicosis |
| 1. osm(o), osmosis | impulso | osmómetro, osmorregulador, exosmosis |
| 2. osmo, osma, osmia | olor | osmóforo, alcanforosma, anosmia |
| oste(o), ost(o) | hueso | osteítis, osteocondritis, osteopatía, ostalgia, periostosis |
| ot(o), otia | oreja | otitis, otoscopia, anquilotia |
| ox(i), oxid(o) | agudo, ácido | oxácido, oxibiosis, oxidorreducción, protóxido |
| paleo | antiguo | paleolítico, paleomagnetismo |
| pali(m), (n) | de nuevo | palilalia, palimpsesto, palíndromo |
| pan | todo, entero | panamericano, panafricanismo |
| pant(o) | todo | pantobase, pantógrafo, pantómetro |
| paqui | grueso, denso | paquidermia, paquivaginitis |
| para | junto a, a un lado, contra, casi | paratiroides, parámetro, paracronismo, paramilitar |
| pato, pata, patia | enfermedad | patógeno, patólogo, sicópata, neuropatía |
| ped(ia), paid(o) | niño<br>educación, cultura | pediatría, enciclopedia, paidología |
| ped(o) | suelo | pedogénesis, pedoclímax |
| penia | falta, pobreza | cloropenia, leucopenia |
| pent(a), pente | cinco | pentámetro, pentacampeón, pentedecágono, pentodo |
| pept(o), pepsia | digerir | peptógeno, péptido, dispepsia |
| peri | alrededor de | pericardio, perímetro |
| pexia | fijación, coagulación | histeropexia, citopexia |
| peya, poyesis | hacer | epopeya, leucopoyesis, hemopoyesis |
| piezo | apretar | piezoeléctrico, piezógrafo |
| pio | pus | piobacilosis, piorrea |
| piret(o) | fiebre | piretoterapia, piretología |
| pir(o) | fuego | pirita, piromanía, piróforo |
| pitec(o) | mono | pitecantropía, antropopiteco |
| plasia, plast(ia) | formar, modelar | leucoplasia, neoplasia, mieloplastia |
| plasm(o), plasma | formación | plasmalógeno, plasmocito, ectoplasma |

| | *significado* | *ejemplos* |
|---|---|---|
| plat(i) | ancho | platelminto, platímetro, platicefalia |
| pleio, plio | más | pleiotrópico, plioceno |
| pleisto | lo más | pleistoceno, pleistoseísta |
| plejía, plexia | golpe | hemiplejía, paraplejía, cataplexia |
| pleo | abundante | pleocitosis, pleocroísmo, pleomorfo |
| pleur(o) | costado | pleurito, pleurobranquia, somatopleura |
| pnea | respirar | apnea, dispnea |
| pod(o) | pie | podario, podólogo, seudópodo, tripodia |
| polem(o) | guerra | polemarquía, polemología |
| 1. poli | numeroso, mucho | policlínica, polímero |
| 2. poli(s) | ciudad | metrópolis, necrópolis |
| 1. polio | vender | monopolio, oligopolio |
| 2. polio | gris | poliomielitis, poliosis, polioencefalitis |
| potam(o) | río | potamología, Mesopotamia |
| poto | bebida, absorción | potómetro, sicrópato |
| praxia, praxis | acción, ejecución | quiropraxia |
| proct(o) | ano | proctitis, proctología, aproctia |
| prot(o) | primero | proténquima, protohistoria, protonotario |
| pter(o) | ala | pterodactilo, helicóptero, cenóptero, díptero |
| quera, querat(o) | cuerno | querafilocete, queraténquima, queratoconjuntivitis |
| queto | crin, cabellera | quetoderma, quetoforáceo, oligoqueto |
| quil(o), quilia | jugo | quilífero, quilotórax, quiluria, aquilia |
| quimo | humor | quimógrafo |
| quir(o), quiria | mano | quiralgia, quiromegalia, macroquiria |
| raqui | columna vertebral | raquialgia, raquitismo |
| reo, rrea | corriente | reóstato, reotropismo, leucorrea |
| rinco | pico | rincocele, aulorrinco, ornitorrinco |
| rin(o), rinia | nariz | rinobronquitis, rinoceronte, platirrinia, otorrinolaringología |
| riz(o) | raíz | rizoma, rizocéfalo, biorriza, polirrizo |
| rod(o) | rosa | rodocrocita, rodita |
| rragia | brotar | hemorragia, blenorragia |
| salping(o) | trompeta, trompa | salpingitis, salpingoplastia |
| sarco | carne | sarcocarpo, sarcoblasto, anasarco |
| saur(o), saurio | lagarto | saurópodo, sauropterigio, brontosaurio, sáurido |
| scopio, scopia, scopo | observar | telescopio, endoscopia, horóscopo |
| selen(o) | luna | selenita, selenodonto, aposeleno |
| sema, semia | signo | semáforo, polisemia |
| semio | signo | semiótica, semiografía, semiotecnia |
| septi, sepsia | putrefacción | septicemia, antiséptico, asepsia |

| | *significado* | *ejemplos* |
|---|---|---|
| seud(o) | falso | seudanual, seudomembrana, seudohidropesía |
| sial(o), sialia | saliva | sialografía, sialadenitis, asialia |
| sico, siqui | sique | sicología, sicogénesis, siquiatría |
| sicro | frío | sicrómetro, sicrotrofo |
| sider(o) | hierro | siderurgia, siderolito |
| sigm(o) | sigma | sigmático, sigmatismo |
| sin, sim, si | unión, simultaneidad, comunidad | sindactilia, sincronía, simbiosis, sílaba |
| sism(o) | terremoto | sismología, sísmico, asísmico |
| sofo, sofía | sabio, sabiduría | teósofo, logosofía |
| soma(to) | cuerpo | somático, somatogamia, cromosoma |
| stasia, stasis, stat(o) | detención | hemostasia, hidrostasis, aeróstato |
| stico, stiquio | verso | acróstico, hemistiquio |
| tanato, tanasia | muerte | tanatopraxia, eutanasia |
| taqui | rápido | taquifagia, taquigénesis |
| tauto | el mismo | tautocronismo, tautómero |
| taxi, taxo, taxia | arreglo, orden | taximetría, taxología, filotaxia |
| tecno, tecnia | arte, técnica | tecnología, zootecnia, politecnia |
| teco, teca | caja | discoteca, tecóforo |
| tele | lejos | teléfono, telemando |
| telo, teleo, telia | fin | teleología, telofase, atelia |
| teno | tendón | tenoplastia, tenopatía |
| te(o) | dios | teología, ateo, monoteísmo |
| terapia | curación | helioterapia, sicoterapia |
| terato | monstruo | teratoscopio, teratógeno, teratoma |
| term(o) | calor | termómetro, isoterma, diatermia |
| tetra | cuatro | tetráspora, tetraploide |
| tif(o) | estupor | tífico, tifoideo, tifosis |
| tipo, tipia | señal, modelo, carácter | tipógrafo, tipiadora, daguerrotipo, linotipia |
| toco, toci(a) | parto | tocoferol, distocia, arrenotócico |
| tom(o), tomía | división | tomografía, amigdalotomía, atomicidad |
| tono, tonia | tensión | tonometría, alótono, isotonía |
| topo | lugar | toponimia, isótopo |
| torac(o), torax | pecho, tórax | torácico, toracoplastia, ascotorácico, neumotórax |
| tox(i), toxic(o), toxo | veneno | toxemia, toxia, toxicómano, toxicidad, toxoplasma |
| tribo | frotar | triboelectricidad, basiotribo |
| triqui, trico | pelo | triquiasis, tricología, holótrico |
| trof(o), trofia | alimento | trofismo, trofocito, hipertrofia |
| troglo | agujero | troglobio, troglófilo |
| trogo | roer | trogoniforme, trogónido |
| trop(o), tropia | vuelta, cambio | tropismo, heliotropo, alotropía |
| urano | cielo | uranoscopio, uranometría |
| urgo, urgia | trabajo | dramaturgo, metalurgia |
| ur(o) | orina | urología, uricemia, diuresis, albuminuria |
| uro | cola | urodelo, anuro |
| xant(o) | amarillo | xantófilo, aloxantina |
| xeno | extranjero | xenofobia, polixeno |
| xer(o) | seco | xerosis, xerotropismo |
| xilo | madera | xilografía, xilómetro |
| zoo | animal | zoócoro, zoofobia, protozoo |

## Elementos de origen latino que entran en la formación de palabras españolas

| | *significado* | *ejemplos* |
|---|---|---|
| ab | separación, origen, acción | abjurar, absorber, aborigen |
| acet(o) | vinagre | acético, acetosidad |
| acu(i) | agua | acuatizar, acuífero, acuicultura |
| acut(i) | puntiagudo, agudo | acutángulo, acutifolio |
| adip(o) | grasa | adípico, adipogénesis |
| aeri | aire | aerífero, aeriforme |
| agri | campo | agrícola, agrimensura |
| album, albumin(o) | albumen, albúmina | albumosa, albuminuria, albuminómetro, lactoalbúmina |
| alcal(i), alcalin(o) | álcali | alcalescencia, alcalicelulosa, alcalinotérreo |
| alti | alto | altímetro, altígrafo |
| ambi | los dos, mixto | ambivalencia, ambidiestro |
| ante | anterioridad en el tiempo o en el espacio | antediluviano, antehélix |
| api | abeja | apicultura, apiforme |

| | *significado* | *ejemplos* |
|---|---|---|
| arbor(i) | árbol | arborescencia, arboricultura, arborícola |
| argent(o) | plata | argentífero, argentopirita |
| astac(i) | cangrejo de río | astacicultura, astácido |
| audi(o) | oír | audiometría, audífono |
| aur, auro | oro | aurífero, auroterapia |
| auricul(o) | oreja | auricular, auriculotemporal |
| avi | ave | avícola, avicultura |
| bacil(i), (o) | bastoncillo | bacilemia, baciliforme, baciloscopia |
| basi(o), baso, basia | marcha | basífugo, basiotripsia, basofilia, abasia |
| bi, bis, biz | repetición, existencia simultánea | bigamia, birreactor, bisexual, biznieto |
| braqui(o) | brazo | braquialgia, braquiocefálico |
| brevi | breve | brevilíneo, brevipenne |
| buc(o) | boca | bucal, bucodental |
| bulb(o) | bulbo | bulbitis, bulbouretral |
| calam(o) | caña | calamiforme, cálamo |
| calci(o) | cal | calcimorfo, calciotermia |

| | *significado* | *ejemplos* |
|---|---|---|
| calici | cáliz de la flor | caliciflоro, caliciforme |
| canceri, cancero | cáncer | cancerígeno, cancerología |
| caud(i), caude, caudo | cola | caudal, caudimano, longicaudo |
| centi | centésima parte cien | centímetro, centígrado, centiloquio |
| centri, centro | centro | centrífugo, centrobárico, epicentro |
| cida, cidio | matar | infanticida, regicidio |
| cili | pestaña | ciliado, ciliforme |
| circa | alrededor de | circadiano, circalunar |
| circum, circun | alrededor | circumpolar, circunferencia |
| cis | de la parte de acá | cisalpino, cismontano |
| clamido | clámide | clamidobacterial, clamidosfora |
| co, com, con | unión, asociación, participación, simultaneidad | coautor, compasión, confederación, copolimerización |
| coco | insecto | cocobacilo, estreptococo |
| cola | cultivar, habitar | agrícola, vinícola, arenícola |
| condil(o) | articulación, juntura | condilartro, cardiocóndilo |
| coni | cono | conífera, coniforme |
| contra | oposición, refuerzo, 2.º lugar, enfrente de | contradecir, contraventana, contramaestre, contraofensiva |
| coral(i) | coral | coralágata, coralífero |
| corni | cuerno | corniabierto, corniforme |
| cortic(o) | corteza | corticoide, corticectomía |
| cox(o) | cadera | coxalgia, coxofemoral |
| cristalo | vidrio, cristal | cristalofílico, cristalotecnia |
| cruci | cruz | crucífero, crucigrama, crucial |
| cuadri, cuadru, cuatri | cuatro | cuadrienio, cuadrumano, cuatrimotor |
| cuasi | casi | cuasirreflejo, cuasiusufructo |
| cultor, cultura | que cultiva y cultivo | piscicultor, agricultura |
| cupr(i), (o) | cobre | cuprato, cuprífero, cuproterapia |
| curvi | curvo | curvilíneo, curvirrostro |
| cuti | piel | cutícola, cutirreacción |
| de | disociación, de arriba abajo, etc. | decaimiento, decantar |
| deci | décima parte | decigramo, deciárea |
| densi | grueso, lento | densivolúmetro, densímetro |
| denti, dent(o) | diente | dentífrico, dentoma, apicodental |
| des, dis | privación, negación, acción inversa, etc. | deshabitar, desacorde, desactivar, displacer |
| dextro | derecho | dextrocardia, dextrógiro |
| di | oposición, origen, extensión | disentir, dimanar, difundir |
| digit(o) | dedo | digitígrado, digitoplastia |
| dors(o) | lado | dorsífero, dorsopalatal |
| ducto | conducir | acueducto, oleoducto |
| entre | situación o calidad intermedia | entreacto |
| | relación o medio | entretejer |
| | atenuación | entreabrir |
| equi | igual | equidistante, equivalencia |
| espectro | imagen, simulacro | espectroscopio, espectrógrafo |
| espongi(o), esponj(o) | esponja | espongiario, espongioplasma, esponjolita |
| esterco | excremento | estercobilina, estercoráceo |
| estrati, estrato | cubierta, capa | estratigrafía, estratosfera, estratovolcán |
| ex | fuera, más allá, función o estado anterior, intensificación | excéntrico, expatriar, exministro, exclamar |
| extra | fuera de, mucho, muy | extrapolar, extraterrestre, extraordinario, extraplano |
| fer(o) | llevar | teleférico, petrolífero |
| ferri, ferro | hierro | ferrita, ferrocarril |
| fico | higo | ficoideo, ficoliquen |
| fico, fica | hacer | frigorífico, benéfica |
| fili | hilo | filiforme, filipéndula |
| flori, floro | flor | florífero, multifloro |
| fluvi(o) | río | fluvial, fluviógrafo |
| foli(o) | hoja | folífero, foliófago |
| forme | forma | multiforme, filiforme |
| fugo, fuga | huir | calorífugo, febrífugo |
| gemi | yema | gemífero, gemíparo |
| genito | engendrado | genitocrural, genitourinario |
| german(o) | alemán | germanismo, germanófilo |
| gero | llevar | clavígero, dentígero |
| grado | andar | ungulígrado, plantígrado |
| gravi | pesado | gravímetro, gravígrado |
| horti | huerto | horticultor, hortícola |
| in, [im, i] | lugar en donde, negación o privación, contrario | insistir, incultura, imposible, irreal |

| | *significado* | *ejemplos* |
|---|---|---|
| infra | debajo, inferior | infraestructura, infrarrojo |
| inter | entre, en medio de | intercalar, interministerial, interandino |
| intra | dentro de | intramuscular, intramuros |
| intro | hacia adentro | introducción, introspección |
| lact(o) | leche | lactescencia, lactoalbúmina, lactofosfato |
| lamel(i) | laminilla | lamelibranquio, lamelárido |
| larv(i) | larva | larviforme, larvívoro |
| latero, lateri | lado | laterígrado, lateroanterior, cuadrilátero |
| lati | ancho, amplio | latifolio, latifundio |
| levo | izquierdo | levógiro, levoglucosa |
| lign(o) | madera | lignito, lignocelulosa |
| linf(o) | agua | linfagioma, linfografía, linfocito |
| lingu(a) | lengua | lingual, lingüista, bilingüe |
| loco | lugar | locomoción, locotractor |
| locuo, loquio | hablar | ventrílocuo, soliloquio |
| longi | largo | longicornio, longilobulado |
| luci | luz | lucífero, lucícola |
| lumin(o) | luz | luminiscencia, luminógeno, luminotecnia |
| mami, mamo | mama | mamífero, mamografía |
| manía, mano | locura, pasión | megalomanía, melómano |
| mecan(o) | mecánico | mecanismo, mecanógrafo, mecanoterapia |
| meli | miel | melífero, melificar |
| mente | mente | exactamente, ardientemente |
| metal(o) | metal | metalocerámica, metaloquímica |
| mili | milésima parte | mililitro, milibar |
| mini | muy pequeño | miniordenador, minifundio |
| multi | mucho | multicolor, multípara |
| noct(i) | noche | noctámbulo, noctívago, noctovisión |
| normo | regla | normocito, normoblasto |
| nucle(o) | centro | nucleoplasma, mononucleosis, polinuclear |
| oct(o), octa | ocho | octaedro, octogonal, octogenario |
| ocul(o) | ojo | oculocardíaco, oculógiro |
| ole(o) | aceite | oleáceo, oleocultivo, oleobromía |
| omni | todo | omnidireccional, omnívoro, ómnibus |
| onco, onci, unc(o) | gancho | oncódido, oncocéfalo, oncídido, unciforme |
| ovo, ovi | huevo | oviforme, ovogénesis, ovoide, ovíparo |
| pari | igual | parisílabo, pariambo |
| paro, para | parir | vivíparo, primípara |
| patri, patro | padre | patrilineal, patrilocal |
| ped(i) | pie | pedético, pedicuro, bípedo |
| peni | casi | penillanura, península |
| penni, penne | plúma | penninervio, longipenne |
| per | por, a través de, reforzativo | pernoctar, pervivir, perturbar |
| petr(o), petri | piedra | petrografía, petrificar |
| pil(i), pilo | pelo | pilífero, pilomotor |
| pisci | pez | piscicultura, pisciforme |
| plan(i) | plano | planisferio, planimetría |
| pleni | lleno | plenipotencia, plenilunio |
| pluri | más | plurilateral, plurivalente |
| pluvi(i), (o) | lluvia | pluvial, pluviifolio, pluviómetro |
| pos, post | detrás, después | posoperatorio, posdatar, postimpresionismo |
| pre | anterioridad, prioridad, encarecimiento | prehistoria, predominar, preclaro |
| preter | excepto, más allá de | preternatural, preterición |
| prim(o) | primero | primogenitor, primípara |
| pro | ante o delante de, sustitución, progreso | pródromo, procesión, pronombre, procónsul, promover |
| pueri | niño | puericultura, puerilizar |
| quinque | cinco | quinquelingüe, quinquenio |
| radic(i) | raíz | radicela, radicícola, radiciforme |
| re | repetición, intensificación, ponderación, retroceso | reacuñar, reargüir, recontento, retirar |
| reni | riñones | reniforme |
| retro | hacia atrás | retrovisor, retrógrado, retroacción |
| sacar(o), (i) | azúcar | sacareína, sacarosa, sacarómetro, sacarina, sacarífero |
| sapon(i) | jabón | saponáceo, saponificar |

| | *significado* | *ejemplos* |
|---|---|---|
| semi | medio, casi, semejante | semiconsonante, semioficial, semiautomático |
| servo | auxiliar | servomando, servofreno |
| sesqui | la mitad más | sesquicentenario, sesquióxido |
| sex | seis | sexagenario, sextina |
| sider(o) | astro, estrella | sideral, siderostato |
| silico | sílice | silicosis, silicospongia |
| silv(i) | bosque | silva, silvicultura |
| simil(i) | semejante | similicadencia, similor |
| sinistr(o) | izquierdo | sinistrocardia, sinistrorso |
| sin(o) | chino | sinólogo, sinisante |
| somn(o) | sueño | somnífero, somnolencia |
| son(o) | sonido | sónico, sonógrafo |
| sub | debajo, secundariedad, inferioridad, posterioridad | sublingual, subarrendar, subalterno, subseguir |
| super | superioridad | superestructura, supertanque |
| supra | por encima, superioridad | supranacional, supracondíleo |
| trans, tras | cambio, del otro lado, a través de | transformar, transportar, transiberiano, trascendencia |
| tri | tres | triactina, trisódico |
| uni | uno, único | unisexuado, unicroísmo |
| veloc(i) | rápido | velocímetro, velocípedo |
| vermi | gusano | vermífugo, vermívoro |
| vice, vi, viz | en lugar de, por | vicealmirante, virrey, vizconde |
| vin(i) | vino | vínico, vinicultor |
| viti | viña | viticultura, vitífero |
| viz → VICE | | |
| vor(o) | comer | herbívoro, carnívoro |
| yuxta | cerca de, junto a | yuxtaponer, yuxtalinear |

# ABREVIATURAS EMPLEADAS EN ESTA OBRA

| | |
|---|---|
| A. | Antes de |
| A. J.C. | Antes de Jesucristo |
| Abrev. | Abreviatura |
| Act. | Actualmente |
| ACÚST. | Acústica |
| Adj. | Adjetivo |
| Adj. num. cardin. | Adjetivo numeral cardinal |
| Adj. num. ordin. | Adjetivo numeral ordinal |
| Adv. | Adverbio, adverbial |
| Adv. afirm. | Adverbio de afirmación |
| Adv. c. | Adverbio de cantidad |
| Adv. d. | Adverbio de duda |
| Adv. l. | Adverbio de lugar |
| Adv. m. | Adverbio de modo |
| Adv. neg. | Adverbio de negación |
| Adv. ord. | Adverbio de orden |
| Adv. t. | Adverbio de tiempo |
| AERON. | Aeronáutica |
| AERON. MIL. | Aeronáutica militar |
| Afl. | Afluente |
| Ag. | Agosto |
| AGRIC. | Agricultura |
| ALBAÑ. | Albañilería |
| Alem. | Alemán |
| ALP. | Alpinismo |
| ALQ. | Alquimia |
| Alt. | Altura |
| *Amér.* | América |
| *Amér. Central* | América Central |
| *Amér. Merid.* | América Meridional |
| ANAT. | Anatomía |
| Anch. | Anchura |
| *Anglic.* | Anglicismo |
| *Ant.* | Antigüedad, antiguo |
| ANT. | Antigüedad |
| ANT. CLÁS. | Antigüedad clásica |
| ANT. GR. | Antigüedad griega |
| ANT. ROM. | Antigüedad romana |
| ANTROP. | Antropología |
| ANTROP. CULT. | Antropología cultural |
| APIC. | Apicultura |
| Aprox. | Aproximadamente |
| Ár. | Árabe |
| ARBOR. | Arboricultura |
| *Argent.* | Argentina |
| ARM. | Armamento |
| ARQ. | Arquitectura |
| ARQUEOL. | Arqueología |
| Art. | Artículo |
| ART. | Arte |
| ART. CONTEMP. | Arte contemporáneo |
| ART. DEC. | Artes decorativas |
| ART. GRÁF. | Artes gráficas |
| ASTROL. | Astrología |
| ASTRON. | Astronomía |
| ASTRONÁUT. | Astronáutica |
| AUTOM. | Automovilismo |
| AV. | Aviación |
| B. ART. | Bellas Artes |
| B. Y BOLS. | Banca y Bolsa |
| BACTER. | Bacteriología |
| BIOL. | Biología |
| BIOQUÍM. | Bioquímica |
| *Bol.* | Bolivia |
| BORD. | Bordados |
| BOT. | Botánica |
| C. | Ciudad |
| *C.* | Circa |
| C. p. | Cabeza de partido |
| *C. Rica* | Costa Rica |
| Cab. | Cabecera, cabeza |
| *Can.* | Canarias |
| Cap. | Capital, capítulo |
| CARN. | Carnicería |
| Cat. | Catalán |
| *Cat.* | Católico |
| CIB. | Cibernética |
| CICL. | Ciclismo |
| CIN. | Cinematografía |
| CINEGÉT. | Cinegética |
| CIR. | Cirugía |
| CIT. | Citología |
| *Clás.* | Clásico |
| CLIMAT. | Climatología |
| Col. | Colección, colegio |
| *Colomb.* | Colombia |
| Com. | Comuna |
| COM. | Comercio |
| Conj. | Conjunción |
| Conj. advers. | Conjunción adversativa |
| Conj. caus. | Conjunción causal |
| Conj. comp. | Conjunción comparativa |
| Conj. conc. | Conjunción concesiva |
| Conj. cond. | Conjunción condicional |
| Conj. cop. | Conjunción copulativa |
| Conj. distrib. | Conjunción distributiva |
| Conj. disyunt. | Conjunción disyuntiva |
| Conj. fin. | Conjunción final |
| Conj. temp. | Conjunción temporal |
| CONSTR. | Construcción |
| CONTAB. | Contabilidad |
| *Contemp.* | Contemporáneo |
| CONTR. | Contrario |
| COREOGR. | Coreografía |
| COST. | Costura |
| *Crist.* | Cristiano |
| CRONOL. | Cronología |
| CULINAR. | Culinaria |
| D. | Después de |
| D. J.C. | Después de Jesucristo |
| Dan. | Danés |
| Def. | Defectivo |
| DEF. | Defensa |
| Dem. | Demostrativo |
| DEMOGR. | Demografía |
| Dep. | Departamento |
| DEP. | Deportes |
| DER. | Derecho |
| DER. ADM. | Derecho administrativo |
| DER. ANT. | Derecho antiguo |
| DER. CAN. | Derecho canónico |
| DER. CIV. | Derecho civil |
| DER. FEUD. | Derecho feudal |
| DER. FISC. | Derecho fiscal |
| DER. FOR. | Derecho foral |
| DER. INTERN. | Derecho internacional |
| DER. MERC. | Derecho mercantil |
| DER. MIL. | Derecho militar |
| DER. PEN. | Derecho penal |
| DER. POL. | Derecho político |
| DER. ROM. | Derecho romano |
| DERMATOL. | Dermatología |
| *Desp.* | Despectivo |
| Det. | Determinado |
| DIB. | Dibujo |
| Dic. | Diciembre |
| Dim. | Diminutivo |
| Distr. | Distrito |
| *Dom.* | República Dominicana |
| E | Este |
| ECOL. | Ecología |
| ECON. | Economía |
| ECON. POL. | Economía política |
| *Ecuad.* | Ecuador |
| Ed. | Edición, editora, editorial |
| EDAFOL. | Edafología |
| Egipc. | Egipcio |
| Ej. | Ejemplo |
| ELECTR. | Electricidad |
| ELECTROACÚST. | Electroacústica |
| ELECTRÓN. | Electrónica |
| EMBRIOL. | Embriología |
| En. | Enero |
| Encicl. | Enciclopedia |
| ENCUAD. | Encuadernación |
| ENOL. | Enología |
| ENSEÑ. | Enseñanza |
| ENTOM. | Entomología |
| EPISTEMOL. | Epistemología |
| EQUIT. | Equitación |
| Escand. | Escandinavo |
| ESCULT. | Escultura |
| ESGR. | Esgrima |
| Esp. | Español |
| Est. | Estado |
| ESTADÍST. | Estadística |
| Etc. | Etcétera |
| ETNOL. | Etnología |
| ETOL. | Etología |
| F. | Femenino |
| F. C. | Ferrocarril |
| *Fam.* | Familiarmente |
| FARM. | Farmacia |
| Febr. | Febrero |
| FEUD. | Feudal, feudalismo |
| *Fig.* | Figurado |
| *Filip.* | Filipinas |
| FILOL. | Filología |
| FILOS. | Filosofía |
| FIN. | Finanzas, financiero |
| FÍS. | Física |
| FÍS. NUCL. | Física nuclear |
| FISIOL. | Fisiología |
| FITOL. | Fitología |
| FONÉT. | Fonética |
| FORT. | Fortificación |

| | |
|---|---|
| FOT. | Fotografía |
| Fr. | Francés |
| *Galic.* | Galicismo |
| Gall. | Gallego |
| GENÉT. | Genética |
| GEOD. | Geodesia |
| GEOGR. | Geografía |
| GEOL. | Geología |
| GEOMETR. | Geometría |
| GEOMORFOL. | Geomorfología |
| Gr. | Griego |
| GRAB. | Grabado |
| GRAM. | Gramática |
| *Guat.* | Guatemala |
| Hab. | Habitante |
| Hebr. | Hebreo, hebraico |
| HERÁLD. | Heráldica |
| HIDROGR. | Hidrografía |
| HIDROL. | Hidrología |
| HIST. | Historia |
| HIST. NAT. | Historia natural |
| HIST. REL. | Historia religiosa |
| HIST. ROM. | Historia romana |
| HISTOL. | Histología |
| *Hond.* | Honduras |
| HORT. | Horticultura |
| Húng. | Húngaro |
| *Id.* | Idem |
| Impers. | Impersonal |
| IMPR. | Imprenta |
| Indef. | Indefinido |
| Indet. | Indeterminado |
| INDUSTR. | Industria |
| INFORMÁT. | Informática |
| Ingl. | Inglés |
| Inst. | Institución, instituto |
| Interj. | Interjección |
| Interrog. | Interrogativo |
| Intr. | Intransitivo |
| *Irón.* | Irónicamente |
| Irreg. | Irregular |
| Ital. | Italiano |
| J. C. | Jesucristo |
| JARD. | Jardinería |
| JOY. | Joyería |
| JUEG. | Juego |
| Lám. | Lámina |
| Lat. | Latín, latitud |
| LING. | Lingüística |
| LIT. | Literatura |
| LITURG. | Liturgia |
| LITURG. CATÓL. | Liturgia católica |
| Loc. | Locución |
| LÓG. | Lógica |
| Long. | Longitud |
| M. | Masculino |
| MAGNET. | Magnetismo |
| MAR. | Marina, marítimo |
| MAR. MIL. | Marina militar |
| MAT. | Matemáticas |
| MEC. | Mecánica |
| MED. | Medicina, medieval |
| MED. ANT. | Medicina antigua |
| Merid. | Meridional |
| METAL. | Metalurgia |
| METEOROL. | Meteorología |
| MÉTRIC. | Métrica |
| MÉTRIC. ANT. | Métrica antigua |
| MÉTRIC. CLÁS. | Métrica clásica |
| METROL. | Metrología |
| *Méx.* | México |
| MIL. | Militar |
| MIN. | Minas, minería |
| MINER. | Mineralogía |
| MIT. | Mitología |
| MIT. GR. | Mitología griega |
| MIT. ROM. | Mitología romana |
| Mons. | Monseñor |
| MONT. | Montería |
| Mun. | Municipio, municipal |
| MÚS. | Música |
| MÚS. ANT. | Música antigua |
| N | Norte |
| N. | Nombre |
| N. c. | Nombres comunes |
| N. m. o f. | Nombre de género ambiguo |
| N. m. y f. | Nombre de género común |
| N. pr. | Nombre propio |
| NE | Noreste |
| NEUROL. | Neurología |
| *Nicar.* | Nicaragua |
| NO | Noroeste |
| Nov. | Noviembre |
| NUMISM. | Numismática |
| O | Oeste |
| OBR. PÚBL. | Obras Públicas |
| OBST. | Obstetricia |
| Occ. | Occidental |
| OCEANOGR. | Oceanografía |
| Oct. | Octubre |
| OFTALM. | Oftalmología |
| Onomat. | Onomatopeya, onomatopéyico |
| ÓPT. | Óptica |
| Or. | Oriental, orilla |
| Or. der. | Orilla derecha |
| Or. izq. | Orilla izquierda |
| ORFEBR. | Orfebrería |
| ORNITOL. | Ornitología |
| P. | Página, participio, partido |
| P. j. | Partido judicial |
| *P. Rico* | Puerto Rico |
| PALEOGR. | Paleografía |
| *Pan.* | Panamá |
| PAPEL. | Industria del papel |
| *Par.* | Paraguay |
| PATOL. | Patología |
| Pers. | Persona, personal |
| PESC. | Pesca |
| PETROGR. | Petrografía |
| PETROQUÍM. | Petroquímica |
| PETRÓL. | Petróleo |
| PINT. | Pintura |
| PIROTECN. | Pirotecnia |
| Pl. | Plural |
| Pobl. | Población |
| *Poét.* | Poético |
| POL. | Política |
| Por ej. | Por ejemplo |
| Port. | Portugués |
| Poses. | Posesivo |
| Pral. | Principal |
| PREHIST. | Prehistoria |
| Prep. | Preposición |
| Pres. | Presente |
| Prof. | Profundidad |
| Pron. | Pronombre, pronominal |
| Prov. | Provincia |
| Provenz. | Provenzal |
| QUÍM. | Química |
| QUÍM. ORG. | Química orgánica |
| R. | Río |
| RADIOL. | Radiología |
| RADIOTECN. | Radiotecnia |
| REL. | Religión |
| REL. CATÓL. | Religión católica |
| RELOJ. | Relojería |
| Rep. | República |
| RET. | Retórica |
| Rom. | Romano |
| S | Sur |
| S. | Siglo |
| *Salv.* | El Salvador |
| Sánscr. | Sánscrito |
| SE | Sureste |
| Set. | Setiembre |
| SICOANÁL. | Sicoanálisis |
| SICOL. | Sicología |
| SICOPATOL. | Sicopatología |
| SICOSOCIOL. | Sicosociología |
| SILVIC. | Silvicultura |
| SIN. | Sinónimo |
| Sing. | Singular |
| SIQUIATR. | Siquiatría |
| SO | Suroeste |
| SOCIOL. | Sociología |
| Ss. | Siglos, siguientes |
| Superl. | Superlativo |
| T. | Término, tomo |
| TAUROM. | Tauromaquia |
| TEATR. | Teatro |
| TECNOL. | Tecnología |
| TELECOM. | Telecomunicaciones |
| TELEV. | Televisión |
| TEOL. | Teología |
| TEOL. CATÓL. | Teología católica |
| TERAP. | Terapia |
| TÉRM. | Térmica |
| TEXT. | Textiles |
| TOP. | Topografía |
| Tr. | Transitivo |
| Trad. | Traducción |
| URBAN. | Urbanismo |
| *Urug.* | Uruguay |
| V. | Véase, verbo, villa |
| *V.* | Volumen (medida) |
| Vasc. | Vascuence |
| *Venez.* | Venezuela |
| VET. | Veterinaria |
| VITIC. | Viticultura |
| Vol., vols. | Volumen, volúmenes |
| *Vulg.* | Vulgar, vulgarismo |
| ZOOL. | Zoología |
| ZOOTECN. | Zootecnia |
| → | Véase |
| * | Véase |
| † | Fallecido |

# A

**A** n. f. (pl. *aes*). Primera letra del alfabeto español y primera de sus vocales. **2.** Símbolo del *amperio.* **3.** Símbolo del *área.* **4.** Nombre de la nota *la* en inglés y en alemán. **5.** Símbolo del *angström* (Å). • **A por a y be por be,** punto por punto.

**A** prep. (lat. *ad*). Expresa fundamentalmente idea de movimiento material o figurado: *va a la zarzuela; dirigirse a los Alpes; fiel a sus amigos; fidelidad al deber.* **2.** Introduce los complementos del adjetivo: *trabajo útil al país; semejante a ti.* **3.** Introduce el complemento directo de persona o cosa personificada del verbo: *quiero a mi madre; temo a la muerte.* **4.** Introduce el complemento indirecto del verbo: *escribo una carta a mi padre; legó sus bienes a los pobres.* **5.** Introduce distintos complementos circunstanciales: *iremos a Madrid; de cara al norte; a la lumbre; a medianoche; a la española; a palos.*

**A CAPPELLA** loc. (loc. ital., *a capilla*). MÚS. Dícese de la obra coral que se ejecuta sin acompañamiento.

**A CONTRARIIS** loc. (loc. lat., *por los contrarios*). Dícese del argumento que, partiendo de una oposición en las hipótesis, concluye de una de ellas lo contrario de lo que es sabido de la otra.

**A POSTERIORI** loc. (voces lat., *posteriormente a la experiencia*). Se aplica a los razonamientos que se basan en la experiencia.

**A PRIORI** loc. (voces lat., *partiendo de lo anterior*). Dícese de lo que se admite fundándolo en datos anteriores a la experiencia o que no provienen de ella. **2.** Anterior a cualquier conocimiento profundizado; al primer contacto.

**AB INITIO** loc. (loc. lat., *desde el principio*). Desde tiempo inmemorial o muy remoto.

**AB INTESTATO** loc. (loc. lat., *sin testamento*). DER. Sin testar: *murió ab intestato.*

**ABABOL** n. m. Amapola. **2.** *Fig.* Persona distraída, abobada.

**ABACÁ** n. m. Banano de las Filipinas, que proporciona una fibra textil llamada *cáñamo de Manila.* (Familia musáceas.) **2.** Esta misma fibra. **3.** Tejido hecho con ella.

**ABACADO** n. m. *Antillas.* Aguacate.

**ABACERÍA** n. f. Establecimiento del abacero.

**ABACERO, A** n. Persona que tiene por oficio vender aceite, vinagre, legumbres secas, etc.

**ABACIAL** adj. Relativo al abad, a la abadesa o a la abadía.

**ÁBACO** n. m. (lat. *abacum*). Cuadro de madera con alambres por los que se deslizan unas bolas, utilizado para calcular. **2.** Pieza prismática saliente que forma la parte superior del capitel. **3.** Gráfico que da, por simple lectura, la solución aproximada de un problema numérico.

**ABACORAR** v. tr. [1]. *Cuba, P. Rico* y *Venez.* Hostigar, perseguir a alguien.

**ABAD** n. m. Superior de un monasterio de hombres que ostenta el título de abadía.

**ABADEJO** n. m. Bacalao. **2.** Pez comestible acantopterigio del mar Caribe. (Familia serránidos.) **3.** Pez teleósteo que vive en el Atlántico. (Familia gádidos.)

**abadejo**

**ABADENGO, A** adj. Relativo a la dignidad o jurisdicción del abad: *bienes abadengos.*

**ABADESA** n. f. Superiora de un monasterio o convento regular.

**ABADÍ** o **'ABBĀDÍ** adj. y n. m. y f. Relativo a los Abadíes, dinastía de reyes de la taifa de Sevilla. (V. parte n. pr.)

**ABADÍA** n. f. Dignidad de abad o de abadesa. **2.** Edificio o conjunto de edificios que albergan una comunidad, al frente de la cual está un abad o una abadesa. **3.** Territorio, jurisdicción y bienes pertenecientes al abad o a la abadesa.

la **abadía** benedictina de Montserrat, Barcelona

**ABADIATO** n. m. Abadía. **2.** Tiempo en que un abad desempeña sus funciones como tal: *diez años de abadiato.*

**ABAJAMIENTO** n. m. GEOMORFOL. Movimiento de descenso del terreno bajo el efecto de movimientos tectónicos o de fuerzas externas.

**ABAJEÑO, A** adj. y n. Natural de El Bajío, región del centro de México. **2.** *Amér.* De las costas y tierras bajas.

**ABAJERA** n. f. *Argent.* y *Urug.* Sudadero que se coloca debajo del aparejo de las caballerías.

**ABAJO** adv. l. En un lugar más bajo que aquel en que está el que habla u otro que se toma como referencia, o en dirección hacia él: *está abajo; voy abajo.* **2.** En lugar posterior de un escrito: *el abajo firmante; como se dirá más abajo.* **3.** Pospuesto a un nombre de lugar, en dirección a la parte más baja de él: *calle abajo.* ◆ interj. **4.** Grito de hostilidad: *¡abajo la tiranía!*

**ABALANZAR** v. tr. [1g]. Igualar, equilibrar: *abalanzar las fuerzas.* ◆ v. tr. y pron. **2.** Lanzar, impeler violentamente: *abalanzar la pelota.* ◆ **abalanzarse** v. pron. **3.** Dirigirse violentamente hacia un sitio: *se abalanzó sobre mí.*

**ABALEAR** v. tr. [1]. Separar con escoba los granzones, paja, etc., de los cereales, después de aventados: *abalear centeno.*

**ABALEAR** v. tr. [1]. *Amér.* Disparar contra alguien.

**ABALEO** n. m. Acción de abalear, separar con escoba. **2.** Escoba con que se abalea.

**ABALIZAR** v. tr. [1g]. Señalar con balizas: *abalizar las pistas de un aeropuerto.*

**ABALORIO** n. m. Conjunto de cuentecillas de vidrio agujereadas con que se hacen adornos, collares y labores. **2.** Cada una de estas cuentecillas.

**ABANDERADO, A** Persona que se destaca en la defensa de una causa. ◆ n. m. **2.** Oficial subalterno que lleva la bandera en las formaciones. **3.** El que lleva bandera en las procesiones u otros actos públicos.

**ABANDERAR** v. tr. y pron. [1]. DER. Matricular, inscribir o registrar bajo la bandera de determinado estado a un buque de nacionalidad extranjera.

**ABANDERIZAR** v. tr. y pron. [1g]. Dividir un grupo o colectividad en banderías. ◆ **abanderizarse** v. pron. **2.** Afiliarse a un grupo o partido.

**ABANDONADO, A** adj. Descuidado, sucio, desaseado: *ir muy abandonado.*

**ABANDONAR** v. tr. (fr. *abandonner*) [1]. Dejar, desamparar una persona o cosa que se tiene obligación de cuidar o atender: *abandonar a los hijos.*

**2.** Desistir, renunciar: *ha abandonado sus actividades habituales.* **3.** Dejar un lugar: *abandonar la ciudad.* **4.** Prescindir. ◆ v. tr. y pron. **5.** Confiar o dejar el cuidado de algo a alguien o algo que se expresa: *se abandonó a su destino; abandonó la decisión al azar.* ◆ **abandonarse** v. pron. **6.** *Fig.* Dejarse caer en un estado de ánimo depresivo o dejarse llevar por la exaltación: *abandonarse a los instintos, a la pereza.* **7.** *Fig.* Dejar de tener consigo los cuidados habituales de limpieza o arreglo personal.

**ABANDONISMO** n. m. Tendencia a abandonar sin lucha algo propio.

**ABANDONISTA** adj. y n. m. y f. Relativo al abandonismo; partidario de esta tendencia.

**ABANDONO** n. m. Acción y efecto de abandonar o abandonarse: *abandono de familia, de servicio, de domicilio conyugal.*

**ABANICAR** v. tr. y pron. **[1a]**. Hacer aire con el abanico: *se abanicaba para refrescarse.* **2.** TAUROM. Correr los toros a dos manos, agitando ante ellos el capote, normalmente para que cambien de lugar en la suerte de varas.

**ABANICO** n. m. Instrumento para hacer o hacerse aire, especialmente el plegable y de figura semicircular. **2.** *Fig.* Cosa en figura de abanico: *el abanico de una palmera.* **3.** *Fig.* Despliegue de elementos que ofrecen gran diversidad: *un abanico de posibilidades, de soluciones.* **4.** Señal que se usa en los ferrocarriles para indicar la bifurcación de una vía. **5.** En ciclismo, colocación de los corredores de un pelotón para ofrecer la menor superficie expuesta al viento en contra. **6.** TAUROM. Suerte de abanicar. • **Bóveda de abanico,** la que tiene los nervios en forma de abanico o de palma, abarcando toda la extensión del intradós. ‖ **En abanico,** en forma de abanico. ‖ **Pliegue en abanico** (GEOL.), pliegue cuyas laderas han rebasado la disposición isoclinal, de manera que forman un ángulo agudo, abierto hacia arriba en un anticlinal y hacia abajo en un sinclinal.

**abanico** español decorado con versos y escenas de amor (museo municipal, Madrid)

**bóveda de abanico** del claustro de la catedral de Gloucester (segunda mitad del s. XIV)

**ABANIQUEO** n. m. Acción de abanicar o abanicarse.

**ABANTO** n. m. Ave rapaz parecida al buitre, pero más pequeña y con la cabeza y el cuello cubiertos de pluma. ◆ adj. **2.** TAUROM. Dícese del toro espantadizo, que se sale de las suertes, rehuyendo rematarlas.

**ABAÑEEME** n. m. Guaraní moderno, hablado en la actualidad en Paraguay y regiones vecinas.

**ABARAJAR** v. tr. **[1]**. *Amér.* Coger o tomar al vuelo. **2.** *Argent., Par.* y *Urug.* Con el cuchillo, parar los golpes de un adversario. **3.** *Argent. Fig.* Adivinar las intenciones de alguien.

**ABARATAMIENTO** n. m. Acción y efecto de abaratar.

**ABARATAR** v. tr. y pron. **[1]**. Disminuir el precio de una cosa: *la competencia abarata los precios.* SIN.: *rebajar.*

**ABARCA** n. f. Calzado rústico de cuero que se ata con cuerdas o correas.

**ABARCAR** v. tr. **[1a]**. Ceñir, rodear con los brazos o con las manos: *no podía abarcar aquel tronco.* **2.** Comprender, contener, implicar o encerrar en sí: *el artículo abarca varios temas.* **3.** Alcanzar con la vista: *abarcar un soberbio paisaje.* **4.** Tomar uno a su cargo muchas cosas a un tiempo: *con su actividad abarca diversos asuntos.* **5.** *Amér.* Acaparar, adquirir, retener cosas. **6.** *Ecuad.* Empollar los huevos la gallina.

**ABARITONADO, A** adj. Dícese de la voz parecida a la del barítono y de los instrumentos cuyo sonido tiene timbre semejante.

**ABARQUILLADO, A** adj. Alabeado, combado.

**ABARQUILLAMIENTO** n. m. Acción y efecto de abarquillar o abarquillarse.

**ABARQUILLAR** v. tr. y pron. **[1]**. Encorvar un cuerpo, ancho y delgado, como un barquillo: *abarquillar los naipes.*

**ABARRAGANARSE** v. pron. **[1]**. Amancebarse.

**ABARRANCAMIENTO** n. m. Formación de fuertes hendiduras en el terreno donde se concentra la arroyada.

**ABARROCADO, A** adj. Recargado o ampuloso.

**ABARROTAR** v. tr. **[1]**. Cargar un buque hasta la cubierta inferior. **2.** Ocupar totalmente un espacio o lugar: *el público abarrotaba la sala.* SIN.: *llenar.*

**ABARROTERÍA** n. f. *Amér. Central.* Abacería.

**ABARROTERO, A** n. *Amér.* Persona que tiene tienda de abarrotes.

**ABARROTES** n. m. pl. *Amér.* Artículos de comercio, como conservas alimenticias, especias, papel, velas, etc.

**ABASÍ** o **'ABBĀSSÍ** adj. y n. m. y f. Relativo a los Abasíes, dinastía de califas árabes. (V. parte n. pr.)

**ABASIA** n. f. MED. Incapacidad de andar por falta de coordinación en los movimientos.

**ABASTECEDOR, RA** adj. y n. Que abastece.

**ABASTECER** v. tr. y pron. **[2m]**. Proveer de bastimentos u otras cosas a una persona, ciudad, etc.: *abastecer un ejército.*

**ABASTECIMIENTO** n. m. Acción y efecto de abastecer o abastecerse. • **Abastecimiento en vuelo,** traslado de combustible de un avión a otro al tiempo que los dos permanecen en el aire.

**ABASTERO** n. m. *Amér.* Proveedor de frutas, hortalizas, ganado y otros géneros. **2.** *Chile* y *Cuba.* Persona que compra reses vivas, las sacrifica y vende su carne al por mayor.

**ABASTO** n. m. Provisión de bastimentos, y especialmente de víveres: *inspección de abastos.* **2.** *Amér. Merid.* Matadero. **3.** *Venez.* Tienda de comestibles. • **Dar abasto,** proveer de todo lo que se necesita o se requiere.

**ABATANAR** v. tr. **[1]**. Golpear el paño en el batán.

**ABATATAR** v. tr. y pron. **[1]**. *Argent., Par.* y *Urug. Fam.* Avergonzar, turbar.

**ABATE** n. m. (ital. *abate*). Eclesiástico extranjero, especialmente francés o italiano.

**ABATÍ** n. m. (voz guaraní). *Argent.* y *Par.* Maíz. **2.** *Par.* Aguardiente de maíz.

**ABATIBLE** adj. Que se puede abatir: *cama abatible.*

**ABATIDA** n. f. MIL. Obstáculo formado con árboles inclinados o cortados. SIN.: *tala.*

**ABATIDO, A** adj. Falto de fuerzas o de ánimo: *sentirse abatido.*

**ABATIMIENTO** n. m. Postración física o moral de una persona. SIN.: *desánimo.*

**ABATIR** v. tr. y pron. (lat. *abbattuere*) **[3]**. Derribar, echar por tierra: *abatir una torre.* **2.** *Fig.* Humillar: *abatir el orgullo.* **3.** *Fig.* Hacer perder las fuerzas, el ánimo o el vigor: *la enfermedad le abatió.* **4.** GEOMETR. Superponer un plano con otro mediante una rotación con eje en la recta común. ◆ v. tr. **5.** Hacer que algo baje. **6.** Inclinar, poner tendido: *abatir la cabeza.* **7.** Desarmar, descomponer: *abatir una tienda de campaña.* ◆ v. intr. **8.** MAR. Desviarse un buque de su rumbo a impulso del viento o de una corriente. ◆ **abatirse** v. pron. **9.** Bajar, descender en su vuelo las aves, generalmente las de rapiña: *el halcón se abatió.*

**ABAZÓN** n. m. Bolsa formada interiormente por cada una de las mejillas de determinados mamíferos, donde guardan los alimentos para su transporte.

**'ABBĀDÍ** adj. y n. m. y f. Abadí.

**'ABBĀSSÍ** adj. y n. m. y f. Abasí.

**ABBEVILLENSE** adj. y n. m. Dícese de una facies industrial del paleolítico inferior, caracterizada por puntas de sílex toscamente talladas por ambos lados.

**ABCISIÓN** n. f. (lat. *abcisionem*). MED. Corte o separación de un miembro.

**ABDICACIÓN** n. f. Acción y efecto de abdicar: *acto de abdicación.* **2.** Documento en que consta la abdicación.

**ABDICAR** v. tr. (lat. *abdicare*) **[1a]**. Ceder o renunciar a la soberanía de un pueblo; renunciar a otras dignidades o empleos: *abdicó la corona en su hijo.* ◆ v. tr. e intr. **2.** Dejar, abandonar derechos, creencias, opiniones: *abdicar los principios.*

**ABDOMEN** n. m. (lat. *abdomen*). Región inferior del tronco del hombre y de los mamíferos, separada del tórax por el diafragma y limitada en su parte inferior por la pelvis. **2.** Parte posterior del cuerpo de los artrópodos, situada a continuación de los apéndices locomotores.
■ En los animales vertebrados el abdomen se sitúa

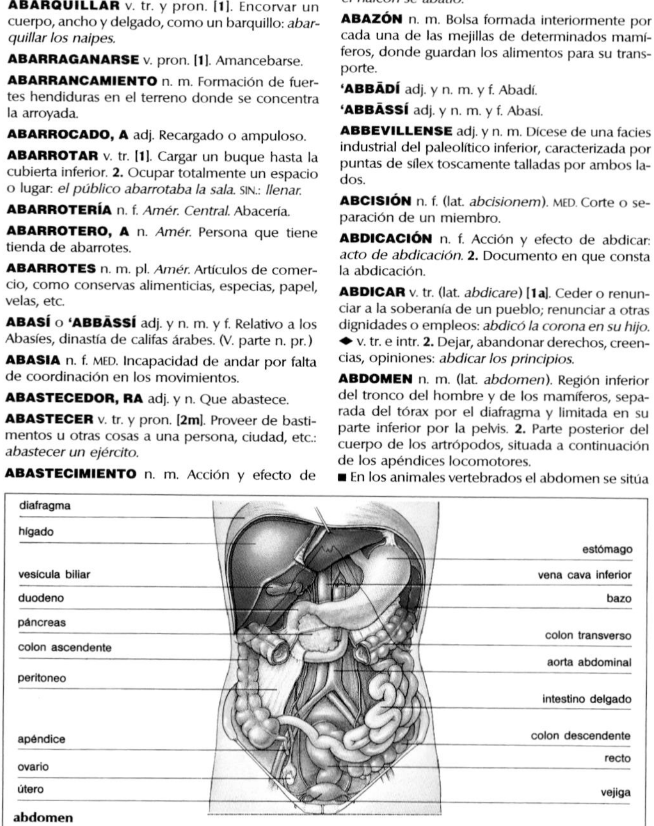


**abdomen**

en la parte inferior del tronco, por debajo del tórax. Sólo en los mamíferos, incluido el hombre, está separado de aquél por un músculo que forma una cúpula, el diafragma. Se distinguen dos zonas: una dorsal (vértebras lumbares y sacro) y una ventral, que contiene la mayor parte de los aparatos digestivo, urinario y genital. En el hombre, el abdomen está dividido en tres regiones: epigastrio, región umbilical e hipogastrio. La pared abdominal está revestida interiormente por una membrana serosa, el peritoneo.

**ABDOMINAL** adj. Relativo al abdomen. ◆ **abdominales** n. m. pl. **2.** Ejercicios de gimnasia para fortalecer el abdomen: *hacer abdominales.*

**ABDUCCIÓN** n. f. Razonamiento por el que se restringe el número de hipótesis susceptibles de explicar un fenómeno dado, desechando espontáneamente teorías erróneas. **2.** FISIOL. Movimiento de separación de un miembro del plano medio del cuerpo.

**ABDUCTOR** adj. y n. m. ANAT. Dícese del músculo que produce abducción. ◆ adj. **2. Tubo abductor** (QUÍM.), tubo con ayuda del cual se pueden recoger los gases.

**ABECÉ** n. m. Abecedario. **2.** *Fig.* Rudimentos de una ciencia, facultad, etc.: *no saber ni el abecé de las matemáticas.*

**ABECEDARIO** n. m. (lat. *abecedarium*). Serie ordenada de las letras de un idioma: *aprender el abecedario.* SIN.: *alfabeto.* **2.** Cartel o librito para aprender las primeras letras: *comprar un abecedario.*

**ABEDUL** n. m. Árbol que crece en los países fríos y templados, que puede alcanzar los 30 m de alt., de corteza y madera blancas, utilizado en carpintería y para la fabricación de papel. (Familia betuláceas.) **2.** Madera de este árbol.

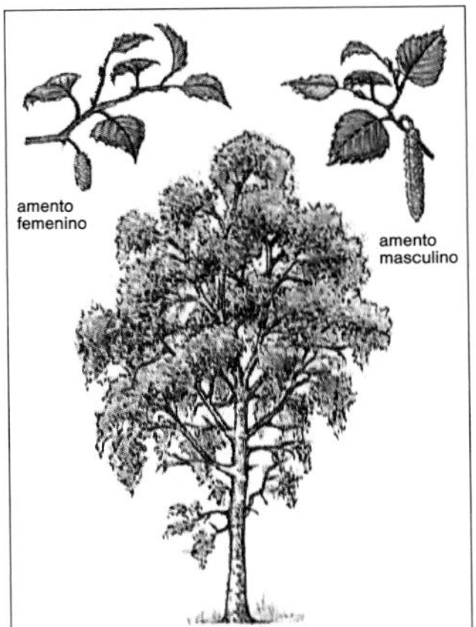

abedul

**ABEJA** n. f. (lat. *apiculam*). Insecto social que se cría en colmenas y produce miel y cera. (Orden himenópteros.) **2.** *Fig.* Persona laboriosa. • **Nido de abeja** (BORD.), punto de adorno que se hace en una tela fruncida.

■ El hombre cría abejas por los productos que le proporcionan: la miel y la cera *(apicultura).* Las abejas se agrupan en colonias o *colmenas.* En cada colmena existe una sola hembra fértil, la *reina,* que es fecundada por un solo macho, el *zángano,* en cada vuelo nupcial. La mayoría de las abejas, llamadas *obreras,* son estériles y su misión es recolectar el polen y el néctar de las flores con el que elaboran la miel, alimento de las larvas, y la cera con la que construyen el *panal,* formado por alvéolos o celdillas hexagonales en donde la reina deposita los huevos. También son las encargadas de las tareas de vigilancia y nutrición de las recién nacidas o de limpieza de la colmena. Las abejas obreras poseen un lenguaje (danza) mediante el cual informan a las demás de la posición y la distancia de la fuente de alimento.

**ABEJARUCO** n. m. Ave trepadora, de plumaje amarillento en su parte superior y verde azulado en la inferior, de pico largo y curvado, que se alimenta de abejas y avispas. **2.** *Fig.* Persona noticiosa o chismosa.

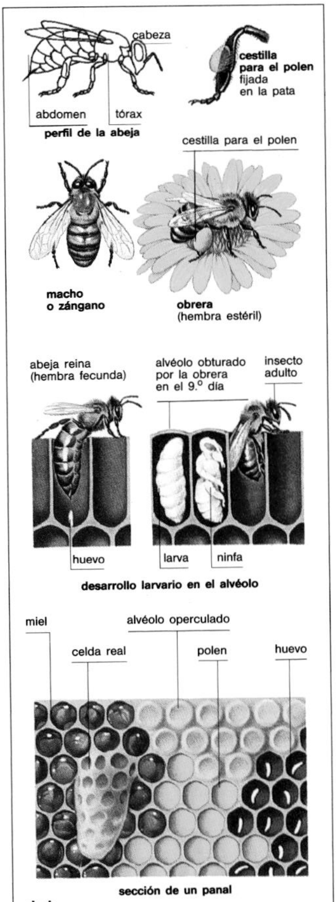

abeja

**ABEJÓN** n. m. Zángano, abeja macho. **2.** Abejorro, insecto.

**ABEJORREO** n. m. Zumbido de las abejas. **2.** *Fig.* Rumor confuso de voces.

**ABEJORRO** n. m. Insecto de cuerpo velloso y abdomen anillado, parecido a la abeja pero que vive en grupos menos numerosos. (Orden himenópteros; familia ápidos.) **2.** *Fig.* Persona de conversación pesada y molesta. • **Abejorro sanjuanero,** insecto coleóptero cuya larva, o gusano blanco, vive bajo tierra durante tres años.

abejorro

**ABELIANO, A** adj. MAT. Dícese de las funciones introducidas por Abel en análisis. • **Grupo abeliano,** grupo cuya ley de composición es conmutativa. SIN.: *grupo conmutativo.*

**ABELMOSCO** n. m. Planta de tallo velloso originaria de la India, cuyas semillas, de olor almizclado, se emplean en medicina y perfumería. (Familia malváceas.)

**ABERRACIÓN** n. f. Desviación de lo que parece natural y lógico. **2.** Desplazamiento de la imagen de una estrella en un telescopio. **3.** Conjunto de defectos de los sistemas ópticos que no dan imágenes nítidas. • **Aberración cromosómica** (BIOL.), anomalía en el número o en la estructura, que concierne a uno o varios cromosomas y que es causa de diversas enfermedades genéticas.

**ABERRANTE** adj. Que se desvía de lo normal: *instinto aberrante.*

**ABERRI EGUNA** n. m. (voces vascas). Día de la fiesta nacional vasca.

**ABERTURA** n. f. Acción y efecto de abrir o abrirse: *una abertura a nuevas empresas.* **2.** Hendidura, agujero, grieta o rendija: *la ventana, entreabierta, dejaba una abertura.* **3.** Grieta formada en la tierra por la sequedad o los torrentes. **4.** Terreno ancho y abierto entre dos montañas. **5.** Ensenada. **6.** *Fig.* Franqueza en el trato: *hablar con mucha abertura.* **7.** FONÉT. Anchura del canal bucal, durante la articulación de un fonema. **8.** MIN. Espesor de un estrato o filón. **9.** ÓPT. Superficie útil de un sistema óptico. • **Abertura de rumbo** (MAR.), ángulo que forma un buque cuando varía su dirección. ‖ **Abertura de un ángulo** (MAT.), magnitud correspondiente a la separación de los dos lados del ángulo. ‖ **Abertura de un puente,** distancia horizontal que media entre los estribos, al nivel de los arranques. ‖ **Abertura relativa de un objetivo fotográfico,** razón entre el diámetro del diafragma y la distancia focal.

**ABERTZALE** adj. y n. m. y f. (voz vasca, *nacionalista vasco*). Relativo a los partidos y organizaciones sindicales nacionalistas vascos; miembro de dichos partidos u organizaciones.

**ABETAL** n. m. Terreno poblado de abetos.

**ABETO** n. m. (lat. *abietem*). Árbol resinoso común en las altas montañas de Europa occidental, de hojas perennes, puede alcanzar 40 m de alt. y su madera se utiliza en carpintería y para pasta de papel. (Orden coníferas.) **2.** Madera de este árbol.

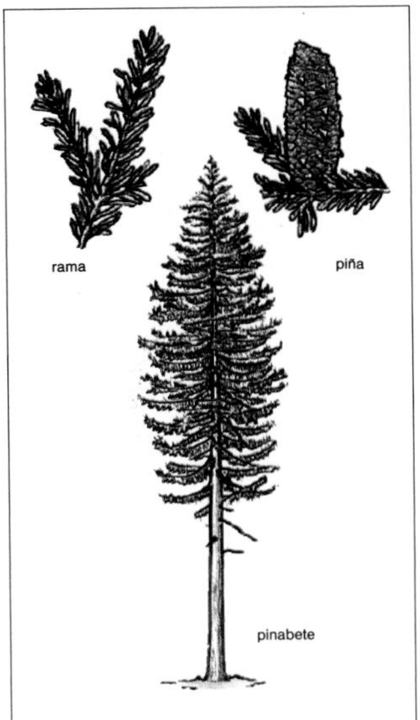

abeto

**ABEY** n. m. (voz antillana). Árbol, que crece en Cuba, de unos 20 m de alt., cuyas hojas se utilizan como alimento del ganado. (Familia cesalpiniáceas.) • **Abey macho,** árbol, que crece en América Central, Brasil y Argentina, de madera blancoamarillenta, fuerte y compacta, empleada en carpintería. (Familia bignoniáceas.)

**ABICHARSE** v. pron. [**1**]. *Amér.* Agusanarse una planta o la herida de un animal.

**ABIERTO, A** adj. (lat. *appertum*). Que permite el paso: *puerta abierta.* **2.** Separado o extendido: *con los brazos abiertos; abierto de cuernos.* **3.** Llano, raso, sin edificios ni árboles que obstaculicen la visión: *llanura abierta.* **4.** No murado o cercado. **5.** *Fig.* Hablando de ciudades, pueblos, etc., sin fortificar, sin defensa. **6.** *Fig.* Franco, espontáneo o expansivo: *hombre de carácter abierto.* **7.** *Fig.* Dícese de la persona que acepta con facilidad las costumbres, ideas, etc., de los demás: *un hombre abierto a* *nuevas creencias.* **8.** *Fig.* Patente, indudable, claro. **9.** FONÉT. Dícese del fonema caracterizado por una abertura más o menos grande del canal vocal. **10.** MAT. Dícese de un intervalo ]*a, b*[ que no incluye sus extremos *a* y *b.* • **Conjunto abierto** (MAT.), conjunto que no contiene su frontera. ‖ **Embarcación abierta**, aquella cuyas escotillas de carga se extienden sobre la mayor parte de su amplitud. ‖ **Rada abierta**, fondeadero abierto al viento, al enemigo, etc. ‖ **Vía abierta** (F.C.), régimen de explotación de una línea férrea en el que, cuando no hay circulación, las señales permanecen abiertas, en contraposición al sistema de *vía cerrada,* en el que las señales solamente se abren al aproximarse los trenes. ◆ n. m. **11.** Competición deportiva en la que participan profesionales y aficionados: *abierto de tenis.* SIN.: *open.* **12.** *Colomb.* Abra, campo abierto y amplio situado entre bosques.

**ABIETÁCEO, A** adj. y n. f. Relativo a una familia de árboles resinosos de hojas aciculares y fruto en estróbilo que se abre al madurar, y hojas aciculares, que comprende la mayoría de las especies de coníferas como el pino, el abeto, la picea, etc. SIN.: *pináceo.*

**ABIGARRADO, A** adj. De varios colores mal combinados: *tela abigarrada.* **2.** Heterogéneo, inconexo: *una abigarrada muchedumbre.*

**ABIGARRAMIENTO** n. m. Acción y efecto de abigarrar. **2.** Calidad de abigarrado.

**ABIGARRAR** v. tr. **[1]**. Poner a una cosa varios colores combinados en desorden.

**ABIOGÉNESIS** n. f. BIOL. Teoría según la cual los seres vivos pueden nacer espontáneamente, a partir de materia inorgánica. SIN.: *generación espontánea.*

**ABIÓTICO, A** adj. (gr. *abiotikos*). Dícese de los lugares y condiciones impropios para la vida y de las reacciones químicas que no requieren la intervención de seres vivos.

**ABISAL** adj. Relativo a las profundidades oceánicas adonde no llega la luz solar: *fauna, región abisal.* • **Sicología abisal**, sicología profunda. SIN.: *sicoanálisis.*

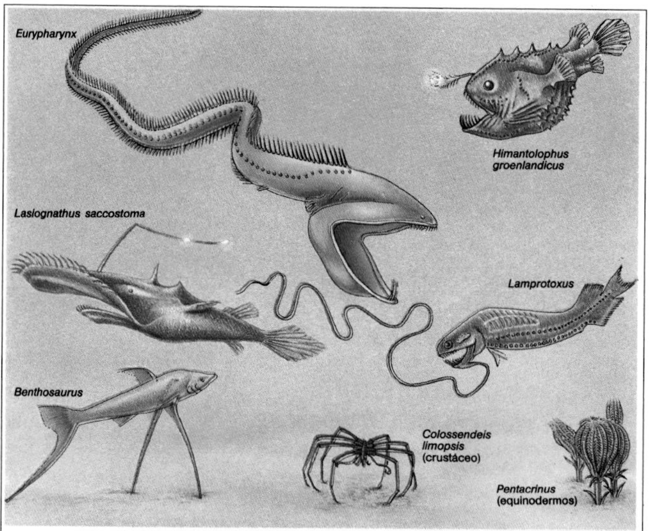


**abisal:** algunos ejemplos de fauna abisal

**ABISINIO, A** adj. y n. De Abisinia o Etiopía, país de África. ◆ adj. **2. Rito abisinio** (REL.), rito de la Iglesia ortodoxa de Etiopía.

**ABISMADO, A** adj. HERÁLD. Dícese de la pieza o figura puesta en el abismo.

**ABISMAL** adj. Perteneciente al abismo. **2.** *Fig.* Muy profundo, insondable, incomprensible: *entre ellos existe una diferencia abismal.*

**ABISMAR** v. tr. y pron. **[1]**. Hundir en un abismo. **2.** *Fig.* Confundir, abatir: *abismar el intelecto.* ◆ **abismarse** v. pron. **3.** Entregarse del todo a la contemplación, al dolor, al vicio, al placer, etc. **4.** *Amér. Merid.* Asombrarse.

**ABISMO** n. m. Profundidad grande, imponente y peligrosa. **2.** Infierno, lugar de eterno castigo. **3.** *Fig.* Cosa inmensa, insondable o incomprensible: *perderse en un abismo de vaguedades.* **4.** HERÁLD. Punto o parte central del escudo.

**ABJURACIÓN** n. f. (lat. *abiurationem*). Acción y efecto de abjurar.

**ABJURAR** v. tr. e intr. (lat. *abiurare*) **[1]**. Retractar con juramento una doctrina religiosa: *abjurar el protestantismo.* **2.** Renunciar solemnemente a un error, opinión o estado: *abjurar de las propias ideas.*

**ABLACIÓN** n. f. (lat. *ablationem*). CIR. Acción de extirpar un órgano, un tumor, etc. SIN.: *exéresis.* **2.** TECNOL. Sublimación de un material con absorción de una elevada cantidad de calor, bajo el efecto de un flujo calórico intenso al que se le somete. • **Ablación glaciar** (GEOL.), fusión de una lengua glaciar.

**ABLACTACIÓN** n. f. Cesación de la lactancia materna.

**ABLANDADOR, RA** adj. Que ablanda.

**ABLANDAMIENTO** n. m. Acción y efecto de ablandar o ablandarse.

**ABLANDAR** v. tr. y pron. **[1]**. Poner blando: *ablandar el pan duro.* **2.** *Fig.* Mitigar la fiereza o enojo, enternecer: *se le ablandó el corazón.* **3.** Laxar, suavizar: *las ciruelas ablandan el vientre.* ◆ v. intr. y pron. **4.** Ceder en sus rigores o fuerza el frío o el viento.

**ABLANDE** n. m. *Argent.* Rodaje de un automóvil.

**ABLATIVO** n. m. LING. Caso de la declinación indoeuropea que expresa relaciones diversas, explicables todas ellas como complementos circunstanciales. • **Ablativo absoluto**, expresión elíptica que sólo como antecedente se vincula al resto de la frase de la cual depende por el sentido.

**ABLEPSIA** n. f. OFTALM. Falta de visión.

**ABLUCIÓN** n. f. (lat. *ablutionem*). Lavatorio, acción de lavarse. **2.** En determinados cultos orientales, purificación religiosa consistente en lavarse el cuerpo o una parte de él. **3.** En la liturgia católica, ceremonia de purificar el cáliz y de lavarse los dedos el sacerdote después de consumir. ◆ **abluciones** n. f. pl. **4.** Agua y vino destinados a la purificación del cáliz en la liturgia católica.

**ABLUSADO, A** adj. Dícese de las prendas de vestir de talle holgado, a manera de blusa.

**ABNEGACIÓN** n. f. Sacrificio o renuncia de la voluntad, afectos o bienes materiales en servicio de Dios, del prójimo, etc.

**ABNEGADO, A** adj. y n. Que tiene abnegación.

**ABOBADO, A** adj. Que parece bobo, o de bobo: *aspecto abobado.*

**ABOBRA** n. f. Planta trepadora, originaria de las regiones cálidas de América del Sur. (Familia cucurbitáceas.)

**ABOCADO, A** adj. Predestinado: *abocado a la desaparición.* ◆ adj. y n. m. **2.** Dícese del vino que tiene mezcla de seco y dulce.

**ABOCAR** v. tr. **[1a]**. Verter el contenido de un recipiente en otro, sobre todo cuando para ello se aproximan las bocas de ambos. ◆ v. tr. y pron. **2.** Acercar, aproximar, avecinar. ◆ v. intr. **3.** MAR. Comenzar a entrar en un canal, puerto, etc.: *la nave abocó en el estrecho.* ◆ **abocarse** v. pron. **4.** Juntarse una o más personas con otra para tratar un negocio. **5.** *Argent., Méx.* y *Urug.* Entregarse con fuerza y entusiasmo a la realización de algo, dedicarse plenamente.

**ABOCETAR** v. tr. **[1]**. Hacer el boceto de un cuadro o de una escultura. **2.** Pintar un cuadro de manera que parezca un boceto: *abocetar un paisaje.*

**ABOCHORNAR** v. tr. y pron. **[1]**. Causar bochorno el excesivo calor: *el verano me abochorna.* **2.** *Fig.* Avergonzar: *aquella acción le abochornó.* ◆ **abochornarse** v. pron. **3.** Enfermar las plantas a causa del calor: *se abochornó el melón.*

**ABOCINADO, A** adj. Dícese de las armas atrompetadas o abocardadas.

**ABOFETEAR** v. tr. **[1]**. Dar de bofetadas a uno.

**ABOGACÍA** n. f. Profesión y ejercicio del abogado.

**ABOGADERAS** n. f. pl. *Amér. Merid.* Argumentos capciosos.

**ABOGADO, A** n. (lat. *advocatum*). Persona legalmente autorizada para defender en juicio los derechos de los litigantes, y para dar dictamen sobre las cuestiones legales que se le consultan. **2.** *Fig.* Intercesor o medianero. • **Abogado de oficio**, el designado por la ley para defender a las personas consideradas legalmente pobres. ‖ **Abogado del diablo**, promotor de la fe. ‖ **Abogado del estado**, en España, el que forma parte del cuerpo de letrados encargado de defender al estado en asuntos jurídicos.

**ABOGAR** v. intr. (lat. *advocare*) **[1b]**. Defender en juicio. **2.** *Fig.* Interceder, hablar en favor de alguien: *abogaré por ti.*

**ABOLENGO** n. m. Ascendencia de abuelos o antepasados: *este nombre le viene de abolengo.* **2.** DER. Patrimonio o herencia que proviene de los abuelos o antepasados. SIN.: *bienes de abolengo.*

**ABOLICIÓN** n. f. Acción y efecto de abolir: *abolición de la pena de muerte.*

**ABOLICIONISMO** n. m. Actitud y doctrina de quienes propugnan la abolición de una ley o costumbre, especialmente la esclavitud, en el s. XIX.

**ABOLICIONISTA** adj. y n. m. y f. Relativo al abolicionismo; que está a favor del abolicionismo.

**ABOLIR** v. tr. (lat. *abolere*) **[3ñ]**. Derogar, dejar sin vigor un precepto o costumbre, suprimir: *abolir una ley, una moda.*

**ABOLLADURA** n. f. Acción y efecto de abollar.

**ABOLLAR** v. tr. **[1]**. Producir una depresión con un golpe: *abollar un coche.*

**ABOLSARSE** v. pron. **[1]**. Tomar figura de bolsa.

**ABOMBAMIENTO** n. m. Convexidad: *el abombamiento de un cristal.* **2.** GEOL. Pliegue de gran radio de curvatura.

**ABOMBAR** v. tr. **[1]**. Dar forma convexa: *abombar una lámina de metal.* **2.** *Fig.* y *fam.* Asordar, aturdir: *el ruido me abombó la cabeza.* ◆ **abombarse** v. pron. **3.** *Amér.* Empezar a corromperse. **4.** *Argent.* Quedar imposibilitada para andar una caballería, por el calor y el cansancio. **5.** *Argent.* y *Urug.* Aturdirse a causa de la bebida, la comida o el cansancio. **6.** *Chile, Ecuad.* y *Nicar.* Embriagarse.

**ABOMINABLE** adj. Digno de ser abominado. **2.** Que desagrada profundamente.

**ABOMINACIÓN** n. f. Acción y efecto de abominar. **2.** Cosa abominable.

**ABOMINAR** v. tr. e intr. (lat. *abominari*) **[1]**. Condenar, maldecir: *abominar la mentira; abominó de la masonería.* ◆ v. tr. **2.** Aborrecer, odiar: *abominar el tabaco.*

**ABONABLE** adj. Que puede o debe ser abonado: *terreno abonable.*

**ABONADO, A** adj. Que es de fiar: *es persona abonada.* **2.** Dispuesto a decir o hacer una cosa: *es* *abonado para todo.* ◆ n. **3.** Persona que ha tomado un abono para asistir a algún espectáculo o recibir algún servicio.

**ABONADOR, RA** adj. Que abona. ◆ n. **2.** Persona que abona al fiador, y en su defecto se obliga a responder por él.

**ABONANZAR** v. intr. **[1g]**. Calmarse la tormenta o serenarse el tiempo.

**ABONAR** v. tr. **[1]**. Acreditar o calificar de bueno: *su sinceridad le abona.* **2.** Salir por fiador de algo o alguien: *le abonó su propio jefe.* **3.** Mejorar en su condición o estado, especialmente beneficiar la tierra con materias fertilizantes. **4.** Dar por cierto y seguro: *yo abono esas declaraciones.* **5.** Pagar, tomar en cuenta, admitir algo en parte de pago: *abonaba veinte euros al mes.* **6.** Pagar lo que se debe; pagar derechos las mercancías. **7.** Sentar en las cuentas corrientes las partidas que corresponden al Haber. ◆ v. tr. y pron. **8.** Inscribir a alguno mediante pago para que pueda disfrutar de alguna comodidad o servicio, generalmente de uso periódico: *abonarse a la temporada de ópera.*

**ABONARÉ** n. m. Documento expedido por un particular o una entidad en representación de una partida de cargo sentada en cuenta o de un saldo preexistente. **2.** Pagaré.

**ABONO** n. m. Acción y efecto de abonar o abonarse: *hablar en abono de alguien.* **2.** Derecho que adquiere el que se abona y documento que lo acredita. **3.** Producto incorporado al suelo para mantener o incrementar su fertilidad. **4.** Cada uno de los pagos parciales de un préstamo o de una compra hecha a plazos. **5.** Lote de entradas o boletos que permite el uso periódico o limitado de un servicio, espectáculo, etc. **6.** CONTAB. Anotación registrada en el Haber de una cuenta.

■ Los abonos proporcionan a las plantas los elementos fertilizantes que necesitan para un mejor crecimiento y que pueden faltar o estar escasos en el medio natural. Según su composición química, los abonos pueden ser *orgánicos, minerales* u *organominerales.* Los primeros se obtienen a partir de yacimientos naturales (guano) o de residuos orgánicos industriales (deyecciones, sangre, urea). Los abonos minerales son extraídos de yacimientos naturales y tratados industrialmente (nitrato de Chile), u obtenidos por síntesis industrial (nitrato sódico, fosfato amónico). Los abonos organominerales son mezclas de los dos anteriores.

**ABORDABLE** adj. Que se puede abordar: *un tema abordable.* **2.** *Fig.* Accesible, tratable: *hombre abordable.*

**ABORDAJE** n. m. Acción y efecto de abordar. • **Al abordaje** (MAR.), pasando la gente del buque abordador al abordado, con armas a propósito para embestir al enemigo: *tomar al abordaje.*

**ABORDAR** v. tr. e intr. **[1]**. Chocar o rozar una embarcación con otra, ya sea por accidente, ya para atacarla: *un barco británico abordó a un buque español; fueron a abordar con un esquife.* ◆ v. tr. **2.** *Fig.* Acercarse a alguno para tratar con él de un asunto: *me abordó en plena calle.* **3.** *Fig.* Emprender o plantear un negocio o asunto que ofrezca dificultades o peligros: *abordar una cuestión.* **4.** Atracar una nave a un desembarcadero, muelle o batería. **5.** MIL. Llegar dos fuerzas enemigas al cuerpo a cuerpo, en carga de caballería o asalto al arma blanca.

**ABORIGEN** adj. (lat. *aboriginem*). Originario del suelo en que vive. ◆ **aborígenes** n. m. pl. y adj. **2.** Naturales de un país, en oposición a los que acuden a establecerse en él: *los aborígenes de la Galia.*

**ABORRASCARSE** v. pron. **[1a]**. Ponerse el tiempo borrascoso.

**ABORRECER** v. tr. (lat. *abhorrescere*) **[2m]**. Tener aversión: *todos le aborrecen; aborrecer la mentira.* **2.** Abandonar las aves el nido, los huevos o las crías.

**ABORRECIBLE** adj. Digno de ser aborrecido: *ambiente aborrecible.*

**ABORRECIMIENTO** n. m. Acción y efecto de aborrecer. **2.** Aburrimiento.

**ABORREGADO, A** adj. Dícese de la roca dura, en forma de mamelón, desgastada y pulida por los glaciares: *roca aborregada.*

**ABORREGARSE** v. pron. **[1b]**. Cubrirse el cielo de nubes blanquecinas a modo de vellones de lana. **2.** *Fig.* Volverse gregario.

**ABORTAR** v. tr. e intr. **[1]**. Practicar o sufrir un aborto. ◆ v. intr. **2.** *Fig.* Fracasar, malograrse: *la conjura abortó.* **3.** BOT. Ser nulo o incompleto en las plantas el desarrollo de alguna de sus partes orgánicas. ◆ v. tr. **4.** Producir alguna cosa imperfecta o abominable: *abortar una idea.*

**ABORTIVO, A** adj. Dícese del feto no viable. **2.** Que cesa antes de su término habitual: *enfermedad abortiva.* ◆ adj. y n. m. **3.** Que provoca el aborto: *producto abortivo.*

**ABORTO** n. m. Expulsión espontánea o provocada del feto antes de que sea viable. **2.** Cosa abortada.

■ Los abortos espontáneos pueden ser causados por una enfermedad general de la mujer o por anomalías uterinas, o del propio embrión. Los abortos provocados pueden ser terapéuticos, cuando peligra la vida de la madre, o voluntarios. Las complicaciones de los abortos se dan sobre todo en los abortos clandestinos. Frente al aborto existen posturas legales que van desde su criminalización a ultranza hasta las actitudes que propugnan su desincriminación. Entre ambas posturas existe el sistema de las indicaciones que despenaliza el aborto en determinadas circunstancias. A partir de este sistema pueden generarse desde legislaciones de una gran permisividad hasta otras muy restrictivas.

**ABOTARGARSE** o **ABOTAGARSE** v. pron. **[1b]**. Hincharse el cuerpo, generalmente por enfermedad.

**ABOTINADO, A** adj. Hecho en figura de botín: *zapato abotinado.*

**ABOTONAR** v. tr. y pron. **[1]**. Ajustar una prenda de vestir con botones. ◆ v. intr. **2.** BOT. Echar botones las plantas.

**ABOVEDADO, A** adj. Cubierto de una bóveda: *sala abovedada.*

**ABOVEDAR** v. tr. **[1]**. Cubrir un espacio con bóveda. **2.** Dar figura de bóveda.

**ABRA** n. f. Ensenada o bahía en una costa elevada. **2.** Puerto de montaña muy amplio y despejado. **3.** Grieta en un terreno producida por sacudidas sísmicas. **4.** *Amér.* Campo abierto y amplio situado entre bosques. **5.** *Colomb.* Hoja de una ventana o puerta.

**ABRACADABRANTE** adj. Que produce confusión, sorpresa o regocijo: *chiste, situación abracadabrante.*

**ABRAQUIA** n. f. MED. Ausencia congénita de brazos.

**ABRASADOR, RA** adj. Que abrasa: *sol abrasador; pasión abrasadora.*

**ABRASAMIENTO** n. m. Acción y efecto de abrasar o abrasarse.

**ABRASAR** v. tr. y pron. **[1]**. Reducir a brasa, quemar: *abrasar leña.* **2.** Secar el excesivo calor o frío una planta, agostar: *abrasarse las flores.* ◆ v. tr. **3.** *Fig.* Gastar, despilfarrar: *abrasó toda su fortuna.* **4.** *Fig.* Producir una sensación de dolor ardiente, de sequedad, acritud o picor: *la sed le abrasaba la garganta.* **5.** *Fig.* Confundir, avergonzar. **6.** *Fig.* Agitar, consumir o producir una pasión, o estar muy agitado por ella: *los celos le abrasan.* ◆ v. tr. e intr. **7.** Calentar demasiado. ◆ **abrasarse** v. pron. **8.** Sentir demasiado calor o ardor.

**ABRASÍMETRO** n. m. Aparato utilizado para determinar la resistencia de un tejido a la fricción.

**ABRASIÓN** n. f. (lat. *abrasionem*). TECNOL. Acción de desgastar o arrancar por fricción. • **Plataforma de abrasión,** superficie en suave pendiente formada por la erosión marina de la costa.

**ABRASIVO, A** adj. y n. m. Relativo a la abrasión o que la produce. **2.** Dícese de toda sustancia dura capaz de desgastar y pulimentar por frotamiento.

**ABRAXAS** n. m. Palabra simbólica entre los agnósticos, expresiva del curso del Sol en los 365 días del año. **2.** Piedra donde estaba grabada esta palabra y que los agnósticos llevaban como talismán.

**ABRAZADERA** n. f. Pieza de metal, madera u otra materia que sirve para sujetar ciñendo.

**ABRAZAR** v. tr. y pron. **[1g]**. Ceñir con los brazos: *abrazarse a un tronco.* **2.** Estrechar entre los brazos en señal de cariño: *la madre abrazó a su hijo.* **3.** *Fig.* Prender, dando vueltas, algunas plantas trepadoras: *la yedra abraza los árboles.* ◆ v. tr. **4.** *Fig.* Rodear, ceñir: *un río abraza aquel pueblo.* **5.** *Fig.* Comprender, contener, incluir, abarcar: *la conferencia abraza varios temas.* **6.** Admitir, seguir, aceptar: *abrazar la carrera eclesiástica.* **7.** *Fig.* Tomar uno algo a su cargo.

**ABRAZO** n. m. Acción y efecto de abrazar o abrazarse, ceñir, estrechar entre los brazos.

**ABREBOCA** n. m. Aperitivo.

**ABREBOTELLAS** n. m. (pl. *abrebotellas*). Utensilio para quitar las chapas de las botellas. SIN.: *abridor.*

**ABRECARTAS** n. m. (pl. *abrecartas*). Instrumento a modo de cuchillo para abrir cartas o cortar papel. SIN.: *plegadera.*

**ÁBREGO** n. m. (lat. *africum*). Viento suroeste.

**ABRELATAS** n. m. (pl. *abrelatas*). Utensilio que sirve para abrir las latas de conservas. SIN.: *abridor.*

**ABRENUNCIO** n. m. (lat. *abrenuntio*). Fórmula con que en el ritual del bautismo se renuncia al mundo y al demonio.

**ABREVADERO** n. m. Lugar donde se abreva el ganado.

**ABREVAR** v. tr. **[1]**. Dar de beber al ganado: *abrevar las vacas.* ◆ **abrevarse** v. pron. **2.** Beber.

**ABREVIACIÓN** n. f. Acción y efecto de abreviar.

**ABREVIADO, A** adj. Parvo, escaso.

**ABREVIAR** v. tr. e intr. (lat. *abbreviare*) **[1]**. Acortar, reducir a menos tiempo y espacio: *abreviar un texto.* ◆ v. tr. **2.** Acelerar, apresurar: *abreviar el trabajo.*

**ABREVIATURA** n. f. (lat. *abbreviaturam*). Representación abreviada de la palabra en la escritura. **2.** Palabra representada en la escritura de este modo. **3.** MÚS. Signo o representación convencional para simplificar la escritura y lectura musicales.

**ABRIBOCA** n. m. y f. *Argent.* y *Urug.* Persona que suele estar distraída. ◆ n. f. **2.** Arbusto, que crece en Argentina, de ramas espinosas, hojas lanceoladas y flores pequeñas. (Familia celastráceas.)

**ABRIDERO** n. m. Variedad de melocotonero, cuyo fruto en sazón se abre con facilidad y deja suelto el hueso. **2.** Fruto de este árbol.

**ABRIDOR, RA** adj. Que abre. ◆ n. m. **2.** Abrelatas. **3.** Abrebotellas.

**ABRIDORA** n. f. TEXT. Máquina que disgrega y limpia las fibras aglomeradas por la compresión en la bala: *abridora de balas.*

**ABRIGADERO** n. m. Abrigo, lugar defendido de los vientos.

**ABRIGAR** v. tr. y pron. (lat. *apricare*) **[1b]**. Defender, resguardar del frío, lluvia, viento, etc.: *le abrigó con una manta.* ◆ v. tr. **2.** *Fig.* Auxiliar, amparar: *abrigar a un desvalido.* **3.** *Fig.* Tratándose de ideas, afectos, etc., tenerlos: *abrigar una esperanza, una sospecha.* **4.** EQUIT. Aplicar las piernas al vientre del caballo para ayudarle.

**ABRIGO** n. m. Lugar para resguardar de la lluvia, el viento, el frío, el peligro, etc.; instalación construida a este efecto. **2.** Cosa que abriga. **3.** Prenda de vestir larga, provista de mangas, que se pone sobre las demás para abrigar. **4.** *Fig.* Auxilio: *nadie le prestó abrigo.* **5.** PREHIST. Emplazamiento situado en una oquedad rocosa poco profunda. • **Ser de abrigo,** ser de cuidado, ser peligroso.

**ABRIL** n. m. (lat. *aprilem*). Cuarto mes del año. **2.** *Fig.* Primera juventud: *el abril de la vida.* • **Estar hecho,** o **parecer, un abril,** estar lucido, hermoso, galán. ◆ **abriles** n. m. pl. **3.** Años de la primera juventud: *muchacha de veinte abriles.*

**ABRILEÑO, A** adj. Propio del mes de abril: *una tarde abrileña.*

**ABRILLANTADO** o **ABRILLANTAMIENTO** n. m. Acción de abrillantar.

**ABRILLANTADOR** n. m. Instrumento para abrillantar. **2.** Producto que se adiciona a un baño de revestimiento electrolítico para abrillantar una superficie.

**ABRILLANTAR** v. tr. **[1]**. Iluminar o dar brillantez. **2.** *Fig.* Dar más valor o lucimiento: *abrillantar un discurso.* **3.** Labrar las facetas más pequeñas de una piedra preciosa: *abrillantar un diamante.* **4.** Dar aspecto brillante a una superficie metálica.

**ABRIR** v. tr. y pron. (lat. *aperire*) **[3m]**. Descubrir lo que está cerrado u oculto: *abrir una caja.* **2.** *Fig.* Hacer accesible: *abrir un camino.* **3.** Mover un artificio o mecanismo que sirve para mantener cerrado un conducto: *abrir un grifo.* **4.** Extender u ocupar mayor espacio lo que estaba doblado o encogido: *abrir el paraguas.* **5.** Hender, rasgar, dividir: *abrir un melón.* **6.** Romper la continuidad de una pared, fachada, etc.: *abrir una ventana en el muro.* **7.** *Fig.* Vencer, apartar o destruir cualquier obstáculo: *abrir paso entre la gente.* ◆ v. tr., intr. y pron. **8.** Separar las hojas de una puerta o cortina, descorrer un cerrojo, tirar de un cajón, etc., para descubrir lo que está cerrado u oculto: *abrir un cajón, el pestillo; la puerta se abrió.* **9.** Separar, esparcir, ocupar mayor espacio: *abrir un ejército en dos columnas.* ◆ v. tr. **10.** Dejar en descubierto una cosa, haciendo que aquellas que la ocultan se aparten o separen las unas de las otras: *abrir los ojos, los pétalos de una flor.* **11.** Tratándose de partes del cuerpo o de cosas compuestas de piezas unidas por goznes, tornillos, etc., separar en ángulo las unas de las otras: *abrir los dedos, un compás.* **12.** Cortar por los dobleces los pliegos de un libro: *abrir las hojas de un libro.* **13.** Romper o despegar cartas, paquetes, etc.: *abrir un sobre.* **14.** Con nombres como *agujero, ojal, camino,* etc., hacer: *abrir un hoyo.* **15.** Grabar, esculpir: *abrir un molde.* **16.** *Fig.* Inaugurar, iniciar las sesiones o las tareas de un establecimiento, organismo, etc.: *abrir las cortes.* **17.** *Fig.* Comenzar ciertas cosas o darles principio: *abrir el baile.* **18.** *Fig.* Ir a la cabeza o delante: *abrir la procesión.* • **Abrir el apetito,** o **el hambre,** despertar ganas de comer. ‖ **Abrir los brazos,** acoger bien a alguien. ‖ **Abrir los ojos,** salir o hacer que uno salga de un error. ‖ **Abrir un circuito** (ELECTR.), suprimir las conexiones de conductores que permiten el paso de la corriente. ‖ **Abrir un paréntesis,** romper la continuidad de un trabajo, obra, etc. ‖ **Abrir una cuenta corriente,** efectuar en ella la primera imposición. ‖ **No abrir los labios, la boca,** o **el pico,** no hablar. ◆ v. intr. **19.** Empezar a clarear o serenarse el tiempo. **20.** Iniciar sus tareas un establecimiento, organismo, etc.: *las tiendas no abren los domingos.* ◆ **abrirse** v. pron. **21.** Con las prep. *a* y *con,* confiar en alguien: *abrirse a un amigo.* **22.** Ser receptivo, aceptar las ideas, costumbres, etc., ajenas. **23.** *Amér. Fig.* Hacerse a un lado en un asunto, desentenderse, separarse. **24.** *Argent.* y *Urug.* En competiciones de velocidad, desviarse hacia el exterior de la pista. **25.** *Argent.* y *Venez.* Apartarse, desviarse. • **Abrirse el día,** amanecer.

**ABROCHADORA** n. f. *Argent.* Utensilio de oficina utilizado para unir papeles mediante grapas, grapadora.

**ABROCHAR** v. tr. y pron. **[1]**. Cerrar o ajustar, especialmente prendas de vestir, con broches, corchetes, botones, etc.: *abrochar una blusa.* **2.** *Amér.* Asir a uno para castigarle; reprender, castigar.

**ABROGACIÓN** n. f. DER. Acción y efecto de abrogar.

**ABROGAR** v. tr. (lat. *abrogare*) **[1b]**. DER. Abolir, revocar una ley, decreto, etc.

**ABROGATORIO, A** adj. DER. Que abroga.

**ABROJILLO** n. m. Hierba anual, que crece en Argentina, de hasta 1,5 m de altura, tallos ramosos y puntas cubiertas de espinas.

**ABROJO** n. m. Nombre dado a varias plantas espinosas, perjudiciales para los sembrados, pertenecientes a diversas familias. **2.** Fruto de estas plantas.

**ABRONCAR** v. tr. y pron. **[1a]**. Reprender o echar una bronca. **2.** Abuchear, armar una bronca en público.

**ABROQUELARSE** v. pron. **[1]**. Cubrirse con el broquel. **2.** *Fig.* Valerse de cualquier medio de defensa, protegerse.

**ABRÓTANO** n. m. Planta arbustiva originaria de oriente, de hojas muy finas y blanquecinas, que crece espontánea en algunas regiones de España y se cultiva en jardines por su olor penetrante. (Familia compuestas.) SIN.: *abrótano macho.*

**ABRUMADOR, RA** adj. Que abruma: *un trabajo abrumador.*

**ABRUMAR** v. tr. **[1]**. Agobiar con algún grave peso: *la carga le abruma.* **2.** *Fig.* Causar gran molestia: *los pequeños problemas le abruman.*

**ABRUMARSE** v. pron. **[1]**. Llenarse de bruma la atmósfera.

**ABRUPTO, A** adj. (lat. *abruptum*). Escarpado: *terreno abrupto.*

**ABS** n. m. (siglas del alemán *Antiblockiersystem*). AUTOM. Sistema antibloqueo. (Se usa de forma redundante, en oposición, en la expresión *sistema ABS.*)

**ABSCESO** n. m. (lat. *abscessum*). Acumulación de pus en una parte del organismo. • **Absceso de fijación,** absceso provocado con fines terapéuticos, para estimular la inmunidad del organismo.

**ABSCISA** n. f. (lat. *abscissam*). MAT. En un eje orientado, distancia de un punto al origen, medida algebraicamente. **2.** MAT. Primera de las dos coordenadas con que se fija la posición de un punto en un plano, siendo la otra la *ordenada.*

**ABSCISIÓN** n. f. (lat. *abscissionem*). Separación de una parte pequeña de un cuerpo con instrumento cortante.

**ABSENTISMO** n. m. Costumbre de residir el propietario fuera de la localidad en que radican sus bienes inmuebles. **2.** Ausencia frecuente del puesto de trabajo. **3.** Modalidad de explotación agrícola en que un intermediario (intendente) se interpone entre el propietario no residente y el agricultor.

**ABSIDAL** adj. Relativo al ábside.

**ÁBSIDE** n. m. o f. (lat. *absidem*). Parte posterior, en forma de semicírculo, del presbiterio de una iglesia.

**ábside** de la colegiata
de Santillana del Mar, Cantabria

**ABSIDIOLA** n. f. Capilla semicircular del ábside o del transepto de una iglesia.

**ABSIDIOLO** n. m. Absidiola.

**ABSOLUCIÓN** n. f. Acción y efecto de absolver. • **Absolución de la demanda** (DER.), terminación del pleito enteramente favorable al demandado.

**ABSOLUTISMO** n. m. Régimen político en que todos los poderes se hallan bajo la autoridad única del jefe del estado.

**ABSOLUTISTA** adj. y n. m. y f. Relativo al absolutismo; partidario de este régimen político.

**ABSOLUTO, A** adj. (lat. *absolutum*). Sin restricción, limitación o condición: *dueño absoluto.* **2.** FILOS. Que tiene en sí mismo su razón de ser: *Dios absoluto.* **3.** LING. Dícese generalmente, por oposición a relativo, de toda forma, significación o empleo que no depende de nada. • **En absoluto,** de manera general y terminante. ‖ **Valor absoluto de un número real** *a*, el mismo número, si es positivo, o su opuesto, si es negativo, se escribe |*a*|. ◆ n. m. **4.** Lo que existe independientemente de toda condición.

**ABSOLUTORIO, A** adj. DER. Que absuelve: *sentencia absolutoria.*

**ABSOLVER** v. tr. (lat. *absolvere*) **[2n]**. Dar por libre de algún cargo u obligación: *absolver a alguien de un deber.* **2.** DER. Declarar no culpable: *absolver a un acusado.* **3.** REL. Remitir los pecados.

**ABSORBENCIA** n. f. Acción de absorber. **2.** ÓPT. Magnitud que caracteriza el poder de absorción de las radiaciones monocromáticas por parte de una sustancia. SIN.: *densidad óptica.*

**ABSORBENTE** adj. y n. m. y f. Que absorbe: *materia absorbente; trabajo absorbente.* **2.** Dominante, que impone su autoridad: *persona absorbente.*

**ABSORBER** v. tr. (lat. *absorbere*) **[2]**. Atraer o embeber un cuerpo y retener entre sus moléculas las de otro en estado líquido o gaseoso: *las plantas absorben oxígeno.* **2.** *Fig.* Consumir, anular, acabar por completo: *absorber toda la producción.* **3.** *Fig.* Atraer a sí, cautivar: *la lectura le absorbe.*

**ABSORBIBLE** adj. Que puede ser absorbido.

**ABSORCIÓN** n. f. Acción de absorber: *la absorción de un líquido.* **2.** Atenuación de la energía vibratoria, electromagnética, corpuscular cuando atraviesa un medio material. **3.** Desaparición de una sociedad al pasar su activo y su pasivo a otra sociedad. **4.** FISIOL. Paso de las sustancias nutritivas y del oxígeno desde el medio exterior al interior de las células de un ser vivo pluricelular, vegetal o animal. • **Máquina frigorífica de absorción,** máquina en la que, tras la producción de frío, el fluido frigorígeno es absorbido por otra sustancia.

**ABSORTO, A** adj. Admirado, pasmado, distraído: *absorto en su labor.*

**ABSTEMIO, A** adj. y n. (lat. *abstemium*). Que se abstiene de toda bebida alcohólica.

**ABSTENCIÓN** n. f. Acción de abstenerse. **2.** Renuncia voluntaria a ejercer el derecho de voto.

**ABSTENCIONISMO** n. m. No participación en una votación.

**ABSTENCIONISTA** adj. y n. m. y f. Relativo al abstencionismo; partidario de esta postura.

**ABSTENERSE** v. pron. (lat. *abstinere*) **[8]**. Privarse de alguna cosa: *abstenerse de opinar, de beber.*

**ABSTINENCIA** n. f. Acción de abstenerse. **2.** Privación total o parcial de satisfacer los apetitos. **3.** Privación de comer carne por motivos religiosos: *día de abstinencia.* • **Síndrome de abstinencia,** conjunto de molestias que aparecen en algunas personas habituadas a un determinado tóxico, al cesar bruscamente su empleo.

**ABSTRACCIÓN** n. f. Acción y efecto de abstraer o abstraerse: *capacidad de abstracción.*

**ABSTRACTO, A** adj. Que procede de una operación de abstracción: *concepto abstracto.* **2.** General, vago, alejado de la realidad: *idea abstracta.* • **Arte abstracto,** arte que no se vincula a la representación de la realidad tangible. SIN.: *no figurativo.* ‖ **En abstracto,** con exclusión del sujeto en que se halla cualquier cualidad: *presentar una cuestión en abstracto.* ◆ n. m. **3.** Resumen.

■ En todas las épocas los pintores y escultores han conocido y utilizado la fuerza inherente de las líneas, volúmenes y colores para crear conjuntos ordenados, capaces por sí mismos de actuar sobre la sensibilidad y el pensamiento. Sin embargo, no consideraron la posibilidad de disociar ese poder de una evocación, más o menos figurativa, del mundo visible (salvo, parcialmente, algunos artistas islámicos). A partir de 1910-1914, algunos pintores de Occidente renunciaron a la representación. Kandinsky, el primero de todos, estableció una corriente lírica y romántica de la abstracción, proyección del mundo interior y la visión imaginaria del artista; en el otro extremo, Maliévich y Mondrian encuentran en la construcción geométrica depurada la confluencia del sentido cósmico y la voluntad racional. A partir de estos dos polos, sobre todo después de 1945, se desprendieron muchas variantes: arte concreto (geométrico), expresionismo abstracto (con base en el gesto o la irradiación cromática), informalismo, tachismo, matierismo, no figuración, arte cinético, arte minimal, etcétera.

**ABSTRAER** v. tr. (lat. *abstrahere*) **[10]**. Aislar mentalmente o considerar por separado las cualidades de un objeto. **2.** Considerar un objeto en su esencia. ◆ **abstraerse** v. pron. **3.** Enajenarse de los objetos sensibles para entregarse a la consideración de lo que se tiene en el pensamiento: *abstraerse con una idea.*

**ABSTRUSO, A** adj. Recóndito, de difícil comprensión: *estilo abstruso.*

**ABSURDIDAD** n. f. Absurdo. **2.** Calidad de absurdo.

**ABSURDO, A** adj. (lat. *absurdum*). Contrario a la razón: *argumento absurdo.* **2.** FILOS. Se dice de toda idea que contiene una contradicción interna. **3.** FILOS. Según los existencialistas, dícese de la condición del hombre caracterizada por la ausencia de sentido de su existencia y del universo. ◆ n. m. **4.** Dicho o hecho repugnante a la razón: *contestar con un absurdo.* **5.** Corriente del pensamiento que traduce una toma de conciencia, a menudo dra-

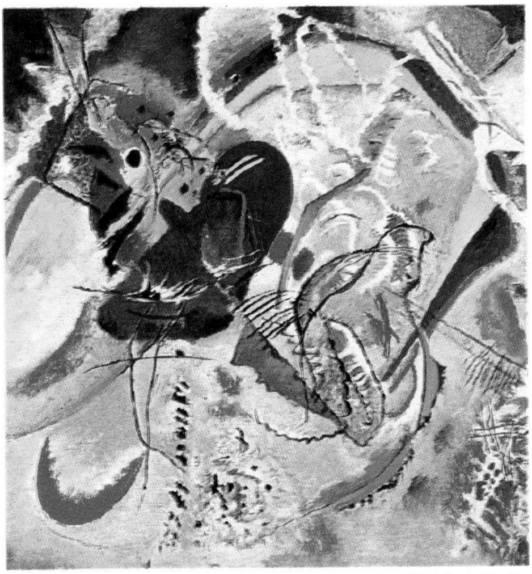

*Improvisación n.º 35* (1914), de Vasili Kandinsky. (Museo de bellas artes, Basilea.) Algunos años antes de esta tela, observando uno de sus paisajes vuelto, por casualidad, donde el motivo no se reconocía, el pintor tuvo el presentimiento de un universo inédito y maravilloso.

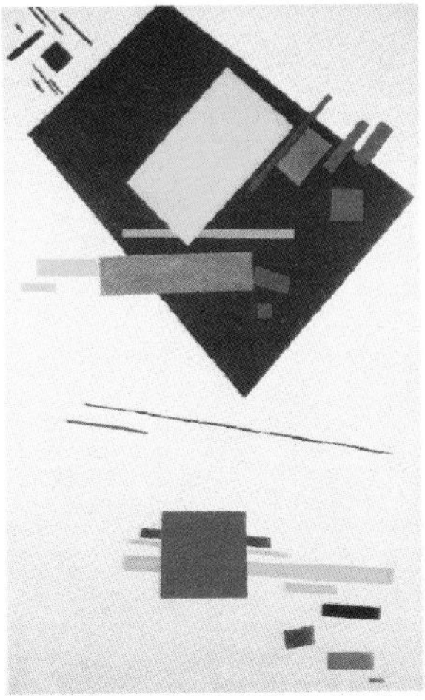

*Suprematismo* (1915), por Kazimir Maliévich. (Stedelijk Museum, Amsterdam.) Negándole a la pintura toda función de representación, el artista compone un espacio geometrizado cuyos acordes rítmicos son comparables a los que organiza la música en el tiempo.

*Mujer reflejándose en un espejo* (1970) por Rufino Tamayo. (Museo de arte moderno, México.) Se aborda, de manera ingeniosa, el tema del desdoblamiento virtual de la imagen por reflexión. El espejo —superficie plateada— repite la proporción del ámbito pictórico en dimensión menor y localizada en su lado izquierdo, como sugerencia refleja de una forma equivalente.

*Construcción* $y = ax^2 + bx + 18$ (1930), por Georges Vantongerloo. Latón lacado en negro. (Col. Max Bill, Zurich.) La matemática se concretiza en este miembro del grupo De Stijl, en una forma pura e imperiosa.

*La imagen del viento* (1966), por Maria Elena Vieira da Silva. (Col. C. Gulbenkian, Lisboa.) La animación, el dominio no figurativo de los lineamentos de color sacados del mundo visible revelan un estilo característico de la corriente europea del paisajismo abstracto.

*T invertida sobre negro* por Antoni Tàpies. (Col. part.) El artista utiliza un vocabulario simbólico que entronca con la problemática de su realidad autóctona o personal.

mática, de la irracionalidad del mundo y del destino de la humanidad. • **Razonamiento «ab absurdo», o por lo absurdo,** razonamiento que justifica una proposición demostrando que su negación conduce a una contradicción.

**ABUBILLA** n. f. Ave de plumaje rojizo, con franjas transversales blancas y negras, que tiene en la cabeza un gran copete de plumas.

abubilla

**ABUCHEAR** v. tr. **[1]**. Manifestar ruidosamente el público su desagrado o protesta: *abuchear a un orador, a un jugador.*

**ABUCHEO** n. m. Acción de abuchear.

**ABUELO, A** n. Padre o madre del padre o de la madre. **2.** *Fig.* Persona anciana. ◆ **abuelos** n. m. pl. **3.** El abuelo y la abuela. **4.** Ascendientes o antepasados de que desciende una persona.

**ABULENSE** adj. y n. m. y f. De Ávila. SIN.: *avilés.*

**ABULIA** n. f. (gr. *abulia*). Ausencia patológica de voluntad, sin que exista trastorno somático ni intelectual.

**ABÚLICO, A** adj. y n. Relativo a la abulia; afecto de abulia.

**ABULÓN** n. m. Caracol marino comestible de concha anacarada, que abunda en las costas de Baja California.

**ABULONAR** v. tr. **[1]**. *Argent.* Sujetar con bulones.

**ABULTAMIENTO** n. m. Acción de abultar. **2.** Bulto, hinchazón, prominencia.

**ABULTAR** v. tr. **[1]**. Aumentar el bulto: *el sombrero le abulta la cabeza.* **2.** Hacer de bulto o relieve. **3.** Aumentar la cantidad, intensidad, grado, etc.: *abultar el tamaño de algo.* **4.** *Fig.* Ponderar, exagerar: *abultar una noticia.* ◆ v. intr. **5.** Tener o hacer bulto: *el paquete abulta mucho.*

**ABUNDAMIENTO** n. m. Abundancia. • **A mayor abundamiento,** con mayor razón o seguridad, además.

**ABUNDANCIA** n. f. Gran cantidad: *haber abundancia de alimentos.* **2.** Riqueza, bienestar: *vivir en la abundancia.* • **Cuerno de la abundancia,** vaso en forma de cuerno, lleno de frutas y flores, que simboliza la abundancia y que solía llevar la diosa del mismo nombre. ‖ **Teoría de la abundancia,** teoría según la cual los medios técnicos modernos permiten producir una cantidad de bienes muy superior a los medios de adquisición de los consumidores, y en estas condiciones se hace necesario implantar mecanismos que permitan paliar este desequilibrio.

**ABUNDANTE** adj. Copioso, en gran cantidad: *una cosecha abundante.*

**ABUNDAR** v. intr. (lat. *abundare*) **[1]**. Haber gran cantidad de una cosa: *aquí abundan las flores.* **2.** Estar adherido a una idea u opinión.

**¡ABUR!** interj. *Fam.* Se usa para despedirse: *¡abur!, ¡hasta mañana!*

**ABURGUESAMIENTO** n. m. Acción y efecto de aburguesarse: *aburguesamiento de las costumbres.*

**ABURGUESARSE** v. pron. **[1]**. Volverse burgués.

**ABURRIMIENTO** n. m. Fastidio, tedio.

**ABURRIR** v. tr. (lat. *abhorrere*) **[3]**. Molestar, cansar, fastidiar: *su conversación me aburre.* ◆ **aburrirse** v. pron. **2.** *Fig.* Fastidiarse, cansarse: *aburrirse de esperar.* **3.** *Fig.* Sufrir un estado de ánimo producido por falta de estímulos, diversiones o distracciones: *aquí me aburro mucho.*

**ABUSADO, A** adj. *Guat.* y *Méx.* Que sabe aprovechar la ocasión, listo, perspicaz.

**ABUSAR** v. intr. **[1]**. Usar mal o indebidamente de una cosa: *abusar de la autoridad, de un medicamento.* **2.** Hacer objeto de trato deshonesto: *abusar de una menor, de los débiles.*

**ABUSIVO, A** adj. Que se introduce o practica por abuso: *tratar de forma abusiva.*

**ABUSO** n. m. (lat. *abusum*). Acción y efecto de abusar: *abuso de confianza.* • **Abuso de autoridad,** acto de un funcionario que se excede en sus atribuciones. ‖ **Abuso de derecho,** delito consistente en ultrapasar los límites asignados al ejercicio de un derecho, e incluso, si hay intención de causar daño, en ejercer un derecho.

**ABUSÓN, NA** adj. y n. *Fam.* Que abusa.

**ABYECCIÓN** n. f. Bajeza, envilecimiento: *los vicios le condujeron a la abyección.* **2.** Abatimiento, humillación: *vivir en estado de abyección.*

**ABYECTO, A** adj. (lat. *abiectum*). Bajo, vil: *una abyecta mentira.*

**Ac,** símbolo químico del *actinio.*

**ACÁ** adv. l. Denota un lugar cercano, como *aquí,* pero más indeterminado, y admite grados de comparación: *viene hacia acá.* ◆ adv. t. **2.** Precedido de las preposiciones *de* o *desde* y una expresión de tiempo, denota lo presente: *de ayer acá.*

**ACABADO, A** adj. Perfecto, completo, terminado: *una obra acabada.* **2.** Destruido, viejo: *un hombre acabado.* ◆ n. m. **3.** Perfeccionamiento o último retoque que se da a una obra o labor: *el acabado de un cuadro, de un tejido.* **4.** MEC. Operación mediante la cual se termina el trabajo o labrado de una superficie o de un elemento de pieza mecánica.

**ACABALLADERO** n. m. Establecimiento donde se tienen sementales y yeguas para multiplicar y mejorar la especie.

**ACABALLONAR** v. tr. **[1]**. Hacer caballones en un terreno.

**ACABANGARSE** v. pron. **[1b]**. *Amér. Central.* Sentirse acongojado.

**ACABAR** v. tr. y pron. **[1]**. Poner o dar fin, terminar: *acabar un trabajo; la comida se ha acabado.* ◆ v. tr. **2.** Poner mucho esmero en la conclusión de una cosa. **3.** Apurar, consumir: *acabar la paciencia.* ◆ v. intr. **4.** Rematar, finalizar: *el cuchillo acaba en punta.* **5.** Con la prep. *con,* destruir, aniquilar: *las penas acabarán con él.* **6.** Morir, fenecer la vida: *acabar en un hospital.* **7.** Con la prep. *de* y un infinitivo, haber ocurrido algo un poco antes de lo que indica este último verbo: *acaba de llegar.* **8.** Con la prep. *por* y un infinitivo, llegar el momento de producirse un suceso: *acabó por ceder.* ◆ v. intr. y pron. **9.** Extinguirse, aniquilarse: *su vida ya ha acabado.*

**ACABÓSE** n. m. **Ser** una cosa **el acabóse** (*Fam.*), haber llegado a su último extremo; especialmente acabar en ruina o desastre: *una nueva guerra sería el acabóse.*

**ACACHARSE** v. pron. **[1]**. *Chile.* Paralizarse la venta de algún artículo.

**ACACHETAR** o **ACACHETEAR** v. tr. **[1]**. TAUROM. Rematar al toro con el cachete o puntilla.

**ACACIA** n. f. Planta leñosa de flores blancas y olorosas, que crece espontánea en América del Norte y se cultiva en todos los países templados como árbol de jardín. (Familia papilionáceas.) **2.** Madera de este árbol.

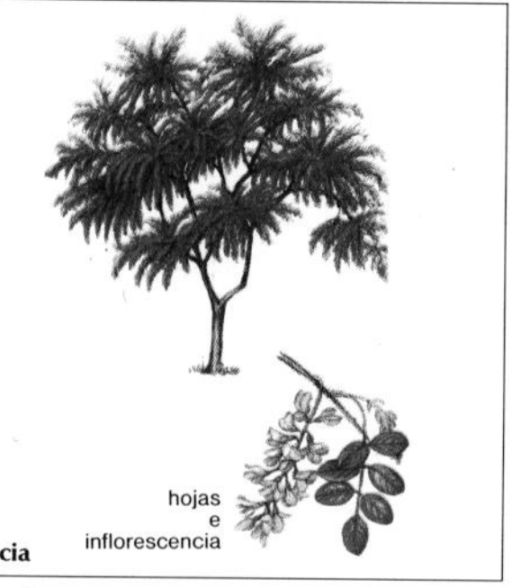

acacia

**ACADEMIA** n. f. (lat. *academiam*). Sociedad científica, literaria o artística establecida con autoridad pública. **2.** Dícese particularmente de la Academia española. **3.** Junta de académicos; lugar en que se reúnen: *ayer hubo academia.* **4.** Centro docente, de carácter privado, destinado a impartir enseñanza elemental y secundaria o enseñanzas específicas: *academia de danza.* **5.** B. ART. Figura entera, pintada o dibujada, de un modelo desnudo. • **Academia militar,** centro de enseñanza superior militar.

**ACADEMICISMO** n. m. Imitación carente de originalidad de reglas y modelos tradicionales. **2.** Acción y efecto de academizar.

**ACADÉMICO, A** adj. Relativo a la academia. **2.** Dícese de los estudios o títulos que causan efectos legales, como los de abogado, médico, etc. **3.** Dícese de las obras de arte en que se observan con rigor las normas clásicas, y también del autor de estas obras. ◆ n. **4.** Miembro de una academia.

**ACADEMIZAR** v. tr. **[1g]**. Proporcionar o atribuir carácter académico a una obra o actuación.

**ACADIO, A** adj. y n. Del país de Acad. **2.** De Acadia. ◆ n. m. **3.** Antigua lengua semítica hablada en Mesopotamia.

**ACAECER** v. intr. **[2m]**. Suceder, acontecer.

**ACAHUAL** n. m. *Méx.* Nombre genérico del girasol y de otras plantas de tallo grueso que suelen crecer en los barbechos. (Familia compuestas.)

**ACAJÚ** n. m. Árbol de América, de madera rojiza muy dura y apreciada en carpintería. **2.** Madera africana de aspecto análogo.

**ACALAMBRARSE** v. pron. **[1]**. Contraerse los músculos a causa del calambre: *acalambrarse las piernas.*

**ACALCULIA** n. f. NEUROL. Imposibilidad patológica de reconocer las cifras, utilizar los números y realizar operaciones aritméticas.

**ACALEFO, A** adj. y n. m. Relativo a una clase de cnidarios formada por medusas de gran tamaño. SIN.: *escifozoo.*

**ACALLAR** v. tr. **[1]**. Hacer callar: *acallar un rumor de voces.* **2.** *Fig.* Aplacar, aquietar: *acallar el hambre.*

**ACALORAMIENTO** n. m. Ardor, arrebato de calor: *el sol le produjo acaloramiento.* **2.** *Fig.* Apasionamiento, enardecimiento: *el acaloramiento de una discusión.*

**ACALORAR** v. tr. **[1]**. Dar o causar calor: *el vino me acalora.* **2.** *Fig.* Proteger, fomentar, avivar, enardecer: *la disputa le acaloró.* ◆ v. tr. y pron. **3.** Encender, fatigar con el trabajo o ejercicio: *la carrera le ha acalorado; acalorarse con un esfuerzo.* ◆ **acalorarse** v. pron. **4.** *Fig.* Enardecerse en la discusión: *durante el debate se acaloró.* **5.** *Fig.* Hacerse viva y ardiente la misma disputa o conversación: *la discusión se fue acalorando.*

**ACAMADO, A** adj. HERÁLD. Dícese de la pieza o figura colocada sobre otra u otras.

**ACAMAYA** n. f. Langostino de agua dulce, de color gris perla, que crece en los ríos del golfo de México.

**ACAMPADA** n. f. Acción y efecto de acampar. **2.** Campamento.

**ACAMPANAR** v. tr. y pron. **[1]**. Dar figura de campana: *acampanar una falda.*

**ACAMPAR** v. tr., intr. y pron. **[1]**. Detenerse, permanecer en despoblado: *acampar en un llano, al anochecer.*

**ÁCANA** n. m. o f. Árbol de América meridional, cuyo tronco, de 8 a 10 m de alt., es de madera compacta y recia y se emplea en construcción. (Familia sapotáceas.) **2.** Madera de este árbol.

**ACANALADO, A** adj. Que pasa por canal o lugar estrecho: *el agua fluía acanalada.* **2.** De figura larga y abarquillada: *uñas acanaladas.* **3.** De figura de estría o con estrías. ◆ adj. y n. m. **4.** Dícese de un tejido cuya superficie aparece cubierta de relieves o realces separados por surcos paralelos.

**ACANALADURA** n. f. ARQ. Canal o estría. **2.** GEOMORFOL. Ranura de perfil redondeado que se excava en las rocas desnudas bajo la acción de procesos de erosión externa. **3.** TECNOL. Cavidad rectilínea, larga y estrecha, en una pieza generalmente cilíndrica de revolución.

**ACANALAR** v. tr. **[1]**. Hacer canales o estrías. **2.** Dar forma de canal o teja.

**ACANILLADO, A** adj. Dícese del tejido que, por contener algunos hilos más gruesos que el resto, o de tinte más subido o más pálido, forma listas, rayas o canillas.

**ACANTÁCEO, A** adj. y n. f. Relativo a una familia de dicotiledóneas gamopétalas de las regiones cálidas, como el acanto.

**ACANTILADO, A** adj. Dícese del fondo del mar cuando forma escarpes o cantiles. ◆ adj. y n. m. **2.** Dícese de la costa cortada verticalmente. ◆ n. m. **3.** Escarpa casi vertical de un terreno, especialmente la formada en la costa por la acción del mar.

**ACANTO** n. m. (lat. *acanthum*). Planta ornamental, de hojas largas (50 cm), regularmente dentadas, de color verde y con flores blancas, que vive en rocallas y lugares frescos. SIN.: *branca ursina.* **2.** Motivo ornamental arquitectónico que imita la hoja de esta planta y es característico del capitel corintio.

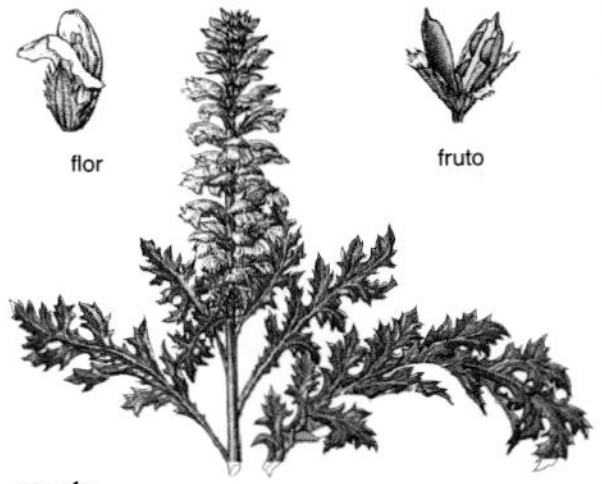

**acanto**

**acantos** ornamentales: arte griego
(museo arqueológico, Corinto)

**ACANTONAMIENTO** n. m. MIL. Acción de acantonar fuerzas militares que están en operaciones de guerra o maniobras. **2.** MIL. Sitio en que hay tropas acantonadas.

**ACANTONAR** v. tr. y pron. [**1**]. MIL. Distribuir y alojar tropas en diversos lugares o cantones.

**ACANTOPTERIGIO, A** adj. y n. m. Relativo a un grupo de peces óseos con aleta dorsal espinosa, como el atún y la caballa.

**ACAPACHADO, A** adj. TAUROM. Dícese del toro que tiene las astas bastante caídas y abiertas.

**ACAPARADOR, RA** adj. y n. Que acapara: *persona acaparadora.*

**ACAPARAMIENTO** n. m. Acción y efecto de acaparar.

**ACAPARAR** v. tr. [**1**]. Adquirir determinadas mercancías en cantidad suficiente para crear su escasez en el mercado y provocar un alza en sus precios. **2.** *Fig.* Apropiarse de algo tratando de que otros no lo posean: *acaparar una herencia.* **3.** *Fig.* Absorber la atención o la actividad: *acaparar todas las miradas.*

**ACÁPITE** n. m. *Amér.* Párrafo.

**ACARAMELAR** v. tr. [**1**]. Bañar de caramelo. ◆ **acaramelarse** v. pron. **2.** *Fig.* y *fam.* Mostrarse excesivamente cariñoso, dulce o galante: *los novios se acaramelaban.*

**ACARICIADOR, RA** adj. y n. Que acaricia.

**ACARICIAR** v. tr. [**1**]. Hacer caricias: *acariciar a un niño.* **2.** *Fig.* Tocar suavemente, rozar: *la brisa acariciaba su rostro.* **3.** *Fig.* Complacerse en pensar algo con deseo o esperanza de conseguirlo o llevarlo a cabo: *acariciar un proyecto, una idea.*

**ÁCARO** adj. y n. m. Relativo a un orden de arácnidos que comprende animales de pequeño tamaño (de algunos milímetros a lo sumo), que pueden transmitir el germen de determinadas enfermedades, y algunos de los cuales son parásitos.

**ACAROSIS** n. f. Enfermedad del hombre y de los animales (abejas) causada por los ácaros.

**ACARREADO, A** n. *Méx. Fam.* Persona a la que se ha obligado o pagado para asistir a un mitin político.

**ACARREAR** v. tr. [**1**]. Transportar en carro o de cualquier otra manera: *acarrear las maletas.* **2.** *Fig.* Ocasionar, causar: *acarrear disgustos.*

**ACARREO** n. m. Acción de acarrear. **2.** Precio que se cobra por acarrear. • **Materiales de acarreo** (GEOMORFOL.), tierras, cantos o arena transportados por las aguas, hielos, etc., que se acumulan en determinados sectores de la superficie terrestre.

**ACARTONAMIENTO** n. m. Acción y efecto de acartonarse.

**ACARTONARSE** v. pron. [**1**]. Ponerse como cartón: *acartonarse el cutis.*

**ACASERADO, A** adj. *Amér.* Dícese del perro que se introduce en casa ajena y logra quedarse en ella con zalamerías. **2.** *Chile* y *Perú.* Cliente habitual.

**ACASO** n. m. Casualidad, suceso imprevisto: *lo encontré por un acaso.* ◆ adv. d. **2.** Quizá, tal vez: *acaso venga hoy.* • **Por si acaso,** o **si acaso,** refuerza el sentido condicional o hipotético de la conj. *si.*

**ACATABLE** adj. Digno de acatamiento o respeto: *una ley acatable.*

**ACATAMIENTO** n. m. Acción y efecto de acatar.

**ACATANGA** n. f. *Argent.* y *Bol.* Escarabajo pelotero. **2.** *Bol.* Excremento.

**ACATAR** v. tr. [**1**]. Tributar homenaje de sumisión y respeto, aceptar: *acatar la autoridad del rey, una decisión.*

**ACATARRAR** v. tr. [**1**]. Resfriar, constipar: *el frío me acatarró.* **2.** *Méx.* Importunar. ◆ **acatarrarse** v. pron. **3.** Contraer catarro: *se acatarra muy a menudo.*

**ACATL** n. m. Decimotercero de los veinte signos del calendario solar azteca. **2.** Grupo de trece años del calendario solar azteca.

**ACAUDALADO, A** adj. Que tiene mucho caudal: *hombre acaudalado.*

**ACAUDALAR** v. tr. [**1**]. Hacer o reunir caudal de una cosa: *acaudalar riquezas, esperanzas.*

**ACAUDILLAR** v. tr. [**1**]. Mandar gente de guerra en calidad de jefe: *acaudillar una expedición.* **2.** Ser jefe de un partido o bando.

**ACAULE** adj. BOT. Dícese de la planta sin tallo aparente.

**ACCEDER** v. intr. (lat. *accedere*) [**2**]. Consentir en lo que otro solicita o quiere: *acceder de buen grado.* **2.** Ceder uno en su opinión, conviniendo con un dictamen o una idea de otro: *acceder a un parecer.* **3.** Tener paso o entrada a un lugar: *acceder al recinto.* **4.** Tener acceso a una situación, condición o grado superiores, llegar a alcanzarlos: *acceder al generalato.*

**ACCESIBILIDAD** n. f. Calidad de accesible.

**ACCESIBLE** adj. Que tiene acceso: *un camino accesible.* **2.** *Fig.* De fácil acceso o trato: *persona accesible.*

**ACCESIÓN** n. f. Acción y efecto de acceder. **2.** DER. CIV. Extensión del derecho de propiedad de una cosa a otra accesoria, que se une a la primera.

**ACCÉSIT** n. m. (lat. *accessit*) [pl. *accésit*]. En un certamen, recompensa inmediatamente inferior al premio.

**ACCESO** n. m. (lat. *accessum*). Acción de llegar o acercarse: *el acceso a la ciudad fue lento.* **2.** Entrada o paso: *acceso prohibido.* **3.** *Fig.* Acción y efecto de alcanzar u obtener algo, o de acercarse a alguien. **4.** Arrebato o exaltación: *acceso de celos.* **5.** INFORMÁT. Procedimiento de búsqueda o de registro de un dato en una memoria electrónica. **6.** MED. Conjunto de trastornos morbosos, como epilepsia, histeria, neuralgia, etc., que aparecen a intervalos regulares o no. • **Acceso de fiebre,** elevación de la temperatura del organismo.

**ACCESORIO, A** adj. Que depende de lo principal o se le une por accidente; secundario: *detalles accesorios; nervios accesorios; obligaciones accesorias.* ◆ n. m. **2.** Instrumento, aparato, etc., que no es parte integrante de una máquina o que sirve para una actividad particular: *accesorios de automóvil, de teatro.*

**ACCESORISTA** n. m. y f. Persona que se ocupa de los accesorios en el teatro y en los estudios cinematográficos. SIN.: *attrezzista.*

**ACCIDENTADO, A** adj. Turbado, agitado, revuelto, borrascoso: *una vida accidentada.* **2.** Escabroso, abrupto: *sendero accidentado.* ◆ adj. y n. **3.** Que ha sido víctima de un accidente.

**ACCIDENTAL** adj. No esencial: *un adorno accidental.* **2.** Casual, contingente: *encuentro accidental.* **3.** Que desempeña ocasionalmente un cargo: *director accidental.*

**ACCIDENTAR** v. tr. [**1**]. Producir accidente. ◆ **accidentarse** v. pron. **2.** Sufrir un accidente.

**ACCIDENTE** n. m. (lat. *accidentem*). Lo que altera el curso regular de las cosas; suceso eventual, especialmente desgraciado: *un viaje sin accidentes; accidente automovilístico.* **2.** Indisposición que repentinamente priva de sentido o de movimiento. **3.** FILOS. Lo que no existe por sí mismo, que no tiene naturaleza propia (por oposición a *sustancia, esencia*). **4.** GRAM. Modificación que sufren en su forma las palabras variables para expresar diversas categorías gramaticales. **5.** MÚS. Cada uno de los signos que sirven para alterar las notas *(sostenido, bemol, becuadro).* • **Accidente de trabajo,** daño corporal debido a una causa exterior sobrevenida por razón del trabajo o con ocasión del mismo. || **Accidente del terreno,** desigualdad del relieve. || **Accidente in itinere,** accidente sufrido por un trabajador en el trayecto entre el lugar de trabajo y su residencia o el lugar donde habitualmente efectúa sus comidas. (Se asimila a un accidente de trabajo.)

**ACCIÓN** n. f. (lat. *actionem*). Ejercicio de una potencia: *la acción de la voluntad.* **2.** Efecto de hacer, hecho: *una acción humanitaria.* **3.** Operación o cualquier acto del agente en el paciente: *la acción erosiva del agua.* **4.** Actividad, movimiento, dinamismo: *un hombre, una película de acción.* **5.** *Fam.* Posibilidad o facultad de hacer alguna cosa, especialmente acometer o defenderse: *dejar sin acción.* **6.** Ejercicio de un derecho en justicia: *intentar una acción judicial.* **7.** Trama de cualquier tipo de representación, narración, etc.: *la acción de una novela.* **8.** ART. CONTEMP. Sucesión de gestos o actitudes, generalmente mudas, cuyo desarrollo constituye la obra del artista. SIN.: *performance.* **9.** DER. MERC. Cada una de las partes en que se considera dividido el capital de una sociedad anónima, y también, a veces, el que aportan los socios no colectivos a algunas comanditarias, que entonces se llaman comanditarias por acciones. **10.** DER. MERC. Título que acredita y representa el valor de cada una de las partes. **11.** MEC. Fuerza con que obra un cuerpo sobre otro. • **Acción de gracias,** expresión o manifestación de agradecimiento. || **Acción directa,** actividad política basada en la violencia y desarrollada fuera del marco legal.

**ACCIONADOR** n. m. TECNOL. Aparato u órgano que permite actuar sobre una máquina o un proceso para modificar su comportamiento o su estado.

**ACCIONAMIENTO** n. m. Acción y efecto de accionar o mover.

**ACCIONAR** v. intr. [**1**]. Hacer movimientos y gestos para dar a entender alguna cosa o para acompañar la palabra: *accionar con las manos.* ◆ v. tr. **2.** Dar movimiento a un mecanismo o parte de él: *accionar una palanca.*

**ACCIONARIADO** n. m. Conjunto de los accionistas de una sociedad.

**ACCIONISTA** n. m. y f. Poseedor de una o varias acciones en una sociedad financiera, industrial o comercial.

**ACCITANO, A** adj. y n. De Guadix.

**ACE** n. m. (voz inglesa). En el tenis, pelota de servicio que el adversario no consigue devolver.

**ACEBEDA** n. f. Terreno poblado de acebos.

**ACEBEDO** n. m. Acebeda.

**ACEBO** n. m. Árbol o arbusto de sotobosque, de

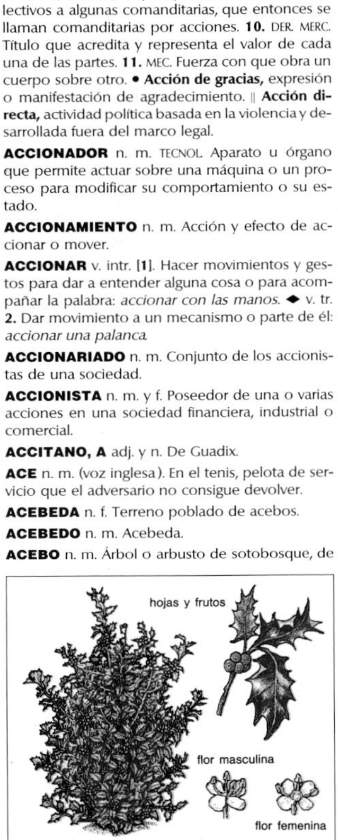

**acebo**

hojas brillantes, espinosas y persistentes, cuya corteza sirve para fabricar la liga. **2.** Madera de este árbol.

**ACEBOLLADURA** n. f. Defecto de algunas maderas por desunión de dos de las capas que forman el tejido leñoso del árbol.

**ACEBUCHE** n. m. Olivo silvestre. **2.** Madera de este árbol.

**ACEBUCHINA** n. f. Fruto del acebuche.

**ACECHANZA** n. f. Acecho, espionaje, persecución cautelosa.

**ACECHAR** v. tr. (lat. *assectari*) **[1]**. Observar, aguardar cautelosamente con algún propósito: *acechar a la presa.* **2.** Amenazar: *un peligro le acecha.*

**ACECHO** n. m. Acción de acechar: *el acecho del enemigo.* **2.** Lugar desde el cual se acecha. • **Al acecho,** observando a escondidas: *siempre estaba al acecho.*

**ACECINAR** v. tr. y pron. **[1]**. Salar las carnes y secarlas al aire y al humo para que se conserven. ◆ **acecinarse** v. pron. **2.** *Fig.* Quedarse muy enjuto de carnes.

**ACEDERA** n. f. Hortaliza de hojas comestibles, cuyo sabor ácido se debe a la presencia de ácido oxálico. (Familia poligonáceas.) **2.** *Cuba.* Vinagrera. • **Sal de acederas,** oxalato de potasio.

**ACEDERILLA** n. f. Planta herbácea de rizoma rojo, delgado, hojas radicales y flores blancas, amarillas o de un rosado pálido. (Familia oxalidáceas.) SIN.: *aleluya.*

**ACEFALÍA** n. f. Calidad de acéfalo. **2.** EMBRIOL. Malformación congénita que consiste en la ausencia parcial o total de la cabeza.

**ACEFALISMO** n. m. Acefalía.

**ACÉFALO, A** adj. (gr. *akephalos*). Falto de cabeza. ◆ adj. y n. m. **2.** Bivalvo.

**ACEITADO** n. m. Acción y efecto de lubricar o engrasar con aceite.

**ACEITAR** v. tr. **[1]**. Untar con aceite.

**ACEITE** n. m. (ár. *al-zayt*). Producto de origen mineral, animal o vegetal, fluido a temperatura ordinaria, y constituido, en el primer caso, por hidrocarburos pesados, y, en los otros dos, por una mezcla de glicerinas. • **Aceite alcanforado,** alcanfor en solución oleosa al 1 o 2 %, utilizado como analéptico. || **Aceite de petróleo,** líquido de petróleo pesado, viscoso, utilizado como lubricante. || **Aceite detergente,** aceite de petróleo, lubrificante, que dispone y retiene en suspensión los depósitos y los residuos ácidos de los motores de combustión interna. || **Aceite esencial,** aceite volátil que se obtiene por destilación de sustancias aromáticas de origen vegetal.

■ Los aceites vegetales más importantes, según el volumen de producción, son los de soja, girasol, cacahuete, oliva, colza, coco y palma. El aceite que procede de una sola variedad vegetal y que se obtiene tan sólo por procedimientos mecánicos (trituración, presión, centrifugado, etc.) se llama *aceite virgen.* El aceite virgen (o una mezcla de aceites) que ha sufrido diferentes tratamientos químicos para mejorar su sabor y olor se llama *aceite refinado.* Los mayores productores de aceite son E.U.A. (soja) y Rusia (girasol). Destacan también Brasil y China (soja), India (cacahuete) y España, Italia y Grecia (oliva).

**ACEITERA** n. f. Recipiente destinado a contener aceite. ◆ **aceiteras** n. f. pl. **2.** Vinagreras.

**ACEITERO, A** adj. y n. Relativo al aceite: *molino aceitero.*

**ACEITOSO, A** adj. Que tiene aceite, grasiento: *agua aceitosa.* **2.** Con demasiado aceite: *la comida ha quedado aceitosa.* **3.** Parecido al aceite.

**ACEITUNA** n. f. (ár. *al-zāytūna*). Fruto del olivo. SIN.: *oliva.* • **Aceituna negra,** oliva recolectada madura y conservada en aceite. || **Aceituna sevillana,** nombre genérico de un aderezo especial de las aceitunas destinadas al consumo directo, que se aplica a diversas variedades elaboradas en las provincias de Sevilla, Badajoz, Cádiz, Córdoba y Huelva. || **Aceituna verde,** oliva recolectada antes de madurar y conservada en salmuera.

**ACEITUNADO, A** adj. De color de aceituna verde: *rostro aceitunado.*

**ACEITUNERO, A** n. Persona que tiene por oficio coger, acarrear o vender aceitunas.

**ACEITUNO** n. m. Olivo. **2.** Nombre dado a diversos árboles maderables que crecen en América Central. (Familia simarubáceas.)

**ACELERACIÓN** n. f. Acción y efecto de acelerar o acelerarse. **2.** Variación de la velocidad, por unidad de tiempo, de un cuerpo en movimiento. **3.** ECON. Principio según el cual cualquier incremento de la demanda de bienes de consumo se propaga hacia la demanda de bienes de producción (destinados a satisfacer la primera) con una intensidad mayor.

**ACELERADA** n. f. *Argent., Chile, Méx.* y *Urug.* Acelerón.

**ACELERADO, A** adj. PATOL. Dícese del aumento del ritmo de alguna función del organismo, principalmente de la cardíaca y respiratoria. ◆ n. m. **2.** En cinematografía, artificio que permite conseguir el efecto de movimientos mucho más rápidos en la pantalla de lo que son en la realidad.

**ACELERADOR, RA** adj. y n. Que acelera. ◆ n. m. **2.** Mecanismo que regula la admisión de la mezcla gaseosa en el motor de explosión para variar su velocidad. **3.** Sustancia que aumenta la velocidad de una reacción química. **4.** Producto que reduce el tiempo de fraguado y endurecimiento del hormigón. **5.** FÍS. NUCL. Aparato que comunica grandes velocidades a las partículas cargadas, con el fin de estudiar las estructuras de la materia.

**acelerador** de partículas: porción del SpS (Super sincrotón de protones) del C.E.R.N. de Ginebra (diámetro del anillo: 2,2 km)

**ACELERAR** v. tr. y pron. (lat. *accelerare*) **[1]**. Hacer más rápido, más vivo un movimiento, un proceso, etc.: *acelerar la producción, la marcha.* **2.** Accionar el mecanismo acelerador de un vehículo automóvil para que éste o su motor se muevan con mayor rapidez. ◆ v. tr. **3.** Hacer que una cosa suceda antes del tiempo adecuado: *acelerar un acontecimiento.*

**ACELERATRIZ** adj. Dícese de la fuerza que aumenta la velocidad de un movimiento.

**ACELERÓMETRO** n. m. Aparato con que se mide la aceleración de un movimiento.

**ACELERÓN** n. m. Aceleración súbita e intensa a que se somete la actividad de un motor.

**ACELGA** n. f. Planta hortense cultivada como verdura por sus hojas, grandes y carnosas, y sus peciolos aplanados.

**ACELOMADO, A** adj. y n. Dícese de los animales desprovistos de celoma.

**ACÉMILA** n. f. (ár. *al-zamila*). Mula o macho de carga. **2.** Asno, persona ruda.

**ACEMILERO, A** adj. Relativo a las acémilas.

**ACENDRAMIENTO** n. m. Acción y efecto de acendrar.

**ACENDRAR** v. tr. **[1]**. Purificar los metales por la acción del fuego: *acendrar la plata.* **2.** *Fig.* Depurar, dejar sin mancha ni defecto: *acendrar las virtudes.*

**ACENSAR** v. tr. **[1]**. Acensuar.

**ACENSUAR** v. tr. **[1s]**. DER. Imponer un censo sobre una finca o bien raíz.

**ACENTO** n. m. (lat. *accentum*). Intensificación de la voz en una sílaba de una palabra o de un grupo de palabras: *acento prosódico; acento métrico.* **2.** Signo gráfico que se coloca sobre una vocal para precisar su valor: *acento agudo* (´), *grave* (`) y *circunflejo* (^). SIN.: *acento ortográfico.* **3.** Pronunciación particular de un grupo lingüístico. **4.** Modulación de la voz expresiva de pasiones o sentimientos o característica de determinados estilos de dicción o declamación: *acento irritado; acento engolado.*

**ACENTUACIÓN** n. f. Acción y efecto de acentuar.

**ACENTUAL** adj. GRAM. Relativo al acento.

**ACENTUAR** v. tr. (lat. *accentuare*) **[1s]**. Dar o poner acento a las palabras. **2.** *Fig.* Recalcar, hablar con énfasis. **3.** *Fig.* Realzar, resaltar: *acentuar las diferencias.* **4.** *Fig.* Intensificar, aumentar: *acentuar el dolor.* ◆ **acentuarse** v. pron. **5.** Tomar cuerpo: *acentuarse la violencia.*

**ACEÑA** n. f. (ár. *al-sāniya*). Molino harinero situado dentro del cauce de un río.

**ACEPCIÓN** n. f. Cada uno de los sentidos o significados en que se toma una palabra o frase. • **Acepción de personas,** acción de favorecer arbitrariamente a unas personas más que a otras.

**ACEPILLADO** n. m. Mecanizado de una superficie generalmente plana, mediante el desplazamiento relativo, rectilíneo y alternativo de la pieza o del útil.

**ACEPILLADOR, RA** adj. Que acepilla: *máquina acepilladora.* ◆ n. **2.** Obrero que acepilla, que maneja una acepilladora.

**ACEPILLADORA** n. f. Máquina-herramienta de grandes dimensiones empleada para mecanizar superficies paralelas, en la que el corte del metal se realiza mediante el desplazamiento horizontal, rectilíneo y alternativo de la pieza contra una cuchilla fija. • **Acepilladora de madera,** máquina para alisar piezas de madera.

**ACEPILLAR** v. tr. **[1]**. Cepillar, alisar con cepillo la madera o los metales.

**ACEPTABILIDAD** n. f. Calidad de aceptable. **2.** LING. Carácter de un enunciado gramatical cuyo sentido aparece natural a los hablantes nativos de la lengua.

**ACEPTABLE** adj. Que se puede aceptar.

**ACEPTACIÓN** n. f. Acción y efecto de aceptar. **2.** Aprobación, aplauso: *la obra tuvo gran aceptación.*

**ACEPTANTE** adj. y n. m. y f. Que acepta: *aceptante de una letra de cambio.*

**ACEPTAR** v. tr. (lat. *acceptare*) **[1]**. Recibir uno, voluntariamente, lo que se le da, ofrece o encarga: *aceptar un regalo, una invitación.* **2.** Aprobar, dar por bueno. **3.** Admitir, mostrarse conforme con algo. • **Aceptar una letra de cambio,** comprometerse por escrito a pagar a su vencimiento, al portador de la letra, la cantidad que figura en ella.

**ACEPTOR** adj. y n. m. FÍS. Dícese del átomo que puede recibir electrones.

**ACEQUIA** n. f. (ár. *al-sāqiya*). Zanja o canal por donde se conducen las aguas para regar y para otros fines.

**ACERA** n. f. Parte lateral de la calle, más elevada que la calzada, y reservada a la circulación de los peatones. **2.** Fila de casas a cada lado de la calle o plaza.

**ACERÁCEO, A** adj. y n. f. Relativo a una familia de plantas dicotiledóneas, de flores hermafroditas o unisexuales, como el arce.

**ACERACIÓN** n. f. Operación que permite comunicar a determinados metales la dureza del acero.

**ACERADO, A** adj. Parecido al acero; que contiene acero; recubierto de acero. **2.** *Fig.* Fuerte, de mucha resistencia. **3.** *Fig.* Incisivo, mordaz, penetrante: *len-*

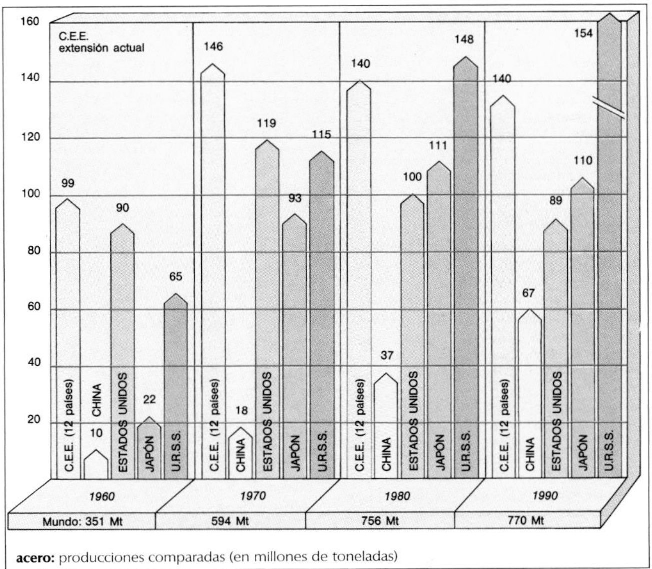


**acero:** producciones comparadas (en millones de toneladas)

*gua acerada.* • **Fundición acerada,** fundición gris cuyo contenido de carbono es relativamente bajo (2 a 3 %).

**ACERAR** v. tr. [**1**]. Dar a un hierro las propiedades del acero, en particular convertir en acero el corte o las puntas de las armas o herramientas: *acerar un sable.* ◆ v. tr. y pron. **2.** Fortalecer, vigorizar: *acerar la voluntad.*

**ACERBIDAD** n. f. Calidad de acerbo.

**ACERBO, A** adj. (lat. *acerbum*). Áspero al gusto: *licor acerbo.* **2.** *Fig.* Cruel, riguroso, desapacible: *crítica acerba.*

**ACERCA** adv. **Acerca de,** sobre la cosa de que se trata, en orden a ella: *tratar acerca de un robo.*

**ACERCAMIENTO** n. m. Acción y efecto de acercar o acercarse.

**ACERCAR** v. tr. y pron. [**1a**]. Poner cerca o a menor distancia.

**ACERÍA** o **ACERERÍA** n. f. Establecimiento industrial especializado en la fabricación de acero.

**ACERICO** o **ACERILLO** n. m. Almohada pequeña. **2.** Almohadilla para clavar en ella alfileres y agujas.

**ACERO** n. m. (bajo lat. *aciarium*). Aleación de hierro y carbono que contiene menos del 1,8 % de este último elemento, susceptible de adquirir, por tratamientos mecánicos y térmicos, propiedades muy variadas. **2.** *Fig.* Arma blanca. • **Acero al crisol,** acero elaborado por fusión de los elementos de la aleación en un crisol. ‖ **Acero al oxígeno,** acero obtenido a partir de la fundición de alto horno, utilizando aire enriquecido con oxígeno u oxígeno puro. ‖ **Acero aleado,** o **especial,** acero formado por una aleación de hierro con otro metal (níquel, cromo, cobre o volframio). ‖ **Acero de corte rápido,** o **rápido,** acero especial muy duro, utilizado para la confección de herramientas de corte que deben trabajar a gran velocidad. ‖ **Acero duro,** el que contiene de 0,60 a 0,70 % de carbono. ‖ **Acero extraduro,** el que contiene más del 0,70 % de carbono. ‖ **Acero extrasuave,** el que contiene menos del 0,15 % de carbono. ‖ **Acero forjado,** acero con bajo contenido de carbono, que puede soldarse por forja. ‖ **Acero inoxidable,** acero especial resistente a los diversos agentes corrosivos a temperatura ambiente o moderada (300 °C). ‖ **Acero laminado,** acero con un contenido moderado de carbono, o ligeramente aleado, que permite obtener chapa, raíles o perfiles por laminación. ‖ **Acero maraging,** aleación de hierro y níquel, con bajo contenido de carbono. ‖ **Acero moldeado,** acero muy duro, rico en carbono, obtenido por moldeo de la fundición. ‖ **Acero semiduro,** el que contiene de 0,40 a 0,60 % de carbono. ‖ **Acero semisuave,** el que contiene de 0,25 a 0,40 % de carbono. ‖ **Acero suave,** el que contiene de 0,15 a 0,25 % de carbono. ‖ **Acero trefilado,** acero menos rico en carbono que el acero moldeado, que se hace pasar por la hilera para obtener hilos para cables. ◆ **aceros** n. m. pl. **3.** Temple y corte de las armas blancas. **4.** *Fig.* Ánimo, brío, resolución: *persona de buenos aceros.*

**ACEROLA** n. f. Fruto del acerolo, parecido a una pequeña cereza amarilla.

**ACEROLO** n. m. Árbol o arbusto espinoso, de ramas cortas y frágiles, con flores blancas, cultivado por su fruto. (Familia rosáceas.) **2.** Acerola.

**ACÉRRIMO, A** adj. (lat. *acerrimum*). Muy fuerte, decidido o tenaz: *partidario, creyente acérrimo.*

**ACERTADO, A** adj. Que tiene o incluye acierto: *tiro acertado.* **2.** Adecuado, oportuno: *frase, palabras acertadas.*

**ACERTAR** v. tr. [**1j**]. Dar en el punto previsto o propuesto: *acertar un tiro en el blanco.* **2.** Conseguir el fin propuesto o adecuado. **3.** Dar con lo cierto: *contestó segura de que acertaba.* ◆ v. tr. e intr. **4.** Encontrar, hallar: *acertar con la puerta a oscuras.* ◆ v. intr. **5.** Con la prep. *a* y un infinitivo, suceder por casualidad: *acertó a pasar por allí.*

**ACERTIJO** n. m. Enigma para entretenerse en acertarlo. **2.** Cosa o afirmación muy problemática.

**ACERVO** n. m. (lat. *acervum*). Montón de cosas menudas, como trigo, legumbres, etc. **2.** Haber que pertenece en común a los que forman una pluralidad o colectividad de personas: *el acervo cultural de un país.*

**ACETÁBULO** n. m. (lat. *acetabulum*). ANAT. Cavidad articular del hueso coxal, en la que se aloja la cabeza del fémur. **2.** ZOOL. Excavación de una concha o de un polípero, en la que el animal está fijado.

**ACETAL** n. m. Nombre genérico de los compuestos obtenidos por acción de los aldehídos sobre los alcoholes.

**ACETAMIDA** n. f. Amida del ácido acético, $CH_3$-$CONH_2$.

**ACETATO** n. m. QUÍM. Sal del ácido acético: *acetato de cobre.* **2.** TEXT. Fibra artificial obtenida por la acción del anhídrido y el ácido acético sobre la celulosa.

**ACÉTICO, A** adj. Dícese del ácido $CH_3CO_2H$, que da al vinagre su sabor característico, y de los compuestos derivados de él. • **Fermentación acética,** fermentación bacteriana que transforma el alcohol en ácido acético: *la fermentación acética del vino proporciona el vinagre.*

**ACETIFICACIÓN** n. f. Acción de acetificar o acetificarse.

**ACETIFICAR** v. tr. y pron. [**1a**]. Convertir en ácido acético.

**ACETILCELULOSA** n. f. Éster acético de la celulosa. (Es una materia plástica incolora, mucho menos inflamable que la nitrocelulosa, con la que se fabrican láminas, hilos y barnices.)

**ACETILCOENZIMA A** n. f. Coenzima que desempeña una función capital en el metabolismo de los alimentos y las reservas en los animales y en el hombre.

**ACETILCOLINA** n. f. Mediador químico liberado por los nervios parasimpáticos durante su funcionamiento.

**ACETILÉNICO, A** adj. Dícese del compuesto químico derivado del acetileno.

**ACETILENO** n. m. Hidrocarburo no saturado gaseoso con triple enlace $C_2H_2$, que se obtiene por la acción del agua sobre el carburo cálcico.

**ACETILO** n. m. Radical monovalente $CH_3CO$—, derivado del ácido acético.

**ACETILSALICÍLICO, A** adj. **Ácido acetilsalicílico,** denominación científica de la aspirina.

**ACETILURO** n. m. Derivado metálico del acetileno.

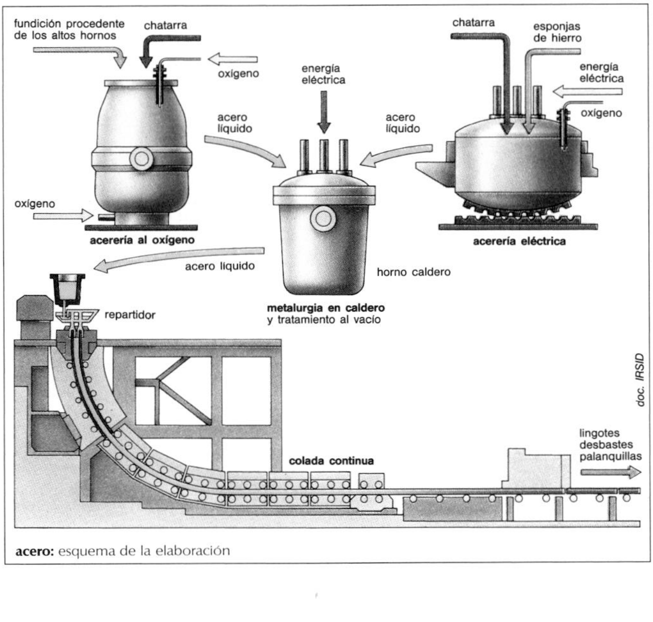


**acero:** esquema de la elaboración

**ACETÍMETRO** o **ACETÓMETRO** n. m. Instrumento para determinar la concentración de un vinagre.

**ACETONA** n. f. Líquido incoloro $CH_3COCH_3$, de olor peculiar, volátil e inflamable, con una función cetona, utilizado como disolvente.

**ACETONEMIA** n. f. Presencia anormal de acetona y otros compuestos análogos en la sangre, provocada por trastornos de metabolismo de los lípidos.

**ACETONURIA** n. f. MED. Presencia de acetona en la orina.

**ACHABACANAR** v. tr. y pron. **[1]**. Hacer chabacano.

**ACHACAR** v. tr. **[1a]**. Atribuir, imputar.

**ACHACOSO, A** adj. Que padece achaques o indisposición habitual.

**ACHAFLANAR** v. tr. **[1]**. Dar forma de chaflán, biselar.

**ACHAMPAÑADO, A** adj. Dícese de la bebida que imita al vino de Champagne.

**ACHANCHAR** v. tr. y pron. **[1]**. *Amér.* Debilitarse. **2.** *Argent.* Perder potencia un motor. **3.** *Colomb., Ecuad.* y *Perú.* Hacer vida sedentaria.

**ACHANTAR** v. tr. y pron. **[1]**. *Vulg.* Apabullar, humillar, acobardar. ◆ **achantarse** v. pron. **2.** *Fam.* Ocultarse mientras dura un peligro.

**ACHAPARRADO, A** adj. Bajo y extendido; rechoncho: *árbol achaparrado; persona achaparrada.*

**ACHAQUE** n. m. Indisposición o enfermedad habitual.

**ACHAROLADO, A** adj. Parecido al charol.

**ACHATAMIENTO** n. m. Acción y efecto de achatar o achatarse.

**ACHATAR** v. tr. y pron. **[1]**. Poner chato.

**ACHATARRAR** v. tr. **[1]**. Convertir en chatarra.

**ACHELENSE** adj. y n. m. Dícese de la principal facies cultural del paleolítico inferior, caracterizada por grandes piezas bifaciales de factura muy cuidada y por numerosas lascas aplanadas.

**ACHICADOR** n. m. Pala para achicar el agua de una embarcación.

**ACHICADURA** n. f. Achicamiento.

**ACHICAMIENTO** n. m. Acción y efecto de achicar o achicarse.

**ACHICAR** v. tr. y pron. **[1a]**. Amenguar el tamaño: *achicar sentimientos, pretensiones.* **2.** *Fig.* Humillar, acobardar: *achicarse ante la amenaza.* ◆ v. tr. **3.** Extraer el agua de un dique, una mina, una embarcación, etc.

**ACHICORIA** n. f. (voz mozárabe). Planta herbácea de la familia compuestas, cuyas hojas se consumen como ensalada. **2.** Raíz torrefacta de una variedad de achicoria, que se mezcla a veces con el café.

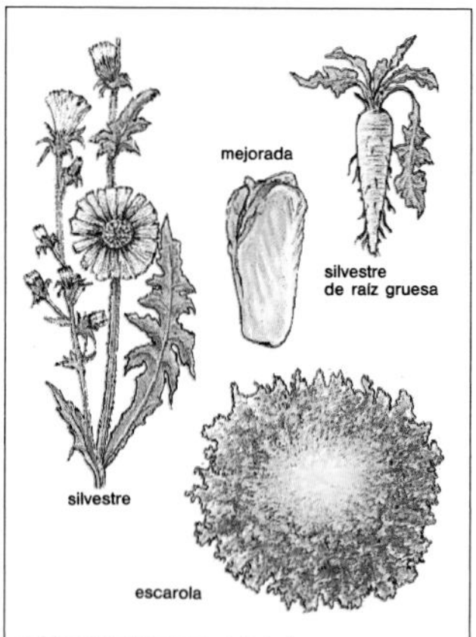

**achicoria:** diferentes variedades

**ACHICHARRAR** v. tr. y pron. **[1]**. Freír, asar o tostar un manjar hasta que tome sabor a quemado. **2.** *Fig.* Calentar demasiado: *achicharrarse de calor.*

**ACHICHINCLE** n. m. *Méx. Fam.* Ayudante, empleado cercano al jefe.

**ACHINADO, A** adj. Dícese de las personas o de las facciones parecidas a las de los individuos de la raza mongoloide. **2.** *Amér.* Aplebeyado. **3.** *Argent., Par.* y *Urug.* Que tiene facciones que denotan ascendencia india.

**ACHIOTE** n. m. *Amér. Central, Bol.* y *Méx.* Árbol de pequeño tamaño, que da un fruto oval y carnoso cuya pulpa se usa como condimento y sus semillas se emplean para hacer un tinte de color rojo vivo. (Familia bixáceas.)

**ACHIRA** n. f. *Amér. Merid.* Planta herbácea propia de terrenos húmedos, cuya raíz se utiliza, en medicina popular, contra la epilepsia.

**ACHISPAR** v. tr. y pron. **[1]**. Poner casi ebrio.

**ACHOCOLATADO, A** adj. De color de chocolate o que lo contiene.

**ACHOLADO, A** adj. *Amér. Merid.* Que tiene la tez o el pelo del mismo color que la del cholo. **2.** *Chile.* Avergonzado.

**ACHUCHAR** v. tr. **[1]**. *Fam.* Aplastar, estrujar. **2.** *Fam.* Empujar. **3.** *Fam.* Dar estrujones, manosear. **4.** Azuzar a los perros. ◆ **achucharse** v. pron. **5.** *Argent. Fam.* Asustarse. **6.** *Argent., Par.* y *Urug.* Contraer el paludismo. **7.** *Argent., Par.* y *Urug.* Tener escalofríos.

**ACHUCHÓN** n. m. *Fam.* Acción y efecto de achuchar. **2.** *Fam.* Abrazo. **3.** *Fig.* y *fam.* Indisposición pasajera. **4.** *Fam.* Empeoramiento brusco del estado de un enfermo.

**ACHUNCHAR** v. tr. **[1]**. *Bol., Chile, Ecuad.* y *Perú.* Avergonzar a alguien, atemorizar.

**ACHUNTAR** v. tr. **[1]**. *Bol.* y *Chile. Fam.* Acertar, dar en el blanco.

**ACHURA** n. f. (voz quechua). *Amér. Merid.* Cualquier intestino o menudo del animal vacuno, lanar o cabrío. **2.** *Amér. Merid.* Desperdicio de una res.

**ACHURAR** v. tr. **[1]**. *Amér. Merid.* Matar con arma blanca. **2.** *Amér. Merid.* Matar cruelmente. **3.** *Amér. Merid.* Sacar las achuras de una res.

**ACIAGO, A** adj. Infausto, de mal agüero.

**ACIAL** n. m. Instrumento que oprime el hocico o una oreja de las bestias para mantenerlas quietas mientras se las cura, esquila o hierra. **2.** *Ecuad.* y *Guat.* Látigo.

**ACIANO** n. m. Planta con capítulos de flores azules, muy frecuente en los sembrados. (Familia compuestas.)

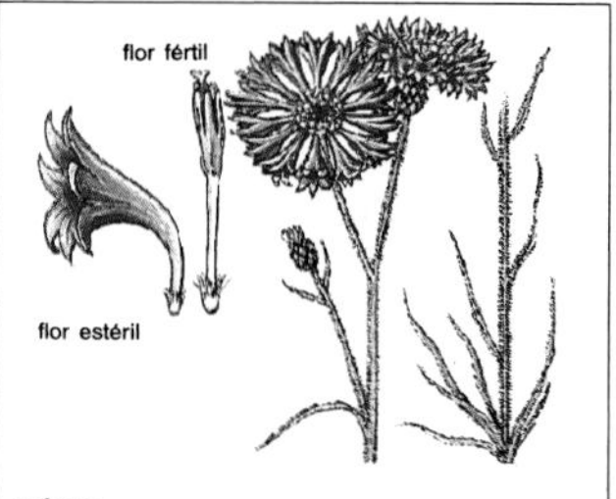

**aciano**

**ACÍBAR** n. m. Áloe, planta. **2.** Sustancia amarga obtenida por maceración de varias especies de áloe y coloquíntida. **3.** *Fig.* Amargura, disgusto.

**ACIBARAR** v. tr. **[1]**. Echar acíbar en una cosa.

**ACICALADO, A** adj. Extremadamente pulcro.

**ACICALAMIENTO** n. m. Acción y efecto de acicalar o acicalarse.

**ACICALAR** v. tr. **[1]**. Limpiar, bruñir, principalmente las armas blancas. ◆ v. tr. y pron. **2.** *Fig.* Adornar, aderezar: *acicalarse para agradar.* **3.** *Fig.* Afinar, aguzar.

**ACICATE** n. m. Espuela con sólo una punta de hierro. **2.** *Fig.* Estímulo, incentivo.

**ACICATEAR** v. tr. **[1]**. Incitar, estimular.

**ACÍCLICO, A** adj. Que se produce sin ciclo. **2.** Dícese de los compuestos orgánicos de cadena abierta.

**ACICULAR** adj. De figura de aguja. **2.** BOT. Que termina en punta. **3.** MINER. Que cristaliza en finas agujas.

**ACID** o **ACID HOUSE** n. m. (voces inglesas). Estilo musical nacido a finales de los años ochenta, que deriva del house y se caracteriza por la utilización de ritmos minimalistas y sonidos penetrantes.

**ACIDA** n. f. Sal del ácido nitrhídrico $N_3H$.

**ACIDEMIA** n. f. Acidosis.

**ACIDEZ** n. f. Calidad de ácido. **2.** QUÍM. Carácter ácido de una sustancia. • **Acidez gástrica,** hiperclorhidria.

**ACIDIFICAR** v. tr. **[1a]**. Hacer ácido. **2.** QUÍM. Transformar en ácido.

**ACIDIMETRÍA** n. f. Medida de la concentración de un ácido.

**ÁCIDO, A** adj. Que tiene sabor parecido al del vinagre o al del limón. **2.** *Fig.* Áspero, desabrido. **3.** QUÍM. Que posee las propiedades de los ácidos: *solución ácida.* • **Roca ácida** (GEOL.), roca endógena que contiene más del 65 % de sílice. ◆ n. m. **4.** Compuesto hidrogenado que en disolución acuosa produce iones $H^+$, que actúa sobre las bases y sobre numerosos metales formando sales por sustitución del hidrógeno por el metal, y que hace virar al rojo la tintura de tornasol. **5.** En el lenguaje de la droga, variedad de L.S.D., compuesto del ácido lisérgico.

**ÁCIDO-ALCALIMETRÍA** n. f. Medida del carácter ácido o alcalino de un medio.

**ACIDOCETOSIS** n. f. MED. Acidosis acompañada de la presencia de cetonas en la sangre, observada en las diabetes graves.

**ACIDÓFILO, A** adj. Dícese de las plantas que se desarrollan bien en suelos ácidos, como el brezo.

**ACIDOSIS** o **ACIDEMIA** n. f. Estado patológico de la sangre que presenta reacción ácida, característica de las diabetes graves, intoxicaciones, etcétera.

**ACIDULAR** v. tr. y pron. **[1]**. Poner acídulo un líquido.

**ACÍDULO, A** adj. Ligeramente ácido.

**ACIERTO** n. m. Acción y efecto de acertar. **2.** *Fig.* Destreza, habilidad. **3.** *Fig.* Cordura, tino.

**ÁCIGOS** o **ÁZIGOS** adj. y n. f. Dícese de las venas que comunican entre sí las dos cavas.

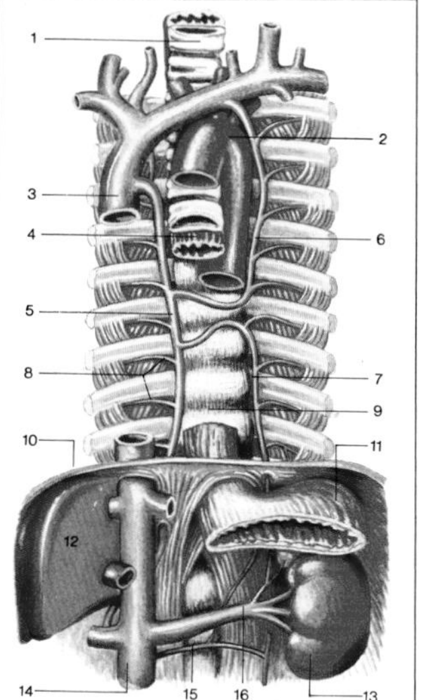

1 tráquea; 2 aorta; 3 vena cava superior
4 esófago; 5 vena ácigos mayor; 6 vena ácigos menor superior; 7 vena ácigos menor inferior
8 venas intercostales; 9 columna vertebral
10 diafragma; 11 estómago; 12 hígado
13 riñón izquierdo; 14 vena cava inferior
15 arco ácigos lumbares; 16 vena renal izquierda

venas **ácigos**

**ACILACIÓN** n. f. Fijación de un radical acilo en una molécula.

**ACILO** n. m. Radical orgánico RCO—, presente en los ácidos carboxilados.

**ÁCIMO** adj. Ázimo.

**ACIMUT** o **AZIMUT** n. m. (ár. *al-sumūt*) [pl. *acimuts* o *azimuts*]. ASTRON. Ángulo diedro orientado, de arista vertical, que forma el plano vertical que pasa por un punto dado con el plano meridiano del lugar. • **Acimut magnético**, ángulo formado por una dirección y el norte magnético.

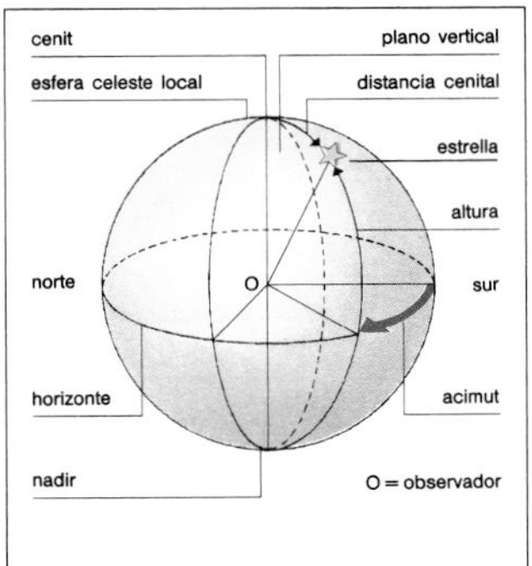

**acimut**

**ACIMUTAL** o **AZIMUTAL** adj. Relativo al acimut.

**ACINESIA** o **AQUINESIA** n. f. Ausencia patológica de movimiento.

**ÁCINO** n. m. (pl. *ácini*). Masa redondeada de algunas células secretoras, alrededor del extremo sin salida del conducto de una glándula.

**ACIÓN** n. f. Correa que sostiene el estribo de la silla de montar.

**ACIONERA** n. f. *Argent., Chile* y *Urug.* Pieza de metal o de cuero, fija en la silla de montar, de la que cuelga la ación.

**ACIVILARSE** v. pron. **[1]**. *Chile.* Contraer matrimonio civil.

**ACLAMACIÓN** n. f. Acción y efecto de aclamar. • **Por aclamación**, sin discusión: *elegir por aclamación.*

**ACLAMAR** v. tr. (lat. *acclamare*) **[1]**. Dar voces la multitud en honor y aplauso de una persona: *aclamar a la reina.* **2.** Conferir por voz común algún cargo u honor: *aclamar como caudillo.*

**ACLARACIÓN** n. f. Acción y efecto de aclarar o aclararse.

**ACLARADO** n. m. Acción de aclarar con agua lo que está enjabonado.

**ACLARAR** v. tr. y pron. (lat. *acclarare*) **[1]**. Hacer menos oscuro o menos espeso: *aclarar un color, aclarar una salsa.* **2.** Hacer más perceptible la voz. **3.** Aguzar o ilustrar los sentidos o facultades: *aclarar la mente.* **4.** *Fig.* Poner en claro, manifestar, explicar, dilucidar: *aclarar un asunto.* ◆ v. tr. **5.** Enjuagar con abundante agua lo que está enjabonado: *aclarar los platos, la ropa.* **6.** AGRIC. Proceder al aclareo. ◆ v. intr. y pron. **7.** Amanecer, clarear, serenarse el tiempo. ◆ **aclararse** v. pron. **8.** Purificarse un líquido. **9.** *Fig.* y *fam.* Poner una persona sus ideas en claro.

**ACLARATORIO, A** adj. Que aclara, explica: *nota aclaratoria.*

**ACLAREO** n. m. Acción de aclarar, hacer menos espeso. **2.** AGRIC. Acción de suprimir plantas en un sembrado o árboles en un bosque.

**ACLIMATACIÓN** n. f. Acción y efecto de aclimatar o aclimatarse. **2.** Conjunto de cambios que permiten a un ser vivo subsistir y reproducirse en un medio o un clima nuevos.

**ACLIMATAMIENTO** n. m. Aclimatación.

**ACLIMATAR** v. tr. y pron. **[1]**. Acostumbrar a un ser orgánico a un clima que no le es habitual. **2.** *Fig.* Hacer que una cosa medre en un lugar distinto de aquel en que tuvo origen.

**ACLÍNICO, A** adj. Dícese del lugar en el que la inclinación de la aguja imantada es nula.

**ACMÉ** n. f. (gr. *akmē*). Fase en que los síntomas de una enfermedad alcanzan el mayor grado de intensidad.

**ACMEÍSMO** n. m. Escuela literaria rusa creada a principios del s. XX como reacción contra el simbolismo que ensalza la vida y la sencillez de estilo.

**ACNÉ** n. m. (gr. *akmē*). Enfermedad cutánea, caracterizada por pequeñas pústulas y comedones, principalmente en la cara.

**ACOBARDAMIENTO** n. m. Acción y efecto de acobardarse.

**ACOBARDAR** v. tr., intr. y pron. **[1]**. Amedrentar, causar miedo.

**ACOCIL** o **ACOCILI** n. m. Crustáceo, parecido al camarón, muy común en lagos y ríos mexicanos. (Familia astácidos.)

**ACOCOTE** n. m. Calabaza larga, agujereada por ambos extremos, que se usa en México para extraer, por succión, el aguamiel del maguey.

**ACODADO, A** adj. Doblado en forma de codo: *tubo acodado.*

**ACODADURA** n. f. Acción y efecto de acodar.

**ACODALAMIENTO** n. m. Acción y efecto de acodalar.

**ACODALAR** v. tr. **[1]**. ARQ. Poner codales a un vano o a una excavación.

**ACODAR** v. tr. y pron. (lat. *accubitare*) **[1]**. Apoyar el codo sobre alguna parte: *acodarse en la mesa.* ◆ v. tr. **2.** Acodillar, doblar. **3.** Meter debajo de tierra el vástago de una planta, arqueándolo en forma de U, sin separarlo del tronco y dejando fuera el cogollo, para que la parte encerrada eche raíces y forme una nueva planta.

**ACODERAMIENTO** n. m. MAR. Acción de acoderar un barco.

**ACODERAR** v. tr. y pron. **[1]**. MAR. Mantener el barco en una posición determinada con la ayuda del ancla.

**ACODILLAR** v. tr. **[1]**. Doblar barras metálicas, tubos, clavos, etc.

**ACODO** n. m. Vástago acodado. **2.** Acción y efecto de acodar. **3.** ARQ. Moldura que forma el cerco de un vano de puerta o ventana. **4.** ARQ. Resalto en la parte inferior de una dovela.

**ACOGEDOR, RA** adj. y n. Que acoge: *ambiente acogedor.*

**ACOGER** v. tr. (lat. *accolligere*) **[2b]**. Admitir uno en su casa o compañía a otra u otras personas. **2.** Dar refugio una cosa a uno: *la cueva acoge a los pastores.* **3.** Recibir con un sentimiento o manifestación especial la aparición de personas o hechos: *acoger con una sonrisa.* **4.** Proteger, amparar. **5.** Dar acceso o admitir; acertar, aprobar: *acoger la propuesta.* ◆ **acogerse** v. pron. **6.** Refugiarse, tomar amparo. **7.** Valerse de pretextos para esquivar algo. **8.** Beneficiarse de una disposición legal, un reglamento, una costumbre: *acogerse a la amnistía fiscal.*

**ACOGIDA** n. f. Acción y efecto de acoger. **2.** Afluencia de aguas y por extensión de otro líquido. **3.** *Fig.* Aceptación o aprobación: *tener una obra buena acogida.*

**ACOGIDO, A** n. Persona mantenida en establecimiento de beneficencia.

**ACOGIMIENTO** n. m. Acogida, recibimiento, refugio, aceptación. • **Acogimiento familiar** (DER.), entrega de menores, huérfanos o abandonados, con carácter permanente o temporal, a personas que se obligan a prestarles los cuidados propios de un padre de familia, sin hacerles objeto de explotación. (Se diferencia de la adopción en que el acogimiento no produce cambios en el estado familiar.)

**ACOGOTAR** v. tr. **[1]**. Matar a una persona o animal con herida o golpe en el cogote. **2.** *Fam.* Derribar a una persona sujetándola por el cogote. **3.** *Fig.* Dominar, vencer: *acogotar al enemigo.*

**ACOJONANTE** adj. *Vulg.* Que es muy bueno o extraordinario: *se ha comprado un coche acojonante.*

**ACOJONAR** v. tr. y pron. **[1]**. *Vulg.* Acobardar.

**ACOLCHADO, A** adj. Dícese de los tejidos reforzados mediante la adición de tramas suplementarias, o del conjunto formado por dos telas basteadas entre las que se ha introducido un relleno de algodón, seda, lana u otra fibra. ◆ n. m. **2.** Acción y efecto de acolchar. **3.** *Argent.* Cobertor relleno de materia suave que se pone sobre la cama para adorno o abrigo.

**ACOLCHAR** v. tr. **[1]**. Poner lana, algodón, etc., entre dos telas y bastearlas.

**ACOLHUA,** pueblo amerindio del grupo nahua que en el s. XIII ocupó el Valle de México.

**ACOLIA** n. f. MED. Ausencia o disminución notable de la secreción biliar.

**ACOLITADO** o **ACOLITAZGO** n. m. Orden menor católica mantenida por la reforma de 1972.

**ACOLITAR** v. intr. y tr. **[1]**. *Amér.* Desempeñar las funciones de acólito.

**ACÓLITO** n. m. (gr. *akolythos*). Clérigo o laico que ha recibido el acolitado. **2.** Monaguillo, el que ayuda a misa. **3.** Persona que acompaña y sirve a otra; cómplice.

**ACOLLADOR** n. m. MAR. Cabo para atirantar los obenques u otras jarcias.

**ACOLLAR** v. tr. **[1r]**. AGRIC. Poner nueva tierra al pie de una planta; cubrir de tierra. **2.** MAR. Tesar, atirantar un cabo halando de los acolladores.

**ACOLLARAR** v. tr. **[1]**. *Argent., Chile* y *Urug.* Unir por el cuello dos animales. ◆ v. tr. y pron. **2.** *Amér. Fig.* Unir dos personas o cosas.

**ACOMEDIRSE** v. pron. **[30]**. *Amér.* Prestarse espontáneamente a hacer un servicio.

**ACOMETEDOR, RA** adj. y n. Que acomete.

**ACOMETER** v. tr. **[2]**. Embestir, arremeter: *el toro acometió al espada.* **2.** Emprender, intentar, generalmente con ímpetu o energía: *acometer una ardua empresa.* **3.** Venir súbitamente: *acometer la tos, la risa, una enfermedad.*

**ACOMETIDA** n. f. Acción y efecto de acometer. **2.** ELECTR. Punto de toma de un sistema de distribución de electricidad.

**ACOMETIMIENTO** n. m. Acometida. **2.** Ramal de la cañería que desemboca en la alcantarilla o conducto general de desagüe.

**ACOMETIVIDAD** n. f. Propensión a acometer o embestir. **2.** *Fig.* Brío, decisión.

**ACOMODABLE** adj. Que se puede acomodar.

**ACOMODACIÓN** n. f. (lat. *accommodationem*). Acción y efecto de acomodar o acomodarse. **2.** FISIOL. Modificación de la curvatura del cristalino del ojo, que permite la formación de imágenes netas en la retina.

**ACOMODADIZO, A** o **ACOMODATICIO, A** adj. Que se aviene fácilmente a todo: *persona acomodadiza.* **2.** Dícese de la interpretación, significado, manera de pensar, que pueden aplicarse a diversas circunstancias. SIN.: *elástico.*

**ACOMODADO, A** adj. Conveniente, oportuno. **2.** Rico, abundante de medios: *familia acomodada.* **3.** Moderado en el precio. ◆ n. **4.** *Argent.* Persona que tiene acomodo.

**ACOMODADOR, RA** n. Persona que indica a los concurrentes a un espectáculo, ceremonia, etc., el sitio que deben ocupar.

**ACOMODAMIENTO** n. m. Transacción, ajuste, convenio. **2.** Comodidad, conveniencia.

**ACOMODAR** v. tr. (lat. *accommodare*) **[1]**. Ordenar, componer, ajustar una cosa con otra: *acomodar la puerta al marco.* **2.** *Fig.* Aplicar, adaptar: *acomodar un traje a la moda.* ◆ v. tr. e intr. **3.** Agradar, parecer o ser conveniente: *no le acomoda su trabajo.* ◆ v. tr., intr. y pron. **4.** *Fig.* Armonizar, ajustar a una norma: *acomodar a la ley vigente.* ◆ v. tr. y pron. **5.** Proporcionar ocupación o empleo. **6.** Poner en sitio conveniente. **7.** *Argent.* Enchufar, colocar a alguien en un puesto por medio de influencias. ◆ **acomodarse** v. pron. **8.** Avenirse, conformarse: *acomodarse a la pobreza.*

**ACOMODO** n. m. Empleo, ocupación, conveniencia. **2.** Lugar conveniente o apropiado para vivir: *buscar acomodo en la ciudad.* **3.** *Argent.* Enchufe, puesto que se obtiene por medio de influencias.

**ACOMPAÑADO, A** adj. *Fam.* Concurrido. **2.** HERÁLD. Dícese de una pieza o figura principal que tiene a los lados piezas de segundo orden.

**ACOMPAÑAMIENTO** n. m. Acción y efecto de acompañar. **2.** Gente que acompaña a alguien: *el acompañamiento de una boda.* **3.** Guarnición de una comida. **4.** MÚS. Parte o partes accesorias instrumentales o vocales, que dan soporte a una parte principal vocal o instrumental.

**ACOMPAÑANTA** n. f. Mujer que acompaña. **2.** Aya.

**ACOMPAÑANTE** adj. y n. m. y f. Dícese de la persona que acompaña.

**ACOMPAÑAR** v. tr. y pron. **[1]**. Estar o ir en compañía de otro. **2.** Existir una cosa junta o simultánea con otra. **3.** MÚS. Dar soporte al canto mediante un acompañamiento. ◆ v. tr. **4.** Juntar, agregar una cosa a otra: *acompañar la carta con un informe.* **5.** Compartir con otro un afecto o un estado de ánimo. **6.** Existir o hallarse algo en una persona, como fortuna, estados, cualidades o pasiones: *le acompaña el buen humor.*

**ACOMPASADO, A** adj. Hecho o puesto a compás. **2.** *Fig.* Que habla o anda pausado.

**ACOMPASAR** v. tr. **[1]**. Compasar.

**ACOMPLEJAR** v. tr. y pron. **[1]**. Causar un complejo síquico o inhibición.

**ACONCHABARSE** v. pron. **[1]**. *Fam.* Conchabarse.

**ACONCHARSE** v. pron. **[1]**. *Chile.* Clarear un líquido por sedimentación de los pasos en el fondo del recipiente.

**ACONDICIONADO, A** adj. De buen o mal genio o condición. **2.** Que está en las debidas condiciones, o al contrario: *mercancía bien, mal acondicionada.* • **Aire acondicionado**, aire al que se ha dado una temperatura y un grado higrométrico determinados.

**ACONDICIONADOR** n. m. Aparato que permite dar a la atmósfera de un recinto las características de temperatura, presión y humedad que se desean.

**ACONDICIONAMIENTO** n. m. Acción y efecto de acondicionar.

**ACONDICIONAR** v. tr. **[1]**. Dar cierta condición o calidad. **2.** Disponer una cosa a un determinado fin: *acondicionar la casa para vivir.* **3.** Poner en determinadas condiciones físicas, hablando de la atmósfera de un recinto. SIN.: *climatizar.* **4.** Embalar una mercancía con vistas a su presentación comercial.

**ACONDROPLASIA** n. f. Anomalía en la osificación de los cartílagos que provoca un acentuado enanismo, especialmente en las extremidades.

**ACONFESIONAL** adj. Que no es confesional.

**ACONGOJAR** v. tr. y pron. **[1]**. Oprimir, afligir.

**ACONITINA** n. f. Alcaloide muy tóxico que se extrae de la raíz de una de las especies de acónito, utilizado en dosis muy pequeñas como analgésico.

**ACÓNITO** n. m. (lat. *aconitum*). Planta venenosa de las regiones montañosas, cultivada a menudo en jardinería, de hojas verde oscuro y flores con el pétalo superior en forma de casco. (Familia ranunculáceas.)

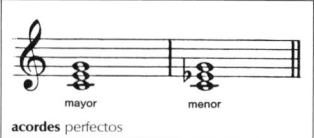

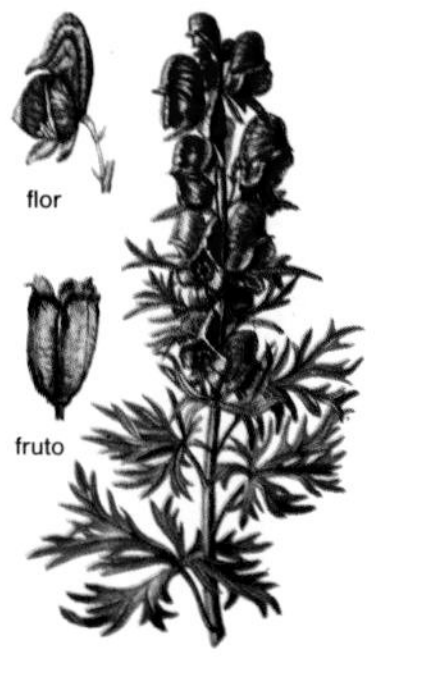

**acónito**

**ACONSEJABLE** adj. Que se puede aconsejar: *conducta aconsejable.*

**ACONSEJAR** v. tr. **[1]**. Dar consejo: *aconsejar a los hijos.* **2.** Indicar a uno lo que debe hacer: *le aconsejo que no vaya.* ◆ **aconsejarse** v. pron. **3.** Tomar consejo o pedirlo a otro: *aconsejarse de los mayores.*

**ACONSONANTAR** v. intr. **[1]**. Ser una palabra consonante de otra: *higuera aconsonanta con ribera.* **2.** En prosa, incurrir en la consonancia. ◆ v. tr. **3.** Rimar los versos en forma consonante.

**ACONTECER** v. intr. **[2m]**. Suceder, efectuarse un hecho.

**ACONTECIMIENTO** n. m. Suceso importante.

**ACOPIAR** v. tr. **[1]**. Juntar, reunir: *acopiar datos.*

**ACOPIO** o **ACOPIAMIENTO** n. m. Acción y efecto de acopiar.

**ACOPLADO** n. m. *Amér. Merid.* Vehículo para ser remolcado, remolque.

**ACOPLADOR, RA** adj. Que acopla. ◆ n. m. **2.** Dispositivo de acoplamiento.

**ACOPLAMIENTO** n. m. Acción y efecto de acoplar, ajustar, unir. **2.** Dispositivo que permite unir dos o más elementos de un mecanismo.

**ACOPLAR** v. tr. **[1]**. Unir dos piezas u objetos de modo que ajusten. **2.** Unir, conectar entre sí dos o varios aparatos eléctricos: *acoplar dos motores en serie.* **3.** Parear dos animales para yunta o tronco. **4.** *Argent., Chile, Perú, Par.* y *Urug.* Unir, agregar un vehículo a otro para que lo remolque. • **Acoplar dos máquinas**, hacer solidario el árbol motor de una de ellas con el resistente de la otra, estando ambos situados sobre un mismo eje de giro. ◆ v. tr. y pron. **5.** Aparejar el macho y la hembra con fines de reproducción. ◆ **acoplarse** v. pron. **6.** Producirse entre dos sistemas acústicos un fenómeno que provoca interferencias, generalmente un pitido. **7.** *Argent., Perú* y *Urug.* Unirse a otra u otras personas para acompañarlas.

**ACOQUINAMIENTO** n. m. Acción y efecto de acoquinar o acoquinarse.

**ACOQUINAR** v. tr. y pron. (fr. *acoquiner*) **[1]**. *Fam.* Acobardar, amilanar.

**ACORAZADO, A** adj. Dícese de lo que tiene sus elementos principales protegidos por un blindaje: *buque acorazado; vehículo acorazado.* • **Arma acorazada**, agrupación del ejército cuya característica es el estar dotada fundamentalmente de medios acorazados. ◆ n. m. **2.** Buque de guerra dotado de una artillería poderosa y protegido por gruesos blindajes.

**ACORAZAMIENTO** n. m. Acción de acorazar.

**ACORAZAR** v. tr. **[1g]**. Revestir con planchas de hierro o acero buques de guerra, fortificaciones u otras cosas.

**ACORAZONADO, A** adj. De figura de corazón: *hoja acorazonada.*

**ACORCHADO, A** adj. Dícese de lo que es fofo y seco como el corcho: *resina acorchada.* **2.** Dícese de la madera que hace botar la herramienta al trabajarla.

**ACORCHAMIENTO** n. m. Acción y efecto de acorcharse.

**ACORCHARSE** v. pron. **[1]**. Ponerse una cosa como el corcho: *acorcharse la madera, la fruta.*

**ACORDADA** n. f. DER. Comunicación de oficio entre autoridades. **2.** DER. En ciertos países americanos, fallo solemne dado por el tribunal superior con asistencia de todos sus miembros.

**ACORDADO, A** adj. Hecho con acuerdo y madurez. **2.** Cuerdo, sensato, prudente: *persona acordada.* ◆ n. m. **3.** DER. Referencia que se hace a una resolución reservada de carácter disciplinario. **4.** DER. Resolución de los tribunales por la cual se manda observar lo que anteriormente se resolvió sobre el mismo asunto.

**ACORDAR** v. tr. **[1r]**. Resolver algo varias personas de común acuerdo o por mayoría de votos: *acordar un pacto.* **2.** Determinar o resolver algo una persona sola: *el marido acordó pedir el divorcio.* **3.** Armonizar los colores de una pintura. **4.** DER. Dictar los jueces y tribunales alguna providencia que debe comunicarse a las partes. **5.** MÚS. Templar las voces o instrumentos para que no disuenen. ◆ v. tr. y pron. **6.** Recordar, traer a la memoria: *acordarse de la niñez.* ◆ v. intr. **7.** Concordar una cosa con otra.

**ACORDE** adj. Conforme, de un mismo dictamen: *opiniones acordes.* **2.** Con la prep. *con*, en armonía, en consonancia: *traje acorde con la ceremonia.* ◆ n. m. **3.** MÚS. Superposición de notas que guardan las reglas de la armonía: *acordes consonantes, disonantes.*

**acordes** perfectos

**ACORDEÓN** n. m. (fr. *accordéon*). Instrumento musical portátil, provisto de teclado, que produce el sonido mediante unas lengüetas metálicas a las que hace vibrar un chorro de aire.

**ACORDEONISTA** n. m. y f. Músico que toca el acordeón.

**acordeón**

**ACORDONADO, A** adj. Dispuesto en forma de cordón.

**ACORDONAMIENTO** n. m. Acción y efecto de acordonar.

**ACORDONAR** v. tr. **[1]**. Ceñir o sujetar con un cordón. **2.** Rodear o incomunicar un sitio con un cordón de gente: *la policía acordonó el edificio; acordonar la ciudad.* **3.** Formar el cordoncillo en el canto de las monedas.

**ACORNAR** v. tr. **[1r]**. Acornear.

**ACORNEAR** v. tr. **[1]**. Dar cornadas.

**ÁCORO** n. m. Planta que crece en estanques y riberas, de flores verdosas y raíz aromática, originaria de la India y cultivada en Europa.

**ACORRALAMIENTO** n. m. Acción y efecto de acorralar.

**ACORRALAR** v. tr. y pron. **[1]**. Encerrar el ganado en el corral. ◆ v. tr. **2.** *Fig.* Tener a uno rodeado para que no pueda escaparse: *acorralar a los secuestradores.* **3.** *Fig.* Dejar confundido: *acorralar con preguntas maliciosas.* **4.** *Fig.* Intimidar, acobardar: *la amenaza le acorraló.* **5.** EQUIT. Hacer que se encabrite el caballo.

**ACORTAMIENTO** n. m. Acción y efecto de acortar o acortarse.

**ACORTAR** v. tr., intr. y pron. **[1]**. Disminuir la longitud, duración o cantidad.

**ACOSADOR, RA** adj. y n. Que acosa.

**ACOSAR** v. tr. **[1]**. Perseguir sin dar tregua. **2.** *Fig.* Importunar, fatigar con molestias y trabajos. **3.** Hacer galopar al caballo.

**ACOSO** o **ACOSAMIENTO** n. m. Acción y efecto de acosar.

**ACOSTADO, A** adj. HERÁLD. Dícese de una pieza vertical o de un sotuer acompañado de piezas de segundo orden.

**ACOSTAR** v. tr. y pron. **[1r]**. Echar o tender a uno para que descanse, especialmente en la cama. **2.** MAR. Arrimar o acercar el costado de una embarcación. ◆ v. intr. y pron. **3.** Inclinarse hacia un lado, especialmente los edificios. ◆ v. intr. **4.** MAR. Llegar a la costa. ◆ **acostarse** v. pron. **5.** *Fam.* Cohabitar.

**ACOSTUMBRAR** v. tr. y pron. **[1]**. Hacer adquirir costumbre: *acostumbrarse a una nueva vida.* ◆ v. intr. **2.** Tener costumbre: *acostumbra a salir de noche.*

**ACOTACIÓN** n. f. Acotamiento. **2.** Señal puesta en la margen de algún escrito o impreso. **3.** Nota que en una obra teatral advierte y explica todo lo relativo a la acción o movimiento de las personas.

**ACOTADO** n. m. Terreno de propiedad privada limitado por hitos, cotos o mojones.

**ACOTADO, A** adj. Que tiene acotaciones. **2.** MAT. Que posee una cota.

**ACOTAMIENTO** n. m. Acción y efecto de acotar, amojonar. **2.** *Méx.* Arcén.

**ACOTAR** v. tr. **[1]**. Amojonar un terreno con cotos: *acotar una finca.* **2.** Fijar, limitar.

**ACOTAR** v. tr. **[1]**. Poner acotaciones al margen de un escrito. **2.** Indicar mediante cifras en un plano, croquis, etc., las dimensiones correspondientes a sus diversos elementos, con arreglo a determinada escala.

**ACOYUNTAR** v. tr. **[1]**. Reunir dos labradores las caballerías sin pareja para formar yunta a medias.

**ACQUA-TOFFANA** n. f. (ital. *acqua*, agua, y *Toffana*, nombre de mujer). HIST. Veneno célebre en Italia en los ss. XVI y XVII.

**ACRACIA** n. f. Doctrina que niega la necesidad de un poder y de una autoridad políticos. **2.** Anarquía.

**ÁCRATA** adj. y n. m. y f. Partidario de la acracia. **2.** Anarquista.

**ACRE** n. m. (ingl. *acre*). Medida inglesa de superficie que equivale a 40 a y 47 ca.

**ACRE** adj. (lat. *acrem*). Áspero y picante al gusto y al olfato: *sabor acre.* **2.** *Fig.* Dícese del lenguaje o genio áspero y desabrido. **3.** MED. Dícese del calor febril acompañado de una sensación pruriginosa.

**ACRECENCIA** n. f. Acrecentamiento. **2.** DER. Derecho de los coherederos o colegatarios sobre las porciones de la herencia que quedan vacantes. **3.** DER. Bienes adquiridos por tal derecho.

**ACRECENTAMIENTO** n. m. Acción y efecto de acrecentar.

**ACRECENTAR** v. tr. y pron. **[1j]**. Aumentar: *acrecentar la fortuna.* ◆ v. tr. **2.** Mejorar, enriquecer, enaltecer: *acrecentar la sensibilidad.*

**ACRECIÓN** n. f. Acción y efecto de crecer un cuerpo por adición de partículas desde el exterior.

**ACREDITACIÓN** n. f. Documento que acredita a una persona.

**ACREDITADO, A** adj. Afamado, ilustre, reputado. **2.** Dícese de la persona autorizada oficialmente para representar a su país, a su empresa o a un grupo de personas, o para ejercer determinada profesión.

**ACREDITAR** v. tr. y pron. **[1]**. Hacer digna de crédito una cosa. **2.** Afamar, dar crédito o reputación: *acreditar un producto.* ◆ v. tr. **3.** Dar testimonio en documento fehaciente de que una persona tiene facultades para desempeñar una comisión. **4.** Abrir un crédito por medio de una carta credencial que el banco remite a su cliente. **5.** CONTAB. Abonar. ◆ **acreditarse** v. pron. **6.** Lograr fama o reputación.

**ACREDITATIVO, A** adj. Que acredita.

**ACREEDOR, RA** adj. y n. Que tiene derecho a pedir el cumplimiento de una obligación, especialmente de pago. ◆ adj. **2.** Que tiene mérito para obtener alguna cosa.

**ACREENCIA** n. f. *Amér.* Crédito.

**ACRESCENTE** adj. BOT. Dícese de las partes de la flor distintas del ovario que siguen creciendo tras la fecundación.

**ACRIBILLAR** v. tr. (lat. *cribellare*) **[1]**. Abrir muchos agujeros en una cosa. **2.** Hacer muchas heridas o picaduras: *le acribillaron los mosquitos.* **3.** *Fig.* y *fam.* Molestar mucho y con frecuencia: *le acribillaron a preguntas.*

**ACRÍDIDO, A** adj. y n. m. Relativo a una familia de insectos ortópteros saltadores, voladores, generalmente vegetarianos y con fuerte tendencia al gregarismo, lo que convierte a algunas especies en verdaderas plagas, como la langosta.

**ACRÍLICO, A** adj. Dícese del ácido obtenido por oxidación de la acroleína, cuyos ésteres se polimerizan formando vidrios orgánicos. **2.** Dícese de la fibra textil sintética obtenida por polimerización simultánea del acrilonitrilo con otros monómeros. • **Pintura acrílica,** pintura obtenida por la dispersión de pigmentos en un látex formado por la polimerización del metacrilato de metilo. ◆ n. m. **3.** QUÍM. Nombre genérico de una familia de polímeros o de copolímeros de los ácidos acrílico o metacrílico y sus derivados.

**ACRIMONIA** n. f. Aspereza de las cosas al gusto o al olfato. **2.** Condición de los humores acres. **3.** Aspereza en las palabras o en el carácter.

**ACRIOLLADO, A** adj. Propio de criollo.

**ACRIOLLARSE** v. pron. **[1]**. *Amér.* Contraer un extranjero los usos y costumbres del país.

**ACRISOLAR** v. tr. **[1]**. Depurar los metales en el crisol. **2.** *Fig.* Purificar, apurar: *acrisolar la virtud.* ◆ v. tr. y pron. **3.** *Fig.* Aclarar y poner de manifiesto una cualidad moral por medio de pruebas o testimonios: *acrisolar el patriotismo.*

**ACRISTIANAR** v. tr. **[1]**. Hacer cristiano. **2.** *Fam.* Bautizar, administrar el sacramento del bautismo.

**ACRITUD** n. f. Acrimonia, aspereza.

**ACROBACIA** n. f. Acrobatismo. • **Acrobacias aéreas** (AERON.), maniobras de destreza realizadas durante un vuelo y empleadas corrientemente en los combates aéreos.

**ACRÓBATA** n. m. y f. (gr. *akrobatos*). Persona que da saltos y hace habilidades sobre la cuerda floja, el alambre y el trapecio, o ejecuta otros ejercicios gimnásticos.

**ACROBÁTICO, A** adj. Apto para facilitar que una persona suba a lo alto: *máquina acrobática.* **2.** Concerniente al acróbata: *saltos acrobáticos.*

**ACROBATISMO** n. m. Profesión y ejercicio del acróbata.

**ACROCEFALIA** n. f. Malformación patológica del cráneo.

**ACROCÉFALO, A** adj. y n. Afecto de acrocefalia.

**ACROCIANOSIS** n. f. MED. Coloración azulada de las extremidades, debida a la mala circulación.

**ACRODINIA** n. f. MED. Enfermedad que afecta a las partes distales del cuerpo (manos, pies, nariz) que aparecen tumefactas, azuladas y con sensación dolorosa, y se acompaña de trastornos nerviosos y circulatorios.

**ACROLEÍNA** n. f. Aldehído etilénico $CH_2CH$ —CH=O, líquido, volátil y sofocante, que se obtiene por deshidratación de la glicerina.

**ACROMÁTICO, A** adj. Que deja pasar la luz blanca sin descomponerla. **2.** Dícese de los componentes celulares que no son teñidos por los colorantes.

**ACROMATISMO** n. m. Supresión de las irisaciones que acompañan a la imagen de un objeto obtenida mediante una lente. **2.** Propiedad de las lentes acromáticas.

**ACROMATOPSIA** n. f. Afección ocular que impide distinguir los colores.

**ACROMEGALIA** n. f. Enfermedad caracterizada por un desarrollo exagerado de los huesos de la cara y de las extremidades de los miembros, debida al hiperfuncionamiento de la hipófisis.

**ACROMIÓN** o **ACROMIO** n. m. (gr. *akrōmion*). Apófisis del omóplato, en forma de espátula.

**ACRÓNIMO** n. m. Palabra formada por las primeras letras de las palabras de una expresión compuesta, como por ej. COBOL, COmmon Business Oriented Language.

**ÁCRONO, A** adj. (gr. *akronos*). Intemporal, fuera del tiempo.

**ACRÓPOLIS** n. f. Parte más elevada de las ciudades griegas, que servía de ciudadela. (La mejor conservada es la Acrópolis* de Atenas.)

**ACRÓSTICO, A** adj. y n. m. (gr. *akrostikhion*). Dícese de la composición poética en la cual las letras iniciales, medias o finales de los versos forman, leídas verticalmente, un vocablo o frase.

**ACROTERA** o **ACROTERIA** n. f. (gr. *akrōterion*). Pedestal, generalmente ornamentado, dispuesto en cada extremo y en la cúspide de un frontón. **2.** Adorno de tierra cocida o mármol puesto sobre aquel pedestal.

**ACSU** n. f. *Bol.* y *Perú.* Saya o túnica usada por las collas quechuas.

**ACTA** n. f. (lat. *acta*). Relación escrita de lo tratado o acordado en una junta, asamblea, etc. **2.** Certificación en que consta la elección de una persona para cierto cargo: *acta de diputado.* • **Acta de navegación** (DER.), disposición dictada para fomentar el comercio y la marina mercante. || **Acta de registro civil,** diligencia que se extiende en el libro del registro civil. || **Acta notarial**, relación que extiende el notario de uno o más hechos que presencia o autoriza. || **Levantar acta**, extenderla. ◆ **actas** n. f. pl. **3.** Memorias de algunas sociedades, congresos, etc. **4.** Hechos de la vida de un mártir referidos en historia coetánea autorizada.

**A.C.T.H.** (iniciales de la expresión inglesa *adrenocortico-trophic-hormone*), hormona de la hipófisis que estimula la secreción de la corteza suprarrenal.

**ACTING OUT** n. m. (voces inglesas). En el tratamiento sicoanalítico, acción que toma el lugar de una palabra.

**ACTINIA** n. f. Anémona de mar.

**ACTÍNICO, A** adj. Dícese de las radiaciones que producen acciones químicas, como las de los rayos ultravioletas.

**ACTÍNIDO** n. m. Nombre genérico de los elementos químicos análogos al actinio y de número atómico superior.

**ACTINIO** n. m. Metal radiactivo (Ac), de número atómico 89.

**ACTINOLOGÍA** n. f. Ciencia que estudia el efecto de la luz y de las radiaciones sobre las funciones humanas y animales.

**ACTINOMICETAL** adj. y n. m. y f. Relativo a un orden de hongos microscópicos muy parecidos a las bacterias.

**ACTINOMICOSIS** n. f. Enfermedad infecciosa causada por diversos actinomicetales.

**ACTINOTA** n. f. Anfíbol cálcico, magnésico y férrico, de color verde oliva o verde oscuro.

**ACTINOTERAPIA** n. f. MED. Tratamiento mediante radiación, especialmente por rayos ultravioletas.

**ACTION PAINTING** n. f. (voces inglesas que significan *pintura de acción*). Manera de pintar característica del expresionismo abstracto, y especialmente de Jackson Pollock.

**ACTITUD** n. f. (ital. *attitudine*). Postura del cuerpo humano. **2.** Postura de un animal cuando por algún motivo llama la atención. **3.** *Fig.* Disposición de ánimo manifestada exteriormente.

**ACTITUDINAL** adj. Relativo a la actitud: *comportamientos actitudinales.*

**ACTIVACIÓN** n. f. Acción y efecto de activar. **2.** Excitación de las propiedades químicas, físicas o biológicas de un cuerpo. **3.** Conversión de un elemento químico en radiactivo por acción de las radiaciones (en general de neutrones).

**ACTIVADO, A** adj. QUÍM. Dícese del átomo o molécula que ha adquirido mayor capacidad de reacción.

**ACTIVADOR, RA** n. y adj. Sustancia que aumenta la actividad de un catalizador.

**ACTIVANTE** n. m. Producto que se adiciona a un material para acentuar sus características.

**ACTIVAR** v. tr. **[1]**. Avivar, acelerar, excitar. **2.** Poner en funcionamiento un mecanismo: *activar una bomba.*

**ACTIVIDAD** n. f. Calidad de activo, facultad de obrar. **2.** Diligencia, prontitud en el obrar. **3.** Conjunto de tareas u operaciones de una persona o entidad: *actividad literaria, política.* **4.** FÍS. NUCL. Número de desintegraciones nucleares espontáneas que una fuente radiactiva sufre por unidad de tiempo. • **Actividad óptica,** propiedad de determinados medios transparentes de hacer girar el plano de polarización de las radiaciones ópticas que los atraviesan. || **Actividad solar,** conjunto de fenómenos como manchas, erupciones o fulguraciones que afectan a ciertas regiones del Sol siguiendo un ciclo de aproximadamente once años.

**ACTIVISMO** n. m. Actitud moral que insiste en la necesidad de la vida y de la acción, más que en los principios teóricos. **2.** Propaganda activa al servicio de una doctrina.

**ACTIVISTA** n. m. y f. Propagandista o militante de una doctrina política.

**ACTIVO, A** adj. Que obra o tiene virtud de obrar: *carácter activo.* **2.** Diligente, eficaz: *secretaria activa.* **3.** Que produce sin dilación su efecto: *veneno activo.* **4.** ÓPT. Dícese de la sustancia que hace girar el plano de polarización de la luz. • **Ejército activo,** conjunto de fuerzas armadas que componen el ejército en época de paz. || **En activo,** en ejercicio, en funciones: *funcionario en activo.* || **Forma,** o **voz activa** (LING.), toda forma verbal que expresa la realización por el sujeto de la acción representada por el verbo. || **Método activo,** sistema pedagógico que utiliza material real y que exige la participación individual de los alumnos para la adquisición y utilización de los conocimientos escolares. || **Población activa,** parte de la población que ejerce una actividad profesional. || **Servicio activo,** período de las obligaciones militares durante el cual los alistados están en filas. || **Vida activa,** período durante el que se ejerce una actividad productiva. ◆ n. m. **5.** Conjunto de bienes que se poseen.

**ACTO** n. m. (lat. *actum*). Hecho o acción: *acto de bondad.* **2.** Hecho público o solemne: *acto inaugural.* **3.** Coito. **4.** Cada una de las partes en que se dividen las obras teatrales. **5.** FILOS. Estado de realidad o existencia real, en oposición a posibilidad o existencia posible. • **Acto de conciliación** (DER.), comparecencia ante el juez municipal competente del actor y demandado, para procurar la avenencia. || **Acto de presencia,** asistencia breve y formularia a una reunión o ceremonia. || **Acto fallido** (SICOANÁL.), conducta aparentemente descabellada que escapa al control del sujeto y realiza un deseo inconsciente. || **Acto jurídico** (DER.), toda manifestación de voluntad que crea o produce efectos jurídicos. || **Acto seguido,** a continuación. || **En el acto,** inmediatamente.

**ACTOGRAFÍA** n. f. ETOL. Conjunto de las técnicas de medición y de registro que permiten conocer la distribución temporal de las actividades del animal o del hombre.

**ACTOR** n. m. El que representa uno de los personajes en una obra escénica, cinematográfica, radiofónica o televisiva. **2.** DER. Persona que toma la iniciativa procesal, ejercitando una acción legal.

**ACTORA** n. f. DER. Femenino de *actor.*

**ACTRIZ** n. f. Femenino de *actor,* el que representa un personaje.

**ACTUACIÓN** n. f. Acción y efecto de actuar. ◆ **actuaciones** n. f. pl. **2.** DER. Conjunto de actos, diligencias y trámites que componen un expediente, proceso o pleito.

**ACTUAL** adj. Presente; que ocurre o sucede ahora: *momentos actuales.* **2.** Que existe, sucede o se usa en el tiempo de que se habla: *moda actual.*

**ACTUALIDAD** n. f. Tiempo presente: *en la actualidad vive de renta.* **2.** Estado presente o condición de presente, contemporaneidad: *la actualidad histórica.* **3.** Cosa o suceso nuevo que atrae la atención de la gente: *recoger la actualidad de la noticia.* • **De actualidad,** de moda: *tema de actualidad.*

**ACTUALIZACIÓN** n. f. Acción y efecto de actualizar. **2.** FILOS. Paso de la potencia al acto o de la virtualidad a la realidad.

**ACTUALIZAR** v. tr. [**1g**]. Convertir una cosa pasada en actual: *actualizar una vieja comedia.*

**ACTUALMENTE** adv. m. En el tiempo presente. **2.** FILOS. En acto, en realidad.

**ACTUAR** v. tr. y pron. [**1s**]. Poner en acto o acción: *actuar un mecanismo.* ◆ v. intr. **2.** Ejercer una persona o cosa actos propios de su naturaleza: *actuar eficazmente un medicamento.* **3.** Ejercer las funciones propias de un oficio: *actuar de médico.* **4.** Representar un papel en obras de teatro, cine o televisión. **5.** DER. Realizar actuaciones.

**ACTUARIO** n. m. Especialista en la aplicación de la estadística, principalmente del cálculo de probabilidades, a las operaciones financieras y de seguros.

**ACUAFORTISTA** n. m. y f. Grabador al aguafuerte.

**ACUARELA** n. f. (ital. *acquarella*). Pintura realizada con colores diluidos en agua, sobre papel o cartón.

**ACUARELISTA** n. m. y f. Persona que pinta a la acuarela.

**ACUARIO** n. m. (lat. *aquarium*). Depósito donde se cuidan plantas y animales de agua dulce o salada.

**ACUARTELAMIENTO** n. m. Acción y efecto de acuartelar o acuartelarse. **2.** Lugar donde se acuartela.

**ACUARTELAR** v. tr. [**1**]. Obligar a la tropa a permanecer en el cuartel.

**ACUÁTICO, A** adj. Que vive en el agua: *planta acuática; insecto acuático.* **2.** Relativo al agua: *esquí acuático.*

**ACUCHILLADO, A** adj. Dícese del vestido con aberturas semejantes a cuchilladas, que dejan ver una tela de distinto color. ◆ n. m. **2.** Repasado o alisado de los suelos de madera con el fin de barnizarlos o encerarlos.

**ACUCHILLAR** v. tr. y pron. [**1**]. Herir, cortar o matar con cuchillo o con otras armas blancas.

**ACUCIADOR, RA** o **ACUCIANTE** adj. Que acucia: *deseo acuciador; necesidad acuciante.*

**ACUCIAR** v. tr. [**1**]. Estimular, dar prisa: *acuciar al caballo.* **2.** Desear con vehemencia.

**ACUCLILLARSE** v. pron. [**1**]. Ponerse en cuclillas.

**ACUDIR** v. intr. [**3**]. Ir uno al sitio adonde le conviene o es llamado: *acudir a la cita.* **2.** Frecuentar un sitio: *acudir al colegio.* **3.** Venir, presentarse, sobrevenir: *acudir una imagen a la memoria.*

**ACUEDUCTO** n. m. (lat. *aquaeductum*). Canal para transportar agua. **2.** ANAT. Nombre que reciben algunas estructuras anatómicas: *acueducto de Falopio; acueducto del vestíbulo.*

**ACUERDO** n. m. Unión, armonía entre dos o más personas: *vivir en perfecto acuerdo.* **2.** Resolución tomada en común por varias personas, especialmente por una junta, asamblea o tribunal: *tomar un acuerdo.* **3.** Pacto, tratado: *acuerdo comercial.* **4.** *Argent.* Pleno de ministros que se reúne para deliberar sobre asuntos de estado por convocatoria del presidente. **5.** *Argent.* Conformidad que otorga el senado a algunos nombramientos hechos por el poder ejecutivo. **6.** *Argent.* Reunión plenaria por salas que celebran los miembros de un tribunal de justicia para resolver casos judiciales o administrativos. 7. *Colomb.* y *Méx.* Reunión de una autoridad gubernativa con algunos de sus colaboradores o subalternos para tomar alguna decisión en forma conjunta.

**ACÚFENO** n. m. PATOL. Sensación auditiva no provocada por un sonido, consistente en zumbidos, silbidos, etc.

**ACUICULTOR, RA** adj. Perteneciente o relativo a la acuicultura. ◆ n. **2.** Persona que practica la acuicultura.

**ACUICULTURA** n. f. Arte de la cría de animales y plantas acuáticos. **2.** Cultivo de plantas terrestres en un suelo estéril regado con una solución de sales minerales.

**ACUIDAD** n. f. Agudeza del filo de un arma, de un dolor o de los sentidos.

**ACUÍFERO, A** adj. Que contiene agua: *manto acuífero.*

**ACULEADO, A** adj. y n. m. Relativo a un suborden de insectos himenópteros provistos de un aguijón venenoso en la extremidad del abdomen, como la abeja o la hormiga.

**ACULEIFORME** adj. Que tiene forma de espina o aguijón.

**ACULLÁ** adv. l. En parte alejada del que habla: *acá y acullá.*

**ACULLICO** n. m. *Argent., Bol.* y *Perú.* Bola de hojas de coca que se masca para extraer su jugo estimulante.

**ACULTURACIÓN** n. f. Adaptación, forzada o voluntaria, a una nueva cultura, creencia o comportamiento.

**ACULTURAR** v. intr. y pron. [**1**]. Integrar o integrarse un pueblo en un proceso de aculturación.

**ACUMINADO, A** adj. Que termina en punta: *hoja acuminada.*

**ACUMULABLE** adj. Que puede acumularse.

**ACUMULACIÓN** n. f. Acción y efecto de acumular. **2.** Amontonamiento de materiales bajo la acción de las aguas corrientes, los glaciares, el viento, el mar, etc. **3.** ECON. Parte del producto obtenido por una colectividad durante un período determinado, no consumido durante el mismo. • **Calefacción por acumulación,** dispositivo de calefacción eléctrica que utiliza la corriente durante las horas de menor consumo y restituye el calor almacenado cuando éste es necesario. || **Punto de acumulación** (MAT.), en un conjunto A contenido en un espacio métrico E, punto *x* de E tal que todos sus entornos poseen puntos de A distintos de *x.*

el **acueducto** de Segovia (128 arcos, 813 m de long., 28,50 m de alt.) construido probablemente durante el reinado de Trajano (98-117)

**ACUMULADOR** n. m. Aparato que almacena energía para su posterior consumo. **2.** INFORMÁT. Registro del órgano de cálculo de un ordenador en el que pueden acumularse una serie de números positivos o negativos. • **Acumulador eléctrico,** aparato que almacena energía en forma química para restituirla posteriormente en forma eléctrica. || **Acumulador hidráulico,** aparato que almacena energía bajo forma de presión de un líquido.

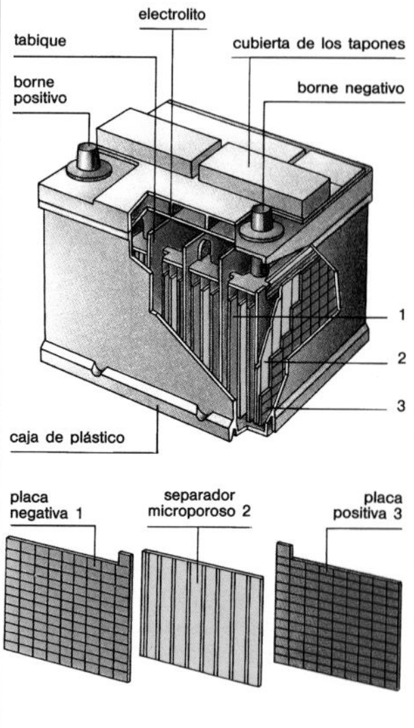


batería de **acumuladores** de un automóvil

**ACUMULAR** v. tr. (lat. *accumulare*) [**1**]. Juntar y amontonar: *acumular riqueza, pruebas.*

**ACUMULATIVO, A** adj. ESTADÍST. Que representa, en función de un carácter estudiado X o del tiempo *t,* el número o la frecuencia de los datos iguales o inferiores a X u observados hasta el instante *t*: *diagrama acumulativo.*

**ACÚMULO** n. m. Acumulación, agregado.

**ACUNAR** v. tr. [**1**]. Mecer al niño en la cuna.

**ACUÑACIÓN** n. f. Acción y efecto de acuñar. **2.** Operación de la fabricación de monedas y de medallas consistente en troquelar sobre los dos lados de la pieza las impresiones que se desean.

**ACUÑADO** n. m. Acción de acuñar una pieza metálica entre dos moldes.

**ACUÑAR** v. tr. [**1**]. Imprimir y sellar una pieza de metal por medio de cuño o troquel. **2.** Hacer o fabricar moneda.

**ACUÑAR** v. tr. [**1**]. Meter cuñas. **2.** *Fig.* Fijar, consolidar: *acuñar una expresión.*

**ACUOSIDAD** n. f. Calidad de acuoso.

**ACUOSO, A** adj. Abundante en agua: *terreno acuoso.* **2.** Parecido a ella: *sustancia acuosa.* **3.** Dícese de una solución cuyo solvente es el agua. • **Humor acuoso,** líquido contenido en la cámara anterior del ojo.

**ACUOTUBULAR** adj. Dícese de una caldera de vapor cuya superficie de caldeo está formada principalmente por tubos, por los que circula agua o una mezcla de agua y vapor, y que reciben el calor de los gases calientes.

**ACUPUNTOR, RA** n. Persona que practica la acupuntura.

**ACUPUNTURA** n. f. Tratamiento médico de origen chino, consistente en clavar agujas en determinados puntos del organismo localizados en las líneas de fuerza vitales.

**ACURRUCARSE** v. pron. [**1a**]. Encogerse para resguardarse del frío, viento, etc.: *acurrucarse junto a la lumbre.*

**ACUSACIÓN** n. f. Acción y efecto de acusar. **2.**

Ministerio público. **3.** Exposición de los delitos que se imputan a un acusado por el ministerio público.

**ACUSADO, A** adj. Destacado, manifiestamente perceptible: *rasgos acusados.* ◆ n. **2.** Persona a quien se imputa una infracción penal.

**ACUSADOR, RA** adj. y n. Que acusa. ◆ n. m. **2.** DER. Persona que mantiene la acusación ante los tribunales y juzgados, en una causa criminal.

**ACUSAR** v. tr. (lat. *accusare*) **[1]**. Imputar a alguien un delito o causa vituperable. **2.** Censurar, reconvenir, reprender. • **Acusar recibo,** notificar al expedidor la recepción de una cosa. ◆ v. tr. y pron. **3.** Delatar, descubrir, hacer notorio, revelar, manifestar: *acusar cansancio.* ◆ **acusarse** v. pron. **4.** Confesar, declarar las culpas.

**ACUSATIVO** n. m. LING. Caso de la declinación en que se pone la palabra que expresa el objeto inmediato de la acción del verbo.

**ACUSATORIO, A** adj. DER. Perteneciente o relativo a la acusación. • **Sistema acusatorio** (DER.), procedimiento por el que las partes llevan el proceso ante un árbitro imparcial, que es el juez.

**ACUSE** n. m. Acción y efecto de acusar recibo.

**ACUSETAS** o **ACUSICA** adj. y n. m. y f. *Fam.* Acusón.

**ACUSMIA** n. f. Alucinación auditiva.

**ACUSÓN, NA** adj. y n. *Fam.* Que tiene el vicio de acusar.

**ACÚSTICA** n. f. Parte de la física que estudia los sonidos. **2.** Condiciones de un local desde el punto de vista de la propagación de los sonidos: *la acústica de un auditorio.*

**ACÚSTICO, A** adj. Relativo a la acústica.

**ACUTÁNGULO, A** adj. Dícese del triángulo que tiene los tres ángulos agudos.

**A.D.,** abreviatura de *anno Domini,* equivalente a *después de Jesucristo* (d. J.C.).

**AD HOC** loc. (voces lat.). A propósito, especial para aquello de que se trata: *escribir ad hoc.*

**AD HOMINEM** loc. (voces lat.). Dícese del argumento que se dirige contra la misma persona del adversario, por ejemplo oponiéndole sus propias palabras o actos.

**AD LIBITUM** loc. (voces lat.). A elegir.

**AD LITEM** loc. (voces lat.). DER. Dícese de un poder, mandato, etc., limitado al proceso en curso.

**AD LITTERAM** loc. (voces lat., *a la letra*). Literalmente, al pie de la letra.

**AD VALOREM** loc. (voces lat.). Dícese de los derechos o tasas basados en el valor de un producto, opuestos a los derechos específicos.

**ADAGIO** n. m. (lat. *adagium*). Sentencia breve y generalmente moral.

**ADAGIO** adv. m. (ital. *ad agio*). MÚS. Lentamente. ◆ n. m. **2.** MÚS. Fragmento ejecutado en tiempo lento. **3.** COREOGR. Ejercicio lento destinado a perfeccionar el equilibrio de los bailarines y la línea de su movimiento. **4.** COREOGR. Primera parte de un paso a dos. • **Adagio acrobático,** adagio cuyos encadenamientos comportan más ejercicios acrobáticos que pasos de danza.

**ADALID** n. m. Caudillo de gente de guerra. **2.** Guía o cabeza de algún partido o escuela.

**ADAMANTINO, A** adj. *Poét.* Diamantino: *brillo adamantino.* **2.** ANAT. Dícese de las células que producen el esmalte de los dientes.

**ADAMASCAR** v. tr. **[1a]**. Dar a las telas aspecto semejante al damasco.

**ADÁMICO, A** adj. Relativo a Adán.

**ADAMISMO** n. m. Doctrina herética del s. II, cuyos partidarios practicaban el nudismo para expresar el estado de inocencia en que se hallaba Adán en el momento de la creación.

**ADAMITA** adj. y n. m. y f. Relativo al adamismo; partidario de esta doctrina.

**ADÁN** n. m. *Fam.* Hombre desaliñado, haraposo o descuidado.

**ADANISMO** n. m. Tendencia a comenzar una actividad cualquiera como si no se hubiera ejercitado anteriormente. **2.** Adamismo.

**ADAPTABLE** adj. Capaz de ser adaptado.

**ADAPTACIÓN** n. f. Acción y efecto de adaptar o adaptarse. **2.** Propiedad de los seres vivos que les permite subsistir y acomodarse cuando varían las condiciones del medio.

**ADAPTADOR, RA** adj. y n. Que adapta. ◆ n. m. **2.** Cualquier dispositivo o aparato que sirve para acomodar elementos de distinto uso, diseño, tamaño, necesidad, etc.

**ADAPTAR** v. tr. y pron. (lat. *adaptare*) **[1]**. Acomodar, acoplar una cosa a otra: *adaptar el mango al cuchillo.* **2.** Hacer que algo destinado a una cosa sirva para otra determinada: *adaptar una novela al cine.* ◆ **adaptarse** v. pron. **3.** *Fig.* Acomodarse, avenirse a circunstancias, condiciones, etc.: *adaptarse a nuevas costumbres.*

**ADAPTATIVO, A** adj. Que contribuye a la adaptación de un organismo a su medio.

**ADARAJA** n. f. CONSTR. Cada una de las piedras salientes, de forma desigual, que se dejan en una pared para unirla con otra de construcción ulterior.

**ADARGA** n. f. ARM. Escudo ovalado o en forma de corazón formado por dos cueros cosidos entre sí. **2.** ARM. Escudo.

**ADARME** n. m. Porción mínima de algo.

**ADARVE** n. m. Parte superior de una muralla, donde se levantan las almenas.

**ADAX** n. m. Antílope de pelaje gris claro y cuernos anillados, que vive en el Sahara.

**ADECENTAR** v. tr. y pron. **[1]**. Poner decente.

**ADECUACIÓN** n. f. Acción y efecto de adecuar o adecuarse: *adecuación al medio.*

**ADECUADO, A** adj. Conveniente.

**ADECUAR** v. tr. y pron. (lat. *adaequare*) **[1]**. Proporcionar, acomodar una cosa a otra.

**ADEFESIO** n. m. *Fam.* Persona o cosa muy fea o extravagante.

**ADELANTADO, A** adj. Precoz, aventajado, atrevido: *un niño adelantado.* • **Por adelantado,** por anticipado: *pagar por adelantado.* ◆ n. m. **2.** Funcionario que ostentaba la máxima autoridad en un distrito o adelantamiento en la monarquía castellanoleonesa, durante la baja edad media.

**ADELANTAMIENTO** n. m. Acción y efecto de adelantar o adelantarse. **2.** HIST. Dignidad de adelantado y territorio de su jurisdicción.

**ADELANTAR** v. tr. y pron. **[1]**. Mover o llevar hacia adelante: *adelantar la mano.* ◆ v. tr. **2.** Acelerar, apresurar: *adelantar el paso.* **3.** Hablando del reloj, correr hacia adelante las agujas; tocar el registro para que ande más de prisa. ◆ v. tr. e intr. **4.** Anticipar: *adelantar la boda.* ◆ v. tr., intr. y pron. **5.** Ganar la delantera a alguno andando o corriendo. ◆ v. intr. **6.** Progresar en estudios, empleos, salud, crecimiento, etc.: *adelantar en taquigrafía.* ◆ v. intr. y pron. **7.** Andar el reloj con más velocidad de la debida.

**ADELANTE** adv. l. Más allá: *mirar adelante.* **2.** *Méx.* Delante. ◆ adv. t. **3.** Denota tiempo futuro: *se hará más adelante.* • **En adelante,** en el tiempo que siga al tiempo presente. ◆ interj. **4.** Se usa para indicar a alguien que puede entrar, continuar haciendo lo que hacía o emprender algo.

**ADELANTO** n. m. Anticipo: *pedir un adelanto.* **2.** Adelantamiento: *hacer un adelanto peligroso.* **3.** Progreso.

**ADELFA** n. f. Planta arbustiva de hoja persistente parecida a la del laurel, cultivada por sus flores decorativas, rosadas o blancas. (Familia epocináceas.) **2.** Flor de esta planta.

**ADELFILLA** n. f. Arbusto de hojas persistentes, lanceoladas, de color verde oscuro por el haz, y flores verdosas o amarillentas en racimos axilares.

**ADELGAZAMIENTO** n. m. Acción y efecto de adelgazar o adelgazarse.

**ADELGAZANTE** adj. y n. m. Que hace adelgazar.

**ADELGAZAR** v. tr. y pron. **[1g]**. Poner delgado. ◆ v. intr. **2.** Enflaquecer.

**ADEMÁN** n. m. Movimiento o actitud con que se manifiesta un afecto del ánimo, gesto: *hacer ademán de saludo.* • **En ademán de,** en actitud de ir a ejecutar algo: *se levantó en ademán de salir.* ◆ **ademanes** n. m. pl. **2.** Modales.

**ADEMÁS** adv. c. A más de esto o aquello: *es lista y además guapa.* **2.** También: *no sólo es bueno, sino que además te conviene.* • **Además de,** a más de, tras de, encima de: *además de caro, es malo.*

**ADENDA** n. m. o f. (lat. *addenda,* lo que se ha de añadir). Notas adicionales al final de una obra, escrito, etc.

**ADENINA** n. f. Base nitrogenada contenida en todas las células vivas, derivada de la purina.

**ADENITIS** n. f. (pl. *adenitis*). Inflamación de los ganglios linfáticos.

**ADENOCARCINOMA** n. m. Tumor maligno de un epitelio glandular.

**ADENOGRAMA** n. m. Linfadenograma.

**ADENOHIPÓFISIS** n. f. Lóbulo anterior de la hipófisis.

**ADENOIDE** adj. Parecido al tejido glandular.

**ADENOIDECTOMÍA** n. f. Ablación de las vegetaciones adenoides.

**ADENOMA** n. m. Tumor benigno de las glándulas.

**ADENOPATÍA** n. f. Afección de los ganglios linfáticos, cualquiera que sea su naturaleza.

**ADENOSINA** n. f. Aminoácido cuyos derivados fosforados desempeñan un papel importante en el metabolismo energético en la transmisión del mensaje hormonal.

**ADENTRARSE** v. pron. **[1]**. Ir hacia la parte más interna u oculta de algo: *adentrarse en la selva; adentrarse en un tema.*

**ADENTRO** adv. l. A o en lo interior: *pasar adentro.* ◆ interj. **2.** Se usa para ordenar que se entre. ◆ **adentros** n. m. pl. **3.** Lo interior del ánimo, fuero interno: *decir para sus adentros.*

**ADEPTO, A** adj. y n. (lat. *adeptum*). Afiliado, miembro, partidario.

**ADEREZAR** v. tr. **[1g]**. Guisar, especialmente condimentar los manjares, componer algunas bebidas.

**ADEREZO** n. m. Acción o efecto de aderezar o aderezarse. **2.** Arreos de las caballerías. **3.** Juego de joyas compuesto generalmente de pendientes, collar, brazaletes y pulsera.

**ADERMINA** n. f. Una de las denominaciones de la vitamina $B_6$.

**ADEUDAR** v. tr. y pron. **[1]**. Meter en deudas o entrampar. **2.** Deber o tener deudas. ◆ v. tr. **3.** Hacer una anotación en el Debe.

**ADEUDO** n. m. Deuda, obligación de pagar algo. **2.** Anotación registrada en el Debe de una cuenta.

**ADHERENCIA** n. f. Acción y efecto de adherir o adherirse, pegarse. **2.** Parte añadida. **3.** Cualidad del rodaje de un vehículo, que depende de las superficies en contacto. **4.** ANAT. y PATOL. Soldadura de dos órganos del cuerpo. • **Adherencia de un conjunto A** (MAT.), conjunto formado por los puntos adherentes a A.

**ADHERENTE** adj. Anexo o unido a una cosa. **2.** BOT. Dícese del órgano que está soldado con otro. • **Peso adherente,** conjunto de las cargas transmitidas a la vía por los ejes motores de una locomotora y que intervienen en el cálculo del esfuerzo de tracción. ‖ **Punto adherente** (MAT.), en un conjunto A contenido en un espacio métrico E, punto de E tal que todos sus entornos tienen intersección no vacía con A.

**ADHERIR** v. tr. y pron. (lat. *adhaerere*) **[22]**. Pegar una cosa con otra. ◆ v. intr. y pron. **2.** *Fig.* Convenir en un dictamen. **3.** Abrazar una doctrina, partido, etc.

**ADHESIÓN** n. f. Adherencia, unión física. **2.** Acción y efecto de adherir o adherirse. **3.** Convenir en un dictamen o partido y abrazarlo. **4.** DER. INTERN. Procedimiento por medio del cual un estado se compromete a respetar los términos de un acuerdo o tratado del que no fue firmante inicial. • **Contrato de adhesión,** contrato en que todas las cláusulas son impuestas de antemano por una de las partes, sin que puedan ser discutidas por la otra, como el del teléfono o el gas.

**ADHESIVIDAD** n. f. Calidad de adhesivo.

**ADHESIVO, A** adj. Capaz de adherirse o pegarse. ◆ n. m. **2.** Etiqueta, generalmente de carácter publicitario, que tiene un lado preparado de modo que pueda ser adherido sobre cualquier superficie. SIN.: *pegatina.*

**ADIABÁTICO, A** adj. (gr. *adiabatos*). Dícese de la transformación de un sistema de cuerpos que se efectúa sin intercambio de calor con el exterior.

**ADIAFORESIS** n. f. PATOL. Falta de transpiración.

**ADICCIÓN** n. f. Hábito de quien se deja dominar por el consumo de alguna droga.

**ADICIÓN** n. f. (lat. *additionem*). Acción y efecto de añadir o agregar. **2.** Añadidura en alguna obra o escrito. **3.** DER. Aclaración que se hace a una sentencia después de publicada, con relación a puntos discutidos en el litigio. **4.** MAT. Primera de las cuatro operaciones aritméticas fundamentales, que reúne en una sola dos o más cantidades de igual naturaleza. • **Reacción de adición** (QUÍM.), reacción en que dos o más moléculas se unen para formar una molécula nueva.

**ADICIONAL** adj. Que se añade a una cosa: *cantidad adicional.*

**ADICIONAR** v. tr. **[1]**. Hacer o poner adiciones o añadidos a una cosa.

**ADICTO, A** adj. y n. Dedicado, apegado. **2.** Partidario. **3.** Dícese de la persona dominada por el uso de ciertas drogas: *es adicto a la heroína.*

**ADIESTRADO, A** adj. HERÁLD. Dícese de toda pieza o figura principal acompañada a la derecha por una pieza secundaria. CONTR.: *siniestrado.*

**ADIESTRADOR, RA** adj. y n. Que adiestra.

**ADIESTRAMIENTO** n. m. Acción y efecto de adiestrar o adiestrarse.

**ADIESTRAR** v. tr. y pron. **[1]**. Enseñar, instruir.

**ADIGUÉ,** pueblo cherkés de la República de Adiguei (Rusia).

**ADINAMIA** n. f. MED. Falta total de fuerzas físicas que acompaña a ciertas enfermedades graves.

**ADINERADO, A** adj. Acaudalado, rico: *hombre adinerado.*

**ADINERARSE** v. pron. **[1]**. *Fam.* Hacerse rico.

**ADINTELADO, A** adj. ARQ. En forma de dintel. **2.** Que hace uso exclusivo o preferente del dintel.

**ADIÓS** n. m. (pl. *adioses*). Despedida: *un triste adiós.* ◆ interj. **2.** Expresión de despedida o saludo.

**ADIPOLISIS** n. f. FISIOL. Función por medio de la cual un tejido restituye a la sangre las grasas que tenía en reserva.

**ADIPOSIDAD** n. f. Acumulación de grasa en los tejidos.

**ADIPOSIS** n. f. Exceso de grasa en el organismo.

**ADIPOSO, A** adj. Grasiento, gordo; de la naturaleza de la grasa. • **Tejido adiposo**, variedad de tejido conjuntivo que incluye una importante proporción de vacuolas grasas.

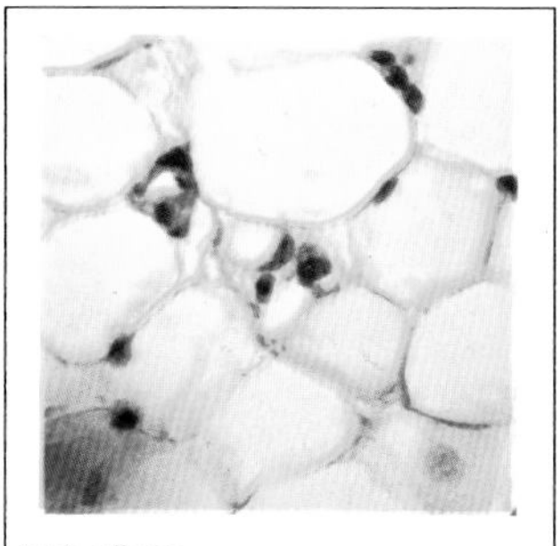

tejido **adiposo**

**ADIPOSOGENITAL** adj. Dícese del síndrome debido a desarreglos funcionales de la hipófisis, que se caracteriza por obesidad y trastornos genitales.

**ADITAMENTO** n. m. Añadidura.

**ADITIVO, A** adj. MAT. Dícese de las cantidades que pueden o deben sumarse. • **Notación aditiva** (MAT.), en un conjunto, empleo del signo + para representar una ley de composición interna *(ley aditiva)*, independientemente de la naturaleza de los elementos y de la operación. ◆ adj. y n. m. **2.** Dícese de la sustancia que se agrega a otras para darles cualidades de que carecen o para mejorar las que poseen.

**ADIVINABLE** adj. Que se puede adivinar.

**ADIVINACIÓN** n. f. Acción y efecto de adivinar.

**ADIVINADOR, RA** adj. y n. Que adivina.

**ADIVINAMIENTO** n. m. Adivinación.

**ADIVINANZA** n. f. Adivinación. **2.** Acertijo.

**ADIVINAR** v. tr. **[1]**. Predecir el futuro o descubrir las cosas ocultas: *adivinar el porvenir.* **2.** Descubrir lo que no se sabe por conjeturas o sin fundamento lógico: *adivinar las intenciones de alguien.*

**ADIVINATORIO, A** adj. Que incluye adivinación o se refiere a ella: *artes adivinatorias.*

**ADIVINO, A** n. Persona que adivina.

**ADJETIVACIÓN** n. f. Acción y efecto de adjetivar o adjetivarse.

**ADJETIVAR** v. tr. **[1]**. Aplicar adjetivos. ◆ v. tr. y pron. **2.** GRAM. Dar valor de adjetivo a una palabra, frase u oración.

**ADJETIVO, A** adj. Que pertenece al adjetivo o que participa de su índole o naturaleza. **2.** Que dice relación a una cualidad o accidente. **3.** Que no tiene existencia independiente. ◆ n. m. **4.** Parte variable de la oración que sirve para calificar o determinar al nombre y al pronombre *(adjetivo calificativo)* o determinarlos *(adjetivo determinativo)*. • **Adjetivo sustantivado**, adjetivo usado como nombre.

**ADJUDICACIÓN** n. f. Acción y efecto de adjudicar o adjudicarse. **2.** En derecho español, uno de los modos de adquirir la propiedad. **3.** Venta de bienes o contratación de obras o servicios hecha con publicidad y concurrencia.

**ADJUDICAR** v. tr. (lat. *adjudicare*) **[1a]**. Declarar que una cosa corresponde a una persona o conferírsela en satisfacción de algún derecho. ◆ **adjudicarse** v. pron. **2.** Apropiarse uno una cosa o de una cosa.

**ADJUDICATARIO, A** n. Beneficiario de una adjudicación.

**ADJUNTAR** v. tr. **[1]**. Acompañar o remitir adjunto: *adjuntar una muestra.*

**ADJUNTO, A** adj. y n. (lat. *adjunctum*). Unido con o a otra cosa: *copia adjunta al original.* **2.** Dícese de la persona que acompaña a otra en un cargo o trabajo: *adjunto a la dirección.*

**ADLÁTERE** n. m. y f. Secuaz, seguidor, partidario.

**ADMINÍCULO** n. m. Lo que sirve de ayuda para una cosa o intento. **2.** Utensilio.

**ADMINISTRACIÓN** n. f. Acción y efecto de administrar. **2.** Cargo de administrador. **3.** Casa u oficina donde el administrador ejerce su cargo. • **Administración autonómica,** la integrada por los organismos administrativos de las comunidades autónomas que constituyen el estado español. ‖ **Administración central**, conjunto de órganos de la administración pública de competencia general. ‖ **Administración de loterías,** lugar en el que se venden billetes de lotería y se pagan algunos premios. ‖ **Administración legal**, la conferida por la ley a determinadas personas sobre los bienes de otras. ‖ **Administración local**, sector de la administración pública integrado por los entes públicos menores de carácter territorial como provincia, cabildo o municipio. ‖ **Administración pública**, complejo orgánico integrado en el poder ejecutivo; actividad desarrollada por ella, sea de carácter legislativo, jurisdiccional o ejecutivo. ‖ **En administración,** se usa hablando de la prebenda, encomienda, etc., que posee una persona que no puede tenerla en propiedad; cualquier cuerpo de bienes que por alguna causa no posee ni maneja su propietario, y se administra por terceras personas competentemente autorizadas por el juez. ‖ **Por administración,** por el gobierno, la provincia, el municipio o la empresa y no por el contratista. (Se emplea generalmente hablando de obras o servicios públicos.)

**ADMINISTRADOR, RA** adj. y n. Que administra. ◆ n. **2.** Persona que se dedica a administrar los bienes o negocios de otro.

**ADMINISTRAR** v. tr. (lat. *administrare*) **[1]**. Gobernar, regir. **2.** Dirigir la economía de una persona o una entidad: *administrar la casa.* **3.** *Vulg.* e *irón.* Aplicar, dar: *administrar una paliza.* ◆ v. tr. y pron. **4.** Aplicar o hacer tomar los medicamentos: *administrar una pócima.* **5.** Conferir o dar los sacramentos.

**ADMINISTRATIVO, A** adj. Relativo a la administración. • **Acto administrativo** (DER.), cualquier acto de los órganos del estado en ejercicio de funciones administrativas sujetas al derecho público. ‖ **Área,** o **división administrativa,** unidad territorial, con funciones y responsabilidades delimitadas por un orden jerárquico, en que se dividen los estados. ◆ n. y adj. **2.** Empleado de oficina.

**ADMIRABLE** adj. Digno de admiración: *belleza admirable.*

**ADMIRACIÓN** n. f. Acción de admirar o admirarse. **2.** Cosa admirable. • **Punto de admiración** (¡!), signo de puntuación colocado delante y detrás de una exclamación o de una interjección.

**ADMIRADOR, RA** adj. y n. Que admira.

**ADMIRAR** v. tr. (lat. *admirari*) **[1]**. Causar sorpresa la vista o consideración de alguna cosa extraordinaria o inesperada: *me admira tanta bondad.* **2.** Tener en singular estimación a una persona o cosa que de algún modo sobresale en su línea: *admirar a un héroe.* ◆ v. tr. y pron. **3.** Ver, contemplar o considerar con sorpresa y placer alguna cosa admirable: *admirar la belleza.*

**ADMIRATIVO, A** adj. Capaz de causar admiración. **2.** Que denota admiración: *voz admirativa.*

**ADMISIBILIDAD** n. f. Calidad de admisible.

**ADMISIBLE** adj. Que puede admitirse.

**ADMISIÓN** n. f. Acción y efecto de admitir. **2.** Entrada de la mezcla carburante en el cilindro del motor: *válvula de admisión.* • **Admisión temporal**, régimen aduanero que permite introducir en un territorio ciertas mercancías, destinadas a ser reexportadas dentro de un plazo determinado.

**ADMITANCIA** n. f. ELECTR. Relación entre la corriente y la tensión en magnitud inversa a la impedancia.

**ADMITIR** v. tr. (lat. *admittere*) **[3]**. Recibir o dar entrada a uno: *admitir en una organización.* **2.** Aceptar, recibir voluntariamente: *admitir un consejo.* **3.** Permitir o sufrir: *admitir dilación.*

**ADMIXTIÓN** n. f. FARM. Agregación o incorporación de sustancias que no tienen entre sí acción química.

**ADMONICIÓN** n. f. Amonestación. **2.** Reconvención.

**ADMONITORIO, A** adj. Con carácter de admonición: *carta admonitoria.*

**A.D.N.** n. m. Abrev. de *ácido desoxirribonucleico,* constituyente esencial de los cromosomas del núcleo celular.

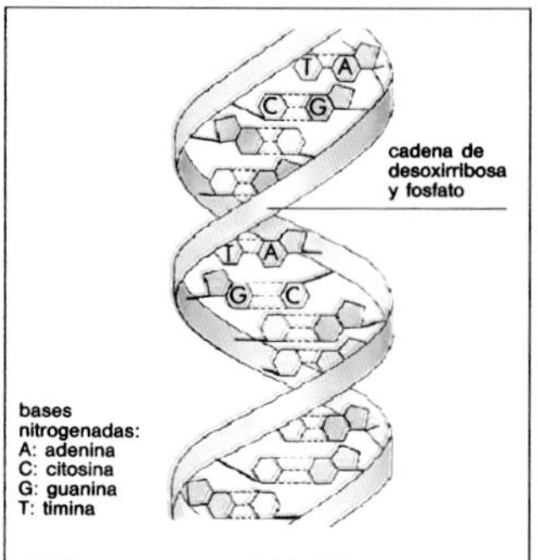


**A.D.N.:** estructura en doble hélice

**ADNATO, A** adj. BOT. Dícese de una lámina que algunos hongos llevan fijada a lo largo de su pie.

**ADOBAR** v. tr. **[1]**. Componer, reparar. **2.** Mejorar los vinos. **3.** Poner o echar en adobo las carnes u otras cosas para sazonarlas y conservarlas. **4.** Curtir pieles.

**ADOBE** n. m. Masa de barro, mezclada con paja o heno, moldeada en forma de ladrillo y secada al aire, que se emplea en construcciones rurales.

**ADOBO** n. m. Acción y efecto de adobar. **2.** Salsa o caldo para sazonar y conservar las carnes y otros manjares. **3.** Mezcla de ingredientes para curtir las pieles o dar cuerpo y lustre a las telas.

**ADOCENARSE** v. pron. **[1]**. Caer o permanecer en la mediocridad.

**ADOCTRINAMIENTO** n. m. Acción y efecto de adoctrinar.

**ADOCTRINAR** v. tr. **[1]**. Instruir, adiestrar, especialmente en lo que se debe decir o hacer: *adoctrinar a los discípulos.*

**ADOLECER** v. intr. **[2m]**. Caer enfermo o padecer alguna enfermedad: *adolecer de asma.* **2.** *Fig.* Tener algún defecto o vicio. **3.** Carecer de algo: *adolecer de originalidad.*

**ADOLESCENCIA** n. f. (lat. *adulescentiam*). Período de la vida entre la pubertad y la edad adulta.

**ADOLESCENTE** adj. y n. m. y f. Que está en la adolescencia.

**ADONDE** adv. l. A la parte que: *va adonde le mandan.*

**ADÓNDE** adv. interrog. A qué parte: *¿adónde vas?*

**ADONDEQUIERA** adv. l. A cualquier parte. **2.** Dondequiera.

**ADONIS** n. m. Persona de gran belleza.

**ADOPCIÓN** n. f. Acción y efecto de adoptar. **2.** DER. Acto jurídico solemne que crea entre dos personas vínculos de parentesco civil, análogos a los que se derivan de la paternidad y filiación legítimas.
■ El acto de adoptar se fundamenta en los principios de beneficio del adoptado y de integración familiar. Existen requisitos personales: una edad mínima del adoptador y una diferencia suficiente con el adoptado (en España 25 años y 14 más que el menor). El adoptado debe ser menor no emancipado. La adopción se formaliza y aprueba judicialmente. Los requisitos formales contemplan también la intervención de otras personas (padres, cónyuge) en el expediente, así como la inscripción en el registro civil. Tras su formalización, la adopción es irrevocable. Modernamente, se contempla también el acogimiento familiar, normalmente temporal, por el que se confía el menor a una familia de acogida.

**ADOPCIONISMO** n. m. Doctrina según la cual Cristo no es Dios desde toda la eternidad, sino únicamente desde el momento de su bautismo, en que es adoptado por Dios.

**ADOPTABLE** adj. Que puede ser adoptado.

**ADOPTADOR, RA** adj. y n. Que adopta.

**ADOPTAR** v. tr. (lat. *adoptare*) **[1]**. Recibir como hijo, con las solemnidades que establecen las leyes, al que no lo es naturalmente. **2.** Recibir o admitir alguna opinión, parecer o doctrina, aprobándola o siguiéndola. **3.** Tomar resoluciones o acuerdos con previa deliberación: *adoptar medidas.* **4.** Adquirir o recibir una configuración determinada.

**ADOPTIVO, A** adj. Dícese de la persona adoptada o de la que adopta. **2.** Dícese de la persona o cosa que uno elige para tenerla por lo que realmente no es con respecto a él: *patria adoptiva.*

**ADOQUÍN** n. m. Bloque de piedra de forma rectangular o de paralelepípedo, empleado para pavimentar. **2.** *Fig.* Hombre torpe y rudo.

**ADOQUINADO** n. m. Acción y efecto de adoquinar. **2.** Pavimento de adoquines.

**ADOQUINAR** v. tr. **[1]**. Pavimentar con adoquines.

**ADORABLE** adj. Digno de adoración: *mujer adorable.*

**ADORACIÓN** n. f. Acción y efecto de adorar. • **Adoración de los Reyes** (REL.), epifanía.

**ADORADOR, RA** adj. y n. Que adora. **2.** *Fig.* Enamorado, pretendiente de una mujer: *sus adoradores eran muchos.*

**ADORAR** v. tr. (lat. *adorare*) **[1]**. Reverenciar y adorar a Dios con el culto religioso que le es debido. **2.** Reverenciar a un ser como cosa divina. **3.** *Fig.* Amar con extremo: *adorar la riqueza.*

**ADORATORIO** n. m. Retablillo portátil. **2.** Templo en que los indios americanos daban culto a algún ídolo.

**ADORATRIZ** n. f. y adj. Profesa de alguna de las diversas congregaciones dedicadas a la adoración del Santísimo Sacramento.

**ADORMECEDOR, RA** adj. Que adormece.

**ADORMECER** v. tr. y pron. **[2m]**. Dar o causar sueño. ◆ v. tr. **2.** *Fig.* Calmar, sosegar: *adormecer las pasiones.* ◆ **adormecerse.** v. pron. **3.** Empezar a dormirse. **4.** Entorpecerse, entumecerse.

**ADORMECIMIENTO** n. m. Acción y efecto de adormecer o adormecerse.

**ADORMIDERA** n. f. Planta de hojas anchas y flores ornamentales, de fruto capsular del cual se extrae el opio. (Familia papaveráceas.) **2.** Fruto de esta planta.

**ADORMILARSE** o **ADORMITARSE** v. pron. **[1]**. Dormirse a medias.

**ADORNAR** v. tr. y pron. (lat. *adornare*) **[1]**. Engalanar, poner adornos: *adornar un vestido.* **2.** *Fig.* Concurrir en una persona ciertas circunstancias favorables o dotarla de perfecciones o virtudes: *le adornan muchas cualidades.* ◆ v. tr. **3.** Servir de adorno.

**ADORNO** n. m. Lo que sirve para adornar. **2.** MÚS. Grupo de notas que ornamentan y enriquecen algunos intervalos o notas de una melodía. • **De adorno**, sin más utilidad que lo decorativo: *tiene los libros de adorno.*

**ADOSAR** v. tr. (fr. *adosser*) **[1]**. Arrimar una cosa por su espalda o envés a otra: *adosar un mueble a la pared.*

**ADOVELADO, A** adj. Construido con dovelas.

**ADQUIRIBLE** adj. Que puede adquirirse.

**ADQUIRIDO, A** adj. **Caracteres adquiridos** (GENÉT.), aquellos de que el individuo está desprovisto cuando nace y que la adaptación al medio hace surgir.

**ADQUIRIDOR, RA** o **ADQUISIDOR, RA** adj. y n. Que adquiere.

**ADQUIRIR** v. tr. (lat. *acquirere*) **[3f]**. Ganar, conseguir: *adquirir bienes.* **2.** Coger, empezar a poseer: *adquirir fama.*

**ADQUISICIÓN** n. f. Acción y efecto de adquirir. **2.** Cosa adquirida.

**ADQUISITIVO, A** adj. Que sirve para adquirir: *título adquisitivo.*

**ADRAGANTE** adj. Dícese de la goma exudada por el tronco del tragacanto, utilizada en farmacia y en pastelería, así como en el acabado de papeles y tejidos.

**ADRAL** n. m. Bastidor a modo de barandilla, que forma cada uno de los lados de un carro o de un camión descubierto, para mantener la carga.

**ADREDE** adv. m. Con deliberada intención: *lo hizo adrede.*

**ADRENALINA** n. f. Hormona secretada por la porción medular de las glándulas suprarrenales que acelera el ritmo cardíaco, aumenta la presión arterial, dilata los bronquios, estimula el sistema nervioso central y se utiliza como medicamento hemostático.

**ADRENÉRGICO, A** adj. Dícese de los nervios simpáticos cuyas terminaciones actúan por liberación de adrenalina.

**ADSCRIBIR** v. tr. (lat. *adscribere*) **[3n]**. Inscribir, atribuir algo a una persona o cosa. ◆ v. tr. y pron. **2.** Agregar una persona al servicio de un cuerpo o entidad.

**ADSCRIPCIÓN** n. f. Acción o efecto de adscribir o adscribirse.

**ADSORBER** v. tr. **[2]**. FÍS. Fijar por adsorción.

**ADSORCIÓN** n. f. FÍS. Penetración superficial de un gas o de un líquido en un sólido.

**ADUANA** n. f. Administración encargada de percibir los derechos impuestos sobre las mercancías que pasan la frontera. **2.** Oficina de esta administración. **3.** Derechos percibidos: *pagar aduana.*

**ADUANERO, A** adj. Relativo a la aduana. ◆ n. **2.** Empleado en la aduana.

**ADUAR** n. m. (ár. *al-duwār*). Pequeña población de beduinos formada por tiendas, chozas o cabañas. **2.** Conjunto de tiendas o barracas de gitanos. **3.** Ranchería de indios americanos.

**ADÚCAR** n. m. Seda que rodea exteriormente el capullo del gusano de seda.

**ADUCCIÓN** n. f. ANAT. Movimiento que acerca un miembro al plano medio del cuerpo.

**ADUCIR** v. tr. (lat. *adducere*) **[20]**. Presentar, alegar pruebas, razones.

**ADUCTOR** adj. y n. m. ANAT. Dícese del músculo que produce un movimiento de aducción.

**ADUEÑARSE** v. pron. **[1]**. Apoderarse de una cosa. **2.** Dominar a alguien una pasión o estado de ánimo: *el terror se adueñó de ella.*

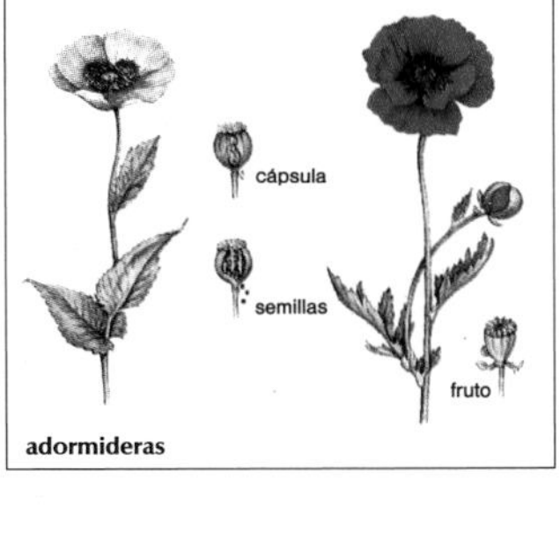

adormideras

**ADUJAR** v. tr. **[1]**. MAR. Arrollar, recoger en espiral.

**ADULACIÓN** n. f. Acción y efecto de adular.

**ADULADOR, RA** adj. y n. Que adula.

**ADULAR** v. tr. **[1]**. Halagar a uno servilmente, para ganar su voluntad.

**ADULTERACIÓN** n. f. Acción y efecto de adulterar o adulterarse.

**ADULTERAR** v. tr. y pron. (lat. *adulterare*) **[1]**. Desnaturalizar una cosa mezclándole una sustancia extraña: *adulterar el vino.* **2.** Falsificar: *adulterar una información.*

**ADULTERINO, A** adj. Relativo al adulterio. ◆ adj. y n. **2.** Dícese del hijo nacido fuera de matrimonio.

**ADULTERIO** n. m. (lat. *adulterium*). Acción de sostener una persona casada relaciones sexuales con otra persona distinta de su cónyuge.

**ADÚLTERO, A** adj. y n. Que comete adulterio. ◆ adj. **2.** Relativo al adulterio.

**ADULTO, A** adj. y n. (lat. *adultum*). Que ha llegado al término de la adolescencia. ◆ adj. **2.** Llegado a su mayor crecimiento: *animal adulto.*

**ADUSTO, A** adj. (lat. *adustum*). Quemado, tostado, ardiente: *terreno adusto.* **2.** *Fig.* Seco, rígido, desabrido en el trato: *persona adusta.*

**ADVECCIÓN** n. f. METEOROL. Desplazamiento de una masa de aire en sentido horizontal.

**ADVENEDIZO, A** adj. y n. Extranjero o forastero. **2.** Dícese de la persona de origen humilde que pretende figurar entre gente de mayor posición social.

**ADVENIMIENTO** n. m. Venida o llegada, en especial si es esperada y solemne. **2.** Ascenso de un sumo pontífice o de un soberano al trono.

**ADVENIR** v. intr. (lat. *advenire*) **[21]**. Venir o llegar.

**ADVENTICIO, A** adj. (lat. *adventicium*). Extraño o que sobreviene, a diferencia de lo natural o propio: *circunstancias adventicias.* **2.** BOT. Dícese de las plantas que crecen en un terreno cultivado sin haber sido sembradas en él, como la amapola o la cizaña. **3.** BOT. Dícese de las raíces que crecen lateralmente sobre un tallo, o de las ramas que crecen sobre una raíz. • **Cono adventicio**, cono volcánico secundario, que aparece a consecuencia de una nueva erupción. ‖ **Idea adventicia** (FILOS.), según Descartes, idea que se recibe de los sentidos, por oposición a *idea innata.*

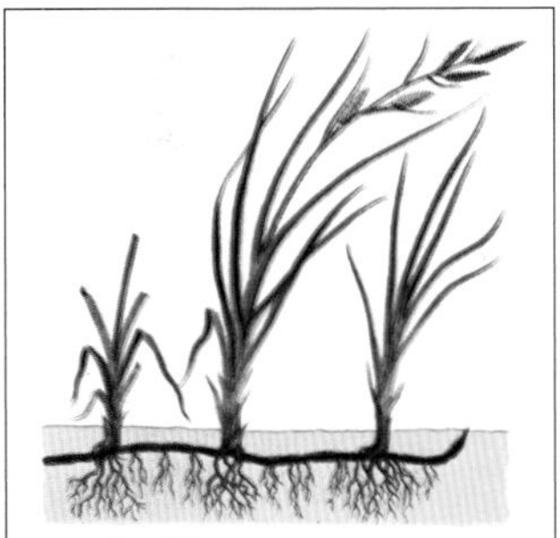
raíces **adventicias**

**ADVENTISTA** n. m. y f. y adj. Miembro de un movimiento evangélico mundial que espera un segundo advenimiento del Mesías.

**ADVERBIAL** adj. Que tiene los caracteres de un adverbio. **2.** Como un adverbio: *frase, locución adverbial.*

**ADVERBIO** n. m. (lat. *adverbium*). GRAM. Parte invariable de la oración cuya función es modificar el sentido de un verbo, de un adjetivo o de otro adverbio.

**ADVERSARIO, A** n. Persona o colectividad contraria y enemiga.

**ADVERSATIVO, A** adj. GRAM. Dícese de una conjunción o un adverbio que señalan una oposición, como *pero, sin embargo, no obstante.*

**ADVERSIDAD** n. f. Infortunio, desgracia.

**ADVERSO, A** adj. (lat. *adversum*). Contrario, desfavorable: *situación adversa.*

**ADVERTENCIA** n. f. Acción y efecto de advertir. **2.** Observación en que se advierte algo al lector.

**ADVERTIR** v. tr. e intr. (lat. *advertere*) [**22**]. Fijar la atención, reparar, observar: *advertir un error.* **2.** Atender, tener en cuenta: *advertir todas las posibilidades.* ◆ v. tr. **3.** Llamar la atención sobre algo, prevenir: *te advierto que te equivocas.*

**ADVIENTO** n. m. (lat. *adventum*). Tiempo litúrgico de preparación de la Navidad.

**ADVOCACIÓN** n. f. Título que se da a algunas imágenes para distinguirlas de otras. **2.** Dedicación de algún templo, capilla o altar a Dios, a la Virgen o a un santo.

**ADYACENCIA** n. f. Proximidad, contigüidad.

**ADYACENTE** adj. Que está situado en la inmediación o proximidad de otra cosa. • **Ángulos adyacentes** (MAT.), ángulos que tienen el vértice común y un lado común que los separa.

**ADYUVANTE** adj. Dícese de un medicamento que refuerza la acción de otro.

**AEDO** n. m. (gr. *aoidos*). Poeta griego de la época primitiva que cantaba o recitaba acompañándose con la lira.

**AÉREO, A** adj. De aire: *espacio aéreo.* **2.** Relativo al aire: *fenómeno aéreo.* **3.** BOT. Dícese de todo órgano que se desarrolla en el aire. • **Derecho aéreo**, conjunto de las reglas jurídicas que regulan el uso del espacio aéreo.

**AERÍFERO, A** adj. Que conduce el aire: *vías aeríferas.*

**AEROBIC** n. m. Modalidad de gimnasia que combina series de movimientos rápidos y ritmo musical de acompañamiento.

**AERÓBICO, A** adj. Dícese del esfuerzo muscular o del ejercicio físico que consume oxígeno.

**AEROBIO, A** adj. y n. m. Dícese de los seres vivos cuya existencia depende de la presencia de oxígeno. CONTR.: *anaerobio.* ◆ adj. **2.** AERON. Dícese del motor que utiliza el oxígeno del aire para alimentar la reacción de combustión que produce la energía utilizable.

**AEROBIOLOGÍA** n. f. Ciencia que estudia los seres vivos que se encuentran en la atmósfera, sin contacto con el suelo.

**AEROBÚS** n. m. Avión de grandes dimensiones, equipado para el transporte de numerosos pasajeros.

**AEROCLUB** n. m. Centro de formación y entrenamiento de pilotos de aviación civil.

**AEROCOLIA** n. f. Exceso de gas en el intestino.

**AEROCONDENSADOR** n. m. Intercambiador de calor en que un vapor se condensa calentando el aire.

**AERODESLIZADOR** n. m. Vehículo que se desliza sobre un colchón de aire que él mismo produce.

**AERODINÁMICA** n. f. Ciencia que estudia los fenómenos que acompañan a todo movimiento entre un cuerpo y el aire que lo rodea.

**AERODINÁMICO, A** adj. Relativo a la aerodinámica. **2.** Dícese de la forma dada a un objeto para reducir al mínimo la resistencia del aire a su movimiento.

**AERODINO** n. m. Cualquier aparato que vuela, más pesado que el aire.

**AERÓDROMO** n. m. Terreno acondicionado para el despegue y aterrizaje de aviones.

**AEROESPACIAL** adj. Relativo a la vez a la aeronáutica y la astronáutica: *industria aeroespacial.*

**AEROFAGIA** n. f. Deglución espasmódica de aire.

**AEROGASTRIA** n. f. Presencia de un exceso de aire en el estómago.

**AEROGENERADOR** n. m. Generador de corriente eléctrica que utiliza la energía eólica.

**AEROGRAFÍA** n. f. Técnica pictórica en la que se emplea el aerógrafo.

**AERÓGRAFO** n. m. Aparato utilizado para proyectar colores líquidos por la presión de aire comprimido.

**AEROGRAMA** n. m. Carta enviada por avión, franqueada con una tarifa especial.

**AEROLÍNEA** n. f. Compañía de transporte aéreo regular.

**AEROLITO** n. m. Meteorito.

**AEROLOGÍA** n. f. Ciencia que estudia las propiedades de las capas altas de la atmósfera, por encima de 3 000 m, que escapan generalmente a la acción del relieve terrestre.

**AEROMODELISMO** n. m. Técnica de la construcción de modelos reducidos de aviones.

**AEROMOTOR** n. m. Motor accionado por el viento.

**AEROMOZA** n. f. *Amér. Merid.* y *Méx.* Azafata.

**AERONAUTA** n. m. y f. Persona que practica la navegación aérea.

**AERONÁUTICA** n. f. Ciencia de la navegación aérea. **2.** Conjunto de medios dedicados al transporte aéreo.

**AERONAVAL** adj. Relativo a la vez a la marina y la aviación.

**AERONAVE** n. f. Nombre genérico de todos los aparatos capaces de volar.

**AERONAVEGACIÓN** n. f. Navegación aérea.

**AEROPARQUE** n. m. *Argent.* Pequeño aeropuerto, especialmente el situado en área urbana.

**AEROPLANO** n. m. Avión.

**AEROPOSTAL** adj. Relativo al correo aéreo.

**AEROPUERTO** n. m. Conjunto de las instalaciones necesarias para el tráfico de las líneas de transporte aéreo.

**AEROSOL** n. m. Suspensión de partículas muy finas, sólidas o más frecuentemente líquidas, en un gas. **2.** Envasado especial a presión provisto de una válvula de mando, que con ayuda de un agente llamado propulsor, permite proyectar en el aire un líquido en forma de partículas muy finas o distribuir productos tales como cremas, lacas para el cabello, espumas, etc. SIN.: *spray.*

**AEROSTACIÓN** n. f. Arte de construir y dirigir los aeróstatos.

**AERÓSTATA** n. m. y f. Persona que maniobra un aeróstato.

**AEROSTÁTICA** n. f. Estudio del equilibrio de los gases.

**AERÓSTATO** n. m. Aparato cuya sustentación en el aire se consigue mediante el empleo de un gas más ligero que el aire.

**AEROTECNIA** n. f. Técnica que tiene por objeto la aplicación de la aerodinámica al estudio y a la puesta a punto de una aeronave o de un ingenio espacial.

**AEROTÉCNICO, A** adj. Relativo a la aerotecnia. ◆ n. **2.** Especialista en aerotecnia.

**AEROTERMODINÁMICA** n. f. Ciencia que estudia los fenómenos caloríficos provocados por las corrientes aerodinámicas a grandes velocidades.

**AEROTERRESTRE** adj. Relativo al aire y a la tierra.

**AEROTRANSPORTADO, A** adj. Transportado por vía aérea: *tropas aerotransportadas.*

**AEROTRÉN** n. m. Vehículo con colchón de aire, que se desplaza a gran velocidad sobre una vía especial.

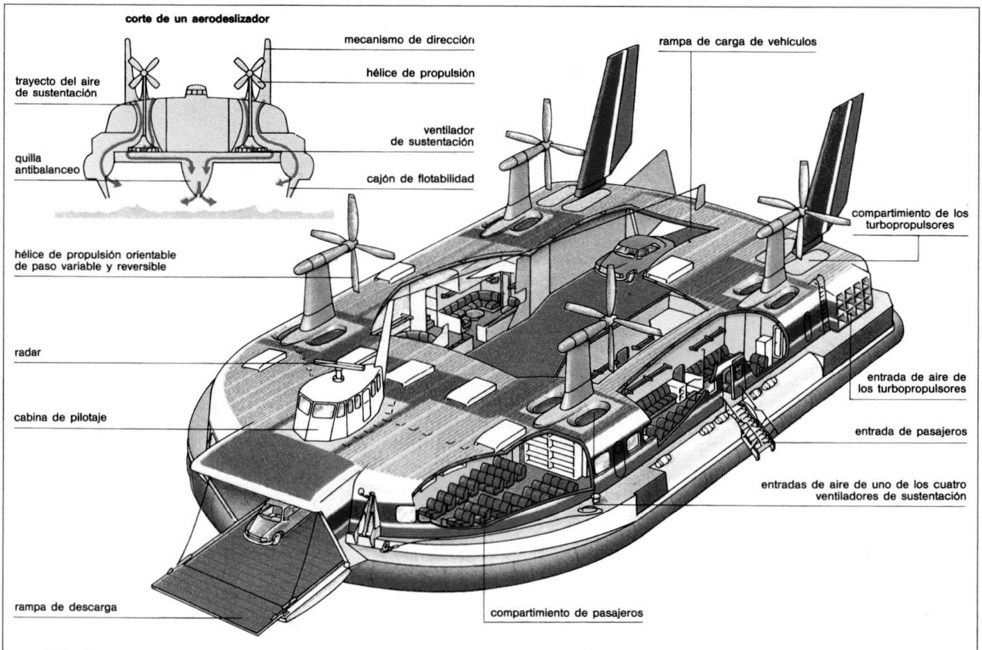


**aerodeslizador**

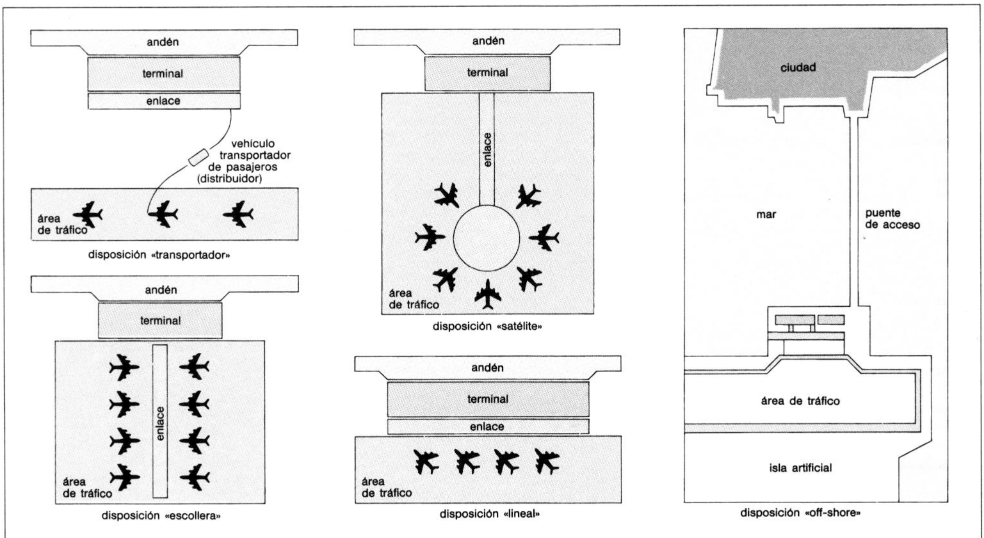


**aeropuerto:** diferentes concepciones

**AETA, ETA** o **ITA** adj. y n. m. y f. Relativo a un pueblo pigmeo que habita en el archipiélago filipino, especialmente en el interior de la isla de Luzón; individuo de este pueblo. (Fueron denominados negritos del monte por los españoles cuando éstos llegaron a las Filipinas en 1521. El nombre de *aeta* corresponde a la principal tribu de Luzón.)

**AFABILIDAD** n. f. Calidad de afable.

**AFABLE** adj. (lat. *affabilem*). Agradable, suave en la conversación y el trato.

**AFAMADO** adj. Acreditado, ilustre, reputado.

**AFAMAR** v. tr. y pron. **[1]**. Hacer famoso, dar fama.

**AFÁN** n. m. Trabajo excesivo, solícito y penoso: *luchar con afán.* **2.** Anhelo vehemente: *afán de dinero.*

**AFANAR** v. intr. y pron. **[1]**. Entregarse al trabajo con solicitud. **2.** Hacer diligencias con anhelo para conseguir algo. ◆ v. tr. **3.** *Vulg.* Hurtar o engañar vendiendo.

**AFAR** o **DANAKIL,** grupo étnico islamizado que ocupa la región de Djibouti y el NE de Etiopía y que habla una lengua cusita.

**AFAROLADO, A** adj. y n. TAUROM. Dícese del pase de adorno en que el diestro se pasa el engaño por encima de la cabeza, girando al mismo tiempo para salir de suerte.

**AFAROLARSE** v. pron. **[1]**. *Amér.* Hacer aspavientos.

**AFASIA** n. f. Pérdida de la palabra o de la capacidad de comprensión del lenguaje, debida a una lesión cortical en el hemisferio cerebral dominante, cuya localización determina el tipo de afasia.

**AFÁSICO, A** adj. y n. Relativo a la afasia; afecto de afasia.

**AFEAR** v. tr. **[1]**. Hacer o poner feo, desfavorecer: *una cicatriz le afea el rostro.* **2.** *Fig.* Tachar, vituperar: *afear el comportamiento de alguien.*

**AFECCIÓN** n. f. (lat. *affectionem*). Afición o inclinación del sentimiento: *afección materna.* **2.** Estado patológico, enfermedad: *afección pulmonar.*

**AFECTACIÓN** n. f. Acción de afectar. **2.** Falta de sencillez y naturalidad: *hablar con afectación.*

**AFECTADO, A** adj. Que adolece de afectación: *lenguaje afectado.* **2.** Aparente, fingido: *humildad afectada.* **3.** Aquejado, molestado: *afectado por una desgracia.*

**AFECTAR** v. tr. (lat. *affectare*) **[1]**. Poner demasiado estudio o cuidado en las palabras, movimientos, adornos, etc.: *afectar la voz.* **2.** Fingir, dar a entender lo que no es cierto: *afectar ignorancia.* **3.** Atañer, interesar, concernir: *este asunto no te afecta.* **4.** MED. Producir alteración en un órgano: *el medicamento afecta al estómago.* ◆ v. tr. y pron. **5.** Producir impresión, causar emoción, emocionar: *la noticia le ha afectado.*

**AFECTIVIDAD** n. f. SICOL. Conjunto de los fenómenos afectivos como las emociones o las pasiones.

**AFECTIVO, A** adj. Relativo al afecto.

**AFECTO** n. m. (lat. *affectum*). Amistad, cariño. **2.** SICOL. Aspecto inanalizable y elemental de la afectividad, diferente de la emoción, que es su traducción neurovegetativa, y de los sentimientos más elaborados socialmente. **3.** SICOANÁL. Cualquier estado afectivo definido como traducción subjetiva de la cantidad de energía pulsional, no necesariamente unido a una representación.

**AFECTO, A** adj. Inclinado, aficionado a algo o a alguien: *personas afectas a una idea.* **2.** Que padece alguna enfermedad, vicio, emoción, etc.: *afecto de reuma, a la bebida.* **3.** Dícese de las posesiones o rentas sujetas a cargas u obligaciones. **4.** Dícese de la persona destinada a ejercer funciones o a prestar sus servicios en determinada dependencia.

**AFECTUOSIDAD** n. f. Calidad de afectuoso.

**AFECTUOSO, A** adj. Amoroso, cariñoso.

**AFEITADA** n. f. Afeitado.

**AFEITADO** n. m. Acción y efecto de afeitar, raer. SIN.: *rasurado.*

**AFEITADORA** n. f. Máquina de afeitar eléctrica.

**AFEITAR** v. tr. y pron. (lat. *affectare*) **[1]**. Raer con la navaja o maquinilla la barba, el bigote o pelo en general. **2.** TAUROM. Mermar las puntas de las astas del toro.

**AFEITE** n. m. Cosmético.

**AFELIO** n. m. Punto más alejado del Sol en la órbita de un planeta. CONTR.: *perihelio.*

**AFELPADO, A** adj. Hecho o tejido en forma de felpa o parecido a ella: *tejido afelpado.* ◆ n. m. **2.** Tejido de lana con el envés fibroso. **3.** Trabajo de acabado que consiste en dar a los cueros un aspecto aterciopelado.

**AFEMINACIÓN** n. f. Acción y efecto de afeminar o afeminarse.

**AFEMINADO, A** adj. y n. m. Dícese del que en su persona, acciones o adornos se parece a las mujeres. ◆ adj. **2.** Que parece de mujer: *voz afeminada.*

**AFEMINAMIENTO** n. m. Afeminación.

**AFEMINAR** v. tr. y pron. (lat. *affeminare*) **[1]**. Hacer perder a uno las cualidades varoniles.

**AFERENTE** adj. (lat. *afferentem*). ANAT. Dícese del vaso, especialmente sanguíneo, que desemboca en otro o que llega a un órgano, y del nervio que conduce los estímulos a un determinado centro.

**AFÉRESIS** n. f. (gr. *aphairēsis*). FONÉT. Supresión de una sílaba o sonido al principio de una palabra. (Ej.: *norabuena* por *enhorabuena*)

**AFERRAMIENTO** n. m. Acción y efecto de aferrar o aferrarse.

**AFERRAR** v. tr. e intr. (cat. *aferrar*) **[1]**. Agarrar fuertemente, asegurar: *aferrar las riendas.* ◆ **aferrarse** v. pron. **2.** Obstinarse en una idea u opinión: *aferrarse a sus principios.*

**AFFAIRE** n. m. (voz francesa). Asunto o caso, generalmente de tipo judicial.

**AFFIDÁVIT** o **AFIDÁVIT** n. m. (pl. *affidávit* o *affidávits*). Documento librado con los títulos de la deuda del estado a ciertos portadores, principalmente extranjeros, a fin de permitir que sean eximidos de la totalidad o parte de los impuestos establecidos sobre estos títulos.

**AFGANO, A** adj. y n. De Afganistán. ◆ adj. **2. Lebrel afgano,** raza de lebrel de pelo largo y sedoso.

**AFIANZAMIENTO** n. m. Acción y efecto de afianzar.

**AFIANZAR** v. tr. **[1g]**. Dar fianza por alguno. **2.** DER. Garantizar el cumplimiento de una obligación. ◆ v. tr. y pron. **3.** Afirmar, asegurar con puntales, clavos, etc.: *afianzar una puerta.* **4.** *Fig.* Afirmar, fundamentar, asegurar: *su fama se ha afianzado.*

**AFICIÓN** n. f. (lat. *affectionem*). Inclinación, amor hacia una persona o cosa: *afición a la música.* **2.** Ahínco: *trabajar con afición.* **3.** Conjunto de los aficionados a un arte, deporte, etc.

**AFICIONADO, A** adj. y n. Que cultiva algún arte o profesión sin tenerlo por oficio: *pintor aficionado; teatro de aficionados.* **2.** Amante, que gusta de algo: *aficionado a los deportes.* ◆ n. **3.** DEP. El que, a diferencia del profesional, practica un deporte sin retribución económica. SIN.: *amateur.*

**AFICIONAR** v. tr. **[1]**. Inducir a uno a que guste de una persona o cosa. ◆ **aficionarse** v. pron. **2.** Prendarse de alguna persona o cosa: *aficionarse al ciclismo.*

**AFICHE** n. m. *Amér. Merid.* Cartel.

**AFIDÁVIT** n. m. Affidávit.

**AFÍDIDO, A** adj. y n. m. Relativo a una familia de insectos del orden homópteros, dañinos para las plantas, como los pulgones.

**AFIEBRADO, A** adj. *Amér.* Que tiene fiebre.

**AFIJO** n. m. y adj. (lat. *affixum*). LING. Elemento que se coloca al principio (*prefijo*) o al final (*sufijo*) de las palabras para modificar su sentido o su función. ◆ n. m. **2.** MAT. Número complejo que define la posición de un punto en un plano.

**AFILADO** n. m. Acción y efecto de afilar.

**AFILADOR, RA** adj. Que afila. ◆ n. m. **2.** Obrero

o artesano que afila herramientas o instrumentos. **3.** *Chile, Méx.* y *Perú.* Piedra de afilar.

**AFILADORA** n. f. Máquina para afilar herramientas.

**AFILALÁPICES** n. m. (pl. *afilalápices*). Utensilio provisto de una cuchilla, que se utiliza para sacar punta a los lapiceros. SIN.: *sacapuntas.*

**AFILAMIENTO** n. m. Adelgazamiento de la cara, nariz o dedos.

**AFILAR** v. tr. **[1]**. Sacar filo o punta a un arma o instrumento. **2.** *Fig.* Afinar la voz o hacer más sutil algo inmaterial. **3.** *Argent., Parag.* y *Urug.* Flirtear. **4.** *Chile. Vulg.* Realizar el acto sexual, joder. ◆ **afilarse** v. pron. **5.** *Fig.* Adelgazarse la cara, nariz o dedos. **6.** *Bol.* y *Urug.* Prepararse, disponerse cuidadosamente para realizar algo.

**AFILIACIÓN** n. f. Acción y efecto de afiliar o afiliarse. **2.** DER. Nombre genérico que designa diversas formas de tomar, recibir o acoger a una persona como hijo.

**AFILIADO, A** adj. y n. Que pertenece a una sociedad, corporación, etc.

**AFILIAR** v. tr. y pron. **[1]**. Entrar o hacer entrar a uno como miembro en una sociedad, corporación, secta, etc.: *afiliarse a un partido.*

**AFILIGRANADO, A** adj. De filigrana o parecido a ella: *trabajo afiligranado.* **2.** *Fig.* Pequeño, muy fino y delicado: *cara afiligranada.*

**AFILIGRANAR** v. tr. **[1]**. Hacer filigrana en una cosa. **2.** *Fig.* Pulir, hermosear.

**AFÍN** adj. Próximo, contiguo: *casas afines.* **2.** Que tiene afinidad con otra cosa, semejante: *ideas afines.* **3.** MAT. Dícese de una función real de variable real $x$, de la forma $x \rightarrow f(x) = ax + b$, siendo $a$ y $b$ reales. • **Geometría afín**, geometría en que las propiedades son invariantes por transformaciones de primer grado. ◆ n. m. y f. **4.** Pariente por afinidad.

**AFINACIÓN** o **AFINADURA** n. f. Acción y efecto de afinar o afinarse.

**AFINADO** n. m. Purificación de determinados productos por eliminación de las materias extrañas que contienen. **2.** Última fase de la maduración de los quesos.

**AFINADOR** n. m. El que afina los instrumentos músicos. **2.** Utensilio para afinar dichos instrumentos.

**AFINAMIENTO** n. m. Afinación. **2.** Finura.

**AFINAR** v. tr. y pron. **[1]**. Hacer fino, sutil o delicado: *afinar los modales.* ◆ v. tr. **2.** Purificar los metales. **3.** Eliminar las burbujas gaseosas del vidrio fundido. **4.** MÚS. Poner los sonidos de un instrumento en tono con el diapasón. **5.** Poner en tono unos instrumentos con otros. • **Afinar el queso**, darle los últimos cuidados antes de destinarlo al consumo. ◆ v. intr. **6.** Cantar o tocar entonando con perfección.

**AFINCAR** v. intr. y pron. **[1a]**. Fincar, adquirir o tener fincas. **2.** *Fig.* Estar fijo y constante en una cosa o lugar, perseverar: *afincarse en la ciudad, en una idea.*

**AFINIDAD** n. f. Analogía o semejanza de una cosa con otra: *afinidad entre la pintura y la música.* **2.** Atracción o adecuación de caracteres, opiniones, gustos, etc., que existe entre dos o más personas. **3.** BIOL. Parentesco zoológico o botánico. **4.** QUÍM. Tendencia de un átomo o molécula a reaccionar o combinarse con átomos o moléculas de diferente constitución química. **5.** MAT. Tipo de transformación puntual en el plano. **6.** DER. Parentesco que por el matrimonio se origina entre cada cónyuge y los deudos por consanguinidad del otro.

**AFIRMACIÓN** n. f. Acción y efecto de afirmar. • **Adverbio de afirmación** (GRAM.), el que asevera el significado del verbo o de toda la oración en que figura.

**AFIRMAR** v. tr. y pron. (lat. *affirmare*) **[1]**. Poner firme, dar firmeza. ◆ v. tr. **2.** Asegurar o dar por cierta una cosa: *afirmar una teoría.* **3.** Consolidar un terreno para que pueda sostener el edificio que se proyecta construir sobre el mismo. ◆ **afirmarse** v. pron. **4.** Estribar o asegurarse en algo. **5.** Ratificarse en lo dicho.

**AFIRMATIVO, A** adj. Que denota o implica la acción de afirmar: *respuesta afirmativa.* **2.** GRAM. Y LÓG. Dícese de la oración, proposición o juicio que establece la conformidad del sujeto con el predicado. SIN.: *asertivo.*

**AFLAUTAR** v. tr. **[1]**. Tener o adquirir voz de flauta, atiplar la voz.

**AFLICCIÓN** n. f. Acción y efecto de afligir o afligirse, dolor.

**AFLICTIVO, A** adj. Que causa aflicción. • **Pena aflictiva** (DER.), la de mayor gravedad, de las de carácter personal, contenida en un código.

**AFLIGIMIENTO** n. m. Aflicción.

**AFLIGIR** v. tr. y pron. (lat. *affligere*) **[3b]**. Causar molestia o sufrimiento físico: *afligir una grave enfermedad.* **2.** Causar tristeza o angustia moral.

**AFLOJAR** v. tr. y pron. **[1]**. Disminuir la presión o la tirantez: *aflojar una cuerda.* ◆ v. tr. **2.** *Fig.* y *fam.* Soltar, entregar: *aflojar dinero.* ◆ v. tr. e intr. **3.** *Fig.* Perder fuerza, flaquear en un esfuerzo: *aflojar en su empeño.*

**AFLORAMIENTO** n. m. Acción y efecto de aflorar. **2.** GEOL. Punto en que la roca constituyente del subsuelo aparece en la superficie.

**AFLORAR** v. intr. **[1]**. Asomar a la superficie de un terreno un filón o capa mineral. **2.** *Fig.* Asomar, surgir, aparecer suavemente, de un modo lento: *aflorar los sentimientos.*

**AFLUENCIA** n. f. Acción de afluir: *afluencia de gente.* **2.** Abundancia.

**AFLUENTE** n. m. Corriente de agua que desemboca en otra.

**AFLUIR** v. intr. **[29]**. Acudir en abundancia o en gran número a un lugar: *los manifestantes afluyeron a la plaza.* **2.** Acudir, llegar a, desembocar: *la sangre afluye al cerebro.* **3.** Verter un río o arroyo sus aguas en las de otro o en las de un lago o mar.

**AFLUJO** n. m. Afluencia excesiva de líquidos a un tejido orgánico: *aflujo de sangre.*

**AFLUS** adv. m. *Amér.* Sin dinero, sin nada.

**AFMO.**, abreviatura de *afectísimo.*

**AFOCAL** adj. Dícese de un sistema óptico cuyos focos están en el infinito.

**AFONÍA** n. f. Disminución de la cantidad de las emisiones vocales y cambio de su timbre y tono.

**AFÓNICO, A** adj. Afecto de afonía.

**AFORADO, A** adj. y n. DER. Dícese de las personas o entidades que gozan de algún fuero en materia de jurisdicción o de ciertos privilegios.

**AFORADOR** n. m. El que afora. **2.** Dispositivo para aforar.

**AFORAR** v. tr. **[1]**. Valuar los géneros o mercancías para el pago de derechos; en general, determinar el valor de los mismos. **2.** METROL. Calcular la capacidad de un recipiente o la cantidad de líquido, grano, etc., contenidos en el mismo. **3.** METROL. Medir la cantidad o volumen de agua que lleva una corriente o que pasa por un conducto en una cantidad de tiempo.

**AFORISMO** n. m. Sentencia breve y doctrinal que se propone como regla en alguna ciencia o arte.

**AFORÍSTICO, A** adj. Relativo al aforismo.

**AFORO** n. m. Acción y efecto de aforar. **2.** Número de localidades de un teatro, cinematógrafo, etc.

**AFORTUNADO, A** adj. Que tiene fortuna o buena suerte: *afortunado en el juego.* **2.** Que es resultado de la buena suerte. **3.** Feliz, que produce felicidad o es resultado de ella: *hogar afortunado.*

**AFRANCESADO, A** adj. y n. Que imita a los franceses en sus costumbres, cultura, etc.: *comedia afrancesada.* **2.** Partidario de los franceses, especialmente los españoles que en la guerra de la Independencia apoyaron a José Bonaparte. SIN.: *josefino.*

**AFRANCESAMIENTO** n. m. Tendencia exagerada a las ideas o costumbres de origen francés.

**AFRANCESAR** v. tr. y pron. **[1]**. Dar carácter francés. **2.** Aficionar a las cosas francesas. ◆ **afrancesarse** v. pron. **3.** Hacerse afrancesado.

**AFRENTA** n. f. Vergüenza y deshonor que resulta de algún dicho o hecho. **2.** Dicho o hecho deshonroso.

**AFRENTAR** v. tr. **[1]**. Causar afrenta. ◆ **afrentarse** v. pron. **2.** Avergonzarse, sonrojarse.

**AFRENTOSO, A** adj. Que causa afrenta.

**AFRICADO, A** adj. y n. f. FONÉT. Dícese de la consonante caracterizada por ser oclusiva al principio de su emisión y fricativa al final.

**AFRICANISMO** n. m. Influencia ejercida por las razas africanas y por sus lenguas, costumbres, artes, etc. **2.** Simpatía por lo africano.

**AFRICANISTA** n. m. y f. Especialista en lenguas y civilizaciones africanas.

**AFRICANIZACIÓN** n. f. Acción de africanizar.

**AFRICANIZAR** v. tr. y pron. **[1g]**. Dar carácter africano.

**AFRICANO, A** adj. y n. De África.

**AFRIKAANS** n. m. Lengua neerlandesa que se habla en la República de Sudáfrica.

**AFRIKANER** adj. y n. m. y f. En la República de Sudáfrica, dícese de la persona que habla el afrikaans.

**AFRO** adj. Relativo a usos y costumbres africanas: *música afro.* **2.** Dícese de un corte de pelo rizado que forma como un casco alrededor de la cara.

**AFROAMERICANO, A** adj. y n. Relativo a los negros de América.

**AFROASIÁTICO, A** adj. Relativo a Asia y África conjuntamente.

**AFROCUBANISMO** n. m. Movimiento de revalorización de las raíces africanas y de culto de lo primitivo en la cultura cubana.

■ Estimulado por los estudios de Fernando Ortiz, el afrocubanismo se centró, por lo que se refiere a la poesía, en la incorporación de voces y ritmos populares negros y en una atmósfera de ingenua sensualidad. Sus principales cultivadores son E. Ballagas, N. Guillén y, en Puerto Rico, L. Palés Matos.

**AFROCUBANO, A** adj. y n. Relativo a los negros cubanos de origen africano. ◆ adj. **2.** MÚS. Dícese del ritmo bailable moderno, casi siempre en compás de 4 por 8 y movimiento relativamente moderado.

**AFRODISÍACO, A** o **AFRODISIACO, A** adj. y n. m. Dícese de ciertas sustancias que excitan el apetito sexual.

**AFRONTADO, A** adj. HERÁLD. Dícese de las figuras, principalmente animales, opuestos frente a frente.

**AFRONTAMIENTO** n. m. Acción y efecto de afrontar.

**AFRONTAR** v. tr. e intr. **[1]**. Poner una cosa enfrente de otra. ◆ v. tr. **2.** Carear, poner a uno en presencia de otro: *afrontar a dos testigos.* **3.** Arrostrar, desafiar: *afrontar el peligro.* ◆ v. tr. y pron. **4.** Hacer frente al enemigo.

**AFRUTADO, A** adj. Que tiene un sabor o un aroma que recuerda al de la fruta.

**AFTA** n. f. (gr. *aphta*). Lesión superficial de la mucosa bucal.

**AFTERHOUR** n. m. (voz inglesa) [pl. *afterhours*]. Local de diversión que abre por la mañana.

**AFTER-SHAVE** n. m. y adj. (voz inglesa). Loción suavizante a base de alcohol que se aplica después del afeitado.

**AFTOSO, A** adj. Caracterizado por la presencia de aftas. • **Fiebre aftosa**, enfermedad epizoótica debida a un virus, que afecta al ganado.

**AFUERA** adv. l. Fuera del sitio en que uno está: *salir afuera.* **2.** En la parte exterior: *afuera hay alguien que espera.* ◆ interj. **3.** Se emplea para que una persona deje el paso o se retire de un lugar: *¡Afuera! ¡Largo de aquí!* ◆ **afueras** n. f. pl. **4.** Alrededores de una población: *vivir en las afueras.*

**AFUSIÓN** n. f. MED. Aspersión de agua sobre una parte del cuerpo.

**AFUSTE** n. m. (fr. *affût*). ARM. Armazón que sirve de soporte o vehículo a una boca de fuego.

**Ag**, símbolo químico de la *plata.*

**AGÁ** o **AGHA** n. m. (pl. *agaes*). Nombre de determinados dignatarios orientales musulmanes.

**AGACHADA** n. f. *Argent.* Evasiva desleal o cobarde. **2.** *Chile.* Inclinación, reverencia, adulación. **3.** *Urug.* Pillería, artimaña.

**AGACHADIZA** n. f. Ave zancuda semejante a la becada, de unos 30 cm de long., que vuela muy bajo y se esconde en los lugares pantanosos.

**AGACHAR** v. tr. e intr. **[1]**. *Fam.* Inclinar hacia abajo o bajar alguna parte del cuerpo: *agachar la cabeza.* ◆ **agacharse** v. pron. **2.** *Fam.* Encogerse, doblando el cuerpo hacia abajo.

**AGALACTIA** o **AGALAXIA** n. f. Ausencia de leche en las mamas en el momento en que debería producirse la lactancia.

**AGALLA** n. f. Branquia de los peces. (Suele usarse en plural.) **2.** Cada uno de los costados de la cabeza del ave, correspondientes a las sienes. • **Te-**

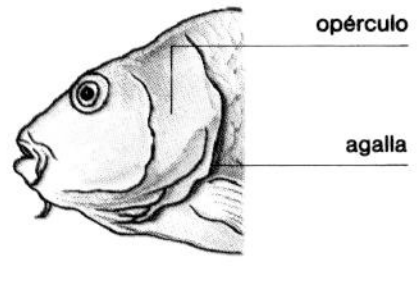

detalle de la **agalla** de un pez

**ner agallas**, ser de ánimo esforzado. ◆ **agallas** n. f. pl. **3.** Anginas.

**AGALLA** n. f. (lat. *gallam*). Excrecencia producida en los vegetales bajo la influencia de determinados parásitos, como insectos u hongos. SIN.: *cecidia.*

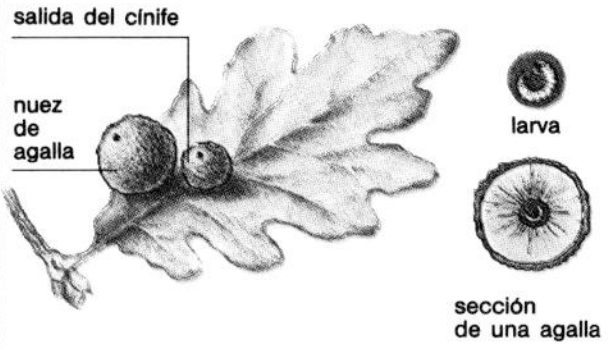

**agalla** del roble

**AGALLÓN** n. m. *Amér.* Anginas.

**AGALLONES** n. m. pl. *Amér.* Agallón.

**AGAMÍ** n. m. Ave de América del Sur, del tamaño de un gallo, de plumaje negro con reflejos metálicos azul y verde. (Orden ralliformes.)

**agamí**

**AGAMMAGLOBULINEMIA** n. f. MED. Déficit o ausencia total de gammaglobulinas en el plasma sanguíneo, que hace al organismo muy sensible a las infecciones.

**AGAMUZADO** n. m. Curtido de las pieles mediante tratamiento con aceites de pescado.

**ÁGAPE** n. m. (gr. *agapē*). En los primeros tiempos del cristianismo, comida que los fieles tomaban en común. **2.** Banquete, comida.

**AGAR-AGAR** o **AGAR** n. m. Mucílago fabricado en Japón a partir de un alga, utilizado en bacteriología como medio de cultivo, en la industria como producto para encolar, en farmacia como laxante y en culinaria para la preparación de helados. SIN.: *gelosa.*

**AGARENO, A** adj. y n. Descendiente de Agar. **2.** Musulmán.

**AGARICÁCEO, A** adj. y n. f. Relativo a una familia de hongos basidiomicetes, que agrupa numerosas especies, muchas comestibles, pero otras tóxicas e incluso letales.

**AGÁRICO** n. m. (lat. *agaricum*). Nombre de varios hongos que viven parásitos en el tronco de los árboles, algunos de los cuales se usan en medicina. (Familia agaricáceas.)

**AGARRADA** n. f. *Fam.* Altercado, riña.

**AGARRADERAS** n. f. pl. Favor o influencia: *tener agarraderas en el ministerio.*

**AGARRADERO** n. m. Parte de un cuerpo que ofrece proporción para asirlo o asirse de él. **2.** *Fig.* Amparo, recurso.

**AGARRADO, A** adj. y n. *Fam.* Mezquino, avaro. ◆ adj. y n. m. **2.** *Fam.* Dícese del baile en que la pareja va enlazada.

**AGARRADOR** n. m. Almohadilla para coger las cosas calientes.

**AGARRAR** v. tr. y pron. **[1]**. Asir fuertemente: *le agarró por el brazo; agarrarse a una rama.* ◆ v. tr. **2.** Coger, tomar: *agarrar un libro.* **3.** *Fig.* y *fam.* Conseguir lo que se intentaba: *agarrar un buen empleo.* **4.** *Fam.* Coger una enfermedad: *agarrar un resfriado.* ◆ **agarrarse** v. pron. **5.** *Fig.* y *fam.* Reñir o contender: *agarrarse a puñetazos.* **6.** Apoderarse una enfermedad del paciente con tenacidad: *agarrarse la tos.* **7.** Pegarse un guiso: *la paella se ha agarrado.*

**AGARROCHAR** v. tr. **[1]**. TAUROM. Herir a los toros con la garrocha.

**AGARRÓN** n. m. Acción de agarrar y tirar con fuerza. **2.** *Amér.* Acción de tomar o sujetar con fuerza. **3.** *Chile.* Riña, altercado. **4.** *Méx. Fam.* Pleito, gresca.

**AGARROTADO, A** adj. Rígido, tieso.

**AGARROTAMIENTO** o **AGARROTADO** n. m. MEC. Avería debida al roce de dos superficies en contacto, que, por falta de engrase, quedan fuertemente adheridas.

**AGARROTAR** v. tr. **[1]**. Oprimir material o moralmente: *nos agarrotan con tanto trabajo.* **2.** Estrangular en el patíbulo o garrote, o por cualquier otro sistema: *agarrotar a un reo.* ◆ **agarrotarse** v. pron. **3.** Ponerse rígidos los miembros del cuerpo humano. **4.** Adherirse fuertemente las piezas mecánicas por falta de engrase.

**AGASAJADOR, RA** adj. y n. Que agasaja o sirve para agasajar.

**AGASAJAR** v. tr. **[1]**. Tratar con atención y afecto: *agasajar a los invitados.* **2.** Halagar, obsequiar.

**AGASAJO** n. m. Acción de agasajar. **2.** Muestra de afecto o consideración.

**ÁGATA** n. f. Roca silícea, variedad de calcedonia, constituida por bandas paralelas o concéntricas de distintos colores.

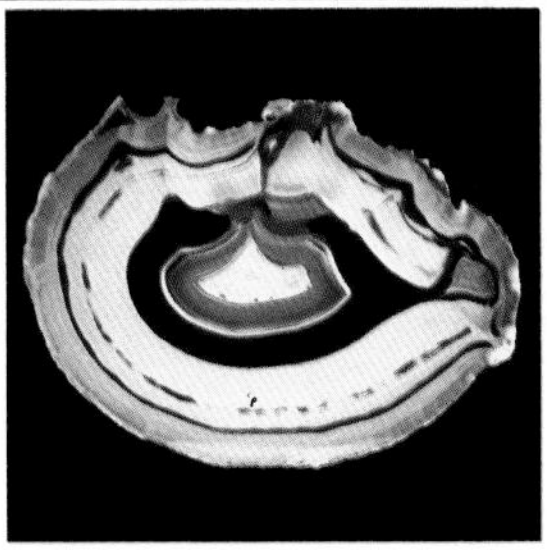
corte de un **ágata**

**AGATEADOR** n. m. Pájaro trepador de pequeño tamaño que vive en casi todo el mundo, excepto América del Sur y Madagascar, de color pardo y pico largo y curvado que se caracteriza por trepar en espiral por el tronco de los árboles. (Familia cértidos.)

**AGAUCHARSE** v. pron. **[1]**. *Amér. Merid.* Adquirir aspecto o costumbres de gaucho.

**AGAVE** n. m. o f. Planta crasa de gran tamaño y hojas carnosas, que florece una sola vez, con un bohordo de hasta 10 m de alt. (Familia amarilidáceas.)

**AGAVILLADOR, RA** adj. y n. Que agavilla o sirve para agavillar.

**AGAVILLADORA** n. f. **2.** Dispositivo que se adapta a una cosechadora o batidora y que tiene como finalidad atar las gavillas.

**AGAVILLAR** v. tr. **[1]**. Formar gavillas.

**AGAZAPARSE** v. pron. **[1]**. Agacharse, encogerse.

**AGENCIA** n. f. Empresa comercial que se ocupa de diferentes asuntos: *agencia de publicidad, de información, de viajes, etc.* **2.** Sucursal de un establecimiento financiero o de determinadas empresas.

**AGENCIAR** v. tr., intr. y pron. **[1]**. Procurar o conseguir algo con diligencia o maña: *agenciar un buen cargo; agenciarse un billete.* ◆ **agenciarse** v. pron. **2.** Componérselas, arreglarse con los propios medios: *agénciatelas como puedas.*

**AGENCIERO, A** n. *Argent.* Persona encargada de una agencia de lotería o de venta de automotores. **2.** *Cuba* y *Méx.* Agente de mudanzas. **3.** *Chile. Vulg.* Prestamista.

**AGENDA** n. f. (lat. *agenda*). Cuaderno para anotar lo que se ha de hacer o se ha de recordar.

**AGENESIA** n. f. Falta o ausencia de desarrollo de un tejido o de un órgano, desde la vida embrionaria.

**AGENTE** adj. (lat. *agentem*). Que obra o tiene la virtud de obrar. **2. Complemento agente** (LING.), complemento de un verbo pasivo que sería sujeto en la frase activa correspondiente. (Va precedido generalmente de la preposición *por* o *de.*) ◆ n. m. **3.** Todo fenómeno que tiene una acción determinante: *el agente de una infección. Los agentes de la erosión.* ◆ n. m. y f. **4.** El que está encargado de llevar y administrar los asuntos de estado, de una sociedad o de un particular: *los recaudadores de impuestos, los embajadores, etc., son agentes del gobierno; agente de seguros; agente de la propiedad inmobiliaria.* **5.** Persona que realiza actos que pueden producir efectos jurídicos. • **Agente de cambio**, o **de cambio y bolsa**, funcionario encargado de la negociación de los valores públicos cotizables en bolsa. ‖ **Agente de la autoridad,** o **agente**, persona que está encargada del mantenimiento del orden público y la seguridad de las personas y las cosas. ‖ **Agente de negocios**, el que se encarga de administrar los bienes o de dirigir los negocios de sus clientes. ‖ **Agente económico,** persona o grupo que participa en la actividad económica. ‖ **Agente literario,** intermediario entre los editores y los autores o traductores.

**AGÉRATO** n. m. (gr. *agēraton*). Planta de origen americano, que se cultiva por sus flores azules. (Familia compuestas.)

**AGGIORNAMENTO** n. m. (voz italiana). Adaptación al progreso, a la evolución del mundo actual, especialmente hablando de la Iglesia católica.

**AGHA** n. m. Aga.

**AGIGANTADO, A** adj. De estatura mucho mayor que la regular.

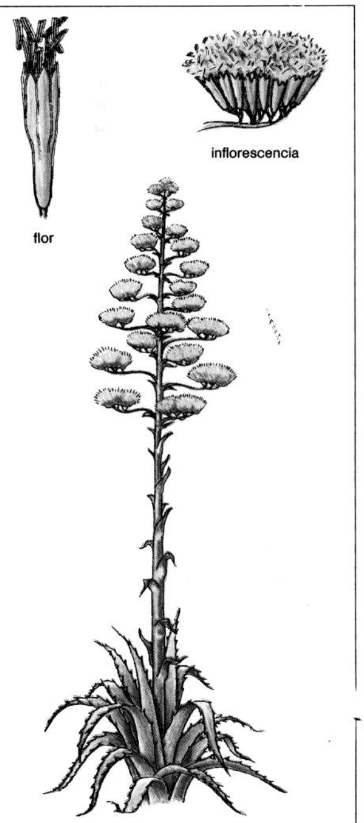

**agave**

**AGIGANTAR** v. tr. y pron. [1]. Conferir proporciones gigantescas.

**ÁGIL** adj. (lat. *agilem*). Ligero, suelto, pronto, expedito: *persona ágil; movimientos ágiles.*

**AGILIDAD** n. f. Calidad de ágil.

**AGILITAR** v. tr. y pron. [1]. Agilizar.

**AGILIZAR** v. tr. y pron. [1g]. Hacer ágil: *agilizar la memoria, una gestión.*

**AGIO** n. m. (ital. *aggio*). Beneficio que se obtiene del cambio de moneda, o de descontar letras, pagarés, etc. **2.** Especulación en la que se negocia utilizando las oscilaciones y diferencias de los precios de las mercancías. **3.** Agiotaje.

**AGIOTAJE** n. m. Especulación sobre los fondos públicos, los cambios, etc.

**AGITACIÓN** n. f. Acción y efecto de agitar: *la agitación del mar; una agitación popular.*

**AGITADOR, RA** adj. y n. Que agita: *viento agitador; los agitadores provocaron disturbios.* ◆ n. m. **2.** Pequeña varilla de vidrio que se utiliza para remover los líquidos.

**AGITANARSE** v. pron. [1]. Parecerse o adoptar las costumbres o características de los gitanos.

**AGITAR** v. tr. y pron. (lat. *agitare*) [1]. Mover con frecuencia y violentamente una cosa: *agitar un líquido.* **2.** *Fig.* Inquietar, intranquilizar: *la duda le agitaba el pensamiento.* ◆ v. tr. **3.** Movilizar a grupos, sectores o masas con el fin de plantear reivindicaciones laborales o políticas: *agitar al país.*

**AGITATO** adv. m. (voz italiana). MÚS. Con movimiento agitado.

**AGLIFO, A** adj. Dícese de las serpientes desprovistas de dientes venenosos.

**AGLOMERACIÓN** n. f. Acción y efecto de aglomerar: *aglomeración de gente.* **2.** Grupo de viviendas que forman un pueblo o una ciudad, independientemente de los límites administrativos.

**AGLOMERADO** n. m. Plancha de fragmentos de madera prensados y mezclados con cola. **2.** Briqueta combustible, hecha con polvo de hulla mezclado con alquitrán, seco y comprimido. **3.** Material de construcción prefabricado en hormigón.

**AGLOMERANTE** n. m. Cuerpo que sirve para aglomerar.

**AGLOMERAR** v. tr. (lat. *agglomerare*) [1]. Reunir en una masa compacta: *aglomerar arena y cemento.* ◆ **aglomerarse** v. pron. **2.** Reunirse en un montón, en una masa compacta.

**AGLUTINACIÓN** n. f. Acción y efecto de aglutinar o aglutinarse. **2.** BIOL. Fenómeno general de defensa de los organismos contra las agresiones microbianas o parasitarias, en las que los agentes están aglutinados en masas más o menos grandes. **3.** LING. Adición de afijos a una raíz para expresar las diversas relaciones gramaticales.

**AGLUTINANTE** adj. y n. m. Que aglutina. ◆ adj. **2. Lenguas aglutinantes,** lenguas que expresan las relaciones gramaticales mediante la aglutinación de afijos a las raíces.

**AGLUTINAR** v. tr. y pron. (lat. *agglutinare*) [1]. Pegar fuertemente una cosa con otra. **2.** Formar palabras por aglutinación.

**AGLUTININA** n. f. Anticuerpo del suero sanguíneo que provoca el fenómeno de la aglutinación.

**AGLUTINÓGENO** n. m. Sustancia contenida en los hematíes de un individuo, capaz de provocar su aglutinación, en caso de transfusión sanguínea, si la sangre del receptor contiene la aglutinina correspondiente.

**AGNACIÓN** n. f. En la época romana, parentesco legítimo.

**AGNADO, A** adj. y n. (lat. *agnatum*). Dícese de los descendientes de un mismo tronco masculino, de varón en varón. CONTR.: *cognado.*

**AGNATO, A** adj. y n. m. Relativo a un grupo de vertebrados acuáticos, con respiración branquial y desprovistos de mandíbulas.

**AGNI,** pueblo de Costa de Marfil y Ghana que habla una lengua kwa.

**AGNOSIA** n. f. (gr. *agnōsia*, ignorancia). Trastorno en el reconocimiento e identificación de objetos materiales, colores e imágenes debido a una lesión cerebral.

**AGNÓSICO, A** adj. y n. Afecto de agnosia.

**AGNOSTICISMO** n. m. Toda doctrina que declara lo absoluto como inaccesible para el entendimiento humano o que considera toda metafísica como fútil.

**AGNÓSTICO, A** adj. y n. Relativo al agnosticismo; partidario del mismo.

**AGNUSDÉI, AGNUS DEI** o **AGNUS** n. m. (lat. *agnus Dei*). Medallón de cera bendecida por el papa, que lleva la imagen de un cordero. **2.** Oración de la misa.

**AGOBIADOR, RA** o **AGOBIANTE** adj. Que agobia.

**AGOBIAR** v. tr. [1]. Causar gran fatiga, molestia o preocupación: *este trabajo me agobia.* **2.** *Fig.* Rendir, deprimir, abatir: *el calor le agobia.*

**AGOBIO** n. m. Acción y efecto de agobiar.

**AGOLLETAMIENTO** n. m. Estrechamiento del cañón de una escopeta de caza para agrupar los perdigones.

**AGOLPAMIENTO** n. m. Acción y efecto de agolpar o agolparse.

**AGOLPAR** v. tr. y pron. [1]. Juntar o juntarse de golpe en un lugar: *agolpar los escombros en un rincón; la gente se agolpó en la plaza.* ◆ **agolparse** v. pron. **2.** Venir juntas y de golpe ciertas cosas: *agolparse muchos problemas.*

**AGONÍA** n. f. (gr. *agōnia*, combate). Momento de la vida que precede inmediatamente a la muerte: *estar en la agonía.* **2.** Lenta desaparición: *la agonía de un régimen político.*

**AGÓNICO, A** adj. Que se halla en la agonía. **2.** Relativo a la agonía.

**AGONIZANTE** adj. y n. m. y f. Que está en la agonía.

**AGONIZAR** v. intr. (lat. *agonizare*) [1]. Estar en la agonía: *el régimen agonizaba.*

**ÁGORA** n. f. En la antigüedad griega, plaza rodeada de edificios públicos, centro de la vida política, religiosa y económica de la ciudad.

**AGORAFOBIA** n. f. Sensación morbosa de angustia ante los espacios abiertos y extensos, como plazas, calles anchas, etc.

**AGORAR** v. tr. [1q]. Augurar.

**AGORERO, A** adj. y n. Que adivina por agüeros o cree en ellos. **2.** Que predice males o desdichas.

**AGORGOJARSE** v. pron. [1]. Criar gorgojo las semillas.

**AGOSTAMIENTO** n. m. Acción y efecto de agostar o agostarse.

**AGOSTAR** v. tr. y pron. [1]. Secar o abrasar el excesivo calor las plantas.

**AGOSTEÑO, A** o **AGOSTIZO, A** adj. Propio del mes de agosto.

**AGOSTO** n. m. Octavo mes del año. • **Hacer** uno **su agosto** *(Fam.)*, lucrarse aprovechando ocasión oportuna para ello.

**AGOTABLE** adj. Que se puede agotar.

**AGOTADO, A** adj. Exhausto, extenuado.

**AGOTADOR, RA** adj. Que agota.

**AGOTAMIENTO** n. m. Acción y efecto de agotar. **2.** PATOL. Estado en que se encuentra un individuo cuando sus reservas nutritivas se han consumido o cuando el tono de sus nervios se reduce.

**AGOTAR** v. tr. y pron. [1]. Extraer todo el líquido que hay en un sitio: *agotar un pozo de agua.* **2.** *Fig.* Gastar del todo, consumir: *agotar los víveres; agotarse la paciencia.* **3.** Cansar mucho: *tanto trabajo me agota.*

**AGOTE** n. m. y f. Miembro de un grupo social del Valle de Baztán y otros valles pirenaicos, a los que se consideró sospechosos de herejía y contra los que se practicó una segregación social.

**AGRACEJINA** n. f. Fruto del agracejo.

**AGRACEJO** n. m. Arbusto espinoso de flores amarillas y bayas rojas comestibles, se cultiva en los jardines y su madera, de color amarillo, se usa en ebanistería. (Familia berberidáceas.) **2.** Uva que se queda muy pequeña y no llega a madurar.

**AGRACIADO, A** adj. y n. Que tiene gracia o es gracioso. **2.** Hermoso, lindo. **3.** Favorecido con un premio en un sorteo.

**AGRACIAR** v. tr. [1]. Dar o aumentar gracia y buen parecer: *un lunar agracia su rostro.* **2.** Hacer o conceder una gracia o merced: *agraciar a los victoriosos.*

**AGRADABLE** adj. Que agrada: *carácter agradable.*

**AGRADAR** v. intr. [1]. Complacer, gustar, placer: *el espectáculo agradó mucho.*

**AGRADECER** v. tr. [2m]. Corresponder con gratitud a un favor: *agradezco tus consejos.* **2.** Dar las gracias. **3.** *Fig.* Corresponder una cosa al trabajo empleado en conservarla: *la tierra agradece sus cuidados.*

**AGRADECIDO, A** adj. y n. Que agradece.

**AGRADECIMIENTO** n. m. Acción y efecto de agradecer.

**AGRADO** n. m. Afabilidad. **2.** Voluntad, gusto, complacencia. **3.** *Amér. Merid.* Obsequio.

**AGRAFE** n. m. *Galic.* Pequeña lámina de metal provista de dos puntas, que sirve para suturar heridas.

**AGRAFIA** n. f. Trastorno que se manifiesta por la dificultad para escribir, independiente de todo trastorno motor.

**AGRAMADERA** n. f. Máquina que realiza el agramado.

**AGRAMADO** n. m. Acción y efecto de agramar.

**AGRAMADOR, RA** adj. y n. Que agrama.

**AGRAMAR** v. tr. [1]. Majar el cáñamo o el lino para separar la fibra del tallo.

**AGRAMATICAL** adj. LING. Dícese de una frase que no responde a los criterios de la gramaticalidad.

**AGRAMATISMO** n. m. Trastorno del lenguaje caracterizado por un defecto en la construcción de las palabras y frases.

**AGRAMIZA** n. f. Caña que queda después del agramado.

**AGRAMONTÉS, SA** adj. y n. Relativo al partido de los agramonteses, rivales de los beaumonteses; miembro de este partido.

■ El partido de los agramonteses, dirigido por el señor de Agramont, disputó a los beaumonteses (bando nobiliario dirigido por Luis y Juan de Beaumont) la hegemonía en el reino de Navarra, lo que desembocó en una dura guerra civil (1348). Apoyaron a Juan II en su lucha con Castilla y contra su hijo Carlos de Viana (apoyado por los beaumonteses), así como en la revuelta catalana de 1462-1472, y favorecieron la anexión de Navarra y Castilla en 1512.

**AGRANDAMIENTO** n. m. Acción y efecto de agrandar.

**AGRANDAR** v. tr. y pron. [1]. Hacer más grande: *agrandar una habitación.*

**AGRANULOCITOSIS** n. f. MED. Disminución o desaparición de los glóbulos blancos polinucleares (granulocitos).

**AGRARIO, A** adj. (lat. *agrarium*). Relativo a las tierras: *el área es la unidad de medida para las superficies agrarias.* **2.** Dícese de los partidos políticos del N de Europa que defienden los intereses de los agricultores. • **Estructura agraria,** disposición y forma de las parcelas explotadas por un grupo de agricultores; conjunto de las disposiciones jurídicas y sociales que han presidido el acondicionamiento de los campos. || **Leyes agrarias**, en Roma, conjunto de leyes en favor de los plebeyos tendentes a impedir que los nobles acaparasen las tierras del estado. || **Reforma agraria,** conjunto de leyes que modifican el reparto de las tierras en favor de los que no poseen o de los pequeños propietarios.

**AGRARISMO** n. m. Conjunto de intereses referentes a la explotación agraria. **2.** Tendencia política que los defiende.

**AGRAVACIÓN** n. f. Agravamiento.

**AGRAVAMIENTO** n. m. Acción y efecto de agravar.

**AGRAVANTE** adj. y n. m. Que agrava: *circunstancias agravantes.*

**AGRAVAR** v. tr. [1]. Aumentar la gravedad de una cosa: *agravar un delito.* **2.** Oprimir con gravámenes o tributos: *agravar al pueblo.* ◆ v. tr. y pron. **3.** Hacer una cosa más peligrosa o grave: *agravarse una situación.*

**AGRAVIADOR, RA** adj. y n. Que agravia.

**AGRAVIAR** v. tr. [1]. Hacer agravio. ◆ **agraviarse** v. pron. **2.** Ofenderse o mostrarse resentido por algún agravio.

**AGRAVIO** n. m. Ofensa que se hace a uno en su honra o fama. **2.** Perjuicio irrogado a uno en sus derechos o intereses. **3.** DER. Daño o perjuicio que el apelante expone ante el juez superior al haberle irrogado la sentencia del inferior. • **Agravio comparativo,** situación de discriminación que se produce entre dos o más personas, instituciones o estados que tienen derecho a un trato igual.

**AGRAZ** n. m. Uva sin madurar. **2.** Zumo ácido que se saca de la uva no madura. • **En agraz,** antes de su sazón y tiempo.

**AGRAZÓN** n. m. Uva silvestre o racimillos que nunca maduran. **2.** Grosellero silvestre.

**AGREDIR** v. tr. (lat. *aggredi*) **[3ñ]**. Acometer a uno para hacerle daño: *agredir con arma blanca.*

**AGREGACIÓN** n. f. Agrupación de partes homogéneas formando un todo. **2.** Agregaduría.

**AGREGADO, A** adj. y n. Unido, anexionado. **2.** En España, dícese del profesor de enseñanza media con categoría inferior a la de catedrático. ◆ n. m. **3.** Agregación, añadidura o anejo. ◆ n. **4.** Conjunto de cosas homogéneas que forman un cuerpo. **5.** Empleado adscrito a un servicio del cual no es titular. **6.** Caserío aislado que forma parte de un municipio. **7.** *Amér.* Pequeño arrendatario de tierra. **8.** *Argent., Par.* y *Urug.* Persona que vive en casa ajena a costa del dueño. **9.** ECON. Magnitud característica obtenida combinando los asientos de la contabilidad nacional. **10.** EDAFOL. Agrupación relativamente estable de las partículas del suelo. • **Agregado diplomático,** el que sirve en la última categoría de la carrera diplomática.

**AGREGADURÍA** n. f. Cargo o plaza de profesor agregado.

**AGREGAR** v. tr. y pron. (lat. *aggregare*) **[1b]**. Unir unas personas o cosas a otras: *agregar leche a la masa; agregarse a una reunión.* ◆ v. tr. **2.** Destinar accidentalmente un empleado a un servicio, o asociarlo a otro empleado. **3.** Decir o escribir algo sobre lo ya dicho o escrito: *agregar unas frases.*

**AGREMÁN** n. m. (fr. *agrément,* agrado). Labor de pasamanería, en forma de cinta, usada para adornos.

**AGREMIACIÓN** n. f. Conjunto formado por individuos de similares características laborales, que se reúnen corporativamente para ayudarse y defenderse mutuamente.

**AGREMIAR** v. tr. y pron. **[1]**. Reunir en gremio.

**AGRESIÓN** n. f. Acción y efecto de agredir. **2.** DER. INTERN. Ataque perpetrado por un estado contra la integridad o la independencia de otro.

**AGRESIVIDAD** n. f. Acometividad. **2.** Carácter agresivo. **3.** SICOL. Tendencia a realizar actos o a proferir palabras hostiles con respecto a otro.

**AGRESIVO, A** adj. Que implica agresión, provocación o ataque: *actitud agresiva.* **2.** Propenso a faltar al respeto, a ofender a los demás: *temperamento agresivo.* **3.** *Anglic.* Activo, dinámico, emprendedor.

**AGRESOR, RA** adj. y n. Que comete agresión.

**AGRESTE** adj. (lat. *agrestem*). Relativo al campo: *vida agreste.* **2.** Áspero, inculto, lleno de maleza: *terreno agreste.* **3.** *Fig.* Grosero, falto de educación: *modales agrestes.*

**AGRIAR** v. tr. y pron. **[1]**. Poner agrio: *la leche se ha agriado.* **2.** *Fig.* Exasperar los ánimos: *agriar el carácter.*

**AGRÍCOLA** adj. (lat. *agricolam*). Perteneciente a la agricultura: *labor agrícola.*

**AGRICULTOR, RA** n. Persona que cultiva la tierra.

**AGRICULTURA** n. f. Actividad económica que tiene por objeto obtener los vegetales útiles al hombre, en particular los que están destinados a su alimentación.

**AGRIDULCE** adj. Que tiene mezcla de agrio y de dulce: *fruta agridulce; palabras agridulces.*

**AGRIETAMIENTO** n. m. Acción y efecto de agrietar.

**AGRIETAR** v. tr. y pron. **[1]**. Abrir grietas o hendiduras.

**AGRIMENSOR, RA** n. Profesional que se dedica a la agrimensura.

**AGRIMENSURA** n. f. Medición de la superficie de las tierras.

**AGRINGARSE** v. pron. **[1b]**. *Amér.* Adquirir las costumbres de los gringos, parecerse a ellos.

**AGRIO, A** adj. (lat. *acrem,* agudo). Ácido. **2.** Acre, desabrido: *voz agria.* **3.** Difícilmente tolerable: *un agrio castigo.* ◆ n. m. **4.** Zumo ácido: *el agrio del limón.* ◆ **agrios** n. m. pl. **5.** Nombre colectivo con que se designan el limón y frutos parecidos, como la naranja y la mandarina. SIN.: *cítricos.*

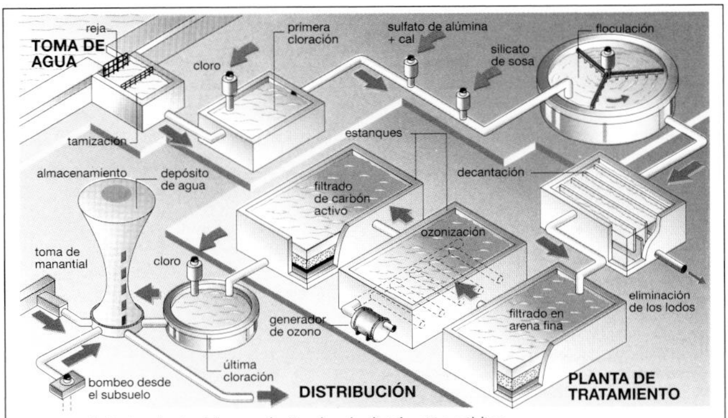


esquema del tratamiento del **agua** destinada a la distribución pública

**AGRIPALMA** n. f. Planta de flores rosadas, tallo cuadrangular y hojas verdinegras, cultivada antiguamente por atribuirle propiedades para curar la rabia. (Familia labiadas.)

**AGRIPARSE** v. pron. **[1]**. *Chile, Colomb.* y *Méx.* Coger la gripe.

**AGRIPENO** n. m. Ave de unos 20 cm de long., pico corto, subcónico, y plumaje brillante, de varios colores. (Familia ictéridos.)

**AGRISAR** v. tr. y pron. **[1]**. Dar color gris.

**AGRO** n. m. (lat. *agrum*). Campo.

**AGROALIMENTARIO, A** adj. Dícese de los productos agrícolas acondicionados o transformados por la industria. • **Industria agroalimentaria,** empresa que participa en la transformación, elaboración o acondicionamiento de los productos de origen agrícola para el consumo alimenticio.

**AGROINDUSTRIA** n. f. Explotación agraria organizada como una empresa industrial.

**AGROLOGÍA** n. f. Ciencia que trata del conocimiento de las tierras cultivables.

**AGRÓNICA** n. f. Ciencia que trata de la aplicación de las nuevas tecnologías a la agricultura.

**AGRONOMÍA** n. f. Ciencia de la agricultura.

**AGRONÓMICO, A** adj. Relativo a la agronomía.

**AGRÓNOMO** n. m. y adj. (gr. *agronomos*). Persona que profesa la agronomía.

**AGROPECUARIO, A** adj. Que concierne a la vez a la agricultura y a la ganadería.

**AGROQUÍMICO, A** adj. y n. f. Dícese de la industria química con aplicaciones en el campo, como la de los fertilizantes o insecticidas.

**AGROTURISMO** n. m. Turismo realizado en zonas rurales.

**AGRUPACIÓN** n. f. Acción y efecto de agrupar. **2.** Conjunto de personas o cosas agrupadas: *agrupación de vecinos; agrupación política.* **3.** MIL. Unidad homogénea, de importancia semejante a la del regimiento. • **Agrupación de fincas,** la que se opera a solicitud de un titular de dos o más fincas, en el Registro de la propiedad, para unificar las diferentes inscripciones.

**AGRUPAMIENTO** n. m. Acción y efecto de agrupar. • **Agrupamiento de dominios** (ESTADÍST.), operación que consiste en dividir el campo total de variabilidad de un fenómeno en cierto número de clases de igual extensión, y en agrupar todas las observaciones que caen en el interior de una misma clase.

**AGRUPAR** v. tr. y pron. **[1]**. Reunir en grupo: *agrupar libros; agruparse en torno al fuego.* **2.** Constituir una agrupación.

**AGRURA** n. f. Sabor acre o ácido. ◆ **agruras** n. f. pl. **2.** Agrios.

**AGUA** n. f. (lat. *aquam*). Líquido incoloro, transparente, inodoro e insípido, compuesto por oxígeno e hidrógeno combinados. **2.** Infusión, disolución y emulsión de flores, plantas o frutos, que se usan en medicina y perfumería: *agua de rosas; agua de azahar.* **3.** Lágrimas, secreción de la glándula lagrimal. **4.** Lluvia: *cae mucha agua.* • **Agua de borrajas,** o **de cerrajas,** cosa de poca trascendencia o sustancia: *quedar algo en agua de borrajas.* ‖ **Agua de Colonia,** disolución de esencias aromáticas en alcohol. SIN.: *colonia.* ‖ **Agua de constitución,** agua que forma parte integrante de la molécula de un compuesto. ‖ **Agua de cristalización,** agua en combinación química con ciertas sustancias en estado cristalino. ‖ **Agua de Javel,** solución acuosa de hipoclorito sódico y de cloruro de sodio, utilizada como agente desinfectante y blanqueador. ‖ **Agua de Seltz,** solución de gas carbónico bajo presión natural o artificial. ‖ **Agua mineral,** la que contiene una solución de sustancias minerales empleada en terapéutica. ‖ **Agua termal,** agua de manantial que mana a una temperatura elevada. ‖ **Agua viva,** *Argent.* y *Urug.,* medusa. ‖ **Hacer agua,** entrar agua en una embarcación por alguna grieta o agujero. ‖ **Pantalla de agua,** haz de tubos por los que circula el agua de una caldera, de modo adecuado para constituir la pared de la cámara de combustión o para proteger de la radiación las paredes, sirviendo de superficie de caldeo. ◆ **aguas** n. f. pl. **5.** Visos y ondulaciones que tienen algunas telas, plumas, piedras, maderas, etc. **6.** Visos o destellos de las piedras preciosas. **7.** Manantial de aguas mineromedicinales. **8.** Las del mar inmediatas a determinada costa: *en aguas de Cartagena.* • **Aguas abajo, aguas arriba,** en relación con un punto considerado, parte del curso fluvial comprendido entre este punto y la desembocadura, o entre aquél y el

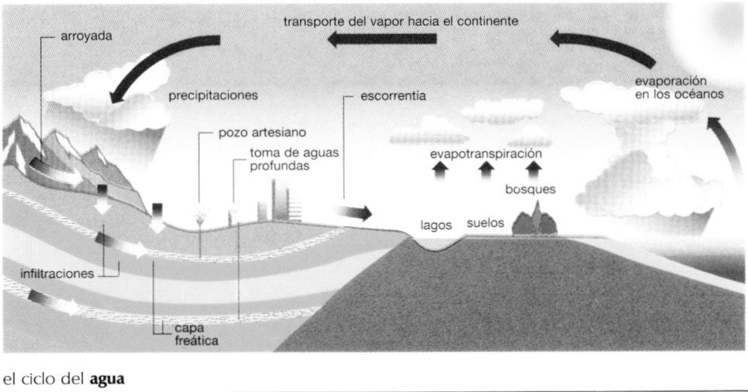


el ciclo del **agua**

nacimiento. || **Aguas blancas** *(Venez.)*, agua potable. || **Aguas jurisdiccionales,** las que bañan las costas de un estado y están sujetas a su jurisdicción, de acuerdo con el derecho internacional. || **Aguas madres,** residuo de una solución después de la cristalización de una sustancia disuelta en ella. || **Aguas mayores,** excremento humano. || **Aguas menores,** orina del hombre. || **Aguas muertas,** débil marea que se produce en los cuartos de luna. || **Romper aguas,** romperse la bolsa que envuelve al feto y derramarse el líquido amniótico.

■ El agua es una combinación de hidrógeno y oxígeno, de fórmula $H_2O$. Posee una densidad máxima de 1 $g/cm^3$ a 4 °C y su calor específico es de 1 cal/°Cg. Constituye el elemento de referencia de la escala termométrica centesimal: a presión atmosférica normal, se congela a 0 °C y hierve a 100 °C. Debido a la estructura eléctrica polar de su molécula, el agua disuelve numerosas sustancias, sólidas, líquidas y gaseosas. El agua es un compuesto estable que se forma con gran desprendimiento de calor. No obstante, tiene una importante reactividad química, que se traduce en reacciones de disociación y de adición. Entre las primeras figuran las reacciones con halógenos, que fijan el hidrógeno y liberan el oxígeno, y las reacciones con el fósforo, el carbono y numerosos metales, que fijan el oxígeno y liberan el hidrógeno. Las reacciones de adición dan lugar a los hidratos. — FISIOL. El agua es el constituyente más importante de los seres vivos en cuanto a masa y volumen. En el hombre, equivale al 60 o 70 % de su peso. El balance hídrico cotidiano comporta pérdidas cutáneas y pulmonares (de 800 a 1 000 ml), pérdidas urinarias (de 1 000 a 1 500 ml) y pérdidas fecales (100 ml), que deben compensarse con el agua de los alimentos y bebidas.

**AGUACATE** n. m. (voz mexicana). Árbol originario de América, de unos 10 m de alt. y hojas siempre verdes, cultivado por su fruto, de pulpa espesa y perfumada. (Familia lauráceas.) **2.** Fruto de este árbol.

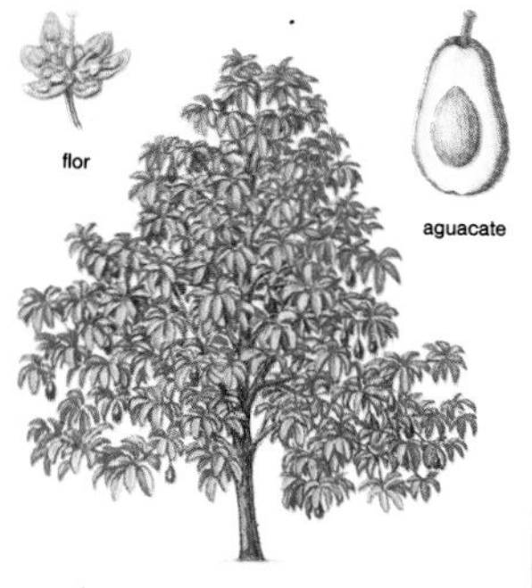


**aguacate**

**AGUACERO** n. m. Lluvia repentina, impetuosa y de poca duración.

**AGUACHENTO, A** adj. *Amér.* Dícese de lo que pierde sus jugos y sales por haber estado impregnado de agua mucho tiempo.

**AGUACHIRLE** n. f. Aguapié de ínfima calidad. **2.** *Fig.* Cualquier líquido sin sustancia.

**AGUACIL** n. m. Alguacil. **2.** *Argent.* y *Urug.* Libélula, caballito del diablo.

**AGUADA** n. f. Procedimiento utilizado en dibujo y pintura, consistente en una preparación a base de sustancias colorantes desleídas en agua. **2.** Sitio en que hay agua potable y a propósito para surtirse de ella. **3.** *Amér. Merid.* Depósito de agua al que acude el ganado para beber, abrevadero. • **Pintura a la aguada,** o **aguada,** pintura o cuadro ejecutados con colorantes disueltos en agua.

**AGUADERAS** n. f. pl. Armazón con divisiones que se coloca sobre las caballerías para llevar cántaros de agua u otras cosas.

**AGUADÓN** n. m. *Guat.* Susto.

**AGUADOR, RA** n. Persona que tiene por oficio llevar o vender agua.

**AGUADUCHO** n. m. Avenida impetuosa de agua. **2.** Puesto para vender agua y otras bebidas.

**AGUADULCE** n. m. *C. Rica.* Bebida hecha con agua y miel.

**AGUADURA** n. f. VET. Proceso inflamatorio de la piel del pie de los animales ungulados.

**AGUAFIESTAS** n. m. y f. (pl. *aguafiestas*). Persona que turba una diversión o regocijo.

**AGUAFUERTE** n. m. o f. (pl. *aguafuertes*). Disolución de ácido nítrico empleada por los grabadores para atacar el cobre. **2.** Estampa obtenida con una plancha atacada por este mordiente.

**aguafuerte** de la serie *Los desastres de la guerra* por Goya (biblioteca nacional, Madrid)

**AGUAITACAIMÁN** n. m. Ave zancuda de Cuba, con la cabeza adornada de plumas largas de color metálico y la garganta y pecho blancos. (Familia ardeidos.)

**AGUAITACAMINO** n. m. Pájaro morfológicamente muy parecido al chotacabras, que vive en América. (Familia caprimúlgidos.)

**AGUAITAR** v. intr. **[1]**. *Amér. Merid.* Estar al acecho, observando y esperando atentamente.

**AGUAJE** n. m. Crecientes grandes del mar. **2.** Corriente impetuosa del mar. **3.** Agua que entra en los puertos o sale de ellos en las mareas.

**AGUAJÍ** n. m. *Cuba.* y *Dom.* Salsa hecha de ajo, cebolla, ají, zumo de limón y agua.

**AGUALATE** n. m. *Colomb.* Chocolate muy poco espeso.

**AGUAMANIL** n. m. Jarro con pico para echar agua en la jofaina o en la pila donde se lavan las manos. **2.** Palangana o pila utilizada para lavarse las manos.

**aguamanil** en forma de pavo (bronce islámico; S. XII) [Louvre, París]

**AGUAMANOS** n. m. (pl. *aguamanos*). Agua para lavar las manos. **2.** Aguamanil, jarro.

**AGUAMARINA** n. f. Piedra fina considerada como una variedad transparente del berilo, de color parecido al del agua del mar y muy apreciada en joyería.

**AGUAMIEL** n. f. *Amér.* Bebida hecha con agua, caña de azúcar o papelón. **2.** *Méx.* Jugo de maguey que, fermentado, produce el pulque.

**AGUANIEVE** n. f. Lluvia mezclada con nieve.

**AGUANOSO, A** adj. Lleno de agua o muy húmedo.

**AGUANTABLE** adj. Que se puede aguantar.

**AGUANTADERAS** n. f. pl. *Desp.* Tolerancia, paciencia.

**AGUANTADERO** n. m. *Argent.* y *Urug.* Lugar en el que se ocultan delincuentes, guarida.

**AGUANTAR** v. tr. (ital. *agguantare*) **[1]**. Detener, contener: *aguantar la respiración.* **2.** Sostener, resistir: *la viga aguanta el techo; aguantar muchas horas de trabajo.* **3.** Sufrir o tolerar algo molesto o desagradable: *aguantar bromas pesadas.* **4.** Mantenerse firme; capear un temporal: *aguantar la marea, el viento.* **5.** TAUROM. Entrar a matar al toro en la misma postura en que se le cita, resistiendo la acometida de la res y sin rehuir el lance. ◆ **aguantarse** v. pron. **6.** Callarse, contenerse, reprimirse: *aguantarse la risa.*

**AGUANTE** n. m. Sufrimiento, paciencia: *persona de mucho aguante.* **2.** Fuerza, vigor, resistencia: *este cable tiene poco aguante.*

**AGUAPÉ** n. m. (voz guaraní). Planta acuática, que crece en Argentina y Brasil, de tallo esponjoso y blando y flor pequeña, cuyas hojas se usan contra la insolación. (Familia ninfeáceas.)

**AGUAPIÉ** n. m. Vino de orujo que se hace echando agua en el orujo pisado y apurado en el lagar.

**AGUAR** v. tr. y pron. **[1c]**. Mezclar agua con vino u otra bebida: *aguar la leche.* **2.** *Fig.* Tratándose de cosas halagüeñas, turbarlas o frustrarlas: *aguar la fiesta.* ◆ **aguarse** v. pron. **3.** Llenarse de agua algún lugar.

**AGUARÁ** n. m. (voz guaraní). Cánido suramericano de largas patas y pelaje en forma de crin de color amarillo rojizo, y negro en el hocico y las patas.

**AGUARDAR** v. tr. **[1]**. Esperar que llegue alguien o que suceda algo: *aguardar noticias.* **2.** Dar tiempo o espera a una persona, especialmente al deudor, para que pague: *aguardar un día más.* **3.** Haber de ocurrir a una persona o estarle reservado algo para el futuro: *te aguarda una sorpresa.*

**AGUARDENTOSO, A** adj. Que contiene aguardiente o se parece a él. **2.** Dícese de la voz áspera, bronca.

**AGUARDIENTE** n. m. Bebida alcohólica que por destilación se obtiene del vino o de otras sustancias.

**AGUARIBAY** n. m. (voz guaraní). *Amér.* Árbol de 8 a 10 m de alt., de tronco torcido y corteza rugosa, cuyo fruto es una baya pequeña y redondeada, de color rojizo. (Familia anacardiáceas.)

**AGUARRÁS** n. m. Esencia de trementina.

**AGUARUNA,** tribu amerindia, perteneciente al pueblo jívaro, que habita en Perú.

**AGUASADO, A** adj. *Chile.* Dícese del que se comporta como un guaso o rústico.

**AGUATERO, A** n. *Amér.* Aguador, el que lleva o vende agua.

**AGUATINTA** n. f. Grabado al aguafuerte que imita el lavado. ◆ n. m. **2.** Estampa que se obtiene por este procedimiento.

**AGUATURMA** n. f. Planta de origen americano, cultivada por sus tubérculos alimenticios, que recuerdan la patata. (Familia compuestas.) **2.** Raíz de esta planta.

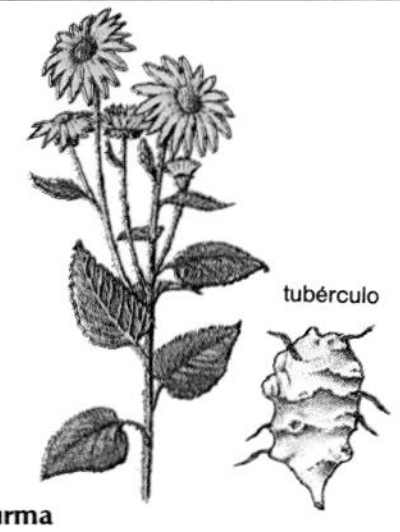


**aguaturma**

**AGUAVIENTOS** n. m. (pl. *aguavientos*). Planta herbácea, vivaz, de hojas brillantes y ásperas, que crece en la península ibérica y puede cultivarse como planta de jardín. (Familia labiadas.)

**AGUAY** n. m. (voz guaraní). Árbol de tronco recto y elevado, hojas estrechas y fruto del tamaño de un higo, de sabor muy dulce. (Familia apocináceas.)

**AGUAZAL** n. m. Terreno donde se estanca el agua llovediza.

**AGUAZO** n. m. Modalidad de pintura a la aguada. **2.** Obra ejecutada por este procedimiento.

**AGUDEZA** n. f. Sutileza o delgadez en el corte o punta de armas, instrumentos u otras cosas. **2.** Viveza y penetración del dolor. **3.** *Fig.* Perspicacia de la vista, oído u olfato. **4.** *Fig.* Perspicacia o viveza de ingenio: *contestar con agudeza.* **5.** *Fig.* Dicho agudo: *es famoso por sus agudezas.*

**AGUDIZACIÓN** n. f. Acción y efecto de agudizar o agudizarse: *la agudización de la crisis económica.*

**AGUDIZAR** v. tr. **[1g]**. Hacer agudo: *agudizar el ingenio.* ◆ **agudizarse** v. pron. **2.** Hablando de enfermedades, problemas, etc., agravarse.

**AGUDO, A** adj. (lat. *acutum*). Terminado en punta; acerado, afilado: *lámina aguda.* **2.** *Fig.* Sutil, perspicaz: *oído agudo; vista aguda.* **3.** *Fig.* Vivo, gracioso, oportuno: *comentario agudo.* **4.** Dícese del olor subido y del sabor penetrante. **5.** Que alcanza su paroxismo: *dolor agudo; crisis aguda; conflicto agudo.* • **Ángulo agudo,** ángulo menor que un recto. ‖ **Enfermedad aguda,** enfermedad de evolución rápida. ◆ adj. y n. m. **6.** Dícese del sonido elevado.

**AGUEDITA** n. f. Árbol de América, de 5 a 7 m de alt., con flores pentámeras y hojas y corteza amargas y febrífugas. (Familia terebintáceas.)

**AGÜERO** n. m. (lat. *augurium*). Presagio, señal, pronóstico.

**AGUERRIDO, A** adj. Valiente.

**AGUERRIR** v. tr. y pron. **[3ñ]**. Acostumbrar a los soldados bisoños a los peligros de la guerra.

**AGUIJADA** n. f. Vara larga con una punta de hierro en un extremo, para picar a la yunta. **2.** Vara larga con una paleta de hierro en un extremo, con que se separa la tierra pegada a la reja del arado.

**AGUIJAR** v. tr. **[1]**. Picar con la aguijada a los bueyes, mulas, etc.; en general, avivarlos con la voz o de otro modo. **2.** *Fig.* Estimular, incitar.

**AGUIJÓN** n. m. Punta de la aguijada. **2.** Dardo de las abejas y avispas. **3.** *Fig.* Estímulo, incitación. **4.** BOT. Espina, de origen epidérmico, del rosal.

**AGUIJONEAR** v. tr. **[1]**. Picar con el aguijón. **2.** Estimular.

**ÁGUILA** n. f. (lat. *aquilam*). Ave rapaz diurna, de gran tamaño (80 a 90 cm), de vista muy perspicaz, fuerte musculatura y vuelo rapidísimo. (Orden falconiformes.) **2.** *Fig.* Persona de mucha viveza y perspicacia: *ser un águila en los negocios.* **3.** Insignia de decoración en que figura un águila: *el águila negra de Prusia.* **4.** Formato de papel o de cartón de 74 × 105 cm (gran águila) o de 60 × 94 cm (pequeña águila). **5.** Insignia militar coronada por un águila: *águila romana, napoleónica.* **6.** HERÁLD. Figura que representa un águila. • **Águila culebrera,** la de pico corto y robusto y alas pequeñas, que habita en las regiones cálidas del antiguo continente. ‖ **Águila imperial,** la de color oscuro que se encuentra en el S de la península Ibérica. ‖ **Águila pescadora,** la de plumaje liso y oleoso, que anida cerca del mar, ríos y lagos. ‖ **Águila real,** la de 2,5 m de envergadura, que se caracteriza por la fuerza y potencia del pico y las garras y por la elegancia de su vuelo planeado. ‖ **Vista de águila** (*Fig.*), la que alcanza y abarca mucho.

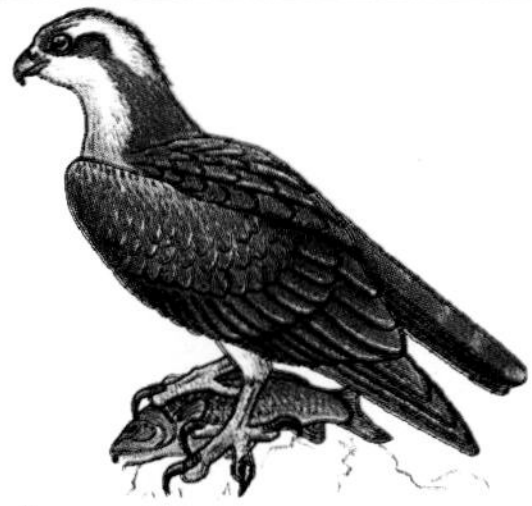

**águila** pescadora

**águila** real

**AGUILEÑA** n. f. Planta que se cultiva por sus flores, de cinco pétalos y colores diversos. (Familia ranunculáceas.)

**AGUILEÑO, A** adj. Relativo al águila. **2.** Dícese del rostro largo y afilado y de la persona que lo tiene así. • **Nariz aguileña,** la delgada y de perfil convexo.

**AGUILILLA** adj. *Amér.* Dícese del caballo veloz en el paso.

**AGUILÓN** n. m. Madero colocado diagonalmente en las armaduras de faldón. **2.** Teja o pizarra cortada oblicuamente para ajustarla en la lima tesa o ángulo saliente del tejado. **3.** Parte superior, de forma triangular, de un muro de un edificio cubierto a dos aguas. **4.** Brazo de una grúa que soporta en su extremo la polea receptora del cable.

**AGUILUCHO** n. m. Ave rapaz, de cuerpo alargado, esbelta y robusta, que presenta a ambos lados de la cabeza un disco facial. (Familia accipítridos.) **2.** Pollo del águila.

**AGUINALDO** n. m. Regalo que se da con motivo de una fiesta, generalmente en Navidad. **2.** Canción de Navidad y año nuevo, de melodía simple y generalmente de compás ternario. **3.** *Amér.* Sobresueldo que reciben los empleados como gratificación de fin de año.

**AGUJA** n. f. Barrita de metal, hueso, madera, etc., con un extremo terminado en punta y el otro provisto de un ojo por donde se pasa un hilo, cuerda, etc., para coser, bordar o tejer. **2.** Pequeña varilla de metal utilizada para diversos usos: *aguja de tricotar; aguja de reloj.* **3.** Adorno usado en el tocado de las mujeres. **4.** Punta de metal o zafiro que recorre los surcos de los discos fonográficos para reproducir las vibraciones inscritas en ellos. **5.** Pez de hocico alargado en forma de aguja. (Familia belónidos.) **6.** ARQ. Obelisco, flecha o pináculo agudos. **7.** BOT. Hoja estrecha de las coníferas: *agujas de pino.* **8.** CONSTR. Barra de hierro o de madera, con agujeros y pasadores, que sirve para mantener paralelos los tableros de un tapial. SIN.: *codal.* **9.** CONSTR. Pieza de madera para apuntalar un puente. **10.** F.C. Segmento de carril móvil alrededor de un punto fijo, que sirve para realizar los cambios de vía. **11.** F.C. Aparejo de cambio o cruzamiento. **12.** GEOGR. Cumbre afilada de una montaña recortada. • **Aguja de mar,** pez marino de cuerpo muy largo y delgado y hocico tubular. (Familia singnátidos.) ‖ **Aguja magnética,** brújula, aguja imanada que marca la dirección del meridiano magnético. ‖ **Vino de agujas** (ENOL.), vino picante. ◆ **agujas** n. f. pl. **13.** En una res, región del cuarto delantero; carne o costillas de esta región.

**AGUJEREAR** o **AGUJERAR** v. tr. y pron. **[1]**. Hacer uno o más agujeros a una cosa, horadar: *agujerearse los calcetines.*

**AGUJERO** n. m. Abertura más o menos redonda en una cosa. **2.** En el golf, pequeña cavidad hacia la que debe enviar la pelota el jugador. **3.** Recorrido entre dos agujeros. • **Agujero coronal** (ASTRON.), extensa región de la atmósfera del Sol, generalmente situada cerca de los polos solares, que emite pocas radiaciones X y ultravioleta, y en la que tanto la densidad como la temperatura se pueden interpretar como una ausencia parcial de corona. ‖ **Agujero de hombre,** abertura de pequeñas dimensiones que se cierra mediante una tapa estanca, dispuesta en el puente de una embarcación, un depósito, una caldera, etc., para permitir el paso de un hombre. ‖ **Agujero negro** (ASTRON.), astro cuyo campo de gravitación es tal que ninguna radiación puede salir de él y que se mani-

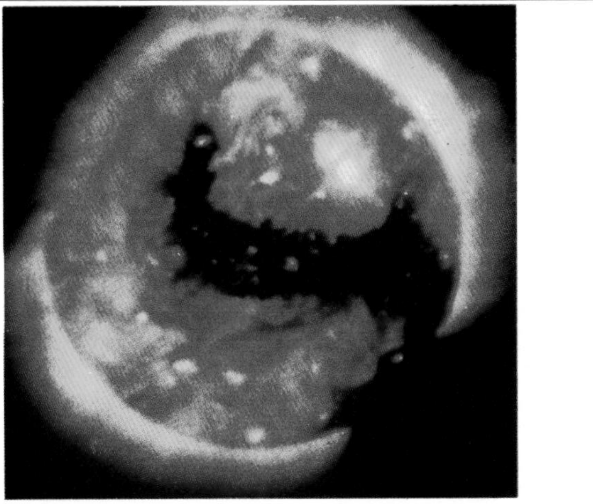

imagen de un **agujero** coronal (estructura oscura) obtenida en el campo de los rayos X desde la estación orbital norteamericana Skylab (1973) fiesta a la observación gracias a su campo gravitacional y a las radiaciones de materia que captura.

**AGUJETA** n. f. *Amér.* Aguja de hacer punto. **2.** *Méx.* Cordón para amarrarse los zapatos. ◆ **agujetas** n. f. pl. **3.** Sensación dolorosa que se manifiesta en las regiones musculadas después de un esfuerzo intenso.

**AGUJETERO** n. m. *Amér.* Alfiletero.

**AGUJÓN** n. m. Pasador, aguja grande usada por las mujeres para sujetar el pelo o algún adorno de la cabeza.

**¡AGUR!** interj. (vasc. *agur*). Se usa para despedirse: *hasta luego, ¡agur!*

**AGUSANARSE** v. pron. **[1]**. Llenarse de gusanos una cosa.

**AGUSTINIANO, A** adj. Referente a san Agustín o a los religiosos agustinos. ◆ n. y adj. **2.** Seguidor de la doctrina de san Agustín. ◆ n. m. **3.** Nombre que tomaron los jansenistas, quienes pretendían ser los verdaderos discípulos de san Agustín.

**AGUSTINISMO** o **AGUSTINIANISMO** n. m. Doctrina conforme al espíritu de san Agustín. **2.** Denominación que suele darse a la doctrina de los jansenistas.

**AGUSTINO, A** adj. y n. Religioso que sigue la regla de san Agustín. (Entre las numerosas familias religiosas destacan los *agustinos descalzos* y los *canónigos regulares.*) ◆ **Agustinos de la Asunción,** asuncionistas.

**AGUTÍ** n. m. (voz guaraní). Roedor del tamaño de la liebre, con orejas y cola cortas y patas altas, que vive en América Central, Antillas y gran parte de América del Sur.

**agutí**

**AGUZADO, A** adj. Que tiene forma aguda.

**AGUZAMIENTO** n. m. Acción y efecto de aguzar, afilar.

**AGUZANIEVES** n. f. (pl. *aguzanieves*). Pájaro insectívoro, de color gris en su parte superior, blanco en el vientre y negro en el resto, provisto de una larga cola que mueve constantemente al caminar.

**aguzanieves**

**AGUZAR** v. tr. **[1g]**. Hacer o sacar punta a un arma u otra cosa: *aguzar una herramienta.* **2.** Preparar los animales los dientes o las garras para comer o despedazar. **3.** *Fig.* Forzar algún sentido para que preste más atención o se haga más perspicaz: *aguzar el oído.*

**¡AH!** interj. Denota generalmente pena, admiración o sorpresa.

**Ah,** símbolo del *amperio hora.*

**AHECHAR** v. tr. (lat. *affectare*) **[1]**. AGRIC. Aventar, limpiar con harnero o criba el grano trillado.

**AHERROJAMIENTO** n. m. Acción y efecto de aherrojar.

**AHERROJAR** v. tr. **[1]**. Poner a uno prisiones de hierro. **2.** *Fig.* Oprimir, subyugar.

**AHÍ** adv. l. En ese lugar o a ese lugar: *no te muevas de ahí.* **2.** En esto o en eso: *ahí está el daño.* **3.** Precedido de la prep. *de,* señala el tiempo del que se acaba de hablar. **4.** Precedido de la prep. *de* o *por,* de esto o de eso, con un matiz de derivación o procedencia. **5.** He aquí. **6.** Allí, en aquel lugar. • **Por ahí,** por lugar indeterminado: *salir a pasear por ahí.*

**AHIJADO, A** n. Cualquier persona respecto a sus padrinos.

**AHIJAR** v. tr. **[1u]**. Prohijar, adoptar un hijo. **2.** *Fig.* Atribuir o imputar a uno la obra o cosa que no ha hecho. **3.** Acoger un animal al hijo ajeno para criarlo.

**¡AHIJUNA!** interj. *Argent., Chile* y *Urug.* Expresa enfado o asombro.

**AHILADO, A** adj. Dícese de la voz delgada y tenue. **2.** Dícese del viento suave y continuo.

**AHILAMIENTO** n. m. Acción y efecto de ahilar o ahilarse.

**AHILAR** v. tr. **[1u]**. Poner en fila. **2.** Poner en forma de hilo o delgado como un hilo. ◆ v. intr. **3.** Ir uno tras otro formando hilera. ◆ **ahilarse** v. pron. **4.** Adelgazarse por causa de alguna enfermedad. **5.** AGRIC. Alargarse de un modo anormal los entrenudos del tallo. **6.** ENOL. Malearse y hacer hebra la levadura, el vino, etc.

**AHINCAR** v. tr. **[1v]**. Instar con ahínco, insistir, estrechar a uno. **2.** Hincar: *ahincar las rodillas.* ◆ **ahincarse** v. pron. **3.** Apresurarse. **4.** Afirmarse, aferrarse, esforzarse.

**AHÍNCO** n. m. Empeño grande en hacer o solicitar algo.

**AHITAMIENTO** n. m. Acción y efecto de ahitar o ahitarse.

**AHITAR** v. tr. e intr. **[1u]**. Causar ahíto: *el pan le ha ahitado.* ◆ **ahitarse** v. pron. **2.** Comer hasta padecer ahíto, hartarse: *ahitarse de dulces.* **3.** *Fig.* Hartarse de hacer algo, repetir muchas veces una acción: *ahitarse de llorar.*

**AHÍTO, A** adj. (lat. *infictum*). Que padece alguna indigestión o embarazo de estómago. **2.** *Fig.* Cansado, fastidiado o enfadado. **3.** *Fig.* Repleto, lleno: *calles ahítas de gente.* ◆ n. m. **4.** Indigestión o embarazo de estómago.

**AHOGADO** n. m. Operación consistente en ahogar en el capullo la crisálida del gusano de seda.

**AHOGAMIENTO** n. m. Acción y efecto de ahogar o ahogarse. **2.** *Fig.* Ahogo.

**AHOGAR** v. tr. y pron. (lat. *offocare*) **[1b]**. Matar o morir por asfixia. **2.** Matar a las plantas el exceso de agua, el apiñamiento o la acción de otras plantas nocivas. **3.** *Fig.* Extinguir, apagar: *ahogar un deseo.* ◆ v. tr. **4.** Apagar, sofocar el fuego con una cosa sobrepuesta que dificulte la combustión. **5.** Sumergir en el agua, encharcar. **6.** *Fig.* Soslayar, olvidar voluntariamente un asunto. **7.** En el ajedrez, hacer que el rey contrario no pueda moverse sin quedar en jaque. **8.** Echar en el cemento o en la cal, al hacer el mortero, excesiva agua. **9.** *Amér.* Rehogar. ◆ v. tr., intr. y pron. **10.** Oprimir, acongojar, fatigar. ◆ **ahogarse** v. pron. **11.** Sentir sofocación: *ahogarse de calor.* **12.** MAR. Embarcar un buque agua por la proa, por exceso de velocidad o de escora. • **Ahogar un motor de explosión,** provocar un flujo a destiempo de gasolina al carburador, que al modificar la composición de la mezcla gaseosa, le impide realizar la explosión. ‖ **Estar,** o **verse,** uno **ahogado** *(Fam.),* estar acongojado u oprimido con preocupaciones, apuros o dificultades graves de difícil solución.

**AHOGO** n. m. Opresión y fatiga en el pecho, que impide respirar con libertad. **2.** *Fig.* Aprieto, congoja o aflicción grande. **3.** *Fig.* Apremio, prisa. **4.** *Fig.* Penuria, falta de recursos. **5.** *Colomb.* Salsa para sazonar ciertas comidas.

**AHONDAMIENTO** n. m. Acción y efecto de ahondar.

**AHONDAR** v. tr. **[1]**. Hacer más hondo. **2.** Cavar profundizando, excavar. ◆ v. tr. e intr. **3.** *Fig.* Escudriñar lo más recóndito de un asunto: *ahondar en un problema.* ◆ v. tr. y pron. **4.** *Fig.* Acentuar: *ahondarse una pasión.* ◆ v. tr., intr. y pron. **5.** Introducir una cosa muy dentro de otra.

**AHONDE** n. m. Acción de ahondar.

**AHORA** adv. t. (lat. *hac hora*). En este momento, en el tiempo actual, presente: *ahora voy.* **2.** *Fig.* Hace poco tiempo: *ahora ha salido.* **3.** *Fig.* Dentro de poco tiempo: *ahora iré.* ◆ conj. **4.** Enuncia o introduce un pensamiento. **5.** Indica alternancia entre dos oraciones. **6.** Indica oposición entre dos oraciones: *ahora ríe, ahora llora.* • **Ahora bien,** esto supuesto o sentado. ‖ **Ahora que,** tiene sentido adversativo. ‖ **Por ahora,** por de pronto, por lo pronto: *tú, por ahora, cállate.*

**AHORCADO, A** n. Persona ajusticiada en la horca.

**AHORCADURA** n. f. Ahorcamiento.

**AHORCAJARSE** v. pron. **[1]**. Ponerse o montar a horcajadas.

**AHORCAMIENTO** n. m. Acción y efecto de ahorcar.

**AHORCAR** v. tr. y pron. **[1a]**. Quitar la vida a uno por estrangulación, colgándolo con una cuerda pasada alrededor del cuello: *ahorcarse de un árbol.* **2.** *Fig.* Hablando de hábitos religiosos, estudios, etc., dejarlos.

**AHORITA** adv. t. *Amér.* Ahora mismo, inmediatamente.

**AHORMAR** v. tr. y pron. **[1]**. Ajustar una cosa, especialmente el calzado, a su horma o molde.

**AHORNAGARSE** v. pron. **[1b]**. Abrasarse la tierra y sus frutos por el excesivo calor.

**AHORNARSE** v. pron. **[1]**. Quemarse el pan por fuera sin cocerse bien por dentro.

**AHORQUILLAR** v. tr. **[1]**. Afianzar con horquillas las ramas de los árboles. ◆ v. tr. y pron. **2.** Dar figura de horquilla.

**AHORRADOR, RA** adj. y n. Que ahorra.

**AHORRAMIENTO** n. m. Acción de ahorrar.

**AHORRAR** v. tr. y pron. **[1]**. No malgastar, reservar dinero separándolo del gasto ordinario: *ahorrar unas pesetillas.* **2.** *Fig.* Evitar, excusar algún trabajo, riesgo, dificultad, etc.

**AHORRATIVO, A** adj. Inclinado a ahorrar.

**AHORRISTA** n. m. y f. *Argent.* y *Venez.* Persona que tiene cuenta de ahorros en un establecimiento de crédito.

**AHORRO** n. m. Acción y efecto de ahorrar. **2.** Lo que se ahorra. **3.** Fracción de la renta individual o nacional que no se ve afectada por el consumo. • **Caja de ahorros,** institución financiera, de carácter inicialmente no lucrativo, cuyo objeto es la captación de ahorros familiares, que destina a la financiación de operaciones de poco riesgo o que tengan un reconocido interés social. ‖ **Seguro de ahorro,** modalidad de seguro de vida.

**AHUECADOR** n. m. Herramienta de acero, acodillada hacia la punta, con que los torneros ahuecan las piezas cóncavas.

**AHUECAMIENTO** n. m. Acción y efecto de ahuecarse. **2.** *Fig.* Engreimiento, envanecimiento.

**AHUECAR** v. tr. **[1a]**. Poner hueco o cóncavo: *ahuecar las manos.* **2.** *Fig.* Afectar la voz. ◆ v. tr. y pron. **3.** Mullir, hacer menos compacto. ◆ v. intr. **4.** *Fam.* Ausentarse de una reunión. • **Ahuecar el ala** *(Fam.),* marcharse. ◆ **ahuecarse** v. pron. **5.** *Fig.* y *fam.* Engreírse.

**AHUEHUÉ** o **AHUEHUETE** n. m. Conífera arbórea, de madera elástica, de gran calidad, y fruto en piña, debajo de cuyas escamas existen dos semillas. (Familia abietáceas.)

**AHUESADO, A** adj. Parecido al hueso en el color o en la dureza: *papel ahuesado.*

**AHUEVAR** v. tr. **[1]**. Dar limpidez a los vinos con claras de huevo.

**AHULADO, A** adj. *Amér.* Dícese de la tela o prenda impermeabilizada con hule o goma elástica.

**AHUMADA** n. f. Señal que se hacía con humo en atalayas o parajes altos: *hacer ahumadas.*

**AHUMADO, A** adj. Dícese de los cuerpos transparentes que tienen color sombrío. **2.** Dícese del vidrio ennegrecido con humo, a través del cual puede observarse el sol. **3.** Dícese de un alimento que ha sido sometido al proceso de exposición al humo: *salmón ahumado.* • **Cristales ahumados,** cristales de gafas de color oscuro. ◆ n. m. **4.** Acción y efecto de ahumar. **5.** Acción de exponer al humo determinados productos (carne, pescado) para conservarlos.

**AHUMAR** v. tr. **[1w]**. Exponer al humo para secar y conservar: *ahumar jamones.* **2.** Echar humo, en las operaciones apícolas, para evitar las picaduras de las abejas. ◆ v. tr. y pron. **3.** Llenar de humo. **4.**

*Fam.* Emborrachar. ◆ v. intr. **5.** Echar o despedir humo lo que se quema: *ahumar una hoguera.* ◆ **ahumarse** v. pron. **6.** Tomar los guisos sabor de humo. **7.** Ennegrecerse con el humo.

**AHUSADO, A** adj. De figura de huso.

**AHUSAMIENTO** n. m. Acción y efecto de ahusarse.

**AHUSAR** v. tr. **[1w]**. Dar forma de huso. ◆ **ahusarse** v. pron. **2.** Adelgazarse en figura de huso.

**AHUYENTADOR, RA** adj. y n. Que ahuyenta.

**AHUYENTAR** v. tr. **[1]**. Hacer huir a personas o animales. **2.** *Fig.* Desechar de sí lo que molesta, asusta, etc.: *ahuyentar el pesimismo.* ◆ **ahuyentarse** v. pron. **3.** Alejarse huyendo.

**AIKIDO** n. m. Deporte de combate de origen japonés, parecido al judo y al jiu-jitsu.

**AILANTO** n. m. Árbol originario de Asia, de entre 20 y 30 m de alt., hojas compuestas por numerosos folíolos y flores verdes situadas en panojas, una de cuyas especies fue introducida en Europa como planta de adorno y para la fijación de dunas. (Familia simarubáceas.)

**AIMARA** n. m. Pez comestible común en los ríos suramericanos.

**AIMARA** adj. y n. m. y f. Aymara.

**AINDAMÁIS** adv. c. (voz portuguesa). *Fam.* A más, además.

**AINDIADO, A** adj. y n. *Amér.* Que se parece a los indios en las facciones y el color.

**AINU** o **AINO** n. m. Lengua hablada por los ainu.

**AINU** o **AINO,** pueblo de Hokkaido, Sajalín y Kuriles, cuyos rasgos físicos, lengua, forma de vida y cultura los distinguían antiguamente de los japoneses, a los que están asimilados en la actualidad.

**AIRADO, A** adj. Dícese de la vida desordenada y viciosa.

**AIRAR** v. tr. y pron. (lat. *adirare*) **[1u]**. Irritar, hacer sentir ira. ◆ v. tr. **2.** Agitar, alterar violentamente.

**AIRBAG** n. m. (marca registrada). Dispositivo destinado a proteger, en caso de accidente, a los pasajeros de los asientos delanteros de un automóvil, consistente en un cojín que se hincha instantáneamente al producirse un fuerte impacto.

**AIRE** n. m. (lat. *aerem*). Gas que forma la atmósfera. **2.** Viento, corriente de aire: *entrar aire por la ventana.* **3.** Aspecto de una persona o cosa: *mujer de aire distraído.* **4.** Parecido, semejanza: *aire de familia.* **5.** *Fig.* Garbo, brío, gallardía en las acciones, como en el andar, danzar, etc. **6.** *Fam.* Ataque de parálisis, dolor o resfriado: *le dio un aire.* **7.** Cada una de las maneras de andar las caballerías a distintas velocidades. **8.** MÚS. Movimiento de presteza o lentitud con que se ejecuta una obra musical. **9.** Música de una canción. • **Aire comprimido,** aire cuyo volumen se ha reducido por medio de un aumento de presión, al objeto de utilizar el movimiento que se produce al permitir su expansión. ‖ **Aire de suficiencia,** afectación de magisterio. ‖ **Aire líquido,** aire que, bajo la acción de sucesivas compresiones y expansiones, ha sido reducido al estado líquido. ‖ **Al aire libre,** fuera de toda habitación y resguardo. ‖ **Cambiar,** o **mudar aires,** o **de aires,** pasar un enfermo de un lugar a otro con el objeto de recobrar la salud; salir desterrado o huir. ‖ **Darse aires** *(Fam.),* darse importancia. ‖ **En el aire** *(Fam.),* pendiente de decisión; (RADIOTECN.), realizando una emisión. ‖ **Ejército del aire,** nombre dado en España a la aviación militar. ‖ **Montar al aire** (ORFEBR.), engastar o montar las piedras preciosas de modo que queden sujetas sólo por los bordes. ‖ **Tomar el aire,** pasearse. ‖ **Vivir del aire,** vivir sin recursos conocidos o seguros. ◆ interj. **10.** *Fam.* Se usa para dar prisa a uno en lo que está haciendo. (Suele usarse repetido.) **11.** Se emplea para indicar a uno que se vaya cuanto antes de un lugar: *¡Lárgate ya, aire!*

■ El aire de la troposfera es una mezcla de gases, vapor de agua y partículas orgánicas e inorgánicas en suspensión. Los gases principales son el nitrógeno (78 %) y el oxígeno (21 %), con proporciones que permanecen más o menos constantes; incluye también otros gases nobles como el argón, el neón, el helio, el kriptón y el xenón. El aire ordinario contiene, en proporciones variables, diversas impurezas, vapor de agua, anhídrido carbónico, y lleva en suspensión polvo compuesto de multitud de materias diversas, minerales y orgánicas, y microbios. Es inodoro, insípido e incoloro en pequeños volúmenes y azulado en grandes espacios. La presión atmosférica es aquella que ejerce el aire en la atmósfera, con un valor de 76 cm de mercurio a nivel del mar.

• *Aire líquido.* Obtenido industrialmente desde 1897, es un líquido ligeramente azulado, de densidad igual a la del agua. Comienza a hervir a —193 °C dando nitrógeno; después la temperatura asciende poco a poco y destila oxígeno hacia los —182 °C. Se utiliza especialmente para separar los diferentes componentes del aire y para preparar explosivos.

**AIREACIÓN** n. f. Ventilación.

**AIREADO, A** adj. Dícese del hormigón que ha sido tratado con un producto portador de aire, por lo que lleva oclusiones de pequeñísimas burbujas.

**AIREAR** v. tr. **[1]**. Poner al aire, ventilar. **2.** *Fig.* y *fam.* Divulgar, hacer pública una cosa: *airear una noticia.* ◆ **airearse** v. pron. **3.** Resfriarse, contraer resfriado. **4.** Ponerse o estar al aire para refrescarse, ventilarse o respirar con más desahogo.

**AIREDALE-TERRIER** n. m. Raza de perro terrier inglés de pelo duro.

**AIREO** n. m. Acción de airear.

**AIRÓN** n. m. Penacho de plumas que tienen en la cabeza algunas aves. **2.** Penacho de plumas con que se adornaban sombreros, morriones y cascos.

**AIROSO, A** adj. Dícese del tiempo o sitio en que hace mucho aire. **2.** *Fig.* Garboso o gallardo. **3.** *Fig.* Con los verbos *salir* y *quedar,* llevar a cabo una empresa con honor, felicidad o lucimiento: *salir airoso en los exámenes.*

**AISLABLE** adj. Que se puede aislar.

**AISLACIONISMO** n. m. Actitud de un país que se aísla política y económicamente de los países vecinos.

**AISLACIONISTA** adj. y n. m. y f. Relativo al aislacionismo; partidario de esta actitud política.

**AISLADO, A** adj. Solo, suelto, individual. **2.** FÍS. Dícese de un sistema de cuerpos sin intercambio de energía con el exterior. • **Punto aislado de un conjunto C,** punto *a* de C tal que en el entorno de *a* no existe ningún punto de C diferente de *a.*

**AISLADOR, RA** adj. Que aísla. ◆ adj. y n. m. **2.** Dícese de los cuerpos que interceptan el paso a la electricidad y al calor. ◆ n. m. **3.** Soporte de un conductor eléctrico, hecho de materia aislante.

**AISLAMIENTO** n. m. Acción y efecto de aislar o aislarse. **2.** *Fig.* Incomunicación, desamparo. **3.** Conjunto de medios utilizados para impedir que el ruido penetre en un local. **4.** Dispositivo para evitar el paso de la electricidad o el calor por conducción. **5.** Medidas higiénicas para evitar la propagación de las enfermedades epidémicas en el hombre y en los animales. **6.** SIQUIATR. Medida terapéutica destinada a sustraer temporalmente al sujeto de su medio familiar o social. • **Aislamiento sensorial** (FISIOL.), privación de todo estímulo procedente del mundo exterior. ‖ **Aislamiento térmico,** conjunto de procesos destinados a reducir los intercambios térmicos entre un ambiente interior y el medio exterior.

**AISLANTE** adj. y n. m. Aislador, que aísla. ◆ adj. **2.** LING. Dícese de las lenguas en que las frases están formadas por palabras sin variación morfológica, normalmente monosilábicas, y en que las relaciones gramaticales no están señaladas más que por la colocación de los términos, como el chino. ◆ n. m. **3.** Cuerpo no conductor del calor o de la electricidad.

**AISLAR** v. tr. **[1u]**. Cercar de agua por todas partes un sitio o lugar. **2.** Evitar el contacto de un cuerpo con otros que son buenos conductores de la electricidad o del calor. **3.** QUÍM. Separar un elemento de aquellos con los cuales estaba combinado. ◆ v. tr. y pron. **4.** Dejar solo y separado. **5.** *Fig.* Separar a una persona o colectividad del trato de las demás. **6.** Cortar las comunicaciones.

**AIZKOLARI** o **HAIZKOLARI** n. m. (voz vasca). Leñador, deportista que toma parte en las competiciones de corte con hacha.

**aizkolari**

**¡AJÁ!** o **¡AJAJÁ!** interj. *Fam.* Denota complacencia o aprobación.

**AJACHO** n. m. *Bol.* Bebida muy fuerte hecha de chicha y ají.

**AJAMIENTO** n. m. Acción y efecto de ajar.

**AJAMONARSE** v. pron. **[1]**. *Fam.* Hacerse jamona una mujer.

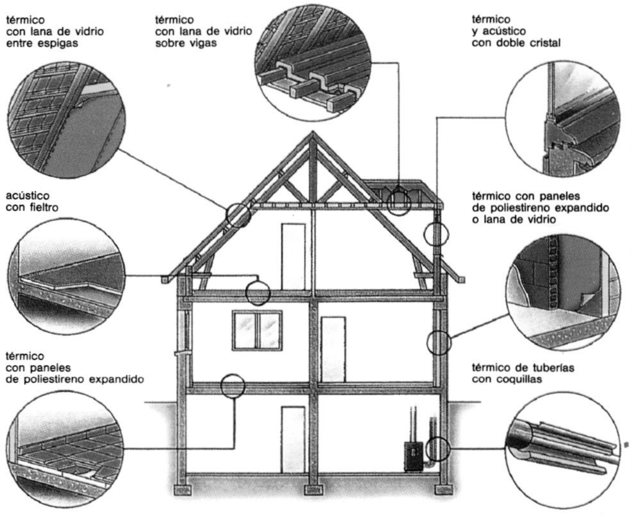


**aislamiento** térmico y acústico: diferentes sistemas empleados en una casa unifamiliar

**AJAR** n. m. Terreno sembrado de ajos.

**AJAR** v. tr. y pron. [**1**]. Maltratar o deslucir. **2.** *Fig.* Tratar mal de palabra a uno para humillarle.

**AJARACA** n. f. (ár. *al-šaraka*). ARQ. En la ornamentación árabe y mudéjar, lazo, adorno de líneas y florones enlazados entre sí.

**AJARAFE** n. m. (ár. *al-šarafa*). Terreno alto y extenso. **2.** Azotea, terrado.

**AJE** n. m. Achaque, indisposición o enfermedad habitual: *los ajes de la vejez.* (Suele usarse en plural.)

**AJEDREA** n. f. Planta labiada aromática, con abundantes ramas y hojas estrechas, utilizada como condimento.

**AJEDRECISTA** n. m. y f. Persona que juega al ajedrez.

**AJEDRECÍSTICO, A** adj. Relativo al ajedrez.

**AJEDREZ** n. m. (ár. *al-šitranŷ*). Juego que se practica en un tablero de 64 casillas o escaques con 32 piezas de distintos valores. **2.** Conjunto de piezas que sirven para este juego.

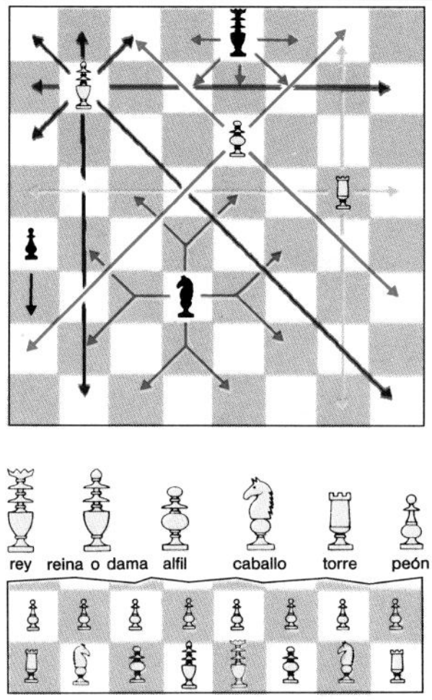


movimiento de las piezas sobre el tablero; abajo; disposición de las piezas blancas al comienzo de la partida.

ajedrez

**AJEDREZADO, A** adj. Que forma cuadros de dos colores, como los escaques del ajedrez.

**AJENJO** n. m. (lat. *absinthium*). Planta aromática que crece en lugares incultos y contiene una esencia amarga y tóxica. (Familia compuestas.) **2.** Licor alcohólico aromatizado con esta planta.

**AJENO, A** adj. (lat. *alienum*). Perteneciente a otro: *problemas ajenos.* **2.** Diverso, distinto. **3.** *Fig.* Distante, lejano, libre de alguna cosa. **4.** *Fig.* Impropio o no correspondiente. **5.** *Fig.* Distraído, abstraído. • **Estar** uno **ajeno** de una cosa, no tener noticia o conocimiento de ella, o no estar prevenido de lo que ha de suceder.

**AJEREZADO, A** adj. Dícese del vino parecido al jerez.

**AJETREARSE** v. pron. [**1**]. Fatigarse con algún trabajo o yendo y viniendo de una parte a otra.

**AJETREO** n. m. Acción de ajetrearse.

**AJÍ** n. m. Planta solanácea de América Meridional. **2.** *Amér.* Ajiaco. **3.** *Amér. Merid.* y *Antillas.* Pimiento pequeño y muy picante.

**AJIACEITE** o **AJOACEITE** n. m. Salsa hecha de ajos machacados y aceite.

**AJIACO** n. m. *Amér. Merid.* Guiso hecho generalmente a base de carne, patatas, pimientos picantes, cebollas y legumbres. **2.** *Amér. Merid.* Salsa echa de ajíes. **3.** *Cuba.* Tumulto, revuelo.

**AJILIMOJE** n. m. *Fam.* Ajilimójili.

**AJILIMÓJILI** n. m. *Fam.* Salsa o pebre para los guisados. **2.** *Fig.* Revoltijo, confusión de cosas mezcladas. ◆ **ajilimójilis** n. m. pl. **3.** *Fig.* Agregados, adherentes de una cosa, acompañamiento de una comida.

**AJILLO** n. m. Salsa hecha a base de aceite, ajos y guindilla, y que se usa para condimentar diversas viandas: *gambas al ajillo.*

**AJIMEZ** n. m. (ár. *al-simāsa*). Ventana partida por una columnita o parteluz, sobre la cual voltean dos arcos gemelos.

**AJIPUERRO** n. m. Puerro silvestre.

**AJISECO** adj. y n. m. *Amér.* Dícese del pimiento o ají colorado, desecado al sol y poco picante. **2.** *Amér.* Dícese del gallo de pelea con plumaje de color purpúreo semejante al del ají o pimiento maduro.

**AJIZAL** n. m. Terreno sembrado de ají.

**AJO** n. m. (lat. *alium*). Planta hortense cuyo bulbo (cabeza), de fuerte olor característico, se utiliza como condimento. (Familia liliáceas.) **2.** *Fig.* y *fam.* Negocio o asunto, generalmente reservado, que se está tratando entre varias personas: *andar en el ajo.* **3.** *Fig.* y *fam.* Palabrota. **4.** Salsa hecha con ajos para sazonar los guisos, y que a veces toma el nombre del elemento con que se mezcla: *ajo comino; ajo pollo.* • **Ajo blanco,** gazpacho condimentado con ajos.

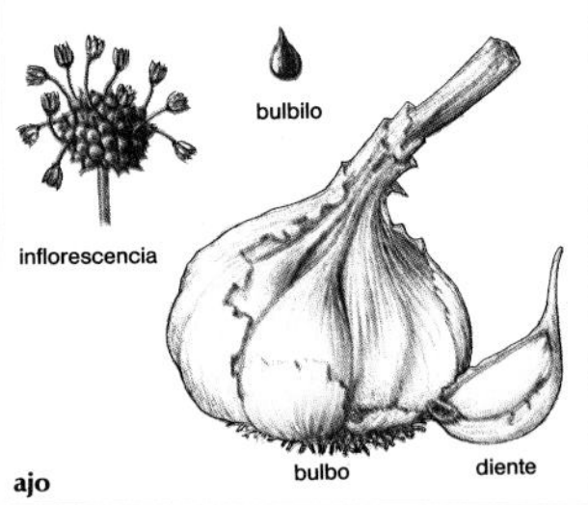


ajo

**¡AJO!** o **¡AJÓ!** interj. Se usa para estimular a los niños a que empiecen a hablar.

**AJOACEITE** n. m. Ajiaceite.

**AJOARRIERO** n. m. Plato típico del País Vasco, Aragón y Rioja, cuyas numerosas variantes tienen como denominador común el bacalao seco, rehogado en aceite con ajos y pimiento o pimentón.

**AJOLÍN** n. m. Insecto hemíptero parecido a la chinche, de color negro y rojo.

**AJOLOTE, AXOLOTE** o **AXOLOTL** n. m. (voz azteca). Vertebrado anfibio urodelo de los lagos mexicanos y norteamericanos, capaz de reproducirse en estado larvario y que raramente consigue la forma adulta.

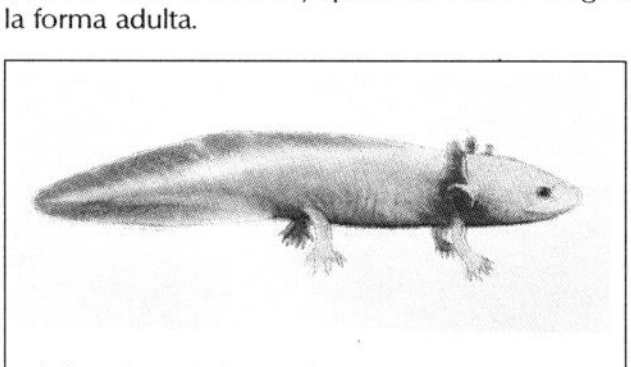

**ajolote** (estado larvario)

**AJOMATE** n. m. Alga clorofícea dulceacuícola filamentosa.

**AJONJE** n. m. Sustancia viscosa que se extrae de la raíz de la ajonjera y sirve para coger pájaros. **2.** Ajonjera.

**AJONJEAR** v. tr. [**1**]. *Colomb.* Mimar, acariciar.

**AJONJERA** n. f. Planta de gran tamaño, de hojas puntiagudas, flores amarillentas y raíz fusiforme. (Familia compuestas.)

**AJONJOLÍ** n. m. (ár. *al-ŷulŷulān*). Planta anual, gamopétala, cultivada desde muy antiguo en Asia tropical por sus semillas, que proporcionan hasta un 50 % de aceite. SIN.: *sésamo.* **2.** Semilla de esta planta.

**AJORCA** n. f. (ár. *al-šurga*). Argolla, por lo común de metal, usada como adorno de los brazos, muñecas, piernas o tobillos.

**AJORNALAR** v. tr. y pron. [**1**]. Contratar a uno para que trabaje a jornal.

**AJUAR** n. m. Conjunto de muebles, enseres y ropas de uso común en la casa. **2.** Conjunto de muebles, ropas de uso doméstico y demás objetos que aporta la mujer al matrimonio o al entrar en religión. **3.** ARQUEOL. Conjunto de objetos de uso que forman un hallazgo arqueológico.

**AJUDIADO, A** adj. Propio de judíos o parecido a ellos.

**AJUGLARAR** v. tr. [**1**]. Hacer que uno proceda como juglar. ◆ v. intr. **2.** Tener las condiciones de lo juglar.

**AJUICIAR** v. tr. e intr. [**1**]. Hacer a uno juicioso, sensato. ◆ v. tr. **2.** Juzgar o enjuiciar.

**AJUMAR** v. tr. y pron. [**1**]. *Vulg.* Emborrachar.

**AJUNO, A** adj. De ajos.

**AJUNQUILLADO, A** adj. ARQ. Ornado con junquillos.

**AJUNTARSE** v. pron. [**1**]. Unirse en matrimonio o tener ayuntamiento carnal.

**AJUSTADO, A** adj. Justo, recto. ◆ n. m. **2.** Acción y efecto de ajustar.

**AJUSTADOR, RA** adj. y n. Que ajusta. ◆ n. m. **2.** Jubón ajustado al cuerpo. **3.** Anillo, por lo común liso, con que se impide que se salga una sortija que viene ancha al dedo. **4.** IMPR. Compaginador, obrero cualificado, responsable de la composición y compaginación de una obra. **5.** MEC. Mecánico encargado de ajustar las piezas metálicas ya acabadas. ◆ **ajustadores** n. m. pl. **6.** *Cuba.* Prenda interior femenina para el busto, sujetador.

**AJUSTAR** v. tr. y pron. [**1**]. Proporcionar y adaptar una cosa de modo que venga justo con otra. **2.** Ceñir, apretar, encajar: *ajustarse el vestido al cuerpo.* **3.** Acomodar, arreglar: *ajustar una tapa a una caja.* **4.** Contratar u obligar a una persona para algún servicio. **5.** *Amér. Central* y *Colomb.* Contratar a alguien a destajo. ◆ v. tr. **6.** Reconciliar a los enemistados. **7.** Concertar el precio de una cosa. **8.** Comprobar una cuenta y liquidarla. **9.** *Fig.* Saldar una cuenta con la justicia. **10.** DER. Concertar alguna cosa, como el casamiento, la paz, los pleitos. **11.** IMPR. Distribuir las galeradas en planas. SIN.: *compaginar.* **12.** MEC. Dar forma a un material hasta dejarlo exacto a un patrón o modelo, valiéndose de un determinado número de herramientas. ◆ v. intr. **13.** Venir justo, casar. ◆ **ajustarse** v. pron. **14.** Ponerse de acuerdo unas personas con otras en algún ajuste o convenio. **15.** Conformar uno su opinión, voluntad o gusto con otro.

**AJUSTE** o **AJUSTAMIENTO** n. m. Acción y efecto de ajustar o ajustarse. **2.** ESTADÍST. Construcción de una curva continua que aproxime óptimamente un conjunto de puntos representativos de valores aislados. **3.** MEC. Conjunto de operaciones de acabado en un proceso de fabricación, generalmente manuales, para conseguir que las diversas piezas, componentes de un bloque por montar, adquieran las características dimensionales que permiten su correcta ensambladura. **4.** MEC. Resultado de dichas operaciones. **5.** MEC. Grado de holgura de presión entre dos piezas ajustadas.

**AJUSTICIADO, A** n. Reo en quien se ha ejecutado la pena de muerte.

**AJUSTICIAMIENTO** n. m. Acción y efecto de ajusticiar.

**AJUSTICIAR** v. tr. [**1**]. Castigar a un reo con la pena de muerte, ejecutar.

**AJUSTÓN** n. m. *Ecuad.* Apretón.

**AKAN,** grupo étnico de Ghana y de Costa de Marfil que habla una lengua kwa.

**AKSANA** n. m. Lengua precolombina del extremo meridional de América del Sur. SIN.: *kaueskar.*

**AL,** contracción de la prep. *a* y el art. *el.*

**a. l.,** símbolo de *año luz.*

**Al,** símbolo químico del *aluminio.*

**AL DENTE** loc. adv. (voces italianas). Poco cocido, de manera que quede ligeramente crujiente al masticar: *espaguetis al dente.*

**ALA** n. f. (lat. *alam*). Órgano de vuelo, formado por las extremidades anteriores en las aves y los murciélagos, y fijado en uno de los dos últimos anillos del tórax en los insectos. **2.** Parte inferior del sombrero que rodea la copa. **3.** Cada uno de los planos de sustentación de un avión. **4.** Hilera o fila. **5.** Aspa de molino. **6.** Paleta de hélice. **7.** *Fig.* Cada una de las diversas tendencias de un partido, organización o asamblea, referidas, sobre todo, a sus

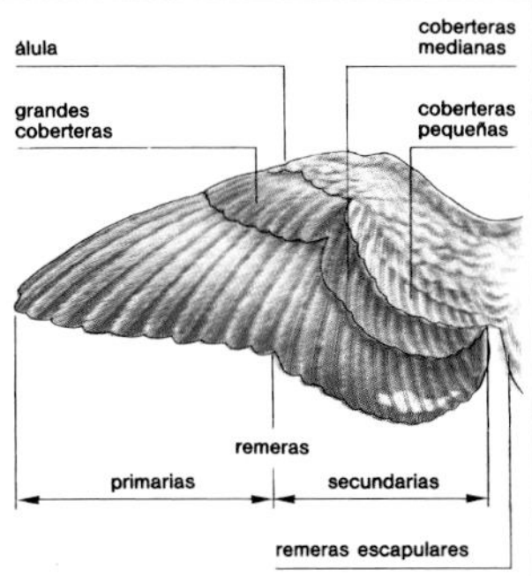

**ala** de paloma

**ala** delta

posiciones extremas: *ala radical.* **8.** Cada una de las partes membranosas que limitan por los lados las ventanas de la nariz. **9.** Alero, parte inferior de un tejado. **10.** ARQ. Cuerpo de edificio construido en el extremo de un edificio principal. **11.** BOT. Nombre dado a dos de los pétalos de la flor de las papilionáceas y a los apéndices de ciertos frutos y de ciertas semillas que permiten su diseminación por el viento. **12.** MAR. Vela suplementaria que se añade a otra mayor para recoger más viento: *ala de gavia, de juanete.* **13.** MIL. Parte lateral de un ejército terrestre o naval en orden de batalla. **14.** DEP. Extremidad de la línea de ataque de un equipo. • **Ahuecar el ala,** marcharse. || **Ala delta,** aparato que sirve para el vuelo libre, formado por una estructura ligera sobre la que está tensado un tejido sintético, y un arnés del que va suspendido el tripulante. || **Formar en ala** (MIL.), hacerlo en una sola línea o fila. ◆ **alas** n. f. pl. **15.** *Fig.* Osadía, libertad, engreimiento con que una persona hace su gusto o se levanta a mayores por el cariño que otros le tienen o la protección que le dispensan: *tomar alas; dar alas.* • **Cortar, quebrantar,** o **quebrar, las alas** a uno, quitarle el ánimo cuando intenta ejecutar o pretende alguna cosa; privarle de los medios con que cuenta para prosperar; privarle del consentimiento y libertad que tiene para hacer su gusto.

**¡ALA!** interj. (ár. *yallāh*). ¡Hala!

**ALABANCIOSO, A** adj. *Fam.* Jactancioso.

**ALABANDINA** n. f. Sulfuro natural de manganeso.

**ALABANZA** n. f. Acción y efecto de alabar o alabarse. **2.** Expresión o conjunto de expresiones con que se alaba.

**ALABAR** v. tr. y pron. **[1]**. Celebrar con palabras a una persona o hecho. ◆ **alabarse** v. pron. **2.** Jactarse, vanagloriarse.

**ALABARDA** n. f. (fr. *hallebarde*). Arma enastada de hierro puntiagudo por un lado y cortante por el otro.

**ALABARDADO, A** adj. De figura de alabarda: *hoja alabardada.*

**ALABARDERO** n. m. Soldado armado con una alabarda. **2.** *Fig.* y *fam.* El que aplaude en los teatros, por asistir de balde o recibir otra recompensa.

**ALABASTRINA** n. f. Láminas delgadas de alabastro yesoso o espejuelo, que suelen usarse en lugar de vidrieras en las claraboyas de los templos.

**ALABASTRINO, A** adj. De alabastro o parecido a él.

**ALABASTRITA** o **ALABASTRITES** n. f. Variedad de yeso, muy blanca, que se emplea para hacer jarrones, estatuillas, etc.

**ALABASTRO** n. m. (gr. *alabastros*). Piedra blanca, blanda, traslúcida y compacta, utilizada en escultura. **2.** *Fig.* Vaso de alabastro, sin asas, en que se guardaban los perfumes.

**ALABASTRÓN** o **ALABASTRO** n. m. (gr. *alabastron*). Pequeño vaso para perfume, de cuello estrecho, sin asas u orejas.

**ÁLABE** n. m. Rama de árbol combada hacia el suelo. **2.** Estera colocada a los lados del carro. **3.** Cada una de las tablas empleadas para encajar en las ranuras de los carros y servir de tope o contención de la carga. **4.** TECNOL. Parte de una rueda hidráulica, de una turbina, de un compresor, sobre la que se ejerce la acción del fluido motor.

**ALABEADO, A** adj. Que tiene alabeo: *ventanas alabeadas.*

**ALABEAR** v. tr. **[1]**. Dar a una superficie forma combada. ◆ **alabearse** v. pron. **2.** Torcerse o combarse una pieza de madera.

**ALABEO** n. m. Deformación de una superficie plana, vicio que toma una pieza de madera al alabearse. **2.** Comba de una superficie que presenta la forma de una pieza de madera alabeada.

**ALACALUF** n. m. Familia de lenguas habladas por las tribus que habitan el extremo meridional de América del Sur.

**ALACALUF,** pueblo amerindio de Chile, que habita en un territorio insular entre el golfo de Penas y las islas occidentales de Tierra del Fuego.

**ALACENA** n. f. Hueco practicado en una pared, provisto de estanterías y puertas, que solía utilizarse para guardar utillaje o comida.

**ALACHA** n. f. Clupeiforme de 30 cm de long. y cuerpo comprimido cubierto de grandes escamas, que se encuentra en el Mediterráneo. (Familia clupeidos.)

**ALACHE** n. m. Alacha.

**ALACRÁN** n. m. Arácnido cuya cola, formada por seis segmentos, termina en un aguijón venenoso. **2.** Pieza del freno de las caballerías que sujeta la barbada al bocado. **3.** Cada una de las astillas con que se traban los botones de metal.

**ALACRANEAR** v. intr. **[1]**. *Argent.* Hablar mal de alguien, difamar.

**ALACRANERA** n. f. Lugar donde abundan los alacranes.

**ALACRIDAD** n. f. (lat. *alacritatem*). Alegría y presteza del ánimo.

**ALADAR** n. m. Porción de cabellos que caen sobre cada una de las sienes (suele usarse en plural).

**ALADIERNO** n. m. (lat. *alaternum*). Arbusto de hojas coriáceas y flores apétalas, cuyo fruto es una baya pequeña, negra y jugosa, que se emplea en medicina. (Familia ramnáceas.)

**ALADO, A** adj. Que tiene alas. **2.** *Fig.* Ligero, veloz.

**ALADROQUE** n. m. Boquerón, pez parecido a la sardina pero de menor tamaño.

**ALAFIA** n. f. *Fam.* Gracia, perdón, misericordia: *pedir alafia.*

**ALAGADIZO, A** adj. Dícese del terreno que fácilmente se encharca.

**ALAGAR** v. tr. y pron. **[1b]**. Llenar de lagos o charcos un terreno.

**ALAGARTADO, A** adj. Semejante, por la variedad de colores, a la piel del lagarto.

**ALAGIPAGO** n. m. Arbusto de flores amarillas, que crece en Canarias. (Familia compuestas.)

**ALAJÚ** n. m. Pastel compuesto de frutas secas, como almendras, nueces o piñones, pan rallado y tostado, especias y miel.

**ALALÁ** n. m. Canto popular de algunas provincias del N de España.

**ALALIMÓN** n. m. Juego de muchachos en que éstos cantan unos versos que empiezan con el estribillo *alalimón, alalimón.*

**ALAMA** n. f. Planta leguminosa de flores amarillas, que se emplea para pasto del ganado.

**ALAMANES,** confederación guerrera de tribus germánicas establecidas en la orilla derecha del Rin en el s. III. Su avance por el imperio romano fue detenido por Clodoveo (496 o 506).

**ALAMAR** n. m. Presilla y botón, u ojal sobrepuesto, que se cose a la orilla del vestido o capa. **2.** Cairel, adorno de pasamanería. **3.** MIL. Nombre genérico de los galones, cordones y flecos cosidos al uniforme.

**ALAMBICADO, A** adj. *Fig.* Dado con escasez y poco a poco. **2.** *Fig.* Sutil, agudo, perspicaz: *idea alambicada.*

**ALAMBICAMIENTO** n. m. Acción y efecto de alambicar.

**ALAMBICAR** v. tr. **[1a]**. Destilar. **2.** Examinar atentamente una cosa para desentrañar su significado o sus cualidades. **3.** *Fig.* Sutilizar excesivamente. **4.** *Fig.* y *fam.* Reducir todo lo posible la ganancia en una mercancía.

**ALAMBIQUE** n. m. (ár. *al-anbīq*). Aparato para destilar.

**alambique**

**ALAMBOR** n. m. Falseo, corte de una piedra o madero falseados. **2.** Variedad del naranjo.

**ALAMBRADA** n. f. Valla de alambre grueso de espino, especialmente la que se emplea para estorbar el avance de las tropas enemigas.

**ALAMBRADO** n. m. Alambrera, red de alambres.

**ALAMBRAR** v. tr. **[1]**. Cercar un sitio con alambre. **2.** Poner los cencerros a una yeguada, recua o parada de cabestros.

**ALAMBRE** n. m. Hilo de metal. • **Alambre de espino,** el galvanizado que a intervalos lleva entrelazadas púas del mismo material y se utiliza para construir alambradas.

**ALAMBRERA** n. f. Red de alambre que se pone en las ventanas y en otras partes para resguardar los cristales. **2.** Cobertera de red de alambre que se pone sobre los braseros, o que sirve para preservar los manjares.

**ALÁMBRICO, A** adj. Dícese de los medios de transmisión que utilizan el alambre como medio conductor de las señales que se transmiten.

**ALAMEDA** n. f. Terreno poblado de álamos. **2.** Paseo con árboles, especialmente con álamos.

**ALAMÍN** n. m. (ár. *al-amīn*). Oficial que contrastaba las pesas y medidas y tasaba los víveres. **2.** Juez de riegos.

**ÁLAMO** n. m. Árbol de gran tamaño, de anchas hojas ovaladas y madera blanca y ligera, que crece en las regiones templadas y húmedas. (Familia salicáceas.) **2.** Madera de este árbol. • **Álamo balsámico,** el de ramas con corteza pardo rojiza y hojas con el envés blanquecino, originario de América del Norte. || **Álamo blanco,** el de corteza gris y hojas verdes por una cara y blanquecinas por la otra. || **Álamo falso,** olmo. || **Álamo negro,** el de corteza oscura y hojas verdes por las dos caras, y ramas muy separadas del eje del tronco. || **Álamo temblón,** álamo blanco, cuyas hojas de pecíolo aplomado, se mueven a la más débil ráfaga de viento.

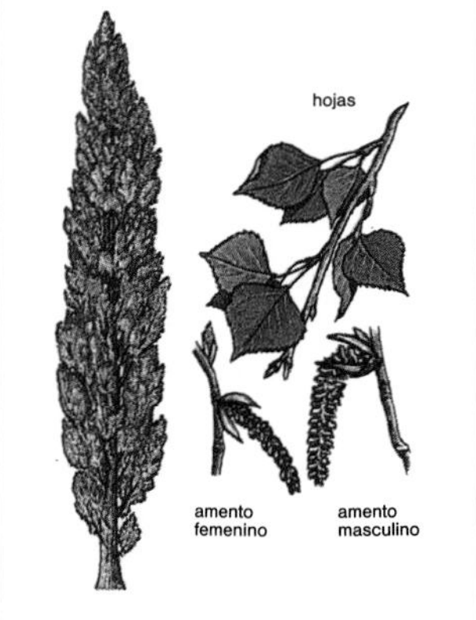

álamo

**ALANCEAR** v. tr. [**1**]. Dar lanzadas, herir con lanzas. **2.** Zaherir.

**ALANINA** n. f. Aminoácido común en las proteínas constituyentes de los seres vivos.

**ALANO, A** adj. y n. Relativo a un pueblo bárbaro de origen iranio; individuo de este pueblo. (Tras invadir la Galia [406], cruzaron los Pirineos [409], junto con los suevos y los vándalos, y se establecieron en la Lusitania y la Cartaginense.) ◆ n. m. **2.** Raza de perros de cabeza grande, pecho ancho, extremidades cortas, muy fuertes, y pelo corto y áspero, de color rojo.

**ALANTOIDES** n. m. y adj. Una de las tres membranas del embrión de los vertebrados superiores.

**ALANTOÍNA** n. f. Sustancia de eliminación de los desechos nitrogenados, en casi todos los mamíferos (excepto en el hombre y los primates), que proviene de la transformación del ácido úrico y que se emplea en la elaboración de productos cosméticos.

**ALAR** n. m. *Colomb.* Acera.

**ALARDE** n. m. Formación militar en que se hacía reseña de los soldados y de sus armas. **2.** Lista o registro en que se inscribían los nombres de los soldados. **3.** Revista, inspección, especialmente la de los soldados y sus armas. **4.** *Fig.* Ostentación y gala que se hace de una cosa. **5.** Reconocimiento que las abejas hacen en su colmena al tiempo de entrar o salir.

**ALARDEAR** v. intr. [**1**]. Hacer alarde. **2.** Seguido de la preposición *de,* presumir de una cosa.

**ALARDEO** n. m. Acción de alardear.

**ALARGADERA** n. f. Pieza que sirve para prolongar o aumentar la longitud y radio de acción de un útil, instrumento, etc. **2.** MAR. Vela para alargar.

**ALARGADO, A** adj. COREOGR. Dícese de la posición que debe ejecutarse manteniendo el cuerpo en posición horizontal.

**ALARGADOR, RA** adj. Que alarga. ◆ n. m. **2.** Pieza, instrumento o dispositivo que sirve para alargar.

**ALARGAMIENTO** n. m. Acción y efecto de alargar. **2.** Prolongación. **3.** Propiedad que presentan los metales y sus aleaciones de alargarse cuando se los somete a efectos de tracción. **4.** AERON. Parámetro geométrico cuyo valor es igual a la relación entre el cuadrado de la envergadura de un ala y su superficie.

**ALARGAR** v. tr. y pron. [**1b**]. Dar más longitud: *alargar vestidos.* **2.** Prolongar una cosa: *alargar la vida.* **3.** Retardar, dilatar el tiempo. ◆ v. tr. **4.** Llevar más allá los límites. **5.** *Fig.* Aplicar o alcanzar a nuevos objetos o límites una facultad o actividad. **6.** Estirar, desencoger, extender: *alargar los brazos.* **7.** Aplicar con interés el sentido de la vista o del oído. **8.** Hacer que adelante o avance alguna gente. **9.** Alcanzar algo y darlo a otro que está apartado: *alargóle la botella.* **10.** *Fig.* Ceder o dejar a otro lo que uno tiene. **11.** *Fig.* Aumentar la cantidad o número señalado: *alargar el sueldo.* **12.** MAR. Dar cuerda o ir soltando poco a poco algún cabo, maroma o cosa semejante: *alargar las escotas.*

**ALARIA** n. f. Utensilio que emplean los alfareros para esturgar en el torno las vasijas de barro.

**ALARIDO** n. m. Grito de guerra de los moros al entrar en batalla. **2.** Grito, en especial el de dolor o espanto.

**ALARIFAZGO** n. m. Oficio de alarife.

**ALARIFE** n. m. Arquitecto, maestro de obras. ◆ adj. y n. m. y f. **2.** *Amér.* Dícese de la persona inteligente, avezada.

**ALARIJE** n. m. y adj. Variedad de uva de color rojo.

**ALARMA** n. f. *Fig.* Inquietud, sobresalto repentino. **2.** Conmoción ocasionada por un acontecimiento repentino y temeroso: *cundir la alarma.* **3.** Sonido producido por un mecanismo para avisar un peligro. • **Señal de alarma** (F.C.), dispositivo para provocar la inmediata detención de un tren en marcha.

**ALARMANTE** adj. Que alarma: *noticia alarmante.*

**ALARMAR** v. tr. [**1**]. Dar una señal para avisar, advertir y prevenir un peligro. ◆ v. tr. y pron. **2.** *Fig.* Inquietar, asustar; poner a uno alerta.

**ALARMISTA** n. m. y f. Persona que hace cundir noticias alarmantes o que se alarma fácilmente.

**ALAROZ** n. m. (ár. *al-'arūs*). Armazón de madera con que se reduce el hueco de una puerta para colocar en él una mampara.

**ALASKIANO, A** adj. y n. De Alaska.

**ALASTRIM** n. m. (port. *alastar*). Forma atenuada de la viruela.

**ALAUITA** adj. y n. m. y f. Alawí

**ALAVENSE** adj. y n. m. y f. Alavés.

**ALAVÉS, SA** adj. y n. De Álava. ◆ n. m. **2.** Castellano hablado en Álava, con algunos elementos riojanos y vascos.

**ALAWÍ** o **ALAUITA** adj. y n. m. y f. Relativo a los 'Alawíes, secta chiita. (V. parte n. pr.) **2.** Relativo a los 'Alawíes, dinastía reinante en Marruecos. (V. parte n. pr.)

**ALAZÁN, NA** adj. y n. m. Dícese del color parecido al de la canela, con variaciones de pálido, dorado, tostado, etc. ◆ adj. y n. **2.** Dícese del caballo o yegua de este color.

**ALAZOR** n. m. Planta de medio metro de alt., ramas espesas y hojas lanceoladas y espinosas, con cuyas semillas se produce aceite y se ceban las aves. (Familia compuestas.)

**ALBA** n. f. (lat. *albam*). Tiempo durante el cual amanece, apunta el día. **2.** Primera luz del día antes de salir el sol. **3.** LIT. Composición poética cantada, de forma estrófica variable, pero con un estribillo que introduce casi siempre la palabra «alba». **4.** LITURG. Vestidura larga de tela blanca utilizada en la celebración de determinadas ceremonias religiosas. • **Quebrar, rayar, reír,** o **romper, el alba,** amanecer.

**ALBACARA** n. f. (ár. *bāb al-baqqar*). Torreón saliente de las antiguas fortalezas. **2.** Recinto murado en la parte exterior de una fortaleza, en el que se solía guardar ganado vacuno.

**ALBACEA** n. m. y f. (ár. *al-wasi*). Persona a la que el testador confía la ejecución de su testamento.

**ALBACEAZGO** n. m. Cargo del albacea.

**ALBACETENSE** adj. y n. m. y f. Albaceteño.

**ALBACETEÑO, A** adj. y n. De Albacete.

**ALBACORA** n. f. Pez parecido al bonito, de carne apreciada, que vive en el Atlántico y el Mediterráneo.

**ALBADA** n. f. Alborada, composición poética o musical para cantar la mañana.

**ALBAHACA** n. f. (ár. *al-habaq*). Planta aromática originaria de Asia, de verdes hojas lanceoladas y flores blancas. (Familia labiadas.)

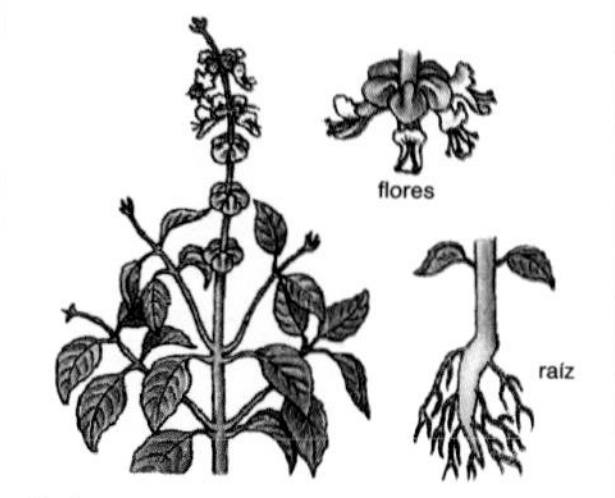

albahaca

**ALBAIDA** n. f. Leguminosa de entre 60 y 80 cm, muy ramosa, de hojas tomentosas y flores pequeñas y amarillas, que crece en la península Ibérica. (Familia papilionáceas.)

**ALBANECAR** n. m. Triángulo formado por el par toral, la lima tesa y la solera en la armadura del tejado.

**ALBANEGA** n. f. (ár. *al-banīga*). Cofia o red para el pelo. **2.** Manga cónica para cazar conejos y otros animales al salir de la madriguera. **3.** ARQ. Espacio triangular que queda entre el trasdós del arco inscrito y el rectángulo que lo enmarca.

**ALBANÉS, SA** o **ALBANO, A** adj. y n. De Albania. ◆ n. m. **2.** Lengua indoeuropea hablada en Albania.

**ALBAÑAL** o **ALBAÑAR** n. m. Canal o conducto que da salida a las aguas inmundas. **2.** Depósito de inmundicias. **3.** *Fig.* Lo repugnante o inmundo.

**ALBAÑIL** n. m. Maestro u oficial de albañilería.

**ALBAÑILERÍA** n. f. Arte de construir edificios u obras en que se emplean piedra, ladrillo, cal, etc. **2.** Obra de albañilería.

**ALBAR** adj. Blanco, del color de la nieve: *tomillo albar.* ◆ n. m. **2.** Terreno de secano, especialmente tierra blancuzca en altos y lomas.

**ALBARÁN** n. m. Papel que se pone en las puertas o balcones como señal de que la casa o piso está por alquilar. **2.** Documento acreditativo de la recepción de mercancías.

**ALBARAZADO, A** adj. Enfermo de albarazo. **2.** De color mezclado de negro y rojo, abigarrado.

**ALBARAZO** n. m. Denominación antigua de la lepra.

**ALBARDA** n. f. Pieza principal del aparejo de las caballerías de carga.

**ALBARDADO, A** adj. Dícese del animal que tiene el pelo del lomo de un color diferente al resto del cuerpo.

**ALBARDAR** v. tr. [**1**]. Enalbardar.

**ALBARDERÍA** n. f. Establecimiento del albardero. **2.** Oficio del albardero. **3.** Calle o barrio donde están las tiendas de los albarderos.

**ALBARDILLA** n. f. Silla para domar potros. **2.** Almohadilla que llevan los aguadores sobre el hombro. **3.** Coronación de una pared, en forma de tejadillo, para facilitar la evacuación del agua. **4.** Caballete o lomo de barro que en los caminos resulta de transitar por ellos después de llover. **5.** Lonja de tocino que se pone por encima de las aves al asarlas para defenderlas del fuego. **6.** Lana muy tupida y apretada que las reses lanares crían a veces en el lomo. **7.** Trampa en el juego que consiste en combar uno o más naipes para reconocerlos.

**ALBARDÍN** n. m. Matorral propio de estepas de regiones mediterráneas, de rizoma rastrero, parecido al esparto. (Familia gramíneas.)

**ALBARDÓN** n. m. Aparejo más alto y hueco que la albarda, que se pone a las caballerías para montar en ellas. **2.** *Argent., Par.* y *Urug.* Loma o elevación situada en terrenos bajos y anegadizos que, cuando suben las aguas, se convierte en islote. **3.** *Guat.* y *Hond.* Caballete de un muro.

**ALBARICOQUE** n. m. (ár. *al-barqūq*). Fruto del albaricoquero, de hueso liso y piel y carne amarillas. **2.** Albaricoquero.

**ALBARICOQUERO** n. m. Árbol de flores blancas o rosadas, que aparecen antes que las hojas, cultivado por sus frutos. (Familia rosáceas.)

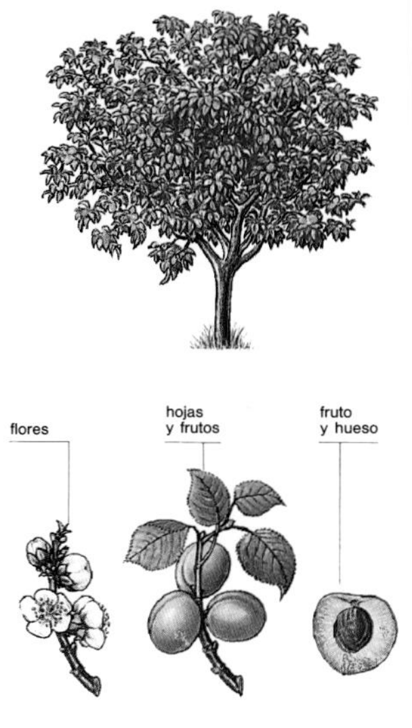

**albaricoquero**

**ALBARILLO** n. m. Variedad de albaricoquero cuyo fruto tiene la piel y la carne casi blancas. **2.** Fruto de este árbol.

**ALBARIÑO** adj. y n. m. Dícese de cierto vino de una zona de la provincia de Pontevedra, poco alcohólico, ácido y muy ligero.

**ALBARIZA** n. f. Laguna salobre.

**ALBARIZO, A** adj. Dícese de los terrenos blanquecinos. ◆ n. m. **2.** Albero, terreno albarizo.

**ALBARRADA** n. f. Pared de piedra seca, horma u hormaza. **2.** Parata sostenida por una pared de esta clase. **3.** Cerca o valladar de tierra. **4.** Reparo para defenderse en la guerra.

**ALBARRANA** adj. f. Dícese de la torre que, levantada fuera de los muros de un lugar fortificado, servía de defensa y también de atalaya.

**ALBATROS** n. m. Ave palmípeda de los mares australes, de 3 m de envergadura, color blanco, con alas y cola muy largas, excelente voladora y muy voraz. (Orden procelariformes.)

**albatros**

**ALBAYALDE** n. m. (ár. *al-bayāḍ*). Carbonato básico de plomo, de color blanco, que se incluye en la composición de determinadas pinturas.

**ALBAZANO, A** adj. De color castaño oscuro.

**ALBEAR** v. intr. **[1]**. Blanquear.

**ALBEDO** n. m. Fracción de la luz recibida que difunde un cuerpo no luminoso.

**ALBEDRÍO** n. m. (lat. *arbitrium*). Potestad de obrar por reflexión y elección; facultad que posee la voluntad de tomar una decisión en vez de otra. SIN.: *arbitrio, libre albedrío.* **2.** La voluntad no gobernada por la razón, sino por el apetito o capricho.

**ALBÉITAR** n. m. Veterinario.

**ALBEITERÍA** n. f. Veterinaria.

**ALBENGALA** n. f. Tejido muy fino con que los árabes de España adornaban sus turbantes.

**ALBÉNTOLA** n. f. Red de hilo muy fina, para pescar.

**ALBERCA** n. f. Depósito artificial de agua con muros de fábrica. **2.** Balsa donde se pone el cáñamo o el lino, para enriar. **3.** Alcantarilla, cloaca descubierta. **4.** *Méx.* Piscina.

**ALBÉRCHIGO** n. m. Especie de melocotón o albaricoque de carne blanca, ligeramente ácida, adherida al hueso. **2.** Alberchiguero. **3.** Albaricoque.

**ALBERCHIGUERO** n. m. Árbol cuyo fruto es el albérchigo. **2.** Albaricoquero.

**ALBERGAJE** n. m. Derecho del señor feudal a albergarse en casa de un vasallo.

**ALBERGAR** v. tr. **[1b]**. Dar albergue a una persona. **2.** *Fig.* Tener ciertos sentimientos, ideas o intenciones: *alberga proyectos descabellados.* ◆ v. intr. y pron. **3.** Tomar albergue.

**ALBERGUE** n. m. Lugar o edificio en que una persona halla hospedaje o resguardo. **2.** Cueva en que se recogen los animales, especialmente las fieras. **3.** Casa destinada para la crianza y refugio de niños huérfanos o desamparados. **4.** HIST. En la orden de Malta, convento o palacio donde se alojaban los caballeros.

**ALBERO, A** adj. Albar, blanco, del color de la nieve. ◆ n. m. **2.** Terreno albarizo. **3.** Paño para secar la vajilla.

**ALBERQUERO, A** n. Persona que cuida de las albercas, depósitos de agua.

**ALBICANTE** adj. Que albea.

**ALBIGENSE** adj. y n. m. y f. Dícese de los adeptos de la doctrina cátara en el mediodía de Francia, que se presentó como un retorno a la pureza de los primeros tiempos del cristianismo.

**ALBILLO, A** adj. y n. Dícese de una uva de hollejo tierno y del vino que se elabora con ella.

**ALBÍN** n. m. Carmesí oscuro usado para pintar al fresco.

**ALBINISMO** n. m. Ausencia congénita y hereditaria del pigmento melánico en la piel y el pelo, que son de color blanquecino, mientras que los ojos son rojizos.

**ALBINO, A** adj. y n. Que padece albinismo. ◆ adj. **2.** Relativo a los seres albinos: *cabello albino.*

**ALBITA** n. f. Feldespato formado por un silicato de aluminio y sodio.

**ALBO, A** adj. (lat. *album*). Blanco.

**ALBOAIRE** n. m. Labor de azulejos en las bóvedas semiesféricas.

**ALBOGÓN** n. m. Instrumento de viento a manera de flauta, de sonidos graves. **2.** Instrumento parecido a la gaita gallega.

**ALBOGUE** n. m. Especie de dulzaina. **2.** Cada uno de los dos platillos de latón con que se marcaba el ritmo en las canciones y bailes populares.

**ALBÓNDIGA** n. f. Bola de carne o pescado picado y trabado con ralladuras de pan, huevos y especias, que se come frita.

**ALBOR** n. m. (lat. *alborem*). Albura, blancura. **2.** Luz del alba. (Suele usarse en plural.) **3.** *Fig.* Comienzo, principio de una cosa: *en los albores de la historia.* **4.** *Fig.* Infancia o juventud de una persona. (Suele usarse en plural.)

**ALBORADA** n. f. Tiempo de amanecer. **2.** Toque o música militar al alborear. SIN.: *diana.* **3.** Acción de guerra al amanecer. **4.** Composición poética o musical destinada a cantar la mañana. **5.** Serenata dada al amanecer ante la puerta o bajo las ventanas de alguien a quien se desea festejar.

**ALBOREAR** v. intr. **[1]**. Amanecer, apuntar el día: *levantarse al alborear la mañana.*

**ALBORNÍA** n. f. Vasija grande de barro vidriado en forma de taza.

**ALBORNOZ** n. m. Tela de estambre muy torcido y fuerte. **2.** Especie de capote con capucha, usado entre los árabes. **3.** Bata holgada de tejido de toalla, que suele usarse para secarse o abrigarse después del baño.

**ALBORONÍA** n. f. Guisado de berenjenas, tomate, calabaza y pimiento.

**ALBOROQUE** n. m. Agasajo a los que intervienen en una venta. **2.** Cantidad pagada de más sobre el precio convenido en una operación comercial. **3.** Gratificación que se hace a una persona gracias a la cual se han obtenido ventajas en un negocio.

**ALBOROTADIZO, A** adj. Que se alborota fácilmente.

**ALBOROTADO, A** adj. Que obra precipitada e irreflexivamente: *persona alborotada.*

**ALBOROTADOR, RA** adj. y n. Que alborota.

**ALBOROTAPUEBLOS** n. m. y f. (pl. *alborotapueblos*). Alborotador, tumultuario. **2.** Persona dada a mover bulla y fiesta.

**ALBOROTAR** v. tr. y pron. **[1]**. Inquietar, alterar, desordenar, conmover, perturbar. **2.** Amotinar, sublevar, revolucionar. ◆ v. intr. **3.** Causar alboroto, ruido. ◆ **alborotarse** v. pron. **4.** Encresparse el mar.

**ALBOROTO** n. m. Griterío o estrépito. **2.** Desorden, asonada, motín. **3.** Sobresalto, inquietud. ◆ **alborotos** n. m. pl. **4.** *Amér. Central.* Palomitas de maíz con miel.

**ALBOROZADOR, RA** adj. y n. Que alboroza o causa alborozo.

**ALBOROZAR** v. tr. y pron. **[1g]**. Causar o sentir alborozo.

**ALBOROZO** n. m. Extraordinario regocijo, placer o júbilo. **2.** Alboroto, vocerío o estrépito.

**ALBRICIAR** v. tr. **[1]**. Dar una noticia agradable.

**ALBRICIAS** n. f. pl. (ár. *al-bišāra*). Regalo que se da al primero que trae una buena noticia. **2.** Regalo que se da o pide por motivo de un fausto suceso. ◆ interj. **3.** Expresa júbilo.

**ALBUFERA** n. f. Extensión de agua salada separada del mar por un cordón litoral: *la albufera de Valencia.*

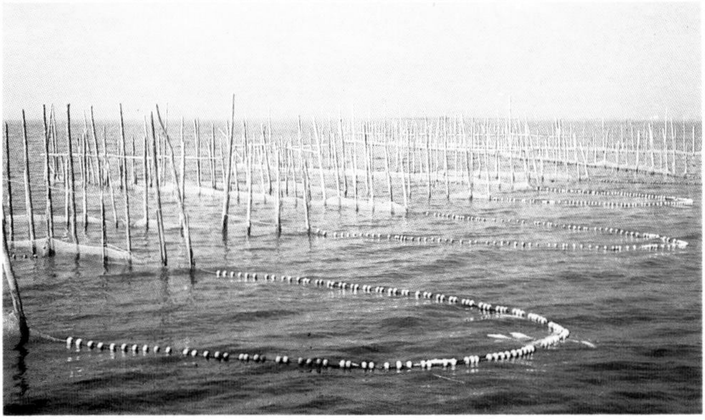
la **albufera** de Valencia

**ALBUGÍNEA** n. f. Una de las membranas que envuelven el testículo.

**ALBUGÍNEO, A** adj. Enteramente blanco.

**ALBUGO** n. m. MED. Mancha blanca que se forma en el tejido de la córnea.

**ÁLBUM** n. m. (lat. *album*) [pl. *álbumes* y *álbums*]. Libro en blanco, para escribir en sus hojas poesías, piezas de música, etc., o coleccionar firmas, fotografías, etc. **2.** Disco de larga duración.

**ALBUMEN** n. m. (voz latina). Solución acuosa de albúminas que rodea la yema de los huevos. SIN.: *clara*. **2.** Tejido rico en reservas nutritivas, que envuelve el embrión de ciertas semillas, como los cereales.

**ALBÚMINA** n. f. (fr. *albumine*). Sustancia orgánica nitrogenada, viscosa, soluble en agua, coagulable por el calor, contenida en la clara de huevo, el plasma, la leche, etc.

**ALBUMINADO, A** adj. Que contiene albúmina.

**ALBUMINOIDE** n. m. y adj. Proteína natural sencilla, insoluble en agua y en disoluciones diluidas de ácidos, bases y sales.

**ALBUMINOIDEO, A** adj. De la naturaleza de la albúmina.

**ALBUMINOSO, A** adj. Que contiene albúmina.

**ALBUMINURIA** n. f. Presencia de albúmina en la orina.

**ALBUR** n. m. Contingencia, azar a que se fía el resultado de una empresa. **2.** *Dom.* y *Méx.* Juego equívoco de palabras. **3.** *P. Rico.* Mentira.

**ALBURA** n. f. Blancura perfecta. **2.** Clara de huevo. **3.** Parte joven del tronco y ramas de un árbol, situada en la periferia, bajo la corteza, y constituida por las últimas capas anuales de madera todavía vivas y de tonalidad más clara que el duramen.

**ALBURNO** n. m. Pez de agua dulce, de 15 cm de long., dorso verde metálico y vientre plateado, abundante en los lagos alpinos. (Familia ciprínidos.)

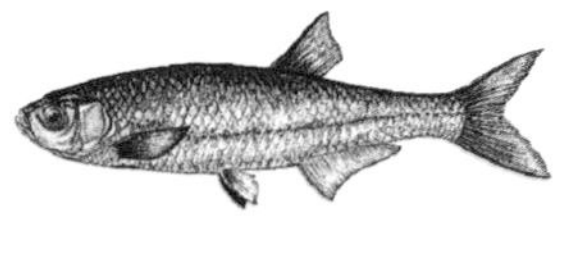

**alburno**

**ALCABALA** n. f. (ár. *al-qabalā*). Impuesto indirecto castellano, que representaba generalmente el 10 % del valor de lo que se vendía o permutaba. **2.** *Colomb.* y *Venez.* Puesto de policía.

**ALCABALERO** n. m. El que administraba, cobraba o tenía arrendadas las alcabalas. **2.** El que cobraba tributos o impuestos.

**ALCACER** o **ALCACEL** n. m. Cebada temprana que se siembra en otoño.

**ALCACHOFA** n. f. (ár. *al-jaršūt*). Hortaliza cuya voluminosa inflorescencia proporciona, antes de abrirse, un receptáculo o fondo que, al igual que la base de las brácteas u hojas, es comestible. (Familia compuestas, género *Cynara.*) **2.** Cabezuela de esta planta, de la del cardo y otras semejantes. **3.** Receptáculo redondeado con muchos orificios que, sumergido en una cavidad que contiene agua estancada o corriente, permite la entrada de ésta en un aparato destinado a elevarla.

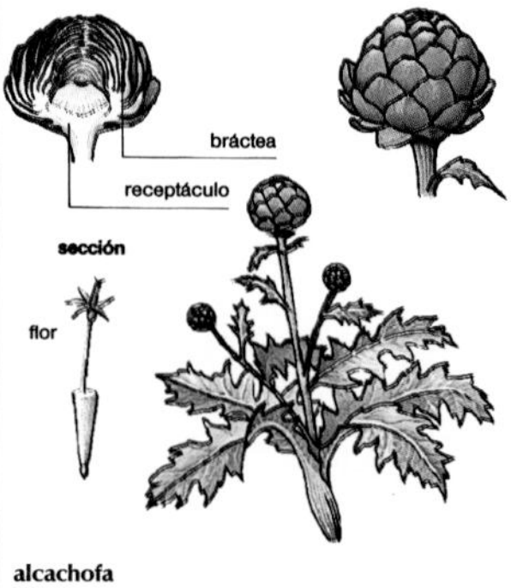


**alcachofa**

**ALCACHOFAL** o **ALCACHOFAR** n. m. Terreno plantado de alcachofas. **2.** Terreno en que abundan los alcauciles.

**ALCACHOFAR** v. tr. y pron. **[1]**. Poner como una alcachofa, engreír, hinchar.

**ALCACHOFERA** n. f. Alcachofa, hortaliza.

**ALCADAFE** n. m. Lebrillo que se pone debajo del grifo de las botas, para recoger el vino que se derrama.

**ALCAHAZ** n. f. Jaula grande en que se encierran algunas aves.

**ALCAHUETE, A** n. Persona que procura, encubre o facilita un amor ilícito. **2.** Persona o cosa que sirve para encubrir lo que se quiere ocultar. **3.** *Fig.* y *fam.* Correveidile, chismoso.

**ALCAHUETEAR** v. tr. **[1]**. Solicitar o inducir a una mujer para trato lascivo con un hombre. ◆ v. intr. **2.** Hacer oficios de alcahuete.

**ALCAHUETERÍA** n. f. Acción de alcahuetear. **2.** Oficio de alcahuete. **3.** *Fig.* Acción de encubrir los actos reprobables de una persona. **4.** *Fig.* y *fam.* Medio artificioso que se emplea para seducir o corromper. **5.** *Fig.* y *fam.* Astucia.

**ALCAICERÍA** n. f. (ár. *al-qayṣāriyya*). En los países islámicos, recinto comercial cerrado donde se vendían ciertas mercancías de elevado precio.

**ALCAICO, A** adj. (lat. *alcaicum*). Dícese de distintos versos griegos y latinos y de una estrofa, formada por 2 versos de 11 sílabas, 1 verso de 9 sílabas y 1 verso de 10 sílabas, de la que forman parte.

**ALCAIDE** n. m. El que tenía a su cargo la guardia y defensa de una fortaleza. SIN.: *castellano.* **2.** En las alhóndigas y otros establecimientos, persona encargada de su custodia y buen orden. **3.** *Amér.* Director de la prisión.

**ALCAIDESA** n. f. Mujer del alcaide.

**ALCAIDÍA** n. f. Empleo o cargo de alcaide. **2.** Domicilio, oficina o jurisdicción del alcaide. **3.** Territorio de su jurisdicción.

**ALCALAÍNO, A** adj. y n. De Alcalá de Henares.

**ALCALDADA** n. f. Acción arbitraria que ejecuta un alcalde. **2.** Acción semejante ejecutada por cualquier persona afectando autoridad o abusando de la que tiene. **3.** Con los verbos *dar* o *meter,* dicho o sentencia necia.

**ALCALDE** n. m. (ár. *al-gāḍī*). Presidente del ayuntamiento de un municipio, que actúa como jefe de la administración municipal y como delegado del gobierno. **2.** En algunas danzas, el principal de ellas o el que gobierna una cuadrilla. **3.** Juego de naipes. **4.** En el tresillo y otros juegos de naipes, persona que da las cartas y no juega. • **Alcalde de barrio,** delegado del alcalde en determinadas barriadas o en poblados alejados del casco urbano. ‖ **Alcalde del agua,** en algunas comunidades de regantes, el que reparte y vigila los turnos. ‖ **Alcalde pedáneo,** el que ejerce autoridad en lugares de corto vecindario, enclavados en un distrito municipal de cuyo alcalde depende.

**ALCALDESA** n. f. Mujer que ejerce el cargo de alcalde. **2.** Mujer del alcalde.

**ALCALDESCO, A** adj. *Desp.* Propio de alcaldes.

**ALCALDÍA** n. f. Empleo de alcalde. **2.** Oficina del alcalde. **3.** Territorio de su jurisdicción.

**ALCALESCENCIA** n. f. Estado de las sustancias en que se forma amoníaco espontáneamente.

**ÁLCALI** n. m. QUÍM. Hidróxido de un metal alcalino.

**ALCALIMETRÍA** n. f. Determinación del título de una solución básica o alcalina.

**ALCALINIDAD** n. f. Estado alcalino.

**ALCALINO, A** adj. Relativo a los álcalis: *sabor alcalino.* • **Metales alcalinos,** metales monovalentes, como el litio, sodio, potasio, rubidio, cesio y francio, que combinados con el oxígeno dan álcalis.

**ALCALINOTÉRREO, A** adj. Dícese del grupo de metales formado por el calcio, estroncio, bario y radio.

**ALCALIZAR** o **ALCALINIZAR** v. tr. **[1g]**. Conferir propiedades alcalinas.

**ALCALOIDE** n. m. Sustancia orgánica similar a los álcalis por sus propiedades, como la morfina, la atropina, etc.

**ALCALOSIS** n. f. Aumento excesivo de la alcalinidad de la sangre.

**ALCAMONÍAS** n. f. pl. Semillas que se emplean en condimento, como anís, cominos, etc. **2.** *Fig.* y *fam.* Alcahueterías.

**ALCANCE** n. m. Seguimiento, persecución. **2.** Distancia a que llega el brazo o mano de una persona: *estar algo al alcance de la mano.* **3.** Distancia máxima a la que un arma puede lanzar un proyectil. **4.** *Fig.* Capacidad o talento: *persona de pocos alcances.* **5.** *Fig.* Tratándose de obras del espíritu, trascendencia, resultado importante: *obra de gran alcance.* **6.** *Fig.* Noticias periodísticas recibidas a última hora. • **Al, a mi, a tu,** etc., **alcance,** se aplica a lo que uno puede conseguir. ‖ **Alcance práctico,** distancia máxima de empleo normal de un arma en el combate. ‖ **Alcance útil,** o **eficaz,** distancia hasta la que el tiro es suficientemente preciso para ser eficaz. ‖ **Dar alcance** a uno, alcanzarle, llegar hasta él.

**ALCANCÍA** n. f. Vasija cerrada, con una hendidura por donde se echan monedas para guardarlas. **2.** Artificio de fuego arrojadizo con que se prendía fuego al barco enemigo en los abordajes. **3.** *Amér.* Cepillo para limosnas.

**ALCÁNDARA** n. f. Percha donde se ponían las aves de cetrería, o donde se colgaba la ropa.

**ALCANFOR** n. m. (ár. *al-kāfūr*). Sustancia aromática cristalizada, extraída del alcanforero.

**ALCANFORADO, A** adj. Que contiene alcanfor.

**ALCANFORERO** n. m. Árbol originario de Asia oriental y Oceanía, del que se extrae el alcanfor por destilación de la madera.

**ALCANO** o **ALKANO** n. m. Nombre genérico de los hidrocarburos saturados acíclicos. SIN.: *parafina.*

**ALCANTARILLA** n. f. Puentecillo en un camino. **2.** Conducto subterráneo y estanco destinado a recoger las aguas de lluvia y residuales.

**ALCANTARILLADO** n. m. Conjunto de alcantarillas. **2.** Obra en forma de alcantarilla.

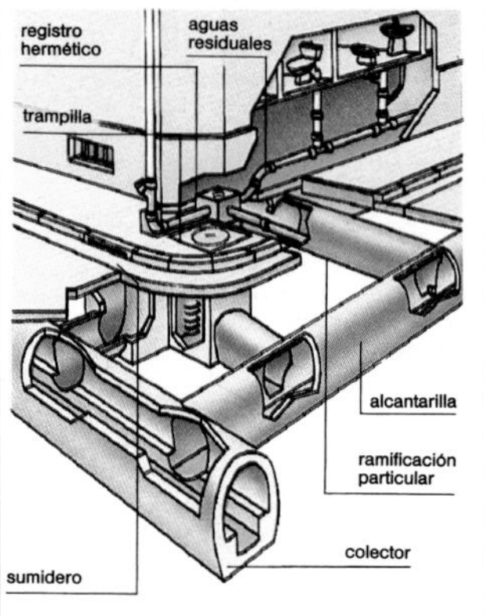


**alcantarillado:** esquema de las ramificaciones

**ALCANTARILLAR** v. tr. **[1]**. Hacer o poner alcantarillas: *alcantarillar una calle.*

**ALCANTARILLERO** n. m. Obrero encargado de la limpieza y mantenimiento de las alcantarillas.

**ALCANTARINO** n. m. y adj. Miembro de una rama de los franciscanos, surgida de la reforma de san Pedro de Alcántara. ◆ n. m. **2.** Caballero de la orden de Alcántara.

**ALCANZABLE** adj. Que se puede alcanzar: *objetivo alcanzable.*

**ALCANZADO, A** adj. Empeñado, adeudado. **2.** Falto, escaso, necesitado.

**ALCANZADURA** n. f. Contusión o herida que se hacen las caballerías con los cascos traseros en el pulpejo de las manos.

**ALCANZAR** v. tr. **[1g]**. Llegar a juntarse con una persona o cosa que va delante y que generalmente se persigue: *alcanzar al fugitivo.* **2.** *Fig.* Llegar a igualarse con otro. **3.** Poder tocar algo desde donde uno está. **4.** Coger alguna cosa alargando la mano: *alcanzar un libro de la estantería.* **5.** Llegar a percibir con la vista, el oído o el olfato. **6.** Hablando de una persona, haber uno nacido ya, o no haber muerto aún, cuando ella vivía. **7.** *Fig.* Haber uno vivido en el tiempo de que se habla, o presenciado el suceso de que se trata. **8.** *Fig.* Llegar a poseer lo que se busca o solicita, lograr: *alcanzar una fortuna.* **9.** Llegar a un punto, a un lugar determinado. **10.** Llegar a un punto determinado de la vida, de la historia, de un estado: *alcanzar la madurez.* **11.** En las armas arrojadizas o en las de tiro, llegar el proyectil a cierto término o distancia. **12.** *Fig.* Ser suficiente una cosa para algún fin, bastar. **13.** Poner al alcance, hacer asequible una cosa, alargar, acercar. ◆ v. intr. **14.** Llegar hasta cierto punto o término. ◆ **alcanzarse** v. pron. **15.** Llegar a tocarse o juntarse. • **Alcanzársele** a uno **algo,** entenderlo. || **No alcanzar** una persona o cosa **a** otra, no llegar una persona o cosa a otra.

**ALCAPARRA** n. f. Arbusto espinoso mediterráneo, cuyos botones florales se comen confitados en vinagre. (Género *Capparis;* familia caparidáceas.) SIN.: *alcaparrera.* **2.** Botón de la flor de esta planta. SIN.: *tápara.*

**ALCAPARRAL** n. m. Terreno poblado de alcaparras.

**ALCAPARRERA** n. f. Alcaparra, arbusto. SIN.: *alcaparro.*

**ALCAPARRÓN** n. m. Fruto de la alcaparra.

**ALCARAVÁN** n. m. Ave zancuda crepuscular y nocturna, de cuello largo, cola corta y plumaje de gran colorido, que vive en el centro y sur de Europa, en Asia y en África. (Familia burínidos.)

**ALCARAVEA** n. f. Planta herbácea de flores blancas, cuyas semillas, pequeñas y oblongas, tienen propiedades estomacales y carminativas, y se usan como condimento. (Familia umbelíferas.) SIN.: *comino de prado.* **2.** Semilla de esta planta.

**ALCARCEÑA** n. f. BOT. Yero.

**ALCARRAZA** n. f. Vasija de arcilla porosa que rezuma agua, cuya evaporación enfría la contenida en su interior.

**ALCARREÑO, A** adj. y n. De La Alcarria.

**ALCARRIA** n. f. Terreno alto, generalmente raso y de poca hierba.

**ALCATIFA** n. f. Tapete o alfombra fina. **2.** Broza o relleno que se echa en el suelo antes de enlosarlo.

**ALCATRAZ** n. m. Ave pelecaniforme de gran tamaño y plumaje pardo amarillento en el dorso y blanco en el pecho, que anida en las costas rocosas y se zambulle en el agua para capturar peces.

**ALCAUCÍ** o **ALCAUCIL** n. m. Alcachofa silvestre.

**ALCAUDÓN** n. m. Ave paseriforme, agresiva, que se lanza sobre sus presas, las mata golpeándolas con el pico y con frecuencia las clava en plantas espinosas, para alimentarse de ellas en las épocas desfavorables.

**ALCAYATA** n. f. Escarpia, clavo.

**ALCAZABA** n. f. Recinto fortificado situado en el interior de una población murada, para refugio de su guarnición y habitantes.

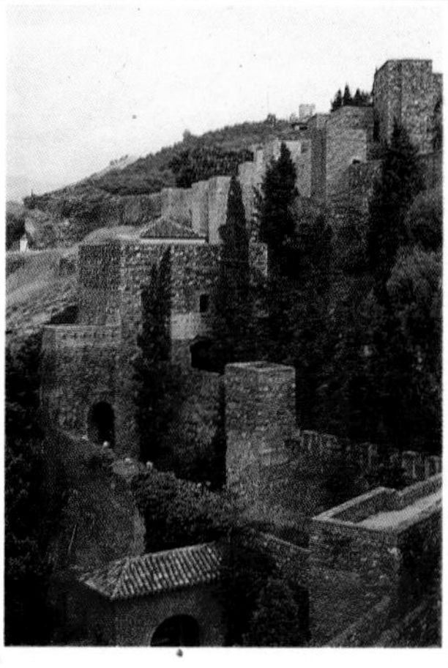

la **alcazaba** de Málaga

**ALCÁZAR** n. m. (ár. *al-qasr*). Palacio fortificado construido en lugar estratégico para seguridad y defensa de los soberanos o del gobernador de una ciudad. **2.** Cualquier casa o residencia magnífica, especialmente si es morada de príncipes o magnates. **3.** MAR. Espacio que media, en la cubierta superior de los buques, desde el palo mayor hasta la popa, o hasta la toldilla, si la hay.

el **alcázar** de Toledo

**ALCE** n. m. (lat. *alcem*). Mamífero rumiante, parecido al ciervo, de cornamenta aplanada y gran corpulencia, que vive en Escandinavia, Siberia y Canadá. (Familia cérvidos.) SIN.: *ante.*

**alce** (macho)

**ALCE** n. m. En los juegos de naipes, porción de cartas que se corta después de barajarlas y antes de distribuirlas. **2.** *Cuba.* Recolección de la caña de azúcar.

**ALCEDO** n. m. Arcedo.

**ALCINO** n. m. Planta indígena de España, de la familia de las labiadas, de uno a dos decímetros de altura, ramosa, con hojas menudas, aovadas y dentadas, flores pequeñas y de color azul que tira a violado, y olor desagradable.

**ALCIÓN** n. m. Pájaro fabuloso que sólo anidaba en el mar en calma, razón por la cual era considerado como símbolo de paz. **2.** Animal que vive fijado a los fondos marinos, formando colonias de pequeños pólipos. (Subtipo cnidarios; orden alcionarios.)

**ALCIONARIO, A** adj. y n. m. ZOOL. Relativo a un orden de celentéreos provistos de ocho tentáculos, que viven generalmente en colonias, como el coral y el alción.

**ALCISTA** adj. Dícese de la tendencia al alza en los precios. ◆ n. m. y f. **2.** Persona que juega al alza en la bolsa.

**ALCOBA** n. f. (ár. *al-qubba*). Aposento destinado para dormir. **2.** Conjunto de muebles de este aposento.

**ALCOHILACIÓN** n. f. Fijación de un radical alcohílo a una molécula: *alcohilación del benceno, de un alcohol.*

**ALCOHÍLO** n. m. Nombre genérico de los radicales univalentes obtenidos por eliminación de un átomo de hidrógeno de un alcano.

**ALCOHOL** n. m. (ár. *al-kuhl*). Líquido obtenido por la destilación del vino y de otros licores o zumos fermentados. **2.** Cualquier bebida espirituosa. **3.** Compuesto químico cuyas propiedades son análogas a las del alcohol de vino **4.** Polvo negro usado como afeite por las mujeres. • *Alcohol absoluto,* alcohol químicamente puro.

■ Los alcoholes contienen uno o más grupos hidroxilo unidos a un radical alifático o a alguno de sus derivados. Se clasifican en primarios ($R—CH_2OH$), secundarios ($R—CHOH—R'$) o terciarios [$R—C(R')R''$)OH], según que el grupo hidroxilo esté unido a un átomo de carbono primario, secundario o terciario. Sólo el metanol ($CH_3OH$) y los alcoholes primarios dan lugar por oxidación a aldehídos y posteriormente a ácidos carboxílicos; de los alcoholes secundarios resultan las cetonas. Según el número de grupos hidroxilo existentes en la molécula, los alcoholes se clasifican en monoalcoholes, dialcoholes (glicoles), trialcoholes y polialcoholes o polioles. Los alcoholes suelen ser líquidos; los que contienen menos de cuatro átomos de carbono son miscibles en agua. El alcohol etílico o etanol ($CH_3—CH_2OH$) se obtiene de la fermentación de jugos de fruta o de diversas plantas tales como remolacha, patata, cereales, madera, etc. Interviene en una proporción del 2 al 5 % en la composición de las cervezas, del 4 al 8 % en la de las sidras, del 8 al 14 % en la de los vinos y del 40 al 60 % en la de los aguardientes.

**ALCOHOLADO** n. m. Mezcla de una sustancia medicamentosa con alcohol.

**ALCOHOLATO** n. m. Resultado de la destilación del alcohol con una sustancia aromática: *el agua de colonia es un alcoholato.*

**ALCOHOLATURO** n. m. Sustancia que se obtiene por maceración de una planta en alcohol.

**ALCOHOLEMIA** n. f. Presencia de alcohol en la sangre: *tasa de alcoholemia.* • **Prueba de alcoholemia,** prueba a que se somete a un individuo, especialmente a los conductores de automóviles, para determinar su grado de alcoholemia.

**ALCOHOLERA** n. f. Fábrica de alcohol.

**ALCOHOLERO, A** adj. Relativo a la producción y comercio del alcohol: *la industria alcoholera.*

**ALCOHÓLICO, A** adj. Que contiene alcohol: *bebida alcohólica.* **2.** Referente al alcohol. ◆ adj. y n. **3.** Que bebe alcohol con exceso y habitualmente.

**ALCOHOLIFICACIÓN** n. f. Transformación de una sustancia en alcohol por fermentación.

**ALCOHOLÍMETRO** o **ALCOHÓMETRO** n. m. Densímetro utilizado para medir, en los vinos y licores, la proporción de alcohol o grado alcohólico. **2.** Dispositivo para medir la cantidad de alcohol presente en el aire espirado por una persona.

**ALCOHOLISMO** n. m. Abuso de bebidas alcohólicas, que cuando se da regularmente de forma intensa provoca trastornos fisiológicos y síquicos.

**ALCOHOLISTA** n. m. y f. *Argent.* y *Urug.* Alcohólico.

**ALCOHOLIZACIÓN** n. f. Producción o adición de alcohol en los líquidos.

**ALCOHOLIZADO, A** adj. y n. Dícese del que por abuso de bebidas alcohólicas padece los efectos de la saturación del organismo por alcohol.

**ALCOHOLIZAR** v. tr. **[1g]**. Añadir alcohol a un líquido. ◆ **alcoholizarse** v. pron. **2.** Contraer alcoholismo.

**ALCOHOLOGÍA** n. f. Disciplina médica que estudia el alcoholismo y su prevención.

**ALCOHOLOMANÍA** n. f. Apetencia mórbida de beber alcohol.

**ALCOHOMETRÍA** n. f. Conjunto de procedimientos empleados para determinar el grado alcohólico de un líquido.

**ALCOR** n. m. Colina, collado.

**ALCORÁN** n. m. Corán.

**ALCORÁNICO, A** adj. Coránico.

**ALCORNOCAL** n. m. Terreno poblado de alcornoques.

**ALCORNOQUE** n. m. Árbol de hojas persistentes, muy parecido a la encina, cuya corteza, gruesa y leve, proporciona el corcho. **2.** Madera de este árbol. ◆ n. m. y f. y adj. **3.** Persona estúpida, necia.

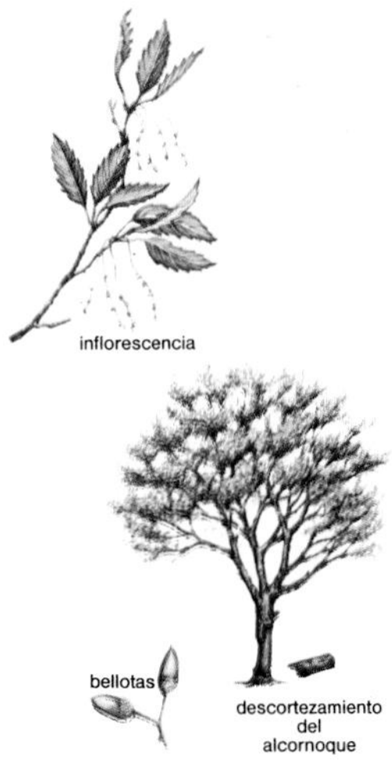


**alcornoque**

**ALCORNOQUEÑO, A** adj. Relativo al alcornoque.

**ALCORQUE** n. m. Chanclo con suela de corcho.

**ALCORQUE** n. m. Hoyo hecho al pie de las plantas para detener el agua de los riegos.

**ALCORZA** n. f. Pasta blanca de azúcar y almidón con la que se cubren algunos dulces. **2.** Dulce cubierto con esta pasta.

**ALCOTÁN** n. m. Halcón de pequeño tamaño, cabeza gris y alas y cola negras.

**ALCOTANA** n. f. Herramienta de albañil, con una boca en forma de azuela y otra en forma de hacha.

**ALCOYANO, A** adj. y n. De Alcoy.

**ALCUBILLA** n. f. Arca de agua.

**ALCUCERO, A** adj. *Fig.* y *fam.* Goloso, aficionado a las golosinas.

**ALCURNIA** n. f. Ascendencia, linaje, en especial si pertenece a la nobleza: *damas de alta alcurnia.*

**ALCUZA** n. f. Vasija de forma cónica en que se tiene el aceite para el uso diario. **2.** Pequeño recipiente de hojalata, provisto de un tubo largo y afilado, que sirve para verter el aceite de engrase en los engranajes de las máquinas.

**ALCUZCUZ** n. m. (ár. *al-kuskus*). Especialidad culinaria del N de África, preparada con sémola de trigo, carne, legumbres y salsas.

**ALDABA** n. f. Pieza metálica que se pone en las puertas para llamar. **2.** Argolla de hierro fija en la pared para atar en ella las caballerías. **3.** Pieza de metal o madera con que se aseguran, después de cerrados, los postigos o las puertas. • **Agarrarse a,** o **tener, buenas aldabas,** arrimarse a una buena protección o contar con ella.

**ALDABADA** n. f. Golpe dado con la aldaba. SIN.: *aldabazo.* **2.** *Fig.* Aviso que causa sobresalto.

**ALDABILLA** n. f. Gancho de hierro que entrando en una hembrilla sirve para cerrar puertas, cofres, etc.

**ALDABÓN** n. m. Aldaba de gran tamaño. **2.** Asa grande de cofre, arca, etc.

**ALDABONAZO** n. m. Golpe dado con la aldaba o el aldabón.

**ALDEA** n. f. Núcleo de población concentrada de corto vecindario, generalmente sin jurisdicción propia.

**ALDEANIEGO, A** adj. Propio de la aldea. **2.** *Fig.* Inculto, rústico.

**ALDEANISMO** n. m. Vocablo o giro propio de los aldeanos. **2.** Mentalidad rústica.

**ALDEANO, A** adj. y n. Habitante u originario de una aldea. ◆ adj. **2.** Relativo a la aldea. **3.** *Fig.* Inculto.

**ALDEHÍDO** n. m. QUÍM. Compuesto químico obtenido por deshidrogenación u oxidación controlada de un alcohol primario.

**ALDEORRIO** o **ALDEORRO** n. m. *Desp.* Lugar muy pequeño, pobre y falto de cultura.

**ALDERMAN** n. m. (voz inglesa) [pl. *aldermen*]. Magistrado de un consejo municipal en Gran Bretaña, Irlanda y E.U.A.

**ALDERREDOR** adv. l. Alrededor.

**ALDINO, A** adj. Dícese de los caracteres de imprenta debidos a Aldo Manucio.

**ALDOHEXOSA** n. f. BIOQUÍM. Monosacárido de seis átomos de carbono con un grupo funcional aldehído, como la glucosa o la galactosa.

**ALDOL** n. m. QUÍM. Aldehído-alcohol resultante de la polimerización de un aldehído.

**ALDOPENTOSA** n. f. BIOQUÍM. Monosacárido de cinco átomos de carbono con un grupo funcional aldehído, como la ribosa o la desoxirribosa.

**ALDORTA** n. f. Martinete.

**ALDOSA** n. f. QUÍM. Osa con un grupo aldehído.

**ALDOSTERONA** n. f. Hormona corticosuprarrenal que actúa en el riñón provocando la retención de sodio y favoreciendo la eliminación de potasio.

**ALE** n. f. (voz inglesa). Cerveza inglesa ligera, elaborada con malta poco tostada.

**¡ALE!** interj. ¡Hala!

**ALEACIÓN** n. f. Sustancia de características metálicas obtenida por la incorporación de uno o varios elementos a un metal.

■ La finalidad de las aleaciones es mejorar las propiedades de los metales que las forman; su formación conduce a la constitución de soluciones sólidas de los elementos en el metal o de combinaciones entre estos elementos y el metal de base. Las aleaciones más frecuentes son las del hierro (aceros especiales), cobre (bronce, latón, cuproníquel, alpaca), plomo (antifricción), níquel, cromo y aluminio (Duraluminio, Alpax). Las aleaciones ligeras se realizan por lo general a base de aluminio y magnesio.

**ALEAR** v. tr. **[1]**. Mezclar dos o más metales fundiéndolos.

**ALEATORIO, A** adj. Relativo a todo acontecimiento incierto, por depender de la suerte o del azar. **2.** ART. CONTEMP. Dícese de una obra plástica, en especial cinética, cuya configuración procede de una combinatoria que explota las posibilidades del azar. **3.** ESTADÍST. Dícese de la variable que puede tomar un valor cualquiera de un conjunto especificado, con una probabilidad que expresa, para este valor particular, la fracción del número total de valores en que puede presentarse. • **Contrato aleatorio** (DER.), aquel cuya materia es un hecho fortuito. ‖ **Error aleatorio** (ESTADÍST.), componente del error de muestreo que desaparecería si se pudiesen repetir muchas veces las extracciones de la muestra al azar, por oposición al error sistemático de muestreo o sesgo, que seguiría subsistiendo, y al error de medida, de observación, etc. ‖ **Música aleatoria,** música para la que el autor propone, a partir de una composición determinada, diferentes formas de ejecución escogidas entre los tratamientos posibles de secuencias poliformas.

**ALEBRESTARSE** v. pron. **[1]**. *Méx.* y *Venez.* Excitarse, violentarse.

**ALECCIONAR** v. tr. y pron. **[1]**. Instruir, enseñar.

**ALECE** o **ALECHE** n. m. Boquerón, pez.

**ALECHUGAR** v. tr. **[1b]**. Doblar en figura de hoja de lechuga.

**ALECRÍN** n. m. Árbol de madera semejante a la caoba.

**ALECTOMANCIA** o **ALECTOMANCÍA** n. f. Adivinación por el canto del gallo o por las piedras de su hígado.

**ALEDAÑO, A** adj. Confinante, lindante: *regiones aledañas.* ◆ adj. y n. m. **2.** Dícese del campo, pueblo o tierra considerado como parte accesoria del pueblo, campo, etc., con el que linda. ◆ n. m. **3.** Confín, término. (Suele usarse en plural.)

**ALEF** n. m. Primera letra del alfabeto hebreo. **2.** MAT. Número cardinal que caracteriza la potencia de un conjunto.

**ALEFRIZ** n. m. Ranura triangular de la quilla de las embarcaciones de madera, en que encajan las cabezas de las tracas.

**ALEGACIÓN** n. f. Acción y efecto de alegar. **2.** DER. Alegato.

**ALEGAR** v. tr. (lat. *allegare*) **[1b]**. Citar, traer uno a favor de su propósito como prueba o defensa, un hecho, dicho, etc. **2.** Tratándose de méritos, servicios, etc., exponerlos para fundar en ellos alguna pretensión. **3.** Discutir. ◆ v. tr. e intr. **4.** DER. Citar el abogado preceptos legales, jurisprudencia, motivos y argumentos en defensa de la causa que patrocina.

**ALEGATO** n. m. (lat. *allegatum*). Discurso pronunciado ante un tribunal para defender una causa: *un largo alegato.* **2.** Escrito en el que el abogado expone los fundamentos del derecho de su cliente e impugna los del adversario. **3.** Razonamiento o exposición generalmente amplios, aun fuera de lo judicial. **4.** *Amér.* Disputa, altercado.

**ALEGATORIO, A** adj. Relativo a la alegación.

**ALEGORÍA** n. f. (gr. *allēgoria*). Ficción en virtud de la cual una persona o cosa representa o simboliza otra distinta: *la paloma es una alegoría de la paz.* **2.** Composición literaria o artística que utiliza esta forma de ficción, generalmente con fines didácticos.

**alegoría** de la victoria de Lepanto: *Felipe ofrece al cielo al príncipe don Fernando,* por Tiziano (Prado, Madrid)

**ALEGÓRICO, A** adj. Relativo a la alegoría: *sentido alegórico; figura alegórica.*

**ALEGORIZAR** v. tr. (lat. *allegorizare*) [**1b**]. Interpretar alegóricamente una cosa; darle un sentido alegórico.

**ALEGRAR** v. tr. [**1**]. Causar alegría. **2.** *Fig.* Avivar, hermosear. **3.** *Fig.* Avivar la luz o el fuego. **4.** MAR. Aflojar un cabo. ◆ v. tr. y pron. **5.** TAUROM. Excitar el diestro al toro por medio de la voz o de algún movimiento para que se decida a acometer. ◆ **alegrarse** v. pron. **6.** Sentir alegría. **7.** *Fig.* y *fam.* Achisparse.

**ALEGRE** adj. Que siente o manifiesta alegría: *tener cara alegre.* **2.** Propenso a ella: *persona alegre.* **3.** *Fig.* y *fam.* Excitado ligeramente por la bebida. **4.** Que ocasiona alegría: *noticia alegre.* **5.** *Fig.* y *fam.* Ligero, arriesgado, irreflexivo. **6.** *Fig.* Dícese de los colores vivos y frescos. **7.** *Fig.* y *fam.* Algo libre o deshonesto: *mujer de vida alegre.*

**ALEGREMENTE** adv. m. De modo irreflexivo o frívolo; sin meditar el alcance o las consecuencias.

**ALEGRÍA** n. f. Sentimiento de placer originado generalmente por una viva satisfacción y que, por lo común, se manifiesta con signos exteriores. **2.** Palabras, gestos o actos que manifiestan el júbilo. **3.** Irresponsabilidad, ligereza. ◆ **alegrías** n. f. pl. **4.** Danza característica del cante flamenco.

**ALEGRÓN** n. m. *Fam.* Alegría intensa y repentina. **2.** *Fig.* y *fam.* Breve llamarada de fuego.

**ALEJAMIENTO** n. m. Acción y efecto de alejar.

**ALEJANDRINO, A** adj. y n. De Alejandría, Egipto. **2.** Neoplatónico. ◆ adj. **Arte alejandrino,** arte en el que se conjugan la fastuosidad faraónica y el naturalismo helenístico, cultivado principalmente en Alejandría a partir del s. III a. J.C.

**ALEJANDRINO, A** adj. Relativo a Alejandro Magno. ◆ adj. y n. m. Dícese del verso de catorce sílabas, compuesto de dos hemistiquios de siete sílabas.

**ALEJAR** v. tr. y pron. [**1**]. Poner o irse lejos o más lejos: *alejarse del ruido.*

**ALELADO, A** adj. Atontado, embobado, lelo.

**ALELAMIENTO** n. m. Acción y efecto de alelar.

**ALELAR** v. tr. y pron. [**1**]. Poner lelo, embobado.

**ALELO** n. m. Gen alelomorfo.

**ALELOMORFO** adj. BIOL. Dícese de un carácter hereditario opuesto a otro. • **Gen alelomorfo,** una de entre dos o varias formas de un gen que ocupa el mismo lugar en un cromosoma particular. SIN.: *alelo.*

**ALELUYA** n. m. o f. (hebr. *hal.lelū-yah*). Aclamación litúrgica judía y cristiana. ◆ n. m. **2.** Tiempo de pascua: *por el aleluya nos veremos.* ◆ n. f. **3.** Cada uno de los dibujos pertenecientes a una serie que, con ayuda de pareados, relata una historia. **4.** *Fig.* y *fam.* Alegría, sentimiento de placer: *hoy es día de aleluya.* **5.** *Fig.* Noticia que alegra. **6.** BOT. Acederilla. **7.** MÉTRIC. Composición poética que consta generalmente de versos octosílabos pareados con rima consonante. ◆ interj. **8.** Se emplea para demostrar júbilo.

**ALEMA** n. f. Porción de agua de regadío que se reparte por turno.

**ALEMÁN, NA** adj. y n. De Alemania. ◆ n. m. **2.** Lengua indoeuropea del grupo germánico, hablada principalmente en Alemania y Austria.
■ El alemán es una de las grandes lenguas cultas de occidente. Actualmente lo hablan unos 100 millones de personas. Su área de extensión comprende Alemania, Suiza, Luxemburgo, Alsacia, el E de Bélgica y el Alto Adigio; existen además comunidades germanófonas en Argentina y E.U.A. El alemán, que procede del germánico occidental, se divide en dos grandes grupos dialectales, diferenciados hacia el s. VI: el bajo alemán al N, y el alto alemán, al S. La unificación lingüística que dio lugar, a partir del alto alemán, a la lengua común, tuvo lugar en la edad media. Actualmente en las áreas rurales siguen hablándose los dialectos.

**ALEMANDA** o **ALEMANA** n. f. Danza alemana de estilo contrapuntístico de cuatro tiempos, ejecutada por varias parejas que imitan a una pareja principal. **2.** Pieza instrumental de cuatro tiempos, primer movimiento de una suite.

**ALEMÁNICO** n. m. Grupo de dialectos del alto alemán.

**ALEMANISCO, A** adj. Dícese de cierto género de mantelería labrada a estilo de Alemania.

**ALENO** n. m. Hidrocarburo gaseoso, de fórmula $CH_2 = C = CH_2$, con doble enlace etilénico. SIN.: *propadieno.*

**ALENTADA** n. f. Respiración no interrumpida.

**ALENTADOR, RA** adj. Que infunde aliento: *noticia alentadora.*

**ALENTAR** v. intr. [**1j**]. Respirar, absorber el aire. ◆ v. tr. y pron. **2.** *Fig.* Animar, infundir aliento, dar vigor: *alentar a los jugadores.*

**ALEONADO, A** adj. Leonado.

**ALERCE** n. m. (ár. *al-arza*). Árbol que mide entre 20 y 35 m de alt., crece en las montañas por encima de la zona de los abetos, de agujas caducas, agrupadas en fascículos. (Orden coníferas.) **2.** Madera de este árbol.

**alerce** europeo

**ALERGÉNICO, A** adj. Que es capaz de provocar una alergia.

**ALÉRGENO** n. m. Sustancia capaz de provocar una alergia en el organismo.

**ALERGIA** n. f. Estado de un individuo que, sensibilizado ante una sustancia, presenta después ante ella, acentuadas reacciones de carácter respiratorio, nervioso o eruptivo. **2.** Sensibilidad extremada y contraria respecto a determinados temas, personas o cosas.

**ALÉRGICO, A** adj. y n. Relativo a la alergia; que sufre alergia.

**ALERGISTA** n. m. y f. Médico especializado en afecciones alérgicas. SIN.: *alergólogo.*

**ALERO** n. m. Parte inferior del tejado, que sobresale de la pared. **2.** En baloncesto, el que juega en los laterales de la cancha.

**ALERÓN** n. m. Aleta de algunos peces. **2.** AERON. Aleta articulada colocada en el borde de salida de las alas de un avión, que permite la inclinación o el enderezamiento lateral del aparato.

**ALERTA** n. m. o f. (ital. *all'erta,* en la cuesta). Señal que previene del peligro. **2.** MIL. Aviso dado a una fuerza militar para que se prepare y esté en situación de intervenir en un plazo fijado. ◆ adv. m. **3.** Con vigilancia y atención: *vivir alerta.* ◆ interj. **4.** Se emplea para prevenir de un peligro o para excitar a la vigilancia.

**ALERTAR** v. tr. y pron. [**1**]. Poner alerta.

**ALERTO, A** adj. Vigilante: *tener la mirada alerta.* (Suele usarse la forma *alerta* y su plural *alertas* para los dos géneros.)

**ALERZAL** n. m. Terreno plantado de alerces.

**ALESNADO, A** adj. Puntiagudo: *hoja alesnada.*

**ALETA** n. f. Miembro o apéndice corto y plano, que permite nadar a numerosos animales acuáticos como los peces, cetáceos, tortugas, etc. **2.** Calzado en forma de aleta de pez, generalmente de goma, que se adapta a los pies para facilitar la natación. **3.** Lámina saliente de un radiador, que favorece su refrigeración. **4.** Paleta del rotor de una turbina. **5.** Alero de un tejado. **6.** Guardabarros de un automóvil. **7.** AERON. Parte del ala o de un timón que puede ser maniobrada a fin de modificar la forma de la superficie principal y, consiguientemente, las características aerodinámicas. **8.** ANAT. Nombre dado a una parte de un órgano debido a su estructura: *aletas nasales.*

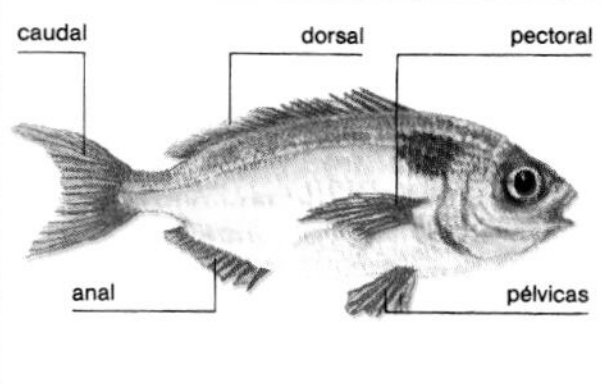

**aletas** de pez

**ALETARGAMIENTO** n. m. Acción y efecto de aletargar o aletargarse.

**ALETARGAR** v. tr. [**1b**]. Causar letargo. ◆ **aletargarse** v. pron. **2.** Padecer letargo.

**ALETEAR** v. intr. [**1**]. Mover las aves frecuentemente las alas, sin echar a volar; mover las alas para volar. **2.** Mover los peces frecuentemente las aletas. **3.** Mover los brazos. **4.** *Fig.* Cobrar fuerzas el convaleciente. **5.** Moverse una cosa de modo parecido a las alas. **6.** *Fig.* Asomar, aparecer de un modo intermitente y poco definido.

**ALETEO** n. m. Acción y efecto de aletear. **2.** *Fig.* Palpitación violenta del corazón.

**ALEURITA** n. f. Árbol de Extremo oriente. (Familia euforbiáceas.)

**ALEURÓDIDO, A** adj. y n. m. Relativo a una familia de homópteros, parecidos a la cochinilla y a los pulgones, algunas de cuyas especies atacan a la col, al roble, etc.

**ALEURONA** n. f. Sustancia proteica de reserva que forma granos microscópicos en las semillas de ciertas plantas, como los cotiledones de las leguminosas, el albumen de los cereales, etc.

**ALEUTIANO, A** adj. De las islas Aleutianas. (Designa también a los esquimales de Alaska y de la costa NO de Canadá.) ◆ adj. y n. m. **2.** Dícese de un grupo de lenguas habladas en Alaska y en las islas Fox orientales.

**ALEUTIANO-ESQUIMAL** n. m. Familia de lenguas que comprende los dialectos esquimales y aleutianos, de las islas Aleutianas a Groenlandia.

**ALEVE** adj. y n. m. y f. Alevoso.

**ALEVILLA** n. f. Mariposa común en España, parecida a la del gusano de seda, y de alas blancas.

**ALEVÍN** n. m. Cría de pez o pez pequeño destinado a la repoblación de las aguas de estanques y ríos. **2.** *Fig.* Joven principiante que se inicia en una disciplina o deporte.

**ALEVOSÍA** n. f. Traición, perfidia. **2.** DER. Cautela con que el delincuente asegura la comisión de un delito contra personas, evitando el riesgo procedente de la defensa del ofendido: *con premeditación y alevosía.*

**ALEVOSO, A** adj. y n. Dícese del que comete alevosía. ◆ adj. **2.** Que implica alevosía o se hace con ella: *puñal alevoso.*

**ALEXANDRITA** n. f. Variedad de crisoberilo, verde a la luz natural y roja a la luz eléctrica.

**ALEXIA** n. f. Incapacidad congénita o patológica para leer.

**ALEYA** n. f. Cada uno de los versículos del Corán.

**ALFA** n. f. Primera letra del alfabeto griego ($\alpha$). • **Alfa y omega** *(Fig.),* principio y fin. ‖ **Radiación alfa,** radiación formada por corpúsculos emitidos por cuerpos radiactivos, compuesta por dos neutrones y dos protones. ‖ **Ritmo alfa,** ondas rápidas, regulares y de pequeña amplitud, recogidas por procedimientos electroencefalográficos, que señalan una reacción activa del córtex.

**ALFABÉTICO, A** adj. Relativo al alfabeto.

**ALFABETIZACIÓN** n. f. Acción y efecto de alfabetizar: *campaña de alfabetización.*

**ALFABETIZAR** v. tr. [**1g**]. Poner por orden alfabético. **2.** Enseñar a leer y escribir.

**ALFABETO** n. m. (lat. *alphabetum*). Lista de todas las letras utilizadas en la transcripción de los sonidos de una lengua, enumerados según un orden convencional. **2.** Conjunto de signos empleados en un sistema de comunicación: *el alfabeto de los sordomudos.*

**ALFAGUARA** n. f. Manantial copioso.

**ALFAJOR** n. m. Nombre dado a distintas golosinas. **2.** Alajú. **3.** *Argent., Chile* y *Urug.* Dulce formado por dos bizcochos circulares unidos entre sí por dulce de leche, chocolate, etc. **4.** *Venez.* Pasta de papelón, harina de yuca, piña y jengibre.

**ALFALFA** n. f. Planta forrajera, de pequeñas flores violáceas, que enriquece el suelo en nitrógeno.

**alfalfa**

**ALFALFAL** o **ALFALFAR** n. m. Terreno sembrado de alfalfa.

**ALFANDOQUE** n. m. Pasta hecha con melado, queso y anís o jengibre, propia de América.

**ALFANJE** n. m. Especie de sable ancho y curvo, usado por los orientales.

**ALFANUMÉRICO, A** adj. Dícese de una clasificación establecida simultáneamente a partir de las letras del alfabeto y de los números. **2.** INFORMÁT. Dícese de los caracteres alfabéticos (A a Z), numéricos (0 a 9) o codificados mediante signos convencionales (., §, &, ...), o que constituyen una serie de esos diversos símbolos.

**ALFANÚMERO** n. m. Cada uno de los números de una serie de números y letras combinados que se emplea como clave para operar con el ordenador.

**ALFAQUE** n. m. Banco de arena, generalmente en la desembocadura de un río. (Suele usarse en plural.)

**ALFAQUÍ** n. m. Sabio o doctor de la ley, entre los musulmanes.

**ALFAR** n. m. Alfarería, obrador donde se fabrican vasijas de barro.

**ALFARDA** n. f. Contribución que pagaban moros y judíos en los reinos cristianos.

**ALFARDA** n. f. Par de una armadura de tejado.

**ALFARDÓN** n. m. Azulejo alargado, hexagonal, cuya parte central forma un rectángulo.

**ALFARERÍA** n. f. Arte de fabricar vasijas de barro. **2.** Obrador donde se fabrican. **3.** Tienda o puesto donde se venden.

**ALFARERO** n. m. El que tiene por oficio hacer objetos de barro. **2.** Cacharrero, el que vende dichos objetos.

**ALFARJE** n. m. (ár. *al hayār*). Piedra baja del molino de aceite. **2.** Canal o hendidura que rodea la solera de los molinos aceiteros y que recoge el fruto triturado.

**ALFARJE** n. m. (ár. *al-faraša*). Techo o pavimento de maderas labradas y combinadas artísticamente.

**ALFATERAPIA** n. f. Utilización terapéutica de los rayos alfa (α) emitidos por los cuerpos radiactivos.

**ALFÉIZAR** n. m. Vuelta o derrame que hace la pared en el corte de una puerta o ventana. **2.** Rebajo en ángulo recto que forma el telar de una puerta o ventana con el derrame donde se encajan las hojas de la puerta con que se cierra.

**ALFEÑICARSE** v. pron. **[1a]**. *Fig.* y *fam.* Afectar delicadeza. **2.** *Fig.* y *fam.* Adelgazarse mucho.

**ALFEÑIQUE** n. m. Pasta de azúcar, en forma de barras delgadas y retorcidas, cocida en aceite de almendras. **2.** *Fig.* y *fam.* Persona de complexión débil. **3.** *Fig.* y *fam.* Remilgo, afeite.

**ALFERECÍA** n. f. Enfermedad caracterizada por convulsiones y pérdida del conocimiento.

**ALFÉREZ** n. m. Oficial del ejército en el grado y empleo inferior de la carrera. **2.** *Amér. Merid.* Persona elegida para pagar los gastos en un baile o en cualquier otra fiesta. • **Alférez de fragata, de navío,** grados de la marina de guerra que equivalen, respectivamente, a los de alférez y teniente del ejército. ‖ **Alférez mayor del rey,** o **de Castilla,** el jefe de la milicia real, el que portaba el pendón en la batalla y la espada del rey en las ceremonias palatinas.

**ALFIL** n. m. En el ajedrez, cada una de las dos piezas de cada bando que se mueven en diagonal.

**ALFILER** n. m. Clavillo de metal con punta por uno de sus extremos y una cabecilla por el otro. **2.** Joya semejante al alfiler común, o de figura de broche, que toma los nombres del lugar donde se coloca: *alfiler de corbata, de pecho.* • **Alfiler de gancho** (*Amér. Merid.*), imperdible. ‖ **Cogido,** o **prendido, con alfileres** (*Fig.*), dícese de lo que parece frágil o sin un razonamiento sólido. ‖ **No caber un alfiler** en alguna parte, estar repleto de gente. ◆ **alfileres** n. m. pl. **3.** Cantidad de dinero señalada a una mujer para costear el adorno de su persona.

**ALFILERAZO** n. m. Punzada de alfiler. **2.** *Fig.* Pulla.

**ALFILERILLO** n. m. *Argent.* y *Urug.* Nombre de diversas plantas de la familia de las geraniáceas. **2.** *Méx.* Nombre común a varias plantas cactáceas. **3.** *Méx.* Insecto que ataca a la planta del tabaco.

**ALFILETERO** n. m. Canuto para guardar alfileres.

**ALFIZ** n. m. Moldura que enmarca el vano de una puerta o ventana.

**ALFOMBRA** n. f. (ár. *al-jumra*). Tejido con que se cubre el piso de las habitaciones y escaleras. **2.** *Fig.* Conjunto de cosas que cubren el suelo.

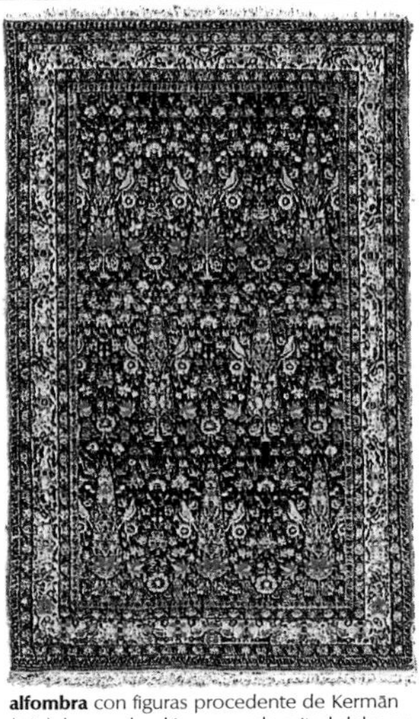
**alfombra** con figuras procedente de Kermān (Irán); lana y algodón; segunda mitad del s. XIX (museo Condé, Chantilly, Francia)

**ALFOMBRADO** n. m. Conjunto de alfombras de una casa o salón. **2.** Operación de alfombrar.

**ALFOMBRAR** v. tr. **[1]**. Cubrir el suelo con alfombras. **2.** Cubrir el suelo con flores, hojas, etc.

**ALFOMBRILLA** o **ALFOMBRA** n. f. Enfermedad parecida al sarampión, del cual se distingue por la ausencia de síntomas catarrales.

**ALFONSINO, A** o **ALFONSÍ** adj. Relativo a alguno de los reyes españoles llamados Alfonso.

**ALFONSISMO** n. m. Adhesión a la monarquía de alguno de los reyes españoles llamados Alfonso.

**ALFORFÓN** n. m. Planta herbácea originaria de Asia central, de flores desprovistas de corola, cuyo grano se aprovecha como pienso. (Familia poligonáceas.)

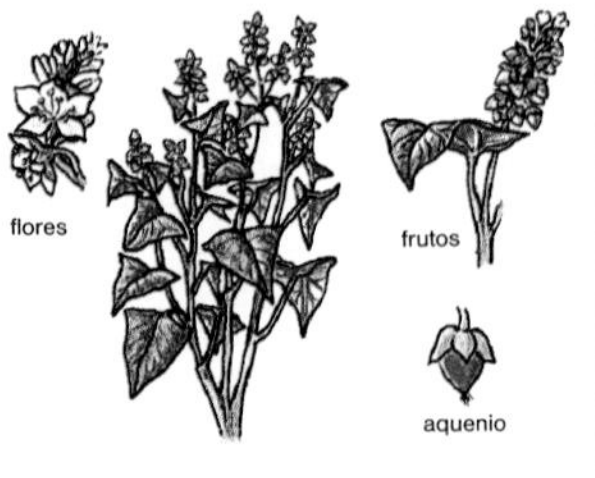

**alforfón**

**ALFORJA** n. f. Especie de talega, abierta por el centro y cerrada por los extremos, formando dos bolsas grandes. (Suele usarse en plural.) **2.** Provisión de los comestibles necesarios para el camino. **3.** *Amér.* Adorno, colgajo.

**ALFORZA** n. f. Dobladillo o pliegue que suele hacerse en la parte inferior de las faldas y otras ropas, ya sea como adorno o para poder alargarlas cuando sea necesario. **2.** *Fig.* y *fam.* Cicatriz, grieta, costurón.

**ALFORZAR** v. tr. **[1g]**. Hacer alforzas.

**ALGA** n. f. (lat. *algam*). Vegetal clorofílico sin raíces ni vasos, que vive en el agua, salada o dulce, o en ambientes húmedos.

■ Las algas tienen una organización muy simple (sin verdaderas hojas, raíces ni vasos), una reproducción muy variada (pero sin flores ni frutos) y una presencia permanente de clorofila (a veces enmascarada por pigmentos). Se distinguen: las *algas verdes* (clorofíceas), cuyo único pigmento es la clorofila; las *algas azules* (cianofíceas), las únicas capaces de utilizar el nitrógeno en estado molecular; las *algas rojas* (rodofíceas), cuyo pigmento les permite crecer bajo el agua hasta a 50 m de profundidad; las *algas pardas* (feofíceas), mayoritarias entre el varec de las zonas litorales; las *algas conjugadas,* poseedoras de una original forma de reproducción escalonada, y las *algas microscópicas o unicelulares* del fitoplancton marino o de agua dulce.

**ALGALIA** n. f. Secreción de la bolsa anal del gato de algalia, empleada en perfumería. ◆ n. m. **2.** Gato de algalia.

**ALGARA** n. f. (ár. *al-gara*). En la España medieval, correrías de devastación y saqueo practicadas por grupos de vanguardia destacados de las cabalgadas. **2.** Tropa de caballo que intervenía en estas correrías.

**ALGARABÍA** n. f. Lengua árabe. **2.** *Fig.* y *fam.* Lengua o lectura ininteligible. **3.** *Fig.* y *fam.* Manera de hablar atropelladamente. **4.** *Fig.* y *fam.* Griterío confuso: *armar algarabía.*

**ALGARADA** n. f. Algara. **2.** Alboroto, vocerío grande causado por un tropel de gente.

**ALGARERO, A** adj. Voceador, parlero.

**ALGARRADA** n. f. Máquina de guerra usada antiguamente para disparar piedras contra las murallas.

**ALGARRADA** n. f. Fiesta que consiste en echar al campo un toro para correrlo con vara larga. **2.** Encierro, acto de traer los toros a encerrar en el toril. **3.** Novillada, lidia de novillos.

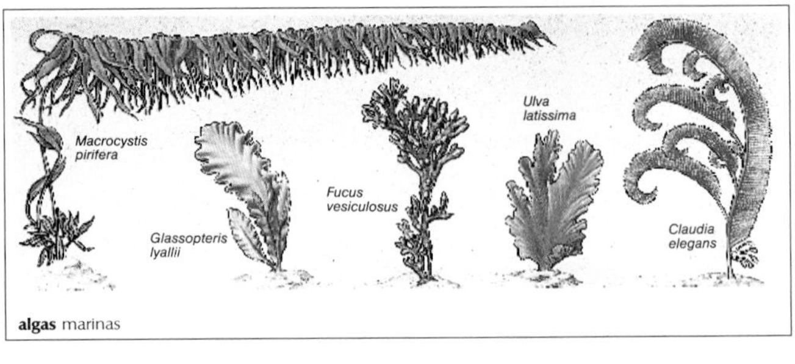

**algas** marinas

**ALGARROBA** n. f. Planta leguminosa de flores blancas y semilla parda que una vez seca se utiliza como pienso. (Familia papilionáceas.) **2.** Semilla de dicha planta. **3.** Fruto del algarrobo.

**ALGARROBAL** n. m. Terreno sembrado de algarrobas o de algarrobos.

**ALGARROBO** n. m. Árbol mediterráneo, que alcanza hasta 10 m de alt. cuyo fruto, la algarroba, es una vaina de unos 10 cm de long., que contiene una pulpa azucarada. (Familia cesalpiniáceas.)

**ALGAZARA** n. f. (ár. *al-gazāra*). Vocerío de moros y otras tropas al acometer al enemigo. **2.** Ruido, griterío de una o muchas personas, por lo común alegre.

**ÁLGEBRA** n. f. Rama de las matemáticas que trata de la generalización del cálculo aritmético a expresiones compuestas por números y letras que representan cantidades variables (álgebra clásica) y que, a partir de la teoría de los conjuntos, estudia las estructuras *(álgebra moderna)*. **2.** Libro que trata de esta ciencia. • **Álgebra de Boole,** álgebra creada por Boole, basada en el estudio de las relaciones lógicas.

**ALGEBRAICO, A** o **ALGÉBRICO, A** adj. Relativo al álgebra.

**ALGEBRISTA** n. m. y f. Especialista en álgebra.

**ALGIA** n. f. PATOL. Dolor.

**ALGIDEZ** n. f. Estado de lo que es álgido.

**ÁLGIDO, A** adj. (lat. *algidum*). Muy frío. **2.** Dícese del momento o período culminante, decisivo o crítico de algunos procesos. **3.** Dícese de las afecciones caracterizadas por sensaciones de frío: *fiebre álgida.*

**ALGINA** n. f. Sustancia siruposa formada al disolver en agua el mucílago de algunas algas.

**ALGINATO** n. m. Sal del ácido algínico. **2.** Preparado para la toma de improntas dentales, también utilizado en papelería, preparación de engrudos industriales, etc.

**ALGÍNICO, A** adj. Dícese de un ácido cuya sal sódica se encuentra en algunas algas.

**ALGO** pron. indef. (lat. *aliquod*). Expresa el concepto general de cosa en contraposición a nada: *tramar algo.* **2.** Significa cosa de consideración, de cierta importancia: *creerse algo.* **3.** Denota cantidad indeterminada: *película algo erótica.* **4.** Con la prep. *de,* significa parte o porción: *tenía algo de mulato.* ◆ adv. c. **5.** Un poco, no del todo, hasta cierto punto.

**ALGODISTROFIA** n. f. PATOL. Conjunto de artropatías que se traduce por la asociación de un síndrome doloroso acompañado de rigidez articular con trastornos vasomotores y tróficos que interesan sobre todo a las extremidades.

**ALGODÓN** n. m. (ár. *al-qutun*). Fibra textil natural que recubre la semilla del algodonero. **2.** Hilo o tela que se fabrica con esta fibra. **3.** Algodonero. • **Algodón en rama,** borra de las semillas del algodonero comprimida formando balas, tal como se recibe en las hilaturas. SIN.: *algodón en crudo.* ‖ **Algodón pólvora,** explosivo compuesto de nitrocelulosa, que se obtiene al tratar el algodón con una mezcla de ácidos nítrico y sulfúrico. ‖ **Estar criado entre algodones,** estar criado con mucha delicadeza.

**ALGODONAL** n. m. Plantación de algodoneros.

**ALGODONERO, A** adj. Relativo al algodón. ◆ n. **2.** Obrero empleado en la industria del algodón. **3.** Persona que comercia en algodón. ◆ n. m. **4.** Planta herbácea o leñosa originaria de la India, de 0,50 a 1,50 m de alt., cultivada en todos los países cálidos por el algodón que envuelve sus semillas, las cuales proporcionan un aceite comestible. (Familia malváceas.)

**ALGOL** n. m. (de *algo* [*rithmic*] *l* [*anguage*]). INFORMÁT. Lenguaje utilizado para la programación de problemas científicos o técnicos en los ordenadores.

**ALGONQUINO, A** adj. y n. m. GEOL. Dícese de la parte superior del precámbrico, que sigue al arcaico.

**ALGONQUINO, A** adj. y n. Relativo a un conjunto de pueblos amerindios de América del Norte; individuo de estos pueblos. (Hablan la misma lengua y comprenden, entre otros, los grupos ojibwa, arapajó, cheyene, cree, naskapi y pies negros.) ◆ n. m. **2.** LING. Lengua hablada por estos pueblos.

**ALGORÍTMICO, A** adj. Relativo al algoritmo. **2.** INFORMÁT. Dícese de los lenguajes creados para facilitar la expresión concisa y precisa de algoritmos. • **Música algorítmica** (MÚS.), modo de composición cuyos posibles son calculados por medio de máquinas electrónicas.

**ALGORITMO** n. m. MAT. Proceso de cálculo que permite llegar a un resultado final.

**ALGOSO, A** adj. Lleno de algas.

**ALGUACIL** o **AGUACIL** n. m. Oficial inferior de justicia, que ejecuta las órdenes de un tribunal. **2.** Funcionario subalterno de un ayuntamiento.

**ALGUACILAZGO** n. m. Oficio de alguacil.

**ALGUACILILLO** n. m. TAUROM. Jinete vestido de alguacil del s. XVII, que en las plazas de toros sale en el paseíllo al frente de la cuadrilla y recibe del presidente la llave del toril.

alguacilillo

**ALGUERÉS** n. m. Dialecto catalán hablado en Alguer por unas 20 000 personas.

**ALGUIEN** pron. indef. Significa una persona cualquiera sin determinación: *preguntar por alguien.* ◆ n. m. **2.** Persona importante.

**ALGÚN** adj. Apócope de *alguno.* (Sólo se emplea antepuesto a nombres masculinos.)

**ALGUNO, A** adj. Dícese de personas, animales o cosas indeterminadas con respecto a varias o a muchas: *algunos espectadores silbaron.* **2.** Expresa una cantidad imprecisa pero no muy abundante: *tener algunos bienes.* **3.** Pospuesto al nombre, tiene valor negativo: *no sufrir cambio alguno.* ◆ pron. indef. **4.** Alguien. **5.** Con la prep. *de* o *entre* y referido a un nombre próximo, tiene carácter partitivo.

**ALHAJA** n. f. Joya, pieza de oro, plata, platino o pedrería. **2.** *Fig.* y *fam.* Persona o animal de excelentes cualidades. ◆ adj. m. y f. **3.** *Argent., Bol., Ecuad.* y *Méx.* Bonito, agradable.

**ALHAJAR** v. tr. y pron. **[1]**. Adornar con alhajas.

**ALHAJERO** n. m. *Amér.* Joyero, cofre. SIN.: *alhajera.*

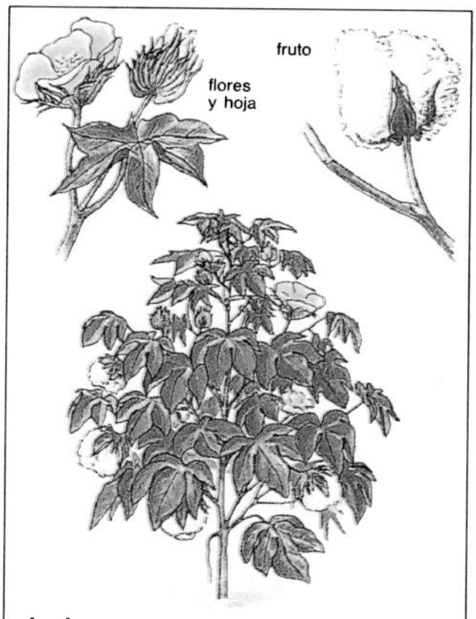


algodonero

**ALHARACA** n. f. Demostración excesiva, por ligero motivo, de la vehemencia de algún sentimiento.

**ALHARMA** n. f. Planta de flores blancas muy olorosas, cuyas semillas se comen tostadas. (Familia rutáceas.)

**ALHELÍ** n. m. (ár. *al- jīrī*). Planta ornamental de flores aromáticas de colores variados, que se cultiva en jardinería. (Familia crucíferas.) **2.** Flor de esta planta.

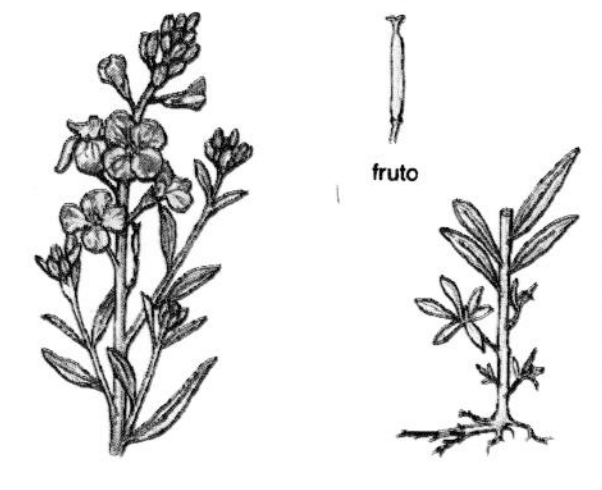


**alhelí** encarnado

**ALHEMA** n. f. Tiempo durante el cual, en las zonas de regadío, corresponde el riego a un predio determinado.

**ALHEÑA** n. f. Arbusto de 2 a 3 m de alt., con flores blancas en racimos, olorosas, común en la península Ibérica. (Familia oleáceas.) **2.** Flor de este arbusto. **3.** Polvo a que se reducen las hojas de la alheña cogidas en primavera y secadas al aire libre, y que se usa para teñir.

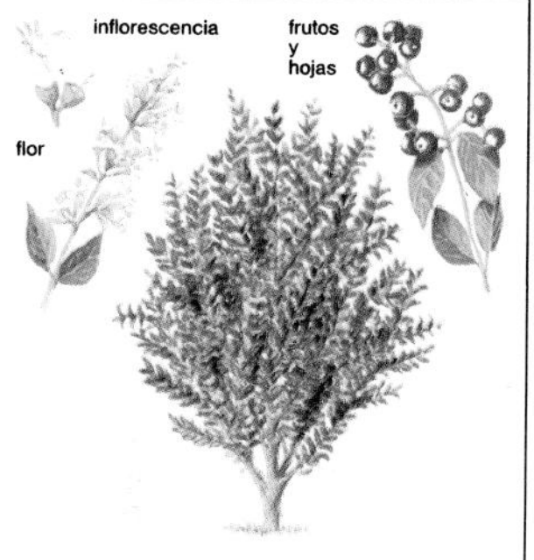


alheña

**ALHEÑAR** v. tr. y pron. **[1]**. Teñir con polvo de alheña.

**ALHOLVA** n. f. Planta de 2 a 3 dm de alt., hojas acorazonadas agrupadas de tres en tres, flores pequeñas y blancas, muy olorosa, cuyas semillas son ricas en mucílago. (Familia papilionáceas.) **2.** Semilla de esta planta.

**ALHÓNDIGA** n. f. Local público para la venta, compra y depósito de granos y otros comestibles.

**ALHUCEMA** n. f. Espliego.

**ALIÁCEO, A** adj. Perteneciente al ajo, que tiene su olor o sabor.

**ALIADO, A** adj. y n. Unido o coligado con otro u otros. ◆ **aliados** n. m. pl. Conjunto de naciones que lucharon contra Alemania en las dos guerras mundiales.

**ALIADÓFILO, A** adj. Durante las dos grandes guerras del s. XX, partidario de las naciones aliadas en contra de Alemania.

**ALIAGA** n. f. Planta arbustiva, lampiña, con ramas espinosas en su extremo y fuertes espinas laterales. (Familia papilionáceas.) SIN.: *aulaga.*

**ALIANZA** n. f. Acción de aliarse dos o más naciones, gobiernos o personas. **2.** Pacto o convención. **3.** Conexión o parentesco contraído por casamiento. **4.** Anillo de boda. **5.** *Fig.* Unión de cosas que concurren a un mismo fin. **6.** *Chile.* Mezcla de varios licores en un mismo vaso. **7.** HERÁLD. Figura del escudo que representa dos manos diestras asidas. • **Antigua alianza,** la que, según la Biblia, estableció Dios con Adán, Noé, Abraham y Moisés. || **Nueva alianza,** la religión cristiana y sus libros sagrados.

**ALIARIA** n. f. Planta de 1 m de alt. con flores blancas que exhalan olor a ajo. (Familia crucíferas.)

**ALIARSE** v. pron. **[1t]**. Unirse, coligarse los estados o príncipes unos con otros; en general, unirse o coligarse con otro. **2.** Juntarse dos o más cosas.

**ALIAS** adj. (lat. *alias,* de otro modo). De otro nombre, por otro nombre. ◆ n. m. **2.** Apodo.

**ALICAÍDO, A** adj. Caído de alas. **2.** *Fig.* y *fam.* Triste, desanimado. **3.** *Fig.* y *fam.* Débil, sin fuerzas.

**ALICANTE** n. m. Víbora muy venenosa que vive en el S de Europa. SIN.: *alicántara.*

**ALICANTINO, A** adj. y n. De Alicante. ◆ n. m. **2.** Subdialecto del valenciano que ocupa el extremo meridional de la provincia de Valencia que no habla apitxat y parte de la provincia de Alicante de expresión valenciana.

**ALICATADO** n. m. Conjunto decorativo de cerámica vidriada, usado para revestir zócalos y fachadas interiores. SIN.: *azulejo.*

**ALICATAR** v. tr. **[1]**. Azulejar **2.** Cortar los azulejos para darles la forma conveniente.

**ALICATES** n. m. pl. Tenacillas de acero de puntas fuertes, empleadas en varios oficios.

**ALICIENTE** n. m. (lat. *allicientem*). Atractivo, incentivo: *los alicientes de un viaje.*

**ALICORTO, A** adj. Que tiene las alas cortas: *pájaro alicorto.* **2.** *Fig.* Que no tiene aspiraciones ni ideales: *un político alicorto.*

**ALICREJO** n. m. *Amér. Central.* Caballo viejo y flaco.

**ALICUANTA** adj. (lat. *aliquantam*). **Parte alicuanta,** la que no mide exactamente a su todo.

**ALÍCUOTA** adj. MAT. Que está contenido un número entero de veces en un todo: *tres es una parte alícuota de doce.*

**ALICURCO, A** adj. *Chile.* Sagaz, astuto.

**ALIDADA** n. f. Regla graduada incorporada a determinados instrumentos de topografía para medir ángulos verticales. **2.** Parte móvil de un teodolito.

**ALIENABLE** adj. Enajenable.

**ALIENACIÓN** n. f. Acción y efecto de alienar. **2.** FILOS. Desposeimiento de una cualidad de un hombre en detrimento de otro. • **Alienación mental,** locura.

**ALIENADO, A** adj. y n. Afecto de alienación mental.

**ALIENANTE** adj. Que aliena: *sistema político alienante.*

**ALIENAR** v. tr. y pron. (lat. *alienare*) **[1]**. Enajenar. **2.** Privar al hombre de su libertad, hacerle olvidar la condición humana.

**ALIENÍGENA** adj. y n. m. y f. Extranjero: *costumbres alienígenas.* **2.** Extraterrestre.

**ALIENISTA** n. m. y f. y adj. Siquiatra.

**ALIENTO** n. m. Acción de alentar. **2.** Respiración, aire que se respira: *llegar sin aliento.* **3.** Aire espirado, vaho. **4.** *Fig.* Vigor del ánimo, esfuerzo, valor. (Suele usarse en plural.)

**ALIFAFE** n. m. Achaque, trastorno leve. **2.** VET. Tumor blando en algunas articulaciones del caballo.

**ALIFÁTICO, A** adj. (gr. *aleiphar, atos*). QUÍM. Dícese de los cuerpos orgánicos acíclicos.

**ALIGÁTOR** n. m. Caimán.

**ALIGERAMIENTO** n. m. Acción y efecto de aligerar.

**ALIGERAR** v. tr. y pron. **[1]**. Hacer ligero o menos pesado: *aligerar peso.* **2.** *Fig.* Aliviar, atenuar, moderar: *aligerarse el dolor.* ◆ v. tr., intr. y pron. **3.** Abreviar, acelerar: *aligerar el paso.*

**ALÍGERO, A** adj. (lat. *aliger*). *Poét.* Alado o veloz.

**ALIJAR** v. tr. (fr. ant. *alegier*) **[1]**. Aligerar la carga de una embarcación, o desembarcarla toda. **2.** Transbordar o echar en tierra géneros de contrabando.

**ALIJO** n. m. Acción y efecto de alijar. **2.** Conjunto de géneros de contrabando.

**ALILAYA** n. f. *Colomb.* y *Cuba.* Excusa frívola.

**ALÍLICO, A** adj. Dícese del alcohol etilénico $C_3H_6O$, obtenido a partir de derivados del petróleo y usado en la síntesis de la glicerina.

**ALILO** n. m. Radical —$C_3H_5$ del alílico, que entra en la composición de numerosos ésteres y éteres.

**ALIMAÑA** n. f. (lat. *animalia*). Animal perjudicial a la caza menor o a la ganadería.

**ALIMAÑERO** n. m. Hombre que se dedica a cazar alimañas.

**ALIMENTACIÓN** n. f. Acción y efecto de alimentar o alimentarse. **2.** Comercio e industria de los productos alimenticios: *trabajar en la alimentación.* **3.** Operación que consiste en colocar las municiones en un arma de fuego, suministrar combustible a un motor, etc. • **Alimentación artificial,** introducción de sustancias nutritivas en el organismo de sujetos incapaces de mantenerse por sí mismos. || **Alimentación enteral,** método de alimentación artificial que permite asegurar, mediante una sonda gástrica, un aporte calórico suficiente en enfermos que presentan trastornos de deglución o simplemente una fuerte desnutrición. || **Alimentación parenteral,** método de alimentación artificial que permite suplir, parcial o totalmente, los aportes digestivos de los enfermos por soluciones hipercalóricas introducidas en la circulación mediante un catéter colocado en una vena gruesa.

**ALIMENTADOR, RA** adj. y n. Que alimenta: *bomba alimentadora de agua.* ◆ n. m. **2.** Canalización, eléctrica o de otro tipo, que vincula directamente la planta generadora o una subestación a un punto de la red de distribución, sin ninguna derivación en su recorrido.

**ALIMENTAR** v. tr. y pron. **[1]**. Dar al organismo lo que necesita para mantenerse en vida: *alimenta bien a sus hijos.* ◆ v. tr. **2.** Suministrar a una máquina la materia necesaria para su funcionamiento: *alimentar un motor con gasolina.* **3.** *Fig.* Fomentar las pasiones, sentimientos, costumbres, etc.: *alimentar desdén por la humanidad.*

**ALIMENTARIO, A** adj. Propio de la alimentación o referente a ella: *industria alimentaria.* • **Código alimentario** (DER.), conjunto de normas básicas que regulan las condiciones mínimas del proceso industrial y comercial de alimentos, bebidas y otras materias de uso o consumo doméstico.

**ALIMENTICIO, A** adj. Que alimenta o tiene la propiedad de alimentar: *productos alimenticios.*

**ALIMENTO** n. m. (lat. *alimentum*). Todo aquello que sirve para alimentar: *digestión de los alimentos.* ◆ **alimentos** n. m. pl. **2.** DER. Lo que es necesario para el sustento, habitación, vestido y asistencia médica de una persona.

**ALIMENTOSO, A** adj. Que alimenta o nutre mucho.

**ALIMÓN. Al alimón,** conjuntamente, en colaboración: *torear al alimón.*

**ALINDAR** v. tr. **[1]**. Señalar los lindes de un terreno. ◆ v. intr. **2.** Lindar.

**ALINDAR** v. tr. y pron. [1]. Poner lindo o hermoso.

**ALINEACIÓN** n. f. Acción y efecto de alinear o alinearse. **2.** Formación de un equipo deportivo. **3.** Conjunto de menhires dispuestos en líneas paralelas.

**ALINEADO, A** adj. Dícese del grupo de países o de estados que adoptan una posición política de rechazo a cualquier alineación política.

**ALINEAMIENTO** n. m. Alineación.

**ALINEAR** v. tr. y pron. **[1]**. Poner en línea recta: *los gimnastas se alinean.* **2.** Incluir a un jugador en un equipo deportivo. ◆ **alinearse** v. pron. **3.** Adscribirse un estado a un determinado bloque políticomilitar, a una región geopolítica, etc.

**ALIÑAR** v. tr. y pron. **[1]**. Adornar, arreglar, asear: *aliñarse para salir.* **2.** Condimentar ciertos alimentos: *aliñar la verdura.* ◆ v. tr. **3.** *Chile.* Colocar en su posición los huesos dislocados.

**ALIÑO** n. m. Acción y efecto de aliñar. **2.** Aquello con que se aliña.

**ALIOLI** n. m. (cat. *allioli*). Ajiaceite.

**ALIONÍN** n. m. Pájaro de unos siete centímetros de largo, que tiene la cabeza, la garganta y el pecho de color negro azulado, una mancha en la nuca y los lados del cuello blancos, el vientre pardo y las alas negras con listas blancas.

**ALIOS** n. m. Arenisca impermeable, rojiza o negruzca, formada por granos de arena aglutinados: *el alios de las landas.*

**ALÍPEDO, A** adj. *Poét.* Que lleva alas en los pies. ◆ adj. y n. m. **2.** Quiróptero.

**¡ALIRÓN!** interj. Denota júbilo en manifestaciones deportivas de masa.

**ALISADOR, RA** adj. y n. Que alisa. ◆ n. m. **2.** Instrumento que sirve para alisar papel, cemento, etc.

**ALISADORA** n. f. Máquina empleada para alisar pieles, papel, cartón, etc.

**ALISAL** n. m. Alisar, lugar plantado de alisos.

**ALISAR** n. m. Lugar plantado de alisos.

**ALISAR** v. tr. y pron. **[1]**. Poner liso: *alisar la calzada, la ropa.* ◆ v. tr. **2.** Peinar ligeramente el cabello.

**ALISEDA** n. f. Alisar.

**ALISIO** adj. y n. m. Dícese de los vientos regulares que soplan constantemente sobre casi la tercera parte de la superficie del globo, desde las altas presiones subtropicales hacia las bajas presiones ecuatoriales. (En el hemisferio N sopla de NE a SO, y en el hemisferio S, de SE a NO.)

**ALISMA** n. f. Planta herbácea que crece junto a los estanques. (Familia alismáceas.)

**ALISMÁCEO, A** adj. y n. f. Relativo a una familia de plantas monocotiledóneas que viven en el agua o en pantanos.

**ALISO** n. m. Árbol que alcanza hasta los 20 m de alt., de hojas escotadas en el ápice, que crece a menudo al borde del agua. (Familia betuláceas.)

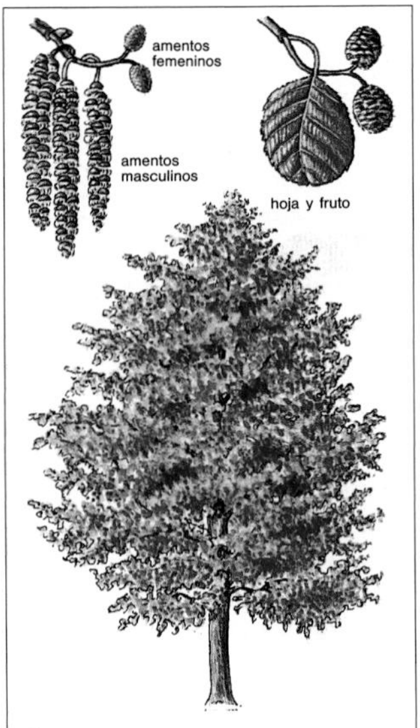

aliso

**ALISTAMIENTO** n. m. Acción y efecto de alistar o alistarse.

**ALISTAR** v. tr. y pron. **[1]**. Sentar o escribir en lista a uno. ◆ **alistarse** v. pron. **2.** Sentar plaza en la milicia: *alistarse en el ejército.*

**ALITERACIÓN** n. f. Repetición de uno o varios sonidos iguales o semejantes en una palabra o enunciado. Ej.: *Bajo el ala aleve del leve abanico* (Rubén Darío). **2.** RET. Paronomasia.

**ALIVIADERO** n. m. Desagüe del agua que rebasa el nivel de un embalse, depósito o canal.

**ALIVIADOR, RA** adj. y n. Que alivia.

**ALIVIAR** v. tr. (lat. *alleviare*) **[1]**. Aligerar, hacer menos pesado: *aliviar la carga.* **2.** *Fig.* Acelerar el paso o cualquier actividad. **3.** *Fig.* Disminuir un mal físico o moral: *aliviar la tos, una pena.*

**ALIVIO** n. m. Acción y efecto de aliviar o aliviarse. • **De alivio,** de cuidado, de naturaleza de causar daño o trastorno.

**ALIZARI** n. m. Raíz de la rubia.

**ALIZARINA** n. f. Materia colorante roja extraída de la raíz de la rubia, que actualmente se obtiene por síntesis.

**ALJABA** n. f. Caja portátil para flechas o saetas. SIN.: *carcaj.*

**ALJAMA** n. f. (ár. *al-ŷama'a*). Junta de moros o judíos. **2.** Sinagoga donde se reúnen los judíos a orar.

**ALJAMA** n. f. (ár. *al-ŷāmi'*). Mezquita.

**ALJAMÍA** n. f. Lengua castellana transcrita en caracteres árabes.

**ALJAMIADO, A** adj. Escrito en aljamía. • **Literatura aljamiada,** producción literaria escrita en lengua romance con caracteres árabes o en algunos casos hebreos.

**ALJIBE** n. m. Cisterna. **2.** Pozo de agua.

**ALJÓFAR** n. m. Perla o conjunto de perlas pequeñas de figura irregular.

**ALKANO** n. m. Alcano.

**ALKENO** n. m. Alqueno.

**ALKINO** n. m. Alquino.

**ALLÁ** adv. l. (lat. *illac*). Indica lugar alejado del que habla, pero menos determinado y preciso que el que se denota con *allí* y por esto, admite grados de comparación: *ponerse más para allá.* **2.** El lugar en donde: *cuando tú vayas, estaré allá.* **3.** El lugar adonde: *voy allá.* **4.** Precediendo a nombres significativos de lugar, denota lejanía: *divisarse alguien allá arriba.* ◆ adv. t. **5.** Precediendo a nombres significativos de tiempo, denota el remoto pasado. • **Allá cada cual, allá te las compongas, allá tú,** indican despreocupación o desinterés. || **El más allá,** el otro mundo, la vida de ultratumba.

**ALLANADOR, RA** adj. y n. Que allana.

**ALLANAMIENTO** n. m. Acción y efecto de allanar o allanarse. **2.** *Amér.* Registro policial de un domicilio. • **Allanamiento de morada,** hecho de penetrar en la casa de alguien sin su consentimiento.

**ALLANAR** v. tr., intr. y pron. **[1]**. Poner llana o igual una cosa: *allanar el piso de la carretera.* ◆ v. tr. **2.** Reducir una construcción o un terreno al nivel del suelo, derribando o llenando. **3.** *Fig.* Vencer o superar alguna dificultad o inconveniente: *allanar los obstáculos.* **4.** Entrar a la fuerza en casa ajena y recorrerla contra la voluntad de su dueño. ◆ **allanarse** v. pron. **5.** *Fig.* Conformarse, avenirse, acceder a alguna cosa.

**ALLEGADIZO, A** adj. Que se allega sin elección y para aumentar el número.

**ALLEGADO, A** adj. Partidario, que tiene algo que ver, amigo: *hombre allegado a la justicia.* ◆ adj. y n. **2.** Pariente, de la misma familia: *sólo invitó a los más allegados.* **3.** Parcial, que sigue el partido de otro, o está de su parte.

**ALLEGAR** v. tr. (lat. *aplicare*) **[1b]**. Recoger, juntar. **2.** Agregar, añadir. **3.** Recoger la parva en montones después de trillada. ◆ v. tr. y pron. **4.** Arrimar o acercar una cosa a otra. ◆ v. intr. y pron. **5.** Llegar, venir, arribar. ◆ **allegarse** v. pron. **6.** Adherirse o convenir con un dictamen o idea.

**ALLEGRETTO** adj. y adv. (voz italiana). MÚS. Menos vivo que el *allegro.* ◆ n. m. **2.** Composición musical o parte de ella, ejecutada en movimiento allegretto.

**ALLEGRO** adv. m. (voz italiana). MÚS. Vivamente, con alegría. ◆ n. m. **2.** Parte de una composición musical interpretada en movimiento allegro. **3.** COREOGR. Ejercicios de danza rápidos, como vueltas, saltos y batería, o parte de un ballet que exige una mayor rapidez de movimiento.

**ALLENDE** prep. Más allá de, de la parte de allá de: *estar allende el mar.*

**ALLÍ** adv. l. (lat. *illic*). En aquel lugar preciso. **2.** A aquel lugar: *ir allí.* **3.** En correlación con *aquí,* suele designar sitio o paraje indeterminado. ◆ adv. t. **4.** Entonces, en tal ocasión: *a partir de allí la película mejora.*

**ALMA** n. f. (lat. *animam*). Principio espiritual que informa el cuerpo humano y con él constituye la esencia del hombre. **2.** Parte moral y emocional del hombre: *despertar remordimiento en el alma.* **3.** *Fig.* Ser humano, individuo: *ciudad de 30 000 almas.* **4.** *Fig.* Persona o cosa que da vida, aliento y fuerza: *este hombre es el alma del negocio.* **5.** *Fig.* Viveza, espíritu, energía: *cantar con toda el alma.* **6.** *Fig.* Parte interior de los objetos que les da mayor solidez, resistencia, etc.: *alma de un bastón.* **7.** Gran madero vertical que sostiene un andamio. **8.** ARM. Interior del cañón de un arma de fuego. **9.** MÚS. Pequeña varilla cilíndrica de madera que, situada en el interior de un instrumento de cuerda, comunica las vibraciones a todas las partes del mismo. • **Alma de cántaro,** persona falta de discreción y sensibilidad. || **Alma de un cable,** hilo, torón o cordaje colocado siguiendo el eje de un cable. || **Alma de un electrodo de soldadura,** hilo central metálico rodeado de un revestimiento. || **Alma en pena,** persona solitaria triste y melancólica. || **Como alma que lleva el diablo** *(Fam.),* con gran rapidez. || **Dar, entregar, exhalar,** o **rendir el alma, a Dios,** expirar, morir. || **En el alma,** profunda, entrañablemente. || **Llegarle** a uno **al alma** alguna cosa, sentirla intensamente.

**ALMACÉN** n. m. (ár. *al-majzan*). Lugar donde se guardan géneros de cualquier clase. **2.** Local donde se venden géneros al por mayor. **3.** Cavidad de un arma de repetición donde se aloja el cargador. **4.** *Amér. Merid.* Tienda de comestibles. • **Almacén frigorífico,** recinto con cámaras a bajas temperaturas y paredes aislantes, en el que se conservan productos perecederos. || **Chasis almacén** (FOT.), depósito portaplacas impenetrable a la luz y acoplado a una máquina fotográfica. ◆ **almacenes** n. m. pl. **5.** Gran establecimiento de venta que agrupa numerosos departamentos especializados. SIN.: *grandes almacenes.* • **Almacenes generales de depósito** (DER.), establecimientos donde se guardan mercancías contra entrega de un título expedido a los depositantes.

**ALMACENAJE** n. m. Almacenamiento. **2.** Derecho pagado por almacenar.

**ALMACENAMIENTO** n. m. Acción y efecto de almacenar. **2.** Conjunto de mercancías almacenadas.

**ALMACENAR** v. tr. **[1]**. Poner o guardar en almacén: *almacenar trigo.* **2.** Reunir o guardar muchas cosas: *almacenar revistas.*

**ALMACENERO, A** n. *Argent., Par.* y *Urug.* Dueño o encargado de una tienda de comestibles.

**ALMACENISTA** n. m. y f. Dueño de un almacén. **2.** Persona encargada de la custodia de las mercancías depositadas en un almacén. **3.** Comerciante mayorista.

**ALMÁCIGA** n. f. (ár. *al-maṣtakà*). Resina amarillenta que se extrae del lentisco.

**ALMÁCIGA** n. f. (ár. *al-masriyya*). Lugar donde se siembran las semillas de las plantas para trasplantarlas después.

**ALMACIGADO, A** adj. *Amér.* Dícese del ganado de color cobrizo subido. **2.** *Perú.* Moreno, de raza mezclada.

**ALMÁCIGO** n. m. Lentisco.

**ALMÁCIGO** n. m. Almáciga, semillero.

**ALMÁDANA, ALMÁDENA** o **ALMÁDINA** n. f. Mazo de hierro, con mango largo y delgado, empleado para partir piedras.

**ALMADÍA** n. f. Armadía, balsa de maderos.

**ALMADRABA** n. f. Pesca de atunes. **2.** Lugar donde se hace esta pesca. **3.** Red o cerco de redes con que se pescan los atunes.

**ALMADRABERO, A** adj. Relativo a la almadraba. ◆ n. m. **2.** El que se ocupa en el ejercicio de la almadraba.

**ALMADREÑA** n. f. Zueco, zapato de madera.

**ALMAGRAL** n. m. Terreno en que abunda el almagre.

**ALMAGRAR** v. tr. **[1]**. Teñir de almagre algo.

**ALMAGRE** n. m. Óxido rojo de hierro que se encuentra en estado nativo y suele usarse en pintura.

**ALMANAQUE** n. m. (ár. *al-manāj*). Calendario impreso en hojas sueltas o formando libro, con indicaciones astronómicas, meteorológicas y otras relativas a festividades religiosas, actos civiles, etc.

**ALMANDINA** n. f. Granate alumínico férrico.

**ALMARADA** n. f. Puñal agudo de tres aristas y sin corte. **2.** Aguja para coser alpargatas. **3.** TECNOL. Barreta cilíndrica de hierro, con mango, usada en los hornos de azufre para desobstruir el conducto que lo conduce desde el crisol.

**ALMARIO** n. m. Armario.

**ALMARJAL** n. m. Terreno poblado de almarjos. SIN.: *armajo, barrillas.*

**ALMARJAL** n. m. Marjal, terreno bajo y pantanoso.

**ALMARJO** n. m. Barrilla, cenizas de esta planta. **2.** Cualquiera de las plantas que dan barrilla.

**ALMAZARA** n. f. Fábrica donde se elabora la aceituna para extraer el aceite. **2.** Aparato para moler la aceituna antes de ser prensada. SIN.: *molino de aceite.*

**ALMEA** n. f. En oriente, bailarina y cantante.

**ALMEJA** n. f. Molusco bivalvo comestible, que vive en las costas de la península Ibérica, en lugares arenosos. (Familia venéridos.) • **Almeja de río,** molusco lamelibranquio de agua dulce, comestible. (Familia uniónidos.)

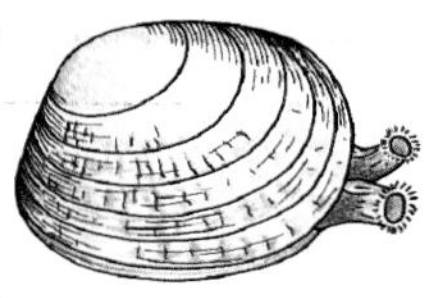

almeja

**ALMENA** n. f. Cada uno de los prismas, generalmente rectangulares, que coronan los muros de las antiguas fortalezas.

**ALMENADO, A** adj. Provisto de almenas: *torre almenada.* **2.** HERÁLD. Dícese de la figura que se adorna con almenas dispuestas hacia arriba. CONTR.: *atalayado.*

**ALMENAR** v. tr. **[1]**. Guarnecer de almenas un edificio.

**ALMENAR** n. m. Pie de hierro sobre el cual se ponían teas encendidas para alumbrar.

**ALMENARA** n. f. Fuego hecho en las almenaras para dar aviso de algo. **2.** Almenar, pie de hierro. **3.** Candelero con muchas mechas.

**ALMENDRA** n. f. (lat. *amygdalam*). Semilla comestible del almendro, rica en sustancias grasas y en glúcidos. **2.** Semilla carnosa de cualquier fruto drupáceo. **3.** B. ART. Encuadramiento elíptico en el que se representa Cristo triunfante. SIN.: *mandorla.* • **Almendra garrapiñada,** dulce que consiste en una almendra recubierta de azúcar fundido y canela.

**ALMENDRADO, A** adj. De figura de almendra: *ojos almendrados.* ◆ n. m. **2.** Dulce o salsa hechos a base de almendras. **3.** *Perú.* Guiso preparado con salsa de almendras.

**ALMENDRAL** n. m. Terreno plantado de almendros.

**ALMENDRO** n. m. Árbol originario de Asia, de 7 m de alt., madera dura y flores blancas o rosadas, cultivado por sus semillas comestibles, las almendras. (Familia rosáceas.)

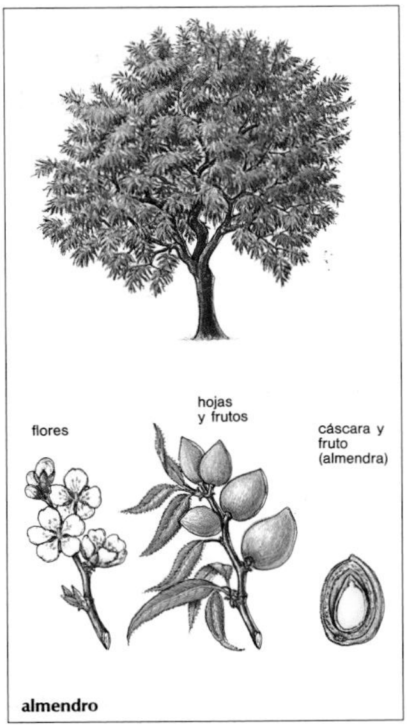


almendro

**ALMENDRÓN** n. m. Diversas especies de árboles americanos, cuyo fruto es semejante al del almendro europeo. **2.** Fruto de estos árboles.

**ALMENDRUCO** n. m. Fruto tierno del almendro con el endocarpio aún blando y la semilla a medio cuajarse.

**ALMERIENSE** adj. y n. m. y f. De Almería.

**ALMETE** n. m. Casco de hierro utilizado del s. XV al XVII.

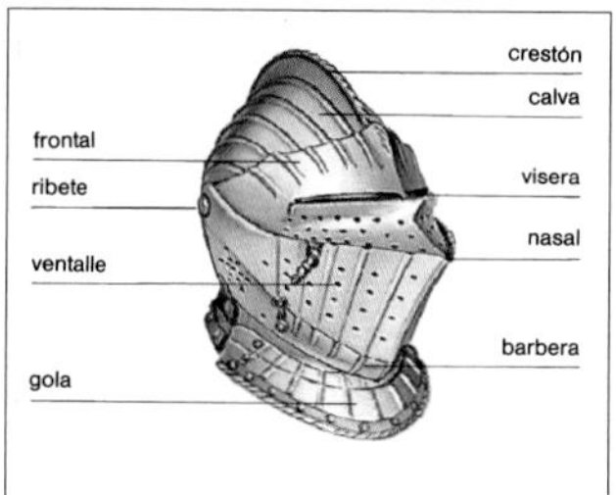

almete

**ALMEZ** o **ALMEZO** n. m. Árbol de hasta 25 m de alt., con copa ancha y hojas lanceoladas y dentadas de color verde oscuro, cuya madera se utiliza para fabricar mangos de herramientas, bastones, etc. (Familia ulmáceas.) **2.** Madera de este árbol.

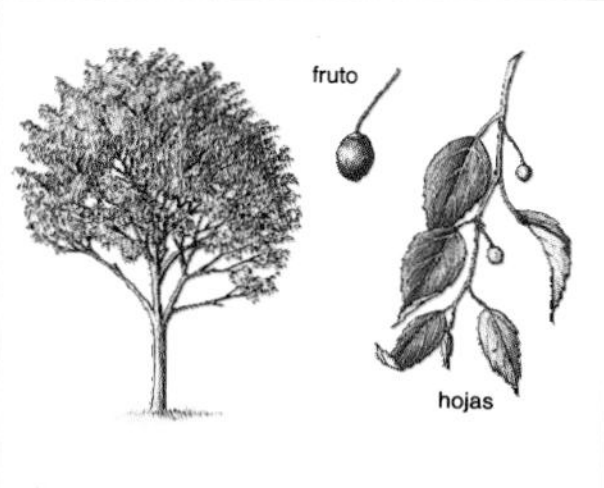

almez

**ALMEZA** n. f. Fruto del almez, negro por fuera y amarillo por dentro.

**ALMIAR** n. m. Pajar al descubierto, con un palo largo alrededor del cual se va apretando la paja.

**ALMÍBAR** n. m. Azúcar disuelto en agua y espesado a fuego lento. **2.** *Fig.* Dulzura y cortesía extremadas.

**ALMIBARADO, A** adj. Dícese del lenguaje excesivamente meloso y de la persona que lo emplea.

**ALMIBARAR** v. tr. **[1]**. Bañar con almíbar. **2.** *Fig.* Suavizar las palabras para ganarse la voluntad de otro.

**ALMICANTARAT** o **ALMICANTARADA** n. f. Cada uno de los círculos imaginarios de la esfera celeste, paralelos al horizonte.

**ALMIDÓN** n. m. Poliósido que constituye la sustancia de reserva de los vegetales, como las semillas de cereales, tubérculos de patatas, etc. • **Engrudo de almidón,** solución coloidal de almidón en agua.

**ALMIDONAR** v. tr. **[1]**. Impregnar de almidón especialmente la ropa blanca, antes de plancharla. ◆ **almidonarse** v. pron. **2.** Arreglarse excesivamente.

**ALMIDONERÍA** n. f. Fábrica en la que se produce almidón.

**ALMIDONERO** n. m. Variedad de trigo de espiga gruesa, cuadrada y vellosa.

**ALMIMBAR** n. m. Púlpito de una mezquita.

**ALMINAR** n. m. Torre de una mezquita, desde lo alto de la cual el almuecín anuncia las cinco llamadas a la oración cotidiana.

**ALMIRANTA** n. f. Mujer del almirante.

**ALMIRANTAZGO** n. m. Alto tribunal o consejo de la armada. **2.** Dignidad de almirante. **3.** Término de su jurisdicción. **4.** DER. Derecho que para los gastos de la marina real pagaban las embarcaciones mercantes que entraban en los puertos de España.

**ALMIRANTE** n. m. En la marina militar el que tiene el cargo superior de la armada; en la actualidad equivale al grado de teniente general en los ejércitos de tierra.

**ALMIREZ** n. m. Mortero de metal para machacar o moler.

**ALMIZCLE** n. m. Sustancia odorífera utilizada en perfumería y producida por ciertos mamíferos, en particular por el almizclero macho. • **Almizcle vegetal,** aceite que se extrae del abelmosco.

**ALMIZCLEÑO, A** adj. Que huele a almizcle.

**ALMIZCLERO, A** adj. Almizcleño. ◆ n. m. **2.** Pequeño rumiante carente de cuernos y parecido al cabrito, que vive en África y Asia.

**ALMOCADÉN** n. m. En la milicia antigua, caudillo o capitán de tropa de a pie. **2.** En Marruecos, autoridad subalterna de funciones varias.

**ALMOCAFRE** n. m. Azada pequeña cuya parte metálica está constituida por dos dientes curvados.

**ALMOCRÍ** n. m. Lector del Corán en las mezquitas.

**ALMODÓVAR** n. f. Plaza fortificada.

**ALMOGÁVAR** n. m. En la edad media, soldado de una tropa irregular de infantería, que hacía correrías en tierras enemigas.

■ Los almogávares actuaron sobre todo, durante la reconquista, al servicio de Jaime I, y, durante las guerras de expansión de Pedro el Grande, por el Mediterráneo. Llegaron al apogeo de su fama como guerreros con la expedición de Roger de Flor a oriente (1302-1305). Se denominó también *almogávares* a los mercenarios que lucharon contra Felipe IV en la guerra de Cataluña (1640-1652).

**ALMOHADA** n. f. Colchoncillo que sirve para reclinar sobre él la cabeza en la cama. **2.** Funda en que se mete este colchoncillo. **3.** Colchoncillo para sentarse o apoyarse sobre él. • **Consultar con la almohada,** meditar con el tiempo necesario algún asunto.

**ALMOHADE** adj. y n. m. y f. Relativo a los almohades, dinastía beréber y movimiento religioso del islam. (V. parte n. pr.)

**ALMOHADILLA** n. f. Cojincillo para clavar agujas y alfileres. **2.** Relleno de materia blanda que se pone en algunas prendas de vestir para levantar los hombros. **3.** Almohada para sentarse o apoyarse. **4.** Tampón para humedecer los sellos. **5.** ARQ. Resalto de aristas, generalmente achaflanadas, labrado en un sillar.

**ALMOHADILLADO, A** adj. y n. Acolchado, relleno: *sillón almohadillado.* ◆ n. m. **2.** Capa de materiales diversos para amortiguar ruidos, golpes, etc. **3.** ARQ. Sillar cuya parte saliente se ha obtenido labrándolo con el martillo de aristas vivas. **4.** ARQ. Paramento de piedra que forma un saliente con respecto a sus aristas o a sus juntas.

**ALMOHADILLAR** v. tr. **[1]**. ARQ. Labrar los sillares en almohadillas. **2.** ARQ. Acolchar, poner un relleno blando.

**ALMOHADILLAZO** n. m. Golpe dado con una almohadilla.

**ALMOHADILLERO, A** n. Persona que hace o vende almohadillas. **2.** Persona que alquila almohadillas al público de algunos espectáculos.

uno de los dos **alminares** de la mezquita de al-Ḥākim (El Cairo; arte fatimī, 990-1004)

**ALMOHADÓN** n. m. Colchoncillo a manera de almohada para sentarse, recostarse o apoyar los pies en él. SIN.: *cojín.*

**ALMOHAZA** n. f. Instrumento de hierro, formado por pequeñas láminas dentadas, para sacar la suciedad que se adhiere al pelo de los caballos.

**ALMOHAZAR** v. tr. **[1g]**. Frotar con la almohaza.

**ALMOJARIFAZGO** n. m. Complejo de impuestos de origen árabe, incorporado posteriormente a la hacienda real de Castilla.

**ALMOJARIFE** n. m. En la España musulmana, funcionario encargado de la recaudación de impuestos.

**ALMONEDA** n. f. Subasta de bienes. **2.** Venta de géneros a bajo precio.

**ALMONEDAR** o **ALMONEDEAR** v. tr. **[1]**. Vender en almoneda.

**ALMORÁVID** o **ALMORÁVIDE** adj. y n. m. y f. Relativo a los almorávides, dinastía beréber y movimiento religioso del islam. (V. parte n. pr.)

**ALMORRANA** n. f. Hemorroide. (Suele usarse en plural.)

**ALMORTA** n. f. Guija. **2.** Semilla de esta planta.

**ALMORZAR** v. intr. **[1n]**. Tomar el almuerzo: *almorzar tarde.* ◆ v. tr. **2.** Comer en el almuerzo: *almorzar fruta.*

**ALMOTACÉN** n. m. En la España musulmana, funcionario encargado de contrastar las pesas y medidas.

**ALMUD** n. m. Antigua medida de capacidad para áridos empleada en España, Portugal y América del Sur, variable según las localidades.

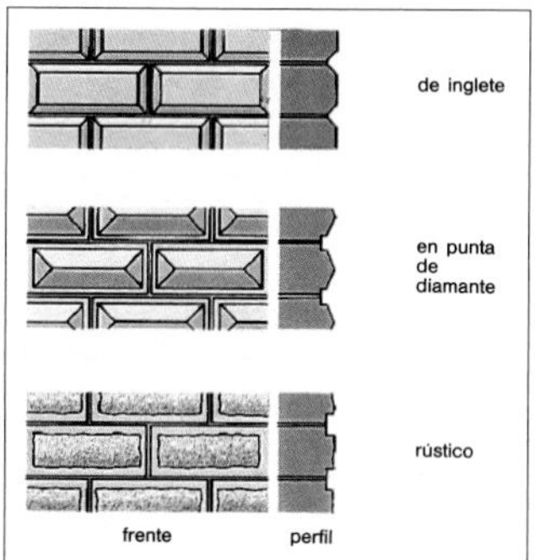

almohadillados

**ALMUECÍN** o **ALMUÉDANO** n. m. Funcionario encargado de anunciar, desde lo alto del alminar, las cinco oraciones cotidianas del islam. SIN. *muecín.*

**ALMUERZO** n. m. Desayuno. **2.** Comida del mediodía o primeras horas de la tarde. **3.** Acción de almorzar.

**ALNADO, A** n. (lat. *antenatum,* nacido antes). Hijastro.

**¡ALÓ!** interj. *Amér.* Se emplea para contestar por teléfono, ¡diga!, ¡dígame!

**ALOANTICUERPO** n. m. Anticuerpo producido entre individuos no idénticos pertenecientes a una misma especie.

**ALOANTÍGENO** n. m. MED. Antígeno de las células o del suero que distingue a los individuos de una misma especie (por ejemplo, los antígenos de los grupos sanguíneos o de los grupos tisulares).

**ALÓBROGES** o **ALÓBROGOS,** pueblo de la Galia, que habitaba el Delfinado y la Saboya. En 121 fueron anexionados a Roma.

**ALOCADO, A** adj. y n. Que parece loco, irreflexivo, precipitado: *comportamiento alocado.*

**ALÓCTONO, A** adj. y n. Dícese del originario de otro país. ◆ adj. **2.** GEOL. Dícese de la formación que no se encuentra en su yacimiento primitivo, sino que ha sido desplazada horizontalmente por algún agente geológico.

**ALOCUCIÓN** n. f. (lat. *allocutionem*). Discurso breve, dirigido por un superior a sus inferiores o súbditos.

**ALODIAL** adj. Libre de toda carga y derecho señorial.

**ALODIO** n. m. (lat. *allodium*). Tierra libre de toda carga y derecho señorial.

**ÁLOE** n. m. (gr. *aloē*). Planta originaria de África, de hojas carnosas que proporcionan un jugo resinoso utilizado como purgante y colorante. (Familia liliáceas.) **2.** Jugo de esta planta.

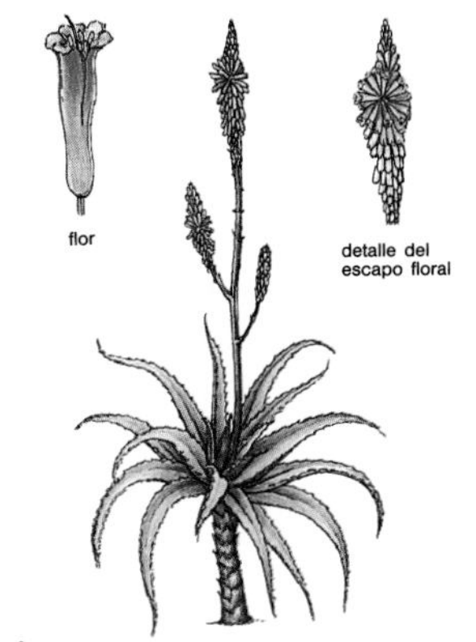

**áloe**

**ALOESTESIA** n. f. NEUROL. Perturbación de la sensibilidad caracterizada por una localización anormal de la sensación con respecto a la aplicación del estímulo, siendo percibida la sensación, sea cual sea el lugar excitado, en un punto simétrico del cuerpo.

**ALOFANA** n. f. Grupo de silicatos de aluminio hidratados, productos típicos de la meteorización de todas las rocas silicatadas.

**ALOFÁNICO, A** adj. QUÍM. Dícese del ácido inestable, de fórmula $NH_2$—CO—NH $CO_2H$, del que se conocen sales, ésteres y amida.

**ALÓFONO** n. m. FONÉT. Cada una de las variantes que se dan en la pronunciación de un mismo fonema, según el entorno fónico.

**ALÓGENO, A** adj. De distinta raza que los autóctonos.

**ALOINMUNIZACIÓN** n. f. MED. Consecuencia de la introducción en un organismo de un aloantígeno celular o plasmático del que carece.

**ALOJA** n. f. *Argent., Bol.* y *Chile.* Bebida refrescante hecha generalmente con semillas de algarroba blanca, machacadas y fermentadas.

**ALOJADO, A** n. *Chile* y *Ecuad.* Huésped.

**ALOJAMIENTO** n. m. Acción y efecto de alojar o alojarse. **2.** Lugar en que uno está alojado. **3.** Lugar o cavidad donde se sitúa una pieza móvil de un mecanismo.

**ALOJAR** v. tr., intr. y pron. (cat. *allotjar*) [**1**]. Hospedar, aposentar: *¿dónde te alojas?* ◆ v. tr. y pron. **2.** Dar alojamiento: *alojar a la tropa.* **3.** Introducir una cosa dentro de otra: *la bala se alojó en el brazo.*

**ALOMORFO** adj. QUÍM. Dícese de la sustancia que tiene la misma composición química que otra pero distinta estructura cristalina. ◆ adj. y n. m. **2.** LING. Dícese de cada una de las variantes de un morfema en función del contexto. SIN.: *alomorfema.*

**ALÓN** n. m. Ala sin plumas de cualquier ave.

**ALONDRA** n. f. Ave de entre 17,5 y 19,5 cm de long., cola ahorquillada y plumaje pardo, común en los campos, que nunca se posa en los árboles. (Familia aláudidos.)

**alondra**

**ALÓPATA** n. m. y f. y adj. Médico que se dedica a la alopatía.

**ALOPATÍA** n. f. Tratamiento de las enfermedades con remedios de naturaleza contraria a la de dichas enfermedades.

**ALOPÁTICO, A** adj. Relativo a la alopatía o a los alópatas.

**ALOPÁTRICO, A** adj. BIOL. Dícese de dos o más grupos taxonómicos, por lo general subespecies o razas pertenecientes a una misma especie, que viven en territorios distintos pero a menudo contiguos, y que no tienen contacto alguno entre sí.

**ALOPECIA** n. f. (lat. *alopeciam*). Caída, generalmente temporal y localizada, del cabello y a veces del pelo.

**ALOQUE** adj. y n. m. Dícese del vino tinto claro.

**ALOSA** n. f. Pez parecido a la sardina, con una long. máx. de 80 cm, de carne apreciada, que vive en el mar y en primavera remonta los cursos de agua dulce para el desove. (Familia clupeidos.)

**ALOSTERIA** n. f. Inhibición de una enzima proteica por una molécula mucho más pequeña que se fija sobre ella y modifica su forma.

**ALOSTÉRICO, A** adj. Relativo a la alosteria.

**ALOTIPIA** n. f. MED. Existencia de estructuras antigénicas diferentes entre individuos de una misma especie.

**ALOTRIOFAGIA** n. f. SIQUIATR. Trastorno del comportamiento alimentario consistente en la ingestión de sustancias no comestibles.

**ALOTROPÍA** n. f. QUÍM. Propiedad que poseen ciertos cuerpos, como el carbono y el fósforo, de presentarse en diversos estados con propiedades físicas diferentes.

**ALOTRÓPICO, A** adj. Relativo a la alotropía.

**ALÓTROPO** n. m. LING. Cada una de las formas divergentes procedentes de un mismo étimo. SIN.: *doblete.*

**ALPACA** n. f. (voz aymara). Rumiante parecido a la llama, domesticado en América del Sur por su largo pelaje. **2.** Fibra textil, suave y sedosa, obtenida de este animal. **3.** Paño que se fabrica con esta fibra. **4.** Tejido de algodón abrillantado.

**alpaca**

**ALPACA** n. f. Aleación de aspecto parecido al de la plata, que contiene estaño aleado a otros metales, utilizada para la fabricación de cubiertos.

**ALPARGATA** n. f. Calzado de tela, con la suela de esparto trenzado.

**ALPARGATERÍA** n. f. Taller y establecimiento del alpargatero.

**ALPARGATERO, A** n. El que hace o vende alpargatas.

**ALPAX** n. m. Aleación de aluminio y silicio, fácil de moldear.

**ALPECHÍN** n. m. Líquido fétido que sale de las aceitunas apiladas antes de la molienda.

**ALPENDE** n. m. Pequeña cubierta voladiza de un edificio y, especialmente, la sostenida por pilastras o columnas, a manera de pórtico.

**ALPESTRE** adj. Alpino. **2.** Dícese de las plantas que viven a grandes altitudes: *flora alpestre.*

**ALPINISMO** n. m. Deporte que consiste en la ascensión a las cumbres de altas montañas.

**alpinismo**

**grandes fechas del alpinismo**

| *cumbre* | *primera ascensión* |
|---|---|
| Mont Blanc | 1786 |
| Cervino | 1865 |
| Kilimanjaro | 1889 |
| Aconcagua | 1897 |
| McKinley | 1913 |
| Annapūrnā | 1950 |
| Everest | 1953 |
| K2 | 1954 |
| Kangchenjunga | 1955 |

**ALPINISTA** n. m. y f. Persona que practica el alpinismo.

**ALPINO, A** adj. (lat. *alpinum*). Relativo a los Alpes o a las regiones de alta montaña. **2.** Relativo al alpinismo. **3.** Dícese de los movimientos orogénicos del terciario y de las formas características de su relieve: *plegamiento alpino; cordillera alpina.* • **Cabra alpina,** raza de cabra de pelo ralo, cabeza triangular y orejas enhiestas en forma de cucurucho. ‖ **Cazador alpino, tropas alpinas,** soldados de infantería o unidades especializadas en el combate en la montaña. ‖ **Raza alpina,** individuos braquicéfalos, bajos y rechonchos.

**ALPISTE** n. m. (voz mozárabe). Gramínea cultivada por sus semillas, que sirven de alimento a los pájaros en cautividad. **2.** Semilla de esta planta. **3.** *Fig.* y *fam.* Cualquier bebida alcohólica: *dicen que le gusta el alpiste.*

**ALPUJARREÑO, A** adj. y n. De La Alpujarra.

**ALQUENO** o **ALKENO** n. m. Hidrocarburo etilénico.

**ALQUEQUENJE** n. m. Planta silvestre o cultivada, de unos 50 cm de alt., cuya baya, comestible, está encerrada en un cáliz encarnado que se hincha en forma de vejiga. (Familia solanáceas.) **2.** Fruto de esta planta.

**ALQUERÍA** n. f. Casa o conjunto de casas de labor.

**ALQUIBLA** n. f. Orientación a La Meca hacia la que los musulmanes deben situarse durante la oración ritual.

**ALQUILACIÓN** n. f. QUÍM. Sustitución de un átomo de hidrógeno por un radical alquilo en una molécula.

**ALQUILANTE** n. m. Sustancia química de síntesis, utilizada en la quimioterapia del cáncer, que desnaturaliza las nucleoproteínas por combinación y provoca una alteración del núcleo celular y de los cromosomas.

**ALQUILAR** v. tr. [**1**]. Dar o tomar una cosa para su uso, con ciertas condiciones y por un precio convenido: *alquilar un piso, un coche.* **2.** Contratar los servicios de alguien para algún trabajo. ◆ **alquilarse** v. pron. **3.** Ponerse a servir a otro por cierto estipendio: *alquilarse como guía.*

**ALQUILER** n. m. Acción de alquilar. **2.** Precio por el que se alquila alguna cosa, renta. • **De alquiler,** lo que está destinado a ser alquilado o lo que ya está alquilado.

**ALQUILO** n. m. Radical monovalente derivado de un hidrocarburo.

**ALQUIMIA** n. f. (ár. *al-kimiya*). Rama de la filosofía natural que buscaba la panacea universal e intentaba la trasmutación de los metales.

**ALQUÍMICO, A** adj. Relativo a la alquimia.

**ALQUIMILA** n. f. Planta que crece en lugares incultos, de hojas pentalobuladas. (Familia rosáceas.)

**ALQUIMISTA** n. m. y adj. El que profesaba la alquimia.

**ALQUINO** o **ALKINO** n. m. Nombre genérico de los hidrocarburos acíclicos de triple enlace.

**ALQUITARA** n. f. Alambique.

**ALQUITARAR** v. tr. [**1**]. Destilar en alambiques.

**ALQUITRÁN** n. m. (ár. *al-qiṭrān*). Sustancia oscura y viscosa que se obtiene, por destilación, de la hulla, madera, petróleo, etc.

**ALQUITRANADO, A** adj. De alquitrán. ◆ n. m. **2.** Acción y efecto de alquitranar.

**ALQUITRANADOR, RA** adj. Que alquitrana. ◆ n. m. **2.** Obrero que prepara o emplea el alquitrán.

**ALQUITRANADORA** n. f. Máquina de alquitranar.

**ALQUITRANAR** v. tr. [**1**]. Recubrir con alquitrán.

**ALREDEDOR** adv. l. Denota la situación de lo que rodea alguna cosa: *alrededor de una mesa.* ◆ adv. c. **2.** Cerca, sobre poco más o menos: *alrededor de un kilómetro.* ◆ n. m. **3.** Contorno: *los alrededores de la ciudad.* (Suele usarse en plural.)

**ALSACIANO, A** adj. y n. De Alsacia. ◆ n. m. **2.** Conjunto de hablas germánicas de Alsacia.

**ALTA** n. f. Ingreso de una persona en un cuerpo, profesión, carrera, etc. **2.** Acto en que el contribuyente declara a la hacienda el ejercicio de profesiones o industrias sujetas a impuesto. **3.** Reanudación de una actividad, trabajo, etc. **4.** Declaración médica que indica el restablecimiento de una persona enferma. • **Dar de alta,** o **el alta** a un enfermo, declararlo curado. || **Darse de alta,** ingresar en el número de los que ejercen una profesión u oficio reglamentados.

**ALTAICO, A** adj. y n. m. Dícese del conjunto de lenguas turcas y mongoles que presentan concomitancias.

**ALTAMENTE** adv. m. En extremo, en gran manera: *altamente perjudicial.*

**ALTANERÍA** n. f. *Fig.* Altivez, soberbia: *su altanería le hace insoportable.* **2.** Vuelo alto de algunas aves. **3.** Cetrería.

**ALTANERO, A** adj. Dícese de las aves de alto vuelo. **2.** *Fig.* Altivo, soberbio.

**ALTAR** n. m. (lat. *altar*). Antiguamente, mesa destinada a los sacrificios. **2.** Mesa donde se celebra la misa. • **Altar mayor,** el principal de un templo. || **Conducir,** o **llevar al altar** a una mujer *(Fam.)*, casarse con ella.

**ALTARICÓN, NA** adj. Dícese de la persona de gran estatura y corpulencia.

**ALTAVOZ** n. m. Aparato que convierte en ondas acústicas las corrientes eléctricas correspondientes a los sonidos musicales o vocales.

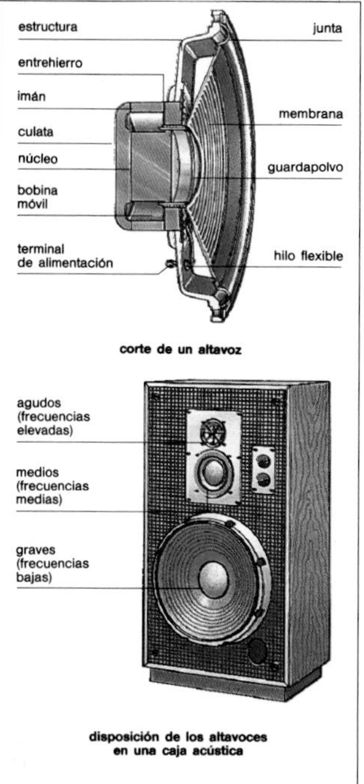

altavoz

**ALTEA** n. f. Planta herbácea de hojas alternas y flores solitarias o en racimos, que crece en terrenos salinos y praderas húmedas.

**ALTER EGO** n. m. (voces latinas). Persona muy identificada con las opiniones o empresas de otra, que goza de toda su confianza o que se le parece mucho: *es su alter ego.*

**ALTERABILIDAD** n. f. Calidad de alterable.

**ALTERABLE** adj. Que puede alterarse: *metales alterables.*

**ALTERACIÓN** n. f. Acción y efecto de alterar: *alteración de letras en un escrito.* **2.** Sobresalto, movimiento de una pasión. **3.** Altercado, disputa. **4.** Alboroto, tumulto, motín. **5.** GEOMORFOL. Modificación superficial de una roca, en particular de naturaleza química, debido a agentes atmosféricos. **6.** MÚS. Signo colocado a la izquierda de una nota para modificar la octava sin cambiarle el nombre (bemol, sostenido y becuadro).

**ALTERADOR, RA** adj. y n. Que altera: *circunstancia alteradora de la paz.*

**ALTERAR** v. tr. y pron. (lat. *alterare*) [**1**]. Cambiar la esencia, forma o cualidades de una cosa: *alterar las costumbres.* **2.** Perturbar, inquietar: *alterar la calma.* **3.** Estropear, dañar, descomponer: *los alimentos se alteran con el calor.*

**ALTERCADO** n. m. Disputa violenta.

**ALTERCADOR, RA** adj. y n. Que alterca o es propenso a altercar.

**ALTERCAR** v. intr. (lat. *altercari*) [**1a**]. Disputar, porfiar.

**ALTERIDAD** n. f. FILOS. Cualidad de lo que es otro.

**ALTERNACIÓN** n. f. Acción y efecto de alternar.

**ALTERNADO, A** adj. MAT. Dícese de la función que, cuando se permutan dos variables, cambia de signo sin variar los valores absolutos. **2.** Dícese de la serie numérica cuyos términos, a partir de uno determinado, son alternativamente positivos y negativos.

**ALTERNADOR** n. m. Generador de corriente eléctrica alterna. (Se llaman *monofásicos, bifásicos* o *trifásicos,* según el número de fases de la corriente que proporcionan.)

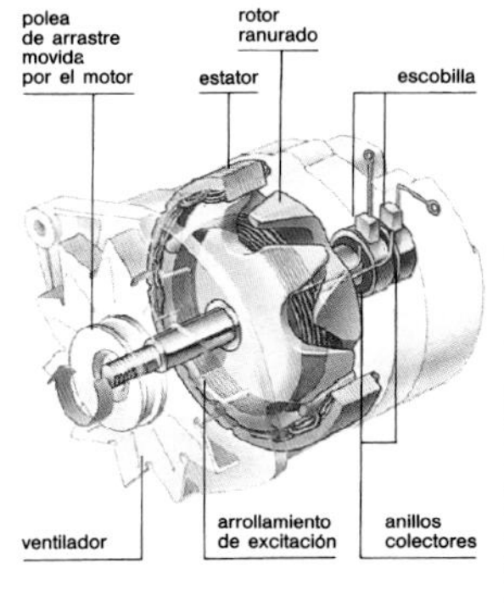

**alternador** de automóvil: esquema de funcionamiento

**ALTERNANCIA** n. f. Acción y efecto de alternar. **2.** Característica de un sistema político en el que se incluyen dos o más partidos que pueden sucederse en el poder dentro del marco de las instituciones existentes. **3.** Semiperíodo de una corriente alterna.

**ALTERNANTE** adj. Que alterna.

**ALTERNAR** v. tr. (lat. *alternare*) [**1**]. Variar las acciones haciendo o diciendo cosas diversas por turnos y sucesivamente: *alternar la lectura con la escritura.* **2.** Distribuir alguna cosa entre personas o cosas que se turnan. ◆ v. intr. **3.** Tener trato las personas entre sí, relacionarse. **4.** En ciertos bares o salas, tratar mujeres contratadas para ello con los clientes, para que estos consuman. **5.** Entrar a competir con uno. **6.** Hacer o decir una persona varias cosas, por turno. **7.** Sucederse unas cosas a otras repetidamente. ◆ v. intr. y pron. **8.** Sucederse varias personas por turno en un cargo, oficio o acción.

**ALTERNATIVA** n. f. Acción o derecho para ejecutar alguna cosa o gozar de ella alternando con otra. **2.** Opción entre dos cosas: *ante la alternativa tuvo que elegir.* **3.** Efecto de alternar, hacer o decir una cosa, desempeñar un cargo varias personas por turno. **4.** Sucesión de hechos o estados prósperos y adversos. **5.** TAUROM. Acto por el cual un matador de toros eleva a su misma categoría a un matador de novillos: *tomar, dar la alternativa.*

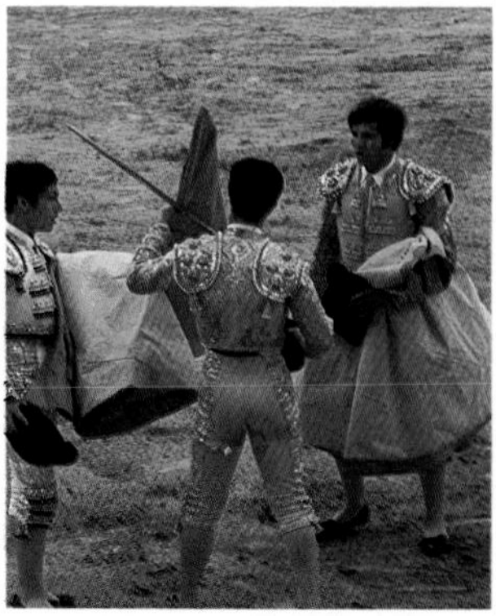
ceremonia de la **alternativa**

**ALTERNATIVO, A** adj. Que se dice, hace o sucede con alternación. **2.** Que cambia de sentido periódicamente. **3.** Que ofrece una opción distinta a lo habitual u ordinario: *música alternativa.* • **Obligación alternativa** (DER.), la que tiene por objeto dos o más prestaciones de las que queda constreñido el deudor a una sola.

**ALTERNE** n. m. Acción de alternar en bares o salas de fiesta. • **De alterne,** dícese de los locales donde se practica el alterne: *bar de alterne.*

**ALTERNO, A** adj. (lat. *alternum*). Alternativo. **2.** Dícese de la corriente eléctrica que cambia periódicamente de sentido. **3.** MAT. Dícese de los ángulos situados a distinto lado de una recta (secante) que corta a otras dos. • **Ángulos alternos externos,** los situados exteriormente a las dos rectas y a diferentes lados de la secante. || **Ángulos alternos internos,** los situados interiormente a las dos rectas y a diferentes lados de la secante. || **Hojas, flores alternas,** las dispuestas a lo largo del tallo, una a una, en espiral.

**ALTEZA** n. f. Elevación, sublimidad, excelencia. **2.** Tratamiento dado a los hijos de los reyes, a los infantes de España y a algunos príncipes a quienes lo concedía el monarca.

**ALTIBAJO** n. m. Golpe derecho que se da con la espada de alto a bajo. ◆ **altibajos** n. m. pl. **2.** *Fam.* Desigualdades o altos y bajos de un terreno cualquiera. **3.** *Fig.* y *fam.* Alternativa de bienes y males o de sucesos prósperos y adversos.

**ALTILLANO** n. m. Altiplanicie.

**ALTILLO** n. m. Cerrillo o lugar elevado. **2.** Construcción en alto, en el interior de una tienda, taller o almacén, a fin de aprovechar todo el espacio de la planta baja.

**ALTILOCUENCIA** n. f. Grandilocuencia.

**ALTIMETRÍA** n. f. Medida de alturas.

**ALTÍMETRO** n. m. Aparato para medir la altura.

**ALTIPAMPA** n. f. *Argent* y *Bol.* Altiplanicie.

**ALTIPLANICIE** n. f. Meseta de mucha extensión y a gran altitud.

**ALTIPLANO** n. m. Extensión de escaso relieve y elevada altitud.

**ALTIPUERTO** n. m. Terreno de aterrizaje en alta montaña especialmente equipado para el servicio de estaciones de deportes de invierno.

**ALTÍSIMO** n. m. **El Altísimo** (REL.), Dios considerado como señor y creador soberano.

**ALTISONANCIA** n. f. Calidad de altisonante.

**ALTISONANTE** o **ALTÍSONO, A** adj. Altamente sonoro, enfático: *lenguaje altisonante.*

**ALTITUD** n. f. (lat. *altitudinem*). Elevación vertical de un punto sobre el nivel medio del mar.

**ALTIVEZ** n. f. Orgullo, soberbia.

**ALTIVO, A** adj. Orgulloso, soberbio. **2.** Erguido, elevado.

**ALTO** n. m. (germ. *halt*). Voz que se usa para que otro suspenda la conversación, discurso o cosa que esté haciendo. **2.** Detención o parada. • **¡Alto**

**ahí!,** expresión que se utiliza para interrumpir una acción de alguien. ‖ **¡Alto el fuego!,** loc. con que se ordena que cese el tiroteo. ‖ **Hacer alto,** pararse durante la marcha, viaje, etc.; replantearse un tema.

**ALTO, A** adj. (lat. *altum*). Levantado, elevado sobre la tierra: *montaña alta; piso alto.* **2.** De gran estatura: *ser alto para la edad.* **3.** Dícese de la calle, el pueblo, territorio o país que está más elevado con respecto a otro y de los habitantes de éstos. **4.** *Fig.* Noble, santo, excelente: *tener altas aspiraciones.* **5.** De superior categoría o condición: *alto clero.* **6.** *Fig.* Caro, subido: *pagar un precio alto.* **7.** *Fig.* Fuerte, agudo: *voz alta.* **8.** *Fig.* Avanzado: *altas horas de la noche.* **9.** Dícese de las hembras de ciertos animales cuando están en celo. • **Alta mar,** parte del mar alejada de la costa. ‖ **Alta traición,** la cometida contra el honor, la soberanía, la seguridad o la independencia del estado; delito de orden político cometido por un jefe de estado. ‖ **Carta alta,** la más elevada para jugar en un palo. ‖ **Pase alto** o **por alto** (TAUROM.), pase en el que, al realizarlo, la muleta pasa por encima de los cuernos del toro. ‖ **Por todo lo alto,** con todo lujo; de gran envergadura; con todos los requisitos. ◆ adv. l. **10.** En lugar o parte superior: *volar alto.* ◆ adv. m. **11.** En voz fuerte: *hablar alto.* • **Pasar por alto,** dejar de lado, omitir, eludir. ◆ n. m. **12.** Altura, dimensión de los cuerpos perpendicular a su base. **13.** Sitio elevado en el campo. **14.** Cada uno de los distintos órdenes de habitaciones que, sobrepuestos, forman un edificio. **15.** MÚS. En las voces femeninas, tesitura de contralto y en las masculinas, las más agudas. **16.** Instrumentos cuyo registro responde a estas voces. **17.** *Amér.* Montón. ◆ **altos** n. m. pl. **18.** *Argent., Chile* y *Perú.* Piso o pisos altos de una casa.

**ALTOCÚMULO** o **ALTOCÚMULUS** n. m. Conjunto de nubes medias cuya altura no sobrepasa los 4 000 m, dispuestas en forma de mechones de perfiles limpios, en grupo o formando filas.

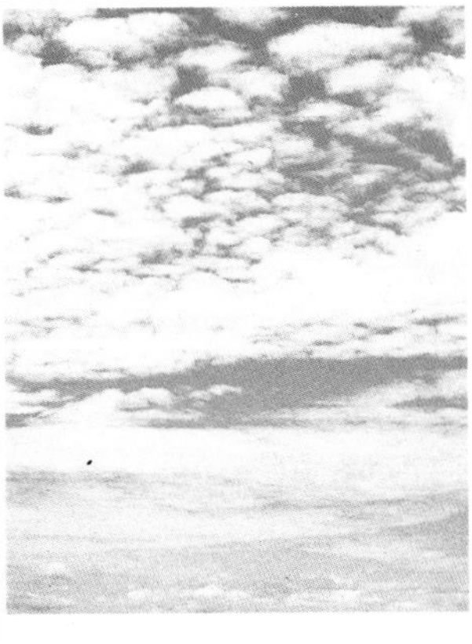

altocúmulos

**ALTOESTRATO** o **ALTOSTRATUS** n. m. Conjunto de nubes medias, entre los 3 000 y 4 000 m de alt., en forma de velo filamentoso, de color gris.

**ALTOPARLANTE** n. m. *Amér.* Altavoz.

**ALTORRELIEVE** n. m. ESCULT. Relieve cuyas figuras son muy abultadas, casi independientes del fondo.

**ALTOZANO** n. m. Monte de poca altura en terreno llano. **2.** Lugar más alto de ciertas poblaciones. **3.** *Amér.* Atrio de una iglesia.

**ALTRAMUZ** n. m. Planta de la familia papilionáceas, de hojas palmeadas, flores con racimo terminal y fruto en legumbre, algunas de cuyas variedades se cultivan como planta forrajera, y otras, como planta ornamental. **2.** Fibra de esta planta, que puede usarse como textil.

**ALTRUISMO** n. m. (fr. *altruisme*). Cuidado desinteresado del bien ajeno, aun a costa del propio y fundado en una moral puramente natural.

**ALTRUISTA** adj. y n. m. y f. Que tiene altruismo.

**ALTURA** n. f. Elevación que tiene un cuerpo sobre la superficie de la tierra. **2.** Dimensión de los cuerpos perpendicular sobre su base, y considerada por encima de ésta. **3.** *Fig.* Alteza, sublimidad, excelencia. **4.** *Fig.* Mérito, valor. **5.** COREOGR. Posición de danza en la que la pierna se levanta hasta la altura de la cadera. **6.** MAR. Situación relativa de un punto con otro. **7.** MAT. Longitud de la perpendicular bajada desde el vértice de una figura geométrica a la base: *altura de un triángulo.* **8.** MAT. Nombre dado a la propia recta perpendicular. • **A estas alturas,** en este tiempo, en esta ocasión, cuando han llegado las cosas a este punto. ‖ **A la altura de,** con los verbos *estar, ponerse, vivir,* y otros semejantes, alcanzar una persona o cosa el grado de perfección correspondiente al término que sirve de comparación. ‖ **Altura de un astro,** ángulo formado por la visual al astro y el plano horizontal del lugar de observación. ‖ **Altura de un sonido,** característica ligada a la frecuencia de vibraciones de un sonido audible. ‖ **Altura de una montaña,** su altitud por encima del nivel medio del mar. ◆ **alturas** n. f. pl. **9.** Cielo, mansión de los bienaventurados: *ascendió a las alturas.*

**ALUBIA** n. f. Judía.

**ALUCINACIÓN** n. f. SIQUIATR. Percepción sin estímulo externo en la que el sujeto tiene conciencia plena de realidad.

**ALUCINAR** v. tr. y pron. (lat. *alucinari*) [**1**]. Producir alucinación. **2.** Cautivar, fascinar; impresionar vivamente. ◆ v. intr. **3.** Confundirse, ofuscarse, desvariar.

**ALUCINATORIO, A** adj. SIQUIATR. Perteneciente o relativo a la alucinación: *sicosis alucinatoria crónica.*

**ALUCINE** n. m. *Fam.* Alucinación, asombro.

**ALUCINÓGENO, A** adj. y n. m. Dícese de las sustancias icodislépticas que crean artificialmente alucinaciones.

**ALUCINOSIS** n. f. SIQUIATR. Alucinación cuyo carácter anormal es reconocido por el enfermo.

**ALUCITA** n. f. Mariposa de 1 cm de envergadura y alas grises y amarillas, similar a las polillas, cuya larva daña los cereales.

**ALUD** n. m. Masa de nieve que se derrumba de los montes con violencia. **2.** *Fig.* Lo que se desborda y precipita impetuosamente: *un alud de cartas.*

**ALUDIDO, A** adj. Nombrado, mencionado. • **Darse por aludido** *(Fam.),* recoger una alusión o posible alusión para reaccionar en función de su contenido.

**ALUDIR** v. tr. (lat. *alludere*) [**3**]. Referirse a una persona o cosa sin nombrarla, mencionarla. **2.** Nombrar incidentalmente a alguien o algo en una conversación o discurso.

**ALUMBRADO, A** adj. Que tiene mezcla de alumbre o participa de su naturaleza; que ha sido tratado con alumbre.

**ALUMBRADO, A** adj. Que se ilumina o sale a la luz. ◆ n. m. **2.** Conjunto de luces que iluminan un pueblo o lugar.

**ALUMBRADO, A** n. y adj. Miembro de determinadas corrientes de espiritualidad y renovación religiosa que se produjeron en España a lo largo de los ss. XVI y XVII. (En el s. XVIII tomaron un cariz claramente herético.)

altoestratos

**ALUMBRADOR, RA** adj. y n. Que alumbra o sirve para alumbrar.

**ALUMBRAMIENTO** n. m. Acción y efecto de alumbrar o alumbrarse. **2.** Última fase del parto. **3.** *Fig.* Parto.

**ALUMBRAR** v. tr., intr. y pron. [**1**]. Iluminar, poner luz o acompañar con luz. ◆ v. tr. **2.** Descubrir algo subterráneo y sacarlo a la superficie. ◆ v. intr. **3.** Parir la mujer. **4.** Expulsar la placenta y anexos durante el parto. ◆ **alumbrarse** v. pron. **5.** *Fam.* Embriagarse.

**ALUMBRAR** v. tr. [**1**]. Mordentar con alumbres.

**ALUMBRE** n. m. (lat. *aluminem*). Sulfato doble de aluminio y potasio, o compuesto análogo que tiene propiedades astringentes y sirve para fijar los tintes y aclarar el agua.

**ALÚMINA** n. f. (lat. *alumen*). QUÍM. Óxido de aluminio ($Al_2O_3$), que constituye un grupo de piedras preciosas diferenciadas según su coloración, como el rubí, el zafiro, etc.

**ALUMINADO** n. m. Proceso de recubrimiento protector por medio de una capa de aluminio.

**ALUMINATO** n. m. Sal en la cual la alúmina actúa con carácter ácido: *aluminato de potasio.*

**ALUMÍNICO, A** adj. Que contiene aluminio.

**ALUMINIO** n. m. Metal (Al), de número atómico 13 y masa atómica 26,98, blanco brillante, ligero, dúctil, maleable y poco alterable por el aire.
■ El aluminio funde a 660 °C y tiene una densidad de 2,7. Su compuesto más importante es su óxido (alúmina), obtenido a partir de la bauxita, cuya reducción electrolítica es la base de la metalurgia del aluminio. Por su ligereza, el aluminio se utiliza, puro o en aleación (Duraluminio, Alpux, etc.), en el sector del automóvil y de la aeronáutica, así como en la industria eléctrica, construcción, decoración, embalaje, etc. Los principales países productores son E.U.A., Rusia, Japón, Canadá, Alemania y Australia. *(V. ilustración pág. 70.)*

**ALUMINOSILICATO** n. m. Sal derivada del silicio y del aluminio, combinados con un óxido metálico.

**ALUMINOSIS** n. f. Alteración que experimentan los elementos estructurales de un edificio construido con un tipo de cemento a base de bauxita, caliza o cal por acción del calor y la humedad, consistente en una pérdida de estabilidad del cemento que puede acarrear la destrucción del elemento.

**ALUMINOSO, A** adj. Que contiene alúmina: *agua aluminosa.*

**ALUMINOTERMIA** n. f. Reacción del aluminio en polvo con diversos óxidos metálicos que produce altas temperaturas y sirve para aislar algunos metales, en la soldadura del acero y en las bombas incendiarias.

**ALUMNADO** n. m. Conjunto de alumnos que reciben su instrucción en determinado centro de enseñanza.

**ALUMNO, A** n. (lat. *alumnum*). Persona respecto del que la educó desde su niñez. **2.** Discípulo respecto de su maestro, de la materia que aprende, de la escuela donde estudia, etc., estudiante.

**ALUNADO, A** adj. Lunático, de estado de ánimo en extremo mudable. **2.** *Argent.* y *Urug.* Malhumorado.

**ALUNITA** n. f. Sulfato básico natural de aluminio y potasio.

**ALUNIZAJE** n. m. Acción y efecto de alunizar.

**ALUNIZAR** v. intr. [**1g**]. Posarse en la superficie lunar una aeronave.

**ALUSIÓN** n. f. (lat. *allusionem*). Acción y efecto de aludir. **2.** Palabras con que se alude.

**ALUSIVO, A** adj. Que alude o implica alusión.

**ALUTACIÓN** n. f. Pepita de oro, polvo de este metal, o aluvión aurífero que se encuentran a flor de tierra.

**ALUVIAL** adj. Producido por aluviones: *llanura aluvial.*

**ALUVIÓN** n. m. (lat. *alluvionem*). Avenida fuerte de agua, inundación. **2.** *Fig.* Cantidad de personas o cosas agolpadas. • **De aluvión,** dícese de los terrenos o depósitos de tierra acumulados por la acción mecánica de las corrientes de agua. ◆ **aluviones** n. m. pl. **3.** Depósitos de sedimentos dejados por una corriente de agua cuando el caudal o la pendiente son insuficientes.

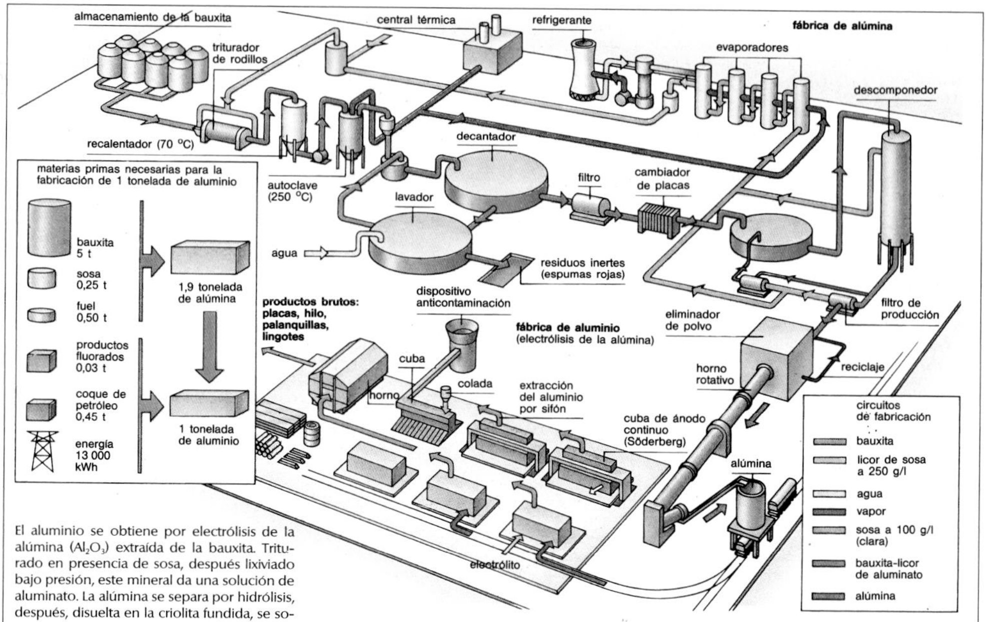


El aluminio se obtiene por electrólisis de la alúmina ($Al_2O_3$) extraída de la bauxita. Triturado en presencia de sosa, después lixiviado bajo presión, este mineral da una solución de aluminato. La alúmina se separa por hidrólisis, después, disuelta en la criolita fundida, se somete, a unos 1 000 °C, a una corriente continua de fuerte intensidad (17 000 A) y de débil tensión (4 V).

**aluminio:** esquema de la elaboración

**ALUZAR** v. tr. e intr. [**1g**]. *Amér. Central, Colomb.* y *Méx.* Alumbrar. ◆ v. tr. **2.** *Dom.* y *P. Rico.* Examinar al trasluz.

**ALVEARIO** n. m. Conducto auditivo externo.

**ÁLVEO** n. m. Madre o lecho de un río. **2.** Fondo de un lago o laguna.

**ALVEÓGRAFO** n. m. Aparato utilizado para determinar el comportamiento mecánico de las pastas de harinas.

**ALVEOLADO, A** adj. Provisto de alvéolos.

**ALVEOLAR** adj. Relativo o semejante a los alvéolos. ◆ adj. y n. f. **2.** Dícese del fonema articulado a la altura de los alvéolos, y de la letra que lo representa.

**ALVEOLITIS** n. f. Inflamación de los alvéolos pulmonares.

**ALVÉOLO** o **ALVEOLO** n. m. Cada una de las celdillas que forman los panales. **2.** Cavidad de los maxilares en la que se encaja un diente. **3.** Cavidad abierta en el tejido del lóbulo pulmonar. **4.** Hueco habilitado en un embalaje para colocar en él el artículo que se quiere presentar. **5.** GEOMORFOL. Pequeña depresión en una roca homogénea debida a erosión química o mecánica.

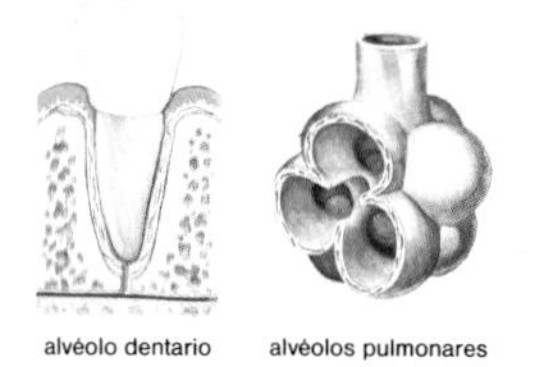


**alvéolos**

**ALVERJADO** n. m. *Chile.* Guiso de arverjas, guisantes.

**ALVINO, A** adj. VET. Relativo al bajo vientre.

**ALZA** n. f. Elevación, subida, aumento: *el alza de los precios.* **2.** Pedazo de vaqueta con que se aumenta la forma del zapato. **3.** Cada una de las piezas de madera que, a modo de ballestas, se colocan sobre los ejes de las ruedas de un carromato, y donde se apoya la caja del vehículo. **4.** Papel que se pega sobre el tímpano de las prensas manuales, sobre el cilindro de las mecánicas, o debajo de ciertas partes de la forma, para realzar o igualar la impresión. **5.** Cada uno de los maderos con que se cierra el portillo de un embalse, dique, etc., por la parte de aguas arriba. **6.** ARM. Aparato colocado sobre el cañón de un arma de fuego, que sirve para apuntar. • **En alza,** aumentando la estimación de una cosa o persona: *su fama va en alza.* ‖ **Jugar al alza,** especular en la bolsa previendo la elevación de las cotizaciones.

**ALZACUELLO** n. m. Cuello suelto propio del traje eclesiástico.

**ALZADA** n. f. Estatura del caballo. **2.** DER. Recurso de apelación en lo administrativo.

**ALZADO, A** adj. Dícese de la persona que quiebra fraudulentamente. **2.** Dícese del ajuste o precio fijado en determinada cantidad. **3.** HERÁLD. Dícese de una pieza cuando está a mayor altura que la correspondiente. **4.** *Amér.* Dícese del animal en celo. **5.** *Amér. Merid.* Dícese del animal doméstico que se vuelve bravío. **6.** *Amér. Merid.* Dícese del animal amontado, cimarrón. ◆ adj. y n. **7.** *Amér. Fig.* Engreído, soberbio e insolente. ◆ n. m. **8.** GEOMETR. Diseño de un edificio, máquina, etc., en su proyección geométrica o vertical. **9.** ART. GRÁF. Reunión, por el orden de signaturas, de los cuadernos que forman un libro.

**ALZADORA** n. f. ART. GRÁF. Máquina que efectúa el alzado de los pliegos de un volumen.

**ALZAMIENTO** n. m. Acción y efecto de alzar o alzarse. **2.** MIL. Levantamiento, sublevación.

**ALZAPAÑO** n. m. Cada una de las piezas fijadas en la pared, a los lados de una cortina, para tenerla recogida. **2.** Cada una de las tiras sujetas a los alzapaños para recoger las cortinas.

**ALZAPRIMA** n. f. Palanca, barra para levantar pesos. **2.** Cuña empleada para realzar alguna cosa. **3.** *Argent.* y *Par.* Carro. **4.** *Argent.* y *Urug.* Cadena.

**ALZAR** v. tr. y pron. [**1g**]. Mover de abajo hacia arriba: *alzar la mano.* **2.** Poner una cosa en lugar alto: *alzar al niño en brazos.* **3.** Poner vertical lo inclinado o tumbado. **4.** *Fig.* Rebelar, sublevar. ◆ v. tr. **5.** Tratándose de los ojos, la mirada, la puntería, etc., dirigirlos hacia arriba. **6.** Recoger o quitar una cosa de donde está: *alzar los manteles.* **7.** Recoger lo extendido para guardarlo: *alzar la parva.* **8.** *Fig.* Aumentar, subir. **9.** *Fig.* Tratándose de la voz, darle mayor fuerza, hacer que suene más. **10.** Dar la primera vuelta al rastrojo. **11.** *Fig.* Retirar del campo la cosecha. **12.** Construir, fabricar, edificar. **13.** ART. GRÁF. Poner en rueda todas las signaturas de una impresión y sacar los pliegos uno a uno para ordenarlos. • **Alzar el vuelo,** echar a volar. ‖ **Alzar la voz** a uno, gritarle, reñirle. ◆ v. tr. e intr. **14.** En la misa, elevar la hostia y el cáliz después de la consagración. ◆ **alzarse** v. pron. **15.** Sobresalir, elevarse sobre una superficie o plano. **16.** Iniciarse o acentuarse un fenómeno meteorológico: *alzarse el viento.* **17.** *Amér.* Fugarse el animal doméstico y hacerse montaraz. • **Alzarse en armas,** revolucionarse, disponerse para una guerra, rebelarse. ‖ **Alzarse** uno **con** alguna cosa, apoderarse de ella.

**a. m.,** abrev. de las voces *ante meridiem.*

**Am,** símbolo químico del *americio.*

**A/m,** símbolo de *amperio por metro.*

**AMA** n. f. Femenino de amo. **2.** Criada principal de una casa. **3.** Criada superior que suele haber en casa del clérigo o del seglar que vive solo. **4.** Mujer que amamanta una criatura ajena; se llama especialmente ama de cría o de leche. • **Ama de brazos** *(Amér.),* niñera. ‖ **Ama de casa,** mujer que se ocupa de las tareas de su casa. ‖ **Ama de gobierno** o **de llaves,** criada encargada de las llaves o de la economía de la casa.

**AMA** n. f. Religiosa budista del Japón.

**AMABILIDAD** n. f. Calidad de amable.

**AMABLE** adj. Digno de ser amado. **2.** Afable, complaciente, afectuoso: *persona amable y cariñosa.*

**AMACHETEAR** v. tr. [**1**]. Dar machetazos.

**AMACIGADO, A** adj. De color amarillo o de almáciga.

**AMADO, A** n. Persona amada.

**AMADRINAR** v. tr. [**1**]. Unir dos caballerías con la correa llamada madrina. **2.** *Amér. Merid.* Acostumbrar al ganado caballar a que vaya en tropilla detrás de la yegua madrina. **3.** MAR. Unir dos cosas para que ambas ofrezcan mayor resistencia, o para reforzar una de ellas. ◆ v. tr. y pron. **4.** *Fig.* Apadrinar.

**AMAESTRADOR, RA** adj. y n. Que amaestra.

**AMAESTRAMIENTO** n. m. Acción y efecto de amaestrar.

**AMAESTRAR** v. tr. y pron. [**1**]. Enseñar, adiestrar. **2.** Domar los animales, enseñarles ciertas habilidades. ◆ v. tr. e intr. **3.** Colocar a plomo los listones llamados maestras que sirven de guía para levantar paredes.

**AMAGAMIENTO** n. m. *Amér.* Quebrada honda y estrecha.

**AMAGAR** v. tr. e intr. [**1b**]. Dejar ver la intención o disposición de ejecutar próximamente alguna cosa. **2.** Amenazar. **3.** Fingir que se va a hacer o decir alguna cosa, especialmente en lenguaje militar. ◆ v. intr. **4.** Estar una cosa próxima a sobrevenir. **5.** Manifestarse los primeros síntomas de una enfermedad. **6.** Hacer ademán o demostración de favorecer o hacer daño. ◆ **amagarse** v. pron. **7.** *Fam.* Ocultarse, esconderse.

**AMAGO** n. m. Acción de amagar. **2.** Señal, indicio de algo.

**AMAINAR** v. intr. [**1**]. Aflojar, perder su fuerza el viento, lluvia, tormenta, etc.: *el aguacero amaina.* ◆ v. intr. y tr. **2.** *Fig.* Aflojar, ceder. ◆ v. tr. **3.** MAR. Recoger en todo o en parte las velas de una embarcación para que no avance tanto.

**AMAINE** n. m. Acción y efecto de amainar.

**AMAJADAR** v. tr. [**1**]. Hacer el redil del ganado menor en un terreno, para que lo abone con su estiércol. ◆ v. tr. e intr. **2.** Poner el ganado en la majada o redil. ◆ v. intr. **3.** Hacer mansión el ganado en la majada.

**AMALECITA** o **AMALEQUITA** adj. y n. m. y f. Relativo a unas tribus nómadas del S del Néguev, adversarias de los israelitas y vencidas definitivamente por David; individuo de estas tribus.

**AMALGAMA** n. f. Aleación de mercurio y otro metal: *la amalgama de estaño sirve para formar la lámina de los espejos.* **2.** *Fig.* Mezcla de elementos heterogéneos. **3.** MED. Aleación de plata y estaño empleada para practicar las obturaciones dentales.

**AMALGAMACIÓN** n. f. Acción y efecto de amalgamar.

**AMALGAMADOR, RA** adj. y n. Que amalgama.

**AMALGAMAMIENTO** n. m. Amalgamación.

**AMALGAMAR** v. tr. y pron. [**1**]. Hacer una amalgama.

**AMAMANTAMIENTO** n. m. Acción y efecto de amamantar.

**AMAMANTAR** v. tr. [**1**]. Dar de mamar.

**AMÁN** n. m. Paz o amnistía que pedían los moros al someterse.

**AMANCEBAMIENTO** n. m. Unión de un hombre y una mujer en vida matrimonial sin estar casados.

**AMANCEBARSE** v. pron. [**1**]. Unirse en amancebamiento.

**AMANECER** v. intr. (lat. *admanescere*) [**2m**]. Apuntar el día. **2.** Llegar o estar en un paraje o condición determinados al apuntar el día: *amanecimos en la playa.* **3.** Aparecer de nuevo o manifestarse una cosa al rayar el día: *amaneció el campo lleno de rocío.* **4.** *Fig.* Empezar a manifestarse alguna cosa.

**AMANECER** n. m. Tiempo durante el cual amanece.

**AMANERAMIENTO** n. m. Acción y efecto de amanerar o amanerarse. **2.** Falta de naturalidad o espontaneidad.

**AMANERADO, A** adj. Que adolece de amaneramiento. ◆ adj. y n. m. **2.** Afeminado.

**AMANERAR** v. tr. y pron. [**1**]. Dar un artista cierta monotonía y uniformidad a sus obras, contraria a la verdad y a la variedad: *amanerar el estilo.* ◆ **amanerarse** v. pron. **2.** Contraer una persona, por afectación, vicio semejante en el modo de accionar, hablar, etc.

**AMANITA** n. f. Hongo de diversos colores, con un anillo bajo el sombrero y esporas blancas, algunas de cuyas especies son comestibles y otras muy venenosas.

**AMANOJAR** v. tr. [**1**]. Juntar varias cosas en manojo.

**AMANSADOR, RA** adj. y n. Que amansa. ◆ n. m. **2.** *Amér.* Domador de caballos.

**AMANSADORA** n. f. *Argent.* y *Urug.* Antesala, espera prolongada.

**AMANSAMIENTO** n. m. Acción y efecto de amansar.

**AMANSAR** v. tr. y pron. [**1**]. Hacer manso, domesticar. **2.** Domar un carácter violento. **3.** *Fig.* Sosegar, apaciguar. ◆ v. intr. **4.** Apaciguarse, amainar algo. **5.** Ablandarse una persona en su carácter.

**AMANTE** adj. Que ama. ◆ n. m. y f. **2.** Hombre o mujer amancebados. ◆ **amantes** n. m. pl. **3.** Personas que se aman.

**AMANTE** n. m. MAR. Cabo grueso asegurado en la cabeza de un palo o verga para resistir grandes esfuerzos.

**AMANUENSE** n. m. y f. (lat. *amanuensem*). Persona que escribe al dictado. **2.** Escribiente, persona que copia.

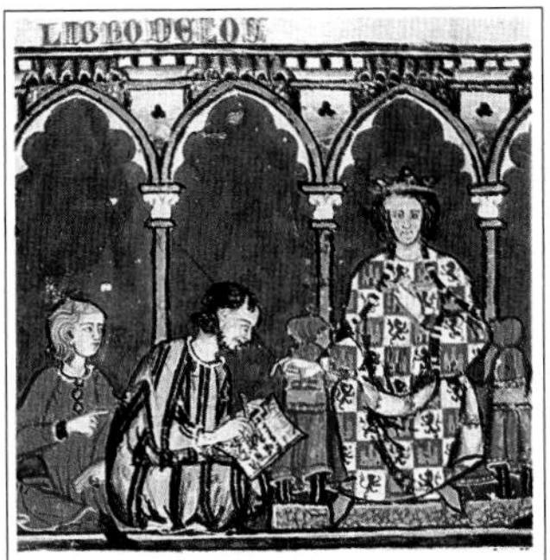

Alfonso X dictando a su **amanuense** el *Libro de ajedrez, dados y tablas;* 1283
(biblioteca del monasterio de El Escorial)

**AMAÑAR** v. tr. [**1**]. Arreglar, urdir, generalmente de forma poco escrupulosa o chapucera. ◆ **amañarse** v. pron. **2.** Darse maña.

**AMAÑO** n. m. Disposición para hacer con maña alguna cosa. **2.** *Fig.* Traza o artificio para conseguir algo. (Suele usarse en plural.) ◆ **amaños** n. m. pl. **3.** Instrumentos a propósito para alguna maniobra.

**AMAPA** n. f. Planta del Amazonas que exuda una goma de aplicaciones industriales. (Familia apocináceas.)

**AMAPOLA** n. f. Planta herbácea de flores rojas, común en los campos de cereales, donde constituye una mala hierba. (Familia papaveráceas.) **2.** Flor de esta planta.

**amapola**

**AMAR** v. tr. (lat. *amare*) [**1**]. Tener amor a personas o cosas. **2.** Desear. **3.** Estimar, apreciar.

**AMARAJE** n. m. Acción de amarar.

**AMARANTÁCEO, A** adj. y n. f. BOT. Relativo a una familia de plantas herbáceas o arbustivas pertenecientes al orden quenopodiáceas, como el amaranto.

**AMARANTO** n. m. (gr. *amarantos*). Nombre de diversas plantas, algunas de ellas cultivadas como ornamentales por sus flores rojas agrupadas en racimos largos. ◆ adj. y n. m. **2.** Dícese del color carmesí.

**AMARAR** v. intr. [**1**]. Posarse en la superficie del agua una aeronave.

**AMARCHANTARSE** v. pron. [**1**]. *Cuba, Méx.* y *Venez.* Hacerse cliente de alguna tienda.

**AMARGADO, A** adj. y n. Resentido, en actitud hostil hacia la sociedad y el mundo.

**AMARGAR** v. intr. y pron. [**1b**]. Tener alguna cosa sabor o gusto desagradable al paladar, parecido al de la hiel, el acíbar, etc. ◆ v. tr. **2.** Comunicar sabor o gusto desagradable a una cosa, en sentido propio y figurado. ◆ v. tr. y pron. **3.** *Fig.* Causar aflicción o disgusto. **4.** Experimentar una persona resentimiento por frustraciones, problemas, etc.

**AMARGO, A** adj. Que amarga, de sabor amargo. **2.** *Fig.* Que causa o denota aflicción o disgusto. ◆ n. m. **3.** Amargor, sabor amargo. **4.** Licor confeccionado con almendras amargas.

**AMARGÓN** n. m. Planta compuesta de hojas dentadas, cuyos brotes tiernos se comen como ensalada, con pequeños frutos secos rematados por un vilano que facilita su diseminación por el viento. SIN.: *diente de león*

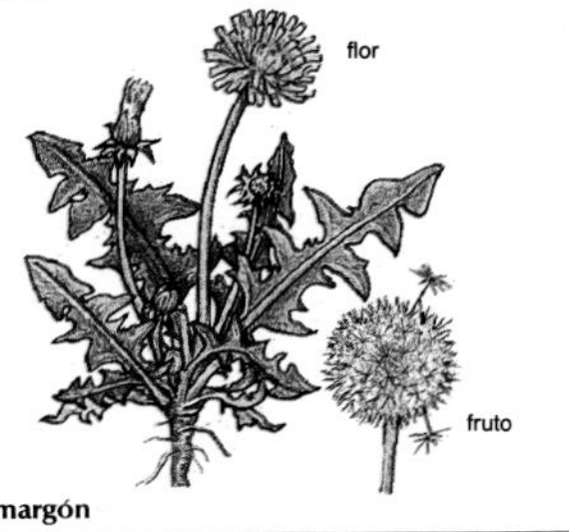


**amargón**

**AMARGOR** n. m. Amargura.

**AMARGURA** n. f. Aflicción, disgusto: *las amarguras de la vida.* **2.** Gusto amargo.

**AMÁRICO** n. m. Lengua semítica hablada en la meseta abisinia.

**AMARICONADO, A** adj. *Fam.* Afeminado.

**AMARIL** adj. Dícese del virus de la fiebre amarilla y de un veneno que se suponía el agente de dicha enfermedad.

**AMARILIDÁCEO, A** adj. y n. f. BOT. Relativo a una familia de plantas monocotiledóneas, como el narciso y el agave.

**AMARILLEAR** v. intr. [**1**]. Tirar a amarillo. **2.** Palidecer.

**AMARILLECER** v. intr. [**2m**]. Ponerse amarillo.

**AMARILLENTO, A** adj. Que tira a amarillo.

**AMARILLEO** n. m. Acción y efecto de amarillear.

**AMARILLEZ** n. f. Calidad de amarillo.

**AMARILLO, A** adj. y n. Dícese del color comprendido entre el verde y el anaranjado en el espectro solar. **2.** Dícese de las organizaciones sindicales controladas o inspiradas por los patronos, y del obrero encuadrado en ellas. ◆ adj. **3.** De color amarillo. • **Cuerpo amarillo** o **lúteo,** masa de color blanco amarillento, de función endocrina, que se desarrolla en el ovario cuando el óvulo ha sido fecundado y que segrega una hormona, la progesterona, que condiciona la gestación. ‖ **Fiebre amarilla,** enfermedad contagiosa de los países tropicales que se debe a un virus transmitido por un mosquito y que se caracteriza por la coloración amarilla de la piel y por vómitos de sangre negra. ‖ **Maillot amarillo** (CICL.), primero en la clasificación general. ‖ **Prensa amarilla,** la de tipo sensacionalista, que no se preocupa tanto de contrastar la veracidad de las noticias como de producir un impacto en el público. ‖ **Raza amarilla,** en la clasificación tradicional, raza humana de Asia oriental que presenta una coloración amarilla en la piel.

**AMARIPOSADO, A** adj. De figura de mariposa. ◆ adj. y n. m. **2.** Afeminado.

**AMARIZAJE** n. m. Acción y efecto de amarizar.

**AMARIZAR** v. intr. [**1g**]. Amarar, posarse en el agua una aeronave.

**AMARO** n. m. (lat. *amarum*). Planta herbácea de 40 a 80 cm de alt., y olor desagradable, cuyas hojas se han usado como estomacales y para curar heridas. (Familia labiadas.)

**AMAROMAR** v. tr. [**1**]. Amarrar, atar con cuerdas, maromas, etc.

**AMARRA** n. f. Cualquier cosa que sirva para ligar, atar o sujetar. **2.** Correa que se pone a los caballos para que no levanten la cabeza. **3.** MAR. Cabo para asegurar la embarcación en el paraje donde da fondo. ◆ **amarras** n. f. pl. **4.** *Fig.* y *fam.* Protección, apoyo: *tiene buenas amarras.* **5.** AERON. Cable usado para sostener una aeronave. **6.** MAR. Conjunto del cable y ancla que forman la amarradura y sujeción del buque.

**AMARRADERO** n. m. Poste, pilar o argolla donde se amarra algo. **2.** Lugar donde se amarran los barcos.

**AMARRADO, A** adj. *Antillas* y *Chile.* Dícese de la persona de acciones y movimientos lentos. **2.** *Cuba* y *Méx.* Mezquino, tacaño.

**AMARRADURA** n. f. Acción y efecto de amarrar.

**AMARRAJE** n. m. Impuesto que se paga por el amarre de las naves en un puerto. **2.** AERON. Operación que consiste en mantener un dirigible en el aire y sujeto a tierra firme, amarrándolo a un poste llamado mástil de amarraje.

**AMARRAR** v. tr. (fr. *amarrer*) **[1]**. Atar, asegurar por medio de cuerdas, cadenas, etc. **2.** *Fig.* Asegurar: *amarrar un resultado.* **3.** MAR. Sujetar el buque en el puerto o fondeadero. ◆ v. intr. **4.** *Fig.* y *fam.* Dedicarse con afán al estudio, empollar.

**AMARRE** n. m. Amarradura. **2.** MAR. Espacio destinado en un puerto para amarrar: *el puerto deportivo tiene a la venta 75 amarres.*

**AMARRETE, A** adj. y n. (voz lunfarda). Usurero, egoísta, mezquino. **2.** *Amér. Merid.* Tacaño.

**AMARRIDO, A** adj. Afligido, melancólico, triste.

**AMARROCAR** v. tr. e intr. **[1a]**. *Argent.* y *Urug.* Juntar dinero con avaricia.

**AMARTELAMIENTO** n. m. Acción y efecto de amartelarse.

**AMARTELARSE** v. pron. **[1]**. Adoptar los enamorados una actitud muy cariñosa.

**AMARTILLAR** v. tr. **[1]**. En un arma de fuego, poner el disparador en disposición de hacer fuego, montarla: *amartillar una pistola.*

**AMASADERA** n. f. Artesa en que se amasa. **2.** Aparato mecánico que sirve para heñir o trabajar la masa en las panaderías: *amasadera mecánica.* **3.** Recipiente empleado para hacer el mortero en gran cantidad.

**AMASADERO** n. m. Local donde se amasa el pan.

**AMASADO** n. m. Acción de amasar los materiales que integran los morteros y argamasas.

**AMASADOR, RA** adj. y n. Que amasa.

**AMASADURA** n. f. Acción y efecto de amasar. **2.** Amasijo, porción de harina amasada.

**AMASANDERÍA** n. f. *Chile, Colomb.* y *Venez.* Panadería.

**AMASAR** v. tr. **[1]**. Formar o hacer masa. **2.** *Fig.* Combinar, reunir, juntar: *amasar una fortuna.* **3.** *Fig.* y *fam.* Disponer con astucia las cosas para el logro de lo que se intenta: *amasar planes.*

**AMASIATO** n. m. *C. Rica, Méx.* y *Perú.* Concubinato.

**AMASIJAR** v. tr. **[1]**. *Argent.* y *Urug.* Dar una fuerte paliza a alguien.

**AMASIJO** n. m. Porción de harina amasada para hacer pan. **2.** Porción de masa hecha con yeso, tierra, etc., y agua u otro líquido. **3.** Acción de amasar. **4.** *Fig.* y *fam.* Mezcla o unión de ideas o cosas distintas que causan confusión.

**AMATE** n. m. (voz mexicana). Higuera que crece en las regiones cálidas de México. **2.** Pintura hecha sobre la albura de este árbol.

**AMATEUR** n. m. y f. y adj. (voz francesa). Aficionado.

**AMATEURISMO** n. m. Cualidad de amateur.

**AMATISTA** n. f. (lat. *amethystum*). Piedra fina, variedad del cuarzo.

**AMATIVIDAD** n. f. Instinto del amor sexual.

**AMATIVO, A** adj. Propenso a amar.

**AMATORIO, A** adj. Relativo al amor. **2.** Que induce a amar.

**AMAUROSIS** n. f. Ceguera más o menos completa y transitoria, debida a una afección del nervio óptico o los centros nerviosos, sin lesión en el ojo.

**AMAUTA** n. m. Entre los quechuas, encargado de verificar los hechos históricos para recitarlos públicamente en las fiestas del sol.

**AMAZACOTADO, A** adj. Pesado, hecho a manera de mazacote. **2.** *Fig.* Dícese de obras literarias o artísticas pesadas, confusas, desproporcionadas, etc.

**AMAZONA** n. f. (lat. *amazonem*). Mujer de alguna de las razas guerreras que suponían los antiguos haber existido en los tiempos heroicos. **2.** *Fig.* Mujer que monta a caballo. **3.** Hormiga que posee mandíbulas propias para la defensa. (Familia formícidos.)

**AMAZÓNICO, A** adj. Relativo a las amazonas. **2.** Relativo al río Amazonas y a su cuenca.

**AMAZONITA** n. f. Piedra fina constituida por feldespato verde claro o verde azulado, opaca.

**AMBA** n. f. Fruto del mangle.

**AMBAGES** n. m. pl. (lat. *ambages*). Rodeos de palabras o circunloquios. (Suele usarse en la loc. *sin ambages.*)

**ÁMBAR** n. m. (ár. *al-anbar*). Resina fósil, más o menos transparente, amarilla o rojiza, procedente de coníferas del período oligoceno, emplazadas en la zona del Báltico. SIN.: *ámbar amarillo, succino.* **2.** Perfume delicado. • **Ámbar gris,** concreción intestinal del cachalote que, al flotar un largo período de tiempo en el mar, forma bloques grises y porosos formados por estructuras cristalinas largas, delgadas y entremezcladas, utilizadas en la fabricación de perfumes.

trozo de **ámbar** amarillo
que encierra un insecto fósil

**AMBARCILLO** n. m. Arbusto de las Antillas, cuyas semillas exhalan un olor característico a almizcle. (Familia malváceas; género *Hibiscus.*)

**AMBARINO, A** adj. Perteneciente al ámbar, o que tiene su color y aspecto.

**AMBICIAR** v. tr. **[1]**. Ambicionar.

**AMBICIÓN** n. f. (lat. *ambitionem*). Pasión por conseguir poder, dignidades, fama, etc.

**AMBICIONAR** v. tr. **[1]**. Tener ambición por una cosa, desear: *ambicionar la fama.*

**AMBICIOSO, A** adj. y n. Que tiene ambición; que tiene ansias o deseo vehemente de algo. ◆ adj. **2.** Dícese de aquellas cosas en que se manifiesta ambición: *empresa ambiciosa.* **3.** BOT. *Fig.* Dícese de la hiedra y demás plantas que, como ella, se abrazan fuertemente a los árboles y objetos por donde trepan.

**AMBIDEXTRO, A** o **AMBIDIESTRO, A** adj. y n. Dícese de la persona que emplea con igual soltura la mano izquierda que la derecha.

**AMBIENTACIÓN** n. f. Acción y efecto de ambientar.

**AMBIENTADOR** n. m. Líquido usado para desodorizar y perfumar locales cerrados.

**AMBIENTAL** adj. Relativo al ambiente: *contaminación ambiental.*

**AMBIENTAR** v. tr. **[1]**. B. ART. Rodear a un personaje, situación, etc., de notas evocadoras de algún medio social, época o lugar determinados. ◆ **ambientarse** v. pron. **2.** Encontrarse bien, a gusto, en un lugar o ambiente. **3.** Proporcionar a un lugar un ambiente adecuado mediante decoración, luces, objetos, etc.

**AMBIENTE** adj. y n. m. (lat. *ambientem*). Dícese del fluido material y de las circunstancias físicas y morales en que alguien o algo está inmerso. ◆ n. m. **2.** Grupo, estrato o sector social: *ambientes intelectuales.* **3.** Disposición de un grupo social o de un conjunto de personas respecto de alguien o de algo: *tener mal ambiente en el trabajo.* **4.** *Argent., Chile* y *Urug.* Habitación de una casa o departamento.

**AMBIGÚ** n. f. (fr. *ambigu*). Comida, por lo regular nocturna, en que se sirven todos los platos a la vez. **2.** En los locales para reuniones o espectáculos públicos, sitio donde se sirven manjares calientes o fríos.

**AMBIGÜEDAD** n. f. Calidad de ambiguo.

**AMBIGUO, A** adj. (lat. *ambiguum*). Que puede admitir distintas interpretaciones: *palabras ambiguas.* **2.** Incierto, dudoso, poco claro. • **Género ambiguo** (GRAM.), género atribuido por la gramática tradicional a los nombres o sustantivos que pueden usarse indistintamente en masculino o en femenino: *mar, azúcar, puente.*

**AMBIOFONÍA** n. f. Ambiente sonoro creado por la reverberación artificial de los sonidos dirigida hacia el auditorio.

**ÁMBITO** n. m. (lat. *ambitum*). Espacio comprendido dentro de límites determinados. **2.** Esfera de influencias o intereses. **3.** Ambiente, grupo social.

**AMBIVALENCIA** n. f. Propiedad que consiste en presentar dos aspectos contradictorios o distintos. **2.** SICOL. Relación con un objeto en la que el sujeto experimenta simultáneamente sentimientos contradictorios, principalmente amor y odio.

**AMBIVALENTE** adj. Relativo a la ambivalencia.

**AMBLAR** v. intr. (lat. *ambulare*) **[1]**. Andar los cuadrúpedos moviendo a un tiempo el pie y la mano de un mismo lado.

**AMBLIOPÍA** n. f. Disminución de la agudeza visual.

**AMBO** n. m. *Argent., Chile* y *Urug.* Conjunto de chaqueta y pantalón cortados de la misma tela.

**AMBÓN** n. m. Cada uno de los púlpitos que hay en algunas iglesias a ambos lados del altar mayor, desde donde se hacían las lecturas y las homilías.

**AMBOS, AS** adj. pl. y pron. pl. (lat. *ambo*). El uno y el otro; los dos.

**AMBROSÍA** n. f. (gr. *ambrosia*). Manjar o alimento de los dioses, que confería la inmortalidad. **2.** Planta herbácea de flores en capítulos amarillo verdosos, reunidos en espigas o racimos, de olor suave y gusto agradable. (Familia compuestas.) **3.** *Fig.* Cualquier manjar o bebida de gusto suave y delicado. **4.** *Fig.* Cosa deleitosa al espíritu.

**AMBROSÍACO, A** o **AMBROSIACO, A** adj. De sabor muy agradable.

**AMBROSIANO, A** adj. Relativo a san Ambrosio. ◆ n. m. **2.** Religioso de la orden de san Ambrosio.

**AMBULACRAL** adj. Relativo a los ambulacros.

**AMBULACRO** n. m. (lat. *ambulacrum*). Ventosa adhesiva retráctil que posibilita el movimiento de los equinodermos. SIN.: *pie ambulacral.*

**AMBULANCIA** n. f. Vehículo destinado al transporte sanitario, en especial de enfermos y heridos.

**AMBULANTE** adj. (lat. *ambulantem*). Que va de un lugar a otro sin tener asiento fijo: *circo ambulante; vendedor ambulante.*

**AMBULAR** v. intr. (lat. *ambulare*) **[1]**. Andar, ir de una parte a otra.

**AMBULATORIO, A** adj. Dícese de la enfermedad que permite continuar la vida normal o de su tratamiento. ◆ n. m. **2.** Dispensario.

**A.M.D.G.,** abrev. de las voces latinas *ad maiorem Dei Gloriam* (a la mayor gloria de Dios), divisa de la Compañía de Jesús.

**AMEBA** o **AMIBA** n. f. (gr. *amoibē*). Ser unicelular que vive en aguas dulces o saladas, y se desplaza por medio de seudópodos, una de cuyas especies es parásito intestinal humano. (Subtipo rizópodos.)

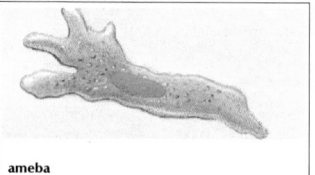

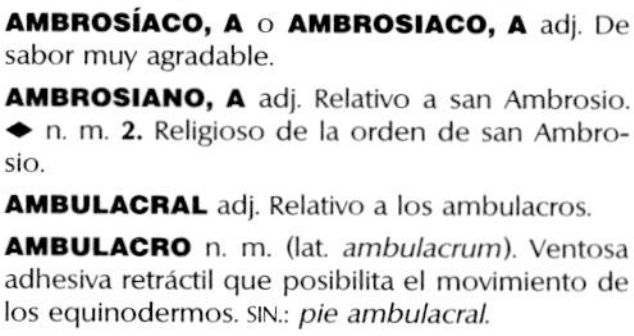

**ameba**

**AMEBIANO, A** adj. Relativo a las amebas o a las lesiones causadas por ellas.

**AMEBIASIS** n. f. Enfermedad intestinal causada por las amebas, que puede extenderse a veces al hígado, a los pulmones y al cerebro.

**AMÉBIDO, A** adj. y n. m. Relativo a una familia de

protozoos con las características generales propias de las amebas.

**AMEBOIDE** adj. Semejante a la ameba o a su comportamiento.

**AMEDRENTADOR, RA** adj. y n. Que amedrenta.

**AMEDRENTAMIENTO** n. m. Acción y efecto de amedrentar.

**AMEDRENTAR** o **AMEDRANTAR** v. tr. y pron. [**1**]. Infundir miedo, atemorizar, acobardar.

**AMEJORAMIENTO** n. m. DER. Mejoramiento. (Úsase especialmente en Navarra.) [V. parte n. pr., ***Amejoramientos***.]

**AMELCOCHAR** v. tr. y pron. [**1**]. *Amér.* Dar a un dulce el punto espeso de la melcocha. ◆ **amelcocharse** v. pron. **2.** *Méx. Fig.* y *fam.* Reblandecerse.

**AMELGA** n. f. Faja de terreno señalada para sembrarla con igualdad.

**AMELGADO, A** adj. Dícese del sembrado que ha nacido con cierta desigualdad.

**AMELGAR** v. tr. [**1**]. Hacer surcos regularmente distanciados en un terreno para sembrarlo con igualdad. **2.** Dividir un terreno en parcelas, hojas o suelos para la rotación de cultivos.

**AMELONADO, A** adj. De figura de melón. **2.** *Fig.* y *fam.* De poca inteligencia, bruto.

**AMÉN** n. m. Voz hebrea que significa *ciertamente* y con la que se pone término a algunas oraciones. • **Decir amén a todo,** aprobar sin más cuanto se ha dicho. ‖ **En un decir amén** *(Fam.),* en un instante; en brevísimo tiempo. ◆ interj. **2.** Úsase para manifestar deseo de que tenga efecto lo que se dice.

**AMÉN** adv. m. Excepto, a excepción de. ◆ adv. c. **2.** A más, además de.

**AMENAZA** n. f. Acción de amenazar. **2.** Dicho o hecho con que se amenaza.

**AMENAZADOR, RA** adj. Que amenaza.

**AMENAZAR** v. tr. [**1g**]. Dar a entender con actos o palabras que se quiere hacer algún mal a otro. ◆ v. tr. e intr. **2.** *Fig.* Presagiar la proximidad de algún daño o peligro, anunciarlo.

**AMENGUAMIENTO** n. m. Acción y efecto de amenguar.

**AMENGUAR** v. tr. e intr. [**1c**]. Disminuir, menoscabar.

**AMENIDAD** n. f. Calidad de ameno.

**AMENIZAR** v. tr. [**1g**]. Hacer ameno.

**AMENO, A** adj. (lat. *amoenum*). Grato, deleitable, placentero.

**AMENORREA** n. f. Ausencia de menstruación, cualquiera que sea la causa.

**AMENSAL** adj. Dícese de una especie vegetal inhibida en su crecimiento por las secreciones de otra planta.

**AMENSALISMO** n. m. Inhibición del crecimiento de una planta por otra.

**AMENTIFLORO, A** o **AMENTÁCEO, A** adj. Dícese de las plantas que tienen sus flores en amento.

**AMENTO** n. m. BOT. Inflorescencia constituida por una espiga de flores muy pequeñas, a menudo alargada, como la de la encina y el avellano.

**AMEOS** n. m. Planta de flores pequeñas y blancas, bastante común en Canarias y la península Ibérica, en senderos arenosos y en cultivos de trébol o de alfalfa. (Familia umbelíferas.) **2.** Semilla de esta planta, utilizada en medicina como diurético.

**AMERAR** v. tr. [**1**]. Merar. ◆ **amerarse** v. pron. **2.** Calarse de humedad una tierra, una pared, etc.

**AMERENGADO, A** adj. Semejante al merengue. **2.** Dícese de la persona empalagosa, excesiva o afectadamente amable.

**AMERICANA** n. f. Femenino de americano. **2.** Chaqueta de hombre. **3.** Faetón o charabán de cuatro ruedas. • **Carrera a la americana,** prueba ciclista en pista, disputada por equipos de dos corredores que se van relevando.

**AMERICANISMO** n. m. Calidad, condición o carácter de americano. **2.** Afición a las cosas de América o dedicación al estudio de ellas. **3.** Palabra procedente de una lengua indígena americana: *maíz y tabaco son americanismos del español.* **4.** Vocablo o giro propios del habla hispanoamericana. **5.** Tendencia religiosa, de origen americano, que sacrifica la contemplación a la acción y que fue condenada por León XIII en 1902.

**AMERICANISTA** adj. Relativo a las cosas de América. ◆ n. m. y f. **2.** Especialista en el estudio de América.

**AMERICANIZACIÓN** n. f. Acción de americanizar.

**AMERICANIZAR** v. tr. [**1g**]. Dar carácter americano. ◆ v. tr. y pron. **2.** Aficionar a lo americano.

**AMERICANO, A** adj. y n. De América. **2.** Norteamericano.

**AMERICIO** n. m. Elemento químico artificial y radiactivo (Am), de número atómico 95.

**AMERINDIO, A** adj. y n. Dícese de los indios de América: *tribu amerindia.* (→ ***indio***.)

**AMERITAR** v. tr. y pron. [**1**]. *Amér.* Dar méritos. ◆ v. intr. **2.** *Amér. Central* y *Méx.* Merecer, hacer méritos.

**AMERIZAJE** n. m. Amarizaje.

**AMERIZAR** v. intr. [**1g**]. Amarar, posarse en el mar una aeronave.

**AMESTIZADO, A** adj. Con algunos caracteres de mestizo.

**AMETRALLADOR, RA** adj. Que ametralla.

**AMETRALLADORA** n. f. Arma automática, de pequeño calibre (inferior a 20 mm), de tiro continuo o a ráfagas, montada sobre afuste.

**AMETRALLAMIENTO** n. m. Acción de ametrallar.

**AMETRALLAR** v. tr. [**1**]. Disparar metralla. **2.** Someter al fuego de ametralladora.

**AMÉTRICO, A** adj. Dícese de aquellos versos que no se sujetan a un mismo número de sílabas.

**AMÉTROPE** adj. Afecto de ametropía.

**AMETROPÍA** n. f. Anomalía de la visión debida a un defecto de los medios refringentes del ojo que comprende la miopía, la hipermetropía y el astigmatismo.

**AMHARA,** pueblo de Etiopía de habla amárica y cristianizado (copto), que fue un factor decisivo para la unificación de Etiopía en el s. XIX.

**AMIANTO** n. m. (gr. *amiantos,* incorruptible). Silicato natural hidratado de calcio y magnesio, de contextura fibrosa.

**AMIBA** n. f. Ameba.

**AMIDA** n. f. Compuesto orgánico derivado del amoníaco por la sustitución de al menos un hidrógeno por un radical acilo.

**AMIDOPIRINA** n. f. Antipirético y analgésico administrado por vía oral.

**AMIENTO** n. m. Correa con que se aseguraba la celada, se abrochaba el zapato o se ataban por medio las lanzas o flechas para lanzarlas con más ímpetu.

**AMIGABLE** adj. Afable, amistoso: *en amigable compañía.*

**AMIGACHO, A** n. *Desp.* Aum. de amigo. **2.** Compinche.

**AMIGAR** v. tr. y pron. [**1**]. Amistar.

**AMÍGDALA** n. f. (gr. *amygdalē,* almendra). Órgano linfoide de la garganta. • **Amígdala faríngea,** la situada en la parte superior de la faringe. ‖ **Amígdala lingual,** la situada en la base de la lengua. ‖ **Amígdala palatina,** cada una de las situadas a ambos lados del istmo de las fauces.

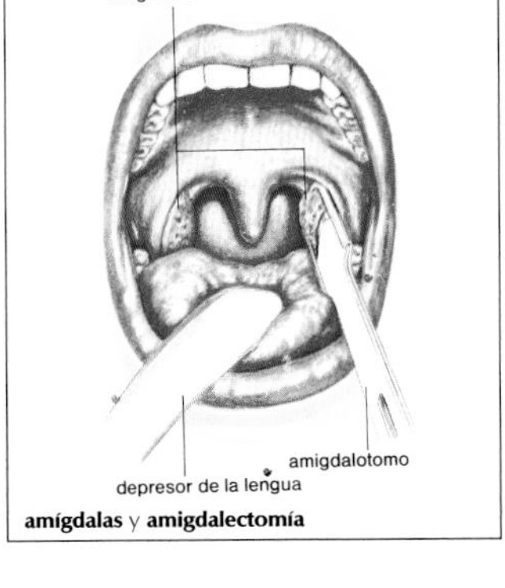


**amígdalas** y **amigdalectomía**

**AMIGDALECTOMÍA** n. f. Extirpación de las amígdalas.

**AMIGDALITIS** n. f. Inflamación de las amígdalas.

**AMIGO, A** adj. y n. (lat. *amicum*). Que tiene amistad: *un amigo de la infancia.* **2.** Dícese de la persona que mantiene relaciones sexuales irregulares con otra. **3.** Tratamiento afectuoso que se usa aunque no haya verdadera amistad. • **Amigo del alma,** amigo íntimo. ‖ **Cara de pocos amigos,** la que tiene el aspecto desagradable o adusto. ◆ adj. **4.** Aficionado o inclinado a algo: *persona amiga del bienestar.* **5.** *Poét.* Benéfico, benigno, grato, apacible.

**AMIGOTE** n. m. *Fam.* Compañero de juergas y diversiones.

**AMIGUISMO** n. m. Tendencia a conceder cargos o trabajos a amigos en perjuicio del mejor derecho de terceras personas.

**AMILÁCEO, A** adj. De la naturaleza del almidón. **2.** Que contiene almidón.

**AMILANADO, A** adj. Cobarde, perezoso, flojo.

**AMILANAMIENTO** n. m. Acción y efecto de amilanar o amilanarse.

**AMILANAR** v. tr. [**1**]. Causar tal miedo a uno que quede aturdido y sin acción. **2.** Desanimar. ◆ **amilanarse** v. pron. **3.** Abatirse, acobardarse, desanimarse.

**AMILASA** n. f. Enzima causante de la hidrólisis de los glúcidos.

**AMÍLICO, A** adj. y n. m. Dícese del alcohol $C_5H_{11}OH$, que se produce en la fermentación de la fécula de la patata.

**AMILLARAMIENTO** n. m. Acción y efecto de amillarar. **2.** Lista o padrón de bienes, en lugares donde la hacienda no ha realizado el catastro.

**AMILLARAR** v. tr. [**1**]. Evaluar los capitales y utilidades de los vecinos de un pueblo, para repartir entre ellos las contribuciones.

**AMILO** n. m. QUÍM. Radical $—C_5H_{11}$ que forma parte de los compuestos amílicos.

**AMILOIDE** adj. y n. f. Dícese de la sustancia, rica en azúcar y parecida al almidón, que se deposita en los tejidos durante el proceso de la amilosis.

**AMILOSIS** n. f. Enfermedad producida por infiltración de una sustancia amiloide en los tejidos, especialmente en el riñón y en el hígado.

**AMIMIA** n. f. SICOPATOL. Pérdida más o menos completa de la facultad de expresarse por gestos.

**AMÍMICO, A** adj. y n. Afecto de amimia.

**AMINA** n. f. Compuesto derivado del amoníaco por sustitución del hidrógeno por uno o varios radicales alquilos.

**AMINOÁCIDO** n. m. Sustancia orgánica con una función ácida y una función amina, que constituye la base de las proteínas.

**AMINOFILINA** n. f. Derivado de la teofilina, dotado de propiedades estimulantes para el corazón, los riñones y la respiración.

**AMINOPLÁSTICO** n. m. Nombre genérico de las resinas sintéticas termoendurecibles obtenidas por la acción de la urea sobre el formol.

**AMINORACIÓN** n. f. Minoración.

**AMINORAR** v. tr. [**1**]. Disminuir: *aminorar la marcha.*

**AMIOTROFIA** n. f. Atrofia de los músculos, especialmente de los músculos estriados.

**AMIRÍ** o **ĀMIRĪ** adj. y n. m. y f. Relativo a los Amiríes, descendientes de Almanzor. (V. parte n. pr.)

**AMISTAD** n. f. Afecto personal, puro y desinteresado, ordinariamente recíproco: *una amistad fraternal.* **2.** Afinidad, conexión, hablando de cosas. ◆ **amistades** n. f. pl. **3.** Personas con las que se tiene amistad.

**AMISTAR** v. tr. y pron. [**1**]. Unir en amistad. **2.** Reconciliar a los enemistados.

**AMISTOSO, A** adj. Relativo a la amistad. **2.** Dícese del encuentro deportivo que no es de competición. **3.** Como de amigo.

**AMITO** n. m. (lat. *amictum*). Lienzo que cubre la espalda del sacerdote, bajo el alba.

**AMITOSIS** n. f. División celular directa, simplificada, por estrangulamiento del núcleo y citoplasma de la célula. SIN.: *mitosis.*

**AMMOCETES** n. m. Larva de la lamprea.

**AMNESIA** n. f. Disminución o pérdida total de la memoria.

**AMNÉSICO, A** adj. y n. Afecto de amnesia.

**AMNIOCENTESIS** n. f. Extracción de líquido amniótico por punción de la cavidad uterina durante el embarazo, efectuada para obtener información del estado del feto.

**AMNIOS** n. m. (gr. *amnios*). La más interna de las membranas que rodean el feto de los mamíferos, aves y reptiles. **2.** Cubierta gelatinosa del saco embrionario que rodea el embrión de las semillas jóvenes.

**AMNIOSCOPIA** n. f. Examen endoscópico del líquido amniótico.

**AMNIOTA** n. m. Animal vertebrado cuyo embrión está rodeado por un amnios.

**AMNIÓTICO, A** adj. Relativo al amnios.

**AMNISTÍA** n. f. (gr. *amnestia,* perdón). Perdón concedido por el poder público para ciertos delitos, particularmente políticos.

**AMNISTIAR** v. tr. **[1t]**. Conceder amnistía.

**AMO, A** n. Cabeza de la casa o de la familia. **2.** Poseedor de alguna cosa: *el amo de un taller.* **3.** Persona que tiene uno o más criados, respecto a ellos. **4.** Persona que tiene ascendiente decisivo sobre otra u otras. ◆ n. m. **5.** Mayoral o capataz.

**AMOBLAR** v. tr. **[1r]**. Amueblar.

**AMODORRAMIENTO** n. m. Acción y efecto de amodorrarse.

**AMODORRAR** v. tr. y pron. **[1]**. Causar modorra o caer en ella.

**AMOHINAR** v. tr. y pron. **[1u]**. Causar mohína.

**AMOHOSARSE** v. pron. **[1]**. *Amér.* Enmohecerse.

**AMOJAMAMIENTO** n. m. Acción y efecto de amojamarse.

**AMOJAMAR** v. tr. **[1]**. Hacer cecina de atún. ◆ **amojamarse** v. pron. **2.** Acecinarse, enflaquecer, secarse.

**AMOJONAMIENTO** n. m. Acción y efecto de amojonar.

**AMOJONAR** v. tr. **[1]**. Señalar con mojones los linderos de una propiedad o de un término jurisdiccional.

**AMOLADO, A** adj. *Méx.* Enfermo. **2.** *Méx.* En malas condiciones: *la casa está muy amolada.* ◆ n. m. **3.** Amoladura.

**AMOLADOR** n. m. El que tiene por oficio amolar, afilar.

**AMOLADURA** n. f. Acción de amolar.

**AMOLAR** v. tr. **[1r]**. Afilar o aguzar un arma o instrumento cortante o punzante con la muela. **2.** *Fig.* y *fam.* Fastidiar, molestar con pertinacia. **3.** Desbastar, trabajar con la muela una pieza u objeto. ◆ **amolarse** v. pron. **4.** Aguantarse.

**AMOLDABLE** adj. Capaz o susceptible de amoldarse.

**AMOLDADOR, RA** adj. y n. Que amolda.

**AMOLDAMIENTO** n. m. Acción y efecto de amoldar o amoldarse.

**AMOLDAR** v. tr. y pron. **[1]**. Ajustar una cosa al molde. **2.** *Fig.* Acomodar, reducir a la forma propia o conveniente. ◆ **amoldarse** v. pron. **3.** Ajustarse a la razón; acomodarse a las exigencias de la realidad; someterse a las circunstancias: *amoldarse a la pobreza.*

**AMOLLAR** v. intr. **[1r]**. Ceder, aflojar, desistir. ◆ v. tr. e intr. **2.** MAR. Soltar, aflojar un cabo, disminuir su tirantez; arriar un cabo en banda y resacarlo. **3.** Aflojar la escota de la vela u otro cabo para disminuir su trabajo. ◆ v. tr. **4.** En ciertos juegos de naipes, jugar una carta inferior a la que va jugada, teniendo otra superior.

**AMOMO** n. m. (gr. *amomon*). Planta cuyas semillas aromáticas y de sabor acre y estimulante, se emplean en medicina. **2.** Semilla de esta planta.

**AMONAL** n. m. Mezcla de aluminio y nitrato amónico, utilizada en la fabricación de explosivos.

**AMONDONGADO, A** adj. Gordo tosco y desmadejado.

**AMONEDACIÓN** n. f. Fabricación y acuñación de moneda.

**AMONEDAR** v. tr. **[1]**. Convertir un metal en moneda.

**AMONESTACIÓN** n. f. Acción y efecto de amonestar. **2.** Advertencia, prevención. ◆ **amonestaciones** n. f. pl. **3.** Publicación en la iglesia de los nombres de los que van a contraer matrimonio.

**AMONESTADOR, RA** adj. y n. Que amonesta.

**AMONESTAR** v. tr. **[1]**. Hacer presente alguna cosa a uno para que la considere, procure o evite. **2.** Advertir, prevenir, reprender. **3.** Publicar en la iglesia los nombres de los que quieren contraer matrimonio.

**AMONIACAL** adj. Que contiene amoníaco o posee sus propiedades.

**AMONÍACO** o **AMONIACO** n. m. (lat. *ammoniacum*). Gas de olor muy penetrante, formado por nitrógeno e hidrógeno combinados, de fórmula $NH_3$. ◆ adj. **2. Gas amoníaco,** amoníaco. || **Sal amoníaca,** cloruro amónico.

**AMÓNICO, A** adj. Relativo al amonio. **2.** Dícese de las sales de amonio.

**AMONIO** n. m. Radical $—NH_4$ que entra en la composición de las sales derivadas del amoníaco.

**AMONITA** n. f. Amonites.

**AMONITAS,** pueblo de origen amorrita instalado en el s. XIV a. J.C. al E del Jordán. Rivales de los hebreos, fueron sometidos por David.

**AMONITES** n. m. Fósil característico de la era secundaria. (Clase cefalópodos.)

**AMONIURIA** n. f. Eliminación del amoníaco por la orina.

**AMONIZACIÓN** n. f. Transformación del nitrógeno orgánico en nitrógeno amoniacal bajo el efecto de las bacterias del suelo.

**AMONTILLADO** adj. y n. m. Dícese de un vino generoso, claro, variante del jerez, que imita al vino de Montilla.

**AMONTONADOR, RA** adj. y n. Que amontona.

**AMONTONAMIENTO** n. m. Acción y efecto de amontonar o amontonarse.

**AMONTONAR** v. tr. y pron. **[1]**. Poner en montón, colocar unas cosas sobre otras desordenadamente: *amontonar cajas.* **2.** Apiñar personas o animales. **3.** *Fig.* Juntar y mezclar sin orden ni elección: *amontonar textos, sentencias, palabras.* ◆ v. tr. **4.** Juntar, reunir en abundancia: *amontonar riqueza.* ◆ **amontonarse** v. pron. **5.** Sobrevenir muchos sucesos en poco tiempo. **6.** *Fig.* y *fam.* Amancebarse.

**AMOR** n. m. (lat. *amorem*). Afecto por el cual el ánimo busca el bien verdadero o imaginado, y apetece gozarlo: *amor a la verdad.* **2.** Sentimiento que atrae una persona hacia otra: *amor apasionado.* **3.** Persona amada: *ella fue el amor de su vida.* **4.** Esmero con que se trabaja una obra deleitándose en ella. • **Al amor de,** cerca de, junto a. || **Amor libre,** relaciones sexuales no reguladas por el matrimonio. || **Amor platónico,** el que idealiza a una persona amada sin establecer con ella una relación real. || **Amor propio,** orgullo, vanidad. || **Hacer el amor,** enamorar, galantear; realizar el acto sexual. || **Por amor al arte** *(Fam.),* gratuitamente, sin obtener recompensa por el trabajo. || **Por amor de,** por causa de. || **Por el amor de Dios,** se usa para pedir con encarecimiento o excusarse con humildad. ◆ **amores** n. m. pl. **5.** Relaciones amorosas. **6.** Expresiones de amor, caricias, requiebros. • **Con,** o **de, mil amores,** con mucho gusto.

**AMORAL** adj. Indiferente con respecto a la moral o que carece de sentido moral. ◆ adj. y n. m. y f. **2.** Partidario del amoralismo.

**AMORALIDAD** n. f. Calidad de amoral.

**AMORALISMO** n. m. Doctrina filosófica según la cual toda moral no es más que una creencia.

**AMORATAR** v. tr. **[1]**. Golpear a uno causándole moretones. ◆ v. tr. y pron. **2.** Poner o ponerse de color morado: *amoratarse un ojo.*

**AMORCILLO** n. m. Figura infantil con que se representa a Cupido, dios del amor. **2.** Figura de niño de corta edad.

**AMORDAZADOR, RA** adj. y n. Que amordaza.

**AMORDAZAMIENTO** n. m. Acción y efecto de amordazar.

**AMORDAZAR** v. tr. **[1g]**. Poner mordaza. **2.** Impedir hablar a alguien.

**AMORFO, A** adj. (gr. *amorphos*). Sin forma determinada. **2.** Dícese del mineral sin estructura cristalina.

**AMORÍO** n. m. *Fam.* Aventura, romance.

**AMORMADO, A** adj. Dícese de la bestia que padece muermo.

**AMOROSO, A** adj. Que siente, denota o manifiesta amor.

**AMORRAR** v. intr. y pron. **[1]**. Bajar o inclinar la cabeza. ◆ **amorrarse** v. pron. **2.** Aplicar los morros o labios a una fuente u otro conducto: *amorrarse al pilón.*

**AMORRITA** adj. y n. m. y f. Relativo a un pueblo semítico de origen nómada, instalado en Siria (*c.* 2000 a. J.C.) y, c. 1900 en Mesopotamia (*c.* 1900 a. J.C.); individuo de este pueblo. (Una dinastía amorrita [ss. XIX-XVI], con el reinado de Hammurabi, se hizo con el predominio político en Babilonia. Los amorritas desaparecieron en el s. XII a. J.C. con la invasión de los arameos.)

**AMORTAJAMIENTO** n. m. Acción de amortajar.

**AMORTAJAR** v. tr. **[1]**. Poner la mortaja a un difunto. **2.** Cubrir, envolver, esconder. **3.** Ejecutar una muesca o abertura rectangular (mortaja) en una pieza de madera para ensamblarla con otra pieza o su espiga. **4.** Ensamblar las piezas de carpintería así preparadas. **5.** Tallar engranajes o piezas dentadas con la mortajadora.

**AMORTECER** v. tr. e intr. **[2m]**. Amortiguar. ◆ **amortecerse** v. pron. **2.** Desmayarse, quedar como muerto.

**AMORTIGUACIÓN** n. f. Amortiguamiento.

**AMORTIGUADOR, RA** adj. Que amortigua. ◆ n. m. **2.** Dispositivo que sirve para amortiguar la violencia de un choque, la intensidad de un sonido o la vibración de una máquina.

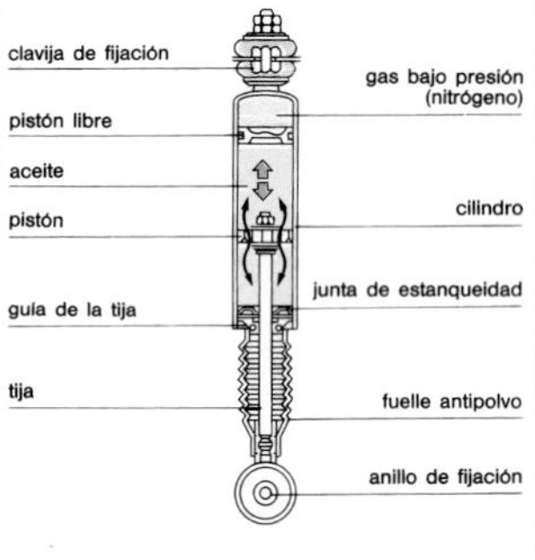


**amortiguador** de automóvil de gas y aceite

**AMORTIGUAMIENTO** n. m. Acción y efecto de amortiguar. **2.** FÍS. Reducción progresiva de la amplitud de un movimiento oscilatorio.

**AMORTIGUAR** v. tr. y pron. (lat. *admortificare*) **[1c]**. Moderar, disminuir, hacer menos violento.

**AMORTIZABLE** adj. Que puede amortizarse: *préstamo amortizable.*

**AMORTIZACIÓN** n. f. Acción y efecto de amortizar. **2.** DER. Pago o extinción de una deuda. **3.** ECON. Deducción efectuada sobre los resultados de explotación de una empresa, destinada a compensar la depreciación sufrida por determinados elementos de su activo.

**AMORTIZAR** v. tr. **[1g]**. Suprimir empleos o plazas en un cuerpo o en una oficina. **2.** *Fig.* Usar mucho o sacar mucho provecho a algo. **3.** DER. Rembolsar una deuda por anualidades. **4.** ECON. Reconstituir progresivamente el capital empleado en la adquisición de los medios de producción de una empresa, de un inmueble, de un automóvil, etc.

**AMOSCAMIENTO** n. m. Acción de amoscarse.

**AMOSCARSE** v. pron. **[1a]**. *Fam.* Enfadarse.

**AMOSTAZAR** v. tr. y pron. **[1g]**. *Fam.* Irritar, enojar.

**AMOTINADO, A** adj. y n. Que toma parte en un motín.

**AMOTINADOR, RA** adj. y n. Que amotina.

**AMOTINAMIENTO** n. m. Acción y efecto de amotinar.

**AMOTINAR** v. tr. y pron. **[1]**. Alzar en motín a una multitud.

**AMOURETTE** n. m. Madera de una especie de acacia, utilizada en marquetería.

**AMOVER** v. tr. (lat. *amovere*) **[2e]**. Remover, destituir.

**AMOVIBLE** adj. Que puede separarse del lugar que ocupa. **2.** Dícese del cargo o beneficio del que puede ser libremente separado el que lo ocupa.

**AMOVILIDAD** n. f. Calidad de amovible.

**A.M.P.,** abrev. de *adenosinmonofosfato.*

**AMPARADOR, RA** adj. y n. Que ampara.

**AMPARAR** v. tr. [**1**]. Favorecer, proteger. ◆ **ampararse** v. pron. **2.** Valerse del favor o protección de alguno. **3.** Defenderse, guarecerse.

**AMPARO** n. m. Acción y efecto de amparar o ampararse. **2.** Abrigo, defensa, auxilio. **3.** Persona o cosa que ampara.

**AMPELIDÁCEO, A** adj. y n. f. Relativo a una familia de plantas dicotiledóneas, en su mayoría bejucos, con zarcillos y fruto en baya, como la vid. SIN.: *vitáceo.*

**AMPELOGRAFÍA** n. f. Ciencia que estudia la vid.

**AMPERE** n. m. Nombre del amperio en la nomenclatura internacional.

**AMPERÍMETRO** n. m. Instrumento para medir la intensidad de una corriente eléctrica.

**AMPERIO** n. m. (de A. M. *Ampère*). ELECTR. Unidad de medida de la intensidad de la corriente eléctrica (símbolo A), equivalente a la intensidad de una corriente constante, que circula por dos conductores paralelos, rectilíneos, de longitud infinita, sección despreciable, situados entre sí a la distancia de 1 m, en el vacío, y capaz de producir una fuerza de atracción entre los mismos de $2 \cdot 10^{-7}$ newtons por metro de longitud. **2.** Unidad de medida de la fuerza magnetomotriz (símbolo A), equivalente a la fuerza magnetomotriz producida a lo largo de una curva cerrada cualquiera que rodea una sola vez a un conductor recorrido por una corriente eléctrica de un amperio. • **Amperio hora,** unidad de cantidad de electricidad (símbolo Ah) equivalente a la cantidad de electricidad transportada en 1 hora por la corriente de 1 amperio.

**AMPICILINA** n. f. Penicilina semisintética activa por la vía bucal o parenteral sobre numerosas especies microbianas.

**AMPLIABLE** adj. Que puede ampliarse.

**AMPLIACIÓN** n. f. Acción y efecto de ampliar: *ampliación de capital.* **2.** Copia fotográfica ampliada. **3.** DER. Acción y efecto de prorrogar algunos actos judiciales.

**AMPLIADOR, RA** adj. y n. Que amplía.

**AMPLIADORA** n. f. FOT. Aparato para realizar ampliaciones.

**AMPLIAR** v. tr. [**1t**]. Hacer más extenso: *ampliar el negocio.* **2.** Reproducir una fotografía, impreso, etc., en tamaño mayor del que tenía.

**AMPLIATORIO, RIA** adj. Que amplía.

**AMPLIFICACIÓN** n. f. (lat. *amplificationem*). Acción y efecto de amplificar. **2.** RADIOTECN. Aumento de tensión, de intensidad de corriente o de potencia eléctrica, obtenido mediante un aparato amplificador. **3.** RET. Desarrollo dado a una proposición o idea explicándola en varios modos a fin de hacerla más eficaz para conmover o persuadir. • **Potencia de amplificación** (RADIOTECN.), relación entre el valor de la magnitud sometida a la amplificación, que se obtiene a la salida, y el que se aplica a la entrada del amplificador.

**AMPLIFICADOR, RA** adj. y n. Que amplifica. ◆ n. m. **2.** Aparato o dispositivo que permite aumentar la intensidad de una magnitud física (en particular, una señal eléctrica) sin distorsión notable. **3.** Elemento de una cadena acústica que precede a los altavoces.

**AMPLIFICAR** v. tr. (lat. *amplificare*) [**1a**]. Ampliar. **2.** Aumentar la intensidad de una magnitud física mediante un aparato.

**AMPLIFICATIVO, A** adj. Que amplifica o sirve para amplificar.

**AMPLIO, A** adj. (lat. *amplum*). Dilatado, espacioso. **2.** *Fig.* Dícese de la persona comprensiva o con capacidad para abarcar valores universales: *espíritu amplio.*

**AMPLITUD** n. f. (lat. *amplitudinem*). Extensión; calidad de amplio. **2.** Valor máximo de una magnitud que varía periódicamente. **3.** Capacidad de comprensión: *amplitud de miras.*

**AMPO** n. m. Blancura resplandeciente.

**AMPOLLA** n. f. Lesión elemental de la piel sobreelevada y llena de líquido. **2.** Burbuja formada en el agua cuando hierve o cuando llueve con fuerza. **3.** Vasija de vidrio o cristal, de cuello largo y angosto y cuerpo ancho y redondo. **4.** Recipiente de vidrio que contiene un medicamento. **5.** ANAT. Nombre que reciben determinadas dilataciones de algunos conductos.

**AMPOLLERA** n. f. *Méx.* Ampolla, recipiente de vidrio que contiene un medicamento.

**AMPOLLETA** n. f. Reloj de arena. **2.** En este reloj, tiempo que invierte la arena en pasar de una ampolla a la otra. **3.** *Chile.* Bombilla eléctrica.

**AMPULOSIDAD** n. f. Calidad de ampuloso.

**AMPULOSO, A** adj. Hinchado y redundante: *lenguaje, estilo ampuloso.*

**AMPURDANÉS, SA** adj. y n. Del Ampurdán.

**AMPUTACIÓN** n. f. Acción y efecto de amputar.

**AMPUTAR** v. tr. (lat. *amputare*) [**1**]. Cortar y separar enteramente del cuerpo un miembro o porción de él: *amputar un brazo.* **2.** Quitar algo necesario: *amputar un artículo.*

**AMUCHACHADO, A** adj. Que parece un muchacho o propio de un muchacho.

**AMUCHAR** v. intr. y pron. [**1**]. *Argent., Bol.* y *Chile.* Aumentar. ◆ **amucharse** v. pron. **2.** *Argent., Bol.* y *Chile.* Juntarse apretadamente varias personas.

**AMUEBLADO** n. m. *Argent.* y *Urug.* Hotel por horas al que las parejas acuden para mantener relaciones sexuales.

**AMUEBLAR** v. tr. [**1**]. Dotar de muebles algún lugar.

**AMUERMAR** v. tr. y pron. [**1**]. *Fam.* Aburrir, causar aburrimiento: *esta película amuerma a cualquiera.*

**AMUGRONAMIENTO** n. m. AGRIC. Acodo de las vides consistente en enterrar enteramente la cepa de las mismas.

**AMUGRONAR** v. tr. [**1**]. AGRIC. Hacer un amugronamiento.

**AMUJERADO, A** adj. Afeminado.

**AMULARSE** v. pron. [**1**]. Inutilizarse una yegua para criar.

**AMULATADO, A** adj. Parecido a los mulatos en su porte o condición.

**AMULETO** n. m. (lat. *amuletum*). Objeto portátil al que supersticiosamente se atribuye alguna virtud sobrenatural.

**AMURA** n. f. MAR. Parte de los costados del buque donde éste se estrecha para formar la proa. **2.** Cabo que hay en cada una de las velas de cruz para llevarlo hacia la proa y afirmarlo.

**AMURADA** n. f. MAR. Cada uno de los costados del buque por la parte interior.

**AMURALLAR** v. tr. [**1**]. Cercar con muro o muralla.

**AMURAR** v. tr. [**1**]. Sujetar con la amura los puños de las velas.

**AMURRIARSE** v. pron. [**1**]. Amohinarse, ponerse triste.

**AMUSGAR** v. tr. y pron. [**1b**]. Avergonzar, incomodar. ◆ v. tr. e intr. **2.** Echar hacia atrás las orejas el caballo, el toro, etc., en ademán de querer morder, tirar coces o embestir. ◆ v. tr. **3.** Recoger la vista para ver mejor.

**AMUSGO,** pueblo y lengua amerindios, pertenecientes al grupo mixteco-trique de la familia lingüística otomangue, cuyo territorio se reduce actualmente a las proximidades de la ciudad mexicana de Ometepec.

**AMUSTIAR** v. tr. y pron. [**1**]. Poner mustio.

**ANA** n. f. Medida de longitud equivalente a un metro aproximadamente.

**ANABAPTISMO** n. m. Doctrina de los anabaptistas.

**ANABAPTISTA** adj. y n. m. y f. Relativo a los grupos cristianos surgidos de la Reforma que, considerando nulo el bautismo de los niños debido a la ausencia de todo acto personal de fe, bautizaban nuevamente a los adultos; individuo de este grupo.

■ El movimiento anabaptista nació en Sajonia, hacia 1521, en torno a la figura de Thomas Müntzer, cuyo iluminismo revolucionario provocó un levantamiento de campesinos en Zwickan. Se difundió en los Países Bajos y, sobre todo, en Müster, donde Johann von Leiden (1534) instauró una dictadura teocrática y polígama. Los *mennonitas* y los *baptistas* derivan del anabaptismo pacífico.

**ANABOLISMO** n. m. BIOL. Conjunto de síntesis moleculares que conducen a la asimilación.

**ANABOLIZANTE** adj. y n. m. Dícese de una sustancia que favorece la síntesis de las proteínas y atenúa su excesiva desintegración. **2.** Perteneciente o relativo a esta sustancia.

**ANACARDIÁCEO, A** adj. y n. f. Terebintáceo.

**ANACARDO** n. m. Árbol maderable de América tropical de hasta 20 m de alt., con tronco grueso y copa muy poblada. (Familia terebintáceas.) **2.** Fruto de este árbol, cuyo pedúnculo es comestible y se conoce con el nombre de *zarzaparrilla de los pobres.*

**ANACO** n. m. (voz quechua). Tela que a modo de manteo se ciñen a la cintura las indias de Ecuador y Perú.

**ANACOLUTO** n. m. Falta de ilación en la construcción de una frase, oración o cláusula, o en el sentido general de la elocución.

**ANACONDA** n. f. Serpiente de gran tamaño (7 m), que vive en América del Sur y se alimenta de aves y mamíferos. (Orden ofidios.)

anaconda

**ANACORETA** n. m. y f. Persona que vive en lugar solitario, entregada a la contemplación y a la penitencia.

**ANACREÓNTICA** n. f. Composición poética de carácter hedonístico.

**ANACREÓNTICO, A** adj. Propio y característico del poeta Anacreonte o parecido a sus temas y estilo. **2.** Relativo a la anacreóntica.

**ANACRÓNICO, A** adj. Que adolece de anacronismo.

**ANACRONISMO** n. m. (gr. *anakhronismos*). Error de cronología que consiste en atribuir a una época elementos pertenecientes a otra. **2.** Antigualla, mueble, traje, etc., en desuso.

**ANACRUSIS** o **ANACRUSA** n. f. MÉTRIC. Sílaba o sílabas átonas que se hallan delante del primer acento rítmico de un verso. **2.** MÚS. Nota o grupo de notas no acentuadas que preceden a un tiempo acentuado del que forman parte.

**ÁNADE** n. m. o f. (lat. *anatem*). Pato. **2.** Cualquier ave que tenga manifiestas analogías con el pato. • **Ánade real,** ave cosmopolita de pico largo y alas de bastante envergadura, muy apreciada por su carne. (Familia anátidos.)

**ANAERÓBICO, A** adj. Dícese del esfuerzo muscular o del ejercicio físico que se desarrolla con escaso consumo de oxígeno o sin él.

**ANAEROBIO, A** adj. y n. m. Dícese de los microorganismos o de ciertos tejidos que se desarrollan en medios carentes de aire, o sea sin oxígeno, extrayendo la energía que precisan para vivir de las sustancias orgánicas que descomponen.

**ANAEROBIOSIS** n. f. Tipo de vida de los organismos anaerobios.

**ANAFASE** n. f. Tercera fase de la división celular por mitosis.

**ANAFE** o **ANAFRE** n. m. Hornillo portátil.

**ANAFILÁCTICO, A** adj. Relativo a la anafilaxia.

**ANAFILAXIA** o **ANAFILAXIS** n. f. Aumento de la sensibilidad del organismo con respecto a una sustancia determinada, por la previa penetración en el cuerpo, por inyección o ingestión, de una dosis, aunque mínima, de ella.

**ANÁFORA** n. f. (gr. *anaphora*). RET. Repetición de una misma palabra, al iniciar frases sucesivas.

**ANAFÓRICO, A** adj. Dícese de un término que hace referencia a una palabra o frase anterior, como los pronombres.

**ANAFRODISIA** n. f. Ausencia de deseo sexual.

**ANÁGLIFO** n. m. Fotografía o proyección estereoscópica, a dos colores complementarios, que da la sensación de un relieve binocular.

**ANAGLÍPTICO, A** adj. Dícese de un tipo de impresión en relieve, utilizado por los invidentes.

**ANAGOGÍA** n. f. (gr. *anagōgē*). Interpretación de las Escrituras por la que se pasa del sentido literal a un sentido espiritual.

**ANAGRAMA** n. m. (gr. *anagramma*). Palabra formada con las letras de otra palabra colocadas en un orden distinto.

**ANAGRAMÁTICO, A** adj. Relativo al anagrama.

**ANAL** adj. Relativo al ano.

**ANALECTAS** n. f. pl. (gr. *analektos,* recopilado). Fragmentos en prosa o en verso escogidos de uno o varios autores.

**ANALÉPTICO, A** adj. y n. m. Dícese de las sustancias o alimentos que estimulan y reconstituyen las fuerzas.

**ANALES** n. m. pl. Obra que refiere lo sucedido año por año.

**ANALFABETISMO** n. m. Ausencia de instrucción. • **Tasa de analfabetismo,** porcentaje de analfabetos en una determinada población.

**ANALFABETO, A** adj. y n. Que no sabe leer ni escribir. **2.** Ignorante, inculto.

**ANALGESIA** n. f. Abolición de la sensibilidad al dolor.

**ANALGÉSICO, A** adj. y n. m. Que produce analgesia.

**ANÁLISIS** n. m. (gr. *analysis*). Descomposición de una sustancia en sus principales componentes: *análisis del agua, del aire.* CONTR.: *síntesis.* **2.** Estudio realizado para separar las distintas partes de un todo: *análisis de una obra, de un sueño, de una frase.* SIN.: *sicoanálisis.* **3.** ESTADÍST. Parte de la metodología estadística que concierne a los métodos correctos de interpretación de las estadísticas, por oposición a la que trata de su elaboración y de su presentación en cuadros o gráficos. **4.** FILOS. Método que procede de lo compuesto a lo simple. **5.** FILOS. Movimiento filosófico actual de carácter antiespeculativo, y especialmente antimetafísico. **6.** INFORMÁT. Conjunto de trabajos que comprenden el estudio detallado de un problema, la concepción de un método que permita resolverlo y la definición precisa del tratamiento correspondiente en el ordenador. **7.** LING. Procedimiento que, dado un texto (oral o escrito), pretende descubrir unidades (fonema, morfema, palabra, etc.) y las relaciones que fundamentan tales unidades. **8.** MAT. Parte de las matemáticas que estudia las funciones, los límites, las derivadas y las primitivas. **9.** SICOL. y SICOANÁL. Procedimiento de investigación del siquismo de un individuo o del funcionamiento del grupo, generalmente con finalidades terapéuticas. **10.** TELEV. Descomposición en puntos de las imágenes a televisar. • **Análisis clínico** (MED.), examen de ciertos componentes o sustancias del organismo según métodos especializados con el fin de analizar el estado de salud; resultado de este examen. SIN.: *analítica.* || **Análisis de contenido,** técnica de investigación para la clasificación cuantitativa y en categorías sistemáticas de los signos que forman toda comunicación social. || **Análisis de sistemas** (ECON.), técnica cuyo objetivo es la comprensión y el tratamiento de cada problema en relación con el conjunto de la coyuntura y de la estructura económica general. || **Análisis de una imagen,** operación consistente en explorar en una imagen con un haz luminoso o electrónico y producir una señal eléctrica que representa a cada instante las características del punto explorado.

**ANALISTA** n. m. y f. Especialista en análisis. **2.** Técnico en informática responsable de la fase de análisis de un problema para su resolución mediante ordenador. **3.** Sicoanalista.

**ANALISTA** n. m. y f. Autor de anales.

**ANALÍTICA** n. f. Análisis clínico. • **Analítica transcendental** (FILOS.), búsqueda de los elementos *a priori* del entendimiento que se aplican a los fenómenos.

**ANALÍTICO, A** adj. Relativo al análisis. **2.** Que procede por vía de análisis. • **Filosofía analítica** (FILOS.), conjunto de corrientes de pensamiento que consideran el método filosófico como cierta forma de análisis.

**ANALIZADOR, RA** adj. y n. Que analiza. ◆ n. m. **2.** Aparato que permite efectuar análisis.

**ANALIZAR** v. tr. **[1g]**. Hacer el análisis de algo.

**ANALOGÍA** n. f. (gr. *analogia*). Relación de semejanza entre cosas distintas.

**ANALÓGICO, A** adj. Análogo. **2.** Relativo a la analogía. **3.** Se dice del aparato o instrumento de medida que la representa mediante variables continuas, análogas a las magnitudes correspondientes: *reloj analógico.* **4.** INFORMÁT. Dícese de una señal cuyas variaciones son continuas. • **Convertidor analógico numérico** (INFORMÁT.), órgano que asegura la conversión de una magnitud analógica (continua) en una señal numérica (discontinua).

**ANÁLOGO, A** adj. Semejante.

**ANAMNESIS** n. f. Conjunto de datos recopilados por el médico acerca de un enfermo y su entorno.

**ANÁMNESIS** n. f. LITURG. Parte del canon que sigue a la consagración.

**ANAMORFOSIS** n. f. (gr. *anamorphōsis,* transformación). Imagen deformada de un objeto, dada por un espejo curvo o por un sistema óptico no esférico, así como por los aparatos de rayos X. **2.** B. ART. y ART. GRÁF. Dibujo deformado que, visto en un espejo cilíndrico o cónico, recupera su forma real; efecto consistente en deformar un motivo gráfico o pictórico que, visto bajo un determinado ángulo, recupera su forma verdadera.

**anamorfosis** de espejo cilíndrico
(figura de indio por Elías Baeck, 1740)
[museo de artes decorativas, París]

**ANANÁ** o **ANANÁS** n. m. (voz guaraní). Planta originaria de América tropical, de unos 50 cm de alt. y flores de color morado, cultivada en muchas regiones cálidas por sus grandes frutos compuestos, parecidos a la piña, con pulpa azucarada y sabrosa. (Familia bromeliáceas.) SIN.: *piña, piña americana.* **2.** Fruto de esta planta.

**ananá**

**ANAPÉSTICO, A** adj. Relativo al anapesto.

**ANAPESTO** n. m. (gr. *anapaistō,* golpear hacia atrás). Pie de verso griego o latino, compuesto de dos sílabas breves seguidas de una larga.

**ANAPLASIA** n. f. Desarrollo incompleto o anormal de una célula o tejido.

**ANAQUEL** n. m. Cada una de las tablas puestas horizontalmente en los muros, armarios, etc.

**ANARANJADO, A** adj. y n. m. Dícese del color comprendido entre el rojo y el amarillo en el espectro solar. • **Anaranjado de metilo,** heliantina. ◆ adj. **2.** De color anaranjado. SIN.: *naranjado.*

**ANARCOSINDICALISMO** n. m. Doctrina que atribuye a los sindicatos la organización de la sociedad.

**ANARCOSINDICALISTA** adj. y n. m. y f. Relativo al anarcosindicalismo; el que lo profesa.

**ANARQUÍA** n. f. (gr. *anarkhia*). **2.** Situación de un país caracterizada por la ausencia de un gobierno con la autoridad necesaria, y que está sumido en conflictos desordenados. **3.** Desorden, confusión.

**ANÁRQUICO, A** adj. Relativo a la anarquía.

**ANARQUISMO** n. m. Ideología que desecha toda autoridad, en particular la del estado, y preconiza la libertad absoluta y la espontaneidad del individuo.

■ El primer pensador anarquista fue W. Godwin, y P. J. Proudhon y M. Bakunin, sus principales teóricos. Aunque siempre ha coincidido en la necesidad de destruir la propiedad privada, sólo la tendencia comunista la exigía en todos sus aspectos, mientras que la individualista aceptaba la propiedad privada de los bienes de consumo. El desacuerdo con algunos postulados marxistas provocó la expulsión de la corriente anarquista de la I Internacional (congreso de La Haya, 1872), aunque continuó influyendo en algunos movimientos obreros europeos (España, Italia y Suiza). En la última década del s. XIX, desconfiando de la vía pacífica como medio para lograr sus objetivos, los anarquistas predicaron la propaganda por la fuerza de los hechos y cometieron múltiples atentados. Ante el fracaso de esta táctica optaron, a principios del s. XX, por apoyar a los sindicatos obreros de tendencia revolucionaria, con lo que surgió el anarcosindicalismo. En España, la C.N.T. tuvo una influencia considerable hasta 1939. A partir de esa fecha la incidencia ácrata quedó reducida a grupos de acción violenta y marginales en Europa occidental y en América latina.

**ANARQUISTA** adj. y n. m. y f. Relativo al anarquismo o a la anarquía; partidario de esta ideología política.

**ANARQUIZAR** v. tr. **[1g]**. Propagar el anarquismo.

**ANASARCA** n. f. Edema generalizado en todo el cuerpo.

**ANASTIGMÁTICO, A** adj. y n. Referido a un objetivo fotográfico, desprovisto de astigmatismo.

**ANASTOMOSARSE** v. pron. **[1]**. Unirse formando una anastomosis.

**ANASTOMOSIS** n. f. (gr. *anastomosis,* abertura). ANAT. Unión de cierta longitud, o reunión de dos vasos sanguíneos, dos nervios o dos fibras musculares. **2.** CIR. Unión de dos conductos naturales, con fines terapéuticos.

**ANÁSTROFE** n. f. (gr. *anastrophē*). Hipérbaton que consiste en posponer la preposición al nombre que rige.

**ANATA** o **ANNATA** n. f. Suma equivalente a un año de ingresos que pagaban a la Santa Sede los que habían percibido un beneficio.

**ANATEMA** n. m. o f. (gr. *anathēma*). Excomunión solemne: *pronunciar un anatema contra alguien.* **2.** Maldición, imprecación: *lanzar anatemas.*

**ANATEMATIZAR** v. tr. **[1g]**. Pronunciar un anatema.

**ANATEXIA** n. f. Fusión parcial de la corteza del continente, dando lugar a la formación de un magma granítico.

**ANÁTIDO, A** adj. y n. m. ZOOL. Relativo a una familia de aves palmípedas integrada por unas 150 especies, como el pato.

**ANATIFA** n. f. Crustáceo marino parecido a un molusco, debido a su concha calcárea, que vive fijo sobre las maderas flotantes por medio de un fuerte pedúnculo. (Orden cirrípedos.)

**ANATOCISMO** n. m. Capitalización de los intereses de una cantidad prestada.

**ANATOLIO, A** adj. y n. De Anatolia.

**ANATOMÍA** n. f. Estudio de la estructura de los seres orgánicos mediante la disección, para examinar la forma y disposición de los órganos. *(V. ilustraciones págs. 78 y 79.)*

**ANATÓMICO, A** adj. Relativo a la anatomía. ◆ n. **2.** Anatomista.

**ANATOMISTA** n. m. y f. Especialista en anatomía.

**ANATOXINA** n. f. Toxina microbiana atenuada que conserva la propiedad de desencadenar la formación de anticuerpos.

**ANCA** n. f. (fráncico *hanka,* cadera). Cada una de las mitades laterales de la parte posterior de las caballerías y otros animales. **2.** Parte semejante del cuerpo de las personas.

**ANCESTRAL** adj. Relativo a los antepasados remotos.

**ANCESTRO** n. m. Antepasado. (Suele usarse en plural.)

**ANCHETA** n. f. *Colomb.* y *Venez.* Dádiva.

**ANCHO, A** adj. Que tiene anchura o mucha anchura: *llanura ancha.* **2.** Holgado, amplio: *mangas anchas.* **3.** *Fig.* Desembarazado, libre de agobio, ufano. • **Quedarse** uno **tan ancho,** quedarse tranquilo tras haber hecho o dicho algo inconveniente. ◆ n. m. **4.** Anchura: *dos metros de ancho.*

**ANCHOA** o **ANCHOVA** n. f. Boquerón.

**ANCHOVETA** n. f. Especie de sardina que se pesca en abundancia en las costas de Perú.

**ANCHURA** n. f. La menor de las dos dimensiones principales de los cuerpos. **2.** Holgura, espacio libre.

**ANCHUROSO, A** adj. Muy ancho o espacioso: *el anchuroso mar.*

**ANCIANIDAD** n. f. Último período de la vida del hombre.

**ANCIANO, A** adj. y n. Dícese de la persona que tiene muchos años.

**ANCLA** n. f. (lat. *ancoram*). Instrumento de hierro o de acero compuesto por una barra y dos brazos formando pico, pendiente de un cable o una cadena, que se aferra en el fondo del mar. **2.** Pieza fijada al extremo de un tirante, para asegurar un muro o un elemento del armazón. **3.** Dispositivo que une dos elementos de construcción para evitar el derrumbamiento. • **Echar anclas,** fondear una embarcación. ‖ **Levar anclas,** zarpar.

**ANCLAJE** n. m. Acción de anclar. **2.** Elemento para asegurar la fijación de una obra o de un elemento de construcción sometido a un esfuerzo de tracción o a un empuje.

**ANCLAR** v. intr. **[1]**. Echar el ancla, fondear. **2.** Quedar sujeta la nave por medio del ancla.

**ÁNCORA** n. f. (lat. *ancoram*). Ancla para sujetar una nave. **2.** Pieza de relojería que regula el movimiento del péndulo. • **Áncora de salvación,** amparo en un peligro o infortunio.

**ANDADA** n. f. Acción y efecto de andar. • **Volver a las andadas** *(Fam.),* reincidir en un vicio o mala costumbre.

**ANDADERAS** n. f. pl. Artificio o aparato en que se coloca a los niños para que aprendan a andar sin riesgo de caídas.

**ANDADERO, A** adj. Dícese del lugar por donde se puede andar fácilmente: *camino andadero.*

**ANDADOR, RA** adj. y n. Que anda mucho o con velocidad: *andador infatigable.* ◆ n. m. **2.** Andaderas. ◆ **andadores** n. m. pl. **3.** Tiras de tela o piel para sostener a los niños cuando aprenden a andar.

**ANDADURA** n. f. Acción y efecto de andar.

**¡ÁNDALE!** interj. *Méx.* Se emplea para dar ánimo, equivalente al peninsular *¡venga!, ¡vamos!*

**ANDALUCISMO** n. m. Amor o apego a las cosas andaluzas. **2.** Tendencia o doctrina que defiende los valores políticos, económicos y culturales de Andalucía. **3.** Vocablo, giro o modo de hablar propios del dialecto andaluz.

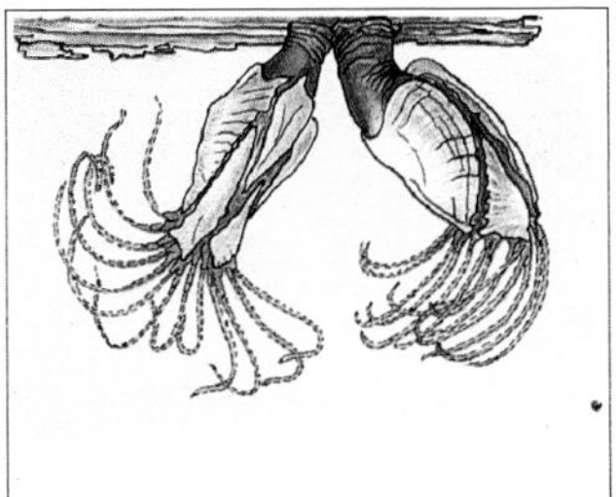

**anatifas**

**ANDALUSÍ** adj. y n. m. Arabigoandaluz. ◆ adj. **2.** Relativo a al-Andalus.

**ANDALUZ, ZA** adj. y n. De Andalucía. **2.** Dícese de una raza de caballos originaria de Andalucía, caracterizada por su cuello encorvado, perfil acarnerado y formas redondeadas. ◆ n. m. **3.** Dialecto del español hablado en Andalucía.

**ANDAMIAJE** n. m. Conjunto de andamios.

**ANDAMIO** n. m. Armazón provisional de tablones o metálico, montado para la construcción, mantenimiento o reparación de edificios.

**ANDANA** n. f. Orden de algunas cosas puestas en línea: *una andana de ladrillos.*

**ANDANADA** n. f. Andana. **2.** Localidad cubierta con gradas, situada en la parte más alta de las plazas de toros. **3.** Descarga simultánea de todas las baterías de uno de los costados de una nave: *soltar, lanzar andanadas.* **4.** *Fig.* y *fam.* Reprensión severa.

**ANDANTE** adv. m. (voz italiana). MÚS. Con movimiento moderado. ◆ n. m. **2.** Movimiento musical ejecutado con moderación.

**ANDANTINO** adv. m. (voz italiana). MÚS. Más vivo que el andante. ◆ n. m. **2.** Parte ejecutada en un movimiento musical más vivo que el andante.

**ANDANZA** n. f. Caso, suceso, aventura: *contar las andanzas.*

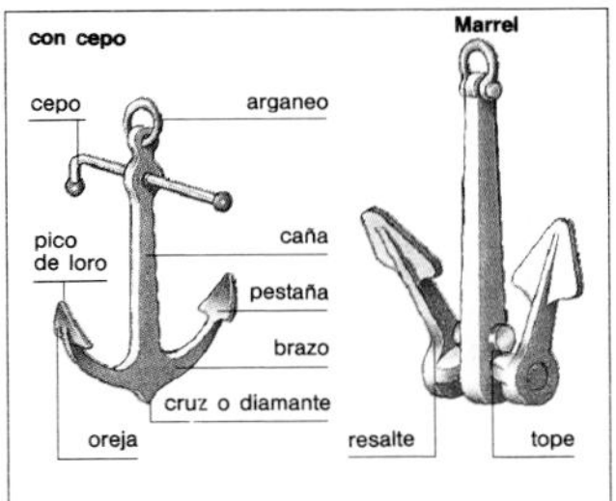


**anclas** de marina

**ANDAQUÍ,** pueblo amerindio de la familia lingüística chibcha que habita en los Andes colombianos, en las fuentes de los ríos Magdalena, Fragua y Yapurá.

**ANDAR** v. intr. y pron. **[1h]**. Ir de un lugar a otro dando pasos: *andar por la calle.* **2.** Trasladarse lo inanimado: *este coche anda muy despacio.* ◆ v. intr. **3.** Funcionar un mecanismo: *este reloj no anda.* **4.** Junto con algunos adjetivos, estar, sentir o tener la calidad que ellos significan: *andar cansado.* **5.** Entender, ocuparse en algo: *andar en pleitos.* **6.** Hablando del tiempo, pasar. **7.** Con las prep. *con* o *sin* y algunos nombres, tener o padecer lo que éstos significan, o al contrario: *andar con recelo; andar sin trabajo.* **8.** Seguido de la prep. *a* y de nombres que indican acciones violentas, efectuar dichas acciones: *andar a puñetazos.* **9.** Con la prep. *en* y un número que indique años, estar para cumplir éstos: *andar en los cuarenta.* **10.** *Fam.* Seguido de la prep. *con,* manejar, usar, manipular: *andar con fuego.* **11.** Con gerundios denota la acción que expresan éstos: *anda pensando en su futuro.* **12.** *Fam.* Ir, moverse de un lugar hacia otro: *andar de aquí para allá.* • **¡Andando!,** se emplea para dar prisa. ‖ **Andar tras algo,** pretenderlo insistentemente. ‖ **Andar tras alguien,** andar en su seguimiento o alcance; buscarlo para prenderlo. ◆ v. tr. **13.** Recorrer un espacio o lugar: *andar un buen trecho.* ◆ **andarse** v. pron. **14.** Con la prep. *con,* usar o emplear: *no te andes con rodeos.*

**ANDAR** n. m. Andadura. ◆ **andares** n. m. pl. **2.** Modo de andar las personas: *tener andares graciosos.*

**ANDARIEGO, A** adj. y n. Que anda mucho y sin parar.

**ANDARÍN, NA** adj. y n. Dícese de la persona andadora.

**ANDARIVEL** n. m. Maroma tendida entre las dos orillas de un río para guiar una barca o balsa. **2.** Cuerda colocada en diferentes sitios de un buque, a manera de pasamanos. **3.** DEP. Cuerda divisoria de las piletas de natación y raya que se marca en el suelo de las pistas de pedestrismo.

**ANDAS** n. f. pl. (lat. *amites,* perchas). Tablero sostenido por dos barras horizontales y paralelas para llevar personas o cosas, especialmente imágenes en las procesiones.

**ANDÉN** n. m. En las estaciones de ferrocarril, acera o plataforma que se extiende a lo largo de las vías. **2.** *Amér. Central* y *Colomb.* Acera. **3.** *Amér. Merid.* Bancal en las laderas de un monte para establecer cultivos.

**ANDESITA** n. f. Roca volcánica, negra o gris, vacuolar, constituida principalmente de plagioclasas y piroxeno.

**ANDINISMO** n. m. *Amér.* Alpinismo.

**ANDINISTA** n. m. y f. *Amér.* Montañero, alpinista.

**ANDINO, A** adj. y n. De los Andes.

**ANDORRANO, A** adj. y n. De Andorra.

**ANDORREAR** v. intr. **[1]**. *Fam.* Andar de una parte a otra sin hacer nada de provecho.

**ANDORRERO, A** adj. y n. Amigo de callejear.

**ANDRAJO** n. m. Jirón de ropa muy usada. **2.** *Fig.* Persona o cosa muy despreciable.

**ANDRAJOSO, A** adj. Que anda cubierto de andrajos.

**ANDROCEO** n. m. Parte de la casa griega que se reservaba a los hombres. **2.** Conjunto de estambres u órganos masculinos de la flor.

**ANDRÓGENO** n. m. Sustancia que provoca el desarrollo sexual de los machos.

**ANDROGINIA** n. f. Carácter de andrógino.

**ANDRÓGINO, A** adj. y n. m. Que posee los dos sexos. **2.** Dícese de las plantas que tienen a la vez flores masculinas y flores femeninas, como el nogal.

**ANDROIDE** adj. Que presenta caracteres masculinos: *constitución androide.* ◆ n. m. **2.** Autómata de figura humana.

**ANDROLOGÍA** n. f. MED. Parte de la medicina que estudia el aparato genital del hombre, su funcionamiento y sus enfermedades.

**ANDRÓLOGO, A** n. Especialista en andrología.

**ANDRÓMINA** n. f. Embuste, enredo. (Suele usarse en plural.)

**ANDROPAUSIA** n. f. Disminución de la actividad genital en el hombre, a partir de cierta edad.

**ANDROSTERONA** n. f. Hormona sexual masculina.

**ANDULLO** n. m. Hoja larga de tabaco arrollada. **2.** Manojo de hojas de tabaco. **3.** *Amér.* Cualquier hoja grande para envolver. **4.** *Cuba.* Pasta de tabaco de mascar.

**ANDURRIAL** n. m. Paraje extraviado o fuera de camino. (Suele usarse en plural.)

**ANEA** n. f. Espadaña.

**ANÉCDOTA** n. f. Relato breve de algún rasgo o suceso curioso.

**ANECDOTARIO** n. m. Colección de anécdotas.

**ANECDÓTICO, A** adj. Que tiene carácter de anécdota. **2.** Marginal, no sustancial: *interés anecdótico.*

**ANEGACIÓN** n. f. Acción y efecto de anegar.

**ANEGADIZO, A** adj. y n. m. Que frecuentemente se anega o inunda: *terreno anegadizo.*

**ANEGAMIENTO** n. m. Anegación.

**ANEGAR** v. tr. y pron. (lat. *anecare,* matar) **[1b]**. Inundar, cubrir con agua u otro líquido. **2.** *Fig.* Abrumar, agobiar, molestar: *anegar el alma de pena.*

**ANEJAR** v. tr. **[1]**. Anexar.

**ANEJO, A** adj. Anexo a otra cosa: *hojas anejas al documento.* ◆ n. m. **2.** Cosa aneja a otra.

**ANÉLIDO, A** adj. y n. m. Relativo a un tipo de gusanos anillados, formados por una serie de seg-

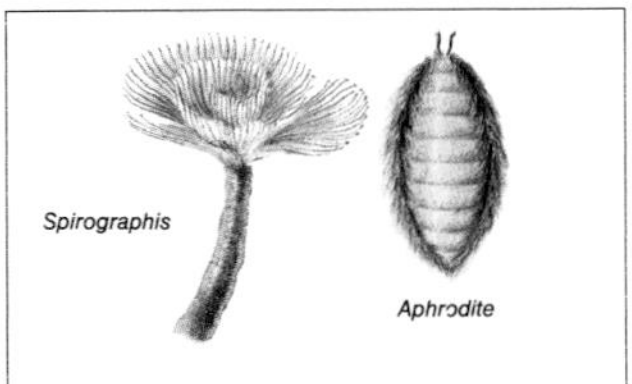


**anélidos**

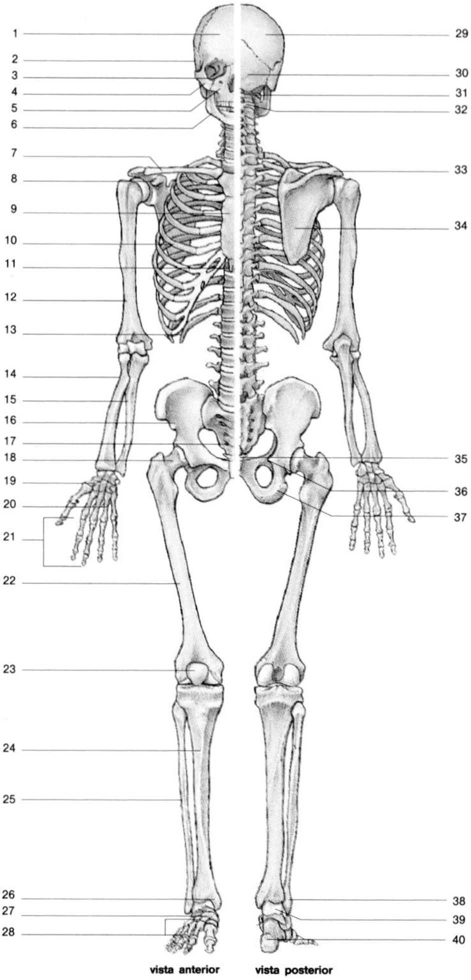


**esqueleto**

1. frontal;
2. temporal;
3. cavidad orbitaria;
4. hueso malar o pómulo;
5. maxilar superior;
6. maxilar inferior (mandíbula);
7. clavícula;
8. apófisis coracoides;
9. esternón;
10. costilla;
11. apófisis xifoides;
12. húmero;
13. costilla flotante;
14. radio;
15. cúbito;
16. hueso ilíaco;
17. sacro;
18. cabeza y cuello del fémur;
19. carpo;
20. metacarpianos;
21. falanges;
22. fémur;
23. rótula;
24. tibia;
25. peroné;
26. maléolo interno;
27. tarso;
28. metatarsiano;
29. parietal;
30. occipital;
31. atlas;
32. axis;
33. acromion;
34. omóplato;
35. coxis;
36. espina ciática;
37. tuberosidad isquiática;
38. maléolo externo;
39. astrágalo;
40. calcáneo;

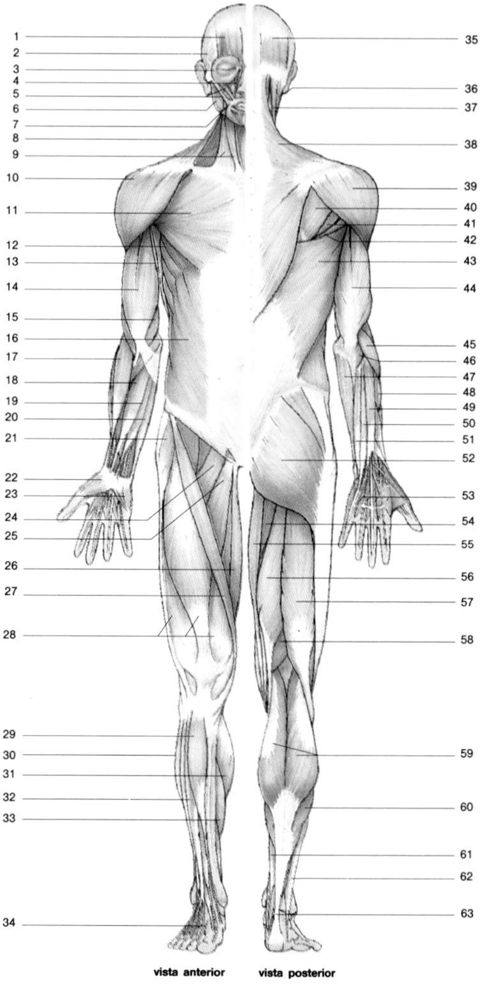


**músculos**

1. frontal;
2. temporal;
3. orbicular de los párpados;
4. elevador superficial del ala de la nariz y del labio superior;
5. cigomático;
6. masetero;
7. orbicular de los labios;
8. trapecio;
9. esternocleidomastoideo;
10. deltoides;
11. pectoral;
12. serrato mayor;
13. coracobraquial;
14. bíceps;
15. braquial anterior;
16. oblicuo mayor;
17. supinador largo;
18. palmar mayor;
19. palmar menor;
20. cubital anterior;
21. tensor de la fascia lata;
22. eminencia tenar;
23. eminencia hipotenar;
24. pectíneo;
25. aductor medio;
26. recto interno;
27. sartorio;
28. cuádriceps;
29. tibial anterior;
30. peroneo lateral largo;
31. gemelo interno;
32. extensor común de los dedos;
33. sóleo;
34. interóseos dorsales (del pie);
35. occipital;
36. esternocleidomastoideo;
37. esplenio;
38. trapecio;
39. deltoides;
40. infraespinoso;
41. redondo menor;
42. redondo mayor;
43. dorsal mayor;
44. tríceps;
45. primer radial;
46. ancóneo;
47. cubital anterior;
48. segundo radial;
49. extensor común de los dedos;
50. extensor del dedo meñique;
51. cubital posterior;
52. glúteo mayor;
53. interóseos dorsales (de la mano);
54. aductor mayor;
55. recto interno;
56. semitendinoso;
57. bíceps femoral;
58. semimembranoso;
59. gemelos;
60. sóleo;
61. flexor común de los dedos;
62. peroneo lateral corto;
63. tendón de Aquiles.

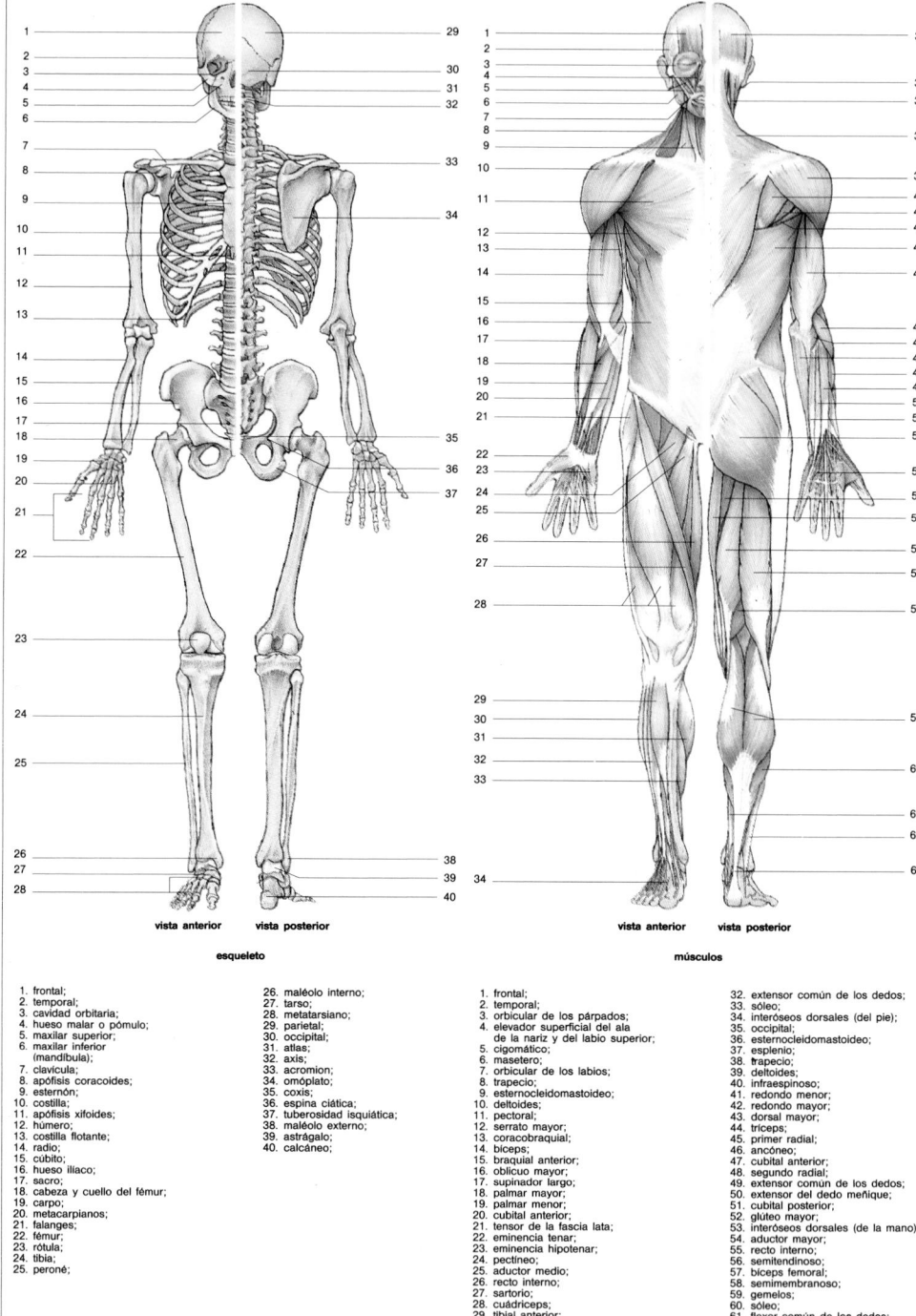

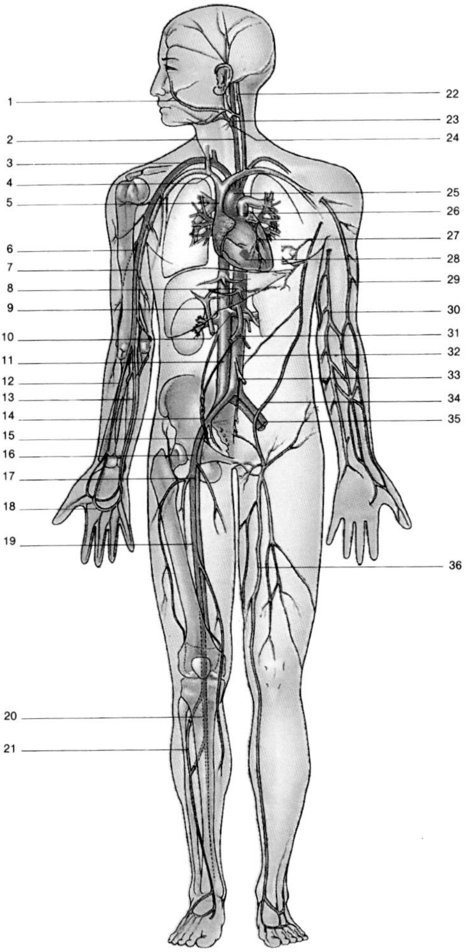

**sistema circulatorio**

1. arteria y vena faciales;
2. arteria carótida primitiva izquierda;
3. arteria subclavia derecha;
4. tronco venoso braquiocefálico derecho;
5. vena cava superior;
6. arteria humeral;
7. vena humeral;
8. tronco celíaco;
9. vena porta;
10. vena renal;
11. vena cava inferior;
12. arteria radial;
13. arteria cubital;
14. vaso gonadal;
15. arteria hipogástrica;
16. arteria ilíaca;
17. vena femoral;
18. arcada palmar;
19. arteria femoral;
20. arteria tibial posterior;
21. arteria tibial anterior;
22. vena yugular interna;
23. arteria carótida interna;
24. arteria carótida externa;
25. aorta;
26. arteria pulmonar;
27. arteria y vena coronarias;
28. corazón;
29. vena cefálica;
30. vena basílica;
31. arteria mesentérica superior;
32. aorta abdominal;
33. arteria mesentérica inferior;
34. vena epigástrica superficial;
35. arteria ilíaca primitiva;
36. vena safena interna.

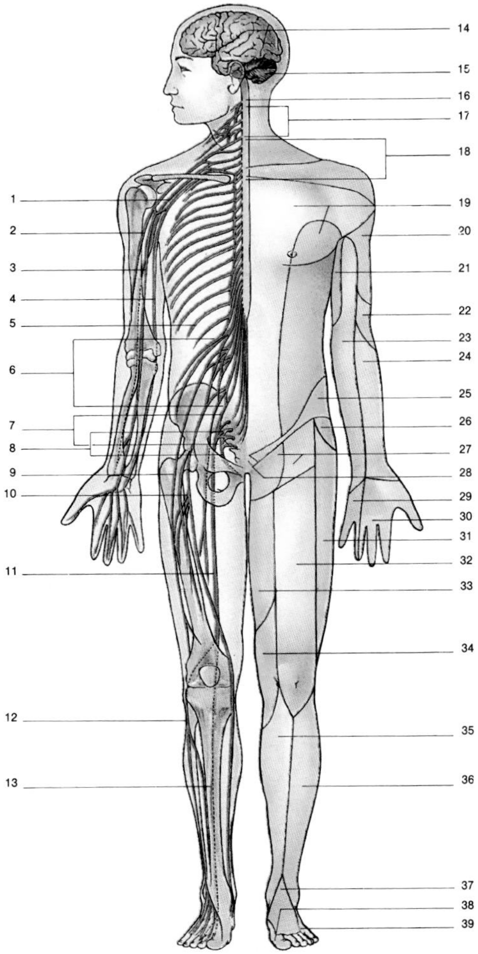

**sistema nervioso**

1. nervio radial;
2. nervio musculocutáneo;
3. nervio mediano;
4. nervio cubital;
5. nervio torácico;
6. plexo lumbar;
7. plexo sacro;
8. plexo pudendo;
9. nervio femorocutáneo;
10. nervio crural;
11. nervio ciático;
12. nervio tibial anterior;
13. nervio tibial posterior;
14. cerebro;
15. cerebelo;
16. médula espinal;
17. plexo cervical;
18. plexo braquial;

*Territorios sensitivos:*

19. de los nervios torácicos;
20. del nervio circunflejo;
21. del nervio accesorio del braquial cutáneo interno;
22. del nervio radial;
23. del nervio braquial cutáneo interno;
24. del nervio musculocutáneo;
25. del nervio iliohipogástrico;
26. de la rama colateral del nervio abdominogenital;
27. del nervio genitocrural;
28. del nervio ilioinguinal;
29. del nervio cubital;
30. del nervio mediano;
31. del nervio femorocutáneo;
32. de la rama del nervio crural;
33. de la rama del nervio crural;
34. del nervio obturador;
35. del nervio cutáneo peroneo;
36. de la rama del nervio crural;
37. del nervio musculocutáneo;
38. del nervio plantar interno;
39. del nervio safeno externo.

mentos, sin patas, todos ellos aproximadamente de la misma constitución, como la lombriz.

**ANEMIA** n. f. Disminución del número de glóbulos rojos en la sangre o de su contenido en hemoglobina. • **Anemia hipercrómica,** disminución del número de glóbulos rojos con aumento de la tasa de hemoglobina. || **Anemia hipocrómica,** descenso de la tasa de hemoglobina de los glóbulos rojos, sin disminución notable de su número. || **Anemia infecciosa,** enfermedad contagiosa de los équidos debida a un ultravirus. || **Anemia normocrómica,** descenso paralelo del número de glóbulos rojos y la tasa de hemoglobina.

**ANÉMICO, A** adj. y n. Relativo a la anemia; afecto de anemia.

**ANEMOFILIA** n. f. BOT. Modo de polinización de las plantas por medio del viento.

**ANEMÓFILO, A** adj. BOT. Dícese de las plantas cuya polinización se efectúa por medio del viento.

**ANEMÓMETRO** n. m. Instrumento que sirve para indicar la dirección y velocidad del viento.

**ANÉMONA** o **ANEMONA** n. f. (lat. *anemonem*). Planta herbácea con un bulbo en la raíz, y pocas hojas en los tallos, alguna de cuyas especies se cultiva en jardinería por el colorido de sus flores. (Familia ranunculáceas.) **2.** Flor de esta planta. • **Anémona de mar,** animal marino que vive fijado a las rocas litorales, de cuerpo carnoso y provisto de numerosos tentáculos. (Subtipo cnidarios; clase antozoos.)

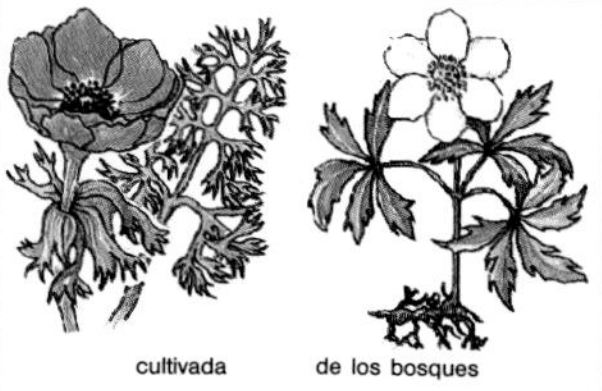

**anémonas**

**ANENCEFALIA** n. f. Ausencia de cerebro.

**ANENCÉFALO, A** adj. y n. Afecto de anencefalia.

**ANERGIA** n. f. Ausencia de reacción de un organismo frente a la aplicación interna o externa de una sustancia dada.

**ANEROIDE** adj. y n. m. Dícese del barómetro que funciona por la acción de la presión atmosférica sobre una membrana elástica de metal.

**ANESTESIA** n. f. (gr. *anaisthēsis*). Privación más o menos completa de la sensibilidad general, o de la sensibilidad de una región del cuerpo en particular, producida por una enfermedad o por un agente anestésico.

■ La anestesia puede ser *espontánea*, y sobrevenir en el curso de enfermedades neurológicas, o *terapéutica*. La anestesia terapéutica permite bloquear la sensibilidad dolorosa y puede ser local o general. La anestesia local se emplea para evitar el dolor producido en intervenciones quirúrgicas limitadas (extracción dental). Se realiza por inyección de anestésicos locales (procaína) en la zona interesada. La anestesia general se practica en intervenciones quirúrgicas importantes, produciendo pérdida de motilidad y de consciencia, pero permitiendo las funciones vegetativas automáticas. La anestesia precisa de vigilancia antes, durante y después de la intervención. Existen otros tipos de anestesia como la raquianestesia o la anestesia peridural, empleada, por ejemplo, en los partos. Entre los numerosos anestésicos, los más utilizados son los barbitúricos (pentobarbital) o el protóxido de nitrógeno (halotano).

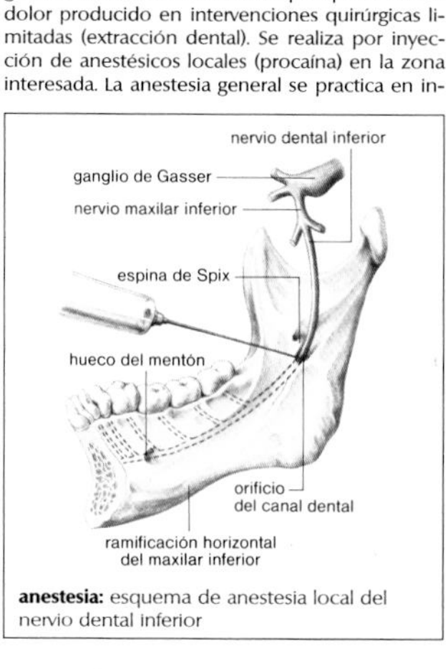

**anestesia:** esquema de anestesia local del nervio dental inferior

**ANESTESIAR** v. tr. **[1]**. Adormecer con un anestésico; suprimir artificialmente la sensibilidad al dolor.

**ANESTÉSICO, A** adj. Relativo a la anestesia. ◆ adj. y n. m. **2.** Dícese de las sustancias que, como el éter, el protóxido de nitrógeno, etc., producen anestesia.

**ANESTESIOLOGÍA** n. f. Especialidad médica que estudia la anestesia y sus actividades complementarias

**ANESTESIÓLOGO, A** n. Anestesista.

**ANESTESISTA** n. m. y f. Médico o auxiliar médico encargado de aplicar la anestesia.

**ANEURINA** n. f. Vitamina $B_1$. SIN.: *tiamina*.

**ANEURISMA** n. f. y m. (gr. *aneurysma*). Dilatación localizada de un vaso sanguíneo.

**ANEURISMÁTICO, A** adj. Relativo a la aneurisma.

**ANEXIÓN** n. f. Acción y efecto de anexionar.

**ANEXIONAR** o **ANEXAR** v. tr. y pron. **[1]**. Unir una cosa a otra con dependencia a ella, especialmente un territorio o un estado a otro o un beneficio eclesiástico a otro.

**ANEXIONISMO** n. m. Política que propugna la anexión de ciertos territorios.

**ANEXIONISTA** adj. y n. m. y f. Dícese del partidario o defensor del anexionismo o de una anexión. **2.** Que se propone la anexión de otro país: *política anexionista*.

**ANEXITIS** n. f. Inflamación de los anexos del útero (ovarios y trompas).

**ANEXO, A** adj. y n. m. (lat. *annexum*). Anejo: *documento anexo a un informe; un anexo del hotel.* ◆ **anexos** n. m. pl. **2.** Nombre que reciben diversas estructuras cuya importancia está supeditada a la de un órgano principal: *los pelos son anexos.* • **Anexos del útero,** las trompas y los ovarios. || **Anexos embrionarios,** en los mamíferos, el amnios, el alantoides, el cordón umbilical y la placenta.

**ANFETAMINA** n. f. Sustancia que estimula el sistema nervioso central, empleada a veces en terapéutica.

**ANFIARTROSIS** n. f. Articulación que sólo permite movimientos limitados a las piezas de que se compone el esqueleto (articulación de las vértebras).

**ANFIBIO, A** adj. y n. Dícese de los animales y plantas que pueden vivir dentro y fuera del agua, como la rana, el cocodrilo, etc. ◆ adj. **2.** Que puede moverse por tierra y por agua: *vehículo, camión, carro anfibio.* • **Operación anfibia,** la que está mandada conjuntamente por fuerzas navales y terrestres, como un desembarco. ◆ adj. y n. m. **3.** Relativo a una clase de vertebrados de piel desnuda y temperatura variable, cuyas larvas son acuáticas, y están provistas de branquias. SIN: *batracio.*

■ Los anfibios tienen respiración cutánea y, de forma accesoria, pulmonar o branquial. Las branquias pueden coexistir con los pulmones. Tanto la larva como el adulto necesitan a la vez del medio acuático y del medio terrestre para sobrevivir. Se clasifican en anuros, urodelos y ápodos. Los *anuros* (rana, sapo) tienen unas patas traseras más largas que las delanteras y éstas aparecen antes en la larva; según las especies, los huevos pueden ser incubados por los machos o por las hembras. Los *urodelos* (salamandra) se parecen a los lagartos: tienen cuatro patas iguales y una larga cola; algunas larvas de urodelos, como las del ajolote, pueden reproducirse. Los *ápodos* (cecilia) son anfibios vermiformes que viven en la tierra.

**ANFIBIOSIS** n. f. Forma de vida de los animales y plantas anfibios.

**ANFÍBOL** n. m. Mineral negro, pardo o verde, de las rocas eruptivas y metamórficas. (Los anfíboles son silicatos de hierro y de magnesio.)

**ANFIBOLITA** n. f. Roca metamórfica, de color verde, compuesta principalmente de anfíbol.

**ANFIBOLOGÍA** n. f. Ambigüedad de sentido o interpretación de una frase o palabra. (Ej.: *el profesor castiga a los alumnos culpables* [= los alumnos que son culpables o que los alumnos son culpables].)

**ANFIBOLÓGICO, A** adj. De doble sentido, ambiguo.

**ANFICTIÓN** n. m. Cada uno de los diputados de la anfictionía.

**ANFICTIONÍA** n. f. (gr. *amphictyonia*). En la antigua Grecia; confederación de ciudades para asuntos de interés general.

**ANFICTIÓNICO, A** adj. Relativo a la anfictionía.

**ANFIMIXIS** n. f. Fusión de los núcleos masculino y femenino, fase esencial de la fecundación.

**ANFINEURO, A** adj. y n. m. Relativo a una clase de moluscos marinos, con o sin concha, que presenta una organización muy primitiva.

**ANFIOXO** n. m. Pequeño animal marino, del tipo procordados, que vive casi siempre oculto en la arena.

**ANFÍPODO, A** adj. y n. m. Relativo a un orden de crustáceos de pequeño tamaño, con el cuerpo comprimido lateralmente y el abdomen encorvado hacia abajo, antenas largas, siete pares de patas torácicas locomotoras y seis pares de patas abdominales.

**ANFIPRÓSTILO** n. m. y adj. Templo adornado en sus dos fachadas con sendos pórticos de columnas.

**ANFÍPTERO** n. m. HERÁLD. Serpiente o dragón alado.

**ANFISBENA** n. f. Reptil cavador de América tropical. (Orden lacertilios.) **2.** Culebra fabulosa de dos cabezas.

**ANFITEATRO** n. m. (gr. *amphitheatron*). Edificio de planta generalmente elíptica, con gradas y arena, construido por los romanos a partir de fines del s. I a. J.C., y en el cual se celebraban combates de gladiadores, fieras, etc. **2.** En cines, teatros y otros locales, parte de la sala compuesta de asientos instalados sobre gradas. • **Anfiteatro anatómico,** espacio destinado en los centros médicos a la disección de los cadáveres. || **Anfiteatro morrénico,** muralla formada por morrenas, dispuesto en arco de círculo y situado al extremo de una lengua glaciar. SIN.: *vallum morrénico*.

**ANFITRIÓN, NA** n. (de *Anfitrión*, n. pr.). El que tiene convidados, con respecto a éstos.

**ÁNFORA** n. f. (lat. *amphoram*). Vasija de forma ovoide, con dos asas simétricas, cuello estrecho, con o sin pie, muy usada por los antiguos griegos y romanos.

**ANFÓTERO, A** adj. Dícese del cuerpo que puede reaccionar, según el caso, como un ácido o como una base.

**ANFRACTUOSIDAD** n. f. Calidad de anfractuoso. **2.** Depresión y elevación de varias formas que se repiten en la superficie de algunos cuerpos: *las anfractuosidades del cerebro.*

**ANFRACTUOSO, A** adj. Quebrado, sinuoso, tortuoso, desigual.

**ANGARILLAS** n. f. pl. Andas pequeñas para llevar a mano alguna carga. **2.** Armazón de cuatro palos en cuadro de los que penden unas bolsas grandes de redes para transportar en cabalgaduras vidrios, loza, etc. **3.** Vinagreras para servir en la mesa.

**ANGAZO** n. m. Instrumento para pescar mariscos, compuesto de un mango provisto de púas de hierro.

**ÁNGEL** n. m. (lat. *angelum*). Espíritu celeste creado por Dios para su ministerio. **2.** *Fig.* Gracia, simpatía: *tiene ángel la muchacha.* **3.** *Fig.* Persona en quien se suponen las cualidades propias de los espíritus angélicos. • **Ángel bueno** (*Fig.*), persona que vigila, guía o protege a alguien. || **Ángel custodio,** o **de la guarda,** el que Dios ha señalado a cada persona para su guarda o custodia. || **Ángel malo,** o **de tinieblas,** diablo, demonio. || **Salto del ángel** (COREOGR.), el que se ejecuta con los brazos abiertos y con las piernas juntas y dobladas hacia atrás; (DEP.), en natación, salto de zambullida con los brazos extendidos a los lados hasta juntarlos en la inmersión.

**ANGÉLICA** n. f. Planta aromática, con tallo ramoso, derecho y empinado, hojas con tres segmentos aserrados y ovales, y flores de color blanco rojizo, cuya raíz y fruto tienen propiedades tónicas y estimulantes e intervienen en la composición del

el **anfiteatro** romano de El-Ŷam (ant. Thysdrus), Tunicia, s. III d. J.C.

agua de melisa. (Familia umbelíferas.) **2.** Madera muy apreciada en construcción naval.

**ANGELICAL** o **ANGÉLICO, A** adj. Relativo a los ángeles. **2.** *Fig.* Que parece de ángel: *rostro angelical.*

**ANGELITO** n. m. Niño de muy poca edad, por su inocencia. **2.** *Fig.* Criatura que acaba de fallecer. **3.** *Argent.* y *Chile.* Cadáver de un niño arreglado para el velatorio. • **Estar con los angelitos,** dormir plácidamente; estar distraído.

**ánforas** (museo de Bodrum, Turquía)

**ánfora** griega decorada; s. VI a. J.C.
(museo municipal, Laon, Francia)

**ANGELOTE** n. m. *Fam.* Figura grande de ángel que aparece en retablos, pinturas, etc. **2.** *Fig.* y *fam.* Niño muy gordo y de condición apacible. **3.** *Fig.* y *fam.* Persona muy sencilla y apacible. **4.** Escualiforme de unos 2 m de long., con forma intermedia entre los tiburones y las rayas, inofensivo, que vive en el Atlántico y el Mediterráneo.

**ÁNGELUS** n. m. Oración en latín, encabezada por esta palabra, que se reza o canta por la mañana, al mediodía y al atardecer. **2.** Toque de campana que anuncia que es la hora de rezar esta oración.

**ANGEVINO, A** adj. y n. De Angers o de Anjou.

**ANGINA** n. f. Nombre aplicado a todas las afecciones inflamatorias, muy variadas, de la faringe. (Suele usarse en plural.) • **Angina de pecho,** afección del corazón que se manifiesta por crisis dolorosas acompañadas por sensación de angustia. SIN.: *angor pectoris.*

**ANGINOSO, A** adj. Relativo a la angina.

**ANGIOCARDIOGRAFÍA** n. f. Radiografía de las cavidades del corazón y de los grandes vasos que abocan en él.

**ANGIOCOLITIS** n. f. Inflamación de las vías biliares.

**ANGIOGÉNESIS** n. f. Formación de los vasos sanguíneos.

**ANGIOGRAFÍA** n. f. Radiografía de los vasos sanguíneos, previa inyección de sustancias opacas a los rayos X.

**ANGIOLOGÍA** n. f. Parte de la medicina que estudia el sistema vascular.

**ANGIÓLOGO, A** n. Especialista en angiología.

**ANGIOMA** n. m. Tumor en los vasos sanguíneos, generalmente benigno.

**ANGIOSPERMO, A** adj. y n. f. Relativo a una subdivisión del reino vegetal que agrupa las plantas fanerógamas cuyas semillas están encerradas en un fruto. (Las angiospermas pueden ser *monocotiledóneas* y *dicotiledóneas.*)

**ANGLEDOZER** n. m. (voz inglesa). Tractor-oruga provisto de una plancha de acero delantera, orientable lateralmente, que permite el ataque oblicuo de un terreno y el removimiento de la tierra excavada.

**ANGLICANISMO** n. m. Conjunto de las doctrinas, principios e instituciones de la iglesia oficial de Inglaterra desde el reinado de Enrique VIII.

■ El anglicanismo nació tras la ruptura de Enrique VIII con el papa y su autoproclamación como cabeza suprema de la iglesia inglesa (*Acta de supremacía,* 1534), pero mantuvo la jerarquía y el dogma católicos hasta que en 1552-1553 su sucesor, Eduardo VI, proclamó una nueva profesión de fe y una nueva liturgia. Fue durante el reinado de Isabel I (1558-1603) cuando se consolidó y organizó definitivamente el anglicanismo entre la reforma continental y el catolicismo. Hay tres tendencias enfrentadas: la iglesia alta *(high Church),* defensora de la jerarquía episcopal y de la liturgia; la iglesia baja *(low Church),* marcadamente calvinista, y la iglesia amplia *(bread Church),* que antepone la moral individual a la doctrina.

**ANGLICANIZADO, A** adj. Influido por las costumbres, ideas, lengua, etc., de los ingleses.

**ANGLICANO, A** adj. y n. Relativo al anglicanismo; que profesa el anglicanismo.

**ANGLICISMO** n. m. Término propio de la lengua inglesa, incorporado a otra lengua.

**ANGLO, A** adj. y n. Relativo a un pueblo germánico procedente del Schleswig, que invadió Gran Bretaña y dio su nombre a Inglaterra (s. V); individuo de este pueblo. **2.** Inglés.

**ANGLOAMERICANO, A** adj. Perteneciente a ingleses y americanos. ◆ adj. y n. **2.** Dícese del individuo de origen inglés nacido en América. **3.** Norteamericano.

**ANGLOÁRABE** adj. y n. m. y f. Dícese del caballo que resulta del cruzamiento entre pura sangre inglés y árabe, y que se emplea sobre todo como caballo de montar.

**ANGLOFILIA** n. f. Afición o simpatía por lo inglés o los ingleses.

**ANGLÓFILO, A** adj. y n. Que simpatiza con Inglaterra y los ingleses.

**ANGLOFOBIA** n. f. Aversión a lo inglés o los ingleses.

**ANGLÓFOBO, A** adj. y n. Desafecto a Inglaterra y a los ingleses.

**ANGLÓFONO, A** adj. y n. Que habla inglés.

**ANGLOMANÍA** n. f. Afición exagerada a imitar las costumbres inglesas.

**ANGLOMERINO** adj. y n. Dícese de la raza de carneros obtenida del cruce de carneros merinos con ovinos ingleses.

**ANGLONORMANDO, A** adj. y n. Dícese de los normandos que se establecieron en Inglaterra. ◆ n. m. **2.** Dialecto francés hablado a ambos lados del canal de la Mancha tras la conquista de Inglaterra por los normandos.

**ANGLOSAJÓN, NA** adj. y n. Relativo a los pueblos germánicos (anglos, jutos, sajones) de Frisia y Alemania del Norte que invadieron Gran Bretaña en los ss. V y VI; individuo de estos pueblos. **2.** Relativo a los pueblos de lengua y civilización inglesa. ◆ n. m. **3.** Lengua germánica de los anglosajones, de la cual procede el inglés. SIN.: *inglés antiguo.*

**ANGOLANO, A, ANGOLEÑO, A** o **ANGOLÉS, SA** adj. y n. De Angola.

**ANGÓN** n. m. Arma provista de dos ganchos, usada por los francos.

**ÁNGOR** n. m. **Ángor pectoris,** angina de pecho.

**ANGORA** adj. y n. Dícese de determinados gatos, conejos y cabras de pelo largo y sedoso. **2.** Dícese de la fibra textil animal que procede de las cabras de angora.

gato de **angora** rojo

**ANGOSTO, A** adj. (lat. *angustum*). Estrecho, reducido.

**ANGOSTURA** n. f. Calidad de angosto. **2.** Estrechura o paso estrecho. **3.** Corteza de ciertos árboles, con la que se prepara una sustancia amarga, tónica y estimulante.

**ANGRELADO, A** adj. (fr. *engrêlé*). HERÁLD. Dícese de las piezas con bordes dentados e intervalos redondeados. • **Arco angrelado,** el adornado en su intradós con recortes en forma de arcaduras.

**ANGRITO** n. m. Meteorito pétreo, calizo, compuesto de augita titanífera color púrpura, con algo de olivino.

**ANGSTRÖM** n. m. FÍS. Unidad de medida de longitudes de onda y dimensiones atómicas (símbolo Å), que equivale a una diezmillonésima de milímetro.

**ANGUARINA** n. f. Gabán de paño burdo y sin mangas.

**ANGUILA** n. f. (lat. *anguillam*). Pez óseo de carne apreciada, cuerpo alargado, de 1 m de long., aletas reducidas y piel viscosa, que vive en los cursos de agua dulce, pero efectúa su reproducción en la desembocadura de los ríos. (Familia anguílidos.) **2.** MAR. Cada una de las piezas de madera sobre las que se levanta el armazón de un buque. • **Anguila de mar,** congrio.

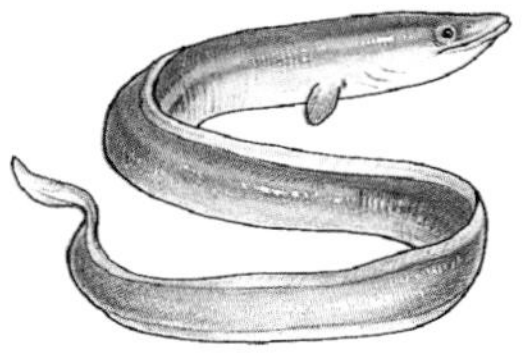

**anguila**

**ANGUILERA** n. f. Vivero de anguilas.

**ANGUILERO, A** adj. Dícese del canastillo para llevar anguilas. • **Nasa anguilera,** nasa larga y estrecha, para pescar anguilas.

**ANGUÍLIDO, A** adj. y n. m. Relativo a una familia de peces ápodos, a la que pertenecen la anguila y el congrio.

**ANGUÍLULA** n. f. Gusano de pequeño tamaño, varias de cuyas especies son parásitas del trigo, la remolacha, el vinagre e incluso del hombre. (Clase nematodos.)

**ANGUILULOSIS** n. f. Enfermedad provocada por la anguílula.

**ANGULA** n. f. (voz vasca). Cría de la anguila que remonta del mar a los ríos.

**ANGULADO, A** adj. Anguloso. **2.** HERÁLD. Dícese de la pieza, cruz o aspa de cuyos ángulos sale otra pieza.

**ANGULAR** adj. (lat. *angularem*). Relativo al ángulo. **2.** De figura de ángulo. • **Distancia angular entre dos puntos,** ángulo formado por las visuales que unen el ojo del observador con los dos puntos. ‖ **Piedra angular,** piedra fundamental que en los edificios hace esquina, sosteniendo dos paredes. ◆ adj. y n. m. **3.** TECNOL. Dícese del perfil laminado que tiene dos alas en ángulo recto. ◆ n. m. **4. Gran angular,** objetivo fotográfico que abarca una gran amplitud de campo de visión.

**ÁNGULO** n. m. (lat. *angulum,* rincón). Figura formada por dos semirrectas, o *lados,* o por dos semiplanos, o *caras* que se cortan. **2.** Rincón. **3.** *Fig.* Cada uno de los aspectos o puntos de vista desde los que puede considerarse o juzgarse una cosa.

**ANGULOSO, A** adj. Que tiene ángulos.

**ANGURRIA** n. f. *Amér.* Hambre incontrolada. **2.** *Amér.* Egoísmo, avaricia.

**ANGUS** n. m. y adj. Raza bovina productora de carne, desprovista de cuernos, originaria de Escocia. SIN.: *aberdeen-angus.*

**ANGUSTIA** n. f. (lat. *angustiam,* angostura). Estado de desasosiego síquico, de inquietud profunda, que se acompaña de manifestaciones sicomotrices y vegetativas. **2.** Aflicción, congoja. **3.** Para los filósofos existencialistas, experiencia metafísica por la cual el hombre toma conciencia del ser.

**ANGUSTIAR** v. tr. y pron. (lat. *angustiare*) [**1**]. Causar angustia.

**ANGUSTICLAVE** n. m. En la antigüedad romana, banda de púrpura que adornaba la túnica de los caballeros.

**ANGUSTIFOLIO, A** adj. BOT. De hojas muy estrechas.

**ANGUSTIOSO, A** adj. Que causa angustia o la padece: *horas angustiosas.*

**ANHELAR** v. intr. (lat. *anhelare*) [**1**]. Respirar con dificultad. ◆ v. intr. y tr. **2.** Tener anhelo de conseguir una cosa, desear.

**ANHELO** n. m. Deseo vehemente, afán.

**ANHELOSO, A** adj. Dícese de la respiración anhelante. **2.** Que tiene, siente o causa anhelo.

**ANHÍDRIDO** n. m. Cuerpo químico que produce un ácido al combinarse con el agua.

**ANHIDRITA** n. f. Sulfato de calcio anhidro, más duro que el yeso.

**ANHIDRO, A** adj. QUÍM. Que no contiene agua: *sal anhidra.*

**ANHIDROBIOSIS** n. f. BIOL. Estado temporal de disminución de las actividades producido por desecación de los tejidos.

**ANHIDROSIS** n. f. Ausencia o disminución anormal de la sudoración.

**ANÍ** n. m. Ave de plumaje de color negro, tronco esbelto, cola bastante larga y pico convexo y largo que vive en América Central.

**ANIDAR** v. intr. y pron. [**1**]. Hacer nido las aves o vivir en él. **2.** Morar, habitar en un sitio. ◆ v. intr. **3.** *Fig.* Hallarse o existir algo en una persona o cosa: *en él anida la esperanza de ser feliz.* ◆ v. tr. **4.** *Fig.* Abrigar, acoger.

**ANILIDA** n. f. QUÍM. Nombre dado a las amidas derivadas de la anilina.

**ANILINA** n. f. Amina cíclica $C_6H_5NH_2$, derivada del benceno, descubierta en la destilación del índigo y actualmente extraída de la hulla, que se usa en la elaboración de los colorantes sintéticos.

**ANILLA** n. f. Anillo que sirve para colgar o sujetar. **2.** Aro que se fija a la pata de un ave para identificarla **3.** Fajita de papel que rodea los cigarros. **4.** HERÁLD. Pieza constituida por dos ganchos en forma de C adosados y acolados. ◆ **anillas** n. f. pl. **5.** Aparato de gimnasia consistente en dos aros metálicos que están pendientes de cuerdas.

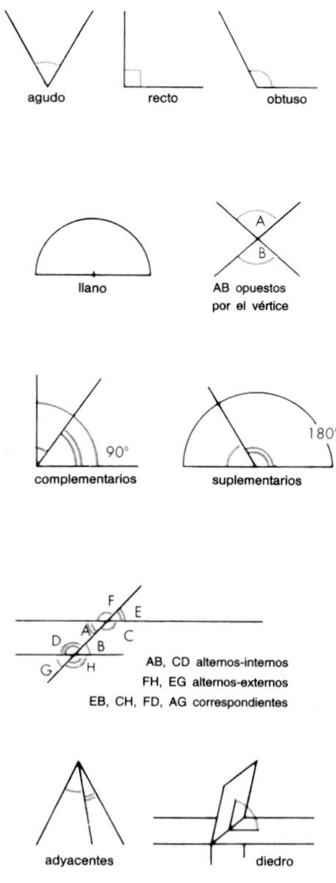


**ángulos**

**ANILLADO, A** adj. Que tiene anillos. **2.** Dícese del cabello rizado. • **Columna anillada** (ARQ.), columna decorada con anillos. ◆ n. m. **3.** Colocación de una anilla en la pata de un ave para su identificación en estudios sobre las migraciones o, en avicultura, para la selección.

**ANILLAR** v. tr. [**1**]. Dar forma de anillo. **2.** Sujetar con anillos. **3.** Efectuar el anillado.

**ANILLEROS** n. m. pl. Miembros de una sociedad secreta de carácter político que existió en España durante el trienio constitucional (1820-1823).

ejercicio de **anillas**

**ANILLO** n. m. (lat. *anellum*). Aro pequeño. **2.** Aro, generalmente de metal, que se lleva en los dedos de la mano. SIN.: *sortija.* **3.** Anilla para las aves. **4.** Redondel de la plaza de toros. **5.** ANAT. Nombre que reciben diversas estructuras anatómicas por su disposición circular: *anillo inguinal.* **6.** ARQ. Moldura que rodea una columna. **7.** ASTRON. Zona circular de materia que rodea ciertos planetas (Júpiter, Saturno, Urano), poblada por una multitud de fragmentos sólidos de pequeño tamaño que se desplazan cada uno a su propia velocidad. **8.** BOT. Aro o collar que, en la parte superior, rodea el pie de numerosos hongos adultos. **9.** BOT. Capa concéntrica de un árbol cortado transversalmente. **10.** MAT. Conjunto provisto de dos leyes de composición interna; la primera le confiere la estructura de grupo conmutativo, y la segunda es asociativa y distributiva respecto de la primera. **11.** ZOOL. Cada uno de los segmentos de un artrópodo. • **Anillo calibrador,** instrumento para medir el diámetro exterior de una pieza cilíndrica. ‖ **Anillo de almacenamiento,** máquina en la que se almacenan las partículas elementales procedentes de un acelerador. ‖ **Anillo de boda,** el que se colocan recíprocamente los que se casan. ‖ **Anillo de colisión,** o **de almacenamiento** (FÍS.), conjunto de anillos de almacenamiento que presentan zonas de intersección en las que las partículas almacenadas entran en colisión. ‖ **Anillo esférico,** sólido engendrado por un segmento circular al girar alrededor de un diámetro que no lo atraviesa. ‖ **Anillo pastoral,** anillo de los obispos. ‖ **Caérsele** a uno **los anillos,** desmerecer de su dignidad, jerarquía o clase social. ‖ **Venir** una cosa **como anillo al dedo** *(Fam.),* haber sido dicha o hecha con oportunidad.

**ÁNIMA** n. f. Alma de los difuntos, particularmente las que se supone están en el purgatorio: *rezar por las ánimas.* **2.** Alma, hueco interior de algunos objetos. **3.** Coraza formada por láminas de acero imbricadas, análoga al pectoral o guardacorazón de los romanos. • **Ánima bendita,** o **del purgatorio,** alma que pena en el purgatorio. ◆ **ánimas** n. f. pl. **4.** Toque de campanas a cierta hora de la noche, con que se invita a rogar a Dios por las ánimas del purgatorio. **5.** Hora en que se hace este toque.

**ANIMACIÓN** n. f. Acción y efecto de animar o animarse. **2.** Viveza en las acciones, palabras o movimientos. **3.** Concurso de gente en un lugar: *había animación en la plaza.* **4.** Conjunto de medios y de métodos desplegados para hacer participar activamente a los miembros de una colectividad en la vida del grupo. **5.** Técnica cinematográfica que proporciona apariencia de movimiento a dibujos, muñecos, etc.

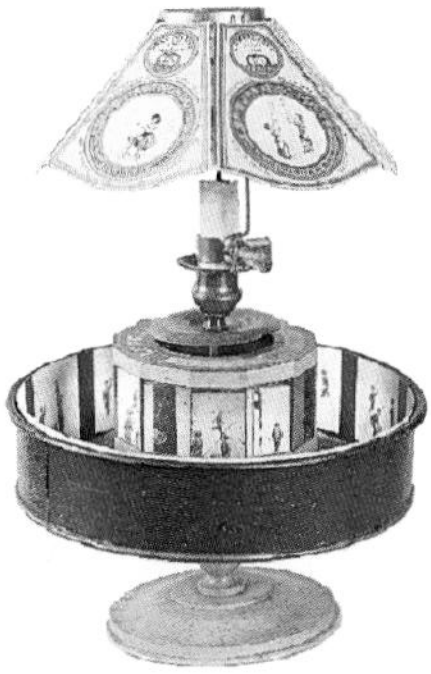

el praxinoscopio de Emile Reynaud. (C.N.A.M., París.)

el francés Emile Reynaud, con su praxinoscopio y después con su teatro óptico, puede ser considerado como el pionero de la animación. No obstante, fue el norteamericano J. Stuart Blackton quien descubrió el sistema de filmación imagen por imagen en *El hotel encantado* (1906). El procedimiento fue continuado por el francés Emile Cohl, que dio al dibujo animado sus primeras obras maestras. En E.U.A., las técnicas se perfeccionaron, abriendo camino a las investigaciones de Pat Sullivan *(Félix el gato)*. Walt Disney, que creó a *Mickey* en 1928, inauguró los largometrajes de animación e impuso su estilo «realista». Tex Avery llevó al dibujo animado a límites de locura y delirio. Después de la segunda guerra mundial, se impusieron creadores como el canadiense Norman McLaren, que exploró todas las técnicas. Los marionetistas checos Karel Zeman y Jiří Trnka emprendieron los caminos de la magia, mientras que la escuela de Zagreb impuso un mundo cáustico y alegórico. Actualmente se abren nuevas perspectivas en el cine de animación con el desarrollo de los métodos informáticos de tratamiento y de síntesis de la imagen.

*Le cauchemar du fantoche* (1908), por Emile Cohl.

*El lobo*, una de las creaciones de Tex Avery.

*Bambi* (1942), por Walt Disney.

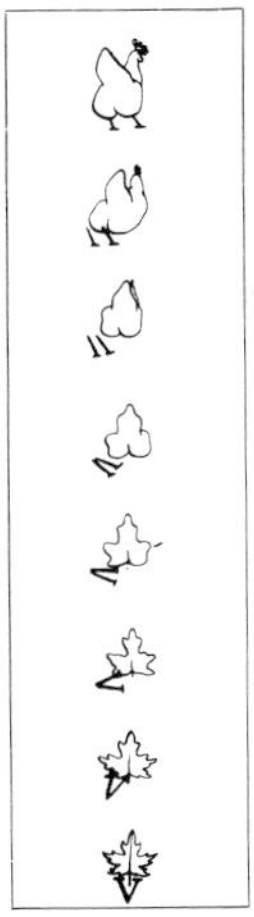

*La gallina gris* (1947), por Norman McLaren (figuras pintadas sobre la película).

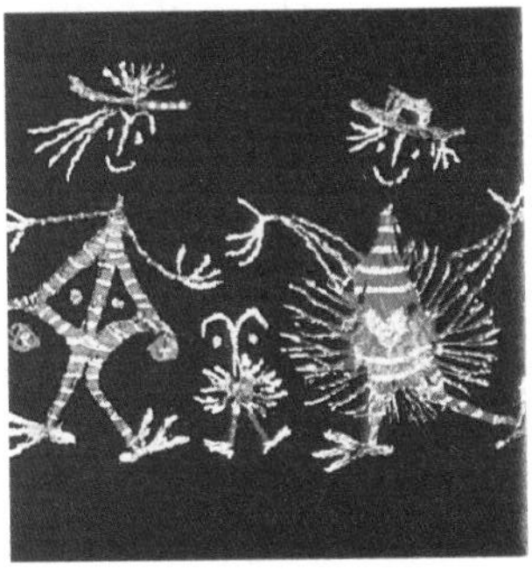

*Short and suite* (1959), por Norman McLaren.

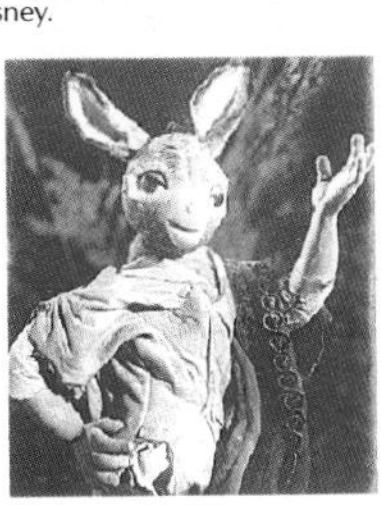

una marioneta de la película *Sueño de una noche de verano* (1959), por Jiří Trnka.

imagen de *El planeta salvaje* (1968-1973), película realizada por Roland Topor y René Laloux.

**ANIMADO, A** adj. Dotado de alma: *seres animados*. **2.** Con animación, alegre, divertido: *fiesta animada*. **3.** Que está dotado de movimiento: *dibujos animados*.

**ANIMADOR, RA** adj. y n. Que anima. ◆ n. **2.** Presentador o cantante en algunos espectáculos. **3.** Persona que dentro de un grupo o colectividad se ocupa de los trabajos de animación (propone actividades, facilita la relación entre los miembros, etc.). **4.** *Amér.* Persona que anima un espectáculo.

**ANIMADVERSIÓN** n. f. (lat. *animadversionem*). Enemistad, ojeriza, antipatía.

**ANIMAL** n. m. Ser organizado, dotado de movimiento y sensibilidad, capaz de ingerir alimentos sólidos por medio de una boca. **2.** En sentido más estricto, ser animado privado de razón. • **Animal de tiro,** el que se unce para la tracción, en contraposición a los de silla o de carga. ◆ adj. **3.** Relativo al animal. **4.** Relativo a lo sensitivo, a diferencia de lo racional o espiritual: *instinto animal.* • **Espíritus animales,** la parte más ligera de la sangre, imaginada por Descartes para explicar la acción del alma sobre el cuerpo (y recíprocamente). || **Sicología animal,** observación de las condiciones en que funcionan los comportamientos innatos de una especie determinada, y estudio experimental de algunas funciones sicológicas (percepción, condicionamiento, aprendizaje, etc.). ◆ adj. y n. **5.** *Fig.* Incapaz, grosero o muy ignorante.

**ANIMALADA** n. f. Disparate, tontería.

**ANIMÁLCULO** n. m. Animal muy pequeño, visible solamente al microscopio.

**ANIMALIDAD** n. f. (lat. *animalitatem*). Calidad de animal, perteneciente al animal.

**ANIMALISTA** adj. Dícese del pintor o escultor especializado en la representación de animales, así como de aquellas artes que los toman como tema principal.

**ANIMALIZACIÓN** n. f. Acción y efecto de animalizarse.

**ANIMALIZARSE** v. pron. **[1g]**. Embrutecerse.

**ANIMALUCHO** n. m. *Desp.* Animal de figura desagradable.

**ANIMAR** v. tr. **[1]**. Infundir alma o vida a un ser. **2.** Dar ánimo, comunicar mayor vigor, intensidad y movimiento: *animar al apático.* **3.** Impulsar, mover: *no le anima ningún afán de lucro.* ◆ v. tr. y pron. **4.** Dar movimiento, calor y vida a un grupo de gente, o un paraje: *animar la fiesta.* ◆ **animarse** v. pron. **5.** Cobrar ánimo y esfuerzo. **6.** Alegrarse, sentir ganas de diversión.

**ANÍMICO, A** adj. Síquico: *estado anímico.*

**ANIMISMO** n. m. Creencia que atribuye alma a los fenómenos naturales y que trata de hacerlos favorables por medio de prácticas mágicas.

**ANIMISTA** adj. y n. m. y f. Relativo al animismo; que profesa esta creencia.

**ÁNIMO** n. m. Alma o espíritu en cuanto es principio de la actividad humana: *tener el ánimo airado.* **2.** Valor, esfuerzo, energía: *tener ánimo suficiente.* **3.** Intención, voluntad: *sin ánimo de ofender.* **4.** *Fig.* Atención o pensamiento: *tener en el ánimo sólo una idea.* ◆ interj. **5.** Se usa para alentar.

**ANIMOSIDAD** n. f. (lat. *animositatem*). Animadversión, enemistad, antipatía.

**ANIMOSO, A** adj. (lat. *animosum*). Que tiene ánimo, valor.

**ANIÑADO, A** adj. Que se parece a los niños: *rostro aniñado.*

**ANIÓN** n. m. Ion cargado negativamente.

**ANIÓNICO, A** adj. Relativo a los aniones. • **Emulsión aniónica,** emulsión estable en un medio básico alcalino.

**ANIQUILABLE** adj. Que fácilmente se puede aniquilar.

**ANIQUILACIÓN** n. f. Acción y efecto de aniquilar o aniquilarse. **2.** FÍS. Reacción en la que una partícula y su antipartícula desaparecen, liberando energía.

**ANIQUILADOR, RA** adj. y n. Que aniquila.

**ANIQUILAMIENTO** n. m. Aniquilación.

**ANIQUILAR** v. tr. y pron. **[1]**. Reducir a la nada. **2.** *Fig.* Destruir o arruinar por completo. ◆ **aniquilarse** v. pron. **3.** *Fig.* Deteriorarse mucho alguna cosa. **4.** Anonadarse, desanimarse.

**ANÍS** n. m. Planta aromática cuya semilla se emplea en la confección de dulces y licores. (Familia umbelíferas.) **2.** Semilla de esta planta. **3.** Aguardiente anisado. **4.** Grano de anís con un baño de azúcar. • **Anís estrellado,** o **de China,** fruto del badián.

**ANISAR** n. m. Terreno sembrado de anís.

**ANISAR** v. tr. **[1]**. Echar anís o esencia de anís a una cosa.

**ANISETE** n. m. (fr. *anisette*). Licor que se fabrica con anís, aguardiente y azúcar.

**ANISFO** n. m. Annisfo.

**ANISOTONÍA** n. f. Diferencia de presión osmótica entre las soluciones que bañan las dos caras de una pared permeable o semipermeable, que permite los intercambios hídricos e iónicos a través de dicha pared.

**ANISOTROPÍA** n. f. Cualidad de los cuerpos anisótropos.

**ANISÓTROPO, A** adj. Dícese de los cuerpos y objetos en los que las propiedades difieren según la dirección considerada.

**ANITO** n. m. Entre los igorrotes de Filipinas, estatuilla para el culto de los antepasados.

**ANIVERSARIO** n. m. (lat. *aniversarium,* que vuelve cada año). Día en que se cumplen años de algún suceso. **2.** Oficio y misa que se celebran, en sufragio de un difunto, el día que se cumple el año de su fallecimiento.

**ANNAMITA** o **ANAMITA** adj. y n. m. y f. De Annam.

**ANNATA** n. f. Anata.

**ANNISFO** o **ANISFO** n. m. Moneda de oro acuñada en al-Andalus, que equivalía a la mitad de un dinar.

**ANNONA** o **ANONA** n. f. ANT. ROM. Impuesto en especies, recaudado sobre el producto de la recolección anual. **2.** ANT. ROM. Servicio público para atender el aprovisionamiento de la ciudad de Roma.

**ANO** n. m. (lat. *anum,* anillo). Orificio externo del recto, por el cual se expulsan los excrementos. • **Ano artificial,** o **contranatura,** abocamiento quirúrgico del intestino a la piel, practicado en caso de obstrucción intestinal.

**ANOCHE** adv. t. En la noche de ayer.

**ANOCHECER** v. intr. **[2m]**. Empezar a faltar la luz del día, venir la noche. **2.** Hallarse en determinado lugar, condición o estado al empezar la noche.

**ANOCHECER** n. m. Tiempo durante el cual anochece. SIN.: *anochecida.*

**ANOCHECIDO** adv. t. Al empezar la noche: *al volver, era ya anochecido.*

**ANÓDICO, A** adj. Relativo al ánodo.

**ANODINO, A** adj. Ineficaz, insustancial, insignificante: *palabras anodinas.*

**ANODIZACIÓN** n. f. TECNOL. Oxidación superficial de una pieza metálica que actúa como ánodo en una electrólisis. SIN.: *anodizado.*

**ÁNODO** n. m. Electrodo de entrada de corriente en un voltámetro o electrodo que recoge el fluido eléctrico en un tubo de descarga. **2.** Polo positivo de una pila eléctrica.

**ANODONTIA** n. f. Ausencia total de dientes.

**ANOFELES** n. m. Mosquito cuya hembra transmite el paludismo.

**ANOMALÍA** n. f. Irregularidad, calidad de irregular: *notar anomalías en su conducta.* **2.** BIOL. Nombre genérico con que se designan múltiples alteraciones biológicas, de origen congénito o adquirido.

**ANÓMALO, A** adj. Irregular, extraño: *estado anómalo.*

**ANOMÍA** o **ANOMIA** n. f. Estado de una sociedad caracterizado por la desintegración de las normas que aseguran el orden social.

**ANONA** n. f. Annona.

**ANONÁCEO, A** adj. y n. f. Relativo a una familia de árboles y arbustos de los países cálidos, como el chirimoyo.

**ANONADAMIENTO** Acción y efecto de anonadar. SIN.: *anonadación.*

**ANONADAR** v. tr. y pron. **[1]**. Humillar, abatir. **2.** Maravillar, dejar estupefacto. ◆ v. tr. **3.** *Fig.* Apocar, reducir mucho una cosa.

**ANONIMATO** n. m. Estado o condición de anónimo.

**ANONIMIA** n. f. Calidad de anónimo.

**ANÓNIMO, A** adj. y n. (gr. *anonymos*). Dícese de la obra, escrito, etc., que no lleva el nombre de su autor. **2.** Dícese del autor de nombre desconocido. ◆ adj. **3.** **Sociedad anónima** (DER.), sociedad que se forma por acciones, con responsabilidad circunscrita al capital que representa. ◆ n. m. **4.** Escrito sin firma, o con firma falsa, en el que, por lo común, se dice algo ofensivo: *recibir anónimos.* **5.** Secreto del que oculta su nombre: *conservar el anónimo.*

**ANORAK** n. m. (voz esquimal) [pl. *anoraks*]. Chaqueta corta impermeable, con capuchón, especialmente empleada por esquiadores y excursionistas.

**ANOREXIA** n. f. Pérdida del apetito, cualquiera que sea su causa. • **Anorexia mental,** rechazo activo o pasivo del alimento, que se da sobre todo en los niños de pecho y las adolescentes, y que pone de manifiesto graves perturbaciones en las relaciones afectivas.

**ANORÉXICO, A** adj. y n. Relativo a la anorexia; afecto de anorexia.

**ANORGASMIA** n. f. Ausencia o insuficiencia de orgasmo en el curso de un acto sexual.

**ANORMAL** adj. Dícese de lo que accidentalmente se halla fuera de su natural estado o de las condiciones que le son inherentes: *conducta anormal.* ◆ n. m. y f. **2.** Persona privada de alguno de los sentidos corporales.

**ANORMALIDAD** n. f. Calidad de anormal. **2.** Anomalía, irregularidad.

**ANORTAR** v. intr. **[1]**. MAR. Girar al norte el viento o la brújula.

**ANOSCOPIA** n. f. Examen endoscópico del ano.

**ANOSMIA** n. f. Disminución o pérdida completa del olfato.

**ANOTACIÓN** n. f. Acción y efecto de anotar.

**ANOTADOR, RA** adj. y n. Que anota.

**ANOTAR** v. tr. (lat. *annotare*) **[1]**. Poner notas en un escrito, cuenta, libro, etc. **2.** Apuntar, tomar nota por escrito: *anotar el pedido.* **3.** DEP. Conseguir un tanto: *anotar una canasta.*

**ANOTICIAR** v. tr. e intr. **[1]**. *Argent.* y *Chile.* Dar noticias.

**ANOVULACIÓN** n. f. Falta de ovulación durante el ciclo menstrual.

**ANOVULATORIO, A** adj. y n. m. Dícese del ciclo menstrual en el curso del cual la menstruación no ha sido precedida de una ovulación. **2.** Dícese de ciertas sustancias que inhiben la ovulación.

**ANOXEMIA** n. f. Falta de oxigenación de la sangre.

**ANOXIA** n. f. Falta de oxígeno, causante de trastornos y de la muerte provocada por asfixia.

**ANQUILOSAMIENTO** n. m. Acción y efecto de anquilosarse: *anquilosamiento ideológico.*

**ANQUILOSARSE** v. pron. **[1]**. Producirse una anquilosis: *anquilosarse las extremidades.* **2.** Envejecer, inmovilizarse, detenerse el progreso de lo material o de lo inmaterial: *anquilosarse en el pasado.*

**ANQUILOSIS** n. f. Desaparición total o parcial de los movimientos de una articulación.

**ANQUILOSTOMA** n. m. Gusano parásito del intestino humano. (Clase nematodos.)

**ANQUILOSTOMIASIS** n. f. Anemia producida por el anquilostoma.

**ANSA** n. f. Hansa.

**ANSADO, A** adj. **Cruz ansada,** signo simbólico en forma de T con una pequeña asa sobre el punto de inserción del brazo principal.

**ÁNSAR** n. m. (lat. *anser*). Ganso. **2.** Ave palmípeda de gran tamaño y plumaje denso, de la que proceden la mayoría de gansos domésticos. (Familia anátidos.)

**ANSARINO, A** adj. Relativo al ánsar. ◆ n. m. **2.** Pollo del ánsar.

**ANSEÁTICO, A** adj. Hanseático.

**ANSERIFORME** adj. y n. f. Relativo a un orden de aves palmípedas con pico provisto de láminas córneas, como los gansos, patos y cisnes.

**ANSERINA** n. f. Planta de hojas verdes triangulares, y racimos cortos y desnudos en panojas terminales. (Familia quenopodiáceas.)

**ANSIA** n. f. (lat. *anxiam*). Congoja o fatiga que causa en el cuerpo inquietud o agitación violenta:

*sentir ansia por la tardanza.* **2.** Anhelo, deseo vivo: *tener ansias de grandeza.*

**ANSIAR** v. tr. **[1t]**. Desear con ansia una cosa.

**ANSIEDAD** n. f. (lat. *anxietatem*). Estado de inquietud o zozobra del ánimo. **2.** Angustia que acompaña a muchas enfermedades. **3.** SICOL. Estado tenso de la sique frente a un peligro indeterminado e inminente, acompañado de un sentimiento de inseguridad.

**ANSIOLÍTICO** n. m. y adj. Fármaco que apacigua la ansiedad.

**ANSIOSO, A** adj. Acompañado de ansias, congojas, angustias.

**ANTA** n. f. (lat. *antas*). Pilastra cuya base y capitel pueden no ajustarse a los de las columnas del edificio, y que va generalmente colocada en un extremo de pared lateral. **2.** Pilastra empotrada en un muro y con una columna delante. **3.** Cada una de las pilastras colocadas a ambos lados de la puerta de una fachada, o que refuerzan y decoran un muro.

**ANTAGÓNICO, A** adj. Que denota o implica antagonismo: *posturas antagónicas.*

**ANTAGONISMO** n. m. Oposición, lucha, rivalidad, incompatibilidad.

**ANTAGONISTA** n. m. y f. (gr. *antagōnistēs*, el que lucha contra alguien). Persona o cosa opuesta o contraria a otra. ◆ adj. **2.** Que actúa en sentido opuesto: *músculos antagonistas.*

**ANTALGIA** n. f. Supresión o atenuación selectiva de la percepción dolorosa.

**ANTÁLGICO, A** adj. y n. m. MED. Dícese de toda sustancia capaz de calmar el dolor.

**ANTAÑO** adv. t. (lat. *ante natum*). En el año que precedió al corriente. **2.** En tiempo antiguo.

**ANTAÑÓN, NA** adj. Muy viejo.

**ANTARA** n. f. Especie de flauta de Pan, propia de los indios peruanos.

**ANTÁRTICO, A** adj. (gr. *antartikos*). Relativo al polo S y a las regiones que lo rodean. CONTR.: *ártico.*

**ANTE** n. m. Alce. **2.** Piel de algunos animales, especialmente el alce, adobada y curtida.

**ANTE** prep. En presencia de, delante de: *hincarse ante el rey.* **2.** En comparación de, respecto de: *opinar ante un asunto.* ◆ n. m. **3.** *Guat.* Almíbar de harina de garbanzos y frijoles. **4.** *Méx.* Postre de bizcocho mezclado con dulce de huevo y coco. **5.** *Perú.* Bebida refrescante.

**ANTE MERIDIEM** loc. (voces lat. *antes del mediodía*). Indica las horas del día desde la medianoche hasta el mediodía y suele abreviarse *a.m.*

**ANTEANOCHE** adv. t. Durante la noche de anteayer.

**ANTEAYER** adv. t. El día inmediatamente anterior a ayer.

**ANTEBRAZO** n. m. Parte de la extremidad superior comprendida entre el codo y la muñeca. **2.** En el caballo, región de la extremidad anterior desde el codo hasta la rodilla.

**ANTECÁMARA** n. f. Pieza situada ante una cámara o sala principal. **2.** MEC. Cámara auxiliar, en un motor de combustión, intercalada entre el inyector de combustible y el cilindro, y en la que la turbulencia del gas, al mejorar la pulverización del combustible, facilita su encendido.

**ANTECEDENCIA** n. f. Fenómeno por el que un río caudaloso mantiene el trazado general de su curso, a pesar de las deformaciones tectónicas.

**ANTECEDENTE** adj. Que antecede o precede: *el día antecedente a los sucesos.* **2.** Que se ha asentado antes de una transformación tectónica: *valle antecedente.* ◆ n. m. **3.** Acción, dicho o circunstancia anterior, que sirve para juzgar hechos posteriores: *buscar algún antecedente del caso.* **4.** LING. Nombre o pronombre que precede al pronombre relativo y con el que guarda relación. **5.** LÓG. y MAT. El primero de los dos términos de una relación de implicación, por oposición a *consecuente.* **6.** MAT. Para un elemento *b* del conjunto B, en el que se aplica un conjunto C, elemento a de C del que se deduce *b* por esta aplicación. ◆ **antecedentes** n. m. pl. **7.** Constancia jurídica de las condenas recaídas en un individuo; conducta anterior del procesado que debe tenerse en cuenta para la graduación de la pena. || SIN.: *antecedentes penales.* • **Poner,** o **ponerse, en antecedentes,** prevenir, informar, poner al corriente.

**ANTECEDER** v. tr. (lat. *antecedere*) **[2]**. Preceder.

**ANTECESOR, RA** n. Persona que precedió a otra en un empleo o cargo: *su antecesor en la dirección.* ◆ n. m. **2.** Antepasado, ascendiente.

**ANTECO, A** adj. y n. (gr. *antoikos*). Dícese de los moradores de la tierra que están bajo un mismo meridiano y a igual distancia del ecuador, pero en distinto hemisferio.

**ANTECOPRETÉRITO** n. m. LING. En la nomenclatura de los tiempos verbales de Bello, pretérito pluscuamperfecto*.

**ANTECRISOL** n. m. METAL. Cuba empleada en fundición, situada junto al cubilote, con el que se comunica por la parte inferior.

**ANTECRÍTICA** n. f. Crítica de una obra literaria, teatral, cinematográfica, etc., hecha por el propio autor antes de su aparición o estreno, y publicada en un medio de comunicación.

**ANTEDICHO, A** adj. Dícese de algo o alguien que se ha nombrado antes: *el suceso antedicho.*

**ANTEDILUVIANO, A** adj. Anterior al diluvio universal. **2.** *Fig.* Muy antiguo: *un coche antediluviano.*

**ANTEFIJA** n. f. Una de las piezas de ornamentación que adornaba la línea inferior de la vertiente de un tejado.

**ANTEFIRMA** n. f. Expresión del cargo del firmante de un documento, puesta antes de la firma.

**ANTEFUTURO** n. m. LING. En la nomenclatura de los tiempos verbales de Bello, futuro perfecto.

**ANTELACIÓN** n. f. Anticipación con que, en orden al tiempo, sucede una cosa respecto a otra: *anunciar algo con antelación.*

**ANTEMANO. De antemano,** con anticipación, anteriormente: *lo sabía de antemano.*

**ANTEMEMORIA** n. f. INFORMÁT. Memoria de débil capacidad y de tiempo de acceso muy débil, que sirve de tampón entre la memoria central y la unidad de tratamiento de un ordenador y que contiene la mayoría de las informaciones que la unidad central puede necesitar.

**ANTENA** n. f. (lat. *antennam*). Dispositivo formado por conductores de forma apropiada, que permite emitir y recibir ondas radioeléctricas. **2.** Órgano alargado, móvil, situado en la cabeza de los insectos y crustáceos, dotado del sentido del tacto y, a veces, del olfato.

**ANTEOJERA** n. f. Caja donde se guardan los anteojos. **2.** Parte de la brida que protege el ojo del caballo y le impide ver por los lados. (Suele usarse en plural.)

**ANTEOJO** n. m. Instrumento óptico formado por un sistema de lentes adecuadamente dispuestas en el interior de un tubo, con el que se obtienen imágenes aumentadas de objetos lejanos. SIN.: *anteojo de larga vista, catalejo.* • **Anteojo astronómico,** instrumento óptico utilizado para la observación de los cuerpos celestes. SIN.: *telescopio refractor.* || **Anteojo de puntería** (ARM.), anteojo que sirve para apuntar con precisión las armas que efectúan el tiro directo. ◆ **anteojos** n. m. pl. **2.** Instrumento óptico constituido por un doble sistema de lentes dispuestas de forma que permiten la visión binocular, utilizado para la observación de objetos lejanos. SIN.: *gemelos.* **3.** Instrumento óptico compuesto por dos lentes montadas en una armadura que permite tenerlo sujeto delante de los ojos. **4.** *Amér.* Gafas. • **Serpiente de anteojos,** nombre que se da también a la cobra india.

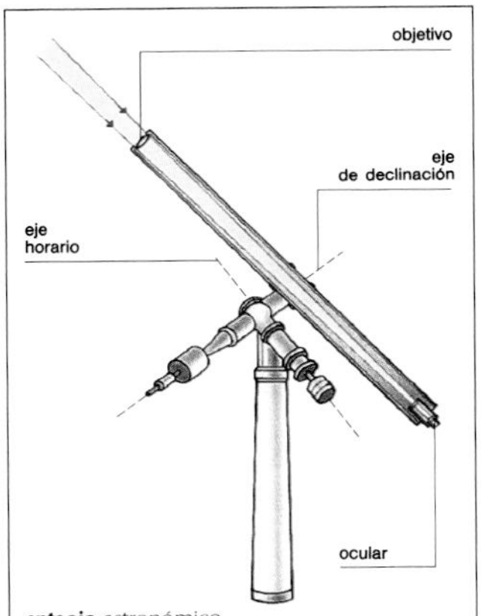


**anteojo** astronómico

**ANTEPALCO** n. m. Habitación que da acceso al palco.

**ANTEPASADO** n. m. Ascendiente, persona de la que otra desciende. (Suele usarse en plural.)

**ANTEPECHO** n. m. Pretil que se coloca en parajes altos para proteger de caídas. **2.** Reborde de ventana colocado a suficiente altura para apoyar los codos en él. **3.** MAR. Baranda o parte de la pared de una embarcación que rodea la cubierta de los castillos, toldillas u otras superestructuras.

**ANTEPENÚLTIMO, A** adj. y n. Inmediatamente anterior al penúltimo.

**ANTEPIÉ** n. m. Parte anterior del pie, formada por los cinco metatarsianos y las falanges de los dedos correspondientes.

**ANTEPONER** v. tr. y pron. (lat. *anteponere*) **[5]**. Poner delante o inmediatamente antes: *anteponer una palabra a otra.* **2.** Preferir, dar la preferencia.

**ANTEPORTADA** n. f. Hoja que precede a la portada de un libro. SIN.: *portadilla.*

**ANTEPOSPRETÉRITO** n. m. LING. En la nomenclatura de los tiempos verbales de Bello, potencial compuesto.

**ANTEPRESENTE** n. m. LING. En la nomenclatura de los tiempos verbales de Bello, pretérito perfecto.

**ANTEPRETÉRITO** n. m. LING. En la nomenclatura de los tiempos verbales de Bello, pretérito anterior.

**ANTEPROYECTO** n. m. Estudio preparatorio del proyecto de una obra. • **Anteproyecto de ley,** primera redacción sucinta o propuesta provisional de una ley.

**ANTEPUERTO** n. m. MAR. Parte avanzada de un puerto. **2.** MAR. Dársena artificial anterior al puerto.

**ANTERA** n. f. (der. del gr. *anthos*, flor). BOT. Parte superior del estambre de las plantas con flores, que se abre al madurar para dejar escapar los granos de polen formados en su interior.

**ANTERIDIO** n. m. BOT. Célula esencial de los anterozoides.

**ANTERIOR** adj. Que precede en lugar o tiempo. CONTR.: *posterior.* **2.** FONÉT. Dícese de un fonema cuyo punto de articulación se sitúa en la parte anterior de la cavidad bucal. **3.** MAT. En una relación de orden, dícese de un elemento que precede a otro: *si* a *es anterior a* b, *se escribe* a $<$ b.

**ANTERIORIDAD** n. f. Precedencia temporal o espacial de una cosa con respecto a otra.

**ANTERÓGRADA** adj. **Amnesia anterógrada,** amnesia que consiste en no poder retener nuevos recuerdos. SIN.: *amnesia de fijación.*

**ANTEROZOIDE** n. m. Gameto masculino de algunos vegetales. SIN.: *espermatozoide.*

**ANTES** adv. l. y t. Denota prioridad en el espacio y en el tiempo: *ya te lo dije antes.* (Suele preceder a la preposición *de* y a las conjunciones *que* o *de que*: *antes de salir; antes que* o *de que saliese.*) • **De antes,** de tiempo anterior: *las costumbres de antes.* ◆ adv. ord. **2.** Denota preferencia o prioridad: *prefiere callar antes que mentir.* ◆ adj. **3.** Con sustantivos que implican divisiones de tiempo, expresa anterioridad: *la noche antes.* ◆ conj. advers. **4.** Denota idea de contrariedad y preferencia de una oración respecto a otra: *no le molesta, antes le divierte.* (Suele usarse con el adv. *bien.*)

**ANTESALA** n. f. Pieza delante de la sala: *esperar en la antesala.* **2.** *Fig.* Estado, categoría o posición inmediatamente anterior a otra superior: *estar en la antesala del liderazgo.* • **Hacer antesala,** aguardar en una habitación a ser recibido.

**ANTEVÍSPERA** n. f. Día inmediatamente anterior al de la víspera.

**ANTI** → *campa.*

**ANTIABORTISTA** adj. Contrario a la legalización o a la práctica del aborto.

**ANTIÁCIDO, A** adj. y n. m. Dícese de un material que resiste el ataque de ácidos fuertes. **2.** Dícese del medicamento empleado para combatir la hiperacidez gástrica neutralizándola, sin disminuir la secreción de ácido clorhídrico.

**ANTIADHERENTE** adj. Que impide la adherencia.

**ANTIAÉREO, A** adj. Que se opone a la navegación o a la acción aéreas.

**ANTIALCOHÓLICO, A** adj. Que combate el abuso del alcohol.

**ANTIALCOHOLISMO** n. m. Lucha contra el alcoholismo.

**ANTIÁLGICO, A** adj. y n. m. Dícese de una sustancia que impide la aparición o proliferación de algas. SIN.: *algicida.* **2.** MED. Analgésico.

**ANTIARRUGAS** adj. y n. m. Dícese del producto de belleza que evita las arrugas.

**ANTIASMÁTICO, A** adj. y n. m. Apropiado para combatir o calmar el asma.

**ANTIATÓMICO, A** adj. Que se opone a los efectos de las radiaciones o proyectiles atómicos.

**ANTIÁTOMO** n. m. Átomo de antimateria.

**ANTIAUTORITARISMO** n. m. Tendencia doctrinal y práctica que defiende la libre expresión y el autogobierno de los individuos socialmente organizados ante la autoridad.

**ANTIBALAS** adj. Que protege de las balas.

**ANTIBIOGRAMA** n. m. Examen bacteriológico que permite apreciar la sensibilidad de una bacteria frente a distintos antibióticos.

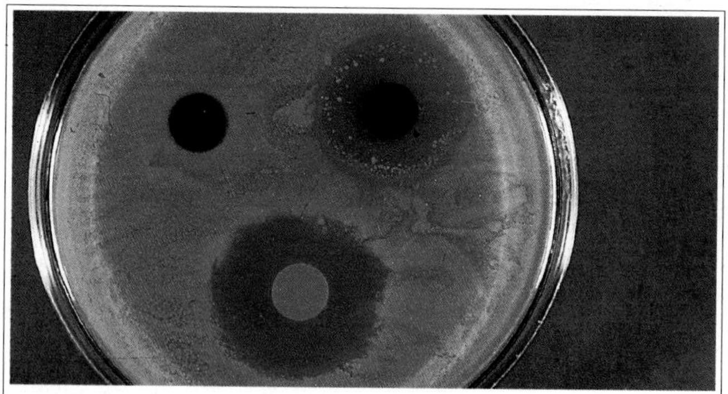

**antibiograma** en una cápsula de Petri con tres discos de antibióticos distintos *arriba a la izquierda*, el germen es resistente y se desarrolla hasta el límite del disco con antibiótico; *a la derecha* o *abajo*, el germen es sensible a los antibióticos y su desarrollo se detiene a una distancia de varios milímetros de los discos

**ANTIBIOSIS** n. f. Acción ejercida por las sustancias antibióticas.

**ANTIBIÓTICO, A** adj. y n. m. Dícese de cuerpos de diversas procedencias que impiden el desarrollo o multiplicación de ciertos microbios o los destruyen.

■ En 1929, A. Fleming puso de manifiesto la acción lítica sobre el estafilococo dorado, de una cepa de *Penicillium notatum.* El primer antibiótico, la penicilina, fue aislado en 1941 por E. B. Chain. Los antibióticos son producidos por gran número de organismos vivos, principalmente por hongos inferiores. Se han aislado un gran número y otros han sido obtenidos por síntesis. Cada antibiótico actúa selectivamente sobre un grupo determinado de gérmenes (espectro de actividad), pero dicha actividad puede disminuir como consecuencia de un efecto de habituación (resistencia). Los antibióticos se administran por vía oral, inyectable o local. Suelen ser bien tolerados por el organismo, pero algunos tienen una determinada toxicidad y a menudo provocan efectos secundarios (alérgicos, digestivos, renales, nerviosos, hematológicos).

**ANTIBLOQUEO** adj. AUTOM. Dícese de un sistema de control del frenado para evitar que las ruedas queden bloqueadas.

**ANTIBUQUE** adj. MIL. Dícese de los medios y de las tácticas empleadas para detectar, atacar y destruir los buques de guerra que navegan en superficie.

**ANTIBUROCRATISMO** n. m. POL. Tendencia doctrinal y práctica que se opone al papel dominante de la burocracia en las organizaciones de la sociedad civil (sindicatos, partidos, etc.) y en el estado.

**ANTICANCEROSO, A** adj. Apropiado para combatir el cáncer.

**ANTICAPITALISMO** n. m. Doctrina o actitud que se opone a la totalidad del sistema capitalista, proponiendo sustituirlo por alternativas colectivistas que disuelvan la propiedad privada y acaben con la división social del trabajo, en el camino hacia una sociedad sin clases.

**ANTICAPITALISTA** adj. y n. m. y f. Relativo al anticapitalismo; partidario de esta doctrina.

**ANTICARRO** adj. Que se opone a la acción de los ingenios blindados.

**ANTICÁTODO** n. m. Lámina metálica, situada en el interior de un tubo electrónico, que recibe los rayos catódicos y emite rayos X.

**ANTICICLÓN** n. m. Centro de altas presiones atmosféricas: *el anticiclón de las Azores.*

**ANTICICLÓNICO, A** o **ANTICICLONAL** adj. Relativo al anticiclón.

**ANTICIPACIÓN** n. f. Acción y efecto de anticipar o anticiparse: *llegar a una cita con anticipación.* **2.** ECON. Previsión de los sujetos económicos en relación a la evolución futura de una variable que les interesa. **3.** INFORMÁT. Técnica de organización de un sistema informático que intenta prever las futuras demandas de palabras en memoria por la unidad central, para tenerlas ya colocadas en una memoria de acceso más rápido en la jerarquía de memorias. • **Novela de anticipación,** novela cuya acción transcurre en un mundo futuro.

**ANTICIPADO, A** adj. Que ocurre antes de tiempo o de lo previsto: *convocar elecciones anticipadas.* • **Por anticipado,** de antemano: *pagar por anticipado.*

**ANTICIPAR** v. tr. y pron. (lat. *anticipare*) [**1**]. Hacer que ocurra u ocurrir una cosa antes del tiempo regular o señalado: *anticipar la noticia; el frío se ha anticipado.* ◆ v. tr. **2.** Dar o entregar dinero antes del tiempo regular o señalado: *le anticipé la mitad del pago.* ◆ **anticiparse** v. pron. **3.** Adelantarse en la ejecución de alguna cosa: *se anticipó a pagar.*

**ANTICIPO** n. m. Pago parcial a cuenta de una cantidad debida: *cobrar un anticipo.*

**ANTICLERICAL** adj. y n. m. y f. Opuesto a la influencia o injerencia del clero en los asuntos públicos.

**ANTICLERICALISMO** n. m. Actitud o política anticlerical.

**ANTICLINAL** adj. y n. m. GEOL. Dícese de un pliegue cuya convexidad está orientada hacia arriba. CONTR.: *sinclinal.*

**ANTICOAGULANTE** adj. y n. m. Que impide o retarda la coagulación de la sangre.

**ANTICOLONIALISMO** n. m. Oposición al colonialismo.

**ANTICOLONIALISTA** adj. y n. m. y f. Opuesto al colonialismo.

**ANTICOMUNISMO** n. m. Actitud hostil respecto al comunismo.

**ANTICOMUNISTA** adj. y n. m. y f. Opuesto al comunismo.

**ANTICONCEPTIVO, A** adj. y n. m. Dícese de los métodos y productos que pueden impedir la fecundación de manera temporal y reversible.

**ANTICONFORMISMO** n. m. Oposición a las costumbres establecidas.

**ANTICONFORMISTA** adj. y n. m. y f. Opuesto a las costumbres establecidas.

**ANTICONGELADOR** n. m. y adj. Dispositivo o producto que impide la formación de hielo en los aviones.

**ANTICONGELANTE** n. m. y adj. Producto que se añade al agua del radiador de un motor para impedir que se hiele.

**ANTICONSTITUCIONAL** adj. Inconstitucional.

**ANTICONTAMINANTE** adj. Que impide la contaminación.

**ANTICORROSIVO, A** adj. y n. m. Dícese de la sustancia que impide el ataque exterior a un metal.

**ANTICRESIS** n. f. (lat. *antichresis*). Contrato en que el deudor consiente que su acreedor goce de los frutos de la finca que le entrega en garantía, con la obligación de aplicarlos al pago de los intereses y a la amortización del capital.

**ANTICRIPTOGÁMICO, A** adj. y n. m. Dícese de la sustancia capaz de combatir las enfermedades criptogámicas o que protege la madera contra el ataque de los hongos lignívoros.

**ANTICUADO, A** adj. Que no está de moda o no se usa ya; pasado de moda.

**ANTICUARIO, A** n. (lat. *antiquarium*). Comerciante en objetos antiguos.

**ANTICUARSE** v. pron. (lat. *antiquare*) [**1s**]. Hacerse anticuado.

**ANTICUCHO** n. m. *Bol., Chile* y *Perú.* Pedacito de carne asada o frita que se vende ensartado en una caña o palo.

**ANTICUERPO** n. m. Sustancia de defensa que aparece en el organismo por la introducción de un antígeno, y cuyo mecanismo coincide con el de la inmunidad.

**ANTIDEFLAGRANTE** adj. Dícese de un aparato concebido para funcionar en una atmósfera inflamable, provisto de una protección tal que, en caso de producirse una explosión en su interior, no se propaga la deflagración.

**ANTIDEPORTIVO, A** adj. Contrario al espíritu deportivo.

**ANTIDEPRESIVO, A** adj. y n. m. Dícese del medicamento que actúa contra la depresión mental.

**ANTIDESLIZANTE** adj. y n. m. Dícese del dispositivo que se aplica a los neumáticos para evitar el deslizamiento de los vehículos.

**ANTIDETONANTE** adj. y n. m. Dícese del producto añadido a un carburante líquido para aumentar el índice de octano y retardar la detonación en un motor de explosión.

**ANTIDIFTÉRICO, A** adj. Apropiado para combatir la difteria.

**ANTIDISTURBIOS** adj. Dícese de una brigada de la policía cuya misión es combatir los disturbios.

**ANTIDIURÉTICO, A** adj. y n. m. Que disminuye la secreción urinaria.

**ANTIDOPAJE** adj. DEP. Que trata de evitar el uso de la droga en el deporte: *control antidopaje.*

**ANTIDOPING** adj. Antidopaje.

**ANTÍDOTO** n. m. (lat. *antidotum*). Contraveneno de un tóxico determinado. **2.** *Fig.* Medio con que se evita o previene un mal.

**ANTIDROGA** adj. Dícese de un organismo o de una acción destinados a luchar contra el desarrollo y los efectos de la droga.

**ANTIECONÓMICO, A** adj. Contrario a los principios de la economía. **2.** Muy caro o demasiado caro.

**ANTIEMÉTICO** n. m. y adj. Sustancia que evita los vómitos.

**ANTIENZIMA** n. m. Sustancia que se opone a la acción de un enzima o que impide una fermentación.

**ANTIER** adv. t. *Amér.* Anteayer.

**ANTIESCORBÚTICO, A** adj. y n. m. Dícese de una sustancia apropiada para prevenir o curar el escorbuto.

**ANTIESPASMÓDICO, A** adj. y n. m. Dícese de la sustancia que se utiliza contra los espasmos.

**ANTIESTÁTICO, A** adj. y n. m. Dícese de una sustancia que impide o limita el desarrollo de electricidad estática en la superficie de las materias plásticas.

**ANTIESTÉTICO, A** adj. Feo.

**ANTIESTREPTOLISINA** n. f. Anticuerpo que elabora el organismo en caso de infección estreptocócica.

**ANTIFADING** n. m. y adj. Dispositivo que elimina el efecto del fading.

**ANTIFASCISTA** adj. y n. m. y f. Contrario al fascismo.

**ANTIFAZ** n. m. Velo o máscara con que se cubre la cara.

**antifaz** (detalle de una pintura de Lancret)
[Louvre, París]

**ANTIFERROMAGNETISMO** n. m. Propiedad de determinados cuerpos de poseer a temperaturas suficientemente bajas, momentos magnéticos atómicos alternativamente orientados hacia uno y otro sentido.

**ANTIFLOGÍSTICO, A** adj. y n. m. Eficaz contra las inflamaciones.

**ANTÍFONA** n. f. (gr. *antiphōnē*, canto alternado). Estribillo cantado antes y después de un salmo.

**ANTIFONARIO** o **ANTIFONAL** adj. y n. m. Dícese del libro litúrgico que contiene el conjunto de cantos interpretados por el coro en los oficios o la misa.

página de un **antifonario** mozárabe; s. X
(biblioteca de la catedral de León)

**ANTÍFRASIS** n. f. Modo de expresión que consiste en decir lo contrario de lo que se piensa, con sentido irónico o eufemístico.

**ANTIFRICCIÓN** n. m. y f. y adj. Aleación a base de antimonio, utilizada en la fabricación de cojinetes para ejes de máquina por su bajo coeficiente de rozamiento.

**ANTIFÚNGICO, A** adj. y n. m. Dícese de los medicamentos activos contra los hongos o levaduras parásitos del hombre o de los animales.

**ANTÍGENO** n. m. Sustancia (microbio, célula de una especie diferente, sustancia química u orgánica, etc.) que, introducida en el organismo, puede provocar la formación de anticuerpos.

**ANTIGUA** n. f. Carácter de imprenta cuyos trazos son de grueso uniforme y sin perfiles.

**ANTIGUALLA** n. f. Objeto de mucha antigüedad o que ya no está de moda.

**ANTIGÜEDAD** n. f. Período de la historia correspondiente a las civilizaciones más antiguas: *la antigüedad oriental; la antigüedad clásica.* **2.** Calidad de antiguo: *la antigüedad de una estatua.* **3.** Tiempo que se lleva en un cargo o empleo: *ascendió a coronel por antigüedad.* ◆ **antigüedades** n. f. pl. **4.** Monumentos u objetos antiguos: *tienda de antigüedades.*

**ANTIGUO, A** adj. (lat. *antiquum*). Que existe desde hace mucho tiempo: *monumentos antiguos.* **2.** Que existió o sucedió en tiempo remoto: *los antiguos íberos.* ◆ adj. y n. **3.** Dícese de la persona que lleva mucho tiempo en un empleo, profesión, comunidad, etc.: *el socio más antiguo del club; los más antiguos de la empresa.* ◆ n. m. **4.** Modelo, principalmente escultórico, de la antigüedad griega o romana. ◆ **antiguos** n. m. pl. **5.** Los que vivieron en siglos remotos.

**ANTIHALO** adj. Dícese del preparado que se aplica en el dorso de negativos fotográficos para evitar velados parciales.

**ANTIHÉROE** n. m. Personaje de una obra literaria cuyas características son contrarias a las del héroe tradicional.

**ANTIHIGIÉNICO, A** adj. Contrario a la higiene.

**ANTIHISTAMÍNICO, A** adj. y n. m. Dícese de la sustancia que se opone a la acción nociva de la histamina y que se emplea principalmente en el tratamiento de las enfermedades alérgicas.

**ANTIIMPERIALISMO** n. m. Actitud o doctrina fundada en la oposición al imperialismo.

**ANTIIMPERIALISTA** adj. y n. Opuesto al imperialismo.

**ANTIINFLACIONISTA** adj. Que se opone a la inflación.

**ANTIINFLAMATORIO, A** adj. y n. m. Dícese del medicamento empleado para combatir las inflamaciones.

**ANTIINTELECTUALISMO** n. m. Doctrina filosófica que niega la preeminencia de la razón en el hombre y el valor de la ciencia.

**ANTILÍTICO** adj. y n. m. MED. Dícese de una sustancia que previene la formación de cálculos y, más especialmente, de cálculos urinarios.

**ANTILLANO, A** adj. y n. De las Antillas.

**ANTILOGARITMO** n. m. MAT. Número al que corresponde un logaritmo dado.

**ANTILOGÍA** n. f. (gr. *antilogia*). Contradicción entre dos textos o expresiones.

**ANTÍLOPE** n. m. (ingl. *antelope*). Nombre dado a diversos rumiantes salvajes de gran tamaño, con cornamenta persistente, como la gacela.

**ANTIMASÓNICO, A** adj. Opuesto a la francmasonería.

**ANTIMATERIA** n. f. Conjunto formado por antipartículas.

**ANTIMERIDIANO** n. m. y adj. Semicírculo que pasa por la línea de los polos, opuesto en 180° al semicírculo *(meridiano)* que pasa por un punto dado.

**ANTIMILITARISMO** n. m. Hostilidad hacia las instituciones y espíritu militares.

**ANTIMILITARISTA** adj. y n. Opuesto a las instituciones y espíritu militares.

**ANTIMISIL** n. m. y adj. Arma, dispositivo o cualquier tipo de medida que se utiliza para interceptar la acción de los misiles.

**ANTIMITÓTICO, A** adj. y n. m. Dícese de una sustancia que se opone a la formación de mitosis, empleada por este motivo en el tratamiento de tumores.

**ANTIMONIADO, A** adj. Que contiene antimonio.

**ANTIMONIATO** n. m. Sal de un ácido oxigenado derivado del antimonio.

**ANTIMONIO** n. m. Cuerpo simple, sólido (Sb), de color blancoazulado, quebradizo, de densidad aproximada 6,7, que funde a los 630 °C y es parecido al arsénico.

**ANTIMONIURO** n. m. Combinación del antimonio con un cuerpo simple.

**ANTINAZI** adj. y n. m. y f. Hostil a los nazis.

**ANTINEURÁLGICO, A** adj. Que calma las neuralgias.

**ANTINEUTRÓN** n. m. Antipartícula del neutrón.

**ANTINIEBLA** adj. Apropiado para circular a través de la niebla: *faros antiniebla.*

**ANTINOMIA** n. f. (lat. *antinomiam*). Contradicción entre dos ideas o principios. **2.** LÓG. Contradicción dentro de una teoría deductiva.

**ANTINÓMICO, A** adj. Que implica antinomia.

**ANTINUCLEAR** adj. Hostil al empleo de energía nuclear. **2.** Que protege de los efectos de una explosión nuclear: *traje, refugio antinuclear.* SIN.: *antiatómico.* • **Defensa antinuclear,** defensa que trata de proteger a las poblaciones civiles y a los combatientes de los efectos de las armas nucleares, y de eliminar la radiactividad inducida.

**ANTIOXIDANTE** adj. y n. m. Dícese del producto que protege ciertos materiales o compuestos orgánicos de la oxidación y deterioro gradual.

**ANTIPAPA** n. m. Papa elegido irregularmente y no reconocido por la Iglesia.

**ANTIPARALELO, A** adj. MAT. Dícese de dos rectas que, sin ser paralelas, forman ángulos iguales con una tercera.

**ANTIPARASITARIO, A** adj. y n. m. Dícese de un producto o de un método destinado a combatir los parásitos.

**ANTIPARÁSITO, A** adj. Que se opone a la producción o acción de perturbaciones que afectan o alteran la recepción de emisiones radiofónicas y televisivas.

**ANTIPARRAS** n. f. pl. *Fam.* Anteojos, gafas.

**ANTIPARTÍCULA** n. f. Partícula elemental (positón, antiprotón, antineutrón), de igual masa pero de propiedades electromagnéticas y de carga bariónica o leptónica opuestas a las de la partícula correspondiente.

**ANTIPATÍA** n. f. (gr. *antipatheia*). Sentimiento instintivo que inclina a rechazar algo o a alguien.

**ANTIPÁTICO, A** adj. y n. Que causa antipatía.

**ANTIPATIZAR** v. intr. **[1g]**. *Amér.* Sentir antipatía por alguien.

**ANTIPENDIO** n. m. Frontal, paramento con que se adorna la parte delantera del altar.

**antipendio** del altar de la capilla de Santa Margarita, San Martín Sescorts; segunda mitad del s. XII
(museo episcopal, Vic)

**ANTIPERISTÁLTICO, A** adj. Dícese de las contracciones anormales del esófago e intestino que se producen de abajo hacia arriba.

**ANTIPIRÉTICO, A** adj. y n. m. Que reduce la fiebre. SIN.: *febrífugo.*

**ANTIPIRINA** n. f. Medicamento de núcleo bencénico, antipirético y analgésico.

**ANTÍPODA** adj. y n. m. y f. (gr. *antipodes*). Dícese de un habitante de la tierra, con respecto a otro que more en un lugar diametralmente opuesto. (Suele usarse en plural.) **2.** *Fig.* y *fam.* Contrario a otro. **3.** BOT. Dícese de cada una de las células del saco embrionario opuesta a la oosfera. ◆ **antípodas** n. f. pl. **4.** Tierras situadas en lugar diametralmente opuesto.

**ANTIPODISMO** n. m. Especialidad del antipodista.

**ANTIPODISTA** n. m. y f. y adj. Acróbata que ejecuta sus ejercicios con los pies, echado sobre la espalda.

**ANTIPOLILLA** adj. y n. m. Dícese de un producto insecticida que protege lanas, pieles, alfombras y tapices contra la polilla.

**ANTIPROTECCIONISTA** adj. y n. m. y f. Opuesto al sistema protector o al proteccionismo.

**ANTIPROTÓN** n. m. Antipartícula del protón, de carga negativa.

**ANTIRRÁBICO, A** adj. y n. f. Dícese del tratamiento y especialmente de la vacunación contra la rabia.

**ANTIRRADAR** adj. y n. m. Dícese de los medios empleados para reducir o anular la eficacia del radar.

**ANTIRRAQUÍTICO, A** adj. y n. MED. Que combate el raquitismo.

**ANTIRREFLEJO** adj. Dícese de una capa delgada y transparente, depositada sobre la superficie de cristales ópticos para suprimir la luz reflejada.

**ANTIRREGLAMENTARIO, A** adj. Contrario al reglamento.

**ANTIRREPUBLICANO, A** adj. y n. Opuesto a la república y a los republicanos.

**ANTIRROBO** adj. y n. m. Dícese del dispositivo de seguridad destinado a impedir robos.

**ANTISATÉLITE** adj. DEF. Dícese de todo medio que se opone a la utilización de satélites militares por el adversario.

**ANTISEGREGACIONISTA** adj. y n. m. y f. Que se opone a la separación de razas.

**ANTISEMITA** adj. y n. m. y f. Hostil a los judíos.

**ANTISEMÍTICO, A** adj. Relativo al antisemitismo.

**ANTISEMITISMO** n. m. Doctrina o actitud de hostilidad sistemática hacia los judíos.

**ANTISEPSIA** n. f. (gr. *anti,* contra, y *sepsis,* putrefacción). Conjunto de métodos que preservan de la infección, destruyendo los microbios.

**ANTISÉPTICO, A** adj. y n. m. Que previene contra la infección.

**ANTISIMÉTRICO, A** adj. MAT. Dícese de una relación binaria entre los elementos de un conjunto tal que, si se verifica para el par (*a,b*) y para el par (*b,a*), los elementos *a* y *b* son idénticos.

**ANTISIQUIATRÍA** n. f. Movimiento que se opone a la siquiatría tradicional y a la noción de enfermedad mental en que ésta se apoya.

**ANTISIQUIÁTRICO, A** adj. Relativo a la antisiquiatría.

**ANTISÍSMICO, A** adj. Relativo a la construcción concebida para resistir los seísmos.

**ANTISOCIAL** adj. Dícese de las conductas que atentan al orden social. **2.** Contrario a los intereses de los trabajadores: *medidas antisociales.*

**ANTISUBMARINO, A** adj. Dícese del arma o procedimiento que sirve para descubrir o combatir a los submarinos.

**ANTISUDORAL** n. m. *Amér.* Sustancia que se aplica contra el mal olor de la transpiración del cuerpo humano, desodorante.

**ANTITABAQUISMO** n. m. Conjunto de medidas y acciones destinadas a luchar contra el consumo de tabaco.

**ANTITANQUE** adj. Contracarro.

**ANTITERRORISMO** n. m. Conjunto de acciones que tienen por objeto la supresión del terrorismo.

**ANTITERRORISTA** adj. y n. m. y f. Relativo al antiterrorismo.

**ANTÍTESIS** n. f. (gr. *antithesis*). Oposición entre dos palabras o expresiones que manifiestan ideas contrarias. (Ej.: *la naturaleza es grande en las pequeñas cosas.*) **2.** Persona o cosa opuesta a otra.

**ANTITETÁNICO, A** adj. y n. Utilizado contra el tétanos.

**ANTITÉTICO, A** adj. Que implica antítesis.

**ANTITIROIDEO, A** adj. y n. m. MED. Que combate el hipertiroidismo.

**ANTITÓXICO, A** adj. y n. m. Dícese de las sustancias o funciones por las que el organismo destruye determinados productos tóxicos.

**ANTITOXINA** n. f. Anticuerpo elaborado por el organismo, que neutraliza la acción de una toxina.

**ANTITRANSPIRANTE** n. m. *Méx.* Desodorante.

**ANTITUBERCULOSO, A** adj. Que combate la tuberculosis.

**ANTITUMORAL** adj. MED. Eficaz contra los tumores.

**ANTITUSÍGENO, A** adj. y n. m. FARM. Dícese del medicamento que calma o suprime la tos.

**ANTIVIRUS** adj. y n. m. Dícese de la sustancia que se opone al desarrollo de los virus. **2.** INFORMÁT. Dícese del programa informático que detecta la presencia de virus.

**ANTOJADIZO, A** adj. Que tiene antojos o caprichos con frecuencia.

**ANTOJARSE** v. pron. [1]. Hacerse una cosa objeto de vehemente deseo, especialmente por capricho: *todas las tardes se le antoja un helado.* **2.** Considerar algo como probable: *se me antoja que es bueno.*

**ANTOJITOS** n. m. pl. *Méx.* Pequeñas porciones de comida que se toman fuera de las comidas principales, y como aperitivo, tapas.

**ANTOJO** n. m. (lat. *ante oculum*). Deseo caprichoso y pasajero de algo, especialmente el que tienen las mujeres durante el embarazo. ◆ **antojos** n. m. pl. **2.** Lunares, manchas, etc., que suele presentarse en la piel.

**ANTOLOGÍA** n. f. (gr. *anthologia*). Colección escogida de fragmentos literarios o musicales. • **De antología,** de gran relevancia: *una actuación de antología.*

**ANTOLÓGICO, A** adj. Relativo a la antología. **2.** De gran relevancia: *un discurso antológico.*

**ANTONIMIA** n. f. LING. Carácter de las palabras antónimas.

**ANTÓNIMO, A** adj. y n. m. LING. Dícese de la palabra que tiene un sentido opuesto al de otra; contrario: «*fealdad*» y «*belleza*» son antónimos.

**ANTONOMASIA** n. f. (gr. *antonomasia*). RET. Sustitución de un nombre común por un nombre propio o una perífrasis que enuncia su cualidad esencial, o viceversa, como *el sabio* por *Salomón.* • **Por antonomasia,** por excelencia.

**ANTORCHA** n. f. Hacha, vela grande y gruesa. **2.** *Fig.* Lo que sirve de guía para el entendimiento. • **Antorcha olímpica,** la que se enciende al dar comienzo los Juegos olímpicos.

**ANTOZOO** adj. y n. m. Relativo a una clase de cnidarios que comprende pólipos aislados o coloniales, como la anémona de mar, la madrépora y el coral.

**ANTRACENO** n. m. (del gr. *anthrax, akos,* carbón). Hidrocarburo policíclico $C_{14}H_{10}$, que se extrae del alquitrán de hulla.

**ANTRACITA** n. f. Carbón de muy débil proporción en materias volátiles (menos del 6 al 8 %), que arde con llama corta de color azul, sin humear.

**ANTRACNOSIS** n. f. Enfermedad criptogámica de la vid, las alubias, etc., caracterizada por la aparición de manchas oscuras en las hojas y los frutos.

**ANTRACOSIS** n. f. MED. Presencia de polvo de carbón en el pulmón.

**ANTRAQUINONA** n. f. Compuesto derivado del antraceno, que sirve para preparar colorantes.

**ÁNTRAX** n. m. (gr. *anthrax, akos,* carbón). Infección estafilocócica de la piel, caracterizada por la aparición de varios forúnculos agrupados, que se extiende por el tejido conjuntivo subcutáneo.

**ANTRO** n. m. (lat. *antrum*). Caverna, cueva, gruta. **2.** *Fig.* y *fam.* Lugar de condiciones desagradables, especialmente por su incomodidad y, a veces, por su mala fama. • **Antro pilórico,** parte más baja del estómago, que precede al píloro.

**ANTRÓPICO, A** adj. **Erosión antrópica,** conjunto de procesos de degradación del relieve y subsuelo, debidos a la acción humana.

**ANTROPOBIOLOGÍA** n. f. Estudio de la variación y de la diversidad biológica de los seres humanos en el espacio y en el tiempo.

**ANTROPOCÉNTRICO, A** adj. Relativo al antropocentrismo.

**ANTROPOCENTRISMO** n. m. Doctrina o teoría que sitúa al hombre en el centro del universo.

**ANTROPOFAGIA** n. f. (gr. *anthrōpophagia*). Costumbre de comer carne humana. SIN.: *canibalismo.*

**ANTROPÓFAGO, A** adj. y n. Que come carne humana. SIN.: *caníbal.*

**ANTROPOIDE** n. m. Antropomorfo.

**ANTROPOLOGÍA** n. f. Estudio del hombre como especie animal. SIN.: *antropología biológica, antropología física.* **2.** Estudio diferencial de las creencias e instituciones de una cultura concebidas como base de las estructuras sociales. SIN.: *antropología cultural.* **3.** FILOS. Teoría filosófica que sitúa al hombre en el centro de su investigación. • **Antropología criminal** (DER.), ciencia que tiene por objeto el estudio jurídico, médico y sociológico del hombre como delincuente. ‖ **Antropología social,** estudio de las estructuras de un grupo.

■ La *antropología física,* o *antropobiología,* estudia las características físicas de los distintos pueblos de la tierra. La *antropología cultural* se interesa por las lenguas y los mitos de estos pueblos. La *antropología económica* analiza las formas específicas de producción e intercambio de los bienes de subsistencia. La *antropología política* estudia las relaciones de poder, y las formas de control social, y los inicios de formación del estado, especialmente en las sociedades preindustriales. La *antropología religiosa* se dedica al estudio de las creencias y ritos de los hombres. Las grandes figuras de la antropología cultural son Morgan, Lévy-Bruhl, Marcel Mauss, Malinowski, Radcliffe-Brown y Lévi-Strauss.

**ANTROPOLÓGICO, A** adj. Relativo a la antropología.

**ANTROPÓLOGO, A** n. Especialista en antropología.

**ANTROPOMETRÍA** n. f. Parte de la antropología que estudia las proporciones y medidas del cuerpo humano.

**ANTROPOMÉTRICO, A** adj. Relativo a la antropometría.

**ANTROPOMÓRFICO, A** adj. Relativo al antropomorfismo.

**ANTROPOMORFISMO** n. m. Creencia o doctrina que concibe la divinidad a imagen del hombre.

**ANTROPOMORFO, A** adj. y n. Dícese de los monos más parecidos al hombre, que se caracterizan

vaso **antropomorfo**; estilo mochica
(museo de América, Madrid)

por carecer de cola, como el gorila, el chimpancé, y el orangután. SIN.: *antropoide.* ◆ adj. **2.** De figura humana. **3.** Dícese de un vaso o de una urna funeraria que tiene forma de cuerpo o de cabeza humanos.

**ANTROPONIMIA** n. f. Estudio de los nombres de personas.

**ANTROPÓNIMO** n. m. Nombre propio de persona.

**ANTROPOPITECO** n. m. Nombre que se daba a los antecesores del hombre, tales como el pitecantropo y el sinantropo.

**ANTROPOSOFÍA** n. f. Filosofía fundada por R. Steiner, que desarrolla una nosis cristiana y propone un sistema educativo todavía vigente en los países de lengua germánica.

**ANTROPOTECNIA** n. f. Técnica dirigida a efectuar la mejor concepción posible de los sistemas hombre-máquina.

**ANTROPOZOICO, A** adj. Dícese de la era cuaternaria, caracterizada por la aparición del hombre.

**ANTRUEJO** n. m. Los tres días de carnaval.

**ANTRUSTION** n. m. Entre los merovingios, voluntario sujeto al servicio de un rey.

**ANUAL** adj. (lat. *annualem*). Que sucede o se repite cada año; que dura un año: *renta anual; planta anual.*

**ANUALIDAD** n. f. Calidad de anual. **2.** Importe anual de una renta o carga periódica.

**ANUARIO** n. m. Libro que se publica de año en año y contiene convenientemente ordenados los datos que interesan a los que cultivan ciertas materias o ejercen determinada profesión: *anuario de ciencias médicas, histórico.*

**ANUBARRADO, A** adj. Nubloso, cubierto de nubes.

**ANUBDA** o **ANÚBADA** n. f. Durante la alta edad media, servicio de guardia y vigilancia militar en las fronteras y en los alrededores de las ciudades o fortalezas.

**ANUDADO** n. m. Operación textil consistente en anudar los hilos de una urdimbre terminada a los de la nueva que le sucede.

**ANUDAMIENTO** n. m. Acción y efecto de anudar o anudarse. SIN.: *anudadura.*

**ANUDAR** v. tr. y pron. **[1]**. Hacer nudos o unir con nudos: *anudar los cordones de los zapatos.* **2.** *Fig.* Juntar, unir: *anudar una sólida amistad.* **3.** *Fig.* Embargar, entorpecer el uso de la palabra: *anudarse la voz en la garganta.* ◆ v. tr. **4.** *Fig.* Continuar lo interrumpido.

**ANUENCIA** n. f. Consentimiento.

**ANUENTE** adj. Que asiente, que consiente: *voluntad anuente.*

**ANULABLE** adj. Que se puede anular.

**ANULACIÓN** n. f. Acción y efecto de anular.

**ANULADOR, RA** adj. y n. Que anula.

**ANULAR** adj. (lat. *anularem*). Relativo al anillo o de figura de anillo. • **Eclipse anular del Sol,** eclipse durante el cual el Sol sobresale alrededor del disco lunar como un anillo luminoso. ◆ adj. y n. m. **2.** Dícese del cuarto dedo de la mano empezando por el pulgar.

**ANULAR** v. tr. (bajo lat. *annullare*) **[1]**. Dar por nula, dejar sin fuerza una disposición. ◆ v. tr. y pron. **2.** Aniquilar, reducir a nada. **3.** *Fig.* Incapacitar, desautorizar: *lo ha anulado la fuerte personalidad de su padre.*

**ANULATIVO, A** adj. Que tiene fuerza para anular.

**ANUNCIACIÓN** n. f. Acción y efecto de anunciar. **2.** Mensaje del arcángel san Gabriel a la Virgen María para anunciarle el misterio de la Encarnación.

**ANUNCIADOR, RA** adj. y n. Que anuncia o sirve para anunciar.

**ANUNCIANTE** adj. y n. m. y f. Que anuncia. **2.** Dícese de la persona o entidad que pone un anuncio publicitario.

**ANUNCIAR** v. tr. (lat. *annuntiare*) **[1]**. Dar noticia de una cosa, proclamar, hacer saber: *anunciar la llegada de alguien.* **2.** Pronosticar: *anunciar catástrofes.* ◆ v. tr. y pron. **3.** Dar a conocer mediante algún medio de difusión la existencia y cualidades de artículos comerciales o industriales, servicios, etc.

**ANUNCIO** n. m. Acción y efecto de anunciar. **2.** Conjunto de palabras o signos con que se anuncia algo. **3.** Pronóstico, acción y efecto de pronosticar; señal por donde se sacan conjeturas. • **Anuncios por palabras,** en un periódico, rúbrica que agrupa anuncios colocados por un particular, en los que generalmente se ofrece o solicita un bien o un servicio.

**ANUO, A** adj. (lat. *annuum*). Anual.

**ANURIA** n. f. MED. Cese de la secreción renal.

**ANURO, A** adj. y n. m. Relativo a un orden de anfibios que, en estado adulto, están desprovistos de cola, como la rana y el sapo.

**ANVERSO** n. m. (lat. *anteversum*). Lado de una moneda o medalla que lleva la imagen o inscripción principal. SIN.: *cara.* CONTR.: *reverso.* **2.** Cara en que va impresa la primera página de un pliego.

**ANZUELO** n. m. Arponcillo de metal que, pendiente de un sedal y puesto en él algún cebo, sirve para pescar. **2.** *Fig.* Atractivo, aliciente. • **Caer,** o **picar, en el anzuelo** *(Fam.)*, ser engañado mediante trucos o trampas.

**AÑADA** n. f. Cosecha de un año.

**AÑADIDO** n. m. Postizo. **2.** Añadidura. **3.** Añadidura hecha a un manuscrito o a unas pruebas de imprenta.

**AÑADIDURA** n. f. Lo que se añade a alguna cosa. • **Por añadidura,** además.

**AÑADIR** v. tr. **[3]**. Agregar una cosa a otra: *añadir azúcar al postre.* **2.** Aumentar, ampliar.

**AÑAFEA** n. f. Papel de estraza.

**AÑAFIL** n. m. Trompeta recta morisca, usada también en Castilla.

**añafiles:** fragmento de una miniatura de un manuscrito de las maqāmat de al-Ḥarīrī; s. XIII (biblioteca nacional, París)

**AÑAGAZA** n. f. Señuelo para coger o amaestrar aves. **2.** *Fig.* Artificio para atraer con engaño, carnada: *utilizar añagazas para convencer.*

**AÑAL** adj. (lat. *annalem*). Anual. ◆ adj. y n. m. y f. **2.** Dícese del cordero, becerro o cabrito que tiene un año cumplido.

**¡AÑAÑAY!** interj. *Chile.* Se usa para celebrar las acciones de los niños.

**AÑARES** n. m. pl. *Argent.* Muchos años, mucho tiempo. (Suele usarse con el verbo *hacer.*)

**AÑEJAMIENTO** n. m. Acción y efecto de añejar o añejarse.

**AÑEJAR** v. tr. y pron. **[1]**. Hacer añejo. ◆ **añejarse** v. pron. **2.** Mejorarse o deteriorarse el vino, comestibles, etc., con el tiempo.

**AÑEJO, A** adj. (lat. *anniculum*). Que tiene mucho tiempo: *vino añejo.*

**AÑERO, A** adj. *Chile.* Dícese de la planta que da frutos alternos.

**AÑICOS** n. m. pl. Pedacitos en que se divide alguna cosa al romperse: *el cristal se partió en mil añicos.*

**AÑIL** adj. y n. m. Dícese del color comprendido entre el azul y el violeta en el espectro solar. ◆ adj. **2.** De color añil: *cielo añil.* ◆ n. m. **3.** Planta arbustiva leguminosa, de flores rojizas y fruto en vaina, de cuyos tallos y hojas se obtiene por maceración una pasta colorante azul. (Familia papilionáceas.)

**AÑINOS** n. m. pl. Pieles no tundidas de corderos de un año o menos. **2.** Lana de corderos.

**AÑO** n. m. (lat. *annum*). Período de tiempo convencional aproximadamente igual al período de revolución de la Tierra alrededor del Sol. **2.** Período de doce meses. **3.** Tiempo que tarda un planeta en efectuar una revolución alrededor del Sol: *año de Júpiter.* • **Año civil,** año que comienza el 1 de enero a las 0 horas y finaliza el 31 de diciembre a las 24 horas. ‖ **Año escolar,** tiempo transcurrido entre el inicio de las clases y las vacaciones de verano. ‖ **Año luz,** unidad de longitud (símbolo a. l.), equivalente a la distancia recorrida por la luz en un año, en el vacío, o sea, 9,461 × $10^{12}$ km. ‖ **Año nuevo,** el que está a punto de empezar o recién empezado. ‖ **Año santo,** o **jubilar,** año durante el cual se abre en Roma un jubileo. ‖ **Año sideral,** intervalo de tiempo que separa dos pasos consecutivos del Sol por el mismo punto de su órbita aparente. ‖ **Año trópico,** tiempo transcurrido entre dos pasos consecutivos del Sol por el punto equinoccial de primavera. ‖ **De años,** o **entrado en años,** de edad avanzada. ‖ **De buen año,** gordo, saludable. ‖ **Día de año nuevo,** el primero del año. ‖ **Estar a años luz** *(Fam.)*, existir enormes diferencias. ‖ **Perder año** *(Fam.)*, no ser aprobado el estudiante en los exámenes de fin de curso. ‖ **Quitarse** uno **años** *(Fam.)*, declarar uno menos años de los que tiene.

■ La fecha de comienzo del año ha variado según los pueblos y las épocas. En Roma, Rómulo la fijó en el uno de marzo (lo que explica el nombre de setiembre, octubre, noviembre y diciembre) y, después, César, en el uno de enero. En época de Carlomagno, se estableció de nuevo en el uno de marzo. En el s. XII la iglesia fijó el principio del año en el día de sábado santo y Carlos IX lo restableció en el uno de enero. El gobierno republicano francés de 1792 decretó que coincidiría con el día del equinoccio de otoño (22 set.). Actualmente, los judíos dan comienzo al año por Pascua.

**AÑOJAL** n. m. Parcela que se deja erial por más o menos tiempo. **2.** Monte de un año después de una roza; monte despejado.

**AÑOJO** n. m. Becerro o cordero de un año.

**AÑORANZA** n. f. Soledad, melancolía que se siente por una ausencia o pérdida: *sentir añoranza de épocas pasadas.*

**AÑORAR** v. tr. e intr. (cat. *enyorar*) **[1]**. Sentir añoranza.

**AÑOSO, A** adj. (lat. *annosum*). De muchos años.

**AÑUBLO** n. m. Enfermedad producida en los cereales por algunos hongos.

**AÑUMA** n. m. Ave de una envergadura superior a los 2 m, que vive en las zonas pantanosas del Amazonas y tiene dos grandes espolones en las alas.

**añuma**

**AOJADURA** n. f. Aojo.

**AOJAR** v. tr. **[1]**. Hacer mal de ojo.

**AOJAR** v. tr. **[1]**. Ojear, espantar la caza.

**AOJO** o **AOJAMIENTO** n. m. Acción y efecto de aojar, hacer mal de ojo o malograr una cosa.

**AORISTO** n. m. (gr. *aoristos,* indeterminado). LING. Tiempo verbal de la conjugación griega que indica un pasado indeterminado.

**AORTA** n. f. (gr. *aortē,* vena). Arteria que nace en la base del ventrículo izquierdo del corazón y constituye el tronco común de las arterias que llevan la sangre oxigenada hacia todas las partes del cuerpo. *(V. ilustración pág. 90.)*

**AÓRTICO, A** adj. Relativo a la aorta. • **Arcos aórticos,** arcos óseos y vasculares de la cabeza y tórax de los vertebrados, de importancia para la clasificación de éstos.

**AORTITIS** n. f. Inflamación de la aorta.

**AOVADO, A** adj. De figura de huevo.

**AOVAR** v. intr. **[1]**. Poner huevos algunos animales, especialmente las aves.

**AOVILLARSE** v. pron. **[1]**. *Fig.* Encogerse mucho, hacerse un ovillo.

**APA** n. f. Asociación de padres de alumnos.

**APABULLAMIENTO** n. m. *Fam.* Acción y efecto de apabullar.

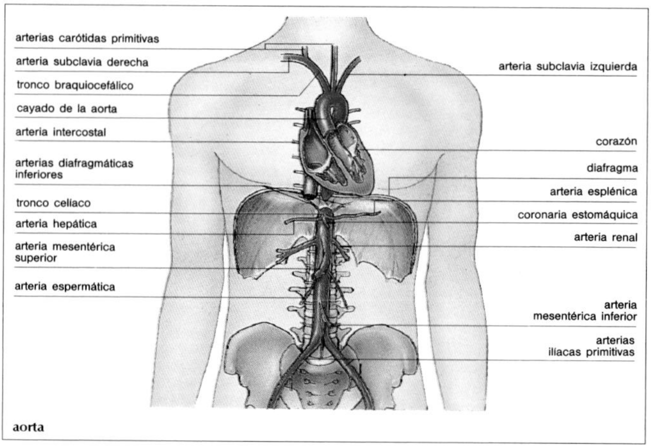


aorta

**APABULLAR** v. tr. [**1**]. *Fam.* Abrumar, dejar confuso.

**APACENTADOR, RA** adj. y n. Que apacienta.

**APACENTAMIENTO** n. m. Acción de apacentar o apacentarse. **2.** Pasto, cualquier cosa que sirve para el sustento del animal.

**APACENTAR** v. tr. y pron. (de *pacer*) [**1j**]. Dar pasto al ganado. **2.** *Fig.* Instruir, enseñar. **3.** *Fig.* Cebar los deseos, sentidos o pasiones. ◆ **apacentarse** v. pron. **4.** Pacer el ganado.

**APACHE** adj. y n. m. y f. Relativo a un conjunto de pueblos amerindios que descendieron del N de América *c.* 1000 d. J.C. y se establecieron en Nuevo México y Arizona; individuo de dicho pueblo. **2.** Relativo a un tipo de ladrones y bandidos que existían en las grandes ciudades, especialmente en París.

■ Con sus jefes Cochise (*c.* 1850) y Jerónimo (a partir de 1880), los apaches opusieron una resistencia feroz a los conquistadores estadounidenses. Destacan los grupos chiricahua, jicarilla, lipán, kiowa y mescalero, del grupo lingüístico atapasco. Actualmente viven agrupados en reservas de Nuevo México, Arizona y Oklahoma.

**APACHETA** n. f. *Amér. Merid.* Montón de piedras colocado por los indios en las mesetas de los Andes, como signo de devoción a la divinidad.

**APACIBILIDAD** n. f. Calidad de apacible.

**APACIBLE** adj. Dulce, agradable y sereno: *ojos apacibles; la noche era apacible.*

**APACIGUADOR, RA** adj. y n. Que apacigua.

**APACIGUAMIENTO** n. m. Acción y efecto de apaciguar. • **Comportamiento,** o **movimiento de apaciguamiento** (ETOL.), serie de actos motores cuyo efecto es disminuir el nivel de agresividad del adversario.

**APACIGUAR** v. tr. y pron. [**1c**]. Poner en paz, aquietar.

**APADĀNA** n. f. ARQUEOL. Sala del trono en los palacios de los reyes aqueménidas.

**APADRINADOR, RA** adj. y n. Que apadrina.

**APADRINAMIENTO** n. m. Acción y efecto de apadrinar.

**APADRINAR** v. tr. [**1**]. Desempeñar las funciones propias de padrino: *le apadrinó su abuelo.* **2.** *Fig.* Patrocinar, proteger: *apadrinar un proyecto.* ◆ **apadrinarse** v. pron. **3.** Ampararse, valerse, acogerse.

**APAGABLE** adj. Que se puede apagar.

**APAGADIZO, A** adj. Que arde con dificultad.

**APAGADO, A** adj. De genio muy sosegado y apocado. **2.** Amortiguado, sordo: *murmullo apagado; color apagado.*

**APAGADOR, RA** adj. y n. Que apaga. ◆ n. m. **2.** Pieza cónica de metal para apagar luces. **3.** Mecanismo con el cual se paran súbitamente las vibraciones de las cuerdas de un instrumento musical.

**APAGALLAMAS** n. f. (pl. *apagallamas*). Cámara compartimentada aplicada a las bocas de las armas de fuego para impedir que se inflamen los gases de la pólvora.

**APAGAMIENTO** n. m. Acción y efecto de apagar o apagarse.

**APAGAR** v. tr. y pron. [**1b**]. Extinguir el fuego o la luz. **2.** *Fig.* Aplacar, disipar, extinguir: *apagar la sed.* **3.** Disminuir o apaciguar la acción de la lluvia u otras causas, la violencia de las olas. **4.** Interrumpir el funcionamiento de un aparato desconectándolo de su fuente de energía: *apagar la televisión.* • **Apaga y vámonos** (*Fam.*), expresión que se emplea para dar por terminada una cosa. ‖ **Apagar la cal,** echar agua a la cal viva para que pueda emplearse en obra de fábrica. ‖ **Apagar las velas** (MAR.), cerrar los bolsos o senos que el viento forma en las velas recogidas, apretándolos contra la verga o el palo. ‖ **Apagar los colores,** suavizarlos, amortiguar su tono dándoles una capa o mano de barniz. ◆ **apagarse** v. pron. **5.** *Fig.* Marchitarse, perder la frescura, el brillo.

**APAGAVELAS** n. m. (pl. *apagavelas*). Matacandelas.

**APAGÓN** n. m. Corte súbito, pasajero y accidental de la energía eléctrica.

**APAISADO, A** adj. Que es más ancho que alto: *cuadro apaisado.*

**APAJARADO, A** adj. *Chile.* Atolondrado.

**APALABRAR** v. tr. [**1**]. Concertar o contratar de palabra: *apalabrar una cita, un negocio.*

**APALACHE,** pueblo amerindio de la familia muscogi, que habitaba al NO de la península de la Florida. Fue aniquilado por los británicos en 1705.

**APALACHIANO, A** adj. Relativo a los Apalaches. • **Relieve apalachiano,** relieve que se caracteriza por presentar crestas paralelas, separadas por depresiones alargadas, originadas al reanudarse la erosión en una región de viejas montañas plegadas, reducidas al estado de penillanuras.

**APALANCADO, A** adj. Acomodado en un lugar o en un estado.

**APALANCAMIENTO** n. m. Acción y efecto de apalancar.

**APALANCAR** v. tr. [**1a**]. Levantar, mover con una palanca: *apalancar la puerta.* ◆ **apalancarse** v. pron. **2.** Acomodarse en un lugar, permanecer inactivo en él.

**APALEADOR, RA** adj. y n. Que apalea.

**APALEAMIENTO** n. m. Acción y efecto de apalear.

**APALEAR** v. tr. [**1**]. Golpear o sacudir, especialmente con un palo. **2.** Varear, derribar con golpes de vara los frutos de los árboles.

**APALEAR** v. tr. [**1**]. Aventar con la pala el grano, a fin de limpiarlo.

**APALEO** n. m. Acción y efecto de apalear, aventar el grano. **2.** Tiempo de apalear, aventar el grano.

**APANDAR** v. tr. [**1**]. *Fam.* Pillar, guardar una cosa con ánimo de apropiársela.

**APANDILLAR** v. tr. y pron. [**1**]. Hacer pandilla.

**APANOJADO, A** adj. Que tiene forma de panoja.

**APANTANAR** v. tr. y pron. [**1**]. Llenar de agua un terreno. ◆ **apantanarse** v. pron. **2.** Hundirse, atascarse en un pantano.

**APAÑADOR, RA** adj. y n. Que apaña.

**APAÑADURA** n. f. Acción y efecto de apañar o apañarse.

**APAÑAR** v. tr. [**1**]. Recoger y guardar una cosa. **2.** Apoderarse de una cosa capciosa e ilícitamente. **3.** Acicalar, ataviar. **4.** Aderezar la comida. **5.** *Fam.* Remendar lo que está roto. **6.** *Argent., Bol., Nicar.* y *Urug.* Encubrir, ocultar o proteger a alguien. • **Estar apañado,** estar apurado, en situación difícil. ◆ **apañarse** v. pron. **7.** *Fam.* Darse maña para hacer una cosa.

**APAÑO** n. m. Apañadura. **2.** *Fam.* Amaño, chanchullo, componenda. **3.** *Fam.* Maña, habilidad. **4.** *Fam.* Lío amoroso.

**APAÑUSCAR** v. tr. [**1a**]. *Fam.* Apretar una cosa entre las manos, ajándola. **2.** Apañar, coger ilícitamente.

**APAPACHADO, A** adj. *Cuba y Méx.* Mimado.

**APARADOR** n. m. Mueble destinado a contener la vajilla y todo lo concerniente al servicio de comedor. **2.** Escaparate.

**APARADURA** n. f. Parte del forro de un buque contigua a la quilla.

**APARAR** v. tr. (lat. *apparare*) [**1**]. Disponer las manos u otra cosa para recibir algo que se da o echa. (Suele usarse en imperativo: *apare usted el pañuelo.*)

**APARATO** n. m. (lat. *apparatum*). Instrumento o conjunto de instrumentos necesarios para la realización de un trabajo, la observación de un fenómeno o la realización de determinadas mediciones: *aparatos electrodomésticos; aparato fotográfico.* **2.** *Fig.* Conjunto de cosas que acompañan a algo o a alguien y le dan importancia o vistosidad. **3.** Circunstancia o señal que precede o acompaña a alguna cosa. **4.** Conjunto de los que deciden la política de un partido o gobierno. **5.** Se usa en determinadas ocasiones para designar, específicamente, un avión, un teléfono, un soporte de luz, etc. **6.** ANAT. Conjunto de órganos que realizan la misma función: *aparato respiratorio.* **7.** CIR. Denominación dada a algunos instrumentos que se emplean en traumatología y ortopedia: *aparatos ortopédicos.* **8.** GEOL. Conjunto de rocas resultante de una dinámica común: *aparato volcánico, sedimentario.*

**APARATOSIDAD** n. f. Calidad de aparatoso.

**APARATOSO, A** adj. Acompañado de aparato, espectacular: *caída aparatosa; sombrero aparatoso.*

**APARCAMIENTO** n. m. Acción y efecto de aparcar. **2.** Lugar destinado a este efecto.

**APARCAR** v. tr. [**1a**]. Colocar, situar en un lugar coches u otros vehículos. **2.** MIL. Disponer convenientemente cualquier clase de material en un campamento o parque.

**APARCERÍA** n. f. Convenio por el cual una persona se obliga a ceder a otra el disfrute de ciertos bienes, a cambio de obtener una parte alícuota de los frutos o utilidades que produzcan.

**APARCERO, A** n. Persona que directamente cultiva la tierra, cría el ganado o explota un establecimiento fabril o mercantil bajo contrato de aparcería.

**APAREAMIENTO** n. m. Acción y efecto de aparear.

**APAREAR** v. tr. [**1**]. Ajustar una cosa con otra de forma que queden iguales. ◆ v. tr. y pron. **2.** Unir o juntar dos cosas de manera que formen un par. **3.** Juntar o juntarse dos animales de distinto sexo para la reproducción.

**APARECER** v. intr. y pron. (lat. *apparescere*) [**2m**]. Manifestarse, dejarse ver, por lo común repentinamente: *aparecer la imagen en pantalla.* **2.** Estar, hallarse. **3.** Parecer. **4.** Darse a conocer al público un libro, un producto, etc.; salir a la luz.

**APARECIDO** n. m. Espectro de un difunto.

**APAREJADO, A** adj. Apto, idóneo. **2.** MAR. Dícese del buque que está preparado para emprender la navegación.

**APAREJADOR, RA** n. Técnico de la construcción, especializado en el trazado de planos parciales de una obra partiendo del plano total.

**APAREJAMIENTO** n. m. MAR. Acción de aparejar una embarcación.

**APAREJAR** v. tr. y pron. [**1**]. Preparar, prevenir, disponer. **2.** Vestir con esmero, adornar. ◆ v. tr. **3.** Poner su aparejo a un animal o a una embarcación. **4.** Dar los doradores la mano de cola, yeso y bol arménico a la pieza que se ha dorar. **5.** PINT. Imprimar.

**APAREJO** n. m. Conjunto de cosas necesarias para hacer algo: *aparejos de pesca; aparejo de anclar.* **2.** Forma o modo en que aparecen colocados los ladrillos, sillares o mampuestos en una construcción. **3.** Conjunto de útiles o instrumentos de una profesión, oficio o arte. **4.** Arreo necesario para montar o cargar las caballerías. **5.** MAR. Arboladura, velamen y jarcias de las embarcaciones a vela. **6.** MAR. Tipo o clase de velas de una embarcación o de una nave: *aparejo de abanico.* **7.** MEC. Mecanismo elevador de pesos consistente en un sistema de poleas.

**APARTADO, A** adj. Retirado, distante, remoto: *lugares apartados.* ◆ n. m. **2.** Párrafo o grupo de párrafos de un escrito o documento dedicado a una materia concreta o a un aspecto de la misma. **3.** DER. Cada uno de los dieciséis miembros que elige la asociación general de ganaderos en sustitución de los que antiguamente eran designados por el concejo de la Mesta. **4.** METAL. Operación por la que se determina la ley del oro o de la plata. **5.** MIN. Conjunto de operaciones realizadas con el oro para obtenerlo puro. **6.** TAUROM. Acción de encerrar los toros en los chiqueros, horas antes de la corrida. • **Apartado de correos,** casilla o compartimento en que, en una oficina de correos, se coloca la correspondencia dirigida a un determinado destinatario, y que éste recoge directamente.

**APARTAMENTO** n. m. Vivienda situada en un edificio donde existen otras viviendas análogas, generalmente de dimensiones más reducidas que un piso.

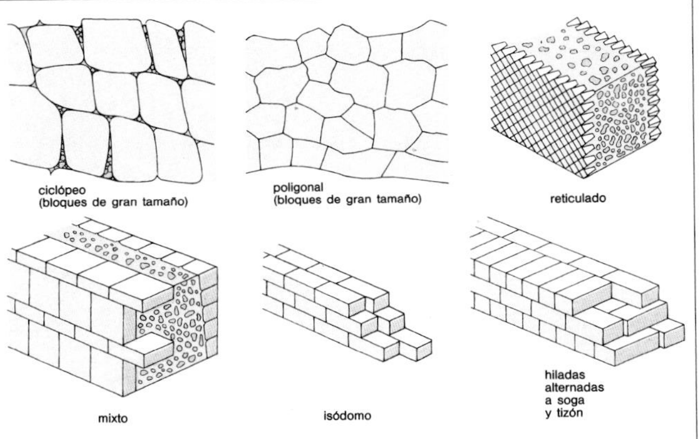


**aparejos** (arquitectura)

**APARENTAR** v. tr. [**1**]. Manifestar o dar a entender lo que no es o no hay. **2.** Tener aspecto de determinada cosa, especialmente de tener cierta edad: *aparenta sesenta años, pero tiene menos.*

**APARENTE** adj. (lat. *apparentem*). Que parece y no es: *obrar con aparente serenidad.* **2.** Conveniente, oportuno, adecuado: *emplear las palabras más aparentes.* **3.** Que aparece y se muestra a la vista: *no tener motivo aparente para obrar.* **4.** Ostensible, notable, considerable: *gafas aparentes.*

**APARICIÓN** n. f. Acción y efecto de aparecer: *hacer breves apariciones en la capital.* **2.** Aparecido, espectro: *tener apariciones.* **3.** REL. En el rito mozárabe, cada una de las nueve partes en que el sacerdote divide la hostia. **4.** REL. Fiesta católica que celebra la aparición de Cristo a sus apóstoles tras la resurrección.

**APARIENCIA** n. f. (lat. *apparentam*). Aspecto o parecer exterior: *terrible apariencia externa.* **2.** Cosa que parece y no es: *fiarse de las apariencias.* **3.** Verosimilitud, probabilidad. • **En apariencia,** aparentemente, al parecer.

**APARRADO, A** adj. Dícese de los árboles cuyas ramas se extienden horizontalmente. **2.** *Fig.* Achaparrado, grueso y de poca estatura.

**APARRAR** v. tr. [**1**]. Hacer que un árbol extienda sus ramas horizontalmente.

**APARROQUIAR** v. tr. [**1**]. Procurar parroquianos a los tenderos o a los que ejercen ciertas profesiones. ◆ **aparroquiarse** v. pron. **2.** Hacerse feligrés de una parroquia.

**APARTADERO** n. m. Lugar o vía, en los caminos y canales, donde se apartan las personas, las caballerías, los carruajes o los barcos, para dejar libre el paso. **2.** F.C. Vía secundaria colocada junto a una vía principal, en la que se estaciona un tren para dejar paso a otro. **3.** TAUROM. Sitio a donde se apartan unos toros de otros para encajonarlos.

**APARTADIJO** o **APARTIJO** n. m. Parte pequeña de algunas cosas que estaban juntas.

**APARTADIZO, A** adj. Huraño, retirado, que rehúye el trato de la gente. ◆ n. m. **2.** Lugar separado de otro mayor, para diferentes usos.

**APARTAMIENTO** n. m. Acción y efecto de apartar. **2.** Lugar apartado. **3.** Apartamento. **4.** DER. Acto procesal con que alguien desiste de la acción o recurso que tiene deducido.

**APARTAR** v. tr. y pron. [**1**]. Separar, alejar, retirar: *apartarse de la familia; apartar la silla de la pared.* **2.** Quitar a una persona o cosa del lugar donde estaba para dejarlo desembarazado: *la gente se apartaba de la plaza.* ◆ v. tr. **3.** *Fig.* Disuadir a uno de alguna cosa o hacer que desista de ella: *las malas amistades lo apartaron del buen camino.*

**APARTE** adv. l. En otro lugar **2.** A distancia, desde lejos. **3.** En lugar retirado. ◆ adv. m. **4.** Separadamente, con distinción. **5.** Indica con omisión o preterición de: *aparte algunas personas.* ◆ n. m. **6.** Tirada especial de algún artículo o estudio, separada de la revista o publicación de que forma parte. **7.** Párrafo, cada una de las divisiones de un escrito. **8.** Lo que, en una conversación entre varias personas, una de ellas dice a otra u otras sin que lo oigan los demás. **9.** Lo que, en las representaciones escénicas, dice un personaje cualquiera como hablando para sí o con otro u otros, y suponiendo que no lo oyen los demás.

**APARTHEID** n. m. (voz afrikaans). En la República de Sudáfrica, segregación sistemática de las poblaciones de razas no blancas. (La constitución de 1996 consagró el fin del apartheid.)

**APARTHOTEL** n. m. Edificio o complejo de apartamentos que ofrece los mismos servicios que el hotel.

**APARTIDAR** v. tr. [**1**]. Alzar o tomar partido por una persona, doctrina, etc. ◆ **apartidarse** v. pron. **2.** Adherirse a una parcialidad.

**APARTIJO** n. m. Apartadijo.

**APARVAR** v. tr. [**1**]. Disponer la mies para trillarla. **2.** Recoger en un montón las mies trillada.

**APASIONADO, A** adj. Con carácter de pasión. **2.** Dícese de las personas que sienten entusiasmo por algo o son por temperamento inclinadas a apasionarse.

**APASIONAMIENTO** n. m. Acción y efecto de apasionar o apasionarse.

**APASIONAR** v. tr. y pron. [**1**]. Causar, excitar alguna pasión: *le apasiona discutir.* ◆ **apasionarse** v. pron. **2.** Aficionarse con exceso a una persona o cosa: *se apasiona por el cine.*

**APASTE** o **APLASTE** n. m. *Guat.* y *Hond.* Lebrillo hondo de barro y con asas.

**APATÍA** n. f. (lat. *apathiam*). Impasibilidad, indiferencia, abulia, dejadez.

**APÁTICO, A** adj. Que adolece de apatía.

**APATITO** n. m. Fosfato de calcio existente en numerosas rocas eruptivas, especialmente en la pegmatita. SIN.: *apatita.*

**APÁTRIDA** adj. y n. m. y f. Dícese de la persona que no tiene patria por haber perdido la nacionalidad y no haber adquirido legalmente otra.

**APEA** n. f. Cuerda corta con un palo en una punta y un ojal en la otra, que sirve principalmente para trabar o maniatar caballerías.

**APEADERO** n. m. Poyo o sillar en los zaguanes o junto a la puerta de las casas, para montar en las caballerías. **2.** F.C. En los trayectos ferroviarios, punto de parada donde pueden subir o bajar viajeros, pero desprovisto de estación.

**APEADOR, RA** n. Persona que deslinda y señala los límites de las fincas rústicas.

**APEAR** v. tr. y pron. [**1**]. Desmontar o bajar de un vehículo o de una caballería: *apearse del tren.* **2.** Cortar un árbol por el pie y derribarlo. **3.** *Fig.* y *fam.* Disuadir, convencer. ◆ v. tr. **4.** Apiolar las caballerías. **5.** Calzar un vehículo. **6.** Deslindar, fijar los límites de una finca midiéndola. **7.** *Fig.* Sortear, superar una dificultad. **8.** *Fig.* Quitar a uno de su empleo o destino. **9.** Apuntalar una construcción. ◆ **apearse** v. pron. **10.** Hospedarse, alojarse. **11.** *Cuba.* Comer sin protocolo, con las manos, prescindiendo del cubierto. • **Apear el tratamiento,** suprimir la fórmula de tratamiento que corresponde a una persona al dirigirse a ella. ‖ **Apearse del burro,** salir de un error tercamente mantenido; caer en la cuenta.

**APECHUGAR** v. intr. [**1g**]. Aceptar una cosa, venciendo la repugnancia que causa o el esfuerzo que supone: *apechugar con las consecuencias.* SIN.: *apechar.*

**APEDAZAR** v. tr. [**1g**]. Remendar, reforzar lo que está viejo o roto, particularmente una prenda de ropa.

**APEDREADO, A** adj. Manchado, salpicado de varios colores.

**APEDREADOR, RA** adj. y n. Que apedrea.

**APEDREAMIENTO** o **APEDREO** n. m. Acción y efecto de apedrear o apedrearse.

**APEDREAR** v. tr. [**1**]. Tirar piedras a una persona o cosa. ◆ v. intr. **2.** Caer pedrisco, granizo. ◆ **apedrearse** v. pron. **3.** Padecer daño los árboles, las mieses y especialmente las viñas con el granizo.

**APEGARSE** v. pron. [**1b**]. Cobrar apego: *apegarse a la tradición.*

**APEGO** n. m. *Fig.* Afición, inclinación, cariño: *sentir apego por un lugar.*

**APELABLE** adj. Que admite apelación: *sentencia apelable.*

**APELACIÓN** n. f. Acción y efecto de apelar.

**APELADO, A** adj. y n. DER. Dícese del litigante favorecido con la sentencia contra la cual se apela.

**APELAMBRAR** v. tr. [**1**]. Meter los cueros en pelambre o baño de agua y cal viva para que pierdan el pelo.

**APELAR** v. intr. (lat. *apellare*) [**1**]. Recurrir al juez o tribunal superior para que enmiende o anule la sentencia dada por el inferior. ◆ v. intr. y pron. **2.** Recurrir a una persona o cosa para hallar favor, solución o remedio: *apelar a un último recurso.* ◆ v. intr. y pron. **3.** Dar o recibir algún apelativo.

**APELATIVO** n. m. y adj. Sobrenombre. **2.** Nombre común, por oposición al nombre propio. ◆ n. m. **3.** *Amér.* Apellido, nombre de familia.

**APELLIDAR** v. tr. y pron. [**1**]. Nombrar, llamar, dar un nombre. ◆ **apellidarse** v. pron. **2.** Tener un determinado apellido: *se apellida López.*

**APELLIDO** n. m. Nombre de familia con que se distinguen las personas.

**APELMAZAR** v. tr. y pron. [**1g**]. Hacer más compacto y apretado de lo requerido. **2.** *Fig.* Hacer una cosa aburrida, pesada. **3.** *Salv.* Apisonar la tierra. ◆ v. tr. **4.** *Fig.* Sobrecargar, aumentar la pesadez de un objeto.

**APELOTONAR** v. tr. y pron. **[1]**. Formar pelotones, amontonar: *apelotonarse por los pasillos.*

**APENAR** v. tr. y pron. **[1]**. Causar o sentir pena, afligir. ◆ **apenarse** v. pron. **2.** *Méx.* Avergonzarse.

**APENAS** adv. c. y m. Con dificultad, muy poco: *el caballo apenas puede subir la cuesta; apenas gana uno para vivir.* ◆ adv. t. **2.** Denota la inmediata sucesión de dos acciones: *apenas reunida la asamblea, acabó con el ministro.*

**APENCAR** v. intr. **[1a]**. *Fam.* Apechugar, aceptar una labor desagradable.

**APÉNDICE** n. m. (lat. *appendicem*). Cosa adjunta a otra, de la cual es como prolongamiento o parte accesoria. **2.** Denominación de ciertas prolongaciones ventrolaterales del cuerpo de los insectos y crustáceos (patas, antenas y piezas bucales). • **Apéndice ileocecal,** o **vermicular,** o **apéndice** (ANAT.), divertículo hueco, en forma de dedo de guante, que comunica con el ciego.

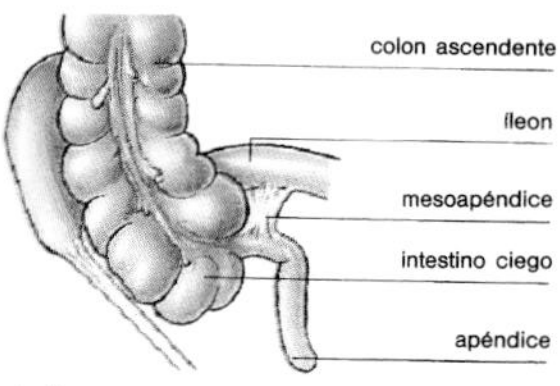


**apéndice**

**APENDICECTOMÍA** n. f. CIR. Ablación del apéndice ileocecal.

**APENDICITIS** n. f. Inflamación del apéndice ileocecal.

■ Puede deberse a varios factores, relacionados con gérmenes o parásitos intestinales. Aparece a cualquier edad, con mayor incidencia en niños y adultos jóvenes. La *apendicitis aguda,* que puede presentarse de improviso, provoca una crisis abdominal dolorosa y febril, con náuseas, vómitos y estreñimiento. La falta de tratamiento puede desembocar en peritonitis generalizada y, más raramente, en lesiones hépaticas o flebitis. El tratamiento es quirúrgico *(apendicectomía).*

**APENDICULAR** adj. ANAT. Relativo a los apéndices.

**APENDICULARIO, A** adj. y n. f. Relativo a un grupo de tunicados, generalmente hermafroditas, que persisten en estado larvario durante toda su vida.

**APENSIONARSE** v. pron. **[1]**. *Argent., Chile, Colomb., Méx.* y *Perú.* Entristecerse. **2.** *Colomb.* Sobresaltarse, inquietarse.

**APEO** n. m. Acción y efecto de apear un árbol. **2.** Acción de apear, de medir o deslindar tierras. **3.** DER. Instrumento jurídico que acredita el deslinde y demarcación.

**APEONAR** v. intr. **[1]**. Andar aceleradamente las aves, en especial las perdices.

**APEPSIA** n. f. Mala digestión por insuficiencia de secreción de jugo gástrico.

**APEPÚ** n. m. *Argent.* y *Par.* Naranjo de corteza gris oscura, flores blancas muy perfumadas, frutos rugosos de color anaranjado rojizo y pulpa jugosa, que tiene un sabor entre agrio y amargo.

**APERAR** v. tr. **[1]**. *Argent., Nicar.* y *Urug.* Ensillar, colocar el apero.

**APERCEPCIÓN** n. f. FILOS. Conocimiento reflexivo de una mónada (Leibniz); conciencia del yo (Kant).

**APERCIBIMIENTO** n. m. Acción y efecto de apercibir. SIN.: *percibimiento.* **2.** DER. Aviso, advertencia de una autoridad.

**APERCIBIR** v. tr. y pron. **[3]**. Disponer, preparar: *apercibirse a contestar la carta.* (Suele usarse con las prep. *a* o *para.*) **2.** Percibir, observar, notar: *me apercibí de ello.* ◆ v. tr. **3.** Amonestar, advertir: *apercibir a los revoltosos.* **4.** DER. Hacer saber a la persona requerida las sanciones a que está expuesta: *apercibir a los morosos.*

**APEREÁ** n. f. (voz guaraní). Cobaya muy parecida al conejillo de Indias, que vive en América Meridional.

**APERGAMINADO, A** adj. Parecido al pergamino: *piel apergaminada.*

**APERGAMINARSE** v. pron. **[1]**. *Fig.* y *fam.* Acartonarse, enflaquecerse: *apergaminarse el rostro.*

**APERIÓDICO, A** adj. Dícese del aparato que alcanza sin oscilaciones una posición de equilibrio.

**APERITIVO, A** adj. y n. m. (lat. *aperitivum*). Que abre el apetito. ◆ n. m. **2.** Bebida que se toma antes de las comidas, generalmente acompañada de tapas.

**APERO** n. m. (lat. *apparium*). Conjunto de instrumentos y demás objetos de un oficio, especialmente los necesarios para la labranza. (Suele usarse en plural.) **2.** *Amér. Merid.* y *P. Rico.* Recado de montar que en ciertos países es más lujoso que el común.

**APERREADO, A** adj. Trabajoso, molesto, pesado.

**APERREAR** v. tr. **[1]**. Fatigar, causar gran molestia y trabajo.

**APERREO** n. m. Acción y efecto de aperrear.

**APERSONADO, A** adj. **Bien,** o **mal apersonado,** de buena o mala presencia.

**APERSONARSE** v. pron. **[1]**. Personarse, avistarse, presentarse personalmente. **2.** DER. Comparecer como parte en un negocio el que, por sí mismo o por otro, tiene interés en él.

**APERTURA** n. f. (lat. *aperturam*). Acción de abrir. **2.** Acto de dar o volver a dar principio a las funciones de una asamblea, teatro, escuela, etc. **3.** *Fig.* Tendencia favorable a la aceptación o comprensión de ideas o actitudes más avanzadas que las vigentes. **4.** En ciertos juegos, principio de una partida. • **Apertura de testamento** (DER.), acto solemne de sacar de su pliego un testamento para darle publicidad y autenticidad.

**APERTURISTA** adj. y n. m. y f. Relativo a la apertura; partidario de esta tendencia: *ideas, tendencias aperturistas.*

**APESADUMBRAR** o **APESARAR** v. tr. y pron. **[1]**. Causar pesadumbre, afligir.

**APESTAR** v. tr. y pron. **[1]**. Causar o comunicar la peste. ◆ v. tr. e intr. **2.** Arrojar o comunicar mal olor: *la habitación apestaba a tabaco.* ◆ v. tr. **3.** *Fig.* Corromper, viciar. **4.** *Fig.* y *fam.* Causar hastío, fastidiar: *su manera de hablar apesta.*

**APESTILLAR** v. tr. **[1]**. A premiar a una persona.

**APESTOSO, A** adj. Que apesta.

**APÉTALO, A** adj. Que carece de pétalos.

**APETECEDOR, RA** adj. Que apetece.

**APETECER** v. tr. y pron. **[2m]**. Tener gana de comer o beber algo: *apetecer un café.* **2.** *Fig.* Desear: *le apetece descansar.* ◆ v. intr. **3.** Gustar, agradar.

**APETECIBLE** adj. Digno de apetecerse.

**APETENCIA** n. f. (lat. *appetentiam*). Gana de comer. **2.** *Fig.* Ansia o gana de algo, anhelo.

**APETITIVO, A** adj. Dícese de la facultad de apetecer.

**APETITO** n. m. (lat. *appetitum*). Tendencia a satisfacer las necesidades orgánicas, especialmente la de comer: *quitar el apetito; apetito carnal.* • **Abrir,** o **despertar el apetito** *(Fam.),* excitar la gana de comer.

**APETITOSO, A** adj. Que excita el apetito: *olor apetitoso.*

**ÁPEX** n. m. ASTRON. Punto de la esfera celeste situado en la constelación de Hércules, hacia el cual parece dirigirse el sistema solar con una velocidad del orden de 20 km/s.

**APEZONADO, A** adj. De figura de pezón.

**APIADAR** v. tr. **[1]**. Causar piedad. **2.** Tratar con piedad. ◆ **apiadarse** v. pron. **3.** Tener piedad de uno o de algo: *apiadarse de los pobres.*

**APICAL** adj. Perteneciente al ápice, extremo superior o punta de una cosa. **2.** ANAT. Dícese de la parte que forma la punta de un órgano. CONTR.: *basal.* **3.** FONÉT. Dícese del fonema que se articula con la punta de la lengua acercada al paladar.

**APICARARSE** v. pron. **[1]**. Adquirir maneras o conducta de pícaro.

**ÁPICE** n. m. (lat. *apicem*). Extremo superior o punta de una cosa. **2.** *Fig.* Punto culminante. **3.** *Fig.* Parte pequeñísima: *no tener un ápice de cultura.* **4.** BIOL. Punta, cima de un órgano.

**APÍCOLA** adj. Relativo a la apicultura: *explotación apícola.*

**APICULTOR, RA** n. y adj. Persona dedicada a la apicultura.

**APICULTURA** n. f. Arte de criar abejas.

**ÁPIDO, A** adj. y n. m. Relativo a una familia de insectos himenópteros que comprende especies solitarias y sociales, como la abeja.

**APÍFUGO, A** adj. Dícese del producto que aleja las abejas.

**APILAMIENTO** n. m. Acción y efecto de apilar.

**APILAR** v. tr. **[1]**. Poner una sobre otra varias cosas formando pila: *apilar los libros.*

**APIÑADO, A** adj. De figura de piña.

**APIÑAMIENTO** n. m. Acción y efecto de apiñar. SIN.: *apiñadura.*

**APIÑAR** v. tr. y pron. **[1]**. Juntar o agrupar estrechamente: *apiñarse el público en la sala.*

**APIÑONADO, A** adj. *Méx.* Dícese de las personas ligeramente morenas.

**APIO** n. m. (lat. *apium*). Planta hortense, comestible, con tallo grueso y jugoso, hojas largas y flores blancas muy pequeñas. (Destaca el apio-rábano de raíz progresivamente más carnosa. Familia umbelíferas, género *Apium.*)

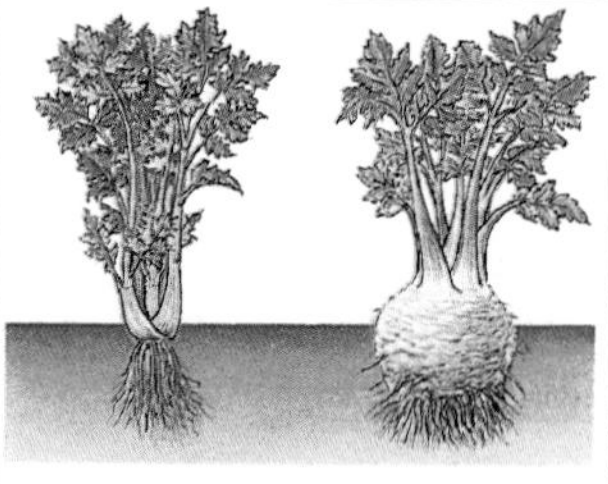

**apio** y apio-rábano

**APIOL** n. m. Principio activo de los granos de perejil.

**APIOLAR** v. tr. **[1]**. *Fam.* Prender, apresar. **2.** *Fam.* Matar.

**APIPARSE** v. pron. **[1]**. *Fam.* Atracarse de comida o bebida.

**APIRAMIDADO, A** adj. Con figura de pirámide.

**APIRÉTICO, A** adj. Que no se acompaña de fiebre o que la elimina.

**APIREXIA** n. f. Ausencia de fiebre.

**APIRI** n. m. *Amér. Merid.* Operario que transporta mineral en las minas. **2.** *Amér. Merid.* Mozo de cuerda.

**APIRÓGENO, A** adj. Que no produce fiebre.

**APISONADO** n. m. AGRIC. Labor consistente en aplanar el suelo, aplastando los terrones de tierra.

**APISONADOR, RA** adj. y n. Que apisona. ◆ n. m. **2.** Pisón. **3.** Rodillo con que se apisona.

**APISONADORA** n. f. Máquina automotora, con ruedas a modo de rodillos de gran diámetro y muy pesados, para extender y nivelar material.

**APISONAMIENTO** n. m. Acción y efecto de apisonar.

**APISONAR** v. tr. **[1]**. Apretar fuertemente, aplanar la tierra, el asfalto, etc.

**APITIGUARSE** v. pron. **[1c]**. *Chile.* Desmoronarse, abatirse.

**APITONAR** v. intr. **[1]**. Echar pitones los animales que desarrollan cuernos. **2.** Empezar los árboles a brotar. ◆ v. tr. **3.** Romper las aves la cáscara de sus huevos con el pico.

**APITXAT** adj. y n. m. Dícese del subdialecto valenciano hablado en la ciudad de Valencia y en la mayor parte de su provincia. **2.** Subdialecto ribagorzano que posee características similares.

**APIZARRADO, A** adj. De color negro azulado.

**APLACABLE** adj. Fácil de aplacar.

**APLACADOR, RA** adj. Que aplaca.

**APLACAMIENTO** n. m. Acción y efecto de aplacar.

**APLACAR** v. tr. y pron. **[1a]**. Amansar, suavizar, mitigar: *aplacar el dolor, la ira.*

**APLANADERA** n. f. Instrumento para aplanar el suelo, terreno, etc. **2.** Mazo de los hojalateros para aplanar las planchas.

**APLANADO** n. m. Operación que tiene por objeto corregir las deformaciones ocasionadas en los materiales por el mecanizado o accidentalmente, eliminando las abolladuras o marcas de golpes de martillo, etc.

**APLANADOR, RA** adj. y n. Que aplana. ◆ n. m. **2.** Instrumento para el aplanado de los metales.

**APLANADORA** n. f. *Amér.* Apisonadora.

**APLANAMIENTO** n. m. Acción y efecto de aplanar o aplanarse.

**APLANAR** v. tr. [**1**]. Allanar, poner llano. **2.** *Fig.* y *fam.* Dejar a uno pasmado con alguna cosa inesperada. ◆ **aplanarse** v. pron. **3.** Perder el vigor, desalentarse.

**APLANÉTICO, A** adj. Dícese de un sistema óptico que proporciona una imagen plana de un pequeño objeto plano.

**APLANETISMO** n. m. Cualidad del sistema óptico aplanético.

**APLASIA** n. f. MED. Ausencia de desarrollo de un tejido u órgano.

**APLASTAMIENTO** n. m. Acción y efecto de aplastar. **2.** CIR. Compresión sostenida e intensa de una parte del cuerpo, por lo general el tronco o una extremidad.

**APLASTAR** v. tr. y pron. [**1**]. Deformar una cosa, aplanándola o disminuyendo su grueso. **2.** Vencer, aniquilar: *aplastó a su rival.* **3.** *Fig.* y *fam.* Apabullar, dejar confuso.

**APLÁSTICO, A** o **APLÁSICO, A** adj. Relativo a la aplasia.

**APLATANARSE** v. pron. [**1**]. Sentirse deprimido y con tendencia a la inactividad.

**APLAUDIR** v. tr. (lat. *applaudere*) [**3**]. Dar palmadas en señal de aprobación o entusiasmo. **2.** Celebrar, aprobar, asentir: *aplaudo tu decisión.*

**APLAUSO** n. m. (lat. *applausum*). Acción y efecto de aplaudir: *estruendosos aplausos.* • **Aplauso cerrado,** el unánime y muy nutrido.

**APLAZABLE** adj. Que puede aplazarse.

**APLAZAMIENTO** n. m. Acción y efecto de aplazar.

**APLAZAR** v. tr. [**1g**]. Diferir, retardar la ejecución de una cosa: *aplazar una entrevista.* **2.** *Amér.* No aprobar un examen, suspender.

**APLAZO** n. m. *Argent.* En educación, nota insuficiente para aprobar un examen. **2.** El examen mismo reprobado.

**APLEBEYAR** v. tr. y pron. [**1**]. Envilecer los ánimos o los modales.

**APLICABLE** adj. Que puede o debe aplicarse.

**APLICACIÓN** n. f. Acción y efecto de aplicar o aplicarse. **2.** *Fig.* Afición y asiduidad con que se hace alguna cosa: *estudiar con aplicación.* **3.** En varias artes, partes o materiales que se añaden o superponen al cuerpo principal de la obra. **4.** Adorno de bordado que se distingue del fondo por la materia o por la ejecución. **5.** INFORMÁT. Programa o conjunto de programas concebidos para la realización de una tarea determinada. **6.** MAT. Operación que consiste en hacer corresponder a todo elemento *a* de un conjunto c, un elemento *b* de otro conjunto *d.* (En el caso de conjunto de números, la noción de aplicación coincide con la de función.) • **Escuela de aplicación** (MIL.), escuela donde oficiales y suboficiales reciben la formación técnica especial de su arma.

**APLICADO, A** adj. *Fig.* Que estudia o trabaja con interés. **2.** Dícese de la parte de la ciencia enfocada en razón de su utilidad y también de las artes artesanales como la cerámica, la ebanistería, etc.

**APLICADOR** n. m. Aparato que permite la aplicación directa sobre el cuerpo de diversos productos, sin contacto manual. **2.** Tipo de envase provisto de un tapón permeable, que permite extender un producto de mantenimiento sobre una superficie.

**APLICAR** v. tr. (lat. *applicare*) [**1a**]. Poner una cosa sobre otra o en contacto con otra: *aplicar el oído a la cerradura.* **2.** *Fig.* Hacer uso de una cosa o poner en práctica los conocimientos o procedimientos adecuados para conseguir un fin. **3.** *Fig.* Destinar, adjudicar. **4.** *Fig.* Atribuir, imputar a uno algún dicho o hecho. **5.** Imponer una sanción o castigo. ◆ v. tr. y pron. **6.** *Fig.* Referir a un individuo o a un caso particular lo que se ha dicho en general o de otro individuo. ◆ **aplicarse** v. pron. **7.** *Fig.* Poner esmero en ejecutar una cosa.

**APLIQUE** n. m. Lámpara, candelero, cornucopia u otra pieza usual y decorativa que se fija en la pared.

**APLOMADO, A** adj. Que tiene aplomo, reflexivo, grave. **2.** Plomizo, de color de plomo. **3.** *Fig.* Tardo, pesado.

**APLOMAR** v. tr. y pron. [**1**]. Hacer mayor la pesantez de una cosa. ◆ v. tr. **2.** *Fig.* Dar peso, aplomo, gravedad a las palabras. **3.** Poner las cosas verticalmente: *aplomar una moldura.* **4.** Dar a alguna cosa el color del plomo. ◆ v. tr. e intr. **5.** CONSTR. Examinar, valiéndose de la plomada, la verticalidad de una obra. ◆ **aplomarse** v. pron. **6.** Cobrar aplomo. **7.** TAUROM. Detenerse el toro en el último tercio de la lidia por estar agotado.

**APLOMO** n. m. Gravedad, serenidad, circunspección: *perder el aplomo.* **2.** Verticalidad. ◆ **aplomos** n. m. pl. **3.** Hablando de un cuadrúpedo, dirección que deben seguir sus miembros, de manera que el cuerpo esté sostenido de la forma más sólida y a la vez más favorable para ejecutar movimientos.

**APNEA** n. f. Suspensión transitoria, en mayor o menor grado voluntaria, del acto respiratorio.

**APOASTRO** n. m. ASTRON. Punto orbital de un astro secundario de otro, en el que la distancia entre ambos es máxima.

**APOCADO, A** adj. De poco ánimo, tímido, encogido, medroso: *expresión tímida y apocada.*

**APOCALÍPTICO, A** adj. Relativo al Apocalipsis: *literatura apocalíptica.* **2.** *Fig.* Fantástico, enigmático: *animales apocalípticos.* **3.** Terrorífico, espantoso: *visión apocalíptica.*

**APOCAMIENTO** n. m. Cortedad de ánimo.

**APOCAR** v. tr. y pron. [**1a**]. Intimidar, encoger.

**APOCINÁCEO, A** adj. y n. f. BOT. Relativo a una familia de plantas gamopétalas de flores pentámeras con corola en copa, como la adelfa.

**APOCOPAR** v. tr. [**1**]. Hacer apócope en una palabra.

**APÓCOPE** n. f. (gr. *apokopē*, amputación). Caída de un fonema o de una o más sílabas al final de una palabra: *algún* y *cine* son ejemplos de apócopes.

**APÓCRIFO, A** adj. y n. m. (gr. *apokryphos*, oculto, secreto). Supuesto, fingido, falso: *testamento apócrifo.* **2.** REL. Dícese de todo libro atribuido a autor sagrado que no está declarado canónico: *evangelio apócrifo.*

**APODAR** v. tr. [**1**]. Poner o decir apodos. ◆ **apodarse** v. pron. **2.** Usar el apodo con preferencia al apellido.

**APODERADO, A** adj. y n. DER. Que tiene poderes de otro para representar y proceder en su nombre.

**APODERAMIENTO** n. m. Acción y efecto de apoderar o apoderarse. **2.** Acto de conferir un poder.

**APODERAR** v. tr. [**1**]. Dar poder una persona a otra para que la represente. ◆ **apoderarse** v. pron. **2.** Hacerse dueño de una persona o cosa violentamente.

**APODÍCTICO, A** adj. FILOS. Dícese de una sentencia o proposición necesarias.

**APODO** n. m. Nombre que se da a una persona, tomado de sus defectos o de otra circunstancia. SIN.: *alias, mote, sobrenombre.*

**ÁPODO, A** adj. ZOOL. Falto de pies. ◆ adj. y n. m. **2.** Relativo a un suborden de peces teleósteos, como la anguila.

**APÓDOSIS** n. f. (gr. *apodosis*). LING. Oración principal, colocada después de una subordinada condicional (prótasis).

**APOFISARIO, A** adj. Relativo a la apófisis.

**APÓFISIS** n. f. (gr. *apophysis*, retoño). ANAT. Eminencia natural de la superficie de un hueso.

**APOFONÍA** n. f. LING. Variación de una vocal en una palabra en la declinación, conjugación o derivación.

**APOGAMIA** n. f. BOT. Desarrollo de un embrión a partir de una célula del saco embrionario distinto de la oosfera.

**APOGEO** n. m. (gr. *apogeios*, que viene de la tierra). Grado superior que puede alcanzar alguna cosa, como el poder, la gloria, etc. **2.** ASTRON. Punto de la órbita de un cuerpo en movimiento alrededor de la Tierra (astro o satélite artificial), en el que la distancia a ésta es máxima. CONTR.: *perigeo.*

**APÓGRAFO** n. m. Copia de un escrito original.

**APOLILLADURA** n. f. Señal o agujero que la polilla hace en las ropas y otras cosas.

**APOLILLAR** v. tr. y pron. [**1**]. Roer la polilla una cosa.

**APOLINARISMO** n. m. Herejía de Apolinar (s. IV), que negaba que Jesucristo hubiera recibido un cuerpo y un alma semejantes a los nuestros.

**APOLINARISTA** adj. y n. m. y f. Seguidor del apolinarismo.

**APOLÍNEO, A** adj. (lat. *apollineum*). Relativo a Apolo o a las Musas. **2.** Apuesto, bien plantado. **3.** FILOS. Según Nietzsche, todo lo que es equilibrado y mesurado, por oposición a dionisíaco.

**APOLITICISMO** n. m. Actitud del que se coloca al margen de toda doctrina o actividad política.

**APOLÍTICO, A** adj. y n. Ajeno a la política.

**APOLOGÉTICA** n. f. Parte de la teología cuyo objeto es demostrar la credibilidad racional e histórica de la fe cristiana.

**APOLOGÉTICO, A** adj. Relativo a la apología.

**APOLOGÍA** n. f. (gr. *apologia*, defensa). Discurso o escrito que defiende o justifica a alguien o algo. SIN.: *defensa, encomio, panegírico.* **2.** *Fam.* Elogio, alabanza.

**APOLOGISTA** n. m. y f. El que hace apología de una persona o cosa. ◆ n. m. **2.** Nombre dado a los escritores cristianos de los primeros siglos, que defendían la fe cristiana contra judíos, paganos, emperadores y filósofos.

**APÓLOGO** n. m. Fábula con intención moralizante.

**APOLTRONAMIENTO** n. m. Acción y efecto de apoltronarse.

**APOLTRONARSE** v. pron. [**1**]. Hacerse poltrón. **2.** Arrellanarse cómodamente en el asiento.

**APOMAZAR** v. tr. [**1g**]. Alisar una superficie con piedra pómez.

**APOMIXIA** n. f. Reproducción sexual sin fecundación, propia de ciertas plantas superiores.

**APOMORFINA** n. f. Compuesto derivado de la morfina por pérdida de agua. (La apomorfina es un vomitivo.)

**APONEUROSIS** n. f. Membrana conjuntiva que recubre los músculos y cuyas prolongaciones o tendones fijan los músculos a los huesos.

**APONEURÓTICO, A** adj. Relativo a la aponeurosis.

**APOPAR** v. intr. [**1**]. Presentar una embarcación la popa al viento o a la corriente.

**APOPLEJÍA** n. f. Cuadro clínico consecutivo a la hemorragia o embolia cerebral. SIN.: *ictus apoplético.*

**APOPLÉTICO, A** adj. y n. (gr. *apoplēktikos*). Relativo o predispuesto a la apoplejía; afecto de apoplejía.

**APOQUINAR** v. tr. [**1**]. *Vulg.* Entregar uno, generalmente contra la propia voluntad, lo que le corresponde dar o pagar.

**APORCADOR** n. m. Pequeño arado que se emplea para aporcar.

**APORCADURA** n. f. Acción y efecto de aporcar.

**APORCAR** v. tr. [**1f**]. Cubrir con tierra ciertas hortalizas para que se pongan más tiernas y blancas. **2.** Acollar, cobijar con tierra el pie de los árboles, y principalmente el tronco de las vides y otras plantas.

**APORÉTICO, A** adj. y n. f. Que presenta aporías o relativo a ellas.

**APORÍA** n. f. (gr. *aporia*, carencia de camino). FILOS. Incertidumbre o contradicción insoluble.

**APORISMA** n. m. Equimosis. **2.** Hematoma subcutáneo que se forma en una sangría o en una punción cuando no coincide la perforación venosa con la cutánea.

**APORREADO, A** adj. Arrastrado, pobre, fatigoso, pícaro. ◆ n. m. **2.** *Cuba.* Guiso que entre otros ingredientes cuenta con carne de vaca, manteca, tomate y ajo.

**APORREAR** v. tr. y pron. [**1**]. Golpear a una persona o cosa, especialmente con porra. ◆ v. tr. **2.** *Fig.* Machacar, importunar, molestar.

**APORREO** n. m. Acción y efecto de aporrear.

**APORTACIÓN** n. f. Acción y efecto de aportar. **2.** Conjunto de bienes aportados. **3.** Acción y efecto de acompañar, presentar documentos o pruebas junto con un escrito.

**APORTAR** v. intr. **[1]**. Arribar a puerto. **2.** *Fig.* Llegar a lugar no pensado después de haber andado perdido. **3.** Acudir a determinado lugar, acercarse, llegarse.

**APORTAR** v. tr. (lat. *apportare*) **[1]**. Llevar, conducir: *aportar aire a los pulmones.* **2.** Dar o proporcionar: *aportar un donativo.* **3.** DER. Llevar cada cual la parte que le corresponde a la sociedad de que es miembro.

**APORTE** n. m. Aportación. **2.** Acción y efecto de depositar materiales un río, un glaciar, el viento, etc.: *aporte fluvial, glaciar, eólico.*

**APORTILLAR** v. tr. y pron. **[1]**. Romper, derribar una muralla o pared para poder entrar por la abertura resultante de ello. **2.** Romper o abrir cualquier cosa que está unida y compacta. ◆ **aportillarse** v. pron. **3.** Caerse alguna parte de muro o pared.

**APOSELENIO** n. m. ASTRON. Punto de la órbita de un cuerpo que gravita alrededor de la Luna, en el que se da la máxima distancia entre ambos.

**APOSENTADERAS** n. f. pl. Nalgas; asentaderas.

**APOSENTAMIENTO** n. m. Acción y efecto de aposentar. **2.** Aposento, hospedaje.

**APOSENTAR** v. tr. y pron. **[1]**. Alojar, hospedar.

**APOSENTO** n. m. Cuarto o pieza de una casa. **2.** Posada, hospedaje.

**APOSICIÓN** n. f. (lat. *appositionem*). LING. Construcción que consiste en determinar a un sustantivo por medio de otro sustantivo yuxtapuesto. (Ej.: *Buenos Aires, capital de Argentina.*)

**APOSIOPESIS** n. f. RET. Interrupción de una frase con un silencio brusco.

**APOSITIVO, A** adj. LING. Que está en aposición o que concierne a ella: *locución apositiva.*

**APÓSITO** n. m. MED. Material terapéutico que se aplica sobre una lesión.

**APOSTA** adv. m. (lat. *appositam rationem*). Adrede: *hacer algo aposta.*

**APOSTADERO** n. m. Paraje donde hay personas o gente apostada.

**APOSTAR** v. tr. **[1r]**. Pactar entre sí los que tienen alguna disputa o hacen algún pronóstico, de manera que quien acierte gana cierta cantidad o cosa determinada de antemano. **2.** Arriesgar cierta cantidad de dinero en la creencia de que alguna cosa, como juego, contienda deportiva, etc., tendrá tal o cual resultado. ◆ v. intr. y pron. **3.** *Fig.* Competir, rivalizar.

**APOSTAR** v. tr. y pron. **[1]**. Poner a una o más personas o caballerías en determinado paraje para algún fin: *apostarse en la esquina.*

**APOSTASÍA** n. f. Abandono público de una religión o doctrina.

**APÓSTATA** n. m. y f. Persona que comete apostasía. SIN.: *renegado.*

**APOSTATAR** v. intr. **[1]**. Hacer acto de apostasía.

**APOSTEMA** n. f. (gr. *apostēma*, absceso). MED. Denominación, propia de la medicina antigua, empleada para designar heridas y abscesos purulentos.

**APOSTILLA** n. f. Acotación que interpreta, aclara o completa un texto.

**APOSTILLAR** v. tr. **[1]**. Poner apostillas a un texto. SIN.: *marginar, postillar.*

**APOSTILLARSE** v. pron. **[1]**. Llenarse de postillas.

**APÓSTOL** n. m. (gr. *apostolos*). Denominación aplicada a los doce discípulos elegidos por Jesucristo. **2.** Nombre dado a los primeros mensajeros del Evangelio (san Pablo y san Bernabé). **3.** El que ha llevado por primera vez el evangelio a una ciudad o país. **4.** Propagandista de una doctrina: *apóstol del socialismo.* • **El apóstol de las gentes,** san Pablo. ‖ **El príncipe de los apóstoles,** san Pedro.

**APOSTOLADO** n. m. (lat. *apostolatum*). Misión de un apóstol o de los apóstoles: *el apostolado de san Pablo.* **2.** Congregación de los santos apóstoles. **3.** Predicación de una doctrina, trabajos en favor de una causa: *apostolado social.*

**APOSTOLICIDAD** n. f. Cualidad de lo apostólico.

**APOSTÓLICO, A** adj. Relativo a los apóstoles: *doctrina apostólica.* **2.** Relativo al papa o que dimana de su autoridad: *bendición apostólica.* • **Cartas apostólicas,** documentos pontificios que se dividen en cuatro clases: bulas, breves, *motu proprio* y rúbricas de la curia de Roma. ‖ **Delegado apostólico,** representante de la Santa Sede, sin carácter diplomático. ‖ **Varones apostólicos,** predicadores del Evangelio enviados, según la tradición, a España por san Pedro y san Pablo.

**APOSTOLIZAR** v. tr. **[1g]**. Convertir infieles a la religión católica.

**APOSTROFAR** v. tr. **[1]**. Dirigir apóstrofes, reprender.

**APÓSTROFE** n. m. o f. (gr. *apostrophē*, acción de apartarse). Interpelación brusca y poco cortés. **2.** Figura de estilo que consiste en dirigirse directamente a personas o cosas personificadas.

**APÓSTROFO** n. m. (gr. *apostrophos*, que se aparta). Signo gráfico (') que indica la elisión de una vocal.

**APOSTURA** n. f. Calidad de apuesto. **2.** Actitud, ademán, aspecto.

**APOTECIO** n. m. (gr. *apothēkē*, depósito). BOT. Órgano reproductor en forma de copa donde se forman las esporas de los hongos ascomicetes que intervienen en la constitución de los líquenes.

**APOTEGMA** n. m. (gr. *apophtegma*). Sentencia breve e instructiva, especialmente la atribuida a una persona ilustre.

**APOTEMA** n. f. MAT. Perpendicular trazada desde el centro de un polígono regular a uno de sus lados. **2.** MAT. Perpendicular trazada desde el vértice de una pirámide regular a uno de los lados del polígono de la base.

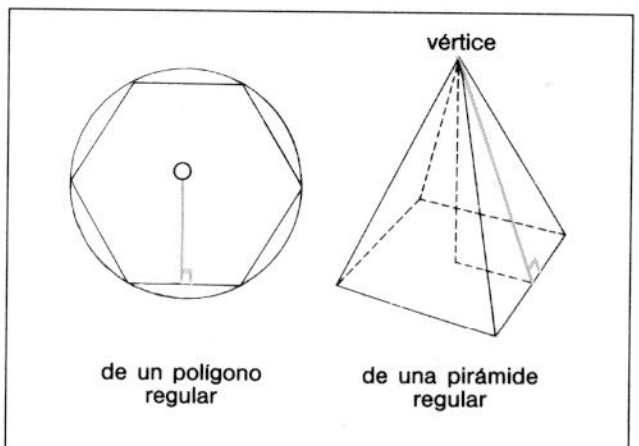

**apotemas**

**APOTEÓSICO, A** adj. Relativo a la apoteosis.

**APOTEOSIS** n. f. (gr. *apothēosis*). Deificación de los héroes entre los paganos. **2.** *Fig.* Glorificación, ensalzamiento de una persona por la muchedumbre, colectividad, etc. **3.** Final brillante, especialmente de un espectáculo.

**APOYACABEZAS** n. m. (pl. *apoyacabezas*). Reposacabezas.

**APOYADURA** n. f. Flujo de leche que aparece en las glándulas mamarias cuando se da de mamar.

**APOYAR** v. tr. (ital. *appoggiare*) **[1]**. Hacer que una cosa descanse sobre otra: *apoyar la cabeza sobre una mano.* **2.** Basar, fundar. **3.** *Fig.* Favorecer, patrocinar, ayudar: *apoyar a los rebeldes.* **4.** *Fig.* Confirmar, probar, sostener alguna opinión o doctrina. ◆ v. intr. y pron. **5.** Estribar, cargar en o sobre algo. ◆ **apoyarse** v. pron. **6.** *Fig.* Servirse de una persona o cosa como soporte, sostén, protección o fundamento: *apoyarse en la familia, en la tradición.*

**APOYATURA** n. f. (ital. *appoggiatura*). MÚS. Nota de adorno que precede a la nota principal y que se escribe en caracteres más finos. **2.** MÚS. Apoyo.

**APOYO** n. m. Lo que sirve para sostener. SIN.: *soporte, sostén.* **2.** *Fig.* Protección, auxilio. **3.** Fundamento, confirmación o prueba de una opinión o doctrina. **4.** En resistencia de materiales, nombre genérico de todo elemento capaz de producir reacciones que pueden equilibrar el sistema de fuerzas exteriores. **5.** EQUIT. Impresión producida en la mano del jinete por la tensión que el caballo ejerce sobre las riendas. • **Apoyo aéreo, naval,** apoyo que la aviación o la marina da a las fuerzas terrestres. ‖ **Apoyo de ventana,** pieza horizontal de madera que constituye la parte inferior del hueco de una ventana.

**APOZARSE** v. pron. **[1g]**. *Chile* y *Colomb.* Rebalsarse.

**APPASSIONATO** adv. m. (voz italiana). MÚS. Con pasión.

**APRAXIA** n. f. SICOPATOL. Incapacidad de ejecutar movimientos coordinados (escritura, marcha), a pesar de que exista completa integridad tanto de la motricidad como de la sensibilidad.

**APRÁXICO, A** adj. Relativo a la apraxia.

**APRECIABILIDAD** n. f. Calidad de apreciable.

**APRECIABLE** adj. Bastante grande o intenso para ser apreciado o tasado: *diferencias apreciables.* **2.** *Fig.* Digno de aprecio o estima: *apreciable amigo.*

**APRECIACIÓN** n. f. Acción y efecto de apreciar, valorar. • **Apreciación de una moneda,** aumento de valor de una moneda respecto a otra diferente.

**APRECIADOR, RA** adj. y n. Que aprecia.

**APRECIAR** v. tr. (lat. *appretiare*) **[1]**. Sentir afecto: *apreciar a los amigos.* **2.** *Fig.* Reconocer y estimar el mérito de las personas o de las cosas: *apreciar la ayuda prestada.* **3.** Formar juicio de la magnitud, intensidad o importancia de las cosas. ◆ v. tr. y pron. **4.** Aumentar el valor o cotización de una moneda en el mercado de divisas.

**APRECIATIVO, A** adj. Perteneciente al aprecio o estimación hecho de alguna persona o cosa.

**APRECIO** n. m. Acción y efecto de apreciar, estimar. **2.** Apreciación. **3.** Estimación afectuosa de una persona.

**APREHENDER** v. tr. (lat. *apprehendere*; doble etim. *aprender*) **[2]**. Coger, prender a alguien o algo, especialmente si es de contrabando. **2.** Aprender, llegar a conocer. **3.** FILOS. Conocer algo, sin afirmar ni negar nada acerca de ello.

**APREHENSIBLE** adj. Capaz de ser comprendido: *conocimientos aprehensibles.*

**apóstoles:** el pórtico de la Gloria, fines del s. XII (catedral de Santiago de Compostela)

**APREHENSIÓN** n. f. Acción y efecto de aprehender.

**APREHENSIVO, A** adj. Perteneciente a la facultad de aprehender. **2.** Que es capaz de aprehender las cosas.

**APREMIAR** v. tr. [**1**]. Oprimir, apretar. **2.** Dar prisa, compeler a uno a que haga prontamente alguna cosa: *apremiar a salir.* **3.** Imponer apremio o recargo. **4.** Obligar a uno con mandamiento de autoridad a que haga alguna cosa. **5.** DER. Presentar instancia un litigante para que su contrario actúe en el procedimiento.

**APREMIANTE** adj. Que apremia.

**APREMIO** n. m. Acción de apremiar. **2.** DER. Mandamiento judicial o gubernativo para compeler al cumplimiento de alguna cosa. **3.** DER. Procedimiento ejecutivo que siguen las autoridades administrativas y agentes de la Hacienda para el cobro de impuestos o descubiertos a favor de ésta.

**APRENDER** v. tr. (lat. *apprehendere*) [**2**]. Adquirir el conocimiento de una cosa por medio del estudio, ejercicio o experiencia. **2.** Fijar algo en la memoria.

**APRENDIZ, ZA** n. Persona que trabaja para un empresario o patrono con el fin de aprender un arte u oficio.

**APRENDIZAJE** n. m. Acción de aprender algún arte u oficio. **2.** Tiempo que en ello se emplea. **3.** Conjunto de métodos que permiten establecer relaciones estímulo-respuesta en los seres vivos. **4.** DER. Conjunto de relaciones existentes entre el aprendiz y su patrono.

**APRENSIÓN** n. f. Temor, escrúpulo, desconfianza. **2.** Opinión infundada o extraña. (Suele usarse en plural.) **3.** Miramiento, delicadeza, reparo.

**APRENSIVO, A** adj. y n. Que tiene aprensión. **2.** Que exagera la gravedad de sus dolencias.

**APRESADOR, RA** adj. y n. Que apresa.

**APRESAMIENTO** n. m. Acción y efecto de apresar.

**APRESAR** v. tr. (lat. *apprensare*) [**1**]. Asir, coger, especialmente por fuerza o con las garras o colmillos. **2.** Aprisionar, encarcelar, detener. **3.** Tomar por fuerza una nave, un convoy, etc.

**APRESTAR** v. tr. y pron. (bajo lat. *apprestare*) [**1**]. Preparar, disponer lo necesario. **2.** Someter al apresto.

**APRESTO** n. m. Acción y efecto de aprestar. **2.** Operación preparatoria o de acabado a que se someten determinados materiales y productos (cueros, telas, fibras, etc.) antes de trabajarlos o ponerlos a la venta. **3.** Preparación que se aplica sobre una tela para dejarla en condiciones de servir de soporte a una pintura. **4.** Materia que se utiliza en estas operaciones.

**APRESURAMIENTO** n. m. Acción y efecto de apresurar. SIN.: *apresuración.*

**APRESURAR** v. tr. y pron. [**1**]. Dar prisa, acelerar: *apresurar el paso.*

**APRETADOR, RA** adj. y n. Que aprieta.

**APRETAR** v. tr. [**1j**]. Estrechar con fuerza, oprimir: *apretar contra el pecho; apretar el gatillo.* **2.** Aumentar la tirantez de lo que sirve para estrechar, para que haga mayor presión: *apretarse el cinturón.* **3.** Estrechar algo o reducirlo a menor volumen, apiñar: *apretar un fardo.* **4.** Acosar, estrechar a uno persiguiéndolo o atacándole: *apretar con preguntas.* **5.** Tratar con excesivo rigor, con estricto ajustamiento a ley o regla: *apretar a los alumnos.* **6.** Activar, tratar de llevar a efecto con urgencia o instancia: *apretar el paso.* ◆ v. tr. e intr. **7.** Constreñir, tratar de reducir con amenazas, ruegos o razones: *apretar al testigo para que hable.* ◆ v. tr. y pron. **8.** Quedar un vestido u otra prenda semejante muy ajustados al cuerpo. ◆ v. intr. **9.** Obrar con mayor esfuerzo o intensidad que de ordinario: *el calor apretaba.* • **Apretar a correr** *(Fam.),* echar a correr.

**APRETÓN** n. m. Presión muy fuerte y rápida. **2.** Acción de obrar con mayor esfuerzo que de ordinario. **3.** Apretura de gente. • **Apretón de manos,** acto de estrecharse las manos con fuerza para mostrar estima o cariño, o bien para saludar.

**APRETUJAR** v. tr. [**1**]. *Fam.* Apretar mucho o reiteradamente. ◆ **apretujarse** v. pron. **2.** Oprimirse varias personas en un recinto demasiado estrecho o pequeño: *apretujarse en el vagón del tren.*

**APRETUJÓN** n. m. *Fam.* Acción y efecto de apretujar.

**APRETURA** n. f. Opresión causada por la excesiva concurrencia de gente. **2.** *Fig.* Conflicto, apuro. **3.** Escasez, falta, especialmente de víveres o de dinero: *apreturas económicas.*

**APRIETO** n. m. Apretura, opresión **2.** *Fig.* Conflicto, apuro: *salir de un aprieto.*

**APRIORISMO** n. m. Método de razonamiento *a priori.*

**APRIORÍSTICO, A** adj. Que es o procede *a priori: método apriorístico.*

**APRISA** adv. m. Con celeridad o prontitud: *salir aprisa.*

**APRISCO** n. m. Lugar donde se recoge el ganado. SIN.: *corte.*

**APRISIONAR** v. tr. [**1**]. Poner en prisión. **2.** *Fig.* Atar, sujetar, asir.

**APRISTA** adj. y n. m. y f. Relativo al A.P.R.A.; miembro de este partido político peruano.

**APROAR** v. intr. [**1**]. MAR. Enfilar la proa del buque a alguna parte.

**APROBACIÓN** n. f. Acción y efecto de aprobar: *recibir la aprobación del público.*

**APROBADO** n. m. Nota inferior de aptitud en la calificación usual de exámenes.

**APROBADOR, RA** adj. y n. Que aprueba.

**APROBAR** v. tr. (lat. *approbare*) [**1r**]. Calificar o dar por buena una acción, o el producto de ella: *aprobar una conducta.* **2.** Asentir a una opinión, doctrina, proposición, ruego, etc. **3.** Declarar apto o adecuado, calificar de competente. ◆ v. tr. e intr. **4.** Alcanzar en un examen la calificación de apto: *aprobar en junio.*

**APROBATORIO, A** adj. Que aprueba o implica aprobación.

**APROCTIA** n. f. Ausencia congénita de ano.

**APRONTAMIENTO** n. m. Acción y efecto de aprontar.

**APRONTAR** v. tr. [**1**]. Prevenir, disponer una cosa con prontitud. **2.** Entregar sin dilación, especialmente dinero.

**APROPIABLE** adj. Que puede ser apropiado o hecho propio de alguno.

**APROPIACIÓN** n. f. Acción y efecto de apropiar: *apropiación indebida.*

**APROPIADO, A** adj. Adecuado para el fin a que se destina: *palabras apropiadas a cada caso.*

**APROPIAR** v. tr. (lat. *appropiare*) [**1**]. Hacer propia de alguno una cosa. **2.** Aplicar a cada cosa lo que es más propio o conveniente: *apropiar los gestos a las palabras.* **3.** *Fig.* Acomodar o aplicar con propiedad las circunstancias o moralidad de un suceso al caso de que se trata. ◆ **apropiarse** v. pron. **4.** Tomar para sí una cosa haciéndose dueño de ella: *apropiarse ideas ajenas.*

**APROPINCUARSE** v. pron. (lat. *appropinquare*) [**1**]. *Irón.* Acercarse, aproximarse.

**APROPÓSITO** n. m. LIT. Breve pieza de teatro de circunstancias.

**APROSÓMETRO** n. m. Escuadra de reflexión para medir distancias inaccesibles, sin necesidad de emplear las tablas trigonométricas.

**APROVECHABLE** adj. Que se puede aprovechar.

**APROVECHADO, A** adj. Dícese del que saca provecho de todo, utilizando lo que otros desprecian. **2.** Aplicado, diligente. ◆ adj. y n. **3.** Dícese del que intenta beneficiarse de cualquier circunstancia, sin tener escrúpulos.

**APROVECHADOR, RA** adj. Que aprovecha.

**APROVECHAMIENTO** n. m. Acción y efecto de aprovechar o aprovecharse.

**APROVECHAR** v. intr. [**1**]. Servir de provecho una cosa. ◆ v. intr. y pron. **2.** Adelantar, mejorar. **3.** MAR. Orzar cuanto permite la dirección del viento reinante. ◆ v. tr. **4.** Emplear útilmente una cosa: *aprovechar las sobras.* ◆ **aprovecharse** v. pron. **5.** Sacar utilidad de alguna cosa, generalmente ajena: *aprovecharse de la coyuntura.*

**APROVISIONAR** v. tr. [**1**]. Abastecer.

**APROXIMACIÓN** n. f. Acción y efecto de aproximar o aproximarse: *aproximación de dos astros.* **2.** Modo de abordar un tema o problema. **3.** En la lotería nacional, cada uno de los premios concedidos a los números anterior y posterior y a los de la centena de los primeros premios de un sorteo. **4.** DEP. En golf, golpe que deja la bola cerca del agujero, en el *putting green.* • **Cálculo por aproximaciones sucesivas** (MAT.), serie teórica indefinida de aproximaciones, que permite obtener una solución progresivamente más precisa de un problema.

**APROXIMAR** v. tr. y pron. [**1**]. Acercar, arrimar: *aproximarse a la orilla.* **2.** Obtener un resultado tan cercano al exacto como sea necesario para un propósito determinado. ◆ **aproximarse** v. pron. **3.** Estar próximo a suceder, obtener o alcanzar: *se aproximan las vacaciones.*

**APROXIMATIVO, A** o **APROXIMADO, A** adj. Que se aproxima o se acerca más o menos a lo exacto.

**APSARA** n. f. En la mitología hindú, ninfa acuática del paraíso de Indra.

**ÁPSIDE** n. m. ASTRON. Punto orbital de un astro que gira alrededor de otro, para el que la distancia entre ambos es máxima o mínima. • **Línea de los ápsides,** eje mayor de la órbita de un planeta.

**APTERIGÓGENO, A** adj. y n. m. Relativo a una subclase de insectos inferiores desprovistos de alas.

**APTERIO** n. m. Parte del cuerpo de las aves sin plumas o cubierta de plumón.

**ÁPTERO, A** adj. (gr. *apteros*). Sin alas: *la pulga es un insecto áptero.* **2.** Dícese de las estatuas antiguas de divinidades representadas sin alas. **3.** Dícese de los templos antiguos rectangulares sin columnas laterales.

**APTITUD** n. f. (lat. *aptitudinem*). Cualidad que hace que un objeto sea apropiado para un fin. **2.** Capacidad y disposición para ejercer una actividad. **3.** DER. Capacidad de obrar, ejecutar determinados actos, desempeñar una función o cargo, o realizar alguna cosa.

**APTO, A** adj. (lat. *aptum*). Que tiene aptitud. **2.** Dícese de los espectáculos en los que se autoriza la presencia de los menores de edad: *película apta.* **3.** DER. Dícese de la persona que reúne las condiciones requeridas por la ley para ostentar un derecho o ejercitar una acción. ◆ n. m. **4.** En los exámenes, calificación que garantiza la suficiente preparación.

**APUESTA** n. f. Acción y efecto de apostar, pactar. **2.** Cosa o cantidad que se apuesta.

**APUESTO, A** adj. Arrogante, gallardo, elegante.

**APUESTO, A** adj. LING. Que está en aposición.

**APUNARSE** v. pron. [**1**]. *Amér. Merid.* Indisponerse por la falta de oxígeno que hay en las grandes alturas.

**APUNTACIÓN** n. f. Apuntamiento. **2.** Nota explicativa añadida al texto de una obra. **3.** MÚS. Acción de escribir música. **4.** MÚS. Notación musical.

**APUNTADO, A** adj. Que termina en punta. **2.** Dícese del vino que empieza a tener punta de agrio. **3.** HERÁLD. Dícese de las piezas que se tocan o unen por sus puntas. • **Arco apuntado,** arco típico del arte gótico, que forma ángulo en la clave.

**APUNTADOR, RA** adj. y n. Que apunta. ◆ n. **2.** En las representaciones teatrales, persona que permanece cerca de la que actúa para susurrarle las palabras cuando le falla la memoria.

**APUNTALAMIENTO** n. m. Acción y efecto de apuntalar: *trabajos de apuntalamiento.*

**APUNTALAR** v. tr. [**1**]. Poner puntales a una cosa. ◆ v. tr. y pron. **2.** *Fig.* Sostener, afirmar.

**APUNTAMIENTO** n. m. Acción y efecto de apuntar. **2.** DER. Resumen o extracto que de los autos forma el secretario de la sala o el relator de un tribunal colegiado. **3.** Defecto de los vinos apuntados.

**APUNTAR** v. tr. [**1**]. Señalar hacia algún lugar u objeto determinado: *apuntar con el dedo.* **2.** En lo escrito, notar o señalar alguna cosa con una raya, estrella u otra nota, para encontrarla fácilmente. **3.** Tomar nota por escrito: *apuntar la dirección.* **4.** Concertar, convenir en pocas palabras. **5.** *Fig.* Señalar o indicar: *apuntar defectos.* **6.** Insinuar o sugerir. **7.** Unir o fijar provisionalmente. **8.** Colocar un arma, antes de hacer el disparo, en la dirección del objeto que se quiere alcanzar. **9.** En la representación de obras dramáticas, ir el apuntador leyendo a los actores lo que han de recitar. ◆ v. tr.

y pron. **10.** Inscribir en una lista o registro. ◆ v. tr. e. intr. **11.** En varios juegos de naipes, poner sobre una carta o junto a ella la cantidad que se quiere jugar. ◆ v. intr. **12.** Empezar a manifestarse alguna cosa: *apuntar canas.* ◆ **apuntarse** v. pron. **13.** Hablando del vino, empezar a tener punta de agrio. **14.** *Fam.* Empezar a embriagarse.

**APUNTE** n. m. Apuntamiento, acción y efecto de apuntar. **2.** Nota que se toma por escrito. **3.** Dibujo o pintura hecho rápidamente con pocas líneas o pinceladas. **4.** Puesta, cantidad que apunta cada jugador. **5.** Apuntador de actores. ◆ **apuntes** n. m. pl. **6.** Extracto de las explicaciones de un profesor que toman los alumnos para sí.

**APUNTILLAR** v. tr. **[1]**. TAUROM. Rematar al toro con la puntilla. **2.** *Fig.* Darle a alguien el golpe de gracia, rematarlo.

**APUÑALAR** v. tr. **[1]**. Dar puñaladas.

**APURADO, A** adj. Pobre, necesitado. **2.** Dificultoso, peligroso. **3.** Exacto, esmerado. **4.** Apresurado, con prisas.

**APURAMIENTO** n. m. Acción y efecto de apurar.

**APURAR** v. tr. **[1]**. Extremar, llevar hasta el cabo, acabar, agotar: *apurar la copa.* **2.** Averiguar o examinar una cosa con ahínco, o exponerla sin omisión. **3.** *Fig.* Apremiar, dar prisa. **4.** *Fig.* Molestar a uno o impacientarlo: *le apuraba con sus tonterías.* ◆ **apurarse** v. pron. **5.** Afligirse, preocuparse.

**APUREÑO, A** adj. y n. De Apure.

**APURO** n. m. Aprieto, escasez grande: *apuros de dinero.* **2.** Aflicción, conflicto: *salir de un apuro.* **3.** Apremio, prisa, urgencia: *tener apuro por llegar.* **4.** Vergüenza: *me da apuro entrar solo.*

**AQUEJAR** v. tr. **[1]**. Afectar a alguien un padecimiento o una enfermedad: *aquejarle un mal.*

**AQUEL, LLA** pron. dem. y adj. dem. (pl. *aquellos, aquellas*). Designa lo que está lejos de la persona que habla y de la persona con quien se habla: *está allí, sobre aquella mesa.* (Suele acentuarse cuando existe riesgo de anfibología.) ◆ n. m. **2.** *Fam.* Gracia, atractivo, donaire: *tener un aquel agradable.* (Suele usarse precedido de *el* o *un.*) **3.** *Fam.* Cualidad que no se quiere o acierta a decir: *temer el aquel del que dirán.*

**AQUELARRE** n. m. (vasc. *akelarre*). Conciliábulo nocturno de brujos. **2.** Jaleo, ruido.

**AQUELLO** pron. dem. neutro. Aquella cosa: *no sé si aquello me lo dijo en serio.*

**AQUEMÉNIDA** adj. y n. m. y f. Relativo a los Aqueménidas, dinastía del imperio persa. (V. parte n. pr.)

**AQUENDE** adv. l. *Poét.* De la parte de acá: *aquende los Pirineos.* CONTR.: *allende.*

**AQUENIO** n. m. BOT. Fruto seco indehiscente, con una sola semilla, como la bellota.

**AQUEO, A** adj. y n. Relativo a la más antigua familia étnica de Grecia; individuo de esta familia. (Originarios de Tesalia, invadieron la península a comienzos del II milenio. Crearon una civilización brillante, cuyos centros eran Micenas y Tirinto, que fue destruida por los dorios [c. 1200 a. J.C.].)

**AQUERENCIADO, A** adj. *Argent.* Persona o animal acostumbrado a un lugar o compañía.

**AQUERENCIARSE** v. pron. **[1]**. Tomar querencia a un lugar, especialmente los animales.

**AQUÍ** adv. l. (lat. *eccum hic*). En este lugar: *estoy aquí.* **2.** A este lugar: *venid aquí.* **3.** En este punto, en esta cuestión: *aquí está la dificultad.* **4.** A este punto. **5.** En correlación con allí, designa sitio o paraje indeterminado. ◆ adv. t. **6.** Ahora, en este momento: *te espero de aquí a tres días.* **7.** Entonces, en tal ocasión. • **He aquí,** se usa para mostrar algo o presentar algo ante la vista.

**AQUIESCENCIA** n. f. (lat. *acquiescentiam*). Calidad de aquiescente.

**AQUIESCENTE** adj. Que consiente, permite o autoriza.

**AQUIETAR** v. tr. y pron. **[1]**. Apaciguar, sosegar: *aquietar a las masas.*

**AQUILATAMIENTO** n. m. Acción y efecto de aquilatar.

**AQUILATAR** v. tr. **[1]**. Examinar y graduar los quilates del oro, perlas o piedras preciosas. **2.** *Fig.* Examinar y apreciar debidamente el mérito de una persona o la verdad de una cosa: *aquilatar conocimientos.* **3.** Apurar, purificar.

**AQUILEA** n. f. Milenrama.

**AQUILIA** n. f. Ausencia total de secreción gástrica.

**AQUILINO, A** adj. *Poét.* Aguileño, de rostro largo y afilado.

**AQUILLADO, A** adj. De figura de quilla. **2.** Dícese del buque largo de quilla.

**AQUILÓN** n. m. Viento del norte.

**AQUINESIA** n. f. Acinesia.

**AQUINTRALARSE** v. pron. **[1]**. *Chile.* Enfermarse de quintral las sandías, los melones y otras plantas. **2.** *Chile.* Recubrirse los árboles de quintral.

**AQUITANO, A** adj. y n. (lat. *aquitanum*). De Aquitania.

**Ar,** símbolo químico del *argón.*

**ARA** n. f. (lat. *aram*). Altar en que se inmola la víctima y se ofrecen sacrificios. **2.** Piedra consagrada, con una cavidad que contiene generalmente reliquias de mártires, sobre la cual extiende el sacerdote los corporales para celebrar la misa. • **En aras de,** en obsequio o en honor de: *luchar en aras de los suyos.*

**ÁRABE** adj. y n. m. y f. (ár. *'arab*). De Arabia. **2.** Relativo a los pueblos de habla árabe. • **Cifras arábes,** los diez signos de la numeración decimal. SIN.: *cifras arábigas.* ‖ **Raza árabe,** raza de caballos de asiento muy enérgico, resistentes, de excelente conformación, que se han utilizado en cruzamientos para la creación de numerosas razas. ◆ n. m. **3.** Lengua semítica hablada por los pueblos árabes.

| figuras aisladas | finales | mediales | iniciales | nombre | valor |
|---|---|---|---|---|---|
| ا | ـا | ـا | ا | alif | *ataque vocálico fuerte* |
| ب | ـب | ـبـ | بـ | bā' | b |
| ت | ـت | ـتـ | تـ | tā' | t |
| ث | ـث | ـثـ | ثـ | ṯā' | th *inglesa suave,* θ *griega* |
| ج | ـج | ـجـ | جـ | ŷīm | j *catalana* |
| ح | ـح | ـحـ | حـ | ḥā' | h *laringal aspirada* |
| خ | ـخ | ـخـ | خـ | jā' | j |
| د | ـد | ـد | د | dāl | d |
| ذ | ـذ | ـذ | ذ | ḏāl | th *inglesa dura,* Δ *griega* |
| ر | ـر | ـر | ر | rā' | r |
| ز | ـز | ـز | ز | zāy | s *sonora* |
| س | ـس | ـسـ | سـ | sīn | s *sorda* |
| ش | ـش | ـشـ | شـ | šīn | ch *francesa* |
| ص | ـص | ـصـ | صـ | ṣād | s *enfática* |
| ض | ـض | ـضـ | ضـ | ḍād | d *enfática* |
| ط | ـط | ـطـ | طـ | ṭā' | t *enfática* |
| ظ | ـظ | ـظـ | ظـ | ẓā' | s *sonora enfática* |
| ع | ـع | ـعـ | عـ | 'ayn | *aspirada sonora* |
| غ | ـغ | ـغـ | غـ | gayn | g *suave* |
| ف | ـف | ـفـ | فـ | fā' | f |
| ق | ـق | ـقـ | قـ | qāf | q *gutural oclusiva sorda* |
| ك | ـك | ـكـ | كـ | kāf | k |
| ل | ـل | ـلـ | لـ | lām | l |
| م | ـم | ـمـ | مـ | mīm | m |
| ن | ـن | ـنـ | نـ | nūn | n |
| ه | ـه | ـهـ | هـ | hā' | h *aspirada suave* |
| و | ـو | ـو | و | wāw | w *inglesa* |
| ي | ـي | ـيـ | يـ | yā' | y |

el alfabeto **árabe**

**ARABESCA** n. f. Composición musical breve, basada en una escritura melódica ricamente ornamentada.

**ARABESCO, A** adj. Arábigo. ◆ n. m. **2.** Decoración pintada o esculpida, a base de dibujos geométricos entrelazados, que se emplea en pisos, zócalos y cenefas. **3.** COREOGR. Pose compleja de la danza académica, inspirada en motivos orientales. **4.** MÚS. Melodía muy adornada.

**arabesco** en el arte islámico (la Alhambra, Granada; estuco; fines s. XIV)

**arabesco** en el arte renacentista (relieve de mármol procedente de una iglesia parisina; principios del s. XVI) [Louvre, París]

**ARABIA** n. f. *Cuba, Ecuad.* y *P. Rico.* Tela de algodón, listada o a cuadros.

**ARÁBIGO, A** adj. y n. m. Árabe. • **Numeración arábiga,** numeración decimal.

**ARABISMO** n. m. Ideología del nacionalismo árabe. **2.** Palabra o giro árabe incorporado a otra lengua.

**ARABISTA** n. m. y f. y adj. Persona que estudia la lengua o civilización árabes.

**ARABIZACIÓN** n. f. Acción de arabizar.

**ARABIZAR** v. tr. [**1g**]. Dar carácter árabe.

**ARABLE** adj. Que puede ararse.

**ARABÓFONO, A** adj. y n. Que tiene el árabe por lengua: *los países arabófonos de África.*

**ARAC, ARAK** o **ARRAK** n. m. (ár. *'araq*). Aguardiente fabricado en el S y O de Asia por destilación de melazas de caña de azúcar que se hacen fermentar con una levadura extraída del arroz.

**ARÁCEO, A** adj. y n. f. Relativo a una familia de plantas monocotiledóneas integrada por plantas herbáceas vivaces, como el aro.

**ARÁCNEO, A** adj. Parecido a la araña.

**ARÁCNIDO, A** adj. y n. m. Relativo a una clase de artrópodos en cuyo cuerpo se distingue un prosoma o cefalotórax con seis pares de apéndices y un opistosoma o abdomen siempre ápodo, como la araña y el escorpión.

**ARACNOIDEO, A** adj. Relativo a la aracnoides.

**ARACNOIDES** n. f. y adj. ANAT. Una de las tres meninges, situada entre la piamadre y la duramadre.

**ARADA** n. f. Acción de arar. **2.** Tierra labrada con el arado.

**ARADO** n. m. (lat. *aratrum*). Instrumento o máquina para arar. **2.** Reja, labor o vuelta dada a la tierra con el arado.

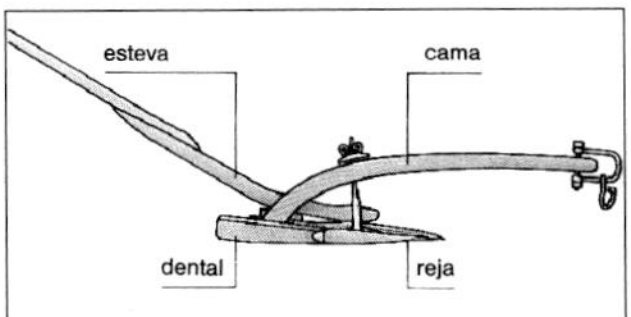

arado

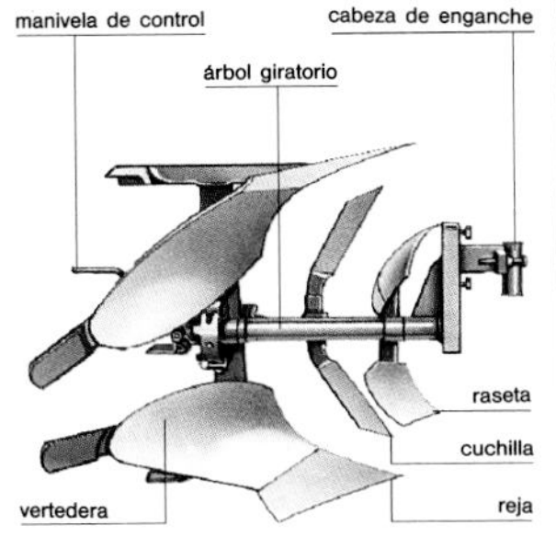

reversible

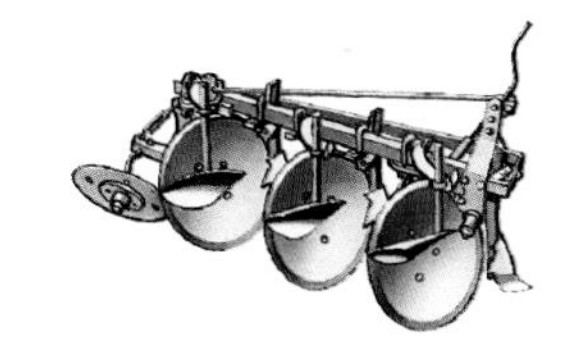
de discos

arado

**ARADOR, RA** adj. y n. (lat. *aratorem*). Que ara. ◆ n. m. **2. Arador de la sarna,** ácaro parásito, casi microscópico, que produce la sarna.

**ARAGONÉS, SA** adj. y n. De Aragón. ◆ adj. **2.** Dícese de una variedad de uva tinta, cuyos racimos son muy grandes, gruesos y apiñados. • **Raza aragonesa,** raza de corderos no trashumante, de patas muy largas y de lana muy blanca y bastante apreciada, característica de la zona pirenaica española. ◆ n. m. **3.** Dialecto hablado en Aragón y parte de Navarra.

**ARAGONESA** n. f. TAUROM. Suerte de capa en la que el diestro, situado de espaldas al toro, le presenta la capa por la parte posterior, y, al embestir el toro, hace un quiebro y da media vuelta para quedar en posición de repetirla.

**ARAGONESISMO** n. m. Palabra o giro propio del aragonés. **2.** Tendencia o doctrina que defiende los valores políticos, económicos y culturales de Aragón.

**ARAGONITO** n. m. Variedad cristalina del carbonato de calcio.

**ARAGUÁN** n. m. Madera fina, susceptible de pulido y de fácil trabajo, que se obtiene de un árbol que crece en Venezuela y se emplea en carpintería y construcciones navales.

**ARAHUACO, A** adj. y n. Arawak.

**ARAK** n. m. Arac.

**ARAMEO, A** adj. y n. Relativo a un pueblo semítico, al principio nómada, que a partir del s. XII a. J.C. fundó varios estados en Siria y Mesopotamia; individuo de este pueblo. ◆ n. m. **2.** Lengua semítica que tuvo una gran difusión en el O de Asia, desde el s. VIII a. J.C. hasta el s. VII d. J.C.

**ARAMIDA** adj. TEXT. Dícese de las fibras e hilos sintéticos que poseen generalmente muy buenas características mecánicas y excelente resistencia al calor.

**ARANCEL** n. m. Tarifa oficial que determina los derechos que se han de pagar en varios ramos, como el de costas judiciales, aduanas, etc. **2.** Tasa, valoración, norma, ley.

**ARANCELARIO, A** adj. Relativo al arancel, especialmente el de aduanas: *derechos arancelarios.*

**ARÁNDANO** n. m. Arbusto de hojas caducas y fruto comestible en forma de baya de color negro. (Familia ericáceas; género *Vaccinium.*) **2.** Fruto de este arbusto.

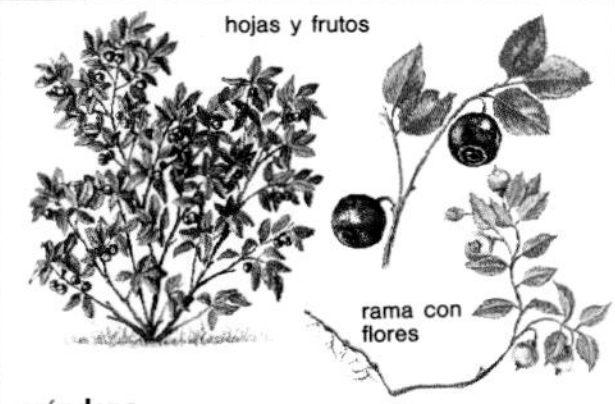

arándano

**ARANDELA** n. f. Pieza delgada, generalmente redonda, con un agujero en el centro en el que se puede introducir un vástago. • **Arandela Grower,** arandela de acero templado, de aristas vivas y perfil cuadrado, partida a lo largo de un radio, uno de cuyos extremos, situado en plano distinto, hace las funciones de resorte. (Colocada entre una pieza que hay que sujetar y una tuerca, impide que ésta se afloje.)

**ARANEIDO, A** adj. y n. m. Relativo a una subclase de arácnidos caracterizados por presentar quelíceros provistos ordinariamente de glándulas venenosas, y cefalotórax indiviso, como la araña.

**ARANÉS, SA** adj. y n. Del Valle de Arán. ◆ n. m. **2.** Dialecto gascón hablado en el Valle de Arán.

**ARAÑA** n. f. (lat. *araneam*). Artrópodo articulado, con cuatro pares de patas, un par de apéndices bucales venenosos y abdomen no segmentado, en cuyo extremo tienen las hileras u órganos productores de un hilo de seda con el que cazan sus presas y se trasladan de un lugar a otro. (Clase arácnidos; subclase araneidos.) **2.** Lámpara de varios brazos que se cuelga del techo. **3.** Pez, de 20 a 50 cm de long., que vive en el mar o escondido en la arena de las playas, temido por sus espinas venenosas. **4.** Planta de las Antillas, de cañas rectas y nudos muy vellosos. (Familia gramíneas.) **5.** Red para cazar pájaros. **6.** *Fig.* y *fam.* Persona muy aprovechada y vividora. • **Araña de mar,** cangrejo de mar de largas patas, muy espinoso.

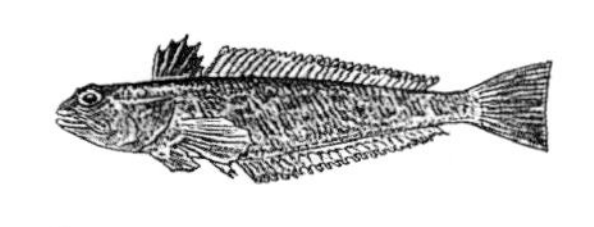
araña

**ARAÑAR** v. tr. y pron. [**1**]. Rasgar ligeramente el cutis, especialmente con las uñas. ◆ v. tr. **2.** Rayar una superficie lisa. **3.** *Fig.* y *fam.* Recoger en cantidades pequeñas y procedentes de varias partes lo necesario para algún fin: *arañar segundos para la victoria final.*

**ARAÑAZO** n. m. Herida superficial, rasguño.

**ARAÑUELA** n. f. Planta herbácea de tallo erguido, que se cultiva por sus flores. (Familia ranunculáceas; género *Nigella.*) **2.** PESC. Red rectangular de mallas cuadradas.

**ARAÑUELO** n. m. Larva de ciertos insectos que destruye los plantíos.

**ARAONA,** pueblo amerindio de Perú, perteneciente al grupo tacana de la familia lingüística arawak.

**ARAPAJÓ,** pueblo amerindio algonquino de América del Norte, que vive en reservas en Wyoming y Oklahoma.

**ARAPASSÚ** n. m. Pájaro de América Meridional, parecido al pico carpintero, de pico curvado, pecho verdoso y cabeza manchada de negro.

**ARÁQUIDO** n. m. Cacahuete.

**ARAR** v. tr. [**1**]. Abrir surcos en la tierra con el arado.

**ARARTEKO** n. m. Defensor del pueblo vasco.

**ARASÁ** o **ARAZÁ** n. m. Árbol de copa ancha y madera flexible, que crece en Argentina, Paraguay y Uruguay. **2.** Fruto de este árbol, con el que se hacen confituras.

**ARATICÚ** n. m. (voz guaraní). Árbol silvestre de América Meridional, parecido al chirimoyo, y de fruto amarillo. (Familia anonáceas.)

**ARAUÁ** n. m. Grupo lingüístico de América del Sur, perteneciente a la familia arawak, que comprende diversos dialectos.

**ARAUACO, A** adj. y n. Arawak.

**ARAUCANO, A** adj. y n. Relativo a Arauco o a la Araucania; habitante u originario de esta región. ◆ n. m. **2.** Lengua de América del Sur que antes de la conquista española se hablaba en el centro de Chile y se extendió por el S hasta cerca de Buenos Aires. (Actualmente el mayor grupo hablante es el mapuche.) ◆ n. m. y adj. **3.** Nivel del mioceno continental, en la Patagonia.

■ El pueblo amerindio de los araucanos, denominado también *auca* (rebelde), que habita actualmente en Chile y Argentina, llegó a extenderse en el s. XVIII desde el río Biobío hasta la isla de Chiloé. Los principales grupos, unidos por la lengua común, el araucano, son los mapuches, picunches, huiliches y pehuenches. Los araucanos lucharon desde 1536 contra los españoles, que no lograron someterlos; destacaron sus jefes Lautaro y Caupolicán. Enfrentados más tarde al gobierno central chileno, fueron derrotados definitivamente en 1881.

**ARAUCARIA** n. f. Árbol abietáceo de Chile, que alcanza unos 50 m de alt.

araucaria

**ARAVICO** n. m. Poeta de los antiguos peruanos.

**ARAWAK** adj. y n. m. y f. Relativo a un pueblo amerindio cuyas numerosas tribus están diseminadas por una extensa zona desde la costa venezolana hasta los ríos Pilcomayo y Paraguay; individuo de este pueblo. SIN.: *arahuaco, arauaco, arawaco, arwak.* ◆ n. m. **2.** Familia lingüística de Suramérica que comprende más de un centenar de dialectos hablados de las Antillas al Chaco y del Pacífico al Atlántico. (Construyen sus viviendas con ramas y hojas de palmera, y realizan tejidos, cerámica y cestería. Son esencialmente cazadores, aunque practican la agricultura. Se organizan en clanes totémicos matriarcales y exógamos.)

**ARAZÁ** n. m. Árbol mirtáceo de Uruguay.

**ARBITRABLE** adj. Que pende del arbitrio.

**ARBITRAJE** n. m. Acción o facultad de arbitrar. **2.** Resolución o juicio de un árbitro. **3.** Regulación de un litigio por un árbitro, o de un conflicto entre naciones por jueces elegidos por ellas y sobre la base del respeto al derecho; sentencia así dictaminada. **4.** ECON. Operación de bolsa que consiste en vender ciertos títulos para comprar otros, o comprar y vender un mismo valor negociado en varios mercados para aprovechar las diferencias de cotización.

**ARBITRAL** adj. Relativo al árbitro: *sentencia arbitral.*

**ARBITRAR** v. tr. (lat. *arbitrare*) [**1**]. Proceder uno con arreglo a su libre albedrío: *el hombre arbitra sus acciones.* **2.** Allegar, disponer, reunir: *arbitrar recursos.* **3.** Dar o proponer arbitrios. **4.** Juzgar como árbitro: *arbitrar un partido.*

**ARBITRARIEDAD** n. f. Acto o proceder regido por la voluntad o capricho, sin sujeción a la justicia o a la razón: *la arbitrariedad de una decisión.*

**ARBITRARIO, A** adj. Que depende del arbitrio. **2.** Que incluye arbitrariedad: *órdenes arbitrarias.* **3.** LING. Dícese de la palabra o morfema que no expresa en sí misma la idea que representa, la cual se determina por las relaciones de este signo con los otros signos.

**ARBITRIO** n. m. Facultad de resolver o decidir: *actuar según su libre arbitrio.* **2.** Autoridad, poder. **3.** Voluntad no gobernada por la razón, sino por el apetito o capricho: *estar al arbitrio de alguien.* **4.** DER. Sentencia del juez árbitro. ◆ **arbitrios** n. m. pl. **5.** Derechos o impuestos para gastos públicos: *arbitrios municipales.*

**ARBITRISMO** n. m. Proyectismo.

**ARBITRISTA** n. m. y f. Persona que propone proyectos para acrecentar o mejorar la hacienda pública.

**ÁRBITRO, A** adj. y n. (lat. *arbiter*). Dícese del que puede obrar por sí solo, con toda independencia. ◆ n. m. **2.** Persona elegida por las partes interesadas para dirimir una diferencia. **3.** Persona encargada de dirigir un encuentro deportivo y de vigilar que se cumplan las reglas.

**ÁRBOL** n. m. (lat. *arborem*). Planta leñosa vivaz, que puede alcanzar considerable altura, cuyo tallo, o tronco, fijado al suelo por raíces, está desprovisto de ramificaciones hasta determinada altura, a partir de la cual se ramifica y forma la copa. **2.** LING. e INFORMÁT. Representación convencional de una estructura. **3.** MAR. Palo de un navío. **4.** MEC. Eje utilizado para transmitir un movimiento o transformarlo: *árbol de levas.* • **Árbol de Judas,** ciclamor. ‖ **Árbol de la ciencia del bien y del mal,** el que, según la doctrina católica, Dios puso en el Paraíso, prohibiendo al hombre comer su fruto. ‖ **Árbol de la cruz,** cruz en que murió Jesucristo. ‖ **Árbol de la vida** (ANAT.), dibujo foliáceo que presenta una sección o corte del cerebelo, debido a la disposición relativa de las dos sustancias blanca y gris. ‖ **Árbol del viajero,** planta arborescente que crece en Madagascar, cuyas hojas, dispuestas en forma de abanico, recogen en su base el agua de lluvia. (Familia musáceas.) ‖ **Árbol genealógico,** tabla que indica, bajo la forma de un árbol con sus ramificaciones, la filiación de los miembros de una familia. ‖ **Árbol motor** (MEC.), árbol que va unido directamente al motor. ‖ **Árbol respiratorio** (MED.), sistema orgánico formado por las ramificaciones de los bronquios que parten del tronco de la laringe y de la tráquea. ‖ **Test del árbol** (SICOL.), test proyectivo de la personalidad, que se revela en el dibujo de un árbol ejecutado por el sujeto; (LÓG.), método que permite determinar la validez de una proposición.

**ARBOLADO, A** adj. Dícese del terreno poblado de árboles. ◆ n. m. **2.** Conjunto de árboles.

**ARBOLADURA** n. f. MAR. Conjunto de mástiles y vergas de un buque.

**ARBOLAR** v. tr. [**1**]. Enarbolar, levantar en alto: *arbolar una pancarta.* **2.** MAR. Poner la arboladura a una embarcación. ◆ v. intr y pron. **3.** MAR. Elevarse mucho las olas.

**ARBOLEDA** n. f. Sitio poblado de árboles.

**ARBORECER** o **ARBOLECER** v. intr. [**2m**]. Hacerse árbol.

**ARBÓREO, A** adj. Relativo al árbol o parecido a él. **2.** Dícese del estrato de vegetación ocupado por árboles.

**ARBORESCENCIA** n. f. Crecimiento o cualidad de arborescente. **2.** Semejanza de ciertos minerales o cristalizaciones con la forma de un árbol.

**ARBORESCENTE** adj. Que tiene la forma o las características de un árbol.

**ARBORETO** n. m. Parque plantado con árboles de numerosas especies, al objeto de su estudio botánico.

**ARBORÍCOLA** adj. Que vive en los árboles.

**ARBORICULTOR** n. m. Persona que se ocupa de la arboricultura.

**ARBORICULTURA** n. f. Cultivo de los árboles. **2.** Enseñanza relativa al modo de cultivarlos.

**ARBORIZACIÓN** n. f. Dibujo natural representando ramificaciones, que se observa en los cuerpos minerales o en los cristales cuando hiela.

**ARBOTANTE** n. m. En los edificios góticos, arco exterior que descarga el empuje de las bóvedas sobre un contrafuerte separado del muro. **2.** MAR. Palo o hierro que sobresale del casco del buque en el cual se asegura para sostener cualquier objeto.

**ARBOVIRASIS** n. f. Enfermedad infecciosa provocada por un arbovirus.

**ARBOVIRUS** n. m. Virus que se transmite por picadura de un artrópodo. (Ej.: *virus de la fiebre amarilla.*)

**ARBUSTIVO, A** adj. Que tiene la naturaleza o cualidades del arbusto.

**ARBUSTO** n. m. (lat. *arbustum,* bosquecillo). Vegetal leñoso, que se eleva a poca altura (1 a 4 m), y cuyo tallo está ramificado desde la base.

**ARCA** n. f. (lat. *arcam*). Caja grande, comúnmente de madera, sin forrar y con tapa plana. **2.** Caja de caudales. **3.** Horno utilizado para recocer el vidrio. • **Arca cerrada** *(Fig.),* persona muy reservada; persona, o cosa de la que aún no se tiene cabal idea. ‖ **Arca de agua,** depósito especial para recibir el agua y repartirla. ‖ **Arca de la alianza,** o **del testamento,** aquella en que se guardaban las tablas de la ley. ‖ **Arca del diluvio,** o **de Noé,** especie de embarcación en que, según la Biblia, se salvaron del diluvio Noé, su familia y un par de animales de cada especie.

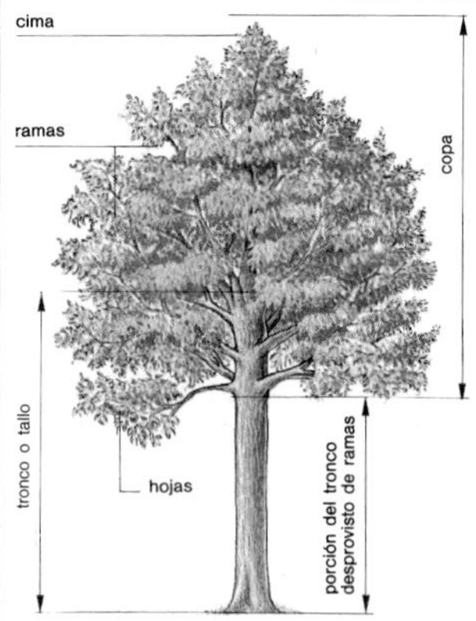


**árbol:** denominación de las diferentes partes

**ARCABUCEAR** v. tr. [**1**]. Tirar arcabuzazos. **2.** Matar a uno con una descarga de arcabucería.

**ARCABUCERÍA** n. f. Tropa armada de arcabuces. **2.** Conjunto de arcabuces. **3.** Fuego de arcabuces.

**arbotantes** (abadía de Mont-Saint-Michel, Francia; ss. XV-XVI)

**ARCABUCERO** n. m. Soldado armado de arcabuz.

**ARCABUZ** n. m. (fr. *arquebuse*). Arma de fuego portátil, de carga por la boca, que apareció entre los ss. XIV y XVI. **2.** Arcabucero.

**ARCABUZAZO** n. m. Tiro de arcabuz. **2.** Herida que causa.

**ARCADA** n. f. Serie de arcos. **2.** Ojo, espacio entre dos estribos de un puente. **3.** MAR. Cada una de las divisiones que suelen hacerse en las bodegas de un buque. **4.** PATOL. Contracción en el tracto digestivo alto que acompaña a las náuseas y precede con frecuencia a los vómitos. (Suele usarse en plural.) • **Arcada dental,** borde de cada uno de los huesos maxilares, en los que están situados los alveolos dentales.

**ÁRCADE** adj. y n. m. y f. Arcadio.

**ARCADIO, A** adj. y n. De la Arcadia.

**ARCADUZ** n. m. (ár. *al-qadus*). Caño por donde se conduce el agua. **2.** Cangilón, cada una de las vasijas de la noria.

**ARCAICO, A** adj. De los primeros tiempos del desarrollo de una civilización: *época arcaica; estilo arcaico.* **2.** Anticuado: *costumbres arcaicas.* ◆ adj. y n. m. **3.** GEOL. Relativo al período más antiguo de la era precámbrica.

**ARCAÍSMO** n. m. (gr. *arkhaismos*). Voz o frase que no están en uso. **2.** Carácter de arcaico.

**ARCAIZANTE** adj. y n. m. y f. Que usa o presenta arcaísmos.

**ARCÁNGEL** n. m. Ángel de un orden superior: *la Biblia cita a los arcángeles Gabriel, Miguel y Rafael.*

**ARCANO, A** adj. (lat. *arcanum*). Secreto, recóndito. ◆ n. m. **2.** Cosa incomprensible: *los arcanos del alma humana.*

**ARCANTROPO** n. m. Forma de homínido fósil del pleistoceno medio, generalmente ligado a la especie *Homo erectus,* que comprende en particular el pitecantropo, el sinantropo, el atlantropo y el hombre de Mauer.

**ARCATURA** n. f. ARQ. Arcada figurada.

**ARCE** n. m. (lat. *acer*). Planta arbórea de hasta 40 m de alt., que crece en las regiones templadas, de fruto seco, provisto de un par de alas, que es dispersado por el viento. (Destaca el arce sicómoro, que se encuentra en forma diseminada en la mayoría de los bosques. Familia aceráceas.) **2.** Madera de este árbol.

**ARCEDIANO** n. m. Dignidad de los cabildos catedralicios. SIN.: *archidiácono.*

**ARCEDO** n. m. Terreno poblado de arces.

**ARCÉN** n. m. Espacio comprendido entre la cuneta y la calzada de una carretera.

**ARCHIBEBÉ** n. m. Ave zancuda de entre 20 y 35 cm de alt., parecida a la becada, que abunda cerca de los estanques o en las costas de Europa occidental.

**ARCHICAMARERO** n. m. Alta dignidad existente en las cortes del Sacro imperio romano germánico, en España durante la época de Carlos Quinto y en la curia pontificia.

**ARCHICOFRADE** n. m. y f. Individuo de una archicofradía.

**ARCHICOFRADÍA** n. f. Asociación piadosa que es centro de otras asociaciones de la misma naturaleza.

**ARCHICHAMBELÁN** n. m. Elector de Brandeburgo, en el Sacro imperio romano germánico.

**ARCHIDIÁCONO** n. m. Arcediano.

**ARCHIDIOCESANO, A** adj. Perteneciente a un arzobispado.

**ARCHIDIÓCESIS** n. f. Diócesis arzobispal.

**ARCHIDUCADO** n. m. Dignidad de archiduque. **2.** Territorio perteneciente al archiduque.

**ARCHIDUCAL** adj. Relativo al archiduque o al archiducado.

**ARCHIDUQUE** n. m. Título de los príncipes de la casa de Austria.

**ARCHIDUQUESA** n. f. Princesa de la casa de Austria. **2.** Esposa de un archiduque.

**ARCHIMANDRITA** n. m. (gr. *arkhimandritēs*). Título dado al superior de determinados monasterios ortodoxos.

**ARCHIMILLONARIO, A** adj. y n. Multimillonario.

**ARCHIPIÉLAGO** n. m. (ital. *arcipelago*, mar principal). Conjunto de islas dispuestas en grupo.

**ARCHIVADOR, RA** adj. y n. Que archiva. ◆ n. m. **2.** Mueble o caja destinada a guardar documentos o fichas. **3.** Carpeta preparada para guardar documentos, fichas o apuntes ordenadamente.

**ARCHIVAR** v. tr. [**1**]. Poner o guardar papeles o documentos en un archivo: *archivar facturas.* **2.** *Fig.* Guardar o retener en la mente: *archivar conocimientos.* **3.** *Fig.* Dar por terminado un asunto: *archivar la polémica.*

**ARCHIVERO, A** n. Persona que tiene a su cargo un archivo o trabaja en él como técnico. **2.** *Méx.* Archivador, mueble o caja para documentos o fichas.

**ARCHIVÍSTICA** n. f. Técnica de los archivos.

**ARCHIVÍSTICO, A** adj. Relativo a los archivos.

**ARCHIVO** n. m. Local en que se guardan documentos. **2.** Conjunto de estos documentos. **3.** INFORMÁT. Fichero.

■ Los archivos históricos españoles comprenden varias categorías: *archivos generales* (archivo histórico nacional, fundado en Madrid en 1866; archivo general de Simancas, creado en el s. XVI, con documentos de la corona de Castilla; archivo general de Indias, fundado por Carlos III en 1781, en Sevilla, con documentos de la América española desde el descubrimiento hasta la independencia, y archivo general de Alcalá de Henares); *archivos regionales,* con documentos sobre antiguos reinos (archivo de la Corona de Aragón, instalado en Barcelona y cuyo origen se remonta al s. IX; de Valencia, de Mallorca, de Galicia y de Navarra); *archivos especiales* con documentos institucionales (archivo de las reales chancillerías de Valladolid y Granada; archivo del palacio real y de las cortes, ambos en Madrid, y archivo general militar de Segovia); *archivos ministeriales* (de capital importancia los de Hacienda y Asuntos Exteriores); *archivos eclesiásticos* (catedralicios, monacales y parroquiales); *provinciales y municipales*; *de protocolos* o *notariales,* y *archivos particulares* (archivos de la casa de Alba, de los duques de Medinaceli, etc.). En Hispanoamérica destacan, con el nombre genérico de *archivo general de la nación,* los archivos de la Ciudad de México, Buenos Aires y Lima, y el archivo nacional de Bogotá.

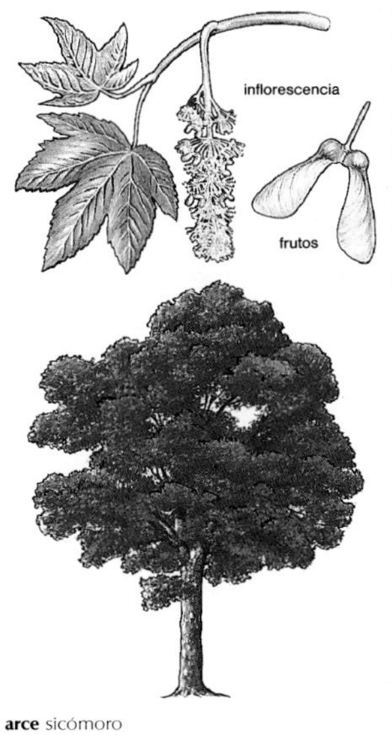

**arce** sicómoro

**ARCHIVOLTA** n. f. Arquivolta.

**ARCILLA** n. f. (lat. *argillam*). Roca sedimentaria pulverulenta, impermeable, formada por silicatos de aluminio, y que, embebida en agua, adquiere plasticidad. • **Arcilla con bloques,** lodo arcilloso mezclado con bloques más o menos grandes, redondeados y estriados, formado por la antigua morrena de fondo de un glaciar. ‖ **Arcilla roja,** depósito arcilloso de las grandes profundidades marinas. ‖ **Arcilla con sílex,** arcilla parda con nódulos duros de sílex.

**ARCILLOSO, A** adj. Que contiene arcilla; parecido a ella.

**ARCIÓN** n. m. ARQ. Dibujo de líneas enlazadas, que imita las mallas de una red.

**ARCIPRESTAL** adj. Propio del arcipreste.

**ARCIPRESTAZGO** n. m. Dignidad o cargo de arcipreste. **2.** División del territorio de un obispado.

**ARCIPRESTE** n. m. (lat. *archipresbyter*). Dignidad en el cabildo catedral. **2.** Título otorgado a los párrocos de ciertas iglesias que les confiere preeminencia sobre los otros párrocos de su circunscripción.

**ARCO** n. m. (lat. *arcum*). Porción de curva continua comprendida entre dos puntos. **2.** Arma formada por una varilla elástica que se mantiene curvada mediante una cuerda sujeta a sus dos extremos, y que sirve para lanzar flechas. **3.** En el fútbol, portería. **4.** ANAT. Nombre genérico que toman diversas estructuras anatómicas en función de su forma: *arco aórtico; arco zigomático.* **5.** ARQ. Componente arquitectónico que franquea un espacio describiendo una o más curvas: *arco apuntado, de herradura.* **6.** MAR. Nombre con que se designa genéricamente la curvatura de distintas piezas o elementos de un buque. **7.** MÚS. Varilla de madera flexible que mantiene tensas unas fibras con las que, por frotamiento, se hace vibrar las cuerdas de determinados instrumentos: violín, violonchelo, etc. **8.** TECNOL. Resorte curvado utilizado para comunicar a una herramienta un movimiento de vaivén. • **Arco de triunfo,** monumento en forma de arco, adornado con inscripciones y esculturas. ‖ **Arco eléctrico,** descarga eléctrica a través de un gas, que produce una temperatura muy elevada y luz brillante. ‖ **Arco insular** (GEOGR.), conjunto de islas volcánicas que dominan una fosa oceánica y cuya formación resulta, en el margen de una placa, por partición de la placa limítrofe. ‖ **Arco iris,** o **de san Martín,** fenómeno luminoso en forma de arco, que a veces se observa en el cielo durante una tormenta. ‖ **Arco reflejo** (FISIOL.), el recorrido, por el impulso nervioso, desde el estímulo de los receptores o nervios sensitivos hasta que se ejecuta la respuesta por los órganos efectores.

**ARCOBRICENSE** adj. y n. m. y f. De Arcos de la Frontera.

**ARCÓN** n. m. Arca grande.

**ARCONTADO** n. m. Dignidad de arconte.

**ARCONTE** n. m. (gr. *arkhōn*, jefe). Magistrado encargado, en diversas ciudades griegas y principalmente en Atenas, de las más altas funciones.

**ARCOSA** n. f. Gres feldespático resultante de la cementación de una arena granítica.

**ARCOSOLIO** n. m. Nicho abierto en las paredes de las catacumbas, cuya parte superior forma una bóveda cimbrada, decorada a veces con pinturas. SIN.: *arco sepulcral.*

**ARDEIFORME** adj. y n. m. ZOOL. Relativo a un orden de aves de pico y patas largos, y de tamaño generalmente grande, como la garza.

**ARDER** v. intr. (lat. *ardere*) [**2**]. Estar encendido o ser susceptible de quemarse: *arder la mecha.* **2.** *Fig.* Estar muy agitado por una pasión o estado de ánimo: *arder en deseo de saber.* **3.** *Fig.* Estar agitado por algo: *arder en guerras civiles; arder en fiestas.*

**ARDID** n. m. Artificio, habilidad para el logro de algún intento: *ardid para engañar.*

**ARDIENTE** adj. Que arde, causa ardor o parece que abrasa: *cirio ardiente.* **2.** Vehemente, apasionado: *ardiente defensor de una idea.* **3.** *Poét.* De color rojo encendido. **4.** MAR. Dícese del barco de vela que tiene tendencia a dirigir su proa de cara al viento.

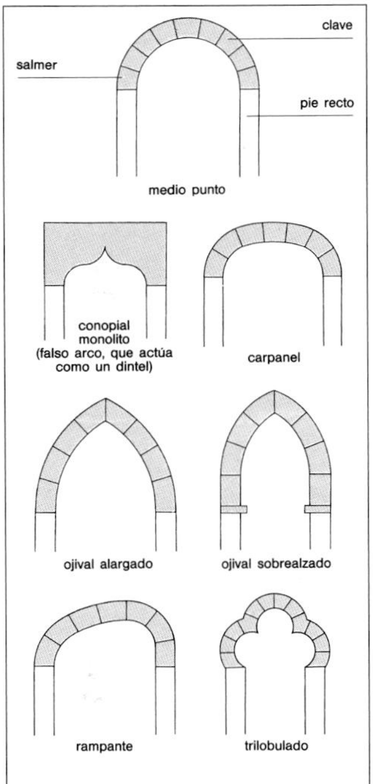

**arcos**

**ARDILLA** n. f. Mamífero roedor arborícola, de unos 25 cm de long. y 20 cm de cola, pelaje generalmente rojizo y cola larga y tupida, que se alimenta esencialmente de semillas y frutos secos.

**ardilla**

**ARDITA** n. f. *Colomb.* y *Venez.* Ardilla.

**ARDITE** n. m. Moneda de vellón acuñada en Cataluña en los ss. XVI y XVII, y en Navarra en los ss. XVII y XVIII con valor equivalente a un dinero. **2.** Cosa de poco valor: *no valer un ardite.*

**ARDOR** n. m. Calidad de ardiente. **2.** *Fig.* Brillo, resplandor. **3.** *Fig.* Encendimiento, enardecimiento de los afectos y pasiones: *querer con ardor.* **4.** *Fig.* Intrepidez, valor. **5.** *Fig.* Viveza, ansia, anhelo: *el ardor de una mirada.* ◆ **ardores** n. m. pl. **6.** MED. Nombre vulgar de la pirosis y de la vasodilatación menopáusica.

**ARDOROSO, A** adj. Relativo al ardor.

**ARDUIDAD** n. f. Calidad de arduo.

**ARDUO, A** adj. (lat. *arduum*). Muy difícil: *ardua tarea.*

**ÁREA** n. f. (lat. *aream*). Parte de una superficie o extensión, especialmente de la terrestre. **2.** Dominio al que se extiende la acción o influencia de una persona, colectividad, etc. **3.** Terreno, orden de materia o de ideas de que se trata. **4.** En fútbol y otros deportes de equipo, zona marcada delante de la meta, dentro de la cual son castigadas con sanciones especiales las faltas cometidas por el equipo que defiende aquella meta. **5.** Zona acondicionada a intervalos regulares al borde de las autopistas para descansar (área de descanso) o para adquirir combustible, realizar compras, comer, etc. (área de servicio). **6.** ANAT. Localizaciones topográficas de las diversas estructuras anatómicas, a las que se les reconoce una particular constitución o función. **7.** MAT. Medida de una superficie: *área de un triángulo.* **8.** MAT. Unidad de medida de superficie (símbolo a), que vale $10^2$ metros cuadrados. • **Área administrativa,** área unitaria menor, con funciones y responsabilidades limitadas por un orden jerárquico, en que se dividen los estados. ‖ **Área continental,** zona de la corteza terrestre que, a lo largo de los períodos geológicos, ha permanecido sensiblemente estable y rígida durante la formación de los geosinclinales. ‖ **Área cultural,** conjunto geográfico donde se agrupan sociedades cuya cultura, lengua y organización social presentan rasgos comunes. ‖ **Área de distribución,** extensión geográfica en cuyo seno se encuentra una especie o un grupo animal o vegetal determinado. ‖ **Área lingüística,** dominio que ocupa un fenómeno o un conjunto de fenómenos lingüísticos. ‖ **Área monetaria,** zona que engloba diversos países que observan reglas peculiares en sus relaciones monetarias, confiando a la moneda principal un papel esencial en los intercambios internos y externos.

**ARECA** n. m. Palmera de las regiones cálidas de Asia y Oceanía, cuyo fruto contiene una almendra, la nuez de areca, utilizada como masticatorio, de la que se extrae el cachunde. **2.** Fruto de esta planta.

**AREFACCIÓN** n. f. (del lat. *arefacere*, secarse). Acción y efecto de secar.

**AREL** n. m. (lat. *arealem*). Especie de criba grande que se utiliza para limpiar el trigo de la era.

**ARENA** n. f. (lat. *arenam*). Conjunto de partículas, generalmente de cuarzo, disgregadas de las rocas. **2.** *Fig.* Lugar del combate o lucha, especialmente en los circos romanos. **3.** TAUROM. Ruedo de las plazas de toros. • **Arenas movedizas,** arena húmeda, poco consistente, en la que uno puede hundirse hasta quedar atascado; arenas secas que los vientos desplazan.

**ARENAL** n. m. Extensión grande de terreno arenoso.

**ARENAVIRUS** n. m. Término genérico que designa a todos los virus con ARN (ácido ribonucleico).

**ARENERO, A** n. Persona que vende arena. ◆ n. m. **2.** F.C. Depósito que contiene arena destinada a impedir que las ruedas patinen sobre los raíles. **3.** TAUROM. Mozo de servicio encargado de mantener en condiciones convenientes durante la lidia la superficie de arena del ruedo.

**ARENGA** n. f. Discurso solemne y enardecedor. **2.** *Fig.* y *fam.* Razonamiento largo e impertinente.

**ARENGADOR, RA** adj. y n. Que arenga.

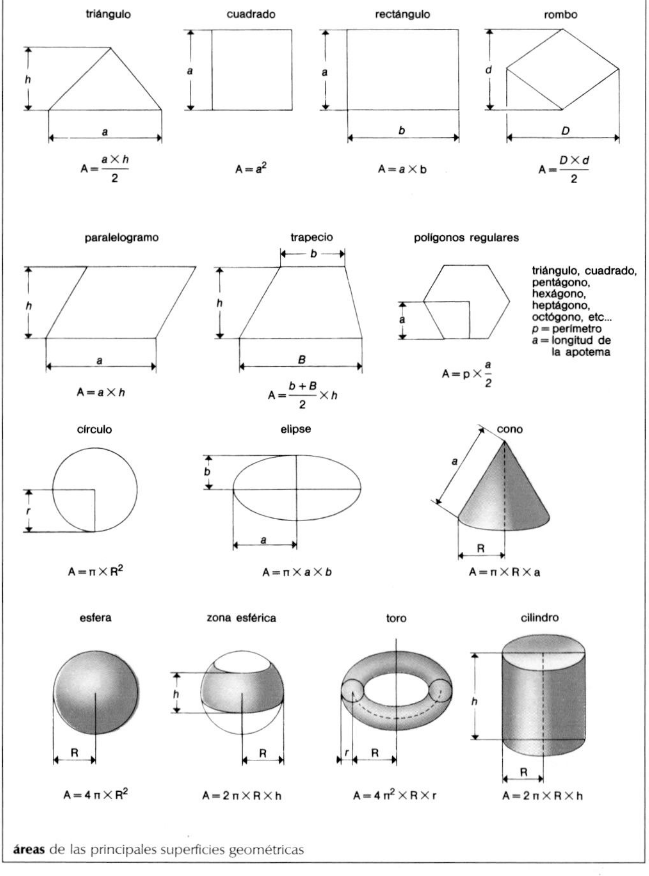


**áreas** de las principales superficies geométricas

**ARENGAR** v. tr. e intr. [**1b**]. Pronunciar en público una arenga.

**ARENÍCOLA** adj. y n. m. y f. Que vive en la arena.

**ARENILLA** n. f. Cuerpo pulverulento, que se echaba en los escritos recientes para secarlos: *echar arenilla en una carta.* ◆ **arenillas** n. f. pl. **2.** PATOL. Finos corpúsculos que aparecen en el sedimento urinario de ciertos enfermos, en especial los afectos de litiasis.

**ARENISCO, A** adj. Que tiene mezcla de arena.

**ARENISCA** n. f. Roca sedimentaria formada por granos de arena unidos por un cemento silícico o calcáreo, que se utiliza en construcción y pavimentación. SIN.: *gres.*

**ARENOSO, A** adj. Que tiene arena o abunda en ella: *terreno arenoso.* **2.** Parecido a la arena o que participa de sus características: *rocas arenosas.*

**ARENQUE** n. m. (fr. *hareng*). Pez de 20 a 30 cm de long., con el dorso azul verdoso y el vientre plateado, abundante en el Atlántico norte, y muy apreciado por su carne. (Familia clupeidos.)

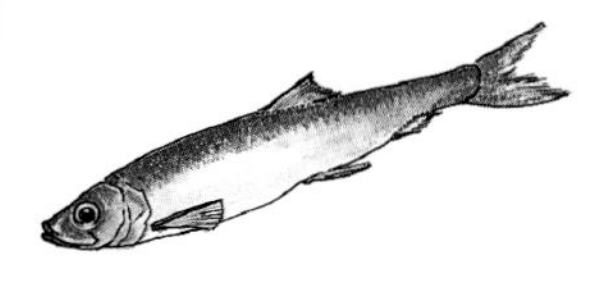

**arenque**

**ARENQUERA** n. f. Red para pescar arenques.

**ARENQUERO, A** n. El que comercia en arenques. ◆ n. m. **2.** Barco especializado en la captura del arenque.

**AREOGRAFÍA** n. f. Estudio descriptivo de la superficie del planeta Marte.

**AREOLA** o **ARÉOLA** n. f. ANAT. Círculo pigmentado que rodea el pezón del seno. **2.** PATOL. Círculo rojizo que rodea un punto inflamatorio.

**AREOLAR** adj. Relativo a la aréola. **2.** GEOGR. Dícese de la erosión que actúa, sobre todo, lateralmente. • **Velocidad areolar** (FÍS.), cantidad que define en cada instante la variación del área barrida por un radio vector cuyo origen es un punto fijo y cuyo extremo es un punto en movimiento.

**AREÓMETRO** n. m. Instrumento que sirve para determinar la densidad de los líquidos. SIN.: *densímetro.*

**AREOPAGITA** n. m. Miembro del areópago de Atenas.

**AREÓPAGO** n. m. (lat. *areopagus*, del gr. *Areios pagos*, colina de Ares). Antiguo tribunal de Atenas.

**AREPA** n. f. (voz caribe). *Amér.* Pan de maíz, amasado con huevos y manteca.

**AREPERA** n. f. *Colomb.* y *Venez.* Local en el que se venden arepas.

**AREPITA** n. f. *Colomb.* Tortita de papelón, maíz y queso.

**AREQUIPA** n. f. *Colomb.* y *Perú.* Postre de leche.

**ARETE** n. m. Aro pequeño, especialmente el que se lleva como pendiente.

**ARÉVACO, A** adj. y n. Relativo a un pueblo celtíbero establecido en el alto Duero; individuo de dicho pueblo. (Tras la toma de Numancia, una de sus principales ciudades, por los romanos [134], las tierras de los arévacos fueron vendidas a los pelendones.)

**ARGAMANDIJO** n. m. *Fam.* Conjunto de cosas menudas o utensilios destinados a un fin. • **Dueño,** o **señor, del argamandijo** *(Fam.),* persona que tiene el mando de algo.

**ARGAMASA** n. f. Mezcla de cal, arena y agua.

**ARGÁN** n. m. Arbusto espinoso, de frutos comestibles con almendra oleaginosa, que crece en el S de Marruecos. (Familia sapotáceas.)

**ARGANEO** n. m. MAR. Argolla metálica en la que se fija el cable o la cadena del ancla.

**ARGEL** adj. *Argent.* y *Par.* Antipático.

**ARGELINO, A** adj. y n. De Argel o Argelia.

**ARGÉN** o **ARGENT** n. m. HERÁLD. Metal de color blanco, que se representa dejando en blanco el espacio que cubre.

**ARGENTADO, A** adj. Plateado.

**ARGENTÁN** n. m. Aleación de cobre, níquel y cinc, cuyo color blanco recuerda el de la plata.

**ARGÉNTEO, A** adj. (lat. *argenteum*). De plata o semejante a ella: *un brillo argénteo.*

**ARGENTERÍA** n. f. Bordadura o filigrana de plata u oro. **2.** Platería.

**ARGENTÍFERO, A** adj. Que contiene plata: *yacimientos argentíferos.*

**ARGENTINA** n. f. Planta perenne de flores amarillas bastante grandes, común en España. (Familia rosáceas.)

**ARGENTINISMO** n. m. Giro o modo de hablar propio de los argentinos.

**ARGENTINO, A** adj. y n. De Argentina. ◆ adj. **2.** Argénteo. **3.** *Fig.* Dícese del sonido claro y bien timbrado: *voz argentina.* ◆ n. m. **4.** Modalidad adoptada por el español en Argentina. **5.** Antigua moneda de oro de Argentina.

**ARGENTITA** n. f. MINER. Argirosa.

**ARGENTOPIRITA** n. f. MINER. Sulfuro natural de hierro y plata $AgFe_3S_5$, que se presenta en cristales grises ortorrómbicos.

**ARGENTOSO, A** adj. Que tiene mezcla de plata.

**ARGIRÁSPIDE** n. m. Infante escogido del ejército de Alejandro Magno, armado con escudo de plata.

**ARGIROSA** n. f. Sulfuro natural de plata $Ag_2S$.

**ARGIROSIS** n. f. Estado tóxico producido por la ingestión o contacto de plata o sus sales.

**ARGIVO, A** adj. y n. (lat. *argivum*). De Argos o de la Argólida. **2.** Relativo a la Grecia antigua.

**ARGO** n. m. Ave parecida al faisán, que vive en la India y Malaca. (Familia fasiánidos.)

**ARGOLLA** n. f. Aro grueso que sirve de amarre o asidero. **2.** Anilla.

**ARGÓN** n. m. Elemento químico (Ar), de número atómico 18 y de masa atómica 39,94. Es un gas incoloro, que constituye aproximadamente la centésima parte de la atmósfera terrestre.

**ARGONAUTA** n. m. Cada uno de los héroes de la mitología griega, que bajo el mando de Jasón en la nave Argos llegaron a la Cólquida, en donde se apoderaron del vellocino de oro. **2.** Molusco de los mares cálidos, cuya hembra fabrica una concha calcárea blanca para proteger su puesta. (Clase cefalópodos.)

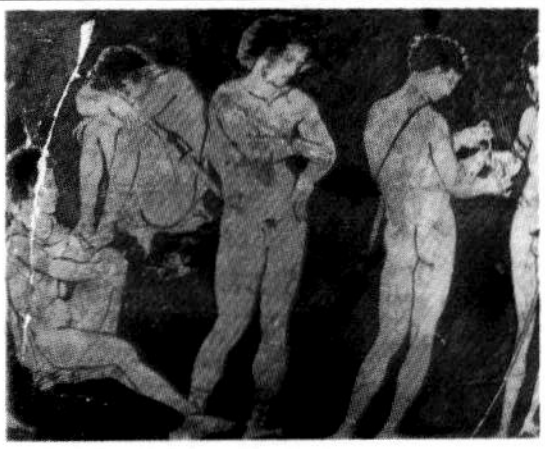

**argonautas:** decoración de una crátera griega; detalle (museo arqueológico, Florencia)

**ARGOT** n. m. (voz francesa) [pl. *argots*]. Lenguaje especial de un grupo social o profesional.

**ARGUCIA** n. f. (lat. *argutiam*). Sutileza, sofisma, argumento falso presentado con agudeza.

**ARGÜIR** v. tr. (lat. *arguere*) [**31**]. Sacar en claro, deducir como consecuencia natural. **2.** Descubrir, probar, dejar ver con claridad. **3.** Echar en cara, acusar. ◆ v. intr. **4.** Poner argumentos a favor o en contra de algo: *argüir sobre una opinión.*

**ARGUMENTACIÓN** n. f. Conjunto de razonamientos y explicaciones que apoyan o niegan una afirmación.

**ARGUMENTAL** adj. Relativo al argumento: *síntesis argumental; trama argumental.*

**ARGUMENTAR** v. tr., intr. y pron. [**1**]. Presentar argumentos, pruebas. **2.** LÓG. Sacar consecuencias.

**ARGUMENTO** n. m. (lat. *argumentum*). Asunto o materia de que trata una obra. **2.** Prueba dada para apoyar o negar una afirmación. **3.** LIT. Sumario de un libro, de una narración o de una obra de teatro. **4.** LÓG. Proposición o conjunto de proposiciones de las que se busca sacar una consecuencia. • **Argumento de una función** (LÓG.), elemento cuyo valor permite determinar el valor de la función dada. ‖ **Argumento de un número complejo** (MAT.), ángulo formado por el semieje real positivo con el módulo del número, en sentido antihorario. (Tiene infinitos valores, que difieren en un número entero de giros completos.)

**ARIA** n. f. (voz italiana). Composición musical de carácter melódico, generalmente, vocal, con acompañamiento de uno o más instrumentos. SIN.: *romanza.*

**ARÍBALO** n. m. (gr. *aryballos*). Vaso griego de base ancha y cuello estrecho, usado para guardar aceites y perfumes. **2.** Vaso realizado en Perú en la época incaica.

**ARIDEZ** n. f. Calidad de árido: *aridez de la tierra.* • **Índice de aridez,** fórmula que permite apreciar el clima de una región, comparando la distribución anual de precipitaciones y temperaturas.

**ÁRIDO, A** adj. (lat. *aridum*). Seco, estéril: *tierras áridas.* **2.** *Fig.* Falto de amenidad: *tema árido.* ◆ **áridos** n. m. pl. **3.** Granos, legumbres y otros cuerpos sólidos a los que se aplican medidas de capacidad. **4.** CONSTR. Conjunto de los constituyentes inertes (arenas, gravas, etc.) de morteros y hormigones.

**ARIETA** n. f. (ital. *arietta*). MÚS. Melodía de carácter ligero, compuesta al estilo de un aria.

**ARIETE** n. m. (lat. *arietem,* carnero). Máquina de guerra que se utilizaba para romper las defensas o las puertas de una ciudad o de un castillo asediado. **2.** En un equipo de fútbol, delantero centro. • **Ariete hidráulico,** máquina para elevar agua. ‖ **Golpe de ariete,** onda de presión en una conducción de agua que ha sido cerrada bruscamente.

**ARILACIÓN** n. f. QUÍM. Proceso de síntesis orgánica por el que se introducen uno o más radicales arilo en un compuesto.

**ARILADO, A** adj. BOT. Provisto de arilo.

**ARILAMINA** n. f. Amina derivada de un carburo bencénico.

**ARILO** n. m. Radical derivado de los compuestos bencénicos.

**ARILO** n. m. (bajo lat. *arillum,* grano de uva). BOT. Tegumento que envuelve la semilla, desarrollado después de la fecundación.

**ARIMEZ** n. m. ARQ. Resalto de algunos edificios, a modo de refuerzo o de adorno.

**ARIO, A** adj. y n. Relativo a un conjunto de tribus de origen indoeuropeo que, a partir del s. XVIII a. J.C., se difundieron por Irán y el N de la India; individuo de este pueblo. Su lengua es el antepasado común de las lenguas indias [sánscrito, páli] e iraníes [avéstico, antiguo persa]. SIN.: *ārya.* **2.** Relativo a la raza blanca, en las doctrinas racistas.

**ARIOSO** n. m. y adj. MÚS. Fragmento melódico declamado, de forma menos rigurosa que el aria, sostenido por un acompañamiento frecuentemente sistemático.

**ARISARO** n. m. Planta herbácea tuberosa, cuyas hojas están salpicadas de manchas de color pardo púrpura. (Familia aráceas.)

**ARISBLANCO, A** adj. Dícese del trigo y de la espiga de aristas blancas.

**ARISCO, A** adj. Áspero, intratable, huidizo.

**ARISNEGRO, A** adj. Dícese del trigo y de la espiga de aristas negras.

**ARISTA** n. f. (lat. *aristam*). Ángulo saliente que forman dos caras planas o curvas. **2.** Línea que separa dos vertientes de una montaña. **3.** BOT. Apéndice recto, filiforme, en que terminan ciertos órganos. **4.** MAT. Línea de intersección de dos planos o dos superficies que se cortan. **5.** MAT. En un poliedro, segmento con extremos en dos vértices contiguos. • **Bóveda de arista,** aquella cuya estructura resulta, en el caso más simple, de la intersección en ángulo recto de dos bóvedas de cañón de la misma altura. ◆ **aristas** n. f. pl. **6.** *Fig.* Dificultades en un asunto.

**ARISTADO, A** adj. Que tiene aristas.

**ARISTARCO** n. m. *Desp.* Crítico entendido, pero excesivamente severo.

**ARISTOCRACIA** n. f. (gr. *aristokratia*). Clase de los nobles. **2.** Gobierno ejercido por una clase privilegiada, generalmente hereditaria. **3.** Élite.

**ARISTÓCRATA** n. m. y f. Miembro de la aristocracia.

**ARISTOCRÁTICO, A** adj. Relativo a la aristocracia. **2.** Fino, distinguido: *modales aristocráticos.*

**ARISTOCRATIZAR** v. tr. y pron. [**1x**]. Dar o infundir carácter aristocrático.

**ARISTOLOQUIA** n. f. Planta trepadora, de raíz fibrosa, hojas acorazonadas, flores amarillas y fruto esférico y coriáceo, algunas de cuyas especies se cultivan en jardinería. (Grupo apétalas.)

**ARISTÓN** n. m. Esquina de una obra de fábrica hecha con un material más resistente con objeto de reforzarla. **2.** Banda o tira de plomo, cinc, etc., que recubre la unión de las vertientes en las cubiertas.

**ARISTÓN** n. m. Instrumento músico de manubrio, parecido al organillo.

**ARISTOTÉLICO, A** adj. y n. Relativo a Aristóteles o a su doctrina: *sistema aristotélico.* **2.** Partidario del aristotelismo.

**ARISTOTELISMO** n. m. Doctrina de Aristóteles. **2.** Corriente filosófica medieval que interpretó la obra de Aristóteles a partir de las teologías cristiana o musulmana.

**ARITENOIDES** adj. y n. m. Dícese de cada uno de los dos cartílagos móviles de la laringe que tensan las cuerdas vocales.

**ARITMÉTICA** n. f. Ciencia que estudia las propiedades de los números y las operaciones que con ellos pueden realizarse (sentido clásico) o que contempla la teoría de los números que intervienen en los métodos de la geometría algebraica y la teoría de grupos (sentido moderno).

**ARITMÉTICO, A** adj. Relativo a la aritmética: *operación aritmética.* ◆ n. **2.** Persona que se dedica a la aritmética.

**ARITMOMANCIA** o **ARITMOMANCÍA** n. f. Adivinación practicada a través de los números.

**ARITMOMANÍA** n. f. Compulsión que consiste en contar y obliga a los sujetos que la padecen a continuos cálculos mentales y a regular toda su actividad según cifras.

**ARLEQUÍN** n. m. Gracioso o bufón cuya vestimenta imita a la de Arlequín. **2.** *Fig.* y *fam.* Persona informal, ridícula y despreciable.

**ARLEQUINADA** n. f. Acción o ademán ridículo.

**ARLEQUINESCO, A** adj. Propio del arlequín o perteneciente a él.

**ARMA** n. f. (lat. *arma*). Instrumento, medio o máquina destinados a atacar o defenderse. **2.** MIL. Cada uno de los cuerpos militares que forman el ejército combatiente: *arma de caballería.* **3.** *Fig.* Medio de defensa o ataque: *el arma de la calumnia.* • **Arma blanca,** la ofensiva de hoja de acero, como la espada. ‖ **Arma de dos filos,** o **de doble filo** *(Fig.),* aquello que puede volverse contra el que lo utiliza como defensa o para atacar o perjudicar a otro. ‖ **Arma de fuego,** la que emplea la fuerza explosiva de la pólvora. ‖ **Armas especiales,** conjunto de armas nucleares, biológicas o químicas, por oposición a las denominadas clásicas o convencionales. ‖ **Rendir el arma,** hacer la tropa los honores al Santísimo, hincando en tierra la rodilla e inclinando las armas. ◆ **armas** n. f. pl. **4.** Tropas de un estado. **5.** Milicia o profesión militar. **6.** HERÁLD. Blasones que figuran en el escudo. **7.** *Fig.* Medios que sirven para conseguir alguna cosa: *mis armas son la verdad y la justicia.* • **Alzarse en armas,** sublevarse. ‖ **De armas tomar,** dícese de la persona que muestra bríos y resolución. ‖ **Mando de armas,** período de tiempo en que el militar presta servicios que exigen el mando de las unidades tácticas. ‖ **Pasar por las armas,** fusilar, ejecutar una sentencia con armas de fuego. ‖ **Presentar armas,** hacer la tropa los honores militares a quienes por la ordenanza corresponde, poniendo el fusil frente al pecho, con el disparador hacia fuera. ‖ **Rendir las armas,** rendir la tropa las armas al enemigo reconociéndose vencido. ‖ **Velar armas,** guardarlas el que había de ser armado caballero, haciendo centinela por la noche cerca de ellas.

**ARMADA** n. f. Conjunto de fuerzas navales de un estado. **2.** Escuadra.

**ARMADÍA** n. f. Conjunto de maderos unidos formando una plataforma flotante, que sirve para pasar los ríos. **2.** Conjunto de maderos que se transportan río abajo.

**ARMADIJO** n. m. Trampa, artificio para cazar. **2.** Armazón de palos.

**ARMADILLO** n. m. Mamífero desdentado de América, cuyo dorso y cola están cubiertos por placas córneas articuladas, que le permiten arrollarse en bola para protegerse.

**ARMADO, A** adj. Provisto de armas. **2.** Provisto de un armazón interno de metal o de una cubierta protectora: *hormigón armado.* ◆ n. m. **3.** Nombre de diversos peces de agua dulce de los ríos de Argentina que carecen de escamas y poseen tres pares de barbillas alrededor de la boca y una fuerte espina aserrada en el inicio de la aleta dorsal y de las pectorales.

**ARMADOR** n. m. Propietario de un navío que lo destina al transporte de mercancías, realizado por un fletador, a cuya disposición el armador debe poner el navío.

**ARMADURA** n. f. Pieza o conjunto de piezas sobre las que se arma una cosa. **2.** Esqueleto, armazón ósea. **3.** Conjunto de defensas metálicas que protegían el cuerpo de los combatientes (ss. XIII-XVI). **4.** Armazón de piezas de madera o metal que sirve para sostener las construcciones y, en particular, los tejados. **5.** ELECTR. Cuerpo conductor que forma parte de un condensador eléctrico; barra de hierro dulce que une los dos polos de un imán. **6.** MÚS. Conjunto de sostenidos o bemoles colocados junto a la clave, y que indican el tono del fragmento.

**ARMAMENTISMO** n. m. MIL. Acumulación de armamento como medio de disuasión.

**ARMAMENTISTA** adj. Relativo al armamento o al armamentismo.

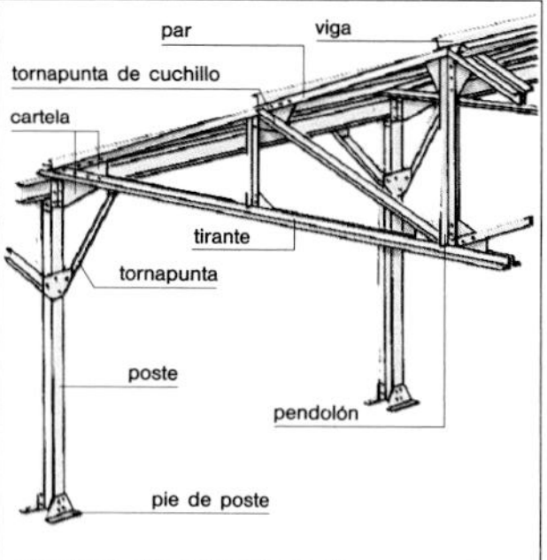

**armadura:** diferentes piezas de una armadura metálica

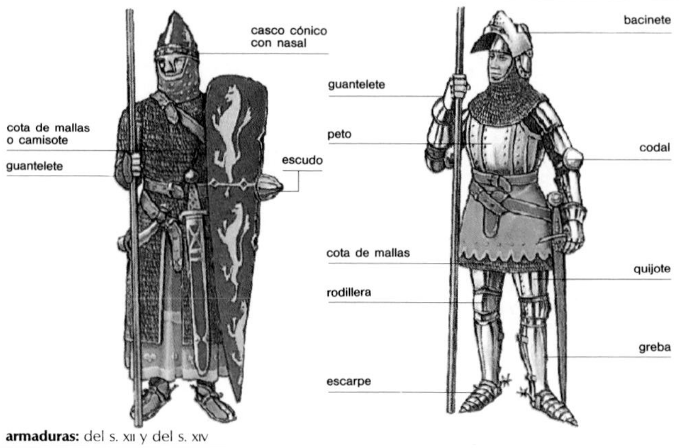

**armaduras:** del s. XII y del s. XIV

**ARMAMENTO** n. m. Acción de armar. **2.** Conjunto de armas y material al servicio del ejército, de un cuerpo armado o de un individuo. **3.** Explotación comercial de un navío por parte de un armador.

**ARMAR** v. tr. y pron. (lat. *armare*) **[1]**. Proveer de armas: *armar una plaza fuerte.* **2.** Disponer para la guerra: *armarse una nación.* **3.** *Fig.* Disponer, formar, fraguar: *armar un baile, armarse una tempestad.* **4.** *Fig.* y *fam.* Mover, causar, producir: *armar pelea, jaleo, ruido.* ◆ v. tr. **5.** Aprestar un arma para disparar. **6.** Montar los elementos o piezas que forman cualquier objeto: *armar una máquina, un andamio.* **7.** MAR. Aprestar una embarcación o proveerla de todo lo necesario. • **Armar caballero,** vestir las armas al que iba a ser caballero. ‖ **Armar,** o **armarse, hasta los dientes,** cubrir de toda clase de armas. ‖ **Armarla** *(Fam.),* promover riña o alboroto. ◆ **armarse** v. pron. **8.** Disponerse a hacer la guerra, tomar las armas. **9.** *Fig.* Disponer el ánimo para lograr algún fin o resistir una contrariedad: *armarse de valor, paciencia.* **10.** *Amér.* Plantarse, pararse un animal y resistirse a avanzar.

**ARMARIO** n. m. (lat. *armarium*). Mueble con puertas y anaqueles. • **Armario empotrado,** el que está hecho de obra de albañilería en la pared y cerrado con puertas.

**ARMATOLES** n. m. pl. Milicia armada griega. (ss. XVI-XX).

**ARMATOSTE** n. m. Máquina o mueble grande, tosco y pesado. **2.** *Fig.* Persona corpulenta y torpe. **3.** Armadijo, armazón de palos.

**ARMAZÓN** n. m. o f. Armadura, pieza o conjunto de piezas sobre las que se arma o construye algo. **2.** *Fig.* Base, principio esencial de algo: *armazón de una teoría.*

**ARMELLA** n. f. Anillo de metal con una espiga o tornillo para clavarlo en parte sólida. **2.** Cada uno de los anillos en que se engancha una falleba.

**ARMENIO, A** adj. y n. Relativo a un pueblo del grupo indoeuropeo que habita en la República de Armenia y en varias regiones del Cáucaso y Rusia, y que forma una importante diáspora (E.U.A., Próximo oriente y Europa occidental); individuo de este pueblo. ◆ n. m. **2.** Lengua indoeuropea de la región del Cáucaso.

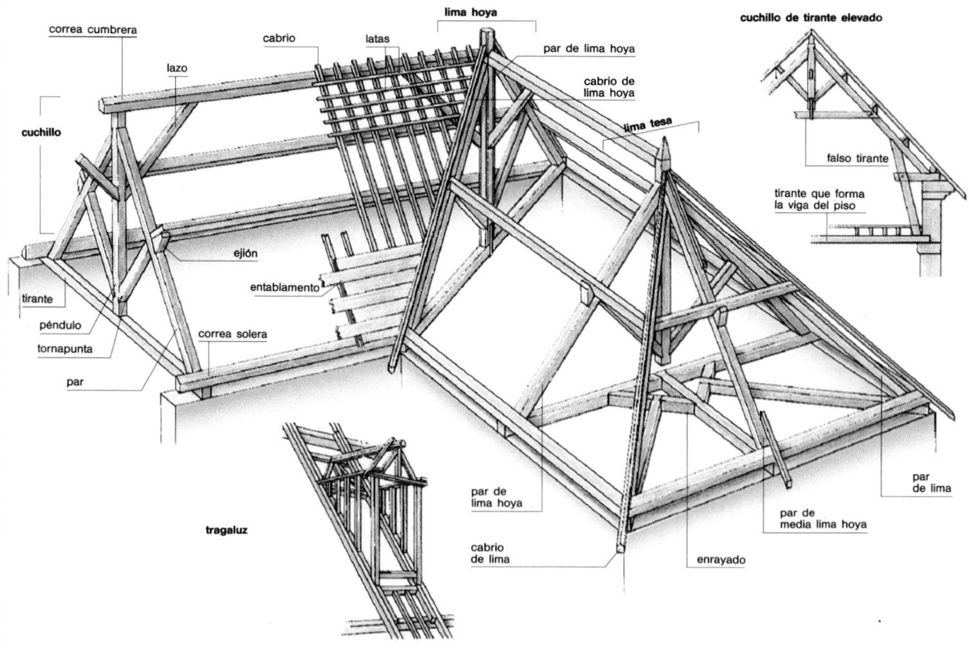

**armadura:** diferentes piezas que pueden constituir una armadura de madera

**ARMERÍA** n. f. Arte de fabricar armas. **2.** Establecimiento en que se venden armas. **3.** Lugar donde se conservan o almacenan las armas. **4.** Heráldica.

**ARMERO** n. m. El que fabrica, vende o está encargado de custodiar y conservar armas. **2.** Armazón de madera, o metal, en el cual se guardan ordenadamente las armas portátiles.

**ARMILAR** adj. **Esfera armilar,** conjunto de varios círculos de metal, madera, etc., que representan el cielo y el movimiento de los astros, en cuyo centro se halla situada una pequeña esfera que representa la Tierra.

esfera **armilar** (S. XVIII) [palacio de Versalles]

**ARMILLA** n. f. (lat. *armillam,* brazalete). ARQ. Astrágalo, cordón que abraza la columna. **2.** ARQ. Espira, parte de la columna encima del plinto.

**ARMINIANISMO** n. m. Doctrina de Arminius (1560-1609), quien inauguró la interpretación rígida de la doctrina calvinista acerca de la predestinación.

**ARMIÑO** n. m. Mamífero carnívoro, de unos 27 cm de long., parecido a la comadreja, cuyo pelaje, rojizo en verano, se vuelve blanco en invierno, excepto el extremo de la cola, que siempre es negro, y constituye entonces una piel muy apreciada. **2.** Piel de este animal. **3.** Tira de piel de armiño, fijada a determinados vestidos de ceremonia. **4.** HERÁLD. Forro con manchas de sable sembradas sobre campo de argén.

**armiño** (pelaje de invierno)

**ARMISTICIO** n. m. Convención por la que los beligerantes suspenden las hostilidades sin poner fin al estado de guerra.

**ARMÓN** n. m. (fr. *armon*). Juego delantero de los carruajes de artillería ligera de campaña, de tracción animal.

**ARMONÍA** n. f. (gr. *harmonia*). Unión y combinación de sonidos simultáneos y diferentes, pero acordes. **2.** Conveniente proporción y concordancia de unas cosas con otras. **3.** *Fig.* Amistad y buena correspondencia: *vivir en armonía.* **4.** MÚS. Arte de la formación y encadenamiento de los acordes.

**ARMÓNICA** n. f. Pequeño instrumento musical de forma rectangular, cuyo sonido es producido por unas lengüetas metálicas libres que vibran al soplar y al aspirar.

**ARMÓNICO, A** adj. (gr. *harmonikos*). Relativo a la armonía. **2.** De sonido agradable: *voz armónica.* ◆ n. m. **3.** Cada uno de los sonidos accesorios, cuyas frecuencias son múltiplos de la del sonido principal, que se añaden a este sonido y cuyo conjunto da lugar al timbre.

**ARMONIO** o **ARMÓNIUM** n. m. Instrumento musical de viento, con lengüetas libres y teclado.

**ARMONIOSO, A** adj. Que tiene armonía: *edificaciones armoniosas.*

**ARMONIZACIÓN** n. f. Acción y efecto de armonizar.

**ARMONIZAR** v. tr. [**1g**]. Poner en armonía: *armonizar ideas poco acordes.* **2.** MÚS. Apoyar una melodía con un acompañamiento (en general con acordes). **3.** MÚS. Afinar los tubos de un órgano para darles la sonoridad requerida. ◆ v. intr. y pron. **4.** Estar en armonía: *sus canas armonizaban con su piel arrugada.*

**ARMORIAL** n. m. Recopilación de los escudos de armas de una nación, provincia o familia.

**ARMORICANO, A** adj. y n. De Armórica.

**ARMUELLE** n. m. Planta de 1 m de alt., con hojas triangulares y flores pequeñas, en espiga, de color verde amarillento, una de cuyas especies se cultiva en huertas. (Familia quenopodiáceas.) **2.** Bledo.

**A.R.N.,** abrev. de *ácido ribonucleico.*

**ARNÉS** n. m. (fr. *harnais*). Armadura de guerra. ◆ **arneses** n. m. pl. **2.** Arreos, guarniciones de las caballerías o animales de tiro.

**ÁRNICA** n. f. Planta, de unos 50 cm de alt., que crece en las montañas elevadas, de flores amarillas, con la que se prepara una tintura útil para las contusiones. (Familia compuestas.) **2.** Tintura alcohólica preparada con las flores de esta planta.

**ARO** n. m. Pieza en figura de circunferencia. **2.** *Argent.* y *Chile.* Pendiente, arete. **3.** TECNOL. Anillo metálico que sirve para mantener fija una polea, un engranaje, etc., para limitar el recorrido de una pieza o para disimular una juntura en las superficies cilíndricas. **4.** TECNOL. Segmento de los pistones del motor. • **Entrar,** o **pasar por el aro,** ejecutar por fuerza algo que no se quiere.

**aro**

**ARO** n. m. Planta de pequeñas flores unisexuales dispuestas en espigas envueltas por una espata verdusca. (Familia aráceas.) SIN.: *jaro, yaro.*

**¡ARO!** interj. *Argent., Bol.* y *Chile.* Se usa para interrumpir al que habla, canta o baila, al tiempo que se le ofrece una copa de licor.

**AROMA** n. f. (lat. *aromam*). Flor del aromo. ◆ n. m. **2.** Perfume, olor muy agradable. ◆ n. m. o f. **3.** Goma, bálsamo, leño o hierba de mucha fragancia.

**AROMÁTICO, A** adj. Que tiene aroma, perfume. **2.** QUÍM. Dícese de los compuestos cuya molécula encierra como mínimo un núcleo bencénico, como el benceno y el tolueno.

**AROMATIZACIÓN** n. f. Acción de aromatizar. **2.** QUÍM. Transformación de un compuesto químico en compuesto aromático.

**AROMATIZANTE** adj. y n. m. Dícese de una sustancia que sirve para aromatizar.

**AROMATIZAR** v. tr. [**1g**]. Dar o comunicar aroma.

**AROMO** n. m. Árbol, variedad de acacia, de ramas espinosas y flores amarillas muy olorosas, que puede alcanzar los 17 m de alt. (Familia mimosáceas.)

**ARPA** n. f. (fr. *harpe*). Instrumento de música triangular, con cuerdas que se hieren con ambas manos, cuyo origen se remonta a la más lejana antigüedad.

**ARPADO, A** adj. Dícese de un arma cuyo hierro presenta dientecillos puntiagudos, como de sierra: *flecha arpada.*

**ARPADO, A** adj. *Poét.* Dícese de los pájaros de canto armonioso.

**ARPADURA** n. f. Arañazo.

**ARPAR** v. tr. (germ. *harpan,* agarrar) [**1**]. Arañar con las uñas.

**ARPEGIAR** v. intr. [**1**]. MÚS. Ejecutar un arpegio.

**ARPEGIO** n. m. (ital. *arpeggio*). MÚS. Ejecución sucesiva de las notas de un acorde.

**arpegio** (en un acorde en sol mayor)

**ARPEO** n. m. MAR. Garfio utilizado para rastrear o para aferrarse dos embarcaciones.

**ARPÍA** n. f. (gr. *Harpya*). Divinidad griega, mitad mujer mitad ave, proveedora de los infiernos. **2.** *Fig.* Mujer perversa. **3.** *Fig.* y *fam.* Persona codiciosa que con arte o maña saca cuanto puede.

**ARPILLERA** n. f. Tejido de estopa muy basta.

**ARPISTA** n. m. y f. Músico que toca el arpa.

**ARPÓN** n. m. Instrumento de hierro que termina en forma de dardo dentado, provisto de un mango, que se utiliza para la captura de ballenas y peces de gran tamaño. **2.** CONSTR. Grapa. **3.** PREHIST. Arma arrojadiza, cuya punta se separa del mango cuando alcanza la presa.

**ARPONADO, A** adj. De forma de arpón o parecido a él.

**ARPONAR** o **ARPONEAR** v. tr. [**1**]. Cazar o pescar con arpón.

**ARPONERO** n. m. El que pesca o caza con arpón. **2.** Ballenero, barco.

**ARQUEADA** n. f. MÚS. Paso del arco por las cuerdas de un instrumento músico, sin cambiar la dirección.

**ARQUEADO, A** adj. Curvado en arco: *piernas arqueadas.*

**ARQUEAR** v. tr. y pron. [**1**]. Dar a una cosa figura de arco, enarcar. **2.** Curvar las ramas de un árbol frutal para disminuir su vigor y aumentar la fructificación.

**ARQUEAR** v. tr. [**1**]. MAR. Medir la capacidad de una embarcación.

**ARQUEGONIO** n. m. Pequeño órgano en forma de botella que contiene la célula reproductora femenina, u oosfera, existente en los musgos, las criptógamas vasculares y en algunas gimnospermas.

**ARQUEO** n. m. Acción y efecto de arquear.

**ARQUEO** n. m. MAR. Volumen interior total o parcial de un barco mercante, expresado en toneladas de arqueo (2,83 $m^3$) y calculado mediante reglas muy precisas. **2.** MAR. Cálculo de esta capacidad. • **Arqueo bruto** (MAR.), volumen interior prácticamente total de un barco. ‖ **Arqueo de yates** (MAR.), medida de determinadas características de los yates, con el fin de clasificarlos en varias series. ‖ **Arqueo neto** (MAR.), volumen que corresponde teóricamente a los espacios de un barco utilizables comercialmente.

**ARQUEO** n. m. CONTAB. Operación por la que se procede al recuento de las existencias de caja.

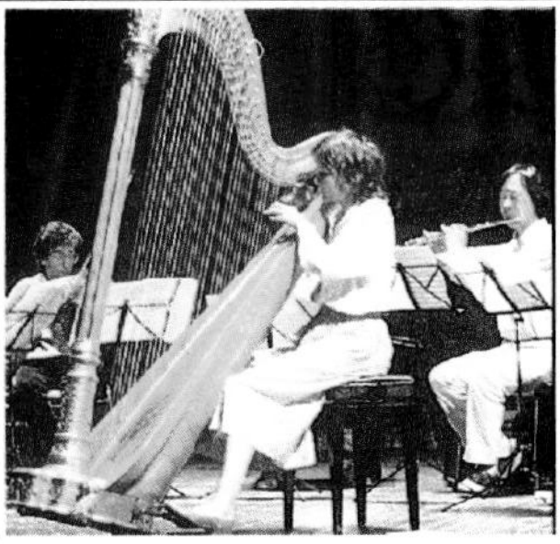

instrumentista tocando el **arpa**

**ARQUEOLÍTICO, A** adj. Relativo a la edad de piedra.

**ARQUEOLOGÍA** n. f. Ciencia que, por medio del análisis de los vestigios de la actividad humana, permite estudiar no sólo las antiguas civilizaciones, sino también entrever el entorno ecológico y la evolución de los procesos culturales de los períodos más remotos.

**arqueología:** trabajos arqueológicos en el barrio de Varea, Logroño (la *Varia* de los berones y la *Vareia* romana)

**ARQUEOLÓGICO, A** adj. Relativo a la arqueología. **2.** *Fig.* Antiguo, sin importancia actual.

**ARQUEÓLOGO, A** n. Persona que se dedica a la arqueología.

**ARQUERÍA** n. f. Serie de arcos.

**ARQUERO** n. m. Soldado armado con arco y flechas. **2.** En los deportes de equipo, portero.

**ARQUETA** n. f. Arca de pequeño tamaño que se destina a diversos usos. SIN.: *arquilla, cofrecillo.*

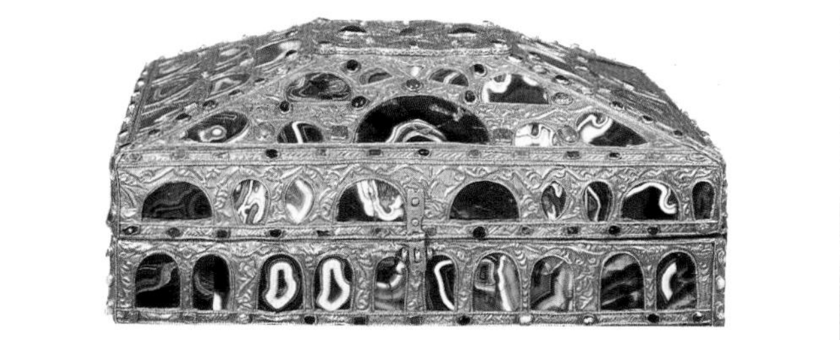

la **arqueta** de los ágatas (cámara santa, catedral de Oviedo)

**ARQUETÍPICO, A** adj. Relativo al arquetipo: *representación arquetípica de la virtud.*

**ARQUETIPO** n. m. (lat. *archetypum*). Tipo supremo, prototipo ideal de las cosas o de las acciones. **2.** *Fig.* Modelo original y primario en el arte u otra cosa.

**ARQUIBANCO** n. m. Banco largo provisto de cajones tapados por el asiento.

**ARQUÍPTERO, A** adj. y n. m. Relativo a un antiguo orden de insectos de alas finamente nervadas, con metamorfosis incompleta, que incluía a las libélulas, las termitas, etc.

**ARQUITECTO, A** n. (lat. *architectum*). Persona que concibe la creación de un edificio, inmueble, etc., y controla su ejecución. • **Arquitecto técnico,** técnico de la construcción, antes llamado aparejador.

**ARQUITECTÓNICO, A** adj. Relativo a la arquitectura.

**ARQUITECTURA** n. f. (lat. *architecturam*). Arte de proyectar y construir edificios según reglas técnicas y cánones estéticos determinados; ciencia de la arquitectura. **2.** *Fig.* Estructura, forma. **3.** INFORMÁT. Organización de los diversos elementos constitutivos de un sistema informático. (*V. ilustraciones págs. 106 y 107.*)

**ARQUITRABE** n. m. ARQ. Parte inferior de un entablamento.

**ARQUIVOLTA** n. f. (ital. *archivolto*). ARQ. Cara vertical, con molduras, de una arcada. SIN.: *archivolta.*

**ARRABÁ** n. m. ARQ. Adorno en forma de marco rectangular, típico de la arquitectura árabe, que circunscribe el arco de las puertas y ventanas.

**ARRABAL** n. m. Barrio extremo de una población.

**ARRABALERO, A** adj. y n. Dícese del habitante de un arrabal. **2.** *Fig.* y *fam.* Dícese de la persona que en su forma de vestir o comportarse da muestras de mala educación.

**ARRABIATAR** v. tr. **[1]**. *Amér.* Rabiatar, atar un animal a la cola de otro. ◆ **arrabiatarse** v. pron. **2.** *Amér.* Someterse servilmente a la opinión de otro.

**ARRABIO** n. m. Producto obtenido en la colada directa del alto horno.

**ARRACADA** n. f. Arete con adorno colgante.

**ARRACIMARSE** v. pron. **[1]**. Unirse en forma de racimo.

**ARRACLÁN** n. m. Arbusto común en los bosques de Europa occidental, de unos 3 a 4 m de alt., cuyas ramas, delgadas y flexibles, son utilizadas en cestería, y cuya corteza es laxante. (Familia ramnáceas.)

**ARRÁEZ** n. m. (ár. *al-ra'īs*). Caudillo árabe o morisco.

**ARRAIGADAS** n. f. pl. MAR. Cabos o cadenas que aseguran las obencaduras de los masteleros.

**ARRAIGAR** v. intr. y pron. **[1b]**. Echar raíces una planta, enraizar, prender. **2.** *Fig.* Hacerse firme una virtud, vicio o costumbre. **3.** DER. Afianzar la responsabilidad de un juicio con bienes raíces o depósito en metálico. ◆ v. tr. **4.** *Fig.* Establecer, fijar firmemente una cosa. **5.** *Fig.* Establecer y afirmar algo o a alguien en una virtud, vicio o costumbre. ◆ **arraigarse** v. pron. **6.** Establecerse en un lugar, adquiriendo en él bienes.

**ARRAIGO** n. m. Acción y efecto de arraigar o arraigarse.

**ARRAK** n. m. Arac.

**ARRAMBLAR** v. tr. **[1]**. Dejar un río o torrente cubierto de arena el suelo por donde pasa. **2.** *Fig.* Arrastrar, llevarse con abuso o violencia. ◆ **arramblarse** v. pron. **3.** Cubrirse el suelo de arena a causa de una avenida.

**ARRANCACLAVOS** n. m. (pl. *arrancaclavos*). Instrumento que sirve para arrancar clavos.

**ARRANCADA** n. f. Partida o salida violenta. **2.** Comienzo del movimiento de una máquina o vehículo que se pone en marcha. **3.** En halterofilia, movimiento que se efectúa en un solo tiempo, de modo que la barra pase directamente del suelo a la altura de las manos, con los brazos tensos en posición vertical.

**ARRANCADOR, RA** adj. y n. Que arranca.

**ARRANCADORA** n. f. Máquina agrícola destinada a arrancar tubérculos, raíces o tallos.

**ARRANCAMIENTO** n. m. Acción de arrancar. SIN.: *arrancadura.*

**ARRANCAR** v. tr. **[1a]**. Sacar de raíz: *arrancar hierbas.* **2.** Sacar con violencia una cosa del lugar a que está adherida o sujeta, o de que forma parte: *arrancar una muela.* **3.** *Fig.* Obtener o conseguir algo de una persona con esfuerzo, violencia o astucia: *arrancar dinero a alguien.* **4.** *Fig.* Separar o quitar a una persona de una determinada costumbre, creencia o vicio: *arrancar a alguien de la bebida.* **5.** *Fig.* Hacer salir la flema arrojándola; dícese también de la voz, suspiros, etc. **6.** TAUROM. Entrar a matar al toro, avanzando el diestro hacia la res. ◆ v. tr. e intr. **7.** Iniciar el funcionamiento de una máquina o el movimiento de traslación de un vehículo. ◆ v. intr. **8.** Partir de carrera. **9.** Principiar el arco o la bóveda, tomando su curva sobre el salmer o la imposta. ◆ **arrancarse** v. pron. **10.** *Fig.* Emprender inopinadamente el cante o el baile andaluz: *arrancó a bailar; arrancar por bulerías.* (Suele usarse con la prep. *a* o *por.*)

**ARRANCHAR** v. intr. y pron. **[1]**. Juntar en ranchos. ◆ v. tr. **2.** *Amér.* Arrebatar, quitar.

**ARRANQUE** n. m. Acción y efecto de arrancar. **2.** Comienzo, principio, punto de donde arranca algo. **3.** *Fig.* Ímpetu de un sentimiento o una acción: *tener un arranque de celos.* **4.** CONSTR. Nacimiento de un arco o de una bóveda. **5.** CONSTR. Parte que constituye la transición entre la jamba y el arco. **6.** MEC. Dispositivo para la puesta en funcionamiento de un motor.

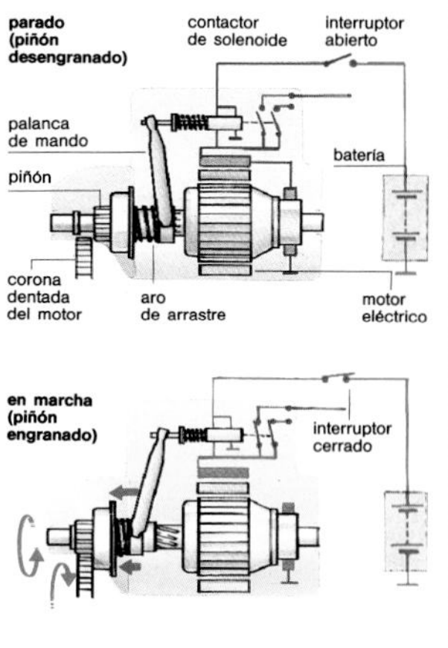


**arranque** de solenoide: funcionamiento

**ARRAPIEZO** n. m. *Desp.* Persona de corta edad.

**ARRAS** n. f. pl. Suma de dinero que una parte entrega a la otra en el momento de efectuar un contrato para asegurar su ejecución. **2.** Donación que, en algunos lugares, el novio hace a la novia por razón del matrimonio.

**ARRASAR** v. tr. **[1]**. Allanar una superficie: *arrasar un campo.* **2.** Echar por tierra, destruir: *arrasar una ciudad.* ◆ v. tr. y pron. **3.** *Fig.* Llenarse los ojos de lágrimas.

**ARRASTRACUERO** n. m. *Cuba* y *Venez.* Individuo que afecta elegancia o fortuna. **2.** Advenedizo, despreciable.

**ARRASTRADA** n. f. *Argent.* Mujer de mala vida.

**ARRASTRADERO** n. m. Camino por donde se hace el arrastre de maderas. **2.** TAUROM. Dependencia de las plazas de toros donde las mulillas arrastran a los toros muertos en la lidia.

**ARRASTRADO, A** adj. *Fam.* Pobre, desastrado, fatigoso: *llevar una vida arrastrada.* **2.** Dícese del juego de naipes en que es obligatorio servir a la carta jugada: *tute arrastrado.* **3.** *Méx. Fam.* Dícese de la persona que ruega para pedir afecto. ◆ adj. y n. **4.** *Fam.* Pícaro, bribón. **5.** *Méx. Fam.* Servil.

**ARRASTRAR** v. tr. **[1]**. Mover a una persona o cosa tirando de ella: *arrastrar la carretilla.* **2.** *Fig.* Impulsar un poder o fuerza irresistible o la voluntad ajena: *sus vicios le arrastran; dejarse arrastrar por los amigos.* **3.** *Fig.* Llevar o soportar algo penosamente: *arrastrar una enfermedad.* **4.** *Fig.* Tener por consecuencia inevitable: *la guerra arrastra calamidades.* ◆ v. intr. **5.** Pender hasta el suelo: *el traje le arrastra por detrás.* **6.** En varios juegos de naipes, jugar carta a que han de servir los demás jugadores. ◆ v. tr., intr. y pron. **7.** Trasladar o mover rozando contra el suelo: *arrastrar los pies.* ◆ **arrastrarse** v. pron. **8.** *Fig.* Humillarse indignamente.

**ARRASTRE** n. m. Acción de arrastrar, mover, trasladar. **2.** Acción de arrastrar en los juegos de naipes. • **Estar,** o **quedar, para el arrastre,** fatigarse a causa de una actividad excesiva o de contrariedades. ‖ **Pesca de,** o **al, arrastre,** la que se efectúa llevando las redes a remolque de la embarcación.

**ARRASTRERO, A** adj. y n. m. Dícese del buque o embarcación que se dedica a la pesca de arrastre.

**ARRAYÁN** n. m. Mirto.

**¡ARRE!** interj. Se usa para arrear a las bestias.

**ARREADOR** n. m. *Argent., Colomb., Perú* y *Urug.* Látigo.

**ARREAR** v. tr. **[1]**. Estimular a las bestias para que anden o para que aviven el paso. **2.** Dar, asestar: *arrear un puntapié.* **3.** *Argent.* Robar ganado. ◆ v. intr. **4.** Apresurar: *empezó a llover y salí arreando.* • **¡Arrea!** *(Fam.),* expresa asombro.

**ARREAR** v. tr. **[1]**. Poner arreos, adornar: *arrear un caballo.*

**ARREBAÑADURAS** n. f. pl. Residuos de alguna cosa, por lo común comestible, que se recogen rebañando.

**ARREBATADOR, RA** adj. y n. Que arrebata, atrae: *una mirada arrebatadora.* SIN.: *cautivador.*

**ARREBATAMIENTO** n. m. Acción de arrebatar o arrebatarse.

**ARREBATAR** v. tr. **[1]**. Quitar, tomar o llevarse con violencia, fuerza o precipitación: *arrebatar algo de las manos; el viento me arrebató el sombrero.* **2.** *Fig.* Atraer la atención, el ánimo: *su elocuencia nos arrebató.* ◆ v. tr. y pron. **3.** *Fig.* Conmover poderosamente, embelesar. ◆ **arrebatarse** v. pron. **4.** Enfurecerse, dejarse llevar de alguna pasión.

**ARREBATIÑA** n. f. Acción de arrojarse a recoger algo disputado entre muchos.

**ARREBATO** n. m. Furor, ímpetu de un sentimiento: *un arrebato de ira.* **2.** Éxtasis.

**ARREBOL** n. m. Color rojo de las nubes iluminadas por los rayos de sol. **2.** Color rojo de las mejillas.

**ARREBOLAR** v. tr. y pron. **[1]**. Poner rojo: *arrebolarse las mejillas.*

**ARREBUJAR** v. tr. **[1]**. Coger o amontonar con desaliño, haciendo un rebujo, cosas flexibles, especialmente prendas de vestir. SIN.: *rebujar.* ◆ v. tr. y pron. **2.** Cubrir y envolver bien con ropa.

**ARRECHUCHO** n. m. *Fam.* Arranque, ímpetu de un sentimiento. **2.** *Fam.* Indisposición repentina y pasajera.

**ARRECIAR** v. tr., intr. y pron. **[1]**. Dar o cobrar fuerza, violencia o intensidad: *arreciar la tormenta, los golpes.*

**ARRECIFE** n. m. (ár. *al-rasīf*). Roca o grupo de rocas casi a flor de agua en el mar, en general cerca de las costas. • **Arrecife coralino,** arrecife formado por el crecimiento de los corales en los mares tropicales.

**ARREDRAR** v. tr. y pron. **[1]**. Asustar, amedrentar, atemorizar.

**ARREFLEXIA** n. f. MED. Ausencia de reflejos.

**ARREGLAR** v. tr. y pron. **[1]**. Poner algo en la forma en que es conveniente o necesario, o de modo que tenga un aspecto agradable: *arreglar la casa; arreglarse para salir.* **2.** Poner de nuevo en condiciones de servir lo estropeado, o acomodar algo de forma que se adapte a otro uso: *arreglar un reloj; arreglar una obra para piano.* **3.** Aclarar, desenredar, desenmarañar lo revuelto, confuso o complicado: *arreglar una situación.* ◆ v. tr. **4.** *Fam.* En frases que envuelven amenaza, corregir a uno, castigarle. ◆ **arreglarse** v. pron. **5.** Ingeniarse para salir de un apuro.

**ARREGLISTA** n. m. y f. Persona que realiza arreglos de obras musicales.

**ARREGLO** n. m. Acción y efecto de arreglar o arreglarse: *arreglo de la casa; arreglo personal.* **2.** Acuerdo concertado entre particulares o entre estados. **3.** Transformación de una obra musical escrita para determinadas voces, instrumentos o conjuntos, para que pueda ser ejecutada por voces, instrumentos o conjuntos distintos. **4.** *Fam.* Lío amoroso. • **Con arreglo a,** según.

**ARREICO, A** adj. GEOGR. Privado de avenamiento.

**ARREÍSMO** n. m. Estado de una región arreica.

**ARRELLANARSE** v. pron. **[1]**. Extenderse en un asiento con toda comodidad: *arrellanarse en la butaca.* SIN.: *apoltronarse, repanchigarse, repantigarse.*

**ARREMANGAR** v. tr. y pron. **[1b]**. Recoger hacia arriba las mangas o la ropa: *arremangarse la camisa.* ◆ **arremangarse** v. pron. **2.** *Fig.* Tomar enérgicamente una resolución.

**ARREMETER** v. intr. **[2]**. Acometer con ímpetu: *arremeter contra alguien.*

**ARREMETIDA** n. f. Acción de arremeter.

**ARREMOLINARSE** v. pron. **[1]**. Formar remolinos un líquido o un gas. **2.** *Fig.* Amontonarse desordenadamente gente, animales o cosas en movimiento: *arremolinarse la muchedumbre en la plaza.*

**ARRENDABLE** adj. Que puede o suele arrendarse.

**ARRENDADOR, RA** adj. y n. Que da en arrendamiento alguna cosa. **2.** Arrendatario.

**ARRENDAJO** n. m. Ave de la familia córvidos, de unos 35 cm de longitud, de plumaje marrón claro moteado de azul, blanco y negro, común en los bosques.

arrendajo

**ARRENDAMIENTO** o **ARRIENDO** n. m. Acción de arrendar. **2.** Precio en que se arrienda, renta.

**ARRENDAR** v. tr. **[1j]**. Ceder o adquirir el aprovechamiento y uso temporal de una cosa u obligarse a la ejecución de una obra o prestación de un servicio, por un precio determinado. SIN.: *alquilar.*

**ARRENDATARIO, A** adj. y n. Que toma en arrendamiento alguna cosa.

**ARREO** n. m. Atavío, adorno. ◆ **arreos** n. m. pl. **2.** Guarniciones o jaeces de las caballerías de montar o de tiro. SIN.: *arneses.*

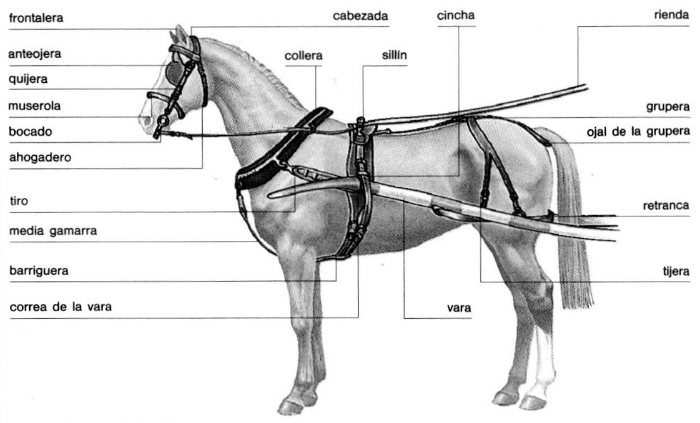


**arreos** de un caballo de tiro

**ARREPANCHIGARSE** v. pron. **[1b]**. *Fam.* Repantigarse.

**ARREPENTIDA** n. f. Mujer que se arrepentía de su mala vida e ingresaba en un convento.

**ARREPENTIDO, A** adj. y n. Dícese de los miembros de organizaciones delictivas que se han entregado voluntariamente a la justicia para reinsertarse en la sociedad.

**ARREPENTIMIENTO** n. m. Acción y efecto de arrepentirse: *hacer un acto de arrepentimiento.*

**ARREPENTIRSE** v. pron. **[22]**. Pesarle a uno haber hecho o dejado de hacer alguna cosa.

**ARREQUESONARSE** v. pron. **[1]**. Cortarse la leche.

**ARREQUIVES** n. m. pl. Adornos innecesarios o excesivos.

**ARRESTAR** v. tr. (lat. *arrestare*) **[1]**. Poner preso, detener: *arrestar al presunto culpable.* ◆ **arrestarse** v. pron. **2.** Arrojarse a una acción o empresa ardua.

**ARRESTO** n. m. Detención provisional del presunto culpable. **2.** Reclusión por un tiempo breve, como corrección o pena. **3.** Arrojo, determinación para emprender una cosa ardua: *tener muchos arrestos.* (Suele usarse en plural.) • **Arresto mayor,** pena de privación de libertad desde un mes y un día hasta seis meses. ‖ **Arresto menor,** pena de igual índole que la anterior y de duración de uno a treinta días.

**ARREVISTADO, A** adj. Dícese de la obra o espectáculo teatral con elementos propios de una revista.

**ARRIACENSE** adj. y n. m. y f. De Guadalajara, España.

**ARRIANISMO** n. m. Doctrina de Arrio, que negaba la divinidad de Cristo. (Fue condenado por los concilios de Nicea [325] y Constantinopla [381].)

**ARRIANO, A** adj. y n. Relativo al arrianismo; partidario de esta doctrina.

**ARRIAR** v. tr. **[1t]**. Bajar una vela o bandera que estaba izada. **2.** Aflojar o soltar un cabo, cadena, etc.

**ARRIATE** n. m. Parterre estrecho para plantas de adorno junto a las paredes de los jardines y patios.

**ARRIBA** adv. l. Hacia un lugar superior: *voy arriba.* **2.** En lugar superior o más alto: *está arriba.* **3.** Pospuesto a un nombre de lugar, en dirección a la parte más alta de él: *huyó escaleras arriba.* **4.** En la parte superior de la jerarquía social: *la orden viene de arriba.* • **De arriba abajo,** del principio al fin: *lo leí de arriba abajo;* con desdén: *mirar de arriba abajo.* ◆ interj. **5.** Se usa para excitar a uno a levantarse, subir o para que recobre ánimos.

**ARRIBADA** n. f. Acción de arribar: *la arribada de un buque a puerto.*

**ARRIBAR** v. intr. **[1]**. Llegar, especialmente una nave al puerto.

**ARRIBEÑO, A** adj. y n. *Amér.* Dícese de los habitantes de las tierras altas.

**ARRIBISTA** n. m. y f. y adj. Persona que quiere progresar en la vida por medios rápidos y sin escrúpulos.

**ARRIBO** n. m. Llegada.

**ARRIENDO** n. m. Arrendamiento.

**ARRIERO** n. m. El que tiene por oficio trajinar con bestias de carga.

**ARRIESGADO, A** adj. Osado, temerario: *una acción arriesgada.*

**ARRIESGAR** v. tr. y pron. **[1b]**. Poner a riesgo: *arriesgar la vida.* SIN.: *arriscar.*

**ARRIMADERO** n. m. Cosa que puede servir de apoyo o a la que uno puede arrimarse.

**ARRIMADO, A** n. *Méx.* Persona que vive en casa de otro sin pagar nada.

**ARRIMAR** v. tr. y pron. **[1]**. Acercar, poner en contacto: *arrimar una silla a la puerta.* ◆ **arrimarse** v. pron. **2.** Apoyarse sobre una cosa como para des-

Karnak, templo de Jonsu,
iniciado en 1190 a. J.C.
Corte de las estructuras básicas
de un templo divino, que se
extiende tras la imponente
construcción del pilono
(altura: 16 m).

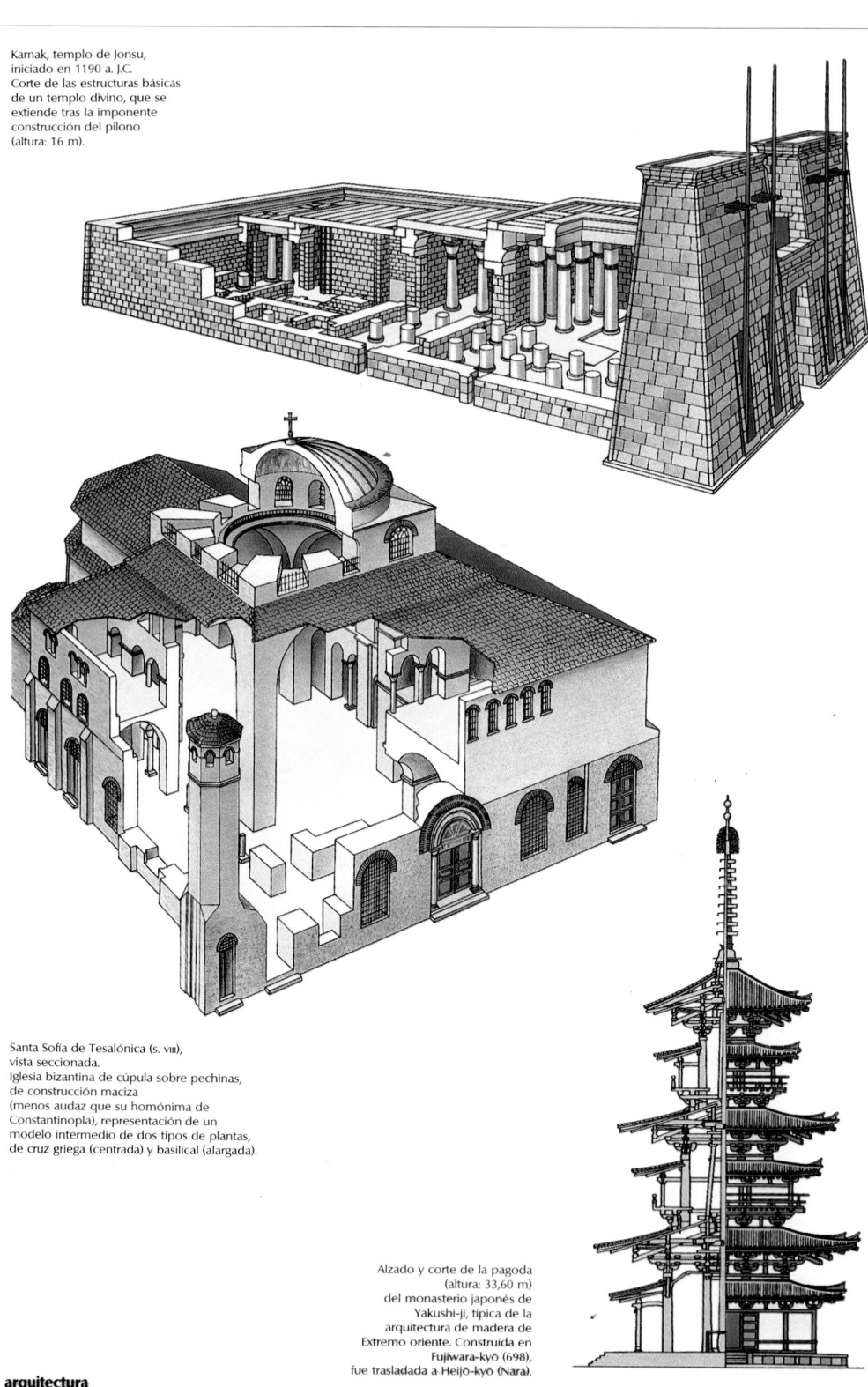

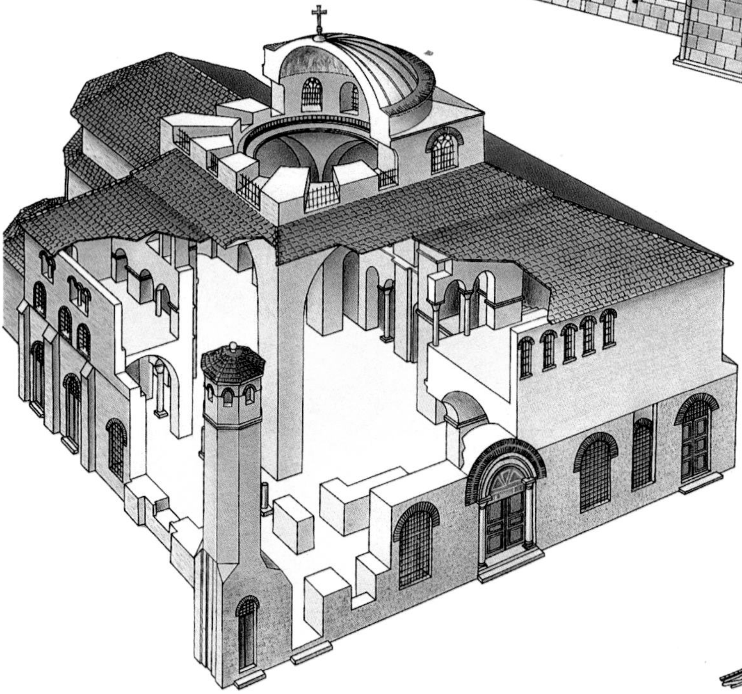

Santa Sofía de Tesalónica (s. VIII),
vista seccionada.
Iglesia bizantina de cúpula sobre pechinas,
de construcción maciza
(menos audaz que su homónima de
Constantinopla), representación de un
modelo intermedio de dos tipos de plantas,
de cruz griega (centrada) y basilical (alargada).

Alzado y corte de la pagoda
(altura: 33,60 m)
del monasterio japonés de
Yakushi-ji, típica de la
arquitectura de madera de
Extremo oriente. Construida en
Fujiwara-kyō (698),
fue trasladada a Heijō-kyō (Nara).

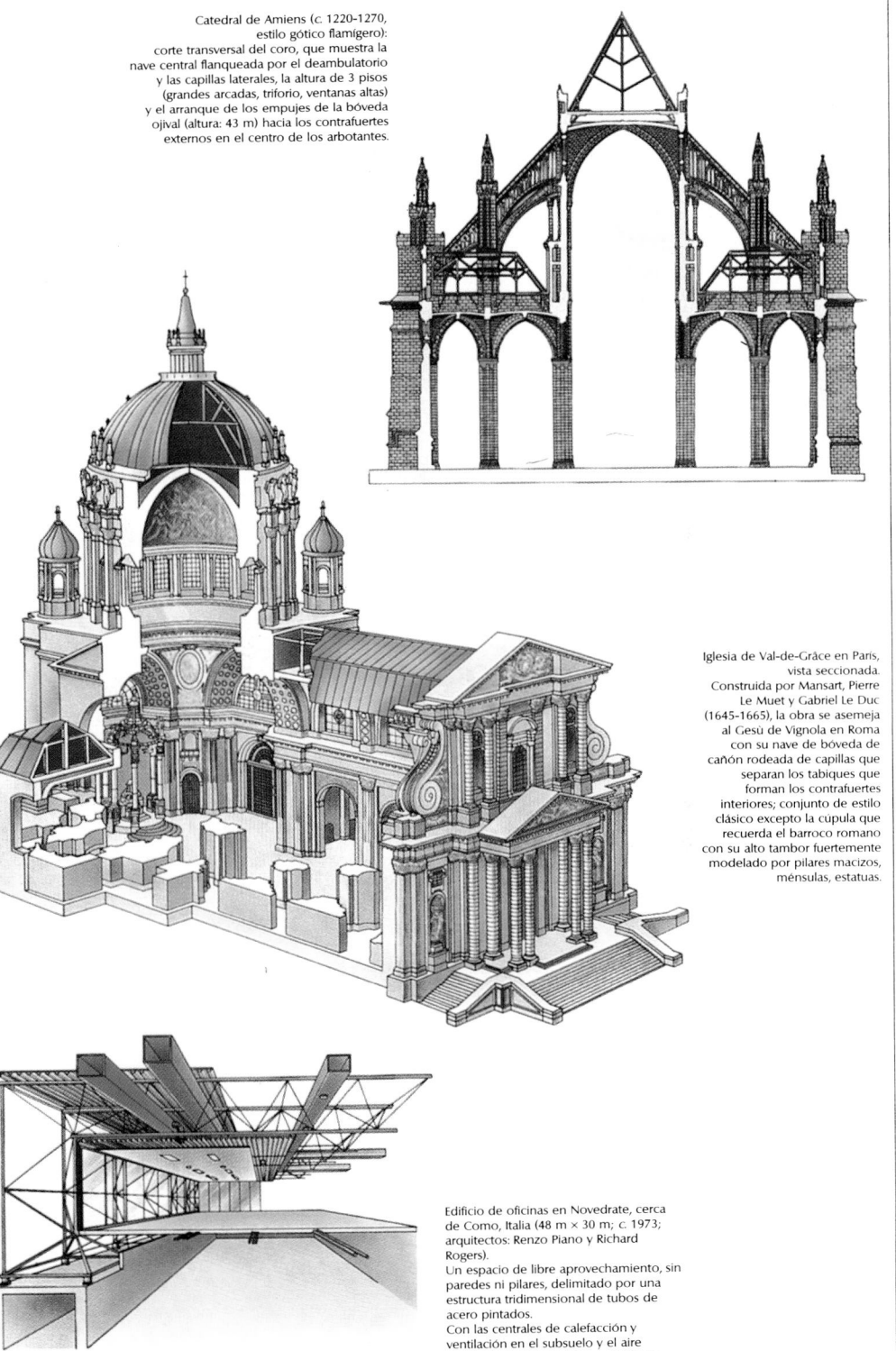

Catedral de Amiens (*c.* 1220-1270, estilo gótico flamígero): corte transversal del coro, que muestra la nave central flanqueada por el deambulatorio y las capillas laterales, la altura de 3 pisos (grandes arcadas, triforio, ventanas altas) y el arranque de los empujes de la bóveda ojival (altura: 43 m) hacia los contrafuertes externos en el centro de los arbotantes.

Iglesia de Val-de-Grâce en París, vista seccionada. Construida por Mansart, Pierre Le Muet y Gabriel Le Duc (1645-1665), la obra se asemeja al Gesù de Vignola en Roma con su nave de bóveda de cañón rodeada de capillas que separan los tabiques que forman los contrafuertes interiores; conjunto de estilo clásico excepto la cúpula que recuerda el barroco romano con su alto tambor fuertemente modelado por pilares macizos, ménsulas, estatuas.

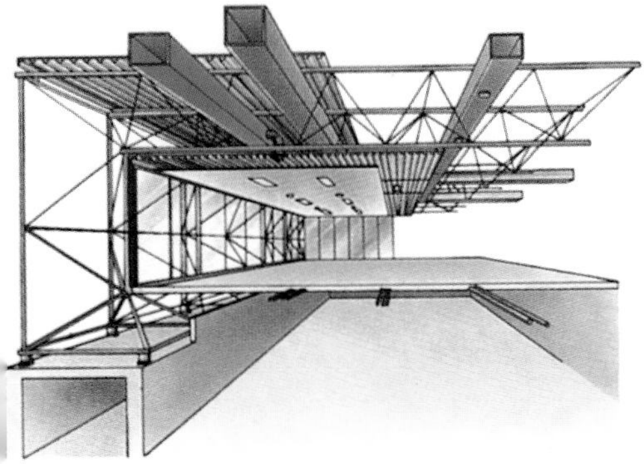

Edificio de oficinas en Novedrate, cerca de Como, Italia (48 m × 30 m; *c.* 1973; arquitectos: Renzo Piano y Richard Rogers).
Un espacio de libre aprovechamiento, sin paredes ni pilares, delimitado por una estructura tridimensional de tubos de acero pintados.
Con las centrales de calefacción y ventilación en el subsuelo y el aire circulante entre los plafones del techo.

cansar o sostenerse: *arrimarse a la pared.* **3.** *Fig.* Acogerse a la protección de alguien: *arrimarse a los poderosos.* **4.** TAUROM. Acercarse mucho el diestro al toro al realizar las suertes.

**ARRIMO** n. m. Apoyo, ayuda, auxilio: *buscar el arrimo de la madre.* **2.** *Amér.* Cerca que separa las heredades. • **Al arrimo de,** al amparo de alguien o algo.

**ARRINCONAMIENTO** n. m. Acción y efecto de arrinconar o arrinconarse.

**ARRINCONAR** v. tr. [**1**]. Poner una cosa en un rincón, especialmente retirarla del uso: *arrinconar muebles viejos.* **2.** Perseguir a uno, acosarlo hasta que no pueda huir. **3.** *Fig.* Privar a uno del favor que gozaba. ◆ **arrinconarse** v. pron. **4.** *Fig.* y *fam.* Retirarse del trato de las gentes.

**ARRIÑONADO, A** adj. De figura de riñón: *hoja arriñonada.*

**ARRISCADO, A** adj. Lleno de riscos: *una cima arriscada.* **2.** Atrevido, arriesgado.

**ARRITMIA** n. f. Alteración del ritmo del corazón, caracterizada por una irregularidad de frecuencia y una desigualdad de sus contracciones. **2.** Falta de ritmo regular.

**ARRÍTMICO, A** adj. Relativo a la arritmia.

**ARRIZAR** v. tr. [**1g**]. MAR. Disminuir la superficie de una vela tomando los rizos.

**ARROBA** n. f. Unidad de peso usada en España y en numerosos países de América del Sur. **2.** Medida de capacidad cuyo valor varía según las regiones y países. **3.** INFORMÁT. Símbolo (@) del teclado de los equipos informáticos, usado generalmente para componer direcciones de correo electrónico, en las que separa el nombre del usuario y el del servidor. • **Por arrobas,** a montones.

**ARROBAR** v. tr. y pron. [**1**]. Embelesar.

**ARROBO** o **ARROBAMIENTO** n. m. Éxtasis, embelesamiento: *escuchar con arrobo.*

**ARROCERO, A** adj. Relativo al arroz. ◆ n. **2.** Cultivador de arroz.

**ARRODILLAMIENTO** n. m. Acción y efecto de arrodillar.

**ARRODILLAR** v. tr. [**1**]. Poner de rodillas. ◆ v. intr. y pron. **2.** Ponerse de rodillas.

**ARRODRIGAR** v. tr. [**1b**]. AGRIC. Arrodrigonar.

**ARRODRIGONADO** n. m. Operación que consiste en sujetar una planta, rama, tallo, etc., a una estaca para mantenerlos en una dirección determinada. **2.** El soporte mismo.

**ARRODRIGONAR** v. tr. [**1**]. AGRIC. Sujetar con un arrodrigonado.

**ARROGACIÓN** n. f. Acción y efecto de arrogar o arrogarse.

**ARROGANCIA** n. f. Calidad de arrogante.

**ARROGANTE** adj. Orgulloso, soberbio: *hablar en tono arrogante.* **2.** Gallardo, airoso: *una figura arrogante.*

**ARROGAR** v. tr. (lat. *arrogare*) [**1b**]. DER. ROM. Adoptar como hijo al huérfano o al emancipado. ◆ **arrogarse** v. pron. **2.** Atribuirse, apropiarse indebidamente: *se arrogó derechos ajenos.*

**ARROJADIZO, A** adj. Que se puede arrojar o tirar: *arma arrojadiza.*

**ARROJADO, A** adj. Resuelto, osado, imprudente: *persona arrojada ante el peligro.*

**ARROJAR** v. tr. [**1**]. Lanzar con violencia: *arrojar una piedra.* **2.** Echar, hacer que algo vaya a parar a alguna parte: *arrojar flores a los artistas.* **3.** Echar, despedir de sí una cosa: *arrojar humo una chimenea.* **4.** Echar a alguien de algún lugar, apartarle con violencia, por desprecio, castigo, etc.: *arrojar a un alumno de clase.* **5.** Echar, deponer a uno de su empleo o dignidad. **6.** *Fig.* Tratándose de cuentas, documentos, etc., presentar, dar de sí como consecuencia o resultado: *la liquidación arroja un saldo positivo.* ◆ **arrojarse** v. pron. **7.** Precipitarse, dejarse ir con violencia de alto a bajo: *arrojarse por el balcón.* **8.** *Fig.* Ir violentamente hacia alguien o algo: *arrojarse sobre el enemigo.*

**ARROJO** n. m. *Fig.* Osadía, intrepidez: *luchar con arrojo.*

**ARROLLADO** n. m. *Argent.* y *Chile.* Carne de vaca o cerdo cocida y aliñada que se envuelve en la piel, también cocida, del mismo animal y se ata en forma de rollo. **2.** *Argent.* y *Chile.* Matambre, fiambre envuelto en forma de rollo. **3.** *Argent.* Brazo de gitano, pastel.

**ARROLLADOR, RA** adj. Que arrolla: *éxito arrollador.* ◆ n. m. y adj. **2.** MEC. Cilindro de una grúa, torno, cabrestante, etc., en que se arrollan las cuerdas.

**ARROLLAMIENTO** n. m. Acción y efecto de arrollar. **2.** Bobina de una máquina eléctrica.

**ARROLLAR** v. tr. [**1**]. Envolver en forma de rollo: *arrollar el hilo.* **2.** Llevar consigo la fuerza del viento o del agua alguna cosa: *la riada ha arrollado la cosecha.* **3.** *Fig.* Derrotar, vencer, dominar, superar: *las tropas arrollaron al enemigo.* **4.** *Fig.* Atropellar, especialmente un vehículo: *el coche arrolló a un peatón.*

**ARROPAMIENTO** n. m. Acción y efecto de arropar.

**ARROPAR** v. tr. y pron. [**1**]. Cubrir, abrigar, especialmente con ropa.

**ARROPE** n. m. Mosto cocido, con consistencia de jarabe, al que suele añadirse alguna fruta cocida. **2.** Jarabe concentrado de miel con alguna sustancia medicinal.

**ARROSTRAR** v. tr. [**1**]. Hacer cara, resistir: *arrostrar el peligro.*

**ARROTADO, A** adj. *Chile.* Dícese de la persona de baja condición o con modales de roto.

**ARROW-ROOT** n. m. (voz inglesa). Arrurruz.

**ARROYADA** n. f. GEOGR. Corriente rápida de las aguas pluviales sobre pendientes de terrenos. • **Arroyada concentrada,** modalidad de arroyada en la que las aguas se concentran en canales que se unen para formar la red hidrográfica. || **Arroyada difusa,** modalidad de arroyada en la que las aguas corren sobre toda la superficie de una vertiente.

**ARROYAR** v. tr. y pron. [**1**]. Formar la lluvia arroyadas en un terreno. ◆ v. tr. **2.** Formar la lluvia arroyos.

**ARROYO** n. m. Corriente de agua de escaso caudal y cauce por donde corre. **2.** Parte de la calle por donde corren las aguas. **3.** Calle, vía en poblado. **4.** *Fig.* Afluencia, corriente de cualquier cosa líquida: *un arroyo de lágrimas.*

**ARROZ** n. m. (ár. *al-ruzz*). Planta herbácea anual, cultivada en terrenos húmedos y cálidos, de 8 a 18 dm de altura, de hojas largas y ásperas y espiga grande, estrecha y colgante, cuyo fruto, un grano harinoso y blanco, constituye el alimento de base de una tercera parte de la población mundial. (Familia gramíneas.) **2.** Grano de esta planta. • **Agua de arroz,** bebida astringente que se obtiene haciendo cocer arroz en agua. || **Arroz integral,** el que se consume sin descascarillar. || **Paja de arroz,** paja que se obtiene de la parte leñosa del arroz, utilizada para la confección de sombreros. || **Papel de arroz,** papel especial fabricado con la médula del árbol del pan o con tallos jóvenes de bambú.

**ARROZAL** n. m. Terreno sembrado de arroz.

**ARRUAR** v. intr. [**1**]. Gruñir el jabalí al ser perseguido.

**ARRUFADURA** n. f. MAR. Curvatura de la cubierta alta o de la quilla horizontal, quedando la popa y la proa más elevadas que la parte central de la nave.

**ARRUFALDADO, A** adj. Dícese del sombrero levantado del ala.

**ARRUFAR** v. tr. [**1**]. Dar arrufadura al buque en su construcción. ◆ v. intr. **2.** Hacer arrufadura un buque.

**ARRUFO** n. m. MAR. Arrufadura.

**ARRUGA** n. f. (lat. *rugam*). Pliegue de la piel, generalmente por efecto de la edad. **2.** Pliegue irregular que se hace en cualquier cosa flexible: *las arrugas de la ropa.*

**ARRUGAMIENTO** n. m. Acción y efecto de arrugar.

**ARRUGAR** v. tr. y pron. [**1b**]. Hacer arrugas. ◆ **arrugarse** v. pron. **2.** Encogerse, acobardarse: *arrugarse de vergüenza.*

**ARRUINAR** v. tr. y pron. [**1**]. Causar ruina: *su afición al juego le arruinó.* **2.** *Fig.* Destruir, ocasionar grave daño: *la sequía arruinó la cosecha.*

**ARRULLADOR, RA** adj. y n. Que arrulla.

**ARRULLAR** v. tr. [**1**]. Emitir el palomo o el tórtolo su voz natural. **2.** Adormecer al niño meciéndole o cantándole suavemente. ◆ v. tr. y pron. **3.** Cortejar el palomo o el tórtolo a la hembra, o al contrario. **4.** *Fig.* y *fam.* Decir palabras cariñosas especialmente el enamorado.

**ARRULLO** n. m. Acción y efecto de arrullar.

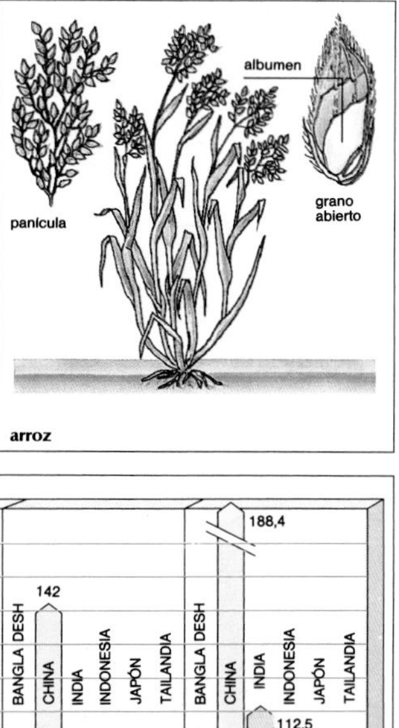

arroz

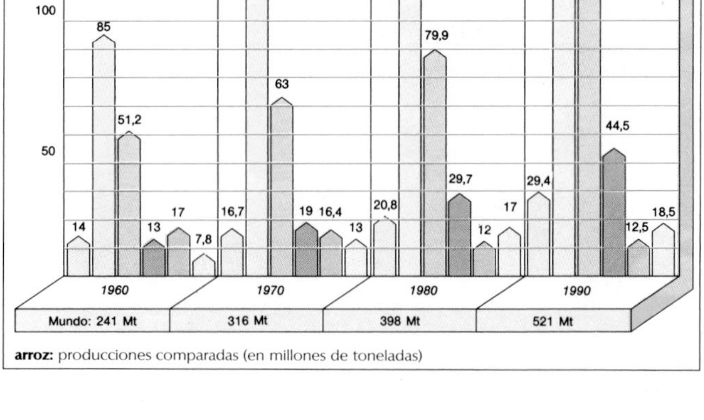

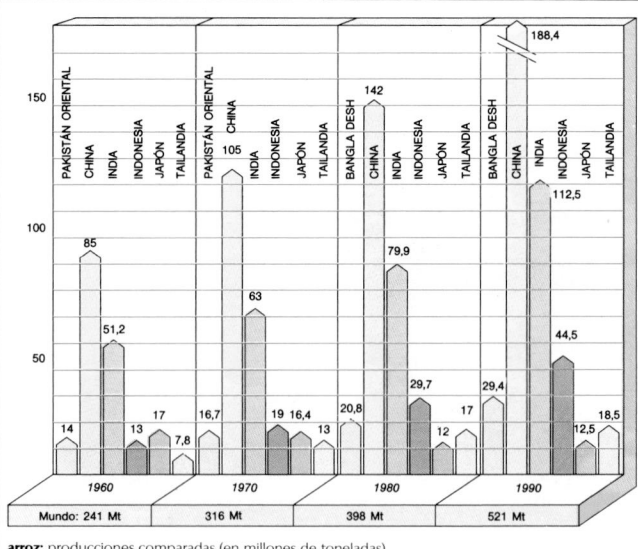

**arroz:** producciones comparadas (en millones de toneladas)

**ARRUMA** n. f. División hecha en la bodega de un buque para colocar la carga.

**ARRUMACO** n. m. *Fam.* Demostración de cariño: *cautivar con arrumacos.* (Suele usarse en plural.) **2.** *Fam.* Adorno o atavío estrafalario.

**ARRUMAR** v. tr. (fr. *arrumer*) **[1]**. MAR. Distribuir y colocar la carga en un buque. ◆ **arrumarse** v. pron. **2.** MAR. Cargarse de nubes el horizonte.

**ARRUMBAR** v. tr. (fr. *arrumer*) **[1]**. Poner una cosa como inútil en lugar apartado: *arrumbar trastos viejos.* **2.** *Fig.* Apartar a alguien, no hacerle caso.

**ARRUMBAR** v. tr. **[1]**. MAR. Determinar la dirección que sigue una costa. ◆ v. intr. **2.** MAR. Fijar el rumbo a que se navega o se debe navegar.

**ARRUME** n. m. *Colomb.* y *Venez.* Montón.

**ARRURRUZ** n. m. (ingl. *arrow-root,* raíz de la flecha). Fécula comestible, extraída de los rizomas de diversas plantas tropicales.

**¡ARSA!** interj. *Fam.* Se usa para animar o jalear.

**ARSENAL** n. m. Establecimiento en que se construyen, reparan y conservan embarcaciones. SIN.: *astillero, atarazana, dársena.* **2.** Almacén general de armas y efectos bélicos. **3.** *Fig.* Conjunto o depósito de herramientas, noticias, datos, etc.: *el arsenal de un médico; su memoria es un arsenal de fechas.*

**ARSENAMINA** n. f. Hidruro de arsénico $AsH_3$.

**ARSENIATO** n. m. QUÍM. Sal del ácido arsénico.

**ARSENICAL** adj. Que contiene arsénico. ◆ n. m. **2.** Medicamento derivado del arsénico.

**ARSÉNICO** n. m. (lat. *arsenicum*). Elemento químico (As), de número atómico 33, de masa atómica 74,92, de densidad 5,7, de color gris ferroso y brillo metálico, que al calentarlo, se sublima hacia los 450 °C, despidiendo olor a ajo. ◆ adj. y n. m. **2.** Dícese del anhídrido $As_2O_5$ y del ácido $H_3AsO_4$.

**ARSENIOSO, A** adj. Dícese del anhídrido $As_2O_3$ y del ácido correspondiente.

**ARSENITO** n. m. Sal del ácido arsenioso.

**ARSENIURO** n. m. Combinación del arsénico con un cuerpo simple.

**ARSINA** n. f. Cuerpo derivado de la arsenamina $AsH_3$, al sustituir el hidrógeno por radicales carbonados.

**ART DÉCO** n. m. (voces francesas). Estilo decorativo promovido a partir de la Exposición internacional de artes decorativas de París (1925), basado en formas geometrizadas y en un naturalismo estilizado, heredado del modernismo.

**ART NOUVEAU** (voces francesas). Modernismo.

**ARTE** n. m. o f. (lat. *artem*). Actividad humana específica, para la que se recurre a ciertas facultades sensoriales, estéticas e intelectuales; conjunto de obras artísticas de un país o una época: *el arte italiano; el arte romano.* **2.** Conjunto de reglas que rigen en una profesión o una actividad: *arte militar, culinario, dramático.* **3.** Habilidad con que se hace algo: *tener arte para arreglarse; convencer con arte.* **4.** Cautela, astucia: *con sus artes consigue lo que quiere.* (Suele usarse en plural.) • **Arte cisoria,** la de trinchar. ‖ **Arte plumaria,** la que imita pinturas mediante plumas de colores adheridas a un plano, como se practicaba en México antes de la conquista. ‖ **Arte poética,** obra, en verso o en prosa, que define la concepción y las técnicas de la creación poética de un escritor o una escuela literaria. ‖ **Arte popular,** conjunto de objetos utilitarios o decorativos, sin referencia explícita a una estética a la que se refieren habitualmente las clases dominantes; conjunto de la producción material de objetos familiares, utilitarios, culturales, religiosos, etc., realizados por un grupo étnico. ‖ **Artes de pesca,** conjunto de redes, cables y flotadores que se utilizan para pescar. ‖ **El arte por el arte,** doctrina literaria que rehúsa la integración social o política del escritor y que hace de la perfección formal el fin último del arte. ‖ **Malas artes,** procedimiento poco honrado. ‖ **Séptimo arte,** cinematografía. ‖ **Sociología del arte,** estudio de la influencia de las condiciones y los valores sociales, políticos, económicos y religiosos en la producción artística, y de la influencia de ésta en las conductas sociales.

**ARTEFACTO** n. m. (lat. *arte factum,* hecho con arte). Obra mecánica, artificio, máquina, aparato. **2.** Cualquier carga explosiva.

**ARTEJO** n. m. (lat. *articulum*). Nudillo de las falanges de los dedos. **2.** ZOOL. Cada una de las piezas articuladas que forman los apéndices de los artrópodos.

**ARTEL** n. m. En la antigua U.R.S.S., sociedad cooperativa en la que la propiedad estaba en manos de colectividades de trabajadores.

**ARTEMISA** n. f. Planta aromática, de hojas blancuzcas por el envés, y flores en panoja, con el centro amarillo. (Familia compuestas.)

**ARTERIA** n. f. Vaso que conduce la sangre desde el corazón a los órganos. **2.** *Fig.* Calle de una población, a la cual afluyen muchas otras. **3.** *Fig.* Medio importante de comunicación.

**ARTERÍA** n. f. Astucia: *actuar con artería.*

**ARTERIAL** adj. Relativo a las arterias.

**ARTERIECTOMÍA** n. f. CIR. Resección de un segmento de arteria.

**ARTERIOGRAFÍA** n. f. Radiografía de las arterias y de sus ramas, tras la inyección directa de un producto opaco a los rayos X.

**ARTERIOLA** o **ARTERÍOLA** n. f. Pequeña arteria.

**ARTERIOSCLEROSIS, ARTERIOESCLEROSIS** o **ARTEROSCLEROSIS** n. f. Enfermedad involutiva de la pared de las arterias, que conduce a su endurecimiento.

**ARTERIOSCLERÓTICO, A** adj. y n. Relativo a la arteriosclerosis; afecto de arteriosclerosis.

**ARTERIOTOMÍA** n. f. CIR. Sección de una arteria.

**ARTERITIS** n. f. MED. Inflamación de una arteria.

**ARTERO, A** adj. Astuto, malintencionado.

**ARTEROSCLEROSIS** n. f. Arteriosclerosis.

**ARTESA** n. f. Recipiente en forma de tronco de pirámide invertido, para amasar pan, dar de comer a los animales o para otros usos. **2.** Cajón en que se mezcla el mortero o el yeso. **3.** Valle cuyo perfil transversal, con vertientes empinadas y fondo plano, es parecido al de una artesa.

**ARTESANADO** n. m. Conjunto de los artesanos. **2.** Artesanía, obra de artesano.

**ARTESANAL** adj. Relativo a la artesanía.

**ARTESANÍA** n. f. Calidad de artesano. **2.** Obra de artesano.

**ARTESANO, A** adj. Relativo a la artesanía. ◆ n. y adj. **2.** Persona que ejerce un arte u oficio manual.

**ARTESIANO, A** adj. y n. Del Artois. ◆ adj. **2. Pozo artesiano,** pozo en el que el agua asciende por su propia presión.

**ARTESÓN** n. m. ARQ. Compartimiento hueco, adornado con molduras o pinturas, utilizado en la decoración de los techos. **2.** ARQ. Artesonado.

**ARTESONADO** n. m. ARQ. Techo adornado con artesones.

**artesonado** mudéjar
(iglesia de San Juan de los Reyes, Toledo)

Plato de cerámica de Manises. Mediados del s. XIX. (Museo nacional de cerámica, Valencia.) Esta variedad de loza en azul y dorado que probablemente se empezó a producir hacia el s. XV, proporcionó una gran fama a la ciudad de Manises.

Detalle de una prenda de vestir de algodón. Arte otomí, México. (Museo del hombre, París.) Bordado con lana roja y negra. Los otomíes conservan las técnicas tradicionales en el tejido y decoración de su indumentaria.

Las marionetas constituyen una expresión cultural original en numerosos países. El teatro turco Karagöz —del nombre de su héroe principal— consiste en la proyección, en una pantalla, de imágenes translúcidas de colores de los diferentes personajes.

Ex voto (óleo sobre madera), fechado en 1892, procedente del sur de Francia. (Col. part.) Evoca con cierta ingenuidad en el trazo la sorpresa y la gracia obtenida: dos mujeres, en un descuido, dejan caer en agua hirviendo el niño al que están lavando que será «milagrosamente» salvado...

el **arte popular**

**ARTESONAR** v. tr. **[1]**. Adornar con artesones un techo o bóveda.

**ÁRTICO, A** adj. (lat. *articum*). Relativo al polo N y a las regiones que lo rodean. CONTR.: *antártico*.

**ARTICULACIÓN** n. f. (lat. *articulationem*). Acción de articular los sonidos de una lengua. **2.** Unión no rígida entre dos piezas mecánicas. **3.** ANAT. Zona de unión entre dos o más huesos. **4.** ZOOL. Zona de tegumento de los artrópodos donde la quitina se adelgaza permitiendo los movimientos de los segmentos.

**ARTICULADO, A** adj. Que tiene una o varias articulaciones: *sistema articulado de una máquina; animal articulado*. **2.** Enunciado, expresado claramente: *palabra mal articulada*. ◆ n. m. **3.** Conjunto de artículos de una ley o reglamento.

**ARTICULAR** adj. Relativo a las articulaciones. SIN.: *articulario*.

**ARTICULAR** v. tr. y pron. (lat. *articulare*) **[1]**. Unir, enlazar las partes de un todo en forma generalmente funcional. ◆ v. tr. **2.** Producir los sonidos de una lengua disponiendo adecuadamente los órganos de la voz. **3.** Pronunciar las palabras clara y distintamente.

**ARTICULATORIO, A** adj. Relativo a la articulación de los sonidos del lenguaje.

**ARTICULISTA** n. m. y f. Persona que escribe artículos para periódicos o publicaciones análogas.

**ARTÍCULO** n. m. (lat. *articulum*). Cada una de las partes en que suelen dividirse los escritos. **2.** Escrito de cierta extensión e importancia, inserto en un periódico o revista. **3.** Mercancía, cosa que se comercia. **4.** DER. Cada una de las disposiciones numeradas de un tratado, ley, etc. **5.** INFORMÁT. La menor cantidad de información accesible en un fichero. **6.** LING. Palabra accesoria que se antepone a los nombres para individualizarlos y concretizarlos, y para indicar su género y número. **7.** ZOOL. Artejo. • **Artículo de fe,** verdad que se debe creer como revelada por Dios, y propuesta, como tal, por la Iglesia. ‖ **Hacer el artículo,** encomiar, alabar.

**ARTÍFICE** n. m. y f. Artista, persona que ejercita una de las bellas artes o ejerce un arte manual. **2.** *Fig.* Autor, el que es causa de alguna cosa.

**ARTIFICIAL** adj. Hecho por mano o arte del hombre: *flores artificiales*. **2.** No natural, falso: *gestos artificiales*. • **Escalada artificial** (DEP.), ascensión que se realiza especialmente con ayuda de clavijas y otros medios artificiales.

**ARTIFICIERO** n. m. Especialista en la manipulación de explosivos. **2.** Persona que fabrica los fuegos de artificio.

**ARTIFICIO** n. m. Arte, habilidad. **2.** *Fig.* Disimulo, doblez. **3.** ARM. Término genérico que designa cualquier composición fulminante capaz de desencadenar una acción explosiva. • **Fuegos de artificio,** preparación química detonante y luminosa empleada en festejos.

**ARTIFICIOSO, A** adj. Hecho con artificio, habilidad o disimulo.

**ARTIGA** n. f. Modo de fertilización y preparación del terreno para cultivo, que consiste en arrancar previamente las hierbas y maleza que lo cubren y, después de apilarlas y quemarlas, esparcir las cenizas sobre el suelo.

**ARTIGAR** v. tr. **[1b]**. Efectuar la artiga.

**ARTILLERÍA** n. f. (fr. *artillerie*). Arte de construir, conservar y usar las armas, las máquinas y las municiones de guerra **2.** Conjunto de materiales de guerra que comprende las bocas de fuego, las municiones y los vehículos encargados de su transporte. **3.** Cuerpo militar que, con el carácter de arma, está destinado a este servicio. • **Artillería antiaérea,** la que está especializada en el tiro sobre objetivos aéreos. ‖ **Artillería de campaña,** la que apoya directamente a las otras armas en combate. ‖ **Artillería naval,** la que está instalada a bordo de navíos de guerra. ‖ **Artillería nuclear,** la que está dotada de proyectiles nucleares.

**ARTILLERO, A** adj. Relativo a la artillería. ◆ n. m. **2.** Militar que sirve en la artillería.

**ARTILUGIO** n. m. *Desp.* Mecanismo, artificioso, pero de poca importancia. **2.** Trampa, enredo.

**ARTIMAÑA** n. f. Trampa, engaño. **2.** *Fam.* Astucia, disimulo.

**ARTIODÁCTILO, A** adj. y n. m. Relativo a un orden de ungulados que poseen un número par de dedos en cada pata, como los rumiantes y los porcinos.

**ARTISTA** n. m. y f. Persona que ejercita las bellas artes. **2.** Persona dotada de las disposiciones necesarias para el cultivo de las bellas artes. **3.** Persona que interpreta una obra musical, teatral, cinematográfica, etc., o que actúa en un espectáculo. **4.** Persona que hace una cosa con mucha perfección: *es un artista del bisturí*.

**ARTÍSTICO, A** adj. Relativo al arte o hecho con arte: *monumento artístico; decoración artística*.

**ARTRALGIA** n. f. Dolor articular.

**ARTRÍTICO, A** adj. y n. Relativo a la artritis; afecto de artritis o artritismo.

**ARTRITIS** n. f. MED. Inflamación de una articulación.

**ARTRITISMO** n. m. MED. Conjunto de afecciones diversas (gota, reumatismo, eccema, diabetes, etc.) a las que se les atribuía no obstante una causa común, generalmente un trastorno de la nutrición.

**ARTRODESIS** n. f. CIR. Intervención consistente en bloquear definitivamente una articulación enferma.

**ARTROGRAFÍA** n. f. Radiografía de una articulación tras la inyección de un producto de contraste.

**ARTROGRIPOSIS** n. f. Enfermedad congénita caracterizada por rigidez y deformaciones articulares.

**ARTROPATÍA** n. f. MED. Afección de una articulación.

**ARTROPLASTIA** n. f. CIR. Operación de una articulación con objeto de devolver su motilidad y su función.

**ARTRÓPODO** adj. y n. m. Relativo a un tipo de animales invertebrados caracterizados por un esqueleto externo quitinoso, cuerpo dividido en anillos y miembros formados por segmentos móviles gracias a la presencia de articulaciones, como los insectos, los crustáceos, etc.

**ARTROSCOPIA** n. f. Método endoscópico que permite analizar de forma concreta las anomalías de diferentes elementos de la articulación de la rodilla.

**ARTROSCOPIO** n. m. Instrumento que permite practicar la artroscopia.

**ARTROSIS** n. f. MED. Afección crónica degenerativa de las articulaciones.

**ARUNDÍNEO, A** adj. Relativo a las cañas.

**ARÚSPICE** n. m. (lat. *haruspicem*). Entre los romanos, sacerdote que interpretaba la voluntad de los dioses, en particular examinando las entrañas de las víctimas.

**ARVEJA** n. f. (lat. *ervillam*). Planta leguminosa de tallo trepador de 3 a 6 dm, flores de color violeta o blanquecino, cuyo fruto es una legumbre que sirve de alimento a las aves. (Familia papilionáceas.) **2.** Semilla de esta planta. **3.** *Argent., Chile, Colomb.* y *Urug.* Guisante.

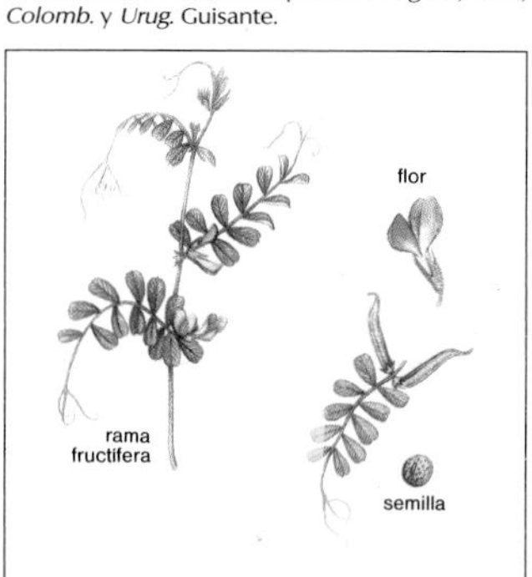


**arveja**

**ARVEJAL** o **ARVEJAR** n. m. Terreno que está poblado de arvejas.

**ARVEJERA** n. f. Arveja, planta leguminosa.

**ARVENSE** o **ARVÍCOLA** adj. Dícese de las plantas que crecen en los sembrados.

**ARVENOS,** pueblo galo que vivía en la actual Avernia. Dirigido por Vercingétorix, encabezó la rebelión de la Galia contra Roma (52 a. J.C.).

**ARZOBISPADO** n. m. Dignidad de arzobispo. **2.** Territorio en el que el arzobispo ejerce jurisdicción. **3.** Palacio del arzobispo.

**ARZOBISPAL** adj. Relativo al arzobispo.

**ARZOBISPO** n. m. Prelado que está al frente de una provincia eclesiástica que agrupa varias diócesis.

**ARZÓN** n. m. Fuste de la silla de montar.

**AS** n. m. (lat. *assem*, unidad monetaria). Naipe que lleva el número uno. **2.** En los dados, la cara que tiene un solo punto. **3.** *Fig.* Persona que sobresale en un ejercicio o profesión. **4.** Unidad de peso, moneda y medida, entre los antiguos romanos.

**As,** símbolo químico del *arsénico*.

**ASA** n. f. (lat. *ansam*). Parte que sobresale de un objeto y que sirve para asirlo. **2.** *Fig.* Asidero, ocasión o pretexto.

**ASA** n. f. Jugo que fluye de diversas plantas umbelíferas.

**ASA** (siglas de *American standard association,* organismo que estudia y establece normas en E.U.A.), siglas que designan los índices de sensibilidad de las emulsiones fotográficas.

**ASADO** n. m. Carne asada.

**ASADOR** n. m. Utensilio de cocina o aparato mecánico para asar.

**ASADURA** n. f. Conjunto de las entrañas comestibles de un animal. (Suele usarse en plural.)

**ASAETEAR** v. tr. **[1]**. Disparar saetas. **2.** Herir o matar con saetas. **3.** *Fig.* Importunar: *asaetear a preguntas*.

**ASAINETADO, A** adj. Parecido al sainete.

**ASALARIADO, A** adj. y n. Dícese de la persona que presta algún servicio a cambio de un salario.

**ASALARIAR** v. tr. **[1]**. Dar o señalar salario a una persona.

**ASALMONADO, A** adj. Semejante al salmón. **2.** De color del salmón.

**ASALTANTE** adj. y n. m. y f. Que asalta.

**ASALTAR** v. tr. **[1]**. Acometer una plaza o fortaleza para apoderarse de ella: *asaltar la ciudad*. **2.** Acometer repentinamente y por sorpresa, especialmente para robar: *asaltar un banco, a un transeúnte*. **3.** *Fig.* Ocurrir de pronto una enfermedad, un pensamiento, etc., a uno: *asaltar una duda*.

**ASALTO** n. m. Acción y efecto de asaltar. **2.** Robo a mano armada. **3.** Cada una de las partes de un combate de boxeo. SIN.: *round*. **4.** Combate amistoso de esgrima. • **Aviación de asalto** (MIL.), formaciones aéreas dedicadas al ataque de objetivos terrestres, en apoyo directo de las tropas propias. ‖ **Transporte de asalto,** el efectuado por aviones o helicópteros, para situar tropas en la zona de combate.

**ASAMBLEA** n. f. (fr. *assemblée*). Reunión numerosa de personas convocadas para algún fin. **2.** Cuerpo político deliberante.

**ASAMBLEÍSTA** n. m. y f. Persona que participa o forma parte de una asamblea.

**ASANA** n. f. Postura de yoga.

**ASAR** v. tr. (lat. *assare*) **[1]**. Preparar un manjar por la acción directa del fuego o la del aire caldeado de un horno. **2.** *Fig.* Tostar, abrasar. **3.** *Fig.* Importunar, molestar insistentemente: *me asaba con recomendaciones*. ◆ **asarse** v. pron. **4.** *Fig.* Sentir mucho calor o ardor: *asarse de calor*.

**ÁSARO** n. m. Planta herbácea, de hojas lisas y brillantes, flores verdosas por el exterior y rojas por el interior. (Familia aristoloquiáceas.)

**ASAZ** adv. c. y adj. *Poét.* Bastante, harto, muy, mucho: *asaz inteligente*.

**ASBESTO** n. m. (gr. *asbestos*, inextinguible). Sustancia mineral fibrosa e inalterable al fuego.

**ASBESTOSIS** n. f. MED. Forma de neumoconiosis debida a la inhalación de polvo de amianto.

**ASCÁRIDE** n. f. (lat. *ascaridem*). Lombriz parásita del intestino delgado del hombre y del caballo, de unos 10 a 25 cm de long. (Clase nematodos.)

**ASCARIDIOSIS** n. f. MED. y VET. Conjunto de trastornos provocados por las ascárides.

**ASCENDENCIA** n. f. Conjunto de ascendientes de una persona. **2.** *Fig.* Ascendiente, influjo moral. **3.** METEOROL. Corriente aérea dirigida de abajo arriba.

**ASCENDER** v. intr. (lat. *ascendere*) **[2d]**. Subir, pasar a un lugar más alto: *ascender por unas escaleras.* **2.** Importar una cuenta o cantidad: *los gastos ascendieron a un millón.* **3.** *Fig.* Pasar a una mejor posición social o a una categoría superior: *ascendió a coronel por antigüedad.* ◆ v. tr. **4.** Dar o conceder un ascenso.

**ASCENDIENTE** n. m. y f. Con respecto a una persona, otra de quien ella desciende. ◆ n. m. **2.** Predominio moral o influencia que ejerce una persona sobre otra: *ejercer ascendiente sobre sus hijos.*

**ASCENSIÓN** n. f. Acción y efecto de ascender, subir. **2.** Elevación de Jesucristo a los cielos; día en el cual la Iglesia la celebra. (Suele escribirse en mayúscula.) • **Ascensión recta,** arco del ecuador celeste comprendido entre el punto vernal y el círculo horario de un astro, tomado en sentido directo. (La ascensión recta es una de las coordenadas ecuatoriales celestes de un astro.)

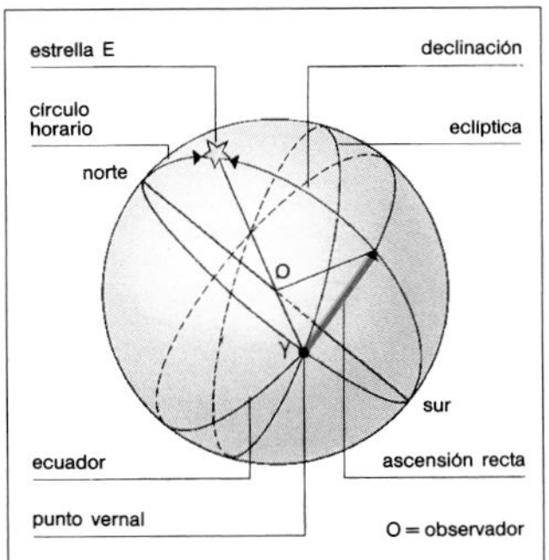


**ascensión** recta de la estrella E

**ASCENSIONAL** adj. Dícese del movimiento de un cuerpo ascendente y de la fuerza que lo produce.

**ASCENSO** n. m. Subida, acción y efecto de subir. **2.** *Fig.* Promoción a mayor dignidad o categoría.

**ASCENSOR** n. m. Aparato elevador que sirve para transportar personas.

**ASCENSORISTA** adj. y n. m. y f. Dícese de la persona que tiene a su cargo el manejo del ascensor.

**ASCESIS** n. f. Conjunto de ejercicios practicados para alcanzar el perfeccionamiento espiritual.

**ASCETA** n. m. y f. Persona que practica el ascetismo. **2.** Persona que lleva una vida austera.

**ASCÉTICA** n. f. Ascetismo.

**ASCÉTICO, A** adj. Relativo a los ascetas o al ascetismo. **2.** Dícese de la persona que se dedica particularmente a la práctica y ejercicio de la perfección espiritual.

**ASCETISMO** n. m. Conjunto de prácticas de penitencia con fines espirituales o religiosos. **2.** Vida austera.

**ASCIDIA** n. f. Animal marino, de 15 cm de altura máxima, que vive fijado a las rocas. (Grupo procordados.)

**ASCIDIO** n. m. BOT. Órgano en forma de cucurucho o ampolla, constituido por las hojas de determinadas plantas carnívoras.

**ASCII** (siglas de *american standard code for information interchange*), código utilizado para el intercambio de datos informáticos, que define las representaciones de un juego de caracteres con la ayuda de combinaciones de siete elementos binarios.

**ASCÍTICO, A** adj. y n. Relativo a la ascitis.

**ASCITIS** n. f. Presencia de líquido en el peritoneo.

**ASCLEPIADÁCEO, A** adj. y n. f. Relativo a una familia de plantas gamopétalas, de flores hermafroditas y fruto compuesto de dos folículos, como el vencetósigo.

**ASCO** n. m. Alteración del estómago, causada por la repugnancia que se siente hacia algo. **2.** *Fig.* Impresión desagradable causada por una cosa que repugna, fastidia o aburre: *da asco una casa tan sucia.* **3.** *Fig.* Cosa que repugna, que fastidia, birria. • **Hecho un asco** *(Fam.),* muy sucio, estropeado, ajado. ‖ **No hacer ascos** a algo *(Fam.),* aceptarlo de buena gana. ‖ **Sin asco** *(Amér.),* con decisión.

**ASCO** n. m. (gr. *askos,* odre). Órgano esporífero propio de ciertos hongos. (Las esporas se forman en el interior del asco en número de 4 u 8.)

**ASCOMICETE** adj. y n. m. Relativo a una clase de hongos superiores cuyas esporas se forman en ascos.

**ASCÓRBICO, A** adj. **Ácido ascórbico,** vitamina C o antiescorbútica.

**ASCOSPORA** n. f. Espora formada en el interior de un asco.

**ASCUA** n. f. Pedazo de materia que está ardiendo sin dar llama. • **En ascuas** *(Fam.),* inquieto, sobresaltado.

**ASDIC** n. m. (siglas de *allied submarine detection investigation committee*). Aparato de detección submarina por ultrasonidos, antecesor del sonar.

**ASEADO, A** adj. Limpio, pulcro.

**ASEAR** v. tr. y pron. **[1]**. Adecentar y componer con curiosidad y limpieza.

**ASECHANZA** n. f. Engaño o artificio para dañar a otro. (Suele usarse en plural.)

**ASECHAR** v. tr. **[1]**. Poner asechanzas.

**ASEDAR** v. tr. **[1]**. Poner suave como la seda: *asedar el cáñamo.*

**ASEDIADOR, RA** adj. y n. Que asedia.

**ASEDIAR** v. tr. **[1]**. Cercar una plaza o fortaleza para impedir que salgan los que están en ella, o que reciban socorro: *asediar una ciudad.* **2.** *Fig.* Importunar a uno sin descanso con pretensiones: *asediar a preguntas.*

**ASEDIO** n. m. Acción y efecto de asediar.

**ASEGURADOR, RA** adj. y n. Que asegura o sirve para asegurar.

**ASEGURAMIENTO** n. m. Acción y efecto de asegurar.

**ASEGURAR** v. tr. **[1]**. Establecer, fijar sólidamente: *aseguró la estabilidad del mueble.* **2.** Poner a una persona en condiciones que le impiden huir o defenderse. **3.** Garantizar, dejar seguro de la certeza de una cosa: *aseguró su asistencia al acto.* **4.** Dar garantía con hipoteca o prenda del cumplimiento de una obligación. ◆ v. tr. y pron. **5.** Afirmar la certeza de lo que se dice: *aseguró que lo había visto.* **6.** DER. Concertar un seguro.

**ASEIDAD** n. f. Existencia por sí mismo y en sí mismo.

**ASEMÁNTICO, A** adj. Dícese de cualquier elemento lingüístico carente de significación.

**ASEMEJAR** v. intr. y pron. **[1]**. Tener, mostrar semejanza: *las dos hermanas se asemejan mucho.* ◆ v. tr. y pron. **2.** Representar una cosa como semejante a otra: *el poeta asemeja los ríos a la vida.* ◆ v. tr. **3.** Hacer una cosa con semejanza a otra.

**ASENDEREADO, A** adj. Agobiado de trabajos o adversidades. **2.** *Fig.* Práctico, experto.

**ASENSO** n. m. (lat. *assensum*). Acción y efecto de asentir. SIN.: *asentimiento.* • **Dar asenso,** creer.

**ASENTADERAS** n. f. pl. *Fam.* Nalgas.

**ASENTADOR, RA** n. El que asienta o cuida de que asiente una cosa. **2.** Persona que contrata al por mayor víveres para un mercado público. ◆ n. m. **3.** Instrumento a manera de formón, para repasar su obra el herrero. **4.** Pedazo de cuero, o utensilio de otra clase, para suavizar el filo de las navajas de afeitar.

**ASENTAMIENTO** n. m. Acción y efecto de asentar o asentarse. **2.** Fase final del movimiento migratorio, en el cual la familia emigrada se establece permanentemente o se afinca en el lugar de nueva residencia.

**ASENTAR** v. tr. **[1j]**. Poner o colocar alguna cosa de modo que permanezca firme. **2.** Tratándose de pueblos o edificios, situar, fundar. **3.** Presuponer o hacer supuesto de alguna cosa. ◆ v. intr. **4.** Sentar, cuadrar o convenir una cosa a otra o a una persona. ◆ **asentarse** v. pron. **5.** Establecerse en un lugar. **6.** Posarse un líquido.

**ASENTIMIENTO** n. m. Asenso. **2.** Consentimiento. **3.** Aceptación, adhesión a la opinión manifestada por otro.

**ASENTIR** v. intr. (lat. *assentire*) **[22]**. Admitir como cierta o conveniente una cosa: *asentir con un gesto.*

**ASENTISTA** n. m. y f. Persona que se encarga por contrato del suministro de víveres y otros efectos.

**ASEO** n. m. Limpieza, pulcritud: *aseo personal.* **2.** Baño, cuarto o lugar para bañarse.

**ASÉPALO, A** adj. Que carece de sépalos.

**ASEPSIA** n. f. Ausencia de microorganismos patógenos. **2.** *Fig.* Limpieza, frialdad, desapasionamiento.

**ASÉPTICO, A** adj. Relativo a la asepsia. **2.** Libre de gérmenes infecciosos. **3.** Neutral, frío, sin pasión.

**ASEPTIZAR** v. tr. **[1g]**. Hacer aséptico: *aseptizar un instrumento.*

**ASEQUIBLE** adj. Que se puede conseguir o alcanzar: *hacer la cultura asequible a las masas.*

**ASERCIÓN** n. f. (lat. *assertionem*). Acción de afirmar, asegurar. **2.** Proposición en que se afirma o da por cierta alguna cosa. **3.** LÓG. Operación consistente en exponer la verdad de una proposición, generalmente simbolizada por el signo colocado ante dicha proposición.

**ASERRADERO** n. m. Lugar donde se asierra la madera.

**ASERRADO, A** adj. Que tiene dientes como la sierra. ◆ n. m. **2.** Acción de aserrar. **3.** Transformación de los troncos en piezas de forma y dimensiones apropiadas para los diversos usos industriales. • **Aserrado térmico,** o **por fusión,** sistema de corte de materiales metálicos y minerales en que la gran velocidad de desplazamiento de la herramienta, provoca la fusión del material.

**ASERRADOR, RA** adj. Que sierra: *máquina aserradora.* ◆ n. **2.** Persona que tiene por oficio aserrar.

**ASERRADURA** n. f. Corte que hace la sierra. **2.** Parte donde se ha hecho el corte. ◆ **aserraduras** n. f. pl. **3.** Serrín.

**ASERRAR** v. tr. **[1j]**. Serrar.

**ASERRUCHAR** v. tr. **[1]**. *Amér.* Cortar con serrucho.

**ASERTIVO, A** adj. Afirmativo.

**ASERTO** n. m. Aserción. **2.** Palabra con que se afirma.

**ASERTOR, RA** n. Persona que afirma, sostiene o da por cierta una cosa.

**ASERTÓRICO** adj. FILOS. Dícese del juicio que enuncia una verdad de hecho y no necesaria, por oposición a juicio apodíctico.

**ASESINAR** v. tr. **[1]**. Matar alevosamente, por dinero, o con premeditación, a una persona. **2.** *Fig.* y *fam.* Representar o interpretar algo muy mal: *asesinar una obra de teatro.*

**ASESINATO** n. m. Acción y efecto de asesinar.

**ASESINO, A** adj. y n. Que asesina. **2.** Reo de un asesinato.

**ASESORA** n. f. Femenino de asesor. • **Asesora del hogar** *(Chile),* empleada de hogar.

**ASESOR, RA** adj. y n. (lat. *assessorem*). Que asesora. **2.** DER. Dícese del letrado a quien, por razón de oficio, incumbe aconsejar o ilustrar con su dictamen a un juez lego.

**ASESORAMIENTO** n. m. Acción y efecto de asesorar o asesorarse.

**ASESORAR** v. tr. **[1]**. Dar consejo o dictamen: *asesorar a sus hijos.* ◆ **asesorarse** v. pron. **2.** Tomar consejo: *asesorarse en la ventanilla de información.*

**ASESORÍA** n. f. Oficio de asesor. **2.** Oficina del asesor.

**ASESTAR** v. tr. **[1]**. Descargar contra alguien o algo un proyectil o el golpe de un arma u objeto semejante.

**ASEVERACIÓN** n. f. Acción y efecto de aseverar. SIN.: *afirmación.*

**ASEVERAR** v. tr. (lat. *asseverare*) **[1]**. Afirmar o asegurar lo que se dice.

**ASEVERATIVO, A** adj. Que asevera. • **Oración,** o **frase aseverativa** (GRAM.), aquella cuyo enunciado es afirmativo. SIN.: *afirmativo, asentivo.*

**ASEXUADO, A** adj. Que carece de sexo.

**ASEXUAL** adj. Sin sexo. • **Reproducción asexual,** la que se realiza sin intervención de células reproductoras, o gametos, por ej. la gemación. SIN.: *reproducción vegetativa.*

**ASFALTADO** n. m. Acción de asfaltar. **2.** Pavimento hecho con asfalto.

**ASFALTAR** v. tr. **[1]**. Revestir de asfalto.

**ASFÁLTICO, A** adj. Que contiene asfalto: *tela asfáltica.*

**ASFALTITA** n. f. Mezcla natural de betún y materias orgánicas.

**ASFALTO** n. m. Sustancia bituminosa, negra y compacta, que se utiliza como revestimiento de calzadas.

**ASFIXIA** n. f. Suspensión o dificultad en la respiración. **2.** *Fig.* Sensación de agobio producida por el excesivo calor, por el enrarecimiento del aire, por demasiado trabajo, etc. **3.** *Fig.* Parálisis de ciertos sectores de actividad.

**ASFIXIADOR, RA** adj. y n. Que asfixia.

**ASFIXIAR** v. tr. y pron. **[1]**. Producir o sufrir asfixia.

**ASHANTI,** pueblo akan de Ghana central. Vencieron a los denkyera y constituyeron (1695) un poderoso reino, cuya capital, Kumasi, fue destruida por los británicos (1874).

**ASÍ** adv. m. De esta o esa manera: *está bien así.* **2.** En correlación con *como, según, cual,* se usa en oraciones comparativas de cualidad: *según trabajes, así se te pagará.* **3.** Expresa deseo, con sentido peyorativo: *así te mueras.* **4.** En correlación con la conj. *que* significa en tanto grado, de tal manera, tanto. **5.** Precedido generalmente de la conj. *y,* sirve para introducir una consecuencia: *no explicó lo que le ocurría y así le va.* **6.** En oraciones concesivas, equivale a aunque. • **Así, así,** medianamente; más bien poco. ‖ **Así como así,** de cualquier suerte, de todos modos. ‖ **Así mismo,** asimismo. ‖ **Así que,** en consecuencia, por lo cual. ‖ **Así sea** (LITURG.), fórmula final de casi todas las oraciones de la Iglesia católica. ‖ **Así y todo,** a pesar de eso, de todos modos. ◆ adj. **7.** De este talante: *con gente así no se puede vivir.*

**ASIADIVISA** n. f. Depósitos de divisas procedentes del exterior, especialmente dólares, efectuados en los bancos asiáticos.

**ASIADÓLAR** n. m. Depósitos en dólares efectuados fuera de E.U.A., en los bancos asiáticos, de Singapur principalmente.

**ASIALIA** n. f. MED. Supresión de la secreción de saliva. SIN.: *aptialismo.*

**ASIÁNICO, A** adj. y n. (gr. *asianos*). De los antiguos pueblos del Asia anterior.

**ASIÁTICO, A** adj. y n. De Asia.

**ASIBILAR** v. tr. (lat. *assibilare*) **[1]**. Hacer sibilante el sonido de una letra.

**ASIDERO** n. m. Parte por donde se coge alguna cosa. **2.** *Fig.* Ocasión, pretexto, motivo.

**ASIDUIDAD** n. f. Calidad de asiduo: *ir al cine con asiduidad.*

**ASIDUO, A** adj. y n. (lat. *assiduum*). Frecuente, puntual, perseverante: *colaboración asidua.*

**ASIENTO** n. m. Emplazamiento, situación. **2.** Cualquier mueble destinado para sentarse en él. **3.** Parte de estos muebles sobre la que uno se sienta. **4.** Localidad en los espectáculos públicos. **5.** Permanencia, estabilidad. **6.** Anotación, inscripción en un libro, registro, cuenta, etc. **7.** *Amér.* Territorio y población de las minas. **8.** CONSTR. Descenso que puede producirse en la obra edificada, debido a la compresión de los materiales o del terreno de apoyo. **9.** EQUIT. Colocación correcta del jinete sobre la silla. **10.** HIST. Convenio entre la corona española y un particular o compañía, mediante el cual se arrendaba una determinada explotación con carácter de monopolio. **11.** JOY. Lugar que ha de ocupar la piedra que debe engastarse. **12.** MAR. Diferencia, en profundidad, entre los calados de proa y popa. • **Tomar asiento,** sentarse.

**ASIGNABLE** adj. Que se puede asignar: *cantidad asignable.*

**ASIGNACIÓN** n. f. Acción y efecto de asignar. **2.** Sueldo, paga.

**ASIGNAR** v. tr. (lat. *assignare*) **[1]**. Señalar lo que le corresponde a una persona o cosa: *asignarle un papel importante en una obra.* **2.** Destinar, designar: *asignar una plaza vacante.*

**ASIGNATARIO, A** n. *Amér.* Persona a quien se asigna una herencia o legado.

**ASIGNATURA** n. f. Cada una de las materias que se enseñan en un centro docente o forman parte de un plan académico de estudios. • **Asignatura pendiente,** la que no se ha aprobado; *(Fig.),* lo que no se ha realizado y debe realizarse.

**ASILADO, A** n. Persona acogida en un asilo. • **Asilado político,** persona que por motivos políticos se refugia en un país o embajada extranjera.

**ASILAR** v. tr. y pron. **[1]**. Albergar en un asilo. ◆ v. tr. **2.** Dar asilo. ◆ **asilarse** v. pron. **3.** Verse obligado a pedir asilo por motivos políticos, religiosos, etc.

**ASÍLIDO, A** adj. y n. m. Relativo a una familia de dípteros que incluye formas carnívoras de talla grande o mediana y cuyas larvas son terrestres y depredadoras.

**ASILO** n. m. Lugar privilegiado de refugio para los delincuentes. SIN.: *sagrado.* **2.** Establecimiento benéfico en que se recogen los menesterosos o se les dispensa alguna asistencia. **3.** *Fig.* Amparo, protección, favor. **4.** DER. e HIST. Suspensión momentánea y limitada de las facultades jurisdiccionales de un estado sobre alguno o algunos de sus súbditos, en consideración a la naturaleza particular, religiosa, territorial o diplomática del lugar en que los mismos se hallan acogidos. • **Asilo político,** protección que un estado concede a los perseguidos por motivos políticos.

**ASILVESTRADO, A** adj. Dícese de la planta silvestre que procede de otra cultivada.

**ASIMBOLIA** n. f. SICOL. Incapacidad patológica de comprender los símbolos.

**ASIMETRÍA** n. f. Falta de simetría.

**ASIMÉTRICO, A** adj. Que no guarda simetría.

**ASIMILACIÓN** n. f. Acción y efecto de asimilar. **2.** FISIOL. Propiedad que poseen los organismos vivos de reconstituir su propia sustancia a partir de elementos tomados del medio, que son transformados por la digestión. **3.** FONÉT. Modificación aportada a la articulación de un fonema por los fonemas vecinos, y que consiste en dar a dos fonemas en contacto características comunes. CONTR.: *disimilación.* **4.** MIL. Correspondencia entre los grados y empleos de un cuerpo militar y los de otro cuerpo, o entre los grados militares y ciertas funciones desempeñadas por cuadros civiles. **5.** SICOL. Modificación de su entorno por el individuo, mediante la motricidad, la percepción y las acciones efectivas o virtuales (operaciones mentales). • **Asimilación clorofílica,** fenómeno por el cual las plantas verdes, expuestas a la luz, elaboran materia orgánica a partir de alimentos minerales, utilizando el gas carbónico. SIN.: *fotosíntesis.*

**ASIMILAR** v. tr. y pron. (lat. *assimilare*) **[1]**. Asemejar, comparar. **2.** FONÉT. Transformarse un sonido por influencia de otro de la misma palabra. ◆ v. tr. **3.** *Fig.* Comprender lo que se aprende e incorporarlo a los conocimientos previos: *asimilar la enseñanza fácilmente.* **4.** *Fig.* Aceptar un hecho o una situación: *asimilar la noticia.* **5.** DER. Conceder a los individuos de una carrera o profesión derechos u honores iguales a los que tienen los individuos de otra. **6.** FISIOL. Transformar, convertir en su propia sustancia. **7.** SOCIOL. Homogeneizar grupos sociales. ◆ v. intr. y pron. **8.** Ser semejante, parecerse.

**ASIMILATIVO, A** adj. Que puede hacer semejante una cosa a otra.

**ASIMISMO** o **ASÍ MISMO** adv. m. De este o del mismo modo. ◆ adv. afirm. **2.** También.

**ASÍN** adv. m. *Fam.* Así.

**ASINCRÓNICO, A** adj. Que no es sincrónico. • **Motor asincrónico,** motor eléctrico de corriente alterna, cuya velocidad depende de la carga. ‖ **Proceso asincrónico** (INFORMÁT.), proceso susceptible de desarrollarse con independencia del desarrollo de otros procesos o tareas.

**ASINCRONISMO** n. m. Falta de coincidencia o simultaneidad.

**ASÍNDETON** n. m. (gr. *asyndeton*). LING. Eliminación de los términos de enlace (conjunciones y adverbios) en una frase o entre dos frases.

**ASINERGIA** n. f. Falta de coordinación entre los movimientos de los músculos que participan en un movimiento.

**ASÍNTOTA** n. f. MAT. Recta tal que la distancia de un punto de una curva a esta recta tiende a cero cuando el punto se aleja hacia el infinito sobre la curva.

**ASINTÓTICO, A** adj. Relativo a la asíntota. • **Curvas asintóticas,** curvas, en número de dos, de ramas infinitas, tales que, si un punto se aleja indefinidamente sobre una de ellas, existe sobre la otra un punto variable cuya distancia al primero tiende a cero. ‖ **Plano asintótico de una superficie,** plano tangente cuyo punto de contacto está en el infinito. ‖ **Punto asintótico de una curva,** punto P tal que, si un punto recorre la curva, su distancia a P tiende a cero.

**ASIR** v. tr. **[3d]**. Tomar, coger, prender. ◆ **asirse** v. pron. **2.** Agarrarse: *asirse a la barandilla al bajar.* **3.** Aferrarse a una idea, recuerdo, etc.; vincularse.

**ASIRIO, A** adj. y n. (lat. *assyrium*). De Asiria.

**ASIRIOLOGÍA** n. f. Ciencia que trata de las antiguas civilizaciones del Oriente medio.

**ASÍSMICO, A** adj. Que no presenta fenómenos sísmicos.

**ASISTEMÁTICO, A** adj. Que no es sistemático.

**ASISTENCIA** n. f. Acción de estar o hallarse presente: *asistencia a un acto.* **2.** Acción de asistir a una persona: *asistencia sanitaria.* **3.** Conjunto de personas que están presentes en un acto. **4.** DEP. En baloncesto, pase de un jugador a otro que pone a este último en situación de conseguir una canasta fácil. **5.** TAUROM. Conjunto de los mozos de plaza. • **Asistencia de oficio,** asistencia jurídica prestada como servicio social y en forma gratuita por los abogados a las personas necesitadas de su patrocinio, al objeto de reclamar un derecho o de ser defendidas en juicio. ‖ **Asistencia jurídica,** servicio que los abogados prestan a las personas que precisan de sus conocimientos jurídicos. ‖ **Asistencia letrada al detenido,** asistencia jurídica prestada por el abogado al detenido en las diligencias de detención y prisión provisional. ‖ **Asistencia pública,** organización benéfica del estado, encaminada a asegurar los servicios sociales mediante organismos adecuados. ‖ **Asistencia respiratoria** (MED.), técnica que por distintos medios permite paliar temporal o definitivamente una insuficiencia respiratoria aguda. SIN.: *respiración asistida.* ‖ **Asistencia social,** conjunto de medidas económicas, sanitarias, educacionales, sicológicas, etc., para auxiliar a personas o grupos con escasos recursos. SIN.: *trabajo social.* ‖ **Asistencia técnica,** ayuda que se presta a los países en vías de desarrollo; (ECON.), ayuda concedida a una empresa concesionaria, consistente en patentes instrucciones para permitirle la utilización de los conocimientos cedidos, en caso de que la comunicación mediante documento no bastara para hacerla asequible.

**ASISTENCIAL** adj. Relativo a la asistencia pública.

**ASISTENCIALISMO** n. m. *Argent.* y *Méx. Desp.* Actitud orientada a resolver problemas sociales a partir de la asistencia externa en lugar de generar soluciones estructurales.

**ASISTENTA** n. f. Criada de una casa particular que no pernocta en ella.

**ASISTENTE** n. m. Soldado destinado al servicio personal de un jefe u oficial. ◆ adj. y n. m. y f. **2.** Que asiste: *público asistente.* ◆ n. m. y f. **Asistente a estrados** (DER.), toda persona que acude a presencia judicial, cualquiera que sea el objeto de ello. ‖ **Asistente social,** profesional de la asistencia social.

**ASISTIDO, A** adj. Que se hace con ayuda de medios mecánicos: *fecundación asistida.* **2.** TECNOL. Provisto de un dispositivo destinado a ampliar, regular o repartir el esfuerzo realizado por el usuario gracias a un aporte exterior de energía: *dirección asistida.* • **Asistido por ordenador,** dícese de las actividades en las que el ordenador aporta una ayuda: *diseño asistido por ordenador.*

**ASISTIR** v. tr. (lat. *assistere,* hallarse cerca) **[3]**. Acompañar a uno en un acto público. **2.** Socorrer, favorecer, cuidar, ayudar: *asistir a un enfermo.* **3.** Estar la razón, el derecho, etc., de parte de una persona. ◆ v. intr. **4.** Ir asiduamente a un lugar: *asistir a un cursillo de gramática.* **5.** Estar o hallarse presente: *asistir a una representación teatral.* **6.** En ciertos juegos de naipes, echar cartas del mismo palo que el de aquella que se jugó primero.

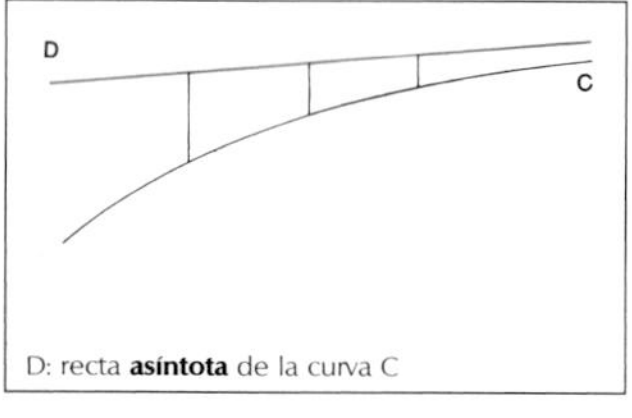


D: recta **asíntota** de la curva C

**ASISTOLIA** n. f. Insuficiencia de las contracciones del corazón, que ocasiona una disminución del rendimiento cardíaco, motivo de disnea, edema, anuria y otros trastornos.

**ASKENAZÍ** o **AŠKENAZI** adj. y n. m. y f. Dícese de los judíos originarios de Europa central, oriental y septentrional, por oposición a los originarios de los países mediterráneos, llamados *sefardíes.*

**ASMA** n. m. (gr. *asthma,* respiración difícil). Afección caracterizada por accesos de disnea espiratoria.

**ASMÁTICO, A** adj. y n. Relativo al asma; afecto de esta enfermedad.

**ASNADA** n. f. Necedad, tontería.

**ASNAL** o **ASNINO, A** adj. (lat. *asinalem*). Relativo al asno.

**ASNILLA** n. f. Sostén formado con un madero horizontal apoyado en cuatro tornapuntas que sirven de pies. **2.** Pieza de madera sostenida por dos pies derechos para apear una pared ruinosa.

**ASNO, A** n. (lat. *asinum*). Mamífero próximo al caballo, pero más pequeño y de orejas más largas, que suele emplearse como animal de carga. (Familia équidos.) ◆ n. y adj. **2.** *Fig.* Persona ruda y de muy poco entendimiento.

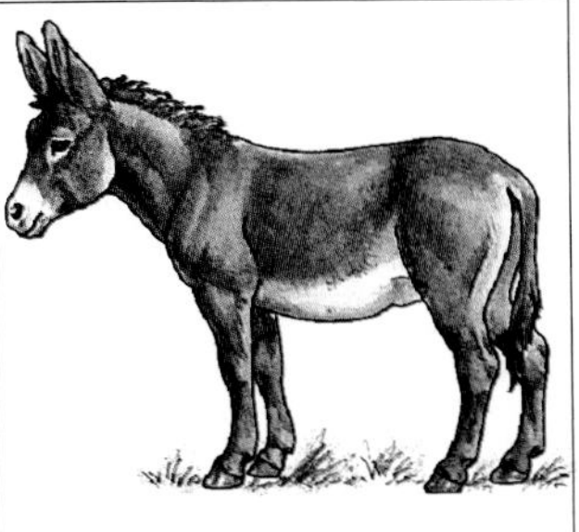

**asno**

**ASOBINARSE** v. pron. (lat. *supinare,* poner boca arriba) **[1]**. Quedar la bestia tendida de modo que por sí sola no pueda levantarse. **2.** Quedar una persona hecha un ovillo al caer.

**ASOCIABLE** adj. Que se puede asociar a otra cosa.

**ASOCIACIÓN** n. f. Acción de asociar o asociarse. **2.** Conjunto de los asociados para un mismo fin. **3.** Entidad que con estructura propia persigue un fin común para sus asociados. **4.** Grado de dependencia existente entre dos o más caracteres, generalmente cualitativos, observados entre los individuos de un mismo grupo. **5.** ASTRON. Grupo difuso de estrellas jóvenes o en curso de formación, sumergidas en la materia interestelar de la que emanan. • **Asociación de ideas,** hecho sicológico que consiste en que una idea o imagen evocan a otra. ‖ **Asociación libre** (SICOANÁL.), método sicoanalítico por el cual el paciente es invitado a expresar todo lo que le viene a la imaginación, sin crítica y a ser posible, sin reticencia. ‖ **Asociación vegetal,** conjunto de plantas de especies diferentes que viven en el mismo medio.

**ASOCIACIONISMO** n. m. FILOS. Doctrina que hace de la asociación de ideas la base de la vida mental y el principio del conocimiento. **2.** Movimiento social partidario de crear asociaciones cívicas, políticas, culturales, etc.

**ASOCIADO, A** adj. y n. Dícese de la persona que acompaña a otra en alguna comisión ◆ n. **2.** Socio, persona que forma parte de una asociación o compañía.

**ASOCIAL** adj. y n. m. y f. Que presenta una resistencia efectiva a la integración social.

**ASOCIAR** v. tr. (lat. *associare*) **[1]**. Juntar personas o cosas para que cooperen en un mismo fin. **2.** Relacionar ideas, sentimientos, etc. ◆ **asociarse** v. pron. **3.** Reunirse, juntarse para algún fin.

**ASOCIATIVIDAD** n. f. MAT. Propiedad de una ley de composición T, según la cual pueden asociarse varios factores de un sistema ordenado y sustituirlos por el resultado de la operación parcial efectuada con ellos, sin modificar el resultado final: $a \top (b \top c) = (a \top b) \top c$.

**ASOCIATIVO, A** adj. Relativo a la asociación. **2.** MAT. Que posee la propiedad de asociatividad.

**ASOCIO** n. m. *Amér.* Asociación, colaboración.

**ASOLACIÓN** n. f. Asolamiento.

**ASOLADOR, RA** adj. Que asuela, destruye.

**ASOLAMIENTO** n. m. Acción y efecto de asolar, destruir.

**ASOLANAR** v. tr. y pron. **[1]**. Dañar el viento solano las frutas, mieses, vino, etc.

**ASOLAR** v. tr. (lat. *assolare*) **[1r]**. Destruir, arrasar. ◆ **asolarse** v. pron. **2.** Posarse los líquidos.

**ASOLAR** v. tr. y pron. **[1]**. Echar a perder el calor, una sequía, etc., los frutos del campo.

**ASOLEADA** n. f. *Chile, Colomb., Guat.* y *Méx.* Insolación.

**ASOLEAR** v. tr. **[1]**. Tener al sol una cosa por algún tiempo. ◆ **asolearse** v. pron. **2.** Acalorarse tomando el sol. **3.** Ponerse muy moreno por haber tomado el sol. **4.** *Méx.* Tomar el sol.

**ASOLEO** n. m. Acción y efecto de asolear. **2.** Enfermedad de ciertos animales, caracterizada por sofocación y violentas palpitaciones.

**ASOMADA** n. f. Acción y efecto de manifestarse por poco tiempo.

**ASOMAR** v. intr. **[1]**. Empezar a mostrarse: *asomar la luz del día.* ◆ v. tr. y pron. **2.** Sacar o mostrar una cosa por alguna abertura: *asomar la cabeza por la ventana.* ◆ **asomarse** v. pron. **3.** Empezar a enterarse de una cosa sin propósito de profundizar en su estudio: *asomarse a nuevas tendencias.*

**ASOMBRAR** v. tr. y pron. **[1]**. Causar asombro.

**ASOMBRO** n. m. Susto, espanto: *mostrar su asombro ante la desgracia.* **2.** Admiración, sorpresa: *escuchar con asombro el discurso.* **3.** Persona o cosa asombrosa.

**ASOMBROSO, A** adj. Que causa asombro: *hechos asombrosos.*

**ASOMO** n. m. Acción de asomar. **2.** Amago, indicio o señal: *contestar sin asomo de alegría.* • **Ni por asomo,** de ningún modo.

**ASONADA** n. f. Reunión numerosa para conseguir tumultuariamente algún fin.

**ASONANCIA** n. f. En dos o más versos, igualdad de los sonidos vocálicos a partir de la última vocal acentuada.

**ASONANTAR** v. intr. **[1]**. Ser una palabra asonante de otra. ◆ v. tr. **2.** Emplear en la rima una palabra como asonante de otra.

**ASONANTE** adj. y n. m. Dícese de cualquier voz con respecto a otra de la misma asonancia.

**ASORDAR** v. tr. **[1]**. Ensordecer un ruido fuerte a una persona.

**ASOROCHARSE** v. pron. **[1]**. *Amér. Merid.* Padecer soroche, angustiarse por falta de oxígeno de las alturas.

**ASPA** n. f. Figura en forma de X. **2.** Armazón exterior del molino de viento y cada uno de sus brazos. **3.** Utensilio usado para hacer madejas de hilo.

**ASPADO, A** adj. Que tiene forma de aspa.

**ASPÁLATO** n. m. (gr. *aspalathos*). Nombre dado a diversas maderas olorosas de las Canarias.

**ASPAR** v. tr. **[1]**. Hacer madeja el hilo en el aspa. **2.** Clavar a alguien en una aspa. **3.** *Fig.* y *fam.* Mortificar o molestar mucho a uno. ◆ **asparse** v. pron. **4.** *Fig.* Mostrar con quejidos y contorsiones dolor o enojo: *asparse a gritos.*

**ASPARAGINA** n. f. Amida de un aminoácido que se encuentra en los brotes de espárrago.

**ASPAVENTAR** v. tr. **[1j]**. Atemorizar o espantar.

**ASPAVENTERO, A** adj. y n. Que hace aspavientos.

**ASPAVIENTO** n. m. Demostración excesiva o afectada de temor, admiración o sentimiento: *hizo aspavientos para no obedecer.* (Suele usarse en plural.)

**ASPECTO** n. m. (lat. *aspectum*). Manera de aparecer o presentarse a la vista: *tener aspecto simpático.* **2.** LING. Categoría gramatical que comprende todas las representaciones relativas a la duración, desarrollo y terminación de los procesos indicados por los verbos. **3.** *Fig.* Punto de vista.

**ASPEREAR** v. intr. **[1]**. Tener sabor áspero.

**ASPEREZA** n. f. Calidad de áspero: *la aspereza de la piel; contestar con aspereza.* **2.** Desigualdad del terreno, que lo hace escabroso y difícil para caminar por él. SIN.: *asperidad.*

**ASPERGILOSIS** n. f. Enfermedad producida por el desarrollo de un hongo ascomicete (*Aspergillus*) en el organismo.

**ASPERIEGO, A** adj. y n. Dícese de una clase de manzana de sabor agrio, y del manzano que la produce.

**ASPERJAR** v. tr. **[1]**. Rociar, esparcir un líquido en gotas menudas. **2.** Hisopear.

**ÁSPERO, A** adj. (lat. *asperum*). Falto de suavidad al tacto, por tener la superficie desigual: *manos ásperas.* SIN.: *rasposo.* **2.** Abrupto: *tierras ásperas.* **3.** Desapacible, inclemente, tempestuoso. **4.** *Fig.* Falto de afabilidad en el trato: *unas palabras ásperas.*

**ASPERÓN** n. m. Arenisca de cemento silíceo o arcilloso, usada generalmente para la construcción, o en piedras de amolar.

**ASPERSIÓN** n. f. Acción de asperjar. • **Riego por aspersión,** sistema de riego en que el agua cae como una lluvia fina sobre las hojas de las plantas.

**ASPERSOR** n. m. Instrumento rotativo de riego que funciona a baja presión.

**ASPERSORIO** n. m. Instrumento con que se asperja. **2.** LITURG. Hisopo.

**ÁSPID** n. m. (lat. *aspidem*). Víbora muy venenosa, que apenas se diferencia de la culebra común, que vive en los Pirineos y en casi todo el centro y el N de Europa. **2.** Culebra venenosa, pequeña, de color verde amarillento con manchas pardas y cuello extensible, propia de Egipto.

**ASPIDISTRA** n. f. Planta de interior, cultivada por sus anchas hojas lisas de color verde oscuro. (Familia liliáceas.)

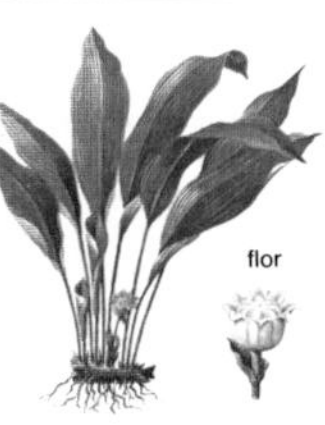


**aspidistra**

**ASPILLERA** n. f. Abertura estrecha practicada en el muro de una obra fortificada, que permite disparar a cubierto.

**ASPIRACIÓN** n. f. Acción y efecto de aspirar. **2.** Tiempo respiratorio en que entra aire en los pulmones. SIN.: *inspiración* **3.** FONÉT. Acción de emitir un sonido acompañándolo de un soplo claramente percibido.

**ASPIRADO, A** adj. y n. f. FONÉT. Dícese de la vocal o consonante acompañada de una aspiración.

**ASPIRADOR, RA** adj. Que aspira el aire. ◆ n. m. **2.** Denominación aplicada a diversos aparatos que sirven para aspirar fluidos, polvo o residuos de reducidas dimensiones. SIN.: *aspiradora.*

**ASPIRADORA** n. f. Electrodoméstico que sirve para limpiar el polvo, absorbiéndolo.

**ASPIRANTE** n. m. y f. Persona que ha obtenido derecho a ocupar un cargo público. **2.** Candidato.

**ASPIRAR** v. tr. (lat. *aspirare*) **[1]**. Atraer el aire exterior a los pulmones. **2.** FONÉT. Pronunciar con aspiración. ◆ v. intr. **3.** Con la prep. *a,* pretender algún empleo, dignidad u otra cosa: *aspira a ser diputado.*

**ASPIRATORIO, A** adj. Relativo a la aspiración.

**ASPIRINA** n. f. (marca registrada). Derivado del ácido salicílico, utilizado como analgésico y febrífugo. **2.** Comprimido fabricado con esta sustancia.

**ASQUEAR** v. tr. e intr. **[1]**. Causar o sentir asco: *le asquea la suciedad* **2.** Aburrir, fastidiar: *le asquea trabajar.*

**ASQUEROSIDAD** n. f. Cosa asquerosa.

**ASQUEROSO, A** adj. Que causa asco. **2.** Soez.

**ASSAI** adv. m. (voz italiana que significa *mucho*). MÚS. Muy. • **Lento assai,** muy lento.

**ASSAMÉS** n. m. Lengua indoaria hablada en el N de Assam.

**ASSEMBLAGE** n. m. (voz francesa que significa *ensamblaje*). Obra de arte realizada reuniendo objetos diversos, característica del dadaísmo, pop art, etc.

**assemblage:** *Construcción: mandolina y clarinete* (1913), por Picasso; pino, lápiz, pintura (museo Picasso, París)

**ASSINIBOINE,** pueblo amerindio de Norteamérica, de lengua siux, que habita actualmente en reservas de Alberta y Montana.

**ASTA** n. f. (lat. *hastam,* pica). Arma ofensiva usada por los romanos. **2.** Palo de la lanza, pica, venablo, etc. **3.** Lanza o pica. **4.** Palo en que se iza una bandera. **5.** Cuerno. **6.** Nombre que se da a la posición del ladrillo colocado en obra a tizón. **7.** MAR. Extremo superior de un masteleríllo. **8.** PALEOGR. Parte superior de la letra, que sobresale de la panza. • **A media asta,** se dice de la bandera a medio izar, en señal de luto.

**ÁSTACO** n. m. (lat. *astacum*). Cangrejo de río.

**ASTADO, A** adj. y n. m. Que tiene astas; dícese por antonomasia del toro.

**ASTASIA** n. f. Dificultad para mantenerse en pie, de origen neurótico y asociada a menudo a la abasia.

**ASTÁTICO, A** adj. Que presenta un estado de equilibrio indiferente: *sistema astático.* • **Par astático,** conjunto de dos imanes dispuestos en sentido inverso, de manera que el momento magnético total es nulo.

**ASTATO** n. m. Elemento químico artificial y radiactivo (At) de número atómico 85.

**ASTENIA** n. f. Estado de fatiga y agotamiento sin causa orgánica.

**ASTÉNICO, A** adj. y n. Relativo a la astenia; afecto de astenia. ◆ adj. y n. m. **2.** ANAT. Dícese de uno de los biotipos fundamentales, formado por las personas muy altas y delgadas. SIN.: *leptosómico.*

**ASTENOSFERA** n. f. GEOL. Capa viscosa situada en el interior de la Tierra, sobre la cual se encuentra la litosfera.

**ASTER** n. m. Planta cultivada a menudo por sus flores decorativas, de diversos colores. (Familia compuestas.)

**ÁSTER** n. m. CIT. Conjunto formado por el centrosoma y los filamentos que de él irradian, en la profase de la mitosis.

**ASTEREOGNOSIA** n. f. Imposibilidad de distinguir las formas de los objetos por el tacto, que se da en ciertas afecciones neurológicas.

**ASTERISCO** n. m. Signo ortográfico (*) empleado para usos convencionales. SIN.: *estrella.*

**ASTEROIDE** n. m. Cada uno de los pequeños planetas que circulan entre las órbitas de Marte y Júpiter. SIN.: *planetoide.*

**ASTEROIDEO, A** adj. y n. m. Relativo a una clase de equinodermos formada por las estrellas de mar.

**ASTIGITANO, A** adj. y n. De Écija.

**ASTIGMÁTICO, A** adj. y n. Afecto de astigmatismo.

**ASTIGMATISMO** n. m. Defecto de un instrumento óptico que no da una imagen puntual de un objeto puntual. **2.** Anomalía de la visión, debida a desigualdades de curvatura de la córnea transparente o a una falta de homogeneidad en la refringencia de los medios transparentes del ojo.

**ASTIL** n. m. (lat. *hastilem*). Mango, ordinariamente de madera, de las hachas, azadas, picos, etc. **2.** Varilla de la saeta. **3.** ORNITOL. Eje córneo que continúa el cañón y del cual salen las barbas de las plumas. • **Astil de la balanza, de la romana,** varilla metálica horizontal en cuyas extremidades se suspenden los platillos de una balanza o por la que se desliza el pilón de la romana.

**ASTILLA** n. f. Fragmento irregular que se desprende de la madera al romperla. **2.** MINER. Fragmento que salta o queda del pedernal y otros minerales al romperse.

**ASTILLAR** v. tr. [**1**]. Hacer astillas.

**ASTILLERO** n. m. Establecimiento o factoría donde se efectúa la construcción y reparación de buques. SIN.: *arsenal, atarazana, dársena.*

**ASTILLOSO, A** adj. Que se rompe fácilmente formando astillas.

**ASTRACÁN** n. m. (de Astraján, c. de Rusia). Piel de cordero karakul nonato o recién nacido, muy fina y con el pelo rizado. **2.** Tejido grueso de lana o de pelo de cabra, que forma rizos en la cara exterior.

**ASTRACANADA** n. f. Farsa teatral disparatada.

**ASTRÁGALO** n. m. (gr. *astragalos*). ANAT. Hueso del tarso que se articula con la tibia y el peroné. **2.** ARQ. En una columna, moldura que señala el límite entre el capitel y el fuste. **3.** BOT. Planta arbustiva o herbácea algunas de cuyas especies orientales producen la goma tragacanto.

**ASTRAL** adj. Relativo a los astros.

**ASTREÑIR** v. tr. [**24**]. Astringir.

**ASTRICCIÓN** n. f. Acción y efecto de astringir.

**ASTRICTIVO, A** adj. Que astringe.

**ASTRINGENCIA** n. f. MED. Calidad de astringente.

**ASTRINGENTE** adj. y n. m. MED. Que contrae los tejidos o disminuye la secreción.

**ASTRINGIR** v. tr. [**3b**]. Estrechar, contraer alguna sustancia los tejidos orgánicos. **2.** *Fig.* Sujetar, constreñir.

**ASTRO** n. m. (lat. *astrum*). Cuerpo celeste de forma bien determinada. **2.** *Fig.* Persona que destaca poderosamente en la esfera de sus actividades: *conocido astro de la pantalla.*

**ASTROBIOLOGÍA** n. f. Rama de las ciencias aplicadas que estudia la posibilidad de existencia de formas vivas en otras regiones del universo distintas de la Tierra.

**ASTROBLEMA** n. m. Cráter formado en la Tierra o en la Luna por el impacto de un gran meteorito.

**ASTROFÍSICA** n. f. Parte de la astronomía que estudia la constitución, propiedades físicas y evolución de los astros, y de los distintos medios que los componen.

**ASTROFÍSICO, A** adj. Relativo a la astrofísica. ◆ n. **2.** Especialista en astrofísica.

**ASTROLABIO** n. m. Instrumento que se utilizaba para observar la posición de los astros y determinar su altura sobre el horizonte.

**astrolabio** árabe
(bronce dorado; principios s. XVIII)
[museo de artes africanas y oceánicas, París]

**ASTROLOGÍA** n. f. (gr. *astrologia*). Arte adivinatoria que consiste en determinar la influencia de los astros sobre el curso de los acontecimientos terrestres, y en hacer predicciones sobre el futuro.

**ASTROLÓGICO, A** adj. Relativo a la astrología.

**ASTRÓLOGO, A** n. Persona que profesa la astrología.

**ASTROMETRÍA** n. f. Parte de la astronomía cuyo objeto es la medición de la posición de los astros y la determinación de sus movimientos. SIN.: *astronomía de precisión.*

**ASTROMÉTRICO, A** adj. Relativo a la astrometría.

**ASTRONAUTA** n. m. y f. Piloto o pasajero de una astronave.

**ASTRONÁUTICA** n. f. Ciencia de la navegación en el espacio. **2.** Conjunto de disciplinas científicas y técnicas que hacen posibles los vuelos espaciales.

**ASTRONAVE** n. f. Vehículo espacial.

**ASTRONOMÍA** n. f. (gr. *astronomia*). Ciencia que estudia la posición, movimientos y constitución de

**las grandes fechas de la astronáutica**

| | |
|---|---|
| **4 octubre 1957** | lanzamiento del primer satélite artificial, Sputnik 1 (U.R.S.S.). |
| **1 abril 1960** | lanzamiento del primer satélite meteorológico, Tiros 1 (E.U.A.). |
| **12 abril 1961** | primer vuelo de un hombre en el espacio (Gagarin, U.R.S.S.). |
| **27 agosto 1962** | lanzamiento de la sonda Mariner 2 (E.U.A.), que cumplió con éxito la primera misión planetaria (sobrevuelo de Venus, 14 dic.). |
| **14 febrero 1963** | lanzamiento del primer satélite geoestacionario de telecomunicaciones, Syncom 1 (E.U.A.). |
| **15 diciembre 1965** | primera cita espacial llevada a cabo por las cápsulas tripuladas Gemini 6 y 7 (E.U.A.). |
| **3 febrero 1966** | primer alunizaje realizado por la sonda Luna 9 (U.R.S.S.). |
| **21-27 dic. 1968** | primer vuelo pilotado Apolo alrededor de la Luna (E.U.A.). |
| **21 julio 1969** | primer desembarco humano (Armstrong, Aldrin) en la Luna (Apolo 11, E.U.A.). |
| **19 abril 1971** | lanzamiento de la primera estación orbital, Salyut 1 (U.R.S.S.). |
| **17 julio 1975** | cita espacial Apolo-Soyuz. |
| **20 julio 1976** | por primera vez una sonda (Viking 1, E.U.A.) se posa en Marte. |
| **12-14 abril 1981** | primer vuelo de la lanzadera espacial norteamericana Columbia. |
| **11 abril 1984** | primera reparación en el espacio de un satélite artificial gracias a la lanzadera espacial norteamericana. |
| **24 enero 1986** | primer vuelo sobre el planeta Urano (el más lejano explorado) de la sonda Voyager 2 (E.U.A.). |
| **28 enero 1986** | explosión en pleno vuelo de la lanzadera espacial norteamericana Challenger, con siete tripulantes a bordo. |
| **24 abril 1990** | la lanzadera espacial Discovery coloca en órbita el primer telescopio óptico espacial, el Hubble, construido por la N.A.S.A. y la E.S.A. |
| **6 octubre 1990** | la sonda Ulysses, de la N.A.S.A. y la E.S.A., inicia el viaje para colocarse en la órbita polar del Sol. |
| **10 setiembre 1992** | lanzamiento del satélite español de comunicaciones Hispasat por el cohete Ariane. |
| **7 noviembre 1996** | lanzamiento de la nave norteamericana Mars Global Surveyor para la exploración y estudio de Marte. |
| **22 abril 1997** | lanzamiento del satélite español de experimentación científica y tecnológica Minisat 1 por el cohete Pegasus. |

Tras haber conseguido el dominio en los vuelos espaciales, el hombre trata de obtener el mejor rendimiento posible de la utilización del espacio. Los lanzadores progresivamente más perfeccionados (fotos 1 y 2) permiten poner en órbita satélites automáticos cada vez más pesados y complejos que han revolucionado de manera notable las telecomunicaciones, la observación de la Tierra (foto 3) y del universo, etc. No obstante, ciertas misiones exigen la presencia humana. El hombre ha aprendido a desplazarse y a trabajar en el espacio. De aquí a fines de siglo se podrá asistir a la puesta en servicio de estaciones espaciales modulares (foto 4), instaladas en órbita alrededor de la Tierra. Éstas constituirán verdaderos laboratorios científicos y tecnológicos en los que podrán permanecer los astronautas. Los lanzadores recuperables (foto 5) asegurarán el regreso desde estas estaciones para el relevo de los equipos, además del transporte de la carga.

(1) Primer lanzamiento del cohete europeo Ariane 3, el 4 de agosto de 1984. (Altura: 49 m. Peso al despegue: 237 t. Carga útil: 5 t en órbita de transferencia geosíncrona.)

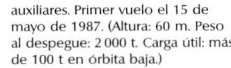

(2) El lanzador ruso Energia formado por un cuerpo central propulsado por cuatro motores de oxígeno e hidrógeno líquidos, y flanqueado por cuatro propulsores auxiliares. Primer vuelo el 15 de mayo de 1987. (Altura: 60 m. Peso al despegue: 2 000 t. Carga útil: más de 100 t en órbita baja.)

(4) Maqueta de la futura estación espacial norteamericana en su configuración inicial (1996) con, en el centro del mástil, los módulos presurizados y, en los extremos, los paneles solares. El lanzador proporciona la escala.

(3) París y sus alrededores vistos desde una altitud de 830 km por el satélite francés de teledetección Spot 1, el 10 de marzo de 1986. La imagen ha sido tratada en falsos colores. Los edificios aparecen en azul y la vegetación en rojo oscuro. Además de la aglomeración parisina atravesada por el Sena, se observan los aeropuertos de Roissy y de Bourget (arriba), el bosque de Boulogne (a la izquierda) y de Vincennes (a la derecha).

(5) Maqueta del futuro avión espacial europeo Hermes en misión orbital con su techo abierto. (Longitud: 15 m. Envergadura: 10 m. Peso máximo al despegue: 21 000 kg. Carga útil máxima: 3 000 kg. Equipo: 3 astronautas.)

(1) La Gran nube de Magallanes, galaxia irregular vecina de la nuestra (distancia: 160 000 años luz), fotografiada con la ayuda del telescopio de 3,60 m de la ESO, en Chile. Se observó una supernova el 23 de febrero de 1987.

La materia del universo se concentra en inmensas aglomeraciones de estrellas y de nebulosas gaseosas, llamadas galaxias (foto 1). El conocimiento de los astros procede del estudio de la radiación que emiten, absorben, reflejan o difunden.
Limitado durante mucho tiempo a la luz visible, este estudio abarca también el conjunto de radiaciones electromagnéticas (ondas radio, infrarroja, ultravioleta, rayos X, rayos $\gamma$). Se efectúa desde el suelo con la ayuda de telescopios (foto 2) o de radiotelescopios (foto 3), por lo general, de grandes dimensiones, o en el espacio con la ayuda de satélites (fotos 4, 5) que operan por encima de la pantalla atmosférica terrestre, equipados con detectores muy perfeccionados y dispositivos de análisis de la radiación (espectrógrafos).

(2) El telescopio británico William Herschel de 4,20 m de apertura instalado en el observatorio de Roque de los Muchachos en La Palma (Canarias).

(3) Radiotelescopio de antena única de 30 m de diámetro del I.R.A.M. (instituto de radioastronomía milimétrica), francoalemán, en el pico Veleta de sierra Nevada.

(4) Integración en una cámara estéril del espejo de 2,40 m de diámetro del telescopio espacial de la N.A.S.A.

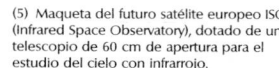

(5) Maqueta del futuro satélite europeo ISO (Infrared Space Observatory), dotado de un telescopio de 60 cm de apertura para el estudio del cielo con infrarrojo.

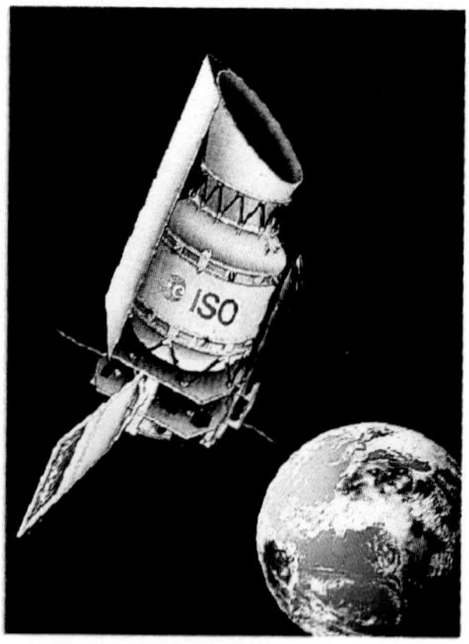

los cuerpos celestes. • **Astronomía de posición,** astrometría.

**ASTRONÓMICO, A** adj. Relativo a la astronomía: *observación astronómica.* **2.** *Fig.* Enorme, exagerado: *cifras astronómicas.* • **Unidad astronómica,** unidad de longitud igual al radio de la órbita circular que describiría, alrededor del Sol, un planeta de masa despreciable, exento de toda perturbación y cuya revolución sideral sería: 365,256 898 326 3 días medios.

**ASTRÓNOMO, A** n. Especialista en astronomía.

**ASTROSO, A** adj. (lat. *astrosum*). Desgraciado, desaseado, roto.

**ASTUCIA** n. f. Calidad de astuto. **2.** Ardid para lograr un intento.

**ASTUR** adj. y n. m. y f. Relativo a una ant. región del NO de la península Ibérica, que ha dado nombre a Asturias; habitante u originario de este territorio. **2.** Asturiano.

■ Los astures eran un pueblo precéltico, posteriormente celtizado. Tras su incorporación al Imperio romano (19 a. J.C.), los territorios de los astures fueron divididos en *Asturica Transmontana,* con su ciudad principal *Lucus Asturum* (Oviedo), y *Asturica Augustiana,* capital *Asturica Augusta* (Astorga).

**ASTURIANISMO** n. m. Giro o modo de hablar propio de los asturianos.

**ASTURIANO, A** adj. y n. De Asturias. ◆ adj. **2. Arte asturiano,** designación del arte que se desarrolló en el reino de Asturias durante los ss. VIII-XI. ◆ n. m. **3.** Bable.

■ El arte asturiano a menudo se ha incluido dentro del grupo denominado prerrománico. En la zona asturiana confluyen distintas culturas: sobre la civilización romana subyacente existen claras muestras del arte visigodo entremezcladas con corrientes nórdicas y bizantinas. Entre los monumentos más antiguos figuran las iglesias de Santa Comba de Bande (Orense), del s. VII, y Santa Cristina de Pola de Lena (Asturias), de mediados del s. IX. Del reinado de Alfonso II (791-842) es la Cámara santa de Oviedo y la iglesia de San Julián de los Prados. Del reinado de Ramiro I (842-850) son los monumentos más importantes del arte asturiano, la iglesia de San Miguel de Lillo y Santa María del Naranco.

**ASTURIENSE** n. m. y adj. Piso estratigráfico del holoceno de la costa cantábrica (España y Francia). **2.** ARQUEOL. Nombre dado a una cultura prehistórica, cuya zona abarca desde Asturias y Santander a Gerona y el NO de Portugal.

**ASTURLEONÉS, SA** adj. y n. Relativo a Asturias y León.

**ASTUTO, A** adj. Hábil para engañar o evitar el engaño.

**ASUETO** n. m. Descanso breve, vacaciones cortas.

**ASUMIR** v. tr. (lat. *asumere*) **[3]**. Atraer a sí, tomar para sí. **2.** Hacerse cargo de una cosa tomando conciencia de ella o responsabilizándose: *asumió la dirección del negocio en una época difícil.* **3.** *Galic.* Tomar incremento cosas naturales: *asumir grandes proporciones.*

**ASUNCENO, A** o **ASUNCINO, A** adj. y n. De Asunción, Paraguay.

**ASUNCIÓN** n. f. Acción y efecto de asumir. **2.** Elevación de la Virgen María al cielo. (Con este significado suele escribirse con mayúscula.) **3.** Día en que la Iglesia católica celebra este misterio (15 ag.).

**ASUNCIONISTA** n. m. y adj. Miembro de una congregación religiosa fundada en Nimes (1345) por el padre E. Daudí d'Alzon y consagrada a la enseñanza, la organización de peregrinaciones y la prensa. SIN.: *agustino de la Asunción.*

**ASUNTO** n. m. (lat. *assumptum*). Materia de que se trata: *conocer el asunto.* **2.** Tema o argumento de una obra: *novela de asunto complicado.* **3.** Negocio, ocupación: *ocúpate de tus asuntos.* **4.** DER. Caso, pleito.

**ASURAR** v. tr. y pron. **[1]**. Abrasar los sembrados el calor excesivo.

**ASUSTADIZO, A** adj. Que se asusta con facilidad.

**ASUSTAR** v. tr. y pron. **[1]**. Dar o causar susto: *la oscuridad le asusta.*

**At,** símbolo químico del *astato.*

**ATABACADO, A** adj. De color de tabaco.

**ATABAL** n. m. Timbal, tambor. **2.** Tamboril que suele tocarse en fiestas públicas.

**ATABALEAR** v. intr. **[1]**. Piafar el caballo produciendo un ruido semejante al son de los atabales. **2.** Imitar con los dedos este ruido.

**ATABALERO** n. m. El que toca el atabal.

**ATABANADO, A** adj. Dícese de la caballería de pelo oscuro, con pintas blancas.

**ATABE** n. m. Abertura que se deja en algunas cañerías para desventarlas o revisarlas.

**ATABLADERA** n. f. Tabla para atablar.

**ATABLAR** v. tr. **[1]**. Allanar con la atabladera la tierra ya sembrada.

**ATACABLE** adj. Que puede ser atacado.

**ATACADO, A** adj. *Fam.* Encogido, irresoluto. **2.** *Fig.* y *fam.* Miserable, mezquino.

**ATACADOR** n. m. Utensilio con que, en los antiguos cañones, se situaba el proyectil y la carga de pólvora en el fondo de la recámara.

**ATACAMEÑO, A** adj. y n. Relativo a un pueblo amerindio del grupo diaguita-atacameño que habita en el valle del Loa; individuo de dicho pueblo. (En un principio cazadores nómadas, se hicieron sedentarios y viven de la pesca, la agricultura y el pastoreo de llamas.) ◆ n. m. **2.** Lengua de América del Sur que se hablaba en el N de Chile.

**ATACAR** v. tr. (ital. *attacare*) **[1a]**. Acometer, embestir: *atacar al enemigo.* **2.** Afectar dañosamente, irritar: *la humedad le atacaba las articulaciones.* **3.** *Fig.* Impugnar, combatir: *atacar el problema con resolución.* **4.** *Fig.* Afectar, influir, producir efecto dañino: *atacar las fiebres.* **5.** *Fig.* Apretar o estrechar a una persona en algún argumento o sobre alguna pretensión: *atacarle por el lado del amor propio.* **6.** Atestar, atiborrar: *atacar de comida al niño.* **7.** MÚS. Producir un sonido súbitamente, de modo que destaque de los demás. **8.** QUÍM. Actuar una sustancia sobre otra. ◆ v. tr. y pron. **9.** Abrochar, ajustar al cuerpo una pieza del vestido. • **Atacar los nervios** *(Fam.),* poner nervioso.

**ATACIR** n. m. ASTROL. División de la bóveda celeste en 12 partes iguales o casas.

**ATÁCTICO, A** adj. QUÍM. Dícese de la estructura en la que los grupos ligados a los átomos de carbono de una cadena molecular, están dispuestos al azar a ambos lados de dicha cadena.

**ATADERO** n. m. Lo que sirve para atar. **2.** Parte por donde se ata una cosa. **3.** Gancho, anillo, etc., en que se ata alguna cosa. • **No tener atadero,** no tener orden ni concierto.

**ATADIJO** n. m. *Fam.* Paquete pequeño y mal hecho.

**ATADO, A** adj. Dícese de la persona apocada. ◆ n. m. **2.** Conjunto de cosas atadas. **3.** *Argent., Par.* y *Urug.* Cajetilla de cigarrillos.

**ATADURA** n. f. Acción y efecto de atar. **2.** Cosa con que se ata. **3.** *Fig.* Unión o enlace.

**ATAFAGAR** v. tr. y pron. **[1b]**. Sofocar, aturdir a uno, especialmente con olores fuertes.

**ATAGUÍA** n. f. Dique provisional establecido en un canal o río para poner en seco la base de la construcción que se ha de reparar, o el emplazamiento sobre el que se ha de construir.

**ATAHARRE** n. m. Banda que sujeta la silla o albarda, rodeando las ancas de la caballería.

San Miguel de Lillo, Oviedo (s. IX)

Santa María de Naranco, Oviedo (mirador lateral; s. XI)

el **arte asturiano**

**ATAIRE** n. m. Moldura que rodea los tableros de las puertas y ventanas.

**ATAJACAMINOS** n. m. (pl. *atajacaminos*). Nombre de diversas aves nocturnas, de alas y cola largas, cabeza grande y plumaje pardusco, que viven en Argentina. (Familia caprimulgidos.)

**ATAJADERO** n. m. Obstáculo que se pone en acequias, regueras, etc., para dirigir el agua.

**ATAJADIZO** n. m. Tabique u otra cosa con que se ataja un terreno. **2.** Porción menor del terreno atajado.

**ATAJAMIENTO** n. m. Acción de atajar.

**ATAJAR** v. intr. **[1]**. Ir o tomar por el atajo. ◆ v. tr. **2.** Salir al encuentro entorpeciendo el paso. **3.** Impedir el curso de una cosa. **4.** *Fig.* Interrumpir al que está hablando. ◆ **atajarse** v. pron. **5.** *Argent., Urug.* y *Méx. Fig.* Prevenirse, cubrirse, protegerse de alguna responsabilidad o riesgo.

**ATAJO** n. m. Senda por donde se abrevia el camino: *cortar por el atajo para llegar antes.* **2.** *Fig.* Procedimiento o medio rápido. **3.** *Fig.* Conjunto, abundancia. **4.** Pequeño grupo de cabezas de ganado: *atajo de puercos.*

**ATALAJES** n. m. pl. Conjunto de las correas que sujetan al piloto a su asiento expulsable o a su paracaídas.

**ATALANTAR** v. tr. **[1]**. Agradar, convenir.

**ATALAYA** n. f. (ár. *al-talā'i*, centinelas). Torre construida generalmente en lugar alto, para vigilar el campo o el mar. **2.** Cualquier eminencia, promontorio o edificio desde donde se divisa mucho espacio de tierra o de mar. **3.** *Fig.* Estado o posición desde la que se aprecia bien algo.

**ATALAYADO, A** adj. Dícese de los castillos, torres, etc., que rematan en una especie de cornisa volada con ladroneras para observar. **2.** HERÁLD. Dícese de la pieza o figura que presenta almenas en su perfil, dispuestas hacia abajo.

**ATALAYAR** v. tr. **[1]**. Observar desde una atalaya, otear. ◆ v. tr. y pron. **2.** *Fig.* Acechar las acciones de otros.

**ATAMÁN** n. m. Jefe de los ejércitos de Polonia y del gran ducado de Lituania entre los ss. XVI y XVIII. **2.** Oficial de los cuerpos de cosacos. SIN.: *hetmán.*

**ATAMIENTO** n. m. *Fam.* Timidez o cortedad de ánimo.

**ATAÑER** v. intr. (lat. *attangere*, llegar a tocar) **[2k]**. Tocar o pertenecer: *en lo que a mí me atañe, no tengo nada que añadir.* SIN.: *concernir.*

**ATAPASCO, A** adj. y n. Relativo a una familia de pueblos amerindios de amplia distribución geográfica (Alaska, norte y centro de Canadá, zona costera de California y N de México) cuyos grupos más conocidos son los *apaches* y *navajos*; individuo de esta familia. ◆ n. m. **2.** Familia lingüística amerindia, que comprende numerosas lenguas y dialectos, con grandes diferencias fonéticas, hablados por las tribus de este nombre.

**ATAQUE** n. m. Acción de atacar o acometer. **2.** *Fig.* Pendencia, altercado. **3.** DEP. Acción ofensiva ejecutada por los jugadores. **4.** MIL. Fase principal del combate ofensivo cuyo fin se materializa por la conquista de uno o varios objetivos. **5.** PATOL. Crisis aguda de una enfermedad, que se presenta en forma brusca y aparatosa.

**ATAR** v. tr. (lat. *aptare*, adaptar, sujetar) **[1]**. Unir, juntar o sujetar con ligaduras o nudos: *atar paquetes.* **2.** *Fig.* Impedir o quitar movimiento o libertad de acción. **3.** *Fig.* Juntar, relacionar, conciliar. • **Atar corto** *(Fam.)*, reprimir a alguien, sujetarle, darle poca libertad. ◆ **atarse** v. pron. **4.** Embarazarse, no saber cómo salir de un apuro. **5.** *Fig.* Ceñirse o reducirse a una materia determinada.

**ATARANTAR** v. tr. y pron. **[1]**. Aturdir, causar aturdimiento.

**ATARAXIA** n. f. (gr. *ataraxia*). FILOS. Quietud absoluta del alma, que es, según el epicureísmo y el estoicismo, el principio de la felicidad.

**ATARAZANA** n. f. Arsenal, establecimiento para la construcción y reparación de embarcaciones.

**ATARAZAR** v. tr. **[1g]**. Morder o rasgar con los dientes alguna cosa.

**ATARDECER** v. intr. **[2m]**. Empezar a caer la tarde.

**ATARDECER** n. m. Tiempo durante el cual atardece.

**ATAREAR** v. tr. **[1]**. Señalar tarea a uno. ◆ **atarearse** v. pron. **2.** Entregarse mucho al trabajo.

**ATARJEA** n. f. Caja de ladrillo con que se protege una cañería o conducto.

**ATARUGAR** v. tr. **[1b]**. Asegurar el carpintero un ensamblado con tarugos, cuñas o clavijas. **2.** Hablando de un tonel o de un recipiente, taponar con un tarugo o bitoque. **3.** *Fig.* y *fam.* Atestar, henchir, rellenar. ◆ v. tr. y pron. **4.** *Fig.* y *fam.* Hacer callar a uno. **5.** *Fig.* y *fam.* Atracar, hartar de comida. ◆ **atarugarse** v. pron. **6.** *Fig.* y *fam.* Atragantarse. **7.** Embotarse el entendimiento, mostrarse lento en el discurrir.

**ATASCADERO** n. m. Sitio donde se atascan los vehículos o las personas. **2.** *Fig.* Impedimento, estorbo para un proyecto, empresa, etc.

**ATASCAR** v. tr. **[1a]**. Tapar con tascos o estopones las aberturas que hay entre tabla y tabla y las hendiduras de ellas. **2.** *Fig.* Detener, impedir a alguno que prosiga lo comenzado. ◆ v. tr. y pron. **3.** Obstruir el paso por un conducto alguna cosa que se detenga en él: *atascarse una cañería.* ◆ **atascarse** v. pron. **4.** Quedarse detenido en un terreno cenagoso, atollarse. **5.** *Fig.* Quedarse detenido por cualquier obstáculo; especialmente al hablar, sin poder proseguir. **6.** Refiriéndose a las diferentes partes de las máquinas, forzar la una contra la otra hasta el punto de impedir todo funcionamiento.

**ATASCO** o **ATASCAMIENTO** n. m. Impedimento que no permite el paso. **2.** Obstrucción de un conducto. **3.** Embotellamiento, congestión de vehículos en una vía.

**ATAÚD** n. m. Caja donde se coloca el cadáver para enterrarlo. SIN.: *féretro.*

**ATAUJÍA** n. f. Obra de taracea de metales finos o esmaltes, típica del arte hispanoárabe. **2.** *Fig.* Labor primorosa, o de difícil combinación.

**ATAURIQUE** n. m. Obra de ornamentación hecha con yeso o estuco, característica del arte árabe.

**atauriques**
(sala de los Reyes, la Alhambra, Granada)

**ATAVIAR** v. tr. y pron. **[1t]**. Vestir y adornar a alguien.

**ATÁVICO, A** adj. Relativo al atavismo: *costumbres atávicas.*

**ATAVÍO** n. m. Compostura, adorno. **2.** *Fig.* Vestido, conjunto de piezas de vestir. ◆ **atavíos** n. m. pl. **3.** Objetos para adorno. SIN.: *traeres.*

**ATAVISMO** n. m. Reaparición de determinados caracteres procedentes de un antepasado y que no se habían manifestado en las generaciones intermedias. **2.** *Fig.* Instintos hereditarios; costumbres ancestrales.

**ATAXIA** n. f. Dificultad de coordinación de los movimientos, característica de ciertas enfermedades neurológicas.

**ATÁXICO, A** adj. y n. Relativo a la ataxia; afecto de ataxia.

**ATE** n. m. *Méx.* Dulce de membrillo.

**ATEÍSMO** n. m. Corriente de pensamiento materialista propia de los ateos.

**ATEÍSTA** adj. y n. m. y f. Ateo.

**ATELAJE** n. m. Tiro, conjunto de caballerías que tiran de un carruaje. **2.** Conjunto de guarniciones de las bestias de tiro.

**ATELANA** adj. y n. f. Dícese de una obra cómica latina, semejante al sainete, procedente de Atella, ciudad de los oscos.

**ATELECTASIA** n. f. Aplanamiento de los alvéolos pulmonares cuando no contienen aire, que, normal en el feto, es patológico en caso de obstrucción bronquial.

**ATELES** n. m. Mono de América del Sur, llamado *mono araña* por la gran longitud de sus miembros.

**ATEMORIZAR** v. tr. y pron. **[1g]**. Causar o sentir temor: *su terrible aspecto atemorizaba.*

**ATEMOZTLI** n. m. Decimosexto mes del calendario azteca.

**ATEMPERACIÓN** n. f. Acción y efecto de atemperar.

**ATEMPERAR** v. tr. y pron. (lat. *attemperare*) **[1]**. Moderar, templar: *la medicina atemperó su dolor.* **2.** Acomodar una cosa a otra.

**ATEMPORAL** adj. Que no pertenece a ningún tiempo determinado.

**ATENAZAR** v. tr. **[1g]**. Apretar, sujetar fuertemente. **2.** Atormentar un pensamiento o idea.

**ATENCIÓN** n. f. (lat. *attentionem*). Acción de atender: *prestar atención.* **2.** Demostración de respeto o cortesía: *colmar de atenciones.* • **En atención a,** atendiendo, teniendo en cuenta. ‖ **Llamar la atención,** provocar o atraer la curiosidad o el interés una persona o cosa; reconvenir a alguien por su conducta. ◆ interj. **3.** Suele usarse para que se aplique especial cuidado a lo que se va a decir o hacer.

**ATENDEDOR, RA** n. IMPR. Persona que atiende.

**ATENDER** v. tr. (lat. *attendere*) **[2d]**. Aguardar, esperar: *tener que atender horas para entrar.* ◆ v. tr. e intr. **2.** Acoger favorablemente, o satisfacer, un deseo, un ruego o mandato. **3.** Aplicar voluntariamente el entendimiento a un objeto espiritual o sensible: *atender a las explicaciones.* **4.** Mirar por alguna persona o cosa, cuidar de ella: *le atendieron en el hospital.* **5.** Despachar, ocuparse del público en un establecimiento. ◆ v. intr. **6.** Tener en cuenta o consideración alguna cosa: *atender a las circunstancias.* **7.** IMPR. Leer uno para sí el original de un escrito mientras el corrector va leyendo en voz alta la prueba impresa, para prevenirle de cualquier falta de conformidad entre la prueba y el original. • **Atender por,** sirve para indicar el nombre con que se llama algún animal.

**ATENDIBLE** adj. Digno de atención o de ser atendido.

**ATENEÍSTA** n. m. y f. Socio de un ateneo.

**ATENEO** n. m. (lat. *athenaeum*). En Atenas, templo de Atenea, donde los poetas y oradores leían sus obras. **2.** Entidad o asociación cultural. **3.** Local de dicha entidad.

**ATENERSE** v. pron. **[8]**. Acogerse o adherirse a la protección de una persona o cosa. **2.** Ajustarse, sujetarse, limitarse: *atenerse a las reglas.*

**ATENIENSE** adj. y n. m. y f. De Atenas.

**ATENORADO, A** adj. Dícese de la voz o del sonido parecidos a la voz del tenor.

**ATENTADO** n. m. Agresión contra la vida, la integridad física o moral, los bienes o los derechos de una persona. **2.** Acción contraria a una institución o principio establecidos: *atentado a la moral.*

**ATENTAR** v. tr. (lat. *attentare*, emprender) **[1]**. Ejecutar una cosa con infracción de lo dispuesto. **2.** Intentar algo, especialmente un delito. ◆ v. intr. **3.** Cometer atentado.

**ATENTATORIO, A** adj. Que implica atentado.

**ATENTO, A** adj. Que tiene fija la atención en alguna cosa. **2.** Cortés, amable.

**ATENUACIÓN** n. f. Acción y efecto de atenuar.

**ATENUADO, A** adj. Dícese del microorganismo patógeno cuya virulencia está disminuida.

**ATENUANTE** adj. y n. m. o f. Que atenúa.

**ATENUAR** v. tr. **[1s]**. Poner tenue o delgado. **2.** *Fig.* Minorar o disminuir: *atenuar el calor.*

**ATEO, A** adj. y n. (gr. *atheos*). Que niega la existencia de toda divinidad.

**ATERCIOPELADO, A** adj. Semejante al terciopelo.

**ATERIDO, A** adj. Helado, yerto.

**ATERIMIENTO** n. m. Acción y efecto de aterir.

**ATERIR** v. tr. y pron. [3ñ]. Enfriar mucho.

**ATÉRMICO, A** o **ATÉRMANO, A** adj. Mal conductor del calor.

**ATEROMA** n. m. (gr. *athēra,* papilla). Degeneración de la túnica íntima de las arterias.

**ATERRADOR, RA** adj. Que aterroriza.

**ATERRAR** v. tr. [1j]. Bajar al suelo. **2.** Derribar, echar por tierra. **3.** Cubrir con tierra. ◆ v. intr. **4.** Llegar a tierra. ◆ **aterrarse** v. pron. **5.** Poner pie en tierra firme. **6.** MAR. Acercarse a tierra los buques en su derrota.

**ATERRAR** v. tr. y pron. [1]. Causar terror: *nos aterra la muerte.* ◆ v. tr. **2.** *Fig.* Postrar, abatir, desanimar.

**ATERRIZADOR** n. m. *Amér.* Tren de aterrizaje.

**ATERRIZAJE** n. m. Acción de aterrizar.

**ATERRIZAR** v. intr. [1g]. Posarse sobre la superficie terrestre una aeronave. **2.** *Fig.* y *fam.* Aparecer en un lugar de manera inesperada.

**ATERRONAR** v. tr. y pron. [1]. Hacer terrones alguna materia suelta.

**ATERRORIZAR** v. tr. y pron. [1g]. Aterrar, causar terror: *aterrorizar a los niños.*

**ATESORAMIENTO** n. m. Acción y efecto de atesorar.

**ATESORAR** v. tr. [1]. Reunir y guardar dinero o cosas de valor. **2.** *Fig.* Tener virtudes o cualidades.

**ATESTACIÓN** n. f. Deposición de testigo o de persona que afirma alguna cosa.

**ATESTADO** n. m. DER. Documento oficial en que se hace constar como cierta alguna cosa.

**ATESTADURA** n. f. Atestamiento. **2.** ENOL. Porción de mosto con que se atiestan las cubas de vino.

**ATESTAMIENTO** n. m. Acción y efecto de atestar, rellenar con mosto las cubas de vino.

**ATESTAR** v. tr. [1j]. Henchir una cosa hueca, apretando lo que se mete en ella. **2.** Rellenar con mosto las cubas de vino para suplir la merma producida por la fermentación.

**ATESTAR** v. tr. [1]. DER. Testificar, probar algo con testigos; deponer como testigo.

**ATESTIGUACIÓN** n. f. Acción de atestiguar. SIN.: *atestiguamiento.*

**ATESTIGUAR** v. tr. [1c]. Declarar, afirmar como testigo: *atestiguar en un juicio.* SIN.: *atestar, testificar, testimoniar.* **2.** Ofrecer indicios ciertos de algo.

**ATETAR** v. tr. [1]. Amamantar.

**ATETILLAR** v. tr. [1]. Excavar alrededor de los árboles dejando algo de tierra arrimada al tronco.

**ATETÓSICO, A** adj. y n. Relativo a la atetosis; afecto de atetosis.

**ATETOSIS** n. f. (gr. *athetos,* sin posición fija). NEUROL. Síndrome caracterizado por movimientos automáticos, lentos y ondulatorios, predominantemente en las manos.

**ATEZAR** v. tr. [1g]. Poner liso, terso o lustroso. ◆ v. tr. y pron. **2.** Poner la piel morena.

**ATI** n. m. Gaviota de América Meridional, con la cabeza y punta del ala negras, pico desarrollado y cola poco escotada.

**ATIBORRAMIENTO** n. m. Acción y efecto de atiborrar.

**ATIBORRAR** v. tr. [1]. Atestar, llenar completamente. ◆ v. tr. y pron. **2.** *Fig.* y *fam.* Atracar, hartar de comida o bebida: *atiborrarse de pan.* **3.** Llenar la cabeza de lecturas, ideas, etc.

**ATICISMO** n. m. Delicadeza, elegancia que caracteriza a los escritores y oradores atenienses de la edad clásica. **2.** Pureza y concisión en el lenguaje y en el estilo, a imitación de los escritores áticos.

**ÁTICO, A** adj. y n. (gr. *attikos*). Del Ática o de Atenas. ◆ adj. **2.** Relativo al aticismo. ◆ n. m. **3.** Último piso de un edificio, que en las casas antiguas es más bajo de techo que los inferiores y se construía para encubrir el arranque de la techumbre, y que en los edificios modernos suele estar provisto de terrazas.

**ATIESAR** v. tr. y pron. [1]. Poner tieso: *atiesar el bigote.*

**ATIFLE** n. m. Utensilio usado por los alfareros para evitar que se peguen unas con otras las piezas al cocerse.

**ATIGRADO, A** adj. Manchado como la piel de tigre.

**ATILDAMIENTO** n. m. Acción y efecto de atildar.

**ATILDAR** v. tr. y pron. [1]. *Fig.* Componer, asear con esmero minucioso.

**ATINAR** v. intr. [1]. Acertar a dar en el blanco. **2.** Hallar lo que se busca a tientas sin ver el objeto: *atinar con el interruptor.* **3.** Acertar una cosa por conjeturas: *no atinar en la respuesta.* ◆ v. intr. y tr. **4.** Hallar, conseguir, acertar por sagacidad o casualidad lo que se busca.

**ATÍNCAR** n. m. Bórax.

**ATINGENCIA** n. f. *Amér.* Conexión, relación. **2.** *Perú.* Incumbencia.

**ATINGIR** v. tr. [3b]. *Amér.* Oprimir, tiranizar.

**ATIPICIDAD** n. f. Cualidad de atípico.

**ATÍPICO, A** adj. Que se sale de la normalidad.

**ATIPLADO, A** adj. Dícese de la voz o el sonido agudo.

**ATIPLAR** v. tr. [1]. Agudizar el tono de un instrumento o de la voz. ◆ **atiplarse** v. pron. **2.** Volverse la cuerda del instrumento, o la voz, del tono grave al agudo.

**ATIRANTAR** v. tr. [1]. Poner tirante. **2.** ARQ. Afirmar o asegurar dos piezas, una armadura, etc., con tirantes.

**ATISBADOR, RA** adj. y n. Que atisba.

**ATISBADURA** n. f. Acción de atisbar.

**ATISBAR** v. tr. [1]. Mirar, observar disimuladamente: *atisbar desde la ventana.* ◆ v. tr. y pron. **2.** Ver débilmente, vislumbrar.

**ATISBO** n. m. Atisbadura. **2.** Indicio, sospecha.

**ATITECA** → ***tsutuhil.***

**ATIZADOR, RA** adj. y n. Que atiza. ◆ n. m. **2.** Barra metálica que se emplea para avivar o atizar el fuego en los hogares de chimeneas. SIN.: *atizadero, hurgón.*

**ATIZAR** v. tr. [1g]. Remover el fuego, o añadirle combustible: *atizar el brasero.* **2.** *Fig.* Excitar pasiones o discordias. **3.** *Fig.* y *fam.* Con voces expresivas de golpes o de daño, dar. • **¡Atiza!,** denota sorpresa.

**ATIZONAR** v. tr. [1]. ALBAÑ. Asegurar la trabazón de una obra de mampostería con piedras colocadas a tizón. **2.** Asentar la cabeza de un madero en el espesor de la pared. ◆ **atizonarse** v. pron. **3.** Contraer tizón los cereales u otras gramíneas.

**ATLACAHUALO** n. m. Primer mes del año azteca.

**ATLANTA** n. m. y adj. GEOL. Formación del eoceno medio de Ecuador.

**ATLANTE** n. m. Estatua de hombre que sirve de soporte. SIN.: *telamón.*

**ATLÁNTICO, A** adj. Relativo al océano Atlántico o a los países o regiones que lo bordean. **2.** Relativo a la Organización del tratado del Atlántico norte: *la defensa atlántica.*

**ATLANTISMO** n. m. Doctrina de los partidarios del pacto del Atlántico norte.

**ATLAS** n. m. Colección de mapas, dibujos, cuadros o tablas relativos a un tema determinado, presentada generalmente en forma de libro: *atlas geográfico, lingüístico, histórico.* **2.** ANAT. Primera vértebra cervical.

**ATLATL** n. m. Instrumento utilizado por las culturas lacustres del valle de México para la caza, pesca y guerra.

**ATLETA** n. m. y f. Persona que practica un deporte, especialmente el atletismo. **2.** *Fig.* Persona robusta y fuerte. • **Pie de atleta,** infección micótica que suele aparecer en la planta de los pies.

**ATLÉTICO, A** adj. Relativo al atleta. ◆ n. m. y adj. **2.** Uno de los tres biotipos caracterológicos en la clasificación de Kretschmer.

**ATLETISMO** n. m. Conjunto de deportes individuales que comprende carreras pedestres y concursos (saltos y lanzamientos).

■ El atletismo es un deporte muy extendido por la sencillez de su reglamento y práctica. En el atletismo masculino se corren doce carreras principales, disputadas en los Juegos olímpicos y otras competiciones internacionales: carreras lisas individuales de 100 y 200 m (pruebas de velocidad pura), 400 m y 800 (de velocidad prolongada), 1 000 m, 5 000 m y 10 000 m (de medio fondo y fondo); carreras de relevos (4 × 100 m y 4 × 400 m); carreras de obstáculos (110 y 400 m vallas, y 3 000 m). Los concursos comprenden cuatro pruebas de saltos (salto de altura, de longitud, triple salto y salto con pértiga) y cuatro de lanzamientos (peso, disco, martillo y jabalina). Las pruebas femeninas son menos numerosas: 100 m, 200 m, 400 m, 800 m, 1 500 m y 3 000 m; relevos de 4 × 100 y 4 × 400 m; 100 m vallas; saltos de altura y longitud, y lanzamientos de peso, disco y jabalina. Otras pruebas de gran popularidad son el decathlón (masculino), el heptatlón (femenino), el maratón y la milla.

**ATMÓSFERA** o **ATMOSFERA** n. f. Capa gaseosa que envuelve un planeta o un satélite, particularmente la Tierra. **2.** Ambiente de un local. **3.** Con-

**atlantes** del templo pirámide del dios Tlahuizcalpantechutli en Tula, México

**atlantes,** por J. Cl. Rambot (pabellón de Vendôme [1665] en Aix-en-Provence, Francia)

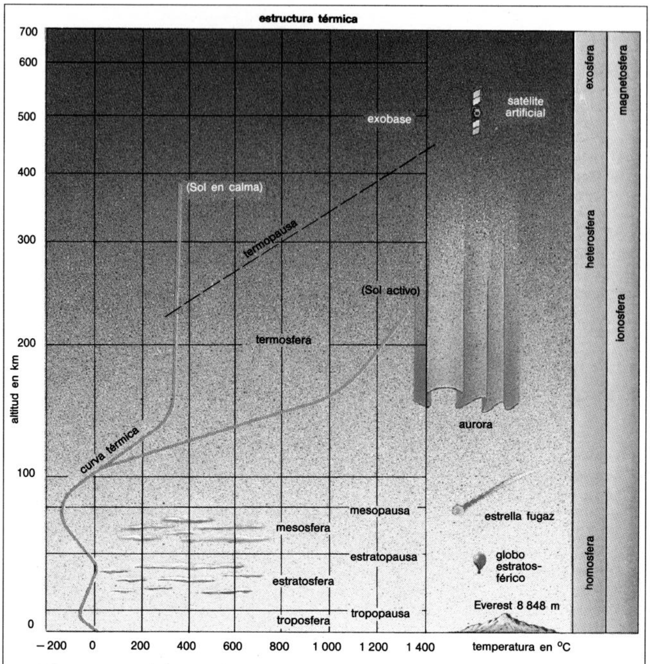


**atmósfera:** estructura de la atmósfera terrestre

junto de condiciones o influencias que rodean a alguien o algo. **4.** *Fig.* Estado de ánimo de un conjunto de personas: *atmósfera tensa.* **5.** Unidad de medida de presión, numéricamente igual al peso de una columna de mercurio de 76 cm de altura y 1 $cm^2$ de base: *presión de diez atmósferas.* • **Atmósfera controlada,** atmósfera de un horno de tratamientos térmicos en el cual el aire ha sido remplazado por un gas adecuado a los productos que se van a tratar.

**ATMOSFÉRICO, A** adj. Relativo a la atmósfera. • **Condiciones atmosféricas,** estado del tiempo, definido por la temperatura, la insolación o la nebulosidad, las precipitaciones, los vientos, etc.

**ATO,** prefijo (símbolo a) que, colocado delante de una unidad, la multiplica por $10^{-18}$.

**ATOAJE** n. m. Acción y efecto de atoar. • **Cable de atoaje,** cable de remolque.

**ATOAR** v. tr. **[1]**. Halar de un cabo firme, para aproximar la embarcación a un punto fijo. **2.** Llevar a remolque una embarcación.

**ATOCHA** n. f. Esparto.

**ATOK** n. m. Carnívoro parecido al zorro gris, que vive en los Andes del Perú. (Familia cánidos.)

**ATOLLADERO** n. m. Atascadero. **2.** *Fig.* Punto muerto, situación que no ofrece salida favorable: *hallarse en un atolladero.*

**ATOLLAR** v. intr. y pron. **[1]**. Dar en un atolladero. ◆ **atollarse** v. pron. **2.** *Fig.* y *fam.* Atascarse.

**ATOLÓN** n. m. Isla de forma anular de los mares tropicales, formada por arrecifes coralinos que rodean una laguna central.

**ATOLONDRADO, A** adj. Que actúa sin serenidad y reflexión.

**ATOLONDRAMIENTO** n. m. Acción de atolondrar.

**ATOLONDRAR** v. tr. y pron. **[1]**. Aturdir, causar aturdimiento: *atolondrarse al caer.*

**ATOMICIDAD** n. f. Número de átomos contenidos en una molécula. **2.** ECON. Carácter de una oferta y de una demanda, compuestas de elementos numerosos y suficientemente pequeños para que una modificación de la oferta o de la demanda, de uno o varios elementos, no determine una variación de la oferta o la demanda globales.

**ATÓMICO, A** adj. Relativo a los átomos. • **Arma atómica,** arma utilizada por primera vez en 1945, basada en reacciones de fisión del plutonio o del uranio. ‖ **Energía atómica,** energía liberada en las reacciones nucleares. ‖ **Masa atómica,** o **peso atómico,** masa relativa de los átomos de los distintos elementos, siendo la del carbono, por convención, igual a 12. ‖ **Notación atómica,** notación química fundada en la consideración de las masas atómicas. ‖ **Número atómico,** número de un elemento en la clasificación periódica. (Es igual al número de electrones que giran alrededor del núcleo.)

**ATOMISMO** n. m. Filosofía materialista que considera el universo como constituido por un número infinito de átomos asociados en combinaciones fortuitas y puramente mecánicas.

**ATOMISTA** adj. y n. m. y f. Partidario del atomismo.

**ATOMÍSTICA** n. f. Estudio de las propiedades de los átomos.

**ATOMÍSTICO, A** adj. Relativo al atomismo y a la atomicidad.

**ATOMIZACIÓN** n. f. Acción y efecto de atomizar.

**ATOMIZADOR** n. m. Aparato que sirve para la pulverización molecular de líquidos.

**ATOMIZAR** v. tr. y pron. **[1g]**. Dividir en partes sumamente pequeñas. **2.** Pulverizar un líquido.

**ÁTOMO** n. m. Partícula de un elemento químico que forma la cantidad más pequeña que puede entrar en combinación. **2.** Partícula material de pequeñez extremada.

■ El átomo está formado por un núcleo central (que concentra casi la totalidad de su masa y una carga eléctrica positiva) y una nube de *electrones* (partículas de carga eléctrica negativa) que giran a su alrededor describiendo órbitas elípticas con una onda asociada que les comunica una energía característica cuántica. El núcleo está constituido por *neutrones* (partículas sin carga) y *protones* (partículas positivas con una masa aproximada a la de los neutrones). Lo caracterizan dos constantes: 1) el número de sus protones *(número atómico)* que varía entre 1 (hidrógeno) y 92 (uranio) para los elementos existentes en la naturaleza; 2) el número total de sus partículas *(masa atómica).* El símbolo de un elemento se acompaña de estas indicaciones (por ej.: $^{16}_{8}O$ expresa un núcleo de oxígeno formado por 16 partículas de las que 8 son protones). El núcleo posee una masa ligeramente inferior a la de las partículas que lo constituyen. Esta pérdida de masa indica la energía liberada en la formación del átomo, que se expresa en la fórmula relativista $E = mc^2$, donde $c$ es la velocidad de la luz en el vacío. Los electrones se disponen alrededor del núcleo en capas, definiendo niveles de energía, pero es imposible localizar la posición y velocidad de cada uno (principio de incertidumbre) y se definen a través de números cuánticos. Los iones son átomos que han ganado o perdido electrones, presentando una carga total negativa *(aniones)* o positiva *(cationes).* Los átomos de un mismo elemento, con idéntico número atómico pero distinta masa, se denominan *isótopos.*

**ÁTOMO-GRAMO** n. m. (pl. *átomos-gramo*). Valor en gramos de la masa atómica de un elemento químico.

**ATONAL** adj. MÚS. Escrito según las reglas de la atonalidad.

**ATONALIDAD** n. f. MÚS. Sistema de escritura musical que exime de las reglas tonales de la armonía tradicional. SIN.: *atonalismo.*

**ATONÍA** n. f. Falta de energía.

**ATÓNICO, A** adj. Que resulta de la atonía.

**ATÓNITO, A** adj. Pasmado, estupefacto.

**ÁTONO, A** adj. (gr. *atonos*). GRAM. Dícese de la palabra, sílaba o vocal que carecen de acento prosódico.

**ATONTADO, A** adj. Dícese de la persona tonta o que no sabe cómo conducirse.

**ATONTAMIENTO** n. m. Acción y efecto de atontar.

**ATONTAR** v. tr. y pron. **[1]**. Aturdir, atolondrar. **2.** Entontecer.

**ATONTOLINAR** v. tr. y pron. **[1]**. *Fam.* Atontar.

**ATOPIA** n. f. Carácter constitutivo de determinados individuos que presentan reacciones alérgicas con una frecuencia anormalmente elevada.

**ATORAMIENTO** n. m. Acción de atorarse.

**ATORAR** v. tr., intr. y pron. (lat. *obturare*) **[1]**. Atascar, obstruir. ◆ **atorarse** v. pron. **2.** Atragantarse.

**ATORMENTADOR, RA** adj. y n. Que atormenta.

**ATORMENTAR** v. tr. y pron. **[1]**. Causar dolor o molestia física o moral.

**ATORNILLAR** v. tr. **[1]**. Introducir un tornillo ha-

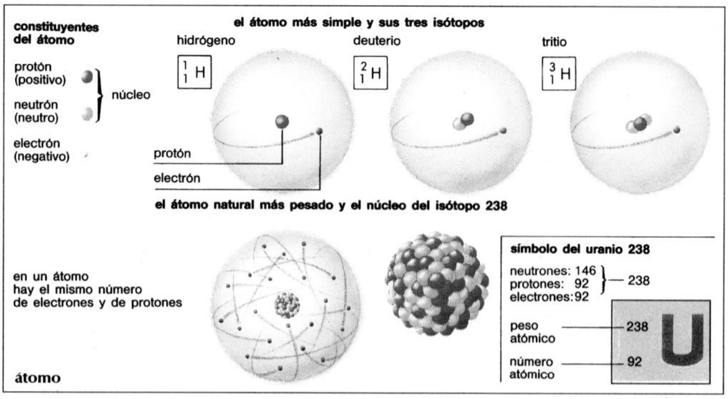


átomo

ciéndolo girar alrededor de su eje. **2.** Sujetar una cosa con tornillos.

**ATORRANTE** adj. y n. m. y f. *Argent., Par.* y *Urug.* Vagabundo, holgazán, haragán. **2.** *Argent., Par.* y *Urug.* Persona desvergonzada. ◆ n. f. **3.** *Argent., Par.* y *Urug.* Mujer de mala vida.

**ATORTOLAR** v. tr. y pron. **[1]**. *Fam.* Aturdir o acobardar.

**ATOSIGAMIENTO** n. m. Acción de atosigar.

**ATOSIGAR** v. tr. y pron. **[1b]**. Apremiar, importunar, dar prisa.

**A.T.P.,** abrev. de *adenosintrifosfato.*

**ATRABANCAR** v. tr. e intr. **[1a]**. Hacer algo con precipitación. **2.** *Urug. Fam.* Obstaculizar.

**ATRABILIARIO, A** adj. Relativo a la atrabilis. ◆ adj. y n. **2.** *Fam.* Irascible, irritable, de genio desigual.

**ATRABILIS** n. f. MED. ANT. Bilis negra, supuesta causante de la melancolía.

**ATRACADA** n. f. Acto de atracar una embarcación. **2.** *Cuba, Méx.* y *Perú.* Atracón.

**ATRACADERO** n. m. Lugar de una vía marítima o fluvial especialmente destinado para atracar las embarcaciones.

**ATRACADOR, RA** n. Persona que atraca o saltea en poblado.

**ATRACAR** v. tr. e intr. **[1a]**. MAR. Arrimar o arrimarse una embarcación a tierra o a otra embarcación: *atracar los botes.* ◆ v. tr. **2.** Hacer comer o beber con exceso: *atracarse de pasteles.* SIN.: *atiborrar.* **3.** Asaltar con armas para robar: *atracar un banco.* **4.** *Chile.* Empujar, pegar, zurrar. **5.** *Argent.* y *Chile. Vulg.* Acosar a una persona con fines sexuales. ◆ **atracarse** v. pron. **6.** *Antillas* y *Hond.* Reñir, discutir. **7.** *Argent., Chile* y *Perú. Fig.* Ponerse junto a cualquier objeto.

**ATRACCIÓN** n. f. Acción de atraer. **2.** Fuerza con que se atrae. **3.** Número que se representa en un programa de variedades, una revista, o en el intermedio de un programa cinematográfico o de una obra teatral. • **Ley de la atracción universal,** o **ley de Newton,** ley según la cual todos los cuerpos materiales se atraen mutuamente en razón directa a sus masas y en razón inversa al cuadrado de sus distancias. ◆ **atracciones** n. f. pl. **4.** Espectáculos o diversiones que se celebran en un mismo lugar o forman parte de un mismo programa: *parque de atracciones.*

**ATRACO** n. m. Acción de atracar con armas para robar.

**ATRACÓN** n. m. *Fam.* Acción y efecto de atracar o atracarse de comida o bebida. **2.** *Pan.* Altercado, riña.

**ATRACTIVO, A** adj. (lat. *attractivum*). Que atrae. ◆ n. m. **2.** Cualidad o conjunto de cualidades de una persona que atrae a otra u otras.

**ATRAER** v. tr. **[10]**. Traer o hacer venir hacia el lugar en que alguien se halla o hacia un determinado lugar: *atraer público; atraer con un imán.* **2.** *Fig.* Captar la voluntad, atención, etc.: *atraer las miradas.* **3.** *Fig.* Ocasionar, acarrear o hacer que recaiga algo en uno: *atraer la maldición divina.*

**ATRAFAGAR** v. intr. y pron. **[1b]**. Fatigarse o afanarse.

**ATRAGANTAMIENTO** n. m. Acción y efecto de atragantarse.

**ATRAGANTARSE** v. pron. **[1]**. No poder tragar algo que se atraviesa en la garganta: *al reírse se atragantó.* **2.** *Fig.* y *fam.* Turbarse en la conversación: *se le atragantaron las palabras.* **3.** *Fig.* y *fam.* Resultarle a uno una persona o cosa desagradable, antipática o difícil: *tu amigo se me atragantó al instante de conocerle.*

**ATRAILLAR** v. tr. **[1u]**. Atar los perros con traílla.

**ATRAMPAR** v. tr. y pron. **[1]**. Coger o caer en la trampa. ◆ **atramparse** v. pron. **2.** Cegarse un conducto. **3.** Caerse el pestillo de la puerta de modo que no se pueda abrir.

**ATRANCAR** v. tr. **[1a]**. Asegurar la puerta o ventana con una tranca. ◆ v. tr. y pron. **2.** Atascar, obstruir: *esta puerta se atranca a veces.* ◆ v. intr. **3.** *Fam.* Dar trancos o pasos largos. **4.** *Fig.* y *fam.* Leer muy de prisa, suprimiendo palabras. ◆ **atrancarse** v. pron. **5.** Encerrarse asegurando la puerta.

**ATRANCO** o **ATRANQUE** n. m. Atolladero. **2.** *Fig.* Embarazo o apuro.

**ATRAPAMOSCAS** n. m. (pl. *atrapamoscas*). Planta cuyas hojas terminan en lóbulos oponibles capaces de juntarse y retener insectos. (Familia droseráceas.)

**atrapamoscas**

**ATRAPAR** v. tr. (fr. *attraper*) **[1]**. Coger, aprisionar a alguien o algo, especialmente si escapa o tiende a escapar. **2.** *Fig.* y *fam.* Conseguir una cosa de provecho: *atrapar un premio.* **3.** *Fig.* y *fam.* Engañar, atraer a uno con maña.

**ATRAQUE** n. m. Acción de atracar una nave. **2.** Muelle donde se atraca.

**ATRÁS** adv. l. Hacia la parte que está a las espaldas de uno: *dar un paso atrás.* **2.** Detrás: *quedarse atrás.* ◆ adv. t. **3.** Tiempo pasado: *pocos días atrás.* ◆ interj. **4.** Se usa para mandar retroceder a alguno: *¡atrás!, no dé un paso más.*

**ATRASAR** v. tr. y pron. **[1]**. Retrasar.

**ATRASO** n. m. Efecto de atrasar. SIN.: *retraso.* **2.** Falta o insuficiencia de desarrollo en la tecnología o en las costumbres. ◆ **atrasos** n. m. pl. **3.** Pagos o rentas vencidos y no cobrados.

**ATRAVESADO, A** adj. Que bizquea. **2.** *Fig.* De mala intención. **3.** Dícese del animal cruzado o híbrido.

**ATRAVESADOR, RA** adj. Que atraviesa.

**ATRAVESAR** v. tr. **[1j]**. Poner algo de una parte a otra: *atravesarse un camión en la calzada.* **2.** Poner algo delante para impedir el paso. **3.** Pasar un objeto sobre otro; hallarse puesto sobre él oblicuamente. **4.** Pasar circunstancialmente por una situación: *atravesamos un mal momento.* **5.** Pasar de una parte a la opuesta: *atravesar una calle.* **6.** Traspasar, pasar un cuerpo penetrándolo de parte a parte: *atravesarle el cuerpo de un disparo.* ◆ v. tr. y pron. **7.** MAR. Poner la nave al pairo o a la capa. ◆ **atravesarse** v. pron. **8.** *Fig.* Mezclarse en los asuntos de otros. **9.** Encontrarse con alguno. **10.** Tener pendencia, no poder soportar, sufrir una cosa, ser antipática. **11.** *Fig.* Ocurrir alguna cosa que altera el curso de otra.

**ATRAYENTE** adj. Que atrae.

**ATRECHAR** v. intr. **[1]**. *P. Rico.* Tomar un atajo.

**ATREGUAR** v. tr. y pron. **[1c]**. Dar o conceder treguas.

**ATRENZO** n. m. *Amér.* Conflicto, apuro, dificultad.

**ATREPSIA** n. f. Deficiencia de asimilación en los lactantes, que ocasiona adelgazamiento y complicaciones graves.

**ATRESIA** n. f. Estrechamiento u obstrucción congénita o adquirida de un orificio o canal naturales.

**ATREVERSE** v. pron. **[2]**. Determinarse a algo arriesgado: *atreverse a saltar en paracaídas.* **2.** Insolentarse, descararse: *el muy descarado se atreve con sus padres.*

**ATREVIDO, A** adj. y n. Que se atreve. ◆ adj. **2.** Hecho o dicho con atrevimiento.

**ATREVIMIENTO** n. m. Acción y efecto de atreverse.

**ATREZO** o **ATREZZO** n. m. Attrezzo.

**ATRIBUCIÓN** n. f. Acción de atribuir. **2.** Facultad de una persona por razón de su cargo: *posee un cargo con muchas atribuciones.*

**ATRIBUIR** v. tr. y pron. (lat. *attribuere*) **[29]**. Aplicar hechos o cualidades a una persona o cosa: *atribuir una obra a un autor.* **2.** Señalar o asignar una cosa a alguno como de su competencia: *se atribuyó toda la responsabilidad del caso.* **3.** *Fig.* Achacar, imputar.

**ATRIBULACIÓN** n. f. Tribulación.

**ATRIBULAR** v. tr. y pron. **[1]**. Causar o padecer tribulación.

**ATRIBUTIVO, A** adj. Que indica o enuncia un atributo o cualidad. • **Oración atributiva** (GRAM.), oración formada por un verbo copulativo.

**ATRIBUTO** n. m. Cada una de las propiedades de un ser. **2.** Insignias, condecoraciones, trajes, etc., propios de un cargo o autoridad. **3.** Objeto con que se representa simbólicamente una potestad. **4.** LING. Función de una palabra que expresa una manera de ser que se afirma del sujeto o del objeto por medio de un verbo expreso o sobrentendido.

**ATRICIÓN** n. f. (lat. *attritionem*). TEOL. Pesar de haber ofendido a Dios, causado por un motivo humano, como por ejemplo la vergüenza o el temor al castigo.

**ATRIL** n. m. Mueble para sostener libros o papeles abiertos.

**ATRINCHERAMIENTO** n. m. Conjunto de trincheras.

**ATRINCHERAR** v. tr. **[1]**. MIL. Fortificar con atrincheramientos. ◆ **atrincherarse** v. pron. **2.** Ponerse en trincheras a cubierto del enemigo.

**ATRIO** n. m. (lat. *atrium*). Pieza principal de la casa romana, cuya abertura (el *compluvium*), en el centro del tejado, permitía recoger las aguas de la lluvia en el *impluvium.* **2.** Espacio cubierto que sirve de acceso a algunos templos, palacios o casas.

**atrio** (con *impluvium* y *compluvium*) de una casa de Herculano (fines del s. II a. J.C.)

**ATROCHAR** v. intr. **[1]**. Andar por trochas o sendas.

**ATROCIDAD** n. f. (lat. *atrocitatem*). Cualidad de atroz. **2.** Cosa atroz.

**ATROFIA** n. f. Defecto de nutrición de un tejido, órgano u organismo, que ocasiona una disminución de volumen y trastornos diversos. **2.** Pérdida o disminución de alguna facultad: *atrofia intelectual.*

**ATROFIAR** v. tr. y pron. **[1]**. Producir o padecer atrofia.

**ATRÓFICO, A** adj. y n. Relativo a la atrofia; afecto de atrofia.

**ATRONADOR, RA** adj. Que atruena.

**ATRONADURA** n. f. Hendiduras en la madera que penetran en lo interior del tronco del árbol.

**ATRONAMIENTO** n. m. Acción de atronar o atronarse. **2.** Enfermedad que padecen algunas caballerías en los cascos de pies y manos, y suele proceder de algún golpe. SIN.: *alcanzadura.*

**ATRONAR** v. tr. **[1r]**. Ensordecer o perturbar con ruido. **2.** Aturdir, causar aturdimiento. **3.** TAUROM. Matar a un toro hiriéndolo en medio de la cerviz. ◆ **atronarse** v. pron. **4.** Aturdirse y quedarse como muerto un animal con el ruido de los truenos.

**ATROPADO, A** adj. Dícese de las plantas de ramas recogidas.

**ATROPAR** v. tr. y pron. **[1]**. Juntar gente en tropas o en cuadrilla. ◆ v. tr. **2.** Juntar, reunir.

**ATROPELLADOR, RA** adj. y n. Que atropella.

**ATROPELLAR** v. tr., intr. y pron. **[1]**. Pasar precipitadamente por encima de alguien o algo, empujar, derribar: *atropellar un coche a un peatón.* ◆ v. tr. **2.** *Fig.* Agraviar abusando de la fuerza, poder o superioridad que se tiene. **3.** *Fig.* Oprimir o abatir a uno el tiempo, los achaques o desgracias. **4.** *Fig.* Hacer una cosa con precipitación y sin el cuidado necesario. ◆ v. tr. e intr. **5.** Proceder sin miramientos a leyes o al respeto. ◆ **atropellarse** v. pron. **6.** *Fig.* Apresurarse demasiado en las obras o palabras: *habla tan de prisa que se atropella.*

**ATROPELLO** o **ATROPELLAMIENTO** n. m. Acción y efecto de atropellar o atropellarse.

**ATROPINA** n. f. Alcaloide extraído de la belladona, que calma los espasmos y dilata la pupila.

**ATROZ** adj. (lat. *atrocem*). Fiero, inhumano. **2.** Muy intenso o grande: *dolor atroz.* **3.** Muy malo o desagradable: *una comida atroz; un sueño atroz.*

**ATRUHANADO, A** adj. Que parece truhán o de truhán.

**A.T.S.,** siglas de *ayudante técnico sanitario.*

**ATTORNEY** n. m. (voz inglesa). Hombre de ley en los países anglosajones. • **Attorney general,** en Gran Bretaña y E.U.A., ministro de Justicia.

**ATTREZZISTA** n. m. Accesorista.

**ATTREZZO** n. m. (voz italiana). Servicio y aparato escénico.

**ATUENDO** n. m. Atavío, vestido.

**ATUFAR** v. tr. y pron. **[1]**. Trastornar con el tufo. **2.** *Fig.* Enfadar, enojar: *no te atufes por tan poco.* ◆ **atufarse** v. pron. **3.** Recibir tufo. **4.** Agriarse los licores, especialmente el vino.

**ATÚN** n. m. (ár. *al-tūn*). Pez marino, excelente nadador, que efectúa migraciones en el Mediterráneo y en el Atlántico, muy apreciado por su carne. (El *atún blanco* alcanza 1 m de long.; el *atún rojo,* de 2 a 3 m.)

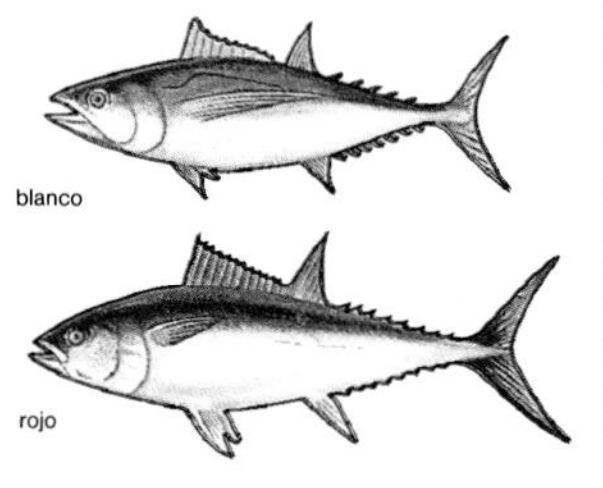

**atunes**

**ATUNA** n. f. *Perú.* Espátula para remover el maíz.

**ATUNERO, A** n. Persona que trata en atún. **2.** Pescador de atún. ◆ n. m. y adj. **3.** Embarcación destinada a la pesca de atún.

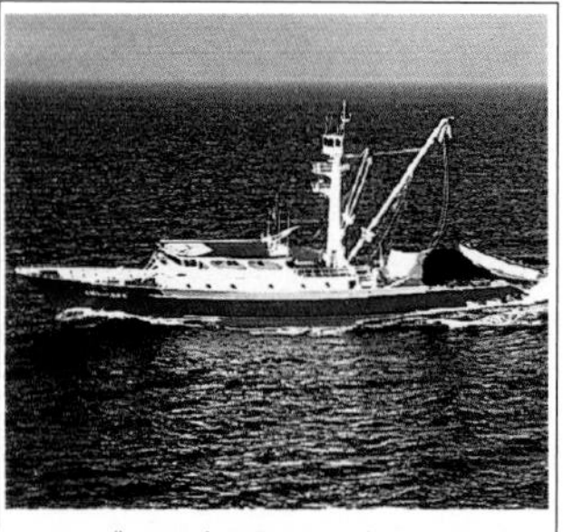
**atunero** (longitud: 67,50 m; anchura: 12,30 m; volumen de carga: 1200 $m^3$)

**ATURDIDO, A** adj. Atolondrado.

**ATURDIDOR, RA** adj. Que aturde.

**ATURDIMIENTO** n. m. Perturbación debida a un golpe u otra causa física o moral. **2.** *Fig.* Torpeza, falta de serenidad y reflexión.

**ATURDIR** v. tr. y pron. **[3]**. Causar aturdimiento. **2.** *Fig.* Desconcertar, pasmar, asombrar.

**ATURULLAMIENTO** n. m. Atolondramiento.

**ATURULLAR** o **ATURRULLAR** v. tr. y pron. **[1]**. Confundir, turbar, aturdir.

**ATUSAR** v. tr. **[1]**. Recortar e igualar el pelo. **2.** Alisar el pelo con la mano o el peine: *atusarse el mostacho.*

**ATUTÍA** n. f. (ár. *al-tūtiyā'*). QUÍM. Óxido de cinc que se produce en el tratamiento de ciertos minerales de plomo.

**Au,** símbolo químico del *oro.*

**AU PAIR** n. (voces francesas). Joven que cuida niños en el extranjero a cambio de alojamiento, comida y un pequeño sueldo.

**AUDACIA** n. f. Osadía, atrevimiento: *jugar con audacia.*

**AUDAZ** adj. Osado, atrevido: *conducta audaz.*

**AUDIBLE** adj. Que se puede oír.

**AUDICIÓN** n. f. Acción de oír. **2.** Concierto, recital o lectura en público: *audición de cantos populares.* **3.** Sesión de prueba de un artista. **4.** Función del sentido del oído: *perturbaciones de la audición.*

**AUDIENCIA** n. f. Acto de oír los soberanos u otras autoridades a las personas que acuden a ellos: *dar audiencia.* **2.** *Fig.* Crédito o atención que se presta a alguien o a algo: *la audiencia de la radio.* **3.** Conjunto de personas que escuchan. **4.** Público efectivo o potencial, destinatario del mensaje de los medios de comunicación. **5.** Difusión efectiva de un mensaje publicitario. **6.** DER. Acto de oír el juez o el tribunal a las partes, a los efectos de decidir una causa. **7.** DER. Tribunal colegiado. **8.** DER. Lugar donde actúa dicho tribunal. **9.** DER. Distrito de la jurisdicción del mismo tribunal. **10.** Cada una de las sesiones de un tribunal. • **Audiencia nacional,** órgano judicial con competencia en todo el territorio. ‖ **Audiencia provincial,** la que sólo tiene jurisdicción en lo penal, limitada a una provincia. ‖ **Audiencia territorial,** tribunal de segunda instancia o de apelación en materia civil sobre varias provincias o una región histórica. ‖ **Duplicación de audiencia,** audiencia común a dos soportes o a dos medios de comunicación.

**AUDÍFONO** o **AUDIÓFONO** n. m. Pequeño aparato acústico, utilizado por personas con deficiencias auditivas, para percibir mejor los sonidos.

**AUDÍMETRO** n. m. Audiómetro. **2.** Aparato para medir la audiencia en la radio o la televisión.

**AUDIO** adj. Dícese de toda técnica o dispositivo relativo al registro o a la transmisión de los sonidos.

**AUDIOFRECUENCIA** n. f. Frecuencia correspondiente a los sonidos audibles.

**AUDIOGRAMA** n. m. Curva característica del grado de sensibilidad del oído a diversos sonidos.

**AUDIOLOGÍA** n. f. Ciencia que estudia la audición.

**AUDIÓMETRA** n. m. y f. Especialista en las técnicas de audiometría.

**AUDIOMETRÍA** n. f. Medición de la agudeza auditiva.

**AUDIÓMETRO** n. m. Instrumento para medir la agudeza auditiva y establecer los audiogramas. SIN.: *audímetro.*

**AUDIOVISUAL** adj. Relativo a la vista y al oído conjuntamente. ◆ adj. y n. m. **2.** Relativo a los métodos de información, comunicación y enseñanza que utilizan la representación de imágenes, películas y registros sonoros.

**AUDITAR** v. tr. **[1]**. Realizar una auditoría en una empresa u organización.

**AUDITIVO, A** adj. Relativo a la audición: *memoria auditiva.* • **Conducto auditivo** (ANAT.), canal (de aproximadamente 25 mm de long.) que comunica el pabellón con el oído medio y termina en el tímpano.

**AUDITOR** n. m. ECON. Especialista en auditorías. • **Auditor militar,** o **de guerra** (DER. MIL.), funcionario del cuerpo jurídico militar que asesora a las autoridades militares en la interpretación y aplicación de las leyes. SIN.: *asesor militar.*

**AUDITORÍA** n. f. Empleo de auditor. **2.** Tribunal o despacho del auditor. **3.** Revisión de la contabilidad de una empresa u organización para garantizar la veracidad y regularidad de las cuentas y elaborar un dictamen sobre la calidad y el rigor de la gestión. • **Auditoría informática,** control de los datos de la contabilidad de una empresa por los medios informáticos de un centro de cálculo, y de los controles internos implantados. ‖ **Auditoría operacional,** análisis y evaluación de la efectividad de los controles internos, implantados en una unidad económica, con vistas a facilitar la función del auditor.

**AUDITORIO** n. m. Concurso de oyentes: *tenía un buen auditorio.* **2.** Lugar acondicionado para escuchar conferencias, discursos, lecturas, etc. SIN.: *auditorium.*

**AUGE** n. m. Apogeo, momento de máximo esplendor, intensidad o influencia de algo.

**AUGUR** n. m. Sacerdote romano que interpretaba los presagios derivados del vuelo y canto de los pájaros, los rayos, etc.

**AUGURAL** adj. Relativo a los augures.

**AUGURAR** v. tr. (lat. *augurare*) **[1]**. Predecir lo futuro. **2.** *Fig.* Presentir y anunciar desdichas sin fundamento racional.

**AUGURIO** n. m. Agüero.

**AUGUSTO, A** adj. Que infunde respeto y veneración. ◆ n. m. **2.** Título de los emperadores romanos. **3.** Cómico que forma pareja con el clown.

**AULA** n. f. (lat. *aulam*). Sala destinada a dar clases en un centro de enseñanza.

**AULAGA** n. f. Aliaga.

**AULARIO** n. m. Conjunto de aulas de un centro de enseñanza.

**ÁULICO, A** adj. Perteneciente a la corte o al palacio. ◆ adj. y n. **2.** Cortesano o palaciego.

**AULLADOR, RA** adj. Que aúlla.

**AULLAR** v. intr. (lat. *ululare*) **[1w]**. Dar aullidos: *aullar los perros.*

**AULLIDO** o **AÚLLO** n. m. Voz triste y prolongada del lobo, el perro y otros animales.

**AUMENTABLE** adj. Que se puede aumentar.

**AUMENTAR** v. tr., intr. y pron. (lat. *augmentare*) **[1]**. Hacer más grande, numeroso o intenso: *aumentar el precio del pan.*

**AUMENTATIVO, A** adj. Que aumenta. **2.** GRAM. Dícese de los sufijos que adopta el nombre para acrecentar o aumentar su significación. ◆ n. m. y adj. **3.** Sustantivo, adjetivo, adverbio y gerundio con sufijo aumentativo.

**AUMENTO** n. m. Acción y efecto de aumentar: *aumento de tarifas eléctricas.* **2.** ÓPT. Relación entre la longitud de una imagen y la longitud del objeto.

**AUN** adv. m. (lat. *adhuc*). Incluso, hasta, también: *iremos todos, aun tú.* **2.** Denota encarecimiento o ponderación: *cada día y aun cada hora.* ◆ conj. conc. **3.** Unido a *cuando,* a un gerundio o a un participio, significa aunque: *aun llegando tarde, pudo entrar.*

**AÚN** adv. t. (lat. *adhuc*). Todavía: *aún vive.*

**AUNAR** v. tr. y pron. **[1w]**. Poner juntas o armonizar varias cosas. **2.** Unificar. **3.** Unir, confederar para algún fin: *aunar los esfuerzos.*

**AUNQUE** conj. conc. Introduce una objeción real o posible a pesar de la cual puede ser u ocurrir una cosa: *aunque estoy enfermo no faltaré a la cita.* **2.** Se usa en correlación con los adv. *todavía, con todo, donde, entonces, pero* y *más: aunque está muy viejo, todavía lo uso.* **3.** Algunas veces hace la función de conj. adversativa: *no traigo nada de eso, aunque sí cosas similares.*

**¡AÚPA!** interj. Se emplea para animar a hacer un esfuerzo. • **De aúpa,** magnífico, muy grande, excelente; peligroso.

**AUPAR** v. tr. y pron. **[1w]**. Levantar o subir a una persona: *aupar al pequeño a hombros.* **2.** *Fig.* Ensalzar, enaltecer: *aupar a alguien en un cargo.*

**AURA** n. f. (lat. *auram*). Viento suave y apacible. **2.** Hálito, aliento, soplo. **3.** Irradiación luminosa de carácter paranormal, que algunas personas dicen percibir alrededor de los cuerpos.

**AURA** n. f. Ave rapaz diurna americana, de unos 80 cm de long. y 160 de envergadura, con la cabeza desnuda en la parte anterior y plumaje de color pardo oscuro. (Familia catártidos.)

**ÁUREO, A** adj. De oro. **2.** Parecido al oro o dorado. ◆ n. m. **3.** Moneda de oro del Imperio romano. **4.** Moneda de oro que circulaba en el reino de Castilla en tiempos de Fernando III el Santo.

**AUREOLA** o **AURÉOLA** n. f. (de *aureolam,* dorada). Círculo luminoso que suele figurarse detrás de la cabeza de las imágenes de los santos. **2.** *Fig.* Fama o admiración que rodea a alguien. **3.** ASTRON. Corona sencilla o doble que en los eclipses de Sol rodea el disco lunar. • **Aureola metamórfica,** zona concéntrica que rodea un batolito, metamorfizada al contacto de la roca endógena.

**AUREOLAR** v. tr. **[1]**. Adornar con aureola.

**AUREOMICINA** n. f. Antibiótico del grupo de las tetraciclinas.

**ÁURICA**n. f. y adj. MAR. Vela trapezoidal situada en el plano longitudinal de la embarcación.

**ÁURICO, A** adj. De oro. **2.** QUÍM. Dícese de los compuestos de oro trivalente: *cloruro áurico.*

**AURÍCULA** n. f. (lat. *auriculam*). Cavidad del corazón que recibe la sangre de las venas. (El corazón humano posee dos aurículas, que comunican, cada una, con un ventrículo.) **2.** Pabellón de la oreja. **3.** BOT. Apéndice foliáceo, generalmente de pequeño tamaño, situado en el pecíolo o en la base de la lámina foliar.

**AURICULAR** adj. Relativo a las aurículas del corazón.

**AURICULAR** adj. Relativo al oído. ◆ adj. y n. m. **2. Dedo auricular**, meñique. ◆ n. m. **3.** Receptor destinado a ser aplicado al oído: *auricular telefónico.*

**AURICULOPUNTURA** n. f. MED. Diagnóstico y tratamiento de diferentes afecciones mediante la punción de puntos precisos del pabellón auditivo.

**AURICULOVENTRICULAR** adj. Relativo a las aurículas y los ventrículos.

**AURIENSE** adj. y n. m. y f. De Orense.

**AURÍFERO, A** o **AURÍGERO, A** adj. Que lleva o contiene oro.

**AURIGA** n. m. (lat. *aurigam*, cochero). En la antigüedad griega y romana, conductor de carruajes.

**AURIÑACIENSE** adj. y n. m. (de *Aurignac*). Dícese de una facies cultural del paleolítico superior en la que la industria se caracteriza por las puntas de azagaya de hueso.

**AURORA** n. f. (lat. *auroram*). Luz difusa que precede inmediatamente a la salida del sol. **2.** *Fig.* Principio o primeros tiempos de una cosa. • **Aurora polar** (**boreal** o **austral**), fenómeno luminoso que se produce en el cielo de las regiones polares.

**aurora** polar

**AURORAL** adj. Relativo a la aurora.

**AURRESKU** n. m. Danza tradicional vasca.

**AUSCULTACIÓN** n. f. MED. Acción de escuchar los sonidos emitidos por los órganos, sea directamente *(auscultación inmediata)* aplicando la oreja sobre el cuerpo, sea indirectamente *(auscultación mediata)* por medio del estetoscopio, para establecer un diagnóstico.

**AUSCULTAR** v. tr. (lat. *auscultare*). Practicar una auscultación.

**AUSENCIA** n. f. Acción y efecto de ausentarse o de estar ausente: *notar la ausencia de alguien.* **2.** Tiempo en que alguno está ausente: *una larga ausencia.* **3.** Falta o privación. **4.** DER. Estado de la persona cuya prolongada desaparición hace incierta su existencia. **5.** MED. Pérdida breve del conocimiento.

**AUSENTARSE** v. pron. (lat. *absentare*) **[1]**. Alejarse de un lugar o separarse de una persona o lugar.

**AUSENTE** adj. y n. m. y f. Que está separado de alguna persona o lugar: *estar ausente de casa.* **2.** Distraído: *tener la mirada ausente.* **3.** DER. Desaparecido cuya existencia es jurídicamente incierta.

**AUSPICIAR** v. tr. **[1]**. Propiciar, fomentar. **2.** Favorecer, patrocinar, amparar.

**AUSPICIO** n. m. (lat. *auspicium*). Agüero. **2.** Protección, favor: *vive bajo los auspicios de su tío.* **3.** Entre los romanos, presagios que se deducían del vuelo, del canto o del modo de comer de los pájaros. (Suele usarse en plural.) ◆ **auspicios** n. m. pl. **4.** Señales que presagian un resultado favorable o adverso.

**AUSTENITA** n. f. METAL. Constituyente micrográfico de los aceros.

**AUSTENÍTICO, A** adj. Relativo a la austenita.

**AUSTERIDAD** n. f. Calidad de austero.

**AUSTERO, A** adj. (lat. *austerum*). Agrio, áspero al gusto. **2.** Que obra y vive con rigidez y severidad: *carácter austero, vida austera.* **3.** Sobrio, moderado.

**AUSTRAL** adj. Relativo a la parte S de la Tierra o de cualquier astro. CONTR.: *boreal.* ◆ n. m. **2.** Unidad monetaria principal de Argentina, que estuvo en vigor desde 1985 hasta 1991.

**AUSTRALANTROPO, A** adj. y n. m. Dícese de una forma primitiva de homínidos fósiles que comprende los australopitecos y el *Homo habilis.*

**AUSTRALIANO, A** adj. y n. De Australia. **2.** Relativo a los pueblos aborígenes de Australia que comprendían los aranda, los murgin, los kariera, etc.; individuo de estos pueblos. (Actualmente viven en reservas.)

**AUSTRALOPITECO, A** adj. y n. m. Dícese de un grupo de homínidos reconocido en África, autor de los primeros útiles tallados.

**AUSTRÍACO, A** o **AUSTRIACO, A** adj. y n. De Austria.

**AUSTRO** n. m. (lat. *austrum*). Sur. **2.** Viento del sur.

**AUSTROHÚNGARO, A** adj. Relativo al imperio de Austria-Hungría.

**AUTARQUÍA** n. f. (gr. *autarkeia*). Situación de autosuficiencia económica en un determinado país. **2.** Régimen político y doctrina que preconizan esta situación. **3.** Poder para gobernarse a sí mismo.

**AUTÁRQUICO, A** adj. Relativo a la autarquía.

**AUTENTICAR** v. tr. **[1a]**. Autorizar o legalizar. **2.** Acreditar con autoridad legal.

**AUTENTICIDAD** n. f. Calidad de auténtico.

**AUTÉNTICO, A** adj. (lat. *authenticum*). Acreditado de cierto y positivo: *hechos auténticos.* **2.** DER. Autorizado, legalizado: *documento auténtico.*

**AUTENTIFICACIÓN** o **AUTENTICACIÓN** n. f. Acción y efecto de autentificar o autenticar.

**AUTENTIFICAR** v. tr. **[1a]**. Autorizar o legalizar.

**AUTILLO** n. m. Ave rapaz nocturna, de 21 cm de long., con alas y patas largas, cabeza redondeada, pico corto muy curvado hacia la base y plumaje gris claro. (Familia estrígidos.)

**AUTISMO** n. m. Aislamiento patológico del individuo que se encierra en sí mismo, con pérdida de contacto con la realidad e imposibilidad de comunicación con los demás.

■ El autismo aparece desde el primer año de vida. Se manifiesta por un total desinterés del niño respecto a su entorno, por la necesidad imperiosa de orientarse constantemente en el espacio, por gestos estereotipados, por trastornos del lenguaje y por la inadaptación en la comunicación: el niño no habla o bien se limita a emitir sonidos que tienen la melodía del lenguaje, pero que carecen de significado alguno. El origen del autismo es controvertido, y es imposible disociar los factores orgánicos de los síquicos.

**AUTISTA** adj. y n. m. y f. Relativo al autismo; afecto de autismo.

**AUTO** n. m. Automóvil.

**AUTO** n. m. DER. Forma de resolución judicial, fundada, que decide cuestiones para las que no se requiere sentencia. **2.** LIT. Nombre dado en Castilla durante la edad media a representaciones escénicas (actos) de no muy extensa acción. • **Auto de fe,** proclamación solemne de las sentencias dictadas por el tribunal de la Inquisición española, seguida de la abjuración de los errores o de la ejecución de la sentencia. || **Auto de procesamiento,** resolución judicial por la cual se declara procesado al presunto culpable, en virtud de existir contra el mismo indicios racionales de criminalidad. || **Auto sacramental,** representación dramática alegórica en un acto, referente al misterio de la eucaristía. ◆ **autos** n. m. pl. **3.** DER. Conjunto de las diferentes piezas o partes que comprenden una causa criminal o un pleito civil.

**AUTOACUSACIÓN** n. f. SIQUIATR. Sensación de culpabilidad de una persona, que acumula sobre sí acusaciones de delitos que no ha cometido o que ni siquiera son delitos.

**AUTOACUSADOR, RA** n. Persona afecta de autoacusación.

**AUTOADAPTACIÓN** n. f. CIB. Aptitud de un sistema para modificar sus parámetros de estructura, de modo que su funcionamiento siga siendo satisfactorio a pesar de las variaciones de su entorno.

**AUTOAGRESIVIDAD** n. f. SIQUIATR. Agresividad consciente o inconsciente dirigida contra uno mismo.

**AUTOALIMENTACIÓN** n. f. TECNOL. Alimentación en energía de un dispositivo automático, regulada por ese mismo dispositivo.

**AUTOAMETRALLADORA** n. f. Vehículo blindado rápido, de ruedas o cadenas, armado con un cañón y/o ametralladoras.

**AUTOANÁLISIS** n. m. Introspección sicológica.

**AUTOANALIZARSE** v. pron. **[1g]**. Practicar un autoanálisis.

**AUTOBIOGRAFÍA** n. f. Vida de una persona escrita por ella misma.

**AUTOBIOGRÁFICO, A** adj. Relativo a la propia vida de un autor.

**AUTOBOMBO** n. m. *Irón.* Elogio desmesurado y público que hace uno de sí mismo.

**AUTOBÚS** n. m. (fr. *autobus*). Gran vehículo automóvil de transporte público, de trayecto fijo.

**AUTOCAR** n. m. Gran vehículo automóvil de transporte colectivo, interurbano o turístico.

**AUTOCARAVANA** n. f. AUTOM. Vehículo automotor cuya disposición interior está concebida para servir de alojamiento.

**autocaravana**

**AUTOCARRIL** n. m. *Bol., Chile* y *Nicar.* Autovía, automotor.

**AUTOCEBADO** n. m. Cebado espontáneo de una máquina o una reacción, efectuado sin la acción de un agente exterior.

**AUTOCÉFALO, A** adj. Dícese de las iglesias ortodoxas o de los obispos metropolitanos ortodoxos que declaran no depender más que de ellos mismos.

**AUTOCENSURA** n. f. Censura efectuada por alguien sobre su propia obra.

**AUTOCENSURARSE** v. pron. **[1]**. Practicar la autocensura.

**AUTOCINE** n. m. Espacio o lugar al aire libre en el que se puede asistir a proyecciones cinematográficas sin salir del automóvil.

**AUTOCINESIA** n. f. FISIOL. Capacidad de movimiento propio de que está dotada la materia viva. **2.** FISIOL. Movimiento voluntario.

**AUTOCLAVE** adj. Que se cierra por sí mismo. ◆ n. m. o f. **2.** Recipiente de paredes gruesas y cierre hermético para realizar bajo presión una reacción industrial o la cocción o esterilización al vapor.

**AUTOCONSERVACIÓN** n. f. SICOANÁL. Tendencia del organismo a mantenerse con vida, a pesar de otras exigencias, que, de ser satisfechas incondicionalmente, lo conducirían a su destrucción.

**AUTOCONSUMO** n. m. Utilización por parte de los productores de bienes o servicios, en especial de los agricultores, de los productos por ellos explotados para su consumo.

**AUTOCONTROL** n. m. Control realizado por uno mismo de un cierto número de funciones fisiológicas o de comportamientos generalmente involuntarios.

**AUTOCORRECTOR, RA** adj. INFORMÁT. Dícese de un procedimiento de codificación que permite determinar si la información obtenida es exacta.

**AUTOCRACIA** n. f. Sistema político en el cual el soberano dispone de poder absoluto.

**AUTÓCRATA** n. m. y f. (gr. *autokratēs*). Monarca absoluto.

**AUTOCRÁTICO, A** adj. Relativo a la autocracia.

**AUTOCRÍTICA** n. f. Juicio que una persona realiza sobre su conducta o su obra, particularmente en el ámbito político. **2.** Breve noticia de una obra teatral, escrita por el mismo autor para que se publique antes del estreno. SIN.: *antecrítica*.

**AUTÓCTONO, A** adj. y n. (gr. *autokhthōn*). Originario del país que habita y cuyos antecesores han vivido siempre en dicho país. SIN.: *aborigen* **2.** GEOL. En las regiones de estructura de corrimiento, dícese de un terreno que no ha sufrido desplazamiento lateral y sobre el cual han avanzado los mantos de corrimiento.

**AUTODEFENSA** n. f. Acción de defenderse uno mismo por sus propios medios.

**AUTODESTRUCCIÓN** n. f. Destrucción sicológica o física de un sujeto por sí mismo.

**AUTODESTRUCTOR, RA** adj. Que tiende a destruirse a sí mismo. ◆ adj. y n. m. **2.** ARM. Dícese del dispositivo que provoca la autodestrucción de un arma, proyectil o material militar.

**AUTODESTRUIRSE** v. pron. **[29]**. Destruirse uno mismo sicológica o físicamente.

**AUTODETERMINACIÓN** n. f. Derecho de un pueblo a decidir por sí mismo el régimen político que le conviene.

**AUTODIAGNÓSTICO** n. m. MED. Diagnóstico de su enfermedad, real o supuesta, efectuado por el propio sujeto.

**AUTODIDÁCTICO, A** adj. CIB. Dícese de un sistema capaz de autoaprendizaje.

**AUTODIDACTO, A** adj. y n. (gr. *autodidaktos*). Dícese de una persona que se instruye a sí misma.

**AUTODIRECCIÓN** n. f. Procedimiento que permite a un móvil dirigir su propio movimiento hacia la misión que le ha sido previamente asignada.

**AUTODIRIGIDO, A** adj. Dícese de todo aparato que, gracias a los instrumentos de que está dotado, se mueve automáticamente en una determinada dirección.

**AUTODISCIPLINA** n. f. Disciplina voluntaria que se impone un individuo o un grupo, sin control del exterior.

**AUTÓDROMO** n. m. Pista para carreras y pruebas de automóviles.

**AUTOEDICIÓN** n. f. INFORMÁT. Conjunto de los procesos electrónicos e informáticos que permiten editar libros u otras obras impresas de pequeña tirada.

**AUTOEDITAR** v. tr. **[1]**. INFORMÁT. Realizar la autoedición de un original.

**AUTOEDUCACIÓN** n. f. Forma de proceder que consiste en educarse por sí mismo.

**AUTOELEVADOR, RA** adj. TECNOL. Dícese de un ingenio capaz de modificar una de sus dimensiones verticales mediante desplazamiento de alguno de sus elementos. • **Plataforma autoelevadora,** plataforma de trabajo, que se apoya sobre el fondo marino merced a unas pilas verticales susceptibles de ser subidas a fin de permitir el desplazamiento de la plataforma en flotación.

**AUTOEMPLEO** n. m. Empleo autónomo, por cuenta propia.

**AUTOENCENDIDO** n. m. Encendido espontáneo de la mezcla detonante en el cilindro de un motor, provocado frecuentemente por los residuos de la combustión del carburante.

**AUTOEROTISMO** n. m. Comportamiento sexual en el cual el sujeto obtiene una satisfacción recurriendo a su propio cuerpo. **2.** SICOANÁL. Conjunto de las actividades sexuales precoces del niño.

**AUTOESCUELA** n. f. Escuela donde se enseña la conducción de automóviles.

**AUTOESTABLE** adj. Dícese de un avión que tiende a recobrar la posición de equilibrio cada vez que una turbulencia lo desplaza del plano de estabilidad. **2.** Dícese de un sistema particular de frenado de un automóvil, que impide que las ruedas traseras del vehículo derrapen.

**AUTOESTIMA** n. m. Aprecio, consideración o estima que tiene una persona por sí misma.

**AUTOESTOP** n. m. Auto-stop.

**AUTOESTOPISTA** n. m. y f. Auto-stopista.

**AUTOFECUNDACIÓN** n. f. BOT. Fecundación de los óvulos de una flor por el polen de la misma flor.

**AUTOFINANCIACIÓN** n. f. Financiación que la empresa realiza por sus propios medios, independientemente del concurso de los socios o accionistas y de los préstamos, destinada esencialmente a la realización de inversiones.

**AUTOFINANCIARSE** v. pron. **[1]**. Practicar la autofinanciación.

**AUTOFOCO** o **AUTOFOCUS** n. m. FOT. Dispositivo de una cámara que enfoca automáticamente.

**AUTOGAMIA** n. f. ZOOL. Unión de los gametos masculino y femenino procedentes del mismo individuo animal.

**AUTÓGENO, A** adj. Dícese de la soldadura de dos piezas del mismo metal por fusión, con o sin aporte de un metal de igual composición.

**AUTOGESTIÓN** n. f. Gestión de una empresa o colectividad por los propios trabajadores. **2.** Sistema de gestión colectiva en economía socialista.

**AUTOGESTIONARIO, A** adj. Relativo a la autogestión.

**AUTOGIRO** n. m. Aeronave cuya sustentación se debe al movimiento circular de un rotor que gira libremente bajo la acción de la corriente de aire creada por el desplazamiento horizontal del aparato.

**AUTOGOBERNARSE** v. pron. **[1]**. Regirse un país o institución mediante normas elaboradas por sí mismos. **2.** Hablando de un sistema, regirse por sí mismo en función del programa o de las instrucciones que le han sido dadas.

**AUTOGOBIERNO** n. m. Acción y efecto de autogobernarse.

**AUTOGRAFÍA** n. f. Procedimiento de impresión por doble calco de un texto escrito con tinta grasa.

**AUTOGRÁFICO, A** adj. Relativo a la autografía.

**AUTÓGRAFO, A** adj. y n. m. (gr. *autographos*). Dícese del escrito realizado de mano de su mismo autor: *carta autógrafa*. ◆ n. m. **2.** Firma de una persona famosa.

**AUTOGUIADO** n. m. ARM. Sistema mediante el cual un misil es dirigido de forma automática hacia su objetivo, modificando su trayectoria final.

**AUTOINDUCCIÓN** n. f. Inducción electromagnética imputable, en un circuito eléctrico, a la corriente que circula por él. SIN.: *selfinducción*.

**AUTOINDUCTANCIA** n. f. Coeficiente de autoinducción.

**AUTOINJERTO** n. m. Injerto realizado en una persona a partir de material procedente de ella misma.

**AUTOINMUNIDAD** n. f. Estado de inmunización de un sujeto con respecto a sus propios constituyentes antigénicos.

**AUTOINMUNITARIO, A** adj. Relativo a la autoinmunización.

**AUTOINMUNIZACIÓN** n. f. Fenómeno por el cual un organismo segrega anticuerpos dirigidos contra algunos de sus propios componentes.

**AUTOINTOXICACIÓN** n. f. Conjunto de trastornos producidos por residuos no eliminados o mal eliminados del organismo.

**AUTOLISIS** n. f. BIOL. Destrucción de tejidos animales o vegetales por los enzimas que ellos mismos contienen: *la madurez excesiva de los frutos es una autolisis*.

**AUTOLUBRICANTE** o **AUTOLUBRIFICANTE** adj. Que realiza su propia lubricación, sin intervención de lubricante externo.

**AUTOMACIÓN** n. f. Creación de autómatas. **2.** Técnica que se vale de un conjunto de medios nuevos para conseguir que grupos de producción funcionen sin el concurso de mano de obra.

**AUTÓMATA** n. m. (gr. *automatos*, que se mueve por sí mismo). Máquina que imita el movimiento de un ser animado. **2.** Instrumento o aparato que encierra dentro de sí un mecanismo que le imprime determinados movimientos. **3.** Dispositivo que asegura un encadenamiento automático y continuo de operaciones aritméticas y lógicas. **4.** *Fig.* y *fam.* Persona que se deja dirigir por otra o que no presta atención a lo que hace.

**AUTOMÁTICA** n. f. Ciencia y técnica de la automatización, que estudian los métodos científicos y tecnológicos utilizados para la concepción y construcción de sistemas automáticos.

**AUTOMATICIDAD** n. f. Cualidad de un aparato, de una máquina o de una instalación, que funciona automáticamente.

**AUTOMÁTICO, A** adj. Relativo al autómata. **2.** Que obra o se regula por sí mismo. **3.** *Fig.* Maquinal o indeliberado: *movimiento automático*. **4.** Que se produce indefectiblemente en determinadas circunstancias: *cese automático*. **5.** Que opera por medios mecánicos: *teléfono automático*. • **Arma automática,** arma de fuego que, sin ser recargada, puede disparar sin interrupción una ráfaga de varios proyectiles. ◆ n. m. **6.** Especie de corchete que se cierra sujetando el macho con los dientes de la hembra, que actúan como un resorte.

**AUTOMATISMO** n. m. Cualidad de automático. **2.** Mecanismo o sistema automático. **3.** Conjunto de movimientos que se realizan con carácter inconsciente, fruto del hábito o de la asociación refleja. • **Automatismo mental** (SIQUIATR.), en una persona, impresión de que una parte de su vida síquica se le escapa y está sumisa a una influencia exterior. ‖ **Automatismo secuencial,** sistema automático cuyo funcionamiento está formado por encadenamiento de una serie o secuencia de fases operatorias.

**AUTOMATIZACIÓN** n. f. Ejecución automática de tareas industriales, administrativas o científicas sin intervención humana intermediaria.

**AUTOMATIZAR** v. tr. **[1g]**. Hacer automático un funcionamiento.

**AUTOMEDICACIÓN** n. f. Uso de medicamentos que realiza un enfermo sin prescripción médica.

**AUTOMOCIÓN** n. f. Sector de la industria relativo al automóvil.

**AUTOMORFISMO** n. m. MAT. Isomorfismo que resulta de la aplicación de un conjunto en sí mismo.

**AUTOMOTOR, RA** adj. y n. m. Dícese de un vehículo capaz de desplazarse por sus propios medios. ◆ adj. y n. **2.** Dícese de un tren compuesto de vehículos enganchados entre ellos de modo que constituyen una unidad reversible indeformable.

**AUTOMOTRIZ** adj. y n. f. Automotora.

**AUTOMÓVIL** adj. Que se mueve por sí mismo. ◆ n. m. **2.** Vehículo provisto de un motor y destinado al transporte individual o familiar. SIN.: *coche*. *(V. ilustraciones págs. 125 y 126.)*

**AUTOMOVILISMO** n. m. Conjunto de conocimientos teóricos y prácticos referentes a la construcción, funcionamiento y manejo de los vehículos automóviles. **2.** Deporte que se practica con el automóvil.

**AUTOMOVILISTA** n. m. y f. Persona que conduce un automóvil.

**AUTOMOVILÍSTICO, A** adj. Relativo al automovilismo: *industria automovilística*.

**AUTONOMÍA** n. f. Libertad para que un gobierno, un país, etc., se rija por sus propias leyes. **2.** Libertad para que un individuo disponga de sí mismo. **3.** Potestad de la que pueden gozar, dentro de un estado, nacionalidades, regiones, provincias, municipios u otras entidades, para regir sus propios intereses mediante normativas y poderes propios. **4.** Para un vehículo a motor, distancia franqueable a una velocidad dada, correspondiente al consumo total del combustible cargado. • **Autonomía financiera,** situación de un servicio cuya gestión financiera es independiente de la gestión de la colectividad que la ha creado o que la controla.

cartel publicitario para los automóviles De Dion-Bouton (*c.* 1905).

En un siglo el automóvil se ha popularizado enormemente. Ahora, en todas las gamas, la elección es muy variada y la competencia muy fuerte. La evolución de los modelos se caracteriza sobre todo por el aumento de la potencia, la disminución en el consumo de carburante, el desarrollo de la electrónica, la confortabilidad, la seguridad, los acabados y el equipamiento. Por lo general, las gamas medias reúnen un nivel de equipamiento y de acabados reservado hasta no hace mucho a los vehículos de lujo. Las carrocerías, objeto de estudios aerodinámicos previos, son estilizadas para que ofrezcan el mínimo de resistencia al aire y los materiales nuevos se utilizan sobre todo por sus cualidades específicas (ligereza, resistencia al choque y a la corrosión, etcétera).

berlina Panhard-Levassor (*c.* 1910).

Rolls-Royce descapotable (1913) [museo del automóvil, Rochetaille-sur-Saône].

cubierta del catálogo de lanzamiento del Renault 4 CV (1947).

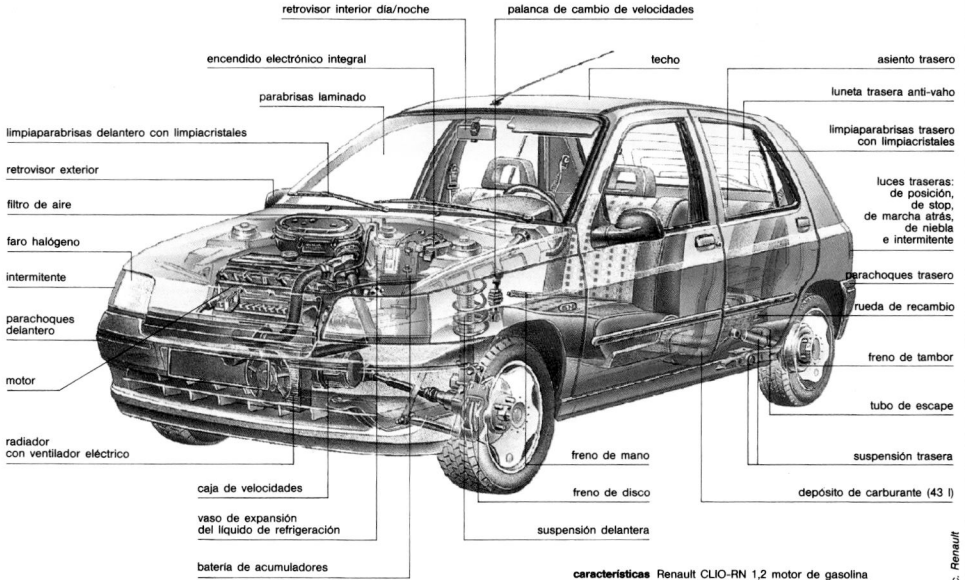

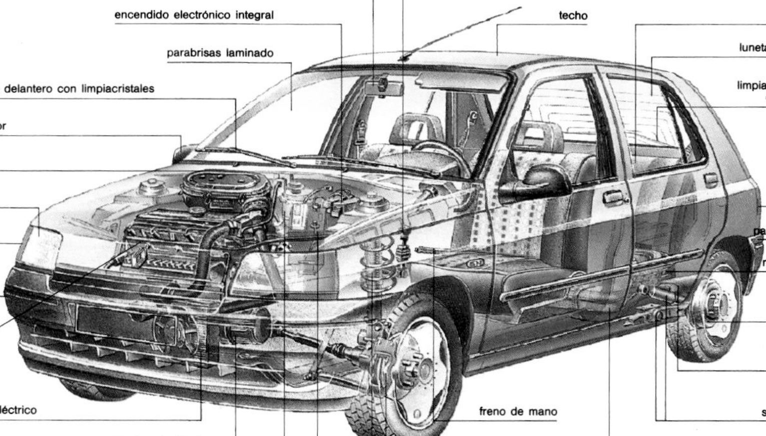


**características** Renault CLIO-RN 1,2 motor de gasolina
longitud: 3,70 m
anchura: 1,62 m
altura: 1,39 m
peso total en carga: 1 265 kg (5 puertas)

sección de un Renault berlina «Clio» (1990).

*según doc. Renault*

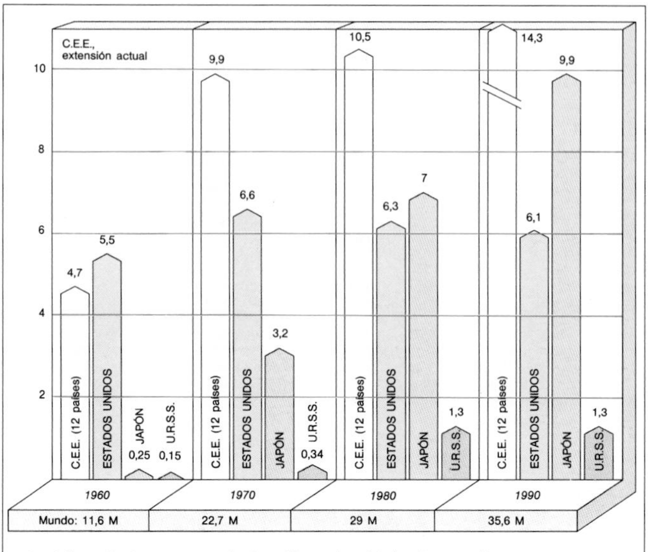


**automóvil:** producciones comparadas (en millones de vehículos de turismo)

■ La autonomía responde a la necesidad de dotar con un estatuto jurídico político diferenciado a aquellas entidades que presentan fuertes peculiaridades respecto al resto del territorio de un estado. La constitución española de 1931 otorgó este derecho a Cataluña (1932), País Vasco (1936) y Galicia (1936). Con la constitución de 1978 se estructuraron como comunidades autónomas, con estatutos aprobados: Cataluña y País Vasco (1979); Galicia (1980); Andalucía, Cantabria y Asturias (1981); La Rioja, Murcia, Comunidad Valenciana, Aragón, Castilla-La Mancha y Canarias (1982); Navarra optó por la ley de Amejoramiento del fuero (1982); Castilla y León, Extremadura, Baleares y Madrid (1983). Ceuta y Melilla obtuvieron sus respectivos estatutos de autonomía en 1995.

**AUTONÓMICO, A** adj. Relativo a la autonomía.

**AUTONOMISTA** adj. y n. m. y f. Partidario de la autonomía política.

**AUTÓNOMO, A** adj. Que goza de autonomía. ◆ n. **2.** Que trabaja por cuenta propia.

**AUTOPISTA** n. f. Vía de dos calzadas separadas, de accesos especialmente dispuestos, concebida para la circulación rápida de automóviles, y exenta de cruces a nivel.

**AUTOPLASTIA** n. f. CIR. Operación que consiste en reconstruir una región por autoinjerto.

**AUTOPROPULSADO, A** adj. Que garantiza su propia propulsión. **2.** ARM. Dícese de la pieza de artillería, blindada o no, montada sobre una cureña de tipo oruga. • **Proyectil autopropulsado,** proyectil que evoluciona en la atmósfera o en el espacio por autopropulsión.

**AUTOPROPULSIÓN** n. f. Propiedad que tienen ciertas máquinas de trasladarse por su propia fuerza motriz.

**AUTOPROPULSOR, RA** adj. Dícese del dispositivo que garantiza la autopropulsión.

**AUTOPSIA** n. f. MED. Examen y disección de un cadáver, para determinar las causas de la muerte. SIN.: *necrosia.*

**AUTOPULLMAN** n. m. Autocar especialmente acondicionado para largos recorridos.

**AUTOPUNICIÓN** n. f. Castigo que uno se inflige bajo la influencia de un sentimiento de culpabilidad.

**AUTOR, RA** n. (lat. *autorem*). El que es causa de alguna cosa. **2.** El que inventa alguna cosa. **3.** Persona que ha realizado una obra literaria, artística, etc. **4.** DER. Sujeto activo de un delito. **5.** Persona de quien proviene el derecho de otra. • **Derecho de autor,** derecho exclusivo de explotación reconocido a alguien sobre toda creación original, sean obras literarias, científicas o artísticas.

**AUTORÍA** n. f. Calidad de autor.

**AUTORIDAD** n. f. (lat. *auctoritatem*). Derecho y poder de mandar y de hacerse obedecer: *imponer su autoridad.* **2.** Poder político, administrativo o religioso: *la autoridad gubernativa.* **3.** Persona que desempeña cada uno de estos poderes. **4.** Poder que tiene una persona sobre otra que le está subordinada. **5.** Crédito y fe que se da a una persona en determinada materia: *es una autoridad en bioquímica.* **6.** Autor o texto que se alega o cita en apoyo de lo que se dice.

**AUTORITARIO, A** adj. Que impone su poder de forma absoluta: *régimen autoritario; tono autoritario.*

**AUTORITARISMO** n. m. Carácter o sistema autoritario. **2.** Actitud del que abusa de su autoridad.

**AUTORIZACIÓN** n. f. Acción y efecto de autorizar. **2.** Documento que autoriza.

**AUTORIZAR** v. tr. **[1g]**. Dar facultad para hacer alguna cosa: *autorizar a salir.* **2.** Aprobar. **3.** Confirmar una cosa con autoridad, texto o testimonio.

**AUTORRADIOGRAFÍA** n. f. Impresión dejada en una placa fotográfica por un objeto o tejido que contiene un producto radiactivo.

**AUTORREGULABLE** adj. Capaz de regularse por sí mismo.

**AUTORREGULACIÓN** n. f. Regulación de una función o de una máquina por sí misma.

**AUTORREGULADOR, RA** adj. Que produce una autorregulación.

**AUTORREGULARSE** v. pron. **[1]**. Regularse por sí mismo.

**AUTORRETRATO** n. m. Retrato de una persona, realizado por ella misma.

**AUTORREVERSE** n. m. (voz inglesa). Mecanismo de ciertos equipos magnetofónicos que permite la lectura y grabación de una cinta en dos direcciones.

**AUTOSERVICIO** n. m. Acto de servirse uno mismo en un establecimiento público. **2.** Establecimiento comercial en que el cliente se sirve a sí mismo.

**AUTOSOMA** n. m. Variedad de cromosoma que no interviene en la determinación del sexo. CONTR.: *gonosoma.*

**AUTO-STOP** o **AUTOSTOP** n. m. Modo de viajar que consiste en pedir un peatón a los automovilistas en la carretera que le lleven en su vehículo gratuitamente.

**AUTO-STOPISTA** o **AUTOSTOPISTA** n. m. y f. Persona que practica el auto-stop.

**AUTOSUFICIENCIA** n. f. Calidad de autosuficiente. **2.** Suficiencia, presunción.

**AUTOSUFICIENTE** adj. Dícese de la persona o entidad que se basta a sí misma. **2.** Suficiente, que habla o actúa con suficiencia o presunción.

**AUTOSUGESTIÓN** n. f. Influencia en la vida síquica y el comportamiento de una idea voluntariamente dominante.

**AUTOSUGESTIONARSE** v. pron. **[1]**. Experimentar autosugestión.

**AUTOTOMÍA** n. f. Mutilación refleja de una parte del cuerpo, observada en ciertos animales (apéndices de los crustáceos, cola de los lagartos).

**AUTOTRANSFORMADOR** n. m. Transformador eléctrico en el cual los arrollamientos primario y secundario poseen partes comunes.

**AUTOTROFIA** n. f. Modo de nutrición de las especies autótrofas.

**AUTÓTROFO, A** adj. y n. m. Dícese de los organismos vegetales que son capaces de elaborar sus alimentos orgánicos a partir de elementos minerales. CONTR.: *heterótrofo.*

**AUTOVACUNA** n. f. Vacuna obtenida a partir de gérmenes sacados del mismo enfermo.

**AUTOVÍA** n. m. Vehículo ferroviario para pasajeros, propulsado por motor térmico. ◆ n. f. **2.** Vía de circulación de automóviles parecida a la autopista, especialmente por la existencia de varios carriles de circulación, pero carente de algunas de las características de aquélla (accesos adecuados, ausencia de cruces a nivel, etc.).

**AUTOZUNCHADO** n. m. Procedimiento que permite realizar el zunchado de un tubo en frío bajo presión interior.

**AUTRIGÓN, NA** adj. y n. Relativo a un pueblo que en el s. III a. J.C. estaba asentado en el valle superior del Ebro, y cuya ciudad más importante era *Vívoresca* (Briviesca); individuo de dicho pueblo.

**AUTUMNAL** adj. Otoñal.

**AUTUNITA** n. f. (de *Autun*). Fosfato natural de uranio y calcio.

**AUXILIAR** adj. y n. m. y f. Que completa o ayuda: *mueble auxiliar; personal auxiliar.* ◆ adj. y n. m. **2.** Dícese de los verbos que, al perder su significación particular, sirven para formar los tiempos compuestos de otros verbos o para expresar diversos matices del pensamiento. ◆ n. m. **3.** Empleado que no tiene la calidad de funcionario titular. **4.** Funcionario subalterno. **5.** Profesor que sustituye al titular o le ayuda en su labor. • **Auxiliar de vuelo,** persona encargada de asegurar a bordo de los aviones comerciales los diversos servicios para la comodidad y seguridad de los pasajeros.

**AUXILIAR** v. tr. (lat. *auxiliare*) **[1]**. Dar auxilio. **2.** Ayudar a bien morir.

**AUXILIARÍA** n. f. Empleo de profesor auxiliar.

**AUXILIO** n. m. Ayuda, socorro, amparo. ◆ **auxilios** n. m. pl. **2. Auxilios espirituales** (REL.), sacramentos administrados en trance de muerte.

**AUXINA** n. f. Hormona vegetal que regula el crecimiento de las plantas.

**AUXOLOGÍA** n. f. Estudio del crecimiento de los seres vivos.

**AUYAMA** n. f. *Antillas, Colomb., C. Rica* y *Venez.* Calabaza.

**AVAL** n. m. (fr. *aval*). Acto por el cual una persona responde de la conducta religiosa, moral y política o de la solvencia económica de otra. **2.** Garantía que se da sobre un efecto comercial o en el momento de la concesión de un crédito, por un tercero que se compromete a pagar el importe en caso de que no sea liquidado por el signatario o el beneficiario.

**AVALADOR, RA** n. Persona que da su garantía en favor de un tercero.

**AVALANCHA** n. f. (fr. *avalanche*). Alud.

**AVALAR** v. tr. **[1]**. Garantizar por medio de aval.

**AVALENTONADO, A** adj. Valentón.

**AVALISTA** n. m. y f. Persona que avala un documento o a otra persona.

**AVALORAR** v. tr. **[1]**. Dar valor o precio a una cosa: *avalorar una joya.* **2.** Aumentar el valor o estimación de una cosa.

**AVANCE** n. m. Acción de avanzar. **2.** Anticipo o adelanto: *avance de telediario.* **3.** Insinuación, sugerencia. **4.** Parte que sobresale de una galería, alero, etc. **5.** CIN. Fragmentos de una película cinematográfica que sirven de publicidad antes de su presentación. **6.** MEC. Desplazamiento de la herramienta en el sentido del espesor de las virutas, durante el mecanizado.

**AVANTE** adv. l. y t. MAR. Adelante.

**AVANTRÉN** n. m. (fr. *avant-train*). Parte del coche que comprende la suspensión, el mecanismo de dirección y, a veces, los órganos motores y de tracción. **2.** ARM. Juego delantero de los carruajes de artillería.

**AVANZADA** n. f. Partida de soldados destacada del cuerpo principal para observar de cerca al enemigo y precaver sorpresas.

**AVANZADILLA** n. f. Puesto de soldados que se adelanta a la avanzada, del que destacan los centinelas y escuchas. **2.** MAR. Muelle de pilotaje que se adelanta hacia el mar y por debajo del cual pasa el agua.

**AVANZADO, A** adj. y n. Adelantado, de ideas o doctrinas muy nuevas.

**AVANZAR** v. tr. (bajo lat. *abantiare*) **[1g]**. Adelantar, mover o prolongar una cosa hacia adelante: *avanzó un pie.* **2.** Adelantar, anticipar: *le avancé la paga.* **3.** *Cuba* y *Dom.* Vomitar. ◆ v. intr. **4.** *Fig.* Adelantar, progresar en la acción, condición o estado. ◆ v. intr. y pron. **5.** Ir hacia adelante: *avanzar hasta la puerta.* **6.** Acercarse a su fin un tiempo determinado: *avanzaba el curso y se acercaba la época de exámenes.*

**AVANZO** n. m. Balance, comparación del activo y pasivo de un negocio. **2.** Presupuesto, estado detallado y estimativo de los trabajos a realizar.

**AVARICIA** n. f. (lat. *avaritiam*). Afán desordenado de adquirir y atesorar riquezas.

**AVARIENTO, A** o **AVARICIOSO, A** adj. y n. Avaro.

**AVARO, A** adj. y n. Que tiene avaricia. **2.** *Fig.* Que reserva, oculta o escatima alguna cosa: *avaro de su tiempo.*

**ÁVARO, A** adj. y n. Relativo a un pueblo originario de Asia central, que invadió la llanura húngara en el s. VII d. J.C. (Carlomagno los venció [796] y los integró al Imperio); individuo de dicho pueblo. **2.** Relativo a un pueblo caucasiano y musulmán del Daguestán.

**AVASALLADOR, RA** adj. y n. Que avasalla.

**AVASALLAMIENTO** n. m. Acción y efecto de avasallar.

**AVASALLAR** v. tr. **[1]**. Hacer obedecer a alguien contra su voluntad, por la fuerza y contra la razón. **2.** Atropellar, actuar a despecho de los derechos ajenos.

**AVATAR** n. m. En la India, nombre de las encarnaciones de Visnú. ◆ **avatares** n. m. pl. **2.** Transformaciones, cambios en la fortuna, vicisitudes.

**AVE** n. f. (lat. *avem*). Vertebrado ovíparo, cubierto de plumas, de respiración pulmonar y sangre caliente, cuyas extremidades posteriores sirven para andar, las anteriores, o alas, para volar, y cuyos maxilares forman un pico córneo. • **Ave de mal agüero** *(Fam.)*, persona a la que se considera como causante de alguna desgracia o portadora de malas nuevas. ‖ **Ave de paso** *(Fam.)*, persona que se detiene poco en un pueblo o sitio determinado; la emigrante en una de las localidades que cruza en su recorrido. ‖ **Ave de rapiña,** ave de pico y garras recurvadas y aceradas, adaptada de manera especial al régimen carnívoro; *(Fam.)*, persona que se apodera con violencia o astucia de lo que no es suyo. ‖ **Ave del paraíso,** paseriforme de Nueva Guinea y del extremo norte de Australia, cuyo macho posee un plumaje de colores variados y brillantes. ‖ **Ave del paraíso** (BOT.), planta ornamental, originaria de África meridional. (Familia musáceas.) ‖ **Ave lira,** paseriforme de Australia, del tamaño de un faisán, que debe su nombre a las largas plumas curvadas de la cola de los machos. ‖ **Ave martillo,** ciconiforme de pico más largo que la cabeza, con un copete de plumas en el occipucio, que vive en África tropical. ‖ **Ave nocturna** *(Fam.)*, persona que trasnocha.

**ave lira**

■ Entre las aves, descendientes de los reptiles, se distinguen unas 8 000 especies que se agrupan en una clase y 25 órdenes principales. Su talla varía de 2 a 3 cm (colibrís) hasta más de 2 m (avestruz). En general, hay dimorfismo sexual y los huevos se incuban en nidos. Ocupan gran variedad de hábitats: árboles, suelo, pantanos, litorales (aves acuáticas) y son muchas las especies que migran estacionalmente con fines alimentarios y reproductores.

**A.V.E.,** siglas de *alta velocidad española*, con que se designa la red ferroviaria española de alta velocidad.

**A.V.E.:** tren en la estación de Atocha de Madrid

**AVECHUCHO** n. m. *Fam.* Sujeto despreciable o desagradable.

**AVECINAR** v. tr. y pron. **[1]**. Acercar, aproximar: *se avecina una tormenta.* **2.** Avecindar.

**AVECINDAMIENTO** n. m. Acción y efecto de avecindarse.

**AVECINDAR** v. tr. **[1]**. Dar vecindad o admitir a uno en el número de vecinos de un pueblo. ◆ **avecindarse** v. pron. **2.** Establecerse en algún pueblo en calidad de vecino.

**AVEFRÍA** n. f. Nombre de diversas aves limícolas caracterizadas por presentar un copete de plumas largas y finas que sobresale de la parte posterior de la cabeza. (Familia caradridos.)

**AVEJENTAR** v. tr. y pron. **[1]**. Hacer que uno parezca más viejo de lo que es. SIN.: *aviejar.*

**AVEJIGAR** v. tr., intr. y pron. **[1b]**. Levantar vejigas o ampollas sobre una cosa.

**AVELLANA** n. f. Fruto comestible del avellano, casi esférico, marronoso, de 1 a 2 cm de diámetro, que contiene una semilla rica en aceite. **2.** Carbón mineral de la cuenca de Puertollano, lavado y clasificado, cuyos trozos han de tener un tamaño reglamentario entre 15 y 25 mm.

**AVELLANADO** n. m. Acción y efecto de avellanar.

**AVELLANADOR** n. m. Especie de barrenilla que sirve para avellanar.

**AVELLANAL, AVELLANAR** o **AVELLANEDO** m. Terreno poblado de avellanos.

**AVELLANAR** v. tr. **[1]**. Ensanchar en una corta porción de su longitud los agujeros para los tornillos, a fin de que la cabeza de éstos quede embutida en la pieza taladrada. ◆ **avellanarse** v. pron. **2.** Arrugarse y ponerse enjuta una persona o cosa.

**AVELLANEDO** n. m. Avellanal.

**AVELLANERO, A** n. El que vende avellanas.

**AVELLANO** n. m. Arbusto que crece en los bosques, de una alt. máxima de 7 m, cuyo fruto es la avellana. (Familia betuláceas.) **2.** Madera de este arbusto.

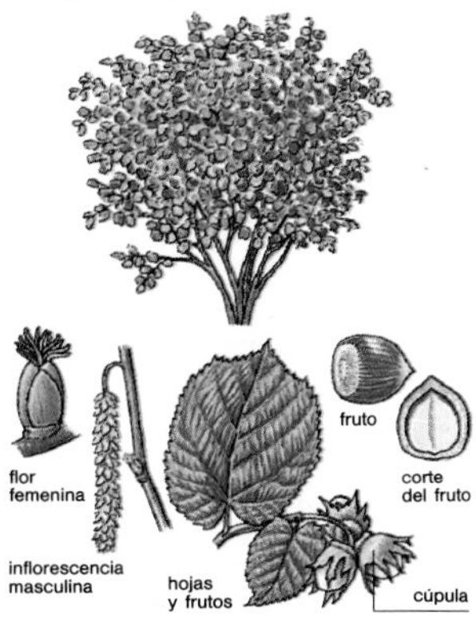


**avellano**

**AVEMARÍA** o **AVE MARÍA** n. f. Oración que comienza con las palabras con que el arcángel san Gabriel saludó a la Virgen.

**AVENA** n. f. Cereal cuyos granos, contenidos en espiguillas colgantes, se utilizan para la alimentación del ganado, especialmente el caballar. (Fami-

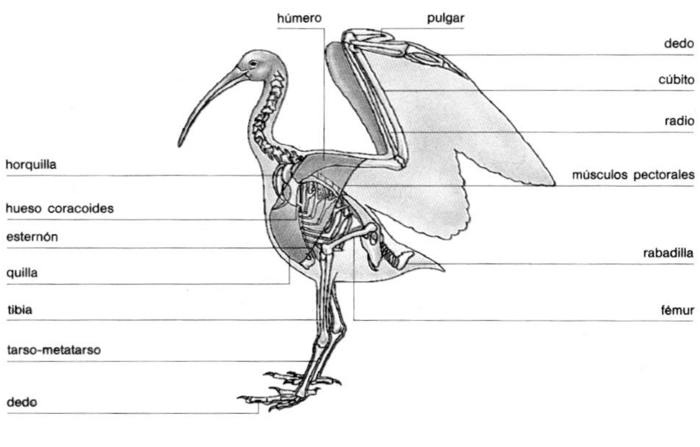


**ave:** esqueleto de ibis rojo

lia gramíneas.) **2.** Grano de esta planta. • **Avena loca,** avena silvestre que crece en los lugares incultos.

**avena**

**AVENAMIENTO** n. m. Acción y efecto de avenar.

**AVENAR** v. tr. [**1**]. Dar salida a la excesiva humedad de los terrenos abriendo en ellos zanjas de desagüe. **2.** GEOMORFOL. Concentrarse y evacuarse las aguas de una región a través del sistema fluvial.

**AVENENCIA** n. f. Convenio, transacción: *hallar una forma de avenencia.* **2.** Conformidad y unión. **3.** DER. Resultado del acto de conciliación, que concluye con la conformidad de las partes.

**AVENIBLE** adj. Que puede avenirse o concertarse.

**AVENIDA** n. f. Creciente impetuosa de un río o arroyo. SIN.: *arroyada, crecida, riada, venida.* **2.** Camino que va a un pueblo o paraje determinado. **3.** Calle ancha e importante de una ciudad. **4.** *Fig.* Concurrencia de varias personas o cosas.

**AVENIDO, A** adj. Con los adv. *bien* o *mal,* concorde o al contrario: *son dos hermanos muy bien avenidos.*

**AVENIMIENTO** n. m. Acción y efecto de avenir o avenirse.

**AVENIR** v. tr. y pron. (lat. *advenire,* llegar) [**21**]. Concordar, ajustar las partes discordes. ◆ **avenirse** v. pron. **2.** Entenderse bien una persona con otra, llevarse bien: *avenirse madre e hija.* **3.** Ponerse de acuerdo en materia de opiniones o pretensiones. **4.** Hablando de cosas, hallarse en armonía o conformidad. **5.** Amoldarse, hallarse a gusto, conformarse o resignarse con algo: *avenirse a razones.*

**AVENTADOR, RA** adj. y n. Dícese del que avienta los granos. ◆ adj. y n. f. **2.** Dícese del aparato que sirve para aventar y limpiar los granos después de la trilla: *máquina aventadora.* ◆ n. m. **3.** Ruedo pequeño generalmente de esparto, para aventar el fuego y otros usos. ◆ **aventadores** n. m. pl. **4.** Abertura simple o doble, de la nariz de los cetáceos.

**AVENTAJADO, A** adj. Que aventaja a lo ordinario o común en su línea; notable, digno de llamar la atención. **2.** Ventajoso, provechoso, conveniente.

**AVENTAJAR** v. tr. y pron. [**1**]. Adelantar, dejar atrás. **2.** Llevar ventaja, exceder en algo: *aventajar en cualidades.*

**AVENTAMIENTO** n. m. Acción de aventar.

**AVENTAR** v. tr. [**1j**]. Hacer o echar aire a algo. **2.** Echar al viento una cosa, especialmente los granos en la era para limpiarlos. **3.** Impeler el viento una cosa. **4.** *Fig.* y *fam.* Echar o expulsar. **5.** *Cuba.* Exponer el azúcar al sol y al aire. **6.** *Méx.* Arrojar, tirar. ◆ **aventarse** v. pron. **7.** Llenarse de viento algún cuerpo. **8.** *Fig.* y *fam.* Huir, escapar. **9.** *Colomb.* Arrojarse sobre alguien o algo **10.** *P. Rico.* Comenzar la carne a corromperse.

**AVENTARIO** n. m. Cada una de las dos canales de la nariz de las caballerías.

**AVENTÓN** n. m. *Guat.* y *Méx. Fam.* Auto-stop. **2.** *Guat., Méx., Nicar.* y *Perú.* Empujón.

**AVENTURA** n. f. Suceso o empresa extraordinaria o peligrosa. **2.** Riesgo, peligro inopinado. **3.** Relación amorosa pasajera: *tener una aventura con una desconocida.* **4.** LIT. Episodio de una novela de acción medieval o caballeresca: *la aventura de los molinos.*

**AVENTURAR** v. tr. y pron. [**1**]. Arriesgar: *aventurar mucho dinero en negocios.* ◆ v. tr. **2.** Decir una cosa atrevida o de la que se duda: *aventurar una pregunta.*

**AVENTURERO, A** adj. y n. Que busca aventuras. **2.** Aplícase a la persona de malos antecedentes, que por medios reprobados trata de conquistar en la sociedad un puesto que no le corresponde. **3.** MAR. Dícese del buque mercante armado, que en tiempos de guerra viaja sin escolta.

**AVERAGE** n. m. (voz inglesa). DEP. Promedio.

**AVERDUGAR** v. tr. [**1b**]. Apretar o ajustar con exceso, hasta causar lesión o daño.

**AVERGONZAR** v. tr. y pron. [**1y**]. Causar, tener o sentir vergüenza: *avergonzarle la falta de conocimientos.*

**AVERÍA** n. f. Daño que padecen las mercancías o géneros. **2.** Desperfecto que impide el funcionamiento de un aparato, vehículo, etc.

**AVERIAR** v. tr. y pron. [**1t**]. Producir o sufrir avería.

**AVERIGUABLE** adj. Que se puede averiguar.

**AVERIGUACIÓN** n. f. Acción y efecto de averiguar.

**AVERIGUADOR, RA** adj. y n. Que averigua.

**AVERIGUAMIENTO** n. m. Averiguación.

**AVERIGUAR** v. tr. [**1c**]. Inquirir, indagar la verdad de una cosa: *averiguar lo que ocurre.* ◆ v. intr. **2.** *Amér. Central* y *Méx.* Discutir.

**AVERÍO** n. m. Conjunto de muchas aves.

**AVERNO** n. m. *Poét.* Infierno.

**AVERROÍSMO** n. m. Doctrina filosófica de Averroes, basada en una interpretación de la metafísica de Aristóteles a la luz del Corán. (Se desarrolló en los ss. XIII - XVIII.)

**AVERROÍSTA** adj. y n. m. y f. Relativo al averroísmo; partidario de esta doctrina filosófica.

**AVERRUGARSE** v. pron. [**1b**]. Llenarse de verrugas.

**AVERSIÓN** n. f. (lat. *aversionem*). Oposición y repugnancia: *sentir aversión.* • **Terapia de aversión** (SICOL.), técnica de terapia comportamental, dirigida a hacer desaparecer un comportamiento inadaptado, asociándole estímulos desagradables.

**AVÉSTICO** n. m. Lengua irania del Avesta.

**AVESTRUZ** n. m. Ave de gran tamaño, de 2,60 m de alt., que vive en grupos en las estepas y desiertos africanos, con alas pequeñas, incapacitada para volar, pero capaz de correr a una velocidad de 40 km/h, gracias a sus patas fuertes y largas. (Subclase ratites.)

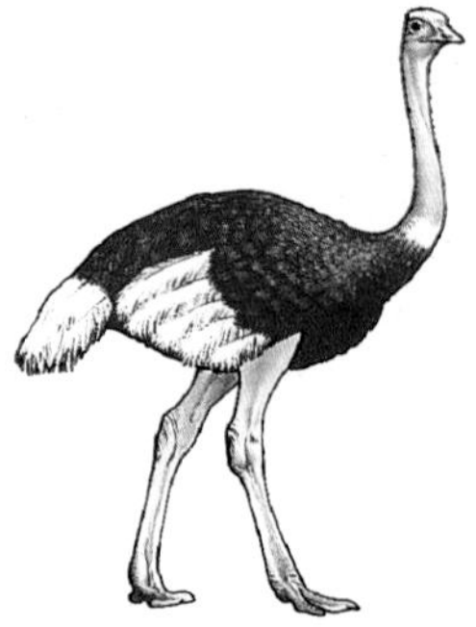
**avestruz** (macho)

**AVETADO, A** adj. Que tiene vetas.

**AVETORO** n. m. Ave parecida a la garza, de unos 70 cm de long., de plumaje leonado con manchas negruzcas y pico tan largo como la cabeza. (El grito del macho recuerda el mugido del toro.)

**avetoro**

**AVEZADO, A** adj. Ducho, experimentado en algo.

**AVEZAR** v. tr. y pron. [**1g**]. Acostumbrar.

**AVIACIÓN** n. f. (fr. *aviation*). Modalidad de loco-

**las grandes etapas de la aviación**

| | |
|---|---|
| **1903** | primer vuelo (17 dic.) de un avión de motor pilotado por Wilbur y Orville Wright, en Kitty Hawk (Carolina del Norte), con 284 m de recorrido. |
| **1906** | primer récord de velocidad homologado (12 nov.), alcanzado por Santos-Dumont con 41,29 km/h. |
| **1908** | primer vuelo de más de 1 h de duración (9 set.), por O. Wright en Fort Myers. |
| **1909** | primera travesía del canal de la Mancha (25 julio), de Calais a Dover (duración del vuelo, 37 min.), efectuada por Louis Blériot. |
| **1910** | primer vuelo a más de 1 000 m de altitud (7 en.), por Hubert Latham; primer vuelo a más de 100 km/h (9 set.), por Léon Morane, en Reims. |
| **1912** | en Houlgate (6 set.), primer vuelo por encima de los 5 000 m, por Roland Garros. |
| **1916** | primera instalación de radio a bordo de un avión. |
| **1919** | primera travesía del Atlántico Norte en avión (14-15 junio), entre Saint John's (Terranova) y Clifden (Irlanda), por los británicos sir John William Alcock y sir Whitten Brown. |
| **1923** | primer aprovisionamiento en vuelo de un avión (26 junio), por los norteamericanos Lowell Smith y J. P. Richter, en San Diego. |
| **1926** | invención del piloto automático e instrumentos de pilotaje sin visibilidad; – los españoles Franco, Ruiz de Alda, Durán y Rada efectúan la travesía España-Argentina a bordo del hidroavión Plus Ultra. |
| **1927** | primera travesía del Atlántico Norte sin escalas (20-21 mayo), de Nueva York a París, por Charles Lindbergh en el avión Spirit of St. Louis. |
| **1930** | primer enlace París-Nueva York sin escalas (1-2 set.), realizado por Dieudonné Costes y Maurice Bellonte en el Breguet Point d'Interrogation. |
| **1940** | primer vuelo de un avión propulsado por un turborreactor (30 abril), el Caproni-Campini CC-I. |
| **1947** | primer vuelo a velocidad supersónica (14 oct.), efectuado por el Bell X-1, propulsado por un motor-cohete, pilotado por el norteamericano Charles Yeager. |
| **1949** | primer vuelo (27 julio) del De Havilland 106 Comet, primer avión de transporte propulsado por turborreactor. |
| **1955** | primer vuelo (27 mayo) del Caravelle, que introdujo la fórmula de los reactores situados en la parte trasera del fuselaje. |
| **1965** | récords de altitud (24 462 m) y de velocidad (3 331,5 km/h) en vuelo horizontal (1 marzo) batidos por el Lockheed YF-12 A. |
| **1968** | primer vuelo (31 dic.) del primer avión de transporte supersónico, el Túpoliev TU-144. |
| **1969** | primer vuelo (9 febr.) del avión de transporte de gran capacidad Boeing 747; – primer vuelo (2 marzo) del avión de transporte supersónico francobritánico Concorde. |
| **1974** | primer vuelo (23 mayo) del Airbus A-300 europeo, primer aparato de distancia media y gran capacidad. |
| **1986** | primer vuelo alrededor del mundo sin escalas (14-23 dic.), por el avión experimental Voyager, pilotado por los norteamericanos D. Rutan y J. Yeager. |

caza francés Nieuport Ni 17-C Superbébé (1916)
[en el grabado, con pabellón del ejército italiano].

caza alemán Messerschmitt BF 109-F3/Trop (1941).

bombardero pesado estratégico cuatrirreactor
norteamericano Rockwell B-1B (1986).

caza bombardero birreactor soviético Mig 29 Fulcrum.

avión francés Latécoère 28-1 (1928) en servicio en la red
suramericana Aeropostal en 1933.

avión norteamericano Lockheed Constellation (1946)
en servicio en las líneas de Air France en 1947.

Al principio limitada a misiones de observación, la aviación conoció durante la primera guerra mundial un extraordinario desarrollo, tanto en el aspecto tecnológico (tiro con ametralladora a través de la hélice, generalización de los enlaces por radio) como en el de uso (creación del caza y de la aviación de bombardeo). 200 000 aparatos fueron construidos por los beligerantes entre 1914 y 1918. La segunda guerra mundial promovió nuevos avances: visores giroscópicos, radares, propulsión por reacción. Durante 1970-1980, las misiones de la aviación se organizaron alrededor de tres ejes: el combate, el transporte y el apoyo. El bombardero estratégico es, todavía, un elemento esencial de la fuerza nuclear.
Los avances tecnológicos de la aviación militar durante el primer conflicto mundial beneficiaron, una vez conseguida la paz, a la aviación civil. El período de entreguerras se caracterizó por el establecimiento y el desarrollo de las líneas aéreas regulares. Desde los años setenta la aviación se ha beneficiado de avances considerables, en los aspectos técnicos más diversos: motores a reacción o de turbina, propulsores (un nuevo tipo de hélice, la *propfan*), materiales de estructuras (aleaciones ligeras), sustentadores (dispositivos hipersustentadores, ala supercrítica).

avión birreactor norteamericano de transporte comercial Boeing B-767.

aviones biturbopropulsores suecos de transporte comercial
Saab S-340.

moción que se sirve de los aviones. **2.** Conjunto de aviones. • **Aviación comercial,** conjunto de aviones, instalaciones y personal empleados en el transporte de viajeros y mercancías. ‖ **Aviación militar,** aquella que ha sido concebida y empleada con fines militares.

**AVIADOR, RA** adj. y n. Dícese de la persona que tripula un aparato de aviación. ◆ n. m. **2.** Militar de aviación. **3.** *Méx.* Persona que cobra un sueldo en la nómina de una oficina de gobierno pero que en realidad no trabaja allí.

**AVIAR** v. tr. **[1t]**. Prevenir o disponer alguna cosa para el camino. **2.** Despachar y apresurar lo que se está haciendo. **3.** *Amér.* Prestar dinero o efectos al labrador, minero o ganadero. **4.** MAR. Repasar las costuras de un buque. ◆ v. tr. y pron. **5.** Preparar, aprestar. **6.** *Fam.* Proporcionar a uno lo que le hace falta para algún fin, especialmente dinero.

**AVIAR** adj. Dícese de las enfermedades de las aves domésticas.

**AVIARIO, A** adj. Aviar. ◆ n. m. **2.** Colección de aves, vivas o disecadas, ordenadas para exhibición o estudio.

**AVÍCOLA** adj. Relativo a las aves.

**AVICULTOR, RA** n. Persona que se dedica a la avicultura.

**AVICULTURA** n. f. Arte de criar las aves y aprovechar sus productos.

**AVIDEZ** n. f. Cualidad de ávido: *comer con avidez.*

**ÁVIDO, A** adj. (lat. *avidum*). Ansioso, codicioso: *ávido de riquezas.*

**AVIEJAR** v. tr. y pron. **[1]**. Avejentar.

**AVIESO, A** adj. (lat. *aversum,* desviado). Torcido, irregular. **2.** *Fig.* Perverso o mal intencionado: *costumbres aviesas.*

**AVIFAUNA** n. f. ECOL. Parte de la fauna de un lugar formada por las aves.

**AVILANTARSE** v. pron. **[1]**. Insolentarse.

**AVILANTEZ** n. f. Audacia, insolencia.

**AVILENSE** adj. y n. m. y f. De Avilés.

**AVILÉS, SA** adj. y n. Abulense.

**AVILESINO, A** adj. y n. Avilense.

**AVILLANAR** v. tr. y pron. **[1]**. Hacer que uno proceda como villano.

**AVINAGRAR** v. tr. y pron. **[1]**. Poner agrio, especialmente el vino. ◆ **avinagrarse** v. pron. **2.** Volverse áspero el carácter de una persona.

**AVIÑONENSE** adj. y n. m. y f. Aviñonés.

**AVIÑONÉS, SA** adj. y n. De Aviñón.

**AVÍO** n. m. Prevención, apresto. **2.** Provisión que los pastores llevan al hato. **3.** Préstamo que se hace al labrador, ganadero o minero. ◆ **avíos** n. m. pl. **4.** Utensilios necesarios para algo.

**AVIÓN** n. m. (fr. *avion*). Aparato de navegación aérea más pesado que el aire, provisto de alas y motor a hélice o a reacción. SIN.: *aeroplano.* • **Avión carguero,** avión de gran tonelaje destinado únicamente al transporte de carga pesada y voluminosa. ‖ **Avión cisterna,** o **nodriza,** avión que transporta carburante destinado a repostar otros aparatos en vuelo. ‖ **Avión escuela,** avión destinado a la formación de pilotos.

**AVIÓN** n. m. Nombre de varias especies de pájaros semejantes a las golondrinas. (Familia hirundínidos.)

**AVIONETA** n. f. Avión de pequeñas dimensiones, con motor de poca potencia.

**AVIÓNICA** n. f. Aplicación de las técnicas de la electrónica al sector de la aviación. SIN.: *aeroelectrónica.* **2.** Término genérico que designa el conjunto de los equipos electrónicos de una aeronave.

**AVISADO, A** adj. Prudente, sagaz: *persona avisada.* **2.** TAUROM. Dícese del toro que dificulta y hace peligrosa su lidia • **Mal avisado,** que obra irreflexivamente.

**AVISADOR, RA** adj. y n. Que avisa.

**AVISAR** v. tr. (fr. *aviser*) **[1]**. Dar noticia de algún hecho: *avísame cuando te vayas.* **2.** Advertir, aconsejar, llamar la atención: *le avisó de que se equivocaba.* **3.** Llamar a alguien para que preste algún servicio: *avisar al médico.*

**AVISO** n. m. Noticia dada a alguien. **2.** Prudencia, discreción. **3.** Indicio, señal. **4.** Advertencia, consejo. **5.** *Amér.* Anuncio. **6.** TAUROM. Advertencia que hace la presidencia de la corrida al matador cuando éste prolonga la faena de matar más tiempo del prescrito por el reglamento. • **Sobre aviso,** prevenido, enterado, al corriente.

**AVISPA** n. f. (lat. *vespam*). Insecto social, de abdomen formado por anillos amarillos y negros, que construye nidos anuales o avisperos, compuestos de una envoltura acartonada, donde se desarrollan las larvas. (Orden himenópteros.) **2.** *Fig.* Persona muy astuta.

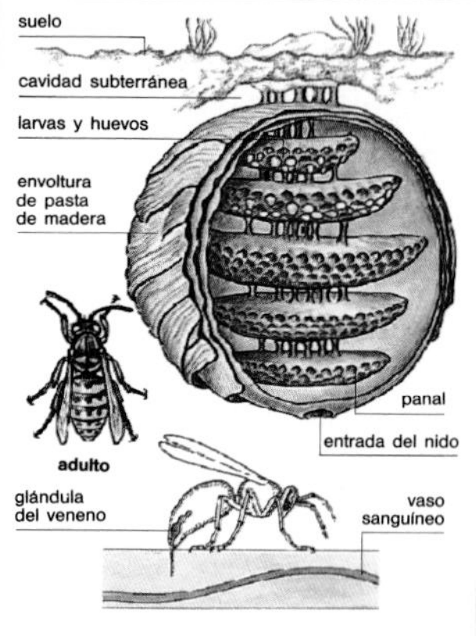


**avispa** y **avispero**

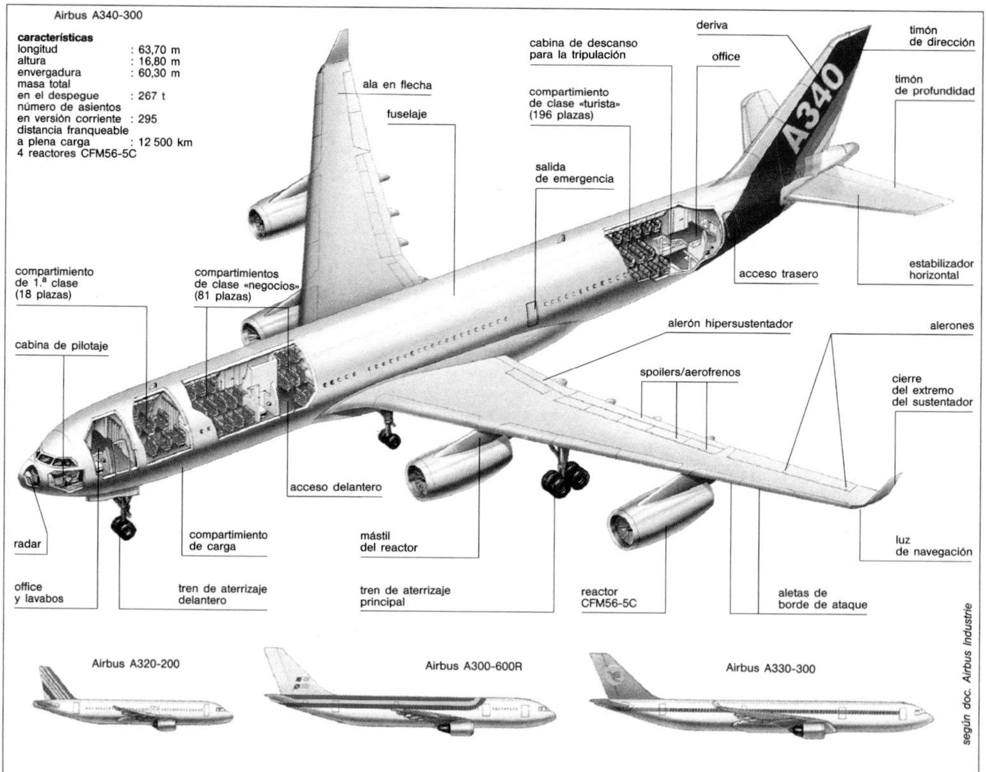


**avión** de transporte comercial

**AVISPAR** v. tr. [**1**]. Avivar a las caballerías. ◆ v. tr. y pron. **2.** *Fig.* y *fam.* Hacer despierto y avisado a uno. ◆ **avisparse** v. pron. **3.** *Fig.* Inquietarse.

**AVISPERO** n. m. Nido de avispas. **2.** *Fig.* y *fam.* Lugar o asunto que ofrece peligro. **3.** PATOL. Denominación vulgar del ántrax.

**AVISPÓN** n. m. Avispa de gran tamaño, de picadura muy dolorosa, cuyo nido puede alcanzar 60 cm de diámetro.

avispón

**AVISTAR** v. tr. [**1**]. Alcanzar con la vista alguna cosa: *avistar la costa.* ◆ **avistarse** v. pron. **2.** Reunirse una persona con otra para tratar de algún negocio.

**AVITAMINOSIS** n. f. Enfermedad producida por falta de vitaminas, como el escorbuto, el beriberi o la pelagra.

**AVITUALLAMIENTO** n. m. Acción y efecto de avituallar.

**AVITUALLAR** v. tr. [**1**]. Proveer de vituallas: *avituallar las tropas.* SIN.: *vituallar.*

**AVIVADO** n. m. METAL. Operación consistente en pulimentar una pieza metálica, pasándola por un disco de paño flexible impregnado con un abrasivo de grano muy fino.

**AVIVADOR, RA** adj. Que aviva. ◆ n. m. **2.** Ranura o pequeño espacio hueco, de unos 3 mm de ancho, que se labra entre dos molduras. **3.** Cepillo especial con hierro cortante, con que se hacen dichas ranuras.

**AVIVAMIENTO** n. m. Acción y efecto de avivar.

**AVIVAR** v. tr. [**1**]. Dar viveza, excitar, animar: *avivar la esperanza.* **2.** *Fig.* Encender, acalorar: *avivar las pasiones.* **3.** *Fig.* Hacer que arda más el fuego o que la luz artificial dé más claridad. **4.** *Fig.* Poner más vivos los colores. ◆ v. intr. **5.** Cobrar vida y vigor.

**AVIZOR, RA** adj. y n. Que avizora.

**AVIZORAR** v. tr. [**1**]. Acechar: *avizorar los alrededores de la casa.*

**AVOCAR** v. tr. (lat. *advocare*) [**1a**]. DER. Reservarse una causa que debía ser examinada por una jurisdicción inferior.

**AVOCASTRO** n. m. *Chile* y *Perú.* Persona muy fea.

**AVOCETA** n. f. Ave que vive al borde de las aguas, de 45 cm de alt., de pico largo y curvado hacia arriba, plumaje negro y blanco y tamaño de un faisán. (Orden caradriformes.)

**AVODIRÉ** n. m. Madera africana blanda y blanca, empleada en ebanistería.

**AVOIRDUPOIS** n. m. Sistema de peso aplicado en los países anglosajones a todas las mercancías, excepto metales preciosos, pedrería y medicamentos.

**AVORA** n. f. Palmera que se cultiva en América tropical, de cuyos frutos se obtiene la manteca de corozo. (Familia palmáceas.)

**AVUGO** n. m. Fruto del avuguero.

**AVUGUERO** n. m. Árbol, variedad del peral, que da un fruto pequeño, verde amarillento y de sabor poco agradable.

**AVULSIÓN** n. f. (lat. *avulsionem*). MED. Acción de arrancar, extracción.

**AVUNCULADO** n. m. ANTROP. CULT. Sistema de organización social según el cual, para un individuo determinado, el papel del padre es débil, a veces incluso inexistente, frente al del tío materno.

**AVUTARDA** n. f. Ave zancuda, de 0,40 m a 1,20 m en las especies europeas, de carrera rápida y vuelo pesado, muy apreciada por su sabrosa carne. (Familia otídidos).

**AWACS,** siglas de *airborne warning and control system,* sistema de vigilancia electrónica que utiliza radares a bordo de aviones especializados.

**AXIAL** o **AXIL** adj. Relativo al eje.

**AXILA** n. f. (lat. *axillam*). ANAT. Concavidad situada debajo de la espalda, entre la parte superior del brazo y el tórax. **2.** BOT. Región situada encima de la inserción de una hoja con el tallo, en el vértice del ángulo formado por ambos.

**AXILAR** adj. Relativo a la axila: *nervio axilar.* • **Yema axilar** (BOT.), yema lateral situada en la axila de una hoja.

**AXIOLOGÍA** n. f. Teoría de los valores morales.

**AXIOLÓGICO, A** adj. Relativo a la axiología.

**AXIOMA** n. m. (gr. *axioma,* lo que parece justo). Proposición primitiva o evidencia no susceptible de demostración y sobre la cual se funda una ciencia. **2.** LÓG. Principio enunciado hipotéticamente como base de una teoría deductiva.

**AXIOMÁTICA** n. f. Conjunto de primeras nociones *(axiomas)* admitidas sin demostración, que forman la base de una rama de las matemáticas. • **Axiomática formal** (LÓG.), teoría axiomática en la que no se da sentido a los términos primitivos de la teoría.

**AXIOMÁTICO, A** adj. Incontrovertible, evidente. • **Teoría axiomática** (LÓG.), teoría deductiva construida a partir de proposiciones primitivas *(axiomas)* y desarrollada por medio de reglas de inferencia.

**AXIOMATIZACIÓN** n. f. Procedimiento que consiste en enunciar en forma de principios indemostrables las proposiciones primitivas de las que se deducen los teoremas de una teoría deductiva.

**AXIOMATIZAR** v. tr. [**1g**]. Transformar en axiomas. • **Axiomatizar una teoría deductiva,** enunciar como axiomas las proposiciones primitivas de dicha teoría.

**AXIS** n. m. ANAT. Segunda vértebra cervical.

**AXO** n. m. Pedazo cuadrado de tela de lana que forma parte del vestido de las indias del Perú.

**AXOLOTE** o **AXOLOTL** n. m. Ajolote.

**AXÓN** n. m. Prolongación de la neurona, cuya longitud puede alcanzar varios decímetros, que transporta el influjo nervioso desde el cuerpo celular hacia la periferia. SIN.: *cilindroeje.*

**AXONOMETRÍA** n. f. Forma de representación gráfica de una figura de tres dimensiones, en la cual las aristas del triedro de referencia se proyectan según rectas que forman entre sí ángulos de 120°.

**AXONOMÉTRICO, A** adj. Relativo a la axonometría.

**AY** n. m. Suspiro, quejido. (Suele usarse en plural.) ◆ interj. **2.** Expresa generalmente aflicción o dolor. **3.** Con la prep. *de* seguida de un pronombre, denota pena, temor, conmiseración o amenaza: *¡ay de mí!*

**AYATE** n. m. *Méx.* Tela de hilo de maguey que fabrican los indios.

**AYATOLLAH** n. m. Título honorífico otorgado a los principales jefes religiosos del islam chiita. (Tiene el significado y función de ser el intérprete de la ley coránica.)

**AYER** adv. t. En el día que precedió inmediatamente al de hoy: *ayer noche.* **2.** *Fig.* Hace poco tiempo, en tiempo pasado.

**AYLLU** n. m. Antiguo sistema de organización social practicado por los aymara y los quechua.

**AYMARA, AYMARÁ** o **AIMARA** adj. y n. m. y f. Relativo a un pueblo amerindio que habita en el Altiplano andino que bordea el lago Titicaca (Bolivia y Perú); individuo de dicho pueblo. ◆ n. m. **2.** Lengua hablada por dicho pueblo.
■ Los aymaras se dedican a la agricultura, la pesca y los trabajos artesanos. Asentados sobre territorios de las culturas de Tiahuanaco, Pucará y de las *chullpas* funerarias, fueron anexionados al imperio inca por Pachacuti (c. 1450). Los incas levantaron grandes construcciones (pirámides del Sol y de la Luna) en el territorio aymara, que entre 1533 y 1542 fue sometido por los españoles e integrado en el virreinato del Perú. El área de la lengua aymara en el pasado se extendió hasta el N de Argentina.

**AYO, A** n. Persona encargada de la custodia, crianza o educación de un niño.

**AYOTERA** n. f. Planta cucurbitácea parecida a la calabaza, que crece en México y América Central. SIN.: *ayote.*

**AYUBÍ** o **AYYUBÍ** adj. y n. m. y f. Relativo a los Ayubíes, dinastía musulmana. (V. parte n. pr.)

**AYUDA** n. f. Acción y efecto de ayudar. **2.** Persona o cosa que ayuda. **3.** Medios de los cuales se sirve el jinete para mandar sobre su caballo. **4.** Lavativa. ◆ n. m. **5.** MAR. Cabo o aparejo que se pone para mayor seguridad de otro. • **Ayuda de cámara,** criado que cuida especialmente del vestido de su amo.

**AYUDADO, A** adj. y n. m. TAUROM. Dícese del pase de muleta en cuya ejecución intervienen las dos manos del matador.

**AYUDANTA** n. f. Mujer que realiza los trabajos subalternos, generalmente en oficios manuales.

**AYUDANTE** n. m. y f. Persona que ayuda. • **Ayudante técnico sanitario** (ATS), diplomado sanitario auxiliar del médico. ◆ n. m. **2.** MIL. En algunos cuerpos, oficial subalterno. • **Ayudante de campo** (MIL.), cargo que desempeña un oficial afecto a una unidad orgánica. ‖ **Ayudante de plaza** (MIL.), oficial destinado a las órdenes de un jefe superior.

**AYUDANTÍA** n. f. Empleo de ayudante. **2.** Oficina del ayudante. **3.** MAR. Cada uno de los distritos en que se dividen las provincias marítimas españolas.

**AYUDAR** v. tr. (lat. *adiuvare*) [**1**]. Prestar cooperación. **2.** Auxiliar, socorrer. ◆ **ayudarse** v. pron. **3.** Hacer un esfuerzo, poner los medios para el logro de alguna cosa. **4.** Con las prep. *de* o *con,* valerse de la cooperación o ayuda de otra persona o cosa.

**AYUINÉ** n. m. (voz guaraní). Árbol de América Meridional que exuda una sustancia aromática.

**AYUNADOR, RA** adj. y n. Que ayuna.

**AYUNAR** v. intr. [**1**]. Abstenerse total o parcialmente de comer o beber; especialmente guardar el ayuno eclesiástico. **2.** *Fig.* Privarse de algún gusto.

**AYUNO, A** adj. (lat. *ieiunum*). Que no ha comido. **2.** *Fig.* Privado de algún gusto o deleite. **3.** *Fig.* Que no sabe o no comprende nada de cierta cosa. • **En ayunas,** sin haberse desayunado; ignorante de alguna cosa. ◆ n. m. **4.** Acción de ayunar. **5.** Abstinencia que se hace por motivos religiosos o por precepto eclesiástico de alguna de las comidas diarias o de ciertos manjares.

**AYUNTAMIENTO** n. m. Corporación compuesta de un alcalde y varios concejales para la administración de un municipio. SIN.: *cabildo, concejo.* **2.** Casa consistorial. **3.** Cópula carnal.

**AZABACHE** n. m. Variedad de lignito, de color negro brillante. (Se talla como las piedras preciosas.) ◆ **azabaches** n. m. pl. **2.** Conjunto de dijes de azabache.

**AZADA** n. f. Instrumento agrícola que consiste en una lámina o pala cuadrangular de hierro, con uno de los lados cortante y el opuesto provisto de un anillo donde encaja el mango.

**AZADÓN** n. m. Azada de pala algo curva y más larga que ancha.

**AZAFATA** n. f. Criada que servía a la reina. **2.** Empleada que se ocupa de los pasajeros en los aeropuertos o a bordo de los aviones comerciales, o que atiende a los visitantes de ferias, congresos, etc.

**AZAFATE** n. m. Canastilla de mimbres, llana y con borde de poca altura.

**AZAFEA** n. f. Instrumento astronómico para sustituir el astrolabio.

**AZAFRÁN** n. m. (ár. *al-zafrān*). Planta cultivada por sus flores, cuyos estigmas se emplean para condimentar alimentos. (Familia iridáceas.) **2.** Estigmas de esta planta o polvo preparado con ellos, utilizados como condimento. **3.** MAR. Madero exterior que forma parte de la pala del timón y que se une

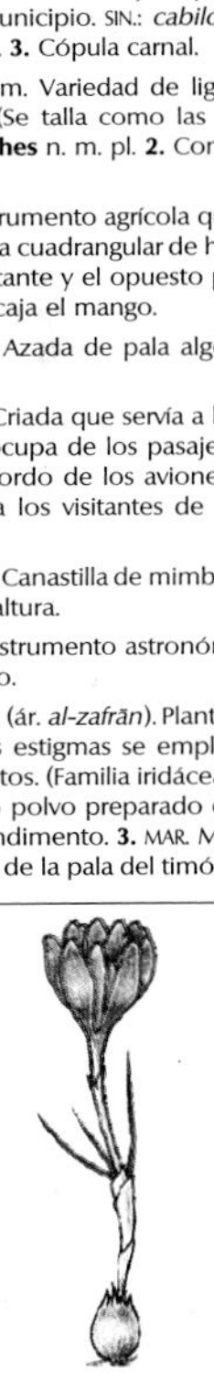

azafrán

con pernos a la madre. • **Azafrán bastardo,** cólquico.

**AZAFRANADO, A** adj. De color de azafrán.

**AZAFRANAL** n. m. Terreno sembrado de azafranes.

**AZAFRANAR** v. tr. [**1**]. Mezclar azafrán con otra cosa. **2.** Teñir de color anaranjado.

**AZAFRANERO, A** n. Persona que vende o cultiva azafrán.

**AZAGAYA** n. f. Lanza o dardo arrojadizo de pequeñas dimensiones y poco peso.

**AZAHAR** n. m. Flor del naranjo, del limonero y del cidro, de color blanco, usada en medicina y perfumería.

**AZALÁ** n. m. Entre los musulmanes, oración o súplica.

**AZALEA** n. f. (gr. *azaleos*, seco). Arbusto originario de las montañas de Asia, del que se cultivan diversas especies por la belleza de sus flores. (Familia ericáceas.) **2.** Flor de esta planta.

azalea

**AZAMBOA** n. f. Fruto del azamboero.

**AZAMBOERO** n. m. Variedad de cidro que produce un fruto muy arrugado. (Familia rutáceas.)

**AZANAHORIATE** n. m. Zanahoria confitada.

**AZANDE** → ***zandé.***

**AZAR** n. m. Causa a la que se atribuyen acontecimientos que se consideran sometidos únicamente a la probabilidad o cuya causa real se desconoce. **2.** Casualidad, caso fortuito. **3.** Desgracia imprevista. • **Al azar,** sin propósito ni objeto determinado; sin considerar ni reflexionar previamente.

**AZARAMIENTO** n. m. Azoramiento.

**AZARAR** v. tr. y pron. (de *azorar*) [**1**]. Turbar, sobresaltar, avergonzar. ◆ **azararse** v. pron. **2.** Ruborizarse, sonrojarse.

**AZARARSE** v. pron. (de *azar*) [**1**]. Estropearse o malograrse algo, especialmente en el juego.

**AZARBE** n. m. Cauce adonde van a parar los sobrantes de los riegos.

**AZAREARSE** v. pron. [**1**]. *Amér. Central, Chile* y *Perú*. Avergonzarse. **2.** *Chile* y *Perú*. Irritarse, enfadarse.

**AZAROLLA** n. f. Fruto del azarollo.

**AZAROLLO** n. m. Serbal común.

**AZAROSO, A** adj. Abundante en peligros o percances: *vida azarosa del aventurero.*

**AZEOTRÓPICO, A** adj. Dícese de una mezcla de dos líquidos que destila a temperatura constante produciendo, a determinada presión, un vapor de composición fija.

**AZEÓTROPO** n. m. Mezcla azeotrópica.

**AZERBAIJANÉS, SA** adj. y n. De Azerbaiján. ◆ n. m. **2.** LING. Azerí.

**AZERÍ** adj. y n. m. y f. Relativo a un pueblo turco musulmán que habita en el Azerbaiján caucásico e iraní; individuo de este pueblo. (Descienden de los antiguos habitantes iranófonos de la Transcaucasia oriental, turquizados a partir del s. XI.) ◆ n. m. **2.** Lengua turca hablada en Azerbaiján. SIN.: *azerbaijanés.*

**ÁZIGOS** n. f. y adj. Ácigos.

**AZILIENSE** adj. y n. m. Dícese de una facies cultural epipaleolítica caracterizada por útiles de sílex de pequeño tamaño y forma geométrica regular, que sucedió al magdaleniense hacia el VIII milenio.

**ÁZIMO** o **ÁCIMO** adj. y n. m. (gr. *azymos*). Dícese del pan sin levadura, utilizado ritualmente en la celebración de la Pascua judía. **2.** Dícese del pan utilizado por la iglesia latina en el sacrificio eucarístico.

**AZIMUT** n. m. (pl. *azimuts*). Acimut.

**AZIMUTAL** adj. Acimutal.

**AZNACHO** o **AZNALLO** n. m. Pino rodeno.

**ÁZOE** n. m. Nombre dado al nitrógeno por Lavoisier.

**AZOEMIA** n. f. Presencia de nitrógeno en la sangre.

**AZÓFAR** n. m. Latón.

**AZOGAMIENTO** n. m. Acción y efecto de azogar o azogarse.

**AZOGAR** v. tr. [**1b**]. Cubrir con azogue cristales u otras cosas. ◆ **azogarse** v. pron. **2.** Contraer la enfermedad producida por la absorción de los vapores del azogue.

**AZOGUE** n. m. Nombre vulgar del mercurio.

**AZOGUE** n. m. Durante la edad media, plaza o mercado de cada localidad.

**AZOICO, A** adj. Relativo al ázoe. **2.** Dícese de un medio desprovisto de animales o de un terreno desprovisto de fósiles. ◆ adj. y n. m. **3.** Dícese de ciertos compuestos orgánicos nitrogenados.

**AZOLVAR** v. tr. y pron. [**1**]. Cegar un conducto.

**AZOLVE** n. m. *Méx.* Basura, o lodo que obstruye un conducto de agua.

**AZOOSPERMIA** n. f. Ausencia de espermatozoides en el esperma, causa de esterilidad.

**AZOR** n. m. Ave rapaz diurna, de gran tamaño (60 cm de long.), cabeza pequeña y pico notablemente curvado, que ataca a las piezas de caza y a las aves de corral, muy apreciada en cetrería. (Familia accipítridos.)

**AZORA** n. f. Cada uno de los capítulos del Corán.

**AZORAMIENTO** n. m. Acción o efecto de azorar.

**AZORAR** v. tr. y pron. [**1**]. Azarar. ◆ v. tr. **2.** Asustar, perseguir o alcanzar el azor a las aves.

**AZOTACALLES** n. m. y f. (pl. *azotacalles*). *Fam.* Persona ociosa y callejera.

**AZOTADOR** n. m. Oruga mexicana cubierta de pelillos, que tiene propiedades urticantes.

**AZOTAINA** o **AZOTINA** n. f. *Fam.* Zurra de azotes: *propinar una azotaina.*

**AZOTAMIENTO** n. m. Acción y efecto de azotar.

**AZOTAR** v. tr. y pron. [**1**]. Dar azotes: *azotar públicamente a los reos.* **2.** *Fig.* Golpear repetida y violentamente: *las olas azotaban la orilla.*

**AZOTE** n. m. Vara, vergajo o cualquier instrumento para azotar. **2.** Azotazo. **3.** *Fig.* Calamidad, desgracia: *la sequía es el gran azote de esta tierra.* **4.** *Fig.* Persona que es causa o instrumento de ellas.

**AZOTEA** n. f. Cubierta llana de un edificio por la cual se puede andar.

**AZOTEHUELA** n. f. *Méx.* Patio de luces.

**AZT** n. m. (acrónimo del ingl. *azidothymidine*). Medicamento empleado para retardar la aparición de los síntomas del sida. SIN.: *zidovudina.*

**AZTECA** adj. y n. m. y f. Relativo a un pueblo amerindio que se instaló en el valle de México en el s. XIII y que dominó cultural y políticamente el país durante el s. XV y el primer cuarto del XVI; individuo de dicho pueblo. ◆ n. m. **2.** Conjunto de lenguas precolombinas habladas en México. **3.** Moneda de oro mexicana de veinte pesos.

■ En 1325 los aztecas fundaron Tenochtitlan. De 1376 a 1427 estuvieron sometidos al reino tepaneca de Azcapotzalco, durante los reinados de Acamapichtli (1376-1396), Huitzilihuitl (1396-1417) y Chimalpopoca 1417-1427). Itzcoatl (1427-1440) fundó el imperio azteca, que estableció en 1433 una federación entre Tenochtitlan, Texcoco y Tlacopan. Moctezuma Ilhuicamina (1440-1469) consolidó y extendió el imperio, que con Ahuitzotl (1486-1502) alcanzó su máxima extensión. Moctezuma Xocoyotzin (1502-1520) hizo frente a la llegada de los españoles, quienes en 1525 ejecutaron a Cuauhtémoc, último soberano azteca. Los aztecas establecieron una compleja organización política, militar y religiosa de tipo piramidal, regida por una biarquía formada por el tlatoani y el cihuacoatl.

La economía se basaba en la agricultura (maíz). Los aztecas desarrollaron dos tipos de calendarios, uno ceremonial y otro solar de 365 días. Destaca la escultura, simbolista y abstracta *(Piedra del Sol, Coatlicue)* o naturalista, la pintura mural (altares de Tizatlán), la cerámica (platos, copas), la orfebrería y el arte lapidario. Su arquitectura se inspira en la de Teotihuacán y la tolteca. Utilizaron la escritura jeroglífica en códices, poemas, anales, etc., algunos de ellos transcritos en caracteres latinos (en náhuatl y en castellano). En literatura destacó el poeta Netzahualcoyotl. Los principales dioses aztecas son: Quetzalcóatl, dios del bien y de la vida; Tezcatlipoca, dios de los hechiceros y de los jóvenes guerreros; Huitzilopochtli, dios de la guerra y del sol; Tlalolc, dios de la lluvia, y Coatlicue, diosa madre y la tierra.

Aunque en toda la extensión del imperio azteca

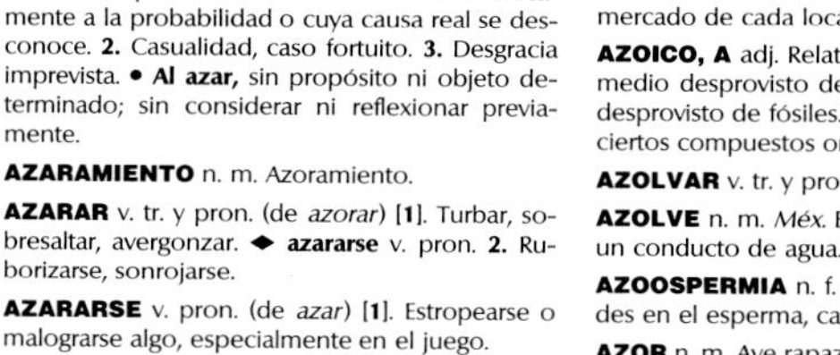

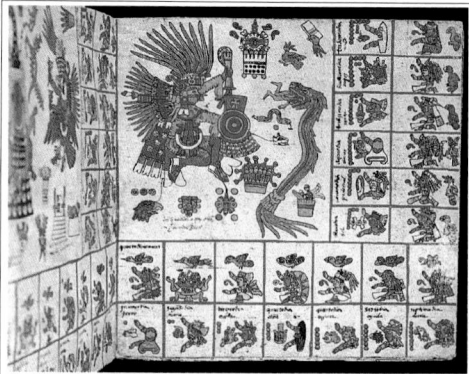

el **arte azteca:** detalle del códice Borbónico; ss. XIV-XVI
(biblioteca de la asamblea nacional, París)

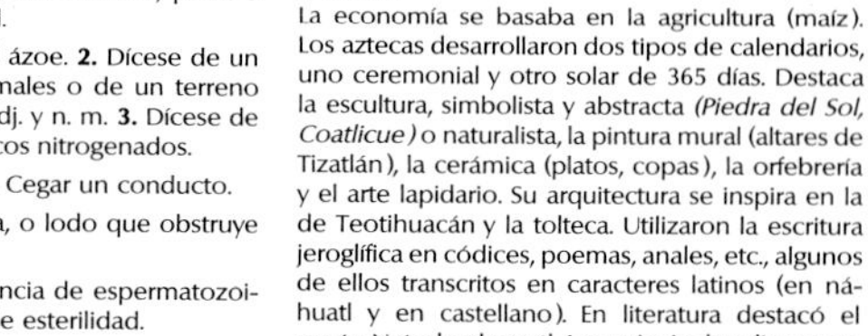

el **arte azteca:** detalle de la piedra de Tizoc, cilindro pétreo con relieves que conmemoran hazañas de los reyes aztecas
(museo nacional de antropología, México)

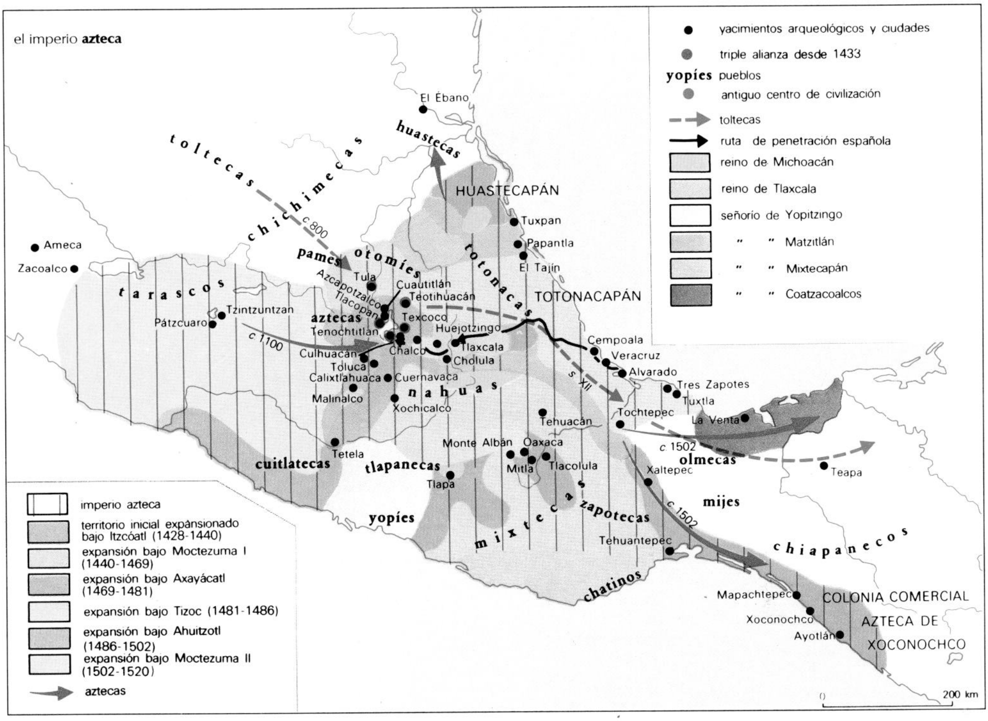

el imperio **azteca**

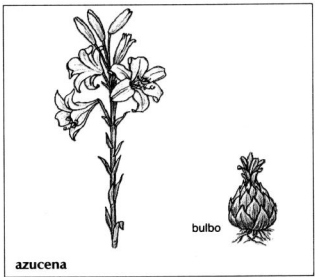

se hablaron numerosas lenguas, su lengua de cultura fue el náhuatl, que engloba, entre otras, las lenguas shoshón, pima, papago, tarahumara, tepehua y huichol.

**AZÚCAR** n. m. o f. (ár. *al-sukkar*). Alimento de sabor dulce, cristalizado, que se extrae de la caña de azúcar o de la remolacha azucarera. **2.** QUÍM. Compuesto perteneciente al grupo de los glúcidos. • **Azúcar cande,** o **candi,** azúcar formado por cristales transparentes y grandes, obtenido por evaporación lenta de un jarabe. || **Azúcar glas,** o **glaseado,** capa de azúcar de lustre que recubre algunos productos de confitería. || **Azúcar moreno,** o **negro,** el de color oscuro, más dulce que el blanco.

■ El proceso de producción del azúcar comienza con una fase de extracción, que tiene lugar por presión en el caso de la caña y por difusión en una corriente de agua caliente en el de la remolacha. Los jugos azucarados obtenidos se depuran por medio de lechada de cal, que provoca la formación de un precipitado. Al jugo depurado y concentrado hasta un estado de sobresaturación moderada se le añaden cristales de azúcar finamente molidos que aumentan de tamaño a expensas del azúcar en sobresaturación. Una vez lavado, secado y tamizado, el azúcar se comercializa en panes, trozos, cristales, en polvo, etc. Los principales productores mundiales son la India y Brasil, seguidos de E.U.A., China, Tailandia y Australia.

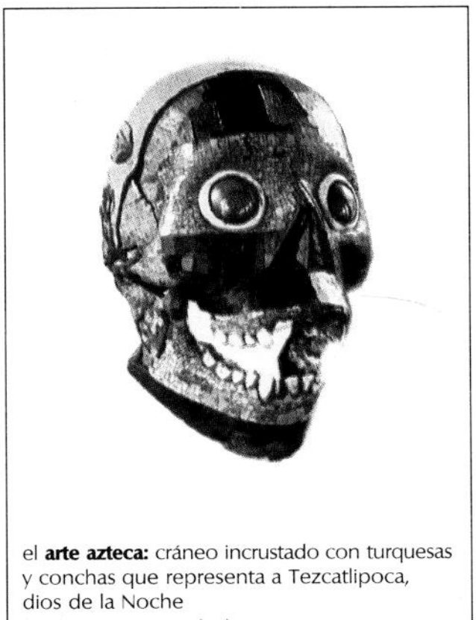
el **arte azteca:** cráneo incrustado con turquesas y conchas que representa a Tezcatlipoca, dios de la Noche
(museo Británico, Londres)

**AZUCARADO, A** adj. Semejante al azúcar en el gusto. **2.** Que contiene azúcar.

**AZUCARAR** v. tr. [**1**]. Bañar o endulzar con azúcar. **2.** *Fig.* Suavizar, endulzar. **3.** *Amér.* Cristalizarse el azúcar.

**AZUCARERA** n. f. Fábrica de azúcar. **2.** Azucarero, recipiente.

**AZUCARERO, A** adj. Relativo al azúcar. ◆ n. m. **2.** Recipiente para servir el azúcar. **3.** Técnico en la fabricación de azúcar. **4.** *Amér.* Dueño de un ingenio de azúcar o fabricante de azúcar.

**AZUCARILLO** n. m. Pasta azucarada, esponjosa, preparada con clara de huevo batida y zumo de limón. **2.** Terrón de azúcar.

**AZUCENA** n. f. (ár. *al-sūsāna*). Denominación dada a diversas plantas de las familias liliáceas, amarilidáceas, apocináceas y orquídeas, la más conocida de las cuales *(azucena común)* da unas flores blancas y olorosas, agrupadas en racimos grandes. **2.** Flor de la azucena común.

**AZUD** n. m. o f. Máquina con que se saca agua de los ríos para regar los campos. **2.** Presa hecha en los ríos, a fin de tomar agua para regar y otros usos. SIN.: *azuda.*

**AZUELA** n. f. Especie de hacha de hoja curva y perpendicular al mango, que utilizan los carpinteros para labrar y desbastar la madera.

**AZUFAIFA** n. f. Fruto azucarado del azufaifo.

**AZUFAIFO** n. m. Árbol o arbusto espinoso de hasta 8 m de alt., que se cultiva para ornamentación o por sus frutos o azufaifas. (Familia ramnáceas.)

**AZUFRADO, A** adj. Sulfuroso. **2.** Parecido en el color al azufre.

**AZUFRADOR** n. m. Aparato para azufrar las plantas.

**AZUFRAMIENTO** o **AZUFRADO** n. m. Acción y efecto de azufrar.

**AZUFRAR** v. tr. [**1**]. Impregnar de azufre. **2.** Espolvorear azufre sobre los vegetales para luchar contra las enfermedades criptogámicas. **3.** Quemar azufre dentro de un tonel con el fin de destruir los microorganismos.

**AZUFRE** n. m. (lat. *sulfur*). Metaloide sólido (S), de número atómico 16, de masa atómica 32,06, densidad 2 y color amarillo, insípido e inodoro. • **Azufre en cañón,** azufre moldeado en forma de cilindro. || **Flor de azufre,** azufre obtenido por enfriamiento brusco de su vapor.

**AZUFRERA** n. f. Lugar de donde se extrae azufre.

**AZUFROSO, A** adj. Que contiene azufre.

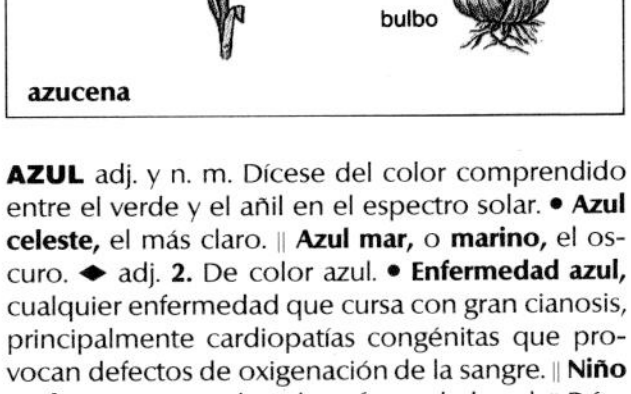

**azucena**

**AZUL** adj. y n. m. Dícese del color comprendido entre el verde y el añil en el espectro solar. • **Azul celeste,** el más claro. || **Azul mar,** o **marino,** el oscuro. ◆ adj. **2.** De color azul. • **Enfermedad azul,** cualquier enfermedad que cursa con gran cianosis, principalmente cardiopatías congénitas que provocan defectos de oxigenación de la sangre. || **Niño azul,** niño que padece la enfermedad azul. || **Príncipe azul** *(Fig.),* en los cuentos de hadas y en la literatura popular femenina de carácter sentimental, personaje masculino idealizado. || **Ser de sangre azul** *(Fig.),* ser de origen aristocrático. || **Zona azul,** zona urbana donde la duración del estacionamiento de los automóviles es limitada. ◆ n. m. **3.** *Poét.* El cielo o espacio. **4.** QUÍM. Diversos pigmentos y colorantes azules: *azul ultramar; azul de Prusia; azul de cobalto.*

de Teruel (s. XVI)
[museo de cerámica, Barcelona]

sevillanos
[museo de cerámica, Barcelona]

de Valencia (s. XVII)
[museo de cerámica, Barcelona]

**azulejos** españoles

detalle de un **azulejo**
(Portugal, s. XVII)

**AZULADO, A** adj. De color azul o que tira a él.

**AZULAR** v. tr. [**1**]. Dar o teñir de azul.

**AZULEAR** v. intr. [**1**]. Mostrar una cosa el color azul que en sí tiene. **2.** Tirar a azul.

**AZULEJAR** v. tr. [**1**]. Revestir de azulejos, ladrillos. SIN.: *alicatar.*

**AZULEJO, A** adj. *Amér.* Azulado. ◆ adj. y n. m. **2.** *Argent.* y *Urug.* Dícese del caballo entrepelado de blanco y negro que presenta reflejos azules. ◆ n. m. **3.** Pájaro de unos 17 cm de long., de coloración azul celeste uniforme, algo blanquecino en la región ventral. (Familia tráupidos.)

**AZULEJO** n. m. Ladrillo pequeño o baldosín vidriado, de cualquier color y decorado o no con dibujos.

**AZULETE** n. m. Preparado con que se aviva el color blanco de la ropa después de lavada.

**AZULGRANA** adj. y n. m. Dícese del club de fútbol Barcelona. ◆ adj. y n. m. y f. **2.** Relativo a este club.

**AZUMAGARSE** v. pron. [**1b**]. *Chile.* Enmohecerse.

**AZÚMBAR** n. m. Planta de hojas acorazonadas, flores blancas en umbela terminal, y fruto en forma de estrella de 6 puntas. (Familia alismáceas.)

**AZUMBRE** n. f. Antigua medida de capacidad para líquidos, empleada en Castilla, equivalente a 2,016 l.

**AZUR** n. m. y adj. HERÁLD. Uno de los cinco colores del blasón: el azul oscuro.

**AZURITA** n. f. Carbonato natural de cobre, de color azul.

**AZUZADOR, RA** adj. y n. Que azuza.

**AZUZAR** v. tr. [**1g**]. Incitar a un animal para que embista. **2.** *Fig.* Irritar, estimular.

# B

**B** n. f. Segunda letra del alfabeto español, y primera de sus consonantes (Es una bilabial sonora.) **2.** Nombre de la nota musical *si* natural en inglés y de la nota musical *si* bemol en alemán. **3.** Símbolo químico del *boro.* **4.** Símbolo del barn.

**Ba,** símbolo químico del *bario.*

**BABA** n. f. Saliva que fluye por la boca. **2.** Líquido viscoso segregado por algunos moluscos. **3.** Jugo viscoso de algunas plantas. **4.** *Colomb.* y *Venez.* Yacaré, especie de cocodrilo o caimán. • **Caérsele** a uno **la baba** *(Fam.),* ser bobo, o experimentar complacencia viendo u oyendo alguna cosa. ‖ **Tener mala baba** *(Fam.),* ser envidioso, rencoroso; actuar con mala intención.

**BABABUY** n. m. Ave paseriforme de la zona norte de América del Sur.

**BABAZA** n. f. Baba que segregan algunos animales y plantas.

**BABEAR** v. intr. [**1**]. Expeler o echar de sí la baba. **2.** *Fig.* y *fam.* Hacer demostraciones de excesivo rendimiento ante una persona o cosa.

**BABEL** n. m. o f. *Fam.* Desorden, confusión. **2.** *Fig.* y *fam.* Lugar en que hay gran desorden y confusión o en el que hablan muchos sin entenderse.

**BABEO** n. m. Acción de babear.

**BABERA** n. f. Pieza de la armadura, unida al casco, destinada a proteger el cuello, el mentón y la boca.

**BABERO** n. m. Pedazo de lienzo u otra materia que se pone a los niños en el pecho, sobre el vestido, para que no lo manchen. **2.** Prenda de vestir que se pone a los niños encima del traje para protegerlo.

**BABIA. Estar en babia** *(Fam.),* hallarse distraído y como ajeno a aquello de que se trata.

**BABIECA** n. m. y f. y adj. *Fam.* Persona floja y boba.

**BABILLA** n. f. En los cuadrúpedos, región formada por los músculos y tendones que articulan el fémur con la tibia y la rótula. **2.** Parte de la carne del buey correspondiente al corvejón, entre la falda y el jarrete.

**BABILÓNICO, A** adj. Relativo a Babilonia. **2.** *Fig.* Fastuoso.

**BABILONIO, A** adj. y n. De Babilonia.

**BABIRUSA** n. m. Cerdo salvaje de las Célebes, con los caninos superiores muy curvados. (Orden ungulados, familia suidos.)

**BABISMO** o **BĀBISMO** n. m. Doctrina enseñada por el Bāb, que trata de un intento de reformar el islam en un sentido menos riguroso y más abierto.

**BABLE** n. m. Dialecto leonés hablado en Asturias. SIN.: *asturiano.*

**BABOEN** n. m. Madera obtenida de diversos árboles americanos, de coloración ocre, empleada en carpintería ligera y contraplacados.

**BABOR** n. m. (fr. *babord*). Costado izquierdo de una embarcación, en el sentido de la marcha hacia adelante. CONTR.: *estribor.*

**BABOSA** n. f. (de *baba*). Gasterópodo pulmonado terrestre, sin concha, alargado y con una especie de escudo adornado de estrías. (Familia limácidos.) **2.** Pez de cuerpo alargado, cuya piel segrega gran cantidad de mucus.

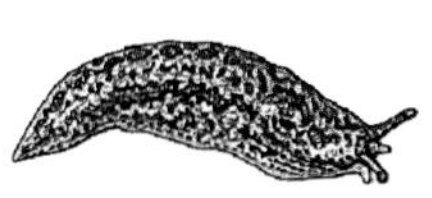

**babosa**

**BABOSADA** n. f. *Amér. Central, Colomb., Méx.* y *Pan. Fam.* Cuestión de escasa importancia.

**BABOSEAR** v. tr. [**1**]. Llenar de babas.

**BABOSEO** n. m. *Fam.* Acción de babosear.

**BABOSO, A** adj. Que echa muchas babas. **2.** *Fig.* y *fam.* Que no tiene edad o condiciones para lo que hace o dice. **3.** *Fig.* y *fam.* Bobo, tonto.

**BABUCHA** n. f. Zapato ligero y sin tacón, usado especialmente por los moros. **2.** *Amér.* Zapato de pala alta, cerrada con un cordón. **3.** *Amér.* Zapato femenino de paño con la punta formada de cuero. • **A babucha** (*Argent.* y *Urug.*), a cuestas.

**BABUINO** n. m. Papión cinocéfalo.

**BABUVISMO** n. m. Doctrina de Babeuf y de sus seguidores.

**BABY-SITTER** n. m. y f. (voz inglesa). Canguro, persona contratada para cuidar niños.

**BACA** n. f. Soporte dispuesto en la parte superior de los vehículos donde se pueden colocar los equipajes. **2.** PESC. Arte de pesca de arrastre, parecido al bou.

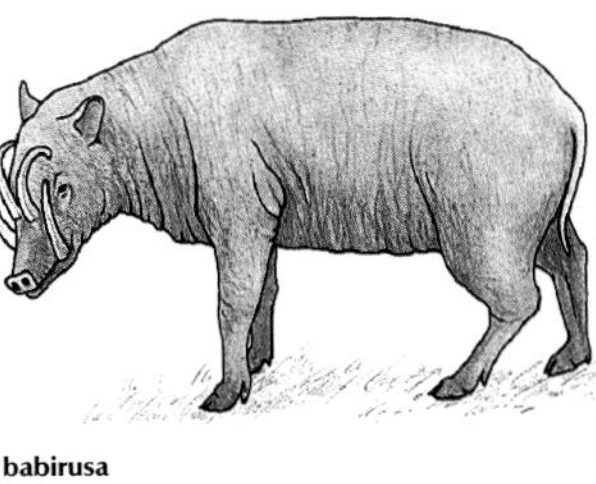

**babirusa**

**BACACO** o **BACACU** n. m. Paseriforme de vistoso plumaje, propio de las comarcas del Orinoco y del Amazonas. (Familia cotíngidos.)

**BACALADERO, A** adj. Relativo al bacalao, o a su pesca y comercio. ◆ n. m. y adj. **2.** Buque especializado en la pesca del bacalao y especies afines. **3.** Persona que se dedica a la pesca del bacalao.

**BACALAO** n. m. Pez marino de los mares árticos, que alcanza 1,50 m de long., cuya carne se come fresca, salada o curada, y de cuyo hígado se obtiene un aceite que se usa como reconstituyente. (Familia gádidos.) • **Cortar el bacalao** *(Fam.),* tener superioridad o dominio en alguna cosa.

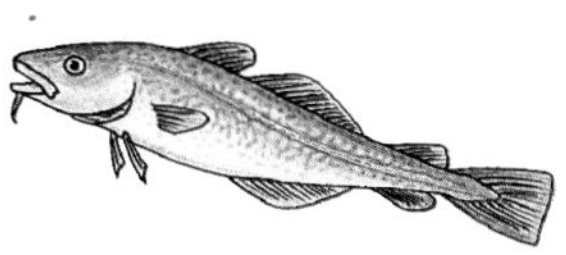

**bacalao**

**BACÁN** n. m. y adj. *Argent.* Persona adinerada o aburguesada. ◆ n. m. **2.** *Cuba.* Masa de carne de cerdo, tomate y ají, envuelta en hojas de plátano.

**BACANAL** adj. (lat. *bacchanalem*). Relativo al dios Baco. ◆ n. f. **2.** Orgía. ◆ **bacanales** n. f. pl. **3.** Fiestas romanas de Baco y de los misterios dionisíacos, caracterizadas por el desenfreno o el crimen.

**BACANTE** n. f. (lat. *bacchantem*). Mujer que tomaba parte en las bacanales. **2.** *Fig.* Mujer ebria y lúbrica.

**BACARÁ** o **BACARRÁ** n. m. (fr. *bacarra* o *baccarat*). Juego de naipes que se juega con dos barajas francesas y en el que uno de los participantes actúa como banquero.

**BACCIFORME** adj. Semejante a una baya o fruto.

**BACERA** n. f. Afección del bazo producida en el ganado por el bacilo antrácico.

**BACETA** n. f. Conjunto de naipes que quedan después de repartir a cada jugador los que le corresponden.

**BACHATA** n. f. *Antillas.* Juerga, diversión bulliciosa.

**BACHE** n. m. Hoyo que se forma en una calzada o camino a causa del tránsito rodado, lluvia, etc. **2.** *Fig.* Descenso, período de decadencia: *su potencia creadora sufrió un gran bache.* **3.** Zona atmosférica de baja densidad, que provoca un descenso súbito y momentáneo del avión.

**BACHIBUZUCO** n. m. Soldado irregular del antiguo ejército otomano.

**BACHICHA** n. m. y f. *Amér. Merid.* Apodo con que se designa al italiano y a su lengua.

**BACHILLER** n. m. Título que se recibe al cursar satisfactoriamente los estudios de bachillerato. ◆ n. m. y f. **2.** Persona que ha obtenido el grado que se concede al terminar la enseñanza media.

**BACHILLER, RA** n. y adj. *Fam.* Persona que habla mucho y con impertinencia.

**BACHILLERATO** n. m. Estudios de la educación secundaria que facultan para poder seguir estudios universitarios o estudios profesionales cualificados. **2.** Grado de bachiller.

**BACHILLEREAR** v. intr. [**1**]. *Fam.* Hablar mucho e impertinentemente.

**BACÍA** n. f. Vasija para líquidos y alimentos. **2.** Especie de jofaina con una escotadura semicircular en el borde, que usaban los barberos para remojar la barba. **3.** GEOMORFOL. Depresión del terreno, con frecuencia sinclinal, de gran extensión.

**BÁCIGA** n. f. (fr. *bésigue*). Juego de naipes entre dos o más personas cada una con tres cartas.

**BACILAR** adj. Relativo a los bacilos. **2.** Producido por un bacilo: *enfermedad bacilar.*

**BACILIFORME** adj. Que tiene forma de bacilo.

**BACILO** n. m. (lat. *bacillum*, bastoncillo). Microbio en forma de bastoncillo. **2.** Insecto herbívoro, de 10 cm de long., frágil, alargado y de largas patas, parecido a una ramita. (Familia fásmidos.)

**BACILOSIS** n. f. Enfermedad producida por un bacilo, especialmente la tuberculosis.

**BACÍN** n. m. Orinal alto y cilíndrico.

**BACINETE** n. m. Casco que se usaba en los ss. XIII y XIV. **2.** Soldado que lo llevaba.

**BACKGROUND** n. m. (voz inglesa). Formación anterior de una persona (conocimientos, experiencias personales, etc.).

**BACK-UP** n. m. INFORMÁT. Salvaguarda.

**BACON** n. m. (voz inglesa). Tocino magro ahumado.

**BACÓN** n. m. Bacon.

**BACORETA** n. f. Pez de 1,20 m de long., parecido al atún, del cual se diferencia por carecer de escamas, salvo en la porción anterior. (Familia escómbridos.)

**BACTERIA** n. f. (gr. *bakteria*, bastón). Denominación genérica de los microbios unicelulares de forma alargada *(bacilos)*, esférica *(cocos)* o espiral *(espirilos)*, que carecen de membrana nuclear y se alimentan como los vegetales.

■ Formadas generalmente por una sola célula, las bacterias son los organismos autónomos más pequeños (de 1 a 5 micras). La ausencia de núcleo y otros compartimentos cerrados por una membrana distingue a la célula bacteriana, o *procariota*, de las células de otros seres vivos, llamadas *eucariotas*. Muy abundantes en todos los medios, las bacterias desempeñan una función primordial en el reciclado de la materia orgánica. Sus modos de vida son muy variados: algunas necesitan el oxígeno del aire *(aerobias)*; otras deben protegerse de él *(anaerobias)*. Las especies parásitas llegan a provocar enfermedades en los vegetales y los animales (en el hombre, fiebre tifoidea, cólera y difteria). No obstante, suelen vivir en simbiosis con los organismos que habitan; algunas son necesarias para la fabricación de quesos, vinos o antibióticos; otras se utilizan en biotecnología.

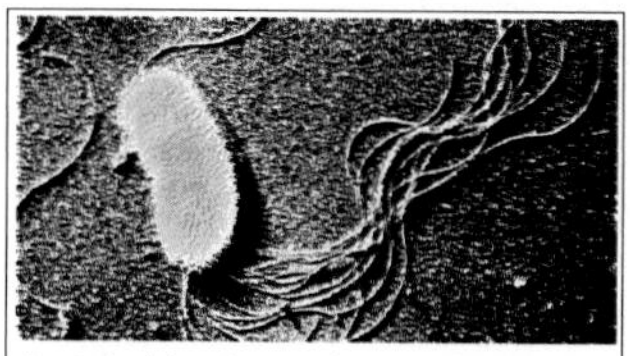

**bacteria** del suelo: *Pseudomonas fluorescens* y sus flagelos

**BACTERIANO, A** adj. Relativo a las bacterias.

**BACTERICIDA** adj. y n. m. Dícese de la sustancia que destruye las bacterias, como la lejía, el ozono, el alcohol o determinados antibióticos.

**BACTERIDIA** n. f. Bacteria inmóvil, como la del carbunco.

**BACTERIEMIA** n. f. Descarga pasajera de bacterias en la sangre a partir de un foco infeccioso, que se manifiesta por temblores y aumentos de temperatura.

**BACTERIÓFAGO** n. m. Virus que destruye activamente determinadas bacterias.

**BACTERIOLOGÍA** n. f. Parte de la microbiología que estudia las bacterias.

**BACTERIOLÓGICO, A** adj. Relativo a la bacteriología. **2.** MIL. Que utiliza las bacterias: *guerra bacteriológica.*

**BACTERIÓLOGO, A** n. Especialista en bacteriología.

**BACTERIOSIS** n. f. Afección parasitaria o cualquier otra enfermedad debida a bacterias o a toxinas bacterianas.

**BÁCULO** n. m. (lat. *baculum*, bastón). Palo o cayado para apoyarse en él. **2.** *Fig.* Alivio, arrimo, consuelo: *el báculo de su vejez.* **3.** HERÁLD. Figura y ornamento exterior del escudo de obispos, abades y abadesas. • **Báculo pastoral,** el que usan los obispos como símbolo de su autoridad.

**báculo** pastoral de Benedicto XIII (museo arqueológico, Madrid)

**BAD LANDS** n. m. pl. (voces inglesas). Tierras arcillosas en las que las arroyadas torrenciales han abierto múltiples barrancos que no dejan entre sí más que aristas agudas.

**BADA** n. f. (port. *abada*). Rinoceronte.

**BADAJADA** n. f. Golpe que da el badajo en la campana. **2.** *Fig.* y *fam.* Necedad, despropósito. SIN.: *badajazo.*

**BADAJEAR** v. intr. [**1**]. *Fig.* y *fam.* Hablar mucho y neciamente.

**BADAJO** n. m. Pieza que pende en el interior de las campanas, cencerros y esquilas para hacerlas sonar. **2.** *Fig* y *fam.* Persona habladora y necia.

**BADAJOCENSE** adj. y n. m. y f. De Badajoz. SIN.: *badajoceño, pacense.*

**BADALONÉS, SA** adj. y n. De Badalona.

**BADAMERO** o **BADAMIERO** n. m. Árbol que crece en los países cálidos, cuyo fruto suministra el barniz llamado laca de China. (Familia combretáceas.)

**BADANA** n. f. (ár. *al-bitana*, forro). Piel de carnero u oveja curtida que se emplea en guarnicionería, marroquinería, encuadernación, etc. • **Sacudir, sobar, zumbar** o **zurrar** a uno **la badana** *(Fam.)*, darle de golpes o maltratarle de palabra. ◆ n. m. y f. **2.** *Fam.* Persona floja y perezosa.

**BADEA** n. f. (ár. *batija*). Sandía, melón o pepino de mala calidad.

**BADÉN** n. m. (ár. *batn*, hondonada). Zanja que forma en el terreno el paso de las aguas llovedizas. **2.** Depresión o cauce que se construye en un camino o carretera para que por él puedan discurrir las aguas de un torrente. **3.** Vado.

**BADERNA** n. f. MAR. Cabo trenzado para sujetar el cable al virador, trincar la caña del timón, etc.

**BADIÁN** n. m. Arbusto originario de Vietnam, cuyo fruto, llamado anís estrellado, contiene una sustancia aromática utilizada en la fabricación de bebidas anisadas. (Familia magnoliáceas.)

**BADIL** n. m. (lat. *batillum*). Paleta de metal para remover la lumbre en las chimeneas y braseros. SIN.: *badila.*

**BADILA** n. f. Badil. **2.** PESC. Arte de pesca constituido por una pértiga de madera, con un bastidor rectangular de hierro en un extremo, al que se afirma la red en forma de bolsa. **3.** PESC. Paleta metálica usada para coger mariscos adheridos a las rocas o sumergidos en el fango.

**BADILEJO** n. m. Llana de albañil.

**BADIN** n. m. AERON. Indicador de la velocidad relativa con respecto al aire ambiente.

**BADMINTON** n. m. Juego parecido al tenis, que en lugar de pelota utiliza una semiesfera de corcho o goma con plumas.

**BADULACADA** n. f. *Chile* y *Perú.* Bellaquería, calaverada.

**BADULAQUE** n. m. y f. y adj. *Fam.* Persona necia e informal.

**BAFLE** o **BAFFLE** n. m. (voz inglesa, *pantalla*). Pantalla rígida sobre la que se monta el altavoz para obtener la reproducción de los sonidos graves. **2.** Caja acústica.

**BAGA** n. f. (lat. *baccam*, baya). Cápsula que contiene la linaza o semilla del lino.

**BAGACERA** n. f. Secadero para el bagazo de la caña de azúcar.

**BAGAJE** n. m. (fr. *bagage*). Equipaje militar de una fuerza o ejército en marcha. **2.** Bestia, con carro o sin él, que para conducir el equipaje militar se tomaba en los pueblos por vía de carga concejil. **3.** *Fig.* Conjunto de conocimientos o noticias de que dispone una persona: *bagaje cultural.*

**BAGALA** n. m. Nombre dado a las embarcaciones árabes de mayor tamaño.

**BAGANDA** → ***ganda.***

**BAGAR** v. intr. [**1b**]. Echar el lino, baga y semilla.

**BAGATELA** n. f. (ital. *bagatella*). Cosa fútil. **2.** MÚS. Pieza sencilla, de estilo ligero, generalmente destinada al piano.

**BAGAUDAS** n. m. pl. Campesinos de Galia e Hispania cuyas sublevaciones fueron varias veces aplastadas por los romanos, entre los ss. II y V.

**BAGAZO** n. m. Residuo de las cosas que se exprimen para sacarles el zumo: *bagazo seco de uva.* **2.** Residuo sólido de las cañas de azúcar, que queda después de haber sido trituradas por el molino. **3.** Cáscara que queda después de deshecha la baga y separado de ella el lino.

**BAGRE** n. m. Pez de agua dulce, sin escamas y tres pares de barbillas en la cabeza, que suele habitar en los fondos de ríos y lagunas americanos y llega a medir 60 cm de largo. **2.** *Amér. Merid.* Mujer fea. **3.** *Hond.* y *Salv.* Persona muy lista.

**BAGRERO, A** adj. n. m. *Ecuad.* y *Perú.* Dícese del hombre que suele enamorar mujeres feas.

**BAGUAL, LA** adj. y n. (De *Bagual*, cacique de los indios querandíes). *Amér. Merid.* Indócil, indómito. ◆ adj. y n. m. **2.** *Amér.* Dícese del caballo o potro no domado.

**BAGUALA** n. f. Canción popular del N de Argentina de repetidos ascensos tonales y coplas octosilábicas.

**BAGUALADA** n. f. *Amér. Fig.* Barbaridad, necedad, salvajada. **2.** *Argent.* Conjunto de baguales, caballos o potros no domados.

**BAGUARÍ** n. m. (voz guaraní). Ave de cuerpo blanco y alas y cola negras, que vive en Argentina. (Familia cicónidos.)

**BAGUETTE** n. f. (voz francesa). Barra de pan muy delgada.

**BAGUILLA** n. f. TEXT. Hilo obtenido dando a los cabos diferente torsión, de modo que el menos retorcido forma bucles alrededor del otro.

**BAGUIO** n. m. Ciclón tropical en Filipinas.

**¡BAH!** interj. Denota incredulidad o desdén.

**BAHÍA** n. f. Penetración del mar en la costa, de extensión considerable y de entrada ancha, generalmente menor que el golfo: *bahía de Cádiz.*

**BAHT** o **BAT** n. m. Principal unidad monetaria de Thailandia.

**BAHUTU** → ***hutu.***

**BAÍDO, A** adj. **Bóveda baída,** bóveda formada por un hemisferio cortado por cuatro planos verticales y paralelos dos a dos. SIN.: *bóveda vaída.*

**BAILABLE** adj. y n. m. Que se puede bailar.

**BAILADOR, RA** adj. y n. Que baila. ◆ n. **2.** Bailarín profesional que ejecuta bailes populares de España.

**BAILANTA** n. f. *Argent.* Fiesta de pueblo en la que se baila.

**BAILAOR, RA** n. Bailarín de flamenco.

**BAILAR** v. intr. y tr. [1]. Mover el cuerpo al son de la música y de forma acompasada. **2.** Moverse más o menos rápidamente sin salir de un espacio determinado. • **Bailar al son que tocan,** o **al son de** uno, acomodarse a las circunstancias o a los deseos y carácter de otro. ◆ v. intr. **3.** No estar una cosa fija o segura en su lugar o ir ancha una cosa. **4.** EQUIT. Ejecutar el caballo algunos movimientos irregulares y de índole nerviosa. **5.** IMPR. En una composición tipográfica, estar desnivelados los renglones, letras o líneas.

**BAILARÍN, NA** adj. y n. Que baila. ◆ n. **2.** Persona que se dedica profesionalmente al baile. • **Primer bailarín, primera bailarina,** escalafón superior en el cuerpo de baile de un teatro.

**BAILE** n. m. Acción de bailar. **2.** Cada una de las maneras particulares de bailar. **3.** Lugar donde se baila. **4.** Fiesta en que se juntan varias personas y se baila. **5.** Espectáculo teatral en que se ejecutan varias danzas y se representa una acción por medio de la mímica. **6.** AERON. Oscilación o vibración, de origen aerodinámico, de alguna parte del avión provocada por otra parte del mismo. • **Baile de san Vito** (NEUROL.), corea. ‖ **Baile de trajes, de máscaras** o **de disfraces,** aquel en que los asistentes van vestidos de manera no acostumbrada, caprichosamente. ‖ **Cuerpo de baile,** conjunto de los bailarines de un teatro que no son solistas ni estrellas.

**BAILE** n. m. (cat. *batlle*). En Cataluña, durante la alta edad media, oficial que representaba al señor entre sus vasallos y que estaba encargado del gobierno de una determinada zona. **2.** Título que llevaban los gobernadores de las colonias venecianas en el Mediterráneo oriental. **3.** En el principado de Andorra, magistrado, de categoría inferior al veguer, cuya principal atribución consiste en fallar, debidamente asesorado, en primera instancia.

**BAILECITO** n. m. Danza popular boliviana, de origen europeo, en compás de seis por ocho.

**BAILETE** n. m. Divertimento cantado y danzado que, en las obras teatrales del siglo de oro español, alternaba la acción hablada con la música y la mímica.

**BAILÍA** n. f. (cat. *batllia*). Territorio sobre el que ejercía su jurisdicción el baile. **2.** Dignidad y jurisdicción de un bailío de la orden de Malta.

**BAILIAJE** n. m. Circunscripción territorial sometida a la jurisdicción de un bailío. **2.** En la orden de san Juan, encomienda o dignidad que los caballeros profesos recibían por razón de su antigüedad o por concesión especial del gran maestre.

**BAILÍO** n. m. En Francia, durante la edad media, agente superior o inferior del rey o de un señor, encargado de funciones judiciales. **2.** Caballero de la orden de san Juan de Malta, de grado superior al comendador, con privilegio de llevar la gran cruz.

**BAILONGO** n. m. Baile de poca categoría.

**BAILOTEAR** v. intr. [1]. Bailar sin formalidad.

**BAILOTEO** n. m. Acción y efecto de bailotear.

**BAIVEL** n. m. (fr. *biveau*). Escuadra de ramas móviles utilizada por los canteros al labrar dovelas.

**BAJA** n. f. Disminución del precio, valor y estimación de una cosa en el mercado. **2.** Acto por el que se declara el cese de industrias o profesiones sometidas a impuestos: *darse de baja.* **3.** Cese temporal de una persona en un determinado trabajo por enfermedad o accidente. **4.** Documento en que se formula. **5.** MAR. Fase descendente de la marea. **6.** MIL. Pérdida o falta de un individuo. • **Dar, ir de,** o **ir en baja,** perder valor o estimación. ‖ **Darse de baja,** dejar de pertenecer voluntariamente a una sociedad. ‖ **Jugar a la baja,** especular, negociar en la bolsa o en el mercado, previendo la baja de los valores. ‖ **Ser baja** (MIL.), dejar de estar en un cuerpo un individuo por habérsele destinado a otro, por muerte, enfermedad, etc. ◆ **bajas** n. f. pl. Pérdidas.

**BAJÁ** n. m. Título dado a los gobernadores de provincias en el Imperio otomano. **2.** MAR. Apelación familiar dada al comandante de un navío de guerra.

**BAJACA** n. f. *Ecuad.* Cinta que usan las mujeres en el peinado.

**BAJADA** n. f. Acción de bajar. **2.** Camino o senda por donde se baja. **3.** *Argent.* y *Urug.* Disminución del caudal de un río o arroyo. **4.** ARQ. Cañón de bóveda inclinado con relación al plano horizontal. • **Bajada de aguas,** conducto por donde bajan las aguas de los tejados a las alcantarillas. ‖ **Tubo de bajada,** bajante.

**BAJADOR** n. m. *Argent.* Tiento que une la cinta con la hociquera y sujeta la cabeza del ganado.

**BAJALATO** n. m. División administrativa del antiguo Imperio otomano. **2.** Dignidad de bajá.

**BAJAMAR** n. f. Fin del reflujo del mar: *la hora de bajamar.* **2.** Tiempo que éste dura.

**BAJANTE** n. m. o f. CONSTR. Cañería de evacuación de aguas, vertical o con pendiente muy fuerte.

**BAJAR** v. intr. y pron. [1]. Ir desde un lugar a otro que esté más bajo: *bajar al sótano.* ◆ v. intr. **2.** Disminuir, rebajar el nivel, la intensidad o la altura: *bajar el nivel del agua; bajar la fiebre.* ◆ v. tr. **3.** Poner alguna cosa en lugar inferior a aquel en que estaba: *bajar las maletas del altillo.* **4.** Hacer que un sonido sea menos agudo: *bajar la voz.* **5.** Inclinar hacia abajo: *bajar la cabeza.* **6.** Abaratar: *bajar los precios.* **7.** MÚS. Transportar una nota, un acorde o un fragmento musical a otro tono más grave que aquel en que fue escrito. ◆ v. tr. y pron. **8.** *Fig.* Humillar, abatir. ◆ v. tr., intr. y pron. **9.** Apearse de un transporte: *bajar del tren.* ◆ **bajarse.** v. pron. **10.** Inclinarse hacia el suelo.

**BAJAREQUE** n. m. *Amér.* Enrejado de palos entretejidos con cañas y barro. **2.** *Cuba.* Choza, caserón muy pobre. **3.** *Pan.* Llovizna menuda.

**BAJATIVO** n. m. *Amér. Merid.* Licor que se toma después de las comidas para facilitar la digestión; digestivo.

**BAJEL** n. m. (cat. *vaixell*). Buque, barco.

**BAJELERO** n. m. Dueño, patrón o fletador de un bajel.

**BAJERO, A** adj. Que se usa o pone debajo de otra cosa: *sábana bajera.*

**BAJETE** n. m. MÚS. Tema escrito en clave de *fa* que sirve para las prácticas de armonía y contrapunto.

**BAJEZA** n. f. Acción vil. **2.** Calidad de bajo. **3.** *Fig.* Abatimiento, humillación, condición de humildad o inferioridad.

**BAJIAL** n. m. *Perú.* Tierra baja que se suele inundar con las crecidas.

**BAJÍO** n. m. En el mar y aguas navegables, elevación del fondo que impide el paso de las embarcaciones. **2.** *Amér.* Terreno bajo.

**BAJISTA** adj. Dícese de la tendencia a la baja de precios en el mercado o en la bolsa. CONTR.: *alcista.* ◆ n. m. y f. **2.** Persona que, en la bolsa, especula sobre la baja de los valores mobiliarios.

**BAJISTA** n. m. y f. Persona que toca el bajo, instrumento musical.

**BAJO** adv. l. Abajo, a o en la parte inferior: *acá bajo.* ◆ adv. m. **2.** En voz que apenas se oiga: *hablar bajo.* • **Por lo bajo,** recatada o disimuladamente: *reírse por lo bajo.* ◆ prep. **3.** Debajo de. **4.** Sometido a o en el tiempo de: *bajo los romanos.*

**BAJO, A** adj. (bajo lat. *bassum,* gordo y poco alto). Que tiene pequeña la dimensión vertical: *chico bajo; mesa baja.* **2.** Que está situado a poca distancia del suelo u otra superficie: *planta baja.* **3.** Inclinado hacia abajo, en dirección al suelo: *anda con la frente baja.* **4.** Que tiene un grado de inferioridad con respecto a otras cosas de la misma naturaleza: *clase baja; precio bajo; temporada baja.* **5.** Dícese de las festividades móviles que caen más pronto que otros años: *la Pascua cae baja este año.* **6.** *Fig.* Humilde, despreciable. **7.** *Fig.* Tratándose de sonido, grave. **8.** Aplícase a la época que con respecto a otra viene después en el tiempo: *baja latinidad.* **9.** GEOGR. Dícese de la parte de un río cercana a la desembocadura o a su confluente. **10.** TAUROM. Dícese del puyazo, par o medio par de banderillas, pinchazo o estocada que hiere al toro por debajo del alto de las agujas. • **Baja tensión,** diferencia de potencial muy débil. ‖ **Bajo alemán,** lengua del norte de Alemania. ‖ **Bajo de agujas,** dícese del animal cuya distancia entre la pezuña y la cruz es corta. ‖ **Bajo latín,** latín del bajo imperio. ‖ **Bajos fondos,** barrios o sectores de las grandes ciudades en que generalmente actúan o viven los profesionales del delito. ‖ **Costa,** o **tierra, baja,** tierra poco elevada que se ve sólo de muy cerca. ◆ n. m. **11.** Sitio o lugar hondo. **12.** Bajío. **13.** ACÚST. Sonido grave. **14.** MÚS. Voz o instrumento que ejecuta los sonidos más graves. **15.** MÚS. Parte de música escrita para ser ejecutada por un cantor o un instrumentista de la cuerda de bajos. • **Bajo de viola,** instrumento anterior al violonchelo, con el que se interpreta el bajo en la música instrumental. ◆ **bajos** n. m. pl. **16.** Piso bajo de la casa que tiene dos o más pisos. **17.** Manos y pies del caballo. **18.** Parte inferior del traje de las mujeres, y especialmente de la ropa interior. **19.** *Por ext.* Parte baja de las máquinas, automóviles, etc. **20.** TAUROM. Parte del cuerpo del toro situada entre el morrillo y el brazuelo.

**BAJÓN** n. m. *Fam.* Notable disminución en el caudal, la salud, las facultades mentales, etc.: *dar un bajón.*

**BAJONADO** n. m. Pez muy parecido a la dorada, que vive en el mar Caribe. (Familia espáridos.)

**BAJONAZO** n. m. TAUROM. Estocada muy baja.

**BAJORRELIEVE** n. m. En escultura, relieve cuyos motivos tienen poco resalte.

**BAJURA** n. f. Falta de elevación. • **Pesca de bajura,** la que se realiza cerca de la costa.

**BAKALAO** n. m. Estilo musical destinado al baile, que se caracteriza por la repetición de bases rítmicas muy rápidas, creadas a través de sintetizadores.

**BAKELITA** n. f. Baquelita.

**BAKONGO** → ***kongo.***

**BAKTÚN** n. m. Período del calendario maya que equivalía a cuatrocientos años de 360 días.

**BAKUBA** → ***kuba.***

**BALA** n. f. (ital. *palla,* pelota de jugar). Proyectil que disparan las armas de fuego. **2.** *Por ext.,* conjunto de bala y casquillo. **3.** IMPR. Rodillo con mango, con el que se pone tinta sobre las galeradas para sacar pruebas de una composición. • **Bala perdida,** la que sigue una trayectoria distinta de la que se esperaba; persona alocada y libertina. ‖ **Bala rasa,** la sólida y esférica empleada por la artillería lisa. ‖ **Como una bala** *(Fam.),* con prontitud. ‖ **Tirar con bala** *(Fam.),* hablar con mala intención.

**BALA** n. f. (cat. *bala,* del fr. *balle*). Fardo apretado de mercancías. **2.** Atado de diez resmas de papel.

**BALACA** o **BALACADA** n. f. *Ecuad.* Fanfarronada, baladronada.

**BALACEAR** v. tr. [1]. *Amér.* Disparar reiteradamente, tirotear.

**BALACERA** n. f. *Amér.* Tiroteo.

**BALADA** n. f. (provenz. *balada,* danza). En la edad media, poema lírico, de origen coreográfico, que primero se cantaba y más tarde se destinó sólo a ser recitado. **2.** Desde fines del s. XVIII, pequeño poema narrativo en estrofas, que generalmente desarrolla una leyenda popular o una tradición histórica. **3.** MÚS. En su origen, canción para ser bailada; pieza instrumental o vocal de forma libre, recuperada por los románticos.

**BALADÍ** adj. (ár. *baladī,* indígena). Fútil, poco importante: *aventurilla baladí.*

**BALADÍES** n. m. pl. En la España musulmana, nombre que tomaron los árabes que entraron en la Península con Mūsā ibn Nuṣayr.

**BALADOR, RA** adj. Que bala.

**BALADRÓN, NA** adj. (lat. *balatronem*). Fanfarrón.

**BALADRONADA** n. f. Fanfarronada.

**BALADRONEAR** v. intr. [1]. Hacer o decir fanfarronadas.

**BALAFO** o **BALAFÓN** n. m. Instrumento musical de percusión, de África negra, antecesor del xilofón.

**BÁLAGO** n. m. Paja larga de los cereales después de quitarles el grano. **2.** Espuma crasa del jabón.

**BALAHÚ** n. m. Buque pequeño que se usa en las costas de Vizcaya.

**BALAJ** o **BALAJE** n. m. Rubí de color morado o rosado.

**BALALAICA** o **BALALAIKA** n. f. Laúd de forma triangular, con tres cuerdas, que se utiliza en Rusia.

**BALANCE** n. m. (de *balanza*). Movimiento de un cuerpo que se inclina a un lado y a otro. **2.** Vacilación, inseguridad. **3.** *Fig.* Comparación de hechos favorables y desfavorables. **4.** *Cuba.* Mecedora. **5.** Instrumento contable que resume la situación de una unidad económica, de acuerdo con un sistema de cuentas establecido legalmente. **6.** Inventario, homogéneamente resumido. **7.** ELECTRÓN. Dispositivo que regula las intensidades sonoras de las señales transmitidas por las dos vías de una cadena estereofónica. **8.** MAR. Balanceo. • **Aparejo de balance** (MAR.), aparejo que permite mantener fijas las vergas y firmes en el palo a pesar de los bandazos del buque. || **Balance térmico,** comparación de las cantidades de calor aportadas en una operación térmica, con las cantidades de calor utilizadas y perdidas.

**BALANCÉ** n. m. (voz francesa). COREOGR. Acción de ejecutar un bailarín varios pasos balanceándose de un pie a otro, sin cambiar de sitio.

**BALANCEAR** v. intr. y pron. **[1]**. Dar o hacer balances. ◆ v. intr. **2.** *Fig.* Dudar, vacilar. ◆ v. tr. **3.** Igualar, poner en equilibrio. **4.** MAR. Establecer en el velamen el equilibrio entre las velas de delante y las de detrás del centro vélico. **5.** MAR. Comprobar la correcta y exacta disposición de las cuadernas ya colocadas.

**BALANCELA** n. f. Embarcación grande usada en las costas de Italia y España para pesca o cabotaje.

**BALANCEO** n. m. Acción y efecto de balancear. **2.** MAR. Movimiento oscilatorio que hace un barco inclinándose alternativamente hacia uno u otro de sus costados, como consecuencia del viento o del oleaje. SIN.: *balance.* **3.** *Amér.* Equilibrado de las ruedas de un automóvil.

**BALANCÍN** n. m. Mecedora. **2.** En jardines o terrazas, asiento colgante provisto de toldo. **3.** Pieza de madera o de metal unida a la caja de un carruaje, o al bastidor de un arado, etc., y a la que se enganchan los tirantes de las caballerías. **4.** Palo largo, usado por los volatineros y otros acróbatas para mantenerse en equilibrio. **5.** Órgano estabilizador de los dípteros, que en estos insectos sustituye a las alas posteriores. **6.** MAR. Aparato de suspensión compuesto por anillos concéntricos, que permite a los objetos adquirir movimientos en todos los sentidos y conservar la posición horizontal. **7.** MAR. Conjunto de piezas de madera que se fijan al exterior de ciertas embarcaciones para asegurar su estabilidad. **8.** MEC. En los motores de combustión interna, pieza que permite transmitir el mando de las válvulas en cabeza. **9.** RELOJ. Volante. • **Contrapeso de balancín** (AERON.), equilibrador, alerón compensado. ◆ **balancines** n. m. pl. **10.** MAR. Amantillos, cuerdas pendientes de la entena de la nave.

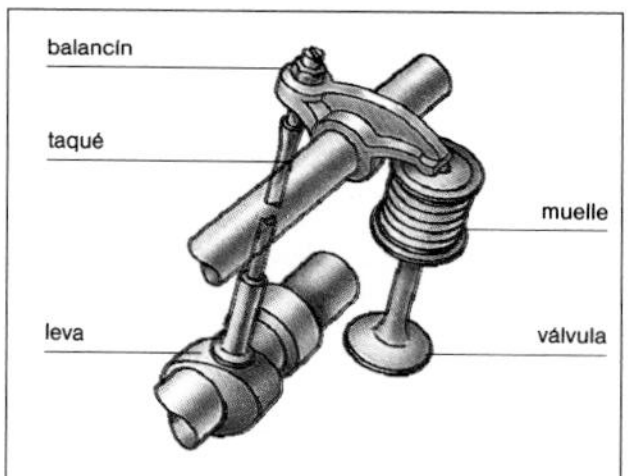

**balancín** de un motor de explosión

**BALANDRA** n. f. (fr. *balandre*). Embarcación pequeña con cubierta y un solo palo.

**BALANDRISTA** n. m. y f. Persona que gobierna un balandro.

**BALANDRO** n. m. Balandra deportiva, fina y alargada.

**BALANITIS** n. f. MED. Inflamación del glande.

**BÁLANO** o **BALANO** n. m. Glande. **2.** Pequeño crustáceo de 1 cm, que se fija en las rocas litorales o sobre moluscos y está rodeado de placas calcáreas blancas que forman una especie de cráter. (Subclase cirrípedos.)

**BALANZA** n. f. (bajo lat. *bilancia*). Instrumento que sirve para comparar masas, generalmente formado por un astil móvil y dos platillos, uno para colocar el cuerpo que quiere pesarse y el otro para las pesas. **2.** *Fig.* Comparación, juicio. **3.** Red para pescar cangrejos y camarones. • **Balanza automática,** aparato cuyo astil mueve una aguja que indica el peso y, a menudo, el precio de las mercancías pesadas. || **Balanza comercial,** estado comparativo de las importaciones y exportaciones de bienes y servicios de un país. || **Balanza de pagos,** documento en el que se recogen el conjunto de operaciones económicas entre un país o un grupo de países y otro país o el resto del mundo. || **Balanza**

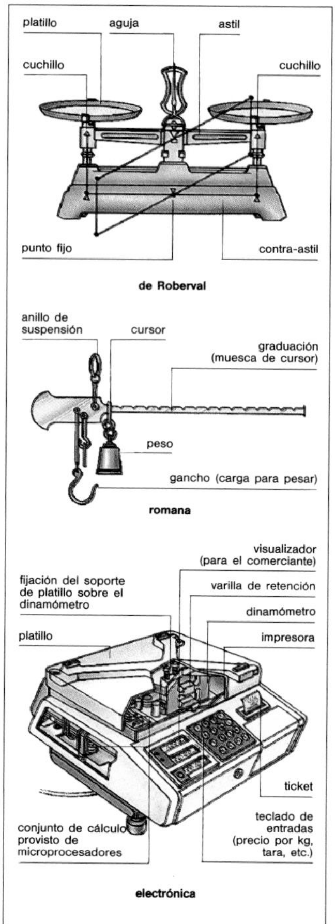

**balanzas**

**romana,** aparato manual en el que la pesada se efectúa desplazando una pesa por el brazo de la palanca. || **Inclinarse la balanza** (*Fig.*), inclinarse un asunto a favor de alguien o algo.

**BALANZÓN** n. m. *Méx.* Platillo de la balanza que se utiliza para pesar frutas y verduras.

**BALAR** v. intr. (lat. *balare*) **[1]**. Dar balidos.

**BALARRASA** n. m. Aguardiente fuerte. **2.** *Fig.* y *fam.* Persona alocada.

**BALASTAR** v. tr. **[1]**. Repartir el balasto sobre una vía férrea.

**BALASTERA** n. f. Cantera de donde se extrae el balasto.

**BALASTO** n. m. (ingl. *ballast*). Conjunto de piedras machacadas que mantienen las traviesas de una vía férrea y las sujetan.

**BALATA** n. f. Árbol maderable que crece en las Guayanas y Venezuela. (Familia sapotáceas.) **2.** Resina extraída de este árbol, utilizada en la fabricación de aislantes, correas de transmisión, etc. **3.** *Chile* y *Méx.* Parte del mecanismo de freno de vehículos motorizados consistente en un elemento de tejido grueso o de plástico, colocado en el lugar de fricción.

**BALAUSTA** n. f. Fruto carnoso, seco e indehiscente, que encierra numerosas semillas. SIN.: *granada.*

**BALAUSTRADA** n. f. ARQ. Línea de balaustres coronada por una repisa. **2.** Muro de poca altura que puede tener diferentes calados.

**BALAUSTRE** o **BALAÚSTRE** n. m. (ital. *balaùstro*). Columnilla o pequeño pilar que generalmente se une con otros por una repisa para formar un soporte, una barandilla o un motivo decorativo.

**BALAY** n. m. *Amér.* Cesta de mimbre o de carrizo. **2.** *Colomb.* Cedazo de bejuco. **3.** *Cuba* y *Dom.* Batea para aventar el arroz antes de cocerlo.

**BALAZO** n. m. Golpe de bala disparado con arma de fuego. **2.** Herida causada por una bala. **3.** *Argent., Chile* y *Urug. Ser* alguien un *balazo,* ser muy activo para ejecutar, ser muy rápido.

**BALBOA** n. m. Unidad monetaria principal de Panamá.

**BALBUCEAR** v. tr. e intr. **[1]**. Balbucir.

**BALBUCEO** n. m. Acción y efecto de balbucir.

**BALBUCIR** v. tr. e intr. **[3]**. Hablar articulando las palabras de una manera vacilante y confusa. (Sólo suele conjugarse en las formas que tienen *i* en la terminación.)

**BALBUSARDO** n. m. Águila pescadora.

**BALCÁNICO, A** adj. y n. De los Balcanes.

**BALCANIZACIÓN** n. f. Proceso que lleva a la fragmentación en numerosos estados de lo que constituía una sola entidad territorial y política.

**BALCANIZAR** v. tr. **[1g]**. Fragmentar mediante balcanización.

**BALCÓN** n. m. (ital. *balcone*). Hueco abierto desde el suelo, en la pared exterior de una habitación, con barandilla generalmente saliente. **2.** Esta barandilla. **3.** MAR. Barandilla de seguridad, de forma redondeada, situada en uno de los extremos de un yate.

**BALCONCILLO** n. m. MAR. Pequeño balcón de algunos buques de guerra, para uso del almirante o del capitán. **2.** TAUROM. Localidad de las plazas de toros, que tiene delante una barandilla o antepecho y que suele estar situada sobre el toril. **3.** TEATR. Galería baja delante de la primera fila de palcos.

**BALDA** n. f. Anaquel de armario o alacena.

**BALDADO, A** adj. Tullido.

**BALDAQUÍ** o **BALDAQUÍN** n. m. (de *Baldac,* ant. nombre español de Bagdad). Tejido precioso de origen oriental, muy usado durante la edad media.

**BALDAQUÍN** o **BALDAQUINO** n. m. (de *Baldac,* ant. nombre español de Bagdad). Sedería que se suspende formando dosel sobre un trono, catafalco, lecho, etc. **2.** Obra de madera, mármol, metal, etc., que corona el altar de una iglesia. SIN.: *ciborio.*

**baldaquín** de altar
(iglesia de San Bruno, Lyon; s. XVIII)

**BALDAR** v. tr. y pron. (ár. *batal*) **[1]**. Impedir una enfermedad o accidente el uso de un miembro: *baldarse los brazos.* **2.** *Fig.* Dejar maltrecho por golpes o esfuerzo excesivo: *baldar a palos.*

**BALDE** n. m. Cubo para sacar y transportar agua, especialmente en las embarcaciones. SIN.: *cacimba.*

**BALDE. De balde,** sin motivo, gratuitamente: *asistir a clases de balde.* || **En balde,** en vano: *los años no pasan en balde.*

**BALDEAR** v. tr. **[1]**. Regar con baldes, especialmente las cubiertas de los buques. **2.** Extraer el agua de una excavación por medio de baldes.

**BALDEO** n. m. Acción de baldear.

**BALDÍO, A** adj. y n. m. Yermo, estéril. ◆ adj. **2.** Vano, sin fundamento: *expresión baldía.* **3.** Vagabundo, ocioso: *gente baldía.* ◆ n. m. **4.** *Argent., Guat., Par.* y *Urug.* Terreno urbano sin edificar, solar. ◆ **baldíos** n. m. pl. **5.** Parte de las tierras comunales que era utilizada en común por los vecinos para pastos, etc.

**BALDO, A** adj. *Colomb.* y *P. Rico.* Dícese de la persona baldada.

**BALDÓN** n. m. (fr. ant. *bandon*). Ofensa, injuria. **2.** Oprobio, afrenta.

**BALDOSA** n. f. Ladrillo, generalmente fino, para solar.

**BALDOSÍN** n. m. Baldosa esmaltada para recubrir paredes, pequeña y fina.

**BALDRAGAS** n. m. (pl. *baldragas*). Hombre débil.

**BALDUQUE** n. m. *Chile* y *Colomb.* Belduque, cuchillo puntiagudo y grande.

**BALEAR** adj. y n. m. y f. De las islas Baleares. ◆ n. m. **2.** Dialecto catalán hablado en las islas Baleares.

**BALEAR** v. tr. [**1**]. *Amér.* Tirotear, disparar balas.

**BALEÁRICO, A** adj. Relativo a las islas Baleares.

**BALEO** n. m. *Amér.* Tiroteo.

**BALERO** n. m. Molde para fundir balas de plomo. **2.** *Amér.* Boliche, juguete, generalmente de madera, compuesto por un palo en cuya punta se ensarta la bocha. **3.** *Argent.* y *Urug. Fig.* Cabeza humana.

**BALIDO** n. m. Voz del carnero, el cordero, la oveja, la cabra, el gamo y el ciervo.

**BALÍN** n. m. Bala de calibre inferior a 6,35 mm. **2.** Bala de granadas de metralla, constituida por una aleación de plomo (90 %) y antimonio (10 %). **3.** Munición de las escopetas y carabinas de salón.

**BALINÉS, SA** adj. y n. De Bali. **2.** Relativo a un pueblo malayo de Bali que habla una lengua indonesia; individuo de este pueblo.

**BALISTA** n. f. Máquina de guerra romana que lanzaba piedras u otros proyectiles.

**BALÍSTICA** n. f. Ciencia que estudia los movimientos de los cuerpos lanzados al espacio y, más especialmente, los proyectiles.

**BALÍSTICO, A** adj. Relativo al arte de lanzar proyectiles. • **Misil balístico,** misil que se desplaza a la manera de un proyectil. SIN.: *ingenio balístico.* || **Trayectoria balística,** trayectoria de un proyectil sometido únicamente a las fuerzas de gravitación.

**BALISTITA** n. f. Pólvora sin humo, que arde con llama viva, cálida y brillante, utilizada en las armas de fuego.

**BALITAR** o **BALITEAR** v. intr. [**1**]. Balar con frecuencia.

**BALIZA** n. f. (port. *baliza*). Dispositivo mecánico, óptico, sonoro o radioeléctrico destinado a señalar un peligro o a delimitar una vía de circulación marítima o aérea. **2.** Marca que indica el trazado de un canal, vía férrea o pista de aviación.

**BALIZADOR** n. m. Barco especial, provisto de una grúa, utilizado en trabajos de balizamiento.

**BALIZAMIENTO** o **BALIZAJE** n. m. Acción de colocar balizas. **2.** Conjunto de señales dispuestas para indicar los peligros que deben evitarse y la ruta a seguir.

**BALIZAR** v. tr. [**1g**]. Abalizar.

**BALKAR,** pueblo turco y musulmán del Cáucaso septentrional, establecido en la República de Kabardino-Balkaria (Rusia).

**BALLENA** n. f. (lat. *ballaenam*). Mamífero marino, el mayor de los animales, de color generalmente oscuro por encima y blanquecino por debajo, que puede alcanzar hasta 30 m de long., y 150 t de peso y habita principalmente en los mares polares. (Orden cetáceos.) **2.** Cada una de las láminas córneas y elásticas que tiene la ballena en la mandíbula superior. **3.** Cada una de las tiras en que se cortan dichas láminas para aplicarlas a diversos usos. **4.** Lámina flexible, de metal o plástico, utilizada para reforzar prendas de vestir o accesorios. ■ La ballena se alimenta de plancton, que retiene gracias a las láminas córneas (de 1 a 4 m de long.) que ocupan el lugar de los dientes en el maxilar superior. Respira mediante pulmones al nadar por la superficie y puede permanecer debajo del agua una media hora y, al emerger, expira un aire saturado de vapor de agua. Su carne y su grasa son apreciadas para el consumo humano; sin embargo, ante el retroceso de la especie, actualmente confinada en los mares polares, su captura fue restringida y, en 1987, prohibida.

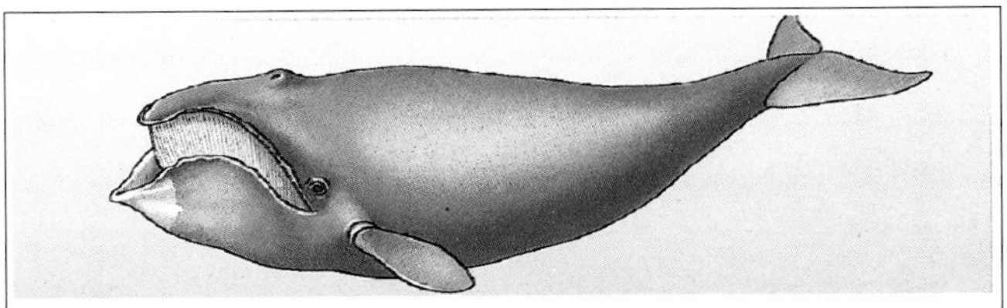
**ballena**

**BALLENATO** n. m. Cría de la ballena, que en el momento de nacer mide 5 m y llega a pesar hasta 6 t. **2.** Mamífero marino de pequeño tamaño, el más pequeño de su género, que, como máximo, tiene 9 m de long. (Familia balaenoptéridos.)

**BALLENERO, A** adj. Relativo a la pesca de la ballena. ◆ n. m. **2.** Barco equipado para la pesca de grandes cetáceos y para tratar su carne. SIN.: *arponero.* **3.** Persona que pesca ballenas.

**BALLENERA** n. f. Embarcación ligera, cuyos dos extremos terminan en punta, que se utiliza en la pesca de la ballena. **2.** Embarcación de forma análoga que se utiliza como auxiliar en los barcos de gran tonelaje.

**BALLESTA** n. f. (lat. *ballistam,* balista). Arco montado sobre una caja y que se tensa con un resorte. • **Ballestas de suspensión,** muelles o resortes laminados usados en la suspensión del material rodante de ferrocarriles, automóviles u otros vehículos. || **Pez ballesta,** pez de los arrecifes coralinos.

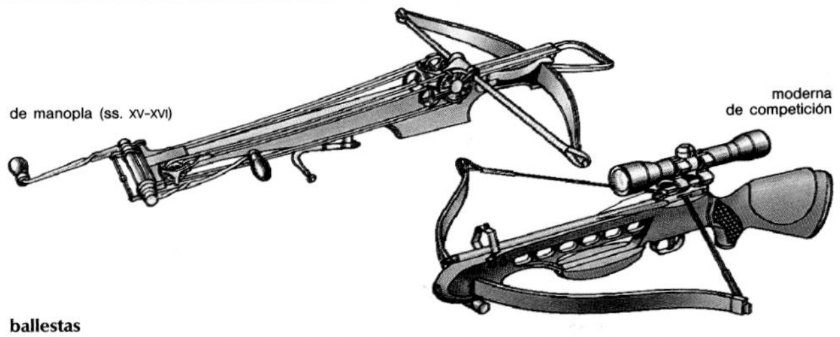

**ballestas**

**BALLESTERA** n. f. Tronera por donde se disparan las ballestas.

**BALLESTERÍA** n. f. Conjunto de ballestas. **2.** Arte de manejar la ballesta. **3.** Arte de la caza mayor.

**BALLESTERO** n. m. Soldado armado de ballesta.

**BALLESTILLA** n. f. Balancín, madero al que se enganchan los tirantes de las caballerías.

**BALLET** n. m. (voz francesa) [pl. *ballets*]. Composición coreográfica, destinada a ser representada en el teatro, con acompañamiento musical o sin él, e interpretada por uno o varios bailarines. **2.** Suite instrumental compuesta para ilustrar o crear una acción dramática bailada. **3.** Compañía fija o itinerante que representa espectáculos coreográficos. SIN.: *compañía de ballet.* • **Ballet abstracto,** ballet sin argumento ni libreto. || **Ballet cortesano,** ballet que, a fines del s. XVI y durante el s. XVII, bailaban los reyes y sus cortesanos. || **Ballet de acción,** ballet con argumento. SIN.: *ballet pantomima.* || **Ballet de cámara,** compañía restringida que puede actuar sin grandes necesidades escenográficas ni de decoración. || **Ballet experimental,** obra coreográfica compuesta a partir de una partitura inédita surgida de las investigaciones de un compositor y que utiliza los medios escénicos y escenográficos contemporáneos. || **Ballet romántico,** ballet caracterizado por el empleo de tutú largo de muselina blanca. || **Maestro de ballet,** técnico que dirige los ensayos de los bailarines y que asume la realización de las obras bailadas por el cuerpo de baile. ■ Los juegos danzados de la edad media llevaron a los entremeses de las suntuosas fiestas del renacimiento, de donde surgió el *ballet cortesano.* Seguidamente apareció la tragedia ballet, en la que la danza intervenía en el curso de la acción, a la que sucedió la ópera ballet, compuesta por varios actos independientes, cantados y bailados. Con la aparición de los bailarines profesionales y la elaboración de reglas (las cinco posiciones fundamentales), el ballet pasó a la escena. En la época romántica, para dar sensación de inmaterialidad, la bailarina utilizaba las puntas, que hacían que su danza pareciese «aérea», y el largo tutú de muselina blanca. La revolución artística que aportaron los ballets rusos (Diáguilev) marcó el inicio de una nueva época para el ballet. Se crearon compañías y sus giras dieron a conocer mundialmente obras y artistas. La compañía de ballet pasó a ser uno de los grandes vectores de la modernidad en materia artística. Paralelamente, con el expresionismo alemán y con los «pioneros» de la danza moderna en Norteamérica, el ballet conoció otra gran corriente *(modern dance).*

Las grandes compañías americanas (New York city ballet, American ballet theatre, Ballet nacional de Cuba) o europeas (English national ballet [ant., London's festival ballet], Gran ballet del marqués de Cuevas) mantienen la tradición clásica, al igual que los ballets de los grandes teatros (Royal ballet, ópera de París, Bolshói, Kirov, Scala, etc.).

En España se ha creado la Compañía nacional de danza (baile clásico) y el Ballet nacional de España (baile español), ambas con sede en Madrid. Destacan también la compañía de Víctor Ullate y los grupos de baile español de Mariemma, Antonio, Antonio Gades, Cristina Hoyos, etc. En Hispanoamérica se han distinguido el Ballet folklórico de México y el Ballet de Caracas. *(V. ilustraciones pág. 141.)*

**BALLICO** n. m. Planta herbácea vivaz, rastrera y de espigas sin aristas, buena para pasto y para formar céspedes. (Familia gramíneas.) SIN.: *ray grass.* **2.** *Chile.* En la cría de cerdos, el más pequeño y de salud más frágil de una camada. **3.** *Chile.* El menor de una familia numerosa, especialmente si es enteco.

**BALL-TRAP** n. m. (voz inglesa). Aparato con resorte que lanza al aire los discos que sirven de blanco en el tiro con fusil.

**BALMA** n. f. Concavidad en la parte inferior de un escarpe, menos profunda que una cueva o caverna.

**BALNEARIO, A** adj. (lat. *balnearium*). Relativo a los baños públicos: *estación balnearia.* ◆ n. m. **2.** Establecimiento de baños medicinales. **3.** Establecimiento de aguas minerales en general, aunque no se administren en forma de baño.

**BALNEOTERAPIA** n. f. Tratamiento médico mediante baños y aguas minerales, casi siempre en balnearios.

**BALOMPIÉ** n. m. Fútbol.

**BALÓN** n. m. (ital. *pallone*). Pelota grande utilizada en deportes de equipo, casi siempre redonda, formada generalmente por una vejiga hinchada de aire recubierta de cuero. **2.** Recipiente esférico

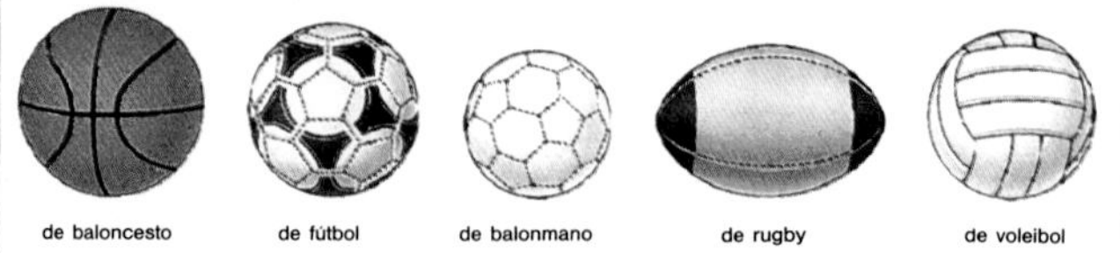

**balones**

destinado a contener un líquido o un gas. **3.** *Chile, Colomb.* y *Perú.* Recipiente metálico utilizado para contener gas combustible. **4.** AERON. Pequeño globo que hay en el interior de los dirigibles flexibles. **5.** MED. Pequeña bolsa de goma u otro material, hinchable, empleada para diversas técnicas terapéuticas o clínicas.

**BALONCESTISTA** n. m. y f. Persona que juega al baloncesto.

**BALONCESTO** n. m. Deporte de equipo que consta de dos equipos de cinco jugadores y que consiste en introducir un balón en una cesta suspendida. SIN.: *basket, basketball.*

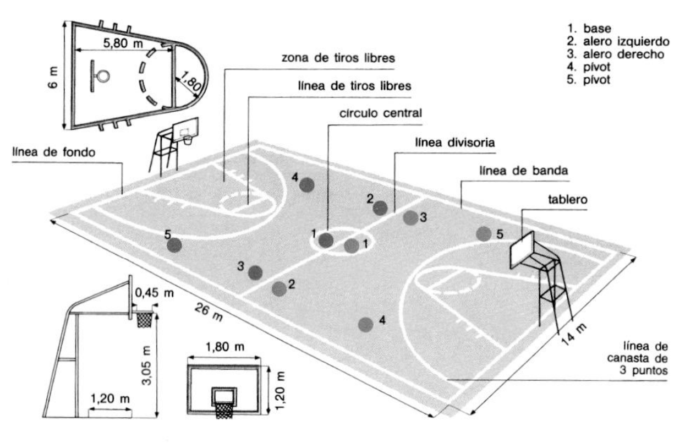

**baloncesto:** esquema de un campo (con la disposición de los jugadores al comienzo del partido)

**BALONMANO** n. m. Deporte de equipo que consta de dos equipos de siete jugadores y que se juega con una pelota esférica y únicamente con las manos.

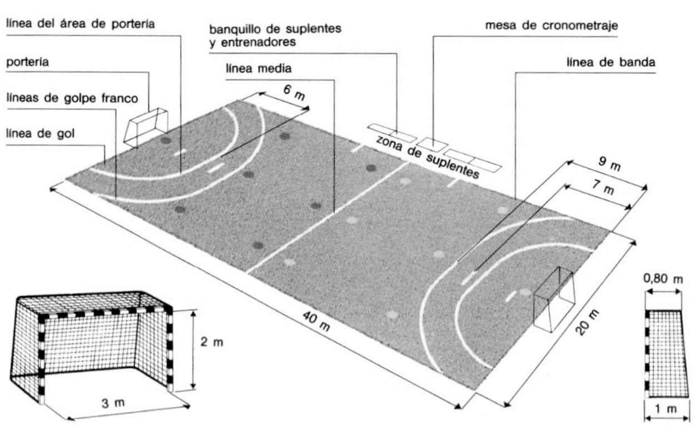

**balonmano:** esquema de un terreno (con la disposición de los jugadores al comienzo del partido)

**BALONVOLEA** n. m. Voleibol.

**BALOTA** n. f. Bolilla para votar.

**BALOTADA** n. f. EQUIT. Movimiento de la antigua alta escuela por el cual el caballo da un salto elevado, al tiempo que levanta manos y pies.

**BALOTAJE** n. m. (fr. *ballotage*). Resultado negativo obtenido en una elección cuando ninguno de los candidatos ha alcanzado la mayoría requerida y ha de procederse a un nuevo escrutinio. **2.** *Perú.* Acción y efecto de balotar.

**BALOTAR** v. intr. **[1]**. Votar con balotas.

**BALOTEO** n. m. METAL. Operación que consiste en separar el modelo del molde imprimiendo a éste un movimiento de vaivén.

**BALSA** n. f. Hueco o depresión del terreno que se llena de agua. **2.** En los molinos de aceite, estanque donde van a parar las heces. • **Balsa de aceite** *(Fam.)*, lugar o grupo de gente muy tranquilo. || **Balsa de evaporación,** en las marismas o salinas, especie de estanque con compartimientos en que tiene lugar la primera concentración de la sal.

**BALSA** n. f. Conjunto de maderos que, unidos, forman una plataforma flotante. SIN.: *almadía, armedía, jangada.* **2.** Árbol de crecimiento rápido, propio de América Central y del Sur. (Familia bombacáceas.) **3.** Madera de este árbol, muy resistente y elástica.

**BALSAMERO** n. m. Árbol de las regiones cálidas cuyas hojas poseen glándulas, su secreción es de olor dulce y balsámico y de sus brotes se obtiene un bálsamo.

**BALSÁMICO, A** adj. y n. m. Que tiene las propiedades del bálsamo.

**BALSAMINA** n. f. Planta trepadora cultivada por sus frutos coloreados y ornamentales. (Familia cucurbitáceas.) **2.** Planta de los bosques montañosos, llamada también *adornos* y *miramelindos*, de flores amarillas, cuyo fruto, cuando está maduro, estalla al menor roce proyectando las semillas.

**BÁLSAMO** n. m. (lat. *balsamum*). Resina aromática que segregan ciertos árboles. **2.** Perfume aromático. **3.** *Fig.* Consuelo, alivio. **4.** Árbol de 15 a 20 m de alt., de hojas compuestas y flores blancas, agrupadas en racimos de pequeño tamaño que crece desde México hasta el N de América meridional. (Familia papilionáceas.) **5.** Medicamento compuesto de sustancias aromáticas, empleado en el tratamiento tópico y en el de afecciones respiratorias. • **Bálsamo del Canadá,** resina de abeto, empleada en óptica para pegar lentillas.

**BALSO** n. m. Cordaje que termina en un nudo que se aprieta por el propio peso del cuerpo que rodea.

**BÁLTICO, A** adj. y n. Dícese de los países y de las poblaciones ribereñas del mar Báltico. ◆ n. m. **2.** Grupo de lenguas indoeuropeas que comprende el letón y el lituano.

**BALUARTE** n. m. FORT. Obra que forma un ángulo saliente en un trazado fortificado. **2.** Lo que forma una defensa sólida. **3.** *Fig.* Protección, defensa.

**BALUBA** → ***luba.***

**BALUCHI** adj. y n. m. y f. De Baluchistán o Beluchistán. ◆ n. m. **2.** Lengua de la familia irania.

**BALUMA** o **BALUMBA** n. f. *Colomb.* y *Ecuad.* Tumulto, alboroto, ruido.

**BALUMBA** n. f. Volumen que ocupan muchas cosas juntas. **2.** Conjunto desordenado y excesivo de cosas.

**BALUMBO** n. m. Lo que es más embarazoso por su volumen que por su peso.

**BAMBA** n. f. Bambarria, acierto casual. **2.** Música y baile cubano. **2.** *Amér.* Moneda de diversos valores.

**BAMBA** n. f. (marca registrada). Zapatilla, por lo general de lona, ligera y deportiva.

**BAMBALEAR** v. intr. y pron. **[1]**. Bambolear. **2.** *Fig.* No estar firme.

**BAMBALINA** n. f. Cada una de las tiras de lienzo o papel pintado que cuelgan del telar de un teatro, completando la decoración.

**BAMBARA** adj. y n. m. y f. Relativo a un pueblo negroafricano del grupo mandingo, presente en Senegal y Malí; individuo de este pueblo. (Formaron reinos que fueron destruidos en el s. XIX por los tucoror.) ◆ **2.** Lengua negroafricana hablada por los bambara.

**BAMBARRIA** n. m. y f. y adj. *Fam.* Persona tonta o boba. ◆ n. f. **2.** En el juego del billar, acierto casual.

**BAMBOCHADA** n. f. (ital. *bambocciata*). Pequeño cuadro que representa costumbres pintorescas.

**BAMBOCHE** n. m. (fr. *bamboche*). *Fam.* Persona rechoncha y de cara abultada y encendida.

**BAMBOLEAR** v. intr. y pron. **[1]**. Balancearse de un lado a otro sin cambiar de sitio.

**BAMBOLEO** n. m. Acción y efecto de bambolear.

**BAMBOLLA** n. f. Burbuja, ampolla. **2.** *Fam.* Boato aparente, pompa fingida.

**BAMBÚ** n. m. (voz malaya). Gramínea leñosa de los países cálidos cuya caña alcanza hasta 25 m de alt. **2.** Caña hecha con un tallo de bambú.

**BAMBUCHE** n. m. *Ecuad.* Figura de barro ridícula.

**BAMBUCO** n. m. Baile popular colombiano. **2.** Tonada de este baile.

**BAMILEKE**, pueblo camerunés que habla una lengua bantú.

**BAMUM** → ***mum.***

**BAN** n. m. Unidad monetaria divisionaria de Rumania, equivalente a un céntimo de leu.

**BÁN** n. m. Jefe de un banato húngaro.

**BANAL** adj. (fr. *banal*). Trivial, vulgar: *discutir por cosas banales.*

**BANALIDAD** n. f. Insustancialidad, trivialidad: *decir banalidades.* **2.** FEUD. Servidumbre que consistía

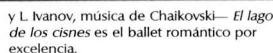

*El lago de los cisnes*, por el ballet del Kírov en París, en 1982. Creado en 1895 en San Petersburgo —coreografía de M. Petipa y L. Ivanov, música de Chaikovski— *El lago de los cisnes* es el ballet romántico por excelencia.

fundada en 1972 por los bailarines de la ópera de París, la compañía del Théâtre du Silence (La Rochelle) fue disuelta en 1985. Brigitte Lefèvre —autora de la coreografía— interpretando *Pas de deux* con música de Webern (1973).

adaptación de Pierre Lacotte, en 1971, para la Televisión francesa de *La sílfide*. La forma de bailar de Maria Taglioni —que interpretó el papel principal por primera vez en 1832 en París— prefiguró el estilo romántico. Este ballet, el primero de los llamados ballets blancos, consagró el empleo de las puntas.

representación en Bruselas en 1973, por los Ballets del s. xx de Maurice Béjart, de *Golestan*. Modernidad y orientalismo para este ballet inspirado en la obra del poeta persa Sa'di y bailado con música tradicional iraní.

la compañía Pilobolus dance theater fue creada en 1971 por bailarines que realizaban ellos mismos las coreografías, decorados y vestuarios. La forma original de sus espectáculos mezcla el mimo, la acrobacia y la danza.

**ballet**

en la utilización obligatoria y pública de un monopolio que pertenecía al señor.

**BANANA** n. f. Banano.

**BANANAL** n. m. *Amér.* Conjunto de plátanos o bananos que crecen en un lugar.

**BANANERO, A** adj. Relativo al banano. **2.** Dícese del terreno plantado de bananos. ◆ n. m. **3.** Árbol que produce bananos. ◆ n. m. y adj. **4.** Buque especialmente adaptado para el transporte de bananos.

**BANANO** n. m. Planta tropical de hojas largas y enteras de hasta 2 m, que se cultiva en las regiones cálidas, cuyos frutos se presentan agrupados en racimos. (Familia musáceas.) [→ ***plátano***.] **2.** Fruto de esta planta, rico en almidón.

■ El banano o plátano, planta tropical, requiere para su desarrollo lugares cálidos, húmedos y abrigados. Su fruto, la banana, es una baya blanda y carnosa que se consume como fruta fresca. La producción mundial se concentra en los países tropicales de América y Asia. Los principales productores mundiales son la India, Indonesia, Filipinas, Ecuador y México. En España se cultiva de forma intensiva en la islas Canarias.

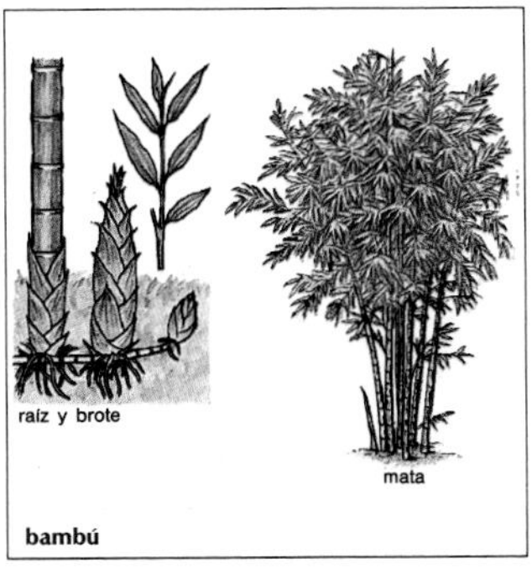


**bambú**

**BANASTO** n. m. Cesto grande redondo. SIN.: *banasta*.

**BANATO** n. m. Antiguo nombre de las provincias limítrofes de Hungría y Turquía. **2.** Dignidad de bán. **3.** Territorio administrado por un bán.

**BANCA** n. f. (de *banco*, asiento). Asiento sin respaldo. **2.** Banquisa. **3.** Iceberg. **4.** Embarcación pequeña y estrecha usada en Filipinas, que se gobierna con la pagaya. **5.** *Méx.* Asiento largo para varias personas, generalmente con respaldo.

**BANCA** n. f. (fr. *banque*). Conjunto de organismos que facilitan los pagos de los particulares y las empresas, por medio de préstamos e incluso, a veces, mediante la creación de medios pagos. **2.** Conjunto de operaciones efectuadas por los establecimientos bancarios. **3.** El cuerpo, la totalidad de los banqueros. **4.** En ciertos juegos, fondos en dinero que tiene quien dirige el juego. **5.** Parte que mantiene y dirige el juego: *la banca pierde; la banca gana*. **6.** *Amér.* Banco, asiento. **7.** *Amér.* Casa de juego. **8.** *Argent., Par.* y *Urug.* Escaño. • **Copar la banca,** en el bacará u otros juegos, sostener solo todo el juego contra la banca. ‖ **Hacer saltar la banca,** ganar todo el dinero que ha puesto en juego el banquero. ‖ **Ser banca,** tener la banca; distribuir las cartas. ‖ **Tener banca** (*Argent.* y *Par.*), tener influencia o poder.

■ La banca es la parte más importante del sistema financiero. El sistema bancario suele estar organizado mediante un banco central, un conjunto de entidades oficiales de crédito y entidades bancarias privadas, estas últimas inexistentes en los países que tienen la banca nacionalizada. El banco central actúa como banco de bancos. Es el cajero del estado, emite la moneda de curso legal y fija las condiciones de la política monetaria, incluso los tipos de interés y los límites generales de las operaciones monetarias de los demás bancos. Otras entidades oficiales de crédito actúan en sectores de la producción, como la industria o la agricultura. Los restantes bancos son privados y se dedican a operaciones comerciales o de depósito, e industriales. Las cajas de ahorro, inicialmente de carácter benéfico, tienen un sistema específico de organización y canalización de recursos.

**BANCADA** n. f. Especie de banco. **2.** En las embarcaciones menores, banco donde se sientan los remeros. **3.** Parte del basamento de una máquina que sirve de soporte a unas guías horizontales por las que se desplazan las mesas o los carros. **4.** *Amér.* Conjunto de legisladores de un mismo partido. **5.** ARQ. Trozo de obra. **6.** MIN. Escalón en las galerías subterráneas.

**BANCAL** n. m. Rellano de tierra en una pendiente, que se aprovecha para cultivo. **2.** Espacio de tierra comprendido entre dos hileras consecutivas de árboles. **3.** Arena amontonada a la orilla del mar, al modo de la que se amontona dentro de él dejando poco fondo.

**BANCAR** v. tr. **[1a]**. *Argent. Fam.* Mantener o respaldar a alguien ◆ v. tr. y pron. **2.** *Argent. Fam.* Soportar, aguantar a alguien o una situación difícil ◆ **bancarse** v. pron. **3.** *Argent. Fam.* Responsabilizarse, hacerse cargo.

**BANCARIO, A** adj. Relativo a la banca mercantil.

**BANCARROTA** n. f. Cesación que hace un comerciante de su giro y tráfico comercial con incumplimiento de sus obligaciones de pago. **2.** Situación caótica del crédito de un establecimiento o un estado, o desmerecimiento de una moneda. **3.** *Fig.* Desastre, hundimiento, descrédito.

**BANCO** n. m. (germ. *bank*). Asiento largo y estrecho para varias personas. **2.** Masa de materia que constituye una capa de forma alargada: *banco de arcilla, de arena*. **3.** Bandada de peces de la misma especie. **4.** Soporte, caballete o mesa de metal o madera, que sirve para diferentes usos en numerosos oficios. **5.** *Méx.* Asiento para una sola persona sin respaldo. **6.** MAR. e HIDROL. Elevación del fondo del mar o de un curso de agua. • **Banco de la obra,** antiguamente, en las iglesias, banco destinado al concejo de fábrica o junta de la obra del templo. ‖ **Banco de pruebas,** instalación que permite determinar las características de una máquina en diferentes regímenes de marcha.

**BANCO** n. m. (ital. *banca*). Organismo público de crédito. **2.** Lugar donde se ejercen las operaciones de banca. • **Banco de datos** (INFORMÁT.), conjunto de informaciones de naturaleza semejante almacenadas en un ordenador. || **Banco de depósito,** banco cuya actividad principal estriba en efectuar operaciones de crédito y en recibir depósitos a la vista o a plazo, y cuya función principal no consiste en invertir sumas importantes en empresas industriales o comerciales. || **Banco de emisión,** banco que tiene el derecho de emitir billetes. || **Banco de negocios,** o **industrial,** banco cuya actividad principal, aparte de la concesión de créditos, es la compra o gestión de participaciones en empresas existentes o en formación. || **Banco de sangre, de ojos, de órganos, de esperma,** servicio público o privado destinado a recoger, conservar y distribuir a los pacientes sangre, córneas para trasplantes oculares, etc.

preservarla del desgaste. || **Banda sonora** o **de sonido,** parte de la cinta cinematográfica en la que se registra el sonido. || **Bandas lombardas** (ARQ.), en el primitivo arte románico, jambas de poco resalto que se repiten en un muro y se reúnen en su parte superior mediante un friso de arcaturas. || **Línea de banda** (DEP.), cada una de las líneas que delimitan el terreno de juego.

**BANDA** n. f. (gót. *handwo,* signo). Asociación armada organizada con fines criminales. **2.** Partido, facción. **3.** Bandada. **4.** MÚS. Conjunto instrumental de viento y percusión.

**BANDA** n. f. (origen incierto). Lado de un cuerpo o costado de una persona. **2.** Cada uno de los cuatro lados o bordes que limitan la mesa de billar. **3.** *Cuba.* Cada una de las dos partes longitudinales en que se divide la res al sacrificarla. **4.** *Guat.* Franja. **5.** *Guat.* Hoja de puerta o ventana. **6.** MAR. Costado de la nave. • **Cerrarse** uno **a la banda,** o **en banda,** mantenerse firme en sus propósitos.

**banco de emisión** (el Banco de España en Madrid; grabado) [col. part.]

**BANCOCRACIA** n. f. Influjo abusivo de la banca en la administración de un estado.

**BANDA** n. f. (fr. ant. *bande,* cinta). Faja o lista que se lleva atravesada desde el hombro al costado opuesto. **2.** Cinta, tira. **3.** *Amér.* Faja para ceñir los calzones a la cintura. **4.** ANTROP. CULT. Forma de organización social de las sociedades cazadoras-recolectoras consistente en la agrupación de varios linajes o clanes que comparten un mismo territorio. **5.** ARQ. Moldura plana, ancha y poco saliente, que se perfila sobre una superficie horizontal o siguiendo el contorno de una arcada. **6.** AUTOM. Parte exterior del neumático o cubierta que rodea la cámara. **7.** HERÁLD. Pieza honorable que va del cantón diestro del jefe al siniestro de la punta. • **Banda de absorción** (ÓPT.), cualquier espacio oscuro en el espectro continuo de la luz blanca transmitida por una sustancia que posea absorción selectiva. || **Banda de frecuencias** (RADIOTECN.), conjunto de frecuencias comprendidas entre dos límites. || **Banda de registro** (ELECTROACÚST.), parte de la superficie de un soporte destinada al registro de una señal. || **Banda de rodamiento,** parte amovible, añadida a una pieza sometida a rozamiento, para

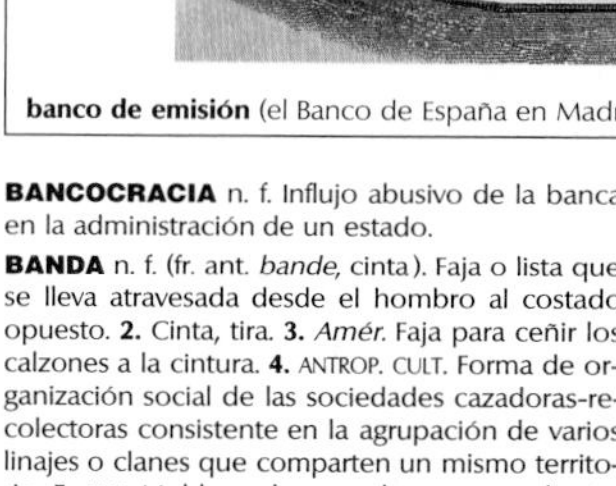

**bandas lombardas**
(San Filiberto en Tournus, Francia; s. XI)

**BANDADA** n. f. Número crecido de aves que vuelan juntas. **2.** Grupo bullicioso de personas.

**BANDARSE** v. pron. **[1]**. *Perú.* Ser investido con la banda de profesor, al finalizar los estudios universitarios.

**BANDAZO** n. m. Balance violento o inclinación brusca de una embarcación hacia babor o estribor.

**BANDEAR** v. tr. **[1]**. Mover a una y otra banda. ◆ **bandearse** v. pron. **2.** Arreglárselas para vivir o para salvar dificultades.

**BANDEIRANTES** n. m. pl. Exploradores y aventureros que, durante los ss. XVI-XVIII, se internaron en las selvas vírgenes brasileñas en busca de esclavos y de oro.

**BANDEJA** n. f. (port. *bandeja,* soplillo). Pieza plana con algo de borde para servir, llevar o poner cosas. **2.** Pieza movible, con forma de cajón de poca altura, que divide horizontalmente el interior de un baúl, maleta, etc. • **Servir en bandeja,** o **en bandeja de plata** *(Fam.),* dar grandes facilidades para conseguir algo.

**BANDERA** n. f. Trozo de tela de figura comúnmente rectangular, unido a un asta, que se emplea como insignia o señal. **2.** Trozo rectangular de papel o tela que se usa como adorno en fiestas, como estandarte, como señalización, etc. **3.** Equilibrio de fuerza ejecutado por un gimnasta que se mantiene horizontal apoyado en un soporte vertical, cuerda, barra o pértiga. **4.** MIL. Unidad táctica de las fuerzas armadas españolas cuya organización y efectivos son análogos a un batallón. • **Bandera blanca,** bandera que indica que se quiere parlamentar o capitular. || **De bandera,** excelente en su línea. || **Hasta la bandera,** lleno, repleto. || **Jura de bandera,** promesa de lealtad y servicio a la nación. || **Sala de banderas,** sala de los cuarteles en la que se custodia la bandera y en donde se mantiene arrestados a los oficiales.

**BANDERÍA** n. f. Bando o parcialidad.

**BANDERILLA** n. f. Palo adornado por lo general con papel de diversos colores y armado de una lengüeta de hierro que se clava al toro en la cerviz. **2.** Tapa de aperitivo pinchada en un palillo. **3.** *Fig.* y *fam.* Dicho picante o satírico; pulla. **4.** IMPR. Papel

suerte de **banderillas**

que se pega en las pruebas o en el original para añadir o enmendar el texto.

**BANDERILLEAR** v. tr. **[1]**. TAUROM. Clavar banderillas a los toros.

**BANDERILLERO** n. m. TAUROM. Torero que clava las banderillas.

**BANDERÍN** n. m. Bandera pequeña. **2.** DEP. Bandera pequeña que se emplea para señalar los límites de un terreno de juego, el recorrido de una prueba o una meta. **3.** MIL. Bandera pequeña colocada en el cañón del fusil de un cabo de cada compañía. **4.** MIL. Cabo que lleva el banderín. **5.** MIL. Sucursal de un depósito de reclutas voluntarios: *banderín de enganche de la legión.*

**BANDERIZO, A** adj. y n. Que sigue un bando o facción.

**BANDEROLA** n. f. Bandera pequeña. **2.** *Argent., Par.* y *Urug.* Montante, ventana sobre una puerta. **3.** MIL. Adorno de cinta que llevan los soldados de caballería en las lanzas.

**BANDIDAJE** n. m. Actividad de los bandidos. **2.** Circunstancia de existir bandidos.

**BANDIDO, A** adj. y n. (ital. *bandito*). Persona fugitiva de la justicia. **2.** Bandolero. **3.** Granuja, truhán.

**BANDO** n. m. (fr. *ban*). Mandato solemne, publicado por la autoridad para dar a conocer sus disposiciones a todos los ciudadanos.

**BANDO** n. m. (gót. *bandwo,* signo). Facción, parcialidad o número de gente que favorece o sigue una idea o partido. **2.** Bandada. **3.** Banco de peces.

**BANDOLA** n. f. (lat. *panduram*). Instrumento musical pequeño de cuatro cuerdas, parecido a la bandurria.

**BANDOLERA** n. f. Correa de tela o de cuero que cruza el pecho en diagonal y sirve para sostener un arma. • **En bandolera,** en forma de bandolera, cruzando desde el hombro a la cadera contraria: *llevar el bolso en bandolera.*

**BANDOLERISMO** n. m. Forma de delincuencia caracterizada por el robo a mano armada y el secuestro, generalmente en despoblado, realizado por una cuadrilla en situación de rebeldía.

**BANDOLERO** n. m. (cat. *bandoler*). Salteador de caminos.

**BANDOLINA** n. f. (fr. *bandoline*). MÚS. Mandolina.

**BANDOLÓN** n. m. Instrumento de cuerda parecido a la bandurria, aunque de proporciones algo mayores y con 18 cuerdas.

**BANDONEÓN** n. m. Instrumento musical de aire, compuesto de lengüetas de metal, un pequeño teclado y fuelle. (Introducido en Argentina por los alemanes, es parecido al acordeón y se emplea para interpretar tangos.)

**BANDUJO** n. m. Tripa grande de cerdo, carnero o vaca, rellena de carne.

**BANDURRIA** n. f. Instrumento popular de cuerda, parecido a la guitarra pero de menor tamaño y con 12 cuerdas.

**BANG** n. m. Ruido violento producido por un avión al franquear la barrera del sonido.

**BANIANO** n. m. Árbol notable por sus raíces adventicias aéreas, que sostienen los extremos de las ramas.

baniano

**BANIVA** o **BANIUA,** pueblo amerindio de la familia lingüística arawak que habita en la zona fronteriza entre Venezuela y Colombia.

**BANJO** n. m. Instrumento musical de cuerda cuya caja de resonancia, redonda, está cubierta por una piel tensada.

tañedor de **banjo**

**BANQUEAR** v. tr. [**1**]. *Colomb.* Nivelar un terreno.

**BANQUERO, A** n. Persona que dirige una banca. **2.** Persona que se dedica a operaciones bancarias. **3.** JUEG. Persona que lleva la banca.

**BANQUETA** n. f. Asiento o banco sin respaldo. **2.** Banquillo o taburete para reposar los pies. **3.** Espaldón dispuesto en los declives de las zanjas o de los terraplenes para darles mayor estabilidad. **4.** Camino practicado en el declive de una vía férrea o de un canal. **5.** Parte alzada del suelo de una trinchera, que permite tirar por encima del parapeto. **6.** *Méx.* Acera. • **Banqueta irlandesa,** talud cubierto de césped que se emplea como obstáculo en las carreras de caballos.

**BANQUETE** n. m. (fr. *banquet*). Comida a que concurren muchas personas, para agasajar a alguien o para celebrar algún suceso. **2.** Comida espléndida.

bandurria

**BANQUETEAR** v. tr., intr. y pron. [**1**]. Dar banquetes o asistir a ellos.

**BANQUILLO** n. m. (dim. de *banco*). Asiento sin respaldo que, en los tribunales de justicia, ocupan los procesados. **2.** En determinados deportes, lugar donde se sientan los jugadores suplentes y entrenadores, fuera del terreno de juego.

**BANQUINA** n. f. *Amér.* Arcén, margen lateral de una carretera no pavimentada.

**BANQUISA** n. f. (fr. *banquise*). Capa de hielo que se forma en las regiones polares por la congelación del agua del mar.

**BANTÚ** adj. y n. m. y f. Relativo a un conjunto de pueblos de África surecuatorial (con la excepción de los bosquimanos y los hotentotes), que hablan lenguas de la misma familia, pero tienen rasgos culturales específicos; individuo de estos pueblos. ◆ n. m. **2.** Conjunto de lenguas negroafricanas, estrechamente emparentadas entre sí, que se hablan en toda la mitad S del continente africano.

**BANTUSTÁN** n. m. En la República de Sudáfrica, antigua denominación de cada uno de los territorios asignados a la población negra en función de su pertenencia lingüística. (Fueron suprimidos en 1994.) SIN.: *homeland.*

**BANZO** n. m. Cada uno de los dos largueros paralelos o apareados que afianzan una armazón.

**BAÑADERA** n. f. *Amér.* Baño, bañera. **2.** *Argent.* Terrenos pantanosos y bajos de Río de la Plata. **3.** *Argent.* Ómnibus descubierto en el que se realizaban excursiones. **4.** *Urug.* Ómnibus viejo de alquiler.

**BAÑADO** n. m. *Amér.* Terreno húmedo, cenagoso y a veces inundado por las aguas de lluvia.

**BAÑADOR** n. m. Recipiente para bañar algunas cosas. **2.** Prenda para bañarse.

**BAÑAR** v. tr. y pron. (lat. *balneare*) [**1**]. Meter el cuerpo o parte de él en un líquido. **2.** Sumergir alguna cosa en un líquido. **3.** Humedecer con agua u otro líquido. **4.** Tocar algún paraje el agua del mar, de un río, etc. **5.** Cubrir una cosa con una capa de otra sustancia: *bañar de plata los candelabros.* **6.** Dar el sol, la luz, etc., sobre algo.

**BAÑERA** n. f. Recipiente para bañarse.

**BAÑERO, A** n. Persona que cuida de los baños y sirve a los bañistas.

**BAÑISTA** n. m. y f. Persona que concurre a tomar baños.

**BAÑO** n. m. (lat. *balneum*). Acción y efecto de bañar. **2.** Líquido, vapor o aire comprimido preparados para bañarse. **3.** Líquido en que se sumerge una sustancia para someterla a una operación cualquiera. **4.** Capa de otra materia con que queda cubierta la cosa bañada. **5.** Bañera. **6.** Servicio, retrete. **7.** Cuarto, o lugar para bañarse o asearse. **8.** Cárcel donde los moros encerraban a los cautivos. **9.** *Fig.* Noción superficial de una ciencia. • **Baño María,** agua caliente en la que se coloca un recipiente que contiene lo que se desea calentar. ‖ **Dar un baño** a alguien *(Fam.),* mostrar superioridad manifiesta sobre alguien en una situación de competencia. ◆ **baños** n. m. pl. **10.** Balneario de aguas medicinales.

**BAO** n. m. (fr. *bau*). MAR. Elemento transversal de la estructura de un buque.

**BAOBAB** n. m. Árbol de las regiones tropicales de África y Australia, cuyo tronco alcanza hasta 20 m de circunferencia. (Familia bombáceas.)

**BAPTISMO** n. m. (gr. *baptisma,* bautismo). Doctrina protestante establecida en el s. XVII por un pastor inglés, cuyos adeptos se caracterizan por su sujeción a la palabra de la Biblia y por su espíritu misionero.

**BAPTISTA** adj. y n. m. y f. Relativo al baptismo; adepto a dicha doctrina.

**BAPTISTERIO** n. m. (gr. *baptisterion*). Edificio o anexo de una iglesia destinado a la administración del bautismo. **2.** Pila bautismal.

**BAQUEANO, A** adj. y n. *Amér.* Persona diestra en determinada actividad, especialmente el buen conocedor de un terreno y sus caminos.

**BAQUELITA** o **BAKELITA** n. f. Resina sintética obtenida mediante la condensación de un fenol con el aldehído fórmico, que se emplea como sucedáneo del ámbar, el carey, etc.

**BAQUETA** n. f. (ital. *bacchetta*). ARM. Varilla de acero o de madera que antiguamente se utilizaba para cargar por la boca el cañón de un fusil o de una pistola, y que actualmente sirve para limpiarlos. **2.** EQUIT. Varilla de madera que usan los picadores para el manejo de los caballos. **3.** MÚS. Parte principal del arco de los instrumentos de cuerda. SIN.: *varilla.* • **Tratar a baqueta,** o **a la baqueta** *(Fam.),* tratar con desprecio o severidad. ◆ **baquetas** n. f. pl. **4** MÚS. Mazos o palillos de los instrumentos de percusión.

**BAQUETAZO** n. m. Batacazo.

**BAQUETEADO, A** adj. Curtido, experimentado.

**BAQUETEAR** v. tr. [**1**]. Maltratar, castigar, incomodar. **2.** *Fig.* Adiestrar, ejercitar.

**BAQUETEO** n. m. Acción y efecto de baquetear.

**BAQUÍA** n. f. Conocimiento práctico de las vías de comunicación de un país. **2.** *Amér.* Destreza para los trabajos manuales.

**BÁQUICO, A** adj. Relativo a Baco. **2.** *Fig.* Relativo a la embriaguez. **3.** LIT. Dícese del verso griego o latino compuesto normalmente por baquios.

**BAQUIO** n. m. (der. del gr. *Bakkhos,* Baco). MÉTRIC. CLÁS. Pie compuesto de tres sílabas, una breve seguida de dos largas.

**BAR** n. m. (ingl. *bar*). Establecimiento de bebidas o manjares, que suelen tomarse de pie o sentado ante el mostrador.

**BAR** n. m. Unidad de medida de presión, cuyo símbolo es *bar,* utilizada en meteorología y para medir la presión de los fluidos, que equivale a $10^5$ pascales.

**BARAHÚNDA** o **BARAÚNDA** n. f. Desorden, confusión, griterío.

**BARAJA** n. f. Conjunto de naipes que sirve para varios juegos. **2.** *Fig.* Conjunto de posibilidades, soluciones múltiples. • **Jugar con dos barajas** *(Fam.),* actuar con doblez. *(V. ilustración pág. 144.)*

**BARAJAR** v. tr. [**1**]. Mezclar unos naipes con otros antes de repartirlos. **2.** Considerar varias posibilidades antes de tomar una determinación. ◆ v. tr. y pron. **3.** *Fig.* Mezclar o revolver unas personas o cosas con otras. ◆ v. intr. **4.** Reñir, altercar.

**BARAJUSTAR** v. intr. [**1**]. *Colomb., Hond.* y *Pan.* Salir huyendo impetuosamente.

**BARANDA** n. f. Barandilla. **2.** Banda de la mesa de billar.

**BARANDAL** n. m. Listón sobre el que se sientan los balaustres, o que los sujeta por la parte superior. **2.** Barandilla.

**BARANDILLA** n. f. Antepecho compuesto de balaustres y barandales.

**BARANGAY** n. m. Embarcación de remos, usada en Filipinas.

**BARATA** n. f. *Chile* y *Perú. Fam.* Cucaracha. **2.** *Méx.* Venta a bajos precios.

**BARATEAR** v. tr. [**1**]. Dar una cosa por menos de su precio. **2.** Regatear en la compra.

**BARATERÍA** n. f. Engaño, fraude en compras, ventas o permutas. **2.** DER. Delito del juez que admite dádivas por dar una sentencia justa. • **Baratería de capitán** o **de patrón,** perjuicio voluntario causado a los armadores, los cargadores o los ase-

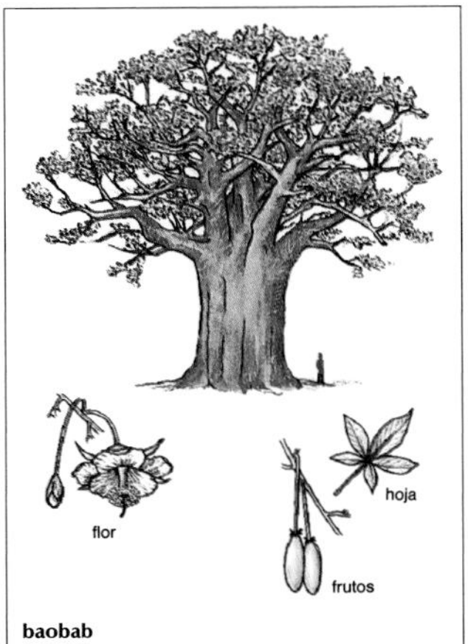

baobab

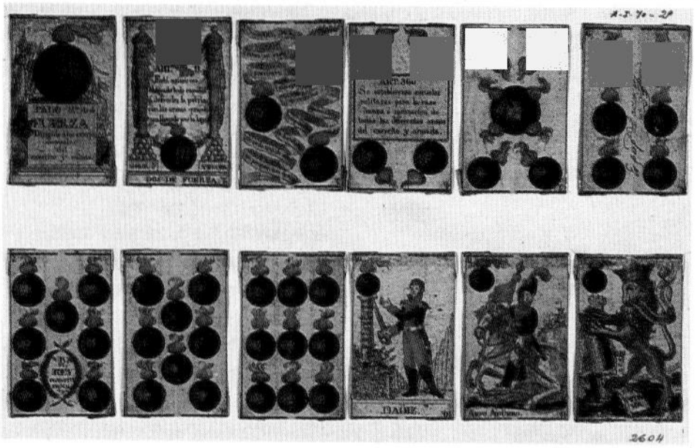

**baraja** constitucional española de 1882 (museo municipal, Madrid)

guradores de un barco por el patrón o una persona de su tripulación.

**BARATERO, A** adj. y n. *Chile, Colomb.* y *Méx.* Dícese del que vende barato.

**BARATIJA** n. f. Cosa menuda y de poco valor.

**BARATILLO** n. m. Conjunto de cosas de poco precio, que se venden en lugar público. **2.** Tienda, puesto fijo en que se venden dichos objetos. **3.** *Argent.* y *Chile.* Mercería, tienda.

**BARATO** adv. m. Por poco precio: *comprar barato.*

**BARATO, A** adj. De bajo precio. **2.** *Fig.* Que se logra con poco esfuerzo. ◆ n. m. **3.** Venta a bajo precio. **4.** Dinero que da el que gana en el juego.

**BARATURA** n. f. Bajo precio de las cosas vendibles.

**BARAÚNDA** n. f. Barahúnda.

**BARBA** n. f. (lat. *barbam,* pelo de la barba). Parte de la cara que está debajo de la boca. **2.** Pelo que nace en esta parte de la cara y en las mejillas. **3.** *Por ext.,* cualquier pelo o conjunto de pelo o filamentos que recuerdan las barbas. **4.** Mechón que crece en la quijada inferior de algunos animales. **5.** Rebaba de una pieza fundida que hay que eliminar mediante desbarbado. **6.** Lámina de hueso que alcanza 2 m de long., deshilachada en su borde interno y adherida al maxilar superior de la ballena,

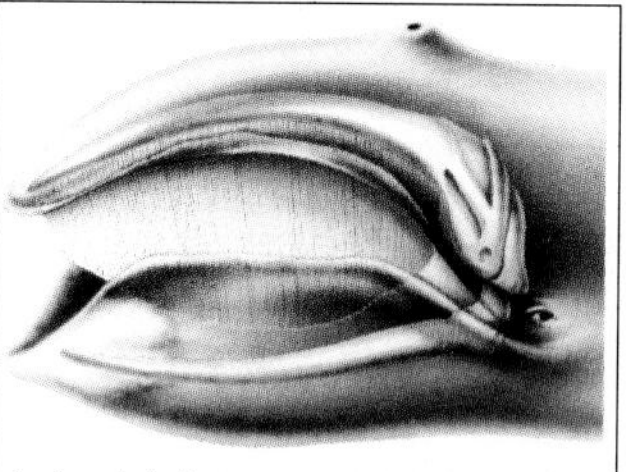

**barbas** de ballena

que las posee en número de varios centenares. • **Barba cerrada** *(Fig.),* la del hombre muy poblada y fuerte. ‖ **En las barbas de uno,** en su presencia, delante de él. ‖ **Hacer la barba,** afeitar *(Méx. Fam.),* adular, lisonjear a una persona para conseguir un favor: *hacerle la barba al jefe.* ‖ **Por barba,** por persona. ‖ **Tirarse de las barbas,** usar ademanes de gran ira y enojo. ◆ **barbas** n. f. pl. **7.** Filamentos que guarnecen el astil de la pluma de las aves. **8.** Bordes desiguales del papel de tina. **9.** BOT. Conjunto de raíces delgadas.

**BARBACANA** n. f. (ár. *bābal-bàqara*). ARQ. Abertura estrecha que proporciona luz y ventilación a un local. **2.** Abertura larga y estrecha que se deja en los muros de sostenimiento para facilitar la salida de las aguas de infiltración. **3.** Muro bajo que bordea la plazuela de algunas iglesias. **4.** FORT. Tronera para disparar a cubierto. **5.** FORT. Obra que asegura la defensa exterior de una puerta o un puente.

**BARBACOA** n. f. Parrilla usada para asar al aire libre carne o pescado. **2.** Alimento asado de este modo. **3.** *Amér.* Zarzo que sirve de camastro. **4.** *Amér.* Andamio en que se pone el que guarda los maizales. **5.** *Amér.* Choza construida sobre árboles o estacas. **6.** *Guat.* y *Méx.* Conjunto de palos de madera verde a manera de parrilla para asar carne que se pone en un hoyo en la tierra. **7.** *Guat.* y *Méx.* Carne, generalmente de cordero o de chivo, asada de este modo.

**BARBACOA,** pueblo amerindio del grupo talamanca-barbacoa, de la familia lingüística chibcha, que vive en la zona andina del S de Colombia.

**BARBADA** n. f. Quijada inferior de las caballerías. **2.** Cadenilla fijada a cada lado del freno y que pasa por debajo de la quijada inferior de las caballerías. **3.** Pieza del violín para apoyar la barba. **4.** *Bol.* y *Perú.* Cinta con la que se sujeta el sombrero por debajo de la barbilla.

**BARBADO, A** adj. y n. Que tiene barbas. ◆ n. m. **2.** Árbol o sarmiento que se planta con raíces. **3.** Renuevo o injerto de árbol o arbusto.

**BARBAJÁN** adj. y n. *Cuba* y *Méx.* Hombre tosco y grosero.

**BARBAR** v. intr. [**1**]. Echar barbas el hombre: *edad de barbar.* **2.** Echar raíces las plantas. **3.** Entre colmeneros, criar las abejas.

**BARBÁRICO, A** adj. Relativo a los bárbaros.

**BARBARIDAD** n. f. Calidad de bárbaro. **2.** Dicho

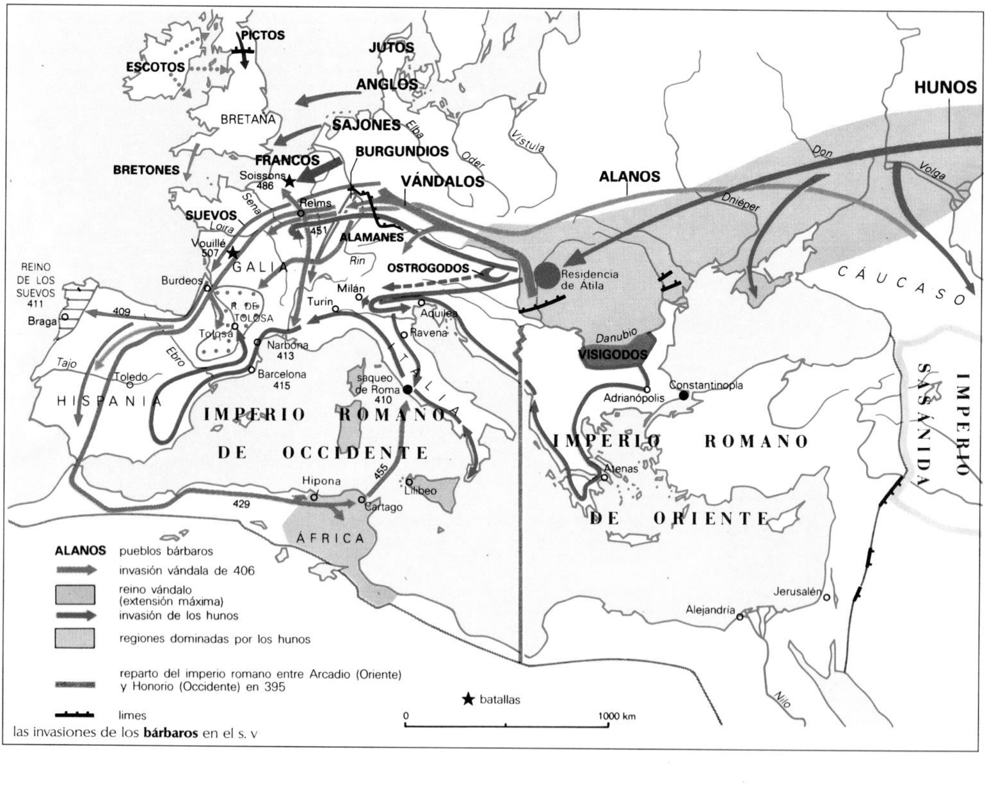


las invasiones de los **bárbaros** en el s. v

o hecho necio, imprudente o brutal: *decir barbaridades.* **3.** Atrocidad, exceso: *come una barbaridad.*

**BARBARIE** n. f. Falta de cultura o atraso en un pueblo. **2.** *Fig.* Fiereza, crueldad.

**BARBARISMO** n. m. Vicio de dicción que consiste en pronunciar o escribir mal las palabras o en emplear vocablos impropios. **2.** Voz o giro extranjero. **3.** Dicho o hecho temerario. **4.** Barbarie, falta de cultura.

**BARBARIZAR** v. tr. [**1g**]. Adulterar una lengua con barbarismos. ◆ v. intr. **2.** *Fig.* Decir barbaridades.

**BÁRBARO, A** adj. y n. (lat. *barbarum*). Relativo a todos los pueblos, incluidos los romanos, que no pertenecían a la civilización griega; individuo de dichos pueblos. (Más tarde, los romanos se asimilaron ellos mismos a los griegos. La historia ha denominado bárbaros a los godos, vándalos, burgundios, suevos, hunos, alanos, francos, etc., que, del s. III al s. VI de la era cristiana, invadieron el imperio romano y fundaron estados más o menos duraderos.)

**BARBASCO** n. m. Planta que se emplea para envenenar el agua de los ríos con fines de pesca.

**BARBEAR** v. tr. [**1**]. *Colomb.* Retorcer por el cuello a una res hasta derribarla, sujetándola por el cuerno y el hocico. **2.** *Méx.* Hacer la barba, adular.

**BARBECHAR** v. tr. [**1**]. Arar la tierra para la siembra. **2.** Arar la tierra para que se meteorice y descanse.

**BARBECHERA** n. f. Conjunto de varios barbechos. **2.** Tiempo en que se barbecha. **3.** Acción y efecto de barbechar.

**BARBECHO** n. m. (lat. *vervactum*). Tierra de labor que no se siembra en uno o más años. **2.** Primera labor agrícola, realizada después de la última cosecha, preparando la tierra para la siguiente sementera.

**BARBERÍA** n. f. Establecimiento u oficio del barbero. SIN.: *peluquería.*

**BARBERIL** adj. *Fam.* Propio de barbero.

**BARBERO, A** adj. *Méx. Fam.* Halagador, adulador. ◆ n. m. **2.** El que tiene por oficio afeitar y cortar el pelo.

**BARBETA** n. f. FORT. Trozo de parapeto destinado a que tire la artillería a descubierto: *fortificado a barbeta.* **2.** MAR. Ligadura o amarre de dos betas o cabos mediante un pedazo de meollar.

**BARBIÁN, NA** adj. y n. Desenvuelto, gallardo, arriscado.

**BARBICANO, A** adj. Que tiene cana la barba.

**BARBIJO** n. m. *Argent.* Pieza de tela con la que, por asepsia, los médicos y auxiliares se cubren la boca y la nariz. **2.** *Argent.* y *Bol.* Herida en la cara. **3.** *Argent., Bol., Par.* y *Urug.* Barboquejo.

**BARBILAMPIÑO, A** adj. De escasa barba.

**BARBILINDO** adj. Aplícase al hombre pequeño bien parecido. SIN.: *barbilucio.*

**BARBILLA** n. f. Punta de la barba, mentón. **2.** Corte dado oblicuamente en la cara de un madero para que encaje con el hueco de otro. **3.** Apéndice cutáneo filamentoso que tienen algunos peces alrededor de la boca. **4.** Pequeñas formaciones que nacen sobre las barbas de las plumas de las aves en disposición análoga a como éstas salen del raquis.

**BARBIQUEJO** n. m. Cabo de una embarcación que mantiene firme el bauprés en su sitio. **2.** *Amér.* Barboquejo. **3.** *Ecuad.* y *Méx.* Cuerda con la que se sujeta la boca del caballo para guiarlo. **4.** *Perú.* Pañuelo que se ata rodeando la cara.

**BARBIRRALO, A** adj. Que tiene rala la barba.

**BARBITÚRICO, A** adj. y n. m. Dícese de un radical químico (malonilurea) que forma la base de numerosos hipnóticos y sedantes del sistema nervioso. **2.** Dícese del medicamento que contiene este radical.

■ Los barbitúricos se absorben en el tubo digestivo, y pasan a la sangre fijándose en las globulinas plasmáticas, así como en otros tejidos (hígado, riñones), franqueando la barrera hematomeníngea. Sus efectos se manifiestan de 15 a 30 minutos después de su ingestión. Son excretados por el riñón bajo la forma de metabolitos. Se dividen en barbitúricos de eliminación lenta (activos de 8 a 10 horas), como el barbital y el fenobarbital, y barbitúricos de eliminación rápida (de 3 a 6 horas), como el secobarbital y el hexobarbital. Pueden administrarse por vía intravenosa como inductores de la anestesia, pero se utilizan sobre todo como hipnóticos. Se usan, además, como prescripción del insomnio, en el tratamiento de ciertas formas de epilepsia, curas de sueño o en las politoxicomanías, en sustitución de los opiáceos.

**BARBO** n. m. (lat. *barbum*). Pez de agua dulce, cuya carne es estimada pero cuyos huevos pueden ser tóxicos. (Familia ciprínidos.) • **Barbo de mar,** salmonete.

**barbo**

**BARBOQUEJO** o **BARBUQUEJO** n. m. Cinta con que se sujeta el sombrero, casco, etc., por debajo de la barba.

**BARBOTAR** v. intr. y tr. [**1**]. Mascullar.

**BARBOTEAR** v. intr. y tr. [**1**]. Mascullar. **2.** QUÍM. Hacer pasar un gas a través de un líquido.

**BARBOTEO** n. m. Acción de barbotear.

**BARBUDO, A** adj. De muchas barbas.

**BARBULLAR** v. intr. [**1**]. *Fam.* Hablar atropellada y confusamente.

**BARBUSANO** n. m. Árbol de hasta 16 m de alt. que crece en Canarias, de madera dura, pero frágil, algo parecida a la caoba. (Familia lauráceas.) **2.** Madera de este árbol.

**BARCA** n. f. Embarcación pequeña para pescar o navegar cerca de la costa o en los ríos.

**BARCADA** n. f. Carga que transporta una barca en cada viaje. **2.** Cada viaje de una barca.

**BARCAJE** n. m. Servicio de barcas que aseguran la comunicación de los navíos entre sí o con la costa. **2.** Flete pagado por este servicio. **3.** Derecho que se abona por pasar en barca de una orilla a otra de un río.

**BARCAROLA** n. f. (ital. *barcarola*). Canción de barquero, especialmente de los gondoleros venecianos. **2.** MÚS. Pieza vocal o instrumental, de ritmo balanceado.

**BARCAZA** n. f. Barca de gran capacidad que se utiliza para transportar pasajeros o mercancías de los buques a tierra o viceversa.

**BARCELONÉS, SA** adj. y n. De Barcelona.

**BÁRCENA** n. f. Terreno en pendiente de gran amplitud.

**BARCHILÓN, NA** n. *Amér.* Enfermero de hospital.

**BARCO** n. m. Construcción de madera, metal u otra materia dispuesta para flotar y deslizarse por el agua, impulsada por el viento, por remos o por ruedas o hélices movidas por un motor. • **Barco compuerta,** cajón de forma especial que sirve para cerrar un dique seco. || **Barco de vela** (MAR.), el que se mueve a impulsos del viento. || **Barco faro,** barco que lleva un faro y que está fondeado en las proximidades de lugares peligrosos para la navegación.

**BARDA** n. f. Armadura con que se guarnecía el caballo para su defensa en la guerra y los torneos (ss. XII-XVI). **2.** Cubierta de ramaje, espino, broza, etc., que se pone sobre las tapias de los corrales y huertas para protegerlos de la lluvia. **3.** *Argent.* Ladera acantilada o barrancosa. **4.** *Méx.* Tapia, muro que rodea o separa un terreno o una construcción de otros: *una barda de piedra.*

**BARDA** n. f. *Amér. Merid.* Extenso manto de roca basáltica, de color oscuro y de terminaciones abruptas.

**BARDAL** n. m. Barda, cubierta de una tapia o seto.

**BARDANA** n. f. Planta ruderal, de 1 m de alt., cuyo fruto, en aquenios rugosos, se adhiere a la ropa y al pelaje de los animales. (Familia compuestas.)

**BARDO** n. m. (lat. *bardum*). Poeta y cantor celta. **2.** Poeta heroico o lírico.

**BARÉ** o **BARE,** pueblo amerindio de la familia arawak que habita en los límites de Colombia y Venezuela y junto al río Xié, afl. del Negro, en Brasil.

**BAREMO** n. m. Libro o tabla de cuentas ajustadas. **2.** Lista o repertorio de tarifas. **3.** Escala convencional de valores que se utiliza como base para valorar o clasificar los elementos de un conjunto.

**BARESTESIA** n. f. Sensibilidad de los tejidos y los órganos a las variaciones de presión.

**BARGA** n. f. Barca de fondo plano que se emplea en la navegación fluvial.

**BARGUEÑO** n. m. Escritorio de madera muy usado en los ss. XVI y XVII.

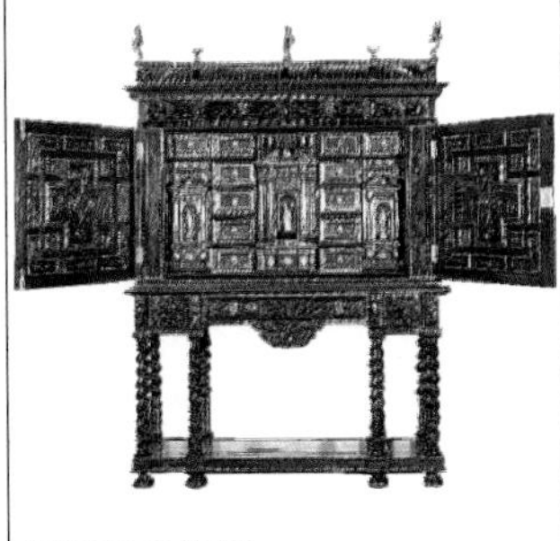

**bargueño** de ébano,
estilo flamenco; mediados del s. XVII
(museo de artes decorativas, París)

**BARIA** n. f. Antigua unidad de presión del sistema cegesimal, que equivalía a una dina por $cm^2$.

**BARICENTRO** n. m. Centro de gravedad.

**BARIO** n. m. (gr. *barys*, pesado). Metal alcalinotérreo (Ba), n.° 56, de masa atómica 137,34, blanco plateado, que funde a 710 °C, y de densidad 3,7.

**BARIÓN** n. m. FÍS. Partícula que interviene en las interacciones fuertes (hadrón de tipo fermión), que tiene un spin semientero.

**BARITA** n. f. Óxido de bario (BaO), de color blanquecino y densidad 5,5.

**BARITINA** n. f. Sulfato de bario natural.

**BARÍTONO** n. m. Voz intermedia entre la de tenor y la de bajo. **2.** Persona que tiene esta voz.

**BARIZO** n. m. Mono platirrino de América tropical, de larga cola y hocico poco prominente.

**BARJÁN** n. m. Duna en forma de media luna, que avanza sobre las superficies rocosas o sobre los materiales que no pueden alimentar la duna, como la arcilla o las gravas.

**BARJOLETA** adj. *Amér.* Mentecato, tonto.

**BARLOVENTEAR** v. intr. [**1**]. Navegando de bolina, avanzar contra el viento. **2.** *Fig.* y *fam.* Vagabundear.

**BARLOVENTO** n. m. MAR. Parte de donde viene el viento.

**BARMAN** n. m. (voz inglesa). Camarero que trabaja en la barra de un bar.

**BARN** n. m. Unidad de medida de sección eficaz (símbolo *b*) empleada en física nuclear que vale $10^{-28}$ $m^2$.

**BARNABITA** adj. y n. m. Dícese del religioso de la orden de clérigos regulares de san Pablo, fundada en 1530.

**BARNACLA** n. f. Diversas especies de anseriformes, que se adaptan a vivir en cautividad. (Familia anátidos.)

**BARNIZ** n. m. Mezcla de aglomerantes, disolventes y eventualmente de diluyentes, que al aplicarse

**bardana**

sobre una superficie forma una película adherente, dura, lisa y generalmente transparente, con cualidades protectoras, decorativas o técnicas particulares. **2.** Especie de vidriado más o menos transparente, muy plomífero, utilizado en las cerámicas cocidas a baja temperatura. **3.** *Fig.* Noción superficial de algo. **4.** BOT. Resina líquida natural que preserva las maderas. **5.** GEOL. Acumulación que forma sobre las rocas tenues películas superficiales de origen químico.

**BARNIZADO** n. m. Acción y efecto de barnizar.

**BARNIZADOR, RA** n. Persona que barniza.

**BARNIZAR** v. tr. **[1g]**. Dar barniz.

**BARÓGRAFO** n. m. Barómetro registrador que traza la curva de altitudes alcanzadas por una aeronave.

**BAROMETRÍA** n. f. Parte de la física que trata de las medidas de la presión atmosférica.

**BAROMÉTRICO, A** adj. Relativo al barómetro.

**BARÓMETRO** n. m. Instrumento para medir la presión atmosférica.

■ El barómetro (Torricelli, 1643) consiste en un tubo vertical vacío de aire y lleno de mercurio. Su extremo superior está cerrado, mientras que el extremo inferior, abierto, se sumerge en una cuba llena también de mercurio. La presión atmosférica actúa sobre la superficie de mercurio, haciendo subir o bajar el nivel de éste en el interior del tubo. La altura de la columna *(altura barométrica)* representa la presión atmosférica, que es de 76 cm en promedio al nivel del mar y disminuye a medida que aumenta la altitud. En un mismo lugar, varía según las condiciones atmosféricas. Existen otros tipos de barómetros: el *aneroide* o *metálico*, en el que los movimientos producidos por las variaciones de la presión atmosférica en una chapa metálica se transmiten a una aguja que se mueve frente a un limbo graduado, y el *registrador*, que traza un gráfico de variación de la presión atmosférica.

**BARÓN** n. m. Título de dignidad cuya importancia en la jerarquía nobiliaria varía en los diversos países, y que en España sigue al de vizconde.

**BARONESA** n. f. Mujer titular de una baronía. **2.** Esposa de un barón.

**BARONET** n. m. Título británico, situado entre el barón y el caballero.

**BARONÍA** n. f. Dignidad de barón. **2.** Territorio o lugar sobre el que recae la jurisdicción de este título.

**BAROTRAUMATISMO** n. m. Estado patológico causado por una variación brusca de presión.

**BARQUEAR** v. tr. **[1]**. Atravesar en barca un río o lago. ◆ v. intr. **2.** Trasladarse de un paraje a otro en bote o lancha.

**BARQUERO, A** n. Persona que conduce o guía una barca.

**BARQUILLA** n. f. Pequeña embarcación de remos y sin mástil. **2.** Cesto o plataforma suspendida de un aeróstato, donde se coloca la tripulación. **3.** Carenaje en el que se sitúa el grupo propulsor de un avión.

**BARQUILLERO, A** n. Persona que hace o vende barquillos.

**BARQUILLO** n. m. Hoja delgada de pasta de harina sin levadura, azúcar y alguna esencia, a la que

ejercicio en la **barra** (ballet del teatro Bolshói, Moscú)

ejercicio en la **barra** fija

se da forma de canuto, más ancho por un extremo que por el otro.

**BARQUINAZO** n. m. Tumbo o vuelco de un carruaje.

**BARRA** n. f. Pieza rígida, mucho más larga que gruesa. **2.** Palanca de hierro para levantar cosas de mucho peso. **3.** Barandilla que en un tribunal separa a los magistrados del público. **4.** Mostrador de las cafeterías, bares, etc. **5.** Pieza de pan de forma alargada. **6.** Lingote de forma alargada. **7.** Cada uno de los espacios entre los incisivos y los molares del caballo, del buey y del conejo. **8.** *Amér.* Prisión a modo de cepo. **9.** *Amér. Merid.* Público que asiste a las sesiones de un tribunal. **10.** *Amér. Merid.* Pandilla de amigos. **11.** *Amér. Merid.* En un espectáculo deportivo, grupo de personas que animan a sus favoritos, hinchada. **12.** COREOGR. Varilla de madera que sirve de punto de apoyo a los bailarines para efectuar los ejercicios de flexi-

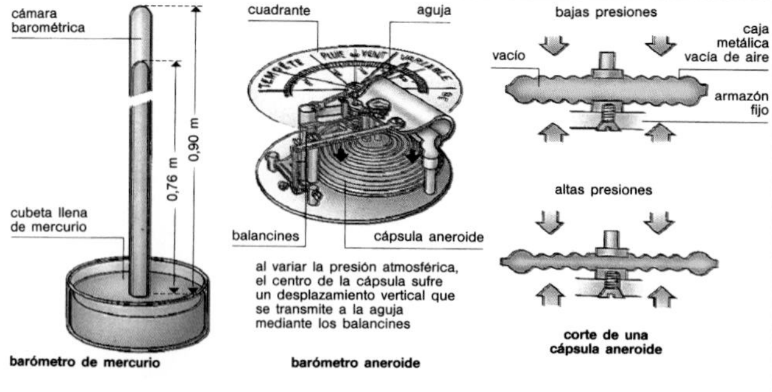


**barómetros**

ejercicio en las **barras** paralelas

ejercicio en las **barras** asimétricas

bilidad. **13.** COREOGR. Conjunto de estos ejercicios. **14.** GEOGR. Acumulación de arenas, por acción de las olas al batir con fuerza contra determinados litorales. **15.** GEOGR. Banco que se forma a la entrada de los estuarios en el contacto de la corriente fluvial y de las olas del mar. **16.** GEOGR. Flecha arenosa que se forma en el borde de ciertas costas planas, y que puede emerger constituyendo un cordón litoral. **17.** HERÁLD. Pieza honorable que va desde el cantón siniestro del jefe hasta el cantón diestro de la punta. SIN.: *binda.* **18.** MAR. Pieza de mando del timón. **19.** MIL. Estrechas franjas metálicas o bordadas, situadas bajo el emblema de determinados cuerpos u organismos militares, que sirven para indicar el tiempo que se ha pertenecido a éstos. • **Barra de acoplamiento** (AUTOM.), barra de unión entre la dirección y la rueda. ‖ **Barra de armonía** (MÚS.), listón de abeto fijo en el interior de la tabla de los instrumentos de cuerda para resistir la presión de las cuerdas. ‖ **Barra de compás** (MÚS.), trazo vertical tirado a través del pautado, que separa el discurso musical en células de igual duración. ‖ **Barra de torsión** (AUTOM.), barra que trabaja por torsión elástica alrededor de su eje y que sustituye a un muelle, especialmente para asegurar la suspensión de un vehículo. ‖ **Barra fija** (DEP.), aparato formado por un travesaño horizontal redondo, sostenido por dos montantes. ‖ **Barras asimétricas** (DEP.), aparato compuesto por dos barras paralelas al suelo, pero a diferente altura, sostenidas por unos montantes verticales. || **Barras paralelas** (DEP.), aparato compuesto por dos barras paralelas situadas a la misma altura, sostenidas por soportes verticales. || **Sin mirar, pararse,** o **reparar, en barras,** sin consideración.

**BARRABÁS** n. m. *Fam.* Persona mala, díscola.

**BARRABASADA** n. f. *Fam.* Travesura grave.

**BARRACA** n. f. (cat. *barraca*). Caseta construida toscamente y con materiales ligeros. **2.** En la huerta valenciana y murciana, casa de labor de cañas, paja y adobe, con un techo a dos vertientes muy levantado. **3.** Chabola. **4.** *Amér.* Depósito o almacén para productos destinados al tráfico. **5.** *Chile.* y *Urug.* Edificio destinado a depósito y venta de madera, hierro u otros elementos de construcción. **6.** *Chile.* Golpes diversos.

**BARRACÓN** n. m. Construcción provisional destinada a albergar soldados, refugiados, etc.

**BARRACUDA** n. f. Pez de gran tamaño perteneciente a la familia esfirénidos.

**BARRAGÁN** n. m. Tela de lana, impenetrable al agua. **2.** Abrigo para hombres, hecho con esta tela.

**BARRAGANA** n. f. Concubina.

**BARRAGANERÍA** n. f. En la edad media, comunidad de vida entre un hombre y una mujer, solteros, que era reconocida por el derecho como digna de protección. **2.** Concubinato.

**BARRAJAR** v. tr. [**1**]. *Amér.* Derribar con fuerza.

**BARRANCA** n. f. *Méx.* Barranco.

**BARRANCAL** n. m. Sitio donde hay muchos barrancos.

**BARRANCO** n. m. Despeñadero, precipicio. **2.** Hendidura profunda que hacen en la tierra las aguas. **3.** Zanja de paredes ruinosas que entalla los conos volcánicos constituidos por materiales sueltos.

**BARRANQUISMO** n. m. Deporte de aventura que consiste en descender barrancos en el curso de un río combinando natación y escalada para salvar los obstáculos naturales.

**BARRAQUERO, A** adj. Relativo a la barraca. ◆ n. **2.** *Amér.* Dueño o administrador de una barraca, o almacén.

**BARRAQUISMO** n. m. Chabolismo.

**BARREDERA** n. f. Máquina para barrer las calles.

**BARREDERO, A** adj. Que arrastra o se lleva cuanto encuentra a su paso: *viento barredero.*

**BARREDURA** n. f. Acción de barrer. ◆ **barreduras** n. f. pl. **2.** Inmundicia que se barre.

**BARRENA** n. f. Útil para taladrar la madera, constituido por un vástago metálico mecanizado en su extremo, en forma de tornillo de paso variable, y rematado por una punta aguda. **2.** Barra de hierro para agujerear peñascos, sondar terrenos, etc. **3.** Figura de acrobacia aérea. **4.** Descenso de un avión girando sobre sí mismo, por pérdida de estabilidad, sin intervenir la voluntad del piloto. **5.** Molusco bivalvo de concha blanca, que excava cavidades en las rocas (long. 10 cm).

**BARRENADO, A** adj. *Fam.* Loco, demente, ido.

**BARRENAR** v. tr. [**1**]. Abrir agujeros con barrena o barreno. **2.** *Fig.* Desbaratar, estropear los planes. **3.** Agujerear un barco por debajo de su línea de flotación para hundirlo. **4.** TAUROM. Clavar la puya o el estoque en el toro, revolviéndolo a modo de barrena para hacerlo penetrar más.

**BARRENDERO, A** n. Persona que barre las calles.

**BARRENERO, A** n. Persona que hace o vende barrenos. **2.** Operario que, en las minas y canteras, abre los barrenos.

**BARRENILLO** n. m. Carcoma. **2.** Enfermedad producida por este insecto en los árboles.

**BARRENO** n. m. Barrena grande, instrumento para taladrar. **2.** Agujero hecho con barrena. **3.** Agujero relleno de materia explosiva, hecho en una roca o en una obra de fábrica, para hacerla volar. **4.** Carga explosiva destinada a la voladura de grandes rocas. • **Pico barreno,** pájaro carpintero.

**BARREÑO** n. m. Recipiente usado para la limpieza doméstica.

**BARRER** v. tr. [**2**]. Limpiar el suelo con la escoba. **2.** *Fig.* Llevarse todo lo que había en alguna parte. **3.** Quitar completamente algo material o inmaterial de un sitio. • **Barrer hacia dentro,** o **para dentro,** comportarse interesada o egoístamente.

**BARRERA** n. f. Cualquier dispositivo con el que se obstaculiza el paso por un sitio. **2.** *Fig.* Obstáculo

**barraca** valenciana

entre una cosa y otra. **3.** DEP. En fútbol y balonmano, cuando se ejecuta un golpe franco, grupo de jugadores que se alinean apretadamente para proteger la propia portería. **4.** MED. Diversas estructuras que dificultan o impiden el paso de algunos elementos de la sangre. **5.** TAUROM. Valla de madera situada alrededor del ruedo. **6.** TAUROM. Primera fila de las localidades destinadas al público. • **Barrera del calor,** o **térmica,** conjunto de los fenómenos caloríficos que se producen a velocidades supersónicas. || **Barrera del sonido,** conjunto de los fenómenos aerodinámicos que se producen cuando un móvil se desplaza en la atmósfera a una velocidad próxima a la del sonido.

**barrera** de una plaza de toros

**BARRERO** n. m. Alfarero. **2.** Sitio del que se saca el barro. **3.** Barrizal.

**BARRETINA** n. f. Gorro catalán de color rojo.

**BARRETÓN** n. m. *Colomb.* Piqueta del minero.

**BARRIADA** n. f. Barrio. **2.** Parte de un barrio.

**BARRIAL** adj. *Amér.* Se aplica a la tierra gredosa o arcilla. ◆ n. m. **2.** *Amér.* Barrizal.

**BARRICA** n. f. Tonel de mediana cabida.

**BARRICADA** n. f. Obstáculo improvisado hecho de la acumulación de materiales diversos, para interceptar el acceso de una calle o un paso.

**BARRIDO** n. m. Acción y efecto de barrer. **2.** En un motor de combustión interna, fase del ciclo de combustión durante la cual los gases procedentes de ésta son totalmente expulsados al exterior. **3.** Exploración o análisis de los elementos de una imagen que son transmitidos mediante señales eléctricas en función de sus luminosidades relativas. **4.** Búsqueda intensa y completa de datos en alguna fuente de información. **5.** CIN. Panorámica muy rápida. **6.** TELECOM. Desplazamiento del punto de impacto de un haz luminoso o electrónico durante el análisis de una imagen con vistas a su transmisión por televisión o telescopio, o del punto correspondiente una vez producida la síntesis de la imagen en el receptor.

**BARRIGA** n. f. Vientre. **2.** *Fig.* Parte media abultada de una vasija. **3.** *Fig.* Comba que hace una pared.

**BARRIGÓN, NA** adj. Barrigudo, de gran barriga. ◆ n. **2.** *Cuba* y *P. Rico.* Niño de corta edad.

**BARRIGUDO, A** adj. De gran barriga. ◆ n. m. **2.** Mono de América del Sur, de 50 cm de long., de pelo denso y lanoso y sin cola.

**BARRIL** n. m. Tonel pequeño. **2.** Medida de capacidad, de símbolo *bbl,* que equivale aproximadamente a 159 l, utilizada en especial para los productos petrolíferos.

**BARRILETE** n. m. Depósito cilíndrico y móvil del revólver, destinado a colocar los cartuchos. **2.** Caja cilíndrica que contiene el muelle real o resorte motriz de un reloj o de un péndulo. **3.** Utensilio acodado para sujetar la madera en el banco de carpintero. **4.** *Argent.* Cometa, juguete.

**BARRILLA** n. f. Planta de los terrenos salitrosos de la región mediterránea y Asia central, de cuyas cenizas se obtenía el carbonato sódico. (Familia quenopodiáceas.) **2.** Cenizas de esta planta.

**BARRILLO** n. m. Barro, granillo en el rostro.

**BARRIO** n. m. Cada una de las partes en que se dividen las poblaciones grandes o sus distritos. **2.** Caserío dependiente de otra población aunque esté apartado de ella. **3.** Arrabal, sitio extremo de una población. **4.** En una región de población dispersa, conjunto de casas aisladas que guardan entre sí alguna relación espacial. • **Barrio administrativo,** barrio en el que se localizan los servicios públicos, los organismos del gobierno, los ministerios. || **Barrio chino,** zona urbana de ciertas ciudades, por lo general portuarias, donde se agrupa la prostitución y otras actividades marginales. || **Barrio residencial,** barrio destinado a vivienda. || **El otro barrio** *(Fam.),* el otro mundo, la eternidad.

**BARRIOBAJERO, A** adj. y n. Relativo a los barrios bajos. **2.** *Fig.* Ordinario, vulgar, grosero.

**BARRITAR** v. intr. [**1**]. Emitir el elefante o el rinoceronte su voz característica.

**BARRITO** n. m. Grito del elefante o del rinoceronte.

**BARRIZAL** n. m. Sitio lleno de barro o lodo.

**BARRO** n. m. Masa que resulta de la unión de tierra y agua. SIN.: *cieno, lama, limo.* **2.** Lodo que se forma en las calles cuando llueve. **3.** *Fig.* Cosa despreciable. **4.** Búcaro, vasija hecha de barro. **5.** GEOL. Depósito en los grandes fondos oceánicos.

**BARRO** n. m. (lat. *varum*). Granillo de color rojizo que sale en el rostro. SIN.: *barrillo.* **2.** Tumorcillo que sale al ganado mular y vacuno.

**BARROCO, A** adj. (fr. *baroque*). Relativo al barroco: *iglesia barroca.* **2.** Excesivamente ornamentado, ampuloso. **3.** Se aplica a la cosa, material o

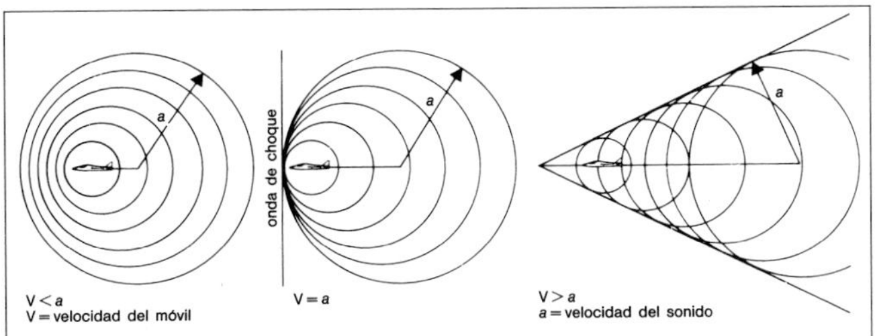


cuando un móvil alcanza la velocidad del sonido, se desplaza a la misma velocidad que las ondas de presión que crea. Produce entonces una onda de choque sonora.

Cuando la velocidad es supersónica, las ondas de presión se inscriben en el interior de un cono, el «cono de Mach»

**barrera** del sonido

*El martirio de san Livinio* (*c.* 1635), por Rubens (museos reales de bellas artes, Bruselas).
Pintada para los jesuitas de Gante, esta tela de 4,5 m de altura alcanza una ligereza de esbozo gracias a su composición serpenteante, a la vivacidad de la pincelada y a la brillantez de las luces.

fachada del palacio Carignano, en Turín, construido por Guarino Guarini (1679-1685). El arquitecto evitó la monotonía de una larga fachada sin tener que recurrir a una verdadera fragmentación en cuerpos distintos de edificios, solamente con el simple juego de curvas y contracurvas discretamente revalorizado por la fantasía en la ornamentación de las ventanas.

ángeles en madera policroma de la iglesia de Ottobeuren, en Baviera, realizados después de 1754 por Joseph Anton Feuchtmayer uno de los mejores escultores ornamentalistas del rococó alemán.

vista de la plaza Navona, en Roma. Cúpula y campanarios de la iglesia de Santa Inés (debida en parte a Borromini), obelisco, fuentes de Bernini componen una perspectiva teatral. (En primer término, la fuente del Moro, en parte de los siglos XVII y XIX.)

fachada de la catedral de Murcia (el campanario, a la izquierda, es clásico). El barroco español (como sus variedades en México, Colombia, Perú y Ecuador) gusta componer sus movidas y fastuosas fachadas a la manera de grandes retablos, aquí en una versión rococó llena de elegancia (realizada en 1737 por Jaime Bort).

fresco (1750-1753) de Tiépolo en una cúpula abovedada de la sala imperial de la Residencia de Wurzburgo, en Baviera (obra de J. B. Neumann).

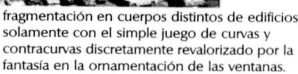

la iglesia de San Francisco de Asís en Ouro Preto (Brasil), construida hacia 1770 por A. F. Lisboa. El encanto de la arquitectura portuguesa (la piedra en las estructuras principales sobre fondo de yeso blanco, como en la época del gótico manuelino) transportado al Nuevo mundo.

*La gloria de san Ignacio* (*c.* 1690), fresco de Andrea Pozzo en la bóveda de la iglesia de San Ignacio en Roma. El espacio real de la nave se prolonga por un trompe-l'oeil arquitectónico lleno de figuras que vuelan. Este arte ilusionista elude con gran virtuosismo la consistencia física de la bóveda.

iglesia de San Nicolás de la Malá Strana en Praga, construido de 1703 a 1753 por los Dientzenhofer padre e hijo (arquitectos de origen bávaro): espacios curvos llenos de columnas y pilastras dobles, cornisas y frontones agudos, estatuas con posturas expresivas, profusión de mármoles, estucos, oros y pinturas.

no material, por ejemplo al lenguaje o al estilo literario, complicada, retorcida o con adornos superfluos. ◆ n. m. **4.** Estilo artístico que nació en Italia al amparo de la Contrarreforma y que se impuso en Europa e Hispanoamérica desde fines del s. XVI hasta mediados del s. XVIII. **5.** Tendencia artística que, por oposición al clasicismo, da primacía a la sensibilidad.

■ B. ART. En el campo de las bellas artes, el epíteto de barroco ha servido para calificar, en sentido peyorativo, al estilo que sucedió a los del renacimiento clásico y manierista, y se impuso en gran parte de Europa en el s. XVII. Nacido en Roma como expresión esencial de la Contrarreforma, se impuso especialmente en los países católicos y renovó por completo la iconografía y el arte sacro. Contrariamente al ideal de serenidad y equilibrio metódicos del renacimiento, el barroco quiere deslumbrar y llegar hasta los sentidos de una época en la que se proclama el carácter afectivo de la fe. Lo logra mediante efectos de luz y de movimiento, de formas de expansión, de la línea curva y de las rupturas, composiciones en diagonal y juegos de perspectiva y de escorzo. Las diferentes disciplinas tienden a fundirse en la unidad de una especie de espectáculo cuyo dinamismo y brillo multicolor son pruebas de su exaltación. El barroco se expresó por vez primera en Roma, con Maderno, Bernini, Borromini, Lanfranco y P. da Cortona. El estilo se extendió por el resto del s. XVIII (Lucas Jordán, Tiépolo), desde donde pasó a Bohemia, Austria (Fisher von Erlach, L. von Hildebrandt, Georg Raphael Donner), Alemania (los Assam, Cuvilliés), el S de Países Bajos (H. F. Vebruggen y Rubens), la península Ibérica y sus colonias de América, Rusia, etc.

La evolución del barroco español va desde un primer momento de influencia romana a un segundo período, más exaltado y expresivo, que da lugar a conceptos tales como el churriguerismo*, y termina en una etapa de influencia clasicista. Destacaron en arquitectura: F. Peña, Andrade y Casas Novoa, José Benito Churriguera y Joaquín Churriguera, T. Ardemans, Juvara, F. Sabatini, Ventura Rodríguez y J. de Villanueva; en escultura: A. Hernández o Fernández, F. Salzillo y la familia Bonifás; y en pintura: Ribera, Ribalta, Zurbarán, Valdés Leal, Velázquez y Murillo. En América latina existen varios focos del importante barroco colonial: en Guadalajara, Ciudad de México, Puebla; la escuela quiteña; las escuelas limeña y arequipeña y del Cuzco en Perú. Es notable el barroco brasileño, con la figura del Aleijadinho.

— LIT. En literatura, el barroco quedó ilustrado en España por Góngora, Quevedo, Gracián y Calderón. Arte del reflejo y de la apariencia, la literatura barroca está fundada en un sistema de antítesis, de analogías y de simetrías, que garantizan por medio de rupturas de estilo la constante presencia de la imaginación y de la sorpresa. La literatura barroca española muestra afinidad con todo el barroco europeo, pero ofrece rasgos peculiares, basados, entre otras cosas, en la conciencia de la decadencia política del país, en el fuerte influjo de la teología escolástica y en la involución ideológica, de signo contrarreformista. Es usual contraponer dos corrientes, culteranismo* y conceptismo*, según predominen artificios de índole formal o rebuscamientos creados por el juego intelectual de conceptos, pero ambos estilos son dos caras de un mismo fenómeno y su deslinde no es siempre pertinente. América latina adquirió su primera madurez de personalidad cultural propia precisamente bajo el signo del barroco, donde destacó con luz propia la mexicana sor Juana Inés de la Cruz, y sobresalen otros escritores como el poeta Hernando Domínguez Camargo y el prosista Juan de Espinosa Medrano, llamado *El Lunarejo*.

— MÚS. Por lo que respecta a la música, la escritura barroca, melódica y muy ornamentada, rompió con el estilo polifónico, con lo cual se favoreció la creación de nuevos géneros, entre los que destacan la ópera, el oratorio y la cantata, y de nuevas formas musicales, como la sonata o el concierto. El estilo barroco se desarrolló con C. Monteverdi, H. Purcell, J. P. Rameau, F. Couperin, A. Vivaldi y J. S. Bach.

**BARRÓN** n. m. Planta utilizada para la fijación de la arena de las dunas. (Familia gramíneas.)

**BARROQUISMO** n. m. Tendencia a lo barroco.

**BARROTE** n. m. Barra gruesa. **2.** Barra de hierro para afianzar algo. **3.** CARP. Palo que se pone atravesado sobre otros para sostener o reforzar.

**BARRUECO** n. m. Perla irregular. **2.** Nódulo esferoidal que suele encontrarse en las rocas, especialmente en las graníticas.

**BARRUNTAR** v. tr. **[1]**. Prever, conjeturar, presentir: *barruntar un peligro.*

**BARRUNTO** n. m. Acción de barruntar. **2.** Indicio, noticia.

**BARTOLA. A la bartola** *(Fam.)*, sin ningún cuidado ni preocupación.

**BARTOLEAR** v. intr. **[1]**. *Argent.* No saber aprovechar una oportunidad.

**BARTOLILLO** n. m. Pastel relleno de crema o carne.

**BARTOLINA** n. f. *Méx.* Calabozo oscuro y estrecho.

**BARTOLINITIS** n. f. MED. Inflamación de las glándulas de Bartolino, situadas en los labios mayores de la vulva.

**BARTULEAR** o **BARTULAR** v. tr. **[1]**. *Chile.* Devanarse los sesos, cavilar.

**BÁRTULOS** n. m. pl. Enseres de uso corriente. • **Liar los bártulos** *(Fam.)*, disponerse para un viaje, mudanza u otra empresa. ‖ **Preparar los bártulos** *(Fam.)*, disponer los medios de ejecutar alguna cosa.

**BARULLERO, A** adj. y n. Que promueve barullo.

**BARULLO** n. m. (port. *barulho*). Confusión, desorden.

**BASA** n. f. Base, fundamento o apoyo en que estriba una cosa. **2.** Asiento del fuste de una columna, pilastra, pedestal o estatua.

**BASADA** n. f. Armazón que se pone en la grada, debajo del buque, y sirve para botarlo al agua.

**BASAL** adj. Situado en la base de una formación orgánica o de una construcción. **2.** ZOOL. Dícese del segmento de la base de la aleta de los peces. **3.** MED. Dícese del gasto energético de un individuo en absoluto reposo, en ayunas durante 12 horas, expresado en grandes calorías por $m^2$ de superficie corporal: *metabolismo basal.* **4.** MED. Dícese de la más baja temperatura corporal registrada en condiciones de absoluto reposo, que debe tomarse al despertar y antes de levantarse. ◆ adj. y n. f. **5.** HISTOL. Dícese de la membrana fina localizada en la profundidad de los epitelios.

**BASALTO** n. m. (fr. *basalte*). Roca volcánica básica, generalmente de color oscuro, formada esencialmente por plagioclasa, piroxeno y olivino, que forma coladas extensas y muestra a menudo una estructura prismática.

**BASAMENTO** n. m. Parte inferior y maciza de una construcción, que la eleva por encima del nivel del suelo. **2.** Cuerpo formado por la basa y el pedestal de la columna. **3.** GEOL. Zócalo sobre el que descansan ciertas capas del terreno.

**BASAR** v. tr. **[1]**. Asentar algo sobre una base. ◆ v. tr. y pron. **2.** *Fig.* Fundar, apoyar: *basar un argumento en datos históricos.*

**BASÁRIDE** n. m. Carnívoro nocturno de cuerpo ágil y esbelto, patas cortas, cabeza de tamaño mediano, hocico algo puntiagudo y cola tan larga como el cuerpo. (Familia prociónidos.)

**BASCA** n. f. Ansia, desazón en el estómago cuando se quiere vomitar. (Suele usarse en plural.) SIN.: *náusea.* **2.** *Fam.* Pandilla, grupo de amigos. **3.** *Fam.* Gente, grupo numeroso de personas: *había mucha basca en el concierto.*

**BASCO, A** adj. Vasco.

**BASCONGADO, A** adj. y n. Vascongado.

**BASCOSIDAD** n. f. Inmundicia, suciedad.

**BASCOSO, A** adj. *Colomb.* y *Ecuad.* Soez, grosero.

**BÁSCULA** n. f. (fr. *bascule*). Aparato para medir pesos, generalmente grandes, provisto de una plataforma sobre la que se coloca lo que ha de pesarse. **2.** Palanca que se apoya en un punto fijo central, o en un punto situado hacia uno de sus extremos, y cuyos dos brazos pueden oscilar en sentido ascendente o descendente alternativamente. **3.** ARM. Parte de donde arrancan los cañones de las escopetas modernas. **4.** INFORMÁT. Dispositivo electrónico que posee dos estados posibles, capaz de bascular de uno a otro de ellos.

barrón

**BASCULAR** v. intr. y pron. **[1]**. Oscilar, tener movimiento vertical de vaivén. **2.** Levantarse la caja de ciertos vehículos de carga para descargar.

**BASE** n. f. (lat. *basem*). Parte inferior de un cuerpo sobre la que éste reposa: *la base de una copa.* **2.** Fundamento o apoyo principal de una cosa: *sentar las bases para un acuerdo.* **3.** Conjunto de los militantes de un partido político, central sindical, etc. **4.** Diversas estructuras anatómicas: *base del cráneo, del corazón.* **5.** ELECTRÓN. Junta central de un transistor comprendida entre el emisor y el colector y que generalmente recibe la señal que se ha de amplificar. **6.** GEOD. Distancia medida sobre el terreno con gran precisión y sobre la que se efectúa todo el trabajo de triangulación. **7.** MAT. Cantidad fija y distinta de la unidad, que ha de elevarse a una potencia dada para que resulte un número determinado. **8.** MAT. Superficie o lado de una figura geométrica en que se supone que ésta se apoya. **9.** MIL. Zona de reunión y de tránsito de los medios necesarios para llevar a cabo operaciones militares; organismo encargado de estas misiones: *base aérea, naval.* **10.** QUÍM. Sustancia que, combinada con un ácido, produce una sal y agua. ◆ n. m. y f. **11.** Jugador de baloncesto que tiene la función de dirigir el juego del equipo. • **Base de datos** (INFORMÁT.), conjunto de informaciones almacenadas en un ordenador, constituido por una serie de ficheros a través de los cuales se organizan, estructuran y jerarquizan los datos. ‖ **Base de lanzamiento** (ASTRONÁUT.), lugar donde están reunidas las instalaciones necesarias para la preparación, lanzamiento, control en vuelo y, eventualmente, el guiado radioeléctrico de vehículos espaciales. ‖ **Base de operaciones** (MIL.), zona donde se reúnen las unidades antes del ataque, o de unas operaciones. ‖ **Base de un espacio vectorial** (MAT.), familia libre máxima de vectores independientes que forman parte de ese espacio. ‖ **Base de un sistema de numeración** (MAT.), número de unidades de cierto orden necesarias para formar una unidad del orden inmediatamente superior. ‖ **Base de velocidad**, puntos determinados en la costa, cuya distancia, perfectamente medida y balizada, permite que los buques calculen su velocidad. ‖ **Base imponible** (ECON.), magnitud tributaria, expresada en dinero o en elementos de hecho, que se utiliza como punto de partida para calcular la cuantía del impuesto que ha de pagar el contribuyente.

**BASEBALL** n. m. Béisbol.

**BASHKIR,** pueblo turco y musulmán que habita el Bashkortostán (ant. Bashikiria).

**BASIC** n. m. (siglas ingl. de *Beginner's All purpose Symbolic Instruction Code*). INFORMÁT. Lenguaje de programación adaptado a los usos convencionales a partir de terminales o en ordenadores personales.

**BASICIDAD** n. f. QUÍM. Propiedad que posee un cuerpo de actuar como base.

**BÁSICO, A** adj. Fundamental: *conocimientos básicos.* **2.** Que tiene las propiedades de una base. • **Roca básica,** roca endógena que contiene entre el 45 y el 52 % de sílice. ‖ **Sal básica,** sal que reacciona con un ácido y da una sal neutra.

**BASIDIO** n. m. Expansión microscópica que lleva dos o cuatro esporas en la mayoría de los hongos

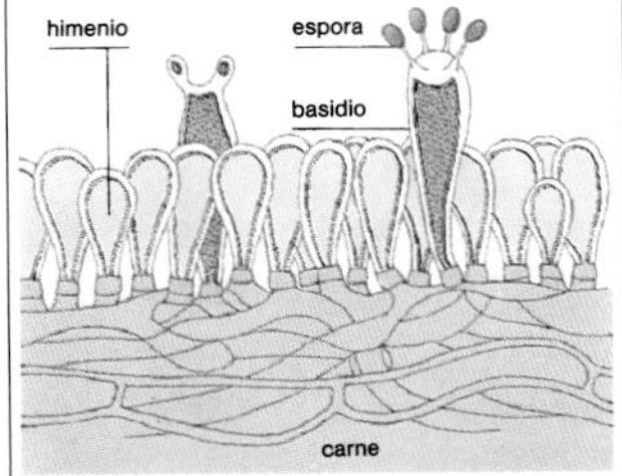


basidios

superiores. (Las esporas maduran en el exterior del basidio que las ha producido, lo que distingue el *basidio* del *asco*.)

**BASIDIOMICETE** adj. y n. m. Relativo a una clase de hongos cuyas esporas aparecen sobre basidios. (Incluye los hongos de laminillas [amanitas y agáricos], de poros [*Boletus*] y ciertas formas parásitas de los vegetales [carbón de los cereales].)

**BASIDIOSPORA** n. f. Espora formada por un basidio.

**BASILAR** adj. ANAT. Que sirve de base.

**BASILEUS** n. m. (voz griega). Título del rey de Persia y, más tarde, después de 630, del emperador bizantino.

**BASÍLICA** n. f. (lat. *basilicam*). Edificio romano, en forma de gran sala rectangular, que termina generalmente en un ábside. **2.** Iglesia cristiana construida sobre la misma planta. **3.** Título que se da a una iglesia que goza de ciertos privilegios.

**BASILICAL** adj. ARQ. Relativo a la basílica.

**BASILIENSE, BASILEENSE** o **BASILENSE** adj. y n. m. y f. De Basilea.

**BASILIO, A** adj. y n. Relativo a las diversas órdenes que siguen las reglas de san Basilio; miembro de alguna de dichas órdenes.

**BASILISCO** n. m. (gr. *basiliskos*, reyezuelo). Monstruo fabuloso nacido de un huevo puesto por un gallo e incubado por un sapo. **2.** *Fig.* Persona de carácter agrio. **3.** Saurio semejante a la iguana, de 80 cm de long., con cresta dorsal escamosa y de costumbres semiacuáticas, que vive en América tropical. • **Estar hecho un basilisco** (*Fam.*), estar muy enojado, muy enfadado.

**BASKETBALL** o **BASKET** n. m. (voz inglesa). Baloncesto.

**BASÓFILO, A** adj. HISTOL. Que toma los colorantes básicos, como la tionina.

**BASSET** n. m. y adj. Perro de patas cortas y a veces torcidas.

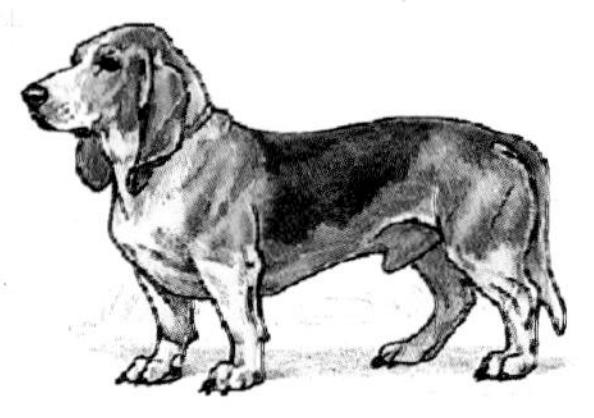

**basset**

**BASTA** n. f. Hilván.

**BASTANTE** adv. c. Ni mucho ni poco, ni más ni menos de lo regular: *ya tengo bastante*. **2.** Algún tanto: *está bastante mejor*.

**BASTANTEAR** v. tr. e intr. [**1**]. DER. Declarar un letrado lo suficiente de un poder u otro documento.

**BASTAR** v. intr. y pron. [**1**]. Ser suficiente. **2.** Abundar, haber gran cantidad.

**BASTARDEAR** v. intr. [**1**]. Degenerar de su naturaleza o pureza primitiva. **2.** *Fig.* Apartarse las personas de lo que conviene a su origen.

**BASTARDÍA** n. f. Calidad de bastardo. **2.** *Fig.* Dicho o hecho indigno del origen o estado de una persona.

**BASTARDILLO, A** adj. y n. f. Dícese de la letra de imprenta cursiva.

**BASTARDO, A** adj. y n. Dícese del hijo nacido fuera de matrimonio. ◆ adj. **2.** Que degenera de su origen o naturaleza. **3.** Dícese del animal que no es de pura raza. • **Mortero bastardo,** mortero hecho con agua, arena y una mezcla de cal grasa y cemento.

**BASTE** n. m. Almohadilla que lleva la silla de montar o la albarda en su parte inferior.

**BASTEAR** v. tr. [**1**]. Hilvanar.

**BASTEDAD** o **BASTEZA** n. f. Calidad de basto.

**BASTERNA** n. f. Carro de los antiguos pueblos del norte, más tarde usado por los romanos y los merovingios. **2.** Litera llevada a lomo de mulo.

**BASTETANO, A** adj. y n. Relativo a un pueblo primitivo hispánico, asentado en el SE de la Península (Bastetania) en tiempos de la conquista romana, cuya capital era *Basti* (Baza); individuo de dicho pueblo.

**BASTIDOR** n. m. Especie de marco o armazón que tiene varios usos: *bastidor de bordar; bastidor de una ventana*. **2.** *Amér. Central.* Colchón de tela metálica. **3.** *Chile.* Celosía. **4.** MEC. Armazón metálico o de madera que soporta los distintos elementos de una máquina. **5.** MEC. Armazón metálico indeformable que sirve como soporte a la carrocería, motor, etc., de un vehículo automóvil, locomotora, vagón de ferrocarril, o de cualquier otra estructura o conjunto mecánico. ◆ **bastidores** n. m. pl. **6.** Partes de un teatro situadas a los lados y detrás de la escena, entre el decorado y las paredes del escenario. • **Entre bastidores** (*Fam.*), dícese de lo que se trama o prepara reservadamente.

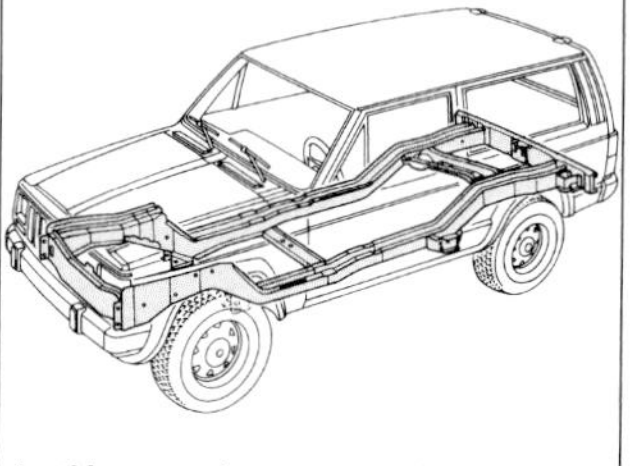

**bastidor** y caja de un automóvil 4 × 4

**BASTILLA** n. f. Doblez que se asegura con puntadas a los extremos de la tela para que no se deshilache. **2.** Hilván pequeño.

**BASTILLA** n. f. (provenz. *bastida*). Antigua obra de defensa a la entrada de una ciudad.

**BASTILLEAR** v. tr. [**1**]. *Chile.* Rematar una tela con hilvanes pequeños para que no se deshilache.

**BASTIMENTO** n. m. Conjunto de provisiones o víveres para el abastecimiento.

**BASTIÓN** n. m. (ital. *bastione*). Baluarte.

**BASTIONADO, A** adj. FORT. Provisto de baluartes.

**BASTO, A** adj. Tosco, sin pulimento: *tela basta*. **2.** *Fig.* Inculto, tosco o grosero. ◆ n. m. **3.** Cualquiera de los naipes del palo de bastos. **4.** *Chile.* Cuero curtido de oveja que se coloca debajo de la montura para proteger el lomo del caballo. **5.** *Ecuad.* Almohadilla de la silla de montar. ◆ **bastos** n. m. pl. **6.** Uno de los cuatro palos de la baraja española.

**BASTÓN** n. m. Vara o palo que sirve para apoyarse al andar. **2.** Insignia de mando o de autoridad. **3.** Prolongación en forma de pequeño bastón, característica de ciertas células visuales de la retina. **4.** Palo que ayuda al esquiador a avanzar o a mantener el equilibrio. • **Bastón de mando,** palo cilíndrico que sirve de insignia de mando o autoridad.

**BASTONAZO** n. m. Golpe dado con el bastón.

**BASTONERA** n. f. Mueble para poner bastones y paraguas.

**BASURA** n. f. Desperdicios, suciedad, inmundicia. **2.** Estiércol de las caballerías. **3.** Cosa vil y despreciable.

**BASURAL** n. m. *Amér.* Lugar en el que se tira y acumula basura, basurero, vertedero.

**BASUREAR** v. tr. [**1**]. *Argent., Perú* y *Urug.* Insultar.

**BASURERO, A** n. Persona que tiene por oficio recoger la basura. ◆ n. m. **2.** Sitio donde se amontona la basura.

**BASUTO** → ***sotho.***

**BAT** n. m. Baht.

**BATA** n. f. Prenda de vestir que se usa al levantarse de la cama o para estar por casa. **2.** Prenda de vestir que se usa para el trabajo profesional en clínicas, talleres, etc. **3.** Traje de cola y volantes que llevan las bailadoras y cantadoras.

**BATACAZO** n. m. Golpe fuerte que se da al caer. SIN.: *baquetazo, porrazo*. **2.** *Argent., Chile, Perú* y *Urug.* Cualquier suceso afortunado y sorprendente.

**BATAHOLA** o **BATAOLA** n. f. *Fam.* Bulla, ruido grande.

**BATAK,** pueblo indonesio de Sumatra cuyas prácticas animistas están influidas por el islam.

**BATALLA** n. f. (lat. *battualia*, esgrima). Combate importante entre dos fuerzas militares. **2.** Justa o torneo. **3.** *Fig.* Agitación e inquietud interior del ánimo: *librar una batalla consigo mismo*. **4.** Distancia que separa los ejes de un vehículo. • **De batalla,** dícese de las prendas, utensilios u objetos de uso ordinario.

**BATALLAR** v. intr. [**1**]. Pelear, reñir con armas. **2.** *Fig.* Disputar, debatir: *batalló hasta conseguirlo*. **3.** *Fig.* Fluctuar, vacilar.

**BATALLÓN** n. m. (ital. *battaglione*). Unidad táctica del arma de infantería, compuesta de varias compañías. **2.** Unidades similares de otras armas o servicios: *batallones de zapadores*. **3.** Grupo numeroso de personas.

**BATALLÓN, NA** adj. Que apasiona, exalta o causa discordia: *una cuestión batallona*.

**BATÁN** n. m. Máquina preparatoria de la hilatura del algodón. **2.** Edificio en que funcionan estas máquinas. **3.** Bastidor o caja oscilante de un telar que sostiene el peine y bate la trama hacia la tela fabricada. • **Tierra de batán,** arcilla esméctica procedente de la descomposición de determinados esquistos.

**BATANADO** n. m. Operación consistente en tratar las pieles en el batán. SIN.: *batanadura*.

**BATANAR** v. tr. [**1**]. Abatanar.

**BATANEAR** v. tr. [**1**]. *Fam.* Sacudir o dar golpes a uno.

**BATANERO, A** n. Persona que cuida de los batanes o trabaja en ellos.

**BATAOLA** n. f. Batahola.

**BATARA** n. f. Diversos pájaros insectívoros, de pico fuerte y alas cortas y redondas, que frecuentan la vegetación arbustiva más densa de selvas y montes. Viven en América Meridional. (Familia formicáridos.)

**BATATA** n. f. (voz antillana). Planta de tallo rastrero, cultivada por sus tubérculos comestibles. (Familia convolvuláceas.) **2.** Raíz de esta planta. SIN.: *boniato, moniato*.

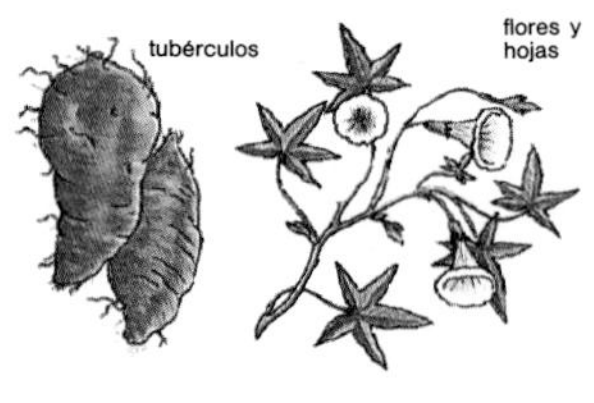


**batatas**

**BATATAZO** n. m. *Chile.* Suerte inesperada en las carreras de caballos. **2.** *Chile.* Resultado sorpresivo de algo. (Se usa con el verbo *dar*.)

**BATÁVICO, A** adj. Dícese de la gota de vidrio terminada en una punta afilada que se obtiene dejando caer vidrio fundido en agua fría, también llamada *lágrima batávica*.

**BÁTAVO, A** adj. y n. Relativo a un pueblo germánico que se estableció en la Holanda meridional actual; individuo de este pueblo.

**BATAYOLA** n. f. (cat. *batallola*). MAR. Barandilla situada a lo largo del pasamanos y en los alrededores de las cubiertas de los castillos y superestructuras del buque.

**BATE** n. m. (ingl. *bat*). En béisbol, críquet, etc., bastón o pala que sirve para golpear la pelota.

**BATEA** n. f. Bandeja, especialmente la de madera pintada. **2.** Embarcación de borde bajo y fondo plano, usada para cargar y descargar buques. **3.** *Argent., Chile, Colomb., Cuba* y *Perú.* Artesa para lavar.

**BATEAR** v. tr. [**1**]. Golpear la pelota con el bate.

**BATEKE** → ***teké.***

**BATEL** n. m. Bote, barco pequeño.

**BATELERO, A** n. Persona que gobierna el batel.

**BATERÍA** n. f. (fr. *batterie*). Conjunto ordenado de pruebas o experimentos que se usan en algunas ciencias: *batería de preguntas; batería de tests*. **2.** COREOGR. Movimiento de danza académica en el que las piernas y los pies se tocan y se cruzan entre sí. **3.** ELECTR. Agrupación de diversos aparatos como acumuladores, condensadores, etc., dispuestos en serie o en paralelo. **4.** MIL. Conjunto de piezas de artillería dispuestas para una misma misión. **5.** MIL. Lugar donde se concentran. **6.** MIL. Conjunto de cañones situados en el puente de un navío. **7.** MIL. Unidad táctica del arma de artillería, compuesta de varias piezas. **8.** MÚS. En una orquesta, conjunto de instrumentos de percusión. **9.** MÚS. Instrumento formado al unir varios instrumentos de percusión. **10.** TEATR. En los teatros, fila de luces del proscenio. • **Batería de cocina,** conjunto de utensilios de metal empleados en una cocina. ‖ **Batería solar,** fotopila. ‖ **En batería,** modo de aparcar vehículos colocándolos paralelamente unos a otros. ◆ n. m. y f. **11.** Persona que en la orquesta toca la batería.

**batería** de jazz

**BATEY** n. m. En las fincas agrícolas de Antillas, lugar ocupado por las viviendas, barracones, almacenes, etc.

**BATIAL** adj. (der. del gr. *bathys*, profundo). Relativo a una zona oceánica que corresponde aproximadamente al talud continental.

**BATIBURRILLO** o **BATIBORRILLO** n. m. Mezcla de cosas que desdicen entre sí o de especies inconexas.

**BATIDA** n. f. Acción de batir el monte para levantar la caza. **2.** Reconocimiento de algún paraje en busca de malhechores o enemigos. **3.** Acción de batir o acuñar. **4.** Irrupción de la policía en un local donde se desarrollan actividades delictivas.

**BATIDO, A** adj. Dícese del camino muy andado y trillado. **2.** Dícese de los tejidos de seda que resultan con visos distintos. ◆ n. m. **3.** Operación consistente en batir un líquido. **4.** Bebida refrescante no alcohólica, hecha principalmente a base de leche y frutas, todo ello mezclado por medio de una batidora. **5.** Operación que consiste en batir el algodón, lana, etc., para eliminar las impurezas que contienen antes de proceder al hilado.

**BATIDOR, RA** adj. Que bate, especialmente oro y plata. ◆ n. m. **2.** Instrumento para batir. **3.** Persona que se encarga de levantar la caza en las batidas. **4.** MIL. Explorador que va delante de una tropa y que descubre y reconoce el terreno. **5.** MIL. Cada uno de los soldados de caballería o de artillería que preceden al regimiento o a la facción de fuerza que forma para desfiles, honores, etc. **6.** MÚS. Lámina de madera dura que recubre el mástil de los instrumentos de cuerda. **7.** TEXT. Máquina que sirve para abrir y mezclar la lana u otra materia textil, a fin de prepararla para el cardado. ◆ n. **8.** *Argent.* y *Urug. Vulg.* Persona que delata o denuncia.

**BATIDORA** n. f. Aparato electrodoméstico destinado a mezclar productos alimenticios.

**BATIENTE** n. m. Parte del cerco o cuadro en que se detienen y baten las puertas o ventanas al cerrarse. **2.** Cada una de las hojas de una puerta o ventana. **3.** Lugar donde el mar bate el pie de una costa o dique. **4.** Listón de madera forrado de paño en el cual baten los macillos del piano e instrumentos análogos.

**BATIFONDO** n. m. *Argent. Fam.* Barullo, desorden.

**BATIHOJA** n. m. Artífice que convierte el oro y la plata en láminas tenues o panes.

**BATIK** n. m. Procedimiento de decoración de un tejido por tinción, después de haber cubierto ciertas partes con cera. **2.** Tejido tratado por este procedimiento.

**BATIMÁN** n. m. (fr. *battement*). COREOGR. Movimiento que se hace alzando una pierna y llevándola rápidamente hacia la otra como para sacudirla.

**BATIMETRÍA** n. f. Medida de la profundidad de los mares o de los lagos.

**BATIMÉTRICO, A** adj. Relativo a la batimetría.

**BATÍMETRO** n. m. Instrumento que sirve para medir la profundidad de los mares.

**BATIMIENTO** n. m. Acción de batir. **2.** Fenómeno debido a la superposición de dos vibraciones de frecuencias ligeramente distintas. **3.** COREOGR. Movimiento en el que la pierna es lanzada de una posición a otra en línea directa.

**BATÍN** n. m. Bata que suele llegar un poco más abajo de la cintura.

**BATINGA** n. f. Árbol de madera rojiza, muy dura e imputrescible, que crece a orillas de los ríos de América del Sur. (Familia mirtáceas.)

**BATINTÍN** n. m. Instrumento de percusión consistente en un disco metálico suspendido, que se toca con una maza. SIN.: *gong.*

**BATIR** v. tr. (lat. *battuere*) **[3]**. Dar golpes, golpear. **2.** Destruir, derribar, echar por tierra alguna pared, edificio, etc. **3.** Dar directamente el sol, el agua o el aire. **4.** Mover una cosa con cierta rapidez: *batir las alas.* **5.** Mover y revolver una cosa para hacerla más fluida o condensarla: *batir un huevo.* **6.** Martillar una pieza de metal hasta reducirla a chapa. **7.** Ganar, superar un récord o marca. **8.** Derrotar al enemigo. **9.** Recorrer y reconocer un lugar en busca de enemigos, gente escondida, caza, etc. **10.** Acuñar moneda, fabricarla. **11.** Peinar el pelo hacia arriba. **12.** *Chile, Guat.* y *Méx.* Aclarar la ropa enjabonada. **13.** *Méx.* Ensuciar, manchar algo por completo. **14.** ESGR. Dar un golpe seco en el tercio medio o débil del arma del adversario. ◆ **batirse** v. pron. **15.** Combatir, pelear. • **Batirse en retirada,** ceder el campo ante el empuje del enemigo.

**BATISCAFO** n. m. Aparato autónomo y habitable de inmersión que permite explorar el fondo del mar.

**BATISFERA** n. f. Esfera muy resistente que, suspendida de un cable, permite explorar el fondo de los mares.

**BATISTA** n. f. Tela de lino o algodón muy fina y tupida.

**BATLLISMO** n. m. Movimiento político uruguayo inspirado en los ideales de José Batlle y Ordóñez.

**BATOLITO** n. m. Intrusión de rocas plutónicas, en forma de domo o de dique, que corta las rocas *in situ.*

**BATOLOGÍA** n. f. RET. Repetición innecesaria de palabras.

**BATRACIO, A** adj. y n. m. Anfibio.

**BATTEMENTS** n. m. pl. (voz francesa). COREOGR. Importante grupo de ejercicios básicos de la danza.

**BATUECAS. Estar en las batuecas,** estar distraído, ajeno.

**BATUQUE** n. m. *Amér.* Confusión, barullo. **2.** *Amér.* Baile desordenado de hombres y mujeres.

**BATUQUEAR** v. tr. **[1]**. *Amér.* Alborotar, agitar.

**BATURRADA** n. f. Acción, dicho o hecho propios de baturro.

**BATURRO, A** adj. y n. Aragonés rústico.

**BATUTA** n. f. (ital. *battuta*, compás). Bastón corto con que el director de una orquesta, banda u orfeón marca el compás. • **Llevar la batuta** *(Fam.),* dirigir algo.

**BATUTSI** → ***tutsi.***

**BAUDIO** n. m. Unidad de velocidad en las transmisiones telegráficas, que corresponde a la transmisión de un punto del alfabeto Morse por segundo. **2.** Unidad de velocidad de transferencia de la información en una línea de teleproceso, equivalente a un bit por segundo.

**BAÚL** n. m. Cofre, mueble parecido al arca. **2.** *Argent.* Lugar de un vehículo donde se lleva el equipaje, maletero. • **Baúl mundo,** el grande y de mucho fondo.

**BAULÉ,** pueblo akan de Costa de Marfil, que habla una lengua del grupo kwa.

**BAULERA** n. f. *Argent.* Armario o altillo donde se guardan las maletas.

**BAUPRÉS** n. m. (fr. *beaupré*). Palo grueso colocado oblicuamente en la proa de un navío.

**BAUSÁN, NA** n. Figura embutida de paja y vestida de armas, que antiguamente se colocaba detrás de las almenas de las fortalezas. **2.** *Fig.* Persona boba, necia. ◆ adj. **3.** *Perú.* Ocioso, holgazán, perezoso.

**BAUTISMAL** adj. Relativo al bautismo.

**BAUTISMO** n. m. (lat. *baptismum*). Primero de los sacramentos de las iglesias cristianas, que constituye el signo jurídico y sagrado de pertenencia a la Iglesia. **2.** Bautizo. • **Bautismo de aire** (AERON.), primer vuelo. ‖ **Bautismo de fuego,** primera vez que un soldado combate.

**BAUTISTA** n. m. El que bautiza. • **El Bautista,** por antonomasia, san Juan Bautista. ◆ adj. y n. m. y f. **2.** Baptista.

**BAUTISTERIO** n. m. Baptisterio.

**BAUTIZAR** v. tr. **[1g]**. Administrar el sacramento del bautismo. SIN.: *cristianar.* **2.** *Fig.* Poner nombre a una persona o a una cosa. **3.** Rebajar el vino con agua.

**BAUTIZO** n. m. Acción de bautizar y fiesta que se celebra. SIN.: *bateo, cristianismo.*

**BAUXITA** n. f. Roca sedimentaria de color rojizo, compuesta básicamente de alúmina, con óxido de hierro y sílice, que se explota como mineral de aluminio.

**BÁVARO, A** adj. y n. De Baviera.

**BAYA** n. f. (fr. *baie*). Nombre genérico que se da a los frutos carnosos con semillas, como la uva, la grosella, el melón, etc.

**BAYADERA** n. f. Bailarina y cantante de la India.

**BAYAL** adj. Dícese de una variedad de lino de hilaza más fina y blanca que la común.

**BAYAL** n. m. Palanca usada en las tahonas para volver las piedras cuando es necesario picarlas.

**BAYAMÉS, SA** adj. y n. De Bayamo.

**BAYETA** n. f. Tela de lana floja y poco tupida. **2.** Paño para fregar el suelo.

**BAYETÓN** n. m. Tela de lana con mucho pelo usada para abrigo.

**BAYO, A** adj. y n. (lat. *badium*). De color blanco amarillento. **2.** Dícese del caballo de este color.

**BAYONETA** n. f. (fr. *baionnette*). Arma blanca, puntiaguda, complementaria del fusil, a cuyo cañón se adapta exteriormente junto a la boca. • **Fijación de bayoneta,** dispositivo de fijación de un objeto semejante al empleado por las bayonetas.

**BAYONETAZO** n. m. Golpe o herida de bayoneta.

**BAYÚ** n. m. *Cuba.* Casa donde se ejerce la prostitución.

**BAYUNCO, A** adj. y n. *C. Rica* y *Guat.* Rústico, grosero, zafio.

**BAZA** n. f. Número de naipes que en ciertos juegos recoge el que gana la mano. **2.** Ventaja. • **Meter baza,** intervenir en una conversación o asunto. ‖ **No dejar meter baza** *(Fam.),* hablar una persona sin dejar hacerlo a los demás.

**BAZAR** n. m. Mercado público oriental. **2.** Tienda de productos diversos.

**BAZO** n. m. Órgano linfoide situado en el hipocondrio izquierdo, entre el estómago y las falsas costillas que produce leucocitos y tiene una reserva de hematíes.

**BAZOFIA** n. f. (ital. *bazzoffia*). Mezcla de heces o desechos de comidas. **2.** *Fig.* Cosa baja y despreciable. **3.** Comida mala o mal hecha.

**BAZOOKA** n. m. (voz inglesa). Lanzagranadas.

**BAZTETANO, A** adj. y n. De Baza. SIN.: *bastitano.*

**B. C. G.** n. m. (siglas con que se designa el *bacilo Calmette-Guérin*). Vacuna contra la tuberculosis. ■ Es un bacilo vivo atenuado, no patógeno, pero que conserva sus propiedades antigénicas. Su inoculación produce cutirreacción positiva, protegiendo totalmente contra la meningitis tuberculosa y las tuberculosis agudas (granulia) y, relativamente, contra las tuberculosis comunes (pulmonar, renal, etc.).

**BE** n. f. Nombre de la letra *b.* • **Be chica** (*Méx.*), nombre de la letra *uve.* || **Be corta** *(Amér.)*, nombre de la letra *uve.* || **Be grande** (*Méx.*), nombre de la letra *be.* || **Be larga** *(Amér.)*, nombre de la letra *be.* || **Be por be** *(Fam.)*, de forma prolija.

**BE** n. m. (voz onomatopéyica). Balido.

**Be,** símbolo químico del *berilio.*

**BEAGLE** adj. y n. m. (voz inglesa). Dícese de una raza de perros cazadores de pequeño tamaño y cuerpo robusto.

**BEAMONTÉS, SA** adj. y n. Beaumontés.

**BEARNÉS, SA** adj. y n. Del Béarn. ◆ adj. **2. Salsa bearnesa,** salsa compuesta de vinagre de estragón, perifollo, cebolla, yemas de huevo y mantequilla.

**BEAT** n. m. (voz norteamericana). En jazz, pulsación o golpe regular y de igual intensidad, no sometido a división métrica o rítmica.

**BEATERÍA** n. f. Acción de exagerada o afectada virtud.

**BEATERIO** n. m. Casa en que viven las religiosas en comunidad.

**BEATIFICACIÓN** n. f. Acción de beatificar.

**BEATIFICAR** v. tr. [**1a**]. Declarar el papa que alguien, de virtudes previamente calificadas, goza de eterna bienaventuranza y se le puede dar culto. **2.** Hacer respetable o venerable.

**BEATÍFICO, A** adj. Que hace bienaventurado.

**BEATITUD** n. f. Bienaventuranza completa. **2.** Cualidad de beato.

**BEATNIK** n. m. y f. (voz angloamericana). Adepto de un movimiento social y literario norteamericano nacido en los años cincuenta como reacción contra las formas de vida de E.U.A. y de la sociedad industrial moderna.

**BEATO, A** adj. (lat. *beatum*). Feliz o bienaventurado. ◆ adj. y n. **2.** Dícese de la persona cuya santidad reconoce la Iglesia mediante el acto solemne de la beatificación. **3.** Dícese de las religiosas de ciertas órdenes: *beatas dominicas.* **4.** Dícese de la persona muy devota que se ejercita en obras de virtud o que afecta devoción. SIN.: *misero, santurrón.* ◆ n. **5.** Persona que lleva hábito religioso sin vivir en comunidad ni seguir regla determinada. ◆ n. m. **6.** B. ART. Nombre que se da a los manuscritos que reproducen los *Comentarios al Apocalipsis* del Beato de Liébana.

■ El interés artístico de los beatos reside en sus miniaturas mozárabes, que son combinación de las influencias árabes con la tradición visigótica, con concesiones a las cenefas anglocelтas y a las decoraciones carolingias. Se conocen un total de 25 manuscritos de los ss. X al XIII: el *Primer Beato Morgan*, el de Emeterio, el de Gerona, el de Saint Sever, el de Fernando I, el de la catedral de Burgo de Osma, etc.

**BEAUMONTÉS, SA** adj. y n. Relativo al partido de los beaumonteses, rivales de los agramonteses*; miembro de este partido.

**BEBE, A** n. *Argent., Perú* y *Urug.* Bebé, niño pequeño.

**BEBÉ** n. m. Nene muy pequeño que aún no anda. • **Bebé probeta,** niño nacido de un huevo obtenido por fecundación in vitro de un óvulo por un espermatozoide y reimplantado en el útero.

**BEBEDERA** n. f. *Colomb.* y *Méx.* Acción de beber sin contención.

**BEBEDERO, A** adj. Que es bueno o fácil de beber. ◆ n. m. **2.** Vaso en que se pone la bebida a los pájaros y aves domésticas. **3.** Abrevadero.

**BEBEDIZO, A** adj. Potable. ◆ n. m. **2.** Filtro, bebida a la que supersticiosamente se atribuía virtud para conciliar el amor de otras personas. **3.** Bebida que contiene veneno. **4.** Bebida medicinal.

**BEBEDOR, RA** adj. Que bebe. ◆ adj. y n. **2.** *Fig.* Que abusa de las bebidas alcohólicas.

**BEBENDURRIA** n. f. *Amér.* Cogorza, borrachera.

**BEBER** v. tr. e intr. (lat. *bibere*) [**2**]. Ingerir un líquido haciendo que pase de la boca al estómago. **2.** Consumir bebidas alcohólicas. **3.** *Fig.* Absorber, devorar, consumir. ◆ v. intr. **4.** Brindar. • **Beber los vientos,** anhelar.

**BEBESTIBLE** adj. y n. m. Que se puede beber.

**BEBEZÓN** n. f. *Colomb., Cuba, Guat.* y *Venez.* Bebida, especialmente la alcohólica.

**BEBIBLE** adj. *Fam.* Dícese de los líquidos que no son del todo desagradables al paladar. **2.** FARM. Que debe tomarse por la boca.

**BEBIDA** n. f. Acción y efecto de beber, especialmente bebidas alcohólicas. **2.** Líquido que se bebe, especialmente el alcohólico.

**BEBIDO, A** adj. Casi borracho.

**BEBO, A** n. *Argent.* Bebé, niño pequeño.

**BE-BOP** n. m. Bop.

**BECA** n. f. Insignia que usan los colegiales. **2.** *Fig.* Plaza o prebenda de colegial. **3.** Ayuda económica que percibe un estudiante, investigador o artista para cursar sus estudios, realizar sus obras, etc.

**BECADA** n. f. Ave caradriforme de pico largo, delgado y flexible, de unos 50 cm long. (Familia escolopácidos.)

**becada**

**BECAR** v. tr. [**1a**]. Conceder una beca.

**BECARIO, A** n. Persona que disfruta de una beca. SIN.: *becado.*

**BECERRADA** n. f. Lidia de becerros.

**BECERRIL** adj. Perteneciente o parecido al becerro.

**BECERRO, A** n. Toro o vaca que no ha cumplido tres años. ◆ n. m. **2.** Piel de ternero, curtida y dispuesta para varios usos. • **Becerro de oro,** ídolo que los israelitas elevaron al pie del monte Sinaí y al que rindieron culto; *(Fig.)*, dinero.

**BECHAMEL, BESAMEL** o **BESAMELA** n. f. Salsa blanca hecha a base de harina, leche y mantequilla.

**BECQUERIANA** n. f. Bequeriana.

**BECUADRO** n. m. (ital. *bequadro*). MÚS. Signo de alteración que devuelve a su tono natural una nota antes elevada por un sostenido o rebajada por un bemol.

**becuadro**

**BEDEGAR** n. m. Excrecencia pilosa que se produce en los rosales por la introducción en la planta de huevos de un insecto cinípedo.

**BEDEL, LA** n. Empleado que en las universidades, institutos y dependencias administrativas, cuida del orden y de otros menesteres.

**BEDELIO** n. m. (lat. *bedelium*). Gomorresina de color amarillo, olor suave y gusto amargo que se extrae de ciertas burseráceas.

**BEDUINO, A** adj. y n. Dícese de los árabes nómadas de Arabia, Siria, Iraq, Jordania y Sahara, musulmanes en su mayoría, una parte de los cuales está en vías de sedentarización.

**BEFA** n. f. (ital. *beffa*). Burla grosera e insultante.

**BEFAR** v. intr. [**1**]. Mover los caballos el belfo. ◆ v. tr. **2.** Burlar, escarnecer.

**BEFFROI** n. m. (voz francesa). En Flandes, Artois, Hainaut y regiones limítrofes, torre ciudadana de atalaya, desde la que los guardias vigilaban el campo circundante.

**BEFO, A** adj. y n. Belfo. **2.** De labios abultados o gruesos. **3.** Zambo o zancajoso. ◆ n. m. **4.** Belfo, labio de un animal. **5.** Especie de mico.

**BEGARDO, A** adj. y n. (fr. *bégard*). Relativo a diversas sociedades místicas de la edad media; miembro de alguna de dichas sociedades.

**BEGONIA** n. f. Planta originaria de América del Sur, cultivada por sus hojas decorativas y sus flores vivamente coloreadas. (Familia begoniáceas.) **2.** Flor de esta planta.

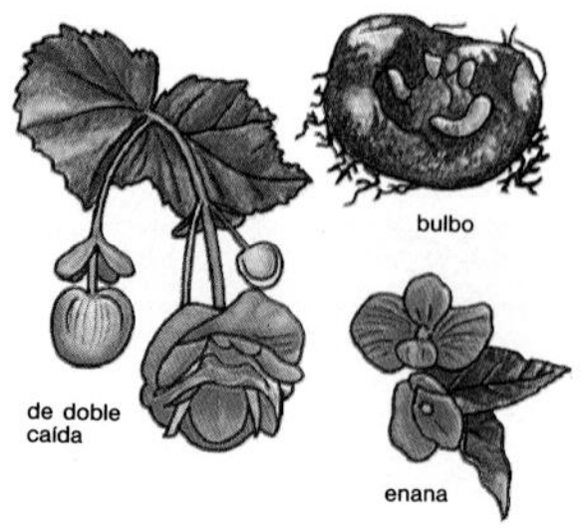


**begonia**

**BEGUINA** n. f. Mujer piadosa que, sin emitir votos, vive en comunidad, en los Países Bajos y en Bélgica.

**BEGUINAJE** n. m. Comunidad de beguinas.

**BEGUM** n. f. Título que se da a las princesas indias.

**BEHAÍSMO** n. m. Movimiento religioso persa nacido del babismo. (Fundado por Bahā'Allh [1817-1892] predica una religión universal.)

**BEHAVIORISMO** n. m. SICOL. Conductismo.

**BEHAVIORISTA** adj. y n. m. y f. SICOL. Conductista.

**BEHETRÍA** n. f. Durante la edad media, en Castilla, heredad dotada de ciertos privilegios cuyo dueño era un campesino libre que disfrutaba de la facultad de elegir por señor a quien quisiera. (Establecía relaciones de patrocinio para su protección a cambio del pago de impuestos o la prestación de determinados servicios.)

**BEIGE** adj. y n. m. (voz francesa). Dícese del color natural de la lana, amarillento.

**BÉISBOL** n. m. (ingl. *base-ball*). Deporte que se practica con una pelota y un bate, y bases que jalonan el recorrido que cada jugador debe seguir después de golpear la pelota. SIN.: *baseball.*

**BEJUCAL** n. m. Sitio donde se crían bejucos. SIN.: *bejuqueda.*

**BEJUCO** n. m. Nombre de diversas plantas tropicales, sarmentosas, de tallos largos y delgados,

el **beffroi** de Gante (s. XIV)

que se emplean para ligaduras, jarcias, tejidos, muebles, etc.

**BEJUQUEAR** v. tr. **[1]**. *Amér. Central, Ecuad.* y *P. Rico.* Varear, apalear.

**BEL** n. m. Unidad relativa de intensidad sonora que es igual al logaritmo decimal de la relación de una intensidad sonora con otra diez veces más débil. SIN.: *belio.*

**BEL CANTO** n. m. (voces italianas). Forma de cantar en la que la importancia reside en la belleza del sonido y en el virtuosismo.

**BELCHO** n. m. Arbusto muy ramificado, de unos 50 cm de alt., sin hojas, con flores en amentos y frutos en baya, encarnados. (Familia gnetáceas.)

**BELDAD** n. f. Belleza. **2.** Mujer notable por su belleza.

**BELDAR** v. tr. **[1j]**. Aventar con el bieldo las mieses, legumbres, etc., para separar del grano la paja. SIN.: *bieldar.*

**BELDUQUE** n. m. *Colomb.* Cuchillo grande de hoja puntiaguda.

**BELEMNITA** n. f. Molusco cefalópodo fósil, característico de la era secundaria, semejante al actual calamar y del que generalmente sólo se conserva la parte posterior del caparazón.

**BELÉN** n. m. Representación del nacimiento de Jesús por medio de figuras. **2.** *Fig.* y *fam.* Confusión, desorden y sitio donde lo hay: *armarse un belén.* **3.** *Fig.* y *fam.* Negocio expuesto a contratiempos o disturbios: *meterse en belenes.*

**BELEÑO** n. m. Planta arbustiva de hojas vellosas y flores amarillentas con listas púrpura, muy tóxica. (Familia solanáceas.)

**BELFO, A** adj. y n. (lat. *bifidum*). Que tiene el labio inferior más grueso que el superior. SIN.: *befo.* ◆ n. m. **2.** Cualquiera de los dos labios del caballo y otros animales.

**BELGA** adj. y n. m. y f. De Bélgica.

**BELICISMO** n. m. Actitud o pensamiento de los belicistas.

**BELICISTA** adj. y n. m. y f. Que preconiza el empleo de la fuerza en las relaciones internacionales.

**BÉLICO, A** adj. (lat. *bellicum*). Relativo a la guerra.

**BELICOSIDAD** n. f. Calidad de belicoso.

**BELICOSO, A** adj. Guerrero, marcial. **2.** *Fig.* Agresivo, pendenciero.

**BELIGERANCIA** n. f. Estado de beligerante. • **No beligerancia,** estado de un país que, sin ser completamente neutral en un conflicto, no toma parte en las operaciones militares.

**BELIGERANTE** adj. y n. m. y f. Dícese de un estado, pueblo o fuerza armada que participa en un conflicto armado en condiciones reconocidas por el derecho internacional.

**BELINÓGRAFO** n. m. Aparato que sirve para la transmisión por hilo de imágenes o fotografías.

**BELINOGRAMA** n. m. Documento transmitido mediante el belinógrafo.

**BELIO** n. m. Bel.

**BELLACO, A** adj. y n. Malo, pícaro, ruin. **2.** *Amér.* Dícese de la cabalgadura que tiene resabios y es difícil de gobernar.

**BELLADONA** n. f. Planta herbácea que vive en las espesuras o los escombros, con bayas negras del tamaño de una cereza. (Es muy venenosa y contiene un alcaloide, la atropina, que en muy pequeñas dosis se utiliza en medicina. [Familia solanáceas.])

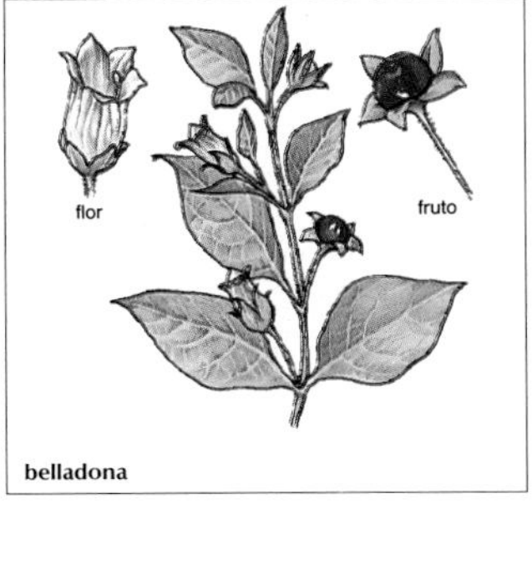


belladona

**BELLAQUEAR** v. intr. **[1]**. Hacer bellaquerías.

**BELLAQUERÍA** o **BELLACADA** n. f. Acción o dicho propio de bellaco.

**BELLEZA** n. f. Conjunto de cualidades cuya manifestación sensible produce un deleite espiritual, un sentimiento de admiración. **2.** Persona notable por su hermosura.

**BELLIDO, A** adj. Bello, agraciado.

**BELLO, A** adj. (lat. *bellum*). Que tiene belleza. • **Bella persona,** excelente, de buenas cualidades. || **Bellas artes,** nombre que se da a las tres artes mayores, arquitectura, escultura y pintura, y también, por extensión, a otras artes, como la música y la danza. || **Bellas letras,** literatura. || **Bello sexo,** sexo femenino.

**BELLOTA** n. f. Fruto de la encina, roble y otros árboles. **2.** Botón o capullo del clavel sin abrir. **3.** *Vulg.* Glande.

**BELLOTE** n. m. Clavo grueso de unos 20 cm de longitud.

**BELLOTEAR** v. intr. **[1]**. Comer bellotas el ganado de cerda.

**BELOS,** tribu de celtíberos que en la época de la conquista romana habitaba las tierras altas que enlazan la meseta castellana con el valle del Ebro.

**BELUGA** n. f. Cetáceo semejante al narval, de color blanco, que mide entre 3 y 4 m de long. y habita en los mares árticos. (Familia monodóntidos.)

**BELVEDERE** n. m. Pabellón, mirador, lugar desde el que se descubre un amplio panorama.

**BEMBO, A** adj. *Cuba.* Dícese de la persona de origen africano. ◆ n. m. **2.** *Cuba, Ecuad., Perú* y *P. Rico.* Bezo.

**BEMOL** n. m. MÚS. Signo de alteración que rebaja en un semitono la nota a la que precede. • **Doble bemol,** signo que rebaja en un tono la nota a la que afecta. || **Tener bemoles** alguna cosa *(Fam.),* ser grave, dificultosa. ◆ adj. **2.** Dícese de la nota que ha sido afectada por dicho signo.

**bemol** y **doble bemol**

**BEMOLADO, A** adj. Con bemoles.

**BENCÉNICO, A** adj. Dícese de los cuerpos relacionados con el benceno.

**BENCENO** n. m. (fr. *benzène*). Primer término de la serie de los hidrocarburos aromáticos, de fórmula $C_6H_6$, líquido incoloro, volátil y combustible, obtenido a partir de la hulla y principalmente del petróleo.

**BENCIDINA** n. f. Diarilamina que sirve para la preparación de colorantes azoicos.

**BENCÍLICO, A** adj. Dícese de los compuestos químicos que contienen el radical bencilo: *alcohol bencílico.*

**BENCINA** n. f. Primitiva denominación del benceno. **2.** Gasolina.

**BENCINERA** n. f. *Chile.* Instalación con surtidores para la venta de gasolina, gasolinera.

**BENCINERO, A** n. *Chile.* Persona que expende combustible en una bomba para tal efecto.

**BENDECIR** v. tr. (lat. *benedicere*) **[19a]**. Alabar, engrandecer, ensalzar: *bendecir a su protector.* **2.** Invocar la protección divina en favor de una persona, o sobre una cosa: *bendecir a los hijos, los campos.* **3.** LITURG. Hacer descender la bendición de Dios sobre alguien o sobre alguna cosa, según el ritual fijado por la Iglesia. **4.** Consagrar personas o cosas al culto divino, mediante determinada ceremonia: *bendecir un templo.* **5.** Conceder la providencia su protección o colmar de bienes.

**BENDICIÓN** n. f. Acción y efecto de bendecir. • **Ser** una cosa **una bendición,** o **una bendición de Dios** *(Fam.),* ser muy abundante o muy excelente. ◆ **bendiciones** n. f. pl. **2.** Ceremonias con que se celebra el sacramento del matrimonio.

**BENDITO, A** adj. y n. Santo o bienaventurado. **2.** Sencillo, de pocos alcances. ◆ adj. **3.** Feliz, dichoso.

**BENEDÍCITE** n. m. (voz latina que significa *bendecid*). Palabra con que comienza la fórmula de bendición de la mesa.

**BENEDICTINO, A** adj. y n. Relativo a la orden fundada por san Benito de Nursia (*c.* 529) y cuya cuna fue el monasterio de Montecassino, en Italia; miembro de esta orden.

■ Esta familia monástica, inspirada en la regla de san Benito, pone énfasis en la liturgia, el trabajo manual e intelectual, los ejercicios espirituales y la vida comunitaria. Llegó a ser, en la edad media, la más importante orden religiosa de Occidente. Se diversificó en varias ramas: cluniacenses, cistercienses (a la que pertenecen los trapenses), camaldulenses, celestinos. Reformada en varias ocasiones, la orden benedictina propiamente dicha experimentó un impulso considerable con la fundación, en 910, de la abadía de Cluny. Grandes evangelizadores, los benedictinos fueron asimismo promotores del renacimiento carolingio. Suprimida en Francia por la revolución, la orden fue restaurada en Solesmes en 1837. Según la tradición, las monjas benedictinas fueron instituidas por santa Escolástica, hermana de san Benito.

**BENEFACTOR, RA** adj. y n. Bienhechor, protector.

**BENEFICENCIA** n. f. (lat. *beneficentiam*). Virtud de hacer bien. **2.** Práctica de obras buenas, especialmente de caridad. **3.** Conjunto de fundaciones benéficas y de los servicios gubernativos referentes a ellas.

**BENEFICIAR** v. tr. y pron. **[1]**. Hacer bien, aprovecharse. ◆ v. tr. **2.** Hacer que una cosa produzca rendimiento o beneficio: *beneficiar un terreno.* **3.** Dar o conceder un beneficio eclesiástico. **4.** *Cuba, Chile* y *P. Rico.* Descuartizar una res y venderla al menudeo. **5.** MIN. Extraer de una mina las sustancias útiles. **6.** MIN. Someter estas sustancias al tratamiento metalúrgico.

**BENEFICIARIO, A** adj. y n. Que se beneficia de una situación favorable, de una donación, acción, seguro, etc.

**BENEFICIO** n. m. Bien que se hace o que se recibe. **2.** Utilidad, provecho, ganancia: *obtener beneficios.* **3.** Función de teatro u otro espectáculo público cuyo producto se concede a una persona o institución. **4.** Derecho que compete a uno por ley o privilegio. **5.** Ganancia realizada por una empresa y que corresponde a la diferencia entre los gastos requeridos para la producción de un bien o de un servicio y los ingresos correspondientes a la venta de los bienes producidos en el mercado. **6.** HIST. Concesión, donación o detención temporal de tierras hechas por emperadores y reyes a los veteranos, fieles, vasallos, etc., como pago de servicios prestados o como recompensa. (Se practicó en Europa Occidental, desde el s. III hasta concluir el feudalismo.) **7.** MIN. Acción de beneficiar. • **Beneficio de división** (DER.), el que se otorga en favor de un fiador no solidario para obligar al acreedor a que divida el crédito y le sea exigida solamente aquella parte del mismo a que se obligó. || **Beneficio de inventario** (DER.), prerrogativa que se otorga a los herederos para que puedan aceptar la herencia sin quedar obligados a pagar a los acreedores del causante más de lo que importe aquella según el inventario realizado al efecto. || **Beneficio eclesiástico,** cualquier cargo de la Iglesia católica, desde el pontificado hasta la auxiliaría de una capilla; renta anexa al cargo. || **Tasa de beneficio,** según Marx, relación entre la plusvalía y el capital total, capital constante y capital variable.

**BENEFICIOSO, A** adj. Provechoso, útil.

**BENÉFICO, A** adj. Que hace bien. **2.** Relativo a la beneficencia: *rifa benéfica.*

**BENEMÉRITA** n. f. **La benemérita,** *por antonom.,* la guardia civil española.

**BENEMÉRITO, A** adj. Digno de galardón.

**BENEPLÁCITO** n. m. Aprobación, permiso.

**BENEVOLENCIA** n. f. Simpatía y buena voluntad hacia las personas.

**BENEVOLENTE** adj. Que tiene benevolencia, favorable.

**BENÉVOLO, A** adj. Que tiene buena voluntad o afecto. **2.** Indulgente, tolerante.

**BENGALA** n. f. Fuego artificial compuesto de varios ingredientes y que despide claridad muy viva y de diversos colores.

**BENGALÍ** adj. y n. m. y f. De Bengala. ◆ n. m. **2.** Lengua hablada en Bengala. **3.** Pájaro pequeño, de plumaje azul y pardo, originario de África tropical,

bengalí

que a menudo se cría en cautividad. (Familia ploceidos.)

**BENIGNIDAD** n. f. Calidad de benigno.

**BENIGNO, A** adj. Afable, benévolo: *carácter benigno.* **2.** *Fig.* Templado, apacible: *tiempo benigno.* **3.** Dícese de la enfermedad que reviste poca gravedad clínica y de los tumores no malignos.

**BENIMERÍN** adj. y n. m. y f. Relativo a los Benimerines. SIN.: *mariní.* (V. parte n. pr.)

**BENINÉS, SA** adj. y n. De Benín.

**BENJAMÍN, NA** n. Hijo menor. **2.** Persona más joven de las que forman un grupo.

**BENJUÍ** n. m. Resina aromática extraída del tronco de varias plantas estiracáceas de Asia meridional, que se utiliza en medicina como balsámico y antiséptico.

**BENTEVEO** o **BIENTEVEO** n. m. Ave de unos 20 cm de long., dorso pardo, cola y pecho amarillos y una franja blanca en la cabeza, que vive en Argentina. (Familia tiránidos.)

**BENTÓNICO, A** adj. Que forma parte del bentos.

**BENTONITA** n. f. Arcilla de fuerte poder absorbente y decolorante que tiene diversos usos industriales.

**BENTOS** n. m. Conjunto de seres que viven fijos sobre el fondo del mar o de las aguas dulces.

**BENZALDEHÍDO** n. m. QUÍM. ORG. Aldehído de fórmula $C_6H_5$—CHO, principio oloroso de la esencia de almendras amargas.

**BENZAMIDA** n. f. QUÍM. ORG. Amida del ácido benzoico, de potencialidades neurolépticas.

**BENZOATO** n. m. Sal o éster del ácido benzoico.

**BENZODIAZEPINA** n. f. Nombre de varios compuestos isómeros, emparentados con la diacepina, utilizados en sicofarmacología.

**BENZOICO, A** adj. Dícese del ácido que se encuentra en el benjuí y se prepara industrialmente a partir del tolueno.

**BENZOÍLO** n. m. Radical monovalente $C_6H_5CO$—, derivado del ácido benzoico.

**BENZOL** n. m. Mezcla de benceno y tolueno, extraída del alquitrán de hulla.

**BENZOLISMO** n. m. Enfermedad debida a la manipulación de benzol, cuyas manifestaciones son la anemia y la leucopenia.

**BENZONAFTOL** n. m. Antiséptico intestinal de amplio espectro.

**BEOCIO, A** adj. y n. De Beocia.

**BEODEZ** n. f. Embriaguez o borrachera.

**BEODO, A** adj. y n. Borracho, ebrio.

**BEORÍ** n. m. Tapir americano.

**BEQUERIANA** o **BECQUERIANA** n. f. Composición poética amorosa, breve.

**BERBERECHO** n. m. Molusco bivalvo comestible, que vive en la arena de las playas.

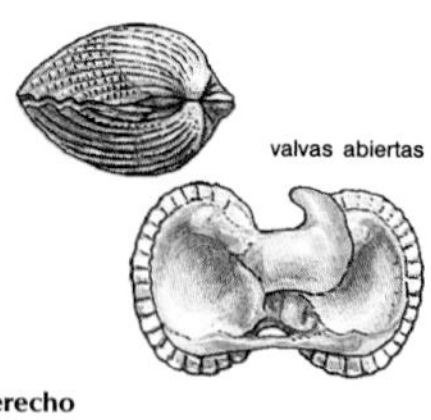


berberecho

**BERBERIDÁCEO, A** adj. y n. f. Relativo a una familia de plantas que incluye el agracejo.

**BERBERISCO, A** adj. y n. De Berbería. SIN.: *beréber.* ◆ adj. y n. m. **2.** Dícese de una raza de caballos que se encuentra en el norte de África, cuya talla es algo superior a la de los de raza árabe.

**BERBIQUÍ** n. m. (fr. *vilebrequin*). Instrumento por medio del cual se imprime un movimiento de rotación a una barrena, broca, etc., para taladrar.

**BERCIANO, A** adj. y n. Del Bierzo.

**BERÉBER** o **BEREBERE** adj. y n. m. y f. Relativo a un conjunto de pueblos de lengua beréber, de religión musulmana orientada hacia el chiismo, que ocupan África septentrional (Rif, Cabilia y Aurès principalmente); individuo de estos pueblos. (Su historia está marcada desde el s. VII por la resistencia a los árabes. Los bereberes constituyeron el grueso de las tropas que conquistaron España en el s. VIII.) ◆ n. m. **2.** La más antigua de las lenguas del norte de África, hablada por los bereberes.

**BERENJENA** n. f. Planta de tallo peloso o espinoso, cuyo fruto, oval o alargado, es comestible. (Familia solanáceas.) **2.** Fruto de esta planta.

berenjenas

**BERENJENAL** n. m. Terreno plantado de berenjenas. • **Meterse en un berenjenal** *(Fam.)*, meterse en asuntos enredados y dificultosos.

**BERGAMASCO, A** adj. y n. De Bérgamo. ◆ adj. y n. f. **2.** Dícese de una danza originaria de Bérgamo que se bailaba en los ss. XVI, XVII y XVIII.

**BERGAMOTA** n. f. Variedad de lima, muy aromática, cuya esencia se emplea en perfumería. **2.** Variedad de pera muy jugosa y aromática.

**BERGAMOTO** n. m. (ital. *bergamotta*). Limero de cuyo fruto se extrae una esencia de olor muy agradable. **2.** Peral que produce la bergamota, variedad de pera.

**BERGANTE** n. m. y f. y adj. Persona pícara, sinvergüenza.

**BERGANTÍN** n. m. Velero de dos palos, trinquete y mayor, compuestos de palo macho y dos masteleros. • **Bergantín goleta,** bergantín que usa aparejo de goleta en el palo mayor.

**BERGANTINA** n. f. MAR. Vela cangreja de los bergantines. **2.** MAR. Embarcación propia del mar Mediterráneo, mixta de jabeque y bergantín. SIN.: *bergantino.*

**BERIBERI** n. m. (voz cingalesa). Enfermedad debida a la carencia de vitamina $B_1$, caracterizada por trastornos intestinales, edemas y trastornos nerviosos. SIN.: *avitaminosis B.*

**BERILIO** n. m. Cuerpo simple metálico (Be), n.º 4, de masa atómica 9,012 y densidad 1,85, utilizado en los reactores nucleares y en la industria aerospacial.

**BERILO** n. m. Silicato natural de aluminio y de berilio. (La variedad verde es la esmeralda; la azul irisada de verde, la aguamarina; la rosada, la morganita; la amarilla, el heliodoro.)

**BERKELIO** n. m. (de *Berkeley,* c. de E.U.A.). Elemento químico (Bk); n.º 97, artificial y radiactivo.

**BERLINA** n. f. (fr. *berline*). Coche hipomóvil, suspendido, con cuatro ruedas y provisto de capota. **2.** Automóvil de cuatro a seis plazas, con cuatro puertas y cuatro lunas laterales.

**BERLINÉS, SA** adj. y n. De Berlín.

**BERLINGA** n. f. Pértiga de madera verde, con que se remueve la masa fundida de los hornos metalúrgicos. **2.** MAR. Percha, tronco de árbol.

**BERMA** n. f. (fr. *berme*). Espacio estrecho acondicionado entre un canal, un cauce, etc., y la tierra procedente de su perforación o excavación para protegerse de los desprendimientos y servir como camino. **2.** *Chile.* Franja lateral exterior de una carretera, arcén.

**BERMEJO, A** adj. Rubio rojizo. **2.** Rojo.

**BERMELLÓN** n. m. Sulfuro de mercurio pulverizado, o cinabrio, de un bello color rojo vivo. **2.** Rojo vivo parecido al color del cinabrio.

**BERMUDAS** n. m. o f. pl. Pantalón cuyas perneras llegan hasta la parte alta de la rodilla. **2.** Bañador masculino semejante a este pantalón.

**BERNARDO, A** adj. y n. Dícese del monje o monja de la orden del Císter.

**BERNEGAL** n. m. *Venez.* Tinaja pequeña que sirve para recoger el agua que destila el filtro.

**BERNÉS, SA** adj. y n. De Berna.

**BERONES,** tribu celta que en tiempos de la Hispania romana estaba asentada en la actual región de la Rioja, cuya capital era *Vareia* (Logroño).

**BERREAR** v. intr. [1]. Emitir berridos. **2.** *Fig.* Emitir gritos estridentes.

**BERRENDO, A** adj. Manchado de dos colores: *trigo berrendo.* **2.** TAUROM. Dícese del toro con manchas de color distinto del de la capa. ◆ n. m. **3.** Bóvido conocido también con el nombre de antílope americano. (Familia antilocápridos.)

**BERREO** n. m. Acción de berrear.

**BERRETÍN** n. m. *Amér.* Capricho, antojo.

**BERRIDO** n. m. Voz del becerro y otros animales. **2.** *Fig.* Grito del que berrea.

**BERRINCHE** n. m. *Fam.* Rabieta, enfado o llanto violentos y cortos.

**BERRINCHUDO, A** adj. *Amér.* Enojadizo.

**BERRIZAL** n. m. Zanja inundada donde se cultivan berros.

**BERRO** n. m. Planta herbácea que se cultiva en los berrizales y es apreciada por sus partes verdes, comestibles. (Familia crucíferas.)

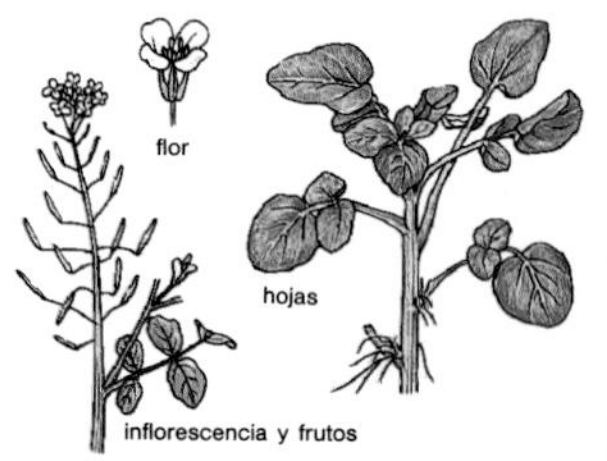


berro

**BERROCAL** n. m. Región en la que predominan los berruecos.

**BERROQUEÑO, A** adj. y n. f. **Piedra berroqueña,** granito, roca de cuarzo.

**BERRUECO** n. m. Roca granítica que ha adquirido una forma más o menos redondeada. **2.** Denominación popular de una lesión de aspecto verrugoide que aparece en la pupila.

**BERSAGLIERI** n. m. pl. Soldados italianos de infantería ligera.

**BERTSOLARI** n. m. (voz vasca). Versolari.

**BERZA** n. f. Col.

**BERZAL** n. m. Terreno plantado de berzas.

**BERZOTAS** adj. y n. m. y f. (pl. *berzotes*). *Fam.* Torpe, necio.

**BESALAMANO** n. m. (pl. *besalamanos*). Comunicación escrita que empieza con la abreviatura B. L. M. redactada en tercera persona y sin firma.

**BESAMANOS** n. m. (pl. *besamanos*). Recepción oficial en la que los reyes o personas que los representan reciben el saludo de los concurrentes. **2.** Modo de saludar a alguien besándole la mano. **3.** Acción de besar alguna imagen.

**BESAMEL** o **BESAMELA** n. f. Bechamel.

**BESANA** n. f. Labor de surcos paralelos que se hace con el arado.

**BESANTE** n. m. Antigua moneda de oro del Imperio bizantino. **2.** ARQ. Disco plano empleado en el románico para la ornamentación de platabandas y arquivoltas.

**BESAR** v. tr. y pron. (lat. *basiare*) [**1**]. Tocar u oprimir con un movimiento de los labios, en señal de amor, amistad, saludo o reverencia. **2.** *Fig.* Estar en contacto cosas inanimadas. ◆ v. pron. **3.** Tropezar una persona con otra, dándose un golpe. • **Besar la mano,** o **los pies,** fórmula de cortesía.

**BESO** n. m. Acción de besar. • **Beso de Judas,** el que se da con doble y falsa intención. ‖ **Comerse a besos** a uno *(Fam.),* hacerle grandes demostraciones de cariño.

**BESSEMER** n. m. Convertidor que transforma en acero el arrabio fundido, inyectando aire a presión.

**BESTIA** n. f. Animal cuadrúpedo, especialmente el doméstico de carga. ◆ adj. y n. m. y f. **2.** *Fam.* Rudo e ignorante. • **A lo bestia,** con violencia.

**BESTIAL** adj. Brutal, irracional: *instintos bestiales.* **2.** *Fig.* y *fam.* Desmesurado, extraordinario: *una obra bestial.*

**BESTIALIDAD** n. f. Brutalidad, irracionalidad. **2.** Relación sexual de un ser humano con una bestia.

**BESTIALIZARSE** v. pron. [**1g**]. Hacerse bestial, vivir o proceder como las bestias.

**BESTIARIO** n. m. Hombre que luchaba con las fieras en los circos romanos. **2.** Conjunto de la iconografía animalista medieval. **3.** En la edad media, obra en la que están catalogados animales, reales o imaginarios, que sirven como símbolos de una significación moral o religiosa.

**bestiario** árabe, miniatura, s. XIV
(biblioteca del monasterio de El Escorial)

**BEST-SELLER** n. m. (voz inglesa) [pl. *best-sellers*]. Libro de gran tirada que constituye un éxito editorial.

**BESUCAR** v. tr. [**1a**]. *Fam.* Besuquear.

**BESUCÓN, NA** adj. Que besuquea.

**BESUGO** n. m. Diversos acantopterigios de carne blanca y delicada que cuando son adultos presentan una mancha negra en la axila de las aletas torácicas. (Familia espáridos.)

**BESUGUERA** n. f. Recipiente ovalado para guisar besugos u otros pescados.

**BESUQUEAR** v. tr. [**1**]. *Fam.* Besar repetidamente. SIN.: *besucar.*

**BETA** n. f. Segunda letra del alfabeto griego (β). • **Rayos beta,** flujo de electrones o de positrones emitido por ciertos elementos radiactivos.

**BETA** n. f. MAR. Cabo que forma parte de un aparejo.

**BETABEL** n. f. *Méx.* Remolacha.

**BETABLOQUEANTE** adj. y n. m. Dícese de un tipo de medicamentos que se utilizan principalmente para tratar trastornos cardíacos.

**BETAGRAFÍA** n. f. Radiografía por electrones.

**BETARRAGA** o **BETARRATA** n. f. Remolacha.

**BETATRÓN** n. m. Aparato acelerador de partículas que sirve para producir electrones animados de una gran energía.

**BETEL** n. m. Especie de pimentero trepador de la India. **2.** Mezcla para masticar compuesta de hojas de betel y nueces de areca.

**BETERAVA** n. f. *Argent.* Remolacha.

**BÉTICO, A** adj. y n. De la Bética.

**BETIJOQUE** n. m. Grupo estratigráfico de más de 4 000 m de espesor, que se extiende por el flanco NO de los Andes.

**BETILO** n. m. (gr. *baitylos*). Entre los antiguos semitas, piedra sagrada considerada como la morada de una divinidad.

**BETLEMITA** o **BETLEHEMITA** adj. y n. m. y f. De Belén. **2.** Dícese de dos órdenes militares, fundadas respectivamente en 1257 y en 1453, y de una orden hospitalaria creada en Guatemala por el beato Pedro de Bethencourt, y extendida después por toda América.

**BETÓNICA** n. f. Planta de flores malvas. (Familia labiadas.)

**BETULÁCEO, A** adj. y n. f. Relativo a una familia de plantas arborescentes apétalas, a la que pertenecen el aliso y el abedul.

**BETÚN** n. m. Materia mineral natural, rica en carbono y en hidrógeno, que arde con una llama y olor peculiar. **2.** Mezcla de varios ingredientes con que se lustra el calzado. **3.** *Méx.* Mezcla de clara de huevo y azúcar batidos que sirve para bañar muchas clases de dulces.

**BETUNERO, A** n. Persona que elabora o vende betunes. **2.** Limpiabotas.

**BEY** n. m. (turco ant. *beg*). Antiguo título de los oficiales superiores del ejército otomano y de los altos funcionarios. **2.** Título de los soberanos teóricamente vasallos del sultán.

**BEZANTE** n. m. HERÁLD. Pieza circular de oro o de plata.

**BEZO** n. m. Labio grueso. **2.** Tejido de granulación que aparece en ciertas heridas infectadas. **3.** Labio colgante de algunos animales: *los bezos del mono.* (Suele usarse en plural.)

**BEZOAR** n. m. Concreción de cuerpos extraños ingeridos que se acumulan en el aparato digestivo de algunos animales.

**BEZOTE** n. m. Adornos de diversas materias que algunos pueblos tienen por costumbre aplicarse en los labios.

**BEZUDO, A** adj. Grueso de labios.

**Bi,** símbolo químico del *bismuto.*

**BIAJAIBA** n. f. Perciforme de 30 cm de long., aleta dorsal y pectoral de color rojo y cola ahorquillada, que vive en las costas de las Antillas. (Familia mesopriónidos.)

**BIANUAL** adj. Bienal.

**BIATHLON** o **BIATLÓN** n. m. Prueba de esquí nórdico que comprende una prueba de fondo y una prueba de tiro con fusil.

**BIAURICULAR** adj. Relativo a los dos oídos, o a las dos aurículas.

**BIAXIAL** adj. Que posee dos ejes, que se efectúa o se ejerce según dos ejes.

**BIÁXICO, A** adj. Que tiene dos ejes. **2.** Dícese del cristal birrefringente en el que existen dos direcciones según las cuales un rayo luminoso se propaga sin desdoblarse.

**BIBELOT** n. m. (pl. *bibelots*). *Galic.* Muñeco, figurilla, chuchería, etc.

**BIBERÓN** n. m. Envase por lo general en forma de pequeña botella, con un extremo provisto de una tetina, empleado en la lactancia artificial de los recién nacidos.

**BIBICHO** n. m. *Hond.* Gato doméstico.

**BIBLIA** n. f. (gr. *biblia,* libros). Conjunto de libros canónicos cuya primera parte *(Antiguo testamento)* es común a judíos y cristianos y la segunda *(Nuevo testamento)* sólo es seguida por los cristianos. (Con este significado suele escribirse con mayúscula.) [V. parte n. pr.] **2.** Volumen que contiene los libros de la Sagrada Escritura: *una biblia in folio.* **3.** *Fig.* Libro de cabecera, libro doctrinal que hay que consultar a menudo. • **Papel biblia,** papel muy delgado pero suficientemente opaco para su impresión.

**BÍBLICO, A** adj. Relativo a la Biblia.

**BIBLIOFILIA** n. f. Afición de bibliófilo.

**BIBLIÓFILO, A** n. Persona aficionada a los libros raros y valiosos.

**BIBLIOGRAFÍA** n. f. Conjunto de libros escritos sobre un tema o sobre un autor. **2.** Ciencia que tiene por objeto la investigación, descripción y clasificación de los textos impresos.

**BIBLIOGRÁFICO, A** adj. Relativo a la bibliografía.

**BIBLIÓGRAFO, A** n. Especialista en bibliografía.

**BIBLIOLOGÍA** n. f. Estudio general del libro en sus aspectos histórico y técnico.

**BIBLIOMANÍA** n. f. Pasión excesiva por los libros.

**BIBLIOMETRÍA** n. f. Parte de la bibliología que se ocupa de las estadísticas relativas a los diferentes aspectos del libro, con excepción del aspecto cuantitativo.

**BIBLIORATO** n. m. *Argent.* y *Urug.* Carpeta de cartón, de lomo ancho, con anillas, para archivar documentos, archivador.

**BIBLIOTECA** n. f. (lat. *bibliothecam*). Colección de libros o manuscritos. **2.** Lugar en que se guardan. **3.** Mueble con estantes donde se colocan los libros. **4.** INFORMÁT. Librería.

**BIBLIOTECARIO, A** n. Persona que tiene a su cargo la dirección o el cuidado de una biblioteca.

**BIBLIOTECOLOGÍA** n. f. Ciencia que estudia las bibliotecas en todos sus aspectos.

**BIBLIOTECONOMÍA** n. f. Ciencia de la organización y administración de bibliotecas.

**BICAL** n. m. Salmón macho.

**BICAMERAL** adj. Relativo al bicameralismo.

**BICAMERALISMO** n. m. Sistema político basado en dos asambleas legislativas.

**BICARBONATADO, A** adj. Que contiene un bicarbonato.

**BICARBONATO** n. m. Carbonato ácido, y en particular sal de sodio $NaHCO_3$.

**BICÉFALO, A** adj. Que tiene dos cabezas.

**BÍCEPS** adj. De dos cabezas, dos puntas, dos cintas o cabos. ◆ n. m. **2.** ANAT. Nombre de dos músculos, uno en la extremidad superior y otro en la inferior, cuyos extremos comprenden dos cuerpos musculares distintos y que tienen dos tendones de inserción en cada extremo.

**BICHA** n. f. *Fam.* Culebra. **2.** ARQ. Figura fantástica que se emplea como objeto de ornamentación.

**BICHE** adj. *Amér.* Canijo y enteco. **2.** *Colomb.* y *Par.* Dícese de la fruta verde o de las cosas que no han alcanzado completo desarrollo. **3.** *Perú.* Dícese de una olla de gran tamaño.

**BICHEADERO** n. m. *Argent.* Atalaya.

**BICHEAR** v. tr. e intr. [**1**]. *Argent.* Vigilar, espiar, explorar.

**BICHERO** n. m. Punta de hierro, con uno o dos garfios, fijada al extremo de un asta de madera y que se utiliza para aferrar cables, brandales, escalas, etc., así como en las maniobras de atraque y desatraque de las embarcaciones menores. **2.** Arpón de mango largo.

**BICHO** n. m. Animal pequeño. **2.** Bestia. **3.** *Fig.* Persona de figura ridícula o de mal genio. **4.** TAUROM. Toro de lidia. • **Bicho de luz** (*Argent.*), luciérnaga. ‖ **Bicho viviente,** persona. ‖ **Mal bicho,** persona malintencionada.

**BICHOCO, A** adj. y n. *Amér. Merid.* Dícese de la persona o animal que por debilidad o vejez no puede apenas moverse.

**BICHOZNO, A** n. Con respecto a una persona, hijo de un cuadrinieto.

**BICICLETA** n. f. Vehículo con dos ruedas de igual diámetro, de las cuales la trasera está accionada por un sistema de pedales que actúa sobre una cadena. OBS. (Suele abreviarse *bici.*) *(V. ilustración pág. 156.)*

**BICICLO** n. m. Vehículo con dos ruedas de diámetros diferentes, que se utilizó a fines del s. XIX.

**BICICROSS** n. m. Modalidad de ciclismo que se practica en un terreno accidentado.

**BICOCA** n. f. *Fam.* Cosa muy ventajosa y que cuesta poco.

**BICOLOR** adj. De dos colores.

**BICÓNCAVO, A** adj. Que presenta dos caras cóncavas opuestas.

**BICONVEXO, A** adj. Que presenta dos caras convexas opuestas.

**BICOQUE** n. m. *Amér.* Coscorrón dado con los nudillos en la cabeza.

**BICOQUETE** o **BICOQUÍN** n. m. Papalina, gorra con dos puntas. **2.** ARM. Casco utilizado en los ss. XIV y XV, que sólo dejaba los ojos al descubierto.

**BICORNE** adj. De dos cuernos o de dos puntas.

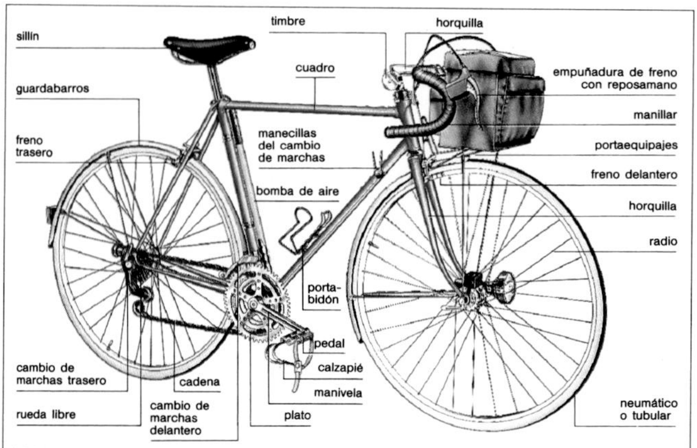

bicicleta

**BICORNIO** n. m. Sombrero de dos picos.

**BICROMATO** n. m. Sal derivada del ácido crómico.

**BICROMÍA** n. f. Impresión o grabado en dos colores.

**BICUADRADO, A** adj. MAT. Dícese del trinomio de cuarto grado $ax^4 + bx^2 + c$ y de la ecuación de cuarto grado $ax^4 + bx^2 + c = 0$. (Esta ecuación se resuelve con la ayuda de la incógnita auxiliar $y = x^2$.)

**BICÚSPIDE** adj. De dos cúspides o puntas. ◆ adj. y n. f. **2.** ANAT. Dícese de la válvula mitral.

**BIDÉ** o **BIDET** n. m. (fr. *bidet*). Aparato sanitario para la higiene íntima.

**BIDIRECCIONAL** adj. Dícese de lo que puede asegurar, en ambos sentidos, el enlace entre dos elementos. **2.** Que se aplica a dos objetivos.

**BIDÓN** n. m. Recipiente de hojalata o de chapa, que sirve para envasar petróleo, aceite, etc. **2.** Medida antigua de líquidos, equivalente a 4,65 l.

**BIELA** n. f. Barra que, mediante articulaciones fijadas en sus extremos, une dos piezas móviles y sirve para transmitir y transformar un movimiento. • **Biela de acoplamiento,** biela que sirve para repartir el esfuerzo motor entre los ejes acoplados. ‖ **Sistema biela manivela,** mecanismo que permite transformar un movimiento rectilíneo alternativo en movimiento circular uniforme, y viceversa.

**BIELDA** n. f. Acción de beldar. **2.** Bieldo con dos palos cruzados entre las puntas que sirve para recoger, cargar y encerrar la paja.

**BIELDAR** v. tr. [**1**]. Beldar.

**BIELDO** n. m. Instrumento para beldar, compuesto de un palo largo en cuyo extremo hay un travesaño con cuatro púas de madera.

**BIELORRUSO, A** adj. De Bielorrusia. ◆ n. m. **2.** Lengua eslava oriental que se habla en Bielorrusia.

**BIEN** adv. m. Según es debido, de manera razonable, acertada o perfecta: *portarse bien; bien plantado.* **2.** Según se apetece o requiere: *vendía bien sus pinturas.* **3.** Sin inconveniente o dificultad: *bien puedes hacerlo después.* **4.** Con buena salud, sano: *no encontrarse bien.* **5.** De buena gana, con gusto: *bien lo haría, si pudiera.* **6.** Denota cálculo aproximado, y equivale a *cierta* o *seguramente: bien se gastaron toda la semanada.* **7.** Denota condescendencia o asentimiento: *¿quieres ir? — Bien.* **8.** Mucho, muy, bastante: *me gusta la sopa bien caliente.* • **De bien,** honrado, de buen proceder. ‖ **Tener a bien,** o **por bien,** estimar justo o conveniente. ◆ adj. **9.** *Desp.* Relativo a los integrantes del sector social acomodado cuando hacen hincapié en su posición: *gente bien.* ◆ conj. **10.** Se usa repetido, como partícula distributiva: *bien por defecto, bien por exceso, siempre se equivoca.* **11.** Partícula concesiva en *bien que, si bien,* aunque. **12.** Denota ilación en *pues bien.* **13.** Partícula ilativa en *y bien* y suele, además, introducir una pregunta.

**BIEN** n. m. Aquello que se ofrece a la voluntad como fin propio. **2.** Lo que es bueno, útil o agradable. **3.** Utilidad, beneficio. **4.** ECON. Todo lo que se reconoce como apto para satisfacer una necesidad humana y disponible para esta función. • **Bienes de consumo** (ECON.), bienes que sirven para satisfacer las necesidades directas del público. ‖ **Bienes de producción,** bienes que sirven para la elaboración de bienes de consumo. ◆ **bienes** n. m. pl. **5.** Hacienda, riqueza, caudal.

**BIENAL** adj. Que se repite cada bienio. **2.** Que dura un bienio. **3.** BOT. Que no florece, ni fructifica ni muere hasta después de dos años, como la zanahoria, la remolacha, etc. ◆ n. f. **4.** Exposición o manifestación artística organizada cada dos años.

**BIENANDANZA** n. f. Felicidad, dicha, fortuna.

**BIENAVENTURADO, A** adj. y n. Que goza de la bienaventuranza eterna. **2.** *Irón.* Excesivamente cándido. ◆ adj. **3.** Afortunado, feliz.

**BIENAVENTURANZA** n. f. Visión beatífica, vista y posesión de Dios en el cielo. **2.** Prosperidad o felicidad humana. ◆ **bienaventuranzas** n. f. pl. **3.** Grupo de ocho sentencias con las que da principio el sermón de la montaña, que empiezan con la palabra «Bienaventurados», y están recogidas en los Evangelios.

**BIENESTAR** n. m. Comodidad, abundancia de las cosas necesarias para vivir a gusto. **2.** Satisfacción, tranquilidad de espíritu. • **Estado del bienestar,** estado* benefactor.

**BIENHABLADO, A** adj. Que habla con corrección o con finura.

**BIENHADADO, A** adj. Afortunado.

**BIENHECHOR, RA** adj. y n. Que hace bien a otro. SIN.: *benefactor.*

**BIENINTENCIONADO, A** adj. Que tiene buena intención.

**BIENIO** n. m. Período de dos años.

**BIENMESABE** n. m. Dulce de claras de huevo y azúcar, con que se hacen los merengues.

**BIENQUISTAR** v. tr. y pron. [**1**]. Conciliar, congraciar.

**BIENSONANTE** adj. Que suena bien.

**BIENTEVEO** n. m. Benteveo.

**BIENVENIDA** n. f. Llegada feliz. **2.** Parabién que se da a uno por haber llegado con felicidad.

**BIENVENIDO, A** adj. Dícese de la persona o cosa cuya llegada se acoge con alegría.

**BIES** n. m. Tira de tela cortada al sesgo. • **Al bies,** oblicuamente.

**BIFÁSICO, A** adj. Dícese de un sistema de dos corrientes eléctricas alternas iguales, procedentes del mismo generador, y desplazadas en el tiempo, la una respecto de la otra, un semiperíodo.

**BIFAZ** adj. PREHIST. Tallado por las dos caras. SIN.: *bifacial.* ◆ n. m. **2.** PREHIST. Herramienta retocada en las dos caras, característica del paleolítico inferior y medio.

**BIFE** n. m. *Argent., Chile* y *Urug.* Bistec. **2.** *Argent., Perú* y *Urug. Fig.* y *fam.* Cachetada, bofetada.

**BÍFIDO, A** adj. Dividido en dos partes: *lengua bífida.*

**BIFIDUS** n. m. Bacteria utilizada como aditivo alimentario en ciertos productos lácteos.

**BIFILAR** adj. Formado por dos hilos.

**BIFOCAL** adj. Dícese del cristal corrector cuyas partes superior e inferior presentan distancias focales diferentes.

**BÍFORA** n. f. ARQ. Ventana doble dividida por una columna central y rematada en su parte superior por un arco de medio punto.

**BIFRONTE** adj. De dos frentes o dos caras.

**BIFURCACIÓN** n. f. Acción y efecto de bifurcarse. **2.** Lugar en que un camino, vía férrea, etc., se bifurca.

**BIFURCARSE** v. pron. [**1a**]. Dividirse en dos ramales, brazos o puntas.

**BIG BAND** n. f. (voces inglesas). Nombre con que se designan las grandes formaciones musicales de baile de los años treinta, las de jazz estilo swing de los cuarenta y los grupos de rock.

**BIGA** n. f. ANT. ROM. Carro de dos ruedas tirado por dos caballos. **2.** *Poét.* Tronco de caballos que tiran de él.

**BIGAMIA** n. f. Estado de bígamo.

**BÍGAMO, A** adj. y n. Casado con dos personas al mismo tiempo.

**BIGARADIA** n. f. Fruto del bigaradio, utilizado en confitería, en la preparación de mermeladas y en la fabricación del curaçao.

**BIGARADIO** n. m. Árbol parecido al naranjo que produce la bigaradia y cuyas flores proporcionan, por destilación, una esencia perfumada.

**BIGARDO, A** adj. y n. Decíase de los frailes licenciosos. **2.** *Fig.* Granuja.

**BÍGARO** n. m. Gasterópodo marino de concha oscura, que vive en las aguas del litoral, y cuya carne es apreciada. (Familia litorínidos.)

**BIG-BANG** n. m. (voces inglesas). Fase inicial del universo correspondiente a un factor de escala nulo, prevista por los modelos cosmológicos relativistas, que describen un universo homogéneo e isótropo.

**BIGEMINADO, A** adj. Dícese de las hojas de las plantas cuyo peciolo común se divide en otros dos secundarios, cada uno de los cuales lleva un par de folíolos. **2.** ARQ. Dícese de una arcada, ventana o vano divididos por maineles en cuatro partes iguales.

**BIGNONIA** n. f. Arbusto trepador, originario de América o de Asia, a menudo cultivado por sus grandes flores anaranjadas. (Familia bignoniáceas.)

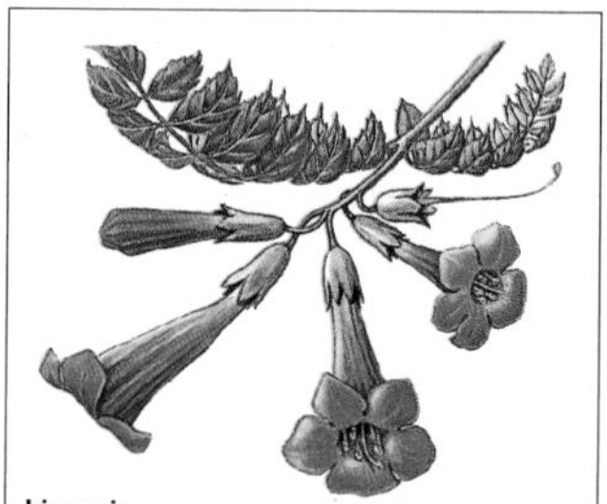
bignonia

**BIGORNIA** n. f. Especie de yunque muy alargado, con dos puntas opuestas en forma piramidal, cónica o cilíndrica. **2.** Pilón de madera que emplean los curtidores para batanar las pieles mojadas.

**BIGOTE** n. m. Pelo que nace sobre el labio superior. **2.** Abertura semicircular que tienen algunos hornos para que salga la escoria fundida. **3.** *Méx.* Croqueta. **4.** IMPR. Línea horizontal, gruesa por en medio y delgada por los extremos. ◆ **bigotes** n. m. pl. **5.** Llamas que salen por el bigote de los hornos. **6.** Infiltraciones de metal en las grietas interiores del horno. • **De bigotes,** estupendo, muy bien. ‖ **Tener bigotes** (*Fam.*), tener tesón y entereza.

**BIGOTERA** n. f. Tira de tejido que servía para cubrir los bigotes durante el sueño, para que no se desrizasen. **2.** Compás pequeño que permite trazar arcos o circunferencias de radio muy corto. **3.** Asiento estrecho y plegable que se pone en el interior de algunos carruajes.

**BIGOTUDO, A** adj. Que tiene mucho bigote.

**BIGUA** n. m. Ave americana de unos 70 cm de

long., de color pardo negruzco uniforme, que vive en Argentina y Uruguay.

**BIGUDÍ** n. m. (fr. *bigoudi*). Tubo largo y estrecho, que sirve para rizar el cabello.

**BIGUINE** n. f. Danza de las Antillas.

**BIJA** n. f. Árbol de poca altura, de flores rojas y olorosas y fruto oval, que se cultiva en las regiones cálidas de América y la India. (Familia bixáceas.) **2.** Fruto y semilla de este árbol. **3.** Pasta tintórea que se prepara con dicha semilla.

**BIJAO** n. m. Planta de grandes hojas, que aprovechan los campesinos de Venezuela para cubrir sus viviendas. (Familia musáceas.)

**BIJIRITA** n. m. y f. Cubano de padre español.

**BIKINI** o **BIQUINI** n. m. Bañador de dos piezas, de dimensiones reducidas. **2.** Bocadillo caliente hecho con pan de molde, jamón cocido y queso.

**BILABIADO, A** adj. BOT. Dícese de la corola y del cáliz divididos en dos.

**BILABIAL** adj. y n. f. Dícese de la consonante que se pronuncia con los dos labios (p, b, m); letra que la representa.

**BILATERAL** adj. Dícese de lo que se refiere a ambas partes o aspectos de una cosa, de un organismo, etc. **2.** ANTROP. CULT. Dícese de un sistema de filiación en el que cada linaje, el paterno y el materno, tiene unos derechos particulares. **3.** DER. Dícese del contrato en virtud del cual se crean obligaciones para ambas partes.

**BILATERALISMO** n. m. Política de acuerdo de intercambios entre dos estados.

**BILBAÍNO, A** adj. y n. De Bilbao.

**BILBILITANO, A** adj. y n. De la antigua Bílbilis o de la actual Calatayud.

**BILET** n. m. *Méx.* Lápiz de labios.

**BILHARZIOSIS** n. f. Enfermedad producida por parasitación de determinados trematodos.

**BILIADO, A** adj. Que contiene bilis o que ha estado en contacto con ella.

**BILIAR** adj. Relativo a la bilis. **2.** Dícese de la función del hígado, que libera la sangre de determinados desechos evacuándolos en el intestino delgado. • **Vesícula biliar,** vejiga alargada, situada en la cara inferior del hígado en el lado derecho, donde se acumula la bilis entre las digestiones.

**BILINEAL** adj. MAT. Dícese de un polinomio lineal y homogéneo a la vez, en relación con dos grupos de variables.

**BILINGÜE** adj. Que habla dos lenguas. **2.** Escrito en dos idiomas.

**BILINGÜISMO** n. m. Cualidad de un individuo o de una población bilingüe.

**BILIOGÉNESIS** n. f. Secreción de bilis.

**BILIOSO, A** adj. Relativo a la bilis. **2.** Abundante en bilis.

**BILIRRUBINA** n. f. Pigmento de la bilis.

**BILIS** n. f. (lat. *bilis*). Líquido viscoso, amargo, ligeramente alcalino, segregado de modo continuo por el hígado y que se acumula en la vesícula biliar, de donde pasa al duodeno en el momento de la digestión. **2.** *Fig.* Cólera, ira, irritabilidad.

**BILIVERDINA** n. f. Producto de oxidación de la bilirrubina, de color verde.

**BILLA** n. f. Jugada de billar que consiste en meter una bola en la tronera, después de haber chocado con otra.

**BILLAR** n. m. Juego que se realiza con bolas de marfil, impulsadas mediante un taco sobre una mesa rectangular rodeada de bandas elásticas. **2.** La propia mesa. **3.** Sala donde se practica este juego.

**BILLETAJE** n. m. Conjunto de billetes de un espectáculo, transporte público, rifa, etc.

**BILLETE** n. m. Carta breve. **2.** Tarjeta o cédula que da derecho para entrar u ocupar asiento en un local, vehículo, etc. **3.** Cédula que acredita participación en una rifa o lotería. • **Billete de banco,** instrumento de pago considerado actualmente como moneda. ◆ **billetes** n. m. pl. **4.** ARQ. Motivo ornamental de moldura formado por una banqueta cilíndrica, cuadrada o prismática, seccionada en partes iguales.

**BILLETERO** n. m. Cartera de bolsillo que sirve para llevar billetes de banco. SIN.: *billetera.* **2.** *Méx.* y *Pan.* Persona que vende billetes de lotería. **3.** *P. Rico.* Persona que lleva la ropa con remiendos.

**BILLÓN** n. m. Un millón de millones ($10^{12}$ o 1 000 000 000 000).

**BILLONÉSIMO, A** adj. y n. Dícese de cada una de las partes iguales de un todo dividido en un billón de ellas. ◆ adj. **2.** Que ocupa el último lugar en una serie ordenada de un billón.

**BILOBULADO, A** adj. Que está dividido en dos lóbulos.

**BILOCARSE** v. pron. [**1a**]. Hallarse a un tiempo en dos lugares distintos. **2.** *Argent.* Chalarse, chiflarse.

**BILOCULAR** adj. Dícese de un fruto o de un órgano que tiene dos cavidades.

**BÍMANO, A** adj. Que tiene dos manos.

**BIMBA** n. f. *Fam.* Chistera, sombrero de copa alta.

**BIMEMBRE** adj. De dos miembros o partes.

**BIMENSUAL** adj. Que se hace u ocurre dos veces al mes.

**BIMESTRAL** adj. Que se repite cada dos meses. **2.** Que dura dos meses.

**BIMESTRE** adj. Bimestral. ◆ n. m. **2.** Tiempo de dos meses. **3.** Cantidad que se cobra o paga cada dos meses.

**BIMETÁLICO, A** adj. Formado por dos metales.

**BIMETALISMO** n. m. Sistema monetario establecido sobre dos patrones, oro y plata.

**BIMETALISTA** adj. y n. m. y f. Relativo al bimetalismo; partidario de este sistema.

**BIMOTOR** adj. y n. m. Que está provisto de dos motores: *avión bimotor.*

**BINA** n. f. Acción de binar.

**BINADOR, RA** adj. y n. m. Dícese del instrumento que sirve para binar las viñas: *máquina binadora.*

**BINAR** v. tr. [**1**]. Dar segunda reja a las tierras de labor. **2.** Hacer la segunda cava en las viñas. ◆ v. intr. **3.** LITURG. Celebrar un sacerdote dos misas en un mismo día.

**BINARIO, A** adj. MAT. Dícese de una relación que une dos elementos. **2.** MAT. Dícese del sistema de numeración que tiene por base 2: *número binario.* **3.** MÚS. Dícese de los compases formados por tiempos pares y de las composiciones divididas en dos partes. • **Código decimal binario,** sistema de numeración de los ordenadores electrónicos en el cual las cifras decimales están representadas por su equivalente binario. || **Compuesto binario** (QUÍM.), compuesto formado por dos elementos.

**BINCA** n. f. Conjunto de dos opositores a una cátedra o prebenda.

**BINGARROTE** n. m. Aguardiente que se elabora en México destilando el binguí.

**BINGO** n. m. Juego que consiste en ir señalando las casillas numeradas de unos cartones, a medida que van extrayéndose los números de un bombo, ganando quien primero rellena todas las casillas de su cartón. SIN.: *lotería.* **2.** Sala donde se realiza este juego. **3.** Premio que recibe el que gana este juego.

**BINGUÍ** n. m. Bebida mexicana fermentada extraída del tronco del maguey.

**BINOCULAR** adj. Que se realiza mediante los dos ojos: *visión binocular.* **2.** Dícese del aparato óptico con dos oculares.

**BINÓCULO** n. m. Anteojos que se sujetan a la nariz mediante la presión de una pinza, o con la mano cuando van provistos de mango.

**BINOMIAL** adj. MAT. Relativo al binomio.

**BINOMIO** n. m. MAT. Expresión algebraica formada por la suma o la diferencia de dos términos o monomios. (Ej.: $a + b$; $b^2 - 4ac$.) • **Binomio de Newton,** fórmula mediante la cual Newton dio el desarrollo de las potencias de un binomio afectado de un exponente cualquiera.

**BÍNUBO, A** adj. y n. DER. Casado por segunda vez.

**BINZA** n. f. Fárfara del huevo. **2.** Cualquier membrana del cuerpo animal. **3.** Película exterior de la cebolla.

**BIOACÚSTICA** n. f. Ciencia que estudia el origen y la naturaleza de los sonidos producidos por los animales.

**BIOBIBLIOGRAFÍA** n. f. Estudio de la vida y de las obras de un escritor.

**BIOCARBURANTE** n. m. Carburante obtenido por conversión de biomasas vegetales y utilizado como sustituto de los hidrocarburos.

**BIOCATALIZADOR** n. m. Sustancia que existe en cantidad muy reducida en los tejidos vivos y que permite la realización más veloz de las reacciones químicas en los seres vivos. SIN.: *enzima, fermento.*

**BIOCENOSIS** n. f. Asociación equilibrada de seres vivos en un mismo biotopo.

**BIOCLIMA** n. m. BIOL. Cada uno de los tipos de clima que se distinguen atendiendo al complejo de factores climáticos que afectan al desarrollo de los seres vivos.

**BIOCLIMATOLOGÍA** n. f. Estudio de la influencia de los factores climáticos sobre el desarrollo de los organismos vivientes.

**BIOCOMBUSTIBLE** n. m. Combustible de origen biológico que no contamina.

**BIOCONVERSIÓN** n. f. Transformación de una forma de energía en otra o de una sustancia en otra, por la acción de seres vivos.

**BIODEGRADABLE** adj. Dícese del producto industrial que, una vez desechado, es destruido por las bacterias u otros agentes biológicos.

**BIODEGRADACIÓN** n. f. Destrucción de un producto biodegradable.

**BIODETERMINISMO** n. m. Ideología que postula el origen biológico de las desigualdades sociales.

**BIODIVERSIDAD** n. f. Diversidad de las especies vivientes y de sus caracteres genéticos.

**BIOELECTRICIDAD** n. f. Electricidad animal.

**BIOELECTRÓNICA** n. f. Parte de la biología molecular que estudia las fuerzas electrostáticas que se ejercen entre las moléculas de las células.

**BIOELEMENTO** n. m. Elemento constitutivo de los seres vivos.

**BIOENERGÍA** n. f. Energía renovable obtenida por transformación química de la biomasa.

**BIOESPELEOLOGÍA** n. f. Estudio científico de los seres vivos que existen en las grutas.

**BIOÉTICA** n. f. Conjunto de principios y normas que regulan la actuación humana con respecto a los seres vivos.

**BIOFÍSICA** n. f. Estudio de los fenómenos biológicos aplicando métodos propios de la física.

**BIOGÁS** n. m. Gas combustible producido por la descomposición de la materia orgánica.

**BIOGÉNESIS** n. f. Aparición de la vida en la Tierra.

**BIOGEOGRAFÍA** n. f. Estudio de la distribución de los vegetales, y a menudo también de los animales, en la superficie terrestre.

**BIOGRAFÍA** n. f. Historia de la vida de una persona. **2.** Narración escrita de esta historia.

**BIOGRAFIAR** v. tr. [**1t**]. Hacer una biografía.

**BIOGRÁFICO, A** adj. Relativo a la biografía.

**BIÓGRAFO, A** n. Persona que escribe una biografía.

**BIOINDICADOR** n. m. Organismo vivo que se utiliza para revelar la importancia de una contaminación del aire o del agua.

**BIOLOGÍA** n. f. Ciencia de la vida, y especialmente del ciclo reproductor de las especies. • **Biología animal,** estudio de los organismos animales. || **Biología celular,** estudio de la célula. || **Biología molecular,** estudio de las moléculas y las macromoléculas que constituyen los orgánulos celulares, de su estructura y de sus funciones biológicas. || **Biología vegetal,** estudio de los organismos vegetales.

**BIOLÓGICO, A** adj. Relativo a la biología. **2.** Que se refiere a productos naturales, no tratados químicamente: *productos biológicos.* • **Agricultura biológica,** tipo de agricultura que no utiliza ni abonos ni pesticidas químicos. || **Arma biológica,** arma que utiliza organismos vivos o toxinas para provocar la enfermedad o la muerte de los hombres o de los animales. || **Reloj biológico,** conjunto de mecanismos bioquímicos y fisiológicos que determinan en un individuo una distribución rítmica de la actividad del organismo.

**BIOLOGISMO** n. m. Concepción de la sociedad como un organismo vivo.

**BIÓLOGO, A** n. Especialista en biología.

**BIOLUMINISCENCIA** n. f. Emisión de luz fría por ciertos seres vivos, relacionada con una función orgánica.

**BIOMA** n. m. Cada uno de los grandes medios del planeta: océano, bosque, pradera, conjunto de las aguas dulces, etc.

**BIOMAGNETISMO** n. m. Influencia de los campos magnéticos, terrestres o artificiales, sobre la orientación de los seres vivos y sobre otros aspectos de su vida.

**BIOMASA** n. f. Masa total de los seres vivos animales y vegetales que subsisten en equilibrio en una extensión dada de terreno o en un volumen determinado de agua de mar o dulce.
■ La biomasa es una magnitud característica de un espacio habitado. Se expresa en hectáreas, para los biotopos terrestres, y en metros cúbicos, para los biotopos marinos. Se denomina *biomasa anual* al crecimiento por año de la biomasa, prescindiendo del valor inicial que proporciona dicho incremento. Una información más exacta de la evolución de la biomasa es la tasa de renovación (turnover).

**BIOMBO** n. m. Mampara plegable compuesta de varios bastidores articulados.

fragmento de un **biombo** mexicano; s. XVII (museo de América, Madrid)

**BIOMETRÍA** n. f. Parte de la biología que aplica sobre los seres vivos los métodos estadísticos.

**BIOMÓRFICO, A** adj. ART. CONTEMP. Dícese del objeto cuyo aspecto evoca formas de vida.

**BIOMORFISMO** n. m. Carácter de una obra de arte cuyas formas recuerdan las del mundo orgánico y que se utiliza para caracterizar ciertas pinturas y esculturas no figurativas.

**BIÓNICA** n. f. Ciencia que estudia determinados procesos biológicos con objeto de aplicar procesos análogos a fines militares o industriales.

**BIOPSIA** n. f. Estudio diagnóstico, por lo común microscópico, de una porción de tejido extraída de un cuerpo vivo: *biopsia de matriz.*

**BIOQUÍMICA** n. f. Parte de la química que estudia la constitución de la materia viva y sus reacciones.

**BIOQUÍMICO, A** adj. Relativo a la bioquímica. ◆ n. **2.** Especialista en bioquímica.

**BIORRITMO** n. m. Todo fenómeno periódico en los reinos animal y vegetal. SIN.: *ritmo biológico.*

**BIOSFERA** n. f. Conjunto que forman los seres vivos con el medio en que se desarrollan. SIN.: *ecosfera.*
■ La biosfera comprende la parte inferior de la atmósfera, la hidrosfera y una parte de la litosfera, hasta una profundidad de unos 2 km. Está vinculada al resto de la Tierra por medio de los ciclos biosféricos, que aseguran la incorporación de los elementos químicos a la biosfera y su eliminación de ella en forma de productos del metabolismo o de residuos de la mineralización. La evolución de la biosfera ha estado marcada por la aparición de los organismos fotosintéticos, que la enriquecieron en oxígeno y permitieron la diversificación de la vida. Los ecólogos dividen la biosfera en unidades funcionales relativamente autónomas llamadas *ecosistemas,* cuyo tamaño puede variar desde el charco de agua hasta la propia biosfera.

**BIOSÍNTESIS** n. f. Formación de una sustancia orgánica en el seno de un ser vivo.

**BIOSTASIA** n. f. GEOMORFOL. Fase de estabilidad en la evolución del relieve, en la que la ausencia de erosión va unida a un recubrimiento vegetal continuo. CONTR.: *resixistasia.*

**BIOTA** n. f. Conjunto de la fauna y la flora de un determinado lugar.

**BIOTECNOLOGÍA** n. f. Empleo de las células vivas para la obtención de productos útiles. **2.** Parte de la ciencia que estudia la obtención de productos útiles a partir de células vivas.

**BIOTERAPIA** n. f. Empleo de los seres vivos en el tratamiento de las enfermedades.

**BIÓTICO, A** adj. ECOL. Relativo a la vida o que permite su desarrollo.

**BIOTINA** n. f. Uno de los constituyentes del conjunto de vitaminas del grupo B.

**BIOTIPO** n. m. Tipo biológico caracterizado por la constancia de ciertos caracteres físicos y síquicos, que permite individualizar un grupo.

**BIOTIPOLOGÍA** n. f. Ciencia que estudia las correlaciones que se pueden establecer entre la forma corporal, fisiologismo y comportamiento sicológico del individuo. SIN.: *tipología.*

**BIOTITA** n. f. GEOL. Mica negra.

**BIOTOPO** n. m. ECOL. Área geográfica correspondiente a una agrupación de seres vivos sometidos a condiciones relativamente constantes o cíclicas.

**BIÓXIDO** n. m. Dióxido.

**BÍPARO, A** adj. Que produce dos seres en el parto o nacimiento.

**BIPARTICIÓN** n. f. División de una cosa en dos partes.

**BIPARTIDISMO** n. m. Régimen político caracterizado por la alternancia en el poder de dos partidos.

**BIPARTIDO, A** adj. Dícese de todo órgano que está dividido en dos segmentos: *hoja bipartida.*

**BIPARTITO, A** adj. Bipartido. **2.** Dícese de la reunión, convenio, etc., en que figuran dos partes contratantes: *conferencia bipartita.*

**BIPÁS** n. m. By-pass.

**BIPEDACIÓN** n. f. Modo de andar el hombre y los animales de dos patas o con las dos posteriores de los cuadrúpedos.

**BÍPEDO, A** adj. y n. m. De dos pies. ◆ n. m. **2.** Conjunto de dos remos de un caballo.

**BIPENNA** n. f. HIST. Hacha romana de doble filo.

**BIPLANO** n. m. y adj. Avión cuyas alas están formadas por dos planos de sustentación.

**BIPLAZA** n. m. y adj. Vehículo, y particularmente avión, de dos plazas.

**BÍPODE** n. m. Armazón de dos pies para apoyar ciertos instrumentos.

**BIPOLAR** adj. Que tiene dos polos. • **Coordenadas bipolares,** sistema de coordenadas en el que un punto está determinado por sus distancias a dos puntos fijos.

**BIPOLARIDAD** n. f. Condición de bipolar.

**BIQUINI** n. m. Bikini.

**BIQUIR** n. m. Pez dulceacuícola de color gris verdoso, con rasgos arcaicos, que puede alcanzar más de 1 m de long. (Familia poliptéridos.)

**BIRARO** o **BIRARÓ** n. m. Planta arbórea de madera pardo rosada que crece en América Meridional. (Familia cesalpiniáceas.)

**BIRIJÍ** n. m. Diversos árboles maderables que crecen en las Antillas, cuyo fruto sirve de alimento para el ganado de cerda. (Familia mirtáceas.)

**BIRLAR** v. tr. [**1**]. *Fam.* Hurtar, quitar algo valiéndose de intrigas.

**BIRLIBIRLOQUE. Por arte de birlibirloque** (*Fam.*), por medios ocultos y extraordinarios.

**BIRLOCHO** n. m. Coche de caballos de cuatro asientos, ligero, descubierto y sin puertas.

**BIRMANO, A** adj. y n. De Birmania. ◆ n. m. **2.** Lengua hablada en Birmania.

**BIROME** n. f. *Argent.* y *Urug.* Bolígrafo.

**BIRR** n. m. Unidad monetaria principal de Etiopía.

**BIRRA** n. f. *Fam.* Cerveza.

**BIRREACTOR** adj. y n. m. Dícese del avión con dos reactores.

**BIRREFRINGENTE** adj. ÓPT. Dícese del cuerpo capaz de producir doble refracción.

**BIRREME** adj. y n. m. ANT. ROM. Dícese de un navío con dos filas de remos.

**BIRRETA** n. f. Bonete cuadrado que usan los eclesiásticos, de color negro para los sacerdotes, morado para los obispos y rojo para los cardenales.

**BIRRETE** n. m. Gorro de forma prismática coronado por una borla, que sirve de distintivo en determinados actos a los licenciados y doctores de las facultades universitarias y a los magistrados, jueces y abogados. **2.** Gorro.

**BIRRIA** n. f. Persona o cosa fea o ridícula. **2.** *Colomb.* y *Pan.* Odio, tirria, obstinación, capricho. **3.** *Méx.* Guiso que se prepara con carne de chivo en trozos o deshebrada.

**BIRRIOSO, A** adj. Que tiene cualidad de birria.

**BIS** adj. (lat. *bis,* dos veces). Se emplea para indicar que algo está repetido o debe repetirse: *número 3 bis.*

**BISABUELO, A** n. Respecto de una persona, el padre o la madre de su abuelo o de su abuela.

**BISAGRA** n. f. Herraje de puertas, ventanas, etc., compuesto de dos planchas metálicas unidas por un eje común, una de las cuales puede moverse alrededor de dicho eje. **2.** *Fig.* Denominación aplicada a cualquier partido, entidad, etc., que ocupa un espacio determinado entre otros dos.

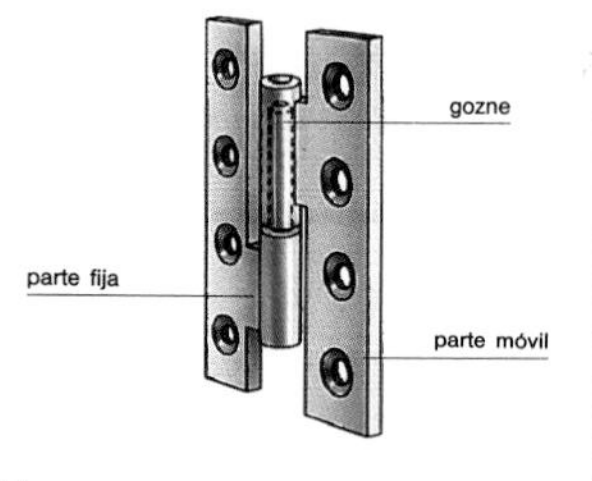


**bisagra**

**BISAR** v. tr. [**1**]. Repetir la ejecución de un trozo musical, escénico, recitación, etc., a requerimiento del público.

**BISAYA** → ***visaya.***

**BISBISEAR** v. tr. [**1**]. *Fam.* Musitar.

**BISBISEO** n. m. Acción de bisbisear.

**BISBITA** n. f. Pájaro de unos 15 cm de long., común en los prados, de plumaje amarillento con rayas marrones. (Familia motacílidos.)

**BISCAMBRA** n. f. *Amér. Merid.* Brisca, juego de naipes.

**BISCOTE** n. m. (fr. *biscotte*). Rebanada de pan especial, tostado en el horno, que se puede conservar durante mucho tiempo.

**BISCUIT** n. m. Bizcocho, porcelana. • **Biscuit glacé,** bizcocho helado.

**BISECCIÓN** n. f. MAT. División en dos partes iguales.

**BISECTOR** adj. MAT. Que divide en dos partes iguales. • **Plano bisector** (MAT.), semiplano que pasa por la arista de un ángulo diedro y que divide a dicho ángulo en dos diedros iguales.

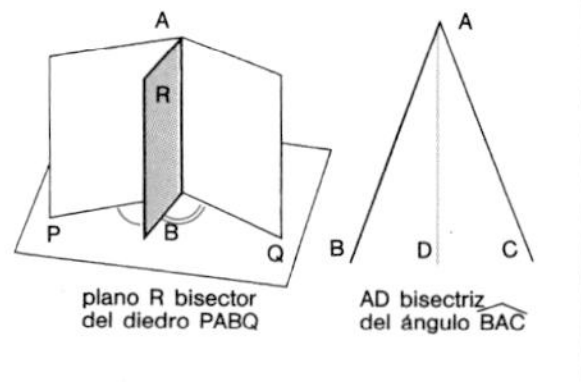


**bisector** de un diedro y **bisectriz**

**BISECTRIZ** n. f. y adj. MAT. Semirrecta que parte del vértice de un ángulo y lo divide en dos partes iguales.

**BISEL** n. m. Borde cortado oblicuamente, en vez de formar arista en ángulo recto.

**BISELADO** n. m. Acción y efecto de biselar.

**BISELAR** v. tr. [**1**]. Hacer biseles.

**BISEXUAL** adj. y n. m. y f. Dícese del individuo en el que se dan características físicas o síquicas de ambos sexos.

**BISEXUALIDAD** n. f. Cualidad de bisexual. **2.** SICOANÁL. Hipótesis según la cual todo ser humano posee en sí mismo unas tendencias masculinas y femeninas que se encontrarían en el modo de asumir su propio sexo.

**BISIESTO** adj. y n. m. (lat. *bisextum*). Dícese del año de 366 días.
■ Un año es bisiesto cuando el número que le designa es divisible por cuatro. Sin embargo, los años seculares (los acabados en dos ceros) sólo son bisiestos en el caso de que sean también divisibles por 400: así el año 2000 será bisiesto, pero no fue así en los casos de 1700, 1800 y 1900.

**BISÍLABO, A** o **BISILÁBICO, A** adj. De dos sílabas.

**BISINOSIS** n. f. Afección producida por la inhalación del polvo del algodón.

**BISMUTINA** n. f. Sulfuro natural de bismuto.

**BISMUTO** n. m. (alem. *Wismut*). Metal (Bi) n.° 83, de masa atómica 208,98, y densidad 9,8, de color blanco grisáceo algo rojizo, que funde a 270 °C disminuyendo de volumen y se rompe y se reduce a polvo con facilidad. (Se le utiliza sobre todo en aleación con otros metales; el subnitrato se emplea en el tratamiento de las afecciones gastrointestinales.)

**BISNIETO, A** n. Biznieto.

**BISO** n. m. Manojo de filamentos análogos a la seda, segregados por una glándula situada en la base del pie de algunos moluscos lamelibranquios, como los mejillones, y a través de los cuales el animal se fija a su soporte.

**BISOJO, A** adj. y n. Bizco.

**BISONTE** n. m. (lat. *bisontem*). Bóvido salvaje de gran tamaño, caracterizado por el pelo espeso en la parte anterior del cuerpo y por el cuello giboso. (Actualmente existen dos especies, la americana y la europea, que viven sólo en las reservas.)

**bisonte** de América

**bisonte** de Europa

**BISOÑÉ** n. m. Peluca que cubre la parte anterior de la cabeza.

**BISOÑO, A** adj. y n. Dícese del soldado inexperto en la milicia. **2.** *Fig.* y *fam.* Inexperto: *un muchacho bisoño.*

**BISSEL** n. m. Eje portante situado en los extremos de ciertas locomotoras y que puede desplazarse, en relación al conjunto de la máquina, para facilitar la inscripción a las curvas.

**BISTEC** o **BISTÉ** n. m. (ingl. *beefsteak*) [pl. *bistecs* o *bistés*]. Lonja de carne para asar o freír.

**BISTORTA** n. f. Planta que crece en los prados montañosos, de flores rosas, cuyo rizoma está torcido en forma de S. (Familia poligonáceas.)

**BISTRE** n. m. (voz francesa). Color oscuro de tono ligeramente amarillento, usado en la pintura a la aguada. **2.** Color o tono parecido al bistre.

**BISTURÍ** n. m. Pequeño cuchillo de cirugía que sirve para hacer incisiones en la carne. • **Bisturí eléctrico,** instrumento quirúrgico utilizado para cortar o coagular los tejidos, que funciona con corrientes de alta frecuencia, aplicadas por unos electrodos de formas diversas.

**BISTURNAJE** n. m. Castración por torsión subcutánea del cordón testicular, practicada principalmente a los toros.

**BISULFATO** n. m. Sulfato ácido.

**BISULFITO** n. m. Sal ácida del ácido sulfuroso.

**BISULFURO** n. m. Compuesto sulfurado cuya molécula contiene dos átomos de azufre.

**BISUTERÍA** n. f. Industria que produce objetos de adorno y joyas, hechos con materiales no preciosos. **2.** Estos mismos objetos.

**BIT** n. m. (ingl. *binary digit*) [pl. *bits*]. Unidad elemental de información que solamente puede tomar dos valores distintos, para los que generalmente se adoptan las notaciones 1 y 0.

**BITA** n. f. (fr. *bitte*). Poste de madera o de acero fijado verticalmente sobre el puente de un barco y que sirve para dar vueltas a los cables del ancla.

**BITACA** n. f. Planta herbácea cuyas semillas producen unas fibras algodonosas utilizadas como textiles por los indígenas del Chaco. (Familia bombáceas.)

**BITÁCORA** n. f. En los buques, especie de armario o caja cilíndrica en que se pone la brújula y que contiene los compensadores y las lantias o fanales de alumbrado.

**BITENSIÓN** n. f. Característica de un aparato eléctrico que se puede conectar indistintamente a dos tensiones diferentes.

**BÍTER** o **BITTER** n. m. Licor amargo obtenido por infusión de diversas plantas.

**BITOQUE** n. m. *Amér.* Cánula de la jeringa. **2.** *Chile* y *Colomb.* Llave de agua, grifo.

**BITUMINOSO, A** adj. Que contiene betún o alquitrán, o que lo produce por destilación.

**BITÚRIGOS,** pueblo de la Galia cuyas capitales fueron *Burdigala* (Burdeos) y *Avaricum* (Bourges). Se enfrentaron tenazmente a César.

**BIUNÍVOCO, A** adj. MAT. Dícese de la correspondencia entre dos conjuntos tal que a cada elemento de uno le corresponde un elemento y sólo uno del otro.

**BIVALENCIA** n. f. Carácter de bivalente.

**BIVALENTE** adj. Que presenta un doble significado o que cumple dos funciones. **2.** Que su valencia química es 2. • **Lógica bivalente,** lógica que sólo considera dos valores de verdad, verdadero y falso.

**BIVALVO, A** adj. y n. m. Relativo a los moluscos, como el mejillón y la ostra, y a los braquiópodos, cuya concha está formada por dos valvas.

**BIYECCIÓN** n. f. MAT. En la teoría de conjuntos, aplicación biyectiva.

**BIYECTIVO, A** adj. MAT. Dícese de una aplicación a la vez inyectiva y exhaustiva, que establece entre los elementos de dos conjuntos una relación en la que todo elemento de uno de los dos conjuntos tiene un representante y sólo uno en el otro.

**BIZANTINISMO** n. m. Corrupción por lujo en la vida social, o por exceso de ornamentación en el arte. **2.** Tendencia a discusiones bizantinas. **3.** Especialización en el estudio de la civilización bizantina.

**BIZANTINISTA** n. m. y f. Especialista en estudios relativos a Bizancio.

**BIZANTINO, A** adj. y n. (lat. *byzantinum*). De Bizancio o del Imperio bizantino. ◆ adj. **2. Discusión bizantina,** discusión baldía o demasiado sutil.

**BIZANTINOLOGÍA** n. f. Estudio de la historia y de la civilización bizantinas.

**BIZARRÍA** n. f. Cualidad de bizarro: *ostentar bizarría.*

**BIZARRO, A** adj. (ital. *bizarro,* iracundo). Valiente, esforzado: *un militar bizarro.* **2.** Generoso, espléndido, lucido.

**BIZBIRINDO, A** adj. *Méx.* Vivaracho, alegre.

**BIZCO, A** adj. y n. Que bizquea, estrábico. **2.** TAUROM. Dícese del toro que tiene un cuerno más alto que otro. • **Dejar,** o **quedarse bizco,** asombrar o asombrarse ante algo inesperado o magnífico.

**BIZCOCHO** n. m. Pan sin levadura que se cuece dos veces para que se conserve mucho tiempo. **2.** Masa compuesta de harina, huevos y azúcar, que se emplea en pastelería. **3.** Porcelana que, tras la cochura, se conserva mate, no esmaltada, y tiene aspecto parecido al del mármol blanco.

**BIZCORNETO, A** adj. y n. m. y f. *Colomb.* y *Méx. Fam.* Persona bizca.

**BIZKAITARRA** adj. y n. m. y f. (voz vasca). Nacionalista vasco, según la terminología difundida por Sabino Arana.

**BIZMA** n. f. Cierto emplasto confortante. **2.** Pedazo de lienzo cubierto de emplasto.

**BIZNAGA** n. f. Planta cactácea, carnosa y de forma cilíndrica o redonda, con espinas gruesas y largas que crece en América. (Con la pulpa de alguna de sus especies se prepara un dulce cristalizado.)

**BIZNIETO, A** o **BISNIETO, A** n. Respecto de una persona, hijo de su nieto.

**BIZQUEAR** v. intr. [**1**]. *Fam.* Torcer la vista al mirar. **2.** Guiñar un ojo.

**BIZQUERA** n. f. *Fam.* Estrabismo.

**BK,** símbolo químico del *berkelio.*

**BLACK-BASS** n. m. (voz inglesa). Denominación de determinadas percas que se crían en lagos y estanques.

**BLACKFOOT** → ***pies negros.***

**BLANCA** n. f. Nota musical cuyo valor equivale a la mitad de la redonda, a dos negras o a cuatro corcheas. • **Estar sin blanca** o **no tener blanca,** no tener dinero.

**BLANCO, A** adj. y n. m. (germ. *blank*). Dícese del color que resulta de la combinación de todos los colores del espectro solar. ◆ adj. y n. **2.** Dícese del individuo perteneciente a la raza blanca. ◆ adj. **3.** De color blanco. **4.** Dícese de las cosas que sin ser blancas tienen color más claro que otras de la misma especie: *pan blanco.* • **Padres blancos,** instituto misionero fundado en 1868 por el cardenal Lavigerie para la evangelización de África. ‖ **Papel blanco,** el que no está escrito ni impreso. ‖ **Pescado blanco,** el de carne blanca. ‖ **Salsa blanca,** salsa hecha con mantequilla y harina mezcladas, sin coloración alguna. ‖ **Verso blanco,** verso no rimado. ‖ **Vino blanco,** el de color claro o ambarino. ◆ n. m. **5.** Hueco o intermedio entre dos cosas. **6.** Espacio que en los escritos se deja sin llenar. **7.** Objeto situado lejos para ejercitarse en el tiro y puntería. **8.** Todo objeto sobre el cual se dispara un arma de fuego. **9.** *Fig.* Fin al que se dirigen los deseos o acciones: *ser el blanco de todas las miradas.* **10.** Enfermedad originada por ciertos hongos que ataca a manzanos, rosales, etc. • **Blanco de ballena,** sustancia aceitosa que se encuentra en la cabeza de los cachalotes. ‖ **Blanco de España,** carbonato de calcio natural, extremadamente puro. ‖ **Blanco de hongo,** micelio de hongo, que sirve para propagarlo al mezclarlo con estiércol. ‖ **Blanco de plomo,** albayalde. ‖ **Blanco de uña,** faja blanquecina en el nacimiento de la uña. ‖ **Blanco del ojo,** región anterior de la esclerótica. ‖ **Dar en el blanco** o **hacer blanco,** acertar. ‖ **En blanco,** sin escribir, ni imprimir, ni marcar; aplicado a la noche, sin dormir; sin comprender; dentro de las regulaciones legales.

**BLANCOR** n. m. *Poét.* Blancura.

**BLANCURA** n. f. Calidad de blanco: *la blancura de la nieve.*

**BLANCUZCO, A** adj. Que tira a blanco o es de color blanco sucio.

**BLANDEAR** v. intr. y pron. [**1**]. Aflojar, ceder. ◆ v. tr. **2.** Hacer que uno mude de parecer.

**BLANDENGUE** adj. *Desp.* Blando, dócil.

**BLANDIR** v. tr. (fr. *brandir*) [**3**]. Mover un arma u otra cosa con movimiento vibratorio.

**bizcocho:** *La nodriza,*
porcelana dura de Boizot; fines s. XVIII
(museo nacional de cerámica, Sèvres)

**BLANDO, A** adj. (lat. *blandum*). Que cede fácilmente a la presión, tierno: *colchón, pan blando.* **2.** *Fig.* Suave, benigno. **3.** *Fig.* De genio y trato apacibles. **4.** *Fig.* y *fam.* Cobarde, pusilánime. **5.** Cómodo, muelle: *vida blanda.* ◆ adj. y n. **6.** Falto de dureza, de violencia, de fuerza, fortaleza, energía o intensidad: *carácter, padre blando.*

**BLANDUCHO, A** o **BLANDUZCO, A** adj. *Fam.* Algo blando.

**BLANDURA** n. f. Calidad de blando.

**BLANQUEADOR, RA** adj. y n. Que blanquea.

**BLANQUEAR** v. tr. [**1**]. Poner blanco: *la lejía blanquea la ropa.* **2.** Dar manos de cal o yeso diluidos en agua a las paredes o techos. **3.** Blanquecer. **4.** Ajustar a la legalidad fiscal el dinero procedente de negocios delictivos o injustificables. ◆ v. intr. **5.** Mostrar una cosa la blancura que tiene. **6.** Tirar a blanco.

**BLANQUECER** v. tr. [**2m**]. Limpiar y sacar su color al oro, plata y otros metales. **2.** Blanquear, poner blanco.

**BLANQUECINO, A** o **BLANQUINOSO, A** adj. Que tira a blanco.

**BLANQUEO** o **BLANQUEAMIENTO** n. m. Acción y efecto de blanquear. **2.** Operación consistente en eliminar el color de determinadas sustancias, transformando químicamente las materias coloreadas o incoloras.

**BLANQUILLO, A** adj. y n. m. Dícese del trigo y del pan candeal. ◆ n. m. **2.** *Chile* y *Perú.* Durazno de cáscara blanca. **3.** *Guat.* y *Méx.* Huevo.

**BLANQUISMO** n. m. Doctrina que emana de las ideas y acciones de Auguste Blanqui.

**BLASFEMADOR, RA** adj. y n. Que blasfema.

**BLASFEMAR** v. intr. (lat. *blasphemare*) [**1**]. Decir blasfemias: *blasfemar contra Dios.* **2.** *Fig.* Maldecir, vituperar: *blasfemar de todo.*

**BLASFEMIA** n. f. (lat. *blasphemiam*). Palabra injuriosa contra Dios o personas y cosas santas. **2.** *Fig.* Palabra gravemente injuriosa contra alguien o algo digno de respeto.

**BLASFEMO, A** adj. Que contiene blasfemia: *palabras blasfemas.* ◆ adj. y n. **2.** Que dice blasfemias.

**BLASÓN** n. m. Cada una de las figuras que componen un escudo de armas. **2.** Arte de explicar y describir los escudos de armas. **3.** *Fig.* Honor o gloria. **4.** LIT. Poema corto francés compuesto por versos de arte menor y rimas alternadas, que encierra una descripción, satírica o elogiosa, de una persona o de un objeto.

**BLASONAR** v. tr. [**1**]. Disponer el escudo de armas según las reglas del arte. ◆ v. intr. **2.** *Fig.* Hacer ostentación de algo con alabanza propia: *blasonar de valiente.*

**BLASQUISMO** n. m. Nombre con que se conoce al movimiento político, polarizado en torno a Blasco Ibáñez.

**BLASTODERMO** n. m. Conjunto de células embrionarias que forman las paredes de la blástula.

**BLASTOGÉNESIS** o **BLASTOGENIA** n. f. Formación del blastodermo.

**BLASTOMA** n. m. Denominación genérica de los tumores.

**BLASTÓMERO** n. m. ZOOL. Nombre dado a las células que provienen de la división del huevo, durante los primeros estadios del desarrollo embrionario.

**BLASTOMICETE** adj. y n. m. Relativo a determinados hongos que se reproducen por brote, como las levaduras de la cerveza y del vino. SIN.: *sacaromicetáceo.*

**BLASTOMICOSIS** n. f. Enfermedad causada por el desarrollo de un blastomicete en la piel o en ciertos órganos.

**BLASTOPORO** n. m. EMBRIOL. Orificio único del embrión en estado de gástrula, que da lugar a la boca en los invertebrados y al ano en los vertebrados.

**BLÁSTULA** n. f. ZOOL. Fase de desarrollo del embrión en que éste tiene forma de una esfera hueca de pared epitelial. (La *blástula* sucede a la *mórula* y precede a la *gástrula.*)

**BLAZER** n. m. (voz inglesa). Chaqueta deportiva, generalmente de color oscuro, de franela o de punto, con doble botonadura.

**BLE** n. m. En pelota vasca, la pared que, en cancha abierta, une el muro de frontón con el de rebote. **2.** Expresión genérica que se aplica a todos los juegos de pelota vasca practicados en cancha abierta o en frontón.

**BLEDO** n. m. Planta comestible de tallo rastrero, hojas de color verde oscuro y flores rojas, muy pequeñas y en racimos axilares. (Familia quenopodiáceas.) • **Dársele, importar, valer,** etc., **un bledo,** despreciar, considerar insignificante.

**BLEFARITIS** n. f. Inflamación de los párpados.

**BLENDA** n. f. (alem. *blende*). Sulfuro natural de cinc ZnS que constituye el principal mineral de este metal.

**BLENORRAGIA** n. f. Inflamación de la mucosa de los órganos genitales producida por gonococos.

**BLENORREA** n. f. Blenorragia o gonococia crónicas.

**BLINDADO, A** adj. Recubierto por un blindaje. **2.** ELECTR. Dícese de un aparato eléctrico protegido contra los fenómenos magnéticos exteriores. ◆ n. m. **3.** *Amér.* Acorazado.

**BLINDAJE** n. m. Acción de blindar. **2.** Revestimiento, generalmente metálico, que protege contra los efectos de los proyectiles. **3.** Dispositivo protector contra las radiaciones electromagnéticas y nucleares. **4.** Conjunto de dispositivos que hacen inviolable una puerta.

**BLINDAR** v. tr. (alem. *blenden,* cegar) [**1**]. Proteger con un blindaje.

**BLÍSTER** n. m. (ingl. *blister*). Envase de plástico para la presentación de productos de pequeño tamaño como tornillos y clavos.

**BLIZZARD** n. m. (voz inglesa). Viento glacial que sopla en forma de ventisca en Canadá y en el N de E.U.A.

**BLOC** n. m. (ingl. *block,* masa) [pl. *blocs*]. Conjunto o masa apretada de objetos análogos y separables: *un bloc de fichas.* **2.** Taco de hojas de papel: *un bloc de notas.*

**BLOCAO** n. m. (germ. *block haus*). Pequeño fortín construido para defender una posición concreta.

**BLOCAR** v. tr. [**1a**]. En fútbol, detener el balón con el pie antes de lanzarlo. **2.** En fútbol, parar el balón el portero y sujetarlo fuertemente contra el cuerpo.

**BLOCK-SYSTEM** n. m. (voz inglesa). F.C. Sistema de seccionamiento.

**BLOFEAR** o **BLUFEAR** v. intr. [**1**]. *Amér.* Engañar con fingidas apariencias, fanfarronear.

**BLONDA** n. f. Encaje de seda fina, que puede hacerse con bolillos o con aguja.

**BLONDÍN** n. m. Teleférico empleado para el transporte de materiales.

**BLONDO, A** adj. *Poét.* Rubio.

**BLOOM** n. m. (voz inglesa). Semiproducto metalúrgico obtenido por laminación del acero.

**BLOQUE** n. m. (fr. *bloc*). Trozo grande de hormigón o de piedra sin labrar: *un bloque de mármol.* **2.** Manzana de casas. **3.** Edificio que comprende varios pisos o varias casas de la misma altura. **4.** Paralelepípedo rectangular de materia dura. **5.** Bloc. **6.** Conjunto sólido en el que todas las partes dependen unas de otras: *estos elementos forman un bloque.* **7.** Grupo de partidos políticos, estados, etc., unidos por intereses o ideales comunes: *bloque atlántico.* **8.** INFORMÁT. Parte seleccionada de un documento para someterla a algún tipo de tratamiento. • **Bloque de cilindros,** conjunto de los cilindros de un motor fundidos en una sola pieza. || **Bloque diagrama** (GEOGR.), representación de una región en perspectiva, acompañada de cortes geológicos. || **Bloque motor,** conjunto del motor, el embrague y la caja de velocidades de un vehículo. || **En bloque,** en conjunto, sin distinción.

**BLOQUEAR** v. tr. [**1**]. Asediar. **2.** Interrumpir la marcha de un proceso mecánico o eléctrico mediante la acción de un agente externo: *bloquear la dirección de un vehículo.* **3.** Interceptar o impedir un proceso en cualquiera de sus fases: *bloquear la entrada, una cuenta corriente.* **4.** DEP. Blocar. ◆ v. tr. y pron. **5.** SICOL. Realizar un bloqueo.

**BLOQUEO** n. m. Acción y efecto de bloquear: *dispositivo de bloqueo.* **2.** SICOL. Incapacidad momentánea de un individuo para reaccionar intelectualmente o afectivamente en una situación específica. • **Bloqueo cardíaco** (MED.), detención de la conducción del influjo nervioso en el corazón. || **Bloqueo comercial,** obstáculos que una potencia impone a un país para impedirle las relaciones comerciales internacionales.

**BLUES** n. m. (pl. *blues*). Canción del folklore negro norteamericano, caracterizada por una fórmula armónica constante y un ritmo de cuatro tiempos, cuyo estilo ha influido profundamente en el jazz.

**BLUFF** n. m. (voz inglesa) [pl. *bluffs*]. Ficción, falsa apariencia, aparatosidad, finta.

**BLÚMER** n. m. *Méx.* Calzón largo de mujer que cubre los muslos.

**BLUSA** n. f. Guardapolvo o bata que emplean determinados trabajadores. **2.** Prenda femenina de medio cuerpo, semejante a una camisa.

**BLUSÓN** n. m. Blusa larga que se lleva por encima de la falda o de los pantalones.

**BOA** n. f. (lat. *boam*). Serpiente de gran tamaño de América tropical, que llega a medir 4 m, no venenosa, y que se nutre de vertebrados de sangre caliente, a los que mata arrollándose sobre su cuerpo. (Familia boidos.) ◆ n. m. **2.** Prenda de piel o plumas en forma de culebra, usada por las mujeres para abrigo o adorno del cuello.

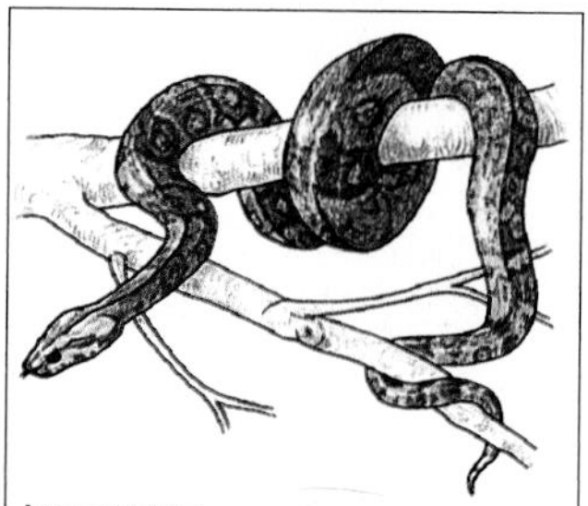

**boa** constrictor

**BOATINÉ** n. f. (fr. *ouatine*). Tejido acolchado forrado de guata.

**BOATO** n. m. Ostentación en el porte exterior.

**BOBADA** o **BOBERÍA** n. f. Dicho o hecho necio.

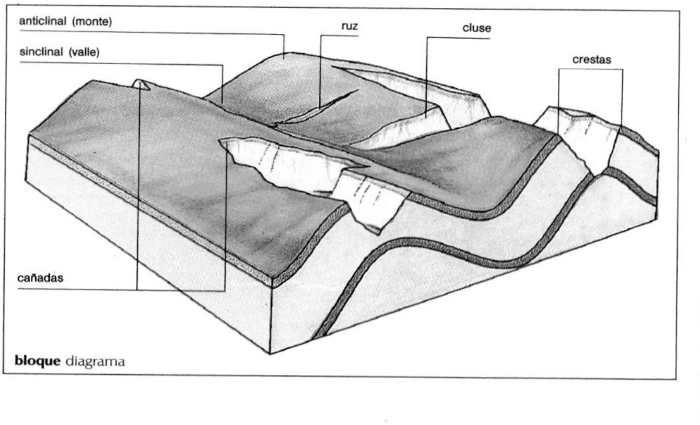


**bloque** diagrama

**BOBADILLA** n. f. Mamparo colocado delante del bauprés en los buques de proa abierta.

**BOBALICÓN, NA** adj. y n. *Fam.* Bobo.

**BOBEAR** v. intr. [**1**]. Hacer o decir bobadas.

**BOBETA** ad. y n. m. y f. *Amér. Merid.* Bobo.

**BÓBILIS. De bóbilis, bóbilis** *(Fam.),* de balde; sin trabajo.

**BOBINA** n. f. (fr. *bobine*). Pequeño cilindro de madera, metal o materia plástica, sobre el cual se arrolla cualquier material flexible. **2.** Cilindro hueco sobre el cual se encuentra arrollado un hilo metálico aislado por el que puede circular una corriente eléctrica. **3.** Parte del sistema de encendido por batería de un motor de explosión, en la que se efectúa la transformación de la corriente. **4.** Rollo de papel continuo, propio para imprimir con rotativa. • **Bobina de inducción,** o **de Ruhmkorff,** aparato eléctrico formado por dos bobinas, que funcionan como un elevador de tensión.

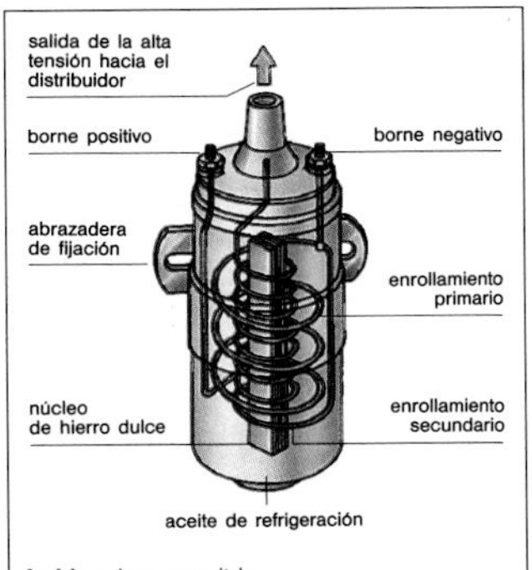


**bobina** de encendido

**BOBINADO** n. m. Acción de bobinar. SIN.: *devanado.* **2.** Conjunto de conductores dispuestos en una máquina o aparato eléctrico.

**BOBINADOR, RA** n. Obrero que bobina.

**BOBINADORA** n. f. Máquina de bobinar.

**BOBINAR** v. tr. [**1**]. Arrollar o devanar seda, hilo, etc., en una bobina. **2.** Instalar el conjunto de los conductores que integran un circuito eléctrico en un aparato o máquina eléctricos.

**BOBITO** n. m. Pájaro de pequeño tamaño propio de Cuba. (Familia tirénidos.)

**BOBO,** pueblo de Burkina Faso.

**BOBO, A** adj. y n. (lat. *balbum,* tartamudo). De muy corto entendimiento. **2.** Extremadamente cándido. ◆ n. m. **3.** Gracioso de las farsas o entremeses. **4.** *Cuba.* Mona, juego de naipes.

**BOBSLEIGH** o **BOB** n. m. (voz inglesa). Trineo articulado que se desliza sobre pistas de hielo o nieve.

**BOCA** n. f. (lat. *bucam,* mejilla). Parte inicial del tubo digestivo del hombre y de algunos animales. (En el hombre, es una cavidad limitada por los labios, las mejillas, el paladar, y el suelo bucal, que comunica hacia atrás con la faringe y que contiene la lengua y los dientes.) **2.** Los labios: *besar en la boca.* **3.** *Fig.* Entrada o salida: *boca del puerto; boca del metro.* **4.** *Fig.* Abertura, agujero: *boca del pozo.* **5.** *Fig.* Persona o animal a quien se mantiene y da de comer. **6.** *Fig.* Órgano de la palabra: *por mi boca no se sabrá nada.* **7.** Pinza con que termina cada una de las patas delanteras de los crustáceos. **8.** Gusto o sabor de los vinos: *tener buena boca un vino.* **9.** En ciertas herramientas, parte afilada con que cortan. **10.** *Amér. Central.* Pequeña cantidad de comida que se suele tomar como aperitivo acompañada de bebida, tapa. • **A boca de jarro,** tratándose de armas de fuego, de muy cerca; de improviso, inopinadamente. ‖ **A pedir de boca,** a medida del deseo. ‖ **Abrir boca,** despertar el apetito con algún manjar o bebida. ‖ **Boca a boca,** método de respiración artificial. ‖ **Boca abajo,** tendido con la cara hacia el suelo. ‖ **Boca arriba,** tendido de espaldas. ‖ **Boca de dragón,** planta herbácea de tallos lampiños en la base, hojas enteras oblongas y flores rosadas. ‖ **Boca del estómago** (ANAT.), parte central de la región epigástrica; cardias. ‖ **Boca de fuego** (ARM.), cualquier arma que se carga con pólvora. ‖ **Boca de riego,** caja o cofre de hierro fundido que contiene un tubo y una espita de toma de agua. ‖ **Despegar la boca,** hablar. (Suele usarse en frases negativas.) ‖ **Poner en boca** de uno, atribuirle algún dicho o hecho. ‖ **Quitar** a uno **de la boca** alguna cosa *(Fam.),* anticiparse uno a decir lo que iba a decir otro.

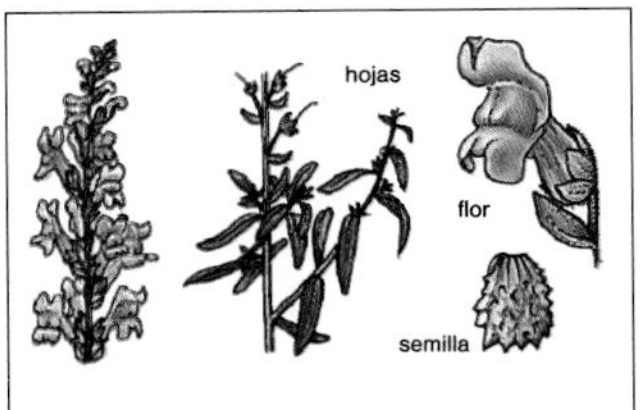


**boca** de dragón

**BOCACALLE** n. f. (pl. *bocacalles*). Entrada de una calle. **2.** Calle secundaria que afluye a otra.

**BOCACOSTA** n. f. (pl. *bocacostas*). GEOGR. Nombre dado en México a las regiones situadas alrededor de los 1 000 m de alt., en las que es característica la vegetación de helechos arborescentes.

**BOCADILLO** n. m. Panecillo cortado a lo largo, o bien dos rebanadas de pan, rellenos de alimentos. **2.** Alimento que se suele tomar entre almuerzo y comida. **3.** Espacio que encierra las palabras de los personajes de las viñetas de los cómics, chistes gráficos, fotonovelas, etc. **4.** *Amér.* Dulce hecho según las regiones con guayaba, coco o boniato y huevo.

**BOCADO** n. m. Porción de comida que cabe de una vez en la boca. **2.** Un poco de comida. **3.** Mordedura o herida que se hace con los dientes. **4.** Pedazo de cualquier cosa que se saca o arranca con la boca. **5.** Parte del freno que se coloca en la boca de la caballería. **6.** El mismo freno. **7.** *Argent.* y *Chile.* Correa que atada a la quijada inferior de un potro sirve de freno para domarlo. • **Bocado de Adán** (ANAT.), nuez del cuello.

**BOCAJARRO. A bocajarro,** de improviso, inopinadamente; tratándose del disparo de un arma de fuego, desde muy cerca.

**BOCAJE** n. m. (fr. *bocage*). Paisaje rural caracterizado por campos y prados cercados por setos e hileras de árboles, en el que el hábitat se halla generalmente disperso en granjas y caseríos.

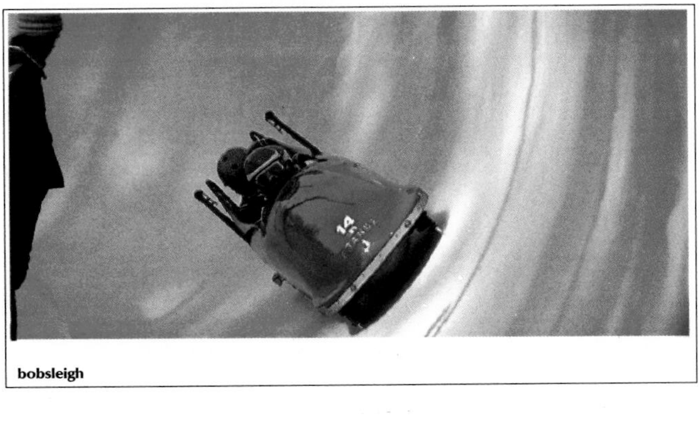

**bobsleigh**

**BOCAL** n. m. Jarro de boca ancha y cuello corto para sacar el vino de las tinajas.

**BOCALLAVE** n. f. (pl. *bocallaves*). Ojo de la cerradura.

**BOCAMANGA** n. f. (pl. *bocamangas*). Parte de la manga más cercana a la muñeca.

**BOCAMEJORA** n. f. *Amér. Merid.* Pozo auxiliar que comunica con el principal de una mina.

**BOCANA** n. f. Canal estrecho entre una isla y la costa de tierra firme, por el que se arriba a un gran puerto o bahía.

**BOCANADA** n. f. Cantidad de líquido, humo o aliento que se echa por la boca de una vez. **2.** Afluencia, tropel.

**BOCANEGRA** n. f. (pl. *bocanegras*). Pez escualiforme de unos 90 cm de long. y coloración pardogrisácea con manchas oscuras. (Familia escliorrínidos.)

**BOCARDA** n. f. Trabuco de boca ancha.

**BOCARTE** n. m. Maceta de cantero. **2.** Aparato para triturar minerales.

**BOCATA** n. m *Fam.* Bocadillo.

**BOCATERO, A** adj. y n. *Amér. Central.* Jactancioso, fanfarrón.

**BOCAZAS** o **BOCERAS** n. m. y f. (pl. *bocazas* o *boceras*). *Fam.* Persona que habla más de lo que aconseja la discreción.

**BOCEL** n. m. Moldura lisa de forma cilíndrica. • **Cuarto bocel,** moldura convexa cuya sección es un cuarto de círculo. ‖ **Medio bocel,** moldura en forma de medio cilindro. ◆ adj. y n. m. **2.** Dícese del cepillo utilizado para hacer dichas molduras.

**BOCELAR** v. tr. [**1**]. Dar a un borde o moldura forma de bocel.

**BOCERA** n. f. Lo que queda pegado en los labios después de haber comido o bebido. **2.** Boquera.

**BOCETO** n. m. (ital. *bozetto*). Esbozo de una pintura, escultura u otra obra decorativa. **2.** Cualquier obra artística que no tenga forma acabada.

**BOCHA** n. f. (ital. *bòccia*). Bola de madera, de mediano tamaño, con que se juega a las bochas. ◆ **bochas** n. f. pl. **2.** Juego entre dos o más personas, que consiste en tirar a cierta distancia con unas bolas medianas a otra más pequeña que se ha tirado previamente.

**BOCHE** n. m. Hoyo pequeño que hacen los muchachos en el suelo para ciertos juegos. **2.** *Amér. Merid.* Tumulto, follón.

**BOCHE** n. m. y f. *Desp.* Alemán.

**BOCHINCHE** n. m. Tumulto, barullo. **2.** *Pan. Fam.* Chisme que cobra mayor proporción y maledicencia a medida que pasa de una persona a otra.

**BOCHINCHERO, A** adj. y n. *Amér. Merid.* Dícese de la persona que arma alboroto.

**BOCHORNO** n. m. Viento cálido que sopla en verano. **2.** Calor sofocante. **3.** Sofocamiento producido por algo que ofende, molesta o avergüenza.

**BOCHORNOSO, A** adj. Que causa o da bochorno.

**BOCINA** n. f. Instrumento de metal en forma de trompeta con que se refuerza un sonido. **2.** Aparato avisador provisto de una lengüeta que se hace vibrar por insuflación: *la bocina de un automóvil.* **3.** Cuerno, instrumento músico de viento. **4.** *Amér.* Trompetilla para sordos. **5.** *Méx.* En los aparatos telefónicos, parte de los mismos a la que se acerca la boca para hablar. **6.** *Méx.* Altavoz.

**BOCINAZO** n. m. Ruido fuerte producido con una bocina. **2.** *Fig.* Grito para reprender o amonestar a alguien.

**BOCIO** n. m. MED. Aumento de volumen del cuerpo tiroides.

**BOCK** n. m. (alem. *Bockbier,* cerveza muy fuerte) [pl. *bocks*]. Jarra de cerveza de un cuarto de litro de capacidad.

**BOCÓN, NA** adj. *Chile.* Difamador, murmurador. ◆ n. m. **2.** *Amér.* Trabuco.

**BOCOY** n. m. Envase de 600 l destinado particularmente al transporte del vino.

**BODA** n. f. (lat. *vota,* votos). Casamiento y fiesta con que se solemniza. • **Bodas de diamante,** sexagésimo aniversario del casamiento o de algún acontecimiento importante. ‖ **Bodas de oro,** quincuagésimo aniversario. ‖ **Bodas de plata,** vigésimo quinto aniversario.

**BODEGA** n. f. Lugar donde se guarda y cría el vino. **2.** Despensa en que se guardan comestibles. **3.** Pieza baja que sirve de granero. **4.** Cosecha o mucha abundancia de vino en algún lugar. **5.** Tienda de vinos. **6.** Espacio interior de los buques desde la cubierta inferior hasta la quilla. **7.** *Chile.* En los ferrocarriles, almacén para guardar las mercancías. **8.** *Cuba.* Pequeño comercio, tienda de ultramarinos. **9.** *Méx.* Almacén, depósito.

**BODEGÓN** n. m. Tienda donde se guisan y dan de comer viandas ordinarias. **2.** Pintura de naturalezas muertas o en que se representan escenas de taberna, mercado, etc.

**BODEGUERO, A** o **BODEGONERO, A** n. Dueño o encargado de una bodega.

**BODIJO** n. m. *Fam.* Boda desigual o sin aparato ni concurrencia.

**BODOQUE** n. m. Motivo de forma redonda bordado al realce. **2.** Reborde con que se refuerzan los ojales del colchón por donde se pasan las bastas. ◆ n. m. y f. y adj. **3.** *Fam.* Persona de cortos alcances.

**BODORRIO** n. m. *Fam.* Bodijo. **2.** *Méx.* Fiesta con que se celebra una boda.

**BODRIO** n. m. Guiso mal aderezado. **2.** *Fig.* Cosa mal hecha.

**BODY** n. m. (voz inglesa) [pl. *bodys*]. Prenda interior femenina de una pieza que cubre todo el cuerpo excepto las extremidades.

**BODY BUILDING** n. m. (voces inglesas). Culturismo.

**BÓER** adj. y n. m. y f. Dícese de los colonos neerlandeses del África austral. (V. parte n. pr.)

**BOFE** n. m. Pulmón, órgano de la respiración. (Suele usarse en plural.) • **Echar el bofe,** o **los bofes** *(Fam.),* trabajar mucho, afanarse.

**BOFETADA** n. f. Golpe que se da en el carrillo con la mano abierta.

**BOFETÓN** n. m. Bofetada dada con fuerza.

**BOGA** n. f. Pez comestible de cuerpo casi fusiforme, con cabeza desarrollada y ojos grandes. (Familia espáridos.)

**BOGA** n. f. Acción de bogar o remar. **2.** Conjunto de remeros de una embarcación de regatas.

**BOGA** n. f. (fr. *vogue*). **Estar en boga,** estar de moda, llevarse.

**BOGADA** n. f. Espacio que la embarcación navega por el impulso de un solo golpe de remos.

**BOGAR** v. intr. [**1b**]. Remar. **2.** Navegar. **3.** *Chile.* Quitar la escoria a los metales.

**BOGAVANTE** n. m. Primer remero de cada banco de la galera. **2.** Lugar en que se sentaba este remero. **3.** Crustáceo marino, cuyo cuerpo puede alcanzar los 50 cm de long., de color azul veteado de amarillo, y provisto de grandes pinzas. (Es comestible, muy apreciado y se pesca en los fondos rocosos, de 15 a 50 m de prof.)

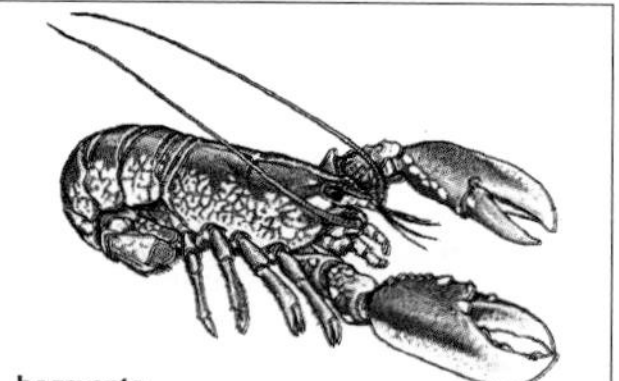

**bogavante**

**BOGIE** n. m. (voz inglesa). Bastidor o plataforma con dos ejes, sobre el cual pivota el chasis de un vagón de ferrocarril en las curvas.

**BOGOMILO** n. m. Miembro de una secta maniquea de origen búlgaro cuya doctrina negaba la encarnación de Cristo, los sacramentos y la autoridad de la Iglesia.

**BOGOTANO, A** adj. y n. De Bogotá.

**BOGUE** n. m. Carruaje semejante a la victoria, usado en Chile.

**BOHARDILLA** n. f. Buhardilla.

**BOHEMIO, A** adj. y n. De Bohemia. **2.** Gitano. **3.** Dícese de aquellas personas, en especial escritores y artistas, de costumbres no convencionales y comportamiento inconformista respecto a las normas sociales. ◆ adj. y n. f. **4.** Dícese de la vida y costumbres de estas personas.

**BOHÍO** n. m. (voz araucana). Cabaña o casa rústica en ciertas zonas de América. **2.** *Amér.* Cabaña de madera cubierta de cañas, ramas o paja.

**BOHORDO** n. m. Escapo. **2.** HIST. Lanza corta arrojadiza, que se usaba en las fiestas de caballería.

**BOICOT** n. m. (pl. *boicots*). Acuerdo tácito o explícito para infligir un perjuicio pecuniario o moral a un individuo o país, evitando toda relación con él.

**BOICOTEAR** v. tr. [**1**]. Someter a boicot.

**BOICOTEO** n. m. Acción de boicotear.

**BOILER** n. m. *Méx.* Calentador de agua.

**BOINA** n. f. (voz vasca). Gorra sin visera, de una sola pieza y redonda. • **Boinas verdes,** denominación que reciben los cuerpos especiales de intervención del ejército norteamericano.

**BOISERIE** n. f. (voz francesa). Revestimiento de madera de una habitación.

**BOÎTE** n. f. (voz francesa). Sala de fiestas.

**BOJ** o **BOJE** n. m. (lat. *buxum*). Arbusto de tallos ramosos, con pequeñas hojas ovales, muy utilizado como planta de jardín, y cuya madera es apreciada por su dureza. (Familia buxáceas.) **2.** Madera de esta planta. **3.** B. ART. Grabado en boj.

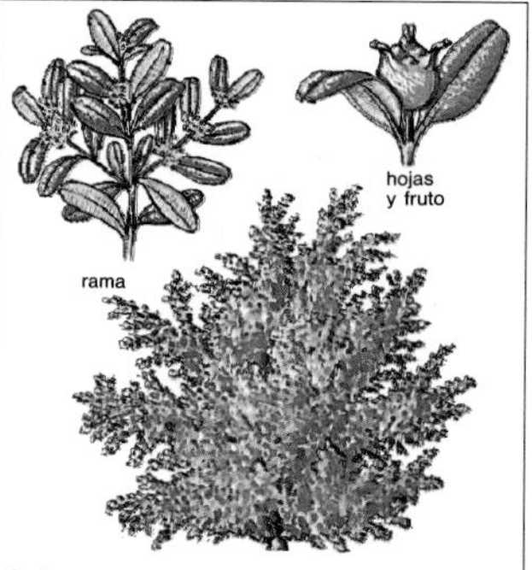


**boj**

**BOJAR** o **BOJEAR** v. tr. [**1**]. Medir el perímetro de una isla, cabo, etc. ◆ v. intr. **2.** Tener una isla o porción de la costa tal o cual perímetro. **3.** Rodear, recorrer dicho perímetro navegando.

**BOJEDAL** n. m. Terreno poblado de bojes.

**BOJEO** n. m. Acción de bojear. **2.** Perímetro de una isla o cabo.

**BOJOTE** n. m. *Colomb., Dom., Ecuad., Hond., P. Rico* y *Venez.* Lío, bulto, paquete.

**BOL** n. m. Ponchera. **2.** Taza grande y sin asas.

**BOL** n. m. (gr. *bolos,* red). Redada, lance de red. **2.** Jábega, red muy larga.

**BOL** n. m. Bolo. **2.** Arcilla pura coloreada de rojo y amarillo, que forma bolsadas irregulares o galerías en las calizas.

**BOLA** n. f. Cuerpo esférico de cualquier materia. **2.** *Fig.* y *fam.* Embuste, mentira. **3.** Masa envenenada que se da a los perros para matarlos. **4.** Betún, mezcla para lustrar. **5.** Juego que consiste en tirar con la mano una bola de hierro y en el cual gana el jugador que consigue impulsar su bola más lejos. **6.** *Amér.* Interés que se presta a algo o a alguien. **7.** *Méx.* Tumulto, riña. **8.** *Méx.* Conjunto grande de cosas: *una bola de libros.* **9.** *Méx. Fam.* Grupo de personas: *una bola de amigos.* **10.** *Méx.* Grupo armado o violento de personas, especialmente los que participaron en la revolución mexicana. **11.** TECNOL. Esfera de acero utilizada para la construcción de rodamientos y en otros usos. • **Bola de nieve,** arbusto de unos 3 o 4 m de alt. y flores blancas agrupadas en forma de bola. ‖ **Dar,** o **darle bola** a alguien *(Amér.),* hacer caso. ◆ **bolas** n. f. pl. **12.** Carbón aglomerado en forma de esfera. **13.** *Amér. Merid. Vulg.* Testículos.

**BOLACEAR** v. tr. [**1**]. *Argent., Colomb.* y *Urug.* Decir mentiras o cosas muy exageradas, disparatar.

**BOLACERO, A** adj. y n. *Argent. Fam.* Dícese de la persona que acostumbra a mentir o disparatar.

**BOLADA** n. f. Tiro que se hace con la bola. **2.** *Argent., Par.* y *Urug.* Buena oportunidad para hacer un negocio. **3.** *Perú.* Jugarreta, embuste. **4.** GEOMORFOL. Argayo o alud constituido exclusivamente por piedra.

**BOLADO** n. m. Azucarillo. **2.** *Amér.* Negocio, asunto. **3.** *Hond.* Jugada de billar hecha con destreza.

**BOLANDISTA** adj. y n. m. Relativo a los miembros de un grupo dedicado a las investigaciones hagiográficas con espíritu de crítica histórica, los cuales toman su nombre del jesuita Jean Bolland (1596-1665).

**BOLAR** adj. Dícese de una variedad de tierra arcillosa con propiedades astringentes, que contiene óxido de hierro.

**BOLARDO** n. m. Pilón de acero colado, cuya cabeza presenta un saliente curvado, que se coloca en los muelles para amarrar los buques.

**BOLAZO** n. m. *Argent.* Mentira, embuste, engaño.

**BOLCHEVIQUE** adj. y n. m. y f. Dícese de los miembros del Partido obrero socialdemócrata ruso que apoyaron a Lenin en 1903, y que tomaron el poder en 1917. **2.** Comunista.

**BOLCHEVISMO** o **BOLCHEVIQUISMO** n. m. Doctrina de los bolcheviques.

**BOLDO** n. m. (voz araucana). Árbol de Chile, con cuyas hojas se prepara una infusión empleada como tratamiento de ciertas enfermedades hepáticas.

**BOLEA** n. f. Jugada por la cual se devuelve la pelota al terreno contrario sin que bote en el suelo.

**BOLEADA** n. f. *Amér.* Partida de caza cuyo objeto es bolear animales, especialmente los cimarrones.

**BOLEADO, A** adj. *Argent. Fig.* Confundido, aturullado.

**BOLEADORAS** n. f. Instrumento de caza que se usa en América del Sur para aprehender animales vivos.

**BOLEANO, A** adj. MAT. Relativo a las teorías de George Boole. **2.** MAT. Dícese de la variable susceptible de tomar dos valores que se excluyen mutuamente, como por ejemplo 0 y 1.

**BOLEAR** v. tr. [**1**]. Arrojar, lanzar una cosa con fuerza. **2.** Arrojar la bola en cualquier juego donde se utilice. **3.** Derribar muchos bolos en el juego. **4.** *Argent.* y *Urug.* Echar las boleadoras a un animal. ◆ v. tr. y pron. **5.** *Argent.* Confundir, aturullar. **6.** *Argent.* y *Urug. Fig.* Enredar a uno, hacerle una mala partida. **7.** *Méx.* Lustrar los zapatos.

**BOLEO** n. m. Acción de bolear.

**BOLERA** n. f. Terreno o local donde se practica el juego de bolos.

**BOLERA** n. f. Canto y danza de la costa venezolana.

**BOLERO, A** adj. y n. Novillero, que hace novillos. **2.** *Fig.* y *fam.* Que miente mucho.

**BOLERO, A** n. Bailarín de bolero. ◆ n. m. **2.** Baile español del último tercio del s. XVIII. **3.** Música y canto de este baile. **4.** Canción y danza antillana, de ritmo binario. (Es originario de la región oriental de Cuba.) **5.** Chaquetilla femenina que no pasa de la cintura. **6.** *Guat.* y *Hond.* Chistera, sombrero de copa alta. **7.** *Méx.* Limpiabotas.

**BOLETA** n. f. Cédula para entrar en alguna parte. **2.** *Amér.* Papeleta. **3.** *Amér.* Factura o recibo de una compra.

**BOLETERÍA** n. f. *Amér.* Taquilla o despacho de billetes. **2.** *Argent. Fam.* Mentira o sarta de mentiras.

**BOLETERO, A** n. *Amér.* Taquillero, expendedor de billetes. **2.** *Argent. Fam.* Mentiroso.

**BOLETÍN** n. m. (ital. *bolletino*). Cédula de suscripción a una obra o empresa. **2.** Publicación periódica sobre una materia determinada: *boletín comercial.* **3.** Libramiento para cobrar dinero. • **Boletín informativo,** o **de noticias,** conjunto de noticias que, a horas determinadas, transmite la radio o la televisión. ‖ **Boletín oficial,** periódico oficial del estado, de un ministerio, de una provincia, de un municipio y de algunas entidades especialmente autorizadas.

**BOLETO** n. m. (ital. *bolletta,* salvoconducto). Billete que acredita la participación en una rifa o lotería. **2.** *Amér.* Billete de teatro, tren, etc. **3.** *Amér.* Cédula de garantía que da derecho al apostante a participar en las quinielas deportivas. • **Boleto de**

**venta,** o **de compraventa** (*Argent.* y *Par.*), promesa, contrato preparatorio de compraventa.

**BOLICHE** n. m. Bola pequeña que se emplea en diversos juegos. **2.** Juego de bolos. **3.** Lugar donde se juega a los bolos. **4.** Juguete compuesto de una bola taladrada sujeta con un cordón a un palito aguzado. **5.** Adorno esférico de madera torneada que sirve de remate en algunos muebles. **6.** Arte de pesca análogo a la jábega, de tamaño más reducido. **7.** Pescado menudo que se saca con ella. **8.** *Argent. Fam.* Bar, discoteca. **9.** *Argent., Par.* y *Urug.* Establecimiento comercial modesto, especialmente el de bebidas y comestibles. **10.** *P. Rico.* Tabaco de clase inferior. **11.** MAR. Bolina de las velas menudas.

**BOLICHEAR** v. intr. [1]. *Argent. Fam.* Frecuentar bares o boliches.

**BOLICHERO, A** n. *Argent. Fam.* Persona que acostumbra frecuentar bares o boliches. **2.** *Argent., Par.* y *Urug.* Propietario o encargado de un boliche, establecimiento comercial.

**BÓLIDO** n. m. Cualquiera de los meteoritos más importantes. **2.** *Fig.* Vehículo o persona que va muy de prisa.

**BOLÍGRAFO** n. m. Utensilio para escribir que lleva una carga de tinta pastosa muy grasa y, en vez de plumilla, una bolita de metal duro.

**BOLILLA** n. f. *Argent., Par.* y *Urug.* Bola numerada que se usa en los sorteos. **2.** *Argent., Par.* y *Urug.* Cada una de las grandes partes en que se divide el programa de una materia de estudio. • **Dar bolilla** (*Argent.*), dar bola.

**BOLILLERO** n. m. *Argent., Par.* y *Urug.* Bomba, caja esférica que contiene las bolillas de un sorteo.

**BOLILLO** n. m. Palito torneado para hacer encajes y pasamanería. **2.** En la mesa de trucos, hierro redondo puesto perpendicularmente en una cabecera, enfrente de la barra. **3.** Hueso a que está unido el casco de las caballerías. **4.** *Colomb.* Porra de caucho o madera usada por la policía. **5.** *C. Rica.* Cada uno de los palillos que se usan para tocar el tambor. **6.** *Méx.* Pan de mesa alargado, esponjoso, de corteza dura, con los extremos rematados con dos bolitas. ◆ **bolillos** n. m. pl. **7.** Barritas de masa dulce.

**BOLINA** n. f. Cabo que sirve para halar hacia proa la relinga de barlovento de una vela, al objeto de que reciba mejor el viento. **2.** Sonda, cuerda con un peso de plomo, que sirve para medir la profundidad de las aguas. **3.** Castigo de azotes que se daba a los marineros de a bordo. **4.** *Fig.* y *fam.* Ruido o bulla de alboroto. • **Ir,** o **navegar de bolina,** dar bordadas para ceñirse lo más posible al viento.

**BOLINCHE** n. m. Arte de pesca, de rodeo, empleado principalmente en el Cantábrico.

**BOLITA** n. f. *Argent.* Canica, juego de niños y bolitas con que se juega.

**BOLÍVAR** n. m. Unidad monetaria principal de Venezuela.

**BOLIVIANISMO** n. m. Vocablo o giro privativo de Bolivia.

**BOLIVIANO, A** adj. y n. De Bolivia. ◆ n. m. **2.** Modalidad adoptada por el español en Bolivia. **3.** Unidad monetaria principal de Bolivia.

**BOLLERÍA** n. f. Establecimiento donde se hacen o venden bollos. **2.** Conjunto de bollos de diversas clases.

**BOLLO** n. m. Panecillo de diversas formas y tamaños, hecho de harina amasada con huevos, leche, etc. **2.** Convexidad que resulta en una de las caras de una pieza por golpe dado o presión en la cara opuesta. **3.** *Fig.* Chichón. **4.** *Fig.* Disputa, alboroto, confusión: *armarse un bollo.* **5.** *Argent., Chile., Hond.* y *Urug.* Puñetazo. **6.** *Chile.* Cantidad de barro necesaria para hacer una teja. **7.** *Colomb.* Empanada de maíz y carne.

**BOLLÓN** n. m. Clavo de cabeza grande plateada o dorada que sirve de adorno. **2.** Broquelillo o pendiente con sólo un botón.

**BOLO** n. m. Pieza de madera torneada, cónica o cilíndrica, que puede tenerse en pie. **2.** Actuación musical o representación teatral que forma parte de una gira por varias poblaciones: *hacer un bolo.* **3.** *Cuba* y *Méx.* Participación en un bautizo. **4.** *Cuba* y *Méx.* Conjunto de monedas que el padrino regala a los niños asistentes a un bautizo. ◆ n. m. y adj. **5.** *Fam.* Hombre ignorante o necio. ◆ **bolos** n. m. pl. **6.** Deporte en el que el jugador lanza una bola hacia un grupo de bolos, con objeto de derribar el mayor número posible de ellos.

**BOLO** n. m. **Bolo alimenticio,** masa formada por alimentos, correspondiente a una deglución.

**BOLO, A** adj. *Amér. Central* y *Cuba.* Ebrio.

**BOLÓMETRO** n. m. Aparato eléctrico que sirve para medir la energía radiada (radiación infrarroja, visible y ultravioleta.)

**BOLOÑÉS, SA** adj. y n. De Bolonia. ◆ adj. **2.** **Salsa boloñesa,** salsa hecha con cebolla, carne y tomate.

**BOLSA** n. f. Recipiente de materia flexible, para llevar o guardar alguna cosa. **2.** Caudal o dinero de una persona. **3.** Arruga que hace un vestido o una tela. **4.** Estructura anatómica en forma de saco. **5.** Abultamiento anormal en la rama de un árbol frutal. **6.** Ayuda complementaria que se otorga a los estudiantes: *bolsa de matrícula; bolsa de viaje.* **7.** Envoltura o saco que se construyen las orugas de diversos lepidópteros. **8.** Gran cantidad de fluido contenido en una cavidad subterránea: *bolsa de gas.* **9.** *Méx.* Bolso de mano. **10.** MINER. Parte de un criadero donde un mineral está reunido en mayor abundancia y en forma redondeada. • **Bolsa de aire,** burbuja de aire formada en una cañería y que obstruye la circulación del líquido. ‖ **Bolsa de pastor,** pequeña planta que crece en los lugares incultos, cuyo fruto seco tiene forma de corazón. (Familia crucíferas.) ‖ **Bolsa sinovial** (ANAT.), bolsa conjuntiva anexa a los tendones de los músculos en las proximidades de las articulaciones. ‖ **Bolsas de pobreza,** manifestaciones de marginación en las grandes ciudades.

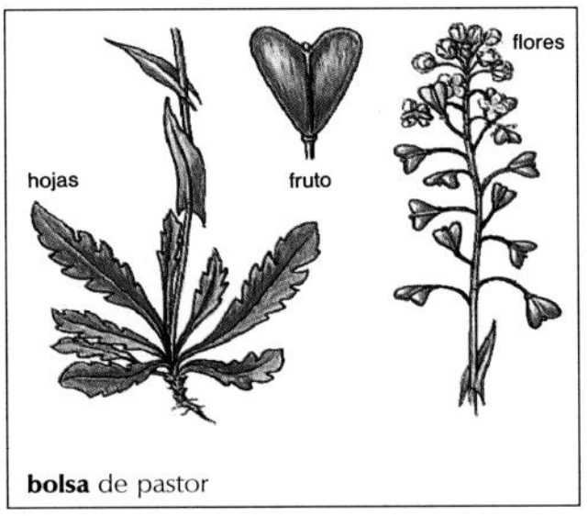

**bolsa** de pastor

**BOLSA** n. f. Edificio público donde se realizan las operaciones financieras relativas a mercancías, valores mobiliarios, etc. **2.** Conjunto de estas operaciones. • **Bajar,** o **subir la bolsa,** bajar o subir los precios de los valores fiduciarios que se cotizan en ella. ‖ **Bolsa del trabajo,** entidad de carácter público o privado, que se encarga de facilitar trabajo a los que lo solicitan. ‖ **Jugar a la bolsa,** especular con la variación de los valores que se negocian en ella.

■ La bolsa es el mercado donde los agentes de cambio se reúnen periódicamente, en el *parqué* (espacio físico determinado y delimitado dentro del edificio de la bolsa), para efectuar la negociación pública de los valores mobiliarios. Los agentes, que son los únicos que pueden realizar esta negociación, recogen todas las órdenes de compra y de venta de particulares o instituciones y las confrontan para determinar el *cambio* o *cotización,* para que coincidan. En la bolsa se negocian diversos tipos de títulos: las *acciones,* que expresan una participación directa en el capital de una empresa y cuya retribución se establece según los resultados económicos de ésta; las *obligaciones,* que representan créditos directamente concedidos a la empresa que los emite y cuya retribución es un interés prefijado, y los *fondos públicos,* títulos de vencimiento y rentabilidad variables, emitidos directamente por el estado y que cuentan, por tanto, con la garantía de éste. Las operaciones del mercado de valores se pueden realizar *al contado* y *a plazo.* En España la primera bolsa de valores fue la de Madrid, abierta en 1831, que es la más importante, seguida de las de Barcelona, Bilbao y Valencia. Tras la promulgación de la ley de mercado de valores (1988), en 1989 se puso en práctica una reforma de la bolsa en profundidad, que estableció la interconexión de las cuatro bolsas, se introdujo la informatización en la contratación, que pudo ser continua durante todo el día, y se crearon las sociedades de bolsas y rectoras de cada bolsa y la Comisión nacional del mercado de valores.

**BOLSADA** n. f. GEOL. Acumulación aislada y más o menos redondeada en el interior de una roca de naturaleza diferente.

**BOLSEAR** v. tr. [1]. *Amér.* Entre amantes, dar calabazas. **2.** *Amér. Central* y *Méx.* Quitar a uno furtivamente algo del bolsillo.

**BOLSERO, A** n. *Chile.* Persona pedigüeña o gorrona.

**BOLSICÓN** n. m. *Colomb.* y *Ecuad.* Saya de bayeta que usan algunas mujeres en los pueblos.

**BOLSILLO** n. m. Abertura practicada en una prenda de vestir y prolongada hacia el interior mediante un saquillo de tela. **2.** Pedazo de tejido que se aplica sobre una prenda de vestir dejando un borde libre. **3.** Bolsa o saquillo para llevar dinero. **4.** *Fig.* Bolsa, dinero. • **De bolsillo,** dícese de la cosa que por su hechura o tamaño es adecuada para llevarla en el bolsillo; dícese de lo que es más pequeño de lo normal. ‖ **Meterse** a uno **en el bolsillo,** ganarse sus simpatías, su apoyo; conquistarle. ‖ **Rascarse** uno **el bolsillo,** soltar dinero, gastar, comúnmente de mala gana.

**BOLSÍN** n. m. Reunión de los bolsistas fuera de las horas y sitio de reglamento. **2.** Lugar donde se verifica.

**BOLSIQUEAR** v. tr. [1]. *Amér. Merid.* Registrar a uno los bolsillos.

**BOLSISTA** n. m. y f. Persona que realiza, como profesión, operaciones de bolsa. **2.** *Amér. Central.* Carterista.

**BOLSO** n. m. Bolsa en la que se llevan objetos de uso personal. **2.** MAR. Seno que el viento forma en las velas.

**BOLSÓN** n. m. Abrazadera de hierro donde se fijan los tirantes o barras que abrazan horizontalmente las bóvedas. **2.** GEOMORFOL. Depresión endorreica de una región desértica, en la que se concentran los derrubios aportados por el arroyamiento y las sales disueltas en las aguas.

**BOLUDEZ** n. f. *Argent.* y *Urug.* Expresión o acción propia de boludo.

**BOLUDO, A** n. *Argent.* y *Urug.* Persona que se comporta de una manera estúpida.

**BOMBA** n. f. (der. de *bombarda*). Proyectil metálico cargado con un explosivo y provisto de un dispositivo detonador que provoca su explosión. **2.** Cualquier proyectil explosivo. **3.** *Fig.* Sorpresa, noticia que coge desprevenido, cosa que causa sensación. **4.** *Colomb., Dom.* y *Hond.* Pompa, burbuja de agua. **5.** *Cuba.* Chistera. **6.** *Ecuad., Guat., Hond.* y *Perú. Fig.* y *fam.* Borrachera. **7.** *Méx.* Copla improvisada que los músicos intercalan en la interpretación de ciertos sones populares del SE de México. • **Bomba nuclear,** bomba cuya potencia explosiva se basa en la energía nuclear. (Se distinguen las *bombas de fisión,* llamadas *atómicas* o *A,* y las *bombas de fusión,* llamadas *termonucleares* o *H.*) ‖ **Bomba volcánica,** fragmento de lava lanzado por un volcán y que se solidifica en el aire. ‖ **Caer como una bomba,** dícese de algo que produce sorpresa.

**BOMBA** n. f. (voz onomatopéyica). Aparato para aspirar, impeler o comprimir fluidos. **2.** Globo de cristal de algunas lámparas, para difundir suavemente la luz. • **Bomba aspirante,** bomba en la que

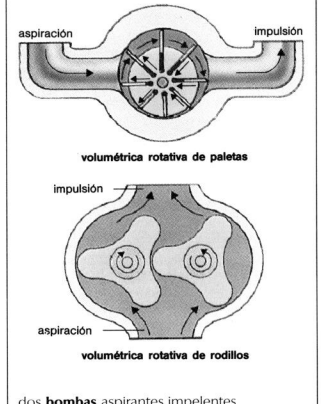

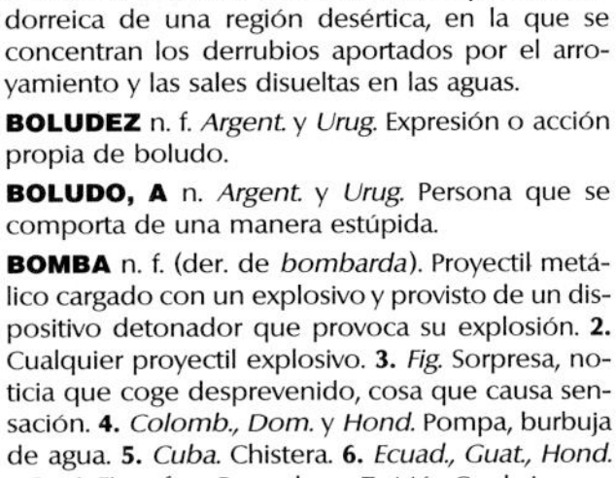

dos **bombas** aspirantes impelentes

el líquido penetra en el cuerpo del aparato por efecto de la presión atmosférica cuando se eleva el pistón. || **Bomba aspirante impelente,** bomba en la que el líquido es primero aspirado hasta el cuerpo del aparato por el ascenso del pistón y a continuación es expulsado por éste a través de un tubo lateral. || **Bomba calorimétrica,** recipiente de un calorímetro que mide el poder calorífico de un combustible. || **Bomba de calor,** aparato que aplica el principio de las máquinas frigoríficas a la extracción de calor de un fluido a baja temperatura para transferirlo a otro de temperatura más elevada. || **Bomba de gasolina,** bomba que envía la gasolina procedente del depósito al carburador del automóvil. || **Bomba de inyección,** bomba que, en un motor de combustión interna, sustituye al carburador e introduce directamente combustible a presión en los cilindros.

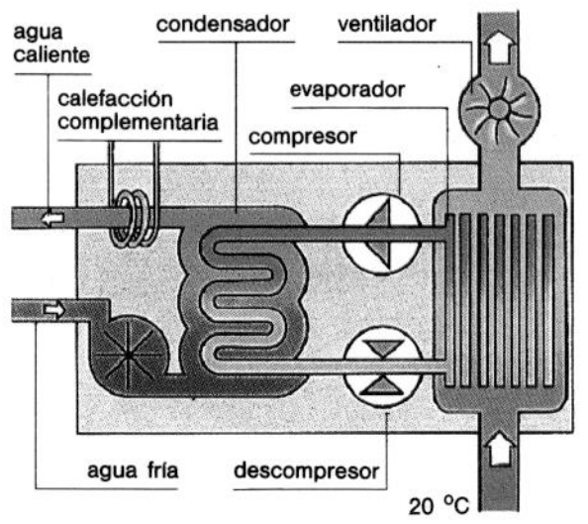


El aire extraído a 20 °C circula por el evaporador de un circuito frigorífico en el que deja sus calorías y es devuelto a 0 °C. Las calorías recuperadas, sumadas a las precedentes del funcionamiento del compresor, pasan al circuito de agua a 50 °C.

**bomba** de calor

**BOMBACHAS** n. f. pl. *Amér.* Bragas, prenda interior femenina.

**BOMBACHO, A** adj. y n. m. Dícese del pantalón muy ancho, ceñido por la parte inferior.

**BOMBARDA** n. f. Boca de fuego que disparaba proyectiles de piedra o de hierro y se utilizó durante los ss. XIV-XV. **2.** Instrumento musical antiguo, parecido a la chirimía.

**bombarda** (s. XIV)

**BOMBARDEAR** v. tr. **[1]**. Atacar un objetivo con bombas, obuses, etc. **2.** FÍS. Proyectar partículas, a gran velocidad, contra los átomos de un elemento.

**BOMBARDEO** n. m. Acción de bombardear. • **Bombardeo del átomo** (FÍS.), proyección de partículas sobre un blanco, emitidas por una sustancia radiactiva o aceleradas por aparatos especiales. || **Bombardeo estratégico,** el realizado para destruir el potencial de guerra del enemigo. || **Bombardeo táctico,** el que forma parte de un cuadro de operaciones militares.

**BOMBARDERO, A** adj. Dícese de la lancha que lleva un cañón u obús montado. ◆ adj. y n. m. **2.** Dícese del aparato de aviación de bombardeo. ◆ n. m. **3.** Artillero destinado al servicio de las bombardas o del mortero.

**BOMBARDINO** n. m. Familia de instrumentos musicales de viento, de metal, provistos de embocadura y pistones, que comprende los bugles, la tuba y el bombardón.

**BOMBARDÓN** n. m. Instrumento de viento muy grave, de cobre, con pistones, perteneciente a la familia de los bombardinos.

**BOMBASÍ** n. m. Tela gruesa de algodón. **2.** *Amér.* Tela encarnada de algodón y seda.

**BOMBAZO** n. m. Golpe y explosión de la bomba al caer. **2.** Daño que causa. **3.** *Fig.* y *fam.* Noticia inesperada.

**BOMBEAR** v. tr. **[1]**. Arrojar o disparar bombas de artillería contra una cosa. **2.** Lanzar una pelota haciendo que siga una trayectoria parabólica. **3.** *Argent. Fam.* Perjudicar intencionadamente a alguien.

**BOMBEAR** v. tr. **[1]**. Extraer agua de un pozo por medio de una bomba.

**BOMBEO** n. m. Comba, convexidad. **2.** TECNOL. Acción de desplazar un fluido con ayuda de una o varias bombas.

**BOMBERO** n. m. Miembro de un cuerpo organizado para extinguir incendios y prestar ayuda en caso de siniestro. **2.** *Amér.* Empleado de una gasolinera. • **Idea,** o **ideas, de bombero** *(Fam.),* proyecto descabellado.

**bomberos:** extinción de un incendio (utilización de escalera extensible y mangueras de agua)

**bomberos:** utilización de una lancha neumática para una operación de rescate

**BOMBERO, A** adj. y n. *Cuba.* Tonto.

**BOMBILLA** n. f. Globo de vidrio dentro del cual va colocado un filamento que al paso de la corriente eléctrica se pone incandescente. **2.** *Amér. Merid.* Caña o tubo delgado que se usa para sorber el mate. **3.** MAR. Especie de farol usado a bordo.

**BOMBILLO** n. m. Aparato con sifón para evitar la subida del mal olor en los desagües, retretes, etc. **2.** Tubo con un ensanche en la parte inferior para sacar líquido. **3.** *Amér. Central, Antillas, Colomb.* y *Venez.* Bombilla eléctrica.

**BOMBÍN** n. m. Sombrero hongo.

**BOMBO** n. m. Instrumento de percusión que consiste en un tambor de grandes dimensiones. **2.** Músico que toca el bombo. **3.** *Fig.* Elogio exagerado. **4.** Caja redonda y giratoria, destinada a contener bolas, cédulas, etc., de un sorteo. **5.** Buque de popa redonda y proa roma, de poco calado y fondo chato. **6.** TECNOL. Recipiente en forma de tambor que forma parte de muchas máquinas. • **Dar bombo** *(Fam.),* elogiar con exageración. || **Ir** o **irse al bombo** *(Argent. Fam.),* fracasar perder. || **Tirar** o **mandar al bombo** *(Argent. Fam.),* perjudicar, hacer fracasar, bombear.

**BOMBÓN** n. m. Especie de confite, generalmente de chocolate, que puede contener en su interior licor o crema. **2.** *Fig.* Joven muy agraciada.

**BOMBONA** n. f. Garrafa. **2.** Vasija metálica de cierre hermético, que se usa para contener gases a presión y líquidos muy volátiles.

**BOMBONAJE** n. m. Planta de tallos sarmentosos y hojas palmeadas, con las que, cortadas en tiras, se fabrican los sombreros de jipijapa o de Panamá. (Familia ciclantáceas.)

**BOMBONERA** n. f. Caja pequeña para bombones. **2.** Vivienda de pequeñas dimensiones acogedora y agradable.

**BON VIVANT** n. m. y f. (voces francesas). Persona que aparta las preocupaciones y procura vivir de forma regalada y tranquila.

**BONACHÓN, NA** adj. y n. De genio dócil, crédulo y amable.

**BONACHONERÍA** n. f. Calidad de bonachón.

**BONAERENSE** adj. y n. m. y f. De Buenos Aires. ◆ n. m. y adj. **2.** Piso del pleistoceno inferior típico del Río de la Plata, extendido por Argentina, Paraguay y Uruguay.

**BONANCIBLE** adj. Tranquilo, sereno, suave. **2.** MAR. Dícese del viento cuya velocidad está comprendida entre 11 y 16 nudos.

**BONANZA** n. f. Tiempo tranquilo y sereno en el mar. **2.** *Fig.* Prosperidad. **3.** Zona de una mina muy rica en mineral.

**BONAPARTISMO** n. m. Sistema de gobierno en que el poder está en manos de la dinastía de los Bonaparte. **2.** Forma de gobierno autoritario y plebiscitario, ratificado por sufragio universal. **3.** Simpatía o adhesión al sistema político o a la dinastía de Napoleón Bonaparte, principalmente a Napoleón III.

**BONAPARTISTA** adj. y n. m. y f. Relativo al bonapartismo; partidario del bonapartismo.

**BONDAD** n. f. Calidad de bueno. **2.** Natural inclinación a hacer el bien. **3.** Blandura y apacibilidad de genio. **4.** *Galic.* Favor, gracia, merced.

**BONDADOSO, A** adj. Lleno de bondad.

**BONDERIZACIÓN** n. f. Protección especial de los metales férricos contra la herrumbre.

**BONDERIZADO, A** adj. Dícese de los objetos que han sido sometidos a un proceso de bonderización.

**BONETA** n. f. MAR. Vela agregada a otra por la relinga de pujamen.

**BONETE** n. m. (cat. *bonet*). Especie de gorra de varias hechuras y comúnmente de cuatro picos, usada antiguamente por los eclesiásticos, colegiales y graduados. **2.** Gorro redondo, de tela o de punto, flexible y sin ala. **3.** Obra exterior de fortificación que tiene dos ángulos entrantes y tres salientes. **4.** Redecilla de los rumiantes.

**BONETERÍA** n. f. *Amér.* Mercería. **2.** *Méx.* Tienda donde se vende ropa interior femenina.

**BONETERO** n. m. Arbusto decorativo de hojas brillantes, originario de Japón, cultivado frecuentemente como seto. (Familia celastráceas.)

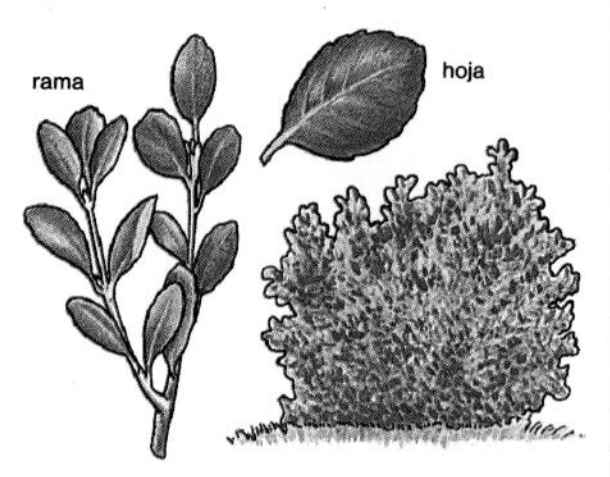


**bonetero**

**BONGO** n. m. Especie de canoa usada por los indios de América. **2.** *Cuba.* Canoa.

**BONGÓ** n. m. Instrumento de percusión de origen latinoamericano, formado por dos pequeños tambores.

**BONHOMÍA** n. f. *Galic.* Ingenuidad, afabilidad.

**BONIATO** n. m. Batata.

**BONIFICACIÓN** n. f. Acción y efecto de bonificar. **2.** Descuento hecho sobre el precio estipulado. **3.** Reducción del tipo de impuesto o de la cuota tributaria, que concede el Tesoro. **4.** GEOGR. Conjunto de trabajos destinados a desecar y sanear tierras sometidas a la invasión de las aguas.

**BONIFICAR** v. tr. **[1a]**. Hacer buena o útil alguna cosa, mejorarla. **2.** Tomar en cuenta, admitir algo en parte del pago de lo que se debe. **3.** Asentar en las cuentas corrientes las partidas que corresponden al haber.

**BONITAMENTE** adv. m. Con tiento, maña o disimulo.

**BONITO, A** adj. Lindo, agraciado, de cierta proporción y belleza. **2.** *Irón.* Malo, temible, inútil. ◆ n. m. **3.** Pez comestible, de unos 80 cm de long., azul y negro en la región superior y plateado en la inferior, que vive en el Atlántico y el Mediterráneo. (Familia escómbridos.)

**BONO** n. m. Billete o vale que autoriza a recibir, bien sea efectos en especie, bien una cantidad de dinero, de una persona designada. **2.** Título de la deuda, emitido por el estado u otra corporación pública. **3.** Tarjeta de abono que da derecho a la utilización de un servicio durante un determinado número de veces. • **Bono de caja,** bono a la orden o al portador emitido por una empresa en contrapartida de un préstamo, generalmente sin que se solicite el intermedio de un banco.

**BONSAI** n. m. Forma de cultivo, típico de Japón, por el que se reduce al mínimo el tamaño normal de un árbol. **2.** Árbol tratado con esta técnica.

**BONZO, A** n. Monje budista.

**BOÑIGA** n. f. Excremento del ganado vacuno o caballar.

**BOÑIGO** n. m. Cada una de las piezas del excremento del ganado vacuno o caballar.

**BOOGIE-WOOGIE** n. m. Estilo interpretativo pianístico del jazz, oriundo del S de E.U.A., que dio lugar a un baile con mucho ritmo.

**BOOKMAKER** n. m. (voz inglesa). Profesional de las apuestas en las carreras de caballos.

**BOOM** n. m. (voz inglesa). Prosperidad, auge o éxito súbito e inesperado.

**BOOMERANG** n. m. (voz inglesa). Bumerang.

**BOP** o **BE-BOP** n. m. (voz onomatopéyica). Estilo de jazz caracterizado por la brillantez de la sección rítmica y la utilización de armonías cromáticas y disonantes.

**BOQUEADA** n. f. Acción de abrir la boca los moribundos. • **Dar,** o **estar dando, las últimas boqueadas,** estar muriéndose; estar a punto de terminar algo.

**BOQUEAR** v. intr. [**1**]. Abrir la boca, especialmente los agonizantes. **2.** Estar acabándose algo.

**BOQUERA** n. f. Boca que se hace en el caz, para el riego. **2.** Ventana por donde se mete la paja en el pajar. **3.** Proceso inflamatorio superficial en las comisuras de los labios. SIN.: *bocera.*

**BOQUERIENTO, A** adj. *Chile.* Dícese de la persona que sufre de boquera. **2.** *Chile.* Dícese de una persona despreciable.

**BOQUERÓN** n. m. Pez de cuerpo comprimido lateralmente y cubierto de grandes escamas caducas, que vive en bancos más o menos grandes en el Mediterráneo y el Atlántico a unos 100 m de prof. (Familia engrándilos. Preparado con salmuera se le conoce con el nombre de *anchoa.*)

boquerón

**BOQUETA** adj. y n. m. y f. *Colomb.* Dícese de la persona de labios hendidos.

**BOQUETE** n. m. Agujero, brecha, abertura irregular.

**BOQUÍ** n. m. (voz araucana). Enredadera sarmentosa que se emplea en la fabricación de cestos y canastos. (Familia lardizabaláceas.)

**BOQUIABIERTO, A** adj. Que tiene la boca abierta. **2.** *Fig.* Asombrado, pasmado, sorprendido: *dejar boquiabierto con una noticia.*

**BOQUIFLOJO, A** adj. *Méx.* Hablador, chismoso.

**BOQUILLA** n. f. Pieza hueca que se adapta al tubo de varios instrumentos de viento para producir el sonido al soplar en ella. **2.** Tubo pequeño de ámbar, madera, etc., en uno de cuyos extremos se pone el cigarro para fumarlo por el opuesto. **3.** Parte de la pipa que se introduce en la boca. **4.** Abertura inferior del calzón para la pierna. **5.** Abertura que se hace en las acequias para el riego. **6.** Orificio cilíndrico por donde se introduce la pólvora en las bombas y granadas, y en donde se asegura la espoleta. **7.** Escopladura que se abre en las piezas de madera para ensamblarlas. **8.** *Méx.* Cadena de arrecifes. **9.** TECNOL. Pieza que se coloca en la abertura de algunas cosas: *boquilla de un quinqué, de un grifo.* • **De boquilla,** indica que el jugador hace la postura sin aportar el dinero; se aplica para ofrecer o decir algo sin hacerlo efectivo.

**BOQUILLERO, A** adj. *Antillas.* Charlatán.

**BOQUINCHE** adj. y n. m. y f. *Colomb.* Boqueta.

**BOQUINETO, A** adj. *Colomb.* y *Venez.* Dícese de la persona con labio leporino.

**BOQUIQUE** adj. y n. m. y f. *Perú.* Hablador, parlanchín.

**BOQUIRROTO, A** adj. Fácil en hablar.

**BOQUIRRUBIO** n. m. *Fam.* Joven presumido.

**BORA** n. f. Viento frío y seco, proveniente de Europa central, que sopla en invierno, en dirección al Adriático, sobre Istria y Dalmacia.

**BORANO** n. m. Nombre genérico de los compuestos de boro e hidrógeno.

**BORATADO, A** adj. Que contiene borato o ácido bórico.

**BORATO** n. m. Sal del ácido bórico.

**BÓRAX** n. m. Sal blanca compuesta de ácido bórico, sosa y agua, que se emplea en medicina y en la industria. SIN.: *atíncar.*

**BORBA** n. f. y adj. Variedad de cepa vinífera propia de la región extremeña.

**BORBOLLAR, BORBOLLEAR** o **BORBOLLONEAR** v. intr. [**1**]. Hacer borbollones un líquido. **2.** *Fig.* Bullir.

**BORBOLLEO** n. m. Acción de borbollar.

**BORBOLLÓN** n. m. Erupción que hace el agua, elevándose sobre la superficie. • **A borbollones,** atropelladamente.

**BORBÓNICO, A** adj. y n. Relativo a los Borbones; partidario de esa dinastía. ◆ adj. **Nariz borbónica,** nariz arqueada.

**BORBORIGMO** n. m. Ruido producido por el desplazamiento de gases y líquidos en el tubo digestivo.

**BORBOTAR** o **BORBOTEAR** v. intr. [**1**]. Manar o hervir un líquido impetuosamente o haciendo ruido.

**BORBOTEO** n. m. Acción de borbotar.

**BORBOTÓN** n. m. Borbollón. • **Hablar a borbotones,** hablar acelerada y apresuradamente.

**BORCEGUÍ** n. m. Calzado que llega hasta más arriba del tobillo, abierto por delante y ajustado por medio de cordones.

**BORDA** n. f. (de *borde,* orilla). Canto superior del costado de un buque. • **Arrojar,** o **echar por la borda,** echar al mar; malgastar, desprenderse inconsideradamente de una persona o cosa.

**BORDA** n. f. Choza. **2.** En los Pirineos, casa de pequeñas dimensiones, generalmente de dos plantas.

**BORDADA** n. f. Camino que hace entre dos viradas una embarcación avanzando a barlovento.

**BORDADO** n. m. Acción y efecto de bordar. **2.** Labor de adorno hecha con diversidad de puntos. SIN.: *bordadura.*

**BORDADOR, RA** n. Persona que tiene por oficio bordar.

**BORDAR** v. tr. [**1**]. Hacer bordados: *bordar una mantelería.* **2.** *Fig.* Ejecutar o explicar una cosa embelleciéndola o perfeccionándola: *bordar un papel en el teatro.*

**BORDE** n. m. (fr. *bord*). Extremo, orilla: *el borde de la mesa.* **2.** MAR. Bordo. • **Al borde de,** a punto de suceder: *estar al borde de la locura.*

**BORDE** adj. Silvestre, no cultivado: *limonero borde.* ◆ adj. y n. m. y f. **2.** Nacido fuera de matrimonio. **3.** Tosco, torpe. **3.** *Desp.* Malintencionado, perverso.

**BORDEAR** v. intr. [**1**]. Ir por el borde, o cerca del borde u orilla: *bordear el río.* **2.** Encontrarse una cosa o serie de cosas alrededor de otra u otras. **3.** *Fig.* Estar cerca, frisar, acercarse: *bordear el éxito; bordear los cincuenta años.*

**BORDELÉS, SA** adj. y n. De Burdeos.

**BORDERÓ** n. m. (fr. *bordereau*). Enumeración escrita de documentos, actas, cuentas, mercancías, etcétera.

**BORDILLO** n. m. Línea de piedras en el borde de la acera, de un andén, etc.

**BORDO** n. m. (fr. *bord*). Costado exterior de la nave, desde la superficie del agua hasta la borda. **2.** Bordada de la nave. • **A bordo,** en un barco o en un avión. ‖ **De alto bordo,** dícese de los buques mayores.

**BORDÓN** n. m. Bastón con punta de hierro, de mayor altura que la de un hombre. **2.** *Fig.* Persona que guía y sostiene a otra. **3.** Verso quebrado que se repite al final de cada copla. **4.** Voz o frase que por vicio repite una persona en la conversación. **5.** IMPR. Omisión de una o más palabras en un texto impreso. **6.** MÚS. Juego del órgano compuesto de unos tubos de boca cerrados que producen una sonoridad suave y melodiosa. **7.** MÚS. La cuerda más grave del laúd, de la guitarra y de otros instrumentos de cuerda.

**BORDONA** n. f. *Argent., Par.* y *Urug.* Cualquiera de las tres cuerdas de sonido más grave de la guitarra, preferentemente la sexta.

**BORDONADO, A** adj. **Cruz bordonada** (HERÁLD.), cruz cuyos brazos terminan en bola.

**BORDONEAR** v. intr. [**1**]. Pulsar el bordón de la guitarra. **2.** Ir tentando o tocando la tierra con un bordón o bastón.

**BORDONEO** n. m. Sonido ronco del bordón de la guitarra. **2.** Ruido sordo.

**BORDURA** n. f. HERÁLD. Pieza honorable que rodea el escudo por la parte interna.

**BOREAL** adj. (de *bóreas*). Del norte: *hemisferio boreal.* CONTR.: *austral.*

**BÓREAS** n. m. (lat. *boreas*) [pl. *bóreas*]. Viento norte.

**BORGOÑÓN, NA** adj. y n. De Borgoña.

**BORGOÑOTA** n. f. y adj. Celada provista de crestón, utilizada del s. XV al XVII.

**BORICADO, A** adj. Que contiene ácido bórico.

**BÓRICO, A** adj. Dícese de un ácido oxigenado derivado del boro ($H_3BO_3$).

**BORINQUEÑO, A** adj. y n. Puertorriqueño. SIN.: *boricua.*

**BORLA** n. f. Conjunto de hilos o cordones sujetos por un extremo que se emplea como adorno. **2.** Insignia de los graduados de doctores y licenciados en las universidades. **3.** Utensilio para empolvarse la cara.

**BORLEARSE** v. pron. [**1**]. *Méx.* Doctorarse, tomar la borla.

**BORLOTE** n. m. *Fam.* Escándalo, alboroto.

**BORNE** n. m. (fr. *borne*). Linde, límite. **2.** Extremo del hierro de la lanza de justar. **3.** En algunas partes de España, paseo donde se celebran torneos y justas caballerescas. **4.** Pieza fija a un aparato eléctrico, que permite unir o conectar conductores.

**BORNEAR** v. tr. [**1**]. Dar vuelta, torcer o ladear una cosa. **2.** Labrar en contorno una columna. ◆ v. intr. **3.** MAR. Hacer un borneo. ◆ **bornearse** v. pron. **4.** Torcerse la madera.

**BORNEAR** v. tr. [**1**]. Mirar con un solo ojo para ver si los cuerpos están en línea o si una superficie tiene alabeo.

**BORNEO** n. m. Acción y efecto de bornear o bornearse. **2.** MAR. Cambio de dirección de la proa de un barco alrededor de su ancla, por la acción del viento o la marea.

**BORO** n. m. (de *bórax*). Metaloide (B) n.º 5, de masa atómica 10,81, densidad 2,4, sólido, duro y negruzco, parecido al carbono o al silicio, pero trivalente.

**BORONA** n. f. Pan de maíz. **2.** *Amér. Central, Colomb.* y *Venez.* Migaja de pan.

**BORORÓ,** pueblo amerindio de Brasil que vive en el S del Mato Grosso.

**BOROSILICATO** n. m. Vidrio formado por anhídrido bórico y sílice, usado para la fabricación de objetos de cocina e instrumentos de óptica.

**BORRA** n. f. (bajo lat. *burra*). Cordera de un año. **2.** Parte más grosera de la lana. **3.** Pelusa del algodón. **4.** Pelusa polvorienta formada en los bolsillos, rincones, etc. **5.** Poso que forman el café, aceite, tinta, etc. **6.** Desechos depositados en las máquinas de hilatura.

**BORRABLE** adj. Que se puede borrar.

**BORRACHA** n. f. Bota para el vino.

**BORRACHERA** n. f. Efecto de emborracharse. **2.** *Fig.* Exaltación extremada: *borrachera de fama.*

**BORRACHO, A** adj. y n. Ebrio: *estar borracho.* **2.**

Que se embriaga habitualmente: *ser un borracho.* ◆ adj. **3.** *Fig.* Vivamente poseído de una pasión: *borracho de poder.* ◆ n. m. y adj. **4.** Bizcocho empapado de licor.

**BORRADO** n. m. Acción y efecto de borrar. **2.** ELECTRÓN. e INFORMÁT. Supresión de las informaciones contenidas en una memoria o de las señales registradas en una grabación magnética.

**BORRADOR** n. m. Escrito de primera intención que se copia después de enmendado. **2.** Apunte, croquis trazado rápidamente. **3.** Utensilio que se emplea para borrar.

**BORRADURA** n. f. Acción y efecto de borrar.

**BORRAGINÁCEO, A** adj. y n. f. Relativo a una familia de plantas dicotiledóneas, generalmente con hojas esparcidas y fruto en drupa como la borraja.

**BORRAJA** n. f. Planta anual muy ramosa, con grandes flores azules, que crece entre los escombros, empleada como diurética y sudorífica. (Familia borragináceas.)

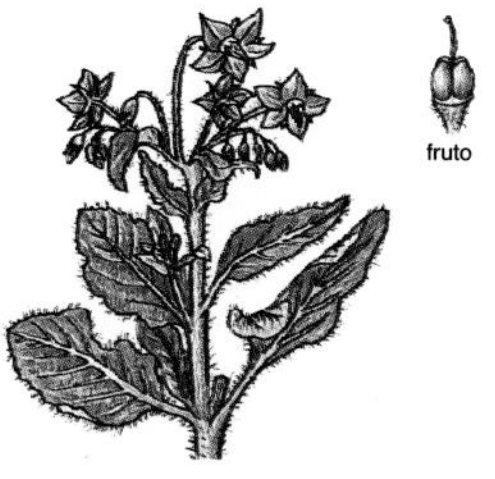

borraja

**BORRAJEAR** v. tr. **[1]**. Escribir sin asunto ni propósito determinado: *borrajear cuartillas.* ◆ v. tr. e intr. **2.** Trazar rúbricas y rasgos por entretenimiento: *borrajear un dibujo.*

**BORRAJO** n. m. Rescoldo, brasa bajo la ceniza. **2.** Hojarasca de los pinos.

**BORRAR** v. tr. y pron. **[1]**. Hacer desaparecer por cualquier medio lo representado con tinta, lápiz, etc.: *borrar un escrito.* **2.** *Fig.* Desvanecer, hacer olvidar: *borrar un recuerdo.* **3.** INFORMÁT. Destruir un fichero de datos. ◆ v. tr. **4.** *Fig.* Anular, eclipsar: *su belleza borra a las demás.* • **Borrar una grabación,** suprimir del soporte material, mediante una corriente continua, toda impresión o traza perceptible de registro sonoro.

**BORRASCA** n. f. Tempestad fuerte. **2.** *Fig.* Peligro o contratiempo que se padece en algún asunto. **3.** METEOROL. Perturbación atmosférica con fuertes vientos y precipitaciones, acompañada de una acusada depresión barométrica.

**BORRASCOSO, A** adj. Que causa borrascas: *viento borrascoso.* **2.** Propenso a borrascas: *zonas borrascosas.* **3.** *Fig.* Agitado, desordenado, desenfrenado, violento: *una vida borrascosa.*

**BORREGO, A** n. Cordero de uno o dos años. ◆ adj. y n. **2.** Dícese de la persona sencilla o ignorante. **3.** Dícese de la persona excesivamente dócil. ◆ n. m. **4.** *Cuba* y *Méx.* Noticia engañosa y falsa.

**BORREGUIL** adj. Relativo al borrego.

**BORRELIOSIS** n. f. Enfermedad infecciosa causada por unas espiroquetas que se manifiesta por fiebres recurrentes.

**BORRICADA** n. f. Conjunto o multitud de borricos. **2.** *Fig.* y *fam.* Dicho o hecho necio.

**BORRICO, A** n. Asno. ◆ n. y adj. **2.** Persona necia.

**BORRIQUEÑO, A** o **BORRIQUERO, A** adj. **Cardo borriqueño,** o **borriquero,** cardo de hasta 3 m de alt., con las hojas rizadas y espinosas, y flores purpúreas en cabezuelas terminales.

**BORRIQUETE** n. m. Armazón en forma de trípode, utilizado por diversas clases de artesanos y en obras de construcción.

**BORRO** n. m. Cordero que pasa de un año y no llega a dos.

**BORRÓN** n. m. Mancha de tinta hecha en el papel. **2.** Borrador, escrito de primera intención. **3.** *Fig.* Imperfección que desluce o afea. **4.** *Fig.* Acción deshonrosa. **5.** Traza o mancha de colorido, donde el pintor hace la invención para algún asunto que ha de realizar en mayor tamaño. • **Borrón y cuenta nueva,** expresa la decisión de olvidar lo pasado obrando como si no hubiera existido. ◆ **borrones** n. m. pl. **6.** IMPR. Exceso parcial de engrudo o cualquier cuerpo extraño introducido debajo de las alzas, que produce un defecto en la impresión.

**BORROSIDAD** n. f. Calidad de borroso, confuso.

**BORROSO, A** adj. Lleno de borra, poso. **2.** Confuso, impreciso.

**BORUCA** n. f. *Méx.* Ruido, alboroto.

**BORUCA** o **BRUNKA,** pueblo amerindio del grupo talamanca de la familia chibcha, que habita en la zona costera entre Costa Rica y Panamá.

**BORURO** n. m. Combinación de boro con otro cuerpo simple.

**BOSCAJE** n. m. Espesura, conjunto de árboles y matas muy espesos.

**BOSCOSO, A** adj. Poblado de bosque.

**BOSNÍACO, A** adj. Bosnio.

**BOSNIO, A** adj. y n. De Bosnia.

**BOSÓN** n. m. Partícula cuántica que obedece a la estadística de Bose-Einstein.

**BOSQUE** n. m. (cat. *bosc*). Gran extensión de terreno cubierta de árboles. **2.** Conjunto de los árboles que ocupan o cubren esta extensión. • **Bosque denso sempervirente,** bosque ecuatorial, rico en especies y en pisos de vegetación. ‖ **Bosque galería,** bosque denso sempervirente, que forma largas fajas a ambos lados de los ríos de la sabana. ‖ **Bosque primario,** bosque que ha evolucionado sin ninguna intervención humana. SIN.: *selva virgen.*

**BOSQUEJAR** v. tr. (cat. *bosquejar,* desbastar) **[1]**. Trazar un bosquejo: *bosquejar un retrato, una novela.* **2.** *Fig.* Indicar con vaguedad una idea: *bosquejar un proyecto.*

**BOSQUEJO** n. m. Traza primera y no definitiva de una obra pictórica, y en general de cualquier producción de ingenio. **2.** *Fig.* Idea vaga de algo: *hacer un bosquejo de la situación.*

**BOSQUIMANO, A** adj. y n. De un pueblo nómada africano que vive de la caza y la recolección en el desierto de Kalahari (Namibia). ◆ n. m. **2.** Lengua del grupo khoisan hablada por los bosquimanos.

**BOSS** n. m. (voz norteamericana). *Fam.* Jefe, patrón.

**BOSSA-NOVA** n. f. (voz portuguesa). Modalidad de samba y baile brasileño.

**BOSTA** n. f. Excremento del ganado vacuno o del caballar.

**BOSTEZAR** v. intr. **[1g]**. Abrir la boca con un movimiento espasmódico y hacer inspiración lenta y después espiración, también lenta y prolongada.

**BOSTEZO** n. m. Acción de bostezar.

**BOSTON** n. m. (de *Boston,* c. de E.U.A.). Vals lento.

**BOTA** n. f. Recipiente pequeño de cuero, que remata en un cuello con brocal por donde se llena de vino y se bebe. **2.** Cuba para líquidos.

**BOTA** n. f. Calzado que cubre el pie y parte de la pierna o toda ella. • **Ponerse las botas,** enriquecerse o lograr un provecho extraordinario.

**BOTADERO** n. m. *Chile, Colomb.* y *Perú.* Basural. **2.** *Colomb.* Parte de un río que es navegable.

**BOTADA** n. f. *Amér.* Acción de despedir.

**BOTADO, A** adj. y n. *Amér.* Expósito. **2.** *Amér.* Barato o a muy bajo precio.

**BOTADOR, RA** adj. Que bota. **2.** *Amér. Central, Chile* y *Ecuad.* Derrochador. ◆ n. m. **3.** Instrumento de acero con que se sacan los clavos o clavijas del agujero en que están embutidos. **4.** Pértiga con que los barqueros hacen fuerza en la arena para mover los barcos. **5.** IMPR. Trozo de madera fuerte, agudo por un extremo, que sirve para apretar y aflojar las cuñas de la forma.

**BOTADURA** n. f. Operación de echar al agua un buque, que se ha construido en grada. SIN.: *lanzamiento.*

**BOTAFUEGO** n. m. Palo en que se colocaba la mecha para dar fuego a la pieza de artillería.

**BOTAFUMEIRO** n. m. Gran incensario de la catedral de Santiago de Compostela. **2.** Incensario.

**BOTALOMO** n. m. Instrumento de hierro con que los encuadernadores forman la pestaña en el lomo de los libros.

**BOTALÓN** n. m. (port. *botaló*). Palo que se saca hacia el exterior de la embarcación cuando conviene establecer sobre el mismo velas salientes. **2.** *Amér.* Poste, estaca.

**BOTAMANGA** n. f. *Amér. Merid.* En un pantalón, pliegue que se hace en la parte inferior, bajo.

**BOTAMEN** n. f. Conjunto de botes de una farmacia. **2.** MAR. Pipería, conjunto de pipas en que se lleva la aguada.

**BOTANA** n. f. Remiendo que tapa los agujeros de los odres. **2.** Tarugo pequeño puesto en las cubas de vino con el mismo objeto. **3.** *Fig.* Cicatriz de una llaga. **4.** *Fig.* Parche puesto en una llaga. **5.** *Cuba* y *Méx.* Vaina de cuero que se pone a los gallos de pelea en los espolones. **6.** *Guat.* y *Méx.* Pequeña cantidad de comida que se suele tomar como aperitivo acompañada de bebida, tapa.

**BOTÁNICA** n. f. Ciencia que estudia los vegetales.

**BOTÁNICO, A** adj. (gr. *botanikos*). Relativo a la botánica. ◆ n. **2.** Especialista en botánica.

**BOTAR** v. tr. **[1]**. Arrojar o echar fuera algo: *botar un cigarro por la ventana.* **2.** Despedir o echar a una persona. **3.** Realizar una botadura. **4.** Hacer saltar una pelota arrojándola contra el suelo. ◆ v. intr. **5.** Saltar la pelota después de dar en el suelo. **6.** Saltar, levantarse del suelo con impulso o ligereza. • **Estar** uno **que bota,** estar impaciente e irritado.

**BOTARATE** n. m. y f. y adj. *Fam.* Persona alborotada y de poco juicio. **2.** *Amér.* Derrochador, irreflexivo.

**BOTAREL** o **BOTARETE** adj. Dícese del arco por tranquil que se apoya por su extremo inferior en un contrafuerte y por el superior contrarresta el empuje de algún arco o bóveda. SIN.: *arbotante.*

**BOTAREL** n. m. ARQ. Contrafuerte. **2.** MIN. Madero en forma de cruz o aspa que se coloca en las galerías, para evitar el derrumbamiento de tierras.

**BOTASILLA** n. f. Toque de trompeta que ordenaba ensillar los caballos.

**BOTAVARA** n. f. MAR. Especie de verga o percha con dos quijadas mediante las que se afirma a la cara popel del palo de mesana.

**BOTE** n. m. Salto que da la pelota u otra cosa elástica al chocar con una superficie dura. **2.** Salto que da una persona, animal, etc., botando como una pelota: *dar botes de alegría.*

**BOTE** n. m. (cat. *pot*). Vasija pequeña y generalmente cilíndrica para guardar o conservar cosas. **2.** Vasija que hay en algunos establecimientos públicos para poner las propinas. **3.** Propina. **4.** Dinero de un premio que no se entrega y se acumula para el siguiente. • **Bote de humo,** recipiente metálico de forma cilíndrica, relleno de sustancia fumígena y provisto de un artificio para provocar la emisión de humo en el momento deseado. ‖ **Chupar del bote** *(Fam.),* obtener ganancias sin prestar servicios efectivos.

**BOTE** n. m. (ingl. *boat*). Pequeña embarcación a remo o con motor fuera borda.

**BOTE. De bote en bote,** completamente lleno.

**BOTELLA** n. f. Recipiente de forma y materia variables, de cuello estrecho, que sirve para contener líquidos. **2.** Su contenido. **3.** Medida de capacidad

el **botafumeiro**

para líquidos equivalente a 0,75 l. • **Botella de Leiden** (FÍS.), primer condensador eléctrico, construido en 1746 por tres investigadores holandeses.

**BOTELLAZO** n. m. Golpe dado con una botella.

**BOTELLERÍA** n. f. Fábrica de botellas. **2.** Conjunto de botellas.

**BOTELLERO, A** n. Persona que tiene por oficio hacer o vender botellas. ◆ n. m. **2.** Aparato o utensilio para colocar, llevar o guardar botellas.

**BOTELLÍN** n. m. Botella pequeña: *botellín de cerveza.*

**BOTELLÓN** n. m. *Méx.* Botella de vidrio grande, garrafón.

**BOTICA** n. f. (gr. *apothēkē,* depósito, almacén). Farmacia. **2.** Conjunto de medicamentos.

**BOTICARIO, A** n. Farmacéutico.

**BOTIJA** n. f. Vasija de barro redonda y de cuello corto y angosto.

**BOTIJERO, A** n. Persona que tiene por oficio hacer o vender botijas o botijos.

**BOTIJO** n. m. Vasija de barro, de vientre abultado, con asa en la parte superior, una boca para llenarla y un pitón para beber. • **Estar como,** o **hecho, un botijo,** estar muy gordo.

**BOTILLERÍA** n. f. *Chile.* Tienda donde se venden licores y vinos embotellados.

**BOTÍN** n. m. (fr. *butin*). Lo que se toma del enemigo vencido. **2.** Producto de un saqueo, robo, etcétera.

**BOTÍN** n. m. Calzado que cubre la parte superior del pie y el tobillo.

**BOTINA** n. f. Calzado que pasa algo del tobillo.

**BOTIQUÍN** n. m. (de *botica*). Habitación, mueble o maleta portátil, donde se guardan medicinas para casos de urgencia. **2.** Conjunto de estas medicinas. **3.** *Venez.* Taberna. **4.** *Venez.* Tienda al por menor de licores.

**BOTO** n. m. Bota alta enteriza.

**BOTO** n. m. Pellejo para vino, aceite, etc.

**BOTÓN** n. m. Tipo particular de yema que al abrirse da una flor. **2.** Capullo. **3.** Pieza pequeña, generalmente redonda, para abrochar o adornar los vestidos. **4.** Pieza cilíndrica o esférica que, atornillada en algún objeto, sirve de tirador, asidero, etc.: *botón de una puerta.* **5.** Diversos instrumentos empleados en cirugía. **6.** Forúnculo o pápula. **7.** *Amér. Vulg.* Agente de policía. **8.** *Argent. Fam.* Cuentero, alcahuete. **9.** *Cuba.* Reproche. **10.** ELECTR. Pieza que sirve para accionar los mandos de un aparato eléctrico. • **Botón de oro,** nombre usual que se da a diversas ranunculáceas de flores amarillas. || **Botón de plata,** matricaria.

**BOTONADURA** n. f. Juego de botones para un traje o prenda de vestir.

**BOTONAZO** n. m. ESGR. Golpe que se da al contrario con la punta del arma.

**BOTONES** n. m. (pl. *botones*). En hoteles y otros establecimientos, muchacho encargado de hacer recados y otras comisiones.

**BOTOTO** n. m. *Amér.* Calabaza que se usa para llevar agua. **2.** *Chile.* Zapato tosco que usa la gente en los pueblos.

**BOTULISMO** n. m. (lat. *botulus,* embutido). Envenenamiento grave producido por el agente patógeno *Clostridium botulinum,* que aparece en alimentos envasados en malas condiciones y puede provocar parálisis.

**BOU** n. m. (cat. *bou,* buey). Embarcación propia del Mediterráneo, destinada a un tipo de pesca que consiste en tirar de las redes arrastrándolas por el fondo. **2.** Arte de pesca que utilizan estas embarcaciones.

**BOUQUET** n. m. (voz francesa). Aroma de ciertos vinos. **2.** Ramo de flores.

**BOURBON** n. m. (voz inglesa) [pl. *bourbons*]. Tipo de whisky, de origen norteamericano, elaborado con maíz y centeno.

**BOUTADE** n. f. (voz francesa). Salida de tono, comentario paradójico o imprevisible, cuya pretensión es producir asombro.

**BOUTIQUE** n. f. (voz francesa). Tienda, generalmente pequeña, en que se venden prendas de vestir de moda.

**BÓVEDA** n. f. Obra de fábrica de sección curva que sirve para cubrir el espacio entre dos muros o varios pilares. **2.** Habitación cuya cubierta es de bóveda. **3.** *Amér.* Cámara acorazada; caja de caudales. **4.** INDUSTR. Parte superior de un horno de reverbero, que está dispuesta en forma de cúpula. • **Bóveda celeste,** el firmamento. || **Bóveda craneana** (ANAT.), parte superior de la caja ósea del cráneo. || **Bóveda palatina,** tabique que forma la pared superior de la boca y la inferior de las fosas nasales.

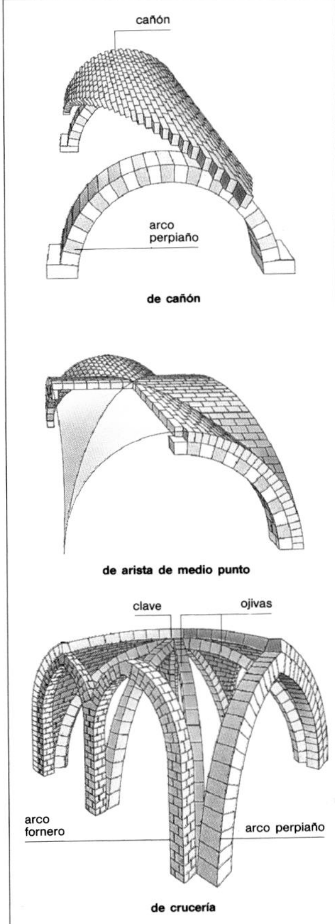

**bóvedas**

**BOVEDILLA** n. f. Bóveda pequeña entre viga y viga de un techo. **2.** MAR. Parte de la popa de un buque, en la que está practicada la limera del timón.

**BÓVIDO, A** adj. y n. m. (lat. *boven,* buey). Relativo a una familia de rumiantes que se caracterizan por sus cuernos, formados por una prominencia del hueso frontal y una envoltura córnea. (La familia bóvidos comprende *bovinos, ovinos, caprinos* y *antilopinos.*)

**BOVINO, A** adj. (lat. *bovinum*). Relativo al buey o a la vaca. ◆ adj. y n. m. **2.** Relativo a una subfamilia de bóvidos que comprende el buey, el búfalo, el bisonte, etc.

**BOWLING** n. m. (voz inglesa). Juego de bolos de origen americano. **2.** Lugar donde se practica este juego.

**BOX** n. m. *Amér.* Boxeo.

**BOX** n. m. Pequeño recinto reservado para el alojamiento individual de caballos. **2.** En los circuitos de carreras, cada uno de los recintos destinados a los coches participantes. **3.** Recinto, compartimento que se utiliza para aislar a un enfermo en un centro hospitalario.

**BOX-CALF** o **BOXCALF** n. m. (voz inglesa). Cuero obtenido tratando pieles de ternera con cromo.

**BOXEADOR** n. m. El que se dedica profesionalmente al boxeo, púgil.

**BOXEAR** v. intr. [1]. Practicar el boxeo, especialmente de forma profesional. **2.** Pelear a puñetazos.

**BOXEO** n. m. Deporte de combate en el que los dos adversarios se enfrentan a puñetazos, siguiendo ciertas reglas.

**boxeo** (directo de izquierda)

**BÓXER** adj. y n. m. Dícese de una raza de perros parecidos al dogo alemán y al bulldog.

**bóxer**

**BÓXER** n. m. Miembro de una sociedad secreta china que originó un movimiento xenófobo. (V. parte n. pr.)

**BOXÍSTICO, A** adj. Relativo al boxeo.

**BOY** n. m. (voz inglesa que significa *muchacho*) [pl. *boys*]. En los espectáculos de music-hall, revistas y operetas, bailarín que forma parte del conjunto.

**BOYA** n. f. (fr. *bouée*). Cuerpo flotante fijado al fondo del mar por una cadena, que sirve para indicar los escollos o para señalar un punto determinado. **2.** Corcho que se pone en la red para que las plomadas no la lleven al fondo, y para indicar su situación. • **Boya de campana, de sirena,** etc., boya equipada con una campana, una sirena, etc., que el viento o las olas hacen sonar. *(V. ilustración pág. 168.)*

**BOYADA** n. f. Manada de bueyes.

**BOYAL** adj. Relativo al ganado vacuno.

**BOYANTE** adj. Que boya. **2.** *Fig.* Que tiene fortuna o felicidad creciente. **3.** Dícese de un buque que no cala lo suficiente.

**BOYAR** v. intr. [1]. Volver a flotar la embarcación que ha estado en seco. **2.** *Amér.* Flotar, mantenerse a flote.

**BOYARDO** n. m. Antiguo noble de los países eslavos.

**BOYERA** n. f. Corral donde se recogen los bueyes.

**BOYERO, A** n. Persona que guarda o conduce bueyes. SIN.: *boyerizo, bueyero.* ◆ n. m. **2.** Nombre de diversos pájaros pequeños, de plumaje negro, que viven en Argentina y Uruguay, y se caracterizan por su nido colgante en forma de bolsa. • **Boyero de Flandes,** raza de perros de origen franco-belga, que antaño se utilizaban para conducir rebaños de ganado mayor.

**BOY-SCOUT** n. m. (voz inglesa que significa *mu-*

*chacho explorador*) [pl. *boy-scouts*]. Niño o adolescente que forma parte de una asociación de escultismo. SIN.: *explorador.*

**BOYUNO, A** adj. Relativo al buey.

**BOZA** n. f. MAR. Amarra corta, que se afirma a la argolla de la proa de una embarcación menor, para amarrarla. **2.** Pedazo de cabo empleado para sujetar anclas u otros objetos de peso.

**BOZAL** adj. y n. m. y f. Dícese del negro recién sacado de su país. **2.** Bisoño, inexperto. ◆ adj. **3.** Dícese de las caballerías cerriles. ◆ n. m. **4.** Pieza que se pone en el hocico de ciertos animales para impedirles morder, mamar o comer en los sembrados. **5.** Adorno con cascabeles que se pone a los caballos en el bozo. **6.** *Amér.* Bozo, cabestro.

**BOZO** n. m. Vello que apunta sobre el labio superior. **2.** Parte exterior de la boca. **3.** Cabestro que se echa a las caballerías sobre la boca.

**Br,** símbolo químico del *bromo.*

**BRABANTE** n. m. Lienzo fabricado en la región de Brabante. ◆ n. m. y adj. **2.** Arado metálico provisto de un doble sistema de piezas activas que pueden voltear la tierra a derecha o a izquierda.

**BRABANZÓN, NA** adj. y n. De Brabante.

**BRACARENSES,** uno de los grupos en que se dividían los galaicos*.

**BRACEADA** n. f. Movimiento impetuoso de brazos.

**BRACEAR** v. intr. (de *brazo*) [**1**]. Mover repetidamente los brazos. **2.** Nadar volteando los brazos fuera del agua. **3.** *Fig.* Esforzarse, forcejear.

**BRACEAR** v. intr. (de *braza*) [**1**]. MAR. Halar del aparejo. **2.** MAR. Halar de las brazas a fin de que las vergas giren horizontalmente para orientarlas en la dirección deseada.

**BRACEO** n. m. Acción de bracear.

**BRACERO, A** adj. Dícese del arma que se arroja con el brazo. ◆ n. **2.** El que da el brazo a otro para que se apoye en él. ◆ n. m. **3.** Peón, jornalero. **4.** *Méx.* Campesino que emigra a una región próspera para emplearse como jornalero.

**BRACETE** n. m. **De,** o **del, bracete,** cogiendo una persona el brazo de otra: *pasear del bracete.*

**BRACO, A** adj. y n. m. Dícese de un perro de caza de pelo corto y de orejas colgantes.

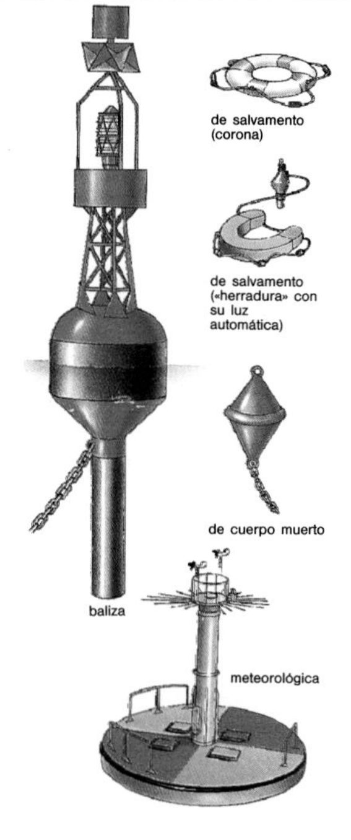

**boyas**

**BRÁCTEA** n. f. Pequeña hoja de forma especial situada en la base del pedúnculo floral.

**brácteas:** diferentes tipos

**BRACTÉOLA** n. f. Bráctea o brácteas que se hallan sobre un eje lateral de cualquier inflorescencia.

**BRADICARDIA** n. f. Ritmo cardíaco lento (normal o patológico).

**BRADICINESIA** n. f. Lentitud anormal del movimiento, sin que exista lesión neurológica.

**BRADIPEPSIA** n. f. Digestión lenta.

**BRADISIQUIA** n. f. Lentitud del ritmo del pensamiento, que no afecta a los procesos intelectuales.

**BRAFONERA** n. f. Pieza de la armadura que cubría la parte superior del brazo. **2.** Pieza de la armadura, labrada a manera de escamas o dobleces, que defendía los muslos hasta las rodillas.

**BRAGA** n. f. (lat. *bracam*). Prenda interior femenina que cubre desde la cintura hasta el arranque de las piernas, con aberturas para el paso de éstas. **2.** Calzón, prenda masculina. (Suele usarse en plural.) **3.** Metedor, paño de lienzo, que suele ponerse debajo del pañal a los niños. **4.** Conjunto de plumas que cubren las patas de las aves calzadas. **5.** Maroma o cuerda con que se ciñe una piedra o bloque de cantería para izarla.

**BRAGADA** n. f. Cara interna del muslo del caballo y de otros animales.

**BRAGADO, A** adj. Dícese de los animales que tienen la bragadura de diferente color que el resto del cuerpo. **2.** *Fig.* Dícese de la persona de intención perversa. **3.** *Fig.* y *fam.* Dícese de las personas de resolución enérgica y firme.

**BRAGADURA** n. f. Entrepiernas. **2.** Parte de los calzones o pantalones correspondiente a la entrepierna.

**BRAGAZAS** n. m. y adj. (pl. *bragazas*). *Desp.* Hombre que se deja dominar con facilidad, especialmente por las mujeres.

**BRAGUERO** n. m. Aparato para contener las hernias.

**BRAGUETA** n. f. Abertura delantera del pantalón. **2.** ARM. Pieza de la armadura que cubría y defendía los órganos genitales.

**BRAGUETAZO** n. m. **Dar,** o **pegar, un braguetazo,** casarse un hombre pobre con una mujer rica.

**BRAGUETERO, A** adj. y n. *Fam.* Lascivo. ◆ adj. **2.** *Amér.* Dícese del pobre que se casa con mujer rica.

**BRAHMÁN** n. m. (sánscr. *brāhmana*). Miembro de la casta sacerdotal, primera de las castas hindúes.

**BRAHMÁNICO, A** adj. y n. Relativo al brahmanismo; adepto del brahmanismo.

**BRAHMANISMO** n. m. Sistema religioso que en el hinduismo representa la corriente más ortodoxa, más directamente inspirada en el vedismo, y que tiene su reflejo en una organización social basada en la división en castas hereditarias.

**BRAHMI** adj. y n. m. Dícese de la antigua escritura de la India.

**BRAILLE** n. m. (de L. *Braille*, su inventor). Escritura en relieve para el uso de ciegos.

**BRAIN TRUST** n. m. (voces inglesas). Grupo restringido de técnicos, expertos, etc., encargados de la elaboración de proyectos o de planes para un director, ministro, etc.

**BRAINSTORMING** n. m. (voz inglesa). Técnica de búsqueda de ideas originales, fundada en la exposición dentro de un grupo de las asociaciones libres de cada uno de sus miembros.

**BRAMA** n. f. Acción y efecto de bramar. **2.** Época anual de celo de los venados.

**BRAMADERA** n. f. Instrumento formado por una tablita atada al extremo de una cuerda, que se hace girar con fuerza en el aire y produce una especie de bramido.

**BRAMADERO** n. m. Sitio adonde acuden con preferencia los ciervos y otros animales salvajes en celo. **2.** *Amér.* Poste al cual se amarran los animales para herrarlos, domesticarlos o matarlos.

**BRAMANTE** n. m. y adj. Cordel delgado hecho de cáñamo.

**BRAMAR** v. intr. [**1**]. Dar o emitir bramidos. **2.** Manifestar uno con voces articuladas o inarticuladas y con violencia la ira de que está poseído. **3.** Hacer ruido estrepitoso el viento, el mar, etc., cuando están agitados.

**BRAMIDO** n. m. Voz del toro y otros animales salvajes. **2.** *Fig.* Grito humano debido a una pasión. **3.** *Fig.* Estrépito del aire, del agua, etc.: *el bramido del viento entre los árboles.*

**BRANCA** n. f. **Branca ursina,** acanto. ‖ **Branca ursina bastarda,** planta común en los lugares húmedos, que mide entre 1 y 1,50 m de alt., con grandes umbelas de flores blancas. (Familia umbelíferas.)

**BRANCHISING** n. m. (voz inglesa). Concesión por la cual, mediante el pago de un canon, una empresa utiliza los servicios de concesionarios que se ocupan de sus negocios utilizando su marca.

**BRANDAL** n. m. MAR. Cada uno de los dos ramales de cabo sobre los cuales se forman las escalas de viento. **2.** Cabo que se da en ayuda de los obenques de juanete.

**BRANDAR** v. intr. [**1**]. MAR. Girar el buque en sentido longitudinal hacia uno u otro costado.

**BRANDEBURGO** n. m. Pasamanería, galón o alamar, que forma dibujos variados, rodea los ojales o sirve él mismo de ojal o de hebilla.

**BRANDEBURGUÉS, SA** adj. y n. De Brandeburgo.

**BRANDY** n. m. (voz inglesa). Coñac.

**BRANQUIA** n. f. (gr. *brankhia*). Órgano respiratorio de numerosos animales acuáticos, como peces, crustáceos, cefalópodos, etc., capaz de absorber el oxígeno disuelto en el agua, y que presenta el aspecto de un árbol con numerosas ramificaciones.

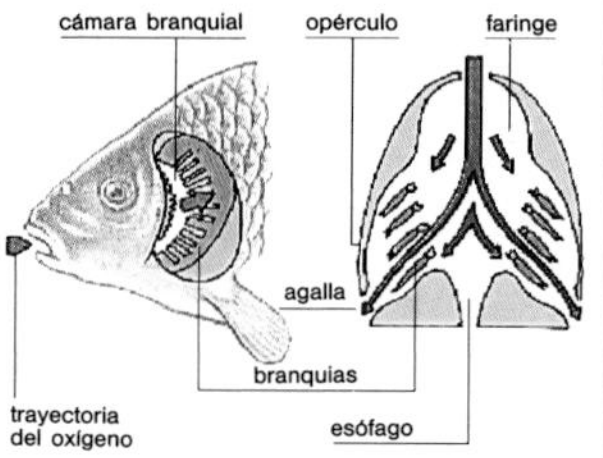

**branquias** de un pez

**BRANQUIAL** adj. Relativo a las branquias: *respiración branquial.*

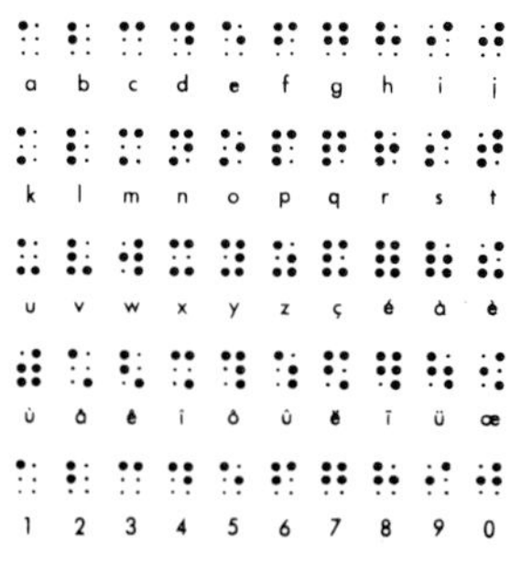

**braille**

**BRANQUIÓPODO, A** adj. y n. m. Relativo a una subclase de crustáceos inferiores, como las pulgas de agua.

**BRAQUIAL** adj. (lat. *brachium,* brazo). ANAT. Relativo al brazo: *vena braquial.*

**BRAQUICEFALIA** n. f. Cualidad de braquicéfalo.

**BRAQUICÉFALO, A** adj. y n. Dícese de la persona cuyo cráneo, visto desde arriba, es casi tan ancho como largo. CONTR.: *dolicocéfalo.*

**BRAQUIÓPODO, A** adj. y n. m. Relativo a una clase de animales muy extendidos en los mares primarios y secundarios, provistos de una concha de dos valvas, una dorsal y la otra ventral.

**BRASA** n. f. Ascua, trozo incandescente de leña, carbón o cualquier otra materia combustible.

**BRASEAR** v. intr. [1]. Cocer entre brasas.

**BRASERO** n. m. Recipiente metálico, en forma de bacía, en el que se quema carbón menudo, para caldear habitaciones.

**BRASIER** n. m. *Colomb., Cuba, Méx.* y *Venez.* Sostén, prenda interior femenina.

**BRASIL** n. m. Planta arbórea de Brasil y Paraguay, cuya madera se conoce con el nombre de palo brasil. (Familia cesalpiniáceas.)

**BRASILEÑO, A** adj. y n. De Brasil. ◆ n. m. **2.** Modalidad del portugués hablada en Brasil.

**BRASILERO, A** adj. y n. Brasileño.

**BRASILETE** n. m. Árbol de madera de color más oscuro que el brasil. (Familia cesalpiniáceas.) **2.** Madera de este árbol.

**BRAVATA** n. f. (ital. *bravata*). Amenaza proferida con arrogancia. **2.** Baladronada, fanfarronada.

**BRAVEZA** n f. Bravura, cualidad de bravo. **2.** Ímpetu y fuerza de los elementos: *la braveza del mar.*

**BRAVÍO, A** adj. Feroz, indómito. **2.** Rústico por falta de educación o de trato con la gente.

**BRAVO, A** adj. Valiente. **2.** Bueno, excelente. **3.** Dícese de los animales fieros e indómitos. **4.** Dícese del mar embravecido. **5.** Áspero, inculto, fragoso: *la brava serranía.* **6.** De genio áspero. **7.** Picante. **8.** GEOGR. Dícese de la costa inabordable, contra la que rompe el mar con gran fuerza. ◆ adv. m. **9.** Con firmeza, fuerte, seguro. ◆ interj. **10.** Denota aplauso o entusiasmo.

**BRAVUCÓN, NA** adj. y n. *Fam.* Que presume de valiente sin serlo.

**BRAVUCONADA** o **BRAVUCONERÍA** n. f. *Fam.* Dicho o hecho propio del bravucón.

**BRAVUCONEAR** v. intr. [1]. Echar bravatas.

**BRAVURA** n. f. Cualidad de bravo. **2.** Bravata.

**BRAY** n. m. GEOGR. Depresión alargada, abierta por la erosión en un abombamiento anticlinal.

**BRAZA** n. f. (lat. *bracchia*). Longitud que miden los dos brazos extendidos, desde la extremidad de una mano hasta la extremidad de la otra. **2.** Medida de longitud, generalmente usada en la marina con diferentes valores según los países (1,6719 m la española). **3.** Estilo de natación que se practica con el cuerpo descansando sobre el vientre, mientras brazos y piernas se mueven simétricamente y dan impulso mediante distensiones simultáneas. (Las modalidades más corrientes son la de *pecho* y la *mariposa.*) **4.** MAR. Cada uno de los cabos que parten de los extremos o penoles de las vergas y sirven para orientarlas: *halar de las brazas.*

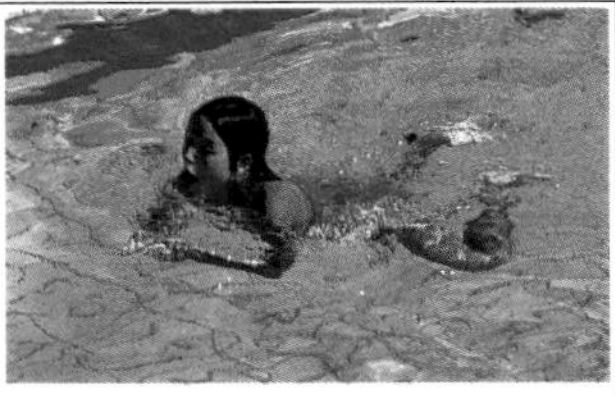

**braza**

**BRAZADA** n. f. Movimiento que se hace con los brazos extendiéndolos y encogiéndolos como cuando se rema. **2.** Cantidad de algo que se coge con los brazos: *una brazada de heno.* **3.** *Chile, Colomb.* y *Venez.* Braza, medida de longitud.

**BRAZADO** n. m. Brazada, cantidad abarcada con los brazos.

**BRAZAL** n. m. Faja de tela que rodea el brazo y que sirve de distintivo de algunas organizaciones o como señal de luto: *un brazal de la Cruz Roja.* **2.** Sangría que se saca de un río o acequia para regar. **3.** ARM. Parte de la armadura destinada a cubrir los brazos. SIN.: *brazalete.* **4.** ARM. Embrazadura, asa por donde se embraza un escudo. **5.** MAR. Cada uno de los maderos que en una y otra banda van desde la serviola al tajamar.

**BRAZALETE** n. m. (fr. *bracelet*). Aro que, como adorno, se lleva alrededor de la muñeca. **2.** Brazal, faja de tela que rodea el brazo. **3.** ARM. Brazal.

**BRAZALOTE** n. m. MAR. Cabo fijo por uno de sus extremos en el penol de la verga y provisto en el otro de un motón por donde pasa la braza.

**BRAZO** n. m. (lat. *bracchium*). Parte del miembro superior comprendida entre las articulaciones del hombro y del codo. **2.** Miembro del cuerpo que comprende desde el hombro hasta la extremidad de la mano. **3.** Cada una de las patas delanteras de los cuadrúpedos. **4.** *Fig.* Valor, esfuerzo, poder: *el brazo de la ley.* **5.** Rama de árbol. **6.** Cada uno de los soportes laterales que se destacan del respaldo del sillón, butaca o asiento hacia delante. **7.** En las arañas y demás aparatos de iluminación, candelero que sale del cuerpo central y sirve para sostener las luces. **8.** En la balanza, cada una de las dos mitades de la barra horizontal, de cuyos extremos cuelgan o en los cuales se apoyan los platillos. **9.** Subdivisión lateral de un curso de agua separada de las otras por islas. **10.** Apéndice tentacular de los moluscos cefalópodos. **11.** HIST. Durante el Antiguo régimen, cada uno de los cuerpos de diputados que representaban a los distintos estamentos en las cortes del reino: *brazo de la nobleza; brazo eclesiástico.* **12.** MAR. Cada una de las dos mitades de una verga, desde el centro hasta el penol. • **A brazo partido,** con los brazos solos, sin usar armas; con gran esfuerzo y voluntad: *discutir a brazo partido.* ‖ **Brazo de cruz,** mitad del más corto de los dos palos que la forman. ‖ **Brazo de gitano,** pastel formado de una capa de bizcocho rellena de crema, nata, etc., que se arrolla en forma de cilindro. ‖ **Brazo de mar,** porción estrecha y alargada de mar que penetra en la tierra. ‖ **Brazo de palanca** (MEC.), distancia que media entre el punto de aplicación de la fuerza y el punto de apoyo. ‖ **Con los brazos abiertos,** con agrado, con amor: *recibir con los brazos abiertos a un amigo.* ‖ **Cruzarse de brazos,** estar o quedarse sin hacer nada; abstenerse de obrar o de intervenir en un asunto. ‖ **Del brazo,** denota que dos personas van asidas una del brazo de la otra: *pasear del brazo.* ‖ **No dar** uno **su brazo a torcer,** mantenerse firme en su dictamen o propósito. ‖ **Ser el brazo derecho** de uno, ser la persona de su mayor confianza. ◆ **brazos** n. m. pl. **13.** Protectores, valederos. **14.** *Fig.* Braceros, jornaleros.

**BRAZOLA** n. f. MAR. Cada una de las cuatro piezas que forman el reborde que enmarca la boca de las escotillas.

**BRAZUELO** n. m. Parte de las patas delanteras de los cuadrúpedos entre el codo y la rodilla.

**BREA** n. f. (fr. *brai*). Residuo pastoso de la destilación de la hulla o del petróleo. **2.** MAR. Mezcla de brea, pez, sebo y aceite, que se usa para calafatear.

**BREAK** n. m. (voz inglesa). Automóvil con puerta trasera de apertura vertical y un asiento posterior desmontable. **2.** En jazz, interrupción del conjunto instrumental, para que uno de los componentes toque solo. **3.** En tenis, pérdida del juego por parte del jugador que saca.

**BREAKDANCE** n. m. (voz inglesa). Estilo de baile que se caracteriza por sus movimientos acrobáticos acompañados generalmente por música rap.

**BREAR** v. tr. [1]. *Fam.* Maltratar, molestar.

**BREBAJE** n. m. Bebida, especialmente la de aspecto o sabor desagradables.

**BRECA** n. f. Pez marino de unos 60 cm de long., de carne muy apreciada. SIN.: *pagel.*

**BRECHA** n. f. Rotura que hace la artillería en una muralla o en un obstáculo material. **2.** Abertura practicada en una pared o muro. **3.** Herida, especialmente en la cabeza. **4.** Impresión que algo hace en el ánimo. **5.** *Méx.* Camino estrecho y sin asfaltar. **6.** GEOL. Conglomerado formado por elementos angulosos. • **Abrir brecha,** persuadir, impresionar. ‖ **Estar siempre en la brecha,** estar siempre preparado para defender un negocio o interés.

**BREECHES** n. m. pl. (voz inglesa). Pantalones cortos, ceñidos en las rodillas y anchos en los muslos, que se usan para montar.

**BRÉCOL** n. m. Variedad de col común, cuyas hojas, de color más oscuro, son más recortadas que las de ésta y no se apiñan.

**BRECOLERA** n. f. Especie de brécol, que echa pellas como la coliflor.

**BREGA** n. f. Acción de bregar, luchar. **2.** *Fig.* Chasco, burla. • **Andar a la brega,** trabajar afanosamente.

**BREGAR** v. intr. [1b]. Luchar, reñir unos con otros. **2.** Ajetrearse, trabajar afanosamente. **3.** *Fig.* Luchar con los riesgos y dificultades.

**BREGMA** n. m. ANAT. Punto de unión de las suturas óseas entre el hueso parietal y el frontal.

**BREGMÁTICO, A** adj. Relativo al bregma.

**BREMA** n. f. Pez comestible de agua dulce, de hasta 50 cm de long. y cuerpo alto y plano con grandes escamas. (Familia ciprínidos.)

**BRENCA** n. f. Poste que en las acequias sujeta las

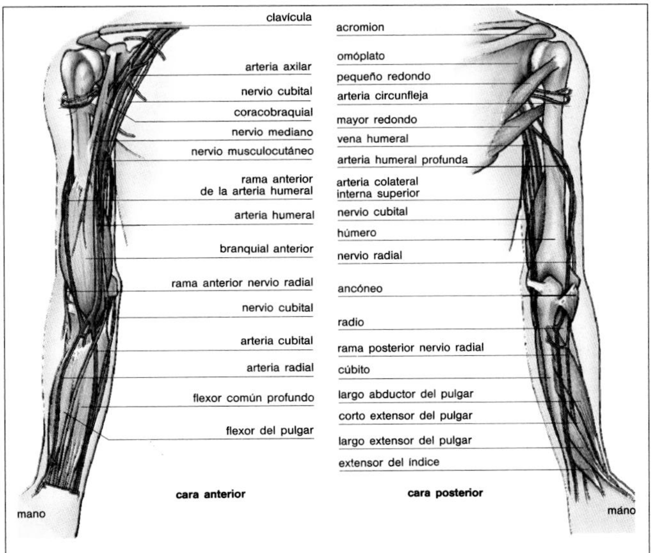


**brazo** y antebrazo

compuertas o presas de agua para que ésta suba hasta los repartidores.

**BRENCA** n. f. Fibra, filamento, y especialmente el estigma del azafrán.

**BRENT** n. m. Tipo de petróleo que marca el precio mundial de los crudos.

**BREÑA** n. f. Tierra quebrada y poblada de maleza.

**BREÑAL** n. m. Terreno de breñas.

**BRESCA** n. f. Panal de miel. **2.** Fragmento de cera sacado de la colmena.

**BRETE** n. m. Cepo de hierro que se pone a los reos en los pies. **2.** *Fig.* Aprieto, dificultad: *estar, poner en un brete.* **3.** *Argent., Par.* y *Urug.* Pasadizo corto entre dos estacas, para conducir el ganado en las estancias y estaciones de ferrocarril.

**BRETÓN, NA** adj. y n. De Bretaña. ◆ n. m. **2.** Lengua céltica hablada en Bretaña.

**BRETÓN, NA** adj. y n. f. Dícese de una variedad de col cuyo tronco, de 1 m de alt., echa muchos brotes.

**BRETZEL** n. m. Dulce en forma de ocho, de masa dura y con frutas.

**BREVA** n. f. Primer fruto que anualmente da la higuera breval. **2.** Bellota temprana. **3.** *Fig.* Ventaja lograda con poco esfuerzo. **4.** Cigarro puro algo aplastado. **5.** *Amér.* Tabaco en rama a propósito para masticarlo.

**BREVAL** adj. y n. m. Dícese de una variedad de higuera que da brevas e higos.

**BREVE** adj. (lat. *brevem*). De corta extensión o duración: *una breve pausa.* **2.** FONÉT. Dícese de la sílaba o de la vocal de menor duración relativa que la larga en aquellas lenguas que tienen cantidad. **3.** GRAM. Dícese de la palabra llana. • **En breve,** muy pronto, en seguida. ◆ n. m. **4.** Documento pontificio que trata sobre una cuestión de orden.

**BREVEDAD** n. f. (lat. *brevitatem*). Cualidad de breve.

**BREVIARIO** n. m. (lat. *breviarium*, compendioso). Libro que contiene el rezo eclesiástico de todo el año. **2.** Compendio, tratado poco extenso de una materia.

**BREVILÍNEO, A** adj. Dícese del individuo de miembros cortos. CONTR.: *longilíneo.*

**BREZAL** n. m. Terreno poblado de brezos.

**BREZAR** v. tr. e intr. **[1g]**. Mecer, acunar.

**BREZO** n. m. Arbusto de flores violetas o rosadas que crece con preferencia en suelos silíceos. (Familia ericáceas.) • **Tierra de brezo,** producto de la descomposición de las hojas de brezo.

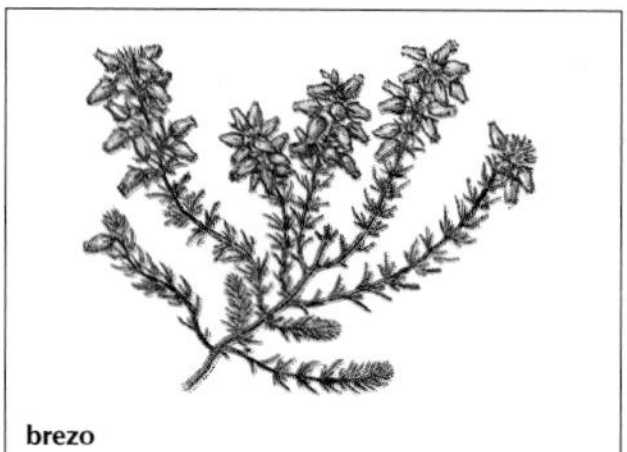

**brezo**

**BRIAGO, A** adj. *Méx.* Borracho.

**BRIAL** n. m. Vestido medieval de lana o seda que usaban hombres y mujeres. **2.** Faldón de tela desde la cintura hasta la rodilla que usaban los hombres de armas.

**BRIARD** adj. y n. m. Dícese de una raza francesa de perros de pastor.

**BRIBÓN, NA** adj. y n. Granuja, persona que engaña, estafa o roba. **2.** Travieso, pícaro, pillo.

**BRIBONADA** n. f. Acción propia de bribón.

**BRIBONERÍA** n. f. Actividad o vida de bribón.

**BRICBARCA** n. m. Especie de bergantín grande que, además de los dos palos ordinarios, lleva otro menor a popa, sin vergas de cruz, para armar la cangreja.

**BRICOLAJE** o **BRICOLAGE** n. m. (fr. *bricolage*). Trabajo manual casero realizado por uno mismo, y no por un profesional.

**BRICOMANÍA** n. f. Tendencia obsesiva a hacer rechinar los dientes.

**BRIDA** n. f. (fr. *bride*). Parte de los arreos de una caballería que se emplea para facilitar el manejo de ésta. **2.** COST. Punto o conjunto de puntos que forman el enlace entre dos grupos de puntos compactos. **3.** MED. Fragmento de tejido conjuntivo que une anormalmente dos órganos. **4.** TECNOL. Traba metálica, en forma de abrazadera o semicircular, ajustada a un objeto cualquiera, a fin de asegurarlo o de unir las piezas que lo componen.

**BRIDGE** n. m. Juego de naipes que se juega entre cuatro personas, dos contra dos, con baraja francesa de 52 cartas.

**BRIE** n. m. Queso de pasta blanda fermentada, fabricado con leche de vaca.

**BRIGADA** n. f. (fr. *brigade*). Unidad orgánica compuesta por varios regimientos o batallones y mandada por un general. **2.** Conjunto de personas reunidas para ciertos trabajos: *brigada municipal; brigada de limpieza.* ◆ n. m. **3.** MIL. Suboficial que ostenta un grado comprendido entre los de sargento primero y subteniente.

**BRIGADIER** n. m. (fr. *brigadier*). Oficial general cuya categoría era inmediatamente superior a la de coronel. **2.** Aspirante o guardia marina, que, en la escuela naval o en los buques, tienen a su cargo el orden y vigilancia de una brigada, de un dormitorio o de la camareta.

**BRIGANTINA** n. f. Pequeña cota de mallas (ss. XIII-XVI).

**BRILLANTE** adj. Que brilla: *luz brillante.* **2.** *Fig.* Admirable, sobresaliente en su línea: *brillante escritor.* ◆ n. m. **3.** Diamante tallado en facetas.

**BRILLANTEZ** n. f. Cualidad de brillante.

**BRILLANTINA** n. f. Cosmético usado para dar brillo al cabello.

**BRILLAR** v. intr. **[1]**. Resplandecer, despedir rayos de luz propia o reflejada: *brillar las estrellas.* **2.** *Fig.* Lucir o sobresalir: *brillar en una reunión social.*

**BRILLAZÓN** n. f. *Argent.* y *Bol.* Espejismo.

**BRILLO** n. m. Lustre o resplandor. **2.** *Fig.* Lucimiento, gloria. **3.** ASTRON. Cantidad que caracteriza la intensidad luminosa de un astro (brillo absoluto) o la iluminación, debida a este astro, de un receptor perpendicular a los rayos luminosos (brillo aparente). • **Brillo metálico,** el que presentan ciertos insectos, peces, reptiles y aves, que se debe a fenómenos ópticos, por descomposición de la luz.

**BRILLOSO, A** adj. *Amér.* Brillante.

**BRIN** n. m. *Argent., Chile, Cuba, Perú* y *Urug.* Tela de lino ordinaria que se usa comúnmente para forros y para pintar al óleo.

**BRINCAR** v. intr. **[1a]**. Dar brincos. **2.** *Fig.* Resentirse o alterarse con viveza: *brincar por la menor cosa.*

**BRINCO** n. m. (port. *brinco*, juguete). Movimiento que se hace levantando los pies del suelo con ligereza. **2.** Contracción muscular instantánea e inconsciente motivada por susto o sorpresa.

**BRINDAR** v. intr. (de *brindis*) **[1]**. Manifestar un deseo, levantando la copa al ir a beber. ◆ v. intr., tr. y pron. **2.** Ofrecer voluntariamente a uno alguna cosa: *brindar un servicio; brindarse a acompañarle.* ◆ v. intr. y tr. **3.** Atraer, convidar las cosas a que uno goce de ellas o de sus efectos. **4.** TAUROM. Hacer un brindis.

**BRINDIS** n. m. Acción de brindar al ir a beber. **2.** Lo que se dice al brindar. **3.** TAUROM. Dedicación de una suerte a una persona o al público en general.

**BRINELL** n. m. (de J. A. *Brinell*, metalúrgico británico). Máquina utilizada para realizar el ensayo de dureza de los metales.

**BRIÑÓN** n. m. Variedad de melocotón.

**BRÍO** n. m. (célt. *brigos*, fuerza). Pujanza: *hombre de bríos.* **2.** *Fig.* Espíritu de resolución: *actuar con brío.* **3.** *Fig.* Garbo, gallardía.

**BRIOCHE** n. m. (voz francesa). Bollo hecho con harina, levadura, mantequilla y huevos.

**BRIOFITO, A** adj. y n. m. BOT. Relativo a una subdivisión de vegetales verdes sin raíces ni vasos, pero generalmente provistos de hojas, y cuyo esporófito es mucho más reducido que el prótalo, como los musgos.

**BRIOL** n. m. MAR. Cada una de las cuerdas que sirven para cargar o recoger las velas.

**BRIÓN** n. m. MAR. Parte redondeada de la roda, que la une a la quilla.

**BRIONIA** n. f. Nueza.

**BRIOSO, A** adj. Que tiene brío: *un brioso corcel.*

**BRIOZOO** adj. y n. m. ZOOL. Relativo a una clase de invertebrados, generalmente marinos, que viven en colonias fijadas sobre algas, conchas o rocas.

**BRIQUETA** n. f. Masa de polvo metálico aglomerado mediante compresión en frío. **2.** Combustible hecho con polvos de carbón de baja calidad prensándolos en un molde.

**BRIQUETEADO** n. m. Confección de briquetas por compresión en frío de polvo metálico.

**BRISA** n. f. Viento del nordeste. **2.** Viento suave y agradable. • **Brisa de tierra,** viento ligero que, durante la noche, sopla desde el interior hacia el mar. || **Brisa diurna,** viento suave que, por la mañana, sopla desde el valle hacia los picos. || **Brisa marina,** viento suave, que, durante el día, sopla del mar hacia el interior. || **Brisa nocturna,** viento suave que, en el crepúsculo, sopla desde la montaña hacia el valle.

**BRISA** n. f. Orujo de la uva.

**BRISCA** n. f. Juego de naipes que consiste en dar inicialmente tres cartas a cada jugador, descubriéndose otra que sirve para indicar el palo de triunfo, ganando el jugador que ha conseguido más puntos. **2.** En el tute y en la brisca, el as o el tres de los palos que no son triunfo.

**BRISCADO, A** adj. y n. m. Dícese del hilo de oro o de plata, rizado, escarchado o retorcido, que se emplea en labores con seda. ◆ n. m. **2.** Labor hecha con este hilo.

**BRISCAR** v. tr. **[1a]**. Tejer una tela o hacer labores en ella con hilo briscado.

**BRISERA** n. f. Especie de guardabrisa usado en América. SIN.: *brisero.*

**BRISKA** n. m. (voz rusa). En Rusia, coche ligero de mimbre, que puede transformarse en trineo.

**BRISTOL** n. m. y adj. Cartulina satinada, de calidad superior y de grosor variable.

**BRISURA** n. f. HERÁLD. Pieza con la que se cargan los escudos de una familia para distinguir las líneas no primogénitas o bastardas de la principal o legítima.

**BRITÁNICO, A** adj. y n. De Gran Bretaña o del Reino Unido de Gran Bretaña e Irlanda del Norte.

**BRITANO, A** adj. y n. Relativo a un pueblo que habitaba la antigua Britania, en el S de la isla de Gran Bretaña; individuo de este pueblo. (Una parte de los britanos, también llamados britones o bretones, se estableció, tras su derrota con los sajones, en la península occidental de las Galias, la Armórica, que tomó el nombre de Bretaña.)

**BRITÓNICO, A** adj. y n. Relativo a los pueblos celtas que se establecieron en Gran Bretaña entre el primer milenio y el s. I a. J.C. ◆ n. m. **2.** Rama de la lengua céltica que comprende el bretón y el galés.

**BRIZNA** n. f. Filamento o parte muy delgada de algo: *briznas de paja.* **2.** Hebra que tiene en la sutura la vaina de la judía y de otras legumbres. **3.** *Fig.* Parte pequeña de algo inmaterial: *una brizna de lluvia.*

**BROA** n. f. En una costa baja, ensenada pequeña, de poco fondo y escollos abundantes: *la broa de Sanlúcar de Barrameda.*

**BROCA** n. f. (cat. *broca*). Herramienta cortante de acero que sirve para hacer agujeros en la madera, la piedra, los metales, etc. **2.** Eje metálico que sostiene el carrete de hilo en las máquinas de hilar.

**BROCADO** n. m. Paño de seda recamada de oro y plata. **2.** Tejido fuerte, de seda, con dibujos de distinto color que el del fondo.

**BROCAL** n. m. Antepecho alrededor de la boca de un pozo. **2.** Cerco de madera o cuerno que se pone a la boca de la bota para beber por él. **3.** Moldura que refuerza la boca de las piezas de artillería.

**BROCATEL** adj. y n. m. Dícese del mármol que presenta manchas y vetas de colores variados. ◆ n. m. **2.** Tejido, mezcla de cáñamo y seda, semejante al damasco.

**BROCEARSE** v. pron. **[1]**. *Amér. Merid.* Esterilizarse una mina. **2.** *Amér. Merid.* Estropearse un negocio.

**BROCHA** n. f. Especie de pincel usado por los pintores para extender los colores o el barniz sobre la tela. **2.** Instrumento de los pintores de albañilería formado por fibras animales o artificiales fijas a un mango. **3.** Escobilla de cerdas usada para afeitarse. • **De brocha gorda,** dícese del pintor y de la pintura de puertas y ventanas, etc.; dícese del pintor y de las obras de poco valor artístico; dícese de la gracia o ingenio tosco o de mal gusto.

**BROCHA** n. f. Herramienta que se utiliza para perfilar agujeros y ejecutar ranuras.

**BROCHADO, A** adj. Dícese del tejido de seda que tiene alguna labor hecha con hilos de oro, plata o seda, rizados, escarchados, retorcidos o levantados. ◆ n. m. **2.** Operación de mecanizado de los metales consistente en perfilar piezas metálicas, interior o exteriormente, mediante brochas.

**BROCHAL** n. m. Viga atravesada entre otras y ensamblada en ellas, que da apoyo a las cabezas de las viguetas o vigas intermedias de un suelo que no deben llegar al muro.

**BROCHAZO** n. m. Cada uno de los golpes que se dan con la brocha al pintar.

**BROCHE** n. m. (fr. *broche*). Conjunto de dos piezas, por lo común de metal, una de las cuales engancha o encaja en la otra. **2.** Joya que se lleva prendida en la ropa. **3.** *Chile.* Tenacilla metálica que se utiliza para mantener pliegos de papel unidos. • **Broche de oro** *(Fig.)*, final ostentoso y feliz de una acción. ◆ **broches** n. m. pl. **4.** *Ecuad.* y *P. Rico.* Gemelos para los puños de las camisas.

**BROCHETA** n. f. Broqueta.

**BROCHINA** n. f. Viento frío y fino que en Aragón sopla del Moncayo.

**BROCHO, A** adj. TAUROM. Dícese del toro cuyas astas están más juntas en sus extremos.

**BROCOLI** n. m. *Méx.* Bróculi.

**BRÓCULI** n. m. Variedad de coliflor de origen italiano.

**BROKER** n. m. (voz inglesa). Intermediario en operaciones de compraventa de valores mobiliarios entre grandes compañías en las bolsas anglosajonas.

**BROMA** n. f. Algazara, diversión. **2.** Chanza, burla sin mala intención. • **Broma pesada,** la que causa mucha molestia o perjuicio.

**BROMA** n. f. Masa de cascote, piedra y cal que se emplea en albañilería.

**BROMADO, A** adj. Que contiene bromo.

**BROMAR** v. tr. [**1**]. Roer la broma la madera.

**BROMATO** n. m. Sal del ácido brómico.

**BROMATOLOGÍA** n. f. Ciencia que estudia los alimentos y la nutrición.

**BROMATÓLOGO, A** n. Persona versada en la bromatología.

**BROMAZO** n. m. Broma pesada.

**BROMEAR** v. intr. y pron. [**1**]. Hacer uso de bromas y chanzas.

**BROMELIÁCEO, A** adj. y n. f. BOT. Relativo a una familia de plantas monocotiledóneas de los países tropicales, a menudo epífitas, como el ananás.

**BROMHÍDRICO, A** adj. Dícese de un ácido que se forma por combinación del bromo y el hidrógeno, cuya fórmula es HBr.

**BRÓMICO, A** adj. Dícese de un ácido oxigenado del bromo, cuya fórmula es $BrO_3H$.

**BROMISTA** adj. y n. m. y f. Aficionado a dar bromas.

**BROMO** n. m. (gr. *brōmos*, hedor). QUÍM. Cuerpo simple ($Br_2$) de la familia de los halógenos, líquido a temperatura ordinaria. (Elemento químico de símbolo Br.)

**BROMO** n. m. Planta herbácea muy común en los bosques, pastos y lugares incultos. (Familia gramíneas.)

**BROMOFORMO** n. m. Líquido ($CHBr_3$), análogo al cloroformo.

**BROMURO** n. m. Combinación del bromo con un cuerpo simple.

**BRONCA** n. f. *Fam.* Riña, disputa: *armar bronca.* **2.** *Fam.* Reprensión áspera y violenta: *echar una bronca.* **3.** Manifestación colectiva y ruidosa de desagrado en un espectáculo público. **4.** *Amér.* Enfado, rabia.

**BRONCE** n. m. (ital. *bronzo*). Aleación de cobre y estaño. **2.** *Fig.* y *poét.* Cañón de artillería, campana, clarín o trompeta. **3.** B. ART. *Fig.* Estatua o escultura de bronce. • **Edad del bronce**, período prehistórico correspondiente al desarrollo de la metalurgia, que sigue al neolítico durante el tercer milenio y finaliza hacia el año 1000 a. J.C., con la aparición del hierro. ‖ **Ligar bronce** *(Fam.)*, broncearse al sol.

la **edad del bronce:** toro procedente de Lluchmayor, Mallorca (museo arqueológico, Barcelona)

la **edad del bronce:** puñal procedente de Mirabel (Francia); bronce antiguo (museo de antigüedades nacionales, Saint-Germain-en-Laye, Francia)

**BRONCEADO** n. m. Acción y efecto de broncear o broncearse.

**BRONCEADOR, RA** adj. y n. m. Dícese del producto que se utiliza para broncearse.

**BRONCEAR** v. tr. [**1**]. Dar color de bronce. ◆ **broncearse** v. pron. **2.** Tomar color moreno la piel por la acción del sol o de compuestos químicos.

**BRONCÍNEO, A** adj. De bronce o parecido a él.

**BRONCISTA** n. m. y f. Persona que trabaja en bronce.

**BRONCO, A** adj. Tosco, sin desbastar. **2.** *Fig.* De genio y trato áspero. **3.** *Fig.* Dícese de la voz y de los instrumentos de sonido áspero y desagradable.

**BRONCONEUMONÍA** n. f. Infección respiratoria que afecta a los bronquios y los alvéolos pulmonares, debido a un germen o a un virus.

**BRONCORREA** n. f. Expectoración abundante de mucosidad incolora, que se da en la bronquitis crónica.

**BRONCOSCOPIA** n. f. Exploración visual del interior de los bronquios, por las vías naturales, con el broncoscopio.

**BRONCOSCOPIO** n. m. Endoscopio especial para practicar la broncoscopia.

**BRONQUIAL** adj. Relativo a los bronquios.

**BRONQUIECTASIA** n. f. Dilatación de los bronquios.

**BRONQUIO** n. m. (gr. *bronkhia*). Cada uno de los conductos situados a continuación de la tráquea y por los cuales se introduce el aire en los pulmones.

■ La tráquea se divide en dos bronquios, llamados troncos bronquiales, y cada uno de ellos, en bronquios intralobulares (tres a la derecha, y dos a la izquierda); estas divisiones se ramifican, en el interior del pulmón correspondiente, en bronquios extralobulares y, finalmente, en bronquios terminales.

**BRONQUIOLO** o **BRONQUÍOLO** n. m. Cada una de las ramificaciones terminales de los bronquios.

**BRONQUÍTICO, A** adj. y n. Relativo a la bronquitis; afecto de esta enfermedad.

**BRONQUITIS** n. f. Inflamación de los bronquios. • **Bronquitis capilar,** tipo de bronconeumonía que afecta a los bronquiolos.

**BRONTOSAURIO** n. m. Reptil dinosaurio fósil (unos 22 m de long. y 30 t de peso), de cabeza pequeña, cuello largo y flexible, extremidades macizas con cinco dedos y cola larga y pesada.

**BROOK** n. m. (voz inglesa que significa *arroyo*). EQUIT. Obstáculo del steeple-chase, consistente en un foso lleno de agua.

**BROQUEL** n. m. Escudo pequeño con una cazoleta en medio para que la mano pueda empuñar el asa que tiene por la parte interior.

**BROQUETA** o **BROCHETA** n. f. Aguja o estaquilla en que se ensartan piezas de carne, pescado, etc., para asarlas. **2.** Plato así preparado.

**BROTAR** v. intr. (de *brote*) [**1**]. Nacer o salir la planta de la tierra: *brotar el trigo.* **2.** Salir en las plantas renuevos, o echar la planta hojas o renuevos. **3.** Manar el agua de los manantiales. **4.** Manar un líquido por cualquier abertura: *brotar sangre de una herida.* **5.** *Fig.* Tener principio, manifestarse, nacer. **6.** *Fig.* Manifestarse en la piel síntomas de una enfermedad. ◆ v. tr. **7.** Echar la tierra plantas, hierbas, etcétera.

**BROTE** n. m. Pimpollo o renuevo que empieza a desarrollarse. **2.** Acción de brotar, tener principio o manifestarse alguna cosa. **3.** Manifestación súbita de una enfermedad o recrudecimiento de los síntomas de una enfermedad latente.

**BRÓTOLA** n. f. Pez marino de unos 25 cm de long. (Familia gádidos.)

**BROZA** n. f. Despojo de las plantas. **2.** Maleza, espesura de plantas y arbustos o matorrales en los bosques y campos. **3.** Desecho de cualquier cosa. **4.** Bruza. **5.** Cosas inútiles que se hablan o escriben: *ese ensayo es todo broza.*

**BROZOSO, A** adj. Que tiene o cría mucha broza.

**BRUCELOSIS** n. f. Grupo de enfermedades comunes al hombre *(fiebre de malta)* y a algunas especies animales, como rumiantes, équidos y porcinos, y que pasan a aquél por contacto directo con el animal.

**BRUCES. A,** o **de bruces,** boca abajo.

**BRUCINA** n. f. Alcaloide tóxico que se encuentra en la nuez vómica.

**BRUGO** n. m. Larva de un lepidóptero que devora las hojas de la encina. **2.** Larva de pulgón.

**BRUJA** n. f. Femenino de brujo. **2.** *Fam.* Mujer fea y vieja. **3.** Arpía, mujer de mal carácter o intenciones malignas. **4.** *Amér.* Fantasma, aparición. ◆ adj. y n. m. y f. **5.** *Méx.* Pobre en extremo: *anda bruja porque se lo gastó todo en vacaciones.* • **Caza de brujas,** persecución contra minorías políticas o religiosas disidentes.

**BRUJEAR** v. intr. [**1**]. Hacer brujerías.

**BRUJERÍA** n. f. Forma maléfica de hechicería,

practicada por quienes se supone han hecho pacto con espíritus malignos o con el demonio.

**BRUJESCO, A** adj. Relativo a las brujas, los brujos o a la brujería.

**BRUJIDOR** n. m. Grujidor. **2.** Diamantista que efectúa al torno el redondeo de las piedras preparándolas para conferirles su talla definitiva.

**BRUJIR** v. tr. **[3]**. Grujir.

**BRUJO, A** n. (origen incierto). Persona que, según superstición popular, tiene un poder sobrenatural o mágico emanado de un pacto con el diablo. (Aunque *brujo* y *bruja* signifiquen en un principio lo mismo, en sentido figurado se puede usar la forma femenina aplicada a hombres, y la forma masculina se suele restringir con frecuencia al matiz de hechicero.) **2.** Muy atractivo: *ojos brujos.* **3.** *Chile.* Falso, fraudulento. ◆ adj. y n. m. **4.** *Cuba, Méx.* y *P. Rico.* Pobre, miserable.

**BRÚJULA** n. f. (ital. *bussola,* cajita). Aparato compuesto por un cuadrante en el que una aguja imantada, que gira libremente sobre un pivote, señala la dirección del N. • **Perder la brújula,** perder el tino en un asunto, situación o negocio.

**BRUJULEAR** v. tr. **[1]**. En el juego de naipes, descubrir poco a poco las cartas para conocer por las rayas o pintas de qué palo son. **2.** *Fig.* y *fam.* Intentar descubrir mediante indicios y conjeturas algún hecho. **3.** *Fig.* y *fam.* Buscar con constancia y con diferentes métodos la consecución de un objetivo.

**BRULOTE** n. m. (fr. *brûlot*). Pequeña embarcación llena de materias inflamables empleada para incendiar los navíos enemigos (ss. XVII y XIX). **2.** *Argent., Bol.* y *Chile.* Dicho ofensivo, palabrota. **3.** *Argent.* y *Chile.* Crítica pública de carácter polémico.

**BRUMA** n. f. (lat. *brumam,* invierno). Alteración de la atmósfera que disminuye la visibilidad sin rebajarla por debajo de 1 km. **2.** MAR. Niebla de mar.

**BRUMARIO** n. m. (de *bruma*). Segundo mes del calendario republicano francés, que empezaba el 22 o 23 de octubre y terminaba el 21, 22 o 23 de noviembre.

**BRUMOSO, A** adj. Cubierto de bruma.

**BRUNKA** → ***boruca.***

**BRUNO** n. m. (lat. *prunum*). Ciruela pequeña y muy negra. **2.** Árbol que la da.

**BRUNO, A** adj. De color negro u oscuro.

**BRUÑIDO** n. m. Acción y efecto de bruñir un metal.

**BRUÑIDOR, RA** adj. y n. Que bruñe. ◆ n. m. **2.** Herramienta de orfebre, de dorador o de grabador para bruñir las obras de oro, plata, planchas de cobre, etc.

**BRUÑIDURA** n. f. Acción y efecto de bruñir. SIN.: *bruñimiento.*

**BRUÑIR** v. tr. (provenz. *brunir*) **[3h]**. Pulir la superficie de los metales para darles un aspecto brillante. **2.** *C. Rica, Guat.* y *Nicar. Fig.* Amolar, fastidiar.

**BRUÑO** n. m. Fruto del endrino.

**BRUSCO, A** adj. Falto de amabilidad o de suavidad: *carácter brusco; frenazo brusco.*

**BRUSCO** n. m. (lat. *ruscum*). Arbusto de pequeñas ramas en forma de hoja y bayas rojas. (Familia liliáceas.)

**BRUSELENSE** adj. y n. m. y f. De Bruselas.

**BRUSHING** n. m. (voz inglesa). Método de secado y moldeado del cabello con secador de mano y un cepillo.

**BRUSQUEDAD** n. f. Calidad de brusco. **2.** Acción o procedimiento bruscos.

**BRUT** adj. y n. m. (voz francesa). Dícese de un cava o de un vino espumoso cuyo contenido de azúcar está comprendido entre 1 y 2 %. ◆ adj. **2.** **Art brut,** arte espontáneo practicado por personas que han escapado a los condicionamientos culturales, por autodidactas, o por individuos intelectualmente marginados o médiums.

**BRUTAL** adj. Que imita o asemeja a los brutos, violento. **2.** Colosal, extraordinario.

**BRUTALIDAD** n. f. Calidad de bruto. **2.** *Fig.* Acción falta de prudencia o medida. **3.** *Fig.* Acción brutal, cruel.

**BRUTALISMO** n. m. Tendencia arquitectónica contemporánea que privilegia la utilización de materiales brutos, como el hormigón, la no disimulación de la infraestructura técnica y la libertad de los planos.

**BRUTO, A** adj. y n. (lat. *brutum*). Falto de inteligencia y de instrucción, incapaz. ◆ adj. **2.** Tosco, sin pulimento: *metal bruto.* **3.** Dícese, por oposición a neto, de las cosas no afectadas por ciertas deducciones, ciertos ajustes: *beneficio bruto.* • **En bruto,** sin labrar ni pulimentar; sin rebajar la tara. ‖ **Peso bruto,** peso total de un bulto (mercancía y embalaje) o de un vehículo con su carga. ‖ **Petróleo bruto,** petróleo que no ha sido refinado. ◆ n. m. **4.** Animal irracional, especialmente cuadrúpedo.

**BRUZA** n. f. Cepillo redondo, de cerdas muy espesas y fuertes, para limpiar caballerías, moldes de imprenta, etc.

**BRUZADOR** n. m. IMPR. Tablero inclinado para limpiar las formas con la bruza.

**BRUZAR** v. tr. **[1g]**. Limpiar con la bruza.

**BÚBALO** n. m. Antílope africano de 1,30 m de alt., con cuernos en U o en forma de lira.

**BUBI,** pueblo negroafricano, de lengua bantú, que habita en Guinea Ecuatorial (isla de Bioko).

**BUBINGA** n. m. Madera africana beneficiada de diversas especies de rubiáceas, apreciada por su dureza.

**BUBÓN** n. m. Tumefacción inflamatoria de los ganglios inguinales. SIN.: *buba.*

**BUBÓNICO, A** adj. Relativo al bubón.

**BUCAL** adj. Relativo a la boca: *cavidad bucal.*

**BUCANERO** n. m. (fr. *boucanier*). Nombre de los corsarios y filibusteros que en los ss. XVII y XVIII saquearon los dominios españoles de ultramar. **2.** Pirata.

**BUCARE** n. m. Planta arbórea de unos 10 m de alt., con espesa copa, que se emplea para proteger del sol las plantaciones de café y tabaco de América Meridional. (Familia papilionáceas.)

**BÚCARO** n. m. Vasija de cerámica utilizada para poner flores.

**BUCCINADOR** n. m. Músculo de la mejilla, que tira de la comisura de los labios hacia atrás.

**BUCCINO** n. m. (lat. *buccinum*). Molusco gasterópodo, carnívoro, con concha blanca de hasta 10 cm de long., cuya tinta solía mezclarse con la púrpura para teñir los tejidos.

**BUCEADOR, RA** n. Persona que bucea. **2.** Buzo.

**BUCEAR** v. intr. (de *buzo*) **[1]**. Nadar o mantenerse debajo del agua, conteniendo la respiración. **2.** Trabajar como buzo. **3.** *Fig.* Explorar acerca de algún asunto: *bucear entre los archivos.*

**BUCELARIO** n. m. En el bajo imperio romano, hombre libre vinculado por lazos de encomendación personal a un señor a quien prestaba ayuda militar a cambio de protección, armas y alimentos.

**BUCEO** n. m. Acción de bucear.

**BUCHACA** n. f. Bolsa, bolsillo. **2.** *Colomb., Cuba* y *Méx.* Bolsa de la tronera de billar.

**BUCHADA** n. f. Líquido retenido en la boca.

**BUCHE** n. m. En las aves e insectos, bolsa formada por dilatación del esófago y en la que los alimentos permanecen por espacio de un tiempo antes de pasar al estómago. **2.** En algunos cuadrúpedos, estómago. **3.** Buchada. **4.** *Fam.* Estómago del hombre.

**BUCHÓN, NA** adj. Dícese de los palomos domésticos que inflan el buche desmesuradamente.

**BUCKLAND** n. m. Formación geológica típica chilena que se extiende en mantos por la Tierra del Fuego.

**BUCLE** n. m. (fr. *boucle*). Rizo de cabello. **2.** Curva en forma de rizo: *un bucle de carreteras.* **3.** CIB. Sucesión de efectos tales que el último de ellos actúa sobre el primero. **4.** INFORMÁT. Conjunto de instrucciones de un programa cuya ejecución se repite hasta la verificación de un criterio dado o la obtención de un determinado resultado.

**BUCLEADO, A** adj. HERÁLD. Dícese del collar provisto de anillos o hebillas de esmalte distinto.

**BUCÓLICA** n. f. Composición poética del género bucólico.

**BUCÓLICO, A** adj. Relativo a un género de poesía o a una composición poética en que se trata de asuntos pastoriles o campestres. ◆ adj. y n. **2.** Dícese del poeta que cultiva este tipo de poesía.

**BUCRÁNEO** n. m. ARQ. Motivo ornamental en forma de cabeza de buey.

**bucráneo**
(que adorna un altar griego en Delfos)

**BUDA** n. m. Nombre dado por los budistas a todo ser que, superados todos los deseos, alcanza una iluminación parecida a la de Buda. **2.** Estatua o estatuilla religiosa que representa a un buda.

**BUDARE** n. m. *Amér.* Plato de barro o hierro empleado para cocer el pan de maíz.

**BUDGET** n. m. (voz inglesa). Presupuesto económico.

**BÚDICO, A** adj. Relativo al budismo.

**BUDÍN** n. m. (ingl. *pudding*). Plato compuesto de una masa pastosa con algún ingrediente, que se hace en molde: *budín de pescado.* SIN.: *pudín.*

**BUDIÓN** n. m. Pez marino comestible, de labios carnosos y recubierto de sustancia pegajosa, muy común en España.

**BUDISMO** n. m. Una de las grandes religiones del mundo fundada por Buda.

■ La doctrina budista pretende ser una respuesta al sufrimiento que identifica con la existencia misma. Para salir del ciclo de nacimientos y muertes, esto es, para alcanzar el nirvana, hay que empezar por liberarse de la causa del sufrimiento, es decir el deseo, íntimamente vinculado a la vida. Existen dos grandes corrientes budistas: la del Pequeño Vehículo (hīnayāna) y la del Gran Vehículo (mahāyāna).

**BUDISTA** adj. y n. m. y f. Relativo al budismo; partidario de esta religión.

**BUEN** adj. Apócope de *bueno,* usado delante del sustantivo masculino singular: *un buen padre.*

**BUENAMENTE** adv. m. Fácilmente, sin mucha fatiga. **2.** Voluntariamente.

**BUENAVENTURA** n. f. (pl. *buenaventuras*). Buena suerte. **2.** Adivinación supersticiosa que hacen las gitanas.

**BUENAZO, A** adj. y n. *Fam.* Dícese de la persona pacífica y de buen natural.

**BUENO** adv. m. Denota aprobación o conformidad: *–¿Vendrás? –Bueno.*

**BUENO, A** adj. (lat. *bonum*). Que posee todas las cualidades propias de su naturaleza y de su función: *estas perlas son buenas; una buena profesora.* **2.** Útil, beneficioso, conveniente: *el ejercicio es bueno para la salud.* **3.** Gustoso, agradable, apetecible, divertido: *el pastel está bueno; una buena ocurrencia.* **4.** Grande, que excede a lo común y regular: *una buena reprimenda.* **5.** Demasiado sencillo. **6.** Sano, de buena salud: *ya está bueno.* **7.** No deteriorado y que puede servir: *este vestido todavía está bueno.* **8.** Bastante, suficiente: *tiene buenos dineros para pagar.* **9.** Dícese de las personas de gran atractivo físico y sexual: *¡tía buena!* • **A, por buenas, o por las buenas,** de grado, voluntariamente. ‖ **Buenas, buenos días, buenas tardes,** o **noches,** fórmulas de saludo. ‖ **De buenas a primeras,** a primera vista, en el principio, al primer encuentro, de repente. ‖ **Del bueno** o **de los buenos** *(Irón.),* de considerable importancia. ‖ **Estar de buenas** (*Fam.*), estar de buen humor. ‖ **Poner bueno,** criticar acerbamente.

**BUEY** n. m. (lat. *bovem*). Toro castrado. • **Buey marino,** vaca marina.

**¡BUF!** interj. Denota repugnancia o molestia.

**BUFA** n. m. (ital. *buffa*). Burla, bufonada. **2.** *Fam.* Borrachera. **3.** En la armadura antigua, pieza de refuerzo que se colocaba en la parte anterior del guardabrazo izquierdo.

**BÚFALO** n. m. Mamífero rumiante de la familia

búfalo

bóvidos, parecido al toro, que vive en Asia y África. **2.** Bisonte. **3.** Utensilio para pulir.

**BUFANDA** n. f. Pieza de tela, bastante más larga que ancha, con que se abriga el cuello.

**BUFAR** v. intr. [**1**]. Resoplar con ira y furor el toro y otros animales. **2.** *Fig.* y *fam.* Manifestar enojo.

**BUFEO** n. m. *Argent.* y *Perú.* Delfín.

**BUFET** n. m. (fr. *buffet*). Aparador, mueble de comedor para guardar los servicios de mesa. **2.** En restaurantes, hoteles, reuniones, etc., mesa en la que se disponen diferentes platos, bebidas, etc., para que los comensales se sirvan.

**BUFETE** n. m. (fr. ant. *buffet*). Mesa de escribir, con cajones. **2.** Despacho de un abogado. **3.** Clientela del abogado. • **Abrir bufete,** empezar a ejercer la abogacía.

**BUFIDO** n. m. Voz de animal que bufa. **2.** *Fig.* Expresión de enojo o enfado.

**BUFO, A** adj. Dícese de lo cómico que raya en grotesco y burdo. **2.** Bufón, chocarrero. **3.** Dícese de la ópera cómica y burlesca, nacida en Italia en el s. XVIII. ◆ adj. y n. **4.** Dícese del cantante que tiene un papel divertido o alegre en una ópera.

**BUFÓN, NA** n. Persona que vivía en palacio y estaba destinada a hacer reír a los reyes y a sus cortesanos con sus gracias. **2.** Persona que trata de divertir a otras, generalmente por servilismo.

**BUFONADA** n. f. Dicho o hecho propio de bufón.

**BUFONESCO, A** adj. Bufo, chocarrero.

**BUGALET** n. m. (voz bretona). Embarcación auxiliar, por lo general de dos palos, empleada en los puertos para el transporte de pólvora y municiones.

**BUGALLA** n. f. Agalla del roble y otros árboles, que sirve para hacer tintes o tinta.

**BUGAMBILLA** n. f. *Méx.* Buganvilla.

**BUGANVILIA** o **BUGANVILLA** n. f. Planta trepadora originaria de América, cultivada como planta ornamental por sus largas brácteas de color rojo violáceo, rosado, blanco o amarillento. (Familia nictagináceas.)

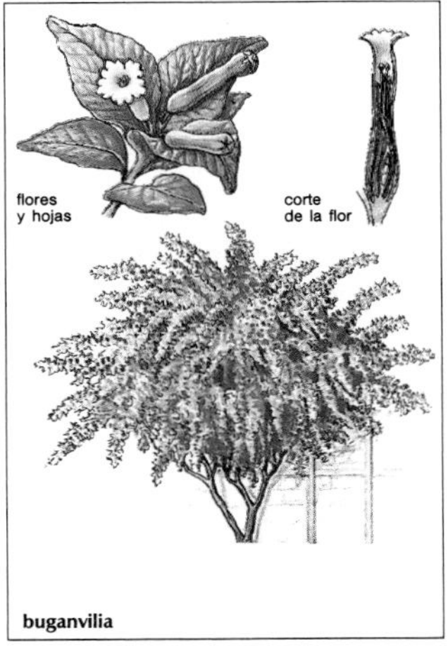

buganvilia

**BUGGY** n. m. (voz inglesa). Cabriolé descubierto, de dos ruedas. **2.** Vehículo construido a partir de un chasis de automóvil de serie, equipado con carrocería baja y neumáticos anchos, apto para todo terreno.

**BUGLE** n. m. (voz inglesa). Instrumento metálico de viento usado para hacer llamadas militares.

**BUGLOSA** n. f. (lat. *buglossam*). Planta que crece en lugares incultos, de flores azuladas, que puede alcanzar 1 m de alt. (Familia borragináceas.)

**BUHARDILLA** n. f. Ventana que sobresale verticalmente en el tejado de una casa, para dar luz a los desvanes o salir a los tejados. **2.** Desván.

**BÚHO** n. m. Ave rapaz nocturna, de ojos grandes y colocados en la parte anterior de la cabeza, que se alimenta de roedores. (Entre los búhos destacan el *búho real,* el *búho nival* y el *búho chico.*) **2.** *Fig.* y *fam.* Persona huraña.

**búho** chico

**BUHONEAR** v. intr. [**1**]. Vender baratijas.

**BUHONERÍA** n. f. Conjunto de baratijas que llevan algunos vendedores ambulantes en un cesto o en una tienda portátil.

**BUHONERO, A** n. El que lleva o vende cosas de buhonería.

**BUIDO, A** adj. (cat. *buit,* vacío). Aguzado, afilado: *nariz buida.* **2.** Acanalado o con estrías: *columna buida.*

**BUILDING** n. m. (voz inglesa que significa *edificio* o *construcción*). Inmueble de vastas proporciones con muchos pisos.

**BUITRE** n. m. (lat. *vulturem*). Ave rapaz diurna de gran tamaño (puede alcanzar 1,25 cm de long.) caracterizada por la ausencia de plumas en la cabeza y cuello, que se alimenta de carroña. **2.** *Fig.* y *fam.* Persona aprovechada y egoísta.

**buitre** común

**BUITREADA** n. f. *Amér.* Acción y efecto de buitrear.

**BUITREAR** v. tr. [**1**]. *Amér.* Vomitar.

**BUITRÓN** n. m. Dispositivo formado por un conjunto de setos que se van estrechando hasta terminar en una hoya grande donde caen las reses acosadas por los ojeadores. **2.** Pequeña red que se utiliza en la caza de la perdiz. **3.** Arte de pesca en forma de cono truncado. **4.** Cenicero del hogar en los hornos metalúrgicos. **5.** Horno de manga usado en América para fundir minerales argentíferos. **6.** Era honda y solada donde, en las minas de América, se benefician los minerales argentíferos.

**BUJA** n. f. *Méx.* Pieza cilíndrica de hierro que se atraviesa por el eje en las ruedas de los coches.

**BUJARRÓN** adj. y n. m. Sodomita.

**BUJE** n. m. (lat. *buxidem,* cajita). Pieza central para la sujeción de las piezas destinadas a girar en torno de un eje. **2.** En las ruedas de los vehículos, pieza central atravesada por el eje. **3.** *Argent.* Cojinete de una sola pieza.

**BUJÍA** n. f. Vela de cera o de parafina que envuelve una mecha, cuya combustión produce llama luminosa. **2.** Candelero en que se pone. **3.** Dispositivo para el encendido eléctrico de la mezcla gaseosa contenida en el cilindro de un motor de explosión. **4.** Antigua unidad de medida de intensidad luminosa.

**BULA** n. f. (lat. *bullam*). Documento que lleva el sello pontificio: *bula de excomunión.* **2.** Sello de plomo que va pendiente de ciertos documentos pontificios. **3.** HIST. Sello o nema fijado a un acta. • **Tener bula** *(Fam.),* disfrutar de ciertas ventajas por condescendencia o favoritismo.

**BULARIO** n. m. Conjunto de las bulas de los papas.

**BULBAR** adj. Relativo al bulbo, en especial al bulbo raquídeo.

**BULBILO** n. m. Yema rica en sustancias de reserva, que se desarrolla en los órganos aéreos de determinadas plantas, de las que puede separarse y dar lugar a una planta nueva.

**BULB-KEEL** n. m. (voz inglesa). Yate cuyo lastre fijo lo soporta un alerón metálico.

**BULBO** n. m. (lat. *bulbum,* cebolla). Órgano vegetal formado por un capullo subterráneo, que lleva numerosas hojas muy próximas, carnosas, repletas de reservas nutritivas, y que permite a la planta reformar cada año sus partes aéreas: *bulbo de la cebolla, del jacinto.* **2.** MAR. Convexidad de la parte inferior de la roda de un navío, para disminuir la resistencia del agua. • **Bulbo aórtico,** porción del corazón de los peces óseos y de los batracios larvarios, que sigue al ventrículo y que está en el origen de la arteria branquial. ‖ **Bulbo duodenal,** primera parte del duodeno, situada inmediatamente después del píloro. ‖ **Bulbo olfatorio,** divertículo del hemisferio cerebral que recibe los filamentos del nervio olfatorio proveniente de las fosas nasales. ‖ **Bulbo raquídeo,** porción inferior del encéfalo de los vertebrados situado por encima de la médula espinal. Contiene unos centros que controlan la circulación sanguínea y la respiración. ‖ **Grupo bulbo,** conjunto de una turbina hidráulica y un alternador, utilizado en las centrales hidroeléctricas de caída débil y en las centrales maremotrices.

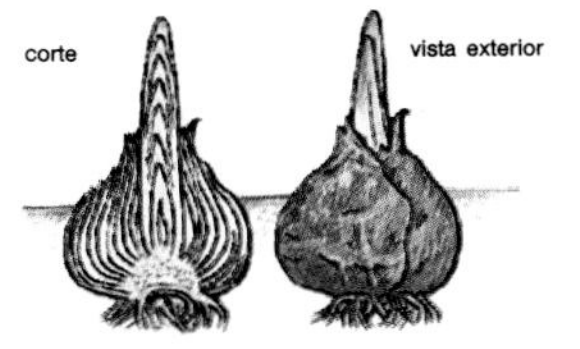

**bulbo** de jacinto

**BULBOSO, A** adj. Provisto o formado por un bulbo.

**BULE** n. m. *Méx.* Calabaza. **2.** *Méx.* Vasija hecha de este fruto, ya seco.

**BULÉ** n. f. (gr. *boulē*). Senado de las ciudades de la antigua Grecia, en particular de Atenas.

**BULERÍAS** n. f. pl. Canto popular andaluz, en compás de tres tiempos y ritmo vivo, que se acompaña con palmas. **2.** Baile que se ejecuta al son de este cante.

**BULEVAR** n. m. (fr. *boulevard*). Calle ancha adornada con árboles. • **Teatro de bulevar,** estilo teatral de carácter ligero y fácil.

**BÚLGARO, A** adj. y n. De Bulgaria. ◆ n. m. **2.** Lengua eslava hablada en Bulgaria.

**BULGE** n. m. (voz inglesa). Compartimento o cámara de forma abombada adosado a lo largo del casco de un buque.

**BULIMIA** n. f. Deseo irrefrenable de ingerir una cantidad no controlada y excesiva de alimentos, ligado a un trastorno síquico.

**BULÍMICO, A** adj. y n. Relativo a la bulimia; afecto de bulimia.

**BULÍN** n. m. (voz lunfarda). Habitación. **2.** *Perú.* Burdel. **3.** *Argent.* y *Urug.* Apartamento que el hombre usa para sus citas amorosas.

**BULLA** n. f. Gritería o ruido de personas. **2.** Concurrencia de mucha gente.

**BULLABESA** n. f. (fr. *bouillabaise*). Plato provenzal preparado a partir de diferentes pescados cocidos, en agua o en vino blanco, con ajo, azafrán, aceite de oliva, etc.

**BULLANGA** n. f. Tumulto, bullicio.

**BULLANGUERO, A** adj. y n. Alborotador, amigo de bullangas.

**BULLDOG** adj. y n. m. (voz inglesa). Dícese de una raza de perros de presa de cara aplastada y pelaje corto, blanco y rojizo.

**BULLDOZER** n. m. (voz inglesa). Máquina niveladora constituida por un tractor oruga, muy potente, provisto de una fuerte pala de acero en la parte delantera.

**bulldozer**

**BULLEBULLE** n. m. y f. *Fam.* Persona inquieta y entremetida.

**BULLFINCH** n. m. (voz inglesa). EQUIT. Obstáculo de steeple-chase, formado por un talud de tierra con un seto vivo.

**BULLICIO** n. m. (lat. *bullitionem*). Ruido y rumor que causa mucha gente reunida. **2.** Alboroto, tumulto.

**BULLICIOSO, A** adj. Que produce bullicio: *reunión bulliciosa.* ◆ adj. y n. **2.** Inquieto, desasosegado, alborotador: *gente bulliciosa.*

**BULLIDOR, RA** adj. y n. Que bulle o se mueve con viveza: *hombre bullidor.*

**BULLIONISMO** n. m. (ingl. *bullion*, lingote). Sistema monetario, íntegramente basado en el encaje metálico, en el cual la moneda fiduciaria es convertible en metal.

**BULLIR** v. intr. (lat. *bullire*) **[3h]**. Hervir el agua u otro líquido. **2.** Agitarse algo con movimiento parecido al del agua que hierve: *bullir el mar.* **3.** *Fig.* Moverse, agitarse: *la gente bullía en la plaza.* **4.** *Fig.* Moverse mucho una persona u ocuparse en muchas cosas. ◆ v. intr. y pron. **5.** *Fig.* Moverse como dando señales de vida.

**BULLÓN** n. m. (lat. *bullam*, bola). Cada una de las piezas de metal, en forma de cabeza de clavo, que guarnecen las cubiertas de las antiguas encuadernaciones, en las esquinas de las tapas.

**BULLTERRIER** adj. y n. m. Dícese de una raza inglesa de perros, buenos cazadores de ratones.

**BULO** n. m. Noticia falsa propagada con algún fin.

**BULÓN** n. m. *Argent.* Tornillo grande de cabeza redondeada.

**BULTO** n. m. (lat. *vultum*, figura). Volumen o tamaño de cualquier cosa: *esto hace mucho bulto.* **2.** Cuerpo del que sólo se percibe confusamente la forma: *divisar un bulto en la oscuridad.* **3.** Fardo, maleta, caja, etc.: *dos bultos por pasajero.* **4.** Elevación causada por cualquier hinchazón. **5.** *Amér.* Cartapacio, vademécum, bolsa. • **A bulto,** por aproximación, sin medir ni contar. ‖ **Bulto redondo,** obra escultórica aislada. ‖ **De bulto,** muy importante: *error de bulto.* ‖ **Escurrir, guardar,** o **huir el bulto** *(Fam.),* eludir o esquivar un trabajo, riesgo o compromiso. ‖ **Hablar,** o **contar algo de bulto** *(Méx.),* acompañar el relato de algo con gestos o ademanes que lo ilustran.

**¡BUM!,** voz onomatopéyica con que se imita el ruido de un golpe o una explosión.

**BUMERANG** n. m. Arma arrojadiza de los aborígenes australianos, hecha de una lámina de madera curvada, capaz de girar para volver a su punto de partida. • **Efecto bumerang,** resultado contrario al que se busca por la mala utilización de un método.

**BUNGALOW** n. m. (voz inglesa). En la India, casa baja, generalmente de madera, rodeada de una galería cubierta. **2.** Casa de campo o playa de una planta y de construcción ligera.

**BUNKER** o **BÚNKER** n. m. (alem. *Bunker*). Casamata, reducto fortificado. **2.** Denominación dada en España a los medios políticos más proclives al inmovilismo.

**BUNRAKU** n. m. (voz japonesa). En Japón, espectáculo tradicional de marionetas.

**BUÑUELO** n. m. Masa de harina, agua y, generalmente, otras sustancias que le dan sabor, que una vez frita, adquiere la forma de una bola hueca. **2.** *Fig.* y *fam.* Cosa hecha mal y atropelladamente. • **Buñuelo de viento,** el que se rellena con alguna clase de dulce.

**BUPRESTO** n. m. Insecto coleóptero, a menudo de colores vivos, cuyas larvas son perjudiciales para los árboles en los que excavan galerías.

**BUQUE** n. m. Embarcación provista de cubierta, destinada a la navegación en alta mar. • **Buque cisterna,** buque de carga cuyas calas constituyen o contienen cisternas para el transporte de líquidos a granel. ‖ **Buque factoría,** buque que dispone de instalaciones de transformación y conservación de las capturas de los barcos pesqueros. ‖ **Buque hospital,** paquebote acondicionado para el traslado de enfermos y heridos. ‖ **Buques gemelos,** buques que poseen idénticas características de construcción.

**BUQUÉ** n. m. Bouquet.

**BURBUJA** n. f. Glóbulo de aire u otro gas que se forma en el interior de un líquido.

**BURBUJEAR** v. intr. **[1]**. Hacer burbujas.

**BURBUJEO** n. m. Acción de burbujear.

**BURDÉGANO** n. m. Híbrido obtenido por el cruzamiento de un caballo y una burra.

**BURDEL** n. m. Casa de prostitución.

**BURDEOS** n. m. (pl. *burdeos*). Vino producido en los viñedos del Bordelais.

**BURDO, A** adj. Tosco, grosero, basto: *tela burda.* **2.** Carente de sutileza: *burdas mentiras.*

**BUREAR** v. tr. **[1]**. *Colomb.* Burlar, chasquear.

**BURELA** n. f. HERÁLD. Faja disminuida.

**BURELADO, A** adj. En filatelia, dícese de un fondo rayado destinado a una sobreimpresión.

**BURÉN** n. m. *Cuba.* Plancha metálica o de barro para cocinar.

**BUREO** n. m. (fr. *bureau*, despacho). Junta que resolvía los expedientes administrativos de la casa real y ejercía jurisdicción sobre los que gozaban de su fuero. • **De bureo,** de juerga.

**BURETA** n. f. QUÍM. Tubo de vidrio graduado y provisto de una llave.

**BURG** n. m. Voz alemana con que se designa a menudo a las fortalezas medievales.

**BURGA** n. f. Manantial caliente mineralizado.

**BURGADO** n. m. Caracol terrestre comestible, de unos 2 cm. (Familia helícidos.)

**BURGALÉS, SA** adj. y n. De Burgos.

**BURGO** n. m. Población pequeña sin jurisdicción propia, dependiendo de la villa o ciudad en cuyo término radica. **2.** Núcleo fortificado o fuerte de una población medieval.

**BURGOMAESTRE** n. m. (alem. *Burgmeister*). Primer magistrado en las ciudades de Bélgica, Alemania, Suiza, Países Bajos, etc.

**BURGOS** n. m. Queso blando, que se elabora con leche de oveja, en moldes de mimbre, en la provincia de Burgos.

**BURGRAVE** n. m. En el Sacro imperio romano germánico, título que se daba al señor de una ciudad o de una plaza fuerte.

**BURGUÉS, SA** adj. y n. Relativo al burgo. **2.** Relativo a la burguesía, miembro de dicha clase social.

**BURGUESÍA** n. f. Categoría social que comprende a las personas relativamente acomodadas que no ejercen un oficio de tipo manual. **2.** En términos marxistas, clase social dominante en el régimen capitalista, propietaria de los medios de producción y de cambio. • **Alta burguesía,** conjunto de las personas acomodadas cuyos ingresos provienen de la plusvalía en todas sus formas (acu-

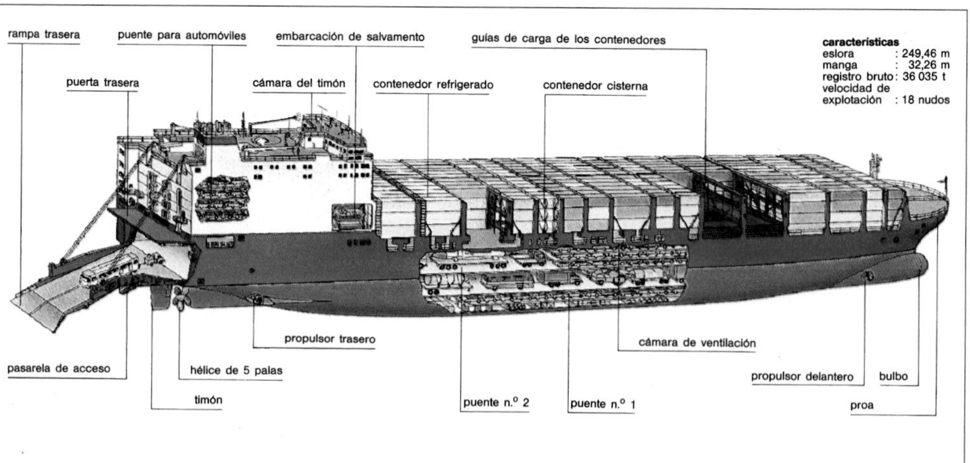


**buque** portacontenedores roll on-roll off

mulación de capital, monopolios, etc.) y que constituyen la formación social dirigente en la sociedad capitalista. || **Pequeña burguesía,** conjunto de estratos sociales que, sin pertenecer al proletariado ni a la burguesía en el sentido marxista, tienen posibilidades limitadas en el plano de los medios de producción y de cambio.

**BURGUESISMO** n. m. Conjunto de cualidades y costumbres propias de los burgueses.

**BURGUNDIO, A** adj. y n. Relativo a un pueblo germánico originario del Báltico, establecido en el s. V a orillas del Rin; individuo de este pueblo. (Derrotados por Aecio [436], conquistaron en el s. V la cuenca del Ródano y los Alpes. Sometidos por los francos en 532, dieron su nombre a Borgoña.)

**BURÍ** n. m. Palma de tronco alto, muy grueso y erecto, hojas muy grandes y frutos en drupa globosa. (Familia palmáceas.) **2.** Filamento textil que se obtiene de esta planta.

**BURIATOS,** pueblo mongol de Siberia que habita en la República de Buriatia (Rusia) y en Mongolia.

**BURIL** n. m. (cat. *burí*). Instrumento de acero templado para cortar y grabar metales y madera.

**BURILADA** n. f. Rasgo o trazo de buril. **2.** Porción de plata que los ensayadores sacan con un buril de la pieza, para ver si es de ley.

**BURILADO** n. m. Acción de burilar.

**BURILAR** v. tr. **[1]**. Trabajar con buril, grabar.

**BURÍO** n. m. Diversas plantas leñosas de corteza fibrosa, de la cual se hacen cordeles. (Familia liliáceas.)

**BURLA** n. f. Acción o palabra con que se procura poner en ridículo a personas o cosas. **2.** Chanza. **3.** Engaño. • **Decir algo entre burlas y veras,** decir algo desagradable en tono festivo.

**BURLADERO** n. m. Trozo de valla que se pone delante de las barreras de las plazas de toros para que pueda guarecerse el lidiador, burlando al toro que le persigue. **2.** Emplazamiento construido en medio de las calzadas muy anchas para que los peatones las puedan cruzar en dos tiempos.

**BURLADOR, RA** adj. y n. Que burla. ◆ n. m. **2.** Libertino habitual que hace gala de seducir y engañar a las mujeres.

**BURLAR** v. tr. **[1]**. Engañar, hacer creer lo que no es verdad. **2.** Frustrar, esquivar, evitar: *burlar la vigilancia.* ◆ v. tr. y pron. **3.** Dar chascos. ◆ v. intr. y pron. **4.** Hacer burla: *burlarse de alguien.*

**BURLESCO, A** adj. *Fam.* Festivo, jocoso, que implica burla o chanza.

**BURLETE** n. m. (fr. *bourrelet*). Tira de materia flexible que se fija a los cantos de las hojas de puertas y ventanas, para evitar el paso del aire.

**BURLÓN, NA** adj. y n. Inclinado a decir o hacer burlas. ◆ adj. **2.** Que implica o denota burla: *risa burlona.*

**BURÓ** n. m. (fr. *bureau*). Escritorio o tablero para escribir. **2.** Órgano dirigente de ciertos partidos políticos. **3.** *Méx.* Mesilla de noche.

**BUROCRACIA** n. f. (fr. *bureaucratie*). Influencia excesiva de los funcionarios en la administración pública. **2.** Conjunto de burócratas.

**BURÓCRATA** n. m. y f. Persona que pertenece a la burocracia.

**BUROCRÁTICO, A** adj. Relativo a la burocracia.

**BUROCRATISMO** n. m. Predominio de la burocracia en las actividades de un estado o de una organización.

**BUROCRATIZACIÓN** n. f. Acción de burocratizar. **2.** SOCIOL. Proceso a través del cual el crecimiento excesivo de las funciones administrativas, técnicas o políticas de ciertos elementos de un grupo social tiende a constituirlas en una capa autónoma (burocracia), cuyos métodos y modelo de decisión se convierten en un rasgo dominante del conjunto de las relaciones sociales.

**BUROCRATIZAR** v. tr. y pron. **[1g]**. Adquirir las cualidades de la burocracia.

**BURÓTICA** n. f. Ofimática.

**BURRACO, A** adj. TAUROM. Dícese del toro cuyo pelo es negro con manchas blancas sin llegar a berrendo.

**BURRADA** n. f. Manada de burros. **2.** *Fig.* y *fam.* Dicho o hecho necio: *no digas burradas.* **3.** *Fig.* y *fam.* Cantidad grande de algo: *una burrada de gente.*

**BURRITO** n. m. *Méx.* Tortilla de harina de trigo rellena de queso o de alguna otra cosa. SIN.: *burrita.*

**BURRO, A** n. Asno, animal. • **Apearse,** o **caer,** uno **del burro** *(Fam.),* reconocer que se ha equivocado. || **Burro de carga** (*Fig.* y *fam.*), persona laboriosa y de mucho aguante. || **No ver tres en un burro** *(Fam.),* ser muy corto de vista; ver muy poco. ◆ n. y adj. **2.** *Fig.* y *fam.* Asno, persona de pocos alcances y entendimiento. ◆ n. m. **3.** Armazón para sujetar el madero que se ha de aserrar. **4.** Cierto juego de naipes. **5.** *Argent. Fig.* y *fam.* Caballo de carrera. **6.** *Méx.* Escalera de mano formada por dos que se unen mediante una bisagra por arriba. **7.** *Méx.* Tabla de planchar. • **Burro de arranque** *(Argent.),* dispositivo eléctrico que sirve para poner en marcha un automotor.

**BURSÁTIL** adj. Relativo a la bolsa, a las operaciones de bolsa y a los valores cotizables.

**BURUCUYÁ** n. m. *Argent., Par.* y *Urug.* Pasionaria.

**BURUJO** n. m. Pella que se forma con varias partes de una cosa o diversas cosas que se aglomeran o no se disuelven.

**BURUNDÉS, SA** adj. y n. De Burundi.

**BUS** n. m. Abrev. de *autobús.*

**BUS** n. m. INFORMÁT. Conductor común de varios circuitos que permite distribuir datos o corrientes de alimentación.

**BUSCA** n. f. Acción de buscar. **2.** *Méx.* Provecho que se obtiene de algún cargo o empleo.

**BUSCADOR, RA** adj. y n. Que busca: *buscadores de oro.* ◆ n. m. **2.** INFORMÁT. Programa informático que tiene como objetivo facilitar la obtención de la información que existe en internet sobre un determinado tema.

**BUSCAMINAS** n. m. (pl. *buscaminas*). Aparato que se emplea para localizar las minas.

**BUSCAPIÉ** n. m. *Fig.* Recurso empleado para averiguar disimuladamente alguna cosa.

**BUSCAPIÉS** n. m. (pl. *buscapiés*). Cohete sin varilla que, encendido, corre por el suelo.

**BUSCAPLEITOS** o **BUSCARRUIDOS** n. m. y f. (pl. *buscapleitos* o *buscarruidos*). Persona inquieta y pendenciera.

**BUSCAR** v. tr. **[1a]**. Hacer diligencias para hallar o encontrar a una persona o cosa. **2.** Provocar: *te lo has buscado.* **3.** *Argent.* y *Chile.* Provocar, irritar. • **Buscárselas,** ingeniárselas para poder subsistir.

**BUSCAVIDAS** n. m. y f. (pl. *buscavidas*). *Fig.* y *fam.* Persona diligente en buscarse la subsistencia por cualquier medio lícito.

**BUSCO** n. m. Saliente dispuesto en el fondo de una esclusa, que sirve de tope a la parte inferior de la compuerta.

**BUSCÓN, NA** adj. y n. Que busca. ◆ n. f. **2.** Ramera.

**BUSETA** n. f. *Colomb., Ecuad.* y *Venez.* Autobús pequeño.

**BUSH** n. m. (voz inglesa). GEOGR. Formación vegetal cerrada de las regiones tropicales húmedas, desarrollada sobre suelos muy secos y constituida por árboles, como bambús, acacias, etc., a veces muy apretados, lo que la hace impenetrable.

**BUSHIDO** n. m. (voz japonesa). Código de honor por el que debían regirse los samurais (s. X).

**BUSILIS** n. m. *Fam.* Punto en que estriba la dificultad del asunto de que se trata: *dar en el busilis.*

**BUSINESS** n. m. (voz inglesa). En empresas de aviación, clase superior a la de turista. **2.** *Méx. Fam.* Asunto, tema, hecho.

**BÚSQUEDA** n. f. Busca.

**BUSTO** n. m. (lat. *bustum*). Parte superior del cuerpo humano. **2.** Pecho femenino. **3.** Representación, pintada, esculpida, etc., de la cabeza y parte superior del tórax.

**BUSTRÓFEDON** n. m. (gr. *bustrophēdon,* arando en zigzag). Escritura cuyos signos se leen alternativamente de izquierda a derecha y de derecha a izquierda.

**BUTACA** n. f. (voz caribe). Asiento blando, de brazos, con el respaldo inclinado hacia atrás. **2.** Asiento y billete de entrada de teatros y cines.

**BUTADIENO** n. m. Hidrocarburo dietilénico de fórmula $C_4H_6$, utilizado para la fabricación de caucho sintético.

**BUTANERO** n. m. Persona que trabaja repartiendo butano.

**BUTANO** n. m. y adj. Hidrocarburo gaseoso saturado de fórmula $C_4H_{10}$, empleado como combustible y que se expende comercialmente en botellas metálicas, licuado a baja presión.

**BUTEN.** **De buten** *(Vulg.),* excelente, lo mejor en su clase.

**BUTENO** n. m. Hidrocarburo etilénico de fórmula $C_4H_8$.

**BUTIFARRA** n. f. (cat. *botifarra*). Embutido, de carne de cerdo, que se elabora principalmente en Cataluña, Baleares y Valencia.

**BUTÍLICO, A** adj. Dícese de los compuestos que contienen el radical butilo.

**BUTILO** n. m. Radical monovalente de fórmula $C_4H_9$, derivado del butano.

**BUTIRATO** n. m. Sal del ácido butírico.

**BUTÍRICO, A** adj. Dícese de un ácido orgánico existente en numerosas sustancias grasas. • **Fermentación butírica,** fermentación producida por bacterias del género *Amilobacter,* que produce la descomposición de ciertas materias orgánicas, como el ácido láctico, la celulosa, el almidón, etc., con liberación de ácido butírico.

**BUTIRINA** n. f. Materia grasa contenida en la mantequilla.

**BUTIRÓMETRO** n. m. Instrumento que sirve para medir la riqueza de la leche en materia grasa.

**BUTIROSO, A** adj. Que tiene la naturaleza o la apariencia de la manteca. • **Contenido,** o **porcentaje, butiroso,** cantidad de materia grasa contenida en un kilogramo de leche.

**BUTRE** n. m. Embarcación árabe de vela, de popa elevada.

**BUTRÓN** n. m. Agujero abierto en techos o paredes por los ladrones para poder robar.

**BUXÁCEO, A** adj. y n. f. BOT. Relativo a una familia de plantas dicotiledóneas, leñosas, de hojas enteras y flores unisexuales, como el boj.

**BUZAMIENTO** n. m. GEOL. Pendiente de un estrato o filón interestratificado.

**BUZAR** v. intr. **[1g]**. GEOL. Formar los planos de estratificación un cierto ángulo con la horizontal.

**BUZO** n. m. (port. *búcio*). El que tiene por oficio trabajar sumergido en el agua, provisto o no de una escafandra. **2.** *Argent., Chile, Perú* y *Urug.* Vestimenta para hacer deporte, chándal. • **Ponerse buzo** *(Méx. Fam.),* ponerse en situación de alerta, actuar con cuidado e inteligencia.

**BUZÓN** n. m. Abertura por donde se echan las cartas para el correo. **2.** Caja provista de abertura para el mismo fin.

**BUZONERO** n. m. *Chile.* Funcionario de correos que recoge las cartas de los buzones.

**BY-PASS** o **BIPÁS** n. m. (voz inglesa). Circuito de derivación que aísla un aparato, un dispositivo o una instalación. **2.** MED. Unión de dos canales o vasos mediante un injerto (vena) o un tubo de plástico. (Esta técnica se emplea en cirugía cardíaca.)

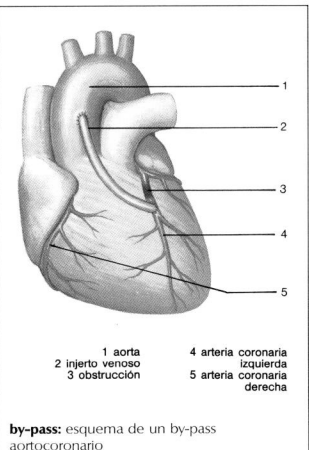

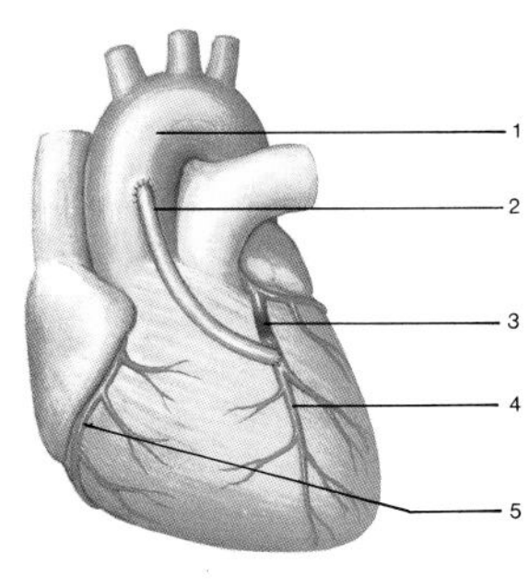


1 aorta
2 injerto venoso
3 obstrucción
4 arteria coronaria izquierda
5 arteria coronaria derecha

**by-pass:** esquema de un by-pass aortocoronario

**BYTE** n. m. (voz inglesa). INFORMÁT. Unidad de información constituida por un cierto número de bits, en general, 4, 6 u 8.

# C

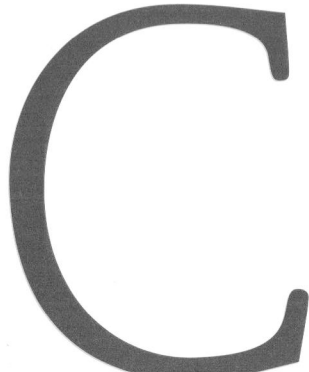

**C** n. f. Tercera letra del alfabeto español y segunda de las consonantes. (Representa un sonido oclusivo sordo ante consonante o ante las vocales *a, o, u*: *cabo, cola, cubo;* ante *e, i* es una interdental fricativa sorda: *celo, cifra;* en las zonas de seseo se pronuncia como *s*.) **2.** Cifra romana que vale cien. **3.** Símbolo químico del *carbono*. **4.** Símbolo del *culombio*. **5.** Símbolo del *grado Celsius* (°C). **6.** MAT. Símbolo que representa el conjunto de los números complejos. **7.** MÚS. Nombre de la nota *do* en inglés y en alemán.

**ca,** símbolo de la *centiárea*.

**Ca,** símbolo químico del *calcio*.

**¡CA!** interj. (lat. *quia*). Denota negación o duda.

**CAATINGA** n. f. Formación vegetal xerófila del interior del noreste del Brasil (sertão) constituida por arbustos espinosos y cactáceas.

**CAB** n. m. (voz inglesa). Cabriolé en el que el cochero estaba situado en la parte posterior, sobre un pescante elevado.

**CABAL** adj. Completo, exacto, justo, sin faltar nada: *a los dos meses cabales*. **2.** Sensato, juicioso: *un hombre cabal*. • **No estar,** o **no hallarse,** uno **en sus cabales,** estar loco, trastornado o perturbado.

**CÁBALA** n. f. (hebr. *gabbalá*, tradición). Interpretación judía esotérica y simbólica de la Biblia. **2.** *Fig.* y *fam.* Negociación secreta y artificiosa. **3.** Conjetura, suposición: *hacer cábalas*.

**CABALGADA** n. f. Acción y efecto de cabalgar, andar a caballo. **2.** Correría, saqueo de un país por gente de guerra a caballo.

**CABALGADURA** n. f. Bestia para cabalgar o de carga.

**CABALGAMIENTO** n. m. GEOL. Avance de una serie de terrenos por encima de otros.

**CABALGAR** v. intr. y tr. [**1b**]. Montar en un caballo o en otra montura. **2.** Andar a caballo. **3.** Ir una cosa sobre otra, de forma parecida a como va un jinete sobre su montura.

**CABALGATA** n. f. (ital. *cavalcata*). Grupo de personas que cabalgan juntas. **2.** Desfile de personas, carruajes, bandas de música, etc., con motivo de una festividad: *cabalgata de los reyes magos*.

**CABALISTA** n. m. y f. Persona que profesa la cábala.

**CABALÍSTICO, A** adj. Relativo a la cábala. **2.** Misterioso, oculto: *sentido cabalístico de un párrafo*.

**CABALLA** n. f. Pez marino de carne estimada, de hasta 40 cm de long. y lomo azul verdoso con bandas transversales negras, que se acerca a la costa en primavera y en verano y se utiliza en la industria conservera. (Familia escómbridos.)

**CABALLADA** n. f. Manada de caballos. **2.** *Amér. Fig.* Animalada.

**CABALLAR** adj. Relativo al caballo.

**CABALLAZO** n. m. *Chile* y *Perú*. Encontronazo que da un jinete a otro o a uno de a pie, echándole encima el caballo.

**CABALLERANGO** n. m. *Méx.* Mozo que cuida y ensilla los caballos, en las haciendas.

**CABALLERESCO, A** adj. Propio de caballero: *modales caballerescos*. **2.** Relativo a la caballería medieval: *torneos caballerescos*. **3.** Dícese de los libros y composiciones que narran las empresas de los caballeros andantes: *romances caballerescos*.

**CABALLERETE** n. m. *Fam.* Joven presumido.

**CABALLERÍA** n. f. Cualquier animal solípedo que sirve para cabalgar en él. **2.** HIST. Institución militar feudal cuyos miembros eran investidos en una ceremonia religiosa. **3.** MIL. Cuerpo de soldados montados a caballo o en vehículos motorizados. • **Libro de caballerías,** obra narrativa en prosa, que trata asuntos caballerescos y describe la vida y aventuras de los caballeros andantes.

■ En la alta edad media surgió un nuevo tipo de organización defensiva para hacer frente a los rápidos ataques de los nuevos invasores (musulmanes, húngaros y normandos), pues la organización romana había quedado obsoleta. Aparece la figura del *caballarius* (guerrero a caballo), a quien la Iglesia y los reyes quisieron convertir en defensor de los ideales cristianos y del orden público, originando así la llamada caballería cristiana o europea, vigente hasta el s. XIV. La caballería estuvo formada, principalmente, por miembros de familias nobles, las únicas que poseían caballos y medios para vivir sin trabajar manualmente. A la orden de caballería se accedía, tras un período de aprendizaje o formación, por un solemne ritual en el que destacaron la vela de armas y la investidura. A parte de estos caballeros seglares estaban los caballeros monjes de las órdenes militares, defensores de la fe en las cruzadas de oriente y en la lucha contra el islam en la península Ibérica. En los ss. XIV y XV surgieron nuevas órdenes seglares ligadas a ideales nostálgicos y literarios, en momentos en que la caballería estaba desapareciendo. Los caballeros andantes protagonizaron los aspectos más brillantes de la caballería (torneos, justas, pasos de armas, etc.).

— LIT. La caballería se convierte en tema de inspiración literaria en un tipo de novela en verso, surgida en Francia a partir del s. XII. En España, el modelo narrativo de los libros de caballerías fue el *Amadís* de Gaula* (s. XV), novela en prosa que encarna al héroe perfecto que vive aventuras prodigiosas. A fines de la edad media aparecen las novelas en catalán *Curial* y Güelfa* (s. XV) *y Tirant* lo Blanch* (1490).

libro de **caballerías:** portada del *Amadís de Gaula,* edición de 1533 (biblioteca de Cataluña, Barcelona)

**caballa**

**CABALLERIZA** n. f. Sitio destinado a caballerías y bestias de carga.

**CABALLERIZO** n. m. El que cuida de la caballeriza y de los que sirven en ella.

**CABALLERO, A** adj. Que cabalga, anda o pasea a caballo. **2.** Obstinado, firme: *caballero en su opinión*. ◆ n. m. **3.** Combatiente a caballo, soldado de caballería. **4.** Individuo de las clases que gozaban de preponderancia social. **5.** Miembro de una orden de caballería. **6.** Hombre que se conduce con distinción, cortesía y dignidad. **7.** Señor, tratamiento de cortesía. **8.** Obra elevada situada en el interior de una fortificación, destinada a incrementar su campo de tiro. • **Armar caballero** a uno, declararlo miembro de la orden de caballería, mediante una ceremonia en la que el rey u otro caballero le vestían las armas y le ceñían la espada. || **Caballero andante,** en los libros de caballerías, personaje que anda por el mundo buscando aventuras. || **Caballero de industria,** hombre que,

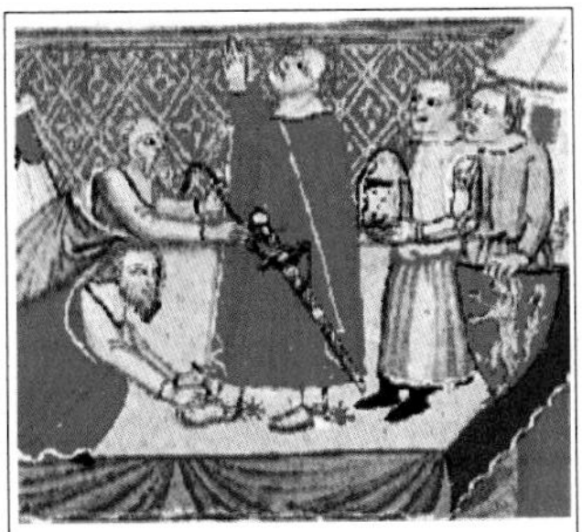

armar **caballero**
(detalle de una miniatura francesa del s. XIV)
[biblioteca nacional, París]

con apariencia de caballero, vive de la estafa y del engaño.

**CABALLEROSIDAD** n. f. Calidad de caballeroso. **2.** Proceder caballeroso.

**CABALLEROSO, A** adj. Propio de caballeros o que obra como ellos.

**CABALLETE** n. m. Elevación que la nariz suele tener en su parte media. **2.** Soporte que forma un triángulo con la línea del suelo, utilizado como pata de mesa. **3.** Potro de tormento. **4.** Línea de un tejado o cumbrera de la cual arrancan dos vertientes. **5.** Extremo de la chimenea. **6.** Soporte que utilizan los pintores para sostener los cuadros en curso de ejecución. **7.** Puntal que sirve de apoyo en las reparaciones.

**CABALLISTA** n. m. y f. Persona que entiende de caballos y monta bien.

**CABALLITO** n. m. Mecedor de los niños pequeños. **2.** *Perú.* Especie de balsa compuesta de dos odres en la que sólo puede navegar un hombre. • **Caballito de mar,** pez marino de unos 15 cm de long., que vive camuflado entre las algas y cuya cabeza, horizontal y parecida a la de un caballo, se prolonga con un cuerpo vertical que finaliza en una cola prensil. || **Caballito de totora** *(Amér.),* haz de totora, de tamaño suficiente para que, puesta sobre él a horcajadas, una persona pueda mantenerse a flote en el agua; *(Amér.),* embarcación hecha de totora. || **Caballito del diablo,** insecto provisto de cuatro alas reticulares estrechas e iguales, que habita en las orillas de ríos y estanques. ◆ **caballitos** n. m. pl. **3.** Tiovivo.

**caballilto** de mar

**caballito** de totora

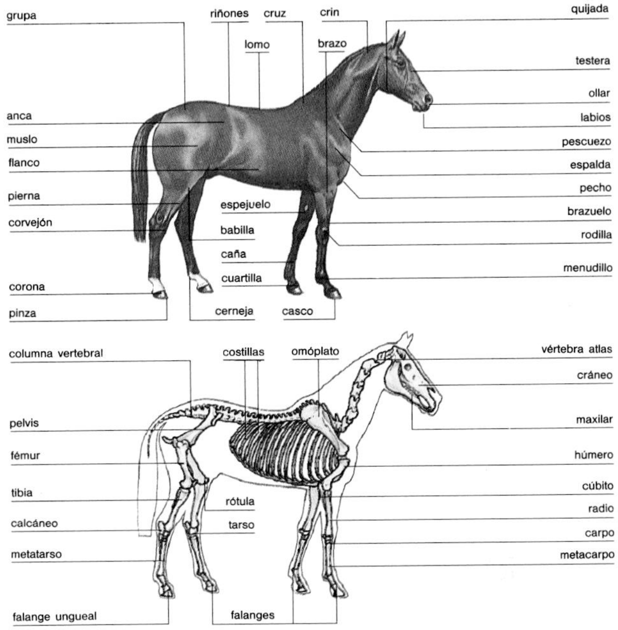


**caballo:** morfología y esqueleto

**CABALLO** n. m. (lat. *caballum,* jamelgo). Mamífero doméstico, caracterizado por la longitud de sus miembros y por poseer un solo dedo en cada pata, lo que le convierte en un destacado corredor y en una montura de uso casi universal. (Orden ungulados; familia équidos.) **2.** Naipe de la baraja española que representa un caballo con su jinete. **3.** Pieza del juego de ajedrez. **4.** En gimnasia, potro de saltos. **5.** *Fam.* Heroína, droga. • **A caballo,** montado en una caballería; entre dos cosas contiguas o participando de ambas: *a caballo entre dos siglos.* || **Caballo de batalla** *(Fig.),* aquello en que sobresale el que profesa un arte o ciencia y en lo que más suele ejercitarse; punto principal de una controversia. || **Caballo de carreras,** el seleccionado y entrenado especialmente para las carreras. || **Caballo de frisa,** o **de Frisia** (MIL.), madero atravesado por largas púas de hierro para defensa contra la caballería y para cerrar pasos importantes. || **Caballo de silla,** el conformado y domado para la monta. || **Caballo de tiro,** el domado para tirar de carruajes. || **Caballo de Troya,** gigantesco caballo de madera que los troyanos introdujeron en su ciudad y gracias al cual los griegos, escondidos en su interior, pudieron conquistarla. || **Caballo de vapor,** unidad de potencia (símbolo CV), que equivale a 75 kilográmetros por segundo, o sea, aproximadamente 736 watios. || **Caballo fiscal** (abrev. CVF), unidad de cálculo que permite clasificar los vehículos en categorías de cara al fisco, basadas principalmente en su cilindrada. || **Caballo pura sangre,** el de una raza que no ha sido mezclada.

**CABALLÓN** n. m. Lomo de tierra arada que se forma entre dos surcos.

**CABALLUNO, A** adj. Perteneciente o semejante al caballo. **2.** Dícese de las cosas más grandes o vastas de lo que habitualmente son las de su clase.

**CABALONGA** n. f. Planta de América, cuya corteza se emplea como febrífugo. (Familia apocináceas.)

**CABAÑA** n. f. Casita tosca y rústica construida principalmente a base de productos vegetales. **2.** Conjunto de cabezas de ganado de una determinada región o clase: *cabaña lechera española.* **3.** Establecimiento rural destinado a la cría de ganado de raza.

**CABAÑIL** adj. Perteneciente a las cabañas de los pastores.

**CABAÑUELAS** n. f. pl. Cálculo con el que, a base de observar ciertas variaciones atmosféricas, se pronostica el tiempo de cada uno de los meses del año o del siguiente verano.

**CABARET** n. m. (fr. *cabaret,* taberna) [pl. *cabarets*]. Establecimiento donde, especialmente de noche, el público puede bailar, consumir bebidas y presenciar un espectáculo de variedades. SIN.: *nightclub, sala de fiestas.*

**CABARETERA** n. f. y adj. Mujer que trabaja en un cabaret. **2.** Prostituta.

**CABARGA** n. f. *Bol.* y *Perú.* Envoltura de cuero que en lugar de la herradura se pone al ganado vacuno.

**CABE** prep. *Poét.* Cerca de, junto a.

**CABECEAR** v. intr. [1]. Mover la cabeza a un lado y a otro o arriba y abajo. **2.** Inclinarse lo que debería estar en equilibrio: *los cipreses cabeceaban.* **3.** Moverse la embarcación bajando y subiendo de proa a popa. **4.** Avanzar un carruaje con un fuerte vaivén. **5.** En fútbol, golpear el balón con la cabeza. **6.** TAUROM. Mover el toro la cabeza haciendo incierta la embestida o el derrote.

**CABECEO** n. m. Acción y efecto de cabecear. **2.** Movimiento de oscilación de un vehículo (barco, avión, etc.), que se produce en sentido longitudinal.

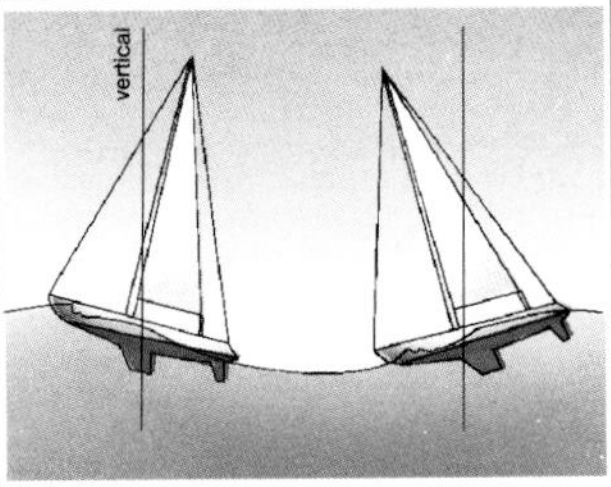


**cabeceo**

**CABECERA** n. f. Principio, origen de alguna cosa. **2.** Parte principal de algunas cosas, lugar de referencia: *la cabecera del estadio.* **3.** Parte de la cama donde se ponen las almohadas. **4.** Tabla o barandilla que se suele poner en la parte superior de la cama. **5.** Titular de encabezamiento en cada página de un libro, periódico, etc. **6.** Cada uno de los dos extremos del lomo de un libro. **7.** Población principal de un territorio o división administrativa. **8.** Sector más alto de la cuenca de un río o valle fluvial. **9.** Sector de una bahía, ensenada o puerto, más apartada de su boca.

**CABECIDURO, A** adj. *Colomb.* y *Cuba.* Testarudo, cabezota.

**CABECILLA** n. m. Jefe de rebeldes. **2.** Líder de un movimiento o grupo, ya sea cultural, político, etc.

**CABELLERA** n. f. Pelo de la cabeza, especialmente el largo y tendido sobre la espalda. **2.** ASTRON. Nebulosidad que envuelve el núcleo de un cometa. **3.** BOT. Conjunto de subdivisiones o fibrillas de la raíz de algunas dicotiledóneas.

**CABELLO** n. m. (lat. *capillum*). Cada uno de los pelos que nacen en la cabeza del hombre. **2.** Conjunto de todos ellos. • **Cabello, o cabellos, de ángel,** fideo muy fino; dulce de almíbar que se hace con la cidra cayote. ‖ **Cabello de Venus,** culantrillo de pozo. ‖ **Ponérsele** a uno **los cabellos de punta** (*Fam.*), erizársele el cabello; sentir gran pavor. ◆ **cabellos** n. m. pl. **3.** Barbas de la mazorca del maíz.

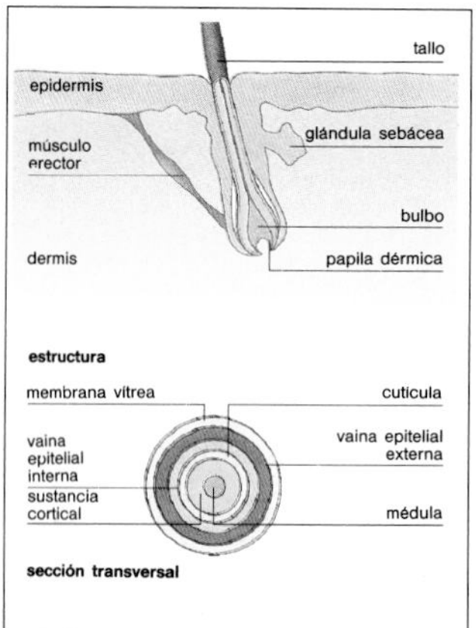


**cabello:** estructura y sección

**CABELLUDO, A** adj. De mucho cabello. • **Cuero cabelludo,** piel de la cabeza donde nace el cabello.

**CABER** v. intr. (lat. *capere*) [**13**]. Poder contenerse una cosa dentro de otra. **2.** Tener lugar o entrada. **3.** Tocarle a uno alguna cosa. **4.** Ser posible o natural: *caber el engaño.* ◆ v. tr. **5.** Tener capacidad. • **No caber más,** expresa que una cosa es extremada en su línea: *ya no cabe más maldad.* ‖ **No caber** uno **en sí,** mostrarse muy contento.

**CABESTRANTE** n. m. Cabrestante.

**CABESTRAR** v. intr. [**1**]. Echar cabestros a las bestias que andan sueltas.

**CABESTREAR** v. intr. [**1**]. Seguir la bestia al que la lleva del cabestro. ◆ v. tr. **2.** *Amér.* Llevar del cabestro. **3.** *Amér.* Guiar una embarcación al esguazar un río, nadando delante de ella.

**CABESTRERO** n. m. El que hace o vende cabestros, cinchas y otras cosas del mismo género. **2.** El que conduce las reses vacunas por medio de los cabestros.

**CABESTRILLO** n. m. Tipo de vendaje que anudándose alrededor del cuello permite mantener apoyado el antebrazo en flexión: *llevar el brazo en cabestrillo.*

**CABESTRO** n. m. (lat. *capistrum*). Ramal atado a la cabeza de la caballería para llevarla o asegurarla. **2.** Buey manso que domesticado se utiliza para facilitar el manejo del ganado bravo.

**CABEZA** n. f. Parte superior del cuerpo humano, y anterior de numerosos animales (vertebrados e invertebrados superiores), que contiene la boca, el cerebro y los órganos de numerosos sentidos. **2.** En el hombre y algunos mamíferos, cráneo. **3.** *Fig.* Persona, individuo de la especie humana. **4.** *Fig.* Intelecto, talento, juicio: *tener cabeza para los negocios.* **5.** Principio o parte extrema de una cosa, especialmente cuando es abultada: *la cabeza de un alfiler.* **6.** Res: *rebaño de cien cabezas.* **7.** En las carreras de caballos, longitud de la cabeza de un caballo, que sirve para medir distancias. **8.** QUÍM. Parte más ligera o más volátil, obtenida en el curso de la destilación fraccionada de una mezcla. **9.** TECNOL. Parte de un órgano mecánico o de un conjunto, que lleva a cabo una función particular. • **A la,** o **en, cabeza,** delante, con prioridad. ‖ **Cabeza abajo,** invertido, con la parte superior hacia abajo. ‖ **Cabeza arriba,** en la posición normal. ‖ **Cabeza de ajo,** o **de ajos,** conjunto de los dientes que forman el bulbo del ajo. ‖ **Cabeza de borrado, de lectura,** o **de grabación,** parte de un aparato de registro que borra, lee o graba los sonidos sobre el soporte. ‖ **Cabeza de chorlito** (*Fig.* y *fam.*), persona de poco juicio. ‖ **Cabeza de partido,** población de cada partido judicial en que radica el juzgado de primera instancia e instrucción. ‖ **Cabeza de puente,** fortificación que lo defiende; posición militar en la orilla de un río o estrecho, situada en territorio enemigo. ‖ **Cabeza de turco** (*Fig.* y *fam.*), persona a quien siempre se le acusa de todo con cualquier pretexto. ‖ **Cabeza nuclear,** ojiva atómica. ‖ **Cabeza rapada,** joven marginal con la cabeza rapada y una indumentaria peculiar, que adopta un comportamiento de grupo agresivo, xenófobo y racista, y manifiesta su adhesión a ideologías militaristas. ‖ **Calentar la cabeza** (*Fam.*), abrumar con habladurías o conversaciones necias. ‖ **Con la cabeza alta,** con dignidad. ‖ **Llevar,** o **traer, de cabeza** a alguien, darle trabajo o preocupación. ‖ **Meter** a uno **en la cabeza** algo (*Fam.*), persuadirle de ello, hacérselo comprender. ‖ **No caberle** a alguien algo **en la cabeza,** no poderlo entender o concebir. ‖ **Pasarle** a uno una cosa **por la cabeza** (*Fam.*), antojársela, imaginársela. ‖ **Perder** uno **la cabeza,** faltarle u ofuscársele la razón o el juicio. ‖ **Romperse la cabeza** (*Fam.*), preocuparse mucho por una cosa. ‖ **Sentar la cabeza** (*Fam.*), hacerse juicioso. ‖ **Subirse** una cosa **a la cabeza,** ocasionar aturdimiento la bebida, el tabaco, etc.; envanecerse por algo que se ha conseguido. ‖ **Tener la cabeza a pájaros** (*Fam.*), no tener juicio, estar distraído. ◆ n. m. **10.** Superior, jefe, caudillo, que gobierna una comunidad, corporación o muchedumbre. • **Cabeza de familia** (DER.), el mayor de edad o emancipado, bajo cuya dependencia conviven otras personas en un mismo domicilio.

**CABEZADA** n. f. Golpe que se da con la cabeza o se recibe en ella. **2.** Inclinación que involuntariamente hace con la cabeza el que se duerme sin estar acostado. **3.** Inclinación de cabeza como saludo de cortesía. **4.** Correaje que ciñe la cabeza de una caballería. **5.** Cordoncillo de hilos de colores vivos que llevan los libros a cada extremo del lomo, como refuerzo y adorno. **6.** *Argent.* Tiento que ciñe la frente y la cabeza del caballo para mantener el freno. **7.** *Argent.* y *Cuba.* Cabecera de un río. **8.** *Ecuad.* y *Par.* Arzón de la silla de montar. **9.** MAR. Acción de cabecear. • **Dar la cabezada** (*Fig.* y *fam.*), dar el pésame. ‖ **Darse** uno **de cabezadas** (*Fig.* y *fam.*), fatigarse en averiguar alguna cosa sin poder dar con ella.

**CABEZAL** n. m. Almohada pequeña. **2.** Almohada larga que ocupa toda la cabecera de la cama. **3.** Órgano de una máquina que recibe un árbol de transmisión o sirve de punto fijo a un mecanismo de rotación. **4.** Pieza de ciertos aparatos que sirve para la grabación, la lectura o el borrado de cintas magnéticas. • **Cabezal fijo,** cabezal de un torno paralelo que lleva la pieza que se ha de trabajar. ‖ **Cabezal móvil,** elemento de un torno paralelo, formado por el contrapunto y su soporte regulable y que mantiene la extremidad de una pieza cuyo otro extremo está sostenido por el cabezal fijo.

**CABEZAZO** n. m. Golpe dado con la cabeza.

**CABEZO** n. m. Monte aislado. **2.** Peñasco de cima redondeada que sobresale poco o nada de la superficie del agua.

**CABEZÓN, NA** adj. Cabezudo. **2.** *Fam.* Dícese de la bebida alcohólica que, por su alto contenido de azúcar, produce aturdimiento.

**CABEZONADA** o **CABEZONERÍA** n. f. Acción propia de persona terca u obstinada.

**CABEZOTA** adj. y n. m. y f. *Fig.* y *fam.* Cabezudo, terco.

**CABEZUDO, A** adj. Que tiene grande la cabeza. **2.** *Fig.* y *fam.* Terco, obstinado. ◆ n. m. **3.** Cada una de las figuras de enanos de gran cabeza que desfilan en ciertas fiestas y procesiones.

**CABEZUELA** n. f. Inflorescencia sentada o casi sentada sobre un receptáculo común, propia de las plantas de la familia compuestas. **2.** Harina más gruesa del trigo después de sacada la flor. **3.** Heces que cría el vino a los dos o tres meses después de haberse desliado el mosto.

**CABIBLANCO** n. m. *Amér.* Cuchillo de cintura.

**CABIDA** n. f. Espacio o capacidad que tiene una cosa para contener otra. **2.** Área o extensión de un terreno.

**CABILA** n. f. Tribu de beduinos o de bereberes.

**CABILDADA** n. f. *Fam.* Acción abusiva de una autoridad.

**CABILDANTE** n. m. *Amér. Merid.* Individuo de un cabildo.

**CABILDEAR** v. intr. [**1**]. Procurar con maña, ganarse las voluntades en una corporación o cabildo.

**CABILDEO** n. m. Acción y efecto de cabildear.

**CABILDO** n. m. Comunidad de eclesiásticos capitulares de una iglesia. **2.** Junta que celebra esta comunidad. **3.** Ayuntamiento, corporación compuesta del alcalde y los concejales. **4.** HIST. Deno-

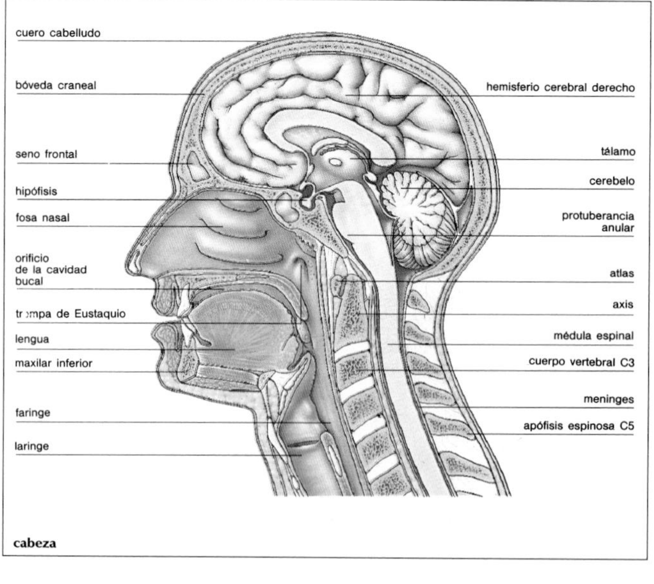


**cabeza**

el **cabildo** abierto de Buenos Aires del 22 de mayo de 1810, por Pedro Subercaseaux

minación que se daba al municipio en la América española. • **Cabildo insular,** corporación que en Canarias representa a los ayuntamientos de cada isla y administra sus intereses comunes y los peculiares de la isla.

**CABILEÑO, A** adj. y n. Relativo a una cabila; miembro de una cabila. **2.** De Cabilia.

**CABILLA** n. f. MAR. Barra redonda de hierro, con la que se clavan los maderos en la construcción de buques. **2.** Barrita metálica o de madera, como las que sirven de empuñadura en el timón o las que se utilizan para amarrar en ellas los cabos.

**CABILLERO** n. m. MAR. Especie de tabloncillo o mesa con agujeros, por donde pasan las cabillas para amarrar los cabos.

**CABILLO** n. m. Pezón de las plantas.

**CABINA** n. f. (fr. *cabine*). Departamento para el uso individual del teléfono. **2.** En cines, salas de conferencias, etc., recinto aislado donde se encuentran los aparatos: *cabina cinematográfica.* **3.** En camiones, aviones, etc., espacio destinado a los encargados de dirigir el vehículo: *cabina espacial; cabina de camión.* **4.** Espacio destinado a mudarse de ropa, en instalaciones deportivas, playas, etc. • **Cabina expulsable,** conjunto del puesto de pilotaje de un avión, capaz de desprenderse del fuselaje en caso de pérdida de control del aparato.

**CABINERA** n. f. *Colomb.* Azafata.

**CABIO** n. m. Listón atravesado a las vigas para formar suelos y techos. **2.** Madero sobre el que asientan los del suelo. **3.** Travesaño superior e inferior que forman el marco de las puertas o ventanas.

**CABIZBAJO, A** adj. Que tiene la cabeza inclinada hacia abajo, por tristeza, preocupación o vergüenza.

**CABLE** n. m. (fr. *cable*). Maroma gruesa, de fibras vegetales o de hilos metálicos. **2.** Conjunto de hilos metálicos protegidos por envolturas aislantes, que sirve para el transporte de la electricidad, así como para la telegrafía y la telefonía subterráneas o submarinas. **3.** Cablegrama. **4.** MAR. Longitud de 120 brazas, unos 200 m, utilizada para medir distancias cortas. • **Cable hertziano,** enlace efectuado mediante ondas hertzianas, en sustitución de un cable. ‖ **Cable óptico,** conjunto de fibras ópticas dispuestas en una funda común, que las protege mecánicamente. ‖ **Echar un cable,** ayudar al que se halla en un apuro.

**CABLEADO, A** adj. INFORMÁT. Dícese de las operaciones, instrucciones, órdenes y funciones de un ordenador, realizadas directamente por los circuitos existentes en la máquina. ◆ n. m. **2.** Operación consistente en establecer las conexiones de un aparato eléctrico o electrónico. **3.** Conjunto de dichas conexiones. **4.** Operación consistente en reunir varios cordones de filástica, retorciéndolos para formar una cuerda.

**CABLEAR** v. tr. **[1]**. Poner cables.

**CABLEGRAFIAR** v. tr. **[1t]**. Transmitir un cablegrama.

**CABLEGRÁFICO, A** adj. Relativo al cablegrama.

**CABLEGRAMA** n. m. Telegrama transmitido por cable submarino. SIN.: *cable.*

**CABLERO** n. m. y adj. Buque acondicionado para tender y reparar los cables submarinos.

**CABO** n. m. (lat. *caput*, cabeza). Última porción de un objeto alargado. **2.** Parte pequeña que queda de una cosa: *un cabo de vela.* **3.** Fin o consumación de una cosa: *dar cabo a una aventura.* **4.** Sector de la costa que se adelanta en el mar. **5.** El grado menos elevado de la jerarquía militar. **6.** Cualquiera de las cuerdas que se emplean a bordo de las embarcaciones o en los arsenales. **7.** Trozo corto de hilo, cuerda, etc. • **Al cabo,** al fin, por último. ‖ **Cabo suelto** *(Fig.)*, circunstancia imprevista o que queda sin resolver. ‖ **De cabo a cabo,** o **de cabo a rabo,** del principio al fin. ‖ **Estar al cabo de la calle** *(Fam.)*, haber entendido bien algo. ‖ **Llevar a cabo,** ejecutar, concluir. ◆ **cabos** n. m. pl. **8.** Patas, hocicos y crines del caballo. **9.** *Fig.* Puntos varios que se han tocado en algún asunto o discurso. **10.** TAUROM. Corbatín y faja del traje de luces. • **Atar, juntar, recoger,** o **unir, cabos,** reunir premisas o antecedentes para sacar una consecuencia.

**CABOCLO** n. m. (voz portuguesa). En Brasil, mestizo de indio y blanco.

**CABOTAJE** n. m. Navegación mercante a lo largo de las costas, especialmente entre los puertos de un mismo país, por oposición a la navegación de altura. **2.** *Argent.* Transporte público aeronáutico entre puntos de un mismo país.

**CABRA** n. f. (lat. *capram*). Rumiante cubierto de pelo áspero, con cuernos arqueados hacia atrás, del que existen numerosas razas salvajes y domésticas, buenas trepadoras y saltadoras. **2.** Piel de este animal. **3.** *Chile.* Carruaje ligero de dos ruedas. **4.** *Chile. Fig.* y *fam.* Muchacha. **5.** *Colomb., Cuba* y *Venez.* Dado trucado. **6.** *Colomb., Cuba* y *Venez.* Trampa hecha en los dados o en el dominó. • **Como una cabra,** o **más loco que una cabra,** de poco juicio, extravagante. ◆ **cabras** n. f. pl. **7.** Cabrillas, manchas que salen en las piernas.

cabra

**CABRACHO** n. m. Pez del Atlántico oriental y del Mediterráneo, de cuerpo cubierto de escamas cicloideas, cabeza gruesa erizada de espinas y boca ancha.

**CABRAHIGADURA** n. f. Operación que consiste en colgar inflorescencias de higuera silvestre en higueras cultivadas para favorecer la fructificación de estas últimas.

**CABRAHIGAR** v. tr. **[1z]**. Realizar una cabrahigadura.

**CABRAHÍGO** n. m. Higuera macho silvestre. (Familia moráceas.) **2.** Fruto de este árbol.

**CABRALES** n. m. Queso de pasta dura, que se elabora con leche de vaca, oveja y cabra mezcladas.

**CABREAR** v. tr. y pron. **[1]**. *Fam.* Enfadar, irritar, poner malhumorado.

**CABREO** n. m. *Fam.* Acción y efecto de cabrear.

**CABRERIZA** n. f. Choza en que se guarda el hato y se recogen de noche los cabreros.

**CABRERO, A** o **CABRERIZO, A** n. Pastor de cabras.

**CABRESTANTE** o **CABESTRANTE** n. m. Torno de eje vertical, empleado en las maniobras que exigen grandes esfuerzos.

**CABREVACIÓN** n. f. Acción y efecto de cabrevar.

**CABREVAR** v. tr. **[1]**. Reconocer el enfiteuta, a petición del censualista, que la finca y sus mejoras están afectadas al censo.

**CABRIA** n. f. Aparato que sirve para levantar pesos considerables.

**CABRIADO, A** adj. HERÁLD. Dícese de una pieza cubierta de cabrios.

**CABRILLA** n. f. Especie de soporte en el que se sujeta una pieza de madera para aserrarla. **2.** Pez de unos 2 dm, de boca grande con muchos dientes, color moreno claro con diez bandas oscuras transversales en los lados del tronco y la cola mellada. (Familia serránidos.) ◆ **cabrillas** n. f. pl. **3.** Manchas que aparecen en las piernas por permanecer mucho tiempo cerca del fuego. **4.** Pequeñas olas cubiertas de espuma, que se forman en el mar cuando sopla una brisa de fuerza media.

**CABRILLEAR** v. intr. **[1]**. Formarse cabrillas en el mar. **2.** Rielar.

**CABRILLEO** n. m. Acción de cabrillear.

**CABRIO** n. m. Pieza oblicua de una vertiente de tejado, que sirve para sostener las latas o tablas delgadas sobre las que se colocan las tejas o pizarras de revestimiento. **2.** Madero de construcción cuyo largo y escuadría varían según las provincias. **3.** HERÁLD. Pieza honorable formada por dos piezas unidas en ángulo agudo.

**CABRÍO, A** adj. Relativo a las cabras. SIN.: *cabruno, caprino.*

**CABRIOLA** n. f. (ital. *capriola*). Voltereta, vuelta ligera dada en el aire. **2.** COREOGR. Brinco que dan los que danzan, cruzando varias veces los pies en el aire. **3.** EQUIT. Figura de alta escuela, ejecutada por un caballo que se encabrita y luego cocea antes de que sus miembros anteriores vuelvan a tocar el suelo.

**CABRIOLAR** o **CABRIOLEAR** v. intr. **[1]**. Dar o hacer cabriolas.

**CABRIOLÉ** n. m. (fr. *cabriolet*). Automóvil descapotable. **2.** Coche hipomóvil ligero, de dos ruedas, provisto generalmente de una capota.

**CABRITA** n. f. *Chile.* Palomitas de maíz.

**CABRITILLA** n. f. Piel curtida de cabrito, cordero, etc.

**CABRITO** n. m. Cría de la cabra.

**CABRO** n. m. *Amér.* Macho cabrío. **2.** *Bol., Chile* y *Ecuad.* Chico, chaval.

**CABRÓN, NA** adj. y n. *Vulg.* Dícese de la persona malintencionada que se aprovecha de los demás o que perjudica a otros: *esa cabrona quiere robarnos.* ◆ adj. **2.** *Méx.* Dícese de lo que es muy complicado: *estuvo cabrón el examen.* ◆ n. m. **3.** Macho de la cabra. ◆ n. m. y adj. **4.** *Desp.* y *vulg.* El que consiente el adulterio de su mujer. **5.** *Amér. Merid.* Rufián, el que trafica con prostitutas. **6.** *Chile.* Director de una casa de prostitución.

**CABRONADA** n. f. *Vulg.* Acción infame o malintencionada contra otro. **2.** *Fig.* y *vulg.* Cualquier incomodidad grave e importuna que hay que aguantar por alguna consideración.

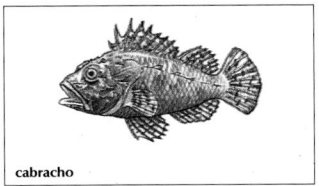

cabracho

**CABRUNO, A** adj. Cabrío.

**CABUJÓN** n. m. Piedra fina o semipreciosa en forma de cabeza redondeada y pulida.

**CABUYA** n. f. Pita, planta. **2.** Fibra de esta planta. **3.** *Amér.* Cuerda.

**CACA** n. f. En lenguaje infantil, excremento humano, especialmente el de los niños pequeños. **2.** Suciedad. **3.** Cosa de poco valor o mal hecha.

**CACAHUAL** o **CACAOTAL** n. m. Plantación de cacao. **2.** Árbol del cacao.

**CACAHUATE** n. m. *Méx.* Cacahuete.

**CACAHUATERO, A** n. *Méx.* Persona que en un puesto ambulante vende cacahuetes.

**CACAHUERO, A** n. *Amér.* Propietario de huertas de cacao. **2.** *Amér.* Persona que se ocupa en esta área desempeñando cualquier función relativa a ella.

**CACAHUETE, CACAHUATE** o **CACAHUÉ** n. m. Planta tropical originaria de Brasil, cuyas semillas producen un aceite utilizado en cocina y jabonería, y son también aptas para el consumo una vez torrefactadas. (Familia papilionáceas.) **2.** Fruto de esta planta.

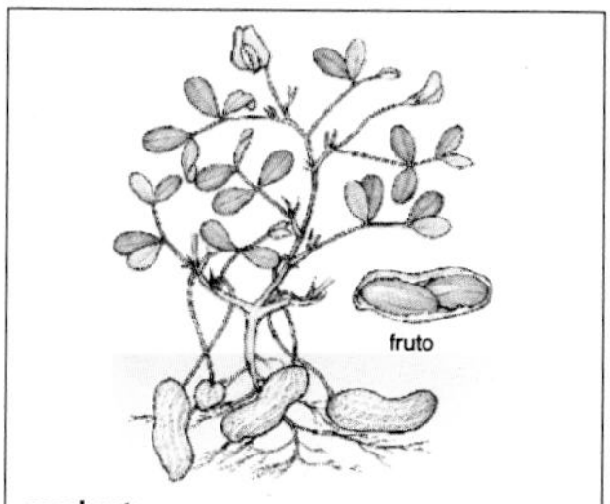

cacahuete

**CACALOTE** n. m. *Amér. Central.* Rosetas de maíz. **2.** *Cuba.* Disparate, despropósito.

**CACAO** n. m. (voz náhuatl). Árbol originario de América del Sur, de tronco liso de 10 a 12 m de alt., con hojas aovadas, flores pequeñas, amarillas y encarnadas, y cuyo fruto es una vaina que contiene las semillas. (Familia esterculiáceas.) **2.** Semilla de esta planta, de la que se extraen materias grasas *(manteca de cacao)* y un polvo que se utiliza para fabricar el chocolate. **3.** Polvo soluble, extraído de la semilla, utilizado como alimento. **4.** *Fig.* y *fam.* Barullo, jaleo. **5.** En la América precolombina, moneda que consistía en granos de cacao.

■ El aprovechamiento de las semillas del cacao se realiza en tres fases: fermentación (destinada a separar la pulpa), desecación y tratamiento con arcilla ferruginosa. La almendra, una vez tostada y molida, se convierte en el polvo comestible conocido comúnmente con el nombre de cacao. El cacao, oriundo de América, se extendió a partir del s. XVI a otras zonas tropicales, sobre todo a África occidental, zona que actualmente suministra las dos terceras partes de la producción mundial. Los principales países productores son Costa de Marfil, Brasil, Ghana, Nigeria y Camerún. Ecuador, México, República Dominicana y Colombia son también productores notables.

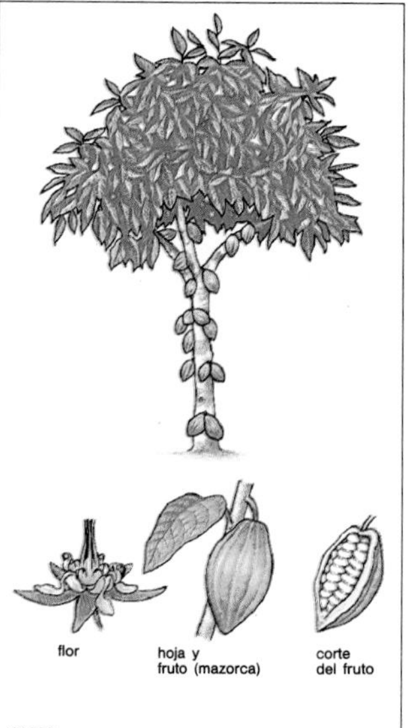

cacao

**CACAOTAL** n. m. Cacahual.

**CACAREADOR, RA** adj. Que cacarea.

**CACAREAR** v. intr. [**1**]. Dar voces repetidas el gallo o la gallina. ◆ v. intr. y tr. **2.** *Fig.* y *fam.* Ponderar excesivamente las cosas propias.

**CACAREO** n. m. Acción de cacarear.

**CACARIZO, A** adj. *Méx.* Picado de viruelas.

**CACATÚA** n. f. (voz malaya). Pájaro de Australia, de plumaje blanco, con fuerte copete eréctil, amarillo o rojo. (Familia sitácidos.)

cacatúas

**CACAZTLE** n. m. *Guat.* y *Méx.* Enrejado de madera que sirve para llevar algo a cuestas. SIN.: *cacastle, cacaxtle.*

**CACERA** n. f. Zanja por donde se conduce el agua para regar.

**CACEREÑO, A** adj. y n. De Cáceres.

**CACERÍA** n. f. Partida de caza. **2.** Cuadro que representa una caza.

**CACEROLA** n. f. Utensilio de cocina, metálico, redondo, más ancho que hondo y provisto de asas.

**CACHA** n. f. Nalga. **2.** Cada una de las dos piezas que constituyen el mango de un arma blanca o la culata de ciertas armas de fuego. (Suele usarse en plural.) **3.** Cada una de las ancas de la caza menor, como liebres, conejos, etc. ◆ **cachas** adj. y n. m. y f. **4.** *Fam.* Dícese de la persona que es fuerte y robusta y está bien proporcionada. • **Hasta las cachas** *(Fam.)*, total y absolutamente: *se ha metido en este proyecto hasta las cachas.*

**CACHACO, A** adj. *Colomb.* Dícese del joven elegante, servicial y caballeroso. **2.** *Colomb., Ecuad.* y *Venez.* Lechuguino, petimetre. ◆ n. m. **3.** *Perú. Desp.* Policía. ◆ n. **4.** *P. Rico.* Nombre dado en la zona rural de la isla a los españoles acomodados.

**CACHADA** n. f. *Argent., Par.* y *Urug.* Broma hecha a una persona. **2.** *Chile, Colomb., Ecuad., Hond., Nicar., Salv.* y *Urug.* Cornada.

**CACHAFAZ** adj. y n. m. *Amér. Merid.* Pícaro, sinvergüenza.

**CACHALOTE** n. m. Mamífero cetáceo, de tamaño igual al de las ballenas, pero que difiere de éstas por la posesión de dientes fijados a la mandíbula inferior.

**CACHANO** n. m. *Fam.* Diablo.

**CACHAÑA** n. f. *Chile.* Mofa, burla, molestia. **2.** *Chile.* Impertinencia.

**CACHAÑAR** v. tr. [**1**]. *Chile.* Hacer burla.

**CACHAPA** n. f. *Venez.* Panecillo de maíz.

**CACHAPEAR** v. tr. [**1**]. *Venez.* Alterar la marca de hierro de una res ajena para que parezca propia.

**CACHAR** v. tr. [**1**]. *Amér. Central.* Hurtar. **2.** *Amér. Central, Chile* y *Colomb.* Cornear, dar cornadas. **3.** *Amér. Central, Colomb., Salv.* y *Venez.* En algunos juegos, coger al vuelo una pelota. **4.** *Amér. Central, Colomb., Salv.* y *Venez.* Agarrar al vuelo cualquier objeto pequeño que una persona lanza a otra. **5.** *Amér. Merid.* y *C. Rica. Fig.* y *fam.* Burlarse de una persona, hacerle una broma, tomarle el pelo. **6.** *Argent., Chile* y *Méx. Fig.* y *fam.* Sorprender a alguien, descubrirle. **7.** *Argent., Chile* y *Urug. Vulg.* Darse cuenta de algo, captar. **8.** *Argent., Nicar.* y *Urug. Vulg.* Agarrar, asir, coger. **9.** *Chile.* Sospechar.

**CACHARPARI** n. m. *Bol.* y *Perú.* Fiesta de despedida que los amigos dan a alguien antes de un viaje. **2.** *Perú.* Baile que con tal motivo se celebra.

**CACHARPAS** n. f. pl. (voz quechua). *Amér. Merid.* Trastos.

**CACHARPAYA** n. f. *Argent.* Fiesta con la que se despide el carnaval y, en ocasiones, al que se va de viaje.

**CACHARPEARSE** v. pron. [**1**]. *Chile.* Adornarse con las mejores galas. **2.** *Chile.* Vestirse con prendas nuevas.

**CACHARRAZO** n. m. Golpe, especialmente el dado con un cacharro.

**CACHARRERÍA** n. f. Establecimiento del cacharrero. **2.** Conjunto de cacharros.

**CACHARRERO, A** n. Persona que tiene por oficio vender cacharros y loza ordinaria. **2.** *Colomb.* Buhonero.

**CACHARRO** n. m. Recipiente, especialmente el tosco y de poco valor. **2.** *Fam.* Trasto, cachivache, chisme. **3.** *Desp.* Cualquier máquina o aparato viejos que funcionan mal: *ese coche es un cacharro.* **4.** *Colomb.* Chuchería, baratija.

**CACHATIVA** n. f. *Chile.* Perspicacia.

**CACHAZA** n. f. *Fam.* Lentitud, sosiego, flema. **2.** Espuma e impureza que se separa del jugo de la caña de azúcar, por tratamiento con cal, sulfuros y fósforos. **3.** Aguardiente de melaza.

**CACHAZO** n. m. *Amér.* Cornada, cachada.

**CACHAZUDO, A** adj. y n. Que tiene cachaza.

**CACHE** adj. *Argent.* Mal arreglado o ataviado.

**CACHÉ** n. m. Distinción, elegancia. **2.** Cotización de un artista o un profesional que actúa en público.

**CACHEAR** v. tr. [**1**]. Registrar a alguien para ver si lleva algo oculto, especialmente armas. **2.** *Chile* y *Méx.* Cachar, acornear.

**CACHEMIR** n. m. Tejido muy fino, fabricado con lana de cabra de Cachemira. SIN.: *cachemira, casimir.*

**CACHERO, A** adj. *C. Rica* y *Venez.* Mentiroso, embustero. **2.** *Salv.* Pedigüeño, ansioso.

**CACHET** n. m. (voz francesa). Retribución de un artista, especialmente del mundo del espectáculo, por su actuación ante el público.

**CACHETADA** n. f. *Amér.* Tortazo, bofetada.

**CACHETE** n. m. Golpe dado con los dedos de la mano en la cabeza o en la cara. **2.** Carrillo, especialmente el abultado. **3.** TAUROM. Puntilla.

**CACHETEAR** v. tr. [**1**]. *Amér.* Abofetear.

**CACHETERO** n. m. *Colomb.* Peso fuerte.

**CACHETINA** n. f. Riña a cachetes.

**CACHETÓN, NA** adj. *Amér.* Carrilludo.

**CACHICAMO** n. m. *Amér.* Armadillo.

**CACHICHA** n. f. *Hond.* Enojo, berrinche.

**CACHIFO, A** n. *Colomb.* y *Venez.* Muchacho, niño.

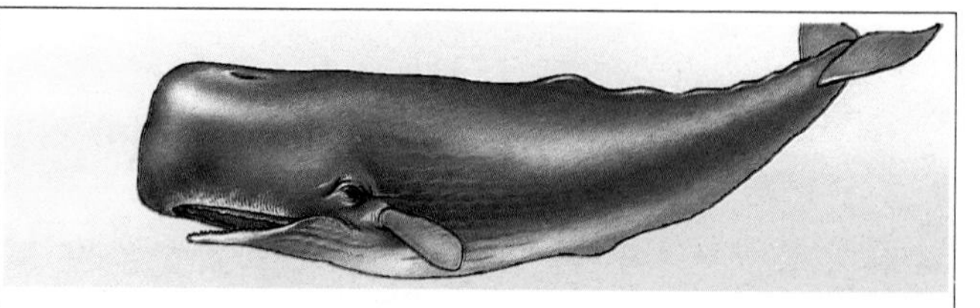
cachalote

**CACHIFOLLAR** v. tr. [**1r**]. *Fam.* Dejar a uno deslucido y humillado.

**CACHIMBA** n. f. Pipa para fumar. **2.** *Argent.* Cacimba u hoyo que se hace en la playa.

**CACHIMBO** n. m. *Amér.* Cachimba, pipa. **2.** *Cuba.* Pequeño ingenio de azúcar. **3.** *Perú. Desp.* Guardia nacional. **4.** *Perú.* Estudiante de enseñanza superior que cursa el primer año. **5.** MÚS. Danza y canción típicas de Chile, particularmente de las zonas salineras.

**CACHIPOLLA** n. f. Insecto que, en estado adulto, sólo vive uno o dos días, y que se distingue por los tres largos filamentos que se prolongan a partir de su abdomen. (Orden efemerópteros.)

**CACHIPORRA** n. f. Palo con una bola o cabeza abultada en uno de sus extremos. ◆ adj. **2.** *Chile.* Farsante, vanidoso.

**CACHIPORRAZO** n. m. Golpe dado con la cachiporra u otro instrumento parecido.

**CACHIPUCO, A** adj. *Hond.* Dícese de la persona con un carrillo más abultado que otro.

**CACHIQUEL** adj. y n. m. y f. Cakchiquel.

**CACHIRÍ** n. m. *Venez.* Licor de yuca o batata fermentado que hacen los indios.

**CACHIRLA** n. f. *Argent.* Nombre de diversos pájaros pequeños americanos, de color pardo, que anidan entre los pastos o en cuevas.

**CACHIRULA** n. f. *Colomb.* Mantilla de punto.

**CACHIRULO** n. m. Vasija para el aguardiente u otros licores. **2.** Pañuelo típico que algunos hombres de Aragón llevan atado a la cabeza. **3.** Embarcación pequeña de tres palos.

**CACHIVACHE** n. m. *Desp.* Cacharro, trasto. (Suele usarse en plural.)

**CACHO** n. m. Pedazo pequeño de algo: *un cacho de pan.* **2.** Pez de cuerpo macizo, de 15 a 20 cm de long., con la boca pequeña, muy oblicua y grandes escamas. (Familia ciprínidos.) **3.** *Amér.* Cuerno de animal. **4.** *Amér. Merid.* Cubilete de los dados. **5.** *Argent., Par.* y *Urug.* Racimo de bananas. **6** *Chile* y *Guat.* Cuerna o aliara. **7.** *Chile* y *Guat.* Objeto inservible. **8.** *Chile.* Artículo de comercio que ya no se vende. **9.** *Ecuad.* Chascarrillo, generalmente obsceno.

**CACHONDEARSE** v. pron. [**1**]. *Vulg.* Burlarse.

**CACHONDEO** n. m. *Vulg.* Acción y efecto de cachondearse.

**CACHONDEZ** n. f. *Vulg.* Cualidad de cachondo.

**CACHONDO, A** adj. *Vulg.* Sexualmente excitado. **2.** *Fig.* y *vulg.* Gracioso, divertido.

**CACHORRILLO** n. m. *Fam.* Pistola pequeña.

**CACHORRO, A** n. Cría de algunos mamíferos, especialmente del perro.

**CACHUA** n. f. Danza que bailan los indios de Perú, Ecuador y Bolivia, en la que las parejas se mueven en forma de círculo siguiendo un compás muy lento.

**CACHUCHA** n. f. *Chile.* Bofetada. **2.** *Chile.* Cometa pequeña con forma similar al cucurucho.

**CACHUDO, A** adj. *Amér. Merid.* y *Méx.* Dícese del animal que tiene los cuernos grandes. **2.** *Chile.* Ladino.

**CACHUMBA** n. f. Planta propia de Filipinas, donde se emplea en vez del azafrán. (Familia compuestas.)

**CACHUMBO** n. m. *Amér.* Gachumbo. **2.** *Colomb.* Rizo de cabello, tirabuzón.

**CACHUPÍN, NA** n. Español que se establece en América.

**CACHUPINADA** n. f. *Desp.* e *irón.* Convite casero.

**CACHUREAR** v. intr. [**1**]. *Chile.* Remover las basuras u otras cosas abandonadas, para recoger las que puedan tener todavía algún valor.

**CACHURECO, A** adj. *Amér. Central.* Conservador en política. **2.** *Méx.* En Jalisco, torcido, deformado.

**CACHUREO** n. m. *Chile.* Acción y efecto de cachurear. **2.** *Chile.* Cosas u objetos abandonados.

**CACIMBA** n. f. Hoyo hecho en la playa para buscar agua potable. **2.** Balde, cubo de cuero, lona o madera. **3.** *Amér.* Vasija o barril para recoger agua de lluvia o de un manantial. **4.** *Argent.* Cisterna de la estancia ganadera.

**CACIQUE** n. m. (voz caribe). Jefe en algunas tribus de indios de América Central y del Sur. **2.** Persona que ejerce una autoridad abusiva en una colectividad o grupo, particularmente, la que en un pueblo o zona ejerce excesiva influencia en asuntos políticos o administrativos, valiéndose de su poder económico o estatus social. **3.** *Chile.* Persona que puede darse la gran vida.

**caciques** ofreciendo sus hijas a Cortés (tabla de la serie de enconchados por Miguel González, 1698) [museo de América, Madrid]

**CACIQUIL** adj. Relativo al cacique y al caciquismo.

**CACIQUISMO** n. m. Sistema político en que una democracia parlamentaria es controlada, al margen de las leyes escritas, por el predominio local de los caciques, dirigidos bajo mano por el propio gobierno. **2.** Intromisión abusiva en determinados asuntos.

■ El control de los caciques sobre el mecanismo electoral permitió el «turno» de partidos de la España de la Restauración y la implantación, en una sociedad con escasa conciencia política, del sufragio universal (1890). El votante seguía voluntariamente las instrucciones del cacique (que gozaba del favor del gobernador, la fuerza pública y el poder judicial) y en caso contrario se recurría al fraude o compra de votos. El sistema empezó a declinar con el desarrollo socioeconómico del país, especialmente en las ciudades, hasta hundirse en 1931.

**CACLE** n. m. *Mex.* Sandalia de cuero tosca que suelen usar los campesinos.

**CACO** n. m. (de *Caco,* personaje mitológico). Ladrón.

**CACODILATO** n. m. Sal del ácido cacodílico, compuesto orgánico de arsenio, empleado en terapéutica.

**CACOFONÍA** n. f. Repetición de un sonido dentro de una frase o palabra, que produce un efecto desagradable.

**CACOFÓNICO, A** adj. Relativo a la cacofonía.

**CACOMITE** n. m. Planta bulbosa oriunda de México, de tallo cilíndrico y flores muy grandes y hermosas, cuya raíz se come cocida. (Familia iridáceas.)

**CACOMIZTLE** n. m. *Méx.* Animal mustélido más pequeño que un gato, de color gris, cola larga y hocico puntiagudo, que se alimenta de huevos y aves de corral.

**CACORRO** n. m. *Colomb.* Homosexual.

**CACOSMIA** n. f. PATOL. Percepción de un olor desagradable, sin correspondencia con olor exterior alguno.

**CACRECO, A** adj. y n. *C. Rica* y *Hond.* Decrépito.

**CACTÁCEO, A** adj. y n. f. BOT. Dícese de una familia de plantas dicotiledóneas, originarias de América semitropical, adaptadas a la sequía mediante sus tallos carnosos, repletos de agua, sus hojas reducidas a espinas y su tipo particular de asimilación clorofílica.

**CACTO** o **CACTUS** n. m. Nombre que se da a diversas especies de cactáceas y a otras de diferentes familias pero que, por convergencia, tienen aspecto parecido.

**CACUMEN** n. m. *Fam.* Agudeza, perspicacia, caletre.

**CACUMINAL** adj. FONÉT. Dícese del sonido que se produce levantando la lengua hacia la parte superior del paladar.

**CACUY** n. m. *Argent.* Ave de unos 35 cm de long., color pardusco, pico corto y ancho, párpados ribeteados de amarillo y cuyo canto es triste y quejumbroso.

**CADA** n. m. Enebro. ● **Aceite de cada,** aceite de cade.

**CADA** adj. (gr. *kata,* según). Tiene un sentido distributivo, individualizador y diferenciador: *dar a cada uno lo suyo.* **2.** Tiene valor progresivo: *querer cada vez más a alguien.* **3.** Indica correlación y correspondencia: *cada cosa a su tiempo.* **4.** Indica generalización: *cada día.* **5.** Tiene un valor ponderativo equivalente a *tanto, tan grande* o *de tal manera: organizaban cada juerga...* **6.** Seguido de un numeral, indica la distribución de grupos de cierto número fijo de unidades: *ir cada dos días a clase.* ● **Cada cual,** sirve para designar al individuo separado de los demás que forman grupo con él: *cada cual sabe lo que se hace.*

**CADALSO** n. m. Tablado erigido para un acto solemne. **2.** Tablado que se erige para patíbulo.

**CADÁVER** n. m. Cuerpo muerto.

**CADAVÉRICO, A** adj. Relativo al cadáver. **2.** *Fig.* Pálido y desfigurado como un cadáver: *rostro cadavérico.*

**CAD/CAM,** siglas de *computer assisted design/ computer assisted manufacturing,* con que se designa el conjunto de técnicas informáticas, fundamentalmente gráficas, de ayuda a la elaboración de proyectos de arquitectura, ingeniería y diseño en general.

**CADE** n. m. **Aceite de cade,** bola oscura y de consistencia oleosa, obtenida por destilación del enebro que se emplea para el tratamiento de algunas enfermedades de la piel.

**CADEJO** n. m. *Amér. Central.* Cuadrúpedo fantástico que de noche acometía a los que encontraba por las calles.

**CADENA** n. f. (lat. *catenam*). Sucesión de anillas metálicas enlazadas, que sirve de ligadura, de adorno, etc. **2.** *Fig.* Sujeción que causa una pasión vehemente o una obligación. **3.** Conjunto de establecimientos comerciales que forman parte de la misma organización: *cadena de hoteles.* **4.** *Fig.* Continuación de sucesos: *una cadena de asesinatos.* **5.** Conjunto de emisoras de radiodifusión o de televisión que difunden simultáneamente el mismo programa o de periódicos que publican una misma serie de artículos. **6.** Sistema de reproducción del sonido que comprende una fuente (tocadiscos, sintonizador, lector de cassettes, etc.), un elemento amplificador y varios elementos reproductores (altavoces o recintos acústicos). **7.** Órgano de transmisión del movimiento entre dos árboles paralelos sin deslizamiento, constituidos por un conjunto de eslabones metálicos articulados. **8.** Pilar o machón de sillería que sirve para consolidar un muro de fábrica. **9.** Armazón de maderos o de barras metálicas que sirve para fortificar un edificio, una obra de fábrica, etc. **10.** Modalidad táctica de la aviación, en la que los aviones atacan uno a continuación de otro, realizando el tiro o bombardeo con entera independencia y a muy escasa altura. **11.** Conjunto de los dispositivos radioeléctricos o estaciones de guía que jalonan una ruta aérea. **12.** QUÍM. En una fórmula, sucesión de átomos de carbono o de silicio enlazados, dispuestos en cadena *abierta* (serie grasa) o en cadena *cerrada* (serie cíclica). ● **Cadena alimentaria, trófica** o **de nutrición,** conjunto de especies vivas cada una de las cuales se alimenta de la precedente (vegetal, herbívoro, carnívoro). ‖ **Cadena de acción** (INFORMÁT.), cadena de regulación que dirige señales, en sentido único, a lo largo del trayecto

**cacto**

comprendido entre un órgano de medida o un comparador y la instalación regulada. || **Cadena de agrimensor,** cadena de 10 m que sirve para medir terrenos. || **Cadena de frío,** conjunto de las operaciones de fabricación, almacenamiento, transporte y distribución de los alimentos congelados. || **Cadena de montaje,** conjunto de puestos de trabajo que participan en la fabricación de un producto industrial, especialmente concebido para reducir los tiempos muertos y las manutenciones. || **Cadena de regulación** (INFORMÁT.), conjunto de elementos cuya función consiste en asegurar la emisión, transmisión y recepción de señales para realizar una regulación automática. || **Cadena montañosa,** sucesión de montañas que forman una línea continua. || **Cadena voluntaria,** asociación de varias empresas para organizar en común las compras, la gestión y la venta. || **Cadena perpetua,** la mayor de las penas de privación de libertad. || **Reacción en cadena,** reacción química o nuclear que, al desencadenarse, produce los cuerpos o la energía necesarios para su propagación. || **Trabajo en cadena,** modo de ejecución del trabajo en el que el producto a fabricar se desplaza sucesivamente frente a varios operarios, cada uno de los cuales está encargado de una operación. ◆ **cadenas** n. f. **13.** Dispositivo que se coloca sobre las ruedas de un coche para evitar que se deslice por el hielo o la nieve.

**CADENCIA** n. f. (ital. *cadenza*). Repetición regular de sonidos o movimientos. **2.** Número de disparos que puede realizar un arma de fuego por unidad de tiempo. **3.** COREOGR. Medida del sonido que regula el movimiento de la persona que danza. **4.** COREOGR. Conformidad de los pasos del que danza con esta medida. **5.** MÚS. Encadenamiento de acordes que marca una etapa en la evolución del discurso musical. **6.** MÚS. Pasaje de virtuosismo, escrito o improvisado, destinado al solista, situado antes de la conclusión de una melodía o de un movimiento de concierto. **7.** RET. Distribución proporcionada de los acentos, cortes o pausas en la prosa o verso.

**CADENCIOSO, A** adj. Que tiene cadencia: *andar cadencioso.*

**CADENETA** n. f. Punto de aguja o ganchillo que forma una serie de finas baguillas enlazadas entre sí. **2.** Labor que hacen los encuadernadores formando nudos con los hilos de costura en los extremos o cabeceras del lomo de los libros. **3.** En las armas portátiles de fuego, pieza de la llave de percusión que transmite a la nuez la fuerza del muelle real.

**CADERA** n. f. Región que corresponde a la unión de las extremidades inferiores o posteriores con el tronco. **2.** Articulación del fémur con el hueso ilíaco: *luxación congénita de cadera.* **3.** Parte del tórax de los insectos en la que se inserta la pata.

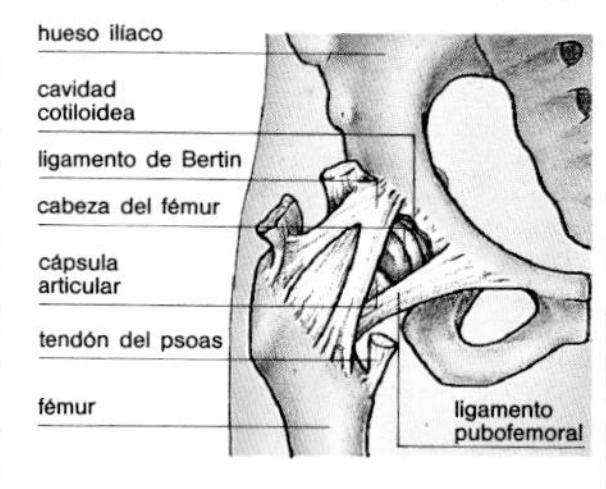


cadera

**CADETE** n. m. (fr. *cadet*). Alumno de una academia militar. **2.** Talla de las prendas de vestir, intermedia entre la de niño y la de adulto. **3.** *Argent.* y *Bol.* Aprendiz en un comercio.

**CADETES** n. m. pl. Nombre dado a los miembros del Partido demócrata constitucional (K.D.) del imperio zarista durante el reinado de Nicolás II.

**CADI** n. m. (ingl. *caddie*). En el golf, encargado de llevar los palos de los golfistas.

**CADÍ** n. m. (ár. *qāḍī*). Entre los musulmanes, juez encargado de administrar justicia.

**CADILLO** n. m. Planta herbácea de tallo áspero, estriado, hojas anchas, flores purpúreas o blancas y fruto elipsoidal. (Familia umbelíferas.) **2.** Planta herbácea común entre los escombros y campos áridos de Europa. (Familia compuestas.) **3.** *Chile.* Pelusilla volátil proveniente de ciertas plantas que se pega a la ropa.

**CADMIA** n. f. (gr. *kadmeia,* calamina). Mezcla de hollín y de óxidos metálicos, que se acumula en el tragante de los altos hornos.

**CADMIADO** n. m. Operación que consiste en revestir una superficie metálica con un depósito electrolítico de cadmio.

**CADMIAR** v. tr. **[1]**. Recubrir con cadmio.

**CADMIO** n. m. Elemento químico de símbolo Cd, cuyo número atómico es 48, su masa atómica 112,40, su densidad 8,6 y punto de fusión 320 °C.

**CADUCA** n. f. Capa de la mucosa uterina que se separa del útero, junto con las membranas del huevo, durante el parto.

**CADUCAR** v. intr. **[1a]**. Perder validez, extinguirse, prescribir: *caducar una ley, un plazo.* **2.** *Fig.* Arruinarse o acabarse alguna cosa por antigua o gastada.

**CADUCEO** n. m. (lat. *caduceum*). Atributo principal de Hermes, formado por una vara de laurel o de olivo, rematada por dos pequeñas alas y en torno a la cual se entrelazan dos serpientes. **2.** Atributo médico compuesto de un haz de varas en torno a las cuales se enrosca la serpiente de Epidauro.

**CADUCIDAD** n. f. Acción y efecto de caducar. **2.** Calidad de caduco o decrépito. **3.** DER. Pérdida o extinción de un derecho o una acción por el solo transcurso de un determinado plazo de tiempo, que ha sido previamente fijado.

**CADUCIFOLIO, A** adj. Dícese de aquellos árboles y arbustos a los que se les cae la hoja al empezar la estación fría (o, en los trópicos, la seca). **2.** Dícese de los bosques formados por estos árboles o arbustos.

**CADUCO, A** adj. Decrépito, muy anciano: *persona caduca.* **2.** Perecedero: *productos caducos.* **3.** Gastado, obsoleto: *privilegios caducos.* **4.** Dícese de todo órgano que cae después de haber cumplido su misión: *árbol de hoja caduca.*

**CAEDIZO, A** adj. Que cae fácilmente o que amenaza caerse. ◆ n. m. **2.** *Colomb.* Tejadillo saliente.

**CAER** v. intr. y pron. (lat. *cadere*) **[16]**. Ir un cuerpo hacia abajo por la acción de su propio peso: *caer la lluvia.* **2.** Perder un cuerpo el equilibrio hasta dar en algo que lo detenga: *resbaló y cayó.* **3.** Desprenderse o separarse algo del lugar a que estaba adherido: *caer las hojas de un árbol.* **4.** Con la preposición *de* y un nombre de alguna parte del cuerpo, dar con ésta en el suelo: *caer de espaldas.* ◆ v. intr. **5.** Ser apresado, especialmente mediante una trampa o engaño: *caer en la red.* **6.** *Fig.* Desaparecer, extinguirse, dejar de ser: *al caer la monarquía.* **7.** *Fig.* Incurrir: *caer en un error, en un vicio.* **8.** *Fig.* Encontrarse impensadamente en alguna desgracia o peligro: *caer en la miseria.* **9.** *Fig.* Llegar a entender algo: *repítemelo porque no caigo.* **10.** *Fig.* Corresponder, sobrevenir: *le cayó el primer premio; caer una desgracia sobre alguien.* **11.** *Fig.* Estar situado en una parte o cerca de ella: *esta calle cae por tu casa.* **12.** *Fig.* Corresponder un suceso a determinada época del año: *caer una fiesta en lunes.* **13.** *Fig.* Adaptarse una cosa a otra, venir o sentar bien o mal: *caer bien un traje.* **14.** Tener una determinada acogida o producir una determinada impresión: *caer bien unas palabras.* **15.** *Fig.* Acercarse a su ocaso o a su fin: *caer el día, la tarde.* **16.** Hablando de la noche, empezar a oscurecer. **17.** *Fig.* Sucumbir: *caer por la patria.* **18.** Lanzarse, abalanzarse: *caer sobre un pacífico transeúnte.* **19.** *Fig.* Presentarse de improviso, aparecer. **20.** Pender, colgar, inclinarse: *la falda le cae hasta el suelo.* • **Caer bien,** o **mal,** una persona (*Fig.* y *fam.*), obtener buena o mala acogida. || **Caer en cama, enfermo,** o **malo,** enfermar, ponerse enfermo. || **Caer en gracia,** agradar. || **Caer en la cuenta,** advertir, llegar a comprender algo. || **Caer gordo** o **gorda** una persona a otra (*Fig.* y *fam.*), serle antipática. || **Caer muy bajo** *(Fig.),* perder la dignidad. || **Dejar caer** *(Fig.),* decir una cosa intencionadamente pero disimulando esa intención: *dejó caer que había quedado con ella.* || **Dejarse caer** *(Fig.),* presentarse o aparecer en un sitio ocasionalmente: *se deja caer por este bar de vez en cuando.* || **Estar al caer,** estar muy próximo a suceder.

**CAFÉ** n. m. (turco *kahwe*). Cafeto. **2.** Semilla contenida a pares en el fruto (drupa roja) de este arbusto, que posee un alcaloide y un principio aromático. **3.** Infusión hecha con estas semillas tostadas. **4.** Establecimiento donde se bebe café u otras bebidas. **5.** *Amér. Merid.* Reprimenda. ◆ adj. y n. m. **6.** *Argent., Chile, Méx.* y *Urug.* De color marrón. • **Café cantante,** café amenizado por cantantes o músicos. || **Café concierto,** teatro donde los espectadores podían fumar y beber y cuyo programa incluía números de canto, acrobáticos, pantomimas, ballets, etc. || **Café cortado,** café con un poco de leche. || **Café descafeinado,** aquel al que se le ha extraído la cafeína. || **Café teatro,** sala de espectáculos en la que a la vez que se representa una obra teatral corta pueden tomarse consumiciones. || **De mal café** *(Vulg.),* de mal humor.

■ El cafeto, dotado de una gran capacidad de adaptación a nuevos medios, se extendió paulatinamente por América, África occidental y Asia suroriental a partir de un origen probablemente limitado a Arabia. En la actualidad, los mayores productores de café son los países latinoamericanos, con una producción igual a la mitad del volumen total de este producto. Brasil y Colombia encabezan la lista de países productores, seguidos de Indonesia, México y Costa de Marfil, mientras que E.U.A. es el principal importador. Existe desde 1936 un organismo internacional, la Oficina panamericana del café, creado por las entidades cafeteras oficiales de distintos países latinoamericanos y destinado a promover el consumo del café.

**CAFEÍNA** n. f. Alcaloide del café, presente también en el té y en la nuez de cola, utilizado como tónico.

**CAFEÍSMO** n. m. Estado de intoxicación agudo o crónico producido por ingestión excesiva de café.

**CAFETAL** n. m. Terreno poblado de cafetos.

**CAFETALERO, A** adj. Cafetero. ◆ adj. y n. **2.** Que tiene cafetales.

**CAFETALISTA** n. m. y f. *Cuba.* Dueño de un cafetal.

**CAFETEAR** v. tr. **[1]**. *Argent., Par., Perú* y *Urug. Fig.* y *fam.* Reprender, regañar ásperamente.

**CAFETERA** n. f. Aparato para hacer café. **2.** Recipiente para servir café.

**CAFETERÍA** n. f. Establecimiento público donde se toman bebidas y comidas ligeras. **2.** *Méx.* Tienda que vende café al por menor.

**CAFETERO, A** adj. Relativo al café. SIN.: *cafetalero.* ◆ adj. y n. **2.** Dícese de la persona muy aficionada a tomar café. ◆ n. **3.** Persona que en los cafetales coge la simiente.

**CAFETÍN** n. m. Pequeño café.

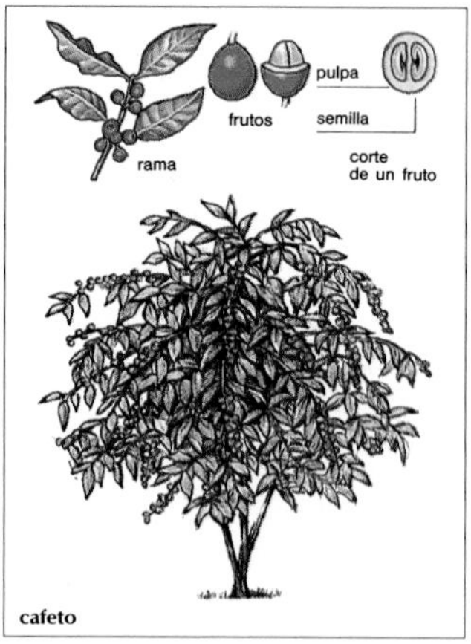


cafeto

**CAFETO** n. m. Arbusto, de 3 a 10 m de alt., que produce el café. (Familia rubiáceas.)

**CÁFILA** n. f. *Fam.* Conjunto de gentes, animales o cosas, especialmente si andan unas tras otras.

**CAFIROLETA** n. f. *Cuba.* Dulce de batata, azúcar y coco.

**CAFRE** adj. y n. m. y f. Decíase de los pueblos no musulmanes que habitaban en África meridional. **2.** *Fig.* Bárbaro, cruel.

**CAFTÁN** n. m. (turco *qaftian*). Túnica forrada con pieles, usada por los turcos.

**CAFÚA** n. f. *Argent.* y *Urug.* Prisión, cárcel.

**CAFUCHE** n. m. *Colomb.* Tipo de tabaco.

**CAGAACEITE** n. m. Charla, pájaro.

**CAGADA** n. f. Excremento que sale cada vez que se evacua el vientre. **2.** *Fig.* y *vulg.* Equivocación.

**CAGADERO** n. m. Sitio donde va mucha gente a evacuar el vientre.

**CAGADO, A** adj. y n. *Fig.* y *vulg.* Cobarde.

**CAGAFIERRO** n. m. Escoria de hierro.

**CAGAJÓN** n. m. Cada una de las porciones del excremento de las caballerías.

**CAGALERA** n. f. *Vulg.* Diarrea.

**CAGAR** v. tr., intr. y pron. **[1b]**. Evacuar el vientre. ◆ v. intr. **2.** *Vulg.* Estropear, echar a perder algo. ◆ **cagarse** v. pron. **3.** *Vulg.* Acobardarse.

**CAGARRUTA** n. f. Cada una de las porciones de las deposiciones del ganado menor.

**CAGATINTA** o **CAGATINTAS** n. m. y f. (pl. *cagatintas*). *Fam.* y *desp.* Oficinista.

**CAGÓN, NA** adj. y n. Que evacua el vientre muchas veces. **2.** *Fig.* y *vulg.* Muy cobarde.

**CAGUAMA** n. f. (voz caribe). Tortuga marina, algo mayor que el carey. **2.** Materia córnea de esta tortuga, de calidad inferior al carey.

**CAGUAYO** n. m. *Cuba.* Iguana. **2.** *Cuba.* Reptil, lagartija.

**CAGUETA** n. m. y f. *Vulg.* Cobarde.

**CAHUÍN** n. m. *Chile.* Concurrencia de gente bulliciosa y borracha.

**CAÍ** n. m. (voz guaraní). Pequeño mono platirrino americano. SIN.: *cay, saí.*

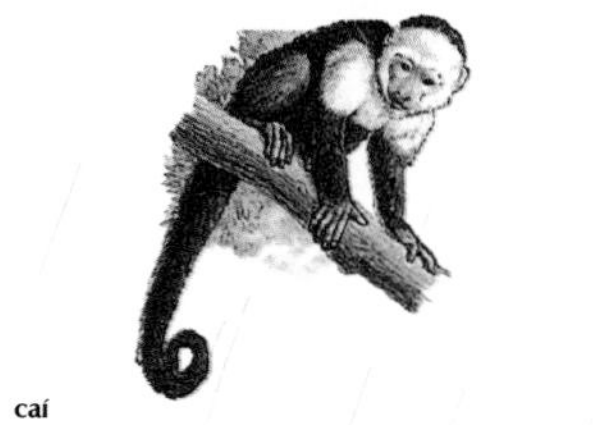

**caí**

**CAICO** n. m. *Cuba.* Arrecife grande que constituye un peligro para la navegación.

**CAÍD** n. m. (ár. *qā'id*, jefe). Especie de juez o gobernador en algunos países musulmanes.

**CAÍDA** n. f. Acción y efecto de caer: *la caída de un cuerpo en el vacío.* **2.** Declive de alguna cosa, pendiente. **3.** Calidad de las telas que penden, formando pliegues por efecto de su propio peso. **4.** Cada una de las partes de una colgadura que pende de alto a bajo. **5.** *Fig.* Decadencia, abatimiento, acción de ir a menos: *la caída de un imperio.* **6.** En un transformador, diferencia entre las tensiones secundarias en carga y en vacío. **7.** *Colomb.* Juego de cartas. **8.** *Chile.* En los cantares populares, cedencia principal al final de la cuarta y décima línea de la estrofa. • **Ángulo de caída**, ángulo que forma la trayectoria con el terreno en el punto del impacto. SIN.: *ángulo de impacto.* ‖ **Caída de latiguillo,** la que sufren picador y caballo ante el impulso del toro. ‖ **Caída de ojos** *(Fig.)*, expresión agradable de la mirada; manera habitual de bajarlos una persona. ‖ **Caída libre,** primera fase del descenso de un paracaidista, desde el momento en que salta del avión hasta que se despliega el paracaídas; (FÍS.), la que experimentaría un cuerpo sometido exclusivamente a la acción de la gravedad.

**CAÍDO, A** adj. Desfallecido, amilanado. **2.** Seguido de la prep. *de* y el nombre de una parte del cuerpo, se dice de la persona o animal que tiene demasiado declive en dicha parte: *caído de hombros.* **3.** TAUROM. Dícese del toro de cuerna inclinada hacia abajo, sin llegar a gacho. ◆ adj. y n. m. **4.** Muerto en la lucha: *funerales por los caídos.*

**CAIMA** adj. *Amér.* Lerdo, estúpido, soso.

**CAIMACÁN** n. m. *Colomb.* Persona con autoridad.

**CAIMÁN** n. m. Cocodrilo de hocico ancho, originario de América Central y Meridional. SIN.: *aligátor.*

**CAIMITO** n. m. Planta arbórea de América Central, con hojas ovales, flores blancas, corteza rojiza y fruto redondo del tamaño de una naranja, que contiene una pulpa azucarada y refrescante. (Familia sapotáceas.) **2.** Fruto de este árbol.

**CAÍN** adj. y n. m. (de *Caín*, personaje bíblico). Dícese de la persona aviesa y cruel. • **Pasar las de Caín,** sufrir trabajos o contratiempos muy duros.

**CAIREL** n. m. Cerco de la peluca. **2.** Adorno de pasamanería a modo de fleco.

**CAIROTA** adj. y n. m. y f. De El Cairo. SIN.: *cairino.*

**CAJA** n. f. Recipiente de materias y formas variadas, generalmente con tapa, utilizado para guardar o transportar cosas. **2.** Ataúd. **3.** Hueco o espacio en que se introduce alguna cosa: *caja en que entra la espiga de un madero.* **4.** Montura de madera sobre la que descansa el cañón de un arma de fuego portátil. **5.** Armazón o cuerpo de la carrocería de un automóvil. **6.** Oficina o dependencia de un establecimiento mercantil o comercial donde se perciben los cobros o se realizan los pagos. **7.** Cajón con compartimientos o cajetines desiguales, que contiene los caracteres empleados en la composición tipográfica. **8.** *Chile.* Lecho de los ríos. **9.** METAL. Pieza sobre la que se apoyan los cojinetes en un laminador. **10.** METAL. Bastidor o marco rígido, destinado a mantener unida la arena con que se hace el molde de las piezas de fundición. **11.** MÚS. Parte exterior de madera que cubre algunos instrumentos. **12.** MÚS. Cuerpo hueco de madera que forma parte principal de los de cuerda. **13.** Tambor. • **Caja de ahorros** → ***ahorro.*** ‖ **Caja de cambios,** o **de velocidades,** cárter que encierra los engranajes del cambio de velocidades. ‖ **Caja de conexión,** caja que contiene los terminales para realizar la conexión de determinado número de conductores de una instalación eléctrica. ‖ **Caja de escalera,** espacio en cuyo interior se halla la escalera de un edificio. ‖ **Caja de humos,** parte de la caldera de una locomotora de vapor que atraviesa el humo antes de ser evacuado por la chimenea. ‖ **Caja de música,** caja en que se ha colocado un mecanismo de barretas de acero, que se hace sonar mediante un cilindro con púas. ‖ **Caja de Pandora** *(Fig.)*, cualquier cosa que, a pesar de su buena apariencia, puede ocasionar contrariedades. ‖ **Caja de recluta,** o **de reclutamiento,** organismo militar que se ocupa del llamamiento de los reclutas. ‖ **Caja de resistencia,** fondo constituido por las cotizaciones de los miembros de los sindicatos obreros, que sirve como reserva para suplir los salarios que puedan perderse con motivo de huelgas. ‖ **Caja del tímpano** o **tambor,** cavidad situada detrás del tímpano y atravesada por la cadena de huesecillos del oído. ‖ **Caja fuerte,** armario o recinto blindado, dotado de cerradura de seguridad, que sirve para guardar dinero, valores, etc. ‖ **Caja negra,** aparato registrador, colocado a bordo de un avión, helicóptero, etc., que permite verificar las incidencias de un viaje. ‖ **Caja registradora,** aparato utilizado en el comercio para facilitar las operaciones de cálculo a la persona encargada de los cobros y controlar las sumas cobradas. ‖ **Caja tonta** o **boba** *(Fam.)*, televisión. ‖ **Despedir, echar,** o **mandar, con cajas destempladas** *(Fam.)*, despedir o echar a alguien de alguna parte con gran enojo. ‖ **Entrar en caja,** pasar los mozos a depender de la caja de reclutamiento. ‖ **Libro de caja** (CONTAB.), registro en el que se consignan los movimientos de caja a medida que se realizan.

**CAJEADORA** n. f. Máquina-herramienta especial para trabajar la madera, que sirve para labrar cajas rectangulares de ensamblaje con gran precisión.

**CAJERO, A** n. En las tesorerías, bancos, comercios, etc., persona que está encargada del control de la caja. ◆ n. m. **2. Cajero automático,** máquina que depende directamente de una entidad bancaria y que manejan los clientes mediante claves personales para realizar operaciones sobre sus cuentas.

**CAJETA** n. f. *Amér. Central* y *Méx.* Dulce hecho de leche quemada, azúcar, vainilla, canela y otros ingredientes.

**CAJETE** n. m. *Guat., Méx.* y *Salv.* Cuenco o cazuela honda de barro. **2.** *Méx.* Hueco más ancho que hondo que se hace en la tierra para plantar matas.

**CAJETILLA** n. f. Paquete de tabaco picado o de cigarrillos. ◆ adj. **2.** *Argent.* y *Urug. Desp.* Dícese del hombre presumido y elegante que vive disfrutando del lujo y de su posición social y económica acomodada, y se suele comportar de una manera arrogante.

**CAJETÍN** n. m. Sello de mano con que, en determinados papeles, se estampan diversas anotaciones. **2.** Cada una de estas anotaciones. **3.** IMPR. Cada uno de los compartimientos de la caja.

**CAJISTA** n. m. y f. IMPR. Persona que compone lo que se ha de imprimir.

**CAJO** n. m. Parte de la cubierta de un libro que forma charnela entre el lomo y la tapa.

**CAJÓN** n. m. Caja grande, generalmente de madera, y de base rectangular. **2.** En algunos muebles, cada uno de los receptáculos que se pueden sacar y meter en ciertos huecos a los que se ajustan. **3.** *Amér.* En algunos lugares, tienda de abacería. **4.** *Amér. Merid.* Ataúd. **5.** *Argent.* y *Chile.* Cañada larga por cuyo fondo corre un río o arroyo. **6.** OBR. PÚBL. Recinto estanco que permite efectuar trabajos por debajo del nivel del agua. • **Cajón de aire** (MAR.), compartimiento que forma parte del casco de determinadas embarcaciones y que asegura su flotabilidad. ‖ **Cajón de sastre** *(Fig.)*, conjunto de cosas diversas desordenadas o sitio en donde están. ‖ **Ser de cajón** *(Fam.)*, ser muy claro y manifiesto.

**CAJONERA** n. f. Mueble formado por cajones.

**CAJONERO** n. m. *Amér.* En algunos lugares, dueño de un cajón o tienda.

**CAJONGA** n. f. *Hond.* Tortilla grande de maíz mal molido.

**CAJUELA** n. f. *Méx.* Maletero de un automóvil, portaequipajes.

**CAKCHIQUEL** o **CACHIQUEL** adj. y n. m. y f. Relativo a un pueblo amerindio de Guatemala que habla el quiché y es de cultura maya; individuo de este pueblo. (En el pasado se organizaron en un sistema teocrático-militar con capital en Iximché. Tras una inicial resistencia, se aliaron con los españoles. Los *Anales de los cakchiqueles* es un monumento de la literatura maya.)

**CAKE** n. m. (voz inglesa). Pastel con pasas de Corinto y frutas confitadas.

**CAL** n. f. Óxido cálcico CaO, obtenido por calcinación de las piedras calizas. • **A cal y canto** *(Fam.)*, de manera muy segura, herméticamente: *cerrar a cal y canto.* ‖ **Cal apagada,** cal hidratada

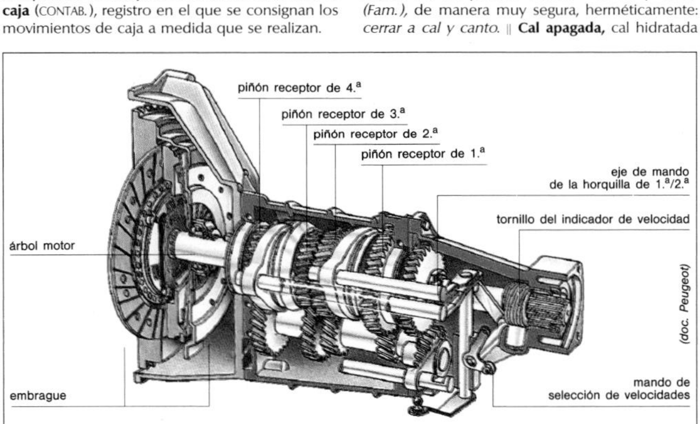


**caja** de cambios

$Ca(OH)_2$, obtenida por acción del agua sobre la cal viva. || **Cal blanca,** polvo de CaO, que fragua al aire. || **Cal hidráulica,** cemento con calizas y algo de arcilla y marga, que fragua debajo del agua. || **Cal viva** o **anhidra,** óxido de calcio anhidro, obtenido directamente por calcinación de la caliza. || **Lechada de cal,** cal apagada desleída en agua, que se utiliza sobre todo para encalar paredes. || **Una de cal y otra de arena,** alternar las cosas buenas con las malas.

**cal,** símbolo de la *caloría*.

**CALA** n. f. Acción y efecto de calar un melón u otras frutas semejantes. **2.** Pedazo de una fruta que se corta para probarla. **3.** Parte más baja del interior de un buque. **4.** Supositorio, generalmente a base de jabón untado de aceite, que se aplica para facilitar la evacuación.

**CALA** n. f. Ensenada estrecha y escarpada, de paredes rocosas.

**CALA** n. f. Planta herbácea acuática, ornamental, con flores amarillas y hojas grandes, con largos pecíolos. (Familia aráceas.)

**CALABACEAR** v. tr. **[1]**. *Fam.* Dar calabazas.

**CALABACERA** n. f. Planta herbácea anual o vivaz, trepadora o rastrera, de tallo largo y hueco, fruto en pepónide, casi siempre con semillas comprimidas. (Familia cucurbitáceas.)

**CALABACÍN** n. m. Calabaza pequeña, comestible, cilíndrica, de corteza verde y carne blanca. (Familia cucurbitáceas.) **2.** *Fig.* y *fam.* Calabaza, persona inepta.

calabacines

**CALABACITA** n. f. *Méx.* Calabacín.

**CALABAZA** n. f. Calabacera. **2.** Fruto de esta planta, muy variado en su forma, tamaño y color y con multitud de semillas. **3.** *Fig.* y *fam.* Persona inepta y muy ignorante. • **Dar calabazas** *(Fam.),* suspender a uno en exámenes; desairar o rechazar en asuntos amorosos.

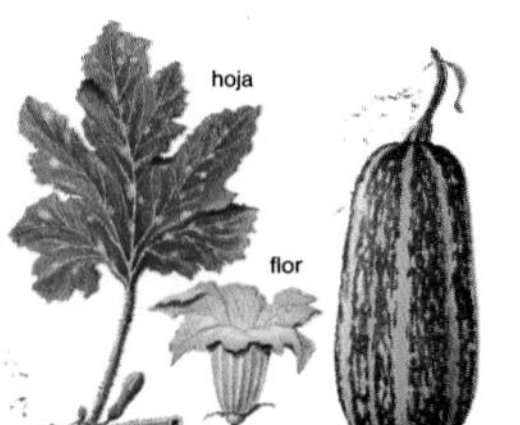


calabaza

**CALABAZADA** n. f. Golpe que se da o se recibe en la cabeza.

**CALABAZAR** n. m. Terreno sembrado de calabazas.

**CALABAZATE** n. m. Dulce de calabaza.

**CALABAZAZO** n. m. Golpe dado con una calabaza. **2.** *Fam.* Calabazada.

**CALABOBOS** n. m. (pl. *calabobos*). Lluvia menuda y continua.

**CALABOZO** n. m. Lugar, generalmente subterráneo, donde se encerraba a los presos. **2.** Celda en que se incomunica a los detenidos.

**CALABRÉS, SA** adj. y n. De Calabria.

**CALABRIADA** n. f. Mezcla de diversos vinos, especialmente de blanco y tinto.

**CALABROTE** n. m. MAR. Cabo muy grueso, formado de guindalezas de 3 cordones, colchadas conjuntamente en sentido contrario al que lo ha sido cada una de ellas por separado.

**CALADA** n. f. Acción y efecto de calar un líquido. **2.** Acción de calar las redes. **3.** Acción y efecto de calar un vehículo. **4.** Vuelo rápido del ave de rapiña al abatirse o levantarse. **5.** *Fam.* Chupada dada a un cigarrillo, porro, puro, etc. **6.** TEXT. Abertura que forman los hilos de la urdimbre en la operación de tejer, a través de la cual pasa la lanzadera.

**CALADERO** n. m. Sitio a propósito para calar las redes de pesca.

**CALADO, A** adj. y n. m. Dícese del hueco pequeño y motivo ornamental recortado, que deja pasar la luz. **2.** En las artes industriales, dícese de cualquier parte recortada perforando la materia. ◆ n. m. **3.** Labor de aguja en una tela, sacando o juntando hilos. **4.** Labor hecha en los papeles, maderas, etc., taladrándolos y formando dibujos. **5.** Medida vertical de la parte sumergida del buque. **6.** Altura que alcanza la superficie del agua sobre el fondo. • **Calado del encendido,** posición ocupada por el pistón en el momento en que se produce la ignición o encendido del motor. || **Calado del motor,** detención del motor provocada por una alimentación insuficiente de gases carburados.

**CALADOR** n. m. *Amér.* Tubo acanalado terminado en punzón para sacar muestras de las mercaderías sin abrir los bultos que las contienen.

**CALADORA** n. f. *Venez.* Piragua grande.

**CALAFATE** o **CALAFATEADOR** n. m. El que tiene por oficio calafatear las embarcaciones.

**CALAFATEAR** v. tr. **[1]**. Cerrar junturas, en especial embutir con estopa, recubierta luego de brea o de masilla, las junturas del casco de una embarcación para que quede completamente estanco.

**CALAFATEO** n. m. Acción de calafatear.

**CALAGUASCA** n. f. *Colomb.* Aguardiente.

**CALAGURRITANO, A** adj. y n. De Calahorra.

**CALALÚ** n. m. *Cuba* y *P. Rico.* Potaje compuesto por vegetales picados y cocidos con sal, vinagre, manteca y otros condimentos.

**CALAMACO** n. m. Tela de lana, delgada y angosta.

**CALAMAR** n. m. Molusco de concha interna, comestible, con cuerpo fusiforme, dotado de un par de aletas caudales de forma triangular y diez brazos tentaculares provistos de ventosas.

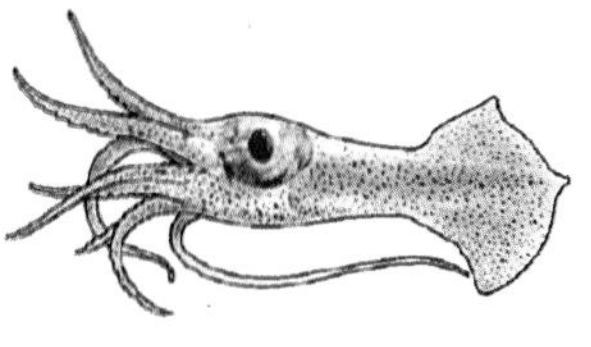

calamar

**CALAMBAC** n. m. Madera de Insulindia y de Oceanía, utilizada en carpintería.

**CALAMBRE** n. m. Contracción involuntaria, dolorosa, de aparición brusca y corta duración, que afecta a uno o varios músculos. SIN.: *rampa.*

**CALAMBUCO** n. m. Planta arbórea de América, de unos 30 m de alt., con el tronco negruzco y rugoso, inflorescencias blancas y olorosas y frutos redondos y carnosos. (Familia gutíferas.)

**CALAMIDAD** n. f. Desgracia o infortunio que alcanza a muchas personas. **2.** *Fig.* Persona desdichada por su falta de salud, torpeza, etc.

**CALAMINA** n. f. Silicato de cinc hidratado, principal mena del cinc.

**CALAMITA** n. f. Piedra imán. **2.** Brújula, aguja imanada.

**CALAMITOSO, A** adj. Que causa calamidades o es propio de ellas: *una sequía calamitosa.*

**CÁLAMO** n. m. (lat. *calamum*). Especie de flauta antigua. **2.** Caña cortada oblicuamente, utilizada en la antigüedad para escribir. **3.** *Poét.* Pluma para escribir.

**CALAMOCHA** n. f. Ocre amarillo de color muy bajo.

**CALAMOCO** n. m. Canelón, carámbano.

**CALAMÓN** n. m. Ave gruiforme de cabeza roja, lomo verde, vientre violado y pico largo y comprimido, que vive en las orillas del mar. (Familia rállidos.)

**CALAMORRO** n. m. *Chile.* Zapato bajo y ancho.

**CALANDRA** n. f. Bastidor o marco metálico, situado delante del radiador de un automóvil para protegerlo.

**CALANDRADO** n. m. Acción y efecto de calandrar. **2.** Procedimiento de fabricación de películas, láminas y planchas de material plástico.

**CALANDRADOR, RA** n. Persona que trabaja con la calandria.

**CALANDRAR** v. tr. **[1]**. Pasar el papel o la tela por la calandria.

**CALANDRIA** n. f. Ave paseriforme, de 20 cm de long., parecida a la alondra, que vive en Europa meridional y en regiones esteparias.

**CALANDRIA** n. f. Máquina de cilindros para alisar, lustrar, secar o glasear papel, tela, etc.

**CALANDRIA** n. f. *Méx.* Carruaje adornado y tirado por uno o más caballos, en el que se realizan recorridos urbanos turísticos.

**CALAÑA** n. f. Índole, calidad, naturaleza: *persona de mala calaña.*

**CALAÑÉS** adj. y n. m. Dícese del sombrero de ala vuelta hacia arriba y copa baja y más estrecha por la parte superior que por la inferior.

**CÁLAO** n. m. Ave trepadora de Asia, Insulindia y África, caracterizada por un enorme pico coronado por una protuberancia llamada casco. (Orden coraciformes.)

cálao

**CALAPÉ** n. m. *Amér.* Tortuga que se asa en su concha.

**CALAR** v. tr. **[1]**. Penetrar un líquido en un cuerpo permeable: *la lluvia caló sus zapatos.* **2.** Atravesar un instrumento otro cuerpo de una parte a otra: *calar la pared con una barrena.* **3.** Imitar la labor de encaje en las telas sacando o juntando algunos hilos. **4.** Agujerear tela, papel, metal, etc., formando dibujos. **5.** Cortar un pedazo de melón o de otras frutas con el fin de probarlas. **6.** *Fig.* y *fam.* Penetrar, comprender el motivo o secreto de una cosa o conocer las cualidades o intenciones de alguien: *una idea que cala hondo; calar a alguien a primera vista.* **7.** Armar el fusil con la bayoneta. **8.** *Amér.* Sacar con el calador una muestra en un fardo. **9.** *Colomb.* Confundir, apabullar, anonadar. **10.** MAR. Arriar o bajar un objeto resbalando sobre otro, como el mastelero, la verga, etc.: *calar la vela.* • **Calar las redes,** o **el anzuelo,** sumergir en el agua dichas artes de pesca. ◆ v. tr. y pron. **11.** Ponerse la gorra, el sombrero, etc., haciéndolos entrar mucho en la cabeza. **12.** AUTOM. Parar un vehículo debido a una insuficiente alimentación de mezcla carburada. ◆ v. intr. **13.** Alcanzar un buque en el agua determinada profundidad por la parte más baja de su casco: *esta barca cala demasiado.* ◆ **calarse** v. pron. **14.** Mojarse una persona hasta que el agua o el frío, penetrando la ropa, llegue al cuerpo: *calarse hasta los huesos.*

**CALATO, A** adj. *Perú.* Desnudo, en cueros.

**CALATRAVO, A** adj. y n. m. Dícese de los miembros de la orden militar de Calatrava.

**CALAVERA** n. f. (lat. *calvariam,* cráneo). Parte del esqueleto que corresponde a la cabeza. **2.** *Méx.* Cada una de las luces traseras de un automóvil y las pantallas de plástico que las recubren. **3.** *Perú.* Depósito para el reparto y recepción de agua. ◆ n. m. **4.** Hombre vicioso, juerguista.

**CALAVERADA** n. f. *Fam.* Acción propia del calavera.

**CALAVEREAR** v. intr. [1]. *Fam.* Hacer calaveradas.

**CÁLAZA** n. f. BOT. Punto donde el haz liberoleñoso procedente de la placenta se inserta en el óvulo.

**CALCADO** n. m. Acción de calcar.

**CALCADOR** n. m. Instrumento para calcar.

**CALCÁNEO** n. m. Hueso del tarso, que forma el saliente del talón.

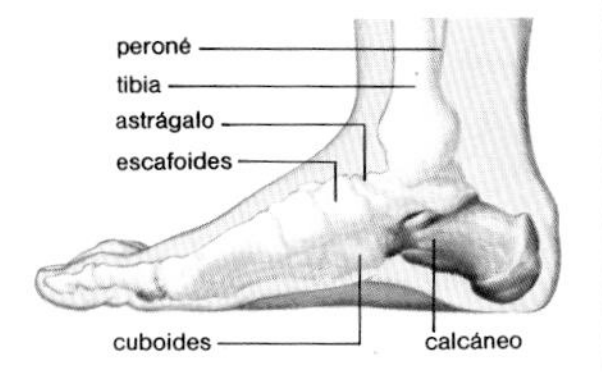


**calcáneo**

**CALCAÑAR** n. m. (lat. *calcaneum*). Parte posterior de la planta del pie.

**CALCAR** v. tr. (lat. *calcare*) [1a]. Sacar copia de un dibujo, inscripción o relieve, por contacto del original con el papel, tela, etc., a que han de ser trasladados. **2.** *Fig.* Imitar o copiar con exactitud o servilmente: *calcar los ademanes de otro.*

**CALCÁREO, A** adj. Que tiene cal.

**CALCARONE** n. m. (voz italiana). Horno al aire libre para la extracción del azufre.

**CALCE** n. m. Calza, cuña. **2.** *Amér. Central* y *Méx.* Pie de un documento.

**CALCEDONIA** n. f. Sílice traslúcida cristalizada, muy utilizada en la antigüedad en joyería. (La calcedonia rojo-anaranjada es la *cornalina;* la parda, el *sardónice;* la verde, la *crisoprasa;* la negra, el *ónice.*)

**CALCEMIA** n. f. Cantidad de calcio contenida en la sangre (normalmente 0,100 g/l).

**CALCÉS** n. m. MAR. Parte alta o cabeza de un mástil.

**CALCETA** n. f. Media, prenda femenina. • **Hacer calceta,** confeccionar a mano prendas de punto con agujas de media.

**CALCETAR** v. intr. [1]. Hacer calceta.

**CALCETÍN** n. m. Media que no pasa de la rodilla.

**CALCHA** n. f. *Chile.* Plumaje o pelusilla que en los tarsos tienen algunas aves.

**CALCHAQUÍ** adj. y n. m. y f. Relativo a un pueblo amerindio de la familia diaguita, act. extinguido, que vivía en los valles de Santa María y Quimivil (Argentina); individuo de dicho pueblo. (Los yacimientos de esta cultura prehispánica presentan restos de poblados y fortificaciones [pucarás], cerámica, instrumentos metálicos, joyas y petroglifos.)

figurilla de cerámica **calchaquí**
(museo de arqueología, La Rioja, Argentina)

**CALCHONA** n. f. *Chile.* Fantasma que asusta a los caminantes solitarios por las noches. **2.** *Chile.* Mujer vieja y fea, bruja.

**CÁLCICO, A** adj. Relativo a la cal o al calcio: *sal cálcica.*

**CALCÍCOLA** adj. Dícese de la planta que habita en suelos calizos, como la remolacha y la alfalfa.

**CALCIFEROL** n. m. Vitamina D sintética (o vitamina $D_2$), que posee propiedades contra el raquitismo.

**CALCIFICACIÓN** n. f. Acción y efecto de calcificar. **2.** Aporte y fijación de sales calcáreas en los tejidos orgánicos.

**CALCIFICAR** v. tr. [1a]. Producir artificialmente carbonato de cal. ◆ v. tr. y pron. **2.** Fijarse las sales de calcio en un tejido orgánico.

**CALCÍFUGO, A** adj. Dícese de la planta que no prospera en suelos calizos, como el castaño.

**CALCINA** n. f. Hormigón. **2.** Costra que recubre la superficie de las piedras de cantería expuestas a la intemperie. **3.** Fragmentos de cristal pulverizado. **4.** Depósito calcáreo insoluble que se forma en las calderas de vapor.

**CALCINACIÓN** n. f. Acción y efecto de calcinar.

**CALCINAMIENTO** n. m. Calcinación.

**CALCINAR** v. tr. [1]. Someter al calor una materia para que, descomponiéndose, desprenda toda sustancia volátil. **2.** Transformar piedras calizas en cal por acción del fuego. **3.** Quemar: *el fuego calcinó el edificio.*

**CALCIO** n. m. Metal blanco y blando (Ca), de número atómico 20, masa atómica 40,08, densidad 1,54 y punto de fusión 810 °C, que se obtiene descomponiendo su cloruro por una corriente eléctrica. (Descompone el agua a temperatura ordinaria. Algunos de sus compuestos, óxido e hidróxido [cal], carbonato [caliza], sulfato [yeso], etc., son materiales de primera utilidad.)

**CALCIOTERMIA** n. f. METAL. Operación de reducción, que permite la obtención de ciertos metales (uranio, plutonio y torio) por la acción del calcio.

**CALCITA** n. f. Carbonato natural de calcio cristalizado ($CO_3Ca$), que constituye la ganga de numerosos filones.

**CALCITONINA** n. f. Hormona de la tiroides que reduce las tasas en sangre de calcio y de fósforo, impidiendo la reabsorción ósea.

**CALCIURIA** n. f. Tasa de calcio en la orina (normalmente de 150 a 300 mg cada 24 horas).

**CALCO** n. m. Copia obtenida calcando. **2.** *Fig.* Plagio, imitación o reproducción muy próxima al original. **3.** LING. Transposición de una palabra o de una construcción de una lengua a otra, por traducción: *el español* rascacielos *es un calco del inglés americano* skyscraper.

**CALCOGRAFÍA** n. f. Arte de grabar en cobre. **2.** Establecimiento en que se conservan las planchas de cobre originales y en el que se venden los grabados o copias obtenidos con ellas.

**CALCOLÍTICO, A** adj. y n. m. Dícese del período prehistórico de transición entre el neolítico y la edad de bronce, en el que las industrias líticas conservan su papel predominante, a pesar del incipiente trabajo del metal. SIN.: *eneolítico.*

**CALCOMANÍA** n. f. Procedimiento que permite transportar imágenes coloreadas sobre una superficie para decorarla. **2.** Imagen obtenida por dicho procedimiento. **3.** El papel que tiene la figura, antes de transportarla.

**CALCOPIRITA** n. f. Sulfuro doble natural de cobre y hierro ($CuFeS_2$).

**CALCOSINA** n. f. Sulfuro natural de cobre ($Cu_2S$).

**CALCULABLE** adj. Que puede reducirse a cálculo.

**CALCULADOR, RA** adj. y n. Que calcula. **2.** Dícese de la persona que calcula con interés exclusivamente material la conveniencia de las cosas. ◆ adj. y n. f. **3.** Dícese de la máquina de tratamiento de la información, que puede efectuar cálculos simples y, a veces, operaciones de cierta complejidad (por ej.: funciones trigonométricas). ◆ n. m. **4.** Máquina para el tratamiento de la información, capaz de efectuar cálculos importantes que comprenden numerosas operaciones aritméticas o lógicas.

**CALCULAR** v. tr. [1]. Hacer las operaciones necesarias para determinar el valor de una cantidad cuya relación con el de otra u otras dadas se conoce. **2.** Conjeturar, considerar: *calcular varias posibilidades.* • **Máquina de calcular,** instrumento con cuya ayuda se realizan ciertos cálculos aritméticos, especialmente el que funciona mecánicamente.

**CÁLCULO** n. m. (lat. *calculum,* piedrecilla). Acción de calcular: *cálculo algebraico.* **2.** Conjetura: *adivinar por cálculos.* **3.** Concreción patológica que se forma en el interior de algún tejido o conducto. • **Cálculo algebraico,** el que se refiere a las expresiones algebraicas. ‖ **Cálculo aritmético,** el que se hace con números exclusivamente y algunos signos convencionales. ‖ **Cálculo diferencial,** el relativo a las derivadas y las diferenciales. ‖ **Cálculo infinitesimal,** conjunto del cálculo diferencial y del cálculo integral. ‖ **Cálculo integral,** el relativo a las integrales. ‖ **Cálculo mental,** cálculo aritmético efectuado mentalmente, sin recurrir a la escritura. ◆ **cálculos** n. m. pl. **4.** Mal de piedra.

**CALCULOSO, A** adj. y n. MED. Relativo a los cálculos; afecto de esta enfermedad.

**CALDA** n. f. Acción de introducir combustible en los hornos de fundición, para producir en ellos un aumento de temperatura. • **Dar una calda,** recalentar en la fragua el hierro candente cuando pierde su color rojo brillante. ◆ **caldas** n. f. pl. **2.** Baños de aguas minerales calientes.

**CALDARIO** n. m. ANT. ROM. Sala donde se tomaban los baños de agua caliente y los de vapor.

**CALDEAR** v. tr. y pron. [1]. Calentar: *el sol caldeaba la habitación.* **2.** *Fig.* Animar, entusiasmar: *caldear los ánimos.* **3.** Excitar propiciando la riña. **4.** Hacer ascua el hierro, para trabajarlo o para soldar un trozo con otro.

**CALDEO, A** adj. y n. Relativo a un pueblo emparentado con los arameos que hacia 1000 a. J.C. se instaló en Caldea, donde fundó varios principados; individuo de este pueblo. (Ocuparon el trono de Babilonia en tres ocasiones durante el s. VIII a. J.C.) **2.** Dícese de los nestorianos de oriente.

**CALDEO** o **CALDEAMIENTO** n. m. Acción y efecto de caldear. **2.** Operación que consiste en producir por combustión el calor necesario para la calefacción industrial o doméstica. • **Superficie de caldeo,** superficie de una caldera expuesta a la acción del fuego. (Se distinguen la *superficie de caldeo directo,* sometida a la irradiación del hogar, y la *superficie de caldeo indirecto,* formada por el haz tubular atravesado por los gases calientes.)

**CALDERA** n. f. (lat. *caldariam*). Generador de vapor de agua o de agua caliente (a veces de otro fluido), que sirve para calefacción o para la producción de energía. **2.** Recipiente metálico que se utiliza para calentar, cocer, hervir, etc. **3.** Calderada: *una caldera de aceite.* **4.** *Argent.* y *Chile.* Pava, tetera o vasija para hacer el mate. **5.** GEOGR. Vasto cráter circular, de diámetro kilométrico, con bordes internos tallados en un apilamiento de coladas y originado por una explosión o un hundimiento a lo largo de fallas concéntricas. • **Calderas de Pedro Botero** (*Fig.* y *fam.*), infierno.

**CALDERADA** n. f. Lo que cabe de una vez en una caldera.

**CALDERERÍA** n. f. Oficio de calderero. **2.** Tienda y barrio en que se hacen o venden calderas. **3.** Conjunto de obras o fabricaciones de dicha industria. **4.** Parte o sección de los talleres de metalurgia donde se cortan, forjan, entraman y unen barras y planchas de hierro o de acero.

**CALDERERO, A** n. Persona que hace, repara o vende obras de calderería.

**CALDERETA** n. f. Guisado de pescado, de cordero o de cabrito.

**CALDERETERO** n. m. *Guat.* Persona que hace o vende calderos.

**CALDERILLA** n. f. Moneda fraccionaria, en especial la acuñada en cobre.

**CALDERO** n. m. (lat. *caldarium*). Caldera pequeña de fondo casi semiesférico. **2.** Lo que cabe en esta vasija. • **Caldero de colada** (METAL.), recipiente revestido interiormente de material refractario, destinado a recibir el metal en fusión a la salida del cubilote o del horno.

**CALDERÓN** n. m. MÚS. Signo que representa la suspensión más o menos larga del compás.

**CALDERONIANO, A** adj. Propio y característico de Calderón de la Barca o semejante a su estilo.

**CALDILLO** n. m. *Méx.* Salsa líquida que se prepara

con tomate, cebolla y especias, y con la que se sazonan todo tipo de verduras y carnes.

**CALDO** n. m. (lat. *calidum*). Alimento líquido que se obtiene haciendo hervir en agua carne, verduras, pescado, etc. **2.** Cualquiera de los jugos vegetales destinados a la alimentación, como el vino, aceite, sidra, etc. **3.** *Chile.* Disolución concentrada y caliente de nitratos. **4.** *Méx.* Jugo de la caña de azúcar, guarapo. • **Caldo de cultivo,** líquido preparado como medio de cultivo bacteriológico; medio favorable: *la pobreza es el caldo de cultivo de la delincuencia.* ‖ **Hacer el caldo gordo** a alguien *(Fam.)*, proceder de modo que se le favorece involuntariamente. ‖ **Poner a caldo** *(Fam.)*, reprender con dureza a alguien.

**CALDOSO, A** adj. Que tiene caldo.

**CALDUCHO** n. m. *Chile.* Fiesta ocasional que realizan los estudiantes en la sala de clase.

**CALDUDA** n. f. *Chile.* Empanada caldosa de ají, pasas, huevos y aceitunas.

**CALÉ** adj. y n. m. y f. Gitano.

**CALEDONIANO, A** adj. Relativo a Caledonia. • **Plegamiento caledoniano,** plegamiento primario que tuvo lugar a fines del silúrico y que afectó sobre todo a Escocia y Escandinavia.

**CALEFACCIÓN** n. f. (lat. *calefactionem*). Acción y efecto de calentar o calentarse. **2.** Sistema de caldear. **3.** Conjunto de aparatos destinados a calentar un edificio. **4.** Fenómeno por el cual una gota de agua dispuesta sobre una placa muy caliente queda sostenida por el vapor que emite. • **Calefacción central,** distribución de calor a varias habitaciones de una casa, a partir de una fuente única.

**CALEFACTOR, RA** n. Persona que construye, instala o repara aparatos de calefacción. ◆ n. m. **2.** Aparato que sirve para calentar una habitación.

**CALEIDOSCÓPICO, A** adj. Calidoscópico.

**CALEIDOSCOPIO** n. m. Calidoscopio.

**CALENDARIO** n. m. (lat. *calendarium*). Sistema de división del tiempo. **2.** Cuadro de los días, semanas, meses y fiestas del año.

■ El calendario actual procede del calendario romano reformado por Julio César (46 a. J.C.), quien, con el fin de adecuar el calendario al año astronómico, basado en el ciclo de las estaciones (rotación de la Tierra en torno al Sol), introdujo un año bisiesto cada cuatro años. Con ello, la duración media del año civil era de 365,25 días, cifra más acorde con el año astronómico real (365,242 días), pero todavía sensiblemente inexacta. El error acumulado, que a fines del s. XVI era ya de unos 10 días, provocó la necesidad de un ajuste. La reforma, acometida por el papa Gregorio XIII en 1592 *(calendario gregoriano)*, restableció la concordancia y evitó futuras derivas eliminando ciertos años bisiestos (el último año de cada siglo sólo es bisiesto si su número es divisible por 400).

**calendario:** en el centro, el rostro del dios solar Tonatluh sacando la lengua para reclamar sangre humana (1325-1521, arte azteca, piedra procedente de los cimientos de la catedral de México)
[museo nacional de antropología, México]

**CALENDAS** n. m. pl. Para los romanos, primer día del mes. **2.** *Fam.* Época o tiempo pasado. • **Calendas griegas** *(Irón.)*, tiempo que no ha de llegar.

**CALÉNDULA** n. f. Planta herbácea o vivaz, de capítulos terminales solitarios o en cimas. (Familia compuestas.)

**CALENTADOR, RA** adj. Que calienta. ◆ n. m. **2.** Recipiente o aparato para calentar. **3.** Aparato que mediante gas, electricidad, etc., sirve para calentar el agua.

**CALENTAMIENTO** n. m. Acción y efecto de calentar o calentarse.

**CALENTAR** v. tr. y pron. **[1j]**. Hacer subir la temperatura. **2.** Azotar, dar golpes. ◆ v. tr. **3.** *Fig.* Enardecer, animar: *calentar los ánimos apagados.* **4.** *Vulg.* Excitar sexualmente. **5.** *Fig.* Enfervorizar en una disputa. ◆ v. tr. e intr. **6.** DEP. Desentumecer los músculos antes de practicar un deporte.

**CALENTÓN** n. m. Acción de calentarse deprisa o fugazmente.

**CALENTURA** n. f. Fiebre, elevación de la temperatura del cuerpo. **2.** *Argent. Fam.* Entusiasmo, deseo vehemente. **3.** *Argent. Vulg.* Excitación sexual. **4.** *Chile.* Tisis. **5.** *Colomb.* Rabieta, cólera. **6.** *Cuba.* Descomposición por fermentación del tabaco.

**CALENTURIENTO, A** o **CALENTUROSO, A** adj. y n. Que tiene indicios de calentura. **2.** Exaltado, excitado. ◆ adj. **3.** *Chile.* Tísico.

**CALENTURÓN** n. m. Fiebre alta que dura poco.

**CALERA** n. f. Cantera que da la piedra caliza. **2.** Horno de cal.

**CALERO** n. m. Obrero que trabaja en la fabricación de cal.

**CALESA** n. f. (fr. *calèche*). Vehículo hipomóvil de dos o cuatro ruedas, con la caja abierta por delante y capota de vaqueta.

**CALESERA** n. f. Chaqueta con adornos, al estilo de la que usan los caleseros andaluces. **2.** Cante popular andaluz.

**CALESERO, A** n. Conductor de calesas.

**CALESÍN** n. m. Carruaje ligero de cuatro ruedas y dos asientos, tirado por una sola caballería.

**CALESITA** n. f. *Amér. Merid.* Tiovivo, carrusel.

**CALETA** n. f. Cala o ensenada pequeña. **2.** *Venez.* Gremio de cargadores de mercancías en los puertos de mar.

**CALETERO** n. m. *Venez.* Operario perteneciente a una caleta.

**CALETRE** n. m. *Fam.* Tino, discernimiento, capacidad: *tener mucho caletre.*

**CALIBRADO** n. m. Acción y efecto de calibrar. SIN.: *calibración.*

**CALIBRADOR** n. m. Aparato que sirve para calibrar.

**CALIBRAR** v. tr. **[1]**. Medir o reconocer el calibre de las armas de fuego, proyectiles, alambre o de otros tubos. **2.** Dar al alambre, al proyectil o al ánima del arma el calibre que se desea. **3.** *Fig.* Medir la calidad, importancia u otras cualidades de algo o alguien: *calibrar el talento de alguien, el alcance de un problema.*

**CALIBRE** n. m. Diámetro interior de un cilindro hueco. **2.** *Fig.* Tamaño, importancia, clase: *estos hechos son de otro calibre.* **3.** ARM. Diámetro interior del ánima de una boca de fuego. **4.** ARM. Diámetro de un proyectil o grueso de un alambre. **5.** ARM. Relación entre la longitud del tubo y el diámetro del ánima de una boca de fuego. (Un cañón de 100 mm se llama de calibre 70 si su tubo mide 7 m.) **6.** TECNOL. Instrumento que sirve de medida o patrón en un taller.

**CALICANTO** n. m. Mampostería, obra hecha con mampuestos.

**CALICATA** n. f. MIN. Reconocimiento de un terreno, en busca de minerales o aguas.

**CALICHE** n. m. Piedrecilla que queda en el barro y que se calcina al cocerlo. **2.** Costrilla de cal que se desprende del enlucido de las paredes. **3.** Señal que queda en la fruta por haber recibido algún daño. **4.** *Bol., Chile* y *Perú.* Nitrato de sosa.

**CALICHERA** n. f. *Bol., Chile* y *Perú.* Yacimiento de caliche.

**CALICIFORME** adj. Que tiene forma de cáliz.

**CALICÓ** n. m. Tela delgada de algodón.

**CALÍCULO** n. m. BOT. Conjunto de brácteas situadas junto a la parte externa del cáliz en algunas flores, como el clavel, la fresa, etc.

**CALIDAD** n. f. (lat. *qualitatem*). Conjunto de cualidades que constituyen la manera de ser de una persona o cosa: *la calidad humana; producto de mala calidad.* **2.** Carácter, genio, índole. **3.** Superioridad en su línea, categoría: *un vino de calidad.* **4.** Importancia o gravedad de una cosa: *la calidad de un problema.* **5.** Consideración social, civil o política: *calidad de ciudadano.* • **De calidad,** excelente. ‖ **En calidad de,** con el carácter o la investidura de: *ir en calidad de jefe.* ◆ **calidades** n. f. pl. **6.** Prendas morales: *persona de buenas calidades.*

**CÁLIDO, A** adj. Caluroso, caliente: *país cálido.* **2.** Caluroso, afectuoso: *unos cálidos aplausos.* **3.** Dícese del colorido en que predominan los matices dorados o rojizos.

**CALIDOSCÓPICO, A** o **CALEIDOSCÓPICO, A** adj. Relativo al calidoscopio.

**CALIDOSCOPIO** o **CALEIDOSCOPIO** n. m. Aparato formado por un tubo opaco que contiene varios espejos dispuestos de forma tal que unos pequeños objetos coloreados situados dentro del tubo se ven formando dibujos simétricos. **2.** *Fig.* Lo que hace ver las cosas bajo su aspecto agradable.

**CALIENTAMANOS** n m. (pl. *calientamanos*). Esfera hueca de metal, que contenía brasas y servía para calentarse las manos.

**CALIENTAPIÉS** n m. (pl. *calientapiés*). Braserillo para calentar los pies.

**CALIENTAPLATOS** n. m. (pl. *calientaplatos*). Aparato que sirve para calentar los platos que se han de servir a la mesa.

**CALIENTASILLAS** adj. y n. m. y f. (pl. *calientasillas*). Dícese de la persona que prolonga mucho sus visitas o que pasa largo tiempo en las antesalas.

**CALIENTE** adj. Dotado de calor: *agua caliente.* **2.** *Fig.* Acalorado, fogoso: *una caliente discusión.* **3.** *Vulg.* Excitado sexualmente. **4.** *Colomb.* Dícese de la persona valiente y atrevida. • **Dinero caliente** (ECON.), capitales que pasan rápidamente de un sitio a otro para aprovechar las variaciones de los tantos por ciento de interés. SIN.: *hot money.* ‖ **En caliente,** al instante.

**CALIFA** n. m. Jefe supremo del islam, sucesor de Mahoma.

**CALIFAL** adj. Relativo a los califas o al califato.

**CALIFATO** n. m. Dignidad de califa. **2.** Tiempo que duraba su gobierno. **3.** Territorio de su jurisdicción. **4.** Período histórico durante el que gobierna una misma dinastía califal.

**CALIFICABLE** adj. Que se puede calificar.

**CALIFICACIÓN** n. f. Acción y efecto de calificar. **2.** Nota que obtiene el examinando. **3.** DER. Apreciación que cada una de las partes hace de los hechos, los preceptos legales aplicables y sus efectos con respecto a los acusados. • **Calificación**

**profesional,** determinación de la categoría profesional de los trabajadores.

**CALIFICADO, A** adj. Dícese de la persona que tiene autoridad, mérito y respeto: *médico calificado.* **2.** Dícese de la cosa que tiene todos los requisitos necesarios.

**CALIFICADOR, RA** adj. y n. Que califica.

**CALIFICAR** v. tr. [**1a**]. Apreciar o determinar las cualidades de una persona o cosa: *la califican de inteligente; calificar una idea de muy acertada.* **2.** En un examen, resolver las notas que se han de dar al examinando. **3.** *Fig.* Ennoblecer, ilustrar. **4.** GRAM. Expresar la cualidad, la manera de ser: *el adjetivo califica al nombre.*

**CALIFICATIVO, A** adj. Que califica. ◆ adj. y n. m. **2. Adjetivo calificativo** → ***adjetivo***.

**CALIFORNIANO, A** adj. y n. De California.

**CALIFORNIO** n. m. Elemento químico radiactivo (Cf), de número atómico 98, que se obtiene artificialmente.

**CÁLIGA** n. f. Calzado militar usado por los soldados romanos.

**CALÍGINE** n. f. Niebla, oscuridad. **2.** *Fam.* Bochorno.

**CALIGINOSO, A** adj. Denso, oscuro, nebuloso.

**CALIGRAFÍA** n. f. (gr. *kalligraphia,* hermosa escritura). Arte de escribir con letra correctamente formada. **2.** Conjunto de rasgos que caracterizan la escritura.

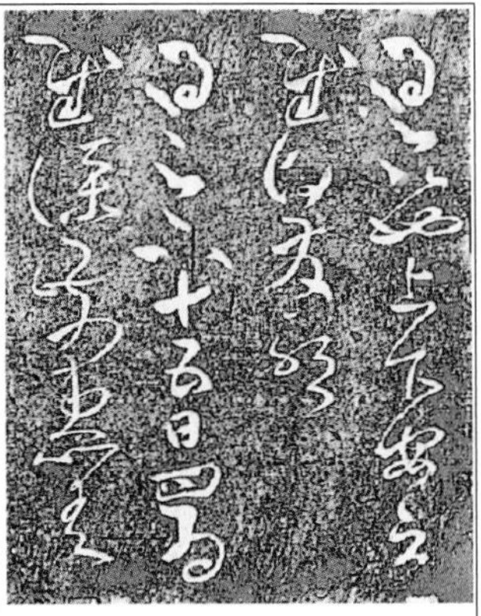

**caligrafía** china (s. VIII) [col. part.]

**CALIGRAFIAR** v. tr. [**1t**]. Escribir con letra caligráfica.

**CALIGRÁFICO, A** adj. Relativo a la caligrafía.

**CALÍGRAFO, A** n. Persona que escribe a mano con letra excelente. **2.** Persona que tiene especiales conocimientos de caligrafía.

**CALIGRAMA** n. m. Texto, muy a menudo poético, cuyas palabras están dispuestas de tal modo que representan los objetos que constituyen el tema del pasaje o del poema.

**CALILLA** n. f. *Amér. Fam.* Molestia, pejiguera. **2.** *Chile.* Deudas. **3.** *Chile. Fam.* Calvario, serie de adversidades. **4.** *Guat.* y *Hond.* Persona molesta o pesada.

**CALIMBA** n. f. *Cuba.* Hierro para marcar los animales.

**CALIMOCHO** n. m. Bebida preparada con vino tinto y refresco de cola.

**CALINA** o **CALIMA** n. f. Accidente atmosférico, propio del verano, que enturbia el aire con partículas en suspensión.

**CALIPSO** n. m. Canción y baile de dos tiempos, originarios de Jamaica.

**CALIPTRA** n. f. Envoltura que protege la extremidad de la raíz de los vegetales.

**CALITRÍCIDO, A** adj. y n. m. Hapálido.

**CÁLIZ** n. m. (lat. *calix*). Vaso sagrado en el que el sacerdote consagra el vino en la misa. **2.** *Fig.* Aflicción: *apartа de mí ese cáliz.* **3.** Conjunto de los sépalos de una flor. **4.** ANAT. Parte de la pelvis renal a la que abocan los tubos uriníferos.

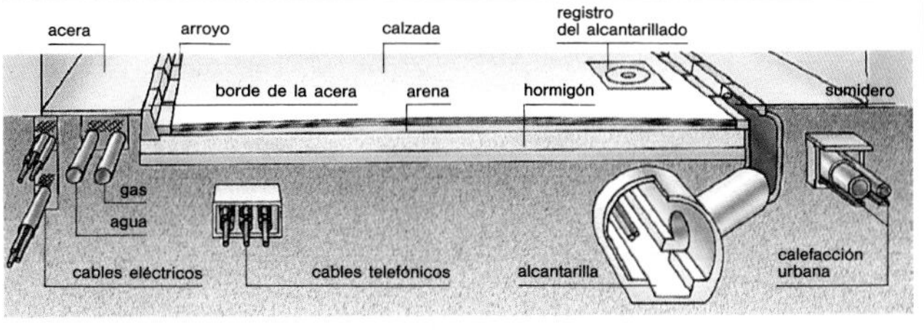


**calle:** sección con las distintas canalizaciones, los cables de distribución y la red de alcantarillado

**CALIZA** n. f. Roca sedimentaria constituida principalmente por carbonato cálcico.

**CALIZO, A** adj. Que contiene cal: *terreno calizo.* • **Relieve calizo,** relieve cársico*.

**CALLA** n. f. (voz quechua). *Amér.* Palo puntiagudo, usado para sacar plantas con sus raíces y abrir hoyos para sembrar.

**CALLADA** n. f. Silencio o efecto de callar. • **Dar la callada por respuesta** *(Fam.),* dejar intencionadamente de contestar.

**CALLADO, A** adj. Silencioso, reservado. **2.** Dícese de lo hecho con silencio o reserva.

**CALLAMPA** n. f. *Chile.* Hongo, seta. **2.** *Chile.* Barraca, chabola. **3.** *Chile.* Sombrero de fieltro. • **Población callampa** *(Chile),* barrio marginal de chabolas.

**CALLANA** n. f. (voz quechua). *Amér. Merid.* Vasija tosca que usan los indios para tostar maíz, trigo, etc.

**CALLANDICO** o **CALLANDITO** adv. m. *Fam.* En silencio, con disimulo: *retirarse callandito.*

**CALLANUDO, A** adj. *Chile.* Insolente, descarado.

**CALLAO** n. m. Guijarro, piedra pulida.

**CALLAR** v. intr. y pron. [**1**]. No hablar, guardar silencio. **2.** Cesar de emitir un sonido, especialmente parar de hablar: *dicho esto, calló.* **3.** Abstenerse de manifestar lo que se siente o lo que se sabe: *callaré por respeto.* **4.** Dejar de hacer ruido el mar, el viento, una máquina, etc. ◆ v. tr. y pron. **5.** Tener reservada una cosa. • **¡Calla!** *(Fam.),* denota extrañeza o sorpresa. ‖ **Callar la boca** *(Fam.),* permanecer en silencio, guardar secreto.

**CALLE** n. f. Vía entre edificios o solares en una población. **2.** Conjunto de calles, plazas, etc., que forman una población. **3.** Pueblo, gente sin caracteres relevantes dentro de la sociedad: *lenguaje de la calle.* **4.** Moradores de las casas de una calle: *saber algo toda la calle.* **5.** Cada una de las zonas de una pista de atletismo o de una piscina, en que cada concursante debe mantenerse a lo largo de la carrera. **6.** HIST. Nombre que se daba en la edad media a los pueblos que dependían de otro. • **Dejar en la calle** *(Fam.),* privar del medio de vida. ‖ **Echarse a la calle,** salir de casa; amotinarse. ‖ **Estar al cabo,** o **al final, de la calle** *(Fam.),* estar en la solución de un asunto. ‖ **Hacer la calle,** buscar la prostituta clientes en la calle. ‖ **La calle de la amargura,** situación difícil, por lo común aflictiva o angustiosa: *ir por la calle de la amargura.* ‖ **Llevar de calle** *(Fam.),* atraer, despertar un fuerte interés.

**CALLEJEAR** v. intr. [**1**]. Andar frecuentemente de calle en calle sin un propósito determinado.

**CALLEJEO** n. m. Acción y efecto de callejear.

**CALLEJERO, A** adj. Relativo a la calle: *perro callejero.* **2.** Que gusta de callejear. ◆ n. m. **3.** Lista de las calles de una ciudad.

**CALLEJÓN** n. m. Paso estrecho y largo entre paredes, casas o elevaciones del terreno. **2.** TAUROM.

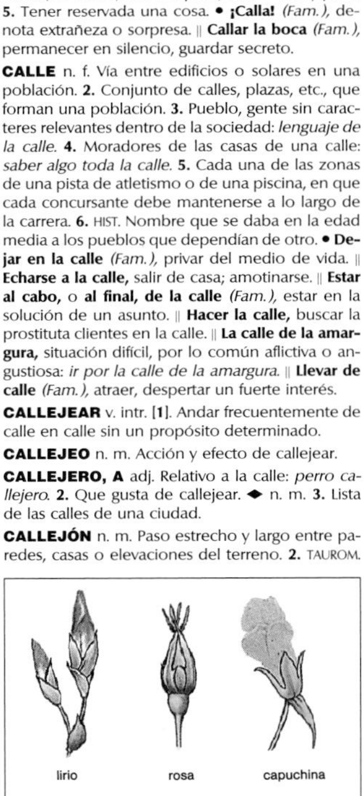


**cáliz** de algunas flores

Espacio entre la barrera y el muro de la plaza en que empieza el tendido. • **Callejón sin salida** *(Fam.),* negocio o conflicto de muy difícil o de imposible resolución: *estar en un callejón sin salida.*

**CALLEJUELA** o **CALLEJA** n. f. Calle de poca importancia, estrecha o corta.

**CALLICIDA** adj. y n. m. Dícese de la sustancia que destruye las formaciones callosas de la piel.

**CALLISTA** n. m. y f. Pedicuro.

**CALLO** n. m. Formación hiperqueratósica, dolorosa, enclavada, que se forma generalmente en los dedos de los pies. **2.** Cualquiera de los extremos de la herradura. **3.** *Fig.* y *fam.* Persona fea. **4.** Cicatriz de un hueso fracturado. **5.** BOT. Masa de celulosa gelificada que, en invierno, obstruye los tubos cribosos de algunas plantas, como la viña. • **Dar el callo** (*Fig.* y *fam.*), trabajar mucho. ◆ **callos** n. m. pl. **6.** Pedazos del estómago de la vaca, ternera o carnero, que se comen guisados.

**CALLOSIDAD** n. f. Engrosamiento y endurecimiento de la epidermis.

**CALLOSO, A** adj. Que tiene callo. **2.** Relativo a él. • **Cuerpo calloso,** sustancia blanca que une los dos hemisferios cerebrales.

**CALMA** n. f. Estado de la atmósfera o del mar cuando no hay viento. **2.** *Fig.* Cesación o suspensión de alguna cosa: *calma en el dolor.* **3.** Paz, tranquilidad, serenidad: *perder la calma; pensar con calma.* **4.** *Fig.* y *fam.* Cachaza, pachorra: *tener mucha calma.* • **Calma chicha,** estado de la atmósfera, especialmente en el mar, cuando el aire está en completa quietud. ‖ **Calmas ecuatoriales,** zona de vientos débiles que corresponden a la región del globo donde se producen esencialmente importantes movimientos ascendentes. ‖ **En calma,** sosegado: *mar en calma.*

**CALMADO, A** adj. METAL. Dícese del acero que al solidificarse no retiene aprisionados los gases disueltos en su masa.

**CALMANTE** adj. y n. m. Dícese de los medicamentos que calman el dolor.

**CALMAR** v. tr. y pron. [**1**]. Sosegar, adormecer, templar. **2.** Aliviar o moderar el dolor, la violencia, etc. ◆ v. intr. y pron. **3.** Estar en calma o tender a ella.

**CALMECAC** n. m. (voz náhuatl). Entre los aztecas, escuelas en las que se educaba a los jóvenes de elevada estirpe.

**CALMO, A** adj. Que está en descanso. **2.** *Argent., Chile* y *Urug.* Sosegado, tranquilo.

**CALMOSO, A** adj. Que está en calma: *tiempo calmoso.* **2.** *Fam.* Cachazudo o indolente.

**CALMUCO, A** adj. y n. Relativo a un pueblo mongol que vive en Rusia, Mongolia y en el Xinjiang; individuo de este pueblo. (En 1643, una de sus tribus se estableció en el bajo Volga, donde se encuentra la *República de Kalmukia* [Rusia].)

**CALÓ** n. m. Lenguaje o dialecto propio de los gitanos.

**CALOGERO, A** adj. y n. Relativo a la orden de san Basilio; miembro de dicha orden. **2.** Dícese del monje griego en general.

**CALOMELANOS** n. m. pl. Cloruro mercurioso, empleado antiguamente como colerético y purgante.

**CALOR** n. m. Temperatura elevada de un cuerpo: *el calor del sol.* **2.** Temperatura elevada de la atmósfera: *hoy hace mucho calor.* **3.** Sensación que experimenta el cuerpo animal cuando recibe calor del exterior: *sentir calor.* **4.** *Fig.* Ardor, actividad, viveza: *aplaudir, defender con calor.* **5.** *Fig.* Afecto, interés: *buscar el calor de alguien.* **6.** *Fig.* Lo más fuerte y vivo de una acción. **7.** Elevación de la temperatura normal del cuerpo: *el calor de la fiebre.* **8.** *Argent.* y *Urug. Fig.* y *fam.* Vergüenza, pena: *dar un calor; pasar un calor.* **9.** FÍS. Una de las formas de la energía, capaz de elevar la temperatura y dilatar, fundir, vaporizar o descomponer un cuerpo. • **Al calor de,** al amparo de, con la ayuda de. ‖ **Calor animal** (FISIOL.), calor producido por las reacciones del catabolismo que tienen lugar en cualquier animal. ‖ **Calor específico,** cantidad de calor necesaria para aumentar en 1 °C la temperatura de la unidad de masa de una sustancia. ‖ **Tomar con calor** una cosa, poner mucha diligencia en ejecutarla.

**CALORÍA** n. f. Unidad de energía térmica, equivalente a la cantidad de calor necesaria para elevar la temperatura de un gramo de agua en un grado centígrado, de 14,5 °C, a 15,5 °C, a la presión normal. (Su valor es de 4,185 julios y se indica con el símbolo cal.)

**CALÓRICO, A** adj. Relativo al calor o a las calorías. ◆ n. m. **2.** Supuesto fluido al que se atribuía la capacidad de servir de vehículo para la propagación del calor.

**CALORÍFERO, A** adj. Que conduce y propaga el calor. ◆ n. m. **2. Calorífero de aire,** aparato destinado a la calefacción de las casas por aire caliente.

**CALORIFICACIÓN** n. f. Producción de calor en el organismo.

**CALORÍFICO, A** adj. Que produce calor. • **Capacidad calorífica,** producto de la masa de un cuerpo por su calor específico. ‖ **Valor calorífico de un alimento,** cantidad de kilocalorías que proporciona un alimento determinado.

**CALORÍFUGO, A** adj. Que se opone a la transmisión del calor. **2.** Incombustible, que no se puede quemar.

**CALORIMETRÍA** n. f. Parte de la física que se ocupa de la medida de las cantidades de calor.

**CALORÍMETRO** n. m. Aparato que sirve para medir las cantidades de calor suministradas o recibidas por un cuerpo.

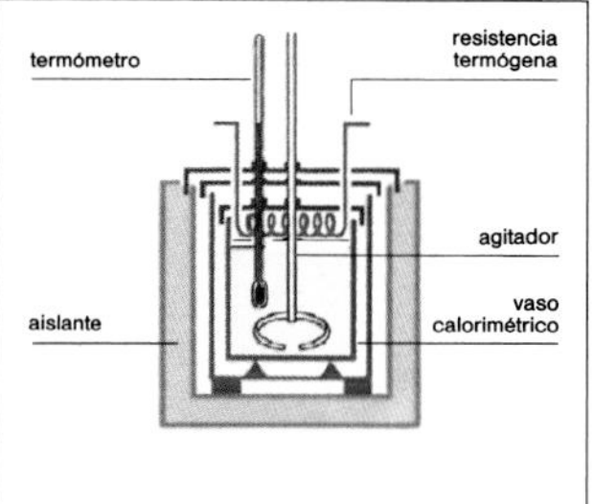


**calorímetro** eléctrico

**CALORINA** n. f. Calor fuerte y sofocante, bochorno.

**CALORIZACIÓN** n. f. Cementación de los metales mediante aluminio.

**CALORRO, A** adj. *Fam.* Gitano.

**CALOSTRO** n. m. Líquido amarillento y opaco secretado por las glándulas mamarias durante los primeros días que siguen al parto.

**CALOTA** n. f. Parte superior de la bóveda craneal.

**CALPIXQUE** n. m. Mayordomo o capataz a quien los encomenderos encargaban del gobierno de los indios, de su repartimiento y del cobro de tributos.

**CALPUL** n. m. *Guat.* Asamblea, reunión. **2.** *Hond.* Montículo que indicaba el emplazamiento de antiguos pueblos aborígenes.

**CALPULLI** n. m. (voz náhuatl). En el México prehispánico, territorio en que habitaba un clan o linaje.

**CALUMA** n. f. *Perú.* Paso en la cordillera de los Andes.

**CALUMET** n. m. Pipa de tubo largo, utilizada por los indios de América del Norte.

**CALUMNIA** n. f. (lat. *calumniam*). Acusación falsa, hecha maliciosamente para causar daño. **2.** DER. Falsa imputación de un delito de los que dan lugar a procedimiento de oficio.

**CALUMNIAR** v. tr. [**1**]. Levantar calumnias.

**CALUMNIOSO, A** adj. Que contiene calumnia.

**CALUNGO** n. m. *Colomb.* y *Venez.* Perro de pelo rizado.

**CALUROSO, A** adj. Que tiene o causa calor: *tiempo caluroso.* **2.** *Fig.* Vivo, ardiente: *un caluroso recibimiento.*

**CALUYO** n. m. *Bol.* Baile indígena con zapateado.

**CALVA** n. f. Parte de la cabeza de la que se ha caído el pelo. **2.** Parte pelada de una piel, felpa, sembrado, arbolado, etc. **3.** Parte superior de la pieza de la armadura que cubre la cabeza.

**CALVADOS** n. m. (pl. *calvados*). Aguardiente de sidra que se prepara en Calvados.

**CALVARIO** n. m. (de *Calvario,* lugar donde Cristo fue crucificado). Vía crucis. **2.** Tema iconográfico que representa a Cristo en la cruz con acompañamiento. **3.** *Fig.* y *fam.* Sufrimiento prolongado: *su vida es un calvario.*

**CALVERIZO, A** adj. Dícese del terreno de muchos calveros.

**CALVERO** n. m. Extensión de terreno desprovista de árboles y matas en el interior de un bosque.

**CALVICIE** n. f. Pérdida o falta de los cabellos.

**CALVINISMO** n. m. Doctrina religiosa nacida del pensamiento de Calvino.

**CALVINISTA** adj. y n. m. y f. Relativo al calvinismo; partidario de esta doctrina.

**CALVO, A** adj. y n. Que sufre calvicie. ◆ adj. **2.** Dícese de la piel, felpa, paño, etc., que ha perdido el pelo. **3.** Dícese del terreno que no tiene vegetación. • **Ni tanto ni tan calvo,** expresión empleada para señalar que lo dicho es exagerado por exceso o por defecto.

**CALZA** n. f. Prenda masculina que cubría el pie y la pierna hasta los muslos. (Suele usarse en plural.) **2.** Cuña con que se calza. **3.** *Colomb.* y *Ecuad.* Empaste en la dentadura.

**CALZADA** n. f. Camino empedrado y ancho. **2.** Parte de una calle o de una carretera reservada a la circulación de vehículos. • **Calzada romana,** cualquiera de las grandes vías construidas por los romanos.

**CALZADO, A** adj. Dícese de algunos religiosos que usan zapatos, en contraposición a los descalzos. **2.** HERÁLD. Dícese del escudo dividido por dos líneas que parten del jefe y se encuentran en la punta. **3.** ZOOL. Dícese de las aves que tienen plumas hasta los pies. **4.** ZOOL. Dícese del animal cuyas extremidades tienen en su parte inferior color distinto al del cuerpo. ◆ n. m. **5.** Prenda que sirve para cubrir y resguardar el pie o la pierna.

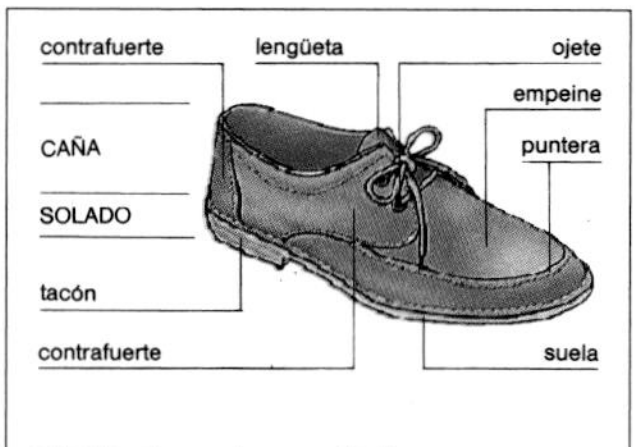


**calzado:** elementos constitutivos

**CALZADOR** n. m. Utensilio en forma de hoja acanalada, utilizado para facilitar la introducción del pie en el zapato. • **Con calzador** *(Fam.),* con dificultad, de manera forzada.

**CALZAPIÉ** n. m. Tope curvado por un extremo que, enganchado a los pedales, mantiene el pie del ciclista en posición correcta.

**CALZAR** v. tr. y pron. (lat. *calceare*) [**1g**]. Cubrir el pie y algunas veces la pierna con calzado. **2.** Poner o llevar puestos los guantes, espuelas, etc. ◆ v. tr. **3.** Proveer de calzado. **4.** Admitir las armas de fuego un proyectil de un calibre determinado. **5.** Impedir el movimiento de algo mediante la introducción de cuñas u otros objetos similares. **6.** *Colomb.* y *Ecuad.* Empastar un diente o muela.

**CALZO** n. m. Calza, cuña. ◆ **calzos** n. m. pl. **2.** Extremidad de un caballo o yegua, especialmente cuando son de color distinto al resto del cuerpo.

**CALZÓN** n. m. Prenda masculina que cubre desde la cintura hasta las rodillas. **2.** *Argent., Chile, Méx.* y *Perú.* Bragas, prenda interior femenina. (Ocasionalmente se usa en plural.) **3.** *Bol.* Guiso picante de cerdo. **4.** *Méx.* Enfermedad de la caña de azúcar. **5.** *Méx.* Slip o bragas, prenda interior masculina o femenina. • **Tener** uno **bien puestos los calzones** *(Fam.),* ser muy hombre.

**CALZONARIAS** n. f. pl. *Bol., Colomb.* y *Ecuad.* Bragas, prenda interior femenina. **2.** *Colomb.* Tirantes.

**CALZONAZOS** o **CALZORRAS** n. m. (pl. *calzonazos* o *calzorras*). *Fam.* Bragazas, hombre débil y demasiado condescendiente.

**CALZONCILLOS** n. m. pl. Prenda interior masculina que se lleva debajo de los pantalones.

**CALZONERAS** n. m. pl. *Méx.* Pantalón para montar a caballo, abierto por los dos lados que se cierran mediante botones.

**CAMA** n. f. Mueble para dormir, compuesto de un armazón de madera o metal sobre el que se coloca el colchón, almohadas, sábanas, etc. **2.** Este armazón por sí solo. **3.** Plaza para un enfermo en un establecimiento sanitario. **4.** Mullido de paja o de otras materias vegetales con que se cubre el piso de los establos. **5.** *Fig.* Sitio donde se echan a descansar los animales. • **Cama elástica** (DEP.), lona fijada sobre muelles de acero y sobre la cual se ejecutan figuras, saltando y rebotando sobre la misma; deporte así practicado. ‖ **Cama nido,** conjunto de dos camas que forman un solo mueble, en el que una se guarda debajo de la otra. ‖ **Cama redonda,** aquella en que duermen varias personas. ‖ **Cama turca,** la que no tiene cabecera, a modo de sofá sin respaldo ni brazos. ‖ **Estar en, guardar,** o **hacer, cama,** estar en ella por enfermedad.

**CAMA** n. f. (célt. *cambos,* curvo). Cada una de las barretas o palancas del bocado, en cuyos extremos inferiores se sujetan las riendas. **2.** Pieza encorvada de madera o de hierro a la cual se fijan la reja y todo el sistema del arado.

**CAMACHUELO** n. m. Ave de cabeza y alas negras, torso gris y vientre rosa, que vive en bosques y jardines. (Familia fringílidos.)

**camachuelo**

**CAMADA** n. f. Conjunto de crías de un mamífero, paridas de una sola vez. **2.** Conjunto de cosas extendidas horizontalmente de modo que puedan colocarse otras sobre ellas: *camada de ladrillos.* **3.** *Fig.* y *fam.* Cuadrilla de ladrones o de pícaros.

**CAMAFEO** n. m. Piedra dura y preciosa con un relieve tallado.

**CAMAGUA** adj. *Amér. Central* y *Méx.* Dícese del maíz que empieza a madurar, y del tardío que madura una vez seca la planta.

**CAMAGÜEYANO, A** adj. y n. de Camagüey.

**CAMAL** n. m. Cabestro o cabezón con que se ata la bestia.

**CAMALDULENSE** adj. y n. m. y f. Relativo a la orden fundada por san Romualdo en 1012 en Camaldoli, cerca de Florencia; religioso de dicha orden.

**CAMALEÓN** n. m. Pequeño reptil de los países cálidos, que cambia de color para camuflarse. (Familia camaleónidos.) **2.** *Fig.* y *fam.* Persona que muda con facilidad de parecer.

**CAMALEÓNICO, A** adj. Relativo a la persona voluble.

**CAMALERO** n. m. *Perú.* Matarife.

**CAMALOTE** n. m. Planta acuática, de tallo largo y hueco, hoja en forma redondeada y flores azules. (Familia pontederiáceas.) **2.** Conjunto de estas plantas que, enredadas con otras de diferentes especies, forman como islas flotantes. **3.** *Amér. Merid., Méx.* y *Salv.* Nombre de ciertas plantas acuáticas, especialmente de unas pontederiáceas, que crecen en las orillas de los ríos, lagunas, etc., y tienen hojas y flores flotantes.

**CAMAMA** n. f. *Vulg.* Embuste, falsedad, burla.

**CAMANCHACA** n. f. *Chile* y *Perú.* Niebla espesa y baja que va desde la costa hacia el interior.

**CAMÁNDULA** n. f. Rosario de uno o tres dieces. **2.** *Fig.* y *fam.* Marrullería, astucia, hipocresía.

**CAMANDULERO, A** adj. y n. *Fam.* Hipócrita, embustero.

**CÁMARA** n. f. Habitación o sala importante de una casa. **2.** Cualquier aposento que adquiere circunstancialmente importancia o solemnidad especial: *cámara nupcial; cámara mortuoria.* **3.** Órgano colectivo que se ocupa de los asuntos públicos de una comunidad o de los propios de una profesión o actividad: *cámara de diputados; cámara de comercio.* **4.** Aparato para la captación de imágenes, una de cuyas partes es un recinto cerrado: *cámara fotográfica; cámara de televisión; cámara de vídeo.* **5.** ARM. Espacio que ocupa la carga en las armas de fuego. **6.** ASTRON. Telescopio reflector que proporciona imágenes fotográficas de los astros observados. **7.** FÍS. Detector que permite determinar la trayectoria de una partícula, cargada por amplificación de la ionización que ella produce a su paso en un líquido o en un gas. • **Cámara alta,** senado. ‖ **Cámara baja,** asamblea legislativa que representa directamente a los ciudadanos. ‖ **Cámara clara,** aparato compuesto principalmente por prismas o espejos semiplateados, que permite superponer dos imágenes, una directa y otra por reflexión. ‖ **Cámara de aire,** tubo anular de caucho colocado alrededor de la llanta de una rueda, que se llena con aire comprimido. ‖ **Cámara de apelaciones** *(Argent.),* tribunal colegiado de segunda o última instancia. ‖ **Cámara de combustión,** parte de un motor de explosión o de una turbina de gas en la que se produce la combustión del carburante. ‖ **Cámara de compensación** (B. y BOLS.), entidad a través de la cual los organismos, sociedades y compañías financieras o suministradoras de bienes y servicios compensan las cuentas acreedoras o deudoras que pueda haber entre ellas. ‖ **Cámara de burbujas, cámara de ionización, cámara de Wilson,** instrumentos para observar y fotografiar las trayectorias de las partículas elementales. ‖ **Cámara de gas,** local donde se realizan ejecuciones capitales mediante gases tóxicos. ‖ **Cámara de representantes,** denominación de un gran número de asambleas parlamentarias, especialmente las de E.U.A. ‖ **Cámara del ojo,** cavidad del ojo separada en dos partes por el cristalino y ocupada en su parte anterior por el humor acuoso y en su parte posterior por el humor vítreo. ‖ **Cámara electrónica** (ASTRON.), dispositivo que, acoplado a un telescopio, transforma la imagen luminosa dada por el instrumento en una imagen electrónica que queda registrada sobre una placa sensible. ‖ **Cámara frigorífica,** recinto en el que se establece artificialmente una temperatura próxima a los 0 °C y que sirve para conservar materias perecederas mediante el frío. ‖ **Cámara lenta** (CIN.), rodaje acelerado de una película, para que produzca un efecto de lentitud al proyectarse las imágenes a la cadencia normal. ‖ **Cámara negra,** u **oscura,** caja cuyo interior es negro, y en una de cuyas caras se ha practicado una ligera abertura provista en general de una lente, por la que penetran los rayos difundidos por los objetos exteriores, cuya imagen se forma sobre una pantalla situada a una distancia conveniente. ‖ **Cámara sorda,** local acondicionado de tal forma que presenta el mínimo de reverberación por absorción de las ondas sonoras.

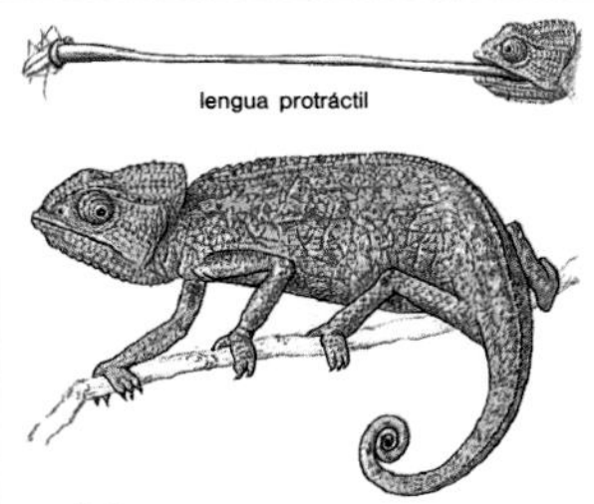

**camaleón**

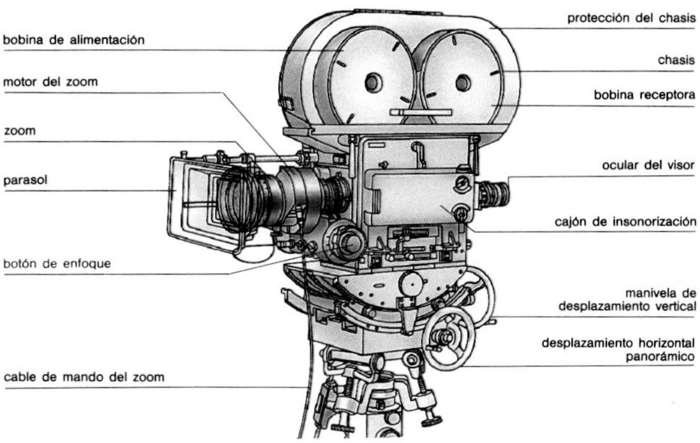

**cámara** cinematográfica profesional de 35 mm

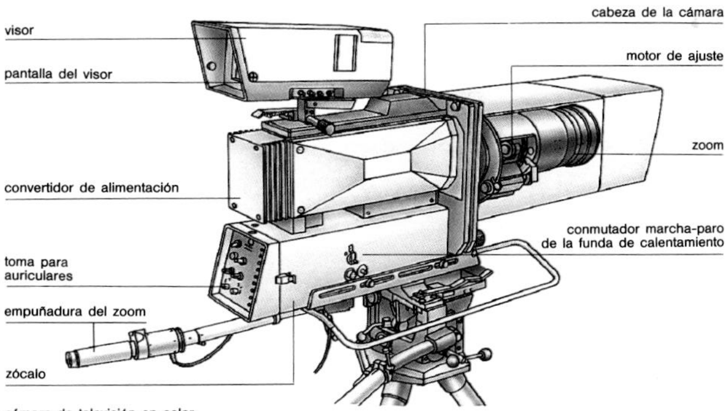

**cámara** de televisión en color

**cámaras** de cinematografía y de televisión

‖ **Chupar cámara** (*Fig.* y *fam.*), situarse en primer plano o hacerse notar en detrimento de otras personas en fotografía, televisión, etc. ◆ n. m. y f. **8.** Cameraman.

**CAMARADA** n. m. y f. Persona a quien se está unida por lazos nacidos del desempeño de actividades comunes. **2.** *Fam.* Amigo. **3.** En algunos partidos políticos, correligionario.

**CAMARADERÍA** n. f. Compañerismo.

**CAMARANCHÓN** n. m. *Desp.* Desván donde se suelen guardar trastos viejos.

**CAMARERA** n. f. Femenino de camarero. **2.** Persona que, por la manutención y un salario, sirve en una casa, donde hace las faenas domésticas, exceptuando la cocina.

**CAMARERO, A** n. Persona que cuida de las habitaciones en hoteles, barcos de pasajeros, etc., o que sirve a los clientes en bares, cafeterías, restaurantes y establecimientos semejantes. ◆ n. m. **2.** HIST. Oficial palatino encargado de la dirección de los servicios de la cámara regia.

**CAMARETA** n. f. Cámara de los buques pequeños. **2.** Local que en los buques de guerra sirve de alojamiento a los guardias marinas. **3.** *Argent., Bol., Chile* y *Perú.* Petardo que se dispara en las fiestas infantiles.

**CAMARILLA** n. f. Grupo de personas que se hacen con la dirección de un asunto, excluyendo de ella a los demás interesados, o que influyen subrepticiamente en las decisiones de alguna persona importante.

**CAMARÍN** n. m. Capilla pequeña, colocada detrás de un altar, en la cual se venera alguna imagen. **2.** Camerino.

**CAMARISTA** n. m. En el s. XVIII, cada uno de los ministros que formaban parte de la Cámara de

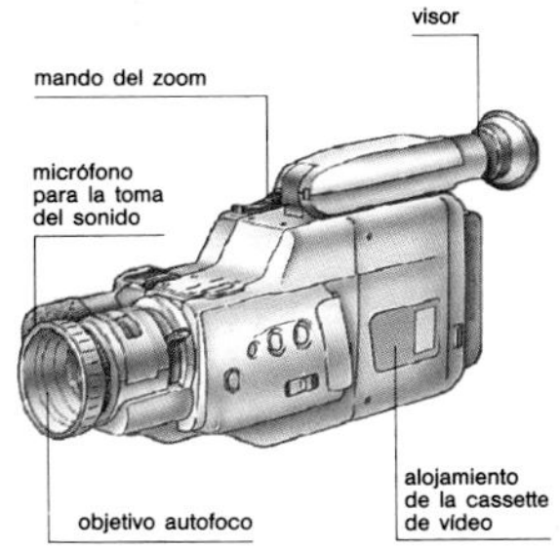

**cámara** de vídeo

Castilla o de las Indias. **2.** *Argent.* Miembro de la cámara de apelaciones. **3.** *Méx.* Camarero. ◆ n. f. **4.** Criada distinguida de la reina.

**CAMARLENGO** n. m. Cardenal administrador de los bienes pontificios que, al quedar vacante la Santa Sede, tiene a su cargo la convocatoria del cónclave. **2.** HIST. Título de dignidad en la casa real de Aragón, semejante al de camarero en la de Castilla.

**CAMARÓGRAFO, A** n. m. y f. Persona que maneja una cámara de cine o televisión.

**CAMARÓN** n. m. Pequeño crustáceo decápodo marino, nadador, de cuerpo comprimido y abdomen prolongado y de carne muy apreciada.

**CAMARONERA** n. f. Red para pescar camarones.

**CAMARONERO** n. m. *Perú.* Martín pescador.

**CAMAROTE** n. m. Cada una de las habitaciones de un barco que sirven para alojamiento de los oficiales o pasajeros.

**CAMAROTERO, A** n. *Argent., Bol., Chile* y *Méx.* Camarero que trabaja en los barcos.

**CAMARÚ** n. m. Árbol de América del Sur, que da una madera llamada roble, por su parecido con la de este árbol.

**CAMASTRO** n. m. *Desp.* Lecho pobre y sin aliño.

**CAMASTRÓN, NA** n. y adj. *Fam.* Persona astuta e hipócrita.

**CAMAURO** n. m. Especie de gorra de color rojo, ribeteada de armiño, de uso exclusivo del papa.

**CAMBADO, A** adj. *Amér.* Patizambo. **2.** *Argent.* Dícese del que tiene las piernas torcidas. **3.** *Venez.* Combado.

**CAMBALACHE** n. m. *Fam.* Acción y efecto de cambalachear. **2.** *Argent.* y *Urug.* Tienda de compraventa de objetos usados, prendería.

**CAMBALACHEAR** v. tr. **[1]**. *Fam.* Trocar cosas de poca importancia.

**CAMBALACHERO, A** adj. y n. Que cambalachea.

**CÁMBARO** n. m. Denominación de diversas especies de crustáceos marinos comestibles, con fuertes pinzas en el primer par de patas.

**CAMBERA** n. f. Red para la pesca de cámbaros.

**CAMBIABLE** adj. Que se puede cambiar.

**CAMBIADOR** n. m. *Méx.* Guardagujas, empleado del ferrocarril. • **Cambiador de iones** (QUÍM.), sustancia sólida, natural o sintética, que tiene los caracteres de un ácido o de una base y que posee la propiedad de cambiar unos iones por otros.

**CAMBIANTE** adj. Que cambia. ◆ n. m. **2.** Variedad de colores o visos de la luz en algunos cuerpos.

**CAMBIAR** v. tr., intr. y pron. **[1]**. Dar, tomar o poner una cosa por otra. **2.** Mudar, variar, alterar: *cambiar las ideas.* ◆ v. intr. **3.** En los vehículos de motor, pasar de una marcha o velocidad a otra de distinto grado. ◆ v. tr. **4.** Dar una clase de moneda y recibir el equivalente en otras más pequeñas o de otro país: *cambiar un billete.* ◆ **cambiarse** v. pron. **5.** Quitarse unas prendas de vestir y ponerse otras.

**CAMBIAVÍA** n. m. *Colomb., Cuba* y *Méx.* Guardagujas.

**CAMBIAZO** n. m. **Dar,** o **pegar, el cambiazo** *(Fam.),* cambiar fraudulentamente una cosa por otra.

**CAMBIO** n. m. Acción y efecto de cambiar. **2.** Dinero que, una vez pagado el precio de la mercancía, recibe el comprador como vuelta, cuando ha entregado en pago una cantidad superior a dicho precio. **3.** Dinero menudo. **4.** Operación que consiste en cambiar una moneda por otra. **5.** Valor relativo entre ambas monedas por el cual se efectúa esta operación. • **A cambio,** o **en cambio,** en lugar de, en vez de, cambiando una cosa por otra. ‖ **Agente de cambio,** o **agente de cambio y bolsa,** funcionario que interviene privadamente en la contratación de los valores públicos cotizables en bolsa y en concurrencia con los corredores de comercio en las restantes operaciones. ‖ **Cambio de estado** (FÍS.), paso de un estado físico a otro. ‖ **Cambio de marchas,** mecanismo que transmite, con velocidades variadas, el movimiento de un motor a un mecanismo. ‖ **Cambio social** (SOCIOL.), conjunto de mecanismos que permiten la transformación lenta de las sociedades y no su reproducción. ‖ **Control de cambios,** sistema en el que las operaciones de cambio de monedas están subordinadas a una autorización administrativa o son objeto de limitación. ‖ **En cambio,** por el contrario. ‖ **Letra de cambio,** documento mercantil transmisible, por el que un acreedor (librador) manda a su deudor (librado) pagar en una fecha determinada la suma que le debe, a su propia orden o a la orden de un tercero (tomador).

**CAMBISTA** adj. Relativo al cambio. ◆ n. m. y f. **2.** Persona dedicada a determinado tipo de operaciones bancarias.

**CÁMBIUM** n. m. (pl. *cámbiums*). Zona generatriz que produce cada año el leño y el líber secundarios de las plantas vivaces.

**CAMBOYANO, A** adj. y n. De Camboya.

**CÁMBRICO** n. m. y adj. Primer período de la era primaria y terrenos de aquella época.

**CAMBRÓN** n. m. (lat. *crabronem*). Planta arbustiva muy espinosa, de hojas oblongas y flores pequeñas, que florece en otoño. (Familia celastráceas.) **2.** *Colomb.* Tela de lana.

**CAMBUCHO** n. m. *Chile.* Papelera. **2.** *Chile.* Canasto de la ropa sucia. **3.** *Chile.* Cucurucho. **4.** *Chile.* Tugurio. **5.** *Chile.* Envoltura de paja que se pone a las botellas para que no se rompan. **6.** *Chile.* Cometa pequeña con la que juegan los niños.

**CAMBUJO, A** adj. y n. *Amér. Central* y *Méx.* Persona muy morena, especialmente el mestizo de negro.

**CAMBULLÓN** n. m. *Chile* y *Perú.* Enredo, trampa, confabulación.

**CAMBUR** n. m. *Venez.* Plátano.

**CAMBUTO, A** adj. *Perú.* Dícese de la persona o cosa pequeña, rechoncha y gruesa.

**CAMEDRIO** n. m. Pequeña planta de la familia labiadas, cuyas flores se usan como febrífugo.

**CAMELAR** v. tr. **[1]**. *Fam.* Galantear, requebrar. **2.** *Fam.* Seducir, engañar adulando. **3.** *Fam.* Amar, querer, desear.

**CAMELIA** n. f. Arbusto originario de Asia, de hojas perennes y flores muy bellas, inodoras, blancas, rojas o rosadas. (Familia teáceas). **2.** Flor de esta planta, cultivada a menudo como ornamental.

**CAMÉLIDO, A** adj. y n. m. Relativo a una familia de rumiantes de las regiones áridas, sin cuernos, pero provistos de caninos superiores, y cuyos cascos son muy anchos, como el camello, el dromedario y la llama.

**CAMELLERO** n. m. El que tiene por oficio cuidar o conducir camellos.

**CAMELLO, A** n. Mamífero rumiante asiático, de hasta 3,50 m de largo y de 700 kg de peso, que posee dos gibas llenas de grasa en la espalda, se utiliza como montura y de él se aprovechan la carne, la lana, la piel y la leche. ◆ n. m. **2.** MAR. Mecanismo flotante destinado a suspender un buque o uno de sus extremos, disminuyendo de esta forma su calado. **3.** *Fam.* Traficante de drogas que trata directamente con el consumidor.

**camello**

**CAMELLÓN** n. m. *Méx.* Acera en medio de una avenida, generalmente adornada con árboles y plantas.

**CAMELO** n. m. *Fam.* Chasco, burla, engaño. **2.** *Fam.* Bulo, noticia falsa.

**CAMELOTE** n. m. Tejido fuerte e impermeable, hecho antiguamente con pelo de camello y actualmente con lana.

**CAMEMBERT** n. m. Queso de pasta blanda, fabricado con leche de vaca, principalmente en la región francesa de Normandía.

**CAMERA** n. f. *Colomb.* Conejo silvestre de pelo cerdoso.

**CAMERALISMO** n. m. Predominio de las asambleas sobre el poder ejecutivo en la dirección política de un país.

**CAMERALISTA** adj. Relativo al cameralismo.

**CAMERAMAN** n. m. y f. (voz inglesa) [pl. *cameramans* o *cameramen*]. Técnico de cine y de televisión, que maneja la cámara. SIN.: *cámara.*

**CAMERINO** n. m. (voz italiana). Cuarto donde se visten los actores para salir a escena.

**CAMERO, A** adj. Relativo a la cama. **2.** Dícese de la cama intermedia entre la llamada individual y la de matrimonio y de la ropa de cama que sirve para ella: *sábana camera.*

**CAMERUNÉS, SA** adj. y n. De Camerún.

**CÁMICA** n. f. *Chile.* Declive del techo.

**CAMILLA** n. f. y adj. Mesa generalmente redonda, cubierta por un tapete largo, bajo la cual hay una tarima para colocar el brasero. ◆ n. f. **2.** Cama estrecha y portátil, para transportar enfermos, heridos o cadáveres.

**CAMILLERO, A** n. Cada una de las personas que transporta la camilla para enfermos, heridos, etc.

**CAMILO, A** adj. y n. Dícese de los religiosos de la orden fundada por san Camilo de Lelis, cuya misión es asistir a los enfermos.

**CAMILUCHO, A** adj. *Amér.* Dícese del indio que trabaja como jornalero.

**CAMINADOR, RA** adj. Que camina mucho.

**CAMINANTE** adj. y n. m. y f. Que camina a pie; viandante.

**CAMINAR** v. intr. **[1]**. Andar, trasladarse de un lugar a otro. **2.** *Fig.* Seguir su curso o movimiento las cosas. ◆ v. tr. **3.** Recorrer cierta distancia.

**CAMINATA** n. f. (ital. *camminata*). *Fam.* Recorrido largo efectuado a pie.

**CAMINERO, A** adj. Relativo al camino: *peón caminero.*

**CAMINÍ** n. m. *Argent., Par.* y *Urug.* Variedad muy estimada de la hierba mate.

**CAMINO** n. m. Vía rural de comunicación, natural o construida, más ancha que la vereda y el sendero y más estrecha que la carretera. **2.** Viaje, jornada: *emprender camino.* **3.** *Fig.* Medios o método para hacer alguna cosa. • **Abrir camino,** facilitar el tránsito de una parte a otra; hallar el medio de resolver una dificultad. ‖ **Camino de herradura,** el que es estrecho y sólo permite el paso de caballerías. ‖ **Camino real,** el que se construía a expensas del estado y ponía en comunicación poblaciones de cierta importancia. ‖ **Cruzarse en el camino,** de alguien, entorpecerle sus propósitos. ‖ **De camino,** al ir a otra parte, viajando. ‖ **Ponerse en camino,** emprender un viaje, partir. ‖ **Quedarse a mitad de camino,** no acabar lo empezado.

**CAMIÓN** n. m. (fr. *camion*). Vehículo automóvil de gran tamaño que sirve para el transporte de cargas pesadas. **2.** *Méx.* y *Venez.* Autobús. • **Camión cisterna,** camión que sirve para el transporte a granel de carburantes líquidos, vinos, etc.

**CAMIONAJE** n. m. Transporte por camión. **2.** Precio de este transporte.

**CAMIONERO, A** n. Conductor de camiones.

**CAMIONETA** n. f. Pequeño camión automóvil.

**CAMISA** n. f. Prenda de vestir de tela, abotonada por delante, que suele llevar cuello y puños y que se pone inmediatamente sobre el cuerpo o sobre la camiseta. **2.** Revestimiento de un horno, un cilindro, una tubería o de otros tipos de piezas mecánicas. **3.** Funda reticular e incombustible con que se cubren ciertos aparatos de iluminación para que, al ponerse candente, aumente la fuerza luminosa. **4.** Carpeta o cartulina doblada en cuyo interior se guardan documentos. **5.** Tegumento que los animales abandonan después de la muda. • **Cambiar de camisa,** cambiar de opiniones, generalmente políticas, por conveniencia. ‖ **Camisa de fuerza,** la de lienzo fuerte abierta por detrás y con mangas cerradas por su extremidad, que sirve para sujetar a los locos. ‖ **Camisas negras,** nombre dado a partir de 1919 a los miembros de las milicias fascistas italianas. ‖ **Camisas pardas,** nombre dado a partir de 1925 a los miembros del partido nacionalsocialista alemán, y en particular a los SA. ‖ **Camisas rojas,** nombre dado a los voluntarios reclutados por Garibaldi (1860-1871). ‖ **Jugarse hasta la camisa** *(Fam.),* jugarse todos los bienes de que se disponen. ‖ **Meterse en camisa de once varas** *(Fam.),* inmiscuirse uno en lo que no le incumbe. ‖ **No llegarle** a alguien **la camisa al cuerpo** *(Fam.),* estar lleno de zozobra y temor por algún riesgo que le amenaza.

**CAMISARD** n. m. (pl. *camisards*). Nombre que se dio a los calvinistas de Cevenas que lucharon contra las tropas de Luis XIV a principios del s. XVIII.

**CAMISERÍA** n. f. Tienda en que se venden camisas. **2.** Taller donde se hacen.

**CAMISERO, A** n. Persona que hace o vende camisas. ◆ adj. y n. m. **2.** Dícese de la prenda de vestir femenina de forma parecida a la camisa: *blusa camisera; vestido camisero.*

**CAMISETA** n. f. Camisa corta, ajustada y sin cuello, generalmente de punto, que se pone directamente sobre la piel. **2.** *Bol.* Camisón blanco, sin mangas y ceñido que usan algunos indios. • **Sudar la camiseta,** poner gran empeño un jugador durante el partido.

**CAMISOLA** n. f. Camisa fina que solía estar guarnecida de encajes en la abertura del pecho y en los puños. **2.** *Chile.* Prenda suelta y liviana, con o sin mangas, que cubre de los hombros a la cintura.

**CAMISOLÍN** n. m. Peto planchado que se ponía sobre la camiseta en sustitución de la camisola.

**CAMISÓN** n. m. Camisa o túnica usada generalmente para dormir. **2.** *Antillas* y *C. Rica.* Blusa. **3.** *Chile, Colomb.* y *Venez.* Vestido femenino, exceptuando el de seda negra.

**CAMITOSEMÍTICO, A** adj. y n. m. Dícese de una familia de lenguas que comprende el semítico, el egipcio, el beréber y el cusita.

**CAMOATÍ** n. m. *Argent., Par.* y *Urug.* Nombre común de varias especies de himenópteros que forman enjambres y producen una miel oscura y áspera. **2.** *Argent., Par.* y *Urug.* Nido de estos insectos.

**CAMOMILA** n. f. Manzanilla.

**CAMORRA** n. f. Asociación secreta de malhechores, equivalente napolitana de la mafia siciliana. **2.** *Fam.* Riña, pendencia: *armar camorra.*

**CAMORREAR** v. tr. [**1**]. *Fam.* Armar camorra.

**CAMORRISTA** adj. y n. m. y f. *Fam.* Que fácilmente y por leves causas arma camorras.

**CAMOTE** n. m. (voz náhuatl). *Amér.* Tubérculo carnoso y comestible, de color amarillo, morado o blanco, con el que se preparan dulces. **2.** *Amér.* Bulbo. **3.** *Amér.* En algunos lugares, amante, querida. **4.** *Amér. Fig.* En algunos lugares enamoramiento. **5.** *Chile. Fig.* Mentira, bola. **6.** *Chile.* Lío, desorden, dificultad. **7.** *Ecuad.* y *Méx.* Tonto, bobo.

**CAMOTEAR** v. intr. [**1**]. *Méx.* Andar de aquí para allá, sin encontrar lo que se busca.

**CAMOTERO, A** adj. y n. *Méx.* Dícese de la persona que cultiva o vende camotes.

**CAMP** adj. Que revaloriza o mantiene lo que está pasado de moda: *música camp; moda camp.*

**CAMPA** o **ANTI,** pueblo amerindio arawak que vive en la región montañosa del N de Cuzco (Perú).

**CAMPAL** adj. **Batalla campal,** la que se efectúa fuera de poblado; pelea o discusión muy encarnizada, generalmente entre muchas personas.

**CAMPAMENTO** n. m. Acción de acampar. **2.** Instalación, en terreno abierto, de fuerzas militares o de un grupo de excursionistas, cazadores, etc.

**CAMPANA** n. f. Instrumento de metal, en forma de copa invertida, que se hace sonar golpeándolo con un badajo o un martillo. **2.** *Fig.* Cualquier cosa de forma semejante a la campana: *campana de chimenea.* **3.** Órgano móvil que constituye el recipiente superior de un gasómetro de cuba de agua. • **Campana de buzo,** instalación mediante la cual se puede trabajar debajo del agua. || **Curva de campana,** curva que representa gráficamente la ley normal de probabilidad. SIN.: *curva de Laplace-Gauss.* || **Doblar las campanas,** tocar a muerto. || **Echar las campanas al vuelo** *(Fam.),* dar publicidad con júbilo a alguna cosa.

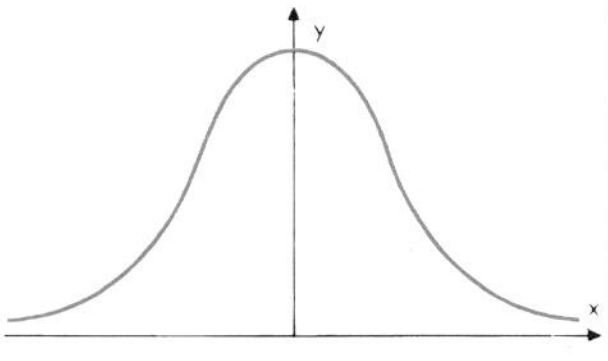


curva de **campana**

**CAMPANADA** n. f. Golpe que da el badajo en la campana. **2.** Sonido que hace. **3.** *Fig.* Escándalo o novedad que sorprende o llama la atención.

**CAMPANARIO** n. m. Torre en la que están colocadas las campanas de una iglesia.

**CAMPANELA** n. f. (ital. *campanella*). Paso de danza que consiste en dar un salto, describiendo al mismo tiempo un círculo con uno de los pies cerca de la punta del otro.

**CAMPANEO** n. m. Toque reiterado de campanas.

**CAMPANERO, A** n. Persona encargada de tocar las campanas.

**CAMPANIENSE** adj. y n. m. y f. De la Campania.

**CAMPANIFORME** adj. De forma de campana.

**CAMPANIL** n. m. Campanario, torre. **2.** Linternilla decorativa que remata una cúpula.

**CAMPANILE** n. m. (voz italiana). Campanario.

**CAMPANILLA** n. f. Campana pequeña que suele tener mango. **2.** Adorno de figura de campana: *cenefa de campanillas.* **3.** Úvula. **4.** Planta que produce flores cuya corola es de una pieza y de figura de campana. (Familia convolvuláceas.) **5.** Flor de esta planta. • **Campanilla de invierno,** planta bulbosa, cuyas flores, blancas, se abren a fines de invierno, cuando el suelo aún está cubierto de nieve. || **De campanillas,** de lujo, de importancia, de categoría.

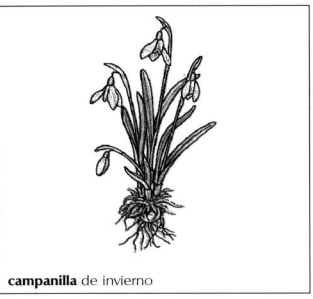

**campanilla** de invierno

**CAMPANILLAZO** n. m. Toque fuerte de campanilla.

**CAMPANILLEAR** v. intr. [**1**]. Tocar reiteradamente la campanilla.

**CAMPANILLEO** n. m. Acción de campanillear.

**CAMPANILLERO, A** n. Persona que toca la campanilla.

**CAMPANO** n. m. Planta arbórea de América Central, de gran tamaño, cuya madera se emplea en carpintería y en la construcción de buques. (Familia teáceas.) **2.** Madera de esta planta.

**CAMPANTE** adj. *Fam.* Despreocupado, tranquilo, existiendo motivos para no estarlo: *quedarse tan campante.* **2.** *Fam.* Ufano, satisfecho.

**CAMPANUDO, A** adj. Parecido a la campana en la forma: *botas campanudas.* **2.** Altisonante, ampuloso, grandilocuente: *lenguaje campanudo.* **3.** De prosapia, de abolengo: *familia campanuda.*

**CAMPÁNULA** n. f. Planta de la familia campanuláceas, cuyas numerosas especies se caracterizan por sus flores en forma de campana.

**CAMPANULÁCEO, A** adj. y n. f. Relativo a una familia de plantas dicotiledóneas, raramente leñosas, con hojas esparcidas y flores vistosas, como la campánula.

**CAMPAÑA** n. f. (ital. *campagna*). Campo llano sin montes ni aspereza. **2.** Expedición militar: *la campaña del Sudán.* **3.** Conjunto de actividades o esfuerzos, de tipo político, social o económico, aplicados a un fin determinado: *campaña electoral; campaña publicitaria.* **4.** *Fig.* Período de tiempo de estas actividades. **5.** *Amér.* Campo.

**CAMPAÑISTA** n. m. *Chile.* Pastor que cuida el ganado en las fincas que tienen campaña, cerros o montañas.

**CAMPAÑOL** n. m. Mamífero roedor cuya especie común, que mide 10 cm y posee una cola larga y peluda, es un azote para la agricultura tanto por su voracidad para con los cereales como por su fecundidad. (Familia múridos.)

**CAMPAR** v. intr. [**1**]. Acampar. **2.** Vagabundear.

**CAMPEADO** n. m. Operación de burilar o tallar la superficie de una plancha de metal o de madera, ahondándola o rebajándola a una profundidad determinada, para incrustar esmaltes diferentes. **2.** Procedimiento de confección de un troquel de moneda, en el que el campo ha sido profundamente rehundido.

**CAMPEADO, A** adj. Dícese de ciertos esmaltes, orfebrería en general o medallas obtenidas por campeado.

**CAMPEADOR** n. m. y adj. Batallador, vencedor de batallas. (Con esta voz se designa en el *Cantar de Mio Cid* al protagonista.)

**CAMPEAR** v. intr. [**1**]. Salir a pacer los animales. **2.** Verdear las sementeras: *el trigo ya campea.* **3.** Sobresalir: *las banderas campean entre la gente.* **4.** *Amér.* Recorrer el campo para cuidar o vigilar el ganado. **5.** *Amér. Merid.* Salir en busca de alguien o de algo.

**CAMPECHANA** n. f. *Cuba* y *Méx.* Bebida consistente en la mezcla de diferentes licores. **2.** *Méx.* Mezcla de diversos mariscos servidos como entrante. **3.** *Venez.* Hamaca. **4.** *Venez.* Prostituta.

**CAMPECHANÍA** o **CAMPECHANERÍA** n. f. Calidad de campechano.

**CAMPECHANO, A** adj. *Fam.* Relativo a la persona

iglesia de San Juan Bautista de Málaga (1785)

antiguo convento de la Merced de Osuna (1767-1775)

**campanarios**

que se comporta con llaneza, cordialidad y buen humor, sin imponer distancia en el trato.

**CAMPECHANO, A** adj. y n. De Campeche.

**CAMPECHE** n. m. Árbol de gran tamaño, del que se obtiene una madera pesada y dura, rica en taninos. (Familia cesalpiniáceas.) **2.** Madera de este árbol. SIN.: *palo campeche* o *palo de campeche.* **3.** *Perú.* Vino de mala calidad.

**CAMPEÓN, NA** n. (ital. *campione*). Persona o sociedad que tiene la primacía en un campeonato. **2.** *Fig.* Defensor esforzado: *ser el campeón de una causa.* ◆ n. m. **3.** El que combatía en los desafíos antiguos para defender su causa o la de otro.

**CAMPEONATO** n. m. Certamen en que se disputa el premio en ciertos juegos o deportes. **2.** Primacía obtenida en las luchas deportivas. • **Ser de campeonato** *(Fam.),* destacar, sobresalir.

**CAMPERA** n. f. *Argent., Chile* y *Urug.* Chaqueta de abrigo, cazadora.

**CAMPERO, A** adj. Relativo al campo: *fiesta campera.* **2.** *Amér.* Dícese del animal muy adiestrado en el paso de ríos y caminos peligrosos. **3.** *Argent., Par.* y *Urug.* Dícese de la persona muy práctica en el campo, así como de las operaciones y usos propios de las estancias.

**CAMPESINADO** n. m. Conjunto de los campesinos de una región o de un estado. **2.** Clase social integrada por ellos.

**CAMPESINO, A** adj. y n. Relativo al campo: *vida campesina.* ◆ n. **2.** Agricultor que se dedica habitualmente al cultivo de la tierra.

**CAMPESTRE** adj. Propio del campo.

**CAMPINA** n. f. En Brasil, vegetación desprovista de árboles.

**CAMPING** n. m. (voz inglesa) [pl. *campings*]. Género de actividad deportiva que consiste en acampar al aire libre en tiendas de campaña. **2.** Establecimiento con terreno e instalaciones para acampar, que recibe usuarios con tiendas y caravanas.

**CAMPIÑA** n. f. GEOGR. Tipo de paisaje rural, caracterizado por la ausencia de setos y cercados, por un conjunto de parcelas generalmente alargadas, por la división del territorio en hojas de cultivo y que corresponde generalmente a un hábitat agrupado.

**CAMPIÑIENSE** o **CAMPIÑENSE** adj. y n. m. (de *Campigny,* localidad francesa del Sena inferior). Dícese de una cultura prehistórica de fines del neolítico.

**CAMPIRANO, A** adj. *C. Rica.* Patán, rústico. ◆ adj. y n. **2.** *Méx.* Campesino. **3.** *Méx.* Entendido en las faenas del campo o relacionado con él. **4.** *Méx.* Diestro en el manejo del caballo y en domar o sujetar otros animales.

**CAMPISTA** n. m. y f. Persona que hace camping.

**CAMPISTA** n. m. y f. *Amér.* Arrendador o partidario de minas.

**CAMPO** n. m. (lat. *campum*). Terreno extenso fuera de poblado. **2.** Tierra laborable: *campo de trigo, de maíz.* **3.** Sembrados, árboles y demás cultivos. **4.** Terreno descubierto y llano, especialmente el que se dedica a determinado uso: *campo de fútbol.* **5.** *Fig.* Espacio real o imaginario que ocupa una cosa o que abarca un asunto o materia cualquiera: *el campo de la ciencia.* **6.** Porción del espacio que abarca el ojo, un instrumento de óptica, el objetivo de un aparato fotográfico, etc. **7.** Superficie sobre la que se destaca un motivo esculpido, pintado, etc. **8.** FÍS. Conjunto de valores que toma una magnitud física (velocidad, densidad, vector campo eléctrico, fuerza gravitatoria) en todos los puntos de un determinado espacio; este mismo espacio. **9.** HERÁLD. Superficie del escudo en la que están representadas las piezas. **10.** INFORMÁT. Zona de un palabra correspondiente a un tipo particular de información. **11.** MAT. Conjunto de valores que toma una función en todos los puntos de un espacio dado. • **A campo raso,** al descubierto, a la intemperie. || **A campo,** o **campo, traviesa,** dejando el camino y cruzando el campo. || **Campo abierto** (GEOGR.), parcelas que pertenecen a varias explotaciones y que están yuxtapuestas y no separadas por setos. || **Campo abonado,** campo de depuración aprovechado para el cultivo. || **Campo de aterrizaje,** extenso terreno, sin obstáculos ni desnivel profundo, destinado al despegue y aterrizaje de aviones. || **Campo de aviación,** aeródromo. || **Campo de batalla,** lugar donde se libran los combates. || **Campo de concentración** → ***concentración.*** || **Campo de depuración,** terreno destinado a depurar las aguas residuales por filtración a través de las capas del suelo. || **Campo de maniobras** (MIL.), terreno donde se realizan ejercicios. || **Campo de minas,** terreno o zona marítima donde hay minas depositadas. || **Campo de tiro,** zona del espacio en la que un arma puede disparar; terreno militar en el que se efectúan los ejercicios de tiro. || **Campo ideológico** (EPISTEMOL.), conjunto de métodos, conceptos y objetos que definen los límites históricos en cuyo interior se elabora una ciencia. || **Campo operatorio,** región que abarca una intervención quirúrgica; tallas que limitan esta región. || **Campo visual,** parte del espacio que queda bajo la acción directa del ojo en visión fija. || **Dejar el campo libre,** retirarse de un empeño en que hay competidores. || **Vector campo eléctrico,** vector igual al cociente entre la fuerza eléctrica que sufre una carga por el valor de esta carga. || **Vector campo magnético,** vector ligado a la existencia de una corriente eléctrica o de un imán y que sirve para determinar las fuerzas magnéticas.

**CAMPOSANTO** n. m. Cementerio.

**CAMPUS** n. m. Conjunto de instalaciones universitarias.

**CAMUESA** n. f. Fruto del camueso.

**CAMUESO** n. m. Variedad de manzano, cuyo fruto es la camuesa.

**CAMUFLAJE** n. m. Acción y efecto de camuflar. **2.** Manera de desfigurar las instalaciones y efectos militares para ocultarlos a la observación del enemigo.

**CAMUFLAR** v. tr. **[1]**. Disfrazar, enmascarar, disimular, encubrir.

**CAN** n. m. Perro. **2.** Bloque de piedra, ladrillo o madera que sobresale de la pared y da asiento a una viga, un arco, etc. **3.** Cabeza de una viga de la armadura, que sobresale al exterior y sostiene la cornisa.

**CANA** n. f. (lat. *canam*). Cabello blanco. **2.** *Argent.* y *Chile. Vulg.* Cárcel. **3.** *Argent.* y *Chile.* Policía. • **Echar una cana al aire** *(Fam.),* esparcirse, divertirse ocasionalmente cuando no se está acostumbrado a ello. || **Peinar canas** *(Fam.),* ser de edad avanzada.

**CANACA** n. m. y f. *Chile. Desp.* Individuo de raza amarilla. **2.** *Chile.* Dueño de un burdel.

**CANACO** o **KANAK,** pueblo que vive principalmente en Nueva Caledonia, pero también en Vanuatu, Australia, Papúa y Nueva Guinea.

**CANADIENSE** adj. y n. m. y f. De Canadá. ◆ n. f. **2.** Chaqueta forrada de piel, con el pelo vuelto hacia el interior. ◆ adj. **3. Canoa canadiense,** canoa con las dos extremidades elevadas.

**CANAL** n. m. o f. (lat. *canalem*). Vía de agua abierta artificialmente y utilizada para diversos fines: irrigación, navegación, alimentación de fábricas o de embalses, etc. **2.** Conducto natural o artificial. **3.** Cada uno de los conductos por donde corren las aguas en los tejados. **4.** Res de matadero, abierta de arriba abajo sin las tripas y demás despojos. **5.** Transmisión radioeléctrica a la que se ha asignado una banda del espectro de frecuencias. **6.** En la teoría de la comunicación, medio de comunicación entre emisor y receptor. **7.** *Amér.* Centro de la corriente de un río. **8.** ANAT. Nombre de diversos órganos en forma de tubo. **9.** ARQ. Pequeña moldura hueca, en general redondeada. • **Abrir en canal,** abrir de arriba abajo. || **Canal de conducción,** el que sirve para conducir las aguas de un manantial al receptáculo de alimentación de una ciudad o de un lago, o de un curso de agua hasta una central hidráulica. || **Canal de derivación,** el destinado a regularizar el caudal de un curso de agua, o a conducir las aguas de un río a una fábrica. || **Canal de desagüe,** el que sirve para evacuar las aguas de una central hidráulica. || **Canal de transmisión,** circuito que cubre una cierta banda de frecuencias y asegura la transmisión de un mensaje por hilo o por vía hertziana. ◆ n. m. **10.** Porción de mar, relativamente larga y estrecha, que separa islas o continentes poniendo en comunicación dos mares. **11.** Paso estrecho y alargado entre montañas, generalmente de origen tectónico: *canal de Verdún.*

**CANALADURA** n. f. ARQ. Moldura hueca en línea vertical.

**CANALÉ** n. m. (voz francesa). Tejido de punto estriado y elástico.

**CANALETA** n. f. *Amér. Merid.* Tubo para desaguar el agua de lluvia desde los tejados hasta la calle, canalón.

**CANALÍCULO** n. m. Conducto pequeño. • **Canalículos biliferos,** canales finos situados entre las células hepáticas, que colectan la bilis.

**CANALIZABLE** adj. Que puede ser canalizado.

**CANALIZACIÓN** n. f. Acción de canalizar un curso de agua. **2.** Conjunto de elementos huecos, de sección generalmente circular, establecido para hacer posible la circulación de un fluido: *canalización subterránea.*

**CANALIZAR** v. tr. **[1g]**. Abrir canales **2.** Regularizar el cauce o la corriente de un río, arroyo, etc. **3.** Aprovechar por medio de canales para el riego o la navegación, las aguas corrientes o estancadas. **4.** *Fig.* Orientar opiniones, iniciativas, aspiraciones, etc., hacia un fin concreto.

**CANALLA** n. f. (ital. *canaglia*). *Fam.* Gente baja, ruin. ◆ n. m. y f. **2.** *Fam.* Persona ruin y despreciable.

**CANALLADA** n. f. Dicho o hecho propios de canallas.

**CANALLESCO, A** adj. Propio de canallas.

**CANALÓN** n. m. Canal situado en la vertiente de un tejado para recoger las aguas de lluvia.

**CANALÓN** n. m. Canelón.

**CANANA** n. f. Cinto para llevar cartuchos. **2.** *Colomb.* Camisa de fuerza.

**CANANEO, A** adj. y n. Relativo a un pueblo semita instalado en Siria y Palestina (país de Canaán) en el III milenio a. J.C.; individuo de este pueblo. (Sus ciudades continentales desaparecieron por la invasión de los hebreos y arameos [ss. XIII-XII]. Se mantuvieron en el litoral con el nombre de fenicios.) ◆ n. m. **2.** Lengua semítica hablada en Palestina en el I milenio a. J.C.

**CANANGA** n. f. Árbol cultivado en Indonesia y Madagascar, de cuyas flores se extrae la esencia de ilang-ilang, utilizada en perfumería. (Familia anonáceas.)

**CANAPÉ** n. m. (fr. *canapé*). Escaño, generalmente con el asiento y respaldo acolchados, para sentarse o acostarse. **2.** Aperitivo consistente en una rebanadita de pan sobre la que se extiende o colocan otras viandas.

**CANARA** o **KANARA** n. m. y adj. Lengua dravídica hablada en Karnataka (ant. Mysore).

**CANARICULTURA** n. f. Arte de criar canarios.

**CANARIERA** n. f. Jaula grande o lugar a propósito para la cría de canarios.

**CANARIO, A** adj. y n. De las islas Canarias, especialmente de Gran Canaria. ◆ n. m. **2.** Modalidad del castellano que se habla en el archipiélago canario. **3.** Ave paseriforme, de plumaje generalmente amarillo, oriunda de las islas Canarias y Madeira. **4.** *Chile.* Pito de barro que se utiliza para imitar el gorjeo de los pájaros.

**canario**

**CANASTA** n. f. Cesto de mimbre, ancho de boca, que suele tener dos asas. **2.** Juego de naipes que se juega con dos barajas francesas, generalmente entre cuatro jugadores, y que consiste en realizar el mayor número de series de 7 cartas del mismo valor. **3.** En el baloncesto, cesto.

**CANASTERO** n. m. *Chile.* Mozo de panadería que traslada en canastos el pan desde el horno al enfriadero. **2.** *Chile.* Vendedor ambulante de frutas y verduras, las cuales transporta en canastos.

**CANASTILLA** n. f. Cestilla de mimbre en que se guardan objetos menudos de uso doméstico. **2.** Ropa que se prepara para un recién nacido.

**CANASTO** n. m. Canasta recogida de boca. ◆ **¡canastos!** interj. **2.** Expresa sorpresa, enfado o protesta.

**CÁNCAMO** n. m. Tornillo con una anilla en vez de cabeza.

**CANCAMUSA** n. f. *Fam.* Artificio con que se deslumbra a alguno para engañarlo fácilmente.

**CANCÁN** n. m. (fr. *cancan*). Baile de escenario que se puso de moda en París hacia el año 1830. **2.** Danza especializada femenina de music-hall. **3.** Enagua con volantes almidonados para ahuecar la falda.

**CÁNCANA** n. f. Araña doméstica.

**CANCANEAR** v. intr. [**1**]. *Fam.* Vagar o pasear sin objeto determinado. **2.** *Colomb., C. Rica* y *Nicar.* Tartamudear.

**CÁNCANO** n. m. Piojo.

**CANCEL** n. m. (lat. *cancellum*). Contrapuerta, generalmente con una hoja de frente y dos laterales, ajustadas éstas a las jambas de una puerta de entrada y cerrado todo por un techo. **2.** Cerramiento de piedra, madera o metal, que en las iglesias separa el presbiterio de la nave. **3.** *Argent.* Puerta o verja que separa el vestíbulo o el patio del zaguán. **4.** *Méx.* Biombo, mampara, persiana.

**CANCELA** n. f. Verjilla que se pone en el umbral de algunas casas.

**CANCELACIÓN** n. f. Acción y efecto de cancelar.

**CANCELAR** v. tr. [**1**]. Anular, dejar sin validez, especialmente un documento o una obligación que tenía autoridad o fuerza. **2.** Pagar una deuda.

**CANCELARIO** n. m. *Bol.* Rector de una universidad.

**CÁNCER** n. m. (lat. *cancer*, cangrejo). Tumor maligno formado por la multiplicación desordenada de las células de un tejido o de un órgano. **2.** *Fig.* Lo que devora una sociedad, una organización, etc.: *la burocracia es el cáncer de muchos gobiernos.*

■ La proliferación celular de los cánceres (mitosis incontroladas) tiene tendencia a destruir los tejidos, a difundirse por el organismo en forma de *metástasis* y a reproducirse. Se diferencian varios tipos de cánceres: los *epiteliomas* (o carcinomas) son los más frecuentes y afectan a la piel, mucosas, labios, cuello del útero, glándulas mamarias e hígado; los *sarcomas* son los cánceres de los tejidos conjuntivos; los *hematosarcomas*, afectan al bazo, médula ósea, ganglios linfáticos y originan leucemias; los *melanomas malignos* son los tumores del tejido pigmentario; los *cánceres del sistema nervioso central* sólo tienen extensión local y no originan metástasis. Los factores cancerígenos pueden ser químicos (anilina, amianto), físicos (radiaciones ionizantes), víricos, genéticos o inmunitarios. Clínicamente los síntomas son variables, poco específicos y los trastornos diversos (úlceras de la piel o mucosas que no cicatrizan, hemorragias, adelgazamiento rápido, bultos inhabituales e indoloros en la piel o senos, afonías o dolor de garganta persistentes, etc.), pudiendo confundirse con afecciones banales. Una vez localizada la lesión mediante exámenes clínicos (radiografías, endoscopias, etc.), se realiza a menudo una *biopsia* (examen histológico e histoquímico) que permita identificar el tipo de tumor. El tratamiento se establece en función del tipo de cáncer y de su localización. Por lo general, se trata quirúrgicamente (extirpación) y por fisioterapia (radioterapia, bomba de cobalto), o mediante quimioterapia (antimitóticos). Cuando se trata correctamente y a tiempo, puede obtenerse la curación en un gran número de casos.

**CANCERAR** v. tr. y pron. [**1**]. Producir cáncer o hacer que degenere en cancerosa alguna úlcera o lesión.

**CANCERBERO** n. m. Portero o guarda severo. **2.** Guardameta o portero de los equipos de fútbol.

**CANCERÍGENO, A** adj. y n. m. Dícese de las sustancias químicas o de los agentes físicos que pueden provocar la aparición de un cáncer.

**CANCERIZACIÓN** n. f. Degeneración cancerosa de una lesión benigna preexistente.

**CANCEROLOGÍA** n. f. Estudio de los tumores malignos. SIN.: *carcinología, oncología.*

**CANCEROLÓGICO, A** adj. Relativo a la cancerología.

**CANCEROSO, A** adj. y n. Relativo al cáncer; afecto de cáncer.

**CANCHA** n. f. (voz quechua). Local destinado a la práctica de distintos deportes. **2.** Parte del frontón, estrictamente el terreno o piso donde botan las pelotas. **3.** *Amér.* Terreno, espacio, local o sitio llano y desembarazado. **4.** *Amér. Merid.* Parte ancha y despejada de un río. **5.** *Amér.* Hipódromo. **6.** *Argent., Bol., Par.* y *Urug.* Corral o cercado espacioso para almacenar: *cancha de madera.* **7.** *Argent., Chile, C. Rica, Par.* y *Perú.* Habilidad adquirida a través de la experiencia. **8.** *Colomb.* y *Par.* Lo que cobra el dueño de una casa de juego. **9.** *Urug.* Camino, senda. • **Abrir,** o **dar cancha,** a uno *(Argent., Chile, C. Rica, Par.* y *Perú)*, concederle alguna ventaja; despejar un sitio, hacer espacio para algo o alguien. ‖ **Dar cancha, tiro y lado** *(Chile)*, encontrarse en manifiesta superioridad frente a otro. ‖ **Estar** uno **en su cancha** (*Chile* y *Par.*), estar en su elemento. ◆ interj. **10.** *Amér. Merid.* y *C. Rica.* Se usa para pedir paso.

**CANCHA** n. f. *Colomb.* y *Perú.* Maíz o habas tostados.

**CANCHAL** n. m. Peñascal, acumulación de piedras de gran tamaño.

**CANCHEAR** v. intr. [**1**]. *Amér. Merid.* Buscar distracción para no trabajar seriamente.

**CANCHERO, A** adj. y n. *Amér.* Que tiene una cancha de juego o cuida de ella. **2.** *Amér. Merid.* Experto en determinada actividad. **3.** *Chile.* Dícese de la persona que busca trabajos de poca duración y esfuerzo. **4.** *Perú.* Dícese del clérigo que utiliza cualquier medio para sacarle dinero a sus fieles. ◆ adj. **5.** *Argent., Chile, Par., Perú* y *Urug.* Ducho y experto en alguna actividad.

**CANCHO** n. m. Peñasco grande.

**CANCILLA** n. f. Puerta a manera de verja.

**CANCILLER** o **CHANCILLER** n. m. (lat. *cancellarium*). Título que en algunos estados europeos lleva un alto funcionario que es a veces jefe o presidente del gobierno. **2.** Empleado auxiliar en las embajadas, legaciones, consulados, etc. **3.** Secretario encargado del sello real, con el que se autorizaban los privilegios y cartas reales.

**CANCILLERESCO, A** adj. Relativo a la cancillería.

**CANCILLERÍA** n. f. Oficio de canciller. **2.** Ministerio encargado de las relaciones exteriores. **3.** Oficina encargada de la redacción de los documentos diplomáticos.

**CANCIÓN** n. f. (lat. *cantionem*). Pequeña composición musical de carácter popular, sentimental o satírico, dividida en estrofas y destinada a ser cantada. **2.** Música de una canción. **3.** Composición lírica, dividida en estancias largas, todas de igual número de endecasílabos menos la última, que es más breve. • **Canción de cuna,** canto con que se duerme a los niños. SIN.: *nana.* ‖ **Canción polifónica,** composición musical a varias voces muy en boga en el s. XVI. ‖ **Volver** uno **a la misma canción** *(Fam.)*, insistir importunamente en alguna cosa.

**CANCIONERIL** adj. Que tiene las características de los autores de cancioneros.

**CANCIONERO** n. m. Colección de poesías, generalmente de autores diversos. **2.** Colección de canciones.

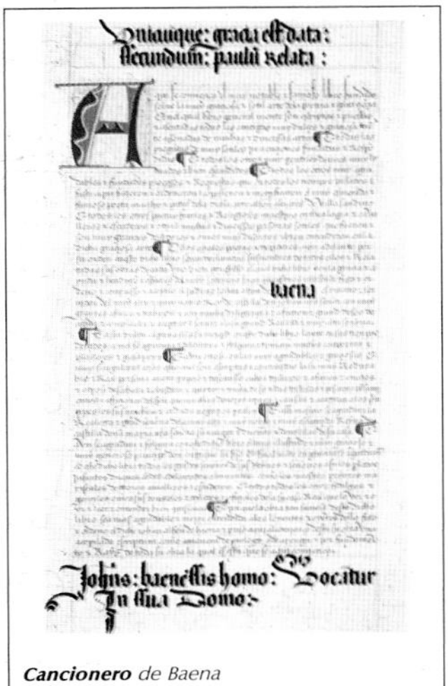

***Cancionero*** *de Baena*
(prólogo de la edición facsímil; 1851)
[biblioteca de Cataluña, Barcelona]

■ Aunque los primeros cancioneros peninsulares se remontan a los ss. XIII y XIV, fue en el s. XV cuando se configuró la modalidad poética *cancioneril*, de índole cortesana, caracterizada por su artificiosidad y su conceptuosidad sentimental y estilística. Esta poesía incluye dos géneros principales: la *canción* lírica, concebida para el canto, por lo general de tema amoroso, y el *decir*, para ser leído, de carácter doctrinal, panegírico, narrativo o satírico. Los cancioneros más notables son: el *Cancionero de Baena* (*c.* 1445), el *Cancionero de Stúñiga* (Nápoles, 1458), y el *Cancionero general*, recopilado por Henando del Castillo (Valencia, 1511), que conoció numerosas reimpresiones.

**CANCIONISTA** n. m. y f. Persona que compone o canta canciones.

**CANCO** n. m. *Bol.* y *Chile.* Nalga. **2.** *Chile.* Olla o vasija destinada a diversos usos domésticos. **3.** *Chile.* Maceta. ◆ **cancos** n. m. pl. **4.** *Chile.* En la mujer, caderas anchas.

**CANCONA** adj. y n. f. *Chile.* Mujer de caderas anchas.

**CANDADO** n. m. (lat. *catenatum*). Cerradura suelta que por medio de armellas asegura puertas, cofres, etc. • **Ley del candado,** disposición restrictiva de la instalación de nuevas comunidades religiosas en España, aprobada en 1910 a instancias de Canalejas.

**CANDE** o **CANDI** adj. Dícese del azúcar purificado y cristalizado.

**CANDEAL** adj. y n. m. (lat. *candidum*). Dícese de una especie de trigo que da harina y pan blanco de superior calidad. **2.** Dícese del pan hecho con trigo candeal.

**CANDELA** n. f. Vela, cilindro de materia crasa, con torcida en el eje para alumbrar. **2.** *Fam.* Lumbre, materia combustible encendida. **3.** Figura de acrobacia aérea. **4.** Flor del castaño. **5.** Unidad de medida de intensidad luminosa, de símbolo cd, que equivale a la intensidad luminosa, en una dirección dada, de un manantial que emite una radiación monocromática de frecuencia igual a 540 × $10^{12}$ hertz y cuya intensidad energética en esta dirección es igual a 1/683 vatios por estereorradián. • **Arrimar, dar,** etc., **candela** *(Fam.)*, pegar, dar palos. ‖ **Candela por metro cuadrado,** unidad de medida de luminancia equivalente a la luminancia de un manantial cuya intensidad luminosa es de 1 candela y cuya área es de 1 metro cuadrado. ‖ **En candela** (MAR.), en posición vertical: *trinquete en candela.*

**CANDELABRO** n. m. (lat. *candelabrum*). Candelero de dos o más brazos. **2.** Parte alta de la cornamenta de los cérvidos, terminada en palma. **3.** ARQ. Adorno en forma de balaustre asentado sobre un zócalo y terminado en forma de cazoleta con llamas.

**CANDELARIA** n. f. Fiesta católica que conmemora la presentación de Jesús en el templo y la purificación de la Virgen y se celebra el dos de febrero.

**CANDELARIO, A** adj. y n. *Perú.* Necio, tonto.

**CANDELEJÓN** n. m. *Chile, Colomb.* y *Perú.* Tonto, simple, bobo.

**CANDELERO** n. m. Utensilio para mantener derecha la vela o candela. **2.** Instrumento para pescar deslumbrando a los peces con teas encendidas. • **En,** o **en el, candelero,** en posición destacada o sobresaliente.

**CANDELILLA** n. f. *Chile.* Nombre que se da a cualquier luz o fosforescencia pequeña que se ve de noche en el campo. **2.** *Chile, C. Rica* y *Hond.* Luciérnaga. **3.** *Cuba.* Costura, especie de bastilla.

**CANDENTE** adj. Dícese de todo cuerpo, generalmente de metal, cuando se enrojece o blanquea por la acción del fuego: *hierro candente.* **2.** *Fig.* Vivo y de actualidad, que acalora los ánimos: *noticias candentes.*

**CANDI** adj. Cande.

**CANDIDACIÓN** n. f. Acción de cristalizar el azúcar.

**CANDIDATO, A** n. (lat. *candidatum*). Persona que aspira a un cargo, dignidad o distinción o que es propuesta para que se lo concedan.

**CANDIDATURA** n. f. Reunión de candidatos. **2.** Papeleta en que figura el nombre de uno o varios candidatos. **3.** Aspiración o propuesta para cualquier dignidad o cargo.

**CANDIDEZ** n. f. Calidad de cándido.

**CANDIDIASIS** n. f. Micosis provocada por un hongo afín a la levadura.

**CÁNDIDO, A** adj. (lat. *candidum*). Blanco. **2.** Sencillo, ingenuo, sin malicia ni doblez.

**CANDIL** n. m. Lámpara de aceite formada por dos recipientes de metal superpuestos y con un pico cada uno. **2.** Puntas que salen del cuerno del ciervo. **3.** *Méx.* Lámpara de araña.

**CANDILEJAS** n. f. pl. Línea de luces situadas al nivel del tablado y al borde del proscenio del escenario de un teatro.

**CANDINGA** n. f. *Chile.* Majadería. **2.** *Hond.* Enredo.

**CANDIOTA** n. f. Barril para vino u otro licor. **2.** Vasija grande de barro provista de una espita en la parte inferior, que se utiliza para guardar vino.

**CANDOMBE** n. m. Ritmo típico de Uruguay, de origen africano, que interpretan comparsas numerosas durante el carnaval.

**CANDONGA** n. f. *Fam.* Chasco o burla que se hace de palabra. **2.** *Hond.* Lienzo con el que se faja el vientre de los bebés. ◆ **candongas** n. f. pl. **3.** *Colomb.* Pendientes.

**CANDONGO, A** adj. y n. *Fam.* Zalamero y astuto. **2.** *Fam.* Holgazán.

**CANDOR** n. m. (lat. *candorem*). Blancura. **2.** *Fig.* Inocencia, ingenuidad, candidez.

**CANDOROSO, A** adj. Que tiene candor.

**CANECA** n. f. Botella de barro que, llena de agua caliente, se usa para dar calor. **2.** *Colomb.* Cubo de la basura. **3.** *Colomb.* y *Ecuad.* Tambor de hojalata para transportar petróleo y otros líquidos.

**CANECILLO** n. m. ARQ. Ménsula que sobresale de un plano y sostiene un miembro voladizo o sirve para apear un arco resaltado.

**CANECO, A** adj. *Bol.* Ebrio, borracho.

**CANÉFORA** n. f. ANT. GR. Muchacha que llevaba sobre su cabeza las canastillas sagradas, durante las ceremonias religiosas.

**CANELA** n. f. Corteza de diversas plantas aromáticas, especialmente del canelo. **2.** Condimento utilizado en cocina para aromatizar dulces y otros manjares. **3.** Madera comercial de origen americano. **4.** *Fig.* y *fam.* Cosa muy fina y exquisita. • **Canela fina,** cosa muy fina y exquisita, canela.

**CANELO, A** adj. De color de canela: *perro canelo.* ◆ n. m. **2.** Árbol de 7 a 8 m de alt., de hojas parecidas a las del laurel, originario de la India, Ceilán y China, de cuya corteza se extrae la canela.

**CANELO** o **CANELA,** pueblo amerindio, aculturado lingüísticamente por los quechuas, que habita en la cuenca del río Napo (Ecuador).

**CANELÓN** o **CANALÓN** n. m. (ital. *cannelloni*). Pieza de pasta de harina, rellena y enrollada en forma tubular. (Suele usarse en plural.) **2.** *Venez.* Rizo que las mujeres se hacen en el pelo.

**CANESÚ** n. m. (fr. *canezou*). Cuerpo de un vestido, corto y generalmente sin mangas. **2.** Pieza superior de una camisa, blusa o vestido, a la que se cosen el cuello, las mangas y el resto de la prenda.

**CANEVÁS** n. m. Conjunto de puntos de posición conocida, que sirve de base para un levantamiento topográfico.

**CANGA** n. f. Conglomeración arcilloso-ferruginosa que ocupa grandes extensiones en el Brasil oriental. **2.** *Amér. Merid.* Mineral de hierro que tiene arcilla.

**CANGAGUA** n. f. *Colomb.* y *Ecuad.* Tierra empleada para hacer adobes.

**CANGALLA** n. f. *Argent.* y *Chile.* Desperdicios minerales. **2.** *Bol.* Aparejo que se utiliza para que las bestias transporten carga. **3.** *Colomb.* Animal o persona enflaquecidos.

**CANGALLAR** v. tr. **[1]**. *Bol.* y *Chile.* Robar en las minas. **2.** *Chile.* Defraudar al fisco.

**CANGILÓN** n. m. Vaso grande de barro o metal, generalmente en forma de cántaro, para transportar o guardar líquidos. **2.** Cada una de las vasijas de barro o metal atadas a la maroma de la noria. **3.** Especie de recipiente o cubo utilizado en diversos aparatos de transporte, carga o elevación de materiales, tierras, etc. **4.** Cada uno de los pliegues en forma de cañón que tenían los cuellos apanalados o escarolados.

**CANGREJA** n. f. MAR. Vela trapezoidal que va envergada por su relinga superior a una percha oblicua y por el pujamen de la botavara.

**CANGREJAL** n. m. *Argent.* y *Urug.* Terreno pantanoso e intransitable por la abundancia de cangrejillos negruzcos.

**CANGREJERA** n. f. Nido de cangrejos.

**CANGREJO** n. m. Crustáceo decápodo braquiuro, con el abdomen atrofiado y replegado bajo el cefalotórax, y dotado de un par de grandes pinzas. • **Cangrejo de río,** cangrejo de agua dulce, que se caracteriza sobre todo por su apéndice o punta cefálica triangular. SIN.: *ástaco.* ‖ **Cangrejo ermitaño,** crustáceo muy común en las costas de Europa occidental, que protege su abdomen blando en el caparazón vacío de un gasterópodo.

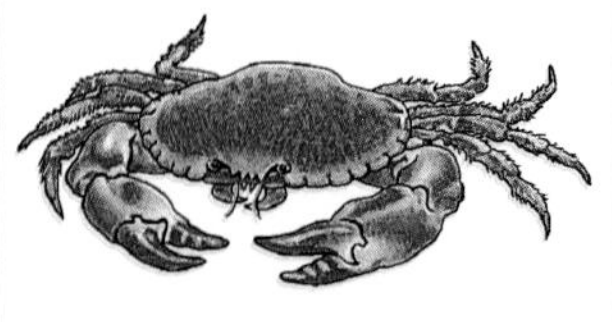

**cangrejo** de mar

**cangrejo** de río

**cangrejo** ermitaño

**CANGRO** n. m. *Colomb.* y *Guat.* Cáncer.

**CANGUELO** n. m. (voz gitana). Miedo, temor.

**CANGUIL** n. m. *Ecuad.* Maíz pequeño muy apreciado.

**CANGURO** n. m. Mamífero australiano del orden marsupiales, con las extremidades traseras muy largas, lo que le permite desplazarse mediante saltos. **2.** Prenda de vestir deportiva, de material a menudo impermeable, provista de capucha y con un único bolsillo centrado en la parte delantera, a la altura del pecho. ◆ n. m. y f. **3.** Persona cuyos servicios se contratan para cuidar niños en ausencia de sus padres.

**canguro** hembra con su cría

**CANÍBAL** adj. y n. m. y f. Antropófago. **2.** *Fig.* Dícese de la persona cruel y feroz.

**CANIBALISMO** n. m. Antropofagia. **2.** SICOANÁL. Fantasma del estadio oral, que consiste en querer incorporar, devorándolo, el objeto amado.

**CANICA** n. f. Juego de niños con bolitas de barro, vidrio u otra materia dura. **2.** Cada una de estas bolitas. • **Botársele** a alguien **la canica** (*Méx. Fam.*), enloquecer, actuar como loco: *se le botó la canica y empezó a gritar en pleno concierto.*

**CANICHANA,** pueblo amerindio de lengua homónima, que habita en el NO de Bolivia (cuenca del Machupo) entre el pueblo mojo.

**CANICHE** adj. y n. m. Dícese de una raza de perros de pelo rizado, que descienden del barbet.

**CANICIE** n. f. (lat. *canitiem*). Decoloración del sistema piloso.

**CANÍCULA** n. f. (lat. *caniculam*). Período del año en que arrecia el calor. **2.** ASTRON. Tiempo en el que la estrella Sirio sale y se pone con el Sol, y que, en la antigüedad, coincidía con el inicio del verano en la latitud de El Cairo.

**CANICULAR** adj. Relativo a la canícula.

**CÁNIDO, A** adj. y n. m. Relativo a una familia de mamíferos carniceros, dotados de numerosos molares y garras no retráctiles, buenos corredores, como el lobo, el perro y el zorro.

**CANIJO, A** adj. *Fam.* Débil y enfermizo o raquítico. **2.** *Méx. Fam.* Difícil, complicado: *está canijo que podamos salir de vacaciones.* **3.** *Méx.* Malo, desalmado.

**CANILLA** n. f. (lat. *cannellam*). Cualquiera de los huesos largos de la pierna o del brazo. **2.** Cualquiera de los huesos principales del ala de un ave. **3.** Grifo, espita. **4.** Pequeño cilindro sobre el que se arrollan los hilos en la lanzadera. **5.** *Colomb.* y *Perú.* Pantorrilla. **6.** *Perú.* Juego de dados. **7.** *Méx. Fig.* Fuerza física. ◆ **canillas** n. f. pl. **8.** *Argent.* y *Méx.* Piernas, especialmente las muy delgadas.

**CANILLERA** n. f. Máquina que arrolla el hilo de trama sobre las canillas. **2.** *Amér. Central.* Temor, miedo. **3.** *Amér. Central.* Temblor de piernas originado por el miedo. **4.** *Argent.* y *Chile.* Almohadilla que protege la parte anterior de la pierna, espinillera.

**CANILLITA** n. m. *Amér. Merid.* y *Dom.* Muchacho que vende periódicos o billetes de lotería.

**CANINO, A** adj. (lat. *caninum*). Relativo al can. **2.** Dícese de las propiedades que tienen semejanza con las del perro: *lealtad canina.* ◆ adj. y n. m. **3.** Dícese del diente, a menudo puntiagudo, situado entre los incisivos y los premolares.

**CANJE** n. m. Cambio, trueque o sustitución: *canje de prisioneros.*

**CANJEABLE** adj. Que se puede canjear.

**CANJEAR** v. tr. **[1]**. Hacer canje.

**CANJIAR** n. m. Puñal indio.

**CANNABÁCEO, A** adj. y n. f. Relativo a una familia de plantas del orden urticales, a la que pertenecen el cáñamo y el lúpulo.

**CANNABIS** n. m. Polvo obtenido de la resina, hojas e inflorescencia femenina de una variedad de cáñamo que produce efectos hipnóticos.

**CANNABISMO** n. m. Intoxicación por cannabis.

**CANO, A** adj. (lat. *canum*). Con canas o cabellera blanca: *pelo cano; estar cano.* **2.** *Fig.* y *poét.* Blanco, del color de la nieve.

**CANOA** n. f. Embarcación ligera, sin puente, propulsada a remo, pala, vela o motor. **2.** *Amér.* Cualquier clase de canal para conducir el agua. **3.** *Chile.* Vaina ancha y grande de los cocos de la palmera. **4.** *Chile, Colomb., C. Rica, Cuba, Nicar.* y *P. Rico.* Especie de artesa o cajón de forma oblonga que sirve para recoger mieles en los trapiches, dar de comer a los animales, etc.

**canoa** biplaza

**CANÓDROMO** n. m. Lugar donde se celebran carreras de galgos.

**CANOERO, A** n. Persona que tiene por oficio gobernar la canoa.

**CANON** n. m. (lat. *canonem*). Regla, precepto,

norma. **2.** Catálogo o lista. **3.** Lista oficial de los libros considerados como inspirados por Dios. **4.** Ley o regla establecida por la autoridad legítima de la Iglesia. **5.** Conjunto de oraciones y de ceremonias de la misa, desde el Sanctus hasta el Pater noster. **6.** *Chile.* Pago por un alquiler. **7.** B. ART. Norma que establece las proporciones ideales del cuerpo humano. **8.** DER. Prestación pecuniaria periódica por el aprovechamiento o explotación de una concesión pública. **9.** MÚS. Forma de composición musical en la que sucesivamente van entrando las voces o instrumentos, repitiendo cada una el canto de la que antecede. ◆ **cánones** n. m. pl. **10.** Derecho canónico.

**CANONESA** n. f. En las abadías flamencas y alemanas, mujer que vive en comunidad religiosa, sin hacer votos solemnes.

**CANONICAL** adj. Relativo a los canónigos.

**CANONICATO** n. m. Canonjía.

**CANONICIDAD** n. f. Calidad de canónico.

**CANÓNICO, A** adj. Conforme a los cánones y demás disposiciones eclesiásticas. **2.** Regular, conforme a las reglas. **3.** Relativo a los canónigos: *horas canónicas.* • **Derecho canónico,** ***derecho.*** ‖ **Edad canónica,** edad requerida por el derecho eclesiástico para acceder a ciertas funciones o desempeñar ciertos cargos; edad madura. ‖ **Forma canónica, ecuación canónica** (MAT.), forma o ecuación simples, en las que pueden expresarse, mediante un cambio de variables, un cierto número de formas o de ecuaciones.

**CANÓNIGA** n. f. *Fam.* Siesta que se duerme antes de comer.

**CANÓNIGO** n. m. Dignatario eclesiástico que forma parte del cabildo catedral *(canónigo titular)* o que desempeña una función pastoral o administrativa en la diócesis *(canónigo honorario).*

**CANONISTA** n. m. y f. Especialista en derecho canónico.

**CANONIZACIÓN** n. f. Acción de canonizar.

**CANONIZAR** v. tr. **[1g]**. Inscribir en el canon de los santos. **2.** *Fig.* Dar por buena a una persona o cosa: *canonizar una conducta.*

**CANONJÍA** n. f. Dignidad y beneficio de canónigo. **2.** *Fig.* y *fam.* Empleo de poco trabajo y bastante provecho.

**CANOPE** adj. y n. m. Dícese de la urna funeraria del Egipto faraónico, con la tapa en forma de cabeza humana o animal, que guardaba las vísceras de los muertos.

**canope** (fines del Imperio nuevo)
[Louvre, París]

**CANORO, A** adj. (lat. *canorum*). Dícese del ave de canto melodioso. **2.** Grato y melodioso.

**CANOSO, A** adj. Que tiene muchas canas: *barba canosa.*

**CANOTIÉ** n. m. (fr. *canotier*). Sombrero de bordes planos, que solía ser de paja.

**CANSADO, A** adj. Que se debilita o decae. **2.** Que cansa con su trato o conversación.

**CANSADOR, RA** adj. *Argent., Chile* y *Urug.* Que resulta cansado, pesado o aburrido.

**CANSANCIO** n. m. Falta de fuerzas que resulta de haberse fatigado.

**CANSAR** v. tr. y pron. (lat. *campsare*) **[1]**. Causar cansancio. **2.** Agotar la fertilidad de la tierra de labor. **3.** *Fig.* Enfadar, molestar, aburrir: *cansarse de oír siempre lo mismo.* • **¡Me canso!** *(Méx. Fam.)*, ¡por supuesto!, ¡claro que sí!

**CANSERA** n. f. *Fam.* Molestia y enojo causados por impertinencia. **2.** *Colomb.* Tiempo perdido en algún empeño.

**CANSINO, A** adj. Lento, perezoso: *aspecto cansino.* **2.** Dícese del animal cuya capacidad de trabajo está disminuida por el cansancio.

**CANSO, A** adj. Cansado, que se debilita o decae.

**CANTABLE** adj. Que se puede cantar. ◆ n. m. **2.** Parte de los libretos de zarzuela que se escribe en verso adecuado para que se le ponga música.

**CANTÁBRICO, A** adj. y n. De Cantabria o del Cantábrico.

**CÁNTABRO, A** adj. y n. De Cantabria. **2.** Relativo a un pueblo prerromano asentado en el N de la península Ibérica, esencialmente en la act. Cantabria; individuo de dicho pueblo. (De fuerte influencia celta en lo étnico, los cántabros tenían una organización tribal, con acusadas formas matriarcales y vida seminómada. Nunca fueron totalmente romanizados y, tras la invasión musulmana, constituyeron con los astures el foco del reino de Asturias.)

**CANTADOR, RA** o **CANTAOR, RA** n. Persona que canta, especialmente cante flamenco.

**CANTAL** n. m. Canto de piedra.

**CANTAL** n. m. Queso de pasta dura, fabricado en la región francesa de Auvernia con leche de vaca.

**CANTALETA** n. f. Cantinela, cosa que se repite pesadamente. **2.** *Colomb.* Regañina continuada.

**CANTALETEAR** v. tr. **[1]**. *Colomb.* Repetir insistentemente las cosas.

**CANTAMAÑANAS** n. m. y f. *Fam.* Persona informal, fantasiosa, irresponsable, que no merece crédito.

**CANTANTE** adj. Que canta. • **Llevar la voz cantante,** ser la persona que manda, dispone, etc., en un negocio, conversación, etc. ◆ n. m. y f. **2.** Persona cuyo oficio es cantar.

**CANTAOR, RA** n. Cantador.

**CANTAR** n. m. Composición breve, nacida de la lírica popular, destinada al canto. • **Cantar de gesta,** en las literaturas románicas medievales, nombre que se da a los poemas épicos o heroicos que narran las hazañas de personajes históricos o legendarios. ‖ **Ser otro cantar** *(Fam.)*, ser distinto.
■ El cantar de gesta tuvo un carácter esencialmente oral. Concebido y declamado por juglares profesionales, se dividen en estrofas, que se cantaban en dos o tres frases melódicas, alternadas en una especie de salmodia. La acción gira en torno de personajes que evocan recuerdos históricos. El poema exalta esencialmente el ideal de un mundo feudal y de una civilización cristiana dominada por el espíritu de cruzada contra los infieles, como en el *Cantar de Roldán** y el *Cantar de Mio Cid**. En España sólo se conservan el *Mio Cid* y un fragmento del *Roncesvalles,* además de algún cantar prosificado parcialmente en las crónicas medievales.

**CANTAR** v. tr. e intr. **[1]**. Emitir con los órganos de la voz una serie de sonidos modulados. **2.** *Fig.* Ensalzar: *cantar al amor.* **3.** *Fig.* y *fam.* Descubrir o confesar lo secreto: *hacer cantar a alguien la policía.* **4.** En algunos juegos de naipes, decir los puntos conseguidos: *cantar veinte en bastos.* • **Cantar de plano,** confesar todo lo que se sabe. ‖ **Cantar las verdades** a uno, echarle en cara alguna cosa. ‖ **Cantarlas claras,** decir la verdad sin ambages y destempladamente. ◆ v. intr. **5.** Producir sonidos estridentes, especialmente los insectos, haciendo vibrar ciertas partes de su cuerpo, y los carruajes rechinando los ejes u otras partes al moverse.

**CÁNTARA** n. f. Cántaro. **2.** Medida de capacidad para líquidos equivalente a 16,133 l.

**CANTARANO** n. m. (ital. *canterano*). Cómoda, generalmente provista de una parte superior dispuesta como escritorio.

**CANTARELA** n. f. En el violín o la guitarra, prima.

**CANTARERA** n. f. Poyo o armazón de madera, para poner los cántaros.

**CANTÁRIDA** n. f. Insecto coleóptero verde dorado, de 2 cm de long., frecuente en los fresnos, y que fue utilizado para preparar vesicatorios y afrodisíacos.

**CANTARIDINA** n. f. Alcaloide tóxico y congestionante, extraído de las cantáridas.

**CANTARÍN, NA** adj. *Fam.* Aficionado a cantar. **2.** Que tiene sonido agradable.

**CÁNTARO** n. m. Vasija grande de barro o metal, de abertura angosta, barriga ancha y base estrecha, generalmente con una o dos asas. • **A cántaros,** en abundancia, con mucha fuerza: *llover a cántaros.*

**CANTATA** n. f. Composición musical escrita para una o varias voces con acompañamiento instrumental.

**CANTATRIZ** n. f. Cantante.

**CANTAUTOR, RA** n. Cantante cuyo repertorio se nutre preferentemente de sus propias composiciones.

**CANTAZO** n. m. Pedrada.

**CANTE** n. m. Acción de cantar. **2.** Canción popular andaluza. • **Cante jondo** → ***jondo.***

**CANTEGRIL** n. m. *Urug.* Barrio marginal de chabolas.

**CANTERA** n. f. Terreno del que se extrae piedra apropiada para la construcción. **2.** Plantel donde se forman personas hábiles o capaces en alguna disciplina: *cantera de jugadores de fútbol.*

**CANTERÍA** n. f. Arte de labrar las piedras para las construcciones. **2.** Obra de piedra labrada.

**CANTERO, A** n. Persona que explota una cantera. **2.** Operario que labra piedras destinadas a la construcción. ◆ n. m. **3.** Extremo de algunas cosas duras que pueden partirse con facilidad: *un cantero de pan.* **4.** Trozo de tierra laborable, o de huerta, generalmente largo y estrecho. **5.** *Amér.* Cuadro de un jardín. **6.** *Amér.* Espacio de jardín o de huerta donde se siembra y trabaja.

**CÁNTICO** n. m. Canto religioso de acción de gracias. **2.** Nombre de ciertas poesías profanas: *cántico nupcial.*

**CANTIDAD** n. f. (lat. *quantitatem*). Carácter de lo que puede ser medido o contado, de lo que es susceptible de crecimiento o de disminución: *medir una cantidad.* **2.** Porción de alguna cosa. **3.** Suma de dinero. **4.** Gran número de personas o cosas. **5.** Duración atribuida a una sílaba en la pronunciación. • **En cantidad,** mucho. ◆ adv. **6.** *Fam.* Mucho: *me gusta cantidad.*

**CANTIGA** o **CÁNTIGA** n. f. Antigua composición poética destinada al canto, especialmente en la poesía galaicoportuguesa.

**CANTIL** n. m. Lugar que forma escalón en la costa o en el fondo del mar. **2.** Borde de un despeñadero.

**CANTILENA** n. f. (lat. *cantilenam*). Canción o poema breve épico-lírico que la crítica romántica consideró el núcleo primitivo de los cantares de gesta.

**CANTILEVER** adj. y n. m. TECNOL. Dícese de un tipo de puente metálico cuyas vigas principales se prolongan en voladizo y soportan a su vez una viga de luz reducida. **2.** TECNOL. Dícese de una suspensión en voladizo.

**CANTIMPLA** adj. *Amér.* Tonto, bobo.

**CANTIMPLORA** n. f. (voz catalana). Vasija aplanada para llevar agua en viajes y excursiones. **2.** *Colomb.* Recipiente para llevar la pólvora. **3.** *Guat.* Bocio, papera.

**CANTINA** n. f. (ital. *cantina*). Local público, aislado o formando parte de un establecimiento, en que se venden bebidas y comestibles: *la cantina de la estación.* **2.** *Argent.* Fonda.

**CANTINELA** n. f. Cantilena. **2.** Cosa que se repite pesadamente.

**CANTINERA** n. f. Mujer que sigue a las tropas con el fin de venderles comestibles o bebidas.

**CANTINERO, A** n. Dueño de una cantina.

**CANTIZAL** n. m. GEOL. Conjunto de materiales sueltos en los que dominan los cantos.

**CANTO** n. m. (lat. *cantum,* orilla). Extremidad o lado de cualquier sitio o cosa: *el canto de la mesa.* **2.** Lado opuesto al filo de los instrumentos cortantes. **3.** Corte del libro opuesto al lomo. **4.** Grueso de alguna cosa: *tabla de dos centímetros de canto.* **5.** Piedra de pequeño tamaño, más o menos desgastada por la erosión: *canto rodado.* **6.** Dimensión menor de una escuadría. **7.** *Colomb.* Falda, regazo. • **Al canto,** inmediato, inevitable: *discusión al canto.* ‖ **De canto,** de lado, no de plano.

**CANTO** n. m. (lat. *cantum*). Acción y efecto de cantar: *el canto del gallo.* **2.** Cada una de las partes en que se divide un poema épico: *los veinticuatro cantos de la Odisea.* **3.** Nombre de otras composiciones literarias de distinto género: *un canto a la naturaleza.* **4.** Arte de cantar. • **Al canto del gallo**

*(Fam.)*, al amanecer. || **Canto del cisne,** última obra o actuación de una persona. || **Canto llano,** o **gregoriano** → ***gregoriano***.

**CANTÓN** n. m. Esquina. **2.** En Suiza, cada uno de los estados que componen la Confederación. **3.** En Francia, subdivisión de un distrito. **4.** En Bolivia y Costa Rica, área administrativa menor, equivalente al municipio español. **5.** En Ecuador, división administrativa menor que la provincia y constituida por la cabecera cantonal y las parroquias. **6.** *Hond.* En medio de una llanura, parte alta y aislada. **7.** HERÁLD. Pieza honorable de forma cuadrada, situada en general en un ángulo del escudo. **8.** HIST. Cada una de las ciudades o demarcaciones territoriales españolas que se proclamaron autónomas en julio de 1873: *el cantón murciano.*

**CANTONADO, A** adj. HERÁLD. Dícese de la pieza principal del escudo, cuando la acompañan otras iguales colocadas en cada cantón.

**CANTONAL** adj. y n. m. y f. Relativo al cantón o al cantonalismo; partidario del cantonalismo.

**CANTONALISMO** n. m. Sistema político que aspira a dividir el estado en cantones federados.

**CANTONALISTA** adj. y n. m. y f. Cantonal.

**CANTONERA** n. f. Pieza puesta en las esquinas de libros, muebles, etc., para refuerzo o adorno. **2.** Rinconera, mesita, armario o estante pequeños que se colocan en un rincón. • **Cantonera engomada,** lengüeta de papel adhesivo que permite fijar estampas o fotografías por sus ángulos en las hojas de un álbum.

**CANTONÉS, SA** adj. y n. De Cantón. ◆ n. m. **2.** Dialecto chino hablado en la región de Cantón.

**CANTOR, RA** adj. y n. (lat. *cantorem*). Que canta, especialmente si es por oficio. **2.** *Fig.* Dícese del poeta, especialmente épico y religioso. ◆ adj. **3.** Dícese de las aves que son capaces de emitir sonidos melodiosos y variados, como el mirlo y el ruiseñor.

**CANTORA** n. f. *Chile.* Orinal.

**CANTORAL** n. m. Libro de coro.

**CANTORÍA** n. f. En las iglesias italianas, tribuna para los cantores.

**CANTÚA** n. f. *Cuba.* Dulce seco hecho de coco, boniato, ajonjolí y azúcar.

**CANTUESO** n. m. Espliego.

**CANTURREAR** v. intr. [1]. *Fam.* Cantar a media voz.

**CANTURREO** n. m. Acción de canturrear.

**CANTUS FIRMUS** n. m. (voces latinas). Tema que sirve de base para una obra musical polifónica y que se enuncia a menudo en valores de notas largas.

**CANTUTA** n. f. *Amér.* Clavel de flor sencilla.

**CÁNULA** n. f. (lat. *cannulam*). Caña pequeña. **2.** Sonda tubular que se emplea para el drenaje de ciertas lesiones. **3.** Porción terminal de las jeringas.

**CANUTAS. Pasarlas canutas,** indica que una persona se encuentra en una situación difícil, apurada o arriesgada.

**CANUTILLO** n. m. Tejido en el que los cordoncillos corren siempre en dirección de la urdimbre y los hilos son de algodón cardado.

**CANUTO** n. m. Trozo de caña cortado entre dos nudos. **2.** Tubo de metal, cartón, etc., corto y no muy grueso, que sirve para diferentes usos. **3.** Tubo cerrado por un extremo y, a veces, con una tapadera en el otro, en el que se introducen planos, diplomas, etc. **4.** *Fam.* Porro. **5.** *Chile.* Apelación despectiva que se da a los ministros y pastores protestantes. **6.** *Chile.* Nombre dado a los fieles de este culto. **7.** *Méx.* Sorbete de leche, azúcar y huevo, cuajado en forma de canuto.

**CANZONE** n. f. Canción italiana a varias voces.

**CANZONETISTA** n. f. Mujer que canta canciones en público.

**CAÑA** n. f. (lat. *cannam*). Planta herbácea indígena de Europa meridional, que alcanza una altura de 3 a 5 m, de tallo hueco y flexible, hojas anchas y ásperas y flores en panojas terminales muy ramosas y laxas. (Familia gramíneas.) **2.** Tallo de las plantas gramíneas, por lo común hueco y nudoso. **3.** Vaso, generalmente cónico, alto y estrecho, que se utiliza para beber vino. **4.** Bebida que cabe dentro de este vaso: *una caña de manzanilla.* **5.** Vaso pequeño de cerveza: *tomarse una caña.* **6.** Canilla del brazo o de la pierna, y en general, parte hueca de cualquier hueso largo. **7.** Tuétano. **8.** Parte de la caja donde descansa el cañón de las armas portátiles. **9.** Fuste de una columna. **10.** Parte media y más larga del remo, comprendida entre la pala y el luchadero. **11.** Cierta canción popular andaluza de gran virtuosismo vocal. (Suele usarse en plural.) **12.** Vara larga, delgada y flexible, de longitud variable, que se emplea para pescar. **13.** Parte de la bota que cubre la pierna. **14.** Medida de superficie agraria. **15.** *Amér. Merid.* Aguardiente destilado de la caña de azúcar. **16.** *Colomb.* Cierto baile. **17.** *Colomb.* Noticia falsa, fanfarronada. • **Caña de azúcar, dulce,** o **Castilla,** planta tropical cultivada por el azúcar que se extrae de su tallo, que alcanza una altura de 2 a 5 m. (Familia gramíneas.) || **Caña de bambú,** madera que se utiliza para la fabricación de cañas de pescar, formada por seis secciones triangulares talladas en bambú.

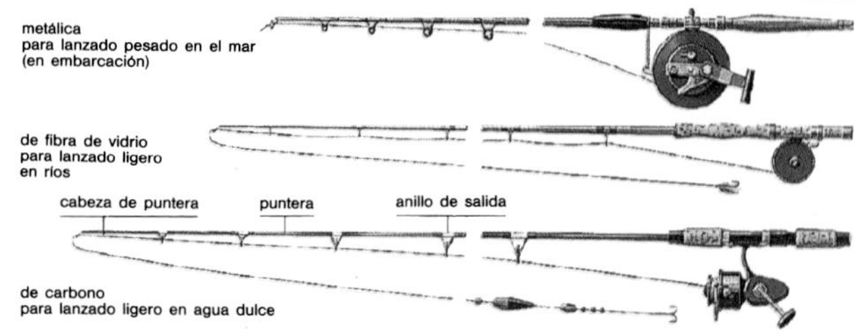

**cañas** de pescar

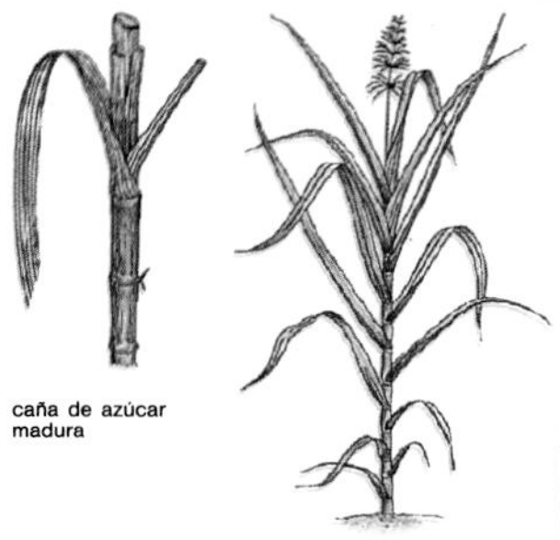

**caña** de azúcar

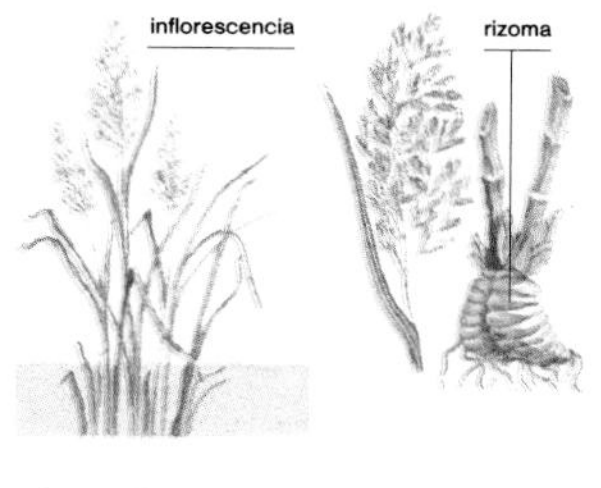

**caña** común

**CAÑACORO** n. m. Planta originaria de la India, que se cultiva en las zonas cálidas por su rizoma rico en féculas. (Familia cannáceas.)

**CAÑADA** n. f. Espacio de tierra entre dos alturas poco distantes entre sí. **2.** Pista que une los pastos veraniegos con los invernales, a través de la cual se trasladan los rebaños ovinos trashumantes. **3.** *Argent., Par.* y *Urug.* Terreno bajo entre lomas, bañado de agua y con vegetación propia de tierras húmedas.

**CAÑADILLA** n. f. Molusco gasterópodo, que puede alcanzar un tamaño de 8 cm de long., de concha cubierta de aguijones, que vive en las costas del Mediterráneo y del que se extraía la púrpura.

**CAÑADÓN** n. m. *Argent., Cuba* y *Urug.* Cauce antiguo y profundo entre dos lomas o sierras.

**CAÑAFÍSTULA** o **CAÑAFÍSTOLA** n. f. Planta arbórea grande y frondosa, de 10 m de alt., de tronco ramoso, hojas compuestas, flores amarillas en racimos colgantes y fruto en legumbre leñosa de pulpa negruzca y dulce, empleado como laxante. (Familia cesalpiniáceas.) **2.** Fruto de esta planta.

**CAÑAHEJA** n. f. Planta, de 2 m de alt., de la que se obtiene una gomorresina. (Familia umbelíferas.)

**CAÑAMAR** n. m. Terreno sembrado de cáñamo.

**CAÑAMAZO** n. m. Tela de cáñamo, lino o algodón, de hilos dobles, que se emplea para bordar.

**CAÑAMERO, A** adj. Relativo al cáñamo.

**CÁÑAMO** n. m. Planta de hojas palmeadas, cultivada por su tallo, que proporciona una excelente fibra textil, y por sus semillas. (Familia cannabáceas.) **2.** Fibra obtenida del cáñamo; materia textil hecha con dicha fibra. • **Cáñamo de Manila,** fibra textil extraída del abacá. || **Cáñamo índico,** variedad de *Cannabis sativa,* de la que se obtiene el hachís y la marihuana.

**CAÑAMÓN** n. m. Simiente del cáñamo.

**CAÑAREJO** n. m. Planta herbácea, de flores amarillas. (Familia umbelíferas.)

**CAÑAVERA** n. f. Carrizo.

**CAÑAVERAL** n. m. Terreno poblado de cañas o cañaveras.

**CAÑAZO** n. m. Golpe dado con una caña.

**CAÑERÍA** n. f. Conducto formado de caños por donde circula un fluido.

**CAÑERO, A** adj. Relativo a la caña de azúcar.

**CAÑÍ** adj. y n. m. y f. (pl. *cañís*). Gitano.

**CAÑIHUA** n. f. *Perú.* Mijo que comen los indios y con el que, una vez fermentado, elaboran chicha.

**CAÑINQUE** adj. *Amér.* Canijo, enclenque.

**CAÑIZAL** o **CAÑIZAR** n. m. Cañaveral.

**CAÑIZO** n. m. Armazón de cañas entretejidas.

**CAÑO** n. m. Tubo de metal, vidrio o barro, etc.: *una fuente de dos caños.* **2.** Albañal, conducto de desagüe. **3.** Chorro, líquido que sale de un orificio. **4.** MAR. Canal angosto, aunque navegable, de un puerto o bahía. **5.** MIN. Galería de mina. **6.** MÚS. Cañón del órgano, por donde entra y sale el aire que produce el sonido.

**CAÑÓN** n. m. Pieza hueca y larga a modo de caña: *cañón de anteojo.* **2.** Tubo de un arma de fuego. **3.** Arma de fuego no portátil tomada en su conjunto: *cañón anticarro, automotor de campaña,* etc. **4.** Valle estrecho y encajado, con paredes abruptas. **5.** Cañada. **6.** Pliegue cilíndrico que se

**cañacoro**

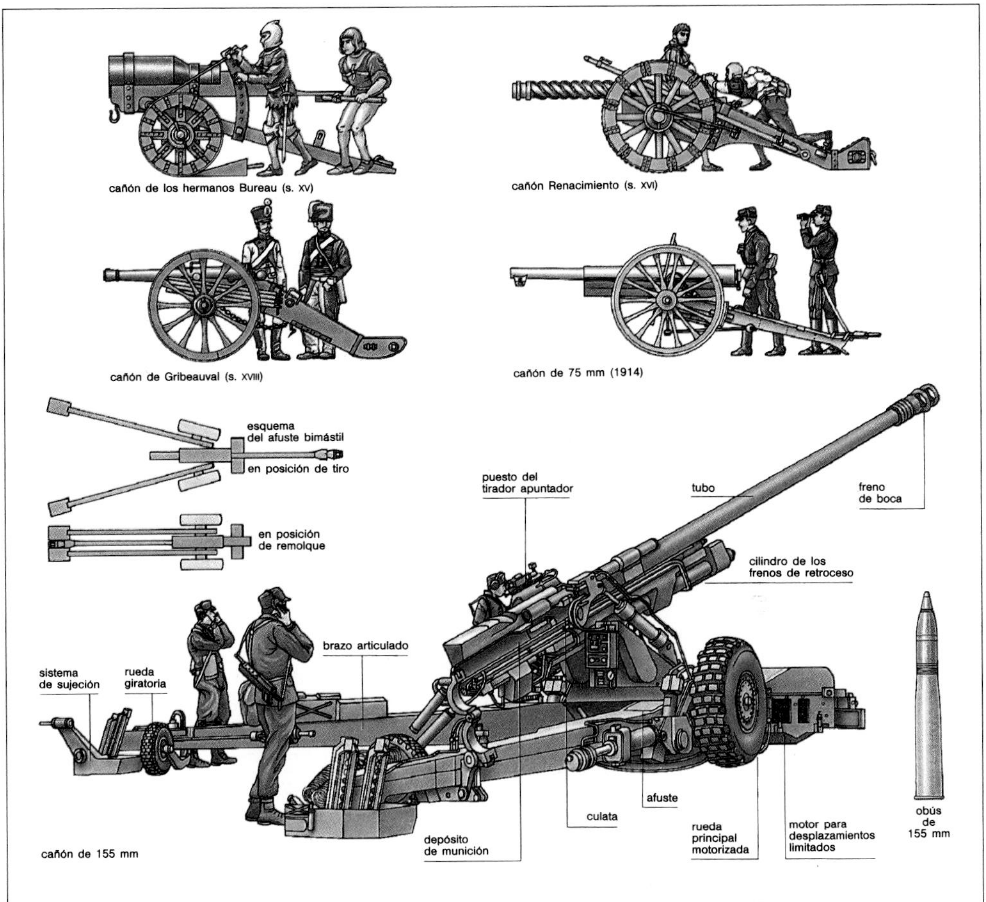


**cañones**

hace en la ropa almidonada. **7.** Parte córnea y hueca de la pluma del ave. **8.** Pluma de ave que empieza a nacer. ◆ adv. **9.** *Fam.* Muy bien: *estar cañón; pasarlo cañón.* • **Bóveda de cañón** (ARQ.), bóveda formada por la traslación de un arco según una directriz. || **Cañón de chimenea,** conducto de humo que, atravesando todos los pisos de un edificio, sobresale del tejado. || **Cañón de electrones,** aparato productor de un haz intenso de electrones muy rápidos. || **Cañón de nieve,** aparato para lanzar nieve artificial sobre las pistas de esquí. || **Cañón submarino,** depresión alargada y estrecha, de vertientes abruptas, que accidenta los fondos marinos.

**CAÑONAZO** n. m. Disparo efectuado por un cañón. **2.** Ruido o daño que causa un cañón.

**CAÑONEAR** v. tr. y pron. [1]. Batir a cañonazos.

**CAÑONEO** n. m. Acción y efecto de cañonear.

**CAÑONERA** n. f. Escotadura de un parapeto destinada al disparo de un cañón.

**CAÑONERO, A** adj. Dícese de los barcos o lanchas que montan algún cañón.

**CAÑUELA** n. f. Gramínea forrajera vivaz.

**CAÑUTILLO** n. m. Tubito de vidrio que se emplea en trabajos de pasamanería y bordado. **2.** Hilo metálico, brillante o mate, que se usa para bordar.

**CAOBA** n. f. Planta arbórea de tronco alto, recto y grueso, que produce una excelente madera. (Familia meliáceas.) **2.** Madera de este árbol.

**CAODAÍSMO** n. m. Religión instituida por Ngô van Chiên en 1926, que adopta diversos aspectos del budismo, del taoísmo, del confucianismo y del cristianismo.

**CAOLÍN** n. m. Roca arcillosa, blanca y desmenuzable, compuesta esencialmente por caolinita, que entra en la composición de la porcelana dura.

**CAOLINITA** n. f. MINER. Silicato natural de aluminio, perteneciente al grupo de las arcillas.

**CAOLINIZACIÓN** n. f. Alteración, debida a la humedad, de ciertas rocas feldespáticas, con formación superficial de arcilla.

**CAOS** n. m. (gr. *khaos,* abismo). Confusión, desorden: *reinar el caos.* **2.** GEOMORFOL. Acumulación de bloques producida por la erosión en ciertas clases de rocas. **3.** FILOS. Confusión general de los elementos y de la materia, antes de la creación del mundo.

**CAÓTICO, A** adj. Relativo al caos: *situación caótica.*

**CAPA** n. f. Prenda de vestir larga y suelta, sin mangas, abierta por delante, que se lleva sobre el vestido. **2.** Disposición de elementos cuyo espesor es pequeño en relación a la superficie sobre la que se extienden. **3.** Toda sustancia que se aplica sobre otra: *capa de pintura.* **4.** *Fig.* Pretexto con que se encubre un designio: *conspirar con capa de amigos.* **5.** *Fig.* Categoría o clase social. **6.** Hoja entera de tabaco que envuelve exteriormente las hojas torcidas de los cigarros puros. **7.** Capote de torero. **8.** Color del pelo y piel de ciertos animales. **9.** FÍS. Conjunto de los estados electrónicos de un átomo, caracterizados por un mismo número cuántico principal. **10.** GEOL. Masa de terreno sedimentario que presenta caracteres homogéneos. • **Andar,** o **ir, de capa caída** *(Fam.),* ir decayendo de categoría, fortuna o salud o perdiendo intensidad y fuerza. || **Capa límite,** fina película que envuelve un cuerpo en movimiento con respecto a un fluido y que constituye la sede de fenómenos aerodinámicos y térmicos que afectan el comportamiento de este cuerpo. || **Capa pluvial,** la que usa el sacerdote en algunas funciones litúrgicas. || **Defender a capa y espada,** defender a todo trance. || **Hacer** alguien **de su capa un sayo,** obrar alguien según su propio albedrío y con libertad en cosas o asuntos que a él sólo pertenecen o atañen.

**CAPACETE** n. m. ARM. Casco de metal sin cresta ni visera, a veces terminado en punta, que tenía la superficie cincelada. **2.** ARM. Pieza que se coloca en los proyectiles perforantes para proteger la punta de la ojiva.

**CAPACHA** n. f. Capacho. **2.** *Bol.* y *Chile.* Prisión, cárcel.

**capa** pluvial del cardenal Mendoza (s. XV)
[catedral de Toledo]

**CAPACHO** n. m. Espuerta de juncos o mimbres. **2.** Espuerta de cuero o de estopa muy recia, usada por los albañiles. **3.** TAUROM. Toro que tiene las astas caídas y abiertas.

**CAPACIDAD** n. f. Espacio suficiente de alguna cosa para contener otra u otras: *la capacidad de un cajón.* **2.** Extensión o cabida de un sitio o local: *sala de mucha capacidad.* **3.** Aptitud o suficiencia para alguna cosa. **4.** *Fig.* Talento o disposición para comprender bien las cosas. **5.** DER. Aptitud legal. **6.** ELECTR. Cantidad de electricidad que puede restituir un acumulador cuando se descarga; cociente entre la carga de un condensador y la diferencia de potencial entre sus armaduras. **7.** INFORMÁT. Cantidad de información que un canal o una vía pueden transmitir o un ordenador puede tratar por unidad de tiempo. • **Capacidad de una memoria electrónica,** cantidad de información que puede contener esta memoria. ‖ **Capacidad torácica,** o **vital,** cantidad máxima de aire que se puede hacer entrar en los pulmones partiendo del estado de espiración forzada. ‖ **Medida de capacidad,** recipiente utilizado para medir líquidos y áridos.

**CAPACITACIÓN** n. f. Acción y efecto de capacitar.

**CAPACITANCIA** n. f. ELECTR. Impedancia que presenta un condensador a una frecuencia determinada.

**CAPACITAR** v. tr. y pron. [**1**]. Hacer a uno apto, habilitarle para alguna cosa. ◆ v. tr. **2.** Facultar a una persona para que realice una cosa.

**CAPACITIVO, A** adj. ELECTR. Relativo a la capacidad.

**CAPACITÓMETRO** n. m. Aparato que sirve para medir capacidades eléctricas.

**CAPADOCIO, A** adj. y n. De Capadocia.

**CAPANGA** n. m. *Argent.* Capataz, guardaespaldas, matón.

**CAPAR** v. tr. [**1**]. Castrar. **2.** *Fig.* y *fam.* Disminuir y cercenar.

**CAPARAZÓN** n. m. Cubierta dura y sólida formada por el tegumento engrosado de diversos animales, cuyo cuerpo protege. **2.** Cubierta que se pone encima de algunas cosas para su defensa. **3.** GEOL. Formación superficial fuertemente consolidada, de espesor considerable, que se da en los suelos de las regiones tropicales secas. SIN.: *coraza.*

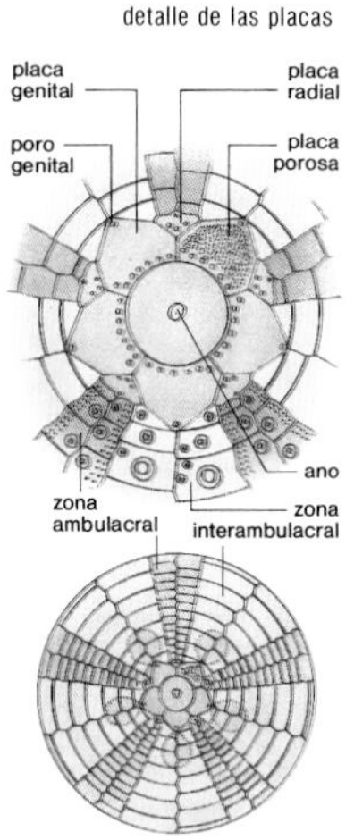


**caparazón** de erizo de mar (visto desde el polo anal)

**CAPARRÓN** n. m. Botón que sale de la yema de la vid o del árbol.

**CAPARROSA** n. f. MINER. Minerales del grupo de los sulfatos hidratados.

**CAPATAZ** n. m. Persona encargada de dirigir y vigilar a un grupo de trabajadores. **2.** Persona encargada de la labranza y administración de las haciendas de campo.

**CAPAZ** adj. (lat. *capacem*). Que tiene capacidad, aptitud o disposición para una cosa: *sentirse capaz para realizar algo.* **2.** Grande, espacioso o suficiente para contener algo: *un armario capaz.* **3.** *Fig.* De buen talante, instruido, diestro: *hombre capaz.* • **Arco capaz de un ángulo dado,** arco de círculo formado por los puntos desde los que se ve bajo este ángulo el segmento que une sus extremos. ◆ adv. **4.** *Amér.* Posiblemente. • **Capaz que** *(Méx.),* quizá, probablemente, a lo mejor: *capaz que llueve; capaz que saco la lotería.*

**CAPAZO** n. m. Espuerta grande.

**CAPCIOSIDAD** n. f. Calidad de capcioso.

**CAPCIOSO, A** adj. (lat. *captiosum*). Artificioso, engañoso, que induce a error: *pregunta capciosa.*

**CAPEA** n. f. TAUROM. Acción de capear. **2.** Fiesta taurina con novillos o becerros en la que participan aficionados.

**CAPEAR** v. tr. [**1**]. Adoptar una embarcación una determinada posición para sortear un estado peligroso o desfavorable del mar. **2.** *Fam.* Eludir con habilidad alguna dificultad, entretener con evasivas: *capear la situación.* **3.** *Chile* y *Guat.* Faltar a clase, hacer novillos. **4.** *Méx.* Cubrir con huevo batido algún alimento para luego freírlo: *capear las papas.* **5.** TAUROM. Torear con la capa.

**CAPELÁN** n. m. Pez parecido al bacalao, de unos 30 cm de long. (Familia gádidos.)

**CAPELINA** n. f. Capellina.

**CAPELLÁN** n. m. Titular de una capellanía. **2.** Sacerdote que ejerce sus funciones en una institución religiosa, seglar o castrense, o en una casa particular.

**CAPELLANÍA** n. f. Beneficio irregular que consiste en el derecho a recibir los frutos de unos bienes con la obligación de celebrar unas misas o unos actos religiosos, previamente determinados.

**CAPELLINA** n. f. Pieza de la armadura que cubría la parte superior de la cabeza. **2.** Vendaje en forma de gorro. SIN.: *capelina.*

**CAPEO** n. m. Acción y efecto de capear.

**CAPERUZA** n. f. Capucha que va suelta. **2.** Pieza que cubre o protege la extremidad de algo.

**CAPELO** n. m. Sombrero rojo, insignia de los cardenales. **2.** *Fig.* Dignidad de cardenal. SIN.: *capelo cardenalicio.* **3.** *Méx.* Campana de cristal para resguardar del polvo. **4.** HERÁLD. Figura que timbra el exterior del escudo de los dignatarios eclesiásticos.

**CAPI** n. m. *Bol.* Harina blanca de maíz. **2.** *Chile.* Vaina tierna de las leguminosas.

**CAPIA** n. f. *Argent., Colomb.* y *Perú.* Maíz blanco muy dulce que se usa para preparar golosinas. **2.** *Argent.* y *Colomb.* Masa hecha con harina de capia y azúcar. **3.** *Bol.* Harina de maíz tostado. **4.** *Bol.* Masa hecha con esa harina.

**CAPIALZAR** v. tr. [**1g**]. Levantar un arco por uno de sus frentes para formar el declive volteado sobre una puerta o ventana.

**CAPIALZO** n. m. Declive del intradós de una bóveda.

**CAPIBARA** o **CAPIGUARA** n. m. Carpincho.

**CAPICATÍ** n. m. Planta de Argentina y Paraguay, de raíz muy aromática y de sabor cálido y acre, que sirve para fabricar un licor especial. (Familia ciperáceas.)

**CAPICÚA** adj. y n. m. (cat. *cap-i-cua*). Dícese del número que es igual leído de izquierda a derecha que de derecha a izquierda. ◆ n. m. **2.** Jugada que consiste en hacer dominó con una ficha que puede colocarse en cualquiera de los dos extremos.

**CAPILAR** adj. (lat. *capillarem*). Relativo al cabello: *loción capilar.* • **Tubo capilar,** tubo de diámetro muy pequeño en el que se manifiestan fenómenos de capilaridad. ◆ n. m. y adj. **2.** ANAT. Vaso muy fino, a veces de 5 micras de diámetro solamente, situado entre las arteriolas y las vénulas. SIN.: *vaso capilar.*

**CAPILARIDAD** n. f. Calidad de capilar. **2.** Estado de un tubo o de un conducto capilar. **3.** Conjunto de los fenómenos que se producen en la superficie de un líquido, en particular cuando éste está dentro de un tubo capilar.

**CAPILARITIS** n. f. Inflamación de los vasos capilares.

**CAPILLA** n. f. (bajo lat. *capella*). Iglesia pequeña aneja a otra mayor, o parte integrante de ésta, con altar y advocación particular. **2.** Lugar destinado al culto en determinados edificios o en algunas casas particulares. **3.** Cuerpo de músicos de alguna iglesia. **4.** Pliego que se entrega suelto durante la impresión de una obra. **5.** *Fig.* Pequeño grupo de adictos a una persona o a una idea. • **Capilla ardiente,** oratorio fúnebre provisional donde se celebran las primeras exequias por una persona. ‖ **Capilla posa,** tipo de capilla situada en las esquinas de los atrios conventuales del s. XVI. ‖ **Estar en capilla,** situación del reo desde que se le notifica la condena a muerte hasta que es conducido al lugar de ejecución; estar en trance de sufrir una prueba difícil o de conocer un resultado ansiosamente esperado.

**CAPILLO** n. m. (bajo lat. *cappellus,* dim. de *cappa,* capa). Vestidura de tela que se pone en la cabeza del niño al bautizarlo. **2.** Envoltura intermedia del cigarro puro, entre la tripa y la capa. **3.** MAR. Cubierta de hojalata o madera con que se preservan de la humedad las bitácoras cuando están forradas de cobre.

**CAPIPARDO** n. m. Hombre plebeyo, artesano.

**CAPIROTADA** n. f. Aderezo para carne, hecho con hierbas, huevos, ajos, etc. **2.** *Amér.* Plato criollo a base de carne, choclo tostado, queso, manteca y otras especias. **3.** *Méx.* Dulce que se prepara con trozos de pan blanco remojado en miel con queso rayado y cacahuetes.

**CAPIROTAZO** n. m. Golpe dado haciendo resbalar con violencia, sobre la yema del pulgar, el envés de la última falange de otro dedo de la misma mano.

**CAPIROTE** n. m. Capirotazo. **2.** Caperuza pequeña con que se cubre la cabeza de los halcones para la caza. **3.** Antiguo tocado femenino, alto y cónico. **4.** Muceta con capucha, del color respectivo de cada facultad, que usan los doctores en ciertos actos. **5.** Gorro puntiagudo forrado de tela que cubre totalmente la cabeza, y se lleva en las procesiones de semana santa. • **Tonto de capirote** *(Fam.),* muy tonto.

**capirote** (detalle de una miniatura flamenca del s. XV) [biblioteca nacional, Viena]

**CAPISAYO** n. m. *Colomb.* Camiseta.

**CAPITACIÓN** n. f. (lat. *capitationem*). Impuesto que se paga por persona.

**CAPITAL** adj. (lat. *capitalem*). Que constituye el origen, cabeza o parte vital de algo: *una cuestión capital.* **2.** *Fig.* Principal, muy grande. • **Pecados capitales,** los que se consideran como causa de todos los demás. ‖ **Pena capital,** pena de muerte. ◆ n. f. y adj. **3.** Ciudad donde reside el gobierno de un estado o los organismos administrativos de algunas de sus divisiones territoriales. ◆ n. f. **4.** IMPR. Letra mayúscula. **5.** MIL. Bisectriz del ángulo saliente de una fortificación.

**CAPITAL** n. m. Conjunto de los bienes poseídos, por oposición a las rentas que pueden producir. **2.** Factor económico constituido por el dinero. **3.** Para los marxistas, producto de un trabajo colectivo que no pertenece a los que lo realizan sino al propietario de los medios de producción, que lo incrementa mediante la plusvalía. • **Capital humano,** conjunto de conocimientos poseídos o adquiridos por una persona o varios individuos, dentro de la escala de la economía nacional, y que puede ser utilizado para mejorar la producción. ‖ **Capital social,** monto de las sumas o de los bienes aportados a una sociedad y de su incremento ulterior. || **Capital técnico,** bienes de producción. || **El gran capital,** conjunto de las personas (físicas o jurídicas) que poseen los principales bienes de producción.

**CAPITALIDAD** n. f. Calidad de capital, población principal.

**CAPITALISMO** n. m. Sistema económico y social en el que la propiedad de los medios de producción corresponde a los capitalistas y está separada de los trabajadores que disponen sólo de su fuerza de trabajo: *capitalismo privado; capitalismo de estado.* **2.** Para Marx, régimen económico, político y social que descansa en la búsqueda sistemática del beneficio gracias a la explotación de los trabajadores por los propietarios de los medios de producción y de cambio.

■ A los caracteres esenciales del capitalismo se añaden otros rasgos específicos como la libertad de empresa, la libertad de producir y de vender con el mínimo de restricciones por parte de los poderes públicos y la no participación, en general, del estado en las tareas económicas, dejadas en manos del sector privado. En Europa occidental, los orígenes del capitalismo se remontan al Renacimiento. A partir del s. XVII se produce una primera acumulación de capital y empiezan a configurarse las bases de los estados modernos. En el s. XVIII se origina una aceleración del progreso técnico e industrial en Gran Bretaña, que conduce a la consolidación del sistema capitalista. El capitalismo ha pasado por diversas etapas, desde el liberalismo económico puro hasta el intervencionismo estatal. En el mundo contemporáneo es el sistema económico hegemónico.

**CAPITALISTA** n. m. y f. Persona que posee capital o lo proporciona a una empresa. ◆ adj. **2.** Relativo al capitalismo.

**CAPITALIZACIÓN** n. f. Acción de capitalizar. • **Capitalización bursátil,** valor obtenido multiplicando el número de acciones de una sociedad por su curso en bolsa.

**CAPITALIZAR** v. tr. [**1g**]. Transformar intereses en capital, a su vez productor de intereses. **2.** Utilizar una renta transformándola en medio de producción.

**CAPITÁN** n. m. Genéricamente, caudillo militar. **2.** Oficial de los ejércitos de tierra y aire, de grado intermedio entre el teniente y el comandante. **3.** El que tiene el mando de un buque. **4.** Jugador que representa a su equipo en el terreno de juego. **5.** *Cuba* y *Méx.* Maitre, jefe de comedor. • **Capitán de corbeta,** empleo que en la armada equivale al de comandante del ejército. || **Capitán de fragata,** grado de la armada que equivale al de teniente coronel del ejército de tierra. || **Capitán de navío,** grado de la armada que equivale al de coronel en el ejército de tierra. || **Capitán general,** jefe superior del ejército que ostentaba además funciones de gobierno semejantes a las de virrey; grado supremo en la milicia española; primera autoridad de cada una de las regiones militares en que se halla dividido el territorio español.

**CAPITANA** n. f. Mujer que capitanea. ◆ n. f. y adj. **2.** Buque que arbola la insignia de un almirante.

**CAPITANEAR** v. tr. [**1**]. Mandar tropa haciendo el oficio de capitán. **2.** Encabezar una sublevación o acción semejante. **3.** *Fig.* Mandar gente.

**CAPITANÍA** n. f. Empleo de capitán del ejército. **2.** Compañía de soldados, con sus oficiales subalternos, mandados por un capitán. **3.** Edificio donde reside el capitán general con las oficinas y organismos diversos que funcionan a sus inmediatas órdenes. • **Capitanía general,** jefatura superior de un distrito o región militar desempeñada por el capitán general.

**CAPITEL** n. m. (lat. *capitellum*). ARQ. Elemento más ancho que su soporte, que constituye la parte superior de una columna, un pilar o una pilastra, con figura y ornamentación distintas, según el estilo de arquitectura a que corresponde.

**CAPITOLINO, A** adj. Relativo al Capitolio.

**CAPITOLIO** n. m. (lat. *capitolium*). Templo principal de una colonia romana. **2.** Edificio que sirve de centro de la vida municipal o parlamentaria. **3.** Acrópolis.

**CAPITONÉ** adj. (fr. *capitonné*). *Galic.* Acolchado. ◆ adj. y n. m. **2.** *Galic.* Dícese de los vehículos destinados al transporte de muebles.

**CAPITOSTE** n. m. *Fam.* Cabecilla, jefe de un grupo.

**CAPITULACIÓN** n. f. Pacto hecho entre dos o más personas sobre algún negocio, generalmente importante. **2.** Convenio en el que se estipula la rendición de un ejército, plaza o punto fortificado. **3.** En el s. XV, cierto contrato firmado entre los monarcas y ciertos particulares, para emprender determinadas acciones. **4.** En la península Ibérica, sistema por el que se sometían algunas ciudades y territorios musulmanes, al ser reconquistados por los cristianos. ◆ **capitulaciones** n. f. pl. **5.** Convenciones que antiguamente regulaban el estatuto de los extranjeros, principalmente en el Imperio otomano. • **Capitulaciones matrimoniales,** convención en que se estipulan, con ocasión del matrimonio, las condiciones de la sociedad conyugal en relación a los bienes presentes o futuros.

**CAPITULAR** adj. Relativo a un cabildo o al capítulo de canónigos o de religiosos. ◆ adj. y n. f. **2.** Dícese de la letra adornada que empieza un capítulo. ◆ n. f. **3.** Ordenanza emanada de los reyes merovingios y carolingios.

**CAPITULAR** v. intr. y tr. [**1**]. Pactar, hacer algún ajuste o concierto. ◆ v. intr. **2.** Rendirse estipulando condiciones. **3.** *Fig.* Ceder, someter uno su voluntad.

**CAPITULEAR** v. intr. [**1**]. *Argent., Chile* y *Perú.* Cabildear.

**CAPÍTULO** n. m. (lat. *capitulum*). Junta que celebran los religiosos y clérigos seglares para las elecciones de prelados y para otros asuntos. **2.** División que se hace en los libros y otros escritos para el mejor orden de la exposición. **3.** Apartado, tema, punto particular sobre el que se trata. **4.** BOT. Inflorescencia formada por pequeñas flores apretadas unas con otras e insertas en el pedúnculo ensanchado, como en la margarita. • **Llamar,** o **traer,** a uno **a capítulo,** obligarle a que dé cuenta de su conducta.

**CAPNOMANCIA** o **CAPNOMANCÍA** n. f. Adivinación supersticiosa por medio del humo.

**CAPO** n. m. (ital. *capo*). Jefe de una organización mafiosa.

**CAPÓ** n. m. (fr. *capot*). Cubierta metálica que sirve para proteger el motor en un vehículo.

**CAPÓN** n. m. Pollo castrado que se ceba para comerlo. **2.** Haz de sarmientos. **3.** MAR. Cadena o cabo grueso, firme en la serviola que sirve para tener suspendida el ancla por el arganeo.

**CAPÓN** n. m. *Fam.* Golpe dado en la cabeza con los nudillos.

**CAPONERA** n. f. Especie de nicho u hornacina practicado en las paredes de un túnel, para permitir cobijarse en él al paso de un tren. **2.** Pequeña construcción cuyas armas flanquean los fosos de una plaza fuerte. **3.** Jaula en que se pone a los capones para cebarlos.

**CAPORAL** n. m. (ital. *caporale*). El que hace de cabeza de alguna gente y la manda. **2.** El que tiene a su cargo el ganado de la labranza. **3.** *Amér.* Capataz de una estancia ganadera. **4.** MIL. Cabo de escuadra.

**CAPOTA** n. f. Cubierta plegable de determinados carruajes y automóviles. **2.** Tela del paracaídas. **3.** Tocado femenino sujeto con cintas por debajo de la barba.

**CAPOTAJE** n. m. (fr. *capotage*). Vuelco de un automóvil o de un avión.

**CAPOTAR** v. intr. [**1**]. Volcar un vehículo automóvil quedando en posición invertida, o dar con la proa en tierra un aparato de aviación.

**CAPOTAZO** n. m. TAUROM. Lance o suerte de capa dado a dos manos, para detener al toro.

**CAPOTE** n. m. Prenda de abrigo a manera de capa, pero con mangas y menos vuelo. **2.** Prenda de abrigo, de uniforme, de los tres ejércitos. **3.** *Chile.* Tunda, paliza. **4.** TAUROM. Capa corta, ligera y de colores vivos que usan los toreros para la lidia. SIN.: *capote de brega.* • **Capote de paseo** (TAUROM.), capa corta, con adornos lujosos, que llevan los toreros al hacer el paseíllo. || **Decir** uno **para su capote** algo *(Fam.),* recapacitarlo, decírselo a sí mismo. || **Echar un capote** *(Fam.),* ayudar al que se halla en apuro.

**CAPOTEAR** v. tr. [**1**]. Capear, torear con la capa. **2.** *Fig.* Evadir mañosamente las dificultades y compromisos. **3.** *Fig.* Entretener a alguien mediante engaños y evasivas.

**CAPOTEO** n. m. Acción de capotear, capear.

**CAPOTERA** n. f. *Hond.* Percha para colgar ropa. **2.** *Venez.* Maleta hecha de lienzo y abierta por los extremos.

**CAPPA** n. f. Kappa.

**CAPRICHO** n. m. (ital. *capriccio*). Idea o propósito, comúnmente repentino y sin motivación aparente: *ceder a los caprichos de un niño.* **2.** Deseo vehemente, antojo. **3.** B. ART. Obra con aspecto de fantasía imaginativa y espontánea. **4.** MÚS. Pieza instrumental o vocal, de forma libre.

**CAPRICHOSO, A** adj. Que obra por capricho: *una niña caprichosa.* **2.** Que se hace por capricho.

**CAPRICORNIO** n. m. Nombre genérico que se da a algunos insectos coleópteros de la familia cerambícidos, caracterizados por sus largas antenas.

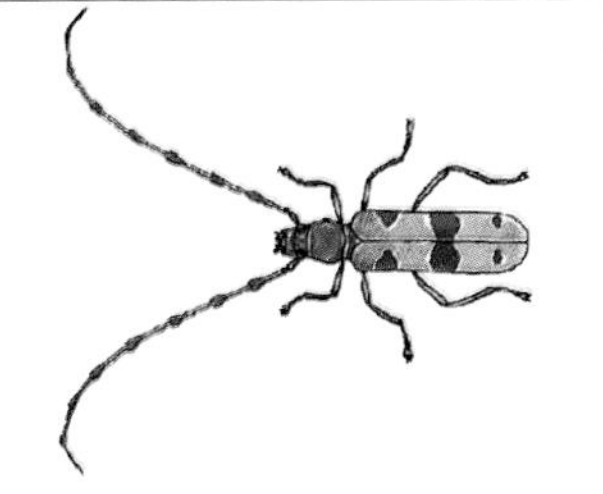

capricornio

**CAPRIFOLIÁCEO, A** adj. y n. f. Relativo a una familia de plantas gamopétalas, como la madreselva, el viburno y el saúco.

**CAPRINO, A** adj. Cabrío. ◆ adj. y n. m. **2.** Relativo a una subfamilia de mamíferos rumiantes de la familia bóvidos, de cuernos replegados hacia atrás.

**CAPROLACTAMA** n. f. Compuesto químico que por policondensación da una poliamida utilizada en la producción de fibras sintéticas.

**CAPSIENSE** n. m. y adj. Facies cultural del paleolítico final y del epipaleolítico en el N de África.

**CÁPSULA** n. f. (lat. *capsulam,* cajita). Casquillo metálico o de otro material que recubre o cierra el gollete de una botella. **2.** Envoltura soluble de ciertos medicamentos. **3.** Compartimiento de una nave o satélite espacial habitable por un animal o un hombre. **4.** ANAT. Nombre dado a diversas envolturas del organismo. **5.** ARM. Alvéolo cilíndrico metálico que contiene el cebo y sirve para comunicar el fuego a la carga de un cartucho. **6.** BOT. Fruto seco que se abre por varias hendiduras o por sus poros. **7.** QUÍM. Vasija hemisférica para realizar ebulliciones. • **Cápsula espacial,** compartimiento estanco recuperable de un ingenio espacial.

**CAPSULACIÓN** n. f. Acción de capsular.

**CAPSULAR** adj. Perteneciente o parecido a la cápsula.

**CAPSULAR** v. tr. [**1**]. Cubrir con una cápsula el gollete de una botella.

**CAPTACIÓN** n. f. (lat. *captationem*). Acción y efecto de captar. **2.** DER. Acción que consiste en provocar una persona, mediante el empleo de maniobras reprensibles, el consentimiento de una donación o un legado.

**CAPTADOR, RA** adj. y n. Que capta. ◆ n. m. **2.** TECNOL. Dispositivo sensible a las variaciones de una magnitud física y que proporciona una señal útil, normalmente en forma eléctrica. SIN.: *detector.* • **Captador solar,** colector solar.

**CAPTAR** v. tr. y pron. (lat. *captare*) [**1**]. Atraer, conseguir, lograr: *captar la simpatía de alguien.* ◆ v. tr. **2.** Percibir, comprender: *captar una pregunta.* **3.** Recoger humos, polvo, las aguas de un manantial, una energía cualquiera, etc. **4.** Recibir una emisión radiofónica. **5.** Asegurar el paso de la corriente eléctrica de un cable o de un carril conductor a los órganos motores de un vehículo.

**CAPTATORIO, A** adj. Que capta.

**CAPTURA** n. f. Acción y efecto de capturar. **2.** GEOGR. Fenómeno por el cual un río desvía en provecho propio los afluentes e incluso el curso de otro río.

**CAPTURAR** v. tr. [**1**]. Aprehender a alguien a quien se busca como delincuente, a un animal que huye o a personas o materiales enemigos.

**CAPUCHA** n. f. Pieza que llevan determinadas prendas de vestir para cubrir la cabeza.

**CAPUCHINA** n. f. Planta ornamental a menudo cultivada, originaria de América del Sur, cuya especie más común tiene hojas redondas y flores anaranjadas. (Familia tropeoláceas.)

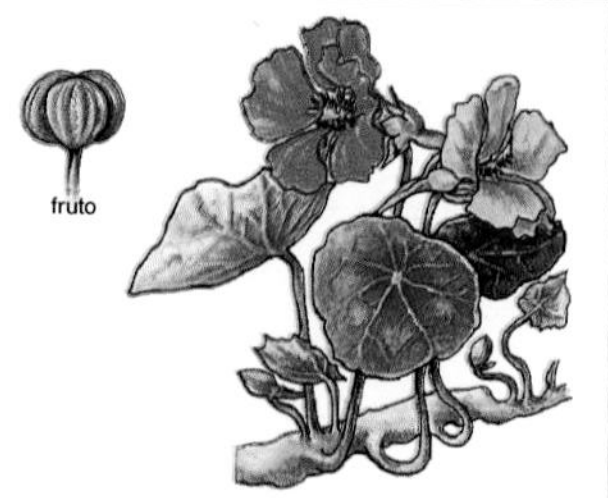


**capuchina**

**CAPUCHINO, A** adj. y n. (ital. *cappuccino*). Dícese del religioso o religiosa de una rama reformada de la orden de los frailes menores, creada en el s. XVI y que llegó a ser completamente autónoma en 1619. ◆ n. m. **2.** Café con leche caliente que se distingue por su color claro y por la espuma de la leche con que se sirve.

**CAPUCHÓN** n. m. Capucha. **2.** Caperuza, pieza que cubre o protege la extremidad de algo.

**CAPUERA** n. f. *Argent.* y *Par.* Parte de la selva desbrozada para el cultivo, rozado.

**CAPULÍN** o **CAPULÍ** n. m. Planta arbórea de América, de hojas alternas y flores pequeñas y blancas, cuyo fruto es una drupa esférica, de color negro rojizo y de sabor agradable. (Familia rosáceas.) **2.** Fruto de esta planta.

**CAPULINA** n. f. Araña negra muy venenosa que vive en México. (Familia terídidos.)

**CAPULLO** n. m. Envoltura de ciertas crisálidas, como el gusano de seda, y de los huevos de las arañas. **2.** Yema floral avanzada o a punto de abrirse. **3.** *Vulg.* Prepucio.

**CAQUÉCTICO, A** adj. y n. Relativo a la caquexia; afecto de caquexia.

**CAQUEXIA** n. f. (lat. *cachexiam*). Estado de debilidad y delgadez extrema del cuerpo, que constituye la fase terminal de ciertas enfermedades o infecciones crónicas.

**CAQUI** n. m. Planta arbórea, originaria de Japón, de hoja caduca y fruto en baya, rojo y comestible. (Familia ebenáceas.) **2.** Fruto de este árbol, de pulpa blanda y dulce, que tiene el aspecto de un tomate.

**CAQUI** n. m. (ingl. *khaki*). Color cuyas tonalidades van desde el amarillo ocre al verde gris. **2.** Tela de este color, usada para uniformes militares.

**CARA** n. f. Parte anterior de la cabeza del hombre, rostro: *cara lampiña.* **2.** Semblante, representación de algún estado del ánimo en el rostro: *poner mala cara.* **3.** Superficie de algo: *escribir por una sola cara.* **4.** Fachada o frente: *la cara de un edificio.* **5.** Anverso de las monedas y medallas. **6.** *Fig.* Aspecto, apariencia, cariz: *este guiso tiene buena cara.* **7.** *Fig.* Desfachatez, descaro. **8.** MAT. Cada uno de los polígonos que limitan un poliedro. **9.** MAT. Cada uno de los planos que limitan un ángulo poliedro. • **Caérsele** a uno **la cara de vergüenza** (*Fam.*), sentirse avergonzado. ‖ **Cara a cara,** en presencia, delante de alguien. ‖ **Cara de pocos amigos** (*Fig.* y *fam.*), semblante desagradable o adusto. ‖ **Cruzar la cara** a uno, darle una bofetada o un golpe en la cara. ‖ **Dar la cara,** responder de los propios actos y afrontar las consecuencias. ‖ **Dar,** o **sacar, la cara** por otro, salir en su defensa. ‖ **De cara,** enfrente. ‖ **Echar a cara o cruz,** decidir algo por el procedimiento de lanzar una moneda al aire, apostando uno a que, al llegar al suelo, quedará hacia arriba la cara y el otro a que quedará la cruz. ‖ **Echar en cara,** recordar a uno un beneficio que se le ha hecho; reprochar algo a alguien. ‖ **Lavar la cara** a uno (*Fam.*), adularle, lisonjearle. ‖ **Partirle,** o **romperle,** a uno **la cara** (*Fig.* y *fam.*), dejarle en una pelea muy maltrecho; expresión de amenaza. ‖ **Plantar cara** a alguien, desafiarle, discutir lo que dice o resistir a su autoridad. ‖ **Poner cara de circunstancias,** adoptar una expresión afectadamente triste o seria con que se trata de estar a tono con cierta situación. ‖ **Tener la cara dura,** ser

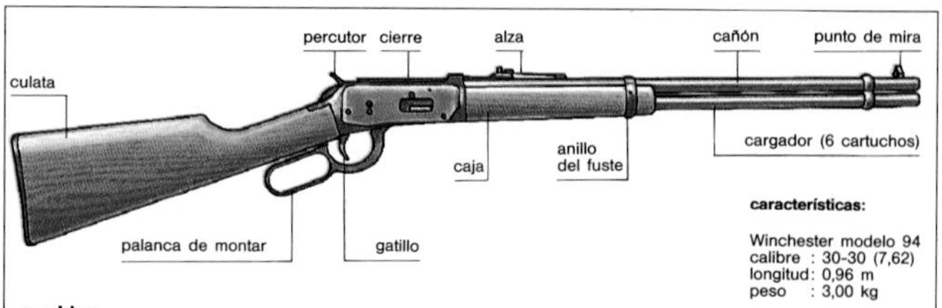


**carabina**

un caradura. ‖ **Verse las caras** (*Fam.*), avistarse una persona con otra para manifestar su enojo o para reñir.

**CARA,** pueblo amerindio, act. extinguido, perteneciente al grupo quiteño de la familia quechua. Antes de la conquista española hablaban una lengua independiente, pero más tarde adoptaron el quechua. Constituyeron un reino que abarcaba gran parte del act. Ecuador y que fue conquistado por los incas.

**CARABA** n. f. **Ser la caraba** (*Fam.*), ser extraordinario, rebasar la medida normal.

**CARABELA** n. f. (port. *caravela*). Embarcación de vela usada en los ss. XV y XVI, rápida y de reducido tonelaje, que desempeñó un destacado papel en los grandes descubrimientos.

**carabela** (s. XV)

**CARABINA** n. f. (fr. *carabine*). Fusil de cañón normalmente rayado, empleado como arma de guerra, de caza o de deporte. **2.** *Fig.* y *fam.* Señora que solía acompañar a una joven en sus salidas.

**CARABINERO** n. m. Soldado armado de una carabina. **2.** Miembro de un cuerpo dedicado a la persecución del contrabando.

**CARABINO** n. m. En los ss. XVI y XVII, soldado de caballería ligera.

**CÁRABO** n. m. Insecto coleóptero, de unos 2 cm de long., de cuerpo alargado y patas largas, muy útil, ya que devora larvas de insectos, babosas, caracoles, etc. **2.** Ave rapaz nocturna, común en los bosques, que alcanza 70 cm de long.

**cárabo**

**CARACA** n. f. *Cuba.* Torta hecha de harina de maíz.

**CARACAL** n. m. Especie de lince afroasiático, de pelaje leonado.

**CARACHA** n. f. (voz quechua). *Amér. Merid.* Enfermedad de las llamas y otros animales, parecida a la roña. SIN.: *carache.* **2.** *Amér.* Sarna de las personas.

**CARACHUPA** n. f. *Perú.* Zarigüeya.

**CARACOL** n. m. Molusco gasterópodo pulmonado, provisto de concha univalva y espiral, capaz de alojar todo el cuerpo del animal. **2.** Concha de este molusco. **3.** Pieza de un mecanismo de relojería. **4.** Rizo de pelo. **5.** Cada una de las vueltas que realiza el jinete con el caballo. **6.** *Méx.* Tipo de camisón ancho y corto que las mujeres usan para dormir. **7.** ANAT. Parte del oído interno formada por un conducto arrollado en espiral. SIN.: *cóclea.* • **Escalera de caracol,** escalera de forma helicoidal. ◆ **caracoles** n. m. pl. **8.** Canto popular andaluz, de carácter ligero y festivo. ◆ interj. **9.** Denota asombro.

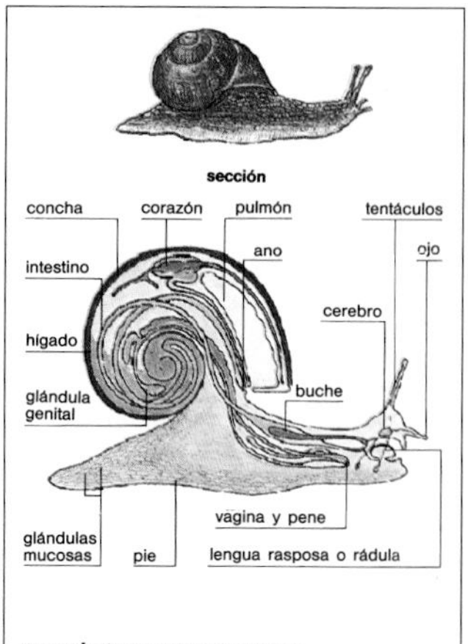


**caracol:** vista externa e interna

**CARACOLA** n. f. Caracol marino, con la concha en espiral y de forma cónica. **2.** Concha de este caracol.

**CARACOLADA** n. f. Plato de caracoles guisados.

**CARACOLEAR** v. intr. [**1**]. Hacer caracoles con el caballo.

**CARACOLEO** n. m. Acción y efecto de caracolear.

**CARACOLILLO** n. m. Planta de jardín, de hojas romboidales y flores grandes, blancas y azules, aromáticas y enroscadas en forma de caracol. (Familia papilionáceas.) **2.** Flor de esta planta. (Suele usarse en plural.) **3.** Cierta clase de café, de grano más pequeño y redondo que el común. **4.** Defecto que presentan a veces los hilos textiles y que proviene de haber sido sometidos éstos a una torsión excesiva.

**CARÁCTER** n. m. (lat. *characterem*) [pl. *caracteres*]. Conjunto de cualidades síquicas y afectivas que condicionan la conducta de cada individuo humano, distinguiéndolo de los demás. **2.** Individualidad moral, especialmente definida por la energía de la voluntad: *un hombre de carácter; ser todo un carácter.* **3.** Condición, índole, naturaleza: *visita de carácter privado.* **4.** Modo de decir o estilo. **5.** Natural o genio. **6.** Signo de escritura. (Suele usarse en plural.) **7.** Pieza colada cuya huella forma el signo de imprenta. **8.** Estilo o forma de los signos de la escritura. **9.** Señal espiritual e indeleble que imprimen los sacramentos. **10.** En genética, particularidad transmisible según las leyes de la herencia. **11.** INFORMÁT. Cualquier símbolo (letra del alfabeto, cifra, signo de puntuación, etc.) que puede recibir un tratamiento; elemento de información de algunos dígitos binarios (6 a 8 en general), considerado como unidad de información por ciertos órganos del ordenador. • **Carácter adquirido** (BIOL.), rasgo distintivo que aparece en un individuo bajo influencia de factores exteriores. ‖ **Imprimir carácter,** dar o dotar de ciertas condiciones esenciales y permanentes a alguien o algo. ◆ **caracteres** n. m. pl. **12.** Letras de imprenta.

**CARACTERIAL** adj. Relativo al carácter síquico. **2.** SIQUIATR. Dícese del niño o adolescente cuyas manifestaciones patológicas consisten esencialmente en relaciones de oposición respecto al medio escolar o familiar.

**CARACTERÍSTICA** n. f. Lo que constituye el carácter distintivo o la particularidad de alguien o de algo. **2.** *Argent.* y *Urug.* Prefijo telefónico. **3.** MAT. Parte entera de un logaritmo decimal escrito con una parte decimal positiva. **4.** MAT. En una matriz, rango.

**CARACTERÍSTICO, A** adj. Que caracteriza: *signo característico.* ◆ n. **2.** Actor que representa papeles de persona de edad.

**CARACTERIZACIÓN** n. f. Acción y efecto de caracterizar.

**CARACTERIZAR** v. tr. y pron. **[1g]**. Determinar a alguien o algo por sus cualidades peculiares: *la franqueza le caracteriza.* ◆ v. tr. **2.** Representar un actor su papel con verdad y fuerza de expresión. ◆ **caracterizarse** v. pron. **3.** Componer el actor su fisonomía o vestirse conforme al tipo o figura que ha de representar.

**CARACTEROLOGÍA** n. f. Estudio de los tipos de carácter.

**CARACTEROLÓGICO, A** adj. Relativo a la caracterología.

**CARACÚ** adj. y n. m. *Argent., Bol., Chile, Par.* y *Urug.* Dícese de una raza de ganado vacuno, de pelo corto y fino y cola delgada, más útil para carne que para el trabajo. ◆ n. m. **2.** *Amér.* Hueso con tuétano que se pone en ciertos guisos.

**CARACUL** adj. y n. m. Karakul.

**CARADO, A** adj. Con los adverbios *bien* o *mal,* que tiene buen o mal aspecto, que inspira o no confianza: *persona mal carada.*

**CARÁDRIDO, A** adj. y n. m. Relativo a una familia de aves zancudas, buenas voladoras y excelentes corredoras, como el chorlito y el avefría.

**CARADRIFORME** adj. y n. f. Relativo a un orden de aves zancudas, de talla mediana o pequeña, y alas largas y puntiagudas, que incluye al chorlito.

**CARADURA** adj. y n. m. y f. Sinvergüenza.

**¡CARÁFITA!** interj. *Chile.* Denota extrañeza o enfado.

**CARAGUATÁ** n. f. Planta herbácea textil, que crece en América del Sur. (Familia bromeliáceas.) **2.** Fibra producida por esta planta.

**CARAÍTA** adj. y n. m. y f. Relativo a una secta judía que rechaza la tradición de los rabinos y sólo admite las Escrituras; miembro de dicha secta.

**CARAJÁ,** pueblo amerindio del centro de Brasil, que vive a orillas del Araguaia.

**CARAJILLO** n. m. *Fam.* Bebida compuesta de café y coñac, anís u otro licor.

**CARAJO** n. m. *Vulg.* Miembro viril. • **Irse algo al carajo** *(Vulg.),* acabar mal la cosa de que se trate. ‖ **Mandar al carajo** *(Vulg.),* despedir con malos modos. ◆ interj. **2.** *Vulg.* Denota enfado, sorpresa o insulto.

**CARAMANCHEL** n. m. *Chile.* Cantina. **2.** *Colomb.* Tugurio. **3.** *Ecuad.* Puesto del vendedor ambulante. **4.** *Perú.* Cobertizo.

**CARAMAÑOLA** o **CARAMAYOLA** n. f. *Amér. Merid.* Cantimplora de soldado.

**¡CARAMBA!** interj. Denota extrañeza o enfado.

**CARÁMBANO** n. m. Pedazo de hielo más o menos largo y puntiagudo.

**CARAMBOLA** n. f. Lance del juego del billar, consistente en hacer que la bola con que se juega toque a las otras dos. **2.** En el billar, juego a base de tres bolas y sin palos. **3.** *Fig.* y *fam.* Doble resultado que se alcanza con una sola acción. **4.** *Fig* y *fam.* Enredo o embuste para alucinar y burlar a alguno. **5.** Baya amarilla de unos 5 cm de diámetro, fruto del carambolo. • **Por carambola** *(Fam.),* indirectamente, por rodeos, por casualidad.

**CARAMBOLO** n. m. Planta arbórea tropical de hojas compuestas y ovaladas, y flores rojas, cuyo fruto es la carambola. (Familia oxalidáceas.)

**CARAMELIZAR** v. tr. y pron. **[1g]**. Convertir azúcar en caramelo. **2.** Bañar en azúcar a punto de caramelo.

**CARAMELO** n. m. (port. *caramelo*). Azúcar fundido y tostado por la acción del fuego. **2.** Golosina compuesta de azúcar y un cuerpo graso, como la leche o la crema, aromatizado. • **Punto de caramelo,** grado que alcanza el azúcar al ser cocido para la preparación de pasteles y confitería.

**CARAMILLO** n. m. (lat. *calamellum*). Nombre con que se designan la flauta campestre, el oboe, el clarinete y diversos instrumentos pastoriles. **2.** En la cornamusa o gaita, tubo cónico con agujeros que produce la melodía. **3.** Registro grave del clarinete actual. **4.** Planta de tallo leñoso, pubescente, y hojas casi filiformes agrupadas en espigas. (Familia quenopodiáceas.) **5.** *Fig.* Chisme, enredo.

**CARANCHO** n. m. *Argent.* y *Urug.* Ave de la familia de las falcónidas, de medio metro de long., cola generalmente pardusca con capuchón más oscuro, y que se alimenta de animales muertos, insectos, reptiles, etc. **2.** *Perú.* Búho.

**CARANDAÍ** o **CARANDAY** n. m. Palmera alta, originaria de Brasil y muy abundante en América del Sur, cuya madera se emplea en construcción y las hojas para hacer sombreros y pantallas. (Familia palmáceas.)

**CARÁNGANO** n. m. *Amér. Central, Colomb., Cuba, Ecuad., Perú* y *Venez.* Piojo. **2.** *Colomb.* y *Venez.* Instrumento musical que hace las veces de bajo.

**CARANTOÑAS** n. f. pl. Halagos y lisonjas para conseguir algo.

**CARANTOÑERO, A** n. *Fam.* Persona que hace carantoñas.

**CARAÑA** n. f. Resina medicinal, sólida, quebradiza, gris amarillenta y de mal olor, que se obtiene de ciertos árboles de América.

**CARAO** n. m. Planta arbórea tropical, de gran tamaño, con flores en racimos rosados y fruto leñoso, de 50 cm de long., con celdillas que contienen una melaza de propiedades tónicas depurativas. (Familia cesalpiniáceas.)

**CARÁOTA** n. f. *Venez.* Judía, alubia.

**CARAPA** n. f. Planta arbórea de las Antillas, de la cual los nativos extraían un aceite con el que se teñían el cuerpo, y cuya madera se conoce como andiroba. (Familia meliáceas.)

**CARAPACHO** n. m. Caparazón de las tortugas, cangrejos y otros animales. **2.** *Cuba.* y *Ecuad.* Guiso que se hace en la misma concha de los mariscos.

**¡CARAPE!** interj. Denota extrañeza o enfado.

**CARAPULCA** n. f. *Perú.* Guiso de carne, papas y ají.

**CARAQUEÑO, A** adj. y n. De Caracas.

**CARATE** n. m. Enfermedad de la piel debida a un treponema, frecuente en América Central y América del Sur.

**CARATO** n. m. *Amér.* Jagua. **2.** *P. Rico.* Bebida refrescante hecha con jugo de guanábana y aderezada con azúcar y agua. **3.** *Venez.* Bebida refrescante que puede estar hecha con arroz o maíz molido o bien con jugo de piña o de guanábana, y aderezada con azúcar y agua.

**CARÁTULA** n. f. Careta, máscara. **2.** *Fig.* Mundo del teatro. **3.** Portada de un libro o de la funda de un disco. **4.** *Argent.* Cubierta para guardar y presentar legajos u otros documentos administrativos. **5.** *Argent.* Denominación, rótulo de un expediente de un caso judicial. **6.** *Méx.* Esfera del reloj.

**CARATULAR** v. tr. **[1]**. *Argent.* Rotular un expediente o legajo.

**CARAVANA** n. f. (persa *kārawān*). Grupo de gentes que en Asia y África se juntan para hacer un viaje con seguridad, llevando el equipaje en bestias de carga. **2.** Expedición en carros por regiones extensas y desérticas. **3.** Hilera compacta de automóviles que hace dificultoso el tránsito normal en una carretera: *nos retrasamos porque había caravana en la carretera.* **4.** Automóvil o remolque grande acondicionado para vivienda.

**CARAVANERA** n. f. En oriente, posada para las caravanas.

**CARAVANERO, A** n. Conductor de una caravana.

**CARAVANING** n. m. (voz inglesa). Forma de camping practicada por quienes viajan y se albergan en una caravana.

**¡CARAY!** interj. Denota enfado o extrañeza.

**CARAYÁ** n. m. *Argent., Colomb.* y *Par.* Nombre de dos especies de monos americanos vegetarianos, arborícolas y diurnos, de tamaño mediano, cola larga y muy prensil, pelaje espeso, largo y lustroso.

**CARBÁMICO, A** adj. Dícese del ácido $NH_2CO_2H$, desconocido en estado libre pero conocido por sus sales y ésteres.

**CARBILAMINA** n. f. Isonitrilo.

**CARBÓGENO** n. m. Mezcla de un 90 % de oxígeno y de un 10 % de gas carbónico, estimulante del centro respiratorio.

**CARBOHEMOGLOBINA** n. f. Combinación inestable de dióxido de carbono con hemoglobina.

**CARBÓN** n. m. (lat. *carbonem*). Combustible sólido de color negro, de origen vegetal, que contiene una elevada proporción de carbono. **2.** Brasa o ascua, después de apagada. **3.** Carboncillo que se utiliza para dibujar. **4.** Enfermedad criptogámica

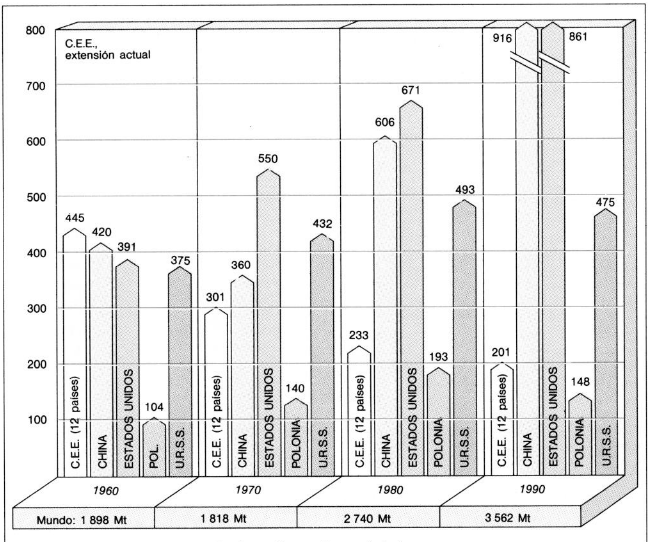


**carbón:** producciones comparadas (en millones de toneladas) de los vegetales, especialmente de los cereales, debida a hongos que forman en los ovarios de sus flores un polvo negro constituido por las esporas de este parásito, con lo que se detiene la formación de semillas. • **Carbón activo,** o **activado,** carbón especialmente tratado para aumentar sus propiedades de absorción de los gases. ‖ **Carbón animal,** o **negro animal,** residuo que procede de la calcinación de los huesos en fosas cerradas, utilizado como decolorante. ‖ **Carbón de coque,** carbón con un contenido medio en materias volátiles, que por destilación proporciona un coque duro muy útil en siderurgia. ‖ **Carbón de leña,** o **vegetal,** producto rico en carbono que resulta de la carbonización de la madera a temperaturas de 300 - 400 °C. ‖ **Carbón mineral,** o **de piedra,** carbón fosilizado procedente de antiguas acumulaciones de materias vegetales. ‖ **Papel carbón,** papel recubierto por una capa de carbono graso, que permite obtener copias de un escrito o dibujo.

■ El carbón, característico sobre todo del fin de la era primaria, engloba la antracita, la hulla y el lignito, que se diferencian por su contenido de carbono y de materias volátiles. El carbón, base de la revolución industrial, se ha visto superado desde el punto de vista económico (después de 1950) por el petróleo, pero sigue siendo la segunda fuente de energía en importancia, ya que proporciona aproximadamente un 30 % del consumo total de energía en el mundo.

**CARBONADA** n. f. Carne cocida picada y asada en las ascuas o en la parrilla. **2.** *Amér. Merid.* Guisado compuesto de pedazos de carne, choclo, zapallo, papas y arroz.

**CARBONADO, A** adj. Que contiene carbono. ◆ n. m. **2.** Diamante negro utilizado en los instrumentos de perforación.

**CARBONARIO, A** adj. y n. (ital. *carbonaro*). Relativo al carbonarismo; miembro de esta sociedad.

**CARBONARISMO** n. m. Sociedad política secreta, creada en Italia a principios del s. XIX para fomentar las ideas liberales. (Tuvo su correlato en España a partir de 1858.)

**CARBONATACIÓN** n. f. Acción de transformar en carbonato.

**CARBONATADO, A** adj. Dícese de las rocas constituidas esencialmente por carbonatos, como la caliza o la dolomía.

**CARBONATAR** v. tr. y pron. [**1**]. Transformar en carbonato.

**CARBONATO** n. m. Sal o éster del ácido carbónico.

**CARBONCILLO** n. m. Palillo de carbón ligero, que sirve para dibujar.

**CARBONERA** n. f. Pila de leña, cubierta de arcilla, para el carboneo. **2.** Lugar donde se guarda el carbón.

**CARBONERÍA** n. f. Lugar donde se vende carbón.

**CARBONERO, A** n. Persona que comercia con el carbón. ◆ adj. **2.** Relativo a la fabricación o a la venta del carbón: *los centros carboneros.* ◆ adj. y n. m. **3.** Dícese del carguero destinado al transporte de carbón a granel. ◆ n. m. **4.** Planta arbórea de unos 12 m de alt., cuya madera, dura, blanquecina y correosa, se emplea para pilotes por su resistencia a la acción del agua. (Familia caparidáceas.) **5.** Planta arbórea cuya madera produce excelente carbón. (Familia cesalpiniáceas.) **6.** Pájaro de pico corto, afilado y casi cónico, y cabeza negra. • **Fe del carbonero**, la religiosa e ingenua.

**CARBÓNICO, A** adj. Relativo al carbono. **2.** Dícese de un anhídrido ($CO_2$) que resulta de la combinación del carbono con el oxígeno, llamado también gas carbónico y dióxido de carbono. **3.** Dícese de las bebidas que contienen anhídrido carbónico en disolución.

■ El anhídrido carbónico es un gas incoloro e inodoro, de sabor ligeramente agrio. No es tóxico, pero una atmósfera que lo contenga en una proporción superior al 30 % produce asfixia. De densidad 1,52, se licúa fácilmente por compresión. En la atmósfera está en una proporción del 0,03 %; lo producen las combustiones y las respiraciones y lo destruye la función clorofílica. A −79 °C forma *nieve carbónica,* sólido que se sublima sin fundir y que se emplea como refrigerante (hielo seco). Es bastante soluble en agua y bajo presión forma el *agua de seltz,* siendo utilizado para la elaboración de bebidas carbónicas.

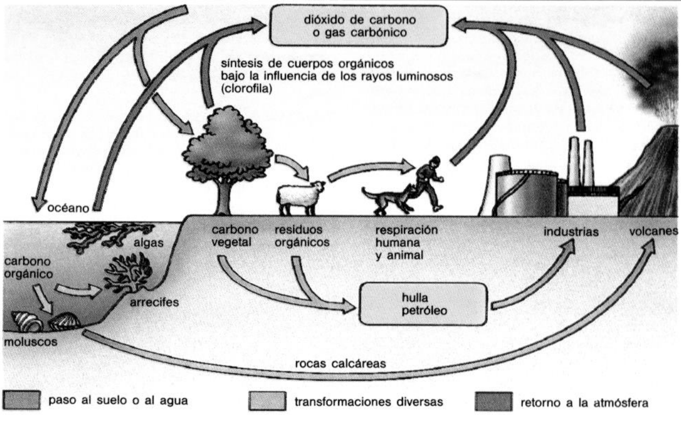


el ciclo del **carbono**

**CARBONÍFERO, A** adj. Que contiene carbón. ◆ n. m. y adj. **2.** Período geológico de la era primaria, durante el cual se formaron los yacimientos de carbón a partir de grandes bosques pantanosos y donde aparecen los primeros reptiles.

**CARBONILADO, A** adj. Dícese de un compuesto que contiene el radical carbonilo.

**CARBONILLA** n. f. Carbón vegetal menudo. **2.** Ceniza del carbón. **3.** Coque menudo.

**CARBONILO** n. m. Radical bivalente formado por un átomo de carbono y otro de oxígeno.

**CARBONITRURACIÓN** n. f. Procedimiento termoquímico de cementación del acero por carbono y nitrógeno.

**CARBONIZACIÓN** n. f. Transformación de un cuerpo en carbón. **2.** Operación que consiste en impregnar la lana con un ácido para carbonizar las impurezas vegetales que pueda contener.

**CARBONIZADOR** n. m. Aparato que sirve para la carbonización y, especialmente, para la carbonización o combustión incompleta de la madera.

**CARBONIZAR** v. tr. y pron. [**1g**]. Quemar completamente, transformar en carbón.

**CARBONO** n. m. Elemento no metálico, que constituye el elemento esencial de los carbones y los compuestos orgánicos, cuyo símbolo es C, de número atómico 6 y de masa atómica 12,01, y que se encuentra en la naturaleza en estado cristalizado (diamante, grafito) o amorfo (hulla, antracita, lignito). • **Carbono 14,** isótopo radiactivo del carbono, que se forma en la atmósfera y con el que puede fecharse un vestigio. ‖ **Ciclo del carbono,** conjunto cíclico de las transferencias naturales de este elemento, de la atmósfera a las plantas verdes, de éstas a los animales, al suelo, y de nuevo a la atmósfera.

■ Las combinaciones del carbono son muy numerosas. Los compuestos que origina con el hidrógeno, el oxígeno y el nitrógeno entran en la constitución de los organismos vivos y se estudian dentro de la «química orgánica». El resto de las combinaciones entran en el campo de la «química inorgánica». Al arder forma anhídrido carbónico ($CO_2$) o monóxido de carbono (CO). El *monóxido de carbono* es un gas incoloro, inodoro y muy tóxico, que se origina en combustiones incompletas y tiene una densidad 0,97. En rocas y suelos el carbono se encuentra en forma de carbonatos. Todas las variedades del carbono son sólidas e insolubles en los disolventes naturales, pero solubles en metales fundidos como el hierro. Con el hidrógeno forma compuestos muy diversos, los *hidrocarburos,* y se combina con el silicio y con otros numerosos metales formando *carburos.*

**CARBONOSO, A** adj. Que contiene carbón: *roca carbonosa.* **2.** Parecido al carbón.

**CARBOQUÍMICA** n. f. Química industrial de los productos derivados de la hulla.

**CARBORUNDO** o **CARBORÚNDUM** n. m. Carburo de silicio artificial, utilizado como abrasivo.

**CARBOXIHEMOGLOBINA** n. f. Combinación, difícilmente disociable, del óxido de carbono con la hemoglobina, que se forma durante una intoxicación por óxido de carbono.

**CARBOXILASA** n. f. Enzima que, en el curso del metabolismo de los glúcidos, separa el grupo $CO_2H$ (carboxilo) del ácido pirúvico, que se transforma en aldehído acético.

**CARBOXÍLICO, A** adj. Dícese de los ácidos que contienen el radical carboxilo.

**CARBOXILO** n. m. Radical univalente —COOH de los ácidos carboxílicos.

**CARBUNCLO** n. m. Antiguo nombre de una piedra preciosa de color rojo oscuro, el granate.

**CARBUNCO** n. m. Enfermedad infecciosa septicémica que afecta al hombre y a ciertos animales domésticos (rumiantes, caballos, conejos), debida a una bacteria específica, descubierta por Pasteur. SIN.: *carbuncosis.*

**CARBUNCOSO, A** o **CARBUNCAL** adj. Relativo al carbunco.

**CARBÚNCULO** n. m. (lat. *carbunculum*). Rubí. **2.** HERÁLD. Pieza que rodea el campo del escudo y que está formada por ocho radios flordelisados.

**CARBURACIÓN** n. f. Operación que tiene por objeto someter ciertos cuerpos a la acción del carbono. **2.** Acción de mezclar aire con un carburante a fin de obtener una mezcla detonante.

**CARBURADOR** n. m. Aparato que prepara la mezcla de gasolina y de aire en los motores de explosión.

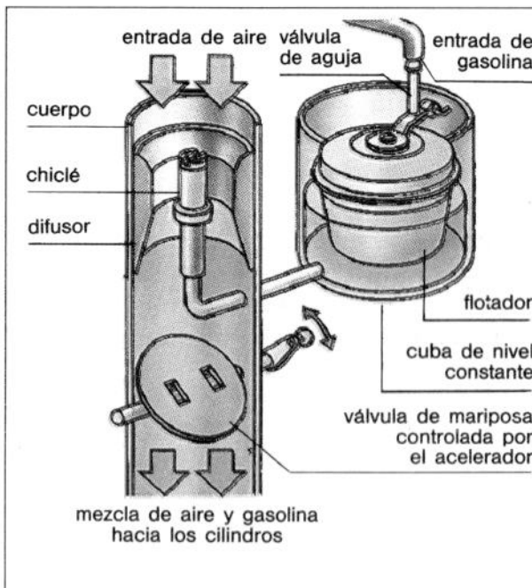


**carburador**

**CARBURANTE** adj. y n. m. Que contiene un hidrocarburo: *mezcla carburante.* ◆ n. m. **2.** Combustible utilizado en los motores de explosión o de combustión interna.

**CARBURAR** v. tr. [**1**]. Efectuar la carburación. ◆ v. intr. **2.** *Fam.* Funcionar con normalidad: *carburar bien un cerebro.*

**CARBURO** n. m. Combinación del carbono con otro cuerpo simple, especialmente la que se forma con el calcio y que se utiliza para el alumbrado.

**CARBURORREACTOR** n. m. Queroseno para motores de aviación a reacción.

**CARCA** adj. y n. m. y f. Dícese de la persona de ideas retrógradas y limitadas. ◆ n. f. **2.** *Amér.* Olla para cocer la chicha.

**CARCACHA** n. f. Automóvil viejo y en muy malas condiciones.

**CARCAJ** n. m. (persa *tarkas*). Caja o estuche en que se llevaban las flechas.

**CARCAJADA** n. f. (voz onomatopéyica). Risa impetuosa y ruidosa.

**CARCAJEAR** v. intr. y pron. **[1]**. Reír a carcajadas. ◆ **carcajearse** v. pron. **2.** Burlarse, no hacer caso.

**CARCAMAL** n. m. y f. y adj. *Fam.* Persona vieja y achacosa.

**CARCAMÁN** n. m. *Argent. Desp.* Carcamal, persona vieja y achacosa.

**CARCASA** n. f. Proyectil incendiario y de iluminación que se disparaba con piezas de artillería. **2.** Conjunto de piezas que sostienen los órganos activos de una máquina eléctrica. **3.** Parte exterior que lo envuelve.

**CÁRCAVA** n. f. Hoya que suelen hacer las avenidas de agua. **2.** Zanja o foso. ◆ **cárcavas** n. f. pl. **3.** Serie de barrancos, separados por aristas, que la erosión excava en las vertientes de materiales blandos deleznables, desprovistos de vegetación.

**CÁRCAVO** n. m. Hueco en que juega el rodezno de los molinos.

**CARCAVÓN** n. m. Barranco que hacen las avenidas en la tierra movediza.

**CARCEL** n. m. Lámpara de aceite dotada de un mecanismo de relojería combinado con un pistón, inventada por el relojero francés Carcel en 1800.

**CÁRCEL** n. f. (lat. *carcerem*). Edificio destinado a la custodia y reclusión de los presos. **2.** *Fig.* Lugar donde uno se encuentra a disgusto y contra su voluntad. **3.** TECNOL. Instrumento para mantener unidas y apretadas entre sí dos piezas de madera.

**CARCELARIO, A** adj. Relativo a la cárcel.

**CARCELERO, A** n. Persona que tiene por oficio cuidar de la cárcel. ◆ adj. **2.** Carcelario.

**CARCHI** n. m. *Colomb.* Carne salada.

**CARCINÓGENO** adj. y n. Cancerígeno.

**CARCINOIDE** n. m. Variedad de cáncer.

**CARCINOLOGÍA** n. f. Cancerología. **2.** Parte de la zoología que trata de los crustáceos.

**CARCINOMA** n. m. Cáncer de estructura epitelial predominante.

**CARCINOMATOSO, A** adj. Relativo al carcinoma.

**CARCOMA** n. f. Coleóptero cuya larva excava galerías en la madera. (Familia anóbidos.) **2.** Polvo que produce este insecto después de digerir la madera que ha roído. **3.** *Fig.* Preocupación grave y continua que mortifica y consume al que la tiene.

**CARCOMER** v. tr. y pron. **[2]**. Roer la carcoma la madera o llenarse algo de carcoma. **2.** *Fig.* Corroer poco a poco el ánimo o la salud el peso de alguna aflicción o remordimiento.

**CARCUNDA** adj. y n. m. y f. *Desp.* Carlista. **2.** *Desp.* Carca.

**CARDA** n. f. Cardado. **2.** TEXT. Máquina en la que se efectúa el cardado de las materias textiles. **3.** TEXT. Peine de cardado a mano.

**CARDADA** n. f. Porción de lana que se carda de una vez.

**CARDADO, A** adj. TEXT. Dícese de las materias textiles que han sido peinadas con las cardas. ◆ n. m. **2.** Acción y efecto de cardar. SIN.: *carda.*

**CARDADOR, RA** adj. y n. Que carda la lana.

**CARDAMOMO** n. m. Planta del sureste asiático, de fruto triangular, cuyas semillas tienen un sabor picante. (Familia zingiberáceas.) **2.** Fruto de esta planta.

**CARDAN** n. m. y adj. (voz francesa). Mecanismo que permite el desplazamiento angular relativo de dos árboles cuyos ejes geométricos se cortan en un punto.

**CARDAR** v. tr. **[1]**. Peinar y limpiar las materias textiles antes de hilarlas. **2.** Sacar el pelo con la carda a los paños y felpas. **3.** Peinar o cepillar el cabello desde la punta a la raíz para que el peinado quede hueco.

**CARDENAL** n. m. Miembro del sacro colegio, elector y consejero del papa. **2.** Ave de América, de penacho rojo escarlata. (Familia fringílidos.) **3.** *Amér.* Pájaro de muy vivos colores. **4.** *Chile.* Geranio.

**CARDENAL** n. m. Equimosis.

**CARDENALATO** n. m. Dignidad de cardenal.

**CARDENALICIO, A** adj. Relativo a los cardenales o al cardenalato: *dignidad cardenalicia.*

**CARDENCHA** n. f. Planta que alcanza los 2 m de alt., común en los lugares incultos, con flores purpúreas, utilizada para cardar los paños en la percha. (Familia dipsacáceas.)

**CARDENILLO** n. m. Carbonato básico de cobre que se forma por la acción del anhídrido carbónico atmosférico cuando se expone el citado metal al aire húmedo. **2.** Acetato básico de cobre impuro. **3.** Color verde semejante al del acetato de cobre.

**CÁRDENO, A** adj. y n. m. (lat. *cardinum*, color del cardo). Morado. ◆ adj. **2.** TAUROM. Dícese del toro en cuya piel se mezclan pelos blancos y negros.

**CARDÍACO, A** o **CARDIACO, A** adj. y n. (gr. *kardiakos*). Relativo al corazón o a la región cardial del estómago; afecto de una enfermedad del corazón.

**CARDIAL** adj. Relativo al cardias.

**CARDIAL** adj. ARQUEOL. Dícese de un tipo de vasija de arcilla hecha a mano, decorada mediante la aplicación en el barro tierno de una concha de *Cardium.*

**CARDIALGIA** n. f. Dolor localizado en la zona del cardias.

**CARDIAS** n. m. Orificio superior del estómago por el que éste se comunica con el esófago.

**CARDIGAN** n. m. (voz inglesa). Chaqueta de punto con manga larga y escote en pico, que se cierra por delante.

**CARDILLO** n. m. Planta herbácea, de hojas coriáceas cuyas pencas se comen cocidas. (Familia compuestas.) **2.** *Méx.* Reflejo del sol producido por medio de un espejo.

**CARDINAL** adj. (lat. *cardinalem*). Principal, fundamental. • **Número cardinal,** número que expresa cantidad, como uno, dos, tres, cuatro, etc.; número que expresa la potencia de un conjunto. || **Puntos cardinales,** los cuatro puntos de referencia que permiten orientarse: norte, sur, este y oeste. || **Virtudes cardinales,** la prudencia, justicia, fortaleza y templanza.

**CARDIOGRAFÍA** n. f. Estudio del corazón con la ayuda del cardiógrafo. **2.** Radiografía del corazón.

**CARDIÓGRAFO** n. m. Aparato que registra los movimientos del corazón.

**CARDIOGRAMA** n. m. Gráfico obtenido con la ayuda de un cardiógrafo.

**CARDIOLOGÍA** n. f. Parte de la medicina que se ocupa del estudio de las enfermedades del corazón.

**CARDIÓLOGO, A** n. Especialista en cardiología.

**CARDIOMEGALIA** n. f. Aumento del volumen del corazón.

**CARDIOMIOPATÍA** n. f. Afección poco frecuente del músculo cardíaco, con efectos sobre la función respiratoria.

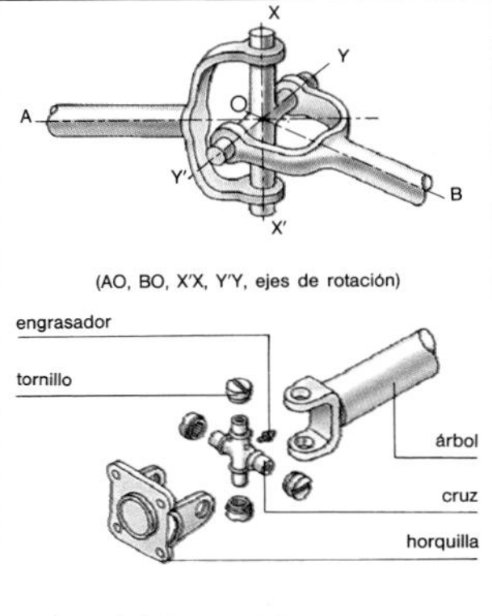

**cardan:** principio y esquema

**CARDIOPATÍA** n. f. Nombre que designa cualquier enfermedad del corazón.

**CARDIOPULMONAR** adj. Relativo al corazón y a los pulmones a la vez.

**CARDIORRENAL** adj. Relativo al corazón y a los riñones a la vez.

**CARDIOVASCULAR** adj. Relativo al corazón y a los vasos sanguíneos a la vez.

**CARDITIS** n. f. Inflamación del tejido muscular del corazón.

**CARDO** n. m. (lat. *cardum*). Diversas plantas espinosas que corresponden a las familias compuestas, dipsacáceas, papaveráceas, solanáceas y umbelíferas. (Entre sus especies más conocidas figuran el *cardo dorado,* el *cardo estrellado,* el *cardo borriquero* o *borriqueño,* que alcanza 3 m de alto, el *cardo de cardadores,* el *cardo santo,* narcótico y purgante, y el *cardo azul,* de hojas espinosas azuladas.) **2.** *Fig.* Persona arisca. SIN.: *cardo borriquero* o *borriqueño.*

variedades de **cardos**

**CARDÓN** n. m. (bajo lat. *cardo*). Cardencha. **2.** *Amér. Merid.* y *Méx.* Nombre de diversas plantas arbóreas, abundantes en las regiones áridas, de la familia de las cactáceas, de flores grandes, fruto carnoso y tronco cilíndrico.

**CARDUME** n. m. Cardumen, banco de peces.

**CARDUMEN** n. m. Banco de peces. **2.** *Chile* y *Urug.* Multitud y abundancia de cosas.

**CAREAR** v. tr. **[1]**. Confrontar unas personas con otras para aclarar la verdad o resolver algún asunto, especialmente con fines policíacos o judiciales: *carear al acusado con sus delatores.* **2.** *Fig.* Cotejar: *carear una copia con el original.* **3.** *Argent., Colomb.* y *P. Rico.* Enfrentar dos gallos para conocer su modo de pelear.

**CARECER** v. intr. **[2m]**. Tener carencia de algo: *carecer de lo indispensable.*

**CAREL** n. m. Borde superior de una embarcación pequeña, donde se fijan los remos que la mueven.

**CARELIO, A** adj. y n. De Carelia. **2.** Relativo a un pueblo ugrofinés que vive en Rusia (República de Carelia) y en Finlandia; individuo de este pueblo.

**CARENA** n. f. (lat. *carinam*). Obra viva, parte normalmente sumergida de la nave. **2.** Compostura del casco de un barco. **3.** AERON. Cuerpo fusiforme cuya resistencia al avance es muy reducida. **4.** BOT. Quilla. • **Centro de carena,** punto de aplicación de la resultante de las distintas fuerzas de empuje vertical que se ejercen sobre un cuerpo sumergido en un líquido.

**CARENADURA** n. f. MAR. Acción de carenar.

**CARENAR** v. tr. **[1]**. Limpiar, pintar o reparar la carena de un buque. **2.** Dar forma de carena a un móvil a fin de reducir su resistencia al aire.

**CARENCIA** n. f. Falta o privación de alguna cosa. • **Período de carencia** (DER.), en seguros, lapso de tiempo inicial en que el asegurado no tiene derecho todavía a percibir las prestaciones.

**CARENCIAL** adj. Relativo a la carencia. • **Enfermedad carencial,** aquella cuya causa principal estriba en el deficiente ingreso de determinadas sustancias en el organismo.

**CARENERO** n. m. Lugar del puerto donde se carenan los buques.

**CARENTE** adj. Que tiene carencia de algo.

**CAREO** n. m. Acción y efecto de carear.

**CARERO, A** adj. *Fam.* Que vende caro.

**CARESTÍA** n. f. Falta o escasez de alguna cosa. **2.** Precio subido de las cosas de uso común: *la carestía de la vida.*

**CARETA** n. f. Máscara o mascarilla para cubrir la cara. **2.** ESGR. Mascarilla de alambre con que los practicantes de la esgrima se cubren el rostro para protegerlo.

**CARETO, A** adj. Dícese del animal de la raza caballar o vacuna de cara blanca, con el resto de la cabeza de color oscuro.

**CAREY** n. m. Tortuga marina de los mares cálidos, que alcanza hasta 1 m de long. y cuyos huevos son muy apreciados como manjar. **2.** Materia córnea que se obtiene del caparazón de este animal, utilizada en marquetería y otras artes decorativas.

carey

**CARGA** n. f. Acción y efecto de cargar. **2.** Lo que se transporta a hombros, a lomo o en cualquier vehículo: *la carga de un buque.* **3.** Peso sostenido por alguna estructura: *la carga soportada por una viga.* **4.** Efecto causado en el cuerpo o el espíritu por cosas que cansan, gastan, hacen sufrir, etc.: *la carga de una enfermedad.* **5.** Repuesto de cierto material contenido en un depósito o chasis, que se emplea para proveer de dicho material a determinados utensilios que lo consumen periódicamente: *carga de un bolígrafo.* **6.** Cantidad de pólvora, explosivo u otro producto destinado a asegurar la propulsión de un proyectil o a producir un efecto determinado. **7.** Sustancia que se añade a un material para darle cuerpo. **8.** Gravamen o tributo que se impone a una persona o cosa: *carga fiscal.* **9.** En los deportes de balón, acción de un jugador al abordar enérgicamente a uno de sus contrarios. **10.** HIDROL. Conjunto de los materiales transportados en disolución, en suspensión, o arrastrados en el fondo de su lecho por un curso de agua. **11.** INFORMÁT. Operación consistente en colocar en la memoria central de un ordenador un programa, con vista a su ejecución, o datos para su tratamiento. • **Buque de carga,** barco destinado exclusivamente al transporte de mercancías. ‖ **Carga afectiva,** posibilidad, para una idea o una representación, de suscitar en un sujeto reacciones afectivas intensas. ‖ **Carga alar,** peso soportado teóricamente por cada metro cuadrado del ala de un avión. ‖ **Carga de espacio,** o **espacial,** carga eléctrica debida a la presencia, en la porción de espacio considerada, de electrones o de iones. ‖ **Carga de profundidad,** explosivo arrojadizo antisubmarino, dotado de una cabeza magnética, que explosiona a una determinada profundidad regulable gracias a una espoleta hidrostática. ‖ **Carga de rotura,** esfuerzo de tracción medido en $kg/mm^2$, necesario para romper una barra en los ensayos de metales o de materiales de construcción. ‖ **Carga de un acumulador,** operación durante la cual se hace pasar por el acumulador una corriente de sentido inverso a la que dicho aparato proporcionará. ‖ **Carga de una máquina,** o **de una red,** potencia activa o aparente suministrada o absorbida por dicha máquina o por dicha red. ‖ **Carga eléctrica,** cantidad de electricidad que posee un cuerpo. ‖ **Carga hueca.** (ARM.), carga explosiva de gran poder perforante, organizada de tal modo que sus efectos se concentran a lo largo de su eje. ‖ **Carga límite** (HIDROL.), carga máxima que puede transportar un curso de agua sin formar aluviones. ‖ **Cargas sociales,** conjunto de gastos derivados de la seguridad social que competen a la empresa. ‖ **Volver a la carga,** insistir en un empeño o tema.

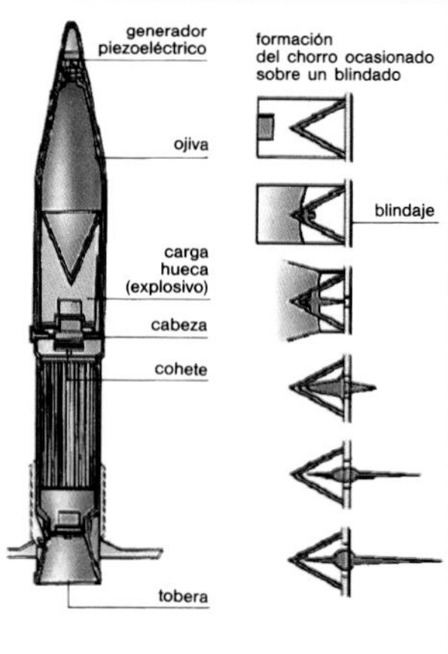


**carga** hueca: proyectil y efectos

**CARGADA** n. f. *Argent. Fam.* Burla, broma.

**CARGADERA** n. f. Cabo que sirve para recoger o cerrar las velas, al objeto de impedir que el viento las infle.

**CARGADERO** n. m. Sitio donde se cargan y descargan mercancías. **2.** Matadero o viga que, a modo de dintel, se pone en un vano de gran luz.

**CARGADILLA** n. f. *Colomb.* Tirria, manía.

**CARGADO, A** adj. Dícese del tiempo o de la atmósfera bochornosos. **2.** Fuerte, espeso, saturado: *un café cargado.* **3.** HERÁLD. Dícese de toda pieza sobre la que figura otra. • **Cargado de espaldas,** o **de hombros,** algo jorobado. ‖ **Dados cargados,** dados preparados para hacer trampa en el juego.

**CARGADOR, RA** adj. y n. Que carga. ◆ n. **2.** El que embarca las mercancías para su transporte. **3.** *Amér.* Mozo de cordel. ◆ n. m. **4.** Cualquier dispositivo que sirve para cargar algo. **5.** Cada uno de los servidores de una pieza de artillería, que introduce la carga para el tiro.

**CARGADORA** n. f. y adj. Máquina para la carga de materiales en las minas, canteras, etc.

**CARGAMENTO** n. m. Conjunto de mercancías que carga una embarcación.

**CARGANTE** adj. *Fam.* Enojoso, pesado, fastidioso.

**CARGAR** v. tr. [**1b**]. Poner o echar pesos sobre una persona, un animal o un vehículo para transportarlos. **2.** Llenar, poner mucho o demasiado de algo en algún sitio: *cargar de especias una comida.* **3.** *Fig.* Aumentar, añadir: *cargar un veinte por ciento a una factura.* **4.** *Fig.* Imponer a las personas o cosas un gravamen, carga u obligación. **5.** *Fig.* Imputar, achacar: *cargar la culpa a otra persona.* **6.** Poner en un lugar o dispositivo el material que ha de consumir o que está destinado a contener: *cargar una pistola.* **7.** Adeudar en el debe de una cuenta. **8.** Acumular electricidad: *cargar un condensador, una batería.* **9.** Acometer, atacar, arremeter: *cargar la fuerza pública contra los manifestantes.* **10.** En los deportes de balón, desplazar un jugador a un contrario mediante un choque violento con el cuerpo. **11.** MAR. Replegar, recoger una vela alrededor de la verga. **12.** TECNOL. Completar, aumentar una cantidad dada de materia adicionando nuevas porciones. ◆ v. tr. y pron. **13.** Incomodar, molestar, cansar. ◆ v. intr. **14.** Estribar o descansar una cosa sobre otra: *cargar el techo de la capilla sobre un entablamento.* **15.** Con la prep. *con,* llevarse, tomar. **16.** *Fig.* Tomar o tener sobre sí algún peso u obligación. **17.** Con la prep. *sobre,* imputar a uno culpas o defectos ajenos; instar, importunar a uno para que condescienda con lo que se pide. ◆ v. intr. y pron. **18.** Inclinarse una cosa hacia alguna parte: *cargar la tempestad hacia el puerto.* ◆ **cargarse** v. pron. **19.** Echar el cuerpo hacia alguna parte. **20.** *Fig.* Irse aglomerando y condensando las nubes. **21.** *Fig.* Con la prep. *de,* llegar a tener abundancia de ciertas cosas: *cargarse de deudas.* **22.** *Fig.* Suspender en un examen: *cargarse a muchos alumnos.* **23.** *Vulg.* Matar, romper, eliminar: *cargarse un jarrón.* • **Cargársela,** o **cargárselas,** recibir las consecuencias desagradables de algún acto propio o ajeno.

**CARGAZÓN** n. f. *Argent.* Recargamiento, exceso de adornos.

**CARGO** n. m. Acción de cargar. **2.** Carga o peso. **3.** *Fig.* Obligación, precisión de hacer, o de hacer cumplir, alguna cosa. **4.** *Fig.* Gobierno, dirección, custodia: *tener alguien una nave a su cargo.* **5.** *Fig.* Dignidad, empleo, oficio: *cargo de senador.* **6.** *Fig.* Falta que se imputa a uno en su comportamiento: *carecer unos cargos de fundamento.* **7.** Buque de carga. **8.** Pago que se hace o debe hacerse con dinero de una cuenta, y apuntamiento que de él se hace. • **A cargo de,** locución con que se indica que algo está confiado al cuidado de una persona; a expensas, a costa de. ‖ **Cargo de conciencia,** lo que la grava. ‖ **Hacerse** uno **cargo** de una cosa, encargarse de ella; formar concepto de ella; considerar todas sus circunstancias. ‖ **Pliego de cargos** (DER.), en los expedientes disciplinarios, conjunto de hechos que se atribuyen al presunto infractor y que están en la base de la incoación del expediente.

**CARGOSEAR** v. tr. e intr. [**1**]. *Amér. Merid.* Molestar reiteradamente a alguien.

**CARGOSO, A** adj. Pesado, grave. **2.** Molesto, cargante, gravoso. **3.** *Argent., Chile* y *Urug.* Persona que molesta reiteradamente, cargante.

**CARGUERO, A** adj. Que lleva carga. ◆ n. m. **2.** Buque destinado exclusivamente al transporte de mercancías.

**CARI** adj. *Argent.* y *Chile.* De color pardo o plomizo. **2.** *Chile.* Pimienta de la India.

**CARIACO** n. m. *Amér.* Bebida fermentada, de jarabe de caña, cazabe y patatas.

**CARIACONTECIDO, A** adj. *Fam.* Que muestra en el semblante aflicción o sobresalto.

**CARIAR** v. tr. y pron. [**1**]. Producir caries o ser atacado por ella.

**CARIÁTIDE** n. f. Estatua femenina que sirve como soporte arquitectónico vertical.

**cariátides** del Erecteion
de la Acrópolis de Atenas (fines del s. v a. J.C.)

**CARIBE** adj. y n. m. y f. Relativo a una familia de pueblos amerindios que en la época del descubrimiento de América poblaban las Antillas y que posteriormente se dispersaron por diversas regiones americanas, de las Guayanas al Mato Grosso, y desde la costa atlántica, entre el Amazonas y el Orinoco, hasta el Magdalena; individuo de dichos pueblos. ◆ adj. **2.** Caribeño. ◆ n. m. **3.** Familia lingüística que comprende las lenguas y dialectos hablados por los pueblos caribes. **4.** Pequeño pez carnicero, de las aguas de la Amazonia, famoso por su voracidad. SIN.: *piraña.* ◆ n. m. y adj. **5.** GEOMORFOL. Serie sedimentaria metamórfica de la costa venezolana y la isla Trinidad, afectada por el arco geotectoclinal del Caribe.

■ El núcleo más compacto de los caribes se halla en Venezuela y las Guayanas. Su cultura se asemeja a la de los arawak, y constituyen clanes exogámicos. La familia lingüística caribe comprende diversas lenguas y dialectos.

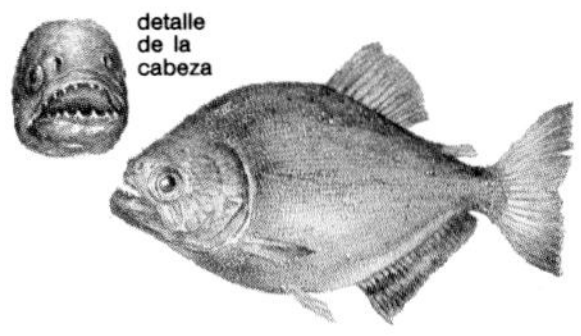

caribe

**CARIBEÑO, A** adj. y n. Relativo al Caribe; habitante u originario de la zona del Caribe.

**CARIBLANCO** n. m. Artiodáctilo parecido al jabalí, pero más pequeño y feroz. (Familia tayasuidos.)

**CARIBÚ** n. m. Reno americano, de carne comestible. (Familia cérvidos.)

**CARICATO** n. m. (voz italiana). Bajo cantante que en la ópera hace los papeles de bufo. **2.** Actor que basa su actuación en la imitación de personajes conocidos. **3.** *Amér.* Caricatura.

**CARICATURA** n. f. (voz italiana). Dibujo o pintura satírica o grotesca de una persona o cosa. **2.** Ridiculización de alguien o de algo. **3.** Copia poco afortunada de una obra de arte. **4.** *Méx.* Cortometraje de dibujos animados.

**CARICATURESCO, A** adj. Relativo a la caricatura.

**CARICATURISTA** n. m. y f. Dibujante de caricaturas.

**CARICATURIZAR** v. tr. [**1g**]. Hacer una caricatura.

**CARICIA** n. f. Demostración cariñosa que se hace rozando suavemente con la mano. **2.** Halago, demostración amorosa. **3.** Roce o impresión suave de algo que produce una sensación agradable: *la caricia del sol.*

**CARIDAD** n. f. (lat. *caritatem*). Amor a Dios y al prójimo; virtud cristiana opuesta a la envidia y a la animadversión. **2.** Limosna o auxilio que se presta a los necesitados. **3.** Tratamiento usado en algunas órdenes religiosas femeninas y en algunas congregaciones masculinas. • **Hijas de la caridad,** congregación de religiosas dedicadas al cuidado de pobres y enfermos, fundada en 1633 por san Vicente de Paúl.

**CARIES** n. f. (lat. *caries*) [pl. *caries*]. Lesión de tipo ulceroso en los tejidos duros del organismo. **2.** Enfermedad criptogámica del trigo que altera los granos. • **Caries dentaria,** o **dental,** enfermedad de los dientes consistente en una lesión que evoluciona desde el exterior hacia el interior y que desemboca en una pérdida de sustancia formando una cavidad.

**CARILLA** n. f. Plana o página.

**CARILLÓN** n. m. (fr. *carillon*). Conjunto de campanas acordadas. **2.** Juego de campanas de reloj que repican ejecutando un aire o motivo musical. **3.** El reloj mismo. **4.** MÚS. Instrumento de percusión que consiste en una serie de tubos o láminas de acero afinadas en distintos tonos.

**CARIMBA** n. f. *Amér.* Marca producida por el carimbo.

**CARIMBO** n. m. *Bol.* Hierro para marcar las reses y antiguamente a los esclavos.

**CARIÑO** n. m. Sentimiento o inclinación de amor o afecto: *demostrar cariño.* **2.** *Fig.* Expresión y señal de dicho sentimiento. (Suele usarse en plural.) **3.** *Fig.* Esmero con que se hace o se trata algo: *cuidar los libros con cariño.*

**CARIÑOSO, A** adj. Que siente o demuestra cariño.

**CARIO, A** adj. *Amér.* Guaraní.

**CARIOCA** adj. y n. m. y f. De Río de Janeiro.

**CARIOCINESIS** n. f. Mitosis.

**CARIOFILÁCEO, A** adj. y n. f. Relativo a una familia de plantas dicotiledóneas de hojas opuestas y tallo hinchado con nudos, como el clavel o la saponaria.

**CARIOGAMIA** n. f. Fusión de los núcleos de los gametos masculino y femenino, después de la fecundación.

**CARIÓPSIDE** n. m. Fruto seco indehiscente, soldado a la única semilla que contiene.

**CARIOTIPO** n. m. Conjunto de los cromosomas de una célula después de haber sido reunidos por pares idénticos y clasificados según ciertos criterios.

**CARISMA** n. m. (lat. *charisma*). Don espiritual extraordinario que concede Dios a algunas personas en beneficio de la comunidad. **2.** Cualidad extraordinaria que se atribuye a una persona y le confiere una superioridad de carácter ético, heroico, religioso, etc.

**CARISMÁTICO, A** adj. Que posee algún carisma.

**CARITATIVO, A** adj. Que ejercita la caridad. **2.** Relativo a la caridad.

**CARIUCHO** n. m. *Ecuad.* Guiso de carne y papas con ají.

**CARIZ** n. m. Aspecto de la atmósfera. **2.** Aspecto que presenta un asunto o negocio: *tener mal cariz.*

**CARLANCA** n. f. Collar ancho y fuerte, erizado de puntas de hierro, que preserva a los mastines de las mordeduras de los lobos. **2.** *Colomb.* y *C. Rica.* Grillete. **3.** *Ecuad.* Palo que se cuelga de la cabeza de los animales para que no entren en los sembrados. **4.** *Chile* y *Hond.* Molestia causada por una persona machacona y fastidiosa. **5.** *Hond.* Persona machacona y fastidiosa.

**CARLÍN** n. m. Antigua moneda italiana, de valores

**Caricatura** (1840) por Daumier: *La lectura del periódico* «¡Ah! espero que hoy al fin mi gran periódico me diga alguna cosa nueva y definitiva sobre la crisis actual... veamos... *La situación es grave*... ¡Hum! ¡Hum! esto empieza a ser monótono.» (Estribillo de cada mañana.) [Biblioteca nacional, París.]

*Un diestro que no lo es,* **caricatura** sobre Sagasta en *El loro,* 24 julio 1888. (Biblioteca nacional, Madrid.)

**Caricatura** (1906) de Rubén Darío, por Cao, en *Caras y caretas.* «Es del arte experto nauta: buzo y bonzo de las perlas costosísimas se incauta y en la flauta de sus rimas las incrusta pronto y bien. ¡La gran flauta! ¡La gran flauta! ¡La gran flauta de Rubén!»

**Caricatura** por Tim en *L'express*: el encuentro de Mao Zedong y del presidente Nixon en Pekín, en febrero de 1972.

caricaturas

diversos. **2.** Moneda acuñada por Carlos II de Navarra.

**CARLINGA** n. f. (fr. *carlingue*). En los barcos de madera, pieza fuerte situada paralelamente a la quilla, para reforzarla. **2.** Parte del avión donde se acomodan la tripulación y los pasajeros.

**CARLINO, A** adj. y n. m. Dícese de una raza de perros parecidos al dogo, de talla pequeña, pelo corto y morro negro y chato. ◆ n. m. **2.** Carlín.

**CARLISMO** n. m. Tendencia y sistema político de los partidarios de la línea de la casa de Borbón española que desciende del infante Carlos María Isidro, hijo de Carlos IV.

■ Como movimiento histórico el carlismo tuvo su origen en el pretendiente Carlos María Isidro (1788-1855), que en 1833 aspiró al trono que ocupó Isabel II, y fue proclamado rey con el nombre de Carlos V por sus partidarios, provocando una guerra civil, que se prolongó en el período de las llamadas guerras carlistas (1833-1876). [V. parte n. pr.] Políticamente, tradujo el enfrentamiento entre el mundo agrario, tradicionalista, proteccionista, foralista y profundamente religioso, que representaba, y una sociedad burguesa, centralista, laica, a favor de la libre economía y la revolución industrial del país. El carlismo entró en un momento crítico al morir sin descendencia Alfonso Carlos de Borbón y Austria-Este (Alfonso Carlos I, 1849-1936). Un sector del movimiento reconoció (pacto de Estoril, 20 dic. 1957) al pretendiente de la línea isabelina, Juan de Borbón, conde de Barcelona, pero la mayoría apoyó, o a Javier de Borbón Parma, o a su hijo Carlos Hugo, quien posteriormente fundó el Partido carlista y renunció a las pretensiones dinásticas.

**CARLISTA** adj. y n. m. y f. Relativo al carlismo; partidario de esta tendencia y sistema político.

**CARLOVINGIO, A** adj. y n. Carolingio.

**CARMAÑOLA** n. f. Especie de chaqueta de faldón corto usada por los revolucionarios franceses.

**CARMELITA** adj. y n. m. y f. Carmelitano. **2.** Dícese del religioso o religiosa de la orden del Carmelo. ◆ n. f. **3.** Flor de la capuchina que se come en ensalada.

■ La reforma más importante realizada en la orden de los carmelitas fue debida a santa Teresa de Jesús y san Juan de la Cruz (s. XVI). Esta reforma dio lugar a la división de la orden en dos ramas: la de los carmelitas descalzos, que aceptaron la reforma, y la de los carmelitas de la antigua observancia, popularmente llamados calzados, que siguieron la primitiva regla. La reforma del Carmelo se enfrentó a la oposición de grandes sectores, pero mereció la protección de Felipe II. La Santa Sede aprobó definitivamente la reforma teresiana en 1572.

**CARMELITANO, A** adj. Relativo a la orden del Carmelo.

**CARMELO** n. m. Convento de carmelitas. **2.** Orden de los carmelitas. (Suele escribirse con mayúscula.)

**CARMEN** n. m. (ár. *karm*, viña). Quinta granadina con huerto o jardín.

**CARMEN** n. m. (lat. *carmen*). Composición poética escrita en latín.

**CARMENAR** v. tr. y pron. (lat. *carminare*) [**1**]. Desenredar y limpiar el cabello, la lana, la seda, etc.

**CARMESÍ** n. m. Materia colorante de un grana muy vivo. ◆ adj. y n. m. **2.** Dícese del color grana muy vivo.

**CARMÍN** n. m. (fr. *carmin*). Pigmento rojo intenso, que se extraía de la hembra de la cochinilla del nopal. **2.** Materia para colorear los labios: *darse carmín en los labios.* ◆ adj. y n. m. **3.** Dícese del color rojo encendido.

**CARMINATIVO, A** adj. y n. m. Dícese de los medicamentos que tienen la propiedad de expulsar los gases del intestino.

**CARNACIÓN** n. f. Coloración de la carne.

**CARNADA** n. f. Cebo o animal para pescar o cazar. **2.** *Fig.* y *fam.* Añagaza, trampa para atraer con engaño.

**CARNADURA** n. f. Encarnadura, calidad de la carne viva.

**CARNAL** adj. y n. m. Relativo a la carne, en contraposición al espíritu: *amor carnal; apetitos carnales.* **2.** Dícese de los parientes colaterales en primer grado: *tío carnal.*

**CARNALIDAD** n. f. Cualidad de carnal, relativo a la carne.

**CARNAVAL** n. m. Período de tres días que precede al miércoles de ceniza. **2.** Fiesta popular que se celebra en tales días.

**CARNAVALADA** n. f. Acción o broma propia del tiempo de carnaval.

**CARNAVALESCO, A** adj. Relativo al carnaval.

**CARNAVALITO** n. m. *Argent.* Baile vivaz y colectivo, cuya música es acompañada por coplas en español o quechua.

**CARNAZA** n. f. Cara de las pieles que ha estado en contacto con la carne. **2.** Carnada, cebo. **3.** *Amér. Fig.* Víctima inocente.

**CARNE** n. f. (lat. *carnem*). Sustancia fibrosa del cuerpo del hombre y de los animales, situada bajo la piel y que constituye los músculos. **2.** Alimento animal de la tierra o del aire en contraposición a pescado. **3.** Parte mollar de la fruta. **4.** El cuerpo humano en contraposición al espíritu: *la carne es débil.* • **Carne blanca,** la de algunas aves y reses tiernas. ‖ **Carne de cañón** *(Fig.)*, tropa inconsideradamente expuesta a la acción del enemigo; gente tratada sin miramientos. ‖ **Carne de gallina** *(Fig.)*, aspecto que toma la epidermis del cuerpo humano por efecto de ciertas sensaciones o emociones. ‖ **Carne de membrillo,** codoñate. ‖ **Carne de pluma,** la de las aves comestibles. ‖ **Cobrar, criar,** o **echar carnes** *(Fam.)*, engordar. ‖ **En carne viva,** dícese de la parte del cuerpo despojada accidentalmente de la epidermis. ‖ **Metido en carnes,** dícese de la persona algo gruesa sin llegar a la obesidad.

**CARNÉ** n. m. Carnet.

**CARNEADA** n. f. *Argent., Chile, Par.* y *Urug.* Acción y efecto de carnear, descuartizar las reses.

**CARNEAR** v. tr. [**1**]. *Amér.* Matar y descuartizar las reses para el consumo. **2.** *Chile* y *Méx. Fam.* Engañar o hacer burla de alguien.

**CARNERO** n. m. Rumiante doméstico, macho de la oveja, de grandes cuernos arrollados en espiral, que se cría para aprovechar su carne y su lana. **2.** *Argent., Chile, Par.* y *Perú.* Persona sin voluntad ni iniciativa propias. **3.** *Argent., Chile* y *Par.* Persona que no se adhiere a una huelga o protesta de sus compañeros.

carnero

**CARNERO** n. m. (lat. *carnarium*). Lugar donde se echan los cadáveres. • **Cantar para el carnero** *(Amér.)*, morirse.

**CARNESTOLENDAS** n. f. pl. Carnaval.

**CARNET** o **CARNÉ** n. m. (voz francesa) [pl. *carnets* o *carnés*]. Tarjeta de identificación. • **Carnet de identidad,** documento nacional de identidad.

**CARNICERÍA** n. f. Sitio donde se vende la carne al por menor. **2.** *Fig.* y *fam.* Destrozo y mortandad de gente: *la batalla fue una carnicería.* **3.** *Ecuad.* Matadero.

**CARNICERO, A** adj. y n. m. Dícese de los animales pertenecientes al orden carnívoros. ◆ adj. **2.** *Fig.* Cruel, sanguinario, inhumano: *una venganza carnicera.* • **Diente carnicero** (ZOOL.), tipo especial de diente de los carnívoros. ◆ n. **3.** Persona que vende carne.

**CÁRNICO, A** adj. Relativo a la carne destinada al consumo: *conservas cárnicas.*

**CARNITAS** n. f. pl. *Méx.* Carne de cerdo frita.

**CARNÍVORO, A** adj. y n. Dícese del animal que se alimenta de carne. ◆ adj. y n. m. **2.** Relativo a un orden de mamíferos terrestres provistos de zarpas, de caninos sobresalientes (colmillos) y de molares más o menos cortantes, que se alimentan sobre todo de presas animales. (El orden carnívoros comprende el gato, el perro, la hiena, el oso, etc.) ◆ adj. y n. f. **3.** Dícese de determinadas plantas capaces de capturar, digerir y absorber pequeños animales, principalmente insectos.

**CARNOSIDAD** n. f. Lesión vegetante de aspecto carnoso. **2.** Carne que sobresale en alguna parte del cuerpo.

**CARNOSO, A** adj. De carne. **2.** Que tiene muchas carnes: *manos carnosas.* **3.** BOT. Dícese de los órganos vegetales formados por tejidos parenquimatosos, blandos y llenos de jugo.

**CARNUTOS,** pueblo de la Galia, con dos ciudades principales, *Autricum* (Chartres) y *Cenabum* (Orleans). El *bosque de los carnutos* era el punto de reunión de los druidas de las Galias.

**CARO** adv. m. A un alto precio: *vender caro.*

**CARO, A** adj. (lat. *carum*). De precio elevado. **2.** Amado, querido: *caro amigo.*

**CAROCHA** n. f. Carrocha.

**CARÓFITO, A** adj. y n. f. Relativo a un grupo de plantas acuáticas sin flores, muy próximas a las algas clorofíceas.

**CAROLA** n. f. Antigua danza, durante la cual los bailarines daban vueltas cogidos del dedo de la mano.

**CAROLINGIO, A** o **CARLOVINGIO, A** adj. y n. Relativo a Carlomagno, a su familia y dinastía, o a su tiempo.

**CAROLINO, A** adj. Relativo a los reyes que llevan el nombre de Carlos.

**CAROLINO, A** adj. y n. De las islas Carolinas.

**CAROLUS** n. m. Nombre de ciertas monedas flamencas del reinado de Carlos V y de las acuñadas en otros lugares a imitación de éstas.

**CARONA** n. f. Manta, tela o almohadilla que se pone entre la silla o albarda y el sudadero, para que no se lastimen las caballerías.

**CAROTA** n. m. y f. *Fam.* Caradura, atrevido: *ser un carota.*

**CAROTENO** n. m. Pigmento amarillo o rojo que se encuentra en los vegetales (sobre todo en la zanahoria) y en los animales (cuerpo amarillo del ovario).

**CARÓTIDA** n. f. y adj. Cada una de las arterias que conducen la sangre del corazón a la cabeza.

■ Las arterias carótidas primitivas son dos, una a la

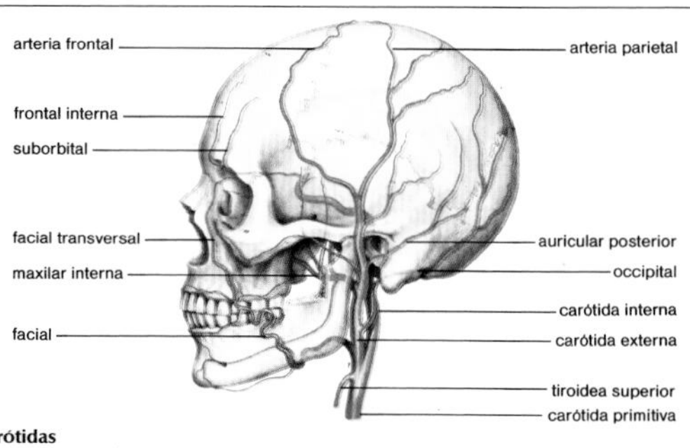


arterias **carótidas**

derecha y otra a la izquierda. La derecha nace por bifurcación del tronco branquiocefálico, y la izquierda, directamente del cayado de la aorta. Penetran por el cuello por su parte inferior y, en la mitad de éste, cada una de las dos carótidas se bifurcan en dos ramas: la *externa,* que sigue un trayecto ascendente e irriga el cuello y la cara, y la *interna,* que penetra en el cráneo e irriga el encéfalo.

**CAROTÍDEO, A** adj. Relativo a la carótida.

**CAROZO** n. m. Raspa de la mazorca del maíz. **2.** Hueso de las frutas como el melocotón, la ciruela y similares.

**CARPA** n. f. Pez de agua dulce, de la familia ciprínidos, que vive en las aguas tranquilas y profundas de ríos y lagos. • **Salto de la carpa** (DEP.), zambullida en la que el cuerpo del nadador debe permanecer doblado por las caderas, manteniéndose las piernas rectas sin flexionar.

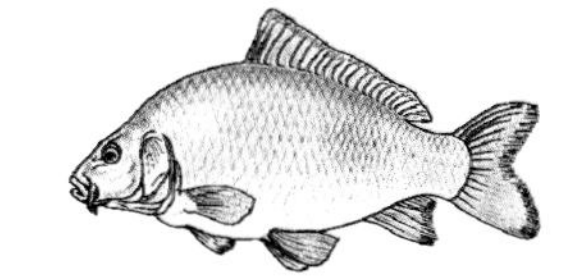

carpa

**CARPA** n. f. Lona bajo la cual los circos ambulantes ofrecen sus representaciones. **2.** *Amér.* Tienda de campaña. **3.** *Amér.* Toldo, tenderete.

**CARPACCIO** n. m. (voz italiana). Carne cruda cortada en finas láminas maceradas en aceite y limón.

**CARPANEL** adj. Dícese del arco elipsoidal formado por varias porciones de circunferencias cuyos centros son siempre en número impar.

**CARPANTA** n. f. *Fam.* Hambre violenta.

**CARPE** n. m. (del lat. *carpinum*). Árbol de madera blanca y densa y de unos 25 m de alt. (Familia betuláceas.)

**CARPE DIEM** loc. (voces lat., *aprovecha el día presente*). Se emplea para exhortar al goce de la vida.

**CARPELAR** adj. BOT. Relativo al carpelo.

**CARPELO** n. m. Cada una de las piezas florales cuyo conjunto forma el pistilo de las flores.

**CARPENTO** n. m. Coche de dos ruedas, cubierto, que servía para las procesiones y las ceremonias fúnebres.

**CARPETA** n. f. Par de cubiertas entre las que se guardan papeles, documentos, etc., y sobre la cual se puede escribir. **2.** *Argent.* y *Urug.* Tapete verde que cubre la mesa de juego. **3.** *Argent.* y *Urug. Fig.* y *fam.* Habilidad o experiencia en el trato con los demás. **4.** ECON. Factura de los valores o efectos públicos o comerciales que se presentan al cobro, al canje o a la amortización.

**CARPETANO, A** adj. y n. Relativo a un pueblo hispánico prerromano, probablemente de origen ibérico, que en la época de la romanización vivía en el valle del alto Tajo, en vecindad con los vetones; individuo de dicho pueblo.

**CARPETAZO** n. m. **Dar carpetazo,** suspender la tramitación de una solicitud o expediente; dar por terminado un asunto.

**CARPETOVETÓNICO, A** adj. y n. *Desp.* Arraigadamente español, que excluye o ignora toda influencia extranjera. SIN.: *celtibérico.*

**CARPIANO, A** adj. Relativo al carpo.

**CARPÍN** n. m. Pez de agua dulce parecido a la carpa, aunque carece de barbillas y rara vez excede los 40 cm de long. (Familia ciprínidos.)

**CARPINCHO** n. m. Roedor de América del Sur, fácilmente domesticable, de un metro de long. que vive a orillas de ríos y lagunas alimentándose de peces y hierbas.

**CARPINTERÍA** n. f. Oficio y arte del carpintero. **2.** Taller de carpintero. **3.** En un edificio, conjunto de todas las piezas de madera. • **Carpintería metálica,** carpintería de un edificio realizada con perfiles metálicos en sustitución de la madera.

**CARPINTERO** n. m. (lat. *carpentarium*). Persona que tiene por oficio trabajar la madera. • **Carpintero de ribera,** el que trabaja en la construcción o reparación de barcos.

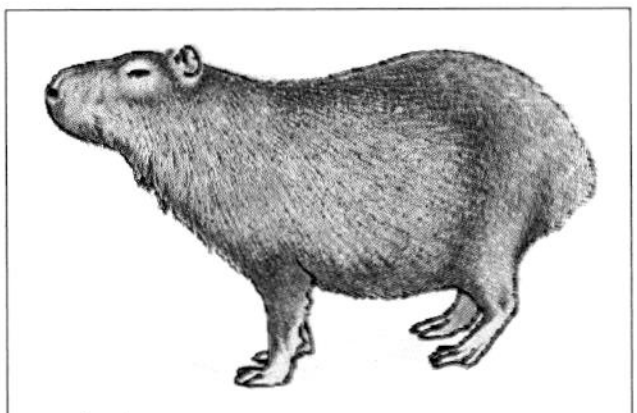

carpincho

**CARPO** n. m. ANAT. Parte del esqueleto de la mano que se articula por arriba con el antebrazo y por abajo con el metacarpo.

**CARQUESIA** o **CARQUEXIA** n. f. Planta arbustiva, propia de los suelos montañosos, y frecuente en la península Ibérica. (Familia papilionáceas.)

**CARRACA** n. f. Navío de grandes dimensiones, utilizado durante la edad media y hasta fines del s. XVII. **2.** Cualquier artefacto deteriorado o caduco.

**CARRACA** n. f. (voz onomatopéyica). Instrumento de madera que produce un ruido seco y desapacible. **2.** Ave de pico curvado, tarsos cortos y plumaje duro, de colores muy vivos. (Familia coracidos.) **3.** *Colomb.* Mandíbula o quijada seca de algunos animales. **4.** TECNOL. Mecanismo de rueda dentada y linguete que tienen algunas herramientas para que el movimiento de vaivén del mango sólo actúe en un mismo sentido. **5.** TECNOL. Herramienta propia para hacer taladros.

**CARRAGAEN** n. m. Alga rodofícea de fronde plana o crespa, más o menos larga y ancha. (Familia gigartitináceas.)

**CARRALEJA** n. f. Insecto coleóptero de talla mediana o grande, sin alas y élitros cortos, parecido a la cantárida. (Familia meloidos.)

**CARRAMPLÓN** n. m. *Colomb.* y *Venez.* Fusil.

**CARRAÓN** n. m. Trigo de poca altura, con espigas dísticas comprimidas, como también el grano, parecido al de la escanda. (Familia gramíneas.)

**CARRARA** n. m. Mármol blanco extraído de los alrededores de Carrara, ciudad italiana.

**CARRASCA** n. f. Encina, especialmente la de pequeño tamaño. **2.** *Colomb.* y *Venez.* Instrumento músico que tiene unas muescas que se raspan con un palillo.

**CARRASCAL** n. m. Terreno o monte poblado de carrascas. **2.** *Chile.* Pedregal.

**CARRASCO** n. m. Carrasca. **2.** *Amér.* Extensión grande de terreno cubierto de vegetación leñosa. ◆ adj. y n. m. **3. Pino carrasco** → ***pino.***

**CARRASPADA** n. f. Bebida compuesta de vino tinto aguado, o del pie de este vino, con miel y especias.

**CARRASPEAR** v. intr. **[1]**. Sentir o padecer carraspera. **2.** Toser para librarse de la carraspera.

**CARRASPEO** n. m. Acción y efecto de carraspear.

**CARRASPERA** n. f. Cierta aspereza en la garganta, que enronquece la voz.

**CARRASPIQUE** n. m. Planta de hojas lanceoladas y flores de color purpúreo rosado, cultivada como ornamental. (Familia crucíferas.)

**CARRASPOSO, A** adj. y n. Que padece carraspera. ◆ adj. **2.** *Colomb., Ecuad.* y *Venez.* Áspero al tacto, que raspa la mano.

**CARRASQUEÑO, A** adj. Relativo a la carrasca o semejante a ella. **2.** *Fig.* y *fam.* Áspero.

**CARRERA** n. f. (bajo lat. *carraria*). Acción de correr cierto espacio: *darse una carrera para llegar a tiempo.* **2.** Calle que fue antes camino: *la carrera de san Jerónimo.* **3.** Trayecto: *el importe de la carrera de un taxi.* **4.** *Fig.* Conjunto de estudios, repartidos en cursos, que capacitan para ejercer una profesión: *carrera de farmacia, de ingeniero.* **5.** Profesión, actividad. **6.** *Fig.* Línea de puntos que se sueltan en una labor de malla: *una carrera en las medias.* **7.** *Fig.* Camino o curso que sigue uno en sus acciones. **8.** Curso de los astros: *hallarse el Sol a mitad de su carrera.* **9.** Viga dispuesta horizontalmente a lo largo de un muro y que sirve para dar asiento a las viguetas del suelo. **10.** Pugna o competición de velocidad: *carreras de caballos; carrera ciclista.* **11.** MEC. Camino que recorre en un sentido todo órgano sujeto a un movimiento de vaivén: *carrera del émbolo dentro del cilindro.* **12.** Conjunto o serie de cosas dispuestas en hilera o en orden: *carrera de árboles.* • **A la carrera,** muy deprisa: *salir a la carrera.* ‖ **Carrera contra reloj** (DEP.), prueba en que el concursante ha de efectuar el recorrido en un tiempo determinado. ‖ **Carrera de armamentos** o **armamentística** (MIL.), acumulación progresiva de armamento, basada en la estrategia disuasoria. ‖ **Carrera de Indias,** denominación que recibía la ruta habitualmente seguida por las flotas españolas que viajaban por el Atlántico entre las Indias y España. ‖ **Hacer carrera,** prosperar, lograr un buen puesto, medrar.

**CARREREAR** v. tr. **[1]**. *Méx.* Urgir, dar prisa a alguien para que haga algo: *no me carrerees que me pones nerviosa.*

**CARRERILLA** n. f. Sucesión rápida ascendente o descendente de sonidos o notas musicales. • **De carrerilla,** de memoria, sin reflexión. ‖ **Tomar carrerilla,** coger impulso para ejecutar una cosa sin detenerse hasta lograrlo.

**CARRERISTA** n. m. y f. Persona aficionada o concurrente a las carreras de caballos. **2.** Persona que hace carreras de velocípedos, bicicletas, etc.

**CARRETA** n. f. Carro largo, angosto y más bajo que el ordinario, generalmente de ruedas sin llanta, y con una lanza a la cual se sujeta el yugo. **2.** *Ecuad.* Carrete de hilo. **3.** *Venez.* Carretilla.

**CARRETADA** n. f. Carga que lleva una carreta o un carro. **2.** *Fig.* y *fam.* Gran cantidad de algo.

**CARRETE** n. m. Cilindro, taladrado por el eje y con bordes en sus bases, sobre el que se arrolla un material en forma de hilo o lámina. **2.** Material arrollado sobre dicho cilindro. **3.** Conductor eléctrico, aislado y arrollado sobre sí mismo, en una o varias capas. **4.** Cilindro en el que se enrolla la película fotográfica. **5.** Rollo de película para hacer fotografías.

**CARRETEAR** v. tr. **[1]**. Conducir una cosa en carro o carreta. **2.** Guiar un carro o carreta.

**CARRETEL** n. m. *Can.* y *Amér.* Carrete de hilo para coser. **2.** *Extr.* y *Amér.* Carrete de la caña de pescar. **3.** MAR. Carrete grande que se emplea a bordo, principalmente para arrollar el cordel de la corredera.

**CARRETELA** n. f. Vehículo hipomóvil descubierto, de cuatro ruedas, que en la parte delantera lleva un asiento con respaldo y en la posterior, tras el asiento, una capota plegable. **2.** *Chile.* Vehículo de dos ruedas, que se dedica por lo general al acarreo de bultos.

**CARRETERA** n. f. Vía de comunicación entre poblaciones, debidamente acondicionada y asfaltada, destinada a la circulación de vehículos. • **Carretera de cuota** *(Méx.),* carretera de peaje.

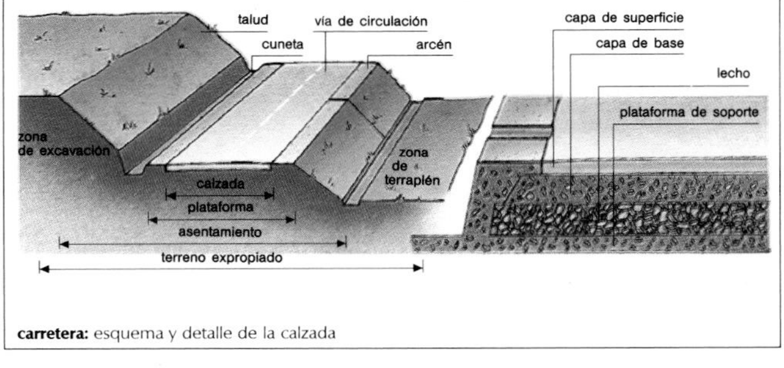


**carretera:** esquema y detalle de la calzada

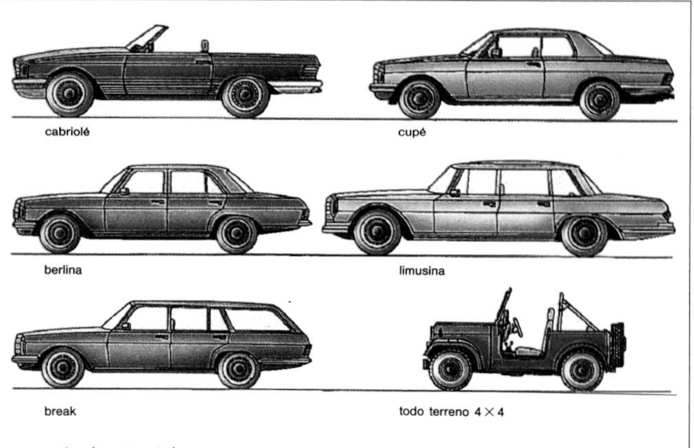

**carrocerías** de automóviles

**CARRETERÍA** n. f. Establecimiento del carretero.

**CARRETERO** n. m. Persona que tiene por oficio construir o conducir carros y carretas. • **Hablar,** o **jurar como un carretero,** blasfemar, echar muchas maldiciones.

**CARRETILLA** n. f. Carro pequeño, en ocasiones con una rueda y dos varas por donde se ase con las manos y otras veces provisto de cuatro ruedas, destinado a ser arrastrado o empujado, con el que se transportan materiales a corta distancia. • **De carretilla,** de memoria, sin reflexión: *decir la lección de carretilla.*

**CARRETILLADA** n. f. Lo que cabe en una carretilla.

**CARRETÓN** n. m. Carro pequeño, a modo de un cajón abierto, con dos ruedas, que puede ser tirado por una caballería. **2.** Armazón con una rueda, donde el afilador lleva las piedras y un barrilito con agua.

**CARRETONAJE** n. m. *Chile.* Transporte en carretón. **2.** *Chile.* Precio de cada uno de estos transportes.

**CARRETONERO** n. m. *Colomb.* Trébol.

**CARRIC** o **CARRICK** n. m. (pl. *carrics* o *carriques*). Especie de levitón o gabán con una o varias esclavinas.

**CARRICERO** n. m. Ave paseriforme de cuerpo esbelto, cabeza alargada y pico recto, que vive en zonas pantanosas. (Familia sílvidos.)

**CARRICOCHE** n. m. Carro cubierto con caja de coche. **2.** *Desp.* Coche viejo o de mal aspecto.

**CARRIEL** n. m. *Amér.* Bolsa de viaje. **2.** *Colomb., Ecuad.* y *Venez.* Maletín de cuero. **3.** *C. Rica.* Bolsa de viaje con varios compartimientos para papeles y dinero.

**CARRIL** n. m. Huella que dejan en el suelo las ruedas del carruaje. **2.** En una vía pública, cada banda longitudinal destinada al tránsito de una sola fila de vehículos. **3.** En las vías férreas, cada una de las barras de hierro o de acero laminado que, formando dos líneas paralelas, sustentan y guían las locomotoras y vagones que ruedan sobre ellas. **4.** Surco hecho con el arado.

**CARRILANO** n. m. *Chile.* Obrero del ferrocarril. **2.** *Chile.* Ladrón, bandolero.

**CARRILLO** n. m. Parte carnosa de la cara, desde la mejilla hasta el borde inferior de la mandíbula. • **Comer a dos carrillos** *(Fam.),* comer con avidez y voracidad.

**CARRILLUDO, A** adj. Que tiene abultados los carrillos.

**CARRIOLA** n. f. Cochecito de bebé.

**CARRIZAL** n. m. Terreno poblado de carrizos.

**CARRIZO** n. m. Planta de raíz larga y rastrera que crece cerca del agua, cuyas panojas se utilizan para hacer escobas. (Familia gramíneas.) SIN.: *cañavera.* **2.** *Venez.* Planta gramínea de tallos nudosos que en su interior contienen agua dulce y fresca.

**CARRO** n. m. (lat. *carrum*). Carruaje consistente en una plataforma con barandillas, montada generalmente sobre dos ruedas, con lanza o varas para enganchar el tiro. **2.** Carga de un carro. **3.** Parte corredera de una máquina que transporta algo de un lugar a otro del mecanismo. **4.** Artefacto ligero provisto de ruedas que se usa para pequeños traslados. SIN.: *carrito.* **5.** *Amér. Central, Colomb., Méx., Perú, P. Rico* y *Venez.* Vehículo automóvil. **6.** *P. Rico* y *Venez.* Carreta. • **Carro de combate,** vehículo automotor blindado y provisto de cadenas, armado con cañones, ametralladoras, etc. ‖ **Parar el carro** *(Fam.),* contenerse o moderarse el que está enojado u obra de manera improcedente. ‖ **Tirar del carro,** hacer uno o más personas el trabajo del que otras también deberían formar parte.

**CARROCERÍA** n. f. Parte de los vehículos automóviles o ferroviarios que, asentada sobre el bastidor, reviste el motor y otros órganos y sirve para transportar pasajeros o carga. **2.** Establecimiento o taller en que se construye, vende o repara dicha parte del vehículo.

**CARROCERO, A** n. Constructor de carrocerías o de vehículos hipomóviles.

**CARROCHA** o **CAROCHA** n. f. Huevecillos del pulgón, de la abeja maestra o de otros insectos.

**CARROMATO** n. m. Carro grande con toldo, arrastrado generalmente por más de una caballería.

**CARRONADA** n. f. (ingl. *carronade*). Cañón de artillería de marina, de bronce, corto y de poco peso (ss. XVIII y XIX).

**CARROÑA** n. f. (ital. *carogna*). Carne corrompida.

**CARROZA** n. f. (ital. *carrozza*). Coche de gran lujo de cuatro ruedas, con suspensión y cubierto, tirado por caballos. **2.** Vehículo o plataforma sobre ruedas adornados con una decoración de fantasía, que desfila por las calles con motivo de determinados festejos y celebraciones populares. **3.** *Argent., Chile, Méx., Par.* y *Urug.* Vehículo especial en el que se transporta a los difuntos al cementerio. SIN.: *carroza fúnebre.* ◆ n. m. y f. y adj. **4.** *Fam.* Persona que es mayor o está anticuada.

**CARROZAR** v. tr. **[1g].** Poner carrocería a un vehículo.

**CARRUAJE** n. m. (cat. *carruatge*). Vehículo formado por una armazón de madera o hierro, montada sobre ruedas.

**CARRUAJERO, A** n. *Amér.* Persona que fabrica carruajes.

**CARRUATA** n. f. Pita de la Guayana y otras regiones de América, usada para hacer cuerdas muy resistentes. (Familia amarilidáceas.)

**CARRUSEL** n. m. (fr. *carrousel*). Cabalgata. **2.** Tiovivo. **3.** Aparato destinado al transporte de cargas, objetos o mercancías.

**CÁRSICO, A, CÁRSTICO, A** o **KÁRSTICO, A** adj. Relativo al carso. • **Relieve cársico,** relieve propio de las regiones en las que las rocas calcáreas forman gruesas capas, resultante de la acción de aguas que disuelven el carbonato de calcio. SIN.: *relieve calizo.*

**CARSO** n. m. Región de modelado cársico.

**CARTA** n. f. (lat. *chartam,* papel). Escrito dirigido a una persona ausente para comunicarle algo. **2.** Menú o minuta: *comer a la carta.* **3.** Mapa: *carta de navegación.* **4.** Denominación que se aplica a determinados documentos: *cartas credenciales; carta constitucional.* **5.** Antiguo título que concedía franquicias, privilegios. **6.** Leyes constitucionales de un estado, establecidas por concesión del soberano y no por los representantes del pueblo. **7.** Ley, regla fundamental. **8.** Cada uno de los naipes de la baraja. • **A carta cabal,** íntegramente, por completo: *ser honrado a carta cabal.* ‖ **Carta abierta,** la dirigida a una persona y destinada a la publicidad. ‖ **Carta blanca,** facultad que se da a uno para obrar con entera libertad. ‖ **Carta de ajuste,** imagen de control que sirve para verificar la calidad de las transmisiones en televisión. ‖ **Carta de ciudadanía** *(Argent.),* documento por el que el estado otorga la nacionalidad a un residente en el país, carta de naturaleza. ‖ **Carta de naturaleza,** derecho que se concede a un extranjero a ser considerado como natural de un país; legitimización o reconocimiento oficial que se da a una cosa o a un asunto. ‖ **Carta otorgada,** documento constitucional concedido por un monarca sin intervención de las cortes o el parlamento. ‖ **Echar las cartas,** hacer con los naipes ciertas combinaciones, con las que se pretende adivinar cosas ocultas o venideras. ‖ **Enseñar las cartas,** mostrar alguien los medios de que dispone o que piensa poner en juego para cierta cosa. ‖ **Jugar** uno **la última carta,** emplear el último recurso en un caso de apuro. ‖ **No saber** uno **a qué carta quedarse** *(Fam.),* estar indeciso en el juicio o en la resolución que ha de tomar. ‖ **Poner las cartas boca arriba,** poner de manifiesto los propósitos, opiniones, etc. ‖ **Tomar cartas en un asunto** *(Fam.),* intervenir en él.

**CARTABÓN** n. m. (provenz. *escartabont*). Instrumento en forma de triángulo rectángulo isósceles, usado en el dibujo lineal. **2.** CONSTR. Ángulo que

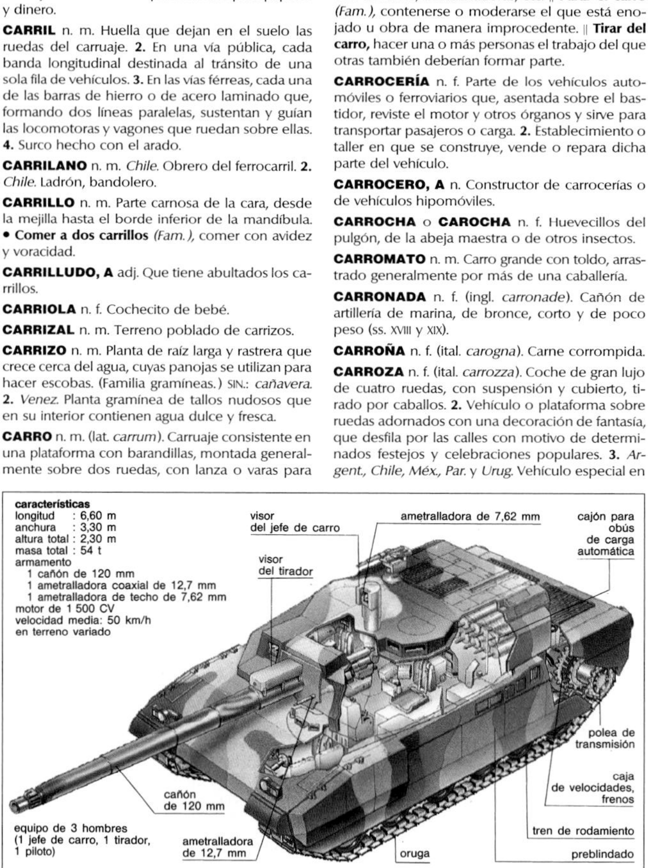

**carro** de combate francés Leclerc AMX (1992)

forman en el caballete las dos vertientes de una cubierta.

**CARTAGENERO, A** adj. y n. De Cartagena.

**CARTAGINENSE** adj. y n. m. y f. Cartaginés, de Cartago.

**CARTAGINÉS, SA** adj. y n. Cartagenero. **2.** De Cartago.

**CARTAPACIO** n. m. Cuaderno de apuntes. **2.** Carpeta. **3.** Conjunto de papeles contenidos en una carpeta.

**CARTEADO, A** adj. y n. m. Dícese de cualquiera de los juegos de naipes que no son de envite.

**CARTEARSE** v. pron. [**1**]. Escribirse cartas recíprocamente: *cartearse con alguien.*

**CARTEL** n. m. (cat. *cartell*). Papel, pieza de tela o cualquier otro material con inscripciones o figuras, colocado en lugar visible, y que sirve de anuncio, aviso, propaganda, etc. **2.** MIL. Convención pactada entre ejércitos beligerantes para permitir cierto género de relaciones, como canje de prisioneros, comercio entre súbditos de países beligerantes, etc. **3.** PESC. Red para pescar sardinas. • **Ser de,** o **tener, cartel,** tener fama: *ser un torero de cartel.* *(V. ilustración pág. 210.)*

**CÁRTEL** n. m. (alem. *Kartell*). Agrupación de empresas que, conservando la individualidad, tiene como fin principal la supresión de la competencia.

**CARTELA** n. f. (ital. *cartella*). Pedazo de cartón, madera, etc., a modo de tarjeta, donde se apunta o escribe algo. **2.** Pieza o elemento triangular o en forma de ángulo recto que, fijada a una superficie vertical, sostiene otra superficie que forma ángulo con la primera. **3.** HERÁLD. Pieza honorable, pequeña y rectangular, colocada en sentido vertical.

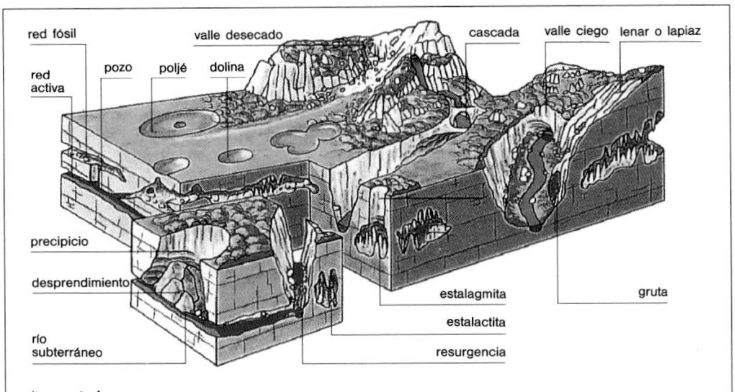


relieve **cársico**

**CARTELADO, A** adj. HERÁLD. Dícese del escudo o pieza sembrado de cartelas.

**CARTELERA** n. f. Armazón con superficie adecuada para fijar carteles, especialmente los de los espectáculos públicos. **2.** En los periódicos, sección donde se anuncian los espectáculos.

**CARTELERO, A** n. Persona que fija carteles.

**CARTELISTA** n. m. y f. Artista especializado en la creación de carteles.

**CARTEO** n. m. Acción y efecto de cartearse.

**CÁRTER** n. m. Envoltura protectora de las piezas de un mecanismo.

**CARTERA** n. f. Utensilio de bolsillo a modo de libro, hecho con piel u otra materia flexible, para llevar dinero, papeles, documentos, etc. **2.** Bolsa de piel o plástico, con tapadera y generalmente con asa, para llevar libros, legajos, etc. **3.** *Fig.* Conjunto de valores, efectos comerciales o pedidos de que dispone una sociedad mercantil o industrial. **4.** Ministerio que se asigna a un miembro del gobierno: *ocupar la cartera de hacienda; ministro sin cartera.* • **En cartera,** en estudio, en proyecto. ‖ **Sociedad de cartera** (B. y BOLS.), sociedad que posee participaciones en valores mobiliarios. (Los holdings y las sociedades de inversión son sociedades de cartera.)

**CARTERÍA** n. f. Empleo de cartero. **2.** Oficina inferior de correos, donde se recibe y despacha la correspondencia pública.

**CARTERISTA** n. m. y f. Ladrón de carteras de bolsillo.

**CARTERO, A** n. Persona que reparte las cartas del correo.

**CARTESIANISMO** n. m. Filosofía de Descartes y de sus discípulos. **2.** Cualidad de cartesiano, metódico.

**CARTESIANO, A** adj. y n. Relativo a la doctrina de Descartes. **2.** Metódico, racional, lógico. ◆ adj. **3. Producto cartesiano de dos conjuntos A y B,** conjunto, simbolizado por $A \times B$, de pares ordenados $(x, y)$, tales que $x \varepsilon A$ e $y \varepsilon B$.

**CARTILAGINOSO, A** adj. Relativo al cartílago; de la naturaleza del cartílago.

**CARTÍLAGO** n. m. (lat. *cartilaginem*). Tejido resistente y elástico que forma el esqueleto del embrión antes de la aparición del hueso y que persiste en el adulto en el pabellón de la oreja, en la nariz y en las terminaciones de los huesos. (Algunos peces, como el esturión o la raya, poseen un esqueleto que permanece siempre en estado de cartílago.)

**CARTILLA** n. f. Libro para aprender las letras del alfabeto. **2.** Cuaderno donde se anotan ciertas circunstancias o datos referentes a determinada persona: *cartilla de ahorros; cartilla de la seguridad social.* • **Cantarle,** o **leerle,** a uno **la cartilla** *(Fam.)*, reprenderle, advirtiendo lo que debe hacer en algún asunto. ‖ **Cartilla militar** o **naval** (MIL.), documento de identidad de los individuos sujetos el servicio militar, en el ejército o en la marina, respectivamente.

**CARTISMO** n. m. Movimiento reformista de emancipación obrera que animó la vida política británica entre 1837 y 1848.

**CARTISTA** adj. y n. m. y f. Relativo al cartismo; partidario de este movimiento.

**CARTIVANA** n. f. Tira de papel o tela que se pone en las láminas u hojas sueltas para encuadernarlas.

**CARTOGRAFÍA** n. f. Arte y técnica que tiene por objeto el levantamiento, la redacción y la publicación de mapas.

**CARTOGRAFIAR** v. tr. [**1t**]. Levantar la carta geográfica de una porción de superficie terrestre.

**CARTÓGRAFO, A** n. Especialista en cartografía.

**CARTOGRAMA** n. m. Esquema cartográfico en el que se han representado datos estadísticos.

**CARTOMANCIA** o **CARTOMANCÍA** n. f. Arte de adivinar el futuro a partir de combinaciones de naipes.

**CARTOMÁNTICO, A** adj. y n. Relativo a la cartomancia; que practica la cartomancia.

**CARTOMETRÍA** n. f. Medición de las líneas trazadas sobre los mapas.

**CARTÓN** n. m. Material constituido por una plancha gruesa de pasta de papel endurecida o por varias hojas de papel superpuestas y adheridas unas a otras. **2.** Modelo realizado sobre papel grueso, cartón o lienzo para un tapiz, fresco o vidriera: *los cartones de Goya.* **3.** Paquete formado generalmente por diez cajetillas de cigarrillos. **4.** En el bingo, cartulina con números para participar en cada juego. • **Cartón de paja,** cartón fabricado con paja trinchada. ‖ **Cartón ondulado,** cartón que presenta acanaladuras regularmente espaciadas, pegadas sobre una o entre dos hojas de papel. ‖ **Cartón pasta,** cartón fabricado con pasta de papel y materias plásticas, que sirve para fabricar objetos por moldeado. ‖ **Cartón piedra,** cartón obtenido con pasta de papel fuertemente prensada, con el que se fabrican elementos de decoración interior.

**CARTONAJE** n. m. Conjunto de obras de cartón.

**CARTONÉ** n. m. Encuadernación que se hace con tapas de cartón, forradas de papel.

**CARTONERÍA** n. f. Establecimiento donde se fabrica o vende cartón.

**CARTONERO, A** adj. Relativo al cartón. ◆ n. **2.** Persona que hace o vende cartones.

**CARTOON** n. m. (voz inglesa). Cada uno de los dibujos que componen una película de dibujos animados; historieta gráfica.

**CARTOTECA** n. f. Lugar donde se conservan y clasifican los mapas.

**CARTUCHERA** n. f. Estuche o canana donde se llevan los cartuchos.

**CARTUCHO** n. m. (fr. *cartouche*). Cilindro de cartón, de metal, de lienzo, etc., que contiene una cantidad determinada de explosivo, especialmente una carga completa para un arma de fuego. **2.** Envoltorio cilíndrico o en forma de cucurucho: *un cartucho de monedas; un cartucho de avellanas.* **3.** Cartela con los extremos arrollados y una superficie plana en la que se inscribe una leyenda o un escudo de armas.

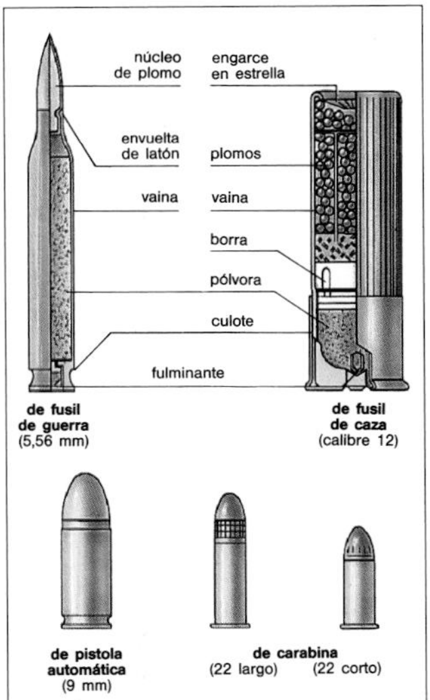


**cartuchos**

**CARTUJA** n. f. Orden religiosa fundada por san Bruno. (Suele escribirse con mayúscula.) **2.** Monasterio de dicha orden.

**cartuja** (Jerez de la Frontera)

Cartel (1892) de Toulouse-Lautrec para un espectáculo de Aristide Bruant. (Museo Toulouse-Lautrec, Albi, Francia.) En contraste con el deslumbramiento alegre de las obras de J. Chéret, Lautrec imprime todo el poder sintético de su estilo al cartel en cromolitografía.

Cartel anunciador de anís del mono (1898), litografía por Ramón Casas. (Col. Anís del mono, Barcelona.) Verdaderas obras de arte en tono menor se producían a veces en los carteles litográficos de propaganda, hoy clásicos decorativos.

Cartel (1894) de William Bradley para la revista *The chap-book* publicada en Chicago. (Biblioteca de artes decorativas, París.)
Una versión geometrizada del art nouveau por uno de los mejores grafistas norteamericanos de fines del s. XIX, inspirado en el británico Beardsley.

Cartel (*c.* 1960) de Jan Lenica para una producción del ballet *El lago de los cisnes* en el gran teatro de Varsovia. Los cartelistas polacos cultivan un diseño de espíritu a veces fantástico, humorístico o surrealista, en una magia cromática de ascendencia eslava.

*Aidez Espagne* (1937), cartel por Joan Miró. (Col. part.)
Miró realizó este grabado del cual se hizo un sello —de un franco— y un cartel para contribuir a la causa republicana. Utiliza nada más que el rojo, amarillo, blanco y negro sobre fondo azul, un texto muy simple, un grito de ayuda y la imagen muy expresiva con un único motivo: un hombre con un puño en alto de grandes proporciones que se levanta como símbolo por la libertad.

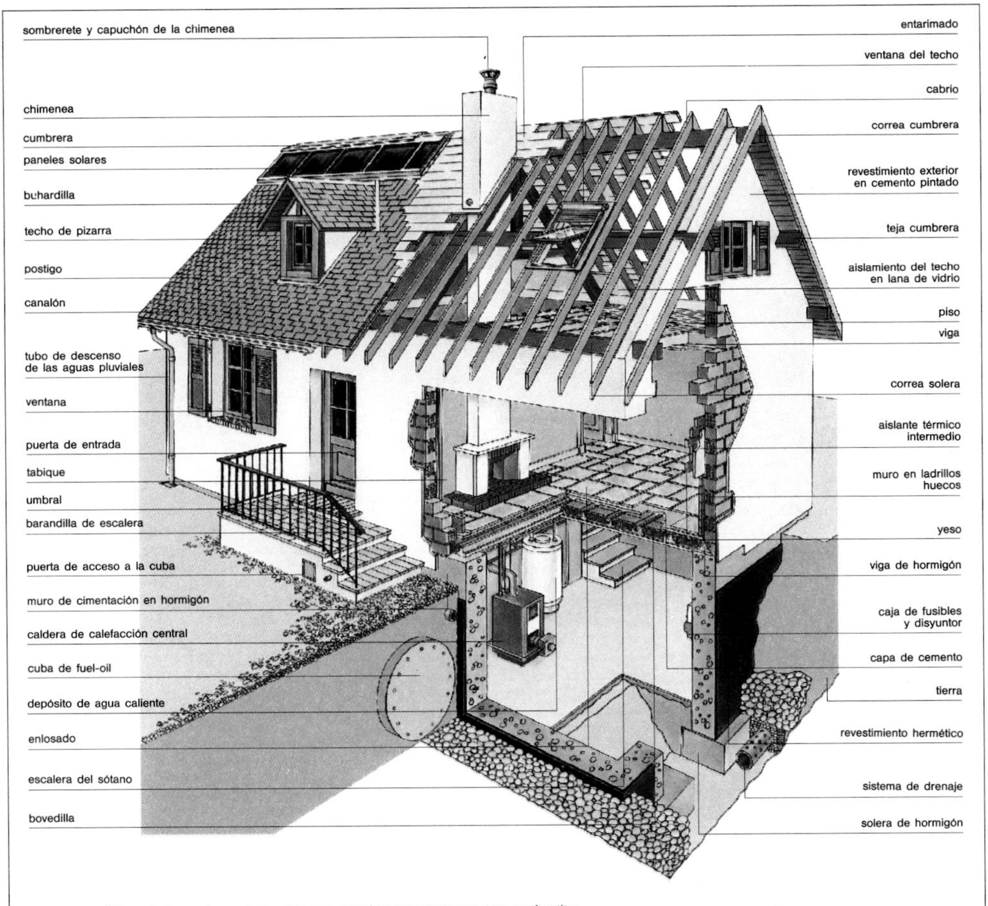


**casa:** nomenclatura de las partes o elementos que pueden constituir una casa unifamiliar

**CARTUJANO, A** adj. Relativo a la Cartuja. ◆ adj. y n. **2.** Cartujo. **3.** Dícese del caballo o yegua que ofrece las señales más características de la raza andaluza.

**CARTUJO, A** adj. y n. Dícese del religioso de la orden de san Bruno. ◆ n. m. **2.** *Fam.* Hombre taciturno o muy retraído.

**CARTULARIO** n. m. Libro manuscrito en el que se copiaban los privilegios y títulos de una persona, una corporación o una comunidad. **2.** Escribano, especialmente el que custodiaba las escrituras.

**CARTULINA** n. f. (ital. *cartolina*). Cartón delgado, muy terso.

**CARUATA** n. f. *Venez.* Carruata.

**CARÚNCULA** n. f. ANAT. Nombre que reciben varias pequeñas eminencias situadas en distintos órganos: *carúncula lacrimal; carúnculas papilares; carúncula salival.* **2.** Excrecencia carnosa o córnea del pico, cuello o frente de ciertas aves.

**CARURÚ** n. m. Planta herbácea que crece en América y se emplea para la fabricación de lejía. (Familia amarantáceas.)

**CARVALLEDA** n. f. Robledal constituido principalmente por carvallo.

**CARVALLO** n. m. Cierto tipo de roble.

**CASA** n. f. (lat. *casam,* choza). Edificio para habitar. **2.** Vivienda, lugar en que habita una persona o familia. **3.** Familia, conjunto de individuos que viven juntos. **4.** Linaje, ascendencia o descendencia de familia, especialmente de las pertenecientes a la nobleza: *la casa de Austria.* **5.** Establecimiento industrial o comercial. **6.** Establecimiento donde se desarrollan determinadas actividades o se prestan ciertos servicios: *casa de empeños; casa de comidas; casa de beneficencia; casa de citas.* **7.** Casilla del tablero de los juegos de ajedrez, damas y otros parecidos. **8.** ASTROL. Cada una de las doce divisiones iguales en forma de huso, en que se considera dividido el cielo. • **Casa consistorial** o **casas consistoriales,** edificio donde está instalada la administración municipal y donde se reúne el ayuntamiento. ‖ **Casa de Dios, de oración,** o **del Señor,** templo o iglesia. ‖ **Casa de fieras,** zoológico. ‖ **Casa del rey,** conjunto de personas civiles *(casa civil)* y militares *(casa militar)* al servicio del soberano. ‖ **Casa madre,** principal establecimiento de una orden religiosa. ‖ **Casa real,** personas reales y conjunto de sus familias. ‖ **Caérsele** a uno **la casa encima,** producirle tristeza un contratiempo. ‖ **Como una casa,** término de comparación usado para ponderar lo grande o lo grave de una cosa. ‖ **De la casa,** muy amigo de la familia y que la visita a menudo; preparado o de uso corriente en el lugar en que se vende o se sirve: *vino de la casa.* ‖ **Echar la casa por la ventana** *(Fam.),* derrochar, gastar con esplendidez en alguna ocasión: *por Navidad echó la casa por la ventana.* ‖ **Empezar la casa por el tejado,** iniciar una operación por donde debería concluir. ‖ **Quedar todo en casa,** redundar los beneficios en provecho de la familia o persona de que se trate.

**CASACA** n. f. Prenda de vestir ceñida al cuerpo, con faldones y manga larga, que se usó en el s. XVIII en España por influencia francesa. **2.** Chaqueta o abrigo corto.

**CASACIÓN** n. f. Anulación por una jurisdicción de rango superior, de una sentencia dictada en última instancia por una jurisdicción civil, penal o administrativa.

**CASACIÓN** n. f. (ital. *cassazione,* marcha o despedida). Suite instrumental compuesta por fragmentos breves, ligeros y de aire popular, que se ejecutaba al aire libre.

**CASADERO, A** adj. Que está en edad de casarse: *una hija casadera.*

**CASADO, A** adj. y n. Dícese de la persona que ha contraído matrimonio.

**CASAL** n. m. Casa de campo o solariega. **2.** *Amér. Merid.* Pareja de macho y hembra: *un casal de lechuzas.*

**CASALICIO** n. m. Casa, edificio importante.

**CASAMATA** n. f. (ital. *casamatta*). Abrigo blindado que protege armas pesadas.

**CASAMENTERO, A** adj. y n. Aficionado a proponer o arreglar bodas.

**CASAMIENTO** n. m. Acción y efecto de casar. **2.** Ceremonia nupcial.

**CASANOVA** n. m. Tenorio.

**CASAR** v. tr. [**1**]. DER. Anular, abrogar, derogar.

**CASAR** v. intr. y pron. [**1**]. Contraer matrimonio: *casó a los veinte años con el rey de Francia.* ◆ v. tr. **2.** Dar en matrimonio: *ya ha casado a dos de sus hijos.* **3.** Unir en matrimonio: *les casó el juez.* **4.** *Fig.* Unir una cosa con otra: *casar las piezas de un vestido.* ◆ v. tr. e intr. **5.** *Fig.* Disponer y ordenar algunas cosas de suerte que hagan juego o tengan correspondencia entre sí. • **No casarse con nadie** *(Fam.),* conservar la independencia de las propias opiniones o actitudes.

**CASATA** n. f. (ital. *cassata*). Pastel helado, con frutas variadas, de origen siciliano.

**CASBA** n. f. Qaṣba.

**CASCA** n. f. Hollejo de la uva pisada y exprimida. **2.** Cortezas molturadas de encina y otros árboles, empleadas en tenería.

**CASCABEL** n. m. (cat. *cascavell*). Bola de metal, hueca y agujereada, que lleva dentro un pedacito de hierro o latón para que, moviéndolo, suene. **2.** Conjunto de placas córneas de la cola de la serpiente de cascabel que producen un sonido al cual el reptil debe su nombre. • **Ser** uno **un cascabel,** ser muy alegre. ‖ **Serpiente de cascabel,** crótalo.

**CASCABELEAR** v. tr. [1]. *Fam.* Alborotar a uno con esperanzas vanas para que ejecute alguna cosa. ◆ v. intr. **2.** Hacer ruido de cascabeles. **3.** *Fig.* y *fam.* Portarse con ligereza.

**CASCABELEO** n. m. Ruido de cascabeles, o de voces y risas que lo semejan.

**CASCABELERO, A** adj. y n. *Fam.* Dícese de la persona de poco juicio y particularmente alegre y desenfadada.

**CASCABELILLO** n. m. Variedad de ciruelo de fruto pequeño y redondo, de color púrpura oscuro y de sabor dulce.

**CASCABILLO** n. m. Cascabel, bola de metal. **2.** Cascarilla en que se contiene el grano de los cereales. **3.** Cúpula de la bellota.

**CASCADA** n. f. (ital. *cascata*). Caída de agua desde cierta altura por rápido desnivel del cauce. **2.** Conjunto de fuegos de artificio dispuestos de manera que sus elementos caigan imitando una cascada.

**CASCADO, A** adj. Dícese de lo que está gastado o muy trabajado, o carece de fuerza, sonoridad, entonación, etc.

**CASCADURA** n. f. Acción y efecto de cascar. **2.** Pez de tronco alargado y comprimido, con una coraza de placas dispuestas en dos filas a cada lado, boca ínfera, con dos barbillas, y labios gruesos, que vive en las lagunas y lagos de Suramérica. (Familia callíctidos.)

**CASCAJO** n. m. Fragmento de piedra y de otros materiales. **2.** Conjunto de frutas de cáscara seca. **3.** *Fam.* Vasija, trasto o mueble roto e inútil. **4.** Persona decrépita.

**CASCANUECES** n. m. (pl. *cascanueces*). Utensilio a modo de tenaza, para partir nueces, avellanas, etc. **2.** Ave granívora semejante al cuervo.

**CASCAR** v. tr. y pron. [1a]. Quebrantar o hendir una cosa quebradiza. **2.** *Fig.* y *fam.* Quebrantar la salud. **3.** Perder la voz su sonoridad y entonación. ◆ v. tr. **4.** *Fam.* Pegar, golpear a alguien. ◆ v. tr. e intr. *Fam.* **5.** Charlar: *se pasan el día cascando por teléfono.* **6.** *Fig.* y *vulg.* Morir.

**CÁSCARA** n. f. Corteza o cubierta exterior de algunas cosas: *cáscara del huevo; la cáscara de la almendra.* **2.** Corteza de los árboles. **3.** METAL. Molde constituido por una simple placa ajustada a la forma del modelo original. ◆ **¡cáscaras!** interj. **4.** *Fam.* Denota sorpresa o admiración.

**CASCARILLA** n. f. Corteza más delgada y quebradiza que la cáscara.

**CASCARÓN** n. m. Cáscara de huevo de cualquier ave, y especialmente la rota por el pollo al salir de él. **2.** Parte de una cúpula, generalmente semiesférica, situada entre el tambor y la linterna. • **Cascarón de nuez** *(Fam.),* embarcación muy pequeña. ‖ **Salir del cascarón,** dejar de ser una persona joven e inexperta, enfrentarse a la vida.

**CASCARRABIAS** n. m. y f. (pl. *cascarrabias*). *Fam.* Persona que se irrita fácilmente.

**CASCARRIA** n. f. Cazcarria.

**CASCO** n. m. Pieza, por lo común metálica, que cubre y defiende la cabeza. **2.** Cada uno de los pedazos de una vasija rota. **3.** Envase, botella para contener líquidos. **4.** En las bestias caballares, uña del pie o de la mano, que se corta y alisa para sentar la herradura. **5.** Copa del sombrero. **6.** Aparato de escucha telefónica o radiofónica. **7.** AERON. Parte inferior del fuselaje de un hidroavión, situada debajo de la línea de flotación. **8.** ARM. Cada uno de los fragmentos en que se dividen al explotar los proyectiles de artillería. **9.** AUTOM. Cuerpo metálico rígido que hace las veces de chasis y de carrocería. **10.** BOT. Nombre de determinadas piezas florales que recuerdan un casco, como el conjunto de tépalos de ciertas orquídeas. **11.** MAR. Cuerpo del buque, independientemente de los aparejos y arboladura. **12.** CONSTR. Estructura continua, ligera y delgada, de superficie curva, a la que se le confiere rigidez. • **Casco urbano,** parte que corresponde en un área urbana al espacio edificado con continuidad. ◆ **cascos** n. m. pl. **13.** *Fam.* Cabeza, parte del cuerpo y también entendimiento. • **Alegre,** o **ligero de cascos** *(Fam.),* dícese de la persona de poca reflexión y juicio. ‖ **Calentar los cascos** a alguien, excitarle o inquietarle con algún estímulo o promesa. ‖ **Cascos azules,** nombre que se da a los miembros de los cuerpos militares especiales de las Naciones unidas. ‖ **Romperse** uno **los cascos** *(Fam.),* fatigarse mucho con el estudio, o procurando investigar alguna cosa.

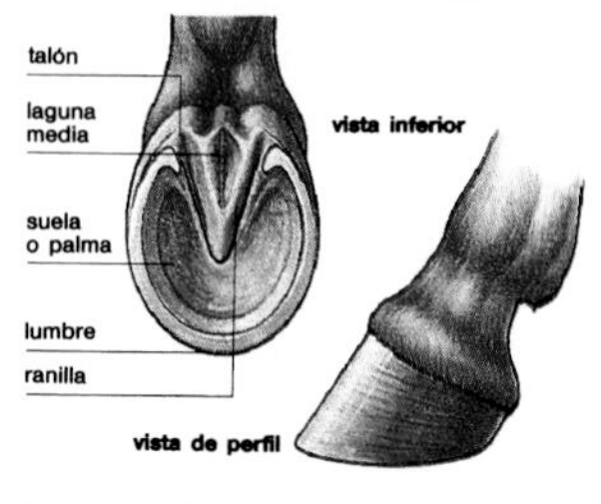

**casco** de caballo

**CASCOL** n. m. Resina de un árbol de Guayana, que sirve para fabricar lacre negro.

**CASCOTE** n. m. Fragmento de algún edificio derribado. **2.** Conjunto de escombros. **3.** Trozo de metralla, o de fragmento pequeño de un proyectil hueco de artillería.

**CASEACIÓN** n. f. Acción de cuajarse la leche.

**CASEIFICACIÓN** n. f. Acción y efecto de caseificar. **2.** PATOL. Transformación en cáseum de los tejidos necrosados de las lesiones tuberculosas.

**CASEIFICAR** v. tr. [1a]. Transformar en caseína. **2.** Separar o precipitar la caseína de la leche.

**CASEÍNA** n. f. Sustancia proteica que contiene la mayor parte de los prótidos de la leche. • **Caseína vegetal,** sustancia nitrogenada extraída del gluten.

**CASEOSO, A** adj. De la naturaleza del queso.

**CASERÍA** n. f. *Chile.* Hábito de comprar en una determinada tienda.

**CASERÍO** n. m. Conjunto de casas en el campo que no llegan a constituir un pueblo. **2.** Casa aislada en el campo, con edificios dependientes y fincas rústicas cercanas a ella.

**CASERNA** n. f. Bóveda a prueba de bomba, que se construye debajo de los baluartes para alojar soldados y como almacén.

**CASERO, A** adj. Que se hace o cría en casa: *pan casero.* **2.** Que se hace entre personas de confianza: *función casera.* **3.** Dícese de la persona aficionada a estar en su casa y a cuidar de su gobierno y economía. **4.** DEP. Dícese del árbitro o del arbitraje que favorece al equipo en cuyo campo se juega. ◆ n. **5.** Dueño o administrador de una casa, que la alquila a otro. **6.** Persona que cuida de una casa y vive en ella, al servicio de su dueño. **7.** *Chile* y *Cuba.* Persona que suele llevar a casa los artículos de consumo habitual. **8.** *Chile, Ecuad.* y *Perú.* Cliente habitual de un establecimiento.

**CASERÓN** n. m. Casa grande y destartalada: *los viejos caserones solariegos.*

**CASETA** n. f. Casa pequeña de construcción ligera. **2.** Casilla o garita donde se cambian de ropa los bañistas. **3.** Pequeña construcción provisional para resguardo de leñadores, guardabosques, peones camineros, guardagujas, etc. **4.** Perrera, casilla donde se guarece un perro guardián. **5.** *Méx.* Cabina telefónica.

**CASETE** n. m. o f. Cassette.

**CASETÓN** n. m. Compartimento cuadrado o poligonal rodeado de molduras y generalmente adornado con un motivo escultórico en el centro, que se utiliza en la decoración de techos y bóvedas o en la parte interior y cóncava de los arcos.

**CÁSEUM** n. m. PATOL. Producto resultante de una forma de necrosis (necrosis gaseosa), originada por la acción del bacilo de Koch sobre los tejidos.

**CASH** n. m. (voz inglesa). Dinero en efectivo: *pagar en cash.*

**CASH AND CARRY,** expresión inglesa que significa *pague y lléveselo,* con que se designa un tipo de autoservicio destinado fundamentalmente a comerciantes detallistas, en el que éstos se proveen de artículos y mercancías que pagan al contado y pueden retirar inmediatamente. (V. parte n. pr.)

**CASH-FLOW** n. m. (voz inglesa, *flujo monetario*). Capacidad de autofinanciación de una empresa, representada por el conjunto de beneficios netos, deducidos impuestos y amortizaciones.

**CASI** adv. c. (lat. *quasi*). Cerca de, poco menos de, aproximadamente, por poco: *casi cien hombres.*

**CASIA** n. f. (lat. *cassiam*). Planta arbustiva o herbácea de flores generalmente amarillas. (Familia cesalpiniáceas.) **2.** Vaina y pulpa purgante del fruto de esta planta.

**CASIDA** n. f. (ár. *qaṣīda*). En la literatura árabe, término que significa poema en general, pero que en la época arcaica (antes del s. VIII) designa una oda dividida en tres partes.

**CASILLA** n. f. Casa o albergue pequeño y aislado. **2.** Despacho de billetes de los espectáculos. **3.** Cada una de las divisiones del papel rayado verticalmente o en cuadrículas. **4.** Cada uno de los compartimentos del casillero, o de algunas cajas, estanterías, etc. **5.** Cada uno de los cuadros que componen el tablero del ajedrez, las damas u otros juegos parecidos: *avanzar una ficha dos casillas.* **6.** *Cuba.* Trampa para cazar pájaros. **7.** *Ecuad.* Retrete. • **Casilla postal** *(Amér.),* apartado de correos. ‖ **Sacar** a uno **de sus casillas** *(Fam.),* alterar su método de vida; hacerle perder la paciencia.

**CASILLERO** n. m. Mueble con varias divisiones, para tener clasificados papeles u otros objetos.

**CASIMBA** n. f. *Amér.* Pozo de agua, manantial. **2.** *Amér.* Vasija o barril para recoger agua de lluvia o de un manantial. **3.** *Cuba* y *Perú.* Agujero en la playa para extraer agua potable.

**CASIMIR** n. m. Cachemir.

**CASINETE** n. m. *Argent., Chile, Hond.* y *Perú.* Tela de inferior calidad que el cachemir. **2.** *Ecuad., Perú* y *Venez.* Paño barato.

**CASINO** n. m. (ital. *casino*). Asociación privada de carácter recreativo y cultural, cuyos miembros sue-

**caserío** vasco

bóveda de **casetones** (capilla del canónigo Muñoz, catedral de Cuenca)

len pertenecer a un determinado grupo social o político. **2.** Edificio o local donde desarrolla sus actividades esta asociación. **3.** Edificio o local destinado a juegos de azar.

**CASIS** n. m. Arbusto parecido al grosellero, de 1 a 2 m de alt., que produce bayas negras comestibles, con las que se fabrica un licor. **2.** Licor fabricado con el fruto de dicho arbusto.

**CASITAS** o **KASSITA** adj. y n. m. y f. Relativo a un pueblo del Zagros central, en el O de Irán; individuo de dicho pueblo. (En Babilonia reinó una dinastía casita de 1595 aprox. a 1153 a. J.C.)

**CASITERITA** n. f. (gr. *kassiteros*, estaño). Óxido de estaño natural $SnO_2$, principal mineral de este metal.

**CASMODIA** n. f. Enfermedad consistente en bostezar con excesiva frecuencia.

**CASO** n. m. (lat. *casum*). Suceso, acontecimiento: *ocurrir un caso extraordinario.* **2.** Oportunidad, ocasión: *llegado el caso, actuaré.* **3.** Problema que se plantea o pregunta que se hace: *presentarse un caso de difícil solución.* **4.** LING. Cada uno de los aspectos bajo los cuales se presenta una palabra flexionable del tipo nominal o pronominal y que corresponden a diferentes relaciones sintácticas adquiridas por esta palabra. **5.** MED. Manifestación de una enfermedad: *registrarse algunos casos de cólera.* • **A caso hecho,** a propósito. || **Caso de conciencia,** punto dudoso en materia moral. || **Caso fortuito** (DER.), hecho no previsible o aunque previsible, inevitable. || **Hacer,** o **venir al caso,** o **ser del caso** *(Fam.)*, ser conveniente u oportuno; tener relación con el asunto de que se trata. || **Hacer caso** de uno, o de una cosa, tener consideración a alguna persona o cosa, apreciarla. || **Hacer caso omiso,** prescindir de alguna cosa, omitirla. || **Poner por caso,** dar por supuesta alguna cosa; poner por ejemplo. || **Ser un caso** *(Fam.)*, distinguirse por alguna característica generalmente negativa.

**CASONA** n. f. Caserón.

**CASORIO** n. m. *Fam.* Casamiento mal concertado o de poco lucimiento.

**CASPA** n. f. Pequeñas láminas de descamación del estrato córneo en el cuero cabelludo.

**CASPIROLETA** n. f. *Amér.* Bebida refrescante hecha de leche, huevos, canela, azúcar y algún otro ingrediente.

**¡CÁSPITA!** interj. (ital. *caspita*). Denota extrañeza o admiración.

**CASPOSO, A** adj. Que tiene caspa.

**CASQUERO, A** n. Persona que vende despojos de las reses.

**CASQUETE** n. m. Pieza de la armadura, de forma redondeada y de pequeñas dimensiones, que servía para resguardo de la cabeza. **2.** Cubierta de tela, cuero, etc., que se ajusta a la cabeza. • **Casquete esférico,** porción de la superficie de una esfera, limitada por un plano que no pasa por el centro de la esfera. || **Casquete glaciar,** masa de nieve y de hielo que recubre las regiones polares.

**CASQUIJO** n. m. Piedra menuda, fragmentos de piedras o de ladrillos, empleada para hacer hormigón y como grava para el afirmado.

**CASQUILLO** n. m. Anillo o abrazadera de metal que refuerza la extremidad de una pieza de madera. **2.** Cartucho metálico vacío: *un casquillo de bala.* **3.** Parte metálica fijada en la bombilla de una lámpara eléctrica, que permite conectarla con el circuito. **4.** *Amér.* Herradura.

**CASQUIVANO, A** adj. *Fam.* De poca reflexión y juicio.

**CASSETTE** (voz francesa) o **CASETE** n. m. o f. Pequeña caja de plástico que contiene una cinta magnética arrollada en dos bobinas y dispuesta de forma que puede ser grabada o reproducida al ser introducido el conjunto en el aparato adecuado. ◆ n. m. **2.** Magnetófono preparado para grabar y reproducir dichas cintas.

**CASTA** n. f. Generación o linaje. **2.** Clase de ciudadanos que tiende a permanecer separada de los demás por sus prejuicios y costumbres. **3.** *Fig.* Especie o calidad de una persona. **4.** En los insectos sociales, conjunto de individuos que aseguran las mismas funciones (los soldados en las termes, las obreras en las abejas, etc.). **5.** ANTROP. Grupo social, hereditario y endogámico, compuesto por individuos que generalmente realizan una actividad común, sobre todo profesional, y que pertenecen a un sistema jerárquico y rígido de estratificación social en el que está prohibida la movilidad entre los estratos.

■ El sistema de castas de la India abarca cinco grandes categorías: cuatro «órdenes» *(varna)*, compuestas por los *brahmanes* (sacerdotes y maestros), los *kṣatriya* (reyes y guerreros), los *vaiśya* (mercaderes y agricultores) y los *śūdra* (artesanos y sirvientes), además de los antes llamados *intocables* (fuera de las varna)

**CASTAÑA** n. f. (lat. *castaneam*). Fruto comestible del castaño, rico en almidón. **2.** *Fig.* y *fam.* Golpe, bofetada, cachete: *darse una castaña.* **3.** *Fig.* y *fam.* Borrachera. **4.** Especie de moño que se hacen las mujeres en la parte posterior de la cabeza. **5.** Excrecencia córnea de la pata de los caballos. • **Castaña de agua,** planta acuática de hermosas flores blancas, cuyo fruto es comestible. || **Castaña de Indias,** fruto y semilla del castaño de Indias. || **Castaña pilonga, apilada,** o **maya,** la que se seca al humo y se guarda todo el año. || **Sacar las castañas del fuego,** sacar a alguien de un apuro o resolverle algún problema.

**CASTAÑAR** n. m. Terreno poblado de castaños.

**CASTAÑERO, A** n. Persona que vende castañas.

**CASTAÑETA** n. f. Castañuela. **2.** Sonido que resulta de juntar la yema del dedo medio con la del pulgar y hacerla resbalar para que choque en el pulpejo. **3.** TAUROM. Moña, lazo de cintas negras que se ponen los toreros.

**CASTAÑETAZO** n. m. Golpe recio dado con las castañuelas o con los dedos. **2.** Estallido que da la castaña cuando revienta en el fuego. **3.** Chasquido que suelen dar las coyunturas de los huesos. SIN.: *castañetada.*

**CASTAÑETEAR** v. tr. **[1]**. Tocar las castañuelas. ◆ v. intr. **2.** Sonarle a uno los dientes, dando los de una mandíbula contra los de otra: *castañetear los dientes por el frío.* **3.** Sonarle a uno las rótulas de las rodillas al andar. **4.** Producir la perdiz macho unos sonidos a manera de chasquidos.

**CASTAÑETEO** n. m. Acción de castañetear.

**CASTAÑO, A** adj. y n. m. Dícese del color pardo oscuro parecido al de la cáscara de la castaña. • **Pasar** una cosa **de castaño oscuro** *(Fam.)*, ser demasiado enojoso o intolerable. ◆ n. m. **2.** Árbol de hojas dentadas, que puede alcanzar 35 m de alt. y vivir durante varios siglos. (Sus frutos, las castañas, están rodeados por una cúpula espinosa. Además del *castaño común* son apreciados el *castaño americano*, el *castaño de Japón* y el *castaño de Indias.* Familias fagáceas e hipocastanáceas.) **3.** Madera de este árbol.

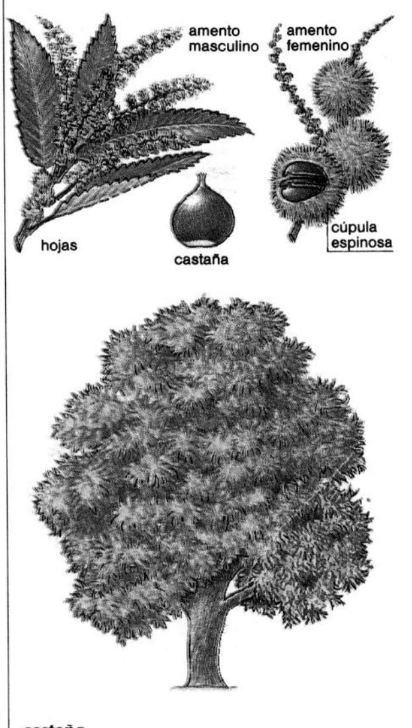


castaño

**CASTAÑOLA** n. f. Pez comestible de forma oval, hocico romo y convexo, boca oblicua y grandes ojos. (Familia brámidos.)

**CASTAÑUELA** n. f. Instrumento de percusión, compuesto de dos piezas cóncavas de madera o de marfil, que se sujeta a los dedos con un cordón de modo que dichas piezas puedan chocar entre sí. (Suele usarse en plural.) **2.** Planta herbácea delgada y de raíz tuberosa, que crece en Andalucía en sitios pantanosos, y, una vez segada, sirve para cubrir las chozas y para otros usos. (Familia ciperáceas.) • **Como unas castañuelas** *(Fam.)*, muy alegre.

**CASTELLANA** n. f. Copla de cuatro versos, de romance octosílabo.

**CASTELLANÍA** n. f. Durante la época feudal, señorío territorial o jurisdicción con leyes propias, dependiente de un castillo.

**CASTELLANISMO** n. m. Giro o modo de hablar propio de las provincias castellanas, pero diferente del español común. **2.** Palabra o giro castellano introducido en otra lengua.

**CASTELLANIZACIÓN** n. f. Acción y efecto de castellanizar o castellanizarse.

**CASTELLANIZAR** v. tr. **[1g]**. Dar forma castellana a un vocablo de otro idioma. SIN.: *españolizar.*

**CASTELLANO, A** adj. y n. De Castilla. ◆ n. **2.** Señor o señora de un castillo. ◆ n. m. **3.** Dialecto

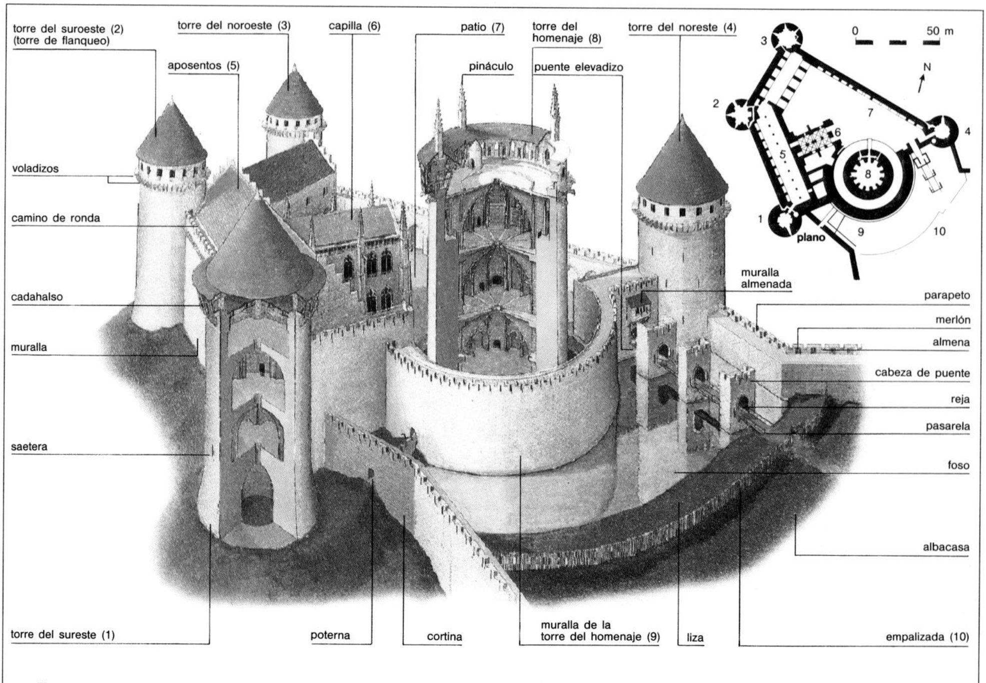


**castillo:** reconstitución del castillo de Coucy, Francia (ss. XIII-XV)

del antiguo reino de Castilla. **4.** Español, lengua española. **5.** Alcaide. **6.** NUMISM. Moneda de oro acuñada en Castilla, en la edad media.

■ Los orígenes del romance castellano se centran en las montañas de Cantabria. Dentro del área del castellano primitivo se han de distinguir tres variedades: *a*) el dialecto montañés, arcaizante; *b*) el dialecto del SE, marcado por la influencia navarro-riojana; *c*) el burgalés, que desde el s. X representó el foco de innovación lingüística. Como consecuencia de la reconquista y repoblación realizada por Castilla, el romance castellano fue extendiéndose por el S y fuera de la Península (América), formando así los subdialectos andaluz, murciano, extremeño, canario y español de América.

**CASTELLONENSE** adj. y n. m. y f. De Castellón.

**CASTICISMO** n. m. Cualidad de castizo. **2.** LING. Tendencia lingüística a usar vocablos y expresiones tradicionales, evitando los extranjerismos.

**CASTIDAD** n. f. (lat. *castitatem*). Continencia sexual por motivos morales o religiosos.

**CASTIGADOR, RA** adj. y n. Que castiga. **2.** *Fig.* y *fam.* Que enamora.

**CASTIGAR** v. tr. (lat. *castigare*) **[1b]**. Imponer o infligir un castigo. **2.** Mortificar, afligir: *castigar al caballo con la espuela.* **3.** Escarmentar, corregir con rigor. **4.** Someter una cosa a un desgaste o deterioro: *los tintes frecuentes castigan el cabello.* **5.** *Fig.* y *fam.* Enamorar por pasatiempo o jactancia. **6.** TAUROM. Quebrantar el poderío del toro en la ejecución de las suertes.

**CASTIGO** n. m. Pena impuesta al que ha cometido un delito o falta. **2.** Tormento, daño, perjuicio.

**CASTILLA** n. m. *Amér.* Idioma español. ◆ n. f. **2.** *Chile.* Bayetón.

**CASTILLADO, A** adj. HERÁLD. Dícese de la pieza sembrada de castillos.

**CASTILLETE** n. m. Armazón que sostiene los conductores de una línea de alta tensión, los cables de los teleféricos o de los pozos mineros, etc.

**CASTILLO** n. m. (lat. *castellum*). Edificio o conjunto de edificios cercados de murallas, baluartes, fosos y otras fortificaciones. **2.** HERÁLD. Figura artificial que se representa con almenas, puerta, ventanas y torreones almenados. **3.** MAR. Parte de la cubierta alta de un buque entre el palo trinquete y la proa. **4.** MIL. Emblema del arma de ingenieros del ejército de tierra. • **Castillo de fuego,** armazón para fuegos artificiales. ‖ **Castillos en el aire,** o **de naipes** *(Fam.),* esperanzas sin fundamento alguno.

**CASTINA** n. f. (alem. *Kalkstein*). Caliza utilizada en el tratamiento de la fundición en los altos hornos, como fundente y depurador.

**CASTING** n. m. (voz inglesa). Selección de personas para actuar en una película, un anuncio publicitario, etc.

**CASTIZO, A** adj. Genuino, típico de un determinado lugar o época: *lenguaje castizo.* ◆ adj. y n. **2.** *Méx.* Dícese del cuarterón, nacido en América del cruce de mestizos y españoles.

**CASTO, A** adj. (lat. *castum*). Que practica la castidad o es conforme a ella.

**CASTOR** n. m. (lat. *castorem*). Mamífero roedor de América del Norte y de Europa, de patas posteriores palmeadas y cola aplanada, que construye su vivienda a orillas de ríos o lagos, haciendo diques de gran extensión, y se alimenta de hojas y raíces. **2.** Piel de este animal.

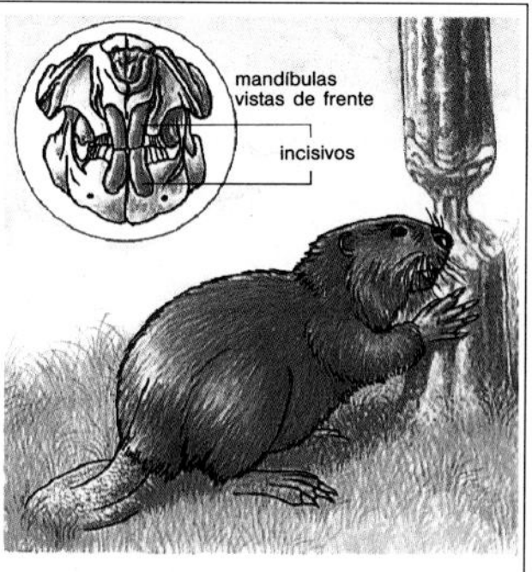


**castor** americano

**CASTÓREO** n. m. Secreción olorosa de la región anal del castor, empleada en farmacia y en perfumería.

**CASTRACIÓN** n. f. Ablación de los órganos genitales (En la hembra, la operación se llama ovariectomía.) • **Complejo de castración** (SICOANÁL.), respuesta fantasmal a las preguntas que suscita en el niño la diferencia anatómica de los sexos.

**CASTRADO** n. m. Cantante castrado desde su infancia para que conserve voz de soprano.

**CASTRAR** v. tr. (lat. *castrare*) **[1]**. Practicar la castración. **2.** *Fig.* Debilitar, apocar: *castrar el entendimiento.* **3.** Quitar a las colmenas parte de los panales con miel.

**CASTRENSE** adj. (lat. *castrensem*). Relativo al ejército y al estado o profesión militar.

**CASTRISMO** n. m. Movimiento revolucionario inspirado en las ideas de Fidel Castro.

**CASTRISTA** adj. y n. m. y f. Relativo al castrismo; partidario del castrismo.

**CASTRO** n. m. (lat. *castrum*). Recinto fortificado prerromano de la península Ibérica, generalmente situado en una eminencia del terreno, del que tomó nombre la cultura de los castros. (V. parte n. pr.)

**CASUAL** adj. (lat. *casualem*). Que sucede por casualidad: *encuentro casual.* **2.** GRAM. Relativo al caso. • **Por un casual** *(Fam.),* por casualidad.

**CASUALIDAD** n. f. Combinación de circunstancias que no se pueden prever ni evitar y cuya causa se ignora. **2.** Caso o acontecimiento imprevisto.

**CASUARIO** n. m. Ave corredora de Australia, que mide 1,50 m, de plumaje parecido a la crin y que presenta sobre el cráneo un casco óseo coloreado.

**CASUISTA** adj. y n. m. y f. Dícese del teólogo especialista en casuística.

**CASUÍSTICA** n. f. Parte de la teología moral que se ocupa de resolver los casos de conciencia. **2.** Sutileza excesiva.

**CASUÍSTICO, A** adj. Relativo al casuista o a la casuística.

**CASULLA** n. f. Vestidura litúrgica en forma de capa que se utiliza en la celebración de la misa.

**CASUS BELLI** n. m. (voces lat., *caso de guerra*). Acto susceptible de provocar hostilidades entre dos pueblos.

**CATA** n. f. Acción de catar. **2.** Porción de algo que se prueba: *una cata de sandía.* **3.** *Argent.* y *Chile.* Cotorra, perico. **4.** *Colomb.* Cosa oculta o encerrada. **5.** *Colomb.* y *Méx.* Sondeo que se hace de un terreno para ver los materiales que contiene.

**CATABÁTICO, A** adj. Katabático.

**CATABÓLICO, A** adj. Relativo al catabolismo.

**CATABOLISMO** n. m. Conjunto de las reacciones bioquímicas que llevan a la transformación de la materia viva en desechos, y que constituyen la parte destructora del metabolismo.

**CATABRE** o **CATABRO** n. m. *Colomb.* Recipiente, de calabaza o mimbre, usado para transportar granos, frutas, etc.

**CATACALDOS** n. m. y f. (pl. *catacaldos*). *Fam.* Persona que emprende muchas cosas sin fijarse en ninguna. **2.** Persona entrometida.

**CATACLISMO** n. m. (gr. *kataklysmos*). Trastorno físico súbito del globo terráqueo, de efectos destructivos. **2.** *Fig.* Gran trastorno en el orden familiar, social o político.

**CATACRESIS** n. f. (gr. *katakhrēsis*). Metáfora que consiste en emplear una palabra más allá de su sentido estricto, para designar una cosa que carece de nombre especial.

**CATACUMBAS** n. f. pl. Galerías subterráneas con nichos rectangulares en las paredes, en las cuales los primitivos cristianos, especialmente en Roma, enterraban a los muertos y practicaban las ceremonias del culto.

**CATADIÓPTRICO, A** adj. Dícese de un sistema óptico que comprende a la vez lentes y espejos.

**CATADOR, RA** n. Persona que cata. **2.** Persona que por experiencia es hábil para apreciar algo: *buen catador de pintura.* **3.** Persona que tiene por oficio catar los vinos.

**CATADURA** n. f. *Desp.* Aspecto o semblante.

**CATAFALCO** n. m. (ital. *catafalco*). Túmulo suntuoso que suele ponerse en los templos para las exequias solemnes.

**CATALÁN, NA** adj. y n. De Cataluña. ◆ n. m. **2.** Lengua hablada en Cataluña, Andorra, País Valenciano, parte del dep. francés de Pyrénées-Orientales, franja oriental de Aragón, islas Baleares y ciudad de Alguer, en Cerdeña.

■ El catalán es una de las lenguas románicas en que se fragmentó el latín a la caída del Imperio romano. La invasión islámica y el largo proceso de la reconquista favorecieron la diversificación lingüística en la península Ibérica. La influencia del imperio carolingio fue decisiva para el desarrollo de Cataluña, tanto en el terreno político como en el cultural. En contraste con los dos romances occidentales (el castellano y el francés), el catalán se mantiene más fiel a su origen latino y conserva más formas ya superadas por aquéllos. La lengua catalana mantiene su mayor vitalidad en Cataluña. La zona de menor vitalidad corresponde al departamento francés de los Pyrénées-Orientales.

—LIT. Ss. XII-XIII: *Homilías de Orgañá,* Ramon Llull, el *Llibre dels feyts* del rey Jaime I el Conquistador, Ramon Muntaner. Ss. XIV-XV: Jordi de Sant Jordi, Ausiàs March, Bernat Metge, Francesc Eiximenis, Anselm Turmeda, *Curial e Güelfa,* Joanot Martorell, Jaume Roig, Roís de Corella. Ss. XVI-XVIII: Francesc Vicent García (el Rector de Vallfogona), Francesc Fontanella. Ss. XIX-XX. *De la Renaixença a la guerra civil:* B. C. Aribau, M. Costa i Llobera, J. Verdaguer, J. Alcover, J. Maragall, A. Guimerá, N. Oller, J. Ruyra, E. d'Ors, C. Albert (Víctor Català), J. Salvat-Papasseit, J. Carner, J. V. Foix, C. Riba, J. M. de Sagarra, J. Pla. *Tras la guerra civil:* Ll. Villalonga, X. Benguerel, M. Rodoreda, V. Riera Llorca, M. de Pedrolo, P. Calders, J. Fuster, S. Espriu, V. Andrés Estellés, J. Vinyoli, J. Oliver, J. Brossa, G. Ferrater, M. Martí Pol.

casuario

**CATALANIDAD** n. f. Calidad y carácter de lo que es catalán.

**CATALANISMO** n. m. Tendencia y doctrina políticas que propugnan una forma de autogobierno para Cataluña y defienden sus valores históricos y culturales. **2.** Palabra o giro catalán incorporado a otra lengua: *retal es un catalanismo del castellano.*

**CATALANISTA** adj. y n. m. y f. Relativo al catalanismo; partidario de esta tendencia.

**CATALAUNOS,** pueblo galo cuya c. princ. era *Catalaunum* (act. Châlons-sur-Marne).

**CATALÉCTICO, A** o **CATALECTO** adj. y n. m. Dícese de un verso griego o latino que termina por un pie incompleto.

**CATALEJO** n. m. Anteojo.

**CATALEPSIA** n. f. (gr. *katalēpsis,* ataque). Pérdida momentánea de la iniciativa motora, con conservación de las actitudes. (El cuerpo permanece paralizado y con una ligera hipertonía, que se pone en evidencia con la movilización pasiva de los segmentos de los miembros. La catalepsia se observa en la histeria, el sueño hipnótico, la esquizofrenia y diversas sicosis.)

**CATALÉPTICO, A** o **CATALÉPSICO, A** adj. y n. Relativo a la catalepsia; afecto de catalepsia.

**CATALICORES** n. m. (pl. *catalicores*). Pipeta muy larga para tomar pruebas de un líquido en su envase.

**CATALINETA** n. f. Pez de unos 30 cm de long., color amarillo con fajas oscuras, cola ahorquillada y escamas ásperas, que vive en el mar Caribe. (Familia hemúlidos.)

**CATÁLISIS** n. f. (gr. *katalysis,* disolución). Modificación de velocidad de las reacciones químicas producida por ciertos cuerpos que se encuentran sin alteración al final del proceso.

**CATALÍTICO, A** adj. Relativo a la catálisis. • **Estufa catalítica,** aparato calefactor en que el combustible, generalmente gaseoso, quema sin producir llama en presencia de un catalizador.

**CATALIZADOR** n. m. Cuerpo que provoca una catálisis.

**CATALIZAR** v. tr. [**1g**]. Actuar como catalizador en una reacción. **2.** Provocar alguien o algo una reacción, mediante su intervención o por su sola presencia.

**CATALOGACIÓN** n. f. Acción y efecto de catalogar.

**CATALOGADOR, RA** adj. y n. Que cataloga.

**CATALOGAR** v. tr. [**1b**]. Hacer un catálogo o incluir algo en él. **2.** Clasificar.

**CATÁLOGO** n. m. (lat. *catalogum*). Lista ordenada de libros, monedas, pinturas, precios, etc.

**CATALPA** n. m. Árbol de hojas grandes y flores en gruesos racimos, de 15 m de alt., originaria de América del Norte. (Familia bignoniáceas.)

**CATAMARÁN** o **CATAMARÓN** n. m. MAR. Embarcación a vela, hecha con dos cascos acoplados. **2.** Piragua provista de uno o dos flotadores laterales.

**CATAMARQUEÑO, A** adj. y n. De Catamarca.

**CATAPLASMA** n. f. Masa medicinal espesa que se aplica, entre dos paños, sobre una parte del cuerpo para combatir una inflamación. **2.** *Fig.* y *fam.* Persona achacosa o molesta.

**CATAPLEJÍA** n. f. Trastorno neurológico de origen síquico que consiste en la súbita pérdida de fuerzas ante un estímulo emotivo o terrorífico muy intenso, conservando perfectamente lúcida la conciencia.

**CATAPLINES** n. m. pl. *Vulg.* Cojones, testículos.

**¡CATAPLUM!** interj. Se usa para expresar ruido, caída, explosión, etc.

**CATAPULTA** n. f. (lat. *catapultam*). Antiguamente, máquina de guerra para lanzar proyectiles. **2.** Dispositivo mecánico constituido por una plataforma deslizante sobre una viga, y que sirve para el lanzamiento de aviones desde un buque de guerra. (*V. ilustración pág. 216.*)

**CATAPULTAR** v. tr. [**1**]. Lanzar con una catapulta. **2.** Lanzar hacia el éxito o la fama.

**CATAR** v. tr. (lat. *captare*) [**1**]. Probar algo para examinar su sabor.

**CATARAÑA** n. f. Lagarto de las Antillas. **2.** Garza real.

**CATARATA** n. f. (lat. *cataractam*). Caída importante de agua en el curso de un río. **2.** MED. Opacidad del cristalino o de sus membranas, que produce ceguera completa o parcial.

**CATARINITA** n. f. *Méx.* Mariquita, coleóptero.

**CÁTARO, A** adj. y n. Adepto a una secta maniquea de la edad media que se distinguía por una extremada sencillez en las costumbres, extendida por distintas regiones de Europa y que en el mediodía de Francia recibió la denominación de albigense.

**CATARRAL** adj. Relativo al catarro.

**CATARRINO, A** adj. y n. m. Relativo a un suborden de primates que comprende los simios del antiguo continente, de orificios nasales muy próximos, cola no prensil y provistos de 32 dientes. (Los macacos y los babuinos pertenecen a dicho suborden.)

**CATARRO** n. m. (lat. *catarrhum*). Inflamación aguda o crónica de las mucosas, especialmente las nasales, acompañada de hipersecreción.

**CATARROSO, A** adj. y n. Afecto de un catarro.

**CATARSIS** n. f. (gr. *katharsis,* purificación). Palabra con la que Aristóteles designa el efecto de purificación producido en los espectadores por una representación dramática. **2.** Método sicoterapéutico que se basa en la descarga emotiva, ligada a la exteriorización del recuerdo de acontecimientos traumatizantes y reprimidos.

**CATÁRTICO, A** adj. Relativo a la catarsis. **2.** Dícese de los laxantes de acción suave.

**CATASTRAL** adj. Relativo al catastro.

**CATASTRO** n. m. (ital. *catastro*). Censo descriptivo o estadística gráfica de las fincas rústicas y urbanas. **2.** Conjunto de operaciones técnicas para determinar la extensión, calidad y valor de una finca o inmueble. **3.** HIST. Contribución única impuesta por Felipe V en Cataluña, en sustitución del antiguo sistema fiscal vigente hasta entonces.

**CATÁSTROFE** n. f. (gr. *katastrophē,* ruina). Suceso desgraciado que altera gravemente el orden regular de las cosas: *catástrofe ferroviaria, aérea.* • **Teoría de las catástrofes,** teoría matemática que permite describir fenómenos discontinuos mediante modelos continuos simples.

**catamarán** Charente-Maritime I (eslora: 25,90 m; manga: 13,20 m; desplazamiento: 9,9 t)

**CATASTRÓFICO, A** adj. Relativo a una catástrofe o que tiene sus caracteres.

**CATASTROFISMO** n. m. Teoría que atribuía a cataclismos los cambios acontecidos en la superficie de la Tierra.

**CATATAR** v. tr. [**1**]. *Perú.* Hechizar, fascinar.

**CATATONÍA** n. f. Síndrome sicomotor de ciertas formas de esquizofrenia, caracterizado sobre todo por el negativismo, la oposición, la catalepsia y los estereotipos gestuales.

**CATATÓNICO, A** adj. y n. Relativo a la catatonía; afecto de catatonía.

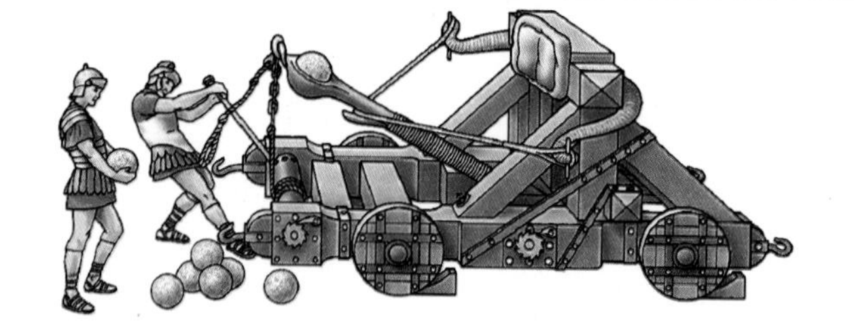

**catapulta** romana

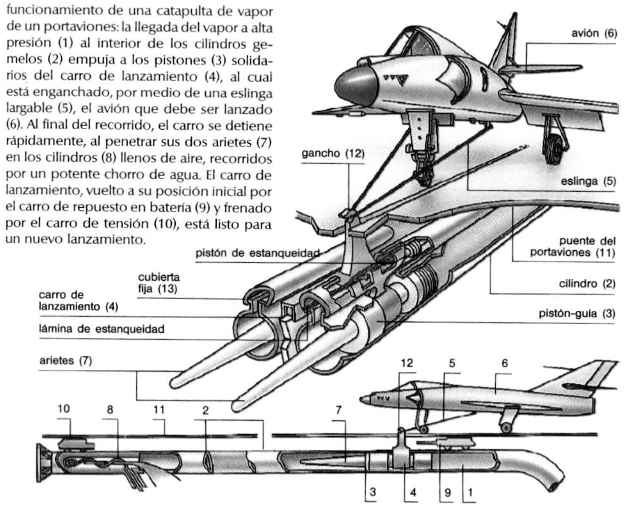


funcionamiento de una catapulta de vapor de un portaviones: la llegada del vapor a alta presión (1) al interior de los cilindros gemelos (2) empuja a los pistones (3) solidarios del carro de lanzamiento (4), al cual está enganchado, por medio de una eslinga largable (5), el avión que debe ser lanzado (6). Al final del recorrido, el carro se detiene rápidamente, al penetrar sus dos arietes (7) en los cilindros (8) llenos de aire, recorridos por un potente chorro de agua. El carro de lanzamiento, vuelto a su posición inicial por el carro de repuesto en batería (9) y frenado por el carro de tensión (10), está listo para un nuevo lanzamiento.

**catapulta**

**CATAURO** n. m. *Antillas.* Cesto hecho de yagua, que se usa para llevar alimentos.

**CATAVIENTO** n. m. MAR. Especie de veleta prendida en una verga.

**CATAVINO** n. m. Tubo para aspirar, por el canillero, el vino que se quiere probar. **2.** Pequeña taza chata de metal en la que se examina el vino que se va a degustar.

**CATAVINOS** n. m. y f. (pl. *catavinos*). El que tiene por oficio catar los vinos.

**CATAZONAL** adj. GEOL. Dícese de la zona profunda de la corteza terrestre donde se desarrolla un metamorfismo de alta temperatura y elevada presión.

**CAT-BOAT** n. m. (voz inglesa) [pl. *cat-boats*]. Pequeño velero aparejado con una sola vela y sin foque.

**CATCH** n. m. (ingl. *to catch,* apresar). Lucha libre.

**CATE** n. m. (voz gitana). Golpe, principalmente el que se da con el puño. **2.** *Fig.* y *fam.* Nota de suspenso en los exámenes.

**CATEADOR, RA** n. *Amér.* Persona que hace catas para encontrar minerales.

**CATEAR** v. tr. **[1]**. *Fam.* Suspender en los exámenes. **2.** *Amér.* Registrar la policía la casa de alguien o a una persona al entrar para revisar que no porte armas. **3.** *Amér. Merid.* Explorar terrenos en busca de una veta mineral.

**CATECISMO** n. m. (bajo lat. *catechismus*). Instrucción religiosa elemental. **2.** Obra elemental que contiene, en preguntas y respuestas, la explicación del dogma y de la moral. **3.** Libro, volumen formado por la misma obra.

**CATECOLAMINA** n. f. Sustancia del grupo de las aminas cuya acción es análoga a la del simpático y que desempeña el papel de neurotransmisor. (La adrenalina o la dopamina son catecolaminas.)

**CATECÚ** n. m. Sustancia astringente y curtiente extraída de la madera de una acacia de la India.

**CATECUMENADO** n. m. Período de formación religiosa antes del bautismo.

**CATECÚMENO, A** n. Persona que se está instruyendo en la doctrina católica para ponerse en disposición de recibir el bautismo.

**CÁTEDRA** n. f. (lat. *cathedram*). Asiento elevado desde donde explica un profesor. **2.** Local en que está instalado ese asiento, donde se dan las clases. **3.** *Fig.* Cargo o plaza de catedrático. **4.** *Fig.* Conjunto de personas y medios que se hallan bajo la autoridad de un catedrático. • **Poner,** o **sentar, cátedra** de algo, saber mucho de ello o ser muy hábil en ello.

**CATEDRAL** n. f. Iglesia episcopal de una diócesis. SIN.: *seo.* • **Como una catedral,** pondera la grandeza o la importancia de algo.

**CATEDRALICIO, A** adj. Relativo a la catedral.

**CATEDRÁTICO, A** n. Persona que ocupa el nivel más alto del escalafón docente en los centros oficiales de enseñanza secundaria o universitaria.

**CATEGORÍA** n. f. (gr. *katēgoria*). Cada uno de los grupos en que, atendiendo a determinadas características, se pueden clasificar las personas o cosas. **2.** Cada uno de los grados establecidos en una profesión o carrera. **3.** Nivel, calidad, importancia. **4.** FILOS. Según Kant, cada uno de los doce conceptos fundamentales del entendimiento puro, que sirven de forma *a priori* al conocimiento. **5.** LING. Unidad de clasificación gramatical que puede corresponder a la clase, al sintagma o a las modificaciones que pueden sufrir las clases. **6.** MAT. Conjunto de elementos, llamados objetos, a cada par de los cuales está asociado un conjunto de transformaciones que satisfacen ciertos axiomas.

**CATEGORICIDAD** n. f. LÓG. Propiedad de una teoría deductiva cuando todos sus modelos son isomorfos.

**CATEGÓRICO, A** adj. Que afirma o niega de una manera absoluta, sin condición ni alternativa alguna: *un juicio categórico.* **2.** FILOS. Relativo a las categorías.

**CATEGORIZAR** v. tr. **[1g]**. Situar en una categoría; clasificar en categorías.

**CATENARIO, A** adj. y n. f. F.C. Dícese del sistema de suspensión de cable eléctrico que sirve para alimentar las locomotoras eléctricas, y que lo mantiene a una distancia rigurosamente constante del suelo. **2.** MEC. Dícese de la curva formada, bajo la influencia de su propio peso, por un hilo homogéneo, grave, flexible e inextensible, suspendido por sus dos extremos de dos puntos fijos.

**CATEQUESIS** n. f. Instrucción religiosa.

**CATEQUISTA** n. m. y f. Persona que enseña el catecismo.

**CATEQUÍSTICO, A** adj. Relativo a la catequesis.

**CATEQUIZAR** v. tr. (gr. *katēkhizō*) **[1g]**. Instruir a uno, especialmente en la religión católica.

**CATERING** n. m. (voz inglesa). Servicio de restaurante prestado a aviones, empresas, etc.

**CATERVA** n. f. (lat. *catervam*). Multitud de personas o cosas en desorden o de poca importancia.

**CATETE** n. m. *Chile.* Guiso de harina en caldo de cerdo. **2.** *Chile.* Nombre que el vulgo da al demonio. ◆ adj. **3.** *Chile.* Molesto, majadero, hostigoso.

**CATÉTER** n. m. (gr. *kathetēr*). Sonda que se introduce en un conducto natural.

**CATETERISMO** n. m. Introducción de un catéter en un conducto natural con fines exploratorios o terapéuticos.

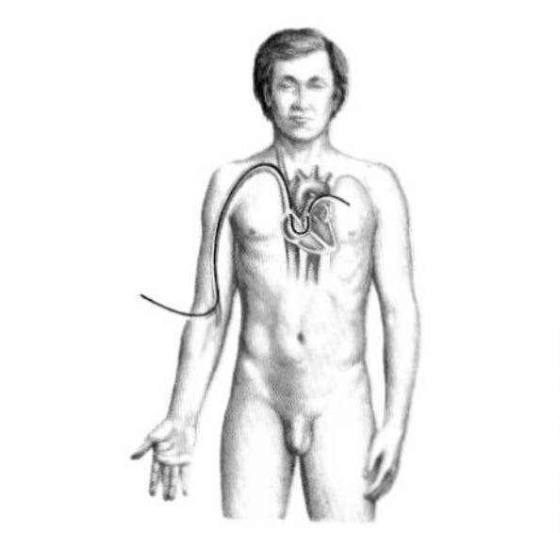

**cateterismo** del corazón derecho y de la arteria pulmonar por la vena cava superior

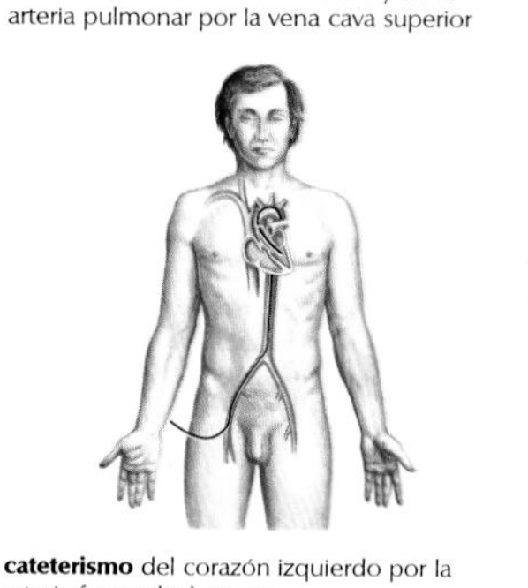

**cateterismo** del corazón izquierdo por la arteria femoral y la aorta

**CATETO** n. m. (lat. *cathetum*). Cada uno de los dos lados que forman el ángulo recto en un triángulo rectángulo.

**CATETO, A** n. *Fam.* Palurdo.

**CATETÓMETRO** n. m. Instrumento de física que sirve para medir la distancia vertical de dos puntos.

**CATGUT** n. m. (ingl. *cat,* gato, y *gut,* intestino). Hilo reabsorbible empleado en cirugía para la sutura de las heridas.

**CATILINARIO, A** adj. y n. f. (de *Catilinarias*). Dícese del escrito o discurso vehemente dirigidos contra alguien.

**CATINGA** n. f. Bosque formado por árboles generalmente de hoja caduca y que almacenan una gran cantidad de agua en el tronco, por lo que éste tiene forma de tonel. **2.** *Amér.* Olor fuerte y desagradable que despiden algunos animales y plantas. **3.** *Chile.* Nombre que despectivamente dan los marinos a los soldados de tierra.

**CATÍO** pueblo amerindio de la familia lingüística chibcha que vive en la costa atlántica de Colombia, cerca de la desembocadura del Cauca.

**CATIÓN** n. m. Ion de carga positiva.

**CATIRE, A** adj. y n. *Colomb., Cuba, Perú* y *Venez.* Rubio de ojos verdosos o amarillentos.

**CATITEAR** v. intr. **[1]**. *Argent.* Cabecear involuntariamente los ancianos.

**CATIZUMBA** n. f. *Amér. Central.* Multitud, muchedumbre.

**CATOCHE** n. m. *Méx. Fam.* Mal humor, displicencia.

**CATÓDICO, A** adj. Relativo al cátodo. • **Rayos catódicos,** haz de electrones emitidos por el cátodo de un tubo de vacío recorrido por una corriente. || **Tubo catódico,** o **de rayos catódicos,** tubo de vacío en el que los rayos catódicos son dirigidos sobre una superficie fluorescente, llamada pantalla catódica, en la que el impacto produce una imagen visible. (Constituye el elemento esencial de los aparatos receptores de televisión y de las consolas de visualización de ordenadores.)

**CÁTODO** n. m. (gr. *kathodos,* camino descendente). ELECTR. Electrodo de salida de la corriente en una cuba electrolítica (polo negativo), o electrodo que es la fuente primaria de electrones en un tubo electrónico.

**CATOLICIDAD** n. f. Carácter católico. **2.** Conformidad a la doctrina católica. **3.** Conjunto de los católicos; mundo católico.

**CATOLICISMO** n. m. Conjunto de la doctrina, instituciones y prácticas de la Iglesia católica romana. • **Catolicismo social,** movimiento de pensamiento y de acción, nacido en el s. XIX al mismo tiempo que la revolución industrial, animado por la moral cristiana y el espíritu evangélico, que es de justicia y de caridad.

■ Según la doctrina católica, Jesucristo designó como jefe de la Iglesia, al papa, sucesor de san Pedro; los obispos están bajo su autoridad. La iglesia es infalible cuando se pronuncia en materia de fe, sea a través de un concilio ecuménico, sea por el propio papa hablando ex cathedra. Los principales dogmas de la doctrina católica están contenidos en el símbolo de los apóstoles: creencia en el ser de Dios y en la Trinidad, misterios de la encarnación, la redención y la resurrección, con todas las creencias que de ellos derivan, como la resurrección de la carne y la vida eterna. Los Autos de la redención se aplican a través de los siete sacramentos.

**CATÓLICO, A** adj. y n. (lat. *catholicum*). Relativo al catolicismo; que profesa el catolicismo. ◆ adj. **2.** Dícese de la Iglesia cristiana que reconoce el magisterio supremo del papa, obispo de Roma. **3.** Universal, que se extiende a todo el mundo. • **No estar muy católico,** no estar muy sano ni perfecto. || **Viejos católicos,** católicos que no aceptaron adherirse al dogma de la infalibilidad del papa en 1870 (constituyen una Iglesia independiente con alrededor de 600 000 fieles); miembros de una Iglesia cismática holandesa, llamada Iglesia de Utrecht, heredera del jansenismo del s. XVIII.

**CATOLIZACIÓN** n. f. Acción y efecto de catolizar.

**CATOLIZAR** v. tr. **[1g]**. Convertir a la fe católica; predicarla, propagarla.

**CATÓN** n. m. Censor severo.

**CATÓN** n. m. Libro compuesto de frases y períodos cortos para ejercitar en la lectura a los principiantes.

**CATÓPTRICA** n. f. Parte de la óptica que trata de la reflexión de la luz.

**CATÓPTRICO, A** adj. Relativo a la reflexión de la luz.

**CATORCE** adj. num. cardin. y n. m. Diez más cuatro. ◆ adj. num. ordin. y n. m. **2.** Decimocuarto.

**CATORCEAVO, A** o **CATORZAVO, A** adj. y n. m. Dícese de cada una de las catorce partes iguales en que se divide un todo.

**CATOS,** pueblo de Germania establecido en las inmediaciones del Taunus y que fue un duro adversario de Roma.

**CATRE** n. m. (port. *catre*). Cama ligera para una sola persona.

**CATRÍN, NA** n. m. *Méx.* Persona elegante y presumida. ◆ adj. y n. **2.** *Guat.* y *Nicar.* Persona de mucho dinero, ricachón. **3.** *Guat.* y *Nicar.* Elegante, bien vestido.

**CATÚN** n. m. Período del calendario maya que equivalía a 20 años de 360 días.

**CATUQUINA** o **CATUKINA,** pueblo amerindio que vive en el NO de Brasil, a orillas del Juruá.

**CATURRA** n. f. *Chile.* Cotorra o loro pequeño.

**CATUTO** n. m. *Chile.* Pan con forma cilíndrica que está hecho de trigo machacado y cocido.

**CAUCÁSICO, A** o **CAUCASIANO, A** adj. y n. Del Cáucaso. ◆ adj. **2.** Dícese de las razas blancas. • **Lenguas caucásicas,** familia de lenguas de la región del Cáucaso, a la que pertenece el georgiano.

**CAUCE** n. m. (lat. *calicem*). Lecho de los ríos y arroyos. **2.** Conducto descubierto por donde corren las aguas para los riegos y otros usos. **3.** *Fig.* Lugar por donde corre algo: *la tramitación sigue su cauce.*

**CAUCEL** n. m. *C. Rica, Hond.* y *Nicar.* Gato montés americano cuya piel es muy hermosa y manchada como la del jaguar.

**CAUCHA** n. f. *Chile.* Planta herbácea de hojas más o menos espinosas en el borde, que se usa como antídoto de la picadura de arañas venenosas. (Familia umbelíferas.)

**CAUCHAL** n. m. Terreno abundante de caucheras.

**CAUCHERA** n. f. Planta de la que se extrae el caucho. **2.** Terreno poblado de estas plantas.

**CAUCHERO, A** adj. y n. Relativo al caucho; persona que busca o trabaja el caucho.

**CAUCHO** n. m. Sustancia elástica y resistente que procede de la coagulación del látex de varios árboles de los países tropicales. **2.** *Colomb.* y *Venez.* Banda de caucho vulcanizado que recubre exteriormente la cámara de la rueda de un vehículo, cubierta. **3.** *Venez.* Prenda de vestir que se usa para resguardarse de la lluvia. • **Caucho sintético,** grupo de sustancias obtenidas por polimerización y que posee las propiedades elásticas del caucho natural. || **Caucho vulcanizado,** caucho tratado mediante azufre y calor.

■ El *caucho natural* es un polímero del isopreno $(C_5H_8)_{12}$, de masa molecular comprendida entre 200 000 y 300 000, constituido por largas cadenas moleculares, flexibles, con forma y simetría particulares. Se presenta en forma de masa translúcida, incolora o amarillenta. El oxígeno provoca la ruptura de las cadenas en eslabones isoprénicos, en fragmentos cada vez más pequeños; por ello, tras el estirado, es necesario vulcanizarlo para que mantenga sus propiedades de elasticidad y resistencia y se obtiene una masa frágil, la ebonita. También hay *cauchos sintéticos,* copolímeros de butadieno y estireno, que se utilizan principalmente en la fabricación de neumáticos, en la sustitución del caucho natural. La producción mundial de caucho natural oscila entre 4,5 y 5 Mt, de los que tres cuartas partes corresponden a Malaysia, Indonesia y Tailandia. La producción mundial del caucho sintético supera ligeramente los 10 Mt. El máximo productor es E.U.A., seguido de Japón y Francia.

**CAUCIÓN** n. f. (lat. *cautionem*). DER. Garantía que una persona da a otra de que cumplirá lo pactado, prometido o mandado, mediante la presentación de fiadores, la obligación de bienes o la prestación de juramento. • **Caución de conducta** (DER.), pena de caución existente en España, que se utiliza solamente en el delito de amenazas y coacciones, y cuya aplicación queda al arbitrio del juez.

**CAUCIONAMIENTO** n. m. Acto en virtud del cual se da caución por otro.

**CAUCIONAR** v. tr. **[1]**. Dar caución. **2.** Precaver cualquier daño o perjuicio.

**CAUCOS,** ant. pueblo del NO de Germania, que se dedicó a la piratería y devastó las regiones costeras. Arrasó la Galia en el s. III.

**CAUDAL** n. m. (lat. *capitalem*). Hacienda, bienes, dinero. **2.** *Fig.* Abundancia de algo: *un caudal de conocimientos.* **3.** Cantidad de fluido, radiación, etc., por unidad de tiempo. **4.** Cantidad de agua que pasa en un segundo por un punto dado de una corriente de agua. • **Caudal hereditario,** o **relicto,** conjunto de bienes que quedan al fallecimiento de una persona y que constituían su patrimonio.

**CAUDAL** adj. Relativo a la cola: *plumas caudales.* • **Aleta caudal,** aleta situada en la parte terminal de la cola de los cetáceos, peces y crustáceos.

**CAUDALOSO, A** adj. De mucha agua: *río caudaloso.*

**CAUDATO, A** o **CAUDADO, A** adj. HERÁLD. Dícese del cometa cuya cola o una de sus puntas es de esmalte diferente.

**CAUDILLAJE** n. m. Mando de un caudillo. **2.** *Amér.* Caciquismo. **3.** *Argent., Chile* y *Perú.* Conjunto o sucesión de caudillos. **4.** *Argent.* y *Perú.* Época de su predominio histórico.

**CAUDILLISMO** n. m. Sistema de caudillaje.

**CAUDILLO** n. m. (lat. *capitellum*). Jefe o guía, especialmente el de guerra. **2.** Título aplicado en España al general Franco desde 1936 hasta su

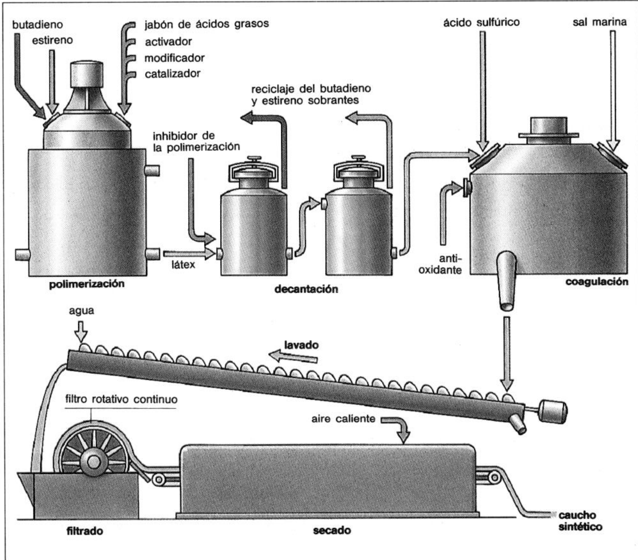


**caucho:** esquema de fabricación industrial

muerte. ◆ **caudillos** n. m. pl. **3.** Dirigentes, a la vez políticos y militares, surgidos a partir de la emancipación en el área rioplatense.

**CAUJAZO** n. m. Planta arbórea americana cuya madera se emplea en la construcción. (Familia borragináceas.)

**CAULA** n. f. *Chile, Guat.* y *Hond.* Treta, engaño, ardid.

**CAULESCENTE** adj. Dícese de la planta cuyo tallo se distingue fácilmente de la raíz por estar muy desarrollado.

**CAURÍ** n. m. Gasterópodo de concha blanca y brillante que sirvió de moneda en la India y en África negra.

**CAURO** n. m. (lat. *caurum*). Noroeste, viento que sopla de esta parte.

**CAUSA** n. f. (lat. *causam*). Lo que se considera como fundamento u origen de algo: *conocer la causa de un fenómeno; no hay efecto sin causa.* **2.** Motivo o razón para obrar: *no sé la causa que le impulsó a hacerlo.* **3.** DER. Fin que busca una persona que se obliga hacia otra; conjunto de circunstancias que determinan la situación de una persona en justicia desde el punto de vista legal. **4.** FILOS. Antecedente lógico o real que produce un efecto. • **A causa de,** por efecto, a consecuencia de.

**CAUSA** n. f. (lat. *causam*). Discusión y resolución de un asunto. **2.** Empresa o doctrina en que se toma interés o partido: *abrazar la causa liberal.* **3.** DER. Pleito. **4.** Proceso criminal. • **Causa matrimonial,** la que afecta al matrimonio y a su validez o nulidad, y la referente a los derechos y deberes conyugales y a la separación de los esposos.

**CAUSA** n. f. *Chile* y *Perú.* Comida ligera. **2.** *Perú.* Puré de papas con lechuga, choclo, queso fresco y ají, que se sirve frío.

**CAUSAHABIENTE** n. m. y f. DER. Persona que por transmisión o sucesión adquiere los derechos de otra.

**CAUSAL** adj. (lat. *causalem*). Dícese de la relación de causa entre dos o más seres o hechos. • **Conjunción causal,** cada una de las partículas utilizadas para introducir oraciones causales. ‖ **Oración causal,** oración subordinada introducida por una conjunción causal y que encierra una idea de causa.

**CAUSALIDAD** n. f. Relación que une una o varias causas a uno o varios efectos. • **Principio de causalidad,** principio filosófico según el cual todo hecho tiene una causa, de modo que las mismas causas en las mismas condiciones producen los mismos efectos.

**CAUSANTE** adj. y n. m. y f. Que causa. ◆ n. m. y f. **2.** DER. Persona de quien proviene el derecho que alguno tiene.

**CAUSAR** v. tr. [**1**]. Producir una causa su efecto: *la tormenta causó grandes pérdidas.* • **Causar estado,** quedar firme una resolución administrativa o judicial, por no existir recurso contra ella, o haber transcurrido el plazo fijado por ley. ◆ v. tr. y pron. **2.** Ser causa o motivo de algo: *causar una pena.*

**CAUSATIVO, A** adj. Que es origen o causa de algo. ◆ adj. y n. m. **2.** LING. Factivo.

**CAUSEO** n. m. *Chile.* Comida ligera, generalmente de fiambres y alimentos fríos, que se hace fuera de las horas acostumbradas.

**CÁUSTICA** n. f. Superficie que envuelve los rayos luminosos reflejados o refractados y sobre la cual se encuentra una acumulación de luz.

**CAUSTICIDAD** n. f. Calidad de cáustico. **2.** *Fig.* Malignidad en lo que se dice o escribe.

**CÁUSTICO, A** adj. y n. m. (lat. *causticum*). Que ataca los tejidos orgánicos. ◆ adj. **2.** *Fig.* Mordaz, agresivo: *una respuesta cáustica.*

**CAUTELA** n. f. (lat. *cautelam*). Precaución, reserva. **2.** Astucia, maña para engañar.

**CAUTELAR** adj. Preventivo, precautorio. **2.** Dícese de las medidas o reglas para prevenir la consecución de determinado fin o precaver lo que pueda dificultarlo.

**CAUTELOSO, A** adj. Que obra con cautela o implica cautela.

**CAUTERIO** n. m. (lat. *cauterium*). Barra metálica calentada o sustancia química empleadas para quemar superficialmente los tejidos con el fin de producir una revulsión o, de manera más intensa, para destruir las partes enfermas u obtener una acción hemostática. **2.** *Fig.* Lo que corrige o ataca eficazmente algún mal.

**CAUTERIZACIÓN** n. f. Acción de cauterizar.

**CAUTERIZADOR, RA** adj. y n. Que cauteriza.

**CAUTERIZAR** v. tr. [**1g**]. Quemar una herida para cicatrizarla. **2.** *Fig.* Aplicar un remedio enérgico.

**CAUTIVADOR, RA** adj. Que cautiva: *sonrisa cautivadora.*

**CAUTIVAR** v. tr. (lat. *captivare*) [**1**]. Aprisionar al enemigo en la guerra. **2.** *Fig.* Atraer, captar, seducir: *cautivar al auditorio.*

**CAUTIVERIO** n. m. Estado de cautivo.

**CAUTIVIDAD** n. f. Cautiverio.

**CAUTIVO, A** adj. y n. Prisionero, privado de libertad.

**CAUTO, A** adj. (lat. *cautum*). Cauteloso.

**CAVA** n. f. y adj. (lat. *cavam,* hueca). Cada una de las dos grandes venas, cava superior y cava inferior, que recogen la sangre de la circulación general y desembocan en la aurícula derecha del corazón.

**CAVA** n. f. (bajo lat. *cava,* zanja). Acción de cavar, remover la tierra. **2.** Lugar subterráneo en el que se guarda o conserva el vino. **3.** Excavación profunda que circuye un castillo o fortaleza. ◆ n. m. **4.** Nombre con que se comercializa el vino espumoso del tipo del champaña elaborado en España.

**CAVADOR, RA** n. Persona que tiene por oficio cavar la tierra.

**CAVADURA** n. f. Acción y efecto de cavar.

**CAVALIER** n. m. Nombre que se daba, en Inglaterra, a los realistas bajo el mandato de Carlos I, por oposición a los parlamentarios puritanos.

**CAVAR** v. tr. e intr. (lat. *cavare,* ahuecar) [**1**]. Levantar o mover la tierra con la azada, azadón, etc. ◆ v. intr. **2.** *Fig.* Meditar profundamente: *cavar en los misterios de la fe.*

**CAVATINA** n. f. (voz italiana). MÚS. Breve fragmento de ópera destinado a una sola voz.

**CAVERNA** n. f. (lat. *cavernam*). Concavidad natural vasta y profunda. **2.** MED. Cavidad que se forma en un órgano a consecuencia de una enfermedad, después de evacuada la materia que lo ocupaba.

**CAVERNARIO, A** adj. Propio de las cavernas, o que tiene caracteres de ellas.

**CAVERNÍCOLA** adj. y n. m. y f. Que vive en las cavernas. SIN.: *troglodita.* **2.** *Fig.* y *fam.* Retrógrado.

**CAVERNOSIDAD** o **CAVERNIDAD** n. f. Oquedad natural de la tierra, cueva.

**CAVERNOSO, A** adj. Relativo o semejante a las cavernas: *oscuridad cavernosa.* **2.** Dícese del sonido sordo y bronco: *voz cavernosa.* **3.** Que tiene muchas cavernas.

**CAVETO** n. m. (ital. *cavetto*). Moldura cóncava cuyo perfil se aproxima a un cuarto de círculo.

**CAVIAR** n. m. (turco *hāviār*). Huevas aderezadas de esturión.

**CAVICORNIO, A** adj. y n. m. Relativo a un grupo de rumiantes cuyos cuernos huecos parten de unas prolongaciones óseas del cráneo.

**CAVIDAD** n. f. (lat. *cavitatem*). Espacio hueco de un cuerpo cualquiera: *las cavidades de una roca.* **2.** Parte hueca del cuerpo humano o de uno de sus órganos: *cavidad bucal; cavidad cotiloidea.* • **Cavidad resonante,** recinto encerrado por paredes conductoras, utilizado para mantener en el valor deseado una señal de alta frecuencia.

**CAVILACIÓN** n. f. Acción y efecto de cavilar.

**CAVILAR** v. tr. e intr. (lat. *cavillari,* bromear) [**1**]. Reflexionar tenazmente sobre algo.

**CAVILOSO, A** adj. Propenso a cavilar. **2.** *Colomb.* Quisquilloso, camorrista.

**CAVITACIÓN** n. f. Formación de cavidades llenas de vapor o de gas en el seno de un líquido en movimiento, cuando la presión en un punto del líquido resulta inferior a la tensión del vapor.

**CAYADO** n. m. Palo o bastón corvo por la parte superior: *el cayado del pastor.* SIN.: *cayada.* **2.** Báculo pastoral de los obispos. **3.** Nombre que se da a algunas estructuras anatómicas en razón de su forma: *cayado de la aorta.*

**CAYAPA,** pueblo amerindio del NO de Ecuador (Esmeraldas) que habla un dialecto barbacoa de la familia lingüística chibcha.

**CAYAPÓ,** grupo amerindio que forma el núcleo principal de la familia ge y que vive en la margen izq. del Araguaia (Brasil).

**CAYO** n. m. Tipo de isla rasa, arenosa, frecuentemente anegadiza y cubierta en gran parte de mangle, muy común en el mar de las Antillas y en el golfo de México.

**CAYUCO** n. m. *Amér.* Embarcación india de una pieza, más pequeña que la canoa, con el fondo plano y sin quilla.

**CAYUCO, A** adj. y n. *Antillas* y *Méx.* Dícese de la persona que tiene la cabeza estrecha y alargada.

**CAZ** n. m. (lat. *calicem*). Canal para tomar y conducir el agua.

**CAZA** n. f. Acción de cazar: *la caza del jabalí.* **2.** Nombre colectivo de los animales que se cazan. • **Andar,** o **ir, de caza,** o **a la caza** de una cosa, pretenderla, solicitarla. ◆ n. m. **3.** Avión de gran velocidad horizontal y ascendente, armamento potente, gran poder de maniobra y capacidad de combate en todo tiempo. SIN.: *avión de caza.* • **Caza de asalto,** caza especializado en el ataque a objetivos terrestres. ‖ **Caza de interceptación,** interceptador.

**CAZABE** n. m. *Amér. Central, Antillas, Colomb.* y *Venez.* Torta hecha de harina de mandioca.

**CAZABOMBARDERO** n. m. y adj. Tipo de avión destinado a colaborar con las fuerzas de superficie para realizar misiones de apoyo táctico.

**CAZADERO** n. m. Sitio en que se caza o que es a propósito para cazar.

**CAZADOR, RA** n. y adj. Persona que va de caza. • **Cazador furtivo,** el que caza sin la debida autorización. ◆ adj. **2.** Dícese de los animales que por instinto cazan otros animales. ◆ n. m. **3.** Nombre que se da desde el s. XVIII a los soldados de ciertos cuerpos de infantería y de caballería ligera. **4.** Piloto de un avión de caza.

**CAZADORA** n. f. Chaqueta de tipo deportivo que llega sólo hasta la cintura, a la que se ajusta.

**CAZALLA** n. f. Aguardiente anisado, suave, que se toma como aperitivo.

**CAZAMINAS** n. m. (pl. *cazaminas*). Buque costero encargado de detectar las minas de profundidad con ayuda de un sonar.

**CAZAR** v. tr. [**1g**]. Buscar o perseguir a los animales para cogerlos o matarlos: *cazar perdices.* **2.** *Fig.* y *fam.* Adquirir con destreza algo que resulta difícil. **3.** *Fig.* y *fam.* Captarse la voluntad de alguien con halagos o engaños. **4.** *Fig.* y *fam.* Sorprender a uno en un descuido, error o acción que deseaba ocultar. **5.** *Fig.* Conquistar a alguien con el fin de casarle.

**CAZASUBMARINO** n. m. Buque veloz, destinado a la caza y destrucción de los submarinos, que cuenta como arma principal con la carga de profundidad.

**CAZATORPEDERO** n. m. y adj. Buque destinado a rechazar los torpederos.

**CAZCALEAR** v. intr. [**1**]. Andar de una parte a otra, afectando diligencia.

**CAZCARRIA** o **CASCARRIA** n. f. Lodo o barro que salpica y se adhiere en las piernas o en la parte baja de la ropa. (Suele usarse en plural.)

**CAZO** n. m. Vasija por lo común semiesférica y con mango largo.

**CAZOLADA** n. f. Cantidad de comida que cabe en una cazuela.

**CAZOLETA** n. f. Receptáculo pequeño de algunos objetos: *la cazoleta de la pipa.* **2.** ARM. Guarda de la empuñadura de una espada que sirve para proteger la mano. **3.** ARM. En las antiguas armas de fuego, cavidad que contenía la pólvora para cebarlas.

**CAZÓN** n. m. Especie de tiburón pequeño, comestible.

**CAZUELA** n. f. Vasija redonda, más ancha que honda, con dos asas, que se usa para guisar. **2.** Cazolada. **3.** Guisado de legumbres y carne picada que se prepara en varios países de América. **4.** TEATR. Paraíso, conjunto de asientos del piso más alto de algunos teatros. **5.** Sitio del teatro al que sólo podían concurrir mujeres.

**CAZURRERÍA** o **CAZURRÍA** n. f. Cualidad de cazurro.

**CAZURRO, A** adj. y n. *Fam.* De pocas palabras, huraño, encerrado en sí mismo. **2.** Basto, zafio.

**CAZUZO, A** adj. *Chile.* Hambriento.

**Cb,** símbolo químico del *columbio.*

**CD,** siglas de *compact disc.*

**cd,** símbolo de la *candela.*

**Cd,** símbolo químico del *cadmio.*

**CD-I** n. m. (siglas del inglés *compact disc interactive,* disco compacto interactivo). Disco compacto de características parecidas a las del CD-ROM, cuya información es leída y procesada por una unidad especial y se visualiza en un televisor.

**CD-ROM** n. m. (siglas del inglés *compact disc read only memory,* disco compacto de memoria de sólo lectura). Disco compacto de gran capacidad de memoria, para almacenar textos, imágenes y sonido, que, leídos por una unidad de lectura láser, son procesados por un microordenador y visualizados en un monitor.

**CDV,** siglas de *compact disc video.*

**CE** n. f. Nombre de la letra *c.* • **Ce por be** o **ce por ce** *(Fam.),* prolija, circunstanciadamente: *contar algo ce por be.* || **Por ce o por be,** de un modo o de otro: *por ce o por be nunca puede venir.*

**Ce,** símbolo químico del *cerio.*

**CEBA** n. f. Cebo dado al ganado para engordar. **2.** *Amér.* Cebo de escopeta.

**CEBADA** n. f. Planta de la familia gramíneas, con flores en espiga, de interés industrial, nutritivo y forrajero; semilla de esta planta. • **Cebada mondada,** granos de cebada pasados entre dos muelas a fin de despojarlos de su primera cáscara. || **Cebada perlada,** granos de cebada que se han pasado entre dos muelas muy apretadas, al objeto de quitar todo el salvado y reducirlos a pequeñas bolas harinosas.

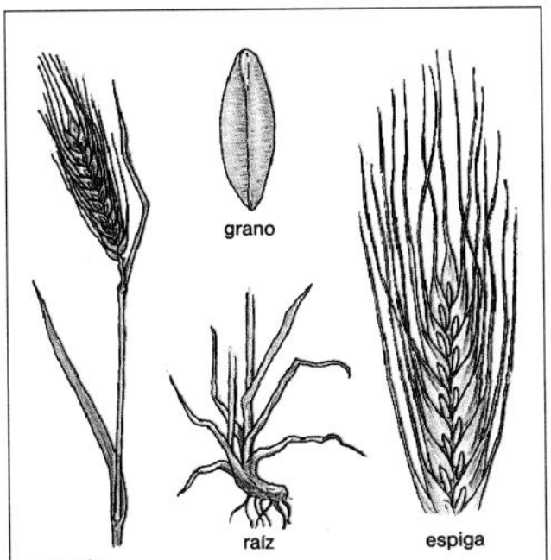

cebada

**CEBADAL** n. m. Terreno sembrado de cebada.

**CEBADERA** n. f. Morral para dar cebada al ganado en el campo. **2.** Cajón para la cebada.

**CEBADERO** n. m. Lugar destinado a cebar animales. **2.** Abertura superior de un horno, por la que se introduce el mineral, el fundente y el combustible.

**CEBADO, A** adj. Dícese de la fiera que por haber probado carne humana es más temible. ◆ n. m. **2.** ELECTR. Régimen variable de ciertos fenómenos que preceden al régimen permanente. • **Cebado de la bomba,** política económica que tiende, mediante el aumento de los gastos públicos, a la reanimación de la actividad económica. || **Cebado de una bomba** (MEC.), acción de llenar de agua una bomba y su tubo de aspiración.

**CEBADOR, RA** adj. Que ceba. ◆ n. m. **2.** Frasco que contenía la pólvora que se vertía en la cazoleta de las armas de fuego. **3.** ELECTR. Dispositivo utilizado para iniciar la descarga en el interior de determinados tipos de tubos de descarga, como los tubos fluorescentes.

**CEBADURA** n. f. Acción y efecto de cebar o cebarse.

**CEBAR** v. tr. (lat. *cibare,* alimentar) [**1**]. Dar o echar cebo a los animales para engordarlos o atraerlos: *cebar unos capones.* **2.** *Fig.* Poner cebo en el anzuelo. **3.** Colocar el cebo en un cartucho, en una carga explosiva. **4.** Con referencia a máquinas, aparatos o motores, ponerlos en condiciones de empezar a funcionar. **5.** Alimentar de combustible un horno, lámpara, etc. **6.** *Amér. Merid.* Preparar la infusión de mate. ◆ v. tr. y pron. **7.** *Fig.* Fomentar en una persona un afecto o pasión: *cebar el alma con esperanzas.* ◆ **cebarse** v. pron. **8.** *Fig.* Encarnizarse, ensañarse, producir estragos.

**CEBICHE** n. m. *C. Rica, Ecuad., Méx., Pan.* y *Perú.* Plato de pescado o marisco crudo, cortado en trozos pequeños y preparado con un adobo de jugo de limón, cebolla picada, sal y ají.

**CÉBIDO, A** adj. y n. m. Relativo a una familia de primates de cola prensil y nariz chata, que viven en las zonas forestales de América tropical: capuchino, mono araña.

**CEBO** n. m. (lat. *cibum,* alimento). Comida que se da a los animales para alimentarlos o engordarlos. **2.** Añagaza que sirve para atraer la caza o la pesca, y que se coloca en el lazo o en el anzuelo. **3.** *Fig.* Fomento o pábulo dado a un afecto o pasión. **4.** *Fig.* Porción de combustible con que se alimenta un horno, una lámpara, etc. **5.** Sustancia simple o mezcla pirotécnica que entra en la fabricación de excitadores para detonación.

**CEBOLLA** n. f. Hortaliza de bulbo comestible, de la familia liliáceas. **2.** Bulbo de esta planta. **3.** Cualquier bulbo de planta: *cebolla de tulipán.* **4.** *Fig.* Corazón del madero o pieza de madera acebollados. • **Cebolla albarrana,** o **chirle,** planta herbácea medicinal, de bulbo semejante al de la cebolla común. (Familia liliáceas.)

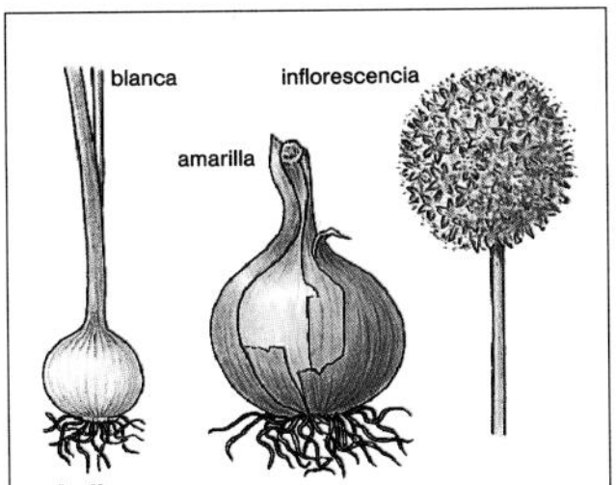

cebollas

**CEBOLLAR** n. m. Terreno sembrado de cebollas.

**CEBOLLERO, A** adj. Relativo a la cebolla.

**CEBOLLETA** n. f. Planta vivaz de bulbo grande y umbela de flores blancas. (Familia liliáceas.) **2.** Cebolla común que, después del invierno, se vuelve a plantar y se come tierna antes de florecer.

**CEBOLLINO** n. m. Planta que crece espontánea en todo el mundo, y que se cultiva por sus hojas huecas y cilíndricas que se emplean como condimento. (Familia liliáceas.) **2.** Simiente de cebolla. **3.** *Fig.* Persona necia e indiscreta.

**CEBÓN, NA** adj. y n. Dícese del animal que está cebado.

**CEBRA** n. f. Mamífero ungulado de África, parecido al caballo, de 1,90 m de long. y pelaje blanquecino con rayas negras o pardas. ◆ adj. **2. Paso de cebra,** paso de peatones por donde éstos tienen prioridad con respecto a cualquier vehículo.

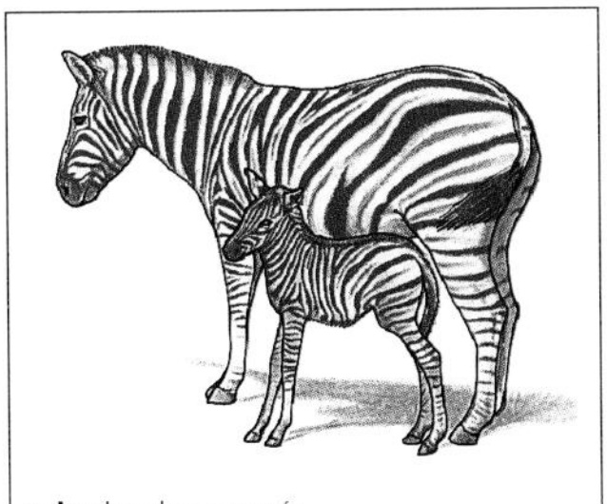
**cebra** hembra y su cría

**CEBRADO, A** adj. Dícese del animal que tiene manchas como la cebra.

**CEBRERO** n. m. y adj. Queso blando, maduro y salado, que se elabora con leche de vaca.

**CEBÚ** n. m. Bóvido parecido al buey, caracterizado por poseer una o dos gibas encima de la cruz.

**CEBUANO, A** adj. y n. De Cebú. ◆ n. m. **2.** Lengua indonesia hablada en Filipinas.

**CECA** n. f. Lugar donde se acuña moneda; casa de moneda. **2.** *Argent.* Cruz, reverso de la moneda.

**CECA. De ceca en meca, de la ceca a la meca** o **la ceca y la meca** *(Fam.),* de una parte a otra, de aquí para allí: *haber corrido la ceca y la meca.*

**CECAL** adj. (lat. *caecum*). Relativo al intestino ciego.

**CECEAR** v. intr. [**1**]. Pronunciar con ceceo: *cecear al hablar.*

**CECEO** n. m. Timbre particular de la *c* española. **2.** Pronunciación de la *s* como *z*: *es ceceo decir* caza *por* casa.

**CECIAL** n. m. Merluza o pescado parecido, seco y curado al aire.

**CECIDIA** n. f. Agalla que los parásitos animales o vegetales producen sobre los vegetales.

**CECILIA** n. f. Anfibio ápodo y carente de ojos que vive en América del Sur.

**CECINA** n. f. Carne salada, enjuta y secada al aire, al sol o al humo. **2.** *Argent.* Tira de carne delgada, sin sal y seca. **3.** *Chile.* Embutido de carne.

**CEDA** n. f. Zeda.

**CEDACILLO** n. m. Planta herbácea que crece en prados y bosques, con espiguillas acorazonadas y violáceas. (Familia gramíneas.)

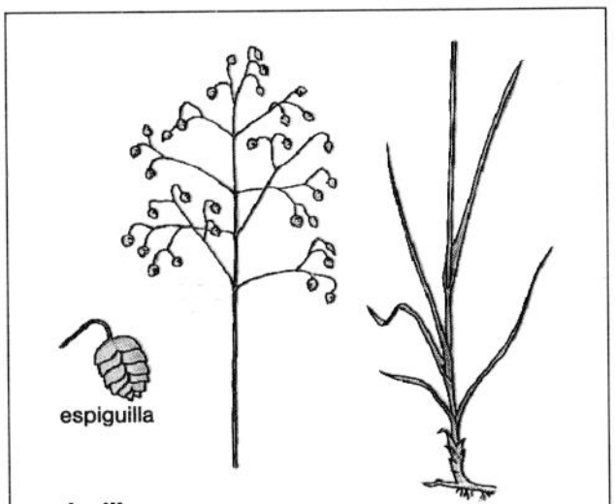

cedacillo

**CEDAZO** n. m. Instrumento formado por un aro y una tela metálica o de cerdas, para cerner la harina, el suero, etc. **2.** Red grande para pescar.

**CEDENTE** adj. y n. m. y f. DER. Que cede su derecho o sus bienes.

**CEDER** v. tr. (lat. *cedere,* retirarse, marcharse) [**2**]. Dar, transferir, traspasar: *ceder los bienes.* ◆ v. intr. **2.** Disminuirse o cesar la resistencia de una cosa: *ceder el sillón bajo el peso de alguien.* **3.** Rendirse, sujetarse: *no ceder a la hipocresía.* **4.** Renunciar a algo: *ceder después de una discusión.* **5.** Resultar o convertirse una cosa en bien o mal de alguno. **6.** Ser inferior una persona a otra con la que se compara. (Suele usarse en frases negativas.) **7.** Hablando de ciertas cosas como el viento, la calentura, mitigarse o disminuir su fuerza: *ceder la fiebre.*

**CEDERRÓN** n. m. CD-Rom.

**CEDILLA** n. f. Signo gráfico que se ponía en castellano bajo la letra *c,* y que se usa en catalán, portugués y francés, ante las vocales *a, o, u,* para darle el sonido de *s* sorda. **2.** La misma letra *c* a la que se añade este signo gráfico.

**CEDOARIA** n. f. Raíz medicinal de sabor algo amargo y olor aromático, que se obtiene de ciertas plantas propias de la India oriental. (Familia cingiberáceas.)

**CÉDRIDE** n. f. Fruto del cedro.

**CEDRINO, A** adj. Relativo al cedro: *tabla cedrina.*

**CEDRO** n. m. (lat. *cedrum*). Árbol de unos 40 m de alt., de Asia y África, con tronco grueso, ramas extendidas horizontalmente en planos superpuestos, hojas persistentes y punzantes, y madera aromática, compacta y duradera. (Orden coníferas.) **2.**

cebú

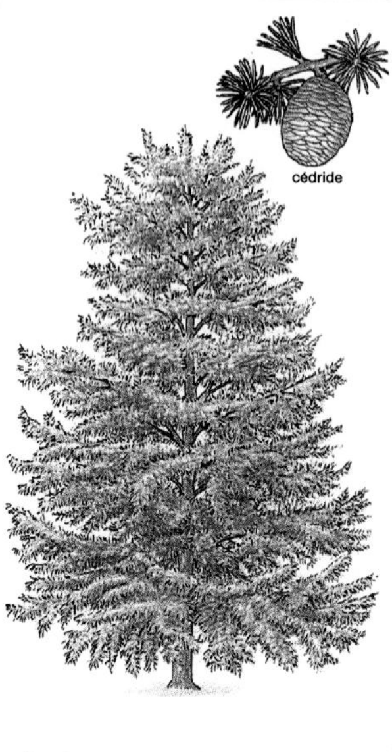


**cedro** del Atlas

Madera de este árbol. **3.** Madera comercial de origen americano que se usa para hacer las cajas de los cigarros puros.

**CEDRÓN** n. m. Planta aromática medicinal, originaria de Perú. (Familia verbenáceas.) **2.** Planta arbórea que crece en América Meridional cuya semilla es eficaz contra las calenturas y el veneno de las serpientes. (Familia simarubáceas.)

**CÉDULA** n. f. Pedazo de papel o pergamino escrito o para escribir en él. **2.** Documento escrito en que se acredita o se notifica algo: *cédula personal; cédula testamentaria; cédula de citación.* • **Cédula de composición,** documento con que se legitimaba la presencia de un extranjero en las Indias españolas. || **Cédula de identidad** (*Argent., Chile* y *Urug.*), tarjeta de identidad, documento. || **Cédula hipotecaria,** título representativo de un crédito garantizado con hipoteca. || **Cédula real,** despacho expedido por el rey, por el que se promulgaba una ley o se concedía una gracia o un privilegio.

**CEDULARIO** n. m. Reunión de reales cédulas.

**CEFALEA** o **CEFALALGIA** n. f. MED. Dolor de cabeza.

**CEFÁLICO, A** adj. Relativo a la cabeza.

**CEFALÓPODO, A** adj. y n. m. Relativo a una clase de moluscos marinos, carnívoros y nadadores, cuya cabeza presenta unos tentáculos provistos de ventosas, y que se desplazan expulsando agua por un sifón. (El calamar o el pulpo pertenecen a dicha clase.)

**CEFALORRAQUÍDEO, A** adj. Relativo a la cabeza y a la médula o a la columna vertebral. • **Líquido cefalorraquídeo,** líquido claro contenido entre las meninges.

**CEFALOTÓRAX** n. m. Región anterior del cuerpo de ciertos crustáceos y arácnidos, que comprende la cabeza y el tórax fusionados.

**CEFEIDA** n. f. ASTRON. Estrella de luminosidad variable, según un período corto o medio de tiempo.

**CÉFIRO** n. m. Poniente, viento que sopla de la parte occidental. **2.** *Poét.* Viento suave y apacible. **3.** Tela de algodón casi transparente.

**CEGADOR, RA** adj. Que ciega o deslumbra: *luz cegadora.*

**CEGAJOSO, A** adj. y n. Que habitualmente tiene cargados y llorosos los ojos.

**CEGAR** v. intr. (lat. *caecare*) **[1d]**. Perder enteramente la vista. **2.** Quedar momentáneamente ciego a causa de una luz muy intensa y repentina. ◆ v. tr. **3.** Quitar la vista, privar de la vista a uno. **4.** *Fig.* Cerrar, tapar u obstruir. ◆ v. tr. e intr. **5.** *Fig.* Ofuscar u obcecar el entendimiento o la razón: *cegar una pasión el alma.*

**CEGARRITA** adj. y n. m. y f. *Fam.* Dícese de la persona que por debilidad de la vista entorna los ojos para ver.

**CEGATO, A** adj. y n. *Fam.* Corto o escaso de vista: *mirada cegata.*

**CEGESIMAL** adj. Relativo al sistema CGS.

**CEGUERA** n. f. Pérdida de la visión. **2.** Alucinación, efecto que ofusca la razón. • **Ceguera síquica,** agnosia. || **Ceguera verbal,** alexia.

**CEIBA** n. f. Árbol originario de América cuyos frutos proporcionan una especie de algodón llamado capoc, usado para rellenar almohadas. (Familia bombacáceas.)

**CEIBAL** n. m. Lugar plantado de ceibas o ceibos.

**CEIBO** n. m. Árbol de las Antillas, de flores rojas.

**CEJA** n. f. Formación pilosa que existe en la parte baja de la frente, por encima de cada uno de los ojos: *unas cejas muy pobladas.* **2.** Pelo que la cubre. **3.** *Fig.* Parte que sobresale un poco en ciertas cosas: *ceja de la encuadernación.* **4.** *Amér. Merid.* Sección de un bosque cortado por un camino. **5.** MÚS. Pieza de madera o de marfil aplicada en el mástil de un instrumento de cuerda o en el bastidor de un piano o de un clave, para apoyo de las cuerdas. **6.** MÚS. Pieza suelta que se aplica transversalmente sobre la encordadura de la guitarra y sirve para elevar la entonación del instrumento. SIN.: *cejilla.* • **Hasta las cejas,** hasta el máximo, al extremo. || **Quemarse uno las cejas** (*Fam.*), estudiar mucho. || **Metérsele** o **ponérsele** a uno **entre ceja y ceja** alguna cosa, fijarse un pensamiento o propósito. || **Tener entre cejas,** o **entre ceja y ceja,** a alguien, no poder soportarlo.

**CEJAR** v. intr. **[1]**. Retroceder, andar hacia atrás, especialmente las caballerías que tiran de un carruaje. **2.** *Fig.* Aflojar o ceder en un empeño o discusión.

**CEJIJUNTO, A** adj. Que tiene las cejas muy pobladas y casi juntas. **2.** *Fig.* Ceñudo.

**CEJILLA** n. f. Ceja de los instrumentos de cuerda.

**CEJUDO, A** adj. Que tiene las cejas muy pobladas y largas.

**CELACANTO** n. m. Pez marino de gran tamaño y muy adiposo, próximo de los antepasados directos de los vertebrados terrestres.

**celacanto**

**CELADA** n. f. Pieza de la armadura que cubría la cabeza. **2.** Hombre de armas que la usaba.

**CELADA** n. f. Asechanza dispuesta con disimulo: *ser víctima de una celada.*

**CELADÓN** n. m. Tipo de porcelana procedente de Extremo oriente, de color verde pálido.

**CELADOR, RA** adj. Que cela o vigila. ◆ n. **2.** Persona destinada por la autoridad para ejercer vigilancia.

**CELAJE** n. m. Aspecto del cielo cuando lo cubren nubes tenues y de varios matices. (Suele usarse en plural.)

**CELAR** v. tr. e intr. **[1]**. Vigilar con particular cuidado el cumplimiento de las leyes u obligaciones: *celar la observancia de un reglamento.* ◆ v. tr. **2.** Observar a una persona por recelo que se tiene de ella.

**CELAR** v. tr. y pron. (lat. *celare*) **[1]**. Encubrir, ocultar: *celar algún secreto.*

**CELAR** v. tr. (lat. *caelare*) **[1]**. Grabar en láminas de metal o madera para sacar estampas. **2.** Esculpir o cortar metal, piedra o madera.

**CELDA** n. f. (lat. *cellam*). Aposento destinado al religioso o religiosa en su convento. **2.** Aposento individual en colegios y otros establecimientos análogos. **3.** Cada uno de los aposentos donde se encierra a los presos en las cárceles celulares. **4.** Celdilla, cada una de las casillas de los panales.

**CELDILLA** n. f. Cada uno de los alvéolos de cera de que se componen los panales de las abejas. **2.** Célula, pequeña celda, cavidad o seno.

**CELEBÉRRIMO, A** adj. Muy célebre.

**CELEBRACIÓN** n. f. Acción de celebrar.

**CELEBRANTE** adj. y n. m. Dícese del sacerdote que dice la misa.

**CELEBRAR** v. tr. (lat. *celebrare*, frecuentar) **[1]**. Hacer solemne una función, ceremonia, junta, contrato o cualquier otro acto jurídico: *celebrar consejo.* **2.** Alabar, aplaudir: *celebrar la hermosura de las flores.* **3.** Festejar a una persona, cosa o acontecimiento: *celebrar un cumpleaños.* **4.** LITURG. Venerar solemnemente con culto público los misterios de la religión católica y la memoria de sus santos. ◆ v. tr. e intr. **5.** Decir misa. ◆ v. tr. y pron. **6.** Realizar un acto, una reunión, un espectáculo, etc.

**CÉLEBRE** adj. (lat. *celebrem*, frecuentado). Famoso, que tiene fama.

**CELEBRET** n. m. En la Iglesia católica, documento firmado por el obispo que se exige a todo sacerdote que quiera celebrar misa en una iglesia donde no es conocido.

**CELEBRIDAD** n. f. Calidad de célebre: *ansiar la celebridad.* **2.** Persona famosa: *considerar a alguien una celebridad.*

**CELEMÍN** n. m. Medida para áridos.

**CELENTÉREO, A** adj. y n. m. Dícese del animal, sobre todo marino, cuyo cuerpo, formado por dos paredes que limitan una cavidad digestiva, está provisto de tentáculos urticantes. (La hidra y la medusa son celentéreos.)

**CELEQUE** adj. *Hond.* y *Salv.* Dícese de la fruta tierna o en leche.

**CÉLERE** adj. (lat. *celerem*). Pronto, rápido.

**CELERIDAD** n. f. (lat. *celeritatem*). Prontitud, rapidez, velocidad: *obrar con celeridad y energía.*

**CELERÍFERO** n. m. Instrumento de locomoción compuesto por dos ruedas unidas entre sí por una pieza de madera. (Es el precursor de la bicicleta.)

**CELESTA** n. f. Instrumento de percusión, con teclado, provisto de macillos que golpean una lámina de acero y cobre.

**CELESTE** adj. (lat. *caelestem*). Relativo al cielo: *los cuerpos celestes.* • **Esfera celeste,** esfera imaginaria de radio muy grande, cuyo centro ocupa el observador y en cuya superficie interior parecen situados los cuerpos celestes. ◆ adj. y n. m. **2.** Dícese del color azul claro.

**CELESTIAL** adj. Perteneciente al cielo, como mansión de los bienaventurados. **2.** *Fig.* Perfecto, delicioso. **3.** *Irón.* Tonto e inepto.

**CELESTINA** n. f. Alcahueta. (V. parte n. pr., ***Celestina*** [*La*].) • **Polvos de la madre Celestina,** polvos mágicos que obran por arte de birlibirloque.

**CELESTINESCO, A** adj. Propio de celestina o alcahueta.

**CELESTINO** n. m. y adj. Religioso de una orden de eremitas, fundada en 1251 por san Pedro Celestino.

**CELÍACO, A** adj. Relativo al abdomen. • **Plexo celíaco,** conjunto de fibras nerviosas simpáticas que rodean la zona del tronco celíaco.

**CELIBATO** n. m. (lat. *caelibatum*). Soltería: *las excelencias del celibato.* • **Celibato eclesiástico,** obligación de guardar perfecta castidad que la iglesia católica impone a sus ministros sagrados, bajo la forma de voto perpetuo y solemne, implícito en la ordenación.

**CÉLIBE** adj. y n. m. y f. Soltero.

**CELIDONIA** n. f. (lat. *chelidoniam*). Planta que crece cerca de los muros, de látex anaranjado y flores amarillas, llamada también *celidonia mayor.* (Familia papaveráceas.) • **Celidonia menor,** planta herbácea de hojas lustrosas, venenosa, que se ha empleado en farmacia. (Familia ranunculáceas.)

**CELIOSCOPIA** n. f. Examen endoscópico de la cavidad peritoneal.

**CELLA** n. f. Naos.

**CELLISCA** n. f. Temporal de agua y nieve muy menuda, impelido por el viento.

**CELO** n. m. (lat. *zelum*). Cuidado y esmero en el cumplimiento de los deberes o interés activo y eficaz por una causa o persona. **2.** Conjunto de fenómenos que aparecen en algunos animales en la época del apetito sexual: *estar un animal en celo.* ◆ **celos** n. m. pl. **3.** Temor de que otra persona pueda ser preferida a uno: *tener celos de alguien.* **4.** Envidia que causa el que otra persona disfrute de algo que uno querría para sí.

**CELO** n. m. (de *Cello,* marca registrada). Tira de papel transparente, adhesivo por uno de sus lados, que se emplea para pegar.

**CELOFÁN** n. m. Película transparente de celulosa. (Úsase también *papel celo.*) SIN.: *celofana.*

**CELOMA** n. m. Cavidad interna de los animales superiores, cuyos vestigios en el hombre son el pericardio, la pleura y el peritoneo.

**CELOMADO, A** adj. y n. m. Dícese de los animales triploblásticos cuyo mesodermo forma una cavidad interna o celoma.

**CELOSÍA** n. f. Enrejado de madera o metálico a través del cual se puede ver sin ser visto.

**CELOSIADO, A** adj. HÉRALD. Dícese del escudo o pieza cubierto de otras piezas alargadas que se entrecruzan en forma de sotuer.

**CELOSO, A** adj. Que tiene celo o celos: *un hombre celoso.* **2.** *Amér.* Dícese del arma de fuego, trampa o resorte que se dispara o funciona con demasiada facilidad.

**CELTA** adj. y n. m. y f. Relativo a un grupo de pueblos que ocuparon una parte de la vieja Europa y que hablaban una lengua indoeuropea; individuo de estos pueblos. ◆ n. m. **2.** Lengua indoeuropea hablada por los celtas.

■ Los pueblos celtas se individualizaron hacia el II milenio. Parece que su hábitat primitivo era el SO de Alemania. En el transcurso del I milenio invadieron la Galia y la península Ibérica (celtíberos), las islas Británicas, Italia, los Balcanes y Asia Menor (Galacia). Los germanos y los romanos (ss. III-I a. J.C.) destruyeron el poder celta, que sólo se mantuvo en Irlanda. Casi toda la Península, excepto el valle del Guadalquivir y el Levante, fue zona de asentamientos celtas (cántabros, astures y galaicos en el N; lusitanos y célticos en Portugal; vetones, carpetanos y quizá vacceos en la meseta). Las principales características de su arte, conocido por la decoración de las armas, la acuñación de monedas y la estatuaria religiosa, son el dinamismo, la esquematización, el triunfo de las líneas curvas y de los entrelazos que transfiguran lo real.

el **arte celta:** el caldero de Grundestrup (Jutlandia, Dinamarca; *c.* s. I a. J.C.); plata repujada; decoración de guerreros y animales (museo nacional, Copenhague)

**CELTIBÉRICO, A** adj. y n. Celtíbero. **2.** *Desp.* Carpetovetónico.

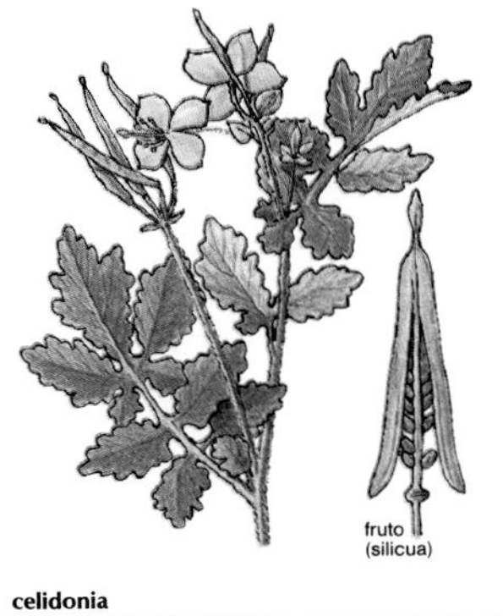


**celidonia**

espada (museo numantino, Soria)

cornamusa de cerámica procedente de Numancia (museo numantino, Soria)

el **arte celtíbero**

**CELTÍBERO, A** o **CELTIBERO, A** adj. y n. Relativo a un pueblo prerromano de la España primitiva, de cultura céltica, que asimiló formas de vida ibéricas; individuo de dicho pueblo. ◆ n. m. **2.** Lengua primitiva de la península Ibérica, que se extinguió a comienzos de la era cristiana.

■ Integrado por arévacos, lusones, pelendones, etc., el pueblo celtíbero ocupó las act. provincias de Guadalajara, Soria y parte de Zaragoza, Teruel y Cuenca. Sus principales centros eran Clunia y Numancia. La fase poshalstática local de la Meseta presenta castros amurallados con fosos y terraplenes, y viviendas subterráneas. De economía cerealista, con ayuda del torno fabricaron piezas de alfarería, y desarrollaron la metalurgia del hierro (armas, herramientas). Su religión era politeísta y animista, con una fuerte presencia del toro y el caballo.

**CÉLTICO, A** adj. Celta.

**CELTISMO** n. m. Doctrina que supone que la lengua céltica es origen de la mayoría de las modernas. **2.** Tendencia de algunos arqueólogos a reputar como célticos los monumentos megalíticos.

**CELTISTA** n. m. y f. Persona que se dedica al estudio de la lengua y la literatura célticas.

**CÉLULA** n. f. Pequeña celda, cavidad o seno. **2.** Agrupación de militantes de un partido político, particularmente del partido comunista. **3.** AERON. Conjunto de las estructuras del ala y del fuselaje de un avión. **4.** BIOL. Elemento constitutivo de todo

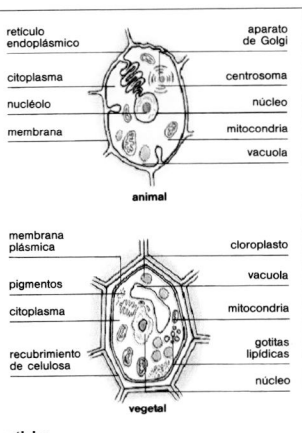

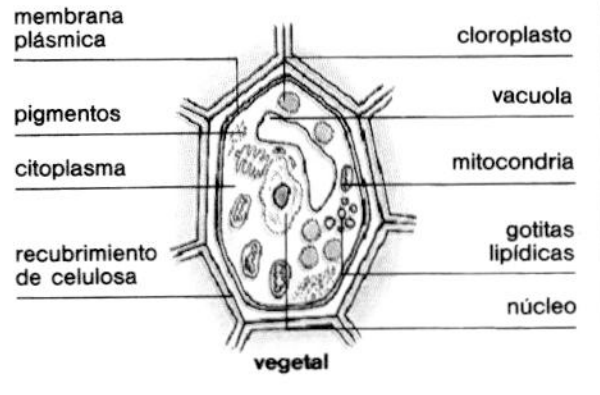


**células**

ser vivo. • **Célula fonorreceptora,** cabeza de lectura. ‖ **Célula fotoeléctrica,** dispositivo que transforma la luz en corriente eléctrica. ‖ **Célula fotovoltaica** o **solar** (ELECTRÓN.), dispositivo que utiliza el efecto fotovoltaico y convierte directamente en electricidad una parte de la energía de la radiación del Sol o de otra fuente de luz.

■ BIOL. Toda célula está rodeada en su totalidad por una *membrana* y contiene un *citoplasma* de apariencia homogénea en el cual flotan los *orgánulos* (núcleo, mitocondrias, vacuolas, ribosomas, etc.). El núcleo, desnudo en los organismos procariotas (bacterias), está rodeado por una membrana en los eucariotas. Este núcleo contiene los cromosomas. Los *protistos* son eucariotas unicelulares. Animales y plantas están constituidos por miles de millones de células diversificadas, pese a lo cual su ciclo reproductivo pasa por un estadio de una sola célula, el *huevo.*

**CELULADO, A** adj. Provisto de células o dispuesto en forma de ellas.

**CELULAR** adj. Relativo a las células. **2.** Dícese de las prisiones con celdas individuales. • **Coche celular,** vehículo para el traslado de los presos. ‖ **Membrana celular,** envoltura de la célula viva. ‖ **Régimen celular,** régimen en el que se mantiene aislados a los presos. ‖ **Teoría celular** (BIOL.), teoría según la cual la célula es el elemento fundamental de la vida. ◆ n. m. **3.** *Amér.* Aparato de telefonía celular.

**CELULASA** n. f. Enzima que poseen determinados flagelados y bacterias y que les permite digerir la celulosa.

**CELULÍTICO, A** adj. Relativo a la celulitis.

**CELULITIS** n. f. Inflamación del tejido conjuntivo, especialmente del tejido celular subcutáneo.

**CELULOIDE** n. m. Materia plástica muy maleable en caliente, pero muy inflamable, obtenida tratando la nitrocelulosa con alcanfor.

**CELULOSA** n. f. Sustancia macromolecular del grupo de los glúcidos, de fórmula $(C_6H_{10}O_5)_n$, contenida en la membrana de las células vegetales.

**CELULÓSICO, A** adj. Que es de la naturaleza de la celulosa o que la contiene.

**CEMENTACIÓN** n. f. METAL. Calentamiento de una pieza metálica en contacto con un cemento, con objeto de conferirle propiedades particulares.

**CEMENTAR** v. tr. **[1]**. Someter al proceso de cementación.

**CEMENTERIO** n. m. Terreno, generalmente cercado, destinado a enterrar cadáveres. **2.** Lugar a donde determinados animales van a morir y en el que se acumulan sus osamentas: *cementerio de elefantes.* **3.** Terreno en el que se acumulan vehículos destinados al desguace: *cementerio de automóviles.*

**CEMENTERO, A** adj. Relativo al cemento.

**CEMENTISTA** n. m. y adj. Persona que fabrica o emplea cemento.

**CEMENTITA** n. f. Carburo de hierro de fórmula $C_3Fe$, constituyente de los aceros.

**CEMENTO** n. m. Materia pulverulenta que forma con el agua o con una solución salina una pasta plástica capaz de aglomerar, al endurecerse, sustancias muy variadas. **2.** ANAT. Sustancia ósea que recubre el marfil de la raíz de los dientes. **3.** GEOL. Materia que consolida las rocas detríticas al cristalizar en los espacios comprendidos entre los fragmentos rocosos. **4.** METAL. Materia que, al ser calentada en contacto con un metal, se descompone y permite la difusión, a elevada temperatura, de uno o varios de sus elementos en la superficie de dicho metal. • **Cemento metalúrgico,** cemento obtenido a partir de una mezcla que contiene un 30 % de clinca y un 70 % de escoria de alto horno, con una pequeña cantidad de sulfato cálcico. ‖ **Cemento portland,** cemento obtenido por trituración, con el añadido de sulfato cálcico, de las clincas que resultan de cocer a 1 500 °C una mezcla de caliza y de arcilla. ‖ **Cemento rápido,** cemento cuyo fraguado tiene lugar en pocos minutos.

**CEMENTOSO, A** adj. Que tiene los caracteres del cemento: *materia cementosa.*

**CEMITA** n. f. *Amér.* Pan hecho con mezcla de salvado y harina.

**CEMPASÚCHIL** n. m. *Méx.* Planta herbácea de la familia de las compuestas cuyas flores, de color amarillo o anaranjado, se emplean como ofrenda para los muertos. **2.** *Méx.* Flor de esta planta.

**CEMPOAL** n. m. Planta herbácea de flores amarillas medicinales que crece en México y se cultiva en Europa, donde se le da el nombre de clavel de Indias. (Familia compuestas.)

**CENA** n. f. (lat. *cenam*). Última comida del día, que se hace al atardecer o por la noche. **2.** Última comida de Jesucristo con sus apóstoles, la víspera de su pasión, durante la cual instituyó la eucaristía. (Suele escribirse con mayúscula.) SIN.: *santa Cena, última Cena.* **3.** En el culto católico conmemoración de la cena de Jesucristo, que se celebra el jueves santo. **4.** En el culto protestante, comunión.

**CENACHO** n. m. (voz mozárabe). Espuerta honda y flexible, con una o dos asas, para llevar comestibles.

**CENÁCULO** n. m. (lat. *caenaculum,* comedor). Lugar donde Jesucristo reunió a sus discípulos para la Cena. **2.** *Fig.* Reunión o conjunto de personas con aficiones literarias, artísticas, etc., comunes.

**CENADOR, RA** adj. y n. Que cena o lo hace con exceso. ◆ n. m. **2.** Espacio generalmente de planta circular que suele haber en los jardines, cercado de plantas trepadoras, parras o árboles.

**CENADURÍA** n. f. *Méx.* Fonda en la que se sirven comidas, especialmente de noche.

**CENAGAL** n. m. Lugar lleno de cieno. **2.** *Fig.* y *fam.* Asunto apurado.

**CENAGOSO, A** adj. Lleno de cieno: *aguas cenagosas.*

**CENAR** v. intr. (lat. *cenare*) **[1]**. Tomar la cena: *cenar en un restaurante.* ◆ v. tr. **2.** Comer en la cena: *cenar pescado.*

**CENCEÑO, A** adj. Delgado o enjuto: *un viejo cenceño y encorvado.*

**CENCERRADA** n. f. Ruido de cencerros, cuernos, etc., que se hace principalmente para burlarse del viudo que ha contraído nuevas nupcias.

**CENCERREAR** v. intr. **[1]**. Tocar o sonar insistentemente cencerros. **2.** *Fig.* y *fam.* Rechinar, chirriar.

**CENCERRO** n. m. (voz onomatopéyica). Campanilla cilíndrica, generalmente tosca, que se ata al pescuezo de las reses que guían el ganado. • **Estar como,** o **más loco que un cencerro** *(Fam.),* estar muy loco o hacer locuras.

**CENCUATE** o **CINCUATE** n. m. *Méx.* Culebra inofensiva de color amarillo o rojo con manchas oscuras.

**CENDAL** n. m. Tejido de seda parecido al tafetán al que remplazó en el s. XIV. **2.** MAR. Embarcación moruna de tres palos y armada en guerra.

**CENEFA** n. f. (ár. *sanīfa,* borde). Dibujo de ornamentación en forma de tira o lista, consistente por lo general en elementos repetidos de un mismo motivo, que se coloca en los bordes de algunas prendas de ropa o a lo largo de los muros, pavimentos o techos.

**CENESTESIA** n. f. Conjunto de las sensaciones internas del organismo.

**CENESTÉSICO, A** adj. Relativo a la cenestesia.

**CENETES** → ***zanāta.***

**CENETISTA** adj. y n. m. y f. Relativo a la C.N.T. (Confederación nacional del trabajo); miembro de dicha organización.

**CENIA** n. f. Máquina simple para elevar el agua y regar terrenos.

**CENICERO** n. m. Espacio debajo de la rejilla del hogar, para recoger la ceniza. **2.** Recipiente donde se echa la ceniza y los residuos del cigarro, cigarrillo o pipa.

**CENICIENTA** n. f. Persona o cosa injustamente postergada, poco considerada o despreciada.

**CENICIENTO, A** adj. De color de ceniza: *una mañana cenicienta.* • **Luz cenicienta,** luz débil con la cual brilla la parte de la Luna no iluminada por el Sol.

**CENIT** n. m. Punto del hemisferio celeste situado en la vertical de un lugar de la Tierra. CONTR.: *nadir.* **2.** *Fig.* Momento de apogeo de alguien o de alguna cosa: *estar en el cenit de su carrera.*

**CENITAL** adj. Relativo al cenit. • **Distancia cenital,** distancia angular de un punto al cenit. ‖ **Distancia cenital de una estrella,** ángulo que forma con la vertical del lugar el rayo visual que va del ojo del observador a la estrella. ‖ **Iluminación cenital** (ARQ.), iluminación conseguida mediante claraboyas.

**CENIZA** n. f. Polvo mineral de color gris claro que queda como residuo de una combustión completa. **2.** *Fig.* Residuos de un cadáver, restos mortales. (Suele usarse en plural.) • **Cenizas volcánicas** (GEOL.), finas partículas sólidas que proyecta un volcán en erupción y que, al caer, se depositan en estratos blandos. ‖ **Miércoles de ceniza,** para los católicos, primer miércoles de cuaresma.

**CENIZO** n. m. *Fam.* Persona que trae a los demás mala suerte. **2.** Mala suerte: *dar el cenizo.*

**CENOBIO** n. m. Monasterio.

**CENOBITA** n. m. Monje que vive en comunidad. ◆ n. m. y f. **2.** *Fig.* Persona ascética.

**CENOBÍTICO, A** adj. Relativo al cenobita o al cenobio.

**CENOBITISMO** n. m. Estado y método de vida del cenobita.

**CENOTAFIO** n. m. (lat. *cenotaphium*). Monumento funerario que no contiene el cadáver del personaje a quien se dedica.

**CENOTE** n. m. GEOMORFOL. Grandes depósitos naturales de agua alimentados por corrientes subterráneas.

**CENOZOICO, A** adj. GEOL. Dícese de los terrenos y formaciones correspondientes a las eras terciaria y cuaternaria.

**CENSAR** v. intr. **[1]**. Hacer el censo o empadronamiento de los habitantes de algún lugar. ◆ v. tr. **2.** Incluir o registrar en un censo.

**CENSATARIO, A** n. Persona obligada a pagar el canon de un censo.

**CENSITARIO, A** adj. Relativo al censo. • **Sufragio censitario,** sistema en el que el derecho al voto queda reservado a los contribuyentes que pagan una cantidad mínima de impuestos.

**CENSO** n. m. (lat. *censum*). Padrón o lista de la población o riqueza de un país, de una provincia o de una localidad. **2.** DER. Sujeción de bienes inmuebles al pago de un canon o rédito anual en retribución de un capital que se recibe en dinero o del dominio pleno o menos pleno que se transmite de los mismos bienes. **3.** FEUD. En la edad media, contribución pagada por los vasallos a su señor. • **Censo electoral** (DER. POL.), registro general de los ciudadanos con derecho a voto.

**CENSOR, RA** n. Funcionario encargado de censurar los escritos y obras destinados a la difusión. **2.** Persona propensa a murmurar o criticar las acciones o cualidades de los demás. • **Censor jurado de cuentas,** persona cuya profesión es analizar, controlar u organizar contabilidades y balances. ◆ n. m. **3.** En la antigua Roma, magistrado curul que gozaba de una inviolabilidad y de un prestigio especiales, y cuya función consistía en empadronar a los ciudadanos, inventariar los bienes y vigilar las costumbres.

**CENSUAL** adj. Relativo al censo.

**CENSUALISTA** n. m. y f. Persona a cuyo favor se impone o está impuesto un censo, o la que tiene derecho a percibir sus créditos.

**CENSURA** n. f. (lat. *censuram*). Entre los antiguos romanos, oficio y dignidad de censor. **2.** Examen que hace un gobierno de los libros, periódicos, obras de teatro, películas, etc., antes de permitir su difusión. **3.** Comisión de personas encargadas de este examen. **4.** Acción de reprobar en los demás su conducta, acciones, etc. **5.** Murmuración, detracción. **6.** Juicio eclesiástico que reprueba severamente. **7.** SICOANÁL. Función de control que regula el acceso de deseos inconscientes a la conciencia, deformándolos. • **Moción de censura,** proposición presentada en una asamblea política para expresar, al aprobarla, su disconformidad con el gobierno.

**CENSURABLE** adj. Digno de censura.

**CENSURADOR, RA** adj. y n. Que censura.

**CENSURAR** v. tr. **[1]**. Examinar y formar juicio el censor de un texto, doctrina, película, etc. **2.** Suprimir o prohibir la difusión de parte de una obra, por motivos políticos o morales. **3.** Corregir, reprobar: *censurar una costumbre.* **4.** Murmurar, criticar, vituperar: *censurar el comportamiento de alguien.*

**CENT** n. m. Unidad monetaria divisionaria equivalente a una centésima parte del euro, dólar, shilling, rand, etc.

**CENTAURA** n. f. Planta herbácea, de la familia compuestas, con hojas coriáceas y vilano rojizo.

**CENTAURO** n. m. (lat. *centaurum*). Ser fabuloso de la mitología griega, mitad hombre y mitad caballo.

**CENTAVO, A** adj. y n. m. Centésimo, cada una de las cien partes en que se divide un todo. ◆ n. m. **2.** Centésima parte de la unidad monetaria principal en numerosos países iberoamericanos.

**CENTELLA** n. f. (lat. *scintillam*). Rayo, especialmente el de poca intensidad. **2.** Chispa, partícula incandescente. • **Como una centella,** con extraordinaria rapidez y diligencia.

**CENTELLEANTE** adj. Que centellea.

**CENTELLEAR** v. intr. (lat. *scintillare*) **[1]**. Despedir rayos de luz trémulos o en forma de destellos. **2.** *Fig.* Brillar los ojos de una persona.

**CENTELLEO** n. m. Acción y efecto de centellear.

**CENTÉN** n. m. Moneda de oro acuñada en España durante el s. XVII, que tenía un valor de cien escudos. **2.** Moneda de oro acuñada en España en 1854 por Isabel II.

**CENTENA** n. f. Conjunto de cien unidades.

**CENTENAR** n. m. Centena. • **A centenares,** en gran número.

**CENTENARIO, A** adj. Relativo a la centena. ◆ adj. y n. **2.** Que tiene cien años de edad: *árboles centenarios.* ◆ n. m. **3.** Espacio de cien años. **4.** Día en que se cumplen una o más centenas de años de algún suceso: *el centenario del nacimiento de Cervantes.*

**CENTENO** n. m. Cereal cultivado en tierras pobres de climas fríos, por su grano y como forraje. (Familia gramíneas.) **2.** Grano de esta planta.

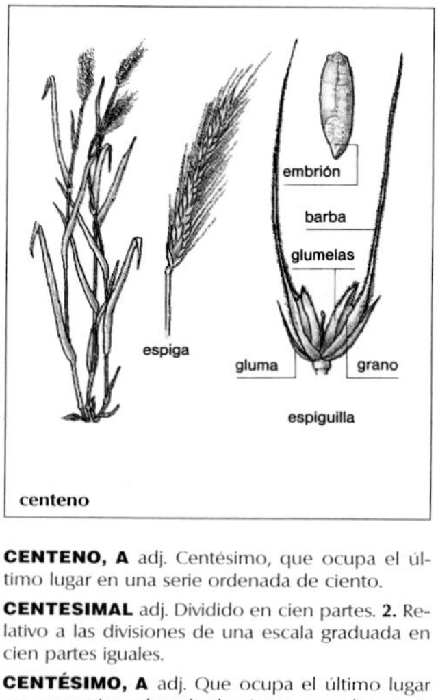

centeno

**CENTENO, A** adj. Centésimo, que ocupa el último lugar en una serie ordenada de ciento.

**CENTESIMAL** adj. Dividido en cien partes. **2.** Relativo a las divisiones de una escala graduada en cien partes iguales.

**CENTÉSIMO, A** adj. Que ocupa el último lugar en una serie ordenada de ciento. ◆ adj. y n. **2.** Que cabe cien veces en un todo. ◆ n. m. **3.** Centésima parte de la unidad monetaria principal en Uruguay y Chile.

**CENTI,** prefijo que, colocado delante de una unidad, indica la centésima parte de la misma, y cuyo símbolo es c.

**CENTIÁREA** n. f. Centésima parte del área, equivalente a 1 m$^2$ y cuyo símbolo es ca.

**CENTÍGRADO, A** adj. Que tiene la escala dividida en cien grados: *termómetro centígrado.* ◆ n. m. **2.** Centésima parte del grado, unidad del ángulo, cuyo símbolo es cgr.

**CENTIGRAMO** n. m. Centésima parte del gramo, con símbolo cg.

**CENTILA** n. f. Centésima parte de un conjunto de datos clasificados según un orden particular.

**CENTILITRO** n. m. Centésima parte del litro, con símbolo cl.

**CENTILOQUIO** n. m. Obra literaria que tiene cien partes o tratados.

**CENTÍMETRO** n. m. Centésima parte del metro, con símbolo cm.

**CÉNTIMO, A** adj. Centésimo, que cabe cien veces en un todo. ◆ n. m. **2.** Centésima parte de ciertas unidades monetarias, como el euro, el dólar, el shilling, etc. SIN.: *cent.* • **Sin un céntimo,** sin dinero: *estar sin un céntimo.*

**CENTINELA** n. m. (ital. *sentinella*). Soldado que vela guardando el puesto que se le encarga. ◆ n. m. y f. **2.** *Fig.* Persona que vigila u observa.

**CENTINODIA** n. f. Planta de tallo cilíndrico nudoso y hojas enteras oblongas. (Familia poligonáceas.)

**CENTOLLO** n. m. Decápodo marino comestible de gran tamaño, cuerpo oval, espinoso y con las patas muy largas. (Familia maidos.) SIN.: *centolla.*

**CENTÓN** n. m. (lat. *centonem*). Manta, dosel o toldo hecho de gran número de piececitas de paño o tela de diversos colores. **2.** Obra literaria, en verso o en prosa, compuesta de fragmentos tomados de diversos autores.

**CENTRADO, A** adj. Dícese de las cosas cuyo centro se halla en la posición que debe ocupar. **2.** Que piensa o actúa equilibradamente y sin dispersarse. • **Sistema centrado,** conjunto de lentes o espejos cuyos centros de curvatura están alineados en una misma recta, llamada eje óptico. ◆ n. m. **3.** Determinación de la posición del centro geométrico, de gravedad, etc., de una figura, pieza o aparato. **4.** Operación consistente en colocar según una misma recta los ejes de todas las piezas de un conjunto mecánico.

**CENTRADOR** n. m. Aparato para centrar.

**CENTRAL** adj. (lat. *centralem*). Relativo al centro. **2.** Que está en el centro. **3.** Principal, fundamental: *las ideas centrales de un pensador.* • **Fuerza central** (FÍS.), fuerza cuya dirección pasa por un punto fijo. ◆ n. f. **4.** Instalación para la producción de energía eléctrica partiendo de otras formas de energía: *central eólica; central heliotérmica; central electronuclear.* **5.** Nombre genérico de determinadas instalaciones y dispositivos en los que se operan ciertos tratamientos cuyos resultados se distribuyen a diversos puestos de utilización, como por ejemplo una central de climatización. • **Central telefónica,** estación en que concurren los circuitos telefónicos de un sector de abonados y en la que se efectúan las operaciones necesarias para establecer las comunicaciones entre los mismos. ◆ n. f. y adj. **6.** Oficina o establecimiento principal de una empresa, institución o servicio público. ◆ n. m. **7.** *Cuba* y *P. Rico.* Ingenio azucarero cuando funciona con maquinaria de vapor. *(V. ilustración pág. 224.)*

**CENTRALISMO** n. m. Sistema político en que la acción política y administrativa está concentrada en manos de un gobierno único y central, que absorbe las funciones propias de los organismos locales. • **Centralismo democrático,** modo de organización interna de un movimiento político o sindical, especialmente el de los comunistas, que intenta sintetizar la democracia con la unidad.

**CENTRALISTA** adj. y n. m. y f. Relativo al centralismo; partidario de este sistema político. ◆ n. m. y f. **2.** *P. Rico.* Dueño de un ingenio azucarero.

**CENTRALITA** n. f. Instalación telefónica que permite conectar las llamadas hechas a un mismo número con diversos aparatos. **2.** Lugar donde se encuentra dicha instalación.

**CENTRALIZACIÓN** n. f. Acción y efecto de centralizar.

**CENTRALIZAR** v. tr. y pron. **[1g]**. Reunir varias cosas en un centro común, o hacerlas depender de un poder central: *centralizar las operaciones bancarias.* **2.** POL. Asumir el poder público central facultades atribuidas a organismos locales o regionales.

**CENTRAR** v. tr. **[1]**. Determinar el punto céntrico de una superficie o de un volumen. **2.** Colocar una cosa de manera que su centro coincida con el de otra o de forma que quede en el lugar adecuado: *centrar un cuadro en la pared.* **3.** Hacer que se reúnan en el lugar conveniente los proyectiles de las armas de fuego, los rayos de luz de los focos luminosos, etc.: *centrar sobre algo los disparos.* **4.** *Fig.* Hacer de una cosa el objetivo de un interés, afán o aspiración. ◆ v. tr. e intr. **5.** DEP. Lanzar la pelota de un lugar a otro del terreno de juego, especialmente desde la banda hacia el área de la portería contraria. ◆ **centrarse** v. pron. **6.** Conseguir los conocimientos o el estado que permitan dominar una situación y obrar con seguridad.

**CÉNTRICO, A** adj. Central, relativo al centro.

**CENTRÍFUGA** n. f. Aparato que sirve para centrifugar.

**CENTRIFUGACIÓN** n. f. Acción de centrifugar. **2.** Separación de los componentes de una mezcla por la fuerza centrífuga.

**CENTRIFUGADO** n. m. Centrifugación.

**CENTRIFUGADOR, RA** adj. y n. f. Que centrifuga.

**CENTRIFUGAR** v. tr. **[1b]**. Someter a la acción de la fuerza centrífuga.

**CENTRÍFUGO, A** adj. Que tiende a alejar del centro: *fuerza centrífuga.* • **Bomba centrífuga,** bomba rotativa cuyo principio se funda en la acción de la fuerza centrífuga.

**CENTRIOLO** n. m. Corpúsculo central del centrosoma.

**CENTRÍPETO, A** adj. Que tiende a aproximar al centro: *fuerza centrípeta.*

**CENTRISMO** n. m. Tendencia política del centro.

**CENTRISTA** adj. y n. m. y f. En política, del centro.

**CENTRO** n. m. Punto o zona de una cosa que se halla más lejano de la periferia: *el centro del país es muy montañoso.* **2.** Lugar o punto de donde parten o a donde se dirigen una o varias acciones particulares: *ser el centro de todas las miradas.* **3.** Población o lugar donde se concentra una determinada actividad: *la ciudad es el más importante centro industrial del país.* **4.** Establecimiento u organismo dedicado a una determinada actividad: *centro de enseñanza.* **5.** Conjunto de tendencias y organizaciones políticas situadas entre la derecha y la izquierda. **6.** Acción de centrar, lanzar la pelota. **7.** Población, complejo urbanístico o sector de una ciudad o barrio, en el cual se agrupan los comercios y oficinas. **8.** Lugar donde se reúne o produce algo en cantidades importantes: *centro editorial.* **9.** *Cuba.* Saya de color que se trasluce por el traje de género claro que se le sobrepone. **10.** *Cuba.* Tirilla de lienzo que se pone en las camisas. **11.** *Hond.* Chaleco. **12.** MAT. Punto respecto del cual todos los puntos de una figura geométrica son simétricos dos a dos: *centro de la circunferencia.* • **Centro de acción** (METEOROL.), anticiclón o depresión que tiene un carácter duradero, o incluso permanente. ‖ **Centro de gravedad** (FÍS.), punto en donde se podrían equilibrar todas las fuerzas que actúan en un cuerpo. ‖ **Centro de mesa,** jarrón que se coloca como adorno en las mesas de comedor. ‖ **Centro nervioso,** grupo de neuronas, que es sede de una función nerviosa determinada.

**CENTROAMERICANO, A** adj. y n. De América Central.

**CENTROEUROPEO, A** adj. y n. De los países situados en la Europa central.

**CENTRÓMERO** n. m. Granulación que existe en cada cromosoma y que participa en la formación del huso durante la mitosis.

**CENTROSOMA** n. m. BIOL. Granulación situada cerca del núcleo de las células vivas, que interviene en la mitosis.

**CENTUNVIRO** n. m. (lat. *centum,* cien, y *virum,* hombre). ANT. ROM. Miembro de un tribunal civil, competente en los procesos de sucesión y de propiedad, que comprendía ciento cinco miembros.

**CENTUPLICAR** v. tr. y pron. **[1a]**. Ser o hacer céntuplo. ◆ v. tr. **2.** Multiplicar una cantidad por ciento.

**CÉNTUPLO, A** adj. y n. m. Que es cien veces mayor.

**CENTURIA** n. f. Número de cien años, siglo. **2.** ANT. ROM. Unidad política, administrativa y militar formada por cien ciudadanos.

**CENTURIÓN** n. m. (lat. *centurionem*). Oficial que en la legión romana mandaba una centuria.

**CENURO** n. m. Tenia parásita del intestino delgado del perro.

**CENZONTLE** n. m. *Méx.* Pájaro de color gris pardo cuya voz abarca una extensa gama de sonidos y es capaz de imitar los cantos de otras aves.

**CEÑIDOR** n. m. Faja, correa o cosa análoga con que se ciñe la cintura.

**CEÑIR** v. tr. y pron. (lat. *cingere*) **[24]**. Rodear, ajustar, apretar o colocar algo de manera que rodee, ajuste o apriete: *ceñirse la espada; ceñir a uno con los brazos.* ◆ v. tr. **2.** Cerrar o rodear una cosa a otra: *ceñir las murallas un caserío.* ◆ v. intr. y pron. **3.** MAR. En el deporte de la vela, navegar el yate contra viento en el menor ángulo que le sea posible para ganar barlovento. **4.** MAR. Llevar el viento lo más cerrado posible con la proa: *ceñirse un navío al viento.* ◆ **ceñirse** v. pron. **5.** *Fig.* Amoldarse, concretarse, limitarse: *ceñirse a un tema; ceñirse a sus posibilidades económicas.* **6.** TAUROM. Arrimarse al toro.

**CEÑO** n. m. Gesto de disgusto que consiste en arrugar el entrecejo: *permanecer con el ceño fruncido.* **2.** *Fig.* Aspecto imponente y amenazador que toman ciertas cosas.

**CEÑUDO, A** adj. Que tiene ceño o sobrecejo: *mirar con un aire ceñudo.*

**CEPA** n. f. (bajo lat. *ceppa*). Parte del tronco de una planta que está dentro de tierra y unida a las raíces. **2.** Tronco y planta de la vid. **3.** Raíz o principio de alguna cosa, como el de las astas y cola de los animales. **4.** *Fig.* Tronco u origen de una familia o linaje: *hijosdalgos de rancia cepa.* • **Cepa microbiana** (BIOL.), conjunto de individuos de la misma especie que existen en una colonia o cultivo. ‖ **De pura cepa,** auténtico, con los caracteres propios de una clase.

**CEPEDA** n. f. Lugar en que abundan arbustos y matas de cuyas cepas se hace carbón.

**CEPEJÓN** n. m. Base de la raíz axonomorfa, generalmente gruesa y muy desarrollada.

**CEPELLÓN** n. m. Pella de tierra que se deja adherida a las raíces de los vegetales para trasplantarlos.

**CEPILLADO** n. m. Acción de cepillar.

**CEPILLAR** v. tr. **[1]**. Alisar con cepillo la madera o los metales. **2.** Limpiar con un cepillo: *cepillar un traje.* **3.** *Fig.* Adular, lisonjear: *cepillar al jefe.* **4.** *Fig.* y *fam.* Birlar, desplumar: *cepillarle el bolso a alguien.* **5.** *Fig.* y *fam.* Pasar un vehículo velozmente, rozando a otro o a una persona. ◆ v. tr. y pron. **6.** *Fig.* Matar, asesinar.

**CEPILLO** n. m. Arquilla con una ranura que sirve para recoger limosnas y donativos: *el cepillo de las ánimas.* **2.** Utensilio de limpieza, formado por filamentos flácidos fijados sobre una placa: *cepillo para dientes; cepillo para el pelo.* **3.** Instrumento formado por un prisma cuadrangular de madera, que lleva embutida en una abertura transversal una cuchilla que sobresale un poco de la cara que ha de ludir con la madera que se quiere labrar. **4.** Instrumento metálico provisto de púas de hierro, utilizado para labrar metales.

**CEPO** n. m. (lat. *cippum*). Gajo o rama de árbol. **2.** Utensilio compuesto de una o dos varillas de madera o metal, que sirve para sujetar los periódicos y revistas sin doblarlos. **3.** Trampa para cazar animales dañinos. **4.** Conjunto de dos vigas entre las cuales se sujetan otras piezas de madera. **5.** Dispositivo que inmoviliza los coches mal estacionados por medio del bloqueo de una rueda. **6.** Instrumento penitenciario consistente en dos gruesos maderos con medio círculo agujereado, que al unirse dejaban un hueco donde se metían el cuello, los pies o las manos del reo. • **Cepo del ancla,** pieza que se adapta a la caña del ancla, en sentido perpendicular a ella y al plano de los brazos.

**CEPORRO** n. m. Cepa vieja arrancada para la lumbre. **2.** *Fig.* Persona torpe de entendimiento.

**CEQUÍ** n. m. (ár. *sikkī*). Moneda de oro de valor variable, que circulaba en diferentes estados italianos y del Mediterráneo oriental.

**CERA** n. f. (lat. *ceram*). Sustancia sólida de origen animal, vegetal o mineral, que se reblandece por la acción del calor, especialmente la elaborada por las abejas, con la que éstas construyen los panales. **2.** Objeto de cera: *las ceras del museo Tussaud.* **3.**

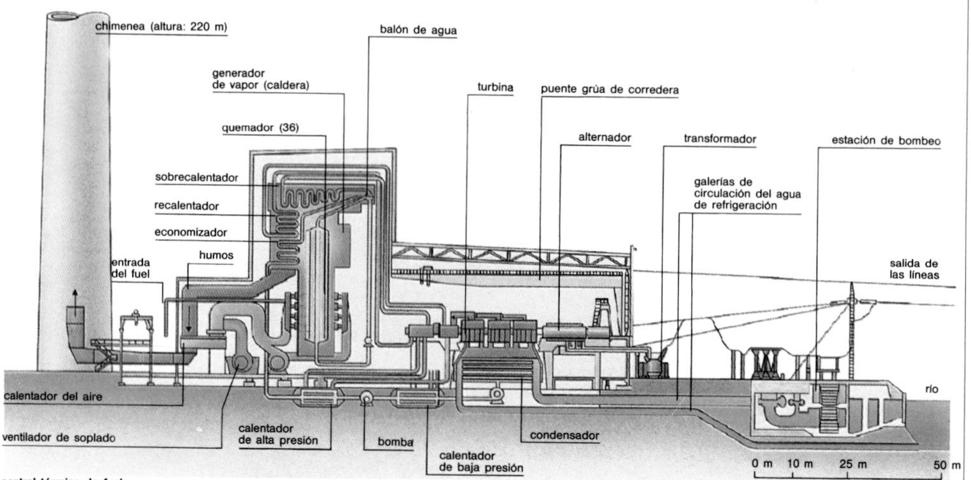


central térmica de fuel

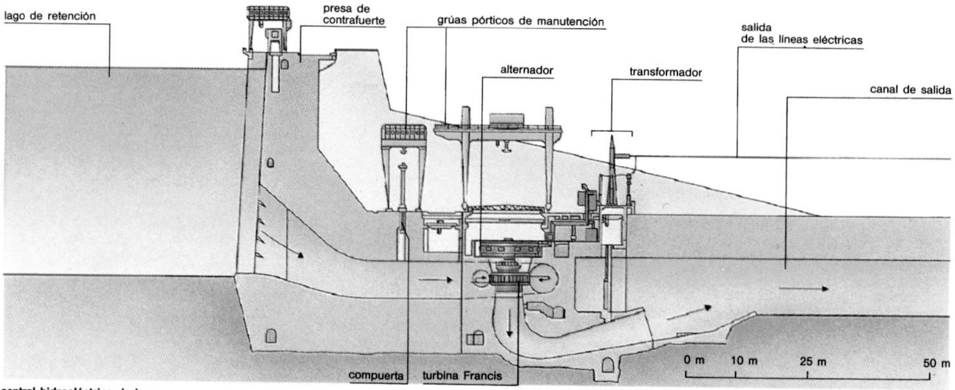


central hidroeléctrica de lago

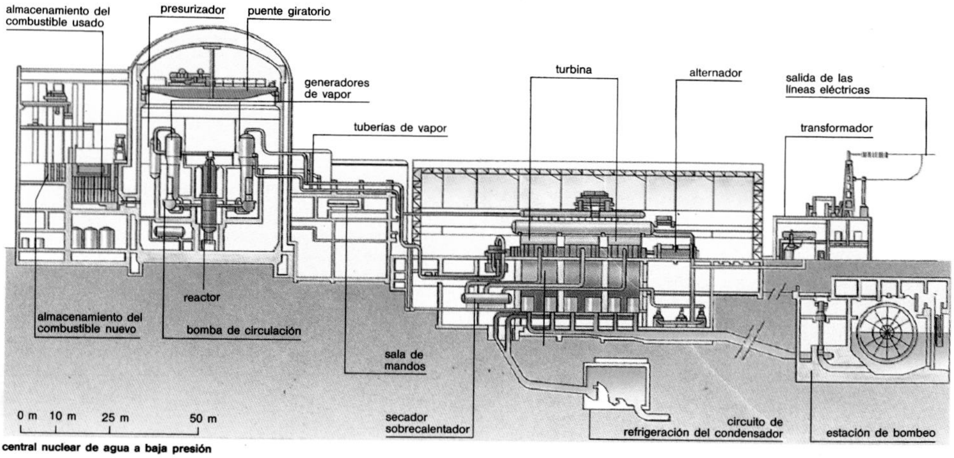


central nuclear de agua a baja presión

Una central térmica de fuel utiliza un combustible fósil, el fuel, para vaporizar el agua. El vapor producido acciona un turboalternador (turbina y alternador montados sobre el mismo árbol) para producir electricidad.

Una central hidroeléctrica de lago utiliza el agua de un embalse para accionar una turbina hidráulica que mueve un alternador.

Una central nuclear de agua a baja presión utiliza el calor creado por la fisión nuclear producida en el interior del corazón del reactor. Está formado por tres circuitos independientes de circulación de agua: el primero transporta el calor del reactor al generador de vapor; el segundo transmite el vapor a la turbina que pone en marcha el alternador (el agua, recondensada, vuelve rápidamente al generador); el tercero sirve para la refrigeración del condensador.

Conjunto de velas o hachas de cera que sirven en alguna ceremonia religiosa. **4.** Nombre de algunas sustancias parecidas a la cera. **5.** ZOOL Membrana que cubre la base del pico de ciertas aves como la paloma, la gallina o el loro. • **Cera virgen,** la que no está melada; la que está en el panal y sin labrarse.

**CERAMBÍCIDO, A** adj. y n. m. Relativo a una familia de insectos coleópteros de largas antenas, cuya longitud llega a alcanzar los 5 cm, de colores brillantes y cuyas larvas excavan galerías en los árboles.

**CERÁMICA** n. f. Arte de fabricar vasijas y otros objetos de barro, loza y porcelana. **2.** Estos mismos objetos considerados en conjunto.

**CERÁMICO, A** adj. Relativo a la cerámica: *artes cerámicas.* **2.** Dícese de los materiales manufacturados que no son ni metales ni productos orgánicos.

**CERAMISTA** n. m. y f. Persona que fabrica o decora cerámica.

**CERASTA** o **CERASTAS** n. f. Serpiente venenosa de África y Asia de unos 75 cm de long., llamada también víbora cornuda a causa de las dos puntas que tiene situadas encima de los ojos.

**CERATO** n. m. Ungüento elaborado a base de cera y aceite.

**CERAUNIA** n. f. Nombre con el que se designaban unas herramientas prehistóricas llamadas también piedras de rayo.

**CERBATANA** n. f. (ár. *zabaṭāna*). Tubo largo que sirve para lanzar, soplando, un pequeño dardo.

**CERCA** n. f. Vallado, tapia o muro con que se rodea algún espacio, heredad o casa.

**CERCA** adv. l. y t. (lat. *circa*). Denota proximidad, generalmente inmediata: *aquí cerca; cerca de las tres de la madrugada.* • **Cerca de,** aproximadamente, poco menos de: *cerca de dos mil hombres.* ‖ **De cerca,** a corta distancia: *mirar de cerca.*

**CERCADO** n. m. Terreno o lugar rodeado con una cerca o un seto. **2.** Cerca, vallado o tapia. **3.** *Bol.* y *Perú.* División territorial que comprende la capital de un estado o provincia y los pueblos que de aquélla dependen.

**CERCANÍA** n. f. Calidad de cercano. **2.** Contorno, afueras de un lugar: *tren de cercanías.* (Suele usarse en plural.)

**CERCANO, A** adj. Próximo, inmediato.

**CERCAR** v. tr. **[1a]**. Rodear un sitio con un vallado, muro, etc., de manera que quede delimitado, cerrado o resguardado. **2.** Rodear mucha gente a una persona o cosa: *cercar la policía un edificio.* **3.** Asediar una fortaleza o plaza con intención de expugnarla.

**CERCARIA** n. f. ZOOL Larva de las duelas.

**CERCEN** o **CERCÉN** adv. m. (lat. *circinum*). Enteramente y en redondo: *un brazo cortado a cercén.* (Se usa precedido de la preposición *a.*)

**CERCENADURA** n. f. Acción y efecto de cercenar. **2.** Porción que se quita de la cosa cercenada.

**CERCENAMIENTO** n. m. Cercenadura.

**CERCENAR** v. tr. (lat. *circinare*) **[1]**. Cortar las extremidades de una cosa: *cercenar unas cañas.* **2.** Disminuir o acortar: *cercenar los derechos de alguien.*

**CERCETA** n. f. Pato salvaje de pequeño tamaño que vive en Europa y Asia.

**CERCHA** n. f. Cimbra, armazón. **2.** Cada una de las piezas de tabla en forma de segmentos de círculo con que se forma el aro de una mesa redonda, un arco, etc.

**CERCHADO** n. m. Operación consistente en encorvar las ramas flexibles de los árboles frutales y, especialmente, de la vid.

**CERCHAR** v. tr. **[1]**. Efectuar un cerchado.

**CERCIORAR** v. tr. y pron. **[1]**. Dar o adquirir la certeza de algo: *cerciorarse de un hecho.*

**CERCO** n. m. (lat. *circum*). Lo que ciñe o rodea. **2.** Aro de cuba, de rueda y de otros objetos. **3.** Aureola que a nuestra vista presenta el Sol y a veces la Luna. **4.** Marco, moldura en que se encajan algunas cosas. **5.** Marco de ventana fijado al muro. **6.** Asedio de una plaza o ciudad: *alzar el cerco; poner cerco a una villa.* **7.** Giro o movimiento circular.

**CERCOPITECO** n. m. Simio de cola larga, del que existen varias especies en África, de formas ligeras

**cercopiteco**

y graciosas, provisto de sacos bucales y con las callosidades isquiáticas muy desarrolladas.

**CERDA** n. f. Pelo grueso y duro de la cola y crin de las caballerías, y del cuerpo del jabalí, puerco, etc. **2.** Mies segada. **3.** Manojo pequeño de lino sin rastrillar. • **Ganado de cerda,** ganado porcino. ◆ **cerdas** n. f. pl. **4.** Lazo de cerda para cazar perdices.

**CERDADA** n. f. Piara de cerdos. **2.** *Vulg.* Acción innoble, vil o grosera: *hacer una cerdada a alguien.*

**CERDAMEN** n. m. Manojo de cerdas preparadas para brochas, cepillos, etc.

**CERDEAR** v. intr. **[1]**. *Vulg.* Comportarse sucia o deslealmente.

**CERDO, A** n. Mamífero doméstico, de cuerpo grueso, patas cortas provistas de cuatro dedos, cabeza grande y hocico cilíndrico, criado por su carne y su cuero. (Familia suidos.) • **Cerdo hormiguero,** mamífero africano que se nutre de insectos. (Orden tubulidentados.) ◆ n. y adj. **2.** Persona desaliñada y sucia. **3.** *Fig.* Persona grosera, sin cortesía o sin escrúpulos.

**cerdo**

**CEREAL** n. m. y adj. (lat. *cerealem*). Planta, generalmente de la familia gramíneas, cuyas semillas sirven, sobre todo una vez reducidas a harina, para la alimentación del hombre y de los animales domésticos, como el trigo, centeno, maíz, etc. **2.** Semilla de esta planta.

■ Los cereales se cultivan desde la aparición de la agricultura. Sus granos, enteros (arroz) o molidos (trigo, maíz, mijo), constituyen la base alimentaria de los países en vías de desarrollo. En los países desarrollados los cereales tienen una gran importancia para la economía, tanto en la alimentación humana, dada la gran cantidad de productos que se extrae de ellos, especialmente del trigo (pan, pastas alimentarias, pastelería, galletas), como en la alimentación animal, sobre todo para la cría de aves de corral y del cerdo (trigo, avena, centeno, maíz, sorgo), o en la industria (cerveza, alcohol, almidón).

**CEREALÍCOLA** adj. Relativo al cultivo y producción de cereales.

**CEREALICULTURA** n. f. Cultivo de cereales.

**CEREALISTA** adj. Relativo a la producción y tráfico de los cereales. ◆ n. m. y f. **2.** Persona que se dedica especialmente a las cuestiones y problemas referentes a los cereales.

**CEREBELO** n. m. (lat. *cerebellum*). Centro nervioso encefálico situado debajo del cerebro detrás del tronco cerebral que interviene en el control de las contracciones musculares y en el equilibrio.

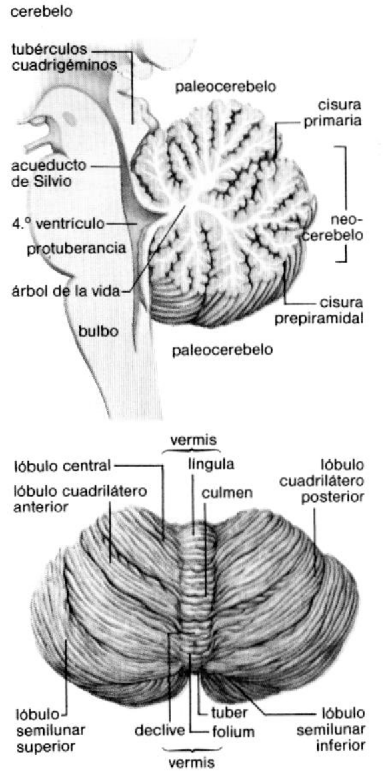


**cerebelo:** corte sagital y vista superior de los hemisferios cerebelosos

**CEREBELOSO, A** adj. Relativo al cerebelo.

**CEREBRAL** adj. Relativo al cerebro: *enfermedad cerebral.* **2.** Dícese de las personas o cosas en las que predominan las cualidades intelectuales sobre las afectivas.

**CEREBRO** n. m. (lat. *cerebrum*). Centro nervioso encefálico situado en el cráneo de los vertebrados, muy desarrollado en el hombre, en el cual se

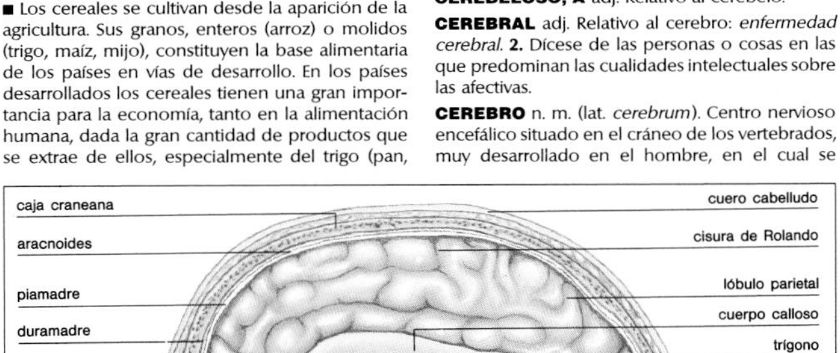

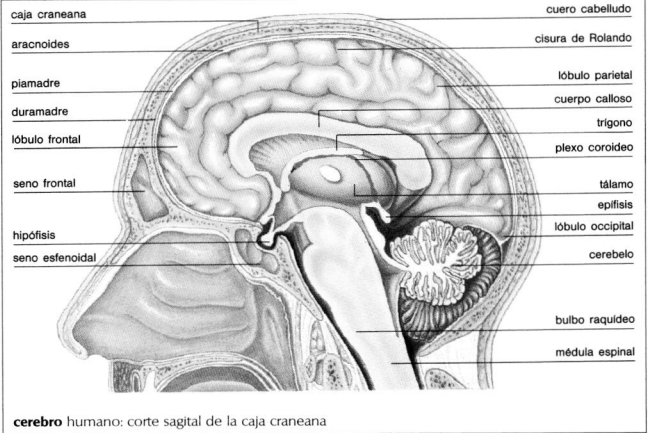


**cerebro** humano: corte sagital de la caja craneana

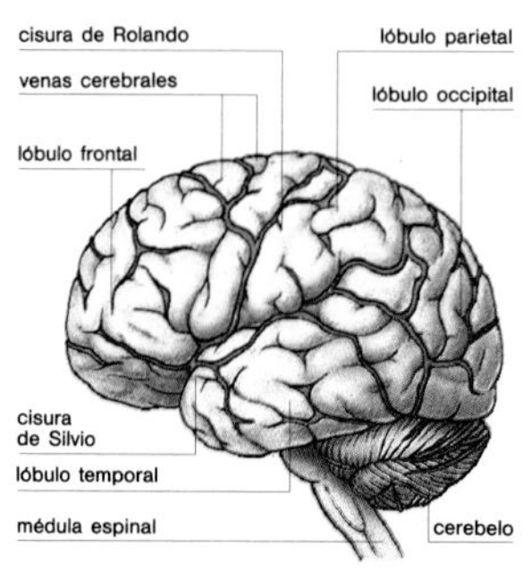

**cerebro** humano: morfología general (cara externa, vista lateral)

compone de dos hemisferios que poseen numerosas circunvoluciones. **2.** Conjunto de las facultades mentales. **3.** Persona sobresaliente en actividades culturales, científicas o técnicas. **4.** Inteligencia, talento. • **Cerebro electrónico,** nombre que se da a determinados dispositivos electrónicos que pueden efectuar ciertas operaciones, como el cálculo o el control de máquinas, sin la intervención directa del hombre.

**CEREBROSPINAL** o **CEREBROESPINAL** adj. Relativo al cerebro y a la médula espinal.

**CEREMONIA** n. f. (lat. *caeremoniam*). Acto solemne que se celebra de acuerdo con determinadas normas dictadas por la ley o la costumbre. **2.** Solemnidad, deferencia, amabilidad excesiva. • **De ceremonia,** con toda solemnidad: *un banquete de gran ceremonia.* ‖ **Maestro de ceremonias,** persona que dirige una ceremonia advirtiendo a los participantes lo que deben hacer de acuerdo con los usos autorizados.

**CEREMONIAL** adj. Relativo al uso de las ceremonias. ◆ n. m. **2.** Conjunto de normas y formalidades de una ceremonia. **3.** Libro en que están escritas las ceremonias que se deben observar en cada una de las solemnidades de la iglesia, de una corporación, etc.

**CEREMONIOSO, A** adj. Que observa puntualmente las ceremonias. **2.** Que gusta de ceremonias y cumplimientos exagerados: *ostentar una gravedad ceremoniosa y ridícula.*

**CÉREO, A** adj. De cera o de aspecto semejante al de la cera: *la cérea frente de un anciano.*

**CERERÍA** n. f. Establecimiento donde se trabaja o vende la cera.

**CERERO, A** n. Persona que labra o vende la cera. ◆ n. m. **2.** Arbusto de América del Norte y de Asia cuyos frutos dan una cera que sirve para hacer velas.

**CERETANO, A** adj. y n. De Cerdaña.

**CEREZA** n. f. Fruto comestible del cerezo, redondo, de piel lisa de color rojo y pulpa muy jugosa y dulce. **2.** *Amér. Central, Antillas, Colomb.* y *Pan.* Cáscara del grano de café.

**CEREZAL** n. m. Terreno poblado de cerezos.

**CEREZO** n. m. Árbol que se cultiva por sus frutos, de unos 5 m de alt., con el tronco liso y ramoso, hojas lanceoladas, flores blancas y cuyo fruto es la cereza. (Familia rosáceas.) **2.** Madera de este árbol. • **Cerezo silvestre,** árbol indígena de los bosques de Europa que ha dado lugar a las variedades cultivadas con frutos dulces.

**CERÍFERO, A** adj. Que produce cera.

**CERILLA** n. f. Vela de cera, muy delgada y larga. **2.** Fósforo para encender fuego.

**CERILLERO, A** n. Persona que vende cerillas.

**CERILLO** n. m. *Méx.* Fósforo, cerilla.

**CERIO** n. m. Metal de símbolo Ce, de número atómico 58 y masa atómica 140,12, duro, brillante, extraído de la cerita y que, en aleación con el hierro, interviene en la fabricación de las piedras de mechero.

**CERITA** n. f. Silicato hidratado natural de calcio, hierro y cerio.

**CERMEÑA** n. f. Fruto del cermeño, especie de pera pequeña, muy aromática y sabrosa.

**CERMEÑO** n. m. Especie de peral, de hojas acorazonadas y vellosas por el envés.

**CERMET** n. m. Material formado por una mezcla de productos cerámicos y óxidos metálicos.

**CERNADA** n. f. Ceniza vegetal que queda sin disolver en el cernadero, después de haber echado la lejía sobre la ropa, y que se aprovecha para abono. **2.** VET. Cataplasma de ceniza y otros ingredientes usada para fortalecer las partes lastimadas de las caballerías.

**CERNADERO** n. m. Lienzo basto que se pone sobre la ropa, al hacer la colada, para colar la lejía.

**CERNE** adj. Dícese de lo que es sólido y fuerte: *madera cerne.*

**CERNEDOR** n. m. Torno para cerner harina.

**CERNEJA** n. f. Mechón de pelos que tienen las caballerías detrás del menudillo, de longitud, espesor y finura diferentes según las razas. (Suele usarse en plural.)

**CERNER** v. tr. (lat. *cernere*) **[2d]**. Separar con el cedazo una materia reducida a polvo de las partes más gruesas, especialmente harina del salvado: *cerner la harina.* ◆ v. tr. y pron. **2.** Mover las aves sus alas para mantenerse en el aire sin apartarse del lugar en que están. **3.** *Fig.* Amenazar de cerca algún mal: *cernerse la muerte sobre alguien.*

**CERNÍCALO** n. m. Ave de rapiña, parecida al halcón, muy común en España, de plumaje rojizo con manchas negras, que se alimenta de pequeños vertebrados y de insectos. ◆ n. m. y adj. **2.** *Fig.* Hombre ignorante y rudo.

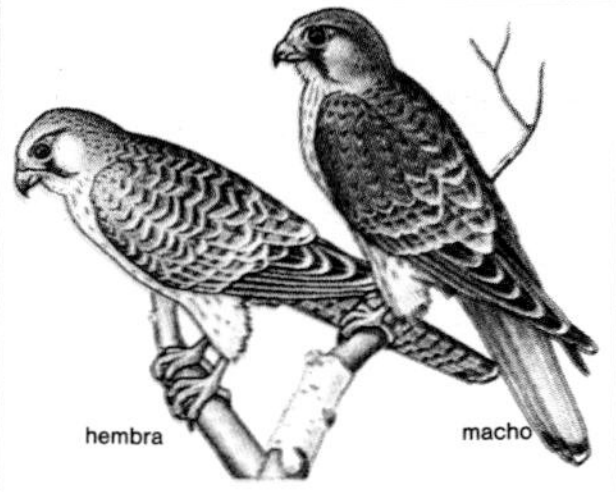

**cernícalos**

**CERNIDO** n. m. Acción de cerner. **2.** Cosa cernida, y especialmente la harina para hacer el pan.

**CERNIDOR** n. m. Aparato que sirve para cerner el producto resultante de la molienda.

**CERO** adj. Ninguno: *cero euros.* ◆ n. m. **2.** Cardinal del conjunto vacío. **3.** Signo numérico representado por la cifra 0, con que se nota el valor nulo de una magnitud y que, colocado en un determinado lugar de un número (unidades, decenas, etc.), indica la ausencia de unidades del orden correspondiente. **4.** Absolutamente nada: *su fortuna se redujo a cero.* **5.** Punto de partida de la escala de graduación de un instrumento de medida. **6.** Valor de la temperatura de fusión del hielo en las escalas centesimales y en la de Réaumur. • **Aparato de cero,** aparato de medida en el cual la igualdad de dos magnitudes se constata por el regreso de una indicación a la graduación cero. ‖ **Cero absoluto,** temperatura de −273,15 °C. ‖ **Número cero,** ejemplar de una publicación periódica que precede al lanzamiento del primer número. ‖ **Punto cero,** temperatura del hielo fundido, que corresponde a una temperatura Celsius de 0 °C y a una temperatura termodinámica de 273,15 K. ‖ **Ser** uno **un cero,** o **un cero a la izquierda** (*Fam.*), ser inútil, no valer para nada, no merecer ninguna consideración de los demás.

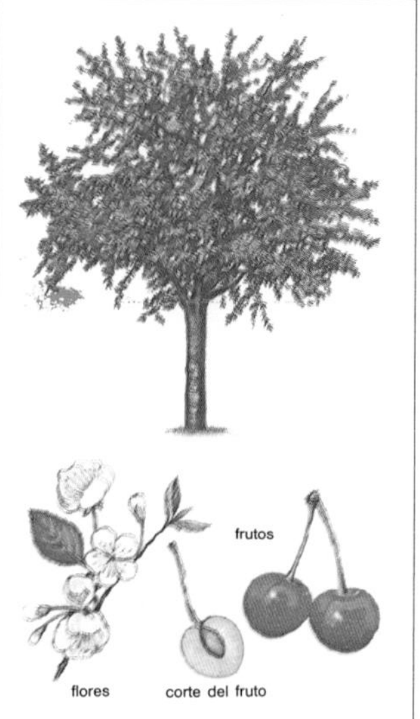

**cerezo**

**CEROSO, A** adj. Que tiene cera, o se parece a ella.

**CEROTE** n. m. Mezcla de pez y cera con que los zapateros enceran los hilos con que cosen. **2.** *Fig.* y *fam.* Miedo, temor.

**CERQUILLO** n. m. Círculo o corona formada de cabello en la cabeza de los religiosos de algunas órdenes.

**CERRADA** n. f. Franja de la piel del animal, correspondiente al cerro o espinazo.

**CERRADERO** n. m. Parte de la cerradura de los cofres, maletas, etc., en la cual se encaja el pestillo. **2.** Cada una de las piezas metálicas fijas al marco de una ventana o puerta, en las que se introduce el extremo de las varillas de las fallebas.

**CERRADO, A** adj. Incomprensible, oculto y oscuro. **2.** *Fig.* Muy cargado de nubes: *cielo cerrado.* **3.** *Fig.* Dícese del acento de la persona cuya pronunciación presenta rasgos locales muy marcados: *hablar un andaluz muy cerrado.* **4.** *Fig.* Dícese de esta misma persona: *ser un andaluz muy cerrado.* **5.** Dícese de la persona de pocos alcances. **6.** FONÉT. Dícese de una vocal pronunciada con la boca casi cerrada. **7.** MAT. Dícese del intervalo que contiene sus extremos. **8.** MAT. Dícese del conjunto que contiene todos sus puntos de acumulación. ◆ n. m. **9.** Cercado, huerto, prado.

**CERRADURA** n. f. Cerramiento, acción de cerrar. **2.** Aparato de cierre que se maniobra a mano por medio de un accesorio, por lo general amovible (llave, tirador, etc.), o bien a distancia mediante algún dispositivo de tipo técnico.

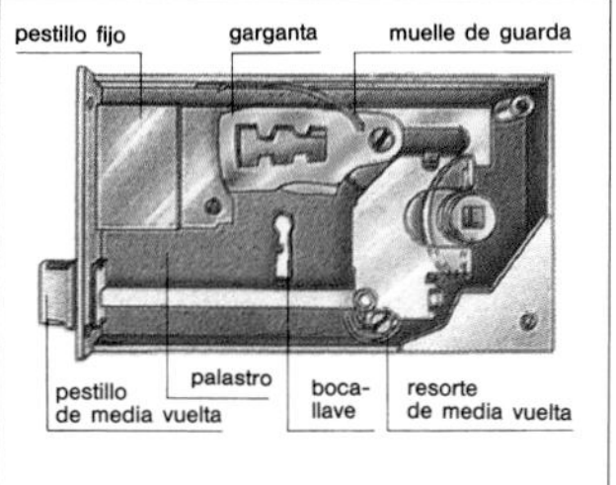

**cerradura**

**CERRAJA** n. f. Planta de la familia compuestas, de flores amarillas, que contiene un látex blanco.

**CERRAJERÍA** n. f. Oficio de cerrajero. **2.** Taller o sitio donde se fabrican y venden cerraduras, llaves, herrajes para muebles y otros objetos de hierro.

**CERRAJERO** n. m. Maestro u oficial que hace cerraduras y otros instrumentos de hierro.

**CERRAMIENTO** n. m. Acción y efecto de cerrar. **2.** Cosa que cierra o tapa cualquier abertura, conducto o paso. **3.** División que se hace con tabique, y no con pared gruesa, en una pieza o estancia.

**CERRAR** v. tr. **[1j]**. Hacer que el interior de un lugar o receptáculo quede incomunicado con el exterior: *cerrar una habitación, una botella.* **2.** Tratándose de partes del cuerpo o de cosas articuladas, juntarlas unas con otras: *cerrar los ojos.* **3.** *Fig.* Entorpecer, interrumpir el curso, la carrera de algo o de alguien: *cerrar el paso.* **4.** Interrumpir el funcionamiento de una máquina accionando un dispositivo: *cerrar la radio.* **5.** *Fig.* Concluir ciertas cosas, ponerles término: *cerrar la sesión, un plazo, una empresa.* **6.** *Fig.* Dar por firmes y terminados los ajustes, contratos, etc.: *cerrar un trato.* **7.** Ir detrás o en último lugar: *cerraba el desfile una unidad de artillería.* **8.** Encoger o doblar lo que estaba extendido: *cerrar el paraguas.* **9.** Tratándose de sobres, paquetes o cosas semejantes, disponerlos de modo que no sea posible ver lo que contienen ni abrirlos sin despegarlos o romperlos por alguna parte. • **Cerrar la boca,** callar. ◆ v. tr. y pron. **10.** Tapar u obstruir aberturas, huecos, conductos, etc.: *cerrar un agujero.* **11.** Cicatrizar las heridas. • **Cerrar plaza** (TAUROM.), ser un toro el último que se lidia de la corrida. ◆ v. tr., intr. y pron. **12.** Encajar o asegurar en su marco la hoja de una puerta, ventana, etc.: *cerrar una puerta.* ◆ v. intr. y pron. **13.** Llegar la noche a su plenitud: *cerrar la noche.* ◆ **cerrarse** v. pron. **14.** Mostrarse reacio a admitir ideas, opiniones nuevas o amistades. **15.** Encapotarse el cielo, la atmósfera, etc.

**CERRAZÓN** n. f. Oscuridad grande por cubrirse el cielo de nubes muy negras. **2.** *Fig.* Incapacidad de comprender algo por ignorancia o prejuicio. **3.** *Argent.* Niebla espesa que dificulta la visibilidad.

**CERRERO, A** adj. *Amér. Fig.* Inculto, grosero, tosco, brusco. **2.** *Venez.* Dícese del café y otras bebidas fuertes y amargas.

**CERRIL** adj. Dícese del terreno escabroso. **2.** Dícese de las caballerías y del ganado vacuno indómitos. **3.** *Fig.* y *fam.* Obstinado, terco. **4.** *Fig.* y *fam.* Tosco, grosero.

**CERRILLAR** v. tr. **[1]**. Poner el cordoncillo a las piezas de moneda.

**CERRO** n. m. (lat. *cirrum,* rizo). Elevación de tierra aislada, menor que el monte. **2.** Cuello o pescuezo del animal. **3.** Espinazo o lomo. • **Por los cerros de Úbeda** *(Fam.),* por lugar muy remoto y fuera de camino; *(Fam.),* fuera de propósito.

**CERROJAZO** n. m. Acción de echar el cerrojo recia y bruscamente. **2.** *Fig.* Interrupción brusca de una actividad que todavía no se ha terminado: *dar cerrojazo a una reunión.*

**CERROJO** n. m. Forma particular de cerradura que se caracteriza por un pasador prismático o cilíndrico, sostenido horizontalmente por guías y provisto de una manija que permite correrlo de un lado para otro. **2.** Mecanismo que cierra la recámara de algunas armas de fuego. • **Hacer el cerrojo,** en fútbol, reforzar un equipo su juego defensivo retrasando jugadores de la línea media e incluso de la delantera.

**CERTAMEN** n. m. (lat. *certamen*). Concurso abierto para estimular con premios el cultivo de las ciencias, las letras o las artes. **2.** Discusión literaria.

**CERTERO, A** adj. Diestro en tirar: *un tirador certero.* **2.** Seguro, acertado: *respuesta certera.*

**CERTEZA, CERTIDUMBRE** o **CERTITUD** n. f. Conocimiento seguro, claro y evidente de las cosas.

**CERTIFICACIÓN** n. f. Acción y efecto de certificar. **2.** Certificado.

**CERTIFICADO, A** adj. y n. m. Dícese de las cartas o envíos postales que, mediante un franqueo adicional, son anotados en una lista especial de las oficinas de correos, lo cual se acredita por el resguardo que expide la administración, que se hace responsable en caso de extravío. ◆ n. m. **2.** Documento público o privado en que se da fe de la veracidad de un hecho. SIN.: *certificación.* • **Certificado de buena conducta,** el que certifica la buena conducta de una persona. ‖ **Certificado de escolaridad,** el que acredita haber cursado los estudios obligatorios de educación general básica. ‖ **Certificado de trabajo,** el que el empresario proporciona al trabajador que lo solicita, expresando la clase y duración de los servicios prestados en la empresa. ‖ **Certificado médico,** documento suscrito por un médico en un papel timbrado, o en impreso de modelo oficial, en que certifica acerca de una determinada situación sanitaria.

**CERTIFICADOR, RA** adj. y n. Que certifica.

**CERTIFICAR** v. tr. (lat. *certificare*) **[1a]**. Dejar cierto y libre de duda a uno. **2.** Afirmar una cosa, darla por cierta: *certificar la inocencia de alguien.* **3.** Hacer registrar los envíos por correo, obteniendo un resguardo que acredite el envío. **4.** DER. Dar fe de la veracidad de un hecho por medio de un certificado.

**CERTIFICATORIO, A** adj. Que certifica o sirve para certificar.

**CERÚLEO, A** adj. (lat. *cerulem*). Dícese del color azul del cielo despejado, de la alta mar o de los grandes lagos.

**CERUMEN** n. m. Sustancia grasa, pardusca, formada en el conducto auditivo externo por las glándulas que lo tapizan.

**CERUSA** n. f. (lat. *cerussam*). Carbonato básico de plomo, llamado también blanco de cerusa o blanco de plata, utilizado en pintura.

**CERUSITA** n. f. Carbonato natural de plomo cuya fórmula es $PbCO_3$.

**CERVAL** adj. Perteneciente al ciervo o parecido a él. **2.** Dícese del miedo muy grande o excesivo.

**CERVANTINO, A** adj. Relativo a Cervantes.

**CERVANTISMO** n. m. Influencia de las obras de Cervantes en la literatura general. **2.** Giro o locución cervantina. **3.** Estudio crítico de la vida y obra de Cervantes.

**CERVANTISTA** adj. y n. m. y f. Dícese del especialista en el estudio de las obras de Cervantes.

**CERVATO** n. m. Cachorro del ciervo.

**CERVECEO** n. m. Fermentación de la cerveza.

**CERVECERÍA** n. f. Fábrica de cerveza. **2.** Establecimiento donde se vende cerveza.

**CERVECERO, A** adj. Relativo a la cerveza. ◆ n. **2.** Persona que hace o vende cerveza.

**CERVELLINA** n. f. Planta herbácea de la familia crucíferas, de hojas alternas, inflorescencias en racimos, flores blanquecinas o púrpuras y fruto en silícula comprimida.

**CERVEZA** n. f. (lat. *cervesiam*). Bebida ligeramente alcohólica, obtenida por la fermentación del azúcar de la cebada germinada bajo la acción de la levadura y perfumada con lúpulo.

**CERVICAL** adj. Relativo al cuello: *vértebra cervical.* **2.** Relativo al cuello del útero.

**CERVICITIS** n. f. Inflamación del cuello del útero. SIN.: *metritis cervical.*

**CÉRVIDO, A** adj. y n. m. Relativo a una familia de rumiantes de aspecto esbelto y ágil, como el ciervo, el alce y el reno; los machos poseen cuernos macizos, ramificados y caducos, llamados astas.

**CERVIGUILLO** n. m. Parte exterior de la cerviz de los animales, cuando es gruesa y abultada.

**CERVIZ** n. f. (lat. *cervicem*). Parte posterior del cuello del hombre y de los animales. • **Bajar,** o **doblar, la cerviz,** humillarse. ‖ **Levantar la cerviz,** engreírse, ensoberbecerse. ‖ **Ser duro de cerviz,** ser indómito.

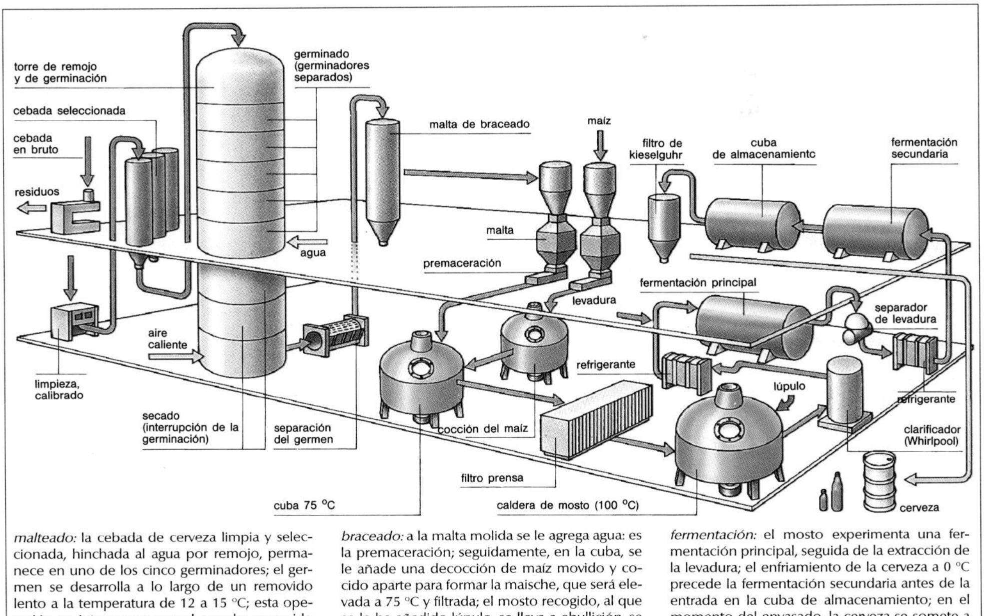


*malteado:* la cebada de cerveza limpia y seleccionada, hinchada al agua por remojo, permanece en uno de los cinco germinadores; el germen se desarrolla a lo largo de un removido lento a la temperatura de 12 a 15 °C; esta operación se interrumpe con el secado, removido en el aire a 60 °C y a 85 °C; la malta así obtenida se desgermina y se separa de sus radículas.

*braceado:* a la malta molida se le agrega agua: es la premaceración; seguidamente, en la cuba, se le añade una decocción de maíz movido y cocido aparte para formar la maische, que será elevada a 75 °C y filtrada; el mosto recogido, al que se le ha añadido lúpulo, se lleva a ebullición, se filtra, se enfría a 6 °C, y seguidamente es oxigenado y sembrado con levadura.

*fermentación:* el mosto experimenta una fermentación principal, seguida de la extracción de la levadura; el enfriamiento de la cerveza a 0 °C precede la fermentación secundaria antes de la entrada en la cuba de almacenamiento; en el momento del envasado, la cerveza se somete a un último filtrado.

elaboración de la **cerveza**

**CERVUNO, A** adj. Cerval.

**CESACIÓN** n. f. Acción y efecto de cesar.

**CESALPINIÁCEO, A** adj. y n. f. Relativo a una familia de plantas leguminosas que crecen en los países cálidos, como el algarrobo y la acacia.

**CESAMIENTO** n. m. Cesación.

**CESANTE** adj. Que cesa. ◆ adj. y n. m. y f. **2.** Dícese del empleado a quien se priva de su empleo.

**CESANTEADO, A** adj. y n. *Amér.* Dícese del que le ha sido rescindido el contrato laboral.

**CESANTEAR** v. tr. [**1**]. *Amér.* Rescindir el contrato laboral a alguien.

**CESANTÍA** n. f. Estado de cesante.

**CESAR** v. intr. [**1**]. Suspenderse o acabarse una cosa: *cesar una guerra.* **2.** Dejar de hacer lo que se está haciendo: *cesar de trabajar.* **3.** Dejar de desempeñar algún empleo o cargo. ◆ v. tr. **4.** Destituir a alguien en el empleo o cargo que desempeña.

**CÉSAR** n. m. Sobrenombre romano convertido en título en honor de Julio César.

**CESÁREA** n. f. Operación quirúrgica que consiste en extraer el feto por incisión de la pared abdominal y del útero cuando el parto resulta imposible por vía natural.

**CESÁREO, A** adj. Relativo al imperio o a la majestad imperial.

**CESARIANO, A** adj. y n. Relativo a un emperador romano.

**CESARISMO** n. m. Sistema de gobierno en el que un solo hombre asume todo el poder.

**CESARISTA** n. m. y f. Partidario o servidor del cesarismo.

**CESAROPAPISMO** n. m. Sistema de gobierno autocrático que concentra la autoridad temporal y espiritual en la persona del emperador: *el cesaropapismo carolingio.*

**CESE** n. m. Acción y efecto de cesar: *cese de las hostilidades, de un cargo.* **2.** Formalidad o diligencia con que se hace constar un cese.

**CESIBILIDAD** n. f. Calidad de cesible.

**CESIBLE** adj. Que se puede ceder.

**CESIO** o **CESIUM** n. m. (lat. *caesium,* azul). Metal alcalino de símbolo Cs, de número atómico 55 y de masa atómica 132,9.

**CESIÓN** n. f. (lat. *cessionem*). DER. Transmisión a otro de la cosa o derecho del que se es propietario o titular.

**CESIONARIO, A** n. Beneficiario de una cesión.

**CESIONISTA** n. m. y f. Persona que hace una cesión.

**CÉSPED** n. m. (lat. *caespitem*). Vegetación tupida en pequeños manojos, que se desarrolla en el suelo por medio de tallos rastreros numerosos, cortos y densos. **2.** Tepe.

**CESSETANO, A** adj. y n. Cosetano.

**CESTA** n. f. (lat. *cistam*). Recipiente tejido con mimbres, juncos, etc., que sirve para recoger o llevar ropas, frutas y otros objetos. **2.** Parte del capitel comprendida entre el astrágalo y el ábaco. **3.** Especie de pala, larga, acanalada y curva, hecha de cestería, que sirve para jugar a la pelota. SIN.: *chistera.* **4.** Modalidad de pelota vasca que se juega con esta pala.

**CESTADA** n. f. Lo que cabe en una cesta.

**CESTERÍA** n. f. Establecimiento del cestero. **2.** Procedimiento de fabricación de recipientes u otros objetos mediante el entrecruzado alternativo de fibras o materias vegetales.

**CESTERO, A** n. Persona que hace o vende cestos o cestas.

**CESTO** n. m. Cesta grande, más ancha que alta. **2.** En baloncesto, aro de hierro sujeto horizontalmente en lo alto de un poste de madera y provisto de una red, en el que debe introducirse el balón. **3.** Tanto conseguido, en baloncesto. • **Cesto de los papeles,** recipiente donde se echan los papeles inútiles.

**CESTO** n. m. (lat. *cestum*). Guantelete recubierto de plomo, utilizado por los antiguos atletas en el pugilato.

**CESTODO, A** adj. y n. m. Relativo a una clase de gusanos planos parásitos, como la tenia.

**CESURA** n. f. (lat. *caesuram,* corte). Pausa situada en el interior de un verso que sirve para regular el ritmo y lo divide en dos hemistiquios. **2.** MÚS. Pausa suspensiva de la frase musical.

**CETA** n. f. Zeda.

**CETÁCEO, A** adj. y n. m. Relativo a un orden de mamíferos marinos, adaptados a la vida acuática por su cuerpo pisciforme y sus miembros anteriores transformados en aletas, como la ballena, el cachalote, el delfín y la marsopa.

**CETANO** n. m. Hidrocarburo saturado de fórmula $C_{16}H_{34}$. • **Índice de cetano,** magnitud que caracteriza la facilidad de inflamación de un combustible para motor diesel.

**CETME** n. m. (de *Centro de Estudios Técnicos de Materiales Especiales*). Fusil de asalto español.

**CETÓGENO, A** adj. Dícese de los alimentos o de los regímenes alimenticios que producen la formación de cetonas en el organismo.

**CETONA** n. f. Nombre genérico de los derivados carbonosos secundarios R—CO—R′ (siendo R y R′ dos radicales hidrocarbonados).

**CETONIA** n. f. Insecto de color verde dorado, del orden coleópteros, de 2 cm de long., que se alimenta de flores, especialmente rosas, sobre las que vive.

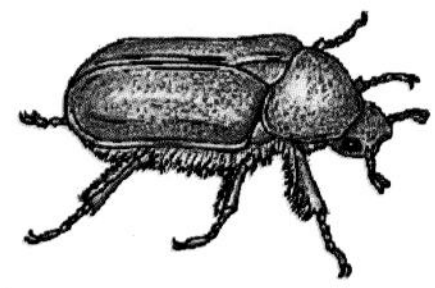

**cetonia**

**CETÓNICO, A** adj. Que posee la función cetona.

**CETONURIA** n. f. Tasa de cuerpos cetónicos en la orina.

**CETOSA** n. f. QUÍM. Azúcar que posee la función cetona.

**CETOSIS** n. f. MED. Aumento de la tasa de cuerpos cetónicos en la sangre.

**CETRERÍA** n. f. Arte de criar, amaestrar, enseñar y curar halcones y demás aves apropiadas para la caza de volatería. **2.** Deporte de la caza de aves y de algunos cuadrúpedos con determinados pájaros de presa.

**CETRERO, A** n. Persona que cría, domestica y enseña a las aves que se emplean en la caza de cetrería. **2.** Persona que se dedica a este género de caza.

**CETRINO, A** adj. y n. m. (lat. *citrinum*). Dícese del color amarillo verdoso. ◆ adj. **2.** De color cetrino.

**CETRO** n. m. (lat. *sceptrum*). Bastón de mando, que usan como distintivo ciertas dignidades. **2.** *Fig.* Dignidad de rey o de emperador. **3.** *Fig.* Preeminencia en algo.

**CEUTÍ** adj. y n. m. y f. De Ceuta.

**Cf,** símbolo químico del *californio.*

**CFC,** siglas de *clorofluorocarbono**.

**C.G.S.,** sistema de unidades en el que las fundamentales son el centímetro, el gramo y el segundo.

**CH** n. f. Letra doble del español, que representa un sonido de articulación predorsal, prepalatal, africado y sordo.

**CHABACANERÍA** o **CHABACANADA** n. f. Calidad de chabacano. **2.** Dicho o hecho chabacano.

**CHABACANO, A** adj. Grosero, de mal gusto. ◆ n. m. **2.** *Méx.* Albaricoquero. **3.** *Méx.* Fruto de este árbol.

**CHABELA** n. f. *Bol.* Bebida hecha mezclando vino y chicha.

**CHABELÓN** adj. y n. m. *Guat.* Dícese del hombre cobarde.

**CHABOLA** n. f. Barraca, choza o refugio, generalmente construido en el campo y con carácter provisional. **2.** Vivienda en suburbios de ciudades, habitada generalmente por inmigrantes.

**CHABOLISMO** n. m. Forma de hábitat, que se presenta en núcleo de atracción inmigratoria, caracterizada por unas condiciones de degradación urbana y en donde se producen fenómenos de marginación social.

**CHACA** n. f. *Chile.* Marisco comestible.

**CHACAL** n. m. Mamífero carnívoro que vive en Asia y África, mide igual que una zorra y se alimenta especialmente de los restos que abandonan las grandes fieras.

**chacal**

**CHACALÍN, NA** n. *Amér. Central.* Niño. ◆ n. m. **2.** *Amér. Central.* Camarón, crustáceo.

**CHACANEAR** v. intr. y tr. [**1**]. *Chile.* Espolear con fuerza a la cabalgadura. **2.** *Chile.* Importunar.

**CHÁCARA** n. f. *Amér.* Chacra, granja.

**CHÁCARA** n. m. *Colomb.* Monedero.

**CHACARERA** n. f. *Argent., Bol.* y *Urug.* Baile de ritmo rápido que se acompaña con castañeteos y zapateo. **2.** *Argent., Bol.* y *Urug.* Música y letra de este baile.

**CHACARERO, A** adj. *Amér.* Relativo a la chácara. ◆ n. **2.** *Amér.* Dueño de una chácara o granja. **3.** *Amér.* Persona que trabaja en ella. ◆ n. m. **4.** *Chile.* Tipo de sandwich que tiene algunas verduras y carne.

**CHACARRACHACA** n. f. (voz onomatopéyica). *Fam.* Ruido de disputa o algazara.

**CHACHA** n. f. *Fam.* Niñera. **2.** Criada.

**CHACHACOMA** n. f. *Chile.* Planta medicinal, de flores amarillas y hojas pequeñas.

**CHACHACHÁ** n. m. Baile de origen mexicano derivado de la combinación de determinados ritmos de rumba y de mambo.

**CHACHAGUATO, A** adj. y n. *Amér. Central.* Gemelo, mellizo.

**CHACHALACA** n. f. *Amér. Central* y *Méx.* Ave galliforme de plumas muy largas, verdes tornasoladas en la cola, sin cresta ni barbas, de carne comestible y cuya voz es un grito estridente. (Familia penelópidos.) ◆ n. f. y adj. **2.** *Amér. Central. Fig.* Persona locuaz.

**CHACHAPOYA,** pueblo amerindio quechuizado que habitaba a orillas del Marañón (Perú), y que en el s. XV fue sometido por el inca Túpac Yupanqui.

**CHÁCHARA** n. f. (ital. *chiacchiera*). *Fam.* Abundancia de palabras inútiles. **2.** *Fam.* Conversación de tono frívolo o intrascendente. **3.** *Méx.* Objeto de poco valor. ◆ **cháchara**s n. f. pl. **4.** Baratijas, cachivaches.

**CHACHAREAR** v. intr. [**1**]. *Fam.* Hablar mucho y sin sustancia.

**CHACHARERO, A** adj. y n. *Fam.* Charlatán. ◆ n. m. **2.** *Méx.* Vendedor de cháchara.

**CHACHO, A** n. *Fam.* Muchacho. ◆ adj. y n. **2.** *Amér. Central.* Hermano pequeño.

**CHACHO, A** adj. *Salv.* Que se presenta a pares.

**CHACINA** n. f. Cecina. **2.** Carne de puerco adobada, con la cual se suelen hacer embutidos.

**CHACINERÍA** n. f. Tienda en que se vende chacina.

**CHACINERO, A** n. Persona que hace o vende chacina.

**CHAC-MOOL** n. m. Tipo de esculturas de la cultura precolombina tolteca y maya-tolteca, que representan una figura humana reclinada, que sujeta con las manos una bandeja colocada sobre el vientre, la cual servía para colocar ofrendas rituales.

**CHACO** n. m. *Amér.* Montería con ojeo que hacían antiguamente los indios **2.** *Amér.* Territorio surcado de pequeños ríos que forman lagunas y pantanos. **3.** *Amér.* Lugar roturado y llano en las cercanías de los pueblos, donde se cultiva arroz, café, tabaco y caña de azúcar.

**CHACÓ** n. m. (fr. *shako*) [pl. *chacós*]. Morrión de la caballería ligera, aplicado después a tropas de otras armas.

**CHACOLÍ** n. m. (vasc. *txakolin*). Vino español que se elabora en las regiones húmedas del NO, especialmente en el País Vasco.

**CHACOLOTEAR** v. intr. [**1**]. Hacer ruido algunos objetos duros al entrechocar, especialmente las herraduras que están poco sujetas.

**CHACOLOTEO** n. m. Acción y efecto de chacolotear.

**CHACÓN** n. m. Lagarto de 30 cm de long., parecido a la salamanquesa, que vive en Filipinas. (Familia gecónidos.)

**CHACONA** n. f. Danza de movimiento lento y tiempo ternario, quizá de origen mexicano, que apareció en España en el s. XVI. **2.** Composición poética para dicho baile.

**CHACONADA** n. f. (fr. *jaconas*). Tela de algodón de calidad intermedia entre el percal y la muselina.

**CHACOTA** n. f. Bulla y alegría ruidosa con que se celebra alguna cosa. **2.** Burla.

**CHACOTEAR** v. intr. [**1**]. Hacer chacota.

**CHACOTEO** n. m. Acción y efecto de chacotear.

**CHACOTERO, A** adj. y n. Que usa de chacotas.

**CHACRA** n. f. *Amér.* Granja. **2.** *Chile.* Terreno de extensión reducida destinado al cultivo de hortalizas. **3.** *Chile.* Nombre que recibe la sección de una propiedad destinada al cultivo de hortalizas. **4.** *Chile.* Propiedad rural de extensión reducida, destinada a diversos cultivos y lugar de descanso. • **Helársele la chacra** a uno *(Chile)*, fracasar una persona en un trabajo o negocio, generalmente de naturaleza agrícola. ‖ **Venir de la chacra** *(Chile)*, ser ignorante, poco avisado o ingenuo; ser de hábitos rústicos.

**CHACUACO** n. m. Horno de manga para tratar minerales de plata. **2.** *Méx.* Chimenea alta, particularmente la de los ingenios azucareros o de las fábricas.

**CHADIANO, A** adj. y n. De Chad.

**CHADOR** n. m. Velo con que las mujeres musulmanas se cubren la cabeza y parte del rostro.

**CHAFA** adj. y n. f. *Méx.* Dícese de los artículos de mala calidad o mal hechos. **2.** *Méx.* Dícese de la persona que hace mal las cosas.

**CHAFADURA** n. f. Acción y efecto de chafar o chafarse.

**CHAFALLAR** v. tr. [**1**]. *Fam.* Hacer o remendar una cosa sin arte ni aseo.

**CHAFALMEJAS** n. m. y f. (pl. *chafalmejas*). *Fam.* Pintamonas.

**CHAFAR** v. tr. y pron. [**1**]. Aplastar. ◆ v. tr. **2.** Arrugar y deslucir la ropa. **3.** *Fig.* y *fam.* Cortar a alguien en una conversación o concurrencia, dejándole sin tener qué responder.

**CHAFARIZ** n. m. En las fuentes monumentales, parte elevada donde están puestos los caños por donde sale el agua.

**CHAFARRINADA** n. f. Borrón o mancha. **2.** Pintura mal ejecutada.

**CHAFARRINAR** v. tr. [**1**]. Deslucir con manchas o borrones.

**CHAFARRINÓN** n. m. Chafarrinada.

**CHAFLÁN** n. m. (fr. *chaufrein*). Superficie oblicua plana que se obtiene cortando la arista de un cuerpo sólido. **2.** Fachada que sustituye una esquina de un edificio.

**CHAGRA** n. m. y f. *Ecuad.* Labrador, campesino. ◆ n. f. **2.** *Colomb.* Chacra.

**CHAGUAL** n. m. *Argent., Chile* y *Perú.* Planta bromeliácea de tronco escamoso y flores verdosas, cuya médula es comestible y cuyas fibras se utilizan para hacer cordeles.

**CHAGUALA** n. f. Pendiente que llevaban los indios en la nariz. **2.** *Colomb.* Zapato viejo. **3.** *Colomb.* Herida.

**CHAGUALÓN** n. m. *Colomb.* Planta arbórea con la que se produce resinas o incienso.

**CHÁGUAR** n. m. (voz quechua). *Amér. Merid.* Especie de agave que se utiliza como planta textil.

**CHAGUARAL** n. m. *Argent.* Lugar donde abundan los chaguares.

**CHAGÜÍ** n. m. *Ecuad.* Pájaro de pequeño tamaño que abunda en el litoral.

**CHAHUISTLE** n. m. *Méx.* Hongo microscópico que ataca las hojas y los tallos del maíz, el trigo y otras gramíneas. • **Caerle el chahuistle** a alguien *(Méx.)*, sobrevenirle algún mal o acercársele a alguien una persona molesta.

**CHAIRA** n. f. Cuchilla de zapatero. **2.** Cilindro de acero con mango para afilar cuchillas.

**CHAJÁ** n. m. *Argent., Par.* y *Urug.* Ave zancuda de unos 85 cm de long. y color grisáceo, que se caracteriza por su fuerte grito. (Familia anímidos.)

**CHAJUÁN** n. m. *Colomb.* Bochorno, calor.

**CHAL** n. m. (fr. *châle*). Prenda de lana, seda, etc., que se ponen las mujeres sobre los hombros.

**CHALA** n. f. (voz quechua). *Amér. Merid.* Hoja que envuelve la mazorca del maíz. **2.** *Amér. Merid.* Cigarrillo hecho con tabaco envuelto en una hoja de maíz seca. **3.** *Chile.* Sandalia.

**CHALACO, A** adj. y n. De Callao.

**CHALALA** n. f. *Chile.* Sandalia tosca que usan los indios.

**CHALÁN, NA** adj. y n. Que trata en compras y ventas, especialmente de caballerías y ganados. **2.** Dícese de la persona poco escrupulosa en sus tratos. ◆ n. m. **3.** *Colomb.* y *Perú.* Picador, domador de caballos. **4.** *Méx.* Ayudante de albañil, peón.

**CHALANA** n. f. (fr. *chaland*). Embarcación de fondo plano, sin puente, destinada al transporte de mercancías en ríos y canales. • **Chalana cisterna,** chalana especialmente construida para transportar líquidos sin envasar.

**CHALANEAR** v. tr. [**1**]. Tratar los negocios con destreza y habilidad. **2.** *Amér.* Adiestrar caballos.

**CHALANEO** n. m. Acción y efecto de chalanear.

**CHALANERÍA** n. f. Cualidad de chalán.

**chac-mool** (templo de los Guerreros en Chichén Itzá; arte maya-tolteca; 900-1200)

**CHALANESCO, A** adj. *Desp.* Propio de chalanes.

**CHALAR** v. tr. y pron. [**1**]. Enloquecer, alelar. **2.** Enamorar: *sus ojazos me chalaron.*

**CHALATE** n. m. *Méx.* Caballo matalón.

**CHALAZA** n. f. Ligamento torcido en espiral que sostiene la yema del huevo en medio de la clara.

**CHALAZIÓN** n. m. Pequeña lesión de aspecto tumoral, que aparece en el borde libre de los párpados.

**CHALCHA** n. f. *Chile.* Papada.

**CHALCHAL** n. m. *Argent., Par.* y *Urug.* Árbol empleado en ornamentación, de hasta 10 m de alto, con fruto rojo y flores amarillentas.

**CHALCHALERO** n. m. *Argent.* Zarzal.

**CHALCHIHUITE** n. m. *Guat.* y *Salv.* Baratija. **2.** *Méx.* Piedra semipreciosa de distintos colores, la más apreciada de color verde, que se utiliza en joyería.

**CHALECO** n. m. Prenda de vestir sin mangas y abrochada por delante. **2.** Parte trasera y baja del cuello de los toros. • **Chaleco salvavidas** (MAR.), prenda de lona sin mangas, rellena de placas de corcho o plástico.

**CHALEQUERA** n. f. TAUROM. Estocada baja dada en el chaleco.

**CHALEQUERO, A** n. Persona que tiene por oficio hacer chalecos.

**CHALET** o **CHALÉ** n. m. (fr. *chalet*) [pl. *chalets* o *chalés*]. Casa unifamiliar de poca altura, con jardín. **2.** Casa de recreo.

**CHALINA** n. f. Corbata de caídas largas. **2.** *Argent., Colomb.* y *C. Rica.* Chal estrecho usado por las mujeres.

**CHALLA** n. f. *Argent.* y *Chile.* Chaya.

**CHALLENGE** n. m. (voz inglesa). Competición deportiva en la que el ganador guarda en depósito el trofeo hasta que un competidor le despoja de él en una prueba posterior. **2.** El trofeo mismo.

**CHALLENGER** n. m. y f. (voz inglesa). Atleta que desafía oficialmente al poseedor de un título o de un challenge.

**CHALLULLA** n. f. *Perú.* Pez de río sin escamas.

**CHALÓN** n. m. *Urug.* Mantón negro.

**CHALONA** n. f. *Bol.* Carne de oveja, salada y secada al sol. **2.** *Perú.* Carne de carnero acecinada.

**CHALOTE** n. m. (fr. *échalotte*). Planta hortense parecida a la cebolla que se utiliza como condimento. (Familia liliáceas.)

**CHALUPA** n. f. (fr. *chaloupe*). Lancha pesada y robusta, a remos o a motor, destinada al servicio de los buques. **2.** *Méx.* Especie de canoa de fondo más o menos plano. **3.** *Méx.* Tortilla de maíz pequeña pero gruesa, con frijoles, queso y otros ingredientes por encima.

**CHAMA** n. f. Acción y efecto de chamar.

**CHAMA,** grupo lingüístico de la familia pano que incluye los pueblos conibo, setebo y chipibo, que viven en la cuenca del Ucayali (Perú).

**CHAMACO, A** n. *Méx.* Niño, muchacho.

**CHAMADA** n. f. Chamarasca.

**CHAMAGOSO, A** adj. *Méx.* Descuidado, sucio, basto.

**CHAMAL** n. m. *Argent.* y *Chile.* Paño que usan los indios araucanos para cubrirse de cintura para abajo. **2.** *Chile.* Túnica de lana gruesa utilizada por las indias araucanas.

**CHAMÁN** o **SHAMÁN** n. m. En algunas religiones (Asia septentrional, América del Norte, etc.), hechicero cuya función consistía en entrar en comunicación con los espíritus de la naturaleza, utilizando para ello las técnicas del éxtasis y del trance.

**CHAMANISMO** n. m. Conjunto de las prácticas mágicas centradas en la persona del chamán.

**CHAMANTO** n. m. *Chile.* Chamal con una abertura para la cabeza. **2.** *Chile.* Manto de lana con rayas de colores que usan los campesinos.

**CHAMAR** v. tr. [**1**]. Chamarilear.

**CHAMARASCA, CHAMADA** o **CHÁMARA** n. f. Leña menuda y hojarasca, que levantan mucha llama. **2.** Esta misma llama.

**CHAMARILEAR** v. tr. [**1**]. Comerciar con objetos usados.

**CHAMARILEO** n. m. Acción y efecto de chamarilear.

**CHAMARILERO, A** n. Persona que tiene por oficio chamarilear.

**CHAMARRA** n. f. Prenda de vestir parecida a la zamarra. **2.** *Amér. Central.* Engaño, fraude. **3.** *Amér. Central* y *Venez.* Manta que puede usarse como manta o chamal. **4.** *Méx.* Abrigo corto de tela o piel, que llega por lo general hasta la cintura o la cadera.

**CHAMARRETA** n. f. Chaqueta corta y holgada.

**CHAMARRITA** n. f. *Argent.* Baile semejante a la polca, en el que las parejas forman de vez en cuando una rueda.

**CHAMARRO** n. m. *Hond.* Prenda rústica de vestir.

**CHAMBA** n. f. *Fam.* Casualidad favorable, acierto casual. **2.** *Méx.* Empleo, trabajo en general. **3.** *Méx. Fam.* Trabajo ocasional y mal remunerado.

**CHAMBADO** n. m. *Argent.* y *Chile.* Cuerna, vaso rústico.

**CHAMBEADOR, RA** adj. *Méx. Fam.* Dícese de la persona que trabaja mucho o es muy cumplida en su trabajo.

**CHAMBEAR** v. intr. [**1**]. *Méx. Fam.* Trabajar.

**CHAMBELÁN** n. m. (fr. *chambellan*). Camarlengo, gentilhombre de cámara. **2.** *Méx.* Joven que acompaña a una joven en la celebración de su quince cumpleaños.

**CHAMBERGO, A** adj. y n. m. Dícese del individuo que formaba parte del regimiento creado en 1669 por la reina gobernadora Mariana de Austria, para desempeñar las funciones del cuerpo de guardia real en Madrid. • **Sombrero chambergo,** el de copa más o menos acampanada y de ala ancha levantada por un lado y sujeta con presilla. ◆ adj. y n. f. **2.** Dícese de las prendas del uniforme de dicho cuerpo.

**CHAMBERÍ** adj. y n. *Perú.* Dícese de la persona ostentosa.

**CHAMBISTA** adj. y n. m. y f. *Méx. Fam.* Dícese de la persona que trabaja sin interés o no cumple bien su trabajo.

**CHAMBÓN, NA** adj. y n. *Fam.* De escasa habilidad en el juego o deportes. **2.** *Fam.* Poco hábil en cualquier arte o facultad. **3.** *Fam.* Que consigue por casualidad alguna cosa.

**CHAMBONADA** n. f. *Fam.* Desacierto propio del chambón. **2.** *Fam.* Ventaja obtenida por casualidad.

**CHAMBONEAR** v. intr. [**1**]. *Amér. Fam.* Hacer las cosas torpemente.

**CHAMBOROTE** adj. *Ecuad.* Dícese del pimiento blanco. **2.** *Ecuad. Fig.* Se dice de la persona de nariz larga.

**CHAMBRA** n. f. Vestidura corta, parecida a una blusa, que usaban las mujeres sobre la camisa. SIN.: *chapana.*

**CHAMBRANA** n. f. Labor o adorno de piedra o madera que se pone alrededor de las puertas, ventanas o chimeneas de calefacción. **2.** *Colomb.* y *Venez.* Bullicio, algazara.

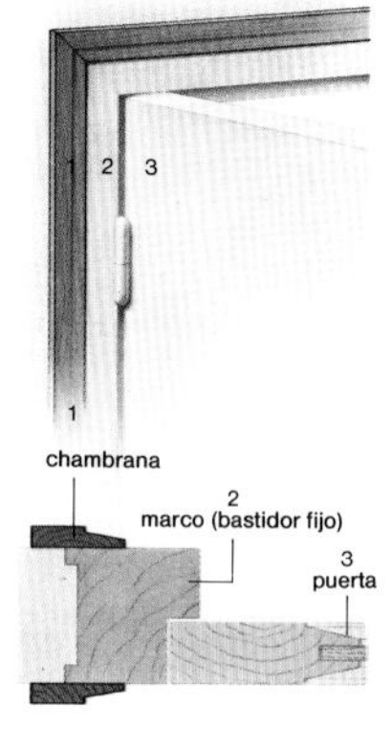


**chambrana** de puerta

**CHAMBRITA** n. f. *Méx.* Chaqueta de bebé tejida.

**CHAMBURGO** n. m. *Colomb.* Charco, remanso.

**CHAMELO** n. m. Juego de dominó.

**CHAMICADO, A** adj. *Chile* y *Perú.* Taciturno. **2.** *Chile* y *Perú.* Perturbado por la embriaguez.

**CHAMICERA** n. f. Pedazo de monte quemado.

**CHAMICO** n. m. *Amér. Merid., Cuba* y *Dom.* Arbusto silvestre, variedad del estramonio.

**CHAMIZA** n. f. Hierba graminácea que nace en las tierras húmedas. **2.** Leña menuda que sirve para los hornos.

**CHAMIZO** n. m. Árbol o leño medio quemado o chamuscado. **2.** Choza cubierta de chamiza, hierba. **3.** *Fig.* y *fam.* Tugurio.

**CHAMORRA** n. f. *Fam.* Cabeza esquilada.

**CHAMORRO, A** adj. y n. Que tiene la cabeza esquilada. ◆ adj. **2. Trigo chamorro,** especie de trigo mocho, con el grano blando y de poco salvado, cuya espiga es pequeña y achatada. ◆ n. m. **3.** *Méx.* Pantorrilla.

**CHAMOTA** n. f. Arcilla cocida utilizada en cerámica.

**CHAMPA** n. f. *Amér. Central.* Tienda de palma o cobertizo rústico. **2.** *Amér. Merid.* Raíces con tierra que forman una masa compacta; raigambre. **3.** *Chile.* Cabello largo y abundante, generalmente rizado. **4.** *Chile.* Pelo pubiano abundante.

**CHAMPAGNE** n. m. (voz francesa). Champaña.

**CHAMPÁN** n. m. Embarcación grande de fondo plano, para navegar por los ríos, usada en el Pacífico y en algunas partes de América. SIN.: *sampán.*

**CHAMPAÑA, CHAMPÁN** o **CHAMPAGNE** n. m. Vino blanco o rosado espumoso, muy apreciado, del tipo que se elabora en la comarca francesa de Champagne.

**CHAMPAÑAZO** n. m. *Chile. Fam.* Fiesta familiar en la que se bebe champaña.

**CHAMPAR** v. tr. [**1**]. *Fam.* Decir algo desagradable o echar en cara algún beneficio.

**CHAMPIÑÓN** n. m. Hongo comestible de laminillas libres y anillo membranoso que se cultiva sobre mantillo, en subterráneos. (Clase basidiomicetes; familia agaricáceas.)

**CHAMPOLA** n. f. *Amér. Central, Cuba* y *Dom.* Refresco hecho con pulpa de guanábana y leche. **2.** *Chile.* Refresco de chirimoya.

**CHAMPÚ** n. m. (ingl. *shampoo*) [pl. *champús* o *champúes*]. Composición jabonosa que se utiliza para el lavado del pelo.

**CHAMPURRADO** n. m. *Méx.* Bebida a base de maíz, agua o leche, chocolate, azúcar y canela.

**CHAMPURRAR** v. tr. [**1**]. *Fam.* Chapurrar, mezclar un licor con otro.

**CHAMPÚS** n. m. *Colomb.* Champuz.

**CHAMPUZ** n. m. *Ecuad.* y *Perú.* Gachas de harina de maíz, azúcar y zumo de naranjilla.

**CHAMUCHINA** n. f. Cosa de poco valor. **2.** *Chile, Cuba, Ecuad., Hond.* y *Perú.* Populacho.

**CHAMULA** → ***tzotzil.***

**CHAMUSCAR** v. tr. y pron. [**1a**]. Quemar algo por la parte exterior. ◆ v. tr. **2.** *Méx.* Vender a bajo precio. ◆ **chamuscarse** v. pron. **3.** *Fig.* y *fam.* Escamarse, desconfiar. **4.** *Colomb.* Enfadarse, amoscarse.

**CHAMUSCO** n. m. Chamusquina.

**CHAMUSQUINA** n. f. Acción o efecto de chamuscar o chamuscarse. **2.** *Fig.* y *fam.* Camorra, riña o pendencia. • **Oler a chamusquina** *(Fam.),* tener mala impresión de un negocio, situación, etc.; barruntar un peligro.

**CHAN** n. m. *Amér. Central.* Chía, refresco.

**CHAN** o **CHEN** → ***shan.***

**CHANADA** n. f. *Fam.* Chasco, superchería.

**CHANCA** n. f. *Argent., Chile, Ecuad.* y *Perú.* Trituración.

**CHANCA,** confederación de pueblos amerindios rival de los incas, que la anexionaron, en el s. XV.

**CHANCACA** n. f. *Amér.* Pasta de maíz o trigo tostado y molido con miel. **2.** *Amér. Central, Chile* y *Perú.* Dulce sólido hecho con melaza de caña de azúcar y cacahuete molido.

**CHANCADORA** n. f. *Amér.* Trituradora.

**CHANCAR** v. tr. [**1a**]. *Amér. Central, Argent., Chile* y *Perú.* Triturar, machacar. **2.** *Chile* y *Ecuad. Fig.* Ejecutar una cosa mal o a medias. **3.** *Chile* y *Perú.* Apalear, golpear, maltratar. **4.** *Chile* y *Perú. Fig.* Apabullar. **5.** *Perú. Fig.* Estudiar con ahínco, empollar.

**CHANCE** n. m. o f. (voz francesa). *Amér.* Oportunidad.

**CHANCEAR** v. intr. y pron. [**1**]. Usar o decir chanzas. ◆ **chancearse** v. pron. **2.** Burlarse.

**CHANCHADA** n. f. *Amér. Fig.* y *fam.* Acción sucia y censurable, cochinada.

**CHÁNCHARRAS. Andar en cháncharras máncharras,** indica pretextos para dejar de hacer una cosa.

**CHANCHERÍA** n. f. *Amér.* Tienda donde se vende carne de cerdo y embuchados. **2.** *Chile.* Sitio destinado a la crianza de chanchos.

**CHANCHERO, A** n. *Amér.* Persona que cría o cuida chanchos para venderlos o el que los comercia en mayor escala.

**CHANCHIRO** n. m. *Colomb.* Andrajo, ropa vieja.

**CHANCHO, A** n. *Amér.* Cerdo. ◆ adj. y n. **2.** *Amér.* Puerco, sucio, desaseado. ◆ n. m. **3. Chancho eléctrico** *(Chile),* enceradora.

**CHANCHULLERO, A** adj. y n. Que hace chanchullos.

**CHANCHULLO** n. m. *Fam.* Manejo ilícito para conseguir un fin, y especialmente para lucrarse.

**CHANCILLER** n. m. Canciller.

**CHANCILLERÍA** n. f. Antiguo tribunal superior encargado de administrar justicia.

**CHANCLA** n. f. Zapato viejo cuyo talón está doblado y aplastado por el uso. **2.** Chancleta. • **Estar** alguien **hasta las chanclas,** estar muy borracho.

**CHANCLETA** n. f. Chinela, zapatilla o sandalia sin talón o con el talón doblado. **2.** *Amér. Merid. Fam.* y *desp.* Mujer, en especial la recién nacida. • **Tirar la chancleta** (*Argent. Fig.* y *fam.*), cambiar una mujer su conducta sexual; (*Argent. Fam.* y *por ext.*), cambiar sorpresivamente una persona diferentes aspectos de su conducta.

**CHANCLETEAR** v. intr. [**1**]. Andar en chancletas. **2.** Hacer ruido con las chancletas.

**CHANCLETEO** n. m. Ruido que se hace al andar en chancletas.

**CHANCLO** n. m. Calzado de madera o suela gruesa, para preservarse de la humedad o del barro. **2.** Calzado de caucho o de materia elástica, que se coloca sobre los zapatos para protegerlos de la lluvia. **3.** Parte inferior de algunos calzados.

**CHANCRO** n. m. Lesión ulcerosa que tiene tendencia a extenderse y destruir las zonas próximas. **2.** Enfermedad de diversos árboles. • **Chancro blando,** enfermedad venérea de evolución benigna. ‖ **Chancro indurado,** o **sifilítico,** lesión inicial de la sífilis.

**CHANCUCO** n. m. *Colomb.* Contrabando de tabaco.

**CHÁNDAL** n. m. (fr. *chandail*). Jersey grueso, generalmente usado para entrenamientos deportivos. **2.** Conjunto de pantalón y jersey o chaqueta, que se usa para hacer deporte.

**CHANDE** n. f. *Colomb.* Sarna.

**CHANFAINA** n. f. Guiso de varios elementos troceados.

**CHANFLE** n. m. *Argent.* y *Chile.* Golpe o corte oblicuo. **2.** *Argent., Chile* y *Méx.* Chaflán. **3.** *Méx.* Golpe oblicuo que se da a una pelota para que cambie de dirección en un punto de su trayectoria.

**CHANFLÓN, NA** adj. Tosco, grosero.

**CHANGA** n. f. *Amér. Merid.* Ocupación transitoria, generalmente en tareas menores. **2.** *Amér. Merid.* Servicio que presta el changador y retribución que se le da. **3.** *Amér. Merid.* y *Cuba.* Chanza, burla.

**CHANGA** n. f. *P. Rico.* Insecto dañino para las plantas. **2.** *P. Rico. Fig.* Persona perversa. **3.** *P. Rico.* En el lenguaje de la droga, colilla del cigarro de marihuana.

**CHANGADOR** n. m. *Argent., Bol.* y *Urug.* Mozo que en las estaciones y aeropuertos se encarga de llevarles el equipaje a los pasajeros. **2.** *Chile.* Obrero agrícola sin sueldo ni trabajo fijos.

**CHANGAR** v. intr. [**1b**]. *Amér. Merid.* Hacer trabajos de poca monta. **2.** *Bol.* y *Par.* Prestar un servicio el mozo de cuerda.

**CHANGARRO** n. m. *Méx.* Tienda pequeña y mal

surtida. **2.** *Méx.* Cualquier local pequeño y de pocos recursos donde se ofrece algún servicio.

**CHANGLE** n. m. *Chile.* Hongo comestible que crece en los robles.

**CHANGO, A** adj. y n. *Chile.* Torpe y fastidioso. **2.** *Dom., P. Rico* y *Venez.* Bromista. ◆ n. **3.** *Argent., Bol.* y *Méx.* Niño, muchacho. **4.** *P. Rico.* Persona de modales afectados. ◆ n. m. **5.** *Méx.* Mono, en general cualquier simio.

**CHANGUEAR** v. intr. y pron. [**1**]. *Antillas* y *Colomb.* Bromear, chancear.

**CHANGÜÍ** n. m. *Fam.* Chasco, engaño: *dar changüí a alguien.* **2.** *Argent. Fam.* Ventaja, oportunidad, especialmente en el juego. **3.** *Cuba* y *P. Rico.* Cierto baile.

**CHANO. Chano, chano** *(Fam.),* paso a paso, poco a poco.

**CHANQUETE** n. m. Pez teleósteo de pequeño tamaño, comestible, semejante a la cría del boquerón. (Familia góbidos.)

**CHANSONNIER** n. m. (voz francesa). En Francia, artista que canta o recita, en los cabarets artísticos, composiciones satíricas o humorísticas.

**CHANTAJE** n. m. (fr. *chantage*). Delito consistente en obtener dinero, ventajas, etc., de una persona, mediante la amenaza de hacer revelaciones comprometedoras o bajo cualquier otra amenaza.

**CHANTAJEAR** v. tr. [**1**]. Hacer chantaje.

**CHANTAJISTA** n. m. y f. Persona que chantajea.

**CHANTAR** v. tr. [**1**]. *Fam.* Vestir o poner: *chantar el abrigo a alguien.* **2.** Clavar, hincar. **3.** *Fam.* Decir algo cara a cara: *se la chantó.* **4.** *Amér. Merid.* Actuar con brusquedad o violencia. **5.** *Argent., Ecuad.* y *Perú.* Decirle a alguien las cosas claras y rudamente, plantar. **6.** *Chile.* Dar golpes. **7.** *Chile.* Poner a alguien en su lugar.

**CHANTEFABLE** n. f. En literatura francesa, narración medieval en la que se mezclaban prosa recitada y versos cantados.

**CHANTILLY** n. m. (voz francesa). Crema hecha de nata o clara de huevo batidas con azúcar y que puede perfumarse con alguna esencia. SIN.: *chantillí.*

**CHANTRE** n. m. (voz francesa). Canónigo cuya misión es dirigir el canto o cantar en los oficios religiosos.

**CHANZA** n. f. (ital. *ciancia*). Dicho alegre y gracioso. **2.** Broma, burla: *ser motivo de chanzas.*

**CHAÑACA** n. f. *Chile.* Sarna.

**CHAÑAR** n. m. *Amér. Merid.* Árbol de la familia de las papilionáceas, espinoso y de corteza amarilla. **2.** *Amér. Merid.* Fruto de dicha planta, dulce y comestible.

**CHAÑO** n. m. *Chile.* Manta burda de lana usada como colchón, o como prenda de abrigo.

**CHAPA** n. f. Trozo plano, delgado, y de grosor uniforme de cualquier material duro. **2.** Trozo pequeño de este material, redondo o de otra forma, que se usa como contraseña. **3.** Chapeta. **4.** Trozo de metal que cierra herméticamente las botellas. **5.** *Fig.* y *fam.* Seso, cordura, formalidad. **6.** Trozo de piel con que los zapateros refuerzan algunas costuras del calzado. **7.** En la pelota vasca, escás metálico que señala sobre el frontón la línea de falta. **8.** *Amér.* Cerradura. **9.** METAL. Placa metálica delgada, obtenida por laminación en frío o en caliente. ◆ n. m. y f. **10.** *Ecuad. Fam.* Agente de policía. ◆ **chapas** n. f. pl. **11.** Cierto juego en que se tiran por alto dos monedas iguales. • **Células en chapas,** células protectoras de algunos epitelios como el intestinal.

**CHAPADA** n. f. Nombre dado en Brasil a los relieves tabulares generalmente de arenisca.

**CHAPADO, A** adj. Chapeado. **2.** Hermoso, gentil, gallardo. • **Chapado a la antigua,** muy apegado a los hábitos y costumbres antiguos.

**CHAPALEAR** v. intr. [**1**]. Chapotear, sonar el agua batida por los pies y las manos.

**CHAPALEO** n. m. Acción y efecto de chapalear.

**CHAPALETA** n. f. Válvula de la bomba hidráulica.

**CHAPALETEO** n. m. Rumor de las aguas al chocar con la orilla. **2.** Ruido que al caer produce la lluvia.

**CHAPAPOTE** n. m. *Antillas.* Asfalto.

**CHAPAR** v. tr. [**1**]. Cubrir con chapas. **2.** *Colomb.* y *Perú.* Mirar, acechar. **3.** *Perú.* Apresar.

**CHAPARRA** n. f. Coscoja. **2.** Chaparro, mata de encina o roble. **3.** Coche antiguo de caja ancha y poco elevada.

**CHAPARRADA** n. f. Chaparrón.

**CHAPARRAL** n. m. Equivalente suramericano del tipo de vegetación maquis de clima mediterráneo formado por chaparros.

**CHAPARREAR** v. intr. [**1**]. Llover reciamente.

**CHAPARRERAS** n. f. pl. *Méx.* Especie de pantalones, por lo general de piel, formados por dos perneras separadas que se sujetan a la cintura con correas, y que usan los hombres del campo para montar a caballo.

**CHAPARRO, A** adj. y n. Persona rechoncha. **2.** *Méx.* Dícese de la persona de baja estatura. (Se diferencia de la acepción española porque no se refiere a la complexión sino sólo a la altura.) ◆ n. m. **3.** Mata ramosa de encina o roble. **4.** *Amér. Central.* Planta de cuyas ramas nudosas se hacen bastones.

**CHAPARRÓN** n. m. Lluvia recia de corta duración. **2.** *Fig.* Reprimenda fuerte.

**CHAPATA** n. f. Tipo de pan crujiente, de forma aplastada y alargada.

**CHAPE** n. m. *Chile.* Denominación dada a varias especies de moluscos. **2.** *Chile* y *Colomb.* Trenza de pelo. ◆ **chapes** n. m. pl. **3.** *Chile.* Coletas.

**CHAPEADO, A** adj. Dícese de las monedas antiguas, de metal vil, revestidas por diferentes procedimientos con una capa plateada. **2.** *Chile.* Dícese de la persona bien vestida. **3.** *Chile.* Acicalado. **4.** *Chile.* Adornado con joyas. **5.** *Chile.* Adinerado. **6.** *Colomb.* y *Méx.* Dícese de la persona que tiene las mejillas sonrosadas o con buenos colores. ◆ n. m. **7.** Aplicación de una capa u hoja de metal a una superficie.

**CHAPEAR** v. tr. [**1**]. Chapar. **2.** *Amér. Central.* Limpiar la tierra de malas hierbas. ◆ v. intr. **3.** Chacolotear. ◆ **chapearse** v. pron. **4.** *Amér.* Ponerse colorete. **5.** *Chile.* Medrar, mejorar de situación económica.

**CHAPECA** n. f. *Argent.* Trenza de pelo **2.** *Argent.* Ristra de ajos.

**CHAPELA** n. f. (voz vasca). Boina o gorra redonda.

**CHAPELGORRI** n. m. (voz vasca). Nombre que se daba en la primera guerra carlista a los soldados del Batallón de voluntarios de Guipúzcoa, que luchaban en las filas isabelinas.

**CHAPEO** n. m. (fr. *chapeau*). Sombrero.

**CHAPERA** n. f. Plano inclinado con travesaños que se usa en las obras en sustitución de escaleras.

**CHAPERO** n. m. *Fam.* Hombre joven que ejerce la prostitución con otros hombres.

**CHAPERÓN** n. m. Alero de madera que suele ponerse en algunos tejados para apoyar en él los escalones.

**CHAPETA** n. f. Mancha rosada, de origen congestivo, que aparece en las mejillas. SIN.: *chapa.*

**CHAPETÓN** n. m. Chaparrón, aguacero.

**CHAPETÓN** n. m. *Méx.* Rodaja de plata con que se adornan los arneses de montar.

**CHAPETÓN, NA** adj. y n. *Amér.* Apodo aplicado al español recién llegado. ◆ n. m. **2.** Chapetonada.

**CHAPETONADA** n. f. Primera enfermedad que sufre el europeo recién llegado a algunos países americanos. **2.** *Amér.* Inexperiencia, error por falta de información. **3.** *Ecuad.* Novatada.

**CHAPICO** n. m. *Chile.* Planta arbustiva espinosa, cuyas hojas se usan para teñir de amarillo.

**CHAPÍN** n. m. Chanclo de corcho forrado de cordobán que usaban antiguamente las mujeres. **2.** Pez que vive en los mares tropicales, parecido al pez cofre. (Familia ostraciónidos.)

**CHAPÍN, NA** adj. y n. *Amér. Central.* Guatemalteco. ◆ adj. y n. m. **2.** *Colomb., Guat.* y *Hond.* Se dice de la persona con las piernas y pies torcidos.

**CHAPINISMO** n. m. Vocablo, giro o modo de hablar de los chapines o guatemaltecos.

**CHAPISCA** n. f. *Amér. Central.* Recolección del maíz.

**CHAPISTA** n. m. y f. Obrero que trabaja en chapa de metal.

**CHAPISTERÍA** n. f. Fabricación de la chapa metálica. **2.** Taller donde se trabaja la chapa. **3.** Objetos realizados en chapa.

**CHAPITEL** n. m. Remate de las torres en forma piramidal. **2.** Capitel.

**CHAPODAR** v. tr. [**1**]. Cortar ramas de los árboles, aclarándolos para que no se envicien.

**CHAPOLA** n. f. *Colomb.* Mariposa, lepidóptero.

**CHAPÓN** n. m. Borrón grande de tinta. **2.** TEXT. Cada una de las piezas metálicas, de sección en forma de T invertida, revestidas de guarnición o cinta de carda.

**CHAPONA** n. f. *Urug.* Chaqueta, americana.

**CHAPOPOTE** n. m. *Méx.* Sustancia negra y espesa que se obtiene del petróleo y que se emplea principalmente para asfaltar caminos o como impermeabilizante.

**CHAPOTEAR** v. tr. [**1**]. Humedecer una cosa repetidas veces con esponja o paño empapado en un líquido, sin estregarla. ◆ v. intr. **2.** Sonar el agua batida por los pies y las manos. **3.** Agitar los pies o las manos en el agua.

**CHAPOTEO** n. m. Acción y efecto de chapotear.

**CHAPUCEAR** v. tr. [**1**]. Hacer una chapucería.

**CHAPUCERÍA** n. f. Defecto, imperfección en cualquier objeto. **2.** Trabajo mal hecho o sucio. **3.** Embuste, mentira.

**CHAPUCERO, A** adj. Hecho con chapucería: *trabajo chapucero.* ◆ adj. y n. **2.** Dícese de la persona que trabaja de este modo. **3.** Embustero. ◆ n. **4.** Herrero que fabrica cosas bastas de hierro. **5.** Vendedor de hierro viejo.

**CHAPUL** n. m. *Colomb.* Libélula.

**CHAPULÍN** n. m. *Amér. Central.* Niño, chiquitín. **2.** *Amér. Central* y *Méx.* Langosta, cigarrón.

**CHAPURRADO** n. m. Mezcla de licores. **2.** *Cuba.* Bebida de ciruelas cocidas, agua, clavo y azúcar.

**CHAPURRAR** v. tr. [**1**]. Chapurrear. **2.** *Fam.* Mezclar un licor con otro.

**CHAPURREAR** v. tr. e intr. [**1**]. Hablar con dificultad o de manera incorrecta un idioma.

**CHAPURREO** n. m. Acción y efecto de chapurrear.

**CHAPUZ** n. m. Acción de chapuzar.

**CHAPUZ** n. m. Labor de poca importancia. **2.** Chapucería, trabajo mal hecho o sucio.

**CHAPUZA** n. f. Chapucería, trabajo mal hecho o sucio. **2.** *Fam.* Trabajo de poca importancia realizado por cuenta propia. **3.** *Méx.* Trampa, engaño.

**CHAPUZAR** v. tr., intr. y pron. [**1g**]. Meter, o meterse de cabeza en el agua.

**CHAPUZÓN** n. m. Acción y efecto de chapuzar: *darse un chapuzón.*

**CHAQUÉ** n. m. (fr. *jaquette*). Prenda de vestir masculina parecida a la levita, cuyos faldones se van estrechando hacia atrás desde la cintura.

**CHAQUEÑO, A** adj. y n. Del Chaco.

**CHAQUETA** n. f. Prenda exterior de vestir, cruzada o recta, con mangas, que se ajusta al cuerpo y llega a las caderas.

**CHAQUETE** n. m. Juego parecido al de damas, con tablero dividido en dos compartimientos, que se juega con treinta fichas y dos dados. **2.** El tablero mismo.

**CHAQUETEAR** v. intr. y tr. [**1**]. *Irón.* Huir, escapar. **2.** *Irón.* Apartarse de un parecer o bando para ponerse al servicio del contrario.

**CHAQUETEO** n. m. Acción de chaquetear.

**CHAQUETERO, A** adj. y n. *Fam.* Dícese del que chaquetea. **2.** *Fam.* Adulador, halagador.

**CHAQUETILLA** n. f. Chaqueta más corta que la ordinaria.

**CHAQUETÓN** n. m. Prenda de vestir de más abrigo y algo más larga que la chaqueta.

**CHAQUIÑÁN** n. m. *Ecuad.* Atajo, vereda.

**CHAQUIRA** n. f. *Amér. Merid.* Grano de aljófar, abalorio o cuentecilla de vidrio que llevaban los españoles para vender a los indios. **2.** *Argent., Bol., Chile, Ecuad., Méx., Pan., Perú* y *Venez.* Cuenta, abalorio.

**CHARA** n. f. *Chile.* Avestruz joven.

**CHARABÁN** n. m. Coche descubierto, con dos o más filas de asientos.

**CHARABÓN** n. m. *Argent.* Ñandú que comienza la muda de su plumón. **2.** *Argent. Fig.* y *fam.* Persona torpe e inexperta.

**CHARADA** n. f. (fr. *charade*). Acertijo que consiste en adivinar una palabra descomponiéndola en partes, que forman por sí solas otras palabras.

**CHARAL** n. m. *Méx.* Pez comestible de cuerpo

comprimido y espinoso, de unos 5 cm de long. y muy delgado, que abunda en los lagos y lagunas. (Se consume seco.) • **Estar** alguien **hecho un charal** *(Méx.)*, estar muy flaco.

**CHARAMUSCA** n. f. *Méx.* Dulce de azúcar en forma de tirabuzón, acaramelado y duro.

**CHARANGA** n. f. Conjunto musical de origen militar, que consta sólo de instrumentos de viento, con preferencia los de metal, que le otorgan un sonido de resabios populares. **2.** Orquesta popular. **3.** *Fam.* Fiesta familiar con baile.

**CHARANGO** n. m. Especie de bandurria pequeña.

**CHARANGUERO, A** adj. y n. Chapucero.

**CHARAPA** n. f. *Ecuad.* y *Perú.* Tortuga pequeña y comestible.

**CHARAPE** n. m. *Méx.* Bebida fermentada fabricada a base de pulque, panocha, miel, clavo y canela.

**CHARATA** n. f. *Argent.* y *Bol.* Ave con la cabeza y cuello grises, vientre gris ocráceo, cola de un gris violáceo con borde castaño oscuro, y abdomen y rabadilla canela.

**CHARCA** n. f. Depósito de agua detenida en el terreno.

**CHARCAL** n. m. Terreno en que abundan los charcos.

**CHARCO** n. m. Charca pequeña que se forma en los hoyos del terreno o en el pavimento. • **Pasar,** o **cruzar el charco** *(Fam.)*, atravesar el mar, especialmente ir de Europa a América.

**CHARCÓN, NA** adj. *Argent.* y *Bol.* Dícese de la persona o animal doméstico que no engorda nunca.

**CHARCUTERÍA** n. f. (fr. *charcuterie*). Establecimiento donde se venden productos elaborados, generalmente de cerdo, y diversos tipos de fiambres.

**CHARCUTERO, A** n. Dueño de una charcutería o persona que trabaja en ella.

**CHARLA** n. f. *Fam.* Acción de charlar. **2.** Conferencia sobre tema poco trascendente. **3.** Ave paseriforme, de unos 30 cm de long., de color pardo aceitunado con la cabeza clara y la región ventral amarillo leonada con pintas negras. (Familia túrdidos.) SIN.: *cagaaceite.*

**CHARLADOR, RA** adj. y n. *Fam.* Charlatán. **2.** Aficionado a hablar.

**CHARLADURÍA** n. f. Charla indiscreta.

**CHARLAR** v. intr. **[1]**. *Fam.* Hablar mucho, sin sustancia o fuera de propósito. SIN.: *charlatanear.* **2.** *Fam.* Conversar sin objeto determinado, por mero pasatiempo.

**CHARLATÁN, NA** adj. y n. Que habla mucho y sin sustancia. **2.** Hablador indiscreto. **3.** Embaucador.

**CHARLATANERÍA** n. f. Locuacidad. **2.** Calidad de charlatán.

**CHARLATANISMO** n. m. Charlatanería, especialmente si es engañosa y habitual.

**CHARLESTÓN** n. m. Baile de origen americano, que se puso en boga hacia 1925 y posteriormente en los años setenta.

**CHARLISTA** n. m. y f. Persona que da una charla o conferencia de tema poco trascendente.

**CHARLOTADA** n. f. Festejo taurino bufo. **2.** Actuación grotesca o excéntrica.

**CHARLOTEAR** v. intr. **[1]**. Charlar.

**CHARLOTEO** n. m. Charla, acción de charlar.

**CHARME** n. f. (voz francesa). Encanto.

**CHARNEGO, A** n. *Desp.* En Cataluña, inmigrante de otra región española.

**CHARNELA** n. f. (fr. *charnière*). Bisagra, herraje compuesto de dos planchitas. **2.** Gozne, herraje con que se fijan las hojas de las puertas. **3.** Articulación de las dos valvas de los lamelibranquios. • **Charnela de un pliegue** (GEOL.), parte de un pliegue en la que se unen los dos flancos.

**CHAROL** n. m. Barniz muy lustroso y permanente, que conserva su brillo y se adhiere perfectamente. **2.** Cuero tratado con este barniz: *zapatos de charol.* **3.** *Amér. Central, Bol., Colomb., Cuba, Ecuad.* y *Perú.* Bandeja.

**CHAROLA** n. f. *Bol., Méx.* y *Perú.* Bandeja. **2.** *Méx. Fam.* Documento o placa que sirve como identificación a una autoridad o persona acreditada: *charola de policía; enseñó su charola de periodista para poder entrar.*

**CHAROLADO, A** adj. Lustroso, brillante. ◆ n. m. **2.** Proceso de cubrir metal, cartón piedra u otro material con un barniz espeso de aceite de copal. **3.** Operación de recubrir el cuero con un barniz o laca celulósicos muy adherentes y brillantes. **4.** Operación que consiste en impregnar con aceite de linaza, mezclado con negro de humo, el becerro de curtición vegetal o al cromo.

**CHAROLAR** v. tr. **[1]**. Barnizar con charol o con otro líquido análogo.

**CHAROLÉS, SA** adj. Dícese de una raza francesa de reses bovinas que proporciona una carne de gran calidad.

toro de raza **charolesa**

**CHAROLISTA** n. m. y f. Persona que tiene por oficio dorar o charolar.

**CHARQUEAR** v. tr. **[1]**. *Amér.* Secar la carne al sol para conservarla. **2.** *Amér. Merid.* Hacer charqui.

**CHARQUECILLO** n. m. *Perú.* Congrio seco y salado.

**CHARQUI** o **CHARQUE** n. m. *Amér. Merid.* Tasajo, pedazo de carne secado al sol y salado. **2.** *Amér. Merid.* Tajada de algunas frutas que ha sido secada al sol.

**CHARQUICÁN** n. m. *Amér. Merid.* Guiso de charqui con patatas y otras legumbres.

**CHARRA** n. f. *Guat.* y *Hond.* Sombrero de alas anchas y bajo de copa.

**CHARRADA** n. f. Dicho o hecho propio de un charro. **2.** Baile propio de los charros. **3.** *Fig.* y *fam.* Obra o adorno charro, demasiado recargado, de mal gusto.

**CHARRÁN** n. m. Ave palmípeda de cabeza negra y cuerpo gris, de unos 40 cm de long., que vive en las costas.

**charrán**

**CHARRÁN, NA** adj. y n. Pillo, tunante.

**CHARRANADA** n. f. Acción propia del charrán.

**CHARRANEAR** v. intr. **[1]**. Hacer vida de charrán o comportarse como tal.

**CHARRANERÍA** n. f. Condición de charrán.

**CHARRAR** v. tr. **[1]**. Hablar en exceso o de manera indiscreta.

**CHARRASCA** n. f. *Fam.* Arma arrastradiza, por lo común sable. SIN.: *charrasco.* **2.** *Fam.* Navaja de muelles.

**CHARRASQUEAR** v. tr. **[1]**. *Amér. Merid.* Rasguear un instrumento de cuerda.

**CHARRETERA** n. f. Divisa militar que se sujeta sobre el hombro y de la cual pende un fleco, que suele servir para designar la graduación. **2.** *Fig.* y *fam.* Albardilla, almohadilla que llevan los aguadores.

**CHARRO** n. m. y adj. *Méx.* Jinete o caballista que viste traje especial, compuesto de chaqueta con bordados, pantalón ajustado, camisa blanca y sombrero de ala ancha y alta copa cónica.

**CHARRO, A** adj. y n. Dícese del aldeano de tierra de Salamanca. **2.** *Fig.* Basto y rústico: *adorno charro.*

**CHARRÚA** n. f. Embarcación pequeña que servía para remolcar otras mayores.

**CHARRÚA**, familia lingüística de América del Sur cuyos pueblos, act. extinguidos, ocupaban en la época del descubrimiento una extensa región a ambas orillas del río Uruguay.

**CHARTER** adj. y n. m. (voz inglesa). Dícese del avión fletado por una compañía de turismo o por un grupo, lo que permite una tarifa menos elevada que en las líneas regulares. **2.** Vuelo hecho con el mismo.

**CHARTREUSE** n. m. (voz francesa). Licor aromático fabricado por los monjes de la Gran Cartuja de Saint-Pierre-de-Chartreuse.

**CHASCA** n. f. Leña menuda. **2.** Ramaje que se coloca sobre la leña dispuesta para hacer carbón. **3.** *Bol., Chile* y *Perú.* Greña, cabellera enmarañada. **4.** *Chile.* Mechón de la crin del caballo que le cae sobre la frente.

**CHASCAR** v. intr. **[1a]**. Chasquear, dar chasquidos. ◆ v. intr. y tr. **2.** Hacer que la lengua produzca un chasquido, aplicándola al paladar y separándola después bruscamente.

**CHASCARRILLO** n. m. *Fam.* Anécdota ligera, cuentecillo agudo, frase equívoca y graciosa.

**CHASCÁS** n. m. Morrión con cimera plana y cuadrada, usado primero por los polacos y después en los regimientos de lanceros de toda Europa.

**CHASCO** n. m. Burla o engaño: *dar un chasco.* **2.** *Fig.* Decepción que produce un suceso inesperado o adverso: *llevarse un chasco.*

**CHASCO, A** adj. *Bol., Chile* y *Perú.* Dícese del cabello recio y ensortijado.

**CHASCÓN, NA** adj. *Chile.* Enmarañado, enredado, greñudo.

**CHASCONEAR** v. tr. **[1]**. *Chile.* Enredar, enmarañar. **2.** *Chile.* Tirar del pelo.

**CHASIS** n. m. (fr. *châssis*). Armazón que envuelve o soporta algo: *el chasis de una ventana.* **2.** Armazón que soporta la carrocería de un vagón, de un automóvil, etc. • **Chasis portaplacas,** estuche en el que se encuentra la placa sensible de un aparato fotográfico.

**CHASPONAZO** n. m. Señal que deja la bala al rozar un cuerpo duro.

**CHASQUEAR** v. tr. **[1]**. Dar chasco. **2.** Faltar a lo prometido. **3.** Manejar el látigo o la honda haciéndoles dar chasquidos o producir con la lengua dicho sonido. ◆ v. intr. **4.** Dar chasquidos la madera u otra cosa cuando se abre por sequedad. SIN.: *chascar.* ◆ **chasquearse** v. pron. **5.** Frustrar un hecho adverso las esperanzas de alguno.

**CHASQUI** o **CHASQUE** n. m. *Argent., Bol., Chile, Perú* y *Urug.* Emisario, mensajero. **2.** *Argent., Bol., Chile* y *Perú.* Indio que sirve de correo.

**CHASQUIDO** n. m. Sonido o estallido hecho con el látigo o la honda cuando se sacuden en el aire con violencia. **2.** Ruido seco y súbito que produce al romperse, rajarse o desgajarse alguna cosa, especialmente la madera. **3.** Ruido producido por la lengua al separarse violentamente del paladar.

**CHASSÉ** n. m. (voz francesa). COREOGR. Paso de baile, durante el cual una pierna se coloca, por deslizamiento, en una de las posiciones abiertas y se dobla después, sosteniendo todo el peso del cuerpo.

**CHAT** n. m. o f. (voz inglesa). Comunicación interactiva en tiempo real realizada mediante sistemas informáticos conectados a una red.

**CHATARRA** n. f. Desperdicio y residuo metálico. **2.** Hierro viejo. **3.** *Fam.* Conjunto de monedas metálicas de poco valor.

**CHATARRERO, A** n. Persona que tiene por oficio comerciar con la chatarra.

**CHATEDAD** n. f. Calidad de chato.

**CHATELPERRONIENSE** n. m. y adj. Período de industria prehistórica que señala el principio del paleolítico superior y que se caracteriza por el desarrollo de los utensilios de hueso.

**CHATEO** n. m. Acción y efecto de beber chatos de vino.

**charros** mexicanos

**CHATINO,** tribu amerindia de lengua zapoteca que vive en el S del est. de Oaxaca (México).

**CHATO, A** adj. y n. De nariz poco prominente y como aplastada. ◆ adj. **2.** Dícese de la nariz de esta figura. **3.** Dícese de las cosas romas, o más planas o cortas que de ordinario. ◆ n. m. **4.** *Fam.* Vaso, bajo y ancho, para vino; bebida tomada en él.

**CHATÓN** n. m. Piedra preciosa gruesa engastada en una joya.

**CHATRE** adj. *Chile* y *Ecuad.* Elegante, acicalado.

**CHATRIA** n. m. (sánsc. *kṣatriya*). Miembro de la casta noble y guerrera de la India, la segunda en dignidad.

**CHATTERTON** n. m. Cinta aislante y adhesiva empleada por los electricistas para aislar los hilos conductores.

**CHATUNGO, A** adj. Apelativo cariñoso.

**CHATURA** n. f. *Argent.* y *Urug.* Mediocridad, falta de vuelo vital, artístico o intelectual.

**CHAUCHA** n. f. *Argent.* Vaina de algunas simientes. **2.** *Argent.* y *Urug.* Judía verde. **3.** *Chile, Ecuad.* y *Perú.* Patata temprana o menuda que se suele usar como simiente. ◆ **chauchas** n. f. pl. **4.** *Amér. Merid.* Monedas de poco valor, calderilla. • **Faltarle** a uno **una chaucha para el peso** *(Chile)*, no estar en sus cabales una persona.

**CHAUCHERA** n. f. *Chile* y *Ecuad.* Monedero.

**CHAUVINISMO** o **CHOVINISMO** n. m. Patriotismo exagerado.

**CHAUVINISTA** o **CHOVINISTA** adj. y n. m. y f. Relativo al chauvinismo. **2.** Adepto o aficionado a él.

**CHAVAL, LA** adj. y n. *Fam.* Niño o muchacho.

**CHAVALONGO** n. m. *Chile.* Fiebre muy alta acompañada por dolores de cabeza.

**CHAVEA** n. m. *Fam.* Muchacho.

**CHAVETA** n. f. Clavija que se introduce a presión en una ranura abierta en una o en las dos piezas que se han de ajustar. • **Perder la chaveta** *(Fam.)*, perder el juicio.

**CHAVETERO** n. m. Abertura o ranura longitudinal para alojar una chaveta.

**CHAVO** n. m. Nombre que se dio a la pieza de diez céntimos en algunas regiones españolas. • **Estar sin, no tener,** o **quedarse sin, un chavo,** no tener dinero, estar arruinado.

**CHAYA** n. f. *Argent.* y *Chile.* Burlas y juegos de los días de carnaval. **2.** *Argent. Por ext.* El carnaval mismo.

**CHAYAR** v. intr. [**1**]. *Argent.* Mojarse unos a otros durante la chaya. **2.** *Argent.* Festejar el carnaval.

**CHAYO** n. m. *Cuba* y *Méx.* Planta arbustiva, cuyas hojas tiernas se comen cocidas, y que presenta el fruto y el tronco cubiertos de púas. (Familia euforbiáceas.)

**CHAYOTE** n. m. Fruto de la chayotera.

**CHAYOTERA** n. f. Planta trepadora americana, cuyo fruto, comestible y en forma de pera, es el chayote. (Crece en América, Canarias y Valencia. Familia cucurbitáceas.)

**CHE** n. f. Nombre de la letra *ch.*

**¡CHE!** interj. En Valencia y parte de América Meridional, sirve para manifestar sorpresa, disgusto, alegría, etc., o como muletilla en la conversación.

**CHECA** n. f. Local utilizado por una policía política.

**CHECAR** v. tr. [**1a**]. *Méx.* Verificar, comprobar algo. **2.** *Méx.* Marcar los empleados en una tarjeta la hora de entrada y salida en su trabajo. **3.** *Méx. Fam.* Vigilar celosamente a alguien.

**CHECHÉN,** pueblo musulmán del N del Cáucaso, que vive principalmente en la República de Chechenia (Rusia).

**CHECHENO, A** adj. y n. De Chechenia.

**CHÉCHERES** n. m. pl. *Colomb.* y *C. Rica.* Cachivaches, baratijas.

**CHECK-LIST** n. f. (voz inglesa). AERON. Serie de operaciones que permiten verificar el funcionamiento de todos los dispositivos y órganos de un avión o de un cohete antes del despegue.

**CHECO, A** adj. y n. De la región formada por Bohemia, Moravia y una parte de Silesia. **2.** De la República Checa. **3.** Checoslovaco. ◆ n. m. **4.** Lengua eslava que se habla en Bohemia, Moravia y una parte de Silesia.

**CHECOSLOVACO, A** adj. y n. De Checoslovaquia.

**CHEDITA** n. f. Explosivo compuesto de clorato potásico o sódico y dinitrotolueno.

**CHEF** n. m. (voz francesa). Jefe de cocina en restaurantes, hoteles, etc.

**CHEIK** o **SHEIK** n. m. Jeque.

**CHEJE** n. m. *Amér. Central.* Especie de pájaro carpintero. **2.** *Hond.* y *Salv.* Eslabón.

**CHELI** n. m. Jerga con elementos castizos, marginales y contraculturales.

**CHELÍN** n. m. Unidad monetaria de Austria, sustituida en 2002 por el euro. **2.** Moneda británica que valía una vigésima parte de la libra esterlina.

**CHEN** n. m. Shan.

**CHENQUE** n. m. *Chile.* Caverna abierta en la roca.

**CHEPA** n. f. *Fam.* Joroba, giba.

**CHÉPICA** n. f. *Chile.* Planta de la familia de las gramíneas.

**CHEPOSO, A** adj. Que tiene chepa.

**CHEQUE** n. m. (voz inglesa). Orden de pago que sirve a una persona *(librador)* para retirar, en su provecho o en provecho de un tercero *(tomador, tenedor* o *beneficiario)*, todos o parte de los fondos disponibles de su cuenta. • **Cheque a la orden,** cheque que lleva el nombre del tomador, precedido por la cláusula *a la orden,* y que puede ser endosado. ‖ **Cheque al portador,** cheque que no lleva el nombre del tomador y que puede ser cobrado por cualquier persona. ‖ **Cheque cruzado** o **barrado,** cheque sobre el que se han trazado dos líneas paralelas transversales, en las que se indica el banco o la sociedad mediante los cuales ha de hacerse efectivo. ‖ **Cheque de viaje,** o **de viajero** *(travellers cheque)*, cheque para uso de turistas, emitido por un banco y que puede pagar cualquiera de sus agencias. ‖ **Cheque documentario,** cheque que sólo puede abonarse si va acompañado por un determinado documento, como factura, póliza del seguro, etc. ‖ **Cheque en blanco,** cheque firmado sin indicación de la suma. ‖ **Cheque nominativo,** cheque que lleva el nombre del tomador y que no puede ser endosado. ‖ **Cheque sin fondos,** cheque que no puede abonarse por falta de fondos suficientes.

**CHEQUEAR** v. tr. [**1**]. Consignar, expedir, facturar: *chequear el equipaje.* **2.** Examinar, inspeccionar, revisar: *chequear a un enfermo.*

**CHEQUEO** n. m. Acción y efecto de chequear. **2.** Revisión médica completa.

**CHEQUERA** n. f. *Amér.* Talonario de cheques. **2.** *Amér.* Cartera para guardar el talonario.

**CHERCÁN** n. m. *Chile.* Pájaro similar al ruiseñor.

**CHERCHA** n. f. *Hond.* Chacota. **2.** *Venez.* Burla.

**CHEREMÍS** n. m. Lengua ugrofinesa de la región del Volga.

**CHERICLES** n. m. *Ecuad.* Ave trepadora, especie de loro.

**CHERKÉS** adj. y n. m. y f. Relativo a un pueblo del Cáucaso septentrional, compuesto por tres grupos principales, los adigué, los kabarda y los cherkeses propiamente dichos; individuo de este pueblo. (Islamizados en el s. XVI, lucharon contra la penetración rusa hasta 1859. La mayor parte de ellos emigró al Imperio otomano.)

**CHERNA** n. f. Pez marino de cuerpo voluminoso y coloración grisácea, de hasta 1 m de long. (Familia serránidos.)

**CHERNOZIOM** n. m. (voz rusa). Suelo negro muy fértil, típico de Ucrania.

**CHEROKEE** o **CHEROQUI,** pueblo amerindio del grupo lingüístico iroqués de las praderas de Estados Unidos (Oklahoma, Carolina del Norte).

**CHESO, A** adj. y n. De Hecho, valle de Huesca.

**CHÉSTER** n. m. y adj. Queso inglés de forma cilíndrica y pasta dura, elaborado con leche de vaca.

**CHEUTO, A** adj. *Chile.* Que tiene el labio partido o deformado.

**CHÉVERE** adj. *Colomb.* y *Venez.* Excelente, muy bueno. **2.** *Cuba, Perú* y *Venez.* Benévolo, indulgente. **3.** *Ecuad., Perú, P. Rico* y *Venez.* Primoroso, gracioso, bonito, elegante, agradable. ◆ n. m. **4.** *Cuba, P. Rico* y *Venez.* Elegantón, petimetre. **5.** *Venez.* Valentón, guapo.

**CHEVIOT** n. m. Lana de una raza de carneros ingleses. **2.** Tela hecha con esta lana.

**CHEYENE,** pueblo indio del grupo algonquino de las Praderas de América del Norte, que act. vive en reserva en Montana y Oklahoma.

**CHÍA** n. f. *Méx.* Planta leñosa cuya semilla desprende, en remojo, gran cantidad de mucílago. **2.** *Méx.* Bebida refrescante elaborada con la semilla de esta planta.

**CHIANTI** n. m. Vino tinto que se cosecha en la región de Chianti.

**CHIBCHA** adj. y n. m. y f. Relativo a un pueblo amerindio precolombino que habitaba en los altiplanos de la cordillera Oriental de Colombia (dep. de Boyacá, Cundinamarca y, en parte, Santander); individuo de dicho pueblo. **2.** Relativo a la familia lingüística amerindia chibcha.

■ A la llegada de los españoles (1536) los chibchas estaban integrados en pequeños estados más o menos independientes y rivales; el más importante era el de Zipa. Su organización social, presidida por el jefe, comprendía los nobles, investidos de poderes absolutos, los guerreros o *gueches,* los sacerdotes y el pueblo. Cultivaban la tierra en regadío, practicaban el comercio con sus vecinos y trabajaban el oro (adornos y discos moneda), cuya abundancia dio origen a la leyenda de El Dorado. Su dios Chimichagua era el creador de todo lo existente. Su cultura declinó en el s. XVIII.

La familia lingüística chibcha se extiende desde el S de Honduras hasta el N de los Andes, incluyendo las mesetas colombiana y peruana. La forman diversas lenguas, habladas sobre todo en Panamá (guaimí), O de Colombia (cuna y páez) y Ecuador (cayapa). *(V. ilustración pág. 234.)*

**CHIBOLO** n. m. *Amér.* Cuerpo redondo y pequeño. **2.** *Amér.* Chichón.

**CHIBUQUÍ** n. m. Pipa turca de tubo largo y recto.

**CHIC** adj. y n. (voz francesa). Distinguido, elegante, especialmente en el atuendo personal.

**CHICA** n. f. Baile afrocubano parecido al fandango.

**CHICA** n. f. Femenino de chico. **2.** Criada, muchacha de servicio. **3.** *Méx.* Moneda de plata de tres centavos.

**CHICANO, A** adj. y n. Relativo a la minoría de origen mexicano asentada en el E y SE de E.U.A.

**CHICARRÓN, NA** adj. y n. *Fam.* Dícese de la persona joven, alta y robusta.

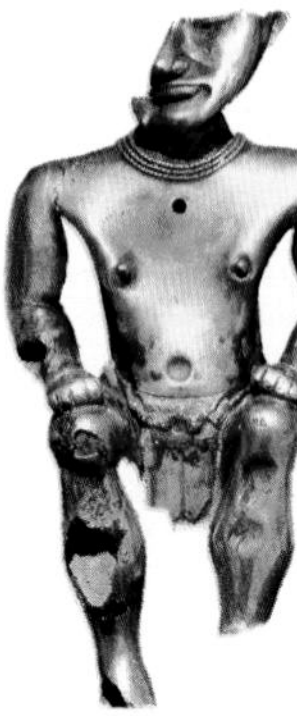

el rey dorado
(museo del oro, Bogotá)

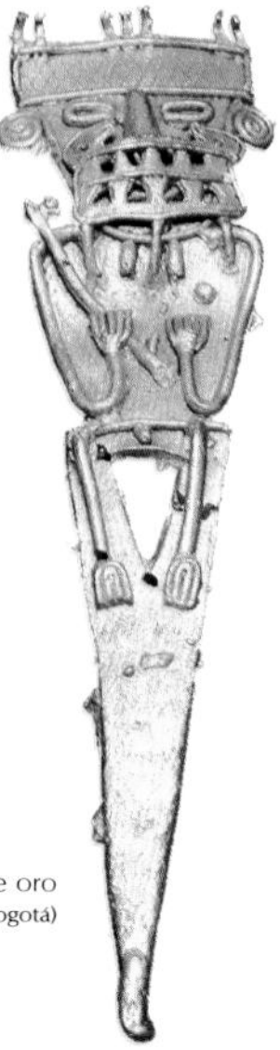

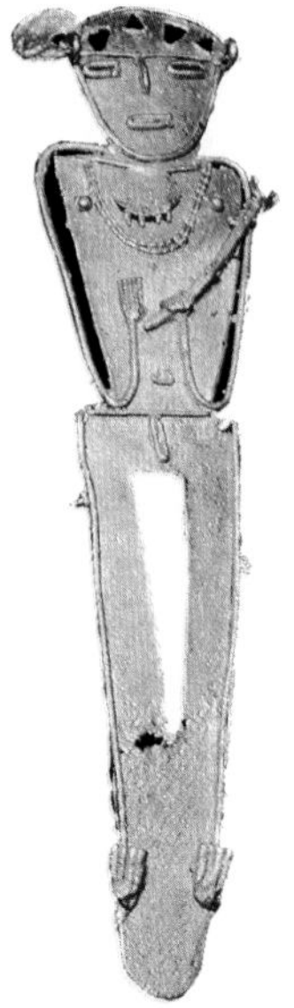

figurillas antropomorfas de oro
(museo del oro, Bogotá)

la cultura **chibcha**

**CHICHA** n. f. *Fam.* En lenguaje infantil, carne comestible. **2.** Carne del cuerpo humano.

**CHICHA** n. f. (voz caribe). Bebida alcohólica usada en América, que resulta de la fermentación del maíz en agua azucarada. **2.** *Amér. Merid.* Bebida obtenida de la fermentación del maíz en agua azucarada. **3.** *Chile.* Bebida que se obtiene de la fermentación del zumo de la uva o la manzana. • **No ser ni chicha ni limonada** *(Fam.)*, no tener carácter definido, no valer para nada.

**CHÍCHARO** n. m. Planta leguminosa, trepadora, de flores blancas o rojizas, cuyo fruto es una vaina de color verde con numerosas semillas en su interior. **2.** *Colomb.* Cigarro de mala calidad.

**CHICHARRA** n. f. Cigarra. **2.** *Fig.* y *fam.* Persona muy habladora. **3.** TECNOL. Mecanismo utilizado en talleres y buques para abrir taladros en sitios difíciles o poco accesibles.

**CHICHARRÓN** n. m. Residuo frito y requemado que dejan las pellas del cerdo, una vez derretida la manteca. (Suele usarse en plural.) **2.** *Fig.* Alimento requemado. **3.** *Fig.* y *fam.* Persona muy tostada por el sol. **4.** *Méx.* Frituras de harina con el color y la consistencia del chicharrón.

**CHICHE** n. m. *Amér.* Juguete. **2.** *Amér.* Alhaja, joya de bisutería. **3.** *Argent., Chile* y *Urug.* Pequeño objeto para adorno o decoración. **4.** *Salv.* Pecho de la mujer. ◆ adj. **5.** *Amér. Merid.* Pequeño, delicado, bonito. **6.** *Salv.* Dícese de la persona muy blanca o rubia.

**CHICHEAR** v. intr. y tr. **[1]**. Emitir repetidamente el sonido inarticulado de *ch* para llamar.

**CHICHEME** n. m. *Amér. Central.* Bebida elaborada con maíz cocido y sin moler, azúcar, leche y algún otro ingrediente.

**CHICHEO** n. m. Acción y efecto de chichear.

**CHICHERÍA** n. f. En América, casa o tienda donde se vende chicha, bebida alcohólica.

**CHICHERO, A** adj. *Amér.* Perteneciente o relativo a la chicha. ◆ n. **2.** *Amér.* Persona que fabrica o vende chicha. ◆ n. m. **3.** *Perú.* Chichería.

**CHICHI** adj. *Amér. Central.* Cómodo, fácil, sencillo. ◆ n. f. **2.** *Méx.* Teta, mama, ubre. • **Dar la chichi** (*Méx*), amamantar.

**CHICHICUILOTE** n. m. *Méx.* Ave pequeña, parecida a la paloma, de pico delgado y recto, que vive cerca del mar, lagos o pantanos, y cuya carne es comestible.

**CHICHIGUA** n. f. *Amér. Central* y *Méx.* Nodriza. **2.** *Colomb.* Cosa o cantidad pequeña, insignificante.

**CHICHIMECA** adj. y n. m. y f. Relativo a un grupo de pueblos amerindios originario del N de México que en el s. XIII destruyeron el imperio tolteca de Tula y se establecieron en la meseta central del país; individuo de alguno de estos pueblos.
■ En su cap., Tenayuca, levantaron un templo a Tlaloc y Tezcatlipoca que inspiró las pirámides aztecas. En 1327 se trasladó la capital a Texcoco; en esa época los chichimecas adoptaron la cultura de los aztecas. En 1375-1409, con el reinado de Techotlala, se dividieron en principados independientes. Ixtlilxóchitl I (1409-1418) fue derrotado y muerto por los tepanecas, pero el reino vivió de 1431 a 1472 un período de esplendor con su hijo Netzahualcóyotl. Los chichimecas rompieron sus vínculos con los aztecas en 1516.

**CHICHIMECO, A** adj. y n. Chichimeca*.

**CHICHINAR** v. tr. **[1]**. *Méx.* Chamuscar, quemar.

**CHICHOLO** n. m. *Bol.* y *Urug.* Dulce que va envuelto en una hoja de mazorca de maíz.

**CHICHÓN** n. m. Hinchazón que se forma en la cabeza por efecto de un golpe.

**CHICHONA** adj. f. *Méx.* Que tiene las tetas grandes.

**CHICHONERA** n. f. Gorro para preservar a los niños de golpes en la cabeza.

**CHICLE** o **CHICLÉ** n. m. Goma de mascar aromatizada.

**CHICLÉ** o **CHICLER** n. m. Orificio calibrado que sirve para controlar la salida de la gasolina en las canalizaciones de un carburador. SIN.: *surtidor.*

**CHICLOSO, A** adj. *Méx.* Dícese de lo que tiene la consistencia del chicle. ◆ n. m. **2.** *Méx.* Dulce pegajoso con la consistencia del chicle.

la cultura **chichimeca** (pirámide de Tenayuca; detalle)

**CHICO, A** adj. Pequeño, de poco tamaño: *mesa chica.* ◆ n. y adj. **2.** Niño, muchacho: *jugaba en la calle con los chicos del barrio.* ◆ n. **3.** Muchacho que hace recados y ayuda en trabajos de poca importancia: *mandar al chico a por el correo.* **4.** *Fam.* Trato que se da a una persona de cualquier edad, con la que se tiene confianza: *bueno, chico, me voy.* **5.** *Fam.* Con calificativos encomiásticos, se emplea para hablar en favor de una persona o alabarla: *ser un buen chico.* **6.** *Fam.* Novio.

**CHICOCO, A** adj. y n. *Chile.* Pequeño, chico. **2.** *Chile.* Dícese de la persona de baja estatura.

**CHICOLEAR** v. intr. **[1]**. *Fam.* Decir chicoleos. ◆ **chicolearse** v. pron. **2.** *Perú.* Recrearse, divertirse.

**CHICOLEO** n. m. *Fam.* Requiebro.

**CHICORIA** n. f. Achicoria.

**CHICOTAZO** n. m. *Amér.* Golpe dado con el chicote, látigo. **2.** TAUROM. Capotazo rápido por bajo.

**CHICOTE** n. m. *Fam.* Cigarro puro. **2.** *Amér.* Látigo, azote largo.

**CHICOTEAR** v. tr. **[1]**. *Amér.* Dar chicotazos. **2.** *Amér.* Producir un ruido característico una cosa dura y flexible que se agita.

**CHICOZAPOTE** n. m. *Méx.* Árbol de más de 30 m de alt., de flores blancas. **2.** *Méx.* Fruto de este árbol, globoso, comestible, de sabor muy dulce, que mide de 5 a 7 cm de diámetro y tiene las semillas negras brillantes.

**CHICUELINA** n. f. (de M. J. Moreno *Chicuelo,* su inventor). TAUROM. Lance de capa por delante, dado con los brazos a la altura del pecho.

**chicuelina** por Diego Puerta

**CHIFA** n. m. *Chile* y *Perú.* Restaurante chino.

**CHIFFONNIER** n. m. (voz francesa). Cómoda pequeña, estrecha y alta, de cajones superpuestos.

**CHIFLA** n. f. Especie de silbato.

**CHIFLADO, A** adj. y n. *Fam.* Maniático, perturbado.

**CHIFLADURA** n. f. Acción y efecto de chiflar o chiflarse.

**CHIFLAR** v. tr. y pron. **[1]**. Hacer burla o escarnio de uno en público. **2.** *Fam.* Provocar o sentir entusiasmo, amor o afición por una persona o cosa. ◆ v. intr. **3.** Silbar con la chifla o imitar su sonido con la boca. ◆ **chiflarse** v. pron. **4.** *Fam.* Perder las facultades mentales.

**CHIFLE** n. m. *Argent.* y *Urug.* Recipiente de cuerno para llevar agua u otros líquidos. **2.** *Argent.* Cantimplora, frasco aplanado.

**CHIFLÓN** n. m. Garza acuática, amarillenta, con el copete azul oscuro y patas negras, que vive en América Meridional. (Familia ardeidos.) **2.** *Amér.* Viento colado, o corriente muy sutil de aire. **3.** *Chile* Derrumbe de piedra suelta en el interior de una mina.

**CHIGRE** n. m. MAR. Torno con el eje de giro horizontal, destinado al servicio de carga y descarga en los buques.

**CHIGUA** n. f. *Bol.* y *Chile.* Especie de cesto hecho con cuerdas o cortezas de árboles, de forma oval, que sirve para múltiples usos domésticos y como cuna.

**CHIGÜIL** n. m. *Ecuad.* Masa de maíz, huevos, queso y manteca, envuelta en hojas de choclo y cocida al vapor.

**CHIGÜINI** n. m. *Amér. Central.* Chiquillo, desmedrado.

**CHIHUAHUA** adj. y n. m. Dícese de una raza de perros de pequeño tamaño oriunda de México.

**chihuahua**

**CHIISMO** n. m. Doctrina de los musulmanes que consideran que la sucesión de Abū Bakr al califato era ilegal y que el califato debía volver a los descendientes de Alí.

■ El chiismo se diferencia del sunnismo, corriente mayoritaria del Islam, por haber introducido en el islam el tema de la Pasión (martirio de Husayn y otros 'alīdas), la idea del carácter semidivino del imān y las del «retorno» del imān muerto o desaparecido (doctrina del «imān oculto»). El chiismo duodecimano (que reconoce a doce imāms) es la religión nacional de Irán desde el s. XVI.

**CHIITA** o **CHIÍ** adj. y n. m. y f. Relativo al chiismo; adepto a esta doctrina. SIN.: *shiita, shií.*

**CHIJERAZO. Como chijerazo** o **chiquetazo** *(Argent. Fam.)*, rápidamente, con violencia.

**CHIJETE** n. m. *Argent. Fam.* Chorro de líquido que sale violentamente, chisquete. **2.** *Argent. Fam.* Corriente de aire, chiflón.

**CHILABA** n. f. Túnica larga, con capuchón y mangas anchas, que se usa en el Mogreb.

**CHILACAYOTE** n. m. *Méx.* Planta cucurbitácea variedad de calabaza, cuyo fruto comestible se emplea en la elaboración de diversos guisos.

**CHILANGO, A** adj. y n. *Méx.* Que es originario de la ciudad de México.

**CHILAQUILES** n. m. pl. *Méx.* Guiso que se hace con pedazos de tortilla de maíz fritos en manteca y adobados con chile y otros ingredientes.

**CHILAR** n. m. Terreno poblado de chiles.

**CHILATE** n. m. *Amér. Central.* Bebida hecha con chile, maíz tostado y cacao.

**CHILATOLE** n. m. *Méx.* Bebida de chile y atole de maíz.

**CHILCA** n. f. *Colomb.* y *Guat.* Planta arbustiva resinosa y balsámica utilizada en veterinaria para tratar tumores.

**CHILCANO** n. m. *Perú.* Caldo hecho con cabeza de pescado.

**CHILCO** n. m. *Chile.* Fucsia silvestre.

**CHILE** n. m. *Amér. Central* y *Méx.* Ají o pimiento, y su fruto. (Familia solanáceas.) **2.** *Guat. Fig.* Mentira, cuento. (Suele usarse en plural.)

**CHILELITENSE** n. m. y adj. Unidad geológica de Chile y Argentina caracterizada por un conjunto de mantos, brechas y tobas de porfiritas, cuyo espesor alcanza los 4 000 m.

**CHILENISMO** n. m. Giro o modo de hablar, propio de los chilenos.

**CHILENITA** n. f. Plata bismutífera granuda, de superficie amarillenta, encontrada en Copiapó, Chile.

**CHILENO, A** adj. y n. De Chile. ◆ n. m. **2.** Modalidad adoptada por el español en Chile.

**CHILILLO** n. m. *Amér. Central.* Látigo, azote.

**CHILINDRINA** n. f. *Méx.* Un tipo de pan de huevo.

**CHILINDRÓN** n. m. Condimento a base de tomate y pimiento: *pollo al chilindrón.*

**CHILINGUEAR** v. tr. [1]. *Colomb.* Mecer, columpiar.

**CHILLA** n. f. Silbato que emplean los cazadores para imitar el chillido de la liebre, conejo, zorra, etcétera.

**CHILLA** n. f. CONSTR. Tabla delgada utilizada en coberturas y tabiques.

**CHILLA** n. f. Mamífero carnívoro de formas esbeltas, cuyo pelaje está mezclado de negro y amarillo, que vive en Chile. (Familia cánidos.) **2.** *Cuba.* Falta de dinero. • **Estar en la chilla,** o **en la purita chilla** *(Méx.)*, estar sin dinero.

**CHILLADO** n. m. Techo compuesto de tablas de chilla.

**CHILLAR** v. intr. [1]. Dar chillidos: *las golondrinas chillaban.* **2.** Gritar: *no chilles tanto.* **3.** Reñir, amonestar: *su padre le ha chillado.* **4.** Protestar. **5.** Chirriar: *chillar una puerta.* **6.** *Méx.* Llorar.

**CHILLERÍA** n. f. Conjunto de chillidos o voces descompasadas. **2.** Regaño, reprensión en voz alta: *echar una chillería.*

**CHILLIDO** n. m. Sonido inarticulado de la voz, agudo y desagradable.

**CHILLÓN, NA** adj. y n. *Fam.* Que chilla mucho. ◆ adj. **2.** Dícese de todo sonido agudo, desagradable o molesto. **3.** *Fig.* Dícese de los colores demasiado vivos o mal combinados. **4.** *Méx.* Llorón. **5.** *Méx.* Cobarde.

**CHILMOLE** n. m. *Méx.* Salsa o guisado de chile con tomate u otra legumbre.

**CHILPAYATE** n. m. *Méx.* Chiquillo, chaval.

**CHILPE** n. m. *Chile.* Andrajo, pedazo o jirón de ropa muy usada. **2.** *Ecuad.* Cabuya, cordel. **3.** *Ecuad.* Hoja seca de maíz.

**CHILPOSO, A** adj. *Chile.* Andrajoso, harapiento.

**CHIMACHIMA** n. f. Ave falconiforme de color blanco cremoso con las alas parduscas, que vive en Argentina. (Familia falcónidos.)

**CHIMANGO** n. m. Ave falconiforme de unos 30 cm de long., color oscuro en algunas partes y acanelado y blancuzco en otras, que vive en América Meridional. (Familia falcónidos.)

**CHIMARSE** v. pron. [1]. *Amér. Central.* Lastimarse, herirse.

**CHIMBA** n. f. *Amér. Merid.* Trenza pequeña de pelo. **2.** *Chile* y *Perú.* Orilla opuesta de un río.

**CHIMBADOR, RA** n. *Ecuad.* y *Perú.* Indígena perito en atravesar ríos.

**CHIMBAR** v. tr. [1]. *Ecuad.* y *Perú.* Pasar un río.

**CHIMBILO** n. m. *Colomb.* Murciélago.

**CHIMBO, A** adj. y n. *Amér.* Dícese de una especie de dulce hecho con huevos, almendras y almíbar.

**CHIMENEA** n. f. (fr. *cheminée*). Obra, generalmente de albañilería, destinada a asegurar el mantenimiento de un fuego, a evacuar los humos y a permitir el tiro. **2.** Parte de esta obra que sobresale de la pared de una habitación. **3.** Parte superior de esta obra que se eleva por encima del tejado. **4.** Conducto cilíndrico: *chimenea de ventilación.* **5.** En alpinismo, paso estrecho más o menos vertical que se abre en un muro rocoso o glaciar. **6.** GEOL. Canal simple o múltiple por el que remonta la lava y los materiales de proyección volcánica. **7.** MIN. En un yacimiento de acentuada pendiente, galería inclinada horadada en el mineral, el carbón o el estéril, y en la que no existe vía férrea. **8.** MIN. Excavación estrecha que se abre en el cielo de una labor de mina, o hueco que resulta a causa de un hundimiento.

**CHIMINANGO** n. m. *Colomb.* Planta arbórea de gran altura y corpulencia.

**CHIMÓ** n. m. *Venez.* Pasta de extracto de tabaco y sal de urao.

**CHIMOJO** n. m. *Cuba.* Medicamento popular, constituido principalmente por la mezcla de tabaco, cáscara de plátano y salvia, entre otros ingredientes, de acción antiespasmódica.

**CHIMPANCÉ** n. m. Simio antropoide de África ecuatorial, un poco más bajo que el hombre y con los brazos largos, arborícola, social y fácilmente amaestrable.

**chimpancé**

**CHIMUELO, A** adj. *Méx.* Dícese de la persona a la que falta uno o más dientes.

**CHINA** n. f. Piedra pequeña. **2.** Suerte que se echa presentando las dos manos cerradas, una de las cuales contiene un pequeño objeto. **3.** En el lenguaje de la droga, pedazo pequeño de hachís. • **Tocarle** a uno **la china,** corresponderle la mala suerte.

**CHINA** n. f. Planta arbustiva parecida a la zarzaparrilla, cuyo rizoma se utiliza en medicina. (Familia liliáceas.) **2.** Raíz de esta planta. **3.** Porcelana de China, o porcelana en general. **4.** Tejido de seda o lienzo que viene de China.

**CHINA** n. f. (voz quechua). *Amér.* India que presta un servicio doméstico como el de niñera. **2.** *Amér. Merid.* India o mestiza en general. **3.** *Argent.* Mujer del gaucho.

**CHINACO** n. m. *Méx.* Hombre del pueblo que peleó en la guerra de la independencia y en la reforma del s. XIX.

**CHINAMO** n. m. *Amér. Central.* Barraca o cobertizo que se construye durante las fiestas populares para vender comidas y bebidas.

**CHINAMPA** n. f. *Méx.* Terreno flotante en el que se cultivan verduras y flores. (En épocas pasadas era el sistema de cultivo de la zona lacustre del Valle de México y actualmente todavía se emplea en algunas partes de la misma.)

**CHINAMPERO, A** adj. y n. Dícese del cultivador de chinampas. ◆ adj. **2.** Dícese de los productos que se cultivan en las chinampas.

**CHINANTECA,** pueblo amerindio de México, que vive en las montañas entre los estados de Veracruz y Oaxaca. Su lengua, de la familia otomangue, presenta afinidades con el zapoteca.

**CHINARRO** n. m. Piedra algo mayor que una china.

**CHINATA** n. f. *Cuba.* Cantillo, piedrecilla.

**CHINATEADO** n. m. METAL. Capa de piedras menudas que se echa sobre el mineral grueso para hacer la carga de los hornos de destilación del azogue en Almadén.

**CHINCHAR** v. tr. y pron. [1]. *Vulg.* Molestar, fastidiar.

**CHINCHASUYU,** grupo dialectal de la familia lingüística quechua, act. extinguido, formado por diversos pueblos que se extendían por el valle del Marañón.

**CHINCHE** n. f. (lat. *cimicem*). Insecto del orden heterópteros, de cuerpo aplastado, que desprende un olor acre y repulsivo; chupa la sangre humana taladrando la piel con picaduras irritantes. **2.** Chincheta. • **Chinche de agua,** insecto que vive en las aguas estancadas, de cuerpo alargado y terminado en un tubo respiratorio. (Orden heterópteros.) ◆ adj. y n. m. y f. **3.** *Fam.* Dícese de la persona chinchosa.

**CHINCHETA** n. f. Clavo pequeño, de cabeza circular y chata, y punta corta y muy fina, que se hunde por simple presión del pulgar.

**CHINCHIBÍ** n. m. *Amér.* Bebida fermentada de jengibre.

**CHINCHILLA** n. f. Roedor de América del Sur, muy apreciado por su pelaje fino y sedoso, de coloración grisácea, de unos 25 cm de long. sin la cola. **2.** Piel de este animal: *un abrigo de chinchilla.*

**CHINCHÍN** n. m. (voz onomatopéyica). Música callejera. **2.** *Fam.* Brindis.

**CHINCHÓN** n. m. Aguardiente anisado, de fuerte graduación.

**CHINCHORRERÍA** n. f. *Fam.* Impertinencia, pesadez. **2.** *Fam.* Chisme, cuento.

**CHINCHORRERO, A** adj. y n. *Fam.* Chismoso.

**CHINCHORRO** n. m. Red a modo de barredera, menor que la jábega. **2.** Embarcación de remos pequeña. **3.** *Antillas, Chile, Colomb., Méx.* y *Venez.* Hamaca hecha de red. **4.** *Pan. Fig.* Látigo.

**CHINCHOSO, A** adj. y n. *Fam.* Molesto y pesado.

**CHINCHUDO, A** adj. y n. *Argent. Fam.* Malhumorado, irritable.

**CHINCHULÍN** n. m. *R. de la Plata.* Intestino de ovino o vacuno, asadura. (Suele usarse en plural.)

**CHINCOL** n. f. *Amér. Merid.* Avecilla fringílida parecida al gorrión. **2.** *Chile. Fig.* Persona baja. **3.** *Chile. Fig.* Órgano sexual masculino, especialmente el del niño. • **De chincol a jote** *(Chile),* indica que, desde el menor al mayor, todo el mundo está incluido.

**CHINÉ** adj. Dícese del tejido de seda cuyos dibujos son estampados sobre el hilo antes de tejer.

**CHINEAR** v. tr. [**1**]. *Amér. Central.* Llevar en brazos o a cuestas. **2.** *C. Rica.* Mimar, cuidar con cariño y esmero. **3.** *C. Rica* y *Guat.* Cuidar niños como china o niñera. **4.** *Guat. Fig.* Preocuparse mucho por una persona, asunto o cosa.

**CHINELA** n. f. Calzado de tela o de cuero flexible, sin talón, que se usa como zapatilla.

**CHINERÍO** n. m. *Amér. Merid.* Conjunto de chinos, mestizos o indios.

**CHINERO** n. m. Armario o alacena en que se guardan piezas de china, cristalería, etc.

**CHINESCO, A** adj. Que procede de China o según el gusto chino. ◆ n. m. **2.** Instrumento de percusión compuesto de una armadura metálica, guarnecida de campanillas y cascabeles, enastada en un mango.

**CHINGA** n. f. *Amér.* Mofeta. **2.** *Argent.* Cosa muy molesta o fastidiosa: *fue una chinga limpiar la casa después de la fiesta.* **3.** *Argent. Vulg.* Acción y efecto de chingar. **4.** *C. Rica.* Colilla del cigarro. **5.** *Venez.* Borrachera.

**CHINGADA** n. f. • **De la chingada** *(Argent. Vulg.),* muy mal, pésimamente: *me siento de la chingada.* || **Mandar,** o **irse** alguien **a la chingada** *(Argent. Vulg.),* desentenderse de ella, rechazarla.

**CHINGANA** n. f. *Amér. Merid.* Taberna en que suele haber canto y baile.

**CHINGAR** v. tr. [**1b**]. *Fam.* Beber con frecuencia vino o licores. **2.** Importunar, molestar. **3.** *Vulg.* Realizar el acto sexual. **4.** *Amér. Central.* Cortarle el rabo a un animal. **5.** *Amér. Central* y *Méx. Vulg.* Molestar, fastidiar o perjudicar a alguien, aprovecharse alevosamente de él. **6.** *Méx.* Arruinar alguna cosa, estropearla. ◆ v. intr. **7.** *Argent.* y *Urug.* Colgar un vestido más de un lado que de otro. ◆ **chingarse** v. pron. **8.** Embriagarse. **9.** *Amér. Merid.* No acertar, fracasar, frustrarse, fallar. **10.** *Méx.* Padecer alguien trabajos o contratiempos, sufrir una situación adversa.

**CHINGO, A** adj. *Amér. Central.* Dícese del animal rabón. **2.** *Amér. Central.* Hablando de vestidos, corto. **3.** *Amér. Central* y *Venez.* Chato, romo desnarigado. **4.** *Colomb.* y *Cuba.* Pequeño, diminuto. **5.** *C. Rica.* Desnudo. **6.** *Nicar.* Bajo de estatura. **7.** *Venez.* Deseoso, ávido. ◆ **chingo** n. m. **8.** *Méx. Vulg.* Conjunto muy grande de cosas, cantidad exagerada de algo: *un chingo de trabajo; hace un chingo de calor.*

**CHINGOLO** n. m. Pájaro que vive en Argentina, de unos 12 cm de long., cuyo canto es agradable y melancólico.

**CHINGÓN, NA** adj. *Méx. Vulg.* Sumamente bueno, extraordinario: *vimos una película chingona; es un chingón para las matemáticas.*

**CHINGUE** n. m. *Chile.* Mofeta.

**CHÍNGUERE** n. m. *Méx. Vulg.* Bebida alcohólica en general: *nos echamos unos chíngueres.*

**CHINGUIRITO** n. m. *Cuba.* Aguardiente de caña, de calidad inferior.

**CHINITA** n. f. *Chile.* Mariquita, coleóptero.

**CHINO, A** adj. y n. De China. **2.** *Amér. Merid.* Dícese de la persona aindiada. **3.** *Colomb.* Dícese del indio o india no civilizados. **4.** *Cuba.* Dícese del descendiente de negro y mulata, o viceversa. **5** *Méx.* Dícese del pelo rizado y de la persona que lo tiene así. **6.** *Perú.* Cholo. • **Engañar** a uno **como un chino** *(Fam.),* se usa hablando de una persona muy crédula. ◆ adj. **7. Colador chino,** colador de agujeros finos, de forma cónica. ◆ n. **8.** *Amér. Merid.* Persona del pueblo bajo. **9.** *Amér. Merid.* Criado o sirviente. **10.** *Amér. Merid.* Designación emotiva de la persona que puede ser cariñosa o despectiva. ◆ n. m. **11.** Lengua hablada en China bajo diversas formas dialectales y que se escribe mediante un sistema ideográfico. **12.** *Méx.* Rizo de pelo. ◆ **chinos** n. m. pl. **13.** Juego que consiste en acertar el conjunto de monedas u otros objetos pequeños, con un máximo de tres, que se esconden los jugadores en una mano cerrada.

**CHINOTIBETANO** n. m. Familia de lenguas que agrupa el chino y el tibetano-birmano.

**CHINTZ** n. m. Tela de algodón para tapicería, estampada y con un brillo satinado.

**CHIP** n. m. (voz inglesa, *viruta*). ELECTRÓN. Placa de silicio de unos pocos milímetros cuadrados de superficie, que sirve de soporte de las partes activas de un circuito integrado.

**CHIPA** n. f. (voz quechua). *Colomb.* Cesto de paja que se emplea para recoger frutas y legumbres. **2.** *Colomb.* Rodete o rosca para cargar a la cabeza, mantener en pie una vasija redonda, etc. **3.** *Colomb.* Rollo, materia enrollada.

**CHIPÁ** n. m. (voz guaraní). *Argent., Par.* y *Urug.* Torta de harina de mandioca o maíz.

**CHIPACO** n. m. *Argent.* Torta de acemite.

**CHIPE** n. m. *Chile. Vulg.* Dinero. (Úsase más en plural.) • **Tener** o **dar chipe** (*Chile. Fig.* y *fam.*), tener o dar libertad de acción.

**CHIPÉN** adj. (voz gitana). *Fam.* Excelente, superior.

**CHIPIAR** v. tr. [**1**]. *Amér. Central.* Importunar, molestar.

**CHIPICHIPI** n. m. *Méx.* Llovizna.

**CHIPIL** adj. y n. m. y f. *Méx.* Dícese del niño que reclama excesiva atención de sus padres por celos u otras causas.

**CHIPIRÓN** n. m. Calamar de pequeño tamaño.

**CHIPOLO** n. m. *Colomb., Ecuad.* y *Perú.* Juego de naipes.

**CHIPOTE** n. m. *Amér. Central.* Manotazo. **2.** *Guat.* y *Méx.* Chichón.

**CHIPPEWA** → ***ojibwa.***

**CHIPRIOTA** adj. y n. m. y f. De Chipre.

**CHIQUEADORES** n. m. pl. Círculos de carey que se usaron en México como adorno femenino. **2.** *Méx.* Rodajas de papel que, untadas con sebo u otra sustancia, se pegan en las sienes como remedio casero para el dolor de cabeza.

**CHIQUEAR** v. tr. [**1**]. *Cuba* y *Méx.* Mimar a una persona. **2.** *Hond.* Contonearse al caminar.

**CHIQUEO** n. m. *Cuba* y *Méx.* Mimo, halago.

**CHIQUERO** n. m. Zahúrda donde se recogen de noche los puercos. **2.** TAUROM. Cada uno de los compartimientos del toril en que están encerrados los toros antes de empezar la corrida. **3.** TAUROM. Toril.

**CHIQUIGÜITE** o **CHIQUIHUITE** n. m. *Guat., Hond.* y *Méx.* Cesto o canasta sin asas.

**CHIQUILICUATRO** n. m. *Fam.* Mequetrefe, persona insignificante.

**CHIQUILLADA** n. f. Acción propia de chiquillos.

**CHIQUILLERÍA** n. f. *Fam.* Multitud de chiquillos.

**CHIQUILLO, A** adj. y n. Chico, niño, muchacho.

**CHIQUIRRITÍN, NA** o **CHIQUITÍN, NA** adj. y n. *Fam.* Que no ha salido de la infancia.

**CHIQUITEAR** v. tr. [**1**]. *Méx. Fam.* Dar o tomar algo en pocas cantidades o poco a poco, haciendo que dure más: *en su casa le chiquitean el dinero.*

**CHIQUITO, YUNCARIRSH** o **TARAPECOSI,** pueblo amerindio que vive en el N del Chaco y en el SE de Bolivia.

**CHIQUITO, A** adj. y n. Muy pequeño. • **Andarse en chiquitas** *(Fam.),* usar de contemplaciones o pretextos para esquivar o diferir algo.

**CHIRA** n. m. y adj. Formación y grupo del eoceno superior de Perú.

**CHIRAPA** n. f. *Bol.* Andrajo, jirón de ropa. **2.** *Perú.* Lluvia con sol.

**CHIRCA** n. f. Planta arbórea de tamaño regular, madera dura, hojas ásperas, flores amarillas y fruto en almendra. (Familia euforbiáceas.) **2.** Nombre de diversas plantas leñosas que crecen en zonas cálidas de América. (Familia apocináceas.)

**CHIRCAL** n. m. Terreno poblado de chircas.

**CHIRIBITA** n. f. Chispa, partícula inflamada. (Suele usarse en plural.) ◆ **chiribitas** n. f. pl. **2.** *Fam.* Lucecillas que se ven por alguna anormalidad en los ojos.

**CHIRIBITAL** n. m. *Colomb.* Erial, tierra infecunda.

**CHIRIBITIL** n. m. Desván, rincón o escondrijo.

**CHIRICATANA** n. f. *Ecuad.* Poncho de tela basta.

**CHIRICAYA** n. f. *Amér. Central* y *Méx.* Dulce de leche y huevos.

**CHIRIGOTA** n. f. *Fam.* Cuchufleta, broma. • **Chirigotas de Cádiz,** comparsas de carnaval; canciones que suelen cantar estas comparsas.

**CHIRIGOTERO, A** adj. Que dice chirigotas.

**CHIRIGUANO,** pueblo amerindio del grupo guaraní, de la familia tupí-guaraní. Viven en Bolivia, a orillas del Pilcomayo.

**CHIRIMBOLO** n. m. *Fam.* Utensilio, vasija o cosa análoga.

**CHIRIMÍA** n. f. Instrumento de viento parecido al clarinete con diez agujeros y boquilla con lengüeta de caña.

**CHIRIMOYA** n. f. Fruto del chirimoyo, verdoso por fuera, con pepitas negras y pulpa blanca por dentro.

**CHIRIMOYO** n. m. Árbol originario de América tropical, de frutos azucarados comestibles, que mide unos 8 m de alt. (Familia anonáceas.)

**CHIRINGO** n. m. *Hond.* Harapo. **2.** *P. Rico.* Caballo pequeño, de inferior calidad.

**CHIRINGUITO** n. m. Quiosco o puesto de bebidas o comidas al aire libre.

**CHIRINOLA** n. f. (del nombre de la batalla de *Ceriñola*). Discusión acalorada. **2.** Juego de muchachos parecido al de los bolos. **3.** Conversación alegre y animada. **4.** Cosa de poca importancia y trascendencia.

**CHIRIPA** n. f. En el juego de billar, lance favorable o tanto conseguidos inesperadamente. **2.** *Fig.* y *fam.* Casualidad favorable.

**CHIRIPÁ** n. m. *Amér. Merid.* Prenda de vestir del gaucho que consiste en un paño pasado entre las piernas y sujeto a la cintura por la faja. **2.** *Argent.* Pañal que se pone a los niños que por su forma recuerda a la prenda de vestir del gaucho.

**CHIRIPADA** n. f. *Méx. Fig.* y *fam.* Casualidad favorable, hecho afortunado: *la encontramos por pura chiripada.*

**CHIRIPERO, A** n. Persona que gana por chiripa.

**CHIRIVÍA** n. f. Planta herbácea de raíz blanca o rojiza, carnosa y comestible. (Familia umbelíferas.)

**CHIRLA** n. f. Lamelibranquio de pequeño tamaño, con la concha en forma de cuña. (Familia donácidos.)

**CHIRLE** adj. *Fam.* Insípido, insustancial. **2.** *Argent.* Falto de consistencia, blanduzco. **3.** *Argent. Fig.* De poco interés, sin gracia.

**CHIRLO** n. m. Herida prolongada en la cara. **2.** Señal que deja esta herida.

**CHIROLA** n. f. *Argent.* Antigua moneda de níquel de cinco, diez o veinte centavos. **2.** *Chile.* Moneda chaucha, o de veinte centavos. ◆ **chirolas** n. f. pl. **3.** *Argent.* Poco dinero.

**CHIRONA** n. f. *Fam.* Cárcel, prisión.

**CHIROSO, A** adj. *Amér. Central.* Astroso, andrajoso.

**CHIROTE** n. m. *Ecuad.* y *Perú.* Pájaro parecido al pardillo, con una mancha roja en el pecho. (Familia ictéridos.) ◆ adj. y n. **2.** *C. Rica. Fig.* Grande, hermoso. **3.** *Perú. Fig.* Dícese de la persona ruda o de cortos alcances.

**CHIRRIAR** v. intr. (voz onomatopéyica) [**1t**]. Producir un sonido agudo el roce de un objeto con otro: *los goznes de esta puerta chirrían.* **2.** Dar sonido agudo una sustancia al penetrarla un calor intenso. **3.** *Fig.* y *fam.* Cantar desentonadamente.

**CHIRRIDO** n. m. Sonido producido al chirriar. **2.** Cualquier sonido agudo y desagradable.

**CHIRUCA** n. f. (marca registrada). Bota de lona con suela de goma, ligera y resistente.

**CHIRULA** n. f. Pequeña flauta que se usa en el País Vasco y en el Béarn.

**CHIRUSA** o **CHIRUZA** n. f. *Argent. Desp.* Mujer de comportamiento vulgar y afectado. **2.** *Argent.* y *Urug.* Mujer del pueblo bajo.

**¡CHIS!** interj. ¡Chitón!

**CHISA** n. f. *Colomb.* Larva de un género de escarabajos, dañina para la agricultura.

**CHISGARABÍS** n. m. (voz de creación expresiva). *Fam.* Persona insignificante, informal y chismosa.

**CHISGUETE** n. m. *Fam.* Trago de vino. **2.** *Fam.* Chorrillo de un líquido que sale violentamente.

**CHISME** n. m. Noticia verdadera o falsa con que se murmura o se pretende difamar. **2.** *Fam.* Baratija o trasto pequeño.

**CHISMEAR** v. intr. [**1**]. Chismorrear.

**CHISMERO, A** adj. y n. Chismoso.

**CHISMORREAR** v. intr. [**1**]. *Fam.* Traer y llevar chismes.

**CHISMORREO** n. m. *Fam.* Acción de chismorrear.

**CHISMOSO, A** adj. y n. Que chismorrea.

**CHISPA** n. f. (voz onomatopéyica). Partícula inflamada que salta de la lumbre, del hierro herido por el pedernal, etc. **2.** *Fig.* Ingenio, gracia, agudeza: *persona con mucha chispa.* **3.** Partícula, pequeña cantidad de cualquier cosa: *una chispa de sal.* **4.** Gota de lluvia pequeña y escasa. **5.** *Fam.* Borrachera, embriaguez. **6.** ELECTR. Fenómeno luminoso debido a la brusca descarga que se produce cuando se aproximan dos cuerpos electrizados de diferentes potenciales. • **Echar chispas** *(Fam.)*, dar muestras de enojo y furor.

**CHISPAZO** n. m. Acción de saltar una chispa y daño que causa. **2.** *Fig.* Suceso aislado y de poca entidad que precede o sigue al conjunto de otros de mayor importancia: *los primeros chispazos de la guerra.* (Suele usarse en plural.)

**CHISPEANTE** adj. Que abunda en detalles de ingenio y agudeza: *discurso chispeante.*

**CHISPEAR** v. intr. [**1**]. Echar chispas. **2.** Relucir o brillar mucho: *sus ojos chispean.* **3.** Lloviznar o nevar muy débilmente.

**CHISPERO** n. m. Chapucero, herrero que fabrica cosas bastas de hierro. **2.** *Fig.* y *fam.* Majo, chulo.

**CHISPO, A** adj. *Fam.* Achispado, bebido.

**CHISPORROTEAR** v. intr. [**1**]. *Fam.* Despedir chispas reiteradamente.

**CHISQUERO** n. m. Encendedor de bolsillo.

**¡CHIST!** interj. ¡Chitón!

**CHISTAR** v. intr [**1**]. Prorrumpir en alguna voz o hacer ademán de hablar. • **Sin chistar,** sin hablar, sin decir palabra.

**CHISTE** n. m. Frase o historieta improvisada, relatada o dibujada que contiene algún doble sentido, alguna alusión burlesca o algún disparate que provoca risa. **2.** Gracia, chispa.

**CHISTERA** n. f. (vasco *xistera*). Cestilla angosta por la boca y ancha por abajo, que usan los pescadores. **2.** *Fig.* y *fam.* Sombrero masculino de ceremonia, de copa alta. **3.** DEP. Cesta.

**CHISTORRA** n. f. Embutido de origen navarro semejante al chorizo, pero más delgado.

**CHISTOSO, A** adj. Que usa de chistes. **2.** Dícese de cualquier suceso que tiene chiste.

**CHISTU** n. m. Flauta aguda usada en el País Vasco.

**CHISTULARI** n. m. Tocador de chistu.

**CHITA** n. f. Astrágalo, hueso. **2.** Juego que consiste en poner una chita o taba en un sitio determinado, y tirar a ella con piedras. • **A la chita callando** *(Fam.)*, con disimulo o en secreto. ‖ **¡Por la chita!** *(Chile. Fam.)*, ¡caramba!

**CHITICALLA** n. m. y f. *Fam.* Persona muy callada y reservada.

**¡CHITÓN!** o **¡CHITO!** interj. *Fam.* Se usa para imponer silencio.

**CHIVA** n. f. *Amér.* Perilla, barba. **2.** *Amér. Central.* Manta, colcha. **3.** *Chile. Fam.* Mentira. **4.** *Méx. Fam.* Objeto cualquiera cuyo nombre no se conoce o no se quiere mencionar: *pásame la chiva para abrir la botella.* **5.** *Venez.* Red para llevar legumbres y verduras. ◆ **chivas** n. f. pl. **6.** *Méx.* Objetos personales: *recoge todas tus chivas.*

**CHIVADO, A** adj. *Argent. Vulg.* Transpirado.

**CHIVAR** v. tr. y pron. [**1**]. *Amér.* Fastidiar, molestar, engañar. ◆ **chivarse** v. pron. **2.** Delatar, decir algo que perjudique a otro. **3.** Irse de la lengua. **4.** *Amér. Merid.* y *Guat.* Enojarse, irritarse.

**CHIVARRAS** n. f. pl. *Méx.* Calzones de cuero peludo de chivo.

**CHIVATAZO** n. m. *Fam.* Delación.

**CHIVATEAR** v. intr. [**1**]. *Argent.* y *Chile.* Jugar los niños con algarabía.

**CHIVATO, A** n. Chivo que pasa de seis meses y no llega al año. ◆ adj. y n. **2.** Soplón, delator. ◆ n. m. **3.** Dispositivo que advierte de una anormalidad o avisa de algo.

**CHIVICOYO** n. m. Galliforme que vive en las zonas desérticas del O norteamericano, cuya carne es muy apreciada. (Familia fasiánidos.)

**CHIVO, A** n. Cría de la cabra desde que no mama hasta que llega a la edad de procrear. • **Chivo expiatorio,** macho cabrío que el sumo sacerdote sacrificaba por los pecados de los israelitas; persona sobre la que se hacen recaer las culpas que comparte con otros.

**CHIVUDO, A** adj. y n. m. *Argent., Cuba, Perú* y *Venez. Fam.* Que lleva barba larga. **2.** *Argent. Fig.* y *fam.* Malhumorado.

**CHOAPINO** n. m. *Chile.* Alfombra tejida o mano.

**CHOCANTE** adj. Que choca. **2.** Gracioso, chocarrero. **3.** *Argent., Colomb., C. Rica, Ecuad., Méx.* y *Perú.* Antipático, fastidioso, presuntuoso.

**CHOCANTERÍA** n. f. *Amér. Merid., Méx.* y *Pan.* Impertinencia, cosa desagradable y molesta.

**CHOCAR** v. intr. [**1a**]. Encontrarse violentamente una cosa con otra: *chocar dos automóviles.* **2.** *Fig.* Pelear, combatir, discutir: *acabaron chocando por una tontería.* **3.** *Fig.* Causar extrañeza: *me chocó su actitud.* ◆ v. tr. e intr. **4.** Darse las manos en señal de saludo, felicitación, etc. ◆ v. tr. **5.** Unir copas, vasos, etc., al hacer un brindis.

**CHOCARRERÍA** n. f. Chiste grosero.

**CHOCARRERO, A** adj. Grosero: *palabra chocarrera.* ◆ adj. y n. **2.** Que tiene por costumbre decir chocarrerías.

**CHOCHA** n. f. ORNITOL. Becada.

**CHOCHAL** n. m. y adj. Formación y calizas del pérmico medio de Guatemala central.

**CHOCHEAR** v. intr. [**1**]. Tener debilitadas las facultades mentales por efecto de la edad: *el abuelo ya chochea.* **2.** *Fig.* y *fam.* Extremar el cariño o la afición a personas o cosas: *chochea por sus hijos.*

**CHOCHEZ** o **CHOCHERA** n. f. Calidad de chocho. **2.** Dicho o hecho de persona que chochea.

**CHOCHO** n. m. Altramuz. **2.** Fruto de esta planta. **3.** *Vulg.* Vulva.

**CHOCHO, A** adj. Que chochea: *un viejo chocho.* **2.** *Fig.* y *fam.* Alelado de puro cariño por alguien: *está chocho por su novia.*

**CHOCHO** o **POPOLOCA DE OAXACA,** pueblo amerindio mexicano del est. de Oaxaca, de la familia lingüística otomangue.

**CHOCLO** n. m. *Amér. Merid.* Mazorca tierna de maíz. **2.** *Amér. Merid.* Humita. • **Un choclo** (*Argent. Fig.* y *fam.*), mucho, demasiado.

**CHOCLÓN** n. m. *Chile.* Lugar en que celebran sus reuniones políticas los partidarios de un candidato, durante el período electoral. **2.** *Chile* y *Perú.* Reunión de mucha gente, multitud.

concierto de **chistu**

**CHOCO, A** adj. *Amér.* Dícese de la persona o animal que carece de un miembro. **2.** *Bol.* De color rojo oscuro. **3.** *Chile.* Rabón. **4.** *Colomb.* Se aplica a la persona de tez morena. **5.** *Guat.* y *Hond.* Tuerto, torcido. ◆ n. m. **6.** *Amér. Merid.* Perro de aguas. **7.** *Bol.* Sombrero de copa. **8.** *Chile.* Tueco. **9.** *Chile.* Arma de fuego de cañón recortado usada por bandidos. **10.** *Chile.* Espasmo vaginal durante el coito. **11.** *Perú.* Caparro, mono.

**CHOCOLATE** n. m. (voz azteca). Alimento sólido compuesto esencialmente por cacao y azúcar molidos. **2.** Bebida preparada con esta sustancia. **3.** En el lenguaje de la droga, hachís.

preparación del **chocolate**: detalle de *La chocolatada* (cerámica vidriada de Alella) [museo de cerámica, Barcelona]

**CHOCOLATERA** n. f. Recipiente para preparar o servir el chocolate líquido.

**CHOCOLATERÍA** n. f. Fábrica de chocolate. **2.** Establecimiento en el que se vende o donde se sirve chocolate al público.

**CHOCOLATERO, A** adj. y n. Muy aficionado a tomar chocolate. ◆ n. **2.** Persona que fabrica o vende chocolate.

**CHOCOLATÍN** n. m. Pastilla o tableta pequeña de chocolate. SIN.: *chocolatina.*

**CHÓFER** o **CHOFER** n. m. y f. (fr. *chauffeur*) [pl. *chóferes* o *chófers*]. Conductor de automóvil, especialmente el pagado.

**CHOIYOILITENSE** n. m. y adj. Fase eruptiva del triásico superior de Argentina y Chile.

**CHOKE-BORE** n. m. (voz inglesa). Agolletamiento.

**CHOL,** pueblo amerindio de la familia lingüística maya que en época precolombina ocupaba una extensa región, de Tabasco (México) a Honduras, y al que se debió en gran parte el esplendor cultural maya.

**CHOLA** n. f. *Fam.* Cholla, cabeza.

**CHOLERÍO** n. m. *Amér. Merid.* Conjunto de cholos.

**CHOLETA** n. f. *Chile.* Tela ordinaria utilizada para forros de vestidos.

**CHOLGA** n. f. *Argent.* y *Chile.* Molusco bivalvo semejante al mejillón.

**CHOLLA** n. f. *Fam.* Cabeza. **2.** Talento, juicio. **3.** *Amér. Central.* Pereza, cachaza.

**CHOLLAR** v. tr. [**1**]. *Amér. Central.* Desollar, pelar.

**CHOLLO** n. m. *Fam.* Ganga, momio.

**CHOLO, A** adj. y n. *Amér.* Mestizo de blanco e india. ◆ adj. **2.** *Amér.* Indio que ha adoptado las costumbres de la sociedad urbana e industrial. **3.** *Amér. Merid.* Apelativo cariñoso que se da a un niño, un muchacho, etc. **4.** *Chile.* Dícese de los peruanos.

**CHOLÓN,** pueblo amerindio de Perú, de la familia lingüística chibcha, que vive junto al Huallaga.

**CHOMPA** o **CHOMBA** n. f. *Amér. Merid.* Jersey.

**CHOMPIPE** n. f. *Amér. Central.* Pavo.

**CHON,** familia lingüística amerindia que incluye las lenguas de los patagones y los fueguinos.

**CHONGO** n. m. *Chile.* Cuchillo sin filo. **2.** *Dom.* y *P. Rico.* Caballo malo, ordinario. **3.** *Guat.* Rizo de pelo. **4.** *Méx.* Moño de pelo, trenza. ◆ **chongos** n. m. pl. **5.** *Méx.* Dulce típico mexicano que se prepara con leche cuajada, azúcar y canela.

**CHONGUEAR** v. intr. y pron. [**1**]. *Guat.* y *Méx.* Burlarse, chunguearse.

**CHONO,** pueblo amerindio, act. extinguido, que vivía en el archipiélago de los Chonos.

**CHONTAL** adj. y n. m. y f. Relativo a un grupo de pueblos amerindios de la familia lingüística maya que viven en México; individuo de este grupo. **2.** *Amér. Central, Colomb.* y *Venez.* Rústico e inculto. ◆ n. m. **3.** Lengua de la familia lingüística maya-quiché.

**CHOP** n. m. (neerlandés *schopen*). Cubilete con asa, y a veces con tapadera, que sirve para beber cerveza.

**CHOPE** n. m. *Chile.* Palo que sirve para cavar las tierras, extraer tubérculos, etc. **2.** *Chile.* Garfio de hierro. **3.** *Chile.* Guantada, puñetazo.

**CHOPERA** n. f. Lugar poblado de álamos o chopos.

**CHOPO** n. m. Álamo.

**CHOPPER** n. m. (voz inglesa, *cuchilla*). Útil prehistórico tallado sobre un canto rodado de sílex o piedra similar.

**CHOPPER** n. m. (voz norteamericana). Moto alargada con manillar alto, conducida por un piloto inclinado hacia atrás.

**CHOQUE** n. m. Acción de chocar: *el choque de dos vehículos.* **2.** *Fig.* Contienda, disputa. **3.** MED. Shock. **4.** MIL. Encuentro violento con el enemigo, hasta llegar al cuerpo a cuerpo. • **Batallón de choque** (MIL.), unidad táctica de infantería compuesta de comandos. ‖ **De choque,** dícese de una doctrina presentada con dinamismo o de un sistema o una acción de gran eficacia. ‖ **Ensayo de choque,** procedimiento destructivo para medir la fragilidad de un metal o de una aleación.

**CHOQUEZUELA** n. f. Rótula, hueso.

**CHORCHA** n. f. *Méx.* Reunión de amigos que se juntan para charlar.

**CHOREAR** v. intr. y pron. [**1**]. *Chile.* Molestar en exceso, fastidiar.

**CHORICERO, A** n. Persona que hace o vende chorizos.

**CHORIZAR** v. tr. [**1a**]. *Vulg.* Hurtar.

**CHORIZO** n. m. Embutido que se prepara con carne de cerdo, picada y condimentada con sal y pimentón, y al que a veces se añade pimienta. **2.** Balancín, palo usado por los volatineros. **3.** *Vulg.* Ratero. **4.** *Argent.* Embutido de carne porcina, que generalmente se sirve asado. **5.** *Argent., Par.* y *Urug.* Carne de lomo vacuno, de forma alargada, situada a cada uno de los lados del espinazo. **6.** *Argent., Par.* y *Urug.* Haz de barro mezclado con paja, empleado para hacer ranchas.

**CHORLA** n. f. Ave parecida a la ganga, pero de mayor tamaño.

**CHORLITO** n. m. Ave de patas altas y delgadas y pico recto. (Familia caradridos.)

**CHORLO** n. m. Variedad de turmalina de color negro, que se encuentra en hermosos cristales, especialmente en granitos.

**CHORO** n. m. *Chile.* Mejillón. **2.** *Chile.* En el lenguaje del hampa, ladrón. **3.** *Chile. Vulg.* Nombre grosero que se da al aparato genital femenino. • **Sacar** a alguien **los choros del canasto** *(Chile),* molestar de forma tal que causa una fuerte irritación.

**CHÔRO** n. m. Conjunto instrumental popular brasileño. **2.** Música que interpreta.

**CHORO, A** adj. *Chile. Fam. Vulg.* Dícese de la persona que destaca por su carácter valiente y decidido. **2.** *Chile.* Dícese de las personas o cosas de cualidades sobresalientes.

**CHOROTE** n. m. *Colomb.* Vasija de barro. **2.** *Cuba.* Toda bebida espesa. **3.** *Venez.* Especie de chocolate con el cacao cocido en agua y endulzado con papelón.

**CHOROTEGA,** pueblo amerindio de México, de la familia lingüística otomangue, act. extinguido, que comprendía los grupos chiapaneca y chorotega. Vivían en el centro de Chiapas y en la costa del Pacífico.

**CHOROTÍ** o **ZOLOTA,** pueblo amerindio del Chaco, de la familia lingüística mataco-macá.

**CHORRADA** n. f. Porción de líquido que se añade a la medida justa. **2.** *Fig.* Sandez, tontería: *decir chorradas.*

**CHORREADO, A** adj. Dícese de la res que tiene chorreras. **2.** *Amér.* Sucio, manchado.

**CHORREADURA** n. f. Chorreo. **2.** Mancha que deja un líquido que ha caído chorreando.

**CHORREAR** v. intr. [**1**]. Caer un líquido formando chorro. **2.** *Fig.* y *fam.* Ir viniendo ciertas cosas sin interrupción. ◆ v. tr. e intr. **3.** Salir un líquido lentamente y goteando. ◆ v. tr. **4.** *Fam.* Reprender, echar una bronca severa.

**CHORREO** n. m. Acción y efecto de chorrear.

**CHORREÓN** n. m. Chorreadura.

**CHORRERA** n. f. Paraje por donde cae una corta porción de líquido. **2.** Señal que el agua deja por donde ha corrido. **3.** Adorno de muselina o de encaje que baja desde el cuello, cubriendo el cierre de la camisa o del vestido por delante. ◆ **chorreras** n. f. pl. **4.** Listas verticales del mismo color que la capa de la res vacuna, pero de tono más oscuro, que van del lomo al vientre.

**CHORRETADA** n. f. *Fam.* Chorro de un líquido que sale improvisadamente.

**CHORRILLO** n. m. *Fig.* y *fam.* Acción continua de recibir o gastar una cosa. **2.** *Méx.* Diarrea.

**CHORRO** n. m. Golpe de un líquido o fluido que sale o cae con fuerza y continuidad: *un chorro de agua, de aire.* **2.** Caída sucesiva de cosas iguales y pequeñas. • **A chorros,** copiosamente, con abundancia. ‖ **Chorro de arena** (METAL. y TECNOL.), procedimiento para limpiar superficies metálicas con arena proyectada a gran velocidad a través de una boquilla o tobera, mediante aire comprimido. ‖ **Chorro de voz** *(Fig.),* plenitud de voz.

**CHORUS** n. m. Unidad formal del jazz, basada en la improvisación de un tema de blues o de song.

**CHOTACABRAS** n. m. (pl. *chotacabras*). Ave caprimulgiforme, de unos 30 cm de long., de plumaje pardo rojizo, que durante la noche caza los insectos al vuelo manteniendo el pico muy abierto.

**CHOTEAR** v. tr. y pron. [**1**]. *Vulg.* Burlarse.

**CHOTEO** n. m. *Vulg.* Burla, pitorreo.

**CHOTIS** n. m. (alem. *Schottisch*). Baile de parejas, de movimiento moderado y de compás de cuatro tiempos, muy popular en Madrid desde fines del s. XIX. **2.** Música de este baile.

**CHOTO, A** n. Cría de la cabra mientras mama. **2.** Ternero. • **Como una chota** *(Fam.),* de poco juicio, alocado, extravagante.

**CHOTT** n. m. En las regiones áridas, depresión cerrada, a menudo de origen eólico, cuyo fondo está ocupado por una sebja. **2.** En África del norte, tierra salada que rodea una sebja.

**CHOTUDO** adj. *Urug.* Dícese del hombre de pene grande.

**CHOTUNO, A** adj. Dícese del ganado cabrío mientras está mamando.

**CHOUCROUTE** n. m. (voz alemana). Plato típico alsaciano a base de col fermentada acompañado de diversos productos de charcutería (salchichas, tocino ahumado, jamón, etc.) y de patatas o alguna legumbre.

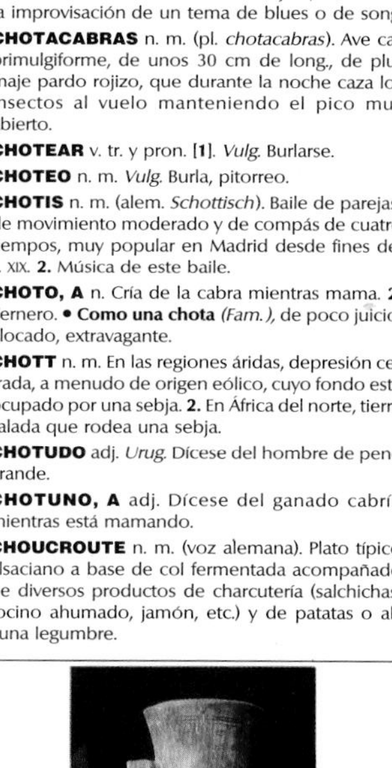

la cultura **chorotega:**
jarrón con cabeza de jaguar procedente de Guanacaste, Costa Rica; 300 a. J.C.-300 d. J.C.
(Banco central, San José de Costa Rica)

**CHOVA** n. f. Ave de la familia de los córvidos, de plumaje negro lustroso y patas rojas, de unos 35 cm de altura. **2.** Corneja.

**CHOVINISMO** n. m. Chauvinismo.

**CHOVINISTA** adj. y n. m. y f. Chauvinista.

**CHOW-CHOW** adj. y n. m. Dícese de una raza de perros de origen chino.

**CHOYA** n. f. *Guat.* Pereza, pesadez. **2.** *Méx. Fam.* Cabeza.

**CHOZA** n. f. Cabaña formada de estacas y cubierta de ramas o paja. **2.** Cabaña, casita tosca y rústica.

**CHRISTMAS** n. m. (voz inglesa, *Navidad*) [pl. *christmas*]. Tarjeta de felicitación de la Navidad.

**CHUÁN** n. m. (fr. *chouan*). Nombre dado a los campesinos realistas del O de Francia que en 1793 se alzaron en armas contra el gobierno revolucionario. (La revuelta de los chuanes, la *chouannerie,* se prolongó hasta 1801.)

**CHUASCLE** n. m. *Méx.* Trampa.

**CHUBASCO** n. m. (port. *chuvasco*). Chaparrón acompañado de viento, o lluvia de corta duración. **2.** *Fig.* Adversidad o contratiempo transitorio.

**CHUBASQUERO** n. m. Impermeable, prenda para la lluvia.

**CHUCÁN, NA** adj. *Amér. Central.* Bufón, chocarrero.

**CHUCAO** n. m. Paseriforme de plumaje pardo, pecho rojizo y vientre blanco manchado de negro. (Familia rinocríptidos.)

**CHÚCARO, A** adj. *Amér.* Dícese del ganado, especialmente equino y vacuno no desbravado, arisco o bravío.

**CHUCHA** n. f. *Chile. Vulg.* Nombre que se da a los genitales externos de la mujer.

**CHUCHERÍA** n. f. Cosa de poco valor pero pulida y delicada. **2.** Alimento ligero y apetitoso: *comer chucherías; regalar una chuchería.*

**CHUCHERÍA** n. f. Caza de pájaros que se realiza con redes, lazos, liga, etc.

**CHUCHO** n. m. *Fam.* Perro.

**CHUCHO** n. m. *Amér.* Estremecimiento del cuerpo, escalofrío. **2.** *Amér.* Fiebre intermitente. **3.** *Argent.* y *Urug. Fam.* Miedo.

**CHUCHO** n. m. *Cuba.* Aparato que sirve para dejar pasar o interrumpir la corriente eléctrica en un circuito.

**CHUCHOCA** n. f. *Amér. Merid.* Maíz cocido y seco que se usa como condimento.

**CHUCLA** n. f. Pez óseo bastante común en las costas mediterráneas, gris plateado con rayas pardas, de carne poco estimada.

**CHUECA** n. f. Tocón de un árbol. **2.** *Fig.* y *fam.* Burla, chasco. **3.** Hueso redondeado o parte de él que encaja en el hueco de otro en una articulación.

**CHUECO, A** adj. *Amér.* Dícese de la persona que tiene las puntas de los pies torcidas hacia dentro. **2.** *Amér.* Torcido.

**CHUETA** n. m. y f. Xueta.

**CHUFA** n. f. Planta que crece en lugares húmedos, de tubérculos comestibles con los que se preparan horchatas. (Familia ciperáceas.) **2.** Tubérculo de esta planta.

**CHUFLA** o **CHUFLETA** n. f. *Fam.* Cuchufleta.

**CHUICO** n. m. *Chile.* Garrafa.

**CHULADA** n. f. Chulería. **2.** Bravuconada, insolencia.

**CHULAPO, A** o **CHULAPÓN, NA** n. Chulo, madrileño castizo.

**CHULEAR** v. intr. [**1**]. Jactarse, presumir: *chulear de valiente.*

**CHULERÍA** n. f. Cierto aire o gracia en las palabras o ademanes: *andar con chulería.* **2.** Conjunto o reunión de chulos. **3.** Valentonería, bravuconería.

**CHULESCO, A** adj. Relativo a los chulos: *ademanes chulescos.*

**CHULETA** n. f. (valenciano *xulleta*). Costilla de buey, ternera, carnero o cerdo sin descarnar. **2.** *Fig.* Pieza que se añade a alguna obra manual para rellenar un hueco. **3.** *Fam.* Entre estudiantes, papel con extractos o notas que se lleva escondido para copiar en los exámenes escritos. **4.** *Fig.* y *fam.* Bofetada. ◆ adj. y n. m. y f. **5.** Chulo.

**CHULO, A** adj. y n. Que hace y dice las cosas con

chulería. SIN.: *chuleta.* **2.** *Fam.* Bonito, gracioso. ◆ adj. **3.** Chulesco. ◆ n. **4.** Madrileño castizo. ◆ n. m. **5.** Rufián. **6.** *Argent., Bol.* y *Perú.* Gorro tejido de lana.

**CHULLO** o **CHULLU** n. m. *Argent., Bol.* y *Perú.* Gorro tejido de lana.

**CHULLO, A** adj. y n. *Bol., Ecuad.* y *Perú.* Persona de la clase media.

**CHULLPA** n. f. ARQUEOL. Estructura en forma de torre, utilizada por los aymara en la época precolombina como tumba de sus jefes.

**chullpa** (Sillustani cerca del lago Umayo, Puno, Perú; época incaica)

**CHUMACERA** n. f. Soporte de un árbol de transmisión.

**CHUMAR** v. tr. y pron. **[1]**. *Fam.* Beber, embriagarse. ◆ **chumarse** v. pron. **2.** *Argent., Ecuad.* y *Urug.* Emborracharse.

**CHUMBE** n. m. *Amér. Merid.* Ceñidor, faja.

**CHUMBERA** n. f. Nopal.

**CHUMBO** n. m. *Argent. Vulg.* Revólver o pistola. **2.** *Argent. Vulg.* Balazo, tiro.

**CHUMBO, A** adj. Dícese del higo, fruto de la chumbera. • **Higuera chumba,** chumbera.

**CHUNCHO** n. m. Nombre dado por los incas a los pueblos que habitaban en las laderas orientales de los Andes. **2.** Nombre dado actualmente en Perú a los indios no aculturados, especialmente a los de la Amazonia. **3.** *Chile.* Lechuza. **4.** *Chile.* Gafe, persona que trae mala suerte.

**CHUNCHUL** n. m. *Chile.* Intestino especialmente de vacuno o de cordero que se come guisado.

**CHUNGA** n. f. *Fam.* Broma, burla: *hablar en chunga.*

**CHUNGO, A** adj. De poca calidad. ◆ adv. m. **2.** Mal.

**CHUNGUEARSE** v. pron. **[1]**. *Fam.* Burlarse de alguien.

**CHUNGUEO** n. m. Acción y efecto de chunguearse.

**CHUÑA** n. f. Ave zancuda corredora, de más de 70 cm de long., que habita en campo abierto y terrenos arbolados de Argentina y Bolivia, se alimenta de pequeños vertebrados e invertebrados y nidifica en los árboles. **2.** *Chile.* Arrebatiña.

**CHUÑO** n. m. *Amér. Merid.* Fécula de patata. **2.** *Amér. Merid.* Alimento que se prepara con fécula de patata y leche. **3.** *Chile. Vulg.* Nombre que se da al semen.

**CHUPA** n. f. (fr. *jupe*). Parte del vestido que cubría el tronco, con cuatro faldillas y mangas ajustadas. **2.** Chaqueta, chaquetilla. • **Poner** a uno **como chupa de dómine** *(Fam.),* insultarle, reprenderle duramente.

**CHUPADA** n. f. Acción de chupar.

**CHUPADO, A** adj. *Fam.* Muy flaco y extenuado: *una cara chupada.* **2.** *Fam.* Muy fácil.

**CHUPADOR, RA** adj. y n. Que chupa: *órganos chupadores de algunos insectos.*

**CHUPADURA** n. f. Acción y efecto de chupar.

**CHUPALLA** n. f. *Chile.* Planta bromeliácea que tiene las hojas en forma de roseta y cuyo jugo se emplea en medicina casera. **2.** *Chile.* Sombrero de paja hecho con tirillas de las hojas de esta planta.

**CHUPAMIRTO** n. m. *Méx.* Colibrí.

**CHUPAR** v. tr. e intr. **[1]**. Sacar o atraer con los labios el jugo o la sustancia de una cosa: *chupar un caramelo.* ◆ v. tr. **2.** Absorber, atraer, aspirar un líquido: *el papel secante chupa la tinta.* **3.** Humedecer una cosa con la lengua o con la boca, lamer. **4.** *Fig.* y *fam.* Ir quitando o consumiendo los bienes de uno con pretextos y engaños. **5.** *Amér. Merid.* Beber en abundancia. **6.** *Hond.* Fumar. ◆ v. intr. **7.** *Méx. Vulg.* Ingerir bebidas alcohólicas: *estuvieron chupando toda la noche.* ◆ **chuparse** v. pron. **8.** Irse enflaqueciendo o desmedrando. **9.** Sufrir, aguantar.

**CHUPARROSA** n. f. *Méx.* Colibrí.

**CHUPATINTAS** n. m. (pl. *chupatintas*). *Desp.* Oficinista. SIN.: *cagatintas.*

**CHUPE** n. m. (voz quechua). *Chile* y *Perú.* Guisado que se hace con patatas, carne o pescado, queso, ají, tomate, etc.

**CHUPETE** n. m. Objeto que se da a chupar a los lactantes. • **De chupete** *(Fam.),* exquisito y agradable.

**CHUPETEAR** v. tr. e intr. **[1]**. Chupar poco y con frecuencia.

**CHUPETEO** n. m. Acción de chupetear.

**CHUPETÓN** n. m. Acción y efecto de chupar con fuerza.

**CHUPINAZO** n. m. *Fam.* Cañonazo, disparo. **2.** PIROTECN. Disparo hecho con una especie de mortero.

**CHUPO** n. m. *Colomb.* Chupete.

**CHUPÓN, NA** adj. *Fam.* Que chupa. ◆ adj. y n. **2.** Que saca el dinero con astucia o engaño. ◆ n. m. **3.** Vástago que brota en las ramas principales, tronco o raíces de un árbol y le chupa la savia. **4.** Caramelo largo que se va chupando. **5.** *Méx.* Tetilla de látex que se da a los niños pequeños, chupete.

**CHUPÓPTERO, A** n. *Fam.* Persona que, sin trabajar, disfruta de uno o varios sueldos, dietas, etc.

**CHUQUISA** n. f. *Chile* y *Perú.* Mujer de vida alegre.

**CHURANA** n. f. *Amér. Merid.* Aljaba que usan los indios.

**CHURINGA** n. f. ANTROP. Objeto ritual, receptáculo del alma de los muertos o de los seres vivos que han de venir.

**CHURLENGO** n. m. *Argent.* Charabón, ñandú. **2.** *Argent.* y *Chile.* Cría del guanaco. **3.** *Argent. Fig.* Persona de piernas largas y delgadas.

**CHURRASCO** n. m. Carne asada a la brasa. **2.** *Argent.* En general, asado hecho al aire libre.

**CHURRASQUEAR** v. intr. **[1]** *Argent., Par.* y *Urug.* Hacer y comer churrascos.

**CHURRE** n. m. *Fam.* Pringue gruesa y sucia que corre de una cosa grasa.

**CHURRERÍA** n. f. Establecimiento del churrero.

**CHURRERO, A** n. Persona que hace o vende churros.

**CHURRETE** o **CHURRETÓN** n. m. Mancha producida por un líquido que chorrea.

**CHURRETOSO, A** adj. Lleno de churretes: *cara churretosa.*

**CHURRÍAS** n. f. pl. Diarrea.

**CHURRIENTO, A** adj. Que tiene churre.

**CHURRIGUERESCO, A** adj. Relativo al churriguerismo. **2.** *Fig.* Charro, de mal gusto: *vestido churrigueresco.*

**CHURRIGUERISMO** n. m. Modalidad de barroco tardío español que toma su nombre del arquitecto José Benito Churriguera. **2.** Exceso de ornamentación.

■ La interpretación del barroco español formulada por los Churriguera (segunda mitad del s. XVII y primera mitad del s. XVIII) asumió los contenidos del decorativismo plateresco a través de la ornamentación exhaustiva y fantasiosa, con inclusión de elementos de influencia árabe y se implantó también en Hispanoamérica, especialmente en México, con adaptaciones originales. Entre los seguidores de los Churriguera destacaron, en España, A. García de Quiñones, Pedro de Ribera, Leonardo de Figueroa, Francisco Hurtado y Narciso Tomé, y, en América, Francisco Guerrero y Torres y L. Rodríguez.

**CHURRIGUERISTA** adj. y n. m. y f. Dícese del artista que sigue los principios del churriguerismo.

**CHURRINCHE** n. m. *Argent.* y *Urug.* Pájaro migratorio de pequeño tamaño y de color generalmente pardo.

fachada de la universidad de Valladolid (1715-1718) con esculturas de Antonio Tomé y sus hijos Narciso y Diego

tabernáculo del sagrario de la cartuja de Granada, obra de Francisco Hurtado Izquierdo (concluida en 1720)

**churriguerismo**

**CHURRO** n. m. Masa de harina a la que se da una forma alargada con un aparato especial y se fríe en aceite. **2.** *Fam.* Chapucería, cosa mal hecha: *este trabajo es un churro.* **3.** *Fam.* Casualidad favorable: *acertar por churro.* **4.** *Méx. Fam.* Cinta cinematográfica de muy mala calidad.

**CHURRO, A** adj. y n. Dícese de la res cuya lana es más basta y larga que la merina. ◆ adj. **2.** Dícese de esta lana.

**CHURRULLERO, A** adj. y n. Charlatán.

**CHURRUSCAR** v. tr. y pron. [**1a**]. Socarrar.

**CHURRUSCO** n. m. Pedazo de pan demasiado tostado.

**CHURUGUARA** n. m. y adj. Formación del terciario venezolano constituida por arcillas, areniscas y calizas.

**CHURUMBEL** n. m. (voz gitana). Niño, hijo.

**CHURUMBELA** n. f. Instrumento de viento parecido a la chirimía, pero más pequeño. **2.** Bombilla que se usa en América para tomar el mate.

**CHUSCA** n. f. *Chile.* Mujer ordinaria de vida disipada. **2.** *Chile.* En medios populares, amante.

**CHUSCADA** n. f. Dicho o hecho de chusco: *explicar chuscadas.*

**CHUSCO, A** adj. y n. Que tiene gracia, donaire y picardía: *persona, anécdota chusca.* ◆ adj. **2.** *Perú.* Dícese de los animales, en especial de los perros, que no son de casta, sino cruzados. ◆ n. m. **3.** Mendrugo, pedazo de pan. **4.** Pieza de pan de munición.

**CHUSMA** n. f. *Fam.* Conjunto de gente soez. ◆ adj. y n. f. **2.** *Argent. Desp.* Persona chismosa y entrometida.

**CHUSMEAR** v. intr. [**1**]. *Argent. Fam.* Chismear, husmear.

**CHUSMERÍO** n. m. *Argent. Fam.* Acción y efecto de chusmear.

**CHUSPA** n. f. *Amér. Merid.* Bolsa, morral. **2.** *Urug.* Bolsa pequeña para llevar el tabaco.

**CHUSQUE** n. m. *Colomb.* Planta gramínea de mucha altura, especie del bambú.

**CHUSQUERO** adj. y n. m. (de *chusco,* pedazo de pan). Oficial del ejército que ha ascendido desde soldado raso.

**CHUSQUISA** n. f. *Chile* y *Perú.* Ramera.

**CHUT** n. m. (voz inglesa). Acción y efecto de chutar. SIN.: *tiro.*

**CHUTAR** v. tr. e intr. [**1**]. En el fútbol, lanzar, impulsar el balón con el pie. ◆ **chutarse** v. pron. **2.** En el lenguaje de la droga, inyectarse.

**CHUTE** n. m. Chut. **2.** En el lenguaje de la droga, acción de inyectarse.

**CHUVA** n. m. Mono platirrino, notable por su bella coloración, que vive en las selvas del Amazonas.

**CHUVASHI,** pueblo turco que habita principalmente junto al Volga medio, en la República de Chuvashia (Rusia).

**CHUYO, A** adj. *Bol.* y *Ecuad.* Aguado, poco espeso.

**CHUZA** n. f. *Argent.* Espolón de gallo. **2.** *Argent.* y *Urug.* Lanza rudimentaria, parecida al chuzo. **3.** *Méx.* Lance en el juego del boliche o bolos que consiste en derribar todos los palos de una vez y con una sola bola. • **Hacer chuza** *(Méx. Fig.),* destruir algo por completo. ◆ **chuzas** n. f. pl. **4.** *Argent. Fig.* y *fam.* Cabellos largos, lacios y duros.

**CHUZAR** v. tr. [**1g**]. *Colomb.* Pinchar, herir.

**CHUZO** n. m. Palo armado con un pincho de hierro. **2.** Carámbano, pedazo de hielo. **3.** *Chile.* Barra de hierro cilíndrica y puntiaguda que se usa para abrir los suelos. **4.** *Chile.* Caballo viejo, de mala calidad. **5.** *Chile. Fig.* Persona incompetente, torpe. **6.** *Cuba.* Látigo de cuero retorcido que se va adelgazando hacia la punta. • **Caer, llover,** o **nevar, chuzos** *(Fam.),* caer granizo, llover o nevar con mucha fuerza. ‖ **Echar chuzos** *(Fam.),* echar bravatas o enfadarse demasiado.

**Cía.,** abreviatura de *compañía.*

**CIABOGA** n. f. Maniobra de dar vuelta en redondo a una embarcación de remos, bogando los de una banda y ciando los de otra. **2.** Hacer una maniobra del mismo tipo un buque de vapor sirviéndose en este caso del timón y la máquina.

**CIANAMIDA** n. f. Cuerpo derivado del amoníaco por sustitución de un átomo de hidrógeno por el grupo —CN.

**CIANHÍDRICO, A** adj. **Ácido cianhídrico,** hidrácido de fórmula HCN, tóxico violento. SIN.: *ácido prúsico.*

**CIANOFÍCEO, A** adj. y n. f. Relativo a una clase de algas de coloración verde azulada, cuyas células carecen de núcleo claramente delimitado.

**CIANÓGENO** n. m. QUÍM. Gas tóxico de fórmula $C_2N_2$, compuesto por carbono y nitrógeno.

**CIANOSIS** n. f. (gr. *kyanōsis*). Coloración azul o amoratada de la piel, debida a una oxigenación insuficiente de la sangre.

**CIANÓTICO, A** adj. y n. Relativo a la cianosis; afecto de cianosis.

**CIANURACIÓN** n. f. Fijación del ácido cianhídrico sobre un compuesto orgánico. **2.** Cementación del acero por inmersión en un baño a base de cianuro alcalino fundido. **3.** Tratamiento de los minerales de oro y de plata.

**CIANURO** n. m. Sal del ácido cianhídrico.

**CIAR** v. intr. [**1t**]. Remar hacia atrás, a fin de que la embarcación retroceda o para hacerle dar una vuelta en redondo.

**CIÁTICA** n. f. Afección muy dolorosa del nervio ciático, debida a la compresión de sus raíces, a la salida del canal raquídeo, o a una neuritis.

**CIÁTICO, A** adj. (bajo lat. *sciatus*). Relativo a la cadera y al isquión. ◆ adj. y n. m. **2.** Dícese del nervio que inerva los músculos del muslo y de la pierna.

**CIBERESPACIO** n. m. INFORMÁT. Espacio percibido a partir de un entorno de realidad virtual o de la utilización de redes telemáticas internacionales.

**CIBERNAUTA** n. m. y f. Persona que utiliza las redes informáticas de comunicación.

**CIBERNÉTICA** n. f. (gr. *kybernētikē,* arte de gobernar). Ciencia que estudia los mecanismos de comunicación y de control en las máquinas y los seres vivos.

**CIBERNÉTICO, A** adj. Relativo a la cibernética. **2.** Dícese de un arte que tiende a representar, valiéndose de los recursos de la técnica moderna, objetos en movimiento. ◆ n. **3.** Especialista en cibernética.

**CÍBOLO, A** n. Bisonte americano.

**CIBONEY** o **SIBONEY,** pueblo amerindio que poblaba las Antillas, y que fue arrinconado, primero por la invasión de los arawak y luego por la de los caribes, en los extremos occidentales de las islas de Cuba y La Española.

**CIBORIO** n. m. Edículo que corona un altar, especie de baldaquín, de origen paleocristiano. **2.** Vaso sagrado, provisto de tapa, en que se conservan las hostias consagradas.

**CIBUCÁN** n. m. *Colomb., Dom.* y *Venez.* Talega de tela muy basta usada para exprimir la yuca rallada y para hacer el cazabe.

**CICA** n. f. Planta arbórea o arbustiva gimnosperma de las regiones tropicales, que tiene un parecido superficial con la palmera.

**CICADINO, A** adj. y n. f. Relativo a una clase de plantas gimnospermas de tronco simple con un penacho de grandes hojas en el extremo.

**CICATEAR** v. intr. [**1**]. *Fam.* Hacer cicaterías.

**CICATERÍA** n. f. Calidad de cicatero. **2.** Acción propia del cicatero.

**CICATERO, A** adj. y n. Ruin, mezquino, tacaño. **2.** Que da importancia a pequeñas cosas o se ofende por ellas.

**CICATRÍCULA** n. f. BIOL. Pequeño disco que encierra el núcleo hembra del huevo.

**CICATRIZ** n. f. Señal que queda de una herida, llaga, etc.: *una cara llena de cicatrices.* **2.** *Fig.* Impresión que deja en el ánimo algún sentimiento.

**CICATRIZACIÓN** n. f. Acción y efecto de cicatrizar.

**CICATRIZAL** adj. Relativo a una cicatriz.

**CICATRIZANTE** adj. y n. m. Que favorece y acelera la formación de la cicatriz.

**CICATRIZAR** v. tr., intr. y pron. [**1g**]. Curar completamente una herida o llaga. **2.** *Fig.* Borrarse los efectos de un sentimiento: *cicatrizar un dolor.*

**CICATRIZATIVO, A** adj. Que tiene virtud de cicatrizar.

**CÍCERO** n. m. Unidad de medida tipográfica equivalente a doce puntos tipográficos.

**CICERONE** n. m. y f. (voz italiana). Persona que enseña y explica a los visitantes las características del lugar visitado.

**CICERONIANO, A** adj. Relativo a Cicerón.

**CICINDELA** n. f. (lat. *cicindelam,* luciérnaga). Insecto coleóptero, de 1 cm de long. y élitros verdes moteados de amarillo, parecido a los cárabos, útil para la agricultura ya que destruye las babosas y las larvas fitófagas.

**cicindela**

**CICLACIÓN** n. f. Transformación, en un compuesto químico, de una cadena abierta en otra cerrada.

**CICLÁDICO, A** adj. Relativo a la civilización de las Cícladas.

**CICLAMATO** n. m. Denominación común de un edulcorante de síntesis.

**CICLAMEN** n. m. Planta de flores blancas o rosadas de la que se cultivan algunas variedades como plantas ornamentales. (Familia primuláceas.)

**ciclamen**

**CICLAMOR** n. m. Árbol de 5 a 10 m de alt., de flores rosadas, que aparecen en primavera, antes que las hojas, y crece de manera espontánea, aunque también se cultiva como ornamental. (Se denomina también *árbol de Judas.* Familia cesalpiniáceas.)

**CICLANO** n. m. Hidrocarburo cíclico saturado.

**CICLAR** v. tr. [**1**]. Bruñir y abrillantar las piedras preciosas.

**CICLAR** v. tr. [**1**]. Efectuar una ciclación.

**CÍCLICO, A** adj. (gr. *kyklikos*). Relativo a un ciclo: *período cíclico.* **2.** Que ocurre en ciclos: *enseñanza cíclica.* **3.** QUÍM. Dícese de los compuestos orgánicos cuya molécula contiene una cadena cerrada. • **Crisis cíclica,** crisis económica que se reproduciría periódicamente en régimen liberal. ‖ **Música cíclica,** composición en la que uno o varios temas reaparecen en todos los movimientos de la misma.

**CICLISMO** n. m. (fr. *cyclisme*). Ejercicio y deporte que se practica con la bicicleta.

**CICLISTA** adj. Relativo al ciclismo: *una carrera ciclista.* ◆ n. m. y f. **2.** Persona que se desplaza en bicicleta o que practica el deporte del ciclismo.

**CICLO** n. m. (lat. *cyclum*). Sucesión de fenómenos que se repiten en un orden determinado: *el ciclo de las estaciones; un ciclo económico.* **2.** Sucesión de hechos que forman un todo: *ciclo de estudios.* **3.** *Fig.* Serie de conferencias u otros actos culturales relacionados entre sí por el tema, las personas, la entidad organizadora, etc. **4.** Conjunto de poemas, en general épicos, agrupados en torno a un hecho o a un héroe. **5.** Cada uno de los períodos en que están divididos los planes de estudio de los diversos niveles educativos. **6.** ASTRON. Período según el cual los mismos fenómenos astronómicos se reproducen en el mismo orden. **7.** FÍS. Transformación de un sistema que vuelve a su estado inicial. **8.** MAT. Circunferencia a la que se asocia un sentido de recorrido. **9.** QUÍM. Cadena cerrada de carbono, que existe en las moléculas de ciertos compuestos orgánicos. • **Ciclo biosférico,** o **bioquímico del carbono, del nitrógeno,** etc., paso cíclico de estos elementos a través de los organismos animales y

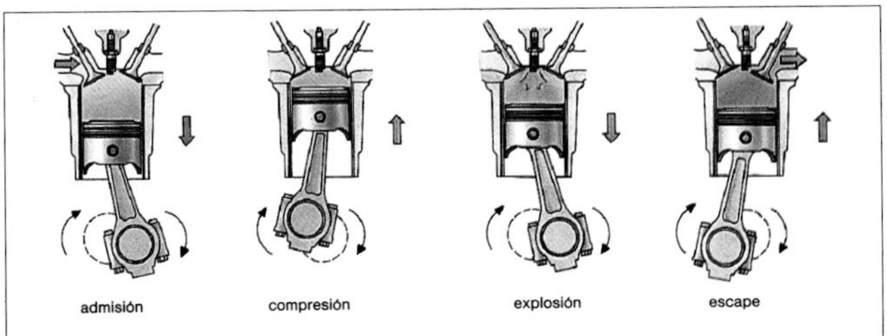


**ciclo** de cuatro tiempos de un motor de explosión

vegetales, el aire, el suelo y las aguas. ‖ **Ciclo de cuatro tiempos,** ciclo de un motor de explosión que comprende cuatro operaciones, admisión, compresión, explosión y escape, durante dos vueltas de cigüeñal. ‖ **Ciclo de dos tiempos,** ciclo de un motor de explosión en el que todas las operaciones se realizan durante una sola vuelta de cigüeñal. ‖ **Ciclo de erosión,** conjunto de estados sucesivos del relieve, de acuerdo con una concepción que atribuye a los diversos agentes de la erosión longevidad suficiente como para dar lugar a aspectos de juventud, de madurez y de senilidad. ‖ **Ciclo de un motor de explosión,** sucesión de las operaciones necesarias para el funcionamiento de un motor de explosión, que se reproducen en cada uno de los cilindros. ‖ **Ciclo económico,** período de tiempo que comporta una fase ascendente de la economía, una crisis o cambio de tendencia, una fase de depresión y una recuperación. ‖ **Ciclo lunar,** período de diecinueve años, al cabo de los cuales las fases de la Luna vuelven a presentarse en la misma época. ‖ **Ciclo menstrual,** conjunto de manifestaciones fisiológicas que se producen periódicamente en la mujer, comportando modificaciones de la mucosa uterina, la ovulación y, si no ha habido fecundación, la menstruación. ‖ **Ciclo por segundo,** unidad de frecuencia para los fenómenos vibratorios. ‖ **Ciclo reproductor,** sucesión de formas de un ser vivo, de una generación a la siguiente. ‖ **Ciclo solar,** período de veintiocho años tras el cual el año vuelve a empezar por el mismo día de la semana; período de unos once años que separa dos máximos o dos mínimos sucesivos de la actividad solar.

■ En economía se distinguen: los ciclos de larga duración, conocidos como *ciclos de Kondratiev,* que abarcan un período del orden de medio siglo; ciclos de período medio, alrededor de diez años, llamados *ciclos de Juglar,* y ciclos de período corto, unos dos años, denominados *ciclos de Kitchin.* Cada uno de estos ciclos comprende un período de crecimiento (por ej., la etapa 1850-1873) y un período de depresión (por ej., 1873-1895). Algunos economistas aceptan la existencia de ciclos del orden de un siglo, o incluso de un milenio.

**CICLO-CROSS** n. m. (voz inglesa). Modalidad deportiva del ciclismo y del cross-country.

**CICLOHEXANO** n. m. Ciclano de fórmula $C_6H_{12}$, utilizado en la fabricación del nylon.

**CICLOIDAL** adj. Relativo a la cicloide.

**CICLOIDE** n. f. MAT. Curva descrita por un punto de una circunferencia que gira, sin deslizarse, sobre una recta fija.

**CICLOMOTOR** n. m. Bicicleta provista de un motor cuya cilindrada máxima es de 50 $cm^3$.

**CICLÓN** n. m. (ingl. *cyclone*). Viento muy violento. **2.** Perturbación atmosférica que se manifiesta por el mal tiempo, correspondiente a una zona de bajas presiones, y que constituye un vasto torbellino en torno al cual giran vientos a veces violentos. **3.** Aparato destinado a recuperar las partículas de desperdicios industriales arrastradas por un fluido. • **Ciclón tropical,** huracán que se forma sobre los mares tropicales. SIN.: *huracán, tifón.*

**CICLONAL** o **CICLÓNICO, A** adj. GEOGR. Relativo a los ciclones.

**CÍCLOPE** o **CICLOPE** n. m. (gr. *kyklōps*). En la mitología griega, gigante que tenía un solo ojo en medio de la frente.

**CICLOPENTANO** n. m. Ciclano de fórmula $C_5H_{10}$ que forma parte de la molécula de ciertos sicativos y de la del esterol.

**CICLÓPEO, A** adj. Relativo a los cíclopes. **2.** *Fig.* Gigantesco, enorme. **3.** ARQUEOL. Dícese de una construcción irregular formada por enormes bloques, en general sin mortero, puestos unos sobre otros con piedras pequeñas que tapan los intersticios.

**CICLOPROPANO** n. m. Ciclano gaseoso, de fórmula $C_3H_6$, empleado como anestésico.

**CICLOSTILAR** v. intr. [**1**]. Obtener copias mediante ciclostilo.

**CICLOSTILO** o **CICLOSTIL** n. m. Aparato que sirve para copiar muchas veces un escrito o dibujo por medio de una tinta especial sobre una plancha gelatinosa.

**CICLÓSTOMO, A** adj. y n. m. Agnato.

**CICLOTIMIA** n. f. Alternancia de desórdenes del humor que son de tipo maníaco o de tipo melancólico. SIN. *sicosis maníaco-depresiva.*

**CICLOTRÓN** n. m. Acelerador circular de partículas electrizadas pesadas.

**CICLOTURISMO** n. m. Modo de viajar utilizando como medio de locomoción la bicicleta.

**CICÓNIDO, A** adj. y n. m. Relativo a una familia de aves zancudas, como la cigüeña y el marabú, que viven en las llanuras y pantanos.

**CICUTA** n. f. (lat. *cicutam*). Planta de los escombros y caminos, muy venenosa ya que contiene un alcaloide tóxico, la cicutina. (Familia umbelíferas.) **2.** Veneno extraído de esta planta, utilizado por los antiguos. • **Cicuta menor,** etusa.

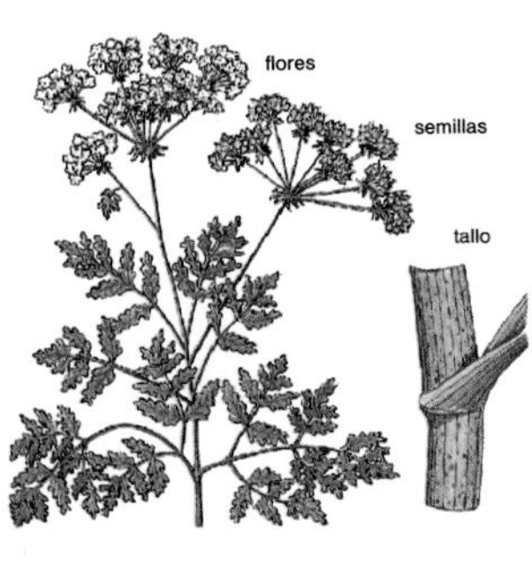


**cicuta**

**CICUTINA** n. f. Alcaloide muy venenoso que se encuentra en la cicuta mayor.

**CID** n. m. Hombre muy valiente.

**CIDIANO, A** adj. Relativo al cid.

**CIDRA** n. f. Fruto del cidro, especie de limón de gran tamaño, de piel gruesa, utilizado en confitería y en perfumería.

**CIDRADA** n. f. Conserva de cidra.

**CIDRO** n. m. (lat. *citreum,* limonero). Árbol con tronco liso y ramoso, hojas perennes verdes por el haz y rojizas por el envés, con flores encarnadas olorosas, cultivado por sus frutos o cidras.

**CIDRONELA** n. f. Melisa.

**CIEGO, A** adj. y n. (lat. *caecum*). Privado de la vista. • **A ciegas,** sin ver; sin conocimiento, sin reflexión. ◆ adj. y n. m. **2.** ANAT. Dícese de la parte inicial del intestino grueso, por debajo de la entrada del intestino delgado, desprovista de salida y en la que se halla el apéndice vermicular. ◆ adj. **3.** *Fig.* Ofuscado, poseído con vehemencia de alguna pasión: *estar ciego de ira.* **4.** Dícese de cualquier estructura anatómica que termina en un fondo de saco. **5.** Dícese de un conducto o de un muro sin aberturas o huecos. • **Ponerse ciego,** colmarse de algo como bebida, drogas, etc. ‖ **Punto ciego,** localización del fondo de ojo, insensible a la luz, y que corresponde a la entrada del nervio óptico.

**CIELITO** n. m. **El cielito** (*Argent.* y *Chile*), cante y baile rural de movimientos lentos, ejecutado por hasta diez parejas.

**CIELO** n. m. (lat. *caelum*). Espacio infinito en el que se mueven los astros y que visto desde la Tierra forma una aparente bóveda circunscrita por el horizonte. **2.** Región superior, considerada la morada de Dios, de los ángeles y de los bienaventurados: *ir al cielo.* **3.** Dios o su providencia: *quiera el cielo que tengas razón.* **4.** *Fig.* Parte superior que cubre algunas cosas: *cielo del coche.* **5.** Expresión cariñosa dirigida a una persona. • **Bajado, caído, llovido,** o **venido del cielo,** oportuno, inesperado, obtenido sin esfuerzo. ‖ **Cielo de la boca,** paladar. ‖ **Cielo raso,** el constituido por el enlistonado o encañizado revocado con yeso. ‖ **Clamar al cielo** una cosa, ser tan injusta que no se puede contemplar sin indignación. ‖ **En el cielo,** muy a gusto. ‖ **Explotación a cielo abierto,** explotación minera por labores en la superficie del terreno, al aire libre, por oposición a la *explotación subterránea* mediante galerías de mina. ‖ **Mover,** o **remover, cielo y tierra** *(Fam.),* hacer todas las gestiones imaginables para el logro de una cosa. ◆ **¡cielos!** interj. **6.** Denota extrañeza, admiración, enfado, etc. *(V. ilustración pág. 242.)*

**CIEMPIÉS** n. m. (pl. *ciempiés*). Artrópodo terrestre cuyo cuerpo, formado por anillos, está provisto de numerosas patas.

**CIEN** adj. num. cardin. Apócope de ciento: *la guerra de los Cien años.*

**CIÉNAGA** n. f. Lugar cenagoso.

**CIENCIA** n. f. (lat. *scientiam*). Conjunto coherente de conocimientos relativos a ciertas categorías de hechos, de objetos o de fenómenos: *los progresos de la ciencia.* **2.** Cada rama de ese conocimiento que se considera por separado. **3.** *Fig.* Saber, sabiduría, erudición. • **A,** o **de, ciencia cierta,** con toda seguridad. ‖ **Ciencia infusa,** saber que se posee por naturaleza, sin haberlo adquirido mediante el estudio o la investigación. ‖ **Ciencia pura,** ciencia independiente de toda aplicación técnica. ‖ **Gaya ciencia,** arte de la poesía en tiempo de los trovadores. ◆ **ciencias** n. f. pl. **4.** Disciplinas basadas fundamentalmente en el cálculo y la observación (por oposición a letras). • **Ciencias aplicadas,** investigaciones con vistas a emplear los resultados científicos en las aplicaciones técnicas. ‖ **Ciencias exactas,** las matemáticas y las ciencias cuyo método conjuga las matemáticas con la experimentación. ‖ **Ciencias humanas,** ciencias que estudian los diferentes aspectos del hombre y de

**cidro**

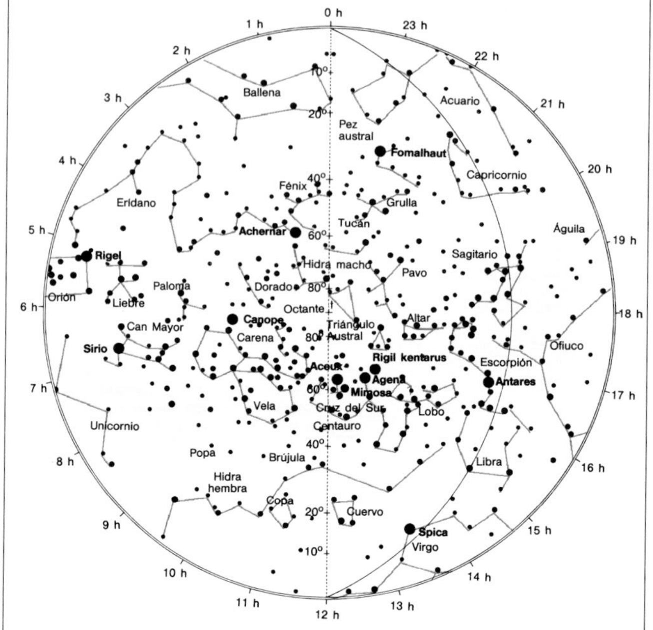


**cielo:** principales constelaciones del hemisferio austral

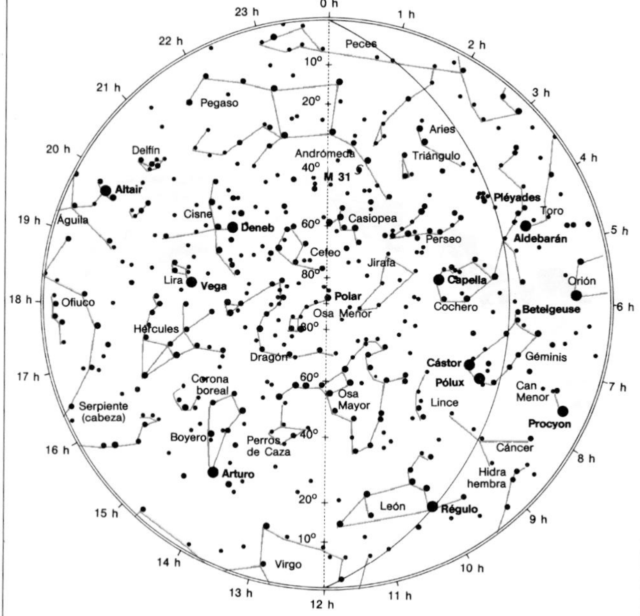


**cielo:** principales constelaciones del hemisferio boreal

la sociedad, como la historia, la sicología, etc. || **Ciencias naturales,** ciencias formadas a partir del estudio de la naturaleza, como la botánica, la zoología, etc. || **Ciencias ocultas,** ciencias cuyos principios resultan inaccesibles a la experimentación científica. || **Ciencias sociales,** ciencias cuyo objeto son los diferentes aspectos de las sociedades humanas.

**CIENCIA FICCIÓN** n. f. Género literario y cinematográfico en el que la ficción se basa en la evolución de la humanidad y, en particular, en las consecuencias de sus progresos científicos.

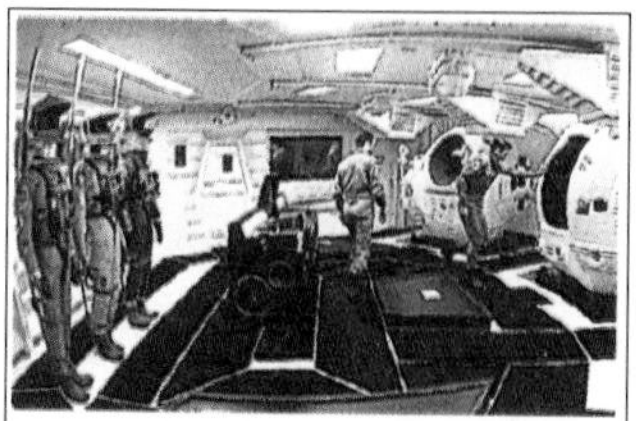

**ciencia ficción:** escena de *2001: Odisea en el espacio* (1968) de Stanley Kubrick

**CIENMILÉSIMO, A** adj. Dícese de cada una de las cien mil partes iguales en que se divide un todo.

**CIENMILÍMETRO** n. m. Centésima parte de un milímetro.

**CIENMILLONÉSIMO, A** adj. Dícese de cada una de las cien millones de partes iguales en que se divide un todo.

**CIENO** n. m. (lat. *caenum*). Roca poco coherente embebida en agua que forma depósitos en el fondo de ríos, mares, lagos y sectores húmedos. **2.** *Fig.* Deshonra, descrédito.

**CIENSAYOS** n. m. (pl. *ciensayos*). Pájaro fabuloso, debajo de cuyo plumaje, de colores diversos, se decía que tenía un vello muy espeso.

**CIENTIFICISMO** o **CIENTISMO** n. m. FILOS. Corriente de pensamiento según la cual no existe más conocimiento verdadero que el científico.

**CIENTIFICISTA** o **CIENTISTA** adj. y n. m. y f. Relativo al cientificismo; partidario de esta corriente.

**CIENTÍFICO, A** adj. Relativo a la ciencia o a una ciencia: *método científico; obra científica.* ◆ n. **2.** Persona que se dedica a la investigación científica.

**CIENTO** adj. num. cardin. (lat. *centum*). Diez veces diez. ◆ adj. num. ordin. y n. m. **2.** Centésimo, que ocupa el último lugar en una serie ordenada de ciento. ◆ **cientos** n. m. pl. **3.** Nombre con que se designaba un impuesto indirecto castellano, vigente desde principios del s. XVII hasta 1845, que consistía en un recargo del 4 % sobre la alcabala.

**CIERNE** n. m. Acción de cerner o fecundarse la flor del olivo, del trigo, de la vid y de otras plantas. • **Estar en cierne,** o **en ciernes,** en potencia, en los comienzos.

**CIERRE** n. m. Acción y efecto de cerrar o cerrarse. **2.** Cerradura. **3.** Bloque de acero que sirve para obturar la abertura posterior de un arma de fuego. **4.** Armazón, hoja y conjunto de elementos con que se cierran las aberturas o huecos de puertas y ventanas. **5.** Dispositivo que permite unir las partes separadas de un vestido, falda o cualquier otra prenda. **6.** Clausura temporal de tiendas y establecimientos mercantiles. • **Cierre de seguridad,** mecanismo dispuesto en puertas, joyas, etc., que impide la apertura a no ser que se accione sobre él de forma establecida de antemano. || **Cierre metálico,** mampara o cortina móvil, de madera o metálica, con que se cierran los escaparates de las tiendas.

**CIERRO** n. m. *Chile.* Tapia, cerca, vallado. **2.** *Chile.* Sobre de carta o tarjeta.

**CIERTO** adv. afirm. Con certeza.

**CIERTO, A** adj. (lat. *certum,* decidido). Fijo, determinado: *no tener un plan cierto que ejecutar.* **2.** Seguro, exacto, verdadero: *una noticia cierta.* **3.** Alguno, determinado: *dejar traslucir cierta preocupación.* • **Por cierto,** a propósito; ciertamente, en verdad.

**CIERVO, A** n. (lat. *cervum*). Rumiante de la familia cérvidos, que vive en manadas en los bosques de Europa, Asia y América, y llega a alcanzar 1,50 m de alt. (El macho posee unas astas o cuernos tanto más desarrollados y ramificados cuanto más viejo es el animal.) ◆ n. m. **2. Ciervo volante,** insecto coleóptero que excava profundas galerías en los robles.

**ciervo volante** macho

**ciervo** de Europa

**CIERZO** n. m. Viento fuerte y frío del N.

**CIFOESCOLIOSIS** n. f. Deformación compleja de la columna vertebral que consiste en la asociación de una cifosis y de una escoliosis.

**CIFOSIS** n. f. Desviación anormal hacia atrás de la columna vertebral.

**CIFRA** n. f. (ár. *sifr*, vacío, cero). Cada uno de los caracteres que sirven para representar los números. **2.** Abreviatura, representación de las palabras con sólo varias o una de sus letras; palabra escrita de este modo. **3.** *Fig.* Suma, compendio, emblema. **4.** Sistema de signos convenidos para una escritura secreta. **5.** MÚS. Escritura de música mediante números.

**CIFRADO** n. m. MÚS. Conjunto de caracteres numéricos situados encima de las notas del bajo para indicar los acordes que han de formarse.

**CIFRAR** v. tr. [1]. Escribir en clave. **2.** *Fig.* Valorar cuantitativamente, en especial pérdidas y ganancias. **3.** MÚS. Colocar sobre ciertas notas del bajo cifras que corresponden a los acordes. ◆ v. tr. y pron. **4.** *Fig.* Compendiar, reducir a una sola cosa, individualizar, personificar.

**CIGALA** n. f. Crustáceo decápodo parecido a la langosta, de 15 cm de long., dotado de largas pinzas.

**CIGARRA** n. f. Insecto abundante en la región mediterránea, de 5 cm de long., que vive en los árboles, de cuya savia se alimenta. (Orden homópteros.)

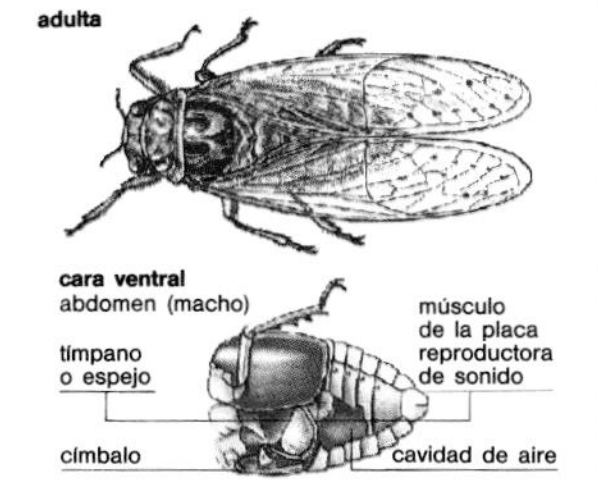


**cigarra**

**CIGARRAL** n. m. Casa toledana de recreo rodeada de huerta.

**CIGARRERA** n. f. Caja o mueblecillo para cigarros puros. **2.** Petaca, estuche para cigarros.

**CIGARRERÍA** n. f. *Amér.* Tienda en que se vende tabaco.

**CIGARRERO, A** n. Persona que hace o vende cigarros.

**CIGARRILLO** n. m. Cilindro de papel especial relleno de tabaco finamente picado o en hebra.

**CIGARRO** n. m. Rollo de hojas de tabaco para fumar. SIN. *cigarro puro, puro.* **2.** *Ecuad.* Libélula.

**CIGOMA** n. m. ANAT. Hueso del pómulo.

**CIGOMÁTICO, A** adj. Relativo al pómulo. **2.** ANAT. Dícese de una apófisis del hueso temporal, que afecta el hueso malar del pómulo y forma el arco cigomático.

**CIGOMICETAL** o **CIGOMICETE** adj. y n. f. Relativo a un grupo de sifomicetes con micelio no alveolado, que se reproducen por isogamia.

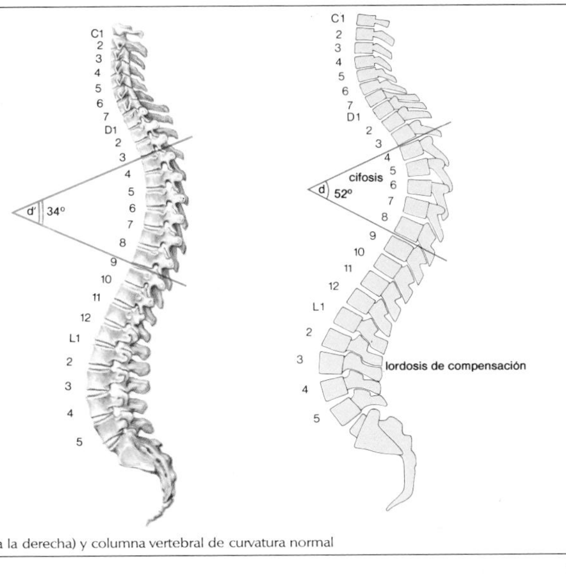


**cifosis** (a la derecha) y columna vertebral de curvatura normal

**CIGOMORFO, A** o **ZIGOMORFO, A** adj. BOT. Dícese de las flores que presentan simetría bilateral, como las leguminosas, labiáceas, etc.

**CIGOÑAL** n. m. Pértiga enejada sobre un pie de horquilla, con una vasija atada a un extremo, para sacar agua de pozos poco profundos.

**CIGOÑINO** n. m. Cría de la cigüeña.

**CIGOTO** o **ZIGOTO** n. m. (gr. *zygōtos*, junto). Célula resultante de la fecundación.

**CIGUATERA** n. f. Enfermedad que suelen padecer los peces y crustáceos de las costas del golfo de México, dañina para las personas que los comen.

**CIGUATO, A** adj. y n. Que padece ciguatera.

**CIGÜEÑA** n. f. (lat. *ciconiam*). Ave zancuda migratoria, cuya especie más conocida, la cigüeña blanca de alas negras, alcanza más de 1 m de alt. **2.** Codo que tienen los tornos y otras máquinas en la prolongación del eje, para dar con la mano movimiento rotatorio.

**cigüeña** blanca

**CIGÜEÑAL** n. m. MEC. Árbol que transforma el movimiento rectilíneo alternativo del conjunto pistón-biela de un motor térmico en movimiento circular.

**CIGÜEÑUELA** n. f. Ave caradriforme, de plumaje negro y blanco y largas patas rosadas, que vive en Europa central y meridional, África y Asia.

**CILAMPA** n. f. *C. Rica* y *Salv.* Llovizna.

**CILANCO** n. m. Charco formado a orillas o en el fondo de un río cuando éste se ha secado.

**CILANTRO** n. m. Planta herbácea, de tallo glabro y brillante, de 30 a 60 cm de alt., flores rojizas y semilla elipsoidal aromática, usada como estomacal. (Familia umbelíferas.)

**CILIADO, A** adj. Provisto de cilios. ◆ n. m. **2.** Protozoo provisto de cilios vibrátiles.

**CILIAR** adj. Relativo a los cilios. • **Músculos ciliares,** músculos anulares situados alrededor de la córnea y que regulan la abertura del iris.

**CILICIO** n. m. Faja de cerdas o cadenillas de hierro con puntas, que se lleva ceñida al cuerpo para mortificación.

**CILINDRADA** n. f. Capacidad de los cilindros de un motor de explosión.

**CILINDRADO** n. m. Acción y efecto de cilindrar.

**CILINDRAR** v. tr. [1]. Comprimir con el cilindro o rodillo. ◆ v. intr. **2.** MEC. Efectuar en el torno el desbaste o alisado de una pieza cilíndrica.

**CILÍNDRICO, A** adj. Que tiene forma de cilindro: *rodillo cilíndrico.* **2.** MAT. Relativo al cilindro. • **Engranaje cilíndrico,** engranaje en el que los piñones tienen sus ejes paralelos. ‖ **Superficie cilíndrica,** superficie engendrada por una recta *(generatriz)* que se desplaza paralelamente a una dirección fija apoyándose sobre una curva plana fija *(directriz)* cuyo plano corta la dirección dada.

**CILINDRO** n. m. (lat. *cylindrum*). Sólido limitado por una superficie cilíndrica y dos planos paralelos que cortan las generatrices. **2.** *Nicar.* Bombona usada para contener gases y líquidos. **3.** MEC. Pieza en cuyo interior se mueve el pistón de un motor; cuerpo de bomba. **4.** TECNOL. Rodillo para laminar metales, dar brillo a los tejidos, imprimir papel, etc. • **Cilindro de revolución** o **cilindro recto de base circular,** sólido engendrado por la rotación de un rectángulo alrededor de uno de sus lados. ‖ **Cilindro urinario** (BIOL.), residuo microscópico de los tubos del riñón, que se encuentra en la orina durante las nefritis.

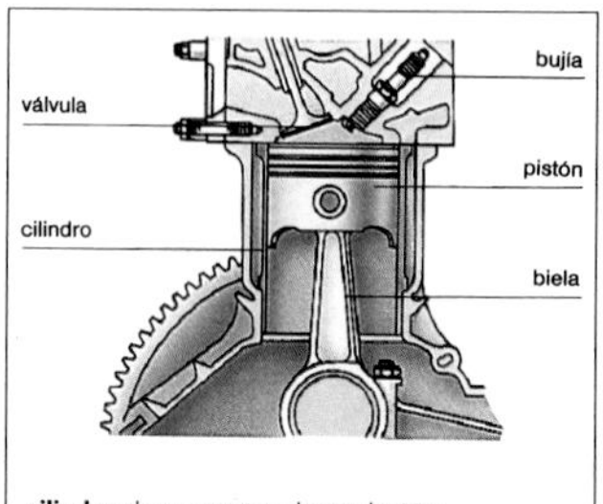


**cilindro** de un motor de explosión

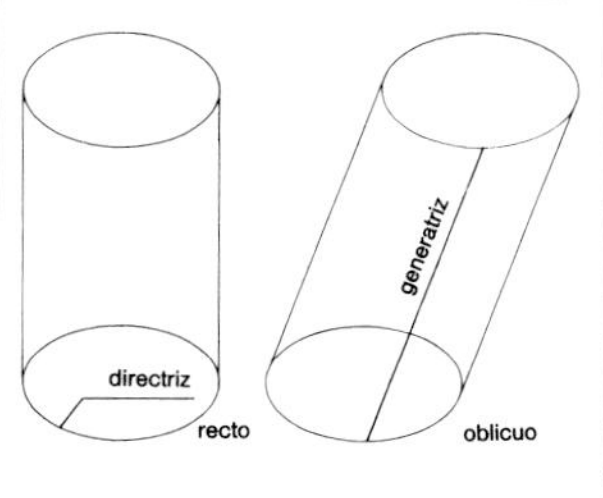


**cilindros**

**CILINDROCÓNICO, A** adj. Que participa del cilindro y del cono: *bala cilindrocónica.*

**CILINDROEJE** n. m. ANAT. Axón.

**CILINDROIDE** adj. Que tiene aproximadamente la forma de un cilindro.

**CILINDROSELLO** n. m. Cilindro, generalmente de piedra, grabado en hueco con signos, símbolos y textos, y cuyo desarrollo sobre arcilla fresca constituía un sello en Mesopotamia (IV milenio), y más tarde en la mayoría de los países del antiguo oriente.

**CILIO** n. m. (lat. *cilium,* pestaña). Cada una de las expansiones protoplasmáticas muy tenues y numerosas de las que están provistas ciertas células animales o vegetales y que, por sus movimientos rítmicos, provocan el desplazamiento de la célula en su medio líquido o crean en el organismo una corriente líquida.

**CILLA** n. f. (lat. *cellam,* granero). Casa o cámara donde se recogían los granos y frutos de los diezmos.

**CILLERERO** n. m. En algunas órdenes monacales, mayordomo del monasterio.

**CIMA** n. f. Parte más alta de determinadas cosas, especialmente de una montaña: *las cimas nevadas de las sierras.* **2.** *Fig.* Fin o complemento de una obra o cosa. **3.** Apogeo, grado superior que puede alcanzar alguien o algo. **4.** BOT. Inflorescencia formada por un eje principal acabado por una flor que lateralmente tiene uno o varios ejes secundarios que se ramifican del mismo modo. • **Dar cima a una cosa,** concluirla felizmente.

**CIMACIO** n. m. ARQ. Moldura cuyo perfil dibuja una S con los extremos tendiendo hacia la horizontal, en general con la parte superior cóncava y la inferior convexa.

**CIMARRA. Hacer la cimarra** *(Chile),* hacer novillos.

**CIMARRERO, A** adj. y n. *Chile.* Dícese del que hace la cimarra.

**CIMARRÓN, NA** adj. y n. Dícese del animal salvaje que anda suelto y del doméstico que se hace montaraz: *perros cimarrones.* **2.** Dícese del esclavo americano que huía al campo. ◆ adj. y n. m. **3.** *Argent.* y *Urug.* Dícese del mate sin azúcar.

**CIMARRONADA** n. f. *Amér.* Manada de cimarrones.

**CIMASA** n. f. Enzima de la levadura de la cerveza, que produce la descomposición de la glucosa en alcohol y anhídrido carbónico en la fermentación alcohólica.

**CIMBA** n. f. *Bol.* y *Perú.* Trenza que usan algunos indios.

**CIMBADO** n. m. *Bol.* Látigo trenzado.

**CIMBALARIA** n. f. Planta herbácea de pequeñas hojas redondas lobuladas y flores purpúreas con una mancha amarilla, que se usa como adorno de paredes. (Familia escrofulariáceas.)

**CIMBALERO, A** n. Persona que toca el címbalo.

**CÍMBALO** n. m. (lat. *cymbalum*). Instrumento musical de percusión que consta de un platillo de metal que se cuelga o que se sostiene en la mano, y al que se dan golpes o se hace chocar con un segundo platillo. (Suele usarse en plural.) SIN.: *platillo.*

**CIMBEL** n. m. Cordel que se ata a la punta del cimillo en que se pone el ave que sirve de señuelo para cazar otras de la misma especie. **2.** Ave o figura de ella que se emplea con dicho objeto.

**CIMBORIO** o **CIMBORRIO** n. m. (lat. *ciborium,* especie de copa). Cuerpo cilíndrico que sirve de base a la cúpula y en el que se practican vanos de iluminación. SIN.: *tambor.* **2.** Linterna que remata una cúpula.

**cimborio** (catedral de Burgos; por Juan de Vallejo [1541-1568])

**CIMBRA** n. f. Curvatura interior de un arco o de una bóveda. **2.** Armazón que sostiene las dovelas de un arco o de una bóveda durante su construcción. • **Plena cimbra,** cimbra que forma un semicírculo.

**CIMBRADO** n. m. Colocación de las cimbras en la construcción de un arco o una bóveda. **2.** COREOGR. Paso de baile que se hace doblando rápidamente el cuerpo por la cintura.

**CIMBRAR** o **CIMBREAR** v. tr. y pron. [**1**]. Imprimir movimiento vibratorio a un objeto largo, delgado y flexible, que está sujeto por un extremo. **2.** *Fig.* Mover el cuerpo o una parte de él con garbo y soltura. **3.** Colocar las cimbras en una obra.

**CIMBREANTE** adj. Flexible, que se cimbra fácilmente.

**CIMBREÑO, A** adj. Que se cimbra.

**CIMBREO** n. m. Acción y efecto de cimbrar.

**CIMBRIO, A** adj. y n. Relativo a un pueblo germánico que, con los teutones, invadió la Galia en el s. II a. J.C.; individuo de este pueblo. (Fueron derrotados por Mario en Vercelli [101 a. J.C.].) ◆ **cimbrios** n. m. pl. **2.** Nombre que se dio en España a los miembros de la izquierda monárquica que colaboraron con la I república.

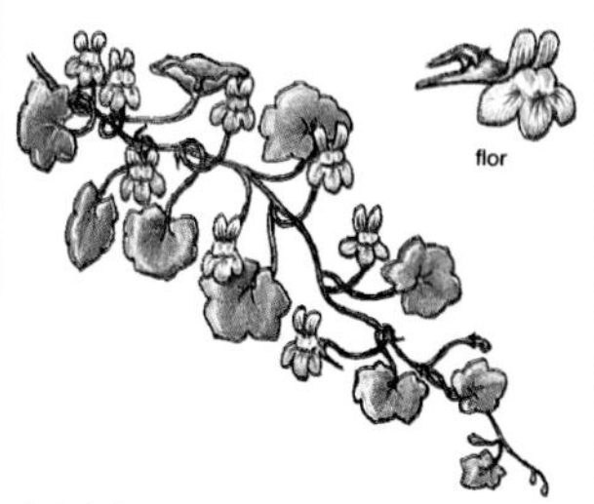


**cimbalaria**

**CIMBRÓN** n. m. *Argent., Colomb.* y *C. Rica.* Tirón fuerte o súbito del lazo u otra cuerda. **2.** *Ecuad.* Punzada, dolor.

**CIMBRONAZO** n. m. *Argent., Colomb.* y *C. Rica. Fig.* Estremecimiento nervioso muy fuerte. **2.** *Argent.* Cimbrón, tirón fuerte.

**CIMENTACIÓN** n. f. Acción de cimentar. **2.** Consolidación de un pozo petrolífero por inyección de cemento tras el entibado.

**CIMENTAR** v. tr. [**1j**]. Echar o poner los cimientos de un edificio o fábrica. **2.** Fundar, edificar. **3.** *Fig.* Establecer o asentar los principios de algunas cosas espirituales: *cimentar la fe.*

**CIMERA** n. f. (lat. *chimaeram*). Adorno que forma la parte superior de un casco. **2.** HERÁLD. Timbre formado por una o varias figuras, que se coloca en lo más alto del yelmo.

**CIMERIO, A** adj. y n. Relativo a un ant. pueblo nómada de origen tracio, que en el s. VII a. J.C. invadió Asia Menor; individuo de este pueblo.

**CIMERO, A** adj. Que finaliza o remata por lo alto alguna cosa elevada.

**CIMIENTO** n. m. Parte del edificio que está debajo de tierra y sobre la que estriba toda la fábrica. (Suele usarse en plural.) **2.** Terreno sobre el que descansa el mismo edificio. **3.** *Fig.* Principio y raíz de algo: *los cimientos del amor.* • **Abrir los cimientos,** hacer las zanjas en que se han de fabricar los cimientos. ‖ **Echar** o **poner los cimientos de** una cosa, disponer o hacer las cosas necesarias para que pueda llevarse a cabo.

**CIMILLO** n. m. Vara de pequeñas dimensiones, a la que se ata mediante un cimbel el ave que sirve de señuelo.

**CIMITARRA** n. f. Sable oriental ancho y curvado.

**CIMPA** n. f. *Perú.* Cimba, trenza.

**CINABRIO** n. m. (lat. *cinabarium*). Sulfuro natural de mercurio, de fórmula HgS, de color rojo bermellón, del que se extrae este metal.

**CINACINA** n. f. Planta arbórea de América Meridional, de hojas estrechas y menudas y flores olorosas amarillas y rojas. (Familia cesalpiniáceas.)

**CINÁMICO, A** adj. Dícese de un alcohol, de un ácido o de un aldehído derivados del propenilbenceno.

**CINAMOMO** n. m. Planta arbórea, de madera dura y aromática, flores blancas y fruto parecido a una cereza pequeña, del que se extrae un aceite usado en medicina y en la industria. (Familia meliáceas.) **2.** Sustancia aromática, canela.

**CINC** o **ZINC** n. m. (pl. *cincs* o *zincs*). Metal de símbolo Zn, de número atómico 30 y de masa atómica 65,37, de color blanco azulado.

■ El cinc tiene densidad 7,1 y funde a 419 °C. Se encuentra en la naturaleza, por lo general en es-

**cilindrosello** y su desarrollo (Mesopotamia, *c.* 2200 a. J.C.) [Louvre, París] tado de sulfuro (blenda) o de carbonato (calamina). Poco oxidable en frío, se utiliza en forma de placas para el recubrimiento de tejados. El hierro galvanizado se obtiene por depósito galvánico o por templado en un baño de cinc fundido. El cinc forma parte de la composición de numerosas aleaciones (latón, maillechort, etc.). El óxido (ZnO) o «blanco de cinc» se emplea en la fabricación de pinturas y en la industria del vidrio.

**CINCADO** n. m. Operación consistente en revestir de cinc una superficie u objeto metálicos. **2.** Resultado de esta operación.

**CINCATO** n. m. Sal del anhídrido de fórmula ZnO.

**CINCEL** n. m. Herramienta con boca cerrada y recta, de doble bisel, para labrar a golpe de martillo piedras y metales.

**CINCELADURA** n. f. Acción y efecto de cincelar. SIN.: *cincelado.*

**CINCELAR** v. tr. **[1]**. Labrar, grabar con cincel u otra herramienta piedras o metales.

**CINCHA** n. f. Faja con que se asegura la silla o albarda sobre la cabalgadura, ciñéndola por debajo de la barriga: *cincha de brida, de jineta.* • **A raja cincha** o **a revienta cinchas** *(Argent.),* muy rápidamente; con exceso, sin medida.

**CINCHADURA** n. f. Acción de cinchar.

**CINCHAR** v. tr. **[1]**. Asegurar la silla o albarda apretando las cinchas. **2.** Asegurar un barril, rueda, etc., con cinchas. **3.** *Argent. Fig.* y *fam.* Apoyar, alentar con entusiasmo, especialmente en competiciones deportivas. **4.** *Argent.* y *Urug.* Procurar afanosamente que se cumpla algo como uno desea. **5.** *Argent.* y *Urug.* Trabajar con esfuerzo.

**CINCHERA** n. f. Parte del cuerpo de las caballerías en que se pone la cincha. **2.** Enfermedad que padecen las caballerías en la parte del cuerpo en que se les coloca la cincha.

**CINCHO** n. m. (lat. *cingulum*). Faja o cinturón. **2.** Aro de hierro con que se aseguran los barriles, maderos ensamblados, etc. **3.** *Méx.* Cincha de la silla de montar. **4.** ARQ. Porción de arco saliente en el intradós de una bóveda en cañón.

**CINCO** adj. num. card. y n. m. Cuatro y uno. ◆ adj. num. ordin. y n. m. **2.** Quinto, que corresponde en orden al número cinco. ◆ n. m. **3.** *Chile, C. Rica* y *Méx.* Moneda de cinco centavos. **4.** *Venez.* Especie de guitarra de cinco cuerdas. • **Ni cinco** *(Fam.),* sin dinero: *a fin de mes no tengo ni cinco.*

**CINCOENRAMA** n. f. Planta herbácea, de hojas compuestas de cinco hojuelas, flores amarillas y raíz medicinal. (Familia rosáceas.)

**CINCONINA** n. f. Alcaloide que acompaña a la quinina en la corteza del árbol de la quina.

**CINCUENTA** adj. num. card. y n. m. (lat. *quinquaginta*). Cinco veces diez. ◆ adj. num. ordin. **2.** Quincuagésimo: *hacer el número cincuenta de una lista.* **3.** Dícese de la década que empieza en el año cincuenta y termina en el sesenta: *los años cincuenta.*

**CINCUENTAVO, A** adj. y n. m. Dícese de cada una de las cincuenta partes iguales en que se divide un todo.

**CINCUENTENA** n. f. Conjunto de cincuenta unidades o su aproximación.

**CINCUENTENARIO** n. m. Conmemoración del día en que se cumplen cincuenta años de algún suceso.

**CINCUENTENO, A** adj. Quincuagésimo.

**CINCUENTÍN** n. m. Moneda castellana de plata, acuñada durante el s. XVII.

**CINCUENTÓN, NA** adj. y n. Dícese de la persona que ha cumplido cincuenta años de edad y que no ha llegado a los sesenta.

**CINE** n. m. Local o edificio destinado a la proyección de películas cinematográficas. **2.** Cinematografía. • **Cine continuado** *(Argent.),* sesión continua. ‖ **Cine de artista,** obra cinematográfica realizada por un artista plástico, pintor, escultor, etc. ‖ **Cine de autor,** realizaciones cinematográficas más o menos desligadas de condicionamientos comerciales y en las que se expresa de forma personal la creatividad del director. ‖ **De cine** *(Fam.),* muy bien, excelentemente: *jugamos de cine.*

**CINEASTA** n. m. y f. Director cinematográfico. **2.** Persona que trabaja en cualquier aspecto de la cinematografía.

**CINECLUB** n. m. Asociación que tiene por finalidad la divulgación de la cultura cinematográfica.

**CINEFILIA** n. f. Afición al cine.

**CINÉFILO, A** adj. y n. Aficionado al cine.

**CINEGÉTICA** n. f. Arte de la caza.

**CINEGÉTICO, A** adj. (gr. *kynēgetikos*). Relativo a la cinegética.

**CINEMA** n. m. Cine.

**CINEMASCOPE** n. m. (marca registrada). Procedimiento cinematográfico de proyección sobre una pantalla amplia, por descompresión óptica de la imagen previamente deformada en la cámara tomavistas.

**CINEMATECA** n. f. Filmoteca.

**CINEMÁTICA** n. f. Parte de la mecánica que estudia los movimientos de los cuerpos, con independencia de las fuerzas que los producen.

**CINEMÁTICO, A** adj. Relativo al movimiento: *fórmula cinemática.*

**CINEMATOGRAFÍA** n. f. Arte de representar, sobre una pantalla, imágenes en movimiento por medio de la fotografía.

■ La primera proyección pública del cinematógrafo Lumière tuvo lugar el 28 de diciembre de 1895, en París. El aparato de los hermanos Lumière fue el primero que garantizó de forma racional las dos funciones de la cinematografía: la toma de imágenes y la proyección. Antes que ellos, numerosos investigadores habían intentado dar la ilusión de movimiento (el belga Plateau, con su phenaskistiscope [1832], E. Reynaud). El perfeccionamiento de la instantánea fotográfica a fines de los años 1870 abrió el camino al análisis del movimiento real. Marey, inspirándose en experimentos de Muybridge, realizó en 1882 un dispositivo fotográfico que registraba 12 fotografías por segundo. En 1890 Edison inventó el kinetógrafo, con el cual aseguraba, gracias a la perforación de la película, un espaciamiento regular de las imágenes. Sin embargo, su kinetoscopio (1893), un aparato que era más una atracción de feria, de paso continuo y visión individual, excluía cualquier posibilidad de proyección. Si bien en un principio constituyó una simple curiosidad científica, el invento de los hermanos Lumière iba a revelar rápidamente unas inmensas posibilidades, tanto artísticas y expresivas como comerciales e industriales. En los primeros años del s. XX los aparatos adoptaron su forma definitiva: a partir de este momento la cámara pasó a ser independiente del proyector. Todas las innovaciones posteriores (como la sustitución de la manivela por un motor) no pueden ser consideradas más que como mejoras del dispositivo inicial. Al cine sólo le faltaba sonido y color. Ya en los inicios de la cinematografía tomó cuerpo la idea de colorear las películas, primero a mano y más tarde mecánicamente; pero no fue hasta 1934, con la implantación del Technicolor tricromo, cuando empezó la expansión del cine en color. Por lo que respecta al sonido, se incorporó en 1927 (la cadencia de imágenes pasó entonces de 16 a 24 por segundo). *(V. ilustraciones págs. 246 y 247.)*

**CINEMATOGRAFIAR** v. tr. **[1t]**. Impresionar una película cinematográfica.

**CINEMATOGRÁFICO, A** adj. Relativo a la cinematografía.

**CINEMATÓGRAFO** n. m. Aparato de proyección que permite la reproducción del movimiento sobre una pantalla.

**CINEMÓGRAFO** n. m. Instrumento que sirve para determinar y registrar las velocidades.

**CINEMÓMETRO** n. m. Indicador de velocidad.

**CINEOL** n. m. Éter-óxido que se extrae de las hojas del eucalipto y que se usa en medicina.

**CINERAMA** n. m. (marca registrada). Procedimiento cinematográfico que utilizaba la yuxtaposición, en una misma pantalla, de tres imágenes obtenidas de tres proyectores.

**CINERARIA** n. f. Planta ornamental de hojas plateadas, perteneciente a la familia compuestas.

**CINERARIO, A** o **CINÉREO, A** adj. Ceniciento. **2.** Destinado a contener cenizas de cadáveres: *urna cineraria.*

**CINERITA** n. f. GEOL. Cenizas volcánicas consolidadas.

**CINESCOPIO** n. m. Cámara cinematográfica que registra las imágenes catódicas de la televisión para la ulterior repetición de una emisión en directo.

**CINÉSICA** n. f. Parte de la teoría de la comunicación que estudia los gestos y movimientos.

**CINESIS** n. f. Modificación de la velocidad de locomoción de un animal en respuesta a una variación de intensidad de un estímulo exterior.

**CINESITERAPIA** n. f. Quinesioterapia.

**CINESTESIA** n. f. Conjunto de sensaciones de origen muscular o articulatorio que informan acerca de la posición de las diferentes partes del propio cuerpo en el espacio.

**CINESTÉSICO, A** adj. Relativo a la cinestesia.

**CINETECA** n. f. *Méx.* Filmoteca.

**CINETES,** pueblo primitivo de la península Ibérica, que, empujado por los celtas, se estableció en el S de Portugal (*c.* 500 a. J.C.).

**CINÉTICA** n. f. Parte de la mecánica que trata del movimiento. **2.** Estudio de la velocidad de las reacciones químicas.

**CINÉTICO, A** adj. Relativo al movimiento. • **Arte cinético,** forma de arte contemporáneo nacida de la abstracción y fundada en el carácter cambiante de la obra y en su movimiento aparente o real. ‖ **Energía cinética,** energía de un cuerpo en movimiento.

**CINETISMO** n. m. Carácter del arte cinético. **2.** El arte cinético en sí mismo.

**CINGALÉS, SA** adj. y n. De Srī Lanka, antigua Ceilán. ◆ n. m. **2.** Lengua indoaria hablada en Srī Lanka.

**CÍNGARO, A** adj. y n. Gitanos. (Suele reservarse este nombre, de una manera imprecisa, para aludir a los gitanos de Europa central y oriental, especialmente a los húngaros.) **2.** Dícese de los músicos bohemios o vestidos de bohemios que actúan en music-halls, etc. ◆ n. m. **3.** Lengua indoirania hablada por los gitanos.

**CINGIBERÁCEO, A** adj. y n. f. Relativo a una familia de plantas monocotiledóneas muy apreciadas como condimento, como el jengibre.

**CINGLAR** v. tr. **[1]**. Hacer andar una embarcación, con un solo remo puesto a popa.

**CINGLAR** v. tr. (fr. *cingler*) **[1]**. Forjar el hierro para limpiarlo de escorias.

**CÍNGULO** n. m. (lat. *cingulum,* ceñidor). Cordón de seda o lino con una borla en cada extremo que sirve para ceñir el alba del sacerdote. **2.** ANAT. Parte de la circunvolución cerebral que rodea al cuerpo calloso, constituida por fascículos de asociación entre la circunvolución callosa y el hipocampo.

**CÍNICO, A** adj. y n. m. Dícese de los filósofos antiguos que pretendían vivir en consonancia con la naturaleza y se oponían radicalmente a las convenciones sociales. ◆ adj. y n. **2.** Que hace alarde de no creer en la rectitud ni en la sinceridad.

**CÍNIFE** n. m. Mosquito.

**CINÍPEDO, A** adj. y n. m. Relativo a una familia de insectos himenópteros de pequeño tamaño, cuyas larvas son endoparásitas de otros insectos o de tejidos vegetales.

**CINISMO** n. m. Doctrina de los filósofos cínicos. **2.** Calidad de cínico.

**CINOCÉFALO, A** adj. y n. m. Dícese de los primates catarrinos cuya cabeza es alargada, como la de un perro.

**CINOGLOSA** n. f. Planta de hojas rugosas y flores violáceas que se cultiva con fines decorativos. (Familia borragináceas.)

**CINQUECENTO** n. m. Voz italiana con que se designa la cultura italiana del s. XVI.

**CINQUÉN** n. m. y adj. Moneda castellana de vellón del s. XVI.

**CINQUILLO** n. m. Juego de cartas en que a partir de la carta número cinco los jugadores van depositando su jugada correlativamente por uno u otro extremo hasta el rey o hasta el as. **2.** MÚS. Grupo de cinco notas. **3.** MÚS. Ritmo característico de la música cubana.

**CINTA** n. f. (lat. *cinctam*). Tira larga, delgada y estrecha de tela, papel u otro material flexible, que sirve para atar, ceñir, reforzar, adornar u otros usos. **2.** ARQ. Adorno que imita una cinta. **3.** MAR. Tablazón situada por encima de la línea de flotación. **4.** TEXT. Forma en que aparecen dispuestas las materias textiles durante las operaciones de hilatura. • **Cinta adhesiva,** tira de celofán o materia plástica cubierta de un producto que la adhiere a la su-

el *guionista* desarrolla el argumento presentado en la sinopsis, describe cada escena y precisa los diálogos.

el *casting*, o distribución de los papeles, consiste en buscar los actores y figurantes adaptados a los personajes.

el *realizador*, o su ayudante, procede a la elección de los lugares en los cuales serán rodadas las escenas en decorados naturales.

el *rodaje* de un largometraje requiere por término medio de 6 a 10 semanas, a razón de 3 a 4 minutos de película «útil» por día. Cada plano da lugar a varias tomas. Las que son seleccionadas como «buenas» se proyectan al día siguiente al equipo (rushes).

la mesa de *montaje* permite desenganchar la película, sincronizar la imagen y el sonido, juntar y empalmar los planos.

**cinematografía:** principales fases de la realización de una película de largometraje

perficie sobre la que se aplica. ‖ **Cinta aislante,** cinta adhesiva que se utiliza para aislar los empalmes de los conductores eléctricos. ‖ **Cinta azul,** trofeo que antaño se concedía al barco que atravesaba con mayor rapidez el Atlántico. ‖ **Cinta cinematográfica,** película, cinta de celuloide con imágenes fotográficas. ‖ **Cinta magnética,** banda continua de material plástico que sirve como soporte para el registro de sonido en magnetófonos o para la entrada y salida de datos en los calculadores electrónicos. ‖ **Cinta métrica,** cinta de acero o de tela reforzada, dividida en unidades del sistema métrico decimal, que se emplea para medir longitudes. ‖ **Cinta perforada,** cinta de papel en la que las cifras y las letras quedan registradas mediante perforaciones. ‖ **Cinta transportadora,** aparato transportador de personas o mercancías.

**CINTARAZO** n. m. Golpe dado de plano con la espada.

**CINTILAR** v. tr. [**1**]. Brillar, centellear.

**CINTILLO** n. m. *Chile.* Diadema, cinta para el cabello. **2.** *Colomb.* Collar pequeño.

**CINTO** n. m. Faja para ceñir y ajustar la cintura: *un cinto de cuero; llevar la espada al cinto.*

**CINTRA** n. f. Superficie cóncava. **2.** Curvatura interior de un arco o bóveda.

**CINTURA** n. f. (lat. *cincturam*). Parte del cuerpo humano entre el tórax y las caderas. **2.** Parte de una prenda de vestir que la mantiene alrededor del talle: *la cintura de una falda.* **3.** ANAT. Nombre de diversas estructuras anatómicas de disposición circular, irregular o elíptica: *cintura escapular.* **4.** MAR. Ligadura que se da a las jarcias o cabos contra sus respectivos palos. • **Meter** a uno **en cintura** *(Fam.)*, obligarle a comportarse como es debido. ‖ **Tener cintura** (*Argent. Fig.* y *fam.*), tener habilidad y destreza para salir del paso o resolver situaciones.

**CINTURÓN** n. m. Tira de cuero, plástico, tela u otro tejido con la que se sujetan y ciñen a la cintura las prendas de vestir. **2.** *Fig.* Serie de cosas que circuyen a otras: *cinturón de baluartes.* **3.** Carretera o conjunto de carreteras que rodean el núcleo urbano de una ciudad. **4.** En judo, cada uno de los grados de los judokas. • **Cinturón de radiación** (ASTRON.), zona del espacio que rodea un planeta dotada de campo magnético, en la que se encuentran numerosas partículas atómicas confinadas por este campo. ‖ **Cinturón de seguridad,** dispositivo destinado a mantener en su asiento a los pasajeros de un automóvil o de un avión, en caso de accidente.

**CIPAYO** n. m. (persa *sipāhī*). En los ss. XVIII y XIX, soldado indio al servicio de Francia, de Portugal y de Gran Bretaña.

**CIPE** adj. *C. Rica, Hond.* y *Salv.* Dícese del niño enfermizo.

**CIPERÁCEO, A** adj. y n. f. Relativo a una familia de plantas herbáceas propias de lugares húmedos, próximas a las gramíneas, cuyo tallo es de sección triangular, como la juncia.

**CIPO** n. m. (lat. *cippum*). Hito, mojón, pilón. **2.** ARQUEOL. Pequeña estela funeraria o votiva.

**CIPOLINO, A** adj. y n. m. Dícese de una roca metamórfica constituida por un mármol impuro que contiene diversos minerales (mica, serpentina).

**CIPOTE** n. m. *Vulg.* Miembro viril. **2.** *Hond., Nicar.* y *Salv.* Muchacho, chiquillo.

**CIPRÉS** n. m. Planta arbórea de tronco recto, ramas erguidas y copa fusiforme y alargada, con hojas pequeñas, perennes, de color verde oscuro. **2.** Madera de esta planta.

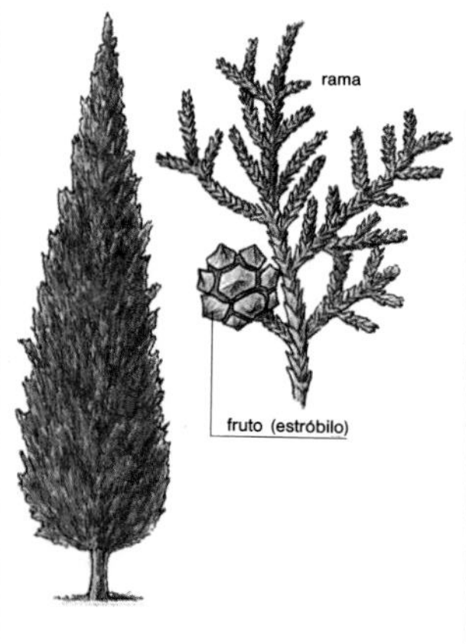


**ciprés**

**CIPRESAL** n. m. Terreno poblado de cipreses.

**CIPRINICULTURA** n. f. Parte de la piscicultura que se ocupa de la cría de ciprínidos y sobre todo de carpas y tencas.

**CIPRÍNIDO, A** adj. y n. m. Relativo a una familia de peces de agua dulce, como la carpa, el barbo, la tenca, etc.

**CIRCA** adv. t. (voz latina). Se usa precediendo a fechas y significa hacia, aproximadamente. (Suele abreviarse *c.*)

**CIRCADIANO, A** adj. Dícese del ritmo de 24 horas, que modula las funciones fisiológicas del cuerpo y el comportamiento del ser vivo.

**CIRCE** n. f. Mujer astuta y engañosa.

**CIRCENSE** adj. Relativo al circo: *espectáculo circense.*

**CIRCO** n. m. (lat. *circum*). Edificio con gradas, en forma de cuadrilátero alargado cuyos lados menores describen dos curvas asimétricas, donde se disputaban las carreras de carros, se luchaba o se hacían ejercicios gimnásticos en la antigua Roma. **2.** Recinto circular en el que se dan espectáculos ecuestres, acrobáticos, etc. **3.** Espectáculo que suele darse en estos recintos. **4.** Gran depresión circular rodeada de montañas situada en la superficie de la Luna o de otros planetas. • **Circo glaciar,** depresión de forma semicircular, de pendientes acusadas, labrada por los glaciares.

**CIRCÓN** o **ZIRCÓN** n. m. Silicato de circonio, que proporciona gemas transparentes, amarillas, verdes, marrones, rojoamarillentas (variedad llamada *jacinto*, muy apreciada), incoloras o azulverdosas, con un índice de refracción elevado pero de dureza débil.

**CIRCONA** n. f. Óxido de circonio, de fórmula $ZrO_2$.

**CIRCONIO** o **ZIRCONIO** n. m. Metal gris de símbolo Zr, número atómico 40, masa atómica 91,22 y densidad 6,51, parecido al titanio y al silicio.

**CIRCUIR** v. tr. [**29**]. Rodear, cercar: *circuir los árboles un estanque.*

**CIRCUITO** n. m. (lat. *circuitum*). Terreno comprendido dentro de un perímetro cualquiera. **2.** Contorno. **3.** Red de comunicaciones: *circuito de carreteras.* **4.** Recorrido turístico o de una prueba deportiva con retorno al punto de partida. **5.** Itinerario de una prueba deportiva, que los participantes deben recorrer una o varias veces: *circuito automovilístico.* **6.** Sucesión de conductores eléctricos que pueden ser recorridos por una corriente. **7.** Conjunto de las salas de cine que dependen de una misma empresa exhibidora. • **Circuito cerrado,** conjunto de conductores eléctricos por los que la corriente pasa de un extremo al otro. ‖ **Circuito económico,** representación de los hechos económicos como resultado de encadenamientos de operaciones interdependientes y no separadas. ‖ **Circuito impreso,** baño metálico conductor depositado sobre un soporte aislante para formar elementos planos de conexión o para crear elementos planos de circuito en un esquema general de cableado. ‖ **Circuito integrado,** pastilla de silicio en la que se encuentran transistores, diodos y resistencias formando una función electrónica compleja miniaturizada. ‖ **Circuito lógico,** circuito formado por operadores que efectúan las

los *sonidos postsincronizados* (palabras, ruido ambiental, música) grabados en estudio, enriquecen o sustituyen al sonido directo.

el distribuidor se hace cargo de los problemas de comercialización y alquila la película a un exhibidor, que regenta las *salas de cine*.

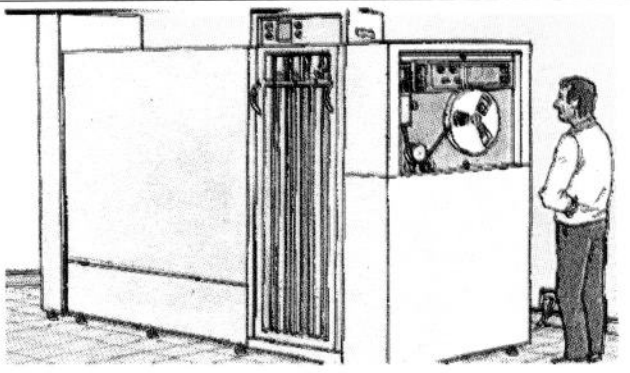

después de la copia cero, primera copia contrastada que reúne imagen y sonido, el *laboratorio* produce las copias standards.

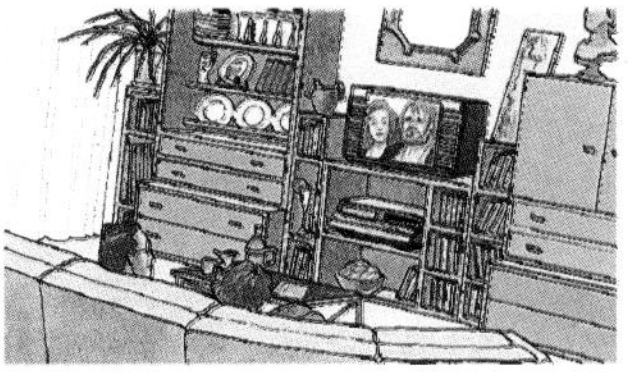

después de su exhibición en salas, la película puede ser difundida en *vídeos* y por *cadenas de televisión* a menudo coproductoras.

la película es el resultado de un largo proceso de fabricación, en el cual intervienen varias categorías de profesionales.

• la **concepción** y la **preparación**. Una película nace de una idea y de su financiación. El *guionista*, el *adaptador*, el *dialoguista* elaboran el escenario, generalmente en colaboración con el *realizador* (cuando éste no es el principal autor), al mismo tiempo que el *productor* reúne los medios financieros. Desde que se toma la decisión de hacer la película, se procede a la distribución de los papeles, a contratar el equipo técnico y a la confección de los decorados. A partir de la repartición técnica en escenas, el *ayudante del realizador* establece el plan de trabajo.

• el **rodaje**. Junto con el realizador, director de la película, trabajan el *director de fotografía*, el *encuadrador* y los ayudantes de los *operadores*, el *jefe de electricistas* y su equipo, el *ingeniero de sonido* y la *secretaria de rodaje* (script), el *regidor*, el *decorador*, el *accesorista*, los *mecánicos*, el *modista*, el *maquillador*, el *fotógrafo de plató*.

• la **posproducción**. Bajo la responsabilidad del realizador y del *jefe de montaje* se montan las imágenes filmadas durante el rodaje y los sonidos grabados. Se mezclan las diferentes bandas sonoras. El laboratorio, que ya ha resuelto el desarrollo y el tiraje de los rushes, monta el negativo de imagen de acuerdo con la copia de trabajo, realiza ciertos efectos especiales, procede al etalonaje y después saca las copias.

operaciones lógicas fundamentales como la negación (NO), la intersección (Y) y la reunión (O).

**CIRCULACIÓN** n. f. Acción y efecto de circular. **2.** Tránsito por las vías urbanas, ferrocarriles, caminos, etc.: *código de la circulación.* • **Circulación atmosférica,** conjunto de los movimientos efectuados por las grandes masas de aire del globo terrestre. ‖ **Circulación monetaria,** cantidad de moneda que circula durante un cierto lapso de tiempo. ‖ **Circulación sanguínea,** movimiento de la sangre que es enviada por el corazón a los órganos a través de las arterias y que vuelve de los órganos al corazón por las venas después de pasar por los capilares.

■ En el hombre, la circulación sanguínea es doble (existe circulación mayor o general y menor o pulmonar) y completa (no hay mezcla entre la sangre arterial y la venosa). Orgánicamente comprende el corazón (motor central) y los vasos sanguíneos: arterias que salen del corazón; venas, que llegan a él, y sistema capilar, donde la sangre arterial aporta oxígeno y nutrientes a los tejidos y la venosa recoge las sustancias de deshecho. La circulación mayor se inicia en el ventrículo izquierdo, llega a los capilares por el sistema arterial ya retorna al corazón (aurícula derecha) por el sistema venoso. La circulación menor parte del ventrículo derecho, llega a los capilares alveolares por las arterias pulmonares y regresa por las venas pulmonares a la aurícula izquierda.

**CIRCULAR** adj. Relativo al círculo. **2.** De figura de círculo. • **Funciones circulares** (MAT.), funciones trigonométricas. ‖ **Permutación circular,** operación que consiste en remplazar cada elemento de un grupo ordenado por el elemento siguiente y el último por el primero. ‖ **Sicosis circular** (SIQUIATR.), sicosis maníaco-depresiva. ◆ n. f. **3.** Cada una de las cartas o avisos iguales dirigidos a diversas personas para notificarles algo.

**CIRCULAR** v. intr. (lat. *circulare*) [**1**]. Andar, pasar o moverse, ir y venir, transitar. **2.** Correr o pasar una cosa de una persona a otra: *circular una noticia, un rumor.* **3.** Salir alguna cosa por una vía y volver por otra al punto de partida: *la sangre circula por las venas.* ◆ v. tr. **4.** Asegurar la circulación de un fluido en una instalación.

**CIRCULATORIO, A** adj. Relativo a la circulación. • **Aparato circulatorio,** conjunto de los órganos que aseguran la circulación de la sangre y de la linfa (corazón, arterias, capilares y venas). ‖ **Trastornos circulatorios,** modificaciones patológicas de la circulación.

**CÍRCULO** n. m. (lat. *circulum*). Porción de plano comprendida y limitada por una circunferencia. **2.** Circuito, distrito, corro. **3.** Elemento o ambiente social en que vive una persona: *círculo de amistades.* **4.** Cerco, signo supersticioso: *círculo mágico.* **5.** Grupo de personas reunidas con un propósito particular o con fines recreativos; local donde se reúnen. **6.** Circunscripción administrativa existente en diferentes países, y particularmente en el Sacro imperio romano germánico. • **Círculo de altura,** círculo de la esfera celeste paralelo al horizonte, en un lugar determinado. ‖ **Círculo horario de un astro,** círculo mayor de la esfera celeste que pasa por el astro y los polos celestes. ‖ **Círculo máximo de una esfera,** sección de la esfera por un plano que pasa por su centro. ‖ **Círculo menor de una esfera,** sección de la esfera por un plano que no pasa por su centro. ‖ **Círculo vicioso,** razonamiento que conduce al punto de partida.

**circo** glaciar (macizo de la Maladeta)

**CIRCUMPOLAR** adj. Que está alrededor del polo. • **Estrella circumpolar,** estrella que permanece siempre por encima del horizonte de un lugar determinado.

**CIRCUNCENTRO** n. m. Centro de la circunferencia circunscrita a un triángulo.

**CIRCUNCIDAR** v. tr. (lat. *circumcidere*, cortar en redondo) [**1**]. Practicar la circuncisión.

**CIRCUNCISIÓN** n. f. (lat. *circumcisionem*). Operación quirúrgica o ritual que consiste en seccionar el prepucio. **2.** MED. Práctica quirúrgica para corregir la fimosis.

**CIRCUNCISO, A** adj. Dícese de aquel al que se ha practicado la circuncisión.

**CIRCUNDAR** v. tr. [**1**]. Cercar, rodear.

**CIRCUNFERENCIA** n. f. (lat. *circumferentiam*). Curva cerrada y plana cuyos puntos equidistan de otro punto interior llamado *centro.* (La relación entre la longitud de la circunferencia y su diámetro es constante. Se la designa por la letra griega $\pi$.) **2.** Contorno de una superficie, territorio, mar, etc.

**CIRCUNFERIR** v. tr. [**22**]. Circunscribir, limitar.

**CIRCUNFLEJO, A** adj. (lat. *circumflexum*). Curvado, doblado en arco. **2.** ANAT. Dícese de ciertos nervios o vasos que contornean un hueso. ◆ adj. y n. m. **3.** Dícese del acento ortográfico representado por una línea sinuosa (ã) o por el signo (â), y que ha tenido, según las lenguas, diversos usos.

**CIRCUNLOCUCIÓN** n. f. Modo de hablar en el que se expresa el pensamiento de una manera indirecta. (Constituye un tropo de sentencia.)

**CIRCUNLOQUIO** n. m. Rodeo de palabras para dar a entender algo que hubiera podido expresarse más brevemente.

**CIRCUNNAVEGACIÓN** n. f. Acción y efecto de circunnavegar.

**CIRCUNNAVEGAR** v. tr. [**1b**]. Navegar alrededor: *circunnavegar un continente.*

**alfabeto ruso y búlgaro**

| mayúsculas | minúsculas | valor | mayúsculas | minúsculas | valor |
|---|---|---|---|---|---|
| А | а | a | Р | р | r |
| Б | б | b | С | с | s |
| В | в | v | Т | т | t |
| Г | г | g, gu | У | у | u |
| Д | д | d | Ф | ф | f |
| Е | е | e, ie | Х | х | j |
| Ж | ж | zh | Ц | ц | ts |
| З | з | z | Ч | ч | ch |
| И | и | i (sonido anterior) | Ш | ш | sh |
| Й | й | i (semivocal) | Щ | щ | sch |
| К | к | k | Ъ | ъ | *signo duro* |
| Л | л | l | Ы | ы | i *(sonido medio)* |
| М | м | m | Ь | ь | *signo de palatización* |
| Н | н | n | Э | э | e |
| О | о | o | Ю | ю | iu |
| П | п | p | Я | я | ia |

**letras propias**

| mayúsculas | minúsculas | valor | |
|---|---|---|---|
| І | і | i *(ante vocal)* | **letras en desuso a partir de la reforma de 1918** |
| Ѣ | ѣ | e, ie | |
| Ѳ | ѳ | f | |
| Ѵ | ѵ | i *(eslavo eclesiástico)* | |
| Ђ | ђ | d'z' = dz | **letras propias del alfabeto serbio** |
| Ј | ј | *marca de palatización* | |
| Љ | љ | lj = l | |
| Њ | њ | nj = ñ | |
| Ћ | ћ | t's' = ts | |
| Џ | џ | dž = dzh | |

el alfabeto **cirílico**

**CIRCUNSCRIBIR** v. tr. y pron. (lat. *circumscribere*) [**3n**]. Reducir a ciertos límites o términos una cosa: *circunscribirse a los hechos.* **2.** GEOMETR. Construir una figura de modo que otra quede dentro de ella, tocando a todas las líneas o superficies que la limitan, o teniendo en ellas todos sus vértices.

**CIRCUNSCRIPCIÓN** n. f. Acción y efecto de circunscribir. **2.** División administrativa, militar o religiosa, de un territorio: *circunscripción electoral.*

**CIRCUNSCRITO, A** adj. Dícese de la figura que circunscribe a otra.

**CIRCUNSPECCIÓN** n. f. Calidad de circunspecto.

**CIRCUNSPECTO, A** adj. (lat. *circumspectum*). Que se comporta con prudencia y comedimiento ante las circunstancias. **2.** Serio, grave, respetable: *actitud circunspecta.*

**CIRCUNSTANCIA** n. f. Accidente de tiempo, lugar, modo, etc., que está unido a la sustancia de algún hecho o dicho. **2.** Calidad o requisito. **3.** Conjunto de todo lo que está en torno a uno. • **Circunstancias eximentes, atenuantes y agravantes** (DER. PEN.), las que modifican la responsabilidad penal, eximiendo, atenuando o agravando. || **De circunstancia,** se aplica a lo que de algún modo está influido por una situación ocasional: *una sonrisa de circunstancias.*

**CIRCUNSTANCIADO, A** adj. Que se refiere o explica con toda menudencia y detalle: *un relato muy circunstanciado.*

**CIRCUNSTANCIAL** adj. Que implica o denota alguna circunstancia o depende de ella. **2.** LING. Dícese de un complemento preposicional, o de una subordinada que desempeña el mismo papel, que indica una circunstancia de lugar, tiempo, causa, etc.

**CIRCUNSTANTE** adj. Que está alrededor. ◆ adj. y n. m. y f. **2.** Dícese de los que están presentes.

**CIRCUNVALACIÓN** n. f. Acción de circunvalar: *autobús de circunvalación.* **2.** Línea que construye el ejército que asedia una plaza para defenderse contra los ejércitos que acuden en defensa de los asediados.

**CIRCUNVALAR** v. tr. [**1**]. Cercar, ceñir, rodear una ciudad, fortaleza, etc. **2.** Dar la vuelta a alguna cosa.

**CIRCUNVECINO, A** adj. Dícese de los lugares u objetos que se hallan cerca y alrededor de otro.

**CIRCUNVOLUCIÓN** n. f. Vuelta o rodeo de alguna cosa. • **Circunvoluciones cerebrales**, repliegues de la corteza cerebral de los mamíferos, limitados por surcos.

**CIRENAICO, A** o **CIRENEO, A** adj. y n. De Cirene. ◆ adj. y n. m. **2.** Relativo a la escuela filosófica fundada por Aristipo en Cirene, en el s. V a. J.C., que consideraba como bien supremo los placeres de los sentidos.

**CIRIAL** n. m. Cada uno de los candeleros altos que llevan los acólitos en algunas funciones de iglesia.

**CIRÍLICO, A** adj. Dícese del alfabeto eslavo con que se transcribe el ruso, el serbio y el búlgaro.

**CIRINEO** n. m. *Fam.* Persona que ayuda a otra.

**CIRIO** n. m. (lat. *cereum*). Vela de cera de un pabilo, larga y gruesa. **2.** Denominación de diversas plantas de la familia cactáceas, algunas de las cuales tienen aspecto de columna y pueden alcanzar 15 m. **3.** *Fig.* Jaleo, trifulca: *formarse un cirio.* • **Cirio pascual** (LITURG.), el que se bendice solemnemente en la vigilia pascual y se conserva hasta el día de la Ascensión.

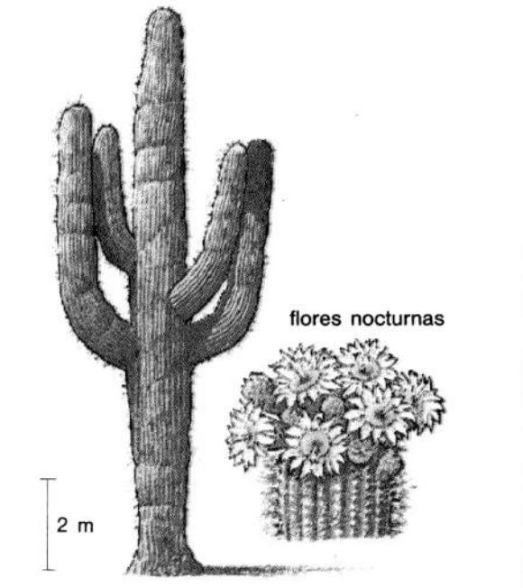

**cirio** de México

**CIRQUERO, A** adj. *Argent.* Concerniente al circo, circense. ◆ adj. y n. **2.** *Argent. Fig.* y *fam.* Extravagante, histriónico. ◆ n. **3.** *Argent.* Persona que forma parte de la compañía de un circo.

**CIRRÍPEDO, A** adj. y n. m. Relativo a una subclase de crustáceos marinos, fijos o parásitos. (La anatifa pertenece a dicha subclase.)

**CIRRO** n. m. (lat. *cirrum,* rizo). Zarcillo de ciertas plantas. **2.** Nube elevada, de un blanco sedoso en forma de filamentos paralelos parecidos a rizos de cabellos, clavos u orugas. SIN.: *cirrus.* **3.** Apéndice rizado y flexible de ciertos animales invertebrados (gusanos, moluscos y crustáceos).

**CIRROCÚMULOS** o **CIRROCUMULUS** n. m. Nube de la familia de los cirros.

**CIRROESTRATOS** o **CIRROSTRATUS** n. m. Nube de la familia de los cirros.

**CIRROSIS** n. f. PATOL. Inflamación intersticial crónica de algún órgano. **2.** Proceso degenerativo caracterizado por la fibrosis progresiva de un órgano con destrucción de la estructura.

**CIRRÓTICO, A** adj. y n. Relativo a la cirrosis; afecto de esta enfermedad.

**CIRUELA** n. f. Fruto del ciruelo. • **Ciruela pasa,** la que puede ser o ya ha sido secada y conservada sin que fermente.

**CIRUELO** n. m. Árbol de flores blancas que aparecen antes que las hojas, cultivado principalmente por su fruto, la ciruela. (Familia rosáceas.) • **Ciruelo de China,** árbol originario de China, de la familia sapindáceas, de fruto azucarado y comestible. ◆ n. m. y adj. **2.** *Fig.* y *fam.* Hombre muy necio e incapaz.

**CIRUGÍA** n. f. (gr. *kheirurgia*). Parte de la medicina que estudia las afecciones y enfermedades para cuyo tratamiento se precisa la intervención directa manual o instrumental. • **Cirugía plástica,** especialidad cuyo objetivo es restablecer, mejorar o embellecer la forma de una parte del cuerpo.

**cirros**

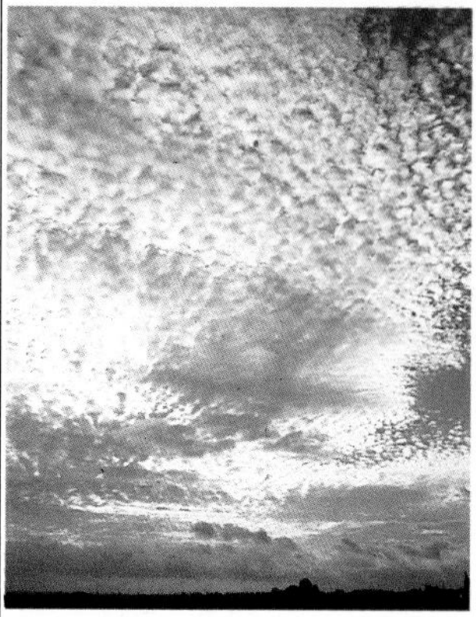
**cirrocúmulos**

**cirroestratos**

**ciruelo** (y ciruelas claudias)

**CIRUJA** n. m. y f. *Argent.* Persona que busca entre los desperdicios objetos para vender.

**CIRUJANO, A** n. y adj. Médico que ejerce la cirugía.

**CIRUJEAR** v. tr. [**1**]. *Argent.* Realizar actividades propias del ciruja.

**CISALPINO, A** adj. Situado entre los Alpes y Roma.

**CISANDINO, A** adj. Situado del lado oriental de los Andes.

**CISCAR** v. tr. y pron. [**1a**]. *Fam.* Ensuciar, evacuar el vientre. ◆ v. tr. **2.** *Fam.* Avergonzar, intimidar, crear inseguridad o confusión a alguien.

**CISCO** n. m. Carbón cribado en fragmentos de 10 a 20 mm. **2.** *Fig.* y *fam.* Bullicio, reyerta. • **Hacer cisco** *(Fam.),* destrozar completamente una cosa. ‖ **Hecho cisco** *(Fam.),* abatido, maltrecho.

**CISÍPEDO, A** adj. Que tiene el pie dividido en dedos.

**CISMA** n. m. Ruptura de la unión en la Iglesia cristiana. **2.** División, escisión en un partido, un grupo, etc.: *cisma literario; cisma político.*

**CISMÁTICO, A** adj. y n. Que provoca un cisma. **2.** Que se adhiere a un cisma. ◆ adj. **3.** *Colomb.* Melindroso.

**CISMONTANO, A** adj. Situado en la parte de acá de los montes respecto al punto o lugar desde donde se considera.

**CISNE** n. m. Ave palmípeda anseriforme, de cuello largo y flexible, que vive en las aguas dulces y se nutre de vegetales y animales acuáticos.

**cisne**

**CISORIO, A** adj. **Arte cisoria,** arte de trinchar.

**CISTA** n. f. Enterramiento prehistórico, generalmente individual, constituido por cuatro losas laterales y una quinta, horizontal, formando la cubierta.

**CISTEÍNA** n. f. Aminoácido sulfuroso que, por su oxidación, que da cistina, desempeña un papel de oxidorreductor y de puente entre dos cadenas proteínicas.

**CISTERCIENSE** adj. y n. m. y f. Relativo a una orden monástica nacida en la abadía benedictina de Cîteaux, cerca de Dijon y cuyo fundador fue en 1115 san Bernardo de Claraval; miembro de dicha orden.

■ Los cistercienses observan la regla de san Benito. A fines del s. XVII se creó la rama reformada de los trapenses. En España, en 1133 se inició la primera fundación, en Castilla, a petición de Alfonso VII. Le siguieron las de La Oliva, Fitero, Las Huelgas, Veruela, Santes Creus y Poblet. Los cistercienses españoles intervinieron en la fundación de órdenes militares, como las de Calatrava y Alcántara. Al igual que ocurrió en otros lugares, la primitiva sencillez cisterciense dio paso en España a un gran esplendor, como lo atestiguan los monasterios de Sobrado (Galicia), La Oliva (Navarra), Veruela (Aragón) y Poblet (Cataluña).

la iglesia del monasterio **cisterciense** de La Oliva, Navarra

**CISTERNA** n. f. (lat. *cisternam*). Depósito subterráneo en el que se recoge y conserva el agua de la lluvia. **2.** Depósito o recipiente para productos petrolíferos. **3.** Depósito de agua de un retrete. **4.** Se emplea en aposición para designar los vehículos o barcos acondicionados para transportar líquidos: *camión cisterna.*

**CISTICERCO** n. m. Último estado larvario de la tenia, que vive enquistada en los músculos o bajo la lengua del cerdo o del buey.

**CÍSTICO, A** adj. Relativo a la vejiga, especialmente a la de la orina y a la vesícula biliar.

**CISTINA** n. f. Sustancia que resulta de la unión de dos moléculas de cisteína por un puente de tipo disulfuro.

**CISTITIS** n. f. Inflamación de la vejiga, especialmente de la urinaria.

**CISTOGRAFÍA** n. f. Radiografía de la vejiga de la orina.

**CISTOSCOPIA** n. f. Examen endoscópico de la vejiga de la orina.

**CISTOSTOMÍA** n. f. Formación de una abertura o fístula en la vejiga urinaria.

**CISTOTOMÍA** n. f. Incisión de la vejiga de la orina.

**CISTRO** n. m. Instrumento musical de mástil largo, cuerdas pulsadas y fondo plano.

**CISTRÓN** n. m. Fragmento de gen que forma una unidad funcional.

**CISURA** n. f. (lat. *scissuram*). Rotura o hendidura sutil. **2.** ANAT. Nombre que reciben los surcos largos y profundos que dividen la superficie de algunas vísceras.

**CITA** n. f. Acuerdo entre dos o más personas para encontrarse en un día, hora y lugar determinados. **2.** Mención o nota que se alega o discute en lo que se dice o escribe: *cita a pie de página.* • **Cita espacial** (ASTRONÁUT.), maniobra mediante la que dos o más vehículos espaciales coinciden en puntos muy próximos del espacio.

**CITACIÓN** n. f. DER. Diligencia por la que se comunica a una persona el llamamiento hecho por un juez para que comparezca a un acto judicial.

**CITADINO, A** n. *Amér.* Habitante de la ciudad.

**CITADO, A** adj. Antedicho, mencionado, susodicho.

**CITADOR, RA** adj. y n. Que cita.

**CITANIA** n. f. Castro prerromano de la cultura castreña, cuando tiene tal envergadura que constituye una verdadera aglomeración urbana.

**CITAR** v. tr. (lat. *citare*) [**1**]. Señalar o notificar una cita. **2.** Mencionar, hacer referencia: *citar a los clásicos; citar las fuentes.* **3.** DER. Notificar una citación. **4.** TAUROM. Provocar el torero al toro para que embista.

**CITARA** n. f. (ár. *sitāra,* tabique). Pared con sólo el grueso de ancho del ladrillo común. **2.** Durante la edad media, en España, tropas que formaban los flancos del cuerpo principal.

**CÍTARA** n. f. (lat. *citharam*). En la antigua Grecia, forma perfeccionada de la lira. **2.** En etnomusicología, cualquier instrumento de cuerda desprovisto de mástil. **3.** Instrumento cuyas cuerdas se extienden sobre una caja trapezoidal.

**CITAREDO** n. m. Poeta o artista que cantaba acompañándose con la cítara.

**CITARILLA** n. f. Pared de ladrillos puestos alternativamente de plano y de canto u oblicuamente: *citarilla sardinel.*

**CITARISTA** n. m. y f. Persona que toca la cítara.

**CITATORIO, A** adj. y n. f. DER. Dícese del mandamiento con que se cita a alguno para que comparezca ante el juez.

**CITELO** n. m. Roedor parecido a la marmota. (Familia esciúridos.)

**CITERIOR** adj. Situado en la parte de acá o aquende.

**CITIZEN BAND** n. f. (voces inglesas). Banda de frecuencia en torno a 27 MHz que se utiliza para las comunicaciones entre particulares, especialmente a bordo de los automóviles.

**CITOCROMO** n. m. Pigmento respiratorio presente en todas las células vivas.

**CITODIAGNÓSTICO** n. m. Método de diagnóstico fundado en el examen microscópico de células tomadas por punción, raspado o frotis.

**CITOGENÉTICA** n. f. Parte de la genética que estudia los cromosomas.

**CITÓLISIS** n. f. BIOL. Disolución o destrucción de los elementos celulares.

**CITOLOGÍA** n. f. Parte de la biología que estudia la célula en sus diferentes aspectos morfológicos, bioquímicos, etc.

**CITOLÓGICO, A** adj. Relativo a la citología.

**CITOPLASMA** n. m. Parte fundamental, viva, de la célula, que contiene el núcleo, las vacuolas, el condrioma y otras inclusiones.

**CITOPLASMÁTICO, A** adj. Relativo al citoplasma.

**CITOSTÁTICO, A** adj. y n. m. Dícese de las sustancias que inhiben las divisiones celulares.

**CITOSTOMA** n. m. En las células provistas de membrana resistente, abertura por donde entran las partículas alimenticias.

**CITRATO** n. m. QUÍM. Sal del ácido cítrico.

**CÍTRICO, A** adj. Relativo a los frutos ácidos. **2.** Dícese de un ácido-alcohol que se extrae del zumo del limón. ◆ **cítricos** n. m. pl. **3.** Agrios.

**CITRÓN** n. m. Limón, fruto.

**CIUDAD** n. f. (lat. *civitatem*). Núcleo urbano, de población generalmente densa. **2.** Lo urbano en oposición a lo rural. **3.** Grupo de edificios que tienen el mismo destino: *ciudad universitaria; ciudad sanitaria.* **4.** Unidad política constituida por una población y su territorio circundante. • **Ciudad abierta,** villa que no está defendida en tiempo de guerra. ‖ **Ciudad dormitorio,** localidad suburbana con una función fundamentalmente residencial. ‖ **Ciudad jardín,** aglomeración de casas rodeadas de espacios verdes y de tierras agrícolas. ‖ **Ciudad lineal,** ciudad que se desarrolla en longitud, paralelamente a una vía de comunicación. ‖ **Ciudad santa,** ciudad honrada por los fieles de una religión. ‖ **Ciudad satélite,** núcleo incluido dentro del área suburbana de una ciudad principal, con un nivel de empleo lo suficientemente desarrollado como para dar ocupación a gran parte de la población en él residente.

**CIUDADANÍA** n. f. Calidad y derecho de ciudadano. **2.** Vínculo público que une a un individuo con la organización estatal. **3.** Civismo. • **Derecho de ciudadanía** (ANT.), conjunto de los derechos públicos y privados que poseían los ciudadanos según la ciudad o el estado al que pertenecían, siempre que se tratara de hombres libres.

**CIUDADANO, A** adj. y n. Relativo a la ciudad o a los ciudadanos; natural o vecino de una ciudad. ◆ n. **2.** Súbdito de un estado, que posee capacidad jurídica para ejercer sus derechos políticos. • **Ciudadanos honrados,** en las ciudades de Cataluña y Valencia, durante el Antiguo régimen, estamento social que abarcaba la alta burguesía frente a los comerciantes y menestrales.

**CIUDADELA** n. f. (ital. *cittadella*). Fortaleza situada en el interior de una ciudad.

**CIUDADREALEÑO, A** adj. y n. De Ciudad Real.

**CIUTI** n. f. y adj. Variedad de cepa vinífera española cultivada especialmente en Almería.

**CIVET** n. m. (voz francesa). Guisado de liebre o de cualquier otra pieza de caza o pesca, cocinado con vino, cebolla y la sangre del animal.

**CIVETA** n. f. Mamífero carnívoro de pelaje gris con bandas y manchas negras, que mide 50 cm de long. (Familia vivérridos.)

**CÍVICO, A** adj. (lat. *civicum*). Relativo a la ciudadanía o a los ciudadanos como colectividad política: *manifestación cívica.* **2.** Patriótico. **3.** Relativo al civismo: *protesta cívica.*

**CIVIL** adj. (lat. *civilem*). Que tiene relación con los ciudadanos o les concierne. **2.** Que no es militar ni eclesiástico: *matrimonio civil; jurisdicción civil; arquitectura civil.* **3.** DER. Concerniente a las relaciones e intereses privados en orden al estado de las personas, régimen de la familia, condición de los bienes y los contratos: *ley, acción civil.* • **Código civil,** conjunto de las leyes relativas al estado y a la capacidad de las personas, a la familia, al patrimonio, a la transmisión de los bienes y a los contratos y obligaciones. ‖ **Derechos civiles,** derechos inherentes a todos los miembros de una sociedad, sin distinción de edad, sexo o nacionalidad. ‖ **Estado civil,** condición de los individuos en lo referente a las relaciones de familia, nacimiento, filiación, matrimonio y muerte: *de estado civil, soltero.* ‖ **Guerra civil** (HIST.), la que tienen entre sí los habitantes de un mismo pueblo o nación. ‖ **Parte civil,** persona que actúa en su nombre, en su interés privado, contra un acusado, en un proceso penal. ‖ **Registro civil,** aquel en que se hacen constar los nacimientos, matrimonios, defunciones y demás hechos relativos al estado civil de las personas. ◆ n. m. **4.** *Fam.* Individuo del cuerpo de la Guardia civil.

**CIVILIDAD** n. f. Cualidad de civil, sociabilidad, urbanidad, amabilidad.

**CIVILISTA** adj. y n. m. y f. Dícese del especialista en derecho civil.

**CIVILIZACIÓN** n. f. Acción y efecto de civilizar. **2.** Conjunto de caracteres propios de la vida intelectual, artística, moral y material de un país o de una sociedad: *civilización occidental, china.* **3.** Estado ideal de desarrollo económico, político y social alcanzado por una determinada cultura.

**CIVILIZADOR, RA** adj. y n. Que civiliza.

**CIVILIZAR** v. tr. y pron. **[1g]**. Sacar del estado salvaje. **2.** Educar, ilustrar.

**CIVISMO** n. m. (fr. *civisme*). Celo por las instituciones e intereses de la patria. **2.** Calidad de buen ciudadano. **3.** Calidad de cortés o educado.

**CIZALLA** n. f. (fr. *cisaille*). Máquina que sirve para cortar. **2.** Cortadura o fragmento de cualquier metal. ◆ **cizallas** n. f. pl. **3.** Instrumento a modo de tijeras, que se utiliza para cortar materiales duros.

**CIZALLADO** n. m. Acción de cortar en frío una plancha o pieza metálica por medio de tijeras o cizallas.

**CIZALLAMIENTO** n. m. Tipo de deformación en que los planos de una pieza se desplazan unos respecto a otros paralelamente a sí mismos.

**CIZALLAR** v. tr. **[1]**. Cortar con la cizalla.

**CIZAÑA** n. f. Planta de la familia gramíneas, de granos tóxicos, común en los prados y los cultivos, donde impide el crecimiento de los cereales. **2.** Cualquier planta o mala hierba silvestre de crecimiento exuberante. **3.** *Fig.* Cualquier cosa que daña a otra, maleándola o echándola a perder. **4.** *Fig.* Disensión, enemistad: *meter cizaña entre los amigos.*

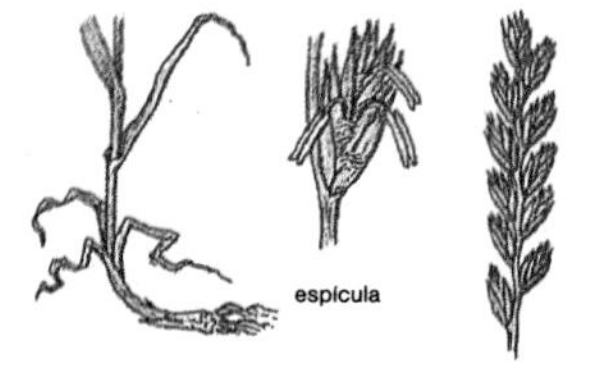

cizaña

**CIZAÑERO, A** adj. y n. Que mete cizaña.

**cl,** símbolo del *centilitro.*

**Cl,** símbolo químico del *cloro.*

**CLAC** n. m. (pl. *claques*). Sombrero de copa alta, plegable. **2.** Claque de teatro.

**CLACTONIENSE** n. m. y adj. (de *Clacton-on-Sea,* localidad británica). Facies industrial del paleolítico inferior que constituye la primera industria caracterizada por lascas.

**CLADÓCERO, A** adj. y n. m. Relativo a un orden de pequeños crustáceos de agua dulce, que nadan con la ayuda de largas antenas remeras, como la pulga de agua.

**CLAIM** n. m. (voz inglesa). Título de propiedad minera que confiere el derecho de explotar una superficie determinada.

**CLAMAR** v. tr. e intr. (lat. *clamare*) **[1]**. Gritar: *clamar maldiciones.* ◆ v. intr. **2.** Manifestar con vehemencia la necesidad de algo: *clamar venganza; la tierra clamaba por agua.*

**CLÁMIDE** n. f. En la antigüedad griega y romana, pieza de lana atada al hombro mediante una fíbula y que servía de capa.

**CLAMOR** n. m. (lat. *clamorem*). Conjunto de gritos o ruidos fuertes: *clamor de la muchedumbre; clamor del mar embravecido.*

**CLAMOREAR** v. tr. e intr. **[1]**. Producir clamor: *clamorear por una reforma.*

**CLAMOREO** n. m. Clamor repetido y continuado.

**CLAMOROSO, A** adj. Con clamor: *un clamoroso recibimiento.*

**CLAMP** n. m. Pinzas quirúrgicas que sirven para obturar provisionalmente algunos conductos.

**CLAN** n. m. Tribu escocesa o irlandesa, formada por un cierto número de familias. **2.** Grupo de personas unidas por una comunidad de intereses u opiniones. • **Clan totémico,** unidad sociológica que designa un conjunto de individuos consanguíneos, para los cuales un tótem representa el antepasado común.

**CLANDESTINIDAD** n. f. Calidad de clandestino: *vivir en la clandestinidad.*

**CLANDESTINO, A** adj. Secreto, oculto, que está en contravención con la ley y escapa a su vigilancia: *reunión clandestina; emisora clandestina.*

**CLAPO** n. m. *Méx.* Cáscara de la nuez.

**CLAQUE** n. f. (fr. *claque*). Conjunto de personas pagadas para aplaudir.

**CLAQUÉ** n. m. (voz francesa). Tipo de baile de origen norteamericano en el que la punta y el talón del zapato, provistos de láminas metálicas, desempeñan el papel de instrumentos de percusión.

**CLAQUETA** n. f. CIN. Instrumento compuesto de dos trozos de madera unidos por un gozne y montados sobre una tablilla donde se anotan el título de la película y el número del plano que se va a rodar.

**CLARA** n. f. Materia blanca, albuminosa y transparente que rodea la yema del huevo. **2.** Raleza de parte del pelo, que deja ver un pedazo de piel. **3.** Cerveza con gaseosa.

**CLARABOYA** n. f. (fr. *claire-voie*). Ventana abierta en el techo o en una parte alta de las paredes.

**CLAREAR** v. tr. **[1]**. Dar claridad. ◆ v. intr. **2.** Empezar a amanecer: *clarear el día.* **3.** Irse abriendo y disipando el nublado. ◆ v. intr. y pron. **4.** Transparentar: *clarearse una tela.*

**CLAREO** n. m. Tala que consiste en entresacar algunos árboles en los bosques o macizos en que aquéllos se hallan muy espesos.

**CLARETE** adj. y n. m. Dícese de una clase de vino tinto, algo claro.

**CLARETIANO, A** adj. y n. Relativo a una congregación religiosa fundada por san Antonio María Claret; miembro de dicha congregación.

**CLARIDAD** n. f. Calidad de claro: *la claridad del día.* **2.** Efecto que causa la luz iluminando un espacio de modo que se distinga lo que hay en él: *la claridad de la linterna.* **3.** Distinción con que se perciben sensaciones e ideas: *pensar con claridad.*

**CLARIFICACIÓN** n. f. Acción de clarificar.

**CLARIFICADOR, RA** adj. Que sirve para clarificar: *unas palabras clarificadoras.*

**CLARIFICADORA** m. f. *Amér.* Vasija en que se clarifica el guarapo del azúcar.

**CLARIFICAR** v. tr. (lat. *clarificare*) **[1a]**. Iluminar, alumbrar una cosa. **2.** Aclarar, poner en claro: *clarificar un tema.* **3.** Aclarar una cosa, quitarle los impedimentos que la ocultan: *clarificar un bosque.* **4.** Poner claro lo que estaba lleno de heces, especialmente los licores y el azúcar: *clarificar la miel.*

**CLARÍN** n. m. Instrumento de viento parecido a la trompeta, pero más pequeño y de sonido más agudo. **2.** Registro del órgano cuyos sonidos son una octava más agudos que los del registro análogo llamado trompeta.

**CLARINADA** n. f. Toque del clarín.

**CLARINETE** n. m. (ital. *clarinetto*). Instrumento de viento de la familia de la madera, provisto de llaves y de lengüeta sencilla. ◆ n. m. y f. **2.** Clarinetista.

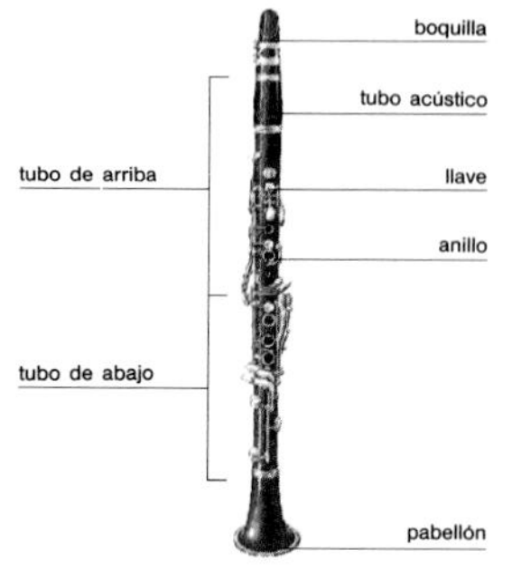

clarinete

**CLARINETISTA** n. m. y f. Persona que toca el clarinete.

**CLARISA** n. f. y adj. Religiosa de la orden contemplativa fundada por san Francisco de Asís y santa Clara, en 1212.

**CLARIVIDENCIA** n. f. Facultad de comprender y discernir con claridad: *discurrir con clarividencia.* **2.** Penetración, perspicacia.

**CLARIVIDENTE** adj. y n. m. y f. Que posee clarividencia: *un crítico clarividente.*

**CLARO** adv. m. Con claridad: *hablar claro.* • **Ver claro,** comprender, dilucidar.

**CLARO, A** adj. (lat. *clarum*). Que recibe luz o mucha luz: *una habitación clara.* **2.** Que se distingue bien: *una letra clara.* **3.** Transparente, terso, limpio: *unos cristales claros.* **4.** Dícese del color poco subido: *color azul claro.* **5.** Dícese de los líquidos poco viscosos: *chocolate claro.* **6.** Poco tupido: *bosque claro.* **7.** Dícese de los sonidos netos y puros y de los timbres agudos: *una voz clara.* **8.** Capaz de comprender, perspicaz, agudo: *mente clara.* **9.** Inteligible, fácil de comprender: *expresarse en un lenguaje claro.* • **A las claras,** manifiesta, públicamente. ◆ n. m. **10.** Espacio que media entre algunas cosas: *un claro en el bosque.* **11.** Cada una de las ventanas o troneras por donde se da luz a un edificio. (Suele usarse en plural.) • **Claro de luna,** luz de la luna. ‖ **En claro,** sin dormir: *pasar la noche en claro.* ‖ **Poner en claro,** aclarar, puntualizar.

**CLAROSCURO** n. m. Efecto que resulta de la distribución adecuada de luces y sombras, especialmente en un cuadro.

**CLASE** n. f. (lat. *classem*). Conjunto de personas que, por sus características o intereses comunes, constituyen una unidad homogénea dentro de una población. **2.** Cada una de las categorías en que se pueden clasificar las personas o las cosas según su importancia o su naturaleza: *una tela de clase superior.* **3.** Cada una de las divisiones de estudiantes que reciben un mismo grado de enseñanza: *castigar a toda la clase.* **4.** Aula. **5.** Lección que da el maestro: *una clase interesante, aburrida.* **6.** Cada una de las asignaturas a que se destina determinado tiempo: *clase de aritmética.* **7.** Conjunto de características personales que hacen que una persona destaque sobre las demás: *tener clase; ser una mujer con clase.* **8.** ESTADÍST. En una distribución estadística de una variable continua, cada uno de los intervalos sucesivos en los que está dividido el intervalo total de variación de la variable considerada. **9.** HIST. NAT. Cada una de las grandes divisiones de un tipo de seres vivos, subdividida a su vez en órdenes. • **Clase de equivalencia** (MAT.), en un conjunto provisto de una relación de equivalencia, cada uno de los subconjuntos formados por los elementos equivalentes entre sí. || **Clase social,** grupo de individuos que poseen un lugar históricamente determinado en el seno de la sociedad y que se distinguen por su modo de vida. ◆ **clases** n. f. pl. **10.** LÓG. Conjunto de objetos que poseen todos uno o varios caracteres comunes y son los únicos en este caso. • **Clases pasivas,** denominación oficial bajo la que se comprenden los cesantes, jubilados, retirados, inválidos, viudas y huérfanos que gozan de un haber pasivo o pensión.

**CLASICISMO** n. m. Tendencia artística que se caracteriza por el sentido de las proporciones, el gusto por las composiciones equilibradas y estables y la búsqueda de la armonía de formas. • **Clasicismo francés,** conjunto de tendencias y teorías que se manifestaron en Francia durante el reinado de Luis XIV y que se expresaron en obras literarias y artísticas consideradas como modélicas.

**CLASICISTA** adj. y n. m. y f. Relativo al clasicismo; partidario de esta tendencia.

**CLÁSICO, A** adj. (lat. *classicum,* de primera clase). Dícese de la lengua, el estilo, las obras, los artistas, etc., pertenecientes a la época de mayor esplendor de una evolución artística o literaria. **2.** Dícese del arte y la literatura de los griegos y romanos. **3.** Por oposición a romántico o barroco, dícese de cualquier creación del espíritu humano en que la razón y el equilibrio predominan sobre la pasión o la exaltación. **4.** Principal o notable en algún concepto. **5.** Típico, característico: *se hicieron la clásica foto de grupo.* • **Escuela clásica** (ECON.), conjunto de las doctrinas defendidas por un cierto número de autores, desde finales del s. XVIII hasta mediados del s. XIX, que propugnaban principalmente la libertad de la producción y de los intercambios. || **Lógica clásica,** lógica bivalente que comprende obligatoriamente ciertas leyes, sobre todo la del tercio excluso y la de no contradicción. || **Lógicas no clásicas,** conjunto de sistemas lógicos que comprende las lógicas modales y plurivalentes. || **Música clásica,** música de los grandes autores, por oposición a la música folklórica, al jazz, etc. ◆ adj. y n. **6.** Dícese de los que se adaptan a las normas consideradas como fórmulas de perfección. ◆ adj. y n. f. **7.** DEP. Dícese de la prueba que se disputa con la máxima regularidad, por lo general anualmente.

**CLASIFICACIÓN** n. f. Acción y efecto de clasificar. • **Estación de clasificación,** conjunto de vías en las que se efectúa la clasificación de los vagones de mercancías según su destino. || **Sociedad de clasificación,** sociedad generalmente privada que tiene por objeto la vigilancia de la construcción y el mantenimiento de los buques mercantes.

**CLASIFICADOR, RA** adj. y n. Que clasifica. ◆ n. m. **2.** Objeto o mueble que sirve para clasificar los documentos.

**CLASIFICAR** v. tr. [**1a**]. Dividir u ordenar por clases o categorías. **2.** Determinar la clase o grupo a que corresponde una cosa. ◆ **clasificarse** v. pron. **3.** Obtener determinado puesto en una competición.

**CLASIFICATORIO, A** adj. Que contribuye a una clasificación: *prueba clasificatoria.*

**CLASISMO** n. m. Actitud o práctica discriminatoria que una clase social privilegiada mantiene respecto de otra.

**CLASISTA** adj. y n. m. y f. Partidario de las diferencias de clase o que se comporta con fuerte conciencia de ellas: *actitud clasista.*

**CLÁSTICO, A** adj. Frágil, quebradizo. **2.** Desmontable. ◆ adj. y n. m. **3.** GEOL. Dícese de los depósitos formados por fragmentos de rocas preexistentes, como los conglomerados y las areniscas.

**CLASTOMANÍA** n. f. SIQUIATR. Tendencia o impulso patológico a la destrucción.

**CLAUDÁTUR** n. m. (del lat. *claudere,* cerrar). Corchete, signo ortográfico.

**CLAUDICACIÓN** n. f. Acción y efecto de claudicar. **2.** PATOL. Fallo de un órgano o sistema en cuanto a la eficacia y rendimiento de su función.

**CLAUDICAR** v. intr. (lat. *claudicare*) [**1a**]. Faltar a los deberes o principios. **2.** Ceder, rendirse o someterse.

**claustro** (monasterio de Santes Creus, Tarragona)

**CLAUDIO, A** adj. Dícese de una variedad de ciruela muy dulce y jugosa. **2.** Dícese del árbol que la produce.

**CLAUSTRAL** adj. Relativo al claustro.

**CLAUSTRO** n. m. (lat. *claustrum*). Parte de un monasterio o templo formada por galerías abiertas que delimitan un patio o un jardín. **2.** Monasterio, estado monástico. **3.** Junta que interviene en el gobierno de ciertos centros docentes, especialmente los de enseñanza media o superior. **4.** Reunión de los miembros de dicha junta. • **Claustro materno,** matriz, órgano de la hembra de los mamíferos donde se desarrolla el feto.

**CLAUSTROFOBIA** n. f. Temor morboso a los espacios cerrados.

**CLAUSTROMANÍA** n. f. Comportamiento de los enfermos que se encierran en su habitación y temen salir de ella.

**CLÁUSULA** n. f. (lat. *clausulam,* conclusión). DER. Cada una de las disposiciones de un contrato, tratado, testamento o cualquier documento análogo, público o particular. **2.** LING. Conjunto de palabras que, teniendo sentido cabal, encierran una sola proposición o varias íntimamente relacionadas entre sí. • **Cláusula a la orden,** cláusula por la cual el deudor se compromete con respecto a cualquier persona a la que el acreedor haya transmitido su crédito. || **Cláusula compromisoria,** cláusula por la cual las partes se comprometen a someter a arbitraje las cuestiones que puedan surgir relativas a la ejecución del contrato. || **Cláusula de estilo,** cláusula que figura en todos los actos de naturaleza idéntica. || **Cláusula penal,** cláusula que fija el importe de los perjuicios o intereses a pagar en caso de incumplimiento del contrato. || **Cláusula resolutoria,** cláusula que prevé que el acto en el que se insiere se resuelva automáticamente en caso de que una de las partes incumpla su compromiso o cuando sucede un acontecimiento imprevisible.

**CLAUSULADO** n. m. Conjunto de cláusulas.

**CLAUSURA** n. f. Acción y efecto de clausurar. **2.** En los conventos de religiosos, recinto interior donde no pueden entrar personas ajenas a los mismos sin un privilegio o permiso especial. **3.** Obligación que tienen determinados religiosos de no salir de cierto recinto, y prohibición a los seglares de entrar en él. **4.** Tipo de vida religiosa.

**CLAUSURAR** v. tr. [**1**]. Cerrar, dar por acabado: *clausurar las sesiones del parlamento; clausurar un acto con unas breves palabras; clausurar un local por orden gubernativa.*

**CLAVA** n. f. (lat. *clavam*). Palo toscamente labrado, cuyo grueso va en aumento desde la empuñadura hasta el extremo opuesto.

**CLAVADO, A** adj. Guarnecido o armado con clavos. **2.** Fijo, puntual: *llegar a una hora clavada.* **3.** *Fig.* Muy parecido: *este niño es clavado a su padre.* ◆ n. m. **4.** *Argent.* y *Méx.* Salto de alguien que se tira al agua desde un trampolín u otro sitio de altura.

**CLAVADURA** n. f. Herida producida en el pie de un animal al ponerle la herradura.

**CLAVAR** v. tr. [**1**]. Introducir en un cuerpo un clavo u otra cosa aguda. **2.** Sujetar, fijar con clavos. **3.** Fijar, parar, poner: *clavar en alguien la mirada.* **4.** Causar una clavadura a las caballerías. ◆ v. tr. y pron. **5.** Introducir una cosa más o menos puntiaguda en otra: *clavarse una espina.* **6.** *Fig.* y *fam.* Engañar a uno perjudicándole: *el tendero me ha clavado.* **7.** *Fig.* y *fam.* Inmovilizar, dejar atónito: *me dejó clavado.*

**CLAVARIO** n. m. En Castilla, oficio o dignidad de guardián de un castillo o convento que tenía el caballero de algunas órdenes militares. **2.** En la Corona de Aragón, magistrado encargado de la administración económica de ciertas instituciones. **3.** En Valencia y Cataluña, persona que estaba al frente de ciertas corporaciones profesionales.

**CLAVAZÓN** n. f. Conjunto de clavos.

**CLAVE** adj. Que tiene una importancia fundamental o decisiva: *punto clave.* ◆ n. m. **2.** Instrumento musical de teclado y cuerda, en el que las cuerdas son punteadas lateralmente por picos de pluma. SIN.: *clavecímbano, clavicémbalo.* ◆ n. f. **3.** Información o idea necesaria para entender una cosa o resolver un asunto: *la clave de la cuestión.* **4.** Convención o conjunto de convenciones necesarias para efectuar las operaciones de cifrar y descifrar. **5.** ARQ. Piedra central con que se cierra un arco o una bóveda. **6.** MÚS. Signo que se coloca al principio del pentagrama y que fija el nombre de los sonidos y su altura exacta en la escala musical: *clave de sol; clave de fa; clave de do.* • **Clave de acceso** (INFORMÁT.), serie de caracteres que sirven de código personalizado y dan autorización para

**clave**

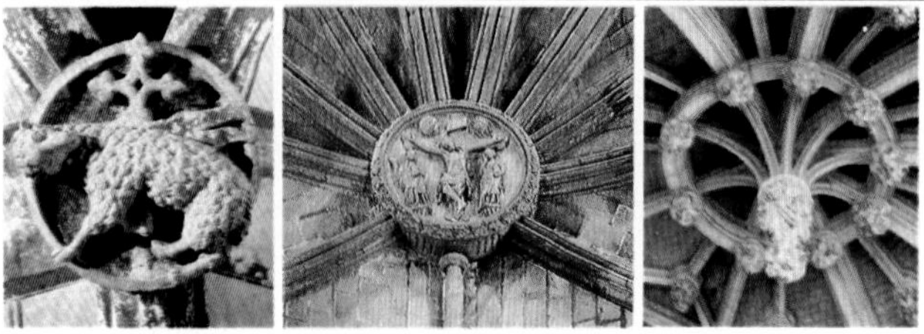

iglesia de los jacobinos, Toulouse (ss. XIII-XIV)

crucero de la catedral de Barcelona (fines s. XIII-s. XV)

colgante del coro de la iglesia de San Eustaquio, París (ss. XVI-XVII)

**clave** de bóveda

**claves**

utilizar un programa, datos o un servicio del ordenador, o para consultar un conjunto de informaciones almacenadas en una memoria auxiliar. ◆ **claves** n. f. pl. **7.** Instrumento musical cubano que consiste en dos bastoncitos redondos de madera dura, que se usan golpeándolos uno contra otro.

**CLAVEL** n. m. Planta cariofilácea de flores rosas, púrpura, blancas o de colores mezclados, algunas de cuyas variedades se cultivan en jardinería por su belleza y por su perfume. **2.** Flor de esta planta. • **Clavel doble,** o **reventón,** el de color rojo algo oscuro con muchos pétalos.

**clavel**

**CLAVELITO** n. m. Planta herbácea con tallos ramosos y multitud de flores blancas o de color rosa. (Familia cariofiláceas.) **2.** Flor de esta planta.

**CLAVELLINA** n. f. Clavel, especialmente el de flores sencillas. **2.** Planta herbácea semejante al clavel pero de tallos y flores más pequeños.

**CLAVERA** n. f. Molde para formar las cabezas de los clavos. **2.** Boca o ensanchamiento por donde entra el clavo.

**CLAVERO** n. m. Árbol de la familia mirtáceas, originario de Indonesia, que proporciona los clavos de especia.

**CLAVETE** n. m. Púa con que se toca la bandurria.

**CLAVETEAR** v. tr. [**1**]. Guarnecer con clavos: *una puerta claveteada de bronce.* **2.** Herretear, echar o poner herretes.

**CLAVICÉMBALO** o **CLAVECÍMBANO** n. m. Instrumento músico de cuerdas y teclado caracterizado por el modo de herir dichas cuerdas desde abajo.

**CLAVICORDIO** n. m. Instrumento de teclado y cuerdas percutidas, precursor del piano.

**CLAVÍCULA** n. f. (lat. *claviculam,* llave pequeña). Cada uno de los dos huesos largos que forman parte de la cintura escapular y que van del esternón al omóplato.

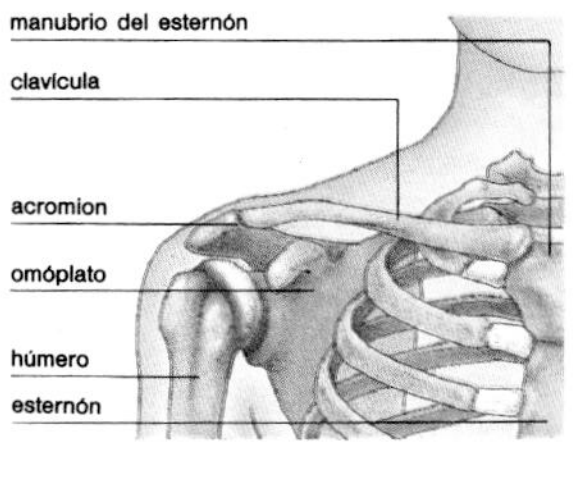


**clavícula**

**CLAVICULAR** adj. Relativo a la clavícula.

**CLAVIJA** n. f. (lat. *claviculam,* llave pequeña). Pieza de metal, madera u otra materia, que se encaja en un agujero para sujetar o ensamblar algo. **2.** Pieza que se conecta a la base de un enchufe, para establecer un contacto eléctrico. **3.** Pieza pequeña de madera o metal que sirve para tensar las cuerdas de un instrumento musical. **4.** Pieza de metal, con una argolla, que se utiliza en la escalada. • **Apretar las clavijas** a uno *(Fam.),* reprenderle o exigirle con severidad el cumplimiento de su deber.

**CLAVIJERO** n. m. Parte de un instrumento musical en que están insertas las clavijas.

**CLAVILLO** o **CLAVITO** n. m. Pasador que sujeta las varillas de un abanico o las hojas de unas tijeras.

**CLAVO** n. m. (lat. *clavum*). Pieza de hierro, de longitud y grosor variables, puntiaguda por un extremo y con una cabeza en el otro, que sirve para unir dos piezas, para colgar algo o para fines ornamentales. **2.** *Fig.* Dolor agudo o grave congoja. **3.** Zona central de un forúnculo. **4.** *Argent.* y *Chile.* Artículo de comercio que no se vende. **5.** MED. Instrumento largo, puntiagudo, de diámetro relativamente estrecho, empleado en la fijación de cierto tipo de fracturas. • **Agarrarse** uno **a,** o **de, un clavo ardiendo** *(Fam.),* valerse de cualquier medio para salvarse de un peligro o conseguir alguna otra cosa. ‖ **Clavo de especia,** capullo seco de la flor del clavero o giroflé, empleado como especia. ‖ **Dar en el clavo** *(Fam.),* acertar en lo que se hace o dice.

**CLAXON** n. m. Bocina eléctrica de los automóviles.

**CLEARANCE** n. m. (voz inglesa, *aclaramiento*). MED. Relación entre la concentración sanguínea de un cuerpo y su eliminación urinaria.

**CLEMÁTIDE** n. f. (lat. *clematidem*). Planta leñosa trepadora, de tallo rojizo y flores blancas de olor suave, muy común en los setos, que invade a veces los árboles y conserva durante todo el verano su fruto, coronado por un copete velloso. (Familia ranunculáceas.)

**CLEMBUTEROL** n. m. Sustancia química anabolizante que aumenta la masa muscular.

**CLEMENCIA** n. f. Actitud o disposición de ánimo que modera el rigor de la justicia.

**CLEMENTE** adj. Que tiene clemencia.

**CLEMENTINA** n. f. Variedad de mandarina.

**CLEMENTINO, A** adj. Relativo a alguno de los papas de nombre Clemente.

**CLEPSIDRA** n. f. (gr. *klepsydra*). Reloj de origen egipcio, que mide el tiempo mediante el paso regular de agua de un recipiente a otro.

**CLEPTOMANÍA** n. f. Trastorno patológico que impulsa a determinadas personas a robar.

**CLEPTÓMANO, A** adj. y n. Dícese de la persona que padece cleptomanía.

**CLERECÍA** n. f. Clero, conjunto de los clérigos. **2.** Estado de clérigo.

**CLERGYMAN** n. m. (voz inglesa, *clérigo*). Traje clerical que consiste en americana y pantalón oscuro y alzacuellos, usado en sustitución del traje talar.

**CLERICAL** adj. y n. m. y f. Relativo al clero o a los clérigos; partidario del clericalismo.

**CLERICALISMO** n. m. Conjunto de opiniones favorables a la intervención del clero en los asuntos públicos.

**CLERICATO** n. m. Estado clerical. SIN.: *clericatura.*

**CLÉRIGO** n. m. (lat. *clericum*). El que ha recibido las órdenes sagradas.

**CLERIZONTE** n. m. *Desp.* Clérigo.

**CLERO** n. m. Conjunto de los clérigos. **2.** Clase sacerdotal en la Iglesia católica. • **Clero castrense,** el que desempeña su ministerio en el ejército y la armada. ‖ **Clero regular,** el formado por los religiosos sacerdotes. ‖ **Clero secular,** el formado por los no religiosos.

**CLERUCO** n. m. ANT. GR. Colono griego que continuaba siendo ciudadano de su país de origen.

**CLERUQUÍA** n. f. ANT. GR. Colonia de clerucos.

**CLIC** n. m. (voz onomatopéyica). Sonido o ruido de duración muy breve. **2.** Cada una de las pulsaciones que se realizan en el mando o ratón de un ordenador. **3.** Fonema que se realiza mediante una doble oclusión producida por el dorso de la lengua y por los labios, que se parece a un ruido de succión.

**CLICA** n. f. Molusco lamelibranquio marino, con valvas iguales en forma de corazón.

**CLICHÉ** o **CLISÉ** n. m. Lugar común, concepto o expresión que, a fuerza de repetirse, se ha hecho trivial, estereotipado y poco significativo. **2.** Soporte material sobre el que ha sido grabado o impresionado un texto o una imagen con vistas a su reproducción: *cliché fotográfico; cliché tipográfico.*

**CLIENTE, A** n. Respecto a una persona, establecimiento comercial o entidad, otra que utiliza sus servicios.

**CLIENTELA** n. f. Conjunto de clientes de una persona, establecimiento comercial o entidad.

**CLIENTELISMO** n. m. Protección, amparo con que los poderosos patrocinan a los que se acogen a ellos.

**CLIMA** n. m. (lat. *clima*). Conjunto de los fenómenos meteorológicos que caracterizan el estado medio de la atmósfera y su evolución en un lugar determinado. **2.** Ambiente, conjunto de las condiciones que caracterizan una situación, o de las circunstancias que rodean a una persona: *respirarse un clima de inquietud.* **3.** Conjunto de las condiciones físicas que reinan en un local.

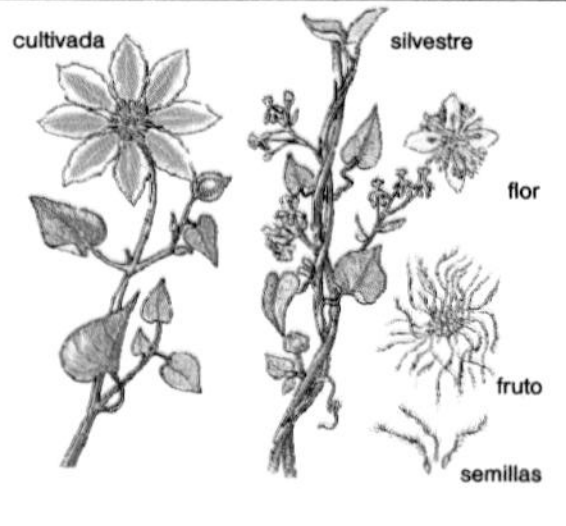


**clemátides**

■ Las grandes zonas climáticas corresponden a bandas de latitud simétricas respecto al ecuador. La banda intertropical es cálida: el clima ecuatorial es propio del ecuador; por disminución de las precipitaciones se pasa al clima tropical y al clima árido en los trópicos. La vertiente oriental de los continentes, principalmente de Asia, goza de un clima monzónico. En las zonas templadas dominan tres grandes tipos de clima: el clima oceánico, que afecta las vertientes occidentales de los continentes bajo la influencia de los vientos del O; el clima continental, en las zonas centrales y vertientes orientales de dichos continentes; y el clima mediterráneo, en las latitudes más bajas, que sufre influencias subtropicales. En las proximidades de los polos reina un clima polar.

**CLIMATÉRICO, A** adj. Dícese del tiempo peligroso por alguna circunstancia. **2.** Relativo al climaterio. • **Año climatérico,** año de vida cuya cifra es múltiplo de 7 o de 9 que los antiguos consideraban crítico.

**CLIMATERIO** n. m. Época de la vida, acabado ya el período de actividad sexual en el hombre y la mujer, en la que hay una progresiva declinación de todas las funciones.

**CLIMÁTICO, A** adj. Relativo al clima. • **Estación climática,** la reputada por la benignidad de su clima.

**CLIMATIZACIÓN** n. f. Conjunto de operaciones que permiten mantener la atmósfera de un lugar cerrado a una presión, un grado de humedad y una temperatura determinados.

**CLIMATIZAR** v. tr. [**1g**]. Acondicionar la temperatura de un espacio cerrado.

**CLIMATOLOGÍA** n. f. Ciencia que describe los climas, los explica y los clasifica por zonas.

**CLÍMAX** n. m. (pl. *clímax*). Momento culminante de un proceso o en el desarrollo de una acción, especialmente de una obra dramática. **2.** Etapa final hacia la cual tiende un ecosistema en su desarrollo. **3.** Gradación retórica ascendente.

**CLINCA** n. f. Producto de la calcinación de los componentes del cemento a la salida del horno, antes de la trituración.

**CLINCH** n. m. (voz inglesa). DEP. Posición en la que quedan los boxeadores cuando uno de ellos abraza al otro para impedirle la libertad de movimientos.

**CLÍNICA** n. f. Parte de la medicina que se relaciona más directamente con el cuidado inmediato del enfermo. **2.** Parte práctica de la enseñanza de la medicina. **3.** Establecimiento privado destinado al cuidado de cierto número de enfermos.

**CLÍNICO, A** adj. (lat. *clinicum*). Relativo a la clínica: *análisis clínico.* ◆ n. **2.** Médico.

**CLINÓMETRO** n. m. Instrumento que sirve para medir la inclinación de un plano sobre el horizonte.

**CLINORRÓMBICO, A** adj. Monoclínico.

**CLIP** n. m. (voz inglesa) [pl. *clips*]. Corchete, broche o pendiente con resorte. **2.** Horquilla para sujetar el cabello. **3.** Grapa de diferentes tamaños usada para sujetar papeles. **4.** Videoclip.

**CLÍPER** n. m. (ingl. *clipper*). Velero largo y estrecho, especialmente construido para alcanzar grandes velocidades.

**CLISADO** n. m. ART. GRÁF. Acción de clisar.

**CLISAR** v. tr. [**1**]. ART. GRÁF. Elaborar, con la ayuda de un metal fusible o de plástico fotopolimerizable, placas sólidas que reproducen en relieve la impresión de una composición tipográfica, destinadas a la tirada de múltiples ejemplares.

**CLISÉ** n. m. Cliché.

**CLISTER** o **CLISTERIO** n. m. (gr. *klystēr*). Enema.

**CLISTRO** n. m. FÍS. Tubo electrónico empleado para generar o amplificar microondas en comunicaciones y radares.

**CLITORIDECTOMÍA** n. f. Ablación quirúrgica del clítoris.

**CLÍTORIS** n. m. (gr. *kleitoris*). Pequeño órgano eréctil situado en la parte superior de la vulva.

**CLIVAJE** n. m. (fr. *clivage*). En la talla de diamantes, operación que consiste en separar de éstos las partes defectuosas, corregir su forma y dividirlos en función de su estructura cristalográfica.

**CLOACA** n. f. Conducto, generalmente subterráneo, por donde van las aguas sucias o inmundicias. **2.** Orificio común de las vías urinarias, intestinales y genitales de las aves y otros vertebrados.

**CLOASMA** n. m. (gr. *klōasma*). Conjunto de manchas amarillentas en la piel de la cara, de origen hormonal, comunes en las embarazadas.

**CLON** n. m. Conjunto de organismos que proceden de la reproducción vegetativa o asexual de un mismo individuo. ◆ n. m. y f. **2.** Persona que se considera idéntica a otra.

**CLONACIÓN** n. f. BIOL. Técnica utilizada en el cultivo de tejidos, gracias a la cual todas las células obtenidas proceden de una sola célula.

**CLONADO, A** adj. y n. m. *Amér.* INFORMÁT. Clónico.

**CLONAL** adj. Clónico.

**CLONAR** v. tr. [**1**]. BIOL. Proceder a la clonación.

**CLÓNICO, A** adj. Relativo al clon: *una oveja clónica.* ◆ adj. y n. **2.** Que es idéntico a otra persona, físicamente o en algún otro aspecto: *se comporta como un clónico del antiguo dictador.* ◆ adj. y n. m. **3.** INFORMÁT. Se aplica al equipo informático personal que es una reproducción de un modelo con patente.

**CLONUS** n. m. (voz latina). Serie de contracciones sucesivas e involuntarias de los músculos flexores y extensores, que provocan una trepidación de la parte del miembro interesado.

**CLOQUEAR** v. intr. [**1**]. Cacarear la gallina clueca.

**CLOQUEO** n. m. Acción y efecto de cloquear.

**CLORACIÓN** n. f. Tratamiento del agua con cloro con vistas a su esterilización.

**CLORADO, A** adj. Que contiene cloro. ◆ n. m. **2.** Operación que consiste en someter una materia textil a la acción del cloro.

**CLORAL** n. m. Tricloroaldehído de fórmula $CCl_3$—CHO, obtenido por acción del cloro sobre el alcohol etílico. • **Hidrato de cloral,** combinación del cloral con el agua. (Se usa como calmante.)

**CLORAMFENICOL** n. m. Antibiótico que actúa contra el bacilo de las fiebres tifoidea y paratifoidea y contra numerosas bacterias.

**CLORATO** n. m. Sal del ácido clórico.

**CLORHIDRATO** n. m. Sal que deriva del ácido clorhídrico y de una base nitrogenada.

**CLORHÍDRICO, A** adj. Relativo a las combinaciones del cloro y del hidrógeno. • **Ácido clorhídrico,** solución acuosa del cloruro de hidrógeno HCl, gas incoloro de olor fuerte y sofocante.

**CLÓRICO, A** adj. Dícese del ácido de fórmula $HClO_3$.

**CLORITO** n. m. Sal del ácido cloroso.

**CLORO** n. m. (gr. *kloros,* verde amarillento). Cuerpo simple no metálico de símbolo Cl, de número atómico 17 y de masa atómica 35,453, gaseoso a la temperatura ordinaria, de color verdoso, olor sofocante y tóxico.

■ El cloro es un gas de densidad 2,5 que se licúa a −35 °C, y está dotado de una gran actividad química. Bastante soluble en el agua, se combina con la mayoría de los no metales y ataca numerosos metales. En presencia de luz, reacciona explosivamente con el hidrógeno dando ácido clorhídrico (HCl). En la naturaleza se encuentra en forma de cloruros, de los cuales el más importante es el cloruro sódico, NaCl (sal marina y sal gema). La lejía es una disolución de cloruro e hipoclorito sódico. El cloro se emplea como desinfectante y decolorante (papel, algodón, lino).

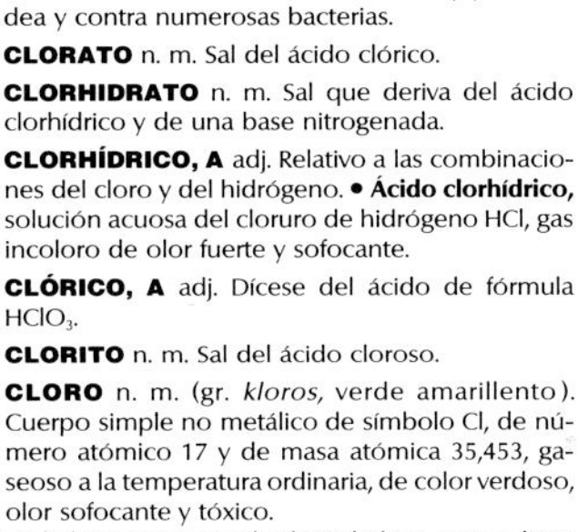

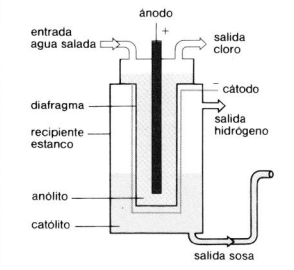


esquema de un electrolizador de diafragma para la obtención del **cloro**

**CLOROFÍCEO, A** adj. y n. f. Relativo a una clase de algas marinas y de agua dulce, llamadas también algas verdes, que poseen clorofila como único pigmento.

**CLOROFILA** n. f. Pigmento verde de los vegetales, fijado a los cloroplastos, que se forma únicamente en presencia de luz.

**CLOROFÍLICO, A** adj. Relativo a la clorofila. • **Función clorofílica,** fotosíntesis.

**CLOROFLUOROCARBONO** n. m. Nombre genérico de un grupo de compuestos que contienen cloro, flúor y carbono, utilizados como agentes frigoríficos y como gases propulsores en los aerosoles. Se conoce también con las siglas CFC. Sus múltiples aplicaciones, su volatilidad y su estabilidad química son causa de que se acumule en la alta atmósfera, donde su presencia, según algunos científicos, es causante de la destrucción de la capa protectora de ozono.

**CLOROFORMIZAR** v. tr. [**1g**]. Someter a la acción anestésica del cloroformo.

**CLOROFORMO** n. m. Líquido incoloro de fórmula $CHCl_3$, de olor etéreo, que resulta de la acción del cloro sobre el alcohol, y que se utilizaba como anestésico.

**CLOROMETRÍA** n. f. Dosificación del cloro contenido en un cloruro decolorante.

**CLOROPICRINA** n. f. Derivado nitrado del cloroformo, empleado como gas de combate y para destruir los roedores.

**CLOROPLASTO** n. m. Corpúsculo de las células vegetales coloreado por la clorofila, que asegura la fotosíntesis.

**CLOROSIS** n. f. Anemia debida a una proporción insuficiente de hemoglobina en los glóbulos rojos. **2.** Desaparición parcial de la clorofila en las hojas de un vegetal, por lo que se vuelven amarillentas.

**CLOROSO, A** adj. Dícese del ácido no aislado, de fórmula $HClO_2$.

**CLORÓTICO, A** adj. y n. Afecto de clorosis.

**CLORPROMACINA** n. f. Neuroléptico intenso, del grupo de las fenotiacinas, el primero que se logró sintetizar.

**CLORURACIÓN** n. f. Acción de clorurar.

**CLORURADO, A** adj. Que contiene un cloruro.

**CLORURAR** v. tr. [**1**]. Transformar un cuerpo en cloruro.

**CLORURO** n. m. Combinación del cloro con un cuerpo simple o compuesto que no sea el oxígeno. • **Cloruro de cal,** mezcla de cloruros e hipocloritos, empleada como decolorante.

**CLÓSET** n. m. *Amér.* Armario empotrado.

**CLOWN** n. m. (pl. *clowns*). Cómico circense, músico y malabarista, que forma pareja con el augusto.

**CLUB** n. m. (voz inglesa) [pl. *clubs* o *clubes*]. Asociación deportiva, cultural o política. **2.** Círculo en el que la gente se reúne para conversar, leer o jugar. • **Club nocturno,** cabaret.

**CLUB** n. m. (voz inglesa, *mazo*) [pl. *clubs* o *clubes*]. Palo de golf.

**CLUBISTA** n. m. y f. Miembro de un club.

**CLUECO, A** adj. y n. f. Dícese de las aves cuando se echan sobre los huevos para empollarlos o cuando cuidan a los polluelos.

**CLUNIACENSE** adj. y n. m. Relativo a la orden o al monasterio de Cluny; miembro de dicha orden.

**CLUPEIDO, A** adj. y n. m. Relativo a una familia de teleósteos marinos o de agua dulce. (Pertenece a dicha familia la sardina y el arenque.)

**CLUSE** n. f. (voz francesa). GEOGR. Garganta transversal en un pliegue anticlinal.

**cm,** símbolo del *centímetro.*

**Cm,** símbolo químico del *curio.*

**$cm^2$,** símbolo del *centímetro cuadrado.*

**$cm^3$,** símbolo del *centímetro cúbico.*

**CNIDARIO, A** adj. y n. m. Relativo a un subtipo de celentéreos provistos de células urticantes llamadas nematocistos.

**Co,** símbolo químico del *cobalto.*

**Co.,** abrev. de la palabra inglesa *company,* compañía.

**COA** n. f. Palo aguzado y endurecido al fuego con que los indios americanos labraban la tierra. **2.** *Chile.* Jerga de los delincuentes. **3.** *Méx., Pan.* y *Venez.* Pala usada para labranza. **4.** *Venez.* Siembra.

**COACH** n. m. (voz inglesa). Tipo de carrocería de automóvil cerrada, con dos puertas y cuatro ventanillas, con el respaldo del asiento delantero abatible para permitir el acceso a las plazas posteriores.

**COACCIÓN** n. f. (lat. *coactionem*). Fuerza o violencia que se hace a una persona para obligarla a que diga o ejecute alguna cosa. **2.** DER. Delito que consiste en impedir a otro con violencia sin estar legítimamente autorizado, que haga lo que la ley no prohíbe o le obligue a efectuar un determinado acto, sea justo o injusto.

**COACCIONAR** v. tr. [**1**]. Ejercer coacción.

**COACTIVO, A** adj. (lat. *coactivum*). Que implica coacción.

**COADJUTOR, RA** adj. y n. (lat. *coadiutorem*). Dícese de la persona que ayuda y acompaña a otra en ciertas cosas. **2.** Dícese del religioso adjunto al superior. ◆ adj. y n. m. **3. Obispo coadjutor,** obispo adjunto a otro obispo para ayudarle, con derecho a futura sucesión o sin él.

**COADJUTORÍA** n. f. Empleo o cargo de coadjutor.

**COADMINISTRADOR, RA** adj. y n. Que administra conjuntamente con otro.

**COADQUISICIÓN** n. f. Adquisición en común entre dos o más personas.

**COADYUVANTE** adj. y n. m. Dícese del medicamento que contribuye a la eficacia de la medicación fundamental. ◆ n. m. y f. **2.** DER. En lo contencioso administrativo, parte que, juntamente con el fiscal, sostiene la resolución administrativa impugnada. **3.** El que interviene en una contienda judicial, apoyando la posición de una de las dos partes.

**COADYUVAR** v. tr. e intr. [**1**]. Contribuir o ayudar a la consecución de una cosa.

**COAGENTE** adj. y n. m. y f. Que coopera a algún fin.

**COAGULABILIDAD** n. f. Carácter de lo que es coagulable.

**COAGULABLE** adj. Capaz de coagularse.

**COAGULACIÓN** n. f. Fenómeno por el cual un líquido orgánico (sangre, linfa, leche) precipita en una masa sólida o coágulo.

**COAGULADOR, RA** adj. Que produce la coagulación.

**COAGULANTE** adj. y n. m. Que facilita o acelera la coagulación.

**COAGULAR** v. tr. y pron. (bajo lat. *coagulare*) [**1**]. Formar o formarse coágulo o cuajo. **2.** Actuar sobre una solución coloidal provocando el fenómeno de coagulación.

**COÁGULO** n. m. Masa de sustancia coagulada.

**COAHUILTECA,** pueblo amerindio act. extinguido, que vivía a orillas del río Grande (NE de México y S de Texas).

**COAIQUER** → ***pasto***.

**COALA** o **KOALA** n. m. (voz australiana). Mamífero marsupial trepador, de unos 80 cm de long., de orejas redondas, que vive en Australia.

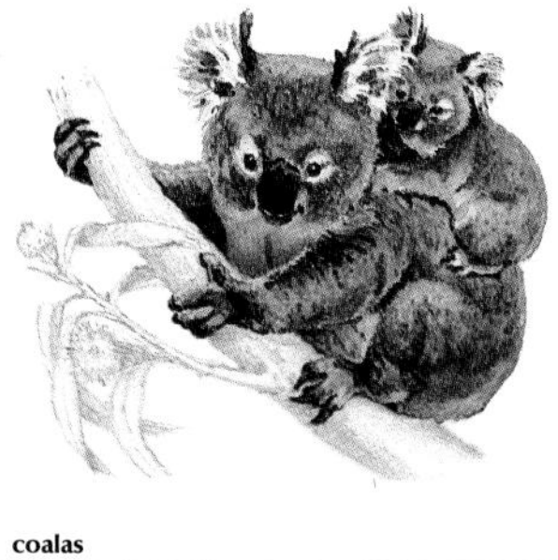

**coalas**

**COALESCENCIA** n. f. Estado de coalescente. **2.** Aglomeración de las gotitas de una emulsión para formar gránulos más voluminosos. **3.** Adherencia de dos partes de un tejido u órgano.

**COALESCENTE** adj. Que forma una sola pieza, aunque esté compuesto por piezas de orígenes distintos.

**COALICIÓN** n. f. (fr. *coalition*). Alianza entre países, partidos o personalidades del mundo político e industrial con un fin común y por un límite de tiempo determinado. **2.** HIST. Nombre que se dio a las ligas formadas por algunas naciones europeas contra Luis XIV de Francia y contra la Revolución y el Imperio franceses.

**COALICIONISTA** n. m. y f. Miembro de una coalición, o partidario de ella.

**COALIGAR** v. tr. pron. [**1b**]. Coligar.

**COÁLTAR** n. m. Brea de hulla que se emplea en medicina.

**COANA** n. f. (gr. *khoanos*, embudo). Cada uno de los orificios posteriores de las fosas nasales, abiertos a la rinofaringe.

**COARTACIÓN** n. f. Acción y efecto de coartar. **2.** MED. Reducción de la aorta.

**COARTADA** n. f. Circunstancia de haber estado ausente un presunto culpable del lugar en que se perpetró un delito, en el momento en que se estima que fue cometido, aducida como prueba de inocencia.

**COARTAR** v. tr. (lat. *coartare*) [**1**]. Estorbar, limitar o impedir algo con una fuerza no física: *coartar la libertad de alguien.*

**COASEGURO** n. m. Contrato en el que varios aseguradores asumen simultáneamente el riesgo, dentro de los límites del valor del bien asegurado.

**COATÍ** n. m. Mamífero carnívoro que habita desde el N de México hasta el N de Argentina, de cuerpo y hocico alargados, que caza lagartos e insectos.

**coatí**

**COATL** n. m. (voz náhuatl, serpiente). Quinto de los veinte signos del calendario azteca.

**COAUTOR, RA** n. Autor que trabaja con otro en una misma obra. **2.** DER. Persona que ha cometido una infracción en participación directa y principal con otras personas.

**COAXIAL** adj. Que tiene el mismo eje que otro cuerpo. • **Cable coaxial,** cable integrado por dos conductores concéntricos, separados por una sustancia dieléctrica. || **Hélices coaxiales,** conjunto formado por dos hélices de avión que giran en sentido inverso, de tal modo que el árbol de una de ellas gira en el interior del árbol hueco de la otra.

**COB** n. m. (voz inglesa). Caballo que no es de pura raza, que se puede utilizar indistintamente como animal de silla y de tiro ligero.

**COBA** n. f. *Fam.* Adulación: *dar coba.*

**COBÁLTICO, A** adj. Relativo al cobalto.

**COBALTINA** n. f. Arseniosulfuro natural de cobalto de fórmula $AsCoS$.

**COBALTO** n. m. (alem. *Kobalt*). Metal blanco rojizo de símbolo Co, de número atómico 27 y de masa atómica 58,93, duro y maleable, de densidad 8,8 y que funde hacia 1 490 °C. Se emplea en aleaciones con el cobre, el hierro y el acero, y en la preparación de ciertos colorantes, en general azules. • **Bomba de cobalto,** generador de rayos terapéuticos, emitidos por una carga de radiocobalto y utilizado en el tratamiento de los tumores cancerosos. || **Cobalto 60, cobalto radiactivo,** radiocobalto.

**COBALTOTERAPIA** n. f. Tratamiento mediante rayos gamma ($\gamma$) emitidos por el cobalto 60.

**COBARDE** adj. y n. m. y f. (fr. *couard*). Falto de valor, sin ánimo ni espíritu.

**COBARDEAR** v. intr. [**1**]. Tener o mostrar cobardía.

**COBARDÍA** n. f. Cualidad de cobarde.

**COBAYA** n. m. o f. Pequeño mamífero del orden de los roedores, originario de América del Sur. (Se

**cobaya**

utilizan como animales de experimentación.) SIN.: *cobayo, conejo de Indias.*

**COBEA** n. f. Planta trepadora originaria de México, cultivada por sus grandes flores azules en campanilla. (Familia polemoniáceas.)

**COBERTERA** n. f. Pieza que sirve para tapar vasijas. ◆ n. f. y adj. **2.** Cada una de las plumas del ave que están situadas en la inserción de las remeras y timoneras.

**COBERTIZO** n. m. Tejado saledizo para guarecerse de la lluvia. **2.** Sitio cubierto rústicamente para resguardar a hombres, animales o efectos.

**COBERTOR** n. m. Colcha. **2.** Manta de abrigo para la cama.

**COBERTURA** n. f. Lo que sirve para tapar o resguardar algo. **2.** Acción de cubrir. **3.** Alcance de algunos servicios, como los de telecomunicaciones: *esa compañía no tiene cobertura a nivel nacional.* **4.** FIN. Valores que sirven como garantía de una operación financiera o comercial. **5.** GEOL. Conjunto de sedimentos que cubren un zócalo. **6.** MIL. Dispositivo de protección de una zona o de una operación.

**COBIJA** n. f. Teja semicilíndrica que, puesta con la parte cóncava hacia abajo, abraza dos canales de un tejado. **2.** *Méx.* y *Venez.* Manta. ◆ **cobijas** n. f. pl. **3.** *Amér.* Ropa de cama, especialmente la de abrigo.

**COBIJAR** v. tr. y pron. [**1**]. Cubrir o tapar. **2.** Albergar, dar hospedaje. **3.** *Fig.* Amparar, proteger.

**COBIJO** n. m. Acción y efecto de cobijar: *dar cobijo.* **2.** Lugar que sirve para cobijarse.

**COBISTA** n. m. y f. *Fam.* Persona aduladora, lisonjera.

**COBLA** n. f. Copla, unidad métrica de la poesía trovadoresca que equivale a la estrofa. **2.** En Cataluña, conjunto instrumental, generalmente de once músicos, que se dedica a interpretar sardanas. (La integran el flabiol, el tamboril, 2 tenoras, 2 tiples, 2 cornetines, 2 fiscornos, 1 trombón y 1 contrabajo.)

**COBO** n. m. *C. Rica.* Manta peluda que se pone sobre la cama. **2.** *Cuba.* Caracol grande que en su interior tiene un color rosa y nacarado.

**COBOL** n. m. (abrev. de *common business oriented language*). Lenguaje de programación utilizado para resolver los problemas de gestión.

**COBRA** n. f. (bajo lat. *colobra*). Serpiente venenosa de las regiones cálidas de África y de Asia, cuya longitud rebasa los 4 m. (Familia elápidos.)

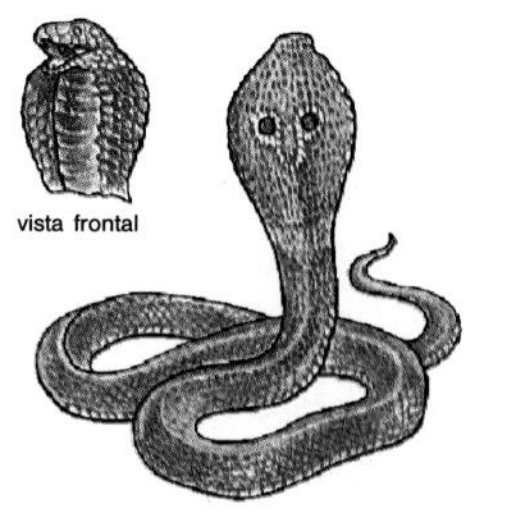


**cobra**

**COBRABLE** o **COBRADERO, A** adj. Que puede ser cobrado.

**COBRADOR, RA** n. Persona que tiene por oficio cobrar.

**COBRANZA** n. f. Acción u operación de cobrar, especialmente la contribución.

**COBRAR** v. tr. [**1**]. Recibir una cantidad como pago de algo: *cobrar un buen sueldo.* **2.** Aprehender, coger: *cobrar las piezas de caza.* **3.** Tomar o sentir algún afecto: *cobrar cariño a alguien.* **4.** Adquirir, conseguir: *cobrar fama.* ◆ v. tr. e intr. **5.** Recibir una paliza. ◆ **cobrarse** v. pron. **6.** Recobrarse, recuperarse, volver en sí: *cobrarse del susto.*

**COBRATORIO, A** adj. Relativo al cobro.

**COBRE** n. m. (lat. *cuprum*). Metal de símbolo Cu, de número atómico 29 y de masa atómica 63,54, de color pardo rojizo. **2.** Objeto de este metal. **3.** ART. GRÁF. Plancha grabada sobre cobre. • **Batir el cobre** *(Fam.)*, tratar un asunto con mucha viveza y empeño. ‖ **Cobre amarillo,** latón. ‖ **Cobre blanco,** aleación de cobre, cinc y arsénico. ‖ **Cobre rojo,** cobre puro. ◆ **cobres** n. m. pl. **4.** MÚS. Término genérico que designa los instrumentos metálicos de viento de una orquesta.

■ El cobre tiene una densidad de 8,9 y funde a 1 084 °C. Después de la plata es el elemento mejor conductor del calor y la electricidad. Es maleable y dúctil y, en contacto con el aire, se cubre por una capa de carbonato básico, tóxica. Se extrae sobre todo de la calcopirita ($CuFeS_2$). Actúa como monovalente en los compuestos *cuprosos* como el óxido $Cu_2O$, rojo, y como divalente en los compuestos *cúpricos*, como el óxido CuO, negro. Las numerosas aleaciones de cobre se utilizan en la mayoría de las industrias por la gran variedad de sus propiedades: las *ligeras*, se usan en las industrias eléctrica, automovilística y de electrodomésticos; los *latones* (cobre y zinc) por su facilidad de trabajado, en perfilados y laminados; los *bronces* (cobre y estaño) por sus características mecánicas y de rozamiento, en fundiciones y moldeado de piezas mecánicas.

**COBREADO** n. m. Operación que consiste en revestir una superficie con una capa de cobre: *cobreado electrolítico.*

**COBREAR** v. tr. **[1]**. Recubrir con una capa de cobre.

**COBREÑO, A** adj. De cobre.

**COBRIZO, A** adj. Que contiene cobre. **2.** Parecido al cobre en el color: *tez cobriza.*

**COBRO** n. m. Acción y efecto de cobrar.

**COCA** n. f. (voz quechua). Planta arbustiva cuyas hojas tienen una acción estimulante y proporcionan la cocaína. **2.** Sustancia extraída de las hojas de esta planta.

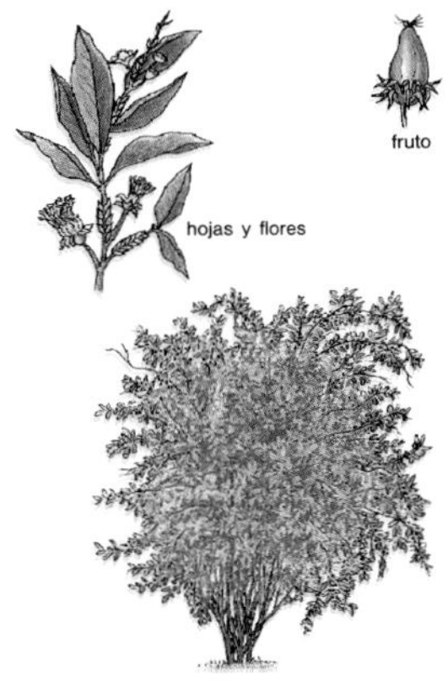

coca

**COCA** n. f. Moño redondo con que se recogen el cabello las mujeres. **2.** *Fam.* Cabeza. **3.** *Fam.* Golpe que se da con los nudillos en la cabeza de uno.

**COCA** n. f. Torta común, dulce.

**COCA-COLA** n. f. (marca registrada). Bebida compuesta de extractos de hojas de coca sin cocaína y de nuez de cola.

**COCACHO** n. m. *Amér. Merid.* Coscorrón, golpe dado en la cabeza. **2.** *Perú.* Variedad de fríjol que se endurece al cocer.

**COCADA** n. f. *Bol., Colomb.* y *Perú.* Especie de turrón. **2.** *Perú.* Provisión de hojas de coca.

**COCAÍNA** n. f. Alcaloide extraído de las hojas de coca, anestésico local y excitante del sistema nervioso central, cuyo uso prolongado da lugar a una toxicomanía grave.

**COCAINISMO** n. m. Estado de intoxicación por la cocaína. SIN.: *cocainomanía.*

**COCAINÓMANO, A** adj. y n. Dícese de la persona que es adicta a la cocaína.

**COCÁN** n. m. *Perú.* Pechuga de ave.

**COCAVÍ** n. m. *Argent., Bol.* y *Perú.* Provisión de víveres para un viaje.

**COCCIDIO, A** adj. y n. m. Relativo a un orden de esporozoos, parásitos de las células epiteliales de los vertebrados y de los invertebrados.

**COCCIDIOSIS** n. f. Enfermedad grave y muy común en el ganado y en las aves de corral, cuyo agente es un coccidio.

**COCCÍGEO, A** adj. Relativo al cóccix.

**COCCIÓN** n. f. Acción y efecto de cocer o cocerse: *la cocción del pan.* SIN.: *cocedura, cocimiento, cochura.*

**CÓCCIX** n. m. Coxis.

**COCEADOR, RA** adj. y n. Dícese del animal, especialmente del caballo, que tiene el hábito de cocear.

**COCEADURA** n. f. Acción y efecto de cocear. SIN.: *coceamiento.*

**COCEAR** v. intr. **[1]**. Dar o tirar coces. **2.** *Fig.* y *fam.* Resistir, no querer convenir en una cosa.

**COCEDERO, A** o **COCEDIZO, A** adj. Fácil de cocer.

**COCEDURA** n. f. Cocción.

**COCER** v. tr. (lat. *coquere*) **[2f]**. Preparar los alimentos sometiéndolos a la acción del fuego. **2.** Someter ciertas cosas a la acción del calor para que adquieran propiedades determinadas: *cocer el pan.* **3.** *Fig.* Meditar, pensar, tramar: *cocer un plan.* ◆ v. intr. **4.** Hervir un líquido: *el agua cuece.* **5.** Fermentar o hervir sin fuego: *el vino cuece.*

**COCHA** n. f. *Chile, Colomb.* y *Ecuad.* Charco, laguna.

**COCHADA** n. f. *Colomb.* Cocción.

**COCHAMBRE** n. m. o f. *Fam.* Suciedad, basura.

**COCHAMBRERÍA** n. f. *Fam.* Conjunto de cosas cochambrosas.

**COCHAMBROSO, A** adj. y n. *Fam.* Lleno de cochambre.

**COCHAYUYO** n. m. *Amér. Merid.* Alga marina comestible con tallo en forma de cinta.

**COCHE** n. m. Vehículo que sirve para el transporte de personas y cosas: *coche de metro.* **2.** Automóvil. **3.** *Méx.* Cerdo, puerco. **5.** F.C. Vehículo destinado al transporte de viajeros. • **Coche cama,** coche de ferrocarril preparado para permitir a los viajeros dormir en una litera. ‖ **Coche correo,** vagón reservado al servicio de correos. ‖ **Coche fúnebre,** el construido para la conducción de cadáveres al cementerio. ‖ **Coche restaurante,** coche de ferrocarril preparado para el servicio de comidas. ‖ **En el coche de san Fernando** *(Fam.)*, andando. *(V. ilustración pág. 257.)*

**COCHERA** n. f. Lugar donde se encierran los coches.

**COCHERO** n. m. El que tiene por oficio guiar las caballerías que tiran del coche.

**COCHIFRITO** n. m. Guisado de cabrito o cordero medio cocido y después frito y condimentado.

**COCHINADA** o **COCHINERÍA** n. f. *Fam.* Porquería, suciedad. **2.** *Fig.* y *fam.* Acción indecorosa, ruin, grosera.

**COCHINILLA** n. f. Insecto de pequeño tamaño que produce graves plagas en los cultivos, sobre todo en los frutales. **2.** Crustáceo terrestre que vive debajo de las piedras o en lugares oscuros y húmedos. SIN.: *cochinilla de humedad.* • **Cochinilla de san Antón,** mariquita.

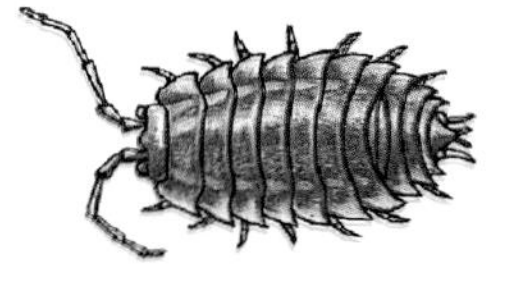
cochinilla

**COCHINILLO** n. m. Cochino o cerdo de leche.

**COCHINO, A** n. Cerdo. **2.** Cerdo cebado que se destina a la matanza. ◆ n. y adj. **3.** *Fig.* y *fam.* Persona sucia y desaseada, o indecorosa.

**COCHIZO** n. m. Parte más rica de una mina.

**COCHO, A** adj. Que está cocido. **2.** *Colomb.* Crudo. ◆ n. m. **3.** *Chile.* Mazamorra de harina tostada.

**COCHURA** n. f. Cocción.

**COCIDO** n. m. Plato consistente en carne, garbanzos, tocino y, a veces, jamón, chorizo, patatas, puerros, apios, zanahorias, etc.

**COCIENTE** n. m. (lat. *quotiens,* cuantas veces). MAT. Resultado de la división. • **Cociente electoral,** resultado de la división del número de sufragios emitidos por el número de puestos a proveer entre las diversas listas, cuando el sistema electoral se basa en la representación proporcional. ‖ **Cociente intelectual,** o **CI** (SICOL.), para los niños, relación de la edad mental, determinada por tests de nivel intelectual del tipo Binet y Simon, con la edad real; para los adultos, índice de la superioridad o de la inferioridad de su capacidad intelectual, apreciada por tests del tipo Weschler-Bellevue, con relación a la de individuos de su mismo grupo de edad. El cociente intelectual medio es igual a 100. ‖ **Cociente respiratorio** (FISIOL.), relación entre el volumen de gas carbónico espirado y el volumen del oxígeno absorbido durante el mismo tiempo por un animal o un vegetal.

**COCIMIENTO** n. m. Cocción. **2.** Entre tintoreros, baño dispuesto con diversos ingredientes, que sirve sólo para preparar y abrir los poros de la lana, a fin de que reciba mejor el tinte.

**COCINA** n. f. (lat. *coquinam*). Pieza de la casa en que se guisa la comida. **2.** Dispositivo o aparato en el que se hace fuego o produce calor para guisar los alimentos: *cocina eléctrica.* **3.** Arte de preparar la comida: *cocina española.* • **Libro de cocina,** libro de recetas para preparar comidas.

**COCINAR** v. tr. e intr. (lat. *coquinare*) **[1]**. Guisar. ◆ v. intr. **2.** *Fam.* Entremeterse en asuntos ajenos.

**COCINERÍA** n. f. *Chile* y *Perú.* Tienda de comidas preparadas, figón.

**COCINERO, A** n. Persona que cocina, especialmente la que lo hace por oficio.

**COCINILLA** n. f. Aparato, a modo de hornillo portátil, en que se utilizan combustibles líquidos o gaseosos.

**COCKER** adj. y n. m. (voz inglesa). Dícese de una raza de perros de caza de pelo largo, con orejas muy largas y colgantes.

cocker

**COCKNEY** n. m. y f. (voz inglesa). Londinense caracterizado por su acento popular. ◆ n. m. **2.** Argot londinense.

**COCKTAIL** n. m. (voz inglesa). Cóctel.

**CÓCLEA** n. f. (lat. *cocleam*). Parte u órgano de un animal o una planta en forma de espiral. **2.** MEC. Tornillo de Arquímedes.

**COCLEARIA** n. f. Planta crucífera de las zonas costeras o de los lugares húmedos, que se usaba como antiescorbútico.

**COCO** n. m. Fruto del cocotero. **2.** Segunda cáscara de este fruto. **3.** Cocotero. **4.** *Fig.* y *fam.* Cabeza. • **Leche de coco,** albumen líquido y blanco contenido en la nuez de coco.

**COCO** n. m. Ser fantástico con el que se asusta a los niños. **2.** *Fam.* Persona muy fea: *ser un coco.*

**COCO** n. m. Danza típica del noreste y norte de Brasil.

**COCO** n. m. Bacteria de forma redondeada.

**COCOCHA** n. f. Protuberancia carnosa en la parte baja de la cabeza de la merluza y el bacalao.

**COCODRILO** n. m. (lat. *crocodilum*). Reptil de gran tamaño, del orden crocodilianos, que vive en los cauces de agua de las regiones cálidas del Antiguo continente y de América.

**COCOL** n. m. *Méx.* Figura con forma de rombo. **2.** *Méx.* Pan que tiene esta forma. **3.** *Méx.* Cocoliste.

**COCOLÍA** n. f. *P. Rico.* Cangrejo de mar.

**COCOLICHE** n. m. *Argent.* y *Urug.* Jerga que remeda la mezcla de italiano y español del período inmigratorio, difundida y recreada por el sainete. **2.** *Argent.* y *Urug. Desp.* Cualquier habla poco inteligible.

**COCOLISTE** n. m. *Méx.* Cualquier enfermedad epidérmica. **2.** *Méx.* Tifus.

**COCOLITOS** n. m. pl. Escamas fósiles de un protisto marino del período cretácico cuya acumulación constituye depósitos sedimentarios marinos.

**CÓCORA** n. m. y f. y adj. *Fam.* Persona molesta e impertinente.

**COCOROCO, A** adj. *Chile.* Altanero, ufano.

**COCOTAL** n. m. Terreno poblado de cocoteros.

**COCOTERO** n. m. (fr. *cocotier*). Palmera de las regiones tropicales, que alcanza 25 m de alt., y cuyo fruto es el coco.

cocotero — fruto entero y sección

**COCOTTE** n. f. (voz francesa). Prostituta de lujo.

**CÓCTEL** o **COCTEL** n. m. (ingl. *cocktail*). Mezcla de bebidas alcohólicas u otros líquidos y hielo. SIN.: *combinado.* **2.** Reunión en la que se suele beber cócteles. **3.** Mezcla de cosas homogéneas o heterogéneas. • **Cóctel Molótov,** botella explosiva a base de gasolina.

**COCTELERA** n. f. Recipiente de metal en el que se mezclan los componentes de un cóctel.

**COCUISA** n. f. *Colomb., P. Rico* y *Venez.* Especie de pita. **2.** *Colomb., P. Rico* y *Venez.* Hilo obtenido de esta planta.

**COCUMA** n. f. *Perú.* Mazorca asada de maíz.

**COCUYO** n. m. Árbol de las Antillas de unos 10 m de alt., de hojas lanceoladas, fruto del tamaño de una aceituna y madera muy dura empleada en construcción. (Familia sapotáceas.) **2.** Coleóptero de América tropical, de unos 3 cm de long., con dos manchas amarillentas a los lados del tórax, por las que despide de noche una luz azulada. (Familia elatéridos.)

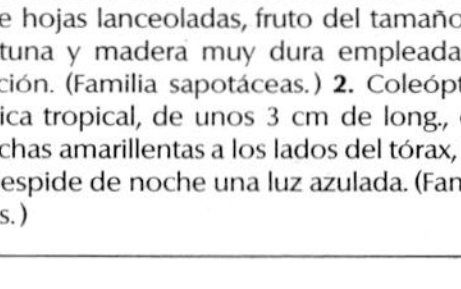
cocuyo

**CODA** n. f. (voz italiana). Período musical con el que finaliza un fragmento o un episodio de dicho fragmento. **2.** COREOGR. Tercera y última parte de un paso a dos. **3.** COREOGR. Final de un ballet clásico. **4.** FONÉT. Margen final de una sílaba.

página de un **códice** precolombino; cultura mixteca (museo nacional de historia, México)

**CODAL** adj. (lat. *cubitalem*). Que consta de un codo. **2.** Que tiene medida o figura de codo. ◆ n. m. **3.** Pieza de la armadura que protegía el codo. **4.** Madero atravesado horizontalmente entre las jambas de un vano o entre los hastiales de una excavación. **5.** Cada uno de los listones en que se asegura la hoja de la sierra. **6.** Cada una de las dos reglas que se colocan transversalmente en las cabezas de un madero para desalabear sus caras. **7.** CONSTR. Aguja que mantiene las paredes de un tapial.

**CODASTE** n. m. MAR. Madero vertical o perfil metálico que limita la parte posterior del buque.

**CODAZO** n. m. Golpe dado con el codo.

**CODEADOR, RA** adj. y n. *Amér. Merid.* Pedigüeño.

**CODEAR** v. intr. [**1**]. Mover los codos o dar golpes con ellos: *codear para abrirse camino.* ◆ v. tr. **2.** *Amér. Merid.* Pedir reiteradamente o con insistencia, sonsacar. ◆ **codearse** v. pron. **3.** *Fig.* Tratarse de igual a igual una persona con otra: *codearse con la aristocracia.*

**CODEÍNA** n. f. (gr. *kōdeia,* adormidera). Alcaloide extraído del opio. (Se emplea como sedante de la tos.)

**CODERA** n. f. Pieza de adorno o remiendo que se pone en los codos de las chaquetas.

**CODESO** n. m. Planta arbustiva, de hasta 7 m de alt., de flores amarillas en racimos, a menudo cultivada como planta ornamental. (Familia papilionáceas.)

**CODEX** n. m. (voz latina). Códice. **2.** Nombre con que se designa a la farmacopea oficial de cada país.

**CÓDICE** n. m. (lat. *codicem*). Denominación genérica de los manuscritos que se presentan en forma de libro encuadernado.

■ Los *códices precolombinos* son unos manuscritos prehispánicos, escritos sobre papel de amate, o piel de venado raspada, en tiras de 10 o más metros de largo, dobladas en forma de acordeón. Se dividen en tres grupos, según su contenido y estilo: *a)* los códices aztecas que contienen el calendario augúrico, entre los que destaca, por su belleza, el *códice borbónico; b)* el grupo encabezado por el *códice Borgia,* proveniente de Tlaxcala o Cholula, que presenta la sabiduría de los sacerdotes con mayor riqueza que los aztecas; y *c)* los códices mixtecas, como el *códice Nuttal,* el *de Viena* y el *Bodley,* que presentan cronologías de dinastías reinantes. Se conservan cuatro códices mayas precolombinos: el *de Dresde,* el *Grolier,* el *Peresiano* y el *Tro-cortesiano.*

**CODICIA** n. f. Deseo exagerado de riquezas u otras cosas.

**CODICIABLE** adj. Apetecible.

**CODICIAR** v. tr. [**1**]. Desear con ansia riquezas u otras cosas.

**CODICILAR** adj. Relativo al codicilo.

**CODICILIARIO, A** adj. Contenido en un codicilo.

**CODICILO** n. m. (lat. *codicillum*). Acto posterior a un testamento y que lo modifica; documento que lo contiene.

**CODICIOSO, A** adj. y n. Que tiene codicia. ◆ adj. **2.** TAUROM. Dícese del toro que embiste con vehemencia.

**CODIFICACIÓN** n. f. Acción de codificar. **2.** Reunión en un solo cuerpo legal, por lo general llamado código, de la totalidad de las normas relativas a una rama del derecho. **3.** Transformación de un mensaje expresado en lenguaje claro, según las equivalencias convenidas en un código. **4.** INFORMÁT. Operación consistente en representar una información mediante un código, por ejemplo, representar cada carácter alfanumérico mediante un conjunto de bits de valor 0 a 1.

**CODIFICADOR, RA** adj. Que codifica. ◆ n. m. **2.** Dispositivo que efectúa automáticamente la codificación de los elementos de un mensaje literal en código.

**CODIFICAR** v. tr. (fr. *codifier*) [**1a**]. Hacer un código. **2.** Formar un solo cuerpo legal siguiendo un plan metódico y sistemático. **3.** Proceder a la codificación de un mensaje.

**CÓDIGO** n. m. (lat. *codicem*). Conjunto de preceptos legislativos que reglamentan las diversas instituciones constitutivas de una rama del derecho: *código civil, penal.* **2.** Sistema de signos y reglas que permite formular y comprender un mensaje. **3.** Cifra o signo para comunicar y comprender signos secretos. **4.** Conjunto de reglas que permiten cambiar de sistema de símbolos sin modificar la información que expresa. **5.** INFORMÁT. Conjunto de reglas que proporcionan una correspondencia biunívoca que permite representar datos, programas u otras informaciones con vistas a facilitar su

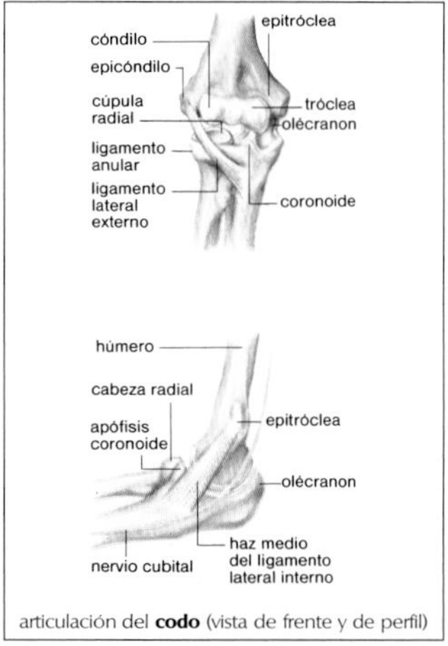

articulación del **codo** (vista de frente y de perfil)

Carroza de la época de Luis XIII (s. XVII), vehículo pesado cerrado de cuatro ruedas. Grabado. (Biblioteca nacional, París.)

Cab inglés de dos ruedas, cerrado por los tres lados (el pasajero entraba por delante) y conducido por un cochero situado en la parte trasera; s. XIX. Grabado. (Col. part.)

Coche de colleras (s. XIX) tirado por mulas, transitando por el camino de México a Jalapa con el pico de Orizaba al fondo. Grabado de Linati. (Museo de América, Madrid.)

Landó-calesa español con cuatro ruedas y capota plegable, provisto de dos asientos situados frente a frente, dispuestos paralelamente a los dos ejes. Detalle de *La reina María Cristina pasando revista a las tropas en 1837*, por Mariano Fortuny. (Casón del Buen Retiro, Madrid.)

Coches de plaza, punto o simón, matriculados y numerados para el servicio público y con punto fijo de parada en plaza o calle (1900). Detalle de *La puerta del Sol*, por Enrique Martínez Cubells. (Museo municipal, Madrid.)

Diligencia inglesa de servicio público *(stage-coach)* de cuatro plazas interiores y varias hileras de banquetas en el exterior. S. XIX. Grabado. (Col. part.)

ejemplos de **coches** hipomóviles

tratamiento automático o su transmisión. • **Código de barras,** código que utiliza trazos verticales con el fin de dar informaciones específicas acerca del documento, producto, etc., que permitan el tratamiento automático después de la lectura óptica. || **Código genético,** sucesión de bases nitrogenadas a lo largo de una hélice de A.D.N. de las células vivas, que determina rigurosamente la sucesión de los aminoácidos en las proteínas que han sido elaboradas por estas células. || **Código postal,** conjunto de cinco cifras que debe figurar en toda dirección postal, que representan la provincia, el encaminamiento y el distrito postal del usuario.

**CODILLERA** n. f. Tumor blando que produce el callo de la herradura en el codillo del caballo cuando éste está acostado.

**CODILLO** n. m. En los cuadrúpedos, coyuntura del brazo próxima al pecho, y parte comprendida entre esta unión y la rodilla. **2.** BOT. Parte de la rama que queda unida al tronco por el nudo, después de que aquélla haya sido cortada.

**CODO** n. m. (lat. *cubitum*). Articulación situada en la parte media de las extremidades superiores, que une el brazo con el antebrazo. **2.** Parte de la manga de una prenda de vestir que cubre el codo. **3.** Trozo de tubo metálico que permite variar la dirección de las cañerías o conducciones. **4.** Parte doblada de un tubo o cañería. **5.** Antigua medida de longitud equivalente a la distancia que separa el codo del extremo del dedo medio, alrededor de 50 cm. • **Alzar, empinar,** o **levantar el codo** *(Fam.),* beber mucho vino o licor. || **Codo a** o **con codo,** uno junto a otro, en colaboración. || **De codos,** apoyado en los codos. || **Hablar por los codos** *(Fam.),* hablar mucho. || **Hincar los codos,** estudiar con ahínco. ◆ adj. **6.** *Méx.* Tacaño, agarrado.

**CODON** n. m. Segmento muy corto de la hélice de A.D.N. de las células vivas, que determina la síntesis de un aminoácido definido.

**CODOÑATE** n. m. Dulce de membrillo.

**CODORNIZ** n. f. (lat. *coturnicem*). Ave próxima a la perdiz, migratoria, de plumaje pardo con manchas amarillas y rojizas y pequeñas rayas longitudinales blancas, que es objeto de intensa caza. (Familia fasiánidos.)

**COEDICIÓN** n. f. Edición de una obra realizada conjuntamente por dos o más editores.

**COEDUCACIÓN** n. f. Educación dada conjuntamente a alumnos de ambos sexos.

**COEFICIENTE** n. m. Número con que se representa de forma convencional el grado o intensidad de una determinada cualidad o fenómeno: *coeficiente de inteligencia; coeficiente de viscosidad; coeficiente de adherencia.* **2.** MAT. En un monomio, factor constante que multiplica la parte algebraica variable. • **Coeficiente angular de una recta,** número que representa su inclinación con respecto a la horizontal; es igual a la tangente trigonométrica del ángulo de inclinación.

**codorniz**

**COÉFORA** n. m. y f. En la Grecia antigua, persona que llevaba las ofrendas destinadas a los muertos.

**COENDÚ** n. m. Roedor con el cuerpo cubierto de espinas y una larga cola prensil, de coloración pardo oscura con motas blancas, vive en América del Sur. (Familia eretizóntidos.)

coendú

**COENZIMA** n. m. Parte no proteica de un enzima, necesaria para el desarrollo de la catálisis bioquímica.

**COERCER** v. tr. (lat. *coercere,* reprimir) **[2a]**. Contener, refrenar, sujetar. (Suele usarse como término jurídico, lo mismo que sus derivados.)

**COERCIBILIDAD** n. f. Calidad de coercible. **2.** DER. Posibilidad que tiene el estado de imponer coactivamente la observancia de una norma o, en su defecto, la sanción correspondiente.

**COERCIBLE** adj. Que puede ser coercido.

**COERCIÓN** n. f. Acción de coercer.

**COERCITIVO, A** adj. Que coerce. • **Campo coercitivo** (MAGNET.), valor mínimo del campo magnético en que debe ponerse una barra de acero previamente imantada para anular su imantación.

**COETÁNEO, A** adj. y n. (lat. *coaetaneum*). Que es de la misma edad o tiempo.

**COEXISTENCIA** n. f. Existencia simultánea. • **Coexistencia pacífica,** principio según el cual distintos estados que pertenecen a sistemas políticos distintos participan en una organización del mundo que acepta la existencia de cada uno de ellos.

**COEXISTIR** v. intr. **[3]**. Existir simultáneamente.

**COFA** n. f. (cat. *cofa*). MAR. Plataforma colocada en el cuello de los palos machos.

**COFIA** n. f. Tocado femenino de tela con que se mantiene recogido el cabello, típico de algunas profesiones como doncella, camarera y enfermera. **2.** Caperuza que recubre la cápsula de los musgos. **3.** Membrana fetal que cubre a veces la cabeza del feto en el momento del parto.

**COFÍN** n. m. (cat. *cofí*). Cesto o canasto, de esparto o mimbre, para llevar frutos y otras cosas: *un cofín de pasas.*

**COFINANCIACIÓN** n. f. Financiación realizada simultáneamente por dos o más instituciones financieras.

**COFRADE** n. m. y f. Miembro de una cofradía.

**COFRADÍA** n. f. Asociación de personas de un mismo oficio o que se sitúan bajo una misma advocación religiosa para fines mutualistas o espirituales: *cofradía de pescadores.*

**COFRE** n. m. (fr. *coffre*). Mueble parecido al arca, generalmente de tapa convexa. **2.** Caja con cerradura, para guardar objetos de valor. **3.** *Colomb.* Joyero, cajita para guardar joyas. **4.** *Méx.* Tapa que protege el motor de los automóviles. • **Pez cofre,** pez óseo de los mares cálidos, de caparazón rígido. (Orden tetraodontiformes.)

**COGEDERA** n. f. Tijeras montadas en el extremo de un palo, que lleva un cestillo y sirve para recoger fruta.

**COGEDERO, A** adj. Que puede cogerse. ◆ n. m. **2.** Mango o asidero.

**COGEDOR, RA** adj. y n. Que coge. ◆ n. m. **2.** Especie de pala para recoger la basura.

**COGER** v. tr. (lat. *colligere,* recoger) **[2b]**. Tomar con la mano: *coger piedras, flores.* **2.** Abarcar, ocupar cierto espacio: *la alfombra coge toda la habitación.* **3.** Apoderarse de una cosa, apresar: *coger a un ladrón.* **4.** Proveerse de algo, contratar, alquilar: *coger entradas para el cine; coger un piso.* **5.** Adquirir, contraer: *coger una borrachera; coger un resfriado.* **6.** Montar en un vehículo: *coger el autobús.* **7.** Sobrevenir, sorprender: *coger con las manos en la masa.* **8.** Alcanzar, llegar junto a una persona o cosa que va delante. **9.** Atropellar a alguien un vehículo: *al cruzar la calle le cogió un coche.* **10.** Captar, percibir, recibir: *coger radio París.* **11.** Conseguir cualquier cosa material o inmaterial que no se tenía: *coger hora para el médico.* **12.** Entender, comprender: *coger el sentido de un chiste.* **13.** *Amér. Vulg.* Realizar el acto sexual. **14.** TAUROM. Herir o enganchar el toro a una persona con los cuernos. ◆ v. tr. y pron. **15.** Asir, agarrar: *cogerse de unas ramas.* ◆ v. intr. **16.** Hallarse, encontrarse, estar situado: *la casa coge lejos del centro.* **17.** *Vulg.* Caber, poder contenerse una cosa dentro de otra: *no coger todos en un sitio.* **18.** Seguido de la conj. *y* y otro verbo, indica una resolución o determinación: *cogió y se metió en un bar.* • **Coger** a uno **de nuevas** una cosa, sorprenderse alguien por la novedad de algo que desconocía. ‖ **Coger desprevenido** a uno, sorprender a alguien con una acción, noticia, etc., para la que no estaba preparado.

**COGESTIÓN** n. f. Participación de los trabajadores en la gestión de la empresa, sin que ello suponga una alteración de las relaciones de producción.

**COGIDA** n. f. TAUROM. Acción de coger, herir o enganchar el toro.

**COGIDO** n. m. Pliegue que se hace en vestidos, cortinas, etc.

**COGITABUNDO, A** adj. Muy pensativo.

**COGITAR** v. tr. (lat. *cogitare*) **[1]**. Reflexionar o meditar.

**COGITATIVO, A** adj. Que tiene facultad de pensar.

**COGNACIÓN** n. f. Parentesco entre todos los familiares de la misma sangre. **2.** Cualquier parentesco.

**COGNADO, A** n. DER. ROM. Persona unida a otras por lazos de parentesco natural, y, especialmente, pariente por descendencia femenina.

**COGNICIÓN** n. f. Conocimiento, acción y efecto de conocer. **2.** DER. Conocimiento judicial de un asunto, para resolverlo. **3.** SICOL. Conjunto de estructuras y actividades sicológicas cuya función es el conocimiento, por oposición a los dominios de la afectividad.

**COGNITIVO, A** adj. Relativo a la cognición. • **Ciencias cognitivas,** conjunto de ciencias relativas a la cognición, como la sicología, la lingüística, la epistemología, etc.

**COGNOSCIBLE** adj. Conocible.

**COGNOSCITIVO, A** adj. Dícese de lo que es capaz de conocer: *potencia cognoscitiva.*

**COGOLLO** n. m. (lat. *cucullum,* capucho). Yema apical, considerablemente desarrollada en ciertas plantas, como la col, la lechuga, etc. **2.** Brote de cualquier vegetal. **3.** *Fig.* Lo mejor o más selecto de alguna cosa. **4.** Parte alta de la copa del pino, que se corta y desecha al aprovechar el árbol para madera.

**COGOLLUDO, A** adj. Dícese de la hortaliza que tiene mucho cogollo.

**COGORZA** n. f. *Vulg.* Borrachera.

**COGOTAZO** n. m. Golpe dado en el cogote con la mano abierta.

**COGOTE** n. m. Parte superior y posterior del cuello. • **Estar** uno **hasta el cogote,** estar cansado y harto de sufrir alguna exigencia.

**COGOTERA** n. f. Trozo de tela sujeto en la parte posterior de algunas prendas que cubren la cabeza, para resguardar la nuca del sol o de la lluvia. **2.** Sombrero que se pone a las bestias de tiro para protegerlas del sol.

**COGOTUDO, A** adj. Que tiene muy grueso el cogote. **2.** *Fig.* y *fam.* Muy orgulloso. ◆ adj. y n. **3.** *Amér.* Dícese de la persona adinerada y orgullosa.

**COGUJADA** n. f. Ave paseriforme, algo mayor que el gorrión, provista de un gran copete.

**COGULLA** n. f. Vestidura monacal con capucha y de mangas muy anchas o sin mangas, que se lleva sobre el hábito.

**COHABITACIÓN** n. f. Acción de cohabitar. **2.** Simultaneidad en el ejercicio del poder de un presidente de la república y un gobierno de tendencia opuesta.

**COHABITAR** v. intr. **[1]**. Habitar juntamente con otro u otros. **2.** Hacer vida marital el hombre y la mujer.

**COHECHAR** v. tr. **[1]**. Sobornar a un juez o funcionario público. **2.** Alzar el barbecho o dar a la tierra la última labor antes de sembrarla.

**COHECHO** n. m. Acción y efecto de cohechar o dejarse cohechar: *delito de cohecho.* **2.** Tiempo de cohechar la tierra.

**COHERENCIA** n. f. Conexión de unas cosas con otras: *coherencia de un discurso.* **2.** FÍS. Carácter de un conjunto de vibraciones que presentan una diferencia de fase constante. **3.** LING. Estado de un sistema lingüístico cuando sus componentes aparecen en conjuntos solidarios. **4.** LÓG. Propiedad de un sistema lógico en virtud de la cual en dicho sistema no pueden derivarse contradicciones.

**COHERENTE** adj. (lat. *cohaerentem*). Que tiene coherencia. **2.** GEOL. Dícese de una roca cuyos elementos están soldados entre sí.

**COHESIÓN** n. f. Acción y efecto de reunirse o adherirse las cosas entre sí o la materia de que están formadas.

**COHESIVO, A** adj. Que produce cohesión.

**COHESOR** n. m. Aparato creado por Branly para la recepción de señales electromagnéticas.

**COHETE** n. m. Artefacto propulsado por reacción merced a la combustión de una carga de pólvora u otro explosivo: *cohete de señales; cohete lanzacabos.* **2.** Motor cohete. **3.** Conjunto constituido por el motorcohete y el aparato que vehicula (proyectil, satélite, etc.). **4.** Artificio pirotécnico consistente en un cartucho lleno de pólvora u otro explosivo, generalmente sujeto al extremo de una varilla, que se eleva en el aire y explota produciendo efectos luminosos. • **Al cohete** (*Argent. Fam.*), inútilmente, en vano. ‖ **Cohete sonda,** cohete utilizado para la exploración de la alta atmósfera.

**COHIBICIÓN** n. f. Acción y efecto de cohibir.

**COHIBIR** v. tr. (lat. *cohibere*) **[3q]**. Refrenar, reprimir, contener. **2.** *Méx.* Obligar a alguien a que actúe de una manera determinada.

**COHOBO** n. m. Piel de ciervo. **2.** *Ecuad.* y *Perú.* Ciervo.

**COHOMBRILLO** n. m. Planta medicinal de tallos rastreros, hojas acorazonadas y flores amarillas, que crece en las regiones mediterráneas y es llamado también cohombrillo amargo. (Familia cucurbitáceas.) **2.** Fruto de esta planta.

**COHOMBRO** n. m. Hortaliza de la familia cucurbitáceas, cultivada por sus frutos alargados que se consumen como verdura o ensalada. **2.** Fruto de esta planta. SIN.: *pepino* • **Cohombro de mar,** equinodermo de cuerpo alargado, cilindroide, y con la boca rodeada de tentáculos. (Familia holotúridos.)

**COHONESTAR** v. tr. **[1]**. Dar visos de honesta a una acción indecorosa. **2.** Armonizar o hacer compatible una cualidad, actitud o acción con otra.

**COHORTE** n. f. (lat. *cohortem*). Unidad táctica de base de la legión romana, o cuerpo de tropas auxiliares. **2.** *Fam.* Grupo de gente cualquiera, especialmente de gente armada. **3.** Conjunto, serie: *cohorte de males.* **4.** ESTADÍST. Conjunto de individuos o de parejas que han vivido un mismo acontecimiento demográfico en el curso de un mismo período.

**COIHUÉ** n. m. *Argent.* y *Chile.* Planta arbórea de hojas caducas. (Familia fagáceas.) **2.** *Argent.* y *Chile.* Madera de esta planta, utilizada en carpintería y ebanistería.

**COIMA** n. f. (voz portuguesa). Gaje del garitero por prevenir lo necesario para las mesas de juego. **2.** Concubina. **3.** *Argent., Chile, Perú* y *Urug.* Acción y efecto de coimar, sobornar. **4.** *Argent., Chile, Perú* y *Urug.* Soborno, dádiva para inclinar la voluntad de alguien.

**COIMEAR** v. tr. **[1]**. *Argent., Chile, Perú* y *Urug.* Dar o recibir sobornos.

**COIMERO, A** n. *Argent., Chile, Perú* y *Urug.* Persona que suele recibir o aceptar coimas, soborno.

**COINCIDENCIA** n. f. Acción y efecto de coincidir. **2.** MAT. Estado de dos figuras geométricas que se superponen.

**COINCIDIR** v. intr. **[3]**. Convenir una persona o cosa con otra, ser conforme con ella. **2.** Ajustarse materialmente una cosa con otra. **3.** Ocurrir dos o más cosas al mismo tiempo: *coincidir dos actos culturales.* **4.** Convenir en el modo, ocasión u otras circunstancias. **5.** Concurrir dos o más personas en un mismo lugar.

**COINÉ** n. f. Koiné.

**COIPA** n. f. Tierra rica en sales potásicas, abundante en los Andes.

**COIPO** n. m. *Argent.* y *Chile.* Mamífero roedor, que tiene un pelaje similar al de la nutria, de gran calidad.

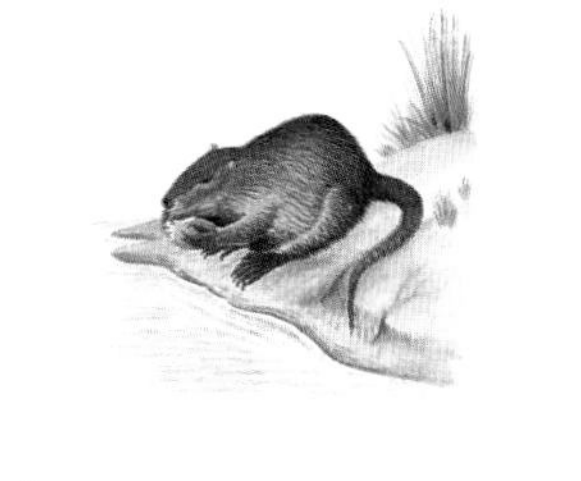

**coipo**

**COIRÓN** n. m. *Bol.* y *Chile.* Planta gramínea de hojas duras y punzantes, que se utiliza principalmente para techar casas.

**COITO** n. m. (lat. *coitum*). Cópula de un macho con una hembra, en la especie humana y en los animales superiores.

**COITUS INTERRUPTUS** n. m. (voces latinas). Coito interrumpido antes de la eyaculación.

**COJEAR** v. intr. [**1**]. Andar inclinando el cuerpo más a un lado que a otro por no poder sentar con regularidad ambos pies. **2.** Moverse un mueble por falta de estabilidad o por tener mal asiento. **3.** *Fig.* y *fam.* Adolecer de algún vicio o defecto.

**COJERA** n. f. Defecto o lesión que impide andar con normalidad.

**COJIJOSO, A** adj. Quejón o susceptible.

**COJÍN** n. m. Almohadón.

**COJINETE** n. m. Almohadilla para coser. **2.** MEC. Elemento que sirve para soportar y guiar un eje o árbol de maquinaria.

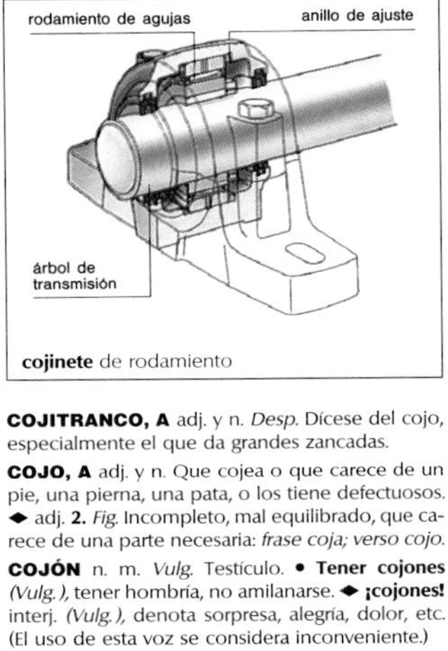


**cojinete** de rodamiento

**COJITRANCO, A** adj. y n. *Desp.* Dícese del cojo, especialmente el que da grandes zancadas.

**COJO, A** adj. y n. Que cojea o que carece de un pie, una pierna, una pata, o los tiene defectuosos. ◆ adj. **2.** *Fig.* Incompleto, mal equilibrado, que carece de una parte necesaria: *frase coja; verso cojo.*

**COJÓN** n. m. *Vulg.* Testículo. • **Tener cojones** *(Vulg.),* tener hombría, no amilanarse. ◆ **¡cojones!** interj. *(Vulg.),* denota sorpresa, alegría, dolor, etc. (El uso de esta voz se considera inconveniente.)

**COJONUDO, A** adj. *Vulg.* Magnífico, estupendo, sobresaliente en su clase.

**COJUDO** n. m. *Amér. Merid.* Estúpido, imbécil. **2.** *Argent., Par.* y *Urug.* Caballo que se dedica a la procreación, semental.

**COK** n. m. (ingl. *coke*) [pl. *coques*]. Coque.

**COL** n. f. (lat. *caulem*). Planta hortense de la familia crucíferas, de tallo carnoso y hojas anchas y lampiñas, que crece espontánea en las costas de Europa occidental. (Presenta numerosas variedades, todas comestibles, que se distinguen por el color, forma de sus hojas y tamaño: col roja o lombarda, col de Bruselas, coliflor, col brécol, etc.)

**COLA** n. f. (lat. *caudam*). Región del cuerpo de numerosos vertebrados, posterior al ano, a menudo alargada y flexible, que es una prolongación de la columna vertebral. **2.** Parte posterior o final de una cosa, por oposición a cabeza o principio:

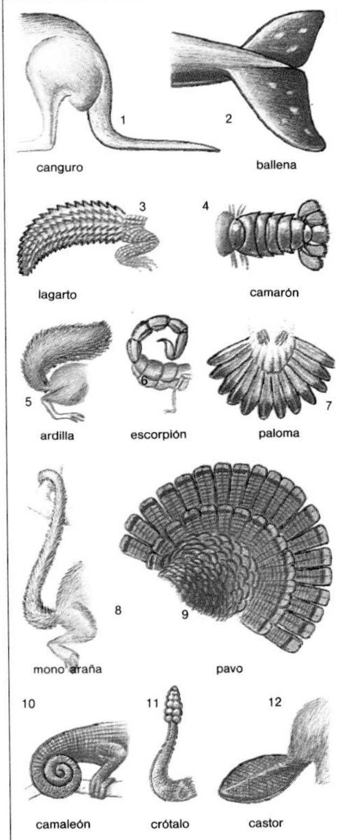


algunos ejemplos de **colas** y su función:
1 equilibrio; 2 natación; 3 defensa; 4 natación (retroceso); 5 apoyo; 6 defensa; 7 sostén; 8 prensión; 9 ceremonia nupcial; 10 prensión; 11 defensa (sonora); 12 natación y defensa (sonora)

*cola de un ejército en marcha; cola de un avión.* **3.** Prolongación posterior de algo: *vestido de cola.* **4.** Hilera de personas que esperan su turno: *haber una larga cola ante la taquilla.* **5.** Pecíolo de las hojas; pedúnculo de las flores y de los frutos. **6.** Estela luminosa formada por gas y polvo, que prolonga la cabeza de un cometa en dirección opuesta al Sol. **7.** La fracción más pesada de una mezcla de hidrocarburos. • **Cola de caballo** (ANAT.), conjunto de fibras nerviosas contenidas en la parte baja del conducto raquídeo, formadas por raíces de los nervios lumbares, sacros y del coxis; (BOT.), helecho con tallos estriados y entrenudos frecuentemente verticilados, que crece en prados y lugares húmedos; (FIG.), peinado con los cabellos recogi-

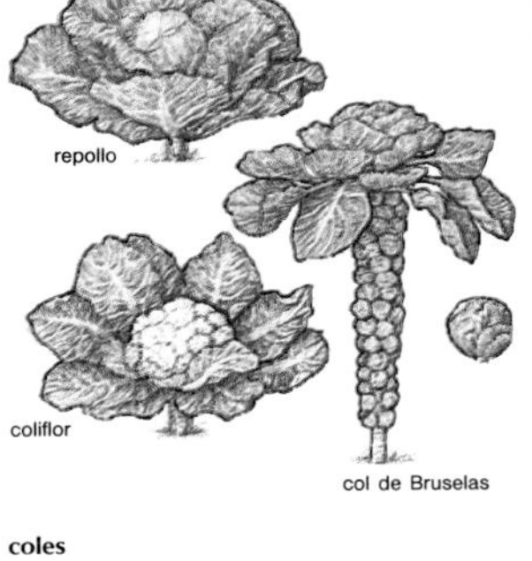


**coles**

**cola** de zorra

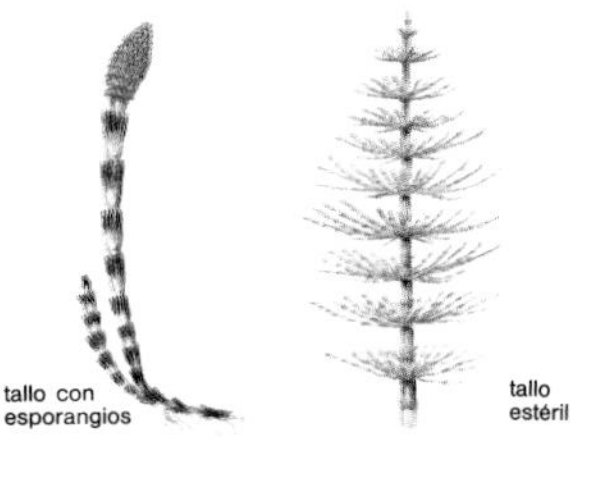


**cola** de caballo

dos atrás con un nudo o un pasador, de forma que caigan sobre la nuca y la espalda. ‖ **Cola de milano,** o **de pato,** espiga de ensamblaje, en forma de trapecio, con la base menor en el arranque, utilizada en arquitectura y carpintería. ‖ **Cola de zorra,** planta gramínea de tallo erguido y panoja cilíndrica. ‖ **Tener,** o **traer cola** una cosa *(Fam.),* tener o traer consecuencias graves.

**COLA** n. f. (gr. *kolla*). Pasta fuerte, traslúcida y pegajosa, que, disuelta en agua caliente, sirve para pegar. **2.** Sustancia que se adiciona a determinados productos industriales (papel, pinturas, etc.). • **Cola de pescado,** cola preparada a partir de pescados, utilizada para clarificar vinos. ‖ **No pegar ni con cola,** ser una cosa notablemente incongruente con otra; no venir a cuento.

**COLA** n. f. Planta arbórea africana cuyo fruto (nuez de cola) se emplea como tónico y estimulante.

**COLABORACIÓN** n. f. Acción y efecto de colaborar.

**COLABORACIONISMO** n. m. Conjunto de ideas, actitudes y tendencias favorables a la colaboración con un régimen que la mayoría de los ciudadanos de una nación consideran opresivo o nefasto, especialmente si se trata de un régimen de ocupación.

**COLABORACIONISTA** adj. y n. m. y f. Relativo al colaboracionismo; partidario del colaboracionismo.

**COLABORADOR, RA** n. Persona que colabora.

**COLABORAR** v. intr. [**1**]. Trabajar con otras personas, especialmente en obras intelectuales. **2.** Escribir habitualmente para un periódico, revista, etc., sin ser redactor fijo. **3.** Contribuir una cosa en la formación de otra.

**COLACIÓN** n. f. (lat. *collationem*). Comida ligera. **2.** Acción de conferir un beneficio eclesiástico o un grado universitario. **3.** Cotejo que se hace de una cosa con otra. **4.** *Amér.* Golosina de formas diversas, hecha de masa ligera y recubierta de un baño de azúcar. • **Colación de bienes** (DER.), manifestación que se hace, al partir una herencia, de los bienes que un heredero forzoso recibió gratuitamente del causante en vida de éste, para que sean contados en la computación de legítimas y mejoras. ‖ **Sacar,** o **traer, a colación** *(Fam.),* aducir pruebas o razones en abono de una causa; mencionar en la conversación, a veces importunamente, determinado asunto. ‖ **Traer a colación y partición** una cosa, incluirla en la colación de bienes.

**COLACIONAR** v. tr. [**1**]. Cotejar, confrontar. **2.** Traer a colación y partición.

**COLADA** n. f. Buena espada.

**COLADA** n. f. Lavado de la ropa de la casa: *hacer la colada.* **2.** Sangría que se hace en los altos hornos para que salga el hierro fundido. **3.** Vertido del metal fundido en el molde o la lingotera. **4.** *Co-*

*lomb.* Postre similar al arroz con leche. • **Colada de lava,** masa de lava líquida que fluye de un volcán; masa de lava después de su solidificación. ‖ **Colada en surtidor,** vertido del metal en un canal vertical que alimenta el molde por su parte inferior.

**COLADERA** n. f. *Méx.* Cloaca. **2.** *Méx.* Sumidero agujereado.

**COLADERO** n. m. Colador, utensilio para colar. **2.** Camino o paso estrecho. **3.** Entre estudiantes, centro de enseñanza donde se aprueba muy fácilmente.

**COLADO, A** adj. *Fig.* y *fam.* Dícese del que está muy enamorado. **2.** METAL. Dícese del hierro que sale fundido del cubilote y se vierte en los moldes, y, en general, de todo metal que previa fusión ha sido moldeado: *estufa de hierro colado.*

**COLADOR** n. m. Utensilio formado generalmente por una tela metálica o una plancha con agujeros, para colar líquidos.

**COLADURA** n. f. Acción y efecto de colar líquidos. **2.** *Fig.* y *fam.* Equivocación.

**COLÁGENO** n. m. Proteína compleja que constituye la sustancia intercelular del tejido conjuntivo.

**COLAGENOSIS** n. f. Enfermedad debida a una alteración difusa del colágeno.

**COLAGOGO, A** adj. y n. m. Dícese de las sustancias que provocan la excreción biliar.

**COLANILLA** n. f. Pasadorcillo con que se cierran puertas y ventanas.

**COLAPEZ** n. f. Cola de pescado.

**COLAPSAR** v. intr. y pron. **[1]**. Sufrir o producir un colapso, o caer en él. **2.** *Fig.* Paralizar o disminuir mucho una actividad.

**COLAPSO** n. m. (lat. *collapsum,* caída). Accidente que consiste en una extrema debilidad brusca de las actividades vitales. **2.** Fallo de la presión arterial en el curso de una enfermedad, operación quirúrgica, etc. **3.** Laxitud de un órgano o de las paredes de una víscera o vaso. **4.** *Fig.* Acción de colapsar.

**COLAR** v. tr. y pron. (lat. *colare*) **[1r]**. Filtrar un líquido. **2.** QUÍM. Separar las partes solubles con la ayuda de una lejía: *colar las cenizas.* ◆ v. tr. e intr. **3.** *Fam.* Pasar una cosa con engaño o artificio: *colar un billete falso.* **4.** *Fam.* Hacer creer algo que no es verdad: *colar una mentira.* ◆ v. intr. y pron. **5.** Penetrar, pasar por un lugar estrecho: *colarse por una brecha.* ◆ **colarse** v. pron. **6.** *Fam.* Introducirse subrepticiamente o sin permiso en alguna parte. **7.** *Fig.* y *fam.* Equivocarse, errar. **8.** *Fam.* Enamorarse perdidamente.

**COLATERAL** adj. Dícese de las cosas que están a uno y otro lado de otra principal: *altar colateral.* • **Arteria, vena, nervio colaterales,** los que proceden de un tronco principal o desembocan en él. ‖ **Puntos colaterales,** puntos situados a igual distancia de dos puntos cardinales (NE, NO, SE, SO). ◆ adj. y n. m. y f. **2.** Dícese del pariente que no lo es por línea recta.

**COLBAC** n. m. Morrión de pelo, con una manga cónica lateral de paño, utilizado como cubrecabeza por determinados cuerpos militares en el s. XIX.

**COLBERTISMO** n. m. Sistema económico del que Colbert fue, en Francia, el teórico y el generalizador, y que constituye la versión francesa del mercantilismo.

**COLCHA** n. f. Cobertura de cama para adorno y abrigo.

**COLCHADURA** n. f. Acción y efecto de acolchar las telas.

**COLCHAR** v. tr. **[1]**. Acolchar las telas.

**COLCHÓN** n. m. Saco rectangular y aplanado, relleno de cualquier materia blanda o elástica, o provisto de muelles en su interior, cosido por todos sus lados y de tamaño apropiado para dormir sobre él. **2.** Objeto que hace los oficios de un colchón. • **Colchón de aire,** sistema de suspensión de un vehículo o de una embarcación, en que la función de transporte se realiza por aire, bajo una ligera sobrepresión infiltrada bajo el aparato. ‖ **Colchón hinchable, neumático,** o **de viento,** cubierta elástica de tela recauchutada o de materia plástica, la cual se llena de aire a fin de otorgarle flexibilidad.

**COLCHONERÍA** n. f. Establecimiento del colchonero.

**COLCHONERO, A** n. Persona que tiene por oficio hacer o vender colchones, almohadas, etc.

**COLCHONETA** n. f. Colchón delgado y estrecho.

**COLCÓTAR** n. m. (ár. *qulqutār*). Óxido férrico que se emplea para pulir el vidrio.

**COLD-CREAM** n. m. (voz inglesa, *crema fría*). Pomada hecha con grasa de ballena, cera y aceite de almendras dulces, que se utiliza en cosmética y como excipiente en dermatología.

**COLEADA** n. f. Sacudida que dan con la cola algunos animales. **2.** *Amér.* Acto de derribar una res tirándole de la cola.

**COLEAR** v. intr. **[1]**. Mover la cola. **2.** *Fam.* Durar todavía un asunto o no conocer aún todas sus consecuencias. ◆ v. tr. **3.** *Colomb.* Molestar. **4.** *Méx.* y *Venez.* Tirar de la cola de una res para derribarla. ◆ v. tr. y pron. **5.** *Chile.* Negar o frustrar a alguien un intento o pretensión.

**COLECCIÓN** n. f. (lat. *collectionem*). Conjunto de cosas, generalmente de una misma clase, reunidas por gusto, curiosidad, utilidad, etc.: *una colección de sellos.* **2.** Conjunto de cierto número de composiciones literarias del mismo género o con alguna característica que las una: *una colección de cuentos.* **3.** *Fig.* Gran número: *decir una colección de disparates.* **4.** Conjunto de modelos nuevos presentados cada temporada por los profesionales del vestido: *la colección de otoño-invierno.* **5.** MED. Acumulación de líquido o de gas en una cavidad del organismo.

**COLECCIONAR** v. tr. **[1]**. Formar colección.

**COLECCIONISMO** n. m. Afición a coleccionar.

**COLECCIONISTA** n. m. y f. Persona que colecciona.

**COLECISTECTOMÍA** n. f. Ablación de la vesícula biliar.

**COLECISTITIS** n. f. Inflamación de la vesícula biliar.

**COLECISTOGRAFÍA** n. f. Radiografía de la vesícula biliar tras su preparación mediante una sustancia de contraste.

**COLECISTOSTOMÍA** n. f. CIR. Establecimiento de una abertura en la vesícula biliar.

**COLECTA** n. f. (lat. *collectam*). Recaudación de donativos voluntarios, especialmente para fines benéficos. **2.** LITURG. Oración que el sacerdote dice en la misa, antes de la epístola.

**COLECTAR** v. tr. **[1]**. Recaudar, recoger, especialmente dinero.

**COLECTICIO, A** adj. Dícese del cuerpo de tropa compuesto de gente nueva y sin disciplina. **2.** Dícese del tomo formado por obras sueltas.

**COLECTIVERO** n. m. *Argent.* y *Perú.* Conductor de un colectivo.

**COLECTIVIDAD** n. f. Grupo social constituido por personas que comparten unos mismos intereses o ideas.

**COLECTIVISMO** n. m. Sistema económico que propugna la propiedad en común de los medios de producción en beneficio de la colectividad.

**COLECTIVISTA** adj. y n. m. y f. Relativo al colectivismo; partidario de este sistema.

**COLECTIVIZACIÓN** n. f. Acción de colectivizar.

**COLECTIVIZAR** v. tr. **[1g]**. Convertir en colectivo lo que era individual: *colectivizar una explotación agrícola.* **2.** ECON. Poner los medios de producción y de intercambio al servicio de la colectividad por medio de la expropiación o la nacionalización. ◆ v. tr. y pron. **3.** Aplicar la doctrina o las doctrinas colectivistas. ◆ **colectivizarse** v. pron. **4.** Agruparse, reunirse en sus intereses o trabajo; agremiarse.

**COLECTIVO, A** adj. (lat. *collectivum*). Relativo a cualquier agrupación de individuos: *un trabajo colectivo.* **2.** Que afecta a una colectividad: *una tragedia colectiva.* ◆ adj. y n. m. **3.** Dícese del sustantivo singular que denota número determinado de cosas de una especie o muchedumbre o conjunto, como docena y ejército. ◆ n. m. **4.** Grupo de trabajo, investigación u opinión cuya actuación es un resultado conjunto de las aportaciones anónimas de sus miembros. **5.** *Argent., Bol.* y *Perú.* Autobús. **6.** *Chile.* Taxi con recorrido fijo que recoge pasaje hasta llenarse.

**COLECTOR, RA** adj. Que recoge. ◆ n. m. **2.** Pieza de una dinamo o de un motor eléctrico contra la que rozan las escobillas. **3.** Zona de un transistor en la que se recoge la señal amplificada. **4.** Conducto principal que en las tuberías de conducción de aguas, vapor, etc., recibe los ramales secundarios. • **Colector de admisión,** tubo que hace de enlace entre el carburador o el filtro de aire y la culata de un motor de explosión. ‖ **Colector de escape,** tubo que recoge los gases quemados de un motor para su evacuación. ‖ **Colector de ondas,** conductor eléctrico cuya función es captar ondas hertzianas.

**COLÉDOCO** n. m. y adj. Conducto formado por la reunión de los conductos hepático y cístico que lleva la bilis al duodeno.

**COLEGA** n. m. y f. (lat. *collegam*). Con respecto a una persona, otra que tiene su misma profesión, especialmente si es liberal. **2.** *Fam.* Compañero, amigo.

**COLEGATARIO, A** n. Persona a la que se le ha legado alguna cosa juntamente con otra u otras.

**COLEGIADO, A** adj. y n. Dícese del individuo que pertenece a una corporación que forma colegio: *estar colegiado.* ◆ adj. **2.** Dícese del cuerpo constituido en colegio. **3.** Formado por varias personas: *dirección colegiada.* ◆ n. m. **4.** DEP. Árbitro.

**COLEGIAL** adj. Relativo al colegio: *cuota colegial.* • **Cabildo colegial** (REL.), cabildo de canónigos establecidos en una iglesia que no tiene sede episcopal.

**COLEGIAL, LA** n. Persona que tiene beca o plaza en un colegio. **2.** Persona que asiste a cualquier colegio. **3.** *Fig.* y *fam.* Persona joven inexperta y tímida. ◆ n. m. **3.** **Partido de los colegiales,** partido político típicamente aristocrático que desempeñó una fuerte influencia a fines del reinado de Fernando VI.

**COLEGIALIDAD** n. f. Carácter de las instituciones organizadas colegialmente.

**COLEGIARSE** v. pron. **[1]**. Constituirse, organizarse en colegio los individuos de una profesión o clase. **2.** Afiliarse a un colegio constituido.

**COLEGIATA** n. f. Iglesia no catedral que posee un cabildo de canónigos. SIN.: *iglesia colegial.*

**COLEGIO** n. m. (lat. *collegium*). Establecimiento de enseñanza. • **Colegio electoral,** conjunto de electores de una misma unidad electoral; lugar al que acuden los electores para depositar su voto. ‖ **Colegio mayor,** residencia de estudiantes de enseñanza superior, donde se desarrollan actividades destinadas a completar su formación académica profesional. ‖ **Colegio menor,** residencia de estudiantes de enseñanzas de grado medio. ‖ **Colegio profesional** (DER. ADM.), cada una de las corporaciones, con personalidad jurídica propia, cuyos fines son ordenar el ejercicio de una determinada profesión y defender los intereses profesionales de los colegiados. ‖ **Colegio universitario,** centro de enseñanza superior adscrito a la universidad estatal. ‖ **Sacro colegio cardenalicio,** cuerpo que componen los cardenales de la Iglesia romana.

**COLEGIR** v. tr. (lat. *colligere*) **[30b]**. Juntar, unir cosas sueltas. **2.** Inferir o deducir una cosa de otra.

**COLEGISLADOR, RA** adj. Dícese del cuerpo que concurre con otro para la formación de las leyes.

**COLÉMBOLO, A** adj. y n. m. Relativo a un orden de pequeños insectos inferiores, sin alas ni metamorfosis.

**COLEMIA** n. f. Tasa de bilis en la sangre, muy reducida en el estado normal pero elevada en caso de ictericia.

**COLÉNQUIMA** n. m. Tejido de sostén de los vegetales superiores, formado casi únicamente por celulosa.

**COLEÓPTERO, A** adj. y n. m. (gr. *koleopteros*). Relativo a un orden de insectos de metamorfosis completa, provistos de piezas bucales masticatorias y de alas posteriores plegables, protegidas por un par de élitros córneos, como el abejorro o la mariquita.

**COLEÓPTILO** n. m. Vaina que rodea el tallo joven de las gramíneas y que segrega la auxina, hormona del crecimiento.

**CÓLERA** n. f. (lat. *choleram*). Bilis. **2.** *Fig.* Ira, enojo, enfado. • **Montar en cólera,** airarse, encolerizarse. ◆ n. m. **3.** Enfermedad epidémica contagiosa, producida por el vibrión colérico y caracterizada por deposiciones muy frecuentes, vómitos, sed intensa, rápido adelgazamiento, calambres dolorosos en los miembros y abatimiento profundo con descenso de la temperatura, que puede acabar en la muerte. • **Cólera nostras,** diarrea estacional observada en Europa y debida a un colibacilo.

**COLERÉTICO, A** adj. y n. m. Dícese de las sustancias que incrementan la secreción biliar, como la alcachofa, el boldo, etc.

**COLÉRICO, A** adj. y n. Relativo a la cólera o al cólera; afecto de cólera. ◆ adj. **2.** *Fig.* Que fácilmente se deja llevar de la cólera: *temperamento colérico.*

**COLERIFORME** adj. Que tiene el aspecto del cólera: *diarrea coleriforme.*

**COLERINA** n. f. Forma premonitoria del cólera o forma benigna del cólera nostras.

**COLERO** n. m. *Amér.* En las minas, ayudante del capataz.

**COLESTERINA** n. f. Colesterol.

**COLESTEROL** n. m. Esterol de origen animal presente en todas las células, en la sangre y, en mayor proporción, en la bilis. SIN.: *colesterina.*

**COLESTEROLEMIA** n. f. Tasa de colesterol en la sangre comprendida normalmente entre 1,50 y 2,50 g por litro.

**COLETA** n. f. Trenza o conjunto del cabello recogido en la parte posterior de la cabeza y que cae sobre la espalda. **2.** Coletilla. • **Cortarse la coleta,** dejar su oficio el torero; cesar uno en una actividad o dejar una costumbre.

**COLETAZO** n. m. Golpe dado con la cola. **2.** Manifestación de algo que se está terminando: *dar los últimos coletazos.*

**COLETILLA** n. f. Adición breve a lo escrito o hablado, generalmente con el fin de salvar alguna omisión o de reforzar lo que antes se ha dicho.

**COLETO** n. m. Vestidura de ante o cuero que se ajustaba al cuerpo hasta la cintura, usada por la tropa en los ss. XVI y XVII. **2.** *Fam.* Interior de una persona. • **Echarse** una cosa **al coleto** *(Fam.),* comérsela o bebérsela; leer desde el principio hasta el fin un libro o escrito.

**COLGADERO** n. m. Instrumento o dispositivo que sirve para colgar de él alguna cosa.

**COLGADIZO** n. m. Tejadillo saliente de una pared, sostenido con tornapuntas.

**COLGADO, A** adj. *Fam.* Dícese de la persona burlada en sus esperanzas o deseos: *dejar colgado a alguien.* (Se usa con los verbos *dejar* o *quedarse.*) **2.** Contingente, incierto. **3.** Que depende o está totalmente pendiente de algo: *está colgado de las palabras de su madre.* **4.** Dícese de la persona que se conduce de un modo poco usual.

**COLGADOR** n. m. Percha portátil que, colgada de una varilla de los armarios, sirve para guardar las prendas de vestir.

**COLGADURA** n. f. Conjunto de tapices o telas con que se cubren y adornan las paredes interiores o exteriores, balcones, etc.: *poner banderas y colgaduras en los balcones.*

**COLGAJO** n. m. Cualquier trapo o cosa que cuelga indebidamente. **2.** Porción de frutas colgadas para conservarlas.

**COLGAMIENTO** n. m. Acción y efecto de colgar.

**COLGANTE** adj. y n. m. Que cuelga. ◆ adj. **2. Puente colgante,** puente cuyo tablero está sostenido por cadenas o cables. ◆ n. m. **3.** Joya o adorno que cuelga de un collar, pulsera, cadena, etc.

**COLGAR** v. tr. [**1m**]. Poner una cosa pendiente de otra sin que llegue al suelo: *colgar un abrigo en el armario.* **2.** Revestir o adornar con tapices y colgaduras. **3.** *Fam.* Ahorcar. **4.** Entre estudiantes, suspender en un examen: *me han colgado en matemáticas.* **5.** *Fig.* Imputar: *colgar a alguien la culpa de algo.* ◆ v. intr. **6.** Estar una cosa en el aire pendiente de otra: *una gran lámpara colgaba del techo.* **7.** Cortar una comunicación telefónica poniendo en su lugar el receptor. • **Colgar los hábitos,** abandonar la carrera religiosa; abandonar los estudios, una profesión, etc. ◆ **colgarse** v. pron. **8.** Depender de la droga y, por extensión, de otras cosas. **9.** *Fam.* Quedarse bloqueado un ordenador.

**COLIBACILO** n. m. Bacteria presente en el suelo y a menudo en el agua, la leche y ciertos alimentos, que vive normalmente en el intestino del hombre y de los animales, pero que puede invadir diferentes tejidos y órganos y convertirse en patógena.

**COLIBACILOSIS** n. f. Enfermedad causada por el colibacilo.

**COLIBRÍ** n. m. Nombre dado a ciertas aves de América, de pequeño tamaño (algunas no son mayores que un abejorro) y pico largo, que hunden en las flores para absorber su néctar. (Su vuelo es muy rápido, y su plumaje, brillante.) SIN.: *pájaro mosca, picaflor.*

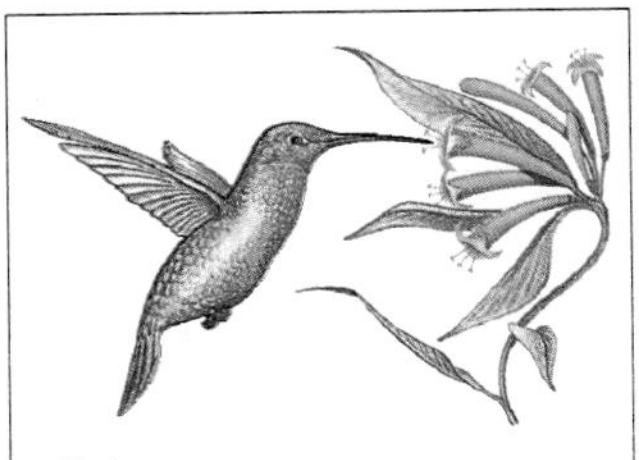

colibrí

**CÓLICO, A** adj. Relativo al colon. ◆ n. m. **2.** Dolor en el colon y, por extensión, cualquier dolor de la cavidad abdominal, o de un órgano hueco, de intensidad variable y con un principio y un final bruscos. • **Cólico hepático,** dolor agudo de las vías biliares. ‖ **Cólico nefrítico,** dolor agudo provocado por la obstrucción súbita de un uréter.

**COLIFLOR** n. f. Variedad de col cuyos pedúnculos forman una pella blanca y compacta, que constituye una hortaliza muy apreciada.

**COLIGACIÓN** n. f. Acción y efecto de coligar.

**COLIGAR** v. tr. y pron. (lat. *colligare*) [**1b**]. Unir, aliar: *coligarse dos naciones.*

**COLIGATIVO, A** adj. Dícese de las propiedades de una sustancia que sólo dependen de su concentración molecular y no de la naturaleza de la sustancia.

**COLIGUACHO** n. m. *Chile.* Especie de tábano negro con los bordes del tórax y el abdomen cubiertos de pelos anaranjados o rojizos.

**COLIGÜE** n. m. *Argent.* y *Chile.* Planta gramínea trepadora de hojas perennes y madera muy dura.

**COLILLA** n. f. Punta del cigarro que queda después de fumar el resto.

**COLILLERO, A** n. Persona que recoge colillas de cigarro.

**COLIMADOR** n. m. Instrumento de óptica que permite obtener un haz de rayos luminosos paralelos. **2.** Anteojo que va montado sobre los grandes telescopios astronómicos, para facilitar su puntería. **3.** Elemento del visor de tiro aéreo.

**COLIMAR** v. tr. [**1**]. Obtener un haz de rayos paralelos a partir de un foco luminoso.

**COLIMBA** n. f. *Argent. Fam.* Servicio militar. ◆ n. m. **2.** *Argent. Fam.* Recluta, soldado mientras recibe la instrucción militar obligatoria.

**COLIMBIFORME** adj. y n. m. Relativo a un orden de aves acuáticas de tamaño mediano y plumaje denso, al que pertenece el colimbo.

**COLIMBO** n. m. (gr. *kolymbos*). Ave palmípeda de pico largo y recto, que bucea para capturar peces y vive en las costas de los países fríos. (Familia gávidos.)

**COLÍN, NA** adj. Dícese del caballo o yegua con el maslo cortado a un tercio aproximadamente de su base. **2.** Dícese del piano de cola pequeño. ◆ n. m. **3.** Barrita de pan larga y del grosor de un dedo.

**COLINA** n. f. (ital. *collina*). Monte pequeño que se distingue del terreno circundante.

**COLINA** n. f. Simiente de coles y berzas.

**COLINA** n. f. Cuerpo nitrogenado que interviene en la composición de la materia viva y protege la célula hepática.

**COLINABO** n. m. Variedad de col, de raíz muy gruesa.

**COLINDANTE** adj. Que colinda. **2.** Dícese de los propietarios de fincas que colindan.

**COLINDAR** v. intr. [**1**]. Lindar entre sí dos o más fincas, términos municipales, etc.

**COLINÉRGICO, A** adj. Dícese de los elementos nerviosos cuyo mediador químico es la acetilcolina, tales como los nervios parasimpáticos y las fibras preganglionares del simpático.

**COLINESTERASA** n. f. Enzima que asegura la rápida destrucción de la acetilcolina formada en las terminaciones de los nervios parasimpáticos, limitando así la duración de los efectos inducidos por dichos nervios.

**COLINETA** n. f. *Venez.* Dulce de almendra y huevo.

**COLIRIO** n. m. (lat. *collyrium*). Medicamento que se aplica en la conjuntiva del ojo.

**COLIRRÁBANO** n. m. Variedad de col.

**COLIRROJO** n. m. Ave paseriforme que tiene la cola de color castaño rojizo. (Familia túrdidos.)

**COLISA** n. f. (fr. *coulisse*). Plataforma giratoria sobre la cual gira la cureña sin ruedas de un cañón. **2.** Cañón montado de ese modo.

**COLISEO** n. m. Nombre que suele darse a los teatros y cinematógrafos de alguna importancia.

**COLISIÓN** n. f. (lat. *collisionem*). Acción y efecto de colisionar. **2.** FÍS. Fenómeno que consiste en una interacción más o menos violenta entre dos o más partículas que se acercan hasta una distancia del orden de su tamaño.

**COLISIONAR** v. tr. y pron. [**1**]. Chocar, entrar violentamente dos cosas en contacto: *colisionar dos turismos.* **2.** *Fig.* Oponerse, pugnar las ideas, principios o intereses o las personas que los representan.

**COLISTA** n. m. y f. *Irón.* Persona que espera en una cola. **2.** *Irón.* Persona que va última en una competición colectiva.

**COLITIS** n. f. Inflamación del colon.

**COLLADO** n. m. Colina, pequeña elevación. **2.** Depresión suave por donde se puede pasar fácilmente de un lado a otro de una sierra.

**COLLAGE** n. m. (voz francesa). Conjunto de textos, imágenes. etc., de procedencia diversa, agrupados formando una unidad. **2.** ART. Procedimiento contemporáneo de composición plástica, musical y literaria que consiste en introducir en una obra elementos preexistentes heterogéneos, creadores de contrastes inesperados.

**COLLALBA** n. f. Ave paseriforme de la familia túrdidos, del tamaño de una alondra, con pico recto y plumaje suave y abundante.

**COLLANT** n. m. (voz francesa). Pantalón ceñido o media de tela elástica.

**COLLAR** n. m. Adorno que rodea el cuello: *collar de perlas.* **2.** Insignia de algunas magistraturas, dignidades y órdenes de caballería. **3.** Aro o correa de cuero o de metal que se coloca en el pescuezo de ciertos animales domésticos. **4.** Banda de plumas que rodea el cuello de ciertas aves, cuyo color difiere del resto del cuerpo. **5.** Abrazadera o anillo metálico circular que rodea una tubería, un conducto, etc., para fijarlos a un apoyo.

**COLLAREJA** n. f. *Colomb.* y *C. Rica.* Paloma de color azul, apreciada por su carne. **2.** *Méx.* Comadreja.

**COLLARÍN** n. m. Alzacuello de los eclesiásticos. **2.** Reborde que rodea el orificio de la espoleta de las bombas, para facilitar su manejo. **3.** Aparato ortopédico que rodea el cuello y que se emplea para inmovilizar las vértebras cervicales.

**COLLARINO** o **COLLARÍN** n. m. ARQ. Pequeña moldura que rodea la parte superior del fuste de una columna.

**COLLEJA** n. f. Planta herbácea de hojas blanquecinas y flores blancas en panojas colgantes, que en algunas partes se come como verdura. (Familia cariofiláceas.)

**COLLERA** n. f. Collar de cuero o lona, relleno, que se pone al cuello de las caballerías o bueyes. **2.** TAUROM. Pareja de jinetes que acosan a una res en el campo para derribarla. ◆ **colleras** n. f. pl. **3.** *Chile* y *Colomb.* Gemelos de camisa.

**COLLY** o **COLLIE** adj. y n. m. Dícese de una raza de perro pastor escocés.

**COLMADO** n. m. Establecimiento donde se sirven bebidas y comidas, principalmente mariscos: *un colmado andaluz.* **2.** Tienda de comestibles.

**COLMAR** v. tr. [**1**]. Llenar un recipiente hasta que el contenido rebase los bordes: *colmar un vaso de vino.* **2.** *Fig.* Satisfacer plenamente deseos, aspiraciones, etc.: *colmar las esperanzas.* **3.** *Fig.* Dar con abundancia: *colmar de atenciones.*

**COLMATACIÓN** n. f. Acción de colmatar o colmatarse.

**COLMATAR** v. tr. [**1**]. AGRIC. Rellenar y fertilizar artificialmente los terrenos bajos o estériles con limos depositados por ríos o mares. ◆ **colmatarse** v. pron. **2.** GEOMORFOL. Rellenarse una depresión o cuenca con los materiales arrastrados por una corriente de agua u otro agente de transporte.

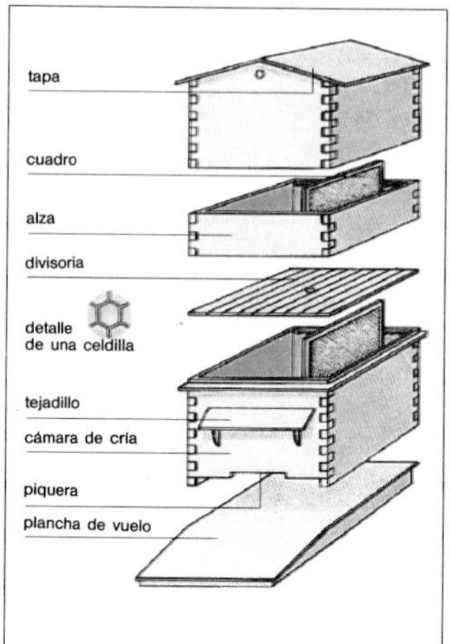


**colmena** de cuadros móviles

**COLMENA** n. f. Caja de madera, corcho, etc., que sirve de habitación a un enjambre de abejas. **2.** *Méx.* Abeja.

**COLMENAR** n. m. Lugar donde están las colmenas o conjunto de colmenas.

**COLMENERO, A** n. Persona que tiene colmenas o cuida de ellas.

**COLMENILLA** n. f. Seta comestible, de sombrerillo alveolado, consistente y carnoso, de pie liso y cilíndrico y color amarillento oscuro. (Clase ascomicetes.)

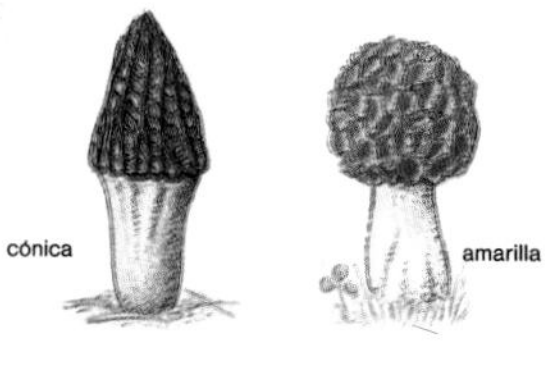


**colmenillas**

**COLMILLAZO** n. m. Golpe dado o herida hecha con el colmillo.

**COLMILLEJA** n. f. Pez de agua dulce, de forma alargada, que presenta seis barbitas en el labio superior.

**COLMILLO** n. m. Diente agudo colocado entre el último incisivo y el primer molar. **2.** Cada uno de los incisivos prolongados en forma de cuerno que tienen los elefantes en la mandíbula superior.

**COLMILLUDO, A** adj. Que tiene grandes colmillos. **2.** *Fig.* Sagaz, astuto, difícil de engañar.

**COLMO** n. m. Parte de una sustancia que rebasa de los bordes del recipiente que la contiene. **2.** *Fig.* Complemento o término de alguna cosa: *para colmo de ventura.* • **Ser el colmo,** rebasar la medida, ser sorprendente, intolerable, etc.

**COLMO, A** adj. (lat. *cumulum*). Que está colmado.

**COLOBO** n. m. Simio africano de cuerpo alargado, de color blanco y negro, cola larga y pelaje largo y sedoso. (Familia cercopitécidos.)

**COLOCACIÓN** n. f. Acción y efecto de colocar. **2.** Situación, disposición de una cosa. **3.** Empleo o destino: *buscar una colocación.* **4.** DEP. Posición que en la cancha debe adoptar un jugador, de acuerdo con la táctica que emplea su equipo o su compañero.

**COLOCADO, A** adj. Que tiene un empleo. **2.** Que se encuentra bajo los efectos de una droga o del alcohol. ◆ adj. y n. **3.** En las carreras de caballos, dícese del que llega en segundo lugar a la meta.

**COLOCAR** v. tr. y pron. (lat. *collocare*) **[1a]**. Poner, instalar, situar a una persona o cosa en su debido lugar o en un lugar determinado: *colocar los libros en un estante.* **2.** Proporcionar un empleo o condición determinada de vida: *colocarse en una fábrica.* **3.** Invertir un capital. **4.** Vender una mercancía o hallarle mercado. ◆ **colocarse** v. pron. **5.** *Fam.* Estar bajo los efectos de la bebida o la droga.

**COLOCHO, A** adj. y n. *Salv.* Dícese de la persona que tiene el cabello rizado. ◆ n. m. **2.** *Amér. Central.* Viruta o doladura de madera. **3.** *Amér. Central.* Rizo, tirabuzón. **4.** *Salv.* Servicio, favor.

**COLODIÓN** n. m. Solución de nitrocelulosa en una mezcla de alcohol y éter, que se utiliza en fotografía, farmacia, etc.

**COLODRA** n. f. Vasija de madera que usan los pastores para ordeñar las cabras, ovejas y vacas. **2.** Vaso de madera en que se tiene el vino que se ha de ir midiendo y vendiendo al por menor. **3.** Estuche que contiene agua o hierba mojada en que el segador lleva la piedra de afilar.

**COLODRILLO** n. m. Parte posterior de la cabeza.

**COLOFÓN** n. m. (gr. *kolophōn*, remate). Texto o anotación al final de los libros. **2.** *Fig.* Término, remate, fin.

**COLOFONIA** n. f. (lat. *colophoniam*). Resina amarilla, sólida y transparente, que queda como residuo de la destilación de la trementina.

**COLOGARITMO** n. m. MAT. Logaritmo del inverso del número real considerado:

$$\operatorname{colg} a = \lg \frac{1}{a} = -\lg a.$$

**COLOIDAL** adj. Relativo a los coloides. • **Estado coloidal,** estado de dispersión de la materia en el seno de un líquido, caracterizado por la presencia de partículas de tamaño comprendido por término medio entre 0,2 y 0,002 micras.

**COLOIDE** adj. y n. m. Dícese de un sistema fisicoquímico en el cual partículas de una sustancia se encuentran suspendidas en un líquido sin formar disolución, gracias a una clase de equilibrio dinámico llamado estado coloidal.

**COLOMBIANISMO** n. m. Vocablo, giro o modo de hablar propio de los colombianos.

**COLOMBIANO, A** adj. y n. De Colombia. ◆ n. m. **2.** Modalidad adoptada por el español en Colombia.

**COLOMBINO, A** adj. Perteneciente a Cristóbal Colón o a su familia.

**COLOMBO** n. m. Planta arbustiva del África tropical, cuya raíz posee propiedades astringentes y tónicas.

**COLOMBOFILIA** n. f. Cría de palomas mensajeras.

**COLOMBÓFILO, A** adj. y n. Que se dedica a la colombofilia.

**COLON** n. m. Parte del intestino grueso que empieza en el ciego y termina en el recto. (Se divide en colon ascendente, transverso y descendente.)

**COLÓN** n. m. Unidad monetaria principal de Costa Rica. Antigua unidad monetaria de El Salvador, sustituida por el dólar E.U.A.

**COLONATO** n. m. Sistema de explotación de las tierras por medio de colonos.

**COLONIA** n. f. (lat. *coloniam*). Territorio ocupado y administrado por una potencia extranjera de la que depende en los planos político, económico, cultural, etc. **2.** Conjunto de extranjeros oriundos de un mismo país que viven en la misma ciudad o en la misma región: *la colonia española de París.* **3.** Conjunto de personas que pasan temporadas en un lugar que no es el suyo habitual de residencia, con fines recreativos, de veraneo, etc.: *la colonia veraniega.* **4.** Grupo de animales que viven en colectividad: *colonia de abejas.* **5.** *Méx.* Barrio urbano, cada una de las zonas en que se dividen las ciudades. **6.** *Méx.* Coloniaje. **7.** HIST. Población que se expatriaba e iba a vivir a otro país. • **Colonia penitenciaria,** aquella en la que los condenados cumplen la pena que les ha sido impuesta.

**COLONIA** n. f. Agua de colonia.

**COLONIAJE** n. m. *Amér.* Nombre dado al periodo colonial español de la historia de América.

**COLONIAL** adj. Relativo a las colonias. • **Arte colonial,** cualquiera de las modalidades artísticas surgidas en los territorios colonizados por las potencias europeas. (El arte colonial de la América española se denomina también arte *hispanocolonial* o *hispanoamericano.*) ◆ adj. y n. m. **2.** Dícese de los productos alimenticios que eran traídos de las colonias.

**COLONIALISMO** n. m. Doctrina que tiende a legitimar la dominación política y económica de un territorio o de una nación por el gobierno de un estado extranjero.

**COLONIALISTA** adj. y n. m. y f. Relativo al colonialismo; partidario de esta doctrina.

**COLONIZABLE** adj. Que puede ser colonizado.

**COLONIZACIÓN** n. f. Acción de colonizar. **2.** Estado de hecho, resultante de esta acción.
■ En la época moderna, la ocupación territorial, junto a la explotación económica y a la dominación política y cultural, constituyó el sistema de expansión de muchas naciones europeas. Los pioneros de esta expansión fueron los portugueses, que establecieron factorías litorales en las costas africanas y asiáticas para la obtención de oro, esclavos y especies, y en la segunda mitad del s. XVI colonizaron Brasil. El imperio español, que alcanzó sus límites máximos hacia 1570, se centró en el Nuevo Mundo. Castilla impuso un régimen de explotación sistemática controlado por el estado cuya única función era suministrar materias primas y metales preciosos a la Península. Otros colonialismos importantes de la época fueron el francés y el inglés (costas norteamericanas) y el neerlandés (Insulindia). Desde 1880, y hasta principios del s. XX, la búsqueda de nuevos mercados y de materias primas provocó el resurgimiento del colonialismo (repartición de África entres las grandes potencias europeas, sobre todo Gran Bretaña y Francia). En las últimas décadas ha aparecido una estrategia neocolonial en la que países formalmente independientes se encuentran de hecho sujetos a las fluctuaciones de un mercado dominado por las grandes potencias.

**COLONIZADOR, RA** adj. y n. Que coloniza o explota una colonia.

**COLONIZAR** v. tr. **[1g]**. Establecer colonia o colonias en un territorio o transformar un país en colonia. **2.** Poblar de colonos una región.

**COLONO** n. m. (lat. *colonum*). Habitante inmigrado o descendiente de inmigrados de una colonia: *en el s. XIX, numerosos colonos se instalaron en África y en América.* **2.** DER. Labrador arrendatario de tierras.

**COLOQUIAL** adj. Relativo al coloquio. **2.** Dícese del lenguaje usado corrientemente en la conversación: *estilo coloquial.*

**COLOQUÍNTIDA** n. f. (gr. *kolokynthis*). Planta de tallos rastreros, cuyo fruto proporciona una pulpa amarga y purgante. (Familia cucurbitáceas.)

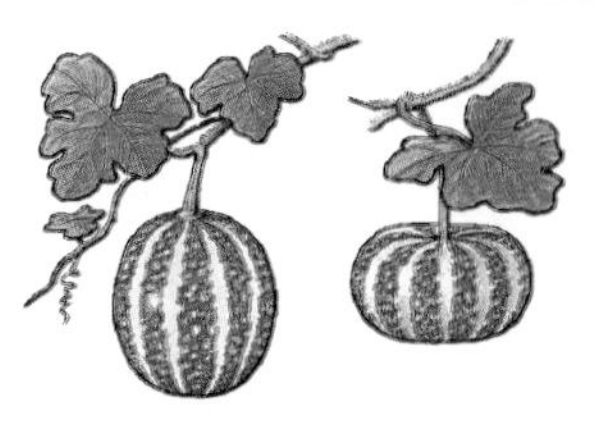

**coloquíntidas**

**COLOQUIO** n. m. (lat. *colloquium*). Conversación o plática entre dos o más personas. **2.** Discusión organizada para tratar un tema determinado, que se desarrolla bajo el cuidado de un moderador.

**COLOR** n. m. (lat. *colorem*). Impresión que produce en el ojo la luz emitida por los focos luminosos o difundida por los cuerpos. **2.** Sustancia preparada para pintar o para dar a las cosas un tinte determinado. **3.** *Fig.* Carácter peculiar o aparente de una cosa: *la situación presenta colores sombríos.* **4.** Animación, viveza: *una descripción llena de color.* **5.** Señal distintiva que adopta un país, una entidad, un equipo, etc.: *defender los colores nacionales.* **6.** *Fig.* Ideología o partido al que alguien pertenece. **7.** Timbre de la voz. **8.** HERÁLD. Nombre dado a los esmaltes distintos de los forros y de los metales. • **Dar color,** cubrir con un color la superficie de las cosas; vivificar, dar animación. ‖ **De color,** dícese de las personas mulatas o de raza negra. ‖ **De,** o **en, color,** que no es negro ni blanco. ‖ **De color de rosa,** agradable, halagüeño. ‖ **Ponerse de mil colores,** mudársele a alguien el color del rostro por vergüenza, cólera, etc. ‖ **Sacarle,** o **salirle,** a alguien los colores, sonrojarle o sonrojarse. || **Tomar color,** adquirir una cosa el color que corresponde a una transformación que se está operando en ella.

**COLORACIÓN** n. f. Acción de colorear. **2.** Estado de un cuerpo coloreado: *la coloración de la piel.*

**COLORADO, A** adj. Que tiene color. **2.** Que tiene color más o menos rojo. • **Poner colorado,** avergonzar. ◆ n. m. **3.** Color rojo.

**COLORADO,** pueblo amerindio de Ecuador (Santo Domingo de los Colorados), del grupo talamanca-barbacoa de la familia lingüística chibcha.

**COLORANTE** adj. y n. m. Que colorea. ◆ n. m. **2.** Sustancia coloreada natural o sintética que se utiliza para dar a una materia una coloración duradera. **3.** Sustancia empleada en la coloración de ciertos alimentos.

**COLORATURA** n. f. y adj. MÚS. Ornamentación de la melodía. **2.** MÚS. Cantante, especialmente soprano, capaz de grandes virtuosismos vocales.

**COLOREADO** n. m. Transformación, por procedimientos electrónicos, de imágenes en blanco y negro de una película, especialmente antigua, en imágenes en color.

**COLOREAR** v. tr. [**1**]. Dar o adquirir color, o teñir de color. **2.** *Fig.* Justificar o cohonestar una acción poco justa. **3.** Transformar (una película) por coloreado. ◆ v. intr. **4.** Mostrar algo el color colorado que en sí tiene. ◆ v. intr. y pron. **5.** Tirar a colorado.

**COLORETE** n. m. Cosmético de color encarnado que suele aplicarse en las mejillas.

**COLORIDO** n. m. Disposición y grado de intensidad de los diversos colores de algo. **2.** *Fig.* Color, animación.

**COLORIMETRÍA** n. f. Ciencia que permite definir y catalogar los colores. **2.** QUÍM. Método de análisis cuantitativo basado en la medida de los colores.

**COLORÍMETRO** n. m. Aparato que sirve para definir un color por comparación con un patrón.

**COLORÍN, NA** adj. *Chile.* Dícese de la persona de pelo rojizo. ◆ n. m. **2.** Color vivo y llamativo. (Suele usarse en plural.) **3.** Jilguero. **4.** *Méx.* Planta arbórea de ramas espinosas y madera blanca, cuyas flores, de color rojo y agrupadas en racimos, son comestibles. **5.** *Méx.* Fruto de esta planta.

**COLORINCHE** adj. *Amér. Fam.* Dícese de una mala combinación de colores con resultado chillón.

**COLORISMO** n. m. Tendencia artística que se caracteriza por la exageración del colorido.

**COLORISTA** adj. y n. m. y f. Dícese del pintor que se expresa sobre todo mediante el color. **2.** Dícese del escritor que emplea imágenes y descripciones muy expresivas.

**COLOSAL** adj. De estatura o proporciones mayores que las naturales: *una estatua colosal.* **2.** *Fig.* Excelente, extraordinario: *un discurso colosal.*

**COLOSO** n. m. (lat. *colossum*). Estatua que excede mucho del tamaño natural: *el coloso de Rodas.* **2.** *Fig.* Persona o cosa sobresaliente.

**COLPOSCOPIA** n. m. Exploración del conducto vaginal y del cuello del útero por método endoscópico.

**COLQUICINA** n. f. Alcaloide extraído de las semillas del cólquico, utilizado en el tratamiento de la gota, pero muy tóxico a elevadas dosis. (Esta sustancia bloquea las mitosis celulares.)

**CÓLQUICO** n. m. (gr. *kolkhikon*). Planta herbácea de flores rosadas, muy venenosa a causa de la colquicina que contiene. (Familia liliáceas.)

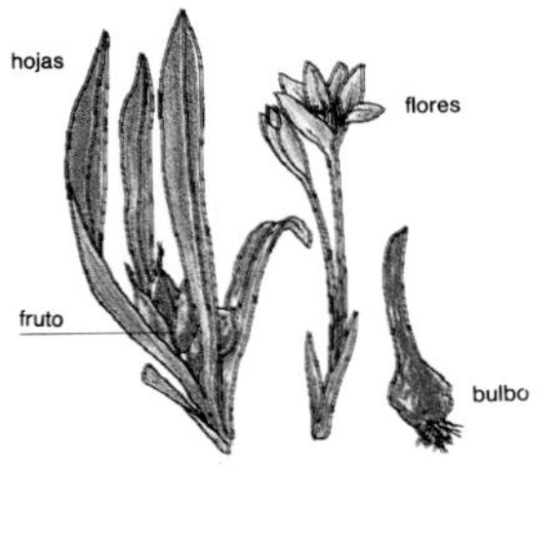


**cólquico**

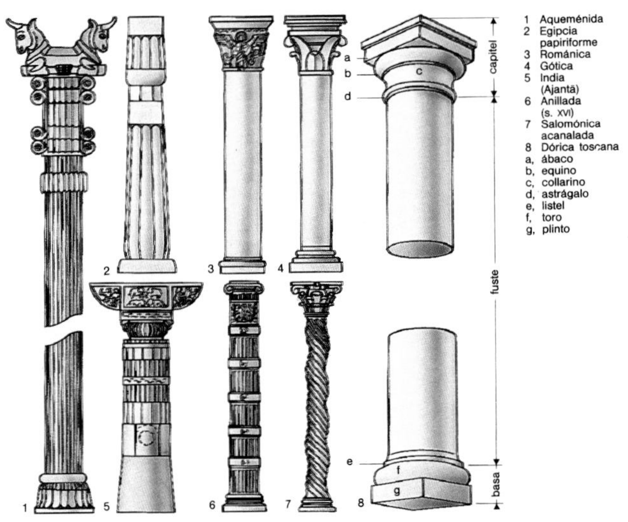


**columnas**

**COLT** n. m. (del ingeniero norteamericano Samuel *Colt*). Pistola automática de 11,43 mm, cuya forma definitiva salió al mercado en E.U.A. en 1911. **2.** En el Lejano oeste, revólver.

**COLÚBRIDO, A** adj. y n. m. Relativo a una familia de serpientes, unas inocuas y otras venenosas, pero que no poseen los dientes venenosos y huecos de las víboras.

**COLUMBARIO** n. m. (lat. *columbarium*). Conjunto de nichos en que se conservaban las cenizas de los cadáveres incinerados.

**COLUMBICULTURA** n. f. Parte de la avicultura que se ocupa de la cría y mejora de la paloma y especies afines.

**COLUMBIFORME** adj. y n. m. Relativo a un orden de aves que comprende, entre otras, la paloma y la tórtola.

**COLUMBINO, A** adj. Relativo a la paloma, o parecido a ella. ◆ n. m. **2.** Color amoratado de algunos granates.

**COLUMBIO** n. m. Niobio.

**COLUMBRAR** v. tr. [**1**]. Atisbar, vislumbrar.

**COLUMBRETE** n. m. Arrecife poco elevado en medio del mar.

**COLUMELA** n. f. Órgano animal o vegetal en forma de columna, en particular eje de la concha en espiral de los moluscos gasterópodos. **2.** ANAT. Eje cónico del caracol o cóclea del oído interno.

**COLUMNA** n. f. (lat. *columnam*). Soporte vertical constituido por un fuste de sección circular y, generalmente, una base y un capitel. **2.** Monumento conmemorativo de forma cilíndrica y alargada. **3.** Serie o pila de cosas colocadas ordenadamente unas sobre otras. **4.** *Fig.* Persona o cosa que sirve de amparo, apoyo o protección. **5.** Parte de una página dividida verticalmente: *las columnas de un periódico; una columna de números.* **6.** Espacio fijo reservado en un periódico a la colaboración de un columnista. **7.** FÍS. Masa de fluido que tiene la forma de un cilindro de eje vertical: *columna de humo, de agua.* **8.** MAT. En un determinante o una matriz, conjunto de elementos dispuestos perpendicularmente a una fila. **9.** MIL. Porción de tropa dispuesta en formación de poco frente y mucho fondo: *columna de a dos, de a tres.* **10.** MIL. Parte de un ejército en campaña. • **Columna barométrica,** mercurio del tubo de un barómetro, que se encuentra por encima del nivel del mercurio de la cubeta. || **Columna embebida,** la que está parcialmente embutida en el muro. || **Columna montante,** canalización principal de un inmueble, a la que están conectados los tubos o cables que conducen el agua, el gas o la electricidad a la vivienda de cada abonado. || **Columna vertebral,** tronco óseo que se extiende desde la base del cráneo al nacimiento de las piernas, en los animales vertebra-

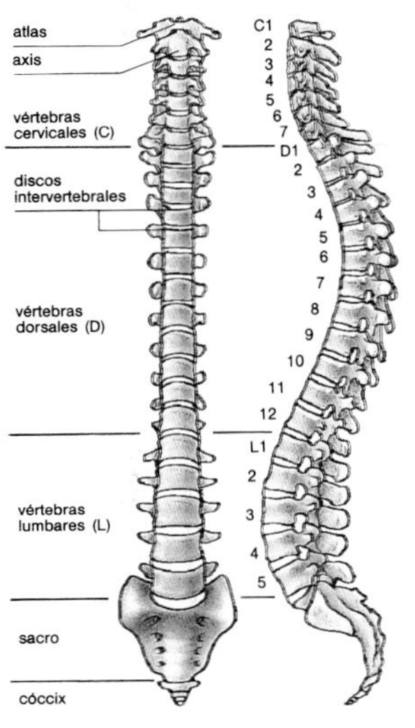


**columna** vertebral

dos. (En el hombre, está constituida por la superposición de treinta y tres vértebras y presenta cuatro zonas de curvatura.) SIN.: *raquis.* || **Quinta columna,** movimiento que en la retaguardia de un ejército o en una organización se dedica al espionaje, sabotaje y otras acciones en favor del enemigo.

**COLUMNARIO, A** adj. Dícese de la moneda de plata acuñada en América en el s. XVIII, con un sello en el que están esculpidas dos columnas y la inscripción *plus ultra.*

**COLUMNATA** n. f. Serie de columnas que adornan un edificio o que forman parte de su sustentación.

**COLUMNISTA** n. m. y f. Periodista o colaborador de un periódico en el que se le reserva un espacio fijo, que normalmente ocupa una columna.

**COLUMPIAR** v. tr. y pron. (gr. *kolymbaō,* zambullirse) [**1**]. Mecer en un columpio o imprimir un movimiento semejante.

**COLUMPIO** n. m. Asiento o tabla que se suspende de unas cuerdas o cadenas, para mecerse. **2.** *Chile.* Mecedora, balancín.

**COLUNELA** n. f. En los ejércitos españoles y durante el s. XVI, agrupación táctica de varias compañías, que solía contar con unos mil hombres.

**COLURIA** n. f. Presencia en la orina de los elementos de la bilis, constante en las ictericias.

**COLURO** n. m. Cada uno de los dos meridianos de la esfera celeste, que contienen, el primero, los dos solsticios, y el segundo, los dos equinoccios.

**COLUSIÓN** n. f. Acuerdo secreto para engañar o causar perjuicio.

**COLUSORIO, A** adj. DER. Hecho por colusión.

**COLUTORIO** n. m. Medicamento antiséptico destinado a actuar en la faringe por pulverización.

**COLUVIÓN** n. f. GEOL. Depósito resultante de una movilización y desplazamiento a poca distancia sobre una vertiente.

**COLZA** n. f. Planta forrajera de flores amarillas, cultivada por sus semillas que proporcionan hasta un 45 % de aceite. (Familia crucíferas.)

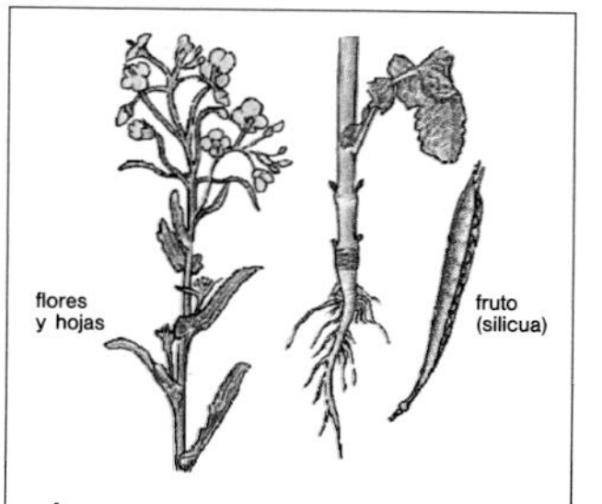

colza

**COMA** n. f. (lat. *commam*). Signo ortográfico de puntuación que se pone a la derecha y hacia la parte inferior de las palabras para separar las partes de una frase e indicar una ligera pausa. **2.** Sistema de representación de un número fraccionario en la memoria de un ordenador. **3.** Signo aritmético que se utiliza en la escritura de números decimales para separar su parte entera de la decimal. SIN.: *coma decimal.* **4.** Microintervalo que representa la quinta parte de un tono.

**COMA** n. m. (gr. *kōma,* sueño profundo). Estado caracterizado por la falta de motricidad voluntaria y de sensibilidad, acompañado de pérdida más o menos profunda de la conciencia con conservación de las funciones vegetativas.

**COMADRE** n. f. (lat. *commatrem*). Madrina de una criatura, respecto de la madre, el padre o el padrino de ésta. **2.** *Fam.* Vecina y amiga con quien una mujer tiene más trato que con las demás. **3.** *Fam.* Mujer chismosa.

**COMADREAR** v. intr. **[1]**. *Fam.* Chismorrear, murmurar.

**COMADREJA** n. f. Pequeño mamífero carnívoro de pelaje leonado en el dorso y blanco en el vientre, que mide unos 17 cm de long. (Familia mustélidos.)

comadreja

**COMADREO** n. m. *Fam.* Acción y efecto de comadrear.

**COMADRERÍA** n. f. *Fam.* Conjunto de chismes, habladurías.

**COMADRERO, A** adj. y n. Aficionado a comadrear.

**COMADRÓN, NA** n. Auxiliar médico cuya función está limitada a los partos y a la vigilancia de las embarazadas, pero que puede dispensar el conjunto de cuidados médicos prescritos o aconsejados por un médico.

**COMAL** n. m. *Amér. Central* y *Méx.* Disco bajo y delgado de barro sin vidriar o de metal para cocer tortillas de maíz, tostar café o cacao o para asar cualquier tipo de alimentos.

**COMALIA** n. f. Enfermedad de los animales, especialmente del ganado lanar, consistente en una hidropesía general.

**COMANCHE** adj. y n. m. y f. Relativo a un pueblo amerindio de América del Norte (Oklahoma, Colorado, Wyoming, Kansas), del grupo shoshon, familia lingüística uto-azteca, act. en reservas en Wyoming; individuo de este pueblo.

**COMANDANCIA** n. f. Empleo de comandante. **2.** Territorio sujeto militarmente a él. **3.** Oficina donde despacha. • **Comandancia de marina,** subdivisión de un departamento marítimo.

**COMANDANTE** n. m. Oficial de los ejércitos de tierra y aire, de grado intermedio entre el de capitán y el de teniente coronel. **2.** Militar que ejerce el mando de un puesto, fuerte o plaza. **3.** Oficial o jefe del cuerpo general de la armada que tiene el mando de un buque de guerra o mercante, de un centro de la marina de guerra, de un arsenal, etc. **4.** Piloto que tiene el mando de una aeronave.

**COMANDAR** v. tr. **[1]**. Mandar un ejército, una flota, etc.

**COMANDITA** n. f. (ital. *accomandita,* depósito). **Sociedad en comandita,** sociedad comercial en la que una parte de los asociados aportan capital sin tomar parte en la gestión del negocio.

**COMANDITAR** v. tr. **[1]**. Aportar fondos para una empresa comercial o industrial.

**COMANDITARIO, A** adj. Relativo a la sociedad en comandita.

**COMANDO** n. m. Formación militar de pocos efectivos, encargada de misiones especiales y que actúa aisladamente. **2.** Cada uno de los hombres que la integran. **3.** Grupo reducido que efectúa acciones aisladas de tipo guerrillero. **4.** INFORMÁT. Cualquier instrucción que genera varias acciones preestablecidas.

**COMANOS** o **COMANIANOS** → *cumanos.*

**COMARCA** n. f. Territorio con una clara unidad geográfica y unos límites bastante precisos, que comprende un buen número de aldeas y lugares y, en general, con una extensión más circunscrita y reducida que una región.

**COMARCAL** adj. Relativo a la comarca.

**COMARCANO, A** adj. Cercano, contiguo.

**COMATOSO, A** adj. Relativo al coma.

**COMBA** n. f. Inflexión que toman algunos cuerpos sólidos cuando se encorvan. **2.** Juego de niños que consiste en saltar por encima de una cuerda que se hace pasar por debajo de los pies y sobre la cabeza del que salta. **3.** Esta misma cuerda.

**COMBADURA** n. f. Acción y efecto de combar.

**COMBAR** v. tr. y pron. **[1]**. Encorvar, torcer.

**COMBATE** n. m. Lucha entablada para atacar o defenderse; lucha contra obstáculos de todas clases. **2.** MIL. Enfrentamiento limitado en el espacio y en el tiempo de formaciones aéreas, terrestres o navales adversarias. • **Fuera de combate,** vencido, imposibilitado para continuar la lucha.

**COMBATIBLE** adj. Que puede ser combatido: *razones combatibles.*

**COMBATIENTE** adj. Que combate. ◆ n. m. **2.** Hombre o soldado que toma parte directa en un combate, una guerra o una riña. **3.** Pequeño pez de colores vivos, originario de Tailandia. (Los machos libran combates a menudo mortales.) • **No combatiente,** personal militar que no toma parte activa en el combate. ◆ adj. y n. m. **4.** ZOOL. Dícese de una raza de aves de corral, de 30 cm de long., caracterizada por los combates furiosos, pero poco peligrosos, de los machos.

**COMBATIR** v. intr. y pron. **[3]**. Mantener un combate. ◆ v. tr. **2.** Acometer, embestir. **3.** *Fig.* Oponerse, tratar de destruir: *combatir la corrupción.* ◆ v. tr., intr. y pron. **4.** *Fig.* Agitar el ánimo los afectos o pasiones.

**COMBATIVIDAD** n. f. Calidad o condición de combativo.

**COMBATIVO, A** adj. Inclinado o dispuesto al combate, a la contienda o a la polémica.

**COMBE** n. f. (voz francesa). GEOGR. Depresión formada en la parte central de un anticlinal, constituida por capas blandas recubiertas por capas duras.

**COMBINA** n. f. *Vulg.* Combinación, especialmente plan, artimaña.

**COMBINACIÓN** n. f. Acción y efecto de combinar. **2.** Plan, artimaña. **3.** Cóctel, combinado. **4.** Prenda de vestir femenina de una sola pieza que se lleva debajo del vestido. **5.** Dispositivo mecánico interno de una caja fuerte que permite su apertura. **6.** Clave que da la posición de dicho dispositivo para que se abra la cerradura. **7.** Enlace entre diversos medios de transporte público. **8.** QUÍM. Unión de varios cuerpos simples para formar un compuesto homogéneo, distinto de los componentes. • **Combinación de orden n de m elementos** (MAT.), cada uno de los grupos que se pueden formar con *n* de los *m* elementos, de modo que dos grupos difieran al menos en un elemento.

**COMBINADA** n. f. DEP. Prueba que reúne varias especialidades de un deporte.

**COMBINADO, A** adj. MIL. Que afecta a las fuerzas de diferentes países que integran una coalición: *operación combinada; mando combinado.* ◆ n. m. **2.** Conjunto, mezcla de elementos diversos. **3.** Cóctel, mezcla de licores. **4.** Aparato telefónico o radiotelefónico en el que el micrófono y el auricular están reunidos en el mismo dispositivo por medio de una sola empuñadura. **5.** Aparato que presenta a la vez las características del avión y las del helicóptero.

**COMBINADOR** n. m. Aparato destinado a regular la marcha de los vehículos eléctricos combinando los circuitos de los motores.

**COMBINAR** v. tr. **[1]**. Unir cosas diversas de manera que formen un compuesto o agregado: *combinar unas letras.* **2.** *Fig.* Concertar, disponer varios elementos en orden a la consecución de un fin: *combinar un plan de actuación.* ◆ v. tr. y pron. **3.** QUÍM. Producir una combinación: *combinar el hidrógeno y el oxígeno.*

**COMBINAT** n. m. (ruso *kombinat*) [pl. *combinats*]. En la antigua U.R.S.S., unidad industrial que agrupaba, en un territorio determinado, un conjunto de establecimientos industriales de actividades solidarias. **2.** En la antigua U.R.S.S., conjunto de regiones industriales con aptitudes complementarias, y, por ello, ligadas por intercambios privilegiados.

**COMBINATORIA** n. f. MAT. Conjunto de las relaciones distribucionales de los elementos de un conjunto. **2.** MAT. Análisis de estas relaciones.

**COMBINATORIO, A** adj. Dícese del arte de combinar. • **Análisis combinatorio** (MAT.), dominio de las matemáticas, en el que se trata de los grupos finitos de elementos, engendrados por ciertas operaciones o por la combinación de ciertas operaciones.

**COMBO** n. m. Pequeña formación de músicos. (Proviene del jazz, donde se aplica a los pequeños conjuntos.)

**COMBO, A** adj. Que está combado: *tener la frente comba.* ◆ n. m. **2.** Asiento sobre el cual se colocan los toneles y las cubas. **3.** *Amér.* Mazo, almádana. **4.** *Chile* y *Perú.* Puñetazo.

**COMBOSO, A** adj. Combado.

**COMBURENTE** adj. y n. m. Dícese de un cuerpo que, por combinación con otro, produce la combustión de este último. (El oxígeno es comburente pero no combustible.)

**COMBUSTIBILIDAD** n. f. Calidad de combustible.

**COMBUSTIBLE** adj. y n. m. Que puede arder, o que arde con facilidad: *el hidrógeno es combustible.* ◆ n. m. **2.** Material cuya combustión produce energía calorífica. **3.** Material capaz de desprender energía por fisión o fusión nucleares.

**COMBUSTIÓN** n. f. (lat. *combustionem*). Acción y efecto de arder o quemar. **2.** Tercer tiempo del funcionamiento de un motor, en el ciclo de cuatro tiempos. **3.** QUÍM. Conjunto de fenómenos que acompañan a la combinación de un cuerpo con oxígeno.

**COMECHINGÓN,** pueblo amerindio que vivía en las sierras de Córdoba (Argentina).

**COMECOCOS** n. m. *Fam.* Persona o cosa que absorbe los pensamientos o la atención de alguien. ◆ n. m. y f. **2.** Persona que maneja o convence a alguien.

**COMECOME** n. m. *Amér. Merid.* Comezón, desazón interior.

**COMEDERO** n. m. Recipiente donde se echa la comida a algunos animales.

**COMEDIA** n. f. (lat. *comoediam*). Obra dramática. **2.** Obra teatral o cinematográfica de tema ligero y desenlace feliz. **3.** Género teatral o cinematográfico formado por dicha clase de obras. **4.** *Fig.* Suceso de la vida real, capaz de interesar y mover a risa. **5.** *Fig.* Farsa o fingimiento: *hacer la comedia.* • **Comedia de capa y espada,** en el teatro español del s. XVII, la que describe las costumbres de los caballeros de aquel tiempo. || **Comedia musical,** la que incluye escenas bailadas y cantadas.

**COMEDIANTE, A** n. Actor, el que representa en el teatro. **2.** *Fig.* y *fam.* Persona que aparenta lo que no siente: *ser un comediante de primera.*

**COMEDIDO, A** adj. Cortés, prudente, moderado: *modo de hablar comedido.*

**COMEDIMIENTO** n. m. Cortesía, moderación, urbanidad.

**COMEDIÓGRAFO, A** n. Escritor de comedias.

**COMEDIRSE** v. pron. **[30]**. Moderarse, contenerse. **2.** *Amér.* Acomedirse, prestarse espontáneamente para hacer algo.

**COMEDÓN** n. m. Pequeña acumulación de materia sebácea, con el extremo de color negro, que se forma en la piel.

**COMEDOR, RA** adj. y n. Comilón. ◆ n. m. **2.** Habitación destinada en las casas para comer. **3.** Conjunto de los muebles de dicha habitación. **4.** Establecimiento destinado a servir comidas a personas determinadas: *el comedor de una fábrica.*

**COMEJÉN** n. m. Termes.

**COMENDADOR** n. m. Caballero que tiene encomienda en alguna de las órdenes militares o de caballeros. • **Comendador de los creyentes,** título de los antiguos sultanes de Turquía. || **Gran comendador,** primer dignatario de la orden de Malta inmediatamente después del gran maestre.

**COMENDATARIO, A** adj. y n. Dícese del eclesiástico secular que goza de un beneficio regular en encomienda.

**COMENDATORIO, A** adj. Dícese de los papeles y cartas de recomendación.

**COMENSAL** n. m. y f. Cada una de las personas que comen en una misma mesa. ◆ adj. y n. m. **2.** BIOL. Dícese de ciertas especies animales que viven asociadas a otras, aprovechándose de los restos de sus comidas, pero sin perjudicarlas.

**COMENSALISMO** n. m. BIOL. Género de vida característico de las especies comensales.

**COMENTADOR, RA** n. Persona que comenta.

**COMENTAR** v. tr. (lat. *commentari*) **[1]**. Realizar o hacer comentarios.

**COMENTARIO** n. m. (lat. *commentarium*). Observación hablada o escrita para explicar, ilustrar o criticar el sentido de una obra, discurso, etc. • **Comentario de texto,** valoración, análisis o estudio en el que se interpreta tanto el fondo como la forma de un texto. ◆ **comentarios** n. m. pl. **2.** Título que se da a algunas historias escritas en estilo conciso. **3.** *Fam.* Conversación, especialmente cuando sirve de ocasión para murmuraciones.

**COMENTARISTA** n. m. y f. Persona que escribe comentarios y en general que comenta: *un comentarista deportivo.*

**COMENTO** n. m. Acción y efecto de comentar. **2.** Comentario de una obra. **3.** Embuste, mentira.

**COMENZAR** v. tr. **[1e]**. Empezar, dar principio a una cosa: *comenzar la sesión.* ◆ v. intr. **2.** Empezar, tener una cosa principio.

**COMER** v. intr. y tr. (lat. *comedere*) **[2]**. Masticar el alimento en la boca y pasarlo al estómago: *no comas tan deprisa.* ◆ v. intr. **2.** Tomar alimento: *está inapetente y come poco.* **3.** Almorzar. **4.** Cenar. ◆ v. tr. y pron. **5.** Tomar por alimento una u otra cosa: *comerse un bocadillo.* **6.** *Fig.* Gastar, consumir: *comerse la estufa todo el carbón.* **7.** *Fig.* Sentir comezón física o moral: *estar comidos por la envidia.* **8.** *Fig.* Hacer que una cosa parezca más pequeña: *la barba se le come el rostro.* **9.** *Fig.* Suprimir letras, palabras, sonidos, etc., en una conversación o escrito: *comerse las eses.* **10.** En algunos juegos de mesa (ajedrez, damas), ganar una pieza al contrario: *comerse un alfil.* • **Comer** algo o a alguien **con los ojos,** mirarlo con codicia, envidia, amor o cólera. || **Ser de buen comer,** se dice de la persona que come mucho. || **Sin comerlo ni beberlo** *(Fam.),* sin haber participado en la causa o motivo del daño o provecho que se sigue.

**COMERCIAL** adj. Relativo al comercio. **2.** Dícese de aquello que tiene fácil aceptación en el mercado que le es propio. ◆ n. m. **3.** *Amér.* Anuncio publicitario.

**COMERCIALIZAR** v. tr. **[1g]**. Dar a los productos condiciones y organización comercial para su venta.

**COMERCIANTE** adj. y n. m. y f. Que comercia. ◆ n. m. y f. **2.** Persona o entidad que ejerce el comercio.

**COMERCIAR** v. intr. **[1]**. Comprar, vender o permutar géneros, con fin lucrativo: *comerciar en frutas.* **2.** *Fig.* Tener trato y comunicación unas personas con otras.

**COMERCIO** n. m. (lat. *comercium*). Acción y efecto de comerciar. **2.** Tienda, almacén, establecimiento comercial: *los rótulos de los comercios.* **3.** Conjunto de establecimientos comerciales: *el comercio no cierra los sábados.* **4.** Comunicación y trato de unas gentes con otras: *no tener comercio con los vecinos.* • **Código de comercio,** conjunto de leyes que rigen la actividad comercial. || **Comercio exterior** (ECON.), conjunto de las transacciones mercantiles que los ciudadanos de un país hacen con el resto del mundo. || **Comercio interior** (ECON.), conjunto de las transacciones mercantiles realizadas dentro de un mismo país. || **Comercio internacional** (ECON.), conjunto de los intercambios mercantiles entre estados.

**COMESTIBLE** adj. Que se puede comer. ◆ n. m. **2.** Todo género de artículos alimenticios: *una tienda de comestibles; la carestía de los comestibles.* (Suele usarse en plural.)

**COMETA** n. m. (lat. *cometam*). Astro del sistema solar, de aspecto difuso, normalmente invisible, pero cuyo brillo aumenta suficientemente en las proximidades del Sol y permite su observación. ◆ n. f. **2.** Juguete que consiste en una armazón ligera de forma poligonal, cubierta de papel o de tela, y que se hace volar mediante una larga cuerda.

■ Los cometas están constituidos por un *núcleo* irregular de hielo, rocas y polvo, de dimensiones kilométricas, que gira sobre sí mismo. Cuando el cometa se acerca al Sol, éste calienta y evapora el

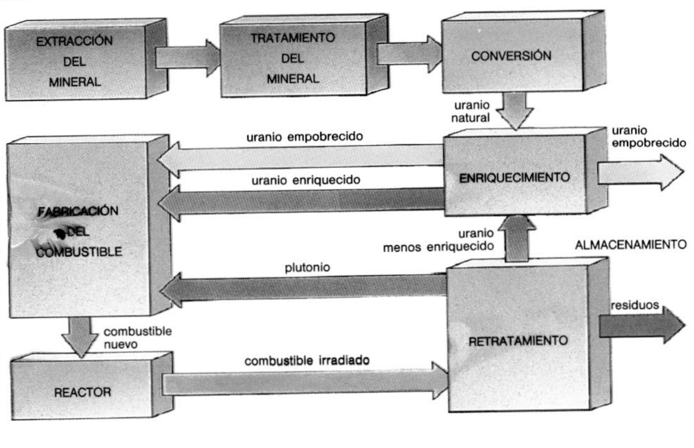

**combustible** nuclear: ciclo de tratamiento del uranio

el **cometa** West (fotografiado el 12 de marzo de 1976 desde el observatorio de Sacramento Peak [E.U.A.])

hielo al tiempo que libera y esparce polvo; se forma entonces una nebulosidad, la *cabellera,* luminosa por efecto de la luz solar difundida por el polvo y por su fluorescencia al contacto con el gas. Prolongada en dirección opuesta al Sol, la cabellera produce una hermosa *cola de gas* (o *de plasma*) azulada y rectilínea cuya longitud puede alcanzar centenares de millones de kilómetros. Por su parte, el polvo expulsado del núcleo por efecto de la presión de la radiación solar forma una *cola de polvo* amarillenta, más larga, difusa y curva. Desde la antigüedad se han registrado cerca de 1 200 apariciones de cometas, y cada año se descubre una veintena de ellos. Sin embargo, se cree que existe cerca de un billón de cometas, distribuidos en un amplio halo, en los confines del sistema solar.

**COMETER** v. tr. (lat. *committere*) **[2]**. Incurrir en alguna culpa, error o delito: *cometer un error.*

**COMETIDO** n. m. Comisión, encargo. **2.** Deber, obligación.

**COMEZÓN** n. f. Picazón, picor. **2.** *Fig.* Desasosiego, intranquilidad.

**COMIBLE** adj. *Fam.* Dícese de las cosas de comer que no son enteramente desagradables al paladar.

**CÓMIC** o **COMIC** n. m. (ingl. *comic*) [pl. *cómics* o *comics*]. Secuencia de representaciones gráficas acompañadas por un texto, que relatan una acción a través de saltos sucesivos de una imagen a otra sin que por ello se interrumpa la narración ni el desarrollo y comprensión de la situación. *(V. ilustración pág. 266.)*

**COMICASTRO, A** n. *Desp.* Cómico malo.

**COMICIAL** adj. Relativo a los comicios. • **Mal comicial,** epilepsia.

**COMICIDAD** n. f. Calidad de cómico, capaz de divertir: *la comicidad de una escena.*

**COMICIOS** n. m. pl. (lat. *comitia*). Asambleas del pueblo romano, en número de tres: *los comicios curiados, centuriados* y *tributos.* **2.** En el s. XIX, reuniones de electores para nombrar los miembros de asambleas deliberantes, etc. **3.** Elecciones.

**CÓMICO, A** adj. Relativo a la comedia: *teatro cómico.* **2.** Gracioso, que hace reír: *situación cómica.* ◆ n. **3.** *Fam.* Actor. • **Cómico de la legua,** actor que va representando de pueblo en pueblo.

**COMIDA** n. f. Alimento, sustancia que proporciona energía al organismo. **2.** Acción de comer o tomar habitualmente alimentos a una u otra hora del día o de la noche. **3.** Alimento que se toma a cualquier hora del día o de la noche, especialmente al mediodía o primeras horas de la tarde.

**COMIDILLA** n. f. *Fam.* Gusto o agrado especial que uno encuentra en las cosas a las que tiene afición. **2.** *Fig.* y *fam.* Tema preferido en alguna murmuración o conversación satírica: *ser alguien la comidilla del pueblo.*

**COMIENZO** n. m. Principio, origen y raíz de una cosa: *el comienzo de la película.*

**COMILLA** n. f. Signo ortográfico que se pone antes y después de las citas o de ciertas expresiones poco usuales. (Suele usarse en plural.)

**COMILÓN, NA** adj. y n. Que come mucho.

*Popeye* creado por E. C. Segar en 1929

*Tintín, Milú y el capitán Haddock* creado por Hergé en 1929

*Supermán* creado por Jerry Siegel y Joe Shuster en 1938

*Lucky Luke* creado por Morris en 1946

El cómic que en un principio fue la ilustración de un relato, cercana a las estampas francesas de *Epinal*, adquirió en la prensa norteamericana de fines del s. XIX un lugar propio. Inicialmente el cómic tuvo un carácter humorístico, considerado como un divertimento para la juventud con sus personajes simpáticos y sus héroes valientes y astutos (*Popeye*, 1929 de E. C. Segar; *Tintín*, 1929 de Hergé; *Lucky Luke*, 1946 de Morris; *Mortadelo y Filemón*, 1958 de Ibáñez; *Astérix*, 1959 de Goscinny y Uderzo, etc.). Desde 1930 España e Hispanoamérica comenzaron a verse invadidas por las historietas norteamericanas (*Tarzán, Flash Gordon, Supermán*, etc.) y a partir de 1940 aparecieron numerosas publicaciones españolas en cuadernos con historietas completas (*Roberto Alcázar y Pedrín, El guerrero del antifaz, El coyote, El capitán Trueno*, etc...) insertas en una ideología de guerra fría y de intencionalidad política determinada. Posteriormente el cómic trata ya de las preocupaciones intelectuales de los adultos (*Charlie Brown —Carlitos—*, 1950 de Ch. Schulz; *Mafalda*, 1961 de Quino; *Los frustrados*, 1973 de C. Bretécher...), sus fantasmas o sus pasiones (*Barbarella*, 1962 de J. C. Forest; el equipo de *Charlie-Hebdo*: Reiser, Wolinski, Cabu), a través de temas a menudo próximos a la ciencia ficción y con procedimientos gráficos que se inspiran en el cine y en la pintura contemporánea (Ph. Druillet, J. C. Meziéres, R. Pellejero, Mariscal, Montesol, C. Jiménez, Cifré, Calatayud, etc.)

*Mortadelo y Filemón* creado por Francisco Ibáñez en 1958

*Mafalda* creada por Quino en 1961

*Carlitos (Charlie Brown), su perro Snoopy y Lucy* creados por Charles Schulz en 1950

*Fido Dido*, creado por Susan Rose en 1988

**COMILONA** n. f. *Fam.* Comida variada y muy abundante.

**COMINEAR** v. intr. [**1**]. Entremeterse el hombre en menudencias propias de mujeres.

**COMINERÍA** n. f. Menudencia, insignificancia en dichos o hechos. (Suele usarse en plural.)

**COMINERO, A** adj. y n. *Fam.* Que cominea.

**COMINO** n. m. (lat. *cuminum*). Planta herbácea de flores pequeñas y rojizas y fruto de olor aromático y sabor acre. (Familia umbelíferas.) **2.** Fruto y semilla de esta planta. **3.** *Fig.* Cosa de ínfima importancia o valor: *me importa un comino.* **4.** Persona de pequeño tamaño, especialmente los niños.

**COMISAR** v. tr. [**1**]. Declarar que una cosa ha caído en comiso: *comisar la correspondencia de alguien.* SIN.: *decomisar.*

**COMISARÍA** n. f. Empleo del comisario. **2.** Oficina del comisario.

**COMISARIATO** n. m. Comisaría. **2.** *Colomb., Nicar.* y *Pan.* Economato, almacén.

**COMISARIO** n. m. El que tiene poder de otro para ejecutar alguna orden o entender en algún negocio. **2.** Persona oficialmente encargada de hacer respetar los reglamentos en ciertas pruebas deportivas. • **Comisario de policía,** agente del cuerpo general de policía, que cuida del cumplimiento y ejecución de las leyes y órdenes de la autoridad relativa al orden público. ‖ **Comisario político,** delegado del poder civil o de un partido político que, en determinados ejércitos, tiene como misión fundamental la educación y la vigilancia político-social de la unidad en que está destinado.

**COMISCAR** v. tr. e intr. [**1a**]. Comer a menudo y en poca cantidad. SIN.: *comisquear.*

**COMISIÓN** n. f. (lat. *commissionem*). Acción de cometer: *la comisión de un delito.* **2.** Misión encargada a alguien. **3.** Retribución o porcentaje que se percibe en concepto de mediación en un negocio o compra. **4.** Conjunto de personas delegadas temporalmente para hacer alguna cosa: *una comisión de estudiantes.* **5.** Contrato por el que alguien se compromete a realizar algo por cuenta de otro: *comisión mercantil.* • **Comisión parlamentaria,** organismo de trabajo creado por las cámaras, integrado por un número restringido de miembros de las mismas, con el fin de dictaminar o informar sobre los asuntos sometidos a ellas.

**COMISIONADO, A** adj. y n. Encargado de una comisión.

**COMISIONAR** v. tr. [**1**]. Delegar un poder, atribuir una función a alguien. **2.** Hacer el encargo de comprar o de vender mercancías.

**COMISIONISTA** n. m. y f. Persona que se emplea en desempeñar comisiones mercantiles.

**COMISO** n. m. (lat. *commisum,* confiscación). DER. Pena de pérdida de la cosa, en que incurre el que comercia con géneros prohibidos o falta a un contrato en que se estipuló esta sanción. **2.** DER. Pena accesoria de privación de los efectos o instrumentos de un delito. **3.** DER. Cosa decomisada.

**COMISORIO, A** adj. DER. Obligatorio o válido por determinado tiempo o aplazado para cierto día: *pacto comisorio; pacto de ley comisoria.*

**COMISURA** n. f. Zona de unión de los bordes de una hendidura orgánica: *la comisura de los labios.*

**COMITÉ** n. m. (ingl. *committee*). Conjunto de un número reducido de personas que, representando a una colectividad más numerosa, tiene a su cargo determinadas gestiones o funciones. • **Comité central,** órgano dirigente de un partido compuesto por miembros elegidos. ‖ **Comité de empresa,** órgano colegiado y representativo de los trabajadores de una empresa para la defensa de sus intereses.

**COMITENTE** n. m. y f. Cliente del comisionista al cual encarga comprar o vender mercancías por su cuenta, de forma onerosa.

**COMITIVA** n. f. Acompañamiento, séquito, cortejo.

**CÓMITRE** n. m. Persona que en las galeras dirigía la boga y a cuyo cargo estaba el castigo de los galeotes.

**COMMEDIA DELL'ARTE** n. f. (voces italianas). Forma teatral italiana, particularmente floreciente en el s. XVI, basada en la improvisación (acrobacias, pantomimas, etc.) y en una tipología de personas tradicionales («máscaras»): Arlequín, Pantalón, Matamoros, Scaramouche, etc.

**COMO** adv. m. Denota idea de equivalencia, semejanza o igualdad: *pasar como una exhalación.* **2.** Según, conforme: *como dijiste.* **3.** En calidad de: *asistir a una boda como testigo.* • **Como quiera que,** de cualquier modo que: *como quiera que sea, no hay remedio;* dado que. ‖ **Como si tal cosa,** con indiferencia: *recibir una reprimenda como si tal cosa.* ◆ conj. caus. **4.** Porque: *como llegué tarde no pude verle.* ◆ conj. cond. **5.** Si: *como no me creas me enfadaré.* ◆ conj. cop. **6.** Que: *¡tanto tiempo como llevo diciéndotelo y aún no lo sabes!*

**CÓMO** adv. m. interrog. De qué modo o manera: *¿cómo va?; no sé cómo empezar.* **2.** Por qué motivo o razón; en fuerza o virtud de qué: *¿cómo dices esto?* **3.** Expresa encarecimiento, en buen o mal sentido: *¡cómo llueve!* • **Cómo no,** sí: *¿vienes? — ¡cómo no!* ◆ interj. **4.** Denota enfado o extrañeza: *¡cómo! ¿no lo sabes?* ◆ n. m. **5.** Modo, manera: *lo importante es el cómo se vive.*

**CÓMODA** n. f. Mueble con tablero de mesa, provisto de cajones.

**cómoda** (1745) por A. R. Gaudreaux (madera violeta, bronces cincelados y dorados, cubierta de mármol) [palacio de Versalles]

**COMODATO** n. m. DER. Contrato en virtud del cual una de las partes *(comodante)* entrega a la otra *(comodatario)* una cosa, para que use de ella durante cierto tiempo y se la devuelva una vez finalizado el uso o el tiempo.

**COMODIDAD** n. f. Calidad de cómodo.

**COMODÍN** n. m. En algunos juegos de naipes, carta que toma el valor que le da el que la posee. **2.** *Fig.* Lo que sirve para fines diversos. **3.** *Fig.* Pretexto habitual o poco justificado.

**CÓMODO, A** adj. (lat. *commodum*). Que se presta al uso necesario, sin ningún inconveniente, molestia, etc.: *unos sillones cómodos.* **2.** Oportuno, fácil, acomodado. **3.** A gusto, bien, sin sentirse cohibido. **4.** Comodón.

**COMODÓN, NA** adj. *Fam.* Amante de la comodidad.

**COMODORO** n. m. (ingl. *commodore*). Título que se da, en las marinas de algunos países, a los oficiales al mando de una división naval.

**COMOQUIERA** adv. m. De cualquier manera.

**COMPACT DISC** n. m. (voces inglesas). Disco compacto. **2.** Aparato para la reproducción de discos compactos.

**COMPACTACIÓN** n. f. Acción y efecto de compactar. **2.** TECNOL. Apisonamiento de la tierra para comprimirla e incrementar su densidad.

**COMPACTADOR, RA** adj. INFORMÁT. Dícese del programa que reduce por codificación la extensión de los datos sin pérdida de información. ◆ n. f. **2.** Instrumento de obras públicas destinado a aglomerar y comprimir uniformemente los elementos constitutivos de una calzada.

**compactadora**

**COMPACTAR** v. tr. [**1**]. Hacer compacto.

**COMPACTIBILIDAD** o **COMPACIDAD** n. f. Calidad de compactible.

**COMPACTO, A** adj. Dícese de los cuerpos de textura apretada y poco porosa: *madera compacta.* **2.** Apretado, apiñado: *un grupo compacto de gente.* ◆ n. m. **3.** Disco compacto.

**COMPADECER** v. tr. y pron. [**2m**]. Inspirar o sentir compasión. ◆ **compadecerse** v. pron. **2.** Venir bien una cosa con otra.

**COMPADRAJE** n. m. *Fam.* Unión o pacto de varias personas para ayudarse mutuamente.

**COMPADRAZGO** n. m. Conexión o afinidad que el padrino de una criatura contrae con los padres de ésta. **2.** Compadraje.

**COMPADRE** n. m. (lat. *compatrem*). Padrino de un niño con respecto a los padres de éste y viceversa. **2.** Tratamiento que a veces se da entre personas de las clases populares.

**COMPADREAR** v. intr. [**1**]. Hacer o tener amistad, generalmente con fines poco lícitos. **2.** *Argent., Par.* y *Urug.* Provocar, jactarse, envanecerse.

**COMPADRERÍA** n. f. Relación entre compadres, amigos o camaradas.

**COMPADRITO** n. m. *Argent., Par.* y *Urug. Fam.* Tipo popular pendenciero, afectado en sus ropas y maneras de vestir.

**COMPAGINACIÓN** n. f. Acción y efecto de compaginar o compaginarse.

**COMPAGINADOR, RA** n. Persona que compagina.

**COMPAGINAR** v. tr. y pron. [**1**]. Poner en buen orden cosas que tienen alguna relación o conexión mutua. **2.** Hacer compatibles dos o más actividades entre sí: *compagina muy bien los estudios con el deporte.* ◆ v. tr. **3.** IMPR. Ajustar, distribuir las galeradas en planas. ◆ **compaginarse** v. pron. **4.** *Fig.* Corresponder bien una cosa con otra: *compaginarse bien el respeto con las buenas costumbres.*

**COMPAÑA** n. f. *Fam.* Compañía.

**COMPAÑERISMO** n. m. Vínculo que existe entre compañeros. **2.** Concordia y buena correspondencia entre ellos.

**COMPAÑERO, A** n. Persona que acompaña a otra habitual o circunstancialmente o que comparte con ella la misma actividad o ideología. **2.** *Fig.* Cosa que hace juego o tiene correspondencia con otra u otras. • **Compañero de viaje,** expresión usada para designar a aquel que coopera parcialmente con una organización o partido, en especial el Partido comunista.

**COMPAÑÍA** n. f. Efecto de acompañar. **2.** Persona o cosa que acompaña. **3.** Sociedad o junta de varias personas unidas para un mismo objeto, especialmente para fines comerciales o industriales. **4.** Cuerpo de actores, formado para representar en los teatros. **5.** MIL. Primera unidad orgánica, administrativa y táctica que existe en los ejércitos regulares y que está bajo el mando de un capitán. • **Compañía de comercio y de navegación,** sociedad que recibía del estado el privilegio o monopolio de comerciar con las colonias.

**COMPARABLE** adj. Que puede o merece compararse.

**COMPARACIÓN** n. f. Acción y efecto de comparar. **2.** Igualdad y proporción correspondiente entre las cosas que se comparan. • **Grados de comparación,** grados de significación del adjetivo y del adverbio (positivo, comparativo y superlativo) que expresan una idea de evaluación con respecto a un punto de comparación, o una idea de superioridad independiente de toda comparación.

**COMPARADO, A** adj. Que procede por comparación. • **Anatomía comparada,** parte de la anatomía que se ocupa del estudio de las variaciones de una misma estructura en las diferentes especies animales. ‖ **Gramática, lingüística comparada,** rama de la lingüística que estudia las relaciones entre las lenguas. ‖ **Literatura comparada,** rama de la historia de la literatura que estudia las relaciones entre las literaturas de diferentes países o la evolución de un género o de un tema literario en épocas distintas o en dominios culturales diferentes.

**COMPARADOR** n. m. METROL. Instrumento amplificador utilizado para comparar una dimensión de una pieza con la de un patrón.

**COMPARANZA** n. f. Comparación, acción y efecto de comparar.

**COMPARAR** v. tr. (lat. *comparare*) **[1]**. Examinar dos o más cosas para descubrir sus relaciones, diferencias o semejanzas. **2.** Establecer una semejanza entre dos cosas.

**COMPARATISMO** n. m. Gramática comparada y período de su desarrollo científico.

**COMPARATISTA** n. m. y f. Persona especializada en gramática comparada o en literatura comparada.

**COMPARATIVO, A** adj. Que compara o sirve para comparar. ◆ adj. y n. m. **2.** Dícese del grado de significación de los adjetivos y de los adverbios, que expresa una cualidad igual, superior o inferior.

**COMPARECENCIA** n. f. DER. Acción y efecto de comparecer ante alguna autoridad: *comparecencia ante el juez.*

**COMPARECER** v. intr. **[2m]**. Presentarse uno ante otro, especialmente ante el juez, en virtud del llamamiento o intimación, o mostrándose parte en algún negocio. **2.** Llegar a destiempo o de manera inesperada: *no compareció hasta el día siguiente.*

**COMPARECIENTE** n. m. y f. DER. Persona que comparece ante el juez.

**COMPARSA** n. f. (ital. *comparsa*). Acompañamiento, conjunto de personas que, en el teatro, figuran, pero no hablan. **2.** Conjunto de máscaras vestidas con trajes de una misma clase. ◆ n. m. y f. **3.** Persona que forma parte del acompañamiento.

**COMPARSERÍA** n. f. Conjunto de comparsas que participan en las representaciones teatrales.

**COMPARTIMENTACIÓN** n. f. Acción y efecto de compartimentar.

**COMPARTIMENTAR** v. tr. **[1]**. Proyectar o efectuar la subdivisión estanca de un buque. **2.** *Fig.* Dividir o agrupar algo material o inmaterial en compartimentos estancos.

**COMPARTIMENTO** o **COMPARTIMIENTO** n. m. Acción y efecto de compartir. **2.** Cada una de las partes que resultan de compartir un todo. **3.** Cada una de las partes en que, por medio de tabiques, se ha dividido la caja de un vagón de tren.

**COMPARTIR** v. tr. **[3]**. Repartir, dividir, distribuir en partes. **2.** Usar, participar en algo, poseer en común: *compartir una habitación.*

**COMPÁS** n. m. Instrumento de dibujo y medición, compuesto por dos varillas articuladas por un extremo. **2.** Brújula, especialmente la usada en navegación. **3.** MÚS. Cada uno de los períodos de tiempos iguales en que se marca el ritmo de una frase musical, cuya división natural viene indicada en el pentagrama por unas líneas verticales. **4.** MÚS. Ritmo o cadencia de una pieza musical. • **Compás de espera** *(Fig.)*, detención de un asunto por poco tiempo. ‖ **Compás de vara,** compás en el que la punta y el trazador se deslizan sobre una barra horizontal. ‖ **Compás giroscópico** (MAR.), compás construido de acuerdo con la estabilidad mecánica del giroscopio, y, por ello, insensible a las influencias magnéticas. ‖ **Llevar el compás,** seguir el ritmo.

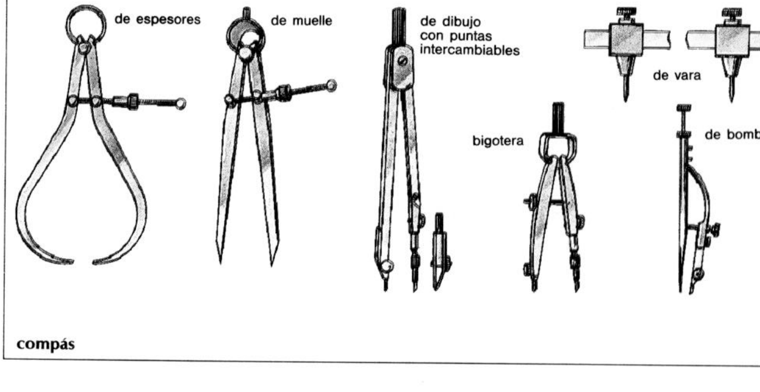

**compás**

**COMPASADO, A** adj. Moderado, cuerdo.

**COMPASAR** v. tr. **[1]**. Medir con el compás. **2.** *Fig.* Arreglar, medir, proporcionar las cosas de modo que no sobren ni falten: *compasar los gastos.*

**COMPASIÓN** n. f. (lat. *compassionem*). Sentimiento de lástima hacia el mal o desgracia ajenos: *sentir compasión por un enfermo.*

**COMPASIVO, A** adj. Que tiene o muestra compasión. **2.** Que fácilmente se mueve a compasión: *ser de condición compasiva.*

**COMPATIBILIDAD** n. f. Calidad de compatible. **2.** INFORMÁT. Cualidad relativa de dos ordenadores, en que uno puede ejecutar programas escritos para el otro sin necesidad de traducción o reescritura. **3.** INFORMÁT. Calidad de varios programas o ficheros, que les permiten constituir, reunidos, un conjunto coherente de tratamiento.

**COMPATIBILIZAR** v. tr. **[1g]**. Hacer compatible: *compatibilizar el trabajo con la familia.*

**COMPATIBLE** adj. Capaz de unirse o concurrir en un mismo lugar o sujeto: *hacer compatible el trabajo con la diversión.* **2.** TECNOL. Dícese de los ordenadores, sistemas de telecomunicación, etc., que poseen características de compatibilidad. • **Sucesos compatibles** (ESTADÍST.), sucesos que pueden producirse simultáneamente.

**COMPATRIOTA** n. m. y f. Respecto a una persona, otra de su misma patria.

**COMPELER** v. tr. **[2]**. Obligar a uno, con fuerza o por autoridad, a que haga algo.

**COMPENDIAR** v. tr. **[1]**. Reducir a compendio: *compendiar un discurso en unas líneas.*

**COMPENDIO** n. m. (lat. *compendium*). Breve y sumaria exposición de lo más sustancial de una materia.

**COMPENDIOSO, A** adj. Que está, se escribe, o dice en compendio.

**COMPENETRACIÓN** n. f. Acción y efecto de compenetrarse.

**COMPENETRARSE** v. pron. **[1]**. Penetrar las partículas de una sustancia entre las de otra. **2.** *Fig.* Identificarse en ideas y sentimientos.

**COMPENSACIÓN** n. f. Acción y efecto de compensar: *una compensación económica.* **2.** DER. Modo de extinción de dos obligaciones recíprocas. **3.** ECON. Operación financiera en la que las compras y las ventas se liquidan mediante transferencias recíprocas. **4.** PATOL. Mecanismo por el cual un órgano determinado o el organismo entero palía la alteración de una función fisiológica. **5.** TECNOL. Ajuste, corrección de una desviación en un parámetro u órgano de una máquina.

**COMPENSADOR, RA** adj. Que compensa. ◆ n. m. **2.** Aquello que proporciona una compensación. **3.** Aparato destinado a compensar una diferencia o, más corrientemente, una variación.

**COMPENSAR** v. tr. y pron. (lat. *compensare*) **[1]**. Neutralizar el efecto de una cosa con el de otra. **2.** Dar o hacer una cosa en resarcimiento del daño o molestias causadas.

**COMPENSATORIO, A** adj. Que compensa o iguala.

**COMPETENCIA** n. f. Acción y efecto de competir. **2.** Respecto de una empresa o comercio, las que compiten con ella en el mercado. **3.** Incumbencia. **4.** Aptitud, idoneidad. **5.** *Amér.* Competición. **6.** DER. Conjunto de funciones atribuidas por un ordenamiento a un órgano de una persona jurídica de la administración del estado. **7.** GEOGR. Aptitud de un fluido para desplazar elementos de una talla determinada. **8.** LING. Conjunto de conocimientos lingüísticos interiorizado por los individuos que utilizan una lengua. • **Régimen de libre competencia,** aquel en que la creación de las empresas privadas es libre y los poderes públicos sólo intervienen para garantizar el libre juego de las leyes económicas.

**COMPETENTE** adj. Dícese de la persona a quien compete o incumbe alguna cosa: *el juez competente en una causa; la autoridad competente.* **2.** Experto, apto: *una secretaria competente.*

**COMPETER** v. intr. **[2]**. Pertenecer, tocar o incumbir a uno una cosa.

**COMPETICIÓN** n. f. Competencia. **2.** Acción y efecto de competir, especialmente en deportes, certámenes, etc.

**COMPETIDOR, RA** adj. y n. Que compite.

**COMPETIR** v. intr. y pron. **[30]**. Contender dos o más personas para lograr la misma cosa: *competir con alguien.* ◆ v. intr. **2.** Igualar una cosa a otra en su perfección o propiedades.

**COMPETITIVIDAD** n. f. Cualidad de competitivo.

**COMPETITIVO, A** adj. Relativo a la competición o a la competencia. **2.** Susceptible de soportar la competencia de otros: *precios competitivos.*

**COMPILACIÓN** n. f. Acción y efecto de compilar. **2.** Colección de varias noticias, leyes o materias: *una compilación de artículos periodísticos.* **3.** INFORMÁT. Operación de traducir un programa al lenguaje máquina de un ordenador.

**COMPILADOR, RA** adj. y n. Que compila. ◆ n. m. **2.** INFORMÁT. Programa que traduce a lenguaje máquina un programa escrito en lenguaje simbólico.

**COMPILAR** v. tr. (lat. *compilare*) **[1]**. Reunir en un solo cuerpo de obra, extractos de diferentes libros, documentos, etc.: *compilar un cancionero popular.* **2.** INFORMÁT. Traducir a lenguaje máquina un programa escrito en lenguaje simbólico.

**COMPINCHE** n. m. y f. *Fam.* Amigo, camarada.

**COMPLACENCIA** n. f. Sentimiento con que uno se complace en una cosa.

**COMPLACER** v. tr. (lat. *complacere*) **[2m]**. Acceder uno a los deseos o gustos de otro: *complacer a los hijos.* ◆ **complacerse** v. pron. **2.** Alegrarse, hallar plena satisfacción en una cosa: *complacerse en la familia, en la virtud.*

**COMPLACIENTE** adj. Propenso a complacer: *unos padres complacientes.*

**COMPLEJIDAD** o **COMPLEXIDAD** n. f. Calidad de complejo.

**COMPLEJO, A** adj. (lat. *complexum*). Dícese de lo que se compone de elementos diversos: *un problema complejo.* • **Cantidad compleja,** cantidad que está expresada en unidades de distintos órdenes. ‖ **Número complejo,** número que consta de una parte real y otra imaginaria. ◆ n. m. **2.** Conjunto de varias cosas. **3.** Conjunto de edificios o instalaciones destinados a una determinada actividad o que están situados en el mismo lugar: *complejo deportivo; complejo industrial.* **4.** *Fam.* Sentimiento de inferioridad, conducta tímida o inhibida. (Suele usarse en plural.) **5.** QUÍM. Compuesto formado por uno o varios átomos o por un ion central, generalmente metálico, ligado a un cierto número de iones o de moléculas. **6.** SICOANÁL. Conjunto de sentimientos y recuerdos parcial o totalmente inconscientes, provistos de un poder afectivo que determina una manera estereotipada de comportarse para con los demás. • **Complejo absorbente** (EDAFOL.), conjunto de los coloides electronegativos que tienen poder absorbente en el suelo.

**COMPLEMENTAR** v. tr. **[1]**. Dar complemento a una cosa.

**COMPLEMENTARIEDAD** n. f. Calidad de lo que es complementario. • **Principio de complementariedad** (FÍS.), principio enunciado por Bohr según el cual los dos aspectos, corpuscular y ondulatorio, de la radiación y de la materia, son dos formas «complementarias» de una misma realidad.

**COMPLEMENTARIO, A** adj. Que forma el complemento de una cosa. • **Arcos** o **ángulos complementarios,** conjunto de dos arcos o dos ángulos cuya suma vale 90°. ‖ **Colores complementarios,** conjunto de un color primario y de un color derivado cuya mezcla óptica produce el color blanco. (El verde es el color complementario del rojo; el violeta, del amarillo; el anaranjado, del azul.) ◆ n. m. **2. Complementario de un conjunto N (incluido en un conjunto M)** (MAT.), conjunto formado por los elementos de *M* que no pertenecen a *N*.

**COMPLEMENTO** n. m. (lat. *complementum*). Lo que es preciso añadir a una cosa para que sea íntegra o perfecta. **2.** BIOL. Mezcla de globulinas que interviene en las reacciones inmunológicas. **3.** LING. Palabra o grupo de palabras que se añade a otras para completar o precisar su sentido. **4.** MAT. Lo que hay que añadir a un ángulo agudo para obtener un ángulo recto. • **Escala de complemento,** cuadros de mando no profesionales del ejército, que pueden ser llamados a prestar servicio en filas cuando el alto mando lo estime conveniente.

**COMPLETAR** v. tr. [**1**]. Hacer completa una cosa.

**COMPLETAS** n. f. pl. Última parte del oficio divino, después de las vísperas, destinada a santificar el reposo de la noche.

**COMPLETITUD** n. f. LÓG. Propiedad de una teoría deductiva no contradictoria, en la que toda fórmula es decidible.

**COMPLETIVO, A** adj. Dícese de lo que completa y llena. **2.** Acabado, perfecto. ◆ adj. y n. f. **3. Oración completiva** (GRAM.), oración subordinada que sirve de complemento a la principal.

**COMPLETO, A** adj. Entero, lleno, cabal: *la obra completa de Galdós.* **2.** Acabado, perfecto. • **Al completo,** completo, entero, lleno.

**COMPLEXIÓN** n. f. (lat. *complexionem,* conjunto). Constitución fisiológica propia de una persona o de un animal: *ser de complexión fuerte.*

**COMPLEXO, A** adj. Complejo. ◆ adj. y n. m. ANAT. **2.** Dícese de dos músculos de la nuca.

**COMPLICACIÓN** n. f. Concurrencia de cosas diversas. **2.** Embrollo, dificultad. **3.** PATOL. Accidente que sobreviene en el curso evolutivo de una enfermedad y que dificulta o impide la curación.

**COMPLICADO, A** adj. Enmarañado, de difícil comprensión: *una cuestión complicada.* **2.** Compuesto de gran número de piezas. **3.** Dícese de la persona cuyo carácter y conducta no son fáciles de comprender.

**COMPLICAR** v. tr. (lat. *complicare*) [**1a**]. Mezclar, unir cosas diversas entre sí. **2.** Mezclar o comprometer a alguien en un asunto. ◆ v. tr. y pron. **3.** *Fig.* Enredar, dificultar: *complicar una situación.* ◆ **complicarse** v. pron. **4.** Confundirse, embrollarse: *complicarse un fenómeno con otro.*

**CÓMPLICE** n. m. y f. (lat. *complicem*). Participante en un delito o falta, imputable a dos o más personas: *detener a un ladrón y a sus cómplices.* ◆ adj. **2.** Que muestra adhesión o complicidad: *le dirigió una mirada cómplice.*

**COMPLICIDAD** n. f. Calidad de cómplice: *probar la complicidad de alguien en un delito.*

**COMPLOT** n. m. (voz francesa) [pl. *complots*]. Conjunto de maniobras secretas y concertadas contra alguien, y particularmente contra la seguridad interior del estado.

**COMPLUTENSE** adj. y n. m. y f. De Alcalá de Henares.

**COMPONADO, A** adj. HERÁLD. Dícese de la pieza formada por cuadros de esmaltes alternados.

**COMPONEDOR, RA** n. Persona que compone. **2.** *Argent., Chile* y *Colomb.* Persona diestra en tratar dislocaciones de huesos, algebrista. • **Amigable componedor** (DER.), persona cuya decisión o sentencia se han comprometido a acatar las partes afectadas por una divergencia. ◆ n. m. **3.** Regla o listón en que el tipógrafo reúne los caracteres a fin de formar líneas de igual longitud.

**COMPONEDORA** n. f. Máquina de componer.

**COMPONENDA** n. f. Arreglo o transacción poco escrupulosa.

**COMPONENTE** adj. y n. m. Que compone o entra en la composición de un todo: *los componentes de una situación.* ◆ n. m. **2.** QUÍM. Elemento que combinado con otro o con otros varios forma un cuerpo compuesto. **3.** TECNOL. Constituyente elemental de una máquina, aparato o circuito. ◆ n. f. **4.** MAT. Proyección de un vector sobre uno de los ejes o planos de un sistema de coordenadas. **5.** MEC. Cada una de las fuerzas que contribuyen a la formación de una resultante.

**COMPONER** v. tr. (lat. *componere,* arreglar) [**5**]. Formar un todo juntando o disponiendo elementos diversos. **2.** Formar parte de un todo, ser elemento constituyente. **3.** Ordenar, reparar, restablecer el buen estado estropeado: *componer una puerta.* **4.** Hacer, producir obras literarias, musicales, etc.: *componer versos, música.* **5.** *Amér. Merid.* Colocar en su lugar los huesos dislocados. **6.** IMPR. Reproducir un texto juntando los caracteres tipográficos y formando palabras, líneas y planas. ◆ v. tr. y pron. **7.** Constituir, formar, dar ser a un cuerpo o agregado de varias cosas o personas: *una obra que se compone de varias partes; la palabra se compone de sílabas.* **8.** Adornar, acicalar. ◆ **componerse** v. pron. **9.** Estar formado de los elementos que se especifican. • **Componérselas** *(Fam.),* ingeniárselas.

**COMPORTA** n. f. Especie de canasta para transportar las uvas en la vendimia.

**COMPORTAMIENTO** n. m. Manera de comportarse; conjunto de reacciones de un individuo, conducta. **2.** SICOL. Conjunto de reacciones de un organismo que actúa en respuesta a un estímulo procedente de su medio interno o del medio externo y observables objetivamente.

**COMPORTAR** v. tr. (lat. *comportare*) [**1**]. Sufrir, tolerar. **2.** Implicar: *este asunto comporta unos riesgos.* ◆ **comportarse** v. pron. **3.** Portarse, conducirse: *comportarse con educación.*

**COMPOSICIÓN** n. f. Acción y efecto de componer. **2.** Ajuste, convenio entre dos o más personas. **3.** Forma o manera en que algo está compuesto. **4.** Obra científica, literaria o musical. **5.** ART. GRÁF. Acción de juntar manual, mecánica o automáticamente los caracteres tipográficos para formar con ellos palabras, líneas y planas. **6.** B. ART. Estructura de una obra, la obra misma. **7.** QUÍM. Proporción de los elementos que entran en una combinación química. • **Formar,** o **hacer, una composición de lugar,** meditar las circunstancias de un asunto y formar una idea, determinación o proyecto. ‖ **Ley de composición** (MAT.), ley que permite definir un elemento de un conjunto C a partir de un par ordenado de elementos de C (ley interna) o de un par formado por un elemento de C y un elemento de otro conjunto (ley externa).

**COMPOSITOR, RA** adj. y n. Dícese de la persona que compone música.

**COMPOST** n. m. Mezcla de residuos orgánicos, cal y tierra que se transforma en mantillo por fermentación.

**COMPOSTELANO, A** adj. y n. De Santiago de Compostela.

**COMPOSTURA** n. f. Construcción y composición de un todo que consta de varias partes. **2.** Acción y efecto de componer, ordenar, reparar, adornar. **3.** Comedimiento, moderación, prudencia: *guardar la debida compostura.*

**COMPOTA** n. f. (fr. *compote*). Dulce de fruta hervida con agua y azúcar.

**COMPOTERA** n. f. Vasija en la que se sirve compota, mermelada, etc.

**COMPOUND** adj. (voz inglesa, *compuesto*). Dícese de ciertos aparatos asociados. • **Arrollamiento compound,** en una máquina eléctrica, combinación de un arrollamiento en serie y de otro en derivación. ‖ **Máquina compound,** máquina en la que el vapor actúa sucesivamente en varios cilindros de diámetros desiguales. ‖ **Motor compound,** motor de pistones en el que la energía de los gases de escape es recuperada en parte por los álabes de una turbina.

**COMPRA** n. f. Acción y efecto de comprar. **2.** Cosa o conjunto de cosas compradas.

**COMPRADOR, RA** adj. y n. Que compra.

**COMPRAR** v. tr. [**1**]. Adquirir algo a cambio de cierta cantidad de dinero. **2.** Sobornar: *comprar al juez.*

**COMPRAVENTA** n. f. Negocio del que se dedica a comprar al público objetos usados para revenderlos. **2.** DER. Contrato consensual, bilateral, oneroso, generalmente conmutativo, y traslativo de dominio, por el cual una de las partes se obliga a entregar una cosa determinada y la otra a pagar por ella un precio cierto en dinero o signo que lo represente.

**COMPRENDER** v. tr. (lat. *comprehendere*) [**2**]. Abarcar, ceñir, rodear por todas partes. **2.** Entender, percibir: *comprender un texto.* **3.** Encontrar justificados o naturales los actos o sentimientos de alguien: *comprender los motivos de alguien.* ◆ v. tr. y pron. **4.** Contener, incluir en sí: *el piso comprende cinco habitaciones.*

**COMPRENSIBILIDAD** n. f. Calidad de comprensible.

**COMPRENSIBLE** adj. Que se puede comprender.

**COMPRENSIÓN** n. f. Acción o facultad de comprender: *facilidad de comprensión; texto de difícil comprensión.* **2.** LÓG. Totalidad de los caracteres contenidos en una idea general, un concepto o un conjunto.

**COMPRENSIVO, A** adj. Que comprende. **2.** *Fig.* Que tiende a la benevolencia o tolerancia. **3.** LÓG. Que abarca en su significación un número más o menos grande de caracteres.

**COMPRESA** n. f. (lat. *compressam*). Pedazo de gasa, tela u otro material, empleado para empapar líquidos y para comprimir o curar alguna parte del organismo.

**COMPRESIBILIDAD** n. f. Propiedad de un cuerpo de disminuir su volumen bajo la influencia de una presión. • **Coeficiente de compresibilidad,** cociente entre la presión ejercida sobre un cuerpo y la disminución unitaria de volumen que resulta.

**COMPRESIBLE** o **COMPRIMIBLE** adj. Que puede ser comprimido.

**COMPRESIÓN** n. f. Acción y efecto de comprimir: *bomba de compresión.* **2.** En un motor, presión alcanzada por la mezcla detonante en la cámara de explosión, antes de su encendido. CONTR.: *dilatación.* • **Máquina frigorífica de compresión,** máquina frigorífica en la que el fluido frigorígeno se pone en circulación por medio de un compresor mecánico.

**COMPRESIVO, A** adj. CIR. Que sirve para comprimir.

**COMPRESOR, RA** adj. Dícese de aquello que sirve para comprimir. ◆ n. m. **2.** Aparato que sirve para comprimir un fluido a una presión dada. • **Compresor frigorífico,** aparato de una instalación frigorífica que aspira los vapores formados en el evaporador, comprimiéndolos a una presión tal que el fluido se licua a la temperatura del condensador.

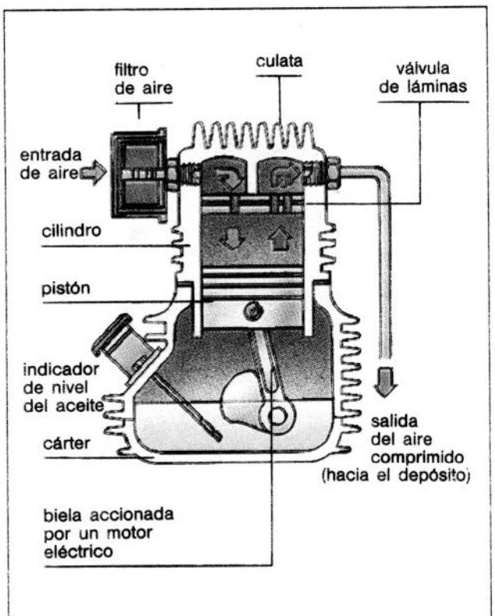


**compresor** de pistón

**COMPRIMIDO, A** adj. Reducido a menor volumen por presión. ◆ n. m. **2.** Pastilla farmacéutica que contiene cierta dosis de medicamento en un pequeño volumen.

**COMPRIMIR** v. tr. y pron. (lat. *comprimere*) [**3**]. Oprimir, apretar, reducir, estrechar por presión el volumen de algo: *comprimir aire.*

**COMPROBACIÓN** n. f. Acción y efecto de comprobar.

**COMPROBANTE** n. m. Escrito o documento que se extiende para atestiguar una transacción, trato o gestión.

**COMPROBAR** v. tr. (lat. *comprobare*) [**1r**]. Verificar, confirmar una cosa mediante demostración o pruebas que la acreditan como cierta: *comprobar una cuenta, la verdad.*

**COMPROBATORIO, A** adj. Que comprueba.

**COMPROMETEDOR, RA** adj. y n. Que compromete, o expone a un peligro: *papeles comprometedores.*

**COMPROMETER** v. tr. y pron. (lat. *compromittere*) [**2**]. Poner de común acuerdo en manos de un tercero la determinación de la diferencia, pleito, etc., sobre que se contiende. **2.** Exponer a un riesgo o peligro: *comprometer la buena reputación.* **3.** Asignar o adquirir una obligación, hacer responsable: *comprometerse a cumplir algo.*

**COMPROMETIDO, A** adj. Que ofrece algún peligro o puede tener consecuencias graves. **2.** Que toma partido en materia política o social.

**COMPROMISARIO, A** adj. Relativo al compromiso. ◆ adj. y n. **2.** Dícese de la persona en quien otras delegan para que concierte, resuelva o efectúe alguna cosa. ◆ n. m. **3.** Persona a quien los electores designan para que proceda a la elección de quien haya de ocupar un cargo, o para que los represente. **4.** Árbitro.

**COMPROMISO** n. m. Acuerdo obtenido mediante concesiones recíprocas. **2.** Situación comprometida o difícil. **3.** Acto con el que los novios anuncian su intención de casarse. **4.** DER. Convenio por el cual se decide someter un litigio a un árbitro. • **De compromiso,** de importancia: *visita de compromiso;* por obligación o necesidad, para complacer.

**COMPROMISORIO, A** adj. DER. Relativo a un compromiso: *cláusula compromisoria.*

**COMPUERTA** n. f. Dispositivo que sirve para controlar el paso del agua de un canal, presa, etc.

**COMPUESTO, A** adj. Formado por varios elementos. **2.** Dícese de un orden arquitectónico creado por los romanos y adoptado por los arquitectos clásicos, caracterizado especialmente porque el capitel combina las volutas del jónico y las hojas de acanto del corintio. • **Aplicación compuesta** (MAT.), la que resulta de aplicar sucesivamente un cierto conjunto en un segundo y éste en un tercero. || **Cuerpo compuesto** (QUÍM.), cuerpo formado por la combinación de varios elementos. || **Palabra compuesta,** vocablo formado por varias palabras o elementos que forman una unidad significativa. (Por ej.: *claroscuro, mediodía.*) || **Tiempo compuesto,** tiempo de un verbo que se conjuga con el participio pasado precedido de un auxiliar (haber, tener). ◆ adj. y n. f. **3.** Relativo a una familia de plantas herbáceas cuyas flores, pequeñas y numerosas, están reunidas en capítulos apretados que parecen a veces flores simples, como la margarita y el amargón. ◆ n. m. **4.** Agregado de varias cosas que componen un todo.

**COMPULSA** n. f. Acción y efecto de compulsar. **2.** DER. Copia o traslado de una escritura, instrumento o autos, sacado judicialmente y cotejado con su original.

**COMPULSACIÓN** n. f. Acción de compulsar.

**COMPULSAR** v. tr. (lat. *compulsare*) [**1**]. Comprobar un texto con el original o con el de otras ediciones o copias. **2.** DER. Sacar compulsas.

**COMPULSIÓN** n. f. SIQUIATR. Tipo de conducta que el sujeto se siente impulsado a seguir a causa de una fuerza interior a la que no puede resistir sin angustia.

**COMPULSIVO, A** adj. Relativo a la compulsión.

**COMPULSORIO, A** adj. y n. m. Dícese del mandato que da el juez para compulsar un instrumento o proceso.

**COMPUNCIÓN** n. f. Acción y efecto de compungir. **2.** REL. Pesar por haber ofendido a Dios.

**COMPUNGIR** v. tr. y pron. (lat. *compungere*) [**3b**]. Apenar, entristecer.

**COMPUTABLE** adj. Que se puede computar.

**COMPUTACIÓN** n. f. Acción de computar.

**COMPUTACIONAL** adj. Relacionado con la informática: *lingüística computacional.*

**COMPUTADOR, RA** adj. y n. Que computa o calcula. ◆ n. m. **2.** Calculador, aparato o máquina de cálculo.

**COMPUTADORA** n. f. Calculador, aparato o máquina de cálculo. **2.** INFORMÁT. Ordenador.

**COMPUTAR** v. tr. (lat. *computare*) [**1**]. Determinar indirectamente una cantidad por el cálculo de ciertos datos. **2.** Contar o considerar una cosa, en general o de manera determinada, como equivalente, en cantidad o en calidad, a cierto valor.

**COMPUTERIZAR** v. tr. [**1g**]. Introducir datos en la memoria de una computadora.

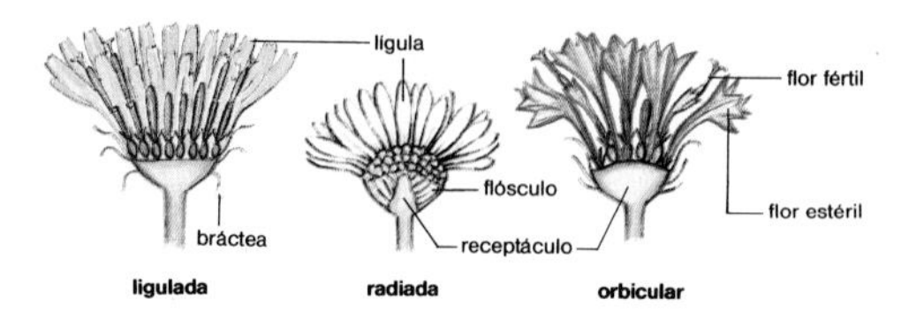


capítulos de tres plantas **compuestas** (diente de león, margarita, aciano)

**CÓMPUTO** n. m. (lat. *computum*). Determinación indirecta de una cantidad mediante el cálculo de ciertos datos. • **Cómputo eclesiástico,** o **pascual,** cálculo que determina el tiempo para uso eclesiástico y en particular la fecha de la Pascua.

**COMULGANTE** adj. y n. m. y f. Que comulga.

**COMULGAR** v. tr. e intr. (lat. *communicare*) [**1b**]. Administrar o recibir la comunión. ◆ v. intr. **2.** *Fig.* Compartir con otro u otros los mismos principios, ideas o sentimientos: *comulgan en las mismas ideas.* • **Comulgar con ruedas de molino,** ser muy crédulo, dejarse engañar.

**COMULGATORIO** n. m. En las iglesias católicas, barandilla situada delante del altar, ante la que los fieles se arrodillan para tomar la comunión.

**COMÚN** adj. (lat. *communem*). Que no es privativo de uno, sino compartido por dos o más al mismo tiempo: *obra común; amigo común.* **2.** Relativo a la mayoría o a todo el mundo: *interés común.* **3.** Ordinario, regular, corriente, vulgar, frecuente: *un nombre muy común; expresión poco común.* **4.** Bajo, de inferior calidad: *un edificio de materiales comunes.* • **En común,** denota que se goza o posee una cosa por muchos y no por uno en particular; conjuntamente. || **Nombre común** (LING.), nombre que se aplica a todos los seres y a todas las cosas de la misma especie. || **Por lo común,** de forma usual. ◆ n. m. **5.** Comunidad, generalidad de personas. • **El común de las gentes** o **de los mortales,** la mayor parte de las gentes. ◆ **comunes** n. m. pl. **6.** Bienes comunales que se destinan al aprovechamiento directo y gratuito por parte de los vecinos.

**COMUNA** n. f. Forma de autoorganización de los habitantes de una localidad. **2.** Célula básica de convivencia, alternativa a la organización familiar. **3.** *Amér.* Municipio, ayuntamiento. • **Comuna popular,** en China, organismo que agrupa varias aldeas con el fin de mejorar la agricultura y de coordinar los trabajos de interés general.

**COMUNAL** adj. Dícese de la propiedad poseída en común por los vecinos de un municipio, y en especial de las tierras, prados y bosques.

**COMUNERO, A** adj. y n. Relativo a las Comunidades de Castilla, movimiento insurreccional del s. XVI, o de otros alzamientos populares de Nueva Granada o Paraguay en el s. XVIII; partidario de dichas Comunidades o alzamientos. ◆ n. m. **2.** El que tiene parte indivisa con otro u otros en un inmueble, un derecho, etc. ◆ **comuneros** n. m. pl. **3.** Pueblos que tienen comunidad de pastos.

**COMUNICABILIDAD** n. f. Calidad de comunicable.

**COMUNICABLE** adj. Que puede comunicarse. **2.** Sociable, tratable.

**COMUNICACIÓN** n. f. Acción y efecto de comunicar o comunicarse: *la comunicación de una noticia; estar en comunicación con alguien.* **2.** Escrito en que se comunica algo: *presentar una comunicación.* **3.** Medio de unión: *la comunicación entre dos pueblos.* **4.** SICOL. Transmisión de la información en el seno de un grupo, considerada en sus relaciones con la estructura de este grupo. • **Comunicación de masas** (SOCIOL.), conjunto de técnicas que permiten la difusión de mensajes escritos o audiovisuales a una audiencia numerosa y heterogénea. ◆ **comunicaciones** n. f. pl. **5.** Correos, telégrafos, teléfonos, etc.: *las comunicaciones han quedado cortadas.*

**COMUNICADO** n. m. Aviso o información transmitidos oficialmente; información difundida por la prensa, radio o televisión.

**COMUNICANTE** adj. Que comunica.

**COMUNICAR** v. tr. (lat. *communicare*) [**1a**]. Hacer partícipe a otra persona o cosa de algo que se tiene: *comunicar alegría; el sol comunica calor.* **2.** Dar parte, hacer saber una cosa: *comunicar una noticia.* ◆ v. tr., intr. y pron. **3.** Conversar o tratar con alguno de palabra o por escrito. ◆ v. intr. **4.** Dar un teléfono, al marcar un número, la señal indicadora de que la línea está ocupada. ◆ v. intr. y pron. **5.** Tener correspondencia o paso unas cosas con otras: *la alcoba comunica con el baño.*

**COMUNICATIVO, A** adj. Que tiene propensión natural a comunicar a otro lo que posee: *sonrisa comunicativa.* **2.** Fácil y accesible al trato de los demás: *persona comunicativa.*

**COMUNICÓLOGO, A** n. Profesional de los medios de comunicación de masas.

**COMUNIDAD** n. f. (lat. *communitatem*). Calidad de común, compartido por dos o más: *comunidad de intereses.* **2.** Grupo social con intereses comunes: *comunidad de propietarios.* **3.** Grupo de personas que viven en común para romper las bases egocéntricas de la pareja y de la familia, en los dominios afectivo y económico sobre todo. **4.** Sociedad religiosa sometida a una regla común. **5.** HIST. Agrupación de varias villas y aldeas dependientes de un núcleo urbano principal, cabeza de las mismas. • **Comunidad autónoma,** denominación adoptada por la constitución española de 1978 para designar a las regiones y nacionalidades históricas que, en virtud de la nueva organización territorial del poder del estado, están dotadas de autonomía. || **Comunidad terapéutica** (SIQUIATR.), método de tratamiento que utiliza el medio social formado por los enfermos y el personal de un hospital siquiátrico, considerado como el agente terapéutico principal. || **En comunidad,** en común, juntos.

**COMUNIÓN** n. f. (lat. *communionem*). Participación en lo que es común. **2.** Congregación de personas que profesan la misma fe religiosa. **3.** REL. Recepción del sacramento de la eucaristía; parte de la misa en la que se recibe este sacramento; canto ejecutado en este momento; sacramento de la eucaristía. • **Comunión de los santos,** comunidad espiritual de todos los cristianos vivos y muertos.

**COMUNISMO** n. m. Doctrina que tiende a la colectivización de los medios de producción, a la distribución de los bienes de consumo según las necesidades de cada uno y a la supresión de las clases sociales. **2.** Movimiento político inspirado en esa doctrina. • **Comunismo primitivo,** hipótesis según la cual las sociedades primitivas estarían caracterizadas por la ausencia de propiedad privada. ■ El partido comunista (1918) de Lenin pretendió convertir la revolución rusa (1917) en una revolución mundial. Con los sectores izquierdistas de la socialdemocracia creó la III internacional, cuyo órgano ejecutivo era el Komintern. Como su proyecto no era factible a corto plazo, Lenin impulsó la creación de partidos comunistas locales: Bulgaria (1919), Francia (1920), Italia (1921), China y Japón (1921), España (1921), etc., algunos de ellos ilegalizados al poco de su nacimiento. Con Stalin en el poder (1927) la causa del comunismo se confundió con la de la U.R.S.S. En los años treinta, el movimiento adoptó la táctica de los frentes populares contra los fascismos (España y Francia, 1936). Se establecieron regímenes afines a la U.R.S.S. en Alemania oriental y Rumania (1946), Polonia (1947) y Checoslovaquia (1948), bajo la coordinación soviética del Kominform (1947). El enfrentamiento del presidente yugoslavo Tito con el poder central de Moscú originó la primera crisis del sistema, compensada por el triunfo de la revolución china en 1949. El Partido comunista chino encabezó en los años sesenta la disidencia interna del movimiento. Algunos partidos occidentales, encabezados por el italiano, proclamaron la total autonomía de los partidos comunistas nacionales y desarro-

llaron una política de integración parlamentaria que condujo al eurocomunismo. Al final de los años ochenta el proceso de reformas soviético (perestroika), unido a la inoperancia de la economía planificada, originó un proceso de apertura pluralista y de transformación (hacia la economía de mercado) en los países del este Europeo y la U.R.S.S. En Europa el mayor partido comunista, el italiano se orientó hacia la izquierda socialista en 1991.
En América latina, los primeros partidos comunistas (Argentina, Uruguay, Chile, Brasil, México, Cuba, Perú) surgieron a raíz de la revolución rusa de 1917. A ellos se unieron en 1929-1932 los partidos de Colombia, Venezuela y Ecuador. Estancado a partir de la segunda guerra mundial, el comunismo latinoamericano se vio dinamizado por el triunfo de la revolución cubana (1959).
Abrogados el pacto de Varsovia y el Comecon y habiéndose desintegrado la U.R.S.S. y Yugoslavia, el comunismo sigue presente en Asia y Cuba.

**COMUNISTA** adj. y n. m. y f. Relativo al comunismo; adepto a esta doctrina. **2.** Relativo a cualquiera de los partidos comunistas; miembro de ellos.

**COMUNITARIO, A** adj. Relativo a la comunidad o a una comunidad. **2.** Relativo a la Unión Europea.

**COMUÑA** n. f. Trigo mezclado con centeno.

**CON** prep. Significa el instrumento, medio o modo para hacer algo: *recibir con agrado; abrir con una llave.* **2.** Juntamente, en compañía: *llegó con su padre.* **3.** Denota contenido o adherencia: *una bolsa con dinero; una casa con balcón.* **4.** Expresa idea de reciprocidad o de comparación: *se escribe con ella.* **5.** Expresa idea de relación o comunicación: *hablar con todos.* **6.** Antepuesta al infinitivo, equivale a gerundio: *con declarar se eximió del tormento*; o a la conjunción concesiva *aunque*: *con ser tan antiguo le han postergado.* **7.** A pesar de: *con lo joven que es y ya es director.* **8.** Se utiliza al comienzo de ciertas exclamaciones: *¡con lo que me estaba divirtiendo!* ◆ conj. cond. **9. Con que, con tal que** o **con sólo que,** en el caso de que.

**CONATO** n. m. (lat. *conatum*). Inicio de una acción que no llega a realizarse plenamente: *un conato de incendio.* **2.** Intento, tendencia.

**CONCATENACIÓN** n. f. Acción y efecto de concatenar. **2.** Encadenamiento lógico y evidente de las ideas, las causas y los efectos de los elementos constitutivos de una frase. **3.** Figura de dicción que consiste en repetir la última o últimas palabras de un verso en el principio del verso siguiente.

**CONCATENAR** o **CONCADENAR** v. tr. **[1]**. Unir o enlazar unas cosas con otras.

**CONCAUSA** n. f. Cosa que, juntamente con otra, es causa de algún efecto.

**CONCAVIDAD** n. f. Calidad de cóncavo. **2.** Lugar cóncavo.

**CÓNCAVO, A** adj. (lat. *concavum*). Dícese de la línea o superficie curvas que, respecto del que las mira, tienen su parte más deprimida en el centro. CONTR.: *convexo.*

**CONCEBIBLE** adj. Que puede concebirse o comprenderse.

**CONCEBIR** v. intr. y tr. (lat. *concipere*) **[30]**. Quedar fecundada la hembra. **2.** *Fig.* Formar en la mente idea o concepto de algo: *no concibo tal disparate.* ◆ v. tr. **3.** *Fig.* Comenzar a sentir una pasión o afecto: *concebir esperanzas.* **4.** *Galic.* Expresar, redactar, contener: *una carta concebida en estos términos.*

**CONCEDER** v. tr. (lat. *concedere*) **[2]**. Dar, otorgar, atribuir: *conceder una beca; no conceder importancia.* **2.** Convenir en lo que uno dice o afirma: *concedo que tienes razón.*

**CONCEJAL, LA** n. Miembro de un concejo o ayuntamiento.

**CONCEJALÍA** n. f. Oficio o cargo de concejal.

**CONCEJIL** adj. Relativo al concejo.

**CONCEJO** n. m. (lat. *concilium*). Reunión de los vecinos de una localidad o distrito para tratar de asuntos de interés común. **2.** Ayuntamiento. **3.** Municipio. **4.** Reunión de algunas juntas.

**CONCELEBRACIÓN** n. f. Acción de concelebrar.

**CONCELEBRAR** v. tr. **[1]**. Celebrar entre varios un acto litúrgico.

**CONCELLER** n. m. (voz catalana). En la corona de Aragón, miembro de un consejo municipal. SIN.: *conseller.*

**CONCENTRABILIDAD** n. f. Calidad de concentrable.

**CONCENTRABLE** adj. Que puede concentrarse o ser concentrado.

**CONCENTRACIÓN** n. f. Acción y efecto de concentrar o concentrarse. **2.** ECON. Conjunto de lazos que, a fin de luchar contra la competencia, se establecen entre empresas en un mismo estadio (concentración horizontal) o en distintos estadios (concentración vertical) de la producción de un producto. **3.** FÍS. Masa de un cuerpo disuelto por unidad de volumen de una disolución. • **Campo de concentración,** campo en el que quedan confinados, bajo vigilancia militar o policial, poblaciones civiles de nacionalidad enemiga, prisioneros de guerra o detenidos políticos. || **Concentración parcelaria,** reunión de diferentes parcelas en una, efectuando una redistribución de la propiedad rural para racionalizar la explotación agrícola.

**CONCENTRADO, A** adj. Que contiene menos agua de la que suele tener: *café concentrado.* • **Leche concentrada,** leche que se obtiene tras haber extraído alrededor del 65 % de su agua y que se puede reconstituir por adición de la misma. || **Leche concentrada azucarada,** o **condensada,** leche concentrada a la que una fuerte proporción de azúcar da una consistencia de jarabe. ◆ n. m. **2.** Extracto de una sustancia obtenido por eliminación de agua.

**CONCENTRADOR, RA** adj. y n. Que concentra.

**CONCENTRAR** v. tr. y pron. **[1]**. Reunir en un centro o punto: *concentrar tropas.* **2.** *Fig.* Fijar la atención con intensidad: *concentrar los esfuerzos.* • **Concentrar una solución** (FÍS.), aumentar la concentración. ◆ v. tr. **3.** TECNOL. Eliminar de un mineral nativo, por un procedimiento mecánico o químico, la mayor cantidad posible de cuerpos extraños o de ganga. ◆ **concentrarse** v. pron. **4.** Reunirse. **5.** Abstraerse.

**CONCÉNTRICO, A** adj. MAT. Dícese de las curvas o superficies que tienen el mismo centro.

**CONCEPCIÓN** n. f. (lat. *conceptionem*). Acción y efecto de concebir: *una concepción clara de la vida.* **2.** Acto de la unión de los dos gametos, masculino y femenino, para la formación de un nuevo ser.

**CONCEPCIONISTA** adj. y n. f. Relativo a alguna de las congregaciones y a la orden de la Inmaculada Concepción; religiosa de alguna de estas congregaciones.

**CONCEPTÁCULO** n. m. (lat. *conceptaculum*). BOT. Pequeña cavidad en la que se forman los gametos, en algunas algas, como las fucáceas.

**CONCEPTISMO** n. m. Estilo literario caracterizado por la complicación conceptual.

■ Referido, en contraposición al culteranismo, a una de las dos vertientes del barroco español, el conceptismo se caracteriza por el recurso del ingenio, el uso sutil y alambicado de conceptos que da lugar a asociaciones inesperadas, efectos de antítesis y toda suerte de juegos verbales. En el choque súbito de los conceptos está la agudeza, término clave de la percepción y escritura de Quevedo y Gracián, los más destacados conceptistas.

**CONCEPTISTA** adj. y n. m. y f. Relativo al conceptismo; partidario del conceptismo.

**CONCEPTO** n. m. (lat. *conceptum*). Idea abstracta y general. **2.** Pensamiento expresado con palabras. **3.** Sentencia, dicho ingenioso. **4.** Opinión, juicio, crédito: *tener un gran concepto de alguien.* **5.** Aspecto, calidad, título: *en concepto de amigo.*

**CONCEPTUAL** adj. FILOS. Relativo al concepto. • **Arte conceptual,** tendencia contemporánea que da primacía a la idea sobre la realidad material de la obra.

**CONCEPTUALISMO** n. m. Doctrina escolástica según la cual el concepto tiene una realidad distinta de la palabra que lo expresa, realidad que sólo se encuentra en el espíritu.

**CONCEPTUALISTA** adj. y n. m. y f. Relativo al conceptualismo; partidario de esta doctrina.

**CONCEPTUALIZAR** v. tr. **[1g]** Organizar en conceptos.

**CONCEPTUAR** v. tr. **[1s]**. Formar concepto, opinión o juicio.

**CONCEPTUOSO, A** adj. Sentencioso, lleno de conceptos demasiado sutiles o complicados.

**CONCERNIENTE** adj. Relacionado con lo que se expresa.

**CONCERNIR** v. intr. **[3e]**. Afectar, atañer, corresponder, competer, incumbir: *esta ley concierne a todos.*

**CONCERTACIÓN** n. f. Acción y efecto de concertar, pactar: *política de concertación.*

**CONCERTANTE** adj. MÚS. Dícese de una música o de un estilo que supone intercambios entre distintos planos sonoros, vocales o instrumentales.

**CONCERTAR** v. tr. y pron. **[1j]**. Pactar, ajustar, acordar: *concertar la paz, una entrevista.* ◆ v. intr. y pron. **2.** Concordar, convenir entre sí una cosa con otra: *la codicia se concierta con la malicia.*

**CONCERTINA** n. f. Instrumento musical en el que se utiliza el principio de la lengüeta metálica libre, que vibra al paso de una corriente alterna de aire, producida por un fuelle natural.

**CONCERTINO** n. m. (voz italiana). MÚS. Concierto de dimensiones reducidas. **2.** MÚS. Conjunto de solistas de un *concerto grosso.* **3.** MÚS. Primer violín de una orquesta.

**CONCERTISTA** n. m. y f. Instrumentista que toca en un concierto. **2.** Solista de un concierto.

**CONCERTO** n. m. (voz italiana). **Concerto grosso,** sucesión de movimientos en el que la orquesta se divide en *ripieno* y *concertino.*

**CONCESIÓN** n. f. (lat. *concessionem*). Acción y efecto de conceder. **2.** Acción y efecto de ceder en una posición ideológica o en una actitud. • **Concesión administrativa,** contrato por el que la administración concede a un particular el derecho a ejecutar una obra o a asegurar un servicio, a cambio de percibir un determinado canon de los usuarios.

**CONCESIONARIO, A** adj. y n. Dícese de la persona o entidad a quien se hace o transfiere una concesión.

**CONCESIVO, A** adj. Que se concede o puede concederse. ◆ adj. y n. f. **2. Conjunción concesiva** (LING.), cada una de las partículas utilizadas para introducir oraciones concesivas. || **Oración concesiva** (LING.), oración subordinada introducida por las conjunciones concesivas que indica la razón que se opone al cumplimiento de la acción.

**CONCHA** n. f. (bajo lat. *conchula*). Envoltura dura, de naturaleza calcárea, segregada por el tegumento que cubre el cuerpo de numerosos moluscos y de algunos otros animales invertebrados (braquiópodos). **2.** Carey, materia córnea traslúcida. **3.** *Amér. Vulg.* Órgano genital de la mujer. **4.** ARM. Pieza cóncava de la empuñadura de una espada, que sirve para proteger la mano. **5.** ARQ. Bóveda en cuarto de esfera, decorada con estrías y que recuerda la forma de una concha. **6.** MAR. Ensenada o golfo muy cerrado y profundo. **7.** TEATR. Mueble colocado en medio del proscenio para ocultar al apuntador. • **Meterse en su concha,** retraerse, apartarse del trato de la gente. || **Tener conchas,** o **más conchas que un galápago,** ser astuto o cauteloso.

**CONCHABAMIENTO** n. m. *Fam.* Conchabanza.

**CONCHABANZA** n. f. *Fam.* Acción y efecto de conchabarse.

**CONCHABAR** v. tr. **[1]**. Unir, juntar, asociar. ◆ v. tr. y pron. **2.** *Amér. Merid.* Asalariar, tomar sirviente a sueldo. **3.** *Chile.* Cambiar cosas de escaso valor. ◆ **conchabarse** v. pron. **4.** *Fam.* Unirse dos o más personas para algún fin, generalmente no lícito.

**CONCHABO** n. m. *Amér. Merid.* Contratación rudimentaria del servicio doméstico, mediante un intermediario. **2.** *Chile.* Cambio, permuta.

**CONCHERO** n. m. Depósito de conchas de moluscos que caracterizan ciertas culturas prehistóricas.

**CONCHESTA** n. f. Acumulación de nieve amontonada por el viento.

**CONCHIL** n. m. Gasterópodo marino de gran tamaño cuya concha no tiene púas ni tubérculos.

**CONCHO** n. m. *Amér.* Poso, sedimento. **2.** *Amér.* Restos de comida. **3.** *Chile. Fam.* Hijo menor de una familia. **4.** *Ecuad.* Túnica de la mazorca de maíz. **5.** *Dom.* Taxi.

**CONCHUDO, A** adj. y n. *Amér. Fam.* Sinvergüenza, caradura. **2.** *Amér. Vulg.* Estúpido, bobo. **3.** *Méx.* Dícese de la persona perezosa que se aprovecha del trabajo de los demás. **4.** *Méx. Fig.* Indiferente, desentendido.

**CONCIENCIA** n. f. (lat. *conscientiam*). Conocimiento que el espíritu humano tiene de su propia existencia, de sus estados, de sus actos y de las cosas: *tener conciencia de la propia capacidad.* **2.** Integridad moral: *un hombre de conciencia.* • **A conciencia,** bien hecho, con solidez, sin fraude ni engaño. || **Caso de conciencia,** cuestión de moral difícil. || **Conciencia de clase,** conjunto de representaciones por medio de las cuales una clase social se ve a sí misma en relación con otras clases. || **En conciencia,** con honradez, con justicia, sinceramente. || **Tomar conciencia** de algo, percatarse intencionadamente de ello.

**CONCIENCIACIÓN** n. f. Acción mediante la cual se pretende que alguien tome conciencia de algo.

**CONCIENCIAR** v. tr. **[1]**. Tomar o hacer tomar conciencia de algo.

**CONCIENZUDO, A** adj. Que obra o está hecho a conciencia: *un trabajo concienzudo.*

**CONCIERTO** n. m. (de *concertar*). Buen orden y disposición de las cosas. **2.** Convenio entre dos o más personas o entidades sobre un fin común.

**CONCIERTO** n. m. (ital. *concerto*). Sesión en la que se interpretan obras musicales. **2.** MÚS. Composición musical en la que uno o más instrumentos se destacan del acompañamiento de la orquesta.

**CONCILIABLE** adj. Que puede conciliarse.

**CONCILIÁBULO** n. m. (lat. *conciliabulum*). Junta para intrigar o tratar de algo que es o se presume ilícito.

**CONCILIACIÓN** n. f. Acción y efecto de conciliar. **2.** Conveniencia o semejanza de una cosa con otra. **3.** DER. Avenencia de las partes en un acto previo a la iniciación de un procedimiento contencioso.

**CONCILIADOR, RA** adj. Que concilia o es propenso a conciliar o conciliarse: *temperamento conciliador.*

**CONCILIAR** adj. Relativo a los concilios.

**CONCILIAR** v. tr. (lat. *conciliare*) **[1]**. Concertar, poner de acuerdo: *conciliar a las personas en litigio.* **2.** Conformar doctrinas aparentemente contrarias. • **Conciliar el sueño,** conseguir dormirse. ◆ **conciliarse** v. pron. **3.** Granjear, atraerse las voluntades y la benevolencia: *conciliarse el respeto de todos.*

**CONCILIATORIO, A** adj. Que puede conciliar o que se dirige a este fin.

**CONCILIO** n. m. (lat. *concilium*). Asamblea regular de obispos y teólogos, que deciden cuestiones de doctrina o de disciplina eclesiásticas.

**CONCISIÓN** n. f. Calidad de conciso.

**CONCISO, A** adj. (lat. *concisum,* cortado). Breve y preciso en el modo de expresar los conceptos.

**CONCITAR** v. tr. (lat. *concitare*) **[1]**. Excitar los sentimientos de uno contra otro; promover discordias o sediciones.

**CONCIUDADANO, A** n. Cada uno de los ciudadanos de una misma ciudad, respecto de los demás. **2.** Cada uno de los naturales de una misma nación, respecto de los demás.

**CÓNCLAVE** o **CONCLAVE** n. m. (lat. *conclave,* habitación cerrada con llave). Asamblea de cardenales reunidos para elegir papa. **2.** *Fig.* Junta para tratar algún asunto.

**CONCLAVISTA** n. m. Persona encargada del servicio de los cardenales durante la elección del papa.

**CONCLUIR** v. tr. y pron. (lat. *concludere*) **[29]**. Dar remate, acabar, terminar: *concluir un trabajo, un plazo.* ◆ v. tr. **2.** Decidir, formar juicio, inferir, deducir: *de lo que ha dicho se concluye que tiene razón.* ◆ v. intr. y pron. **3.** Finalizar, rematar: *la sesión ha concluido.*

**CONCLUSIÓN** n. f. Acción y efecto de concluir. **2.** Fin de una cosa: *la conclusión de la guerra.* **3.** Consecuencia de un razonamiento: *llegar a una conclusión.* **4.** DER. Cada una de las afirmaciones contenidas en el escrito de calificación penal. • **En conclusión,** en suma, por último. ◆ **conclusiones** n. f. pl. **5.** DER. Escrito que resume las pruebas practicadas en el juicio declarativo de mayor cuantía, en el caso de que ninguna de las partes haya solicitado la celebración de vista pública.

**CONCLUSIVO, A** adj. Que concluye algo.

**CONCLUSO, A** adj. Que está terminado.

**CONCLUYENTE** adj. Categórico, decisivo.

**CONCOMERSE** v. pron. **[2]**. Consumirse de impaciencia, arrepentimiento, envidia o cualquier otro sentimiento.

**CONCOMITANCIA** n. f. Simultaneidad de dos o varios hechos.

**CONCOMITANTE** adj. Que se produce al mismo tiempo. • **Variaciones concomitantes** (LÓG.), variaciones simultáneas y proporcionales de ciertos fenómenos.

**CONCOMITAR** v. tr. **[1]**. Acompañar una cosa a otra, u obrar juntamente con ella.

**CONCORDANCIA** n. f. Correspondencia o conformidad de una cosa con otra: *concordancia de opiniones.* **2.** GEOL. Disposición paralela de las capas sedimentarias, que revela una continuidad en su formación. **3.** LING. Relación entre palabras que varían simultáneamente: *concordancia entre sujeto y verbo.* • **Concordancia de fases** (FÍS.), estado de varias vibraciones sinusoidales de la misma naturaleza e idéntico período, en el que la diferencia de fases es nula.

**CONCORDANTE** adj. Que concuerda: *opiniones concordantes.* **2.** GEOL. Dícese de un terreno que reposa en concordancia sobre la capa subyacente.

**CONCORDAR** v. tr. (lat. *concordare*) **[1r]**. Poner de acuerdo lo que no lo está: *concordar el sonido de los violines.* ◆ v. tr. e intr. **2.** LING. Guardar concordancia las palabras variables de una oración. ◆ v. intr. **3.** Coincidir, guardar concordancia, estar de acuerdo: *los datos concuerdan.*

**CONCORDATARIO, A** adj. REL. Relativo a un concordato.

**CONCORDATO** n. m. (lat. *concordatum*). REL. Convenio solemne entre la Santa Sede y la autoridad suprema de un país, para reglamentar las relaciones mutuas entre la Iglesia católica y el estado.

**CONCORDE** adj. Conforme, uniforme, de un mismo parecer y sentir.

**CONCORDIA** n. f. (lat. *concordiam*). Conformidad, unión, acuerdo, convenio, armonía.

**CONCRECIÓN** n. f. (lat. *concretionem*). Acción y efecto de concretar. **2.** Reunión de partículas para formar un cuerpo sólido. **3.** Formación sólida en los tejidos vivos: *concreciones biliares.* **4.** GEOL. Masa de materia cristalizada que resulta de la precipitación, alrededor de un germen, de sales disueltas en las aguas de percolación.

**CONCRETAR** v. tr. **[1]**. Combinar, concordar algunas especies o cosas. **2.** Reducir a lo más esencial la materia de que se trata: *concretar un relato.* ◆ **concretarse** v. pron. **3.** Limitarse a tratar de una sola cosa con exclusión de otros asuntos: *me concreto a tus preguntas.*

**los concilios ecuménicos**

| *lugar* | *fecha* | *objeto* |
|---|---|---|
| Nicea I | 325 | arrianismo |
| Constantinopla I | 381 | arrianismo |
| Éfeso | 431 | nestorianismo |
| Calcedonia | 451 | monofisismo |
| Constantinopla II | 553 | nestorianismo |
| Constantinopla III | 680-681 | monotelismo |
| Nicea II | 787 | iconoclastia |
| Constantinopla IV | 869-870 | Focio |
| Letrán I | 1123 | investiduras |
| Letrán II | 1139 | Anacleto II |
| Letrán III | 1179 | regulación de las modalidades para la elección de papa |
| Letrán IV | 1215 | cruzada y reforma de la Iglesia |
| Lyon I | 1245 | derechos de la Iglesia |
| Lyon II | 1274 | Iglesia griega |
| Vienne | 1311-1312 | templarios |
| Constanza | 1414-1418 | cisma de occidente |
| Basilea-Ferrara-Florencia | 1431-1442 | cisma de occidente |
| Letrán V | 1512-1517 | Luis XII de Francia |
| Trento | 1545-1563 | reforma de la Iglesia |
| Vaticano I | 1869-1870 | mundo moderno |
| Vaticano II | 1962-1965 | mundo moderno |

**CONCRETO, A** adj. (lat. *concretum*). Dícese de cualquier objeto considerado en sí mismo, con exclusión de cuanto pueda serle extraño o accesorio. **2.** Real, particular, determinado: *un hecho concreto.* **3.** Que puede captarse por los sentidos. • **Arte concreto,** arte abstracto geométrico, considerado como realidad objetiva y como creación de hechos plásticos. || **En concreto,** en resumen, en conclusión. || **Música concreta,** lenguaje sonoro que utiliza los ruidos producidos por diversos objetos grabados en cinta magnetofónica y susceptibles de transformaciones. || **Nombre concreto** (LING.), término que designa un ser o un objeto asequibles a los sentidos. || **Pensamiento concreto** (SICOL.), pensamiento cuyas estructuras operatorias se apoyan directamente en la realidad. ◆ n. m. **4.** Concreción. **5.** *Amér.* Cemento armado.

**CONCUBINA** n. f. (lat. *concubinam*). Mujer que hace vida marital con un hombre que no es su marido.

**CONCUBINATO** n. m. Estado de un hombre y una mujer no casados que conviven maritalmente.

**CONCULCACIÓN** n. f. Acción y efecto de conculcar.

**CONCULCAR** v. tr. (lat. *conculcare*) **[1a]**. Quebrantar, infringir: *conculcar las normas de la moral.*

**CONCUÑADO, A** n. Con respecto a una persona, el cuñado de un hermano suyo o el cónyuge de un cuñado.

**CONCUÑO, A** n. *Amér.* Concuñado.

**CONCUPISCENCIA** n. f. (lat. *concupiscentiam*). Atracción natural hacia los bienes sensibles y, especialmente, inclinación a los placeres sexuales.

**CONCUPISCENTE** adj. Que tiende a la concupiscencia.

**CONCURRENCIA** n. f. Acción y efecto de concurrir. **2.** Reunión en un mismo lugar o tiempo de personas, sucesos o cosas. • **Concurrencia de créditos** (DER.), reunión de los créditos que poseen varios acreedores contra una misma persona, que no quiere o no puede satisfacerlos, para determinar su efectividad y la preferencia entre ellos.

**CONCURRENTE** adj. y n. m. y f. Que concurre: *elementos concurrentes de un hecho.*

**CONCURRIR** v. intr. (lat. *concurrere,* correr junto con otros) **[3]**. Coincidir, juntarse en un mismo lugar o tiempo diferentes personas, sucesos o cosas. **2.** Contribuir, influir. **3.** Concursar: *concurrir a un certamen académico.*

**CONCURSANTE** adj. y n. m. y f. Que participa en un concurso o certamen.

**CONCURSAR** v. intr. **[1]**. Tomar parte en un concurso o certamen. **2.** DER. Ordenar que los bienes de una persona se pongan en concurso de acreedores.

**CONCURSO** n. m. (lat. *concursum*). Concurrencia. **2.** Competencia abierta entre diversas personas en quienes concurren las mismas condiciones, para escoger la mejor o las mejores: *concurso de poesía, de belleza.* **3.** Llamamiento a los que quieren encargarse de ejecutar una obra o prestar un servicio, a fin de elegir la propuesta más ventajosa. **4.** DER. Medio utilizado para proveer ciertos cargos o empleos públicos. • **Concurso de acreedores** (DER.), procedimiento judicial para aplicar el activo de un deudor al pago de sus acreedores.

**CONCUSIÓN** n. f. (lat. *concussionem*). Exacción hecha por un funcionario en provecho propio.

**CONCUSIONARIO, A** adj. y n. Que comete concusión.

**CONDADO** n. m. (lat. *comitatum,* cortejo). Dignidad de conde. **2.** Territorio gobernado o poseído por un conde. **3.** En Canadá, E.U.A., Gran Bretaña y algunos países de la Commonwealth, división administrativa.

**CONDAL** adj. Relativo al conde o a su dignidad.

**CONDE, ESA** n. Título nobiliario inferior al de marqués y superior al de vizconde. ◆ n. m. **2.** Dignatario del Imperio romano. **3.** Personaje a quien los monarcas de la alta edad media confiaban misiones civiles y militares. **4.** En el régimen feudal, señor que gobierna una comarca.

**CONDECORACIÓN** n. f. Acción y efecto de condecorar. **2.** Distintivo que se concede a una persona, o en ocasiones, con carácter colectivo, a una unidad militar, en consideración y como recompensa a los méritos contraídos.

**CONDECORAR** v. tr. (lat. *condecorare*) **[1]**. Enaltecer a uno con honores o condecoraciones.

**CONDENA** n. f. Testimonio que da el escribano de la sentencia para indicar el destino del reo. **2.** Extensión y grado de la sentencia. **3.** Parte de la sentencia que dicta un juez o tribunal, en la cual se impone la pena al acusado de un delito o falta. **4.** Pronunciamiento contenido en el fallo o parte dispositiva de la sentencia en la que el juez o tribunal resuelve la controversia de un pleito civil o contencioso administrativo. • **Condena condicional,** la que deja en suspenso la ejecución de la pena siempre que el reo se halle en circunstancias determinadas.

**CONDENABLE** adj. Digno de ser condenado.

**CONDENACIÓN** n. f. Acción y efecto de condenar o condenarse. **2.** Pena eterna.

**CONDENADO, A** adj. y n. Réprobo. **2.** *Fig.* Que perjudica, disgusta o molesta.

**CONDENAR** v. tr. (lat. *condemnare*) **[1]**. Dictar el juez o el tribunal sentencia, por la que se impone al reo la pena correspondiente al delito o falta cometidos. **2.** Desaprobar o reprobar una doctrina u opinión. **3.** Obligar, reducir, forzar. **4.** Tabicar, tapiar una habitación o una abertura de un muro. ◆ **condenarse** v. pron. **5.** Incurrir en la pena eterna.

**CONDENATORIO, A** adj. Que contiene condena o puede motivarla.

**CONDENSABLE** adj. Susceptible de condensarse o de ser condensado.

**CONDENSACIÓN** n. f. Acción y efecto de condensar o condensarse. **2.** Paso de un vapor del estado gaseoso al estado líquido. **3.** Unión de varias moléculas químicas, con eliminación de otras a menudo sencillas (agua, cloruro de hidrógeno, etc.).

**CONDENSADOR, RA** adj. Que condensa. ◆ n. m. **2.** FÍS. Aparato constituido por dos armaduras conductoras, separadas por un medio aislante. **3.** ÓPT. Sistema óptico convergente que sirve para concentrar un flujo luminoso sobre una superficie o en una dirección determinada. (En el microscopio ilumina el objeto examinado.) **4.** TÉRM. Aparato que sirve para condensar un vapor. **5.** TÉRM. En una instalación frigorífica, aparato en el que el fluido frigorífico, previamente comprimido, pasa del estado de vapor al estado líquido, por la acción de un agente exterior.

**CONDENSAR** v. tr. y pron. (lat. *condensare*) **[1]**. Reducir el volumen de una cosa, dándole mayor densidad, especialmente pasar un gas al estado líquido. **2.** Espesar, unir o apretar unas cosas con otras haciéndolas más cerradas o tupidas. ◆ v. tr. **3.** *Fig.* Reducir la extensión de un texto o exposición sin quitarle nada de lo esencial.

**CONDESCENDENCIA** n. f. Acción y efecto de condescender.

**CONDESCENDER** v. intr. (lat. *condescendere*) **[2d]**. Acceder o acomodarse por amabilidad a la voluntad o parecer de otro.

**CONDESCENDIENTE** adj. Dispuesto a condescender.

**CONDESTABLE** n. m. Antiguamente, el que ejercía en nombre del rey la primera autoridad en la milicia. **2.** Suboficial de la armada, especialista en artillería.

**CONDESTABLÍA** n. f. Dignidad de condestable.

**CONDICIÓN** n. f. (lat. *conditionem*). Índole, naturaleza, modo de ser de las personas o cosas: *niño de condición rebelde.* **2.** Estado, situación o categoría social: *ser de condición humilde.* **3.** Calidad o circunstancia para que una cosa sea u ocurra. **4.** Circunstancias: *condiciones climáticas.* **5.** DER. Hecho incierto y futuro del que se hace depender la existencia de los efectos jurídicos de un negocio. **6.** MAT. Relación impuesta por el enunciado de un problema entre los datos y la incógnita. • **A condición que,** o **de que,** con tal que, siempre que. ◆ **condiciones** n. f. pl. **7.** Aptitud o disposición. • **Condiciones normales de presión y temperatura,** presión de 760 mm de mercurio y temperatura de 0 °C.

**CONDICIONADO, A** adj. Condicional, que incluye y lleva consigo una condición o requisito. • **Estímulo condicionado** (SICOL.), cualquier señal (un timbre, una luz) que, tras haber sido asociada a la presentación de un estímulo incondicionado, provoca por sí misma una reacción en el sujeto. ‖ **Reflejo condicionado** o **reacción condicionada,** respuesta de un organismo vivo obtenida a raíz de un condicionamiento.

**CONDICIONAL** adj. Que incluye una condición. ◆ adj. y n. m. **2.** GRAM. Dícese del modo de la oración que el hablante no asume o sólo asume parcialmente. **3.** LING. Potencial. ◆ adj. y n. f. **4.** GRAM. Dícese de la oración dependiente o subordinada de valor adverbial, del cumplimiento de cuyo enunciado depende la realización de lo expresado por la oración principal. • **Proposición condicional** (LÓG.), implicación.

**CONDICIONAMIENTO** n. m. Acción y efecto de condicionar, determinar las condiciones. **2.** SICOL. Procedimiento experimental mediante el cual se construye un comportamiento nuevo en un ser vivo, creando una relación entre este comportamiento y un estímulo cualquiera incapaz de desencadenarlo de modo natural.

**CONDICIONANTE** adj. Que determina o condiciona. ◆ n. m. **2.** Circunstancia que condiciona.

**CONDICIONAR** v. tr. **[1]**. Hacer depender una cosa de alguna condición. **2.** Influir una persona o cosa sobre otras: *el clima condiciona el ritmo de trabajo.* ◆ v. intr. **3.** Acomodarse una cosa a otra.

**CONDIGNO, A** adj. (lat. *condignum*). Que corresponde a otra cosa o se sigue naturalmente de ella.

**CONDÍLEO, A** adj. Relativo al cóndilo.

**CÓNDILO** n. m. (lat. *condylum*). Eminencia redondeada, pero no esférica, de la extremidad articular de un hueso.

**CONDILOMA** n. m. Tumor benigno, redondeado, de la piel y de las mucosas.

**CONDIMENTACIÓN** n. f. Acción y efecto de condimentar.

**CONDIMENTAR** v. tr. **[1]**. Sazonar la comida.

**CONDIMENTO** n. m. Sustancia que se emplea en pequeña cantidad para condimentar.

**CONDISCÍPULO, A** n. (lat. *condiscipulum*). Con relación a una persona, otra que estudia o ha estudiado al mismo tiempo bajo la dirección de un mismo maestro.

**CONDOLENCIA** n. f. Participación en el pesar ajeno. **2.** Pésame.

**CONDOLERSE** v. pron. (lat. *condolere*) **[2e]**. Compadecerse, dolerse de lo que otro siente o padece.

**CONDOMINIO** n. m. *Amér.* Edificio poseído en régimen de propiedad horizontal. **2.** DER. Derecho de dominio en común que tienen dos o más personas sobre una cosa. **3.** DER. Derecho de soberanía ejercido en común por varias potencias sobre un país.

**CONDÓN** n. m. Preservativo masculino.

**CONDONACIÓN** n. f. Acción y efecto de condonar.

**CONDONAR** v. tr. (lat. *condonare*) **[1]**. Perdonar o remitir una pena o deuda.

**CÓNDOR** n. m. (voz quechua). Ave rapaz de gran tamaño, de color negro y blanco, con el cuello y la cabeza (que lleva unas carúnculas en el macho) rojo oscuro y desnudos.

**cóndor**

**CONDOTIERO** n. m. (ital. *condottiero*). En la edad media y el renacimiento, jefe de soldados mercenarios en Italia.

**CONDRIOMA** n. m. Conjunto de los condriosomas.

**CONDRIOSOMA** n. m. Orgánulo en forma de grano pequeño, bastoncillo o filamento, presente en el citoplasma de toda célula animal o vegetal. SIN.: *mitocondria.*

**CONDROBLASTO** n. m. Célula cartilaginosa.

**CONDROCALCINOSIS** n. f. Trastorno metabólico que se manifiesta por crisis dolorosas localizadas en las articulaciones importantes, parecidas a crisis de gota.

**CONDRODISTROFIA** n. f. Conjunto de afecciones hereditarias que desembocan en un enanismo disarmónico.

**CONDROMA** n. m. Tumor benigno del tejido cartilaginoso.

**CONDROSARCOMA** n. m. Tumor maligno del tejido cartilaginoso.

**CONDRÓSTEO, A** adj. y n. m. Relativo a una subclase de peces cartilaginosos, dotados de escamas óseas, como el esturión.

**CONDUCCIÓN** n. f. Acción y efecto de conducir. **2.** Conjunto de tuberías, cables, etc., para conducir un fluido. **3.** Acción de transmitir el calor, la electricidad, etc. **4.** Acción de transmitir los estímulos nerviosos.

**CONDUCHO** n. m. Tributo en especie o dinero que pagaban los colonos, collazos o solariegos.

**CONDUCIR** v. tr. (lat. *conducere*) **[20]**. Dirigir y guiar hacia un lugar. **2.** Gobernar, regir. **3.** Guiar, manejar un vehículo. **4.** Ser causa de que una persona o cosa llegue a cierto estado. **5.** Transportar de una parte a otra. **6.** Dirigir o presentar un programa televisivo. ◆ v. intr. **7.** Convenir, ser a propósito para algún fin. **8.** Llevar, dar acceso. ◆ **conducirse** v. pron. **9.** Comportarse, proceder de cierta manera.

**CONDUCTA** n. f. (lat. *conductam,* conducida). Manera de conducirse. **2.** Iguala que se hace con el médico.

**CONDUCTANCIA** n. f. BIOL. Propiedad de la membrana de las células que define su permeabilidad a los iones. **2.** ELECTR. Valor inverso de la resistencia.

**CONDUCTIBLE** adj. Que presenta conductividad.

**CONDUCTISMO** n. m. Corriente de la sicología científica que se asigna el comportamiento como objeto de estudio y la observación como método, y que excluye de su campo, como inverificables por naturaleza, los datos de la introspección. SIN.: *behaviorismo.*

■ El conductismo, en su deseo de elevar la sicología al rango de ciencia objetiva, propone establecer leyes constantes que relacionen el estímulo con la respuesta, de forma que se pueda prever el comportamiento si se conoce el estímulo. Nacido a principios del s. XX en E.U.A., el conductismo tomó impulso a partir de la publicación de los artículos de J. B. Watson (1913). Esta concepción determinista y reductora permitió a la sicología experimentar un desarrollo considerable, sobre todo gracias a Clark Hull (1884-1952), Edward Tolman (1886-1959) y Burrhus Skinner (1904-1990).

**CONDUCTIVIDAD** o **CONDUCTIBILIDAD** n. f. Propiedad que tienen los cuerpos de transmitir el calor o la electricidad. **2.** FISIOL. Facultad de propagación del impulso nervioso a lo largo de los nervios.

**CONDUCTIVO, A** adj. Que tiene virtud de conducir.

**CONDUCTO** n. m. Canal o tubo por el que circula un fluido. **2.** Camino que sigue una instancia, orden o documento. **3.** *Fig.* Persona por quien se dirige un negocio o pretensión, o por quien se tiene noticia de una cosa. • **Conducto auditivo externo,** canal que atraviesa al hueso temporal, por el que los sonidos llegan al tímpano. ‖ **Conducto auditivo interno,** canal que atraviesa el peñasco, por el que pasan los nervios auditivo y facial. ‖ **Conducto eferente,** conducto por donde salen las secreciones de las glándulas. ‖ **Conductos de Havers,** conductos nutricios de los huesos largos. ‖ **Por conducto de,** a través de, por medio de.

**CONDUCTOR, RA** adj. y n. Que conduce, especialmente vehículos de motor. ◆ adj. y n. m. **2.** Dícese del cuerpo capaz de transmitir calor o electricidad. ◆ n. **3.** *Amér.* Cobrador de billetes en un vehículo.

**CONDUMIO** n. m. Manjar que se come con pan. **2.** Comida en general.

**CONECTAR** v. tr. (lat. *connectere*) **[1]**. Poner en

contacto, unir. **2.** En los circuitos eléctricos, máquinas, etc., establecer una conexión.

**CONECTIVO, A** adj. Que sirve para conectar. ◆ adj. y n. f. **2.** LÓG. Dícese de la conjunción que permite componer una proposición compleja a partir de una o de varias proposiciones simples. ◆ n. m. **3.** BOT. Prolongación del filamento a nivel de la antera del estambre.

**CONEJAR** n. m. Lugar arbolado donde viven los conejos en estado salvaje. **2.** Vivar o sitio especialmente acondicionado para criar conejos.

**CONEJERA** n. f. Madriguera de conejos. **2.** Conejar.

**CONEJERO, A** adj. Que caza conejos. ◆ n. **2.** Persona que cría o vende conejos.

**CONEJILLO, A** n. **Conejillo de Indias,** cobaya.

**CONEJO, A** n. (lat. *cuniculum*). Mamífero roedor, salvaje o doméstico, muy prolífico; tiene el pelo espeso, de color ordinariamente gris, orejas tan largas como la cabeza, patas posteriores más largas que las anteriores, y cola muy corta.

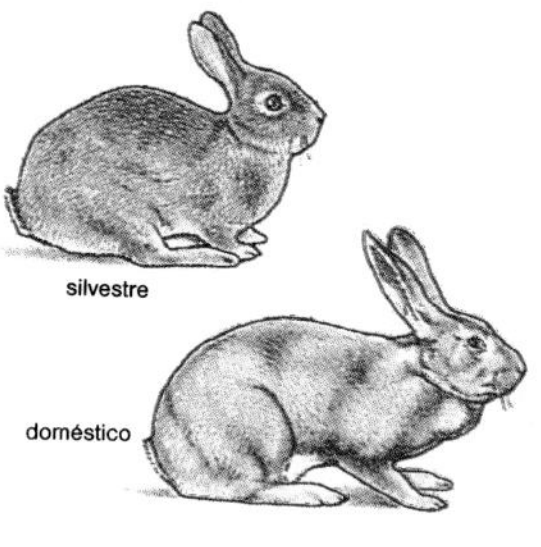


conejos

**CONEJUNO, A** adj. Relativo al conejo. **2.** Parecido al conejo.

**CONEPATL** n. m. *Méx.* Zorrillo.

**CONEXIÓN** n. f. (lat. *connexionem*). Relación o enlace entre personas, ideas, cosas, etc. **2.** Unión de circuitos, aparatos o máquinas eléctricas o electrónicas. **3.** Órganos que aseguran dicha unión. ◆ **conexiones** n. f. pl. **4.** Amistades, mancomunidad de ideas o intereses.

**CONEXIONARSE** v. pron. **[1]**. Contraer conexiones.

**CONEXO, A** adj. Que tiene conexión. **2.** MAT. Dícese de un espacio topológico tal que no existe participación del mismo en dos partes cerradas no vacías o en dos partes abiertas no vacías.

**CONFABULACIÓN** n. f. Acción y efecto de confabular o confabularse.

**CONFABULADOR, RA** n. Persona que confabula o se confabula.

**CONFABULAR** v. intr. (lat. *confabulari*) **[1]**. Conferir, conversar, tratar familiarmente. ◆ **confabularse** v. pron. **2.** Ponerse de acuerdo para realizar una acción, generalmente en contra de alguien.

**CONFALÓN** n. m. Bandera.

**CONFALONIERO** n. m. Portador del confalón.

**CONFECCIÓN** n. f. (lat. *confectionem*). Acción y efecto de confeccionar, especialmente prendas de vestir. **2.** Hechura de las prendas de vestir. **3.** Sistema de fabricación en serie de prendas de vestir, según medidas estándar.

**CONFECCIONAR** v. tr. **[1]**. Hacer enteramente una obra material, combinando sus diversos elementos, ingredientes, etc. **2.** *Por ext.* Preparar o hacer obras de entendimiento.

**CONFECCIONISTA** adj. y n. m. y f. Que se dedica a la confección en serie, especialmente prendas de vestir.

**CONFEDERACIÓN** n. f. (lat. *confoederationem*). Acción de confederar. **2.** Unión de estados soberanos que constituye una forma transitoria cuyo punto final consiste bien en su disolución, bien en su transformación en estado federal. **3.** Agrupación de asociaciones sindicales, deportivas, etc.: *Confederación general del trabajo.*

**CONFEDERADO, A** adj. y n. Relativo a una confederación. ◆ **confederados** n. m. pl. **2.** Estados, pueblos, individuos unidos contra un adversario: *el ejército de los confederados.*

**CONFEDERAL** adj. y n. m. y f. Confederado.

**CONFEDERAR** v. tr. y pron. (lat. *confoederare*) **[1]**. Hacer alianza, liga, unión o pacto entre varias personas, naciones o estados.

**CONFEDERATIVO, A** adj. Federativo. **2.** Relativo a la confederación.

**CONFERENCIA** n. f. Reunión de dos o más personas para tratar de un negocio, asunto, etc. **2.** Disertación en público sobre una cuestión científica, literaria, doctrinal, etc. **3.** Reunión de representantes de gobiernos o estados para tratar asuntos internacionales. • **Conferencia de prensa,** reunión en el curso de la cual una o varias personalidades se dirigen a los periodistas y responden a sus preguntas. ‖ **Conferencia episcopal,** junta de todos los obispos de una nación o territorio. ‖ **Conferencia telefónica,** conversación por teléfono entre poblaciones distintas.

**CONFERENCIANTE** n. m. y f. Persona que pronuncia una conferencia o disertación.

**CONFERENCIAR** v. intr. **[1]**. Conversar dos o más personas para tratar de un asunto.

**CONFERENCISTA** n. m. y f. *Amér.* Conferenciante.

**CONFERIR** v. tr. (lat. *conferre*) **[22]**. Conceder a uno dignidad, empleo o facultades. **2.** Dar, comunicar, atribuir.

**CONFESANDO, A** n. Persona que acude al tribunal de la penitencia.

**CONFESANTE** adj. y n. m. y f. Que confiesa en juicio.

**CONFESAR** v. tr. **[1j]**. Manifestar algo que se había mantenido oculto. **2.** Declarar la verdad obligado por las circunstancias. **3.** Oír el confesor al penitente. ◆ v. tr. y pron. **4.** Declarar el penitente al confesor sus pecados. **5.** Reconocer uno lo que no puede negar, por motivos de razón, fe, etc.

**CONFESIÓN** n. f. (lat. *confessionem*). Acción y efecto de confesar. **2.** Afirmación pública de la fe que uno profesa: *la confesión de Augsburgo.* **3.** Credo religioso y conjunto de personas que lo profesan.

**CONFESIONAL** adj. Relativo a una confesión religiosa. **2.** Dícese del estado que reconoce como propia en su constitución una o varias confesiones religiosas.

**CONFESIONALIDAD** n. f. Calidad de confesional.

**CONFESO, A** adj. y n. (lat. *confessum*). Que ha confesado haber cometido un delito o falta. **2.** Dícese del judío convertido.

**CONFESONARIO** o **CONFESIONARIO** n. m. Garita con celosías a los lados, en cuyo interior se sienta el sacerdote para confesar.

**CONFESOR** n. m. Cristiano que había hecho manifestación de su fe. **2.** Sacerdote que oye las confesiones.

**CONFETI** n. m. (ital. *confetti*). Pedacitos de papel de diversos colores que se arrojan en determinadas fiestas y procesiones, especialmente en carnaval.

**CONFIADO, A** adj. Crédulo, imprevisor. **2.** Presumido, orgulloso.

**CONFIANZA** n. f. Seguridad que uno tiene en sí mismo, en otro o en una cosa. **2.** Familiaridad en el trato. **3.** Ánimo, aliento y vigor para obrar. • **En confianza,** con seguridad; en secreto. ‖ **De confianza,** dícese de la persona con quien se tiene trato familiar o en quien se puede confiar; que posee las cualidades recomendables para su fin.

**CONFIANZUDO, A** adj. Que se toma demasiada confianza. **2.** Confiado, crédulo, imprevisor.

**CONFIAR** v. intr. y pron. **[1t]**. Tener confianza, seguridad. ◆ v. tr. **2.** Poner una persona o cosa al cuidado de alguien. **3.** Decir, explicar en confianza. ◆ **confiarse** v. pron. **4.** Franquearse.

**CONFIDENCIA** n. f. Revelación secreta, noticia reservada.

**CONFIDENCIAL** adj. Que se hace o se dice en confianza o en secreto, reservado.

**CONFIDENTE, A** n. Persona a quien otra fía sus secretos o le encarga la ejecución de cosas reservadas. **2.** Persona que transmite a otra, en forma confidencial, información que a esta última le interesa conocer. ◆ n. m. **3.** Asiento formado por dos o tres sillones de respaldo dispuestos en forma de S.

**CONFIGURACIÓN** n. f. Disposición de las partes que componen una cosa y le dan su peculiar forma o manera de ser. **2.** INFORMÁT. Conjunto de elementos que constituyen un sistema informático, como la unidad central, procesadores de entrada y salida, memoria central y auxiliar, y líneas de intercomunicaciones.

**CONFIGURAR** v. tr. y pron. (lat. *configurare*) **[1]**. Dar o adquirir determinada configuración.

**CONFÍN** adj. Que confina o linda. ◆ n. m. **2.** Término que divide las poblaciones, provincias, etc., y señala los límites de cada uno. **3.** Último término a que alcanza la vista.

**CONFINACIÓN** n. f. Confinamiento.

**CONFINADO, A** adj. y n. Que sufre la pena de confinamiento. ◆ adj. **2.** Desterrado.

**CONFINAMIENTO** n. m. Acción y efecto de confinar. **2.** Pena grave restrictiva de la libertad consistente en la residencia forzosa del condenado en un determinado lugar. **3.** Situación de una especie animal que habita un espacio reducido.

**CONFINAR** v. intr. **[1]**. Lindar, estar contiguo o inmediato. ◆ v. tr. **2.** Desterrar a uno, imponerle la pena de confinamiento. ◆ **confinarse** v. pron. **3.** Encerrarse, recluirse.

**CONFIRMACIÓN** n. f. Acción y efecto de confirmar. **2.** Nueva prueba de la verdad y certeza de un suceso, dictamen, etc. **3.** Para los católicos, sacramento, habitualmente administrado por el obispo, que completa la gracia conferida por el bautismo. **4.** Para los protestantes, acto sin valor sacramental por el que se confirman públicamente los votos del bautismo antes de ser admitido a la cena. **5.** DER. Ratificación de un acto jurídico para su plena eficacia en derecho.

**CONFIRMADOR, RA** adj. y n. Que confirma.

**CONFIRMANDO, A** n. Persona que va a recibir el sacramento de la confirmación.

**CONFIRMAR** v. tr. (lat. *confirmare*) **[1]**. Corroborar la verdad o certeza de una cosa. **2.** Revalidar lo ya aprobado. **3.** REL. Administrar la confirmación. ◆ v. tr. y pron. **4.** Asegurar, dar mayor firmeza.

**CONFIRMATORIO, A** adj. Dícese del auto o sentencia por el que se confirma otro anterior. SIN.: *confirmativo.*

**CONFISCACIÓN** n. f. Acción y efecto de confiscar.

**CONFISCAR** v. tr. (lat. *confiscare*) **[1a]**. Atribuir al fisco bienes de propiedad privada.

**CONFITAR** v. tr. **[1]**. Cubrir con baño de azúcar las frutas o semillas preparadas para este fin. **2.** Cocer las frutas en almíbar.

**CONFITE** n. m. (cat. *confit*). Pasta de azúcar y algún otro ingrediente, en forma de bolas de pequeño tamaño.

**CONFÍTEOR** n. m. (voz latina, *yo confieso*). Oración que comienza con esta palabra, y que puede rezarse al principio de la misa, después de la confesión de los pecados, etc.

**CONFITERA** n. f. Vasija o caja para poner confites.

**CONFITERÍA** n. f. Industria del confitero. **2.** Conjunto de los productos de esta industria. **3.** Establecimiento donde se venden estos productos. **4.** *Amér. Merid.* Bar, cafetería.

**CONFITERO, A** n. Persona que hace o vende dulces y confituras.

**CONFITURA** n. f. Preparación hecha con azúcar refinado o cristalizado y frutas frescas o jugo de frutas frescas.

**CONFITURÍA** n. f. *Colomb.* Confitería, tienda de dulces.

**CONFLAGRACIÓN** n. f. Incendio, fuego, siniestro. **2.** *Fig.* Perturbación repentina de pueblos o naciones, especialmente a causa de guerra.

**CONFLAGRAR** v. tr. **[1]**. Inflamar, quemar.

**CONFLICTIVIDAD** n. f. Cualidad de conflictivo: *alto índice de conflictividad en una zona.*

**CONFLICTIVO, A** adj. Que origina conflicto. **2.** Relativo al conflicto. **3.** Dícese del tiempo, situación, circunstancias, etc., en los que se origina conflicto.

**CONFLICTO** n. m. (lat. *conflictum*). Choque, combate, lucha, pugna: *conflicto fronterizo entre dos estados; conflicto generacional.* **2.** *Fig.* Apuro, dificultad, peligro. **3.** SICOL. Estado de un ser vivo sometido a motivaciones incompatibles. **4.** SICOANÁL. Oposición vivida por el individuo entre las pulsiones y las prohibiciones sociales y entre las distintas instancias del aparato psíquico. • **Conflicto colectivo de trabajo** (DER.), el que enfrenta a una pluralidad de trabajadores con uno o varios empresarios, a resultas de una discusión o controversia sobre las condiciones de trabajo. || **Conflicto de competencia** (DER.), el que se produce cuando dos órganos jurisdiccionales pretenden conocer el mismo asunto o los dos pretenden inhibirse de él.

**CONFLUENCIA** n. f. Acción de confluir. **2.** Lugar donde confluyen dos o más cosas.

**CONFLUENTE** adj. Que confluye.

**CONFLUIR** v. intr. (lat. *confluere*) **[29]**. Juntarse dos o más corrientes de agua en un lugar. **2.** Juntarse en un punto dos o más caminos. **3.** Concurrir en un sitio mucha gente. **4.** *Fig.* Concurrir diversos factores en un determinado hecho o fenómeno.

**CONFORMACIÓN** n. f. Disposición de las partes que forman una cosa. **2.** QUÍM. Disposición que puede tomar una molécula orgánica por rotación alrededor de uno o varios enlaces simples. **3.** TECNOL. Operación para dar forma a una plancha o placa.

**CONFORMACIONAL** adj. **Análisis conformacional** (QUÍM.), estudio de los factores que determinan las conformaciones preferidas de una molécula.

**CONFORMADOR** n. m. Instrumento que permite tomar la medida o configuración exacta del perfil de un objeto: *conformador de sombrerero.*

**CONFORMAR** v. tr., intr. y pron. (lat. *conformare*) **[1]**. Ajustar, concordar una cosa con otra. **2.** Dar o adquirir una forma o característica determinada. ◆ v. intr. y pron. **3.** Convenir una persona con otra, ser de la misma opinión o dictamen. ◆ v. tr. **4.** Poner el conforme en un escrito. ◆ **conformarse** v. pron. **5.** Aceptar sin protesta algo que puede considerarse malo o insuficiente.

**CONFORME** adj. Acorde con otra cosa tomada como término de comparación, que se corresponde con ciertos principios u órdenes. **2.** Resignado y paciente en las adversidades. **3.** Acorde con otro en un mismo dictamen, o unido con él para alguna acción o empresa. ◆ n. m. **4.** Asentimiento que se pone al pie de un escrito. ◆ adv. m. **5.** Según, con arreglo a. **6.** Tan pronto como, a medida que. • **Según y conforme,** de igual suerte o manera que.

**CONFORMIDAD** n. f. (lat. *conformitatem*). Cualidad o actitud de conforme. • **De conformidad,** con unión. || **En conformidad,** conforme, según, con arreglo a.

**CONFORMISMO** n. m. Cualidad o actitud de conformista.

**CONFORMISTA** adj. y n. m. y f. Que está de acuerdo con lo oficialmente establecido o que se conforma por rutina u oportunismo a las tradiciones y a las costumbres.

**CONFORT** n. m. *Galic.* Comodidad, bienestar.

**CONFORTABLE** adj. Que conforta, anima. **2.** Que proporciona confort.

**CONFORTACIÓN** n. f. Acción y efecto de confortar. SIN.: *confortamiento.*

**CONFORTADOR, RA** adj. y n. Que conforta.

**CONFORTANTE** adj. Confortador.

**CONFORTAR** v. tr. y pron. (lat. *confortare*) **[1]**. Animar, consolar, dar vigor.

**CONFRATERNAR** v. intr. **[1]**. Confraternizar.

**CONFRATERNIDAD** n. f. Unión o relación entre personas que confraternizan.

**CONFRATERNIZAR** v. intr. **[1g]**. Tratarse con amistad y camaradería. **2.** Hermanarse una persona con otra.

**CONFRONTACIÓN** n. f. Acción y efecto de confrontar.

**CONFRONTAR** v. tr. **[1]**. Examinar conjuntamente dos o más cosas para averiguar sus semejanzas o diferencias. **2.** Poner a dos personas una frente a otra para que defiendan sus respectivas afirmaciones. ◆ v. tr. y pron. **3.** Estar o ponerse una persona o cosa frente a otra. ◆ v. intr. **4.** Confinar, lindar.

**CONFUCIANISMO** o **CONFUCIONISMO** n. m. Doctrina de Confucio y de sus discípulos.

**CONFUCIANO, A** adj. y n. Relativo al confucianismo; adepto a esta doctrina. SIN.: *confucianista, confucionista.*

**CONFUNDIR** v. tr. y pron. (lat. *confundere*) **[3]**. Mezclar varias personas o varias cosas de modo que no puedan distinguirse unas de otras. **2.** Tomar o hacer que alguien tome erróneamente una cosa por otra. **3.** Perturbar, desordenar. **4.** *Fig.* Humillar, abatir, avergonzar. **5.** *Fig.* Turbar, dejar o quedar confuso.

**CONFUSIÓN** n. f. (lat. *confusionem*). Acción y efecto de confundir. **2.** Falta de orden, de concierto y de claridad. **3.** DER. Situación que se produce cuando una persona es titular de dos situaciones jurídicas, cuya atribución simultánea a un mismo sujeto es contraria a su propia naturaleza. • **Confusión mental,** síndrome siquiátrico caracterizado por la disolución más o menos completa de la conciencia, por trastornos de la ideación, la percepción y la memoria, por una desorientación espacio temporal y, frecuentemente, por onirismo.

**CONFUSIONISMO** n. m. Confusión y oscuridad en las ideas o en el lenguaje.

**CONFUSO, A** adj. Mezclado, desordenado. **2.** Oscuro, dudoso, ambiguo. **3.** Difícil de distinguir, poco perceptible. **4.** *Fig.* Turbado, temeroso, avergonzado.

**CONGA** n. f. Roedor que alcanza hasta 30 o 40 cm, de color ceniciento o rojizo, que vive en las Antillas.

**CONGA** n. f. Danza popular cubana, de origen africano, que se ejecuta por grupos colocados en fila doble y al compás de un tambor. **2.** Música e instrumento de percusión, que se toca como acompañamiento de este baile.

**CONGAL** n. m. *Méx.* Prostíbulo.

**CONGELACIÓN** n. f. Acción y efecto de congelar. SIN.: *congelamiento.* **2.** ECON. Proceso por el cual, mediante la intervención estatal, una variable económica permanece sin modificación sensible.

**CONGELADO** n. m. Alimento conservado a bajas temperaturas para mantener sus propiedades nutritivas.

**CONGELADOR** n. m. Aparato utilizado para la congelación y conservación en tal estado de alimentos y otras sustancias. **2.** Compartimiento de congelación en los frigoríficos.

**CONGELAR** v. tr. y pron. (lat. *congelare*) **[1]**. Transformar un líquido en sólido mediante el frío. **2.** Someter al frío para la conservación: *congelar carne.* **3.** Detener o aplazar el curso o desarrollo de algún proceso (legislativo, educativo, político, etc.). **4.** Efectuar una congelación de precios, salarios, etc.

**CONGÉNERE** adj. y n. m. y f. Respecto a una persona o cosa, otra del mismo género, clase u origen.

**CONGENIAR** v. intr. **[1]**. Avenirse una persona con otra u otras por tener el mismo genio, carácter o inclinaciones.

**CONGÉNITO, A** adj. (lat. *congenitum*). Que se engendra juntamente con otra cosa. **2.** Connatural, nacido con uno, originado en la época fetal: *enfermedades congénitas.*

**CONGESTIÓN** n. f. Acumulación anormal de sangre en los vasos sanguíneos de un órgano. **2.** *Fig.* Acumulación, aglomeración en general.

**CONGESTIONAR** v. tr. y pron. **[1]**. Producir o padecer congestión.

**CONGESTIVO, A** adj. Relativo a la congestión.

**CONGLOMERACIÓN** n. f. Acción y efecto de conglomerar o conglomerarse.

**CONGLOMERADO** n. m. Efecto de conglomerarse. **2.** Roca sedimentaria detrítica, formada por cantos rodados (pudingas) o angulosos (brechas) de otras cosas ulteriormente cimentadas. **3.** Masa compacta que resulta de unir fragmentos de una sustancia. **4.** ECON. Forma de expansión de una firma por medio de fusiones o del control de distintas empresas que fabrican productos muy diversificados.

**CONGLOMERAR** v. tr. (lat. *conglomerare*) **[1]**. Aglomerar. ◆ **conglomerarse** v. pron. **2.** Agruparse fragmentos o corpúsculos de una misma o de diversas sustancias de modo que resulte una masa compacta.

**CONGLUTINACIÓN** n. f. Acción y efecto de conglutinar o conglutinarse.

**CONGLUTINANTE** adj. y n. m. Que conglutina.

**CONGLUTINAR** v. tr. (lat. *conglutinare*) **[1]**. Unir, pegar una cosa con otra. ◆ **conglutinarse** v. pron. **2.** Conglomerarse por medio de una sustancia viscosa, bituminosa, etc.

**CONGO** n. m. *Cuba* y *Méx.* Cada uno de los huesos mayores de las piernas posteriores del cerdo.

**CONGOJA** n. f. (cat. *congoixa*). Fatiga y aflicción del ánimo.

**CONGOJAR** v. tr. y pron. **[1]**. Acongojar.

**CONGOJOSO, A** adj. Que produce congoja. **2.** Afligido, angustiado.

**CONGOLA** n. f. *Colomb.* Pipa de fumar.

**CONGOLEÑO, A** adj. y n. De la República del Congo.

**CONGOÑA** n. f. *Argent.* Hierba mate.

**CONGOSTO** n. m. Desfiladero entre montañas.

**CONGRACIAMIENTO** n. m. Acción y efecto de congraciar.

**CONGRACIAR** v. tr. y pron. **[1]**. Conseguir o atraerse la benevolencia o la estimación de alguien.

**CONGRATULACIÓN** n. f. Acción y efecto de congratular.

**CONGRATULAR** v. tr. y pron. (lat. *congratulari*) **[1]**. Manifestar alegría y satisfacción una persona a otra, a quien ha sucedido algo favorable.

**CONGREGACIÓN** n. f. Junta para tratar de uno o más negocios. **2.** Reunión de personas religiosas o seglares que se rigen por los mismos estatutos o que tienen unos mismos fines piadosos. • **Congregación de los fieles,** la Iglesia católica. || **Congregaciones romanas,** comisiones permanentes de cardenales cuya función es despachar los asuntos ordinarios de la Iglesia.

**CONGREGACIONALISMO** n. m. Una de las formas de organización de la Iglesia protestante, basada en la autoridad y en la autonomía de las comunidades locales.

**CONGREGACIONALISTA** adj. y n. m. y f. Relativo al congregacionalismo; partidario de dicho sistema.

**CONGREGANTE, A** n. Individuo de una congregación.

**CONGREGAR** v. tr. y pron. **[1b]**. Juntar, reunir.

**CONGRESAL** n. m. y f. *Amér.* Congresista.

**CONGRESISTA** n. m. y f. Miembro de un congreso.

**CONGRESO** n. m. (lat. *congresum*). Junta de varias personas para deliberar sobre intereses o estudios comunes: *congreso político.* **2.** Cuerpo legislativo compuesto por diputados o representantes nombrados por elección. **3.** Edificio donde este cuerpo celebra sus sesiones. **4.** Reunión de soberanos, embajadores o delegados de diversos países.

**CONGRIO** n. m. (lat. *congrum*). Pez marino, de 2 a 3 m de long. y de color gris azulado oscuro, que vive en las hendiduras de las rocas. (Familia cóngridos.)

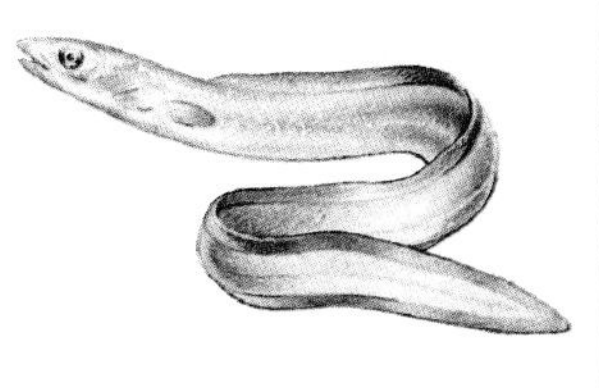

**congrio**

**CONGRUENCIA** n. f. Conveniencia, oportunidad, ilación o conexión de ideas, palabras, etc. **2.** MAT. Igualdad, dependencia: *congruencia de dos figuras.* **3.** Relación que expresa que dos números dan el mismo resto cuando se les divide por un mismo número o módulo. • **Congruencia de rectas,** familia de rectas que depende de dos parámetros.

**CONGRUENTE** o **CONGRUO, A** adj. (lat. *congruentem*). Que implica congruencia. **2.** Dícese de dos números que dan el mismo resto cuando se los divide por el mismo número.

**CONGUITO** n. m. *Amér.* Ají.

**CÓNICA** n. f. Cualquiera de las curvas que resultan de cortar la superficie de un cono circular por un plano (circunferencia, elipse, hipérbola o parábola).

**CONICIDAD** n. f. Calidad de cónico. **2.** Forma cónica.

**CÓNICO, A** adj. Relativo al cono. **2.** De forma de cono.

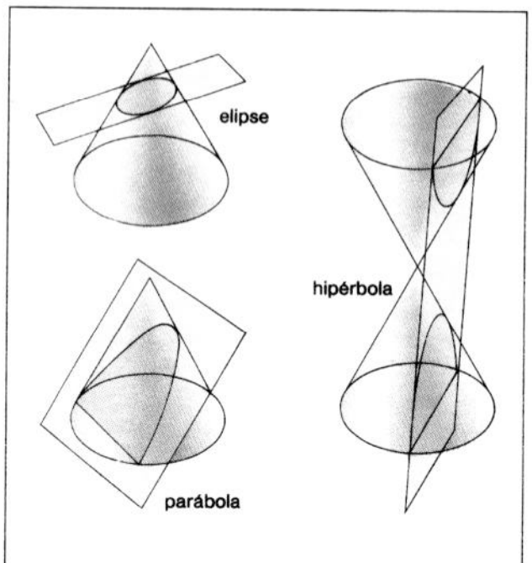

cónicas

**CONIDIO** n. m. BOT. Espora responsable de la reproducción asexual de los hongos.

**CONÍFERO, A** adj y n. f. BOT. Relativo a un orden de gimnospermas formado fundamentalmente por árboles de hoja perenne, resinosos, cuyos frutos tienen forma cónica, como el pino y el abeto.

**CONIMBRICENSE** adj. y n. m. y f. Relativo a Coimbra.

**CONIRROSTRO** adj. y n. m. Que tiene pico cónico y corto, como ciertas aves, sobre todo granívoras, como el gorrión, el pardillo y el pinzón.

**CONJETURA** n. f. (lat. *coniecturam*). Juicio que se forma de una cosa o acaecimiento por las señales o indicios que de él se tienen.

**CONJETURAL** adj. Fundado en conjeturas.

**CONJETURAR** v. tr. (lat. *coniecturare*) [**1**]. Creer algo por conjeturas o hacer conjeturas sobre algo.

**CONJUGACIÓN** n. f. BIOL. Modo de reproducción sexual isógama de ciertos protozoos ciliados y de ciertas algas verdes. **2.** LING. Flexión propia del verbo, que adopta formas distintas según los accidentes de persona, número, tiempo, modo y voz. **3.** LING. Conjunto de estas formas, ordenadas en paradigmas. (En español se distinguen tradicionalmente tres conjugaciones regulares [según que los infinitivos terminen en *ar, er, ir*].)

**CONJUGADO, A** adj. MAT. Dícese de dos elementos entre los cuales existe una correspondencia determinada. • **Puntos conjugados** (GEOMETR.), puntos que dividen un segmento de recta según una división armónica; (ÓPT.), sistema de dos puntos tales que un haz de rayos que parte de uno, se encuentra en el otro. ◆ adj. y n. f. **2.** Relativo a una subclase de algas verdes unicelulares o filamentosas, que no producen nunca esporas móviles.

**CONJUGAR** v. tr. y pron. (lat. *coniugare*) [**1b**]. Unir, enlazar, combinar. • **Conjugar un verbo,** enumerar todas sus formas, en todos los tiempos y modos, en todas las personas del singular y del plural.

**CONJUNCIÓN** n. f. (lat. *coniunctionem*). Acción y efecto de unirse dos o más cosas. **2.** ASTRON. Encuentro aparente de dos o más astros en la misma parte del cielo. **3.** LING. Partícula invariable que sirve para unir dos palabras o dos oraciones, estableciendo un enlace gramatical entre ellas, aunque a veces signifique contrariedad o separación de sentido. **4.** LÓG. Unión de dos proposiciones por medio de la partícula «y», que generalmente se simboliza por $\wedge$ o &.

**CONJUNTAR** v. intr. y pron. (lat. *conionctare*) [**1**]. Armonizar los elementos de un conjunto para aumentar su eficacia.

**CONJUNTIVA** n. f. Mucosa que cubre la cara posterior de los párpados y la cara anterior de la esclerótica.

**CONJUNTIVAL** adj. Relativo a la conjuntiva.

**CONJUNTIVITIS** n. f. Inflamación de la conjuntiva.

**CONJUNTIVO, A** adj. Que junta o une. • **Locución conjuntiva** (LING.), grupo de palabras que desempeña el papel de una conjunción, como *a fin de que, a pesar de que,* etc. || **Tejido conjuntivo** (ANAT.), tejido animal que realiza funciones de sostén o de protección.

**CONJUNTO, A** adj. (lat. *coniunctum*). Unido o contiguo a otra cosa. **2.** Mezclado, incorporado con otra cosa diversa. ◆ n. m. **3.** Agrupación de varios elementos en un todo: *un conjunto de circunstancias.* **4.** La totalidad de una cosa, considerada sin atender a sus partes o detalles. **5.** Juego de prendas de vestir que se lleva al mismo tiempo. **6.** Grupo de intérpretes vocales o instrumentales, que ejecutan composiciones a varias partes. **7.** Coro que actúa en una revista musical. **8.** MAT. y ESTADÍST. Colección de elementos o de números que tienen en común una o varias propiedades que los caracterizan. • **Conjunto cociente** (MAT.), conjunto de las clases de equivalencia formado en un conjunto C por una relación de equivalencia. || **Conjunto finito** (MAT.), conjunto con un número limitado de elementos. || **Conjunto infinito** (MAT.), conjunto no finito. || **Teoría de conjuntos,** parte de las matemáticas que estudia las propiedades de los conjuntos y las operaciones a las que pueden ser sometidos.

**CONJUNTOR** n. m. Dispositivo utilizado en telefonía para la conexión de conductores. SIN.: *jack.*

**CONJURACIÓN** o **CONJURA** n. f. Acuerdo concertado secretamente por juramento común, para subvertir el orden de un estado. **2.** Confabulación, conspiración.

**CONJURADO, A** adj. y n. Que participa en una conjuración.

**CONJURADOR, RA** n. Persona que conjura.

**CONJURAR** v. intr. y pron. [**1**]. Aliarse varias personas para llevar a término alguna empresa, generalmente de carácter secreto, subversivo o fuera de la ley. ◆ v. tr. **2.** Tomar juramento a uno. **3.** Pedir con instancia o con alguna especie de autoridad. **4.** *Fig.* Impedir, evitar algún daño o peligro.

**CONJURO** n. m. Acción y efecto de conjurar. **2.** Ruego encarecido. **3.** Palabras mágicas que se utilizan para conjurar.

**CONLLEVAR** v. tr. [**1**]. Ayudar a uno a soportar las contrariedades. **2.** Sufrir, tolerar el genio y las impertinencias de una persona. **3.** Contener, comprender, abarcar. **4.** Implicar, suponer, acarrear.

**CONMEMORACIÓN** n. f. Acción de conmemorar. **2.** LITURG. Memoria de un santo que se hace en su fiesta, cuando ésta concurre con otra festividad mayor.

**CONMEMORAR** v. tr. (lat. *commemorare*) [**1**]. Celebrar solemnemente el recuerdo de una persona o acontecimiento.

**CONMEMORATIVO, A** o **CONMEMORATORIO, A** adj. Que conmemora: *sesión conmemorativa.*

**CONMENSURABLE** adj. Sujeto a medida o valuación. **2.** Dícese de cualquier cantidad que tenga con otra una medida común.

**CONMENSURAR** v. tr. [**1**]. Medir con igual o debida proporción.

**CONMIGO** pron. pers. de 1.ª persona. Se usa para indicar que la primera persona del pronombre personal es el término de la prep. *con.*

**CONMINACIÓN** n. f. Acción y efecto de conminar.

**CONMINAR** v. tr. (lat. *comminari*) [**1**]. Amenazar con alguna pena o castigo, especialmente el que tiene potestad o fuerza para hacerlo.

**CONMINATIVO, A** adj. Que conmina.

**CONMINATORIO, A** adj. y n. DER. Dícese del mandamiento que incluye amenaza de alguna pena, y del juramento con que se conmina a una persona.

**CONMINUTO, A** adj. CIR. Dícese de una fractura que presenta numerosos fragmentos.

**CONMISERACIÓN** n. f. (lat. *commiserationem*). Compasión por el mal o desgracia ajena.

**CONMIXTIÓN** n. f. DER. Mezcla de cosas sólidas, fungibles, pertenecientes a distintos dueños. (Es una de las modalidades de la accesión de bienes inmuebles.)

**CONMOCIÓN** n. f. (lat. *commotionem*). Movimiento o perturbación violenta del ánimo o del cuerpo. **2.** Levantamiento, tumulto, disturbio. **3.** Movimiento sísmico muy perceptible. • **Conmoción cerebral,** estado de pérdida pasajera de la conciencia, secundario a un traumatismo de relativa intensidad.

**CONMOCIONAR** v. tr. y pron. [**1**]. Producir una conmoción.

**CONMONITORIO** n. m. Memoria o relación escrita de algunas cosas o noticias.

**CONMOVEDOR, RA** adj. Que conmueve.

**CONMOVER** v. tr. y pron. (lat. *commovere*) [**2e**]. Perturbar, sacudir, mover fuerte o eficazmente. **2.** Enternecer, mover a compasión.

**CONMUTA** n. f. *Amér.* Conmutación, permuta.

**CONMUTABILIDAD** n. f. Calidad de conmutable.

**CONMUTACIÓN** n. f. Acción y efecto de conmutar. **2.** Conjunto de las operaciones necesarias para poner en comunicación a dos abonados telefónicos. **3.** DER. Cambio de una pena por otra menos rigurosa; indulto parcial. SIN.: *retruécano.* **4.** INFORMÁT. Técnica de envío de datos entre dos ordenadores conectados por una red de transmisión.

**CONMUTADOR, RA** adj. Que conmuta. ◆ n. m. **2.** Aparato destinado a sustituir una porción de circuito por otra, o bien a modificar sucesivamente las conexiones de varios circuitos. **3.** Dispositivo que permite establecer la conexión entre dos abonados telefónicos. **4.** *Amér.* Centralita telefónica.

**CONMUTAR** v. tr. [**1**]. Trocar, permutar, cambiar una cosa por otra.

**CONMUTATIVIDAD** n. f. Carácter de lo que es conmutativo.

**CONMUTATIVO, A** adj. Relativo a la conmutación. **2.** DER. Dícese de los contratos cuando el interés pecuniario de las prestaciones de las partes se determina en el momento de la celebración de los mismos. **3.** LÓG. y MAT. Dícese de la propiedad de ciertas operaciones cuyo resultado no varía cambiando el orden de sus términos o elementos.

**CONMUTATRIZ** n. f. ELECTR. Convertidor que sirve para transformar corriente alterna en corriente continua o viceversa.

**CONNACIONAL** adj. y n. m. y f. Que pertenece a la misma nación que otro.

**CONNATURAL** adj. Propio o conforme a la naturaleza del ser de que se trata.

**CONNATURALIZACIÓN** n. f. Acción y efecto de connaturalizarse.

**CONNATURALIZAR** v. tr. [**1g**]. Hacer connatural. ◆ **connaturalizarse** v. pron. **2.** Acostumbrarse uno a una cosa: *connaturalizarse con el trabajo.*

**CONNIVENCIA** n. f. (lat. *conniventiam*). Disimulo o tolerancia de un superior acerca de las transgresiones que cometen sus subordinados. **2.** Acción de confabularse.

**CONNIVENTE** adj. Referido a las partes de una planta, que tienden a aproximarse. **2.** Que actúa con connivencia. • **Válvulas conniventes,** en el hombre, repliegues existentes en la mucosa intestinal.

**CONNOTACIÓN** n. f. Acción y efecto de connotar. **2.** Parentesco en grado remoto.

**CONNOTADO, A** adj. *Amér.* Notable, conspicuo.

**CONNOTAR** v. tr. [**1**]. Hacer relación. **2.** Sugerir una palabra otra significación, además de la primera. (Por ej.: *león* denota el animal de este nombre y connota «valentía».)

**CONNOTATIVO, A** adj. Que connota.

**CONNUBIO** n. m. (lat. *connubium*). *Poét.* Matrimonio.

**CONO** n. m. (lat. *conum*). Cuerpo geométrico limitado por una superficie cónica de directriz cerrada, su vértice, y un plano que la corta y que constituye su base. **2.** ANAT. Prolongación en forma de cono de ciertas células de la retina, sede de la visión de los colores. **3.** HIST. NAT. Fruto de las co-

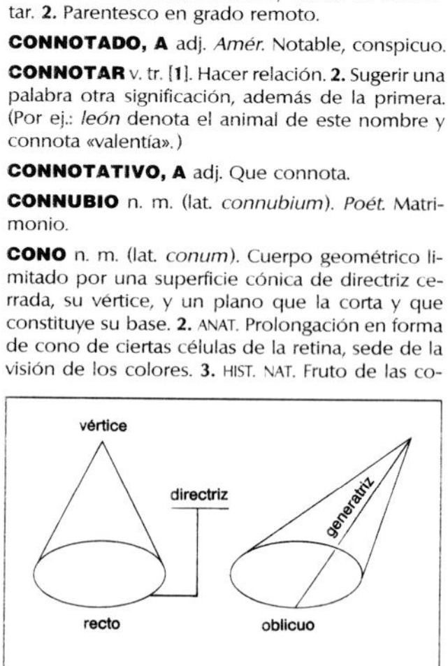

conos de base circular

níferas. • **Cono de fricción,** o **de embrague,** aparato compuesto por dos conos, macho y hembra, que al penetrar uno en el otro giran solidariamente los troncos a los cuales van unidos. ‖ **Cono de revolución,** sólido engendrado por la rotación de un triángulo rectángulo alrededor de uno de los catetos. ‖ **Cono de sombra,** sombra en forma de cono, proyectada por un planeta en la dirección opuesta a la del Sol. ‖ **Cono oblicuo,** cono en el que la recta que une el vértice con el centro de la base es oblicua con respecto al plano de ésta. ‖ **Cono volcánico,** relieve formado por la acumulación de los productos emitidos por un volcán (lavas y proyecciones) alrededor de la chimenea.

**CONOCEDOR, RA** adj. y n. Que conoce bien la naturaleza y propiedades de una cosa.

**CONOCER** v. tr. (lat. *cognoscere*) [**2m**]. Averiguar, tener noción, por el ejercicio de las facultades intelectuales, de la naturaleza, cualidades y relaciones de las cosas. **2.** Entender, advertir, saber. **3.** Distinguir, percibir el objeto como distinto de todo lo que no es él: *conocer las hierbas buenas y las malas.* **4.** Presumir o conjeturar lo que puede suceder. **5.** Entender en un asunto con facultad legítima para ello: *el juez conoció una causa.* **6.** Reconocer: *después de tantos años de ausencia conoció aún la casa donde había vivido.* **7.** *Fig.* Tener trato carnal el hombre con una mujer. **8.** Tener noticia, haber oído hablar de uno. **9.** Tener idea del carácter de una persona, juzgarle justamente. ◆ v. tr. y pron. **10.** Tener trato y comunicación con alguien. ◆ **conocerse** v. pron. **11.** Juzgarse justamente uno mismo.

**CONOCIBLE** o **COGNOSCIBLE** adj. Que se puede conocer, o es capaz de ser conocido.

**CONOCIDO, A** adj. Distinguido, ilustre, acreditado. ◆ n. **2.** Persona con quien se tiene trato, pero no amistad.

**CONOCIMIENTO** n. m. Acción y efecto de conocer. **2.** Entendimiento, inteligencia, razón natural. **3.** Conciencia de la propia existencia. • **Teoría del conocimiento** (FILOS.), sistema que explica las relaciones entre el pensamiento y los objetos, y entre el hombre y el mundo. ◆ **conocimientos** n. m. pl. **4.** Noción, ciencia, sabiduría: *conocimientos de historia.*

**CONOIDAL** adj. Relativo al conoide.

**CONOIDE** adj. (gr. *kōnoeidēs*). De figura parecida a la de un cono. ◆ adj. y n. m. **2.** Dícese de la superficie engendrada por una recta que se apoya constantemente sobre una recta fija y es paralela a un plano fijo.

**CONOPEO** n. m. (gr. *kōnōpeion*). LITURG. Especie de velo de seda o de damasco, que recubre el sagrario.

**CONOPIAL** adj. ARQ. Dícese del arco formado por dos curvas simétricas, alternativamente convexa y cóncava, cuya unión forma un ángulo agudo.

**CONQUE** conj. consecutiva. Anuncia una consecuencia natural de lo que acaba de decirse o de lo que se tiene ya sabido.

**CONQUENSE** adj. y n. m. y f. De Cuenca. SIN.: *cuencano.*

**CONQUILIOLOGÍA** n. f. Estudio científico de las conchas de los moluscos.

**CONQUILIÓLOGO, A** n. Biólogo especialista en conquiliología.

**CONQUISTA** n. f. Acción y efecto de conquistar. **2.** Cosa o persona conquistada.

**CONQUISTABLE** adj. Que se puede conquistar.

**CONQUISTADOR, RA** adj. y n. Que conquista. **2.** Dícese del hombre que enamora a muchas mujeres. ◆ n. m. **3.** Nombre dado a los españoles que fueron a conquistar América.

**CONQUISTAR** v. tr. [**1**]. Apoderarse, hacerse dueño en la guerra de una población o territorio enemigo. **2.** *Fig.* Ganar la voluntad de alguien: *conquistar los corazones.* **3.** *Fig.* Conseguir algo con esfuerzo, habilidad o venciendo dificultades: *conquistar un alto cargo.*

**CONSABIDO, A** adj. Sabido de antemano, expresado anteriormente o que es habitual o frecuente.

**CONSAGRABLE** adj. Que puede consagrarse.

**CONSAGRACIÓN** n. f. Acción y efecto de consagrar. **2.** REL. Rito litúrgico por el que se dedica al servicio de Dios una persona o cosa que, de este modo, entra en la categoría de lo sagrado: *la consagración de una iglesia.* **3.** REL. Acto por el cual se efectúa en la misa la conversión del pan y del vino en el cuerpo y sangre de Jesucristo. **4.** REL. Momento de la misa en que se efectúa este acto.

**CONSAGRANTE** adj. y n. m. y f. Que consagra.

**CONSAGRAR** v. tr. (lat. *consecrare*) [**1**]. Erigir un monumento o celebrar un homenaje para perpetuar la memoria de una persona, suceso, etc. **2.** REL. Dedicar al servicio de Dios. **3.** REL. Realizar el acto de la consagración eucarística. ◆ v. tr. y pron. **4.** Dedicar, destinar, emplear: *consagrar su vida al estudio.* **5.** Lograr fama o reputación por causa de algo que se expresa: *esta novela le consagró como un gran literato.*

**CONSANGUÍNEO, A** adj. y n. (lat. *consanguineum*). Pariente por parte paterna: *hermano consanguíneo.* **2.** Dícese de los seres que tienen un ascendente común.

**CONSANGUINIDAD** n. f. Carácter de los que pertenecen a un mismo tronco de familia y poseen caracteres hereditarios semejantes.

**CONSCIENCIA** n. f. Conciencia.

**CONSCIENTE** adj. (lat. *conscientem*). Que tiene conciencia, conocimiento: *ser consciente de las responsabilidades.* **2.** Dícese de un nivel de la estructura de la personalidad en que se tiene conciencia de los fenómenos síquicos.

**CONSCRIPCIÓN** n. f. (fr. *conscription*). *Galic.* Reclutamiento, quinta. **2.** *Argent.* Servicio militar.

**CONSCRIPTO, A** adj. (lat. *conscriptum*). **Padres conscriptos,** senadores romanos. ◆ n. m. **2.** *Amér. Merid.* Recluta, quinto, soldado que recibe la instrucción militar obligatoria.

**CONSECUCIÓN** n. f. Acción y efecto de conseguir.

**CONSECUENCIA** n. f. (lat. *consequentiam*). Proposición que se deduce lógicamente de otra o de un sistema de proposiciones dado. **2.** Correspondencia lógica entre la conducta de uno y los principios que profesa. **3.** Hecho o acontecimiento que se sigue o resulta necesariamente de otro: *prever las consecuencias de un hecho.* • **A consecuencia,** por efecto, como resultado de. ‖ **En consecuencia,** conforme a lo dicho, mandado o acordado anteriormente. ‖ **Por consecuencia,** da a entender que una cosa se infiere de otra. ‖ **Ser de consecuencia** una cosa, ser de importancia. ‖ **Tener,** o **traer, consecuencia** una cosa, tener o traer resultados, o producir necesariamente otros.

**CONSECUENTE** adj. (lat. *consequentem*). Que es consecuencia de algo. **2.** Dícese de la persona cuya conducta guarda la debida relación con los principios que profesa. • **Río consecuente** (GEOGR.), río que, en un relieve en pendiente, fluye siguiendo una dirección paralela al buzamiento de las capas geológicas. ◆ n. m. **3.** Proposición que se deduce de otra que se llama antecedente. **4.** MAT. y LÓG. El segundo de dos enunciados unidos por una relación de implicación.

**CONSECUTIVO, A** adj. Que sigue inmediatamente a otra cosa: *tres días consecutivos.* ◆ adj. y n. f. **2. Conjunción consecutiva** (LING.), conjunción que sirve para introducir oraciones consecutivas. ‖ **Oración consecutiva** (LING.), oración subordinada que expresa la consecuencia real o lógica de lo que se ha expresado en la principal o en la oración de la que depende.

**CONSEGUIR** v. tr. (lat. *consequi*) [**30a**]. Alcanzar, lograr, obtener lo que se pretende o desea.

**CONSEJA** n. f. (lat. *consilia*). Cuento, fábula, leyenda.

**CONSEJERÍA** n. f. Cada uno de los departamentos del consejo de gobierno de las comunidades autónomas. **2.** Local de las oficinas de una consejería. **3.** Cargo y función de consejero.

**CONSEJERO, A** n. Persona que aconseja o sirve para aconsejar. **2.** Persona que forma parte de algún consejo o, en determinadas regiones o estados, de un ministerio.

**CONSEJO** n. m. (lat. *consilium*). Advertencia hecha a alguien sobre lo que se debe hacer: *seguir, dar un consejo.* **2.** Organismo formado por un conjunto de personas encargadas de realizar una determinada labor legislativa, administrativa o judicial. **3.** Reunión celebrada por este organismo: *convocar un consejo.* **4.** Corporación consultiva encargada de informar al gobierno sobre determinada materia o ramo de la administración pública. **5.** En España, durante el Antiguo régimen, cuerpo consultivo que asesoraba al rey en cuestiones de gobierno y actuaba como tribunal superior. • **Consejo de administración,** órgano permanente y colegiado de las sociedades anónimas, con poderes ejecutivos, designado por los accionistas en junta general. ‖ **Consejo de ciento,** antigua corporación municipal de Barcelona, cuya formación fue otorgada en 1249 por Jaime I. ‖ **Consejo de disciplina,** asamblea encargada de hacer respetar las reglas de una profesión, la disciplina en un instituto, etc. ‖ **Consejo de familia,** órgano que, por mandato de la ley, interviene en la tutela de un menor o un incapacitado. ‖ **Consejo de gobierno,** órgano institucional de gobierno de las comunidades autónomas. ‖ **Consejo de guerra,** tribunal colegiado formado por generales, jefes u oficiales. ‖ **Consejo de ministros,** reunión de los ministros bajo la presidencia del jefe de gobierno. ‖ **Consejo municipal,** asamblea electiva presidida por el alcalde y encargada de deliberar sobre los asuntos del municipio.

**CONSELL** n. m. (voz catalana). En las comunidades autónomas de habla catalana, consejo.

**CONSELLEIRO, A** n. (voz gallega). Miembro de la Junta de Galicia, consejero.

**CONSELLER, RA** n. (voz catalana). En las comunidades autónomas de habla catalana, consejero.

**CONSENSO** n. m. (lat. *consensum*). Asenso, consentimiento. **2.** Acuerdo entre dos o más grupos. **3.** Proposiciones aceptables por la opinión pública. **4.** Acto por el que se aceptan. **5.** Conciencia de los miembros de un grupo de compartir sentimientos, tradiciones, ideas o definiciones de una situación. SIN.: *consensos.*

**CONSENSUAL** adj. Dícese del contrato que se perfecciona por el mero consentimiento de los contratantes. **2.** Relativo al consenso.

**CONSENSUAR** v. tr. [**1**]. Adoptar una decisión de común acuerdo dos o más partes.

**CONSENTIDO, A** adj. y n. Mimado con exceso. ◆ adj. y n. m. **2.** Dícese del marido que tolera la infidelidad de su mujer.

**CONSENTIMIENTO** n. m. Acción y efecto de consentir: *dar su consentimiento.*

**CONSENTIR** v. tr. e intr. (lat. *consentire*) [**22**]. Permitir algo o condescender a que se haga. ◆ v. tr. **2.** Resistir, sufrir, admitir: *este estante consiente mucho peso.* **3.** Mimar con exceso, ser muy indulgente con alguien. **4.** DER. Otorgar, obligarse. ◆ v. intr. y pron. **5.** Ceder, aflojarse las piezas que componen un mueble, construcción, etc. ◆ **consentirse** v. pron. **6.** Empezar a rajarse o henderse algo: *el buque se consintió al varar.*

**CONSERJE** n. m. y f. (fr. *concierge*). Persona que se ocupa de la custodia de un edificio o establecimiento público.

**CONSERJERÍA** n. f. Oficio y empleo de conserje. **2.** Habitación que el conserje ocupa en el edificio que está a su cuidado.

**CONSERVA** n. f. Sustancia alimenticia esterilizada y envasada herméticamente, que, en virtud de cierta preparación, se conserva durante mucho tiempo. **2.** MAR. Compañía que se hacen varias embarcaciones, navegando juntas para auxiliarse o defenderse mutuamente: *navegar en conserva.*

**CONSERVACIÓN** n. f. Acción y efecto de conservar: *edificio en buen estado de conservación.* • **Conservación de los suelos,** conjunto de medidas adoptadas para luchar contra la erosión del suelo. ‖ **Ley de conservación,** ley según la cual, bajo ciertas condiciones, ciertas magnitudes físicas permanecen constantes en la evolución de un sistema dado.

**CONSERVACIONISTA** adj. y n. m. y f. Que tiende a conservar una cosa o una situación.

**CONSERVADOR, RA** adj. y n. Que conserva. **2.** Que es partidario del conservadurismo. **3.** Dícese del partido político caracterizado por su inclinación a los valores y estructuras tradicionales y su hostilidad a cualquier cambio. ◆ n. **4.** Persona encargada de la conservación de los fondos de un museo o de una sección de un museo.

**CONSERVADURÍA** n. f. Oficina del conservador. **2.** Cargo de conservador en algunas dependencias públicas.

**CONSERVADURISMO** n. m. Condición de los que son hostiles a las innovaciones políticas y sociales.

**CONSERVAR** v. tr. y pron. (lat. *conservare*) [**1**]. Mantener una cosa en buen estado; preservarla de alteraciones: *conservar los alimentos; conservar la salud.* ◆ v. tr. **2.** Continuar la práctica de una costumbre, virtud, etc.: *conservar una gran memoria.* **3.** Guardar con cuidado una cosa: *conservar un recuerdo.*

**CONSERVATIVO, A** adj. Que conserva.

**CONSERVATORIO, A** adj. Que contiene y conserva alguna o algunas cosas. ◆ n. m. **2.** Establecimiento oficial para la enseñanza y fomento de la música, declamación, danza académica, etc. **3.** *Argent.* Colegio o academia particular.

**CONSERVERÍA** n. f. Industria, arte de hacer conservas.

**CONSERVERO, A** adj. Relativo a las conservas: *industria conservera.* ◆ n. **2.** Persona que tiene por oficio hacer conservas. **3.** Industrial de conservas.

**CONSIDERABLE** adj. Digno de consideración: *un hecho considerable.* **2.** Grande, cuantioso: *una fortuna considerable.*

**CONSIDERACIÓN** n. f. Acción y efecto de considerar: *someter a consideración.* **2.** Urbanidad, respeto, deferencia: *tener consideración con los mayores.* • **De consideración,** importante. ‖ **En consideración,** en atención. ‖ **Tomar en consideración** una cosa, considerarla digna de atención.

**CONSIDERADO, A** adj. Que tiene por costumbre obrar con meditación y reflexión. **2.** Respetado y admirado.

**CONSIDERANDO** n. m. DER. En las sentencias y autos, cada uno de los párrafos separados en que se aprecian los puntos de derecho invocados por las partes.

**CONSIDERAR** v. tr. (lat. *considerare*) **[1]**. Pensar, reflexionar una cosa con atención: *considerar las posibilidades.* **2.** Tratar a uno con urbanidad, respeto y deferencia: *sus amigos le consideran.* ◆ v. tr. y pron. **3.** Juzgar, estimar.

**CONSIGNA** n. f. Orden dada al que manda un puesto, a un centinela, guarda, etc. **2.** Orden dada por un partido político a sus afiliados. **3.** En las estaciones, lugar donde se deposita y guarda el equipaje provisionalmente. **4.** SICOL. Instrucciones para la aplicación de un test, con vistas a asegurar la invariabilidad de las condiciones a las que se someten los sujetos.

**CONSIGNACIÓN** n. f. Cantidad consignada en presupuesto para determinado fin. **2.** Depósito efectuado por el deudor en el lugar señalado por la ley a título de garantía o a título liberatorio. **3.** Remisión de mercancías a una persona o personas determinadas, distintas del destinatario.

**CONSIGNADOR** n. m. El que consigna sus mercancías o naves a la disposición de un corresponsal suyo.

**CONSIGNAR** v. tr. (lat. *consignare*) **[1]**. Señalar en el presupuesto una cantidad para un fin determinado. **2.** Entregar algo por vía de depósito: *consignar las maletas.* **3.** Manifestar por escrito las opiniones, votos, doctrinas, etc.: *consignar un hecho.* **4.** Enviar una mercancía a su destinatario.

**CONSIGNATARIO, A** adj. y n. m. Dícese de la empresa o de la persona a quien va consignada una mercancía.

**CONSIGO** pron. pers. de 3.ª persona. Se usa para indicar que la tercera persona del pronombre personal es el término de la preposición *con.*

**CONSIGUIENTE** adj. Que depende y se deduce de otra cosa. • **Por consiguiente,** como consecuencia.

**CONSILIARIO, A** n. Consejero, persona que aconseja.

**CONSISTENCIA** n. f. Duración, estabilidad, solidez: *la consistencia de una masa.* **2.** Trabazón, coherencia: *argumento sin consistencia.* **3.** LÓG. Propiedad de un sistema lógico cuando no contiene como teoremas a todas sus fórmulas bien formadas.

**CONSISTENTE** adj. Que tiene consistencia. **2.** Que consiste en lo que se indica.

**CONSISTIR** v. intr. (lat. *consistere*) **[3]**. Estribar, estar fundada una cosa en otra: *su encanto consiste en su sencillez.* **2.** Ser, estar formado por lo que se indica: *todo cuanto tiene consiste en unos pocos ahorros.*

**CONSISTORIAL** adj. Relativo a un consistorio.

**CONSISTORIO** n. m. (lat. *consistorium*). Asamblea de cardenales convocada por el papa. **2.** Asamblea de ministros protestantes o de rabinos, reunidos para discutir los asuntos de su Iglesia. **3.** En algunas ciudades y villas de España, ayuntamiento o cabildo secular.

**CONSOL** n. m. Procedimiento de navegación radioeléctrico que utiliza señales audibles.

**CONSOLA** n. f. (fr. *console*). Especie de mesa con pies que convergen o no hacia abajo, adosada a una pared. **2.** INFORMÁT. Periférico o terminal de un ordenador que permite la comunicación directa con la unidad central. • **Consola de órgano,** mueble fijo o móvil que agrupa los mandos del instrumento. ‖ **Consola de juego,** microordenador especializado, destinado a la práctica de juegos de vídeo introducidos bajo forma de cassettes. ‖ **Consola gráfica,** o **de visualización,** periférico o terminal de un ordenador que posee una pantalla catódica para la exposición o el trazado de los resultados.

**consola** (1766) por Victor Louis (bronce plateado y bronce dorado cubiertos de mármol) [museo Nissim de Camondo, París]

**CONSOLABLE** adj. Capaz de consuelo.

**CONSOLACIÓN** n. f. Acción y efecto de consolar. • **Premio de consolación,** premio de menor importancia, que se concede en algunos casos a los concursantes que no han tenido suerte.

**CONSOLADOR, RA** adj. y n. Que consuela. ◆ n. m. **2.** Objeto en forma de pene en erección, utilizado para penetraciones sexuales.

**CONSOLAR** v. tr. y pron. (lat. *consolari*) **[1r]**. Aliviar la pena o aflicción de uno: *sus palabras me consolaron.*

**CONSOLIDACIÓN** n. f. Acción y efecto de consolidar: *la consolidación de la monarquía.*

**CONSOLIDAR** v. tr. (lat. *consolidare*) **[1]**. Dar o adquirir firmeza o solidez: *consolidar un muro; consolidar el poder.* **2.** *Fig.* Asegurar del todo la amistad, la alianza, etc. **3.** Convertir una deuda flotante en deuda a largo plazo.

**CONSOMÉ** n. m. (fr. *consommé*). Caldo, especialmente el de carne.

**CONSONANCIA** n. f. Afinidad entre dos o más sonidos, emitidos sucesivamente o, sobre todo, simultáneamente. **2.** *Fig.* Relación de igualdad o conformidad de algunas cosas entre sí. **3.** Coincidencia de sonidos vocálicos o consonánticos a partir de la última vocal acentuada, en dos o más versos. **4.** Uso inmotivado, o no requerido por la rima, de voces consonantes muy próximas unas de otras.

**CONSONANTE** adj. Que tiene consonancia: *rima consonante.* • **Acorde consonante** (MÚS.), acorde cuya percepción produce un efecto acústico satisfactorio. ◆ n. f. **2.** Sonido articulado resultante del cierre, completo o parcial, de la boca, seguido de una apertura que permite al aire escaparse produciendo cierto ruido.

**CONSONÁNTICO, A** adj. Relativo a las consonantes. **2.** Relativo a la consonancia.

**CONSONANTISMO** n. m. LING. Sistema consonántico de una lengua.

**CONSONAR** v. intr. (lat. *consonare*) **[1r]**. Formar consonancia. **2.** Estar en consonancia.

**CONSORCIO** n. m. (lat. *consortium*). Unión de varias cosas que contribuyen a un mismo fin, especialmente de varias empresas, con vistas a operaciones conjuntas. **2.** *Argent.* Entidad constituida por los dueños de un edificio de propiedad horizontal.

**CONSORTE** n. m. y f. Cónyuge. **2.** Persona que juntamente con otra es responsable de un delito. ◆ adj. y n. m. y f. **3.** Dícese del marido o la esposa de un soberano reinante.

**CONSPICUO, A** adj. (lat. *conspicuum*). Ilustre, visible, sobresaliente: *un conspicuo artista.*

**CONSPIRACIÓN** n. f. Acción y efecto de conspirar.

**CONSPIRADOR, RA** n. Persona que conspira.

**CONSPIRAR** v. intr. (lat. *conspirare*) **[1]**. Obrar de consuno contra una persona o cosa. **2.** *Fig.* Concurrir varias cosas a un mismo fin, generalmente malo: *la malicia y la ignorancia conspiran a corromper las costumbres.*

**CONSTABLE** n. m. (voz inglesa). En Gran Bretaña, oficial de policía.

**CONSTANCIA** n. f. (lat. *constantiam*). Firmeza y perseverancia del ánimo: *estudiar con constancia.* • **Constancia perceptiva** (SICOL.), permanencia en la percepción de ciertas características del objeto, a pesar de las modificaciones del campo sensorial.

**CONSTANCIA** n. f. Acción y efecto de hacer constar alguna cosa de manera fehaciente: *dejar constancia de los hechos.*

**CONSTANTÁN** n. m. Aleación de cobre y de níquel (generalmente 40 %), cuya resistencia eléctrica es prácticamente independiente de la temperatura.

**CONSTANTE** adj. Que tiene constancia. **2.** Persistente, durable. ◆ n. f. **3.** Tendencia que se manifiesta de forma duradera. **4.** *Fig.* Característica física (punto de fusión o de ebullición, densidad, etc.) que permite la identificación de un cuerpo puro. **5.** MAT. Cantidad de valor fijo; número independiente de las variables que figuran en una ecuación. • **Constante fundamental** (FÍS.), valor fijo de ciertas magnitudes particulares (masa y carga del electrón, constante de Planck, etc.) que desempeñan un papel importante en física.

**CONSTANTINIANO, A** adj. Relativo al emperador Constantino I el Grande.

**CONSTANTINOPOLITANO, A** adj. y n. Relativo a Constantinopla.

**CONSTAR** v. intr. (lat. *constare*) **[1]**. Ser cierto y evidente: *me consta que tienes razón.* **2.** Estar compuesto un todo de determinadas partes: *la obra consta de tres actos.* **3.** Figurar, estar, hallarse: *su nombre no consta en la lista.*

**CONSTATACIÓN** n. f. Acción y efecto de constatar.

**CONSTATAR** v. tr. **[1]**. Comprobar un hecho, establecer su veracidad, dar constancia de él: *constatar la muerte de alguien.*

**CONSTELACIÓN** n. f. (lat. *constellationem*). Grupo de estrellas próximas en la esfera celeste, que presentan una figura convencional determinada, a la que se ha dado un nombre particular. **2.** *Fig.* y *fam.* Grupo de cosas esparcidas sobre un pequeño espacio: *una constelación de manchas.*

**CONSTELADO, A** adj. *Galic.* Estrellado, lleno de estrellas. **2.** *Fig.* Sembrado, cubierto.

**CONSTELAR** v. tr. **[1]**. *Galic.* Cubrir, llenar.

**CONSTERNACIÓN** n. f. Acción y efecto de consternar o consternarse.

**CONSTERNAR** v. tr. y pron. (lat. *consternare*) **[1]**. Causar o sentir abatimiento, disgusto, pena o indignación.

**CONSTIPADO** n. m. Catarro, resfriado, destemple general del cuerpo ocasionado por alterarse la transpiración.

**CONSTIPAR** v. tr. (lat. *constipare,* constreñir) **[1]**. Cerrar los poros impidiendo la transpiración. ◆ **constiparse** v. pron. **2.** Resfriarse, acatarrarse.

**CONSTITUCIÓN** n. f. (lat. *constitutionem*). Acción y efecto de constituir: *la constitución de una sociedad.* **2.** Manera de estar constituida una cosa. **3.** Conjunto de caracteres morfológicos, fisiológicos y síquicos de un individuo. **4.** Forma de gobierno de un estado. **5.** Ley fundamental de la organización de un estado. **6.** Cada una de las ordenanzas o estatutos con que se gobierna una corporación.

**CONSTITUCIONAL** adj. y n. m. y f. Relativo a la constitución de un estado; adicto a ella: *derechos constitucionales.* ◆ adj. **2.** Propio de la constitución de un individuo o relativo a ella: *defecto constitucional.*

**CONSTITUCIONALIDAD** n. f. Cualidad de lo que es conforme a la constitución de un país.

**CONSTITUCIONALISMO** n. m. Doctrina política que propugna la organización y reglamentación de los estados a través de la adopción de una constitución. **2.** Régimen constitucional. **3.** Respeto a las formas constitucionales.

**CONSTITUIR** v. tr. (lat. *constituere*) **[29]**. Formar, componer, ser parte o elemento esencial de un todo: *cinco personas constituyen la dirección de la empresa.* **2.** Otorgar o adquirir cierta calidad, condición o situación legal: *constituir heredero.* ◆ v. tr. y pron. **3.** Fundar, establecer, ordenar: *constituir una sociedad.* ◆ **constituirse** v. pron. **4.** Asumir obligación, cargo o cuidado. **5.** Personarse, presentarse.

**CONSTITUTIVO, A** adj. y n. m. Que forma parte necesariamente en la constitución y composición de algo: *los elementos constitutivos de un cuerpo.*

**CONSTITUYENTE** adj. y n. m. Constitutivo. ◆ adj. y n. f. **2.** Dícese de las cortes, asambleas, congresos, etc., que tienen como misión establecer una constitución política. ◆ n. m. **3.** LING. Cada uno de los elementos de una unidad sintáctica.

**CONSTREÑIMIENTO** n. m. Apremio o compulsión que hace uno a otro para que ejecute alguna cosa.

**CONSTREÑIR** v. tr. (lat. *constringere*) **[24]**. Obligar, forzar a que se haga algo. **2.** Apretar y cerrar como oprimiendo.

**CONSTRICCIÓN** n. f. Encogimiento, acción y efecto de constreñir.

**CONSTRICTIVO, A** adj. Que tiene virtud de constreñir.

**CONSTRICTOR, RA** adj. Que produce constreñimiento. **2.** ANAT. Dícese del músculo que cierra ciertos canales u orificios. • **Boa constrictor,** boa cuyo nombre se debe a su manera de apretar entre sus pliegues a los animales que quiere ahogar.

**CONSTRINGENTE** adj. Que constriñe o aprieta.

**CONSTRUCCIÓN** n. f. Acción y efecto de construir: *la construcción de una casa; la construcción de una frase.* **2.** Arte o técnica de construir: *la construcción aeronáutica.* **3.** Obra construida. **4.** SICOANÁL. Elaboración por el analista, de la historia del paciente, a partir de fragmentos dispersos que éste le revela. • **Construcción aeronáutica, automovilística, eléctrica, naval,** etc., conjunto de técnicas propias de la industria aeronáutica, automovilística, eléctrica, naval, etc.; actividad industrial referente a uno de estos campos. ‖ **Construcción civil,** obra pública. ‖ **Construcción de material** (*Amér. Merid.* y *P. Rico*), construcción hecha de ladrillos.

**CONSTRUCTIVISMO** n. m. Corriente de las artes plásticas del s. XX que privilegia una construcción geométrica de las formas.

■ De origen ruso, el movimiento fue de naturaleza espiritual y estética en los hermanos Gabo y Pevsner, autores del *Manifiesto realista* de 1920, así como en Malevitch, en la misma época. Todos ellos buscaban en las construcciones escultóricas o pictóricas de líneas y planos la expresión de una esencia del universo; por el contrario, el movimiento tendió hacia realizaciones prácticas en Tatlin (quien lo había inaugurado con sus «relieves pictóricos», composiciones de 1914), con quien hacia 1923 coincidieron Malevitch y Lissitzky en un mismo deseo de aplicación a la arquitectura, al diseño y a las artes gráficas. En occidente, movimientos como De Stijl se incluyen en el constructivismo, en sentido amplio, así como la escultura abstracta de tendencia geométrica; el arte cinético nació también del constructivismo. *(V. ilustración pág. 281.)*

**CONSTRUCTIVISTA** adj. y n. m. y f. Relativo al constructivismo; artista que practica esta corriente artística.

**CONSTRUCTIVO, A** adj. Dícese de lo que construye o sirve para construir.

**CONSTRUCTOR, RA** adj. y n. Que construye. ◆ n. **2.** Persona que se dedica a construir obras de arquitectura o ingeniería.

**CONSTRUCTORA** n. f. Grupo, sociedad, etc., que construye edificios o fabrica determinados aparatos.

**CONSTRUIR** v. tr. (lat. *construere*) **[29]**. Hacer una obra material o inmaterial, ordenando y juntando los elementos necesarios de acuerdo con un plan: *construir un edificio; construir una teoría.* **2.** LING. Ordenar y enlazar debidamente las palabras en la oración o frase. **3.** MAT. Trazar: *construir un polígono.*

**CONSUBSTANCIACIÓN** n. f. Consustanciación.

**CONSUBSTANCIAL** adj. Consustancial.

**CONSUBSTANCIALIDAD** n. f. Consustancialidad.

**CONSUEGRO, A** n. (lat. *consocerum*). Padre o madre de un cónyuge, respecto del padre o madre del otro.

**CONSUELDA** n. f. Planta herbácea de 1 m de alt. propia de lugares húmedos que se emplea en medicina. (Familia borragináceas.)

**CONSUELO** n. m. Acción y efecto de consolar. **2.** Cosa que consuela.

**CONSUETUDINARIO, A** adj. Que es de costumbre. • **Derecho consuetudinario,** usos y costumbres jurídicas de un país, una región, comarca o lugar.

**CÓNSUL** n. m. y f. (lat. *consulem*). Agente diplomático que en una ciudad extranjera está encargado de la protección y defensa de las personas e intereses de los súbditos del país que representa. • **Cónsul general,** jefe del servicio consular de su nación. ◆ n. m. **2.** En Roma, magistrado, elegido por un año, que compartía con un colega el poder supremo. **3.** En Francia, nombre de cada uno de los tres jefes del poder ejecutivo desde 1799 (año VIII) hasta el imperio (1804).

**CONSULADO** n. m. (lat. *consulatum*). Cargo de cónsul. **2.** Oficina y jurisdicción de un cónsul. **3.** Tribunal que entendía en asuntos comerciales de mar y tierra. **4.** Función de cónsul en la república romana, y duración de su mandato.

**CONSULAR** adj. Relativo a un cónsul o a los cónsules: *autoridad consular.* **2.** Dícese de la jurisdicción que ejerce el cónsul establecido en un puerto o plaza de comercio.

**CONSULESA** n. f. *Fam.* Mujer del cónsul. **2.** Mujer cónsul.

**CONSULTA** n. f. Acción y efecto de consultar. **2.** Visita del médico a un enfermo. **3.** Despacho donde el médico visita a los enfermos. **4.** Reunión de dos o más médicos para discutir el diagnóstico y tratamiento de un determinado caso clínico. **5.** Parecer o dictamen que por escrito o de palabra se pide o se da acerca de una cosa.

**CONSULTAR** v. tr. (lat. *consultare*) **[1]**. Pedir parecer, dictamen o consejo y deliberar sobre un determinado asunto: *consultar con los amigos antes de tomar una decisión.* **2.** Someter una duda, caso o asunto a la consideración de otra persona. **3.** Buscar datos y orientación en un libro o texto: *consultar un diccionario.*

**CONSULTIVO, A** adj. Que es llamado a dar asesoramiento o consejo en determinadas materias: *comisión consultiva.*

**CONSULTOR, RA** adj. y n. Que da su parecer, consultado sobre algún asunto. **2.** Que consulta. ◆ n. m. **3. Consultor del Santo Oficio,** teólogo encargado por el papa para aconsejar sobre cuestiones relacionadas con la fe y la disciplina.

**CONSULTORIO** n. m. Establecimiento privado donde se despachan informes sobre materias técnicas. **2.** Establecimiento en el que el médico recibe a los enfermos. **3.** Sección de periódicos, radio, etc., en la que se contesta a consultas formuladas por el público.

**CONSUMACIÓN** n. f. Acción y efecto de consumar. • **La consumación de los siglos,** el fin del mundo.

**CONSUMADO, A** adj. (lat. *consummatum*). Perfecto en su línea: *artista consumado.*

**CONSUMAR** v. tr. (lat. *consummare*) **[1]**. Llevar a cabo totalmente una cosa: *no llegar a consumar un crimen.* • **Consumar el matrimonio,** unirse carnalmente los que han contraído matrimonio.

**CONSUMIBLE** adj. Que puede consumirse o ser consumido: *productos consumibles.* **2.** DER. Dícese de los bienes que no se pueden usar sin que se destruyan.

**CONSUMICIÓN** n. f. Acción y efecto de consumir o consumirse. **2.** Lo que se consume en un establecimiento público, café, bar, etc.

**CONSUMIDO, A** adj. *Fam.* Muy delgado, extenuado y macilento.

**CONSUMIDOR, RA** adj. y n. Que consume. ◆ n. **2.** Persona física o jurídica que adquiere, utiliza o disfruta algún tipo de bien o servicio, que recibe de quien lo produce, suministra o expide.

**CONSUMIR** v. tr. y pron. **[3]**. Destruir, extinguir, gastar: *el fuego consumió la casa.* **2.** *Fig.* y *fam.* Causar o sentir desasosiego, afligir: *los celos le consumen.* ◆ v. tr. **3.** Utilizar una cosa como fuente de energía, materia prima, alimento, o para satisfacer las necesidades de la persona: *una industria que consume electricidad; consumir mucho vino.*

**CONSUMISMO** n. m. Consumo excesivo de bienes sin aparente necesidad.

**CONSUMISTA** adj. Que practica el consumismo.

**CONSUMO** n. m. Gasto de aquellas cosas que con el uso se extinguen o destruyen: *consumo de gasolina.* **2.** Utilización de un bien para satisfacer las necesidades. • **Sociedad de consumo,** nombre que se da a veces a las sociedades de los países industriales avanzados en las que, teniendo en cuenta que las necesidades elementales están aseguradas para la mayor parte de la población, una intensa publicidad propone nuevos bienes de consumo, que incitan a un gasto continuo.

**CONSUNCIÓN** n. f. Consumición, acción y efecto de consumir. **2.** Enflaquecimiento, extenuación.

**CONSUNO. De consuno,** juntamente, de común acuerdo.

**CONSUNTIVO, A** adj. Que tiene virtud de consumir.

**CONSUSTANCIACIÓN** o **CONSUBSTANCIACIÓN** n. f. Doctrina luterana según la cual el cuerpo y la sangre de Jesucristo se hallan presentes en la eucaristía, sin que por ello quede destruida la sustancia del pan y del vino.

**CONSUSTANCIAL** o **CONSUBSTANCIAL** adj. (lat. *consubstantialem*). De la misma sustancia: *las tres personas de la Santísima Trinidad son consustanciales.* **2.** Que está íntimamente unido a algo.

**CONSUSTANCIALIDAD** o **CONSUBSTANCIALIDAD** n. f. Cualidad de consustancial.

**CONTABILIDAD** n. f. Calidad de contable. **2.** Ciencia que se dedica a la captación, representación y medida de los hechos contables. **3.** Conjunto de cuentas de una empresa, sociedad u organismo público. • **Contabilidad analítica,** procedimiento que permite a las empresas evaluar sus costos sin intervención de la contabilidad general. ‖ **Contabilidad material,** contabilidad relativa a las materias primas, los productos en curso de elaboración y los productos elaborados. ‖ **Contabilidad nacional,** presentación cuantitativa del conjunto de las informaciones relativas a la actividad económica nacional. ‖ **Contabilidad por partida doble,** registro de operaciones comerciales que se inscribe en dos escrituras iguales y de sentido contrario, en las que cada operación se analiza y el valor desplazado se asienta en el Debe y en el Haber. ‖ **Contabilidad pública,** conjunto de reglas especiales aplicables a la gestión de los fondos públicos.

**CONTABILIZADOR, RA** adj. y n. Que contabiliza.

**CONTABILIZADORA** n. f. Máquina que sirve para establecer documentos contables o comerciales que incluyen uno o varios cálculos.

**CONTABILIZAR** v. tr. **[1g]**. Apuntar una partida o cantidad en los libros de cuentas.

**CONTABLE** adj. Que puede ser contado. • **Hecho contable,** todo fenómeno económico, hecho, acto o negocio jurídico productor de un movimiento de la estructura patrimonial de la empresa, susceptible de captación, medida y representación, a través de la técnica contable. ‖ **Método contable,** conjunto de normas cuyo fin es el registro de los hechos contables para la aplicación de los sistemas contables. ‖ **Sistema contable,** conjunto de postulados y leyes para la representación de las masas patrimoniales y la conexión de los instrumentos conceptuales de la contabilidad. ◆ n. m. y f. **2.** Persona encargada de llevar la contabilidad de una empresa.

**CONTACTAR** v. intr. **[1]**. Establecer o mantener contacto.

**CONTACTO** n. m. (lat. *contactum*). Relación entre dos o más cosas que se tocan. **2.** Trato o correspondencia entre dos o más personas. **3.** Persona que actúa de enlace secreto con ciertos organismos u organizaciones. **4.** Conexión entre dos partes de un circuito eléctrico. • **Lentes de contacto,** lentes correctoras de la visión, que se aplican directamente sobre la córnea. ‖ **Línea,** o **hilo, de contacto,** en las instalaciones de tracción eléctrica, hilo conductor contra el que frota el pantógrafo o el trole. ‖ **Punto de contacto** (MAT.), punto común a una curva y a su tangente, a dos curvas tangentes, etc. || **Toma de contacto** (MIL.), acción destinada a precisar sobre el terreno la posición del enemigo.

**CONTACTOLOGÍA** n. f. Rama de la oftalmología que se ocupa de las lentes de contacto, de sus indicaciones y contraindicaciones.

**CONTACTOR** n. m. Interruptor automático que sirve para restablecer los enlaces entre distintos circuitos o aparatos eléctricos.

**CONTADERO, A** adj. Que se puede o se ha de contar: *un plazo de 20 días contaderos desde la fecha.*

**CONTADO, A** adj. Raro, poco. (Suele usarse en plural: *nos vemos en contadas ocasiones.*) ◆ n. m. **2. Al contado,** dícese de una forma de efectuar el pago, que consiste en entregar el comprador al vendedor el precio de la mercancía en el momento de su entrega o en un lapso de tiempo muy corto: *pagar al contado; venta al contado.*

**CONTADOR, RA** adj. y n. Que cuenta o relata. ◆ n. **2.** Persona que en una gestión o administración lleva la cuenta y razón de la entrega y salida de caudales. ◆ n. m. **3.** Aparato destinado a medir, contar o registrar ciertas magnitudes o determinados efectos mecánicos (cantidades de gas, de electricidad, de agua, etc.). **4.** HIST. Funcionario de la administración real española que varió en sus atribuciones según la época. • **Contador Geiger, contador de centelleo,** instrumentos que sirven para detectar y contar las partículas emitidas por un cuerpo radiactivo.

**CONTADURÍA** n. f. Oficio de contador. **2.** Oficina del contador.

**CONTAGIAR** v. tr. y pron. **[1]**. Transmitir a uno, o adquirir una enfermedad infecciosa directa o indirectamente de una persona o animal enfermos a otra u otro: *nos contagió sus dolencias.* **2.** *Fig.* Comunicar o adquirir costumbres, gustos, vicios, etcétera.

**CONTAGIO** n. m. Acción y efecto de contagiar o contagiarse.

**CONTAGIOSIDAD** n. f. Calidad de contagioso.

**CONTAGIOSO, A** adj. Que se contagia: *enfermedad contagiosa; risa contagiosa.* **2.** Que padece una enfermedad que se contagia.

**CONTAINER** n. m. (voz inglesa). Contenedor.

**CONTAMINACIÓN** n. f. Acción y efecto de contaminar o contaminarse. **2.** FÍS. NUCL. Estado de una sustancia maculada por una impureza radiactiva, que emite una radiación peligrosa. **3.** LING. Alteración de la forma de un vocablo o texto por influencia de otro.

■ Aunque también puede ser el resultado de causas naturales (emanaciones volcánicas, radiactividad natural), la contaminación es fundamentalmente obra del hombre (combustiones y vertidos industriales y domésticos, tratamientos agrícolas e industriales y actividades nucleares). La contaminación atmosférica es tal vez la más importante, ya que al provocar un aumento de los gases de efecto invernadero, principalmente $CO_2$, contribuye a largo plazo al calentamiento del planeta. Además del dióxido de carbono, contaminan también la atmósfera los óxidos de nitrógeno y el monóxido de carbono, los hidrocarburos no quemados, el benceno de los derivados oxigenados de los hidrocarburos, y el plomo procedente de los antidetonantes de la gasolina. La contaminación del suelo se debe esencialmente a los residuos agrícolas y urbanos. La primera es relativamente escasa, pero la segunda (básicamente basuras domésticas e industriales) plantea problemas debido a su abundancia y a su variada composición. Algunos residuos son biodegradables (papeles, residuos alimentarios) y otros pueden ser reciclados (vidrios, metales, cartones); otros aún, como los plásticos, deben ser incinerados. La contaminación de las aguas la producen sobre todo las aguas de alcantarillado, los efluentes industriales y las mareas negras. Las aguas residuales se depuran mediante lechos bacterianos y lodos activados; las aguas contaminadas por efluentes industriales, mediante biodegradación, neutralización química o destoxificación; las mareas negras se combaten con disolventes naturales, con detergentes o mediante la colocación de barreras flotantes. La contaminación radiactiva puede producirse en todas las fases del combustible nuclear, pero sobre todo en la explotación de los reactores y de las plantas de reciclaje y en el almacenamiento de los residuos.

**CONTAMINANTE** adj. y n. m. Que contamina.

**CONTAMINAR** v. tr. y pron. (lat. *contaminare*) **[1]**. Alterar nocivamente una sustancia u organismo por efecto de residuos procedentes de la actividad humana o por la presencia de determinados gérmenes microbianos. **2.** Contagiar. **3.** Alterar la forma de un vocablo o texto por influencia de otro. **4.** *Fig.* Pervertir, corromper.

**CONTANTE** adj. Dícese del dinero efectivo. (Úsase principalmente en la loc. *contante y sonante.*)

**CONTAR** v. tr. (lat. *computare*) **[1r]**. Determinar el número de objetos, sucesos, acciones, etc., uno por uno o por grupos, para saber cuántas unidades hay en el conjunto. **2.** Enumerar correlativamente los números. **3.** Incluir algo en una cuenta. **4.** Referir o narrar un suceso imaginario o real: *contar su vida.* **5.** Dar por supuesta una cosa que va a suceder, tener por cierto. ◆ v. tr. y pron. **6.** Poner a una persona o una cosa en el número, clase u opinión que les corresponde: *contar entre sus amigos a una persona.* ◆ v. intr. **7.** Hacer, formar cuentas según reglas de aritmética. **8.** Seguido de la prep. *con,* tener presente a una persona o cosa, confiar en ella: *contar con una clientela.* **9.** Tener importancia. **10.** Hablando de cosas que se pueden numerar, tener, haber, existir: *contar pocos años.*

**CONTEMPLACIÓN** n. f. Acción de contemplar. **2.** TEOL. Estado de la persona que está absorta en la vista y consideración de Dios o en los misterios de la religión. ◆ **contemplaciones** n. f. pl. **3.** Complacencias, miramientos.

**CONTEMPLAR** v. tr. (lat. *contemplari*) **[1]**. Considerar, aplicar la mente a un objeto o idea. **2.** Mirar durante largo tiempo y con atención: *contemplar el mar.* **3.** Complacer, ser muy condescendiente con alguien.

**CONTEMPLATIVO, A** adj. Relativo a la contemplación. **2.** Que contempla o acostumbra contemplar. • **Vida contemplativa,** vida consagrada a la contemplación.

**CONTEMPORANEIDAD** n. f. Calidad de contemporáneo.

**CONTEMPORÁNEO, A** adj. y n. (lat. *contemporaneum*). Que existe al mismo tiempo que otra persona o cosa: *Voltaire y Franklin fueron contemporáneos.* ◆ adj. **2.** De la época actual: *arte contemporáneo.*

**CONTEMPORIZACIÓN** n. f. Acción y efecto de contemporizar.

**CONTEMPORIZAR** v. intr. **[1g]**. Acomodarse uno al gusto o dictamen ajeno por algún fin particular: *contemporizar con una persona.*

**CONTENCIÓN** n. f. Acción y efecto de contener, detener: *un muro de contención.* • **Medios de contención,** procedimiento o aparatos que inmovilizan momentáneamente una parte del cuerpo humano con un objetivo terapéutico. || **Muro de contención,** muro enterrado en una de sus caras, que sirve para contrarrestar el empuje de un terreno, contener un terraplén, reforzar una construcción, etc.

**CONTENCIOSO, A** adj. (lat. *contentiosum*). Dícese del que por costumbre contradice o disputa todo lo que otros afirman. **2.** DER. Dícese de las materias que son objeto de litigio, con oposición entre partes. **3.** DER. Dícese del procedimiento judicial mediante el cual se ventilan. ◆ n. m. **4. Contencioso administrativo** (DER.), proceso que se sigue contra actos de la administración pública que violan el ordenamiento jurídico o lesionan intereses privados, protegidos por el derecho administrativo.

**CONTENDER** v. intr. (lat. *contendere*) **[2d]**. Pelear, luchar, competir. **2.** Disputar, debatir.

**CONTENDIENTE** adj. y n. m. y f. Que contiende.

**CONTENEDOR** n. m. Recipiente de dimensiones normalizadas que sirve para el transporte de materias a granel, o de lotes de piezas u objetos cuyo embalaje permite simplificar.

**CONTENENCIA** n. f. Parada o suspensión que hacen en el aire algunas aves, especialmente las de rapiña. **2.** COREOGR. Paso de lado, en el cual parece que se contiene o detiene el que danza.

**CONTENER** v. tr. y pron. (lat. *continere*) **[8]**. Llevar o encerrar dentro de sí una cosa a otra: *este libro contiene profundas verdades.* **2.** Detener, reprimir, moderar.

**CONTENERIZACIÓN** n. f. Utilización de contenedores para el manejo, almacenaje o transporte de mercancías.

**CONTENIDO, A** adj. Que se conduce con moderación. ◆ n. m. **2.** Lo que se contiene dentro de una cosa: *el contenido de una botella; el contenido de un discurso.* **3.** Lo que un cuerpo contiene de una materia determinada: *el contenido en hierro de un mineral.* **4.** LING. Sentido abstracto, conceptual, del mensaje lingüístico. • **Análisis de contenido,** enumeración estadística y clasificación de los elementos que constituyen la significación objetiva de toda comunicación social (periódico, libro, emisión radiofónica, etc.).

**CONTENTADIZO, A** adj. Que fácilmente se contenta: *espíritu contentadizo.*

**CONTENTAMIENTO** n. m. Acción y efecto de contentar.

**CONTENTAR** v. tr. **[1]**. Satisfacer, complacer. ◆ **contentarse** v. pron. **2.** Conformarse, darse por contento o quedar contento: *contentarse con poco.*

**CONTENTIVO, A** adj. y n. m. CIR. Dícese del medio apto para la contención de algo.

**CONTENTO, A** adj. (lat. *contentum*). Alegre, satisfecho. • **Darse por contento,** encontrar satisfactoria una cosa, aunque no sea lo que se desea o espera. ◆ n. m. **2.** Alegría, satisfacción.

**CONTERA** n. f. Pieza, generalmente de metal, que se pone en el extremo inferior de un bastón, un paraguas, un arma blanca, etc. **2.** *Fig.* Fin o remate de algo.

**CONTERTULIO, A** n. Con respecto a una persona, otra que asiste a la misma tertulia.

**CONTESTA** n. f. *Amér.* Contestación.

**CONTESTABLE** adj. Susceptible de ser contestado.

**CONTESTACIÓN** n. f. Acción y efecto de contestar. **2.** Altercación o disputa.

**CONTESTADOR** n. m. **Contestador automático,** aparato que permite registrar un mensaje telefónico o dar informaciones automáticamente a la persona que llama a un teléfono.

**CONTESTANOS,** pueblo de la España primitiva, probablemente de origen ibero, que en la época de la conquista romana habitaba en la actual provincia de Alicante.

**CONTESTAR** v. tr. (lat. *contestari*) **[1]**. Responder a lo que se pregunta, se habla o se escribe, o a una acción o comportamiento. **2.** Replicar, poner objeciones a una orden o indicación. **3.** Adoptar una actitud de rechazo, protesta o duda contra instituciones, ideas o normativas establecidas y contra quienes las dirigen.

**CONTESTATARIO, A** adj. y n. (de *contestar*). Que contesta, adopta una actitud de rechazo contra lo establecido.

**CONTEXTO** n. m. (lat. *contextum*). Texto, hilo de un discurso, escrito, narración, historia, etc. **2.** Conjunto de circunstancias en que se sitúa un hecho. **3.** LING. Conjunto de los elementos (fonema, morfema, frase, etc.) que preceden o siguen a una unidad lingüística dentro de un enunciado.

**CONTEXTUAR** v. tr. **[1s]**. Acreditar con textos.

**CONTEXTURA** n. f. Disposición, unión de las partes que contienen un todo. **2.** *Fig.* Configuración corporal de la persona, que indica su complexión.

**CONTIENDA** n. f. Acción de contender. **2.** Encuentro deportivo entre dos equipos.

**CONTIGO** pron. pers. de 2.ª persona. Se usa para indicar que la segunda persona del pronombre personal es el término de la preposición *con.*

**CONTIGÜIDAD** n. f. Cualidad de contiguo.

**CONTIGUO, A** adj. Que está junto a otra cosa.

**CONTINENCIA** n. f. Contención o abstinencia total en la satisfacción de los placeres, especialmente los sexuales. **2.** Acción de contener. **3.** MED. Estado de un esfínter que funciona normalmente.

**CONTINENTAL** adj. Relativo al continente, superficie de tierra. **2.** Relativo a los países de un continente. • **Clima continental,** clima que se da en el interior de los continentes, en las latitudes medias y que se caracteriza por grandes diferencias de temperatura entre el verano y el invierno y por precipitaciones generalmente más abundantes en verano.

**CONTINENTALIDAD** n. f. Conjunto de las carac-

maqueta en madera del *Monumento a la III Internacional*, realizada en 1919-1920 por Vladímir Tatlin.
(Museo ruso, San Petersburgo.)
Este edificio de forma helicoidal tenía que ser más alto que la torre Eiffel. En el interior debían estar suspendidos por unos cables de acero un cilindro, una pirámide y un cubo girando a velocidades diferentes, acondicionados para despachos y salas de reuniones.

proyecto de escenografía (1924) por Alexandra Exter. Pintura a la aguada sobre papel. (Galería Chauvelin, París.) Viajero regular entre Moscú y París, familiarizado con los medios cubistas y futuristas e influido por Malévich y Tatlin, el pintor A. Exter es uno de los numerosos artistas que renovaron totalmente, en los años veinte, las artes del decorado y vestuario del teatro.

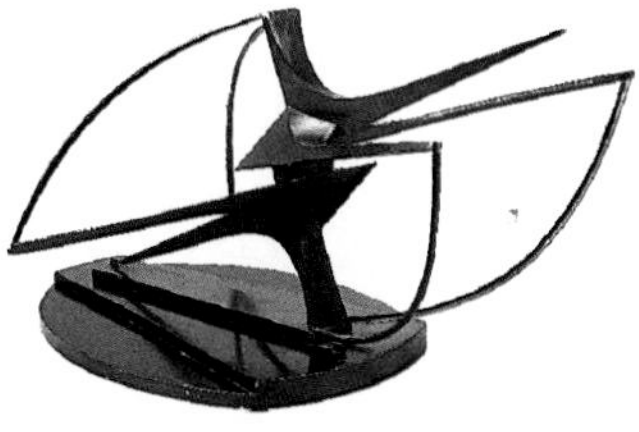

*Proyección en el espacio* (1927).
Escultura en bronce oxidado negro de Antoine Pevsner.
(Museo de arte de Baltimore.)
Por oposición a la escultura maciza de los griegos y los egipcios, Pevsner y su hermano Naum Gabo expresan el espacio mediante una sabia utilización del vacío y sugieren de una manera dinámica las relaciones geométricas esenciales.

maqueta de la casa construida por Gerrit Thomas Rietveld en Utrecht, en 1924, para Mme. Schröder-Schräder.
(Museo Stedelijk, Amsterdam.)
Esta casa fue, en materia de arquitectura, la concretización más marcada de las teorías del grupo De Stijl*, surgidas del cubismo. Las múltiples rupturas de los planos octogonales de la construcción crean una relación entre espacios interno y externo; interiormente, el primer piso, con sus tabiques modulares, ofrece el primer ejemplo de plano libre en el s. XX.

constructivismo

terísticas climáticas, determinadas por el debilitamiento de las influencias marítimas, que resulta generalmente de un alejamiento del océano.

**CONTINENTE** adj. Que posee y practica la continencia. ◆ n. m. **2.** Cosa que contiene en sí a otra. **3.** Aspecto, actitud, compostura. **4.** Extensa superficie de tierra emergida. **5.** La tierra firme respecto de las islas vecinas. • **Antiguo,** o **viejo continente,** Europa, Asia y África. ‖ **Nuevo continente,** América.

**CONTINGENCIA** n. f. Posibilidad de que una cosa suceda o no. **2.** Suceso posible. **3.** Riesgo.

**CONTINGENTACIÓN** n. f. Acción de contingentar.

**CONTINGENTAR** v. tr. **[1]**. ECON. Limitar la importación o la distribución de un producto.

**CONTINGENTE** adj. FILOS. Que puede o no producirse: *acontecimiento contingente.* ◆ n. m. **2.** Parte proporcional con que uno contribuye en unión de otros para un mismo fin. **3.** Cuota que se señala a un país o a un industrial para la importación, exportación o producción de determinadas mercancías. **4.** Tropa o agrupación que concurre a formar un ejército.

**CONTINUACIÓN** n. f. Acción y efecto de continuar. • **A continuación,** detrás o después de lo que se expresa.

**CONTINUADOR, RA** adj. y n. Que continúa una cosa empezada por otro.

**CONTINUAR** v. tr. (lat. *continuare*) **[1s]**. Proseguir lo comenzado: *continuar con su trabajo.* ◆ v. intr. **2.** Persistir, durar, permanecer: *la miseria continúa.* ◆ **continuarse** v. pron. **3.** Seguir, extenderse.

**CONTINUIDAD** n. f. Unión natural que tienen entre sí las partes de un todo homogéneo. **2.** Persistencia, perseverancia. • **Solución de continuidad,** interrupción, corte en un continuo o en una serie continua.

**CONTINUO, A** adj. (lat. *continuum*). Sin interrupción. **2.** Que ocurre o se hace con reiteración o perseverancia. • **De continuo,** continuamente. ‖ **Función continua en un punto,** función $f(x)$ que tiende hacia un límite igual a $f(x_0)$ cuando $x$ tiende a $x_0$. ◆ adj. y n. m. **3. Bajo continuo,** parte de acompañamiento en la música de los ss. XVII y XVIII, generalmente cifrada. ◆ adj. y n. f. **4. Máquina continua de hilar,** máquina de hilar que permite transformar la mecha en hilo, dándole una cierta torsión y arrollándola sobre un soporte. ◆ n. m. **5.** Todo compuesto de partes unidas entre sí. **6.** Conjunto coordinable al de los números reales. • **Potencia del continuo,** potencia del conjunto de los puntos de una recta, o del conjunto R de los números reales.

**CONTINUUM** n. m. (voz latina). Conjunto de elementos tales que se puede pasar de uno a otro de manera continua. • **Continuum espacio-tiempo,** en las teorías relativistas, espacio de cuatro dimensiones, de las cuales la cuarta es el tiempo.

**CONTONEARSE** v. pron. **[1]**. Mover con afectación los hombros y caderas al andar.

**CONTONEO** n. m. Acción y efecto de contonearse.

**CONTORCERSE** v. pron. **[2f]**. Sufrir o afectar contorsiones.

**CONTORNADO, A** adj. Dícese de ciertas medallas romanas a causa del contorno o cerquillo de mayor relieve que tenían por ambos lados. **2.** HERÁLD. Dícese de los animales representados de perfil y que están vueltos a la siniestra.

**CONTORNEAR** v. tr. **[1]**. Dar vueltas alrededor de un lugar. **2.** Trazar o seguir el contorno de algo.

**CONTORNEO** n. m. Acción y efecto de contornear.

**CONTORNO** n. m. (ital. *contorno*). Conjunto de las líneas que limitan una figura o composición. **2.** Territorio que rodea un lugar o población. (Suele usarse en plural.) **3.** Canto de la moneda o medalla. • **Contorno aparente** (MAT.), límite extremo de una figura vista en perspectiva o en proyección cilíndrica.

**CONTORSIÓN** n. f. Movimiento irregular por el que el cuerpo o una parte de él adopta una posición forzada o grotesca.

**CONTORSIONARSE** v. pron. [**1**]. Hacer contorsiones voluntaria o involuntariamente.

**CONTORSIONISTA** n. m. y f. Artista de circo que ejecuta contorsiones difíciles.

**CONTRA** prep. (voz latina). Denota la oposición y contrariedad de una cosa con otra: *todos contra mí.* **2.** Expresa contacto o apoyo: *la apretó contra su pecho.* **3.** A cambio de: *contra rembolso.* ◆ n. m. **4.** Concepto opuesto o contrario a otro: *el pro y el contra de un asunto.* **5.** MÚS. Pedal del órgano. ◆ n. f. **6.** Dificultad, inconveniente. • **Llevar,** o **hacer** a uno **la contra** *(Fam.),* oponerse a lo que dice o intenta. ◆ **contras** n. m. pl. **7.** Bajos más profundos en algunos órganos.

**CONTRA** adj. y n. m. y f. (apócope de *contrarrevolucionario*). Relativo a la oposición armada al sandinismo y, en general, al gobierno revolucionario instalado en Nicaragua en 1979; individuo de dicha oposición.

**CONTRA NATURA** loc. (voces lat., *contra la naturaleza*). Indica que algo es antinatural, que va contra las leyes de la naturaleza.

**CONTRAALISIO** n. m. Corriente de altura opuesta a los vientos alisios.

**CONTRAARMIÑOS** n. m. pl. HERÁLD. Armiños de argent colocados en campo de sable.

**CONTRAATACAR** v. tr. e intr. [**1a**]. Responder al ataque de alguien atacando a su vez.

**CONTRAATAQUE** n. m. Acción de contraatacar.

**CONTRABAJO** n. m. El mayor y más grave de los instrumentos de cuerda, de la familia de los violines. **2.** Voz más grave que la del bajo. ◆ n. m. y f. **3.** Persona que toca el contrabajo. SIN.: *contrabajista.*

**CONTRABAJÓN** n. m. Instrumento de viento de madera, de lengüeta doble, con el pabellón más pequeño que el del bajón, y que suena una octava más grave que éste.

**CONTRABALANCEAR** v. tr. [**1**]. Hacer equilibrio a un peso en la balanza. **2.** *Fig.* Compensar, contrapesar.

**CONTRABANDISTA** adj. y n. m. y f. Que hace habitualmente contrabando.

**CONTRABANDO** n. m. Importación o exportación de artículos prohibidos o sin pagar los derechos de aduana correspondientes. **2.** Mercancías importadas o exportadas por este sistema.

**CONTRABARRERA** n. f. Segunda fila de asientos en los tendidos de las plazas de toros.

**CONTRABATERÍA** n. f. Acción de la artillería que tiene por objeto anular, neutralizar o disminuir el fuego de las baterías enemigas. **2.** Batería que se pone frente a otra para anular su actividad.

**CONTRABATIR** v. tr. [**3**]. Tirar contra una batería enemiga.

**CONTRACARRIL** n. m. Raíl situado en el interior de la vía, que sirve para guiar las pestañas de las ruedas en las agujas, pasos a nivel, etc.

**CONTRACARRO** adj. MIL. Que se opone a la acción de los carros de combate y de otros vehículos blindados: *arma, mina contracarro.*

**CONTRACCIÓN** n. f. (lat. *contractionem*). Acción y efecto de contraer o contraerse. **2.** FISIOL. Respuesta mecánica de un músculo ante una excitación, que consiste en el acortamiento y engrosamiento de sus fibras. **3.** LING. Metaplasmo que consiste en hacer de dos palabras una sola. (*Así, al, del,* por *a* y *el* y *de* y *el.*)

**CONTRACEPCIÓN** n. f. Limitación voluntaria de la fecundidad, obtenida mediante el empleo de métodos anticonceptivos. SIN.: *anticoncepción.*

**CONTRACHAPADO** n. m. Material formado por láminas delgadas de madera, encoladas y superpuestas de forma que las fibras alternen en direcciones perpendiculares.

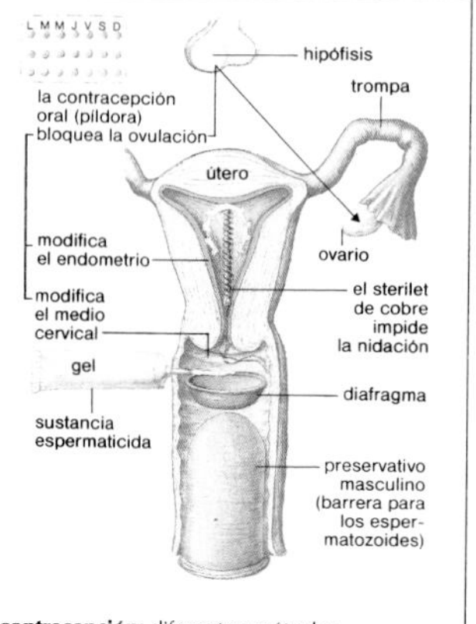


**contracepción:** diferentes métodos

**CONTRACLAVE** n. f. Cada una de las dovelas colocadas al lado de la clave de una bóveda o un arco.

**CONTRACORRIENTE** n. f. METEOROL. Corriente derivada y de dirección opuesta a la de la principal de que procede. **2.** QUÍM. Procedimiento que consiste en dar movimientos opuestos a dos cuerpos que tienen que actuar uno sobre otro.

**CONTRÁCTIL** adj. Capaz de contraerse.

**CONTRACTILIDAD** o **CONTRACTIBILIDAD** n. f. Calidad de contráctil.

**CONTRACTO, A** adj. LING. Que ha sufrido contracción.

**CONTRACTUAL** adj. Procedente del contrato o derivado de él.

**CONTRACTURA** n. f. Contracción muscular duradera e involuntaria, acompañada de rigidez.

**CONTRACUBIERTA** n. f. Parte interior de la cubierta de un libro. **2.** Cubierta posterior de una revista o un libro.

**CONTRACULTURA** n. f. Conjunto de manifestaciones que exteriorizan una rebelión contra las actividades ideológicas y artísticas dominantes.

**CONTRADANZA** n. f. (ingl. *coontry dance,* danza campestre). Baile popular de origen inglés, muy en boga en los ss. XVII y XVIII.

**CONTRADECIR** v. tr. y pron. (lat. *contradicere*) [**19**]. Decir uno lo contrario de lo que otro afirma, o de lo que él mismo dijo anteriormente. ◆ **contradecirse** v. pron. **2.** Obrar contrariamente a lo que se dice o se piensa. **3.** Oponerse, contraponerse.

**CONTRADICCIÓN** n. f. Acción y efecto de contradecir o contradecirse. **2.** Oposición, contrariedad. **3.** FILOS. Escisión de un mismo sustrato en el que dos términos se oponen y superan su oposición reconciliándose. **4.** FILOS. Movimiento dialéctico cuyos términos son realidades diferenciadas y no idénticas. **5.** LÓG. Proposición falsa para cualquier valor de sus variables.

**CONTRADICTOR, RA** adj. y n. Que contradice.

**CONTRADICTORIO, A** adj. Que está en contradicción con otra cosa. • **Proposiciones contradictorias** (LÓG.), proposiciones opuestas tales que la falsedad de una de ellas implica la verdad de la otra.

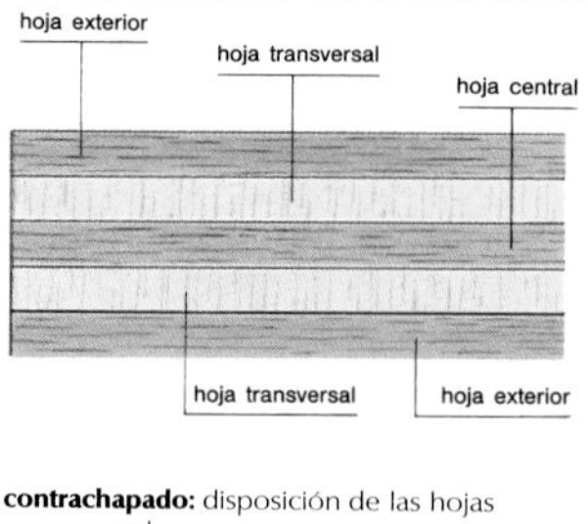


**contrachapado:** disposición de las hojas en un panel

**CONTRADIQUE** n. m. Obra destinada a consolidar o reforzar el dique principal.

**CONTRAELECTROMOTRIZ** adj. Dícese de la fuerza electromotriz inversa que se desarrolla en determinados aparatos eléctricos.

**CONTRAENVITE** n. m. En algunos juegos, envite en falso.

**CONTRAER** v. tr. y pron. (lat. *contrahere*) [**10**]. Encoger, estrechar, reducir a menor volumen o extensión. ◆ v. tr. **2.** Adquirir una enfermedad, vicio, obligación, vínculo de parentesco o cosa parecida. ◆ **contraerse** v. pron. **3.** Limitarse, dedicarse exclusivamente a algo.

**CONTRAESCARPA** n. f. Disminución progresiva, de abajo arriba, del espesor de un muro, cuyo paramento o cara externa es perfectamente vertical. **2.** FORT. De los dos taludes o pendientes que forman las paredes del foso, el que está del lado exterior.

**CONTRAESPALDERA** n. f. Plantación de frutales en línea y sostenidos por enrejados o alambres sin apoyarles en muro alguno.

**CONTRAESPIONAJE** n. m. Organización encargada de detectar y reprimir la actividad de los servicios de información extranjeros, tanto en el interior como en el exterior del territorio nacional.

**CONTRAFAGOT** o **CONTRAFAGOTE** n. m. Instrumento musical de viento de la familia de la madera, que suena una octava inferior que el fagot.

**CONTRAFAJADO, A** adj. HERÁLD. Dícese del escudo cortado y fajado, de modo que las fajas del jefe están opuestas a las del otro esmalte, situadas en la punta.

**CONTRAFALLAR** v. tr. [**1**]. En algunos juegos de naipes, poner un triunfo superior al que había jugado el que falló antes.

**CONTRAFIGURA** n. f. Persona o maniquí con aspecto muy parecido al de uno de los personajes de una obra que a los ojos del público aparenta ser ese mismo personaje.

**CONTRAFUEGO** n. m. Operación consistente en quemar una parte de bosque, en la dirección en que avanza un incendio, a fin de crear un vacío que impida dicho avance.

**CONTRAFUERO** n. m. Quebrantamiento o infracción de fuero, ley u otra disposición legal.

**CONTRAFUERTE** n. m. Pieza de cuero que refuerza la parte posterior del calzado, por encima del talón. **2.** ARQ. Parte de una obra que sobresale del paramento de un muro y que está destinada a reforzarlo. **3.** GEOGR. Parte de una montaña formada por una arista secundaria que se apoya contra una arista principal.

**contrafuertes**

**CONTRAFUGA** n. f. MÚS. Modalidad de fuga, en la cual la imitación del tema se ejecuta en sentido inverso al establecido comúnmente.

**CONTRAGOLPE** n. m. DEP. Jugada rápida sobre la meta del equipo contrario, que sorprende a su defensa descolocada y avanzada. **2.** MED. Efecto producido por un golpe en sitio distinto del que sufre la contusión.

**CONTRAHAZ** n. f. Revés en las ropas o cosas semejantes.

**CONTRAHECHO, A** adj. y n. Que tiene torcido o corcovado el cuerpo.

**CONTRAHIERBA** n. f. Planta herbácea de tallo nudoso y raíz fusiforme, que crece en América Meridional y se utiliza en medicina como contraveneno. (Familia moráceas.)

**CONTRAHIERRO** n. m. Pieza metálica ajustada y apretada contra la hoja cortante o hierro de ciertos útiles, para desbastar madera (cepillo, garlopa), que facilita el acepillado y la evacuación de las virutas.

**CONTRAINDICACIÓN** n. f. Circunstancia particular que se opone al empleo de un medicamento.

**CONTRAINDICADO, A** adj. Que presenta contraindicación.

**CONTRALECHO. A contralecho,** dícese del sillar colocado de tal forma que el plano medio de sus lechos de cantera se encuentra vertical al plano de hilada.

**CONTRALMIRANTE** n. m. Oficial general de la armada de jerarquía inmediatamente inferior a la de vicealmirante.

**CONTRALOR** n. m. (fr. *contrôleur*). Oficio honorífico de la casa real española introducido por Carlos V. **2.** *Chile, Colomb., Méx.* y *Venez.* Funcionario encargado de controlar los gastos públicos.

**CONTRALORÍA** n. f. *Chile, Colomb., Méx.* y *Venez.* Oficina de la nación, encargada de revisar las diversas cuentas del gobierno.

**CONTRALTO** n. m. (voz italiana). MÚS. Voz media entre la de tiple y la de tenor. ◆ n. m. y f. **2.** MÚS. Persona que tiene esta voz.

**CONTRALUZ** n. f. Iluminación de un objeto que recibe la luz del lado opuesto al que se mira.

**CONTRAMAESTRE** n. m. Jefe o vigilante de los demás oficiales y obreros en algunos talleres o fábricas. **2.** MAR. Suboficial jefe de marinería, que dirige las tareas de a bordo. **3.** MAR. Oficial de mar que dirige la marinería bajo las órdenes del oficial de guerra.

**CONTRAMANIFESTACIÓN** n. f. Manifestación que se opone a otra.

**CONTRAMANO. A contramano,** en dirección contraria a la acostumbrada o a la prescrita por la autoridad.

**CONTRAMARCHA** n. f. Retroceso que se hace del camino que se lleva. **2.** Operación o maniobra en que un cuerpo de tropas en marcha toma una dirección contraria a la que llevaba en principio.

**CONTRAMINA** n. f. MIL. Galería de mina que construye el defensor para apoderarse de la mina contraria o para volarla.

**CONTRAMURALLA** n. f. Contramuro.

**CONTRAMURO** n. m. Muro adosado a otro para servirle de refuerzo o apoyo.

**CONTRAOFENSIVA** n. f. Operación ofensiva con objetivos estratégicos que responde a una ofensiva del enemigo.

**CONTRAORDEN** n. f. Orden con que se revoca otra que antes se ha dado.

**CONTRAPARTIDA** n. f. Asiento para corregir algún error en la contabilidad por partida doble. **2.** *Fig.* Compensación, cosa con que se compensa o resarce.

**CONTRAPASO** n. m. COREOGR. Paso que se da a la parte opuesta del que se ha dado antes.

**CONTRAPEAR** v. tr. **[1]**. Aplicar hojas de madera unas con otras, de forma que sus fibras queden cruzadas. **2.** Revestir con chapas de madera finas muebles u objetos construidos con madera de otra clase.

**CONTRAPELO. A contrapelo,** contra la inclinación natural del pelo; *(Fam.),* contra el modo o curso natural de una cosa, violentamente.

**CONTRAPESAR** v. tr. **[1]**. Servir de contrapeso a algo. **2.** *Fig.* Igualar, compensar, subsanar una cosa con otra.

**CONTRAPESO** n. m. Peso con que se equilibra otro peso o una fuerza: *el contrapeso de un ascensor.* **2.** *Fig.* Lo que equilibra, modera o neutraliza una cosa.

**CONTRAPICADO** n. m. CIN. Ángulo de toma en el que la cámara se sitúa debajo del objeto filmado, según un eje casi vertical. **2.** CIN. Plano tomado desde dicho ángulo.

**CONTRAPLANO** n. m. CIN. Plano tomado desde un ángulo de toma en el que la cámara se sitúa por encima del objeto filmado, según un eje casi vertical.

**CONTRAPONER** v. tr. **[5]**. Poner una cosa enfrente de otra. **2.** Comparar, cotejar. ◆ v. tr. y pron. **3.** Oponer: *contraponer su voluntad a la de otra persona.*

**CONTRAPORTADA** n. f. Última página de una revista gráfica o envés de una funda de disco.

**CONTRAPOSICIÓN** n. f. Acción y efecto de contraponer.

**CONTRAPRESTACIÓN** n. f. DER. En los negocios bilaterales, prestaciones a que se obligan recíprocamente las partes.

**CONTRAPRODUCENTE** adj. De efectos opuestos a los que se desea o pretende obtener.

**CONTRAPROGRAMACIÓN** n. f. Programación realizada por una cadena de televisión en función de la programación de otra o de otras.

**CONTRAPUERTA** n. f. Puerta situada detrás de otra.

**CONTRAPUNTA** n. f. Punto fijo en rotación y móvil en traslación, que, en un torno, sirve de punto de apoyo a la pieza que se está trabajando.

**CONTRAPUNTEAR** v. tr. **[1]**. Cantar de contrapunto. ◆ v. tr. y pron. **2.** *Fig.* Zaherir una persona a otra. ◆ **contrapuntearse** v. pron. **3.** Picarse o enemistarse entre sí.

**CONTRAPUNTISTA** n. m. y f. MÚS. Compositor que utiliza el contrapunto.

**CONTRAPUNTÍSTICO, A** adj. Relativo al contrapunto.

**CONTRAPUNTO** n. m. Contraste entre dos cosas simultáneas. **2.** *Argent., Chile* y *Urug.* Certamen poético entre payadores. **3.** MÚS. Concordancia armoniosa de voces contrapuestas. **4.** MÚS. Estudio de las leyes que rigen el movimiento conjunto de varias líneas melódicas superpuestas.

**CONTRARIAR** v. tr. **[1t]**. Oponerse a una intención, propósito, deseo, etc., de una persona. **2.** Disgustar, afligir.

**CONTRARIEDAD** n. f. Oposición entre dos cosas. **2.** Contratiempo o dificultad imprevista que impide o retrasa el logro de algo. **3.** Disgusto, desazón.

**CONTRARIO, A** adj. Opuesto, adverso a una cosa. **2.** Que daña o perjudica. • **Al, por el,** o **todo lo, contrario,** al revés, de un modo opuesto. || **Juicio contrario** o **proposición contraria** (LÓG.), juicio o proposición que enuncia dos cosas contrarias. || **Llevar,** o **hacer,** a uno **la contraria** *(Fam.),* oponerse a lo que dice o intenta. ◆ n. **3.** Enemigo, adversario. **4.** Persona que pleitea con otra. ◆ n. m. **5.** Impedimento, embarazo, contradicción. **6.** GRAM. Palabra que, por el sentido, se opone directamente a otra: *orgullo y modestia son contrarios.*

**CONTRARRELOJ** adj. y n. f. Se aplica a la prueba deportiva que consiste en cubrir una determinada distancia en el menor tiempo posible.

**CONTRARRESTAR** v. tr. y pron. **[1]**. Neutralizar una cosa los efectos de otra.

**CONTRARREVOLUCIÓN** n. f. Movimiento que tiende a combatir una revolución o a destruir sus resultados.

**CONTRARREVOLUCIONARIO, A** adj. y n. Que favorece la contrarrevolución.

**CONTRASEGURO** n. m. Seguro que garantiza otro seguro o que limita sus riesgos.

**CONTRASELLO** n. m. Sello pequeño con que se marcaba el principal para dificultar las falsificaciones.

**CONTRASENTIDO** n. m. Acción, actitud o razonamiento contrario a la lógica.

**CONTRASEÑA** n. f. Palabra o señal únicamente conocida por los pertenecientes a un mismo bando u organización, y que les sirve para reconocerse entre sí.

**CONTRASTABLE** adj. Que se puede contrastar.

**CONTRASTAR** v. tr. (lat. *contrastare*) **[1]**. Comprobar la autenticidad o exactitud de algo. **2.** Resistir, hacer frente. ◆ v. intr. **3.** Mostrar notable diferencia o condiciones opuestas dos personas o cosas cuando se comparan una con otra.

**CONTRASTE** n. m. Acción y efecto de contrastar. **2.** Oposición o diferencia notable que existe entre personas o cosas. **3.** Marca estampada en las aleaciones de metales nobles para atestiguar que su ley se ajusta a las normas legales. **4.** TELEV. Diferencia de intensidades de iluminación entre las partes más claras y más oscuras de una imagen. • **Sustancia de contraste,** sustancia opaca a los rayos X, que se introduce en el organismo para visualizar en las radiografías las cavidades o conductos, que no son espontáneamente perceptibles.

**CONTRASUJETO** n. m. MÚS. Frase musical que acompaña la entrada de un tema, sobre todo en la fuga.

**CONTRATA** n. f. Contrato hecho para ejecutar una obra material o prestar un servicio por precio determinado, especialmente con la administración pública.

**CONTRATACIÓN** n. f. Acción y efecto de contratar.

**CONTRATAR** v. tr. **[1]**. Pactar, convenir, hacer contratos o contratas; en general, hacer operaciones de comercio. **2.** Ajustar, mediante convenio, un servicio.

**CONTRATENOR** n. m. MÚS. Voz masculina con registro de contralto. **2.** MÚS. Cantante que tiene esta voz.

**CONTRATIEMPO** n. m. Accidente perjudicial y por lo común inesperado. **2.** MÚS. Procedimiento rítmico que consiste en emitir un sonido sobre un tiempo débil o sobre la parte débil de un tiempo, al que se hace seguir un silencio sobre el tiempo fuerte o la parte fuerte del tiempo que le sigue.

**CONTRATIMBRE** n. m. Marca estampada en los papeles timbrados para indicar una modificación del valor del timbre original.

**CONTRATIPAR** v. tr. **[1]**. Hacer contratipos.

**CONTRATIPO** n. m. Facsímil de una imagen fotográfica, obtenido al fotografiar dicha imagen. **2.** Copia positiva de una película, obtenida a partir de una copia del negativo original.

**CONTRATISTA** adj. y n. m. y f. Dícese de la persona que ejecuta una obra por contrata.

**CONTRATO** n. m. Convención jurídica manifestada en forma legal, por virtud de la cual una o varias personas se obligan en favor de otra u otras al cumplimiento de una prestación de dar, hacer o no hacer. **2.** Documento en que se acredita. • **Contrato basura** *(Fam.),* contrato que ofrece muy malas condiciones, generalmente a tiempo parcial y con una remuneración muy baja. || **Contrato blindado,** contrato que contempla una fuerte indemnización en caso de rescisión.

**CONTRATUERCA** n. f. MEC. Segunda rosca con que se aprieta la primera, para evitar que ésta se afloje.

**CONTRAVALACIÓN** n. f. FORT. Línea establecida por el sitiador de una plaza para protegerse de las salidas de los sitiados.

**CONTRAVALOR** n. m. Valor comercial, dado a cambio de otro.

**CONTRAVAPOR** n. m. Sistema que permite la inversión del vapor y sirve para frenar un tren que circula a gran velocidad.

**CONTRAVENCIÓN** n. f. Infracción de una ley, transgresión de un contrato, etc.

**CONTRAVENENO** n. m. Sustancia que tiene una acción contraria a la de uno o varios tóxicos determinados.

**CONTRAVENIR** v. tr. **[21]**. Obrar en contra de lo que está mandado.

**CONTRAVENTANA** n. f. Puerta que interiormente cierra sobre la vidriera. **2.** Puerta de madera que en los países fríos se pone en la parte de afuera de las ventanas y vidrieras.

**CONTRAVENTOR, RA** adj. y n. Que contraviene.

**CONTRAVEROS** n. m. pl. HERÁLD. Veros que están unidos dos a dos por su base y que son del mismo esmalte, siempre que éste sea argent o azur.

**CONTRAVÍA** n. f. Vía paralela a la que sigue un tren.

**CONTRAVIENTO** n. m. En una construcción, conjunto de piezas destinadas a mantener indeformable una estructura.

**CONTRAYENTE** adj. y n. m. y f. Dícese de la persona que contrae matrimonio.

**CONTRI** n. m. *Chile.* Molleja, estómago de las aves. **2.** *Chile. Fig.* Corazón, entraña, lo más interior de algo.

**CONTRIBUCIÓN** n. f. Acción y efecto de contribuir. **2.** Cantidad con que se contribuye a algún fin. **3.** Imposición fiscal a los beneficiados por una obra o servicio de la administración. • **Poner**

**a contribución,** recurrir a cualquier medio que pueda cooperar en la consecución de algún fin.

**CONTRIBUIR** v. tr. e intr. (lat. *contribuere*) [**29**]. Pagar cada uno la cuota que le corresponde por un impuesto. ◆ v. intr. **2.** Dar voluntariamente una cantidad para un determinado fin. **3.** *Fig.* Ayudar y cooperar con otros al logro de algún fin.

**CONTRIBUTIVO, A** adj. Relativo a las contribuciones e impuestos.

**CONTRIBUYENTE** adj. y n. m. y f. Que contribuye. **2.** Que paga contribución o impuestos al estado.

**CONTRICIÓN** n. f. (lat. *contritionem*). TEOL. Dolor del alma por haber ofendido a Dios. • **Acto de contrición** (TEOL.), fórmula con que se expresa el dolor de contrición.

**CONTRINCANTE** n. m. y f. Competidor, rival.

**CONTRISTAR** v. tr. y pron. (lat. *contristare*) [**1**]. Afligir, entristecer.

**CONTRITO, A** adj. (lat. *contritum*). Arrepentido, abatido y triste por haber cometido una falta.

**CONTROL** n. m. Comprobación, inspección, intervención. **2.** Dirección, mando, regulación. **3.** Lugar donde se verifica alguna inspección. • **Control de natalidad,** expresión traducida del inglés *birth control*, utilizada para designar el conjunto de procedimientos tendentes a modificar la natalidad. ‖ **Control remoto,** sistema de gobierno de un dispositivo alejado mediante un enlace eléctrico, por radio, etc.

**CONTROLADOR, RA** adj. y n. Que controla. ◆ n. **2. Controlador aéreo,** técnico especializado que tiene a su cargo la orientación, regulación, vigilancia, etc., del despegue, ruta de vuelo y aterrizaje de aviones.

**CONTROLAR** v. tr. (fr. *contrôler*) [**1**]. Comprobar, intervenir, inspeccionar. **2.** Dirigir, regular, dominar, moderar.

**CONTROVERSIA** n. f. Discusión larga y reiterada, generalmente sobre una doctrina.

**CONTROVERSISTA** n. m. y f. Persona que trata temas de controversia.

**CONTROVERTIBLE** adj. Que se puede controvertir.

**CONTROVERTIR** v. intr. y tr. [**22**]. Mantener una controversia.

**CONTUBERNIO** n. m. (lat. *contubernium*). Amancebamiento. **2.** *Fig.* Alianza vituperable.

**CONTUMACIA** n. f. Calidad de contumaz.

**CONTUMAZ** adj. (lat. *contumacem*). Porfiado y tenaz en mantener un error. ◆ adj. y n. m. y f. **2.** Rebelde, por no comparecer en el juicio.

**CONTUMELIA** n. f. (lat. *contumeliam*). Injuria u ofensa dicha a una persona.

**CONTUNDENCIA** n. f. Calidad de contundente.

**CONTUNDENTE** adj. Dícese del agente capaz de producir una contusión, sea por su masa, su forma o el impulso de que está provisto: *instrumento contundente.* **2.** *Fig.* Que produce gran impresión en el ánimo, convenciéndolo.

**CONTURBACIÓN** n. f. Acción y efecto de conturbar.

**CONTURBAR** v. tr. y pron. [**1**]. Alterar, turbar, inquietar.

**CONTUSIÓN** n. f. Lesión traumática que se produce por golpe, compresión o choque, sin que haya solución de continuidad en la piel.

**CONTUSIONAR** v. tr. y pron. [**1**]. Causar o sufrir alguna contusión o contusiones.

**CONTUSO, A** adj. y n. (lat. *contusum*). Que ha recibido una contusión.

**CONUCO** n. m. *Antillas, Colomb.* y *Venez.* Pequeña heredad o campo con su rancho. **2.** *Cuba, Dom.* y *P. Rico.* Montículo de tierra en el que se siembran ritualmente las raíces de la yuca.

**CONUQUERO, A** n. *Antillas, Colomb.* y *Venez.* Persona que explota un conuco.

**CONURBACIÓN** n. f. Aglomeración formada por varias ciudades vecinas cuyos extrarradios se han unido.

**CONURBADO** n. m. *Amér.* Conurbación.

**CONVALECENCIA** n. f. Acción y efecto de convalecer. **2.** Estado del convaleciente.

**CONVALECER** v. intr. (lat. *convalescere*) [**2m**]. Recobrar las fuerzas perdidas por enfermedad. **2.** *Fig.* Salir una persona o colectividad del estado de postración o peligro en que se encontraban.

**CONVALECIENTE** adj. y n. m. y f. Dícese de la persona que se está recuperando tras una enfermedad.

**CONVALIDACIÓN** n. f. Acción y efecto de convalidar.

**CONVALIDAR** v. tr. [**1**]. Confirmar, revalidar lo ya aprobado: *convalidar unos estudios por otros.*

**CONVECCIÓN** n. f. Movimiento de un fluido bajo la influencia de diferencias de temperatura. **2.** Movimiento vertical del aire, de origen a menudo térmico u orográfico.

**CONVECINO, A** adj. Cercano, próximo, inmediato. ◆ adj. y n. **2.** Vecino respecto a otra u otras personas.

**CONVECTOR** n. m. Aparato de calefacción en el cual el aire se calienta por convección en contacto con una superficie de caldeo.

**CONVENCER** v. tr. y pron. (lat. *convincere*) [**2a**]. Reducir a uno con argumentos o pruebas a reconocer la verdad de una cosa, a adoptar una resolución, etc. ◆ v. tr. **2.** *Fam.* Gustar o satisfacer una persona o una cosa: *este traje gris es bonito, pero no me convence.*

**CONVENCIMIENTO** n. m. Acción y efecto de convencer.

**CONVENCIÓN** n. f. Pacto entre naciones, organismos o individuos. **2.** Asamblea o reunión de personas para tratar de un determinado asunto. **3.** Conveniencia, conformidad. **4.** Norma o práctica admitida tácitamente. **5.** Nombre dado a algunas asambleas nacionales constituyentes. **6.** En E.U.A., congreso de un partido, reunido con vistas a designar un candidato para la presidencia.

**CONVENCIONAL** adj. Relativo a la convención o pacto. **2.** Que resulta o se establece en virtud de precedentes o de costumbre. **3.** Dícese de la persona o la cosa que sigue la costumbre establecida. **4.** Dícese de las armas clásicas o tradicionales con exclusión de las nucleares, biológicas y químicas. ◆ n. m. y f. **5.** Individuo de una convención.

**CONVENCIONALISMO** n. m. Conjunto de opiniones o procedimientos basados en determinadas ideas, que, por comodidad o conveniencia social, se consideran como normas. **2.** FILOS. Concepción según la cual los axiomas de las ciencias, los principios morales, las bases del lenguaje, etc., sólo constituyen sistemas de convenciones.

**CONVENIENCIA** n. f. (lat. *convenientiam*). Cualidad de conveniente. **2.** Cosa o situación conveniente: *mirar sólo su propia conveniencia.* **3.** Ajuste, concierto y convenio.

**CONVENIENTE** adj. Que conviene, útil, oportuno, provechoso. **2.** Conforme, concorde. **3.** Decente, proporcionado.

**CONVENIO** n. m. Acuerdo, convención, pacto. • **Convenio colectivo,** acuerdo tomado entre asalariados y empresarios para reglamentar las condiciones de trabajo.

**CONVENIR** v. intr. (lat. *convenire*) [**21**]. Ser de un mismo parecer u opinión. **2.** Importar, ser a propósito, ser oportuno. **3.** Coincidir. ◆ v. tr. y pron. **4.** Llegar a un acuerdo.

**CONVENTILLO** n. m. *Amér. Merid.* Casa de vecindad.

**CONVENTO** n. m. Casa en que viven en comunidad miembros de una orden religiosa.

**CONVENTUAL** adj. y n. m. y f. Relativo al convento. ◆ n. m. **2.** Religioso que reside en un convento o es miembro de una comunidad.

**CONVERGENCIA** n. f. Acción y efecto de convergir. **2.** Ligera inclinación hacia el interior de las partes delanteras de las ruedas directrices de un automóvil detenido. **3.** BIOL. Tendencia evolutiva de diversos organismos, pertenecientes a grupos muy diferentes, hacia formas, estructuras o funciones semejantes. **4.** MAT. Propiedad de determinadas sucesiones y series, que consiste en poseer un límite o suma finitos, respectivamente. **5.** ÓPT. Inverso de la distancia focal. • **Convergencia de los meridianos,** variación del ángulo (azimut) en el cual un mismo círculo máximo de la esfera corta los meridianos sucesivos. ‖ **Línea de convergencia** (OCEANOGR.), límite entre dos masas de agua de densidades diferentes. ‖ **Línea de convergencia intertropical,** línea de contacto entre los dos alisios.

**CONVERGENTE** adj. Que converge. **2.** MAT. Dícese de las sucesiones que tienen límite finito y de las series sumables. • **Lente convergente,** lente que hace converger los rayos paralelos.

**CONVERGER** v. intr. [**2b**]. Convergir. **2.** MAT. Para sucesiones y series, poseer un límite.

**CONVERGIR** v. intr. (lat. *convergere*) [**3b**]. Dirigirse a un mismo punto. **2.** *Fig.* Concurrir al mismo fin los dictámenes u opiniones de dos o más personas.

**CONVERSACIÓN** n. f. Acción y efecto de conversar, hablar • **Dar conversación** a uno, entretenerle por medio de la palabra.

**CONVERSACIONAL** adj. Dícese de un modo de utilización de un ordenador en el que el usuario dialoga con la máquina con la ayuda de un terminal que funciona como dispositivo de entrada y salida.

**CONVERSADOR, RA** adj. y n. Dícese de la persona de conversación agradable. ◆ adj. **2.** *Amér.* Charlatán.

**CONVERSAR** v. intr. (lat. *conversari*) [**1**]. Hablar unas personas con otras.

**CONVERSIÓN** n. f. Acción y efecto de convertir. **2.** Transformación del resultado de una medida expresado con ciertas unidades en un nuevo resultado expresado con otras unidades. **3.** Cambio de la tasa de interés de una deuda pública. **4.** Operación metalúrgica realizada en un convertidor. **5.** MIL. Cambio de la dirección del frente de combate de un ejército. **6.** SIQUIATR. Transposición de un conflicto síquico, con tentativa de resolución de éste, en determinados síntomas somáticos.

**CONVERSO, A** adj. y n. En los ss. XIV al XVI, decíase de los judíos que se hacían cristianos. **2.** Dícese de aquel que cambia de religión, especialmente cuando se hace católico. ◆ n. m. **3.** En algunas órdenes religiosas, lego.

**CONVERTIBILIDAD** n. f. Calidad de convertible. **2.** Cualidad de una moneda que, por medio de ciertos procedimientos internacionales, puede cambiarse por otras monedas.

**CONVERTIBLE** adj. Que puede ser convertido o transformado: *obligaciones convertibles en rentas.* • **Avión convertible,** avión que puede efectuar la propulsión vertical u horizontalmente. ◆ adj. y n. m. **2.** Dícese del automóvil descapotable.

**CONVERTIDOR** n. m. Gran retorta metálica con revestimiento interior refractario, ácido o básico, en la que se produce una reacción de oxidación y que se utiliza en las metalurgias del acero, del cobre y del níquel. **2.** Máquina destinada a transformar la corriente eléctrica. **3.** Aparato que permite hacer variar de manera continua, entre determinados límites, el valor de un par motor. **4.** INFORMÁT. Aparato o dispositivo que permite cambiar el modo de representación de una información.

**CONVERTIR** v. tr. y pron. (lat. *convertere*) [**22**]. Mudar, transformar. **2.** Llevar a una religión determinada al que pertenece a otra o a ninguna; llevar a la práctica de una religión o de las buenas costumbres. **3.** Hacer cambiar a alguien o cambiar alguien sus ideas, opiniones, o actitudes en otras.

**CONVEXIDAD** n. f. Calidad de convexo. **2.** Redondez, curvación de un cuerpo: *la convexidad de la Tierra.*

**CONVEXO, A** adj. (lat. *convexum*). Dícese de la línea o superficie curvas que, respecto del que las mira, tienen su parte más prominente en el centro. **2.** MAT. Dícese de un conjunto lineal tal que, si $a$ y $b$ son dos cualesquiera de sus elementos, contiene todos los elementos del intervalo cerrado $[a, b]$.

**CONVEYOR** n. m. Transportador continuo en circuito cerrado, utilizado para el transporte de materias en piezas o fardos.

**CONVICCIÓN** n. f. (lat. *convictionem*). Convencimiento. ◆ **convicciones** n. f. pl. **2.** Ideas u opiniones religiosas, éticas o políticas a las que uno está fuertemente adherido: *no puedo obrar en contra de mis convicciones.*

**CONVICTO, A** adj. y n. Dícese del reo a quien legalmente se ha probado su delito, aunque no lo haya confesado. **2.** Presidiario.

**CONVIDADO, A** n. Persona que recibe un convite.

**CONVIDAR** v. tr. [**1**]. Rogar a alguien que participe en algo que se supone grato para él. **2.** *Fig.* Mover, incitar. ◆ **convidarse** v. pron. **3.** Ofrecerse voluntariamente para alguna cosa.

**CONVINCENTE** adj. Que convence.

**CONVITE** n. m. (cat. *convit*). Acción y efecto de convidar. **2.** Función, especialmente banquete, a que es uno convidado.

**CONVIVENCIA** n. f. Acción de convivir. **2.** Relación entre los que conviven.

**CONVIVIR** v. intr. [3]. Vivir en compañía de otro u otros, cohabitar.

**CONVOCAR** v. tr. (lat. *convocare*) [1a]. Citar, llamar a varias personas para que concurran al lugar o acto determinado.

**CONVOCATORIA** n. f. Anuncio o escrito con que se convoca. **2.** Acción de convocar. SIN.: *convocación.*

**CONVOCATORIO, A** adj. Que convoca. SIN.: *convocador.*

**CONVOLUTO, A** adj. BOT. Arrollado en espiral.

**CONVOLVULÁCEO, A** adj. y n. f. Relativo a una familia de plantas volubles de pétalos completamente soldados, como la campanilla.

**CONVOY** n. m. (fr. *convoi*). Escolta o guardia. **2.** Conjunto de vehículos de transporte que tienen el mismo destino. **3.** Serie de vagones unidos unos con otros y arrastrados por la misma máquina. **4.** Tren.

**CONVULSIÓN** n. f. (lat. *convulsionem*). Contracción muscular intensa, involuntaria, de origen patológico. **2.** *Fig.* Agitación política o social de carácter violento que transforma la normalidad de la vida colectiva. **3.** GEOL. Sacudida de la tierra o del mar por efecto de los terremotos.

**CONVULSIONAR** v. tr. y pron. [1]. Producir o padecer convulsiones.

**CONVULSIONARIO, A** adj. Que padece convulsiones. ◆ adj. y n. **2.** Dícese de los fanáticos jansenistas de principios del s. XVIII, que se entregaban, bajo el efecto de la exaltación religiosa, a manifestaciones de histeria colectiva.

**CONVULSIVO, A** adj. Con carácter de convulsión.

**CONVULSO, A** adj. (lat. *convulsum*). Atacado de convulsiones. **2.** *Fig.* Que se halla muy excitado.

**CONYUGAL** adj. Relativo a los cónyuges.

**CÓNYUGE** n. m. y f. Con relación a una persona, la otra, marido o mujer, que está casada con ella.

**CONYUGICIDA** n. m. y f. Cónyuge que mata al otro.

**CONYUGICIDIO** n. m. Muerte causada por uno de los cónyuges a otro.

**CONYUGIO** n. m. Matrimonio.

**COÑA** n. f. *Vulg.* Chunga, guasa, burla. **2.** *Vulg.* Cosa molesta: *hacer cola resulta una coña.*

**COÑAC** n. m. (fr. *cognac*) [pl. *coñacs* o *coñás*]. Aguardiente producido a partir de los vinos de la región francesa de Cognac o imitando el procedimiento usado en esta región.

**COÑAZO** n. m. *Vulg.* Persona o cosa pesada y molesta. • **Dar el coñazo** (*Vulg.*), molestar.

**COÑEARSE** v. pron. [1]. *Vulg.* Burlarse.

**COÑETE** adj. *Chile* y *Perú.* Tacaño, cicatero, mezquino.

**COÑO** n. m. *Vulg.* Parte externa del aparato genital femenino. **2.** *Chile. Vulg.* Español. ◆ interj. **3.** *Vulg.* Denota enfado o extrañeza.

**COOL** adj. (voz inglesa). Dícese de un estilo de jazz aparecido a fines de los cuarenta, de ritmo menos complejo que el bop.

**COOLIE** n. m. (voz inglesa). Culí.

**COONA** n. f. Planta venenosa con cuyo jugo los indios envenenaban las flechas. **2.** Hoja de esta planta.

**COOPERACIÓN** n. f. Acción y efecto de cooperar. **2.** Método de acción económica por el que personas que tienen intereses comunes constituyen una empresa en la que los derechos de todos a la gestión son iguales y las ganancias realizadas son repartidas entre los asociados. **3.** Política de entendimiento y de intercambios entre dos estados. **4.** Política de ayuda económica en beneficio de los países subdesarrollados.

**COOPERANTE** n. m. y f. Especialista de un país desarrollado que, a título de cooperación institucional o particular, se pone a disposición de un país en vías de desarrollo.

**COOPERAR** v. intr. [1]. Obrar juntamente con otro u otros para un mismo fin.

**COOPERATIVISMO** n. m. Doctrina que propugna la cooperación en el campo económico y social. SIN.: *cooperatismo.*

**COOPERATIVA** n. f. Asociación de compradores, comerciantes o productores que practican la cooperación. **2.** Establecimiento comercial donde se venden los artículos suministrados por una asociación de este tipo.

**COOPERATIVISTA** adj. y n. m. y f. Relativo a la cooperación; partidario del cooperativismo.

**COOPERATIVO, A** adj. Que coopera o puede cooperar a alguna cosa.

**COOPTACIÓN** n. f. Designación de un nuevo miembro de una asamblea, comunidad o corporación por los miembros que la integran.

**COORDENADO, A** adj. y n. f. Dícese de cada una de las líneas que sirven para determinar la posición de un punto, y de los ejes y planos a que se refieren dichas líneas. (Suele usarse en plural.) ◆ **coordenadas** n. f. pl. **2. Coordenadas geográficas,** en los mapas, cuadrícula de líneas (meridianos y paralelos) que permiten localizar un punto de la superficie terrestre.

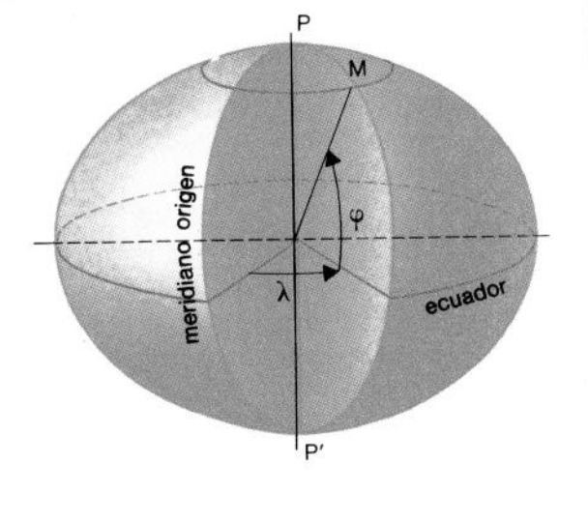

**coordenadas** geográficas

**COORDINACIÓN** n. f. Acción y efecto de coordinar. **2.** GRAM. Relación mental que se establece entre dos proposiciones de una oración compuesta, no unidas por vínculo sintáctico. **3.** QUÍM. Valencia particular que explica la unión de varias moléculas en un complejo. **4.** QUÍM. Número total de iones o de átomos unidos a un elemento central.

**COORDINADO, A** adj. Dícese del átomo o radical químico que, en un compuesto complejo, está unido al átomo central por valencias de coordinación. • **Conjunción coordinada** (GRAM.), partícula que sirve para unir oraciones sin dependencia de subordinación. ‖ **Oración coordinada** (GRAM.), cada una de las oraciones que van unidas por conjunciones coordinadas.

**COORDINAR** v. tr. [1]. Disponer cosas metódicamente. **2.** Concertar esfuerzos, medios, etc., para una acción común. **3.** Unir palabras u oraciones con una partícula.

**COORDINATIVO, A** adj. Que puede coordinar.

**COPA** n. f. Vaso con pie para beber. **2.** Líquido que cabe en este vaso. **3.** Conjunto de las ramas de un árbol, con su follaje o sin él. **4.** Premio que se concede al vencedor de ciertas carreras, concursos o campeonatos. **5.** La propia competición, cuyo premio está en juego. **6.** Parte hueca del sombrero. • **Apurar la copa,** llegar al extremo del dolor, pena, calamidad, infortunio u otro padecimiento. ◆ **copas** n. f. pl. **7.** Uno de los cuatro palos de la baraja española.

**COPAIBA** n. f. (voz portuguesa). Secreción oleorresinosa del copayero, utilizada antiguamente en terapéutica.

**COPAL** n. m. Resina producida por diversos árboles tropicales (coníferas o cesalpiniáceas), utilizada en la fabricación de barnices.

**COPAR** v. tr. (fr. *couper*) [1]. Hacer en los juegos de azar una apuesta equivalente a todo el dinero con que responde la banca. **2.** *Fig.* Conseguir todos los puestos en unas elecciones o en cualquier otro asunto. **3.** Apresar por sorpresa al enemigo.

**COPARTICIPACIÓN** n. f. Acción de participar con otro en alguna cosa.

**COPARTÍCIPE** n. m. y f. Que participa con otro.

**COPAYERO** n. m. Árbol resinoso de América tropical. (Familia cesalpiniáceas.)

**COPEAR** v. intr. [1]. Tomar copas.

**COPEC** n. m. (pl. *copecs*). Kopek.

**COPELA** n. f. Pequeño crisol, hecho de huesos calcinados, que sirve para la copelación. • **Horno de copela,** horno de reverbero y bóveda o plaza movibles, en que se efectúa la copelación.

**COPELACIÓN** n. f. Operación metalúrgica que tiene por objeto separar, mediante oxidación, uno o varios elementos a partir de una mezcla líquida.

**COPELAR** v. tr. [1]. Fundir minerales o metales, en copela o en hornos de copela.

**COPEO** n. m. Acción de copear.

**COPÉPODO, A** adj. y n. m. Relativo a una subclase de crustáceos de pequeño tamaño, que abundan en el plancton de agua dulce o marina.

**COPERO, A** adj. Relativo a una copa deportiva o a la competición para ganarla: *partido copero.* ◆ n. m. **2.** El que tenía por oficio traer la copa y dar de beber a su señor.

**COPETE** n. m. Tupé que se lleva levantado sobre la frente. **2.** Colmo que rebasa del borde de un recipiente, especialmente en los refrescos y bebidas heladas. **3.** Penacho de plumas que llevan algunas aves sobre la cabeza. **4.** Adorno que suele ponerse en la parte superior de los espejos, sillones y otros muebles. **5.** *Argent. Fig.* Breve resumen y anticipación de una noticia periodística, que sigue inmediatamente al título. **6.** *R. de la Plata.* Hierba seca o espuma que corona la boca del mate, cuando está bien cebado. • **De alto copete,** dícese de la gente noble o de la que se precia ser de alto linaje.

**COPETÍN** n. m. *Amér.* Aperitivo, cóctel. **2.** *Amér.* Copa de licor.

**COPETUDO, A** adj. Que tiene copete.

**COPIA** n. f. (lat. *copiam*). Gran cantidad, abundancia: *una copia de datos.* **2.** Reproducción exacta de un escrito, impreso, composición musical, obra artística, etc. **3.** Persona muy parecida a otra. **4.** Acción de copiar. **5.** CIN. Ejemplar de una película.

**COPIADO** n. m. Reproducción automática de una pieza que se efectúa en ciertas máquinas-herramienta, valiéndose de un modelo dado.

**COPIADOR, RA** adj. y n. Que copia. **2.** Multicopista. ◆ adj. **3. Máquina copiadora de cortar,** máquina que permite la obtención, en una sola operación, de uno o varios objetos conformes a un modelo. ◆ n. m. **4.** Libro o registro en el que se conserva la copia de la correspondencia enviada.

**COPIAR** v. tr. [1]. Hacer una copia: *copiar un cuadro.* **2.** Ir escribiendo lo que otro dice o dicta: *copiar un discurso.* **3.** Imitar o remedar a uno, o algo característico de él: *copiar los modales de alguien.* **4.** Reproducir por fraude, en vez de hacer un trabajo personal: *copiar el examen de un compañero.*

**COPIHUE** n. m. *Chile.* Planta arbustiva trepadora de flores rojas y blancas que produce una baya semejante al ají sin madurar.

**COPILOTO** n. m. Piloto cuya función consiste en asistir al primer piloto.

**COPIÓN, NA** adj. y n. *Desp.* Que copia fraudulentamente o imita a alguien.

**COPIOSIDAD** n. f. Calidad de copioso.

**COPIOSO, A** adj. (lat. *copiosum*). Abundante, cuantioso: *una comida copiosa.*

**COPISTA** n. m. y f. y adj. Persona que copia, especialmente la que copiaba manuscritos u obras de arte. **2.** IMPR. Obrero que efectúa la copia de los clichés sobre una forma de impresión.

**COPLA** n. f. (lat. *copulam,* lazo, unión). Combinación métrica o estrofa. ◆ **coplas** n. f. pl. **2.** *Fam.* Versos. • **Andar en coplas,** ser algo muy público y notorio, especialmente lo que es contra la fama y estimación de alguien.

■ Esta composición lírica popular, imitada por los poetas cultos, tenía en la edad media, en el renacimiento y aún en épocas posteriores un sentido tan difuso y amplio que designaba prácticamente todo tipo de estrofas. Un uso más preciso del término permite distinguir las siguientes modalidades: copla castellana, copla caudata, copla de arte mayor y la copla de pie quebrado, que utilizó Jorge

Manrique en las célebres *Coplas a la muerte del maestro don Rodrigo,* más conocidas como *Coplas a la muerte de su padre.*

**COPLANARIO, A** adj. MAT. Dícese de los puntos, rectas, vectores libres paralelos, etc., situados en un mismo plano.

**COPLEAR** v. intr. [**1**]. Hacer, decir o cantar coplas.

**COPLERO, A** n. *Desp.* Mal poeta.

**COPO** n. m. Porción de cáñamo, lana u otra materia dispuesta para hilarse. **2.** Cada una de las porciones de nieve trabada que caen cuando nieva. **3.** Partes de determinadas sustancias que, por su aspecto y ligereza, se asemejan a las porciones de nieve: *avena en copos.*

**COPO** n. m. Acción de copar. **2.** Bolsa de red con que terminan varias artes de pesca. **3.** Pesca hecha con una de estas artes.

**COPOLIMERIZACIÓN** n. f. QUÍM. Polimerización efectuada a partir de una mezcla de dos o varios monómeros.

**COPOLÍMERO** n. m. QUÍM. Cuerpo obtenido por copolimerización.

**COPÓN** n. m. Copa grande, de metal precioso, con tapa rematada por una cruz, en la que se guardan las hostias consagradas.

**COPRA** n. f. Médula del coco de la palma, partida en trozos y desecada, que se utiliza para la extracción del aceite de coco.

**COPRETÉRITO** n. m. LING. En la nomenclatura de los tiempos verbales de Bello, pretérito imperfecto.

**COPRODUCCIÓN** n. f. Producción cinematográfica en la que intervienen productoras de diversos países.

**COPROFAGIA** n. f. Acción de comer excrementos.

**COPRÓFAGO, A** adj. y n. Que se alimenta de excrementos.

**COPROFILIA** n. f. SICOL. Placer de manipular, tocar u oler los productos excrementicios.

**COPROLITO** n. m. Excremento fósil. **2.** Cálculo intestinal de excrementos endurecidos.

**COPROLOGÍA** n. f. Estudio biológico de los excrementos.

**COPROPIEDAD** n. f. Propiedad en común.

**COPROPIETARIO, A** adj. y n. Propietario de bienes juntamente con otro u otros.

**COPTO, A** adj. y n. (der. del gr. *aigyptios*). Relativo a los cristianos de Egipto y de Etiopía, que profesan el monofisismo. ◆ n. m. **2.** LING. Egipcio antiguo escrito en un alfabeto derivado del griego y que sirve de lengua litúrgica a la Iglesia copta.

**COPUCHA** n. f. *Chile.* Vasija que sirve para varios usos domésticos. **2.** *Chile. Fig.* Mentira, bola. • **Hacer copuchas** *(Chile),* inflar los carrillos.

**COPUCHENTO, A** adj. *Chile.* Exagerado, mentiroso.

**COPUDO, A** adj. Que tiene mucha copa.

**CÓPULA** n. f. (lat. *copulam*). Unión sexual de dos individuos de distinto sexo. **2.** Ligamento, unión. **3.** LING. Término que liga el sujeto de una proposición con el predicado: *los verbos* ser *y* estar *son las cópulas más frecuentes.*

**COPULACIÓN** n. f. Acción y efecto de copular.

**COPULAR** v. tr. [**1**]. Realizar la cópula carnal.

**COPULATIVO, A** adj. Que ata, liga o junta una cosa con otra. • **Conjunción copulativa,** la que une frases o elementos de frases de igual rango sintáctico. ‖ **Oración copulativa,** la relacionada con otra u otras por mera adición o por dependencia común de una misma principal. ‖ **Verbo copulativo,** verbo que no constituye el núcleo significativo del predicado de la oración, sino que más bien ejerce una función de cópula.

**COPYRIGHT** n. m. (voz inglesa) [pl. *copyrights*]. Derecho exclusivo de un autor o de su editor de explotar durante varios años una obra literaria, artística o científica. **2.** Marca de este derecho simbolizado por el signo © que se imprime en un libro.

**COQUE** n. m. (ingl. *coke*). Combustible obtenido de la destilación de la hulla en un recinto cerrado, y que sólo contiene una pequeña fracción de las materias volátiles que formaban parte de la misma. SIN.: *cok.* • **Coque metalúrgico,** coque en trozos grandes y muy resistentes a la compresión, utilizado en los hornos siderúrgicos.

**COQUEAR** v. intr. [**1**]. *Argent.* y *Bol.* Mascar acullico.

**COQUELUCHE** n. f. (voz francesa). Tos ferina.

**COQUERÍA** n. f. Instalación en la que se fabrica el coque destinado a la industria y a los altos hornos.

**COQUETA** n. f. Mueble, especie de tocador.

**COQUETEAR** v. intr. (fr. *coqueter*) [**1**]. Tratar de agradar o atraer a alguien por vanidad, con medios estudiados. **2.** Tener trato o relación superficial.

**COQUETEO** n. m. Acción y efecto de coquetear.

**COQUETERÍA** n. f. Cualidad de coqueto. **2.** Estudiada afectación en los modales y adornos.

**COQUETO, A** adj. y n. (fr. *coquet, ette*). Que coquetea.

**COQUETÓN, NA** adj. Gracioso, atractivo, agradable: *apartamento coquetón.*

**COQUILLA** n. f. (fr. *coquille*). Molde permanente, por lo general metálico, utilizado en fundición.

**COQUILLO** n. m. *Cuba.* Tela de algodón blanco y fino que se usó para vestidos antes de introducirse el uso del dril.

**COQUINA** n. f. Pequeño molusco bivalvo, comestible, que abunda en las costas gaditanas.

**COQUITO** n. m. Ave parecida a la tórtola que vive en América. (Familia colúmbidos.) **2.** *Amér.* Nombre de diversas plantas pertenecientes a distintas familias, en especial a las palmáceas.

**COQUIZACIÓN** o **COQUIFICACIÓN** n. f. Transformación de la hulla y residuos pesados del petróleo en coque por la acción del calor.

**CORA** n. f. (ár. *kūra*). Circunscripción provincial de la España musulmana.

**CORA,** pueblo amerindio de la familia lingüística nahua, que vive en la sierra de Nayarit (México).

**CORACERO** n. m. Soldado que llevaba coraza, especialmente el de caballería.

**CORACHA** n. f. Saco de cuero que se usa en Hispanoamérica como envase.

**CORACIFORME** adj. y n. f. Relativo a un orden de aves de plumaje brillantemente coloreado, que establecen sus nidos en agujeros, como el cálao, el martín pescador, el abejaruco, etc.

**CORACOIDES** adj. y n. f. Dícese de una apófisis del omóplato y de un hueso importante de la espalda de las aves.

**CORAJE** n. m. (fr. *courage*). Valor, energía, decisión: *trabajar con coraje.* **2.** Irritación, ira.

**CORAJINA** n. f. *Fam.* Arrebato de ira.

**CORAJUDO, A** adj. Propenso a la cólera. **2.** Capaz de obrar con coraje.

**CORAL** n. m. (lat. *corallium*). Octocoralario de los mares cálidos, de una altura máxima de 30 cm, que vive fijo a una cierta profundidad, constituido por una colonia de pólipos sobre un eje calcáreo. (Tipo cnidarios; orden gorgonarios.) **2.** Materia roja o blanca que forma el esqueleto de los corales y que se utiliza en joyería. • **Serpiente de coral,** serpiente muy venenosa de América, de cuerpo anillado de color negro, amarillo y rojo.

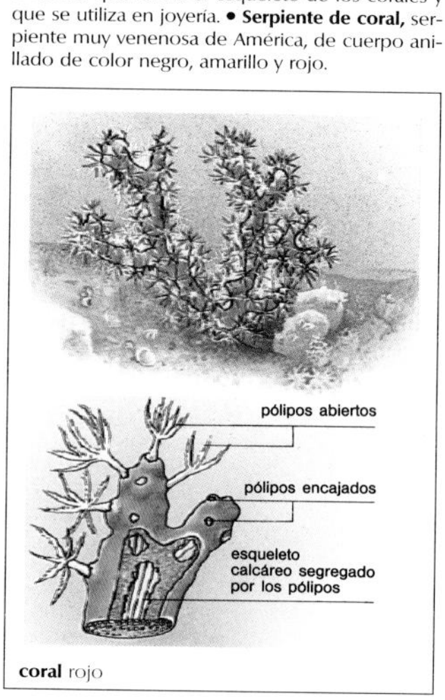


**coral** rojo

**CORAL** adj. Relativo al coro. ◆ n. m. **2.** Composición vocal armonizada a cuatro voces y ajustada a un texto de carácter religioso. **3.** Composición instrumental análoga a este canto. ◆ n. f. **4.** Conjunto de personas que interpretan al unísono o a varias voces alguna obra musical.

**CORALARIO, A** adj. y n. m. ZOOL. Antozoo.

**CORALERO, A** n. Persona que pesca, trabaja o trafica el coral.

**CORALÍFERO, A** adj. Que contiene corales.

**CORALÍGENO, A** adj. Que produce la sustancia calcárea de los corales.

**CORALILLO** n. m. *Méx.* Serpiente muy venenosa, con anillos de color rojo, amarillo y negro alternados, que habita en regiones calurosas cercanas a la costa.

**CORALINA** n. f. Alga marina calcárea que vive adherida a las rocas. (Familia coralináceas.)

**CORALINO, A** adj. De coral o parecido a él.

**CORAMBRE** n. f. Conjunto de cueros.

**CORÁNICO, A** adj. Relativo al Corán.

**CORAZA** n. f. (lat. *coriaceam*). Antiguamente, pieza de la armadura que protegía la espalda y el pecho. **2.** Blindaje. **3.** Caparazón de la tortuga. **4.** GEOL. Caparazón.

**CORAZÓN** n. m. (lat. *cor*). Órgano torácico, hueco y muscular, de forma ovoide, que constituye el órgano principal de la circulación de la sangre. **2.** Sede de la sensibilidad afectiva y de los sentimientos, especialmente de la bondad y el amor: *tener buen corazón; ofrecer de todo corazón.* **3.** Sede del ánimo y del valor: *tener un valeroso corazón.* **4.** Interior o centro de algo: *el corazón de la ciudad.* **5.** Apelativo cariñoso. **6.** BOT. Nombre dado a la madera más vieja, dura y de color más o menos oscuro, que ocupa el centro del tronco y de las ramas de muchos árboles. • **A corazón abierto,** dícese de la intervención quirúrgica en la que se desvía previamente la circulación por un aparato llamado *corazón artificial,* antes de abrir la cavidad cardíaca. ‖ **A corazón cerrado,** dícese de la intervención quirúrgica en la que se actúa sin detener la acción fisiológica del corazón. ‖ **Abrir el corazón,** manifestar los sentimientos con toda franqueza. ‖ **Anunciarle, darle,** o **decirle,** a uno **el corazón** una cosa, hacérsela presentir. ‖ **Con el corazón en la mano,** con toda franqueza y sinceridad. ‖ **De,** o **de todo, corazón,** con verdad, seguridad y afecto; dícese de las personas buenas, de buena voluntad. ‖ **Encogérsele** a alguien **el corazón,** acobardarse; sentir compasión o aflicción. ‖ **No caberle** a uno **el corazón en el pecho,** estar muy sobresaltado o inquieto; ser magnánimo, animoso. ‖ **No tener corazón,** ser insensible. ‖ **Partirle,** o **romperle, el corazón,** causar gran pena a alguien o sentirla él. ◆ **corazones** n. m. pl. **7.** Uno de los cuatro palos de la baraja francesa.

■ Está situado en el mediastino de la cavidad torácica. Se compone de una túnica muscular gruesa *(miocardio),* una membrana que reviste la superficie interna del miocardio y limita las cavidades cardíacas *(endocardio)* y una membrana serosa que recubre la superficie externa del miocardio *(pericardio).* Está dividido en cuatro cavidades: dos aurículas (derecha e izquierda) y dos ventrículos (derecho e izquierdo). La aurícula y el ventrículo derechos se comunican y están separados de la aurícula y el ventrículo izquierdos, que también se comunican, por los tabiques interauricular e interventricular. Los ventrículos son piramidal-triangulares y en la base tienen dos clases de orificios: los *auriculoventriculares* comunican aurículas y ventrículos —el derecho, llamado tricúspide, lleva una válvula triple, y el izquierdo, llamado mitral, lleva una válvula doble o *mitral*— y los *arteriales,* que comunican el ventrículo izquierdo con la aorta y el derecho con la arteria pulmonar. Estos orificios llevan válvulas triples (válvulas sigmoideas). La aurícula derecha posee los orificios de las venas cavas y del seno de las venas coronarias. La aurícula izquierda recibe las cuatro venas pulmonares. Las arterias y venas coronarias vascularizan el corazón. Hay también un *sistema nervioso intrínseco* que asegura las contracciones del corazón y el sincronismo auriculoventricular, y un *sistema nervioso extrínseco* que adapta el trabajo del corazón a las necesidades del organismo. Las contracciones cardíacas provocan la propulsión de la sangre, de 60 a 80 veces por minuto en el adulto normal, enviando al mismo tiempo hacia los pulmones la sangre del corazón derecho y hacia el resto del organismo la sangre del corazón izquierdo. Cada revolución cardíaca comprende tres tiempos: *sís-*

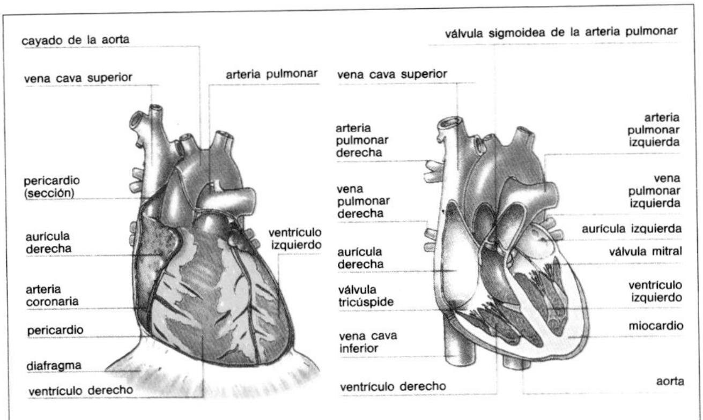


**corazón:** vista anterior y corte frontal

*tole auricular, sístole ventricular* (contracciones auriculares o ventriculares de bombeo de la sangre hacia la arteria pulmonar y la aorta) y *diástole* (tiempo en que el corazón se vuelve a llenar).

**CORAZONADA** n. f. Impulso espontáneo que mueve a ejecutar una acción. **2.** Presentimiento.

**CORAZONCILLO** n. m. Planta cuyas hojas contienen numerosas glándulas traslúcidas que las hacen aparecer como si estuvieran acribilladas de agujeros y cuyas flores, de color amarillo, se han utilizado en infusiones vulnerarias y balsámicas. (Familia hipericáceas.)

**CORBACHO** n. m. Vergajo o azote con que el cómitre castigaba a los forzados.

**CORBATA** n. f. (ital. *corvatta*, croata). Tira de tejido ligero que se coloca alrededor del cuello y se anuda por delante. **2.** Insignia propia de las encomiendas de ciertas órdenes civiles. **3.** Divisa honorífica que se ata en el asta de banderas y estandartes. **4.** *Colomb.* Parte anterior del cuello de los gallos. **5.** *Colomb. Fig.* Empleo de poco esfuerzo y bien remunerado.

**CORBATÍN** n. m. Corbata corta que se ata por detrás con un broche, o por delante con un lazo sin caídas.

**CORBETA** n. f. (fr. *corvette*). Antigua embarcación de guerra, más pequeña que la fragata. **2.** Embarcación de mediano tonelaje armada para la lucha antisubmarina.

**CORCEL** n. m. (fr. *coursier*). Caballo ligero, de mucha alzada.

**CORCHAR** v. tr. **[1]**. *Colomb.* Confundir, aturullar. **2.** MAR. Trenzar, torcer conjuntamente varias filásticas formando los cordones que constituyen los cabos.

**CORCHEA** n. f. (fr. *crochée*). MÚS. Figura equivalente a la mitad de la negra, igual a la octava parte de la redonda y representada por el número 8.

**CORCHERO, A** adj. Relativo al corcho. ◆ n. **2.** Obrero que descorcha los alcornoques.

**CORCHETA** n. f. Hembra en que entra el macho de un corchete.

**CORCHETE** n. m. (fr. *crochet*). Gancho de metal que se introduce en una anilla y que sirve para unir los bordes opuestos de una prenda de vestir. **2.** Macho que entra en la corcheta. **3.** Signo ortográfico equivalente al paréntesis [ ]. **4.** Pieza de madera, con unos dientes de hierro, con la que los carpinteros sujetan el madero que han de labrar.

**CORCHO** n. m. (lat. *corticem*). Tejido vegetal formado por células muertas con las paredes impregnadas de suberina, que es el constituyente principal de la corteza de las raíces y los troncos añosos. **2.** Tapón de este material. **3.** Flotador de este material utilizado en la pesca.

**CORCHOLATA** n. f. *Méx.* Tapón metálico de botella, chapa.

**¡CÓRCHOLIS!** interj. Denota extrañeza, contrariedad o enfado.

**CORCHOSO, A** adj. Parecido al corcho.

**CORCHOTAPONERO, A** adj. Relativo a la industria de los tapones de corcho.

**CORCOVA** n. f. Corvadura anómala de la columna vertebral, del pecho, o de ambos a la vez. **2.** *Chile.* Día o días de fiesta que siguen a una celebración.

**CORCOVADO, A** adj. y n. Que tiene corcova.

**CORCOVAR** v. intr. **[1]**. Dar corcovos.

**CORCOVO** n. m. Salto que dan algunos animales encorvando el lomo.

**CORDADA** n. f. Grupo de alpinistas unidos por una cuerda.

**CORDADO, A** adj. y n. m. Relativo a un tipo de animales que presentan un eje gelatinoso dorsal, como los vertebrados, los procordados y los estomocordados.

**CORDAJE** n. m. Conjunto de cuerdas, cabos o cables empleados en el aparejo y maniobras de toda clase de máquinas, o en cualquier arte, industria, fábrica, etc. **2.** MAR. Jarcia de una embarcación.

**CORDAL** n. m. Pieza de madera que en los instrumentos de cuerda ata éstas por el extremo opuesto al que se sujeta en las clavijas.

**CORDEL** n. m. (cat. *cordell*). Cuerda delgada. **2.** Cualquier clase de líneas de fondo que llevan un anzuelo. • **A cordel,** en línea recta. ‖ **Pliego de cordel** → ***pliego.***

**CORDELADO, A** adj. Que tiene forma de cordel.

**CORDELERÍA** n. f. Industria de fabricación de bramantes, cuerdas y sogas o cables no metálicos. **2.** Establecimiento en que se realiza dicha actividad industrial.

**CORDELERO, A** n. Persona que hace o vende cordeles, cuerdas, sogas, cabos, etc.

**CORDERILLO** n. m. Piel de cordero curtida con su lana.

**CORDERO, A** n. Cría de la oveja de menos de un año, cuya piel es muy apreciada. **2.** *Fig.* Persona dócil y humilde. ◆ n. m. **3.** Piel de cordero adobada. • **Cordero pascual,** cordero inmolado cada año por los israelitas para conmemorar la salida de Egipto. ‖ **El Cordero de Dios,** Jesucristo.

**cordero**

**CORDIAL** adj. Que tiene virtud para fortalecer el corazón. **2.** Afectuoso, amistoso: *acogida cordial.* ◆ n. m. **3.** Bebida para confortar a los enfermos.

**CORDIALIDAD** n. f. Calidad de cordial o afectuoso. **2.** Franqueza, sinceridad.

**CORDIERITA** n. f. Silicato natural de aluminio, magnesio y hierro.

**CORDIFORME** adj. En forma de corazón.

**CORDILA** n. f. (lat. *cordylam*). Atún recién nacido.

**CORDILLERA** n. f. Cadena de montañas de forma alargada, formada por la aproximación de dos placas litosféricas.

**CORDILLERANO, A** adj. *Amér.* Relativo a la cordillera, y especialmente a la de los Andes.

**CORDITA** n. f. Explosivo muy potente, a base de nitrocelulosa y de nitroglicerina.

**CÓRDOBA** n. m. Unidad monetaria principal de Nicaragua.

**CORDOBÁN** n. m. Piel curtida de macho cabrío o de cabra, que se trabajaba originariamente en Córdoba.

**CORDOBÉS, SA** adj. y n. De Córdoba.

**CORDÓN** n. m. Cuerda o cordel, generalmente de estructura tubular, fabricado con materiales finos: *el cordón de los zapatos.* **2.** Cable eléctrico de pequeño diámetro y muy flexible, cubierto generalmente por un aislamiento textil o plástico. **3.** Conjunto de personas alineadas para impedir el paso de un lado a otro de la línea que forman: *cordón de policía.* **4.** Nombre de diversas estructuras del organismo: *cordón espermático, medular.* **5.** *Amér. Merid.* y *Cuba.* Bordillo de la acera. **6.** *Colomb.* Corriente de agua de un río. **7.** ARQ. Moldura, adornada o no, que sobresale horizontalmente en una fachada. • **Cordón litoral,** lengua de arena formada en un golfo o bahía por residuos depositados por una corriente costera, y que encierra a veces por detrás una capa de agua. ‖ **Cordón sanitario,** conjunto de medidas de tipo higiénico y sanitario que se toman en una región en tiempo de epidemia. ‖ **Cordón umbilical,** vía que relaciona el feto con la placenta. ◆ **cordones** n. m. pl. **8.** Divisa militar que sirve de distintivo y que se lleva sujeta en la hombrera.

**CORDONCILLO** n. m. Cada una de las rayas estrechas con cierto relieve que forma el tejido de algunas telas. **2.** Cordón muy fino, de hilo, seda, oro o plata, que se emplea para bordar. **3.** Labor que se hace en el canto de las monedas.

**CORDONERÍA** n. f. Conjunto de objetos que fabrica el cordonero. **2.** Oficio de cordonero. **3.** Establecimiento del cordonero.

**CORDONERO, A** n. Persona que hace o vende cordones, flecos, etc.

**CORDURA** n. f. Prudencia, sensatez, juicio: *obrar con cordura.*

**CORÉ** n. f. (gr. *korē*, muchacha). Estatua femenina, típica del arte griego arcaico, esculpida hasta fines del s. VI a. J.C.

**coré** por Eutídico (mármol; *c.* 530-510 a. J.C.)
[museo de la Acrópolis, Atenas]

**COREA** n. f. (lat. *choream*). Danza que por lo común se acompaña con canto. **2.** Síndrome neurológico caracterizado por movimientos bruscos y anormales que afectan a una o varias partes del cuerpo. SIN.: *baile de san Vito.*

**COREANO, A** adj. y n. De Corea. ◆ n. m. **2.** Lengua monosilábica hablada en Corea, transcrita en un silabario especial.

**COREAR** v. tr. [1]. Acompañar con coros o repetir a coro lo que alguien canta o dice. **2.** *Fig.* Asentir ostensiblemente, a veces por adulación, al parecer ajeno.

**COREGA** o **COREGO** n. m. (gr. *khorēgos*). ANT. GR. Ciudadano que organizaba a sus expensas los coros de los concursos dramáticos y musicales.

**COREICO, A** adj. y n. Relativo a la corea; afecto de esta enfermedad.

**COREOGRAFÍA** n. f. Arte de componer bailes y, en general, el arte de la danza. **2.** Transcripción de la danza por medio de signos estenográficos. **3.** Conjunto de pasos, figuras y evoluciones que componen un ballet.

**COREOGRÁFICO, A** adj. Relativo a la coreografía.

**COREÓGRAFO, A** n. Persona que realiza la coreografía de ballets, de danza académica o moderna.

**COREUTA** n. m. y f. (gr. *khoreytes*). En el teatro griego, corista.

**CORIÁCEO, A** adj. Relativo a las características del cuero. **2.** Parecido a él.

**CORIBANTE** n. m. (gr. *korybas, antos*). Sacerdote del culto de Cibeles.

**CORIFEO** n. m. (gr. *koryphaios*). El que guiaba el coro, en el teatro griego. **2.** *Fig.* Persona que asume la representación de otros, y se expresa por ellos.

**CORIMBO** n. m. (lat. *corymbum*). Inflorescencia en la que los pedúnculos son de longitud desigual pero cuyas flores están aproximadamente en el mismo plano. (Ej.: *manzano.*)

**CORINDÓN** n. m. Alúmina cristalizada, la más dura después del diamante, que se utiliza como abrasivo o en joyería. (Sus variedades más bellas son el *rubí* y el *zafiro.*)

**CORINTIO, A** adj. y n. De Corinto. ◆ adj. **2.** Dícese de un orden arquitectónico creado por los griegos a fines del s. V a. J.C.; caracterizado por un capitel adornado con dos hileras de hojas de acanto y por un entablamento ricamente decorado.

**CORINTO** n. m. Variedad de vid de las regiones vitícolas de Oriente, cuyo fruto es objeto de un importante comercio.

**CORION** n. m. (gr. *khorion*, membrana). Envoltura externa del embrión, en los vertebrados superiores.

**CORISTA** n. m. y f. Persona que canta en un coro. ◆ n. f. **2.** En los espectáculos teatrales arrevistados, artista que pertenece al coro.

**CORITO, A** adj. Desnudo. **2.** *Fig.* Encogido y pusilánime.

**CORIZA** n. f. Inflamación de la mucosa de las fosas nasales. SIN.: *romadizo.*

**CORLADURA** n. f. Barniz que, aplicado sobre una pieza plateada y bruñida, la hace parecer dorada.

**CORLAR** o **CORLEAR** v. tr. [1]. Dar corladura.

**CORMA** n. f. (ár. *qorma*). Conjunto de dos pedazos de madera, adaptados al pie del hombre o del animal para impedir que ande libremente. **2.** *Fig.* Molestia o gravamen.

**CORMO** n. m. Según Willdenow, eje de las plantas superiores, constituido por la raíz y el vástago, el cual, al estar diferenciado en tallo y hojas, exige la diferenciación de tejidos.

**CORMÓFITO, A** adj. y n. m. Dícese de las plantas caracterizadas por la presencia de tejidos (por oposición a *talófito*).

**CORMORÁN** n. m. Ave palmípeda, de 60 a 80 cm de long., de plumaje oscuro, que vive en las costas, cerca de las grandes extensiones de agua dulce, y se alimenta de peces.

**cormorán**

**CORN FLAKES** n. m. pl. (voces inglesas). Alimento presentado bajo la forma de copos horneados, preparado a partir de sémola de maíz.

**CORNACA** o **CORNAC** n. m. Encargado de cuidar y de conducir un elefante.

**CORNÁCEO, A** adj. y n. f. Relativo a una familia de plantas dialipétalas en la que se incluye el cornejo.

**CORNADA** n. f. Golpe o herida producida por un animal con la punta del cuerno.

**CORNADO** n. m. Moneda de vellón que llevaba en el anverso la figura coronada del rey. (Se acuñó en Castilla y Navarra.)

**CORNALINA** n. f. Variedad roja del ágata, empleada en bisutería.

**CORNAMENTA** n. f. Conjunto de los cuernos de un animal.

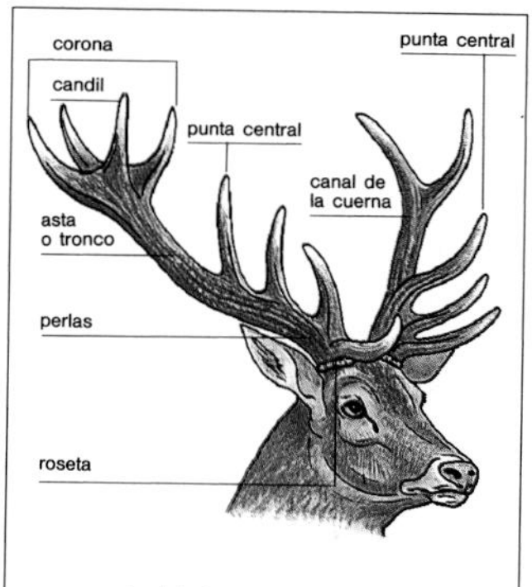


**cornamenta** del ciervo

**CORNAMUSA** n. f. Instrumento de música pastoril, compuesto por un depósito de aire y por tubos provistos de lengüetas. **2.** MAR. Pieza de hierro o de metal para amarrar los cabos.

**cornamusa**

**CORNATILLO** n. m. Variedad de aceituna larga y encorvada a manera de cuerno.

**CÓRNEA** n. f. Parte anterior, transparente, del globo ocular, en forma de casquete esférico.

**CORNEAR** v. tr. [1]. Dar cornadas.

**CORNED BEEF** n. m. (voces inglesas). Conserva de carne de buey salada.

**CORNEJA** n. f. (lat. *corniculam*). Diversas aves paseriformes que se distinguen del cuervo por su talla menor y por su pico.

**CORNEJO** n. m. Planta arbustiva de flores amarillas o blancas y madera dura. (Familia cornáceas.)

**CÓRNEO, A** adj. Que tiene la naturaleza o la apariencia del cuerno. **2.** Relativo a la córnea del ojo.

**CÓRNER** n. m. (ingl. *corner*, rincón, esquina) [pl. *córners* o *córneres*]. En algunos deportes de equipo, jugada que consiste en impulsar el balón fuera del campo por la propia línea de meta. **2.** Lanzamiento del correspondiente golpe de castigo.

**CORNETA** n. f. Instrumento musical de viento, sin llaves ni pistones, utilizado sobre todo en el ejército. **2.** MIL. Estandarte que termina en dos puntas. • **Corneta acústica,** aparato usado para ampliar la sensibilidad sonora de las personas atacadas por la sordera. ◆ n. m. y f. **3.** Persona que toca la corneta.

**CORNETE** n. m. ANAT. Cada una de las tres láminas óseas arrolladas sobre sí mismas, que forman parte del esqueleto de las fosas nasales.

**CORNETÍN** n. m. Instrumento musical de viento, de cobre, que en realidad es un clarín de tres pistones. ◆ n. m. y f. **2.** Persona que toca dicho instrumento.

**CORNEZUELO** n. m. Enfermedad de las gramíneas causada por un ascomicete.

**CORNICABRA** n. f. Árbol de las regiones mediterráneas, de cuya corteza se obtiene la trementina de Chío. (Familia terebintáceas.)

**CÓRNICO** n. m. Dialecto celta, actualmente desaparecido, del condado de Cornualles.

**CORNIJAL** n. m. CONSTR. Punta, ángulo o esquina. **2.** LITURG. Pequeño lienzo con el que el sacerdote se limpia los dedos en el lavatorio de la misa.

**CORNISA** n. f. Coronamiento compuesto de molduras o cuerpo voladizo con molduras que sirve de remate a otro. **2.** Parte superior del entablamento. **3.** Moldura que remata un mueble, pedestal, puerta o ventana, o que cubre el ángulo formado por el cielo raso y la pared. **4.** Formación de nieve que orla la mayor parte de las aristas afiladas a partir de cierta altura. **5.** GEOMORFOL. Escarpe rocoso abrupto, de altura más o menos constante, que corona una pendiente suave.

**CORNISAMENTO** o **CORNISAMIENTO** n. m. Conjunto de molduras que coronan un edificio o un orden de arquitectura.

**CORNO** n. m. (voz italiana). Tocado de los dux de Venecia, en forma de bonete cónico.

**CORNO** n. m. Instrumento musical de viento formado por un tubo de metal, cónico y curvado. • **Corno inglés,** instrumento musical de viento de la familia de la madera, que en realidad es un oboe afinado en fa.

**CORNUCOPIA** n. f. Vaso en figura de cuerno, rebosante de frutas y flores, que entre los griegos y los romanos simbolizaba la abundancia. **2.** Espejo pequeño, de marco tallado y dorado, que suele tener uno o más brazos a manera de candelabros.

**CORNUDO, A** adj. Que tiene cuernos. ◆ adj. y n. m. **2.** *Fig.* y *vulg.* Dícese del hombre a quien su mujer pone cuernos.

**CORNÚPETA** n. m. y adj. Res brava de lidia. **2.** *Fig.* y *vulg.* Cornudo.

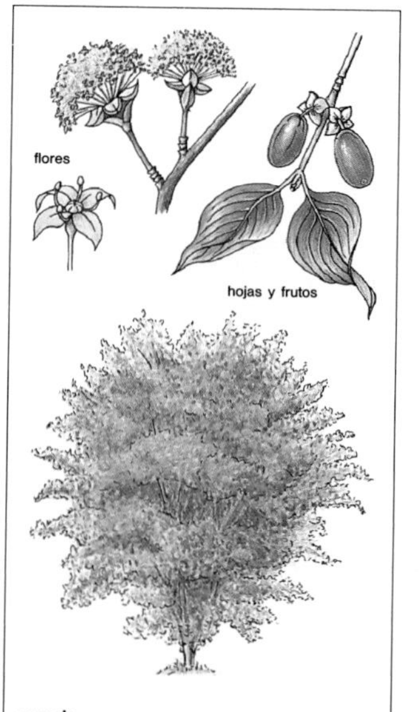


**cornejo**

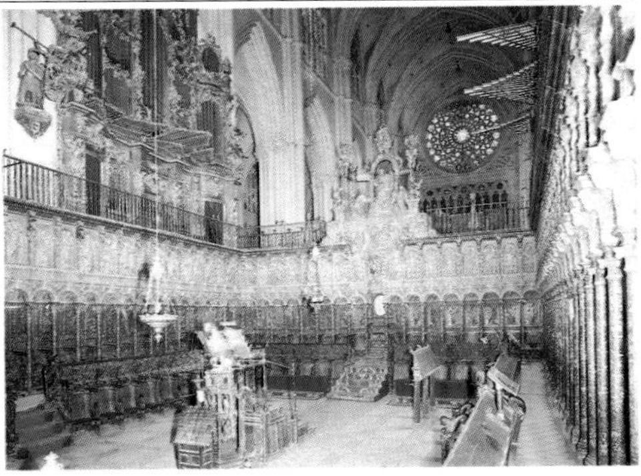

**coro** (catedral de Toledo)

**CORO** n. m. (lat. *chorum*). Conjunto de cantantes que interpretan juntos una composición musical. **2.** Conjunto de actores o actrices que cantan o declaman con un ritmo particular un fragmento de texto en determinadas obras teatrales, especialmente en las tragedias clásicas. **3.** Fragmento de una obra musical o pieza musical destinado a ser cantado por un conjunto numeroso de voces. **4.** Parte de una iglesia donde se sitúan los cantores o en la que se reúnen los eclesiásticos o religiosos para cantar o rezar oficios. **5.** Canto o rezo comunitario de los oficios divinos en iglesias y monasterios. **6.** REL. CATÓL. Cada uno de los nueve grupos en que se dividen los espíritus angélicos. • **A coro,** cantar o decir varias personas una misma cosa. || **Hacer coro,** unirse, apoyar a otro en sus opiniones.

**COROCHA** n. f. Larva de coleóptero que vive sobre las hojas de la vid. (Familia crisomélidos.)

**COROGRAFÍA** n. f. Descripción geográfica de un país.

**COROGRÁFICO, A** adj. Relativo a la corografía.

**COROIDEO, A** adj. Relativo a la coroides.

**COROIDES** n. f. Membrana pigmentada y vascularizada del ojo, situada entre la retina y la esclerótica, que se prolonga hacia adelante en el iris.

**COROJO** o **COROZO** n. m. Palmera de poco tamaño y fruto parecido al coco, crece en América Meridional y el endospermo de sus semillas suministra el marfil vegetal. (Familia palmáceas.)

**COROLA** n. f. (lat. *corollam*, corona pequeña). BOT. Conjunto de pétalos de una flor, a menudo de vistosos colores.

**corolas** de diferentes especies florales

**COROLARIO, A** adj. y n. m. (lat. *corollarium*). LÓG. y MAT. Dícese de la proposición que se deduce por sí sola de lo demostrado anteriormente.

**COROLOGÍA** n. f. Estudio de la distribución de los seres vivos sobre la superficie terrestre.

**CORONA** n. f. (lat. *coronam*). Cerco de ramas, de flores o de metal, con que se ciñe la cabeza como señal de premio, recompensa o dignidad. **2.** *Fig.* Dignidad y autoridad real: *jurar fidelidad a la corona.* **3.** *Fig.* Reino o monarquía: *la Corona de Aragón.* **4.** Aureola de los santos. **5.** Conjunto de flores y de hojas dispuestas en círculo: *corona mortuoria.* **6.** Coronilla, parte de la cabeza. **7.** Parte del diente que, recubierta de esmalte, sobresale del maxilar. **8.** Unidad monetaria principal de Dinamarca, Eslovaquia, Estonia, Islandia, Noruega, República Checa y Suecia. **9.** Determinadas piezas de moneda en diversos países. **10.** Tonsura que se hace a los clérigos y monjes en la cabeza: *la corona clerical.* **11.** AUTOM. Rueda dentada que engrana en ángulo recto con el piñón del extremo del árbol de transmisión. **12.** FORT. Conjunto de obras de fortificación de trazado abastionado. • **Ceñir,** o **ceñirse,** la corona, empezar a reinar. || **Corona circular** (MAT.), superficie comprendida entre dos circunferencias coplanarias y concéntricas. || **Corona de sondeo,** trépano de forma anular, que gira en el fondo del agujero de sonda disgregando el terreno. || **Corona imperial,** planta de adorno de flores azafranadas dispuestas en círculo en la extremidad del tallo, que termina en una corona de hojas. (Familia liliáceas.) || **Corona solar,** región externa de la atmósfera del Sol, difusa y de temperatura muy alta. || **Triple corona,** la tiara papal.

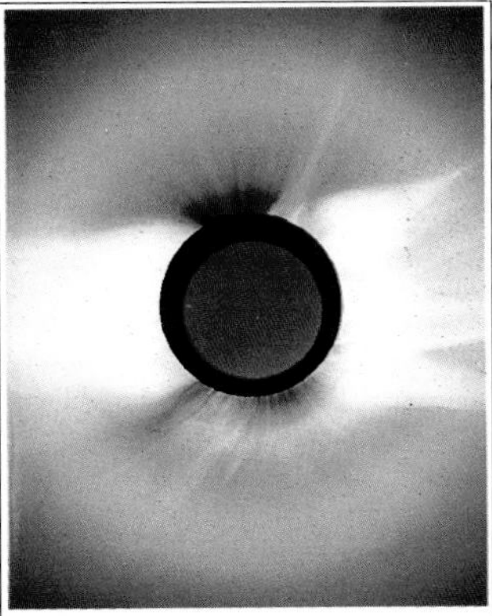

**corona** solar
durante un eclipse total de Sol en 1973

**CORONACIÓN** n. f. Acto de coronar o coronarse un soberano. **2.** Coronamiento, fin de una obra. **3.** Coronamiento, adorno que remata un edificio.

**CORONAMIENTO** n. m. Fin de una obra. **2.** Adorno que se pone en la parte superior de un edificio y le sirve como de corona. **3.** OBST. Momento en que la cabeza u otra parte del feto asoma ya a la vulva.

**CORONAR** v. tr. y pron. (lat. *coronare*) **[1]**. Poner una corona en la cabeza, en especial ponerla sobre la cabeza de un rey o emperador para dar por empezado su reinado. ◆ v. tr. **2.** *Fig.* Acabar, concluir, perfeccionar, completar una obra. **3.** *Fig.* Poner o hallarse en la parte superior de algo. ◆ **coronarse** v. pron. **4.** Producirse el coronamiento del feto.

**CORONARIO, A** adj. Dícese de cada uno de los vasos sanguíneos que alimentan el corazón.

**CORONARITIS** n. f. Inflamación de las arterias coronarias.

**CORONAT** n. m. En la Corona de Aragón, moneda que tenía en el anverso la cabeza coronada del rey.

**CORONDEL** n. m. (cat. *corondell*). IMPR. Regleta que se pone en el molde para dividir la plana en columnas.

**CORONEL** n. m. (it. *colonello*). Oficial de los ejércitos de tierra y aire, de grado intermedio entre el teniente coronel y el general. **2.** *Cuba.* Cometa grande.

**CORONER** n. m. (voz inglesa). Oficial de policía judicial en los países anglosajones.

**CORONILLA** n. f. Parte superior y posterior de la cabeza humana. **2.** Planta herbácea o arbusto de la familia papilionáceas. • **Andar,** o **ir de coronilla** *(Fam.)*, hacer una cosa con todo esfuerzo y diligencia. || **Estar hasta la coronilla** *(Fam.)*, estar harto de una cosa.

**CORONOGRAFÍA** n. f. Método radiológico que tiene por objeto hacer visibles las dos arterias coronarias y sus ramificaciones. SIN.: *arteriografía coronaria selectiva, coronarografía.*

**CORONÓGRAFO** n. m. Instrumento óptico que sirve para el estudio de la corona solar.

**CORONTA** n. f. (voz quechua). *Amér. Merid.* Mazorca del maíz después de desgranada.

**COROSOL** n. m. Planta arbórea tropical, cuyos frutos son comestibles. (Familia anonáceas.)

**COROTOS** n. m. pl. *Colomb.* y *Venez.* Trastos, cosas.

**COROZA** n. f. Capirote de papel engrudado y de figura cónica, que se ponía por castigo en la cabeza de ciertos reos. **2.** Capa de junco, generalmente con caperuza, que usan los labradores gallegos.

**COROZO** n. m. Corojo.

**CORPACHÓN** n. m. *Fam.* Aumentativo de cuerpo. **2.** Cuerpo de ave despojado de las pechugas y piernas.

**CORPIÑO** n. m. Prenda que se ciñe al cuerpo desde el busto hasta la cintura, generalmente atada con cordones.

**CORPORACIÓN** n. f. (ingl. *corporation*). Persona jurídica constituida por la agrupación de varias personas con una finalidad común: *las cámaras de comercio y los colegios de abogados son corporaciones.*

**CORPORAL** adj. (lat. *corporalem*). Relativo al cuerpo. • **Arte corporal** (en ingl. *body art*), forma de arte contemporáneo en la que el artista toma como material su propio cuerpo. ◆ n. m. **2.** Lienzo bendecido sobre el cual coloca el sacerdote la hostia y el cáliz.

**CORPORALIDAD** n. f. Calidad de corporal.

**CORPORATIVISMO** n. m. Doctrina económica y social que preconiza la creación de instituciones profesionales corporativas dotadas de poder económico, social e incluso político.

**CORPORATIVO, A** adj. Relativo a una corporación.

**CORPOREIDAD** n. f. Calidad de corpóreo.

**CORPOREIZAR** v. tr. **[1x]**. Hacer corpóreo, materializar.

**CORPÓREO, A** adj. (lat. *corporeum*). Que tiene cuerpo o volumen. **2.** Corporal.

**CORPORIFICAR** v. tr. y pron. **[1a]**. Dar cuerpo a una idea u otra cosa no material.

**CORPULENCIA** n. f. Calidad de corpulento.

**CORPULENTO, A** adj. Que tiene el cuerpo grande, de gran tamaño.

**CORPUS** n. m. (voz latina, *cuerpo*). Recopilación de materiales escritos sobre una misma materia, doctrina, etc., u obras de un mismo autor. **2.** LING. Conjunto finito de enunciados escritos o registrados, constituido para su análisis lingüístico.

**CORPUS CHRISTI** o **CORPUS,** fiesta católica en honor a la Eucaristía.

**CORPUSCULAR** adj. Relativo a los corpúsculos o a los átomos. • **Teoría corpuscular** (FÍS.), teoría basada en la discontinuidad de la materia, la electricidad y la energía.

**CORPÚSCULO** n. m. Partícula de materia de tamaño microscópico. **2.** Partícula elemental, electrizada o no, proveniente de la desintegración del átomo. **3.** MED. Denominación que reciben, por su tamaño microscópico, diversas estructuras histológicas, hemáticas o patológicas.

**CORRAL** n. m. Espacio cerrado y al descubierto donde se tienen los animales domésticos. **2.** Recinto en que se representaban comedias: *el corral de la Pacheca.* **3.** *Amér.* Sitio en que los guardianes de ganado encierran los bueyes o caballos para contarlos, herrarlos, etc.

**CORRALEJA** n. f. *Amér. Central.* Barrera, valla.

**CORRALIZA** n. f. Corral, sitio cerrado y descubierto.

**CORRASIÓN** n. f. Desgaste que realiza en los desiertos el viento cargado de arena.

**CORREA** n. f. Tira de cuero. **2.** Cinta de cuero para sujetar los pantalones. **3.** CONSTR. Cada uno de los maderos o viguetas colocados horizontalmente, en sentido longitudinal, sobre los pares de las armaduras y que sirven de apoyo a los cabios de la cubierta. **4.** MEC. Órgano de transmisión constituido por una tira o banda flexible (de cuero, tejido o materia sintética), que sirve para conectar dos ejes de rotación por medio de poleas. • **Tener correa** *(Fam.)*, sufrir bromas o burlas sin enfadarse; tener resistencia para el trabajo corporal. ◆ **correas** n. f. pl. **5.** Tiras delgadas de cuero sujetas a un mango, para sacudir el polvo.

**CORREAJE** n. m. Conjunto de correas.

**CORREAZO** n. m. Golpe dado con una correa.

**CORRECCIÓN** n. f. (lat. *correctionem*). Acción y efecto de corregir o enmendar lo errado o defectuoso. **2.** Rectificación que queda al corregir. **3.** Calidad de correcto. **4.** Represión o censura de un delito, falta o defecto. **5.** Alteración hecha en una obra para mejorarla. **6.** *Argent.* Conjunto de hormigas carnívoras que se desplazan formando columnas. **7.** ART. GRÁF. Control de la composición con indicación y rectificación de los errores. • **Corrección de tiro,** maniobras destinadas a que el centro de impactos coincida con el centro del blanco.

**CORRECCIONAL** adj. Que conduce a la corrección. ◆ n. m. **2.** Establecimiento penitenciario donde se recluye a los menores que han cometido un delito o falta, o cuyo comportamiento es peligroso.

**CORRECTIVO, A** adj. y n. m. Que corrige o atenúa. ◆ n. m. **2.** Castigo que se impone a una persona para corregirla.

**CORRECTO, A** adj. Que ha sido enmendado. **2.** Libre de errores o defectos, conforme a las reglas. **3.** Comedido, cortés, educado. • **Políticamente correcto,** que se considera correcto desde un punto de vista ético o social.

**CORRECTOR, RA** adj. y n. Que corrige. ◆ n. **2.** ART. GRÁF. Persona que prepara los originales para su composición o que corrige pruebas de imprenta: *corrector de estilo; corrector tipográfico.* ◆ n. m. **3.** AGRIC. Cualquier sustancia que, incorporada al suelo, mejora sus propiedades físicas.

**CORREDERA** n. f. Ranura o carril por donde resbala otra pieza que se le adapta en ciertas máquinas o artefactos. **2.** Pieza que se desliza sobre dicha ranura o carril. **3.** MAR. Aparato que sirve para medir la velocidad aparente de un barco. • **Corredera de distribución** (TECNOL.), órgano mecánico animado de un movimiento de traslación, que asegura la distribución de un fluido según una ley determinada. ‖ **Puerta** o **ventana de corredera,** puerta o ventana que se abre deslizándose por unas guías metálicas.

**CORREDIZO, A** adj. Que se desata o se corre con facilidad: *nudo corredizo.*

**CORREDOR, RA** adj. y n. Que corre. ◆ n. **2.** Persona que participa en una carrera deportiva. **3.** Persona que tiene por oficio actuar de intermediario en determinados tipos de operaciones de compraventa. ◆ n. m. **4.** Pasillo, pieza de paso, larga y estrecha, que hay en algunos edificios. • **Corredor aéreo,** itinerario que deben seguir los aviones. ‖ **Corredor de aludes,** barranco que corta una vertiente montañosa y que siguen regularmente los aludes.

**CORREDURÍA** n. f. Oficio de corredor.

**CORREGIBLE** adj. Capaz de corrección.

**CORREGIDOR, RA** adj. Que corrige. ◆ n. m. **2.** Oficial nombrado por el rey para que representase la soberanía real en aquellos municipios que lo pidiesen o cuya situación hiciese conveniente el envío de un delegado real.

**CORREGIMIENTO** n. m. Empleo u oficio del corregidor. **2.** Territorio de su jurisdicción.

**CORREGIR** v. tr. (lat. *corrigere*) [**30b**]. Rectificar, subsanar lo errado o defectuoso, dejar de tener una falta o defecto. **2.** Advertir, amonestar, reprender. **3.** Examinar el profesor los ejercicios de los alumnos. **4.** AGRIC. Mejorar las propiedades del suelo aportando nuevos constituyentes. **5.** ART. GRÁF. Enmendar, subsanar las faltas y erratas señaladas en la composición de un texto. ◆ **corregirse** v. pron. **6.** Rectificarse, enmendarse.

**CORREHUELA** o **CORREGÜELA** n. f. Nombre de diversas plantas herbáceas o volubles, de las familias asclepiadáceas, convolvuláceas, hipuridáceas y poligonáceas.

correhuela

**CORRELACIÓN** n. f. Relación recíproca o mutua entre dos o más cosas. • **Coeficiente de correlación** (ESTADÍST.), índice que indica el grado de relación entre dos variables aleatorias. ‖ **Función de correlación,** función matemática que indica el grado de correlación de una variable con otra.

**CORRELATIVO, A** adj. Que tiene o indica una correlación. **2.** LING. Dícese de las palabras que al usarse juntas en un período, señalan relación mutua entre las oraciones o elementos sintácticos en que figuran, como *cuanto... tanto, tal... cual.* **3.** LING. Dícese de las oraciones así relacionadas.

**CORRELATO** n. m. Secuela, continuación.

**CORRELIGIONARIO, A** adj. y n. Con relación a una persona, otra que profesa la misma religión o que tiene la misma opinión política.

**CORRELIMOS** n. m. (pl. *correlimos*). Nombre de diversas aves caradriformes de la familia escolopácidos.

**CORRELÓN, NA** adj. *Amér.* Corredor que corre mucho. **2.** *Colomb., Guat., Méx.* y *Venez.* Cobarde.

**CORRENTADA** n. f. *Amér. Merid.* Corriente fuerte de un río o arroyo.

**CORRENTINO, A** adj. y n. De Corrientes, provincia de Argentina.

**CORRENTÍO** adj. Dícese de los líquidos que corren. **2.** *Fig.* y *fam.* Ligero, desembarazado.

**CORRENTOSO, A** adj. *Amér.* Dícese del curso de agua de corriente muy rápida.

**CORREO** n. m. (cat. *correu*). Persona que tiene por oficio llevar cartas y mensajes de un lugar a otro. **2.** Servicio público cuya función principal es el transporte de correspondencia y paquetes de pequeño tamaño. **3.** Correspondencia y paquetes expedidos o recibidos a través de dicho servicio. **4.** Oficina donde se efectúa dicho servicio. • **Correo electrónico,** sistema de transmisión de mensajes escritos a través de la red de telecomunicaciones, en particular mediante dispositivos de telefacsímil. ◆ adj. y n. m. **5.** Dícese del medio de locomoción que transporta la correspondencia: *tren correo; avión correo.*

**CORREO** n. m. DER. Responsable con otro u otros de un delito. **2.** DER. Coautor del delito de adulterio de la mujer (España, Ecuador).

**CORREOSO, A** adj. Blando, flexible y difícil de partir. **2.** *Fig.* Dícese de la persona que tiene correa, resistencia física.

**CORRER** v. intr. (lat. *currere*) [**2**]. Trasladarse de un lugar a otro moviendo las piernas de modo que a cada paso hay un momento en que ninguno de los dos pies tocan el suelo. **2.** Trasladarse rápidamente: *no me gusta cómo conduce, corre demasiado.* **3.** Moverse progresivamente de una parte a otra los fluidos. **4.** Ir, pasar, extenderse de una parte a otra: *un seto de boj corre a lo largo de la verja.* **5.** Transcurrir el tiempo: *correr los días.* **6.** Apresurarse a poner en ejecución una cosa. **7.** Transmitirse, comunicarse una cosa de unos a otros: *la noticia corrió rápidamente.* **8.** Participar en una carrera. **9.** Ir devengándose una paga o salario: *el alquiler corre desde principios de año.* • **Correr a cargo,** o **por cuenta de,** ser de incumbencia un asunto de una oficina o persona determinada. ‖ **Correr con,** costear: *correr con los gastos.* ◆ v. tr. **10.** Echar o pasar un dispositivo de cierre. **11.** Perseguir, acosar: *correr perros a pedradas.* **12.** Echar, tender o recoger las velas, cortinas, etc. **13.** Estar expuesto a contingencias o peligros; arrostrarlos, pasar por ellos: *correr riesgos inútiles.* **14.** Recorrer, ir o transitar por un lugar: *correr mundo.* **15.** Recorrer los comercios, visitar a los clientes un corredor para comprar o vender algo: *correr fincas.* **16.** *Chile* y *Méx.* Echar fuera, despachar a alguien de un lugar. ◆ v. tr. y pron. **17.** Hacer que una cosa pase o se deslice de un lado para otro: *correr la silla.* **18.** Avergonzar, confundir: *correrse de vergüenza.* ◆ **correrse** v. pron. **19.** Hacerse a la derecha o izquierda los que están en línea. **20.** Esparcirse la tinta, pintura, etc., por el papel o lienzo, dejando los trazos borrosos. **21.** *Vulg.* Llegar al orgasmo.

**CORRERÍA** n. f. Incursión de gente armada en territorio enemigo para saquearlo. **2.** Viaje corto.

**CORRESPONDENCIA** n. f. Acción y efecto de corresponder o corresponderse. **2.** Trato recíproco entre dos personas por correo. **3.** Correo que se despacha o recibe. **4.** Significado de una palabra en otro idioma distinto. **5.** MAT. Relación entre dos conjuntos que permite pasar de un elemento del primero a uno del segundo.

**CORRESPONDER** v. intr. [**2**]. Pagar, compensar los afectos, beneficios o agasajos. **2.** Tocar o pertenecer. ◆ v. intr. y pron. **3.** Tener proporción o conexión una cosa con otra. **4.** Responder una persona a otra con el mismo sentimiento que ésta tiene hacia ella. ◆ **corresponderse** v. pron. **5.** Comunicarse por escrito una persona con otra.

**CORRESPONDIENTE** adj. Que corresponde a algo o se corresponde con algo. **2.** Dícese del miembro de determinadas asociaciones que se halla en relación epistolar con las mismas. **3.** Dícese de dos ángulos iguales formados por una secante que corta dos rectas paralelas, y situados en un mismo lado de la secante, uno de ellos interior y el otro exterior. ◆ adj. y n. m. y f. **4.** Que tiene correspondencia con una persona o corporación.

**CORRESPONSAL** adj. y n. m. y f. Con respecto a una persona o entidad, dícese de otra con la que mantiene correspondencia. ◆ n. m. y f. **2.** Periodista que de forma sistemática y por encargo envía crónicas o informaciones de actualidad a un medio informativo local, de otra población o del extranjero.

**CORRESPONSALÍA** n. f. Cargo de corresponsal de un medio de comunicación.

**CORRETAJE** n. m. Comisión que percibe el corredor o intermediario por su gestión.

**CORRETEADA** n. f. *Chile* y *Perú.* Acción y efecto de correr, acosar, perseguir.

**CORRETEAR** v. intr. [**1**]. Ir corriendo de un lado para otro. **2.** Callejear. ◆ v. tr. **3.** *Amér.* Perseguir, acosar.

**CORRETEO** n. m. Acción y efecto de corretear.

**CORREVEIDILE** n. m. y f. (pl. *correveidile*). Persona que lleva y trae chismes.

**CORREVERÁS** n. m. (pl. *correverás*). Juguete que se mueve por un resorte oculto.

**CORRIDA** n. f. Acción y efecto de correr cierto espacio. **2.** Canto popular andaluz. (Suele usarse en plural.) **3.** Espectáculo en el que se lidian toros por matadores que han recibido la alternativa.

**CORRIDO, A** adj. Que excede un poco del peso o de la medida de que se trata. **2.** Avergonzado, confundido. **3.** Referido a algunas partes de un edificio, continuo, seguido: *balcón corrido.* ◆ adj. y n. **4.** *Fam.* Dícese de la persona de mucha experiencia, especialmente de la que ha llevado una vida irregular. • **De corrido,** con presteza y sin entorpecimientos.

**CORRIDO** n. m. Composición musical popular propia de México, Venezuela y otros países americanos.

**CORRIENTE** adj. Que corre. **2.** Que no se sale de lo ordinario o habitual. **3.** Dícese de la semana, del mes, etc., actual, en curso. **4.** Cierto, sabido, admitido comúnmente. **5.** De trato llano o familiar. • **Agua corriente,** instalación de distribución de agua. ‖ **Al corriente,** sin retraso, con exactitud; enterado de algo. ‖ **Corriente y moliente** *(Fam.),* ordinario, habitual, sin nada extraordinario o notable. ‖ **Poner,** o **tener,** a uno **al corriente,** enterarle de algo, mantenerle informado. ◆ n. f. **6.** Fluido que corre por un cauce o conducción. **7.** *Fig.* Curso o movimiento de los sentimientos y de las tendencias. • **Corriente aérea** (METEOROL.), movimiento del aire en la atmósfera. ‖ **Corriente alterna,** corriente eléctrica que circula alternativamente en uno y otro sentido, y cuya intensidad es una función periódica del tiempo, de valor medio nulo. ‖ **Corriente continua,** corriente eléctrica que tiene siempre el mismo sentido. ‖ **Corriente de aire,** masa de aire que se desplaza de un sitio a otro. ‖ **Corriente de fango,** deslizamiento en masa, en estado pastoso, de fango empapado en agua. ‖ **Corriente de marea,** corriente a veces violenta en la proximidad de las costas y de los estrechos, provocada por los movimientos complejos de las mareas. ‖ **Corriente inducida,** corriente que se origina en una masa metálica conductora que se desplaza en el seno de un campo magnético. ‖ **Corriente marina,** movimiento que arrastra masas considerables de agua en la superficie e incluso en el seno de los océanos. ‖ **Corriente portadora,** corriente alterna de frecuencia elevada que se modula con el fin de transmitir señales. ‖ **Corrientes de Foucault,** corrientes eléctricas inducidas en masas metálicas sometidas a campos magnéticos variables. ‖ **Dejarse llevar de,** o **por, irse con,** o **tras,** o **seguir, la corriente,** seguir la opinión de los demás sin examinarla, no oponerse al curso de los acontecimientos. ‖ **Ir,** o **navegar, contra la corriente,** pensar u obrar de manera contraria a la usual o admitida.

**CORRILLO** n. m. Corro donde se juntan algunos a discurrir y hablar.

**CORRIMIENTO** n. m. Acción y efecto de correr o correrse. **2.** *Fig.* Vergüenza, rubor. **3.** GEOL. Empuje lateral que provoca el desplazamiento de masas de terreno lejos de su lugar de origen. • **Corrimiento hacia el rojo,** desplazamiento de las rayas del espectro de un astro hacia la región del rojo, que se interpreta como una consecuencia de la expansión del universo. ‖ **Manto de corrimiento,** paquete de capas de terreno que se separa de su lugar de origen y queda superpuesto de manera anómala a zonas de terreno más recientes.

**CORRO** n. m. Cerco formado por personas para hablar, para distraerse, etc. **2.** Espacio circular o casi circular. **3.** Juego de niños que forman un círculo, cogidos de las manos y cantan dando vueltas en derredor. **4.** En la bolsa, espacio circular rodeado por una balaustrada, alrededor de la cual se reúnen los agentes de cambio.

**CORROBORACIÓN** n. f. Acción y efecto de corroborar.

**CORROBORAR** v. tr. y pron. (lat. *corroborare*) [1]. Dar nueva fuerza a una idea o hecho, o teoría adquirida, con nuevos argumentos o datos.

**CORROBORATIVO, A** adj. Que corrobora.

**CORROER** v. tr. y pron. (lat. *corrodere*) [2i]. Desgastar lentamente una cosa como royéndola. **2.** *Fig.* Perturbar el ánimo o arruinar la salud alguna pasión o sentimiento.

**CORROMPER** v. tr. y pron. (lat. *corrumpere*) [2]. Alterar, echar a perder, pudrir: *el calor corrompe la carne.* **2.** *Fig.* Viciar, pervertir: *corromper a la juventud.* ◆ v. tr. **3.** Sobornar, cohechar.

**CORRONCHOSO, A** adj. *Amér. Central, Colomb.* y *Venez.* Rudo, tosco.

**CORROSCA** n. f. *Colomb.* Sombrero de paja gruesa tejido a mano, con grandes alas, que usan los campesinos.

**CORROSIÓN** n. f. Acción y efecto de corroer.

**CORROSIVO, A** adj. Que corroe. **2.** Mordaz, cáustico.

**CORRUPCIÓN** n. f. (lat. *corruptionem*). Acción y efecto de corromper. **2.** *Fig.* Vicio o abuso introducido en las cosas no materiales.

**CORRUPTELA** n. f. Corrupción. **2.** Mala costumbre o abuso, especialmente los introducidos contra la ley.

**CORRUPTIBILIDAD** n. f. Calidad de corruptible.

**CORRUPTIBLE** adj. Que puede corromperse.

**CORRUPTO, A** adj. Que está corrompido.

**CORRUPTOR, RA** adj. y n. Que corrompe.

**CORRUSCO** n. m. *Fam.* Mendrugo, pedazo de pan duro.

**CORSARIO, A** adj. y n. Dícese de los tripulantes de la embarcación que, en virtud de contrato estipulado con el estado bajo cuyo pabellón navegaban, atacaban a barcos mercantes de otros países. ◆ adj. **2.** Dícese de dicha embarcación.

**CORSÉ** n. m. (fr. *corset*). Prenda interior femenina para ceñir el cuerpo desde el busto hasta las caderas, generalmente provista de ballenas. • **Corsé ortopédico,** corsé que sirve para remediar las deformaciones de la columna vertebral.

**CORSELETE** n. m. Corsé femenino, muy ceñido, que desciende sobre las caderas.

**CORSETERÍA** n. f. Establecimiento donde se fabrican o venden corsés.

**CORSETERO, A** n. Persona que tiene por oficio hacer o vender corsés.

**CORSO, A** adj. y n. De Córcega. ◆ n. m. **2.** Dialecto italiano perteneciente al grupo toscano.

**CORSO** n. m. (ital. *corso*). Campaña de los navíos corsarios. **2.** Armamento especial de un navío destinado a este género de operaciones: *armar en corso.* • **Patente de corso,** cédula con la que el gobierno de un estado autorizaba dicha campaña.

**CORTA** n. f. Acción y efecto de cortar árboles u otras plantas.

**CORTACÉSPED** n. m. Máquina para igualar o cortar el césped o la hierba de jardines, prados, etcétera.

**corrida** de toros; pintura de M. Fortuny (*c.* 1870-1877) [Casón del buen retiro, Madrid]

**CORTACIRCUITOS** n. m. (pl. *cortacircuitos*). Dispositivo destinado a interrumpir, por fusión de uno de sus elementos, el circuito en el que está intercalado, cuando la intensidad de la corriente que circula por él sobrepasa un cierto valor.

**CORTADA** n. f. *Amér.* Herida hecha con un instrumento cortante. **2.** *Argent.* Calle corta que suele tener un único acceso. **3.** *Argent., R. de la Plata* y *Urug.* Atajo.

**CORTADERA** n. f. Cuña de acero sujeta a un mango, para cortar el hierro candente. **2.** *Argent., Chile* y *Cuba.* Planta herbácea de hojas con bordes cortantes como una navaja, que crece en lugares pantanosos y cuyo tallo se usa para tejer cuerdas y sombreros. (Familia gramíneas.)

**CORTADILLO** n. m. **Azúcar de cortadillo,** el que se expende fraccionado en pequeños trozos o terrones.

**CORTADO, A** adj. Dícese del modo de escribir en que los conceptos se exponen separadamente, en cláusulas breves y sueltas. **2.** Dícese de la persona tímida y retraída. **3.** HERÁLD. Dícese del escudo dividido horizontalmente en dos partes iguales. ◆ n. m. **4.** Café con algo de leche. **5.** COREOGR. Cabriola con salto violento.

**CORTADOR, RA** adj. Que corta. ◆ n. **2.** Persona que corta, prueba y ajusta una pieza de acuerdo con un modelo.

**CORTADORA** n. f. MIN. Máquina utilizada para cortar y rebajar por capas el carbón en las minas. **2.** TECNOL. Nombre genérico de diversas máquinas que sirven para cortar: *cortadora de chapas.*

**CORTADURA** n. f. Corte, división o hendidura. **2.** Herida producida por un instrumento cortante. **3.** Paso entre dos montañas. ◆ **cortaduras** n. f. pl. **4.** Recortes, porciones sobrantes de cualquier recortadura.

**CORTAFRÍO** n. m. Especie de cincel fuerte para cortar hierro o metales duros en frío. **2.** Útil con que los hojalateros cortan la plancha metálica.

**CORTAFUEGO** n. m. Dispositivo, elemento de construcción o espacio carente de vegetación, destinado a impedir la propagación del fuego. **2.** Muro grueso que con igual finalidad separa edificios o partes de un edificio.

**CORTANTE** adj. Que corta, especialmente con filo capaz de cortar.

**CORTAPAPELES** n. m. (pl. *cortapapeles*). Plegadera.

**CORTAPISA** n. f. Condición con que se concede o se posee una cosa, dificultad, estorbo: *poner cortapisas.*

**CORTAPLUMAS** n. m. (pl. *cortaplumas*). Navaja pequeña.

**CORTAPUROS** n. m. (pl. *cortapuros*). Instrumento para cortar la punta de los cigarros puros.

**CORTAR** v. tr. (lat. *curtare*) [1]. Dividir una cosa, separar sus partes o abrir en ella una raja o hendidura con algún instrumento afilado: *cortar un pastel.* **2.** Tener corte o arista afilada: *tijeras que no cortan.* **3.** Hender un fluido: *cortar el agua la proa de un navío.* **4.** Separar o dividir algo en dos porciones atravesándolo: *la carretera corta el pueblo por su mitad.* **5.** Atajar, detener, impedir el curso o paso: *cortar la retirada a un ejército.* **6.** *Fig.* Censurar, suprimir una parte de una obra: *cortar un párrafo de un artículo.* **7.** *Fig.* Suspender, interrumpir, especialmente una conversación. **8.** Dar la forma conveniente a las piezas de que se compone una prenda de vestir o un calzado. **9.** Separar en dos paquetes las cartas de un juego después de haber sido barajadas por el adversario. ◆ v. tr. y pron. **10.** Ser muy intenso y penetrante el aire o el frío: *hace un frío que corta.* **11.** Separar las partes que componen la leche o las salsas u otras preparaciones culinarias, perdiendo éstas su continuidad. ◆ v. intr. **12.** Tomar el camino más corto: *cortar por un atajo.* **13.** *Chile.* Tomar una dirección. ◆ **cortarse** v. pron. **14.** Turbarse, faltarle a uno la palabra, quedarse sin saber qué decir. **15.** Abrirse una tela o vestido por los dobleces o arrugas. **16.** Herirse o hacerse un corte. • **Cortar por lo sano** *(Fam.),* interrumpir sin miramientos y radicalmente una situación.

**CORTARRAÍCES** n. m. (pl. *cortarraíces*). Máquina que sirve para cortar raíces o tubérculos.

**CORTAÚÑAS** n. m. (pl. *cortaúñas*). Instrumento para cortar las uñas.

**CORTAVIENTO** n. m. Dispositivo situado en la parte anterior de los vehículos rápidos, que sirve para reducir la resistencia del aire.

**CORTE** n. m. Filo, arista fina de un instrumento cortante. **2.** Acción y efecto de cortar. **3.** Trazo, conjunto de rasgos, hechura, apariencia: *un traje de corte impecable.* **4.** División o hendidura producida por un instrumento cortante. **5.** Arte y acción de cortar las diferentes piezas que componen un vestido, calzado, etc. **6.** Cantidad de tela o cuero necesaria para hacer un vestido, calzado, etc. **7.** Interrupción de la corriente eléctrica. **8.** Superficie que forman los cantos de un libro. **9.** Sección que resulta al cortar algo con un plano. **10.** Conjunto de operaciones consistentes en dividir longitudinalmente un tronco de árbol o rollizo. **11.** *Fig.* y *fam.* Réplica o contestación ingeniosa e inesperada. **12.** BIOL. Tenue lámina orgánica que permite la observación microscópica de las células por transparencia. **13.** TECNOL. Operación por la cual un instrumento cortante arranca materia, en forma de virutas, de la pieza que se trabaja. • **Ángulo de corte,** ángulo formado por la cara cortante de una herramienta con el plano tangente a la pieza que se trabaja. || **Corte geológico,** perfil establecido según un trazado lineal, de acuerdo con un mapa topográfico y el mapa geológico correspondiente.

**CORTE** n. f. (lat. *cohortem*). Población donde reside el soberano y su séquito. **2.** Conjunto de las personas que componen el séquito y comitiva del soberano. **3.** *Amér.* Tribunal de justicia. • **Corte celestial,** cielo. || **Hacer la corte,** cortejar, galantear. ◆ **cortes** n. f. pl. **4.** Durante el Antiguo régimen, asambleas convocadas por el rey para asesorarle en las tareas legislativas y para votar la concesión de impuestos y subsidios. **5.** A partir del s. XIX, asamblea parlamentaria española. **6.** Asambleas legislativas de las comunidades autónomas de Aragón, Castilla-La Mancha, Castilla y León, Comunidad Valenciana y Navarra.

■ Las cortes medievales hispánicas, surgidas de la *curia plena* entre los ss. XII y XIII, se estructuraron por estamentos (clero, nobleza, ciudades) y tuvieron una función consultiva y sobre todo fiscal (las de Aragón, también legislativa). Desde el s. XVI entraron en decadencia y en el s. XVIII, unificadas en las cortes de Castilla, eran meras instancias protocolarias. La constitución de Cádiz (1812) creó unas cortes monocamerales de carácter legislativo moderno. De 1837 hasta la dictadura de 1923 se mantuvieron las cortes bicamerales (senado y congreso de diputados), para volver al monocameralismo con la Segunda república. Durante el franquismo aparecieron unas cortes corporativas, en parte de designación directa (por el jefe del estado), en parte indirecta (por instituciones como la familia, el sindicato y el municipio). Tras la reforma de 1976 se volvió al bicameralismo por sufragio universal, consagrado por la constitución de 1978, y hecho efectivo en 1979.

**CORTEDAD** n. f. Pequeñez, poca extensión. **2.** *Fig.* Falta o escasez de talento, de valor, de instrucción, etc. **3.** *Fig.* Encogimiento, poquedad de ánimo.

**CORTEJAR** v. tr. **[1]**. Procurar captarse el amor de una mujer. **2.** Hablar entre sí los novios.

**CORTEJO** n. m. (ital. *corteggio*). Acción de cortejar. **2.** Conjunto de personas que se trasladan con solemnidad de un sitio a otro en una ceremonia.

**CORTÉS** adj. Atento, comedido, afable.

**CORTESANA** n. f. Femenino de cortesano. **2.** Prostituta.

**CORTESANO, A** adj. (ital. *cortegiano*). Relativo a la corte. **2.** Cortés. ◆ n. m. **3.** Palaciego que sirve al rey en la corte.

**CORTESÍA** n. f. Calidad de cortés. **2.** Demostración o actitud cortés. **3.** Espacio en blanco que se deja en algunos libros o impresos. **4.** Regalo, dádiva. **5.** Gracia o merced. **6.** Prórroga que se concede en el cumplimiento de algo.

**CÓRTEX** o **CORTEX** n. m. Corteza, parte externa de algunos órganos. • **Córtex cerebral** (ANAT.), revestimiento superficial, compuesto por sustancia gris, de los hemisferios cerebrales. SIN.: *corteza cerebral.*

**CORTEZA** n. f. (lat. *corticeam*). Parte externa de algunos cuerpos y órganos animales o vegetales que tienen una estructura más o menos concéntrica. **2.** *Fig.* Exterioridad de una cosa no material. **3.** FÍS. Parte externa del átomo, que rodea al núcleo, formada por electrones dispuestos en capas o niveles de energía. **4.** GEOL. Zona superficial del globo terráqueo, de un espesor medio de 35 km bajo los continentes *(corteza continental)* y de 10 km bajo los océanos *(corteza oceánica).*

**CORTEZUDO, A** adj. Que tiene mucha corteza.

**CORTICAL** adj. Relativo a la corteza.

**CORTICOIDE** n. m. Nombre genérico aplicado a las hormonas corticosuprarrenales, sus derivados y a la corticoestimulina.

**CORTICOSTEROIDE** n. m. Hormona esteroide de la corteza suprarrenal.

**CORTICOSTERONA** n. f. Hormona del grupo de los glucocorticoides secretada por el córtex suprarrenal.

**CORTICOSUPRARRENAL** adj. Relativo a la región periférica de la glándula suprarrenal, cuyas hormonas actúan sobre el metabolismo de las sustancias orgánicas y minerales.

**CORTICOTERAPIA** n. f. Tratamiento a base de corticoides.

**CORTICOTROFINA** n. f. Hormona de la hipófisis que estimula la secreción de la corteza suprarrenal. SIN.: A.C.T.H. (siglas inglesas de *Adreno-Cortico-Trophic-Hormone*).

**CORTIJERO, A** n. Persona que cuida de un cortijo y vive en él. **2.** Capataz.

**CORTIJO** n. m. Hacienda y casa de labranza de la Andalucía bética.

**CORTINA** n. f. Paño colgante utilizado como adorno o para cubrir puertas, ventanas, etc. **2.** *Fig.* Lo que encubre, vela u oculta algo. **3.** Lienzo de muralla entre dos baluartes. • **Cortina de hierro** *(Amér.),* telón de acero.

**CORTINADO** n. m. *Argent.* y *Urug.* Cortinaje.

**CORTINAJE** n. m. Conjunto o juego de cortinas.

**CORTINILLA** n. f. Cortina pequeña, especialmente la que cubre los cristales de algunos vehículos.

**CORTISONA** n. f. Hormona corticosuprarrenal, que posee propiedades antiinflamatorias y metabólicas.

**CORTO, A** adj. (lat. *curtum*). Que no tiene la extensión o el tamaño que le corresponde, o que es pequeño en comparación con otros de su misma especie. **2.** De poca duración, breve. **3.** Escaso o defectuoso, que no alcanza hasta donde debiera. **4.** *Fig.* Tímido, encogido. **5.** *Fig.* De escaso talento, necio, inculto.

**CORTOCIRCUITO** n. m. Fenómeno eléctrico que se produce al unir con un conductor de resistencia muy débil dos puntos entre los cuales existe una diferencia de potencial.

**CORTOMETRAJE** o **CORTO** n. m. Película cuya duración es inferior a los treinta minutos.

**CORÚA** n. f. Ave marina de pico recto, comprimido en la punta, coloración negroverdosa con algunas rayas blancas sobre el cuerpo, buena nadadora y notable zambullidora, que vive en las Antillas. (Familia falacrocorácidos.)

**CORUÑÉS, SA** adj. y n. De La Coruña.

**CORVA** n. f. Parte de la extremidad inferior opuesta a la rodilla por donde se dobla y encorva.

**CORVADURA** n. f. Parte por donde se tuerce, dobla o encorva una cosa. **2.** Curvatura.

**CORVATO** n. m. Pollo del cuervo.

**CORVAZA** n. f. Tumoración que aparece en la parte posterior e inferior de las extremidades en el ganado equino.

**CORVEJÓN** n. m. Parte de la pata posterior de los solípedos, en la articulación entre la tibia y el fémur, que corresponde a la rodilla humana.

**CORVETA** n. f. (fr. *courvette*). Movimiento que se enseña al caballo, haciendo que ande con los brazos en el aire.

**CORVETEAR** v. intr. **[1]**. Hacer corvetas.

**CÓRVIDO, A** adj. y n. m. Relativo a una familia de aves paseriformes con el pico fuerte y ligeramente curvado, a la que pertenece el cuervo.

**CORVINA** n. f. Pez teleósteo marino, de cuerpo alargado y de gran tamaño, carne muy sabrosa y color pardo con manchas negras en el dorso y plateado en el vientre, que vive en el Mediterráneo y el Atlántico.

**CORVINO, A** adj. Perteneciente al cuervo o parecido a él.

**CORVO, A** adj. (lat. *curvum*). Curvo.

**CORZO, A** n. Rumiante que vive en Europa y Asia, de 70 cm de alt., peso máximo 45 kg, longevidad de 15 años y de astas erectas adornadas con numerosas protuberancias. (Familia cérvidos.)

corzo

**CORZUELA** n. f. Rumiante de pequeño tamaño que vive en América del Sur. (Familia cérvidos.)

**COSA** n. f. (lat. *causam*). Todo lo que existe, o puede concebirse como existente, ya sea corporal o espiritual, natural o artificial, real o abstracto, como entidad separada. **2.** Objeto inanimado, en oposición a ser viviente. **3.** En oraciones negativas, nada: *no hacer cosa de provecho.* **4.** *Fam.* Asunto: *no andar bien las cosas.* • **Como si tal cosa** *(Fam.),* como si no hubiera pasado nada. || **Cosa juzgada** (DER.), cuestión resuelta por sentencia firme. || **Poquita cosa,** dícese de la persona física o moralmente pequeña o débil.

**COSACO, A** adj. y n. Relativo a una población de los confines meridionales de Rusia, formada por campesinos libres y soldados que defendía las fronteras rusas y polacas de los turcos y de los tártaros; individuo de esta población. ◆ n. m. **2.** Soldado de un cuerpo de infantería y caballería ruso, reclutado según las normas de las poblaciones cosacas. (Sometidos a Rusia desde 1654, en el s. XIX formaron cuerpos de élite dentro del ejército imperial. En 1917 combatieron en su mayoría contra los bolcheviques.)

**COSARIO, A** adj. Relativo al recadero o al cazador de oficio. ◆ n. m. **2.** Ordinario, recadero. **3.** Cazador de oficio.

**COSCACHO** n. m. *Amér. Merid.* Coscorrón, golpe dado en la cabeza con los nudillos.

**COSCOJA** n. f. Planta arbórea de corta altura y achaparrada. (Familia fagáceas.) **2.** Hoja seca de la carrasca o encina. **3.** *Argent.* Rueda de metal colocada en el puente del freno de la caballería.

**COSCOJAL** o **COSCOJAR** n. m. Sitio poblado de coscojas.

**COSCOJO** n. m. (lat. *cusculium*). Agalla producida por el quermes en la coscoja. ◆ **coscojos** n. m. pl. **2.** Piezas de hierro, a modo de cuentas, que forman con la salivera los sabores del freno.

**COSCOLINO, A** adj. y n. *Méx. Fam.* Dícese del que tiene muchas relaciones amorosas o le gusta coquetear.

**COSCOMATE** n. m. *Méx.* Troje cerrado hecho con barro y zacate, para conservar el maíz.

**COSCORRÓN** n. m. Golpe dado en la cabeza. **2.** *Chile.* Variedad del poroto, planta. **3.** *Colomb.* Mendrugo de pan. **4.** *Colomb.* Puñetazo.

**COSECANTE** n. f. MAT. Inverso del seno de un ángulo o de un arco (símbolo: cosec).

**COSECHA** n. f. Conjunto de frutos y otros productos que se cosechan. **2.** Acción de recogerlos. **3.** Temporada en que se recogen. **4.** *Fig.* Conjunto de ciertas cosas no materiales. • **Ser** una cosa **de la cosecha** de uno *(Fam.),* ser de su propio ingenio o invención.

**COSECHADOR, RA** adj. y n. Que cosecha.

**COSECHADORA** n. f. **Cosechadora trilladora,** máquina que corta las mieses, separa el grano y expulsa la paja.

**COSECHAR** v. intr. y tr. **[1]**. Obtener frutos y otros productos de la tierra cultivándola. **2.** Recolectar dichos frutos. **3.** *Fig.* Recoger, ganar.

**COSECHERO, A** n. Persona que cosecha.

**COSELETE** n. m. (fr. *corselet*). Coraza ligera, generalmente de cuero. **2.** Soldado que llevaba coselete. **3.** Tórax de los insectos cuando los tres segmentos que lo componen están fuertemente unidos entre sí.

**COSENO** n. m. MAT. Seno del complemento de un ángulo (símbolo: cos).

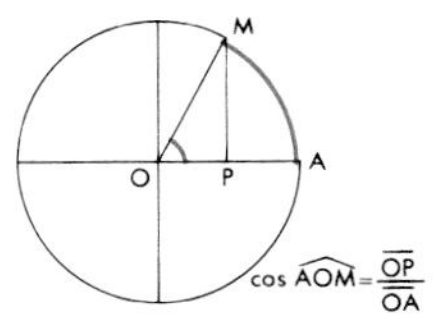


**coseno**

**COSER** v. tr. [**2**]. Unir con hilo, enhebrado en la aguja, dos o más pedazos de tela, cuero u otro material. **2.** Hacer dobladillos, pespuntes y otras labores de aguja: *aprendió a coser siendo niña.* **3.** *Fig.* Unir estrechamente. **4.** Acribillar: *coser a puñaladas.* • **Máquina de coser,** máquina de uso doméstico o industrial que realiza mecánicamente el cosido de tejidos o cueros. ‖ Ser algo **coser y cantar** *(Fam.),* ser muy fácil.

**COSETANO, A** o **CESSETANO, A** adj. y n. Relativo a Cosetania, territorio que en la época prerromana y romana comprendía aprox. la mitad de la provincia de Tarragona, en torno a su capital; habitante u originario de esta región.

**COSIDO** n. m. Acción y efecto de coser.

**COSIFICACIÓN** n. f. Acción y efecto de cosificar.

**COSIFICAR** v. tr. [**1a**]. Considerar o convertir en cosa algo que no lo es.

**COSMÉTICA** n. f. Ciencia y arte que trata de los cosméticos.

**COSMÉTICO, A** adj. y n. m. (gr. *kosmētikos,* relativo al cuidado de la persona). Dícese del producto destinado a limpiar y embellecer la piel, especialmente la del rostro, el cabello, etc.

**CÓSMICO, A** adj. Relativo al universo o cosmos. **2.** Dícese del orto u ocaso de un astro, que coincide con la salida del Sol. • **Rayos cósmicos,** radiación compleja, de gran energía, procedente del espacio, que al atravesar la atmósfera arranca electrones a los átomos, produciendo la ionización del aire.

**COSMÓDROMO** n. m. Base de lanzamiento de ingenios espaciales.

**COSMOGONÍA** n. f. (gr. *kosmogonia*). Ciencia de la formación de los objetos celestes: planetas, estrellas, sistemas de estrellas, galaxias, etc. **2.** FILOS. Concepción sobre el origen del mundo.

**COSMOGÓNICO, A** adj. Relativo a la cosmogonía.

**COSMOGRAFÍA** n. f. Descripción de los sistemas astronómicos del universo, que emplea de las ciencias matemáticas y físicas nociones elementales.

**COSMOGRÁFICO, A** adj. Relativo a la cosmografía.

**COSMÓGRAFO, A** n. Especialista en cosmografía.

**COSMOLOGÍA** n. f. Ciencia que estudia la estructura y la evolución del universo considerado en su conjunto.

**COSMOLÓGICO, A** adj. Relativo a la cosmología.

**COSMONAUTA** n. m. y f. Astronauta. (Designada en especial a los tripulantes de las naves espaciales soviéticas.)

**COSMOPOLITA** adj. y n. m. y f. Relativo a las personas que han vivido en muchos países y han adquirido algunas de sus costumbres. ◆ adj. **2.** Dícese de los grupos sociales y de los lugares donde hay personas de muchos países distintos. **3.** BOT. y ZOOL. Dícese de una especie cuando se encuentra en todas las partes del mundo.

**COSMOPOLITISMO** n. m. Doctrina y género de vida de los cosmopolitas.

**COSMOS** n. m. (gr. *kosmos*). El universo concebido como un todo ordenado, por oposición a caos. **2.** Mundo, conjunto de todo lo existente.

**COSMOVISIÓN** n. f. Manera de ver e interpretar el mundo.

**COSO** n. m. Plaza o lugar cercado para corridas de toros y otras fiestas públicas. **2.** Calle principal en algunas poblaciones.

**COSO** n. m. **Coso de los sauces,** mariposa nocturna de alas pardas, de 6 a 9 cm de envergadura, cuyas orugas excavan galerías en la madera de los árboles. (Familia cósidos.)

**COSQUILLAS** n. f. pl. Sensación producida sobre ciertas partes del cuerpo por una sucesión rápida de toques ligeros, que provoca involuntariamente la risa y, continuada, da convulsiones. • **Buscarle las cosquillas** a alguien *(Fam.),* hacer lo posible por impacientarle.

**COSQUILLEAR** v. tr. [**1**]. Hacer cosquillas.

**COSQUILLEO** n. m. Sensación que producen las cosquillas u otra cosa semejante.

**COSQUILLOSO, A** adj. Que siente mucho las cosquillas. **2.** *Fig.* Poco sufrido, susceptible.

**COSTA** n. f. Cantidad que se paga por una cosa. **2.** Coste de manutención del trabajador, cuando se añade al salario. • **A costa de,** mediante, a fuerza de; a expensas. ‖ **A toda costa,** sin limitación en el gasto o en el trabajo. ◆ **costas** n. f. pl. **3.** Gastos ocasionados por una acción o suceso, especialmente los producidos por la administración de justicia.

**COSTA** n. f. (lat. *costam,* lado, costilla). Tierra que bordea la orilla del mar, de los ríos, lagos, etc. **2.** *Argent.* Faja de terreno que se extiende al pie de una sierra.

**COSTADILLO.** n. m. (dim. de *costado*). **Torear de costadillo** (TAUROM.), torear de perfil preparando la huida.

**COSTADO** n. m. (lat. *costatum*). Parte lateral exterior, entre el pecho y la espalda, del cuerpo humano. **2.** Lado, flanco: *los dos costados de la calle.* • **Por los cuatro costados,** por todas partes; por parte de los abuelos paternos y maternos. ‖ **Punta de costado,** tipo de dolor muy agudo, punzante, persistente un cierto tiempo, localizado en la pared torácica, que inmoviliza, impidiendo los movimientos respiratorios amplios.

**COSTAL** adj. ANAT. Relativo a las costillas. ◆ n. m. **2.** Saco grande de tela ordinaria. • **Estar,** o **quedarse, hecho un costal de huesos** *(Fam.),* estar o quedarse muy flaco.

**COSTALADA** n. f. Golpe que uno se da al caer de espaldas o de costado.

**COSTALAZO** n. m. Costalada.

**COSTALEARSE** v. pron. [**1**]. *Chile.* Recibir una costalada. **2.** *Chile. Fig.* Sufrir un desengaño o decepción.

**COSTANERA** n. f. Cuesta, terreno en pendiente. **2.** *Argent.* Avenida que corre a lo largo de la costa del mar o de un río.

**COSTANERO, A** adj. Que está en cuesta. **2.** Costeño.

**COSTANILLA** n. f. Calle corta y de mayor declive que las cercanas.

**COSTAR** v. intr. (lat. *constare*) [**1r**]. Ser pagada o tener que ser pagada una cosa a determinado precio: *¿cuánto cuestan estos libros?* **2.** *Fig.* Causar u ocasionar una cosa disgustos, molestias, perjuicios, etc.: *este asunto le costará problemas.* • **Costarle caro** algo a alguien *(Fam.),* ocasionarle mucho perjuicio o daño.

**COSTARRICENSE** adj. y n. m. y f. De Costa Rica. ◆ n. m. **2.** Modalidad adoptada por el español en Costa Rica.

**COSTARRIQUEÑISMO** n. m. Vocablo o giro propio de los costarriqueños.

**COSTARRIQUEÑO, A** adj. y n. Costarricense.

**COSTE** n. m. Cantidad que se paga por algo: *el coste de una mercancía.* SIN.: *costo.* • **Coste de distribución,** diferencia entre el precio de venta de un bien al consumidor y el precio de producción. ‖ **Coste de la vida,** noción que resume, en un período determinado, el nivel de los precios de cierto número de bienes y servicios que entran en un presupuesto tomado como referencia y su evolución entre dos o varios periodos. ‖ **Coste de producción,** conjunto de las remuneraciones pagadas en el proceso de producción de una mercancía.

**COSTEAR** v. tr. y pron. (de *coste*) [**1**]. Pagar el coste de una cosa. ◆ **costearse** v. pron. **2.** Producir lo suficiente para cubrir los gastos. **3.** *Argent., Chile* y *Urug.* Tomarse la molestia de ir hasta un sitio, distante o de difícil acceso.

**COSTEAR** v. tr. (de *costa*) [**1**]. Navegar sin perder de vista la costa. **2.** Ir por el costado o lado de una cosa, bordearla: *costear el río.* **3.** Rematar el costado o lado de una cosa. **4.** Esquivar una dificultad o un peligro. **5.** *Perú.* Mofarse, burlarse de uno.

**COSTEÑO, A** adj. y n. o **COSTERO, A** adj. Relativo a la costa.

**COSTEO** n. m. *Perú.* Mofa, burla a expensas de alguien.

**COSTERO** n. m. Cada una de las dos piezas más inmediatas a la corteza, que salen al aserrar un tronco en el sentido de su longitud. **2.** Cada uno de los muros que forman los costados de un horno alto.

**COSTILLA** n. f. Cada uno de los huesos alargados y curvados que forman la caja torácica. **2.** Cada uno de estos huesos, con la carne adherida a él, de las reses para el consumo. **3.** Cuaderna de un buque. **4.** *Fig.* y *fam.* Esposa. ◆ **costillas** n. f. pl. **5.** Espalda, dorso. • **Costillas flotantes,** las dos últimas costillas, que no están unidas al esternón. ‖ **Medir las costillas** a alguien *(Fam.),* pegarle.

**COSTILLAR** o **COSTILLAJE** n. m. Conjunto de costillas. **2.** Parte del cuerpo en que están las costillas.

**COSTINO, A** adj. *Chile.* Costeño.

**COSTO** n. m. Coste.

**COSTO** n. m. (lat. *costum*). Planta herbácea, de propiedades tónicas, diuréticas y carminativas, que crece en las regiones tropicales. (Familia compuestas.) **2.** Raíz de esta planta.

**COSTOSO, A** adj. Que cuesta mucho: *un viaje costoso; un esfuerzo costoso.*

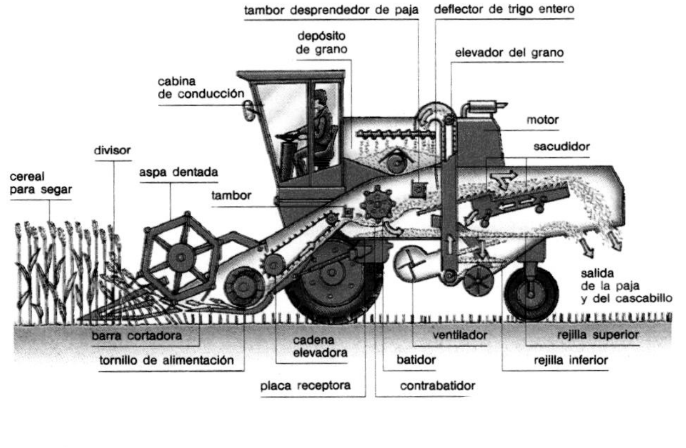


**cosechadora trilladora:** esquema del funcionamiento

**COSTRA** n. f. (lat. *crustam*). Cubierta exterior que se endurece o seca sobre una cosa húmeda o blanda: *la costra del pan; costra caliza.* **2.** Producto desecado de la secreción de una mucosa o una herida.

**COSTUMBRE** n. f. (lat. *consuetudinem*). Manera de obrar establecida por un largo uso o adquirida por repetición de actos de la misma especie: *tiene la costumbre de fumar.* **2.** Lo que por carácter o propensión se hace más comúnmente: *tiene costumbre de llegar puntual.* **3.** DER. Norma jurídica establecida en virtud del uso o los hechos constantes y repetidos. • **De costumbre,** usual y ordinario, de manera acostumbrada. ◆ **costumbres** n. f. pl. **4.** Conjunto de inclinaciones y usos de una persona, pueblo, etc.: *cada país tiene sus costumbres.*

**COSTUMBRISMO** n. m. En las obras literarias y pictóricas, atención especial que se presta a la descripción de las costumbres típicas de un país o región.

■ El costumbrismo en literatura se considera la transición entre el romanticismo y el realismo. En España inició el género Cecilia Böhl de Faber (Fernán Caballero) y destacaron Pérez Galdós, Larra, Pereda y Mesonero Romanos. En Hispanoamérica, el costumbrismo aparece en todo tipo de narraciones, pues se buscaba que las obras se hallaran más cerca de los lectores locales y ofrecieran un ambiente típicamente americano que las diferenciara de las obras europeas. Por ello se encuentran rasgos costumbristas tanto en los autores que siguieron esa tendencia (J. T. Cuéllar, J. López Portillo y C. Villaverde), como en aquellos que van más allá (D. F. Sarmiento, E. Echeverría, I. M. Altamirano y J. Isaacs).

**COSTUMBRISTA** adj. y n. m. y f. Relativo al costumbrismo; cultivador del costumbrismo.

**COSTURA** n. f. Acción, arte de coser. **2.** Operación que consiste en unir piezas, especialmente de tela, con la ayuda de hilo y aguja, a mano o a máquina. **3.** Serie de puntadas que une dos piezas cosidas. • **Meter en costura** a alguien *(Fam.),* hacerle entrar en razón.

**COSTURAR** v. tr. [**1**] *Amér.* Coser.

**COSTURERA** n. f. Mujer que tiene por oficio coser.

**COSTURERO** n. m. Pequeño mueble, caja, estuche, etc., que sirve para guardar los útiles de costura. **2.** Cuarto de costura.

**COSTURÓN** n. m. *Desp.* Costura basta. **2.** *Fig.* Cicatriz muy visible de una herida o llaga.

**COTA** n. f. (germ. *kotta*). Cierto tipo de arma defensiva. • **Cota de armar,** o **de armas,** vestidura sin mangas o de mangas cortas y anchas, que se llevaba debajo de la armadura. ‖ **Cota de mallas,** armadura de cuero, guarnecida con piezas de hierro, que se usaba como defensa.

**COTA** n. f. (del lat. *quotum*). Número que indica la diferencia entre los niveles en los planos topográficos. **2.** Altura de un punto sobre el nivel del mar u otro plano de nivel. **3.** MAT. El menor de los mayorantes *(cota superior)* o el mayor de los minorantes *(cota inferior).*

**COTANA** n. f. Muesca que se abre en la madera para encajar allí otro madero o una espiga. **2.** Escoplo con que se abre dicha muesca.

**COTANGENTE** n. f. MAT. Valor recíproco de la tangente de un ángulo (símbolo cotg).

**COTARRO** n. m. Reunión bulliciosa. • **Alborotar el cotarro** *(Fam.),* alterar, turbar la tranquilidad de un grupo de personas reunidas. ‖ **Dirigir el cotarro** *(Fam.),* mandar en algún asunto. ‖ **El amo del cotarro** *(Desp.),* el que manda en una reunión, casa, empresa, etc.

**COTEJAR** v. tr. [**1**]. Confrontar una cosa con otra u otras teniéndolas a la vista, compararlas.

**COTEJO** n. m. Acción y efecto de cotejar.

**COTELÉ** n. m. *Chile.* Pana, tejido.

**COTENSE** n. m. *Bol., Chile* y *Urug.* Tela basta de cáñamo.

**COTERRÁNEO, A** adj. y n. Respecto a una persona, otra de su mismo país.

**COTIDAL** adj. (voz inglesa). GEOGR. Dícese de una curva que pasa por todos los puntos en que se produce la marea a la misma hora.

**COTIDIANEIDAD** n. f. Calidad de cotidiano.

**COTIDIANO, A** adj. (lat. *quotidianum*). Diario: *trabajo, paseo cotidiano.*

**COTILEDON** o **COTILEDÓN** n. m. (gr. *kotylēdōn,* hueco de un recipiente). ANAT. Lóbulo de la placenta. **2.** BOT. Lóbulo carnoso o foliáceo inserto en el eje de la plántula, en la semilla.

**COTILEDÓNEO, A** adj. Relativo al cotiledon.

**COTILLA** n. f. Corsé armado de ballenas.

**COTILLA** n. m. y f. *Fam.* Persona chismosa y murmuradora.

**COTILLEAR** v. intr. [**1**]. Chismorrear.

**COTILLEO** n. m. Acción de cotillear.

**COTILLO** n. m. Parte del martillo y otras herramientas, que sirve para golpear.

**COTILLÓN** n. m. (fr. *cotillon*). Danza efectuada por un grupo de cuatro u ocho personas. **2.** Baile bullicioso con que finaliza una fiesta.

**COTILO** n. m. ANAT. Cavidad articular de un hueso.

**COTILOIDEO, A** adj. ANAT. Dícese de la cavidad articular del hueso ilíaco en la que se encaja la cabeza del fémur.

**COTIZA** n. f. HERÁLD. Banda o barra de anchura reducida.

**COTIZA** n. f. *Colomb.* y *Venez.* Especie de alpargata usada por la gente del campo.

**COTIZABLE** adj. Que puede cotizarse.

**COTIZACIÓN** n. f. Acción y efecto de cotizar. **2.** Precio que en la bolsa alcanzan los valores. • **Valores fuera de cotización,** valores negociables sin recurrir a los agentes de cambio.

**COTIZAR** v. tr. y pron. (fr. *cotiser*) [**1g**]. Asignar el precio de un valor en la bolsa o en el mercado. ◆ v. intr. **2.** Pagar o recaudar una cuota, especialmente la impuesta por los sindicatos a sus asociados: *cotizar a la seguridad social, a un partido.* ◆ **cotizarse** v. pron. **3.** Alcanzar un precio determinado una mercancía. **4.** Valorar una persona o cosa, o alguna de sus características.

**COTO** n. m. (lat. *cautum*). Terreno acotado. **2.** Término, límite: *poner coto a los desmanes.*

**COTO** n. m. Pez de cabeza grande y boca ancha, que mide de 10 a 30 cm de long. y vive en las aguas corrientes limpias o en las costas rocosas. (Familia cótidos.) **2.** Mono aullador de América del Sur, de color castaño oscuro.

coto

**COTO** n. m. (voz quechua). *Amér. Merid.* Bocio.

**COTÓN** n. m. Tela de algodón estampada de varios colores.

**COTONA** n. f. *Amér.* Camiseta fuerte de algodón u otra materia.

**COTONADA** n. f. Tela tejida con fibras de algodón puro mezclado con fibras diferentes.

**COTONÍA** n. f. Tela blanca de algodón, especie de lona delgada, que forma cordoncillo.

**COTONIFICIO** n. m. Elaboración, aprovechamiento del algodón.

**COTORRA** n. f. Ave trepadora americana, parecida al papagayo, pero de menor tamaño. (Familia sitácidos.) **2.** Urraca. **3.** *Fig.* y *fam.* Persona que cotorrea.

**COTORREAR** v. intr. [**1**]. Hablar con exceso. **2.** *Méx. Fam.* Engañar a alguien para hacer burla: *me cotorrearon diciéndome que había sacado la lotería.* **3.** *Méx. Fam.* Hacer burla de alguien: *siempre se lo cotorrean por tonto.* **4.** *Méx. Fam.* Conversar animadamente: *estuvimos cotorreando toda la tarde.*

**COTORRERA** n. f. Hembra del papagayo.

**COTOTO** n. m. *Amér.* Chichón.

**COTUDO, A** adj. *Amér.* Que tiene coto o bocio.

**COTURNO** n. m. (lat. *cothurnum*). ANT. Calzado con suela gruesa que llevaban los actores de la tragedia griega y romana.

**COULOMB** n. m. En la nomenclatura internacional, culombio.

**COUNTRY** n. m. y adj. (voz ingl., *campo*). Estilo de música popular característica de la población blanca del SE de E.U.A. SIN.: *country music* o *música country.* ◆ n. m. **2.** Especie de barrio privado que incluye viviendas propias y espacios de recreación compartidos.

**COUPAGE** n. m. (voz francesa). Acción de mezclar dos o más vinos de distinta graduación.

**COURIER** n. m. y f. (voz inglesa) [pl. *couriers*]. Mensajero.

**COVACHA** n. f. Cueva pequeña. **2.** Vivienda humilde y pobre. **3.** *Ecuad.* Tienda donde se venden comestibles. **4.** *Méx.* Habitación del portero situada debajo de la escalera.

**COVACHUELISTA** n. m. Nombre que se daba a los oficiales de las secretarías del gobierno.

**COVADERA** n. f. *Chile.* Espacio de tierra de donde se extrae guano.

**COVALENCIA** n. f. Unión química entre dos átomos que se establece cuando comparten electrones.

**COVARIANZA** n. f. ESTADÍST. Valor medio del producto de los términos homólogos entre dos variables centradas.

**COVER-GIRL** n. f. (voz inglesa, de *cover,* portada y *girl,* muchacha). Modelo que posa para los fotógrafos de las revistas ilustradas, en especial para la portada.

**COW-BOY** o **COWBOY** n. m. (voz inglesa) [pl. *cow-boys* o *cowboys*]. Guardián del ganado en los ranchos norteamericanos.

**COWPER** n. m. Aparato de inversión que se utiliza en siderurgia para la recuperación del calor latente de los gases de los altos hornos y para el recalentamiento del aire que se introduce en las toberas.

**COW-POX** n. m. (voz inglesa). Viruela en la vaca.

**COXAL** adj. Relativo a la cadera. • **Hueso coxal,** hueso ilíaco.

**COXALGIA** n. f. Artritis tuberculosa de la cadera.

**COXARTRIA, COXARTRITIS** o **COXITIS** n. f. Artrosis de la cadera.

**COXIS** o **CÓCCIX** n. m. (gr. *kokyx*) [pl. *coxis* o *cóccix*]. Hueso formado por la fusión de varias vértebras rudimentarias, en la extremidad del sacro.

**COY** n. m. (neerlandés *kooi*). Trozo rectangular de lona que, colgado de sus cuatro puntas, sirve de cama a bordo.

**COYA** n. f. Entre los antiguos peruanos, mujer del inca, señora, soberana o princesa. (Desde los tiempos de Topa Inca, por lo menos, se había hecho costumbre que la *coya* fuera una hermana del inca.)

**COYOL** n. m. *Amér. Central* y *Méx.* Palmera de mediana altura, con largas espinas. **2.** *Amér. Central* y *Méx.* Fruto de esta planta, del que se extrae una bebida y de cuya semilla se hacen dijes, botones, etc.

**COYOLAR** n. m. *Amér. Central* y *Méx.* Sitio poblado de coyoles.

**COYOLEO** n. m. *Amér.* Especie de codorniz.

cotorra

**COYOTE** n. m. Mamífero carnívoro de América del Norte, parecido al lobo y al chacal.

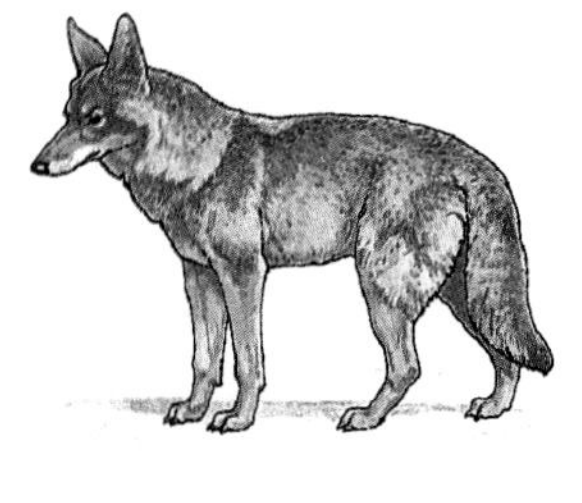

coyote

**COYOTERO, A** adj. y n. *Méx.* Dícese del perro amaestrado para perseguir coyotes.

**COYUNDA** n. f. Correa fuerte, o soga de cáñamo, con que se uncen los bueyes al yugo. **2.** *Fig.* Unión matrimonial. **3.** *Nicar.* Látigo.

**COYUNTURA** n. f. Articulación movible de un hueso con otro. **2.** Estado general de prosperidad o depresión económica en un momento dado. **3.** *Fig.* Circunstancia adecuada para alguna cosa.

**COYUNTURAL** adj. Relativo a la coyuntura.

**COYUYO** n. m. *Argent.* Cigarra grande. **2.** *Argent.* Tuco, insecto coleóptero. **3.** *Argent.* Luciérnaga.

**COZ** n. f. (lat. *calcem,* talón). Acción de levantar y sacudir violentamente hacia atrás una o las dos patas posteriores un caballo, asno, mulo, etc. **2.** Golpe dado de este modo. **3.** Retroceso que hace o golpe que da un arma de fuego al dispararla. • **A coces** *(Fam.),* con desconsideración, despóticamente.

**CPU,** siglas de *central processing unit,* unidad central de proceso, utilizadas en informática para designar al conjunto de la memoria principal, la unidad aritmeticológica y los registros de control del ordenador.

**Cr,** símbolo químico del *cromo.*

**CRAC** o **CRACK** n. m. (alem. *Krach,* derrumbamiento). ECON. Desastre financiero, situación de la bolsa en la que la baja cotización de los valores provoca desconfianza en los mercados.

**CRACK** n. m. (voz inglesa). Persona que destaca notablemente en su especialidad: *un crack de la edición.* **2.** Jugador de fútbol o de cualquier otro deporte de gran calidad y extraordinarias facultades. **3.** Cocaína cristalizada fumable, muy tóxica.

**CRACKING** n. m. (voz inglesa). Procedimiento de refino que modifica la composición de una fracción de petróleo por el efecto combinado de la temperatura, la presión y, generalmente, de un catalizador. SIN.: *craqueo.*

**CRACOVIANA** n. f. Danza popular de origen polaco, de moda en España hacia 1840.

**CRAMPÓN** n. m. (fr. *crampon*). Sobresuela de puntas metálicas que se fija en la suela de los zapatos para impedir que resbalen.

**CRAN** n. m. Muesca o entalla que tienen las letras de imprenta.

**CRANEAL** o **CRANEANO, A** adj. Relativo al cráneo.

**CRÁNEO** n. m. (gr. *kranion*). Cavidad ósea que contiene y protege el encéfalo en los vertebrados.

**CRANEOFARINGIOMA** n. m. Tumor intracraneal situado por encima de la pared posterior de la faringe, y desarrollado a partir de secuelas embrionarias de la región de la hipófisis.

**CRANEOLOGÍA** n. f. Estudio del cráneo.

**CRANEOPATÍA** n. f. Enfermedad del cráneo.

**CRANEOSTENOSIS** n. f. Malformación congénita caracterizada por la contracción de las hendiduras y agujeros craneales.

**CRÁPULA** n. f. (lat. *crapulam*). Disipación, libertinaje. **2.** Conjunto de gente viciosa e inmoral. ◆ n. m. y f. **3.** Persona viciosa.

**CRAQUEAR** v. tr. [**1**]. TECNOL. Realizar el cracking de un producto petrolífero.

**CRAQUELÉ** n. m. (voz francesa). En cerámica, procedimiento decorativo que utiliza los dibujos formados por las grietas de un vidriado cuyo coeficiente de dilatación o elasticidad no concuerda con el de la pasta. **2.** Cuarteado que presentan las pinturas antiguas.

**CRAQUEO** n. m. Cracking.

**CRASCITAR** v. intr. [**1**]. Graznar el cuervo.

**CRASH** n. m. (voz inglesa). Aterrizaje forzoso efectuado por un avión sin tren de aterrizaje. **2.** ECON. Crac*.

**CRASIS** n. f. (gr. *krasis*). En griego, contracción particular de vocales, indicada por un signo especial.

**CRASITUD** n. f. Cualidad de craso, grueso, gordo.

**CRASO, A** adj. (lat. *crassum*). Grueso, gordo o espeso. **2.** *Fig.* Con los sustantivos *error, ignorancia, engaño* y otros semejantes, burdo, grosero.

**CRASULÁCEO, A** adj. y n. f. Relativo a una familia de plantas dicotiledóneas carnosas que crecen en países templados y cálidos.

**CRÁTER** n. m. (lat. *craterem*). Depresión situada en la parte superior de un volcán, por donde salen los materiales de proyección y la lava. • **Cráter meteórico,** depresión casi circular causada por el impacto de un meteorito en la superficie de un astro, en particular de la Luna. ‖ **Lago de cráter,** lago formado en el cráter de un volcán apagado.

**CRÁTERA** o **CRATERA** n. f. Vaso de boca ancha y con dos asas utilizado en la antigüedad para mezclar el agua y el vino.

**crátera** griega de volutas
(bronce; s. VI a. J.C.; altura: 72 cm)
[museo nacional, Belgrado]

**CRATERIFORME** adj. Que tiene forma de cráter.

**CRATÓN** n. m. GEOL. Sector de la corteza terrestre que sólo puede experimentar deformaciones de tipo germánico.

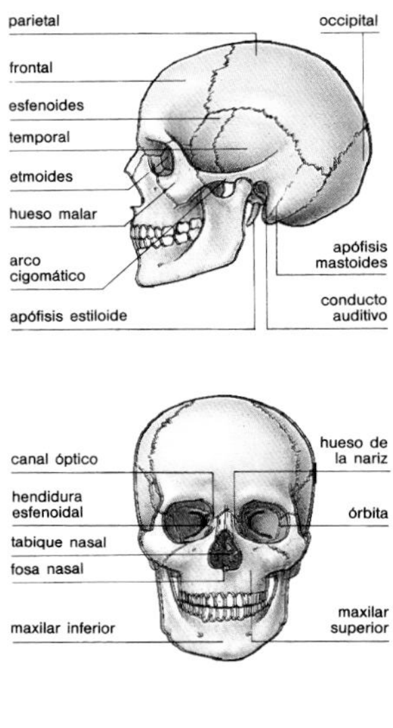


**cráneo** (de perfil y de frente)

**CRAWL** n. m. (voz inglesa). Estilo de natación que consiste en una rotación vertical alternativa de los brazos y un movimiento pendular continuo de los pies.

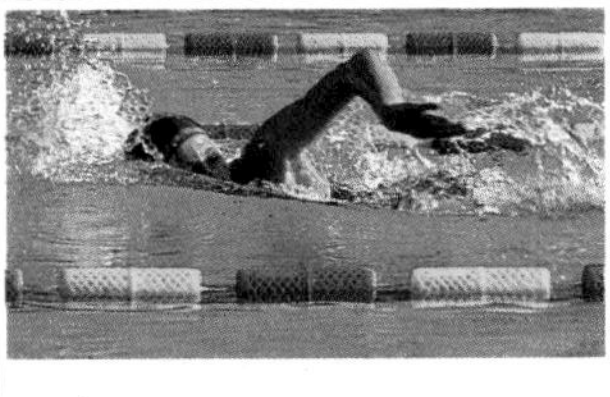

crawl

**CREACIÓN** n. f. Acción y efecto de crear: *la creación de una obra.* **2.** Mundo, todo lo creado.

**CREACIONISMO** n. m. Antigua teoría biológica según la cual las especies vivientes han sido siempre las mismas y no han sufrido evolución alguna desde su creación. **2.** Corriente poética hispanoamericana de vanguardia, surgida en París de la obra de V. Huidobro, en contacto con renovadores franceses (Apollinaire, Reverdy), que propugnaba la libertad creativa y la autonomía de la imagen, sin injerencias del entorno referencial.

**CREADOR, RA** adj. y n. Que crea: *espíritu creador; el creador de la nueva moda.* ◆ adj. y n. m. **2.** Dícese de Dios.

**CREAR** v. tr. (lat. *creare*) [**1**]. Hacer algo de nada, especialmente hablando de Dios. **2.** Formar, forjar: *crear enemistades.* **3.** Instituir, fundar, establecer: *crear una empresa.* **4.** Componer artística o intelectualmente: *crear una novela.* ◆ **crearse** v. pron. **5.** Forjarse, imaginarse, formarse en la mente: *crearse un mundo de ilusiones.*

**CREATINA** n. f. Sustancia nitrogenada, producto intermedio del metabolismo de los prótidos, que se encuentra en los músculos y, en muy baja proporción (0,01 o 0,02 %), en el plasma sanguíneo.

**CREATININA** n. f. Desecho nitrogenado derivado de la creatina.

**CREATIVIDAD** n. f. Capacidad humana de producir contenidos mentales de cualquier tipo.

**CREATIVO, A** adj. Que implica creatividad. ◆ n. **2.** Persona con gran capacidad de creación, de imaginación. **3.** Persona encargada de tener ideas originales, de crear productos originales en la publicidad industrial o comercial.

**CRECER** v. intr. (lat. *crescere*) [**2m**]. Aumentar de tamaño gradualmente los organismos vivos, especialmente en altura: *el niño ha crecido mucho.* **2.** Recibir aumento una cosa por añadírsele nueva materia: *crecer un río; el pelo le crece mucho.* **3.** Extenderse, propagarse: *crecer un rumor.* **4.** Aumentar la parte iluminada de la Luna. **5.** Aumentar o añadir gradualmente puntos en las labores de media, punto o ganchillo. ◆ **crecerse** v. pron. **6.** Tomar uno mayor autoridad, importancia o atrevimiento: *crecerse ante las dificultades.*

**CRECES** n. f. pl. Aumento aparente de volumen que adquiere el trigo, la sal, etc., cuando se traspala de una parte a otra. • **Con creces,** amplia, colmadamente, más de lo debido.

**CRECIDA** n. f. Aumento del caudal de una corriente de agua.

**CRECIDO, A** adj. Grande, numeroso.

**CRECIENTE** adj. Que está creciendo. ◆ **Cuarto creciente,** fase de la Luna, intermedia entre el novilunio y el plenilunio, en la que es visible la mitad del disco lunar. ‖ **Función creciente en un intervalo (a, b),** función $f(x)$ de la variable $x$ definida en este intervalo, tal que la relación $f(x) - f(x')$ sea positiva cualquiera que sean los números $x$ y $x'$ pertenecientes al intervalo $(a, b)$. ◆ n. m. **Creciente (de la Luna),** período durante el cual crece la parte iluminada de la Luna, comprendido entre el novilunio y el plenilunio.

**CRECIMIENTO** n. m. Desarrollo progresivo de un ser vivo o de una cosa, considerados en su aspecto cuantitativo, como la talla, el peso, el valor numérico, etc. • **Crecimiento cero,** ausencia de desarrollo demográfico y económico, necesarios, según algunos autores, para luchar contra el agotamiento de los recursos naturales y la degradación del medio ambiente. ‖ **Crecimiento econó-**

**mico,** aumento de las distintas magnitudes que caracterizan la actividad económica.

**CREDENCIA** n. f. LITURG. Mesa sobre la que se colocan los objetos necesarios para el culto.

**CREDENCIAL** adj. Que acredita. • **Cartas credenciales,** las que entrega un embajador o ministro para que se le admita y reconozca como tal. ◆ n. f. **2.** Documento que acredita el nombramiento de un empleado público a los efectos de tomar posesión de su cargo.

**CREDIBILIDAD** n. f. Calidad de creíble.

**CREDITICIO, A** adj. Relativo al crédito público y privado.

**CRÉDITO** n. m. (lat. *creditum*). Asenso: *no dar crédito a los rumores.* **2.** Reputación, fama, autoridad: *gozar de gran crédito.* **3.** Acto por el cual un banco o un organismo financiero efectúa un anticipo de fondos; aplazamiento que se concede a un rembolso; importe del anticipo. **4.** Unidad valorativa de los diversos estudios, que sirve para calibrar los mínimos de aprendizaje. • **A crédito,** sin pago inmediato. ‖ **Apertura de crédito,** compromiso de poner una suma de dinero a disposición de alguien. ‖ **Carta de crédito,** o **carta-orden de crédito,** documento que entrega un banquero a su cliente y que permite a éste obtener fondos de un banquero de otra plaza. ‖ **Crédito a corto plazo,** crédito concedido por un período inferior a un año. ‖ **Crédito a largo plazo,** crédito concedido para inversiones en bienes de capital y cuyo plazo de vencimiento es ilimitado. ‖ **Crédito a plazo medio,** crédito concedido por un plazo comprendido, en general, entre uno y dos años. ‖ **Crédito blando,** crédito a bajo interés o a unos puntos por debajo del preferencial. ‖ **Crédito documentado,** modalidad del crédito a corto plazo en la que el beneficiario sólo puede disponer de la cantidad acreditada contra entrega de los documentos relativos a la compraventa en que se va a emplear. ‖ **Crédito oficial** (ECON.), el que la administración pública gestiona a través de entidades oficiales financieras, con el fin de apoyar determinadas actividades o sectores. ‖ **Crédito público,** conjunto de actos y compromisos que nacen de la facultad que tiene el estado de contratar una deuda pública a través del empréstito; cantidad de dinero consignada en una partida del estado de gastos de un presupuesto público. ‖ **Dar crédito,** creer. ‖ **Tarjeta de crédito,** documento que permite a su titular, bajo simple presentación, obtener un bien o un servicio sin desembolso inmediato.

**CREDO** n. m. (lat. *credo*). Profesión de fe de los cristianos que contiene los artículos fundamentales de la fe católica. **2.** *Fig.* Conjunto de doctrinas, creencias u opiniones comunes a una colectividad: *credo político.* • **En un credo** *(Fam.)*, en un espacio muy corto de tiempo.

**CREDULIDAD** n. f. Calidad de crédulo.

**CRÉDULO, A** adj. Que cree con excesiva facilidad.

**CREE** o **CRI,** pueblo amerindio algonquino de la región de los Grandes Lagos, en la bahía de Hudson.

**CREENCIA** n. f. Firme asentimiento y conformidad con una cosa. **2.** Completo crédito prestado a un hecho o noticia. **3.** Religión, secta.

**CREER** v. tr. e intr. **[2i]**. Dar por cierta una cosa que no está comprobada o demostrada: *creer en la eficacia de algo.* **2.** Tener fe en los dogmas de una religión. ◆ v. tr. **3.** Pensar, juzgar, conjeturar: *creo que es verdad.* **4.** Tener fe o confianza en una persona o cosa: *no te creo.* ◆ v. tr. y pron. **5.** Tener una cosa por verosímil o probable: *creo que vendrá.* **6.** Considerar, estimar, juzgar: *se cree inteligente.*

**CREÍBLE** adj. Que puede o merece ser creído.

**CREÍDO, A** adj. Engreído, satisfecho de sí mismo, vanidoso, presumido.

**CREMA** n. f. (fr. *crème*). Sustancia grasa de la leche (3 a 4 %) con que se hace la mantequilla. **2.** *Fig.* Lo más selecto, la flor y nata de alguna cosa, en especial de una colectividad humana: *la crema de la sociedad.* **3.** Producto empleado en terapéutica dermatológica y cosmética: *crema limpiadora.* **4.** Nata de la leche. **5.** Natillas espesas. **6.** Sopa de puré, tamizada y espesada con leche y yemas de huevo: *crema de ave.* **7.** Queso fundido. **8.** Licor, generalmente algo espeso: *crema de cacao.* **9.** Pasta compuesta de ceras disueltas en esencia de trementina, etc.: *crema para los zapatos.*

**CREMA** n. f. Diéresis.

**CREMACIÓN** n. f. (lat. *cremationem*). Acción de quemar.

**CREMALLERA** n. f. (fr. *crémaillère*). Barra de madera o metálica provista de dientes para diversos oficios mecánicos. **2.** Sistema de cierre flexible consistente en dos tiras de tela con hileras de pequeños dientes metálicos o de plástico que engranan entre sí al efectuar el movimiento de apertura o cierre. **3.** Pieza de acero, conectada a una rueda dentada, que sirve para transformar un movimiento rectilíneo en movimiento de rotación, o viceversa. **4.** En algunas vías férreas, riel suplementario provisto de dientes, en los cuales engrana una rueda dentada dispuesta en la locomotora.

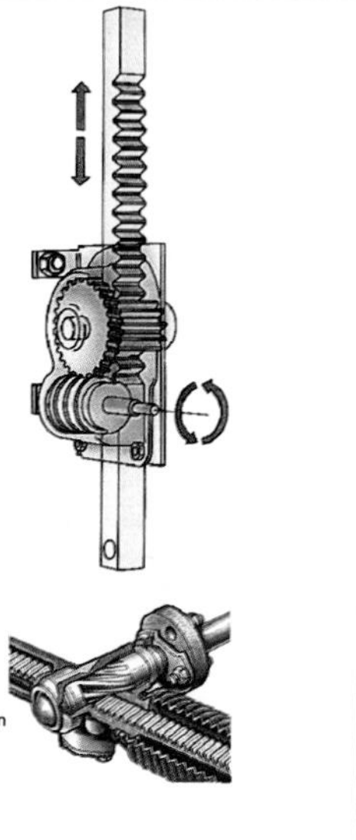

cremalleras

**CREMATÍSTICO, A** adj. y n. f. (gr. *khrēmatistikos*). ECON. Relativo a la producción de riquezas o al dinero en general.

**CREMATORIO, A** adj. Relativo a la cremación. • **Horno crematorio,** horno destinado a la incineración de los cadáveres. ◆ n. m. **2.** Lugar donde se queman los cadáveres.

**CREMERÍA** n. f. *Argent.* Establecimiento donde se elaboran algunos de los productos derivados de la leche, como mantequilla y queso.

**CREMONA** n. f. Falleba con dos varillas que se deslizan en sentido longitudinal mediante un sistema accionado por un puño o manija.

**CREMOSO, A** adj. De la naturaleza o aspecto de la crema. **2.** Que tiene mucha crema: *leche cremosa.*

**CRENCHA** n. f. Raya que divide el cabello en dos partes. **2.** Cada una de estas dos partes.

**CRENOTERAPIA** n. f. (gr. *krēnē*, fuente). MED. Tratamiento basado en el empleo de las aguas minerales efectuado en el mismo manantial.

**CREOLE** n. m. Lengua criolla.

**CREOSOTA** n. f. Líquido incoloro, de olor fuerte, cáustico, que se extrae del alquitrán por destilación.

**CREOSOTADO** n. m. Acción de creosotar.

**CREOSOTAR** v. tr. **[1]**. Impregnar de creosota la madera para asegurar su protección.

**CREPÉ** n. m. Tejido de lino y principalmente de algodón, que presenta relieves en la superficie. **2.** Cabellos postizos usados para dar mayor volumen al peinado. **3.** Caucho bruto obtenido por secado en aire caliente de un coagulado de látex.

**CRÊPE** n. f. (voz francesa). Torta ligera de harina y otros ingredientes, cocida en sartén o en la plancha.

**CREPITACIÓN** n. f. Acción y efecto de crepitar. **2.** MED. Ruido anormal producido por un líquido y el aire en los alveolos pulmonares.

**CREPITANTE** adj. Que crepita.

**CREPITAR** v. intr. (lat. *crepitare*) **[1]**. Hacer un ruido repetido, especialmente dar chasquidos lo que arde: *el fuego crepita.*

**CREPUSCULAR** adj. Relativo al crepúsculo: *luz crepuscular.* • **Estado crepuscular** (SIQUIATR.), obnubilación de la conciencia.

**CREPÚSCULO** n. m. Claridad que hay al amanecer y al anochecer, especialmente esta última. **2.** Tiempo que dura esta claridad.

**CRESCENDO** n. m. y adv. (voz italiana). MÚS. Aumento progresivo de la intensidad de los sonidos. • **In crescendo,** en aumento, cada vez más.

**CRESO** n. m. (de *Creso*). El que posee grandes riquezas.

**CRESOL** n. m. Fenol derivado del tolueno, que se extrae del alquitrán.

**CRESPÍN** n. m. *Argent.* Pájaro de unos 30 cm de long., de color pardo con el pecho amarillo.

**CRESPO, A** adj. (lat. *crispum*). Dícese del cabello ensortijado o rizado. **2.** *Fig.* Irritado, alterado. **3.** Dícese del estilo artificioso y oscuro.

**CRESPÓN** n. m. Tejido que presenta un característico aspecto ondulado: *crespón de China.* **2.** Tela negra que se ostenta en señal de luto.

**CRESTA** n. f. (lat. *cristam*). Carnosidad o carúncula de la cabeza de algunas gallináceas, generalmente más desarrollada en el macho. **2.** Copete, moño o penacho de pluma de algunas aves. **3.** *Fig.* Cumbre peñascosa de una montaña. **4.** *Fig.* Cima de una ola coronada de espuma. • **Potencia de cresta** (ELECTR.), valor instantáneo máximo de la potencia durante un cierto período de tiempo.

**CRESTADO, A** adj. Que tiene cresta.

**CRESTERÍA** n. f. Adorno continuo calado que se utilizó en la edad media y en el renacimiento para rematar las partes altas de los edificios. **2.** Conjunto de almenas de las antiguas fortificaciones.

**CRESTOMATÍA** n. f. Colección de textos escogidos destinados a la enseñanza.

**CRETA** n. f. (lat. *cretam*). Roca caliza de origen orgánico, blanda, formada por finísimos restos de equinodermos, moluscos y otros organismos y gran cantidad de caparazones de foraminíferos.

**CRETÁCICO, A** o **CRETÁCEO, A** adj. De la naturaleza de la creta o que la contiene. ◆ n. m. y adj. **2.** Período geológico final de la era secundaria, caracterizado sobre todo por la formación de creta.

**CRETENSE** adj. y n. m. y f. De Creta.

**CRETINEZ** n. f. Tontería, estupidez.

**CRETINISMO** n. m. Forma de atraso intelectual producido por hipotiroidismo.

**CRETINO, A** adj. y n. (fr. *crétin*). Afecto de cretinismo. **2.** *Fig.* Estúpido, necio.

**CRETONA** n. f. Tejido de algodón, fabricado siguiendo la plantilla de la armadura de la tela.

**CREYENTE** adj. y n. m. y f. Que cree, especialmente en determinada fe religiosa. ◆ **creyentes** n. m. pl. **2.** Nombre que se dan los musulmanes a sí mismos: *los califas tomaban el título de «jefe de los creyentes».*

**CRÍA** n. f. Acción y efecto de criar. **2.** Animal que se está criando. **3.** Conjunto de animales que nacen de una sola vez.

**CRIADERO, A** adj. Fecundo en criar. ◆ n. m. **2.** Lugar destinado para la cría de determinados animales o plantas. **3.** MIN. Agregado de sustancias inorgánicas de útil explotación, que se hallan entre la masa de un terreno.

**CRIADILLA** n. f. Testículo de los animales. **2.** Tubérculo de la planta de la patata.

**CRIADO, A** adj. Con los adverbios *bien* o *mal,* dícese de la persona bien o mal educada. ◆ n. **2.** Persona que, mediante salario, se emplea, especialmente en el servicio doméstico.

**CRIADOR, RA** adj. Que nutre y alimenta. ◆ adj. y n. m. **2.** Dícese del atributo dado sólo a Dios, como autor de la creación. ◆ n. **3.** Vinicultor. **4.** Persona que se dedica a criar ciertos animales.

**CRIANCERO, A** adj. *Chile.* Que cría animales. ◆ n. **2.** *Argent.* Pastor trashumante de la región sureña.

**CRIANDERA** n. f. *Amér.* Nodriza.

**CRIANZA** n. f. Acción y efecto de criar. **2.** Época de la lactancia. **3.** Atención, cortesía, educación.

(Suele usarse con los adjetivos *buena* o *mala*.) **4.** *Chile.* Conjunto de animales nacidos en una finca y destinados a ella. • **Crianza de los vinos,** conjunto de cuidados a que se someten los vinos, después de fermentados, para acabar su formación.

**CRIAR** v. tr. (lat. *creare*) [**1t**]. Crear, hacer algo de nada, especialmente hablando de Dios. **2.** Nutrir, alimentar, amamantar. **3.** Instruir, educar, dirigir. **4.** Cultivar plantas. **5.** Estimular por arte u oficio la producción de aves u otros animales domésticos y seleccionarlos o cebarlos con fines industriales. **6.** Someter el vino, después de la fermentación, a ciertas operaciones y cuidados. ◆ v. tr. y pron. **7.** Producir, engendrar. ◆ **criarse** v. pron. **8.** Crecer, desarrollarse.

**CRIATURA** n. f. (lat. *creaturam*). Toda cosa creada. **2.** Niño recién nacido o de poca edad.

**CRIBA** n. f. Instrumento para cribar, compuesto por un cerco al cual está asegurado un cuero agujereado o una tela metálica. **2.** *Fig.* Medio de seleccionar y, en particular, de distinguir lo verdadero o bueno de lo que no lo es: *pasar por la criba de la crítica.* **3.** BOT. Tabique perforado, transversal u oblicuo, de los vasos cribosos. • **Criba de Eratóstenes,** método que permite establecer una tabla de números primos.

**CRIBADO** n. m. Acción y efecto de cribar.

**CRIBAR** v. tr. (lat. *cribare*) [**1**]. Pasar una semilla o un mineral por la criba, para limpiarlo de impurezas o separar las partes menudas de las gruesas.

**CRIBOSO, A** adj. BOT. Dícese de los vasos que tienen cribas y sirven para conducir la savia descendente de los vegetales.

**CRIC** n. m. (voz francesa). Gato, instrumento.

**CRICOIDES** adj. y n. m. Cartílago de la laringe, en forma de anillo.

**CRICQUET** o **CRICKET** n. m. (pl. *cricquets* o *crickets*). Críquet.

**CRIMEN** n. m. (lat. *crimen*). Delito grave, comúnmente el que conlleva derramamiento de sangre. • **Crimen de guerra,** violación del derecho de guerra.

**CRIMINAL** adj. (lat. *criminalem*). Relativo al crimen o que toma origen de él. **2.** Dícese de las leyes, institutos o acciones destinados a perseguir y castigar los crímenes. ◆ adj. y n. m. y f. **3.** Que ha cometido o procurado cometer un crimen.

**CRIMINALIDAD** n. f. Calidad o circunstancia que hace que una acción sea criminosa. **2.** Cómputo de los crímenes cometidos en un territorio y tiempo determinados.

**CRIMINALISTA** n. m. y f. y adj. Persona dedicada al estudio de las materias criminales o penales. **2.** Abogado que se dedica a asuntos penales.

**CRIMINOLOGÍA** n. f. Estudio científico de los hechos criminales.

**CRIMINOLÓGICO, A** adj. Relativo a la criminología.

**CRIMINÓLOGO, A** n. y adj. Especialista en criminología.

**CRIMINOSO, A** adj. Criminal.

**CRIN** n. f. (lat. *crinem*). Conjunto de pelos largos y duros que tienen algunos animales en la cerviz, en la parte superior del cuello y en la cola. • **Crin vegetal,** materia filamentosa extraída del agave y otras plantas.

**CRINOIDEO, A** adj. y n. m. Relativo a una clase de equinodermos cuyo cuerpo, formado por un cáliz rodeado por largos brazos, está fijado al fondo del mar mediante un tallo.

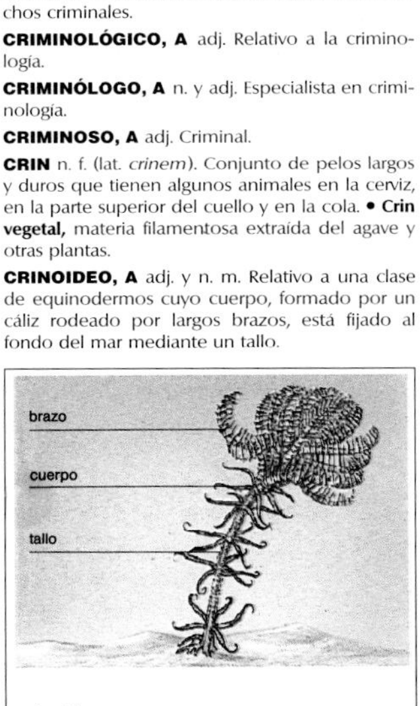

**crinoideo**

**criollos** (detalle de un biombo mexicano; s. XVIII) [museo nacional de historia, México]

**CRINOLINA** n. f. *Méx.* Miriñaque.

**CRÍO, A** n. Criatura, niño de poca edad.

**CRIOCONDUCTOR, RA** adj. y n. m. Dícese de un conductor eléctrico llevado a muy baja temperatura para que disminuya su resistividad.

**CRIOELECTRÓNICA** n. f. Parte de la electrónica que recurre a las criotemperaturas y, más especialmente, a los superconductores para el funcionamiento de equipos.

**CRIOGENIA** n. f. Producción de bajas temperaturas.

**CRIOGENIZACIÓN** n. f. MED. Proceso por el cual la temperatura de un organismo se hace descender hasta −190 °C, para congelarlo y lograr su conservación.

**CRIÓGENO** n. f. FÍS. Mezcla refrigerante.

**CRIOLLISMO** n. m. Exaltación de las cualidades, arte, costumbres, etc., criollas.

**CRIOLLO, A** adj. y n. Dícese del hispanoamericano nacido o descendiente de españoles. ◆ adj. **2.** Dícese de las cosas o costumbres propias de los países hispanoamericanos. ◆ adj. y n. m. **3.** Dícese de la lengua mixta fruto de la fusión de una lengua europea y una lengua indígena.

■ A pesar de ser un grupo reducido comparado con el de los mestizos, los criollos representaron la clase dominante en la etapa colonial. Desarrollaron un proceso de diferenciación conciencial respecto a los españoles europeos, monopolizadores de los altos cargos de la administración y de la Iglesia. Artífices principales de la emancipación, los criollos perdieron su hegemonía en el s. XX, con la irrupción, en unos casos, de una burguesía mestiza vinculada a la economía europea, o de las masas mestizas, en otros, que desencadenaron un proceso revolucionario.

**CRIOLOGÍA** n. f. Conjunto de disciplinas que estudian las bajas temperaturas.

**CRIOLUMINISCENCIA** n. f. Emisión de luz fría por ciertos cuerpos cuando se les enfría a baja temperatura.

**CRIOSCOPIA** o **CRIOMETRÍA** n. f. FÍS. Medida del descenso de la temperatura de fusión de un disolvente cuando se disuelve en él una sustancia.

**CRIOSCÓPICO, A** adj. Relativo a la crioscopia.

**CRIOSTATO** n. m. Aparato que sirve para mantener temperaturas muy bajas.

**CRIOTEMPERATURA** n. f. Temperatura inferior a los 120 °K.

**CRIOTERAPIA** n. f. Tratamiento de enfermedades por medio del frío.

**CRIOTRÓN** n. m. Dispositivo electrónico basado en la superconductividad de ciertos metales a muy baja temperatura.

**CRIOTURBACIÓN** n. f. Desplazamiento de partículas del suelo bajo los efectos de alternancias de hielo y de deshielo. SIN.: *geliturbación.*

**CRIPTA** n. f. (lat. *cryptam*). Lugar subterráneo en que se acostumbraba a enterrar a los muertos. **2.** Piso subterráneo destinado al culto en una iglesia.

**CRIPTESTESIA** n. f. Sensibilidad de determinadas personas que pueden percibir sensaciones o informaciones que escapan a la inmensa mayoría de seres humanos.

**CRÍPTICO, A** adj. Dícese de las cosas oscuras o enigmáticas: *lenguaje críptico.*

**CRIPTÓFITO, A** adj. Dícese de las plantas de las regiones áridas cuyas partes aéreas sólo aparecen durante un corto período cada año.

**CRIPTOGAMIA** n. f. Estudio de las plantas criptógamas.

**CRIPTÓGAMO, A** adj. y n. f. Relativo a las plantas pluricelulares que carecen de flores, frutos y semillas, por oposición a las fanerógamas. (Las *criptógamas* comprenden tres tipos: *talófitas* [algas, hongos], *briófitos* [musgos] y *pteridófitos* [helechos].) • **Criptógamas vasculares,** nombre dado a los pteridófitos, por poseer vasos.

**CRIPTOGENÉTICO, A** adj. MED. Dícese de la enfermedad cuyo origen se desconoce.

**CRIPTOGRAFÍA** n. f. Conjunto de las técnicas que permiten proteger el secreto de una comunicación por medio de la escritura convencional secreta.

**CRIPTOGRÁFICO, A** adj. Relativo a la criptografía.

**CRIPTOGRAMA** n. m. Mensaje escrito mediante un sistema cifrado o codificado. **2.** Especie de crucigrama.

**CRIPTÓN** n. m. Kriptón.

**CRÍQUET, CRICQUET** o **CRICKET** n. m. (ingl. *cricket*) [pl. *críquets, cricquets* o *crickets*]. Juego de pelota inglés que se practica con bates de madera.

**CRIS** n. m. (pl. *cris*). Puñal malayo de hoja ondulada en forma de llama.

**CRISÁLIDA** n. f. Forma inmóvil de los lepidópteros, entre el estadio de oruga y el de mariposa.

**CRISANTEMO** n. m. Planta ornamental, con flores de variado colorido, muy utilizada para guarnecer tumbas. (Familia compuestas.) **2.** Flor de esta planta.

**CRISELEFANTINO, A** adj. Dícese de una técnica de la antigüedad que empleaba oro y marfil para la realización de estatuas, y de las estatuas labradas con esta técnica.

**CRISIS** n. f. (gr. *krisis*). Manifestación aguda de un trastorno físico o moral. **2.** Situación difícil y tensa en la vida de una persona, empresa o colectividad, de cuyo fin depende la reanudación de la normalidad. • **Crisis económica,** ruptura del equilibrio entre la producción y el consumo, que se traduce en una caída general de las magnitudes económicas, principalmente inversión, nivel de empleo, renta y consumo. || **Crisis laboral,** falta de actividades para asignar a los trabajadores de una empresa; dificultad de los trabajadores para encontrar trabajo. || **Crisis ministerial,** período intermedio entre la dimisión de un gobierno y la formación de otro; dimisión del gobierno. || **Crisis nerviosa,** estado de agitación breve y súbito acompañado de gritos y de gesticulación, sin pérdida del conocimiento.

■ Hasta mediados del s. XIX las crisis económicas aún eran de subproducción agrícola, y afectaban sobre todo al medio rural. Después, el desarrollo de la industria pesada y las comunicaciones, así como la incorporación de los sistemas monetarios, provocaron crisis de sobreproducción industrial, más largas y extensas. En un tercer momento, los factores financieros pasaron a ser determinantes y causaron crisis bursátiles (el crac de la bolsa de Nueva York en 1929). La crisis surgida en 1973, luego de la cuadruplicación de los precios del petróleo, ofreció aspectos originales: su duración y la simultaneidad de fenómenos antes antinómicos, como el desempleo que coexiste con la inflación (estanflación). En octubre de 1987, el mercado bursátil internacional sufrió otro crac de gran amplitud, consecuencia directa de la especulación financiera y reflejo de la precariedad monetaria internacional. En 1991, una nueva crisis, ligada a la guerra del Golfo, sacudió la economía mundial.

**CRISMA** n. m. (lat. *chrisma*). Mezcla de aceite y bálsamo que se utiliza en las consagraciones y en la administración de ciertos sacramentos. ◆ n. f. **2.** *Fam.* Cabeza. • **Romper la crisma** a uno *(Fam.)*, descalabrarle, herirle en la cabeza.

**CRISMERA** n. f. Vaso o ampolla, generalmente de plata, en el que se guarda el santo crisma.

**CRISMÓN** n. m. Monograma de Cristo, compuesto por las letras mayúsculas *X* y *P* griegas entrelazadas, o *P* acompañada por las letras α y ω y cruzadas en su trazo vertical por una barra horizontal.

**CRISOBERILO** n. m. Aluminato natural de berilo, que forma parte de algunas piedras finas.

**CRISÓBULA** n. f. Edicto de un emperador bizantino sellado con la bula de oro.

**CRISOCALCO** n. m. Similor.

**CRISOCOLA** n. f. Silicato hidratado de cobre, de color azul turquesa intenso.

**CRISOL** n. m. Recipiente de tierra refractaria, metal, aleación, etc., que se utiliza en el laboratorio para fundir o calcinar. **2.** *Fig.* Medio de purificación moral o intelectual, de ensayo o de análisis: *el crisol del sufrimiento.* **3.** INDUSTR. Parte inferior de un alto horno, donde se acumula el metal fundido.

**CRISOLITA** n. f. Variedad de peridoto verde claro.

**CRISOMÉLIDO, A** adj. y n. m. Relativo a una familia de coleópteros de colores brillantes y aspecto metálico, la mayoría de ellos perjudiciales para las plantas.

**CRISOPRASA** n. f. Variedad de calcedonia de color verdoso.

**CRISPACIÓN** n. f. Acción y efecto de crispar. SIN.: *crispamiento.*

**CRISPAR** v. tr. y pron. (lat. *crispare*) [**1**]. Contraer repentina y pasajeramente los músculos de una parte del cuerpo. **2.** *Fig.* Irritar, exasperar.

**CRISPATURA** n. f. MED. Contracción de los músculos debida a una irritación nerviosa.

**CRISTAL** n. m. (lat. *crystallum*). Cuerpo sólido, que puede adoptar una forma geométrica bien definida, caracterizado por una distribución regular y periódica de los átomos. **2.** Vidrio compuesto por tres partes de sílice, dos de óxido de plomo y una de potasa. **3.** Hoja de cristal o vidrio con que se forman las vidrieras, ventanas, etc. • **Cristal de roca,** cuarzo hialino, duro y límpido, que en su forma primitiva se presenta en prismas hexagonales finalizados en pirámides de seis caras laterales. ‖ **Cristal líquido,** sustancia líquida dotada de estructura cristalina.

**CRISTALERA** n. f. Armario con cristales. **2.** Cierre o puerta de cristales.

**CRISTALERÍA** n. f. Fabricación y comercio de vasos, copas y otros objetos de cristal. **2.** Fábrica o tienda de objetos de cristal. **3.** Conjunto de dichos objetos. **4.** Juego de vasos, copas y jarros de cristal que se usan para el servicio de mesa.

**CRISTALERO, A** n. Persona que trabaja el cristal o lo vende.

**CRISTALINIDAD** n. f. QUÍM. Propiedad de un compuesto macromolecular que corresponde a una disposición regular de las macromoléculas entre sí.

**CRISTALINO, A** adj. De cristal o parecido a él. • **Sistema cristalino,** conjunto de los elementos de simetría característicos de la red de un cristal. (Existen siete sistemas cristalinos, que se designan con el nombre de la forma tipo correspondiente.) ◆ n. m. **2.** Elemento del ojo, en forma de lente biconvexa, situado en el globo ocular, detrás de la pupila, y que forma parte de los medios refringentes que hacen converger los rayos luminosos sobre la retina.

**CRISTALIZACIÓN** n. f. Acción y efecto de cristalizar. **2.** Cosa cristalizada.

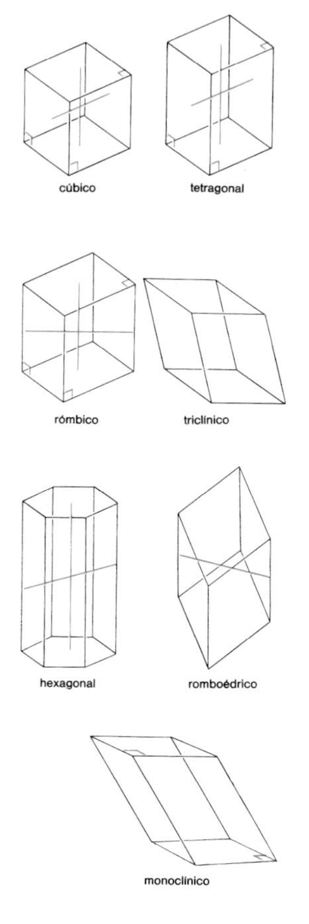


los siete sistemas **cristalinos**

**CRISTALIZADOR** n. m. Recipiente de vidrio en el que se puede llevar a cabo la cristalización de los cuerpos en disolución.

**CRISTALIZAR** v. intr. y pron. [**1g**]. Tomar cierta sustancia la forma cristalina. ◆ v. intr. **2.** *Fig.* Tomar forma clara y precisa las ideas o sentimientos de una persona o colectividad. ◆ v. tr. **3.** Hacer tomar la forma cristalina a ciertas sustancias.

**CRISTALOFÍLICO, A** adj. Dícese de las rocas metamórficas de estructura orientada, esquistosa.

**CRISTALOGRAFÍA** n. f. Ciencia que estudia los cristales y las leyes que rigen su formación.

**CRISTALOGRÁFICO, A** adj. Relativo a la cristalografía.

**CRISTALOIDE** adj. Parecido, semejante a un cristal. ◆ adj. y n. m. **2.** Dícese del cuerpo disuelto que puede ser dializado.

**CRISTALOMANCIA** o **CRISTALOMANCÍA** n. f. Procedimiento de adivinación fundado en la contemplación de objetos de vidrio o de cristal.

**CRISTALOQUÍMICA** n. f. Rama de la química que se ocupa del estudio de los medios cristalizados.

**CRISTALOQUÍMICO, A** adj. Relativo a la cristaloquímica.

**CRISTERO, A** adj. y n. Relativo a la sublevación contra el gobierno del presidente mexicano Calles; partidario de esta sublevación.

**CRISTIANAR** v. tr. [**1**]. *Fam.* Bautizar.

**CRISTIANDAD** n. f. Conjunto de los países, de los pueblos o de los fieles cristianos. **2.** Observancia de la ley de Cristo.

**CRISTIANÍA** n. m. Movimiento que permite al esquiador efectuar un viraje o una parada mediante un cuarto de vuelta brusco.

**CRISTIANISMO** n. m. Conjunto de las religiones fundadas en la persona y las enseñanzas de Jesucristo. **2.** Conjunto de las personas que creen en esta religión.

■ El cristianismo se funda en la revelación divina inaugurada por el Antiguo Testamento y manifestada en las enseñanzas (la Buena Nueva) de Jesús. El cristianismo elaboró una fe común con base en la Trinidad, la Encarnación y la Redención. Tras la muerte de Jesús, los apóstoles lo difundieron. San Pedro fue el primer obispo de Roma, pero el más activo difusor de la doctrina fue san Pablo. Aunque sufrió persecuciones desde el s. I, el número de adeptos aumentó hasta que finalmente Constantino lo reconoció (edicto de Milán, 313) y Teodosio lo declaró religión oficial del Estado (fines del s. IV). Durante la edad media se extendió, pese a haber enfrentado graves problemas: las herejías, el cisma de Oriente (1054) que separó la iglesia bizantina de la latina, el cisma de Occidente (1378) y la Reforma (s. XVI), que separó el protestantismo de la Iglesia romana. Frenado por el auge del racionalismo en el s. XVIII, se difundió por todo el mundo en el s. XIX gracias a las misiones. Con el movimiento ecuménico y el concilio Vaticano II, el cristianismo intenta superar sus divisiones (católicos, protestantes, ortodoxos) y recobrar su unidad.

**CRISTIANIZACIÓN** n. f. Acción y efecto de cristianizar.

**CRISTIANIZAR** v. tr. y pron. [**1g**]. Conformar una cosa con el dogma o con el rito cristiano. **2.** Convertir al cristianismo.

**CRISTIANO, A** adj. (lat. *christianum*). Relativo al cristianismo: *la fe cristiana.* **2.** Conforme a la doctrina y a la moral del cristianismo: *una vida, una muerte cristiana.* ◆ adj. y n. **3.** Que profesa el cristianismo: *pueblo cristiano.* • **Hablar en cristiano** *(Fam.)*, expresarse en términos llanos y fácilmente comprensibles o en la lengua propia del que escucha. ◆ n. **4.** *Fam.* Persona, alma viviente. • **Cristiano antiguo,** o **viejo,** denominación que en España y Portugal se daba a los cristianos de pura raza, por oposición a cristiano nuevo, como moros y judíos conversos.

**CRISTINO, A** adj. y n. Durante la primera guerra carlista, partidario de la regente María Cristina y de su hija Isabel, en oposición a carlista; relativo a este bando.

**CRISTO** n. m. Jesucristo. (Se escribe con mayúscula.) [V. parte n. pr. ***Jesucristo.***] **2.** Crucifijo.

**CRISTOBALINA** n. f. Planta herbácea de raíz negruzca, que florece de mayo a junio y da unas bayas venenosas. (Familia ranunculáceas.)

**CRISTOBALITA** n. f. Variedad de sílice $SiO_2$, cristalizada.

**CRISTOFUÉ** n. m. Ave paseriforme algo mayor que la alondra, de color amarillo verdoso, muy abundante en Venezuela. (Familia tiránidos.)

**CRISTOLOGÍA** n. f. Parte de la teología consagrada a la persona y a la obra de Cristo.

**CRITERIO** n. m. Principio o norma de discernimiento o decisión: *criterio de verdad.* **2.** Juicio o discernimiento. **3.** Opinión que se tiene sobre algo.

**CRITERIOLOGÍA** n. f. Parte de la lógica que estudia los criterios de verdad.

**CRITÉRIUM** n. m. Prueba deportiva no oficial que sirve para poder apreciar los méritos de los participantes: *criterium ciclista.*

**CRÍTICA** n. f. Arte de juzgar una obra artística o literaria: *crítica teatral, musical.* **2.** Cualquier juicio o conjunto de juicios críticos sobre una obra artística: *recibir una buena crítica.* **3.** Conjunto de los que se dedican profesionalmente a emitir estos juicios: *la crítica es unánime.* **4.** Acción de criticar, censurar. **5.** Murmuración. **6.** FILOS. Parte de la lógica que estudia los criterios de verdad.

**CRITICABLE** adj. Que se puede criticar.

**CRITICAR** v. tr. [**1a**]. Examinar y juzgar con espíritu crítico una obra artística, literaria, etc. **2.** Censurar, hacer notar los defectos de una persona o cosa.

**CRITICASTRO, A** n. El que sin conocimiento ni autoridad censura y satiriza las obras de ingenio.

**CRITICISMO** n. m. Sistema filosófico fundado sobre la crítica del conocimiento y cuyo promotor fue Kant.

**CRÍTICO, A** adj. (lat. *criticum*). Relativo a la crítica. **2.** Decisivo, preciso, oportuno: *momento crítico.* **3.** MED. Relativo a la crisis de una enfermedad. **4.** *Fig.* Dícese de los valores de las magnitudes, como masa, temperatura, presión, etc., para las que se produce un cambio en las propiedades de un cuerpo o en las características de un proceso. • **Edición crítica,** la establecida tras el cotejo con los textos originales. ◆ adj. y n. **5.** Que juzga las cualidades y los defectos de una obra artística, literaria, de un hecho, costumbre, etc., especialmente el que lo hace de forma profesional.

**CRITICÓN, NA** adj. y n. Que todo lo critica.

**CROAR** v. intr. [**1**]. Cantar la rana o el sapo.

**CROATA** adj. y n. m. y f. De Croacia. ◆ n. m. **2.** Lengua hablada en Croacia.

**CROCANTE** n. m. (fr. *croquant*). Guirlache, dulce hecho de almendras tostadas y caramelo.

**CROCANTI** n. m. Helado cubierto de chocolate con almendras.

**CROCHÉ** n. m. (fr. *crochet*). Labor que se hace con el ganchillo.

**CROCHET** n. m. (voz francesa). En boxeo, golpe que se da lateralmente, con el brazo doblado en forma de gancho.

**CROCO** n. m. (gr. *krokos*). Azafrán.

**CROCODILIO, A** adj. y n. m. Relativo a un orden de reptiles de vida acuática, con paladar óseo, dientes implantados en alvéolos y esternón abdominal.

**CROISSANT** n. m. (voz francesa) [pl. *croissants*]. Bollo en forma de media luna.

**CROL** n. m. Crawl.

**CROMADO** n. m. Operación consistente en revestir una superficie metálica con un baño electrolítico de cromo. **2.** Resultado de dicha operación.

**CROMADOR** n. m. Obrero que ejecuta el cromado electrolítico.

**CROMAR** v. tr. [**1**]. Dar un baño de cromo a una pieza metálica.

**CROMÁTICO, A** adj. (gr. *khrōmatikos*). Relativo a los colores. **2.** Relativo a la cromatina. **3.** MÚS. Dícese de una serie de sonidos que procede por semitonos ascendentes o descendentes. • **Abstracción cromática** (en inglés *color-field painting*, pintura del campo de color), tipo de pintura abstracta creado por Newman, Rothko, etc.

**CROMATINA** n. f. Sustancia característica del núcleo de las células, que fija los colorantes básicos, como la fucsina.

**CROMATISMO** n. m. Calidad de cromático. **2.** MÚS. Sistema cromático.

**CROMATO** n. m. Sal del ácido crómico.

**CROMATÓFORO** n. m. Célula de la piel del hombre y de los animales que contiene un pigmento que da su color al tegumento.

**CROMATOGRAFÍA** n. f. Método de separación de los constituyentes de una mezcla, fundado en su adsorción selectiva por sólidos pulverulentos o en su partición entre dos disolventes.

**CROMATOGRAMA** n. m. Imagen obtenida por cromatografía.

**CRÓMICO, A** adj. Dícese de los compuestos del cromo trivalente.

**CROMISTA** n. m. y f. Técnico encargado de controlar y eventualmente de retocar las películas obtenidas en fotograbado por selección de colores, para asegurar la calidad deseada en la reproducción del original.

**CRÓMLECH** n. m. (pl. *crómlechs*). Monumento megalítico formado por varios menhires dispuestos en círculo.

**CROMO** n. m. Cuerpo simple de símbolo Cr, número atómico 24 y masa atómica 51,96, metálico, blanco, duro e inoxidable que se emplea normalmente como revestimiento protector, y en determinadas aleaciones. **2.** Cromolitografía.

**CROMÓGENO, A** adj. Que produce color.

**CROMOLITOGRAFÍA** n. f. Impresión de imágenes con colores superpuestos mediante procedimientos litográficos. **2.** Estampa obtenida por este procedimiento.

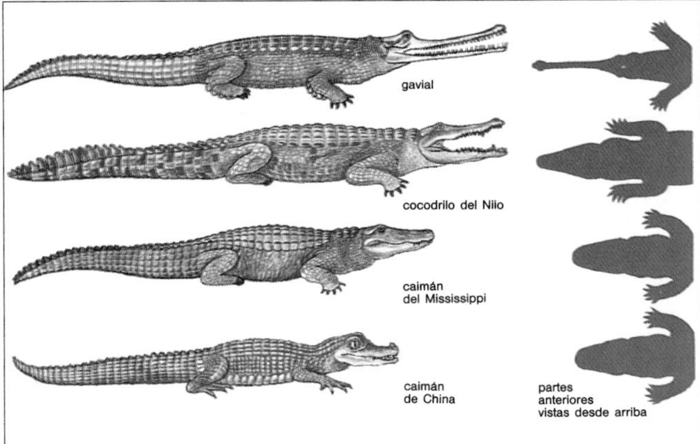


**crocodilios**

**CROMOSFERA** n. f. Capa media de la atmósfera solar, entre la fotosfera y la corona.

**CROMOSO, A** adj. Dícese de los compuestos del cromo divalente.

**CROMOSOMA** n. m. Elemento de la célula, particularmente visible en el núcleo en el momento de la división celular.

■ Los cromosomas se disponen por pares en las células diploides (23 pares, es decir, 46 cromosomas en el hombre, por ejemplo) y por unidades en las células haploides (23 cromosomas en los gametos humanos). Cada cromosoma está formado por una única macromolécula de A.D.N. asociada a proteínas.

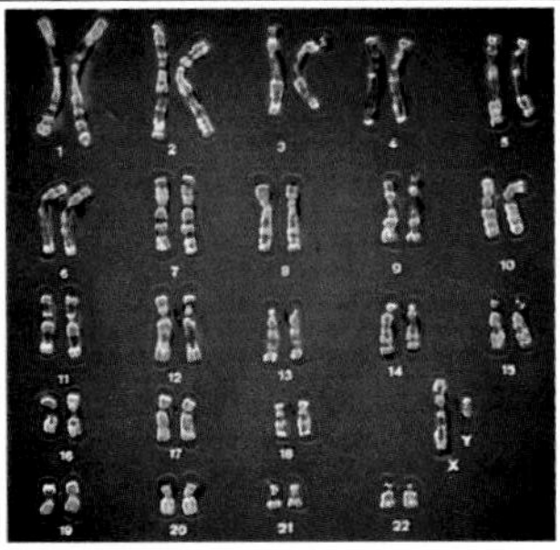

**cromosomas:**
cariotipo masculino normal 46, XY

**CROMOSÓMICO, A** adj. Relativo a los cromosomas.

**CROMOTIPOGRAFÍA** o **CROMOTIPIA** n. f. Procedimiento de impresión fotográfica en colores.

**CRÓNICA** n. f. (lat. *chronicam*). Recopilación de hechos históricos en orden cronológico. **2.** Artículo periodístico en que se comenta algún tema de actualidad. **3.** ESTADÍST. Sucesión ordenada de observaciones de una variable en el curso del tiempo, que corresponden a fechas sucesivas situadas a intervalos de tiempo iguales.

**CRONICIDAD** n. f. Calidad o estado de crónico.

**CRÓNICO, A** adj. (lat. *chronicum*). Dícese de las enfermedades largas o dolencias habituales. **2.** Que viene de tiempo atrás.

**CRONICÓN** n. m. Narración histórica, anónima muchas veces, y sin la unidad interna que suele caracterizar a las crónicas.

**CRONISTA** n. m. y f. Autor de una crónica.

**CRONÍSTICO, A** adj. Relativo a la crónica o al cronista.

**CRONOFOTOGRAFÍA** n. f. Procedimiento de análisis del movimiento mediante fotografías sucesivas.

**CRONOGRAFÍA** n. f. Cronología.

**CRONÓGRAFO** n. m. Reloj de precisión, que permite medir intervalos de tiempo. **2.** Aparato que permite evidenciar mediante métodos gráficos la duración de un fenómeno.

**CRONOGRAMA** n. m. Representación gráfica de un conjunto de hechos en función del tiempo.

**CRONOLOGÍA** n. f. Ciencia que se ocupa de determinar el orden y las fechas de los sucesos históricos. **2.** Sucesión en el tiempo de los acontecimientos históricos.

**CRONOLÓGICO, A** adj. Relativo a la cronología: *tabla cronológica.*

**CRONOMETRADOR, RA** n. y adj. Persona que realiza un cronometraje.

**CRONOMETRAJE** n. m. Acción y efecto de cronometrar.

**CRONOMETRAR** v. tr. [**1**]. Medir el tiempo exacto durante el cual se realiza una acción, una prueba deportiva o una operación industrial.

**CRONOMETRÍA** n. f. Parte de la física que se ocupa de la medida del tiempo.

**CRONOMÉTRICO, A** adj. Relativo a la cronometría o al cronómetro.

**CRONÓMETRO** n. m. Reloj de precisión, reglado en diferentes posiciones y a temperaturas variadas, provisto de un certificado oficial de homologación y control.

**CRÓNULO** n. m. FARM. Forma de administración de los medicamentos de acción prolongada.

**CROONER** n. m. (voz norteamericana). Cantante melódico.

**CROQUET** n. m. (voz inglesa, *argolla*). Juego que consiste en hacer pasar bajo unos aros unas bolas de madera, golpeándolas con un mazo, siguiendo un trayecto determinado.

**CROQUETA** n. f. (fr. *croquette*). Porción de forma ovalada o redonda de una masa hecha con carne, pollo, pescado, etc., unida con bechamel, rebozada y frita.

**CROQUIS** n. m. Dibujo rápido a mano alzada, que sólo esboza la imagen de un ser o de una cosa.

**CROSOPTERIGIO, A** adj. y n. m. Relativo a un orden de peces marinos cuyas aletas recuerdan las patas de los primeros anfibios.

**CROSS** n. m. (voz inglesa). En boxeo, golpe cruzado, levemente ascendente. **2.** Cross-country.

**CROSS-COUNTRY** n. m. (voz inglesa). Carrera de atletismo por terrenos variados con obstáculos. (Suele abreviarse *cross.*)

**CROSSING-OVER** n. m. (voz inglesa). BIOL. Cruzamiento de dos cromosomas, en el transcurso de la formación de las células reproductoras, que permite nuevas combinaciones de caracteres hereditarios. SIN.: *entrecruzamiento.*

**CRÓTALO** n. m. (gr. *krotalon*). Variedad de castañuelas de madera o de metal. **2.** Serpiente venenosa de la familia crotálidos, básicamente americana, llamada también serpiente de cascabel a causa del cascabel formado por estuches córneos, restos de mudas, situado al final de la cola.

**crótalo**

**crucero** (iglesia de San Jerónimo, Granada)

**CROTORAR** v. intr. [1]. Producir la cigüeña un ruido peculiar con el pico.

**CROW** → *cuervo.*

**CROWN-GLASS** n. m. (voz inglesa). Vidrio blanco de primera calidad, que se utiliza en óptica, a menudo combinado con el flint.

**CRUCE** n. m. Acción de cruzar o cruzarse. **2.** Punto donde se cortan mutuamente dos líneas. **3.** Lugar en que se cruzan dos o más calles o carreteras. **4.** Interferencia en las conversaciones telefónicas o emisiones radiadas.

**CRUCERÍA** n. f. Conjunto de nervios moldurados que refuerzan y adornan las aristas de las bóvedas. • **Bóveda de crucería,** la que se apoya o parece apoyarse en ojivas que se cruzan.

**CRUCERO** n. m. El que lleva la cruz en las procesiones y otras funciones sagradas. **2.** Nave transversal de las iglesias, que forma una cruz con la central. **3.** Espacio común a las naves central y transversal. **4.** Viaje turístico en barco. **5.** Navío de guerra rápido, armado sobre todo de cañones y destinado a la vigilancia en alta mar, apoyo de una escuadra o convoy y protección de los aviones y barcos de línea. **6.** *Méx.* Cruce de dos calles, avenidas o caminos.

**CRUCETA** n. f. Cada una de las cruces o de las aspas que resultan de la intersección de dos series de líneas paralelas. **2.** MEC. En las máquinas de vapor y motores de combustión, parte del mecanismo que sirve para transmitir al cigüeñal, por medio de la biela, el movimiento del vástago del émbolo. ◆ n. m. **3.** *Chile.* Torniquete colocado en las entradas para que las personas pasen ordenadamente de una en una. **4.** *Colomb.* Grifo. **5.** *Méx.* Palo con los extremos terminados en cruz.

**CRUCIAL** adj. En forma de cruz. **2.** *Fig.* Decisivo, que decide el curso de algo.

**CRUCÍFERO, A** adj. Que tiene o lleva la insignia de la cruz. ◆ adj. y n. f. **2.** Relativo a una familia de plantas herbáceas cuya flor tiene cuatro pétalos libres dispuestos en cruz y seis estambres, dos de los cuales son más pequeños, cuyo fruto es una silicua. (Son crucíferas la mostaza, la col, el berro, etc.)

**CRUCIFICADO** n. m. **El Crucificado,** por antonomasia, Jesucristo. (Suele escribirse con mayúscula.)

**CRUCIFICAR** v. tr. [1a]. Fijar o clavar a alguien en una cruz. **2.** *Fig.* y *fam.* Molestar, perjudicar.

**CRUCIFIJO** n. m. (lat. *crucifixum*). Efigie o imagen de Cristo crucificado.

**CRUCIFIXIÓN** n. f. Acción y efecto de crucificar. **2.** Suplicio de Jesucristo en la cruz. **3.** Cuadro o imagen que representa este suplicio.

**CRUCIFORME** adj. En forma de cruz.

**CRUCIGRAMA** n. m. Entretenimiento que consiste en hallar cierto número de palabras mediante unas definiciones dadas y transcribirlas en un casillero. **2.** El mismo casillero.

**CRUCIGRAMISTA** adj. y n. m. y f. Dícese del que hace o resuelve crucigramas.

**CRUDA** n. f. *Méx.* Malestar después de una borrachera.

**CRUDEZA** n. f. Calidad de crudo. **2.** *Fig.* Rigor o aspereza.

**CRUDILLO** n. m. Tela áspera y dura, semejante al lienzo crudo, usada para entretelas.

**CRUDO, A** adj. (lat. *crudum*). Dícese de los comestibles que no están preparados por medio de la acción del fuego, o que no lo están hasta el punto conveniente. **2.** Dícese de la fruta que no está en sazón. **3.** Que no ha sufrido la preparación necesaria para su uso o manipulación. **4.** *Fig.* Sin atenuante, cruel, áspero, despiadado. **5.** Dícese del estilo realista y que choca con los convencionalismos. **6.** Dícese del tiempo muy frío y destemplado. **7.** Dícese del color parecido al de la seda cruda. • **Estar** alguien **crudo** *(Méx. Fam.)*, padecer el malestar que sigue a una borrachera. ◆ adj. y n. m. **8.** Dícese del petróleo bruto, sin refinar. ◆ n. m. **9.** *Chile* y *Perú.* Especie de arpillera, tela. **10.** *Méx.* Tela de cáñamo utilizada para hacer sacos y empacar.

**CRUEL** adj. (lat. *crudelem*). Que se deleita en hacer sufrir o se complace en los sufrimientos ajenos. **2.** *Fig.* Insufrible, excesivo. **3.** *Fig.* Sangriento, duro, violento.

**CRUELDAD** n. f. Calidad de cruel. **2.** Acción cruel.

**CRUENTO, A** adj. (lat. *cruentum*). Sangriento.

**CRUJÍA** n. f. Corredor largo de un edificio, que da acceso a piezas situadas a ambos lados. **2.** Espacio comprendido entre dos muros de carga. **3.** MAR. Espacio de popa a proa en medio de la cubierta de una embarcación mayor. SIN.: *galería.*

**CRUJIDO** n. m. Acción y efecto de crujir.

**CRUJIR** v. intr. [3]. Hacer cierto ruido algunos cuerpos cuando se frotan unos con otros o se rompen.

**CRÚOR** n. m. (lat. *cruor,* sangre). FISIOL. Parte de la sangre que se coagula.

**CRUP** n. m. (ingl. *croup*). Localización laríngea de la difteria, cuyas falsas membranas obstruyen el orificio glótico, produciendo una disnea laríngea grave.

**CRUPIER** n. m. (fr. *croupier*) [pl. *crupiers*]. Empleado de una casa de juego, que dirige las partidas, promueve las apuestas y canta los números.

**CRUPÓN** n. m. Trozo de piel de buey o de vaca, perteneciente a la grupa y el lomo del animal.

**CRURAL** adj. Relativo a las extremidades inferiores.

**CRUSTÁCEO, A** adj. Que tiene costra. ◆ adj. y n. m. **2.** Relativo a una clase de artrópodos generalmente acuáticos, de respiración branquial, y cuyo caparazón está formado por quitina impregnada de caliza (cangrejo, gamba, percebe, etc.).

**CRUZ** n. f. (lat. *crucem*). Madero hincado verticalmente en el suelo y atravesado en su parte superior por otro, que suele ser más corto, en los que se clavaban o ataban las extremidades de ciertos condenados. **2.** Figura formada por dos líneas que se cruzan perpendicularmente. **3.** *Fig.* Sufrimiento o agobio prolongado. **4.** En los cuadrúpedos, parte alta del lomo, donde se cruzan los huesos de las extremidades anteriores con el espinazo. **5.** Reverso de una moneda, en oposición a cara o anverso. **6.** Condecoración, objeto o joya en forma de cruz. • **A cara o cruz** *(Fam.),* al azar, a lo que salga. ‖ **Cruz de Lorena,** cruz que tiene dos travesaños. ‖ **Cruz de Malta,** cruz de cuatro brazos iguales que se ensanchan en los extremos. ‖ **Cruz de San Andrés,** cruz en forma de X. ‖ **Cruz gamada,** cruz de brazos iguales cuyos extremos doblan en la misma dirección. ‖ **Cruz griega,** cruz cuyos brazos son de longitud igual. ‖ **Cruz latina,** cruz que tiene un brazo más largo que los otros tres. ‖ **Cruz roja,** insignia de los servicios de sanidad, constituida por una cruz roja sobre fondo blanco reconocida y protegida por las convenciones internacionales. ‖ **Cruz svástica,** la gamada cuyos extremos doblan a la derecha. ‖ **Cruz tau,** cruz que tiene forma de T. ‖ **Cruz y raya,** expresa el

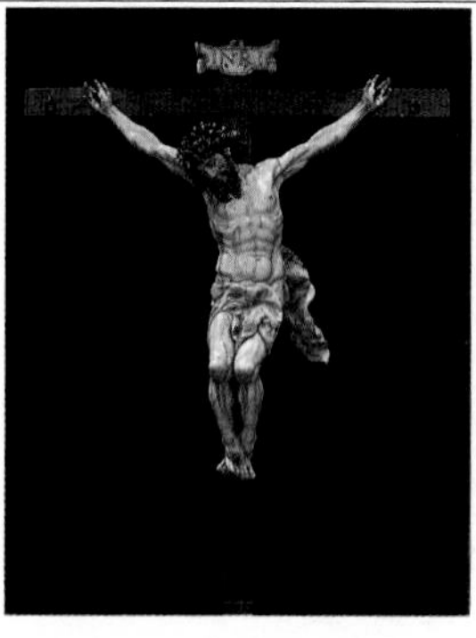

*Calvario* por Juan de Juni (col. part.)

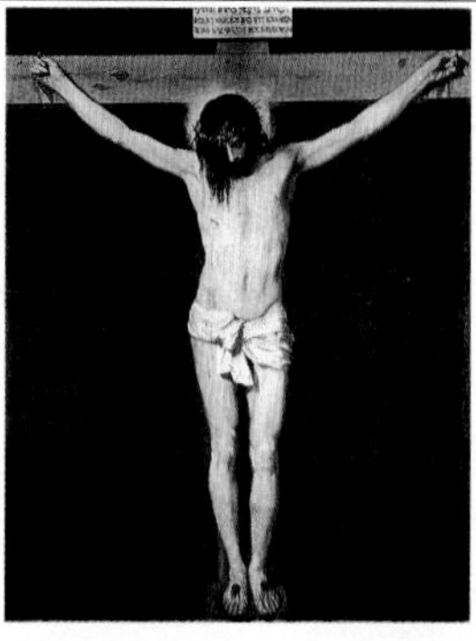

*Cristo crucificado* por Velázquez (*c.* 1632) [Prado, Madrid]

**crucifijos**

firme propósito de no volver a tratar de un asunto o con alguna persona. || **Gran cruz,** la mayor dignidad en la mayoría de órdenes de distinción. || **Hacerse cruces,** o **la cruz** *(Fam.),* demostrar admiración o extrañeza por alguna cosa.

**CRUZADA** n. f. Expedición militar realizada con una finalidad religiosa, especialmente las realizadas contra los infieles o herejes durante la edad media y las encaminadas a rescatar los Santos Lugares. (V. parte n. pr.) **2.** Tropa que iba a esta expedición. **3.** Campaña, conjunto de actos o esfuerzos aplicados a un fin.

**CRUZADO, A** adj. y n. Dícese del que se alistaba para alguna cruzada. ◆ adj. **2.** Dícese de la prenda de vestir en la que se puede sobreponer un delantero sobre otro. **3.** Aplícase a un animal salido de un cruzamiento. • **Fuego cruzado** (MIL.), fuego que converge sobre el mismo objetivo y procede de distintos puntos. || **Palabras cruzadas,** juego que consiste en adivinar unas palabras que, colocadas en forma de cuadrado, pueden leerse tanto horizontal como verticalmente. ◆ n. m. **4.** Unidad monetaria principal de Brasil de 1986 a 1990. (En este período sustituyó al cruzeiro.)

**CRUZAMEN** n. m. MAR. Longitud de las vergas en los barcos de cruz.

**CRUZAMIENTO** n. m. BIOL. Reproducción sexual a partir de dos individuos de distinta raza.

**CRUZAR** v. tr. y pron. **[1g]**. Atravesar una cosa sobre otra, especialmente en forma de cruz. **2.** Intercambiar palabras, saludos, sonrisas, etc. **3.** Juntar un macho y una hembra de una misma especie pero de distinta raza para que procreen: *cruzar una yegua inglesa con un caballo árabe.* ◆ v. tr. **4.** Atravesar una calle, el campo, etc., pasando de una parte a otra. ◆ v. intr. **5.** Pasar por delante de una persona o cosa. ◆ **cruzarse** v. pron. **6.** Pasar por un lugar dos o más personas, vehículos, etc., en distinta dirección. **7.** Atravesarse, interponerse una cosa ante otra.

**CRUZEIRO** n. m. Antigua unidad monetaria principal de Brasil. (De 1986 a 1990 fue sustituida por el cruzado, y en 1994, por el real.)

**Cs,** símbolo químico del *cesio.*

**CTENÓFORO, A** adj. y n. m. Relativo a un tipo de celentéreos marinos desprovistos de células urticantes que presentan una clase particular de simetría.

**CTÓNICO, A** adj. MIT. Se aplica a las divinidades infernales.

**CU** n. f. Nombre de la letra q.

**CU** n. m. Templo mexicano precolombino.

**Cu,** símbolo químico del *cobre.*

**CUACAR** v. tr. **[1a]**. *Amér. Vulg.* Gustar, cuadrar alguna cosa: *no me cuaca este vestido.*

**CUÁCARA** n. f. *Chile.* Blusa ordinaria. **2.** *Colomb.* y *Venez.* Levita.

**CUACHE, CHA** adj. *Guat.* Dícese de las cosas que constan de dos partes iguales y ofrecen duplicidad. ◆ adj. y n. **2.** *Guat.* Gemelo, mellizo.

**CUACO** n. m. Harina de la raíz de yuca. **2.** *Méx.* Rocín, caballo.

**CUADERNA** n. f. Cada uno de los elementos rígidos transversales del casco del buque, y cuyo conjunto forma el costillaje de la embarcación. • **Cuaderna maestra,** cuaderna situada en el punto de mayor anchura de un buque. || **Cuaderna vía,** estrofa compuesta por cuatro versos alejandrinos monorrimos aconsonantados. SIN.: *tetrástrofo monorrimo.*

**CUADERNILLO** n. m. Conjunto de cinco pliegos de papel.

**CUADERNO** n. m. (lat. *quaternum*). Conjunto de algunos pliegos de papel, doblados y cosidos en forma de libro. • **Cuaderno de bitácora** (MAR.), libro en que cada oficial de a bordo, durante su guardia, efectúa diversas anotaciones relativas a la navegación.

**CUADOS,** pueblo germánico que vivía en la actual Moravia y que desapareció en el s. IV d. J.C.

**CUADRA** n. f. (lat. *quadram,* un cuadrado). Sala o pieza espaciosa. **2.** Caballeriza. **3.** Conjunto de caballos de un mismo propietario. **4.** Grupo de corredores de caballos que pertenecen a un mismo equipo. **5.** Cuarta parte de una milla. **6.** *Amér.* Manzana de casas. **7.** *Amér.* Medida de longitud cuya equivalencia varía según los países. **8.** *Perú.* Sala para recibir.

**CUADRADILLO** n. m. Azúcar de pilón cortado en terrones cuadrados. **2.** Regla prismática de sección cuadrada. **3.** Barra de hierro poco gruesa y de sección cuadrada.

**CUADRADO, A** adj. Que tiene la forma de un cuadrilátero de lados iguales y ángulos rectos. **2.** *Fig.* Perfecto, cabal. **3.** *Fig.* Poco esbelto o casi tan ancho como largo y alto. • **Matriz cuadrada** (MAT.), matriz que posee tantas filas como columnas. || **Metro cuadrado** (MAT.), área de un cuadrado que tiene 1 m de lado. ◆ n. m. **4.** ART. GRÁF. Pequeña pieza de metal del mismo cuerpo que las letras de imprenta, que sirve para completar intervalos o blancos. **5.** MAT. Cuadrilátero que tiene sus lados iguales y sus ángulos rectos: *el área de un cuadrado se obtiene multiplicando la medida de su lado por sí misma.* **6.** MAT. Resultado de multiplicar un factor por sí mismo: *cuadrado de un número, de una expresión algebraica.* • **Cuadrado perfecto,** número que tiene raíz cuadrada exacta. || **Elevar al cuadrado,** multiplicar un número por sí mismo.

**CUADRAFONÍA** n. f. Procedimiento de registro y de reproducción de sonidos a través de cuatro canales.

**CUADRAGENARIO, A** adj. (lat. *quadragenarium*). Que tiene entre cuarenta y cincuenta años.

**CUADRAGÉSIMA** n. f. Cuaresma. **2.** Primer domingo de cuaresma.

**CUADRAGÉSIMO, A** adj. (lat. *quadragesimum*). Que corresponde en orden al número cuarenta: *el cuadragésimo día.* ◆ adj. y n. m. **2.** Cuarentavo.

**CUADRANGULAR** adj. Que tiene cuatro ángulos.

**CUADRÁNGULO** n. m. Polígono de cuatro ángulos.

**CUADRANTE** n. m. Antiguo instrumento astronómico de medida de ángulos, formado por la cuarta parte de un círculo y dividido en grados, minutos y segundos. **2.** MAT. Cuarta parte de la circunferencia: *un cuadrante equivale a 90°.* **3.** En geometría analítica, cada uno de los ángulos rectos formados por los ejes de coordenadas. • **Cuadrante solar,** superficie plana en la que se han trazado unas líneas, que permiten conocer la hora de acuerdo con la sombra proyectada por el Sol.

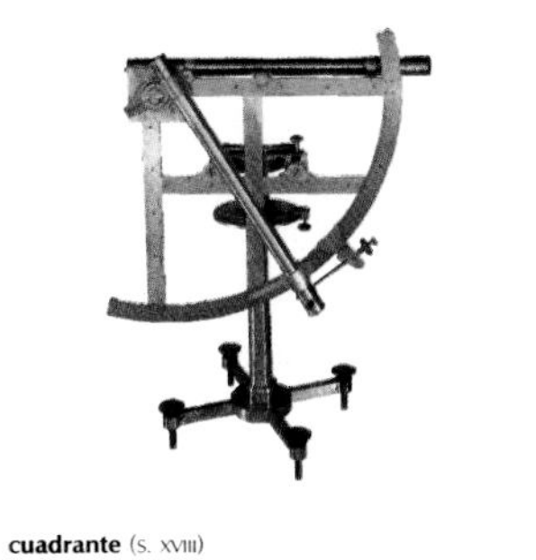

**cuadrante** (s. XVIII)

**CUADRAR** v. tr. (lat. *quadrare*) **[1]**. Dar a una cosa figura de cuadro o de cuadrado. **2.** *Amér.* Sentar bien o mal en una persona una cosa. **3.** *Venez.* Lucirse, agradar, quedar airoso. **4.** Tratándose de cuentas, balances, etc., hacer que coincidan los totales del debe y el haber. **5.** MAT. Efectuar una cuadratura. ◆ v. intr. **6.** Conformarse o ajustarse una cosa con otra. **7.** Agradar una cosa. **8.** *Méx. Fam.* Gustar, parecerle bien alguna cosa o persona a alguien: *me cuadra su manera de ser.* ◆ **cuadrarse** v. pron. **9.** Ponerse una persona en posición erguida y con los pies en escuadra. **10.** Mostrar de pronto, una persona, inusitada firmeza o gravedad. **11.** *Chile.* Suscribirse con una importante cantidad de dinero, o dar de hecho esa cantidad o valor. **12.** TAUROM. Quedarse quieto el toro, con las cuatro patas en firme, sin adelantar ni atrasar ninguna.

**CUADRÁTICO, A** adj. MAT. Relativo al cuadrado. **2.** MAT. Dícese de un valor elevado al cuadrado: *media cuadrática.* • **Forma cuadrática** (MAT.), aplicación que, a un vector de un espacio vectorial, hace corresponder un número calculado como polinomio de segundo grado de los componentes de este vector.

**CUADRATÍN** n. m. IMPR. Cuadrado que tiene por cada lado tantos puntos como el cuerpo a que pertenece.

**CUADRATURA** n. f. ASTRON. Posición de dos astros en relación con la Tierra cuando sus direcciones forman un ángulo recto. **2.** ASTRON. Fase del primero y del último cuarto de la Luna. **3.** GEOM. Construcción geométrica de un cuadrado equivalente a un área dada. **4.** MAT. En análisis, evaluación de un área por medio de una integral. **5.** TECNOL. Conjunto de las piezas que mueven las agujas de un reloj. • **Magnitudes en cuadratura,** magnitudes sinusoidales de la misma frecuencia, entre las que existe una diferencia de fase de un cuarto de período.

**CUÁDRICEPS** n. m. y adj. Músculo anterior del muslo, formado por cuatro haces que se reúnen en la rótula.

**CUÁDRICO, A** adj. y n. f. Dícese de las superficies de segundo orden, representadas por una ecuación de segundo grado.

**CUADRÍCULA** n. f. Disposición en cuadros continuos.

**CUADRICULAR** adj. Relativo a la cuadrícula.

**CUADRICULAR** v. tr. **[1]**. Trazar líneas que formen una cuadrícula: *cuadricular un papel.* **2.** Someter una cosa a un orden o a una estructura muy rígida.

**CUADRIDIMENSIONAL** adj. Que tiene cuatro dimensiones.

**CUADRIENAL** o **CUATRIENAL** adj. Que dura cuatro años: *rotación cuadrienal.* **2.** Que tiene lugar o se repite cada cuatro años: *los juegos olímpicos son cuadrienales.*

**CUADRIENIO** o **CUATRIENIO** n. m. (lat. *quadriennium*). Período de cuatro años.

**CUADRIFOLIO** n. m. Motivo formado por cuatro partes de círculos tangentes, característico del arte gótico.

**CUADRIFOLIADO, A** adj. BOT. Que tiene las hojas dispuestas en grupos de cuatro.

**CUADRIGA** o **CUÁDRIGA** n. f. (lat. *quadrigam*). Tiro de cuatro caballos enganchados de frente. **2.** Carro tirado de este modo.

**CUADRIGÉMINO, A** adj. y n. m. ANAT. Dícese de cuatro pequeños tubérculos situados en la base del cerebro de los mamíferos y que están en relación con las vías ópticas y las vías auditivas.

**CUADRIL** n. m. Hueso que forma el anca. **2.** Anca. **3.** Cadera.

**CUADRILÁTERO, A** adj. Que tiene cuatro lados. ◆ n. m. **2.** Polígono que tiene cuatro lados. **3.** En boxeo, ring. **4.** MIL. Posición estratégica que se apoya sobre cuatro puntos o zonas fortificadas. • **Cuadrilátero completo,** figura formada por cuatro rectas y sus puntos de intersección dos a dos. || **Cuadrilátero esférico,** figura formada sobre la superficie de una esfera por una serie cerrada de cuatro arcos de círculos máximos.

**CUADRILLA** n. f. Conjunto de varias personas que se reúnen para el desempeño de algún fin. **2.** Grupo de caballeros que evolucionan en un carrusel. **3.** En Álava, circunscripción que comprende una o varias hermandades. **4.** COREOGR. Número par de parejas que bailan figuras derivadas de las antiguas contradanzas. **5.** HIST. Grupo armado de la Santa Hermandad, que perseguía la delincuencia en una pequeña demarcación. **6.** HIST. Cualquiera de las cuatro partes de que se componía el consejo de la Mesta. **7.** TAUROM. Conjunto de diestros que lidian toros bajo las órdenes de un matador.

**CUADRILLAZO** n. m. *Amér. Merid.* Ataque de varias personas contra una.

**CUADRILLERO** n. m. Persona que era designada por el consejo para partir, sortear y adjudicar las tierras comunes.

**CUADRILONGO, A** adj. Rectangular.

**CUADRINOMIO** n. m. Expresión algebraica que consta de cuatro términos.

**CUADRIPOLO** n. m. Parte de una red eléctrica comprendida entre dos pares de bornes de acceso.

**CUADRIRREME** adj. y n. m. Dícese de una antigua embarcación de cuatro hileras de remos.

**CUADRISÍLABO, A** adj. Cuatrisílabo.

**CUADRIVALENTE** adj. Que tiene por valencia química 4.

**CUADRO** n. m. Pintura, dibujo o grabado ejecutado sobre papel, tela, etc., generalmente colocado en un marco. **2.** Espectáculo de la naturaleza o escena que se ofrece a la vista y despierta en el ánimo algún sentimiento. **3.** Nombre de algunas cosas de forma cuadrada o rectangular: *un cuadro de hortalizas.* **4.** Descripción literaria. **5.** Conjunto de nombres, cifras u otros datos presentados gráficamente de manera que se advierta la relación existente entre ellos. **6.** Conjunto de personas, generalmente con cualificación técnica, que intervienen en la dirección y coordinación de una actividad profesional: *el cuadro técnico de la empresa.* **7.** Conjunto de los tubos que forman el armazón de una bicicleta o de una motocicleta. **8.** Elemento principal de sostén de una galería de mina, trapezoidal o en forma de pórtico. **9.** Colector de ondas utilizado en radiotecnia. **10.** *Chile.* Bragas, ropa interior femenina. **11.** *Colomb.* Pizarra, encerado. **12.** MIL. Antigua formación militar de infantería que daba frente por cuatro caras. **13.** TEATR. Subdivisión de un acto señalada por un cambio de decorado. • **Cuadro de control,** conjunto de los aparatos de mando, medida, ajuste y seguridad de una máquina, de un grupo de máquinas o de una instalación completa. ‖ **Cuadro de honor,** lista de los alumnos de más mérito. ‖ **Cuadro de mandos,** conjunto de instrumentos situados a la vista del piloto o del conductor, con el fin de permitirle vigilar la marcha de su vehículo. ‖ **Cuadro vivo,** o **plástico,** grupo de personas inmóviles representando una escena. ‖ **Estar,** o **quedarse, en cuadro** *(Fam.),* estar o quedarse muy pocos en un lugar en que antes había muchos.

**CUADRÚMANO, A** o **CUADRUMANO, A** adj. y n. m. Que tiene cuatro manos: *los simios son cuadrúmanos.*

**CUADRÚPEDO, A** adj. y n. m. Dícese del animal que anda sobre los cuatro pies.

**CUÁDRUPLE** o **CUÁDRUPLO** adj. y n. m. Que contiene un número cuatro veces exactamente.

**CUÁDRUPLEX** n. m. y adj. Sistema de transmisión telegráfica que permite la transmisión simultánea de cuatro despachos distintos.

**CUADRUPLICACIÓN** n. f. Acción y efecto de cuadruplicar.

**CUADRUPLICAR** v. tr. **[1a]**. Ser o hacer cuádruple una cosa. **2.** Multiplicar por cuatro.

**CUAIMA** n. f. Serpiente ágil y venenosa, negra en el dorso, que vive en la región oriental de Venezuela. (Familia crotálidos.) **2.** *Venez. Fam.* Persona lista, peligrosa y cruel.

**CUAJADA** n. f. Parte de la leche obtenida por coagulación natural o artificial, que sirve para elaborar el queso. **2.** Requesón.

**CUAJADO** n. m. Acción de hacer cuajar o de cuajarse la leche.

**CUAJAR** n. m. Última cavidad del estómago de los rumiantes, que segrega el jugo gástrico.

**CUAJAR** v. tr. y pron. (lat. *coagulare*) **[1]**. Trabar un líquido para convertirlo en sólido o pastoso o llegar a formar éste un sólido. **2.** Cubrir, llenar. ◆ v. intr. **3.** *Fig.* Gustar, agradar, ser aceptado. ◆ v. intr. y pron. **4.** *Fig.* Lograrse, tener efecto una cosa.

**CUAJARÓN** n. m. Porción de sangre o de otro líquido cuajado.

**CUAJO** n. m. (lat. *coagulum*). Sustancia con que se cuaja un líquido, especialmente materia para cuajar la leche, contenida en el cuajar de los rumiantes. **2.** *Fam.* Calma, lentitud. • **De cuajo,** de raíz.

**CUAL** pron. relativo (lat. *qualem*). Equivale al pronombre relativo *que,* y va precedido del artículo *el, la, lo, los, las: he conocido a la muchacha de la cual me hablaste.* ◆ pron. relativo correlativo. **2.** Se emplea en oraciones comparativas denotando idea de igualdad o semejanza cualitativa, o modal: *dulce cual la miel.* ◆ adv. m. relativo. **3.** Equivale a *como, así como, de igual manera que: escuchamos su demanda cual si frisase en locura.*

**CUÁL** pron. interrog. Pregunta sobre las personas o cosas, en interrogación directa o indirecta, o en frase exclamativa o dubitativa: *¿cuál es tu nombre?*

**CUALIDAD** n. f. (lat. *qualitatem*). Cada uno de los caracteres que distinguen a las personas o cosas. **2.** Calidad.

**CUALIFICACIÓN** n. f. Categoría de un trabajador según su formación y experiencia.

**CUALIFICADO, A** adj. Dícese del obrero especialmente preparado para una determinada fase de producción.

**CUALIFICAR** v. tr. **[1a]**. Calificar.

**CUALITATIVO, A** adj. Relativo a la calidad, a la naturaleza de los objetos: *análisis cualitativo.*

**CUALQUIER** pron. indef. Apócope de *cualquiera,* que se utiliza antepuesto al sustantivo: *cualquier persona podría hacerlo.*

**CUALQUIERA** pron. indef. (pl. *cualesquiera*). Expresa la indistinción de una o varias cosas dentro de la serie, la idéntica manera de actuar el sujeto frente a unas y a otras. ◆ n. m. y f. (pl. *cualquieras*). **2.** Persona vulgar y poco importante. ◆ n. f. (pl. *cualquieras*). **3.** Prostituta: *una cualquiera.*

**CUAN** n. m. *Colomb.* Cuerda de esparto.

**CUAN** adv. c. Apócope de *cuanto,* que se utiliza antepuesto al adjetivo o al adverbio, excepto delante de *mayor, menor, más* y *menos: cayó cuan largo era.*

**CUÁN** adv. interrog. y exclamativo. Apócope de *cuánto,* que se utiliza antepuesto al adjetivo o al adverbio, excepto delante de *mayor, menor, más* y *menos: ¡cuán triste estaba!*

**CUANDO** adv. t. relativo (lat. *quando*). Introduce oraciones de matiz temporal con el significado de *en el punto, en el tiempo, en la ocasión en que: la catástrofe ocurrió cuando intentaban desembarcar.* **2.** A veces tiene un antecedente en la oración principal, que puede ir seguido del verbo *ser: el lunes es cuando las sesiones son más borrascosas.* • **De cuando en cuando,** algunas veces, de tiempo en tiempo. ◆ prep. **3.** Indica tiempo y equivale a *durante: cuando la guerra se pasó hambre.* ◆ conj. cond. **4.** En caso de que, si: *cuando él lo dice será verdad.* ◆ conj. advers. **5.** Aunque: *no faltaría a la verdad cuando le fuera en ello la vida.* (En este caso puede ir reforzado con el adv. *aun.*) ◆ conj. conc. **6.** Puesto que: *cuando tú lo dices será verdad.* ◆ conj. cop. **7.** Se emplea en el lugar de *que* con algunos verbos que suelen exigirla: *esperaba cuando viniese su señor.*

**CUÁNDO** adv. t. interrog. En qué tiempo: *¿cuándo vendrás?* **2.** Se sustantiva precedido del artículo *el: el porqué, el cómo y el cuándo.* ◆ conj. distrib. **3.** Equivale a unas veces y otras veces: *cuándo con razón, cuándo sin ella.*

**CUANTÍA** n. f. Cantidad en su significación concreta. **2.** Suma de cualidades o circunstancias que enaltecen a alguien o lo distinguen de los demás. **3.** DER. Cantidad a que asciende el importe de lo reclamado por la demanda en los juicios civiles ordinarios.

**CUÁNTICO, A** adj. FÍS. Relativo a los cuantos y a los cuantones: *mecánica cuántica.* • **Números cuánticos,** conjunto de cuatro números que definen las características de cada uno de los electrones planetarios de un átomo. ‖ **Teoría cuántica,** teoría física que trata del comportamiento de los objetos físicos a nivel microscópico (átomos, núcleos, partículas).

**CUANTIFICABLE** adj. Que puede ser cuantificado.

**CUANTIFICACIÓN** n. f. Acción de cuantificar.

**CUANTIFICADO, A** adj. FÍS. Dícese de una magnitud que no puede variar más que de una manera discontinua por cantidades distintas y múltiples de un mismo valor elemental.

**CUANTIFICADOR** n. m. MAT. y LÓG. Símbolo que indica que una propiedad se aplica a todos los elementos de un conjunto, o solamente a algunos de ellos: *el cuantificador universal, el cuantificador existencial.*

**CUANTIFICAR** v. tr. **[1a]**. Determinar la cantidad de algo. **2.** FÍS. Imponer a una magnitud una variación discontinua por cantidades distintas y múltiples de una misma variación elemental.

**CUANTIMÁS** adv. m. Contracción de *cuanto* y *más.*

**CUANTIOSO, A** adj. Grande en cantidad.

**CUANTITATIVO, A** adj. Relativo a la cantidad: *análisis cuantitativo.*

**CUANTO** n. m. FÍS. Cantidad mínima de energía que puede ser emitida, propagada o absorbida. SIN.: *quanto.*

**CUANTO, A** pron. relativo (lat. *quantum*). En correlación con *tanto* o con *todo,* expresos o tácitos, compara oraciones denotando idea de equivalencia o igualdad cuantitativa: *cuanta alegría él lleva, tanta tristeza nos deja.* **2.** Con el antecedente omiso significa *todo lo que: iba anotando cuantas novedades se ofrecían.* **3.** En plural y precedido de *unos* o de algún pronombre indefinido, tiene el significado de *algunos: tengo unos cuantos.* ◆ adv. c. relativo. **4.** Antepuesto a otros adverbios o correspondiéndose con *tanto,* compara oraciones e indica equivalencia cuantitativa: *cuanto más habla, menos le entiendo.* ◆ adv. t. relativo. **5.** Enlaza oraciones subordinadas temporales indicando simultaneidad y equivale a *mientras: durará la privanza cuanto durare la obediencia.* • **Cuanto antes,** con diligencia, lo más pronto posible.

**CUÁNTO, A** pron. interrog. y exclamativo. Sirve para preguntar o encarecer la cantidad, o intensidad de una cosa: *¿cuántos necesitas?* ◆ adv. c. interrog. y exclamativo. **2.** En qué grado o manera, hasta qué punto, qué cantidad: *¡cuánto has dormido!*

**CUANTON** n. m. FÍS. Objeto del que trata específicamente la teoría cuántica.

**CUAQUERISMO** n. m. Doctrina de los cuáqueros.

**CUÁQUERO, A** n. (ingl. *quaker*). Miembro de una secta religiosa fundada en 1652 por un joven zapatero inglés, George Fox, como reacción contra el ritualismo y el conformismo de la Iglesia anglicana, que se extendió sobre todo en E.U.A.

**CUARANGO** n. m. (voz quechua). Planta arbórea de Perú, muy apreciada por su corteza. (Familia rubiáceas.)

**CUARCÍFERO, A** adj. Que contiene cuarzo.

**CUARCITA** n. f. Roca dura, constituida principalmente por cuarzo, que se emplea para el empedrado de las calles.

**CUARENTA** adj. num. cardin. y n. m. (lat. *quadraginta*). Cuatro veces diez. ◆ adj. num. ordin. y n. m. **2.** Cuadragésimo, que corresponde en orden al número cuarenta. ◆ adj. **3.** Dícese de la década que empieza en el año cuarenta y termina en el cincuenta.

**CUARENTAVO, A** adj. y n. m. Dícese de cada una de las cuarenta partes iguales en que se divide un todo.

**CUARENTENA** n. f. Conjunto de cuarenta unidades. **2.** *Fig.* Suspensión del asenso a una noticia o hecho para asegurarse de su certidumbre. **3.** Aislamiento impuesto a las personas, buques y mercancías que proceden de algún lugar en que hay una enfermedad contagiosa.

**CUARENTENARIO, A** adj. Relativo a la cuarentena sanitaria.

**CUARENTÓN, NA** adj. y n. Dícese de la persona que ha cumplido cuarenta años y no llega a los cincuenta.

**CUARESMA** n. f. Para los católicos, período de cuarenta y seis días, dedicado a la penitencia, que abarca desde el miércoles de ceniza hasta el domingo de pascua. **2.** Penitencia y privación de alimentos: *hacer cuaresma; romper la cuaresma.*

**CUARESMAL** adj. Relativo a la cuaresma.

**CUARTA** n. f. Palmo, cuarta parte de la vara. **2.** *Argent.* Soga, cadena o barra utilizada para tirar de un vehículo que está atascado o tiene fallos mecánicos. **3.** *Méx.* Látigo para las caballerías. **4.** MÚS. En la escala diatónica, intervalo de cuatro grados.

**CUARTANA** n. f. (lat. *quartanam*). Variedad de fiebre palúdica con recidivas cada cuatro días.

**CUARTANAL** adj. Relativo a la cuartana.

**CUARTAZO** n. m. *Cuba, Méx.* y *P. Rico.* Golpe dado con la cuarta o látigo.

**CUARTEAR** v. tr. **[1]**. Partir o dividir una cosa en partes. **2.** Descuartizar. **3.** Andar zigzagueando por una cuesta, para suavizar la subida o bajada. ◆ **cuartearse** v. pron. **4.** Henderse, agrietarse una pared, un techo, etc.

**CUARTEL** n. m. (cat. *cuarter*). HERÁLD. Una o varias de las divisiones o subdivisiones en que se puede distribuir el escudo.

**CUARTEL** n. m. (fr. *quartier*). Edificio donde se aloja la tropa en una guarnición permanente. **2.** Cada uno de los distritos o términos en que se suelen dividir las grandes poblaciones. • **Cuartel de invierno,** acantonamiento que ocupaban las tropas durante esta estación, entre dos campañas; tiempo que dura. ‖ **Cuartel general,** conjunto de los que asesoran al general jefe de una gran unidad; lugar donde se establece este órgano de mando. ‖ **Sin cuartel,** sin pacificación, sin tregua: *guerra, lucha sin cuartel.*

**CUARTELADA** n. f. Pronunciamiento militar de escasa trascendencia.

**CUARTELADO, A** adj. HERÁLD. Dícese del escudo dividido en cuarteles.

**CUARTELAR** v. tr. [**1**]. HERÁLD. Dividir un escudo en cuarteles.

**CUARTELAZO** n. m. Cuartelada.

**CUARTELERO, A** adj. y n. Relativo al cuartel. ◆ n. m. **2.** Soldado que cuida del aseo y seguridad del dormitorio que ocupa su compañía.

**CUARTELESCO, A** adj. Propio del cuartel militar. **2.** Soldadesco.

**CUARTELILLO** n. m. Local donde está instalado un puesto o retén de policía, guardias municipales, bomberos, etc.

**CUARTEO** n. m. Acción de cuartear o cuartearse.

**CUARTERÍA** n. f. *Chile, Cuba* y *Dom.* Casa de vecindad, por lo común en una hacienda de campo.

**CUARTERO, A** adj. *Amér.* Dícese de los animales que tiran de una carreta.

**CUARTERÓN, NA** adj. y n. Nacido de mestizo y española o de español y mestiza. ◆ n. m. **2.** Cuarta parte de una cosa. **3.** Cada uno de los cuadros que hay entre los peinazos de las puertas y ventanas. **4.** Postigo, puertecilla de una ventana. **5.** Medida de peso igual a la cuarta parte de la libra.

**CUARTETA** n. f. (ital. *quartetta*). Estrofa de cuatro versos generalmente octosílabos, con rima en los pares y los impares sueltos.

**CUARTETO** n. m. (ital. *quartetto*). Estrofa compuesta por cuatro versos de más de ocho sílabas. **2.** MÚS. Composición escrita en cuatro partes. **3.** MÚS. Conjunto de sus ejecutantes.

**CUARTILLA** n. f. Cuarta parte de un pliego de papel. **2.** Parte que media entre el menudillo y la corona del casco de las caballerías. **3.** Medida de capacidad para áridos igual a la cuarta parte de la fanega. **4.** Medida de peso igual a la cuarta parte de la arroba. **5.** Antigua moneda mexicana de plata.

**CUARTILLO** n. m. Medida para áridos (1,156 l, cuarta parte del celemín). **2.** Medida para líquidos (0,504 l, cuarta parte de la azumbre). **3.** Moneda de vellón castellana que equivalía a la cuarta parte de un real.

**CUARTO, A** adj. num. ordin. (lat. *quartum*). Que corresponde en orden al número cuatro. ◆ adj. y n. m. **2.** Dícese de cada una de las cuatro partes iguales en que se divide un todo. ◆ adj. **3. Cuarta enfermedad,** nombre que se da a algunas enfermedades, en relación con otras del mismo tipo y más clásicas. ◆ n. m. **4.** Cuarta parte de una hora, de un litro, etc. **5.** Denominación que se aplicaba a las monedas de cuatro maravedís. **6.** *Fig.* y *fam.* Dinero. (Suele usarse en plural.) **7.** Habitación, parte o pieza de una casa. **8.** Servidumbre de un rey o de una reina: *cuarto militar de Su Majestad.* **9.** Cada una de las fases de la Luna. **10.** Abertura longitudinal que se hace por golpe en las partes laterales de los cascos de las caballerías. • **Cuarto de final** (DEP.), cada una de las cuatro antepenúltimas competiciones del campeonato que se gana por eliminación del contrario y no por puntos. (Suele usarse en plural.) ‖ **Cuarto delantero, trasero,** parte anterior o posterior de los cuadrúpedos. ‖ **Cuarto oscuro** *(Argent.)*, cabina electoral. ‖ **De tres al cuarto,** de poca categoría. ‖ **Tres cuartos,** cualquier prenda de vestir que cubra solamente las tres cuartas partes de su longitud habitual: *abrigo tres cuartos.*

**CUARTUCHO** n. m. *Desp.* Habitación ruin.

**CUARZO** n. m. (alem. *Quarz*). Sílice cristalizada que se encuentra en numerosas rocas (granito, arena, gres, etc.). [El cuarzo, habitualmente incoloro (cristal de roca), puede tener también coloración blanca, violeta (falsa amatista), negra (cuarzo ahumado), etc.]

**CUARZOSO, A** adj. Dícese de lo que tiene la naturaleza del cuarzo o lo contiene.

**CUASI** adv. c. (lat. *quasi*). Casi.

**CUASIA** n. f. Planta arbustiva de América tropical, cuya corteza y raíz suministran un principio amargo y tónico. (Familia simarubáceas.)

**CUASICASTRENSE** adj. Dícese de los bienes que adquiere el hijo de familia ejerciendo cargo público, profesión o arte liberal.

**CUASICONTRATO** n. m. DER. Acto lícito y voluntario que produce, aun sin mediar convención expresa, obligaciones.

**CUASIDELITO** n. m. DER. Hecho no delictivo por el que, interviniendo culpa o negligencia, se causa daño a otro.

**CUASIUSUFRUCTO** n. m. DER. Usufructo de las cosas consumibles.

**CUATE, A** adj. y n. (voz mexicana). *Guat.* y *Méx.* Amigo, camarada. **2.** *Méx.* Mellizo, gemelo.

**CUATEQUIL** n. m. *Méx.* Maíz.

**CUATERNARIO, A** adj. y n. m. Que consta de cuatro unidades o elementos. ◆ adj. **2.** GEOL. Relativo al cuaternario. **3.** QUÍM. Dícese de los compuestos que contienen cuatro elementos diferentes. ◆ n. m. **4.** La más reciente y corta de las eras geológicas, que comenzó hace menos de tres millones de años.

**CUATERNIO** n. m. MAT. Número hipercomplejo formado por el conjunto de cuatro números reales, tomados en un orden determinado y que se combinan siguiendo ciertas leyes.

**CUATEZÓN, NA** adj. *Méx.* Dícese del animal que debiendo tener cuernos carece de ellos.

**CUATREÑO, A** adj. Dícese del novillo que tiene cuatro años y no ha cumplido cinco.

**CUATRERÍA** n. f. Actividad de los cuatreros. SIN.: *cuatrerismo.*

**CUATRERO, A** adj. y n. Dícese del ladrón que hurta bestias, especialmente caballos.

**CUATRICROMÍA** n. f. Impresión en cuatro colores, amarillo, magenta, cyan y negro.

**CUATRIENAL** adj. Cuadrienal.

**CUATRIENIO** n. m. Cuadrienio.

**CUATRILLIZO, A** n. y adj. Cada uno de los niños que nace en un parto cuádruple.

**CUATRILLÓN** n. m. Un millón de trillones, o sea $10^{24}$.

**CUATRIMESTRAL** adj. Que dura cuatro meses. **2.** Que sucede o se repite cada cuatro meses.

**CUATRIMESTRE** n. m. Espacio de cuatro meses.

**CUATRIMOTOR** n. m. y adj. Avión que posee cuatro motores.

**CUATRIPARTITO, A** adj. Compuesto de cuatro partes o elementos: *una conferencia cuatripartita.*

**CUATRIPLEJÍA** n. f. Tetraplejía.

**CUATRIRREACTOR** n. m. y adj. Avión provisto de cuatro reactores.

**CUATRIRREMO** n. m. ANT. Navío de cuatro filas de remeros o de cuatro remeros por remo.

**CUATRISÍLABO, A** o **CUADRISÍLABO, A** adj. De cuatro sílabas: *verso cuatrisílabo.* SIN.: *tetrasílabo.*

**CUATRO** adj. num. cardin. y n. m. (lat. *quattor*). Tres y uno. ◆ adj. num. ordin. **2.** Cuarto. ◆ adj. **3.** Poco tiempo o cantidad pequeña: *cuatro gotas.* ◆ n. m. **4.** *Méx. Fam.* Trampa, celada: *ponerle a alguien un cuatro.* **5.** *P. Rico.* y *Venez.* Guitarra de cuatro cuerdas. • **Cuatro por cuatro,** vehículo todoterreno.

**CUATROCENTISTA** adj. y n. m. y f. Relativo al s. XV; escritor o artista de dicho siglo.

**CUATROCIENTOS, AS** adj. num. cardin. y n. m. Cuatro veces ciento. ◆ adj. num. ordin. **2.** Cuadringentésimo. ◆ n. m. Denominación que se aplica al arte, la literatura y, en general, la historia y la cultura del s. XV.

**CUATROPEADO** n. m. COREOGR. Movimiento de danza.

**CUAUHXICALLI** n. m. *Méx.* Recipiente de piedra, esculpido en forma de animal, que usaban los sacerdotes aztecas para poner el corazón y la sangre de víctimas humanas.

**cuauhxicalli;** cultura azteca
(museo nacional de arqueología, México)

**CUBA** n. f. Recipiente de madera para contener líquidos. **2.** Líquido que cabe en una cuba. **3.** *Fig.* y *fam.* Persona que bebe mucho. **4.** METAL. Parte principal de ciertos tipos de hornos metalúrgicos, que abarca la zona de fusión. • **Estar como,** o **hecho, una cuba,** estar borracho.

**CUBA-LIBRE** n. m. (pl. *cuba-libres*). Bebida alcohólica, mezcla de ron o ginebra con un refresco de cola.

**CUBANICÚ** n. m. *Cuba.* Planta arbustiva cuyas hojas, pulverizadas, se usan para curar llagas y heridas. (Familia eritroxiláceas.)

**CUBANISMO** n. m. Vocablo o giro privativo de Cuba.

**CUBANO, A** adj. y n. De Cuba. ◆ n. m. **2.** Modalidad adoptada por el español en Cuba.

**CUBATA** n. m. Cuba-libre.

**CUBEBA** n. f. (ár. *kubeba*). Planta arbustiva trepadora, de hojas lisas y fruto a modo de pimienta, liso, de color pardo oscuro, con un cabillo de cada baya más largo que ésta. (Familia piperáceas.) **2.** Fruto de esta planta.

**CUBELO** n. m. FORT. Cuerpo redondo puesto en los ángulos de las murallas o cortinas.

**CUBERTERÍA** n. f. Conjunto de cucharas, tenedores, cuchillos y demás utensilios semejantes para el servicio de mesa.

**CUBETA** n. f. Recipiente en forma más o menos de cubo usado para algún fin. **2.** Depósito de mercurio en la parte inferior de ciertos barómetros. **3.** Depresión del terreno sin avenamiento hacia el exterior. **4.** *Méx.* Cubo, recipiente de metal o plástico con una asa curva en el borde, que tiene distintos usos.

**CÚBICA** n. f. Curva de tercer grado.

**CUBICACIÓN** n. f. Evaluación del volumen de un cuerpo en unidades cúbicas. **2.** Este volumen evaluado.

**CUBICAJE** n. m. Cilindrada, total de las cilindradas de un motor.

**CUBICAR** v. tr. [**1a**]. Elevar un número al cubo. **2.** Determinar la capacidad o volumen de un cuerpo conociendo sus dimensiones: *cubicar una habitación.* **3.** Tener determinado cubicaje.

**CÚBICO, A** adj. De figura de cubo geométrico, o parecido a él: *forma cúbica.* **2.** Relativo al cubo, producto de tres factores iguales de un número: *raíz cúbica.* **3.** Dícese de las unidades del sistema métrico decimal, destinadas a la medida de volúmenes, que equivalen a un cubo, cuya arista es igual a la unidad lineal correspondiente. **4.** Dícese del sistema cristalográfico cuyas formas holoédricas se caracterizan por tener tres ejes principales y perpendiculares entre sí.

**CUBÍCULO** n. m. Recinto pequeño.

**CUBIERTA** n. f. Lo que se pone encima de una cosa para taparla o resguardarla. **2.** Parte exterior de la techumbre de un edificio y armazón que sustenta dicha techumbre. **3.** Parte exterior del libro encuadernado. **4.** Envuelta protectora, de tejido recubierto de caucho, que rodea la cámara de aire o neumático propiamente dicho. **5.** Cada uno de los pisos o suelos horizontales que unen los costados del barco y lo dividen en el sentido de la altura. **6.** MIL. Dispositivo de protección de una zona o una operación. • **Cubierta vegetal,** conjunto de vegetales que cubren un suelo. *(V. ilustración pág. 304.)*

**CUBIERTO, A** adj. Provisto de una cubierta, tapado, protegido. **2.** Ocupado, lleno: *terreno cubierto de árboles; mesa cubierta de papeles.* • **A cubierto,** bajo techado, protegido. ‖ **Cielo cubierto,** cielo tapado por las nubes. ‖ **Estar a cubierto,** estar en posesión de un saldo acreedor en la cuenta de los créditos. ◆ n. m. **3.** Servicio de mesa para cada uno de los comensales. **4.** Juego compuesto de cuchara, tenedor y cuchillo. **5.** Cada una de estas tres piezas. **6.** Comida que se da en las fondas, hoteles y restaurantes por un precio determinado.

**CUBIL** n. m. (lat. *cubilem*). Lugar donde los animales, principalmente las fieras, se recogen para dormir.

**CUBILETE** n. m. Recipiente sin asa y en forma de vaso que se emplea para remover los dados en ciertos juegos. **2.** Vasija metálica que se emplea como molde en pastelería. **3.** *Amér.* Sombrero de copa.

**CUBILETEAR** v. intr. [**1**]. Manejar los cubiletes. **2.** *Fig.* Valerse de mañas y artificios para lograr un propósito.

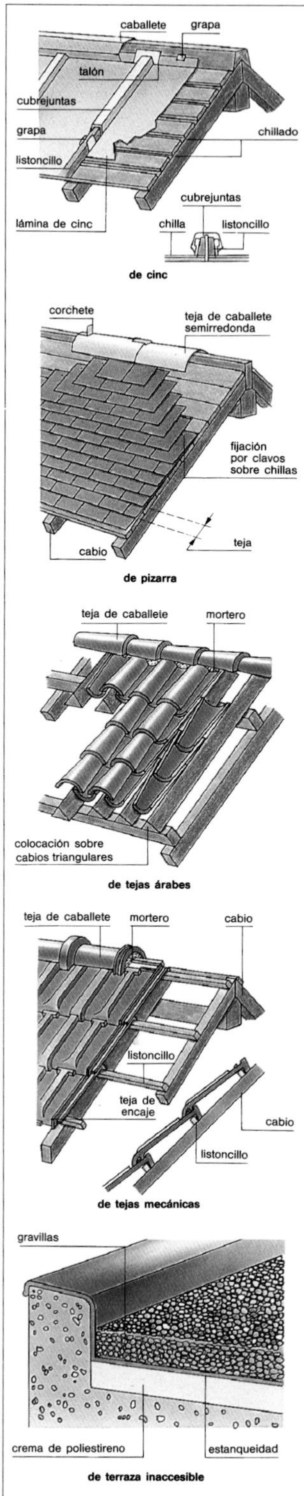

cubiertas

**CUBILETEO** n. m. Acción de cubiletear.

**CUBILETERO, A** n. Prestidigitador que emplea cubiletes. ◆ n. m. **2.** Cubilete usado por los cocineros y pasteleros.

**CUBILOTE** n. m. Horno metalúrgico de cuba, con envoltura metálica y revestimiento refractario interior, utilizado para refundir lingotes de hierro y, a veces, acero.

**CUBISMO** n. m. Escuela artística moderna que, hacia los años 1908-1920, sustituyó los tipos de representación procedentes del renacimiento por métodos nuevos y más autónomos de construcción plástica.

■ Al abandonar, a comienzos del s. XX, la concepción clásica del espacio y de la figuración, el cubismo revolucionó la pintura. La influencia de Cézanne y el descubrimiento del arte negro y de las artes primitivas abrieron camino a los trabajos de Picasso y de Braque. Con el período analítico, el cubismo adoptó una multiplicidad de ángulos visuales para alcanzar una visión total y crear un «objeto estético extremadamente estructurado», que favoreció el monocromatismo y el estudio de la luz (Juan Gris). De un modo progresivo, la síntesis de la imagen fue sustituyendo al procedimiento analítico. La fase sintética del cubismo es la de la organización del cuadro en un todo coherente con algunos signos esenciales, geométricos, y con elementos extraídos de la realidad. El color volvió a cobrar importancia, en especial con el «cubismo órfico» de Delaunay. En escultura destacaron Brâncusi, Archipenko, J. Csácky, Duchamp-Villon, Laurens, Lipchitz, Zadkine, etc. La vanguardia española no residente en París entró en el movimiento cubista en la década de los veinte, asimilándolo parcialmente (neocubismo). Cabe destacar los pintores D. Vázquez Díaz, A. Arteta, Gustavo de Maeztu y los escultores Mateo Hernández y Victorio Macho.

**CUBISTA** adj. y n. m. y f. Relativo al cubismo; que practica el cubismo.

**CUBITAL** adj. Relativo al codo.

**CÚBITO** n. m. El más grueso de los dos huesos del antebrazo, que tiene en su extremo superior una apófisis, el olécranon, que forma el saliente del codo.

**CUBO** n. m. Vasija de metal, madera o plástico, con asa en el borde superior, empleada en usos domésticos. **2.** Pieza central en que se encajan los rayos de las ruedas de diversos vehículos. **3.** Paralelepípedo rectángulo cuyas aristas y ángulos son iguales. • **Cubo de aire,** volumen de aire. ‖ **Cubo de un número,** producto de tres factores iguales a este número: *27 es el cubo de 3.* ‖ **Cubo de un sólido,** su volumen. ‖ **Cubo perfecto,** número entero que es el cubo de otro número entero.

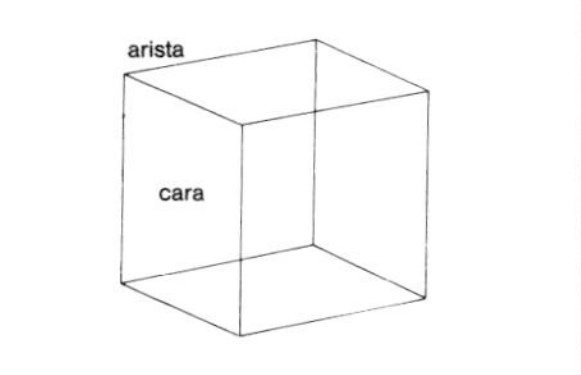

cubo

**CUBRECÁLIZ** n. m. Tela de seda que cubre el cáliz y la patena.

**CUBRECAMA** n. m. Cobertor o colcha con que se cubre la cama.

**CUBREJUNTA** n. f. Placa metálica que cubre la junta de dos piezas.

**CUBREOBJETOS** n. m. (pl. *cubreobjetos*). Fina lámina de vidrio con que se recubren los objetos que se quieren examinar al microscopio.

**CUBREPIÉS** n. m. (pl. *cubrepiés*). Manta pequeña que se pone a los pies de la cama.

**CUBREPLATOS** n. m. (pl. *cubreplatos*). Campana metálica que sirve para cubrir un plato.

**CUBRICIÓN** n. f. Acción de cubrir el macho a la hembra.

**CUBRIR** v. tr. y pron. (lat. *cooperire*) **[3m]**. Ocultar y tapar una cosa con otra: *la nieve cubre el camino; cubrirse el rostro con las manos.* **2.** *Fig.* Proteger, defender: *cubrir la espalda con un manto; cubrirse del fuego enemigo.* **3.** *Fig.* Ocultar, disimular: *cubrir un defecto.* ◆ v. tr. **4.** Ocupar una plaza, puesto, etc. **5.** Recorrer: *cubrir diez kilómetros en cinco minutos.* **6.** Llenar, no dejar espacio vacío: *los libros cubrían la mesa.* **7.** Llenar, hacer objeto: *cubrirse de gloria.* **8.** Pagar, satisfacer una deuda. **9.** Juntarse el macho con la hembra para fecundarla. **10.** Encargarse de una noticia, reportaje o información periodística. ◆ **cubrirse** v. pron. **11.** Ponerse el sombrero, la gorra u otra prenda. **12.** Suscribir un empréstito o emisión de valores. **13.** Vestirse. **14.** Cautelarse de cualquier responsabilidad o riesgo: *cubrirse de un riesgo con un seguro.* **15.** ESGR. Mantenerse en guardia. **16.** TAUROM. Protegerse el torero con el engaño, el picador con el caballo y el toro cuando permanece a la defensiva.

**CUCABURRA** n. m. Ave coraciforme tropical, que caza insectos y reptiles.

**CUCALÓN** n. m. *Chile.* Civil que asiste a las maniobras del ejército en calidad de espectador o de reportero.

**CUCAMBA** adj. y n. f. *Perú.* Dícese de la mujer gorda, pequeña y desgarbada. ◆ adj. y n. m. y f. **2.** *Hond.* Cobarde.

**CUCAMONAS** n. f. pl. *Fam.* Carantoñas.

**CUCAÑA** n. f. (ital. *cucagna*). Palo largo, untado de jabón o de grasa, por el cual se ha de andar en equilibrio o trepar por él para coger como premio un objeto atado a su extremo. **2.** *Fig.* Lo que se consigue con poco trabajo.

**CUCAR** v. tr. **[1a]**. Guiñar el ojo. **2.** Hacer burla, mofar.

**CUCARACHA** n. f. Insecto del orden dictiópteros, de costumbres nocturnas, corredor, que vive en las viviendas y almacenes.

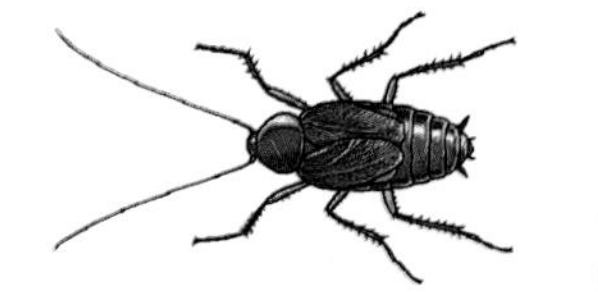
cucaracha

**CUCARRO, A** adj. *Chile.* Dícese del trompo que baila mal. **2.** *Chile. Fig.* Ebrio, borracho. ◆ n. m. **3.** *Chile.* Trompo.

**CUCHA** n. f. *Méx.* Ramera, prostituta.

**CUCHARA** n. f. (lat. *cochlear*). Instrumento compuesto de un mango y una parte cóncava, que sirve especialmente para comer alimentos líquidos o poco consistentes. **2.** Utensilio que sirve para sacar y transportar metal líquido o vidrio fundido. **3.** Especie de caja metálica articulada que va en el extremo del brazo móvil de las máquinas excavadoras, cargadores, etc., y que sirve para excavar y levantar grandes cantidades de tierra. **4.** Cualquiera de los utensilios de forma de cuchara común que se emplean en diversas profesiones u oficios. • **De cuchara** *(Fam.)*, dícese del militar que no ha estudiado en una academia. ‖ **Meter con cuchara** *(Fam.)*, explicar algo a alguien minuciosamente cuando no lo comprende. ‖ **Meter cuchara,** intervenir alguien en algún asunto que no le concierne. **5.** *Amér. Central, Amér. Merid., Can., Cuba* y *Méx.* Instrumento consistente en una plancha metálica triangular, de unos cuantos centímetros de lado y un mango de madera, que utilizan los albañiles para remover la mezcla.

**CUCHARADA** n. f. Porción que cabe en una cuchara. • **Meter cucharada,** entrometerse en los asuntos ajenos.

**CUCHARETEAR** v. intr. **[1]**. *Fam.* Revolver la olla o cazuela con la cuchara. **2.** *Fig.* Meterse sin necesidad en los asuntos ajenos.

**CUCHARILLA** n. f. Cuchara pequeña para azúcar o para dar vueltas a un líquido que se toma en taza o vaso. **2.** Señuelo, generalmente de metal, en forma de cuchara sin mango y provisto de anzuelos. **3.** Enfermedad del hígado en los cerdos.

**CUCHARÓN** n. m. Cuchara grande con mango largo que se usa para servir ciertos manjares. **2.** *Guat.* Tucán.

**CUCHÉ** adj. Dícese del papel recubierto con un baño especial que mejora su opacidad e impermeabilidad, para que la pureza de la impresión quede realzada.

*Mujer sentada* (1909). Pintura de Picasso (centro Georges-Pompidou, París); el cubismo analítico aplicado a la figura humana.

*Bodegón de la pipa* (1912). Pintura de Georges Braque (col. part., Lucerna); en esta obra tardía de la fase «hermética» se vislumbra una reacción contra la tendencia abstracta que predominaba en 1911.

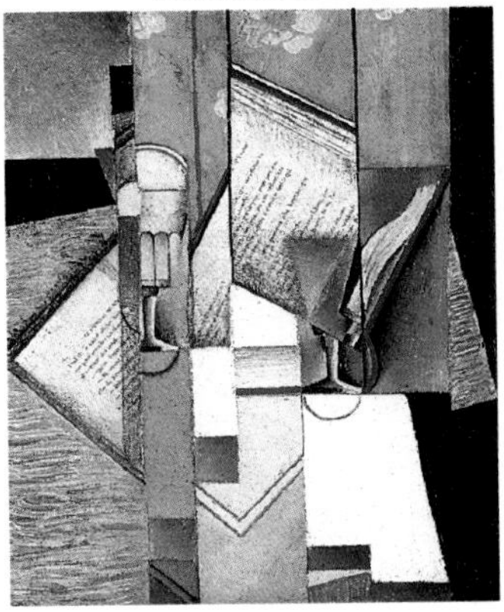

*El libro* (1913), por Juan Gris. Óleo y papeles pegados (páginas de libro y papel pintado) sobre tela; (museo de arte moderno de la ciudad, París); uno de los maestros, junto a Braque y Picasso, del cubismo sintético, el artista construye su universo plástico, autónomo, a partir de materiales seleccionados del mundo visible.

**cubismo**

**CUCHEPO** n. m. *Chile.* Mutilado de las piernas. **2.** *Chile.* Carrito que suele usar éste.

**CUCHETA** n. f. Litera de los barcos, ferrocarriles, etc.

**CUCHÍ** n. m. *Argent., Bol.* y *Perú.* Cochino, animal.

**CUCHICHEAR** v. intr. (voz onomatopéyica) [**1**]. Hablar en voz baja o al oído a alguien.

**CUCHICHEO** n. m. Acción y efecto de cuchichear.

**CUCHICHIAR** v. intr. [**1t**]. Cantar la perdiz.

**CUCHILLA** n. f. Cuchillo grande. **2.** Instrumento de hierro acerado, de varias formas, usado para cortar. **3.** Hoja de cualquier arma de corte. **4.** Hoja de afeitar. **5.** Cuchillo de hoja ancha y corta para cocina y carnicería. **6.** *Poét.* y *fig.* Espada, arma blanca. **7.** Cumbre o loma alargada y estrecha de paredes verticales. **8.** Vela triangular o trapezoidal, característica de las embarcaciones denominadas latinas o de aparejo latino. SIN.: *vela de cuchillo.* **9.** *Argent., Cuba* y *Urug.* Eminencia prolongada cuyas pendientes se extienden hasta el llano.

**CUCHILLADA** n. f. Golpe de arma de corte. **2.** Herida que resulta de este golpe. ◆ **cuchilladas** n. f. pl. **3.** Aberturas que se hacían en los vestidos para que por ellas se viese otra tela de distinto color u otra prenda lujosa.

**CUCHILLAR** n. m. Montaña con varias elevaciones escarpadas o cuchillas.

**CUCHILLAZO** n. m. *Amér.* Cuchillada.

**CUCHILLERÍA** n. f. Oficio de cuchillero. **2.** Fábrica, almacén o tienda de cuchillos.

**CUCHILLERO, A** n. Persona que hace o vende cuchillos. ◆ n. m. **2.** *Amér. Merid.* y *Hond.* Persona pendenciera y diestra en el manejo del cuchillo que utiliza en sus peleas.

**CUCHILLO** n. m. Instrumento cortante formado por una hoja, generalmente de hierro o acero de un solo corte, y un mango. **2.** Cada uno de los colmillos inferiores del jabalí. **3.** *Fig.* Cualquier cosa cortada o terminada en ángulo agudo. **4.** Cada una de las armaduras que colocadas de trecho en trecho, sostienen el tejado o cubierta. **5.** Pieza, ordinariamente triangular, que se pone en los vestidos para ensanchar su vuelo. **6.** Arista de prisma que soporta el fiel de una balanza. • **Cuchillo eléctrico,** utensilio de cocina compuesto por un pequeño motor eléctrico con mango que mueve, de modo alternativo, unas láminas de acero. ‖ **Pasar a cuchillo,** dar muerte a un grupo de personas que se han rendido o han sido vencidas o apresadas. ‖ **Vela de cuchillo,** cuchilla.

**CUCHIPANDA** n. f. *Fam.* Francachela, juerga.

**CUCHITRIL** n. m. Pocilga. **2.** Habitación o vivienda pequeña y desaseada.

**CUCHO, A** adj. *Méx. Fam.* Dícese de la persona que tiene el labio leporino. **2.** *Por ext. Fam.* Estropeado, mal hecho: *te quedó cucho trabajo.* ◆ n. m. **3.** *Chile.* Gato. **4.** *Colomb.* Rincón.

**CUCHUCO** n. m. *Colomb.* Sopa de carne de cerdo y cebada.

**CUCHUFLETA** n. f. *Fam.* Dicho o palabras de broma o chanza.

**CUCHUGO** n. m. *Amér. Merid.* Cada una de las dos cajas de cuero que suelen llevarse en el arzón de la silla de montar. (Suele usarse en plural.)

**CUCHUMBO** n. m. *Amér.* Juego de dados. **2.** *Amér. Central.* Cubilete para los dados.

**CUCLILLAS. En cuclillas,** modo de sentarse doblando el cuerpo de modo que las nalgas se acerquen al suelo o descansen en los calcañares.

**CUCO** n. m. Ave muy común en los bosques de Europa occidental, insectívora, con el dorso gris y el vientre blanco con rayas marrones, de unos 35 cm de long. SIN.: *cuclillo.*

**CUCO, A** adj. Bonito, gracioso y coquetón. ◆ adj. y n. **2.** Astuto, taimado, ladino.

**CUCÚ** n. m. (voz onomatopéyica). Canto del cuclillo. **2.** Reloj de pared, de madera, provisto de un sistema de relojería que imita el canto del cuco.

**CUCUBANO** n. m. *P. Rico.* Luciérnaga.

**CUCUFATO, A** adj. *Perú.* Dícese de la persona beata, mojigata.

**CUCUIZA** n. f. *Amér.* Hilo obtenido de la pita.

**CUCULÍ** n. m. (voz onomatopéyica). Paloma torcaz del tamaño de las domésticas, pero de forma más esbelta, que vive en América Meridional. (Familia colúmbidos.)

**CUCÚRBITA** n. f. (lat. *cucurbitam,* calabaza). Parte inferior de la caldera del alambique.

**CUCURBITÁCEO, A** adj. y n. f. Relativo a una familia de plantas dicotiledóneas, de fuertes tallos trepadores y frutos de gran tamaño, a la que pertenecen la calabaza, el pepino y el melón.

**CUCURUCHO** n. m. Papel o cartón arrollado en forma cónica. **2.** Cono que se hace de barquillo

cuco

dentro del cual se pone helado. **3.** Capirote que se ponían los disciplinantes o penitentes. **4.** *Colomb., C. Rica, Dom., Nicar., P. Rico* y *Venez.* Elevación natural de un terreno. **5.** *Colomb., C. Rica, Dom., Nicar., P. Rico* y *Venez.* Parte más alta de algo.

**CUDÚ** n. m. Artiodáctilo de gran talla, adornado de rayas transversales blancas, que presenta cuernos únicamente en los machos y vive en África. (Familia bóvidos.)

**CUECA** n. f. *Amér. Merid.* Danza de pareja suelta que se baila con unos pañuelos con los que se trazan figuras. **2.** *Chile.* Baile popular, de ritmo vivo, que se baila por parejas y constituye la danza nacional chilena por excelencia.

**CUELGA** n. f. Conjunto de frutas que se cuelgan para conservarlas.

**CUELLO** n. m. (lat. *collum*). Parte del cuerpo comprendida entre el tronco y la cabeza. **2.** Parte más estrecha y delgada de un cuerpo o de un órgano: *cuello de la botella; cuello de la matriz.* **3.** Parte de una prenda de vestir o adorno suelto que rodea el cuello. **4.** Parte del cuerpo del caballo que va desde la cabeza hasta el codillo y el pecho. **5.** Zona que existe entre el cemento y el esmalte de un diente. **6.** Zona comprendida entre el tallo de una planta y la zona de ramificación.

**CUENCA** n. f. (lat. *concham*). Cavidad en que está cada uno de los ojos. **2.** Depresión topográfica cuyas dimensiones van de unos pocos a varios centenares de km y cuyo origen es estructural. **3.** Amplio yacimiento de hulla o de hierro que forma una unidad geográfica y geológica. **4.** OCEANOGR. Depresión extensa del fondo oceánico. • **Cuenca de hundimiento** (GEOMORFOL.), depresión tectónica resultante de fallas. || **Cuenca de recepción,** embudo natural de gran pendiente que recoge las aguas de arroyada caídas en la montaña y que forma la parte superior de un torrente. || **Cuenca hidrográfica,** región avenada por un río y sus afluentes. || **Cuenca sedimentaria,** amplia hondonada en un zócalo donde las capas sedimentarias se han acumulado en capas concéntricas, las más recientes en el centro y las más antiguas hacia el exterior.

**CUENCANO, A** adj. y n. Conquense. **2.** De Cuenca (Ecuador).

**CUENCO** n. m. Vaso hondo y ancho, sin borde o labio. **2.** Concavidad, parte o sitio cóncavo.

**CUENTA** n. f. Acción y efecto de contar. **2.** Cálculo, cómputo u operación aritmética: *echar las cuentas de los gastos.* **3.** Nota escrita en la que consta el precio de una o varias adquisiciones: *recibir la cuenta del sastre.* **4.** Razón, satisfacción de algo: *dar cuenta de lo ocurrido.* **5.** Cuidado, incumbencia, cargo, obligación: *los gastos corren de mi cuenta.* **6.** Bolita o pieza perforada con que se hacen rosarios, collares, etc. **7.** CONTAB. Cada una de las divisiones del libro Mayor, que captan, representan y miden elementos del balance de situación, del patrimonio o de situaciones especiales. • **A cuenta,** dícese de la cantidad que se da o recibe sin finalizar la cuenta. || **Ajustar las cuentas** a alguien *(Fam.),* reprenderle con amenaza. || **Caer,** o **dar, en la cuenta** *(Fam.),* percatarse de algo que no se comprendía o no se había notado. || **Cuenta corriente,** contrato entre dos personas que convienen que el saldo sólo será exigible al finalizar aquél. || **Cuenta corriente bancaria,** cuenta abierta por un banquero a sus clientes alimentada por los depósitos de cada titular. || **Dar cuenta** de algo *(Fam.),* dar fin de ello, disponiéndolo o malgastándolo; comunicar, informar. || **Darse cuenta** de algo, percatarse de ello. || **En resumidas cuentas,** en conclusión o con brevedad. || **Estar fuera** o **salir, de cuenta,** o **cuentas,** haber cumplido o cumplir ya el período de embarazo. || **Tener en cuenta,** tener presente, considerar.

**CUENTACORRENTISTA** n. m. y f. Persona que tiene cuenta corriente en un banco.

**CUENTAGOTAS** n. m. (pl. *cuentagotas*). Pequeño aparato que permite verter y contar gota a gota un líquido. • **A,** o **con, cuentagotas,** con tacañería; muy poco a poco.

**CUENTAHÍLOS** n. m. (pl. *cuentahílos*). Lupa de gran aumento montada en un soporte.

**CUENTAKILÓMETROS** n. m. (pl. *cuentakilómetros*). Contador que registra las revoluciones de las ruedas de un vehículo e indica el número de kilómetros recorridos.

**CUENTARREVOLUCIONES** n. m. Aparato que cuenta el número de vueltas dadas por un árbol o eje móvil en un tiempo determinado. SIN.: *cuentavueltas.*

**CUENTEAR** v. intr. [1]. *Amér.* Chismorrear, comadrear. **2.** *Méx.* Engañar, decir mentiras.

**CUENTERO, A** adj. y n. Cuentista, chismoso.

**CUENTISTA** n. m. y f. Escritor de cuentos. ◆ adj. y n. m. y f. **2.** *Fam.* Chismoso. **3.** *Fam.* Exagerado, aspaventero, presumido.

**CUENTO** n. m. (lat. *computum,* cálculo). Relación de un suceso. **2.** Relación, de palabra o por escrito, de un suceso de invención, especialmente dirigido a los muchachos para divertirlos: *cuento de hadas.* **3.** Narración literaria breve. **4.** Cómputo: *el cuento de los años.* **5.** *Fam.* Chisme, enredo, mentira: *no me vengas con cuentos.* **6.** Chiste, historieta. • **A cuento,** al caso, al propósito: *venir a cuento.* || **Dejarse,** o **quitarse, de cuentos** *(Fam.),* omitir los rodeos e ir a lo sustancial de una cosa. || **Sin cuento,** incontable. || **Tener cuento,** o **mucho cuento,** decir falsedades, aparentando lo que no se es. || **Traer a cuento,** introducir un tema remoto en un discurso o conversación.

**CUENTO** n. m. (lat. *contum,* pértiga). Regatón o contera de la pica, la lanza, el bastón, etc.

**CUERA** n. f. *Hond.* Polaina burda.

**CUERAZO** n. m. *Amér.* Latigazo.

**CUERDA** n. f. (lat. *chordam*). Conjunto de hilos de lino, cáñamo, cerda u otra materia semejante, que torcidos forman un solo cuerpo, cilíndrico, más o menos grueso, largo y flexible que sirve para atar o sujetar. **2.** Hilo hecho de tripa de carnero, a veces envuelta por alambre en hélice, que, por vibración, produce los sonidos en ciertos instrumentos músicos. **3.** Término genérico que designa los instrumentos de música de cuerdas simples o dobles, como violín, viola, violonchelo, contrabajo, etc. **4.** Cada una de las cuatro voces fundamentales de tiple, contralto, tenor y bajo. **5.** Parte propulsora del mecanismo de un reloj. **6.** MAT. Segmento que une dos puntos de una curva. • **Aflojar** o **apretar la cuerda,** disminuir, o aumentar el rigor de la ley, disciplina, etc. || **Andar,** o **bailar en la cuerda floja,** proceder o discurrir con vacilación, entre dificultades. || **Cuerda del tímpano,** nervio que atraviesa la caja del tímpano a lo largo de su membrana. || **Cuerda floja,** alambre con poca tensión, sobre el cual hacen ejercicios los acróbatas. || **Cuerdas vocales,** bandas diferenciadas del interior de la laringe, relacionadas con la producción de la voz. || **Dar cuerda** a uno, animarle en sus inclinaciones o hablarle sobre el asunto del que es más propenso a hablar. || **Por bajo,** o **debajo de, cuerda,** reservadamente, por medios ocultos. || **Tener cuerda para rato** *(Fam.),* ser propenso a hablar con demasiada extensión. || **Tener mucha cuerda** *(Fam.),* tener mucha salud, gran vitalidad; sufrir bromas o burlas sin enfadarse.

**CUERDO, A** adj. y n. (lat. *cordatum*). Que está en su juicio. **2.** Prudente.

**CUEREADA** n. f. *Amér.* Azotaina. **2.** *Amér. Merid.* Temporada en que se obtienen los cueros secos.

**CUEREAR** v. tr. [1]. *Amér. Merid.* Ocuparse en las operaciones de la cuereada. **2.** *Argent. Fig.* y *fam.* Chismorrear, hablar mal de alguien. **3.** *Argent.* y *Urug.* Despellejar. **4.** *Ecuad.* y *Nicar.* Azotar.

**CUERIZA** n. f. *Amér.* Azotaina.

**CUERNA** n. f. Vaso rústico hecho con un cuerno de buey. **2.** Trompa semejante al cuerno bovino, que se utilizó en la montería y que aún usan ciertas gentes en el campo para comunicarse. **3.** Cuerno macizo que algunos animales, como el ciervo, mudan todos los años.

**CUERNO** n. m. (lat. *cornu*). Órgano par, duro y puntiagudo, que tienen en la cabeza muchos mamíferos rumiantes. **2.** Órgano impar de forma análoga, que tienen los rinocerontes. **3.** Materia que forma el estuche córneo de las astas de los bovinos, empleada en la industria. **4.** Extremidad de una cosa que remata en punta, y se asemeja al cuerno. **5.** Instrumento de viento, de forma corva, generalmente de cuerno, que tiene el sonido como de trompa. • **Cuerno de niebla,** instrumento destinado, a bordo de un barco, a hacer oír señales sonoras en tiempo de niebla. || **Echar, enviar, mandar,** etc., **al cuerno** *(Fam.),* despedir a alguien con enojo y malos modales; prescindir de algo con desagrado y violencia. || **Irse al cuerno** *(Fam.),* malograrse. || **Oler,** o **saber a cuerno quemado** *(Fam.),* hacer desagradable impresión en el ánimo una cosa; despertar sospechas. ◆ **cuernos** n. m. pl. **6.** *Fig.* y *vulg.* Con el verbo *poner,* faltar a la fidelidad conyugal. **7.** *Fig.* y *vulg.* Con los verbos *llevar, tener,* etc., ser objeto de infidelidad conyugal.

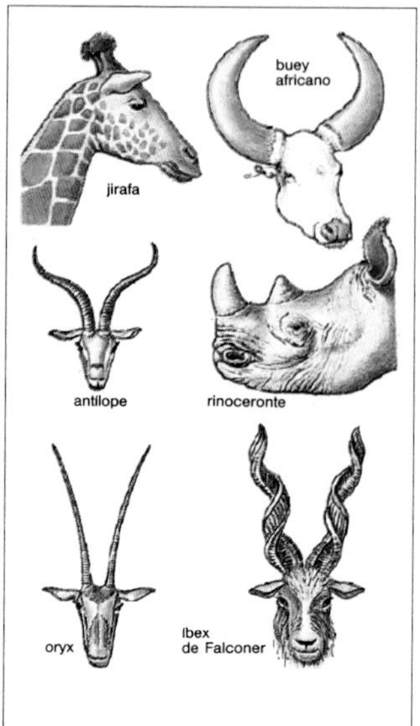


**cuernos** de algunos mamíferos

**CUERO** n. m. (lat. *corium*). Pellejo que cubre la carne de los animales. **2.** Odre, cuero de cabra que sirve para contener líquidos. **3.** Pellejo del buey y otros animales, especialmente después de curtido y preparado para ciertos usos. • **Cuero cabelludo,** parte de la piel del cráneo cubierta por el cabello. || **En cueros** o **en cueros vivos,** desnudo; completamente arruinado. || **Sacar el cuero** (*Argent. Fig.* y *fam.*), chismorrear, hablar mal de alguien.

**CUERPEAR** v. intr. [1]. *Argent.* y *Urug.* Esquivar, capotear, evadirse.

**CUERPO** n. m. (lat. *corpus*). Toda sustancia material, orgánica o inorgánica: *cuerpo sólido, líquido, gaseoso.* **2.** Cualquier cosa de extensión limitada que produce impresión en nuestros sentidos por cualidades que le son propias. **3.** Objeto material: *la caída de los cuerpos.* **4.** Parte material de un ser animado; cadáver: *el cuerpo de un hombre, de un animal.* **5.** Tronco, por oposición a la cabeza y las extremidades: *doblar el cuerpo hacia delante.* **6.** Grueso, densidad, espesura, solidez: *una tela de poco cuerpo; vino de mucho cuerpo.* **7.** Parte principal: *el cuerpo de un edificio, de un texto.* **8.** Conjunto de personas que forman un pueblo, comunidad o asociación, o que ejercen la misma profesión: *cuerpo social de la empresa; cuerpo médico.* **9.** Conjunto de reglas o principios: *el cuerpo de una doctrina.* **10.** ANAT. Nombre dado a diversos elementos anatómicos u órganos. **11.** IMPR. Tamaño de un carácter tipográfico. **12.** IMPR. Distancia que separa una línea de texto de la siguiente sin interlineado. **13.** MAT. En álgebra moderna, anillo tal que, si se suprime el elemento neutro de la primera ley de composición interna, el conjunto restante forma un grupo en relación a la segunda ley. **14.** MIL. Conjunto de personas que poseen determinados conocimientos técnicos y que forman una institución militar: *cuerpo de estado mayor.* • **A cuerpo,** o **a cuerpo gentil,** sin abrigo ni otra prenda encima del traje. || **A cuerpo de rey,** con todo regalo y comodidad. || **A cuerpo descubierto,** o **limpio,** sin resguardo; sin ayuda ni artificio alguno. || **Cuerpo a cuerpo,** se dice de los que riñen o luchan entre sí empleando directamente sus fuerzas. || **Cuerpo a tierra,** posición del soldado para protegerse de la vista y fuego enemigos. || **Cuerpo compuesto,** el formado por la unión de varios elementos químicos diferentes. || **Cuerpo de ejército,** conjunto de tropas formado por varias divisiones. || **Cuerpo de guardia,** lugar donde descansan los soldados que hacen guardia. || **Cuerpo del delito,** lo que sirve para probar el delito. || **Cuerpo diplomático,** conjunto de representantes de las potencias extranjeras ante un gobierno. || **Cuerpo muerto** (MAR.), ancla de grandes dimensiones, que sirve para fondear los buques en rada. || **Cuerpo propio** (FILOS.), para la fenomenología, conjunto de relaciones vividas por el sujeto con su cuerpo, al término de las cuales éste no puede concebirse como un objeto. || **Cuerpo simple,** el que sólo contiene un elemento químico. || **De cuerpo presente,** tratándose de un cadáver, dispuesto para ser conducido al enterramiento. || **En cuerpo y alma** *(Fam.),* totalmente, sin dejar nada. || **Hacer de,** o **del cuerpo,** hacer de vientre. || **Pedir el cuerpo** algo *(Fam.),* apetecerlo, desearlo. || **Tomar cuerpo** algo, aumentar de poco a mucho, empezar a realizarse o tomar importancia.

**CUERUDO, A** adj. *Amér.* Dícese de las caballerías torpes. **2.** *Amér.* Que tiene la piel muy gruesa y dura. **3.** *Colomb.* Tonto, lerdo.

**CUERVO** n. m. (lat. *corvum*). Ave paseriforme de gran tamaño, con el plumaje, las patas, los ojos y el pico negros, que se alimenta de presas, en cuya captura compite con el buitre. (Familia córvidos.) [Voz: el cuervo *grazna*.]

**cuervo**

**CUERVO** o **CROW,** pueblo amerindio de lengua siux de las llanuras de América del Norte (Montana, Wyoming), act. internado en reservas en Montana.

**CUESCO** n. m. Hueso de la fruta. **2.** *Fam.* Pedo ruidoso. **3.** *Chile.* Persona enamorada. **4.** *Chile.* Cabeza. **5.** *Méx.* Masa redonda de mineral de gran tamaño. • **Cuesco de lobo,** hongo redondeado, blanquecino o grisáceo, cubierto de aguijoncitos tiernos. (Grupo gasteromicetes.)

**CUESTA** n. f. (lat. *costam*). Terreno en pendiente. **2.** En una región de estructura débilmente inclinada en la que alternan capas duras y capas blandas, forma de relieve caracterizada por un talud de perfil cóncavo en pendiente pronunciada (frente) y por una ladera suavemente inclinada en sentido contrario (reverso). • **A cuestas,** sobre los hombros o espaldas; a su cargo, sobre sí. || **Cuesta de enero** *(Fam.),* período de dificultades económicas, que coincide con el primer mes del año, y que es el resultado de los gastos extraordinarios de las fiestas de Navidad. || **Hacérsele** a uno **cuesta arriba** una cosa, sentirla mucho, hacerla con esfuerzo y repugnancia. || **Ir cuesta abajo,** decaer, declinar.

**CUESTACIÓN** n. f. Petición de limosnas para un fin piadoso o benéfico.

**CUESTIÓN** n. f. (lat. *quaestionem*). Pregunta que se hace o propone para averiguar la verdad de una cosa controvirtiéndola: *plantear una cuestión.* **2.** Aspecto controvertible, problema que se trata de resolver, materia sobre la cual se disputa: *entrar en el fondo de la cuestión.* **3.** Gresca, riña: *tener una cuestión.* **4.** MAT. Problema. • **Cuestión de confianza,** la que para comprobarla plantean los gobiernos al jefe del estado o al parlamento, haciendo depender su continuación en el poder de un acuerdo determinado del primero o de la votación de la cámara.

**CUESTIONABLE** adj. Dudoso, que se puede discutir.

**CUESTIONAR** v. tr. [1]. Controvertir un punto dudoso.

**CUESTIONARIO** n. m. Libro que trata de cuestiones. **2.** Programa de examen u oposición. **3.** Lista de cuestiones o preguntas a las que se debe responder por escrito.

**CUESTOR** n. m. (lat. *quaestorem*). En las asambleas legislativas francesas, miembro encargado de dirigir el empleo de los fondos, la administración interior y material de la asamblea. **2.** En la antigua Roma, magistrado encargado de las funciones financieras.

**CUESTURA** n. f. Oficina de los cuestores de una asamblea deliberante. **2.** Cargo de cuestor romano.

**CUETE** n. m. *Méx.* Lonja de carne que se saca del muslo de la res. **2.** *Méx.* Borrachera.

**CUETZPALIN** n. m. (voz náhuatl, *lagarto*). Cuarto de los veinte signos del calendario azteca.

**CUEVA** n. f. Cavidad de la tierra, natural o artificial. **2.** Sótano.

**CUÉVANO** n. m. Cesto de mimbres grande y hondo, para la vendimia y otros usos.

**CUEZO** n. m. Artesilla de madera, en que amasan el yeso los albañiles.

**CÚFICO, A** adj. Dícese de la más antigua de las formas de escritura árabe, rígida y angular, empleada en inscripciones de monumentos y monedas.

**CUFIFO, A** adj. *Chile.* Dícese de la persona borracha.

**CUI** o **CUIS** n. m. (pl. *cuis* o *cuises*). *Amér. Merid.* Cobaya.

**CUICATECO,** pueblo amerindio del NO del est. mexicano de Oaxaca, que habla una lengua del grupo otomangue.

**CUIDADO** n. m. (lat. *cogitatum,* pensamiento). Solicitud y atención para hacer bien alguna cosa. **2.** Ocupación o asunto que está a cargo de uno. **3.** Intranquilidad, preocupación, temor. **4.** Seguido de la prep. *con* y un nombre significativo de persona, denota enfado contra ella: *¡cuidado con la niña, si será mal educada!* • **De cuidado,** cauteloso, peligroso; enfermo de gravedad. || **Traer sin cuidado** *(Fam.),* no importar. ◆ interj. **5.** Se emplea en son de amenaza o para advertir la proximidad de un peligro o la contingencia de caer en error: *¡cuidado, no te caigas!*

**CUIDADOR, RA** adj. y n. Que cuida. ◆ n. m. **2.** En algunos deportes, persona que asiste a un deportista durante las competiciones. **3.** *Amér.* Preparador, entrenador.

**CUIDADOSO, A** adj. Que tiene cuidado.

**CUIDAR** v. tr. e intr. (lat. *cogitare,* pensar) [1]. Poner cuidado, diligencia y atención en la ejecución de una cosa. **2.** Asistir, especialmente a un enfermo. **3.** Guardar, conservar, custodiar, mantener. ◆ **cuidarse** v. pron. **4.** Preocuparse uno por su salud, darse buena vida. **5.** Seguido de la preposición *de,* vivir con advertencia respecto de algo.

**CUIJA** n. f. Saurio de pequeño tamaño, nocturno, que emite un sonido especial, y que es frecuente en las regiones cálidas de México. (Familia gecónidos.) **2.** *Méx.* Lagartija muy delgada y pequeña de las regiones cálidas.

**CUITA** n. f. Trabajo, aflicción, desventura.

**CUITADO, A** adj. Afligido, desventurado. **2.** *Fig.* Apocado, tímido.

**CUITLATECA,** pueblo amerindio que ocupaba una extensa región de la costa del Pacífico, al S del río Balsas (México); act., muy reducido, vive en el est. de Guerrero.

**CUJA** n. f. Bolsa de cuero asida a la silla del caballo, que sirve para colocar la extremidad inferior de la lanza o de la bandera.

**CUJINILLO** n. m. *Guat.* Alforja o maleta que se tercia sobre una bestia, para acarrear el agua. (Suele usarse en plural.) ◆ **cujinillos** n. m. pl. **2.** *Hond.* Alforjas.

**CUJITO** n. m. *Cuba.* Persona extremadamente delgada.

**CULADA** n. f. *Fam.* Golpe dado con las asentaderas.

**CULANTRILLO** n. m. Nombre de varios helechos de largos pecíolos, delgados y oscuros. (Familia polipodiáceas.)

**CULATA** n. f. Anca, parte posterior de las caballerías. **2.** *Fig.* Parte posterior de algunas cosas. **3.** Parte posterior de un arma de fuego portátil que sirve para asirla y apoyarla en el momento de disparar. **4.** Pieza de acero destinada a asegurar la obturación del orificio posterior del cañón de un arma de fuego. **5.** Cubierta que cierra la parte superior de los cilindros en un motor de explosión. **6.** Faceta tallada en la parte inferior de una piedra de joyería. **7.** CARN. Cuarto trasero de las reses bovinas.

**CULATAZO** n. m. Golpe dado con la culata de un arma, especialmente al retroceder ésta al disparar.

**CULÉ** adj. y n. m. y f. Relativo al Fútbol Club Barcelona.

**CULEAR** v. intr. [1]. *Chile* y *Méx. Vulg.* Realizar el acto sexual. ◆ **culearse** v. pron. **2.** *Méx. Vulg.* Asustarse, acobardarse: *se culeó y no quiso discutir.*

**CULEBRA** n. f. Nombre dado a todas las serpientes de la familia colúbridos, y más particularmente a las que están desprovistas de veneno o no lo pueden inyectar.

**culebra** de collar

**CULEBREAR** v. intr. [1]. Andar haciendo eses.

**CULEBRILLA** n. f. Cría de la culebra. **2.** Enfermedad cutánea herpética, propia de los países tropicales.

**CULEBRINA** n. f. Pieza de artillería larga y de pequeño calibre, utilizada entre los ss. XV y XVIII.

**culebrina** francesa (s. XVI) montada sobre un afuste de madera (modelo reducido realizado en el s. XIX) [museo del ejército, París]

**CULEBRÓN** n. m. Aum. de culebra. **2.** *Fig.* y *fam.* Hombre muy astuto y solapado. **3.** *Fig.* y *fam.* Mujer intrigante, de mala reputación. **4.** *Fam.* Serial de televisión en muchos episodios.

**CULERA** n. f. Remiendo en los calzones o pantalones sobre la parte que cubre las asentaderas.

**CULÍ** n. m. Nombre que se daba a los hindúes, a los chinos y a otros asiáticos que eran contratados, mediante salarios, para ir a trabajar en una colonia. SIN.: *coolie.*

**CULIBLANCO** n. m. Nombre común a varios pájaros de Europa que tienen la rabadilla blanca.

**CULINARIO, A** adj. (lat. *culinarium*). Relativo a la cocina.

**CULLE** n. m. Lengua prehispánica de Perú.

**CULMINACIÓN** n. f. Acción y efecto de culminar. **2.** Paso de un astro por su punto más elevado por encima del horizonte. **3.** Instante de este paso.

**CULMINANTE** adj. Que llega a la posición más elevada, a la situación más relevante, intensa o interesante: *punto culminante de una montaña; momento culminante de una obra.*

**CULMINAR** v. intr. [1]. Llegar al punto culminante. **2.** ASTRON. Pasar un astro por el meridiano superior del observador. ◆ v. tr. **3.** Dar fin a una cosa, acabarla, terminarla: *ha culminado la novela que estaba escribiendo.*

**CULO** n. m. (lat. *culum*). Nombre vulgar aplicado a las nalgas de las personas, o ancas o parte semejante de los animales. **2.** *Fam.* Ano. **3.** *Fig.* y *fam.* Extremidad inferior o posterior de una cosa: *culo de una vasija.* **4.** *Fig.* y *fam.* Escasa porción de líquido que queda en el fondo de un recipiente. • **Culo de lámpara** (ARQ.), adorno que figura en ciertas bóvedas o en los techos artesonados; (ART. GRÁF.), viñeta colocada al final de un capítulo. || **Ir de culo** *(Fam.),* ir de mal en peor o muy justo de tiempo.

**CULOMBIO** n. m. (de *Coulomb,* físico francés). Unidad de medida de cantidad de electricidad y de carga eléctrica de símbolo C, que equivale a la cantidad de electricidad que transporta en 1 segundo una corriente de 1 amperio.

**CULÓN, NA** adj. Que tiene abultado el culo.

**CULOTE** n. m. ARM. Parte posterior del proyectil. **2.** INDUSTR. Restos de metal que quedan en el fondo del crisol.

**CULPA** n. f. (lat. *culpam*). Falta más o menos grave cometida voluntariamente. **2.** Responsabilidad, causa imputable. **3.** DER. Acción u omisión no dolosa, pero realizada sin la diligencia debida, que causa un resultado dañoso, previsible y penado por la ley.

**CULPABILIDAD** n. f. Calidad de culpable.

**CULPABILIZAR** v. tr. **[1g]**. Echar las culpas a una persona de un daño causado.

**CULPABLE** adj. y n. m. y f. Dícese de la persona que tiene la culpa de una cosa. **2.** DER. Que ha incurrido en culpa. **3.** DER. Responsable de un delito o falta.

**CULPAR** v. tr. y pron. (lat. *culpare*) **[1]**. Echar la culpa.

**CULPOSO, A** adj. Dícese del acto u omisión que origina responsabilidades.

**CULTALATINIPARLA** n. f. *Fam.* Lenguaje pedante.

**CULTERANISMO** n. m. Estilo literario caracterizado por sus metáforas violentas, alusiones oscuras, hipérboles extremadas, latinismos, etc.

■ El culteranismo es una modalidad del barroco español, acuñada a principios del s. XVII. Conocido también como *gongorismo*, por el nombre de su principal representante, Luis de Góngora, significó un enriquecimiento del poder creativo, original y expresivo del lenguaje, aunque por la complicación y oscuridad de su estilo fue objeto de abundantes detracciones y burlas.

**CULTERANO, A** adj. y n. Relativo al culteranismo; escritor adscrito a este estilo literario. ◆ adj. **2.** Oscuro, alambicado.

**CULTISMO** n. m. Vocablo tomado directamente de una lengua clásica, especialmente el latín, que se ha sustraído a la evolución fonética sufrida por las palabras populares.

**CULTIVADO, A** adj. Dícese de la persona culta, refinada.

**CULTIVADOR, RA** adj. y n. Que cultiva. ◆ n. m. **2.** Aparato de cultivo que sirve para labores poco profundas.

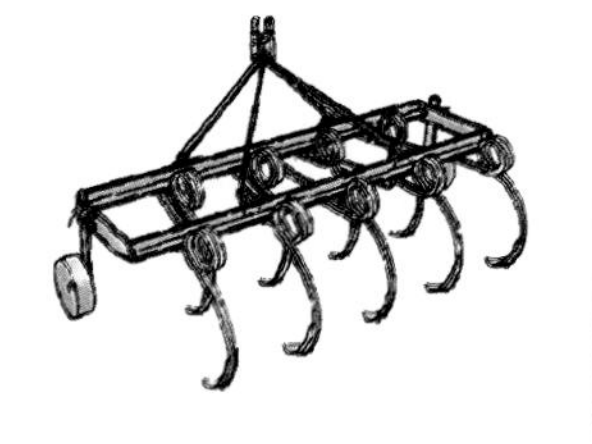

**cultivador** de dientes

**CULTIVAR** v. tr. **[1]**. Dar a la tierra y a las plantas las labores necesarias para que fructifiquen. **2.** *Fig.* Cuidar, ejercitar una facultad, inclinación, amistad, etc. **3.** *Fig.* Ejercitar una ciencia o arte. **4.** BACTER. Sembrar y hacer crecer en un medio adecuado un germen.

**CULTIVO** n. m. Acción y efecto de cultivar. **2.** Tierra o plantas cultivadas. • **Cultivo hidropónico,** o **sin suelo,** método que consiste en cultivar plantas en un medio líquido que contiene elementos nutritivos. || **Cultivo microbiano, de tejidos** (BIOL.), técnica consistente en hacer vivir y desarrollarse microorganismos o tejidos en un medio preparado al efecto. || **Sistema de cultivo,** combinación, en el tiempo y en el espacio, de las producciones vegetales practicadas en una explotación agrícola o en una región.

**CULTO, A** adj. (lat. *cultum*). Dotado de cultura, conocimientos, o que la implica. **2.** Dícese de las tierras y plantas cultivadas. • **Lengua culta,** tipo de lengua propio de personas cultivadas, teñida de cultismos, términos literarios, etc. ◆ n. m. **3.** Reverente homenaje que el hombre tributa a la divinidad. **4.** Conjunto de actos y ceremonias con que se tributa este homenaje. **5.** Admiración de que es objeto alguien o algo.

**CULTUAL** adj. Relativo al culto.

**CULTURA** n. f. (lat. *culturam*). Cultivo en general, especialmente de las facultades humanas. **2.** Conjunto de conocimientos científicos, literarios y artísticos adquiridos. **3.** Conjunto de estructuras sociales, religiosas, etc., y de manifestaciones intelectuales, artísticas, etc., que caracterizan una sociedad: *cultura helénica.* • **Cultura de masas,** conjunto de los hechos ideológicos comunes a una gran masa de personas consideradas al margen de las distinciones de estructura social, difundidos en su seno por medio de técnicas industriales. || **Cultura física,** desarrollo racional del cuerpo mediante ejercicios apropiados. || **Cultura material,** conjunto de los rasgos culturales externos que conforman la vida económica y la tecnología. || **Lengua de cultura,** o **de civilización,** lengua que ha servido o sirve de vehículo de expresión a una civilización y a una literatura importantes.

**CULTURAL** adj. Relativo a la cultura.

**CULTURALISMO** n. m. Corriente de la antropología norteamericana que considera que toda cultura dada modela una personalidad individual típica, una estructura sicológica, un comportamiento, unas ideas y una mentalidad particular.

**CULTURALISTA** adj. y n. m. y f. Relativo al culturalismo; partidario de esta corriente.

**CULTURISMO** n. m. Cultura física destinada a desarrollar la musculatura.

**CULTURISTA** adj. y n. m. Que practica el culturismo.

**CULTURIZACIÓN** n. f. Acción y efecto de culturizar.

**CULTURIZAR** v. tr. **[1g]**. Educar, dar cultura.

**CUM LAUDE** (voces lat.). Calificación máxima de una tesis doctoral.

**CUMA** n. f. *Amér. Central.* Cuchillo grande.

**CUMANGOTO,** pueblo amerindio de la costa venezolana, perteneciente a la familia caribe.

**CUMANÉS, SA** o **CUMANAGOTO, A** adj. y n. De Cumaná.

**CUMANOS, COMANOS** o **COMANIANOS,** pueblo turco que ocupó las estepas del S de Rusia a partir del s. XI, y que fundó un gran imperio nómada que se extendía hasta el Dniéper.

**CUMARINA** n. f. Sustancia olorosa que se extrae del haba tonca o que se obtiene por síntesis.

**CUMBAMBA** n. f. *Colomb.* Barbilla, mentón.

**CUMBARÍ** adj. *Argent.* Dícese de un ají pequeño, rojo y muy picante.

**CUMBIA** n. f. Baile típico de Colombia, cuyo origen es el cumbé, danza de Guinea Ecuatorial.

**CUMBRE** n. f. (lat. *culmen*). Parte más elevada de una montaña. **2.** *Fig.* La mayor elevación de una cosa, último grado a que puede llegar. **3.** Conferencia internacional que reúne a los dirigentes de los países implicados en un problema particular.

**CUMBRERA** n. f. Parhilera.

**CÚMEL** n. m. (alem. *Kümmel,* comino). Licor alcohólico de origen ruso, aromatizado con comino.

**CUMICHE** n. m. *Amér. Central.* El hijo menor de una familia.

**CUMPA** n. m. y f. *Amér. Merid.* Amigo, camarada. **2.** *Amér. Merid.* Compadre.

**CUMPLEAÑOS** n. m. (pl. *cumpleaños*). Aniversario del nacimiento de una persona y fiesta que se celebra.

**CUMPLIDERO, A** adj. Dícese de los plazos que se han de cumplir a cierto tiempo.

**CUMPLIDO, A** adj. Completo, lleno, cabal. **2.** Acabado, perfecto. **3.** Largo o abundante. **4.** Exacto en todos los cumplimientos, atenciones y muestras de urbanidad para con los otros. ◆ n. m. **5.** Acción obsequiosa, muestra de urbanidad.

**CUMPLIDOR, RA** adj. y n. Que cumple o da cumplimiento.

**CUMPLIMENTAR** v. tr. **[1]**. Saludar o felicitar con determinadas normas a alguien importante. **2.** Poner en ejecución una orden, diligencia o trámite. **3.** Rellenar un impreso, formulario, etc.

**CUMPLIMENTERO, A** adj. y n. *Fam.* Que hace demasiados cumplimientos.

**CUMPLIMIENTO** n. m. Acción y efecto de cumplir o cumplirse. **2.** Cumplido, acción obsequiosa. **3.** Perfección en el modo de obrar o de hacer alguna cosa.

**CUMPLIR** v. tr. (lat. *complere,* llenar) **[3]**. Ejecutar, llevar a cabo. **2.** Llegar a tener cierta edad o un número determinado de años o meses. ◆ v. intr. **3.** Hacer uno aquello que debe o a que está obligado. **4.** Convenir, importar. **5.** Seguido de la prep. *con,* satisfacer una obligación o cortesía. • **Por cumplir,** por mera cortesía o solamente para no caer en falta. ◆ v. intr. y pron. **6.** Ser el tiempo o día en que termina una obligación o plazo. ◆ **cumplirse** v. pron. **7.** Verificarse, realizarse.

**CÚMQUIBUS** n. m. (pl. *cúmquibus*). Dinero, moneda, caudal.

**CÚMULO** n. m. (lat. *cumulum*). Montón, acumulación, multitud. **2.** Concentración de estrellas pertenecientes a un mismo sistema galáctico. **3.** Concentración de galaxias en el espacio. **4.** Nube blanca de contornos definidos, cuya base es plana, mientras que la parte superior, en forma de cúpula, dibuja protuberancias redondeadas. • **Cúmulo abierto,** cúmulo relativamente poco cerrado, que comprende sólo algunos centenares de estrellas. || **Cúmulo globular,** cúmulo muy concentrado, aproximadamente esférico, formado por varios cientos de miles de estrellas.

**cúmulos**

**CUMULOESTRATO** n. m. pl. Estratocúmulo.

**CUMULONIMBO** n. m. Formación de nubes de grandes dimensiones, de gran desarrollo vertical y aspecto oscuro, que, muy a menudo, anuncia tormenta.

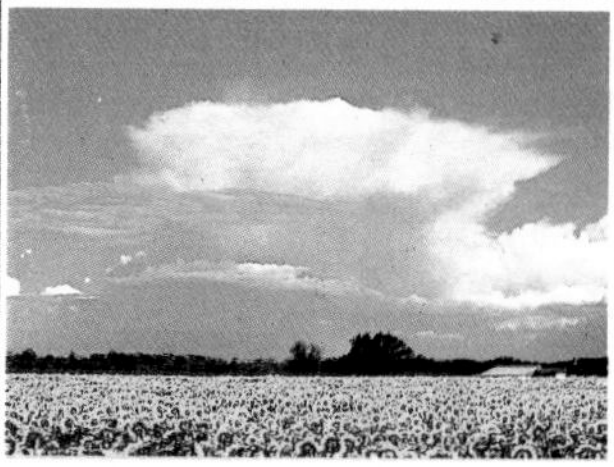

**cumulonimbos**

**CUMULOVOLCÁN** n. m. Volcán cuya lava, ácida y viscosa, se solidifica y obstruye la chimenea.

**CUNA** n. f. (lat. *cunam*). Cama especial para bebés, generalmente provista de barandillas. **2.** *Fig.* Lugar de nacimiento de una persona o cosa. **3.** *Fig.* Estirpe, linaje. **4.** Origen o principio.

**CUNA,** pueblo amerindio de la familia chibcha que habita en el istmo de Panamá. Los cuna se dedican a la agricultura, la pesca y la manufactura (alfarería, cestería, tejidos, talla de madera).

**CUNCUNA** n. f. *Chile.* Oruga. **2.** *Colomb.* Paloma silvestre.

**CUNDIR** v. intr. **[3]**. Extenderse hacia todas partes una cosa. **2.** Dar mucho de sí una cosa: *el buen lino cunde.* **3.** Propagarse o multiplicarse algo: *cundir el pánico, un rumor.* **4.** Adelantar, progresar en cualquier trabajo: *cundir el estudio.*

**CUNECO, A** n. *Venez.* Cumiche.

**CUNEIFORME** adj. De figura de cuña. **2.** Dícese de la escritura en forma de cuña, propia de la mayor parte de pueblos del antiguo oriente, inventada por los sumerios en el transcurso del IV milenio. ◆ adj. y n. m. **3.** Dícese de tres huesos del tarso.

**CUNERO, A** adj. y n. Expósito.

**CUNETA** n. f. (ital. *cunetta*). Zanja existente en

**cúpula** del Instituto de Francia, París; fines s. XVII

**cúpula** sobre pechinas enmarcadas por dos semicírculos (mezquita Süleymaniye de Istambul; s. XVI)

**cúpula** semiesférica con torreones adosados y arcadas (catedral de Zamora; ss. XII-XIII)

cada uno de los lados de una carretera o un camino, destinada a recoger las aguas de lluvia.

**CUNICULTOR, RA** n. Persona que se dedica a la cunicultura.

**CUNICULTURA** n. f. Cría del conejo doméstico.

**CUNNILINGUS** n. m. Excitación oral de los órganos genitales femeninos.

**CUÑA** n. f. Pieza de madera o de metal terminada en ángulo diedro, muy agudo, que sirve para hender cuerpos sólidos, para ajustar uno con otro, etc. **2.** *Fig.* Influencia o medio que se emplea para lograr algún fin. **3.** En los medios audiovisuales, breve espacio publicitario que se emite en medio de un programa. **4.** Noticia breve que se incluye en una publicación escrita para ajustar mejor la compaginación. **5.** Nombre de tres huesos del tarso. **6.** Movimiento de los esquís, en el que éstos quedan dispuestos en forma de V, con las espátulas juntas. **7.** *Amér.* Influencia, enchufe. **8.** MAT. Parte de un cuerpo de revolución comprendida entre dos planos que pasan por el eje del cuerpo: *cuña esférica.* • **Meter cuña,** encizañar.

**CUÑADO, A** n. (lat. *cognatum*). Hermano de un cónyuge respecto del otro cónyuge, y respecto de una persona, el cónyuge de un hermano. SIN.: *hermano político.*

**CUÑO** n. m. Troquel con que se sellan las monedas, las medallas y otros objetos análogos. **2.** Impresión o señal que deja este sello. • **De nuevo cuño,** que ha aparecido recientemente.

**CUOTA** n. f. Parte o porción fija o proporcional. **2.** Cantidad de dinero que pagan cada uno de los miembros de una sociedad, asociación, etc. • **Cuota de pantalla** (ESTADÍST.), porcentaje de audiencia que atiende en un momento dado a un determinado programa televisivo. ‖ **Muestreo por cuota** (ESTADÍST.), modelo reducido de una población que permite la designación de un muestreo representativo. ‖ **Soldado de cuota,** el que rebajaba su período de servicio militar mediante el pago de una cantidad en metálico.

**CUPÉ** n. m. (fr. *coupé*). Coche cerrado, de cuatro ruedas, y generalmente, de dos plazas. **2.** Parte anterior de una diligencia. **3.** Automóvil de dos o cuatro plazas, con dos puertas y techo fijo.

escritura **cuneiforme** (kudurru casita; *c.* 1200 a. J.C.) [Louvre, París]

**CUPEROSIS** n. f. MED. Coloración roja de la cara, debida a una dilatación de los vasos capilares.

**CUPILCA** n. f. *Chile.* Mazamorra suelta, preparada con harina tostada de trigo, mezclada con cacholí o chicha de uvas o manzanas.

**CUPLÉ** n. m. (fr. *couplet*). Canción de carácter ligero y de melodía fácil, que se popularizó, sobre todo, desde principios del s. XX hasta el período de entreguerras.

**CUPLETISTA** n. f. Artista que canta cuplés.

**CUPO** n. m. Cuota, parte proporcional que corresponde a un pueblo o a un particular en un impuesto, empréstito o servicio. **2.** *Colomb., Méx.* y *Pan.* Cabida. **3.** *Colomb., Méx.* y *Pan.* Plaza en un vehículo.

**CUPÓN** n. m. (fr. *coupon*). Cualquier porción de papel que forma con otras iguales un conjunto, y se puede separar para hacer uso de ella. **2.** Cada una de las partes de una acción o una obligación, que periódicamente se van cortando para presentarlas al cobro de los intereses vencidos. • **Cupón de respuesta internacional,** cupón que se adjunta a una carta dirigida al extranjero y que permite obtener, en el país de destino, sellos de correos por el valor del franqueo ordinario.

**CUPRESÁCEO, A** adj. y n. f. Relativo a una familia de coníferas resinosas, a la que pertenecen el enebro y algunas variedades de ciprés.

**CUPRESINO, A** adj. *Poét.* Relativo al ciprés.

**CÚPRICO, A** adj. Relativo al cobre o que lo contiene. **2.** Dícese de los compuestos de cobre divalente.

**CUPRÍFERO, A** adj. Que contiene cobre.

**CUPROALEACIÓN** n. f. Nombre genérico de las aleaciones ricas en cobre.

**CUPROALUMINIO** n. m. Aleación de cobre y aluminio, llamada impropiamente *bronce de aluminio.*

**CUPROAMONIACAL** adj. **Licor cuproamoniacal,** solución amoniacal de óxido de cobre, que disuelve la celulosa.

**CUPRONÍQUEL** n. m. Aleación de cobre y de níquel.

**CUPROPLOMO** n. m. Seudoaleación de cobre y plomo, utilizada como aleación antifricción.

**CUPROSO, A** adj. Dícese de los compuestos de cobre univalente.

**CÚPULA** n. f. (ital. *cupola*). Bóveda semiesférica, semielíptica o en forma de segmento esférico, que en ciertos edificios cubre una planta circular o poligonal. **2.** ANAT. Nombre que se da a la parte más alta de ciertos órganos. **3.** BOT. Órgano que sostiene o envuelve las bases de los frutos de las fagáceas.

**CUPULÍFERO, A** adj. y n. f. Relativo a un antiguo grupo de plantas, generalmente arborescentes, cuyos frutos reposan en una cúpula.

**CUQUERÍA** n. f. Cualidad de cuco. **2.** Picardía, astucia.

**CUQUILLO** n. m. ORNITOL. Cuco.

**CURA** n. m. (lat. *curam,* cuidado, solicitud). Sacerdote católico.

**CURA** n. f. Curación. **2.** Conjunto del tratamiento a que se somete a un enfermo o herido. (Se dice también de la aplicación de ciertos productos y apósitos sobre una determinada lesión.) **3.** *Chile.* Borrachera. • **No tener cura** *(Fam.),* ser incorregible.

**CURACA** n. m. En el imperio incaico, jefe o gobernador de un ayllu.

**CURAÇAO** n. m. Curasao.

**CURACIÓN** n. f. Acción y efecto de curar o curarse.

**CURADERA** n. f. *Chile.* Cura, borrachera.

**CURADO, A** adj. y n. *Chile.* Ebrio, borracho. ◆ n. m. **2.** Acción y efecto de curar, secar o preparar algo para su conservación.

**CURADOR, RA** n. DER. Persona elegida o nombrada para cuidar de los bienes o negocios del menor, del ausente o de algunos incapacitados.

**CURAGUA** n. f. *Amér. Merid.* Maíz de grano duro y hojas dentadas. (Familia gramíneas.)

**CURALOTODO** n. m. *Fam.* Remedio aplicable a muchas cosas.

**CURANDERÍA** n. f. Práctica de los curanderos.

**CURANDERIL** adj. Relativo al curandero y a sus procedimientos.

**CURANDERISMO** n. m. Curandería.

**CURANDERO, A** n. Persona que se dedica a curar por medio de prácticas mágicas y de conocimientos médicos populares.

**CURANTO** n. m. *Chile.* Guiso de mariscos, carnes y legumbres que se cuecen en un hoyo tapado con piedras calientes.

**CURAR** v. intr. y pron. (lat. *curare*) [1]. Sanar, recobrar la salud. **2.** Con la prep. *de,* cuidar, poner cuidado. **3.** *Chile.* Embriagarse, emborracharse. ◆ v. tr. **4.** Sanar, poner bien a una persona o animal, a un organismo o a una parte de él que están enfermos: *este médico me curará.* **5.** Secar o preparar convenientemente una cosa para su conservación, especialmente las carnes y pescados por medio de la sal, el humo, etc. **6.** Curtir y preparar las pieles para usos industriales. ◆ v. tr. y pron. **7.** Aplicar al enfermo los remedios correspondientes a su enfermedad. **8.** Extinguir una pasión. ◆ **curarse** v. pron. **9. Curarse en salud,** dar alguien satisfacción de una cosa antes de que le hagan cargo de ella.

**CURARE** n. m. Veneno vegetal, de acción paralizadora, con el cual los indios del Amazonas, del Orinoco y de las selvas de las Guayanas embadurnan sus flechas; se emplea también en medicina como antitetánico y relajador muscular.

**CURARIZACIÓN** n. f. MED. Tratamiento a base de curare o de curarizantes. **2.** MED. Estado que resulta del uso de curarizantes.

**CURARIZANTE** adj. y n. m. Dícese de las sustancias que tienen la acción del curare.

**CURASAO** o **CURAÇAO** n. m. (de *Curaçao,* isla de las Antillas). Licor fabricado con cáscaras de naranjas, azúcar y aguardiente.

**CURASOLEÑO, A** adj. y n. De Curaçao.

**CURATELA** n. f. DER. Institución cuasi familiar que

somete los bienes de los incapaces a guarda y protección.

**CURATIVO, A** adj. Que sirve para curar.

**CURATO** n. m. Cargo espiritual del cura. **2.** Parroquia, territorio que está bajo su jurisdicción.

**CURBARIL** n. m. Planta arbórea que crece en América tropical. (Familia cesalpiniáceas.)

**CURCO, A** adj. y n. *Chile, Ecuad.* y *Perú.* Jorobado.

**CURCULIÓNIDO, A** adj. y n. m. Relativo a una familia de coleópteros que comprende las formas conocidas como gorgojos.

**CÚRCUMA** n. f. Planta herbácea que crece en Asia oriental, de cuyo rizoma se extrae un producto empleado como colorante y como especia. (Familia cingiberáceas.)

**CURCUNCHO, A** adj. y n. *Amér. Merid.* Jorobado.

**CURDA** adj. y n. m. y f. Borracho. ◆ n. f. **2.** Borrachera.

**CURDO, A** adj. y n. Kurdo.

**CUREÑA** n. f. Armazón de madera o de metal que sirve de soporte y de vehículo de transporte al cañón de artillería.

**CURÍ** n. m. Planta arbórea de América Meridional que da una piña grande, con piñones como castañas que se comen cocidos. (Familia araucariáceas.)

**CURIA** n. f. (lat. *curiam*). En Roma, subdivisión de la tribu. (Había 10 curias por tribu.) **2.** Lugar donde se reunía el senado romano. **3.** Este mismo senado. **4.** Organismo administrativo, judicial y de gobierno de la Santa Sede *(curia romana)* o de las diócesis católicas *(curia diocesana)*. **5.** Conjunto de abogados, procuradores y empleados en la administración de justicia. **6.** Tribunal donde se tratan los negocios contenciosos, especialmente los canónicos.

**CURIA REGIS** (voces latinas que significan *corte del rey*), órgano fundamental del gobierno monárquico en la edad media.

**CURIAL** adj. (lat. *curialem*). Relativo a la curia: *asamblea curial.* ◆ n. m. **2.** Empleado subalterno de los tribunales de justicia.

**CURIALESCO, A** adj. Propio de la curia.

**CURIARA** n. f. Embarcación de vela y remo más ligera y larga que la canoa, que usan los indios de la América Meridional.

**CURICHE** n. m. *Bol.* Cenagal que queda en las zonas llanas después de las crecidas. **2.** *Chile.* Persona de color oscuro o negro.

**CURIE** n. m. (de P. y M. *Curie,* físicos franceses). Antigua unidad de medida de radiactividad, de símbolo Ci, que equivale a la actividad de una cantidad de núcleos radiactivos cuyo número de transiciones nucleares espontáneas por segundo es de $3{,}7 \times 10^{10}$.

**CURIETERAPIA** n. f. Tratamiento por radiación radiactiva.

**CURIO** n. m. Elemento radiactivo, de símbolo Cm y número atómico 96, descubierto en 1945, gracias al bombardeo del plutonio 239 con núcleos de helio.

**CURIOSEAR** v. intr. y tr. **[1]**. Fisgonear, husmear, intentar enterarse de algo, incluso sin interés.

**CURIOSIDAD** n. f. Deseo de saber y averiguar alguna cosa. **2.** Aseo, limpieza. **3.** Cuidado de hacer una cosa con primor. **4.** Cosa curiosa, rara, extraña.

**CURIOSO, A** adj. y n. Que tiene o implica curiosidad. ◆ adj. **2.** Que excita curiosidad. **3.** Limpio y aseado. **4.** Que trata una cosa con particular cuidado y diligencia. ◆ n. **5.** Curandero.

**CURIQUINGUE** n. m. Ave falconiforme de pico y patas fuertes, que constituía el ave sagrada de los incas. (Familia falcónidos.)

**CURITA** n. f. Tira adhesiva por una cara, en cuyo centro tiene un apósito esterilizado que se coloca sobre heridas pequeñas para protegerlas.

**CURLING** n. m. (voz inglesa). Deporte de invierno practicado sobre hielo, con una piedra pulida, en forma de disco, que se hace deslizar hacia una meta.

**CUROS** n. m. Kuros.

**CURRANTE** n. m. y f. Trabajador.

**CURRAR** v. tr. **[1]**. *Fam.* Trabajar.

**CURRICÁN** n. m. Aparejo de pesca de un solo anzuelo.

**CURRICULAR** adj. Relativo al currículo.

**CURRÍCULO** n. m. Plan de estudios. **2.** Conjunto de estudios y prácticas destinadas a que el alumno pueda ampliar lo que ha aprendido. **3.** Método de organización de las actividades educativas y de aprendizaje en función de los contenidos, de los métodos y de las técnicas didácticas. **4.** Curriculum vitae.

**CURRICULUM VITAE** n. m. (voces lat., *la carrera de la vida*). Conjunto de datos relativos a estado civil, estudios y aptitudes profesionales de una persona, etc.

**CURRO** n. m. En Galicia, recinto en el que se reúnen los caballos criados en libertad para marcarlos. **2.** Fiesta popular que se celebra con esta ocasión.

**CURRO** n. m. *Fam.* Trabajo.

**CURRO, A** adj. *Fam.* Majo, afectado en los movimientos o en el vestir.

**CURRUCA** n. f. Ave paseriforme insectívora, de unos 15 cm de long., de plumaje pardo en la región dorsal y blanco en la ventral, de canto agradable. (Familia sílvidos.)

curruca

**CURRUTACO, A** adj. y n. *Fam.* Muy afectado en el uso de las modas. **2.** Pequeño y bastante grueso.

**CURRY** n. m. (voz inglesa). Especia compuesta de jengibre, clavo, azafrán, cilantro, etc., que en culinaria se utiliza para preparar varios platos: *arroz, pollo al curry.*

**CURSAR** v. tr. (lat. *cursare*) **[1]**. Estar estudiando cierta materia en un centro dedicado a este fin. **2.** Dar curso, enviar, transmitir, hacer que algo siga una tramitación.

**CURSI** adj. y n. m. y f. Dícese de la persona que presume de fina y elegante sin serlo. ◆ adj. **2.** *Fam.* Dícese de lo que, con apariencia de elegancia o riqueza, es ridículo y de mal gusto.

**CURSILADA** n. f. Acción propia del cursi.

**CURSILERÍA** n. f. Cosa cursi. **2.** Calidad de cursi.

**CURSILLISTA** adj. y n. m. y f. Que asiste a un cursillo.

**CURSILLO** n. m. Curso de poca duración. **2.** Breve serie de conferencias acerca de una materia.

**CURSIVO, A** adj. y n. f. Dícese de la letra de imprenta que se caracteriza por su inclinación y por cierta semejanza con la escritura a mano.

**CURSO** n. m. (lat. *cursum*). Movimiento del agua u otro líquido trasladándose en masa continua por un cauce. **2.** Serie de estados por los que pasa una acción, un asunto, un proceso cualquiera. **3.** Movimiento continuo en el tiempo, encadenamiento: *el curso de los años.* **4.** Período de tiempo destinado a la explicación de lecciones, prácticas o seminarios en las escuelas y universidades, o a la celebración de sesiones en academias o corporaciones parecidas. **5.** Conjunto orgánico de enseñanzas expuestas en un período de tiempo. **6.** Conjunto de estudiantes que pertenecen o han pertenecido al mismo grado de estudios: *los de quinto curso celebraron una fiesta.* **7.** Explicación orgánica de una disciplina. **8.** Circulación, difusión entre la gente: *moneda de curso legal.* **9.** Movimiento real o aparente de los astros: *el curso del Sol.* **10.** Evolución de una enfermedad. • **Dar curso,** remitir, tramitar; soltar, dar rienda suelta. ‖ **En curso,** actual.

**CURSOR** n. m. Pieza pequeña que se desliza a lo largo de otra mayor en algunos aparatos. **2.** ASTRON. Hilo móvil que atraviesa el campo de un micrómetro y que sirve para medir el diámetro aparente de un astro. **3.** INFORMÁT. Marca móvil, visible en una pantalla, utilizada para indicar la posición de la próxima escritura: añadido, borrado, inserción o sustitución de un carácter.

**CURSUS HONORUM** n. m. (voces latinas, *sucesión de honores*). Orden en el que debía efectuarse forzosamente la carrera política en Roma y las condiciones exigidas para ocupar las magistraturas.

**CURTIDO, A** adj. Avezado, baqueteado, experimentado. **2.** *Méx.* Sonrojado, avergonzado. ◆ n. m. **3.** Acción y efecto de curtir las pieles. ◆ **curtidos** n. m. pl. **4.** *Amér.* Encurtidos.

**CURTIDOR, RA** n. Persona que tiene por oficio curtir pieles.

**CURTIDURÍA** n. f. Establecimiento donde se curten y trabajan las pieles. SIN.: *tenería.*

**CURTIEMBRE** n. m. *Amér.* Taller donde se curten y trabajan las pieles, curtiduría, tenería.

**CURTIENTE** adj. y n. m. Que sirve o es propio para curtir pieles: *licores curtientes.*

**CURTIR** v. tr. **[3]**. Someter la piel de los animales a una preparación y tratamiento adecuados para transformarla en cuero. **2.** *Amér.* Castigar azotando. ◆ v. tr. y pron. **3.** *Fig.* Endurecer o tostar el cutis el sol o el aire. **4.** Acostumbrar a uno a la vida dura, especialmente a sufrir las inclemencias del tiempo.

**CURÚ** n. m. *Perú.* Larva de la polilla.

**CURUCÚ** n. m. *Amér.* Quetzal.

**CURUCUTEAR** v. intr. **[1]**. *Colomb.* y *Venez.* Cambiar de sitio los trastos.

**CURUL** adj. (lat. *curulem*). Decíase de una silla de marfil reservada a ciertos magistrados romanos, y de las magistraturas de las que dicha silla constituía el símbolo.

**CURURASCA** n. f. *Perú.* Ovillo de hilo.

**CURURO, A** adj. *Chile.* De color negro. ◆ n. m. **2.** *Chile.* Especie de rata campestre, de color negro y muy dañina.

**CURVA** n. f. Línea curva. **2.** En una carretera, camino, línea férrea, etc., tramo que se aparta de la dirección recta. **3.** Gráfica que representa las variaciones de un fenómeno: *curva de temperatura.* **4.** MAT. Lugar geométrico de las posiciones sucesivas de un punto que se mueve de acuerdo con una ley determinada.

**CURVAR** v. tr. y pron. **[1]**. Dar forma curva. **2.** Encorvar, doblar.

**CURVATURA** n. f. Desvío de la dirección recta. • **Radio de curvatura en un punto** (MAT.), radio del círculo osculador en dicho punto.

**CURVILÍNEO, A** adj. Formado por curvas.

**CURVÍMETRO** n. m. Instrumento que sirve para medir la longitud de las líneas curvas.

**CURVO, A** adj. (lat. *curvum*). Que constantemente se aparta de la dirección recta, sin formar ángulos: *línea curva.*

**CUSCA** n. f. *Colomb.* Borrachera. **2.** *Colomb.* Colilla de cigarro. **3.** *Méx. Vulg.* Prostituta. • **Hacer la cusca** *(Fam.)*, molestar, importunar o perjudicar a alguien.

**CUSCURRO** n. m. Cantero de pan.

**CUSCÚS** n. m. Alcuzcuz.

**CUSCUTA** n. f. Planta sin clorofila, nociva, ya que parasita los cereales y otras plantas, a las que rodea con sus tallos volubles, provistos de haustorios.

**CUSMA** n. f. *Perú.* Camisa usada por los indios de las serranías.

**CUSPE** n. m. Mamífero roedor que vive en la vertiente del Pacífico de América del Sur. (Familia dasipróctidos.)

**CÚSPIDE** n. f. (lat. *cuspidem,* punta). Cumbre puntiaguda de los montes. **2.** Remate superior de alguna cosa, que tiende a formar punta. **3.** Punto o momento culminante de algo: *la cúspide de la fama, del poder.* **4.** BOT. Punta afilada y alargada. **5.** GEOMETR. Punto donde concurren los vértices de todos los triángulos que forman las caras de la pirámide o de las generatrices del cono.

**CUSTODIA** n. f. (lat. *custodiam*). Acción y efecto de custodiar. **2.** Persona o escolta que custodia a un preso. **3.** Pieza de oro, plata, etc., en que se expone la eucaristía, a la veneración de los fieles. **4.** *Chile.* Consigna de una estación o aeropuerto,

**custodia** (obra de E. de Arfe, catedral de Toledo; 1524)

donde los viajeros depositan temporalmente sus equipajes y paquetes.

**CUSTODIAR** v. tr. (lat. *custodiare*) [**1**]. Guardar, vigilar con cuidado.

**CUSTODIO** n. m. y adj. El que custodia.

**CUSUCO** n. m. *Amér. Central.* Armadillo. **2.** *Salv.* Lío, dificultad.

**CUSUSA** n. f. *Amér. Central.* Aguardiente de caña.

**CUTACHA** n. f. *Amér. Central.* Machete pequeño.

**CUTAMA** n. f. *Chile.* Costal, talego. **2.** *Chile. Fig.* Persona torpe y pesada.

**CUTÁNEO, A** adj. Relativo a la piel. **2.** Dícese de diversos músculos que tienen por lo menos una de sus inserciones en la piel.

**CUTARA** n. f. *Cuba.* y *Méx.* Chancleta. **2.** *Hond.* Zapato alto hasta la caña de la pierna.

**CUTBACK** n. m. (voz inglesa). Betún asfáltico fluidificado por un disolvente que se evapora una vez aplicado aquél.

**CÚTER** n. m. (ingl. *cutter*). Pequeña embarcación de vela con un solo mástil.

**CUTÍ** n. m. (fr. *coutil*). Tejido de gran densidad, generalmente cruzado o asargado.

**CUTÍCULA** n. f. Película, piel delgada. **2.** ANAT. Epidermis o capa más externa de la piel. **3.** ANAT. Cualquier membrana muy fina que recubra una estructura: *cutícula dental.* **4.** BOT. Película superficial de los tallos jóvenes y de las hojas, que contiene cutina. **5.** ZOOL. Zona superficial del tegumento de los artrópodos (insectos, crustáceos), que contiene quitina.

**CUTINA** n. f. Sustancia impermeable contenida en la cutícula de los vegetales.

**CUTIRREACCIÓN** n. f. Test destinado a detectar diversas enfermedades, como tuberculosis y alergias, que consiste en depositar sobre la piel escarificada ciertas sustancias (tuberculina, alérgenos), que producen o no una reacción visible.

**CUTIS** n. m. (lat. *cutim*). Piel del hombre, especialmente la del rostro.

**CUTRE** adj. Tacaño, miserable, mezquino. **2.** *Por ext.* Pobre, miserable, descuidado, sucio o de mala calidad.

**CUTTER** n. m. (voz inglesa, *cortador*). Instrumento para cortar papel, cartón, etc., compuesto de un mango en cuyo interior hay una cuchilla dividida en varios trozos, que se eliminan cuando han perdido el filo.

**CUTUCO** n. m. *Salv.* Calabaza. **2.** *Salv.* Fruto de esta planta.

**CUY** n. m. *Amér. Merid.* Cobaya.

**CUYANO, A** adj. y n. De Cuyo.

**CUYO, A** pron. relativo y poses. (lat. *cuius*). Forma equivalente al pronombre *que* en función adjetiva: *el amigo a cuya casa me dirijo; la chica de cuyos padres me hablaste.*

**CUZCUZ** n. m. Alcuzcuz.

**C.V.** o **CV,** símbolo de *caballo de vapor.*

**CYAN** n. m. Azul verdoso de la síntesis aditiva y sustractiva de los colores, en fotografía e imprenta.

**CZAR** n. m. Zar.

**CZARDA** n. f. Baile popular húngaro, primero lento y luego muy rápido.

**CZARINA** n. f. Zarina.

# D

**D** n. f. Cuarta letra del alfabeto español y tercera de sus consonantes. (Representa un sonido dental sonoro, oclusivo en posición inicial absoluta o tras *l* o *n*, y fricativo en las demás posiciones.) **2.** Representación, en inglés y en alemán, de la nota *re*. **3.** Símbolo químico del *deuterio*. **4.** Símbolo del prefijo *deci* y de *día*. **5.** Abreviatura de *don*. **6.** Cifra romana que vale quinientos. • **Día D,** designación convencional de la fecha de desencadenamiento de una acción militar: *el día D a la hora H.*

**da,** símbolo del prefijo *deca*.

**DA CAPO** loc. adv. (voces italianas que significan *de nuevo*). MÚS. Indica que el cantante o instrumentista, al llegar a un punto determinado de la obra ejecutada, ha de volver a empezar desde el principio.

**DABLE** adj. Posible: *es dable que venga hoy.*

**DACA,** voz que aparece en la loc. ***toma y daca.*** → ***tomar.***

**DACHA** n. f. Casa de campo rusa, en los alrededores de una gran ciudad.

**DACIO, A** adj. y n. De Dacia.

**DACIÓN** n. f. DER. Acción y efecto de dar. • **Dación en pago** (DER.), transmisión de la propiedad de una cosa en pago de una deuda, en la que el deudor da, de acuerdo con el acreedor, una cosa diferente de la debida.

**DACRIADENITIS** n. f. Inflamación de la glándula lacrimal.

**DACRIOCISTITIS** n. f. Inflamación del saco lacrimal situado en el ángulo interior del ojo.

**DACTILAR** adj. Digital: *huellas dactilares.*

**DACTÍLICO, A** adj. y n. m. MÉTRIC. Dícese de un metro o de un ritmo en el que domina el dáctilo.

**DÁCTILO** n. m. (gr. *daktilos,* dedo). MÉTRIC. En los versos griegos y latinos, pie compuesto por una sílaba larga y seguida de dos breves.

**DACTILOGRAFÍA** n. f. Mecanografía. **2.** Estudio de las huellas dactilares.

**DACTILOGRAFIAR** v. tr. **[1t]**. Mecanografiar.

**DACTILOGRÁFICO, A** adj. Mecanográfico.

**DACTILÓGRAFO, A** n. Mecanógrafo. ◆ n. m. **2.** Instrumento de teclado, que sirve para hacer percibir por el tacto, a los sordomudos ciegos, los signos de las palabras. **3.** Antiguo nombre de la máquina de escribir.

**DACTILOLOGÍA** n. f. Arte de hablar con los dedos o con el abecedario manual.

**DACTILOSCOPIA** n. f. Procedimiento de identificación de personas por medio de las huellas digitales.

**DADÁ** n. m. y adj. (fr. *dada,* voz infantil que designa el caballo). Denominación adoptada en 1916 por un grupo de artistas y escritores enfrentados a lo absurdo de su época y resueltos a poner en tela de juicio todos los modos de expresión tradicionales.

■ Los orígenes del movimiento dadá deben atribuirse a dos grupos diferentes: un cenáculo de escritores refugiados en Suiza durante la primera guerra mundial (Tristan Tzara, Hans Arp, etc.), que procedieron a la «invención» del nombre que debía agruparlos; y un grupo de Nueva York (Marcel Duchamp, Francis Picabia y Man Ray que adoptaban actitudes iconoclastas muy semejantes a las del grupo de Zurich. La unión de ambas tendencias se produjo en Lausana en 1918, y el movimiento se extendió (Max Ernst, André Breton) hasta que, a partir de 1920, la mayoría de dadaístas evolucionaron hacia la acción revolucionaria o hacia el surrealismo.

**DADAÍSMO** n. m. Movimiento dadá. **2.** Actitudes que se relacionan con él.

**DADAÍSTA** adj. y n. m. y f. Relativo al dadaísmo; partidario de este movimiento.

**DÁDIVA** n. f. Cosa que se da voluntaria o desinteresadamente.

**DADIVOSIDAD** n. f. Calidad de dadivoso.

**DADIVOSO, A** adj. y n. Propenso a la dádiva.

**DADO** n. m. Pieza cúbica en cuyas caras hay señalados puntos desde uno hasta seis y que sirve para varios juegos de azar. **2.** Pieza cúbica de metal

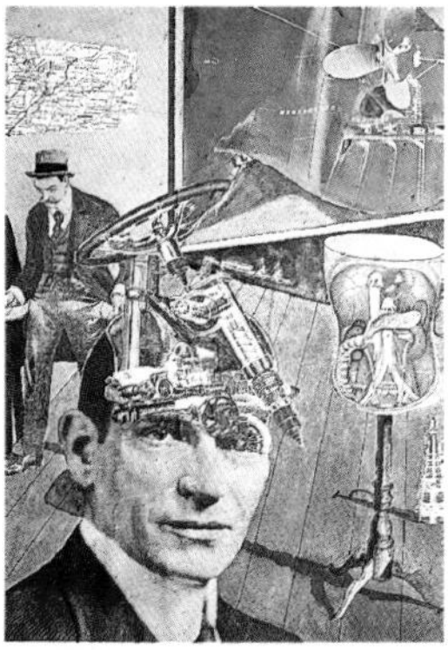

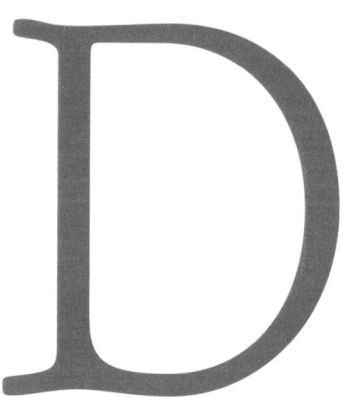

*Tatlin en su casa* (1920). Collage (fotomontaje) realizado en Berlín por Raoul Hausmann. (Col. part., Berlín.)
El collage, que yuxtapone de manera anárquica e intencionadamente provocadora imágenes triviales, es una de las técnicas predilectas de los dadaístas. Por otra parte, aquí se rinde homenaje al constructivista ruso Tatlin, partidario de un arte relacionado con la máquina.

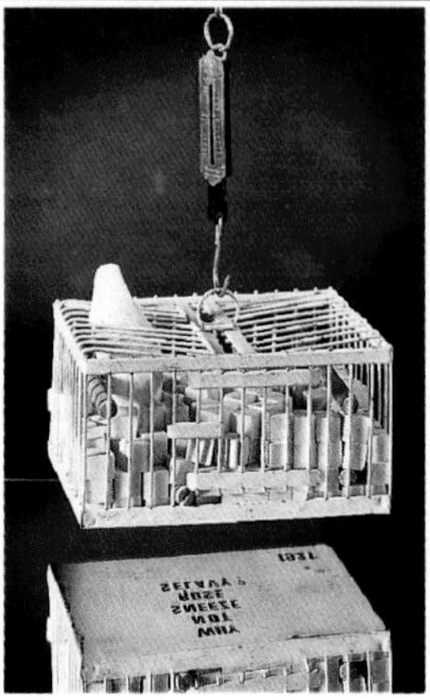

*Ready-made* (objeto manufacturado) [1921] de Marcel Duchamp: jaula de metal pintado suspendida de una balanza, con cubos de mármol que imitan terrones de azúcar, huesos de sepia; inscripciones sobre el fondo de la jaula con letras de papel negro: WHY NOT SNEEZE ROSE SELAVY? (¿Por qué no estornuda Rose Selavy?) Col. L. y W. Arensberg; museo de arte de Filadelfia.] Este ready-made muy «asistido» (transformado, dedicado al doble femenino de Duchamp, Rose (o Rrose) Selavy, es un precursor, más allá de los retruécanos visuales y del lenguaje, de los objetos con función simbólica del surrealismo.

el movimiento **dadá**

que, en las máquinas, sirve de apoyo a los ejes, tornillos, etc. **3.** ARQ. Neto.

**DADO, A** adj. Concedido, supuesto. • **Dado que,** siempre que, a condición que. ‖ **Ser dado a,** sentir inclinación o tendencia hacia algo.

**DADOR, RA** adj. y n. Que da. ◆ n. m. **2.** Librador de una letra de cambio. **3.** Jugador que distribuye las cartas. **4.** Átomo, ion o molécula que, en el transcurso de una reacción química, cede electrones.

**DAGA** n. f. Arma blanca, de mano, de hoja ancha, corta y puntiaguda. **2.** En los cérvidos, punta que sobremonta una apófisis del hueso frontal. **3.** Defensa del jabalí.

**DAGAME** n. m. *Cuba.* Árbol silvestre de la familia de las rubiáceas, con tronco elevado, copa pequeña de hojas menudas y flores blancas.

**DAGUERROTIPIA** n. f. Procedimiento fotográfico inventado por Daguerre que consiste en fijar químicamente en una lámina de plata pura, dispuesta sobre un soporte de cobre, la imagen obtenida en la cámara oscura.

**DAGUERROTIPO** n. m. (de J. *Daguerre,* su inventor). Dispositivo que permite registrar una imagen sobre una placa yodada superficialmente. **2.** Imagen obtenida por daguerrotipia.

**DAGUESTANO, A** adj. y n. De Daguestán.

**DAIQUIRI** n. m. Bebida preparada con zumo de limón, ron y azúcar.

**DAKOTA,** pueblo amerindio de América del Norte de la familia lingüística siux, que habitaba en el curso alto del Mississippi y las grandes praderas del O. Desde 1862 viven confinados en reservas.

**DALA** n. f. MAR. En algunas embarcaciones, canal por donde se vierte al mar el agua que achica la bomba de desagüe.

**DALAI-LAMA** o **TALAI-LAMA** n. m. Título que se da al jefe del budismo tibetano, considerado como el representante del Avalokiteśvara.

**DALIA** n. f. (de *Dahl,* botánico sueco). Planta de raíces tuberculosas y flores ornamentales de la que se cultivan numerosas variedades. (Familia compuestas.) **2.** Flor de esta planta.

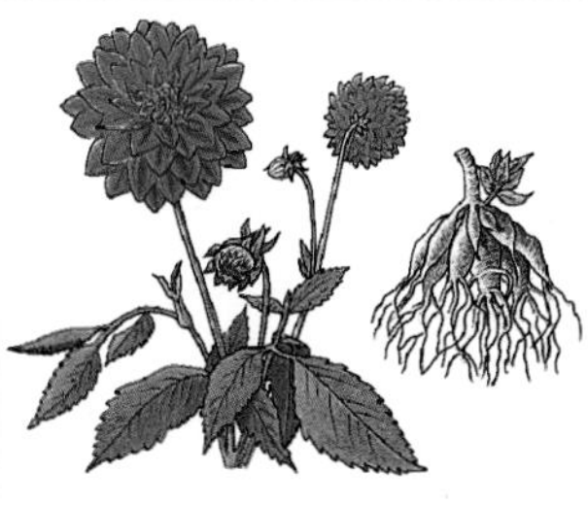

**dalia**

**DALLA** n. f. Guadaña. SIN.: *dalle.*

**DALLAR** v. tr. **[1]**. Guadañar.

**DÁLMATA** adj. y n. m. y f. De Dalmacia. ◆ adj. y n. m. **2.** Dícese de una raza de perros, de pelaje blanco con numerosas manchas negras, o pardo oscuro. ◆ n. m. **3.** Lengua muerta que se habló en las costas de Dalmacia.

**dálmata**

**DALMÁTICA** n. f. Rica túnica de mangas largas que usaban los emperadores romanos. **2.** Pieza de vestir de gran solemnidad que usaban los reyes en la edad media. **3.** Vestidura litúrgica que usan los diáconos y subdiáconos.

**DALTONIANO, A** adj. y n. Relativo al daltonismo; afecto de esta enfermedad.

**DALTÓNICO, A** adj. Daltoniano.

**DALTONISMO** n. m. (de *Dalton,* físico británico). Anomalía en la visión de los colores, que produce normalmente la confusión entre el rojo y el verde.

**DAMA** n. f. (fr. *dame*). Mujer distinguida, de clase social elevada y de alta educación. **2.** Mujer galanteada o pretendida por un caballero. **3.** Actriz que interpreta los papeles principales. **4.** En el juego de ajedrez y en la baraja francesa, reina. **5.** En el juego de damas, peón coronado. • **Dama de honor,** cada una de las señoras que acompañan y sirven a la novia, a las princesas o a señoras principales en bodas, celebraciones, etc.; en concursos o certámenes, título que se da a las jóvenes que siguen en méritos a la más destacada. ‖ **Dama de noche,** planta de flores blancas muy olorosas durante la noche. (Familia solanáceas.) ‖ **Juego de damas,** juego practicado entre dos personas, sobre un tablero o damero de sesenta y cuatro escaques con veinticuatro piezas, si es a la española, y en uno de cien escaques y cuarenta piezas, si es a la polonesa.

**DAMAJAGUA** n. m. *Ecuad.* Árbol corpulento cuya corteza interior elaboran los indios para hacer vestidos y esteras de cama.

**DAMAJUANA** n. f. Garrafón de gres o de vidrio, cuya capacidad oscila entre 20 y 50 l, revestido, por lo general, con una funda de mimbre.

**DAMALISCO** n. m. Antílope africano parecido al búfalo.

**DAMÁN** n. m. Mamífero ungulado de África y de Asia Menor, de caracteres primitivos, herbívoro y del tamaño de un conejo.

**DAMASANA** n. f. *Amér.* Damajuana.

**DAMASCENO, A** adj. y n. De Damasco. SIN.: *damaceno.*

**DAMASCO** n. m. (de *Damasco,* ciudad de Siria). Tejido de seda o de lana de un solo color, cuyos dibujos, mates sobre fondo satinado, se obtienen mezclando hilos de diferentes gruesos. • **Acero de damasco,** acero muy fino.

**DAMASQUINADO** n. m. Arte de damasquinar.

**DAMASQUINAR** v. tr. **[1]**. Incrustar con un martillo hilos de oro, plata, cobre, etc., en los cortes previamente realizados en una superficie metálica.

**DAMASQUINO, A** adj. Damasceno. **2.** Dícese de la ropa u otro objeto hecho con damasco.

**DAMERO** n. m. Tablero de madera, dividido en sesenta y cuatro escaques o casillas, blancas y negras, alternativamente, sobre el cual se juega a las damas. **2.** En un juego de palabras cruzadas, figura dividida en casillas.

**DAMISELA** n. f. (fr. *demoiselle*). Muchacha con pretensiones de dama.

**DAMNACIÓN** n. f. Condenación.

**DAMNIFICADO, A** adj. y n. Dícese de las personas o cosas que han sufrido grave daño de carácter colectivo.

**DAMNIFICAR** v. tr. **[1a]**. Causar un daño.

**DAMPER** n. m. (voz inglesa). TECNOL. Pequeño amortiguador colocado en el extremo del cigüeñal de un motor para anular las vibraciones.

**DAN** n. m. (japonés *dan,* clase, rango). Grado suplementario de los judokas titulares del cinturón negro.

**DANAKIL** → *afar.*

**DANCING** n. m. (abrev. del ingl. *dancing house,* casa de baile) [pl. *dancings*]. Establecimiento público donde se baila.

**DANDI** o **DANDY** n. m. (ingl. *dandy*). Hombre que afecta gran elegancia en su actitud y aspecto.

**DANDISMO** n. m. Moda indumentaria y estética, basada en el refinamiento de la elegancia continuamente renovada, asociada a cierto amaneramiento del carácter.

**DANÉS, SA** adj. y n. De Dinamarca. SIN.: *dinamarqués.* ◆ adj. y n. m. **2. Gran danés,** raza de perros de pelo corto y de gran tamaño, originaria de Dinamarca. ◆ n. m. **3.** Lengua nórdica hablada en Dinamarca.

**DANTELADO, A** adj. HERÁLD. Dícese del escudo dividido en triángulos isósceles de esmaltes alternados.

**DANTESCO, A** adj. Propio y característico de Dante o parecido a sus dotes o calidades. **2.** Que tiene enormes dimensiones e inspira terror: *visión dantesca.*

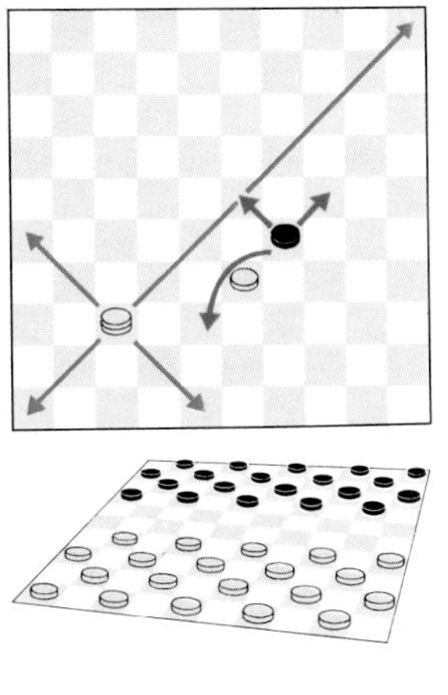

juego de **damas** (avance de las fichas y disposición sobre el tablero al iniciarse el juego)

**DANTO** n. m. *Amér. Central.* Pájaro de plumaje negro y azulado y pecho rojizo sin plumas.

**DANUBIANO, A** adj. y n. Del Danubio.

**DANZA** n. f. Sucesión de posiciones y de pasos ejecutados según un ritmo musical. • **Danza moderna,** forma contemporánea adoptada por la danza tradicional, surgida del rechazo a aceptar las reglas de la danza académica, que se caracteriza por una mayor libertad de expresión y de movimientos. ‖ **En danza,** en continua actividad, de un lado para otro, mezclado en enredos o intrigas.

**DANZANTE, A** n. y adj. Persona que danza. **2.** *Fig.* y *fam.* Botarate, persona ligera de juicio o entrometida.

**DANZAR** v. intr. y tr. (fr. *danser*) **[1g]**. Bailar, ejecutar una sucesión de pasos al compás de la música. ◆ v. intr. **2.** Ir de un lado para otro, moverse: *las hojas danzaban al viento.* **3.** *Fig.* y *fam.* Entrometerse en un asunto que no incumbe.

**DANZARÍN, NA** n. Persona que danza, especialmente por profesión.

**DAÑABLE** adj. Perjudicial, gravoso.

**DAÑAR** v. tr. y pron. (lat. *damnare*) **[1]**. Causar dolor: *el sol le daña la vista.* **2.** Maltratar o echar a perder: *dañarse la cosecha.*

**DAÑINO, A** o **DAÑOSO, A** adj. Que daña.

**DAÑO** n. m. (lat. *damnum*). Efecto de dañar o dañarse: *hacerse daño.* **2.** Perjuicio sufrido por una persona. **3.** *Amér.* Maleficio, mal de ojo. ◆ **daños** n. m. pl. **4.** Delito consistente en todo daño causado voluntariamente en la propiedad ajena, siempre que los hechos no queden comprendidos en otro precepto del código penal. • **Daños y perjuicios,** valor de la pérdida que ha sufrido y de la ganancia que ha dejado de obtener una persona por culpa de otra.

**DAO** n. m. Tao.

**DAR** v. tr. (lat. *dare*) **[1p]**. Ceder gratuitamente: *dar pan a los pobres.* **2.** Entregar, poner en manos o a disposición de otro: *dar las maletas al mozo; dar un vaso de agua.* **3.** Proponer, indicar: *dar tema para un libro.* **4.** Conferir, conceder un empleo u oficio: *dar el título de marqués.* **5.** Conceder, otorgar: *¿da usted su permiso?* **6.** Ordenar, aplicar: *dar las órdenes oportunas.* **7.** Ceder algo a cambio de otra cosa: *te lo doy por poco dinero.* **8.** Producir beneficio, rendir fruto: *me da una buena renta; esta tierra da mucho fruto.* **9.** Declarar, publicar, mostrar: *dar una buena película, las noticias.* **10.** Comunicar felicitaciones, pésames, etc.: *dar la enhorabuena.* **11.** Seguido de algunos sustantivos, hacer, practicar o ejecutar la acción que éstos significan: *dar un paseo, una bofetada.* **12.** Con voces que expresan daño o dolor, ejecutar la acción significada por éstas: *dar una puñalada.* **13.** Causar, ocasionar, mover: *dar problemas; dar asco.* **14.** Importar, significar, valer: *¡qué más da!* **15.** Celebrar u ofrecer un baile, banquete, fiesta, etc.: *dar una re-*

*cepción.* **16.** Abrir la llave de paso de la luz, el agua, etc. **17.** Explicar una lección, pronunciar una conferencia. **18.** Repartir los naipes: *dar las cartas.* ◆ v. tr. e intr. **19.** Sonar en el reloj las campanadas correspondientes a una hora determinada: *dar las seis.* ◆ v. intr. **20.** Sobrevenir, empezar a sentir: *le dio una embolia.* **21.** Seguido de las prep. *con, contra* y *en,* acertar, atinar, chocar: *dar en el clavo.* **22.** Golpear, zurrar. **23.** Estar orientado o situado en determinada dirección o lugar: *la ventana da al jardín.* ◆ v. intr. y pron. **24.** Seguido de la prep. *por,* creer o considerar: *dar por bien empleado.* • **Dar de sí,** extenderse, ensancharse, especialmente las telas y pieles; producir, rendir. || **Dar en,** percatarse, darse cuenta. || **Dar en qué,** o **qué pensar,** dar ocasión o motivo para sospechar. || **Dar fe,** declarar la verdad de lo presenciado o afirmar la autenticidad de un hecho por persona competente. || **Dar tras** uno *(Fam.),* perseguirle, acosarle con furia o gritería. || **Darla,** o **dárselas de** *(Fam.),* presumir: *dárselas de valiente.* || **Darle** a alguien **por** algo, empezar a sentir mucha afición por ello: *le ha dado por la pesca.* ◆ **darse** v. pron. **25.** Suceder, existir, determinar: *se da la circunstancia.* **26.** Cesar, ceder la resistencia: *el jersey se ha dado bastante.* **27.** Seguido de la prep. *a* y de un nombre o un verbo en infinitivo, entregarse con ahínco: *darse a la bebida.* • **Darse** alguien **a conocer,** hacer saber quién es; descubrir su carácter y cualidades. || **Darse por aludido,** aplicarse una persona algo que se ha dicho, aunque no se refiera a ella. || **Darse por entendido,** manifestar, fingir alguien que sabe alguna cosa. || **Darse por vencido,** ceder, renunciar a un empeño o pretensión.

**DARBISMO** n. m. Secta protestante fundada en 1820 por J. N. Darby (1800-1882), que rechazaba toda organización eclesiástica. (Se extendió por los países anglosajones.)

**DARDANISMO** n. m. Destrucción voluntaria de la producción o de los excedentes, que permite a los monopolistas mantener los precios elevados.

**DARDO** n. m. Toda arma arrojadiza, especialmente la intermedia entre la flecha y la jabalina. **2.** *Fig.* Dicho satírico o agresivo y molesto: *hablar lanzando dardos.* **3.** Aguijón de la abeja. **4.** AGRIC. Pequeño brote con frutos del manzano y del peral.

**DARES.** **Dares y tomares** *(Fam.),* cantidades dadas y recibidas; alteraciones y réplicas entre dos o más personas.

**DÁRICO** n. m. Moneda de oro persa acuñada por Darío I, que se empleó hasta la época helenística.

**DÁRSENA** n. f. (ital. *darsena*). MAR. Parte más resguardada de un puerto.

**DARTROS** n. m. Lesión circunscrita de la piel en forma de costras o exfoliaciones producida por diversas enfermedades, como acné, eccema, impétigo, urticaria, etc.

**DARTROSIS** n. f. Enfermedad de la patata, causada por un hongo.

**DARVINIANO, A** o **DARWINIANO, A** adj. Relativo a la doctrina de Darwin.

**DARVINISMO** o **DARWINISMO** n. m. Doctrina formulada por Darwin en su obra *El origen de las especies,* donde la lucha por la vida y la selección natural son consideradas como los mecanismos esenciales de la evolución de las comunidades de seres vivos.

**DARVINISTA** o **DARWINISTA** adj. y n. m. y f. Partidario de Darwin.

**DARWA** o **DARGUINIOS,** pueblo caucásico musulmán del Daguestán, islamizados a partir del s. XI.

**DASOCRACIA** n. f. Parte de la dasonomía que trata de la ordenación de los montes con la finalidad de obtener una renta anual mayor y constante.

**DASONOMÍA** n. f. Ciencia que trata de la conservación, cultivo y aprovechamiento de los montes.

**DAT** n. m. (siglas del inglés *digital audio tape*). Banda magnética que sirve de soporte para el registro digital del sonido. • **Cassette DAT,** cassette de registro que utiliza este tipo de banda.

**DATA** n. f. En un escrito, inscripción, etc., indicación del lugar y tiempo en que se ha escrito o ejecutado. **2.** Tiempo en que ocurre o se hace una cosa. **3.** Partida o partidas que componen el descargo de lo recibido.

**DATACIÓN** n. f. Acción y efecto de datar o fechar. **2.** Fórmula de un documento que manifiesta la fecha en que ha sido extendido.

**DATAR** v. tr. [1]. Poner la data o determinarla si no se conoce: *datar un documento.* ◆ v. tr. y pron. **2.** Anotar en las cuentas partidas de data, abonar o acreditar. ◆ v. intr. **3.** Existir desde una determinada época: *el manuscrito data del s. XVII.*

**DATARÍA** n. f. Tribunal de la cancillería de la curia romana, suprimido en 1967.

**DÁTIL** n. m. (lat. *dactylum,* dedo). Fruto comestible del datilero o palmera datilera, de pulpa azucarada y nutritiva. • **Dátil de mar,** molusco comestible de forma y color parecidos a los del dátil, pero más alargado. ◆ **dátiles** n. m. pl. **2.** *Fam.* Dedos de la mano.

**DATILERO, A** adj. y n. m. Dícese de la palmera cultivada en las regiones cálidas y secas, pero irrigadas, como los oasis, y cuyos frutos, los dátiles, están agrupados en grandes racimos.

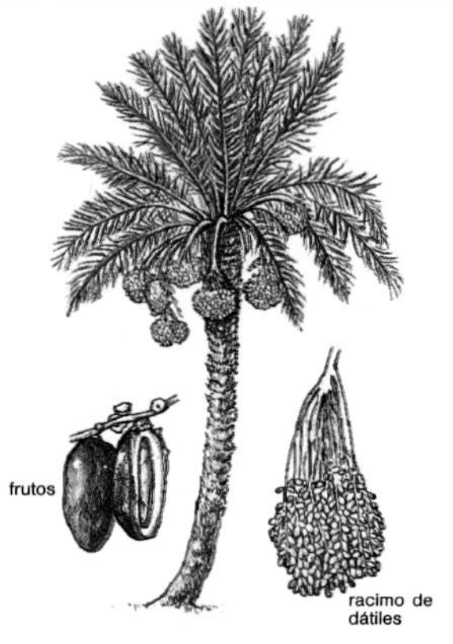

palmera **datilera**

**DATIVO, A** adj. DER. Nombrado por un juez. ◆ n. m. **2.** En las lenguas con declinaciones, caso que indica la atribución o el destino.

**DATO** n. m. (lat. *datum*). Elemento fundamental que sirve de base a un razonamiento o a una investigación: *los datos están falseados.* **2.** Resultado de observaciones o de experiencias. **3.** Representación convencional de una información bajo la forma conveniente para su tratamiento por ordenador. **4.** MAT. Cada una de las cantidades conocidas que son citadas en el enunciado y que constituyen la base de un problema. • **Análisis de datos,** procedimiento de elaboración de datos recogidos por la estadística destinado a facilitar la utilización de éstos.

**DATURA** n. f. Planta de la familia solanáceas, muy tóxica. (Muchas especies exóticas se cultivan por sus decorativas flores. El estramonio proporciona la *daturina,* alcaloide narcótico y antiespasmódico.)

**DAUDÁ** n. f. *Chile.* Planta morácea.

**DAYAK,** pueblo de Malaysia y Borneo, que habla una lengua malayo-polinesia.

**DAZIBAO** n. m. (voz china). Periódico mural de la República Popular de China, expuesto en espacios públicos.

**dB,** símbolo del *decibelio.*

**DDT** n. m. (abrev. de *dicloro-difenil- tricloroetano*). Potente insecticida. (Se escribe también *dedeté.*)

**DE** n. f. Nombre de la letra *d.*

**DE** prep. (lat. *de*). Sirve para explicar la materia de que está hecha una cosa: *mesa de madera.* **2.** Expresa la atribución del contenido al continente: *vaso de vino.* **3.** Denota posesión o pertenencia: *el libro de Pedro.* **4.** Se utiliza para expresar el asunto o tema: *lección de historia.* **5.** Manifiesta la naturaleza o condición de una persona o cosa: *caballo de carreras.* **6.** Determina el tiempo en que sucede una cosa: *trabajar de noche.* **7.** Indica el origen: *venir de Madrid.* **8.** Denota la causa de algo: *morirse de miedo.* **9.** Sirve para expresar el modo: *estar de pie.* **10.** Se utiliza también para explicar el destino o la finalidad: *máquina de afeitar.* **11.** Expresa condición: *de saberlo, no habría venido.* **12.** Equivale a *desde: volé de Murcia a Barcelona.* **13.** Algunas veces es nota de ilación: *de esto se sigue.* **14.** Interviene en numerosos modismos: *fuera de serie.*

**DE CUIUS** n. m. (voces lat.). DER. Persona cuya sucesión queda abierta.

**DE FACTO** loc. (voces lat., *de hecho*). DER. Se emplea para reconocer un hecho político por la existencia del hecho en sí.

**DE IURE** loc. (voces lat., *según el derecho*). De derecho: *reconocer un gobierno «de iure».*

**DE PROFUNDIS** n. m. (voces lat., *desde lo profundo del abismo*). Primeras palabras del salmo 129 de la Biblia, que se recita ordinariamente en la liturgia de difuntos.

**DEA** n. f. *Poét.* Diosa.

**DEAMBULAR** v. intr. (lat. *deambulare*) [1]. Andar o pasear sin objeto determinado: *deambular por las calles.*

**DEAMBULATORIO** n. m. Galería de circulación alrededor de la capilla mayor de una iglesia.

**DEÁN** n. m. En la Iglesia católica, párroco de la parroquia más importante de la ciudad. • **Deán de la catedral,** en la Iglesia anglicana, funcionario eclesiástico que viene inmediatamente después del obispo. || **Deán del cabildo,** presidente de este cuerpo.

**DEANATO** o **DEANAZGO** n. m. Dignidad y oficio de deán. **2.** Territorio eclesiástico del deán.

**DEBACLE** n. f. (fr. *débâcle*). Desastre, catástrofe, ruina.

**DEBAJO** adv. l. En lugar o puesto inferior: *debajo de la mesa; está debajo.* **2.** *Fig.* Con sumisión o sujeción a personas o cosas: *por debajo del director.*

**DEBATE** n. m. Acción de debatir: *debate parlamentario.* **2.** Discusión literaria.

**DEBATIBLE** adj. Sujeto a debate o discusión.

**DEBATIR** v. tr. [3]. Discutir, tratar una cuestión personas que expresan puntos de vista distintos: *debatir un problema, un proyecto.* ◆ **debatirse** v. pron. **2.** *Galic.* Luchar vivamente para escapar o librarse de algo: *debatirse entre la vida y la muerte.*

**DEBE** n. m. Parte de una cuenta en la que constan los cargos de la misma. (Suele escribirse con mayúscula.) • **Debe y Haber,** pasivo y activo.

**DEBELACIÓN** n. f. Acción y efecto de debelar.

**DEBELADOR, RA** adj. y n. Que debela.

**DEBELAR** v. tr. [1]. Vencer por las armas al enemigo.

**DEBER** n. m. Obligación que afecta a cada persona de obrar según los principios de la moral, la justicia o su propia conciencia: *cumple con tu deber.* **2.** Deuda. **3.** Trabajo que los alumnos deben realizar en su casa: *hacer los deberes.* (Suele usarse en plural.)

**DEBER** v. tr. [2]. Seguido de un verbo en infinitivo, estar obligado a hacer lo que ese verbo indica: *debo trabajar.* **2.** Tener obligación de cumplir o satisfacer una deuda: *deber una cena.* **3.** Seguido de un verbo en infinitivo y generalmente con la prep. *de,* suponer que ha sucedido, sucede o sucederá algo: *debe de haber venido; deben de ser las tres.* ◆ **deberse** v. pron. **4.** Sentirse obligado a mostrar gratitud, respeto, obediencia, etc.: *te debes a tu profesión.* **5.** Tener por causa, ser consecuencia: *esta situación se debe a un error.*

**DEBIDO, A** adj. Justo, razonable: *con el debido respeto.* • **Como es debido,** como corresponde o es lícito: *portarse como es debido.* || **Debido a,** a causa de, en virtud de.

**DÉBIL** adj. y n. m. y f. (lat. *debilem*). Que no tiene suficiente fuerza física o moral: *estar muy débil; ser una persona débil.* ◆ adj. **2.** *Fig.* Escaso, insuficiente: *luz débil.* **3.** Dícese de un fonema cuando su lugar, en una palabra o en un grupo fonético, lo expone a alteraciones o cambios. **4.** QUÍM. Dícese del ácido, base o electrólito poco disociados. ◆ n. m. y f. **5.** **Débil mental,** persona afecta de debilidad mental.

**DEBILIDAD** n. f. Estado de falta o pérdida de fuerza física o moral. **2.** *Galic.* Gusto o preferencia exagerada por alguien o algo. • **Debilidad mental,** insuficiencia de desarrollo intelectual que permite sin embargo el aprendizaje de la lectura y la escritura y que se define oficialmente por un coeficiente intelectual comprendido entre 80 y 50.

**DEBILITACIÓN** n. f. Acción y efecto de debilitar o debilitarse. SIN.: *debilitamiento.*

**DEBILITAR** v. tr. y pron. [**1**]. Disminuir la fuerza física o moral: *las enfermedades debilitan.*

**DEBITAR** v. tr. [**1**]. Poner o cargar una cantidad en el debe de una cuenta.

**DÉBITO** n. m. (lat. *debitum*). Deuda. **2.** Conjunto de cantidades anotadas en el debe de la cuenta y que representan bienes o derechos poseídos por la empresa.

**DEBLA** n. f. MÚS. Cante popular andaluz.

**DEBOCAR** v. tr. e intr. [**1a**]. *Argent.* Vomitar.

**DEBOULÉ** n. m. (voz francesa). COREOGR. Paso compuesto por dos medias vueltas seguidas, efectuadas girando rápidamente sobre medias puntas o puntas.

**DEBUT** n. m. (voz francesa) [pl. *debuts*]. Estreno, presentación de un artista o compañía, o comienzo de una actividad cualquiera.

**DEBUTANTE** adj. y n. m. y f. Que debuta en una actividad.

**DEBUTAR** v. intr. [**1**]. Realizar un debut.

**DEBYE** n. m. (de *Debye*, físico norteamericano). Unidad de momento dipolar eléctrico que sirve para evaluar el momento de las moléculas polares.

**DECA-** (gr. *deka*, diez), prefijo, de símbolo D o da, que, colocado delante de una unidad, la multiplica por 10.

**DECABRISTA** adj. y n. m. y f. Decembrista.

**DÉCADA** n. f. Serie de diez. **2.** Período de diez días. **3.** Período de diez años: *la última década del s. XIX.* **4.** División compuesta de diez libros o diez capítulos en una obra: *Las Décadas, de Tito Livio.*

**DECADENCIA** n. f. Acción y efecto de decaer. **2.** Proceso por el que un estado, cultura, movimiento, etc., tienden a debilitarse y desintegrarse.

**DECADENTE** adj. Que decae o refleja decadencia. **2.** Que gusta de lo pasado de moda estéticamente.

**DECADENTISMO** n. m. Escuela literaria caracterizada por el escepticismo de sus temas y la propensión a un refinamiento exagerado.

**DECADENTISTA** adj. y n. m. y f. Partidario del decadentismo.

**DECAEDRO** adj. y n. m. MAT. Que tiene diez caras.

**DECAER** v. intr. [**16**]. Perder gradualmente fuerza física o moral, pasar a un estado o situación inferior: *su prestigio ha decaído.* **2.** Separarse la embarcación de su rumbo, arrastrada por el viento, marejada o corriente.

**DECAGONAL** adj. Relativo al decágono. **2.** Que tiene diez ángulos.

**DECÁGONO** n. m. MAT. Polígono que tiene diez ángulos y por consiguiente diez lados.

**DECAGRAMO** n. m. Unidad de medida de masa que vale 10 gramos.

**DECAIMIENTO** n. m. Decadencia, acción y efecto de decaer. **2.** Flaqueza, debilidad.

**DECALAJE** n. m. *Galic.* Falta de correspondencia o concordancia entre dos cosas, dos personas, dos situaciones, etc.

**DECALCIFICACIÓN** n. f. Descalcificación.

**DECALITRO** n. m. Medida de capacidad que vale 10 litros y cuyo símbolo es dal o Dl.

**DECÁLOGO** n. m. (gr. *dekalogos*). Los diez mandamientos de la ley de Dios dados a Moisés, según la Biblia, en el monte Sinaí.

**DECALVACIÓN** n. f. Acción y efecto de decalvar.

**DECALVAR** v. tr. [**1**]. Rapar la cabeza a un individuo, generalmente a causa de un delito.

**DECÁMETRO** n. m. Medida de longitud que vale 10 m y cuyo símbolo es dam o Dm. **2.** Cadena o cinta de acero de 10 m, para medir distancias en un terreno.

**DECANATO** n. m. Dignidad de decano. **2.** Período de tiempo en el que se ejerce tal dignidad. **3.** Despacho oficial del decano.

**DECANO, A** n. (lat. *decanum*). Persona más antigua de una comunidad, cuerpo, junta, etc. **2.** Persona que dirige una facultad universitaria o que preside determinadas corporaciones.

**DECANTACIÓN** n. f. Acción y efecto de decantar o decantarse.

**DECANTADOR** n. m. Aparato para efectuar la decantación.

**DECANTAR** v. tr. [**1**]. Inclinar suavemente una vasija sobre otra para que caiga el líquido sin que salga el poso. **2.** Limpiar de impurezas un líquido haciendo que se depositen en el fondo del recipiente: *decantar un jarabe.* ◆ **decantarse** v. pron. **3.** Inclinarse, tender o propender: *decantarse hacia otras ideas.*

**DECAPADO** n. m. Operación que tiene por objeto limpiar una superficie metálica eliminando la capa de óxido que la recubre, quitar las películas o capas de pintura vieja, etc.

**DECAPAR** v. tr. [**1**]. Limpiar una superficie quitando la capa de impurezas que la recubre.

**DECAPITACIÓN** n. f. Acción de decapitar.

**DECAPITAR** v. tr. (lat. ecles. *decapitare*) [**1**]. Degollar, cortar la cabeza: *decapitar a un reo.* SIN.: *descabezar.*

**DECÁPODO, A** adj. y n. m. Relativo a un orden de crustáceos superiores, generalmente marinos, que tienen cinco pares de grandes patas torácicas, como el cangrejo de mar, el de río, el camarón, la langosta, etc.

**DECARBOXILACIÓN** n. f. Reacción enzimática que libera un grupo $CO_2$ a un radical carboxílico de un aminoácido.

**DECÁREA** n. f. Medida de superficie que tiene 10 áreas.

**DECASÍLABO, A** adj. y n. m. Que tiene diez sílabas.

**DECATHLON** o **DECATLÓN** n. m. Prueba combinada de atletismo que comprende 10 especialidades distintas: carreras (100 m, 400 m, 1500 m, 110 m vallas), pruebas de salto (altura, longitud, salto con pértiga) y de lanzamiento (peso, disco y jabalina).

**DECCA** n. m. (nombre de una firma inglesa). Sistema de radionavegación marítima o aérea que permite señalar la posición sobre un mapa especial.

**DECÉBALO** n. m. Nombre dado a los reyes de los dacios.

**DECELERACIÓN** n. f. Aceleración negativa o reducción de la velocidad de un móvil.

**DECELERAR** v. intr. [**1**]. Efectuar una deceleración.

**DECEMBRISTA** o **DECABRISTA** adj. y n. m. y f. Relativo a la conspiración que se organizó en San Petersburgo, en diciembre de 1825, contra Nicolás I. **2.** Miembro de dicho movimiento.

**DECENA** n. f. Grupo de diez unidades. **2.** Sucesión de diez días consecutivos.

**DECENAL** adj. (lat. *decennalem*). Que se repite cada decenio: *fiesta decenal.* **2.** Que dura un decenio: *cargo decenal.*

**DECENCIA** n. f. (lat. *decentiam*). Respeto exterior a las buenas costumbres o a las conveniencias sociales. **2.** *Fig.* Dignidad en los actos y en las palabras, conforme al estado o calidad de la persona. **3.** Decoro, dignidad. **4.** Respeto moral que impide avergonzar o herir la sensibilidad ajena.

**DECENIO** n. m. Período de diez años.

**DECENTAR** v. tr. [**1j**]. Empezar a cortar o gastar algo: *decentar un jamón.* **2.** *Fig.* Empezar a perder lo que se había conservado sano: *decentar la salud.* ◆ **decentarse** v. pron. **3.** Producirse úlceras por posición de decúbito prolongada.

**DECENTE** adj. (lat. *decentem*). Que manifiesta o tiene decencia: *conducta decente.* **2.** Limpio, aseado, arreglado. **3.** De buena calidad o en cantidad suficiente: *examen decente; sueldo decente.*

**DECENVIRATO** n. m. Dignidad de decenviro. **2.** Tiempo durante el que se ejercía el poder de los decenviros.

**DECENVIRO** o **DECENVIR** n. m. (lat. *decemvirum*). En Roma, miembro de un colegio de diez magistrados, cuyas funciones variaron según las épocas.

**DECEPCIÓN** n. f. Impresión desagradable o sensación de pesar que se experimenta al ocurrir algo de modo distinto a como se esperaba o deseaba.

**DECEPCIONAR** v. tr. [**1**]. Causar decepción: *su actuación me decepcionó.*

**DECESO** n. m. Muerte.

**DECHADO** n. m. (lat. *dictatum*). Ejemplo, modelo que puede imitarse: *ser un dechado de virtudes.*

**DECI-** (lat. *decem*, diez), prefijo, de símbolo d, que forma vocablos compuestos, con la significación de décima parte.

**DECIÁREA** n. f. Décima parte de un área, de símbolo da.

**DECIBELIO** o **DECIBEL** n. m. Décima parte del *bel*, unidad que sirve en acústica para definir una escala de intensidad sonora, de símbolo dB. (La voz media tiene una intensidad de 55 dB.)

**DECIBLE** adj. Que se puede decir o explicar.

**DECIDIBILIDAD** n. f. LÓG. Propiedad de una fórmula decidible.

**DECIDIBLE** adj. LÓG. Dícese de una fórmula que es demostrable o refutable en una teoría deductiva.

**DECIDIDO, A** adj. Resuelto, audaz: *persona decidida.*

**DECIDIR** v. tr. (lat. *decidere*, cortar) [**3**]. Formar juicio definitivo sobre un asunto, controversia, etc.: *decidió no opinar.* **2.** Mover a uno la voluntad a fin de que tome una determinación: *tus palabras me han decidido.* ◆ v. tr. y pron. **3.** Resolver, tomar una determinación: *se decidió a salir.*

**DECIDOR, RA** adj. y n. Que habla con facilidad y gracia.

**DECILA** n. f. ESTADÍST. Décima parte de un conjunto de datos clasificados en un orden determinado.

**DECILITRO** n. m. Décima parte del litro, cuyo símbolo es dl.

**DÉCIMA** n. f. Décima parte de un grado del termómetro clínico: *tener unas décimas de fiebre.* **2.** HIST. Diezmo. **3.** MÉTRIC. Estrofa de diez versos, octosílabos con rima consonante abba; ac; cddc. SIN.: *espinela.*

**DECIMAL** adj. (lat. *decimalem*). Dícese de cada una de las diez partes iguales en que se divide un todo. **2.** Que procede por diez o por potencias de diez. • **Logaritmo decimal,** logaritmo cuya base es diez. ‖ **Sistema decimal,** sistema de numeración de base diez. ◆ adj. y n. m. **3.** Relativo a los números con que se representan unidades enteras más partes de la unidad.

**DECIMALIZACIÓN** n. f. Acción de decimalizar.

**DECIMALIZAR** v. tr. [**1g**]. Aplicar el sistema decimal a las magnitudes.

**DECIMÉTRICO, A** adj. Que su longitud es del orden del decímetro.

**DECÍMETRO** n. m. Décima parte del metro, cuyo símbolo es dm. • **Doble decímetro,** regla de 2 dm de long., dividida en centímetros y milímetros.

**DÉCIMO, A** adj. (lat. *decimum*). Dícese de cada una de las diez partes iguales en que se divide un todo. ◆ adj. num. ordin. **2.** Que corresponde en orden al número diez. ◆ n. m. **3.** Billete de la lotería que vale la décima parte de un billete completo. **4.** Moneda de plata de Colombia, México y Ecuador.

**DECIMOCTAVO, A** adj. num. ordin. Que corresponde en orden al número dieciocho.

**DECIMOCUARTO, A** adj. num. ordin. Que corresponde en orden al número catorce.

**DECIMONÓNICO, A** adj. Relativo al s. XIX. **2.** *Desp.* Anticuado: *ideas decimonónicas.*

**DECIMONONO, A** o **DECIMONOVENO, A** adj. num. ordin. Que corresponde en orden al número diecinueve.

**DECIMOQUINTO, A** adj. num. ordin. Que corresponde en orden al número quince.

**DECIMOSÉPTIMO, A** adj. num. ordin. Que corresponde en orden al número diecisiete.

**DECIMOSEXTO, A** adj. num. ordin. Que corresponde en orden al número dieciséis.

**DECIMOTERCERO, A** o **DECIMOTERCIO, A** adj. num. ordin. Que corresponde en orden al número trece.

**DECIR** n. m. Lo que una persona dice o expresa: *parco en el decir.* **2.** Habladurías: *el decir de las gentes.* **3.** Composición poética del s. XV de carácter didáctico, político y cortesano. • **Ser un decir,** se usa para explicar y suavizar lo que se ha afirmado.

**DECIR** v. tr. (lat. *dicere*) [**19**]. Manifestar con palabras el pensamiento: *no tener nada que decir.* **2.** Asegurar, juzgar: *lo digo yo.* **3.** *Fam.* Nombrar, llamar: *le dicen Miguel.* **4.** *Fig.* Denotar una cosa o dar muestras de ello: *tu cara lo dice todo.* **5.** *Fig.* Contener un libro o escrito cierta información o doctrina: *en el letrero dice: no fumar.* **6.** Recitar, repetir de memoria o leyendo: *decir una poesía, una oración.* **7.** Armonizar una cosa con otra, o al contrario: *el pantalón no dice con esa chaqueta.* • **A decir verdad,** en verdad, por cierto. ‖ **Decir bien,** hablar en favor de alguien; explicarse con claridad y facilidad. ‖ **Decir entre sí,** o **para sí,** razonar consigo mismo. ‖ **Decir misa,** celebrarla. ‖ **Decir por decir,** hablar sin fundamento. ‖ **Decir y hacer,** ejecutar algo inmediatamente y con rapidez. ‖ **¡Digo!,** expresión de sorpresa, asombro, etc. ‖ **El qué dirán,** la opinión pública. ‖ **He dicho,** fórmula con que se indica que se ha terminado de hablar. ‖ **No decir nada** a alguien una persona o cosa, no importarle, serle indiferente. ◆ **decirse** v. pron. **8.** Hablar consigo mismo, monologar interiormente: *me dije que no volvería.*

**DECISIÓN** n. f. (lat. *decisionem*). Resolución adoptada en una cosa dudosa: *tomar una decisión.* **2.** Firmeza de carácter: *actuar con decisión.* **3.** Sentencia o fallo en cualquier pleito o causa. **4.** Parte dispositiva de una ley. • **Teoría de la decisión,** teoría que, a partir de unos datos sicológicos, económicos, sociológicos, etc., intenta determinar con ayuda de modelos matemáticos el comportamiento óptimo en una situación determinada.

**DECISIVO, A** o **DECISORIO, A** adj. Que decide o resuelve: *combate decisivo; argumento decisivo.*

**DECLAMACIÓN** n. f. Acción o arte de declamar.

**DECLAMADOR, RA** adj. y n. Que declama.

**DECLAMAR** v. intr. y tr. (lat. *declamare*) [**1**]. Hablar o recitar en voz alta, con la entonación adecuada y los ademanes convenientes. ◆ v. intr. **2.** Hablar en público o ejercitarse para ello. **3.** Expresarse con demasiada vehemencia.

**DECLAMATORIA** n. f. Vehemente manera de perorar.

**DECLAMATORIO, A** adj. De forma enfática y exagerada: *estilo declamatorio.*

**DECLARACIÓN** n. f. Acción y efecto de declarar o declararse: *hacer declaraciones; declaración de amor.* **2.** DER. Deposición que bajo juramento hace el testigo o perito en causas criminales o civiles, y la que hace el reo sin juramento. **3.** DER. Acto por el que un estado define la actitud que va a adoptar ante un hecho determinado.

**DECLARANTE** n. m. y f. DER. Persona que declara ante un juez o tribunal.

**DECLARAR** v. tr. (lat. *declarare*) [**1**]. Manifestar o explicar lo que está oculto o no se entiende bien: *declarar las intenciones.* **2.** DER. Manifestar a la administración la naturaleza y cantidad de una materia imponible. **3.** DER. Hacer conocer la cantidad y naturaleza de unas mercancías u objetos, a fin de devengar los derechos a los que está sometido su tráfico: *declarar las joyas en la aduana.* **4.** DER. Manifestar los juzgadores su decisión. ◆ v. tr. y pron. **5.** Dar a conocer o explicar los propios sentimientos o pensamientos, hechos o circunstancias no manifiestos, etc.: *declararse a alguien.* **6.** Adoptar una actitud ante un hecho determinado. ◆ v. tr. e intr. **7.** DER. Manifestar los testigos o el reo ante el juez lo que saben acerca de lo que se les pregunta o expone. ◆ **declararse** v. pron. **8.** Aparecer, manifestarse o producirse abiertamente algo: *declararse una enfermedad.* **9.** Decir a alguien que se está enamorado de él. **10.** MAR. Fijarse el viento en dirección, carácter e intensidad.

**DECLARATORIO, A** adj. DER. Que declara jurídicamente.

**DECLINABLE** adj. LING. Que se puede declinar.

**DECLINACIÓN** n. f. Caída, descenso, declive. **2.** *Fig.* Decadencia o menoscabo. **3.** ASTRON. Distancia angular de un astro o de un punto cualquiera del cielo al ecuador celeste, medida sobre un arco de círculo máximo perpendicular al ecuador. **4.** LING. En las lenguas flexivas, sistema de formas que toman los nombres, los adjetivos y los pronombres, siguiendo el género, el número y el caso. • **Declinación magnética,** ángulo formado por el meridiano magnético, indicado por la aguja imantada, y el meridiano geográfico en un punto de la superficie del globo.

**DECLINAR** v. intr. (lat. *declinare*) [**1**]. Decaer, disminuir, aproximarse al fin: *el día declina; las fuerzas declinan con la edad.* **2.** Alejarse un astro del ecuador celeste. **3.** *Fig.* Ir cambiando de naturaleza o de costumbre hasta llegar a un extremo contrario. ◆ v. tr. **4.** Rehusar, renunciar: *declinar toda responsabilidad, un honor.* **5.** LING. Poner en los casos gramaticales las voces que tienen declinación.

**decorado** para *La casa de Bernarda Alba* de F. García Lorca, realizado por Gori Muñoz; 1955 (instituto del teatro, Barcelona)

**DECLINATORIA** n. f. DER. Acto por el que un litigante rechaza o impugna la competencia de un tribunal.

**DECLINATORIO** n. m. Especie de brújula utilizada en topografía.

**DECLIVE** n. m. (lat. *declivem*). Pendiente, inclinación del terreno o de la superficie de una cosa: *tejado en declive.* **2.** *Fig.* Decadencia: *el declive de la vida.*

**DECLIVIDAD** n. f. Estado de lo que está en declive.

**DECOCCIÓN** n. f. Acción de sumergir los cuerpos en un líquido y poner éste en ebullición. **2.** Producto así obtenido.

**DECODIFICACIÓN** n. f. Descodificación.

**DECODIFICADOR** n. m. Descodificador.

**DECODIFICAR** v. tr. [**1a**]. Descodificar.

**DECOLLAGE** n. m. (voz francesa). Proceso de transformación de materiales de consumo para su incorporación a la obra artística.

**DECOLORACIÓN** n. f. Acción y efecto de decolorar.

**DECOLORANTE** n. m. Sustancia química que tiene la propiedad de hacer desaparecer las coloraciones que poseen ciertos cuerpos.

**DECOLORAR** v. tr. y pron. [**1**]. Quitar o amortiguar el color de una cosa. ◆ v. tr. **2.** Eliminar los pigmentos naturales para mejorar el color del producto acabado.

**DECOMISAR** v. tr. [**1**]. Comisar, confiscar.

**DECOMISO** n. m. Comiso.

**DECORACIÓN** n. f. Acción, arte de decorar, adornar. **2.** Conjunto de cosas que decoran: *la decoración de un piso.* **3.** Decorado.

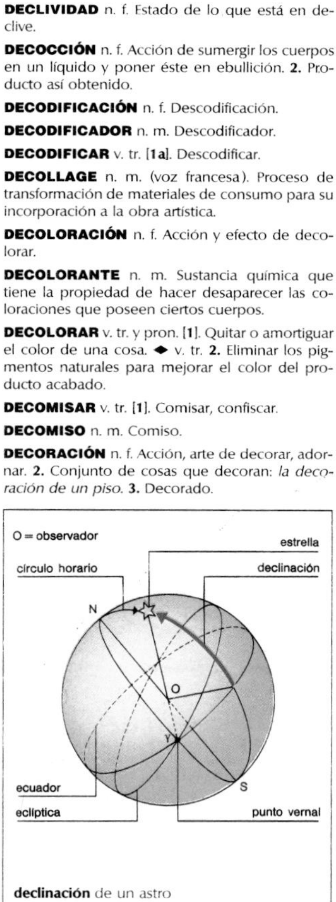


**declinación** de un astro

**DECORADO** n. m. Decoración. **2.** En una representación teatral, conjunto de lienzos pintados con que se figura el lugar de la escena. **3.** Ambiente en que se desarrollan las escenas cinematográficas.

**DECORADOR, RA** n. y adj. Persona que tiene por oficio decorar interiores de edificios, locales, etc., o que proyecta o realiza una escenografía.

**DECORAR** v. tr. (lat. *decorare*) [**1**]. Adornar, engalanar: *decorar un pastel.* **2.** Poner en una casa o habitación muebles, objetos y accesorios para embellecerla: *decorar un piso.* **3.** *Poét.* Condecorar.

**DECORATIVO, A** adj. Que decora, adorna. **2.** Relativo a la decoración. • **Artes decorativas,** disciplinas dedicadas a la producción de elementos decorativos y de objetos más o menos funcionales provistos de valor estético (tapicería, vidriería, pintura y escultura ornamentales, ebanistería, cerámica, orfebrería, etc.).

**DECORO** n. m. (lat. *decorum*). Honor, respeto, reverencia que se debe a una persona: *guardar el debido decoro.* **2.** Dignidad, nivel requerido conforme a una categoría: *vivir con decoro.* **3.** Pudor, decencia.

**DECOROSO, A** adj. Que tiene o manifiesta decoro.

**DECORTICACIÓN** n. f. CIR. Ablación de la envoltura conjuntiva de un órgano.

**DECRECER** v. intr. (lat. *decrescere*) [**2m**]. Menguar, disminuir: *decrecer las ganancias.*

**DECRECIENTE** adj. Que decrece. • **Función decreciente en un intervalo [a,b]** *de* $\mathbb{R}$, función numérica definida en el intervalo $[a,b]$ tal que, para todo $x_1$ y $x_2$ de este intervalo, se tiene $f(x_2) - f(x_1) < 0$, $x_2 \neq x_1$. ‖ **Impuesto decreciente,** impuesto cuyo índice se reduce cuando la materia imponible aumenta. ‖ **Sucesión decreciente en sentido amplio,** sucesión tal que a partir de cierto término se verifica $u_n + 1 \leqslant u_n$. ‖ **Sucesión estrictamente decreciente,** sucesión tal que a partir de un cierto término se verifica $u_{n+1} < u_n$, excluyendo la igualdad.

**DECRECIMIENTO** n. m. Disminución, merma, mengua. **2.** MAT. Disminución del valor de una cantidad variable.

**DECREMENTO** n. m. Disminución, merma. **2.** Decrecimiento de las oscilaciones eléctricas.

**DECREPITACIÓN** n. f. Acción y efecto de decrepitar.

**DECREPITAR** v. intr. [**1**]. Crepitar una sal por la acción del fuego.

**DECRÉPITO, A** adj. y n. Que está en gran decadencia.

**DECREPITUD** n. f. Estado de decrépito.

**DECRESCENDO** o **DIMINUENDO** adv. y n. m. (voz italiana). MÚS. Disminuyendo progresivamente la intensidad de los sonidos.

**DECRETAL** adj. Relativo a las decretales. ◆ n. f. **2.** Carta en la que el papa decide sobre una consulta y sienta una regla de carácter general. ◆ **de-**

**cretales** n. f. pl. **3.** Libro en que se reúnen las epístolas y decisiones papales.

**DECRETAR** v. tr. [**1**]. Ordenar por decreto: *decretar nuevas leyes.* **2.** Indicar marginalmente el curso o respuesta que se ha de dar a un escrito.

**DECRETAZO** n. m. Decreto de contenido polémico que se promulga sin haber sido pactado previamente entre las fuerzas políticas.

**DECRETO** n. m. (lat. *decretum*). Decisión tomada por la autoridad competente en materia de su incumbencia. **2.** Disposición del poder ejecutivo, dada con carácter general. **3.** Decisión de la autoridad eclesiástica, de carácter general.

**DECRETO-LEY** n. m. (pl. *decretos-leyes*). Decreto del gobierno, que tiene fuerza de ley.

**DECÚBITO** n. m. (lat. *decubitum*). Actitud del cuerpo cuando reposa sobre un plano horizontal.

**DECULTURACIÓN** n. f. En ciertas personas, pérdida de toda o parte de la cultura tradicional en beneficio de una cultura nueva.

**DECUPLICAR** v. tr. [**1a**] o **DECUPLAR** v. tr. [**1**]. Hacer una cosa diez veces mayor: *decuplicar los precios; decuplar el capital en cuatro años.*

**DÉCUPLO, A** adj. y n. m. Que es diez veces mayor.

**DECURIA** n. f. (lat. *decuriam*). HIST. En Roma, división de la centuria, que agrupaba diez soldados.

**DECURIÓN** n. m. HIST. En Roma, jefe de una decuria. **2.** HIST. En las provincias romanas, miembro de una asamblea municipal.

**DECURRENTE** adj. BOT. Dícese de la hoja que se prolonga sobre el tallo.

**DECURSO** n. m. (lat. *decursum*). Sucesión o transcurso del tiempo: *en el decurso de la historia.*

**DECUSO, A** adj. BOT. Dícese de las hojas opuestas cuando cada par de ellas forma ángulo recto con el superior e inferior inmediatos.

**DEDADA** n. f. Cantidad que se coge con el dedo: *una dedada de nata.* • **Dedada de miel** (*Fig.* y *fam.*), lo que se hace o se da a alguien para consolarle o compensarle de lo que no ha podido conseguir.

**DEDAL** n. m. Utensilio de metal, hueso, etc., cilíndrico, hueco, que, cuando se cose, sirve para proteger la punta del dedo que empuja la aguja. **2.** Dedil de los operarios.

**DEDALERA** n. f. Nombre vulgar de la digital.

**DÉDALO** n. m. (de *Dédalo*, personaje legendario). Laberinto: *un dédalo de callejuelas.*

**DEDAZO** n. m. *Méx.* Acto por el cual, sin tomar en cuenta las formas democráticas, se designa a una persona para un cargo público.

**DEDICACIÓN** n. f. Acción y efecto de dedicar o dedicarse. **2.** Inscripción de la dedicación de un edificio.

**DEDICAR** v. tr. (lat. *dedicare*) [**1a**]. Poner una cosa bajo la advocación de Dios o de los santos, consagrándola al culto. **2.** Consagrar una cosa a personajes eminentes, representaciones, hechos religiosos: *dedicar un monumento.* **3.** Dirigir algo a una persona como obsequio: *dedicar un libro a alguien.* ◆ v. tr. y pron. **4.** Emplear, destinar, aplicar. ◆ **dedicarse** v. pron. **5.** Tener un oficio, empleo o educación: *dedicarse a la enseñanza.*

**DEDICATORIA** n. f. Carta o nota dirigida a la persona a quien se dedica una obra.

**DEDICATORIO, A** o **DEDICATIVO, A** adj. Que tiene o supone dedicación.

**DEDIL** n. m. En ciertos oficios o trabajos, funda de piel, caucho, etc., para proteger el dedo.

**DEDILLO. Al dedillo,** con todo detalle, perfectamente.

**DEDO** n. m. (lat. *digitum*). Cada uno de los apéndices articulados en que terminan las manos y los pies del hombre y de algunos animales. **2.** Medida equivalente al ancho de un dedo: *un dedo de vino.* • **A dedo,** al azar o por influencia. ‖ **A dos dedos de** (*Fam.*), muy cerca de, a punto de. ‖ **Chuparse el dedo** (*Fam.*), hacerse el tonto, fingirse falto de capacidad. ‖ **Cogerse,** o **pillarse, los dedos,** sufrir las consecuencias de un descuido o equivocación. ‖ **Comerse,** o **chuparse, los dedos,** sentir gran placer o gusto con el sabor de algo que se come, o con lo que se oye o se ve. ‖ **Dar un dedo de la mano** por algo (*Fam.*), desearlo mucho. ‖ **Hacer dedo** (*Argent., Chile* y *Urug.*), hacer autostop. ‖ **No tener dos dedos de frente,** ser de poco entendimiento. ‖ **Poner el dedo en la llaga,** acertar y señalar el verdadero origen de un mal, el punto difícil de una cuestión o lo que más afecta a una persona.

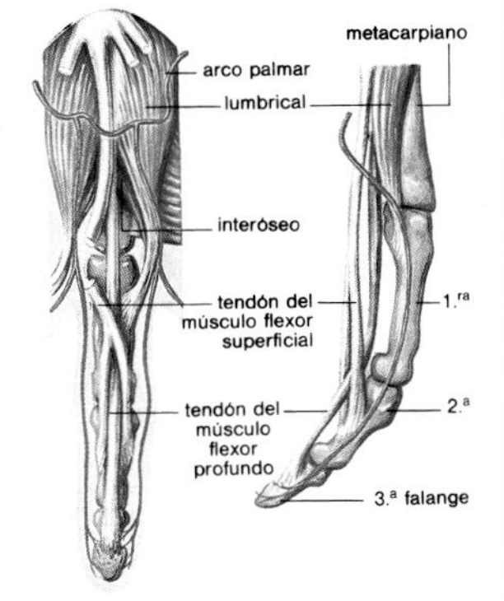


**dedo:** anatomía del dedo medio

**DEDUCCIÓN** n. f. (lat. *deductionem*). Acción y efecto de deducir: *hacer la deducción de los gastos.* **2.** Suma que, en determinados casos, se deduce de la renta tasable sometida a impuestos. **3.** LÓG. Razonamiento que, partiendo de hipótesis, conduce a la verdad de una proposición usando reglas de inferencia.

**DEDUCIBLE** adj. Que puede ser deducido.

**DEDUCIR** v. tr. (lat. *deducere*) [**20**]. Sacar consecuencias de un principio, proposición o supuesto y, en general, llegar a un resultado por el razonamiento: *de esto deduzco que...* **2.** Rebajar, descontar de una cantidad: *deducir los gastos.*

**DEDUCTIVO, A** adj. Que procede por deducción lógica.

**DEFASADO, A** adj. Dícese de una magnitud alterna que presenta una diferencia de fase con otra magnitud de la misma frecuencia.

**DEFASAJE** n. m. Diferencia de fases entre dos fenómenos alternativos de la misma frecuencia.

**DEFATIGANTE** adj. y n. m. Que quita la fatiga.

**DEFECACIÓN** n. f. Acción y efecto de defecar. **2.** En la industria azucarera, tratamiento de depuración que consiste en agregar determinada cantidad de cal al jugo extraído de los difusores: *defecación seca.*

**DEFECAR** v. tr. (lat. *defaecare*) [**1a**]. Clarificar, poner claro, especialmente los licores. ◆ v. tr. e intr. **2.** Expeler los excrementos.

**DEFECCIÓN** n. f. Acción de separarse con deslealtad de una causa.

**DEFECTIBILIDAD** n. f. Calidad de defectible.

**DEFECTIBLE** adj. Que puede faltar.

**DEFECTIVO, A** adj. Defectuoso. **2.** LING. Dícese de una palabra declinable que no tiene todos sus casos, géneros o números. • **Verbo defectivo** (LING.), el que no tiene todos sus tiempos, todos sus modos o todas sus personas, como *abolir.*

**DEFECTO** n. m. (lat. *defectum*). Carencia de las cualidades propias de una cosa. **2.** Imperfección natural o moral. **3.** DER. Vicio de una cosa, que disminuye su valor. • **Defecto de forma** (DER.), falta en que se incurre cuando no se aplican estrictamente las leyes procesales. ‖ **Defecto de masa** (FÍS.), diferencia entre la suma de las masas de las partículas constitutivas de un átomo y la masa de este átomo. ‖ **Defecto legal** (DER.), falta de alguno de los requisitos exigidos por la ley para la validez de ciertos actos jurídicos. ‖ **En defecto de,** a falta de, en lugar de. ‖ **Por defecto,** indica que una diferencia o inexactitud no llega al límite que debiera: *error por defecto;* referido a una opción, que se selecciona automáticamente si no se explicita lo contrario. ◆ **defectos** n. m. pl. **4.** IMPR. Pliegos que sobran o faltan en el número completo de la tirada.

**DEFECTUOSO, A** adj. Imperfecto, con algún defecto.

**DEFENDER** v. tr. y pron. [**2d**]. Amparar, proteger. ◆ v. tr. **2.** Mantener, conservar, sostener una afirmación contra el dictamen ajeno: *defender sus ideas.* **3.** Abogar, alegar en favor de alguien, especialmente en juicio: *defender al acusado.*

**DEFENDIBLE** adj. Que se puede defender: *una teoría defendible.*

**DEFENDIDO, A** adj. y n. Dícese de la persona a quien defiende un abogado. ◆ adj. **2.** HERÁLD. Dícese de todo animal aculado a otra figura.

**DEFENESTRACIÓN** n. f. Acción de defenestrar.

**DEFENESTRAR** v. tr. [**1**]. Arrojar por la ventana a una persona. **2.** *Fig.* Destituir o expulsar a alguien de un cargo, ocupación, puesto, etc.

**DEFENSA** n. f. Acción y efecto de defender. **2.** Protección, socorro: *acudir en defensa de alguien.* **3.** Arma o instrumento con que alguien se defiende de un peligro. **4.** DEP. En los deportes de equipo, conjunto de jugadores encargado de proteger la portería y detener el avance de las líneas de ataque del oponente. **5.** DER. Parte que se defiende; representación de esta parte. **6.** DER. Exposición de los argumentos jurídicos que el defendido y su abogado oponen a la acusación. • **Defensa pasiva** (MIL.), conjunto de medidas de protección que se exigen a la población civil en tiempos de guerra. ‖ **Legítima defensa,** violencia autorizada en ciertos casos para rechazar una agresión: *lo ha matado en legítima defensa.* ‖ **Mecanismo de defensa** (SICOANÁL.), proceso al servicio del yo, para luchar contra las tensiones resultantes de las exigencias del mundo exterior o contra todo lo que puede ser generador de angustia. ◆ n. m. **7.** DEP. Jugador que forma parte del equipo encargado de proteger la portería. ◆ **defensas** n. f. pl. **8.** Espinas o aguijones que protegen pasivamente a ciertas plantas. **9.** MAR. Conjunto de maderas, cuerdas o neumáticos viejos que se ponen a lo largo de la borda de un barco, para amortiguar un golpe o impedir rozamientos contra el muelle u otra embarcación. **10.** MIL. Conjunto de organizaciones defensivas destinadas a proteger una plaza. **11.** ZOOL. Piezas dentales salientes y muy desarrolladas, como los incisivos de los elefantes, los caninos del jabalí, etc. **12.** ZOOL. Cuernos de cualquier animal, y más concretamente del ciervo y del toro de lidia.

**DEFENSIVA** n. f. Situación o estado del que sólo trata de defenderse. • **Estar,** o **ponerse a la defensiva,** estar o ponerse en estado de defenderse, sin intención de atacar.

**DEFENSIVO, A** adj. Que sirve para defender.

**DEFENSOR, RA** adj. y n. Que defiende. ◆ n. m. **2.** Persona, en general un abogado, encargada de defender a un acusado. • **Defensor del pueblo,** institución del ordenamiento constitucional que tiene por objeto la defensa de los derechos y libertades constitucionales frente a las arbitrariedades de la administración.

**DEFERENCIA** n. f. Muestra de respeto o de cortesía: *tener una deferencia con alguien.*

**DEFERENTE** adj. Que muestra o demuestra deferencia. ◆ adj. y n. m. **2.** ANAT. Que conduce hacia el exterior: *conducto deferente.*

**DEFERIR** v. intr. [**22**]. Adherirse al dictamen de uno por respeto o cortesía. ◆ v. tr. **2.** Comunicar, delegar parte de la jurisdicción o poder.

**DEFERVESCENCIA** n. f. MED. Disminución o desaparición de la fiebre.

**DEFICIENCIA** n. f. Defecto o imperfección. **2.** Insuficiencia orgánica o síquica. • **Deficiencia mental,** síntoma caracterizado por la insuficiencia de la eficiencia intelectual, sin que se asuma en el déficit intelectual el aspecto clínico.

**DEFICIENTE** adj. Defectuoso, incompleto, insuficiente. ◆ n. m. y f. **2.** Persona que padece una deficiencia orgánica o psíquica.

**DÉFICIT** n. m. (pl. *déficit* o *déficits*). Lo que falta a los ingresos para que se equilibren con los gastos. **2.** Cantidad que falta para llegar al nivel necesario.

**DEFICITARIO, A** adj. Que se salda con déficit.

**DEFINICIÓN** n. f. Acción y efecto de definir. **2.** Proposición o fórmula por medio de la cual se define. **3.** LÓG. Proposición afirmativa que tiene por objeto hacer conocer exactamente la extensión y la comprensión de un concepto. **4.** TELEV. Número de líneas en que está analizada una imagen para transmitir. • **Dominio de definición** (MAT.), para una correspondencia entre dos conjuntos C y C′, subconjunto de C cuyos elementos admiten elementos correspondientes en C′. ◆ **definiciones**

n. f. pl. **5.** Conjunto de estatutos y ordenanzas de las órdenes militares, excepto de la de Santiago.

**DEFINIDOR, RA** adj. y n. Que define. ◆ n. m. **2.** Religioso delegado por el capítulo de su orden para tratar acerca de cuestiones disciplinarias, administrativas, etc.

**DEFINIR** v. tr. **[3]**. Fijar y enunciar con claridad y exactitud la significación de una palabra. **2.** Delimitar, fijar o explicar la naturaleza de una persona o cosa. **3.** Decidir por autoridad legítima un punto dudoso de dogma, de disciplina, etc. **4.** Concluir una obra pictórica en sus menores detalles.

**DEFINITIVO, A** adj. Que decide o concluye sin dejar lugar a dudas o a cambios: *acuerdo definitivo.* • **En definitiva,** en resumen, en conclusión.

**DEFINITORIO, A** adj. Que sirve para definir, diferenciar o precisar.

**DEFLACIÓN** n. f. ECON. Restricción, por los poderes públicos, de la cantidad de moneda en circulación, mediante una restricción de créditos, o la reducción de la masa monetaria y del gasto público.

**DEFLACIONARIO, A** adj. Deflacionista.

**DEFLACIONISTA** adj. y n. m. y f. ECON. Relativo a la deflación; partidario de esta política.

**DEFLACTOR** n. m. ECON. Índice de precios que sirve para corregir el valor monetario de una magnitud económica, lo que permite efectuar comparaciones a lo largo del tiempo.

**DEFLAGRACIÓN** n. f. Acción y efecto de deflagrar.

**DEFLAGRAR** v. intr. **[1]**. Arder rápidamente con llama y sin explosión.

**DEFLECTOR, RA** adj. ELECTRÓN. Que sirve para desviar la dirección de un fluido. • **Bobinas deflectoras,** par de bobinas que originan una desviación análoga, por la acción de un campo magnético. ‖ **Placas deflectoras,** par de placas horizontales o verticales que, cuando se establece entre las mismas una diferencia de potencial, sirven para desviar los haces de electrones. ◆ n. m. **2.** Órgano que sirve para modificar la dirección de una corriente o flujo. **3.** AUTOM. Pequeño postigo móvil, colocado en el marco del cristal de la puerta delantera, que sirve para orientar el aire.

**DEFLEXIÓN** n. f. Estado de un miembro o de una parte del cuerpo que no está flexionada. **2.** FÍS. Cambio de dirección de un haz luminoso o corpuscular.

**DEFOLIACIÓN** n. f. BOT. Caída natural de las hojas de las plantas.

**DEFOLIANTE** adj. y n. m. Dícese del producto químico que causa defoliación.

**DEFORESTACIÓN** n. f. Acción y efecto de deforestar.

**DEFORESTAR** v. tr. **[1]**. Despojar un terreno de plantas forestales.

**DEFORMACIÓN** n. f. Acción y efecto de deformar. **2.** Alteración morfológica de una parte del organismo. • **Deformación profesional,** hábitos resultantes de la práctica de una profesión, aplicados abusivamente a la vida corriente.

**DEFORMADOR, RA** adj. y n. Que deforma.

**DEFORMAR** v. tr. y pron. **[1]**. Alterar una cosa en su forma: *deformar la realidad.*

**DEFORMATORIO, A** adj. Que deforma o sirve para deformar.

**DEFORME** adj. Que presenta una gran irregularidad o anomalía en su forma.

**DEFORMIDAD** n. f. Calidad de deforme. **2.** Cosa deforme. **3.** *Fig.* Error artístico o moral.

**DEFRAUDACIÓN** n. f. Acción y efecto de defraudar. **2.** DER. Infracción cometida mediante actos de resistencia, mala fe o engaño para eludir el pago de los impuestos.

**DEFRAUDADOR, RA** adj. y n. Que defrauda.

**DEFRAUDAR** v. tr. **[1]**. Privar a alguien, con abuso de su confianza o con engaño, de lo que le corresponde de derecho. **2.** Eludir o burlar el pago de los impuestos. **3.** *Fig.* Frustrar, decepcionar.

**DEFUERA** adv. l. Fuera o por la parte exterior: *se ve por defuera.* (Suele ir precedido de la prep. *por.*)

**DEFUNCIÓN** n. f. Muerte, fallecimiento.

**DEGENERACIÓN** n. f. Acción y efecto de degenerar. **2.** Alteración de la célula viva.

**DEGENERADO, A** adj. y n. Que tiene anormalidades mentales o morales.

**DEGENERAR** v. intr. **[1]**. Perder cualidades, pasar de una condición o estado a otro contrario y peor. **2.** MAT. Descomponerse una curva en otras más simples.

**DEGENERATIVO, A** adj. Que causa o produce degeneración, o que la implica.

**DEGLUCIÓN** n. f. Acto reflejo por el que el bolo alimenticio pasa de la boca al esófago y después al estómago.

**DEGLUTIR** v. intr. y tr. (lat. *deglutire*) **[3]**. Tragar los alimentos.

**DEGOLLADERO** n. m. Parte del cuello por donde se degüella al animal. **2.** Sitio donde se degüellan las reses.

**DEGOLLADOR, RA** adj. y n. Que degüella. ◆ n. m. **2.** Cuchillo para degollar. **3.** Pescador encargado de cortar la cabeza y la lengua de los bacalaos. **4.** ORNITOL. Alcaudón.

**DEGOLLADURA** n. f. Herida hecha en la garganta. **2.** Escote que se hace en los vestidos de mujer.

**DEGOLLAR** v. tr. **[1r]**. Cortar la garganta o el cuello a una persona o animal: *degollar las reses.* **2.** Escotar el cuello de un vestido.

**DEGOLLINA** n. f. *Fam.* Matanza, mortandad.

**DEGRADACIÓN** n. f. Acción y efecto de degradar. **2.** Destrucción o alteración de las propiedades de un material macromolecular. **3.** EDAFOL. Acidificación y descenso de la fertilidad del suelo. **4.** MIL. Pena que se aplica a los militares culpables de delitos de extrema gravedad, consistente en la destitución pública del empleo. **5.** PINT. Cambio insensible y continuado. • **Degradación de la energía,** transformación irreversible de la energía de una forma a otra menos apta para producir trabajo mecánico.

**DEGRADAR** v. tr. **[1]**. Deponer a una persona de las dignidades, honores, etc., que tiene. ◆ v. tr. y pron. **2.** Humillar, envilecer. **3.** Hacer perder a algo su valor, sus cualidades; deteriorar. **4.** PINT. Disminuir insensible y sistemáticamente el tamaño y viveza del color de las figuras para dar sensación de distancia.

**DEGRAS** n. m. Mezcla de aceite de pescado y de ácido nítrico utilizada para suavizar e impermeabilizar las pieles.

**DEGÜELLO** n. m. Acción de degollar.

**DEGUSTACIÓN** n. m. Acción de degustar.

**DEGUSTAR** v. tr. **[1]**. Probar una comida o bebida para valorar su sabor.

**DEHESA** n. f. Tierra acotada y sometida a custodia, por lo general destinada a pastos.

**DEHISCENCIA** n. f. BOT. Acción por la que un órgano cerrado, como la antera o la vaina, se abre espontáneamente. **2.** FISIOL. y PATOL. Apertura, por lo general espontánea, de una estructura.

**DEHISCENTE** adj. BOT. Dícese de los órganos cerrados que se abren espontáneamente cuando están maduros.

**DEICIDA** adj. y n. m. y f. Que contribuyó a la muerte de Cristo.

**DEICIDIO** n. m. Crimen de los deicidas.

**DEÍCTICO, A** adj. LING. Que sirve para señalar o designar. ◆ n. m. LING. **2.** Elemento gramatical que realiza una deixis.

**DEIDAD** n. f. Ser divino o esencia divina. **2.** Divinidad de la mitología.

**DEIFICACIÓN** n. f. Acción y efecto de deificar.

**DEIFICAR** v. tr. **[1a]**. Divinizar.

**DEÍFICO, A** adj. Relativo a Dios.

**DEÍSMO** n. m. Doctrina religiosa que rechaza toda revelación y sólo cree en la existencia de Dios y en la religión natural.

**DEÍSTA** adj. y n. m. y f. Relativo al deísmo; partidario de esta doctrina.

**DEIXIS** n. f. LING. Conjunto de referencias a la situación en que se produce un enunciado, definido por su relación con el hablante, y con el lugar y el tiempo del enunciado.

**DEJACIÓN** n. f. Acción y efecto de dejar. **2.** DER. Cesión, desistimiento o abandono de bienes, derechos o acciones.

**DEJADEZ** n. f. Pereza, negligencia, abandono de sí mismo o de sus cosas propias. **2.** Debilidad física, decaimiento, flojera.

**DEJANTE** prep. *Chile, Colomb.* y *Guat.* Aparte de, además de.

**DEJAR** v. tr. **[1]**. Poner o colocar algo en algún sitio: *déjalo sobre la mesa.* **2.** Apartarse o alejarse de una persona o cosa, abandonar: *dejar la familia, la bebida.* **3.** Omitir: *no dejar punto ni coma.* **4.** Consentir, permitir, no impedir: *déjame salir.* **5.** Valer, producir ganancia: *las ventas no le dejan casi nada.* **6.** Encargar, encomendar: *te dejo al frente del negocio.* **7.** Seguido de un participio pasivo, explica la acción de lo que éste significa: *dejar sumido en un profundo sueño.* **8.** No inquietar, perturbar o molestar: *idéjame en paz!* **9.** Dar una cosa a otro el que se ausenta o hace testamento: *no ha dejado más que deudas.* **10.** Prestar: *déjame tu coche.* • **Dejar aparte, a un lado,** o **fuera,** prescindir de una persona o cosa en un asunto; no ocuparse de algo por el momento. ‖ **Dejar atrás,** adelantar a alguien andando o corriendo: *no conseguirás dejarme atrás;* superar a alguien en cualquier asunto. ‖ **Dejar caer** algo, insinuar, dar a entender una cosa disimulando el interés que se tiene por ella. ‖ **Dejar correr** una cosa, permitirla, tolerarla sin ocuparse más de ella. ‖ **Dejar que desear** una persona o cosa, ser de poca estimación, aprecio o calidad: *tu comportamiento deja mucho que desear.* ◆ v. tr. y pron. **11.** Seguido de un infinitivo, indica el modo especial de suceder o ejecutarse lo que significa el verbo que le acompaña: *luego le dejó marchar.* **12.** Cesar, no proseguir lo empezado: *saldremos*

**dehesa** con toros bravos (Extremadura)

*cuando deje de llover.* ◆ **dejarse** v. pron. **13.** Abandonarse, descuidarse uno en sus actos, obligaciones o aseo. • **Dejarse caer,** presentarse inesperadamente. || **Dejarse llevar,** no tener la suficiente personalidad o voluntad para obrar según un criterio propio.

**DEJO** o **DEJE** n. m. Acento peculiar del habla de determinada región. **2.** Gusto o sabor que queda de la comida o bebida. **3.** *Fig.* Placer o disgusto que queda después de una acción.

**DEL,** contracción de la prep. *de* y el art. *el: despacho del abogado.*

**DELACIÓN** n. f. (lat. *delationem*). Acción y efecto de delatar o denunciar.

**DELANTAL** n. m. Prenda de vestir, de distintas formas, que se usa para proteger el traje. **2.** Mandil, especie de delantal de cuero.

**DELANTE** adv. l. Con prioridad de lugar, en la parte anterior o en el sitio tras el cual está una persona o cosa: *déjalo delante de su puerta.* **2.** A la vista, en presencia: *hablar delante de todos.* • **Delante de,** en lugar anterior a, enfrente.

**DELANTERA** n. f. Parte anterior de una cosa. **2.** Cuarto delantero de una prenda de vestir. **3.** Espacio con que uno se adelanta a otro en el camino. **4.** En las plazas de toros, teatros y otros locales de espectáculos, primera fila de cierta clase de asientos. **5.** *Fam.* Pecho de una mujer. **6.** DEP. Línea de ataque de un equipo deportivo. • **Coger, tomar** o **ganar** a uno **la delantera** *(Fam.),* adelantársele, aventajársele, anticipársele en una solicitud, empresa o negocio.

**DELANTERO, A** adj. Que está o va delante. ◆ n. m. **2.** En los deportes de equipo, jugador que forma parte de la línea de ataque o delantera. • **Delantero centro,** en fútbol, el que se coloca en medio de la línea de ataque.

**DELATAR** v. tr. **[1]**. Revelar a la autoridad un delito, designando el autor. **2.** Descubrir, revelar. ◆ **delatarse** v. pron. **3.** Dar a conocer una situación, intención, estado, etc., involuntariamente.

**DELATOR, RA** adj. y n. Que delata.

**DELAWARE** o **LENAPE,** pueblo amerindio algonquin de la costa atlántica de Estados Unidos, entre el Hudson y Baltimore, que fue deportado a una reserva de Oklahoma a fines del s. XIX.

**DELCO** n. m. (marca registrada, de las iniciales *Dayton Engineering Laboratories Co., Ohio*). Dispositivo de encendido de los motores de explosión.

**DELE** o **DELEÁTUR** n. m. (voz latina). Signo de corrección tipográfico [φ] utilizado para indicar que ha de efectuarse una supresión.

**DELEBLE** adj. Que puede borrarse fácilmente.

**DELECTACIÓN** n. f. Deleite. • **Delectación morosa,** complacencia deliberada en un pensamiento prohibido, sin ánimo de llevarlo a cabo.

**DELEGACIÓN** n. f. Acción y efecto de delegar: *iré por delegación suya.* **2.** Cargo y oficina del delegado. **3.** Conjunto de personas con autoridad para representar a otras: *una delegación de padres de familia.* **4.** Nombre dado a determinados organismos de la administración pública, de carácter provincial: *delegación de hacienda.* **5.** En México, área administrativa menor básica.

**DELEGADO, A** n. y adj. Persona en quien se delega una facultad o poder. • **Delegado del gobierno,** en España, representante del gobierno de la nación ante la administración de las comunidades autónomas.

**DELEGAR** v. tr. e intr. **[1b]**. Transferir el poder o autoridad de una persona a otra para que obre en representación suya en algún asunto.

**DELEGATORIO, A** adj. Que delega o encierra alguna delegación.

**DELEITABLE** adj. Deleitoso.

**DELEITAR** v. tr. y pron. (lat. *delectare*) **[1]**. Producir deleite.

**DELEITE** n. m. Placer del ánimo o de los sentidos.

**DELEITOSO, A** adj. Que causa deleite.

**DELETÉREO, A** adj. Mortífero, venenoso.

**DELETREAR** v. intr. y tr. **[1]**. Nombrar sucesivamente las letras que componen una palabra. ◆ v. tr. **2.** *Fig.* Adivinar, interpretar lo oscuro y difícil de entender.

**DELETREO** n. m. Acción de deletrear.

**DELEZNABLE** adj. Que se rompe, disgrega o deshace fácilmente. **2.** Que puede ser despreciado o rechazado: *su conducta es vil y deleznable.* **3.** Que se desliza y resbala con mucha facilidad.

**delfín**

**DELFÍN** n. m. Mamífero marino, de unos 2 m de long., del orden cetáceos, negruzco por encima y blanquecino por debajo, con hocico delgado y agudo, que vive en bandas en todos los mares y se alimenta de peces.

**DELFÍN** n. m. Presunto heredero de la corona de Francia. **2.** Sucesor, designado o probable, de una personalidad importante.

**DELFINA** n. f. Esposa del delfín.

**DELFINÉS, SA** adj. y n. Del Delfinado.

**DELGA** n. f. ELECTR. Cada una de las chapitas o varillas de cobre que forman el colector de una dínamo.

**DELGADEZ** n. f. Calidad de delgado.

**DELGADO, A** adj. Flaco, de pocas carnes. **2.** Fino, poco grueso. **3.** *Fig.* Dícese del terreno de poca sustancia, endeble o de escasa profundidad laborable.

**DELIBERACIÓN** n. f. Acción y efecto de deliberar.

**DELIBERADO, A** adj. Hecho de propósito: *la pérdida de las llaves fue un hecho deliberado.*

**DELIBERANTE** adj. Que delibera. **2.** Dícese de las juntas o asambleas encargadas de deliberar y cuyos acuerdos tienen eficacia ejecutiva.

**DELIBERAR** v. intr. **[1]**. Examinar atentamente el pro y el contra de una decisión, antes de realizarla. ◆ v. tr. **2.** Decidir, resolver una cosa después de un cuidadoso examen.

**DELIBERATIVO, A** adj. Relativo a la deliberación. ◆ adj. y n. m. **2.** LING. Dícese de la forma verbal o de la construcción propia para expresar la idea de que el sujeto se pregunta sobre su decisión.

**DELICADEZA** n. f. Cualidad de delicado. **2.** Acción delicada.

**DELICADO, A** adj. Fácil de deteriorar, lastimar o romper. **2.** Débil, flaco, enfermizo. **3.** Fino, liso, suave, tenue. **4.** Atento, educado, cortés. **5.** Exquisito, gustoso, sabroso. **6.** Difícil, que exige mucho cuidado. **7.** Difícil de contentar, fácil de enfadarse. **8.** Que procede con escrupulosidad o miramiento. **9.** Sutil, agudo, ingenioso.

**DELICATESSEN** n. m. o f. (voz inglesa). Tienda de alimentos exquisitos ya preparados. ◆ n. f. pl. **2.** Platos exquisitos ya preparados.

**DELICIA** n. f. Deleite vivo e intenso. **2.** Aquello que causa alegría o placer.

**DELICIOSO, A** adj. Capaz de causar delicia.

**DELICTIVO, A** adj. Relativo al delito. **2.** Que implica delito.

**DELICUESCENCIA** n. f. Propiedad que tienen ciertos cuerpos de absorber la humedad del aire hasta el punto de convertirse en líquidos.

**DELICUESCENTE** adj. FÍS. Dotado de delicuescencia.

**DELIMITACIÓN** n. f. Acción y efecto de delimitar.

**DELIMITAR** v. tr. **[1]**. Señalar los límites: *delimitar el campo.*

**DELINCUENCIA** n. f. Calidad de delincuente: *delincuencia juvenil.* **2.** DER. Comisión de delitos. **3.** DER. Conjunto de crímenes y delitos considerados en el plano social.

**DELINCUENTE** adj. y n. m. y f. Que delinque.

**DELINEACIÓN** n. f. Acción y efecto de delinear.

**DELINEADOR, RA** adj. y n. Que delinea.

**DELINEANTE** n. m. y f. Dibujante que traza planos o proyectos, generalmente ideados por otro.

**DELINEAR** v. tr. **[1]**. Trazar las líneas de una figura y, especialmente, trazar un plano.

**DELINQUIMIENTO** n. m. Acción y efecto de delinquir.

**DELINQUIR** v. intr. **[3c]**. Cometer un delito.

**DELIQUIO** n. m. Desmayo, éxtasis.

**DELIRAR** v. intr. **[1]**. Tener delirios. **2.** *Fig.* Decir o hacer despropósitos o disparates.

**DELIRIO** n. m. Trastorno síquico caracterizado por la persistencia de ideas en oposición manifiesta a la realidad o al buen sentido, acompañada de una firme convicción de su existencia por parte del sujeto. **2.** *Fig.* Despropósito, disparate.

**DELIRIUM TREMENS** n. m. (voces latinas, *delirio tembloroso*). Estado de agitación con fiebre, temblor de piernas y brazos, onirismo y trastornos de la conciencia, propio de la intoxicación etílica.

**DELITESCENCIA** n. f. PATOL. Desaparición brusca de los signos y síntomas de una enfermedad. **2.** QUÍM. Disgregación de un cuerpo por absorción de agua.

**DELITO** n. m. DER. En sentido amplio, hecho ilícito sancionado por una pena; en sentido estricto, hecho ilícito sancionado por una pena grave. • **Cuerpo del delito,** elemento material de la infracción, que sirve para probar el delito. || **Delito común,** el que no es político. || **Delito político,** el cometido contra el orden político de un estado; el que está determinado por móviles políticos.

**DELTA** n. f. Cuarta letra del alfabeto griego (δ, Δ), derivada del signo fenicio *dalet,* que representaba una oclusiva dental sonora. **2.** GEOGR. Zona de acumulación aluvial de forma aproximadamente triangular, elaborada por un río al desembocar en un mar de marea débil o en un lago. • **Ala en delta,**

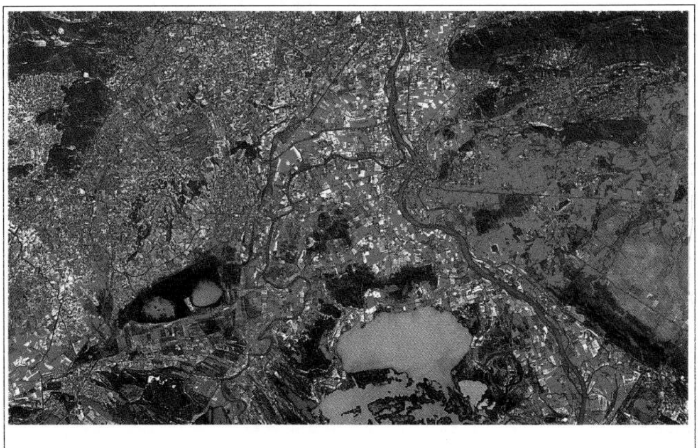

el **delta** del río Ródano (vista tomada desde el satélite Spot)

el **delta** del río Paraná

ala de avión o de planeador en forma de triángulo isósceles.

**DELTOIDE** adj. De figura de delta mayúscula.

**DELTOIDEO, A** adj. Relativo al deltoides.

**DELTOIDES** n. m. y adj. ANAT. Músculo de la espalda, de forma triangular, elevador del brazo.

**DEMACRAR** v. tr. y pron. [**1**]. Poner pálido, ojeroso, delgado, con aspecto de enfermo.

**DEMAGOGIA** n. f. (gr. *dēmagōgia*, acción de conducir al pueblo). Política o comportamiento consistente en halagar las aspiraciones populares para obtener o conservar el poder o para acrecentar la popularidad.

**DEMAGÓGICO, A** adj. Relativo a la demagogia o al demagogo: *discurso demagógico.*

**DEMAGOGO, A** n. Persona partidaria de la demagogia o que la practica.

**DEMANDA** n. f. Súplica, solicitud, petición. **2.** Pregunta. **3.** Empresa, intento, empeño. **4.** DER. Petición que un litigante sustenta en el juicio. **5.** DER. Acción que se interpone en justicia para hacer reconocer un derecho: *interponer una demanda.* **6.** ECON. Cantidad de un bien o de un servicio que los consumidores están dispuestos a comprar a un precio y en un período determinado.

**DEMANDADO, A** adj. y n. DER. Dícese de la persona contra quien se intenta la acción de la justicia.

**DEMANDANTE** n. m. y f. Persona que interpone una acción en juicio.

**DEMANDAR** v. tr. [**1**]. Pedir, rogar. **2.** Preguntar. **3.** DER. Formular una demanda ante los tribunales.

**DEMARCACIÓN** n. f. Acción y efecto de demarcar. **2.** Terreno demarcado. **3.** En las divisiones territoriales, parte comprendida en cada jurisdicción. **4.** FONÉT. Indicación de los límites, inicial o final, de una unidad significativa.

**DEMARCAR** v. tr. [**1a**]. Señalar o marcar los límites de un país o terreno.

**DEMARRAJE** n. m. (fr. *démarrage*). Acción y efecto de demarrar.

**DEMARRAR** v. intr. [**1**]. Acelerar la marcha, en una carrera ciclista, para distanciar a los demás participantes.

**DEMÁS** pron. indef. El resto, la parte no mencionada de un todo: *ordene que salgan los demás.* ◆ adv. c. **2.** Además. • **Por demás,** en vano, inútilmente; en demasía. || **Por lo demás,** por lo que hace relación a otras consideraciones.

**DEMASÍA** n. f. Exceso, abuso. **2.** Atrevimiento, insolencia, descaro. • **En demasía,** con exceso.

**DEMASIADO** adv. c. En demasía, con exceso: *llueve demasiado.*

**DEMASIADO, A** adj. En mayor número, cantidad o grado de lo conveniente o necesario: *has hecho demasiada comida.*

**DEMENCIA** n. f. Pérdida global, progresiva e irreversible de las facultades mentales.

**DEMENCIAL** adj. Relativo a la demencia. **2.** *Fig.* Caótico, disparatado, desproporcionado.

**DEMENTE** adj. y n. m. y f. Afecto de demencia.

**DEMÉRITO** n. m. Falta de mérito. **2.** Acción por la cual se desmerece.

**DEMIURGO** n. m. (gr. *dēmiurgos,* obrero, artesano, arquitecto). Nombre del dios creador del alma del mundo, en la filosofía platónica.

**DEMO** n. m. (gr. *dēmos,* pueblo). Circunscripción administrativa de Grecia. **2.** En el Imperio bizantino, cada uno de los partidos entre los que se dividía el pueblo de Constantinopla y de las grandes ciudades.

**DEMO** n. f. INFORMÁT. Programa de demostración.

**DEMOCRACIA** n. f. Régimen político en el cual el pueblo ejerce la soberanía por sí mismo, sin mediación de un órgano representativo (*democracia directa*) o por representantes intermediarios (*democracia representativa*). **2.** País gobernado en régimen democrático. • **Democracia cristiana,** movimiento cuyo fin es conciliar los principios democráticos y las exigencias de la fe cristiana. || **Democracia popular,** régimen de los países que han adoptado el comunismo como forma de gobierno.

■ En España la democracia cristiana está representada por Unió democràtica de Catalunya, Partido nacionalista vasco y Partido popular (incorporó en su seno, en 1989, al Partido demócrata popular, llamado Democracia Cristiana desde 1988), miembros del democristiano Partido popular europeo. En América latina, el Partido democratacristiano chileno es la formación de la Organización democratacristiana de América (O.C.D.A.) con más vitalidad. Son importantes el COPEI de Venezuela y el Partido del movimiento democrático brasileño, y varias formaciones en Ecuador, así como en Centroamérica (Costa Rica, El Salvador, Guatemala).

**DEMÓCRATA** adj. y n. m. y f. Partidario de la democracia. **2.** Relativo a uno de los dos grandes partidos de E.U.A.; miembro de dicho partido.

**DEMOCRATACRISTIANO, A** o **DEMOCRISTIANO, A** adj. y n. Relativo a la democracia cristiana; partidario de la democracia cristiana: *partido democratacristiano.*

**DEMOCRÁTICO, A** adj. y n. Relativo a la democracia; partidario de la democracia: *gobierno democrático.*

**DEMOCRATIZACIÓN** n. f. Acción y efecto de democratizar.

**DEMOCRATIZAR** v. tr. y pron. [**1g**]. Hacer democrática una sociedad, ley, institución, etc.

**DEMOGRAFÍA** n. f. Ciencia que tiene por objeto el estudio cuantitativo de las poblaciones humanas, de su estado y de sus variaciones. **2.** Tasa de la población humana en una región o un país determinados: *demografía en baja.*

**DEMOGRÁFICO, A** adj. Relativo a la demografía.

**DEMÓGRAFO, A** n. Especialista en demografía.

**DEMOLEDOR, RA** adj. y n. Que demuele.

**DEMOLER** v. tr. [**2e**]. Deshacer, derribar.

**DEMOLICIÓN** n. f. Acción y efecto de demoler.

**DEMONÍACO, A** o **DEMONIACO, A** adj. Relativo al demonio. ◆ adj. y n. **2.** Endemoniado, poseído del demonio.

**DEMONIO** n. m. (gr. *daimonion*). En la antigüedad, divinidad o espíritu bueno o malo, adscrito al destino de un hombre, una ciudad, etc. **2.** Diablo, nombre dado en las diversas religiones a los ángeles rebeldes. • **Llevarse** a uno **el demonio, los demonios,** o **todos los demonios,** o **ponerse como un demonio,** o **hecho un demonio,** encolerizarse o irritarse demasiado. || **Ser el demonio,** o **un demonio** (*Fam.*), ser demasiado perverso, travieso o hábil: *este niño es el mismísimo demonio.* || **Tener el demonio,** o **los demonios, en el cuerpo** (*Fam.*), ser excesivamente inquieto o travieso. ◆ interj. **3.** *Fam.* Denota enfado o sorpresa.

**DEMONISMO** n. m. Creencia en la acción de los demonios. **2.** Forma de religión primitiva en la que los diversos acontecimientos de la existencia son considerados efecto de la lucha entre los espíritus (demonios) buenos y malos.

**DEMONOLOGÍA** n. f. Estudio de la naturaleza y de la influencia de los demonios.

**¡DEMONTRE!** interj. *Fam.* Denota enfado o disgusto.

**DEMORA** n. f. Tardanza, dilación, retraso. **2.** Temporada de ocho meses que en América debían trabajar los indios en las minas. **3.** DER. Tardanza en el cumplimiento de una obligación.

**DEMORAR** v. tr. [**1**]. Retardar. ◆ v. intr. y pron. **2.** Detenerse en algún lugar.

**DEMOROSO, A** adj. y n. *Chile.* Dícese de la persona lenta, tarda.

**DEMOSCOPIA** n. f. ESTADÍST. Técnica de estudio de las orientaciones de la opinión pública sobre algún asunto. SIN.: *encuesta.*

**DEMOSTRABILIDAD** n. f. LÓG. Propiedad de toda fórmula de una teoría deductiva para la que existe una demostración.

**DEMOSTRABLE** adj. Que se puede demostrar.

**DEMOSTRACIÓN** n. f. Acción y efecto de demostrar. **2.** Manifestación exterior de sentimientos o intenciones. **3.** Ostentación o manifestación pública de fuerza, riqueza, habilidad, etc. **4.** LÓG. Razonamiento que deduce la verdad de una proposición partiendo de axiomas que se han enunciado. **5.** MIL. Maniobra que tiene por objeto inducir al adversario a un error o intimidarlo.

**DEMOSTRAR** v. tr. [**1r**]. Probar de forma inequívoca. **2.** Manifestar, declarar. **3.** Enseñar: *demostrar cómo funciona una máquina.*

**DEMOSTRATIVO, A** adj. Que demuestra. ◆ adj. y n. m. **2.** Dícese de cualquiera de las partículas lingüísticas de carácter pronominal que sirven para aludir a un objeto presente o citado, al tiempo que lo sitúa en relación con las personas gramaticales, como *este, esa, aquello,* etc.

**DEMÓTICO, A** adj. y n. m. (gr. *dēmotikos,* popular). Dícese de una escritura cursiva del antiguo Egipto, derivada de la escritura hierática y corrientemente utilizada a partir del s. VII a. J.C. **2.** Dícese del estado popular de una lengua, por oposición al estado culto.

**DEMUDACIÓN** n. f. Acción y efecto de demudar o demudarse. SIN.: *demudamiento.*

**DEMUDAR** v. tr. [**1**]. Mudar, variar. **2.** Alterar o desfigurar una cosa. ◆ **demudarse** v. pron. **3.** Cambiarse repentinamente el color, el gesto o la expresión del semblante. **4.** Alterarse, inmutarse.

**DEMULTIPLICACIÓN** n. f. MEC. Relación de reducción de velocidad entre dos piñones de una transmisión.

**DENARIO** n. m. (lat. *denarium*). Antigua moneda romana, aparecida en el s. III a. J.C.

**DENDRITA** n. f. Forma ramificada en las tres direcciones espaciales que toman ciertos cristales. **2.** Prolongación arborescente del citoplasma de una célula nerviosa.

**DENDRÍTICO, A** adj. De figura de dendrita. **2.** Dícese de una red fluvial densa y regularmente ramificada.

**DENDROCLIMATOLOGÍA** n. f. Datación absoluta de los climas por el estudio de las variaciones de espesor de los anillos de crecimiento de los árboles.

**DENDROCRONOLOGÍA** n. f. Método cronológico basado en la observación de los anillos concéntricos anuales que aparecen en la sección transversal del tronco de los árboles.

**DENDROGRAFÍA** n. f. Tratado de los árboles.

**DENEGACIÓN** n. f. Acción y efecto de denegar.

**DENEGAR** v. tr. **[1d]**. No conceder lo que se pide o solicita.

**DENEGATORIO, A** adj. Que incluye denegación.

**DENGOSO, A** o **DENGUERO, A** adj. Melindroso.

**DENGUE** n. m. Melindre, delicadeza afectada o exagerada en el lenguaje o en los modales. **2.** Nombre común de una afección aguda febril, de origen vírico, análoga a la gripe. **3.** *Amér.* Contoneo. **4.** *Méx.* Berrinche. ◆ n. m. y f. **5.** Persona que hace melindres. ◆ **dengues** n. m. pl. **6.** *Méx.* Muecas, gestos con el rostro.

**DENGUE** n. m. *Chile.* Planta herbácea, ramosa, con flores inodoras blancas, amarillas o rojas, que se marchitan al menor contacto. **2.** *Chile.* Flor de esta planta.

**DENGUEAR** v. intr. **[1]**. Hacer dengues, melindres.

**DENIER** n. m. (voz francesa). Unidad que expresa la finura de los hilos y de las fibras textiles y que representa el peso, evaluado en gramos, de una longitud de 9 000 m de hilo o de fibra.

**DENIGRACIÓN** n. f. Acción y efecto de denigrar.

**DENIGRANTE** adj. Que denigra, injuria.

**DENIGRAR** v. tr. **[1]**. Hablar mal de una persona o cosa, destruyendo así su buena fama u opinión. ◆ v. tr. e intr. **2.** Injuriar, ultrajar.

**DENODADO, A** adj. Intrépido, esforzado, atrevido.

**DENOMINACIÓN** n. f. Acción y efecto de denominar. • **Denominación de origen,** denominación geográfica que se utiliza para garantizar que un producto es originario de determinada región o localidad.

**DENOMINADOR, RA** adj. y n. Que denomina. ◆ n. m. **2.** MAT. Término inferior de una fracción que indica en cuántas partes está dividida la unidad.

**DENOMINAR** v. tr. y pron. **[1]**. Aplicar un nombre a una persona o cosa, de acuerdo con el estado, la calidad, etc.

**DENOMINATIVO, A** adj. Que implica o denota denominación.

**DENOSTADOR, RA** adj. y n. Que denuesta.

**DENOSTAR** v. tr. (lat. *deshonestare*) **[1r]**. Injuriar gravemente, infamar de palabra.

**DENOTACIÓN** n. f. Acción y efecto de denotar. **2.** LING. y LÓG. Relación existente entre un signo y un objeto real concreto perteneciente a la clase de objetos designada por aquél.

**DENOTAR** v. tr. **[1]**. Indicar, anunciar, significar.

**DENOTATIVO, A** adj. Que denota.

**DENSIDAD** n. f. Calidad de denso: *densidad de un líquido.* **2.** Relación entre la masa de un determinado volumen de un cuerpo y la masa del mismo volumen de agua, o de aire, para los gases. • **Densidad de corriente** (ELECTR.), cociente entre la intensidad de la corriente que circula por un conductor y la superficie de su sección recta. ‖ **Densidad de población,** número medio de habitantes por kilómetro cuadrado.

**DENSIFICAR** v. tr. y pron. **[1a]**. Hacer denso. **2.** TECNOL. Mejorar una madera por compresión.

**DENSIMETRÍA** n. f. Medida de las densidades.

**DENSÍMETRO** n. m. Areómetro.

**DENSO, A** adj. Compacto, que contiene mucha materia en poco espacio. **2.** Craso, espeso, pastoso. **3.** *Fig.* Apiñado, apretado, unido. **4.** *Fig.* Oscuro, confuso. **5.** *Fig.* De mucho contenido. **6.** MAT. Dícese de una parte de un espacio topológico tal que, en todo abierto de este espacio, hay elementos de dicha parte.

**DENTADO, A** adj. Que tiene salientes en forma de dientes: *hoja dentada.*

**DENTADURA** n. f. Conjunto de dientes, muelas y colmillos de una persona o animal. **2.** Prótesis dentaria parcial o total: *dentadura postiza.*

**DENTAL** adj. Relativo a los dientes. ◆ adj. y n. f. **2.** FONÉT. Dícese de las consonantes que se articulan aplicando la punta de la lengua contra los dientes: *la* d *y la* t *son consonantes dentales.* ◆ n. m. **3.** Palo donde se encaja la reja del arado.

**DENTAR** v. tr. **[1j]**. Poner o formar dientes a una cosa. ◆ v. intr. **2.** Endentecer.

**DENTARIO, A** adj. Relativo a los dientes.

**DENTELARIA** n. f. Planta de rocalla, de flores violetas, con cuyas raíces machacadas se curaba el dolor de muelas. (Familia plumbagináceas.)

**DENTELLADA** n. f. Acción de clavar los dientes en algo. **2.** Herida que dejan los dientes en la parte donde muerden. • **A dentelladas,** con los dientes: *herir a dentelladas.*

**DENTELLADO, A** adj. Que tiene dientes. **2.** Parecido a ellos. **3.** HERÁLD. Dícese de la pieza de perfil formado por dientes menudos.

**DENTELLAR** v. intr. **[1]**. Chocar los dientes unos contra otros.

**DENTELLEAR** v. tr. **[1]**. Mordiscar, clavar los dientes.

**DENTELLÓN** n. m. En la arquitectura clásica, cada uno de los pequeños bloques cúbicos que se disponen en hilera como ornamento de las cornisas. SIN.: *dentículo.*

**DENTERA** n. f. Sensación desagradable que se experimenta en dientes y encías en determinadas circunstancias, en particular al contacto con algún ácido o astringente. **2.** *Fig.* y *fam.* Envidia. **3.** *Fig.* y *fam.* Ansia, deseo vehemente.

**DENTICIÓN** n. f. FISIOL. Formación, aparición y desarrollo de los dientes. (En el hombre, la dentición primaria o de leche aparece entre los 6 y 34 meses, y se desprende entre los 6 y los 12 años; la dentición secundaria o permanente empieza hacia los 6 años por los primeros molares.) **2.** Número y disposición de las diferentes clases de dientes en las mandíbulas.

**DENTICULADO, A** adj. Provisto de dentículos.

**DENTICULAR** adj. De figura de dientes.

**DENTÍCULO** n. m. Pequeña formación dentaria. **2.** ARQ. Dentellón.

**DENTÍFRICO, A** adj. y n. m. Dícese del preparado específico para la limpieza de los dientes, cuidado de las encías y antisepsia de la boca.

**DENTINA** n. f. Marfil de los dientes.

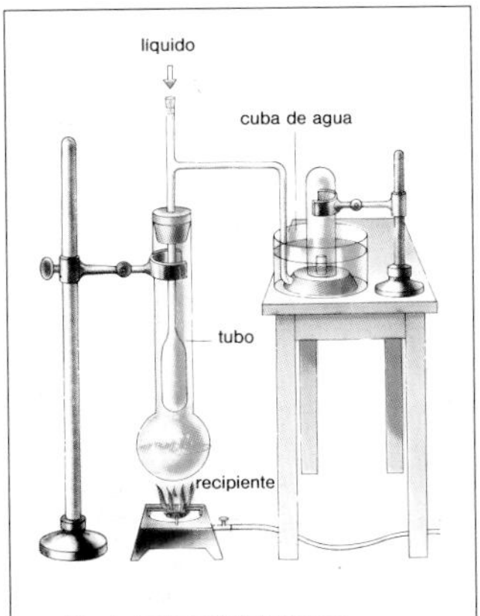


medida de la **densidad** de un gas

**DENTIRROSTRO, A** adj. y n. m. Relativo a un antiguo suborden de aves caracterizadas por tener puntas y escotaduras a los lados del pico.

**DENTISTA** n. m. y f. Odontólogo.

**DENTISTERÍA** n. f. *Amér. Merid.* y *C. Rica.* Odontología. **2.** *Colomb., C. Rica, Ecuad.* y *Venez.* Consultorio del dentista, clínica dental.

**DENTÓN, NA** adj. y n. Dentudo. ◆ n. m. **2.** Pez provisto de dientes fuertes, semejantes a caninos, que vive en el Mediterráneo. (Familia espáridos.)

**DENTRO** adv. l. y t. A o en la parte interior de un espacio o término real o imaginario: *dentro de la casa; dentro de mi alma.* **2.** Durante un período de tiempo o al cabo de él: *dentro de un momento.* • **A dentro,** adentro.

**DENTRODERA** n. f. *Colomb.* Empleada del servicio doméstico que no cocina ni lava.

**DENTUDO, A** adj. Que tiene dientes desproporcionados.

**DENUDACIÓN** n. f. Proceso por el que quirúrgicamente, o como consecuencia de una enfermedad, se priva a un órgano (diente, hueso, vena) de su cubierta normal. **2.** Estado de un árbol despojado de su corteza o de su follaje; estado de la tierra privada de su vegetación, etc.

**DENUDAR** v. tr. y pron. **[1]**. Quitar lo que en estado natural recubre una cosa.

**DENUEDO** n. m. Brío, esfuerzo, intrepidez.

**DENUESTO** n. m. Insulto, ofensa de palabra o por escrito.

**DENUNCIA** n. f. Acción y efecto de denunciar. **2.** DER. Notificación a la autoridad competente de una violación de la ley penal perseguible de oficio: *presentar una denuncia.* **3.** DER.: Documento en que consta dicha notificación.

**DENUNCIANTE** n. m. y f. DER. El que hace una denuncia.

**DENUNCIAR** v. tr. (lat. *denunciare*) **[1]**. Comunicar a la autoridad un delito. **2.** Declarar oficialmente un estado ilegal, irregular o indebido de alguna cosa: *denunciar un tratado.* **3.** *Fig.* Poner de manifiesto: *sus modales denuncian su deficiente educación.*

**DENUNCIATORIO, A** adj. Relativo a la denuncia.

**DEOGRACIAS** n. m. (pl. *deogracias*). *Fam.* Se emplea para expresar el descanso que se experimenta al término de una situación difícil o enojosa.

**DEONTOLOGÍA** n. f. Ciencia que trata de los deberes y normas morales. • **Deontología médica,** conjunto de reglas que regulan las relaciones de los médicos entre ellos, o entre sus enfermos o entre la sociedad y ellos.

**DEONTOLÓGICO, A** adj. Relativo a la deontología.

**DEPARAR** v. tr. (lat. *deparare,* preparar) **[1]**. Suministrar, proporcionar, conceder. **2.** Poner delante, presentar.

**DEPARTAMENTAL** adj. Relativo a un departamento.

**DEPARTAMENTO** n. m. (fr. *département*). Cada una de las partes en que se divide un territorio, un edificio, un vehículo, etc. **2.** Nombre con que se designan algunas divisiones administrativas de Hispanoamérica. (En Bolivia, Colombia, El Salvador, Guatemala, Honduras, Nicaragua, Paraguay, Perú y Uruguay constituye la división administrativa mayor; en Argentina es la menor [equivalente al municipio español] y en algunas áreas de Venezuela es de carácter intermedio, entre el estado o territorio y el municipio.) **3.** Ministerio o rama de la administración. **4.** Unidad estructural universitaria que se ocupa de una determinada disciplina o disciplinas afines. **5.** *Amér. Merid.* y *Méx.* Vivienda de un edificio, de uno o más ambientes, cocina y baño. • **Departamento marítimo,** antigua división administrativa de la jurisdicción naval española, sustituida por la zona marítima.

**DEPARTIR** v. intr. **[3]**. Conversar, hablar.

**DEPAUPERACIÓN** n. f. Acción y efecto de depauperar.

**DEPAUPERAR** v. tr. **[1]**. Empobrecer. ◆ v. tr. y pron. **2.** Debilitar física o moralmente.

**DEPENDENCIA** n. f. Hecho de depender. **2.** Oficina dependiente de otra superior. **3.** Conjunto de dependientes. **4.** ECON. Estado en el que se encuentra la economía de una nación con referencia a la de otra, y, especialmente, de un país desarrollado. **5.** POL. En sentido amplio, territorio no soberano, colonia. **6.** SIQUIATR. Necesidad imperiosa de continuar consumiendo cierta droga a fin de disipar las molestias somáticas o síquicas provocadas por la abstinencia. ◆ **dependencias** n. f. pl. **7.** Cosas accesorias de otra principal.

**DEPENDER** v. intr. (lat. *dependere*) **[2]**. Estar subordinado a una persona o cosa, venir de ella como de su principio, o estar conectada una cosa con otra. **2.** Estar una persona bajo el dominio o autoridad de otra, necesitar del auxilio o protección de ésta.

**DEPENDIENTE, A** adj. Que depende. ◆ n. **2.** Persona que sirve a uno o es subalterno de una autoridad. **3.** Auxiliar del comerciante.

**DEPILACIÓN** n. f. Acción de depilar. **2.** TECNOL. Eliminación del pelo que cubre una piel, para curtirla.

**DEPILAR** v. tr. y pron. (lat. *depilare*) **[1]**. Quitar, hacer caer el pelo o el vello.

**DEPILATORIO, A** adj. y n. m. Que sirve para depilar.

**DEPLECIÓN** n. f. ASTRON. Disminución local del campo de gravedad de un astro. **2.** MED. Disminución de la cantidad de líquido, en particular de sangre, contenido en el organismo o en un órgano.

**DEPLORABLE** adj. Lamentable, digno de ser deplorado.

**DEPLORAR** v. tr. (lat. *deplorare*) **[1]**. Lamentar, sentir viva y profundamente algo.

**DEPONENTE** adj. y n. m. LING. En gramática latina, dícese del verbo que posee sólo desinencias pasivas y sentido activo.

**DEPONER** v. tr. (lat. *deponere*) **[5]**. Dejar, separar, apartar de sí: *deponer una actitud hostil.* **2.** Privar a una persona de su empleo, retirarle sus honores, dignidades, etc.: *algunos militares fueron depuestos.* **3.** Declarar ante la autoridad judicial. **4.** *Guat., Hond., Méx.* y *Nicar.* Vomitar. • **Deponer las armas,** rendirlas: *los soldados depusieron las armas;* pedir o hacer la paz. ◆ v. intr. **5.** Evacuar el vientre.

**DEPORTACIÓN** n. f. DER. Pena consistente en trasladar a un condenado a un lugar determinado, normalmente ultramarino. **2.** DER. Internamiento en un campo de concentración situado en el extranjero o en un lugar aislado.

**DEPORTAR** v. tr. **[1]**. Condenar a deportación.

**DEPORTE** n. m. Conjunto de los ejercicios físicos que se presentan en forma de juegos, individuales o colectivos, practicados observando ciertas reglas. • **Deportes de invierno,** deportes de la nieve, como el esquí y el bobsleigh, y del hielo, como el patinaje y el hockey.

**DEPORTISMO** n. m. Afición de los deportes o ejercicio de ellos.

**DEPORTISTA** n. m. y f. y adj. Persona aficionada a los deportes, entendida en ellos o que los practica por profesión.

**DEPORTIVIDAD** n. f. Calidad de deportivo. **2.** Correcta observancia de las reglas del juego. **3.** Imparcialidad, nobleza, generosidad.

**DEPORTIVO, A** adj. Relativo a los deportes. **2.** Que se ajusta a las normas de corrección que deben darse en el deporte. **3.** Que recuerda o evoca la práctica deportiva: *se compró un vestido deportivo.* ◆ n. m. **4.** Automóvil de dos puertas, carrocería aerodinámica y gran potencia.

**DEPOSICIÓN** n. f. Exposición o declaración. **2.** Privación o degradación de empleo o dignidad. **3.** Evacuación de vientre. **4.** Tema iconográfico que representa al cuerpo de Cristo colocado al pie de la cruz, una vez descendido de ella. **5.** DER. Declaración verbal ante un juez o tribunal.

**DEPOSITANTE** n. m. y f. y adj. DER. Persona que entrega una cosa en depósito.

**DEPOSITAR** v. tr. **[1]**. Poner algo bajo la custodia de una persona con la obligación de guardarlo y restituirlo: *depositar dinero en un banco.* **2.** Entregar, confiar a uno una cosa amigablemente o sobre su palabra. **3.** Poner a una persona en lugar donde libremente pueda manifestar su voluntad. **4.** Colocar algo en un sitio determinado por un tiempo. **5.** Sedimentar, posar sedimento un líquido. ◆ **depositarse** v. pron. **6.** Caer en el fondo de un líquido una materia que esté en suspensión.

**DEPOSITARÍA** n. f. Lugar donde se hacen los depósitos. **2.** Cargo de depositario.

**DEPOSITARIO, A** adj. y n. DER. Dícese de la persona en quien se deposita una cosa. ◆ n. **2.** Intermediario al que son confiadas unas mercancías para que las venda en nombre de su propietario.

**DEPÓSITO** n. m. (lat. *depositum*). Acción y efecto de depositar. **2.** Cosa depositada. **3.** Lugar destinado a guardar, almacenar o retener alguna cosa. **4.** Recipiente destinado a contener productos líquidos o gaseosos. **5.** Acción de depositar dinero, valores, etc., en un organismo crediticio que los garantiza. **6.** DER. Contrato por el que una persona, depositante o deponente, entrega algo a otra, depositario, con la obligación de guardarla y restituirla. **7.** F.C. Cochera de locomotoras con su correspondiente servicio de reparaciones y talleres de entretenimiento y conservación de material. **8.** GEOMORFOL. Acumulación de materia sólida efectuada por un agente de transporte, como depósitos eólicos, fluviales, marinos. • **Depósito bancario,** suma de dinero confiada a un banco. ‖ **Depósito de cadáveres,** local existente en los cementerios, hospitales, etc., en los que se guarda el cadáver antes de proceder a su inhumación. ‖ **Depósito legal,** envío obligatorio a la administración de ejemplares de una obra o de una publicación impresa, fotografiada o grabada.

**DEPRAVACIÓN** n. f. Acción y efecto de depravar.

**DEPRAVADOR, RA** adj. y n. Que deprava.

**DEPRAVAR** v. tr. y pron. (lat. *depravare*) **[1]**. Viciar, adulterar, corromper.

**DEPRECACIÓN** n. f. Plegaria, invocación, súplica.

**DEPRECAR** v. tr. (lat. *deprecari*) **[1a]**. Rogar, suplicar con instancia o eficacia una cosa.

**DEPRECATIVO, A** o **DEPRECATORIO, A** adj. Relativo a la deprecación.

**DEPRECIACIÓN** n. f. Acción y efecto de depreciar.

**DEPRECIAR** v. tr. y pron. (lat. *depretiare*) **[1]**. Disminuir el valor o precio de una cosa.

**DEPREDACIÓN** n. f. Pillaje, saqueo con violencia, devastación. **2.** Malversación o exacción injusta por abuso de autoridad o confianza. **3.** Modo de nutrición, muy difundido en el reino animal, que consiste en apoderarse de una presa para devorarla. **4.** PREHIST. Modo de adquisición de alimento por parte del hombre prehistórico, que vivía de la caza y de la recolección.

**DEPREDADOR, RA** adj. y n. m. Dícese del animal que caza y devora piezas vivas.

**DEPREDAR** v. tr. (lat. *depraedari*) **[1]**. Efectuar una depredación.

**DEPRESIÓN** n. f. (lat. *depressionem*). Acción y efecto de deprimir o deprimirse. **2.** Concavidad de alguna extensión en un terreno u otra superficie. **3.** Decaimiento del ánimo o de la voluntad. **4.** ECON. Fase del ciclo económico en la que las posibilidades de ganancia alcanzan su nivel mínimo. **5.** FÍS. Disminución de la presión. **6.** SIQUIATR. Estado patológico caracterizado por un decaimiento del sentimiento del valor personal, por pesimismo, y por la inhibición o disminución de las funciones síquicas. • **Depresión barométrica,** masa atmosférica dominada por bajas presiones y que es el centro de movimientos ascendentes.

■ SIQUIATR. La depresión abarca distintos grados, desde la forma más profunda (melancolía) hasta distintas depresiones neuróticas de carácter reactivo. Se caracteriza por una disminución de la actividad síquica e intelectual, así como por la presencia de autoacusaciones de culpas imaginarias o exageradamente aumentadas. Hay un deseo de la propia muerte que se traduce a nivel somático por una sensación de cansancio y de falta de ánimo. Emparentada con la depresión está la sicosis maníaco-depresiva, en la que alternan episodios maníacos y episodios melancólicos.

**DEPRESIVO, A** adj. Que deprime el ánimo. **2.** SIQUIATR. Propenso a la depresión: *carácter depresivo.*

**DEPRESOR, RA** adj. y n. Que deprime o humilla. ◆ adj. y n. m. **2.** ANAT. Dícese de algunos músculos cuya principal acción estriba en hacer que descienda uno de los puntos en que se insertan. ◆ n. m. **3.** MED. Nombre que se aplica a algunos instrumentos que tienen como finalidad apartar, haciéndolos descender, determinados órganos o parte de ellos: *depresor de lengua.*

**DEPRIMENTE** adj. Que deprime, debilita, abate o resta energía. **2.** Que pone triste o desmoraliza.

**DEPRIMIDO, A** adj. SIQUIATR. Dícese de la persona afecta de un proceso depresivo mental.

**DEPRIMIR** v. tr. **[3]**. Reducir el volumen de un cuerpo por medio de la presión. **2.** Hundir alguna parte de la superficie de un cuerpo. ◆ v. tr. y pron. **3.** Humillar, rebajar, negar las cualidades de una persona o cosa. **4.** Abatir, quitar el ánimo. ◆ **deprimirse** v. pron. **5.** Disminuir el volumen de un cuerpo o deformarse por virtud de un hundimiento parcial. **6.** Aparecer baja una superficie o línea con referencia a las inmediatas. **7.** SIQUIATR. Padecer una depresión.

**DEPRISA** adv. m. Con celeridad, presteza o prontitud.

**DEPURACIÓN** n. f. Acción y efecto de depurar.

**DEPURADO, A** adj. Pulido, trabajado, elaborado cuidadosamente.

**DEPURADOR, RA** adj. y n. Que depura. ◆ n. m. **2.** Aparato que se utiliza para eliminar las impurezas de un producto.

**DEPURADORA** n. f. Aparato o instalación que depura las aguas.

**DEPURAR** v. tr. y pron. (lat. *depurare*) **[1]**. Quitar las impurezas de una cosa. **2.** *Fig.* Acrisolar la conducta de alguno. ◆ v. tr. **3.** Rehabilitar en el ejercicio de su cargo al que por causas políticas estaba separado o en suspenso. **4.** Someter a investigación una institución, partido político, etc., para hallar las personas desafectas a las directrices de los mismos. **5.** Eliminar de dichos organismos a la persona o personas halladas desafectas a ellos.

**DEPURATIVO, A** adj. y n. m. MED. Dícese de determinadas sustancias a las que se atribuye el efecto de purificar los humores del organismo.

**DEPURATORIO, A** adj. INDUSTR. Que sirve para depurar.

**DEQUEÍSMO** n. m. LING. Uso incorrecto de la locución *de que* cuando el régimen verbal no lo admite.

**DERBI** o **DERBY** n. m. (voz inglesa). Coche de cuatro ruedas, abierto y muy ligero. **2.** Prueba hípica que se celebra anualmente en Epsom (Gran Bretaña). **3.** Encuentro deportivo entre equipos vecinos.

**DERECHA** n. f. Lo que está situado con respecto a la persona al lado opuesto del corazón. **2.** Parte de una asamblea deliberante, que se sienta habitualmente a la derecha del presidente, y que está constituida por los representantes de los partidos conservadores. **3.** Conjunto de los que tienen ideas conservadoras: *realizar una política de derechas.* • **A derechas,** indica que una cosa se hace bien o como se debe. ‖ **Ceder la derecha,** ponerse al lado izquierdo de una persona en señal de cortesía.

**DERECHAZO** n. m. En boxeo, golpe que se da con la derecha. **2.** TAUROM. Pase de muleta ejecutado con la mano derecha.

**DERECHISMO** n. m. POL. Actitud propia de la derecha política.

**DERECHISTA** adj. y n. m. y f. POL. Perteneciente a la derecha política.

**DERECHIZACIÓN** n. f. POL. Tendencia a adoptar actitudes o posiciones de derechas, es decir, conservadoras.

**DERECHO** n. m. Conjunto de leyes, preceptos y reglas a que están sometidos los hombres en su vida social. **2.** Ciencia que estudia las leyes y su aplicación: *estudiar la carrera de derecho.* **3.** Facultad natural del hombre para hacer legítimamente lo que conduce a los fines de su vida. **4.** Facultad de hacer o exigir todo lo que la ley o autoridad establece en favor de alguien o que le permite quien puede hacerlo. **5.** Consecuencias naturales del estado de una persona, o sus relaciones con respecto a otros: *los derechos del niño.* **6.** Acción que se tiene sobre una persona o cosa. **7.** Exención, franquicia, privilegio. **8.** Justicia, razón. **9.** Lado mejor labrado de una tela, papel, tabla, etc. • **Derecho administrativo,** rama del derecho público que tiene por objeto el funcionamiento de la administración y sus relaciones con los particulares. ‖ **Derecho canónico,** conjunto de normas jurídicas dictadas por la Iglesia católica, que regulan su organización y las relaciones de los fieles con la jerarquía en lo relativo al fuero externo. ‖ **Derecho civil,** rama del derecho privado que se refiere al estado y capacidad de las personas, la familia, el patrimonio, la transmisión de bienes, los contratos y las obligaciones. ‖ **Derecho común,** el derecho romano y el derecho canónico; en España, derecho civil aplicable en toda el área del estado. ‖ **Derecho constitucional,** rama del derecho público que define la estructura y las relaciones de los poderes públicos así como la participación de los ciudadanos en su formación. || **Derecho de gentes,** antigua denominación del derecho internacional público. || **Derecho divino,** el que viene de Dios. || **Derecho escrito,** el expresado en un texto elaborado a este efecto por el legislador. || **Derecho fiscal,** parte del derecho público que se refiere a los impuestos y a las técnicas que permiten recaudarlos. || **Derecho foral,** el aplicable en las regiones o comarcas españolas que poseen una legislación civil particular. || **Derecho internacional privado,** conjunto de reglas que sirven para dilucidar los conflictos entre individuos de nacionalidades diferentes. || **Derecho internacional público,** conjunto de reglas que los estados aplican en sus relaciones. || **Derecho laboral,** conjunto de reglas y normas que rigen las relaciones entre los empresarios y los empleados. || **Derecho natural,** conjunto de normas que toman en consideración la naturaleza del hombre y su finalidad en el mundo. || **Derecho penal,** conjunto de reglas que definen, previenen y sancionan las infracciones. || **Derecho positivo,** el establecido por las leyes y sancionado o reconocido por el poder público. || **Derecho privado,** conjunto de reglas que rigen las relaciones de los individuos entre ellos. || **Derecho público,** conjunto de reglas relativas a la organización del estado y a sus relaciones con los particulares. || **Estado de derecho,** sistema de organización de la sociedad en el que el conjunto de relaciones políticas y sociales está sometido a derecho. ◆ **derechos** n. m. pl. **10.** Lo que un estado, una región, una provincia, una ciudad o un particular tiene derecho a cobrar. • **Derechos civiles,** conjunto de derechos reconocidos y garantizados por las leyes a los ciudadanos de un estado. || **Derechos humanos,** conjunto de derechos y libertades considerados como inherentes a la naturaleza humana, lo que implica especialmente su aplicación y respeto por todo el poder político. || **Derechos reales,** impuesto que grava las transmisiones de bienes y otros actos civiles.

**DERECHO, A** adj. Recto, siempre en la misma dirección, sin ángulos ni torceduras. **2.** Erguido, no encogido ni encorvado. **3.** En posición vertical. **4.** Dícese de las partes del cuerpo que están situadas al lado opuesto al del corazón: *mano derecha.* **5.** Dícese de lo que está situado con respecto a la persona al lado opuesto del corazón: *ir por el camino de la derecha.* **6.** Dícese de la parte de un río que cae a la derecha de quien se coloca mirando hacia donde corren las aguas. **7.** Directo, sin rodeos. **8.** *Fig.* Justo, sincero.

**DERECHOHABIENTE** n. m. y f. DER. Persona que deriva su derecho de otra.

**DERECHURA** n. f. Calidad de derecho.

**DERIVA** n. f. Desviación de un barco o un avión de su ruta por efecto de una corriente o del viento. **2.** Orza móvil sumergida para reducir la deriva de un barco, especialmente de vela. **3.** Plano vertical de una aeronave, provisto de timones de dirección. **4.** ARM. Ángulo que hay que desviar la puntería de un arma para corregir la derivación. • **Deriva de los continentes,** teoría desarrollada por Wegener, según la cual los continentes flotarían en el sima después de la escisión de un continente único. || **Deriva genética** (BIOL.), en una población limitada, evolución debida al azar. || **Ir a la deriva,** ir una embarcación sin gobierno, a merced de las olas.

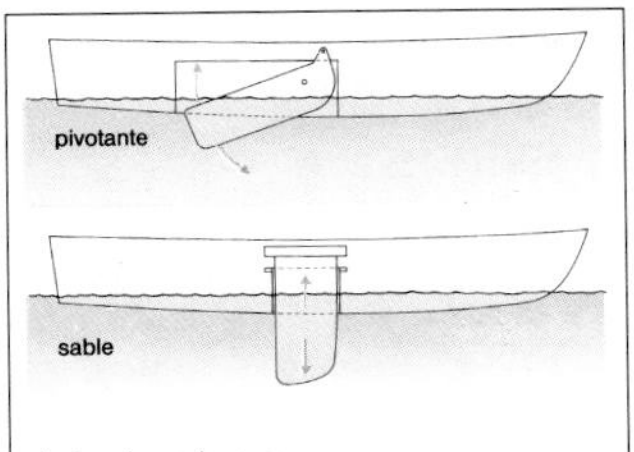

**deriva** de un buque

**DERIVABLE** adj. MAT. Dícese de la función que admite una derivada en un punto o en un intervalo.

**DERIVACIÓN** n. f. Acción y efecto de derivar. **2.** Descendencia, deducción. **3.** Conducción, camino, cable, etc., que sale de otro. **4.** ARM. Desviación de un proyectil en relación con el plano de tiro, debido a su rotación a lo largo de la trayectoria. **5.** ELECTR. Comunicación por medio de un segundo conductor entre dos puntos de un circuito cerrado. **6.** LING. Procedimiento para la formación de palabras que consiste en añadir un sufijo o un prefijo a otra palabra o radical. **7.** MAT. Cálculo de la derivada de una función. **8.** MED. Desvío de líquidos orgánicos de un circuito natural. • **En derivación** (ELECTR.), dícese de los circuitos bifurcados entre los que se reparte la corriente. SIN.: *en paralelo.*

**DERIVADA** n. f. MAT. Límite hacia el cual tiende el cociente entre el incremento de una función y el incremento arbitrario de la variable independiente, cuando este último tiende a cero.

**DERIVADO, A** adj. y n. m. GRAM. Dícese de una palabra que deriva de otra. ◆ adj. **2. Corrientes derivadas,** corrientes eléctricas que circulan por diversas derivaciones. ◆ n. m. **3.** QUÍM. Cuerpo obtenido por la transformación de otro: *una sal es un derivado de un ácido.*

**DERIVAR** v. intr. y pron. (lat. *derivare*) **[1]**. Proceder, originarse una cosa de otra. ◆ v. intr. **2.** Tomar una cosa una dirección nueva. **3.** LING. Proceder una palabra por derivación. **4.** MAR. Desviarse una nave del rumbo. ◆ v. tr. **5.** Cambiar la dirección de una cosa. **6.** Encaminar, conducir una cosa. **7.** ELECTR. Establecer una comunicación por medio de un conductor o hilo derivado. **8.** LING. Formar una palabra por derivación. • **Derivar una función** (MAT.), buscar su derivada.

**DERMATITIS** o **DERMITIS** n. f. Inflamación de la dermis.

**DERMATOHELIOSIS** n. f. Afección de la piel causada por una exposición excesiva a los rayos solares.

**DERMATOLOGÍA** n. f. Parte de la medicina que se ocupa de las enfermedades de la piel.

**DERMATÓLOGO, A** n. y adj. Médico especialista en dermatología.

**DERMATOMIOSITIS** n. f. Enfermedad de origen desconocido que ataca a la piel y a los músculos estriados.

**DERMATOSIS** n. f. Nombre genérico de las enfermedades de la piel.

**DERMESTO** n. m. Insecto coleóptero gris o negruzco, que alcanza 1 cm de long. y se alimenta de carnes secas, plumas, etc.

**DÉRMICO, A** adj. Relativo a la dermis. **2.** Relativo a la piel.

**DERMIS** n. f. (gr. *derma, atos,* piel). Capa de la piel, la intermedia entre la más superficial o epidermis y la más profunda o hipodermis.

**DERMOGRAFISMO** n. m. Propiedad de la piel de determinadas personas de presentar marcas elevadas y rojizas cuando se hacen en ella trazos con un estilete o con la uña.

**DEROGACIÓN** n. f. Acción y efecto de derogar: *derogación de una ley.* **2.** Disminución.

**DEROGAR** v. tr. (lat. *derogare*) **[1b]**. Anular o modificar una ley o precepto con una nueva ley o precepto. **2.** Destruir, suprimir.

**DEROGATORIO, A** adj. DER. Que deroga: *cláusula derogatoria.*

**DERRAMA** n. f. Repartimiento de un gasto eventual, especialmente de una contribución. **2.** Contribución temporal o extraordinaria.

**DERRAMAMIENTO** n. m. Acción y efecto de derramar o derramarse: *derramamiento de sangre.*

**DERRAMAR** v. tr. y pron. **[1]**. Verter, esparcir cosas líquidas o menudas: *derramar la leche sobre la mesa.* ◆ v. tr. **2.** Repartir o distribuir entre los vecinos de una localidad los impuestos o pechos. ◆ **derramarse** v. pron. **3.** Esparcirse, desmandarse por varias partes con desorden y confusión. **4.** Desaguar, desembocar una corriente de agua.

**DERRAME** n. m. Derramamiento. **2.** Corte oblicuo practicado a los lados del hueco de una puerta o ventana, para facilitar la abertura de los batientes o para dar más luz. SIN.: *derramo.* **3.** MED. Existencia de una cantidad anormal de líquido en alguna estructura, órgano o cavidad: *derrame de sangre.*

**DERRAPAR** v. intr. (fr. *déraper*) **[1]**. Patinar de lado un automóvil.

**DERREDOR** n. m. Circuito, contorno de una cosa: *en derredor de la mesa.*

**DERRENGADO, A** adj. Dícese del animal que tiene borrado el saliente óseo de la cadera como consecuencia de una fractura del hueso ilíaco.

**DERRENGAR** v. tr. y pron. **[1b]**. Descaderar, lastimar el espinazo o los lomos de una persona o animal. **2.** Torcer, inclinar a un lado más que a otro. **3.** Cansar, fatigar.

**DERRETIMIENTO** n. m. Acción y efecto de derretir o derretirse.

**DERRETIR** v. tr. y pron. **[30]**. Liquidar, disolverse por medio de calor una cosa sólida o pastosa. ◆ v. tr. **2.** *Fig.* Consumir, gastar, disipar los bienes. ◆ **derretirse** v. pron. **3.** *Fig.* y *fam.* Enamorarse o mostrarse muy tierno. **4.** *Fig.* y *fam.* Impacientarse, inquietarse.

**DERRIBA** n. f. *Colomb., Méx., Nicar.* y *Pan.* Acción y efecto de desmontar.

**DERRIBAR** v. tr. **[1]**. Demoler, destruir un edificio u otra construcción: *derribar una casa.* **2.** Tirar, hacer caer al suelo. **3.** Tumbar, tirar lo que está en pie. **4.** *Fig.* Hacer perder a una persona su empleo, poder, estimación o dignidad.

**DERRIBO** n. m. Acción y efecto de derribar: *proceder al derribo de un edificio.* **2.** Conjunto de materiales que se sacan de una demolición.

**DERRICK** n. m. (voz inglesa). Torre de armazón metálica, que soporta la maquinaria de perforación de un pozo de petróleo. SIN.: *torre de sondeo.* **2.** Especie de grúa usada en obras públicas.

**derrick** de perforación petrolífera

**DERRISCAR** v. tr. y pron. **[1a]**. *Cuba* y *P. Rico.* Despeñar.

**DERROCAMIENTO** n. m. Acción y efecto de derrocar.

**DERROCAR** v. tr. **[1a]**. Despeñar, precipitar. **2.** *Fig.* Derribar un edificio. **3.** *Fig.* Derribar a una persona de su empleo, poder o dignidad.

**DERROCHADOR, RA** adj. y n. Que derrocha o malbarata.

**DERROCHAR** v. tr. **[1]**. Malgastar el dinero o los bienes. **2.** Emplear uno otras cosas que posee, malgastándolas, como el valor, las energías, etc.

**DERROCHE** n. m. Acción y efecto de derrochar.

**DERROTA** n. f. Acción y efecto de ser vencida una persona, un equipo, partido, etc., fracaso. **2.** MIL. Vencimiento completo de un ejército.

**DERROTA** n. f. Camino, vereda o senda de tierra. **2.** MAR. Rumbo de un buque, en el sentido de dirección. **3.** MAR. Navegación o ruta que se hace para ir de un punto a otro.

**DERROTAR** v. tr. **[1]**. Vencer a una persona,

equipo, partido, etc. **2.** MIL. Vencer y hacer huir con desorden al ejército contrario.

**DERROTAR** v. intr. **[1]**. TAUROM. Tirar derrotes.

**DERROTE** n. m. TAUROM. Golpe que da el toro con las astas, levantando la cabeza.

**DERROTERO** n. m. Línea, dirección o camino señalado en la carta de navegación para gobierno de los pilotos. **2.** Libro de navegación que contiene estas direcciones o caminos. **3.** Derrota, rumbo de una embarcación de navegar. **4.** *Fig.* Camino, dirección. **5.** *Fig.* Camino tomado para lograr el fin propuesto: *ir alguien por malos derroteros.*

**DERROTISMO** n. m. Calidad de derrotista.

**DERROTISTA** adj. y n. m. y f. Dícese de las personas con ideas pesimistas sobre el resultado de cualquier empresa. ◆ adj. **2.** Que presagia la derrota.

**DERRUBIAR** v. tr. y pron. **[1]**. Formar derrubios.

**DERRUBIO** n. m. Depósito formado por fragmentos de rocas que se acumulan en las laderas y fondo de valles.

**DERRUIR** v. tr. **[29]**. Derribar un edificio.

**DERRUMBADERO** n. m. Despeñadero, precipicio. **2.** *Fig.* Despeñadero, riesgo a que uno se expone.

**DERRUMBAMIENTO** o **DERRUMBE** n. m. Acción y efecto de derrumbar.

**DERRUMBAR** v. tr. y pron. **[1]**. Derribar o hundir un edificio, construcción, etc. **2.** Precipitar, despeñar. **3.** *Fig.* Derribar o hundir moralmente a alguien.

**DERVICHE** n. m. Miembro de una cofradía de monjes mendicantes musulmana.

**DESABASTECER** v. tr. y pron. **[2m]**. Dejar de abastecer.

**DESABOLLADOR** n. m. Instrumento utilizado por ciertos artesanos para desabollar.

**DESABOLLAR** v. tr. **[1]**. Quitar las abolladuras.

**DESABORDARSE** v. pron. **[1]**. MAR. Separarse una embarcación después de haber abordado con otra.

**DESABORIDO, A** adj. Sin sabor. **2.** Sin sustancia. ◆ adj. y n. **3.** *Fam.* Dícese de la persona de carácter indiferente o sosa.

**DESABOTONAR** v. tr. y pron. **[1]**. Abrir una prenda de vestir, sacando los botones de los ojales. ◆ v. intr. **2.** *Fig.* Abrirse los capullos de las flores.

**DESABRIDO, A** adj. Desagradable al gusto por poco o mal sabor. **2.** Dícese del tiempo destemplado, desigual. **3.** *Fig.* Áspero y desagradable en el trato.

**DESABRIGAR** v. tr. y pron. **[1b]**. Quitar la ropa que abriga.

**DESABRIGO** n. m. Acción y efecto de desabrigar. **2.** *Fig.* Desamparo, abandono.

**DESABRIMIENTO** n. m. Cualidad de desabrido. **2.** *Fig.* Disgusto, desazón interior. **3.** *Fig.* Dureza de genio, aspereza en el trato.

**DESABROCHAR** v. tr. **[1]**. Soltar o abrir los broches, corchetes, botones, etc., de una prenda de vestir u otro objeto.

**DESACATAR** v. tr. y pron. **[1]**. Faltar a la reverencia o respeto. **2.** No acatar una norma, ley, orden, etc.

**DESACATO** n. m. Falta del debido respeto. **2.** DER. Delito que se comete calumniando, insultando o amenazando a una autoridad en el ejercicio de sus funciones.

**DESACEITAR** v. tr. **[1]**. Separar de una materia el aceite que se encuentra mezclado con la misma.

**DESACERAR** v. tr. y pron. **[1]**. Eliminar la aceración de un producto, herramienta, etc., al objeto de conferirle las propiedades del hierro exento de carbono.

**DESACERTAR** v. tr. **[1j]**. No tener acierto.

**DESACIERTO** n. m. Acción y efecto de desacertar.

**DESACOMODAR** v. tr. **[1]**. Privar de comodidad. ◆ v. tr. y pron. **2.** Quitar el empleo u ocupación.

**DESACOMODO** n. m. Acción y efecto de desacomodar.

**DESACONSEJAR** v. tr. **[1]**. Disuadir, aconsejar a alguien no hacer una cosa.

**DESACOPLAMIENTO** n. m. Acción de desacoplar.

**DESACOPLAR** v. tr. **[1]**. Separar lo que estaba acoplado. **2.** ELECTR. Desconectar dos circuitos eléctricos.

**DESACORDAR** v. tr. y pron. **[1r]**. Destemplar un instrumento músico. ◆ v. tr. **2.** *Fig.* Poner desacuerdo, desunir.

**DESACORDE** adj. En desacuerdo o falto de acuerdo.

**DESACOSTUMBRADO, A** adj. Que está fuera del uso y orden común.

**DESACOSTUMBRAR** v. tr. y pron. **[1]**. Perder o hacer perder a alguien una costumbre.

**DESACREDITAR** v. tr. y pron. **[1]**. Disminuir o quitar la buena opinión o reputación de una persona o el valor y estimación de una cosa.

**DESACTIVAR** v. tr. **[1]**. Manipular la espoleta o sistema detonador de un artefacto explosivo para evitar su explosión. **2.** Anular o disminuir la actividad o funcionamiento de un proceso dinámico, de una organización, etc.

**DESACUERDO** n. m. Discordia o disconformidad en los dictámenes o acciones: *estar en total desacuerdo con alguien.*

**DESAFECCIÓN** n. f. Desafecto. **2.** DER. Decisión por la que la administración retira del dominio público un bien determinado, suprimiéndolo del uso o servicio público al que estaba destinado.

**DESAFECTO, A** adj. Que no siente estima por una cosa. **2.** Opuesto, contrario. ◆ n. m. **3.** Malquerencia.

**DESAFERRAR** v. tr. y pron. **[1]**. Desasir, soltar lo que está aferrado. ◆ v. tr. **2.** *Fig.* Disuadir a alguien de una opinión que sostiene tenazmente.

**DESAFIANTE** adj. En actitud de desafío.

**DESAFIAR** v. tr. **[1t]**. Retar, provocar a combate, contienda o discusión. **2.** Contender, competir, afrontar. **3.** Hacer frente al enfado de una persona u oponerse a sus opiniones y mandatos. **4.** TAUROM. Pararse el toro ante el bulto y, sin arrancarse, escarbar la arena y humillar hasta dar con el hocico en el suelo.

**DESAFICIONAR** v. tr. y pron. **[1]**. Hacer perder la afición.

**DESAFINAR** v. intr. y pron. **[1]**. Apartarse la voz o un instrumento de la debida entonación, desacordándose y causando desagrado al oído. **2.** *Fig.* y *fam.* Decir cosas indiscretas o inoportunas.

**DESAFÍO** n. m. Acción y efecto de desafiar. **2.** MÚS. Composición popular brasileña, en la que dos cantores se hacen preguntas y se contestan sucesivamente.

**DESAFORADO, A** adj. Grande con exceso, desmedido, fuera de lo común.

**DESAFORAR** v. tr. **[1r]**. Quebrantar los fueros y privilegios que corresponden a uno. **2.** Privar a uno del fuero o exención que goza. ◆ **desaforarse** v. pron. **3.** Descomponerse, atreverse, descomedirse.

**DESAFORO** n. m. Acción y efecto de desaforar o desaforarse.

**DESAFORTUNADO, A** adj. y n. Sin fortuna, desgraciado. **2.** Desacertado, no oportuno.

**DESAFUERO** n. m. Acto violento contra la ley, las buenas costumbres o la consideración debida. **2.** DER. Hecho que priva de fuero al que lo tenía. **3.** HIST. En la edad media, acto por el que el rey vulneraba los fueros y privilegios del vasallo en los reinos de Aragón, Castilla y Navarra.

**DESAGRADABLE** adj. Que desagrada: *situación desagradable.*

**DESAGRADAR** v. intr. y pron. **[1]**. Disgustar, fastidiar, causar desagrado.

**DESAGRADECER** v. tr. **[2m]**. No corresponder debidamente al beneficio recibido o desconocerlo: *desagradecer un favor.*

**DESAGRADECIDO, A** adj. y n. Falto de agradecimiento.

**DESAGRADECIMIENTO** n. m. Acción y efecto de desagradecer.

**DESAGRADO** n. m. Disgusto, descontento. **2.** Expresión, en el trato o en el semblante, del disgusto que causa una persona o cosa.

**DESAGRAVIAR** v. tr. y pron. **[1]**. Reparar el agravio hecho a alguien. **2.** Compensar el perjuicio causado.

**DESAGRAVIO** n. m. Acción y efecto de desagraviar.

**DESAGREGAR** v. tr. y pron. **[1b]**. Separar, apartar lo que está unido.

**DESAGUADERO** n. m. Desagüe.

**DESAGUAR** v. tr. **[1c]**. Extraer, quitar el agua de un lugar. ◆ v. intr. **2.** Entrar, desembocar una corriente de agua en el mar. ◆ v. intr. y pron. **3.** Salir un líquido de donde está o vaciarse un depósito o recipiente. **4.** Orinar.

**DESAGÜE** n. m. Acción y efecto de desaguar o desaguarse. **2.** Conducto o canal por donde desagua un líquido. SIN.: *desaguadero.*

**desagüe** de un tejado

**DESAGUISADO, A** adj. Hecho contra la ley o la razón. ◆ n. m. **2.** Agravio, delito, insulto. **3.** Destrozo, fechoría.

**DESAHOGADO, A** adj. Desembarazado, amplio o espacioso. **2.** Holgado, con bienes económicos: *posición desahogada.*

**DESAHOGAR** v. tr. y pron. **[1b]**. Expresar violentamente una pena o un estado pasional para aliviarse. **2.** Aliviar a alguien de un trabajo, aflicción, etc. ◆ **desahogarse** v. pron. **3.** Hacer confidencias una persona a otra, expansionarse: *desahogarse con alguien de confianza.* **4.** Salir del ahogo de las deudas contraídas.

**DESAHOGO** n. m. Acción y efecto de desahogar o desahogarse. **2.** Cualidad de desahogado. **3.** Alivio de la pena, trabajo o aflicción. • **Vivir con desahogo** *(Fam.)*, tener los recursos suficientes para una existencia cómoda.

**DESAHUCIAR** v. tr. y pron. **[1]**. Quitar a uno la esperanza de conseguir lo que desea. ◆ v. tr. **2.** Considerar el médico al enfermo sin esperanza de salvación. **3.** DER. Despedir o expulsar al inquilino o arrendatario de una finca rústica o urbana.

**DESAHUCIO** n. m. Acción y efecto de desahuciar.

**DESAIRADO, A** adj. Que carece de garbo. **2.** Dícese de la situación del que queda menospreciado o desatendido.

**DESAIRAR** v. tr. **[1]**. Despreciar, desatender, desestimar.

**DESAIRE** n. m. Falta de garbo. **2.** Acción y efecto de desairar.

**DESAJUSTAR** v. tr. **[1]**. Producir desajuste. ◆ **desajustarse** v. pron. **2.** Desconvenirse, apartarse de un ajuste o convenio.

**DESAJUSTE** n. m. Falta de ajuste.

**DESALACIÓN** n. f. Acción y efecto de desalar. SIN.: *desalado.*

**DESALAR** v. tr. **[1]**. Quitar la sal a una cosa: *desalar el bacalao.*

**DESALENTADOR, RA** adj. Que causa desaliento.

**DESALENTAR** v. tr. y pron. **[1j]**. Quitar el ánimo, acobardar.

**DESALFOMBRAR** v. tr. **[1]**. Quitar las alfombras.

**DESALIENTO** n. m. Decaimiento del ánimo, falta de vigor o de esfuerzo.

**DESALINEACIÓN** n. f. Acción y efecto de desalinear.

**DESALINEAR** v. tr. y pron. **[1]**. Hacer perder la línea recta.

**DESALINIZACIÓN** n. f. Acción y efecto de desalinizar: *la desalinización del agua.*

**DESALINIZAR** v. tr. **[1g]**. Eliminar el carácter salino.

**DESALIÑADO, A** adj. Que carece de aliño.

**DESALIÑAR** v. tr. y pron. [**1**]. Producir desaliño.

**DESALIÑO** n. m. Descuido en el aseo personal, falta de aseo. **2.** Negligencia, descuido.

**DESALMADO, A** adj. y n. Falto de conciencia. **2.** Cruel, inhumano.

**DESALMENAR** v. tr. [**1**]. Quitar o destruir las almenas de un castillo u otro edificio.

**DESALMIDONADO** n. m. Operación textil destinada a eliminar los productos amiláceos de los tejidos.

**DESALMIDONAR** v. tr. [**1**]. Proceder al desalmidonado.

**DESALOJAMIENTO** o **DESALOJO** n. m. Acción y efecto de desalojar.

**DESALOJAR** v. tr. [**1**]. Sacar o hacer salir de un lugar a una persona o cosa. **2.** Abandonar un puesto o un lugar. ◆ v. intr. **3.** Dejar voluntariamente el alojamiento.

**DESALQUILAR** v. tr. [**1**]. Dejar o hacer dejar un lugar o cosa que se tenía alquilado. ◆ **desalquilarse** v. pron. **2.** Quedar sin inquilinos un local.

**DESAMARRAR** v. tr. y pron. [**1**]. MAR. Soltar las amarras de una embarcación.

**DESAMBIENTADO, A** adj. Inadaptado: *encontrarse desambientado en un lugar.*

**DESAMBIGUAR** v. tr. [**1c**]. Hacer desaparecer la ambigüedad o el carácter dudoso o incierto de una cosa.

**DESAMOR** n. m. Falta de amor o amistad.

**DESAMORTIZABLE** adj. Que puede o debe desamortizarse.

**DESAMORTIZACIÓN** n. f. Acción legal encaminada a liberar y entregar a la contratación general las propiedades inmuebles acumuladas en poder de entidades incapacitadas para enajenar sus bienes.

**DESAMORTIZAR** v. tr. [**1g**]. Proceder a una desamortización.

**DESAMPARAR** v. tr. [**1**]. Abandonar, dejar sin amparo. **2.** Ausentarse, abandonar un lugar. **3.** DER. Dejar o abandonar una cosa con renuncia de todo derecho a ella.

**DESAMPARO** n. m. Acción y efecto de desamparar.

**DESAMUEBLAR** v. tr. [**1**]. Dejar sin muebles una casa o parte de ella.

**DESANCLAR** v. tr. [**1**]. MAR. Levantar las anclas para zarpar.

**DESANDAR** v. tr. [**1h**]. Retroceder, volver atrás en el camino ya andado.

**DESANGELADO, A** adj. Falto de gracia, soso.

**DESANGRAMIENTO** n. m. Acción y efecto de desangrar o desangrarse.

**DESANGRAR** v. tr. y pron. [**1**]. Sacar la sangre a una persona o a un animal en gran cantidad. **2.** *Fig.* Empobrecer a alguien, haciéndole gastar los bienes. ◆ **desangrarse** v. pron. **3.** Perder mucha sangre.

**DESANIDAR** v. intr. [**1**]. Dejar las aves el nido, por lo común cuando acaban de criar.

**DESANIMADO, A** adj. Falto de animación: *estar desanimado por un contratiempo.*

**DESANIMAR** v. tr. y pron. [**1**]. Desalentar, acobardar.

**DESÁNIMO** n. m. Acción y efecto de desanimar.

**DESANUDAR** v. tr. [**1**]. Deshacer un nudo. **2.** *Fig.* Aclarar, desenmarañar.

**DESAPACIBILIDAD** n. f. Calidad de desapacible.

**DESAPACIBLE** adj. Que causa disgusto o enfado, o es desagradable para los sentidos.

**DESAPAREAR** v. tr. [**1**]. Desparejar.

**DESAPARECER** v. intr. [**2m**]. Ocultarse, quitarse de la vista de alguien con prontitud o gradualmente. **2.** Dejar de ser o existir: *desaparecer en una guerra.*

**DESAPARECIDO, A** n. y adj. Muerto o dado por muerto. **2.** Víctima de prácticas totalitarias de eliminación física, y sin juicio previo, de los adversarios políticos y de personas allegadas a éstos.

**DESAPAREJAR** v. tr. y pron. [**1**]. Quitar el aparejo a una caballería. **2.** Desparejar. ◆ v. tr. **3.** MAR. Desarbolar.

**DESAPARICIÓN** n. f. Acción y efecto de desaparecer.

**DESAPARTAR** v. tr. y pron. [**1**]. Apartar.

**DESAPASIONAR** v. tr. y pron. [**1**]. Quitar o perder la pasión o interés.

**DESAPEGARSE** v. pron. [**1b**]. Desprenderse del apego o afecto a una persona o cosa.

**DESAPEGO** n. m. Acción y efecto de desapegarse.

**DESAPERCIBIDO, A** adj. Desprevenido, desprovisto de lo necesario. **2.** Inadvertido: *pasar desapercibido.*

**DESAPERCIBIMIENTO** n. m. Desprevención.

**DESAPLICACIÓN** n. f. Cualidad de desaplicado.

**DESAPLICADO, A** adj. Falto de aplicación.

**DESAPOLILLAR** v. tr. [**1**]. Quitar la polilla. ◆ **desapolillarse** v. pron. **2.** *Fig.* y *fam.* Salir de casa cuando se ha pasado mucho tiempo recluido en ella.

**DESAPORCAR** v. tr. [**1r**]. Quitar la tierra arrimada al pie de las plantas.

**DESAPOSENTAR** v. tr. [**1**]. Privar del aposentamiento al que lo tenía. **2.** *Fig.* Apartar, echar de sí.

**DESAPOYAR** v. tr. [**1**]. Quitar el apoyo con que se sostiene una cosa.

**DESAPRENSIÓN** n. f. Falta de aprensión.

**DESAPRENSIVO, A** adj. y n. Que tiene desaprensión. **2.** Que no se preocupa de obrar honrada o justamente.

**DESAPRESTAR** v. tr. [**1**]. Someter un tejido a la acción del vapor para quitarle apresto.

**DESAPRETAR** v. tr. y pron. [**1j**]. Aflojar lo que está apretado.

**DESAPROBACIÓN** n. f. Acción y efecto de desaprobar.

**DESAPROBAR** v. tr. [**1**]. Reprobar; no asentir a una cosa: *desaprobar una acción.*

**DESAPROPIAR** v. tr. [**1**]. Quitar a uno la propiedad de una cosa: *desapropiar un terreno.* ◆ **desapropiarse** v. pron. **2.** Desprenderse, renunciar a algo que se posee.

**DESAPROVECHAMIENTO** n. m. Acción y efecto de desaprovechar.

**DESAPROVECHAR** v. tr. [**1**]. Desperdiciar, emplear mal una cosa: *desaprovechar el tiempo.* ◆ v. intr. **2.** Perder lo que se había adelantado: *desaprovechar en los estudios.*

**DESAPUNTAR** v. tr. [**1**]. Borrar lo apuntado. **2.** Quitar o hacer perder la puntería.

**DESARBOLAR** v. tr. [**1**]. MAR. Quitar o derribar la arboladura de una nave.

**DESARBOLO** n. m. MAR. Acción de desarbolar.

**DESARENAR** v. tr. [**1**]. Quitar la arena.

**DESARENO** n. m. Acción de desarenar.

**DESARMADOR** n. m. *Méx.* Destornillador.

**DESARMAR** v. tr. [**1**]. Desunir, separar las piezas de que se compone una cosa: *desarmar un aparato de radio, una pistola.* **2.** *Fig.* Templar, aplacar: *con una sonrisa lo desarmó.* **3.** En esgrima, quitar el arma del adversario con un movimiento rápido de la propia. **4.** Quitar al buque la artillería y el aparejo y amarrar el casco a la dársena. **5.** Quitar o hacer entregar a una persona, a un cuerpo o a una plaza, las armas que tiene: *desarmar al enemigo.* **6.** TAUROM. Arrebatar el toro los trastos de la mano del torero, dejándole indefenso. • **Desarmar un país** (MIL.), retirar las armas a los ciudadanos, disolver sus tropas y desmantelar sus plazas. ◆ v. tr. y pron. **7.** Desceñir a una persona las armas que lleva. ◆ v. intr. **8.** TAUROM. Taparse el toro mediante derrotes.

**DESARME** n. m. Acción de desarmar. **2.** Acción concertada entre naciones tendente a limitar, suprimir o prohibir la fabricación o empleo de determinadas armas.

■ Los esfuerzos para limitar los efectos de los conflictos bélicos estuvieron representados en el s. XIX por los congresos pacifistas internacionales y la creación de la Cruz roja. La Sociedad de naciones, creada por el tratado de Versalles (1919), llevó a cabo una acción en favor de la paz basada en el arbitraje, la seguridad y el desarme. La O.N.U. prevé en su carta (1945) la limitación y control de armamento. Tras la crisis de Cuba (1961-1962), que puso en evidencia el peligro de un enfrentamiento nuclear, E.U.A. y la U.R.S.S. entablaron negociaciones directas que condujeron a diversos acuerdos parciales, a los que, a partir de 1969, se sumaron las negociaciones S.A.L.T. sobre la limitación de armamentos estratégicos (tratados firmados en Moscú en 1972 y 1974) y, a partir de 1977, las conversaciones que condujeron a la firma de los acuerdos de Viena (1979). Entre 1979 y 1985 diversos acontecimientos marcaron una importante escalada de tensión entre la O.T.A.N. y el pacto de Varsovia: en 1980 la U.R.S.S. rechazó la negociación con la O.T.A.N.; en 1982 fracasaron las recién inauguradas conversaciones S.T.A.R.T. (E.U.A.-U.R.S.S.), sobre reducción de armas estratégicas; en 1983 la O.T.A.N. y el pacto de Varsovia iniciaron el despliegue de euromisiles, y en 1985 la O.T.A.N. y el congreso norteamericano aprobaron la iniciativa de defensa estratégica (plan de defensa espacial contra los misiles nucleares). Los acuerdos de Washington entre Reagan y Gorbachov (1987), por los que ambos se comprometían a eliminar los euromisiles de alcance intermedio, abrieron nuevas perspectivas en el terreno del desarme. En 1990 se firmó en París un acuerdo de no enfrentamiento y colaboración entre la O.T.A.N. y el pacto de Varsovia, y la *Carta de París* de la Conferencia sobre seguridad y cooperación en Europa (C.S.C.E.), en la que se convino la reducción de fuerzas convencionales en Europa. En 1991 se disolvió el pacto de Varsovia, se firmó el tratado S.T.A.R.T. de reducción de armas nucleares estratégicas y la O.T.A.N. propuso reducir su arsenal en un 80 %. La guerra del Golfo (1990-1991) puso de manifiesto la necesidad de controlar el suministro de armas a terceros países y la escasa efectividad de los convenios sobre armas químicas y biológicas. Bush y Yeltsin acordaron la reducción escalonada de dos tercios de los misiles nucleares de largo alcance (1992) y la reducción a la tercera parte de sus arsenales atómicos (1993). También en 1993, 120 países firmaron el tratado de armas químicas (T.A.Q.), que prohíbe la investigación, producción, almacenaje y empleo de este tipo de armas. En 1996 Rusia, Francia, China, Gran Bretaña y E.U.A. firmaron el tratado para la prohibición de pruebas nucleares y comenzaron las primeras negociaciones para la prohibición de minas unipersonales.

**DESARRAIGADO, A** adj. y n. Que ha perdido los vínculos afectivos con su país, familia, etc.

**DESARRAIGAR** v. tr. y pron. [**1b**]. Arrancar de raíz un árbol o una planta. **2.** Echar, desterrar a uno de donde vive o tiene su domicilio. **3.** *Fig.* Extinguir, extirpar una pasión, una costumbre, un vicio, etc.: *desarraigar un amor; desarraigar la droga.*

**DESARRAIGO** n. m. Acción y efecto de desarraigar.

**DESARRAPADO, A** adj. Desharrapado.

**DESARREGLAR** v. tr. y pron. [**1**]. Sacar de regla o desordenar: *desarreglar la casa.*

**DESARREGLO** n. m. Acción y efecto de desarreglar.

**DESARRENDAR** v. tr. [**1j**]. Dejar o hacer dejar una finca que se tenía arrendada.

**DESARROLLABLE** adj. Que puede ser desarrollado. ◆ adj. y n. f. **2.** MAT. Dícese de la superficie que puede desarrollarse sobre un plano sin desgarraduras. (Un cono es desarrollable, pero una esfera no.)

**DESARROLLADO, A** adj. Que ha logrado un buen desarrollo. **2.** Dícese de los países que han alcanzado un alto grado de crecimiento económico. ◆ n. m. **3.** TECNOL. Transformación de un tronco o rollizo de madera en una lámina fina y continua.

**DESARROLLADORA** n. f. Máquina que efectúa el desarrollado de la madera. *(V. ilustración pág. 326.)*

**DESARROLLAR** v. tr. y pron. [**1**]. Desenrollar lo que está arrollado: *desarrollar una persiana.* **2.** *Fig.* Hacer pasar una cosa del orden físico, intelectual o moral por una serie de estados sucesivos, cada uno de ellos más perfecto o más complejo que el anterior: *medicamento que desarrolla el crecimiento; desarrollar la capacidad intelectual.* ◆ v. tr. **3.** *Fig.* Explicar una teoría, llevarla por deducción hasta las últimas consecuencias: *desarrollar un tema.* • **Desarrollar un cálculo,** efectuar las operaciones sucesivas que constituyen este cálculo. ‖ **Desarrollar una función en serie,** formar la serie entera que, en un cierto intervalo, tenga por suma la función considerada. ‖ **Desarrollar una superficie sobre otra,** en el caso de superficies aplicables, establecer la ley de correspondencia entre sus elementos. ◆ **desarrollarse** v. pron. **4.** *Fig.* Suceder, ocurrir, acontecer: *desarrollarse los acontecimientos de manera imprevista.*

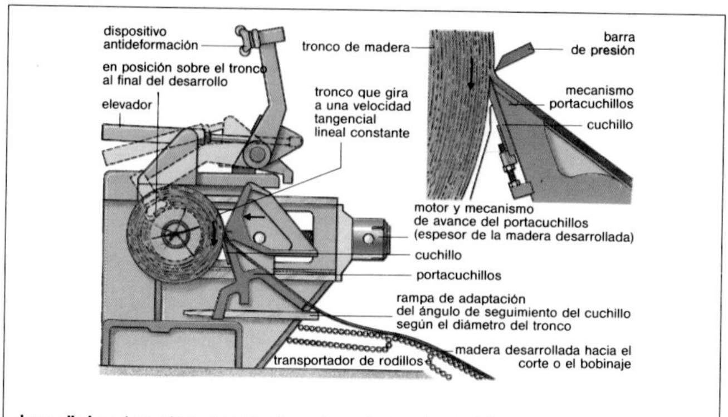


**desarrolladora** de madera: esquema de funcionamiento y detalle del cuchillo

**DESARROLLISMO** n. m. Concepción economicista del desarrollo que tiende a primar los aspectos cuantitativos despreciando los cualitativos, especialmente los costes sociales.

**DESARROLLO** n. m. Acción y efecto de desarrollar o desarrollarse: *desarrollo físico; desarrollo intelectual.* **2.** Distancia que recorre una bicicleta cuando sus pedales dan una vuelta completa. **3.** ECON. Mejora cualitativa y durable de una economía y de su funcionamiento. **4.** MAT. Aplicación, sobre un plano, de una superficie desarrollable o de un poliedro. **5.** MÚS. Parte central de una sonata o de una fuga, que sigue a la exposición, y en la que el o los temas se transforman. • **Desarrollo humano sostenible** (ECON.), proceso de desarrollo en el que el tamaño y crecimiento de la población y los modos de vida están acordes con las posibilidades de producción del ecosistema. (El desarrollo humano se mide por el *índice de desarrollo humano* [IDH*].) || **Desarrollo sostenible** (ECON.), proceso de crecimiento económico en el que la tecnología, la explotación de los recursos y la organización social y política satisfacen las necesidades del presente sin comprometer la capacidad de satisfacer las de las generaciones futuras. || **País en vías de desarrollo,** expresión que se aplica a los países subdesarrollados.

**DESARROPAR** v. tr. y pron. [**1**]. Desabrigar.

**DESARRUGAR** v. tr. y pron. [**1b**]. Hacer desaparecer las arrugas.

**DESARRUMAR** v. tr. [**1**]. MAR. Deshacer la estiba de las mercancías. SIN.: *desatorar.*

**DESARTICULACIÓN** n. f. Acción y efecto de desarticular. **2.** MED. Luxación. **3.** MED. Amputación por la línea de articulación.

**DESARTICULAR** v. tr. y pron. [**1**]. Hacer salir un miembro de su articulación. ◆ v. tr. **2.** Separar las piezas de una máquina o artefacto. **3.** *Fig.* Quebrantar un plan, una organización.

**DESARTILLAR** v. tr. [**1**]. Quitar la artillería a un buque, fortaleza, etc.

**DESARZONAR** v. tr. [**1**]. Derribar el caballo de la silla al jinete.

**DESASADO, A** adj. Que tiene rotas las asas: *taza desasada.*

**DESASEAR** v. tr. [**1**]. Quitar el aseo o limpieza, ensuciar: *desasear la casa.*

**DESASEO** n. m. Acción y efecto de desasear.

**DESASIMIENTO** n. m. Acción y efecto de desasir o desasirse.

**DESASIMILACIÓN** n. f. Conjunto de reacciones químicas, exotérmicas, que, en los seres vivos, transforman las sustancias orgánicas complejas en productos más simples, que finalmente son excretados.

**DESASIR** v. tr. y pron. [**3d**]. Soltar, desprender lo asido. ◆ **desasirse** v. pron. **2.** *Fig.* Desprenderse, soltarse.

**DESASISTIR** v. tr. [**3**]. Desatender, desamparar.

**DESASNAR** v. tr. y pron. [**1**]. *Fam.* Quitar la rudeza a una persona por medio de la enseñanza.

**DESASOCIAR** v. tr. y pron. [**1**]. Disolver una asociación.

**DESASOSEGAR** v. tr. y pron. [**1j**]. Quitar el sosiego o tranquilidad: *las alarmantes noticias la desasosegaron.*

**DESASOSIEGO** n. m. Falta de sosiego.

**DESASTILLAR** v. tr. [**1**]. *Amér.* Sacar astillas de la madera.

**DESASTRADO, A** adj. Desgraciado, infeliz. ◆ adj. y n. **2.** Dícese de la persona que va rota, desaseada.

**DESASTRE** n. m. Desgracia grande, suceso infeliz y lamentable. **2.** *Fig.* y *fam.* Hecho frustrado o que resulta perjudicial: *el viaje fue un desastre.* **3.** *Fig.* y *fam.* Persona falta de suerte o habilidad, o que tiene mal aspecto.

**DESASTROSO, A** adj. Que implica desastre.

**DESATADO, A** adj. Que procede sin freno y desordenadamente.

**DESATAR** v. tr. y pron. [**1**]. Soltar lo que está atado: *desatar las cuerdas de un paquete.* ◆ **desatarse** v. pron. **2.** *Fig.* Excederse en hablar. **3.** *Fig.* Descomedirse, proceder desordenadamente: *desatarse en insultos.* **4.** *Fig.* Desencadenarse, estallar con violencia: *desatarse un temporal.*

**DESATASCADOR, RA** adj. y n. m. Dícese de lo que desatasca.

**DESATASCAR** v. tr. y pron. [**1a**]. Sacar del atascadero. **2.** Limpiar, dejar libre un conducto que está obstruido: *desatascar una tubería.*

**DESATAVIAR** v. tr. [**1t**]. Quitar los atavíos.

**DESATE** n. m. Acción y efecto de desatar o desatarse.

**DESATELIZACIÓN** n. f. Acción de desatelizar.

**DESATELIZAR** v. tr. [**1g**]. Hacer que un ingenio espacial en órbita alrededor de la Tierra o de otro astro abandone su órbita.

**DESATENCIÓN** n. f. Falta de atención, distracción. **2.** Descortesía, falta de urbanidad o respeto.

**DESATENDER** v. tr. [**2d**]. No prestar atención a lo que se dice o hace: *desatender el trabajo.* **2.** No hacer caso o aprecio de alguien o algo: *desatender un consejo.* **3.** No corresponder a uno, no asistirle con lo que es debido: *desatender a un paciente.*

**DESATENTADO, A** adj. Excesivo, riguroso, desordenado.

**DESATENTO, A** adj. Distraído, que no pone la atención debida. ◆ adj. y n. **2.** Descortés.

**DESATERRAR** v. tr. [**1j**]. *Amér.* Quitar los escombros.

**DESATIERRE** n. m. *Amér.* Escombrera.

**DESATINAR** v. tr. [**1**]. Turbar el sentido, hacer perder el tino. ◆ v. intr. **2.** Decir o hacer desatinos. **3.** Perder el tino o el juicio.

**DESATINO** n. m. Falta de tino, tiento o acierto. **2.** Locura, despropósito o error.

**DESATORAR** v. tr. [**1**]. Desarrumar. **2.** Quitar los escombros que atoran u obstruyen una excavación.

**DESATORNILLAR** v. tr. [**1**]. Destornillar.

**DESATRACAR** v. tr. y pron. [**1a**]. Apartar una embarcación de otra o del atracadero. ◆ v. intr. **2.** Apartarse la embarcación de la costa cuando su proximidad ofrece algún peligro.

**DESATRANCAR** v. tr. [**1a**]. Quitar a la puerta la tranca u otra cosa que impide abrirla. **2.** Desatascar, desembozar.

**DESATUFARSE** v. pron. [**1**]. Desintoxicarse del tufo. **2.** *Fig.* Desenfadarse.

**DESATURDIR** v. tr. y pron. [**3**]. Quitar el aturdimiento.

**DESAUTORIZACIÓN** n. f. Acción y efecto de desautorizar.

**DESAUTORIZAR** v. tr. y pron. [**1g**]. Quitar autoridad, poder, crédito o estimación: *desautorizar un acto.*

**DESAVENENCIA** n. f. Falta de avenencia.

**DESAVENIR** v. tr. y pron. [**21**]. Producir desavenencia.

**DESAVENTAJADO, A** adj. Inferior y poco ventajoso.

**DESAVÍO** n. m. Desorden, desaliño, incomodidad.

**DESAYUNADOR** n. m. *Méx.* Habitación pequeña contigua a la cocina que se utiliza como comedor informal.

**DESAYUNAR** v. intr. y pron. [**1**]. Tomar el desayuno. ◆ v. tr. **2.** Comer en el desayuno. ◆ **desayunarse** v. pron. **3.** *Fig.* Tener la primera noticia de un suceso o especie.

**DESAYUNO** n. m. Primer alimento que se toma por la mañana. **2.** Acción de desayunar.

**DESAZÓN** n. f. Desabrimiento, insipidez. **2.** Picazón, molestia causada por una cosa que pica. **3.** *Fig.* Disgusto, pesadumbre, molestia o inquietud interior.

**DESAZONAR** v. tr. [**1**]. Quitar la sazón o el sabor a la comida. ◆ v. tr. y pron. **2.** *Fig.* Disgustar, enfadar. ◆ **desazonarse** v. pron. **3.** *Fig.* Sentirse indispuesto.

**DESBABAR** v. tr. [**1**]. *Méx., Perú, P. Rico* y *Venez.* Quitar la baba al café y al cacao.

**DESBALAGAR** v. tr. [**1b**]. *Méx.* Dispersar, esparcir.

**DESBANCAR** v. tr. [**1a**]. Hacer perder a uno la amistad o el cariño de otra persona ganándola para sí. **2.** Quitar a alguien de una posición y ocuparla uno mismo: *desbancar a un campeón.* **3.** Ganar un jugador todo el dinero que el banquero aporta para mantener el juego. ◆ v. intr. **4.** Arrastrar la corriente de un río fragmentos de hielo rotos y medio fundidos por el deshielo.

**DESBANDADA** n. f. Acción y efecto de desbandarse. • **A la desbandada,** confusamente y sin orden; en dispersión.

**DESBANDARSE** v. pron. [**1**]. Desparramarse, huir en desorden.

**DESBARAJUSTAR** o **DESBARAHUSTAR** v. tr. [**1**]. Producir desbarajuste.

**DESBARAJUSTE** o **DESBARAHUSTE** n. m. Desorden, confusión.

**DESBARATADOR, RA** adj. y n. Que desbarata.

**DESBARATAMIENTO** n. m. Acción y efecto de desbaratar o desbaratarse.

**DESBARATAR** v. tr. [**1**]. Deshacer o arruinar una cosa: *desbaratar el peinado.* **2.** Disipar, malgastar los bienes: *desbaratar la fortuna.* **3.** Frustrar, hacer que no se realicen ideas, intrigas, planes, etc.: *desbaratar un viaje.* ◆ **desbaratarse** v. pron. **4.** *Fig.* Descomponerse, hablar u obrar fuera de razón.

**DESBARBADO, A** adj. Que carece de barba. ◆ n. m. **2.** Operación que tiene por objeto quitar, de una pieza matrizada o estampada, el excedente de metal, o rebaba. **3.** Acción de desbarbar las piezas de hierro o de metal fundidos. **4.** Fase del acabado de las piezas de fundición.

**DESBARBADORA** n. f. Máquina para desbarbar piezas de metal colado.

**DESBARBADURA** n. f. Acción de desbarbar.

**DESBARBAR** v. tr. [**1**]. Quitar las rebabas de una pieza moldeada o trabajada. **2.** AGRIC. Cortar la raíz de una planta. **3.** ENCUAD. Cortar los bordes irregulares que sobresalen de las hojas de un libro.

**DESBARRAR** v. intr. [**1**]. Discurrir, hablar u obrar fuera de razón.

**DESBASTADO** n. m. Acción de dar una primera forma a una pieza.

**DESBASTADOR** n. m. Herramienta para desbastar.

**DESBASTADORA** n. f. Primera carda con que comienza la operación de cardado de la lana.

**DESBASTADURA** n. f. Efecto de desbastar.

**DESBASTAR** v. tr. [**1**]. Quitar las partes más bastas

de una cosa que se ha de labrar: *desbastar un bloque de mármol, un diamante en bruto.* ◆ v. tr. y pron. **2.** *Fig.* Quitar la tosquedad, educar a las personas incultas.

**DESBASTE** n. m. Acción y efecto de desbastar. **2.** Estado de un material destinado a labrarse, despojado de las partes más bastas.

**DESBLOQUEAR** v. tr. [**1**]. Eliminar o quitar el bloqueo: *desbloquear las comunicaciones.* **2.** Levantar la prohibición de transportar o vender alimentos, de disponer libremente de créditos o de cuentas bancarias, etc. • **Desbloquear los salarios, los precios,** permitir su variación.

**DESBLOQUEO** n. m. Acción y efecto de desbloquear.

**DESBOCADO, A** adj. Dícese de la pieza de artillería de boca más ancha que lo restante del ánima. ◆ adj. y n. **2.** *Fig.* y *fam.* Acostumbrado a decir palabras indecentes, ofensivas y desvergonzadas.

**DESBOCAMIENTO** n. m. Acción y efecto de desbocarse.

**DESBOCAR** v. tr. [**1a**]. Quitar o romper la boca a una cosa: *desbocar una botella.* ◆ v. intr. **2.** Desembocar. ◆ **desbocarse** v. pron. **3.** Abrirse más de lo normal una abertura: *desbocarse las mangas de un jersey.* **4.** *Fig.* Desvergonzarse, decir palabras ofensivas. **5.** EQUIT. Hacerse una caballería insensible a la acción del freno y lanzarse desordenadamente desobedeciendo la acción de la brida.

**DESBORDAMIENTO** n. m. Acción y efecto de desbordar. **2.** INFORMÁT. Situación que se produce en los registros de un ordenador en el curso de una operación aritmética.

**DESBORDAR** v. intr. y pron. [**1**]. Salir de los bordes, derramarse: *el río se ha desbordado.* **2.** Rebasar, sobrepasar. **3.** Ser excesivo algo, debido generalmente a su exaltación.

**DESBOTONAR** v. tr. [**1**]. *Cuba.* Quitar los botones y la guía a las plantas, para impedir su crecimiento y hacer que sus hojas aumenten de tamaño.

**DESBRAGUETADO, A** adj. *Fam.* Que lleva desabrochada la bragueta.

**DESBRAVADOR** n. m. El que tiene por oficio desbravar el ganado cerril.

**DESBRAVAR** v. tr. [**1**]. Amansar el ganado cerril: *desbravar un caballo salvaje.* ◆ v. intr. y pron. **2.** *Fig.* Desahogarse el ímpetu de la cólera. **3.** Perder los licores su fuerza: *el coñac se ha desbravado.*

**DESBRIDAR** v. tr. [**1**]. CIR. Cortar las bridas o adherencias que taponan una cavidad infectada o inmovilizan un órgano.

**DESBRIZNAR** v. tr. [**1**]. Reducir a briznas, desmenuzar.

**DESBROCE** o **DESBROZO** n. m. Acción y efecto de desbrozar. **2.** Cantidad de broza que produce la monda de los árboles y la limpieza de las tierras o de las acequias.

**DESBROZADORA** n. f. Máquina forestal arrastrada por un tractor y destinada a aplastar y cortar la maleza.

**DESBROZAR** v. tr. [**1g**]. Quitar la broza, desembarazar, limpiar.

**DESBULLADOR** n. m. Tenedor para desbullar las ostras.

**DESBULLAR** v. tr. [**1**]. Separar la concha de las ostras.

**DESCABALAMIENTO** n. m. Acción y efecto de descabalar.

**DESCABALAR** v. tr. y pron. [**1**]. Quitar o perder alguna de las partes precisas para constituir una cosa completa o cabal: *descabalar una baraja.*

**DESCABALGADURA** n. f. Acción de descabalgar.

**DESCABALGAR** v. intr. [**1b**]. Desmontar, bajar de una caballería el que va montado en ella. ◆ v. tr. y pron. **2.** Desmontar un cañón.

**DESCABELLADO, A** adj. Que es contrario a la razón o a la prudencia: *ideas descabelladas.*

**DESCABELLAR** v. tr. y pron. [**1**]. Despeinar, desgreñar. ◆ v. tr. **2.** TAUROM. Matar al toro, hiriéndole entre las últimas vértebras cervicales con el verduguillo.

**DESCABELLO** n. m. TAUROM. Acción y efecto de descabellar.

**DESCABEZADO, A** adj. y n. Que está fuera de razón: *persona descabezada.*

**DESCABEZAR** v. tr. [**1g**]. Quitar o cortar la cabeza: *descabezar un clavo.* **2.** *Fig.* Cortar la parte superior o las puntas de algunas cosas: *descabezar las vides.* **3.** *Argent.* y *Colomb.* Destituir. **4.** *Bol.* y *P. Rico.* Disminuir la graduación de un licor añadiéndole agua. • **Descabezar el,** o **un, sueño,** adormilarse un poco. ◆ **descabezarse** v. pron. **5.** *Fig.* y *fam.* Esforzarse en averiguar algo, sin lograrlo.

**DESCACHALANDRADO, A** adj. *Amér.* Desaliñado, andrajoso.

**DESCACHALANDRARSE** v. pron. [**1**]. *Amér.* Descuidarse en el vestido y aseo personal.

**DESCACHAR** v. tr. [**1**]. *Chile, Colomb., Méx.* y *Venez.* Descornar. **2.** *Méx.* Recortar las puntas de las cachas del ganado.

**DESCACHARRAR** v. tr. y pron. [**1**]. Romper, destrozar: *descacharrar un juguete.* **2.** *Fig.* Reírse a carcajadas.

**DESCACHAZAR** v. tr. [**1g**]. *Amér.* Quitar la cachaza al guarapo.

**DESCAFEINADO** adj. y n. m. Dícese del café del que se ha extraído la mayor parte de cafeína.

**DESCALABAZARSE** v. pron. [**1g**]. Descabezarse.

**DESCALABRADURA** n. f. Herida recibida en la cabeza. **2.** Cicatriz que queda de esta herida.

**DESCALABRAR** v. tr. y pron. [**1**]. Herir en la cabeza o en otra parte del cuerpo. ◆ v. tr. **2.** *Fig.* Causar daño o perjuicio.

**DESCALABRO** n. m. Contratiempo, infortunio, daño o pérdida.

**DESCALCIFICACIÓN** o **DECALCIFICACIÓN** n. f. Disminución de la cantidad de calcio contenido en el organismo.

**DESCALCIFICAR** v. tr. [**1a**]. Hacer perder a un cuerpo o a un organismo el calcio que contiene. ◆ **descalcificarse** v. pron. **2.** Padecer descalcificación.

**DESCALIFICACIÓN** n. f. Acción de descalificar a un caballo, un corredor, etc.

**DESCALIFICAR** v. tr. [**1a**]. Desacreditar, desautorizar o incapacitar: *su defecto le descalifica para ese trabajo.* **2.** En algunas competiciones, poner fuera de concurso por infracción del reglamento.

**DESCALZAR** v. tr. y pron. [**1g**]. Quitar el calzado. ◆ v. tr. **2.** Quitar uno o más calzos. **3.** Socavar la tierra alrededor del pie o la base: *descalzar un árbol.*

**DESCALZO, A** adj. Con los pies desnudos: *andar descalzo.* ◆ adj. y n. **2.** Dícese de las comunidades reformadas de diversas órdenes religiosas.

**DESCAMACIÓN** n. f. Desprendimiento, caída de las escamas. **2.** Proceso de desprendimiento de las capas más superficiales de la epidermis. **3.** Disgregación de una roca coherente en forma de escamas más o menos concéntricas.

**DESCAMAR** v. tr. [**1**]. Escamar, quitar las escamas a los peces. ◆ **descamarse** v. pron. **2.** Caerse la piel en forma de escamillas.

**DESCAMBIAR** v. tr. [**1**]. Deshacer un cambio. **2.** *Amér.* Convertir billetes o monedas grandes en dinero menudo equivalente, o viceversa.

**DESCAMINAR** v. tr. y pron. [**1**]. Apartar a alguien del camino que debe seguir. **2.** *Fig.* Desencaminar a alguien de un buen propósito.

suerte del **descabello** (el Cordobés)

**DESCAMISADO, A** adj. *Fam.* Sin camisa. ◆ adj. y n. **2.** *Fig.* y *desp.* Muy pobre, desharrapado. ◆ **descamisados** n. m. pl. **3.** Denominación dada a los miembros de las clases humildes, especialmente en Argentina a los obreros partidarios de Perón.

**DESCAMPADO, A** adj. y n. m. Dícese del terreno desembarazado, descubierto, libre y limpio de malezas y espesuras.

**DESCANSAR** v. intr. [**1**]. Cesar en el trabajo o una actividad, reposar para reponer fuerzas: *descansar de la fatiga.* **2.** *Fig.* Tener alivio en un daño o pena: *la lectura le descansa de la preocupación.* **3.** Desahogarse, tener alivio o consuelo confiando a una persona las penas o preocupaciones: *descansar en los padres.* **4.** Reposar, dormir: *esta noche he descansado bien.* **5.** Tener puesta la confianza en los oficios o el favor de otro: *descansar la dirección en un hijo.* **6.** Estar sin cultivo uno o más años la tierra de labor. **7.** Estar enterrado, reposar en el sepulcro: *aquí descansan los restos de...* ◆ v. tr. e intr. **8.** Asentar o apoyar una cosa sobre otra: *la vida descansa sobre dos columnas.* ◆ v. tr. **9.** Aliviar o ayudar a uno en el trabajo. • **¡Descansen!,** voz de mando preventiva para descansar el arma.

**DESCANSILLO** n. m. CONSTR. Plataforma entre los tramos consecutivos de una escalera. SIN.: *descanso.*

**DESCANSO** n. m. Cesación o pausa en el trabajo o actividad. **2.** Causa de alivio en la fatiga y en los cuidados físicos o morales. **3.** Asiento sobre el que se apoya o asegura una cosa. **4.** Intermedio en un espectáculo o representación. **5.** Calzado de abrigo para la nieve. **6.** Posición militar contraria a la de firmes. **7.** CONSTR. Descansillo. • **Descanso semanal,** interrupción del trabajo por un tiempo mínimo semanal de veinticuatro horas, que el empresario ha de conceder a sus asalariados.

**DESCANTILLAR** o **DESCANTONAR** v. tr. y pron. [**1**]. Romper o quebrar las aristas o cantos de una cosa: *descantillar la vajilla.* ◆ v. tr. **2.** *Fig.* Desfalcar o rebajar algo de una cantidad.

**DESCAPIROTAR** v. tr. y pron. [**1**]. Quitar el capirote a un ave de presa dispuesta para volar.

**DESCAPITALIZACIÓN** n. f. Acción y efecto de descapitalizar o descapitalizarse.

**DESCAPITALIZAR** v. tr. y pron. [**1g**]. Hacer perder las riquezas históricas o culturales acumuladas por un país o grupo social. **2.** Disminuir el valor de un capital.

**DESCAPOTABLE** adj. y n. m. Dícese de los automóviles cuya capota puede replegarse, dejándolos descubiertos.

**DESCAPOTAR** v. tr. [**1**]. Bajar o plegar la capota de un coche.

**DESCAPSULACIÓN** n. f. Ablación de la cápsula de una víscera.

**DESCARADO, A** adj. y n. Que habla u obra con desvergüenza, descortés y atrevidamente, o sin pudor.

**DESCARAPELAR** v. intr. y pron. [**1**]. *Méx.* Reñir. ◆ **descarapelarse** v. pron. **2.** Despellejarse.

**DESCARARSE** v. pron. [**1**]. Hablar u obrar con descaro.

**DESCARBONATAR** v. tr. [**1**]. Quitar el anhídrido carbónico de una sustancia.

**DESCARBURACIÓN** n. f. Eliminación del carbono en un producto metalúrgico.

**DESCARBURAR** v. tr. [**1**]. Efectuar la descarburación.

**DESCARGA** n. f. Acción y efecto de descargar. **2.** Acción de disparar con un arma o, simultáneamente, con varias armas. **3.** Proyectil disparado. **4.** Aflujo rápido de las aguas estancadas. **5.** ARQ. Sistema de construcción que consiste en trasladar la carga de fábrica sobre unos puntos de apoyo sólidos. • **Corriente de descarga,** corriente marina que lleva a cabo el vaciado de una bahía o un golfo de abertura reducida. ‖ **Descarga eléctrica,** fenómeno que se produce cuando un cuerpo electrizado pierde su carga.

**DESCARGADERO** n. m. Sitio destinado para descargar.

**DESCARGADOR, RA** adj. y n. Que descarga o tiene por oficio descargar mercancías. ◆ n. m. **2.** Aparato compuesto de dos piezas metálicas entre las que salta la chispa eléctrica. **3.** Dispositivo mecánico que permite descargar mediante movimientos de báscula, en una sola operación, un tonel, un contenedor, una vagoneta, etc.

**DESCARGAR** v. tr. [**1b**]. Quitar o aliviar la carga: *descargar los paquetes.* **2.** Deshacerse una nube en lluvia o granizo: *descargar una tormenta.* **3.** *Fig.* Liberar de una preocupación u obligación: *descargar a alguien de una responsabilidad.* **4.** Disparar con arma de fuego, o extraer de ella la carga: *descargar una pistola.* **5.** Quitar la parte superflua o no apreciada de la carne: *descargar las costillas del hueso.* **6.** Anular una carga eléctrica. ◆ v. tr. e intr. **7.** Dar un golpe con violencia: *descargar una patada.* ◆ **descargarse** v. pron. **8.** Eximirse de sus obligaciones encargando a otro lo que debía ejecutar por sí. **9.** Dar satisfacción a los cargos que se hacen a las personas procesadas o sometidas a expediente: *descargarse de un delito.*

**DESCARGO** n. m. Acción de descargar: *el descargo de la conciencia.* **2.** DER. Satisfacción, respuesta o excusa de la acusación o cargo que se hace a una persona. **3.** DER. Acto por el que se exime a uno de un cargo. • **En descargo,** como excusa o disculpa. ‖ **Escrito,** o **pliego, de descargos,** en los expedientes administrativos, documento presentado en contestación al pliego de cargos. ‖ **Testigo de descargo,** testigo favorable al acusado.

**DESCARGUE** n. m. Descarga de un peso o transporte.

**DESCARNACIÓN** n. f. Acción de descarnar las pieles y cueros.

**DESCARNADO, A** adj. Dícese de los asuntos, descripciones o relatos crudos o realistas.

**DESCARNADOR, RA** adj. Que descarna. ◆ n. m. **2.** Instrumento de acero con que se despega de la encía la muela o diente que se quiere arrancar. **3.** Especie de cuchilla ancha, con dos empuñaduras y de filo embotado, que se usa para descarnar las pieles.

**DESCARNADURA** n. f. Acción y efecto de descarnar.

**DESCARNAR** v. tr. y pron. [**1**]. Quitar la carne al hueso o a la piel. **2.** *Fig.* Quitar parte de una cosa, desmoronarla: *descarnar una pared.* **3.** *Fig.* Dejar escuálido y enflaquecido. **4.** Sacar de una piel la carne adherida que no debe ser curtida.

**DESCARO** n. m. Desvergüenza, atrevimiento, insolencia.

**DESCAROZAR** v. tr. [**1g**]. *Amér.* Quitar el hueso o carozo a las frutas.

**DESCARRIAR** v. tr. [**1t**]. Apartar del buen camino. ◆ v. tr. y pron. **2.** Apartar del rebaño una o varias reses. ◆ **descarriarse** v. pron. **3.** Separarse o perderse alguien de los demás con quienes iba en compañía. **4.** *Fig.* Apartarse de lo justo y razonable.

**DESCARRILADOR** n. m. Dispositivo que permite provocar el descarrilamiento de los vagones, para proteger las instalaciones situadas a nivel inferior.

**DESCARRILAMIENTO** n. m. Acción y efecto de descarrilar.

**DESCARRILAR** v. intr. [**1**]. Salir fuera del carril: *descarrilar un tren.*

**DESCARRÍO** o **DESCARRIAMIENTO** n. m. Acción y efecto de descarriar o descarriarse.

**DESCARTAR** v. tr. [**1**]. Apartar, rechazar: *descartar una posibilidad.* ◆ **descartarse** v. pron. **2.** En algunos juegos de naipes, dejar las cartas que se consideran inútiles.

**DESCARTE** n. m. Acción y efecto de descartar o descartarse. **2.** Cartas desechadas.

**DESCARTELIZACIÓN** n. f. Disolución legal de un cártel de productores.

**DESCASAR** v. tr. y pron. [**1**]. Separar a los que, no estando legítimamente casados, viven como tales. **2.** *Fig.* Alterar o descomponer la disposición de cosas que casaban bien. ◆ v. tr. **3.** Declarar por nulo el matrimonio. **4.** IMPR. Alterar la colocación de las planas que componen una forma para ordenarlas de otra manera.

**DESCASCARAR** v. tr. [**1**]. Quitar la cáscara. ◆ **descascararse** v. pron. **2.** *Fig.* Desprenderse y caer la cáscara de algunas cosas.

**DESCASCARILLADO** n. m. Acción y efecto de descascarillar.

**DESCASCARILLAR** v. tr. y pron. [**1**]. Quitar la envoltura de los frutos y semillas: *descascarillar una nuez.* **2.** Hacer saltar en cascarillas la superficie o esmalte de un objeto.

**DESCASTADO, A** adj. y n. Que manifiesta poco cariño a los parientes. **2.** Que no corresponde al cariño que le han demostrado.

**DESCASTAR** v. tr. [**1**]. Exterminar una casta de animales, especialmente dañinos.

**DESCATALOGADO, A** adj. Que ya no figura en catálogo.

**DESCATOLIZAR** v. tr. y pron. [**1g**]. Apartar de la religión católica a una persona o pueblo.

**DESCEBAR** v. tr. [**1**]. Quitar el cebo de una munición o el detonador de un cartucho cebado.

**DESCENDENCIA** n. f. Conjunto de descendientes. **2.** Casta, estirpe.

**DESCENDENTE** adj. Que desciende: *marea descendente.* • **Línea descendente,** sucesión de individuos procedentes de un mismo antepasado.

**DESCENDER** v. intr. (lat. *descendere*) [**2d**]. Bajar, pasar de un lugar alto a otro bajo: *descender por las escaleras.* **2.** *Fig.* Bajar, caer de una dignidad o estado a otro inferior: *descender de categoría; la temperatura ha descendido.* **3.** Caer, fluir, correr una cosa líquida: *descender las lágrimas.* **4.** Proceder, por generaciones sucesivas, de una persona o linaje: *desciende de familia noble.* **5.** Derivarse, proceder una cosa de otra: *tal consecuencia desciende de tal principio.* **6.** Pasar de lo general a lo particular: *descender a analizar los detalles.* **7.** Bajar, disminuir el nivel de las aguas. **8.** Dirigirse una embarcación hacia la desembocadura del río en que navega. ◆ v. tr. **9.** Bajar, poner en un lugar más bajo: *descender las maletas del altillo.*

**DESCENDIENTE** n. m. y f. Hijo, nieto o cualquier persona que desciende de otra.

**DESCENDIMIENTO** n. m. Descenso. **2.** Acción de bajar de la cruz el cuerpo de Cristo. **3.** Representación del cuerpo de Cristo muerto, desclavado de la cruz, pero todavía no depositado en el suelo.

**DESCENSO** n. m. Acción y efecto de descender. **2.** Pérdida regular de altitud de un avión. **3.** DEP. Prueba de esquí realizada en pistas de fuerte pendiente, sin puertas que sortear y en la que sólo cuenta la rapidez del corredor. • **Descenso non stop,** en esquí, descenso que se efectúa la víspera de la competición, para reconocer la pista.

**descenso** en esquí alpino

**DESCENTRADO, A** adj. Dícese del instrumento o de la pieza de una máquina cuyo centro está fuera de la posición debida. **2.** Inadaptado, no acomodado a cierto ambiente o situación.

**DESCENTRALIZACIÓN** n. f. Acción y efecto de descentralizar.

**DESCENTRALIZADOR, RA** adj. y n. Relativo a la descentralización; partidario de ella.

**DESCENTRALIZAR** v. tr. [**1g**]. Hacer menos dependientes del poder o la administración central ciertas funciones, servicios, atribuciones, etc.

**DESCENTRAMIENTO** n. m. Acción de descentrar. **2.** ÓPT. Defecto de alineación de los centros de las lentes. **3.** ÓPT. Acción de descentrar el objetivo de una cámara fotográfica.

**DESCENTRAR** v. tr. y pron. [**1**]. Sacar una cosa de su centro o dejar de estar centrada. **2.** ÓPT. Efectuar un descentramiento.

**DESCEÑIR** v. tr. y pron. (lat. *discingere*) [**24**]. Desatar, soltar lo que ciñe.

**DESCEPAR** v. tr. [**1**]. Arrancar de raíz los árboles o plantas que tienen cepa. ◆ **desceparse** v. pron. **2.** TAUROM. Desprenderse el cuerno, por la cepa, de la cabeza del toro.

**DESCERCAR** v. tr. [**1a**]. Derribar una muralla o un cercado. **2.** Levantar o forzar a levantar el sitio puesto a una plaza o fortaleza.

**DESCERCO** n. m. Acción y efecto de descercar.

**DESCEREBRADO, A** adj. y n. *Fam.* Que actúa sin pensar, alocado. **2.** MED. Que no tiene cerebro o que carece de actividad funcional en él por lesión medular.

**DESCEREZAR** v. tr. [**1g**]. Quitar a la semilla del café la carne de la baya o cereza en que está contenida.

**DESCERRAJADURA** n. f. Acción de descerrajar.

**DESCERRAJAR** v. tr. [**1**]. Arrancar, forzar la cerradura de una puerta, cofre, etc. **2.** *Fig.* y *fam.* Disparar tiros con arma de fuego.

**DESCERRUMARSE** v. pron. [**1**]. Desconcertarse una caballería la articulación del menudillo con la cerruma.

**DESCHAPAR** v. tr. [**1**]. *Bol., Ecuad.* y *Perú.* Descerrajar una cerradura.

**DESCHARCHAR** v. tr. [**1**]. *Amér. Central.* Dejar a uno sin su empleo.

**DESCHAVETARSE** v. pron. [**1**]. *Amér.* Perder el juicio, atolondrarse.

**DESCIFRAR** v. tr. [**1**]. Leer un escrito cifrado, llegar a leer lo escrito en caracteres o lengua desconocidos: *descifrar una inscripción.* **2.** *Fig.* Llegar a comprender lo intrincado y de difícil inteligencia.

**DESCIMBRAR** v. tr. [**1**]. ARQ. Quitar las cimbras de una obra.

**DESCINCHAR** v. tr. [**1**]. Quitar o soltar las cinchas.

**DESCLASADO, A** adj. y n. Que ha perdido la conciencia de pertenecer a una determinada clase social.

**DESCLAVADOR** n. m. Cincel de boca ancha, recta y poco afilada, usado para desclavar.

**DESCLAVAR** o **DESENCLAVAR** v. tr. [**1**]. Arrancar o quitar los clavos a alguna cosa. **2.** Desprender una cosa del clavo que la asegura o sujeta: *desclavar un cuadro.* **3.** Desengastar las piedras preciosas de la guarnición de metal.

**DESCOCADO, A** adj. y n. Que muestra descoco.

**DESCOCADOR** n. m. Instrumento formado por una cizalla unida a una pértiga que sirve para descocar los árboles.

**DESCOCAMIENTO** n. m. Acción de descocar.

**DESCOCAR** v. tr. [**1a**]. Quitar las orugas de los árboles.

**DESCOCARSE** v. pron. [**1a**]. *Fam.* Hablar o actuar con descoco.

**DESCOCO** n. m. *Fam.* Descaro, especialmente en las costumbres y en el modo de vestir.

**DESCODIFICACIÓN** o **DECODIFICACIÓN** n. f. Acción y efecto de descodificar.

**DESCODIFICADOR, RA** o **DECODIFICADOR, RA** adj. Que descodifica. ◆ n. m. **2.** Dispositivo para descodificar.

**DESCODIFICAR** o **DECODIFICAR** v. tr. [**1a**]. Restituir a su forma original informaciones codificadas.

**DESCOGOTADO, A** adj. *Fam.* Que lleva pelado y descubierto el cogote.

**DESCOLAR** v. tr. [**1**]. Quitar a la pieza de paño la punta o el extremo opuesto a aquel en que está el sello o la marca de fábrica. **2.** Seccionar los músculos depresores de la cola del caballo para mantenerla horizontal.

**DESCOLGAR** v. tr. [**1m**]. Bajar o quitar lo que está colgado: *descolgar un cuadro.* **2.** Bajar o dejar caer poco a poco una cosa pendiente de una cuerda, cadena o cinta: *descolgar un mueble desde el balcón.* ◆ v. intr. **3.** Separar el auricular del teléfono de su soporte. ◆ v. tr. y pron. **4.** En algunas pruebas deportivas, dejar atrás un corredor a sus competidores: *descolgarse del pelotón.* ◆ **descolgarse** v. pron. **5.** Echarse, escurrirse de alto abajo por una cuerda u otra cosa: *descolgarse por un muro.* **6.** *Fig.* y *fam.* Salir, decir o hacer una cosa inesperada o intempestiva. **7.** Aparecer inesperadamente una persona: *se descolgó por casa.*

**DESCOLLAR** v. intr. y pron. [**1r**]. Sobresalir, destacar: *descollar en los estudios.*

**DESCOLONIZACIÓN** n. f. Proceso de liquidación jurídico-política del colonialismo.

**DESCOLONIZAR** v. tr. [**1**]. Poner fin a una situación colonial; proceder a la descolonización.

**DESCOLORAR** v. tr. y pron. [**1**]. Decolorar.

**DESCOLORIDO, A** adj. Que ha perdido o disminuido su color natural.

**DESCOMBRAR** o **DESESCOMBRAR** v. tr. [**1**]. Desembarazar un lugar de cosas o materiales que estorban: *descombrar un solar.*

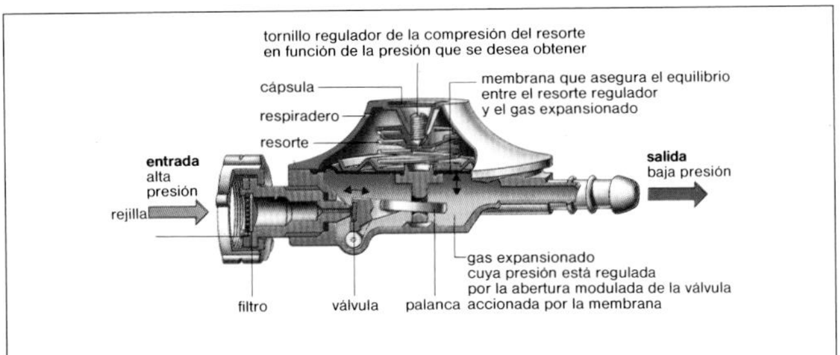

**descompresor**

**DESCOMBRO** n. m. Acción y efecto de descombrar.

**DESCOMEDIDO, A** adj. Excesivo, desproporcionado, fuera de lo regular.

**DESCOMEDIMIENTO** n. m. Acción y efecto de descomedirse.

**DESCOMEDIRSE** v. pron. **[30]**. Faltar al respeto, de obra o de palabra: *descomedirse ante sus superiores.*

**DESCOMPASADO, A** adj. Descomedido, desproporcionado: *tamaño descompasado.*

**DESCOMPENSACIÓN** n. f. Acción y efecto de descompensar. **2.** Estado patológico en el curso del cual los trastornos debidos a un defecto funcional no son compensados por la adaptación de las restantes funciones.

**DESCOMPENSADO, A** adj. MED. Que padece descompensación.

**DESCOMPENSAR** v. tr. y pron. **[1]**. Hacer perder la compensación por la que algo está equilibrado: *descompensar un presupuesto.*

**DESCOMPONER** v. tr. y pron. **[5]**. Desordenar, desbaratar: *descomponer la casa.* **2.** Averiar, estropear, deteriorar. **3.** Corromper, entrar o hallarse un cuerpo en estado de putrefacción: *el calor descompuso la fruta.* **4.** Separar las diversas partes que forman un compuesto o un todo: *descomponer el agua; descomponer una frase.* ◆ v. tr. **5.** *Fig.* Enfadar, irritar, encolerizar a alguien: *los insultos le descompusieron.* ◆ **descomponerse** v. pron. **6.** Indisponerse, perder la salud. **7.** *Fig.* Perder la serenidad o la circunspección habitual.

**DESCOMPOSICIÓN** n. f. Acción y efecto de descomponer o descomponerse: *cadáver en descomposición; la descomposición del rostro.* **2.** *Fam.* Diarrea.

**DESCOMPOSTURA** n. f. Descomposición. **2.** Falta de compostura.

**DESCOMPRESIÓN** n. f. Disminución de la presión. • **Síndrome de descompresión,** trastornos que sobrevienen a los submarinistas, buzos, etc., cuando la vuelta a la presión atmosférica es demasiado rápida.

**DESCOMPRESOR** n. m. Aparato que sirve para reducir la presión de un fluido contenido en un depósito.

**DESCOMPUESTO, A** adj. Estropeado. **2.** Irritado, encolerizado. **3.** Indispuesto. **4.** *Amér. Central, Chile, Perú* y *P. Rico.* Borracho.

**DESCOMULGAR** v. tr. **[1b]**. Excomulgar.

**DESCOMUNAL** adj. Extraordinario, enorme, muy distante de lo común: *una obra descomunal.*

**DESCONCENTRACIÓN** n. f. DER. ADM. Acción de conceder mayores poderes a los órganos del estado en las colectividades territoriales.

**DESCONCEPTUAR** v. tr. y pron. **[1s]**. Desacreditar, descalificar: *su error le ha desconceptuado.*

**DESCONCERTANTE** adj. Que desconcierta: *actitud desconcertante.*

**DESCONCERTAR** v. tr. y pron. **[1j]**. Desordenar, turbar el orden, composición y concierto. **2.** Dislocar los huesos. ◆ v. tr. **3.** *Fig.* Sorprender, turbar el ánimo de una persona: *el incendio nos desconcertó.*

**DESCONCHABAR** v. tr. y pron. **[1]**. *Amér. Central, Chile* y *Méx.* Descomponer, descoyuntar.

**DESCONCHADO** n. m. Parte en que una pared ha perdido su enlucido. **2.** Parte en que una pieza de loza o porcelana ha perdido el vidriado.

**DESCONCHADURA** n. f. Desconchado.

**DESCONCHAR** v. tr. y pron. **[1]**. Quitar parte del enlucido o revestimiento de algo: *desconchar la pared, un plato.*

**DESCONCHINFLADO, A** adj. *Méx. Fam.* Descompuesto, estropeado.

**DESCONCHÓN** n. m. Caída de un trozo pequeño del enlucido o de la pintura de una superficie.

**DESCONCIERTO** n. m. Descomposición de las partes de una máquina o de un cuerpo. **2.** *Fig.* Desorden, desavenencia. **3.** *Fig.* Descomedimiento en dichos y hechos. **4.** *Fig.* Falta de gobierno y economía.

**DESCONECTAR** v. tr. **[1]**. Interrumpir una conexión en un aparato, tubería, etc. **2.** Interrumpir una conexión eléctrica. **3.** Deshacer o interrumpir una relación, comunicación, etc.

**DESCONEXIÓN** n. f. Acción de desconectar.

**DESCONFIANZA** n. f. Falta de confianza.

**DESCONFIAR** v. intr. **[1t]**. Tener desconfianza: *desconfiar de alguien.*

**DESCONGELACIÓN** n. f. Acción de descongelar o deshelar.

**DESCONGELAR** v. tr. **[1]**. Devolver un producto congelado a su estado ordinario. **2.** ECON. Liberar magnitudes económicas, como precios, salarios o alquileres, que se hallaban congelados.

**DESCONGESTIÓN** n. f. Acción y efecto de descongestionar.

**DESCONGESTIONAR** v. tr. y pron. **[1]**. Disminuir o quitar la congestión: *descongestionar los pulmones.* **2.** Disminuir la aglomeración o acumulación: *descongestionar el tráfico.*

**DESCONOCEDOR, RA** adj. Que desconoce o ignora.

**DESCONOCER** v. tr. **[2m]**. No conocer, ignorar: *desconocer los hechos.* **2.** No reconocer a una persona o cosa que habíamos conocido antes, haberla olvidado. ◆ v. tr. y pron. **3.** *Fig.* Hallar a una persona o cosa muy diferente de como se conocía.

**DESCONOCIDO, A** adj. y n. No conocido.

**DESCONOCIMIENTO** n. m. Acción y efecto de desconocer. **2.** Ignorancia.

**DESCONSIDERACIÓN** n. f. Acción y efecto de desconsiderar.

**DESCONSIDERAR** v. tr. **[1]**. No guardar la consideración debida.

**DESCONSOLADOR, RA** adj. Que desconsuela.

**DESCONSOLAR** v. tr. y pron. **[1r]**. Privar de consuelo, afligir, entristecer: *su desgracia me desconsuela.*

**DESCONSUELO** n. m. Angustia, aflicción, falta de consuelo: *llorar con desconsuelo.*

**DESCONTADO. Por descontado** *(Fam.),* sin duda alguna, dado por cierto o por hecho.

**DESCONTAMINACIÓN** n. f. Operación que tiende a eliminar o reducir los agentes y efectos de la contaminación.

**DESCONTAMINAR** v. tr. **[1]**. Eliminar o reducir la contaminación del aire, del agua utilizada por la industria, de la arena de las playas, etc.

**DESCONTAR** v. tr. **[1r]**. Hacer una operación de descuento. **2.** Negociar un efecto de comercio. **3.** Hacerse entregar de inmediato, pagando íntegramente el precio convenido, los valores que se había decidido comprar a plazos.

**DESCONTENTADIZO, A** adj. y n. Que con facilidad se descontenta. **2.** Difícil de contentar.

**DESCONTENTAR** v. tr. y pron. **[1]**. Causar descontento.

**DESCONTENTO, A** adj. Que no es feliz: *estar descontento.* ◆ n. m. **2.** Disgusto, desagrado: *mostrar su descontento.*

**DESCONTÓN** n. m. *Méx. Fam.* Golpe.

**DESCONTROL** n. m. Falta de control, de orden.

**DESCONTROLAR** v. tr. y pron. **[1]**. Hacer perder o perder algo o alguien el control o dominio de sí mismo.

**DESCONVENIENCIA** n. f. Incomodidad, perjuicio.

**DESCONVENIR** v. intr. y pron. **[21]**. No convenir en las opiniones. **2.** No concordar entre sí dos personas o cosas. **3.** No convenir entre sí dos objetos visibles.

**DESCONVOCAR** v. tr. **[1a]**. Anular una convocatoria: *desconvocar una huelga.*

**DESCORAZONADOR, RA** adj. Que descorazona.

**DESCORAZONAMIENTO** n. m. Acción y efecto de descorazonar.

**DESCORAZONAR** v. tr. y pron. **[1]**. Desanimar, desalentar: *el suspenso le descorazonó.*

**DESCORCHADOR, RA** adj. Que descorcha. ◆ n. **2.** Obrero que descorcha el alcornoque para sacar el corcho. ◆ n. m. **3.** Sacacorchos.

**DESCORCHAR** v. tr. **[1]**. Quitar o arrancar el corcho al alcornoque. **2.** Sacar el corcho que cierra un envase: *descorchar una botella.*

**descolonización: fechas de independencia desde la segunda guerra mundial**

| | |
|---|---|
| 1941 | Etiopía. |
| 1943 | Líbano. |
| 1944 | Siria. |
| 1946 | Filipinas, Jordania, Mongolia. |
| 1947 | India, Pakistán. |
| 1948 | Rep. de Corea y Rep. Dem. Pop. de Corea, Israel, Srī Lanka. |
| 1949 | Indonesia. |
| 1951 | Libia. |
| 1954 | Camboya (Kampuchea), Laos, Vietnam (1976). |
| 1956 | Marruecos, Sudán. |
| 1957 | Ghana, Tunicia. |
| 1958 | Guinea (Guinea-Conakry). |
| 1960 | Alto Volta (Burkina Faso), Camerún, Rep. Centroafricana, Rep. del Congo (Zaire), Rep. Pop. del Congo, Costa de Marfil, Chad, Chipre, Dahomey (Benín), Gabón, Madagascar, Malí, Níger, Nigeria, Senegal, Somalia, Togo. |
| 1961 | Kuwayt, Sierra Leona, Tanganyka. |
| 1962 | Argelia, Burundi, Jamaica, Mauritania, Ruanda, Samoa, Trinidad y Tobago. |
| 1963 | Kenia, Malaysia, Uganda, Zanzíbar. |
| 1964 | Malawi, Malta, Tanzania (Tanganyka y Zanzíbar). |
| 1965 | Gambia, Maldivas, Singapur. |
| 1966 | Barbados, Botswana, Guyana, Lesotho. |
| 1967 | Rep. Dem. Pop. del Yemen. |
| 1968 | Guinea Ecuatorial, Mauricio, Nauru, Swazilandia. |
| 1970 | Fidji, Tonga. |
| 1971 | Baḥrayn, Bangla Desh, Unión de Emiratos Árabes, Qaṭar. |
| 1973 | Bahamas. |
| 1974 | Granada, Guinea-Bissau. |
| 1975 | Angola, Cabo Verde, Comores, Mozambique, Papúa y Nueva Guinea, Santo Tomé y Príncipe, Surinam. |
| 1976 | Seychelles. |
| 1977 | Djibouti. |
| 1978 | Dominica, Salomón, Tuvalu. |
| 1979 | Kiribati, San Vicente y las Granadinas, Santa Lucía. |
| 1980 | Vanuatu, Zimbabwe. |
| 1981 | Antigua y Barbuda, Belice. |
| 1983 | Saint Kitts-Nevis. |
| 1984 | Brunei. |
| 1986 | Islas Marshall, Estados Federados de Micronesia. |
| 1990 | Namibia. |
| 1993 | Eritrea. |
| 1994 | Belau. |

**DESCORCHE** n. m. Acción y efecto de descorchar. **2.** Prima que cobran determinados empleados por cada botella que consume el cliente.

**DESCORDAR** v. tr. [**1r**]. TAUROM. Descabellar al toro.

**DESCORNAR** v. tr. y pron. [**1r**]. Quitar o arrancar los cuernos a un animal. ◆ **descornarse** v. pron. **2.** *Fig.* y *fam.* Descabezarse. **3.** Esforzarse, poner todo el empeño en conseguir alguna cosa.

**DESCORRER** v. tr. [**2**]. Plegar o reunir lo que estaba antes estirado: *descorrer las cortinas.* **2.** Dar a los cerrojos, pestillos, etc., el movimiento necesario para abrir.

**DESCORTÉS** adj. y n. m. y f. Que habla o actúa con descortesía.

**DESCORTESÍA** n. f. Falta de cortesía.

**DESCORTEZADOR, RA** n. Obrero que, en los depósitos de madera o en el área de corta, lleva a cabo el descortezamiento de los troncos.

**DESCORTEZADURA** n. f. Parte de corteza que se quita a una cosa. **2.** Parte descortezada.

**DESCORTEZAMIENTO** n. m. Acción de descortezar.

**DESCORTEZAR** v. tr. y pron. [**1g**]. Quitar la corteza.

**DESCOSER** v. tr. y pron. [**2**]. Soltar, deshacer las puntadas de lo que está cosido.

**DESCOSIDO** n. m. Parte descosida en una prenda. • **Como un descosido** *(Fam.)*, indica el ahínco o exceso con que se hace una cosa.

**DESCOSTRAR** v. tr. [**1**]. Quitar la costra, corteza o capa superficial.

**DESCOYUNTAMIENTO** n. m. Acción y efecto de descoyuntar.

**DESCOYUNTAR** v. tr. y pron. [**1**]. Dislocar, desencajar un hueso: *descoyuntar la cadera.* **2.** Desencajar una cosa articulada.

**DESCRÉDITO** n. m. Disminución o pérdida del crédito o reputación.

**DESCREER** v. tr. [**2i**]. Faltar a la fe, dejar de creer. **2.** Negar el crédito debido a una persona.

**DESCREÍDO, A** adj. y n. Falto de fe, sin creencia, porque ha dejado de tenerla.

**DESCREIMIENTO** n. m. Incredulidad, falta, abandono de fe o de confianza. SIN.: *descreencia.*

**DESCREMADO, A** adj. Sin crema o grasa: *leche descremada.*

**DESCREMAR** v. tr. [**1**]. Quitar la crema o grasa a la leche, yogur, etc.

**DESCRIBIR** v. tr. (lat. *describire*) [**3n**]. Delinear, dibujar: *describir un círculo.* **2.** Representar por medio del lenguaje: *describir un rostro, un paisaje.*

**DESCRIPCIÓN** n. f. Acción y efecto de describir. **2.** DER. Inventario. **3.** LING. Estudio de una lengua o de un estado de la lengua que sea a la vez un inventario de las unidades fónicas léxicas y sintácticas, y de sus variaciones morfológicas, así como la representación estructural de sus combinaciones. **4.** LÓG. Procedimiento lógico para la caracterización de objetos singulares.

**DESCRIPTIBLE** adj. Que se puede describir.

**DESCRIPTIVO, A** adj. Que describe: *gramática descriptiva.* • **Anatomía descriptiva,** parte de la anatomía que describe las formas y la disposición de cada órgano. ‖ **Geometría descriptiva,** rama de la geometría en la que se representan figuras del espacio con ayuda de figuras planas.

**DESCRIPTOR, RA** adj. y n. Que describe. ◆ n. m. **2.** INFORMÁT. Palabra clave que define el contenido de un documento y que permite localizarlo en el seno de un archivo manual o automatizado.

**DESCRISMAR** v. tr. y pron. [**1**]. *Fam.* Golpear a alguien con fuerza en la cabeza. ◆ **descrismarse** v. pron. **2.** *Fig.* y *fam.* Descabezarse.

**DESCRISTIANIZAR** v. tr. [**1g**]. Apartar o separar del cristianismo.

**DESCRUZAR** v. tr. [**1g**]. Deshacer la forma de cruz que presentan algunas cosas: *descruzar los brazos.*

**DESCUAJAR** v. tr. y pron. [**1**]. Liquidar lo que está cuajado o solidificado: *descuajar la sangre.* ◆ v. tr. **2.** Arrancar de raíz o de cuajo plantas o malezas.

**DESCUAJARINGAR** o **DESCUAJERINGAR** v. tr. y pron. [**1b**]. Desvencijar, desunir, desconcertar. ◆ **descuajaringarse** o **descuajeringarse** v. pron. **2.** *Fam.* Relajarse las partes del cuerpo por efecto del cansancio. **3.** *Fig.* y *fam.* Desternillarse de risa.

**DESCUAJE** o **DESCUAJO** n. m. Acción de descuajar, arrancar de raíz.

**DESCUAJERINGADO, A** adj. *Amér.* Desvencijado. **2.** *Amér.* Descuidado en el aseo y en el vestir.

**DESCUARTIZAMIENTO** n. m. Acción de descuartizar. **2.** Suplicio que consistía en descuartizar a un condenado.

**DESCUARTIZAR** v. tr. [**1g**]. Dividir un cuerpo en cuartos o pedazos: *descuartizar una res.*

**DESCUBIERTA** n. f. MAR. Reconocimiento del horizonte al salir y ponerse el Sol. **2.** MAR. Inspección matutina y vespertina del aparejo de un buque. **3.** MIL. Reconocimiento del terreno, para ver si en las inmediaciones hay enemigos. **4.** MIL. Patrulla, avanzadilla o tropa que hace este servicio. • **A la descubierta,** con claridad, sin rodeos; al raso, sin albergue, a la inclemencia del tiempo.

**DESCUBIERTO, A** adj. Dícese del que está expuesto a cargos o reconvenciones, adeudado. **2.** Que no está cubierto. ◆ n. m. **3.** Préstamo a corto plazo acordado por un banco al titular de una cuenta corriente. **4.** Déficit. • **Al descubierto,** al raso, sin albergue, a la inclemencia del tiempo. ‖ **Estar en descubierto,** tener alguien un descubierto en su cuenta bancaria. ‖ **Vender al descubierto,** vender en bolsa valores que no se poseen.

**DESCUBRIDOR, RA** adj. y n. Que descubre algo desconocido, especialmente el autor de un descubrimiento geográfico o científico.

**DESCUBRIMIENTO** n. m. Acción y efecto de descubrir, especialmente tierras o cosas científicas: *descubrimiento de América, de la penicilina.* **2.** La cosa descubierta.

**DESCUBRIR** v. tr. [**3m**]. Manifestar, hacer patente: *descubrir un secreto.* **2.** Destapar lo que está tapado o cubierto: *descubrir una placa conmemorativa.* **3.** Venir en conocimiento de algo que se ignoraba o estaba escondido: *descubrir un engaño, un tesoro.* **4.** Inventar: *descubrir la penicilina.* **5.** Divisar, percibir desde lejos: *desde aquí se descubre la ciudad.* ◆ **descubrirse** v. pron. **6.** Quitarse de la cabeza el sombrero, gorra, etc.: *al entrar en la iglesia se descubrió.* **7.** TAUROM. Bajar el toro la cabeza para acometer. **8.** TAUROM. Quedarse el torero sin protección por no señalar bien la salida al toro con el engaño.

**DESCUENTO** n. m. Cesión de un efecto comercial antes de su vencimiento por un importe inferior a su valor nominal. **2.** Diferencia entre el valor nominal de un efecto comercial y el valor efectivo, después del descuento. **3.** Ejercicio del derecho, concedido en la adquisición de un título, de reclamar su entrega en un plazo de cinco días. **4.** Reducción sobre el precio de venta de un artículo, otorgada al comprador. • **Política del descuento,** política económica basada en la tasa de redescuento.

**DESCUEVE** n. m. *Chile. Vulg.* Grado máximo de excelencia de una persona, cosa o circunstancia.

**DESCUIDAR** v. tr., intr. y pron. [**1**]. No prestar el cuidado o la atención debidos: *descuidar la educación de los hijos.* ◆ v. tr. e intr. **2.** Descargar, eximir a alguien de un cuidado u obligación. ◆ v. tr. **3.** Distraer, procurar que alguien no atienda a lo que le importa para cogerle desprevenido: *descuidar al enemigo.* ◆ v. intr. **4.** Asegurar a alguien que se hará lo que se ha mandado o encargado.

**DESCUIDERO, A** adj. y n. Dícese del ratero que hurta aprovechando descuidos.

**DESCUIDO** n. m. Omisión, negligencia, falta de cuidado: *vestir con descuido.* **2.** Olvido, inadvertencia. **3.** Desliz, tropiezo vergonzoso.

**DESCULAR** v. tr. y pron. [**1**]. *Vulg.* Desfondar, romper o quitar el fondo.

**DESDAR** v. tr. [**1p**]. Dar vueltas en sentido inverso a un manubrio, carrete o cuerda, para deshacer otras vueltas anteriores.

**DESDE** prep. Denota el punto en el tiempo en que empieza a suceder alguna cosa: *desde ahora.* **2.** Señala el punto en el espacio donde se origina una distancia: *desde aquí.* **3.** Después de. • **Desde que,** a partir del tiempo en que: *desde que se fue.*

**DESDECIR** v. intr. [**19**]. Desmentir, perder una cosa la línea, nivel o dirección que le corresponde: *el decorado desdice de los muebles.* **2.** *Fig.* Degenerar una persona o cosa de su origen, educación o clase: *su grosería desdice de su inteligencia.* **3.** *Fig.* No convenir, no corresponder una cosa con otra: *este vino desdice de la comida.* ◆ **desdecirse** v. pron. **4.** Retractarse de lo dicho.

**DESDÉN** n. m. Indiferencia y desapego: *actuar con desdén.* • **Al desdén,** con descuido afectado.

**DESDENTADO, A** adj. Que no tiene dientes o que los ha perdido. ◆ adj. y n. m. **2.** Relativo a un orden de mamíferos desprovistos de dientes o con dientes reducidos, al que pertenecen el armadillo y el oso hormiguero, entre otros.

**DESDENTAR** v. tr. y pron. [**1j**]. Quitar, sacar o perder los dientes.

**DESDEÑABLE** adj. Que merece ser desdeñado.

**DESDEÑAR** v. tr. [**1**]. Tratar con desdén, rechazar: *desdeñar a un pretendiente.* ◆ v. tr. y pron. **2.** Tener a menos el hacer o decir una cosa: *desdeñar dirigir la palabra.*

**DESDEÑOSO, A** adj. y n. Que manifiesta desdén: *mostrarse desdeñoso.*

**DESDIBUJAR** v. tr. y pron. [**1**]. Hacer confusa o borrosa una imagen, idea, etc.

**DESDICHA** n. f. Desgracia, adversidad, motivo de aflicción: *lamentarse de su desdicha.*

**DESDICHADO, A** adj. y n. Desgraciado, desafortunado. **2.** *Fig.* y *fam.* Sin malicia, pusilánime.

**DESDIFERENCIACIÓN** n. f. BIOL. Pérdida total o parcial de los caracteres particulares de una célula o de un tejido vivo.

**DESDINERAR** v. tr. [**1**]. Empobrecer un país despojándolo de moneda. ◆ **desdinerarse** v. pron. **2.** Hacer una inversión excesiva de dinero o quedarse sin dinero.

**DESDOBLAMIENTO** n. m. Acción y efecto de desdoblar. **2.** *Fig.* Explicación o aclaración de un texto, doctrina, etc. • **Desdoblamiento de personalidad,** trastorno síquico consistente en la existencia, en una misma persona, de dos personalidades, una normal y la otra patológica, que presenta carácter de automatismo y está vinculada a motivaciones inconscientes.

**DESDOBLAR** v. tr. y pron. [**1**]. Extender lo que estaba doblado: *desdoblar un pañuelo.* **2.** *Fig.* Formar dos o más cosas por separación de los elementos que suelen estar juntos en una: *desdoblar una imagen.* • **Desdoblar un tren** (F.C.), poner en marcha un tren que tiene el mismo horario que el precedente, pero adelantado o retrasado con relación a este último.

**DESDORAR** v. tr. y pron. [**1**]. Quitar el oro de algo dorado. **2.** *Fig.* Constituir desdoro.

**DESDORO** n. m. Descrédito, vergüenza.

**DESEABILIDAD** n. f. ECON. Utilidad de un bien o de un servicio.

**DESEAR** v. tr. (lat. *desiderare*) [**1**]. Sentir atracción por algo hasta el punto de quererlo poseer o alcanzar: *desear riquezas.* **2.** Querer que acontezca o deje de acontecer algún suceso: *desear felicidad.*

**DESECACIÓN** n. f. Acción y efecto de desecar. **2.** Eliminación de la humedad de un cuerpo.

**DESECADOR** n. m. Aparato que sirve para la desecación.

**DESECAR** v. tr. y pron. [**1a**]. Secar, eliminar la humedad de un cuerpo: *desecar la madera.*

**DESECATIVO, A** adj. Que tiene propiedad de desecar.

**DESECHABLE** adj. Que se desecha o se puede desechar. **2.** Dícese de los objetos de un solo uso.

**DESECHAR** v. tr. [**1**]. Excluir, reprobar, menospreciar: *desechar una propuesta.* **2.** Renunciar, no admitir una cosa: *desechar una ayuda.* **3.** Arrojar, tirar. **4.** Deponer, apartar de sí un temor, pesar, sospecha, etc.: *desechar el miedo.* **5.** Dejar algo por inútil: *desechar un vestido.*

**DESECHO** n. m. Residuo que queda de una cosa, después de haber escogido lo mejor. **2.** Cosa que se ha desechado: *tirar los desechos a la basura.* **3.** Residuo, desperdicio. **4.** *Fig.* Desprecio, vilipendio: *ser el desecho de la sociedad.* **5.** *Amér.* Atajo, senda.

**DESECONOMÍA** n. f. ECON. Repercusión negativa en una unidad económica, manifestada por el aumento desproporcionado de los costes.

**DESELECTRIZAR** v. tr. y pron. [**1g**]. Descargar de electricidad un cuerpo.

**DESEMBALAJE** n. m. Acción de desembalar.

**DESEMBALAR** v. tr. [**1**]. Deshacer un embalaje: *desembalar una caja.*

**DESEMBALDOSAR** v. tr. [1]. Arrancar las baldosas.

**DESEMBALSAR** v. tr. y pron. [1]. Dar salida al agua de un embalse.

**DESEMBALSE** n. m. Acción y efecto de desembalsar.

**DESEMBARAZAR** v. tr. y pron. [1g]. Dejar una cosa desocupada, o libre de obstáculos: *desembarazar el paso.* ◆ **desembarazarse** v. pron. **2.** *Fig.* Apartar uno de sí lo que le estorba para algún fin: *desembarazarse de alguien.*

**DESEMBARAZO** n. m. Desenvoltura, decisión.

**DESEMBARCADERO** n. m. Lugar destinado al embarque o desembarco por mar de pasajeros y mercancías.

**DESEMBARCAR** v. tr. [1a]. Descargar las mercancías de un barco o avión. ◆ v. intr. y pron. **2.** Salir de una embarcación o avión.

**DESEMBARCO** o **DESEMBARQUE** n. m. Acción de desembarcar. **2.** Operación militar que realiza en tierra la dotación de un buque o de una escuadra, o las tropas que llevan. • **Desembarco aéreo,** acción de situar en tierra, por medios aéreos, tropas y material de guerra. ‖ **Lancha,** o **barcaza, de desembarco,** embarcación de guerra destinada al desembarco de tropas y material.

**DESEMBARGAR** v. tr. [1b]. Quitar el impedimento o embarazo a una cosa. **2.** DER. Alzar el embargo o secuestro de una cosa: *desembargar una finca.*

**DESEMBARGO** n. m. DER. Acción y efecto de desembargar.

**DESEMBARRANCAR** v. tr. e intr. [1a]. Sacar a flote una nave embarrancada.

**DESEMBARRAR** v. tr. [1]. Quitar el barro.

**DESEMBAULAR** v. tr. [1w]. Sacar lo que está en el baúl, caja, etc. **2.** *Fig.* y *fam.* Desahogarse alguien comunicando lo que le causa pena.

**DESEMBOCADURA** n. f. Parte final, simple o ramificada, por donde un río vierte su carga líquida y sólida en el mar: *la desembocadura del Ebro.* **2.** Salida de una calle.

**DESEMBOCAR** v. intr. [1a]. Entrar una corriente de agua en el mar, en otra corriente, etc. **2.** Salir o tener salida una calle, un camino, conducto, pasillo, etc., a determinado lugar. **3.** Tener un asunto o situación determinado desenlace.

**DESEMBOJAR** v. tr. [1]. Quitar, desprender los capullos de seda del embojo o enramada.

**DESEMBOLSAR** v. tr. [1]. Sacar lo que está en la bolsa. **2.** Pagar o entregar una cantidad de dinero.

**DESEMBOLSO** n. m. Entrega de dinero, efectivo y de contado. **2.** *Fig.* Dispendio, gasto, coste.

**DESEMBOTAR** v. tr. y pron. [1]. Despejar los sentidos, el entendimiento, etc.

**DESEMBOZAR** v. tr. y pron. [1g]. Quitar el embozo: *desembozar el rostro.* **2.** Desatascar un conducto: *desembozar una tubería.*

**DESEMBRAGAR** v. tr. [1b]. MEC. Desprender del árbol motor un mecanismo o parte de él.

**DESEMBRAGUE** n. m. Acción y efecto de desembragar. • **Palanca de desembrague,** dispositivo que comanda el mecanismo que permite desembragar y embragar en un automóvil.

**DESEMBRIAGAR** v. tr. y pron. [1b]. Quitar la embriaguez.

**DESEMBRIDAR** v. tr. [1]. Quitar las bridas a una caballería.

**DESEMBROLLAR** v. tr. [1]. *Fam.* Desenredar, deshacer un embrollo.

**DESEMBUCHAR** v. tr. [1]. Echar las aves lo que tienen en el buche. **2.** *Fig.* y *fam.* Decir todo cuanto se sabe y se tenía callado: *la policía hizo que el detenido desembuchara todo lo que sabía.*

**DESEMEJANZA** n. f. Diferencia, no semejanza.

**DESEMEJAR** v. intr. [1]. Existir desemejanza. ◆ v. tr. **2.** Desfigurar.

**DESEMPACAR** v. tr. [1a]. Deshacer las pacas en que van las mercancías. **2.** Deshacer el equipaje. ◆ **desempacarse** v. pron. **3.** *Fig.* Aplacarse, mitigarse, desenojarse.

**DESEMPACHAR** v. tr. y pron. [1]. Quitar el empacho o indigestión. ◆ **desempacharse** v. pron. **2.** Perder el empacho o timidez.

**DESEMPACHO** n. m. Desenvoltura, falta de timidez.

la **desembocadura** del río Gallegos, Argentina

**DESEMPALAGAR** v. tr. y pron. [1b]. Quitar a alguien el empalago. ◆ v. tr. **2.** Quitar el agua estancada y sucia de un molino que dificulta el movimiento de la rueda.

**DESEMPALMAR** v. tr. [1]. Desconectar un empalme o conexión.

**DESEMPAÑAR** v. tr. [1]. Limpiar una cosa empañada: *desempañar los cristales.* ◆ v. tr. y pron. **2.** Quitar los pañales a un niño.

**DESEMPAPELAR** v. tr. [1]. Quitar el papel que envuelve o cubre una cosa: *desempapelar la pared.*

**DESEMPAQUETAR** v. tr. [1]. Deshacer lo que está empaquetado.

**DESEMPAREJAR** v. tr. y pron. [1]. Desigualar lo que estaba parejo. **2.** Hacer que algo o alguien deje de formar pareja.

**DESEMPASTAR** v. tr. [1]. Quitar el empaste de una muela.

**DESEMPASTE** n. m. Acción de desempastar.

**DESEMPATAR** v. tr. e intr. [1]. Deshacer el empate.

**DESEMPATE** n. m. Acción y efecto de desempatar.

**DESEMPEDRAR** v. tr. [1j]. Arrancar las piedras de un empedrado.

**DESEMPEGAR** v. tr. [1b]. Quitar el baño de pez a una cosa empegada.

**DESEMPEÑAR** v. tr. [1]. Sacar, recuperar lo que estaba en poder de otro en garantía de préstamo. **2.** Cumplir, hacer aquello a lo que uno está obligado. **3.** Ejecutar lo ideado para una obra literaria o artística. ◆ v. tr. y pron. **4.** Librar a alguien de los empeños o deudas que tenía contraídos.

**DESEMPEÑO** n. m. Acción y efecto de desempeñar.

**DESEMPERNAR** v. tr. [1]. Quitar los pernos que sujetan las piezas, bastidores, vías, etc.: *desempernar un carril.*

**DESEMPLEO** n. m. Paro, falta de trabajo: *situación de desempleo.*

**DESEMPOLVADURA** n. f. Acción y efecto de desempolvar.

**DESEMPOLVAR** v. tr. y pron. [1]. Quitar el polvo. ◆ v. tr. **2.** *Fig.* Volver a usar lo que se había abandonado. **3.** Traer a la memoria o consideración algo que estuvo mucho tiempo olvidado: *desempolvar recuerdos.*

**DESEMPONZOÑAR** v. tr. [1]. Libertar a uno del daño causado por la ponzoña. **2.** Quitar a una cosa sus cualidades ponzoñosas.

**DESENALBARDAR** v. tr. [1]. Quitar la albarda a una caballería. **2.** Desaparejar las bestias.

**DESENAMORAR** v. tr. y pron. [1]. Hacer perder el afecto o amor que se tiene.

**DESENCADENADOR, RA** adj. Que desencadena. • **Esquema desencadenador** (ETOL.), configuración perceptiva capaz de desencadenar en una especie animal determinada un comportamiento innato.

**DESENCADENAMIENTO** n. m. Acción y efecto de desencadenar.

**DESENCADENAR** v. tr. [1]. Desatar, soltar al que está amarrado con cadenas. **2.** *Fig.* Romper o desunir el vínculo de las cosas inmateriales. ◆ v. tr. y pron. **3.** Dejar en libertad una fuerza perjudicial que estaba inactiva o contenida o ponerla en actividad: *desencadenarse una guerra.* **4.** *Fig.* Estallar, sobrevenir una guerra, una revolución, etc. **5.** *Fig.* Estallar con violencia las fuerzas naturales o las pasiones: *desencadenarse una tormenta.*

**DESENCAJAMIENTO** o **DESENCAJE** n. m. Acción y efecto de desencajar o desencajarse.

**DESENCAJAR** v. tr. y pron. [1]. Desunir una cosa del encaje que tenía con otra. **2.** Separar, desuniendo sus juntas, dos tubos contiguos en una conducción de aguas. ◆ **desencajarse** v. pron. **3.** Desfigurarse, descomponerse el semblante por enfermedad, o por una alteración psíquica.

**DESENCAJONAMIENTO** n. m. Acción de sacar los toros de lidia de los vagones en que son transportados.

**DESENCAJONAR** v. tr. [1]. Sacar lo que está encajonado.

**DESENCALLAR** v. tr. e intr. [1]. Poner a flote una embarcación encallada.

**DESENCAMINAR** v. tr. [1]. Descaminar a alguien del camino. **2.** *Fig.* Apartar a alguien de un buen propósito, inducirle a que haga lo que no es justo ni le conviene.

**DESENCANTAR** v. tr. y pron. [1]. Deshacer el encanto o encantamiento. **2.** Decepcionar, desilusionar.

**DESENCANTO** o **DESENCANTAMIENTO** n. m. Acción y efecto de desencantar: *sufrir un desencanto.*

**DESENCAPOTAR** v. tr. y pron. [1]. Quitar el capote. ◆ v. tr. **2.** *Fig.* y *fam.* Descubrir, manifestar. **3.** Hacer que levante la cabeza el caballo que tiene por costumbre llevarla baja. ◆ **desencapotarse** v. pron. **4.** *Fig.* Despejarse, aclararse el cielo, horizonte, etc.

**DESENCAPRICHAR** v. tr. y pron. [1]. Disuadir a uno de un error, tema o capricho.

**DESENCARCELAR** v. tr. [1]. Excarcelar.

**DESENCARGAR** v. tr. [1b]. Revocar un encargo.

**DESENCERRAR** v. tr. [1j]. Sacar del encierro, franquear la salida a lo que está encerrado. **2.** Abrir lo que está cerrado. **3.** Descubrir lo que está oculto.

**DESENCHUECAR** v. tr. [1]. *Amér.* Enderezar lo que está torcido.

**DESENCHUFAR** v. tr. [1]. Separar o desacoplar lo que está enchufado: *desenchufar la estufa.*

**DESENCINTAR** v. tr. [1]. Quitar las cintas que atan o adornan una cosa. **2.** Quitar el encintado a un pavimento.

**DESENCLAVAR** v. tr. [1]. Desclavar.

**DESENCLAVIJAR** v. tr. [1]. TECNOL. Quitar las clavijas.

**DESENCOBRAR** v. tr. [**1**]. Quitar el cobreado por disolución química o electrolítica.

**DESENCOFRADO** n. m. Acción de desencofrar.

**DESENCOFRAR** v. tr. [**1**]. Quitar los encofrados de una obra de hormigón armado, después de haberse endurecido éste.

**DESENCOGER** v. tr. [**2b**]. Estirar, extender lo que estaba encogido. ◆ **desencogerse** v. pron. **2.** *Fig.* Perder la timidez.

**DESENCOGIMIENTO** n. m. Acción de desencoger. **2.** *Fig.* Desembarazo, desenfado.

**DESENCOLAR** v. tr. y pron. [**1**]. Despegar lo que está pegado con cola.

**DESENCOLERIZAR** v. tr. y pron. [**1g**]. Apaciguar al que está encolerizado.

**DESENCONAR** v. tr. y pron. [**1**]. Desinflamar, quitar la inflamación. **2.** *Fig.* Apaciguar, quitar el encono o enojo. ◆ **desenconarse** v. pron. **3.** Suavizarse, perder la aspereza una cosa.

**DESENCONO** o **DESENCONAMIENTO** n. m. Acción y efecto de desenconar.

**DESENCORDAR** v. tr. [**1r**]. Quitar las cuerdas a un instrumento, especialmente a los instrumentos de música.

**DESENCORVAR** v. tr. [**1**]. Enderezar lo que está encorvado o torcido.

**DESENCUADERNADO** n. m. *Fig.* y *fam.* Baraja, conjunto de naipes.

**DESENCUADERNAR** v. tr. y pron. [**1**]. Deshacer la encuadernación de un libro.

**DESENCUADRE** n. m. Incidente en la proyección cinematográfica, consistente en la aparición simultánea de dos imágenes parciales en la pantalla.

**DESENDEMONIAR** o **DESENDIABLAR** v. tr. [**1**]. Lanzar los demonios.

**DESENDIOSAR** v. tr. [**1**]. Humillar al que se muestra endiosado.

**DESENFADADERAS** n. f. pl. *Fam.* Recurso para salir de alguna dificultad o liberarse de alguna opresión.

**DESENFADADO, A** adj. Desembarazado, libre. **2.** Dícese del lugar ancho, espacioso, capaz.

**DESENFADAR** v. tr. y pron. [**1**]. Quitar el enfado.

**DESENFADO** n. m. Desenvoltura, desparpajo. **2.** Diversión, expansión, esparcimiento.

**DESENFILADO, A** adj. MIL. Dícese del itinerario o de la zona de terreno al abrigo de la vista y del fuego del enemigo.

**DESENFILAR** v. tr. y pron. [**1**]. MIL. Disponer las tropas, armas u obras de forma que permanezcan invisibles para el enemigo y protegidas contra su fuego.

**DESENFOCAR** v. tr. [**1a**]. Recoger la imagen de un objeto en el foco de una lente de una manera imperfecta. **2.** Tratar un problema o negocio sin acierto.

**DESENFOQUE** n. m. Falta de enfoque o enfoque defectuoso. **2.** Defecto de que adolece una imagen fotográfica o cinematográfica por falta de nitidez en el enfoque de sus figuras.

**DESENFRENADO, A** adj. y n. Que no tiene freno, contención o moderación.

**DESENFRENAR** v. tr. [**1**]. Quitar el freno. ◆ **desenfrenarse** v. pron. **2.** *Fig.* Desmandarse, entregarse a vicios y pasiones. **3.** *Fig.* Desencadenarse, obrar con ímpetu y violencia.

**DESENFRENO** o **DESENFRENAMIENTO** n. m. Acción y efecto de desenfrenarse.

**DESENFUNDAR** v. tr. [**1**]. Sacar una cosa de su funda: *desenfundar la pistola.*

**DESENFURECER** v. tr. y pron. [**2m**]. Hacer deponer el furor.

**DESENGANCHAR** v. tr. y pron. [**1**]. Soltar, desprender lo que está enganchado. ◆ **desengancharse** v. pron. **2.** Dejar de ser adicto a una droga.

**DESENGANCHE** n. m. Acción de desenganchar.

**DESENGAÑAR** v. tr. y pron. [**1**]. Hacer conocer a alguien el engaño o error en que está. **2.** Quitar a alguien sus esperanzas o ilusiones.

**DESENGAÑO** n. m. Acción y efecto de desengañar: *sufrir un desengaño.* **2.** Claridad con que se echa en cara a alguien alguna falta. ◆ **desengaños** n. m. pl. **3.** Lecciones debidas a una amarga experiencia.

**DESENGARZAR** v. tr. y pron. [**1g**]. Desprender lo que está engarzado: *desengarzar un brillante de un anillo.*

**DESENGASTAR** v. tr. [**1**]. Sacar una cosa de su engaste.

**DESENGRANAR** v. tr. [**1**]. MEC. Quitar o soltar el engranaje de una cosa con otra.

**DESENGRASAR** v. tr. [**1**]. Quitar o limpiar la grasa. **2.** Eliminar las materias grasas de la superficie de una pieza metálica. ◆ v. intr. **3.** *Fam.* Enflaquecer, quedarse flaco. **4.** Quitarse el sabor de la grasa.

**DESENGRASE** n. m. Acción y efecto de desengrasar. **2.** Operación consistente en frotar, limpiar y pulir una materia, con vistas a una ulterior manipulación.

**DESENGROSAR** v. tr. e intr. [**1r**]. Adelgazar, enflaquecer.

**DESENGRUDAR** v. tr. [**1**]. Quitar el engrudo.

**DESENHEBRAR** v. tr. y pron. [**1**]. Sacar o salirse la hebra de la aguja.

**DESENHORNAR** v. tr. [**1**]. INDUSTR. Sacar del horno.

**DESENJAEZAR** v. tr. [**1g**]. Quitar los jaeces de una caballería.

**DESENJALMAR** v. tr. [**1**]. Quitar la enjalma a una caballería.

**DESENLACE** n. m. Acción y efecto de desenlazar. **2.** Final de un suceso, de una narración, de una obra literaria, cinematográfica o televisiva, donde se resuelve la trama.

**DESENLADRILLAR** v. tr. [**1**]. Deshacer el enladrillado.

**DESENLAZAR** v. tr. y pron. [**1**]. Desatar los lazos, desasir y soltar lo que está atado. ◆ v. tr. **2.** *Fig.* Solucionar un asunto o una dificultad.

**DESENLODAR** v. tr. [**1**]. Quitar el lodo a una cosa.

**DESENLOSAR** v. tr. [**1**]. Deshacer el enlosado.

**DESENLUTAR** v. tr. y pron. [**1**]. Quitar el luto.

**DESENMALLAR** v. tr. [**1**]. Recoger los peces de las redes.

**DESENMARAÑAR** v. tr. [**1**]. Desenredar.

**DESENMASCARAR** v. tr. y pron. [**1**]. Quitar la máscara. **2.** *Fig.* Dar a conocer los verdaderos propósitos, sentimientos, etc., de una persona: *desenmascarar al culpable.*

**DESENMOHECER** v. tr. [**2m**]. Quitar el moho. **2.** Desentumecer.

**DESENMUDECER** v. intr. y pron. [**2m**]. Verse uno libre del impedimento natural que tenía para hablar. ◆ v. intr. **2.** Romper el silencio.

**DESENOJAR** v. tr. y pron. [**1**]. Aplacar, sosegar, hacer perder el enojo.

**DESENOJO** n. m. Acción y efecto de desenojar.

**DESENREDAR** v. tr. [**1**]. Deshacer el enredo. **2.** *Fig.* Poner orden a lo que estaba confuso y desordenado. ◆ **desenredarse** v. pron. **3.** *Fig.* Salir de una dificultad o lance.

**DESENROLLAR** v. tr. y pron. [**1**]. Extender lo que está arrollado, deshacer un rollo.

**DESENROSCAR** v. tr. y pron. [**1a**]. Extender lo que está enroscado. **2.** Sacar o salirse un tornillo o tuerca de donde está enroscado.

**DESENSAMBLAR** v. tr. y pron. [**1**]. Separar las piezas de madera ensambladas.

**DESENSARTAR** v. tr. [**1**]. Desprender lo ensartado.

**DESENSIBILIZACIÓN** n. f. Disminución de la sensibilidad de una emulsión fotográfica. **2.** Tratamiento que hace desaparecer la sensibilidad del organismo respecto a ciertas sustancias (polen, polvo, proteínas, etc.).

**DESENSIBILIZADOR** n. m. Producto que disminuye la sensibilidad de una emulsión fotográfica.

**DESENSILLAR** v. tr. [**1**]. Quitar la silla a una caballería.

**DESENTENDERSE** v. pron. [**2d**]. Fingir que no se entiende una cosa. **2.** Prescindir de un asunto o negocio o no tomar parte en él.

**DESENTERRAR** v. tr. [**1j**]. Exhumar, descubrir, sacar lo que está debajo de tierra: *desenterrar un tesoro.* **2.** *Fig.* Traer a la memoria lo olvidado.

**DESENTONACIÓN** n. f. Acción y efecto de desentonar. SIN.: *desentono.*

**DESENTONAR** v. intr. [**1**]. Desafinar la voz o un instrumento. ◆ v. intr. y pron. **2.** Estar algo o alguien en contraste desagradable con lo que hay o sucede alrededor.

**DESENTRAMPAR** v. tr. y pron. [**1**]. *Fam.* Desempeñar a alguien de sus deudas.

**DESENTRAÑAMIENTO** n. m. Acción y efecto de desentrañar.

**DESENTRAÑAR** v. tr. [**1**]. Penetrar en lo más dificultoso de una materia.

**DESENTRENARSE** v. pron. [**1**]. Disminuir o perder la fuerza, destreza, etc., por falta de ejercicio.

**DESENTRONIZAR** v. tr. [**1g**]. Destronar. **2.** *Fig.* Deponer a uno de la autoridad que tenía.

**DESENTUMECER** v. tr. y pron. [**2m**]. Quitar el entumecimiento a un miembro: *desentumecer las piernas.*

**DESENTUMECIMIENTO** n. m. Acción y efecto de desentumecer.

**DESENVAINAR** v. tr. [**1**]. Sacar de la vaina un arma: *desenvainar la espada.* **2.** *Fig.* y *fam.* Sacar lo que está oculto o encubierto.

**DESENVENDAR** v. tr. y pron. [**1**]. Desvendar.

**DESENVOLTURA** n. f. Agilidad, facilidad, gracia, soltura. **2.** *Fig.* Despreocupación, desvergüenza.

**DESENVOLVER** v. tr. y pron. [**2n**]. Desenrollar, extender lo envuelto o arrollado. **2.** *Fig.* Desarrollar, hacer pasar una cosa por una serie de estados sucesivos. ◆ v. tr. **3.** *Fig.* Descifrar o aclarar una cosa que está oscura o enredada. ◆ **desenvolverse** v. pron. **4.** *Fig.* Suceder, desarrollarse. **5.** *Fig.* Hablar u obrar con soltura o habilidad, manejarse.

**DESENVOLVIMIENTO** n. m. Acción y efecto de desenvolver o desenvolverse.

**DESENVUELTO, A** adj. Que tiene desenvoltura: *persona desenvuelta.*

**DESENZARZAR** v. tr. y pron. [**1g**]. *Fam.* Separar a los que riñen o disputan.

**DESENZOLVAR** v. tr. [**1**]. *Méx.* Destapar un conducto, limpiarlo.

**DESEO** n. m. Acción y efecto de desear. **2.** Atracción sexual. **3.** SICOL. Movimiento enérgico de la voluntad hacia el conocimiento, disfrute o posesión de una cosa.

**DESEOSO, A** adj. Que desea o apetece.

**DESEQUILIBRAR** v. tr. y pron. [**1**]. Hacer perder el equilibrio. ◆ **desequilibrarse** v. pron. **2.** Perder el equilibrio mental, volverse loco.

**DESEQUILIBRIO** n. m. Falta de equilibrio. **2.** ECON. Exceso de oferta o de demanda que tiende a destruir una situación de equilibrio económico. • **Desequilibrio mental,** sicopatía.

**DESERCIÓN** n. f. Acción de desertar.

**DESERTAR** v. tr., intr. y pron. [**1**]. Abandonar, dejar de frecuentar una reunión, comunidad, etc. **2.** MIL. Abandonar su cuerpo o su puesto sin autorización.

**DESÉRTICO, A** adj. Desierto, despoblado: *paraje desértico.* **2.** Relativo al desierto.

**DESERTIFICACIÓN** o **DESERTIZACIÓN** n. f. Transformación de una región en desierto. **2.** Empobrecimiento de una zona semiárida por la destrucción de los suelos y la vegetación bajo la influencia del hombre.

**DESERTOR, RA** adj. y n. Que deserta o abandona: *los soldados desertores fueron perseguidos.*

**DESESCALADA** n. f. Disminución progresiva del peligro y la tensión resultantes de un proceso de escalada.

**DESESCOLARIZACIÓN** n. f. Tendencia que cuestiona la escuela tradicional, a la que acusa de no potenciar los valores culturales y de reducir la capacidad intelectual y creativa de los alumnos.

**DESESCOMBRAR** v. tr. [**1**]. Descombrar.

**DESESCORIAR** v. intr. [**1**]. Separar del metal o del vidrio en fusión las escorias e impurezas que contiene.

**DESESPERACIÓN** n. f. Pérdida total de la esperanza. **2.** *Fig.* Alteración extrema del ánimo, causada por la consideración de un mal irreparable o por la impotencia de lograr éxito.

**DESESPERADO, A** adj. y n. Poseído de desesperación. • **A la desesperada,** acudiendo a remedios extremos para lograr lo que parece imposible conseguir: *actuar a la desesperada.*

**DESESPERANTE** adj. Capaz de desesperar.

**DESESPERANZADOR, RA** adj. Que hace perder la esperanza.

**DESESPERANZAR** v. tr. y pron. [**1g**]. Quitar o perder la esperanza.

**DESESPERAR** v. tr., intr. y pron. [**1**]. Desesperanzar. ◆ v. tr. y pron. **2.** Impacientar, exasperar. ◆ **desesperarse** v. pron. **3.** Despecharse hasta el punto de intentar quitarse la vida.

**DESESTABILIZACIÓN** n. f. Acción de desestabilizar.

**DESESTABILIZADOR, RA** adj. Que desestabiliza.

**DESESTABILIZAR** v. tr. [**1g**]. Hacer perder su estabilidad a un estado, régimen, situación, etc.

**DESESTALINIZACIÓN** n. f. Conjunto de medidas tomadas en la antigua U.R.S.S. y en los demás países socialistas, tras la muerte de Stalin, para combatir el estalinismo.

**DESESTANCO** n. m. HIST. Acción y efecto de poner fin a los estancos administrativos de determinados productos.

**DESESTIMACIÓN** o **DESESTIMA** n. f. Acción y efecto de desestimar.

**DESESTIMAR** v. tr. [**1**]. No tener la debida estimación a una cosa. **2.** Denegar, desechar: *desestimó sus observaciones.*

**DESEXCITACIÓN** n. f. Retorno de una molécula, un átomo o un núcleo excitados a su estado de energía mínima.

**DESFACHATEZ** n. f. Descaro, desvergüenza.

**DESFALCAR** o **DEFALCAR** v. tr. [**1a**]. Cometer desfalco.

**DESFALCO** n. m. DER. Sustracción o uso indebido de valores o dinero por personas que tienen la obligación de custodiarlos o de servirse de ellos para determinados fines.

**DESFALLECER** v. tr. [**2m**]. Causar desfallecimiento o disminuir las fuerzas. ◆ v. intr. **2.** Decaer, debilitarse.

**DESFALLECIMIENTO** n. m. Acción y efecto de desfallecer. **2.** MED. Fase inicial de síncope: *sufrir un desfallecimiento.*

**DESFASADO, A** adj. Que no se ajusta a las corrientes, condiciones o circunstancias del momento.

**DESFASE** n. m. Cualidad o estado de desfasado.

**DESFAVORABLE** adj. Poco favorable, perjudicial, adverso: *situación desfavorable.*

**DESFAVORECER** v. tr. [**2m**]. Dejar de favorecer a alguien, perjudicar.

**DESFECHA** n. f. Canción breve, inspirada en el asunto de otra poesía, de la que presenta una condensación.

**DESFIBRADO** n. m. Acción de desfibrar.

**DESFIBRADORA** n. f. Máquina para desfibrar la madera.

**DESFIBRAR** v. tr. [**1**]. Quitar las fibras a las materias que las contienen.

**DESFIBRILACIÓN** n. f. Método terapéutico que emplea un shock eléctrico para detener la fibrilación del músculo cardíaco.

**DESFIBRILADOR** n. m. Instrumento que sirve para la desfibrilación.

**DESFIGURACIÓN** n. f. Acción y efecto de desfigurar o desfigurarse. SIN.: *desfiguramiento.*

**DESFIGURAR** v. tr. [**1**]. Deformar, hacer perder a una cosa su figura propia. **2.** Oscurecer e impedir que se perciban las formas y figuras de las cosas. **3.** *Fig.* Referir una cosa alterando las verdaderas circunstancias. ◆ v. tr. y pron. **4.** Desemejar, afear la composición y orden del semblante. ◆ **desfigurarse** v. pron. **5.** Inmutarse por un accidente o por alguna pasión del ánimo.

**DESFIGURO** n. m. *Méx.* Ridículo: *hizo un desfiguro la otra noche; una serie de desfiguros.*

**DESFILADERO** n. m. Paso estrecho entre montañas.

**DESFILAR** v. intr. [**1**]. Marchar gente en fila. **2.** Ir saliendo la gente de alguna parte. **3.** MIL. En ciertas funciones militares, pasar las tropas ante un superior, ante un monumento, etc.

**DESFILE** n. m. Acción de desfilar.

**DESFLORACIÓN** n. f. Acción y efecto de desflorar. SIN.: *desfloramiento.*

**DESFLORAR** v. tr. [**1**]. Ajar, estropear, quitar a una cosa su buena apariencia. **2.** *Fig.* Tratar superficialmente un asunto o materia. **3.** MED. Romper el himen.

**DESFOGAR** v. tr. y pron. [**1b**]. Exteriorizar violentamente una pasión o estado de ánimo.

**DESFOGUE** n. m. Acción y efecto de desfogar o desfogarse.

**DESFONDAR** v. tr. y pron. [**1**]. Quitar o romper el fondo a un recipiente, mueble, etc. **2.** En competiciones deportivas, quitar fuerza o empuje: *desfondarse un corredor.* ◆ v. tr. **3.** Dar a la tierra labores profundas.

**DESFONDE** o **DESFONDAMIENTO** n. m. Acción y efecto de desfondar.

**DESFORESTACIÓN** n. f. Acción de destruir los bosques.

**DESFOSFATAR** v. tr. [**1**]. Eliminar del suelo o de las aguas parte de los fosfatos que contienen.

**DESFOSFORACIÓN** n. f. METAL. Operación mediante la cual se elimina el fósforo del hierro y el acero.

**DESFOSFORAR** v. tr. [**1**]. Efectuar la desfosforación.

**DESFRENAR** v. tr. y pron. [**1**]. Aflojar el freno.

**DESGAIRE** n. m. Descuido, despreocupación. **2.** Ademán de desprecio. • **Al desgaire,** con descuido.

**DESGAJADURA** n. f. Rotura de la rama cuando lleva consigo parte del tronco a que está asida.

**DESGAJAR** v. tr. y pron. [**1**]. Arrancar una rama del tronco. ◆ v. tr. **2.** Despedazar, romper, deshacer alguna cosa unida y trabada. ◆ **desgajarse** v. pron. **3.** *Fig.* Soltarse, desprenderse una cosa de otra.

**DESGALICHADO, A** adj. Desaliñado, desgarbado.

**DESGALILLARSE** v. pron. [**1**]. *Amér. Central.* Desgañitarse.

**DESGANA** n. f. Inapetencia, falta de ganas de comer. **2.** Falta de interés, indiferencia, fastidio: *trabajar con desgana.*

**DESGANAR** v. tr. [**1**]. Quitar el deseo o la gana de hacer una cosa. ◆ **desganarse** v. pron. **2.** Perder el apetito de la comida. **3.** *Fig.* Disgustarse, cansarse de lo que antes se hacía con gusto; sentir tedio o fastidio.

**DESGANO** n. m. *Amér.* Desgana.

**DESGAÑITARSE** v. pron. [**1**]. *Fam.* Esforzarse mucho en gritar o vocear.

**DESGARBADO, A** adj. Falta de garbo.

**DESGARRADO, A** adj. y n. Que procede con descaro y escándalo.

**DESGARRADOR, RA** adj. Que desgarra o tiene fuerzas para desgarrar.

**DESGARRADURA** n. f. Desgarrón.

**DESGARRAMIENTO** n. m. Acción y efecto de desgarrar.

**DESGARRAR** v. tr. y pron. [**1**]. Rasgar, romper o hacer pedazos. **2.** *Fig.* Herir vivamente los sentimientos de una persona.

**DESGARRIARE** n. m. *Méx. Fam.* Desorden.

**DESGARRO** n. m. Rotura: *tener un desgarro en la camisa.* **2.** *Fig.* Descaro, desvergüenza. **3.** *Fig.* Afectación de valentía, fanfarronada. **4.** OBST. Herida lineal que, en ciertos casos, se produce en el periné durante el parto.

**DESGARRÓN** n. m. Rotura grande. **2.** Jirón o tira del vestido al desgarrarse la tela.

**DESGASIFICACIÓN** n. f. Acción de desgasificar.

**DESGASIFICAR** v. tr. [**1a**]. Eliminar el aire o el gas contenido en un líquido o en un producto sólido fundido. **2.** Vaciar las cisternas de un petrolero de los gases y sedimentos que quedan en ellas después de la descarga.

**DESGASOLINAR** v. tr. [**1**]. Extraer de un gas natural los hidrocarburos líquidos.

**DESGASTAR** v. tr. y pron. [**1**]. Gastar, quitar o estropear por el uso o el roce parte de una cosa. ◆ **desgastarse** v. pron. **2.** *Fig.* Perder fuerza, debilitarse.

**DESGASTE** n. m. Acción y efecto de desgastar o desgastarse.

**DESGLACIACIÓN** n. f. GEOGR. Recesión de los glaciares.

**DESGLOSAR** v. tr. [**1**]. Separar una hoja, pliego, etc., de otros con los cuales está encuadernado. **2.** *Fig.* Separar, apartar una cuestión de otras. **3.** DER. Separar algunas hojas de una pieza de autos.

**DESGLOSE** n. m. Acción y efecto de desglosar.

**DESGOBERNAR** v. tr. [**1j**]. Gobernar mal. **2.** Alterar el buen orden o dirección.

**DESGOBIERNO** n. m. Desorden, falta de gobierno: *reinar el desgobierno en una casa.*

**DESGOLLETAR** v. tr. [**1**]. Quitar el gollete o cuello a una vasija. ◆ v. tr. y pron. **2.** Aflojar o quitar la ropa que cubre el cuello.

**DESGRACIA** n. f. Suerte adversa. **2.** Suceso o acontecimiento funesto: *ocurrir una desgracia.* **3.** Mal que constituye un perpetuo motivo de aflicción. **4.** Pérdida de gracia, favor o valimiento: *caer en desgracia.* • **Estar,** o **poner, hecho una desgracia,** ensuciar, estropear, romper.

**DESGRACIADO, A** adj. y n. Que padece o implica desgracia. **2.** Desafortunado. ◆ n. **3.** *Fam.* y *desp.* Persona a la que se atribuye poco valor.

**DESGRACIAR** v. tr. y pron. [**1**]. Echar a perder, malograr, impedir su desarrollo, quitar la gracia.

**DESGRANADORA** n. f. Máquina para desgranar el maíz, el lino, el algodón, etc.

**DESGRANAR** v. tr. y pron. [**1**]. Sacar o separar los granos de una cosa. **2.** Pasar las cuentas de algo. **3.** Soltar, proferir. ◆ **desgranarse** v. pron. **4.** Soltarse las piezas ensartadas.

**DESGRASAR** v. tr. [**1**]. Quitar la grasa a las lanas o a los tejidos que se hacen con ellas.

**DESGRAVACIÓN** n. f. Acción de desgravar.

**DESGRAVAR** v. tr. [**1**]. DER. Rebajar los derechos arancelarios o los impuestos.

**DESGREÑAR** v. tr. y pron. [**1**]. Despeinar, desordenar el cabello. ◆ **desgreñarse** v. pron. **2.** Reñir, pelearse acaloradamente.

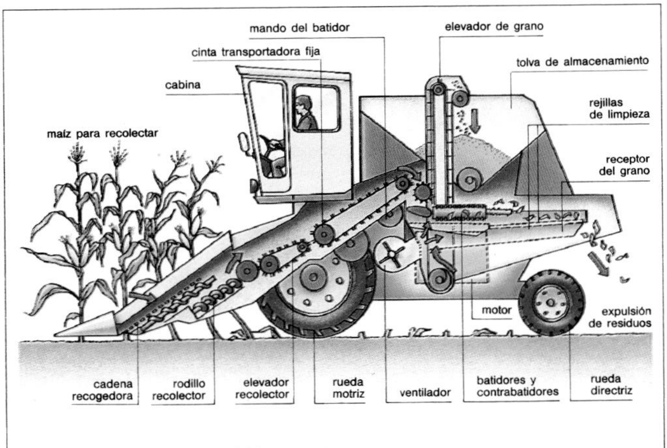


**desgranadora** de maíz: esquema del funcionamiento

**DESGUACE** n. m. Acción y efecto de desguazar: *estar un automóvil para el desguace.* **2.** Lugar donde se desguaza.

**DESGUARNECER** v. tr. [**2m**]. Quitar la guarnición que servía de adorno. **2.** Quitar las guarniciones a los animales de tiro. **3.** Quitar la fortaleza o la fuerza a una plaza, a un castillo, etc. **4.** Quitar piezas esenciales de un instrumento mecánico.

**DESGUAZAR** v. tr. [**1g**]. Deshacer un buque, automóvil, máquina, etc., total o parcialmente. **2.** *Amér.* Romper alguna cosa, rasgándola.

**DESGUINCE** n. m. TECNOL. Utensilio con que se cortan los trapos en los molinos de papel.

**DESHABILLÉ** n. m. (voz francesa). Salto de cama.

**DESHABITAR** v. tr. [**1**]. Dejar de habitar un lugar o casa. **2.** Dejar sin habitantes una población o territorio.

**DESHABITUACIÓN** n. f. Acción y efecto de deshabituar.

**DESHABITUAR** v. tr. y pron. [**1s**]. Hacer perder a uno el hábito o costumbre que tenía.

**DESHACER** v. tr. y pron. [**11**]. Destruir lo que estaba hecho, quitar la forma o figura: *deshacer una máquina.* **2.** Derretir, desleír, disolver: *deshacer chocolate.* ◆ v. tr. **3.** Vencer y poner en fuga un ejército. **4.** Dividir, partir, despedazar: *deshacer una res.* **5.** *Fig.* Alterar, desconcertar un tratado o negocio: *deshacer un trato.* ◆ **deshacerse** v. pron. **6.** *Fig.* Afligirse mucho, consumirse, estar sumamente impaciente o inquieto: *deshacerse en lágrimas.* **7.** *Fig.* Trabajar con mucho ahínco y esfuerzo. **8.** *Fig.* Estropearse, lisiarse: *deshacerse las manos fregando.* **9.** *Fig.* Desaparecer o desvanecerse de la vista, de las manos, etc. **10.** Desvivirse, esforzarse por complacer a alguien: *se deshace por su marido.* **11.** Extremar o prodigar el afecto, aprecio o cortesía hacia una persona: *deshacerse en cumplidos.* • **Deshacerse de** algo, desprenderse de ello.

**DESHARRAPADO, A** adj. y n. Andrajoso, lleno de harapos.

**DESHECHA** n. f. COREOGR. En la danza española, mudanza que se hace con el pie contrario, deshaciendo la misma que se había hecho.

**DESHECHIZAR** v. tr. [**1g**]. Deshacer el hechizo.

**DESHECHO, A** adj. Dícese de los temporales, lluvia, borrascas, etc., fuertes y violentos. **2.** *Amér. Merid.* Desaliñado. ◆ n. m. **3.** *Amér.* Desecho, atajo.

**DESHELAR** v. tr. y pron. [**1j**]. Liquidar o derretir lo que está helado.

**DESHERBAR** v. tr. [**1j**]. Escardar las hierbas perjudiciales. SIN.: *desyerbar.*

**DESHEREDACIÓN** n. f. DER. Declaración explícita de voluntad, por la que el testador priva de su legítima a un heredero forzoso. SIN.: *desheredamiento.*

**DESHEREDADO, A** adj. y n. Desprovisto de dones naturales o de bienes de fortuna. **2.** Pobre, menesteroso.

**DESHEREDAR** v. tr. [**1**]. Excluir a una persona de la herencia: *desheredó a sus hijos.*

**DESHIDRATACIÓN** n. f. Acción y efecto de deshidratar. **2.** Operación o técnica de conservación de los productos alimenticios que consiste en extraer de un producto la totalidad o parte del agua que contiene. **3.** MED. Estado de un organismo que ha perdido parte de su agua.

**DESHIDRATADORA** n. f. Aparato destinado a disminuir la tasa de humedad de los forrajes hasta un 10 %, para asegurar su conservación.

**DESHIDRATADOR, RA** adj. Que deshidrata.

**DESHIDRATAR** v. tr. y pron. [**1**]. Eliminar, total o parcialmente, el agua contenida en un cuerpo.

**DESHIDROGENACIÓN** n. f. Acción de deshidrogenar. **2.** Oxidación de un compuesto orgánico por liberación de hidrógeno, bajo la acción de un enzima (deshidrogenasa).

**DESHIDROGENAR** v. tr. [**1**]. Eliminar una o varias moléculas de hidrógeno de un compuesto.

**DESHIELO** n. m. Fusión de las nieves y heleros, a consecuencia de la elevación de la temperatura: *el deshielo se produce en primavera.* **2.** Denominación de los cambios operados en la antigua U.R.S.S. tras la muerte de Stalin.

**DESHILADO** n. m. Acción y efecto de deshilar. **2.** Labor hecha con aguja en una tela, sacando o juntando hilos.

**DESHILAR** o **DESHILACHAR** v. tr. y pron. [**1**]. Reducir a hilos un tejido. **2.** Sacar hilos de una tela dejándola en forma de fleco.

**DESHILVANADO, A** adj. Dícese del discurso, pensamiento, etc., sin enlace ni trabazón. ◆ n. m. **2.** Acción y efecto de deshilvanar.

**DESHILVANAR** v. tr. y pron. [**1**]. Quitar los hilvanes a una cosa hilvanada.

**DESHINCHAR** v. tr. y pron. [**1**]. Quitar o deshacerse la hinchazón: *deshincharse un tobillo.* **2.** Desinflar, sacar el contenido de una cosa hinchada. **3.** *Fig.* y *fam.* Desahogar la cólera o enfado, abandonar la presunción o vanidad.

**DESHIPOTECAR** v. tr. [**1a**]. Cancelar o suspender una hipoteca.

**DESHOJADURA** n. f. Acción de deshojar o deshojarse.

**DESHOJAR** v. tr. y pron. [**1**]. Quitar las hojas a una planta o los pétalos a una flor: *deshojar una margarita.* **2.** Quitar las hojas a algo.

**DESHOJE** n. m. Acción de deshojar una planta para facilitar la madurez del fruto.

**DESHOLLINADOR, RA** adj. y n. Que deshollina, especialmente el que tiene por oficio deshollinar las chimeneas. ◆ n. m. **2.** Utensilio para deshollinar chimeneas.

**DESHOLLINAR** v. tr. [**1**]. Quitar el hollín de las chimeneas. **2.** Limpiar techos y paredes.

**DESHONESTIDAD** n. f. Calidad de deshonesto. **2.** Dicho o hecho deshonesto.

**DESHONESTO, A** adj. Impúdico, falto de honestidad, inmoral.

**DESHONOR** n. m. Pérdida del honor.

**DESHONRA** n. f. Pérdida de la honra. **2.** Cosa deshonrosa. • **Tener a deshonra** una cosa, juzgarla por indecente o indecorosa.

**DESHONRAR** v. tr. y pron. [**1**]. Quitar la honra. ◆ v. tr. **2.** Injuriar. **3.** Despreciar y escarnecer a alguien.

**DESHONROSO, A** adj. Que implica deshonra o incurre en ella.

**DESHORA** n. f. Tiempo inoportuno, no conveniente. • **A deshora,** o **deshoras,** fuera de hora o tiempo: *comer a deshora.*

**DESHORNAR** v. tr. [**1**]. Sacar del horno lo que se había introducido en él.

**DESHUESADORA** n. f. Máquina o aparato que sirve para quitar el hueso a las cerezas, aceitunas, ciruelas, etc.

**DESHUESAR** v. tr. [**1**]. Quitar los huesos de la carne de un animal o fruto. SIN.: *desosar.*

**DESHUMANIZACIÓN** n. f. Acción de deshumanizar.

**DESHUMANIZAR** v. tr. y pron. [**1g**]. Privar de las características humanas, especialmente a las obras de arte. **2.** Perder una persona sus sentimientos.

**DESHUMIDIFICACIÓN** n. f. Acción de quitar la humedad. SIN.: *deshumectación.*

**DESIDERATA** n. f. Lista de objetos que se desea adquirir, especialmente libros en las bibliotecas.

**DESIDERATIVO, A** adj. Que expresa deseo: *oración desiderativa.*

**DESIDERÁTUM** n. m. Objeto de un vivo o constante deseo. **2.** Lo más digno de ser apreciado en su línea.

**DESIDIA** n. f. Descuido, negligencia, dejadez.

**DESIDIOSO, A** adj. y n. Que actúa con desidia o que la muestra.

**DESIERTO, A** adj. Despoblado, solo, inhabitado: *calles desiertas.* **2.** Dícese de la subasta o certamen en que nadie toma parte o que a nadie se adjudica: *el primer premio quedó desierto.* ◆ n. m. **3.** Región caracterizada por una gran escasez de precipitaciones o por una temperatura media muy baja, que comporta una extrema pobreza de la vegetación y una gran escasez de población.

**DESIGNACIÓN** n. f. Acción y efecto de designar.

**DESIGNAR** v. tr. [**1**]. Formar designio o propósito de realizar algo. **2.** Denominar, nombrar una persona o cosa por su nombre o rasgo distintivo. **3.** Señalar o elegir una persona o cosa para determinado fin: *designar a alguien como director.*

**DESIGNATIVO, A** adj. y n. Que implica o denota designación, denominativo.

**DESIGNIO** n. m. Pensamiento, idea, intención que se pretende realizar.

**DESIGUAL** adj. Que no es igual, diferente. **2.** De distinto nivel, no liso: *superficie desigual.* **3.** *Fig.* Inconstante, variable.

**DESIGUALAR** v. tr. [**1**]. Hacer que una persona o cosa no sea igual a otra.

**DESIGUALDAD** n. f. Calidad de desigual. **2.** Cada una de las eminencias o depresiones de un terreno o de la superficie de un cuerpo. **3.** MAT. Relación algebraica en la que figuran dos cantidades desiguales separadas por un signo > (mayor que) o < (menor que).

**DESILUSIÓN** n. f. Carencia o pérdida de las ilusiones. **2.** Desengaño, conocimiento de la verdad: *sufrir una desilusión.*

**DESILUSIONAR** v. tr. y pron. [**1**]. Hacer sufrir o sufrir una desilusión.

**DESIMANACIÓN** o **DESIMANTACIÓN** n. f. Acción de desimanar.

el **desierto** de Thar, Rajasthān, India

**DESIMANAR** o **DESIMANTAR** v. tr. y pron. [**1**]. Suprimir la imanación.

**DESINCRUSTAR** v. tr. [**1**]. Quitar las incrustaciones.

**DESINDUSTRIALIZACIÓN** n. f. Reducción del número de puestos de trabajo en un sector industrial del país. **2.** Reducción de la producción industrial de una región o de un país.

**DESINENCIA** n. f. LING. Terminación variable de las palabras (por oposición a *radical*), que tiene una función gramatical o léxica.

**DESINFECCIÓN** n. f. Acción de desinfectar.

**DESINFECTANTE** adj. y n. m. Dícese de las sustancias, agentes físicos o productos propios para desinfectar.

**DESINFECTAR** v. tr. y pron. [**1**]. Destruir o evitar el desarrollo de los gérmenes nocivos que pueden ser causa de infección.

**DESINFLAMACIÓN** n. f. Acción y efecto de desinflamar.

**DESINFLAMAR** v. tr. y pron. [**1**]. Disminuir la intensidad de un proceso inflamatorio.

**DESINFLAR** v. tr. y pron. [**1**]. Sacar lo que contiene un cuerpo inflado. **2.** *Fig.* y *fam.* Desanimar, desilusionar. **3.** *Fig.* y *fam.* Disminuir la importancia de algo.

**DESINFORMACIÓN** n. f. Acción de suprimir una información, de minimizar su importancia o de modificar su sentido. **2.** Hecho de estar desinformado.

**DESINFORMAR** v. tr. [**1**]. Hablando de medios de comunicación social o de alguien, hacer que el público no sea informado o sea mal informado.

**DESINHIBICIÓN** n. f. Acción y efecto de desinhibir o desinhibirse.

**DESINHIBIR** v. tr. y pron. [**3**]. Suprimir una inhibición o liberarse de ella.

**DESINSACULAR** v. tr. [**1**]. Sacar las papeletas o cédulas en que se hallan los nombres de las personas insaculadas.

**DESINSECTACIÓN** n. f. Destrucción de los insectos nocivos por procedimientos físicos, químicos o biológicos.

**DESINSERCIÓN** n. f. Hecho de dejar de estar integrado en la sociedad o en un grupo organizado: *la desinserción social de los drogadictos.*

**DESINTEGRACIÓN** n. f. Acción y efecto de desintegrar. **2.** FÍS. Transformación espontánea o provocada de un núcleo atómico o de una partícula elemental, dando lugar a uno o varios átomos o a otras partículas.

**DESINTEGRAR** v. tr. y pron. [**1**]. Romper la integridad de lo que forma un todo unitario. **2.** FÍS. Sucederse una desintegración o provocarla.

**DESINTERÉS** n. m. Falta de interés. **2.** Desapego y desprendimiento de todo provecho personal, próximo o remoto.

**DESINTERESADO, A** adj. Desprendido, apartado del interés.

**DESINTERESARSE** v. pron. [**1**]. Perder alguien el interés que tiene por una persona o cosa.

**DESINTOXICACIÓN** n. f. Tratamiento destinado a anular la dependencia con respecto a un tóxico, como el alcohol o los estupefacientes.

**DESINTOXICAR** v. tr. y pron. [**1a**]. Realizar un tratamiento de desintoxicación. **2.** *Fig.* Eliminar los efectos nocivos de la propaganda o de influencias sociológicas, intelectuales, etc.

**DESINVERSIÓN** n. f. Hecho de suprimir o reducir las inversiones en un sector económico o en una empresa.

**DESISTIMIENTO** n. m. Acción y efecto de desistir.

**DESISTIR** v. intr. [**3**]. Abandonar un propósito o intento que se había empezado: *tras un largo esfuerzo, desistió.* **2.** DER. Abdicar, abandonar un derecho.

**DESJARRETAR** v. tr. [**1**]. Cortar las piernas de un animal por el jarrete. **2.** *Fig.* y *fam.* Debilitar y dejar sin fuerzas a uno.

**DESLABONAR** v. tr. y pron. [**1**]. Soltar un eslabón de otro. **2.** *Fig.* Desunir y deshacer una cosa. ◆ **deslabonarse** v. pron. **3.** *Fig.* Apartarse de la compañía o trato de una persona.

**DESLAVAZADO, A** adj. Desordenado, alterado. **2.** Blando, falto de firmeza.

**DESLAVE** n. m. *Amér.* Derrubio.

**DESLEAL** adj. y n. m. y f. Que obra sin lealtad: *amigo desleal.*

**DESLEALTAD** n. f. Cualidad de desleal.

**DESLEIMIENTO** n. m. Acción y efecto de desleír.

**DESLEÍR** v. tr. y pron. [**25**]. Disolver las partes de un cuerpo en un líquido: *desleír azúcar en leche.*

**DESLENGUADO, A** adj. *Fig.* Desvergonzado, desbocado, mal hablado.

**DESLENGUAMIENTO** n. m. *Fam.* Acción y efecto de deslenguarse.

**DESLENGUAR** v. tr. [**1c**]. Quitar o cortar la lengua. ◆ **deslenguarse** v. pron. **2.** *Fig.* y *fam.* Desvergonzarse.

**DESLIAR** v. tr. y pron. [**1t**]. Deshacer o desatar un lío o paquete.

**DESLIAR** v. tr. [**1t**]. Quitar las lías, heces o partículas sólidas que enturbian el vino.

**DESLIGADURA** n. f. Acción y efecto de desligar.

**DESLIGAR** v. tr. y pron. [**1b**]. Desatar las ligaduras. **2.** *Fig.* Separar una cosa no material de otra. **3.** *Fig.* Librar de un compromiso, obligación, etc.

**DESLINDADOR, RA** adj. y n. Que deslinda.

**DESLINDAR** v. tr. [**1**]. Señalar los lindes de un lugar, provincia o heredad. **2.** *Fig.* Aclarar una cosa, poniéndola en sus propios términos.

**DESLINDE** o **DESLINDAMIENTO** n. m. Acción y efecto de deslindar. **2.** DER. Operación por la cual se determinan los límites materiales de una finca o terreno.

**DESLIZ** n. m. Deslizamiento. **2.** Falta, culpa, error, especialmente tropiezo cuando es deshonesto: *tener un desliz.*

**DESLIZABLE** adj. Que se puede deslizar.

**DESLIZAMIENTO** n. m. Acción y efecto de deslizar o deslizarse. • **Superficie de deslizamiento** (GEOL.), superficie a lo largo de la cual dos porciones de terreno han resbalado en relación mutua.

**DESLIZANTE** adj. Que desliza o se desliza. • **Vector deslizante** (MAT.), vector de módulo y sentido fijos, que puede tener como origen cualquier punto de una recta dada *(recta de aplicación).*

**DESLIZAR** v. tr. y pron. [**1g**]. Pasar o mover suavemente una cosa sobre otra o entre otra. **2.** *Fig.* Decir o hacer una cosa indeliberadamente o con disimulo. ◆ v. intr. y pron. **3.** Resbalar una cosa sobre otra que está lisa o mojada. ◆ **deslizarse** v. pron. **4.** *Fig.* Escaparse, escurrirse o entrar en algún lugar sin ser notado. **5.** *Fig.* Transcurrir el tiempo, una acción o un suceso. **6.** *Fig.* Incurrir en un error, indiscreción, falta, etc.

**DESLOMADURA** n. f. Acción y efecto de deslomar.

**DESLOMAR** v. tr. y pron. [**1**]. Lastimar gravemente los lomos. **2.** *Fam.* Dar una paliza, pegar. **3.** *Fam.* Cansar o agotar mucho la dureza de un trabajo o esfuerzo.

**DESLUCIMIENTO** n. m. Acción y efecto de deslucir.

**DESLUCIR** v. tr. y pron. [**3g**]. Quitar o perder la gracia, la buena apariencia o el atractivo.

**DESLUMBRADOR, RA** o **DESLUMBRANTE** adj. Que deslumbra.

**DESLUMBRAMIENTO** n. m. Acción y efecto de deslumbrar.

**DESLUMBRAR** v. tr. y pron. [**1**]. Ofuscar la vista con demasiada luz. **2.** *Fig.* Dejar a uno perplejo acerca de los designios de otro. ◆ v. tr. **3.** *Fig.* Producir a alguien una fuerte impresión.

**DESLUSTRAR** v. tr. [**1**]. Quitar el lustre a una cosa. **2.** Quitar la transparencia al vidrio o al cristal frotándolo con esmeril o por otro procedimiento.

**DESLUSTRE** n. m. Acción y efecto de deslustrar.

**DESMADEJAMIENTO** n. m. Acción y efecto de desmadejar.

**DESMADEJAR** v. tr. y pron. [**1**]. Causar flojedad y debilidad en el cuerpo.

**DESMADRARSE** v. pron. [**1**]. *Fam.* Pasarse de los límites acostumbrados.

**DESMADRE** n. m. Acción y efecto de desmadrarse.

**DESMAGNETIZACIÓN** n. f. Acción y efecto de desmagnetizar. **2.** Creación de un dispositivo de protección individual de los buques contra las minas magnéticas.

**DESMAGNETIZAR** v. tr. [**1g**]. Suprimir la imantación.

**DESMALEZAR** v. tr. [**1**]. *Amér.* Quitar la maleza.

**DESMALLAR** v. tr. y pron. [**1**]. Deshacer o cortar las mallas.

**DESMAMAR** v. tr. [**1**]. Destetar.

**DESMÁN** n. m. Exceso, desorden, demasía. **2.** Desgracia, suceso infausto.

**DESMÁN** n. m. Mamífero de hocico con forma de trompa y color pardusco, que mide unos 15 cm de long., y vive cerca de los ríos de los Pirineos y de Rusia y que se alimenta de insectos acuáticos. (Orden insectívoros.)

**desmán**

**DESMANCHAR** v. tr. [**1**]. *Amér.* Abandonar el grupo o compañía del que se forma parte, alejarse de las amistades. ◆ v. intr. **2.** *Amér.* Desbandarse, huir, salir corriendo. **3.** *Amér.* Quitar las manchas. ◆ **desmancharse** v. pron. **4.** *Amér.* Salirse de la manada un animal.

**DESMANDAMIENTO** n. m. Acción y efecto de desmandarse.

**DESMANDARSE** v. pron. [**1**]. Insubordinarse, propasarse, sublevarse.

**DESMANO. A desmano,** a trasmano.

**DESMANOTADO, A** adj. y n. *Fam.* Torpe, inhábil, desmañado.

**DESMANTELAMIENTO** n. m. Acción y efecto de desmantelar.

**DESMANTELAR** v. tr. [**1**]. Derribar o destruir las fortificaciones de una plaza. **2.** *Fig.* Despojar una casa, un establecimiento, etc., o un objeto, de sus complementos necesarios. **3.** MAR. Desarbolar o desaparejar una embarcación.

**DESMAÑADO, A** adj. y n. Torpe, inhábil, desmanotado.

**DESMAÑARSE** v. pron. [**1**]. *Méx.* Despertarse muy temprano.

**DESMAQUILLADOR, RA** adj. y n. m. Dícese de un producto disolvente que sirve para quitar el maquillaje, a la vez que limpia la piel.

**DESMAQUILLAR** v. tr. y pron. [**1**]. Eliminar el maquillaje.

**DESMARAÑAR** v. tr. [**1**]. Desenredar.

**DESMARCAR** v. tr. y pron. [**1a**]. DEP. Librar a un compañero de la vigilancia de un adversario. **2.** DEP. Escapar al control directo del adversario.

**DESMATERIALIZACIÓN** n. f. Aniquilación de las partículas materiales y correlativa aparición de energía. **2.** Desaparición pretendidamente paranormal de un objeto material.

**DESMAYADO, A** adj. Dícese de los colores pálidos.

**DESMAYAR** v. tr. [**1**]. Causar desmayo. ◆ v. intr. **2.** *Fig.* Perder el valor, desfallecer de ánimo, acobardarse. ◆ **desmayarse** v. pron. **3.** Sufrir un desmayo.

**DESMAYO** n. m. Desaliento, pérdida de las fuerzas. **2.** Síncope, pérdida del conocimiento.

**DESMEDIDO, A** adj. Desproporcionado, falto de medida, que no tiene término.

**DESMEDIRSE** v. pron. [**30**]. Desmandarse, excederse.

**DESMEDRAR** v. tr. y pron. [**1**]. Deteriorar. ◆ v. intr. **2.** Decaer, debilitarse, enflaquecer.

**DESMEDRO** n. m. Acción y efecto de desmedrar.

**DESMEJORAMIENTO** n. m. Acción y efecto de desmejorar.

**DESMEJORAR** v. tr. y pron. [**1**]. Ajar, deslucir, hacer perder el lustre y perfección. ◆ v. intr. y pron. **2.** Ir perdiendo la salud.

**DESMELENAMIENTO** n. m. Acción y efecto de desmelenar o desmelenarse.

**DESMELENAR** v. tr. y pron. [**1**]. Despeinar, desordenar el cabello. ◆ **desmelenarse** v. pron. **2.** *Fig.* y *fam.* Perder el cauce o tono habitual: *el equipo se desmelenó tras el primer gol.*

**DESMEMBRACIÓN** n. f. Acción y efecto de desmembrar.

**DESMEMBRAR** v. tr. **[1j]**. Dividir y separar los miembros del cuerpo. ◆ v. tr. y pron. **2.** *Fig.* Separar, dividir una cosa de otra.

**DESMEMORIADO, A** adj. y n. Torpe de memoria. **2.** Falto completamente de ella.

**DESMEMORIARSE** v. pron. **[1]**. Olvidarse, no acordarse. **2.** Perder la memoria.

**DESMENTIDO** n. m. Acción de desmentir.

**DESMENTIR** v. tr. **[22]**. Decir que algo no es verdad o sostener o demostrar que es falso: *desmentir una noticia.* **2.** *Fig.* Disimular, desvanecer una cosa para que no se conozca. **3.** Proceder de un modo distinto o peor al que corresponde por su origen, circunstancias o estado. ◆ v. intr. **4.** *Fig.* Desviarse una cosa de la línea, nivel o dirección que le corresponde.

**DESMENUZABLE** adj. Que se puede desmenuzar.

**DESMENUZADOR, RA** adj. y n. Que desmenuza.

**DESMENUZAMIENTO** n. m. Acción y efecto de desmenuzar.

**DESMENUZAR** v. tr. y pron. **[1g]**. Deshacer una cosa dividiéndola en partes menudas. ◆ v. tr. **2.** *Fig.* Examinar minuciosamente una cosa: *desmenuzar un discurso.*

**DESMERECEDOR, RA** adj. Que desmerece una cosa o es indigno de ella.

**DESMERECER** v. tr. **[2m]**. No merecer o hacerse indigno de algo. ◆ v. intr. **2.** Perder una cosa parte de su mérito o valor. **3.** Ser una cosa inferior a otra con la cual se compara.

**DESMERECIMIENTO** n. m. Acción y efecto de desmerecer.

**DESMESURA** n. f. Descomedimiento, falta de mesura.

**DESMESURADO, A** adj. Excesivo, mayor de lo común.

**DESMESURARSE** v. pron. **[1]**. Descomedirse, excederse, insolentarse, atreverse.

**DESMIGAJAR** v. tr. y pron. **[1]**. Hacer migajas, desmenuzar una cosa. SIN.: *desmigar.*

**DESMILITARIZACIÓN** n. f. Medida de seguridad prevista por tratado, que prohíbe toda presencia o actividad militar en una zona determinada.

**DESMILITARIZAR** v. tr. **[1g]**. Efectuar una desmilitarización.

**DESMINERALIZACIÓN** n. f. MED. Eliminación en cantidad excesiva de sales minerales por la orina o las heces en el curso de ciertas enfermedades.

**DESMIRRIADO, A** adj. Esmirriado.

**DESMITIFICAR** v. tr. y pron. **[1a]**. Eliminar el concepto o sentido mítico de algo o alguien.

**DESMOCHADORA** n. f. Máquina utilizada para desmochar.

**DESMOCHAR** v. tr. **[1]**. Quitar, cortar, arrancar la parte superior de una cosa dejándola mocha.

**DESMOCHE** n. m. Acción y efecto de desmochar.

**DESMOCHO** n. m. Conjunto de partes desmochadas.

**DESMOGAR** v. intr. **[1b]**. Mudar los cuernos el venado y otros animales.

**DESMOLASA** n. f. Enzima que provoca una oxidación o una reducción.

**DESMOLDEAR** v. tr. **[1]**. METAL. Extraer una pieza de fundición del molde en que ha sido colada.

**DESMOLDEO** n. m. METAL. Acción de desmoldear.

**DESMONETIZACIÓN** n. f. Acción de desmonetizar.

**DESMONETIZAR** v. tr. **[1g]**. Abolir el empleo de un metal para la acuñación de moneda. ◆ v. tr. y pron. **2.** *Argent., Chile, Par.* y *P. Rico.* Despreciar, desacreditar.

**DESMONTABLE** adj. Que se puede desmontar.

**DESMONTAR** v. tr. **[1]**. Cortar en un monte o en parte de él los árboles o matas. **2.** Deshacer, esparcir un montón de tierra, broza u otra cosa. **3.** Allanar, rebajar un terreno. **4.** Desarmar, desunir, separar las piezas de que se compone una cosa: *desmontar un reloj.* **5.** Deshacer, derribar un edificio o parte de él. **6.** Poner el mecanismo de disparo de un arma de fuego en posición de que no funcione. ◆ v. tr., intr. y pron. **7.** Bajar de una cabalgadura o de otra cosa en que se está montando.

**DESMONTE** n. m. Acción y efecto de desmontar. **2.** Obra de tierra consistente en desmontar un terreno para dar paso a un camino, carretera, vía férrea, canal, etc. **3.** Despojos o escombros de lo desmontado. **4.** Paraje de terreno desmontado. (Suele usarse en plural.)

**DESMORALIZACIÓN** n. f. Acción y efecto de desmoralizar.

**DESMORALIZADOR, RA** adj. y n. Que desmoraliza.

**DESMORALIZAR** v. tr. y pron. **[1g]**. Hacer perder o perder la moral o las buenas costumbres. **2.** Hacer perder o perder el valor o la decisión: *desmoralizarse por algún fracaso.*

**DESMORONADIZO, A** adj. Que tiene facilidad para desmoronarse.

**DESMORONAMIENTO** n. m. Acción y efecto de desmoronar o desmoronarse.

**DESMORONAR** v. tr. y pron. **[1]**. Deshacer, disgregar un cuerpo formado por una aglomeración de sustancias: *desmoronar una pared.* ◆ **desmoronarse** v. pron. **2.** *Fig.* Venir a menos, decaer.

**DESMOTADO** n. m. TEXT. Acción y efecto de desmotar.

**DESMOTAR** v. tr. **[1]**. Eliminar las motas, cadillos o partículas vegetales adheridas a la lana. **2.** Separar las hebras de algodón de la semilla, después de la recolección.

**DESMOTIVAR** v. tr. **[1]**. Hacer perder a alguien toda motivación, toda razón de proseguir una acción, un trabajo, una reivindicación, etc.

**DESMOVILIZAR** v. tr. **[1g]**. Licenciar a las tropas o a las personas movilizadas.

**DESMULTIPLICACIÓN** n. f. Proporción en que es reducida la velocidad en la transmisión de un movimiento.

**DESNACIFICACIÓN** n. f. Medidas que se tomaron en Alemania después de 1945 para eliminar los residuos del nacionalsocialismo.

**DESNACIONALIZAR** v. tr. y pron. **[1g]**. Quitar el carácter de nacional.

**DESNARIGAR** v. tr. y pron. **[1b]**. *Fam.* Quitar a alguien la nariz o herírsela gravemente.

**DESNATADORA** n. f. Máquina que sirve para desnatar.

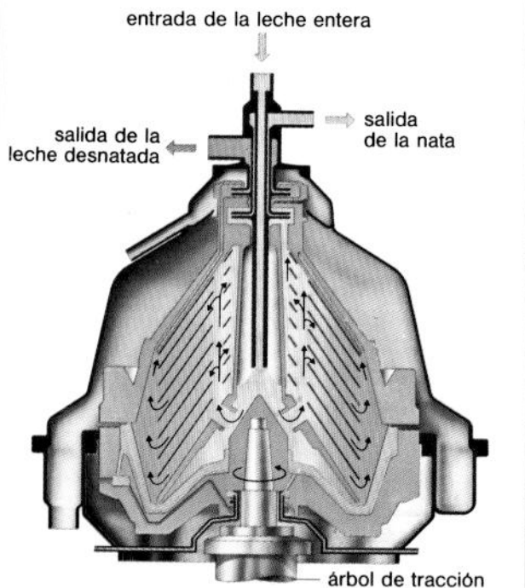


**desnatadora:** esquema del funcionamiento

**DESNATAR** v. tr. **[1]**. Quitar la nata a la leche o a otro líquido.

**DESNATURALIZACIÓN** n. f. Acción y efecto de desnaturalizar.

**DESNATURALIZAR** v. tr. y pron. **[1g]**. Privar a alguien de los deberes que le impone la naturaleza. ◆ v. tr. **2.** Hacer perder las propiedades, cualidades o condiciones naturales de una cosa.

**DESNATURARSE** v. pron. **[1]**. En Castilla y León, romperse jurídicamente los lazos de vasallaje entre monarca y vasallo.

**DESNEBULIZACIÓN** n. f. Conjunto de procedimientos que tienen por objeto eliminar la niebla, principalmente en los aeródromos.

**DESNICOTINIZACIÓN** n. f. Acción de desnicotinizar.

**DESNICOTINIZAR** v. tr. **[1g]**. Quitar una parte de la nicotina al tabaco.

**DESNITRACIÓN** n. f. Acción de eliminar del suelo o de las aguas los compuestos nitratos que contienen.

**DESNITRIFICACIÓN** n. f. QUÍM. Acción y efecto de desnitrificar.

**DESNITRIFICAR** v. tr. **[1a]**. QUÍM. Extraer el nitrógeno de una sustancia.

**DESNIVEL** n. m. Falta de nivel. **2.** Diferencia de alturas entre dos o más puntos.

**DESNIVELACIÓN** n. f. Acción y efecto de desnivelar.

**DESNIVELAR** v. tr. y pron. **[1]**. Hacer que una cosa tenga desnivel.

**DESNUCAR** v. tr. y pron. **[1a]**. Dislocar o fracturar los huesos de la nuca.

**DESNUCLEARIZAR** v. tr. y pron. **[1g]**. Prohibir o limitar el almacenamiento, la posesión y la fabricación de armas nucleares. **2.** Prohibir o limitar la instalación de centrales de energía nuclear y limitar el uso de las existentes.

**DESNUDAR** v. tr. y pron. **[1]**. Dejar o quedar desnudo. **2.** *Fig.* Quitar lo que cubre o adorna una cosa: *desnudar la espada.* ◆ **desnudarse** v. pron. **3.** *Fig.* Rechazar, apartar de sí una cosa: *desnudarse de prejuicios.*

**DESNUDEZ** n. f. Calidad de desnudo.

**DESNUDISMO** n. m. Nudismo.

**DESNUDISTA** adj. y n. m. y f. Nudista.

**DESNUDO, A** adj. Que no está vestido. **2.** Que lleva poca ropa o no se cubre suficientemente con ella. **3.** *Fig.* Falto de lo que cubre o adorna. **4.** Falto de una cosa no material. ◆ n. m. **5.** B. ART. Representación del cuerpo humano o de parte de él desprovisto de ropas. • **Al desnudo,** descubiertamente, a la vista de todos.

**DESNUTRICIÓN** n. f. Depauperación del organismo a causa de una nutrición deficiente o de trastornos en el metabolismo.

**DESNUTRIRSE** v. pron. **[3]**. Padecer desnutrición.

**DESOBEDECER** v. tr. **[2m]**. No obedecer a lo que se manda o está mandado: *desobedecer las órdenes.*

**DESOBEDIENCIA** n. f. Acción y efecto de desobedecer. • **Desobediencia civil,** o **pacífica,** resistencia pacífica.

**DESOBEDIENTE** adj. Que desobedece o es propenso a desobedecer.

**DESOBLIGADO, A** adj. *Méx.* Irresponsable: *es un padre muy desobligado.*

**DESOBSTRUIR** v. tr. **[29]**. Quitar las obstrucciones. **2.** Desembarazar, desocupar.

**DESOCUPACIÓN** n. f. Falta de empleo, paro, desempleo.

**DESOCUPADO, A** adj. y n. Sin ocupación, ocioso.

**DESOCUPAR** v. tr. **[1]**. Desembarazar, dejar libre y sin estorbos un lugar. **2.** Vaciar, sacar lo que hay dentro de alguna cosa. ◆ **desocuparse** v. pron. **3.** Quedar libre de un empleo u ocupación.

**DESODORANTE** adj. y n. m. Que neutraliza o evita los olores molestos o desagradables. ◆ n. m. **2.** Líquido, crema, etc., empleados en higiene corporal para evitar los malos olores.

**DESODORIZAR** v. tr. **[1g]**. Neutralizar o suprimir el olor.

**DESOÍR** v. tr. **[26]**. Desatender, no prestar atención.

**DESOJAR** v. tr. y pron. **[1]**. Romper el ojo de un instrumento. ◆ **desojarse** v. pron. **2.** *Fig.* Mirar con mucho ahínco para ver o hallar una cosa.

**DESOLACIÓN** n. f. Acción y efecto de desolar.

**DESOLADOR, RA** adj. Asolador. **2.** Que desuela o aflige: *paisaje desolador.*

**DESOLAR** v. tr. **[1r]**. Asolar, destruir, arrasar. ◆ v. tr. y pron. **2.** Afligir, apenar.

**DESOLDAR** v. tr. y pron. **[1r]**. Quitar la soldadura.

**DESOLLADERO** n. m. Sitio destinado para desollar las reses.

**DESOLLADO, A** adj. y n. *Fam.* Descarado, sin vergüenza. ◆ n. m. **2.** B. ART. Representación de un hombre o animal despojados de su piel.

**DESOLLADOR, RA** adj. y n. Que desuella.

**DESOLLAR** v. tr. y pron. [**1r**]. Quitar la piel o pellejo, o parte de ellos: *desollar un conejo.* ◆ v. tr. **2.** *Fig.* y *fam.* Causar a alguien grave daño moral, material o económico. **3.** *Fig.* Criticar, murmurar.

**DESOPILACIÓN** n. f. Acción y efecto de desopilar.

**DESOPILAR** v. tr. y pron. [**1**]. Curar la opilación.

**DESOPRIMIR** v. tr. [**3**]. Librar de la opresión.

**DESORBITAR** v. tr. y pron. [**1**]. Hacer que una cosa se salga de su órbita habitual. ◆ v. tr. **2.** *Fig.* Alterar, interpretar con exageración.

**DESORCIÓN** n. f. En un sólido, fenómeno que consiste en abandonar por encima de cierta temperatura los gases que ha absorbido o adsorbido.

**DESORDEN** n. m. Falta de orden, confusión. **2.** Alteración del orden público, social, etc.: *desórdenes callejeros.* (Suele usarse en plural.) **3.** Demasía, exceso. (Suele usarse en plural.)

**DESORDENAR** v. tr. y pron. [**1**]. Poner en desorden, alterar el buen concierto de una cosa. ◆ **desordenarse** v. pron. **2.** Descomedirse, excederse.

**DESOREJADO, A** adj. y n. *Fam.* Vil, infame, abyecto. ◆ adj. **2.** *Amér. Central* y *Colomb.* Tonto. **3.** *Amér. Merid.* y *Pan.* Que tiene mal oído para la música. **4.** *Argent., Chile* y *Colomb.* Sin asas. **5.** *Argent., Cuba* y *Urug.* Derrochador. **6.** *Argent.* y *Urug.* Irresponsable, desfachatado.

**DESOREJAMIENTO** n. m. Acción y efecto de desorejar.

**DESOREJAR** v. tr. [**1**]. Cortar las orejas.

**DESORGANIZACIÓN** n. f. Destrucción del orden o de la estructura de un conjunto organizado: *la desorganización del estado.*

**DESORGANIZAR** v. tr. y pron. [**1g**]. Desordenar en sumo grado, cortando o rompiendo las relaciones existentes entre las diferentes partes de un todo.

**DESORIENTACIÓN** n. f. Acción y efecto de desorientar. • **Desorientación espaciotemporal,** estado patológico caracterizado por la incapacidad de situarse en el espacio y en el tiempo.

**DESORIENTADOR, RA** adj. y n. Que desorienta.

**DESORIENTAR** v. tr. y pron. [**1**]. Hacer perder la orientación. **2.** *Fig.* Confundir, ofuscar, turbar.

**DESORILLAR** v. tr. [**1**]. Quitar las orillas a una tela, papel, etc.

**DESOSAR** v. tr. [**1i**]. Deshuesar.

**DESOVAR** v. intr. [**1**]. Depositar sus huevos las hembras de los peces, insectos y anfibios.

**DESOVE** n. m. Acción y efecto de desovar. **2.** Época de la freza de las hembras de los peces y anfibios.

**DESOVILLAR** v. tr. [**1**]. Deshacer un ovillo.

**DESOXIDACIÓN** n. f. Acción y efecto de desoxidar.

**DESOXIDANTE** adj. y n. m. Que desoxida.

**DESOXIDAR** v. tr. y pron. [**1**]. Quitar el oxígeno a una sustancia química. ◆ v. tr. **2.** Limpiar un metal del óxido que lo mancha.

**DESOXIGENAR** v. tr. y pron. [**1**]. Desoxidar, quitar el oxígeno.

**DESOXIRRIBONUCLEICO, A** adj. BIOQUÍM. Dícese del ácido nucleico que forma el componente principal de los cromosomas y soporta el material de la herencia. (Abrev. A.D.N.)

**DESPABILADERAS** n. f. pl. Instrumento a modo de tijeras con que se despabila la luz de candiles, velas, etc. SIN.: *despabilador, despavesaderas.*

**DESPABILAR** v. tr. [**1**]. Quitar la parte quemada del pabilo para avivar la luz. **2.** *Fig.* Despachar o acabar una cosa con rapidez y prontitud. ◆ v. tr. y pron. **3.** Avivar y ejercitar el entendimiento o el ingenio. ◆ **despabilarse** v. pron. **4.** Despertarse.

**DESPACHADERAS** n. f. pl. *Fam.* Atrevimiento, descaro al responder. **2.** Facilidad en los negocios o en salir de dificultades.

**DESPACHANTE** n. m. y f. *Argent.* Dependiente de comercio. ◆ n. m. **2. Despachante de aduana** (*Argent., Par.* y *Urug.*), agente que tramita el despacho de las mercancías en la aduana.

**DESPACHAR** v. tr., intr. y pron. [**1**]. Abreviar, apresurarse, concluir lo que se está haciendo. ◆ v. tr. e intr. **2.** Resolver y decidir asuntos o negocios. **3.** Vender los géneros o mercancías. **4.** Atender a los compradores que acuden a una tienda, mostrándoles los géneros que piden. ◆ v. tr. **5.** Enviar a una persona o cosa a alguna parte. **6.** Despedir, quitar una ocupación, empleo o servicio. ◆ v. tr. y pron. **7.** *Fig.* y *fam.* Matar. ◆ v. intr. **8.** *Fam.* Morir. ◆ **despacharse** v. pron. **9.** Desembarazarse de una cosa. **10.** *Fam.* Hablar sin contención, decir alguien todo lo que le parece: *despacharse a gusto.*

**DESPACHERO, A** n. *Chile.* Persona que tiene un despacho, tienda.

**DESPACHO** n. m. Acción y efecto de despachar. **2.** Habitación o local para despachar los negocios o para el estudio. **3.** Conjunto de muebles de un despacho. **4.** Tienda o parte de un establecimiento donde se venden determinados efectos. **5.** Comunicación transmitida por telégrafo, teléfono, etc. **6.** Expediente, resolución. **7.** *Chile.* Tienda pequeña de comestibles. **8.** DER. Escrito que utilizan las autoridades judiciales para comunicarse entre sí. **9.** DER. INTERN. Comunicación cambiada entre el gobierno de una nación y sus representantes en las potencias extranjeras.

**DESPACHURRAMIENTO** n. m. Acción y efecto de despachurrar.

**DESPACHURRAR** v. tr. y pron. [**1**]. *Fam.* Aplastar o reventar una cosa.

**DESPACIO** adv. m. Poco a poco, lentamente: *andar despacio.* **2.** *Amér.* En voz baja. ◆ adv. t. **3.** Por tiempo dilatado: *mañana hablaremos de esto más despacio.* ◆ interj. **4.** Denota comedimiento o moderación.

**DESPACIOSO, A** adj. Espacioso, lento, pausado.

**DESPALILLADO** n. m. Acción y efecto de despalillar, especialmente el tabaco.

**DESPALILLAR** v. tr. [**1**]. Quitar los palillos a las hojas del tabaco o el escobajo a la uva o pasas.

**DESPAMPANANTE** adj. *Fam.* Asombroso, llamativo, que llama mucho la atención: *mujer despampanante.*

**DESPAMPANAR** v. tr. [**1**]. Quitar los pámpanos defectuosos o excesivos de las vides. **2.** *Fig.* y *fam.* Dejar atónito.

**DESPANCAR** v. tr. [**1a**]. *Bol.* y *Perú.* Separar la envoltura o panca de la mazorca del maíz.

**DESPANZURRAR** v. tr. y pron. [**1**]. *Fam.* Despachurrar, reventar.

**DESPAPAYE** n. m. *Méx. Vulg.* Desorden.

**DESPAPUCHO** n. m. *Perú.* Disparate, tontería.

**DESPARAFINADO** n. m. Separación de la parafina contenida en un aceite mineral o en un petróleo bruto.

**DESPARASITAR** v. tr. [**1**]. Eliminar los parásitos.

**DESPAREJAR** v. tr. y pron. [**1**]. Separar dos cosas que forman par o pareja.

**DESPAREJO, A** adj. Dispar.

**DESPARPAJO** n. m. *Fam.* Desenvoltura para decir o hacer algo: *moverse con desparpajo.* **2.** *Amér. Central. Fam.* Desorden, confusión.

**DESPARRAMAMIENTO** n. m. Acción y efecto de desparramar.

**DESPARRAMAR** v. tr. y pron. [**1**]. Esparcir, separar lo que está junto. ◆ v. tr. **2.** *Fig.* Malgastar, derrochar. **3.** *Argent.* Diluir un líquido espeso. **4.** *Argent., Méx., Par.* y *P. Rico.* Divulgar una noticia. ◆ **desparramarse** v. pron. **5.** *Fam.* Echarse cómoda y desordenadamente en alguna parte.

**DESPARRAMO** n. m. *Argent., Chile* y *Cuba.* Acción y efecto de desparramar. **2.** *Chile.* y *Urug. Fig.* Desbarajuste, desconcierto.

**DESPATARRARSE** v. pron. [**1**]. Quedar o ponerse con las piernas muy abiertas.

**DESPAVESADERAS** n. f. pl. Despabiladeras.

**DESPAVESAR** v. tr. [**1**]. Despabilar, quitar la parte quemada del pabilo. **2.** Quitar, soplando, la ceniza de la superficie de las brasas.

**DESPAVORIDO** adj. Lleno de pavor.

**DESPAVORIR** v. intr. y pron. [**3ñ**]. Llenar de pavor.

**DESPECHARSE** v. pron. [**1**]. Experimentar despecho.

**DESPECHO** n. m. Indignación o aborrecimiento causado por un desengaño. • **A despecho de,** a pesar de alguno, contra la voluntad.

**DESPECHUGAR** v. tr. [**1b**]. Quitar la pechuga a un ave. ◆ **despechugarse** v. pron. **2.** *Fig.* y *fam.* Dejar el pecho al descubierto.

**DESPECTIVO, A** adj. Despreciativo. ◆ adj. y n. m. **2.** Dícese de la palabra derivada de otra, que reproduce el significado de ésta con un matiz de menosprecio.

**DESPEDAZAMIENTO** n. m. Acción y efecto de despedazar.

**DESPEDAZAR** v. tr. y pron. [**1g**]. Hacer pedazos. **2.** *Fig.* Causar un gran daño moral.

**DESPEDIDA** n. f. Acción y efecto de despedir o despedirse. **2.** Copla final de ciertos cantos populares.

**DESPEDIR** v. tr. [**30**]. Lanzar, arrojar. **2.** Difundir, esparcir. **3.** Apartar, separar. ◆ v. tr. y pron. **4.** Acompañar al que sale de un lugar o separarse de él con determinadas palabras o gestos. **5.** Quitar o dejar una ocupación, empleo o servicio. ◆ **despedirse** v. pron. **6.** Emplear alguna expresión de afecto o cortesía para separarse de alguien.

**DESPEDREGAR** v. tr. [**1b**]. Limpiar de piedras un lugar.

**DESPEGAR** v. tr. y pron. [**1b**]. Apartar, separar una cosa de otra a la que está pegada o muy junta. **2.** TAUROM. Torear distanciado del toro. • **Despegar los labios,** hablar: *no despegó los labios en toda la tarde.* ◆ v. intr. **3.** Separarse del suelo una aeronave, o de la superficie del agua un hidroavión, perdiendo el contacto con dichos elementos al levantar el vuelo. ◆ **despegarse** v. pron. **4.** *Fig.* Apartarse, desprenderse del afecto o afición que se siente por una persona o cosa. **5.** DEP. En una carrera, separarse del grupo de participantes o del pelotón. **6.** MIL. Para una unidad empeñada en combate, abandonar una posición rompiendo el contacto con el enemigo.

**DESPEGO** n. m. Falta de afecto hacia alguien. **2.** Falta de interés por el dinero y otra cosa que se expresa.

**DESPEGUE** n. m. Acción y efecto de despegar un avión, un helicóptero o un cohete. **2.** ECON. Etapa de impulso inicial que conduce a un crecimiento económico autosostenido.

**DESPEINAR** v. tr. y pron. [**1**]. Deshacer el peinado, desordenar o enredar el cabello.

**DESPEJADO, A** adj. Espacioso, ancho. **2.** Que entiende las cosas con rapidez y sabe obrar como conviene.

**DESPEJAR** v. tr. [**1**]. Desembarazar o desocupar un lugar. **2.** En determinados deportes, alejar el balón del campo propio. **3.** MAT. En una ecuación, aislar por medio del cálculo una incógnita para calcular su valor en función de las otras cantidades que figuran en ella. ◆ v. tr. y pron. **4.** *Fig.* Aclarar, poner en claro lo que está confuso. **5.** Aclarar o recobrar la agudeza del entendimiento. **6.** *Fig.* Espabilar, mantener despierto. ◆ **despejarse** v. pron. **7.** Adquirir o mostrar desenvoltura en el trato. **8.** Aclararse, serenarse el cielo o el tiempo.

**DESPEJE** o **DESPEJO** n. m. Acción y efecto de despejar o despejarse.

**DESPELLEJAMIENTO** n. m. Desuello. **2.** Suplicio que consistía en despellejar vivo al condenado.

**DESPELLEJAR** v. tr. y pron. [**1**]. Desollar. **2.** Criticar cruelmente.

**DESPELOTARSE** v. pron. [**1**]. *Fam.* Desnudarse.

**DESPELOTE** n. m. *Argent.* y *Urug. Vulg.* Desorden, confusión.

**DESPELUCAR** v. tr. y pron. [**1a**]. *Chile, Colomb.* y *Pan.* Despeluzar, descomponer. ◆ v. tr. **2.** *Argent.* y *Méx. Fam.* Robar, ganar en el juego a alguien todo el dinero.

**DESPELUZAR** v. tr. [**1g**]. *Cuba* y *Nicar.* Desplumar, dejar a alguien sin dinero.

**DESPENALIZACIÓN** n. f. Acción y efecto de despenalizar.

**DESPENALIZAR** v. tr. [**1g**]. Anular la sanción prevista por la ley. **2.** Dejar de considerar algo como delito: *despenalizar el aborto.*

**DESPENDER** v. tr. [**2**]. Derrochar, malgastar.

**DESPENSA** n. f. Lugar de la casa donde se guardan las provisiones de alimentos. **2.** Provisión de comestibles. **3.** *Méx.* Lugar bien asegurado que se destina en las minas a guardar los minerales ricos.

**DESPENSERO, A** n. Persona encargada de la despensa.

**DESPEÑADERO** n. m. Precipicio, declive alto y

peñascoso. **2.** *Fig.* Riesgo o peligro a que uno se expone.

**DESPEÑAR** v. tr. y pron. [**1**]. Precipitar, arrojar o caer desde un precipicio.

**DESPEPITARSE** v. pron. [**1**]. Hablar o gritar con vehemencia o con enojo. **2.** *Fig.* Sentir gran afición o desear mucho una cosa.

**DESPERCUDIDO, A** adj. *Amér.* De piel clara. **2.** *Chile.* Despabilado, vivo, despejado.

**DESPERDICIAR** v. tr. [**1**]. Malgastar, emplear mal una cosa o no aprovecharla debidamente: *desperdiciar una buena ocasión.*

**DESPERDICIO** n. m. Derroche, despilfarro. **2.** Residuo de lo que no se aprovecha. (Suele usarse en plural.) • **No tener desperdicio** una cosa o persona, ser muy útil, de mucho provecho: *el discurso no tiene desperdicio.*

**DESPERDIGAMIENTO** n. m. Acción y efecto de desperdigar.

**DESPERDIGAR** v. tr. y pron. [**1b**]. Separar, esparcir.

**DESPEREZARSE** v. pron. [**1g**]. Estirar los miembros para librarse del entumecimiento o de la pereza.

**DESPERFECTO** n. m. Leve deterioro. **2.** Falta o defecto en alguna cosa.

**DESPERNADO, A** adj. Cansado de andar.

**DESPERNANCARSE** v. pron. [**1a**]. *Amér.* Despatarrarse.

**DESPERNAR** v. tr. y pron. [**1j**]. Cortar o estropear las piernas.

**DESPERSONALIZACIÓN** n. f. Acción y efecto de despersonalizar. **2.** SIQUIATR. Alteración de la conciencia del cuerpo o de la vivencia corporal, caracterizada por un sentimiento de extrañeza, que se da en ciertos trastornos síquicos.

**DESPERSONALIZAR** v. tr. y pron. [**1g**]. Perder o hacer perder los rasgos característicos e individuales que distinguen a alguien.

**DESPERTADOR, RA** adj. y n. Que despierta. ◆ adj. y n. m. **2.** Dícese del reloj que suena para despertar a la hora que previamente se marca.

**DESPERTAR** v. tr., intr. y pron. [**1j**]. Interrumpir el sueño, dejar de dormir: *el ruido le despertó.* ◆ v. tr. **2.** *Fig.* Traer a la memoria una cosa ya olvidada: *despertar un recuerdo.* **3.** *Fig.* Hacer que alguien vuelva sobre sí o recapacite. **4.** *Fig.* Estimular, incitar, provocar: *despertar simpatías.* ◆ v. intr. y pron. **5.** *Fig.* Hacerse más listo y astuto.

**DESPERTAR** n. m. Acción y efecto de despertarse.

**DESPEZUÑARSE** v. pron. [**1**]. Estropearse las pezuñas un animal. **2.** *Chile, Colomb., Hond.* y *P. Rico. Fig.* Andar muy deprisa. **3.** *Chile, Colomb., Hond.* y *P. Rico. Fig.* Poner mucho empeño en algo.

**DESPIADADO, A** adj. Impío, inhumano, cruel.

**DESPICARSE** v. pron. [**1a**]. *Argent.* Perder el gallo de pelea la parte más aguda del pico.

**DESPIDO** n. m. Acción y efecto de despedir a alguien en un empleo u ocupación.

**DESPIECE** n. m. Acción y efecto de descuartizar las canales y la carne de los animales comestibles.

**DESPIERTO, A** adj. Que ha salido del sueño. **2.** *Fig.* Espabilado, listo, inteligente: *ser una persona muy despierta.*

**DESPILARAMIENTO** n. m. MIN. Explotación de los pilares de mineral.

**DESPILARAR** v. tr. [**1**]. MIN. Recuperar el mineral que forma los pilares, quitando o extrayendo los mismos.

**DESPILFARRADOR, RA** adj. y n. Que despilfarra.

**DESPILFARRAR** v. tr. [**1**]. Derrochar, malgastar.

**DESPILFARRO** n. m. Acción y efecto de despilfarrar.

**DESPIMPOLLAR** v. tr. [**1**]. Quitar a la vid los pimpollos superfluos.

**DESPINOCHAR** v. tr. [**1**]. Quitar las hojas a las mazorcas de maíz.

**DESPINTAR** v. tr. y pron. [**1**]. Quitar la pintura. ◆ v. tr. **2.** *Fig.* Cambiar, desfigurar un asunto. **3.** *Chile, Colomb.* y *P. Rico.* Retirar, apartar la vista: *no despintar la mirada mientras se habla.* (Suele usarse en forma negativa.) ◆ **despintarse** v. pron. **4.** Desteñirse o perder el color una cosa. • **No despintársele** a alguien una persona o cosa *(Fam.)*, conservar el recuerdo de su aspecto.

**DESPINTE** n. m. *Chile.* Mineral de calidad inferior.

**DESPIOJAR** v. tr. y pron. [**1**]. Quitar los piojos. **2.** *Fig.* y *fam.* Sacar a alguien de la miseria.

**DESPIOLE** n. m. *Argent.* Situación de confusión y desorden, jaleo.

**DESPIPORRE** n. m. *Fam.* Desorden festivo, escándalo.

**DESPISTADO, A** adj. y n. Desorientado, distraído, que no se da cuenta de lo que ocurre a su alrededor.

**DESPISTAR** v. tr. y pron. [**1**]. Desorientar, desconcertar, distraer.

**DESPISTE** n. m. Acción y efecto de despistar. **2.** *Argent.* En competencias automovilísticas, involuntaria salida de la pista.

**DESPITORRADO, A** adj. Dícese del toro de lidia que tiene rota una o las dos astas.

**DESPLACER** v. tr. [**2m**]. Disgustar.

**DESPLANCHAR** v. tr. y pron. [**1**]. Arrugar lo planchado.

**DESPLANTAR** v. tr. [**1**]. Desarraigar una planta. ◆ v. tr. y pron. **2.** Desviar una cosa de la línea vertical. ◆ **desplantarse** v. pron. **3.** En la danza y esgrima, perder la planta o postura recta.

**DESPLANTE** n. m. En la danza y esgrima, postura irregular. **2.** *Fig.* Dicho o hecho arrogante, descarado o insolente. **3.** TAUROM. Adorno que consiste en volverse de espaldas al toro, arrojando a veces el engaño y arrodillándose.

**DESPLAYADO** n. m. *Argent.* Playa de arena que queda descubierta en la marea baja. **2.** *Argent., Guat.* y *Urug.* Descampado, terreno abierto desprovisto de árboles o construcciones.

**DESPLAYAR** v. intr. [**1**]. Retirarse el mar de la playa.

**DESPLAYE** n. m. *Chile.* Acción y efecto de desplayar. • **Zona de desplaye,** región comprendida entre la bajamar más baja y la pleamar más alta.

**DESPLAZADO, A** adj. Descentrado, no adaptado al sitio o ambiente en que está: *sentirse desplazado.*

**DESPLAZAMIENTO** n. m. Acción y efecto de desplazar o desplazarse. **2.** Volumen de agua, que un buque desaloja cuando flota y cuyo peso es igual al peso total de la embarcación. **3.** QUÍM. Reacción en el curso de la cual un átomo o grupo atómico remplaza a otro en un compuesto. **4.** SICOANÁL. Traslado de la energía síquica ligada a un deseo inconsciente hacia un objeto sustitutivo. • **Actividad de desplazamiento** (ETOL.), ejecución por un animal de movimientos sin relación con el comportamiento que pretende desarrollar, cuando éste no puede expresarse normalmente. SIN.: *actividad de sustitución.*

**DESPLAZAR** v. tr. [**1g**]. Desalojar un cuerpo, especialmente un buque, un volumen de agua u otro líquido, igual al de la parte de su casco sumergida: *desplazar un barco cuatro mil toneladas.* **2.** Sacar a alguien, a algún grupo o a algo, del puesto o cargo que ocupa o del papel que desempeña. ◆ v. tr. y pron. **3.** Trasladar o cambiar de lugar. ◆ **desplazarse** v. pron. **4.** Trasladarse de un lugar a otro.

**DESPLEGAR** v. tr. y pron. [**1d**]. Extender, desdoblar o soltar lo que está plegado, arrollado o recogido. **2.** MIL. Pasar del orden de marcha al de combate, del de columna al de batalla y del profundo o cerrado al extenso y abierto. ◆ v. tr. **3.** *Fig.* Ejercitar una actividad o manifestar una cualidad. ◆ **desplegarse** v. pron. **4.** ESGR. Tirarse a fondo.

**DESPLIEGUE** n. m. Acción y efecto de desplegar o desplegarse.

**DESPLOMARSE** v. pron. [**1**]. Caer a plomo una cosa de gran peso. **2.** Perder la posición vertical. **3.** *Fig.* Caer sin vida o sin conocimiento una persona. **4.** *Fig.* Arruinarse, perderse.

**DESPLOME** n. m. Acción y efecto de desplomarse. **2.** Desviación de la posición vertical.

**DESPLUMAR** v. tr. y pron. [**1**]. Quitar las plumas a un ave. ◆ v. tr. **2.** *Fig.* y *fam.* Dejar a alguien sin dinero.

**DESPOBLACIÓN** n. f. Acción y efecto de despoblar. SIN.: *despoblamiento.*

**DESPOBLADO** n. m. Sitio no poblado, desierto, y especialmente el que ha tenido población.

**DESPOBLAR** v. tr. y pron. [**1r**]. Disminuir considerablemente la población de un lugar. ◆ v. tr. **2.** *Fig.* Despojar un lugar de lo que hay en él: *despoblar un terreno de árboles.*

**DESPOETIZAR** v. tr. [**1g**]. Quitar a una cosa su carácter poético.

**DESPOJAR** v. tr. [**1**]. Privar a uno, generalmente con violencia, de lo que goza y tiene. **2.** DER. Quitar la posesión de los bienes o habitación que uno tenía, para dársela a su legítimo dueño, precediendo sentencia para ello. ◆ **despojarse** v. pron. **3.** Quitarse alguna prenda de vestir.

**DESPOJO** n. m. Acción y efecto de despojar o despojarse. **2.** Presa, botín del vencedor. **3.** *Fig.* Lo que se ha perdido por el tiempo, por la muerte u otros accidentes. ◆ **despojos** n. m. pl. **4.** Sobras o residuos. **5.** Restos mortales, cadáver. **6.** Materiales aprovechables de un edificio que se derriba. **7.** Vientre, asadura, cabeza y manos de las reses de matadero. **8.** Alones, molleja, patas, cabeza y pescuezo de las aves muertas.

**DESPOLARIZACIÓN** n. f. Acción de despolarizar.

**DESPOLARIZADOR, RA** adj. y n. m. Que tiene la propiedad de despolarizar.

**DESPOLARIZANTE** adj. y n. m. Dícese del producto empleado en la fabricación de pilas eléctricas para impedir ciertas acciones electroquímicas que modifican las condiciones de funcionamiento de la pila.

**DESPOLARIZAR** v. tr. [**1g**]. FÍS. Destruir la polarización.

**DESPOLIMERIZACIÓN** n. f. Degradación de un polímero, con formación de compuestos de masas moleculares menores.

**DESPOLITIZACIÓN** n. f. Acción y efecto de despolitizar.

**DESPOLITIZAR** v. tr. [**1g**]. Quitar el carácter político a algo o a alguien: *despolitizar un acto público.* **2.** Influir sobre un grupo humano determinado para apartarlo de toda preocupación política.

**DESPOPULARIZACIÓN** n. f. Acción y efecto de despopularizar.

**DESPOPULARIZAR** v. tr. y pron. [**1g**]. Hacer perder el carácter popular o la popularidad.

**DESPORRONDINGARSE** v. pron. [**1b**]. *Colomb.* y *Venez. Fam.* Despilfarrar.

**DESPORTILLADURA** n. f. Acción y efecto de desportillar.

**DESPORTILLAR** v. tr. y pron. [**1**]. Deteriorar una cosa abriéndole un portillo en su boca o canto.

**DESPOSADO, A** adj. y n. Recién casado.

**DESPOSAR** v. tr. [**1**]. Unir el sacerdote en matrimonio a los contrayentes. ◆ **desposarse** v. pron. **2.** Contraer esponsales o matrimonio.

**DESPOSEER** v. tr. [**2i**]. Privar a alguien de lo que posee. ◆ **desposeerse** v. pron. **2.** Renunciar a lo que se posee.

**DESPOSEIMIENTO** n. m. Acción y efecto de desposeer o desposeerse.

**DESPOSORIO** n m. DER. Promesa mutua de contraer matrimonio. (Suele usarse en plural.)

**DESPOSTADOR** n. m. *Argent.* Persona encargada de despostar.

**DESPOSTAR** v. tr. [**1**]. *Amér. Merid.* Descuartizar una res o un ave.

**DESPOSTILLAR** v. tr. [**1**]. *Amér.* Desportillar.

**DÉSPOTA** n. m. Soberano que gobierna sin sujeción a las leyes. **2.** HIST. Príncipe que goza en su territorio de gran independencia respecto al poder central. ◆ n. m. y f. **3.** Persona que abusa de su poder o autoridad sin ninguna consideración hacia los demás.

**DESPOTADO** n. m. HIST. En el Imperio bizantino, territorio gobernado por un príncipe investido de la dignidad bizantina de déspota.

**DESPÓTICO, A** adj. Concerniente al déspota o al despotismo. **2.** Absoluto, sin ley, tiránico.

**DESPOTISMO** n. m. Poder absoluto y arbitrario. **2.** Autoridad tiránica. • **Despotismo ilustrado** (HIST.), variante del absolutismo monárquico que se desarrolló en varios países europeos a lo largo de la segunda mitad del s. XVIII.

**DESPOTIZAR** v. tr. [**1g**]. *Amér. Merid.* Gobernar despóticamente, tiranizar.

**DESPOTRICAR** v. intr. y pron. [**1a**]. *Fam.* Hablar sin consideración ni reparo, diciendo todo lo que a uno se le ocurre: *despotricar contra alguien.*

**DESPRECIABLE** adj. Digno de desprecio. **2.** MAT. Que se le puede despreciar sin cometer un error superior al máximo admitido en la aproximación con que se ha decidido trabajar.

**DESPRECIAR** v. tr. y pron. [**1**]. Desestimar y tener en poco. **2.** Desairar, desdeñar, tener a menos. **3.** MAT. Omitir términos en alguna expresión o cifras decimales.

**DESPRECIATIVO, A** adj. Que desprecia o indica desprecio.

**DESPRECIO** n. m. Acción y efecto de despreciar.

**DESPRENDER** v. tr. y pron. [**2**]. Desatar, desunir o despegar lo que estaba fijo o unido. ◆ v. tr. **2.** QUÍM. Separar un producto volátil de una combinación. ◆ **desprenderse** v. pron. **3.** *Fig.* Echar de sí, apartarse o desapropiarse de una cosa. **4.** *Fig.* Deducirse, inferirse.

**DESPRENDIDO, A** adj. Dadivoso, desinteresado, generoso.

**DESPRENDIMIENTO** n. m. Acción y efecto de desprender o desprenderse. **2.** *Fig.* Generosidad, largueza, desinterés. **3.** B. ART. Representación del descendimiento del cuerpo de Cristo. **4.** MED. Separación entre tejidos que normalmente se hallan adheridos. **5.** MED. Fase de la expulsión de la cabeza del feto.

**DESPREOCUPACIÓN** n. f. Estado de ánimo del que carece de preocupaciones. **2.** Descuido, negligencia.

**DESPREOCUPARSE** v. pron. [**1**]. Librarse de una preocupación. **2.** Desentenderse de la atención o el cuidado que se tenía por una persona o cosa.

**DESPRESAR** v. tr. [**1**]. *Amér. Merid.* Descuartizar, despedazar, trinchar un ave.

**DESPRESTIGIAR** v. tr. y pron. [**1**]. Desacreditar, quitar o perder el prestigio: *desprestigiar a una persona.*

**DESPRESTIGIO** n. m. Acción y efecto de desprestigiar.

**DESPRESURIZACIÓN** n. f. Acción de despresurizar.

**DESPRESURIZAR** v. tr. [**1g**]. Suprimir la presurización de un avión, nave espacial, etc.

**DESPREVENCIÓN** n. f. Falta de prevención.

**DESPREVENIDO, A** adj. Que no está prevenido: *coger desprevenido.* **2.** Desprovisto de lo necesario.

**DESPROLIJO, A** adj. *Argent., Chile* y *Urug.* Falto de prolijidad, poco esmerado.

**DESPROPORCIÓN** n. f. Falta de la proporción debida.

**DESPROPORCIONAR** v. tr. [**1**]. Quitar la debida proporción.

**DESPROPÓSITO** n. m. Dicho o hecho fuera de razón o sentido, disparate.

**DESPROVEER** v. tr. [**2ñ**]. Quitar, despojar de lo que le es necesario.

**DESPROVISTO, A** adj. Falto de lo necesario.

**DESPUÉS** adv. l. y t. Indica posterioridad de tiempo, lugar o situación: *después de comer.* ◆ adv. ord. **2.** Denota prioridad en el orden, jerarquía o preferencia: *es el que manda más, después del director.* **3.** Se usa con valor adversativo: *después de lo que hice por ti, me pagas con tu indiferencia.* ◆ adj. **4.** Con sustantivos que implican división de tiempo, expresa posterioridad: *un año después.*

**DESPUESITO** adv. t. *Guat., Méx.* y *P. Rico. Fam.* Después, dentro de un momento, en seguida.

**DESPULPADOR** n. m. Instrumento que sirve para extraer la pulpa de las frutas.

**DESPULPAR** v. tr. [**1**]. Sacar o deshacer la pulpa de algunos frutos.

**DESPUMACIÓN** n. f. Acción y efecto de despumar. **2.** Extracción o separación de las escorias e impurezas.

**DESPUMAR** v. tr. [**1**]. Espumar un líquido.

**DESPUNTAR** v. tr. y pron. [**1**]. Quitar o gastar la punta de alguna cosa: *despuntar un lápiz.* ◆ v. tr. **2.** *Argent.* Remontar un río u otro caudal de agua por las márgenes hasta las puntas. ◆ v. intr. **3.** Empezar a brotar las plantas: *despuntar la cebada.* **4.** Manifestar agudeza o disposición para algo. **5.** *Fig.* Distinguirse, sobresalir. **6.** Empezar a amanecer.

**DESPUNTE** n. m. Acción y efecto de despuntar. **2.** *Argent.* y *Chile.* Leña delgada o desmocho.

**DESQUEJE** n. m. Multiplicación artificial de los vegetales por esqueje.

**DESQUICIAMIENTO** n. m. Acción y efecto de desquiciar.

**DESQUICIAR** v. tr. y pron. [**1**]. Desencajar una cosa. **2.** *Fig.* Descomponer, hacer perder la seguridad y firmeza de una cosa. **3.** *Fig.* Trastornar, turbar, quitar el aplomo y seguridad.

**DESQUITAR** v. tr. y pron. [**1**]. Restaurar la pérdida o contratiempo sufridos por alguien o resarcirse de ello.

**DESQUITE** n. m. Acción y efecto de desquitar.

**DESRASPAR** v. tr. [**1**]. Quitar las raspas o escobajo de la uva pisada antes de ponerla a fermentar.

**DESRATIZACIÓN** n. f. Acción y efecto de desratizar.

**DESRATIZAR** v. tr. [**1g**]. Exterminar las ratas y ratones de un lugar.

**DESREGLAMENTACIÓN** n. f. ECON. Supresión de las normas y regulaciones gubernamentales y jurídicas que permite el libre funcionamiento de las fuerzas de la oferta y la demanda.

**DESREGULACIÓN** n. f. ECON. *Anglic.* Proceso de liberalización o desreglamentación.

**DESRIELAR** v. intr. y pron. [**1**]. *Amér. Central, Bol., Chile, Perú* y *Venez.* Descarrilar.

**DESRIÑONAR** v. tr. y pron. [**1**]. Derrengar, descaderar: *desriñonarse cogiendo espárragos.*

**DESRIZAR** v. tr. y pron. [**1g**]. Deshacer lo rizado.

**DESRODRIGAR** v. tr. [**1b**]. AGRIC. Quitar los rodrigones a las plantas o a las vides.

**DESTACADO, A** adj. Notorio, importante, relevante.

**DESTACAMENTO** n. m. Grupo de tropa, separada de su núcleo orgánico o táctico para una misión determinada.

**DESTACAR** v. tr. y pron. [**1a**]. MIL. Separar una parte de tropa del grueso del ejército. **2.** MÚS. Ejecutar las notas con nitidez, pero sin martilleo. ◆ v. tr., intr. y pron. **3.** *Fig.* Realzar, poner de relieve: *destacar el rojo sobre el negro.* ◆ v. intr. y pron. **4.** *Fig.* Sobresalir, descollar: *destaca por su buen gusto.*

**DESTACE** n. m. Acción y efecto de destazar.

**DESTAJAR** v. tr. [**1**]. *Ecuad.* y *Méx.* Destazar, descuartizar una res.

**DESTAJISTA** n. m. y f. Persona que trabaja a destajo. SIN.: *destajero.*

**DESTAJO** n. m. Trabajo que se ajusta por un tanto convenido. **2.** *Fig.* Obra o empresa que uno toma por su cuenta. • **A destajo,** con empeño, sin descanso y aprisa; (*Argent.* y *Chile*), a bulto, a ojo. || **Hablar a destajo** (*Fig.* y *fam.*), hablar demasiado.

**DESTALONAR** v. tr. y pron. [**1**]. Quitar o romper el talón al calzado. **2.** TECNOL. Afilar un útil de manera que durante el trabajo la cara del útil que está frente a la superficie trabajada no entre en contacto con esta superficie.

**DESTAPAR** v. tr. [**1**]. Quitar la tapa o tapón: *destapar una botella.* ◆ v. tr. y pron. **2.** Descubrir lo que está oculto o cubierto. ◆ **destaparse** v. pron. **3.** *Fig.* Descubrir un secreto, el estado de ánimo o las intenciones.

**DESTAPE** n. m. *Fam.* Acción de desnudarse, en general parcialmente y con fines eróticos en espectáculos.

**DESTARA** n. f. Peso que se rebaja de lo que se ha pesado con tara.

**DESTARAR** v. tr. [**1**]. Descontar la tara de lo que se ha pesado con ella.

**DESTARTALADO, A** adj. y n. Deteriorado, desordenado, desproporcionado.

**DESTAZAR** v. tr. [**1g**]. Hacer piezas o pedazos. **2.** Descuartizar, despedazar los animales, para sacarles la piel, los huesos, la grasa, etc.

**DESTEJER** v. tr. y pron. [**2**]. Deshacer lo tejido. **2.** *Fig.* Desbaratar lo dispuesto o tramado.

**DESTELLAR** v. tr. [**1**]. Despedir destellos.

**DESTELLO** n. m. Resplandor, chispazo o ráfaga de luz intensa y de breve duración. **2.** *Fig.* Manifestación momentánea de algo: *destello de alegría.*

**DESTEMPLANZA** n. f. Desigualdad o excesivo rigor del tiempo atmosférico. **2.** Exceso en los efectos o en el uso de algunas cosas. **3.** Alteración del pulso, fiebre ligera. **4.** *Fig.* Desorden en las palabras o acciones, falta de moderación.

**DESTEMPLAR** v. tr. [**1**]. Alterar, desconcertar la armonía y el buen orden de una cosa. ◆ v. tr. y pron. **2.** Destruir la concordancia con que están afinados los instrumentos musicales: *destemplar la guitarra.* **3.** Quitar, hacer perder el temple al acero. ◆ **destemplarse** v. pron. **4.** Sentir malestar físico, acompañado de ligera alteración del pulso. **5.** *Fig.* Descomedirse, perder la moderación. **6.** *Chile, Ecuad., Guat., Méx.* y *Perú.* Sentir dentera. (En México se usa siempre como loc.: *destemplarse los dientes.*)

**DESTEÑIR** v. tr., intr. y pron. [**24**]. Quitar el tinte, borrar o empalidecer los colores.

**DESTERNILLARSE** v. pron. [**1**]. Romperse las ternillas o cartílagos. **2.** *Fig.* Reírse mucho, sin poder contenerse: *desternillarse de risa.*

**DESTERRAR** v. tr. [**1j**]. Expulsar a uno por justicia de un territorio o lugar. **2.** *Fig.* Deponer o apartar de sí: *desterrar una idea de la mente.* **3.** *Fig.* Abandonar o hacer abandonar una costumbre, hábito o práctica: *la calefacción ha desterrado el uso del brasero.*

**DESTERRONADOR** n. m. Especie de rastrillo o rodillo que se emplea para desterronar.

**DESTERRONAR** v. tr. y pron. [**1**]. Deshacer o romper los terrones.

**DESTETAR** v. tr. y pron. [**1**]. Hacer que deje de mamar el niño o las crías de los animales. ◆ v. tr. **2.** *Fig.* Hacer que los hijos se valgan por sí mismos fuera del hogar.

**DESTETE** n. m. Acción y efecto de destetar.

**DESTIEMPO. A destiempo,** fuera de tiempo, sin oportunidad.

**DESTIERRO** n. m. Pena que consiste en expulsar a una persona de un territorio determinado. **2.** Residencia del desterrado. **3.** Lugar alejado o incomunicado.

**DESTILACIÓN** n. f. Operación que consiste en vaporizar parcialmente un líquido y en condensar los vapores formados para separarlos: *la destilación del vino proporciona alcohol.* **2.** Operación consistente en liberar un sólido de sus componentes gaseosos: *el coque se obtiene por destilación de la hulla grasa.*

**DESTILADO** n. m. Producto obtenido por destilación.

**DESTILADOR, RA** adj. y n. Que destila. ◆ n. m. **2.** Alambique. **3.** Reactor nuclear de pequeñas dimensiones, en el cual la materia activa es una sal de uranio disuelta en agua corriente.

**DESTILAR** v. tr. e intr. (lat. *destillare*) [**1**]. Efectuar una destilación. **2.** Correr un líquido gota a gota. ◆ v. tr. y pron. **3.** Filtrar, colar. **4.** *Fig.* Revelar, mostrar alguna cualidad o sentimiento: *el poema destila ternura.*

**DESTILERÍA** n. f. Establecimiento o fábrica donde se destilan ciertos productos.

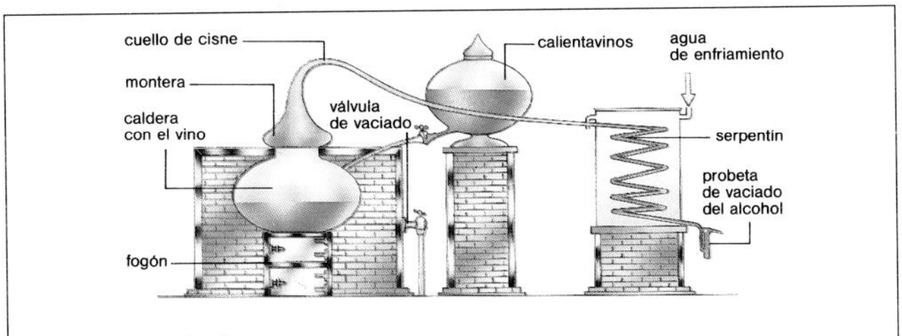

**destilación** en un alambique

**DESTINAR** v. tr. (lat. *destinare*) **[1]**. Señalar o determinar una cosa para algún fin o efecto. **2.** Designar a una persona para un empleo o ejercicio, o para que preste sus servicios en determinado lugar. **3.** Designar la ocupación o empleo en que ha de servir una persona.

**DESTINATARIO, A** n. Persona a quien va dirigida o destinada una cosa.

**DESTINO** n. m. Hado, divinidad o voluntad divina que regula de una manera fatal los acontecimientos futuros. **2.** Encadenamiento de los sucesos considerado como necesario y fatal. **3.** Circunstancia o situación a que una persona o cosa ha de llegar inevitablemente. **4.** Uso o aplicación que se da a una cosa para determinado fin: *su destino es servir de apoyo.* **5.** Empleo, ocupación. **6.** Lugar o establecimiento en que una persona tiene su empleo. **7.** Lugar a que se dirige una persona o cosa.

**DESTITUCIÓN** n. f. Acción y efecto de destituir.

**DESTITUIR** v. tr. (lat. *destituere*) **[29]**. Privar a uno de alguna cosa. **2.** Desposeer a alguien de su empleo o cargo: *destituir a un ministro.*

**DESTOCARSE** v. pron. **[1a]**. Descubrirse la cabeza.

**DESTOCONAR** v. tr. **[1]**. Quitar los tocones después de cortados los árboles.

**DESTORCER** v. tr. y pron. **[2f]**. Deshacer lo retorcido. ◆ v. tr. **2.** *Fig.* Enderezar lo que está torcido: *destorcer una vara.*

**DESTORNILLADOR** n. m. Instrumento compuesto de un mango y de una hoja de acero que sirve para destornillar.

**DESTORNILLAR** o **DESATORNILLAR** v. tr. **[1]**. Sacar un tornillo dándole vueltas.

**DESTRABAR** v. tr. y pron. **[1]**. Soltar o quitar las trabas.

**DESTRAL** n. m. Hacha pequeña que, generalmente, se maneja con una sola mano.

**DESTRENZAR** v. tr. y pron. **[1g]**. Deshacer las trenzas o el pelo.

**DESTREZA** n. f. Agilidad, soltura, habilidad, arte.

**DESTRIPADOR, RA** adj. y n. Que destripa.

**DESTRIPAR** v. tr. **[1]**. Quitar o sacar las tripas: *destripar un toro.* **2.** *Fig.* y *fam.* Despedazar, reventar. **3.** *Fig.* y *fam.* Destruir el efecto de un relato anticipando el desenlace o solución. ◆ v. intr. **4.** *Méx. Fam.* Abandonar los estudios.

**DESTRIPATERRONES** n. m. (pl. *destripaterrones*). *Fam.* Gañán o jornalero que cava o ara la tierra.

**DESTRONAMIENTO** n. m. Acción y efecto de destronar.

**DESTRONAR** v. tr. **[1]**. Deponer, echar del trono a un rey. **2.** *Fig.* Quitar a alguien su preeminencia.

**DESTROZADOR, RA** adj. y n. Que destroza.

**DESTROZAR** v. tr. y pron. **[1g]**. Despedazar, romper, hacer trozos una cosa: *destrozar un sillón.* **2.** *Fig.* Causar un gran daño moral. ◆ v. tr. **3.** *Fig.* Estropear, maltratar, deteriorar. **4.** Derrotar a los enemigos con mucha pérdida.

**DESTROZO** n. m. Acción y efecto de destrozar.

**DESTROZÓN, NA** adj. y n. Que destroza o rompe mucho.

**DESTRUCCIÓN** n. f. Acción y efecto de destruir.

**DESTRUCTIVIDAD** n. f. Calidad de destructivo.

**DESTRUCTIVO, A** adj. Que destruye o puede destruir.

**DESTRUCTOR, RA** adj. Que destruye. ◆ n. m. **2.** Buque de guerra de tonelaje medio, rápido, fuertemente armado, encargado especialmente de misiones de escolta.

**DESTRUIBLE** o **DESTRUCTIBLE** adj. Que se puede destruir.

**DESTRUIR** v. tr. y pron. **[29]**. Arruinar, deshacer una cosa material: *destruir una ciudad.* ◆ v. tr. **2.** *Fig.* Deshacer, inutilizar una cosa no material: *destruir las esperanzas.* **3.** *Fig.* Privar a alguien de los medios de vida.

**DESTUSAR** v. tr. **[1]**. *Amér. Central.* Quitar la hoja al maíz.

**DESTUTANARSE** v. pron. **[1]**. *Amér.* Esforzarse, desvivirse.

**DESUARDADO** n. m. Operación que tiene por objeto el minar la suarda de la lana bruta.

**DESUELLO** n. m. Acción y efecto de desollar.

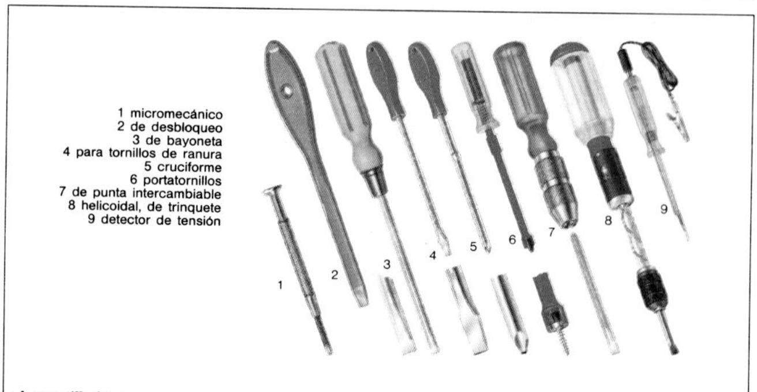

**destornilladores**

**DESUERAR** v. tr. **[1]**. Quitar el suero.

**DESULFITACIÓN** n. f. Acción de eliminar del mosto o del vino parte del anhídrido sulfuroso.

**DESULFURACIÓN** n. f. Acción de desulfurar.

**DESULFURAR** v. tr. **[1]**. Eliminar el azufre o los compuestos sulfurados de una sustancia.

**DESUNCIR** v. tr. **[3a]**. Desyugar.

**DESUNIÓN** n. f. Acción y efecto de desunir.

**DESUNIR** v. tr. y pron. **[3]**. Separar lo que está unido. **2.** *Fig.* Enemistar, introducir discordia entre dos o más personas: *desunir un equipo.*

**DESUSADO, A** adj. Desacostumbrado, insólito. **2.** Que ha dejado de usarse.

**DESUSAR** v. tr. y pron. **[1]**. Dejar de usar.

**DESUSO** n. m. Falta de uso: *caer algo en desuso.*

**DESVAÍDO, A** adj. Dícese de la persona alta y desgarbada. **2.** Dícese del color pálido y como disipado. **3.** Sin carácter definido, impreciso.

**DESVALIDO, A** adj. y n. Desamparado, falto de ayuda y socorro.

**DESVALIJADOR, RA** n. Persona que desvalija.

**DESVALIJAMIENTO** n. m. Acción y efecto de desvalijar. SIN.: *desvalijo.*

**DESVALIJAR** v. tr. **[1]**. Robar o despojar a alguien de lo que tiene.

**DESVALIMIENTO** n. m. Desamparo, falta de ayuda o favor.

**DESVALORIZACIÓN** n. f. Disminución del valor de una moneda fiduciaria con relación al oro. **2.** *Fig.* Disminución del valor, del crédito, de la eficacia.

**DESVALORIZAR** v. tr. **[1g]**. Disminuir el valor o estimación de una cosa.

**DESVÁN** n. m. Parte más alta de la casa, inmediatamente debajo del tejado.

**DESVANECEDOR, RA** adj. Que desvanece. ◆ n. m. **2.** Aparato usado para desvanecer parte de una fotografía al sacarla en papel.

**DESVANECER** v. tr. y pron. **[2m]**. Disgregar o difundir las partículas de un cuerpo hasta hacerlo desaparecer: *el humo se desvaneció lentamente.* **2.** *Fig.* Suprimir, disipar, borrar de la mente una idea, una imagen, etc.: *desvanecer la duda.* **3.** Desmayarse, perder el sentido. ◆ **desvanecerse** v. pron. **4.** Evaporarse, exhalarse, perderse la parte espiritosa de una cosa. **5.** Perder el conocimiento, turbarse el sentido: *se desvaneció al oír la noticia.*

**DESVANECIMIENTO** n. m. Acción y efecto de desvanecer o desvanecerse. **2.** RADIOTECN. Disminución temporal de la intensidad de las señales radioeléctricas.

**DESVARIAR** v. intr. **[1t]**. Delirar, decir locuras o disparates.

**DESVARÍO** n. m. Dicho o hecho del que desvaría. **2.** Estado del que desvaría. **3.** *Fig.* Monstruosidad, cosa fuera de lo común.

**DESVELAR** v. tr. y pron. **[1]**. Quitar, impedir el sueño a alguien. ◆ v. tr. **2.** Descubrir, poner de manifiesto: *desvelar un secreto.* ◆ **desvelarse** v. pron. **3.** *Fig.* Poner gran cuidado en lo que se desea hacer o conseguir: *desvelarse por aprobar.*

**DESVELO** n. m. Acción y efecto de desvelar o desvelarse.

**DESVENAR** v. tr. **[1]**. *Méx.* Quitar las nervaduras a los chiles para que piquen menos.

**DESVENCIJAR** v. tr. y pron. **[1]**. Aflojar, desunir o separar las partes de una cosa: *desvencijar una mesa.*

**DESVENDAR** o **DESENVENDAR** v. tr. y pron. **[1]**. Quitar o desatar la venda con que está atada o cubierta una cosa.

**DESVENO** n. m. Arco que en el centro del bocado forma el hueco necesario para alojar la lengua del caballo. **2.** Brida.

**DESVENTAJA** n. f. Circunstancia o situación menos favorable de una persona o cosa con respecto a otra.

**DESVENTURA** n. f. Desgracia, suerte adversa, desdicha.

**DESVENTURADO, A** adj. Desgraciado, desafortunado. ◆ adj. y n. **2.** Apocado, tímido. **3.** Avariento, miserable.

**DESVERGONZARSE** v. pron. **[1y]**. Descomedirse, insolentarse faltando al respeto.

**DESVERGÜENZA** n. f. Falta de vergüenza, insolencia, atrevimiento. **2.** Dicho o hecho impúdico o insolente.

**DESVESTIR** v. tr. y pron. **[30]**. Desnudar.

**DESVIACIÓN** n. f. Acción y efecto de desviar. **2.** Separación lateral de un cuerpo de su posición media. **3.** Cambio en la dirección normal de un camino o carretera. **4.** ESTADÍST. Discrepancia, diferencia algebraica entre dos valores. **5.** SICOSOCIOL. Posición de un individuo o de un subgrupo que contesta, transgrede y se aparta de las reglas y normas en vigencia en un grupo o sistema social determinado. • **Desviación aritmética,** o **absoluta** (ESTADÍST.), media aritmética de las desviaciones de los datos estadísticos, tomadas en valor absoluto, con respecto a su media aritmética. ‖ **Desviación cuadrática media,** o **tipo** (ESTADÍST.), raíz cuadrada de la media de los cuadrados de las desviaciones de los elementos, cuando éstas se toman con respecto a la media aritmética.

**DESVIACIONISMO** n. m. Posición del que se aparta de la línea que determina su partido político.

**DESVIACIONISTA** adj. y n. m. y f. Que manifiesta desviacionismo.

**DESVIADOR, RA** adj. Que desvía o aparta. ◆ n. m. **2.** Instrumento que permite desviar de la vertical un pozo en perforación. **3.** ELECTRÓN. Conjunto de bobinajes montados en el cuello de un tubo catódico que aseguran la desviación magnética de los electrones. • **Desviador del chorro,** dispositivo que permite orientar el chorro de un turborreactor o de un cohete.

**DESVIAR** v. tr. y pron. **[1t]**. Apartar, separar de su lugar, camino o dirección a una persona o cosa. **2.** *Fig.* Disuadir o apartar a alguien de su propósito.

**DESVINCULACIÓN** n. f. Acción y efecto de desvincular. **2.** HIST. Liberación o desamortización de un bien vinculado, especialmente de un mayorazgo.

**DESVINCULAR** v. tr. **[1]**. Anular un vínculo, liberando lo que estaba sujeto a él.

**DESVÍO** n. m. Desviación, acción y efecto de desviar. **2.** *Fig.* Desapego, desagrado. **3.** Camino o itinerario desviado o apartado del normal o principal. **4.** *Amér. Merid.* y *P. Rico.* Apartadero de una línea férrea. **5.** F.C. Dispositivo que sirve para bifurcar o unir vías de ferrocarril.

**DESVIRGAR** v. tr. **[1b]**. Quitar la virginidad a una mujer.

**DESVIRTUAR** v. tr. y pron. **[1s]**. Quitar la virtud, rigor, sustancia o mérito de una cosa.

**DESVITRIFICACIÓN** n. f. Pérdida de transparencia que sufre el vidrio calentado en exceso, por causa de su cristalización.

**DESVITRIFICAR** v. tr. **[1]**. Efectuar la desvitrificación.

**DESVIVIRSE** v. pron. **[3]**. Mostrar mucho e incesante interés por una persona o cosa.

**DESYEMADO** n. m. Acción de desyemar.

**DESYEMAR** v. tr. **[1]**. Sacar las yemas superfluas de un árbol o una vid.

**DESYERBAR** v. tr. **[1]**. Desherbar.

**DESYUGAR** v. tr. **[1b]**. Quitar el yugo.

**DETALL.** **Al detall,** al por menor: *venta al detall.*

**DETALLAR** v. tr. **[1]**. Tratar, referir, enunciar, etc., una cosa con todos los detalles. **2.** Vender al detall.

**DETALLE** n. m. Pormenor, circunstancia o parte de algo: *un detalle del discurso.* **2.** Rasgo de atención, cortesía o delicadeza: *fue un detalle que llamaras.* **3.** Parte estudiada o reproducida aislada de una obra de arte.

**DETALLISTA** adj. y n. m. y f. Dícese de la persona que cuida mucho de los detalles. ◆ n. m. y f. **2.** Comerciante que vende al por menor.

**DETASA** n. f. DER. Rectificación de los portes pagados en los ferrocarriles, u otros medios de transporte, para efectuar la debida rebaja y obtener la devolución del exceso cobrado.

**DETECCIÓN** n. f. Acción y efecto de detectar. **2.** MIL. Operación que tiene por objeto determinar la posición de los aviones, submarinos, etcétera.

**DETECTAR** v. tr. **[1]**. Poner de manifiesto, descubrir, localizar.

**DETECTIVE** n. m. y f. Persona que se ocupa en investigaciones privadas.

**DETECTOR, RA** adj. Que sirve para detectar. ◆ n. m. **2.** Cualquier aparato utilizado para detectar, descubrir o poner de manifiesto la presencia de un cuerpo o de un fenómeno oculto: *detector de gases tóxicos, de mentiras.*

**DETENCIÓN** n. f. Acción y efecto de detener o detenerse. **2.** Detenimiento, tardanza. **3.** DER. Privación de libertad. • **Detención preventiva,** la que se impone a una persona que se supone ha intervenido en un hecho delictivo.

**DETENER** v. tr. y pron. (lat. *detinere*) **[8]**. Suspender, impedir que pase adelante: *detener el tráfico.* ◆ v. tr. **2.** Arrestar, poner en prisión: *detener al presunto asesino.* ◆ **detenerse** v. pron. **3.** Pararse: *se detuvo frente a su casa.* **4.** Pararse a considerar una cosa.

**DETENIDO, A** adj. Minucioso: *realizar un análisis detenido de un fenómeno.* ◆ adj. y n. **2.** Arrestado, preso: *poner en libertad a los detenidos.*

**DETENIMIENTO** n. m. Detención, dilación: *estudiar algo con detenimiento.*

**DETENTACIÓN** n. f. DER. Acción y efecto de detentar.

**DETENTADOR, RA** n. DER. Persona que detenta. SIN.: *detentor.*

**DETENTAR** v. tr. **[1]**. DER. Retener uno sin derecho lo que no le pertenece.

**DETERGENTE** adj. y n. m. Que disuelve o deja en suspensión las manchas y suciedad.

**DETERGER** v. tr. **[2b]**. Limpiar un objeto sin producir abrasión ni corrosión.

**DETERIORAR** v. tr. y pron. **[1]**. Estropear una cosa en calidad o valor, echarla a perder.

**DETERIORO** n. m. Acción y efecto de deteriorar. • **Deterioro mental** (SIQUIATR.), pérdida de algunas de las capacidades intelectuales de la persona.

**DETERMINACIÓN** n. f. Acción y efecto de determinar: *tomar una determinación.* **2.** Osadía, valor, resolución.

**DETERMINADO, A** adj. y n. Osado, valeroso. ◆ adj. **2.** LING. Dícese del elemento que ha de ser completado por otro llamado *determinante,* para definir y precisar su significación. • **Artículo determinado,** artículo que se emplea con un nombre que designa un objeto individualmente determinado *(el, la, lo, los, las).*

**DETERMINANTE** adj. Que determina. ◆ n. m. **2.** LING. En sintaxis, término que completa la idea principal contenida en otro término. **3.** MAT. Expresión que se forma según ciertas leyes y que se representa con la ayuda de cantidades alineadas según un número igual de líneas y columnas.

**DETERMINAR** v. tr. **[1]**. Fijar los términos de una cosa con precisión. **2.** Motivar. **3.** Distinguir, discernir. **4.** Señalar, fijar una cosa para algún efecto: *determinar la fecha de un examen.* **5.** DER. Sentenciar, definir. **6.** LING. Precisar el sentido de una palabra. ◆ v. tr. y pron. **7.** Tomar o hacer tomar una resolución.

**DETERMINATIVO, A** adj. Que determina o resuelve. ◆ adj. y n. m. **2. Adjetivo determinativo** → ***adjetivo.***

**DETERMINISMO** n. m. FILOS. Teoría filosófica según la cual los fenómenos naturales y los hechos humanos están motivados por sus antecedentes.

**DETERMINISTA** adj. y n. m. y f. Relativo al determinismo; partidario de esta teoría.

**DETERSIÓN** n. f. Acción y efecto de limpiar o purificar.

**DETERSORIO, A** o **DETERSIVO, A** adj. y n. m. Que limpia o purifica.

**DETESTABLE** adj. Abominable, execrable, pésimo.

**DETESTAR** v. tr. **[1]**. Aborrecer, odiar.

**DETIENEBUEY** n. m. BOT. Gatuña.

**DETONACIÓN** n. f. Acción y efecto de detonar. **2.** AUTOM. Ruido sordo, semejante a una explosión, producido por el motor cuando la combustión es anómala.

**DETONADOR** n. m. Artificio o parte de una munición que sirve para provocar la detonación de un explosivo.

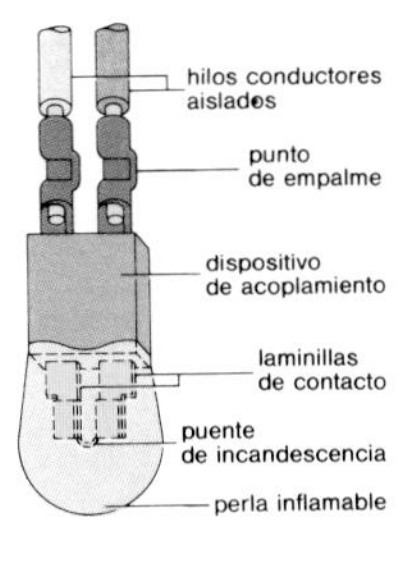


**detonador** eléctrico: detalle

**DETONANTE** adj. Apto para experimentar la detonación. **2.** *Fig.* Chocante, estridente, chillón. **3.** Dícese del explosivo cuya velocidad de reacción es de varios kilómetros por segundo. • **Mezcla detonante,** mezcla de gases cuya inflamación ocasiona una reacción explosiva. ◆ n. m. **4.** Sustancia o mezcla que puede producir detonación.

**DETONAR** v. intr. **[1]**. Dar estampido o trueno. **2.** *Fig.* Llamar la atención. **3.** Iniciar una explosión o un estallido.

**DETRACCIÓN** n. f. Acción y efecto de detraer.

**DETRACTAR** v. tr. **[1]**. Detraer, infamar.

**DETRACTOR, RA** adj. y n. Difamador. **2.** Que se opone a una opinión o a una persona.

**DETRAER** v. tr. y pron. **[10]**. Sustraer, tomar parte de una cosa. **2.** *Fig.* Denigrar, infamar.

**DETRÁS** adv. l. En la parte posterior: *esconderse detrás de la puerta.* • **Por detrás,** a espaldas de uno, en su ausencia.

**DETRIMENTO** n. m. Daño, perjuicio, quebranto.

**DETRÍTICO, A** adj. GEOL. Dícese de toda formación sedimentaria resultante de la disgregación mecánica de rocas preexistentes.

**DETRITÍVORO, A** adj. y n. m. Dícese de los animales y de las bacterias que se nutren de detritos orgánicos de origen natural o industrial.

**DETRITO** n. m. Resultado de la descomposición de una masa sólida en partículas. (Suele usarse en plural.) SIN.: *detritus.*

**DETRITÓFAGO, A** adj. y n. m. Detritívoro.

**DETUMESCENCIA** n. f. MED. Disminución del volumen de una hinchazón.

**DEUDA** n. f. Obligación que uno tiene o contrae, de pagar, generalmente en dinero, o reintegrar algo a otro. **2.** Obligación moral contraída con otro. **3.** Pecado, culpa, ofensa. **4.** Conjunto de obligaciones a cargo del estado, compuesto por la deuda interior y la deuda exterior. SIN.: *deuda pública.*

■ La *deuda interior* consta de la *deuda flotante,* contratada por el tesoro y representada especialmente por los depósitos o valores (bonos del tesoro) a corto plazo, de la *deuda amortizable* o *pignorable,* que el estado debe rembolsar en dinero en un plazo determinado, en condiciones y tiempo fijados por el acto del empréstito (deuda a largo plazo y deuda a medio plazo), de la *deuda perpetua* y de la *deuda vitalicia,* constituida por el conjunto de pensiones a cargo del tesoro. La *deuda exterior* es la que se paga en el extranjero y con moneda extranjera.

**DEUDO, A** n. Respecto de una persona, cada uno de los ascendientes, descendientes o colaterales de su misma familia, por consanguinidad o afinidad.

**DEUDOR, RA** adj. y n. Que debe, dícese especialmente, con respecto a una persona o entidad, de otra que le debe algo. ◆ n. **2.** DER. Sujeto pasivo de una relación jurídica, especialmente de una obligación.

**DEUS EX MACHINA** loc. (voces lat., *dios [bajado]* por medio de una máquina). Intervención imprevista que resuelve una situación dramática.

**DEUTERIO** n. m. QUÍM. Isótopo del hidrógeno, de símbolo D y masa atómica 2, que forma con el oxígeno el agua pesada.

**DEUTEROSTOMA** adj. y n. m. Dícese del animal cuyo desarrollo embrionario asigna al blastoporo la función de ano, y cuya boca se forma secundariamente. (Los *deuterostomas* comprenden los *equinodermos,* los *procordados* y los *vertebrados.*)

**DEUTÓN** o **DEUTERÓN** n. m. QUÍM. Núcleo del átomo del deuterio, formado por un protón y un neutrón.

**DEVALUACIÓN** n. f. Acción de devaluar.

**DEVALUAR** v. tr. **[1s]**. Disminuir el valor de la moneda de un país en el mercado de los cambios, ya sea como consecuencia de una depreciación monetaria anterior, ya para favorecer la exportación. **2.** Quitar valor a una cosa.

**DEVANADERA** n. f. Instrumento que sirve para arrollar hilo, seda, mangas de incendio, etc.

**DEVANADO** n. m. Acción de devanar. **2.** Hilo de cobre que forma parte del circuito de ciertos aparatos o máquinas eléctricas.

**DEVANADOR, RA** adj. y n. Que devana.

**DEVANADORA** n. f. Pieza de la máquina de coser que sirve para devanar la bobina.

**DEVANĀGARĪ** n. m. y adj. Escritura moderna del sánscrito clásico y de algunas lenguas de la India. SIN.: *nāgarī.*

**DEVANAR** v. tr. **[1]**. Arrollar hilo en ovillo o carrete. ◆ **devanarse** v. pron. **2.** *Cuba* y *Méx.* Retorcerse de risa, dolor, llanto, etc.

**DEVANEO** n. m. Distracción, pasatiempo vano y reprensible. **2.** Amorío pasajero.

**DEVASTACIÓN** n. f. Acción y efecto de devastar.

**DEVASTADOR, RA** adj. y n. Que devasta: *fuego devastador.*

**DEVASTAR** v. tr. **[1]**. Destruir, arrasar, asolar.

**DEVENGAR** v. tr. **[1b]**. Adquirir derecho a retribución por razón de trabajo, servicio, etc.: *devengar salarios.*

**DEVENGO** n. m. Acción y efecto de devengar. **2.** Cantidad devengada.

**DEVENIR** v. intr. **[21]**. Acaecer. **2.** Llegar a ser, transformarse.

**DEVENIR** n. m. FILOS. Movimiento por el cual las cosas se transforman.

**DEVERBAL** adj. y n. m. LING. Dícese de una palabra formada por el radical de un verbo.

**DEVOCIÓN** n. f. Amor, veneración y fervor religiosos. **2.** Manifestación externa de estos sentimientos. **3.** Oración, rezo. **4.** Predilección, afición especial.

**DEVOCIONARIO** n. m. Libro que contiene oraciones y prácticas piadosas para uso de los fieles.

**DEVOLUCIÓN** n. f. Acción y efecto de devolver.

**DEVOLUTIVO, A** adj. DER. Que devuelve.

**DEVOLVER** v. tr. **[2n]**. Volver una cosa al estado o situación que tenía. **2.** Restituir una cosa a la persona que la poseía: *devolver un libro.* **3.** Corresponder a un favor o a un agravio. **4.** Vomitar, arrojar lo contenido en el estómago. **5.** Dar la vuelta a quien ha hecho un pago. ◆ **devolverse** v. pron. **6.** *Amér.* Volverse, dar la vuelta.

**DEVÓNICO, A** adj. y n. m. Dícese del cuarto período de la era primaria, durante la cual aparecieron los primeros vertebrados terrestres y las primeras plantas vasculares, así como de los terrenos y fósiles que datan de este período.

**DEVORADOR, RA** adj. y n. Que devora.

**DEVORAR** v. tr. **[1]**. Comer con ansia y apresuradamente: *devorar una paella.* **2.** Comer los animales su presa. **3.** *Fig.* Consumir, destruir. **4.** *Fig.* Hacer algo con avidez: *devorar un libro.*

**DEVOTIO** n. f. (voz latina, *voto, consagración*). HIST. Relación por la que unos guerreros se vinculaban personalmente a un jefe.

**DEVOTO, A** adj. y n. Que tiene devoción. **2.** Afecto, aficionado a una persona. ◆ adj. **3.** Dícese de la imagen, templo o lugar que mueve a devoción.

**DEXTRINA** n. f. Sustancia gomosa, de color blanco amarillento, que se extrae del almidón y se usa en tintorería.

**DEXTROCARDIA** o **DEXIOCARDIA** n. f. Malformación congénita, caracterizada por la situación derecha del corazón en la cavidad torácica.

**DEXTRÓGIRO, A** adj. QUÍM. Que hace girar a la derecha el plano de polarización de la luz: *la glucosa es dextrógira.*

**DEXTROSA** n. f. QUÍM. Variedad de glucosa.

**DEY** n. m. Oficial de jenízaros en las regencias berberiscas.

**DEYECCIÓN** n. f. Defecación de los excrementos. **2.** Los excrementos mismos. • **Cono de deyección,** acumulación detrítica efectuada por un torrente en el extremo inferior de su curso.

**DÍA** n. m. (lat. *diem*). Duración de la rotación de la Tierra sobre sí misma; por extensión, duración de la rotación de un astro del sistema solar sobre sí mismo. **2.** Tiempo que dura la claridad del Sol. **3.** Tiempo atmosférico que hace durante el día o parte de él: *día soleado.* **4.** Fecha en que se conmemora algún acontecimiento: *el día de santa Clara.* • **A tantos días fecha,** o **vista,** expresión usada en letras y pagarés para indicar que serán abonados al cumplirse los días que se expresan, a contar desde la fecha o desde la aceptación. ‖ **Abrir, abrirse, despuntar, rayar,** o **romper, el día,** amanecer; despejarse el cielo. ‖ **Al día,** al corriente, sin retraso, con exactitud: *llevar el trabajo al día.* ‖ **Buenos días,** saludo usual al levantarse durante la mañana. ‖ **Dar el día** *(Irón.),* causar molestias, importunar. ‖ **Del día,** de moda; fresco, reciente, hecho en el mismo día. ‖ **Día civil,** día medio contado de 0 a 24 h a partir del paso inferior del Sol medio por el meridiano del lugar. ‖ **Día de autos,** aquel en que sucedió el hecho que ya se ha mencionado o está en la mente de los hablantes. ‖ **Día de fiesta,** o **festivo,** domingo o día de precepto. ‖ **Día de misa,** aquel en que mandaba la Iglesia que se oyese misa. ‖ **Día de trabajo,** o **laborable,** el ordinario, por contraposición al de fiesta. ‖ **Día del juicio final,** último día de los tiempos, en que Dios juzgará a los vivos y a los muertos; (*Fig.* y *fam.*), muy tarde o nunca: *quisiera verla el día del juicio final.* ‖ **Día hábil** (DER.), día durante el cual pueden llevarse a cabo actuaciones judiciales. ‖ **Día lectivo,** aquel en que se da clase en los centros de enseñanza. ‖ **Día sideral,** o **sidéreo** (ASTRON.), intervalo de tiempo que separa dos pasos consecutivos del punto vernal por el meridiano de un lugar y que equivale aproximadamente a 23 h 56 m 4 s. ‖ **Día solar medio,** o **día medio,** intervalo de tiempo que separa dos pasos consecutivos por el meridiano de un lugar de un sol ficticio (sol medio) que se supone se desplaza a una velocidad constante por el ecuador celeste. ‖ **Día verdadero,** intervalo de tiempo, cercano a las 24 h, pero variable según la época del año, que separa dos pasos consecutivos del Sol por el meridiano de un lugar. ‖ **Día y noche,** constantemente, a todas horas. ‖ **El día de mañana,** en el futuro. ‖ **En su día,** a su tiempo, en el momento oportuno. ‖ **Poner al día,** actualizar, renovar. ‖ **Vivir al día,** gastar todo aquello de que se dispone, sin ahorrar nada. ◆ **días** n. m. pl. **5.** *Fig.* Vida: *llegó al fin de sus días.*

**DIABETES** n. f. Enfermedad que se caracteriza por exceso de azúcar en la sangre y se manifiesta por una abundante eliminación de orina.
■ La *diabetes mellitus,* o *diabetes sacarina,* es una afección a menudo hereditaria que puede manifestarse desde la infancia. Se caracteriza por una alteración del metabolismo de los glúcidos. El tratamiento debe tener en cuenta, además de la determinación de azúcar sanguíneo (glucemia) y de su detección en la orina (glucosuria), la dosificación de la hemoglobina glucosilada. El régimen alimenticio y los medicamentos (insulina, hipoglucemiantes de síntesis) permiten a los diabéticos evitar las complicaciones nerviosas y vasculares a que podrían estar expuestos. La *diabetes bronceada,* la *diabetes insípida* y la *diabetes renal* son enfermedades distintas.

**DIABÉTICO, A** adj. y n. Relativo a la diabetes; afecto de esta enfermedad.

**DIABLADA** n. f. *Amér.* Comparsa de máscaras en procesiones, fiestas, etc.

**DIABLEAR** v. intr. **[1]**. *Fam.* Hacer diabluras.

**DIABLESA** n. f. *Fam.* Diablo hembra.

**DIABLESCO, A** adj. Propio de diablos, diabólico.

**DIABLILLO, A** n. Persona traviesa y perspicaz.

**DIABLO** n. m. Nombre general dado en las diversas religiones a los ángeles rebeldes, y en particular a cada uno de ellos. **2.** *Fig.* Persona traviesa, inquieta o atrevida, intrigante o hábil para conseguir lo que se propone. • **Donde el diablo perdió el poncho** (*Argent., Chile* y *Perú. Fam.*), en un lugar muy distante o poco transitado. ‖ **Pobre diablo** *(Fam.),* hombre infeliz, sin malicia o de poco carácter. ‖ **Tener el diablo,** o **los diablos, en el cuerpo** *(Fam.),* ser muy astuto o revoltoso. ◆ interj. **3.** *Fam.* Denota extrañeza, sorpresa, admiración o disgusto. (Úsase también en plural.)

**DIABLURA** n. f. Travesura.

**DIABÓLICO, A** adj. Relativo al diablo. **2.** *Fig.* y *fam.* Malo, perverso. **3.** *Fig.* Enrevesado, intrincado.

**DIÁBOLO** n. m. Juguete formado por dos conos unidos por sus vértices, que se lanza al aire y se recoge por medio de un cordón tensado entre dos palos.

**DIACETILMORFINA** n. f. Denominación científica de la heroína.

**DIÁCIDO** n. m. Cuerpo que posee dos funciones ácidas.

**DIACLASA** n. f. Fisura que afecta a las rocas y que facilita la penetración del agua.

**DIACONAL** adj. Relativo al diácono.

**DIACONATO** o **DIACONADO** n. m. REL. CATÓL. Una de las órdenes, por la cual el subdiácono recibe la dignidad y atribuciones de diácono.

**DIACONISA** n. f. En la iglesia primitiva, mujer que estaba encargada de funciones de caridad. **2.** Entre los protestantes, mujer que se consagra a obras de piedad y caridad.

**DIÁCONO** n. m. (lat. *diaconum*). Entre los católicos, aquel que ha recibido la orden inmediatamente inferior al sacerdocio. **2.** Entre los protestantes, laico encargado del cuidado de los pobres y de la administración de los fondos de la iglesia.

**DIACRÍTICO, A** adj. y n. m. (gr. *diakritikos,* que distingue). Dícese del signo gráfico que da a un carácter de un alfabeto un valor especial. (Por ej., la diéresis sobre la *u* de *vergüenza.*)

**DIACRONÍA** n. f. En ciencias sociales, estudio de la evolución en el tiempo de los hechos sociales.

**DIACRÓNICO, A** adj. Dícese de los fenómenos que ocurren a lo largo del tiempo, así como de los estudios referentes a ellos. (Se opone a *sincrónico.*) • **Lingüística diacrónica,** estudio de los fenómenos lingüísticos desde el punto de vista de su evolución en el tiempo.

**DIACÚSTICA** n. f. Parte de la física que estudia la refracción de los sonidos.

**DIADA** n. f. Día de la fiesta nacional catalana.

**DÍADA** n. f. FILOS. Unión de dos principios que se completan recíprocamente.

**DIADELFO, A** adj. BOT. Dícese de los estambres que están soldados entre sí por sus filamentos formando dos haces distintos.

**DIADEMA** n. f. Cada uno de los arcos que cierran por la parte superior algunas coronas. **2.** Corona, aureola o cerco que ciñe la cabeza. **3.** Adorno de oro, plata o pedrería, en forma de media corona, usado por las mujeres como complemento de un traje de gala. **4.** Cinta o banda de cualquier material, que se utiliza para sujetar los cabellos.

**DIADOCO** n. m. (gr. *diadokhos,* sucesor). Título dado a los generales de Alejandro Magno que se disputaron el imperio tras su muerte (323 a. J.C.).

**DIAFANIDAD** n. f. Calidad de diáfano.

**DIÁFANO, A** adj. Dícese del cuerpo a través del cual pasa la luz casi en su totalidad. **2.** *Fig.* Claro, límpido, transparente.

**DIAFANOSCOPIA** n. f. MED. Procedimiento de examen que consiste en iluminar por transparencia ciertos órganos o ciertas partes del cuerpo.

**DIÁFISIS** n. f. ANAT. Cuerpo o parte media de los huesos largos, que, en los individuos que no han terminado el crecimiento, está separado de la epífisis por sendos cartílagos.

**DIAFONÍA** n. f. Interferencia de señales que proviene de dos emisores, de dos circuitos o de dos zonas de un mismo registro.

**DIAFORESIS** n. f. MED. Transpiración abundante.

**DIAFORÉTICO, A** adj. y n. m. Que provoca la transpiración.

**DIAFRAGMA** n. m. Músculo transversal que separa las cavidades torácica y abdominal, y cuya contracción provoca el aumento del volumen de

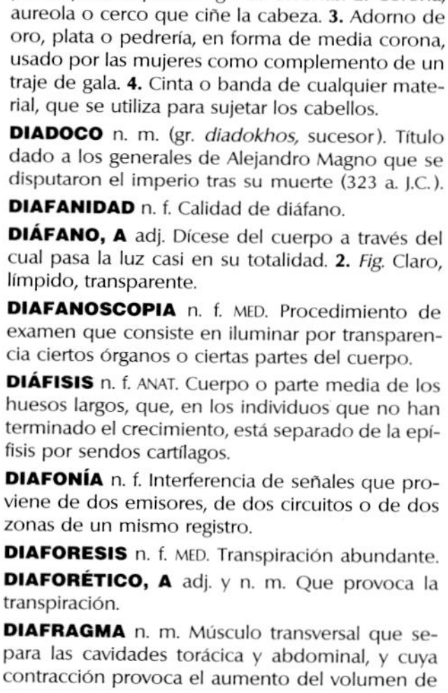

**diafragma** de una cámara fotográfica

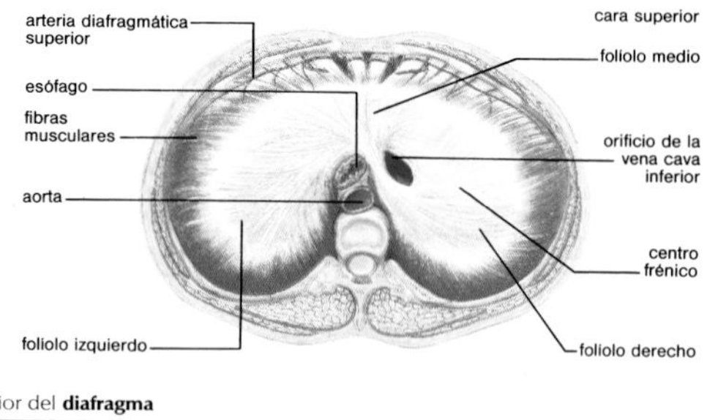

cara superior del **diafragma**

la caja torácica y, como consecuencia, la inspiración. **2.** Membrana de caucho que, situada de manera que obture el cuello del útero, se emplea como medio anticonceptivo femenino. **3.** Tabique transversal que separa los tubos de diversos instrumentos y máquinas. **4.** Abertura de diámetro regulable que sirve para variar la cantidad de luz que entra en un aparato óptico o fotográfico.

**DIAFRAGMAR** v. intr. [**1**]. FOT. Disminuir la abertura de un objetivo, cerrando el diafragma.

**DIAFRAGMÁTICO, A** adj. ANAT. Relativo al diafragma.

**DIAGÉNESIS** n. f. Conjunto de fenómenos que aseguran la transformación de un sedimento móvil en roca coherente.

**DIAGNOSIS** n. f. (gr. *diagnōsis,* conocimiento). BIOL. Descripción abreviada de una especie, género, etc. **2.** MED. Conocimiento diferencial de los signos de las enfermedades.

**DIAGNOSTICAR** v. tr. [**1a**]. MED. Hacer el diagnóstico de una enfermedad.

**DIAGNÓSTICO, A** adj. MED. Relativo a la diagnosis. **2.** MED. Que sirve para reconocer. ◆ n. m. **3.** ECON. Conclusión prospectiva del análisis de la situación económica de una región o una empresa. **4.** INFORMÁT. Resultado de un examen destinado a detectar los errores que pueden existir en una parte material del ordenador o en un programa. **5.** MED. Determinación de la naturaleza de una enfermedad.

**DIAGONAL** adj. y n. f. Dícese de la recta que une dos vértices no consecutivos de un polígono, o dos vértices de un poliedro que no pertenecen a la misma cara. • **Diagonal principal de un determinante, de una matriz cuadrada,** diagonal desde el primer elemento de la primera fila hasta el último de la última. || **Matriz diagonal,** matriz cuadrada en la que todos los elementos exteriores a la diagonal principal son nulos.

**DIAGONALIZABLE** adj. MAT. Dícese de la matriz cuadrada para la que existe una matriz semejante diagonal.

**DIAGONALIZACIÓN** n. f. MAT. Para una matriz cuadrada considerada como operador de una transformación lineal de un espacio vectorial, operación consistente en buscar una base para la cual la matriz de la transformación se reduzca a una matriz diagonal.

**DIAGRAFÍA** n. f. Arte de dibujar valiéndose de un diágrafo.

**DIÁGRAFO** n. m. Instrumento que permite reproducir objetos o dibujos con ayuda de una cámara clara.

**DIAGRAMA** n. m. (gr. *diagramma*). Figura gráfica que representa las variaciones de un fenómeno. **2.** Figura gráfica que representa las relaciones entre las diferentes partes de un conjunto o sistema. • **Diagrama de Venn,** representación gráfica de operaciones tales como la reunión y la intersección, efectuadas en teoría de conjuntos. || **Diagrama floral** (BOT.), esquema en el que están representados el número y la disposición de las piezas de los verticilos. || **Diagrama termodinámico,** representación gráfica del estado termodinámico de un sistema en el que determinadas variables se toman como coordenadas (volumen, presión, temperatura).

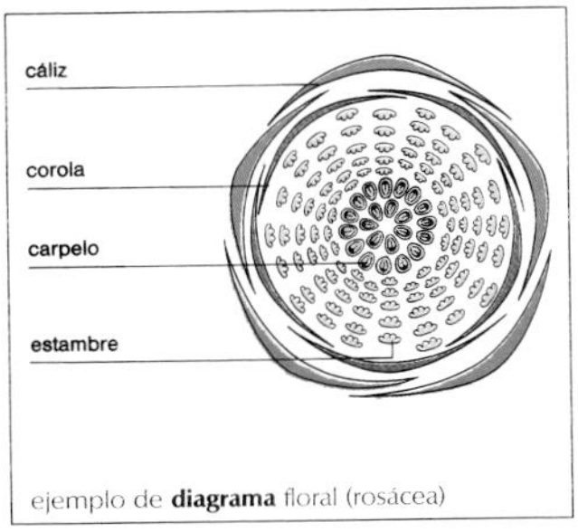

ejemplo de **diagrama** floral (rosácea)

**DIAGRAMACIÓN** n. f. ART. GRÁF. *Amér.* Acción y efecto de diagramar.

**DIAGRAMAR** v. tr. [**1**]. ART. GRÁF. *Amér.* Realizar una maqueta de una revista, libro, etc.

**DIAGUITA,** pueblo amerindio ya extinguido que vivía en el NO de Argentina (Catamarca, SO de Salta) y Chile (entre los ríos Copiapó y Choapa), del que destaca el grupo calchaquí. Se han descubierto poblados fortificados *(pucará),* así como objetos de cobre, oro y plata, y urnas funerarias de cerámica. Tras la conquista de su territorio por los españoles, concluida en 1670, los diaguita fueron trasladados a las proximidades de Buenos Aires.

**DIAL** n. m. (voz inglesa). Superficie graduada sobre la que se mueve un indicador que mide o señala una determinada magnitud, como el voltaje, la longitud de onda, etc.

**DIALCOHOL** n. m. QUÍM. Cuerpo que tiene dos veces la función alcohol.

**DIALECTAL** adj. Relativo a un dialecto: *variantes dialectales.*

**DIALECTALISMO** n. m. Voz, sonido o giro dialectal. **2.** Carácter dialectal.

**DIALÉCTICA** n. f. Sutilezas, argucias, distinciones ingeniosas e inútiles. **2.** Arte del diálogo y de la discusión. **3.** Razonamiento que, al igual que un diálogo, contiene oposiciones y diversidad de pensamientos y se encamina hacia una síntesis. **4.** Evolución de las cosas, mediante la oposición y la superación de la oposición.

**DIALÉCTICO, A** adj. y n. Relativo a la dialéctica; que profesa la dialéctica.

**DIALECTO** n. m. Variedad regional de una lengua. **2.** Cualquier lengua en cuanto se la considera procedente de otra.

**DIALECTOLOGÍA** n. f. Estudio de los dialectos.

**DIALECTÓLOGO, A** n. y adj. Persona que se dedica al estudio de los dialectos.

**DIALIPÉTALO, A** adj. BOT. Dícese de la corola de pétalos libres. ◆ adj. y n. f. **2.** BOT. Relativo a una antigua subclase de angiospermas, cuyas flores poseen los pétalos libres.

**DIALISÉPALO, A** adj. BOT. Dícese del cáliz cuyos sépalos no están unidos entre sí.

**DIÁLISIS** n. f. (gr. *dialysis,* disolución). Separación de los constituyentes de una mezcla, basada en la propiedad que poseen las membranas de dejar pasar más fácilmente unas ciertas moléculas que otras. **2.** Purificación de la sangre basada en el mismo principio. • **Diálisis peritoneal,** método terapéutico para eliminar desechos del organismo en el curso de las insuficiencias renales.

**DIALIZADOR** n. m. Instrumento con la ayuda del cual se efectúa la diálisis.

**DIALIZAR** v. tr. [**1g**]. Analizar una sustancia por medio de la diálisis.

**DIALOGAR** v. intr. [**1b**]. Sostener un diálogo.

**DIALOGÍSTICO, A** adj. Relativo al diálogo. **2.** Escrito en diálogo.

**DIÁLOGO** n. m. Coloquio, conversación o plática entre dos o más personas. **2.** Debate entre personas, grupos o ideologías de opiniones distintas y aparentemente irreconciliables, en busca de comprensión mutua. **3.** FILOS. Forma de expresión filosófica que comporta un modo de pensar esencialmente no dogmático. **4.** LIT. Género de obra literaria en que se finge una plática o controversia.

**DIAMAGNÉTICO, A** adj. y n. m. Dícese de la sustancia que, sometida a un campo magnético, toma una imantación dirigida en sentido inverso.

**DIAMAGNETISMO** n. m. Propiedad de las sustancias diamagnéticas.

**DIAMANTADO, A** adj. TECNOL. Dícese de aquello en cuya constitución entra el polvo de diamante.

**DIAMANTE** n. m. Piedra preciosa compuesta de carbono puro cristalizado. **2.** Útil de vidriero que sirve para cortar el vidrio. • **Diamante bruto,** o **en bruto,** el que está aún sin labrar; persona de muchas cualidades, pero que carece del lucimiento que dan la educación y la experiencia. || **Punta de diamante** (B. ART.), ornamento en forma de pirámide de poca altura, que se labra en las piedras u otras materias. ◆ adj. **3.** IMPR. Dícese de la edición de tamaño pequeño y caracteres muy menudos. ◆ **diamantes** n. m. pl. **4.** Uno de los cuatro palos de la baraja francesa.

■ El diamante es el más duro de los minerales naturales. De densidad 3,5, cristaliza en el sistema cúbico. El *diamante carbonado,* de color negro, se emplea para la perforación de rocas duras. El *incoloro* es valorado como una de las piedras preciosas más bellas. Generalmente se talla en facetas para aumentar su brillo.

Algunos diamantes son célebres. El *Regente* (museo del Louvre), adquirido en 1717 por el duque de Orleans, es considerado el más puro; su masa

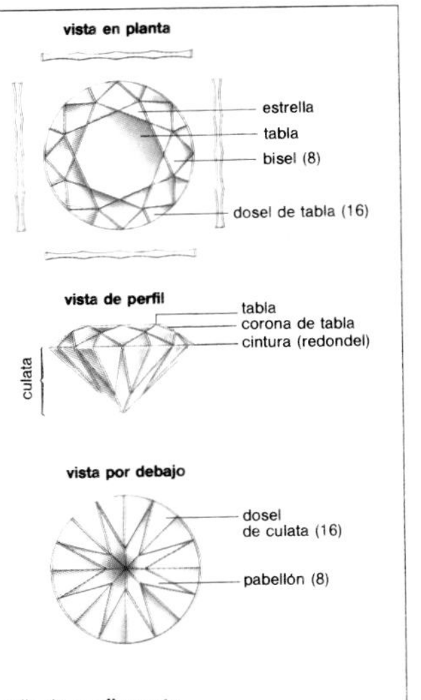

talla de un **diamante**

talla en facetas de un **diamante** a la muela

**diamante** bruto procedente de Sierra Leona (tamaño: 10 mm)

es de 137 quilates (27,4 g). El *Cullinam* (Torre de Londres), hallado en 1905 en Transvaal, es el más grande del mundo; su masa bruta, antes de la talla, era de 3 106 quilates (621,2 g).

**DIAMANTÍFERO, A** adj. Que contiene diamantes: *terreno diamantífero.*

**DIAMANTINO, A** adj. Relativo al diamante. **2.** *Fig.* y *poét.* Duro, inquebrantable, persistente.

**DIAMETRAL** adj. Relativo al diámetro. **2.** Que divide una superficie en dos partes equivalentes. **3.** *Fig.* Directo, absoluto, total.

**DIÁMETRO** n. m. Segmento de recta que pasando por el centro de una circunferencia, de una curva cerrada cualquiera o de una superficie esférica, tiene sus extremos en dos puntos de la misma. • **Diámetro aparente de un astro** (ASTRON.), ángulo bajo el cual se percibe, desde un lugar de observación, la imagen de un astro que no presenta un aspecto puntiforme.

**DIAMIDA** n. f. Cuerpo que posee dos veces la función amida.

**DIAMINA** n. f. Cuerpo que posee dos veces la función amina.

**DIAMINOFENOL** n. m. Derivado del pirogalol, cuyo cloruro se emplea como revelador en fotografía.

**DIANA** n. f. Punto central de un blanco de tiro. • **Hacer diana,** alojar el proyectil en la diana. || **Toque de diana,** toque militar de corneta o trompeta, dado para que la tropa se levante.

**¡DIANTRE!** interj. Denota sorpresa o enfado.

**DIAPASÓN** n. m. MÚS. Altura relativa de un sonido determinado, dentro de una escala sonora. **2.** MÚS. Instrumento que al vibrar produce un tono determinado: *diapasón de boca; diapasón de horquilla.* **3.** MÚS. Trozo de madera que cubre el mástil sobre el cual se pisan con los dedos las cuerdas del violón y de otros instrumentos análogos. **4.** MÚS. Distancia exacta que separa los agujeros de los instrumentos de viento. **5.** MÚS. Relación entre el diámetro de un tubo de órgano y su longitud.

**DIAPÉDESIS** n. f. MED. Paso de los elementos celulares de la sangre a través de los capilares.

**DIAPIRO** n. f. GEOL. Ascenso de rocas profundas, plásticas y de baja densidad a través de terrenos suprayacentes.

**DIAPOSITIVA** n. f. Imagen fotográfica positiva sobre soporte transparente, destinada a ser proyectada sobre una pantalla.

**DIARERO, A** n. *Argent.* y *Urug.* Diariero.

**DIARIERO, A** n. *Amér. Merid.* Vendedor de diarios.

**DIARIO, A** adj. Correspondiente a todos los días. ◆ n. m. **2.** Libro en que se recogen por días sucesos y reflexiones. **3.** Periódico que se publica todos los días. • **A diario,** todos los días, cada día. || **De diario,** de todos los días: *ropa de diario.* || **Diario de navegación** (MAR.), libro que está obligado a llevar cada oficial náutico. || **Diario hablado, filmado,** o **televisado,** actualidades transmitidas por radio o presentadas por cine y televisión.

**DIARISMO** n. m. *Amér.* Periodismo.

**DIARQUÍA** n. f. Gobierno simultáneo de dos soberanos.

**DIARREA** n. f. Deposiciones líquidas y frecuentes.

**DIARREICO, A** adj. Relativo a la diarrea.

**DIARTROSIS** n. f. ANAT. Articulación que permite una gran movilidad (rodilla, codo), en la que los huesos están unidos por una cápsula fibrosa, cuyas superficies están recubiertas de cartílago.

**DIASCOPIO** n. m. Instrumento óptico empleado en los vehículos blindados para observar el exterior.

**DIÁSPORA** n. f. (gr. *diaspora,* dispersión). Conjunto de comunidades judías establecidas fuera de Palestina, a partir del Exilio (s. VI a. J.C.). **2.** Conjunto de diversas comunidades con un mismo origen y establecidas en países diferentes. **3.** Dispersión de un pueblo o una etnia a través del mundo.

**DIASPRO** n. m. Variedad de jaspe.

**DIASTASA** n. f. Amilasa.

**DIÁSTOLE** n. f. (gr. *diastōle,* dilatación). Fase de dilatación en los movimientos rítmicos del corazón. **2.** Licencia poética que consiste en usar como larga un sílaba breve.

**DIASTÓLICO, A** adj. Relativo a la diástole: *soplo diastólico.*

**DIATÉRMANO, A** o **DIATÉRMICO, A** adj. Que deja pasar el calor.

**DIATERMIA** n. f. Terapéutica que utiliza el calor producido por una corriente de alta frecuencia.

**DIATOMEA** n. f. Alga unicelular provista de una concha silícea bivalva, a menudo finamente decorada, y que vive en el mar o en el agua dulce.

**DIATÓMICO, A** adj. QUÍM. Dícese de la molécula formada por dos átomos.

**DIATOMITA** n. f. Roca sedimentaria silícea formada esencialmente por diatomeas.

**los principales diarios de información general**

| *país* | *título* | *difusión* |
|---|---|---|
| **Alemania** | Bild Zeitung | 4 200 000 |
| | Frankfurter Allgemeine Zeitung | 382 000 |
| | Süddeutsche Zeitung | 381 000 |
| | Die Welt | 210 000 |
| **Argentina** | Clarín | 480 000 |
| | Crónica | 330 000 |
| | La nación | 210 000 |
| **Brasil** | Fôlha de São Paulo | 372 000 |
| | O globo | 350 000 |
| **Canadá** | The globe and mail | 321 000 |
| | The Toronto star | 507 000 |
| | Le journal de Montréal | 289 000 |
| **Colombia** | El espectador | 215 000 |
| | El tiempo | 200 000 |
| **China** | Renmin Ribao | 4 500 000 |
| **España** | ABC | 321 000 |
| | El mundo | 307 000 |
| | El país | 420 000 |
| | El periódico | 215 000 |
| | La vanguardia | 203 000 |
| **Estados Unidos** | Los Angeles times | 1 200 000 |
| | New York times | 1 200 000 |
| | USA today | 1 900 000 |
| | Washington post | 850 000 |
| **Francia** | Le Figaro | 410 000 |
| | France-soir | 231 000 |
| | Le monde | 371 000 |
| | Ouest-France | 732 000 |
| **Gran Bretaña** | Daily express | 1 500 000 |
| | Daily mail | 1 700 000 |
| | Daily mirror | 3 700 000 |
| | The daily telegraph | 1 040 000 |
| | The guardian | 423 000 |
| | The independent | 386 000 |
| | The Sun | 3 600 000 |
| | The times | 386 000 |
| **Italia** | Corriere della sera | 630 000 |
| | La repubblica | 680 000 |
| | La stampa | 396 000 |
| **Japón** | Asahi shimbun | 13 005 000 |
| | Mainichi shimbun | 6 250 000 |
| | Yomiuri shimbun | 14 250 000 |
| **México** | Excélsior | 200 000 |
| | El heraldo | 210 000 |
| | Novedades | 240 000 |
| | La prensa | 300.000 |
| **Rusia** | Izvestia | 800 000 |
| | Komsomólskaya Pravda | 18 000 000 |
| | Pravda | 450 000 |
| | Selskaya zhizn | 1 226 000 |
| **Venezuela** | El mundo | 195 000 |
| | El nacional | 175 000 |
| | Últimas noticias | 230 000 |
| **Internacional** | International herald tribune | 196 000 |

**DIATÓNICO, A** adj. MÚS. Que procede por tonos y semitonos.

**DIATRIBA** n. f. Discurso o escrito violento o injurioso: *lanzar una diatriba contra alguien.*

**DIAZOICO, A** adj. y n. m. Dícese de ciertos cuerpos orgánicos cuya molécula contiene un grupo de dos átomos de nitrógeno, utilizados para la preparación de numerosos colorantes.

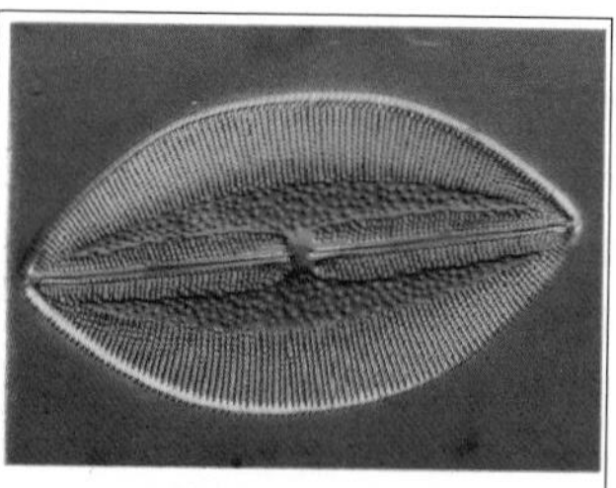

especie de **diatomea**

**DIBUJANTE** n. m. y f. Persona que se dedica a dibujar o que tiene por profesión dibujar.

**DIBUJAR** v. tr. y pron. [**1**]. Representar en una superficie la figura de una cosa por medio del lápiz, el carboncillo, etc. ◆ v. tr. **2.** *Fig.* Trazar, describir una cosa con palabras. ◆ **dibujarse** v. pron. **3.** *Fig.* Aparecer o revelarse lo que estaba callado u oculto. **4.** Aparecer de forma vaga e imprecisa la silueta de una cosa.

**DIBUJO** n. m. Arte y acción de dibujar. **2.** Representación gráfica en la que la imagen se traza, de modo más o menos complejo, sobre una superficie que constituye el fondo. **3.** En una pintura, delineación de las figuras y su ordenación general, consideradas independientemente del colorido. **4.** Motivo más o menos decorativo, natural o artificial, que presentan ciertos objetos. • **Dibujo del natural,** el que se hace copiando directamente del modelo. || **Dibujo lineal,** dibujo técnico para representar motivos ornamentales u objetos pertenecientes a la industria. || **Dibujo técnico,** dibujo que representa motivos ornamentales u objetos pertenecientes a la industria. || **Dibujos animados** (CIN.), película cinematográfica basada en una sucesión de dibujos cada uno de los cuales representa una fase sucesiva de un movimiento.

**DICACIDAD** n. f. Agudeza, mordacidad ingeniosa.

**DICARBONILADO, A** adj. Que contiene dos veces el grupo carbonilo.

**DICARIO** n. m. Célula con dos núcleos, característica exclusiva de los hongos superiores.

**DICARIÓTICO, A** adj. Relativo al dicario.

**DICCIÓN** n. f. Manera de hablar o escribir. **2.** Pronunciación.

**DICCIONARIO** n. m. Recopilación de las palabras de una lengua colocadas por orden alfabético y seguidas de su definición o traducción a otra lengua. **2.** Recopilación de las palabras relativas a una ciencia, a una técnica, etc., ordenadas alfabéticamente. • **Diccionario enciclopédico,** diccionario que, aparte de las informaciones sobre las palabras en sí mismas, contiene explicaciones científicas o históricas sobre las cosas, las personas, etc., representadas por estas palabras.

**DICCIONARISTA** n. m. y f. Lexicógrafo.

**DÍCERES** n. m. pl. *Amér.* Murmuraciones.

**DICETONA** n. f. Cuerpo que posee dos veces la función cetona.

**DICHA** n. f. (lat. *dicta*). Felicidad. **2.** Suerte.

**DICHARACHERO, A** adj. y n. *Fam.* Propenso a decir dicharachos o que conversa animada y jovialmente.

**DICHARACHO** n. m. *Fam.* Dicho chocante por gracioso, impropio, vulgar, indecente, etc.

**DICHO** n. m. Palabra o conjunto de palabras con que se expresa oralmente un concepto cabal, como: «es mejor tener que desear». **2.** Ocurrencia ingeniosa y oportuna. **3.** DER. Deposición del testigo. • **Dicho y hecho,** expresa la prontitud con que se hace algo.

**DICHOSO, A** adj. Feliz: *sentirse dichoso.* **2.** Que incluye o trae consigo dicha: *época dichosa.* **3.** *Fam.* Fastidioso, molesto: *¡dichoso despertador!*

**DICIEMBRE** n. m. (lat. *december*). Duodécimo mes del año: *diciembre tiene 31 días.*

**DICLINO, A** adj. Dícese de la flor que lleva órganos de un solo sexo (estambres o pistilo).

**DICOTILEDÓNEO, A** adj. y n. f. Relativo a una clase de plantas cuya semilla contiene una plántula con dos cotiledones, que presenta generalmente las hojas horizontales, con nerviación ramificada y con las dos caras distintas; si son vivaces, tienen formaciones secundarias, lo que las diferencia de las *monocotiledóneas.*

**DICOTOMÍA** n. f. (gr. *dikhotomia*). División, oposición entre dos cosas. **2.** ASTRON. Fase de la Luna en su primero y último cuadrante. **3.** BOT. Modo de división de ciertos tallos en ramas bifurcadas. **4.** LÓG. División de un concepto en otros dos que agotan toda su extensión.

**DICOTÓMICO, A** adj. Relativo a la dicotomía.

**DICÓTOMO, A** adj. (gr. *dikhotomos*). Que se divide por bifurcación: *tallo dicótomo.* **2.** Dícese de la Luna cuando sólo se ve la mitad de su disco.

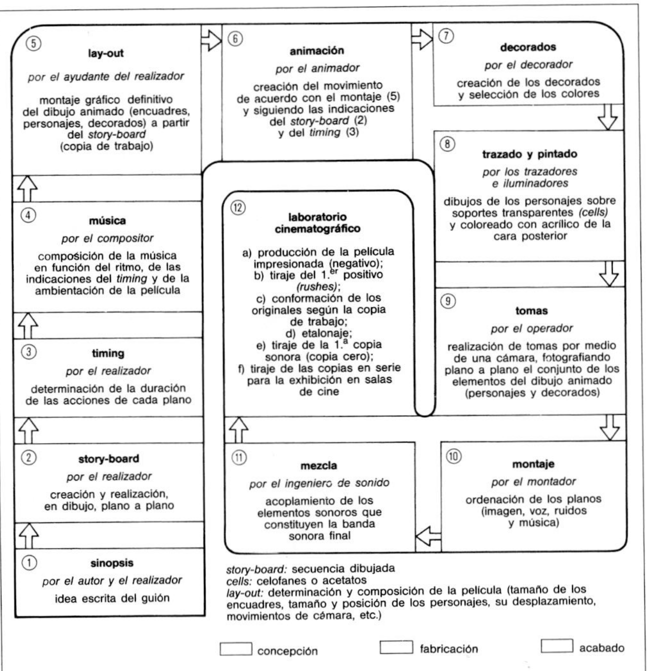
⑤ lay-out
por el ayudante del realizador
montaje gráfico definitivo del dibujo animado (encuadres, personajes, decorados) a partir del story-board (copia de trabajo)
⑥ animación
por el animador
creación del movimiento de acuerdo con el montaje (5) y siguiendo las indicaciones del story-board (2) y del timing (3)
⑦ decorados
por el decorador
creación de los decorados y selección de los colores
⑧ trazado y pintado
por los trazadores e iluminadores
dibujos de los personajes sobre soportes transparentes (cells) y coloreado con acrílico de la cara posterior
④ música
por el compositor
composición de la música en función del ritmo, de las indicaciones del timing y de la ambientación de la película
⑫ laboratorio cinematográfico
a) producción de la película impresionada (negativo);
b) tiraje del 1.er positivo (rushes);
c) conformación de los originales según la copia de trabajo;
d) etalonaje;
e) tiraje de la 1.a copia sonora (copia cero);
f) tiraje de las copias en serie para la exhibición en salas de cine
⑨ tomas
por el operador
realización de tomas por medio de una cámara, fotografiando plano a plano el conjunto de los elementos del dibujo animado (personajes y decorados)
③ timing
por el realizador
determinación de la duración de las acciones de cada plano
② story-board
por el realizador
creación y realización, en dibujo, plano a plano
⑪ mezcla
por el ingeniero de sonido
acoplamiento de los elementos sonoros que constituyen la banda sonora final
⑩ montaje
por el montador
ordenación de los planos (imagen, voz, ruidos y música)
① sinopsis
por el autor y el realizador
idea escrita del guión
story-board: secuencia dibujada
cells: celofanes o acetatos
lay-out: determinación y composición de la película (tamaño de los encuadres, tamaño y posición de los personajes, su desplazamiento, movimientos de cámara, etc.)
concepción
fabricación
acabado

**dibujos** animados: diferentes etapas en la elaboración

**DICROICO, A** adj. Que presenta dicroísmo.

**DICROÍSMO** n. m. Pleocroísmo.

**DICROMÁTICO, A** adj. Que tiene dos colores.

**DÍCROTO, A** adj. Dícese del latido arterial que se aprecia como un pulso doble.

**DICTADO** n. m. (lat. *dictatum*). Acción de dictar para que otro escriba: *escribir al dictado.* **2.** Ejercicio escolar cuya finalidad es el aprendizaje de la ortografía. ◆ **dictados** n. m. pl. **3.** *Fig.* Inspiraciones o preceptos de la razón o de la conciencia.

**DICTADOR** n. m. (lat. *dictatorem*). El que concentra en sí todos los poderes; amo absoluto. **2.** Persona que abusa de su autoridad o trata con dureza a los demás. ◆ n. m. **3.** ANT. ROM. Magistrado investido, en Roma, de autoridad suprema en los momentos difíciles de la república.

**DICTADURA** n. f. (lat. *dictaturam*). Ejercicio sin control del poder absoluto y soberano. **2.** Tiempo durante el cual ejerce el poder un dictador. **3.** ANT. ROM. En Roma, dignidad, autoridad del dictador. • **Dictadura del proletariado,** según los marxistas, régimen político transitorio por el que el proletariado destruye el estado burgués para sustituirlo por un estado proletario, a través del cual ejerce él solo el poder.

**DICTÁFONO** n. m. Aparato fonográfico que recoge y reproduce lo que se habla o dicta.

**DICTAMEN** n. m. Opinión o juicio que se forma o emite sobre una cosa.

**DICTAMINAR** v. intr. y tr. **[1]**. Dar dictamen: *dictaminar la hora de un suceso.*

**DÍCTAMO** n. m. (gr. *diktamnos*). BOT. Planta labiada originaria de Creta, considerada como vulneraria por los antiguos. • **Díctamo blanco,** planta herbácea de tallo pubescente, hojas sencillas ovaladas y flores blancas o rosadas en racimos terminales. (Familia rutáceas.) ‖ **Díctamo real** *(Amér.)*, planta de tallo quebradizo, que destila un jugo lechoso y purgante.

**DICTAR** v. tr. (lat. *dictare*) **[1]**. Decir o leer algo a una persona para que lo vaya escribiendo: *dictar una carta.* **2.** Dar, expedir, pronunciar leyes, fallos, decretos, etc.: *dictar sentencia un juez.* **3.** *Fig.* Inspirar, sugerir: *haz lo que te dicte la razón.*

**DICTATORIAL** adj. Que revela dictadura; absoluto, sin control: *poder dictatorial.*

**DICTERIO** n. m. (lat. *dicterium*). Insulto dirigido a alguien.

**DICTIÓPTERO, A** adj. y n. m. Relativo a un orden de insectos con metamorfosis incompleta y alas reticuladas; por ej. las cucarachas.

**DIDÁCTICA** n. f. Ciencia que tiene por objeto los métodos de enseñanza.

**DIDÁCTICO, A** adj. (gr. *didaktikos*). Que tiene por objeto enseñar o instruir; pedagógico. **2.** Relativo a la didáctica.

**DIDÁCTILO, A** adj. Que posee dos dedos (dícese sólo de las patas de los animales).

**DIDACTISMO** o **DIDACTICISMO** n. m. Carácter de lo que es didáctico.

**DIDASCALIA** n. f. (gr. *didaskalia*). En el teatro antiguo, indicaciones dadas a un actor por el autor sobre su manuscrito.

**DIDIMIO** n. m. Tierra rara que es una mezcla del neodimio y del praseodimio.

**DÍDIMO, A** adj. (gr. *didymos*, gemelo). BOT. Dícese de todo órgano formado por dos lóbulos iguales y colocados simétricamente.

**DIDUCCIÓN** n. f. FISIOL. Movimiento lateral del maxilar inferior.

**DIECINUEVE** adj. num. cardin. y n. m. Diez más nueve. ◆ adj. num. ordin. y n. m. **2.** Decimonono: *página diecinueve.*

**DIECINUEVEAVO, A** adj. y n. m. Dícese de cada una de las diecinueve partes iguales en que se divide un todo.

**DIECIOCHESCO, A** o **DIECIOCHISTA** adj. Relativo al s. XVIII.

**DIECIOCHO** adj. num. cardin. y n. m. Diez más ocho. ◆ adj. num. ordin. y n. m. **2.** Decimoctavo: *el lugar dieciocho.*

**DIECIOCHOAVO, A** adj. y n. m. Dícese de cada una de las dieciocho partes iguales en que se divide un todo.

**DIECISÉIS** adj. num. cardin. y n. m. Diez más seis. ◆ adj. num. ordin. y n. m. **2.** Decimosexto: *Luis XVI.*

**DIECISEISAVO, A** adj. y n. m. Dícese de cada una de las dieciséis partes iguales en que se divide un todo.

**DIECISIETE** adj. num. cardin. y n. m. Diez más siete. ◆ adj. num. ordin. y n. m. **2.** Decimoséptimo: *tomo diecisiete.*

**DIECISIETEAVO, A** adj. y n. m. Dícese de cada una de las diecisiete partes iguales en que se divide un todo.

**DIEDRO** n. m. y adj. MAT. Porción de espacio comprendida entre dos semiplanos, o caras, concurrentes en una recta o arista. **2.** En un avión, ángulo formado por el plano horizontal y el plano de las alas. • **Ángulo plano,** o **rectilíneo, de un diedro,** sección de este diedro por un plano perpendicular a la arista.

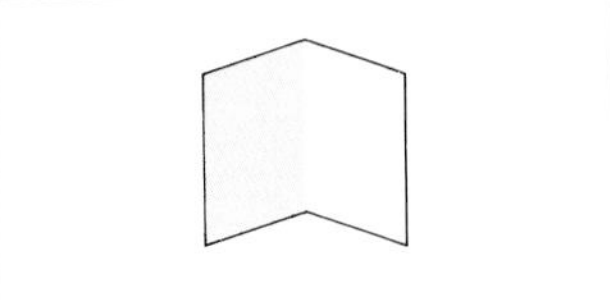

**diedro**

**DIELÉCTRICO, A** adj. y n. m. Dícese de la sustancia capaz de almacenar energía electrostática.

**DIENCEFÁLICO, A** adj. Relativo al diencéfalo.

**DIENCÉFALO** n. m. Segunda parte del encéfalo embrionario, que forma la epífisis, el lóbulo nervioso de la hipófisis, el tálamo, o tálamo óptico, los nervios ópticos y las retinas. **2.** En el organismo adulto, parte del cerebro situada entre los hemisferios cerebrales y el tronco cerebral, formada por las paredes del tercer ventrículo, el tálamo y el hipotálamo, y que comprende numerosos centros reguladores de la actividad vital (sueño, metabolismo, etc.).

**DIENO** n. m. Hidrocarburo dietilénico.

**DIENTE** n. m. (lat. *dentem*). Órgano duro engastado en la mandíbula, formado por marfil recubierto de esmalte en la corona, que sirve para triturar los alimentos y para morder. (Se distinguen, de delante hacia atrás, los incisivos, los caninos, los premolares y los molares.) **2.** Incisivo. **3.** Cumbre aguda y aislada. **4.** Cada una de las puntas o resaltos que constituyen la arista cortante de las herramientas: *los dientes de una sierra.* **5.** Saliente de una rueda de engranaje. • **A regañadientes** *(Fam.)*, con disgusto. ‖ **Crujirle,** o **rechinarle, los dientes** a alguien *(Fam.)*, apretarlos con fuerza en señal de rabia o desesperación. ‖ **Dar diente con diente** *(Fam.)*, tiritar de frío o tener mucho miedo. ‖ **Diente de ajo,** cada una de las partes en que se divide la cabeza del ajo, separadas por su tela y cáscara particular. ‖ **Diente de leche,** o **mamón,** cada uno de los de la primera dentición de los mamíferos. ‖ **Diente de león,** amargón. ‖ **Diente de lobo,** especie de clavo grande. ‖ **Diente de perro,** formón o escoplo hendido que usan los esculto-

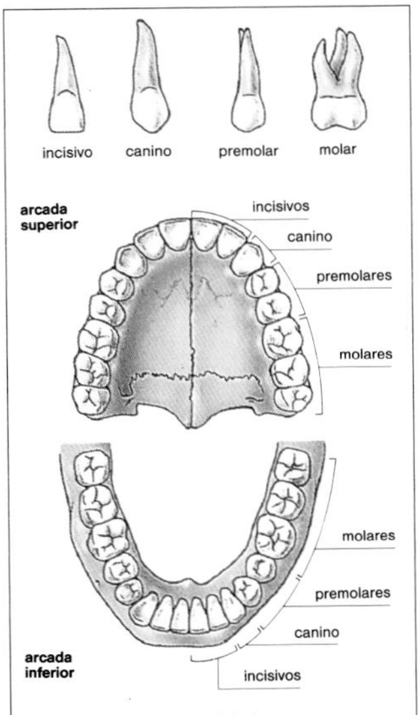
incisivo
canino
premolar
molar
arcada superior
incisivos
canino
premolares
molares
molares
premolares
canino
arcada inferior
incisivos

**dientes** y dentadura (adulto)

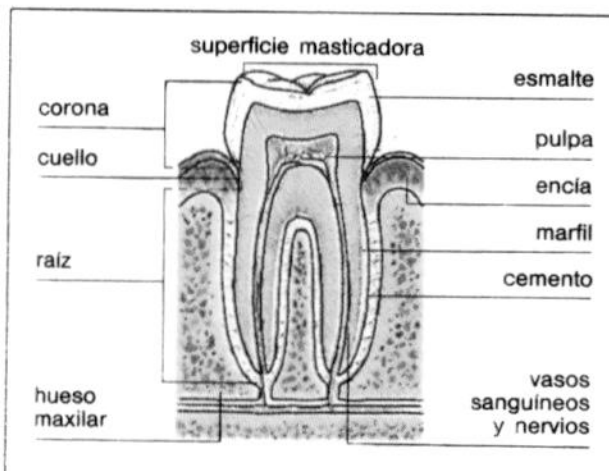

**diente:** corte de un molar

res. ‖ **Dientes largos,** dentera. ‖ **Enseñar** o **mostrar, los dientes** *(Fam.),* enfrentarse a alguien, resistirle, amenazarle. ‖ **Hablar, decir,** etc., **entre dientes** *(Fam.),* hablar sin que se entienda lo que se dice; murmurar, refunfuñar. ‖ **Hincar el diente** *(Fam.),* apropiarse de algo que pertenece a otra persona; criticar a alguien, desacreditarle; emprender un asunto y resolver sus dificultades. ‖ **Pelar el diente** (*Amér. Central* y *Colomb.*), sonreír mucho con coquetería; halagar a alguien, adular; (*Méx. Fam.*), ponerse alguien agresivo. ‖ **Tener diente,** o **buen diente**, ser muy comedor.

**DIÉRESIS** n. f. (gr. *diairesis,* separación). CIR. División, separación de dos partes cuya continuidad podría resultar nociva. **2.** FONÉT. Pronunciación de dos vocales consecutivas, que en otros casos forman diptongo, en dos sílabas. **3.** GRAM. Signo diacrítico, formado por dos puntos horizontales, que en español se coloca sobre la vocal *u* de los grupos constituidos por *gu + e, i* para indicar que la *u* debe pronunciarse.

**DIERGOL** n. m. Propergol formado por dos ergoles líquidos, combustible y comburente, que se inyectan separadamente en la cámara de combustión.

**DIES IRAE** n. m. (voces latinas, *día de ira*). Canto de la misa de difuntos en la liturgia católica romana.

**DIESEL** n. m. (de R. *Diesel,* su inventor). Motor de combustión interna, que consume aceites pesados y que funciona por autoencendido del combustible inyectado por aire fuertemente comprimido. SIN.: *motor Diesel.*

**DIESELELÉCTRICO, A** adj. Dícese de una locomotora cuya potencia es suministrada por un motor diesel, el cual acciona un generador eléctrico que suministra corriente a los motores acoplados a los ejes.

**DIESIS** o **DIESI** n. f. (gr. *diesis,* intervalo). MÚS. Alteración que eleva un semitono cromático la nota que precede. • **Doble diesis,** alteración que eleva dos semitonos cromáticos la nota que precede. ◆ adj. **2.** Dícese de la misma nota afectada por este signo: *«fa» diesis.*

**DIESTRA** n. f. Mano derecha.

**DIESTRO, A** adj. Derecho, que está situado con respecto al hombre al lado opuesto al del corazón: *la mano diestra; ponerse a la diestra.* **2.** Dícese de la persona que usa preferentemente la mano derecha. **3.** Hábil, experto. **4.** Sagaz, prevenido para manejar los negocios. • **A diestro y siniestro,** sin tino, sin orden; sin discreción ni miramiento. ◆ n. m. **5.** TAUROM. Matador de toros.

**DIETA** n. f. Asamblea deliberante en algunos países (Polonia, Hungría, Suecia, Suiza, etc.).

**DIETA** n. f. (lat. *diaetam*). Supresión de una parte o de la totalidad de los alimentos con fines terapéuticos o higiénicos. **2.** Tipo de alimentación: *dieta mediterránea.* **3.** Retribución o indemnización que se da diariamente a los que ejecutan algunas comisiones, forman parte de una asamblea o asisten a determinadas reuniones fuera de su residencia habitual. (Suele usarse en plural.) **4.** Cantidad que tiene derecho a percibir diariamente todo trabajador por cuenta ajena, que por razón de su actividad laboral deba desplazarse de la población en que habitualmente trabaja a otra. (Suele usarse en plural.) • **Dieta hídrica,** régimen que incluye sólo agua, infusiones, zumos de fruta, etc.

**DIETARIO** n. m. Libro en que se anotan los ingresos y gastos diarios de una casa o establecimiento. **2.** Agenda.

**DIETÉTICA** n. f. Ciencia que estudia el valor alimenticio de los alimentos y las enfermedades que provoca la mala nutrición, así como la determinación de las cantidades de alimentos que convienen a las diversas categorías de consumidores.

**DIETÉTICO, A** adj. Relativo a la dieta o a la dietética.

**DIETILÉNICO, A** adj. Que posee dos veces el carácter etilénico.

**DIETISTA** n. m. y f. Especialista en dietética.

**DIEZ** adj. num. cardin. y n. m. Nueve y uno. ◆ adj. num. ordin. y n. m. **2.** Décimo: *la fila diez.*

**DIEZMAR** v. tr. (lat. *decimare*) **[1]**. Separar una de cada diez personas o cosas. **2.** *Fig.* Causar gran mortandad en un país la guerra, las epidemias u otra calamidad.

**DIEZMERO** n. m. HIST. El que tenía el derecho de recaudar el diezmo eclesiástico.

**DIEZMILÉSIMO, A** adj. y n. m. Dícese de cada una de las diez mil partes iguales en que se divide un todo.

**DIEZMO** n. m. Impuesto constituido por unos cánones en especies que se abonaba al clero.

**DIFAMACIÓN** n. f. Acción y efecto de difamar.

**DIFAMADOR, RA** adj. y n. Que difama.

**DIFAMAR** v. tr. (lat. *diffamare*) **[1]**. Desacreditar a alguien publicando o diciendo cosas contra su buena opinión y fama.

**DIFAMATORIO, A** adj. Dícese de lo que difama.

**DIFÁSICO, A** adj. ELECTR. Dícese de la corriente que presenta dos fases.

**DIFENOL** n. m. Cuerpo que posee dos veces la función fenol.

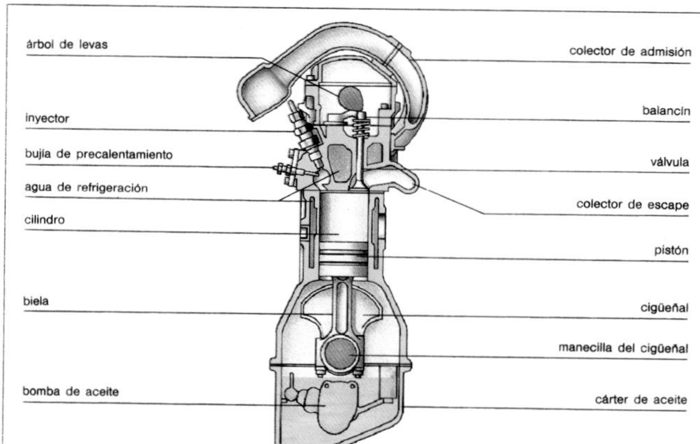

**diesel:** sección de un motor diesel (visto de frente)

**DIFERENCIA** n. f. (lat. *differentiam*). Cualidad o accidente por el cual una cosa se distingue de otra. **2.** *Fig.* Controversia, discrepancia o incompatibilidad entre dos o más personas. **3.** MAT. Resultado de la sustracción de dos magnitudes: *2 es la diferencia entre 7 y 5.* • **A diferencia de,** denota la discrepancia que hay entre dos personas o cosas comparadas entre sí. ‖ **Diferencia de dos conjuntos A y B,** conjunto que se nota A − B, formado por los elementos de A que no pertenecen a B. ‖ **Diferencia simétrica de dos conjuntos A y B,** conjunto formado por los elementos de A que no pertenecen a B y por los elementos de B que no pertenecen a A, es decir, reunión de las diferencias A − B y B − A.

**DIFERENCIACIÓN** n. f. Acción y efecto de diferenciar o diferenciarse. **2.** BIOL. En el curso del desarrollo de un ser vivo, aparición de varios tipos diferentes de células, de tejidos o de órganos, a partir de un mismo tronco original. **3.** MAT. Cálculo de una o varias diferenciales.

**DIFERENCIADOR** n. m. Órgano de cálculo analógico o numérico que efectúa automáticamente el cálculo de diferenciales y derivadas.

**DIFERENCIAL** adj. Relativo a la diferencia. **2.** MAT. Que procede por diferencias infinitamente pequeñas. • **Cálculo diferencial** (MAT.), parte del cálculo infinitesimal en el que se determinan los infinitésimos a partir de las magnitudes funcionales dadas. ‖ **Sicología diferencial,** parte de la sicología que estudia las diferencias entre individuos e investiga su origen en la especie humana y en las otras especies animales. ‖ **Tarifa diferencial,** tarifa de transporte calculada en función inversa del peso y de la distancia. ◆ adj. y n. m. **3.** Dícese de un mecanismo de engranajes que permite transmitir a un árbol rotativo un movimiento equivalente a la suma o a la diferencia de otros dos movimientos. ◆ n. f. **4.** MAT. Incremento infinitésimo de una variable, sea independiente, o función de otra u otras.

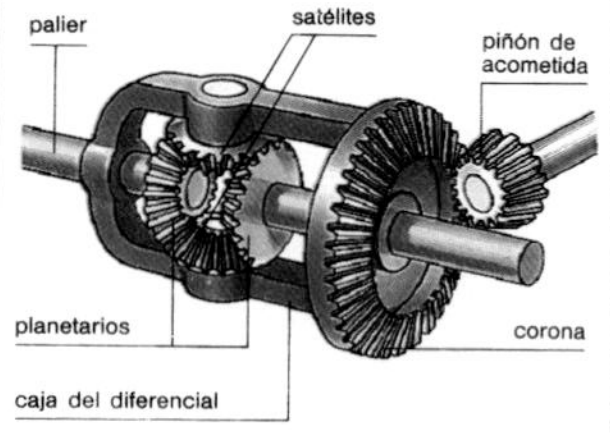

**diferencial** de un automóvil

**DIFERENCIAR** v. tr. **[1]**. Hacer distinción entre las cosas. **2.** Averiguar, percibir y señalar diferencias entre las cosas. **3.** MAT. Calcular la diferencial de una función. ◆ **diferenciarse** v. pron. **4.** Distinguirse, no ser igual. **5.** Hacerse alguien notable o famoso por sus cualidades.

**DIFERENDO** n. m. *Amér. Merid.* Diferencia, discrepancia entre instituciones o estados.

**DIFERENTE** adj. Diverso, distinto: *una palabra puede tener sentidos diferentes.* ◆ adv. m. **2.** De modo distinto: *hablar diferente.*

**DIFERIDO, A** adj. INFORMÁT. Dícese del tratamiento de datos que se ejecuta en una fase distinta y ulterior de la de su adquisición y de su almacenamiento. **2.** TELECOM. En el servicio internacional, dícese del telegrama al que se aplica tarifa reducida, y se transmite después de los telegramas ordinarios y despachos de prensa; en el servicio interior y nacional, dícese del telegrama que el expedidor entrega a la oficina de telégrafos en hora nocturna para ser cursado a la mañana siguiente. ◆ n. m. **3. En diferido,** dícese de la emisión radiofónica o televisiva transmitida después de su grabación.

**DIFERIR** v. tr. (lat. *diferre*) **[22]**. Aplazar, retardar o suspender la ejecución de una cosa: *diferir una asamblea.* ◆ v. intr. **2.** Haber diferencias, diferenciarse: *mi opinión difiere de la tuya; nosotros diferimos en este punto.*

**DIFÍCIL** adj. (lat. *difficilem*). Que requiere inteligencia, habilidad y esfuerzo para hacerlo, superarlo, entenderlo, etc.: *problema, trabajo, situación difícil.* **2.** Descontentadizo, rebelde o poco tratable: *un niño difícil; carácter difícil.*

**DIFICULTAD** n. f. (lat. *difficultatem*). Calidad de difícil: *la dificultad de un asunto.* **2.** Objeción opuesta a lo que alguien sostiene o propone: *poner dificultades.* **3.** Situación difícil, especialmente por falta de dinero: *pasar muchas dificultades.* (Suele usarse en plural.)

**DIFICULTAR** v. tr. (lat. *difficultare*) **[1]**. Poner dificultades a alguna realización o deseo. **2.** Hacer difícil una cosa. ◆ v. tr. e intr. **3.** Tener o estimar una cosa por difícil.

**DIFICULTOSO, A** adj. Difícil, que presenta dificultades. **2.** *Fig.* y *fam.* Dícese del semblante, figura, etc., feos y extraños.

**DIFLUENCIA** n. f. División de un curso de agua, o de un glaciar, en varios brazos que no vuelven a reunirse.

**DIFLUENTE** adj. y n. m. Que se desarrolla en direcciones divergentes, que se dispersa.

**DIFRACCIÓN** n. f. Desviación que sufre la propagación de las ondas (acústicas, luminosas, hertzianas, rayos X, etc.), cuando encuentran un obstáculo o una abertura de dimensiones sensiblemente iguales a su longitud de onda.

**DIFRACTAR** v. tr. y pron. **[1]**. Efectuar la difracción.

**DIFTERIA** n. f. (gr. *diphthera*, membrana). Enfermedad contagiosa provocada por el bacilo de Klebs-Löffler.

■ Se manifiesta por una fuerte angina blanca, caracterizada por falsas membranas adherentes que invaden la garganta, inflamación de ganglios del cuello y grave estado general, debido a la toxina del bacilo, que se propaga a diferentes órganos (corazón, hígado, sistema nervioso, etc.). La extensión de las falsas membranas a la laringe constituye el *crup* (difteria laríngea) que puede desembocar en la muerte por asfixia. La difusión de la toxina al sistema nervioso puede originar diferentes parálisis. En su tratamiento se administra suero antidiftérico, antibióticos y corticoides. En casos de *crup*, se realiza la intubación o traqueotomía. En la actualidad, esta enfermedad se encuentra en regresión por la implantación de la vacuna antidiftérica.

**DIFTÉRICO, A** adj. y n. Relativo a la difteria; afecto de difteria.

**DIFUMINAR** v. tr. **[1]**. Esfumar los trazos del lápiz: *difuminar un dibujo.* ◆ v. tr. y pron. **2.** Volver imprecisos los contornos de algo.

**DIFUMINO** n. m. Rollito de papel estoposo o de piel suave, terminado en punta, que sirve para esfumar.

**DIFUNDIR** v. tr. y pron. (lat. *diffundere*) **[3]**. Extender, derramar, verter: *difundir la luz.* **2.** *Fig.* Divulgar, propagar: *difundir una noticia.*

**DIFUNTO, A** adj. y n. Dícese de la persona muerta. • **Misa de difuntos,** misa que se celebra para el reposo de las almas del purgatorio.

**DIFUSIÓN** n. f. (lat. *diffusionem*). Acción y efecto de difundir o difundirse: *la difusión de una noticia.* **2.** Número total de ejemplares de una publicación que ha llegado efectivamente al público. **3.** FÍS. Movimiento de un conjunto de partículas en un medio ambiente, bajo la acción de diferencias de concentración, temperatura, etc.; tendiendo a igualar sus magnitudes. **4.** FÍS. Transformación, por ciertos medios, de una radiación incidente (luz, rayos X, sonido, etc.), en una radiación emitida en todas direcciones. **5.** FÍS. Cambio de la dirección o de la energía de una partícula tras una colisión con otra partícula. **6.** MED. Distribución de una sustancia en el organismo.

**DIFUSIONISMO** n. m. Teoría antropológica según la cual las culturas humanas se han extendido progresivamente por afinidad.

**DIFUSIONISTA** adj. y n. m. y f. Relativo al difusionismo; partidario de esta doctrina.

**DIFUSIVO, A** adj. Que tiene la propiedad de difundir o difundirse

**DIFUSO, A** adj. Derramado, propagado: *dolor difuso; luz difusa.* **2.** Poco preciso: *una difusa sensación de angustia.*

**DIFUSOR, RA** adj. Que difunde. ◆ n. m. **2.** Accesorio de iluminación que da una luz difusa. **3.** Altavoz. **4.** Aparato que sirve para extraer el jugo azucarado de la remolacha. **5.** Conducto que sirve para aminorar la velocidad de circulación de un fluido aumentando su presión. **6.** Parte del carburador de un motor de explosión en la cual se efectúa la mezcla carburada. **7.** Boquilla ajustada a la boca de las mangas de incendio para proyectar el agua pulverizándola. **8.** Parte de un túnel aerodinámico situada a continuación de la cámara de medición o tramo de pruebas.

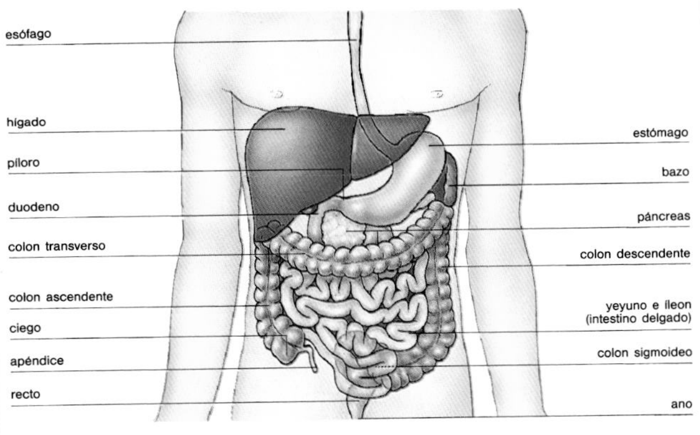

el aparato **digestivo**

**DIGAMMA** n. f. Sexta letra del alfabeto griego arcaico derivada del signo fenicio *wau*; tenía la forma de la F latina y era una fricativa velar. SIN.: *wau.*

**DIGÁSTRICO, A** adj. y n. m. Dícese de los músculos que tienen dos grupos de fibras musculares separados por un tendón.

**DIGERIBLE** adj. Que se puede digerir.

**DIGERIR** v. tr. (lat. *digerere*, distribuir) **[22]**. Hacer la digestión. **2.** *Fig.* Soportar una desgracia u ofensa: *no poder digerir un insulto.* **3.** *Fig.* Meditar cuidadosamente una cosa para entenderla o ejecutarla: *digerir una lectura.*

**DIGESTIBILIDAD** n. f. FISIOL. Aptitud de una sustancia para ser digerida.

**DIGESTIBLE** adj. Digerible. **2.** Fácil de digerir.

**DIGESTIÓN** n. f. (lat. *digestionem*). Transformación de los alimentos en el aparato digestivo. **2.** Momento en que se digieren.

■ La digestión es una función animal y vegetal puramente química (hidrólisis enzimática). En ella los alimentos (o las reservas internas del organismo) se descomponen por acción de los jugos digestivos (enzimas) y por la fijación de agua, en moléculas solubles muy pequeñas, capaces de circular a través de la sangre de los animales, o a través de la savia de los vegetales, y de incorporarse a las células. La digestión es *externa* cuando el organismo segrega jugos digestivos alrededor del alimento (bacterias, plantas insectívoras, diversos animales como arañas o estrellas de mar). Se denomina *interna* cuando tiene lugar en el interior de un aparato digestivo.

**DIGESTIVO, A** adj. Relativo a la digestión: *trastornos digestivos.* • **Aparato digestivo,** conjunto de órganos que participan en la digestión. ‖ **Jugo digestivo,** líquido segregado por una glándula digestiva y que contiene enzimas. ◆ n. m. **2.** Medicamento o sustancia que favorece el proceso de la digestión.

**DIGESTO** n. m. Recopilación metódica de derecho. (El más célebre es el *Digesto* de Justiniano [533].)

**DIGESTÓLOGO, A** n. Especialista en enfermedades del aparato digestivo.

**DIGESTOR** n. m. Aparato que sirve para extraer las partes solubles de ciertas sustancias.

**DIGITACIÓN** n. f. MÚS. Indicación escrita del orden en que deben usarse los dedos en una ejecución musical. **2.** MÚS. Agilidad de los dedos.

**DIGITADO, A** adj. Que tiene forma semejante a un dedo.

**DIGITAL** adj. (lat. *digitalem*). Relativo a los dedos: *músculo digital; huellas digitales.* **2.** Que se expresa o funciona por medio de números. SIN.: *numérico.*

**DIGITAL** n. f. Planta de tallo sencillo o poco ramoso, hojas lanceoladas y flores con forma de un dedo de guante, que crece en los sotobosques claros, en suelo silíceo. (Familia escrofulariáceas.)

**DIGITALINA** n. f. Principio activo de la digital, que constituye un violento veneno y es utilizado en algunas enfermedades del corazón.

**DIGITALIZAR** v. tr. **[1g]**. INFORMÁT. Codificar numéricamente una información.

**DIGITÍGRADO, A** adj. y n. m. ZOOL. Que anda apoyando sólo los dedos en el suelo, como el gato.

**DÍGITO, A** adj. y n. m. (lat. *digitum*). Dícese del número que en el sistema de numeración decimal se expresa con una sola cifra. ◆ n. m. **2.** Elemento de información digital que puede tomar un número determinado de valores determinados. • **Dígito binario,** bit.

**DIGITOPLASTIA** n. f. Intervención quirúrgica que consiste en la reconstrucción plástica de uno o varios dedos.

**DIGITOXINA** n. f. Heteróxido extraído de la digital, próximo a la digitalina.

**DIGLOSIA** n. f. LING. Coexistencia, en un mismo país, de dos lenguas diferentes o de dos estados de una misma lengua, uno culto y otro popular.

**DIGNARSE** v. pron. (lat. *dignari*) **[1]**. Acceder, consentir en lo que otro solicita o quiere.

**DIGNATARIO** n. m. Persona investida de una dignidad.

**DIGNIDAD** n. f. (lat. *dignitatem*). Calidad de digno: *perder la dignidad.* **2.** Excelencia, realce. **3.** Seriedad y decoro en la forma de comportarse: *actuar con dignidad.* **4.** Cargo o empleo honorífico y de autoridad: *la dignidad de condestable.*

**DIGNIFICABLE** adj. Que puede dignificarse.

**DIGNIFICACIÓN** n. f. Acción y efecto de dignificar.

**DIGNIFICAR** v. tr. y pron. **[1a]**. Hacer digno o presentar como tal.

**DIGNO, A** adj. (lat. *dignum*). Que merece algo, en sentido favorable o adverso: *ser digno de recompensa.* **2.** Correspondiente, proporcionado al mérito y condición de una persona o cosa: *un hijo digno de su padre.* **3.** Que tiene gravedad, que inspira respeto: *actitud digna.* **4.** Decente, no humillante: *una casa digna.*

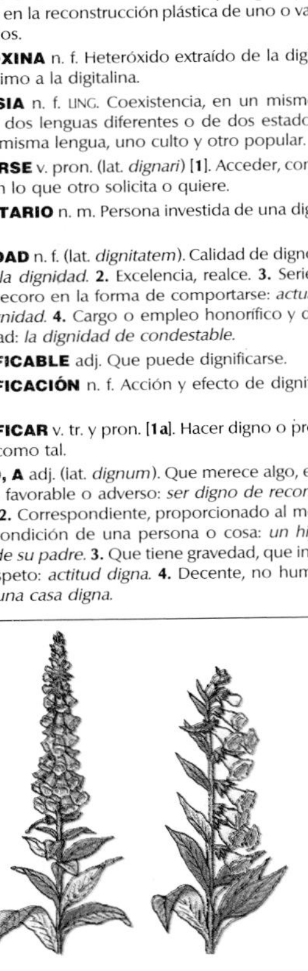
dos variedades de **digital**

**DIGRAFÍA** n. f. Contabilidad por partida doble.

**DÍGRAFO** n. m. Grupo de dos letras que representan un solo sonido: *la ch es un dígrafo.*

**DIGRAMA** n. m. LING. Grupo de dos caracteres o dos letras para representar un solo sonido.

**DIGRESIÓN** n. f. (lat. *digresionem*; de *digredi*, apartarse). Parte de un discurso o conversación que no tiene conexión o íntimo enlace con el asunto de que se trata.

**DIHOLÓSIDO** n. m. QUÍM. Compuesto que resulta de la unión de dos osas.

**DIHUEÑE** o **DIHUEÑI** n. m. *Chile.* Nombre vulgar de varios hongos comestibles de los cuales los indios obtienen una especie de chicha.

**DIJE** n. m. Joya, relicario y otras alhajas que suelen llevarse colgadas por adorno. ◆ adj. **2.** *Chile. Fam.* Simpático, afable.

**DIJES** n. m. pl. Bravatas.

**DILACERACIÓN** n. f. Acción y efecto de dilacerar.

**DILACERAR** v. tr. y pron. (lat. *dilacerare*) **[1]**. Desgarrar los tejidos provocando una herida.

**DILACIÓN** n. f. (lat. *dilationem*). Demora, retraso o detención de una cosa por algún tiempo.

**DILAPIDACIÓN** n. f. Acción y efecto de dilapidar.

**DILAPIDADOR, RA** adj. y n. Que dilapida.

**DILAPIDAR** v. tr. (lat. *dilapidare*) **[1]**. Despilfarrar, malgastar los bienes: *dilapidar una fortuna.*

**DILATABILIDAD** n. f. FÍS. Propiedad que tienen los cuerpos de dilatarse por calentamiento.

**DILATABLE** adj. FÍS. Susceptible de dilatación.

**DILATACIÓN** n. f. (lat. *dilatationem*). Acción y efecto de dilatar o dilatarse. **2.** MED. Aumento del calibre de un conducto natural, sea patológicamente (dilatación de los bronquios), sea terapéuticamente (dilatación del útero). **3.** FÍS. Aumento de tamaño de un cuerpo por elevación de la temperatura, sin cambios en la naturaleza del cuerpo.

**DILATADOR, RA** adj. Que dilata. ◆ adj. y n. m. **2.** ANAT. Dícese del músculo que al contraerse dilata las paredes de las cavidades en que se inserta. ◆ n. m. **3.** CIR. Instrumento que sirve para dilatar un orificio o una cavidad.

**DILATAR** v. tr. y pron. **[1]**. Aumentar la longitud o el volumen de algo. **2.** Aplazar, diferir, retrasar: *dilatar un acto.* **3.** Aumentar el volumen de un cuerpo sin que aumente su masa. ◆ **dilatarse** v. pron. **4.** Extenderse mucho en un discurso o escrito.

**DILATÓMETRO** n. m. FÍS. Instrumento para medir la dilatación.

**DILATORIA** n. f. Dilación, retraso: *andar con dilatorias.* (Suele usarse en plural.)

**DILATORIO, A** adj. DER. Que tiene por efecto prorrogar un término judicial o de tramitación de un asunto.

**DILECCIÓN** n. f. Amor tierno y puro.

**DILECTO, A** adj. (lat. *dilectum*). Querido, amado con dilección.

**DILEMA** n. m. (gr. *dilēmma*). Situación de alguien cuando tiene que decidir entre dos cosas igualmente malas. **2.** LÓG. Razonamiento formado por dos premisas contradictorias, pero que conducen a una misma conclusión, la cual, por consecuencia, se impone.

**DILETANTE** adj. y n. m. y f. (ital. *dilettante*). Dícese del que cultiva un arte o ciencia por simple afición o sin la preparación necesaria.

**DILETANTISMO** n. m. Calidad de diletante.

**DILIGENCIA** n. f. (lat. *diligentiam*). Cuidado, esfuerzo y eficacia en la ejecución de algo. **2.** Prontitud, agilidad, prisa. **3.** *Fam.* Negocio, gestión, encargo. **4.** Coche tirado por varias caballerías, que servía para el transporte de viajeros. **5.** DER. Celo en el desempeño de una función, en la ejecución de algún acto, en las relaciones con otras personas. **6.** DER. Cumplimiento de una resolución judicial. **7.** DER. Acta en la que se consignan las actuaciones judiciales.

**DILIGENCIAR** v. tr. **[1]**. Poner los medios necesarios para el logro de una solicitud. **2.** DER. Tramitar un asunto mediante las oportunas diligencias.

**DILIGENTE** adj. (lat. *diligentem*). Cuidadoso, exacto y activo. **2.** Pronto, presto, rápido.

**DILUCIDACIÓN** n. f. Acción y efecto de dilucidar.

**DILUCIDAR** v. tr. **[1]**. Explicar, aclarar un asunto o una cuestión.

**DILUCIÓN** n. f. Acción de diluir. **2.** Líquido así obtenido.

**DILUIR** v. tr. y pron. (lat. *diluere*) **[29]**. Desleír, disolver. **2.** Aumentar la proporción de un líquido, alterando su contenido por añadidura de cierta cantidad de agua u otro líquido: *diluir el alcohol con agua.*

**DILUVIANO, A** adj. Que tiene relación con el diluvio universal, o que hiperbólicamente se compara con él.

**DILUVIAR** v. intr. **[1]**. Llover copiosamente.

**DILUVIO** n. m. (lat. *diluvium*). Inundación universal de la tierra, según la Biblia. (Úsase también *diluvio universal.*) **2.** *Fig.* y *fam.* Lluvia muy copiosa. **3.** *Fig.* y *fam.* Excesiva abundancia de una cosa: *un diluvio de felicitaciones, de injurias.*

**DIMANACIÓN** n. f. Acción de dimanar.

**DIMANAR** v. intr. (lat. *dimanare*) **[1]**. Proceder o venir el agua de sus manantiales. **2.** *Fig.* Provenir, proceder y tener origen una cosa de otra.

**DIMENSIÓN** n. f. Cada una de las magnitudes necesarias para la evaluación de las figuras planas y de los sólidos (longitud, anchura, altura o profundidad). **2.** *Fig.* Importancia, aspecto significativo de algo: *una tragedia de grandes dimensiones.* **3.** FÍS. Cada una de las magnitudes fundamentales (longitud, masa, tiempo, etc.) a las que se puede reducir toda magnitud física. **4.** MAT. Número máximo de vectores linealmente independientes que pueden hallarse en un espacio vectorial. • **Cuarta dimensión,** el tiempo en la teoría de la relatividad.

**DIMENSIONAL** adj. Relativo a la dimensión. • **Análisis dimensional** (FÍS.), estudio de las dimensiones de las magnitudes físicas, que sirven para verificar la homogeneidad de una fórmula o para establecer, por similitud, unos modelos de sistemas complejos.

**DIMENSIONAR** v. tr. **[1]**. Determinar las dimensiones o, de manera más general, las características que conviene dar a un elemento mecánico, hidráulico, neumático o eléctrico para que desempeñe convenientemente el papel que le corresponde en el conjunto del que forma parte. **2.** *Argent.* y *Méx.* Estimar, ponderar la magnitud de una situación o acontecimiento.

**DIMES. Dimes y diretes** (*Fam.*), contestaciones, debates, alteraciones, réplicas entre dos o más personas: *andar en dimes y diretes con alguno.*

**DIMICADO** n. m. *Argent.* Calado o deshilado que se hace en las telas blancas.

**DIMINUENDO** adv. (voz italiana). Decrescendo.

**DIMINUTIVO, A** adj. Dícese de las partículas que adoptan ciertas voces para expresar pequeñez, poca importancia, intensidad o afectividad. (Los sufijos diminutivos más usuales en español son *-ito, -ico, -illo* e *-ín* con sus correspondientes femeninos y plurales.) ◆ n. m. **2.** Voz modificada por una partícula diminutiva. (*Arbolito* es diminutivo de *árbol.*)

**DIMINUTO, A** adj. Muy pequeño.

**DIMISIÓN** n. f. Renuncia de algo que se posee u ostenta, especialmente los empleos y cargos.

**DIMISIONARIO, A** adj. y n. Que hace o ha hecho dimisión: *ministro dimisionario.*

**DIMITIR** v. tr. e intr. **[3]**. Renunciar a un cargo.

**DIMORFISMO** n. m. Propiedad de los cuerpos dimorfos. • **Dimorfismo sexual** (BIOL.), conjunto de caracteres no indispensables para la reproducción y que permiten distinguir los dos sexos de una especie.

**DIMORFO, A** adj. (gr. *dimorphos*). Que puede revestir dos formas diferentes. **2.** MINER. Que puede cristalizar en dos sistemas diferentes.

**DIN,** conjunto de normas unificadoras de tolerancias, tamaños, etc., de elementos industriales.

**din,** símbolo de la *dina.*

**DINA** n. f. Unidad de medida de fuerza (símbolo: din), que equivale a $10^{-5}$ newton.

**DINAMARQUÉS, SA** adj. y n. Danés.

**DINÁMICA** n. f. Parte de la mecánica que estudia las relaciones entre las fuerzas y los movimientos. • **Dinámica de grupo** (SICOL.), estudio experimental de la evolución de pequeños grupos, que atañe especialmente a las comunicaciones, decisiones y creatividad. || **Dinámica de las poblaciones** (ECON.), conjunto de procesos que determinan el tamaño y composición de una población.

**DINÁMICO, A** adj. (gr. *dynamikos*, potente, fuerte). Relativo a la fuerza o a la dinámica. **2.** *Fig.* y *fam.* Dícese de la persona notable por su energía y actividad. **3.** B. ART. Dícese de un arte caracterizado por la fuerza y el movimiento.

**DINAMISMO** n. m. Cualidad de dinámico. **2.** Actividad, presteza, diligencia. **3.** FILOS. Doctrina según la cual los elementos materiales se reducen a combinaciones de fuerzas.

**DINAMISTA** adj. y n. m y f. Partidario del dinamismo.

**DINAMITA** n. f. Sustancia explosiva, inventada por Nobel, que está compuesta por nitroglicerina y un cuerpo absorbente que convierte al explosivo en estable.

**DINAMITAR** v. tr. **[1]**. Hacer saltar algo mediante dinamita: *dinamitar un puente.*

**DINAMITERO, A** adj. y n. Encargado de dinamitar.

**DINAMIZAR** v. tr. **[1g]**. Comunicar energía, dinamismo. **2.** En homeopatía, aumentar la homogeneidad y la acción terapéutica de un medicamento por dilución, trituración, etc.

**DINAMO** o **DÍNAMO** n. f. Máquina que transforma la energía mecánica en energía eléctrica, en forma de corriente continua. SIN.: *máquina dinamoeléctrica.*

**DINAMOELÉCTRICO, A** adj. Relativo a la conversión de la energía mecánica en eléctrica o al revés. • **Máquina dinamoeléctrica,** dinamo.

**DINAMOGÉNESIS** n. f. FISIOL. Desarrollo, mediante estímulo, de la función de un órgano.

**DINAMOMÉTRICO, A** adj. Relativo a la medición de fuerzas.

**DINAMÓMETRO** n. m. Aparato que sirve para medir fuerzas.

**DINANDERIE** n. f. (voz francesa). Nombre con que se designan los objetos de latón fabricados en Dinant, ciudad de Bélgica, y en otros centros alemanes, italianos y franceses.

**DINAR** n. m. (ár. *dīnār*). Unidad monetaria principal de Argelia, Baḥrayn, Bosnia-Herzegovina, Croacia, Iraq, Jordania, Kuwayt, Libia, Macedonia, Montenegro, Serbia y Tunicia. **2.** NUMISM. Moneda de oro acuñada en los países islámicos, que se difundió en la península Ibérica durante la edad media. (Los dinares almorávides, llamados por los cristianos *morabatinos* [maravedíes], fueron convertidos por éstos en su propia unidad monetaria.)

**DINASTA** n. m. (gr. *dynastēs*). ANT. GR. Nombre dado a ciertos oligarcas griegos o a monarcas de pequeños territorios.

**DINASTÍA** n. f. (gr. *dynasteia*). Serie de príncipes soberanos de un determinado país pertenecientes a una familia. **2.** Familia en cuyos individuos se perpetúa el poder o la influencia política, económica, cultural, artística, etc.

**DINÁSTICO, A** adj. y n. Relativo a la dinastía; partidario de una dinastía.

**DINASTISMO** n. m. Fidelidad y adhesión a una dinastía.

**DINERAL** n. m. Cantidad grande de dinero.

**DINERARIO, A** adj. Relativo al dinero como instrumento para facilitar los cambios.

**DINERILLO** n. m. Antigua moneda de vellón. **2.** *Fam.* Pequeña cantidad de dinero.

**DINERO** n. m. Moneda corriente. **2.** Caudal, fortuna. • **Dinero al contado, contante** o **contante y sonante,** dinero pronto, efectivo, corriente: *cobrar en dinero contante y sonante.* || **Dinero caliente** (ECON.), dinero sometido a una rápida circulación para beneficiarse de las variaciones de las tasas de interés. SIN.: *hot money.* || **Dinero de bolsillo** (*Fam.*), el destinado a cubrir gastos cotidianos o inmediatos, por oposición al destinado a gastos fijos. || **Dinero de san Pedro,** contribución que los príncipes cristianos recaudaban entre sus súbditos, para ser entregada al papa. || **Dinero negro,** dinero de curso legal que circula al margen de los circuitos de cualquier tipo de registro o control por parte de la autoridad monetaria. || **Interés,** o **precio, del dinero,** tasa a la que pueden procurarse en el mercado de capitales préstamos a largo, medio o corto plazo.

**DINGO** n. m. Carnívoro de aspecto parecido al de un lobo, que vive en Australia.

**DINGUI** n. f. Bote neumático de salvamento.

**DINITROTOLUENO** n. m. Derivado dos veces nitrado del tolueno que entra en la composición de determinados explosivos.

**DINKA,** pueblo nilótico de Sudán, emparentado con los nuer.

**DINOSAURIO, A** adj. y n. m. Relativo a un grupo de reptiles de la época secundaria que comprende animales de todos los tamaños (desde algunos centímetros a 30 m de long.). [Al grupo *dinosaurios* pertenecen el brontosaurio y el diplodoco.]

**DINTEL** n. m. Elemento horizontal de madera, de piedra o de hierro, que cierra la parte superior de una abertura y soporta la carga de la fábrica que queda encima del hueco o vano.

**DIÑAR** v. tr. (voz gitana) [1]. Dar. • **Diñarla,** morir. ◆ **diñarse** v. pron. **2.** Fugarse, escapar. • **Diñársela** a uno, engañarle.

**DIOCESANO, A** adj. y n. Relativo a la diócesis. **2.** Fiel de una diócesis. ◆ adj. y n. m. **3.** Dícese del obispo o arzobispo que tiene diócesis.

**DIÓCESIS** o **DIÓCESI** n. f. Territorio colocado bajo la jurisdicción de un obispo. **2.** HIST. Circunscripción administrativa del Imperio romano, creada por Diocleciano, que agrupaba varias provincias y que estaba colocada bajo la autoridad de un vicario.

**DIODO** n. m. ELECTR. Componente electrónico utilizado como rectificador de corriente (tubo de dos electrodos, unión de dos semiconductores). • **Diodo electroluminiscente,** diodo que emite unas radiaciones luminosas cuando es recorrido por una corriente eléctrica.

**DIOICO, A** adj. BOT. Dícese de las plantas que tienen las flores masculinas y las flores femeninas en pies separados.

**DIOLA,** pueblo que habita entre el Casamance (Senegal) y el Gambia.

**DIONEA** n. f. Planta de América del Norte, cuyas hojas aprisionan y digieren los insectos que se posan sobre ellas. (Familia droseráceas.)

**DIONISÍACO, A** o **DIONISIACO, A** adj. Relativo a Dioniso. **2.** En la filosofía de Nietzsche, lo irracional e instintivo, en el hombre, entendido como afirmación de la vida o voluntad de vivir, por oposición a apolíneo.

**DIONISIAS** n. f. pl. En la Grecia antigua, fiestas en honor de Dionisio.

**DIOPTRÍA** n. f. Unidad de medida de convergencia de los sistemas ópticos (símbolo δ), que equivale a la convergencia de un sistema óptico cuya distancia focal es 1 m en un medio cuyo índice de refracción es 1.

**DIÓPTRICA** n. f. Parte de la física que se ocupa de la refracción de la luz.

**DIÓPTRICO, A** adj. Relativo a la dióptrica.

**DIOPTRIO** n. m. Superficie óptica que separa dos medios transparentes de distinta refringencia.

**DIORAMA** n. m. Panorama o lienzo de grandes dimensiones, sin bordes visibles, presentado en una sala oscura, a fin de hacer el efecto, gracias a los juegos de luz, de movimiento real. (El primer diorama fue instalado en París en 1822 por Daguerre y Bouton.)

**DIORITA** n. f. Roca plutónica constituida esencialmente por plagioclasa, anfíbol y mica.

**DIOS** n. m. (lat. *deus*). Entidad o ser sobrenatural, creador y dueño del universo y de los destinos humanos, generalmente objeto de culto religioso. (Las diversas religiones admiten varios dioses [politeísmo] o un solo Dios [monoteísmo]. En este último caso, se escribe con mayúscula.) • **A la buena de Dios** *(Fam.)*, al azar, sin preparación, de cualquier manera. ‖ **Dios mediante,** si Dios quiere: *llegaré, Dios mediante, el próximo jueves.* ‖ **Hacer algo como Dios manda** *(Fam.)*, hacerlo bien, con acierto. ‖ **La de Dios es Cristo** (*Fig.* y *fam.*), gran disputa, riña o pelea. ◆ interj. **2.** Denota admiración, asombro, dolor, extrañeza o susto. (Úsase también *¡Dios mío!*)

**DIOSA** n. f. Divinidad de sexo femenino. **2.** Mujer de porte muy noble y de estatuaria belleza.

**DIOSCOREÁCEO, A** adj. y n. f. Relativo a una familia de plantas monocotiledóneas de las regiones cálidas y templadas, como el ñame.

**DIOSTEDÉ** n. m. Ave trepadora de América Meridional, de plumaje negro, con el pecho y las extremidades de las alas amarillas. (Familia ranfástidos.)

algunos **dinosaurios**

**DIÓXIDO** n. m. QUÍM. Óxido que contiene dos átomos de oxígeno.

**DIPLOBLÁSTICO, A** adj. Dícese del animal que sólo tiene dos hojas embrionarias en lugar de tres, como la medusa.

**DIPLOCOCO** n. m. Bacteria cuyos elementos, esféricos, están agrupados de dos en dos (neumococos, meningococos, etc.).

**DIPLODOCO** n. m. Reptil dinosaurio, de 25 m de largo, que vivió en América en el cretácico, y cuyo cuello y cola eran muy alargados.

**DIPLOIDE** adj. BIOL. Dícese del núcleo celular que posee un número par de cromosomas, doble del de los gametos.

**DIPLOMA** n. m. Despacho, bula, etc., autorizado por un soberano con sello y armas. **2.** Título o credencial que expide una corporación, una facultad, una sociedad literaria, etc., para acreditar un grado académico, un premio, etc.

**DIPLOMACIA** n. f. Ciencia de las relaciones internacionales. **2.** Carrera diplomática: *entrar en la diplomacia.* **3.** *Fig.* y *fam.* Habilidad, cortesía aparente para tratar a las personas: *actuar con mucha diplomacia.*

**DIPLOMADO, A** adj. y n. Dícese de la persona que ha obtenido una titulación académica al finalizar los estudios de una escuela universitaria o el primer ciclo de una facultad universitaria. **2.** Dícese de la persona que ha obtenido una titulación al finalizar los estudios en organismos y centros docentes estatales o privados que imparten enseñanzas no incluidas en los niveles educativos oficialmente establecidos.

**DIPLOMAR** v. tr. y pron. [1]. Dar o recibir un título académico o universitario.

**DIPLOMÁTICA** n. f. Ciencia que estudia las reglas formales que rigen la elaboración de los escritos que dan cuenta de actos jurídicos (cartas, títulos) o hechos jurídicos (correspondencia, relaciones, etcétera).

Coatlicue, **diosa** azteca de la vida y de la muerte
(museo nacional de antropología, México)

**DIPLOMÁTICO, A** adj. Relativo al diploma. **2.** Relativo a la diplomacia. **3.** *Fig.* Astuto, hábil, sagaz. ◆ adj. y n. **4.** Dícese de las personas que intervienen en negocios de estado internacionales.

**DIPLOMATURA** n. f. Grado de diplomado universitario. **2.** Estados necesarios para obtenerlo.

**DIPLOPÍA** n. f. Trastorno de la visión caracterizado por la doble percepción de los objetos.

**DIPNEO, A** adj. y n. Dícese de los animales dotados de respiración branquial y pulmonar.

**DIPNOO, A** adj. y n. m. Relativo a una pequeña subclase de peces óseos que pueden respirar por branquias o por pulmones, según el medio en que se hallan. SIN.: *dipneusto.*

**DIPOLAR** adj. FÍS. Que posee dos polos.

**DIPOLO** n. m. FÍS. Conjunto de dos polos magnéticos o eléctricos de signos opuestos infinitamente próximos.

**DIPSACÁCEO, A** adj. y n. f. Relativo a una familia de plantas herbáceas gamopétalas parecidas a las compuestas, como la cardencha.

**DIPSOMANÍA** n. f. Necesidad irresistible e intermitente de beber bebidas alcohólicas.

**DIPSOMANÍACO, A, DIPSOMANIACO, A** o **DIPSÓMANO, A** adj. y n. Que padece dipsomanía.

**DÍPTERO, A** adj. (gr. *dipteros*). Que tiene dos alas. **2.** ARQ. Dícese de los edificios antiguos rectangulares, con peristilo y doble hilera de columnas a los lados. ◆ adj. y n. m. **3.** Relativo a un orden de insectos que posee un solo par de alas membranosas en el segundo anillo del tórax, un par de balancines (utilizados para mantener el equilibrio durante el vuelo) en el tercer anillo, y cuyas piezas bucales están dispuestas para la succión o para picar, como la mosca y el mosquito.

**DÍPTICO** n. m. (gr. *diptykhos*, doblado en dos). En la antigüedad, registro público formado por dos tabletas articuladas por una bisagra. **2.** Obra de arte compuesta por dos paneles, fijos o móviles.

**díptico** de marfil (Francia, s. XVI)
[museo Dobrée, Nantes]

**DIPTONGACIÓN** n. f. Proceso por el que una vocal se convierte en diptongo. **2.** Contracción de dos sílabas en un diptongo, por traslación del acento.

**DIPTONGAR** v. tr. y pron. **[1b]**. Pronunciar un diptongo. ◆ v. intr. y pron. **2.** En gramática histórica, alterarse el timbre de una vocal, de manera que se desdoble en un diptongo.

**DIPTONGO** n. m. Unión de dos vocales diferentes que se pronuncian en una sola sílaba.

**DIPUTACIÓN** n. f. Acción y efecto de diputar. **2.** Conjunto de diputados o reunión de personas nombradas como representación de un cuerpo. **3.** Ejercicio del cargo de diputado. **4.** Edificio o salón donde los diputados provinciales celebran sus sesiones. • **Diputación foral,** entidad pública de cada uno de los territorios históricos forales de Álava, Guipúzcoa y Vizcaya, organismo gestor de los intereses económico-administrativos del territorio foral. ‖ **Diputación permanente,** institución parlamentaria española, representativa de las cortes en el período de vacaciones o en el supuesto de que hayan sido disueltas o haya expirado su mandato. ‖ **Diputación provincial,** entidad pública territorial española, órgano representativo de la provincia.
■ Las diputaciones, nacidas de las comisiones de recaudación de impuestos en las cortes, se hicieron permanentes en la Corona de Aragón entre los ss. XIV y XV. Recibieron el nombre de Generalitat o Diputación del General, en Cataluña y Valencia, y de Diputación del General, en Aragón. La diputación de Navarra se constituyó definitivamente en 1509, y la de Castilla, en 1525, con atribuciones únicamente tributarias. Tras la guerra de Sucesión, las de la Corona de Aragón fueron integradas en la Diputación general del reino, nacida de las cortes castellanas. La constitución de Cádiz (1812) propuso la diputación permanente de las cortes, y la creación, junto con las provincias, de las diputaciones provinciales, para el gobierno económico de las mismas. Las atribuciones de las diputaciones forales de Navarra y el País Vasco fueron recortadas después de las guerras carlistas.
Tras la constitución de 1978, Aragón y Navarra dieron el nombre de diputación a sus gobiernos respectivos: la Diputación general de Aragón y la Diputación foral de Navarra. La Diputación general de La Rioja es el órgano legislativo de dicha comunidad, mientras que la Diputación regional de Cantabria es el conjunto de instituciones cántabras de autogobierno.

**DIPUTADO, A** n. Persona nombrada por los electores para componer una cámara o designada por una corporación para que la represente. • **Diputado del congreso,** miembro de una de las dos cámaras de las cortes que representan al pueblo español. ‖ **Diputado del Común,** defensor del pueblo canario. ‖ **Diputado provincial,** el elegido por un distrito para que lo represente en la diputación provincial.

**DIPUTAR** v. tr. **[1]**. Destinar, señalar o elegir una persona o cosa para algún uso o ministerio. **2.** Designar una colectividad a uno o más de sus individuos para que la representen. **3.** Conceptuar, juzgar, reputar.

**DIQUE** n. m. (neerlandés *dijk*). Obstáculo artificial que sirve para contener las aguas, para elevar su nivel o para desviar su curso. **2.** Cavidad revestida de fábrica en la orilla de una dársena, río, etc., con compuertas para llenarla o vaciarla, y donde se hacen entrar los buques para limpiarlos y carenarlos. **3.** *Fig.* Obstáculo, defensa opuesta al avance de un perjuicio. • **Dique flotante,** estructura de hierro o acero a modo de dique, móvil y flotante, que permite carenar los navíos. ‖ **Dique seco,** o **de carena,** esclusa que puede vaciarse y en la que puede repararse un buque.

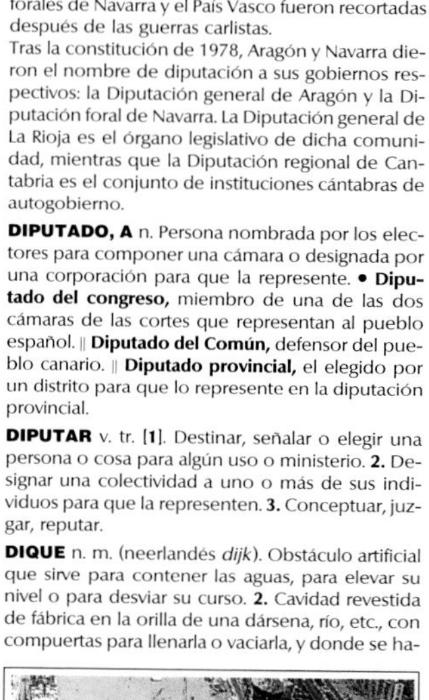

**dique** seco (astilleros Lisnave, bahía de Margueira, Lisboa, Portugal)

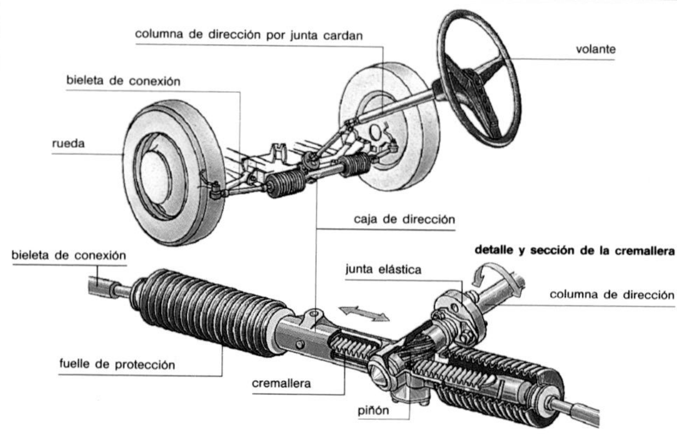


**dirección** por cremallera de un automóvil

**DIQUELAR** v. tr. **[1]**. Ver, comprender, advertir.

**DIRECCIÓN** n. f. Acción y efecto de dirigir. **2.** Camino o rumbo que un cuerpo sigue en su movimiento. **3.** Sentido, modo de recorrer un camino o trayectoria. **4.** Consejo, enseñanza y preceptores con que se encamina a alguien. **5.** Persona o conjunto de personas encargadas de dirigir una sociedad, establecimiento, negocio, etc. **6.** Cargo de director. **7.** Despacho u oficina del director. **8.** Señas, indicación del lugar donde alguien habita. **9.** AUTOM. Mecanismo que, gobernado por el volante, permite orientar las ruedas directrices de un vehículo. **10.** INFORMÁT. Información constituida por un símbolo o un número, generalmente una cadena de caracteres, que identifica de manera biunívoca un emplazamiento en la memoria de un ordenador. **11.** INFORMÁT. Emplazamiento de memoria identificado por un símbolo o un número. • **Dirección de una fuerza** (MEC.), dirección de su recta de aplicación. ‖ **Dirección general,** cualquiera de las oficinas superiores que dirigen los diferentes ramos en que se divide la administración pública: *dirección general de correos.*

**DIRECCIONAL** adj. Que emite o recibe en una sola dirección: *antena direccional.*

**DIRECCIONAMIENTO** n. m. INFORMÁT. Acción de establecer el acceso a un elemento para leer o modificar el contenido de una célula de memoria o establecer una vía de transmisión de informaciones entre dos unidades de un ordenador.

**DIRECCIONAR** v. tr. **[1]**. INFORMÁT. Proporcionar la dirección de un elemento situado en la memoria del ordenador.

**DIRECTA** n. f. La mayor de las velocidades que permite el cambio de marchas de un vehículo automóvil.

**DIRECTIVA** n. f. Norma, regla. **2.** Mesa o junta de gobierno de una corporación, sociedad, etc.

**DIRECTIVIDAD** n. f. Carácter de un emisor o de un receptor direccional.

**DIRECTIVO, A** adj. y n. m. Que tiene facultad y virtud de dirigir.

**DIRECTO, A** adj. Derecho, en línea recta. **2.** Que va de una parte a otra sin detenerse en los puntos intermedios. **3.** Inmediato, sin intermediarios. **4.** Que se encamina directamente a una mira u objeto. **5.** Que sólo incluye ascendientes y descendientes y no se refiere más que a ellos: *sucesión en línea directa.* • **Complemento directo** (GRAM.), elemento gramatical en que recae inmediatamente la acción del verbo. ◆ adj. y n. m. **6.** Dícese de un tren que, entre dos estaciones principales, no para en ninguna intermedia. ◆ n. m. **7.** En boxeo, golpe que se ejecuta extendiendo bruscamente el brazo hacia adelante. • **En directo,** dícese de las emisiones de radiodifusión o televisión que se transmiten sin mediar registro ni película previa.

**DIRECTOR, RA** adj. y n. Que dirige. ◆ adj. **2.** MAT. Que dirige el movimiento de un punto o de una línea proporcionando más o menos completamente la dirección de este movimiento. ◆ n. **3.** Persona que dirige y está a la cabeza de una empresa, de un servicio, etc.: *director de una escuela, de una fábrica.* **4.** CIN. Responsable artístico de una película cinematográfica, que manda y coordina el equipo encargado de la elaboración de la misma. **5.** HIST. Cada uno de los cinco miembros del Directorio en Francia, desde 1795 a 1799. • **Director espiritual,** eclesiástico escogido por una persona para dirigir su vida espiritual.

**DIRECTORIO, A** adj. Que es a propósito para dirigir. ◆ n. m. **2.** Lo que sirve para dirigir en alguna ciencia o negocio. **3.** Instrucción para gobernarse en un negocio. **4.** Junta directiva de ciertas asociaciones, partidos, etc. **5.** INFORMÁT. Lista de ficheros acompañados ocasionalmente por la extensión, la versión, la fecha de su creación o actualización y el tamaño.

**DIRECTRIZ** n. f. y adj. Orientación encaminada a un fin determinado. **2.** En una turbina, cada una de las paletas que tienen por función dirigir el fluido propulsor hacia las paletas o álabes de la rueda móvil. **3.** GEOMETR. Línea sobre la que se apoya constantemente otra (generatriz) para engendrar una superficie. **4.** GEOMETR. Recta que sirve, con el foco, para definir las cónicas.

**DIRHAM** n. m. Unidad monetaria principal de la Unión de Emiratos Árabes y de Marruecos.

**DIRIGENCIA** n. f. *Amér.* Conjunto de dirigentes políticos, gremiales, etc.

**DIRIGENTE** adj. y n. m. y f. Que dirige: *dirigente de una central sindical.* • **Clase dirigente,** grupo social que ejerce una influencia preponderante sobre otros grupos sociales en el campo económico, político e ideológico.

**DIRIGIBLE** adj. Que puede ser dirigido. ◆ n. m. y adj. **2.** Aeróstato más ligero que el aire, que está equipado con hélices propulsoras y provisto de un sistema de dirección. SIN.: *globo dirigible.*

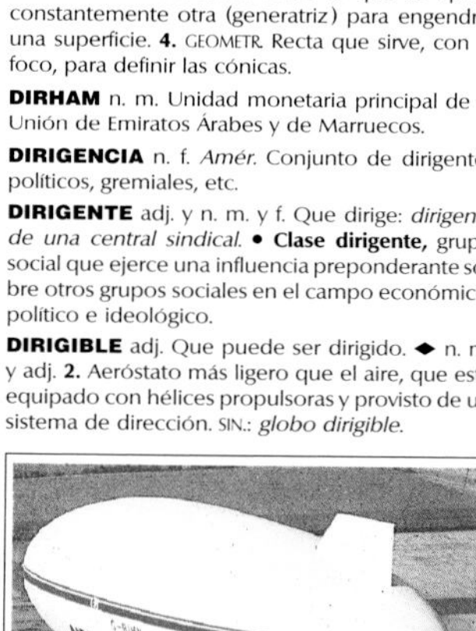

**dirigible** británico Skyship 500 (longitud: 50 m; diámetro: 18,65 m; peso: 3,185 t; volumen: 5 131 m³; velocidad máxima: 115 km/h)

**DIRIGIR** v. tr. y pron. [**3b**]. Enderezar, llevar una cosa hacia un término o lugar señalado. **2.** Guiar, encaminar hacia un determinado lugar. ◆ v. tr. **3.** Escribir en una carta u otra cosa la dirección o señas que indiquen a dónde o a quién se ha de enviar. **4.** Encaminar, enderezar, dedicar a determinado fin los pensamientos, intenciones, atenciones, etc.: *dirigir todos sus esfuerzos a un mismo fin.* **5.** Gobernar, regir, dar reglas para el manejo de una empresa, negocio, sociedad, etc. **6.** Aconsejar, guiar, hacer seguir a alguien una conducta. **7.** Aplicar a determinada persona un dicho o un hecho.

**DIRIGISMO** n. m. Sistema según el cual el gobierno ejerce un poder de orientación o de decisión en materia económica.

**DIRIMENTE** adj. DER. Dícese de la circunstancia que impide la celebración del matrimonio a aquel en quien concurra y que lo anula en el caso de que se hubiere celebrado sin dispensa.

**DIRIMIR** v. tr. [**3**]. Deshacer, disolver, anular: *dirimir el matrimonio.* **2.** Acabar o resolver una dificultad o controversia: *dirimir una contienda.*

**DIRTY REALISM** n. m. (voces inglesas). Realismo* sucio.

**DISACÁRIDO** n. m. QUÍM. Diholósido.

**DISÁMARA** n. f. BOT. Fruto que resulta de la unión de dos sámaras, como el del arce.

**DISARMONÍA** n. f. Alteración del funcionamiento normal de un grupo de actividades orgánicas que están correlacionadas entre sí.

**DISARTRIA** n. f. Dificultad de articular las palabras como resultado de una parálisis o de una ataxia de los centros nerviosos que rigen los órganos fonatorios. SIN.: *anartria.*

**DISCAL** adj. y n. m. Discomicete.

**DISCAL** adj. MED. Relativo a los discos intervertebrales. • **Hernia discal,** desplazamiento del disco del espacio que ocupa entre dos cuerpos vertebrales.

**DISCALCULIA** n. f. SIQUIATR. Dificultad de aprendizaje del cálculo vinculado a una dificultad de utilización del sistema simbólico.

**DISCAPACIDAD** n. f. Minusvalidez.

**DISCAR** v. tr. [**1a**]. *Argent.* y *Urug.* Marcar un número de teléfono.

**DISCENTE** adj. y n. m. y f. Que recibe enseñanza.

**DISCERNIMIENTO** n. m. Acción y efecto de discernir. **2.** DER. Nombramiento o ratificación judicial o del consejo de familia que habilita a una persona para ejercer un cargo.

**DISCERNIR** v. tr. [**3e**]. Distinguir una cosa de otra, señalando la diferencia que hay entre ellas: *discernir entre el bien y el mal.* **2.** Conceder, otorgar. **3.** DER. Encargar a uno el juez, de oficio, la tutela de un menor u otro cargo.

**DISCINESIA** n. f. Trastorno de la actividad motriz, sea cual sea su causa.

**DISCIPLINA** n. f. Conjunto de reglas para mantener el orden y la subordinación entre los miembros de un cuerpo. **2.** Sujeción de las personas a estas reglas. **3.** Arte, facultad o ciencia. **4.** Especie de látigo, que sirve de instrumento de penitencia. (Suele usarse en plural.) • **Disciplina de voto,** actitud política por la que los miembros de un partido o de un grupo parlamentario siguen las directrices de voto de su partido o de su grupo.

**DISCIPLINAL** adj. Relativo a la disciplina.

**DISCIPLINANTE** adj. y n. m. y f. Que se disciplina.

**DISCIPLINAR** v. tr. [**1**]. Imponer, hacer guardar la disciplina o reglas: *disciplinar a los alumnos.* ◆ v. tr. y pron. **2.** Azotar con disciplinas por mortificación o por castigo.

**DISCIPLINARIO, A** adj. Relativo a la disciplina. **2.** Dícese del régimen que establece subordinación. **3.** Dícese de cualquiera de las penas que se imponen por vía de corrección: *abrir un expediente disciplinario a alguien.*

**DISCÍPULO, A** n. Persona que recibe las enseñanzas de un maestro, o que cursa en una escuela. **2.** Persona que sigue la opinión de una escuela. ◆ n. m. **3.** REL. Cada uno de los doce apóstoles de Jesucristo; persona que le seguía y ayudaba y a la que confió misiones temporales.

**DISC-JOCKEY** n. m. y f. (voz inglesa). Persona que escoge y presenta los discos en programas de radio y discotecas.

**DISCO** n. m. Especie de tejo que lanzan los atletas. **2.** Cualquier cuerpo cilíndrico cuya base es muy grande respecto de su altura. **3.** Placa circular para el registro y la reproducción de sonidos. **4.** Pieza giratoria del aparato telefónico para marcar el número. **5.** Cada una de las tres señalizaciones luminosas de que consta un semáforo. **6.** *Fig.* y *fam.* Tema de conversación que se repite con impertinencia y monotonía. **7.** ASTRON. Superficie aparente de un astro o de un sistema solar. **8.** F.C. Placa móvil que, por su colocación o por su color, indica si una vía está libre o no. **9.** INFORMÁT. Soporte circular recubierto de una superficie magnetizable que permite grabar informaciones en forma binaria sobre pistas concéntricas para formar una memoria de discos. • **Disco compacto** (ELECTRÓN.), disco que utiliza la técnica de grabación digital del sonido. ‖ **Disco compacto interactivo** (ELECTRÓN.), sistema constituido por un microprocesador y un lector de discos compactos, que se conecta a un televisor, para la exploración interactiva de informaciones. ‖ **Disco compacto vídeo** (ELECTRÓN.), disco compacto en el que están registrados programas audiovisuales reproducibles a través del televisor. ‖ **Disco duro** (INFORMÁT.), disco de gran capacidad constituido por un soporte rígido y estático, revestido de material magnetizable. ‖ **Disco flexible** (INFORMÁT.), disquete. ‖ **Discos intervertebrales** (ANAT.), cartílagos elásticos que separan dos vértebras superpuestas. ‖ **Discos musculares** (CIT.), cada uno de los elementos alternativamente claros y oscuros, que constituyen las fibrillas de los músculos estriados. ‖ **Disco óptico** (INFORMÁT.), disco en el que la grabación y la lectura se hacen por procedimiento óptico.

lanzamiento de **disco**

**DISCO** n. m. y adj. (abrev. de *discoteca*). Estilo de música popular destinada especialmente a ser bailada, de moda entre 1975 y comienzos de los años ochenta. ◆ n. f. **2.** *Fam.* Discoteca, local donde se baila.

**DISCÓBOLO** n. m. Entre los griegos, atleta que lanzaba el disco.

**DISCOGRAFÍA** n. f. Conjunto de discos de un tema determinado, un autor, etc.

**DISCOGRÁFICO, A** adj. Relativo al disco o a la discografía.

**DISCOIDAL** o **DISCOIDEO, A** adj. En forma de disco.

**DÍSCOLO, A** adj. y n. Desobediente, indócil, rebelde: *un joven díscolo.*

**DISCOMICETE** o **DISCAL** adj. y n. m. BOT. Relativo a un orden de hongos ascomicetes cuyo peritecio, en forma de copa, lleva los ascos en la superficie superior.

**DISCONFORME** adj. No conforme. **2.** Falto de acuerdo o correspondencia.

**DISCONFORMIDAD** n. f. Cualidad de disconforme; desacuerdo.

**DISCONTINUIDAD** n. f. Calidad de discontinuo. • **Discontinuidad de una función** (MAT.), carencia de continuidad de una función en un punto.

**DISCONTINUO, A** adj. Interrumpido, intermitente, no continuo: *línea discontinua.* **2.** FILOS. Que está constituido de elementos originalmente exteriores unos a otros.

**DISCOPATÍA** n. f. MED. Afección de los discos intervertebrales.

**DISCOR** o **DESCORT** n. m. Canción breve, frecuente en la poesía del s. XV, de tema amoroso o satírico, compuesta por un número variable de estrofas, con predominio de versos breves.

**DISCORDANCIA** n. f. Contrariedad, desacuerdo, disconformidad. **2.** GEOL. Disposición de una serie de capas que reposan sobre otras más antiguas, que no les son paralelas.

**DISCORDANTE** adj. Que presenta discordancia. **2.** GEOL. Dícese de un terreno que se encuentra en discordancia con respecto a las capas subyacentes.

**DISCORDAR** v. intr. [**1r**]. Discrepar, desentonar, diferenciarse entre sí dos o más cosas. **2.** Disentir, estar en desacuerdo con otro. **3.** MÚS. No estar acordes las voces o los instrumentos.

**DISCORDE** adj. Que discuerda. SIN.: *discordante.* **2.** MÚS. Disonante.

**DISCORDIA** n. f. Desavenencia, diversidad, oposición de pareceres u opiniones.

**DISCOTECA** n. f. Colección ordenada de discos. **2.** Local o mueble en que se guarda dicha colección. **3.** Local donde se baila y escucha música de discos.

**DISCRECIÓN** n. f. Sensatez, prudencia y tacto para juzgar u obrar. **2.** Don de expresarse con agudeza, ingenio y oportunidad. • **A discreción,** al arbitrio, antojo o voluntad.

**DISCRECIONAL** adj. No sometido a reglas. • **Poder discrecional** (DER.), facultad otorgada a un funcionario, tribunal o presidente de una asamblea para tomar la decisión que estime conveniente.

**DISCREPANCIA** n. f. Diferencia, desigualdad. **2.** Disentimiento personal en opiniones o conducta.

**DISCREPAR** v. intr. [**1**]. Desdecir, diferenciarse una cosa de otra. **2.** Disentir una persona del parecer o de la conducta de otra: *discrepo totalmente de tus opiniones.*

**DISCRETO, A** adj. y n. Dotado de discreción. ◆ adj. **2.** Que incluye o denota discreción. **3.** MAT. Dícese de la magnitud compuesta de unidades distintas, por oposición a las magnitudes continuas (longitud, tiempo), o de una variación (de un fenómeno, de un proceso, etc.) que tiene lugar por cantidades enteras.

**DISCRIMINACIÓN** n. f. Acción y efecto de discriminar.

**DISCRIMINANTE** adj. Que discrimina. ◆ n. m. **2.** MAT. Expresión formada con los coeficientes de una ecuación de segundo grado y que sirve para determinar la existencia y la naturaleza de las raíces reales.

**DISCRIMINAR** v. tr. [**1**]. Separar, distinguir, diferenciar una cosa de otra. **2.** Dar trato de inferioridad a una persona o colectividad, generalmente por motivos raciales, religiosos, políticos o económicos.

**DISCRIMINATORIO, A** adj. Que discrimina.

**DISCROMATOPSIA** n. f. Trastorno de la visión de los colores.

**DISCROMÍA** n. f. Alteración de la pigmentación cutánea.

**DISCULPA** n. f. Razón que se da o se encuentra para quitarle a una acción el aspecto culpable o para demostrar que alguien no es culpable o responsable de algo. **2.** Razón que alguien da a otra persona para demostrar que no quería ofenderla o para pedirle perdón por una ofensa.

**DISCULPABLE** adj. Que se puede o debe disculpar.

**DISCULPAR** v. tr. y pron. [**1**]. Pedir, dar disculpas o encontrarlas en algo.

**DISCURRIR** v. intr. [**3**]. Andar o pasar continuamente por un sitio: *el río discurre entre montañas.* **2.** Correr, transcurrir el tiempo. **3.** Pensar, razonar, reflexionar sobre una cosa o tratar de ella con cierto método: *discurrir sobre un problema.* ◆ v. tr. **4.** Idear, inventar.

**DISCURSEAR** v. intr. [**1**]. *Fam.* e *irón.* Pronunciar discursos con frecuencia.

**DISCURSIVO, A** adj. Dado a discurrir, reflexivo, meditabundo. **2.** Relativo al discurso y raciocinio. **3.** LÓG. Que procede por etapas, de una proposición a otra por razonamiento.

**DISCURSO** n. m. (lat. *discursum,* correr de una parte a otra). Operación intelectual por la que se inferen unas cosas de otras por deducción o inducción. **2.** Acto o facultad de discurrir, razonar o reflexionar. **3.** Exposición sobre un tema determinado, realizada en público por un orador, con intención laudatoria o persuasiva. **4.** Escrito de poca extensión sobre una materia para enseñar o persuadir. **5.** Transcurso, espacio, duración de tiempo. **6.** LING. Unidad lingüística superior a la frase u oración. **7.** LÓG. Lenguaje lógico que sirve para desarrollar el pensamiento.

**DISCUSIÓN** n. f. Acción y efecto de discutir: *sostener una discusión.*

**DISCUTIBLE** adj. Que se puede o debe discutir.

**DISCUTIR** v. tr. **[3]**. Examinar y tratar una cuestión, presentando consideraciones favorables y contrarias. ◆ v. tr. e intr. **2.** Contender y alegar razones contra el parecer de otro. ◆ v. intr. **3.** Disputar, sostener opiniones opuestas.

**DISECAR** v. tr. **[1a]**. Dividir en partes o abrir un organismo para su estudio o examen. **2.** Preparar los animales muertos para conservarlos con la apariencia de vivos. **3.** Preparar una planta, secándola para su conservación.

**DISECCIÓN** o **DISECACIÓN** n. f. Acción y efecto de disecar.

**DISEMBRIOMA** n. m. Lesión tumoral formada a partir de restos embrionarios.

**DISEMBRIOPLASIA** n. f. Trastorno grave del desarrollo de un tejido durante la vida intrauterina, causa de anomalías importantes.

**DISEMINACIÓN** n. f. Acción y efecto de diseminar. **2.** BOT. Dispersión natural de las semillas y en general de toda clase de diseminulos.

**DISEMINAR** v. tr. y pron. **[1]**. Sembrar, desparramar, esparcir.

**DISEMÍNULO** n. m. BOT. Cada uno de los órganos que, producidos por vía agámica o sexual, se pueden separar de un individuo y, diseminados, producir uno igual al que los engendró.

**DISENSIÓN** n. f. Disentimiento. **2.** *Fig.* Contienda, riña, disputa.

**DISENSO** n. m. Disentimiento. **2.** DER. Negativa. • **Mutuo disenso** (DER.), conformidad de las partes en disolver o dejar sin efecto el contrato u obligación existente entre ellos.

**DISENTERÍA** n. f. (gr. *dysenteria*). Enfermedad infecciosa o parasitaria, que provoca una diarrea dolorosa y sangrante. • **Disentería amebiana,** afección crónica, producida por las amebas, que se caracteriza por úlceras intestinales y complicaciones hepáticas.

**DISENTÉRICO, A** adj. Relativo a la disentería.

**DISENTIMIENTO** n. m. Acción y efecto de disentir.

**DISENTIR** v. intr. **[22]**. No ajustarse al sentir o parecer de otro u opinar de modo distinto.

**DISEÑADOR, RA** n. Persona que diseña, especialmente la que lo hace por profesión: *diseñador de modas.* **2.** Especialista en diseños.

**DISEÑAR** v. tr. **[1]**. Hacer un diseño: *diseñar una nueva máquina.* **2.** Idear, determinar la forma concreta de algo.

**DISEÑO** n. m. Delineación de una figura. **2.** Descripción o bosquejo de alguna cosa hecho con palabras. **3.** Disciplina que tiene por objeto una armonización del entorno humano, desde la concepción de los objetos de uso hasta el urbanismo. • **Diseño asistido por ordenador,** conjunto de técnicas informáticas de ayuda a la concepción y gestión de proyectos de diseño de nuevos productos. || **Diseño gráfico,** grafismo. || **Diseño industrial,** dibujo técnico.

**DISERTACIÓN** n. f. Acción y efecto de disertar. **2.** Escrito o discurso en que se diserta.

**DISERTADOR, RA** adj. Aficionado a disertar.

**DISERTAR** v. intr. **[1]**. Discurrir, razonar detenida y metódicamente sobre alguna materia, particularmente hablando en público.

**DISFAGIA** n. f. Dificultad en tragar los alimentos, incluso líquidos.

**DISFAVOR** n. m. Desaire o desprecio que se hace a alguien.

**DISFONÍA** n. f. Denominación genérica de los trastornos de la fonación.

**DISFRAZ** n. m. Artificio que se usa para ocultar o disimular una cosa con el fin de que no sea conocida. **2.** Traje de máscara. **3.** *Fig.* Simulación para dar a entender algo distinto de lo que se siente.

**DISFRAZAR** v. tr. y pron. **[1g]**. Cambiar, disimular la forma natural o el aspecto de una persona o cosa, para que no sea conocida: *disfrazar la realidad.* **2.** Vestir traje de máscara. ◆ v. tr. **3.** *Fig.* Fingir, desfigurar con palabras y expresiones lo que se siente.

**DISFRUTAR** v. tr. **[1]**. Percibir o beneficiarse de los productos y utilidades de una cosa. ◆ v. tr. e intr. **2.** Gozar de salud, comodidad o bienestar. **3.** Aprovecharse del favor, protección o amistad de alguien. ◆ v. intr. **4.** Gozar, sentir placer: *disfrutar de la vida.*

**DISFRUTE** n. m. Acción y efecto de disfrutar.

**DISFUERZO** n. m. *Perú.* Melindre, remilgo.

**DISFUNCIÓN** n. f. Funcionamiento irregular, anormal, exagerado o disminuido de un órgano, de un mecanismo, etc. **2.** SOCIOL. Conjunto de las dificultades de adaptación de una unidad social a su contexto.

**DISGENESIA** n. f. Denominación genérica de las malformaciones congénitas.

**DISGRAFÍA** n. f. Alteración de la facultad de escribir, sin que existan lesión neurológica ni déficit intelectual.

**DISGREGACIÓN** n. f. Acción y efecto de disgregar.

**DISGREGADOR, RA** adj. y n. Que disgrega.

**DISGREGAR** v. tr. y pron. **[1b]**. Apartar, separar, desunir las partes integrantes de una cosa.

**DISGREGATIVO, A** adj. Que tiene virtud o facultad de disgregar.

**DISGUSTAR** v. tr. y pron. **[1]**. Causar disgusto. ◆ **disgustarse** v. pron. **2.** Pelearse o enemistarse una persona con otra.

**DISGUSTO** n. m. Sentimiento, pesadumbre e inquietud causados por una desgracia o contrariedad. **2.** Contienda, discusión, pelea. **3.** Fastidio, tedio. • **A disgusto**, contra la voluntad y gusto de alguien.

**DISHIDROSIS** n. f. Trastorno de la sudoración que produce lesiones en la piel.

**DISIDENCIA** n. f. Desacuerdo. **2.** Cualidad de disidente.

**DISIDENTE** adj. y n. m. y f. Que se separa de una doctrina, creencia o partido.

**DISIDIR** v. intr. **[3]**. Ser disidente.

**DISÍMBOLO, A** adj. *Méx.* Disímil, disconforme, diferente.

**DISIMETRÍA** n. f. Defecto de simetría.

**DISIMÉTRICO, A** adj. Que carece de simetría.

**DISÍMIL** adj. Distinto, diferente.

**DISIMILACIÓN** n. f. FONÉT. Tendencia de dos fonemas idénticos y cercanos a diferenciarse.

**DISIMILITUD** n. f. Diferencia.

**DISIMULACIÓN** n. f. Disimulo.

**DISIMULAR** v. tr. **[1]**. Ocultar, encubrir una cosa para que no se vea o no se note: *disimular un defecto de la madera.* **2.** Ocultar, encubrir algo que uno siente o padece: *disimular su alegría.* **3.** Fingir, simular el conocimiento de una cosa. **4.** Disfrazar, desfigurar una cosa representándola distinta de lo que es. **5.** Ocultar una cosa mezclándola con otra para que no se conozca. **6.** Disculpar, tolerar una cosa afectando ignorarla o no dándole importancia.

**DISIMULO** n. m. Acción y efecto de disimular. **2.** Indulgencia, tolerancia.

**DISIPACIÓN** n. f. Acción y efecto de disipar. **2.** Cualidad y actitud de disipado. **3.** FÍS. Pérdida de energía mecánica, eléctrica, etc., por transformación en energía térmica.

**DISIPADO, A** adj. y n. Entregado con exceso a placeres y diversiones.

**DISIPADOR, RA** adj. y n. Que despilfarra y malgasta los bienes o el dinero.

**DISIPAR** v. tr. y pron. **[1]**. Desvanecer, disolver, evaporar una cosa por la disgregación y dispersión de sus partes. **2.** Hacer desaparecer: *disipar todas las dudas.* ◆ v. tr. **3.** Despilfarrar, malgastar: *disipar alguien su fortuna.*

**DISJUNTO, A** adj. MAT. Dícese de dos conjuntos que no tienen ningún elemento común. • **Intervalo disjunto** (MÚS.), el que separa dos notas que no se siguen en la escala, por oposición a intervalo conjunto.

**DISLALIA** n. f. Trastorno en la emisión de la palabra.

**DISLATE** n. m. Disparate, absurdo.

**DISLEXIA** n. f. Dificultad específica en el aprendizaje de la lectura en un niño que no presenta ningún otro déficit intelectual o sensorial y que está sometido a un régimen normal de escolarización.

**DISLÉXICO, A** adj. y n. Relativo a la dislexia. **2.** Afecto de dislexia.

**DISLOCACIÓN** o **DISLOCADURA** n. f. Acción y efecto de dislocar. **2.** Separación de las partes de un todo; dispersión. **3.** FÍS. Defecto de un cristal caracterizado por la ausencia de átomos a lo largo de una línea de la red.

**DISLOCAR** v. tr. y pron. **[1a]**. Desencajar una cosa, especialmente un hueso o miembro del cuerpo: *dislocarse el codo.* **2.** *Fig.* Alterar.

**DISLOQUE** n. m. *Fam.* El colmo, el grado sumo.

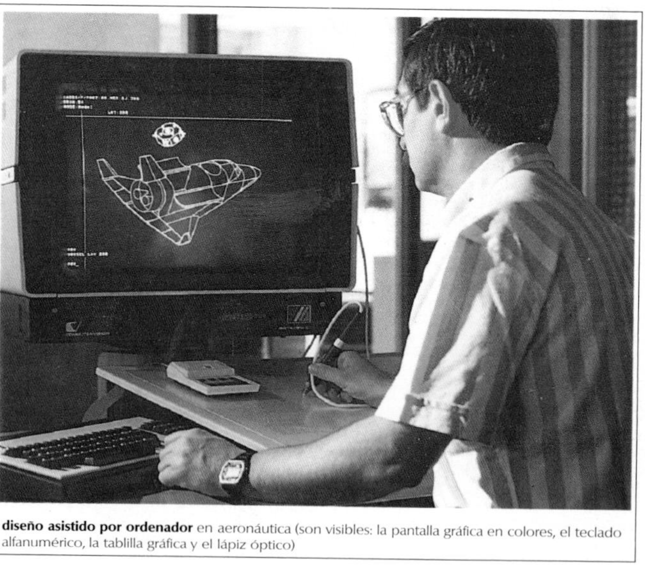

**diseño asistido por ordenador** en aeronáutica (son visibles: la pantalla gráfica en colores, el teclado alfanumérico, la tablilla gráfica y el lápiz óptico)

# LA M[redacted]I[redacted]A [redacted]L TIEMPO

Desde que los hombres empezaron a tener una vida social organizada, sintieron la necesidad de medir el tiempo con el fin de regular sus actividades cotidianas, situar acontecimientos pasados o programar actividades futuras. El Sol y la Luna fueron sus primeros relojes, mientras que tres grandes acontecimientos astronómicos periódicos les procuraron las unidades naturales de tiempo: la alternancia del día y la noche, la sucesión de las fases lunares y el ciclo de las estaciones.

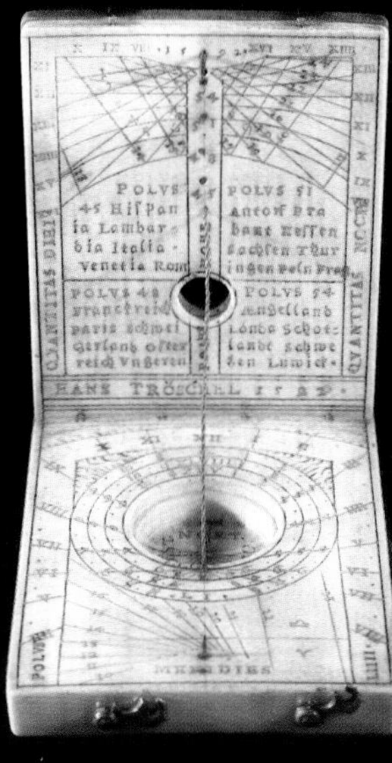

Históricamente, los primeros calendarios fueron los lunares, basados en el ciclo de las fases de la Luna, lo que originó la subdivisión del año en meses. Sin embargo, con este tipo de calendario se producía una deriva progresiva de los meses a través de las estaciones, ya que la duración de las doce lunaciones es aproximadamente 11,25 días inferior al tiempo que tarda la Tierra en describir su órbita alrededor del Sol. Esta es la razón por la que en civilizaciones agrícolas como la egipcia, en la que el ritmo de las actividades venía marcado por las crecidas del Nilo, el calendario lunar cedió rápidamente su lugar a un calendario solar basado en el ciclo de las estaciones. Al principio se consideraba que el año tenía una duración de 3[redacted]as (año civil); d[redacted]és, tomando com[redacted]base observaciones as[redacted]ó-micas más precisas[redacted]se constató que en re[redacted]i-dad su duración es próxima a los 365,25 días y hubo que efectuar ciertos ajustes en el calendario.

Finalmente, algunos pueblos adoptaron un tercer tipo de calendario, llamado «lunisolar», basado tanto en el ciclo de las fases de la Luna como en el de las estaciones.

Con el propósito de me[redacted]ir los intervalos cortos de tiempo[redacted]el día se subdividió en horas, mi[redacted]y segundos. Del nomon al re[redacted]-mico y al reloj digital de p[redacted]sera, en el transcurso de los siglos se ha empleado una gran diversidad de instrumentos de medición, siempre en busca de mayor precisión.

# C A L E N D A R I O S

## SOLARES

### EL CALENDARIO CIVIL EGIPCIO

(4236 a. J.C.?)
El año, dividido en tres estaciones (las inundaciones, la siembra y la cosecha), contaba 12 meses de 30 días más 5 días complementarios llamados *epagómenos.*

Parte superior de un naos del s. IV a. J.C. en el que se indican algunas de las 36 decenas del año, así como las divinidades protectoras asociadas a ellas.

Estela, en gres pintado, grabada hacia el 1500 a. J.C. que muestra las ofrendas que hay que hacer a los dioses en la fecha en que la estrella Sothis (Sirio), la más brillante del cielo, tras haber desaparecido durante varias semanas, reaparece por el este, bañada en la luz del día, justo antes de salir el Sol.

### EL CALENDARIO JULIANO (46 a. J.C.)

El calendario romano adquirió el nombre de «calendario juliano» después de que fuera reformado por Julio César, quien instituyó un año de 366 días cada 4 años (año bisiesto) y fijó el comienzo del año en el 1 de enero, fecha de la entrada en funciones de los cónsules.

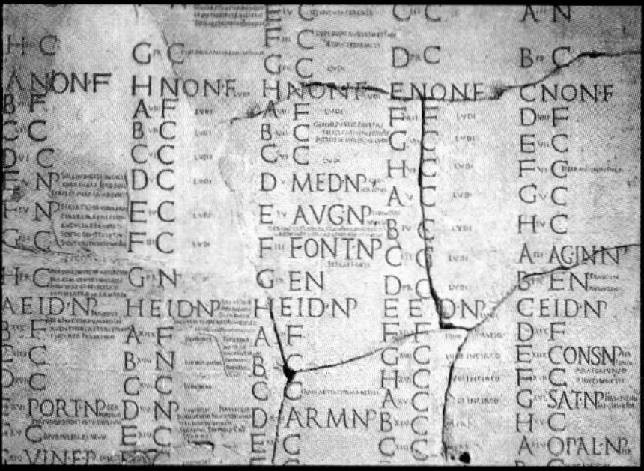

Fragmento de un calendario juliano de la época de Augusto.

Mosaico del s. III que representa las 4 estaciones (casillas de la izquierda) y los 12 meses del año juliano.

El concilio de Nicea (325), cuyo objetivo principal fue la condena del arrianismo, estableció la fiesta de la Pascua el primer domingo después de la luna llena que sigue al equinoccio de primavera, convirtiendo el domingo de Pascua en una fiesta cuya fecha oscila entre el 22 de marzo y el 25 de abril.

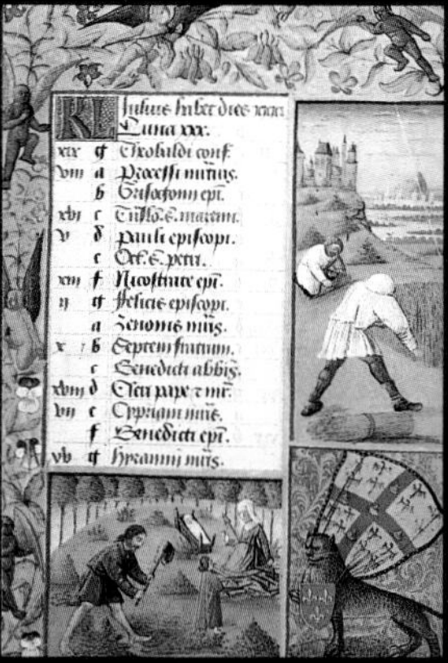

Páginas de un libro de horas del s. XV. Por entonces, las fechas todavía se contaban a la moda romana, según el número de días que todavía tenían que transcurrir antes de las nonas, los idus y las calendas.

Presentación al papa Gregorio XIII de los trabajos de la comisión de reforma del calendario juliano.

## EL CALENDARIO GREGORIANO (1582)

En el calendario juliano, la duración media del año (365,25 días) superaba ligeramente el tiempo invertido por la Tierra en completar una vuelta alrededor del sol. Gracias a los estudios de varios eruditos, entre ellos el astrónomo italiano Luigi Lilio (c. 1510-c. 1576) y el astrónomo y matemático alemán Christophorus Clavius (1537-1612), el papa Gregorio XIII corrigió este defecto mediante una reforma promulgada el 25 de febrero de 1582, de la que surgió el actual calendario civil de uso internacional (calendario gregoriano)

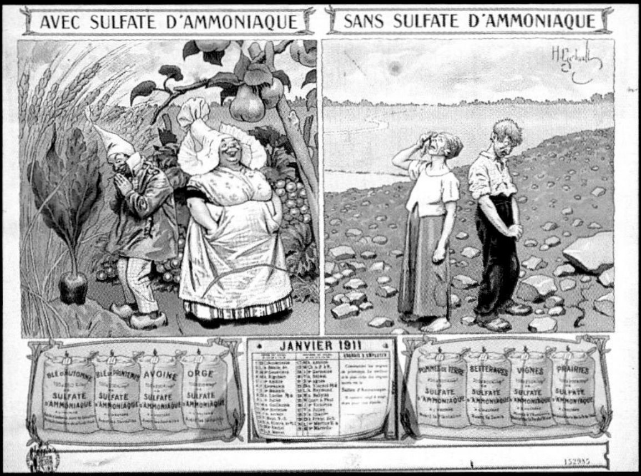


Extracto de un almanaque de 1911. Ilustrada o no, pegada a una pared, consultada en la oficina o metida en el bolsillo, nuestra actual tabla anual de días, semanas y meses del calendario gregoriano puede adquirir las formas más diversas.

## EL CALENDARIO REPUBLICANO
(1792-1805)

Tomando como origen el 22 de septiembre de 1792, fecha de instauración de la república, el calendario que se instituyó en Francia bajo la Revolución

## EL CALENDARIO PERPETUO
(c. 1670)

Desde la edad media, los aficionados a la cronología se han empeñado en preparar tablas o dispositivos que permitan conocer a voluntad el calendario de un año cualquiera o de obtener la concordancia de fechas entre diferentes calendarios.

LUNARES

## EL CALENDARIO MUSULMÁN

(edad media)

El año, dividido en 12 meses de 29 ó 30 días, cuenta 354 ó 355 días y empieza siempre con la luna nueva. El origen del calendario es la hégira (la huida de Mahoma a Medina), fijada en el 16 de julio del 622 d. J.C.
El año 1422 comenzó el 26 de marzo de 2001 del calendario gregoriano.

Fragmento de un calendario perpetuo del s. XVIII.

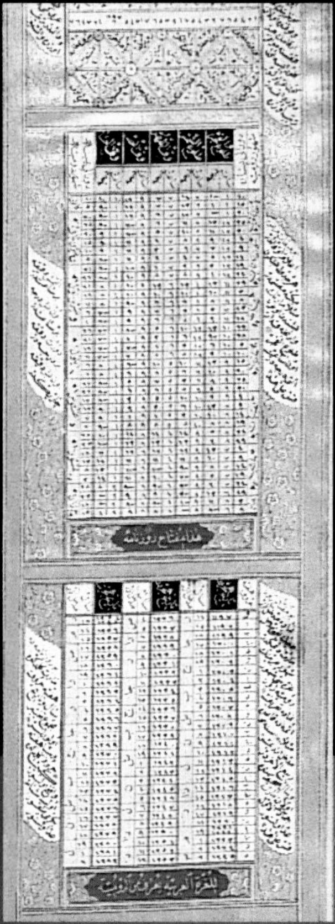

LUNISOLARES

## EL CALENDARIO GALO

Reconstruido a partir de 153 fragmentos de bronce encontrados en Coligny (Ain), este calendario galo del s. II cubre un período de 5 años que incluye 3 años de 12 meses de 29 ó 30 días regulados según las fases de la Luna (años comunes) y dos años de 13 meses (años embolismales) a fin de mantener la concordancia con las estaciones.

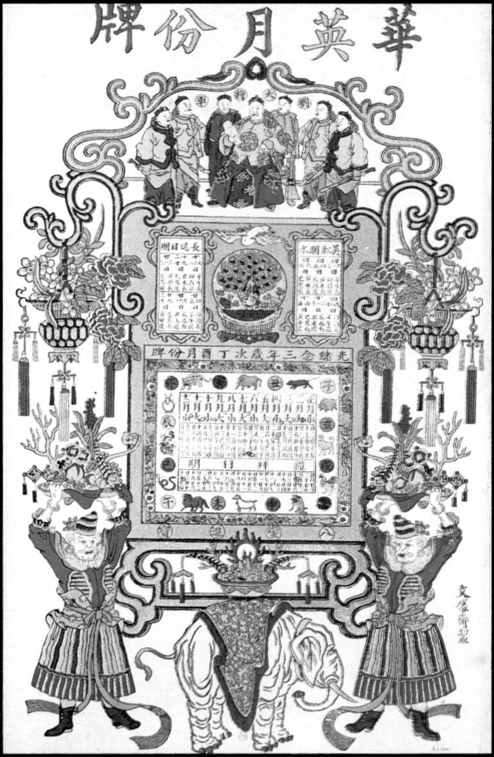

LUNISOLARES

## EL CALENDARIO CHINO

# CALENDARIOS

LUNISOLARES

## EL CALENDARIO JUDÍO

Sobre un ciclo de 19 años se mezclan 12 años de 353, 354 ó 355 días y 7 años de 383, 384 ó 385 días, divididos en meses de 29 ó 30 días. El origen del calendario es la época legendaria de la creación del mundo, en el 3761 a. J.C. El año 5762 comienza el 18 de septiembre de 2001 del calendario gregoriano.

Fragmento de un calendario moderno.

Calendario extraído de una Biblia copiada e iluminada en Navarra.

RITUALES / SOLARES

## EL CALENDARIO MAYA

Inspirado en una concepción cíclica del mundo, el descuento de los días se efectúa independientemente de los fenómenos astronómicos, según un ciclo de 18 960 años resultante de la combinación de un calendario religioso, el *tzolkin*, de 260 días (20 períodos de 13 días) y de un calendario civil, el *haab*, de 365 días (18 meses de 20 días, más 5 días complementarios llamados *epagómenos*).

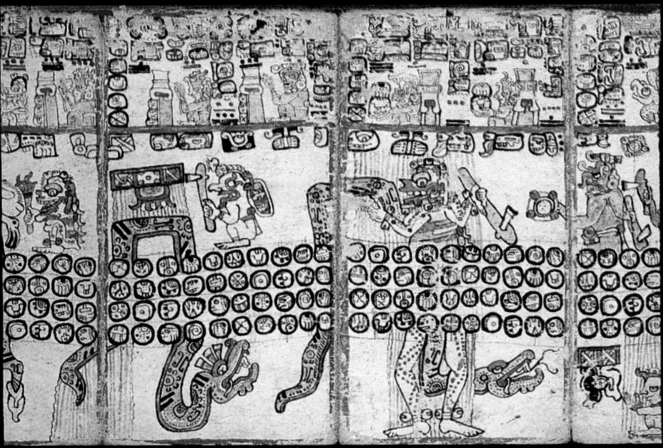

RITUALES / SOLARES

## EL CALENDARIO AZTECA

Probablemente derivado del calendario maya, asocia como él un calendario religioso de 260 días y un calendario civil de 365 días.

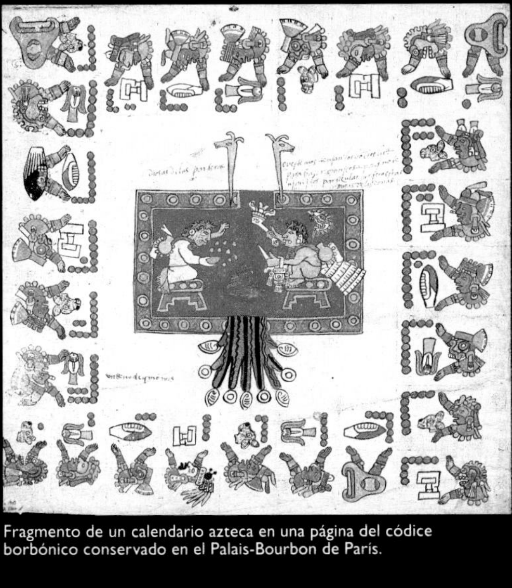

Fragmento de un calendario azteca en una página del códice borbónico conservado en el Palais-Bourbon de París.

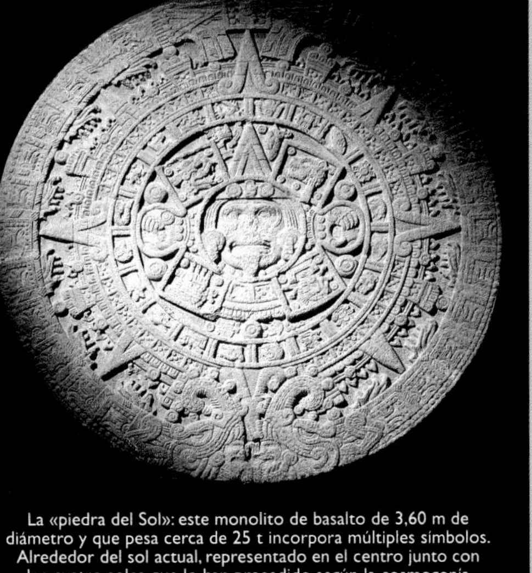

La «piedra del Sol»: este monolito de basalto de 3,60 m de diámetro y que pesa cerca de 25 t incorpora múltiples símbolos. Alrededor del sol actual, representado en el centro junto con los cuatro soles que lo han precedido según la cosmogonía azteca, aparecen dispuestos circularmente los signos característicos de los 20 periodos del calendario religioso.

GNOMON (III milenio a. J.C.)
Reloj de sol primitivo, el nomon tiene una superficie plana sobre la que se proyecta la sombra de una varilla colocada perpendicularmente llamada «estilo». A este reloj mural egipcio le falta el estilete.

RELOJ DE SOMBRA EGIPCIO
En este reloj solar portátil, la hora se indicaba mediante la sombra que proyectaba la arista vertical sobre la parte inclinada.

CLEPSIDRA (c. 1400 a. J.C.)
A diferencia del reloj solar que únicamente funciona en presencia del Sol, el reloj de agua se puede utilizar tanto de día como de noche, independientemente del estado del cielo. Bajo su forma más simple, es un recipiente lleno de agua y con un agujero perforado en la base. Las graduaciones de la pared indican la hora en función del nivel de agua, a medida que ésta va saliendo del recipiente.

ASTROLABIO (s. II a. J.C.?)
De origen helenístico, pero utilizado y perfeccionado sobre todo en el mundo islámico a partir del s. IX, este instrumento procura una representación plana del cielo visible en una latitud determinada. Además de establecer la hora, permitía resolver diversos problemas de astrología o de astronomía.

RELOJ SOLAR DE AUGUSTO (13 a. J.C.)
La hora se indicaba a través de la sombra que la punta proyectaba sobre la esfera, dispuesta a su vez sobre un obelisco.

ESCAFO (s. V a. J.C.)
Bajo este nombre, que significa *barco*, los griegos designaban un cuadrante ya utilizado por los babilonios bajo el nombre de «polos», compuesto por una superficie hemisférica en el fondo de la cual se ha colocado un estilo cuya extremidad coincide con el centro de la esfera.

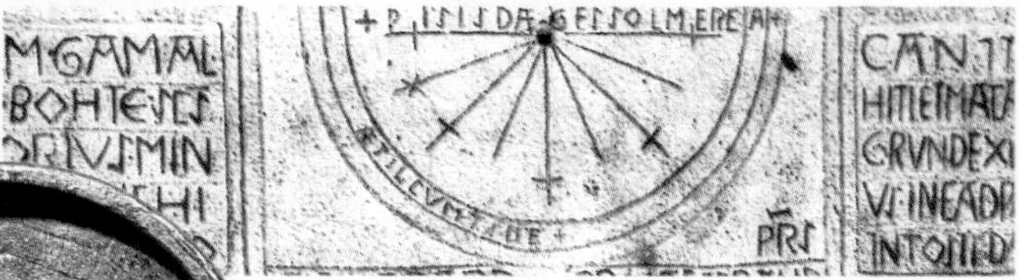

CUADRANTE SOLAR CANÓNICO (s. VIII)
Dispuesto habitualmente en la fachada de las iglesias, este tipo de reloj dispone de un estilo horizontal cuya sombra indica las horas de las plegarias. (Reloj del s. XI, en la iglesia de Kirkdale, en Gran Bretaña.)

CUADRANTE SOLAR PORTÁTIL ROMANO
Se utilizaba colocando la aguja sobre una raya que designaba el mes en cuestión, después se suspendía verticalmente y se hacía girar hasta que la luz del sol penetraba por un pequeño orificio practicado en la placa. En ese momento un punto luminoso incidía en la aguja y marcaba una línea que indicaba la hora. (Reloj del s. II.)

NOCTURLABIO (s. XIII?)
Este instrumento permitía conocer la hora de manera aproximada durante la noche, observando la posición de las estrellas brillantes de la Osa Mayor alineadas con la estrella polar. Durante el s. XVI formaba parte del equipamiento tradicional de todo navegante.

RELOJ MECÁNICO DE PESAS (finales del s. XIII)
Con la aparición en Europa de los primeros relojes mecánicos de pesas se hizo posible leer la hora mediante una manecilla que la marcaba sobre una esfera. (Manuscrito del s. XV.)

# MEDICIÓN DE LA HORA

RELOJ DE ARENA (s. XIV)
Cuando la temperatura ha descendido tanto que el agua se hiela, o bien a bordo de los barcos debido al cabeceo, la clepsidra se vuelve inutilizable. Sin duda, ésta es la razón que explica la invención del reloj de arena, que mide el tiempo en función de cierta cantidad de arena vertida de un frasco a otro, unidos por un estrangulamiento. (Primera representación conocida de un reloj de arena en un fresco de 1337-1343, en Siena.)

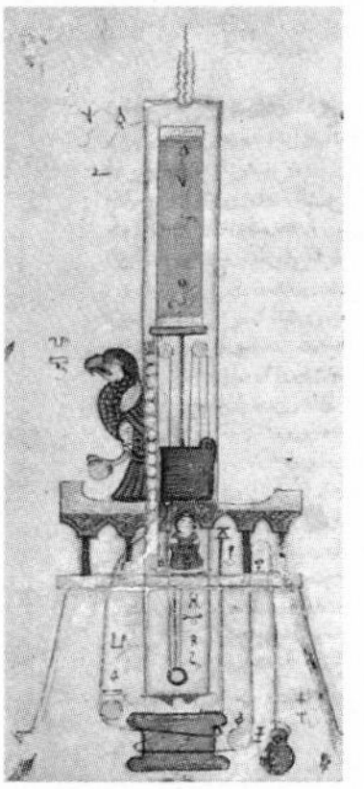

RELOJ DE VELAS
(finales de la edad media)
Para medir intervalos de tiempo relativamente largos hay que darle la vuelta al reloj de arena con mucha frecuencia, inconveniente que desaparecía si se recurría a la combustión de una candela. Además, la vela graduada no sólo indicaba la hora, sino que también permitía obtener luz durante la noche. (Reloj de principios del s. XIX).

RELOJ DE ACEITE
(finales de la edad media)
Otra alternativa al reloj de arena: este reloj funciona gracias a la combustión del aceite contenido en un recipiente en el que se han pintado o grabado graduaciones horarias relacionadas con el nivel del líquido. (Reloj de finales del s. XVIII o principios del s. XIX.)

RELOJ DE BOLSILLO (principios del s. XVI)
Con la utilización del muelle en espiral en los mecanismos de relojería, se hizo posible fabricar relojes lo bastante pequeños para poder llevarlos en el bolsillo. A pesar de todo, las dimensiones de los primeros relojes de bolsillo no dejan de resultar imponentes. (Reloj construido por Peter Henlein, Nuremberg, c. 1519.)

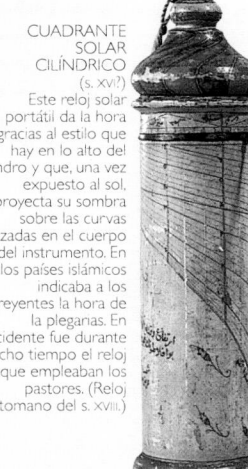

CUADRANTE SOLAR CILÍNDRICO
(s. XVI?)
Este reloj solar portátil da la hora gracias al estilo que hay en lo alto del cilindro y que, una vez expuesto al sol, proyecta su sombra sobre las curvas trazadas en el cuerpo del instrumento. En los países islámicos indicaba a los creyentes la hora de la plegarias. En occidente fue durante mucho tiempo el reloj que empleaban los pastores. (Reloj otomano del s. XVIII.)

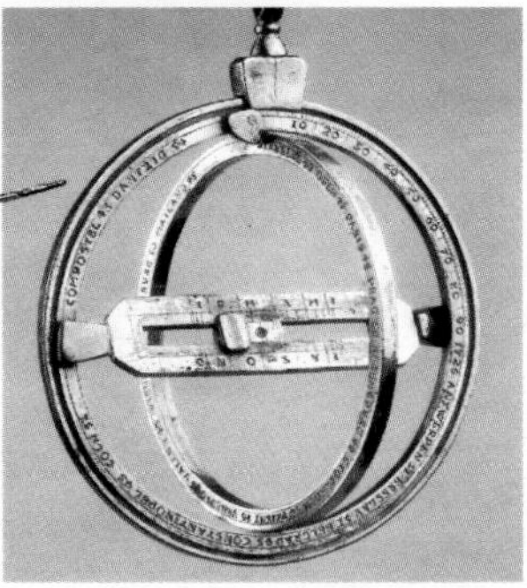

ANILLO ASTRONÓMICO BICIRCULAR (finales del s. XVI)
Este reloj solar ecuatorial portátil, provisto en el centro de una pínula regulable según el mes en curso, fue un instrumento muy utilizado en el s. XVIII para medir la hora, especialmente por parte de los navegantes.

CUADRANTE SOLAR ANALEMÁTICO
(s. XVII)
Un estilo vertical marcaba la hora sobre una elipse trazada en el suelo. Dicho estilo se desplaza en función de la fecha sobre una escala graduada trazada sobre la losa central a lo largo del eje más corto de la elipse. (Reloj del atrio de la iglesia de Brou, en Bourg-en-Bresse, restaurado en 1902.)

RELOJ DE PÉNDULO (1657)
Concebido por el físico Christiaan Huygens y realizado por el relojero Salomon Coster en La Haya, el reloj de péndulo, que emplea un péndulo como organismo regulador, demostró ser mucho más preciso que los anteriores relojes de pesas. (Reloj de P. Visbagh, La Haya, c. 1690.)

ANTEOJO MERIDIANO (c. 1685)
Inventado por el danés O. Römer, este anteojo astronómico que sólo se desplaza en dirección norte-sur permite determinar el momento en el que pasa una estrella por el meridiano. Su empleo aumentó la precisión de las observaciones astronómicas vinculadas a la determinación de la hora.

*La fecha o la época indicada es la de la primera aparición de los instrumentos citados.*

MERIDIANO (s. XVIII)
Este reloj solar vertical, orientado hacia el sur, solamente marca las horas cercanas al mediodía gracias a la pequeña mancha luminosa que proyectan los rayos del Sol al atravesar el orificio que hay en el centro del disco, emplazado en la extremidad del estilete. Su empleo se impuso para poner en hora los relojes de bolsillo, en una época en que éstos solían adelantarse o atrasarse varios minutos al día.

CRONÓMETRO DE MARINA (1735)
En 1735 el relojero británico John Harrison inventó el cronómetro de marina. Su perfeccionamiento permitió que los navegantes pudieran calcular por fin la longitud y conocer su posición en el mar con una precisión satisfactoria.

RELOJ DE PULSERA (1790)
Con la aparición del chaleco, el reloj se introducía en un bolsillo cosido a tal efecto y se retenía mediante una cadena ligada a la botonera. Sin embargo, para realizar consultas frecuentes demostró ser mucho más práctico fijarlo en el puño mediante una pulsera, uso que se impondría en el s. XX. (Reloj de mediados del s. XIX.)

RELOJ DE PÉNDULO DE VIAJE (s. XIX)
Cuando el desarrollo del ferrocarril favoreció los desplazamientos, los relojeros crearon relojes de péndulo resistentes y fácilmente transportables para los viajeros. (Reloj de péndulo Breguet, 1833.)

CRONÓMETRO (s. XIX)
Este reloj de precisión con dos dispositivos independientes, uno que indica la hora y otro que permite medir directamente la duración de una acción, conoció en el s. XX su época dorada en los estadios deportivos.

RELOJ ELÉCTRICO (1840)
Con la ayuda de un electroimán alimentado por una pila que hacía oscilar un balancín, el británico Alexander Bain inició una nueva etapa en la precisión de los relojes. (Reloj electro-telegráfico, 1854.)

RELOJ GEOGRÁFICO (c. 1840)
Este original reloj, fabricado en Nuremberg, permitía conocer la hora en 57 ciudades del mundo antes de que se adoptaran los husos horarios.

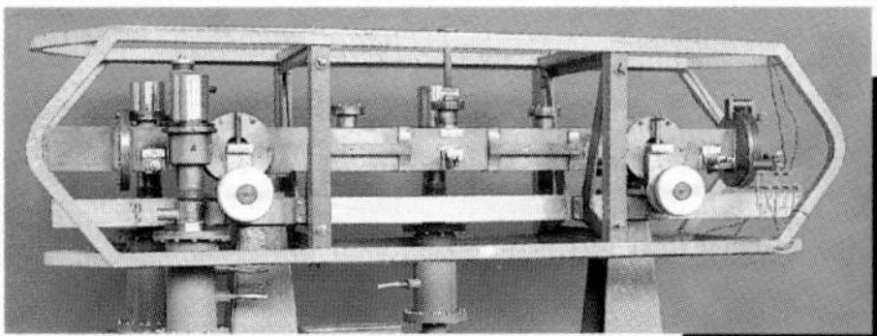

RELOJ ATÓMICO DE CESIO (1955)
La puesta a punto de relojes basados en las vibraciones de los átomos y cuya desviación diaria es inferior a la mil millonésima parte de un segundo ha inaugurado una nueva era en la metrología y ha llevado a abandonar toda referencia a los movimientos de la Tierra para definir el segundo.

RELOJ DIGITAL DE PULSERA (1972)
Provisto de un oscilador de cuarzo, de circuitos integrados y de un sistema de indicación luminosa digital de diodos electroluminiscentes o de cristal líquido, actualmente el reloj de pulsera es un instrumento de precisión en sí mismo.

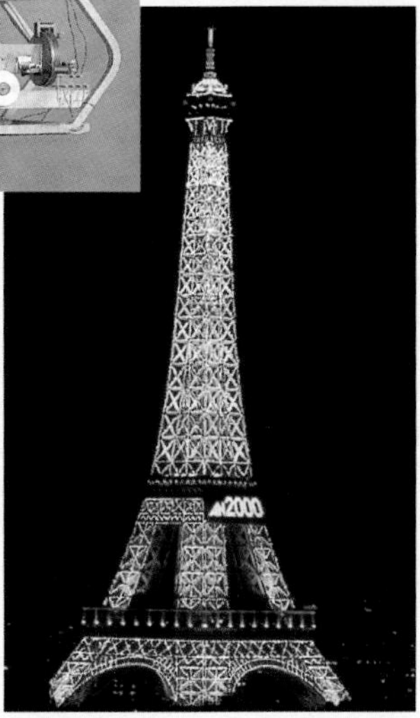


RELOJ DE LA TORRE EIFFEL
Sin lugar a dudas, nunca había habido tanta pasión en el mundo por la medida del tiempo como en ocasión del advenimiento del año 2000 de la era cristiana.

**DISMENORREA** n. f. Denominación genérica de los trastornos de flujo menstrual, especialmente de los dolorosos.

**DISMINUCIÓN** n. f. Acción y efecto de disminuir.

**DISMINUIDO, A** adj. y n. Minusválido.

**DISMINUIR** v. tr., intr. y pron. **[29]**. Hacer menor la extensión, intensidad o número de una cosa.

**DISMORFÍA** n. f. Dismorfismo.

**DISMORFISMO** n. m. Anomalía en la forma de una parte del cuerpo.

**DISNEA** n. f. Dificultad en la respiración, con origen en el aparato respiratorio, en el aparato circulatorio o en la composición de la sangre.

**DISOCIABILIDAD** n. f. Cualidad de disociable.

**DISOCIABLE** adj. Que puede disociarse.

**DISOCIACIÓN** n. f. Acción y efecto de disociar. **2.** QUÍM. Ruptura de un compuesto químico en elementos susceptibles de volverse a combinar de igual manera o de otra. • **Disociación de la personalidad** (SIQUIATR.), ruptura de la unidad síquica, considerada como uno de los principales síntomas de la esquizofrenia.

**DISOCIAR** v. tr. y pron. **[1]**. Separar una cosa de otra a la que está unida. **2.** Separar los distintos componentes de una sustancia.

**DISOLUBILIDAD** n. f. Calidad de disoluble.

**DISOLUBLE** adj. Soluble, que puede disolverse. **2.** DER. Que se puede romper, disolver, anular.

**DISOLUCIÓN** n. f. Acción y efecto de disolver. **2.** *Fig.* Relajación en la vida y costumbres. **3.** *Fig.* Ruptura de los lazos o vínculos existentes entre dos o más personas. **4.** DER. Ruptura de un contrato de asociación o de sociedad por las partes, el poder administrativo o el juez. **5.** DER. Procedimiento mediante el cual el poder ejecutivo pone fin a los poderes de una asamblea antes del plazo legal. **6.** FÍS. Absorción de un gas o de un sólido por un líquido que forma con él una solución. **7.** GEOMORFOL. Erosión química consistente en la acción de las aguas meteóricas sobre algunos elementos que constituyen las rocas. **8.** TECNOL. Solución viscosa de caucho que sirve para reparar las cámaras de los neumáticos.

**DISOLUTIVO, A** adj. Que tiene virtud de disolver.

**DISOLUTO, A** adj. y n. Entregado a la disolución, relajación de costumbres.

**DISOLVENTE** adj. y n. m. Que tiene la propiedad de disolver. **2.** *Fig.* Que causa una corrupción moral. ◆ n. m. **3.** Líquido volátil incorporado a las pinturas y barnices para obtener las características requeridas para su aplicación.

**DISOLVER** v. tr. y pron. **[2n]**. Disgregar una sustancia en un líquido: *disolver el azúcar en la leche.* **2.** Separar, desunir lo que está unido, deshacer un grupo de personas: *disolver una manifestación.* ◆ v. tr. **3.** FÍS. y QUÍM. Hacer pasar al estado de disolución un cuerpo por la acción de otro cuerpo, generalmente líquido.

**DISONANCIA** n. f. Sonido desagradable. **2.** *Fig.* Falta de la conformidad o proporción que naturalmente deben tener algunas cosas. **3.** MÚS. No concordancia en la audición de dos o más sonidos sucesivos o, sobre todo, simultáneos.

**DISONANTE** adj. Que revela desequilibrio sonoro. SIN.: *discordante.*

**DISONAR** v. intr. **[1r]**. Sonar desapaciblemente, faltar a la consonancia y armonía. **2.** *Fig.* Discrepar, carecer de conformidad. **3.** *Fig.* Parecer mal y extraña una cosa.

**DISORTOGRAFÍA** n. f. Dificultad específica en el aprendizaje de la ortografía en niños que no presentan déficit intelectual ni sensorial y que están normalmente escolarizados.

**DISPAR** adj. Desigual, diferente: *fuerzas dispares.*

**DISPARADA** n. f. *Argent., Méx., Nicar.* y *Urug.* Acción de echar a correr de repente o de partir con precipitación, fuga. • **A la disparada** (*Argent., Chile, Par., Perú* y *Urug. Fig.*), precipitada y atolondradamente. || **De una disparada** *(Argent. Fam.)*, con gran prontitud, al momento. || **Pegar** una **disparada** *(Argent. Fig.)*, dirigirse rápidamente hacia un lugar.

**DISPARADERO** n. m. Disparador de un arma de fuego. • **Poner** a alguien **en el disparadero** *(Fam.)*, provocarle a que diga o haga lo que de por sí no diría o no haría.

**DISPARADOR** n. m. Pieza del mecanismo de un arma de fuego portátil que al ser accionada provoca el movimiento de la palanca de disparo. **2.** FOT. Mecanismo que libera el obturador de la cámara.

**DISPARAR** v. tr. y pron. **[1]**. Lanzar un proyectil con un arma. **2.** Accionar el disparador de una cámara fotográfica. ◆ v. tr. **3.** Lanzar con violencia una cosa. **4.** *Méx. Fam.* Invitar. ◆ **dispararse** v. pron. **5.** Ponerse bruscamente en movimiento, ir o aumentar precipitadamente algo. **6.** Hablar u obrar con extraordinaria violencia o volubilidad y, por lo común, sin razón.

**DISPARATAR** v. intr. **[1]**. Decir o hacer disparates.

**DISPARATE** n. m. Dicho o hecho contrario a la razón, a la normalidad o a determinadas reglas establecidas. **2.** *Fam.* Atrocidad, exceso.

**DISPAREJO, A** adj. Dispar.

**DISPAREUNIA** n. f. Dolor provocado en la mujer por las relaciones sexuales.

**DISPARIDAD** n. f. Desigualdad, diferencia de una cosa respecto de otra: *disparidad de criterios.*

**DISPARO** n. m. Acción y efecto de disparar o dispararse. **2.** DEP. En algunos deportes de pelota, y especialmente en el fútbol, tiro potente que impulsa el balón con gran fuerza, generalmente hacia la portería.

**DISPENDIO** n. m. Gasto excesivo, por lo general innecesario.

**DISPENDIOSO, A** adj. Caro, costoso.

**DISPENSA** n. f. Privilegio, excepción graciosa de lo ordenado por las normas generales. **2.** Instrumento o escrito que lo contiene.

**DISPENSABLE** adj. Que se puede dispensar.

**DISPENSAR** v. tr. **[1]**. Dar, conceder, otorgar, distribuir: *dispensar elogios.* **2.** Perdonar una falta leve o lo que se considera como tal. ◆ v. tr. y pron. **3.** Eximir a alguno de una obligación o de lo que se considera como tal: *dispensen su falta de asistencia al acto.*

**DISPENSARIO** n. m. Local en que se realiza la visita médica sin que los pacientes puedan residir en él. SIN.: *ambulatorio.*

**DISPEPSIA** n. f. (gr. *dyspepsia*). Digestión difícil.

**DISPÉPTICO, A** adj. y n. Relativo a la dispepsia; afecto de dispepsia.

**DISPERSAR** v. tr. y pron. **[1]**. Separar, diseminar lo que está o debe estar reunido: *dispersarse un pueblo; dispersar la atención.*

**DISPERSIÓN** n. f. Acción y efecto de dispersar. **2.** Fenómeno balístico consistente en que al disparar varias veces con una misma arma en idénticas condiciones los impactos no coinciden. **3.** ESTADÍST. Expresión de alejamiento, más o menos grande, de los términos de una serie, los unos respecto a los otros o respecto a un valor central tomado como media. **4.** FÍS. Descomposición de una radiación compleja en diferentes radiaciones. **5.** QUÍM. Mezcla homogénea de dos o más sustancias, cualquiera que sea su estado físico, repartidas de modo uniforme.

**DISPERSIVO, A** adj. Que tiene facultad de dispersar.

**DISPERSO, A** adj. y n. Que está dispersado.

**DISPERSOR, RA** adj. Que dispersa.

**DISPLASIA** n. f. Trastorno del desarrollo de los tejidos que ocasiona malformaciones.

**DISPLAY** n. m. (voz inglesa). Soporte publicitario, generalmente de cartón, para vitrinas y escaparates. **2.** INFORMÁT. Terminal de salida de información de un ordenador, capaz de editar los resultados en algún medio físico.

**DISPLICENCIA** n. f. Desagrado o indiferencia en el trato. **2.** Desaliento o vacilación en la ejecución de alguna cosa.

**DISPLICENTE** adj. Que desagrada o disgusta: *trato displicente.* ◆ adj. y n. m. y f. **2.** Falto de interés, entusiasmo o afecto.

**DISPONER** v. tr. y pron. **[5]**. Colocar, poner en orden de manera conveniente: *disponer la mesa.* **2.** Preparar, prevenir. ◆ v. tr. **3.** Deliberar, mandar lo que se ha de hacer: *el general dispuso el plan de ataque.* ◆ v. intr. **4.** Con la prep. *de*, tener, valerse de una persona o cosa: *puede disponer de mí.* ◆ **disponerse** v. pron. **5.** Prepararse para hacer alguna cosa, tener la intención de hacerla: *disponerse a salir.*

**DISPONIBILIDAD** n. f. Calidad de disponible. **2.** Cantidad disponible. **3.** Situación del funcionario que temporalmente se encuentra sin destino.

**DISPONIBLE** adj. Dícese de todo aquello de que se puede disponer o utilizar libremente: *espacio disponible.* **2.** Dícese de la situación del militar o funcionario en servicio activo sin destino, pero que puede ser destinado inmediatamente.

**DISPOSICIÓN** n. f. Acción y efecto de disponer o disponerse. **2.** Aptitud, capacidad, soltura. **3.** Estado de ánimo para hacer algo: *estar en buena disposición.* **4.** Deliberación, orden, mandato de una autoridad: *aceptar las disposiciones del superior.* **5.** Cualquiera de los medios que se emplean para ejecutar un propósito, o para atenuar o evitar un mal. **6.** DER. Cada uno de los puntos regulados por una ley o una decisión judicial. • **A,** o **a la, disposición de** alguien, fórmula de cortesía con que alguien se ofrece a otro. || **Estar,** o **hallarse, en disposición** una persona o cosa *(Fam.)*, hallarse en condiciones para algún fin.

**DISPOSITIVO, A** adj. Que dispone. • **Parte dispositiva** (DER.), parte de un acto legislativo o de una decisión judicial que dispone de forma imperativa. ◆ n. m. **2.** Conjunto de piezas que constituyen un aparato, una máquina; el mismo aparato: *un dispositivo de alarma.* **3.** MIL. Despliegue de los medios de una formación terrestre, naval o aérea adoptados para la ejecución de una misión.

**DISPRAXIA** n. f. Desorden de la realización motriz, unida a un trastorno de la representación corporal y de la organización espacial.

**DISPROSIO** n. m. Metal del grupo de las tierras raras, cuyo símbolo químico es Dy, de número atómico 66 y de masa atómica 162,50.

**DISPUESTO, A** adj. Apto, capaz, preparado o a punto para llevar a cabo cierta cosa. • **Bien,** o **mal, dispuesto**, con ánimo favorable o adverso: *estar bien dispuesto para hacer algo.*

**DISPUTA** n. f. Acción y efecto de disputar.

**DISPUTAR** v. tr. **[1]**. Debatir, discutir. ◆ v. tr. e intr. **2.** Altercar, porfiar: *dos borrachos disputaban en la calle.* ◆ v. tr. y pron. **3.** Contender con otro para alcanzar o defender alguna cosa: *se disputan el primer puesto.*

**DISQUERATOSIS** n. f. Anomalía de la formación de la capa córnea de la piel, observada en numerosas dermatosis.

**DISQUETE** n. m. INFORMÁT. Soporte magnético de información, de pequeña capacidad, parecido a un disco de pequeño formato, empleado en microinformática y en burótica.

**DISQUETERA** n. f. INFORMÁT. Parte de un sistema informático en que se introducen los disquetes para su grabación o lectura.

**DISQUISICIÓN** n. f. Examen o exposición rigurosa y detallada de alguna cosa, considerando cada una de sus partes.

**DISRUPCIÓN** n. f. Abertura brusca de un circuito eléctrico.

**DISRUPTIVO, A** adj. Que produce disrupción.

**DISTAL** adj. Dícese de las partes de un organismo situadas en la posición más alejada del centro del mismo.

**DISTANCIA** n. f. Espacio o intervalo de lugar o de tiempo que media entre dos cosas o sucesos. **2.** *Fig.* Diferencia notable entre unas cosas y otras. **3.** Alejamiento, falta de afecto entre personas. **4.** Longitud del segmento que une dos puntos, o longitud mínima de los caminos posibles de un punto a otro. **5.** MAT. Para dos números $x$ e $y$ del cuerpo de números reales, valor absoluto de la diferencia $x - y$. • **A distancia,** desde lejos o apartadamente. || **Distancia angular de dos puntos con relación a un observador,** ángulo formado por las semirrectas que unen al observador con los dos puntos considerados. || **Guardar las distancias** *(Fig.)*, no permitir familiaridad en el trato.

**DISTANCIACIÓN** n. f. Acción y efecto de distanciar. **2.** Enfriamiento de la relación amistosa y disminución de la frecuencia en el trato entre dos personas. **3.** Alejamiento de una persona en su relación con un grupo humano, ideología, etc. **4.** En teatro, efecto por el que el actor no se identifica con el personaje que encarna.

**DISTANCIAMIENTO** n. m. Distanciación.

**DISTANCIAR** v. tr. y pron. **[1]**. Apartar, alejar, poner a distancia.

**DISTANTE** adj. Que dista. **2.** Apartado, lejano, remoto. **3.** *Fig.* Que no admite familiaridades en su trato: *mantenerse en una actitud distante.*

**DISTAR** v. intr. **[1]**. Estar apartada una cosa de otra cierto espacio de lugar o de tiempo. **2.** *Fig.* Diferenciarse notablemente una cosa de otra.

**DISTENA** n. f. MINER. Silicato natural de aluminio.

**DISTENDER** v. tr. **[2d]**. Aflojar lo que está tenso o tirante. ◆ v. tr. y pron. **2.** MED. Causar una tensión violenta en los tejidos, membranas, etc.

**DISTENSIÓN** n. f. Acción y efecto de distender.

**DÍSTICO** n. m. (gr. *distikhos*). Entre los griegos y latinos, composición poética formada por un hexámetro y un pentámetro. **2.** En la poesía castellana, composición que consta de dos versos con los cuales se expresa un concepto completo.

**DISTIMIA** n. f. Trastorno de la regulación de los estados de ánimo (excitación o depresión).

**DISTINCIÓN** n. f. Acción y efecto de distinguir o distinguirse. **2.** Diferencia en virtud de la cual una cosa no es otra o no es semejante a otra. **3.** Prerrogativa, excepción u honor concedido a alguien, en cuya virtud se distingue de otras personas: *recibir muchas distinciones.* **4.** Elegancia, buenas maneras, refinamiento: *dar un toque de distinción.* **5.** Miramiento y consideración hacia una persona: *tratar con distinción.*

**DISTINGO** n. m. Distinción lógica en una proposición de dos sentidos, uno de los cuales se concede y otro se niega. **2.** Reparo, limitación que se pone a algo con cierta sutileza, minuciosidad o malicia.

**DISTINGUIBLE** adj. Que se puede distinguir.

**DISTINGUIDO, A** adj. Que presenta u ofrece distinción, elegancia: *modales distinguidos.*

**DISTINGUIR** v. tr. (lat. *distinguere*) **[3p]**. Conocer a una persona o cosa por aquello que le diferencia de otra. **2.** Manifestar, declarar la diferencia que hay entre una cosa y otra con la cual se puede confundir. **3.** Divisar, reconocer un objeto a pesar de la dificultad que pueda haber para verlo. **4.** Preferir, mostrar particular estimación por alguien: *le distingue con su amistad.* **5.** Caracterizar: *la razón distingue al hombre.* **6.** Otorgar a alguien una dignidad o privilegio. **7.** LÓG. Especificar de una manera precisa los diversos sentidos de una proposición o las diversas acepciones de una palabra. ◆ v. tr. y pron. **8.** Hacer que una cosa se diferencie de otra por medio de alguna particularidad, señal, divisa, etc. ◆ **distinguirse** v. pron. **9.** Descollar, sobresalir entre otros: *distinguirse un escritor por su riqueza de léxico.*

**DISTINTIVO, A** adj. Que tiene facultad de distinguir. ◆ adj. y n. m. **2.** Que caracteriza esencialmente una cosa. ◆ n. m. **3.** Insignia, señal, marca.

**DISTINTO, A** adj. Que no es lo mismo, igual o que es otro. **2.** Inteligible, claro, sin confusión. ◆ **distintos** adj. pl. **3.** Diversos, varios: *problema con distintas soluciones.*

**DISTOCIA** n. f. Dificultad en el parto provocada por una anomalía de origen maternal o fetal.

**DISTÓCICO, A** adj. Relativo a la distocia.

**DISTOMIASIS** n. f. Enfermedad parasitaria provocada por una duela. • **Distomiasis sanguínea,** bilharziosis.

**DISTONÍA** n. f. Anomalía del tono muscular. • **Distonía neurovegetativa,** trastorno del funcionamiento de los sistemas simpático y parasimpático, causa de múltiples síntomas.

**DISTORSIÓN** n. f. Torsión de una parte del cuerpo. **2.** Acción y efecto de distorsionar, torcer, deformar. **3.** *Fig.* Desequilibrio, falta de armonía en una evolución. **4.** Aberración geométrica de un instrumento óptico, que deforma las imágenes. **5.** ACÚST. Deformación parasitaria de una señal (distorsión de amplitud, de frecuencia, de fase).

**DISTORSIONAR** v. tr. **[1]**. Producir una distorsión: *distorsionar el sonido.* **2.** *Fig.* Torcer, deformar.

**DISTRACCIÓN** n. f. Acción y efecto de distraer. **2.** Cosa que atrae la atención, especialmente la que divierte o entretiene.

**DISTRAER** v. tr. y pron. **[10]**. Apartar, desviar. **2.** Divertir, entretener, recrear: *distraerse con crucigramas.* **3.** Apartar la atención de una persona de aquello a que la aplicaba o debía aplicarla. ◆ v. tr. **4.** Malversar, sustraer fondos o dinero.

**DISTRAÍDO, A** adj. y n. Dícese de la persona que, por distraerse con facilidad, habla u obra sin darse cuenta cabal de sus palabras o de lo que pasa a su alrededor. ◆ adj. **2.** *Chile* y *Méx.* Mal vestido, desaseado.

**DISTRIBUCIÓN** n. f. Acción y efecto de distribuir. **2.** Ordenación y reparto de las distintas piezas que componen el interior de una vivienda. **3.** AUTOM. Accionamiento y gobierno, por el motor, de ciertos órganos y dispositivos auxiliares. **4.** CIN. Fase de la explotación de películas, intermedia entre la producción y la exhibición. **5.** ECON. Conjunto de operaciones a través de las cuales los productos y los servicios llegan a los diversos consumidores dentro del marco nacional. **6.** Parte de la ciencia económica que estudia los mecanismos de formación de ingresos. **7.** MEC. Manera como el fluido motor se reparte y actúa en el cilindro de una máquina de émbolo. **8.** URBAN. Conjunto de las instalaciones y de los medios empleados para permitir y asegurar el abastecimiento de agua potable, gas, etc., a una población. ◆ **distribuciones** n. f. pl. **9.** TECNOL. Conjunto de los dispositivos mecánicos que regulan la admisión y el escape del fluido motor.

**DISTRIBUCIONAL** adj. LING. Relativo a la distribución de los elementos de un enunciado. • **Lingüística distribucional,** teoría lingüística basada en la distribución de los elementos lingüísticos.

**DISTRIBUIDOR, RA** adj. y n. Que distribuye. **2.** Dícese de la persona o entidad que efectúa la comercialización de uno o varios productos, generalmente con carácter de exclusiva. ◆ n. m. **3.** Pieza de paso de una casa donde convergen varias habitaciones. **4.** AUTOM. Mecanismo del encendido que distribuye la corriente secundaria a las bujías. **5.** TECNOL. Canalización que sirve para repartir o expedir un producto en varias direcciones. • **Distribuidor automático,** aparato que, mediante la introducción de monedas, suministra objetos de pequeño tamaño o líquidos.

**DISTRIBUIDORA** n. f. CIN. Empresa dedicada a la comercialización de las películas cinematográficas.

**DISTRIBUIR** v. tr. **[29]**. Repartir una cosa entre varias personas designando lo que corresponde a cada una: *distribuir equitativamente el trabajo.* **2.** Comercializar un producto. ◆ v. tr. y pron. **3.** Repartir, dividir una cosa en partes, designando a cada una de ellas su destino o colocación.

**DISTRIBUTIVIDAD** n. f. MAT. Carácter de una operación distributiva con relación a otra operación.

**DISTRIBUTIVO, A** adj. Que toca o atañe a la distribución. **2.** LÓG. Que se aplica a cada una de las partes de un todo. **3.** MAT. Dícese de la operación que, efectuada sobre una suma de términos, da el mismo resultado que se obtiene sumando los resultados obtenidos efectuando esta operación sobre cada término de la suma. • **Justicia distributiva,** la que da a cada uno lo que le corresponde. ◆ adj. y n. f. **4.** **Conjunción distributiva,** cada una de las partículas utilizadas para introducir oraciones distributivas. || **Oraciones coordinadas distributivas,** aquellas en que se enumeran y contraponen sujetos, predicados, tiempos, lugares, etc., enlazándose no por conjunciones, sino por simple yuxtaposición.

**DISTRITO** n. m. Subdivisión territorial, de extensión variable según los estados en que ha sido adoptada. **2.** Área administrativa utilizada en distintos países latinoamericanos con significación diferente. • **Distrito federal,** nombre dado, en las repúblicas federales de América y en Australia, al territorio que constituye la capital general de la federación, sin pertenecer a ningún estado en particular. || **Distrito postal,** cada uno de los sectores en que se halla dividido un municipio de cierta entidad de población, a efectos de reparto a los usuarios de los servicios de correos y telégrafos. || **Distrito universitario,** cada una de las divisiones del territorio nacional que engloba una o varias universidades, a las que se adscriben otros centros docentes.

**DISTROFIA** n. f. Lesión orgánica debida a un trastorno de la nutrición.

**DISTURBIO** n. m. Perturbación, alteración de la tranquilidad y orden público.

**DISUADIR** v. tr. **[3]**. Convencer, inducir a alguien con razones a cambiar de opinión o desistir de su propósito.

**DISUASIÓN** n. f. Acción y efecto de disuadir. **2.** MIL. Acción llevada a cabo por un país para desalentar a un eventual adversario de emprender contra él un acto de agresión, probándole que lo que pretende conseguir con dicho acto es inferior a los daños que el país amenazado está determinado a infligirle.

**DISUASIVO, A** o **DISUASORIO, A** adj. Que disuade o puede disuadir.

**DISURIA** n. f. Dificultad de orinar.

**DISÚRICO, A** adj. Relativo a la disuria.

**DISYUNCIÓN** n. f. Acción y efecto de separar y desunir. **2.** LÓG. Conectiva lógica binaria que corresponde en su sentido intuitivo al de la conjunción gramatical alternativa «o». (Se escribe con la notación V.)

**DISYUNTIVA** n. f. Alternativa entre dos posibilidades por una de las cuales hay que optar.

**DISYUNTIVO, A** adj. Que desune, separa o expresa incompatibilidad. • **Conjunción disyuntiva,** cada una de las partículas utilizadas para introducir oraciones disyuntivas. || **Oración coordinada disyuntiva,** la que expresa una disyunción, es decir, que una de las oraciones excluye a las demás.

**DISYUNTOR** n. m. ELECTR. Interruptor automático de corriente, que funciona cuando hay una variación anormal de la intensidad o de la tensión.

**disyuntores** eléctricos

**DITA** n. f. *Amér. Central* y *Chile.* Deuda.

**DITA** n. f. *P. Rico.* Vasija hecha con la segunda corteza del coco.

**DITIRÁMBICO, A** adj. Relativo al ditirambo.

**DITIRAMBO** n. m. En la antigüedad, canto litúrgico en honor de Dioniso. **2.** Poema lírico, escrito en tono entusiasta. **3.** *Fig.* Alabanza entusiasta y generalmente exagerada.

**DITISCO** n. m. Insecto coleóptero carnívoro, de hasta 5 cm de long., cuerpo ovalado y patas posteriores nadadoras, que vive en las aguas dulces.

**DIU** n. m. (acrónimo de *dispositivo intrauterino*). Método anticonceptivo consistente en un aparato que se coloca en el útero.

**DIUCA** n. f. Ave de Argentina y Chile, cuyo macho es de color gris plomizo, con el vientre y la garganta blancos y el abdomen castañorrojizo, y la hembra es de tonos parduscos. (Familia fringílidos.)

**DIURESIS** n. f. Secreción de orina.

**DIURÉTICO, A** adj. y n. m. Que hace orinar.

**DIURNO, A** adj. Relativo al día, en oposición a nocturno. **2.** Dícese de los animales que desarrollan su actividad durante el día y de las flores que sólo se abren durante el día. • **Movimiento diurno,** movimiento cotidiano aparente de rotación del cielo, debido al movimiento de rotación de la Tierra sobre sí misma. ◆ n. m. **3.** REL. Libro de rezo eclesiástico, que contiene el oficio divino desde laudes hasta completas. SIN.: *diurnal.*

**DIVAGACIÓN** n. f. Acción y efecto de divagar.

**DIVAGAR** v. intr. **[1b]**. Separarse del asunto de que se trata, hablar o escribir sin concierto ni precisión. **2.** Vagar, errar. **3.** HIDROGR. Salirse de madre un río, desplazar su cauce.

**DIVALENTE** adj. Que tiene valencia 2.

**DIVÁN** n. m. Asiento mullido sin brazos ni respaldo, generalmente estrecho y alargado, con almohadones sueltos.

**DIVERGENCIA** n. f. Acción y efecto de divergir. **2.** Establecimiento de una reacción en cadena en un

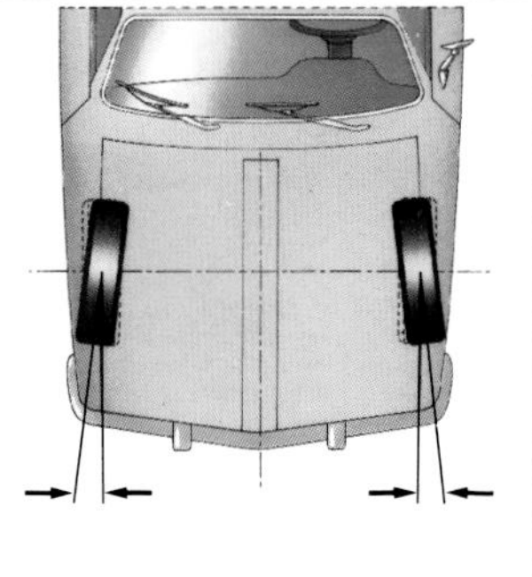

**divergencia** de las ruedas delanteras de un automóvil

reactor atómico. **3.** MAT. Propiedad de una serie cuya suma de términos no tiene límite.

**DIVERGENTE** adj. Que diverge. • **Lente divergente** (ÓPT.), lente que hace que diverjan los rayos primitivamente paralelos.

**DIVERGIR** v. intr. **[3b]**. Irse apartando sucesivamente unas de otras dos o más líneas, superficies o cosas. **2.** *Fig.* Discrepar, disentir.

**DIVERSIDAD** n. f. Diferencia, variedad. **2.** Abundancia de cosas distintas.

**DIVERSIFICACIÓN** n. f. Acción y efecto de diversificar. **2.** Estrategia de desarrollo de una empresa, que consiste en ampliar la gama de actividades y/o de mercados a los que se dedica.

**DIVERSIFICAR** v. tr. y pron. **[1a]**. Variar, hacer diversa una cosa de otra.

**DIVERSIFORME** adj. Que presenta diversidad de formas.

**DIVERSIÓN** n. f. Acción y efecto de divertir. **2.** Espectáculo, juego, fiesta, etc., que divierten.

**DIVERSIVO, A** adj. Relativo a la diversión.

**DIVERSO, A** adj. De distinta naturaleza, especie, número, figura, etc. **2.** No semejante. **3.** Varios, muchos: *practicar diversos deportes.* (Con este significado se usa siempre en plural.)

**DIVERTÍCULO** n. m. MED. Cavidad anormal que comunica con un órgano hueco.

**DIVERTICULOSIS** n. f. MED. Afección caracterizada por la presencia de numerosos divertículos.

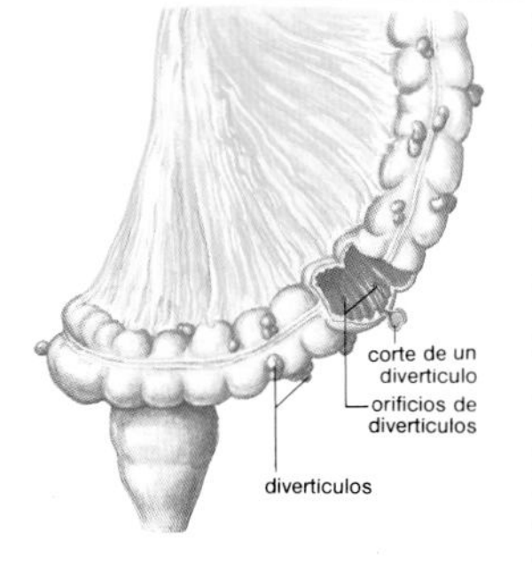


**diverticulosis** cólica (colon izquierdo)

**DIVERTIDO, A** adj. Alegre, aficionado a divertirse. **2.** Que divierte: *un programa divertido.* **3.** *Argent., Chile, Guat.* y *Perú.* Ligeramente bebido.

**DIVERTIMENTO** n. m. COREOGR. En un ballet clásico, serie de danzas que se sitúan generalmente al final del primer acto. **2.** COREOGR. Composición coreográfica que se introduce en una ópera. **3.** MÚS. Intermedio en una fuga.

**DIVERTIMIENTO** n. m. Diversión **2.** Divertimento.

**DIVERTIR** v. tr. y pron. **[22]**. Entretener, recrear.

**DIVIDENDO** n. m. ECON. Parte del interés o del beneficio que corresponde a cada accionista. **2.** MAT. En una división, número que se divide por otro.

**DIVIDIR** v. tr. y pron. **[3]**. Partir, separar en partes: *dividir un pastel.* **2.** Distribuir, repartir: *dividir el trabajo.* **3.** *Fig.* Separar introduciendo discordia entre las personas: *dividir a la opinión pública.* ◆ v. tr. **4.** MAT. Efectuar una división. **5.** TECNOL. Marcar divisiones o escalas matemáticamente exactas en los instrumentos de precisión utilizados en metrología.

**DIVIESO** n. m. DERMATOL. Forúnculo.

**DIVINIDAD** n. f. Naturaleza de lo divino. **2.** Dios. **3.** *Fig.* Persona o cosa dotada de gran belleza o hermosura.

**DIVINIZACIÓN** n. f. Acción y efecto de divinizar.

**DIVINIZAR** v. tr. **[1g]**. Hacer o suponer divina a una persona o cosa o tributarle culto y honores divinos. **2.** *Fig.* Santificar, hacer sagrada una cosa. **3.** *Fig.* Ensalzar excesivamente a alguien.

**DIVINO, A** adj. Relativo a Dios o a un dios. **2.** *Fig.* Sublime, excepcional, exquisito, adorable, maravilloso.

**DIVISA** n. f. Señal exterior para distinguir personas, grados u otras cosas. **2.** Decoración esculpida o pintada, que se compone de una inscripción acompañada o no de figuras. **3.** ECON. Título de crédito que se expresa en moneda extranjera y es pagadero en su país de origen. **4.** ECON. Moneda extranjera. **5.** HERÁLD. Lema o mote expresado en términos sucintos o por algunas figuras, que puede ir escrito en un listel. **6.** MIL. Símbolo de cada una de las jerarquías militares. **7.** TAUROM. Distintivo de las ganaderías, consistente en unas cintas de colores unidas por un extremo, que por medio de un arponcillo se clava en el morrillo de los toros destinados a la lidia.

**DIVISAR** v. tr. y pron. **[1]**. Percibir, ver confusamente y a distancia un objeto: *divisar las montañas a lo lejos.*

**DIVISERO** n. m. En Castilla, durante la edad media, coheredero o copartícipe en la herencia.

**DIVISIBILIDAD** n. f. MAT. Cualidad de lo que es divisible sin resto.

**DIVISIBLE** adj. Que puede dividirse. **2.** MAT. Que se divide exactamente o que no da resto en la división.

**DIVISIÓN** n. f. Acción y efecto de dividir. **2.** DEP. Agrupación que se hace de los clubs, según méritos o condiciones. **3.** MAT. Operación por la cual se halla, a partir de dos números, llamados dividendo y divisor, dos números llamados cociente y resto, tales que el dividendo sea igual al producto del cociente por el divisor más el resto. **4.** MIL. Unidad militar en la que se agrupan formaciones de todas las armas y servicios: *división acorazada, motorizada,* etc. • **División administrativa,** parte del territorio de un estado, con rango inferior al del gobierno nacional. ‖ **División celular,** procedimiento de reproducción de las células. (Se distinguen la *división directa,* o *amitosis,* y la *división indirecta,* o *mitosis.*) ‖ **División del trabajo,** especialización de los trabajadores en tareas diferenciadas.

**DIVISIONARIO, A** adj. Dícese de la moneda que tiene legalmente un valor convencional superior al efectivo, como la de cobre. ◆ n. m. **2.** General que manda una división.

**DIVISIONISMO** n. m. Puntillismo.

**DIVISMO** n. m. Relieve excesivo dado a las estrellas de teatro y de cine tanto desde el punto de vista de la interpretación como del publicitario.

**DIVISOR** n. m. y adj. En una división, número por el que se divide otro. **2.** MEC. Parte de las máquinas-herramienta que sirve para hacer divisiones. • **Común divisor,** número que divide exactamente a otros varios; por ej. 5 para 15 y 20. ‖ **Máximo común divisor de varios números,** el mayor de todos sus divisores comunes; por ej. 15 para 30 y 45. ‖ **Divisor de cero,** en un anillo, elemento *a* no nulo al que se puede asociar un segundo elemento *b* tal que el producto $a \times b$ sea nulo.

**DIVISORIO, A** adj. Que establece una separación o división: *línea divisoria.*

**DIVO, A** n. Artista del espectáculo de sobresaliente mérito, especialmente cantante de ópera.

**DIVORCIAR** v. tr. y pron. **[1]**. Disolver por sentencia legal un matrimonio válido. **2.** *Fig.* Separar, apartar lo que está unido o debe estarlo.

**DIVORCIO** n. m. Disolución de un matrimonio válido pronunciada por un tribunal. **2.** *Fig.* Separación, divergencia. **3.** *Colomb.* Cárcel de mujeres.

■ La mayoría de las legislaciones fundamentan el divorcio en el carácter contractual del matrimonio, a pesar de la indisolubilidad que le atribuyen determinadas religiones y personas. Las principales causas legales de divorcio son el cese de la convivencia conyugal, en algunos casos con proceso previo de separación, y los malos tratos al otro cónyuge. Las distintas legislaciones distinguen entre el divorcio solicitado de mutuo acuerdo o por uno sólo de los cónyuges. En el primer caso, se acompaña a la demanda un convenio regulador de las condiciones del divorcio. La sentencia desvincula a los cónyuges, liquida el régimen patrimonial y regula la guardia y custodia de los hijos menores.

**DIVULGACIÓN** n. f. Acción y efecto de divulgar.

**DIVULGADOR, RA** adj. y n. Que divulga: *folleto divulgador.*

**DIVULGAR** v. tr. y pron. **[1b]**. Propagar, publicar, extender, poner al alcance del público una cosa: *divulgar una noticia.*

**DIVULSIÓN** n. f. CIR. Dilatación forzada de un canal o conducto (recto, útero).

**DIXIELAND** o **DIXIE** n. m. Estilo de jazz, nacido en el sur de E.U.A. a principios del s. XX, resultante de una combinación del ragtime, el blues y las marchas militares, y practicado por pequeños grupos que se libran a la improvisación colectiva.

**D.N.A.** → *A.D.N.*

**D.N.I.** n. m. Siglas de *documento* nacional* de *identidad.*

**DO** n. m. Primera nota de la escala musical. • **Do de pecho,** una de las notas más agudas que alcanza la voz de tenor; *(Fig.),* esfuerzo extraordinario.

**DO** adv. l. *Poét.* Donde. **2.** *Poét.* De donde.

**DÓ** adv. interrog. *Poét.* Dónde. **2.** *Poét.* De dónde.

**DOBERMAN** adj. y n. m. Dícese de una raza de perros guardianes de origen alemán, de figura estilizada y pelo negro.

**doberman**

**DOBLA** n. f. Moneda de oro castellana de la baja edad media. (La dobla logró arrinconar al maravedí de oro y fue la unidad áurea principal en Castilla hasta la reforma monetaria de 1497.) **2.** *Chile.* Beneficio que el dueño de una mina concede a alguno para que saque durante un día todo el mineral que pueda. **3.** *Chile. Fig.* y *fam.* Provecho que saca alguien de una cosa a la que no ha contribuido.

**dobla** (con la efigie de Pedro I de Castilla; acuñada en Sevilla)
[gabinete numismático de Cataluña, Barcelona]

**DOBLADILLO** n. m. Pliegue que se hace en el borde de una tela, cosido de modo que el canto quede oculto y no se pueda deshilar. **2.** Hilo fuerte usado para hacer calceta.

**DOBLADO, A** adj. De mediana estatura y recio de miembros. **2.** Dícese del terreno, tierra, etc., escabroso o quebrado. **3.** *Fig.* Que demuestra algo distinto o contrario de lo que siente o piensa.

**DOBLADOR, RA** adj. y n. Que dobla, especialmente una película.

**DOBLADURA** n. f. Parte por donde se ha doblado o plegado una cosa. **2.** Señal que queda por donde se ha doblado una cosa.

**DOBLAJE** n. m. CIN. Grabación del sonido en una película cuya versión original está hablada en una lengua extranjera.

**DOBLAMIENTO** n. m. Acción y efecto de doblar o doblarse.

**DOBLAR** v. tr. [**1**]. Aumentar una cosa haciéndola otro tanto más de lo que era: *doblar la apuesta.* **2.** Aplicar una sobre otra, dos partes de una cosa flexible: *doblar una sábana.* **3.** *Fig.* y *fam.* Dejar a alguien baldado a causa de una paliza. **4.** *Méx. Fam.* Derribar a alguien de un balazo. **5.** CIN. Sustituir los diálogos de una banda sonora original por su traducción en otro idioma. **6.** DEP. En las carreras sobre pista, distanciarse un corredor de otro una vuelta completa. ◆ v. tr., intr. y pron. **7.** Volver una cosa sobre otra. ◆ v. tr. y pron. **8.** Torcer una cosa encorvándola: *doblar un alambre.* ◆ v. tr. e intr. **9.** Pasar a otro lado de una esquina, cerro, etc., cambiando de dirección en el camino: *doblar la esquina.* **10.** Hacer un actor dos papeles en una misma obra. ◆ v. intr. **11.** Tocar a muerto: *doblar las campanas.* ◆ v. intr. y pron. **12.** Ceder a la persuasión, a la fuerza o al interés. ◆ **doblarse** v. pron. **13.** Hacerse un terreno más desigual y quebrado.

**DOBLE** adj. y n. m. Duplo. **2.** En el juego del dominó, dícese de la ficha que en los dos cuadrados de su anverso tiene igual número de puntos: *el doble cuatro.* ◆ adj. **3.** Que se compone de dos partes, de dos cosas iguales o de la misma especie. **4.** En los tejidos y otras cosas, de más cuerpo que lo sencillo. • **Doble enlace** (QUÍM.), enlace entre dos átomos formado por dos pares de electrones. (Se representa por el signo = colocado entre los dos átomos.) ‖ **Flor doble** (BOT.), la que tiene más pétalos de lo normal en ella. ‖ **Punto doble** (MAT.), punto que, en una transformación, coincide con su imagen. ◆ adj. y n. **5.** *Fig.* Simulado, falso, hipócrita. ◆ n. m. **6.** Doblez. ◆ n. m. y f. **7.** Con relación a una persona, otra muy parecida que puede sustituirla en una actividad. ◆ adv. m. **8.** Dos veces más. ◆ **dobles** n. m. pl. **9.** DEP. Partido en el que intervienen, formando equipo, dos concursantes.

**DOBLEGABLE** adj. Que se doblega fácilmente.

**DOBLEGAR** v. tr. y pron. [**1b**]. Doblar, torcer una cosa encorvándola. **2.** *Fig.* Someter, obligar a obedecer.

**DOBLETE** n. m. En billar, jugada en la que se obliga a la bola contraria a dar en una banda para volver a la opuesta. **2.** Piedra falsa que se obtiene fijando un cuerpo coloreado detrás de un pedazo de cristal. **3.** LING. Duplicado • **Doblete electrónico,** conjunto de dos electrones mediante el cual se forma el enlace de los átomos en determinadas moléculas. ‖ **Hacer doblete,** desempeñar un actor dos papeles en la misma obra; (DEP.), conseguir dos títulos en un mismo año o en un mismo torneo.

**DOBLEZ** n. m. Parte que se dobla o pliega de una cosa. **2.** Dobladura, señal que queda en la parte por donde se ha doblado una cosa. ◆ n. m. o f. **3.** *Fig.* Astucia con que uno obra, dando a entender lo contrario de lo que siente.

**DOBLÓN** n. m. Moneda de oro española de la edad moderna.

**doblón** de ocho escudos de Fernando VI (acuñado para América del Sur; 1753)

**DOCA** n. f. *Chile.* Planta rastrera de la familia de las aizoáceas, de flores rosadas y fruto comestible.

**DOCE** adj. num. cardin. y n. m. Diez y dos. ◆ adj. num. ordin. **2.** Duodécimo, que corresponde en orden al número doce. • **Doce por ocho** (MÚS.), compás a cuatro tiempos, que tiene una negra punteada (o tres corcheas) por unidad de tiempo.

**DOCEAÑISTA** adj. y n. m. y f. Relativo a la constitución aprobada por las cortes de Cádiz en 1812. **2.** Partidario de esta constitución.

**DOCEAVO, A** o **DOZAVO, A** adj. y n. m. Dícese de cada una de las doce partes iguales en que se divide un todo.

**DOCENA** n. f. Conjunto de doce cosas: *docena de huevos.*

**DOCENCIA** n. f. Enseñanza.

**DOCENTE** adj. Que enseña o instruye. **2.** Relativo a la enseñanza: *estamento docente.*

**DOCETISMO** n. m. Doctrina religiosa de los primeros siglos del cristianismo que enseñaba que el cuerpo de Cristo no fue más que una pura apariencia y que la pasión y muerte de Jesús no tiene ninguna realidad.

**DÓCIL** adj. Obediente, que hace lo que se le manda o aconseja o que es fácil de educar: *animal dócil.* **2.** Dícese del metal, piedra u otra cosa que se deja labrar con facilidad.

**DOCILIDAD** n. f. Calidad de dócil.

**DOCIMASIA** n. f. (gr. *dokimasia*). ANT. GR. En Atenas, indagación sobre los ciudadanos llamados a ocupar ciertas funciones. **2.** MED. Investigación de las circunstancias causantes de la muerte por medio de exámenes especiales de ciertos órganos.

**DOCK** n. m. (voz inglesa). Dársena o muelle rodeado de almacenes. ◆ **docks** n. m. pl. **2.** Almacenes generales de depósito.

**DOCTO, A** adj. y n. Que a fuerza de estudios ha adquirido más conocimientos que los comunes u ordinarios: *hombre docto.*

**DOCTOR, RA** n. Persona que posee un doctorado. **2.** Persona que enseña una ciencia o arte. **3.** Denominación usual del médico. • **Doctor de la Iglesia,** escritor eclesiástico de gran autoridad, notable por su santidad de vida, la pureza de ortodoxia o el valor de su ciencia. ‖ **Doctor de la ley** o **doctor en Israel,** intérprete de los libros del Antiguo Testamento. ‖ **Doctor honoris causa,** título honorífico que conceden las universidades a una persona eminente.

**DOCTORADO** n. m. El más elevado grado conferido por una universidad u otro establecimiento autorizado para ello. **2.** Estudios necesarios para obtener este grado: *curso de doctorado.*

**DOCTORAL** adj. Relativo al doctor o al doctorado: *tesis doctoral.*

**DOCTORANDO, A** n. Persona que va a pasar el examen para el grado de doctor o que estudia para ello.

**DOCTORAR** v. tr. y pron. [**1**]. Graduar de doctor. ◆ **doctorarse** v. pron. **2.** TAUROM. Tomar la alternativa.

**DOCTRINA** n. f. Enseñanza que se da para instrucción de alguien. **2.** Ciencia o sabiduría. **3.** Opinión o conjunto de ideas de un autor o escuela. **4.** Conjunto de ideas religiosas, sociales o políticas, que unen en un grupo a las personas que las profesan. **5.** DER. Conjunto de trabajos que tienen por objeto exponer o interpretar el derecho, y que constituye una de las fuentes de las ciencias jurídicas. • **Doctrina cristiana,** conjunto de conocimientos que debe poseer un cristiano.

**DOCTRINAL** adj. Perteneciente a la doctrina. ◆ n. m. **2.** Libro que contiene reglas y preceptos.

**DOCTRINARIO, A** adj. y n. Partidario de una doctrina determinada, especialmente la de un partido político o una institución. **2.** Que atiende más a las doctrinas y teorías abstractas que a la práctica.

**DOCTRINARISMO** n. m. Cualidad de doctrinario.

**DOCTRINERO** n. m. Párroco o cura que servía en una iglesia de un pueblo de Indias, fuese de españoles o de indios.

**DOCUDRAMA** n. m. Género de radio y televisión que contiene características propias del drama y del documental.

**DOCUMENTACIÓN** n. f. Acción y efecto de documentar. **2.** Conjunto de documentos para este fin. **3.** Conjunto de operaciones, métodos, etc., que facilita la recopilación, almacenamiento, búsqueda y circulación de documentos e información. • **Documentación automática** (INFORMÁT.), técnica de documentación que se basa en la utilización de la informática.

**DOCUMENTADO, A** adj. Enterado. **2.** Dícese del memorial, pedimento, etc., acompañado de los documentos necesarios. **3.** Dícese de la persona que posee noticias o pruebas acerca de un asunto. **4.** Dícese de la persona que tiene documentos de identidad personal.

**DOCUMENTAL** adj. Que se funda en documentos o se refiere a ellos. ◆ n. m. **2.** Película cinematográfica exclusivamente realizada basándose en documentos tomados de la realidad.

**DOCUMENTALISTA** adj. y n. m. y f. Relativo al tratamiento de documentos. **2.** Que estudia o elabora documentos: *escuela documentalista.* ◆ n. m. y f. **3.** Persona que realiza documentales.

**DOCUMENTAR** v. tr. [**1**]. Probar, justificar la verdad de una cosa con documentos. ◆ v. tr. y pron. **2.** Instruir o informar a alguien acerca de las pruebas que atañen a un asunto.

**DOCUMENTO** n. m. Diploma, carta, relación u otro escrito que ilustra acerca de algún hecho, principalmente de los históricos. **2.** Cualquier otra cosa que sirve para ilustrar o comprobar algo. • **Documento nacional de identidad,** tarjeta oficial que sirve para la identificación de los súbditos españoles.

**DODECAEDRO** n. m. MAT. Poliedro de doce caras.

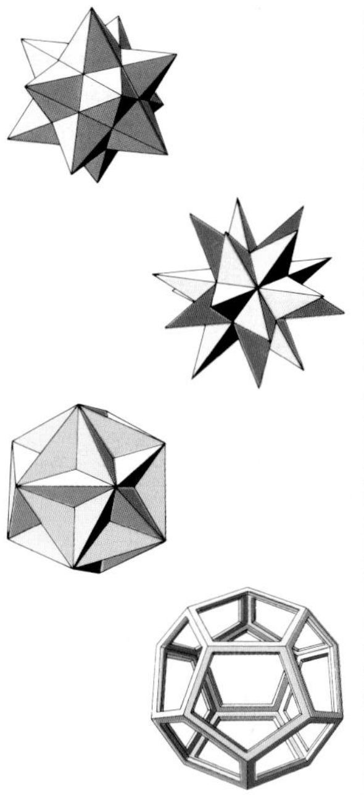

**dodecaedros**

**DODECAFÓNICO, A** adj. Relativo al dodecafonismo.

**DODECAFONISMO** n. m. Lenguaje musical atonal, basado en el empleo sistemático de la serie de doce sonidos de la escala cromática (música seriada), con exclusión de cualquier otra escala sonora.

**DODECAFONISTA** adj. y n. m. y f. Dícese del compositor que practica el dodecafonismo.

**DODECÁGONO** n. m. MAT. Polígono que tiene doce ángulos y, por consiguiente, doce lados.

**DODECASÍLABO, A** adj. y n. m. De doce sílabas.

**DODO** n. m. Dronte.

**DOGAL** n. m. Cuerda o soga de la que se forma un lazo con un nudo para atar las caballerías por el cuello. **2.** Cuerda para ahorcar a un reo.

**DOGARESA** n. f. (ital. *dogaressa*). Mujer del dux.

**DOGCART** n. m. (voz inglesa). Coche especial que se utiliza para transportar perros de caza.

**DOGMA** n. m. (lat. *dogma*). Punto fundamental de doctrina, en religión o en filosofía. **2.** Conjunto de creencias u opiniones; principios: *el dogma católico.*

**DOGMÁTICA** n. f. REL. Exposición sistemática de las verdades de la fe.

**DOGMÁTICO, A** adj. Relativo a los dogmas. ◆ adj. y n. **2.** Que expresa una opinión de manera categórica e irrefutable: *espíritu, tono dogmático.*

**DOGMATISMO** n. m. Filosofía o religión que rechaza categóricamente la duda y la crítica. **2.** Disposición a afirmar sin discusión ciertas ideas consideradas como válidas para siempre.

**DOGMATIZADOR, RA** n. Que dogmatiza.

**DOGMATIZAR** v. tr. [**1g**]. Enseñar los dogmas, especialmente los religiosos. **2.** Hablar o escribir de forma dogmática. **3.** Afirmar con presunción como innegables principios sujetos a examen y contradicción.

**DOGO** n. m. (ital. *doge*). Dux.

**DOGO, A** adj. y n. m. (ingl. *dog*). Dícese de diferentes razas de perros guardianes, de cabeza gruesa, hocico achatado y orejas pequeñas con la punta doblada.

**DOGON,** pueblo de Malí que vive en la meseta de Bandiagara. Destacan sus máscaras cultuales.

**DOLADERA** n. f. Herramienta afilada para afinar o desbastar la madera.

**DÓLAR** n. m. (ingl. *dollar*). Unidad monetaria principal de E.U.A., Australia, Canadá, Hong Kong, Liberia, Nueva Zelanda y Zimbabwe, y de otros países de influencia anglosajona.

**DOLBY,** sistema de reducción del ruido que acompaña a una señal acústica, que consiste en preacentuar los componentes de frecuencias elevadas de nivel débil, en el momento de registrar la señal, y en desacentuarlas, en el momento de su reproducción.

**DOLCE** adv. (voz italiana). MÚS. Con suavidad.

**DOLCISSIMO** adv. (voz italiana). MÚS. De una manera muy suave.

**DOLDRUMS** n. m. pl. (voz inglesa, *abatimiento*). METEOROL. Zona de bajas presiones ecuatoriales.

**DOLENCIA** n. f. (lat. *dolentiam*). Indisposición, enfermedad.

**DOLER** v. intr. [**2e**]. Tener sensación de dolor en alguna parte del cuerpo: *le duele una pierna.* ◆ v. intr. y pron. **2.** Causar o sentir disgusto, pesar, dolor o arrepentimiento: *duele verle sufrir; me duele haber obrado así.* ◆ **dolerse** v. pron. **3.** Quejarse, explicar el dolor que se siente.

**DOLICOCÉFALO, A** adj. y n. Dícese del hombre en el que la longitud del cráneo es mayor que la anchura. CONTR.: *braquicéfalo.*

**DOLICOCOLON** n. m. Intestino grueso anormalmente largo.

**DOLIENTE** adj. Enfermo, que padece enfermedad.

**DOLINA** n. f. (voz eslava, *valle*). GEOGR. Pequeña depresión circular con fondo llano, característica de la topografía cársica.

**DOLMÁN** n. m. Dormán.

**DOLMEN** n. m. (fr. *dolmen*). Monumento megalítico constituido por una losa horizontal que se apoya sobre bloques verticales.

**DOLO** n. m. (lat. *dolum*). DER. Maniobra fraudulenta destinada a engañar.

**DOLOMÍA** n. f. (de *Dolomien*, n. propio). Roca sedimentaria constituida esencialmente de dolomita a la que se mezcla a menudo calcita, cuya diferente disolución origina relieves ruiniformes característicos.

**DOLOMITA** n. f. Carbonato natural doble de calcio y magnesio.

**DOLOMÍTICO, A** adj. Relativo a la dolomía.

**DOLOR** n. m. (lat. *dolorem*). Sensación de padecimiento físico: *dolor agudo.* **2.** Sentimiento anímico de sufrimiento producido por una gran contrariedad: *el dolor de una desgracia.* • **Dolor de corazón** *(Fig.)*, sentimiento, pena, aflicción por un daño causado. ‖ **Dolor moral** (SIQUIATR.), tristeza profunda, acompañada de autoacusación por faltas imaginarias, que constituye uno de los síntomas principales de la melancolía. ‖ **Estar con dolores** una mujer, estar en los preliminares del parto.

**DOLORIDA** n. f. *Perú.* Plañidera, mujer contratada para llorar en los entierros.

**DOLORIDO, A** adj. Que duele ligeramente o se resiente de un dolor: *cuerpo dolorido.* **2.** Apenado, desconsolado, lleno de dolor y angustia.

**DOLOROSA** n. f. y adj. Imagen de la Virgen afligida por la muerte de Cristo. (Con este significado suele escribirse con mayúscula.)

**DOLOROSO, A** adj. Lamentable, lastimoso, que mueve a compasión: *suceso doloroso.* **2.** Que causa dolor: *golpe doloroso.*

**DOLOSO, A** adj. DER. Que presenta el carácter del dolo, del fraude, del engaño: *anular un contrato doloso.*

**DOM** n. m. (lat. *dominum*, dueño). Título que se da a ciertos religiosos (benedictinos, cartujos, etc.). **2.** Título de honor que se da a los nobles en Portugal.

**DOMA** o **DOMADURA** n. f. Acción y efecto de domar.

**DOMADOR, RA** n. Persona que doma. **2.** Persona que exhibe y maneja fieras domadas.

**DOMAR** v. tr. (lat. *domare*) [**1**]. Amansar, hacer dócil a un animal salvaje o doméstico: *domar un caballo.* **2.** *Fig.* Sujetar, someter, reprimir: *domar el carácter.*

**DOMEÑABLE** adj. Que puede domeñarse.

**DOMEÑAR** v. tr. [**1**]. Domar, sujetar, someter: *domeñar la voluntad.*

**DOMESTICACIÓN** n. f. Acción y efecto de domesticar.

**DOMESTICAR** v. tr. [**1a**]. Hacer doméstico o dócil a un animal fiero y salvaje. ◆ v. tr. y pron. **2.** *Fig.* Hacer tratable a una persona que no lo es o moderar la aspereza de carácter.

**DOMESTICIDAD** n. f. Calidad de doméstico.

**DOMÉSTICO, A** adj. (lat. *domesticum*). Relativo a la casa u hogar: *trabajo doméstico.* **2.** Dícese del animal que ha sido domesticado. ◆ adj. y n. **3.** Relativo al criado que sirve en una casa. ◆ n. m. **4.** Ciclista que tiene la misión de ayudar al corredor principal de su equipo.

**DOMICILIACIÓN** n. f. Indicación del lugar elegido para el pago de un efecto comercial (banco, agente de cambio, caja postal).

**DOMICILIAR** v. tr. [**1**]. Dar domicilio a una persona. **2.** Hacer pagable un efecto de comercio en el domicilio de un tercero. ◆ **domiciliarse** v. pron. **3.** Establecer, fijar alguien su domicilio en un lugar.

**DOMICILIARIO, A** adj. Relativo al domicilio. **2.** Que se ejecuta o cumple en el domicilio del interesado: *arresto domiciliario.* ◆ n. **3.** Persona que tiene domicilio en un lugar.

**DOMICILIATARIO, A** n. DER. Tercera persona en el domicilio de la cual es pagable un efecto comercial, en general un efecto bancario.

**DOMICILIO** n. m. (lat. *domicilium*). Casa, morada, vivienda fija y permanente, donde uno habita o se hospeda. • **A domicilio,** en el propio domicilio del interesado. ‖ **Domicilio conyugal,** domicilio común de los esposos. ‖ **Domicilio legal,** lugar en que la ley presume que se encuentra una persona para el ejercicio de sus derechos y el cumplimiento de sus obligaciones. ‖ **Domicilio social,** domicilio de una empresa.

**DOMINACIÓN** n. f. Acción y efecto de dominar, especialmente un soberano sobre un pueblo o una nación sobre otra. ◆ **dominaciones** n. f. pl. **2.** Nombre con que san Pablo alude a las jerarquías angélicas; en la clasificación del Seudo-Dionisio, primer coro de la segunda jerarquía angélica.

**DOMINADOR, RA** adj. y n. Que domina.

**DOMINANCIA** n. f. BIOL. Estado presentado por un carácter o un gen dominante. **2.** ETOL. Superioridad de un animal sobre sus congéneres, establecida como resultado de relaciones agresivas y que se manifiesta por medio de comportamientos particulares. **3.** FISIOL. Cometido funcional predominante de una de las dos partes de un órgano par y simétrico.

**DOMINANTE** adj. Que domina: *tendencia dominante.* **2.** Aplícase a la persona que quiere avasallar a otras. **3.** Dícese de un carácter hereditario que, cuando se posee, siempre se manifiesta en el fenotipo. • **Especie dominante,** la especie más frecuente en una región o asociación. ◆ n. f. **4.** ESTADÍST. Moda. **5.** MÚS. Quinto grado de la escala, y una de las tres notas generatrices. • **Séptima de dominante,** acorde mayor que contiene una séptima menor, situada a partir del 5.º grado de una escala.

**DOMINAR** v. tr. (lat. *dominare*) [**1**]. Tener dominio sobre personas o cosas: *dominar la situación.* **2.** *Fig.* Conocer o poseer a fondo una ciencia o arte: *dominar el inglés.* **3.** Abarcar, divisar algo con la mirada desde una altura: *dominar todo el valle.* ◆ v. tr. y pron. **4.** Contener, reprimir, sujetar una acción, sentimiento, pasión, etc.: *dominar el odio.* ◆ v. intr. y tr. **5.** Sobresalir, ser una cosa más alta que otras entre las que está. **6.** Resaltar, predominar, ser una cosa más perceptible que otras: *un color que domina.*

**dolmen** en Locmariaquer (Morbihan, Francia); IV milenio

**dolmen** en Vallgorguina (Barcelona)

**DÓMINE** n. m. Maestro de gramática latina. **2.** Maestro que emplea métodos anticuados. **3.** *Desp.* Persona que, sin mérito para ello, adopta el tono de maestro.

**DOMINGO** n. m. (lat. *dominicum*). Primer día de la semana.

**DOMINGUEJO** n. m. Dominguillo. **2.** *Amér.* Persona insignificante.

**DOMINGUERO, A** adj. Que sucede o se suele usar en domingo. ◆ adj. y n. **2.** *Desp.* Dícese de la persona que acostumbra a salir o divertirse solamente los domingos o días de fiesta. ◆ n. **3.** *Desp.* Conductor que solo utiliza el automóvil los días festivos para salir de la ciudad. **4.** *Desp. Por ext.* Conductor inexperto.

**DOMINGUILLO** n. m. Muñeco, con un contrapeso en la base, que movido en cualquier dirección vuelve siempre a la vertical.

**DOMÍNICA** n. f. En lenguaje y estilo eclesiástico, domingo.

**DOMINICAL** adj. (lat. *dominicalem*). Perteneciente al domingo: *descanso dominical.* • **Oración dominical,** el padrenuestro.

**DOMINICANISMO** n. m. Vocablo o giro propio de la República Dominicana.

**DOMINICANO, A** adj. Dominico, relativo a la orden de Santo Domingo. ◆ adj. y n. **2.** De la República Dominicana. ◆ n. m. **3.** Modalidad adoptada por el español en la República Dominicana.

**DOMINICO, A** adj. y n. Relativo a la orden de santo Domingo; religioso o religiosa de esta orden. ◆ n. m. **2.** Variedad de plátano de pequeño tamaño. **3.** Ave paseriforme de América Meridional, con el pico alargado, recto, robusto y grueso, que se alimenta de frutas, semillas, granos, etc. (Familia fringílidos.)

■ La orden de los dominicos, u orden de predicadores, fundada por santo Domingo de Guzmán (1215) para luchar contra la herejía albigense, se orientó hacia una forma de vida comunitaria y democrática guiada únicamente por la predicación de la palabra de Dios. Los dominicos españoles destacaron en la defensa de la fe católica, ejerciendo funciones judiciales en el tribunal de la Inquisición. Fray Bartolomé de las Casas sobresalió en la empresa evangelizadora de América. Existen también religiosas dominicanas y religiosas de la tercera orden regular.

**DOMINIO** n. m. (lat. *dominium*). Poder que alguien tiene de usar y disponer libremente de lo suyo. **2.** Superioridad legítima, poder o ascendiente que se tiene sobre otras personas: *los hijos están bajo el dominio de los padres.* **3.** Lugar en el que alguien ejerce la máxima autoridad: *el despacho es su dominio.* **4.** *Fig.* Campo que corresponde a una ciencia o a una actividad de tipo intelectual o artístico: *el dominio de la literatura.* **5.** Propiedad agraria: *amplió sus dominios con la compra de un cortijo.* **6.** Plenitud de los atributos que las leyes reconocen al propietario de una cosa para disponer de ella. **7.** LING. Territorio donde se habla una lengua o dialecto. **8.** MAT. Conjunto en cada elemento del cual está definida una función o una operación. • **Dominio del estado,** bienes del estado divididos en dominio público y en dominio privado; administración de estos bienes. ‖ **Dominio privado,** conjunto de bienes del estado o de la colectividad pública sometidos a las reglas del derecho privado. ‖ **Dominio público,** conjunto de bienes muebles o inmuebles que pertenecen al estado o a una colectividad local que, por ser indispensables al logro del bien común, están sometidos a un régimen protector particular. ‖ **Dominio real** (HIST.), en la época feudal, conjunto de posesiones que dependían directamente del rey. ‖ **Pasar al dominio público,** dícese de una producción literaria o artística que, después de un tiempo determinado tras la muerte del autor, puede ser reproducida y vendida en todo el mundo sin derechos de autor. ‖ **Ser del dominio común,** o **público,** una cosa, ser sabida de todos. ◆ **dominios** n. m. pl. **9.** Territorios bajo el poder de un rey o de un estado.

**DOMINIO** o **DOMINION** n. m. Nombre dado, especialmente antes de 1947, a diversos estados independientes miembros de la Commonwealth (Canadá, Australia, Nueva Zelanda, etc.).

**DOMINÓ** o **DÓMINO** n. m. Juego en el que se utilizan 28 fichas rectangulares, divididas en dos partes iguales, cada una de las cuales tiene de 0 a 6 puntos. **2.** Conjunto de fichas que se emplean en este juego. **3.** Traje talar con capucha, que se usa como disfraz. • **Hacer** uno **dominó,** ser el primero que se queda sin fichas, ganando, por tanto, la partida.

**DOMO** n. m. ARQ. Cúpula. **2.** GEOGR. Relieve de forma toscamente semiesférica. **3.** TECNOL. Depósito, de forma esférica, que remata una caldera.

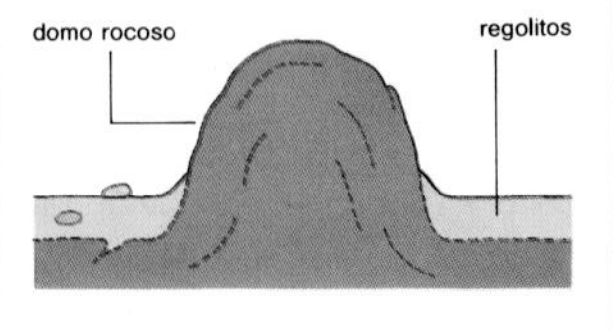

**domo**

**DOMPEDRO** n. m. *Fam.* Bacín, orinal.

**DON** n. m. (lat. *dominum*). Tratamiento de cortesía que se antepone al nombre de pila masculino: *don Felipe.* **2.** Se antepone a un nombre o adjetivo para motejar a un hombre que se caracteriza por lo que esa palabra expresa: *don cómodo.* **3.** *Amér.* Voz que se usa para dirigirse a un hombre cuyo nombre se desconoce. • **Don nadie,** hombre poco conocido, o con escaso poder.

**DON** n. m. (lat. *donum*). Dádiva, presente, regalo: *conceder un don.* **2.** Cualidad natural, talento, habilidad: *tener el don de la palabra.* • **Don de gentes,** habilidad para tratar, convencer o atraer la simpatía de otras personas. ‖ **Don de lenguas** (REL.), fenómeno extático en el que el sujeto emite una serie de sonidos y palabras ininteligibles cuyo sentido no pueden captar los oyentes sin la ayuda de otro sujeto que posea el don de la interpretación.

**DONA** n. f. *Amér. Central, Méx.* y *P. Rico.* Rosquilla de masa esponjosa frita en aceite y cubierta con chocolate o azúcar.

**DONACIÓN** n. f. (lat. *donationem*). Acción y efecto de donar. **2.** Acto de liberalidad por el que una persona disminuye en parte su patrimonio en beneficio de otra. **3.** MED. Acción de ofrecer una persona un órgano propio para efectuar un trasplante o para investigación. • **Donación esponsalicia,** la que se hace por razón de matrimonio, antes de celebrarlo.

**DONADOR, RA** adj. y n. Donante.

**DONAIRE** n. m. Discreción y gracia en lo que se dice: *hablar con donaire.* **2.** Chiste u ocurrencia graciosa. **3.** Gallardía, garbo, soltura de cuerpo: *caminar con donaire.*

**DONANTE** adj. y n. m. y f. Dícese de la persona que hace una donación: *donante de sangre; donante de bienes.* ◆ n. m. y f. **2.** Persona que acepta que, en vida (un riñón, por ejemplo) o después de muerto (el corazón), alguno de sus órganos sea extraído de su cuerpo para trasplantarlo a un enfermo. • **Donante universal,** individuo cuya sangre puede ser transfundida a personas que pertenecen a grupos sanguíneos distintos de aquel al que él pertenece.

**DONAR** v. tr. (lat. *donare*) [1]. Dar, ceder.

**DONATARIO, A** n. DER. Persona que recibe una donación.

**DONATISMO** n. m. Cisma del obispo Donato, en el s. IV, que negaba todo valor a los sacramentos administrados por los obispos indignos o los juzgados como tales.

**DONATISTA** adj. y n. m. y f. Relativo al donatismo; partidario del donatismo.

**DONATIVO** n. m. (lat. *donativum*). Regalo, dádiva.

**DONCEL** n. m. Joven adolescente. **2.** En Castilla, durante los ss. XIV y XV, paje o caballero joven, antes de ser armado.

**DONCELLA** n. f. Mujer joven, especialmente si es virgen. **2.** Criada que se ocupa de los menesteres domésticos ajenos a la cocina.

**DONCELLEZ** o **DONCELLERÍA** n. f. Estado de la persona que conserva su virginidad.

**DONDE** adv. l. En el lugar en que sucede algo: *donde ellos están.* (Puede ir precedido de diversas preposiciones.) **2.** *Fam.* A casa de, en casa de, o el sitio en que está: *mañana iré donde Juan.* **3.** Adonde: *irás donde tú quieras.* ◆ pron. relativo. **4.** Introduce oraciones subordinadas adjetivas: *la ciudad donde nací.* **5.** Con las preposiciones *de* y *por,* indica deducción o consecuencia: *estaban juntos, de donde deduje que eran amigos.*

**DÓNDE** adv. l. interrog. En qué lugar, o en el lugar en qué: *¿dónde estás?; dime dónde irás.* • **Por dónde,** por qué razón, causa o motivo: *me pregunto por dónde se ha enterado.*

**DONDEQUIERA** adv. l. En cualquier parte: *ponlo dondequiera.* • **Dondequiera que,** donde: *dondequiera que esté.*

**DONDIEGO** n. m. Planta herbácea, originaria de América, cultivada por sus flores, grandes y coloreadas, que se abren al anochecer. (Familia nictagináceas.) SIN.: *dondiego de noche.* • **Dondiego de día,** planta anual, de tallos ramosos y rastreros, hojas alternas y flores de corolas azules con garganta blanca y fondo amarillo, que se abren con el día y se cierran al ponerse el sol. (Familia convolvuláceas.)

**DONG** n. m. Unidad monetaria principal de Vietnam.

**DONG** o **TONG,** pueblo de China (Hunan, Guizhou, Guangxi), vinculado al grupo lingüístico thai.

**DONGUINDO** n. m. Variedad de peral, cuyas peras, de forma irregular, son grandes y de carne azucarada.

**DONJUÁN** n. m. Hombre que tiene facilidad para conquistar mujeres.

**DONJUANISMO** n. m. Conjunto de caracteres y cualidades propias de don Juan Tenorio. **2.** Conjunto de cualidades y defectos que constituyen la manera de ser, conducta y habilidad de un donjuán.

**DONOSO, A** adj. Que tiene donaire.

**DONOSTIARRA** adj. y n. m. y f. De San Sebastián.

**DONOSURA** o **DONOSIDAD** n. f. Donaire, gracia.

**DONUT** n. m. (marca registrada). Bollo en forma de rosquilla.

**DOÑA** n. f. (lat. *dominam*). Tratamiento de cortesía que se antepone al nombre de pila femenino: *doña Clara.* **2.** Se antepone a un nombre o adjetivo para motejar a una mujer que se caracteriza por lo que esa palabra expresa: *doña melindres.*

**DOPADO, A** adj. Dícese del deportista que se dopa. ◆ n. m. **2.** Dopaje. **3.** ELECTRÓN. Adición de una cantidad mínima de impurezas a un monocristal para transformarlo en semiconductor.

**DOPAJE** n. m. Acción y efecto de dopar o doparse.

**DOPAMINA** n. f. Denominación usual de la hidroxitiramina, precursora de la adrenalina y hormonas próximas.

**DOPAR** v. tr. y pron. [1]. DEP. Administrar fármacos o sustancias estimulantes para potenciar artificialmente el rendimiento. ◆ v. tr. **2.** ELECTRÓN. Añadir impurezas a un monocristal.

**DOPING** n. m. (voz inglesa). Empleo de estimulantes por un participante en una prueba deportiva.

**DOQUIER** o **DOQUIERA** adv. l. Dondequiera: *doquiera que vaya.*

**DORADA** n. f. Pez teleósteo de carne muy estimada, que vive en el Atlántico oriental y el Mediterráneo y presenta coloración dorada y una mancha del mismo color sobre la cabeza. (Familia espáridos.)

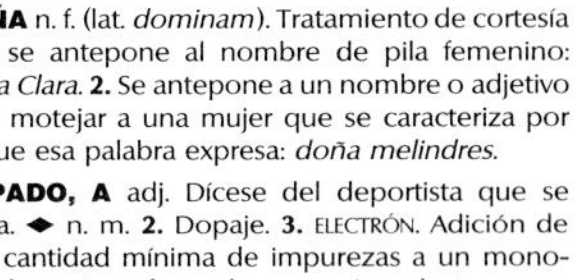
**dorada**

**DORADILLO, A** adj. y n. m. *Argent., C. Rica* y *Urug.* Dícese de las caballerías de color melado brillante.

**DORADO, A** adj. De color de oro o semejante a él. **2.** *Fig.* Esplendoroso, feliz: *época dorada.* **3.** Recubierto de una fina capa de oro o de otra sustancia que se le parezca. **4.** *Chile* y *Cuba.* Dícese de las caballerías de color melado. • **Juventud dorada,** jóvenes de la alta burguesía francesa que participaron en la lucha contra el terror, derrocando a

Robespierre. ◆ n. m. **5.** Doradura. **6.** Arte de ornamentar las cubiertas de los libros encuadernados, mediante estampaciones a las que se aplica oro fino. **7.** *Argent., Par.* y *Urug.* Pez fluvial, de unos 70 cm de long., de color dorado con el vientre plateado, muy apreciado para la pesca deportiva por la gran resistencia que ofrece a ser sacado del agua. ◆ **dorados** n. m. pl. **8.** Conjunto de adornos metálicos o de objetos de latón.

**DORADOR, RA** n. Persona que tiene por oficio dorar.

**DORADURA** n. f. Acción y efecto de dorar. SIN.: *dorado.*

**DORAR** v. tr. (lat. *deaurare*) **[1]**. Recubrir con una fina capa de oro: *dorar los cantos de un libro.* **2.** Dar o tomar el color u otras características del oro. **3.** *Fig.* Paliar, encubrir con apariencia agradable una cosa desagradable: *dorar a alguien la verdad.* ◆ v. tr. y pron. **4.** CULINAR. Freír o asar ligeramente con aceite o manteca. **5.** CULINAR. Cubrir un manjar con una ligera capa de yema de huevo. ◆ **dorarse** v. pron. **6.** Tomar color dorado: *las espigas se doran en el campo.*

**DÓRICO, A** adj. y n. De la Dórida. • **Modo dórico** (MÚS.), modo griego clásico más importante. ‖ **Orden dórico,** el más antiguo de los órdenes de arquitectura griega, definido por una columna acanalada de aristas vivas, sin basa, un capitel sin molduras y un entablamento con triglifos y metopas alternados. ◆ n. m. **2.** Uno de los cuatro principales dialectos del griego antiguo.

**DORÍFORA** n. f. Insecto coleóptero, de 1 cm de long. y con diez líneas negras en los élitros, que se alimenta de las hojas de la patata.

**DORIO, A** adj. y n. Relativo a un pueblo indoeuropeo, que invadió Grecia a fines del II milenio a. J.C. individuo de este pueblo.

■ Los dorios, emparentados con los aqueos, a los que hicieron retroceder, invadieron Tesalia, el Peloponeso, Creta y las Cícladas, y colonizaron el SO de Asia Menor. Su organización era la de una sociedad guerrera, de la que Esparta conservó muchos rasgos.

**DORMÁN** o **DOLMÁN** n. m. (turco *dolaman*). Chaqueta de uniforme, con adornos de alamares y vueltas de piel.

**DORMICIÓN** n. f. (lat. *dormitionem*, sueño). REL. En la antigua liturgia, muerte de la Virgen.

**DORMIDA** n. f. Acción de dormir. **2.** *Amér. Merid.* Lugar donde se pernocta.

**DORMIDERO, A** adj. Que hace dormir. ◆ n. m. **2.** Sitio donde duerme el ganado.

**DORMILÓN, NA** o **DORMIDOR, RA** adj. y n. *Fam.* Que duerme mucho o se duerme con facilidad.

**DORMIR** v. intr., tr. y pron. (lat. *dormire*) **[27]**. Estar, entrar o hacer entrar en el estado periódico de reposo, durante el cual se suspenden o quedan inactivos los sentidos y los movimientos voluntarios. **2.** Reposar, descansar: *dejar dormir un asunto.* ◆ v. intr. y pron. **3.** *Fig.* Descuidarse, obrar con poca solicitud: *si te duermes no conseguirás el cargo.* ◆ v. intr. **4.** Pernoctar: *dormir en un hotel.* ◆ v. tr. **5.** Anestesiar. ◆ **dormirse** v. pron. **6.** *Fig.* Quedarse un miembro del cuerpo sin sensibilidad y con una sensación de hormigueo: *dormirse un pie.* • **Dormirla,** dormir después de una borrachera.

**DORMITAR** v. intr. **[1]**. Dormir con sueño poco profundo.

**DORMITIVO, A** adj. y n. m. Que posee propiedades somníferas.

**DORMITORIO** n. m. Habitación destinada para dormir. **2.** Conjunto de los muebles que la ocupan.

**DORNAJO** o **DORNILLO** n. m. Cuenco redondo y pequeño que sirve para fregar, dar de comer a los animales, etc.

**DORSAL** adj. Perteneciente al dorso o al lomo: *vértebras dorsales.* **2.** FONÉT. Dícese de un fonema en cuya articulación interviene el dorso de la lengua. ◆ n. m. **3.** Número que llevan los deportistas en la espalda para distinguirlos durante el juego o en el transcurso de una competición. ◆ n. f. **4.** Importante cordillera submarina. **5.** Línea continua de montañas terrestres o submarinas. • **Dorsal barométrica,** línea continua de altas presiones.

**DORSALGIA** n. f. Dolor en la espalda, particularmente en la columna vertebral.

**DORSO** n. m. (lat. *dorsum*). Espalda o revés de una cosa: *el dorso de una hoja.* **2.** ZOOL. Cara posterior o superior del tronco de los vertebrados, desde los hombros hasta la pelvis.

**DOS** adj. num. cardin. y n. m. (lat. *duos*). Uno y uno. ◆ adj. num. ordin. y n. m. **2.** Segundo: *el número dos de la lista.* • **Cada dos por tres,** con frecuencia, a menudo. ◆ n. m. **3. Dos por cuatro** (MÚS.), medida de dos tiempos, que tiene la blanca como unidad de medida. ‖ **Dos por dieciséis,** (MÚS.), medida de dos tiempos, que tiene la corchea por unidad de medida. ‖ **Dos por ocho,** (MÚS.), medida poco utilizada, a dos tiempos, que tiene la negra por unidad de medida. ‖ **Dos puntos** (GRAM.), signo de puntuación representado por dos puntos superpuestos (:), colocados delante de una enumeración o una explicación.

**DOSCIENTOS, AS** adj. num. cardin. y n. m. Dos veces ciento. ◆ adj. num. ordin. y n. m. **2.** Ducentésimo: *quedar en el puesto doscientos.*

**DOSEL** n. m. Coronamiento de un trono, sitial, púlpito o lecho. **2.** Antepuerta o tapiz.

**DOSELETE** n. m. Miembro ornamental voladizo que se coloca sobre estatuas, sillas de coro, etc.

**DOSIFICACIÓN** n. f. Acción y efecto de dosificar.

**DOSIFICADOR** n. m. Aparato que sirve para dosificar.

**DOSIFICAR** v. tr. **[1a]**. Establecer una dosis, especialmente de un medicamento. **2.** *Fig.* Realizar algo a pequeñas dosis: *dosificar los esfuerzos.*

**DOSÍMETRO** n. m. Aparato que sirve para medir las dosis de irradiaciones absorbidas.

**DOSIS** n. f. (gr. *dosis*). Cantidad de un medicamento que se prescribe para lograr una acción determinada: *dosis máxima.* **2.** *Fig.* Cantidad o porción de algo: *una gran dosis de humanidad.*

**DOSSIER** n. m. (voz francesa). Expediente, legajo, sumario. **2.** Conjunto de documentos o informaciones referentes a una persona o a un asunto.

**DOTACIÓN** n. f. Acción y efecto de dotar. **2.** Aquello con que se dota. **3.** Personal de un taller, oficina, etc. **4.** Tripulación de un buque.

**DOTAL** adj. Relativo al dote o a la dote.

**DOTAR** v. tr. (lat. *dotare*) **[1]**. Constituir dote a la mujer que va a contraer matrimonio o a profesar en alguna orden religiosa. **2.** *Fig.* Añadir a una persona o cosa alguna cualidad para mejorarla o perfeccionarla: *dotar de inteligencia.* **3.** Proveer de personal o de dinero.

**DOTE** n. m. o f. Bienes que aporta la mujer al matrimonio o que dan a los esposos sus padres o terceras personas, en vista de su matrimonio. ◆ **dotes** n. f. pl. **2.** Conjunto de cualidades de una persona o cosa: *dotes de mando.*

**DOVELA** n. f. Piedra aparejada, tallada en forma de cuña, cuya yuxtaposición sirve para formar arcos, bóvedas o las molduras de una puerta, ventana, cornisa o dosel en arco. **2.** Piedra que forma el saliente sobre el plano de una arcada, o en medio de un dintel. **3.** OBR. PÚBL. Elemento curvo prefabricado, de hormigón o de fundición, ensamblado por compresión, para formar el revestimiento de un túnel. **4.** OBR. PÚBL. Elemento de estructura comprendido entre dos planos transversales contiguos, que forma un tramo transversal que constituye un puente de hormigón pretensado construido mediante salientes sucesivos.

**DOVELAJE** n. m. Conjunto de dovelas.

**DOVELAR** v. tr. **[1]**. Labrar una piedra dándole forma de dovela.

**DOXOLOGÍA** n. f. (gr. *doxologia*, glorificación). Fórmula de alabanza a la Santísima Trinidad, en la liturgia católica (*Gloria Patri...*). **2.** Enunciado que se limita a reproducir una opinión común o una apariencia.

**DOZAVO, A** adj. y n. m. Doceavo.

**DRACMA** n. f. (lat. *drachmam*). Principal unidad de peso y de moneda de la antigua Grecia. **2.** Unidad monetaria de Grecia, sustituida en 2002 por el euro.

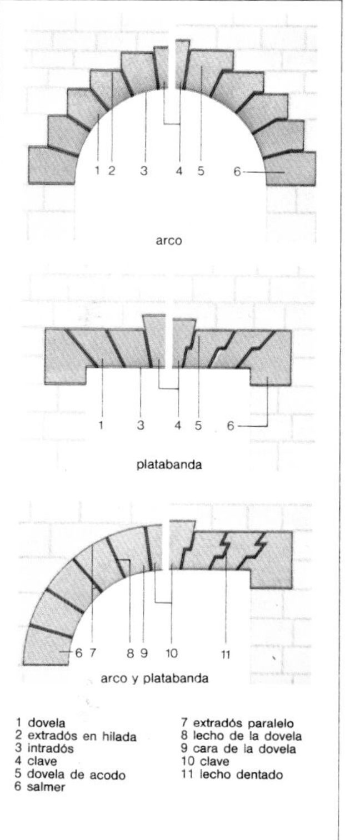


**dovelas**

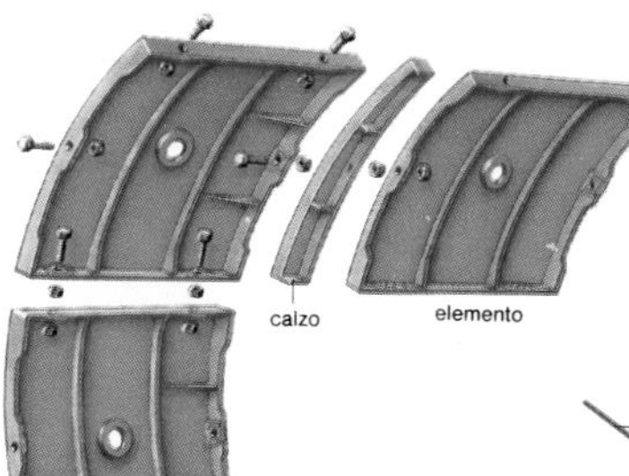

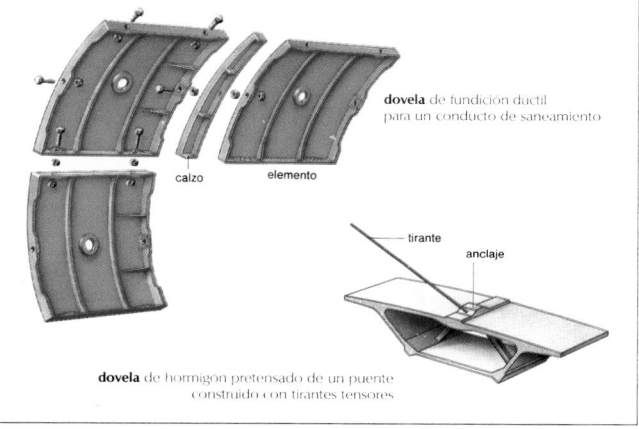

**dovela** de fundición dúctil para un conducto de saneamiento

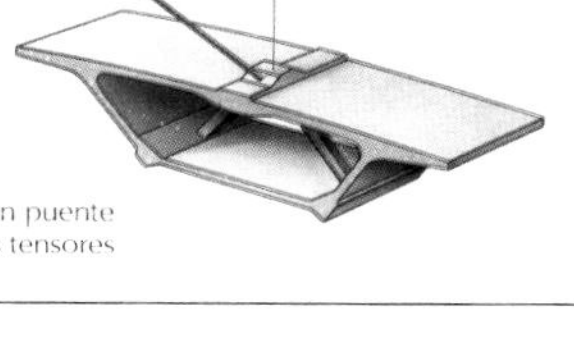


**dovela** de hormigón pretensado de un puente construido con tirantes tensores

**DRACONIANO, A** adj. Relativo a Dracón, legislador de Atenas: *código draconiano.* **2.** *Fig.* Dícese de las leyes o providencias excesivamente severas: *medidas draconianas.*

**DRAGA** n. f. (ingl. *drag*). Máquina excavadora que sirve para extraer escombros y materiales que se hallan bajo las aguas, o cualquier maquinaria destinada a extraer o elevar tierras o áridos. **2.** Barco dragador.

**DRAGADO** n. m. Operación consistente en dragar los puertos, vías fluviales, canales, etc., y, en general, en extraer las piedras y rocas sueltas que se hallan bajo las aguas. **2.** Operación que tiene por objeto la extracción o la destrucción de las minas existentes en determinada zona marítima.

**DRAGADOR, RA** adj. y n. m. Dícese de la embarcación provista de una máquina propia para dragar. **2.** Dícese del obrero que trabaja a bordo de una draga.

**DRAGALINA** n. f. Máquina mixta de excavación, que actúa mediante el rascado del terreno mediante un cangilón arrastrado por un cable.

**dragalina**

**DRAGAMINAS** n. m. (pl. *dragaminas*). Pequeño buque de guerra equipado para el dragado de minas y, accesoriamente, para la lucha antisubmarina o antiaérea.

**DRAGAR** v. tr. **[1b]**. Excavar y limpiar con draga los puertos de mar, los ríos, etc.

**DRAGO** n. m. Árbol de los países cálidos, cuyo tronco puede alcanzar varios metros de diámetro y que puede vivir más de mil años. (Familia liliáceas.)

**drago**

**DRAGOMÁN** n. m. (ár. *turŷumān*). HIST. Antiguo nombre de los intérpretes oficiales en Constantinopla y en todo el levante musulmán.

**DRAGÓN** n. m. (lat. *draconem*). Monstruo fabuloso que se representa con alas y con cola de serpiente. **2.** Soldado de un cuerpo militar de caballería creado en el siglo XVI para combatir a pie o a caballo. **3.** Reptil parecido al lagarto. **4.** Pez marino, de cuerpo alargado, cabeza de gran tamaño, plana y ancha, con dos ojos en el dorso, y grandes aletas dorsales, sobre todo en los machos. (Familia calionímidos.) • **Boca de dragón,** planta frecuentemente cultivada por sus flores decorativas, que recuerdan el hocico de un animal. (Familia escrofulariáceas.)

**DRAGÓN** n. m. Embarcación de vela, monotipo de regatas.

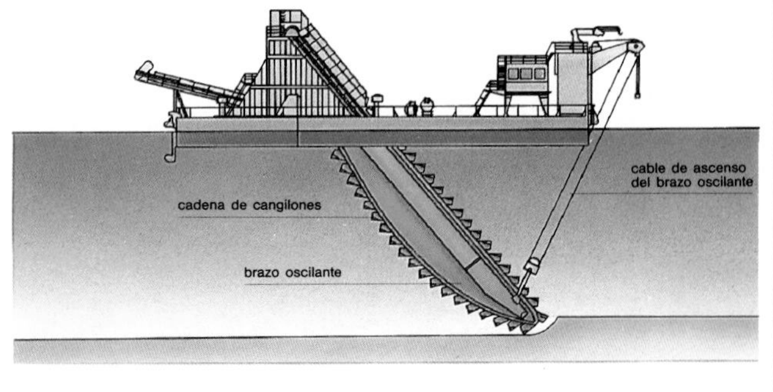

**draga** de cangilones

**DRAGONA** n. f. Charretera de estambre que usaron los soldados que pertenecían a cuerpos de preferencia.

**DRAGONADAS** n. f. pl. HIST. Nombre dado a las persecuciones organizadas por Louvois (1681-1685), que ejecutaron los dragones reales contra los protestantes del Aunis, del Poitou, del Béarn, de la Guyena, del Languedoc y sobre todo de las Cevenas.

**DRAGONEAR** v. intr. **[1]**. *Amér.* Ejercer un cargo sin tener título para ello. **2.** *Amér.* Alardear, jactarse de algo.

**DRAGONTEA** n. f. Planta herbácea vivaz, de rizoma feculento y grueso, que se cultiva como planta de adorno, a pesar de su mal olor durante la floración. (Familia aráceas.)

**DRAISIANA** o **DRAISINA** n. f. (de su inventor *Drais von Sauerbronn,* ingeniero alemán). Antiguo vehículo de dos ruedas, movido por la acción alternativa de los pies contra el suelo y provisto de un pivote de dirección.

**draisianas** (grabado del s. XIX)
[centro nacional de arte moderno, París]

**DRAKKAR, DRAKE** o **DREKI** n. m. Barco utilizado por los antiguos normandos para sus expediciones.

**DRALÓN** n. m. (marca registrada). Fibra sintética de fabricación alemana.

**DRAMA** n. m. (gr. *drama*). Obra teatral. **2.** Obra teatral de tema serio o grave. **3.** Género literario que comprende las obras escritas para ser representadas. **4.** *Fig.* Suceso o situación de la vida real, capaz de interesar y conmover: *drama pasional.* • **Drama litúrgico,** en la edad media, representación de textos sagrados. || **Drama satírico,** en la antigua Grecia, obra cómica en la que el coro estaba compuesto de sátiros y que acompañaba a todas las trilogías trágicas en las representaciones oficiales.

**DRAMÁTICA** n. f. Arte de componer obras dramáticas. SIN.: *dramaturgia.*

**DRAMÁTICO, A** adj. Relativo al teatro: *género dramático.* **2.** *Fig.* Capaz de interesar y conmover, patético: *situación dramática.* ◆ adj. y n. **3.** Dícese del autor o actor de obras dramáticas.

**DRAMATISMO** n. m. Cualidad de dramático.

**DRAMATIZACIÓN** n. f. Acción y efecto de dramatizar.

**DRAMATIZAR** v. tr. **[1g]**. Dar forma y condiciones dramáticas. **2.** *Fig.* Exagerar un suceso o situación con el fin de interesar y conmover.

**DRAMATURGIA** n. f. Dramática. **2.** Tratado sobre la composición de obras de teatro. **3.** Catálogo razonado de obras de teatro.

**DRAMATURGO, A** n. Autor de obras dramáticas.

**DRAMÓN** n. m. Drama en que se exageran los efectos dramáticos.

**DRAPEADO** n. m. Acción de drapear.

**DRAPEAR** v. tr. **[1]**. Disponer, dibujar los pliegues de los paños.

**DRAQUE** n. m. *Amér.* Bebida confeccionada con agua, aguardiente y nuez moscada.

**DRÁSTICO, A** adj. (gr. *drastikos*). Que actúa rápida y violentamente: *efecto drástico.* **2.** Enérgico, de gran severidad: *medidas drásticas.*

**DRÁVIDA** adj. y n. m. y f. Relativo a un conjunto de pueblos, que se extiende desde el S de la India y Srī Lanka hasta Birmania; individuo de estos pueblos. Su unidad es de tipo cultural lingüístico.

**DRAVÍDICO, A** adj. y n. Drávida. ◆ adj. **2.** Dícese de la lengua de estos pueblos. ◆ n. m. **3.** Estilo artístico medieval del S de la India, que se manifiesta especialmente por la construcción de templos o recintos múltiples de gopuras monumentales.

**DRAW-BACK** n. m. (voz inglesa). Devolución, en la reexportación de productos elaborados, de los derechos de aduana pagados por las materias primas que han servido para fabricarlos.

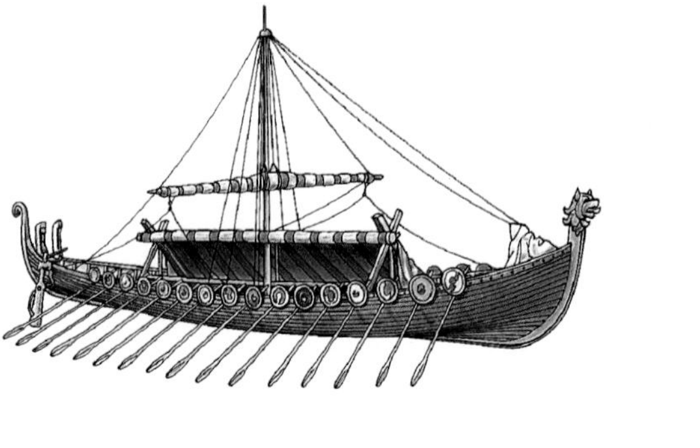
**drakkar**

**DREADNOUGHT** n. m. (voz inglesa, *intrépido*). Tipo de acorazado utilizado desde 1907 hasta 1945.

**DREKI** n. m. Drakkar.

**DRENAJE** n. m. Acción y efecto de drenar. **2.** *Méx.* Instalación en una casa, pueblo o ciudad que sirve para sacar las aguas negras. **3.** MED. Técnica de evacuación de secreciones de una cavidad del organismo con una cánula. • **Drenaje linfático,** masaje terapéutico, que se realiza con movimientos suaves, lentos y circulares, para estimular la circulación linfática.

**DRENAR** v. tr. [**1**]. Avenar. **2.** Realizar un drenaje en una herida.

**DRÍADE** o **DRÍADA** n. f. MIT. Ninfa de los bosques.

**DRIBLAR** v. tr. e intr. (ingl. *to dribble*) [**1**]. En diversos deportes, avanzar con el balón regateando a los adversarios.

**DRIBLING** n. m. (voz inglesa). DEP. Regate.

**DRIL** n. m. (ingl. *drill*). Tela fuerte de hilo o de algodón crudos.

**DRIL** n. m. Mono cinocéfalo del Camerún, de 70 cm de long. sin la cola.

**DRIOPITECINO, A** adj. y n. m. Relativo a un grupo de primates antropoides fósiles, que vivieron en amplias zonas boscosas de Eurasia y África desde el final del oligoceno hasta el final del mioceno.

**DRIPPING** n. m. (voz inglesa). Procedimiento pictórico que consiste en hacer que gotee el color por el fondo horadado de un recipiente que el pintor desplaza por encima del soporte, con lo que se obtienen colores y salpicaduras sobre éste.

**DRIVE** n. m. (voz inglesa). En tenis, golpe de derecha. **2.** En el golf, golpe de larga distancia dado desde la salida de un agujero.

**DRIVER** n. m. (voz inglesa). En el golf, palo con que se ejecuta el drive. **2.** INFORMÁT. Programa que gestiona la información interna del ordenador.

**DRIZA** n. f. (ital. *drizza*). MAR. Cuerda que sirve para izar las vergas. • **Puño de driza,** punto de la verga o de la vela donde se ata la driza.

**DROGA** n. f. Denominación genérica de los alucinógenos, barbitúricos y, en general, de todas las sustancias estupefacientes o con propiedades toxicomaníacas. **2.** Denominación genérica de ciertas sustancias usadas en química, industria, medicina, etc. **3.** Denominación genérica, inespecífica y antigua de los medicamentos.

■ La droga se caracteriza por provocar fenómenos de hábito y tolerancia, a dosis cada vez más elevadas, y, sobre todo, de dependencia (conjunto de síntomas físicos y síquicos que aparecen en el llamado síndrome de abstinencia), que induce a la inmediata necesidad y, por consiguiente, a su búsqueda. Además de los estupefacientes, se suelen considerar drogas el alcohol, el tabaco y algunos fármacos sicotrópicos (barbitúricos, ansiolíticos). La distinción entre droga *dura* (que genera dependencia física y síquica) y *blanda* (no comporta dependencia síquica) constituye un importante elemento evaluatorio en el tratamiento y pronóstico de las toxicomanías.

**DROGADICCIÓN** n. f. Adicción, hábito de quien se deja dominar por el uso de alguna droga tóxica.

**DROGADICTO, A** adj. y n. Habituado a las drogas. SIN.: *toxicómano.*

**DROGAR** v. tr. y pron. [**1b**]. Administrar o tomar drogas. **2.** Viciar o acostumbrar a las drogas.

**DROGUERÍA** n. f. Establecimiento en que se venden productos de limpieza, pinturas y sustancias semejantes. **2.** *Amér. Central.* Farmacia.

**DROGUERO, A** n. Persona que comercia con productos de droguería. **2.** *Amér.* Persona tramposa, que contrae deudas y no las paga.

**DROGUETE** n. m. Tejido de lana listada de varios colores, y que suele estar adornado con flores entre las listas.

**DROMEDARIO** n. m. (lat. *dromedarium*). Camello con una sola joroba, muy resistente, utilizado para montar (se le llama entonces *mehari*) o como bestia de carga en los desiertos de África y Arabia.

**DRÓMONA** n. f. (gr. *dromōn,* bergantín). En la edad media, nave de guerra a remo, típica de la flota bizantina. (Del s. V al XII.)

**DRONTE** n. m. Ave de las islas Mascareñas; maciza e incapaz de volar, fue exterminada por el hombre en el s. XVIII.

**DROP-GOAL** o **DROP** n. m. (voz inglesa). En rugby, puntapié dado inmediatamente después de un rebote y que, en pleno juego, impulsa el balón por encima de la barra del campo contrario.

intento de **drop-goal**

**DROSOFILA** n. f. Insecto díptero muy frecuente en lugares habitados y que se utiliza en numerosas experiencias de genética.

**DRUGSTORE** n. m. (voz inglesa, *farmacia*). Establecimiento comercial dedicado a la venta al detall de diversas mercancías (productos farmacéuticos y alimenticios, vestidos, libros, discos, perfumería, tabacos, artículos de regalo, etc.), dotado además de cafetería y snack-bar, cuyo horario de ventas es continuo y generalmente muy superior al normal.

**DRUIDA, ESA** n. (lat. *druidam*). Sacerdote celta.

**DRUÍDICO, A** adj. Relativo a los druidas.

**DRUIDISMO** n. m. Institución religiosa de los celtas, dirigida por los druidas.

**DRUMLIN** n. m. (voz irlandesa). GEOGR. Montículo elíptico y alargado constituido por elementos de morrena, característico de los países de acumulación glaciar.

**DRUPA** n. f. (lat. *druppam*). BOT. Fruto carnoso cuyo endocarpio forma un hueso (cereza, albaricoque, ciruela, etc.).

**DRUPÁCEO, A** adj. BOT. Que se parece a una drupa. **2.** Que tiene por fruto una drupa.

**DRUSO, A** adj. y n. Relativo a un pueblo de Oriente próximo (Líbano, Siria, Israel), que practica desde el s. XI una religión iniciática surgida del chiismo ismailí de los fatimíes; individuo de dicho pueblo.

asamblea de **drusos** (Líbano, 1976)

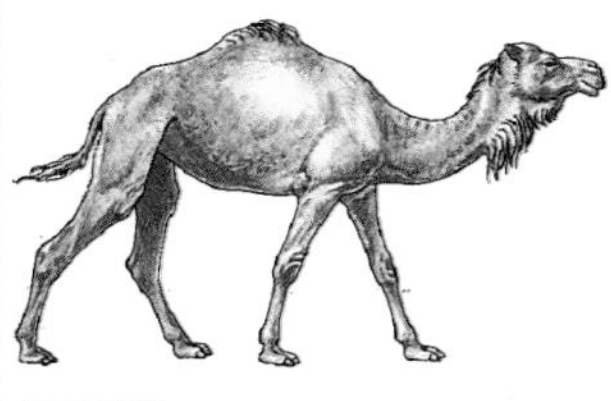

**dromedario**

■ Los drusos tuvieron un gran papel político en Líbano del s. XVII al s. XIX; suplantados posteriormente por los maronitas, durante el s. XX recobraran su importancia política.

**DRY** adj. y n. m. (voz inglesa). Seco, referido al champaña, aperitivos, etc.

**DRY-FARMING** n. m. (voz inglesa, *cultivo seco*). Método de cultivo empleado en las regiones semiáridas, que intenta retener el agua en las tierras por medio de frecuentes labores superficiales durante la época de barbecho.

**DUAL** adj. (lat. *dualem*). Que reúne dos caracteres o fenómenos distintos, o una relación de interacción o reciprocidad. ◆ adj. y n. m. **2.** LING. En ciertas lenguas, número que se emplea en las declinaciones y las conjugaciones para designar dos personas o dos cosas. **3.** LÓG. Dícese de dos relaciones de orden tales que si, para la primera, *a* precede a *b*, para la segunda, *b* precede a *a*. **4.** MAT. Dícese del espacio vectorial constituido por las formas lineales sobre un espacio vectorial.

**DUALIDAD** n. f. Carácter de lo que es doble en sí mismo: *la dualidad del ser humano.* **2.** MAT. Correspondencia biunívoca entre dos conjuntos, con iguales leyes formales, por lo que a toda aserción relativa a los elementos de uno corresponde una aserción relativa a los elementos del otro.

**DUALISMO** n. m. Pensamiento religioso o filosófico que admite dos principios, como la materia y el espíritu, el cuerpo y el alma, el bien y el mal, opuestos desde sus orígenes. CONTR.: *monismo.* **2.** Coexistencia de dos elementos diferentes opuestos o complementarios: *el dualismo de partidos.* **3.** HIST. Sistema político que, de 1867 a 1918, reguló las relaciones entre Austria y Hungría.

**DUALISTA** adj. y n. m. y f. Relativo al dualismo; partidario del dualismo.

**DUBITACIÓN** n. f. (lat. *dubitationem*). Duda.

**DUBITATIVO, A** adj. Que implica o denota duda: *carácter dubitativo.*

**DUBLÉ** n. m. (fr. *doublé*). En bisutería y orfebrería, chapeado en oro sobre latón o similar, que se obtiene sometiendo las hojas de ambos metales a una fuerte presión.

**DUCADO** n. m. Título o dignidad de duque. **2.** Conjunto de tierras y señoríos a los que estaba unido el título de duque. **3.** Antigua moneda, generalmente de oro, con diferente valor según el país.

**DUCAL** adj. Relativo al duque: *palacio ducal.*

**DUCE** n. m. (voz italiana, *jefe*). Título adoptado por Mussolini, jefe de la Italia fascista desde 1922 hasta 1945.

**DUCENTÉSIMO, A** adj. num. ordin. Que corresponde en orden al número doscientos: *ocupa el ducentésimo lugar en el escalafón.* ◆ adj. y n. m. **2.** Dícese de cada una de las doscientas partes iguales en que se divide un todo: *cien ducentésimas partes equivalen a la mitad.*

**DUCHA** n. f. Aplicación de agua en forma de chorro o de lluvia para limpiar o refrescar el cuerpo o con fines medicinales. **2.** Aparato para ducharse.

**DUCHAR** v. tr. y pron. [**1**]. Dar una ducha: *se ducha diariamente.*

**DUCHO, A** adj. Diestro, hábil, experto: *ser alguien ducho en una materia.*

**DÚCTIL** adj. Dícese de los metales que mecánicamente se pueden extender en alambres o hilos. **2.** Maleable, que cambia de forma con facilidad. **3.** *Fig.* Dícese de la persona dócil y condescendiente.

**DUCTILIDAD** n. f. Calidad de dúctil.

**DUDA** n. f. Indeterminación entre dos juicios o decisiones: *asaltar la duda a alguien.* **2.** Cuestión que queda pendiente de resolución. **3.** Falta de convicción o firmeza en la fe religiosa. • **Sin duda,** con certeza.

**DUDAR** v. intr. [**1**]. Estar en duda: *duda entre casarse o quedarse soltera.* ◆ v. tr. **2.** Dar poco crédito a algo: *dijo que vendría, pero yo lo dudo.*

**DUDOSO, A** adj. Que ofrece duda: *persona de moral dudosa.* **2.** Que está en duda: *estaba dudoso entre marcharse sin decir nada o hablar con ella.* **3.** Que es poco probable: *es muy dudoso que vaya a ser propuesto para el cargo.*

**DUELA** n. f. Cada una de las tablas que forman las paredes curvas de los toneles, cubas, barriles, etc. **2.** Gusano plano, de unos 3 cm de long., que en estado adulto parasita el hígado de varios mamíferos (hombre, cordero y buey), y es agente de las distomatosis. (Clase trematodos.) **3.** *Méx.* Cada una de las tablas angostas de un piso o entarimado.

**DUELISTA** n. m. Hombre propenso a desafiar y a tener duelos. **2.** Hombre entendido en duelos.

**DUELO** n. m. (lat. *duellum,* guerra). Combate entre dos adversarios, de los que uno ha pedido al otro la reparación de una ofensa por medio de las armas. • **Duelo judicial,** en la alta edad media, combate entre un acusador y un acusado, admitido como prueba jurídica.

**DUELO** n. m. Dolor, lástima. **2.** Demostraciones del pesar o sentimiento que se tiene por la muerte de alguien. **3.** Reunión de parientes, amigos o invitados que asisten a la casa mortuoria, al entierro o a los funerales.

**DUENDE** n. m. Espíritu que la gente supersticiosa cree que habita en algunas casas, causando en ellas trastornos y estruendo. **2.** Nomo, ser fantástico. **3.** Encanto misterioso e inefable: *el duende de Granada.* • **Tener** uno **duende,** tener atractivo, encanto, arte, etc.

**DUENDO, A** adj. Manso, doméstico: *palomas duendas.*

**DUEÑA** n. f. Femenino de dueño. **2.** Mujer de edad y generalmente viuda que, en las casas principales, acompañaba a la señora o estaba al frente de la servidumbre. **3.** Monja o beata que vivía en comunidad y solía ser mujer principal.

**DUEÑO, A** n. Poseedor de una cosa respecto a ésta. **2.** Jefe de la casa respecto de los criados. • **Dueño de sí mismo,** que sabe dominarse y no se deja arrastrar por los primeros impulsos. || **Hacerse dueño** de algo, adquirir cabal conocimiento de un asunto; imponer su voluntad a los demás. || **Ser dueño,** o **muy dueño de hacer** algo *(Fam.),* tener libertad para hacerlo.

**DUERMEVELA** n. m. *Fam.* Sueño ligero, inquieto e interrumpido con frecuencia.

**DUETO** o **DUETINO** n. m. (voz italiana). Aire cantado a dos voces. **2.** Pieza instrumental para dos instrumentos monódicos.

**DUGO** n. m. *Amér. Central.* Ayuda, auxilio.

**DUGÓN** o **DUGONGO** n. m. Mamífero marino de 3 m de long. y cuerpo macizo, que vive en el litoral del océano Índico. (Orden sirenios.)

**DULA** n. f. Cada una de las porciones de tierra que se riegan por turno de una misma acequia.

**DULCAMARA** n. f. Planta sarmentosa de tallo leñoso, tóxica, con flores violetas y bayas rojas.

**DULCE** adj. Que causa al paladar cierta sensación más o menos azucarada. **2.** Que no es agrio, amargo o salado, comparado con otras cosas de la misma especie: *agua dulce.* **3.** Insípido, soso: *el guiso está dulce.* **4.** *Fig.* Grato, apacible: *voz dulce.* **5.** *Fig.* Afable, complaciente, dócil: *carácter dulce.* **6.** METAL. Maleable, dúctil, poco duro y no frágil: *acero dulce.* ◆ n. m. **7.** Manjar en cuya composición entra el azúcar como elemento fundamental. **8.** Fruta cocida con azúcar o almíbar. **9.** *Amér.* Chancaca, azúcar mascabado. **10.** *Méx.* Caramelo. • **Dulce de leche** (*Argent.* y *Urug.*), dulce de consistencia pastosa que se prepara cociendo, a fuego lento, leche y azúcar hasta que adquiere un color marrón claro y consistencia espesa. || **Tirarse al dulce** *(Chile. Vulg.),* entablar una relación amorosa.

**DULCEACUÍCOLA** adj. Que habita en las aguas dulces: *fauna dulceacuícola.*

**DULCERÍA** n. f. Confitería.

**DULCERO, A** adj. *Fam.* Aficionado al dulce.

**DULCIFICACIÓN** n. f. Acción y efecto de dulcificar.

**DULCIFICAR** v. tr. [1a]. Mitigar la acerbidad, hacer suave y grata una cosa.

**DULCINEA** n. f. (de *Dulcinea del Toboso*). *Fam.* Mujer querida.

**DULCÍSONO, A** adj. *Poét.* Que suena dulcemente.

**DULCITA** n. f. QUÍM. Materia azucarada que se obtiene del melampiro.

**DULÍA** n. f. (gr. *dulcia,* servidumbre). **Culto de dulía,** culto de homenaje que se rinde a los ángeles y a los santos, por oposición al culto de adoración llamado latría, que se rinde sólo a Dios.

dumper

**DULLETA** n. f. Vestido de casa enguatado o forrado. **2.** Abrigo de invierno de los eclesiásticos.

**DULZAINA** n. f. MÚS. Instrumento de viento, hecho de madera, parecido por su forma al clarinete pero de tonos más altos.

**DULZAINERO, A** n. Persona que toca la dulzaina.

**DULZAINO, A** adj. *Fam.* Demasiado dulce, o que está dulce no debiendo estarlo.

**DULZÓN, NA** o **DULZARRÓN, NA** adj. *Fam.* De sabor dulce, pero empalagoso.

**DULZOR** n. m. Sabor dulce.

**DULZURA** n. f. Calidad de dulce. **2.** *Fig.* Afabilidad, bondad, docilidad: *dulzura de carácter.* **3.** *Fig.* Suavidad, deleite. **4.** Palabra cariñosa. (Suele usarse en plural.)

**DUMA** n. f. Palmera africana de tallo bifurcado.

**DUMA** n. f. (voz rusa, *consejo*). Nombre que se daba a la asamblea legislativa rusa durante el reinado de Nicolás II.

**DUMDUM** o **DUM-DUM** n. f. Bala de arma de fuego portátil, con incisiones en forma de cruz, que produce heridas particularmente graves.

**DUMPER** n. m. (voz inglesa). OBR. PÚBL. Volcador automotor sobre neumáticos, equipado con una caja basculante.

**DUMPING** n. m. (voz inglesa). Práctica del comercio internacional que consiste en vender una mercancía en un mercado extranjero, a un precio inferior al del mercado interior, o, como consecuencia de circunstancias de orden monetario o social, a un precio inferior al precio de coste de los competidores extranjeros.

**DUNA** n. f. Colina constituida por un montón de arena acumulada por el viento.

**DUNDERA** n. f. *Amér.* Simpleza, tontería.

**DUNDO, A** adj. *Amér.* Tonto.

**DÚO** n. m. Pieza vocal o instrumental que necesita, respectivamente, de dos cantantes o de dos instrumentos. **2.** Conjunto de dos voces o instrumentos. • **A dúo,** entre dos personas.

**DUODECIMAL** adj. Duodécimo. **2.** Dícese del sistema de numeración de base doce.

**DUODÉCIMO, A** adj. num. ordin. Que corresponde en orden al número doce: *Benjamín fue el duodécimo hijo de Jacob.* ◆ adj. y n. m. **2.** Dícese de cada una de las doce partes iguales en que se divide un todo: *seis duodécimas partes equivalen a la mitad.*

**DUODENAL** adj. Relativo al duodeno.

**DUODENITIS** n. f. Inflamación del duodeno.

**DUODENO, A** adj. y n. m. Duodécimo. ◆ n. m. **2.** Primer segmento del intestino, que sigue al estómago y en el que desembocan el canal pancreático y el colédoco.

**DUOMO** n. m. (voz italiana). Nombre dado en Italia a ciertas catedrales: *el duomo de Milán.*

**DUOPOLIO** n. m. Situación de un mercado en el que la competencia se ejerce sólo entre dos vendedores y una multitud de compradores.

**DÚPLEX** n. m. y adj. Enlace eléctrico o radioeléctrico entre dos puntos, que se puede utilizar simultáneamente en los dos sentidos. **2.** Apartamento que consta de dos pisos unidos por una escalera interior.

**DÚPLICA** n. f. DER. Escrito que, en el juicio ordinario de mayor cuantía, presenta el demandado contestando a la réplica del actor.

**DUPLICACIÓN** n. f. Acción y efecto de duplicar. **2.** BIOL. Fenómeno por el cual existe con carácter doble cualquier estructura orgánica. **3.** CIT. Mutación o aberración cromosómica en virtud de la cual un segmento cromosómico se repite en el mismo cromosoma o en la misma serie cromo-

duna

sómica. **4.** TELECOM. Acción y efecto de establecer un dúplex. SIN.: *duplexado.*

**DUPLICADO** n. m. Copia de un escrito que se hace por si el original se pierde o se necesitan dos ejemplares. **2.** Ejemplar doble o repetido de una obra. **3.** LING. Palabra que posee la misma etimología que otra pero que ha penetrado en la lengua de diferente modo, como colgar y colocar del lat. *collocāre.* SIN.: *doblete.*

**DUPLICAR** v. tr. y pron. **[1a]**. Hacer o ser doble una cosa. ◆ v. tr. **2.** Multiplicar por dos una cantidad. **3.** DER. Contestar el demandado la réplica del actor. **4.** TELECOM. Establecer una instalación en dúplex. SIN.: *duplexar.*

**DUPLICATIVO, A** adj. Que duplica o dobla.

**DUPLICIDAD** n. f. Calidad de doble: *duplicidad de cargos.* **2.** Doblez, falsedad.

**DUPLO, A** adj. y n. m. Que contiene un número dos veces exactamente: *el duplo de cinco es diez.*

**DUQUE, ESA** n. Título nobiliario inferior al de príncipe y superior a los de marqués y conde. ◆ n. m. **2.** Título ostentado antiguamente por el soberano de un ducado. **3.** En la organización feudal, primera dignidad de la jerarquía señorial. **4.** Antiguo carruaje de lujo de cuatro ruedas y dos plazas, con un asiento a la zaga para los criados. • **Duque de alba** (MAR.), conjunto de pilones hincados en el fondo de una dársena o río y en el cual se amarran los barcos. ‖ **Gran duque,** título de algunos príncipes soberanos.

**DURABILIDAD** n. f. Calidad de lo que es duradero o durable.

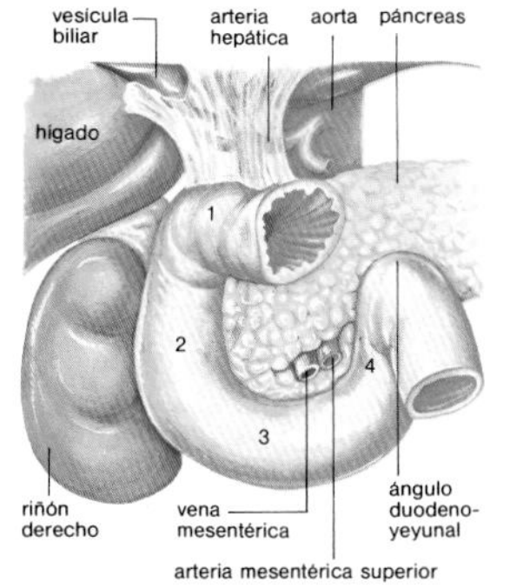


1, 2, 3 y 4: las cuatro porciones del duodeno

**duodeno**

**DURACIÓN** n. f. Acción y efecto de durar. **2.** MÚS. Tiempo durante el cual debe mantenerse un sonido, una nota o un silencio, que varía según el movimiento y el compás de cada fragmento musical.

acuñado durante la guerra de la independencia (1808) [museo del ejército, Madrid]

de la época de Alfonso XII (1885) [gabinete numismático, Barcelona]

**duros**

**DURADERO, A** adj. Que dura o puede durar mucho: *amistad duradera.* SIN.: *durable.*

**DURALUMINIO** n. m. (marca registrada). Aleación ligera de aluminio, de alta resistencia mecánica.

**DURAMADRE** n. f. ANAT. La más externa y resistente de las tres capas que constituyen las meninges.

**DURAMEN** n. m. Parte muerta del leño de un árbol, no apta para el transporte de las sustancias minerales que absorben las raíces.

**DURANTE** prep. Denota el espacio de tiempo en que dura algo: *durante la recepción habló el director.*

**DURAR** v. intr. **[1]**. Existir, estar ocurriendo algo en un cierto espacio de tiempo: *la película duró dos horas.* **2.** Subsistir, permanecer, aguantar.

**DURATIVO, A** adj. LING. Dícese de una forma verbal que considera una acción en su desarrollo y en su duración.

**DURAZNERO** n. m. Variedad de melocotonero, de fruto pequeño. **2.** *Amér.* Durazno.

**DURAZNILLO** n. m. Planta herbácea de tallos ramosos y flores rosáceas o blancas, que forman espigas laterales; crece en las orillas de los ríos y lagos del hemisferio norte. (Familia poligonáceas.)

**DURAZNO** n. m. Duraznero. **2.** Fruto de este árbol. **3.** *Argent.* y *Chile.* Melocotonero pérsico. **4.** *Argent.* y *Chile.* Fruto de estos árboles.

**DUREZA** n. f. Calidad de duro. **2.** B. ART. Falta de armonía, de suavidad en los contornos. **3.** Oposición demasiado viva de los colores. **4.** DERMATOL. Callosidad. **5.** MINER. Resistencia que opone un mineral a ser rayado por otro: *el diamante es el mineral de mayor dureza.* **6.** QUÍM. Contenido de un agua en iones calcio o magnesio. • **Cláusula de dureza,** cláusula que atenúa el carácter automático del divorcio por ruptura de la vida en común, en aquellos casos en que se derivaran consecuencias muy graves para uno de los cónyuges o para los hijos.

**DURHAM** n. f. y adj. Raza bovina originaria de Durham y de York, de cuerpo robusto y patas cortas, que se cría para aprovechar su carne.

**DURILLO** n. m. Planta arbustiva, de hojas coriáceas persistentes y flores blancas en ramilletes terminales, muy abundante en los matorrales de la península Ibérica. (Familia caprifoliáceas.)

**DURINA** n. f. Enfermedad contagiosa de los équidos producida por un *Trypanosoma.*

**DURMIENTE** adj. y n. m. y f. Que duerme. ◆ n. m. **2.** Madero colocado horizontalmente, sobre el cual se apoyan otros, verticales u horizontales, y distribuye la carga sobre el suelo. **3.** F.C. Traviesa de vía férrea. **4.** MAR. Cada una de las piezas que forman la cintura interior de un buque y que sirven para ligar las cuadernas entre sí y para sostener los baos por sus extremos.

**DURO, A** adj. Dícese del cuerpo poco blando, o que ofrece fuerte resistencia a ser penetrado, partido, rayado y que no cede fácilmente a la presión. **2.** *Fig.* Difícil, penoso: *vida dura.* **3.** *Fig.* Violento, cruel, insensible: *palabras duras.* **4.** *Fig.* Terco y obstinado: *ser duro de mollera.* **5.** *Fig.* Dícese del rayo X más penetrante. • **Agua dura,** agua que, por contener ciertos compuestos minerales, no forma espuma con el jabón. ‖ **Mar dura,** mar cuyas olas son cortas y picadas. ◆ n. m. **6.** Antigua moneda de plata española que valía cinco pesetas. **7.** Moneda que vale cinco pesetas. **8.** CIN. Actor que da vida a un personaje insensible. ◆ adv. m. **9.** Con fuerza, con violencia: *pégale duro.* • **Duro y parejo** (*Argent., Chile, Colomb., Méx., Par., Perú* y *Urug. Fam.*), con fuerza y constancia.

**DUTY-FREE** n. m. Tienda de artículos libres de impuestos.

**DUUNVIRATO** n. m. HIST. Dignidad y cargo de duunviro. **2.** HIST. Tiempo que duraba. **3.** HIST. Régimen político en que el gobierno estaba encomendado a duunviros.

**DUUNVIRO** n. m. HIST. Magistrado romano que ejercía un cargo conjuntamente con otro magistrado.

**DUX** n. m. (voz latina). HIST. Jefe electivo de las antiguas repúblicas de Génova y Venecia.

**DVD,** siglas de *digital versatil disc,* videodisco en el que las imágenes y sonidos se hallan grabados en forma digital.

**Dy,** símbolo del *disprosio.*

# E

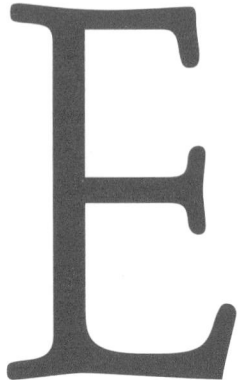

**E** n. f. Quinta letra del alfabeto español y segunda de las vocales. **2.** Base de los logaritmos neperianos. **3.** Símbolo del *electrón*. **4.** MÚS. Nombre de la nota *mi*, en inglés y alemán.

**E** conj. cop. Forma usada en vez de *y* para evitar la repetición del mismo sonido antes de palabras que empiecen por *i* o *hi*: *Juan e Ignacio; padre e hijo*.

**¡EA!** interj. Suele usarse sola o repetida para significar algún acto de la voluntad o para animar o excitar.

**EBANISTA** n. m. y f. Carpintero de muebles y trabajos finos.

**EBANISTERÍA** n. f. Arte, obras y taller del ebanista.

**ÉBANO** n. m. (lat. *ebenum*). Árbol de África ecuatorial que proporciona la madera del mismo nombre. **2.** Madera negra, dura y pesada de este árbol. • **Ébano vivo,** nombre que daban los negreros a los negros.

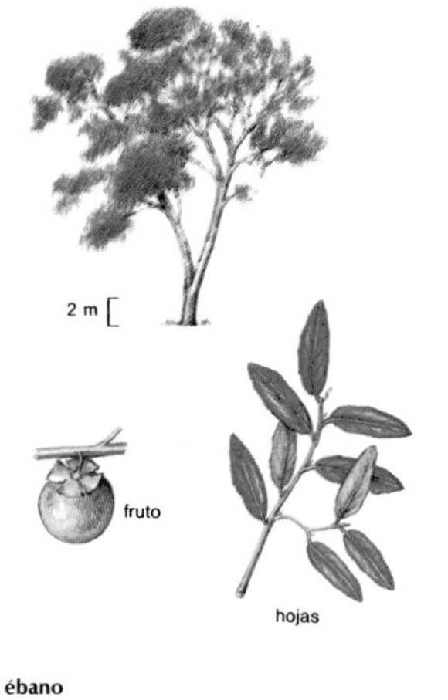

**ébano**

**EBENÁCEO, A** adj. y n. f. Relativo a una familia de árboles o arbustos de las regiones tropicales, entre los que se encuentra el ébano.

**EBIONITA** adj. y n. m. y f. Dícese de los miembros de distintas sectas judeocristianas extendidas principalmente por el oriente cristiano en los ss. II y III, que negaban la divinidad de Cristo.

**ÉBOLA** n. m. Enfermedad producida por un virus que ocasiona una infección contagiosa y epidémica grave, caracterizada por fuertes hemorragias y fiebre, y que provoca la muerte en poco tiempo.

**EBONITA** n. f. (ingl. *ebony*, ébano). Caucho endurecido por adición de azufre, que se utiliza por sus propiedades aislantes.

**EBORARIO, A** adj. De marfil, o relativo al marfil.

**EBRANCADO, A** adj. HERÁLD. Dícese del árbol o del tronco que tiene ramas cortadas que se corresponden en su posición.

**EBRIEDAD** n. f. Embriaguez.

**EBRIO, A** adj. y n. (lat. *ebrium*). Afecto de alcoholismo agudo, embriagado. ◆ adj. **2.** *Fig.* Ofuscado por una pasión: *ebrio de amor*.

**EBULLICIÓN** n. f. (lat. *ebullitionem*). Paso de un líquido al estado gaseoso, manteniéndose el equilibrio de las dos fases.

**EBULLOSCOPIA** o **EBULLOMETRÍA** n. f. Medida del aumento de temperatura de ebullición de un disolvente cuando se disuelve en él una sustancia.

**EBULLOSCOPIO** o **EBULLÓMETRO** n. m. Aparato que sirve para determinar las temperaturas de ebullición.

**EBÚRNEO, A** adj. De marfil, parecido a él o que tiene su consistencia: *dientes ebúrneos*.

**ECAPACLE** n. m. *Méx.* Planta de la familia de las leguminosas, que posee propiedades medicinales.

**ECARTÉ** n. m. (fr. *écarté*). Juego de cartas que se juega generalmente entre dos personas, con 32 cartas.

**ECCEHOMO** o **ECCE HOMO** n. m. (voces lat., *he aquí el hombre*). Representación de Jesucristo coronado de espinas y con una caña como cetro. **2.** *Fig.* Persona lacerada, de aspecto lastimoso.

**ECCEMA** o **ECZEMA** n. m. o f. (gr. *ekzema*, erupción cutánea). Enfermedad de la piel, de naturaleza inflamatoria, caracterizada por un eritema y por finas vesículas epidérmicas.

■ Es una de las dermatosis más frecuentes. El eccema pasa por diversas fases: *eritematosa, vesicular, supurante* y *escamosa*. El eccema puede ser: *agudo* (supurante y acompañado de un fuerte prurito) o *crónico* (eritematoso con prurito variable), y según su localización, *localizado, numural* (en forma de moneda) o *generalizado*. Según su origen, se diferencian varios tipos de eccema: *atópico* o *constitucional*, que implica una predisposición genética; *de contacto* (detergentes, cosméticos, metales, tejidos, medicamentos, etc.), e *infeccioso* (origen microbiano).

**ECDISONA** n. f. Hormona que provoca la muda en los insectos.

**ECFONEMA** n. m. RET. Exclamación que aparece como inciso en un enunciado.

**E.C.G.,** abreviatura de *electrocardiograma*.

**ECHADA** n. f. Acción y efecto de echar o echarse. **2.** *Méx.* Fanfarronada.

**ECHADO, A** adj. y n. *C. Rica.* y *Nicar.* Indolente, perezoso.

**ECHADOR, RA** adj. y n. *Cuba, Méx.* y *Venez.* Fanfarrón.

**ECHADORA** n. f. **Echadora de cartas,** mujer que practica la cartomancia.

**ECHAR** v. tr. (lat. *iactare*, arrojar) [1]. Hacer que una cosa vaya a parar a alguna parte, dándole impulso: *echar una piedra*. **2.** Despedir de sí una cosa: *echar humo una chimenea*. **3.** Hacer que algo caiga en un sitio determinado: *echar azúcar al café*. **4.** Derribar, demoler: *echar una puerta abajo*. **5.** Expulsar, hacer salir a uno de un lugar: *le echaron del colegio*. **6.** Deponer o destituir a alguien de su empleo o dignidad: *le han echado de la dirección*. **7.** Producir un organismo animal algo que brota de él: *echar los dientes el niño; echar*

**eccehomo** por Pedro de Mena
(museo de artes decorativas, Madrid)

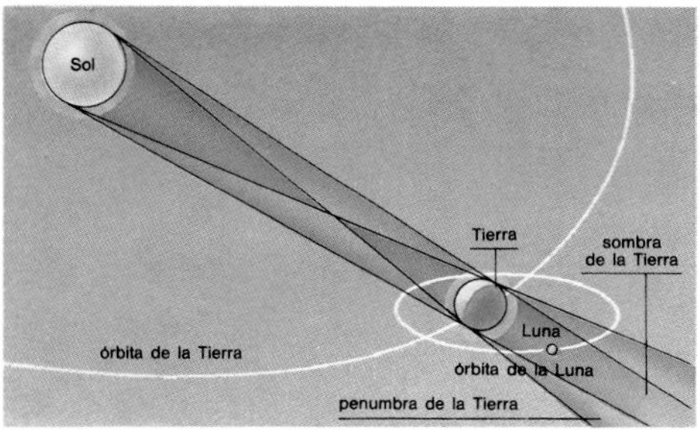


**eclipse** de Luna

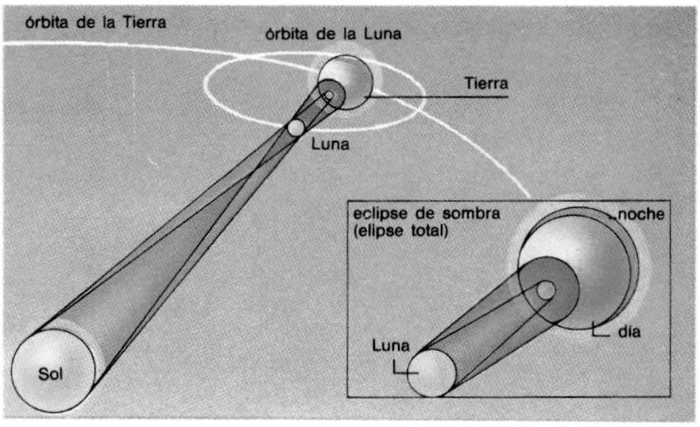


**eclipse** total de Sol

*plumas las aves.* **8.** Juntar los animales machos con las hembras para que procreen: *echar el semental a la yegua.* **9.** Poner, aplicar: *echar perfume en la solapa; echar pomada en la herida.* **10.** Dar a un instrumento el movimiento necesario para cerrar: *echar el cerrojo, la llave.* **11.** Confiar algo a la suerte: *echarlo a cara o cruz.* **12.** Jugar, llevar a cabo partidas de juego: *echar una partida de dados.* **13.** Dar, entregar, repartir: *echar de comer al perro.* **14.** Hacer cálculos: *echar cuentas.* **15.** Suponer o conjeturar: *¿qué edad le echas?* **16.** Proyectar una película o representar una obra teatral o musical: *¿qué película echan hoy?* **17.** Pronunciar, decir, proferir: *echar un piropo, maldiciones.* **18.** Con algunos nombres, hacer lo que éstos expresan: *echar un vistazo, una firma.* **19.** Condenar a una pena o reclusión: *le han echado dos años de prisión.* ◆ v. tr. e intr. **20.** Brotar y dar las plantas sus hojas, flores o frutos. • **Echar de menos** a una persona o cosa, advertir su ausencia o falta o sentir pena por ello. ◆ v. tr. y pron. **21.** Inclinar, reclinar o recostar: *echar la cabeza a un lado; echarse atrás.* **22.** Con la preposición *a* y un infinitivo, ser causa o motivo de la acción que expresa dicho infinitivo: *echar a rodar la pelota.* **23.** Poner o ponerse una prenda de vestir sobre el cuerpo: *echarse el abrigo sobre los hombros.* • **Echar,** o **echarse, a perder,** deteriorar, estropear, malograr un negocio; pervertir o pervertirse. ◆ v. intr. **24.** Dirigirse, tomar una determinada dirección: *echar calle abajo; echar por el atajo.* ◆ v. intr. y pron. **25.** Seguido de la prep. *a* y un infinitivo, dar principio a la acción que indica el infinitivo: *echar a correr; echarse a llorar.* ◆ **echarse** v. pron. **26.** Arrojarse, tirarse, precipitarse: *echarse al agua; se echó sobre mí.* **27.** Tenderse en posición horizontal: *echarse en la cama.* **28.** Ponerse las aves sobre los huevos. **29.** Dedicarse a una cosa: *echarse a la buena vida.* **30.** Empezar a tener cierto trato o relación con alguien: *echarse novia.* • **Echarse atrás** *(Fam.),* eludir un compromiso, desistir de alguna cosa. ‖ **Echarse encima** una cosa *(Fig.),* llegar, ser inminente o muy próxima: *se echan encima las fiestas;* llegar una cosa inesperadamente: *se echó encima la policía.*

**ECHARPE** n. m. (fr. *écharpe*). Chal, prenda femenina.

**ECHAZÓN** n. f. MAR. Operación que consiste en echar al mar una parte o la totalidad de la carga de un barco con la finalidad de aligerarlo de peso.

**ÉCHEVIN** n. m. (voz francesa). HIST. En Francia, antiguo magistrado municipal. **2.** HIST. En los Países Bajos y en Bélgica, título de los magistrados adjuntos al burgomaestre.

**ECHÓN, NA** adj. y n. *Venez.* Fanfarrón, jactancioso.

**ECHONA** n. f. *Argent.* y *Chile.* Hoz para segar.

**ECIDIO** n. m. Forma de fructificación de la roya del trigo localizada en las hojas del agracejo.

**ECLAMPSIA** n. f. (gr. *eklampsis,* aparición súbita). Crisis convulsiva que sobreviene a las mujeres embarazadas debido a una toxicosis gravídica.

**ECLECTICISMO** n. m. Método que consiste en escoger de entre diversos sistemas las tesis que parecen más aceptables, para formar con ellas un cuerpo de doctrina. **2.** Doctrina así formada. **3.** Actitud artística que tiende a un sincretismo de elementos del pasado en una interpretación formal pretendidamente nueva. **4.** Disposición del espíritu que se adapta a todo lo que le parece bueno. **5.** *Fig.* Modo de proceder basado en la condescendencia parcial y no en soluciones extremas y bien definidas.

**ECLÉCTICO, A** adj. y n. (gr. *eklektikos*). Relativo al eclecticismo; adepto a este método o actitud.

**ECLESIA** o **ECCLESIA** n. f. (gr. *ekklēsia*). Asamblea de ciudadanos que gozaban de sus derechos políticos en una ciudad griega antigua, y particularmente en Atenas.

**ECLESIAL** adj. Relativo a la Iglesia: *comunidad eclesial.*

**ECLESIÁSTICO, A** adj. (lat. *eclesiasticum*). Relativo a la Iglesia. ◆ n. m. **2.** Clérigo, sacerdote.

**ECLESIOLOGÍA** n. f. Parte de la teología que trata de la naturaleza y vida de la Iglesia.

**ECLÍMETRO** n. m. Instrumento topográfico que sirve para medir las pendientes.

**ECLIPSABLE** adj. Que puede eclipsar o eclipsarse.

**ECLIPSAR** v. tr. y pron. [**1**]. Provocar un eclipse. **2.** Oscurecer, deslucir: *la gloria de César eclipsó la de Pompeyo.* ◆ **eclipsarse** v. pron. **3.** Desaparecer, evadirse, ausentarse: *eclipsarse de una reunión, de una fiesta.*

**ECLIPSE** n. m. (lat. *eclipsem*). ASTRON. Desaparición de un astro producida por la interposición de un cuerpo entre este astro y el ojo del observador o entre este astro y el Sol que lo ilumina. • **Eclipse de Luna,** desaparición de la Luna en el cono de sombra de la Tierra. ‖ **Eclipse de Sol,** desaparición del Sol producida por la interposición de la Luna entre este astro y la Tierra. ‖ **Eclipse parcial,** eclipse de un astro cuyo disco parece cortado. ‖ **Eclipse total,** eclipse en el que el astro desaparece totalmente.

**ECLÍPTICA** n. f. ASTRON. Círculo máximo de la esfera celeste descrito en un año por el Sol en su movimiento propio aparente, o por la Tierra en su movimiento real de revolución alrededor del Sol. **2.** ASTRON. Plano determinado por este gran círculo. • **Oblicuidad de la eclíptica,** ángulo del plano de la eclíptica con el del ecuador celeste.

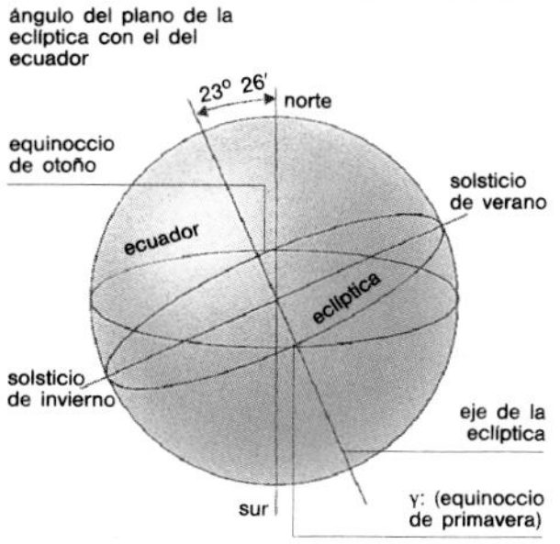


eclíptica

**ECLÍPTICO, A** adj. Relativo al eclipse o a la eclíptica.

**ECLISA** n. f. (fr. *éclisse*). Plancha metálica que une dos carriles.

**ECLOGITA** n. f. Roca metamórfica constituida por granate y piroxeno sódico, que se forma a muy alta presión.

**ECLOSIÓN** n. f. Brote, nacimiento, aparición súbita.

**ECMNESIA** n. f. (gr. *ek,* a partir de, y *mnesis,* memoria). SIQUIATR. Resurgimiento alucinador de momentos del pasado vividos con valor de presente.

**ECO** n. m. (lat. *echum*). Repetición de un sonido debido a la reflexión de las ondas sonoras por un obstáculo. **2.** Sonido que se percibe débil y confusamente: *oír el eco de los tambores.* **3.** *Fig.* Noticia vaga o rumor acerca de un suceso o de una situación: *el eco de un accidente.* **4.** Resonancia o difusión que abarca un suceso: *el eco de sus declaraciones.* **5.** *Fig.* Persona que imita a otra o está influida por la misma: *es el eco de su padre.* **6.** Onda electromagnética emitida por un radar que vuelve al punto de partida después de haber sido reflejada por un obstáculo. **7.** Imagen perturbadora de televisión, debida a una onda indirecta que ha recorrido un trayecto más largo que la onda directa. **8.** INFORMÁT. Método de comparación para detectar eventuales errores de transmisión, entre una señal emitida y una señal recibida, por reemisión de la señal recibida hacia el emisor de origen. • **Hacer eco** una cosa, hacerse notable y digno de atención y reflexión. ‖ **Hacerse eco,** aceptar algo y contribuir a su difusión. ‖ **Tener eco,** tener gran difusión.

**¡ECO!** o **¡ÉCOLE!** o **¡ECOLECUÁ!** interj. *Méx.* ¡Exactamente! **2.** *Méx.* ¡Aquí está!

**ECOENCEFALOGRAMA** n. m. Registro gráfico, por ecografía, de las estructuras del cerebro.

**ECOFISIOLOGÍA** n. f. Parte de la ecología que trata del funcionamiento de los procesos fisiológicos de los seres vivos, bajo la acción de factores ecológicos tales como la luz, la presión o la temperatura.

**ECOGRAFÍA** n. f. MED. Método de exploración del interior de un cuerpo, que utiliza la reflexión, o el eco, de los ultrasonidos en los órganos. **2.** MED. Imagen que se obtiene por este método. *(V. ilustración pág. 366.)*

**ECOLALIA** n. f. SIQUIATR. Hecho de repetir maquinalmente las palabras oídas.

**ECOLOCACIÓN** n. f. Modo particular de orientación basado en el principio del eco, que emplean algunos animales, como murciélagos y cetáceos, y aplicado por el hombre en sistemas como el radar.

**ECOLOGÍA** n. f. Estudio de las relaciones entre los seres vivos y el medio ambiente en que viven. **2.** Defensa y protección del medio ambiente.

■ La palabra *ecología* fue creada en 1866 por el biólogo alemán Ernst Haeckel. Sin embargo, la disciplina no adquirió importancia hasta la década de 1930, a partir de los trabajos relativos a la acción de las condiciones físicas del ambiente (factores *abióticos*) en los seres vivos y la acción de estos en su entorno (factores *bióticos*). Más tarde, la ecología se desarrolló con la integración de conocimientos de la biología y otras ciencias (geología, climatología, economía, etc.). La *ecología fundamental* estudia la estructura y el funcionamiento de los ecosistemas, en los que las transferencias de energía y materia (cadenas alimentarias, ciclos ecológicos) determinan la rapidez de crecimiento

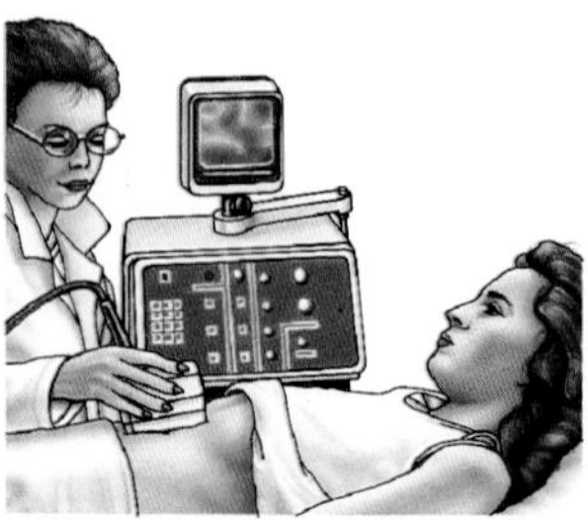

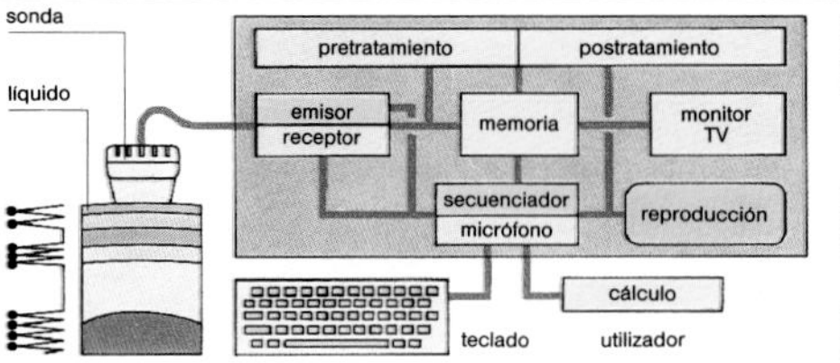


esquema del funcionamiento de un aparato de ecografía

una línea de ultrasonidos producida por un captador piezoeléctrico emisor y receptor

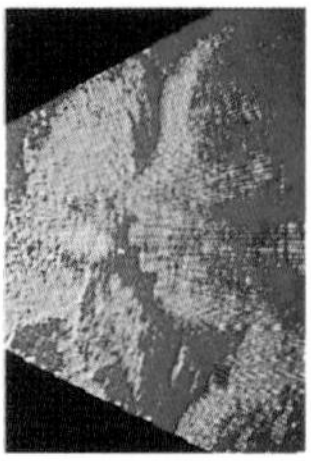

imagen ecográfica de la cabeza de un feto de siete meses

La ecografía consiste en enviar sobre una parte del cuerpo, a través de una sonda, ultrasonidos mediante breves impulsos sucesivos. El impulso ultrasonoro reflejado por los tejidos explorados constituye el eco, que se transforma en una señal de vídeo proyectada sobre una pantalla catódica. Según los tipos de sondas y las técnicas se obtienen imágenes de forma sectorial o rectangular.
La ecografía, inofensiva para la salud, se aplica principalmente a la observación de los tejidos blandos y en la vigilancia del embarazo.

**ecografía**

de la biomasa (productividad). La *ecología aplicada* tiene en cuenta la acción del hombre, con el fin de limitar las consecuencias nefastas de su actividad (degradación del ambiente, contaminación, reducción de la biodiversidad, etc.) y favorecer la gestión racional de la naturaleza. Al final de la década de 1960, las preocupaciones ecológicas han sido el motor de movimientos asociativos, ideológicos (*ecologismo*) y políticos.

**ECOLÓGICO, A** adj. Relativo a la ecología.

**ECOLOGISMO** n. m. Extensión y generalización de los conceptos de la ecología transferidos al terreno de la realidad social.

**ECOLOGISTA** adj. y n. m. y f. Relativo al ecologismo; persona interesada en la ecología o que forma parte de movimientos ecológicos.

**ECÓLOGO, A** n. Especialista en ecología. **2.** Defensor de la naturaleza y del medio ambiente.

**ECOMETRÍA** n. f. ARQ. Técnica de descubrir y modificar los puntos de reflexión de los sonidos en los edificios ya construidos o por construir.

**ECONOMATO** n. m. Cargo y despacho del ecónomo. **2.** Almacén de géneros o mercancías, creado y mantenido por un establecimiento industrial o comercial o por la administración, destinado exclusivamente a su personal, donde pueden adquirir los productos en condiciones económicamente ventajosas.

**ECONOMETRÍA** n. f. Investigación económica basada en el análisis matemático y en la estadística.

**ECONOMÉTRICO, A** adj. Relativo a la econometría.

**ECONOMÍA** n. f. (gr. *oikonomia*). Recta administración de los bienes: *vivir con economía.* **2.** Buena distribución del tiempo y de otras cosas inmateriales: *economía de esfuerzos.* **3.** Reducción de gasto: *economía de combustible, de palabras.* **4.** Conjunto de actividades de una colectividad humana relativas a la producción y consumo de las riquezas. **5.** Estructura económica: *la economía americana.* • **Economía concertada,** sistema económico intermediario entre la economía liberal, que supone la ausencia de toda intervención del estado, y la economía dirigida o planificada, que comporta una planificación autoritaria impuesta. ‖ **Economía de mercado,** sistema económico en el que los precios se regulan en función de la oferta y la demanda. ‖ **Economía doméstica,** o **privada,** administración de los hogares, de las familias, de las casas particulares. ‖ **Economía mixta,** sistema que permite organizar, en el seno de ciertas empresas, la colaboración entre las colectividades públicas y la iniciativa privada; coexistencia del sector público y el sector privado en economía. ‖ **Economía política,** disciplina singular que trata de las relaciones sociales de producción y distribución, así como las leyes que las regulan. ‖ **Economía rural,** parte de la economía política dedicada al mundo rural. ‖ **Economía social,** parte de la economía dedicada a las estructuras y organizaciones que permiten la participación activa de los trabajadores en el capital y gestión de las mismas, como las cooperativas o las sociedades anónimas laborales. ‖ **Economía sumergida,** actividad económica que se mantiene al margen de las normas legalmente establecidas para regular la producción o distribución de bienes, y que incluye desde actividades relativamente legales hasta algunas prohibidas o delictivas. ‖ **Sociedad de economía mixta,** sociedad industrial o comercial cuyo capital está retenido por colectividades públicas y capitalistas. ◆ **economías** n. f. pl. **6.** Ahorros: *gastar todas las economías.* **7.** Reducción de gastos en un presupuesto. • **Economías de escala,** ganancias logradas por una empresa mediante una reducción de los costes medios de producción a través de un aumento de sus dimensiones. ‖ **Economías externas,** las realizadas por empresas fuera de su propio esfuerzo y que son el resultado de un entorno económico favorable.

**ECONÓMICO, A** adj. Relativo a la economía: *problemas económicos.* **2.** Poco costoso: *producto económico.* **3.** Parco en gastar: *persona económica.*

**ECONOMISMO** o **ECONOMICISMO** n. m. Doctrina que da la primacía a los hechos económicos en la explicación de los fenómenos sociales y políticos.

**ECONOMISTA** adj. y n. m. y f. Especialista en economía.

**ECONOMIZAR** v. tr. **[1g]**. Ahorrar, reservar alguna parte del gasto ordinario: *economizar el dinero.* **2.** *Fig.* Ahorrar, evitar un trabajo, riesgo, dificultad, etc.: *economizar esfuerzos.*

**ECÓNOMO** n. m. y adj. Eclesiástico que regenta una parroquia vacante hasta el nombramiento del párroco, o bien por ausencia de éste.

**ECOPACIFISMO** n. m. Movimiento social o político que conjuga idearios ecologistas y pacifistas.

**ECOSISTEMA** n. m. ECOL. Conjunto de seres vivos en un mismo medio y de los elementos no vivos vitalmente unidos a ellos.

■ Los ecosistemas –un bosque, un lago, un campo cultivado o un simple charco de agua– son sistemas termodinámicamente abiertos que reciben energía del exterior (Sol, materia orgánica) y la transmiten a los ecosistemas vecinos a través de los flujos de materia o los desplazamientos de animales (migración). Su estudio se basa fundamentalmente en la teoría de sistemas y en la cibernética, que asimilan el ecosistema a un conjunto de elementos bióticos (especies) y abióticos en constante interacción. Un ecosistema será más estable cuanto mayor sea su diversidad. Esta complejidad sólo se obtiene en los ecosistemas maduros, generalmente antiguos.

**ECOTIPO** n. m. ECOL. Forma particular que adopta una especie viva cuando habita en un medio bien determinado, como la orilla del mar, alta montaña, aglomeración urbana, etc.

**ECOTONO** n. m. ECOL. Zona fronteriza entre dos medios naturales diferentes.

**ECOTURISMO** n. m. Actividad turística por la que se intenta disfrutar de la naturaleza sin dañar su equilibrio.

**ECOVIRUS** n. m. Virus del grupo enterovirus, que en el hombre actúa como agente de la meningitis, de erupciones cutáneas o de fiebres aisladas.

**ECTIMA** n. f. (gr. *ekthyma*). Infección en forma de costra de la piel.

**ECTINITA** n. f. Roca metamórfica que se ha formado por simple recombinación de la materia de una roca preexistente, sin aporte exterior.

**ECTODÉRMICO, A** adj. Relativo al ectodermo o que deriva de él.

**ECTODERMO** n. m. (de *ecto* y *dermo*). Capa u hoja embrionaria externa que proporciona la piel y sus anexos, y el sistema nervioso.

**ECTOPARÁSITO, A** adj. y n. m. ZOOL. Dícese de un parásito externo, como la pulga y la chinche de cama.

**ECTOPIA** n. f. Anomalía de la posición de un órgano, y especialmente de las vísceras.

**ECTOPLASMA** n. m. En parasicología, cuerpo material que se desprende del médium en estado de trance. **2.** CIT. Zona superficial hialina del citoplasma de determinados protozoos.

**ECTROPIÓN** n. m. (gr. *ektropion*). MED. Estado de los párpados vueltos hacia fuera.

**ECU** n. m. (siglas de *European currency unit*). Unidad monetaria de cuenta europea, elemento central del Sistema monetario europeo (S.M.E.), que entró en vigor en marzo de 1979.

**ECUACIÓN** n. f. (del lat. *aequare,* igualar). MAT. Igualdad que sólo se verifica para valores conve-

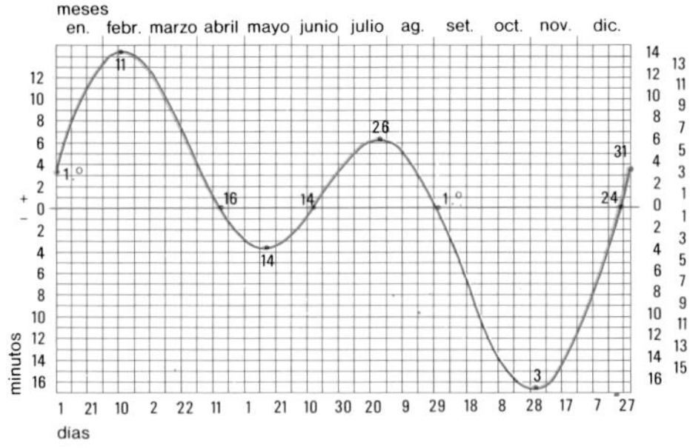


**ecuación** del tiempo

nientes de determinadas cantidades que figuran en ella, o incógnitas. **2.** Cantidad con la que debe ser modificada la posición de un cuerpo celeste para conducirlo a la posición que ocuparía si estuviera animado por un movimiento uniforme. • **Ecuación con varias incógnitas,** ecuación en la que figuran varias cantidades incógnitas *x, y, z...* cuyas soluciones son sistemas de valores de estas incógnitas. || **Ecuación de dimensión,** o **dimensional,** fórmula que indica cómo, en un sistema coherente de unidades, una unidad derivada depende de las unidades fundamentales. || **Ecuación de una curva,** en geometría plana, relación que une las coordenadas de un punto de esta curva; en geometría del espacio, sistema formado por las ecuaciones de dos superficies que, al cortarse, determinan la curva. || **Ecuación del tiempo,** diferencia entre el tiempo solar medio y el tiempo solar verdadero. || **Ecuación diferencial,** ecuación en la que figuran una función incógnita de una variable y sus derivadas de diferentes órdenes respecto a dicha variable. || **Ecuación en derivadas parciales,** ecuación en la que figuran una función incógnita de varias variables y sus derivadas parciales. || **Ecuación integral,** ecuación que une una función incógnita de una variable y una integral definida en la que figura dicha función. || **Ecuación personal,** corrección que debe hacerse a una observación de un fenómeno fugitivo, del que se quiere apreciar exactamente el instante en que se ha producido.

**ECUADOR** n. m. (del lat. *aequare,* igualar). Círculo imaginario de la esfera terrestre cuyo plano es perpendicular a la línea de los polos. **2.** MAT. Paralela de radio máximo de una superficie de revolución. • **Ecuador celeste,** gran círculo de la esfera celeste, perpendicular al eje del mundo y que sirve como punto de referencia para las coordenadas ecuatoriales. || **Ecuador magnético,** lugar de los puntos de la superficie terrestre en los que la inclinación es nula.

**ECUALIZADOR** n. m. ELECTR. Red que corrige tensiones y respuestas de amplitud y frecuencia o de fase y frecuencia, mediante una bobina especial que actúa como autotransformador.

**ECUÁNIME** adj. Que tiene ecuanimidad.

**ECUANIMIDAD** n. f. Tranquilidad, igualdad o constancia de ánimo. **2.** Imparcialidad de juicio.

**ECUATORIAL** adj. Relativo al ecuador. • **Clima ecuatorial,** clima de las regiones cercanas al ecuador, que se caracteriza por una temperatura constantemente elevada y una pluviosidad abundante y regular, con dos máximos, que corresponden a los equinoccios. || **Coordenadas ecuatoriales de un astro,** su ascensión recta y su declinación. || **Montura ecuatorial,** dispositivo que permite hacer girar un instrumento astronómico alrededor de dos ejes perpendiculares, uno de los cuales es paralelo al eje del mundo. || **Placa ecuatorial** (CIT.), plano mediano de una célula en el que los cromosomas fisurados se agrupan durante la mitosis, antes de separarse en dos grupos iguales. ◆ n. m. **2.** Telescopio o anteojo provisto de montura ecuatorial.

**ECUATORIANISMO** n. m. Vocablo o giro propio del lenguaje de los ecuatorianos.

**ECUATORIANO, A** adj. y n. De Ecuador. ◆ n. m. **2.** Modalidad adoptada por el español en Ecuador.

**ECUESTRE** adj. (lat. *equestrem*). Relativo al caballero, o a la orden y ejército de caballería. **2.** Relativo al caballo. **3.** Dícese de la representación plástica de una figura a caballo. • **Orden ecuestre,** clase privilegiada de la antigua Roma, compuesta por los caballeros.

**ECÚMENE** n. m. (gr. *oikumenē,* tierra habitada). Orbe, mundo habitado.

**ECUMENICIDAD** n. f. Carácter de lo que es ecuménico.

**ECUMÉNICO, A** adj. (gr. *oikumenikos*). Universal, que se extiende a todo el orbe. • **Concilio ecuménico,** concilio al que son invitados todos los obispos católicos y que preside el papa o sus legados.

**ECUMENISMO** n. m. Tendencia a la unión de todas las Iglesias cristianas en una sola.

■ El ecumenismo contemporáneo tiene su origen en la conferencia internacional protestante de Edimburgo (1910). El consejo ecuménico de las Iglesias, fundado en 1948, cuya sede se encuentra en Ginebra, agrupa a un gran número de Iglesias protestantes y a la mayor parte de las ortodoxas orientales. Tras el concilio Vaticano II (1962), la Iglesia católica, durante largo tiempo ajena a este movimiento, multiplicó los contactos con los no católicos y los no cristianos (encuentro auspiciado por el papa Juan Pablo II, el 27 de octubre de 1986, en Asís, de representantes de todas las religiones del mundo).

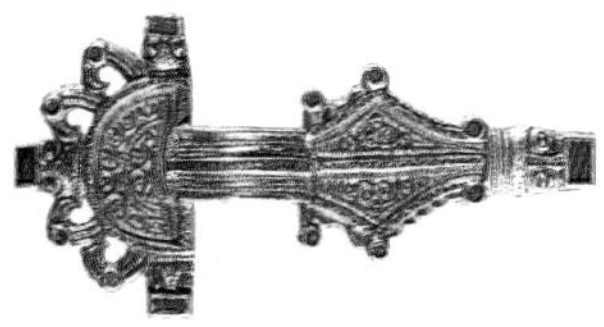

Fíbula de plata dorada (?), esmaltes y piedras preciosas (s. VI) procedentes de Douvrend (Seine-Maritime). [Museo municipal, Ruán.]
La fantasía en la decoración, abstracta, a pesar de los motivos de cabezas de pájaros con el pico curvo, es característica del arte del metal de los pueblos germánicos, antes y después de su asentamiento en la Galia.

Miniatura (que representa a san Marcos) del *Evangeliario de Carlomagno* escrito por el monje renano Godescalco entre 781 y 783. (Biblioteca nacional, París.) La vuelta, bajo la influencia de las tradiciones paleocristiana y bizantina, a cierta figuración naturalista permite hablar de un renacimiento carolingio de las artes.

Baptisterio (s. IX) de la iglesia de San Miguel de Tarrasa.
La construcción en piedra de época visigoda –aquí ocho columnas monolíticas sustentan una cúpula mediante arcos peraltados– prefigura el arte románico.

Página miniada del *Libro de Kells* (c. 800). [Trinity college, Dublin.]
Una de las obras maestras del arte irlandés, el evangeliario llamado de Kells fue caligrafiado y miniado en un taller monástico instalado en la isla de Iona (Escocia).
Las letras con abundante ornamentación de esta página presentan entrelazados de origen antiguo y germánico, llenos de pequeñas figuras, en un juego vertiginoso de espirales, herencia del arte céltico tardío de La Tène.

el arte de la alta **edad media**

estatua **ecuestre** de Felipe III (plaza Mayor de Madrid)

**ECUMENISTA** adj. y n. m. y f. Que demuestra ecumenismo; partidario del ecumenismo.

**ÉCUYÈRE** n. f. (voz francesa). Amazona de circo.

**ECZEMA** n. m. o f. Eccema.

**EDAD** n. f. (lat. *aetatem*). Tiempo que una persona ha vivido desde su nacimiento: *tiene veinte años de edad.* **2.** Tiempo, época: *edad de la ilusión; edad escolar.* **3.** Cada una de las divisiones empleadas en las periodizaciones de la prehistoria *(edad de piedra, edad de los metales)* y de la historia (*edad antigua* [hasta el s. V], *edad media* [del s. V a fines del s. XV], edad *moderna* [s. XV hasta la Revolución francesa], *edad contemporánea* [ss. XIX y XX]). • **De edad,** viejo o próximo a la vejez. || **Edad de oro,** período de esplendor. || **Edad del pavo,** adolescencia. || **Edad escolar,** aquella en la que los niños están legalmente sometidos a las obligaciones escolares. || **Edad mental,** nivel de desarrollo intelectual de una persona. || **Mayoría de edad** o **mayor edad,** edad fijada por la ley para el ejercicio de ciertos derechos civiles o políticos. || **Minoría de edad** o **menor edad,** la de una persona que no ha llegado a la mayoría de edad. || **Tercera edad,** período que sigue a la edad adulta, en la que cesan las actividades profesionales.

**EDÁFICO, A** adj. (gr. *edaphos,* suelo). Perteneciente o relativo al suelo. **2.** Dícese de los factores relacionados con el suelo y que tienen una profunda influencia en la distribución de los seres vivos.

**EDAFOGÉNESIS** n. f. Formación y evolución de los suelos.

**EDAFOLOGÍA** n. f. Ciencia que estudia las características físicas, químicas y biológicas de los suelos.

**EDAFOLÓGICO, A** adj. Relativo a la edafología.

**EDAFÓLOGO, A** n. Especialista en edafología.

**EDAM** n. m. (de *Edam*, c. de Holanda). Queso originario de Holanda, elaborado con leche de vaca, en forma de bola generalmente cubierta de parafina roja, y que en España se llama también queso de Holanda o queso de bola.

**EDECÁN** n. m. (fr. *aide de camp*). Ayudante de campo. **2.** *Irón.* Auxiliar, acompañante, correveidile. ◆ n. m. y f. **3.** *Méx.* Persona que en reuniones oficiales y actos públicos especiales atiende a los invitados o participantes.

**EDELWEISS** n. m. (alem. *edel*, hermoso, y *weiss*, blanco). Planta herbácea de notable lanosidad, que crece en las altas cumbres. (Familia compuestas.)

edelweiss

**EDEMA** n. m. Hinchazón patológica del tejido subcutáneo o de otros órganos, como el pulmón y la glotis, por infiltración de líquido seroso.

**EDEMATOSO, A** adj. Relativo al edema.

**EDÉN** n. m. (hebr. *'eden*, deleite). Según el Antiguo testamento, paraíso terrenal. (Suele escribirse con mayúscula.) **2.** Lugar agradable y ameno.

**EDÉNICO, A** adj. Relativo al edén.

**EDETANOS,** pueblo de la España primitiva que en la época de la romanización estaba establecido desde el Turia hasta Zaragoza, incluido el Maestrazgo, y cuyo centro era Edeta (act. Liria).

**EDICIÓN** n. f. Impresión o grabación y publicación de una obra, escrito o disco. **2.** Conjunto de ejemplares de una obra impresa de una sola vez sobre el mismo molde: *la segunda edición de un libro.* **3.** *Fig.* Cada celebración de un acto que generalmente se repite con determinada periodicidad: *la novena edición de una exposición.* **4.** INFORMÁT. Preparación de datos, en el curso de una operación de tratamiento en ordenador con vistas a una operación posterior; impresión, normalmente en forma de texto, de los resultados de los tratamientos en un ordenador. • **Edición crítica** (FILOL.), edición que tiene por objeto establecer el estado original de una obra a base del texto o los textos que de ella se conservan. ‖ **Edición diamante** (IMPR.) la hecha en tamaño pequeño y con caracteres muy menudos. ‖ **Edición princeps,** o **príncipe** (IMPR.), la primera de las que se han hecho de una obra.

**EDICTO** n. m. (lat. *edictum*). Mandato, decreto publicado por la autoridad competente. • **Edictos matrimoniales,** los que se fijan en razón de un matrimonio, para que quien tenga noticia de algún impedimento lo denuncie.

**EDÍCULO** n. m. (lat. *aediculum*). Edificio pequeño.

**EDIFICACIÓN** n. f. Acción y efecto de edificar. **2.** Construcción, obra construida.

**EDIFICADOR, RA** adj. y n. Que edifica o construye. ◆ adj. **2.** Edificativo.

**EDIFICANTE** adj. Edificativo.

**EDIFICAR** v. tr. (lat. *aedificare*) [**1a**]. Fabricar, construir: *edificar una casa.* **2.** *Fig.* Infundir, con el buen ejemplo, sentimientos de piedad y virtud.

**EDIFICATIVO, A** adj. Que incita a la virtud.

**EDIFICIO** n. m. Construcción hecha con materiales resistentes, destinada a vivienda o a otros usos.

**EDIL, LA** n. Concejal, miembro de un ayuntamiento. ◆ n. m. **2.** Magistrado romano encargado de la administración municipal.

**EDILICIO, A** adj. *Argent.* y *Urug.* Concerniente a los edificios o a la construcción.

**EDÍPICO, A** adj. Relativo al complejo de Edipo.*

**EDITAR** v. tr. [**1**]. Publicar por medio de la imprenta o por cualquier otro procedimiento mecánico, una obra, periódico, mapa, disco, etc. **2.** INFORMÁT. Presentar de una forma y sobre un soporte que faciliten su utilización los resultados de los tratamientos efectuados sobre un ordenador.

**EDITOR, RA** adj. Que edita. ◆ n. **2.** Persona o entidad que edita una obra costeando la publicación y administrándola comercialmente. **3.** Profesional que dirige o se encarga de la publicación de obras (libros, discos, etc.). **4.** Filólogo encargado de la presentación de un texto, estableciendo una edición crítica. ◆ n. m. **5.** INFORMÁT. Programa de utilidad que permite realizar ediciones, es decir, redactar, corregir, reorganizar y archivar textos.

**EDITORIAL** adj. Relativo al editor o a la edición. ◆ n. m. **2.** Artículo periodístico de fondo no firmado. ◆ n. f. **3.** Empresa que edita.

**EDITORIALISTA** n. m. y f. Persona que escribe el editorial de un periódico.

**EDOMETRÍA** n. f. Técnica que tiene por objeto el estudio y la medida del asiento de los suelos bajo los fundamentos.

**EDÓMETRO** n. m. Aparato de laboratorio que sirve para calcular el asiento del suelo bajo el peso de la edificación.

**EDOMITAS** o **IDUMEOS,** pueblo semítico establecido al SE del mar Muerto, descendiente de Esaú (*Edom*) y sometido por David. En la época grecorromana, los edomitas fueron llamados *idumeos.*

**EDREDÓN** n. m. (fr. *édredon*). Plumón muy fino con el que se confeccionan colchas y otras prendas de abrigo. **2.** Cobertor formado por dos tejidos superpuestos y unidos mediante pespuntes y relleno de una capa de plumón, miraguano o fibra artificial.

**EDUCABLE** adj. Capaz de ser educado.

**EDUCACIÓN** n. f. Acción y efecto de educar, formar, instruir. **2.** Conjunto de medios que desarrollan en los grupos y en los individuos la instrucción o las opiniones: *educación audiovisual.* **3.** Conocimiento de las costumbres y buenos modales de la sociedad: *persona sin educación.* • **Educación especial,** modalidad de enseñanza primaria que se dispensa a los niños a quienes no conviene un régimen normal de escolarización, por sus minusvalías físicas o mentales, o bien por su inadaptación social. ‖ **Educación física,** conjunto de ejercicios corporales que tienden a mejorar las cualidades físicas del hombre. ‖ **Educación general básica,** en el sistema educativo español derivado de la ley de 1970, nivel de educación primaria destinado a la población comprendida entre los seis y los trece años. (La ley de 1990 estructuró esta etapa educativa entre la educación primaria y el primer ciclo de la educación secundaria obligatoria.) ‖ **Educación infantil**, en el sistema educativo español actual, etapa de la enseñanza de los niños de 3 a 6 años, cuya escolaridad no es obligatoria. ‖ **Educación primaria**, en el sistema educativo español actual, etapa de escolaridad obligatoria de los niños de 6 a 12 años. ‖ **Educación secundaria**, conjunto de enseñanzas medias del sistema educativo español, derivado de la ley de 1990, que comprende la educación secundaria de escolaridad obligatoria (12 a 16 años), la formación profesional y el bachillerato. ‖ **Educación social,** conjunto de acciones de la educación no formal dirigida a colectivos con escasos recursos.

**EDUCACIONAL** adj. Relativo a la educación. **2.** *Amér.* Educativo.

**EDUCADOR, RA** adj. y n. Que educa. ◆ n. **2. Educador social,** profesional dedicado a la educación social.

**EDUCANDO, A** adj. y n. Que está recibiendo educación.

**EDUCAR** v. tr. (lat. *educare*) [**1a**]. Enseñar, adoctrinar, formar, instruir. **2.** Desarrollar o perfeccionar las facultades intelectuales y morales. **3.** Desarrollar las fuerzas físicas por medio del ejercicio. **4.** Perfeccionar, afinar los sentidos: *educar el oído.*

**EDUCATIVO, A** adj. Relativo a la educación: *sistema educativo.*

**EDULCORACIÓN** n. f. Adición de una sustancia edulcorante a un alimento o a un medicamento.

**EDULCORANTE** adj. y n. m. Dícese de las sustancias que comunican sabor dulce.

**EDULCORAR** v. tr. [**1**]. Añadir azúcar u otra sustancia dulce a un alimento o a un medicamento para modificar su sabor.

**EDUOS,** pueblo de la Galia céltica, cuya c. pral. era *Bibracte.* Aunque aliados de los romanos, se unieron temporalmente a Vercingetórix.

**EFE** n. f. Nombre de la letra *f.* ◆ **efes** n. f. pl. **2.** Aberturas que se hallan en el centro de la tabla superior del violín e instrumentos similares.

**EFEBO** n. m. (lat. *ephebum*). Mancebo, adolescente.

**EFECTISMO** n. m. Cualidad de efectista. **2.** Acción de las cosas efectistas.

**EFECTISTA** adj. Que causa más efecto del que corresponde: *recursos efectistas.* ◆ adj. y n. m. y f. **2.** Dícese de las personas que esperan causar mucho efecto: *orador efectista.*

**EFECTIVIDAD** n. f. Calidad de efectivo.

**EFECTIVO, A** adj. Que produce efecto: *métodos efectivos.* **2.** Real, verdadero: *poder efectivo.* • **Hacer efectivo,** ejecutar, realizar, llevar a cabo, pagar o cobrar una cantidad, crédito o documento. ◆ n. m. **3.** Numerario, moneda acuñada o dinero contante: *pagar en efectivo.* **4.** ESTADÍST. Número de elementos de una población o de una serie estadística. ◆ **efectivos** n. m. pl. **5.** Tropas que componen una unidad del ejército.

**EFECTO** n. m. (lat. *effectum*). Resultado de la acción de una causa: *el efecto de un medicamento.* **2.** Fin para que se hace una cosa: *lo explicó a efectos aclaratorios.* **3.** Impresión viva causada en el ánimo. **4.** Artículo de comercio. **5.** Fenómeno particular en física, biología, etc.: *efecto Joule.* **6.** Rotación que se imprime a una bola o a una pelota para que adquiera trayectorias voluntariamente anormales. • **Al efecto de, a efectos de,** o **para efectos de,** con la finalidad de. ‖ **Efecto de colusión,** efecto de comercio puesto en circulación sin que se haya realizado ningún negocio, con vistas a obtener, fraudulentamente, fondos por medio del descuento. ‖ **Efecto de comercio,** nombre genérico de cualquier título a la orden, transmisible por endoso, y que hace constar la obligación de pagar una cantidad de dinero en una época determinada. (La letra de cambio, el pagaré y el cheque son efectos de comercio.) ‖ **Efecto invernadero,** elevación de la temperatura de la atmósfera próxima a la corteza terrestre, por la dificultad de disipación de la radiación calorífica, debida a la presencia de una capa de óxidos de carbono procedentes de las combustiones industriales. ‖ **Efecto mariposa,** resultado que no es consecuencia de un proceso lineal y lógico, sino más bien de la casualidad o el imprevisto. ‖ **Efecto público,** título emitido por el estado, el municipio u otras entidades públicas. ‖ **En efecto,** expresión con que se asiente o se confirma algo. ‖ **Hacer efecto,** causar buena impresión. ‖ **Surtir efecto,** dar algo el resultado que se esperaba. ◆ **efectos** n. m. pl. **7.** Bienes, enseres: *efectos personales.* • **Efectos especiales,** trucajes cinematográficos.

**EFECTUAR** v. tr. y pron. [**1s**]. Ejecutar, realizar, llevar a cabo: *efectuar cambios; efectuar una compra.*

**EFEDRINA** n. f. Alcaloide extraído de la *Ephedra vulgaris,* que se usa en otorrinolaringología por sus efectos vasoconstrictores.

**EFÉLIDE** n. f. Pequeña mancha amarillenta de la epidermis.

**EFEMÉRIDES** n. f. pl. (lat. *ephemeridem*). Obra que enumera los acontecimientos previsibles a lo largo de un año. **2.** Libro que indica los acontecimientos sucedidos el mismo día del año, en diferentes épocas. **3.** Sucesos notables ocurridos en diferentes épocas, o su persistencia en el recuerdo. • **Efemérides astronómicas** (ASTRON.), tablas que dan, para cada día del año, los valores de algunas magnitudes astronómicas variables, en particular las de las coordenadas de los planetas, de la Luna y del Sol.

**EFENDI** n. m. (voz turca). Título que recibían los sabios, magistrados y dignatarios en el Imperio otomano.

**EFERENCIA** n. f. Transmisión de sangre u otras sustancias, o de un impulso energético, desde una parte del organismo a otra que con respecto a ella es considerada periférica.

**EFERENTE** adj. ANAT. Dícese de los nervios o de los vasos que salen de un órgano y que van desde el centro hacia la periferia.

**EFERVESCENCIA** n. f. Desprendimiento de burbujas gaseosas a través de un líquido. **2.** *Fig.* Agitación, inquietud: *efervescencia política.*

**EFERVESCENTE** adj. (lat. *effervescentem*). Que está o puede estar en efervescencia.

**EFESIO, A** o **EFESINO, A** adj. y n. De Éfeso.

**EFICACIA** n. f. Actividad, fuerza para obrar.

**EFICAZ** adj. (lat. *efficacem*). Activo, poderoso para obrar: *persona eficaz.* **2.** Que tiene la virtud de producir el efecto deseado: *remedio eficaz.* • **Intensidad eficaz de una corriente alterna,** intensidad de una corriente continua que produciría el mismo desprendimiento de calor en el mismo conductor en el mismo intervalo de tiempo.

**EFICIENCIA** n. f. (lat. *efficientiam*). Poder y facultad para obtener un efecto determinado: *la eficiencia de una máquina.* **2.** Aptitud, competencia, en el trabajo que se desempeña.

**EFICIENTE** adj. Que tiene eficiencia: *persona eficiente.* • **Causa eficiente,** en la filosofía escolástica, fenómeno que provoca otro.

**EFIGIE** n. f. (lat. *effigiem*). Imagen, representación de una persona real y verdadera. **2.** *Fig.* Personificación, representación viva de una cosa ideal: *la efigie del dolor.*

**EFÍMERO, A** adj. (gr. *ephēmeros*). Que dura un solo día. **2.** Pasajero, de corta duración: *amor efímero.*

**EFLORESCENCIA** n. f. QUÍM. Transformación de las sales hidratadas que pierden parte del agua de cristalización en contacto con el aire. **2.** QUÍM. Polvo resultante de este proceso.

**EFLORESCENTE** adj. Que se halla en estado de eflorescencia. **2.** Dícese de los minerales cubiertos por una capa de óxido metálico.

**EFLUENTE** adj. Dícese de un fluido que brota o mana de una fuente. ◆ n. m. **2. Efluente pluvial,** aguas residuales de lluvia. ‖ **Efluente urbano,** conjunto de las aguas sobrantes, residuales y superficiales evacuadas por las alcantarillas de las poblaciones.

**EFLUVIO** n. m. (lat. *effluvium*). Emisión o exhalación de pequeñas partículas o vapores de un cuerpo. **2.** *Fig.* Irradiación en lo inmaterial: *efluvios de simpatía.* **3.** ELECTR. Descarga eléctrica de luminiscencia débil, que se produce en la proximidad de un conductor, sin caldeo importante de éste.

**EFOD** n. m. Vestidura litúrgica de los sacerdotes israelitas.

**EFORATO** n. m. Dignidad de éforo.

**ÉFORO** n. m. Magistrado de Esparta, elegido anualmente.

**EFUSIÓN** n. f. (lat. *effusionem*). Derramamiento de un líquido: *efusión de sangre.* **2.** Salida de un gas por un poro u orificio pequeño. **3.** *Fig.* Expansión, expresión de sentimientos afectuosos o alegres: *saludar con efusión.*

**EFUSIVO, A** adj. Que siente o manifiesta efusión de los sentimientos. • **Roca efusiva** (GEOL.), roca resultante de un enfriamiento del magma desparramado en contacto con el aire.

**EGARENSE** adj. y n. m. y f. Tarrasense.

**E.G.B.,** siglas de *educación general básica.*

**EGEO, A** adj. Relativo al Egeo. ◆ adj. y n. **2.** Relativo a un conjunto de pueblos prehelénicos, cuya civilización se desarrolló en las islas y en las costas del mar Egeo en el III y II milenios a. J.C. y a los que sucedió la civilización micénica; individuo de estos pueblos. ◆ n. m. **3.** Dialecto del griego moderno hablado en las islas del mar Egeo.

**EGESTA** n. f. Conjunto de materias expulsadas por el tubo digestivo.

**ÉGIDA** o **EGIDA** n. f. (lat. *aegidem*). Escudo o coraza maravillosos de Zeus y de Atenea. **2.** *Fig.* Protección, defensa.

**EGIPÁN** n. m. Ser fabuloso, mitad cabra, mitad hombre.

**EGIPCÍACO, A** o **EGIPCIACO, A** adj. y n. Egipcio.

**EGIPCIO, A** adj. y n. De Egipto. ◆ n. m. **2.** Lengua camitosemítica del antiguo Egipto.

**EGIPTOLOGÍA** n. f. Estudio de la antigüedad egipcia.

**EGIPTOLÓGICO, A** adj. Relativo a la egiptología.

**EGIPTÓLOGO, A** n. Especialista en egiptología.

**EGLANTINA** n. f. Planta arbustiva espinosa, de hojas alternas con estípulas y bellas flores. (Familia rosáceas.)

**EGLEFINO** n. m. Pez del mar del Norte, de 1 m de long., parecido al bacalao, que una vez ahumado proporciona el haddock. (Familia gádidos.)

**ÉGLOGA** n. f. (lat. *eclogam*). Composición poética de tema pastoril.

**EGO** n. m. (pron. pers. lat.). FILOS. Yo como sujeto pensante. **2.** SICOANÁL. Yo.

**EGOCÉNTRICO, A** adj. y n. Caracterizado por el egocentrismo.

**EGOCENTRISMO** n. m. Tendencia a considerar sólo el propio punto de vista y los propios intereses.

**EGOÍSMO** n. m. (fr. *égoïsme*). Afecto excesivo de alguien para consigo mismo.

**EGOÍSTA** adj. y n. m. y f. Que tiene o manifiesta egoísmo.

**EGÓLATRA** adj. y n. m. y f. Que manifiesta egolatría.

**EGOLATRÍA** n. f. Culto excesivo de la propia persona.

**EGOLÁTRICO, A** adj. Relativo a la egolatría.

**EGOTISMO** n. m. Manía de hablar de sí mismo; sentimiento exagerado de la propia personalidad y del propio valor.

**EGOTISTA** adj. y n. m. y f. Que manifiesta egotismo.

**EGREGIO, A** adj. (lat. *egregium*). Insigne, ilustre: *un personaje egregio.*

**EGRESAR** v. intr. **[1]**. *Amér.* Terminar un ciclo de estudios medios y superiores con la obtención del título correspondiente.

**EGRESO** n. m. (lat. *egresum*). Salida, partida de descargo. **2.** *Amér.* Acción de egresar, terminar los estudios. **3.** ECON. Gasto.

**¡EH!** interj. Se emplea para preguntar, llamar, despreciar, reprender o advertir.

**EÍDER** n. m. (islandés *aedur*). Pato de gran tamaño, unos 60 cm de long., que anida en las costas escandinavas y es muy buscado por su plumón.

**eíder** macho

**EIDÉTICO, A** adj. (gr. *eidētikos*). FILOS. En fenomenología, relativo a la esencia de las cosas. • **Imagen eidética** (SICOL.), reviviscencia de una percepción después de cierto tiempo de latencia.

**EIDETISMO** n. m. Facultad de volver a ver, con gran agudeza sensorial, objetos percibidos cierto tiempo atrás, sin creer en la realidad material del fenómeno.

**EINSTENIO** n. m. (de A. *Einstein,* físico alemán). Elemento químico artificial de la familia de los curios, de número atómico 99 y símbolo Es.

**EIRÁ** n. m. *Argent.* y *Par.* Pequeño carnívoro semejante al hurón, de poco más de un metro de long., de patas relativamente largas, pelaje pardo oscuro, corto y liso, que se alimenta de pequeños mamíferos y de miel.

**EJE** n. m. (lat. *axem*). Varilla o barra que atraviesa un cuerpo giratorio y le sirve de sostén en el movimiento. **2.** Pieza transversal, situada en la parte inferior de un vehículo y afirmada en el cubo de las ruedas en las que aquél se apoya. **3.** Línea imaginaria alrededor de la cual se mueve un cuerpo: *el eje de la Tierra.* **4.** Línea que divide por la mitad una superficie: *el eje de la calzada.* **5.** *Fig.* Punto esencial de una obra o empresa: *el eje de un negocio, de una novela.* **6.** *Fig.* Fundamento de un raciocinio, escrito, conducta, etc.: *el eje de una nueva ideología.* • **Eje cerebrospinal,** conjunto de la médula espinal y del encéfalo. ‖ **Eje de repetición,** o **de simetría de orden n de una figura,** recta tal que la figura coincide con su posición primitiva después de una rotación de $\frac{1}{n}$ vuelta alrededor de dicha recta. ‖ **Eje de revolución,** recta alrededor de la cual una figura de revolución se superpone a sí misma por rotación. ‖ **Eje de rotación,** recta alrededor de la cual puede girar una figura o cuerpo sólido. ‖ **Eje de simetría,** recta en relación a la cual los puntos de una figura son simétricos dos a dos. ‖ **Eje del mundo,** diámetro que pasa por los polos de la esfera celeste y es perpendicular al ecuador celeste. ‖ **Eje óptico de una lente,** recta que pasa por los centros de curvatura de sus dos caras. ‖ **Ejes de referencia,** rectas que se cortan y en relación a las cuales se puede fijar la posición de un elemento variable. ‖ **Partir a** alguien **por el eje** *(Fam.),* causarle un perjuicio o contrariedad.

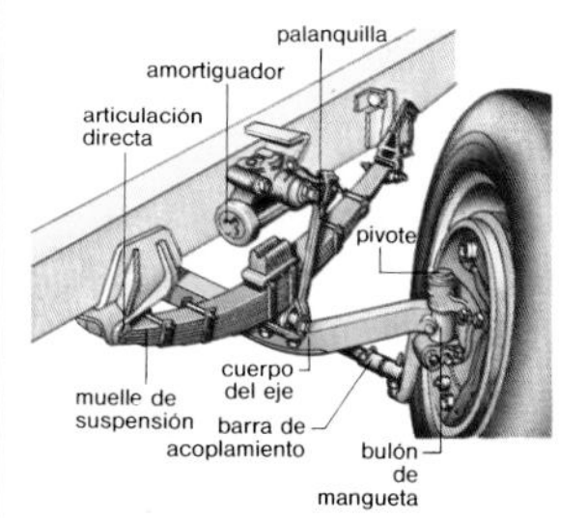


**eje** rígido de un automóvil

**EJECUCIÓN** n. f. Acción y efecto de ejecutar: *la ejecución de un plan, de una obra musical.* **2.** Manera de ejecutar algo: *una ejecución impecable.* **3.** Aplicación de la pena de muerte.

**EJECUTAR** v. tr. (del lat. *exsequi,* seguir hasta el final) **[1]**. Realizar, hacer una cosa ideada o proyectada: *ejecutar un proyecto.* **2.** Hacer una cosa por mandato o encargo: *ejecutar las órdenes.* **3.** Realizar una acción, obra, acto, etc.: *ejecutar un trabajo.* **4.** Ajusticiar: *ejecutar a un condenado.* **5.** Tocar una pieza musical: *ejecutar una sonata.* **6.** DER. Reclamar el cumplimiento de una deuda o la aplicación de una sentencia por vía o procedimiento ejecutivo. **7.** INFORMÁT. Interpretar la unidad central de un sistema informático las instrucciones de un programa cargado en la memoria principal.

**EJECUTIVA** n. f. Junta directiva de una asociación.

**EJECUTIVO, A** adj. Que no da espera ni permite que se difiera la ejecución: *orden ejecutiva.* ◆ adj. y n. m. **2.** Dícese del poder encargado de aplicar las leyes. ◆ n. **3.** Persona que ejerce tareas directivas en una organización empresarial.

**EJECUTOR, RA** adj. y n. Que ejecuta. ◆ n. m. **2. Ejecutor de la justicia,** verdugo.

**EJECUTORIA** n. f. Diploma en que consta legalmente la nobleza de una persona o familia. **2.** Timbre, acción gloriosa. **3.** DER. Sentencia que alcanzó la firmeza de cosa juzgada.

**EJECUTORIO, A** adj. DER. Firme, invariable.

**EJEMPLAR** adj. Que sirve de ejemplo o que merece ser puesto como ejemplo: *vida ejemplar.* **2.** Que sirve de enseñanza por escarmentar: *castigo ejemplar.* ◆ n. m. **3.** Cada una de las obras obtenidas de un mismo original: *edición de diez mil ejemplares.* **4.** Cada uno de los individuos de una especie, raza, género, etc. **5.** Cada uno de los objetos que forman una colección.

**EJEMPLARIDAD** n. f. Calidad de ejemplar.

**EJEMPLARIZAR** v. tr. **[1g]**. Dar ejemplo o buen ejemplo.

**EJEMPLIFICACIÓN** n. f. Acción y efecto de ejemplificar.

**EJEMPLIFICAR** v. tr. **[1a]**. Demostrar o autorizar con ejemplos.

**EJEMPLO** n. m. (lat. *exemplum*). Caso o hecho digno de ser imitado: *un ejemplo a seguir.* **2.** Acción o conducta de alguien, que puede mover o inclinar a otros a que la imiten: *comportamiento que sirve de ejemplo.* **3.** Hecho o texto que se cita para comprobar, ilustrar o autorizar una aserción: *apoyar un razonamiento con un ejemplo.* • **Dar ejemplo,** incitar con las propias obras la imitación de los demás. || **Por ejemplo,** se emplea cuando se va a citar un ejemplo.

**EJERCER** v. tr. e intr. (lat. *exercere*) **[2a]**. Realizar las actividades propias de una profesión: *ejercer de médico; ejercer la abogacía.* **2.** Realizar una acción, influjo, poder, etc.: *ejercer la tiranía; ejercer un control.*

**EJERCICIO** n. m. (lat. *exercitium*). Acción de ejercitarse u ocuparse en una cosa: *esto sólo se aprende tras un largo ejercicio; hacer ejercicios al piano.* **2.** Acción y efecto de ejercer: *el ejercicio del poder.* **3.** Esfuerzo corporal o intelectual que tiene por objeto la adquisición de una facultad o de la salud: *hacer ejercicio diario; el ejercicio de la voluntad.* **4.** Cada una de las pruebas que se hacen en los exámenes o en las oposiciones. **5.** Trabajo intelectual que sirve de práctica de las reglas establecidas en una lección. **6.** Período comprendido entre dos inventarios contables o dos presupuestos. • **En ejercicio,** dícese del que ejerce o hace uso de su profesión o cargo. ◆ **ejercicios** n. m. pl. **7.** Sesión de instrucción militar práctica. • **Ejercicios espirituales,** práctica religiosa en que un grupo de personas, bajo la dirección de un sacerdote que les predica, se dedican durante un cierto número de días a la oración y meditación.

**EJERCITACIÓN** n. f. Acción de ejercitarse o de ocuparse en hacer algo.

**EJERCITANTE** n. m. y f. Persona que hace ejercicios de oposición o ejercicios espirituales.

**EJERCITAR** v. tr. (lat. *exercitare*) **[1]**. Usar un poder, facultad, etc., sin un fin determinado: *ejercitar un derecho.* **2.** Dedicarse al ejercicio de un arte, oficio o profesión: *ejercitar la pintura.* ◆ v. tr. y pron. **3.** Hacer que se practique algo para adiestrarse en ello: *ejercitarse en esgrima.*

**EJÉRCITO** n. m. (lat. *exercitum*). Conjunto de las fuerzas militares, de una nación, en especial las fuerzas terrestres: *el ejército español.* **2.** Gran unidad formada por varios cuerpos de ejército, así como por unidades homogéneas y servicios auxiliares. **3.** Conjunto numeroso de gente de guerra unida en un cuerpo a las órdenes de un general. **4.** *Fig.* Colectividad numerosa, multitud.

■ A lo largo de la historia la forma y la importancia de los ejércitos reflejaron la demografía, la evolución técnica, la riqueza y el tipo de sociedad de donde surgieron las guerras. Se distinguen diversos tipos de ejércitos que han podido coexistir simultáneamente. Desde la antigüedad los ejércitos de mercenarios, compuestos por extranjeros contratados por un estado o un soberano, participaron en los conflictos regionales. Los ejércitos feudales constituyeron la reunión temporal de vasallos bajo la autoridad de un señor (nobles a caballo rodeados de soldados a pie). Los ejércitos, formados por habitantes de una nación obligados a servir durante un largo plazo, caracterizan los sistemas militares europeos del s. XIX. En el ejército nacional, todo ciudadano es un soldado potencial. Los avances de la táctica y de la técnica, y el deseo de disponer de forma automática de una fuerza armada (ejército permanente) llevó a los estados a instaurar el servicio militar activo, seguido de la posibilidad de incorporación al ejército de reserva o al ejército territorial. Una de estas formas es la milicia, que existió ya en las repúblicas comunales de la edad media y que en la actualidad está en vigor en Suiza; este tipo de ejército se basa en fuerzas reclutadas entre los habitantes de una nación llamados a un servicio corto, con una movilización rápida.

**EJIDAL** adj. Relativo al ejido.

**EJIDARIO, A** n. *Méx.* Persona que forma parte de un ejido.

**EJIDATARIO, A** n. Campesino que disfruta de tierras en un ejido.

**EJIDO** n. m. (lat. *exitum,* salida). Terreno inculto en las afueras de una población, destinado a usos comunes diversos, como lugar de recreo, para establecer las eras, estacionar el ganado, etc. **2.** *Méx.* Terreno concedido por el gobierno a un grupo de campesinos para su explotación.

**EJOTE** n. m. *Amér. Central* y *Méx.* Judía verde. **2.** *Amér. Central* y *Méx. Fig.* Puntada grande y mal hecha en la costura.

**EL, LA, LOS, LAS** art. det. Se anteponen a los sustantivos para individualizarlos y para indicar su género y número.

**ÉL** pron. pers. m. de 3.ª persona (lat. *illum*). Funciona como sujeto: *él no lo sabe.* **2.** Puede ser complemento cuando va precedido de una preposición: *sale con él.* **3.** A veces, funciona como adjetivo calificativo predicado: *es muy él.*

**ELABORACIÓN** n. f. Acción y efecto de elaborar: *la elaboración de un sistema; pan de elaboración casera.* • **Elaboración de los metales** (METAL.), conjunto de operaciones que permiten extraer el metal de su mineral, tras el refinado del metal bruto, para obtener un metal puro.

**ELABORAR** v. tr. (lat. *elaborare*) **[1]**. Preparar un producto para un determinado fin por medio de un trabajo adecuado: *elaborar el chocolate.* **2.** Idear algo complejo: *elaborar un plan.* **3.** METAL. Practicar una elaboración.

**ELACIÓN** n. f. (lat. *elationem*). Elevación, nobleza de espíritu.

**ELAFEBOLIAS** n. f. pl. ANT. GR. Fiestas en honor de Artemisa cazadora. (Se celebraban en Atenas y en Fócida, en el mes de elafebolión.)

**ELAFEBOLIÓN** n. m. ANT. GR. En el calendario ático, noveno mes del año (marzo-abril).

**ELÁFODO** n. m. Mamífero artiodáctilo rumiante, llamado también ciervo de mechón, por su mechón de largos pelos en lo alto de la cabeza.

**ELÁGICO, A** adj. **Ácido elágico** (QUÍM.), ácido obtenido por oxidación del ácido gálico.

**ELASTICIDAD** n. f. Calidad de elástico. **2.** Propiedad que poseen determinados cuerpos de recuperar su forma cuando la fuerza que los deformaba deja de actuar. **3.** ECON. Facultad de variación de un fenómeno en función de la variación de otro. • **Límite de elasticidad,** valor máximo de la fuerza deformadora que actúa sobre un cuerpo cuya deformación desaparece totalmente cuando cesa la fuerza. || **Módulo de elasticidad,** cociente entre la deformación producida por una fuerza y el valor de ésta.

**ELÁSTICO, A** adj. Dícese del cuerpo que se puede estirar o deformar, y, al cesar la fuerza que lo altera, recobrar más o menos su forma anterior: *material elástico.* **2.** *Fig.* Acomodadizo, que puede ajustarse a distintas circunstancias: *moral elástica.* ◆ n. m. **3.** Tejido, cinta o cordón elástico. **4.** Parte superior del calcetín, hecha de un punto más elástico que el resto para que ajuste a la pierna.

**ELASTÓMERO** n. m. (gr. *elastos,* dúctil, y *meros,* parte). Polímero natural o sintético que presenta propiedades elásticas.

**ELATÉRIDO, A** adj. y n. m. Relativo a una familia de insectos coleópteros que al caer sobre el dorso, saltan produciendo un ruido seco. (Las larvas de la familia *elatéridos,* a menudo vegetarianas, son perjudiciales.)

**ELATERIO** n. m. Cohombro silvestre.

**ELATIVO** n. m. (lat. *elativum,* que eleva). LING. Superlativo absoluto.

**ELE** n. f. Nombre de la letra *l.*

**¡ELE!** interj. *Fam.* Se usa para asentir o jalear.

**ELEATA** adj. y n. m. y f. Eleático.

**ELEÁTICO, A** adj. y n. De Elea. **2.** Relativo a la escuela filosófica de Elea; miembro de dicha escuela.

**ELÉBORO** n. m. Planta vivaz, de hojas en abanico, cuyas flores se abren en invierno. (Familia ranunculáceas.) • **Eléboro blanco,** planta herbácea de hojas anchas y flores agrupadas en panículas, cuya cepa, carnosa, es venenosa.

**ELECCIÓN** n. f. Acción y efecto de elegir. **2.** Nombramiento de una persona para un cargo, hecho por votación. • **Elección de domicilio** (DER.), acto por el que se elige un domicilio legal. || **Tratamiento de elección,** forma de tratamiento más idónea para una determinada afección. ◆ **elecciones** n. f. pl. **3.** Votación para elegir cargos.

**ELECCIONARIO, A** adj. *Amér.* Electoral.

**ELECTIVIDAD** n. f. Calidad de electivo.

**ELECTIVO, A** adj. Que se hace o se da por elección: *cargo electivo.*

**ELECTO, A** adj. (lat. *electum*). Que ha sido elegido. ◆ adj. y n. **2.** Dícese de la persona elegida para una dignidad, empleo, cargo, etc., mientras no toma posesión: *el presidente electo.*

**ELECTOR, RA** adj. y n. Que elige o tiene derecho o potestad para elegir. ◆ n. **2.** Persona que reúne las condiciones exigidas por la ley para ejercitar el derecho de sufragio. ◆ n. m. **3.** HIST. Miembro de un colegio constituido, en 1138, por tres arzobispos y cuatro duques, para proponer a la dieta germánica un candidato para el Sacro imperio. (A partir de 1438 el colegio de electores dejó de influir en la elección del emperador y la corona pasó a ser monopolio de los Habsburgo.)

**ELECTORADO** n. m. Conjunto de electores, cuerpo electoral. **2.** HIST. Dignidad de los príncipes u obispos electores en el Sacro imperio romano germánico. **3.** HIST. País sometido a la jurisdicción de un elector germánico: *el electorado de Trèves.*

**ELECTORAL** adj. Relativo a la dignidad o a la calidad de elector. **2.** Relativo a los electores o a las elecciones: *ley electoral.* **3.** HIST. Relativo a la dignidad o a la calidad de elector del Sacro imperio.

**ELECTORALISMO** n. m. Intervención de consideraciones puramente electorales en la política de un partido.

**ELECTORALISTA** adj. y n. m. y f. Relativo al electoralismo; partidario de esta actitud.

**ELECTRETO** n. m. (ingl. *electret*). Cuerpo cuyas moléculas conservan una orientación dada por las líneas de fuerza de un campo eléctrico.

**ELECTRICIDAD** n. f. Nombre que se da a una de las formas de energía, que manifiesta su acción por fenómenos mecánicos, caloríficos, luminosos, químicos, etc. **2.** Aplicaciones de esta energía. • **Cantidad de electricidad,** producto de la intensidad de una corriente eléctrica por el tiempo de circulación. || **Electricidad animal,** descargas producidas por diversos peces que paralizan así a sus presas o a sus depredadores. SIN.: *bioelectricidad.*

■ La materia está constituida por átomos que contienen un número igual de electrones (de carga negativa) que de protones (de carga positiva): por tanto, es eléctricamente neutra. Un déficit de electrones da lugar a una carga eléctrica positiva; un exceso de electrones, a una carga eléctrica negativa. La electricidad, que se ocupa de su estudio, abarca varios campos. La *electrostática* es el estudio de las cargas en reposo; la *electrocinética,* el de las cargas en movimiento. Teorías en principio distintas, la electricidad y el magnetismo se unificaron en el *electromagnetismo.* En efecto, una corriente eléctrica crea una inducción magnética, y un imán en movimiento es capaz de inducir una corriente en un conductor. Esto permite dilucidar la naturaleza de las ondas de radio, de la luz, de los rayos X o de los gamma, que son ondas electromagnéticas de la misma naturaleza, pero de frecuencias distintas. Gracias al electromagnetismo, la electricidad encontró aplicaciones industriales y se convirtió en un indicador energético sinónimo de desarrollo económico. De esta manera, las corrientes alternas, durante mucho tiempo desconocidas, dieron lugar a las aplicaciones industriales más importantes de la *electrotécnica.* Su utilización en alta frecuencia permitió la comunicación a largas distancias, al mismo tiempo que el descubrimiento de la estructura granular condujo al desarrollo de la *electrónica.*

**ELECTRICISTA** adj. y n. m. y f. Dícese del especialista en electricidad o en instalaciones eléctricas.

**ELÉCTRICO, A** adj. Relativo a la electricidad o que es producido por ella: *luz eléctrica.* **2.** Que sirve para producir electricidad o es utilizado por ella: *aparato eléctrico.*

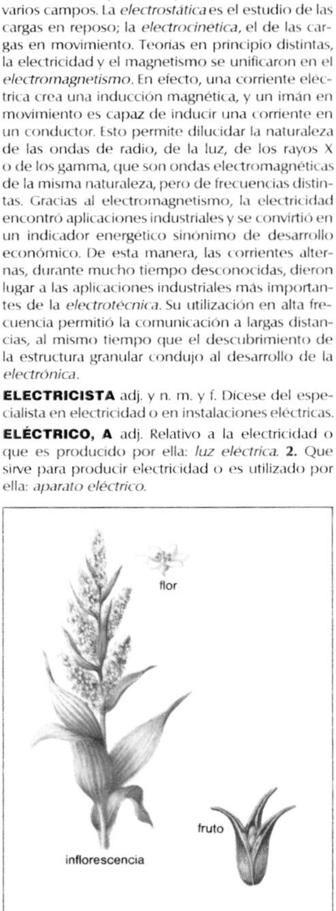


**eléboro** blanco

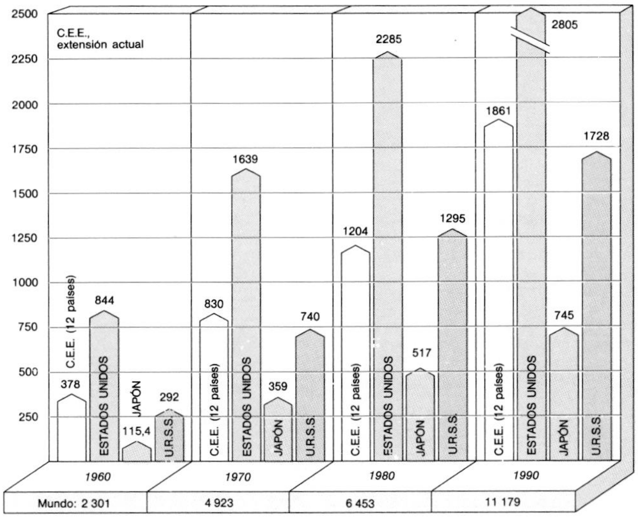


**electricidad:** producciones comparadas (en miles de millones de kWh)

**ELECTRIFICACIÓN** n. f. Transformación de una máquina, de una instalación, etc., para hacerlas funcionar mediante energía eléctrica. **2.** Establecimiento de instalaciones que tienen por objeto el suministro o la utilización de energía eléctrica.

**ELECTRIFICAR** v. tr. [**1a**]. Proceder a una electrificación.

**ELECTRIZABLE** adj. Susceptible de adquirir las propiedades eléctricas.

**ELECTRIZACIÓN** n. f. Acción y efecto de electrizar.

**ELECTRIZADOR, RA** adj. y n. Que electriza.

**ELECTRIZANTE** adj. Que electriza o sirve para electrizar.

**ELECTRIZAR** v. tr. y pron. [**1g**]. Comunicar o producir la electricidad en un cuerpo. **2.** *Fig.* Entusiasmar, emocionar.

**ELECTRO** n. m. Ámbar. **2.** Aleación natural de cuatro partes de oro y una de plata, cuyo color es muy parecido al del ámbar.

**ELECTROACÚSTICO, A** adj. y n. f. Dícese de la técnica de conversión de las señales acústicas en señales eléctricas y viceversa, cuya finalidad es la producción, transmisión, grabación y reproducción de los sonidos. **2.** Dícese de la música que utiliza esta técnica. (La música electroacústica agrupa a la *música concreta* y la *música electrónica*.)

**ELECTROAFINIDAD** n. f. Cualidad que presenta un elemento químico para transformarse en ion, captando o perdiendo electrones.

**ELECTROCAPILARIDAD** n. f. Variación de la tensión superficial debido a la acción de un campo eléctrico.

**ELECTROCARDIOGRAFÍA** n. f. Técnica de la realización e interpretación de los electrocardiogramas.

**ELECTROCARDIÓGRAFO** n. m. Aparato que permite establecer el trazado del electrocardiograma sobre papel o película.

**ELECTROCARDIOGRAMA** n. m. Gráfico que se obtiene mediante el registro de las corrientes producidas por la contracción del músculo cardíaco y permite el diagnóstico de las afecciones del miocardio y de los trastornos del ritmo.

**ELECTROCAUTERIO** n. m. MED. Instrumento empleado para la coagulación de los tejidos mediante el calor, y que realiza su acción por medio de una corriente eléctrica.

**ELECTROCHOQUE** n. m. Electroshock.

**ELECTROCINESIS** n. f. ETOL. Desplazamiento de un animal provocado por un campo eléctrico.

**ELECTROCINÉTICA** n. f. Estudio de las corrientes eléctricas.

**ELECTROCOAGULACIÓN** n. f. MED. Técnica de destrucción de los tejidos mediante corrientes de alta frecuencia, utilizada para destruir algunos tumores sin riesgo de diseminación ni hemorragia.

**ELECTROCOPIA** n. f. Procedimiento de reproducción de imágenes basado en la electrostática.

**ELECTROCUCIÓN** n. f. Muerte producida por el paso de una corriente eléctrica por el organismo.

**ELECTROCUTAR** v. tr. y pron. [**1**]. Matar o morir por electrocución.

**ELECTRODEPOSICIÓN** n. f. Procedimiento electrolítico de obtención de una capa fina de metal.

**ELECTRODIAGNÓSTICO** n. m. Diagnóstico de las enfermedades de los nervios y de los músculos mediante su excitación con una corriente eléctrica moderada.

**ELECTRODIÁLISIS** n. f. Purificación iónica de un líquido entre dos membranas semipermeables en presencia de un campo eléctrico.

**ELECTRODINÁMICA** n. f. Parte de la física que estudia la acción dinámica de las corrientes eléctricas.

**ELECTRODINÁMICO, A** adj. Relativo a la electrodinámica.

**ELECTRODINAMÓMETRO** n. m. Aparato que mide la intensidad de una corriente eléctrica.

**ELECTRODO** n. m. En un voltámetro, tubo de gas enrarecido o arco eléctrico, extremo de cada uno de los conductores fijados a los polos de un generador eléctrico. (El que comunica con el polo positivo es el *ánodo*, y el otro, el *cátodo*.)

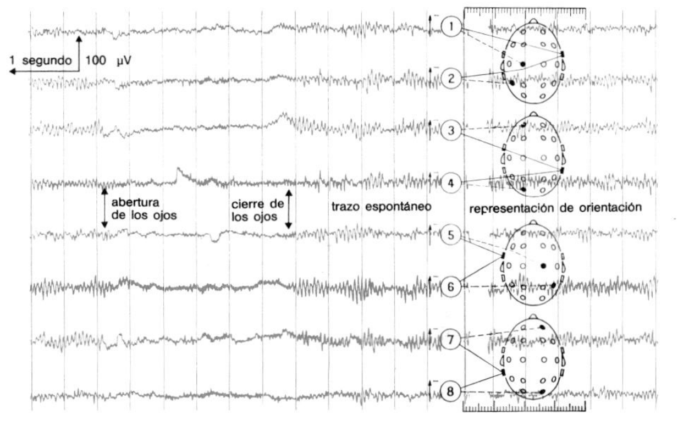


**electroencefalograma** normal

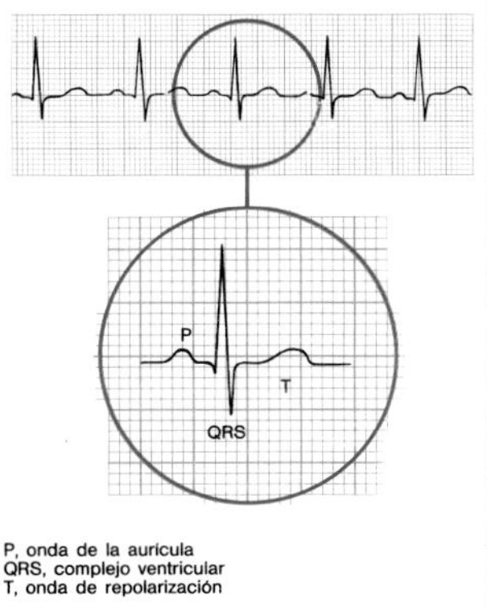


P, onda de la aurícula
QRS, complejo ventricular
T, onda de repolarización

**electrocardiograma** normal

**ELECTRODOMÉSTICO, A** adj. y n. m. Dícese de los aparatos eléctricos de uso doméstico, como la plancha, el aspirador, el frigorífico, etc.

**ELECTROENCEFALOGRAFÍA** n. f. Registro y estudio de los electroencefalogramas.

**ELECTROENCEFALOGRAMA** n. m. Gráfico que se obtiene por el registro de los potenciales eléctricos de las neuronas del cerebro, mediante unos electrodos que se fijan en el cuero cabelludo. (Las ondas varían de amplitud de frecuencia según el nivel de la actividad del cerebro.)

**ELECTROEROSIÓN** n. f. Formación de pequeños cráteres en la superficie de un conductor sometido a una sucesión extremadamente rápida de descargas eléctricas de corta duración.

**ELECTROFISIOLOGÍA** n. f. Parte de la fisiología que estudia las corrientes eléctricas producidas por los organismos vivos y la acción de las corrientes eléctricas en éstos.

**ELECTRÓFONO** n. m. Aparato que reproduce los sonidos grabados en un disco por procedimientos electromecánicos. (Está compuesto de un tocadiscos, un amplificador y un altavoz.)

**ELECTROFORESIS** n. f. Método de separación de los constituyentes de las soluciones coloidales utilizando la acción de un campo eléctrico sobre las micelas cargadas eléctricamente.

**ELECTROFORÉTICO, A** adj. Relativo a la electroforesis.

**ELECTROFORMACIÓN** n. f. METAL. Procedimiento de obtención de piezas formadas directamente por electrodeposición.

**ELECTRÓGENO, A** adj. Que produce electricidad. • **Grupo electrógeno,** conjunto formado por un motor y una dinamo.

**ELECTROIMÁN** n. m. Aparato que sirve para la producción de campos magnéticos, gracias a un sistema de bobinas con núcleo de hierro dulce, recorridas por una corriente eléctrica.

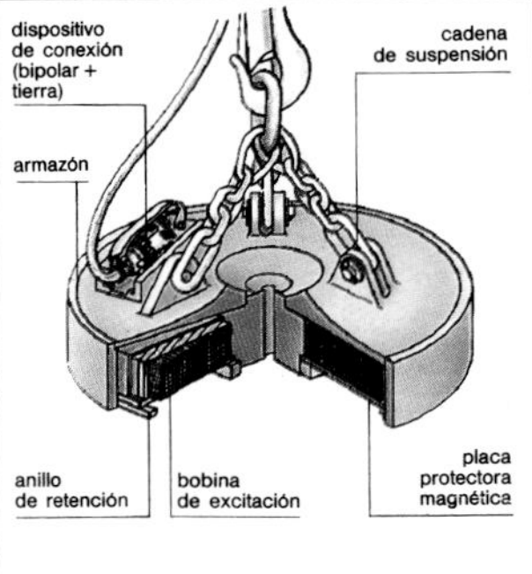
dispositivo de conexión (bipolar + tierra)
cadena de suspensión
armazón
anillo de retención
bobina de excitación
placa protectora magnética

**electroimán:** estructura de un electroimán elevador

**ELECTRÓLISIS** o **ELECTROLISIS** n. f. Descomposición química de determinadas sustancias fundidas o en solución mediante el paso de una corriente eléctrica. (Se obtiene aluminio por electrólisis de la alúmina.)

**ELECTROLÍTICO, A** adj. Relativo a la electrólisis.

**ELECTRÓLITO** o **ELECTROLITO** n. m. Compuesto químico que, fundido o disuelto, puede descomponerse por electrólisis.

**ELECTROLIZABLE** adj. Que puede ser electrolizado.

**ELECTROLIZACIÓN** n. f. Acción y efecto de electrolizar.

**ELECTROLIZADOR** n. m. Aparato destinado a producir las corrientes que se emplean para la electrólisis.

**ELECTROLIZAR** v. tr. [1g]. Someter un cuerpo a la electrólisis.

**ELECTROLUMINISCENCIA** n. f. Luminiscencia provocada por un fenómeno eléctrico.

**ELECTROLUMINISCENTE** adj. Dotado de electroluminiscencia.

**ELECTROMAGNÉTICO, A** adj. Relativo al electromagnetismo.

**ELECTROMAGNETISMO** n. m. Parte de la física que estudia las interacciones entre corrientes eléctricas y campos magnéticos.

**ELECTROMECÁNICA** n. f. Ciencia de las aplicaciones comunes de la electricidad y la mecánica.

**ELECTROMECÁNICO, A** adj. Dícese de todo dispositivo mecánico de mando eléctrico. ◆ n. **2.** Profesional de la electromecánica.

**ELECTROMETALURGIA** n. f. Utilización de las propiedades térmicas y electrolíticas de la electricidad para la producción, afino o tratamiento térmico de los productos metalúrgicos.

**ELECTROMETALÚRGICO, A** adj. y n. Relativo a la electrometalurgia. **2.** Especialista en esta materia.

**ELECTROMETRÍA** n. f. Conjunto de métodos que se sirven de electrómetros para medir las magnitudes eléctricas.

**ELECTROMÉTRICO, A** adj. Relativo a la electrometría.

**ELECTRÓMETRO** n. m. Instrumento basado en la acción de las fuerzas electrostáticas, utilizado para medir magnitudes eléctricas, principalmente diferencias de potencial.

**ELECTROMIOGRAFÍA** n. f. Estudio de los fenómenos eléctricos que acompañan la contracción muscular.

**ELECTROMOTOR, RA** adj. Que produce electricidad bajo la influencia de una acción química o mecánica. ◆ n. m. **2.** Aparato que transforma la energía eléctrica en energía mecánica.

**ELECTROMOTRIZ** adj. f. Electromotora.

**ELECTRÓN** n. m. Partícula elemental cargada de electricidad negativa, uno de los elementos constituyentes del átomo. **2.** Aleación ligera a base de magnesio.

■ La parte externa de cualquier átomo está formada por capas de electrones cada vez más alejadas del núcleo. El número y la disposición de los electrones de la capa más periférica determinan la valencia y las propiedades químicas del elemento. Estos electrones pueden ponerse en movimiento por la acción de un campo eléctrico y propagarse en el vacío (rayos catódicos, beta, etc.). Las trayectorias de los electrones en movimiento son desviadas por campos eléctricos o magnéticos que permiten determinar sus características. Según la mecánica ondulatoria, los electrones también presentan el carácter de una onda. Los positrones, electrones positivos, se originan por la materialización de un fotón.

**ELECTRONEGATIVO, A** adj. Dícese de un elemento o de un radical que, en la electrólisis, se dirige al ánodo: *los halógenos, el oxígeno y los metaloides son elementos electronegativos.*

**ELECTRÓN-GRAMO** n. m. (pl. *electrones-gramo*). Masa total de los electrones contenidos en un átomo gramo de hidrógeno.

**ELECTRÓNICA** n. f. Parte de la física y de la técnica que estudia y utiliza las variaciones de las magnitudes eléctricas, como campos electromagnéticos, cargas, corrientes y tensiones eléctricas para captar, transmitir y aprovechar información.

■ La electrónica se refiere a todos los fenómenos resultantes de las interacciones de los portadores electrizados entre sí o con la materia. Estos portadores pueden ser electrones, iones, preferentemente cationes, o moléculas con radicales libres. La energía que debe absorber un átomo para poder perder un electrón se llama *potencial de ionización* y se expresa en electrones-voltio. Si se somete el átomo a la acción de un campo eléctrico exterior de valor superior al potencial de ionización, se obtienen *electrones libres.* En microelectrónica, los circuitos integrados son amplificadores que implican un gran número de componentes en un volumen muy reducido.

**ELECTRÓNICO, A** adj. Relativo al electrón: *haz electrónico.* **2.** Que funciona según los principios de la electrónica: *microscopio electrónico.* • **Mú-**

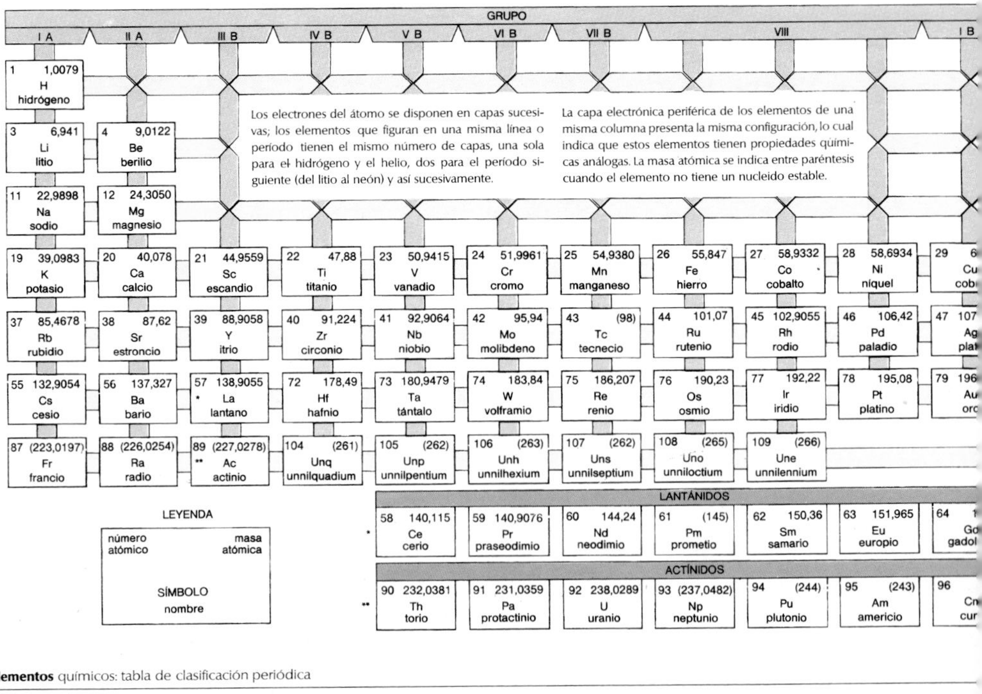
GRUPO
I A
II A
III B
IV B
V B
VI B
VII B
VIII
I B
1 1,0079 H hidrógeno
3 6,941 Li litio
4 9,0122 Be berilio
11 22,9898 Na sodio
12 24,3050 Mg magnesio
19 39,0983 K potasio
20 40,078 Ca calcio
21 44,9559 Sc escandio
22 47,88 Ti titanio
23 50,9415 V vanadio
24 51,9961 Cr cromo
25 54,9380 Mn manganeso
26 55,847 Fe hierro
27 58,9332 Co cobalto
28 58,6934 Ni níquel
29 Cu
37 85,4678 Rb rubidio
38 87,62 Sr estroncio
39 88,9058 Y itrio
40 91,224 Zr circonio
41 92,9064 Nb niobio
42 95,94 Mo molibdeno
43 (98) Tc tecnecio
44 101,07 Ru rutenio
45 102,9055 Rh rodio
46 106,42 Pd paladio
47 107 Ag
55 132,9054 Cs cesio
56 137,327 Ba bario
57 138,9055 * La lantano
72 178,49 Hf hafnio
73 180,9479 Ta tántalo
74 183,84 W volframio
75 186,207 Re renio
76 190,23 Os osmio
77 192,22 Ir iridio
78 195,08 Pt platino
79 Au
87 (223,0197) Fr francio
88 (226,0254) Ra radio
89 (227,0278) ** Ac actinio
104 (261) Unq unnilquadium
105 (262) Unp unnilpentium
106 (263) Unh unnilhexium
107 (262) Uns unnilseptium
108 (265) Uno unniloctium
109 (266) Une unnilennium
Los electrones del átomo se disponen en capas sucesivas; los elementos que figuran en una misma línea o período tienen el mismo número de capas, una sola para el hidrógeno y el helio, dos para el período siguiente (del litio al neón) y así sucesivamente.
La capa electrónica periférica de los elementos de una misma columna presenta la misma configuración, lo cual indica que estos elementos tienen propiedades químicas análogas. La masa atómica se indica entre paréntesis cuando el elemento no tiene un nucleido estable.
LEYENDA
número atómico
masa atómica
SÍMBOLO
nombre
LANTÁNIDOS
58 140,115 Ce cerio
59 140,9076 Pr praseodimio
60 144,24 Nd neodimio
61 (145) Pm prometio
62 150,36 Sm samario
63 151,965 Eu europio
64 Gd
ACTÍNIDOS
90 232,0381 Th torio
91 231,0359 Pa protactinio
92 238,0289 U uranio
93 (237,0482) Np neptunio
94 (244) Pu plutonio
95 (243) Am americio
96

**elementos** químicos: tabla de clasificación periódica

**sica electrónica,** música que utiliza oscilaciones eléctricas para crear sonidos.

**ELECTRONUCLEAR** adj. **Central electronuclear,** central eléctrica que utiliza la energía térmica producida por un reactor nuclear.

**ELECTRÓN-VOLTIO** n. m. (pl. *electrones-voltio*). Unidad de medida de energía utilizada en física nuclear, de símbolo eV, que equivale a la energía adquirida por un electrón acelerado bajo una diferencia de potencial de 1 voltio en el vacío, que equivale aproximadamente a $1{,}60219 \cdot 10^{-19}$ julios.

**ELECTROÓPTICA** n. f. Parte de la física que estudia los fenómenos electroópticos. **2.** Conjunto de técnicas para la construcción de dispositivos que transforman señales ópticas en señales electrónicas y viceversa.

**ELECTROÓSMOSIS** n. f. Filtración de un líquido a través de una pared por la acción de una corriente eléctrica.

**ELECTROPOSITIVO, A** adj. Dícese de un elemento o de un radical que, en la electrólisis, se dirige al cátodo, como los metales y el hidrógeno.

**ELECTROPUNTURA** n. f. Método terapéutico que consiste en hacer pasar una corriente eléctrica por los tejidos mediante agujas.

**ELECTROQUÍMICA** n. f. Técnica de las aplicaciones de la energía eléctrica a las operaciones químicas.

**ELECTRORRADIOLOGÍA** n. f. Especialidad médica que engloba las aplicaciones de la electricidad y de las radiaciones al diagnóstico y tratamiento de las enfermedades.

**ELECTROSCOPIO** n. m. Instrumento que permite detectar las cargas eléctricas y determinar el signo de las mismas.

**ELECTROSHOCK** o **ELECTROCHOQUE** n. m. Terapéutica de algunas enfermedades mentales que consiste en el paso a través del cerebro de una corriente eléctrica, que provoca, durante un corto espacio de tiempo, una crisis epiléptica.

**ELECTROSTÁTICA** n. f. Parte de la física que trata de los fenómenos de la electricidad en equilibrio sobre los cuerpos electrizados.

**ELECTROSTÁTICO, A** adj. Relativo a la electrostática.

**ELECTROTECNIA** o **ELECTROTÉCNICA** n. f. Estudio de las aplicaciones técnicas de la electricidad.

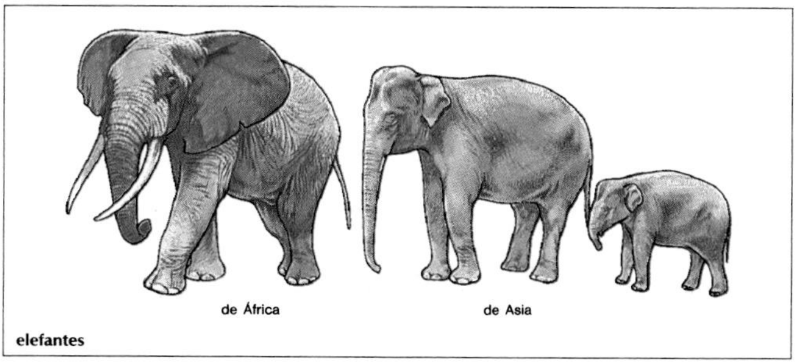

elefantes

**ELECTROTÉCNICO, A** adj. y n. Relativo a la electrotecnia; especialista en esta técnica.

**ELECTROTERAPIA** n. f. Tratamiento de las enfermedades mediante la electricidad.

**ELECTROTERMIA** n. f. Estudio de las transformaciones de la energía eléctrica en calor. **2.** Utilización de este fenómeno en electrometalurgia.

**ELECTROTROPISMO** n. m. ETOL. Reacción de orientación de algunos animales con relación a un campo eléctrico.

**ELECTROVALENCIA** n. f. Valencia química de un elemento o de un radical, definida por los fenómenos de electrólisis.

**ELECTROVÁLVULA** n. f. Válvula que regula el caudal de un fluido y está dirigida por un electroimán.

**ELECTROVENTILADOR** n. m. Ventilador con motor eléctrico.

**ELECTUARIO** n. m. Medicamento antiguo constituido a base de una droga y jarabe o miel.

**ELEFANCÍACO, A, ELEFANCIACO, A** o **ELEFANTIÁSICO, A** adj. y n. Relativo a la elefantiasis. **2.** Afecto de elefantiasis.

**ELEFANTE, A** n. (lat. *elephantem*). Mamífero ungulado del suborden proboscídeos, que vive, según las especies, en Asia o en África, es herbívoro y se caracteriza por su gruesa piel, sus largos incisivos superiores, que utiliza como defensa, y por su trompa prensil, que constituye la nariz y labio superior. • **Elefante marino,** foca de gran tamaño de las islas Kerguelen, que alcanza una longitud de 6 m y un peso de 3 t. ◆ n. m. **2. Año del elefante,** año en que, según la tradición musulmana, nació Mahoma. ‖ **Elefante blanco** *(Amér.),* cosa que cuesta mucho mantener y no produce utilidad.

**ELEFANTIASIS** n. f. (gr. *elephantiasis*). Enfermedad parasitaria que da a la piel un aspecto rugoso, como el del elefante, y que, a veces, produce la hinchazón de los tejidos.

**ELEFANTINO, A** adj. Relativo al elefante.

**ELEGANCIA** n. f. (lat. *elegantiam*). Calidad de elegante.

**ELEGANTE** adj. Gracioso, airoso de movimientos. **2.** Bien proporcionado. **3.** De buen gusto, agradable y bello sin complicaciones inútiles. **4.** Distinguido en el porte y modales. ◆ adj. y n. m. y f. **5.** Dícese de la persona que se ajusta a la moda, y también de los trajes y cosas relacionados con ella.

**ELEGANTOSO, A** adj. *Amér. Fam.* Muy elegante; que pretende ser elegante.

**ELEGÍA** n. f. (lat. *elegiam*). Entre los griegos y romanos, composición poética formada por hexámetros y pentámetros alternados. **2.** Poema lírico que generalmente expresa sentimientos de tristeza.

**ELEGÍACO, A** o **ELEGIACO, A** adj. Relativo a la elegía. **2.** Lastimero, triste: *palabras elegíacas.* ◆ n. **3.** Poeta que compone elegías.

**ELEGIBILIDAD** n. f. Calidad de elegible.

**ELEGIBLE** adj. Que se puede elegir, o tiene capacidad legal para ser elegido.

**ELEGIDO, A** adj. y n. En lenguaje teológico, predestinado por la voluntad de Dios a la gloria eterna. ◆ adj. **2. El pueblo elegido** (REL.), Israel.

**ELEGIR** v. tr. (lat. *eligere*) **[30b]**. Preferir a una persona o cosa a otra u otras para un fin: *elegir un plato del menú.* **2.** Nombrar por elección a uno para un premio, cargo o dignidad. **3.** TEOL. Predestinar para la salvación: *aquellos a quienes Dios elige.*

**ELEMENTADO, A** adj. *Chile* y *Colomb.* Distraído, alelado.

**ELEMENTAL** adj. Relativo al elemento. **2.** Referente a los principios o elementos de una ciencia o arte: *física elemental.* **3.** *Fig.* Fundamental, primordial, esencial: *normas elementales.* **4.** Obvio, evidente, de fácil comprensión: *verdad elemental.*

**ELEMENTO** n. m. (lat. *elementum*). Fundamento, móvil o parte integrante de una cosa. **2.** *Fig.* Persona conceptuada positiva o negativamente. **3.** *Fig.* Cada uno de los pares de una pila eléctrica o de un acumulador. **4.** *Chile* y *P. Rico. Fig.* y *fam.* Persona de cortos alcances. **5.** LING. Forma prefija o sufija, generalmente de formación culta, procedente de una voz latina o griega, que sirve para la composición de palabras: *anti-* y *pre-* son *elementos prefijos.* **6.** MAT. Cada uno de los objetos que componen un conjunto. **7.** QUÍM. Principio químico común a las distintas variedades de un cuerpo simple así como a las combinaciones de este cuerpo con otros. • **Elemento neutro,** en un conjunto dotado de una ley de composición interna, elemento *e* tal que, compuesto con cualquier otro elemento *a,* da por resultado *a.* ‖ **Estar** alguien **en su elemento,** estar en la situación más cómoda, agradable y apropiada. ◆ **elementos** n. m. pl. **8.** Fundamentos, nociones, primeros principios de las ciencias y artes: *elementos de geometría.* **9.** Conjunto de fuerzas de la naturaleza: *luchar contra los elementos.* • **Elementos simétricos,** en un conjunto dotado de una ley de composición interna

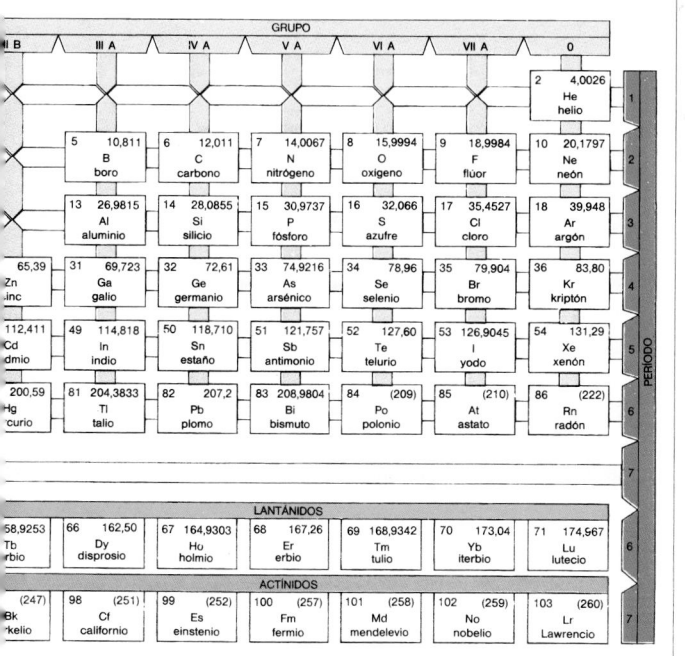

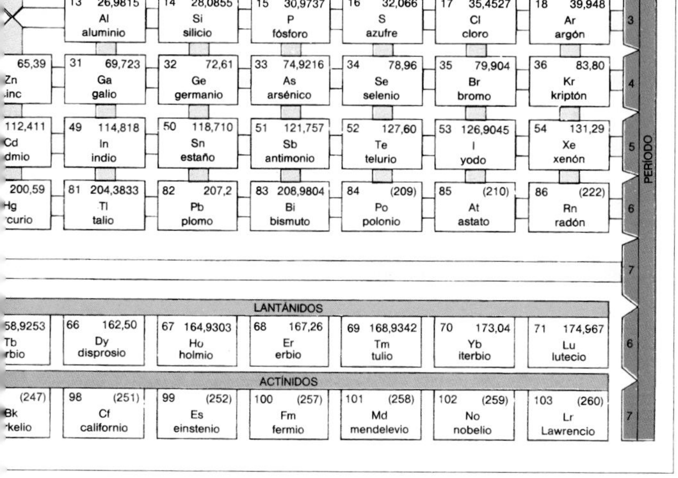
GRUPO
III A
IV A
V A
VI A
VII A
0
PERÍODO
2 4,0026 He helio
5 10,811 B boro
6 12,011 C carbono
7 14,0067 N nitrógeno
8 15,9994 O oxígeno
9 18,9984 F flúor
10 20,1797 Ne neón
13 26,9815 Al aluminio
14 28,0855 Si silicio
15 30,9737 P fósforo
16 32,066 S azufre
17 35,4527 Cl cloro
18 39,948 Ar argón
65,39 Zn
31 69,723 Ga galio
32 72,61 Ge germanio
33 74,9216 As arsénico
34 78,96 Se selenio
35 79,904 Br bromo
36 83,80 Kr kriptón
112,411 Cd
49 114,818 In indio
50 118,710 Sn estaño
51 121,757 Sb antimonio
52 127,60 Te telurio
53 126,9045 I yodo
54 131,29 Xe xenón
200,59 Hg
81 204,3833 Tl talio
82 207,2 Pb plomo
83 208,9804 Bi bismuto
84 (209) Po polonio
85 (210) At astato
86 (222) Rn radón
LANTÁNIDOS
Tb
66 162,50 Dy disprosio
67 164,9303 Ho holmio
68 167,26 Er erbio
69 168,9342 Tm tulio
70 173,04 Yb iterbio
71 174,967 Lu lutecio
ACTÍNIDOS
(247) Bk
98 (251) Cf californio
99 (252) Es einstenio
100 (257) Fm fermio
101 (258) Md mendelevio
102 (259) No nobelio
103 (260) Lr Lawrencio
1
2
3
4
5
6
7

con elemento neutro, elementos cuya composición da el elemento neutro. ‖ **Los cuatro elementos,** el aire, el fuego, la tierra y el agua, considerados por los antiguos como los componentes últimos de la realidad.

■ QUÍM. La noción de elemento químico tiene sus precedentes lejanos en la teoría presocrática de los cuatro elementos (agua, fuego, tierra y aire), aceptada por Aristóteles y adoptada por los alquimistas. En el sentido moderno del término, el elemento químico es un cuerpo simple indescomponible por procesos que involucran energías relativamente bajas. La teoría atómica dio un sentido preciso a la noción de elemento, identificándola con la de átomo o más bien con la de estructura atómica, caracterizada por un número de electrones Z (número atómico) distribuidos de un modo preciso entre los posibles estados energéticos cuantificados. Dado que en la química interviene sólo esta envoltura electrónica, los átomos neutros que difieren sólo en el número de neutrones presentes en el núcleo (isótopos) se consideran como pertenecientes al mismo elemento. Los elementos químicos están ordenados de acuerdo con la tabla periódica de Mendeléiev, en la que los átomos, dispuestos en orden creciente del número atómico, se clasifican en 18 grupos (columnas) y 7 períodos (líneas) de longitud creciente (2, 8, 8, 18, 18, 32), rematados cada uno de ellos por un gas noble. Los elementos de cada grupo tienen propiedades químicas semejantes.

**ELENCO** n. m. (lat. *elenchum*). Catálogo, índice. **2.** Conjunto de artistas que intervienen en un espectáculo: *elenco dramático.*

**ELEOTECNIA** n. f. Técnica de la fabricación, conservación y análisis de los aceites. SIN.: *oleotecnia.*

**ELEPÉ** n. m. (de *L.P.*, abrev. del ingl. *long play*). Disco musical de larga duración, especialmente en soporte de vinilo.

**ELEVACIÓN** n. f. Acción y efecto de elevar o elevarse. **2.** Parte de cualquier cosa que está más alta que lo de alrededor. **3.** Cualidad de elevado: *la elevación de los pensamientos.* **4.** COREOGR. Capacidad del bailarín para saltar y efectuar movimientos en el aire. **5.** GEOMETR. Representación de un objeto o de la fachada de una construcción, proyectados sobre el plano vertical paralelo al eje de este objeto. **6.** MAT. Formación de una potencia de un número o de una expresión: *elevación al cubo.* **7.** REL. Momento de la misa en que el sacerdote eleva la hostia y el cáliz después de la consagración.

**ELEVADO, A** adj. Sublime, excelso: *pensamiento elevado.* **2.** Alto: *edificio elevado.*

**ELEVADOR, RA** adj. Que eleva: *bomba elevadora de aguas subterráneas.* • **Aparatos elevadores,** denominación genérica de los aparatos capaces de levantar, suspender y bajar cargas. ◆ adj. y n. m. **2.** ANAT. Dícese de algunos músculos cuya acción es levantar las partes en que se insertan. ◆ n. m. **3.** Mecanismo o aparato utilizado para transportar verticalmente, o por pendientes muy pronunciadas, cargas o materiales de diversa naturaleza. **4.** *Amér.* Ascensor. • **Elevador de tensión,** transformador elevador que proporciona en los bornes del arrollamiento secundario una tensión superior a la aplicada al primario.

**ELEVADORISTA** n. m. y f. *Amér.* Ascensorista.

**ELEVALUNAS** n. m. (pl. *elevalunas*). Mecanismo para subir los cristales de las ventanillas en los automóviles, que puede ser manual o eléctrico.

**ELEVAMIENTO** n. m. Elevación.

**ELEVAR** v. tr. y pron. (lat. *elevare*) **[1]**. Alzar o levantar. **2.** *Fig.* Colocar a alguien en un puesto honorífico, mejorar su condición social o política. ◆ v. tr. **3.** *Fig.* Dirigir un escrito o petición a una autoridad: *elevar sus súplicas.* **4.** MAT. Calcular una potencia: *elevar un número al cuadrado.* **5.** MAT. Trazar una perpendicular a una recta o a un plano, partiendo de un punto tomado sobre la recta o el plano: *elevar una perpendicular a un plano.*

**ELEVATORIO, A** adj. Que sirve para elevar.

**ELEVÓN** n. m. Aleta móvil o superficie de control de una aeronave, que actúa a la vez como estabilizador y como alerón.

**ELFO** n. m. (ingl. *elf*). Genio de la mitología nórdica, que simboliza las fuerzas de la naturaleza y especialmente los fenómenos atmosféricos.

**ELÍCITO, A** adj. FILOS. Completamente voluntario: *actos elícitos.*

**ELIDIR** v. tr. (lat. *elidere*, expulsar) **[3]**. Frustrar, malograr, desvanecer una cosa. **2.** GRAM. Suprimir, en la escritura o en la pronunciación, la vocal final de una palabra ante la vocal inicial o la *h* muda de la palabra siguiente. **3.** GRAM. Omitir una o más palabras de una oración cuyo significado se sobreentiende.

**ELIMINACIÓN** n. f. Acción y efecto de eliminar. **2.** FISIOL. Excreción. **3.** MAT. Operación que consiste en hacer desaparecer una incógnita de un sistema de ecuaciones. • **Reacción de eliminación** (QUÍM.), reacción en la que dos radicales monovalentes se separan simultáneamente de una molécula orgánica.

**ELIMINAR** v. tr. (lat. *eliminare*) **[1]**. Quitar, separar una cosa o prescindir de ella. **2.** Excluir a una o a varias personas de una agrupación o de un asunto. **3.** *Fam.* Matar. **4.** DEP. Dejar a un concursante o equipo fuera de la competición o torneo. **5.** MAT. Efectuar la eliminación de una incógnita. **6.** MED. Expeler fuera del organismo las sustancias de desecho.

**ELIMINATORIA** n. f. DEP. Prueba preliminar que sirve para eliminar participantes.

**ELIMINATORIO, A** adj. Que elimina, que sirve para eliminar.

**ELIPSE** n. f. (gr. *elleipsis*, insuficiencia). MAT. Sección cónica con dos ejes de simetría en la que cada punto es tal que la suma de sus distancias a dos puntos fijos, llamados focos, es constante.

**ELIPSIS** n. f. CIN. y TELEV. Espacio y tiempo que se suprimen en los cambios de plano o secuencia. **2.** LING. Hecho sintáctico o estilístico que consiste en suprimir uno o varios elementos de la frase. **3.** SICOL. En la terminología sicoanalítica, omisión, por el paciente, de alguna palabra o idea en el curso de la terapéutica analítica.

**ELIPSOIDE** n. m. MAT. Superficie cuádrica que admite tres planos de simetría ortogonales dos a dos y tres ejes de simetría ortogonales dos a dos, que se cortan en un mismo punto o centro del elipsoide. • **Elipsoide de revolución,** superficie engendrada por la rotación de una elipse alrededor de uno de sus ejes.

**ELÍPTICO, A** adj. LING. Que comporta una elipsis: *sujeto elíptico.* **2.** MAT. Relativo a la elipse, en forma de elipse.

**ELÍSEO, A** adj. (gr. *ēlysion*). Relativo a los Campos Elíseos, morada de las almas de los héroes y de los hombres virtuosos, según la mitología grecorromana. ◆ n. m. **2.** Lugar delicioso.

**ELISIÓN** n. f. (lat. *elisionem*). LING. Supresión, en la escritura o en la pronunciación, de la vocal final de una palabra ante la vocal inicial de la palabra siguiente o de la *h* muda, y generalmente se señala con un apóstrofe.

**ÉLITE** o **ELITE** n. f. Minoría selecta.

**ELITISMO** n. m. Cualidad de elitista. **2.** Actitud o política destinada a formar y a seleccionar, a costa de la masa, a los mejores elementos de un grupo en el plano de las aptitudes intelectuales o físicas.

**ELITISTA** adj. y n. m. y f. Relativo a la élite. **2.** Partidario de una élite o del predominio de las élites. **3.** Que se comporta como miembro de una élite.

**ÉLITRO** n. m. (gr. *elytron*, estuche). Ala anterior, coriácea, de ciertos insectos, como los coleópteros, los ortópteros, etc., que protege el ala posterior membranosa cuando está en reposo.

**ELIXIR** o **ELÍXIR** n. m. (ár. *al-iksir*, esencia). Piedra filosofal. **2.** Medicamento líquido formado por una o varias sustancias disueltas en alcohol. **3.** Remedio maravilloso.

**ELLA, ELLAS** pron. pers. f. de 3.ª persona, femenino de *él, ellos.*

**ELLE** n. f. Nombre de la antigua letra *ll.*

**ELLO** pron. pers. neutro de 3.ª persona. ◆ n. m. **2.** SICOANÁL. Una de las tres instancias síquicas descritas por Freud, y que constituye el polo pulsional de la personalidad.

**ELLOS** pron. pers. m. pl. de 3.ª persona, plural de *él.*

**ELOCUCIÓN** n. f. Manera de expresarse oralmente: *elocución fácil, lenta, rápida.* **2.** Conjunto de oraciones que constituyen un pensamiento concreto.

**ELOCUENCIA** n. f. (lat. *eloquentiam*). Facultad de hablar o escribir de modo eficaz para deleitar, conmover o persuadir. **2.** Eficacia de las palabras, gestos o actitudes en la comunicación.

**ELOCUENTE** adj. Que tiene elocuencia: *orador elocuente; silencio elocuente.*

**ELOGIABLE** adj. Digno de elogio.

**ELOGIADOR, RA** adj. y n. Que elogia.

**ELOGIAR** v. tr. **[1]**. Hacer elogios: *elogiar una obra.*

**ELOGIO** n. m. (lat. *elogium*, epitafio). Alabanza de una persona o cosa: *merecer grandes elogios.*

**ELOGIOSO, A** adj. Que elogia o es digno de ser elogiado: *comportamiento elogioso.*

**ELONGACIÓN** n. f. (lat. *elongationem*). ASTRON. Distancia angular de un astro al Sol para un observador terrestre. **2.** FÍS. Abscisa, en un momento dado, de un punto animado de un movimiento vibratorio. (Su valor máximo es la *amplitud.*) **3.** MED. Aumento accidental o terapéutico de la longitud de un miembro o de un nervio.

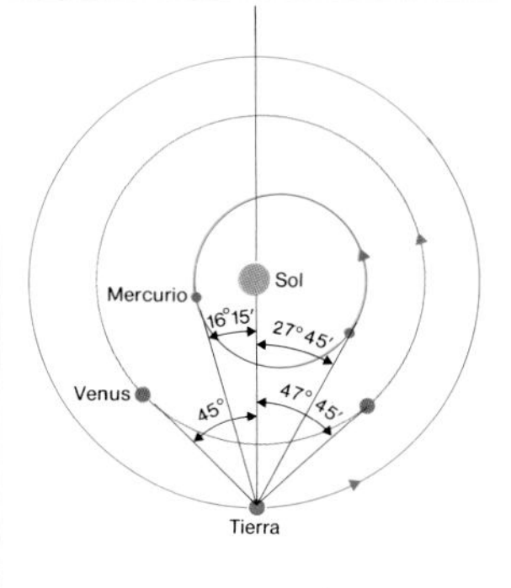


**elongaciones** de Mercurio y de Venus

**ELOTADA** n. f. *Méx.* Merienda a base de elotes.

**ELOTE** n. m. *Amér. Central* y *Méx.* Mazorca tierna de maíz.

**ELUCIDACIÓN** n. f. Declaración, explicación.

**ELUCIDAR** v. tr. (lat. *elucidare*, anunciar, revelar) **[1]**. Dilucidar: *elucidar un problema.*

**ELUCTABLE** adj. Que se puede vencer luchando.

**ELUCUBRACIÓN** n. f. Acción y efecto de elucubrar.

**ELUCUBRAR** v. tr. **[1]**. Divagar, reflexionar, hacer cábalas.

**ELUDIR** v. tr. (lat. *eludere*) **[3]**. Evitar, impedir que algo tenga efecto, con algún pretexto, habilidad o astucia: *eludir una pregunta.*

**ELUVIAL** adj. Relativo a los eluviones.

**ELUVIÓN** o **ELUVIUM** n. m. GEOL. Conjunto de fragmentos de roca que permanecen *in situ* tras su desagregación por los agentes atmosféricos, a menudo por ausencia de un agente transportador suficientemente potente.

**ELZEVIRIANO, A** adj. Relativo a los elzevirios. ◆ adj. y n. m. **2.** Dícese de unos caracteres tipográficos que reproducen los tipos que empleaban los Elzevir.

**ELZEVIRIO** o **ELZEVIR** n. m. Volumen impreso o publicado por los Elzevir, familia neerlandesa de libreros e impresores del s. XVII.

**EMACIACIÓN** n. f. Adelgazamiento exagerado por causa patológica.

**E-MAIL** n. m. Correo electrónico.

**EMANACIÓN** n. f. Acción por la que las sustancias volátiles abandonan, en estado gaseoso, los cuerpos que las contienen. **2.** QUÍM. Cuerpo simple gaseoso que proviene de la desintegración del radio, del torio o del actinio, llamado, según los casos, radón (Rn), torón o actinón.

**EMANAR** v. intr. y tr. (lat. *emanare*) **[1]**. Hablando de un olor, de la luz, de un rayo, etc., desprenderse de un cuerpo. **2.** Provenir, tener su origen en algo: *el poder emana del pueblo.*

**EMANCIPACIÓN** n. f. Acción y efecto de emancipar o emanciparse. **2.** Acto jurídico que confiere a un hijo menor de edad el gobierno de su persona y la capacidad de cumplir los actos de la vida civil. **3.** Proceso de toma de conciencia de una colonia que conduce a la reclamación de su independencia política.

**EMANCIPADOR, RA** adj. y n. Que emancipa: *ideas emancipadoras.*

**EMANCIPAR** v. tr. y pron. (lat. *emancipare*) **[1]**. Liberar o liberarse de la subordinación o sujeción. ◆ v. tr. **2.** DER. Conferir la emancipación a un menor de edad. ◆ **emanciparse** v. pron. **3.** Acceder a la emancipación política.

**EMASCULACIÓN** n. f. Castración de un macho.

**EMASCULAR** v. tr. (lat. *emasculare*) **[1]**. Privar de los órganos de la virilidad, castrar.

**EMBADURNADOR, RA** adj. y n. Que embadurna.

**EMBADURNAMIENTO** n. m. Acción y efecto de embadurnar.

**EMBADURNAR** v. tr. y pron. **[1]**. Untar, ensuciar, pintarrajear: *embadurnar las paredes.*

**EMBAÍR** v. tr. **[3i]**. Ofuscar, embaucar, hacer creer lo que no es.

**EMBAJADA** n. f. (provenz. *ambaissada*). Mensaje para tratar algún asunto importante, especialmente los que se envían recíprocamente los jefes de estado por medio de sus embajadores. **2.** Cargo de embajador. **3.** Conjunto de diplomáticos, empleados y otras personas que el embajador tiene a sus órdenes. **4.** Edificio que alberga las oficinas y residencia del embajador.

**EMBAJADOR, RA** n. Agente diplomático de primera clase, con misión permanente cerca de otro gobierno, representante del estado que le envía y de la persona de su jefe de estado. **2.** *Fig.* Emisario, mensajero.

**EMBALADOR, RA** n. Persona que tiene por oficio embalar.

**EMBALAJE** n. m. Acción y efecto de embalar objetos. **2.** Todo lo que sirve para embalar, como papel, tela, caja, etc. **3.** Coste de este embalaje. • **Embalaje perdido,** embalaje que comercialmente sólo sirve para una vez.

**EMBALAR** v. tr. **[1]**. Envolver, empaquetar o colocar en cajas, cestos, etc., lo que se ha de transportar.

**EMBALAR** v. intr. y pron. (fr. *emballer*) **[1]**. Aumentar notablemente la velocidad un corredor o un vehículo. ◆ **embalarse** v. pron. **2.** Dejarse llevar por un afán, deseo, sentimiento, etc. **3.** MEC. Adquirir una máquina o aparato un régimen de marcha que se caracteriza por una velocidad exagerada y peligrosa, superior a la máxima prevista.

**EMBALAR** v. tr. e intr. **[1]**. *Méx.* Introducir la bala en un cañón sin poner carga de pólvora.

**EMBALDOSADO** n. m. Acción y efecto de embaldosar. **2.** Pavimento de baldosas.

**EMBALDOSAR** v. tr. **[1]**. Pavimentar con baldosas.

**EMBALLENADO** n. m. Armazón compuesta de ballenas.

**EMBALLENAR** v. tr. **[1]**. Armar con ballenas una prenda de vestir.

**EMBALSADERO** n. m. Lugar hondo y pantanoso en donde se suelen recoger las aguas.

**EMBALSADO** n. m. *Argent.* Formación vegetal, típica de algunos arroyos y esteros, y particularmente de la laguna Iberá.

**EMBALSAMADOR, RA** adj. y n. Que embalsama.

**EMBALSAMAMIENTO** n. m. Acción y efecto de embalsamar, conservar artificialmente un cadáver.

**EMBALSAMAR** v. tr. **[1]**. Preparar con sustancias balsámicas o antisépticas un cadáver para evitar su putrefacción. ◆ v. tr. y pron. **2.** Perfumar.

**EMBALSAR** v. tr. y pron. **[1]**. Recoger algo en una balsa o detenerse un líquido formando una balsa, especialmente agua.

**EMBALSE** n. m. Acción y efecto de embalsar. **2.** Gran depósito que se forma artificialmente para almacenar las aguas de un río o arroyo.

**EMBALUMAR** v. tr. **[1]**. Cargar con cosas de mucho volumen o peso. ◆ **embalumarse** v. pron. **2.** Cargarse excesivamente de ocupaciones graves y embarazosas.

**EMBANASTAR** v. tr. **[1]**. Meter una cosa en la banasta: *embanastar uva.* ◆ v. tr. y pron. **2.** *Fig.* Meter demasiada gente en un espacio cerrado.

**EMBANCADURA** n. f. Obstáculo producido en un río.

**EMBANDERAR** v. tr. y pron. **[1]**. Adornar con banderas.

**EMBANQUETAR** v. tr. **[1]**. *Méx.* Hacer banquetas o aceras en las calles.

**EMBARAZADO, A** adj. y n. f. Que lleva un feto o un embrión, aplicado a una hembra o al útero.

**EMBARAZADOR, RA** adj. Que embaraza o estorba.

**EMBARAZAR** v. tr. (port. *embaraçar*) **[1g]**. Estorbar, retardar: *embarazar los movimientos.* **2.** Hacer que alguien se sienta cohibido o turbado. ◆ v. tr. y pron. **3.** Poner encinta a una mujer. ◆ **embarazarse** v. pron. **4.** Hallarse impedido con cualquier obstáculo.

**EMBARAZO** n. m. Acción y efecto de embarazar o embarazarse. **2.** Estado de la mujer encinta, desde la fecundación hasta el parto. • **Embarazo sicológico,** conjunto de manifestaciones somáticas que evocan un embarazo sin que haya habido fecundación y ligado a motivaciones inconscientes.

■ El embarazo es el desarrollo dentro del útero del producto de la fecundación (huevo), que se convierte en embrión, se rodea de membranas y se alimenta de la madre a través de la placenta. El embrión se denomina feto a partir de los 3 meses. El embarazo tiene una duración media de 270 a 280 días y termina con el parto. El *embarazo extrauterino* es el desarrollo del huevo fecundado fuera del útero (trompas y abdomen).

**EMBARAZOSO, A** adj. Que embaraza e incomoda: *situación embarazosa.*

**EMBARBAR** v. tr. **[1]**. TAUROM. Sujetar al toro por las astas.

**EMBARBECER** v. intr. (lat. *imbarbescere*) **[2m]**. Echar barba.

**EMBARBILLADO** n. m. Acoplamiento oblicuo de dos piezas de madera.

**EMBARBILLAR** v. tr. e intr. **[1]**. Unir mediante un embarbillado.

**EMBARCACIÓN** n. f. MAR. Nombre genérico de todo objeto cóncavo flotante que sirve para el transporte por agua. **2.** MAR. Embarco. **3.** MAR. Tiempo que dura una travesía.

**EMBARCADERO** n. m. Muelle, escollera o pontón para facilitar el embarque y desembarque. **2.** Lugar de salida y de llegada de los buques que realizan el servicio de transporte de viajeros. **3.** Pendiente de hormigón o serie de escalones que permiten bajar hasta la orilla. **4.** Construcción rural, destinada a embarcar productos en vagones de ferrocarril o en camiones.

**EMBARCADO, A** adj. **Aviación embarcada,** conjunto de los aviones y helicópteros pertenecientes a las fuerzas aeronavales, con base en portaaviones.

**EMBARCAR** v. tr., intr. y pron. **[1a]**. Dar ingreso en una embarcación. **2.** Despachar por ferrocarril o vía aérea una mercancía o meterse en un tren o avión para viajar. ◆ v. tr. y pron. **3.** *Fig.* Incluir a uno en una empresa: *embarcarse en un negocio.* ◆ v. tr. **4.** TAUROM. Tirar de la res con el capote o la muleta para ejercer sobre ella el mando.

**EMBARCO** n. m. Acción de embarcar o embarcarse. **2.** Ingreso de tropas en un barco o tren, para ser transportadas.

**EMBARGABLE** adj. DER. Que puede ser objeto de embargo.

**EMBARGADO, A** adj. y n. DER. Dícese de la persona a la que han embargado bienes. ◆ adj. **2.** Dícese de los bienes que han sido objeto de embargo.

**EMBARGADOR, RA** adj. y n. DER. Que realiza un embargo.

**EMBARGAR** v. tr. (bajo lat. *imbarricare*, estorbar) **[1b]**. Embarazar, estorbar, impedir: *embargar un movimiento.* **2.** *Fig.* Suspender, paralizar, enajenar los sentidos: *la emoción me embarga.* **3.** DER. Ocupar e intervenir los bienes por medio de embargo, en virtud de mandato judicial.

**EMBARGO** n. m. Acción y efecto de embargar. **2.** Ocupación e intervención judicial de determinados bienes, con la finalidad de sujetarlos al cumplimiento de responsabilidades derivadas de un débito. **3.** Prohibición del comercio y transporte de armas decretada por un gobierno. **4.** Incautación de un navío neutral o sospechoso, mientras se espera una decisión de captura o liberación. • **Embargo de retención** (DER.), embargo efectuado por un acreedor (embargador) sobre una persona que retiene las sumas debidas o los objetos muebles que pertenecen al deudor del embargador (embargado). ‖ **Embargo ejecutivo,** embargo de los bienes muebles del deudor, que exige un título ejecutorio y va precedido de una orden. ‖ **Embargo preventivo,** medida acordada en favor del acreedor que le permite poner los bienes muebles de su deudor en manos de la justicia, para evitar que éste los haga desaparecer o disminuya su valor. ‖ **Sin embargo,** no obstante, sin que sirva de impedimento.

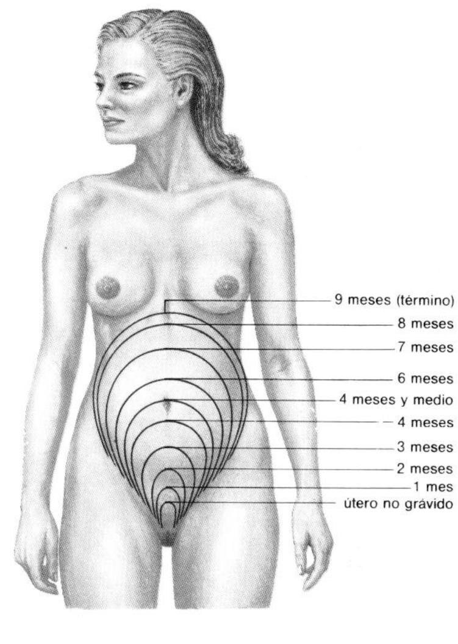


evolución del **embarazo** en la mujer

**EMBARQUE** n. m. Acción y efecto de embarcar. **2.** Destino de un marino a un buque de guerra donde debe prestar servicio durante un período reglamentario.

**EMBARRADA** n. f. *Argent., Chile* y *Colomb.* Error grande, patochada.

**EMBARRADILLA** n. f. *Méx.* Empanadilla grande rellena de dulce de leche, coco, huevo y otros ingredientes.

**EMBARRADO** n. m. Revoco de barro o tierra en paredes, muros y tapiales.

**EMBARRADO, A** adj. *Méx.* Dícese de la ropa que queda muy ajustada.

**EMBARRADURA** n. f. Acción y efecto de embarrar o embarrarse.

**EMBARRANCAR** v. intr. y tr. **[1a]**. Encallarse un buque en el fondo. **2.** *Fig.* Atascarse en una dificultad. ◆ **embarrancarse** v. pron. **3.** Atascarse en un barranco o atolladero.

**EMBARRAR** v. tr. y pron. **[1]**. Untar, cubrir o manchar con barro. **2.** *Amér. Fig.* Calumniar, desacreditar. **3.** *Amér.* Cometer algún delito. **4.** *Amér. Central* y *Méx.* Complicar a alguien en un asunto sucio. ◆ v. tr. **5.** Embadurnar, manchar con cualquier materia viscosa. **6.** Revocar con barro o tierra.

**EMBARRAR** v. tr. y pron. **[1]**. Colocar una palanca debajo de un peso para levantarlo.

**EMBARULLADOR, RA** adj. y n. Que embarulla.

**EMBARULLAR** v. tr. **[1]**. *Fam.* Confundir, mezclar desordenadamente. ◆ v. tr. y pron. **2.** *Fam.* Hacer o decir las cosas atropellada y desordenadamente.

**EMBASAMIENTO** o **EMBASAMENTO** n. m. Basa de un edificio.

**EMBASTAR** v. tr. **[1]**. Hilvanar una tela.

**EMBASTE** n. m. Acción y efecto de embastar. **2.** Hilván.

**EMBATE** n. m. Golpe impetuoso del mar. **2.** Acometida impetuosa: *embate de genio.* ◆ **embates** n. m. pl. **3.** Vientos periódicos del Mediterráneo, después de la canícula.

**EMBAUCADOR, RA** adj. y n. Que embauca.

**EMBAUCAMIENTO** n. m. Acción y efecto de embaucar.

**EMBAUCAR** v. tr. **[1a]**. Engañar, alucinar.

**EMBAULAR** v. tr. **[1w]**. Meter dentro de un baúl. **2.** *Fig.* y *fam.* Comer con ansia, engullir. ◆ v. tr. y pron. **3.** *Fig.* Meter gente muy apretada en un sitio estrecho.

**EMBEBER** v. tr. **[2]**. Absorber un cuerpo sólido otro en estado líquido. **2.** Encajar una cosa dentro de otra: *embeber una persiana en el muro.* ◆ v. intr. **3.** Encogerse, apretarse, tupirse: *la lana embebe.* ◆ **embeberse** v. pron. **4.** *Fig.* Embelesarse. **5.** *Fig.* Instruirse radicalmente y con fundamento en una materia: *embeberse en filosofía.* **6.** TAUROM. Quedarse el toro parado y con la cabeza alta al recibir la estocada.

**EMBEBIDO, A** adj. ARQ. Dícese de la columna que parece que introduce en otro cuerpo parte de su fuste. ◆ n. m. **2.** TEXT. Acortamiento que experimentan los hilos de urdimbre en el tejido.

**EMBEJUCAR** v. tr. **[1a]**. *Antillas, Colomb.* y *Venez.* Cubrir o envolver con bejucos. **2.** *Colomb.* Desorientar. ◆ **embejucarse** v. pron. **3.** *Colomb.* Enfadarse, airarse. **4.** *Colomb.* y *Venez.* Enredarse.

**EMBELECADOR, RA** adj. y n. Que embeleca; que sirve para embelecar.

**EMBELECAMIENTO** n. m. Acción y efecto de embelecar.

**EMBELECAR** v. tr. **[1a]**. Engañar con halagos y zalamerías.

**EMBELECO** n. m. Embuste, engaño. **2.** *Fig. y fam.* Persona o cosa molesta o fastidiosa.

**EMBELEÑAR** v. tr. **[1]**. Adormecer con beleño.

**EMBELESAR** v. tr. y pron. **[1]**. Causar algo tanto placer que permite olvidarse de todo.

**EMBELESO** o **EMBELESAMIENTO** n. m. Efecto de embelesar. **2.** Persona o cosa que embelesa.

**EMBELLECEDOR, RA** adj. y n. m. Que embellece: *crema embellecedora.* ◆ n. m. **2.** Chapa metálica brillante con la que se adornan diversas partes de las carrocerías de los automóviles.

**EMBELLECER** v. tr. y pron. **[2m]**. Poner bello.

**EMBELLECIMIENTO** n. m. Acción y efecto de embellecer.

**EMBERO** n. m. Madera de color marrón grisáceo, fina y tierna, que se obtiene de una meliácea, y que se utiliza en ebanistería y placado.

**EMBERRINCHARSE** o **EMBERRENCHINARSE** v. pron. **[1]**. *Fam.* Enfadarse mucho, encolerizarse.

**EMBESTIDA** n. f. Acción y efecto de embestir.

**EMBESTIR** v. tr. e intr. **[30]**. Arrojarse con ímpetu sobre una persona o cosa, especialmente un toro. ◆ v. tr. **2.** *Fig.* y *fam.* Acometer para pedir algo con impertinencia o para inducir a algo.

**EMBETUNADO** n. m. Acción y efecto de embetunar.

**EMBETUNAR** v. tr. **[1]**. Cubrir con betún.

**EMBICADURA** n. f. MAR. Acción y efecto de embicar.

**EMBICAR** v. intr. (port. *embicar*) **[1a]**. Embestir derecho a tierra con una nave. ◆ v. tr. **2.** *Cuba.* Embocar, acertar a introducir una cosa en una cavidad. **3.** *Cuba.* Empinar el codo, beber. **4.** MAR. Poner una verga en dirección oblicua en señal de luto.

**EMBIJADO, A** adj. *Méx.* Dispar, formado de piezas desiguales.

**EMBIJAR** v. tr. y pron. **[1]**. Pintar o teñir con bija. ◆ v. tr. **2.** *Hond.* y *Nicar.* Ensuciar, manchar.

**EMBIJE** n. m. Acción y efecto de embijar.

**EMBLEMA** n. m. o f. (lat. *emblema*). Figura simbólica acompañada de una leyenda explicativa. ◆ n. m. **2.** Figura, atributo, ser u objeto concretos destinados a simbolizar una noción abstracta, o a representar una colectividad, un personaje, etc.: *la paloma es el emblema de la paz.*

**EMBLEMÁTICO, A** adj. Relativo al emblema o que lo incluye.

**EMBOBAMIENTO** n. m. Efecto de embobar o embobarse.

**EMBOBAR** v. tr. **[1]**. Causar admiración con algo fuera de lo normal en apariencia. ◆ **embobarse** v. pron. **2.** Quedarse suspenso, absorto y admirado.

**EMBOCADURA** n. f. Acción y efecto de embocar. **2.** Sabor de los vinos. **3.** Parte del bocado que penetra en la boca del caballo. **4.** MAR. Boca de un canal, de un río o de un puerto. **5.** MÚS. Boquilla, parte de un instrumento de viento a la que se aplica la boca.

**EMBOCAR** v. tr. **[1a]**. Meter por la boca: *embocar un tubo.* **2.** MAR. Entrar por un paso estrecho. **3.** MÚS. Aplicar los labios a la boquilla de un instrumento de viento.

**EMBOCHINCHAR** v. tr. y pron. **[1]**. *Amér. Merid.* Alborotar.

**EMBOCINADA** n. f. *Colomb.* Objetivo plenamente alcanzado.

**EMBODEGAR** v. tr. **[1b]**. Meter y guardar en la bodega, vino, aceite, etc.

**EMBOJAR** v. tr. **[1]**. Poner embojos alrededor de los zarzos donde se crían los gusanos de seda.

**EMBOJO** n. m. Enramada que se dispone en los criaderos de gusanos de seda para favorecer la formación de capullos.

**EMBOLADA** n. f. Cada uno de los movimientos de vaivén que hace el émbolo dentro del cilindro.

**EMBOLADO** n. m. *Fam.* Mentira, embuste: *meter un embolado.*

**EMBOLADOR** n. m. *Colomb.* Limpiabotas.

**EMBOLAR** v. tr. **[1]**. TAUROM. Poner bolas de madera en las puntas de los cuernos de una res.

**EMBOLAR** v. tr. **[1]**. Dar la última mano de bol para dorar.

**EMBOLATAR** v. tr. **[1]**. *Colomb.* Dilatar, demorar. **2.** *Colomb.* y *Pan.* Engañar. **3.** *Colomb.* y *Pan.* Enredar, enmarañar. ◆ **embolatarse** v. pron. **4.** *Colomb.* Estar absorbido por un asunto, entretenerse. **5.** *Colomb.* Perderse, extraviarse. **6.** *Colomb.* Alborotarse. **7.** *Pan.* Entregarse al jolgorio.

**EMBOLIA** n. f. (del gr. *emballō*, insertar). Obstrucción de un vaso sanguíneo por un coágulo o un cuerpo extraño transportado por la sangre hasta el lugar donde el calibre es insuficiente para permitir su paso. • **Embolia gaseosa,** obstrucción de los vasos por burbujas de gas acompañadas de una brusca descompresión del aire respirado, o que penetran a través de una herida de los vasos.

**EMBOLISMAL** o **EMBOLÍSTICO, A** adj. Decíase del año al que se le incluía un mes suplementario de treinta días.

**EMBOLISMAR** v. tr. **[1]**. *Fam.* Meter chismes y enredos.

**ÉMBOLO** n. m. (lat. *embolum*). MEC. Disco o pieza cilíndrica de metal, que se mueve alternativamente entre dos fluidos, a diferente presión, destinado a transmitir un esfuerzo motor. **2.** MED. Coágulo, burbuja de aire u otro cuerpo extraño que introducido en la circulación de la sangre produce la embolia.

**EMBOLSAR** v. tr. **[1]**. Guardar una cosa en la bolsa. **2.** Cobrar. ◆ **embolsarse** v. pron. **3.** *Fam.* Ganar dinero.

**EMBOLSO** n. m. Acción y efecto de embolsar.

**EMBONADA** n. f. Acción y efecto de embonar un buque.

**EMBONAR** v. tr. **[1]**. Forrar exteriormente con tablones el casco de un buque para ensanchar su manga. ◆ v. intr. **2.** *Cuba, Ecuad.* y *Méx.* Empalmar, unir una cosa con otra.

**EMBONO** n. m. Forro de tablones con que se embona un buque.

**EMBOQUE** n. m. En ciertos juegos, paso de la bola por el aro o por una parte estrecha. **2.** Boca, abertura del escenario hacia el teatro. **3.** *Fig.* y *fam.* Engaño. **4.** Sabor de los vinos. **5.** *Chile.* Boliche, juguete.

**EMBOQUILLADO** n. m. y adj. Cigarrillo con boquilla.

**EMBOQUILLAR** v. tr. **[1]**. Poner boquillas a los cigarrillos.

**EMBORRACHAMIENTO** n. m. *Fam.* Embriaguez.

**EMBORRACHAR** v. tr. y pron. **[1]**. Poner o ponerse ebrio. **2.** Atontar, adormecer, perturbar: *la altura me emborracha.* ◆ **emborracharse** v. pron. **3.** Mezclarse los colores.

**EMBORRADURA** n. f. Acción y efecto de emborrar. **2.** Lo que sirve para emborrar.

**EMBORRAR** v. tr. **[1]**. Rellenar con borra.

**EMBORRASCAR** v. tr. y pron. **[1a]**. Irritar, enfurecer. ◆ **emborrascarse** v. pron. **2.** Hacerse borrascoso el tiempo. **3.** *Amér.* Empobrecerse o perderse la veta en las minas.

**EMBORRONAR** v. tr. **[1]**. Echar o hacer borrones en un escrito, dibujo, etc. **2.** *Desp.* y *fig.* Escribir. **3.** *Fig.* Escribir deprisa y desaliñadamente.

**EMBORUCARSE** v. pron. **[1a]**. *Méx.* Confundirse.

**EMBOSCADA** n. f. (ital. *imboscata*). Acción y efecto de emboscar. **2.** *Fig.* Asechanza, celada, intriga: *tender una emboscada.* **3.** Operación de guerra que consiste en la ocultación de una tropa en paraje adecuado para atacar a otra por sorpresa. **4.** La misma tropa que se embosca.

**EMBOSCAR** v. tr. y pron. (ital. *imboscare*) **[1a]**. Apostar una partida de gente en un sitio para atacar por sorpresa a alguien que ha de acudir a él. ◆ **emboscarse** v. pron. **2.** Entrarse u ocultarse entre el ramaje: *emboscarse en la espesura.* **3.** *Fig.* Escudarse en una ocupación cómoda para no hacer frente a una obligación.

**EMBOSTAR** v. tr. **[1]**. *Venez.* Dejar la ropa enjabonada algún tiempo.

**EMBOTADO, A** adj. ESGR. Dícese del florete cuya punta se embota con un botón para que no ofrezca peligro.

**EMBOTADURA** n. f. Efecto de embotar los instrumentos cortantes.

**EMBOTAMIENTO** n. m. Acción y efecto de embotar.

**EMBOTAR** v. tr. y pron. **[1]**. Engrosar el filo o la punta de los instrumentos cortantes. **2.** Debilitar, quitar agudeza o eficacia a los sentidos: *embotar la mente.*

**EMBOTAR** v. tr. **[1]**. Poner una cosa dentro de un bote: *embotar tomate.*

**EMBOTELLADO** n. m. Acción de embotellar un líquido.

**EMBOTELLADOR, RA** n. Persona que embotella. ◆ n. f. **2.** Máquina que sirve para embotellar.

**EMBOTELLAJE** n. m. Acción y efecto de embotellar.

**EMBOTELLAMIENTO** n. m. Acción y efecto de embotellar. **2.** Obstrucción del tráfico rodado en una vía pública.

**EMBOTELLAR** v. tr. **[1]**. Poner en botellas. **2.** *Fig.* Aprender de memoria algo. **3.** Impedir que naves enemigas salgan al mar.

**EMBOTICAR** v. tr. y pron. **[1a]**. *Chile.* Medicar.

**EMBOZAR** v. tr. y pron. **[1g]**. Cubrir el rostro por la parte inferior con una prenda de vestir. **2.** *Fig.* Disfrazar u ocultar lo que uno piensa o proyecta. **3.** Obstruir un conducto: *embozar una cañería.* **4.** TAUROM. Recoger el toro con el capote cuando viene arrancado.

**EMBOZO** n. m. Parte de una prenda con que uno se emboza. **2.** Doblez de la sábana por la parte que toca al rostro. **3.** Cada una de las tiras que guarnecen los lados de la capa. **4.** *Fig.* Recato artificioso con que se dice o hace algo: *hablar sin embozo.*

**EMBRAGAR** v. tr. (fr. *embrayer*) [**1b**]. Establecer la comunicación entre el motor y los órganos que debe poner en movimiento.

**EMBRAGUE** n. m. Mecanismo que permite poner en movimiento una máquina acoplándola al motor. **2.** Pedal con que se acciona dicho mecanismo.

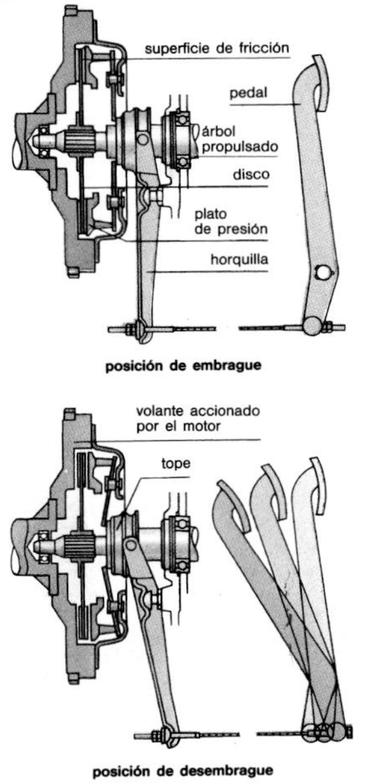


**embrague** de automóvil: principio de funcionamiento

**EMBRAVECER** v. tr. y pron. [**2m**]. Irritar, enfurecer: *embravecerse en la batalla.* **2.** Comunicar o adquirir bravura los animales. ◆ **embravecerse** v. pron. **3.** Encresparse el mar.

**EMBRAVECIMIENTO** n. m. Acción y efecto de embravecer o embravecerse.

**EMBRAZADO, A** adj. HERÁLD. Dícese del escudo partido, en forma triangular, por dos líneas cuyo vértice toca en la mitad de uno de los flancos del escudo.

**EMBRAZADURA** n. f. Acción y efecto de embrazar. **2.** Asa por donde se embraza un escudo.

**EMBRAZAR** v. tr. [**1g**]. Meter el brazo por el asa del escudo, rodela, adarga, etc.

**EMBREADO** n. m. Embreadura.

**EMBREADURA** n. f. Acción y efecto de embrear.

**EMBREAR** v. tr. [**1**]. Untar con brea: *embrear los cables.*

**EMBRIAGADOR, RA** adj. Que embriaga.

**EMBRIAGAR** v. tr. y pron. [**1b**]. Emborrachar, causar embriaguez. **2.** *Fig.* Enajenar, extasiar: *embriagar un perfume.*

**EMBRIAGUEZ** n. f. Estado de excitación síquica y de falta de coordinación motriz, debido a la ingestión masiva de alcohol, barbitúricos o ciertos estupefacientes, o a la intoxicación por óxido de carbono. **2.** Enajenación del ánimo: *la embriaguez del éxito.*

**EMBRIDAR** v. tr. [**1**]. Poner la brida a las caballerías. **2.** Obligar al caballo a llevar y mover bien la cabeza.

**EMBRIOGENÉSICO, A** adj. Relativo a la embriogénesis.

**EMBRIOGÉNESIS** n. f. Transformaciones sucesivas que sufre un organismo animal o vegetal, desde el estado de huevo o espora hasta el estado adulto.

**EMBRIOLOGÍA** n. f. Parte de la biología que estudia el embrión.

**EMBRIOLÓGICO, A** adj. Relativo a la embriología.

**EMBRIÓLOGO, A** n. Especialista en embriología.

**EMBRIÓN** n. m. (gr. *embryon*). Organismo en vías de desarrollo, a partir del huevo fecundado hasta la realización de una forma capaz de vida autónoma y activa (larva, polluelo, etc.). [En el hombre, se llama *feto* al embrión de más de tres meses.] **2.** *Fig.* Principio, informe todavía, de algo: *novela en embrión.*

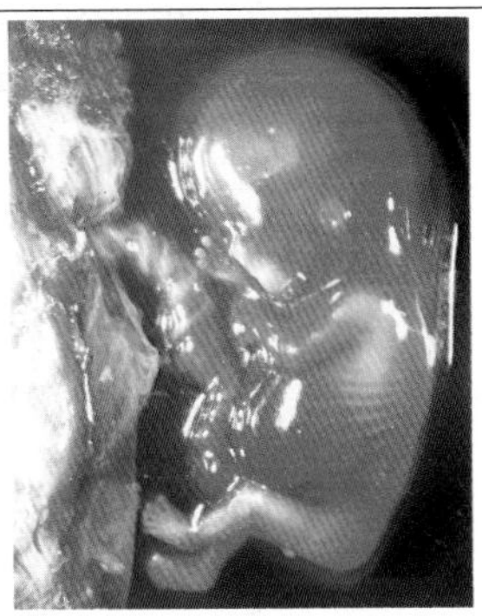

**embrión** humano

**EMBRIONARIO, A** adj. Del embrión. **2.** En estado rudimentario. • **Saco embrionario**, conjunto de células de ocho núcleos haploides, contenido en el óvulo de las fanerógamas y que representa el prótalo femenino, el cual sufrirá una doble fecundación y proporcionará la plántula, a partir de la oosfera, y el albumen, a partir del núcleo secundario.

**EMBRIOPATÍA** n. f. Enfermedad del embrión que da lugar a numerosas malformaciones congénitas.

**EMBROCACIÓN** n. f. (gr. *embrokhē*, loción). MED. Aplicación en una parte enferma de un líquido graso, especial. **2.** Este mismo líquido.

**EMBROCAR** v. tr. [**1a**]. Vaciar una vasija en otra volviéndola boca abajo. ◆ v. tr. y pron. **2.** *Hond.* Poner boca abajo cualquier cosa. ◆ v. tr., intr. y pron. **3.** *Méx.* Ponerse una prenda de vestir por la cabeza.

**EMBROCAR** v. tr. [**1a**]. Devanar los bordadores en la broca los hilos y torzales. **2.** Asegurar con brocas las suelas para hacer zapatos.

**EMBROCAR** v. tr. [**1a**]. TAUROM. Coger el toro al diestro entre las astas.

**EMBROCHALADO** n. m. Conjunto de piezas del armazón que forman un marco alrededor del hueco de la chimenea o de una escalera.

**EMBROCHALAR** v. tr. [**1**]. TECNOL. Sostener con un brochal.

**EMBROLLADOR, RA** o **EMBROLLÓN, NA** adj. y n. Que embrolla.

**EMBROLLAR** v. tr. y pron. (fr. *embrouiller*) [**1**]. Producir embrollos. ◆ v. tr. **2.** *Chile* y *Urug.* Apropiarse de algo mediante engaño.

**EMBROLLO** n. m. Enredo, confusión, lío, maraña: *embrollo de hilos.* **2.** Embuste, mentira: *decir embrollos.* **3.** *Fig.* Situación embarazosa de la que no se sabe cómo salir: *meter en un embrollo.*

**EMBROMADOR, RA** adj. y n. Que embroma.

**EMBROMAR** v. tr. [**1**]. Gastar una broma. **2.** Engañar por diversión y sin intención de ofender. ◆ v. tr. **3.** *Amér.* Fastidiar, molestar. ◆ v. tr. y pron. **4.** *Amér.* Perjudicar, causar daño moral o material. **5.** *Chile* y *Perú.* Entretener, hacer perder el tiempo.

**EMBRONCARSE** v. pron. [**1a**]. *Argent. Fam.* Enojarse, enfadarse.

**EMBROQUE** n. m. TAUROM. Momento de ganar el toro el terreno del diestro.

**EMBRUJADOR, RA** adj. Que embruja.

**EMBRUJAMIENTO** n. m. Acción y efecto de embrujar.

**EMBRUJAR** v. tr. [**1**]. Hechizar, ejercer sobre alguien una acción de hechicería o brujería, generalmente dañosa. **2.** Ejercer sobre alguien un atractivo extraordinario.

**EMBRUJO** n. m. Embrujamiento. **2.** Hechizo, atractivo o encanto misterioso: *el embrujo de la Alhambra.*

**EMBRUTECEDOR, RA** adj. Que embrutece.

**EMBRUTECER** v. tr. y pron. [**2m**]. Entorpecer las facultades del espíritu: *el exceso de alcohol embrutece.*

**EMBRUTECIMIENTO** n. m. Acción y efecto de embrutecer.

**EMBUCHADO** n. m. Embutido, tripa rellena de carne de cerdo. **2.** *Fig.* Asunto tras el cual se oculta algo de más gravedad e importancia. **3.** *Fig.* Introducción fraudulenta de votos en una urna electoral. **4.** *Fig.* y *fam.* Morcilla que introduce un cómico en su papel.

**EMBUCHADOR, RA** adj. y n. Que embucha.

**EMBUCHADORA** n. f. Aparato utilizado para el embuchamiento de las aves.

**EMBUCHAMIENTO** n. m. Acción de embuchar a un ave.

**EMBUCHAR** v. tr. [**1**]. Embutir carne picada en un buche o tripa de animal. **2.** Introducir comida en el buche de un ave. **3.** *Fam.* Comer mucho, de prisa y casi sin mascar. **4.** IMPR. Colocar hojas o cuadernillos impresos unos dentro de otros.

**EMBUDAR** v. tr. [**1**]. Hacer entrar la caza en un paraje cerrado que se estrecha gradualmente, para que vaya al sitio de espera.

**EMBUDO** n. m. Utensilio en forma de cono que sirve para trasvasar líquidos. **2.** Cavidad que va estrechándose y puede ser natural o formada por la explosión de un proyectil. • **Ley del embudo** (*Fig.* y *fam.*), ley que se emplea con desigualdad, aplicándola estrictamente a unos y ampliamente a otros.

**EMBURUJAR** v. tr. y pron. [**1**]. *Fam.* Hacer que se formen borujos. ◆ v. tr. **2.** *Fig.* Amontonar y mezclar confusamente unas cosas con otras. **3.** *Cuba.* Embarullar a una persona, confundirla. ◆ **emburujarse** v. pron. **4.** *Colomb., Méx., P. Rico* y *Venez.* Arrebujarse, cubrirse bien el cuerpo.

**EMBUSTE** n. m. Mentira, especialmente la disfrazada con artificio.

**EMBUSTERO, A** adj. y n. Que dice embustes. ◆ adj. **2.** *Chile.* Que comete erratas al escribir.

**EMBUTICIÓN** n. f. Operación mediante la cual se da forma cóncava o hueca a una chapa metálica, embutiéndola en una matriz de acero o de hierro colado con ayuda de un macho o estampa.

**EMBUTIDO** n. m. Acción y efecto de embutir. **2.** Tripa rellena de carne de cerdo u otra carne picada y aderezada. **3.** *Amér.* Entredós de bordado o de encaje. **4.** TECNOL. Embutición.

**EMBUTIR** v. tr. [**3**]. Llenar, meter una cosa dentro de otra y apretarla: *embutir la lana en un colchón.* **2.** Rellenar una tripa para la preparación de embutidos. **3.** Martillear, comprimir en frío o en caliente, una pieza de metal para darle una forma determinada. **4.** Hundir la cabeza de un tornillo o clavo en el material en que se introduce. **5.** Incluir, encajar con arte materias diferentes o de distintos colores en un objeto. **6.** *Fig.* Reducir, condensar un contenido cualquiera: *embutir noticias.*

**EME** n. f. Nombre de la letra *m.* **2.** Eufemismo por mierda: *vete a la eme.*

**EMENAGOGO** n. m. y adj. Medicamento o tratamiento que provoca o regula la menstruación.

**EMERGENCIA** n. f. Acción y efecto de emerger. **2.** Cosa que emerge. **3.** Suceso o accidente súbitos: *salida de emergencia.*

**EMERGENTE** adj. ÓPT. Que sale de un medio después de haberlo atravesado.

**EMERGER** v. intr. (lat. *emergere*) [**2b**]. Brotar, salir del agua u otro líquido. **2.** Salir o aparecer de detrás o del interior de algo.

**EMERITENSE** adj. y n. m. y f. De Mérida.

**EMÉRITO, A** adj. Dícese del que se ha retirado de algún empleo o cargo y disfruta de algún premio por sus buenos servicios.

**EMERSIÓN** n. f. (lat. *emersionem*). Movimiento de un cuerpo que sale de un fluido en el que estaba sumergido. **2.** ASTRON. Reaparición de un astro después de una ocultación. **3.** GEOL. Levantamiento general de los continentes, motivado por una fuerza profunda o por el descenso del nivel medio de los mares.

**EMÉTICO, A** adj. y n. m. (lat. *emeticum*). Que provoca el vómito.

**EMETINA** n. f. Alcaloide de la raíz de ipecacuana, usado en el tratamiento de la amebiasis.

**EMÉTROPE** adj. y n. m. y f. (gr. *en*, dentro, *metron*, medida, y *ōps*, ojo). Que tiene visión normal.

**EMIGRACIÓN** n. f. Acción y efecto de emigrar. **2.** Conjunto de emigrantes. **3.** ZOOL. Migración.

**EMIGRADO, A** n. Persona que vive en la emigración, generalmente por causas políticas.

**EMIGRANTE** adj. Que emigra. ◆ n. m. y f. **2.** Persona que se traslada de su propio país a otro para trabajar en él.

**EMIGRAR** v. intr. (lat. *emigrare*) **[1]**. Dejar el propio país para establecerse, o trabajar temporalmente, en otro. **2.** Cambiar de clima: *las palomas emigran.*

**EMIGRATORIO, A** adj. Relativo a la emigración.

**EMILIANO, A** adj. y n. De la Emilia. (La escuela emiliana de pintura tuvo un papel preponderante en la historia de arte italiano, principalmente gracias a Correggio y a los Carracci.)

**EMINENCIA** n. f. (lat. *eminentiam*). Elevación del terreno. **2.** *Fig.* Excelencia o sublimidad. **3.** Persona eminente en cierto campo. **4.** ANAT. Nombre dado a diversos salientes óseos. **5.** REL. Título concedido a los obispos, al gran maestre de la orden de Malta y a los cardenales. • **Eminencia gris,** consejero íntimo que maniobra en la sombra.

**EMINENTE** adj. Alto, elevado: *terreno eminente.* **2.** *Fig.* Que sobresale entre los de su clase: *profesor eminente.*

**EMINENTÍSIMO, A** adj. Tratamiento con que se habla de y a la persona a quien corresponde el de eminencia.

**EMIR** n. m. (ár. *amīr*, el que ordena). En el mundo musulmán, jefe, persona que ostenta una dignidad política o militar.

**EMIRATO** n. m. Estado gobernado por un emir. **2.** Dignidad de emir. **3.** Tiempo que dura el gobierno de un emir.

**EMISARIO, A** n. (lat. *emissarium*). Mensajero encargado generalmente de una misión secreta. ◆ n. m. **2.** Canal o curso de agua que evacua el sobrante de una laguna, un lago, etc.: *el Ródano es el emisario del lago Leman.* **3.** Canal de desagüe de las aguas de drenaje.

**EMISIÓN** n. f. (lat. *emissionem*). Acción y efecto de emitir: *emisión de luz.* **2.** Serie de cosas emitidas a la vez: *emisión de sellos.* **3.** Programa o parte de un programa de radio o televisión. **4.** Acción de emitir ondas electromagnéticas o partículas. **5.** Operación que consiste en poner en circulación moneda, títulos, valores, efectos públicos, de comercio o bancarios. • **Emisión de voz,** producción de un sonido articulado.

**EMISIVO, A** adj. FÍS. Que tiene la facultad de emitir una radiación, en particular luz.

**EMISOR, RA** adj. y n. Que emite. **2.** Dícese de la persona que hace una emisión. ◆ adj. **3.** Dícese del establecimiento que goza del privilegio de emisión. ◆ n. m. **4.** Estación emisora de señales electromagnéticas portadoras de mensajes telegráficos, sonidos o imágenes. **5.** ELECTRÓN. Unión semiconductora, unida generalmente a la masa, que con la base y el colector forma un transistor.

**EMISORA** n. f. RADIOTECN. Estación de emisión de radio.

**EMITIR** v. tr. (lat. *emittere*) **[3]**. Arrojar, despedir, producir una cosa otra que sale de ella: *emitir rayos, calor, sonidos.* **2.** Exponer, expresar, manifestar: *emitir un juicio.* **3.** Poner en circulación: *emitir billetes de banco.* ◆ v. tr. e intr. **4.** Hacer una emisión de radio o de televisión.

**EMMENTAL** o **EMMENTHAL** n. m. Variedad de queso gruyère de formato grande, fabricado inicialmente en el Emmental (Suiza) y después en el Jura francés.

**EMOCIÓN** n. f. (lat. *emotionem*). Estado afectivo que transforma de un modo momentáneo pero brusco el equilibrio de la estructura sicofísica del individuo.

**EMOCIONABLE** adj. Que es propenso a emocionarse.

**EMOCIONAL** adj. Relativo a la emoción: *reacción emocional.*

**EMOCIONANTE** adj. Que causa o produce emoción: *encuentro emocionante.*

**EMOCIONAR** v. tr. y pron. **[1]**. Causar emoción: *emocionar a los espectadores.*

**EMOLIENTE** adj. y n. m. MED. Que relaja y ablanda los tejidos.

**EMOLUMENTO** n. m. (lat. *emolumentum*). Remuneración que corresponde a un cargo o empleo.

**EMOTIVIDAD** n. f. Estado de reacción afectiva frente a una modificación brusca e inmediata de la situación de una persona.

**EMOTIVO, A** adj. Relativo a la emoción: *trastornos emotivos.* **2.** Que produce emoción: *palabras emotivas.* **3.** Sensible a las emociones: *persona emotiva.*

**EMPACADO** n. m. Acción y efecto de empacar.

**EMPACADOR, RA** adj. Que empaca.

**EMPACADORA** n. f. Máquina para empacar.

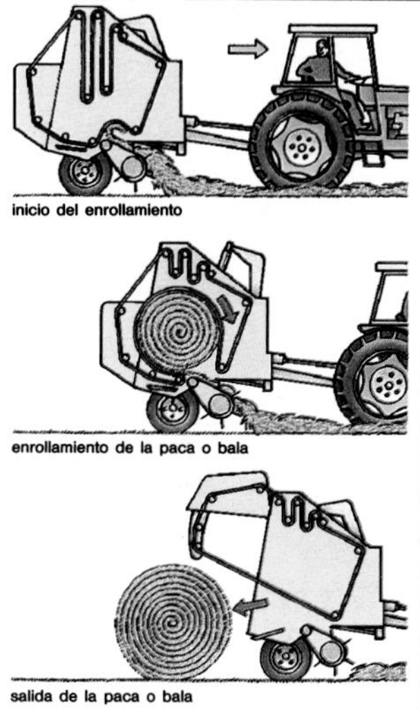


**empacadora:** principio de funcionamiento

**EMPACAMIENTO** n. m. *Amér.* Acción y efecto de empacarse.

**EMPACAR** v. tr. **[1a]**. Hacer pacas o balas de una cosa. **2.** Empaquetar. **3.** *Méx.* Poner en conserva. ◆ v. intr. y tr. **4.** *Amér.* Hacer las maletas.

**EMPACARSE** v. pron. **[1a]**. *Amér.* Pararse una caballería y no querer seguir.

**EMPACHADA** n. f. *Méx.* Acción y efecto de empacharse.

**EMPACHAR** v. tr. y pron. (fr. *empêcher*) **[1]**. Ahitar, causar indigestión o saciedad: *los dulces me empachan; empachar muchas zalamerías.* ◆ **empacharse** v. pron. **2.** Avergonzarse, turbarse, cortarse.

**EMPACHO** n. m. Inflamación de la mucosa del estómago, o trastorno neurovegetativo, que comporta una dificultad para digerir, náuseas e incluso vómitos. **2.** Ahíto, saciedad: *empacho de lectura.* **3.** Cortedad, vergüenza, turbación.

**EMPACÓN, NA** adj. *Amér.* Dícese del caballo o yegua que se empaca.

**EMPADRARSE** v. pron. **[1]**. Encariñarse excesivamente un niño con su padre o sus padres.

**EMPADRONADOR, RA** n. Persona que empadrona.

**EMPADRONAMIENTO** n. m. Acción y efecto de empadronar. **2.** Padrón, registro. • **Empadronamiento de la población,** operación estadística elemental que consiste en el recuento de los individuos de un territorio por unidades administrativas.

**EMPADRONAR** v. tr. y pron. **[1]**. Inscribir a uno en el padrón o registro.

**EMPAJADO** n. m. Acción y efecto de empajar.

**EMPAJAR** v. tr. **[1]**. Cubrir o rellenar con paja: *empajar botellas.* **2.** Cubrir o rodear de paja un vegetal, para preservarlo del frío, o un arbusto, para impedir que los pájaros piquen el fruto. **3.** *Chile.* Mezclar con paja. **4.** *Chile, Colomb., Ecuad.* y *Nicar.* Techar de paja. ◆ **empajarse** v. pron. **5.** *Chile.* Echar los cereales mucha paja y poco fruto. **6.** *P. Rico* y *Venez.* Hartarse, llenarse de comida.

**EMPALAGADA** n. f. *Méx.* Empalago.

**EMPALAGAR** v. intr. y pron. **[1b]**. Causar hastío un manjar, especialmente si es dulce. **2.** *Fig.* Cansar, fastidiar: *me empalaga su manera de hablar.*

**EMPALAGO** o **EMPALAGAMIENTO** n. m. Acción y efecto de empalagar.

**EMPALAGOSO, A** adj. y n. Dícese del dulce que empalaga. **2.** *Fig.* Dícese de la persona que cansa o fastidia por su afectación: *un profesor empalagoso.*

**EMPALAMIENTO** n. m. Acción y efecto de empalar.

**EMPALAR** v. tr. **[1]**. Atravesar a uno con un palo. ◆ **empalarse** v. pron. **2.** *Chile.* Envararse, entumecerse. **3.** *Chile* y *Perú.* Obstinarse, encapricharse.

**EMPALICAR** v tr. **[1a]**. *Chile.* Engatusar.

**EMPALIDECER** v. tr. **[2m]**. Ponerse pálido. **2.** Parecer pálida o de menos color una cosa por comparación con otra.

**EMPALIZADA** n. f. Cercado o vallado hecho con estacas o tablas estrechas yuxtapuestas, hincadas en el suelo. **2.** MIL. Obstáculo pasivo o defensa formada de estacas enlazadas por alambres o espino artificial.

**EMPALIZAR** v. tr. **[1g]**. Rodear de empalizadas: *empalizar un jardín.* **2.** Construir empalizadas o estacadas. **3.** Cortar a manera de muro o pared: *empalizar un seto.*

**EMPALMADO** n. m. CARP. Ensamblaje, por empalme, de piezas de madera cortas en sentido longitudinal.

**EMPALMADORA** n. f. CIN. Instrumento utilizado para unir por sus extremos dos fragmentos de película cinematográfica.

**EMPALMAR** v. tr. **[1]**. Unir dos maderos, tubos, cables, etc., para que conserven la continuidad. **2.** *Fig.* Ligar o combinar planes, ideas, etc. ◆ v. intr. **3.** Unirse o corresponderse dos ferrocarriles, carreteras, etc.: *el camino empalma con la carretera.* ◆ v. intr. y pron. **4.** Seguir o suceder una cosa a continuación de otra sin interrupción. ◆ **empalmarse** v. pron. **5.** *Fam.* Excitarse sexualmente el hombre, con erección del pene.

**EMPALME** n. m. Acción y efecto de empalmar. **2.** Punto en que se empalma. **3.** Cosa que empalma con otra. **4.** Modo o forma de hacer el empalme. **5.** Ensamble de piezas de madera por sus extremos, de modo que queden en prolongación. **6.** Conexión eléctrica. **7.** Punto de encuentro de dos líneas férreas. **8.** Punto de arranque de un ramal.

**EMPAMPARSE** v. pron. **[1]**. *Amér. Merid.* Extraviarse en la pampa.

**EMPANADA** n. f. Comida consistente en una envoltura de masa de pan rellena de distintos ingredientes. **2.** *Fig.* Acción y efecto de encubrir o disimular una cosa. • **Empanada mental** (*Fig.* y *fam.*), confusión en la mente.

**EMPANADILLA** n. f. Pastel pequeño aplastado, que se hace doblando la masa sobre sí misma para cubrir con ella el relleno, que puede estar elaborado con distintos ingredientes.

**EMPANAR** v. tr. **[1]**. Rellenar una empanada. **2.** Rebozar con huevo batido, harina o pan rallado carne o pescado para freírlo. ◆ **empanarse** v. pron. **3.** Sofocarse los sembrados por exceso de simiente.

**EMPANIZAR** v. tr. **[1g]**. *Méx.* Empanar.

**EMPANTANAR** v. tr. y pron. **[1]**. Inundar un terreno dejándolo hecho un pantano. **2.** *Fig.* Detener o dilatar el curso de un asunto.

**EMPAÑAMIENTO** n. m. Acción y efecto de empañar.

**EMPAÑAR** v. tr. **[1]**. Envolver a un niño en pañales. ◆ v. tr. y pron. **2.** Quitar la tersura, el brillo o la transparencia. **3.** Cubrirse un cristal por el vapor del agua. **4.** *Fig.* Manchar u oscurecer la fama, el mérito, etc.: *empañar el buen nombre de una familia.*

**EMPAÑETAR** v. tr. **[1]**. *Amér. Central, Ecuad.* y *P. Rico.* Embarrar, cubrir una pared con mezcla de barro, paja y boñiga. **2.** *Colomb.* y *P. Rico.* Enlucir, encalar las paredes.

**EMPAPADA** n. f. *Méx.* Acción y efecto de empaparse.

**EMPAPAMIENTO** n. m. Acción y efecto de empapar.

**EMPAPAR** v. tr. y pron. **[1]**. Humedecer algo hasta el punto que quede penetrado del líquido: *empapar un algodón.* **2.** Penetrar un líquido los poros o huecos de un cuerpo. **3.** Absorber: *la tierra empapa el agua.* ◆ **empaparse** v. pron. **4.** *Fig.* Poseerse o imbuirse de un afecto, idea, etc.: *empaparse en la moral cristiana.* **5.** *Fig.* y *fam.* Enterarse bien de una cosa: *empápate antes de hablar.* **6.** *Fam.* Empacharse, hartarse de comida.

**EMPAPELADO** n. m. Acción y efecto de empapelar. **2.** Papel con que se recubre una superficie. **3.** *Méx.* Pescado cocido dentro de un papel.

**EMPAPELADOR, RA** n. Persona que empapela.

**EMPAPELAR** v. tr. **[1]**. Envolver en papel. **2.** Forrar de papel una superficie: *empapelar una pared.* **3.** Formar causa criminal o expediente administrativo a uno.

**EMPAPUZAR** v. tr. y pron. **[1g]**. *Fam.* Hartar, hacer comer demasiado.

**EMPAQUE** n. m. Acción y efecto de empacar. **2.** Materiales que forman la envoltura y armazón de los paquetes. **3.** *Colomb.* y *C. Rica.* Trozo de material para mantener herméticamente cerradas dos piezas distintas. **4.** *Méx.* Trozo de hule que sirve para apretar dos piezas de un aparato y evitar que se escape el líquido o el vapor que por ahí fluye.

**EMPAQUE** n. m. *Fam.* Distinción, presencia, señorío. **2.** Seriedad con algo de afectación o tiesura. **3.** *Amér.* Acción y efecto de empacarse un animal. **4.** *Chile, Perú* y *P. Rico.* Descaro, desfachatez.

**EMPAQUETADO** o **EMPAQUETAMIENTO** n. m. Operación de empaquetar.

**EMPAQUETADOR, RA** adj. y n. Que empaqueta: *máquina empaquetadora.*

**EMPAQUETADURA** n. f. Arandela, disco o guarnición que se emplea para impedir las fugas o escapes de fluidos por las uniones de los tubos, en las válvulas de los grifos, etc.

**EMPAQUETAR** v. tr. **[1]**. Formar paquetes o disponer paquetes dentro de bultos mayores. **2.** *Fig.* Acomodar en un recinto un número excesivo de personas. **3.** *Fig.* y *fam.* Imponer un castigo. **4.** *Argent. Fig.* y *fam.* Envolver, engañar a alguien.

**EMPARAMAR** v. tr. y pron. **[1]**. *Colomb.* y *Venez.* Aterir, helar. **2.** *Colomb.* y *Venez.* Mojar la lluvia o la humedad.

**EMPARAMENTAR** v. tr. y pron. **[1]**. Adornar con paramentos.

**EMPARCHAR** v. tr. y pron. **[1]**. Poner parches.

**EMPARDAR** v. tr. **[1]**. *Argent.* y *Urug.* Empatar, igualar, particularmente en el juego de cartas.

**EMPAREDADO, A** adj. y n. Recluso por castigo, penitencia o propia voluntad. ◆ n. m. **2.** Bocadillo preparado con dos rebanadas de pan.

**EMPAREDAMIENTO** n. m. Acción y efecto de emparedar.

**EMPAREDAR** v. tr. y pron. **[1]**. Encerrar a una persona en un sitio privado de comunicación con el exterior. ◆ v. tr. **2.** Ocultar en el espesor de una pared o entre dos paredes.

**EMPAREJAMIENTO** n. m. Acción y efecto de emparejar.

**EMPAREJAR** v. tr. y pron. **[1]**. Formar una pareja. ◆ v. tr. **2.** Poner una cosa a nivel con otra: *emparejar el poste con la puerta.* ◆ v. intr. **3.** Alcanzar o llegar a ponerse junto a otro que iba delante. **4.** Ser pareja una cosa con otra: *el árbol empareja con la casa.* **5.** ZOOL. Aparear. ◆ **emparejarse** v. pron. **6.** *Méx.* Equilibrarse económicamente gracias a una actividad secundaria o ilícita.

**EMPARENTADO, A** adj. Dícese de las lenguas que, por evoluciones diferentes, proceden de una misma lengua hablada anteriormente.

**EMPARENTAR** v. intr. **[1j]**. Contraer parentesco por vía de casamiento: *emparentar con la nobleza.*

**EMPARRADO** n. m. Sujeción de los sarmientos o ramas a tutores o soportes adecuados. **2.** Conjunto de los vástagos y hojas de una o varias parras, que, sostenidas por una armazón apropiada, forman cubierto. **3.** *Fig.* y *fam.* Peinado de los hombres, hecho para encubrir, con el pelo de los lados de la cabeza, la calvicie de la parte superior.

**EMPARRAR** v. tr. **[1]**. Hacer o formar emparrado.

**EMPARRILLADO** n. m. Armazón horizontal de vigas o barras cruzadas que, en los terrenos deleznables o aguanosos, sirve de base firme de cimentación. **2.** En los diques de carena, conjunto de maderos sólidamente trabados sobre los que descansa el buque.

**EMPARVAR** v. tr. **[1]**. Poner en parva las mieses.

**EMPASTADO, A** adj. *Argent., Chile* y *Urug.* Dícese del campo que tiene pasto para el ganado.

**EMPASTADOR, RA** adj. Que empasta. ◆ n. m. **2.** Pincel para empastar. **3.** Pequeño instrumento empleado en odontología para rellenar con pasta el túnel fraguado en una pieza dentaria. ◆ n. **4.** *Amér.* Encuadernador de libros.

**EMPASTADURA** n. f. *Chile.* Acción y efecto de empastar un libro.

**EMPASTAR** v. tr. **[1]**. Cubrir de pasta. **2.** Rellenar con pasta el hueco producido por las caries en los dientes. **3.** Encuadernar en pasta los libros. ◆ v. tr. y pron. **4.** *Argent.* y *Chile.* Padecer meteorismo el animal. **5.** *Chile, Méx.* y *Nicar.* Empradizar un terreno. **6.** PINT. Poner el color en bastante cantidad sobre la tela para que cubra la imprimación. ◆ **empastarse** v. pron. **7.** *Chile.* Llenarse de maleza un sembrado.

**EMPASTE** n. m. Acción y efecto de empastar. **2.** Pasta empleada para rellenar una cavidad en una pieza dentaria en el tratamiento de las caries. **3.** Unión perfecta de los colores de una pintura. **4.** Relieve producido en una tela mediante la aplicación de espesas capas de pasta. **5.** *Argent.* y *Urug.* Meteorismo del ganado.

**EMPASTELAMIENTO** n. m. Acción y efecto de empastelar.

**EMPASTELAR** v. tr. y pron. **[1]**. IMPR. Mezclar o barajar las letras de un molde o composición tipográfica de modo que no formen sentido.

**EMPATAR** v. tr. y pron. **[1]**. Obtener el mismo número de votos en una votación varias de las personas o cosas por las que se vota. **2.** Obtener el mismo número de tantos los jugadores o equipos en una competición deportiva. ◆ v. tr. **3.** *Can., Colomb., C. Rica, Méx., P. Rico* y *Venez.* Empalmar, juntar una cosa con otra. **4.** *Colomb.* Gastar el tiempo en cosas molestas.

**EMPATE** n. m. Acción y efecto de empatar. **2.** Igualdad entre dos o más concursantes o equipos, que obtienen los mismos tantos en un encuentro o igual puesto en la clasificación.

**EMPATÍA** n. f. SICOL. Proyección imaginaria o mental de sí mismo en los elementos de una obra de arte o de un objeto natural. **2.** Estado mental en que uno mismo se identifica con otro grupo o persona.

**EMPAVESADA** n. f. Defensa que se hacía con los paveses o escudos. **2.** MAR. Encerado clavado por la parte exterior de la borda, que sirve de protección. **3.** MAR. Conjunto de adornos de la borda de los barcos para ciertas solemnidades.

**EMPAVESADO, A** adj. Armado de pavés. ◆ n. m. **2.** Soldado que llevaba arma defensiva. **3.** MAR. Conjunto de banderas y gallardetes con que se empavesaban los buques.

**EMPAVESAR** v. tr. **[1]**. Formar empavesadas o adornar con ellas.

**EMPAVONAR** v. tr. **[1]**. *Chile.* Dar color empañado a los vidrios. **2.** *Colomb.* y *P. Rico.* Untar, pringar.

**EMPECATADO, A** adj. Muy malo, travieso, díscolo. **2.** Condenado, endemoniado, maldito.

**EMPECER** v. tr. **[2m]**. Dañar, causar perjuicios. ◆ v. intr. **2.** Impedir, obstar.

**EMPECINADO, A** adj. Terco, obstinado.

**EMPECINAMIENTO** n. m. Acción y efecto de empecinarse.

**EMPECINAR** v. tr. **[1]**. Untar de pecina o de pez.

**EMPECINARSE** v. pron. **[1]**. Obstinarse, aferrarse: *empecinarse en una idea.*

**EMPEDAR** v. tr. **[1]**. *Argent.* y *Méx. Vulg.* Emborrachar.

**EMPEDERNIDO, A** adj. Que tiene muy arraigado un vicio o costumbre, incorregible: *fumador empedernido.*

**EMPEDERNIR** v. tr. y pron. **[3ñ]**. Endurecer mucho una cosa. ◆ **empedernirse** v. pron. **2.** *Fig.* Hacerse insensible y duro de corazón.

**EMPEDRADO** n. m. Acción y efecto de empedrar. **2.** Pavimento formado de adoquines o de piedras partidas, sentados y apisonados de manera que constituyan una superficie resistente y apta para facilitar el tránsito.

**EMPEDRADOR, RA** n. Persona que tiene por oficio empedrar.

**EMPEDRAR** v. tr. **[1j]**. Cubrir o pavimentar el suelo con piedras clavadas en la tierra o ajustadas unas con otras. **2.** *Fig.* Cubrir una superficie con objetos extraños a ella: *empedrar de almendras un pastel.*

**EMPEGADO** n. m. Tela o piel untada de pez.

**EMPEGADURA** n. f. Baño de pez que se da interiormente a ciertas vasijas, pellejos, etc.

**EMPEGAR** v. tr. **[1b]**. Bañar o cubrir con pez. **2.** Marcar con pez el ganado lanar.

**EMPEGO** n. m. Acción y efecto de empegar el ganado.

**EMPEINE** n. m. (lat. *in* y *pectiniculum,* pelo del pubis). Parte inferior del vientre entre las ingles.

**EMPEINE** n. m. Parte superior del pie entre la caña de la pierna y el principio de los dedos. **2.** Parte de la bota desde la caña a la pala.

**EMPEINE** n. m. Planta hepática, muy común en los lugares húmedos. (Familia marchantiáceas.)

**EMPELLA** n. f. Pala, parte superior del calzado. **2.** *Amér.* Pella de manteca.

**EMPELLAR** v. tr. (lat. *impellere*) **[1]**. Empujar, dar empellones.

**EMPELLÓN** n. m. Empujón recio que se da con el cuerpo. • **A empellones** *(Fam.),* con violencia, bruscamente.

**EMPELOTARSE** v. pron. **[1]**. *Fam.* Enredarse las personas, especialmente a causa de una riña o quimera. **2.** *Fam.* Desnudarse, quedarse en cueros. **3.** *Cuba* y *Méx.* Enamorarse apasionadamente. **4.** *Cuba* y *Méx.* Encapricharse, tener antojo de algo.

**EMPENACHAR** v. tr. **[1]**. Adornar con penachos.

**EMPENADO, A** adj. HERÁLD. Dícese de las flechas o dardos que tienen plumas de diferente esmalte en el cabo.

**EMPENAJE** n. m. Cada una de las superficies colocadas en la parte trasera de las alas o de la cola del avión para darle estabilidad. **2.** Conjunto de aletas colocadas en la parte posterior de un proyectil destinadas a asegurar su estabilidad.

**EMPEÑAR** v. tr. **[1]**. Dar algo en depósito para obtener un préstamo de cuya devolución responde lo entregado: *empeñar las joyas.* **2.** Utilizar a alguien como mediador para conseguir algo: *empeñar a Juan en el asunto.* ◆ **empeñarse** v. pron. **3.** Endeudarse o entramparse. **4.** Insistir con tesón en algo: *puesto que te empeñas te lo diré.* **5.** Interceder para que otro consiga lo que pretende: *empeñarse por alguno.*

**EMPEÑO** n. m. Acción y efecto de empeñar o empeñarse. **2.** Obligación de pagar en que se constituye el que empeña una cosa. **3.** Deseo vehemente de hacer o conseguir algo. **4.** Tesón y constancia. **5.** Intento, empresa: *morir en el empeño.* **6.** *Méx.* Casa de empeños.

**EMPEÑOSO, A** adj. *Amér.* Dícese del que muestra tesón en conseguir un fin.

**EMPEORAMIENTO** n. m. Acción y efecto de empeorar.

**EMPEORAR** v. tr., intr. y pron. **[1]**. Poner o ponerse peor: *empeorar la situación; el enfermo empeora.*

**EMPEQUEÑECER** v. tr. **[2m]**. Minorar una cosa o amenguar su importancia. **2.** Disminuir o quitar importancia una cosa a otra al compararlas.

**EMPEQUEÑECIMIENTO** n. m. Acción y efecto de empequeñecer.

**EMPERADOR** n. m. (lat. *imperatorem,* general en jefe). HIST. En Roma, distinción transitoria otorgada a los generales vencedores que lo conservaban hasta el triunfo. **2.** Soberano de un imperio: *Napoleón fue nombrado emperador por el senado.* **3.** Soberano del Sacro imperio romano germánico. **4.** ZOOL. Pez de hasta 2 m de long., con el cuerpo comprimido y recubierto de tubérculos escamosos. (Familia luváridos.) **5.** Pez espada.

**EMPERATRIZ** n. f. (lat. *imperatricem*). Mujer de un emperador. **2.** Soberana de un imperio.

**EMPEREJILAR** o **EMPERIFOLLAR** v. tr. y pron. **[1]**. *Fam.* Adornar con profusión y esmero: *emperejilarse para una boda.*

**EMPEREZAR** v. intr. y pron. **[1g]**. Dejarse dominar por la pereza. ◆ v. tr. **2.** *Fig.* Demorar, retardar.

**EMPERGAMINAR** v. tr. **[1]**. Cubrir o forrar con pergamino, especialmente los libros.

**EMPERICARSE** v. pron. **[1a]**. *Méx.* Encaramarse en un lugar.

**EMPERNADO** n. m. Acción y efecto de empernar. **2.** Ensamblaje por medio de pernos. **3.** Método especial para la sustentación de un techo de excavación.

**EMPERNAR** v. tr. [**1**]. Clavar o afianzar con pernos.

**EMPERO** conj. advers. Pero, sin embargo. (Puede colocarse en el interior y al final del período. Actualmente, su uso es afectado o literario.)

**EMPERRAMIENTO** n. m. *Fam.* Acción y efecto de emperrarse.

**EMPERRARSE** v. pron. [**1**]. *Fam.* Obstinarse, empeñarse en una cosa.

**EMPESADO** n. m. Operación que consiste en añadir engrudo de almidón al hilo o tela, para aumentar su peso.

**EMPETATAR** v. tr. [**1**]. *Amér.* Cubrir con petate.

**EMPEZAR** v. tr. [**1e**]. Dar principio a una cosa: *empezar el curso.* **2.** Principiar a gastar o consumir una cosa: *empezar una hogaza.* ◆ v. intr. **3.** Pasar una cosa de no existir, ocurrir o hacerse a existir, ocurrir o hacerse: *empezar una nueva vida.* **4.** Seguido de la prep. *a* y un infinitivo, expresa comienzo de la acción contenida en dicho infinitivo: *empezar a llover, a hablar.* • **Para empezar,** expresa enfáticamente el comienzo de una acción: *para empezar, se olvidó el vino.*

**EMPIECE** n. m. *Fam.* Acción de empezar.

**EMPIEMA** n. m. (gr. *empyēma*). MED. Acumulación de pus en una cavidad natural.

**EMPIETANDO** adj. HERÁLD. Dícese del ave rapaz representada con su presa entre las garras.

**EMPIEZO** n. m. *Colomb., Ecuad.* y *Guat.* Empiece.

**EMPILCHAR** v. tr. y pron. [**1**]. *Argent.* y *Urug.* Vestir, particularmente si es con esmero.

**EMPILUCHAR** v. tr. y pron. [**1**]. *Chile.* Desnudar.

**EMPINADO, A** adj. Estirado, orgulloso. **2.** Muy alto.

**EMPINAMIENTO** n. m. Acción y efecto de empinar o empinarse.

**EMPINAR** v. tr. [**1**]. Enderezar y levantar una cosa en alto: *empinar la cabeza.* **2.** Inclinar mucho una vasija para beber: *empinar la bota.* • **Empinar el codo,** tomar excesivamente bebidas alcohólicas. ◆ v. intr. y pron. **3.** *Fig.* y *fam.* Beber mucho vino o licores. ◆ **empinarse** v. pron. **4.** Ponerse alguien sobre las puntas de los pies o un animal sobre las dos patas traseras levantando las delanteras. **5.** *Fig.* Alcanzar gran altura los árboles, torres, montañas, etcétera.

**EMPINGOROTADO, A** adj. Dícese de la persona elevada a posición social ventajosa. **2.** Encopetado, ensoberbecido: *actitud empingorotada.*

**EMPINGOROTAR** v. tr. y pron. [**1**]. Encumbrar o elevar a alguien a una posición social ventajosa.

**EMPIOJARSE** v. pron. [**1**]. *Méx.* Llenarse de piojos.

**EMPIPADA** n. f. *Chile, Ecuad.* y *P. Rico.* Atracón, hartazgo.

**EMPÍREO, A** adj. y n. m. (gr. *empyrios,* que está en el fuego). MIT. Dícese de la parte más elevada del cielo, habitada por los dioses. ◆ n. m. **2.** Cielo, gloria, paraíso.

**EMPIREUMA** n. m. (gr. *empyreuma*). QUÍM. Sabor y olor acres que adquiere una materia orgánica sometida a la acción de un fuego violento.

**EMPIREUMÁTICO, A** adj. Relativo al empireuma.

**EMPÍRICO, A** adj. (lat. *empiricum*). Que se apoya exclusivamente en la experiencia y la observación, y no en la teoría: *procedimiento empírico.* ◆ adj. y n. **2.** Que procede empíricamente. **3.** FILOS. Partidario del empirismo.

**EMPIRIOCRITICISMO** n. m. Teoría epistemológica de fines del s. XIX y principios del s. XX, que se propone una crítica de la experiencia, con el objetivo de eliminar los conceptos metafísicos que desvirtúan el conocimiento.

**EMPIRISMO** n. m. Método fundado únicamente en la experiencia. **2.** FILOS. Teoría del conocimiento según la cual el saber procede de la experiencia, y las ideas, de los sentidos. • **Empirismo lógico,** movimiento filosófico contemporáneo según el cual las ciencias de la materia se basan en proposiciones empíricas que deben ser transcritas en un lenguaje lógico. SIN.: *neopositivismo, positivismo lógico.*

**EMPITONAR** v. tr. [**1**]. TAUROM. Prender el toro el bulto con el pitón.

**EMPIZARRADO** n. m. Revestimiento de pizarra.

**EMPIZARRAR** v. tr. [**1**]. Cubrir un techo con pizarras.

**EMPLANTILLAR** v. tr. [**1**]. *Chile* y *Perú.* Rellenar con cascotes los cimientos de una pared.

**EMPLASTAR** v. tr. [**1**]. Poner emplastos. **2.** *Fam.* Entorpecer o detener la marcha de un asunto. ◆ **emplastarse** v. pron. **3.** Embadurnarse o ensuciarse con cualquier compuesto pegajoso.

**EMPLASTECER** v. tr. [**2m**]. Igualar y llenar con el aparejo las desigualdades de una superficie.

**EMPLÁSTICO, A** o **EMPLÁSTRICO, A** adj. Que tiene las características y adherencias propias del emplasto. **2.** MED. Supurativo, disolutivo.

**EMPLASTO** n. m. (lat. *emplastrum*). Preparado medicamentoso de uso externo. **2.** *Fig.* y *fam.* Componenda o arreglo desmañado y poco satisfactorio. **3.** *Fig.* y *fam.* Persona delicada de salud. **4.** *Amér. Fig.* y *fam.* Parche, pegote. **5.** METAL. Defecto superficial local en una pieza de fundición constituida por una mezcla de arena y metal fundido.

**EMPLAZAMIENTO** n. m. Acción y efecto de emplazar, citar.

**EMPLAZAMIENTO** n. m. Colocación, situación. **2.** Sitio donde está emplazado algo. **3.** GEOGR. Configuración propia del lugar ocupado por un establecimiento humano y que le proporciona los elementos locales de vida material y las posibilidades de expansión.

**EMPLAZAR** v. tr. [**1g**]. Citar a una persona en determinado tiempo y lugar. **2.** DER. Requerir judicialmente a una persona para que acuda ante el juez o tribunal competente.

**EMPLAZAR** v. tr. [**1g**]. Situar una cosa en el sitio donde ha de funcionar: *emplazar una batería.*

**EMPLEADA** n. f. Femenino de empleado. • **Empleada de hogar,** persona que presta sus servicios en los trabajos domésticos de un hogar.

**EMPLEADO, A** n. Persona que ocupa un cargo o empleo retribuido, y, especialmente, dependiente asalariado que trabaja en una oficina o establecimiento mercantil.

**EMPLEAR** v. tr. y pron. (fr. *employer*) [**1**]. Dar trabajo, empleo. ◆ v. tr. **2.** Destinar el dinero a compras: *emplear el sueldo en ropa.* **3.** Gastar, consumir algo material o moral: *emplear todas las energías.* **4.** Hacer servir para algo una cosa: *emplear el agua para regar.* **5.** Ocupar, pasar el tiempo: *emplear la noche en dormir.*

**EMPLEO** n. m. Acción y efecto de emplear. **2.** Función desempeñada por alguien para ganarse la vida. **3.** ECON. Nivel de ocupación de los trabajadores de un país o de una profesión. **4.** MIL. Cada uno de los escalones de la jerarquía militar. • **Suspender** a uno **de empleo,** interrumpirle temporalmente su ejercicio.

**EMPLOMADO** n. m. Cubierta de plomo. **2.** Conjunto de las piezas de plomo que forman el armazón de una vidriera.

**EMPLOMADOR, RA** n. Persona que tiene por oficio emplomar.

**EMPLOMADURA** n. f. Acción y efecto de emplomar. **2.** *Argent.* y *Urug.* Empaste de un diente.

**EMPLOMAR** v. tr. [**1**]. Cubrir, asegurar o soldar con plomo, especialmente los cristales de una vidriera. **2.** Poner sellos de plomo a las cosas que se precintan. **3.** *Argent.* y *Urug.* Rellenar con una pasta especial los huecos dejados en los dientes por la caries; empastar.

**EMPLUMAR** v. tr. [**1**]. Poner plumas a una cosa: *emplumar un sombrero.* **2.** Castigar a alguien cubriéndole el cuerpo con un unto al que se adhieren plumas: *emplumar a una alcahueta.* **3.** *Fig.* Arrestar, condenar. **4.** *Amér. Central* y *Cuba.* Engañar a uno. **5.** *Ecuad.* y *Venez.* Enviar a uno a algún sitio de castigo. ◆ v. intr. **6.** Emplumecer. **7.** *Chile, Colomb., Ecuad.* y *P. Rico.* Huir, fugarse.

**EMPLUMECER** v. intr. [**2m**]. Echar plumas las aves.

**EMPOBRECEDOR, RA** adj. Que empobrece.

**EMPOBRECER** v. tr. [**2m**]. Hacer pobre o más pobre. ◆ v. intr. y pron. **2.** Venir al estado de pobreza. **3.** Decaer, venir a menos.

**EMPOBRECIMIENTO** n. m. Acción y efecto de empobrecer: *el empobrecimiento de una cultura.*

**EMPOLLAR** v. tr. y pron. [**1**]. Incubar. ◆ v. tr. **2.** *Fig.* y *fam.* Estudiar mucho una asignatura. ◆ v. intr. **3.** Producir las abejas pollo o cría. **4.** Ampollar, levantar ampollas.

**EMPOLLÓN, NA** adj. y n. *Fam.* Dícese del estudiante que empolla, distinguiéndose más por la aplicación que por el talento.

**EMPOLVADO, A** adj. *Méx.* Que no está al día en una profesión: *este doctor está un poco empolvado.*

**EMPOLVAR** v. tr. [**1**]. Echar polvo sobre algo. ◆ v. tr. y pron. **2.** Echar polvos en los cabellos o en el rostro: *empolvarse la nariz.* ◆ **empolvarse** v. pron. **3.** Cubrirse de polvo.

**EMPONCHADO, A** adj. *Amér. Merid.* Dícese del que está cubierto con el poncho. **2.** *Argent. Fig.* y *fam.* Muy abrigado.

**EMPONZOÑAMIENTO** n. m. Acción y efecto de emponzoñar.

**EMPONZOÑAR** v. tr. y pron. (lat. *potioniare*) [**1**]. Dar ponzoña, envenenar. **2.** *Fig.* Corromper, dañar, envilecer.

**EMPORCAR** v. tr. y pron. [**1f**]. Ensuciar, llenar de porquería: *emporcarse los pies.*

**EMPORIO** n. m. Lugar donde concurre para el comercio gente de diversas naciones. **2.** Centro comercial de un país. **3.** *Fig.* Lugar famoso por sus actividades culturales, artísticas, etc. **4.** *Amér. Central.* Gran establecimiento comercial donde se puede comprar todo lo necesario para una casa.

**EMPOTRAMIENTO** n. m. Acción y efecto de empotrar.

**EMPOTRAR** v. tr. [**1**]. Hincar algo en la pared o en el suelo asegurándolo con fábrica.

**EMPOTRERAR** v. tr. [**1**]. *Amér.* Meter el ganado en el potrero para que paste.

**EMPRENDEDOR, RA** adj. Que emprende con resolución acciones, que tiene iniciativas, especialmente en los negocios: *joven emprendedor.*

**EMPRENDER** v. tr. [**2**]. Empezar, dar principio a una obra o empresa: *emprender un negocio.* • **Emprenderla a** o **con** *(Fam.),* importunar, reñir, agredir: *emprenderla a bofetadas con mi tío.*

**EMPREÑAR** v. tr. y pron. [**1**]. Preñar a una hembra o quedarse ésta preñada. **2.** *Vulg.* Molestar, fastidiar.

**EMPRESA** n. f. Acción de emprender y cosa que se emprende. **2.** Símbolo o figura enigmática. **3.** Obra o designio llevado a efecto, en especial cuando intervienen varias personas. **4.** DER. Conjunto de actividades, bienes patrimoniales y relaciones de hecho. **5.** ECON. Unidad económica de producción de bienes y servicios. • **Empresa de trabajo temporal** (ETT), empresa que ejerce de intermediaria entre empresas que buscan trabajadores temporales y personas que buscan trabajo. ‖ **Empresa pública,** aquella cuyo capital es total o parcialmente de titularidad estatal, así como la responsabilidad y resultados de su gestión.

**EMPRESARIADO** n. m. Conjunto de empresas o empresarios.

**EMPRESARIAL** adj. Relativo a las empresas o a los empresarios.

**EMPRESARIO, A** n. Director de una empresa, que reúne los factores de producción y los dispone con arreglo a un plan para obtener su mejor rendimiento. **2.** Individuo o persona jurídica propietaria o contratista de una obra, explotación o industria que concierta los servicios de otras personas a cambio de una remuneración. ◆ adj. **3.** *Argent.* Empresarial: *sector empresario.*

**EMPRÉSTITO** n. m. (ital. *emprestido*). Contrato en virtud del cual una persona física o jurídica participa en la financiación de una empresa u organismo público a cambio de una rentabilidad fija y periódica y con la promesa de serle devuelto el importe de esta participación al cabo de un período de tiempo. **2.** Importe de esta participación.

**EMPRETECER** v. intr. y pron. [**2m**]. *Ecuad.* Ennegrecer.

**EMPRIMADO** n. m. Acción y efecto de emprimar la lana.

**EMPRIMAR** v. tr. [**1**]. Dar una segunda carda a la lana o repasarla para hacer el paño más fino. **2.** *Fig.* y *fam.* Abusar de la inexperiencia de uno para hacerle pagar algo, o para divertirse a costa suya. **3.** PINT. Imprimar.

**EMPUERCAR** v. tr. [**1a**]. *Argent.* y *Méx.* Emporcar.

**EMPUJADA** n. f. *Argent., Guat., Urug.* y *Venez.* Empujón.

**EMPUJAR** v. tr. [**1**]. Hacer fuerza contra una cosa para moverla: *empujar una puerta.* **2.** *Fig.* Hacer que uno salga del puesto u oficio en que se halla. **3.** *Fig.* Hacer presión, intrigar para conseguir alguna cosa.

**EMPUJE** n. m. Acción y efecto de empujar. **2.** *Fig.* Brío, arranque, resolución con que se acomete una empresa. **3.** Fuerza vertical dirigida de abajo arriba, a la que está sometido todo cuerpo sumergido en un líquido. **4.** Esfuerzo que ejercen las bóvedas sobre sus soportes y que tiende a derribarlos. **5.** Fuerza de propulsión que desarrolla un motor de reacción. (El empuje es una fuerza que se mide en newtons. No debe confundirse con la potencia, que se expresa en caballos.) • **Centro de empuje,** punto de aplicación de la resultante de las fuerzas de empuje. || **Empuje de tierra,** presión ejercida sobre un muro de contención por la tierra que éste sostiene.

**EMPUJÓN** n. m. Impulso dado con fuerza para mover a una persona o cosa: *dar un empujón.* **2.** Avance rápido dado a una obra trabajando con ahínco en ella. • **A empujones** *(Fam.),* con violencia, bruscamente.

**EMPULGAR** v. tr. **[1b]**. Preparar el arco o la ballesta para disparar.

**EMPULGUERA** n. f. Cada uno de los extremos de la verga de la ballesta, provistos de un ojete para afianzar en él la cuerda. **2.** MAR. Ojo, anillo o asa que se forma por medio de una costura corta en el chicote de un cabo o cable. ◆ **empulgueras** n. f. pl. **3.** Cuerda, cadenilla con candado o instrumento con el que se apretaban los dedos pulgares de un prisionero.

**EMPUNTAR** v. tr. **[1]**. *Colomb.* y *Ecuad.* Encarrilar, encaminar, dirigir. ◆ v. intr. **2.** *Colomb.* y *Ecuad.* Irse, marcharse. ◆ **empuntarse** v. pron. **3.** *Venez.* Obstinarse uno en su tema.

**EMPUÑADURA** n. f. Guarnición o puño de una espada o un fusil. **2.** Puño de bastón o de paraguas.

**EMPUÑAR** v. tr. **[1]**. Asir por el puño una cosa: *empuñar el bastón.* **2.** Asir una cosa abarcándola con la mano: *empuñar un látigo.* **3.** *Chile.* Cerrar la mano para formar o presentar el puño.

**EMPUÑIDURA** n. f. MAR. Cada uno de los cabos que sujetan los puños de grátil de las velas. **2.** Amarradura con que se hace firme el puño de una cangreja u otra vela a una botavara o pico.

**EMPURPURADO, A** adj. Vestido de púrpura.

**EMPURRARSE** v. pron. **[1]**. *Amér. Central.* Enfurruñarse, emberrincharse.

**EMPUTECER** v. tr. y pron. **[2m]**. Prostituir.

**EMÚ** n. m. Ave corredora de gran tamaño, parecida al avestruz, incapaz de volar, de plumaje marrón, y cuyas alas, muy reducidas, se esconden bajo las plumas. (Familia dromiceidos.)

emú

**EMULACIÓN** n. f. Acción y efecto de emular.

**EMULAR** v. tr. y pron. (lat. *aemulari*) **[1]**. Imitar las acciones de otro procurando igualarle o excederle.

**EMULGENTE** adj. Dícese de las arterias y de las venas de los animales que conducen la sangre que va a los riñones.

**ÉMULO, A** n. (lat. *emulum*). Con relación a una persona, otra que hace las mismas cosas y se aproxima a ella en mérito o en valor.

**EMULSIÓN** n. f. Medio heterogéneo constituido por la dispersión en forma de finos glóbulos de un líquido en otro líquido en fase continua. **2.** Preparación farmacéutica que contiene una sustancia emulsionante (mucílago de goma, yema de huevo) destinada a mantener en suspensión, en forma de finas partículas, cuerpos insolubles. **3.** Mezcla sensible a la luz depositada en forma de fina capa sobre placas, películas o papeles destinados a la fotografía.

**EMULSIONANTE** n. m. Producto capaz de facilitar y, a veces, incluso estabilizar las emulsiones.

**EMULSIONAR** v. tr. **[1]**. Poner en estado de emulsión.

**EMULSOR** n. m. Aparato que sirve para preparar las emulsiones.

**EMUNCIÓN** n. f. FISIOL. Eliminación de alguna sustancia por vías naturales.

**EMUNTORIO** n. m. Órgano o abertura natural o artificial del cuerpo que da salida a las secreciones.

**EN** prep. (lat. *in*). Expresa relaciones de lugar, tiempo, modo o manera, medio o instrumento, precio, etc.: *vivir en el campo; en el momento de partir; conservar en naftalina; viajar en tren; me lo dejó en diez euros.* **2.** Precediendo a un infinitivo forma oraciones adverbiales: *esforzarse en callar.* **3.** Precediendo a ciertos sustantivos y adjetivos da origen a modos adverbiales: *hablar en broma.*

**ENACIADO** n. m. Súbdito de los reyes cristianos españoles unido estrechamente a los moros por vínculos de amistad e interés.

**ENAGUA** n. f. (voz americana). Prenda interior femenina, que se lleva bajo la falda desde la cintura abajo. (Suele usarse en plural.) **2.** Combinación, prenda de este mismo uso que baja desde los hombros. ◆ **enaguas** n. f. pl. **3.** *Méx.* Falda.

**ENAGÜILLAS** n. f. pl. Falda corta que se usa en algunos trajes masculinos, como el escocés y el griego.

**ENAJENABLE** adj. Que se puede enajenar.

**ENAJENACIÓN** n. f. Acción y efecto de enajenar o enajenarse. SIN.: *enajenamiento.* **2.** *Fig.* Distracción, falta de atención. **3.** Locura. SIN.: *enajenación mental.*

**ENAJENADO, A** adj. y n. Loco. ◆ n. **2.** DER. Persona que sufre enfermedad o deficiencia persistente de carácter síquico que le impide gobernarse por sí misma.

**ENAJENAR** v. tr. **[1]**. DER. Transmitir la propiedad o el dominio de una cosa, sea a título gratuito, sea a título oneroso. ◆ v. tr. y pron. **2.** *Fig.* Sacar a uno fuera de sí, turbarle el uso de la razón: *la cólera le enajena.* **3.** Producir algo a alguien tal deleite que se quede absorto en su contemplación o gozo. ◆ **enajenarse** v. pron. **4.** Apartarse del trato que se tenía con una persona: *enajenarse de un amigo.* **5.** Desposeerse, privarse de algo.

**ENÁLAGE** n. f. (gr. *enallage,* inversión, cambio). GRAM. Construcción gramatical que consiste en usar unas partes de la oración por otras o en alterar sus accidentes normales.

**ENALBARDAR** v. tr. **[1]**. Poner la albarda a una caballería.

**ENALTECEDOR, RA** adj. Que enaltece.

**ENALTECER** v. tr. y pron. **[2m]**. Ensalzar.

**ENALTECIMIENTO** n. m. Acción y efecto de enaltecer.

**ENAMORADIZO, A** adj. y n. Que se enamora con facilidad.

**ENAMORADO, A** adj. y n. Dícese de la persona que siente amor por otra: *pareja de enamorados.* **2.** Dícese de la persona que siente gran afición o entusiasmo por algo: *enamorado de la música.*

**ENAMORAMIENTO** n. m. Acción y efecto de enamorar o enamorarse.

**ENAMORAR** v. tr. **[1]**. Despertar amor en una persona. **2.** Decir a uno amores o requiebros. ◆ **enamorarse** v. pron. **3.** Prendarse de amor por una persona. **4.** Aficionarse a una cosa: *enamorarse de la ópera.*

**ENAMORICARSE** o **ENAMORISCARSE** v. pron. **[1a]**. *Fam.* Enamorarse levemente de alguien. **2.** Empezar a enamorarse.

**ENANCARSE** v. pron. **[1a]**. *Amér.* Montar a las ancas. **2.** *Amér. Fig.* Meterse uno donde no lo llaman.

**ENANISMO** n. m. Trastorno del crecimiento de origen genético, metabólico o endocrino, caracterizado por alcanzar el individuo una talla por debajo de los límites considerados normales para su especie o raza.

**ENANO, A** adj. (lat. *nanum*). Dícese de lo que es diminuto en su especie. ◆ n. **2.** Persona afecta de enanismo. **3.** *Fig.* Persona muy pequeña. **4.** *Fig.* y *fam.* Se usa como apelativo cariñoso dirigido a los niños. • **Disfrutar como un enano** *(Fam.),* pasarlo muy bien. ◆ adj. y n. f. **5.** ASTRON. Dícese de las estrellas que tienen a la vez un pequeño volumen y una débil luminosidad intrínseca.

**ENANTE** n. f. Felandrio acuático.

**ENANTEMA** n. m. MED. Erupción roja en las mucosas de las cavidades naturales.

**ENÁNTICO, A** adj. Relativo al aroma de los vinos.

**ENANTIOMORFO, A** adj. Que está formado por las mismas partes dispuestas en orden inverso, de forma que sean simétricas en relación a un plano. **2.** QUÍM. Dícese de los compuestos que son inversos ópticos.

**ENARBOLADO** n. m. Conjunto de piezas de madera ensamblada que forman la armadura de una torre o bóveda.

**ENARBOLAR** v. tr. **[1]**. Levantar en alto un estandarte, bandera, etc. ◆ **enarbolarse** v. pron. **2.** Encabritarse. **3.** Enfadarse, enfurecerse.

**ENARCAR** v. tr. y pron. **[1a]**. Arquear, dar figura de arco: *enarcar las cejas.* ◆ v. tr. **2.** Poner cercos o arcos a las cubas, toneles, etc. ◆ **enarcarse** v. pron. **3.** Encogerse, achicarse: *se enarcó al caer.*

**ENARDECEDOR, RA** adj. Que enardece.

**ENARDECER** v. tr. y pron. (lat. *inardescere*) **[2m]**. Excitar o avivar: *enardecer los ánimos.* ◆ **enardecerse** v. pron. **2.** Inflamarse una parte del cuerpo.

**ENARDECIMIENTO** n. m. Acción y efecto de enardecer o enardecerse.

**ENARENAR** v. tr. y pron. **[1]**. Echar arena para cubrir una superficie: *enarenar una calle.* ◆ **enarenarse** v. pron. **2.** MAR. Encallar o varar las embarcaciones.

**ENARMONÍA** n. f. MÚS. Relación entre dos notas consecutivas que sólo se distinguen por una coma y que, en la práctica, se confunden; por ej., en un piano, *do* sostenido y *re* bemol se ejecutan con la misma tecla.

**ENARMÓNICO, A** adj. MÚS. Dícese de las notas de nombre distinto pero que, por efecto de los sostenidos y los bemoles, tienen la misma entonación.

**ENASTADO, A** adj. Que tiene astas o cuernos. **2.** Que tiene mango.

**ENASTAR** v. tr. **[1]**. Poner el mango o asta a un arma o instrumento.

**ENCABALGAMIENTO** n. m. Acción y efecto de encabalgar. **2.** Armazón de maderos cruzados donde se apoya alguna cosa. **3.** MÉTRIC. Licencia métrica que consiste en enlazar el final de un verso con el principio de otro.

**ENCABALGAR** v. intr. **[1b]**. Montar una cosa sobre otra. ◆ v. tr. **2.** Proveer de caballos. **3.** Solapar, imbricar.

**ENCABESTRAR** v. tr. **[1]**. Poner el cabestro a los animales. **2.** *Fig.* Atraer, seducir a uno. ◆ **encabestrarse** v. pron. **3.** Enredar la bestia una mano en el cabestro con que está atada.

**ENCABEZADO** n. m. *Argent., Guat.* y *Méx.* Titular de un periódico.

**ENCABEZAMIENTO** n. m. Preámbulo de un escrito.

**ENCABEZAR** v. tr. **[1g]**. Iniciar una suscripción o lista. **2.** Poner el encabezamiento de un escrito. **3.** *Amér.* Acaudillar, dirigir a otros. **4.** ENOL. Agregar alcohol a los vinos para aumentar su graduación.

**ENCABILLAR** v. tr. **[1]**. MAR. Sujetar o asegurar con cabillas.

**ENCABRITARSE** v. pron. **[1]**. Empinarse el caballo. **2.** *Fig.* Levantarse la parte anterior de una embarcación, aeroplano, etc., súbitamente hacia arriba. **3.** *Fig.* Enojarse, cabrearse.

**ENCABRONAR** v. tr. y pron. **[1]**. *Méx.* Hacer enojar, disgustar profundamente a alguien.

**ENCABUYAR** v. tr. **[1]**. *Cuba, P. Rico* y *Venez.* Liar o envolver alguna cosa con cabuya.

**ENCACHADO, A** adj. *Chile.* Bien presentado. ◆ n. m. **2.** Solado de piedra o revestimiento de hormigón con que se refuerza el cauce de una corriente de agua, a fin de evitar las erosiones o derrubios. **3.** Capa de cimentación o lecho formada de piedras piramidales sobre la cual se construye la superficie o pavimento de una carretera.

**ENCACHAR** v. tr. **[1]**. Hacer un encachado. **2.** Poner las cachas a un cuchillo, navaja, etc. **3.** *Chile.* Agachar la cabeza el animal vacuno para acometer. ◆ **encacharse** v. pron. **4.** *Chile* y *Venez.* Obstinarse, emperrarse.

**ENCADENADO, A** adj. Dícese del verso que se inicia con el final del verso anterior. ◆ n. m. **2.** CIN. Transición gradual de una imagen que desaparece mientras aparece la otra por sobreimpresión. **3.** CONSTR. Armadura de hierro destinada a impedir la separación de los muros de una construcción. **4.** Operación consistente en colocar dicha armadura.

**ENCADENAMIENTO** n. m. Acción y efecto de encadenar. **2.** Conexión, trabazón. **3.** COREOGR. Conjunto de pasos que constituyen una fase coreográfica. **4.** MÚS. Yuxtaposición lógica de dos acordes.

**ENCADENAR** v. tr. [**1**]. Ligar y atar con cadena. **2.** *Fig.* Dejar a uno sin movimiento y sin acción: *le encadenaron en casa.* ◆ v. tr y pron. **3.** *Fig.* Trabar y enlazar unas cosas con otras.

**ENCAJADO, A** adj. Dícese de los dos fragmentos óseos cuando en la reducción de una fractura quedan perfectamente alineados y en posición anatómica correcta. **2.** Dícese del feto que ya ha descendido en la cavidad pelviana, en la última época del embarazo. **3.** HERÁLD. Dícese del escudo formado por ángulos entrantes y salientes, que lo dividen.

**ENCAJADURA** n. f. Acción de encajar. **2.** Encaje, sitio en que se encaja algo.

**ENCAJAMIENTO** n. m. Descenso del feto en la cavidad pelviana, por debajo del plano del estrecho superior de la pelvis.

**ENCAJAR** v. tr. [**1**]. Meter una cosa dentro de otra ajustadamente: *encajar una ficha en la ranura.* **2.** Hacer entrar ajustada y con fuerza una cosa en otra, apretándola para que no se salga o caiga fácilmente: *encajar dos maderos.* **3.** En boxeo, recibir los golpes del adversario sin acusar daño alguno. **4.** *Fig.* y *fam.* Decir una cosa, ya sea con oportunidad, ya extemporánea o inoportunamente: *encajar una broma.* **5.** *Fig.* y *fam.* Hacer oír a uno alguna cosa causándole molestia o enfado. **6.** *Fig.* y *fam.* Hacer tomar una cosa, engañando o causando molestia al que la toma. **7.** *Fig.* Reaccionar bien y convenientemente ante una desgracia, contratiempo, reprensión o advertencia: *encajar un castigo.* **8.** MED. Realizar el encajamiento. ◆ v. tr. e intr. **9.** *Fig.* y *fam.* Venir al caso. **10.** Unir ajustadamente una cosa con otra. ◆ v. intr. **11.** Coincidir, completarse o confirmarse recíprocamente dos noticias, informaciones, etc.: *dos versiones que no encajan.*

**ENCAJE** n. m. Acción de encajar una cosa con otra. **2.** Tejido calado, de mallas finas, que forma un fondo de redecilla decorado con dibujos más opacos y de formas variadas. **3.** Encajadura, hueco en que se mete o encaja una pieza. **4.** Superficie de unión de dos piezas, dispuesta de manera que asegure la inmovilidad de aquéllas: *encaje de maderos.* **5.** ENCUAD. Hoja o pliego de variable número de páginas que se coloca en el interior de otro pliego. • **Encaje de aguja,** encaje hecho con hilo

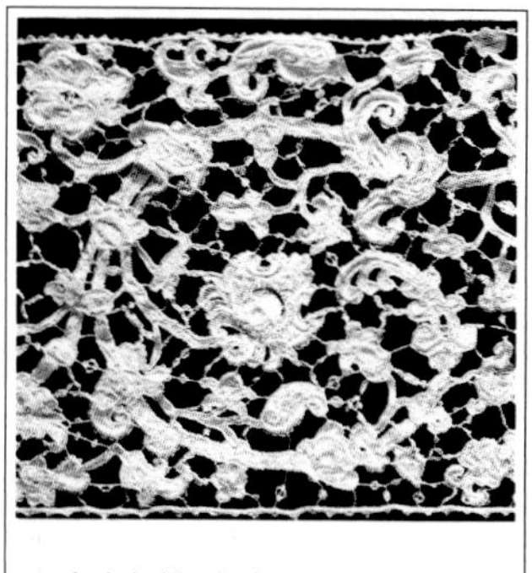

**encaje** de bolillos (Malinas, s. XVIII)

de lino blanco, con todas las variantes del punto de festón. ‖ **Encaje de bolillos,** encaje hecho sobre mundillo o almohadilla, con hilos arrollados sobre bolillos. ◆ **encajes** n. m. pl. **6.** Objetos de adorno hechos de encaje. **7.** HERÁLD. Particiones del escudo en formas triangulares alternas, de color y metal, y encajadas unas en otras.

**ENCAJERO, A** adj. Relativo al encaje. ◆ n. **2.** Persona que tiene por oficio hacer o vender encajes.

**ENCAJETILLAR** v. tr. [**1**]. Formar las cajetillas de tabaco.

**ENCAJONADO** n. m. Acción y efecto de encajonar. **2.** Obra de tapia de tierra, que se hace encajonando la tierra y apisonándola dentro de tapiales.

**ENCAJONAR** v. tr. [**1**]. Meter y guardar una cosa dentro de un cajón. **2.** Construir cimientos en cajones o zanjas abiertas. **3.** Reforzar un muro a trechos con machones formando encajonados. **4.** Plantar en una caja llena de tierra: *encajonar naranjos.* ◆ v. tr. y pron. **5.** Meter en un sitio estrecho: *encajonar un batallón.* ◆ **encajonarse** v. pron. **6.** Meterse un río o un arroyo en una estrechez entre montañas.

**ENCAJOSO, A** adj. *Méx.* Pedigüeño, confianzudo.

**ENCALABRINAMIENTO** n. m. Acción y efecto de encalabrinar o encalabrinarse.

**ENCALABRINAR** v. tr. y pron. [**1**]. Turbarse los sentidos por el olor o vaho de una cosa: *el vino le encalabrinó.* **2.** Hacer concebir a alguien ambiciones, deseos, ilusiones, etc. ◆ v. tr. **3.** Excitar, irritar. ◆ **encalabrinarse** v. pron. **4.** *Fam.* Tomar una manía, obstinarse en una cosa.

**ENCALADO** n. m. Acción y efecto de encalar o blanquear. **2.** Procedimiento de apelambrado de las pieles que consiste en aplicarles una pasta alcalina o de cal.

**ENCALADOR, RA** adj. y n. Que encala o blanquea.

**ENCALADURA** n. f. Acción y efecto de encalar los terrenos, las semillas y los árboles.

**ENCALAMBRARSE** v. pron. [**1**]. Tener calambres. **2.** *Chile, Colomb.* y *P. Rico.* Entumecerse, aterirse.

**ENCALAMOCAR** v. tr. y pron. [**1a**]. *Colomb.* y *Venez.* Alelar.

**ENCALAR** v. tr. [**1**]. Dar de cal o blanquear una cosa: *encalar una pared.* **2.** Meter en cal o espolvorear con ella alguna cosa. **3.** Esparcir cal en los terrenos de cultivo para mejorarlos.

**ENCALILLARSE** v. pron. [**1a**]. *Chile.* Endeudarse.

**ENCALLADERO** n. m. Lugar donde puede encallar un barco.

**ENCALLADURA** n. f. Acción y efecto de encallar.

**ENCALLAR** v. intr. [**1**]. Varar la embarcación en un banco de arena o encajonarse entre piedras. ◆ v. intr. y pron. **2.** *Fig.* No poder salir adelante en un asunto o empresa.

**ENCALLECER** v. tr., intr. y pron. [**2m**]. Hacer callos o endurecerse la carne a manera de callo: *se le encallecieron las manos.* ◆ v. tr. y pron. **2.** *Fig.* Endurecerse, acostumbrarse, curtirse.

**ENCALLECIMIENTO** n. m. Acción y efecto de encallecer.

**ENCALLEJONAR** v. tr. y pron. [**1**]. Hacer entrar o meter una cosa por un callejón, o por cualquier parte estrecha y larga. ◆ **encallejonarse** v. pron. **2.** TAUROM. Meterse el toro entre tablas sin querer abandonar el callejón.

**ENCALMADO, A** adj. Dícese del tiempo calmoso, sin la más ligera brisa. **2.** MAR. Dícese de un barco de vela que, por escasez de viento, adelanta muy poco o no puede moverse.

**ENCALMAR** v. tr. y pron. [**1**]. Poner en calma. ◆ **encalmarse** v. pron. **2.** Quedarse en calma el mar o el viento.

**ENCALVECER** v. intr. [**2m**]. Quedar calvo.

**ENCAMADA** n. f. *Argent.* y *Urug. Vulg.* Acción de acostarse para mantener relaciones sexuales.

**ENCAMAR** v. tr. [**1**]. Tender o echar una cosa en el suelo. ◆ **encamarse** v. pron. **2.** Echarse o meterse en la cama por enfermedad. **3.** Echarse o abatirse las mieses. **4.** Agazaparse las piezas de caza o echarse en los sitios que buscan para su descanso. **5.** *Vulg.* Acostarse para mantener relaciones sexuales.

**ENCAMINAR** v. tr. [**1**]. Poner a uno en camino, enseñarle el camino. ◆ v. tr. y pron. **2.** Dirigir hacia un punto determinado. **3.** *Fig.* Enderezar la intención hacia un fin determinado. **4.** *Fig.* Guiar, orientar.

**ENCAMISADO** n. m. CONSTR. Acción de revestir con una capa continua las paredes interiores de un conducto. **2.** MEC. Fijación de una camisa o forro de acero delgado en un cilindro de motor.

**ENCAMISAR** v. tr. y pron. [**1**]. Poner la camisa. ◆ v. tr. **2.** Enfundar, poner dentro de una funda: *encamisar las butacas.* **3.** *Fig.* Encubrir, disimular, disfrazar una cosa.

**ENCAMONADO, A** adj. ARQ. Hecho con camones, armazones de caña o listones: *bóveda encamonada.*

**ENCAMOTARSE** v. pron. [**1**]. *Amér. Merid., C. Rica* y *Nicar. Fam.* Enamorarse.

**ENCAMPANAR** v. tr. y pron. [**1**]. *Colomb., Dom., P. Rico* y *Venez.* Encumbrar a alguien. **2.** TAUROM. Levantar el toro parado la cabeza como desafiando. ◆ v. tr. **3.** *Méx.* Involucrar a alguien en una empresa generalmente fallida. **4.** *Méx.* Engañar con halagos y promesas. ◆ **encampanarse** v. pron. **5.** *Colomb.* Enamorarse. **6.** *Perú.* Complicarse un asunto. **7.** *Venez.* Internarse, avanzar hacia dentro.

**ENCANALLAMIENTO** n. m. Acción o efecto de encanallar.

**ENCANALLAR** v. tr. y pron. [**1**]. Hacer o hacerse canalla.

**ENCANAMENTO** n. m. ARQ. Conjunto formado por las cabezas de las carreras que sobresalen al exterior y que sostienen una cornisa o parte voladiza de la fachada.

**ENCANARSE** v. pron. [**1**]. Quedarse envarado por el llanto o la risa.

**ENCANASTAR** v. tr. [**1**]. Poner dentro de canastas.

**ENCANDELILLAR** v. tr. [**1**]. *Amér. Merid.* Sobrehilar una tela. ◆ v. tr. y pron. **2.** *Amér. Merid.* y *Hond.* Encandilar, deslumbrar.

**ENCANDILADO, A** adj. *Fam.* Erguido, levantado.

**ENCANDILAR** v. tr. y pron. [**1**]. Deslumbrar, pasmar, generalmente con falsas apariencias. **2.** Suscitar un deseo o ilusión. ◆ **encandilarse** v. pron. **3.** Encenderse los ojos por la bebida o la pasión. **4.** *P. Rico.* Enfadarse.

**ENCANECER** v. intr. y pron. (lat. *canescere*) [**2m**]. Ponerse cano. **2.** *Fig.* Ponerse mohoso: *encanecerse el pan.* **3.** *Fig.* Envejecer una persona. ◆ v. tr. **4.** Hacer salir canas.

**ENCANECIMIENTO** n. m. Acción y efecto de encanecer.

**ENCANIJAMIENTO** n. m. Acción y efecto de encanijar.

**ENCANIJAR** v. tr. y pron. [**1**]. Poner flaco y enfermizo. ◆ **encanijarse** v. pron. **2.** *Méx.* Enojarse.

**ENCANILLADO** n. m. TEXT. Operación que consiste en arrollar en una canilla el hilo destinado a constituir la trama de un tejido.

**ENCANILLADORA** n. f. TEXT. Máquina que sirve para arrollar el hilo de trama sobre una canilla.

**ENCANILLAR** v. tr. [**1**]. TEXT. Poner en las canillas el hilo de la trama o formar canillas para lanzaderas.

**ENCANTADO, A** adj. Distraído o embobado constantemente. **2.** Muy complacido: *encantado de conocerte.*

**ENCANTADOR, RA** adj. y n. Que encanta o hace encantamientos. ◆ adj. **2.** *Fig.* Extraordinariamente amable, agradable, simpático o bello: *niño encantador.*

**ENCANTAMIENTO** n. m. Acción y efecto de encantar o encantarse.

**ENCANTAR** v. tr. (lat. *incantare*) [**1**]. Ejercitar sobre algo o alguien artes de magia. **2.** Gustar o complacer extraordinariamente: *me encanta el chocolate.* ◆ **encantarse** v. pron. **3.** Permanecer inmóvil contemplando una cosa o distraerse de lo que se está haciendo.

**ENCANTE** n. m. Venta en pública subasta. **2.** Lugar en que se hacen estas ventas.

**ENCANTO** n. m. Encantamiento. **2.** *Fig.* Atractivo. **3.** Apelativo cariñoso. ◆ **encantos** n. m. pl. **4.** Atractivos físicos de una persona: *mostrar sus encantos.*

**ENCAÑADO** n. m. Conducto para conducir el agua.

**ENCAÑADO** n. m. Enrejado de cañas que se pone en los jardines para enredar las plantas.

**ENCAÑAR** v. tr. [**1**]. Hacer pasar el agua por encañados o conductos.

**ENCAÑIZADA** n. f. Cerca de cañas que se dispone junto a la desembocadura de los ríos o en las albuferas o mares de poco fondo, para encerrar la pesca. **2.** Encañado, enrejado de cañas.

**ENCAÑONADO, A** adj. Dícese del humo y del

viento cuando corren con alguna fuerza por sitios estrechos.

**ENCAÑONAR** v. tr. [**1**]. Apuntar con un arma de fuego.

**ENCAPOTAMIENTO** n. m. Acción y efecto de encapotar o encapotarse.

**ENCAPOTAR** v. tr. y pron. [**1**]. Cubrir con el capote. ◆ **encapotarse** v. pron. **2.** *Fig.* Poner el rostro ceñudo. **3.** Cubrirse el cielo de nubes.

**ENCAPRICHARSE** v. pron. [**1**]. Empeñarse en conseguir un capricho: *encapricharse con un juguete.*

**ENCAPSULAR** v. tr. [**1**]. Meter en cápsulas.

**ENCAPUCHAR** v. tr. y pron. [**1**]. Cubrir o tapar con capucha.

**ENCARAMAR** v. tr. y pron. [**1**]. Subir o poner a algo o a alguien en un lugar alto y difícil: *encaramarse en una tapia.* **2.** *Fig.* y *fam.* Elevar, colocar en puestos altos y honoríficos: *encaramarse en el primer puesto.*

**ENCARAR** v. tr. y pron. [**1**]. Poner cara a cara o hacer frente a alguien: *encarar a dos contrincantes.* ◆ v. tr. **2.** Contraponer dos aspectos de algo. **3.** Apuntar a algún sitio con un arma. ◆ **encararse** v. pron. **4.** *Fig.* Afrontar una situación difícil y penosa.

**ENCARCELACIÓN** n. f. Encarcelamiento.

**ENCARCELAMIENTO** n. m. Acción y efecto de encarcelar.

**ENCARCELAR** v. tr. [**1**]. Poner a uno preso en la cárcel: *encarcelar a un delincuente.* **2.** Asegurar con yeso, cal o cemento, una pieza de madera o de hierro: *encarcelar una reja.*

**ENCARECEDOR, RA** adj. y n. Que encarece o que exagera.

**ENCARECER** v. tr., intr. y pron. [**2m**]. Aumentar el precio de una cosa: *encarecer los productos de consumo.* ◆ v. tr. **2.** *Fig.* Ponderar, alabar mucho una cosa. **3.** *Fig.* Recomendar con empeño.

**ENCARECIMIENTO** n. m. Acción y efecto de encarecer. • **Con encarecimiento,** con instancia y empeño.

**ENCARGADO, A** adj. Que ha recibido un encargo. ◆ n. **2.** Persona que tiene a su cargo un establecimiento, negocio, etc., en representación del dueño o interesado. • **Encargado de cátedra,** profesor no numerario que ocupa una cátedra vacante. ‖ **Encargado de curso,** profesor no numerario de universidad que enseña una disciplina de la que no existe plaza dotada de catedrático, agregado o adjunto. ‖ **Encargado de negocios,** agente diplomático, inferior en categoría al ministro residente.

**ENCARGAR** v. tr. y pron. [**1b**]. Poner una cosa al cuidado de uno: *encargarse del mantenimiento.* ◆ v. tr. **2.** Decirle a alguien que haga algo. **3.** Ordenar o pedir a alguien que le suministren o sirvan algo. ◆ v. intr. **4.** *Argent.* y *Méx.* Quedar embarazada una mujer.

**ENCARGO** n. m. Acción y efecto de encargar. **2.** Cosa encargada. • **Estar de encargo** (*Argent.* y *Méx.*), estar embarazada: *Juana está de encargo.*

**ENCARIÑAR** v. tr. y pron. [**1**]. Aficionar, despertar cariño: *encariñarse con una persona.*

**ENCARNACIÓN** n. f. Acción y efecto de encarnar o encarnarse. **2.** *Por antonom.* Unión de la naturaleza divina con la humana en la persona del verbo. (Con este significado suele escribirse con mayúscula.) **3.** Personificación, representación de una idea, doctrina, etc.

**ENCARNADO, A** adj. y n. m. Colorado, rojo: *tela encarnada.* ◆ adj. **2.** TEOL. Que está unido a la naturaleza humana: *el Verbo encarnado.*

**ENCARNADURA** n. f. Calidad de la carne viva con respecto a la curación de las heridas: *tener buena encarnadura.*

**ENCARNAR** v. intr. (lat. *incarnare*) [**1**]. Tomar una sustancia espiritual, una idea, etc., forma carnal, principalmente hacerse hombre Dios. ◆ v. tr. **2.** *Fig.* Personificar, representar alguna idea o doctrina: *un juez que encarna la justicia.* **3.** *Fig.* Representar un personaje de una obra teatral, cinematográfica, etc.: *encarnar el papel de malo.* ◆ **encarnarse** v. pron. **4.** Introducirse una uña en la carne produciendo molestias. **5.** *Fig.* Mezclarse, unirse, incorporarse una cosa con otra.

**ENCARNE** n. m. MONT. Parte del animal muerto que se da a la jauría.

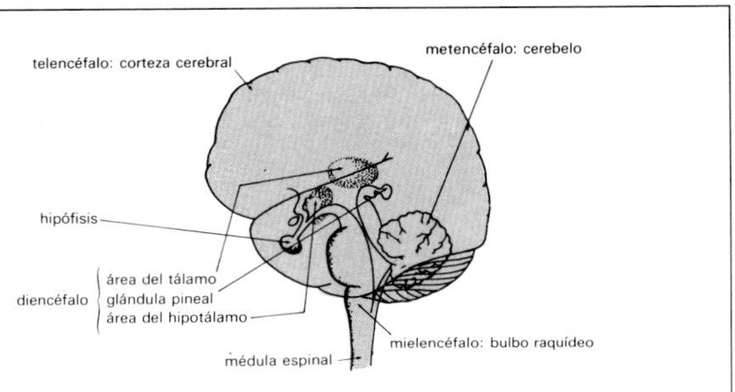


**encéfalo** humano: anatomía

**ENCARNIZAMIENTO** n. m. Acción y efecto de encarnizarse. **2.** *Fig.* Crueldad con que uno se ceba en el daño de otro.

**ENCARNIZARSE** v. pron. [**1g**]. Cebarse los animales en su víctima. **2.** *Fig.* Mostrarse muy cruel.

**ENCARPETAR** v. tr. [**1**]. Guardar algo, especialmente papeles en carpetas. **2.** *Amér. Merid.* y *Nicar.* Dar carpetazo, suspender la tramitación de una solicitud o un expediente.

**ENCARRERARSE** v. pron. [**1**]. *Méx.* Acelerar el paso. **2.** *Méx.* Encarrilarse.

**ENCARRILAR** v. tr. y pron. [**1**]. Dirigir o enderezar un carro, coche, etc., para que siga el camino o carril debido. ◆ v. tr. **2.** *Fig.* Dirigir por el rumbo que conduce al acierto una pretensión que iba por un camino que estorbaba su logro. **3.** Colocar sobre los carriles los vehículos que se han salido de las vías.

**ENCARTACIÓN** n. f. Empadronamiento en virtud de la carta de privilegio. **2.** Reconocimiento del vasallaje que hacían al señor los pueblos, pagándole tributo. **3.** Territorio al cual se hacen extensivos fueros y exenciones de una comarca limítrofe.

**ENCARTAR** v. tr. [**1**]. En los juegos de naipes, jugar al contrario o al compañero una carta a la cual pueda asistir. **2.** DER. Procesar a una persona. **3.** ENCUAD. Colocar encartes. ◆ **encartarse** v. pron. **4.** Tomar uno cartas o quedarse con ellas, del mismo palo que otro, de modo que tenga que seguirle, sin poder descartarse de las que le perjudican.

**ENCARTE** n. m. Acción y efecto de encartar o encartarse. **2.** Hoja o pliego que se coloca, suelto, en un libro ya encuadernado.

**ENCARTONADO** n. m. Acción y efecto de encartonar. **2.** ENCUAD. Tipo de encuadernación en que los cartones de la cubierta van revestidos de papel de color.

**ENCARTONADOR, RA** n. Persona que encartona los libros para encuadernarlos.

**ENCARTONAR** v. tr. [**1**]. Poner cartones o resguardar algo con cartones. **2.** Encuadernar con tapas de cartón revestidas de papel. SIN.: *cartoné.*

**ENCARTUCHAR** v. tr. y pron. [**1**]. *Chile, Colomb., Ecuad.* y *P. Rico.* Enrollar en forma de cucurucho. ◆ v. tr. **2.** Meter la pólvora en los cartuchos.

**ENCASCOTAR** v. tr. [**1**]. Rellenar con cascotes una cavidad.

**ENCASILLABLE** adj. Que se puede encasillar.

**ENCASILLADO** n. m. Conjunto de casillas. **2.** Lista de candidatos apoyados por el gobierno en las elecciones.

**ENCASILLAR** v. tr. [**1**]. Poner en casillas. **2.** Clasificar personas o cosas.

**ENCASQUETAR** v. tr. y pron. [**1**]. Encajar bien en la cabeza el sombrero, gorra, etc. **2.** *Fig.* Enseñar a uno o persuadirle de algo a fuerza de insistencia. ◆ v. tr. **3.** Encajar, endilgar. ◆ **encasquetarse** v. pron. **4.** Formarse una idea en la mente de alguien obstinadamente.

**ENCASQUILLADOR** n. m. *Colomb., Ecuad.* y *Perú.* Herrador.

**ENCASQUILLAR** v. tr. [**1**]. Poner casquillos. **2.** *Amér.* Herrar una caballería. **3.** *Cuba. Fig.* y *fam.* Acobardarse, acoquinarse. ◆ **encasquillarse** v. pron. **4.** Atascarse un arma de fuego con el casquillo de la bala al disparar.

**ENCASTAR** v. tr. [**1**]. Mejorar una casta de animales por cruzamiento.

**ENCASTILLADO, A** adj. *Fig.* Altivo, soberbio.

**ENCASTILLAMIENTO** n. m. Acción y efecto de encastillar o encastillarse.

**ENCASTILLAR** v. tr. [**1**]. Fortificar con castillos. **2.** Apilar: *encastillar los maderos.* ◆ **encastillarse** v. pron. **3.** Encerrarse en un castillo para defenderse. **4.** *Fig.* Acogerse a lugares altos y ásperos para guarecerse: *encastillarse en un risco.* **5.** *Fig.* Perseverar con tesón u obstinación en un parecer.

**ENCASTRAR** v. tr. [**1**]. Acoplar dos piezas.

**ENCATRADO** n. m. *Argent.* y *Chile.* Catre.

**ENCAUCHADO, A** adj. y n. *Colomb., Ecuad.* y *Venez.* Dícese de la tela impermeabilizada con caucho. ◆ n. m. **2.** *Colomb., Ecuad.* y *Venez.* Ruana o poncho impermeabilizados con caucho.

**ENCAUCHAR** v. tr. [**1**]. Cubrir o revestir con caucho.

**ENCAUSAR** v. tr. [**1**]. DER. Formar causa a uno, proceder contra él judicialmente.

**ENCAUSTE** o **ENCAUSTO** n. m. (lat. *encaustum*). Tinta roja con la que escribían sólo los emperadores.

**ENCÁUSTICA** n. f. B. ART. Procedimiento de pintura a base de colores diluidos en cera fundida, cuya aplicación se realiza en caliente. **2.** Encáustico.

**ENCÁUSTICO, A** adj. Dícese de la pintura o del barniz preparados con ceras. ◆ n. m. **2.** Preparación a base de cera fundida que sirve para recubrir las superficies pulimentadas, pavimentos, etc., a fin de darles brillo o preservarlos de la humedad. SIN.: *encáustica.*

**ENCAUZAMIENTO** n. m. Acción y efecto de encauzar.

**ENCAUZAR** v. tr. [**1g**]. Conducir una corriente por un cauce. **2.** *Fig.* Encaminar, dirigir, normalizar, regular: *encauzar el debate.*

**ENCEBOLLADO** n. m. Comida aderezada con mucha cebolla: *encebollado de bacalao.*

**ENCEFALALGIA** n. f. Dolor de cabeza muy intenso.

**ENCEFÁLICO, A** adj. Relativo al encéfalo: *masa encefálica.*

**ENCEFALINA** n. f. NEUROL. Sustancia polipeptídica de bajo peso molecular, que presenta una gran afinidad para los receptores de morfina que se encuentran en el cerebro.

**ENCEFALITIS** n. f. NEUROL. Proceso inflamatorio que afecta al encéfalo.

**ENCÉFALO** n. m. (gr. *enkephalon*). Conjunto de centros nerviosos, cerebro, cerebelo y tronco cerebral, contenidos en la cavidad craneal de los vertebrados.

**ENCEFALOGRAFÍA** n. f. Descripción anatómica del encéfalo. • **Encefalografía gaseosa,** técnica radiológica que permite, por insuflación de aire o gas en el canal raquídeo o en los ventrículos cerebrales, visualizar, por contraste, los espacios por donde circula el líquido cefalorraquídeo.

**ENCEFALOMIELITIS** n. f. Inflamación del cerebro y de la médula espinal.

**ENCEFALOPATÍA** n. f. Conjunto de secuelas neurológicas y síquicas crónicas, consecutivas a lesiones del encéfalo de distinta etiología.

**ENCELAMIENTO** n. m. Acción y efecto de encelar o encelarse.

**ENCELAR** v. tr. [**1**]. Dar celos o poner celoso. ◆

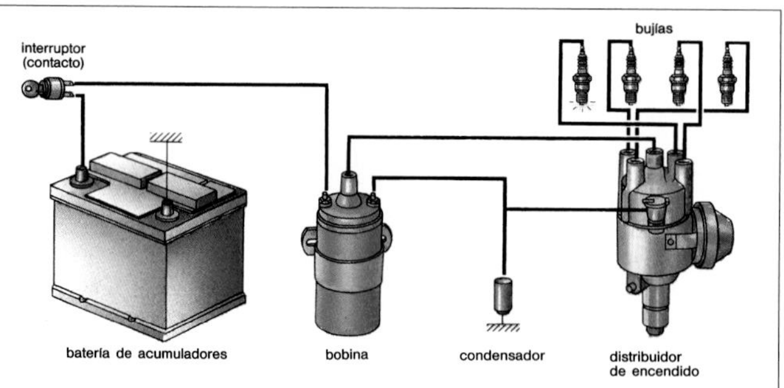


sistema de **encendido** clásico de un motor de explosión

**encelarse** v. pron. **2.** Concebir celos de alguien. **3.** Estar en celo un animal.

**ENCELLA** n. f. Molde o recipiente para hacer quesos y requesones.

**ENCELLAR** v. tr. **[1]**. Dar forma en la encella: *encellar el queso.*

**ENCENAGAMIENTO** n. m. Acción y efecto de encenagarse.

**ENCENAGARSE** v. pron. **[1b]**. Meterse en el cieno o ensuciarse en él. **2.** *Fig.* Envilecerse, hacerse vil.

**ENCENDEDOR, RA** adj. y n. Que enciende. ◆ n. m. **2.** Aparato de pequeño tamaño que sirve para encender.

**ENCENDER** v. tr. (lat. *incendere*) **[2d]**. Originar luz o fuego en algo. **2.** Prender fuego, incendiar, quemar. **3.** Conectar un circuito eléctrico: *encender la luz.* ◆ v. tr. y pron. **4.** Causar ardor. **5.** *Fig.* Suscitar u ocasionar enfrentamientos. **6.** *Fig.* Incitar, inflamar, enardecer: *su mirada le encendía.* **7.** *Fig.* Producir o agudizar un estado pasional: *encenderse en ira.* **8.** *Fig.* Ponerse colorado, ruborizarse.

**ENCENDIDO, A** adj. De color rojo muy subido: *tener el rostro encendido.* ◆ n. m. **2.** Acto de encender: *el encendido de una caldera.* **3.** Inflamación, mediante un quemador o una bujía, de la mezcla gaseosa en un motor de explosión. **4.** Dispositivo que realiza esta inflamación.

**ENCENIZAR** v. tr. y pron. **[1g]**. Echar ceniza o cubrir algo con ceniza.

**ENCEPAR** v. tr. **[1]**. Meter a uno en el cepo. **2.** Asegurar por medio de cepos. ◆ v. intr. y pron. **3.** Arraigar bien las plantas y los árboles.

**ENCERADO** n. m. Acción y efecto de encerar. **2.** Lienzo impermeabilizado con cera u otra materia. **3.** Cuadro de hule, etc., usado para escribir en él con clarión o tiza. **4.** Capa ligera de cera con que se cubren los muebles.

**ENCERADOR, RA** n. Persona que se dedica a encerar.

**ENCERADORA** n. f. Aparato electrodoméstico que sirve para encerar el suelo.

**ENCERAR** v. tr. **[1]**. Aplicar cera a algo.

**ENCERRADERO** n. m. Sitio donde se recogen los rebaños. **2.** TAUROM. Lugar destinado a encerrar los toros.

**ENCERRAR** v. tr. **[1j]**. Guardar o meter en un sitio cerrado: *encerrar el dinero en una caja.* **2.** Recluir a alguien en un sitio de donde no pueda salir o escaparse: *encerrar en la cárcel.* **3.** *Fig.* Contener, resumir: *encerrar un peligro.* **4.** Poner cosas escritas entre ciertos signos que las separan del resto del escrito: *encerrar entre paréntesis.* **5.** En el juego de las damas y en otros de tablero, poner al contrario en situación de no poder mover las piezas. ◆ **encerrarse** v. pron. **6.** Recluirse voluntariamente en un lugar cerrado para apartarse de los demás.

**ENCERRONA** n. f. *Fam.* Celada, asechanza, emboscada: *preparar una encerrona.* **2.** En el dominó, cierre del juego cuando quedan muchas fichas en manos de los jugadores. **3.** Corrida de toros, novillos o becerros, celebrada en local cerrado y sin público que haya pagado su localidad.

**ENCESTADOR, RA** adj. y n. Que encesta.

**ENCESTAR** v. tr. **[1]**. Meter algo en una cesta. **2.** En baloncesto, introducir el balón en el cesto.

**ENCESTE** n. m. En baloncesto, tanto que se consigue al encestar el balón.

**ENCHA** n. f. Durante la edad media y en Castilla, reparación por los daños producidos en la guerra.

**ENCHAPADO** n. m. Hoja de madera de escaso espesor, obtenida por corte o por desarrollo.

**ENCHARCAMIENTO** n. m. Acción y efecto de encharcar.

**ENCHASTRAR** v. tr. y pron. (ital. *inchiostrare,* manchar de tinta) **[1]** *Argent. Fam.* Ensuciar, embadurnar.

**ENCHASTRE** n. m. *Argent. Fam.* Acción y efecto de enchastrar.

**ENCHARCAR** v. tr. y pron. **[1a]**. Cubrir de agua un terreno hasta convertirlo en un charco. **2.** *Fig.* Causar empacho de estómago al beber mucho.

**ENCHILADA** n. f. En el juego del tresillo, puesta común que recoge quien gana un lance determinado. **2.** *Guat., Méx.* y *Nicar.* Torta de maíz aderezada con chile y rellena de diversos manjares.

**ENCHILADO** n. m. *Cuba* y *Méx.* Guisado de mariscos con salsa de chile.

**ENCHILAR** v. tr. **[1]**. *Amér. Central* y *Méx.* Aderezar con chile algún manjar. ◆ v. tr. y pron. **2.** *Méx.* y *Nicar. Fig.* Picar, molestar, irritar a alguien.

**ENCHINAR** v. tr. **[1]**. Empedrar con chinas. **2.** *Méx.* Formar rizos en los cabellos. • **Enchinar el pelo** *(Méx.),* rizarlo. ‖ **Enchinarse el cuerpo** *(Méx.),* ponerse la carne de gallina.

**ENCHINCHAR** v. tr. **[1]**. *Guat.* y *Méx.* Molestar, fastidiar. ◆ **enchincharse** v. pron. **2.** *Amér.* Enojarse, embroncarse.

**ENCHIPAR** v. tr. **[1]**. *Colomb.* Enrollar.

**ENCHIQUERAR** v. tr. **[1]**. Encerrar al toro en el chiquero. **2.** *Fig.* y *fam.* Meter en prisión.

**ENCHIVARSE** v. pron. **[1]**. *Colomb., Ecuad.* y *P. Rico.* Encolerizarse.

**ENCHUECAR** v. tr. y pron. **[1a]**. *Chile* y *Méx. Fam.* Torcer, encorvar.

**ENCHUFAR** v. tr. **[1]**. Empalmar dos tubos o piezas semejantes introduciendo el extremo de una en el de otra. **2.** ELECTR. Encajar las dos piezas de un enchufe para establecer una conexión eléctrica. ◆ v. tr. y pron. **3.** *Fig.* y *fam.* Dar u obtener un empleo, cargo o situación ventajosos por medio de recomendaciones o influencias.

**ENCHUFE** n. m. Acción y efecto de enchufar. **2.** Dispositivo o aparato compuesto de dos piezas que encajan una en otra y sirven para conectar un aparato eléctrico a los hilos conductores de la corriente. **3.** *Fig.* y *fam.* Cargo o situación ventajosos que se obtienen por recomendaciones o influencias.

**ENCHUMBAR** v. tr. **[1]**. *Antillas* y *Colomb.* Ensopar, empapar de agua.

**ENCÍA** n. f. (lat. *gingivam*). Mucosa muy vascularizada que rodea la base de los dientes.

**ENCÍCLICA** n. f. Carta solemne que el papa dirige a los obispos de todo el mundo, o a una parte, y a través de ellos, a los fieles.

**ENCICLOPEDIA** n. f. (gr. *en kyklōi paideia,* educación en círculo, panorámica). Conjunto de todas las ciencias o de todas las partes de una ciencia. **2.** Obra en que se expone metódicamente el conjunto de los conocimientos humanos o de los referentes a una ciencia. **3.** Enciclopedismo. **4.** Diccionario enciclopédico.

■ Desde la antigüedad hasta la edad media y el renacimiento, la palabra *enciclopedia* conservó el sentido de «educación que incluye el círculo completo de conocimientos». A principios del s. XVII, con F. Bacon, apareció la enciclopedia moderna. Entre los ss. XVII y XVIII se impusieron el orden alfabético del diccionario y la *Enciclopedia* de Diderot como modelo. La *Enciclopedia metódica* de la Libraire Panckouke (1781) inauguró la enciclopedia moderna que, con exposición metódica y presentación alfabética, busca resumir el conjunto de los conocimientos. Entre las grandes enciclopedias de los ss. XIX y XX se hallan el *Diccionario universal* de P. Larousse y la *Enciclopedia británica.* En español, la *Enciclopedia universal ilustrada* de Espasa-Calpe (1908-1930) fue la pionera.

**ENCICLOPÉDICO, A** adj. Relativo a la enciclopedia: *diccionario enciclopédico.*

**ENCICLOPEDISMO** n. m. Ideología de los colaboradores de la *Enciclopedia* y de sus seguidores.

**ENCICLOPEDISTA** adj. y n. m. y f. Relativo a la *Enciclopedia* o al enciclopedismo; colaborador de la *Enciclopedia,* adepto a los principios de esta obra.

**ENCIELAR** v. tr. **[1]**. *Chile.* Poner techo o cubierta a una cosa.

**ENCIERRO** n. m. Acción y efecto de encerrar o encerrarse. **2.** Lugar donde se encierra. **3.** Clausura, recogimiento. **4.** TAUROM. Acción de conducir los toros a encerrarlos en el toril antes de la corrida. **5.** Fiesta popular en la que se corre delante de los toros en el encierro.

**ENCIMA** adv. l. Indica posición de una cosa respecto a otra que está mas baja en dirección vertical y en contacto o no con ella: *el libro está encima de la mesa.* **2.** *Fig.* En situación superior, más elevada: *gastar por encima de sus posibilidades.* **3.** Expresa un peso o carga sobre algo o alguien: *echarse mucho trabajo encima.* **4.** *Fig.* Indica la admisión y aceptación de un trabajo, culpa o pena: *echarse encima una responsabilidad.* **5.** Sobre sí, consigo: *no llevo encima ni un duro.* **6.** Cerca, de inmediata realización: *ya están encima las fiestas.* • **Echarse encima de** alguien, contradecir violentamente o vituperar a alguien. ‖ **Por encima,** superficialmente, de pasada: *repasar por encima los apuntes.* ‖ **Por encima de** una persona o cosa, a pesar de ella, contra su voluntad. ◆ adv. c. **7.** Además, por añadidura: *le robaron todo y encima lo molieron a palos.*

**ENCIMERA** n. f. Superficie plana que cubre los muebles y electrodomésticos de una cocina y aloja el fregadero.

**ENCIMERO, A** adj. Que está o se pone encima: *sábana encimera.*

**ENCIMOSO, A** adj. y n. *Méx.* Dícese de la persona molesta y latosa.

**ENCINA** n. f. (lat. *illicina*). Planta arbórea de tronco grueso y ramificado y hoja perenne, que tiene por fruto la bellota y es muy frecuente y típica en la península Ibérica. (Familia fagáceas.) **2.** Madera de este árbol.

**ENCINAR** o **ENCINAL** n. m. Bosque constituido principalmente por encinas.

**ENCINO** n. m. *Méx.* Nombre de diversas fagáceas de tronco grande ramificado (*encino amarillo, encino cascalote,* etc.).

**ENCINTA. Estar encinta,** estar preñada una mujer.

**ENCINTADO** n. m. Acción y efecto de encintar. **2.** Hilera o cinta de piedra que forma el borde de una acera, de un andén, etc.

**ENCINTAR** v. tr. **[1]**. Adornar una cosa con cintas. **2.** Poner el encintado o bordillo de la acera.

**ENCIZAÑAR** v. tr. **[1]**. Provocar cizaña, discordia, etcétera.

**ENCLAUSTRAR** v. tr. y pron. **[1]**. Meter, encerrar en un claustro o convento. ◆ **enclaustrarse** v. pron. **2.** Apartarse de la vida social, para llevar una vida retirada.

**ENCLAVADO, A** adj. Dícese del hueso fracturado al que se ha colocado un clavo como técnica de osteosíntesis. **2.** ARQ. Dícese de un tipo de entramado en que las uniones o ensambladuras están enclavadas. **3.** HERÁLD. Dícese del escudo partido, etc., que enclava una o dos piezas cuadradas en la otra partición. **4.** PATOL. Dícese de las estructuras que tienen bloqueadas sus posibilidades de movimiento.

**ENCLAVADURA** n. m. Muesca por donde se unen dos maderos.

**ENCLAVAMIENTO** n. m. Acción y efecto de enclavar. **2.** Dispositivo mecánico, eléctrico o de cualquier otro tipo, destinado a subordinar el accionamiento de un aparato al estado o posición de otro u otros. **3.** CIR. Fijación de una fractura mediante una prótesis en forma de clavo.

**ENCLAVAR** v. tr. [**1**]. Clavar, asegurar, fijar con clavos. **2.** *Fig.* Traspasar, atravesar de parte a parte. **3.** Practicar un enclavamiento en el tratamiento de una fractura de un hueso largo.

**ENCLAVE** n. m. Territorio rodeado totalmente por otro de distinto propietario o perteneciente a distinta jurisdicción. **2.** Grupo étnico, político, ideológico o lingüístico que convive o se encuentra inserto en uno más extenso y de características diferentes.

**ENCLENQUE** adj. y n. m. y f. Enfermizo, débil, raquítico: *niño enclenque.*

**ÉNCLISIS** n. f. (gr. *enklisis,* inclinación) [pl. *énclisis*]. LING. Fusión casi completa de una partícula con la palabra que le precede y en la que parece apoyarse; por ej., en *devuélveselo, se* y *lo* son partículas en énclisis.

**ENCLÍTICO, A** adj. y n. LING. Que participa de la énclisis: *pronombre enclítico.*

**ENCLOSURE** n. f. (voz inglesa). Técnica utilizada por los grandes propietarios británicos de los ss. XVI al XVIII y que consistía en cercar las tierras adquiridas tras el reparto de las tierras comunales, impidiendo el acceso de los campesinos a los prados, con lo que se creaba una mano de obra barata para la naciente industria.

**ENCOCHAR** v. intr. [**1**]. Recoger pasajeros un vehículo, especialmente un taxi.

**ENCOCORAR** v. tr. y pron. [**1**]. *Fam.* Fastidiar, molestar con exceso.

**ENCOFRADO** n. m. Bastidor de madera, de metal o de otra materia, que sirve de molde al hormigón. **2.** Revestimiento de madera que se construye para sostener las tierras en las galerías de las minas o contener los materiales de construcción hasta su fraguado completo en la obra. **3.** Colocación de bastidores o moldes destinados a contener los materiales de construcción hasta su fraguado completo en la obra.

**ENCOFRADOR, RA** n. Persona que tiene por oficio encofrar.

**ENCOFRAR** v. tr. [**1**]. Formar un encofrado.

**ENCOGER** v. tr., intr. y pron. [**2b**]. Estrechar, reducir a menor volumen o extensión. ◆ v. tr. y pron. **2.** *Fig.* Apocar el ánimo, acobardarse, dejarse dominar.

**ENCOGIMIENTO** n. m. Acción y efecto de encoger. **2.** *Fig.* Cortedad de ánimo.

**ENCOHETARSE** v. pron. [**1**]. *C. Rica.* Enfurecerse, encolerizarse.

**ENCOJAR** v. tr. y pron. [**1**]. Poner cojo a uno.

**ENCOLADO, A** adj. *Chile. Fig.* Muy acicalado. **2.** *Chile* y *Méx. Fig.* Vanidoso. ◆ n. m. **3.** Acción y efecto de encolar.

**ENCOLADOR, RA** n. Persona que tiene por oficio encolar.

**ENCOLADORA** n. f. Máquina que sirve para encolar.

**ENCOLADURA** n. m. Encolamiento. **2.** Aplicación de una o más capas de cola caliente a una superficie que ha de pintarse al temple.

**ENCOLAMIENTO** n. m. Acción y efecto de encolar.

**ENCOLAR** v. tr. [**1**]. Pegar con cola una cosa. **2.** Aprestar con cola la pasta de papel. **3.** Dar la encoladura a una superficie que ha de pintarse al temple. **4.** Clarificar vinos con gelatina, clara de huevo, etc. **5.** TEXT. Impregnar la urdimbre con una cola. **6.** TEXT. Aprestar una tela.

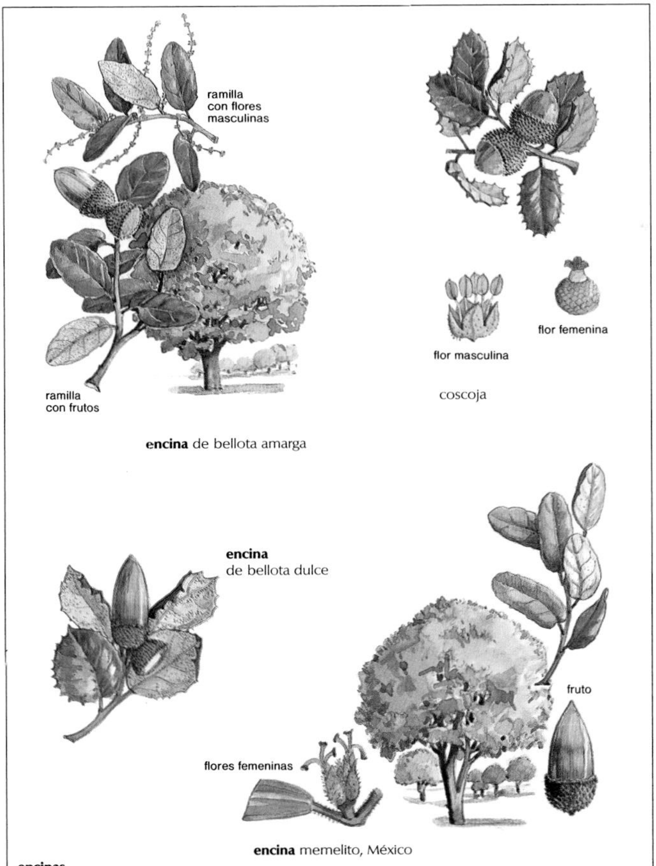

encinas

**ENCOLERIZAR** v. tr. y pron. [**1g**]. Enfurecer, poner colérico a alguien.

**ENCOMENDADO** n. m. En las órdenes militares, dependiente del comendador. **2.** Indio de una encomienda.

**ENCOMENDAR** v. tr. [**1j**]. Encargar a alguien que haga alguna comisión o cuide de una persona o cosa. **2.** Dar encomienda, hacer comendador a uno. ◆ v. intr. **3.** Llegar a tener encomienda de orden. ◆ **encomendarse** v. pron. **4.** Entregarse, confiarse al amparo de alguien: *encomendarse a todos los santos.*

**ENCOMENDERÍA** n. f. *Perú.* Abacería.

**ENCOMENDERO, A** n. Persona que lleva encargos de otro. **2.** *Cuba.* Individuo que suministra carne a la ciudad. **3.** *Perú.* Tendero de comestibles. ◆ n. m. **4.** HIST. Persona que por concesión real tenía indios encomendados.

**ENCOMIAR** v. tr. [**1**]. Alabar encarecidamente a una persona o cosa: *encomiar un trabajo.*

**ENCOMIÁSTICO, A** adj. (gr. *enkōmiastikos*). Que alaba o contiene alabanza: *palabras encomiásticas.*

**ENCOMIENDA** n. f. Acción y efecto de encomendar. **2.** Cosa encomendada. **3.** Dignidad dotada de jurisdicción y rentas que se otorgaba a algunos caballeros de las órdenes militares. **4.** Lugar, territorio y rentas de la misma. **5.** Cruz que llevan los caballeros de las órdenes militares. **6.** Dignidad de comendador en las órdenes civiles. **7.** Institución jurídica implantada por España en América para reglamentar las relaciones entre españoles e indígenas. **8.** *Amér. Merid., C. Rica, Guat.* y *Pan.* Envío que se manda por correo u otro servicio público de transporte, paquete postal.

■ La encomienda consistía en la cesión por parte del rey a un súbdito español (encomendero) de la percepción del tributo o servicio personal que el indio debía pagar a la corona, a cambio de su evangelización por el beneficiario de la cesión. La primera, en Santo Domingo, fue de servicio personal y provocó desastrosos efectos sobre la población, originando un conflicto que desembocó en las leyes de Burgos (1512), que no pusieron fin a los abusos. La conquista de México impulsó el desarrollo de encomiendas de tributos en el continente. Las Leyes nuevas (1542), que denegaron la concesión de nuevas encomiendas, provocaron en Perú la sublevación acaudillada por Gonzalo Pizarro. Los títulos más rigurosos de las Leyes nuevas fueron revocados y durante el s. XVII se siguieron concediendo encomiendas, aunque se limitó su traspaso hereditario. En el s. XVIII se inició su desaparición.

**ENCOMIO** n. m. Alabanza encarecida.

**ENCOMIOSO, A** adj. *Chile* y *Guat.* Encomiástico.

**ENCONAMIENTO** n. m. Inflamación de una herida o llaga. **2.** *Fig.* Encono.

**ENCONAR** v. tr. y pron. (lat. *inquinare,* manchar, mancillar) [**1**]. Inflamar una herida o llaga: *la herida se enconó con el polvo.* **2.** *Fig.* Hacer que en una lucha, discusión, etc., los contendientes se exciten excesivamente: *enconar el ánimo.* ◆ **enconarse** v. pron. **3.** Pringarse, ensuciarse, mancharse.

**ENCONCHARSE** v. pron. [**1**]. *Amér.* Meterse en su concha, retraerse.

**ENCONO** n. m. Animadversión, rencor. **2.** *Colomb.* Llaga con supuración.

**ENCONOSO, A** adj. Propenso a sentir animadversión hacia otras personas.

**ENCONTRADIZO, A** adj. **Hacerse el encontradizo,** buscar a otro para encontrarle sin que parezca que se hace intencionadamente.

**ENCONTRADO, A** adj. Puesto enfrente. **2.** Opuesto, antitético: *caracteres encontrados.*

**ENCONTRAR** v. tr. y pron. [**1r**]. Hallar. ◆ v. tr. **2.** Formar una opinión o juicio sobre una cosa, asunto o persona: *encuentro interesante tu propuesta.* ◆ v. intr. y pron. **3.** Topar violentamente una cosa con otra. ◆ **encontrarse** v. pron. **4.** Oponerse, enemistarse uno con otro. **5.** Estar en desacuerdo. **6.** Coincidir en gustos, opiniones.

**ENCONTRONAZO** o **ENCONTRÓN** n. m. Golpe accidental que se da una cosa con otra.

**ENCOPETADO, A** adj. De alto copete. **2.** Que presume demasiado.

**ENCOPETAR** v. tr. y pron. [**1**]. Elevar en alto o formar copete. ◆ **encopetarse** v. pron. **2.** *Fig.* Engreírse, presumir demasiado.

**ENCOPRESIS** n. f. (pl. *encopresis*). Defecación involuntaria de un niño de más de tres años que no padece ninguna afección orgánica.

**ENCORAJAR** v. tr. [**1**]. Dar coraje, valor. ◆ **encorajarse** v. pron. **2.** Encenderse en coraje, irritación, ira.

**ENCORAJINARSE** v. pron. [**1**]. *Fam.* Encolerizarse. **2.** *Chile.* Echarse a perder un negocio.

**ENCORCHAR** v. tr. [**1**]. Poner tapones de corcho a las botellas.

**ENCORDADURA** n. f. Conjunto de las cuerdas de un instrumento musical.

**ENCORDAR** v. tr. [**1r**]. Poner cuerdas a los instrumentos de música. **2.** Rodear, ceñir. ◆ **encordarse** v. pron. **3.** ALP. Atarse el montañista a la cuerda de seguridad.

**ENCORNADURA** n. f. Forma de los cuernos de un animal. **2.** Cornamenta.

**ENCORNAR** v. tr. [**1r**]. Coger el toro cualquier objeto con los cuernos.

**ENCOROZAR** v. tr. [**1g**]. *Chile.* Emparejar una pared.

**ENCORSELAR** v. tr. y pron. [**1**]. *Amér.* Encorsetar.

**ENCORSETAR** v. tr. y pron. [**1**]. Poner corsé.

**ENCORVADURA** n. f. Acción y efecto de encorvarse. SIN.: *encorvamiento.*

**ENCORVAR** v. tr. y pron. (lat. *incurvare*) [**1**]. Doblar una cosa poniéndola corva: *encorvar una vara.* ◆ **encorvarse** v. pron. **2.** Inclinarse una persona doblando la espalda, generalmente por la edad.

**ENCOSTRAR** v. tr. y pron. [**1**]. Cubrir con costra. ◆ v. intr. y pron. **2.** Formar costra una cosa.

**ENCRESPADURA** n. f. Acción y efecto de encrespar o rizar el cabello.

**ENCRESPAMIENTO** n. m. Acción y efecto de encrespar o encresparse.

**ENCRESPAR** v. tr. y pron. (lat. *incrispare*) [**1**]. Ensortijar, rizar. **2.** Erizarse el pelo, plumaje, etc., por alguna emoción fuerte. **3.** Enfurecer, irritar a una persona o animal: *encresparse por un insulto.* **4.** *Fig.* Levantar y alborotar las ondas del agua. ◆ **encresparse** v. pron. **5.** *Fig.* Dificultarse, enredarse un asunto.

**ENCRESTADO, A** adj. Ensoberbecido, levantado, altivo.

**ENCRIPTAR** v. tr. [**1**]. INFORMÁT. Ocultar datos mediante una clave.

**ENCRUCIJADA** n. f. Lugar en donde se cruzan dos o más calles o caminos. **2.** *Fig.* Situación difícil en que no se sabe qué conducta seguir.

**ENCUADERNACIÓN** n. f. Acción y efecto de encuadernar. **2.** Forro o cubierta de cartón, pergamino u otra cosa, que se pone a los libros para resguardar sus hojas. • **Encuadernación en rústica,** o **a la rústica,** la que tiene la cubierta de papel o cartulina.

**encuadernación** (terciopelo bordado en oro y plata del *Inventario del archivo real* por Javier Garma)
[archivo de la Corona de Aragón, Barcelona]

**ENCUADERNADOR, RA** n. Persona que tiene por oficio encuadernar.

**ENCUADERNAR** v. tr. [**1**]. Realizar las operaciones necesarias para obtener un libro cuya cubierta, rígida o flexible, haga más duradera su conservación, más cómodo su manejo y más agradable su presentación: *encuadernar a la rústica.*

**ENCUADRAR** v. tr. [**1**]. Encerrar una cosa en un marco o cuadro. **2.** *Fig.* Encajar, ajustar una cosa dentro de otra. **3.** *Fig.* Incluir dentro de sí una cosa, servirle de límite. **4.** FOT. y CIN. Efectuar un encuadre. **5.** TELEV. Ajustar la frecuencia de repetición de imagen de un televisor, al objeto de mantener la imagen fija en la pantalla. ◆ v. tr. y pron. **6.** Incorporar.

**ENCUADRE** n. m. Colocación del tema en el visor de una cámara fotográfica o cinematográfica. **2.** TELEV. Ajuste de la imagen en la pantalla.

**ENCUARTAR** v. tr. [**1**]. Enganchar el encuarte a un vehículo.

**ENCUARTE** n. m. Caballería de refuerzo que, para subir cuestas o salir de malos pasos, se añade al tiro de un carruaje.

**ENCUARTELAR** v. tr. [**1**]. *Méx.* Acuartelar.

**ENCUBADO** n. m. Operación que consiste en dejar que las uvas fermenten dentro de cubas. **2.** MIN. Acción de encubar un pozo minero, de colocar en aquellos puntos en que atraviese capas acuíferas un revestimiento o blindaje metálico. **3.** El propio revestimiento.

**ENCUBAR** v. tr. [**1**]. Echar un líquido en las cubas. **2.** MIN. Entibar en redondo el interior de un pozo.

**ENCUBRIDOR, RA** adj. y n. Que encubre: *encubridor de un delito.*

**ENCUBRIMIENTO** n. m. Acción y efecto de encubrir. **2.** DER. Ocultación de un delito o de sus culpables, con el fin de eludir la acción de la justicia.

**ENCUBRIR** v. tr. y pron. [**3m**]. Ocultar una cosa o no manifestarla: *encubrir un disparate.* **2.** Impedir que llegue a saberse algo. ◆ v. tr. **3.** DER. Participar en el encubrimiento de un delito o delincuente.

**ENCUCLILLARSE** v. pron. [**1**]. *Méx.* Ponerse en cuclillas.

**ENCUENTRO** n. m. Acción de encontrar o encontrarse dos o más personas o cosas. **2.** Entrevista entre dos o más personas con el fin de resolver o preparar algún asunto. **3.** Competición deportiva. • **Ir al encuentro** de alguien, ir en su busca concurriendo en un mismo sitio con él.

**ENCUERADO, A** adj. *Colomb., Cuba, Dom., Méx.* y *Perú.* En cueros, desnudo.

**ENCUERAR** v. tr. [**1**]. *Méx.* Desnudar.

**ENCUESTA** n. f. (fr. *enquête*). Estudio de un tema reuniendo testimonios, experiencias, documentos, etc.: *encuesta sociológica.* **2.** Investigación, pesquisa.

**ENCUESTADOR, RA** n. Persona que realiza encuestas.

**ENCUESTAR** v. tr. [**1**]. Someter a encuesta. ◆ v. intr. **2.** Hacer encuestas.

**ENCUETARSE** v. pron. [**1**]. *Méx.* Emborracharse.

**ENCULARSE** v. pron. [**1**]. *Argent. Fam.* Enojarse. **2.** *Méx. Vulg.* Enamorarse.

**ENCUMBRAMIENTO** n. m. Acción y efecto de encumbrar o encumbrarse. **2.** *Fig.* Ensalzamiento, exaltación.

**ENCUMBRAR** v. tr. y pron. [**1**]. Levantar en alto. **2.** *Fig.* Colocar a alguien en una posición elevada: *encumbrarse en el liderazgo.* ◆ **encumbrarse** v. pron. **3.** *Fig.* Envanecerse, ensoberbecerse.

**ENCURTIDO** n. m. Fruto o legumbre que se ha conservado en vinagre.

**ENCURTIR** v. tr. [**3**]. Conservar en vinagre ciertos frutos o legumbres.

**ENDE** adv. l. (lat. *inde,* allí). **Por ende,** por tanto.

**ENDEBLE** adj. (lat. *indebilis*). Débil de resistencia, insuficiente. **2.** *Fig.* De escaso valor: *versos endebles.*

**ENDEBLEZ** n. f. Calidad de endeble.

**ENDECÁGONO, A** adj. Que tiene once ángulos: *figura endecágona.* ◆ n. m. **2.** Polígono que tiene once ángulos y, por consiguiente, once lados: *un endecágono regular.*

**ENDECASÍLABO, A** adj. y n. m. (gr. *hendekasyllabos*). Dícese del verso de once sílabas, de acentuación variable.

**ENDECHA** n. f. LIT. Composición en que se relatan las desventuras de un personaje, etc. • **Endecha real,** composición poética de carácter similar al de la endecha, pero de tono más solemne, que consta de tres versos heptasílabos y otro endecasílabo que forma asonancia con el segundo.

**ENDEMIA** n. f. Enfermedad propia de una región o que permanece en ella de forma continua.

**ENDÉMICO, A** adj. Con caracteres de endemia: *enfermedad endémica.* **2.** Dícese de las especies vegetales y animales de área restringida, que son oriundas del país donde se encuentran y sólo se encuentran en él. **3.** *Fig.* Dícese de actos o sucesos que se repiten frecuentemente en un país: *revueltas endémicas.*

**ENDEMISMO** n. m. Calidad de endémico. **2.** Distribución geográfica limitada, propia de las especies vivas endémicas.

**ENDEMONIADO, A** adj. y n. Poseído del demonio. **2.** Malo, perverso. ◆ adj. **3.** Dícese de lo que fastidia, molesta o da mucho trabajo: *carácter endemoniado.* **4.** De muy mala calidad o muy desagradable: *olor endemoniado.*

**ENDENANTES** adv. *Amér. Vulg.* Hace poco.

**ENDENTAR** v. tr. [**1j**]. Encajar una cosa en otra, como los dientes y los piñones de las ruedas. **2.** Labrar o formar los dientes de una rueda.

**ENDENTECER** v. intr. [**2m**]. Empezar los niños a echar dientes.

**ENDEREZADO, A** adj. y n. Favorable, a propósito.

**ENDEREZAMIENTO** n. m. Acción y efecto de enderezar o enderezarse.

**ENDEREZAR** v. tr. y pron. (lat. *directiare*) [**1g**]. Poner derecho o vertical lo que está torcido, inclinado, o tendido: *enderezar un árbol; enderezarse un caballo.* **2.** *Fig.* Enmendar, corregir, castigar: *enderezar un error.* **3.** *Fig.* Dirigir, orientar: *enderezar a alguien por el buen camino.* **4.** *Fig.* Gobernar bien, poner en buen estado una cosa. ◆ v. intr. y pron. **5.** Encaminarse o dirigirse a un lugar: *enderezarse a la salida.*

**ENDEUDARSE** v. pron. [**1**]. Llenarse de deudas. **2.** Reconocerse obligado.

**ENDIABLADO, A** adj. Muy feo, desproporcionado. **2.** *Fig.* y *fam.* Endemoniado.

**ENDÍADIS** n. f. (gr. *hen dia dyoin,* una cosa por medio de dos) [pl. *endíadis*]. Figura retórica por la cual se expresa un solo concepto con dos nombres coordinados.

**ENDIBIA** o **ENDIVIA** n. f. Planta herbácea cuyas hojas largas, lanceoladas y apretadas entre sí, se blanquean protegiéndolas de la luz y se consumen en ensalada o cocidas. (Familia compuestas.)

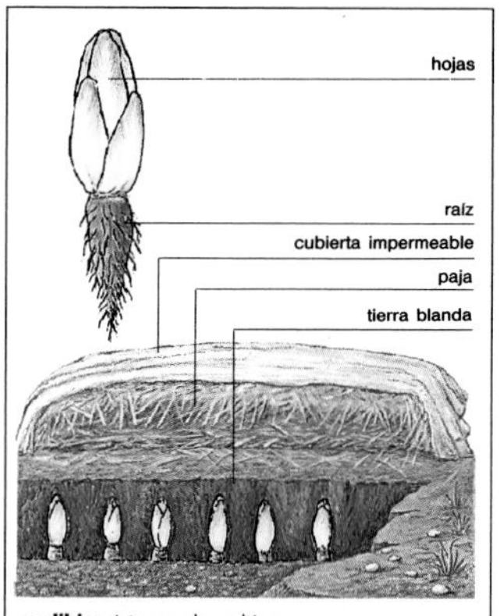


**endibia:** sistema de cultivo

**ENDILGAR** v. tr. [**1b**]. *Fam.* Encajar, endosar algo desagradable.

**ENDIÑAR** v. tr. [**1**]. Dar o asestar un golpe.

**ENDIOSAMIENTO** n. m. Acción y efecto de endiosar o endiosarse.

**ENDIOSAR** v. tr. [**1**]. Elevar a uno a la divinidad. **2.** Ensalzar desmesuradamente a alguien. ◆ **endiosarse** v. pron. **3.** *Fig.* Engreírse, ensoberbecerse.

**ENDITARSE** v. pron. [**1**]. *Chile.* Endeudarse.

**ENDOBLASTO** n. m. BIOL. Hoja embrionaria interna que da lugar al tubo digestivo, a sus glándulas anexas, hígado y páncreas, y al aparato respiratorio.

**ENDOCÁRDICO, A** adj. Relativo al endocardio.

**ENDOCARDIO** n. m. Membrana que recubre internamente las cavidades del corazón.

**ENDOCARDITIS** n. f. (pl. *endocarditis*). Inflamación del endocardio, que puede afectar a las válvulas.

**ENDOCARPO** o **ENDOCARPIO** n. m. BOT. Parte más interna del fruto.

**ENDOCRINO, A** adj. ANAT. Dícese de la glándula que vierte en la sangre el producto de su secreción, como la hipófisis, el tiroides, los ovarios, los testículos y las suprarrenales.

**ENDOCRINOLOGÍA** n. f. Parte de la biología y de la medicina que estudia el desarrollo, las funciones y las enfermedades de las glándulas endocrinas.

**ENDOCRINÓLOGO, A** n. Médico especialista en endocrinología.

**ENDODERMIS** n. f. (pl. *endodermis*). BOT. Capa más profunda de la corteza primaria de las raíces y tallos.

**ENDODONCIA** n. f. Parte de la odontología que estudia la patología y tratamiento de las afecciones de la pulpa y raíz dentarias. **2.** Tratamiento de las afecciones de la pulpa dentaria.

**ENDOGAMIA** n. f. Régimen de reproducción en el cual los cruzamientos se realizan entre individuos con parentesco biológico. **2.** ETNOL. Obligación que tiene un individuo de contraer matrimonio en el interior de su propio grupo.

**ENDÓGENO, A** adj. Que se forma en el interior. **2.** GEOL. Dícese de una roca que se forma en el interior de la tierra, como las volcánicas, plutónicas y metamórficas.

**ENDOMETRIO** n. m. Mucosa que recubre el interior del útero.

**ENDOMETRIOSIS** n. f. (pl. *endometriosis*). Afección ginecológica caracterizada por la presencia de mucosa uterina normal fuera de la cavidad del útero.

**ENDOMETRITIS** n. f. (pl. *endometritis*). Inflamación del endometrio.

**ENDOMINGARSE** v. pron. [**1b**]. Vestirse con la ropa de fiesta.

**ENDOMORFISMO** n. m. MAT. Morfismo de un conjunto en sí mismo.

**ENDOPARÁSITO, A** adj. y n. m. BIOL. Dícese del parásito que habita dentro del cuerpo de su huésped, como la tenia.

**ENDOPLASMA** n. m. Parte interna o central del cuerpo celular de los seres unicelulares.

**ENDORFINA** o **ENDOMORFINA** n. f. FISIOL. Grupo de sustancias polipeptídicas, presentes en ciertas estructuras del cerebro y que poseen una alta afinidad para los receptores de la morfina.

**ENDORREÍSMO** n. m. GEOGR. Carácter de las regiones en las que los cursos de agua no llegan al mar y se pierden en las depresiones interiores.

**ENDOSANTE** n. m. y f. Persona que endosa o cede un documento de crédito a un tercero.

**ENDOSAR** v. tr. [**1**]. Ceder a favor de otro un documento de crédito expedido a la orden: *endosar una letra de cambio.* **2.** *Fig.* Traspasar a uno una carga, trabajo o cosa molesta.

**ENDOSATARIO, A** n. Persona que se beneficia con un endoso.

**ENDOSCOPIA** n. f. Examen de una cavidad interna del cuerpo con un endoscopio.

**ENDOSCOPIO** n. m. MED. Aparato óptico, provisto con un dispositivo de iluminación, que se introduce en una cavidad del organismo para examinarla.

**ENDOSFERA** n. f. Núcleo central de la parte sólida de la esfera terrestre.

**ENDÓSMOSIS** o **ENDOSMOSIS** n. f. (pl. *endósmosis* o *endosmosis*). Penetración de agua en las células vivas, producida por el hecho de que en el interior de éstas la concentración molecular es más elevada que en el medio líquido que las rodea.

**ENDOSO** n. m. Acción y efecto de endosar. **2.** Mención firmada en el dorso de un efecto comercial, que transfiere su propiedad a otra persona.

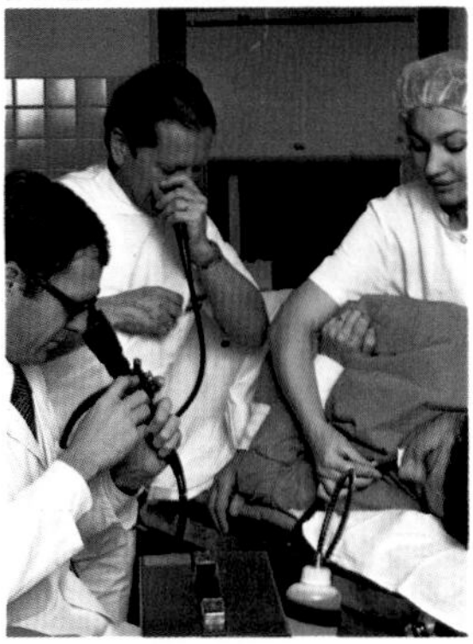

equipo de **endoscopia**

**ENDOSPERMA** o **ENDOSPERMO** n. m. BOT. Tejido haploide, propio de las plantas gimnospermas, que en el momento en que la semilla madura, asegura la nutrición del embrión.

**ENDOTELIAL** adj. Relativo al endotelio. **2.** Que tiene la estructura de un endotelio.

**ENDOTELIO** n. m. HISTOL. Tejido formado por células planas que recubre los vasos y las cavidades internas.

**ENDOTÉRMICO, A** adj. QUÍM. Dícese de una transformación que absorbe calor.

**ENDOTOXINA** n. f. Toxina contenida en algunas bacterias que sólo se libera después de la destrucción del microorganismo.

**ENDOVENOSO, A** adj. Intravenoso.

**ENDRIAGO** n. m. Monstruo fabuloso, conjunto de facciones humanas y de las de varias fieras.

**ENDRINA** n. f. Fruto del endrino.

**ENDRINO, A** adj. De color negro azulado, parecido al de la endrina. ◆ n. m. **2.** Ciruelo silvestre de ramas espinosas, hojas lanceoladas y fruto pequeño, negro azulado y áspero al gusto.

**ENDROGARSE** v. pron. [**1b**]. *Chile, Méx.* y *Perú.* Contraer deudas. **2.** *Dom.* y *P. Rico.* Drogarse.

**ENDULZAR** v. tr. y pron. [**1g**]. Hacer dulce una cosa. **2.** *Fig.* Atenuar, suavizar: *endulzar el sufrimiento.*

**ENDURECEDOR, RA** adj. y n. m. Que endurece: *endurecedor de uñas.*

**ENDURECER** v. tr. y pron. (lat. *indurescere*) [**2m**]. Poner dura una cosa. **2.** *Fig.* Robustecer los cuerpos, acostumbrarlos a la fatiga. **3.** *Fig.* Hacer a alguien cruel e insensible.

**ENDURECIMIENTO** n. m. Acción y efecto de endurecer. **2.** TECNOL. Modificación de las propiedades mecánicas y estructurales de un material, debida a una deformación permanente, producida en frío o en caliente.

**ENE** n. f. Nombre de la letra *n.* **2.** Nombre del signo potencial indeterminado en álgebra. ◆ adj. **3.** Denota cantidad indeterminada: *ene veces.*

**ENEA** n. f. Espadaña, planta.

**ENÉADA** o **ENEADA** n. f. (gr. *ennea,* nueve). Conjunto de nueve cosas parecidas.

**ENEAGONAL** adj. Que tiene nueve ángulos.

**ENEÁGONO** n. m. Polígono que tiene nueve ángulos, y por tanto nueve lados.

**ENEASÍLABO, A** adj. y n. m. Dícese de un verso de nueve sílabas.

**ENEBRAL** n. m. Terreno poblado de enebros.

**ENEBRINA** n. f. Fruto del enebro.

**ENEBRO** n. m. (lat. *iuniperus*). Arbusto de hasta 6 m de alt., con tronco ramoso, copa espesa, hojas espinosas y bayas de color violeta que poseen propiedades diuréticas. (Familia cupresáceas.)

**ENELDO** n. m. (lat. *anethulum*). Planta herbácea de hasta 1 m de alt., de hojas con segmentos divididos en lacinias filiformes y flores amarillas. (Familia umbelíferas.)

**ENEMA** n. m. (gr. *enema, atos*). Inyección de una masa líquida en la cavidad rectal, a través del orificio del ano, con fines laxantes, terapéuticos o diagnósticos.

**ENEMIGA** n. f. Femenino de enemigo. **2.** Enemistad, odio, oposición.

**ENEMIGO, A** adj. (lat. *inimicum*). Contrario, opuesto: *enemigo del alcohol.* ◆ n. **2.** Persona que tiene mala voluntad a otro y le desea o hace mal: *no tener enemigos.* **3.** El contrario en la guerra: *derrotar al enemigo.*

**ENEMISTAD** n. f. (lat. *inimicitas*). Aversión, odio entre dos o más personas.

**ENEMISTAR** v. tr. y pron. [**1**]. Hacer a uno enemigo de otro, o hacer perder la amistad existente entre dos o más personas: *enemistarse con la familia.*

**ENEOLÍTICO, A** adj. y n. m. Calcolítico.

**ENERGÉTICA** n. f. FÍS. Ciencia que trata de la energía.

**ENERGÉTICO, A** adj. Relativo a la energía.

**ENERGÍA** n. f. Potencia activa de un organismo. **2.** Capacidad para obrar o producir un efecto. **3.**

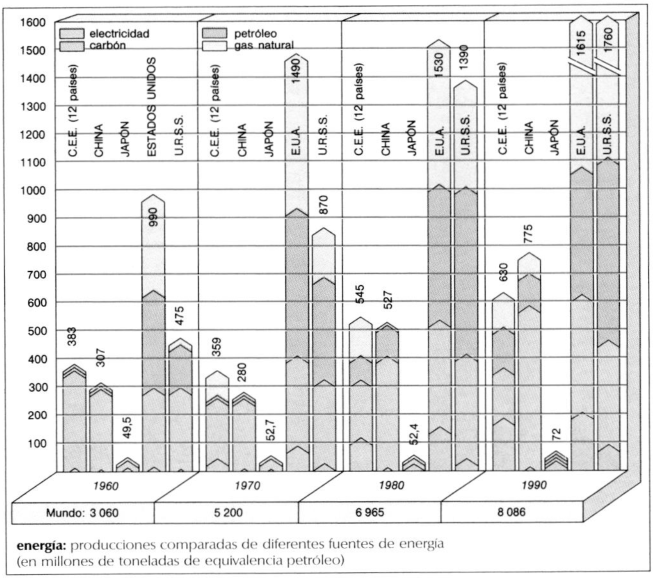


**energía:** producciones comparadas de diferentes fuentes de energía (en millones de toneladas de equivalencia petróleo)

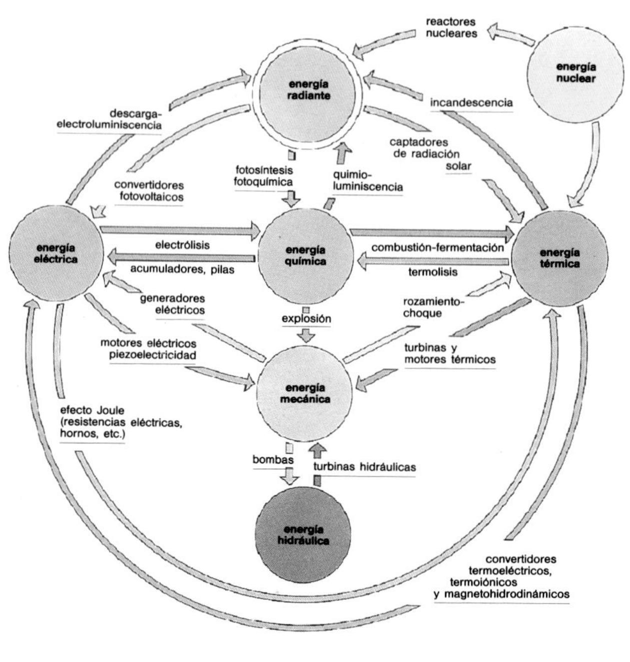


**energía:** conversión de las diferentes formas de energía

Vigor: *quedarse sin energías.* **4.** Fuerza de voluntad, tesón en la actividad. **5.** FÍS. Facultad que posee un sistema de cuerpos de proporcionar trabajo mecánico o su equivalente. • **Energía renovable,** energía cuyo consumo no agota las fuentes naturales que la producen (las radiaciones solares, el viento, las mareas, etc.). ‖ **Fuentes de energía,** materias primas y fenómenos naturales utilizados para la producción de energía, como carbón, hidrocarburos, uranio, hulla blanca, sol, geotermia, viento, marea, etc.

■ El concepto de «energía» es básico en física. En la física clásica y en química, no hay creación ni destrucción de energía sino sólo transformación de una forma en otra (principio de Lavoisier) o transferencia de energía de un sistema a otro (principios de Carnot). En cambio, en la física de las altas energías (por ej., en las reacciones nucleares), son posibles las transformaciones recíprocas de energía en materia según la fórmula de Einstein: $E = mc^2$, en la que $E$ es la variación de energía, $m$ la variación de la masa y $c$ la velocidad de la luz. Por último, de acuerdo con las leyes de la termodinámica, toda conversión de energía va acompañada de pérdidas; es decir, la energía de la primera forma no se transforma íntegramente en energía de la segunda forma. Tales pérdidas son particularmente importantes en la conversión de energía térmica en energía mecánica, por ej., en los motores térmicos.

**ENÉRGICO, A** adj. Que tiene energía de carácter, o relativo a ella: *respuesta enérgica.*

**ENERGIZAR** v. intr. y pron. **[1g]**. *Colomb.* Obrar con energía y vehemencia. ◆ v. tr. **2.** *Colomb.* Estimular, dar energía.

**ENERGÚMENO, A** n. (gr. *energumenos*). Persona poseída del demonio. **2.** *Fig.* Persona encolerizada y que grita mucho: *gritar como un energúmeno.*

**ENERO** n. m. (lat. *ienuarius*). Primer mes del año.

**ENERVACIÓN** n. f. Acción y efecto de enervar. **2.** En la edad media, suplicio que consistía en quemar los tendones de las corvas y las rodillas. **3.** MED. Sección traumática o quirúrgica de un nervio o grupo de nervios.

**ENERVAMIENTO** n. m. Enervación, acción y efecto de enervar.

**ENERVAR** v. tr. y pron. (lat. *enervare*) **[1]**. Debilitar, quitar las fuerzas. **2.** Poner nervioso. ◆ v. tr. **3.** MED. Practicar una enervación.

**ENÉSIMO, A** adj. Dícese del número indeterminado de veces que se repite una cosa. **2.** MAT. Dícese del lugar indeterminado en una sucesión.

**ENFADADIZO, A** adj. Propenso a enfadarse.

**ENFADAR** v. tr. y pron. (der. del gall.-port. *fado,* destino, especialmente el desfavorable) **[1]**. Causar o sentir enfado.

**ENFADO** n. m. Impresión desagradable y molesta. **2.** Enojo, conmoción del ánimo que causa ira contra una persona.

**ENFAJILLAR** v. tr. **[1]**. *Amér. Central* y *Méx.* Envolver con fajilla los impresos para ponerlos en el correo.

**ENFAJINADO** n. m. Obra de defensa formada por capas de fajinas sobrepuestas y cargadas con piedras, para proteger las obras fluviales y marítimas.

**ENFAJINAR** v. tr. **[1]**. Proteger con fajinas las obras fluviales o marítimas.

**ENFANGAR** v. tr. y pron. **[1b]**. Meter en el fango o cubrir con él. ◆ **enfangarse** v. pron. **2.** *Fig.* y *fam.* Mezclarse en negocios sucios o vergonzosos, envilecerse.

**ENFARDAR** v. tr. **[1]**. Hacer o arreglar fardos. **2.** Empaquetar mercancías.

**ÉNFASIS** n. m. (gr. *emphăsis*) [pl. *énfasis*]. Fuerza de expresión o de entonación con que se quiere realzar la importancia de lo que se dice o se lee. **2.** Afectación en el tono de la voz o en el gesto.

**ENFÁTICO, A** adj. Dícese de lo dicho con énfasis, y de las personas que hablan o escriben con énfasis. **2.** GRAM. Dícese de las partículas o expresiones que se intercalan en el lenguaje sólo para acentuar la expresión: *pronombre enfático.*

**ENFATIZAR** v. tr. **[1g]**. Dar énfasis. **2.** Poner énfasis en la expresión de algo.

**ENFEBRECIDO, A** adj. Febril.

**ENFERMAR** v. intr. **[1]**. Contraer enfermedad. ◆ v. tr. **2.** Causar enfermedad.

**ENFERMEDAD** n. f. (lat. *infirmitatem*). Alteración más o menos grave de la salud del cuerpo animal o vegetal. **2.** *Fig.* Pasión dañosa o alteración en lo moral o espiritual. **3.** *Fig.* Anormalidad dañosa en el funcionamiento de una institución, colectividad, etc. • **Enfermedad profesional** (DER.), la producida a consecuencia del trabajo y que ocasiona al trabajador una incapacidad para el ejercicio normal de su profesión, o la muerte.

**ENFERMERÍA** n. f. En algunos establecimientos, departamento donde se instala o atiende a los enfermos, heridos, lesionados, etc.: *enfermería de una plaza de toros.*

**ENFERMERO, A** n. Persona que tiene por oficio asistir a los enfermos.

**ENFERMIZO, A** adj. Fácilmente predispuesto a padecer enfermedades. **2.** Propio de un enfermo: *aspecto enfermizo.* **3.** Impropio de personas física y moralmente sanas: *siente una pasión enfermiza.*

**ENFERMO, A** adj. y n. Que tiene o padece una enfermedad. • **Unción de los enfermos** (REL.), extremaunción.

**ENFERMOSO, A** adj. *Amér. Central, Colomb., Ecuad.* y *Venez.* Enfermizo.

**ENFERVORIZADOR, RA** adj. y n. Que enfervoriza.

**ENFERVORIZAR** v. tr. y pron. **[1g]**. Despertar en alguien fervor o entusiasmo: *enfervorizar a las masas.*

**ENFEUDACIÓN** n. f. Contrato feudal por el que el señor enajenaba una tierra y la entregaba para que fuese tenida en feudo dependiente de él. **2.** Acto por el que se unía un bien o un derecho a un feudo.

**ENFEUDAR** v. tr. (lat. *infeodare*) **[1]**. Entregar a título de feudo.

**ENFIESTARSE** v. pron. **[1]**. *Chile, Colomb., Hond., Méx., Nicar.* y *Venez.* Estar de fiesta, divertirse.

**ENFILAR** v. tr. (fr. *enfiler*) **[1]**. Poner en fila varias cosas. **2.** Dirigir una visual por medio de miras u otros instrumentos. **3.** Dirigirse, ir directamente hacia un lugar: *enfilar una calle.*

**ENFISEMA** n. m. (gr. *emphysēma, atos*). MED. Hinchazón del tejido celular por introducción de aire, a consecuencia de un traumatismo de las vías respiratorias. • **Enfisema pulmonar,** dilatación excesiva y permanente de los alvéolos pulmonares, con ruptura de los tabiques interalveolares.

**ENFISEMATOSO, A** adj. y n. Relativo al enfisema; afecto de enfisema.

**ENFITEUSIS** n. f. (pl. *enfiteusis*). DER. Cesión perpetua o por largo tiempo del dominio útil de un inmueble, mediante el pago anual de un canon al que hace la cesión.

**ENFITEUTA** n. m. y f. Persona que tiene el dominio útil de la enfiteusis.

**ENFITÉUTICO, A** adj. Dado en enfiteusis o relativo a ella.

**ENFLAQUECER** v. tr., intr. y pron. **[2m]**. Poner o ponerse flaco. ◆ v. intr. **2.** *Fig.* Desmayar, perder ánimo: *enflaquecer en su propósito.*

**ENFLAQUECIMIENTO** n. m. Acción y efecto de enflaquecer.

**ENFLAUTADA** n. f. *Hond.* Patochada, disparate.

**ENFLAUTAR** v. tr. **[1]**. Hinchar, soplar. **2.** *Fam.* Alucinar, engañar. **3.** *Colomb., Guat.* y *Méx. Fam.* Encajar algo inoportuno o molesto.

**ENFLORACIÓN** n. f. Procedimiento de extracción en frío de los perfumes de ciertas flores por contacto con cuerpos grasos.

**ENFOCAR** v. tr. **[1a]**. Hacer que la imagen de un objeto obtenida en un aparato óptico se produzca exactamente en un plano u objeto determinado, como una placa fotográfica, etc. **2.** Dirigir un foco de luz hacia cierto sitio u objeto: *le enfocó con los faros del automóvil.* **3.** *Fig.* Analizar, estudiar o examinar un asunto para adquirir una visión clara de él y resolverlo acertadamente.

**ENFOQUE** n. m. Acción y efecto de enfocar.

**ENFOSCAR** v. tr. **[1a]**. Tapar los agujeros que quedan en una pared, después de labrada. **2.** Guarnecer con mortero un muro.

**ENFRASCARSE** v. pron. **[1a]**. Aplicarse con mucha intensidad a una cosa: *enfrascarse en la lectura.*

**ENFRENAR** v. tr. (lat. *infrenare*) **[1]**. Poner el freno a una caballería. **2.** Con el adv. *bien,* hacer que una caballería lleve la cabeza derecha y bien puesta.

**ENFRENTAMIENTO** n. m. Acción y efecto de enfrentar.

**ENFRENTAR** v. tr., intr. y pron. **[1]**. Poner frente a frente en una comparación, competición, lucha, etc.: *enfrentar a dos rivales.* ◆ v. tr. y pron. **2.** Afrontar, arrostrar, hacer frente: *enfrentarse a las adversidades.*

**ENFRENTE** adv. l. A la parte opuesta, delante: *vivir enfrente del mar.* ◆ adv. m. **2.** En contra, en pugna.

**ENFRIADOR, RA** adj. y n. Que enfría.

**ENFRIAMIENTO** n. m. Acción y efecto de enfriar o enfriarse. **2.** Catarro.

**ENFRIAR** v. tr., intr. y pron. **[1t]**. Poner fría o hacer que se ponga fría una cosa: *enfriar el agua.* ◆ v. tr. y pron. **2.** *Fig.* Entibiar, amortiguar: *sus relaciones se han enfriado.* **3.** Acatarrar. ◆ v. tr. **4.** *Méx. Fam.* Matar. ◆ **enfriarse** v. pron. **5.** Quedarse fría una persona.

**ENFRIJOLADA** n. f. *Méx.* Tortilla de maíz rellena de diversos ingredientes y bañada en crema frijol.

**ENFULLINARSE** v. pron. **[1]**. *Chile* y *Méx.* Amoscarse, amostazarse.

**ENFUNCHAR** v. tr. y pron. **[1]**. *Cuba* y *P. Rico.* Enojar, enfadar.

**ENFUNDAR** v. tr. **[1]**. Poner una cosa dentro de su funda: *enfundar la espada.* ◆ v. tr. y pron. **2.** *Fig.* Ponerse o cubrirse con una prenda de vestir: *enfundarse un abrigo.*

**ENFURECER** v. tr. y pron. **[2m]**. Irritar a uno o ponerle furioso. ◆ **enfurecerse** v. pron. **2.** *Fig.* Alborotarse, alterarse: *enfurecerse el mar.*

**ENFURECIMIENTO** n. m. Acción y efecto de enfurecer o enfurecerse.

**ENFURRUÑAMIENTO** n. m. Acción y efecto de enfurruñarse.

**ENFURRUÑARSE** v. pron. **[1]**. *Fam.* Ponerse enfadado. **2.** *Fam.* Encapotarse el cielo.

**ENFURRUSCARSE** v. pron. **[1a]**. *Chile. Fam.* Enfurruñarse.

**ENFURTIDO** n. m. TEXT. Acción y efecto de enfurtir.

**ENFURTIR** v. tr. y pron. (cat. *enfortir*) **[3]**. TEXT. Dar a los tejidos de lana el cuerpo correspondiente abatanándolos.

**ENGAITAR** v. tr. **[1]** *Fam.* Engatusar.

**ENGALANAR** v. tr. y pron. **[1]**. Arreglar con galas y adornos.

**ENGALGADURA** n. f. Acción y efecto de poner las rastras o galgas a un carruaje o carro. **2.** MAR. Acción y efecto de engalgar.

**ENGALGAR** v. tr. **[1b]**. Apretar la galga contra el cubo de la rueda para impedir que gire. **2.** MAR. Afirmar a la cruz de un ancla el cable de un anclote para que no garre el buque.

**ENGALLAMIENTO** n. m. Acción y efecto de engallar.

**ENGALLAR** v. tr. y pron. **[1]**. Poner o ponerse erguido y arrogante.

**ENGALLE** n. m. Parte del arnés de lujo, que consiste en dos correas que se reúnen en una hebilla en la parte superior del collerón.

**ENGANCHAR** v. tr., intr. y pron. **[1]**. Agarrar una cosa con gancho o colgarla de él. ◆ v. tr. e intr. **2.** Poner las caballerías en los carruajes. ◆ v. tr. **3.** *Fig.* y *fam.* Atraer, conquistar. **4.** Atraer a uno a que siente plaza de soldado por dinero. **5.** F.C. Unir, acoplar dos unidades o vehículos, enlazar los vagones, coches, etc., que constituyen un tren. ◆ **engancharse** v. pron. **6.** Quedarse prendido en un gancho, clavo, etc. **7.** Empezar a tener adicción a una droga.

**ENGANCHE** n. m. Acción y efecto de enganchar. **2.** Pieza o aparato dispuesto para enganchar. **3.** *Méx.* Cantidad de dinero que se da en anticipo para comprar algo a plazos. **4.** MIL. Acto voluntario de alistarse en el ejército.

**ENGANCHÓN** n. m. Desgarrón o deterioro que resulta en una prenda al engancharse.

**ENGAÑABOBOS** n. m. y f. (pl. *engañabobos*). *Fam.* Embaucador, farsante. ◆ n. m. **2.** Cosa engañosa.

**ENGAÑAPICHANGA** n. m. y f. *Argent.* Cosa que engaña o defrauda con su apariencia, engañabobos.

**ENGAÑAR** v. tr. **[1]**. Hacer creer algo que no es verdad: *engañar a un inocente.* **2.** Entretener, distraer: *engañar el hambre.* **3.** Engatusar. **4.** Ser infiel al cónyuge cometiendo adulterio. **5.** Seducir una persona a otra. **6.** Estafar o defraudar a alguien. ◆ v. tr. y pron. **7.** Hacer ver una cosa distinta de como es, generalmente mejor o mayor. ◆ **engañarse** v. pron. **8.** Cerrar los ojos a la verdad por ser más grato el error.

**ENGAÑIFA** n. f. *Fam.* Engaño artificioso con apariencia de utilidad.

**ENGAÑO** n. m. Acción y efecto de engañar o engañarse. **2.** Cualquier arte o armadijo para pescar. **3.** TAUROM. Instrumento con que se burla al toro. • **Llamarse a engaño,** retraerse de lo pactado alegando haber sido engañado.

**ENGAÑOSO, A** adj. Que engaña o da ocasión a engañarse.

**ENGARABITAR** v. intr. y pron. **[1]**. Trepar, subir a lo alto.

**ENGARATUSAR** v. tr. **[1]**. *Amér. Central* y *Colomb.* Engatusar.

**ENGARBULLAR** v. tr. **[1]**. *Fam.* Confundir, enredar una cosa con otras.

**ENGARCE** n. m. Acción y efecto de engarzar. **2.** Metal en que se engarza una cosa.

**ENGARROTAR** v. tr. **[1]**. Agarrotar. ◆ v. tr. y pron. **2.** Entumecer los miembros el frío o la enfermedad.

**ENGARZADOR, RA** adj. y n. Que engarza.

**ENGARZAR** v. tr. **[1g]**. Trabar una cosa con otra u otras formando cadena. **2.** Rizar, ensortijar. **3.** Engastar: *engarzar un rubí en oro.* **4.** Enlazar, relacionar.

**ENGASTADO** n. m. Operación que se realiza para fijar y mantener piedras preciosas por medio de dientes o labios de metal.

**ENGASTAR** v. tr. (lat. *incastrare*) **[1]**. Encajar y embutir una cosa en otra. **2.** Encajar piedras preciosas o finas en oro, plata u otro metal.

**ENGASTE** n. m. Acción y efecto de engastar. **2.** Guarnición o cerco de metal que abraza y asegura la piedra engastada. **3.** Perla que por un lado es plana y por el otro redonda.

**ENGATILLADO** n. m. METAL. Procedimiento que consiste en doblar, enlazar y machacar los bordes de dos chapas de metal para unirlos.

**ENGATILLAR** v. tr. **[1]**. Fallar el mecanismo de disparo de las escopetas y otras armas de fuego. **2.** METAL. Unir dos chapas metálicas por medio de un engatillado.

**ENGATUSADOR, RA** adj. y n. *Fam.* Que engatusa.

**ENGATUSAMIENTO** n. m. *Fam.* Acción y efecto de engatusar.

**ENGATUSAR** v. tr. **[1]**. *Fam.* Ganar la voluntad de uno con halagos y engaños: *dejarse engatusar.*

**ENGAVILLAR** v. tr. **[1]**. Poner la mies en gavillas.

**ENGENDRAMIENTO** n. m. Acción y efecto de engendrar.

**ENGENDRAR** v. tr. (lat. *ingenerare*) **[1]**. Producir un animal superior seres de su misma especie, por reproducción: *engendrar un hijo.* **2.** *Fig.* Causar, ocasionar: *engendrar una desgracia.* **3.** MAT. Producir desplazándose: *engendrar una esfera.*

**ENGENDRO** n. m. Feto. **2.** Ser desproporcionado o repulsivo. **3.** *Fig.* Obra intelectual mal concebida o absurda.

**ENGENTARSE** v. pron. **[1]**. *Méx.* Aturdirse por la presencia de mucha gente.

**ENGLOBAR** v. tr. **[1]**. Reunir varias cosas en una o incluir en un conjunto una cosa determinada.

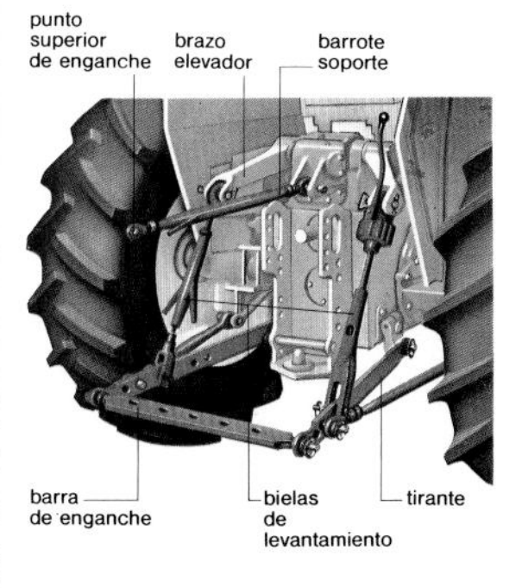

**enganche** de un tractor agrícola

**ENGOBE** n. m. Materia arcillosa con que se recubre una pieza de cerámica, antes de vidriarla.

**ENGOLADO, A** adj. Que tiene gola. **2.** *Fig.* Presuntuoso, petulante, especialmente en el modo de hablar. **3.** *Fig.* Dícese del tono de voz enfático o afectado. **4.** *Méx.* Muy acicalado.

**ENGOLFAR** v. tr. **[1]**. MAR. Meter una embarcación en el golfo. ◆ v. tr. y pron. **2.** Entrar una embarcación muy adentro del mar. ◆ **engolfarse** v. pron. **3.** *Fig.* Ocuparse intensamente en algún asunto, arrebatarse de un pensamiento o afecto: *engolfarse en la lectura.*

**ENGOLOSINAR** v. tr. **[1]**. Excitar el deseo de uno con algún atractivo. ◆ **engolosinarse** v. pron. **2.** Aficionarse, tomar gusto a una cosa.

**ENGOMADO, A** adj. Recubierto de una capa de goma adherente, que se diluye al contacto con un líquido: *papel engomado.* **2.** *Chile.* Peripuesto, acicalado. ◆ n. m. **3.** Acción de engomar: *engomado de las telas.*

**ENGOMAR** v. tr. **[1]**. Impregnar y untar de goma: *engomar un papel.* **2.** Pegar con goma. **3.** Mezclar goma a una sustancia.

**ENGORDA** n. f. *Chile* y *Méx.* Engorde, ceba. **2.** *Chile* y *Méx.* Conjunto de animales que se ceban para la matanza.

**ENGORDAR** v. tr. **[1]**. Cebar, dar mucho de comer para poner gordo. ◆ v. intr. **2.** Ponerse gordo. **3.** *Fig.* y *fam.* Enriquecer.

**ENGORDE** n. m. Acción y efecto de engordar o cebarse el ganado y otros animales domésticos cuya carne se destina al consumo.

**ENGORRAR** v. tr. **[1]**. *Venez.* Fastidiar, molestar.

**ENGORRO** n. m. Embarazo, impedimento, molestia.

**ENGORROSO, A** adj. Que ocasiona engorro o es causa de él.

**ENGRAMA** n. m. SICOL. Huella que deja cualquier acontecimiento en la memoria.

**ENGRANAJE** n. m. Transmisión del movimiento mediante piñones o ruedas dentadas. **2.** Cilindro dentado, destinado a transmitir un movimiento de rotación entre dos árboles o ejes. **3.** Disposición, acoplamiento o conjunto de las ruedas que se engranan: *los engranajes de un reloj.* **4.** *Fig.* Enlace o trabazón de ideas, circunstancias o hechos.

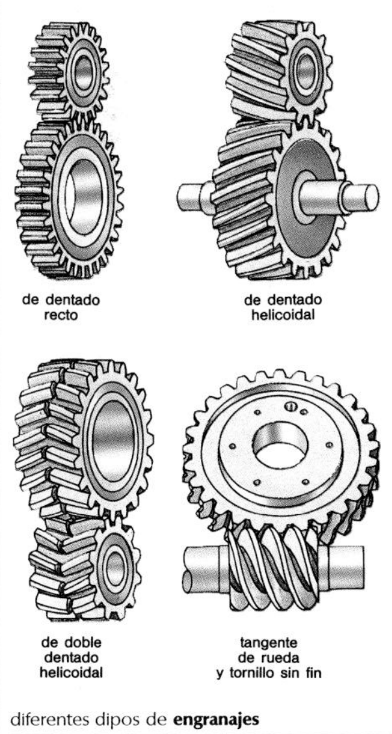

diferentes dipos de **engranajes**

**ENGRANAR** v. intr. y tr. (fr. *engrener*) **[1]**. Endentar, encajar. **2.** *Fig.* Enlazar, trabar ideas, frases, etcétera.

**ENGRANDECER** v. tr. **[2m]**. Aumentar, hacer grande una cosa. ◆ v. tr. y pron. **2.** *Fig.* Exaltar, elevar a uno a una dignidad superior.

**ENGRANDECIMIENTO** n. m. Acción y efecto de engrandecer.

**ENGRAPADORA** n. f. Máquina para coser, con grapas metálicas, cajas de cartón y embalajes ligeros.

**ENGRAPAR** v. tr. [1]. Asegurar o sujetar con grapas.

**ENGRASADOR, RA** adj. y n. Que engrasa o lubrica. ◆ n. m. 2. Aparato o dispositivo para la lubricación de una parte de la máquina.

**ENGRASAR** v. tr. y pron. [1]. Untar con grasa: *engrasar un arma.* ◆ **engrasarse** v. pron. 2. *Méx.* Contraer la enfermedad del saturnismo.

**ENGRASE** n. m. Acción de engrasar. 2. Materia lubricante.

**ENGREIMIENTO** n. m. Acción y efecto de engreír.

**ENGREÍR** v. tr. y pron. [25]. Envanecer. 2. *Amér.* Mimar, aficionar, encariñar.

**ENGRESCAR** v. tr. y pron. [1a]. Incitar a riña. 2. Meter a otros en juego, broma u otra diversión.

**ENGRINGARSE** v. pron. [1b]. *Amér.* Seguir uno las costumbres de los gringos.

**ENGROSAMIENTO** n. m. Acción y efecto de engrosar.

**ENGROSAR** v. tr. y pron. [1r]. Hacer grueso. ◆ v. tr. 2. *Fig.* Aumentar, crecer: *engrosar la lista de detenidos.* ◆ v. intr. 3. Tomar carnes o hacerse más grueso y corpulento.

**ENGRUDAR** v. tr. [1]. Untar o dar con engrudo.

**ENGRUDO** n. m. Masa de harina o almidón cocidos en agua: *el engrudo sirve para pegar.*

**ENGRUMECERSE** v. pron. [2m]. Hacerse grumos: *engrumecerse la sangre.*

**ENGUALDRAPAR** v. tr. [1]. Poner la gualdrapa a una caballería.

**ENGUALICHAR** v. tr. [1] *Argent., Chile* y *Urug.* Hechizar, embrujar.

**ENGUANTAR** v. tr. y pron. [1]. Cubrir las manos con los guantes.

**ENGUATAR** v. tr. [1]. Entretelar con guata.

**ENGÜINCHAR** v. tr. [1]. *Chile.* Enhuinchar.

**ENGUIRNALDAR** v. tr. [1]. Adornar con guirnaldas.

**ENGUITARRARSE** v. pron. [1]. *Venez.* Vestirse de levita u otro traje de ceremonia.

**ENGULLIR** v. tr. e intr. [3h]. Tragar la comida atropelladamente.

**ENHARINAR** v. tr. y pron. [1]. Cubrir o espolvorear con harina una cosa. ◆ **enharinarse** v. pron. 2. *Fig.* y *fam.* Empolvarse.

**ENHEBRAR** v. tr. [1]. Pasar la hebra por el ojo de la aguja. 2. *Fig.* Ensartar, pasar por un hilo, alambre, etc., varias cosas. 3. Ensartar, hablar sin conexión: *enhebrar refranes.*

**ENHESTAR** v. tr. y pron. [1j]. Levantar en alto, poner vertical una cosa.

**ENHIESTO, A** adj. Levantado, derecho: *cabeza enhiesta.*

**ENHORABUENA** n. f. Felicitación: *dar la enhorabuena.* ◆ adv. m. 2. En hora buena.

**ENHORAMALA** adv. m. En hora mala.

**ENHORNADO** n. m. Acción de enhornar.

**ENHORNAR** v. tr. [1]. Meter algo en el horno. SIN.: *hornear.*

**ENHORQUETAR** v. tr. y pron. [1]. *Argent., Cuba, P. Rico* y *Urug.* Poner a horcajadas.

**ENHUINCHAR** o **ENGÜINCHAR** v. tr. [1]. *Chile.* Ribetear.

**ENIGMA** n. m. (lat. *aenigmam*). Cosa que debe adivinarse a partir de una descripción o definición ambiguas. 2. Persona o cosa que es difícil de definir o de conocer a fondo. 3. LIT. Composición, generalmente en verso, que equivale al acertijo.

**ENIGMÁTICO, A** adj. Que en sí encierra o incluye enigma: *mirada enigmática.*

**ENILISMO** n. m. Forma de alcoholismo debida al abuso de vino.

**ENJABEGARSE** v. pron. [1b]. MAR. Enredarse algún cabo en el fondo del mar.

**ENJABONADO, A** adj. *Cuba* y *Perú.* Dícese de las caballerías que tiene el pelo oscuro sobre fondo blanco. ◆ n. m. 2. Acción y efecto de enjabonar. SIN.: *enjabonadura.*

**ENJABONAR** v. tr. [1]. Dar jabón para lavar. 2. *Fig.* y *fam.* Dar jabón, adular. 3. *Fig.* Reprender o increpar.

**ENJAEZAMIENTO** n. m. Acción de enjaezar.

**ENJAEZAR** v. tr. [1g]. Poner los jaeces a las caballerías.

**ENJAGÜE** n. m. *Amér.* Enjuague.

**ENJALBEGADURA** n. f. Acción y efecto de enjalbegar. SIN.: *enjalbegado.*

**ENJALBEGAR** v. tr. [1b]. Blanquear las paredes.

**ENJALMA** n. f. Aparejo de bestia de carga, a modo de albardilla ligera.

**ENJAMBRAR** v. tr. [1]. Encerrar dentro de las colmenas los enjambres o abejas que andan esparcidas. 2. Sacar un enjambre de una colmena cuando está muy poblada de abejas. ◆ v. intr. 3. Multiplicarse tanto las abejas de una colmena, que puedan separarse una parte de ellas para ir a fundar otro enjambre.

**ENJAMBRAZÓN** n. f. Multiplicación de las colonias de abejas que consiste en la emigración de una parte de los individuos de una colmena. 2. Época en que las abejas enjambran.

**ENJAMBRE** n. m. Grupo de individuos que se segrega del resto de la colonia de abejas, en general con motivo de la aparición de una nueva reina. 2. *Fig.* Muchedumbre de personas o cosas juntas. 3. ASTRON. Conjunto de estrellas o de galaxias agrupadas por la gravitación.

**ENJARCIAR** v. tr. [1]. MAR. Poner la jarcia a una embarcación.

**ENJARETADO** n. m. Tablero formado de tabloncitos que forman enrejado.

**ENJARETAR** v. tr. [1]. Hacer pasar una cinta o cordón por una jareta. 2. *Fig.* y *fam.* Hacer o decir algo sin intermisión y atropelladamente: *enjaretar un discurso.* 3. *Fig.* y *fam.* Endilgar, encajar algo molesto o inoportuno. 4. *Méx.* y *Venez. Fam.* Intercalar, incluir.

**ENJAULAR** v. tr. [1]. Encerrar o poner dentro de una jaula. 2. *Fig.* y *fam.* Meter en la cárcel.

**ENJOYAR** v. tr. y pron. [1]. Adornar con joyas. 2. *Fig.* Engalanar, hermosear, enriquecer.

**ENJUAGAR** v. tr. y pron. [1b]. Limpiar la boca y los dientes con líquido. ◆ v. tr. 2. Aclarar con agua limpia lo que se ha jabonado o fregado.

**ENJUAGUE** n. m. Acción de enjuagar. 2. Líquido con que se enjuaga. 3. Intriga o enredo para conseguir lo que no se espera lograr por medios normales.

**ENJUGAR** v. tr. [1b]. Secar, quitar la humedad. ◆ v. tr. y pron. 2. Limpiar la humedad que echa de sí el cuerpo o la que recibe al mojarse. 3. *Fig.* Cancelar, extinguir una deuda o déficit. ◆ **enjugarse** v. pron. 4. Adelgazar, perder gordura.

**ENJUICIABLE** adj. Susceptible de ser enjuiciado: *una propuesta enjuiciable.*

**ENJUICIAMIENTO** n. m. Acción y efecto de enjuiciar. 2. DER. Forma legal de proceder en la tramitación y terminación de los negocios judiciales.

**ENJUICIAR** v. tr. [1]. Someter una cuestión a examen o juicio. 2. DER. Instruir una causa. 3. DER. Juzgar o sentenciar una causa.

**ENJULIO** o **ENJULLO** n. m. (lat. *insubulum*). Rodillo en el que se enrolla la urdimbre.

**ENJUNDIA** n. f. (lat. *axungia*, grasa de cerdo). Gordura de un animal, especialmente de un ave. 2. *Fig.* Lo más sustancioso e importante de algo inmaterial. 3. *Fig.* Fuerza, vigor. 4. *Fig.* Constitución o cualidad connatural de una persona.

**ENJUNDIOSO, A** adj. Que tiene mucha enjundia. 2. *Fig.* Sustancioso, importante, sólido.

**ENJUTA** n. f. ARQ. Cada uno de los triángulos que deja en un cuadrado el círculo inscrito en él.

**ENJUTO, A** adj. Seco. 2. Delgado, flaco: *rostro enjuto.* 3. *Fig.* Parco y escaso, en obras o palabras.

**ENLACE** n. m. Acción y efecto de enlazar o enlazarse. 2. Unión, conexión. 3. *Fig.* Casamiento. 4. *Fig.* Parentesco. 5. Persona que sirve para que por su mediación se comuniquen otros entre sí. 6. Comunicación asegurada de forma regular entre dos puntos del globo: *enlace aéreo, marítimo.* 7. FONÉT. Modo de pronunciación que consiste en unir la última consonante de un vocablo con la vocal inicial del vocablo siguiente.

**ENLACIAR** v. tr., intr. y pron. [1]. Poner lacio.

**ENLADRILLADO** n. m. Pavimento de ladrillos.

**ENLADRILLAR** v. tr. [1]. Formar el pavimento de ladrillos.

**ENLAJADO** n. m. *Venez.* Suelo cubierto de lajas.

**ENLATAR** v. tr. [1]. Meter en latas. 2. *Amér.* Cubrir con latas una armadura de techumbre.

**ENLAZAR** v. tr. [1g]. Unir con lazos: *enlazar los cabellos.* 2. Aprisionar un animal arrojándole el lazo. ◆ v. tr. y pron. 3. Atar o trabar una cosa con otra. ◆ v. intr. 4. Empalmar, combinarse, en lugar y horas determinados, unos vehículos con otros. ◆ **enlazarse** v. pron. 5. Casar, contraer matrimonio. 6. *Fig.* Unirse las familias por medio de casamientos.

**ENLISTONADO** n. m. Conjunto de listones u obra hecha con listones.

**ENLLANTAR** v. tr. [1]. Guarnecer las ruedas con llantas.

**ENLODAMIENTO** n. m. Acción y efecto de enlodar.

**ENLODAR** v. tr. y pron. [1]. Manchar una cosa con lodo. 2. *Fig.* Manchar, infamar, envilecer.

**ENLOMAR** v. tr. [1]. ENCUAD. Formar el lomo de un libro, haciendo un reborde en los primeros y últimos pliegos.

**ENLOQUECEDOR, RA** adj. Que hace enloquecer: *ritmo de vida enloquecedor.*

**ENLOQUECER** v. tr. [2m]. Hacer perder el juicio a uno, trastornar profundamente: *la miseria lo enloqueció.* ◆ v. tr. y pron. 2. Gustar una cosa exageradamente a alguien: *viajar me enloquece.* ◆ v. intr. y pron. 3. Volverse loco, perder el juicio.

**ENLOQUECIMIENTO** n. m. Acción y efecto de enloquecer.

**ENLOSADO** n. m. Acción y efecto de pavimentar con losas. 2. Revestimiento del suelo con materiales de poco espesor y de amplia superficie.

**ENLOSAR** v. tr. [1]. Pavimentar con losas.

**ENLOZAR** v. tr. [1g]. *Amér.* Cubrir con un baño de loza o de esmalte vítreo.

**ENLUCIDO** n. m. Revestimiento o segunda mano de revoque que se da a los muros o paredes para que presenten una superficie unida y tersa.

**ENLUCIR** v. tr. [3g]. Revestir con enlucido. 2. Limpiar, poner brillante la plata, las armas, etc.

**ENLUTAR** v. tr. y pron. [1]. Cubrir o vestir de luto. 2. *Fig.* Oscurecer, privar de luz y claridad. ◆ v. tr. 3. *Fig.* Entristecer, afligir: *enlutó su alma con el dolor.*

**ENMADERAMIENTO** o **ENMADERADO** n. m. Obra de madera con que se reviste el interior de las casas y edificios, y, especialmente, los muros o paredes.

**ENMADERAR** v. tr. [1]. Cubrir con madera: *enmaderar un techo, una pared.*

**ENMADRARSE** v. pron. [1]. Encariñarse excesivamente el hijo con la madre.

**ENMANGAR** v. tr. [1b]. Poner mango a un instrumento.

**ENMARAÑAMIENTO** n. m. Acción y efecto de enmarañar.

**ENMARAÑAR** v. tr. y pron. [1]. Enredar, formar maraña. 2. *Fig.* Confundir, enredar un asunto.

**ENMARCAR** v. tr. [1a]. Encuadrar, encerrar en un marco o cuadro.

**ENMARILLECERSE** v. pron. [2m]. Ponerse descolorido y amarillo.

**ENMASCARADO, A** n. Persona que lleva el rostro cubierto con una máscara.

**ENMASCARAMIENTO** n. m. Acción y efecto de enmascarar.

**ENMASCARAR** v. tr. y pron. [1]. Cubrir con máscara el rostro de una persona. 2. *Fig.* Encubrir, disfrazar: *enmascarar sus intenciones.*

**ENMASILLAR** v. tr. [1]. Cubrir con plaste o masilla las irregularidades de una superficie para pintarla. 2. Sujetar con masilla los cristales a los bastidores de las vidrieras.

**ENMELAR** v. tr. [1j]. Untar con miel una cosa. 2. Hacer miel las abejas.

**ENMENDABLE** adj. Que puede enmendarse: *un error difícilmente enmendable.*

**ENMENDAR** v. tr. y pron. (lat. *emendare*) [1j]. Corregir, quitar defectos a una persona o cosa: *enmendar un error.* 2. Resarcir, subsanar los daños: *enmendar un desastre.*

**ENMENDATURA** n. f. *Amér.* Enmienda, corrección.

**ENMICADO** n. m. *Méx.* Funda plástica.

**ENMIENDA** n. f. Expurgo o eliminación de un error. **2.** Satisfacción y pago del daño hecho. **3.** Modificación o propuesta de modificación que se hace a un proyecto de ley, etc.: *votar una enmienda.* **4.** DER. En los escritos, rectificación perceptible de errores materiales, la cual debe salvarse al final. ◆ **enmiendas** n. f. pl. **5.** AGRIC. Sustancias que se mezclan con la tierra para mejorar sus propiedades físicas.

**ENMOHECER** v. tr. y pron. **[2m]**. Cubrir de moho. **2.** *Fig.* Inutilizar, dejar en desuso.

**ENMOHECIMIENTO** n. m. Acción y efecto de enmohecer.

**ENMONARSE** v. pron. **[1]**. *Chile* y *Perú.* Pillar una mona, emborracharse.

**ENMONTARSE** v. pron. **[1]**. *Amér.* Volverse monte un campo, cubrirse de maleza.

**ENMOQUETAR** v. tr. e intr. **[1a]**. Cubrir con moqueta.

**ENMUDECER** v. tr. **[2m]**. Hacer callar. ◆ v. intr. **2.** Quedar mudo, perder el habla. **3.** *Fig.* Guardar silencio cuando se pudiera o debiera hablar.

**ENMUDECIMIENTO** n. m. Acción y efecto de enmudecer.

**ENMUGRAR** v. tr. **[1]**. *Chile, Colomb.* y *Méx.* Enmugrecer.

**ENMUGRECER** v. tr. y pron. **[2m]**. Cubrir de mugre.

**ENNEGRECER** v. tr. y pron. **[2m]**. Poner negro o teñir de negro. ◆ v. intr. y pron. **2.** *Fig.* Ponerse muy oscuro, nublarse.

**ENNEGRECIMIENTO** n. m. Acción y efecto de ennegrecer.

**ENNOBLECEDOR, RA** adj. Que ennoblece.

**ENNOBLECER** v. tr. y pron. **[2m]**. Conceder o adquirir un título de nobleza. **2.** *Fig.* Dignificar y dar esplendor. **3.** *Fig.* Adornar, enriquecer.

**ENNOBLECIMIENTO** n. m. Acción y efecto de ennoblecer.

**ENOFTALMOS** n. m. (pl. *enoftalmos*). Hundimiento patológico del glóbulo ocular en la órbita.

**ENOJADIZO, A** adj. Que se enoja con facilidad.

**ENOJAR** v. tr. y pron. **[1]**. Causar enojo. **2.** Molestar, desazonar.

**ENOJO** n. m. Alteración producida en el ánimo de una persona como resultado de algo que le contraría o perjudica. **2.** Molestia, pena, trabajo.

**ENOJÓN, NA** adj. y n. *Chile, Ecuad.* y *Méx.* Enojadizo.

**ENOJOSO, A** adj. Que causa enojo, molestia o enfado: *trabajo enojoso.*

**ENOL** n. m. Nombre genérico de los compuestos que contienen un doble enlace de carbono y un grupo hidroxilo.

**ENÓLICO, A** adj. QUÍM. Relativo a los enoles. • **Ácido enólico,** nombre dado a una serie de materias colorantes que se encuentran en los vinos tintos.

**ENOLOGÍA** n. f. Ciencia que estudia la conservación y la fabricación de los vinos.

**ENOLÓGICO, A** adj. Relativo a la enología.

**ENÓLOGO, A** adj. y n. Especialista en enología.

**ENOMETRÍA** n. f. Determinación de la riqueza alcohólica de los vinos.

**ENOMÉTRICO, A** adj. Relativo a la enometría.

**ENORGULLECEDOR, RA** adj. Que enorgullece: *resultado enorgullecedor.*

**ENORGULLECER** v. tr. y pron. **[2m]**. Llenar de orgullo.

**ENORGULLECIMIENTO** n. m. Acción y efecto de enorgullecer.

**ENORME** adj. (lat. *enormem*). Desmedido, excesivo. **2.** Perverso, torpe.

**ENORMIDAD** n. f. Cualidad de enorme. **2.** Despropósito, desatino.

**ENOTERÁCEO, A** adj. y n. f. Onagráceo.

**ENQUERRE** n. m. **Armas de enquerre** (HERÁLD.), armas falsas.

**ENQUICIAR** v. tr. y pron. **[1]**. Poner una puerta, ventana, etc., en su quicio. **2.** *Fig.* Poner en orden una cosa, afirmarla: *enquiciar la sociedad.*

**ENQUISTADO, A** adj. De forma de quiste o parecido a él. **2.** *Fig.* Embutido, encajado. **3.** Dícese del cuerpo extraño o de la lesión que permanece en el organismo sin inflamación aguda y que se rodea de tejido conjuntivo. **4.** ZOOL. Dícese del animal en estado de vida latente rodeado de una membrana de protección.

**ENQUISTAMIENTO** n. m. MED. Fijación, en un tejido, de un cuerpo extraño insoluble o de una lesión tórpida.

**ENQUISTARSE** v. pron. **[1]**. Encerrarse dentro de un quiste.

**ENRABIAR** v. tr. y pron. **[1]**. Encolerizar.

**ENRAIZAR** v. intr. **[1x]**. Arraigar, echar raíces.

**ENRALECER** v. intr. **[2m]**. Ponerse ralo.

**ENRAMADA** n. f. Conjunto de ramas espesas entrelazadas. **2.** Adorno de ramas de árboles. **3.** Cobertizo hecho de ramas de árboles para sombra o abrigo.

**ENRAMADO** n. m. MAR. Conjunto de las cuadernas de un buque.

**ENRAMAR** v. tr. **[1]**. Cubrir con ramos entrelazados, para adornar o para dar sombra. **2.** MAR. Armar y afirmar las cuadernas principales de un buque en construcción. ◆ v. intr. **3.** Echar ramas un árbol.

**ENRANCIAMIENTO** n. m. Acción y efecto de enranciar.

**ENRANCIAR** v. tr. y pron. **[1]**. Hacer rancia una cosa.

**ENRARECER** v. tr. y pron. **[2m]**. Dilatar un cuerpo gaseoso haciéndolo menos denso. **2.** Hacer menos respirable, contaminar. ◆ v. tr., intr. y pron. **3.** Hacer que escasee o sea rara una cosa. • **Enrarecerse un ambiente** *(Fig.)*, enfriarse las buenas relaciones entre los integrantes de un grupo.

**ENRARECIMIENTO** n. m. Acción y efecto de enrarecer.

**ENRASAR** v. tr. e intr. **[1]**. Igualar el nivel de una cosa con otra. **2.** Allanar la superficie de algo.

**ENRASE** n. m. Acción y efecto de enrasar. **2.** Parte superior de una obra de albañilería, dispuesta en un plano perfectamente horizontal.

**ENRAYADO** n. m. CONSTR. Maderamen horizontal con que se aseguran los cuchillos y medios cuchillos de un entramado de cubierta.

**ENREDADERA** n. f. y adj. Planta de tallo voluble o trepador. ◆ n. f. **2.** Planta de tallos trepadores y flores en campanillas róseas, con cinco radios más oscuros. (Familia convolvuláceas.)

**ENREDADOR, RA** adj. y n. Que enreda. **2.** *Fig.* y *fam.* Chismoso, embustero.

**ENREDAR** v. tr. **[1]**. Intrigar o tramar enredos. **2.** Comprometer a alguien en un asunto peligroso o expuesto: *enredar en un mal negocio.* ◆ v. tr. y pron. **3.** Enmarañar, liar una cosa con otra: *enredarse los cabellos.* **4.** Complicar un asunto. **5.** Entretener, hacer perder el tiempo. ◆ **enredarse** v. pron. **6.** Trepar las enredaderas. **7.** Sobrevenir dificultades y complicaciones. **8.** *Fam.* Tener un enredo amoroso con otra persona. **9.** *Fam.* Empezar una riña, discusión, etc.

**ENREDIJO** n. m. *Fam.* Enredo, maraña que resulta de trabarse entre sí hilos o cosas flexibles.

**ENREDISTA** n. m. y f. *Chile, Colomb.* y *Perú.* Enredador, chismoso.

**ENREDO** n. m. Maraña que resulta de trabarse entre sí desordenadamente hilos u otras cosas flexibles. **2.** Asunto peligroso, complicado, expuesto, a veces ilícito. **3.** Amancebamiento. **4.** *Argent., Dom.* y *Urug. Fig.* y *fam.* Amorío. (Suele usarse en plural.) **5.** LIT. En la literatura dramática y narrativa, nudo o conjunto de sucesos que preceden al desenlace: *comedia de enredo.* ◆ **enredos** n. m. pl. **6.** *Fam.* Cosas diversas de poca importancia.

**ENREDOSO, A** adj. Lleno de enredos y dificultades. **2.** *Chile* y *Méx.* Enredador, chismoso.

**ENREJADO** n. m. Conjunto de rejas. **2.** Especie de celosía de cañas o varas entretejidas.

**ENREJAR** v. tr. **[1]**. Poner rejas o cercar con rejas. **2.** *Méx.* Zurcir la ropa.

**ENREVESADO, A** adj. Intrincado, con muchas vueltas: *negocio enrevesado.* **2.** Difícil de hacer o entender.

**ENRIAMIENTO** o **ENRIADO** n. m. Acción de enriar las plantas textiles para su maceración.

**ENRIAR** v. tr. **[1t]**. Aislar las fibras textiles de los tallos del lino, cáñamo, yute, etc., para su maceración, ya sea mediante inmersión en el agua, ya sea por simple exposición al aire y con intervención de bacterias que hacen solubles las materias pécticas.

**ENRIELAR** v. tr. **[1]**. *Chile. Fig.* Encarrilar, encauzar un asunto, etc. ◆ v. tr. y pron. **2.** *Chile* y *Méx.* Meter en el riel, encarrilar un vagón, vagoneta, etc.

**ENRIENDAR** v. tr. **[1]**. *Argent.* Poner las riendas.

**ENRIPIAR** v. tr. **[1]**. Poner ripio en un hueco de pared o piso.

**ENRIQUECEDOR, RA** adj. Que enriquece: *una actividad enriquecedora.*

**ENRIQUECER** v. tr. y pron. **[2m]**. Hacer rica a una persona, comarca, etc.: *el trabajo enriquece al país.* ◆ v. tr. **2.** *Fig.* Adornar, engrandecer a una persona o cosa: *el arte nos enriquece.* ◆ v. intr. y pron. **3.** Hacerse uno rico o engrandecerse. **4.** Prosperar un país, una empresa: *la nación se enriquece.* ◆ **enriquecerse** v. pron. **5.** MIN. Aumentar localmente el metal presente en una mena.

**ENRIQUECIDO, A** adj. FÍS. Dícese de un cuerpo en el que uno de sus componentes está en proporción más elevada que la normal.

**ENRIQUECIMIENTO** n. m. Acción y efecto de enriquecer o enriquecerse. **2.** Procedimiento que sirve para aumentar la cantidad de metal en un mineral o la concentración de un isótopo en una mezcla de isótopos.

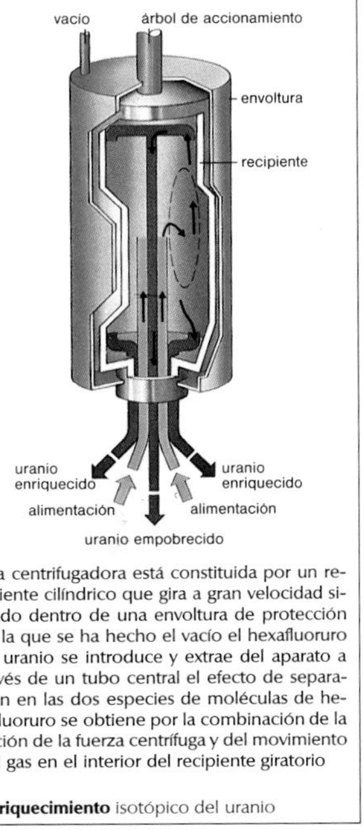


una centrifugadora está constituida por un recipiente cilíndrico que gira a gran velocidad situado dentro de una envoltura de protección en la que se ha hecho el vacío el hexafluoruro de uranio se introduce y extrae del aparato a través de un tubo central el efecto de separación en las dos especies de moléculas de hexafluoruro se obtiene por la combinación de la acción de la fuerza centrífuga y del movimiento del gas en el interior del recipiente giratorio

**enriquecimiento** isotópico del uranio

**ENRISCADO, A** adj. Lleno de riscos.

**ENRISTRAR** v. tr. **[1]**. Poner la lanza en el ristre o bajo el brazo derecho para acometer.

**ENRISTRAR** v. tr. **[1]**. Hacer ristras con ajos, cebollas, etc.

**ENROCAR** v. tr. e intr. **[1a]**. En el ajedrez, efectuar enroque.

**ENROCARSE** v. pron. **[1a]**. Trabarse algo en las rocas del fondo del mar: *enrocarse un anzuelo.*

**ENROJECER** v. tr. y pron. **[2m]**. Poner rojo con el calor o el fuego: *enrojecerse la leña.* **2.** Encenderse el rostro: *enrojecer las mejillas.* ◆ v. tr. **3.** Dar color rojo a una cosa: *enrojecer los labios.* ◆ v. intr. **4.** Ruborizarse.

**ENROJECIMIENTO** n. m. Acción y efecto de enrojecer.

**ENROLAMIENTO** n. m. Acción y efecto de enrolar.

**ENROLAR** v. tr. y pron. **[1]**. Alistar, inscribir, especialmente a un marinero, en el rol o lista de los tripulantes de un buque: *se enroló en un barco petrolero.*

**ENROLLAMIENTO** n. m. Acción y efecto de enrollar o enrollarse.

**ENROLLAR** v. tr. y pron. **[1]**. Poner en forma de rollo: *enrollar papel.* ◆ **enrollarse** v. pron. **2.** *Fig.* y *fam.* Hablar de manera confusa, ininterrumpida o repetitiva. **3.** *Fig.* y *fam.* Establecer relaciones amorosas o sexuales con otra persona. • **Enrollarse bien** o **mal** (*Fig.* y *fam.*), actuar o comportarse bien o mal: *se enrolla bien con sus amigos.*

**ENRONCHAR** v. tr. **[1]**. *Méx.* Llenar de ronchas. **2.** *Méx. Fig.* Hartar a alguien.

**ENRONQUECER** v. tr. y pron. **[2m]**. Poner o quedarse ronco: *el tabaco enronquece la voz.*

**ENRONQUECIMIENTO** n. m. Ronquera: *enronquecimiento de la voz.*

**ENROQUE** n. m. En el ajedrez, movimiento simultáneo del rey y la torre, en que el rey se aproxima dos casillas hacia la posición de la torre, situándose ésta a su lado, saltando por encima del mismo.

**ENROSCAMIENTO** n. m. Acción y efecto de enroscar. SIN.: *enroscadura.*

**ENROSCAR** v. tr. y pron. **[1a]**. Poner en forma de rosca. ◆ v. tr. **2.** Introducir una cosa a vuelta de rosca: *enroscar un tornillo.*

**ENROSTRAR** v. tr. **[1]**. *Amér.* Reprochar, echar en cara.

**ENSABANADO, A** adj. TAUROM. Dícese del toro que tiene negras u oscuras la cabeza y las extremidades y blanco el resto del cuerpo.

**ENSACADO** n. m. Acción de ensacar.

**ENSACAR** v. tr. **[1a]**. Meter en sacos.

**ENSAIMADA** n. f. (cat. *ensaïmada*). Bollo de pasta hojaldrada, arrollada en forma de espiral.

**ENSALADA** n. f. Comida que puede prepararse con varios vegetales, crudos o cocidos, carnes o pescados, sazonados con sal y otros condimentos y que se sirve fría. **2.** *Fig.* Mezcla confusa de ideas, de nociones o de imágenes: *una ensalada de argumentos.* **3.** *Cuba.* Refresco preparado con agua de limón, hierbabuena y piña. • **Ensalada de frutas,** macedonia. ‖ **Ensalada rusa,** ensaladilla.

**ENSALADERA** n. f. Recipiente en que se prepara y sirve la ensalada.

**ENSALADILLA** n. f. Comida fría compuesta básicamente de legumbres y verduras cortadas a trozos pequeños, hervidas y aderezadas con salsa mayonesa.

**ENSALIVAR** v. tr. y pron. **[1]**. Llenar o empapar de saliva.

**ENSALMADOR, RA** n. Persona que tenía por oficio ensalmar.

**ENSALMAR** v. tr. **[1]**. Componer un hueso dislocado o roto. **2.** Curar con ensalmos.

**ENSALMISTA** n. m. y f. Persona que intenta curar mediante ensalmos.

**ENSALMO** n. m. Rezo, recitado o modo supersticioso con que se pretende curar. • **Como por ensalmo,** con prontitud extraordinaria y de modo desconocido.

**ENSALZADOR, RA** adj. Que ensalza: *discurso ensalzador de sus virtudes.*

**ENSALZAMIENTO** n. m. Acción y efecto de ensalzar.

**ENSALZAR** v. tr. **[1g]**. Exaltar, elevar a mayor auge y dignidad. ◆ v. tr. y pron. **2.** Alabar, elogiar, enaltecer: *ensalzar las virtudes de alguien.*

**ENSAMBLADOR, RA** adj. y n. m. INFORMÁT. Dícese del programa de ordenador que traduce en lenguaje máquina los programas escritos en lenguaje de ensambladura.

**ENSAMBLADURA** n. f. Acción y efecto de ensamblar. **2.** TECNOL. Unión, ajuste, acoplamiento de diversas piezas, de modo que formen un todo. • **Lenguaje de ensambladura** (INFORMÁT.), lenguaje formado por las instrucciones de un ordenador escritas en forma simbólica, de modo que son fácilmente legibles.

**ENSAMBLAJE** n. m. Ensambladura. **2.** ART. CONTEMP. Assemblage.

**ENSAMBLAR** v. tr. **[1]**. Unir, juntar: *ensamblar piezas de madera.* **2.** INFORMÁT. Traducir en lenguaje máquina un programa escrito en uno de ensambladura.

**ENSAMBLE** n. m. Ensambladura.

**ENSANCHADOR, RA** adj. y n. m. Que ensancha.

**ENSANCHAMIENTO** n. m. Acción y efecto de ensanchar.

**ENSANCHAR** v. tr. (bajo lat. *examplare*) **[1]**. Extender, dilatar, hacer más ancho: *ensanchar un hueco.* **2.** Desahogarse efusivamente: *ensanchar el corazón.* ◆ v. intr. y pron. **3.** Envanecerse.

**ENSANCHE** n. m. Dilatación, extensión. **2.** Reserva de tela que se deja en las costuras de un vestido. **3.** Ampliación del casco urbano de una ciudad.

**ENSANGRENTAMIENTO** n. m. Acción y efecto de ensangrentar.

**ENSANGRENTAR** v. tr. y pron. **[1j]**. Manchar o teñir de sangre.

**ENSAÑAMIENTO** n. m. Acción y efecto de ensañarse. **2.** DER. Circunstancia agravante de la responsabilidad penal que consiste en aumentar deliberadamente el mal del delito.

**ENSAÑARSE** v. pron. **[1]**. Deleitarse en hacer daño: *ensañarse con el enemigo.*

**ENSARTAR** v. tr. **[1]**. Pasar por un hilo, alambre, etc., varias cosas: *ensartar perlas en un collar.* **2.** Enhebrar. **3.** Espetar, atravesar: *el toro le ensartó el cuerno.* **4.** *Fig.* Decir muchas cosas de carácter semejante, de forma continua. ◆ v. tr. y pron. **5.** *Chile, Méx., Nicar., Perú* y *Urug.* Hacer caer en un engaño o trampa.

**ENSAYADA** n. f. *Mex.* Acción y efecto de ensayar: *dar una ensayada antes del partido de fútbol.*

**ENSAYAR** v. tr. **[1]**. Probar, someter algo a determinadas condiciones para ver el resultado: *ensayar un nuevo sistema.* **2.** Hacer la prueba de una cosa antes de ejecutarla en público: *ensayar una canción.* **3.** Someter un material a las operaciones físicas y químicas de prueba o reconocimiento: *ensayar un mineral; ensayar un lingote de oro.* ◆ v. intr. y pron. **4.** Intentar, probar a hacer una cosa: *ensayar a montar a caballo.*

**ENSAYISMO** n. m. Género literario constituido por los ensayos.

**ENSAYISTA** n. m. y f. (ingl. *essayist*). Autor de ensayos.

**ENSAYÍSTICA** n. f. Ensayismo.

**ENSAYÍSTICO, A** adj. Relativo al ensayismo o al ensayo.

**ENSAYO** n. m. (bajo lat. *exagium,* acto de pesar). Acción y efecto de ensayar: *ensayo de una obra teatral.* **2.** Prueba que se hace de una cosa para ver si es apta para lo que se espera de ella: *hacer el ensayo de una máquina.* **3.** LIT. Género literario, en prosa, de carácter didáctico, que trata de temas filosóficos, artísticos, históricos, etc. **4.** MIN. Búsqueda en el mismo filón de metales en los minerales. • **Cine de arte y ensayo,** el que proyecta películas fuera de la red comercial normal. ‖ **Ensayo general,** representación completa de un espectáculo, realizada antes de presentarlo al público.

**ENSEBAR** v. tr. **[1]**. Untar con sebo.

**ENSEGUIDA** adv. t. En seguida.

**ENSENADA** n. f. Entrada de mar en la tierra formando seno. **2.** *Argent.* Corral, lugar destinado a encerrar animales.

**ENSEÑA** n. f. (lat. *insigniam*). Insignia, estandarte: *la enseña de la patria.*

**ENSEÑABLE** adj. Que se puede enseñar fácilmente.

**ENSEÑANTE** adj. y n. m. y f. Que enseña.

**ENSEÑANZA** n. f. Acción y efecto de enseñar. **2.** Profesión del que enseña: *dedicarse a la enseñanza.* **3.** Sistema y método de dar instrucción: *enseñanza a distancia.* **4.** Ejemplo o suceso que sirve de experiencia o escarmiento: *la enseñanza de un fracaso.* • **Enseñanza primaria,** enseñanza que da los primeros elementos de los conocimientos. ‖ **Enseñanza privada,** enseñanza impartida en centros que no dependen del estado. ‖ **Enseñanza programada,** enseñanza basada en un avance sistemático mediante programas preestructurados e individualizados, generalmente preparados minuciosamente mediante ordenador. ‖ **Enseñanza pública,** enseñanza dada por el estado. ‖ **Enseñanza secundaria,** o **media,** la que se imparte en el bachillerato y en la formación profesional. ‖ **Enseñanza superior,** enseñanza que, impartida en las universidades y escuelas superiores, profundiza en los estudios especializados. ‖ **Enseñanza técnica,** la que tiene por finalidad la formación de obreros y empleados cualificados y especializados, y de técnicos superiores.

**ENSEÑAR** v. tr. (bajo lat. *insignare,* designar) **[1]**. Hacer que alguien aprenda algo: *enseñar piano.* **2.** Dar advertencia, ejemplo o escarmiento: *la desgracia te enseñará.* **3.** Indicar, dar señas de una cosa: *enseñar el camino.* **4.** Mostrar, poner delante de alguien una cosa para que la vea: *enseñar un muestrario.* **5.** Dejar ver una cosa involuntariamente. ◆ **enseñarse** v. pron. **6.** Acostumbrarse, hacerse a una cosa.

**ENSEÑORAMIENTO** n. m. Acción y efecto de enseñorearse.

**ENSEÑOREARSE** v. tr. y pron. **[1]**. Hacerse señor y dueño.

**ENSERES** n. m. pl. Muebles, utensilios, instrumentos necesarios o convenientes en una casa o para el ejercicio de una profesión.

**ENSERIARSE** v. pron. **[1]**. *Amér.* Ponerse serio.

**ENSIFORME** adj. En forma de espada.

**ENSILADORA** n. f. Máquina agrícola que sirve para desmenuzar el forraje verde y transportarlo a un silo.

**ENSILAJE** o **ENSILADO** n. m. Método de conservación de productos agrícolas que consiste en guardarlos en silos. **2.** Producto alimenticio para el ganado que se obtiene de los forrajes húmedos, conservados en silos y transformados por fermentación láctica.

**ENSILAR** v. tr. **[1]**. Meter en silos.

**ENSILLADA** n. f. GEOGR. Depresión del relieve entre dos alturas.

**ENSILLADO, A** adj. Dícese de los cuadrúpedos como el caballo, la yegua o el toro que tienen el lomo hundido.

**ENSILLADURA** n. f. Acción y efecto de ensillar. **2.** Parte en que se pone la silla a la caballería. **3.** Encorvadura entrante de la columna vertebral en la región lumbar.

**ENSILLAR** v. tr. **[1]**. Poner la silla a una caballería.

**ENSIMADO** n. m. Operación que consiste en engrasar las fibras textiles para facilitar el cardado y el hilado.

**ENSIMISMAMIENTO** n. m. Acción y efecto de ensimismarse.

**ENSIMISMARSE** v. pron. **[1]**. Abstraerse, reconcentrarse. **2.** *Chile* y *Colomb.* Envanecerse, engreírse.

**ENSOBERBECER** v. tr. y pron. **[2m]**. Causar soberbia en alguno. ◆ **ensoberbecerse** v. pron. **2.** *Fig.* Agitarse, encresparse las olas.

**ENSOBERBECIMIENTO** n. m. Acción y efecto de ensoberbecer.

**ENSOMBRECER** v. tr. y pron. **[2m]**. Oscurecer, cubrir de sombras. ◆ **ensombrecerse** v. pron. **2.** *Fig.* Entristecerse.

**ENSOÑACIÓN** n. f. Ensueño.

**ENSOÑADOR, RA** adj. y n. Que tiene ensueños: *carácter ensoñador.*

**ENSOÑAR** v. tr. e intr. **[1]**. Forjar ensueños o ilusiones.

**ENSOPADA** n. f. *Méx.* Acción y efecto de ensopar.

**ENSOPAR** v. tr. y pron. *Amér. Merid.* Empapar.

**ENSORDECEDOR, RA** adj. Que ensordece: *ruido ensordecedor.*

**ENSORDECER** v. tr. **[2m]**. Causar sordera: *ensordecer los oídos.* **2.** *Fig.* Perturbar grandemente la intensidad de un ruido o sonido: *la explosión nos ensordeció.* **3.** FONÉT. Convertir en sordo un fonema primitivamente sonoro. ◆ v. intr. **4.** Contraer sordera: *ensordecer por la edad.*

**ENSORDECIMIENTO** n. m. Acción y efecto de ensordecer. **2.** FONÉT. Transformación de un fonema de sonoro a sordo.

**ENSORTIJAMIENTO** n. m. Acción de ensortijar. **2.** Sortijas formadas en el cabello.

**ENSORTIJAR** v. tr. y pron. **[1]**. Rizar el cabello, hilo, etc. ◆ v. tr. **2.** Practicar la operación de anillado de los animales.

**ENSUCIAMIENTO** n. m. Acción y efecto de ensuciar.

**ENSUCIAR** v. tr. y pron. **[1]**. Manchar, poner sucio: *ensuciar la ropa.* **2.** *Fig.* Manchar el honor, el buen

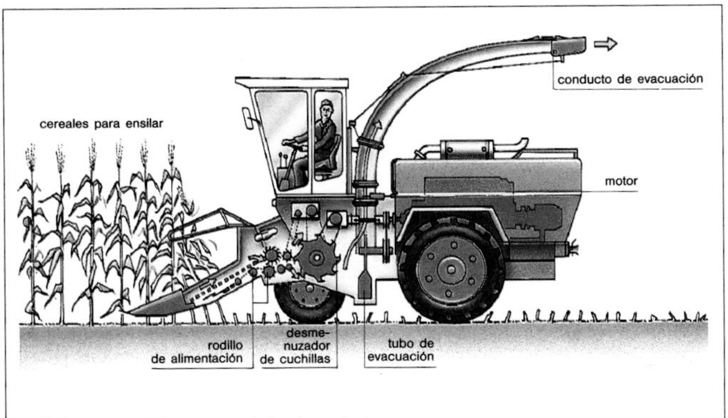


**ensiladora** automotriz: esquema de funcionamiento

nombre, etc.: *ensuciar la fama con la conducta.* ◆ **ensuciarse** v. pron. **3.** Evacuar el vientre manchándose.

**ENSUEÑO** n. m. (lat. *insomnium*). Sueño o representación fantástica del que duerme. **2.** Ilusión, fantasía: *vivir de ensueños.* SIN.: *ensoñación.*

**ENTABLADO** n. m. Conjunto de tablas dispuestas y arregladas en una armadura. **2.** Suelo formado de tablas.

**ENTABLADURA** n. f. Efecto de entablar.

**ENTABLAMIENTO** n. m. Parte superior de un edificio o de un orden arquitectónico, formado por el arquitrabe, el friso y la cornisa. **2.** Techo formado de tablas.

**ENTABLAR** v. tr. **[1]**. Cubrir, cercar o asegurar con tablas. **2.** Disponer, preparar una pretensión, un negocio, especialmente un pleito, una lucha, una discusión: *entablar una acción judicial.* **3.** Trabar, dar comienzo a alguna cosa: *entablar una conversación.* **4.** En el tablero, colocar las piezas en sus respectivos lugares para empezar el juego. **5.** *Amér.* Igualar, empatar. **6.** *Argent.* Acostumbrar al ganado mayor a que ande en manada. ◆ **entablarse** v. pron. **7.** Resistirse el caballo a volverse a una u otra mano, por falta de flexibilidad o a causa de algún vicio contraído.

**ENTABLE** n. m. Acción de entablarse el caballo. **2.** Varia disposición en los juegos de damas, ajedrez, etcétera.

**ENTABLERARSE** v. pron. **[1]**. TAUROM. Perder el diestro su terreno, acosado por el toro, hasta llegar a las tablas. **2.** Refugiarse la res en las tablas para defenderse.

**ENTABLILLAR** v. tr. **[1]**. Sujetar con tablillas y vendaje un miembro para mantener en su sitio las partes de un hueso roto.

**ENTADO, A** adj. (fr. *enté*). HERÁLD. Dícese del escudo o de la pieza cuyo perfil forma una especie de encaje.

**ENTALEGAR** v. tr. **[1b]**. Meter en talegos: *entalegar la fruta.* **2.** *Fig.* Ahorrar, guardar, atesorar.

**ENTALLA** n. f. Corte que se hace en una piedra o trozo de madera, con extracción de materia.

**ENTALLADURA** n. f. Acción y efecto de entallar.

**ENTALLAR** v. tr. **[1]**. Hacer una entalla. **2.** Esculpir o grabar en madera, piedra, bronce, etc.

**ENTALLAR** v. tr., intr. y pron. **[1]**. Ajustar una prenda de vestir al talle. **2.** Estar una prenda bien ajustada al talle.

**ENTALLE** n. m. Piedra dura grabada en hueco.

**ENTALLECER** v. intr. y pron. **[2m]**. Echar tallos las plantas y árboles.

**ENTALPÍA** n. f. FÍS. Magnitud termodinámica, igual a la suma de la energía interna y del producto de la presión por el volumen.

**ENTARIMADO** n. m. Suelo formado de tablas.

**ENTARIMAR** v. tr. **[1]**. Cubrir el suelo con tablas o tarimas.

**ÉNTASIS** n. f. (gr. *entasis*, intensidad). Abultamiento del fuste de una columna.

**ENTE** n. m. Aquello que es, es decir, lo que tiene ser. **2.** Entidad, colectividad, corporación: *ente preautonómico.* **3.** *Fig.* Sujeto ridículo. **4.** *Argent.* Asociación u organismo, particularmente el vinculado al estado.

**ENTECARSE** v. pron. **[1a]**. *León* y *Chile.* Obstinarse, emperrarse.

**ENTECO, A** adj. Enfermizo, débil, flaco: *persona enteca.*

**ENTELEQUIA** n. f. (gr. *entelekheia*). Entidad fantástica o ficticia. **2.** En la filosofía de Aristóteles, toda realidad que ha alcanzado o está en vías de alcanzar su perfección.

**ENTELERIDO, A** adj. *C. Rica, Hond.* y *Venez.* Enteco, flaco, enclenque.

**ENTENA** n. f. Madero redondo o en rollo, de gran longitud y diámetro variable. **2.** MAR. Vara o percha encorvada y muy larga en la que se envergan las velas en las embarcaciones latinas.

**ENTENADO, A** n. DER. Con respecto a un cónyuge, hijastro o hijo del otro, habido de un matrimonio anterior.

**ENTENALLAS** n. f. pl. Torno de mano para apretar piezas pequeñas.

**ENTENDEDERAS** n. f. pl. *Fam.* Entendimiento: *tener buenas entendederas.*

**ENTENDER** v. tr. (lat. *intendere*, extender) **[2d]**. Percibir por medio de la inteligencia el sentido o significado de algo: *entender un problema.* **2.** Percibir las causas o motivos de algo: *entender el porqué de un hecho.* **3.** Poder enterarse de lo que se dice en un idioma extranjero: *entender el inglés.* **4.** Percibir claramente lo que se oye: *entender una conversación.* **5.** Suponer, opinar, juzgar: *entiendo que no es verdad.* **6.** Saber, averiguar el ánimo, carácter o modo de ser: *saber entender a los hijos.* **7.** Darse cuenta de las intenciones o móviles de alguien. **8.** Seguido de la prep. *en,* conocer una materia determinada: *entender en física.* **9.** Seguido de la prep. *por,* considerar, reputar, juzgar. • **Al entender de,** según juicio o modo de pensar de alguien. ‖ **Dar a entender,** decir algo encubierta o indirectamente. ◆ v. intr. **10.** En argot, ser homosexual: *a este local suele ir gente que entiende.* ◆ **entenderse** v. pron. **11.** Saber lo que se hace, estar acorde lo que se dice o hace con un pensamiento propio definido: *yo ya me entiendo.* **12.** Conocerse, comprenderse a sí mismo: *ni él mismo se entiende.* **13.** Avenirse, estar de acuerdo: *se entiende bien con todos.* **14.** *Fam.* Tener hombre y mujer relaciones ilícitas de carácter amoroso. • **Entenderse con algo,** saber manejarlo, conocer su funcionamiento.

**ENTENDIDO, A** adj. y n. Dícese de la persona que, gracias a sus conocimientos, puede emitir un juicio sobre una materia: *entendido en música.*

**ENTENDIMIENTO** n. m. Inteligencia, facultad de comprender y de conocer. **2.** Juicio, aptitud para comprender. **3.** Buen acuerdo, relación amistosa entre los pueblos o sus gobiernos.

**ENTENEBRECER** v. tr. y pron. **[2m]**. Oscurecer, llenar de tinieblas.

**ENTENTE** n. f. (voz francesa). Acción de entenderse, acuerdo: *llegar a una entente.* **2.** Acuerdo entre estados, grupos o empresas: *política de entente.*

**ENTER** n. m. (voz inglesa). Tecla del teclado de un ordenador que sirve principalmente para efectuar un retorno de carro o para dar entrada a los datos.

**ENTERADO, A** adj. y n. *Fam.* Entendido en una materia determinada. **2.** Sabiondo, persona que presume de saber mucho. **3.** *Chile.* Orgulloso, estirado. ◆ n. m. **4.** Diligencia que consiste en poner al pie de un documento, delante de la firma de la autoridad o persona interesada, la constatación de que uno se ha enterado del contenido.

**ENTERALGIA** n. f. Dolor intestinal.

**ENTERAR** v. tr. **[1]**. Hacer conocer una noticia o la marcha de un asunto. **2.** *Chile.* Completar, integrar una cantidad. **3.** *Colomb., C. Rica, Hond.* y *Méx.* Pagar, entregar dinero. ◆ **enterarse** v. pron. **4.** Darse cuenta, adquirir alguien conocimiento de lo que pasa delante de él, de lo que se dice, de lo que se lee.

**ENTERCARSE** v. pron. **[1a]**. Ponerse terco, obstinarse.

**ENTERCIAR** v. tr. **[1]**. *Cuba.* Empacar, formar tercios con una mercancía.

**ENTEREZA** n. f. Fortaleza, firmeza de ánimo: *obrar con entereza.*

**ENTÉRICO, A** adj. Relativo a los intestinos.

**ENTERITIS** n. f. (pl. *enteritis*). Inflamación del intestino, generalmente acompañada de diarrea.

**ENTERIZO, A** adj. De una sola pieza.

**ENTERNECEDOR, RA** adj. Que enternece.

**ENTERNECER** v. tr. y pron. **[2m]**. Ablandar, poner tierno. **2.** *Fig.* Mover a ternura: *su relato nos enterneció.*

**ENTERNECIMIENTO** n. m. Acción y efecto de enternecer.

**ENTERO, A** adj. (lat. *integrum*). Cabal, íntegro, sin falta alguna: *compró un jamón entero; gozar de entera libertad.* **2.** Que no ha sido castrado: *caballo entero.* **3.** *Fig.* y *fam.* Que tiene entereza: *carácter entero.* **4.** *Fig.* Recto, justo: *obrar de manera entera.* **5.** *Guat., Perú* y *Venez.* Idéntico. ◆ adj. **6.** MAT. Dícese de una serie cuyo término general depende de una variable compleja, $u_n = a_n Z^n$, que converge en el interior de un círculo de centro O, de radio R, eventualmente nulo o infinito, llamado radio de convergencia de la serie. ◆ adj. y n. m. **7.** MAT. Dícese de cada uno de los números de la sucesión 0, 1, 2, 3,... tomado positiva o negativamente. ◆ n. m. **8.** Unidad en que se miden los cambios bursátiles: *las acciones han bajado dos enteros.* • **Por entero,** del todo, por completo. **9.** *Chile, Colomb.* y *C. Rica.* Entrega de dinero.

**ENTEROCOCO** n. m. Diplococo grampositivo del intestino.

**ENTEROCOLITIS** n. f. (pl. *enterocolitis*). Inflamación del intestino delgado y del colon.

**ENTEROQUINASA** n. f. Enzima secretado por la mucosa intestinal, que activa la secreción pancreática.

**ENTEROVIRUS** n. m. Grupo de virus que se localizan en el tubo digestivo.

**ENTERRADOR, RA** n. Sepulturero. ◆ n. m. **2.** TAUROM. Peón que intenta marear al toro a capotazos, para que se eche, tras haber recibido la estocada.

**ENTERRAMIENTO** n. m. Entierro, acción y efecto de enterrar. **2.** Sepulcro, obra donde se da sepultura al cadáver. **3.** Sepultura, fosa, hoya.

**ENTERRAR** v. tr. **[1j]**. Poner debajo de tierra: *enterrar un tesoro.* **2.** Dar sepultura a un cadáver: *enterrar en un mausoleo.* **3.** *Fig.* Sobrevivir a alguno: *enterrar a toda la familia.* **4.** *Fig.* Hacer desaparecer una cosa debajo de otra. **5.** *Fig.* Arrinconar, relegar al olvido: *enterrar recuerdos.* ◆ v. tr. y pron. **6.** *Amér.* Clavar, hincar algo punzante, especialmente un arma. ◆ **enterrarse** v. pron. **7.** *Fig.* Retirarse del trato de los demás, como si hubiese muerto.

**ENTIBACIÓN** n. f. MIN. Acción de entibar. **2.** MIN. Conjunto de obras y reparaciones destinadas a proteger las excavaciones, galerías y pozos.

**ENTIBADOR** n. m. Operario dedicado a la entibación.

**ENTIBAR** v. tr. e intr. **[1]**. MIN. Apuntalar y sostener las tierras de una excavación con maderos o ademes.

**ENTIBIAR** v. tr. y pron. **[1]**. Poner tibio un líquido, darle un grado de calor moderado: *entibiar el café.* **2.** *Fig.* Templar, moderar una pasión, afecto, fervor: *entibiar el amor.*

**ENTIBO** n. m. Estribo, macizo de fábrica que sirve para sostener una bóveda y contrarrestar su empuje. **2.** Madero que en las minas sirve para apuntalar.

**ENTIDAD** n. f. Calidad de ente. **2.** Ente o realidad, especialmente cuando no es material. **3.** Colectividad considerada como unidad: *entidad municipal.* **4.** Asociación de personas para llevar a cabo una determinada actividad reconocida jurídicamente: *entidad deportiva.* **5.** Corporación. **6.** *Fig.* Valor o importancia de algo: *asunto de poca entidad.* **7.** FILOS. Lo que constituye la esencia de un ser. • **Entidad morbosa,** enfermedad.

**ENTIERRAR** v. tr. **[1]**. *Méx.* Llenar de tierra o polvo.

**ENTIERRO** n. m. Acción y efecto de enterrar un cadáver. **2.** El cadáver que se lleva a enterrar y su acompañamiento. • **Entierro de la sardina,** en determinadas zonas españolas, fiesta carnavalesca que se celebra el miércoles de ceniza.

**ENTINTADO** o **ENTINTE** n. m. Acción de entintar, particularmente los rodillos de una máquina de imprimir.

**ENTINTAR** v. tr. **[1]**. Manchar o teñir con tinta. **2.** *Fig.* Teñir, dar a algo color distinto del que tenía.

**ENTOLDADO** n. m. Acción de entoldar. **2.** Conjunto de toldos para dar sombra. **3.** Lugar cubierto con toldos.

**ENTOLDAR** v. tr. **[1]**. Cubrir con toldos.

**ENTOMATADA** n. f. *Méx.* Tortilla de maíz llena de varios ingredientes y bañada en salsa de tomate.

**ENTOMÓFAGO, A** adj. y n. m. Que se alimenta de insectos.

**ENTOMÓFILO, A** adj. Dícese de las plantas cuya polinización está asegurada por los insectos.

**ENTOMOLOGÍA** n. f. Parte de la zoología que estudia los insectos.

**ENTOMOLÓGICO, A** adj. Relativo a la entomología.

**ENTOMÓLOGO, A** n. Especialista en entomología.

**ENTOMOSTRÁCEO, A** adj. y n. m. Relativo a una antigua subclase de crustáceos inferiores que incluía la dafnia, la anatifa, etc.

**ENTONACIÓN** n. f. Acción y efecto de entonar. **2.** Movimiento melódico o musical de la frase, caracterizado por la variación de altura de los sonidos.

**ENTONADO, A** adj. Acertado, fortalecido.

**ENTONAR** v. tr. e intr. **[1]**. Dar el tono debido a algo que se canta: *entonar una canción; entonar bien.* **2.** Dar determinado tono a la voz: *entonar con voz fuerte.* **3.** Empezar a cantar para que los demás continúen en el mismo tono. **4.** Armonizar: *entonar los colores.* **5.** Dar tensión y vigor al organismo. ◆ **entonarse** v. pron. **6.** *Fig.* Envanecerse, engreírse. **7.** Animarse: *entonarse una fiesta con la música.*

**ENTONCES** adv. t. Indica un momento u ocasión determinados: *me enteré entonces.* • **En,** o **por aquel entonces,** en aquel tiempo. ◆ adv. m. **2.** Expresa una consecuencia de lo dicho anteriormente: *entonces no hablemos más.* ◆ interj. **3.** Justifica algo de que se extraña o se queja la misma persona que lo ha dicho.

**ENTONELAR** v. tr. **[1]**. Introducir algo en toneles.

**ENTONTECER** v. tr. **[2m]**. Poner tonto. ◆ v. intr. y pron. **2.** Volverse tonto.

**ENTONTECIMIENTO** n. m. Acción y efecto de entontecer.

**ENTORCHADO** n. m. Cuerda o hilo de seda, cubierto con otro de seda o de metal, retorcido alrededor para darle consistencia. **2.** Bordado hecho en oro o plata que llevan en el uniforme, como distintivo, los generales, ministros y otros altos funcionarios.

**ENTORCHAR** v. tr. **[1]**. Retorcer varias velas formando una antorcha. **2.** Cubrir una cuerda o hilo enroscándole otro de seda o de metal.

**ENTORNAR** v. tr. **[1]**. Cerrar algo incompletamente: *entornar la puerta, los ojos.* ◆ v. tr. y pron. **2.** Torcer, inclinar, poner casi volcado: *entornar una vasija.*

**ENTORNO** n. m. Ambiente, circunstancias que rodean a las personas o cosas. **2.** INFORMÁT. Término que indica el tipo de sistema operativo, de hardware y de informaciones de software organizadas, con el que un proceso está destinado a operar. **3.** MAT. Para un punto *a* de un espacio topológico E, cualquier subconjunto de E que contenga un conjunto abierto del cual *a* sea elemento.

**ENTORPECER** v. tr. y pron. **[2m]**. Poner torpe: *entorpecerse los miembros.* **2.** *Fig.* Turbar, oscurecer el entendimiento: *entorpecer la mente.* **3.** *Fig.* Retardar, dificultar: *entorpecer un acto.*

**ENTORPECIMIENTO** n. m. Acción y efecto de entorpecer.

**ENTRABAR** v. tr. **[1]**. *Chile, Colomb.* y *Perú.* Trabar, estorbar.

**ENTRADA** n. f. Espacio por donde se entra a alguna parte: *ir hacia la entrada.* **2.** Acción de entrar en alguna parte: *la entrada tuvo lugar a la hora en punto.* **3.** Acto de ser recibido en alguna colectividad, o de empezar a gozar de algo: *la entrada en el gobierno.* **4.** Habitación de un piso que comunica con el exterior y con las otras habitaciones. SIN.: *vestíbulo.* **5.** Concurso o personas que asisten a un espectáculo: *ayer hubo una gran entrada.* **6.** Producto de cada función: *recaudar buena entrada.* **7.** Billete que sirve para entrar en un espectáculo: *comprar las entradas.* **8.** Plato que se sirve antes del principal y después de la sopa. **9.** Ángulo entrante que forma el pelo en la parte superior de la frente. **10.** Primeros días de una unidad de tiempo: *la entrada de la primavera, del año.* **11.** *Argent., Chile* y *Urug.* Ingreso económico. **12.** *Cuba* y *Méx.* Arremetida, zurra. **13.** ECON. Cantidad de dinero que debe depositarse al alquilar o comprar un piso, hacerse socio de un club, etc. **14.** INFORMÁT. Operación por la que se introducen datos en un ordenador. **15.** LING. Palabra o voz que se define en un diccionario o enciclopedia. **16.** MÚS. Escena de un ballet cortesano o de una ópera ballet. **17.** MÚS. Señal que hace el director para que los ejecutantes intervengan oportunamente. • **Dar entrada** *(Méx.),* aceptar un coqueteo; *(por ext.),* acceder a algo no deseado: *si no te cae bien, para qué le diste entrada.*

**ENTRADILLA** n. f. Conjunto de frases iniciales de una noticia que resumen lo más importante de ésta.

**ENTRADO, A** adj. *Méx. Fam.* Que está dedicado por completo a algo. **2.** *Méx. Fam.* Que acomete empresas arriesgadas fácilmente.

**ENTRADOR, RA** adj. *Chile* y *Perú.* Entrometido, intruso. **2.** *Argent., C. Rica* y *Urug.* Simpático, agradable. **3.** *Perú* y *Venez.* Que acomete fácilmente empresas arriesgadas.

**ENTRAMADO** n. m. Armazón de maderas unidas o entrecruzadas que sirve de soporte a una obra de albañilería, especialmente un suelo o una pared.

**ENTRAMAR** v. tr. **[1]**. Hacer un entramado: *entramar un techo.*

**ENTRAMBOS, AS** adj. y pron. num. Ambos.

**ENTRAMPAR** v. tr. y pron. **[1]**. Hacer que un animal caiga en la trampa. ◆ v. tr. **2.** *Fig.* Enredar un negocio. ◆ **entramparse** v. pron. **3.** Meterse en un atolladero. **4.** *Fig.* y *fam.* Contraer muchas deudas.

**ENTRANTE** adj. y n. m. Dícese de la parte, pieza o figura que entra en otra o forma parte de ella. ◆ n. m. **2.** Entremés en la comida.

**ENTRAÑA** n. f. (lat. *interanea,* intestinos). Cada uno de los órganos de las cavidades torácica y abdominal. (Suele usarse en plural.) **2.** *Fig.* Lo más íntimo o esencial de algo: *la entraña del asunto.* **3.** *Fig.* El centro, lo que está en medio: *las entrañas de la tierra.* (Suele usarse en plural.) **4.** *Fig.* Corazón, sentimientos: *ser de buenas entrañas.* (Suele usarse en plural.) • **Arrancársele** a uno **las entrañas,** sentir dolor, pesar, ante algún suceso lastimoso. ‖ **No tener entrañas,** ser cruel y desalmado. ‖ **Sacar las entrañas** a uno, matarle o hacerle mucho daño; hacerle gastar cuanto tiene.

**ENTRAÑABLE** adj. Íntimo, muy afectuoso: *amigo entrañable.*

**ENTRAÑAR** v. tr. **[1]**. Contener, llevar dentro de sí: *esto entraña un gran peligro.*

**ENTRAR** v. intr. (lat. *intrare*) **[1]**. Ir o pasar de fuera a dentro: *entrar en casa.* **2.** Pasar por una parte para introducirse en otra: *entrar por la ventana.* **3.** Encajar o poderse meter una cosa en otra, o dentro de otra: *entrar el anillo en el dedo.* **4.** Penetrar, introducirse: *entrar la bala por la espalda.* **5.** *Fig.* Ser admitido o tener entrada en una parte: *no permitir entrar a menores.* **6.** *Fig.* Incorporarse a una colectividad, a un cuerpo de empleados: *entrar de director de la empresa.* **7.** *Fig.* Empezar, tener principio un período de tiempo: *entrar el verano; entrar el siglo.* **8.** *Fig.* Seguir o adoptar un uso o una costumbre: *entrar en nuevas ideas.* **9.** *Fig.* Empezar a notarse, a sentir algo: *entrar sed, pena, prisa.* **10.** *Fig.* Ser contado con otros en alguna línea o clase: *entrar en la lista de premiados.* **11.** *Fig.* Emplearse o caber cierta porción o número de cosas para algún fin: *entrar seis naranjas en un kilo.* **12.** *Fig.* Formar parte de algo: *en la obra entran varios estilos.* **13.** *Fig.* Seguido de la prep. *en* y de un nombre, intervenir o tomar parte de lo que este nombre signifique: *entrar en la conversación.* **14.** *Fig.* Seguido de la prep. *en* y de voces significativas de edad, empezar a estar en: *entrar en la adolescencia.* **15.** *Fig.* Con la prep. *a* e infinitivo, dar principio a una acción: *entrar a hablar.* **16.** Empezar a cantar o tocar en el momento preciso: *la soprano entró con los bajos.* **17.** TAUROM. Acometer, arremeter: *entrar el astado.* ◆ v. tr. **18.** Meter, introducir: *entrar la llave en la cerradura.* **19.** *Fig.* Acometer o influir en el ánimo de uno: *no hay por donde entrarle.* **20.** Estrechar o acortar una prenda de vestir: *entrar un vestido.* • **No entrarle** a uno una cosa *(Fam.),* no ser de su aprobación; no poder aprenderla o comprenderla. ‖ **No entrarle** a uno alguien *(Fam.),* no hacérsele simpático.

**ENTRE** prep. (lat. *inter*). Indica intervalo, relación o reciprocidad: *entre Madrid y Barcelona; entre las once y las doce; entre amigos.* **2.** Seguida de los pronombres personales *mí, ti, sí* y algunos verbos, denota que la acción de éstos es interior, secreta: *hablaba entre sí.* • **Entre que** o **entre tanto que,** expresa simultaneidad.

**ENTREABRIR** v. tr. y pron. **[3m]**. Abrir un poco o a medias: *entreabrir una ventana.*

**ENTREACTO** n. m. Intermedio, número que se ejecuta entre los actos de una función teatral. **2.** Intervalo de tiempo durante el cual se interrumpe la representación entre dos actos.

**ENTRECANAL** n. f. Cualquiera de los espacios entre las estrías de una columna.

**ENTRECANO, A** adj. Dícese del pelo o barba a medio encanecer. **2.** Dícese de la persona que tiene así el pelo.

**ENTRECAVAR** v. tr. **[1]**. Cavar ligeramente, sin ahondar.

**ENTRECEJO** n. m. Ceño, fruncimiento de la frente y cejas en señal de enojo. **2.** ANAT. Espacio entre las dos cejas.

**ENTRECERRAR** v. tr. y pron. **[1j]**. Entornar una puerta o ventana.

**ENTRECHOCAR** v. tr. y pron. **[1a]**. Chocar dos cosas entre sí: *entrechocar los dientes.*

**ENTRECLARO, A** adj. y n. Que tiene alguna claridad: *noche entreclara.*

**ENTRECOGER** v. tr. **[2b]**. Coger a alguien o algo de manera que no se pueda escapar fácilmente.

**ENTRECOMAR** v. tr. **[1]**. Poner entre comas.

**ENTRECOMILLADO** n. m. Palabra o palabras citadas entre comillas.

**ENTRECOMILLAR** v. tr. **[1]**. Poner entre comillas: *entrecomillar una frase.*

**ENTRECORTAR** v. tr. **[1]**. Cortar algo con intermitencias, sin acabar de dividirlo.

**ENTRECOT** n. m. (fr. *entrecôte*). Filete de carne de buey, que se saca de las costillas.

**ENTRECRUZAMIENTO** n. m. Acción y efecto de entrecruzar. **2.** BIOL. Crossing-over.

**ENTRECRUZAR** v. tr. y pron. **[1g]**. Cruzar dos o más cosas entre sí: *entrecruzar los dedos.*

**ENTRECUBIERTA** n. f. Entrepuente.

**ENTREDICHO** n. m. Una de las tres censuras canónicas, consistente en la privación de ciertos bienes espirituales, aunque sin perder la comunión con la Iglesia católica. • **Poner en entredicho,** privar de ciertos sacramentos y de sepultura eclesiástica a una colectividad o a una persona; hacer recaer dudas sobre el honor, o la veracidad de alguien o algo.

**ENTREDÓS** n. m. (fr. *entre-deux*). Tira bordada de encaje o de tapicería, que se cose entre dos telas. **2.** Armario de poca altura que suele colocarse entre dos balcones.

**ENTREFILETE** n. m. Pequeño artículo de un periódico.

**ENTREFINO, A** adj. De una calidad media entre fino y basto. **2.** Dícese del vino de Jerez que tiene algunas de las cualidades del llamado fino.

**ENTREFORRO** n. m. Entretela.

**ENTREGA** n. f. Acción y efecto de entregar. **2.** Lo que se entrega de una vez. **3.** Cada uno de los cuadernos impresos en que se suele dividir y vender un libro que se publica por partes. **4.** Parte de un sillar o madero introducido en la pared. **5.** *Fig.* Acción de entregar al adquisidor una cosa vendida. **6.** Atención, interés, esfuerzo, etc., en apoyo de una acción, persona, etc.

**ENTREGAR** v. tr. (lat. *integrare,* reparar, rehacer) **[1b]**. Poner en poder de otro: *entregar un paquete.* ◆ **entregarse** v. pron. **2.** Ponerse en manos de uno, sometiéndose a su dirección y arbitrio: *entregarse a la justicia.* **3.** Dedicarse enteramente a algo: *entregarse al trabajo.* **4.** Declararse vencido o sin fuerzas para continuar una labor. **5.** *Fig.* Abandonarse, dejarse dominar: *entregarse al vicio.*

**ENTREGUERRAS. De entreguerras,** locución aplicada al intervalo entre dos guerras, especialmente al período de paz transcurrido entre las dos guerras mundiales.

**ENTREGUISMO** n. m. *Méx. Fam.* Actitud pusilánime en una negociación, ya sea por cobardía o por soborno.

**ENTREGUISTA** n. m. y f. *Argent., Chile, Méx., Parag.* y *Urug. Fam.* Persona que traiciona en una negociación a sus representados.

**ENTRELAZADO, A** adj. HERÁLD. Dícese de las figuras iguales que se entrelazan entre sí, cuando son en número de tres.

**ENTRELAZAMIENTO** n. m. Acción y efecto de entrelazar. **2.** INFORMÁT. Técnica de organización de la memoria central de un ordenador en la que las direcciones sucesivas se almacenan en bloques de memoria independientes.

**ENTRELAZAR** v. tr. y pron. **[1g]**. Enlazar, entretejer una cosa con otra: *entrelazar las manos.*

**ENTRELAZO** n. m. Adorno formado por líneas y figuras entrelazadas.

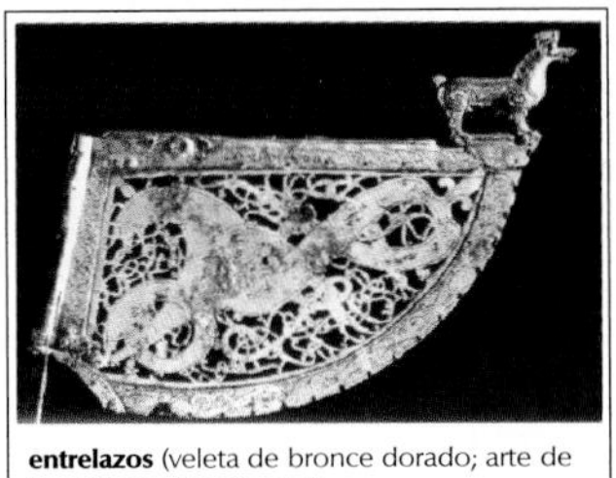

**entrelazos** (veleta de bronce dorado; arte de los vikingos, Suecia, s. VI)
[museo de antigüedades nacionales, Estocolmo]

**ENTRELÍNEA** n. f. Lo escrito entre dos líneas. • **Leer entrelíneas,** advertir la segunda intención de un escrito.

**ENTRELINEAR** v. tr. **[1]**. Escribir algo entre dos líneas.

**ENTRELISTADO, A** adj. Dícese de lo que tiene algún dibujo entre lista y lista.

**ENTRELUCIR** v. intr. (lat. *interlucere*) **[3g]**. Dejarse ver una cosa entre otras.

**ENTREMEDIAS** o **ENTREMEDIO** adv. t. y l. Entre uno y otro tiempo, espacio, lugar o cosa.

**ENTREMÉS** n. m. (cat. *entremès*). Manjares ligeros que se sirven antes del primer plato. **2.** LIT. Obra dramática jocosa de un solo acto, que solía representarse entre una y otra jornada de la comedia.

**ENTREMESISTA** n. m. y f. Escritor de entremeses.

**ENTREMETER** v. tr. **[2]**. Meter una cosa entre otras. ◆ **entremeterse** v. pron. **2.** Ponerse en medio o entre otros: *entremeterse en el bullicio.* **3.** *Fig.* Entrometerse: *entremeterse en la conversación.*

**ENTREMETIMIENTO** n. m. Acción y efecto de entremeter o entremeterse.

**ENTREMEZCLAR** v. tr. **[1]**. Mezclar una cosa con otra.

**ENTRENADOR, RA** adj. y n. Dícese de la persona encargada del entrenamiento de los deportistas, caballos, etc.

**ENTRENAMIENTO** n. m. Acción y efecto de entrenar o entrenarse. **2.** Preparación para un deporte o una competición: *faltarle a un deportista entrenamiento; someterse un caballo a entrenamiento.*

**ENTRENAR** v. tr. y pron. **[1]**. Adiestrar y ejercitar para la práctica de un deporte u otra actividad.

**ENTRENERVIOS** n. m. pl. Espacios comprendidos entre los nervios del lomo de un libro.

**ENTRENUDO** n. m. BOT. Espacio comprendido entre dos nudos de un tallo.

**ENTREOÍR** v. tr. **[26]**. Oír una cosa sin percibirla bien o sin entenderla del todo.

**ENTREPANES** n. m. pl. Tierras no sembradas situadas entre otras que lo están.

**ENTREPAÑO** n. m. Espacio de pared entre dos columnas, pilastras o huecos. **2.** Cualquiera de las tablas pequeñas o cuarterones que se meten entre los peinazos de puertas y ventanas.

**ENTREPASO** n. m. EQUIT. Marcha del caballo en la que marca cuatro tiempos.

**ENTREPELADO, A** adj. *Argent.* Dícese de los caballos de capa indefinida, por la mezcla de pelos de diferentes colores.

**ENTREPIERNA** n. f. Parte interior de los muslos. **2.** Pieza cosida entre las hojas de los pantalones por la parte de la entrepierna. **3.** *Chile.* Taparrabos, traje de baño.

**ENTREPUENTE** n. m. Espacio comprendido entre las dos cubiertas de un buque. (Suele usarse en plural.) SIN.: *entrecubierta.*

**ENTRERRIANO, A** adj. y n. De Entre Ríos.

**ENTRERRIEL** n. m. Entrevía.

**ENTRESACAR** v. tr. **[1a]**. Escoger, elegir. **2.** Cortar algunos árboles de un monte para aclararlo.

**ENTRESIJO** n. m. Redaño. **2.** *Fig.* Cosa interior, escondida.

**ENTRESUELO** n. m. Piso inmediatamente superior a los bajos.

**ENTRETALLA** o **ENTRETALLADURA** n. f. Media talla, bajorrelieve.

**ENTRETANTO** adv. t. Entre tanto, mientras. ◆ n. m. **2.** Intermedio, tiempo que media entre dos sucesos.

**ENTRETECHO** n. m. *Chile* y *Colomb.* Habitáculo en la parte más alta de la casa, inmediatamente bajo el tejado, desván.

**ENTRETEJER** v. tr. **[2]**. Tejer conjuntamente. **2.** Mezclar, trabar, enlazar: *entretejer hilos, ideas.*

**ENTRETELA** n. f. Tela, generalmente rígida y fuerte, que, como refuerzo, se pone entre la tela y el forro de una prenda de vestir. SIN.: *entreforro.* ◆ **entretelas** n. f. pl. **2.** *Fig.* y *fam.* Lo íntimo del corazón: *llegar a las entretelas.*

**ENTRETELAR** v. tr. **[1]**. Poner entretela. **2.** IMPR. Satinar, hacer que desaparezca la huella en los pliegos impresos.

**ENTRETENCIÓN** n. f. *Amér.* Entretenimiento, diversión.

**ENTRETENER** v. tr. y pron. **[8]**. Distraer impidiendo hacer algo. **2.** Divertir, recrear el ánimo de uno: *entretener a los niños.* ◆ v. tr. **3.** Hacer menos molesta y más llevadera una cosa: *entretener la espera leyendo.* **4.** Dar largas, con pretextos, a un asunto: *entretener una petición.* **5.** Mantener, conservar.

**ENTRETENIDA** n. f. Amante. **2.** Prostituta.

**ENTRETENIDAMENTE** adv. *Méx.* Divertidamente, de forma entretenida.

**ENTRETENIDO, A** adj. Que entretiene: *libro entretenido.* **2.** HERÁLD. Dícese de dos figuras iguales (llaves) que se entrelazan.

**ENTRETENIMIENTO** n. m. Acción y efecto de entretener. **2.** Cosa para entretener o divertir.

**ENTRETIEMPO** n. m. Tiempo intermedio entre el de frío o calor riguroso: *traje de entretiempo.*

**ENTREVENTANA** n. f. Espacio macizo de pared entre dos ventanas.

**ENTREVER** v. tr. (fr. *entrevoir*) **[2j]**. Ver confusamente una cosa: *entrever una luz a lo lejos.* **2.** Conjeturar, adivinar una cosa: *entrever sus intenciones.*

**ENTREVERADO** n. m. *Venez.* Asado de cordero o de cabrito aderezado con sal y vinagre.

**ENTREVERAR** v. tr. **[1]**. Intercalar, introducir una cosa entre otras. ◆ **entreverarse** v. pron. **2.** *Argent.* Chocar dos masas de caballería y luchar cuerpo a cuerpo los jinetes. **3.** *Argent.* y *Perú.* Mezclarse desordenadamente.

**ENTREVERO** n. m. *Amér. Merid.* Acción y efecto de entreverarse. **2.** *Argent., Chile, Perú* y *Urug.* Confusión, desorden.

**ENTREVÍA** n. f. Espacio comprendido entre los bordes interiores de los carriles de una vía férrea.

**ENTREVIGADO** n. m. Trabajo de albañilería que consiste en rellenar el espacio entre dos vigas. **2.** Este mismo relleno. **3.** Espacio que media entre dos vigas de un suelo.

**ENTREVISTA** n. f. (fr. *entrevue*). Reunión concertada. **2.** Diálogo entre un representante de los medios de difusión y una personalidad, en vistas a su divulgación. **3.** SOCIOL. Tipo de encuesta que tiene como fin establecer una relación de comunicación verbal entre el entrevistado y el entrevistador, con objeto de recoger las informaciones y las opiniones del primero.

**ENTREVISTAR** v. tr. **[1]**. Realizar una entrevista. ◆ **entrevistarse** v. pron. **2.** Tener una entrevista.

**ENTRISMO** n. m. Introducción sistemática en un partido o sindicato de militantes de otra organización, para modificar sus prácticas o sus objetivos.

**ENTRISTECEDOR, RA** adj. Que entristece.

**ENTRISTECER** v. tr. y pron. **[2m]**. Poner o ponerse triste. ◆ v. tr. **2.** Dar aspecto triste a una cosa.

**ENTRISTECIMIENTO** n. m. Acción y efecto de entristecer.

**ENTROJAR** v. tr. **[1]**. Guardar en la troje: *entrojar trigo.*

**ENTROMETERSE** v. pron. **[2]**. Intervenir oficiosa o indirectamente en asuntos de otro. **2.** Introducirse en un sitio o medio sin corresponderle estar en él o sin ser llamado o invitado.

**ENTROMETIMIENTO** n. m. Acción y efecto de entrometerse.

**ENTRÓN, NA** adj. *Méx.* Animoso, atrevido, valiente.

**ENTRONCAMIENTO** n. m. Acción y efecto de entroncar.

**ENTRONCAR** v. tr. **[1a]**. Demostrar, probar el parentesco de una persona con el tronco o linaje de otra. ◆ v. intr. **2.** Tener o contraer parentesco con un linaje o persona. ◆ v. intr. y pron. **3.** *Cuba, Perú* y *P. Rico.* Empalmar, unirse o combinarse dos líneas de transporte.

**ENTRONIZACIÓN** n. f. Acción y efecto de entronizar.

**ENTRONIZAR** v. tr. y pron. **[1g]**. Colocar a alguien en el trono. **2.** *Fig.* Ensalzar a uno o colocarle en alto estado. ◆ **entronizarse** v. pron. **3.** *Fig.* Envanecerse, engreírse.

**ENTRONQUE** n. m. Relación de parentesco entre personas que tienen un tronco común. **2.** Empalme de caminos, ferrocarriles, etc. **3.** *Argent., Cuba* y *P. Rico.* Acción y efecto de entroncar, empalmar. **4.** AERON. Línea de unión del ala con el fuselaje.

**ENTROPÍA** n. f. (gr. *entropē,* vuelta). FÍS. Medida que, en termodinámica, permite evaluar la degradación de la energía de un sistema. **2.** SOCIOL. En la teoría de la comunicación, denominación que designa la incertidumbre de la naturaleza de un mensaje dentro de un conjunto de ellos.

**ENTROPILLAR** v. tr. **[1]**. *Argent.* y *Urug.* Acostumbrar a los caballos a vivir en tropilla.

**ENTROPIÓN** n. m. Inversión de los párpados hacia el globo del ojo.

**ENTUBACIÓN** n. f. Acción y efecto de entubar.

**ENTUBADO** n. m. MED. Introducción de un tubo en la laringe para combatir la asfixia, o en el estómago para los análisis biológicos o bacteriológicos. **2.** MIN. y PETRÓL. Operación que consiste en revestir las piezas de un pozo minero o de sondeo con segmentos tubulares de fundición o de aceros.

**ENTUBAR** v. tr. **[1]**. Poner tubos.

**ENTUERTO** n. m. Injusticia: *deshacer entuertos.* **2.** Dolor intenso que aparece después del alumbramiento.

**ENTUMECER** v. tr. y pron. (lat. *intumescere*) **[2m]**. Impedir, entorpecer el movimiento de un miembro: *el frío entumece las articulaciones.*

**ENTUMECIMIENTO** n. m. Acción y efecto de entumecer.

**ENTUMIDA** n. f. *Méx.* Acción y efecto de entumir.

**ENTUMIR** v. tr. [3]. *Méx.* Entumecer.

**ENTURBIAMIENTO** n. m. Acción y efecto de enturbiar.

**ENTURBIAR** v. tr. y pron. [1]. Poner turbio: *enturbiar el agua.* **2.** *Fig.* Alterar, aminorar, oscurecer: *enturbiar la mente.*

**ENTUSIASMAR** v. tr. y pron. [1]. Infundir entusiasmo, causar ardiente y fervorosa admiración: *me entusiasma la pintura.*

**ENTUSIASMO** n. m. (gr. *enthusiasmos,* éxtasis). Exaltación del ánimo bajo la inspiración divina: *el entusiasmo de los profetas.* **2.** Inspiración del escritor o del artista. **3.** Exaltación emocional provocada por un sentimiento de admiración: *recibir con entusiasmo.* **4.** Adhesión fervorosa a una causa o empeño: *poner entusiasmo.*

**ENTUSIASTA** adj. y n. m. y f. (fr. *enthousiaste*). Que siente entusiasmo o es propenso a él.

**ENTUSIÁSTICO, A** adj. (ingl. *enthusiastic*). Relativo al entusiasmo.

**ENUCLEACIÓN** n. f. Extirpación de un órgano después de una incisión.

**ENUCLEAR** v. tr. [1]. Practicar una enucleación.

**ENUMERACIÓN** n. f. Acción y efecto de enumerar. **2.** RET. Figura de pensamiento que consiste en presentar una serie de objetos, circunstancias o cualidades relativas a un mismo concepto o idea.

**ENUMERAR** v. tr. (lat. *enumerare*) [1]. Enunciar o exponer algo de forma sucesiva, a veces con números.

**ENUMERATIVO, A** adj. Que enumera o que contiene una enumeración: *exposición enumerativa.*

**ENUNCIACIÓN** n. f. Enunciado. **2.** LING. Acto de utilización de la lengua en el que lo fundamental es el análisis del texto.

**ENUNCIADO** n. m. Acción y efecto de enunciar: *el enunciado de una cláusula.* **2.** LING. Secuencia finita de palabras delimitada por silencios muy marcados. **3.** MAT. Conjunto de datos de un problema, de una proposición o de una relación entre dos entes matemáticos: *el enunciado de un teorema.*

**ENUNCIAR** v. tr. (lat. *enuntiare*) [1]. Expresar oralmente o por escrito, formular: *enunciar un axioma.*

**ENUNCIATIVO, A** adj. Que enuncia.

**ENURESIS** n. f. (pl. *enuresis*). Emisión involuntaria de la orina, generalmente por la noche, que persiste o aparece a una edad en la que habitualmente ya se ha adquirido el dominio fisiológico de las micciones.

**ENVAINADOR, RA** adj. Que envaina. **2.** BOT. Dícese de una hoja cuya vaina rodea el tallo.

**ENVAINAR** v. tr. (lat. *invaginare*) [1]. Meter un arma blanca en la vaina: *envainar la espada.* **2.** Envolver una cosa a otra ciñéndola a manera de vaina.

**ENVALENTONAMIENTO** n. m. Acción y efecto de envalentonar o envalentonarse.

**ENVALENTONAR** v. tr. [1]. Infundir valentía o arrogancia. ◆ **envalentonarse** v. pron. **2.** Ponerse atrevido o desafiante.

**ENVANECER** v. tr. y pron. [2m]. Infundir soberbia o vanagloria: *se envaneció con el triunfo.* **2.** *Chile.* Quedarse vano el fruto de una planta por haberse secado o podrido su meollo.

**ENVANECIMIENTO** n. m. Acción y efecto de envanecer.

**ENVARAMIENTO** n. m. Acción y efecto de envarar.

**ENVARAR** v. tr. y pron. [1]. Entumecer, entorpecer o impedir el movimiento de un miembro.

**ENVASADOR, RA** adj. y n. Que envasa. ◆ adj. **2. Máquina envasadora,** máquina automática que envasa en cadena diversos productos. ◆ n. m. **3.** Embudo grande, por el cual se echan los líquidos en pellejos y toneles.

**ENVASAR** v. tr. [1]. Introducir en recipientes adecuados líquidos, granos, etc., para su transporte o conservación: *envasar aceite.*

**ENVASE** n. m. Acción y efecto de envasar. **2.** Recipiente en que se conservan y transportan ciertos géneros.

**ENVEDIJARSE** v. pron. [1]. Enredarse o hacerse vedijas el pelo, la lana, etc.

**ENVEGARSE** v. pron. [1b]. *Chile.* Empantanarse.

**ENVEJECER** v. tr., intr. y pron. [2m]. Hacer o hacerse viejo: *ha envejecido mucho desde el año último.* ◆ v. intr. **2.** Durar, permanecer por mucho tiempo: *envejecer en un empleo.*

**ENVEJECIMIENTO** n. m. Acción y efecto de envejecer. **2.** FÍS. Variación, con el tiempo, de las propiedades de las materias coloidales. **3.** FISIOL. Proceso de evolución de los organismos que han alcanzado el estado adulto. **4.** METAL. Fenómeno que se manifiesta en ciertas aleaciones templadas o trabajadas en frío, por un notable aumento de dureza en el transcurso de un mantenimiento prolongado a temperatura moderada. • **Envejecimiento de la población,** acumulación de la población de un país en las edades avanzadas.

**ENVELAR** v. intr. [1]. *Chile.* Huir.

**ENVENENAMIENTO** n. m. Acción y efecto de envenenar o envenenarse. **2.** Crimen que consiste en administrar una sustancia tóxica a una persona, con la intención de matarla.

**ENVENENAR** v. tr. y pron. [1]. Hacer enfermar o matar a alguien con veneno introducido en el organismo. ◆ v. tr. **2.** Poner veneno en algo. **3.** *Fig.* Interpretar en mal sentido las palabras o acciones. **4.** *Fig.* Ser causa de que las relaciones entre personas degeneren en discordias o enemistad.

**ENVERAR** v. intr. [1]. Empezar las frutas, especialmente la uva, a tomar color de maduras.

**ENVERDECER** v. intr. (lat. *viridescere*) [2m]. Reverdecer el campo, las plantas, etc.

**ENVERGADURA** n. f. Importancia, fuste, prestigio: *asunto de envergadura.* **2.** Dimensión del ala de un avión medida perpendicularmente al sentido de desplazamiento. **3.** Distancia entre las puntas de las alas de las aves cuando las tienen extendidas. **4.** MAR. Ancho de una vela contado en el grátil.

**ENVERGAR** v. tr. [1b]. MAR. Sujetar a las vergas: *envergar una vela.*

**ENVERGUE** n. m. MAR. Cada uno de los cabos delgados que sirven para envergar.

**ENVERO** n. m. Color dorado o rojizo de los frutos cuando empiezan a madurar. **2.** Uva que tiene este color.

**ENVÉS** n. m. Revés, parte opuesta de algo.

**ENVESADO, A** adj. Que manifiesta el envés.

**ENVIADO, A** n. Persona enviada a alguna parte para cumplir una misión. • **Enviado especial,** periodista encargado de recoger información en el mismo lugar de los hechos.

**ENVIAR** v. tr. (bajo lat. *inviare,* recorrer un camino) [1t]. Hacer que alguien vaya a alguna parte: *enviar a los niños a la cama.* **2.** Hacer que algo se dirija o sea llevado a alguna parte: *enviar un cheque por correo.*

**ENVICIAMIENTO** n. m. Acción y efecto de enviciar.

**ENVICIAR** v. tr. [1]. Mal acostumbrar, pervertir con un vicio: *enviciar a alguien con el juego.* ◆ v. intr. **2.** Echar las plantas muchas hojas y pocos frutos. ◆ **enviciarse** v. pron. **3.** Aficionarse demasiado.

**ENVIDADOR, RA** adj. y n. Que envida.

**ENVIDAR** v. tr. (lat. *invitare*) [1]. Hacer envite en el juego.

**ENVIDIA** n. f. (lat. *invidiam*). Padecimiento de una persona porque otra tiene o consigue cosas que ella no tiene o no puede conseguir. **2.** Deseo de hacer o tener lo mismo que hace o tiene otro.

**ENVIDIABLE** adj. Digno de ser deseado y apetecido.

**ENVIDIAR** v. tr. [1]. Tener o sentir envidia: *envidiar el éxito.* • **No tener que envidiar** o **tener poco que envidiar** una persona o cosa a otra, no ser inferior a ella.

**ENVIDIOSO, A** adj. y n. Que tiene o siente envidia.

**ENVIGAR** v. tr. e intr. [1b]. Asentar las vigas de un edificio.

**ENVILECER** v. tr. y pron. [2m]. Hacer vil o despreciable. **2.** Hacer descender el valor de algo.

**ENVILECIMIENTO** n. m. Acción y efecto de envilecer.

**ENVINAGRAR** v. tr. [1]. Sazonar con vinagre.

**ENVINAR** v. tr. [1]. Echar vino en el agua. **2.** *Méx.* Poner vino o licor en un postre.

**ENVÍO** n. m. Acción y efecto de enviar. **2.** Remesa. **3.** Expedición de mercancías, de dinero en metálico, efectos, títulos, etc., hecha a una persona.

**ENVIÓN** n. m. Empujón.

**ENVIRONMENT** n. m. (voz inglesa, *ambiente*). ART. CONTEMP. Obra hecha de distintos elementos repartidos en un espacio por el que se puede transitar.

**ENVISCAMIENTO** n. m. Acción y efecto de enviscar.

**ENVISCAR** v. tr. [1a]. Untar con liga o con una materia viscosa las ramas de los árboles para cazar pájaros.

**ENVITE** n. m. Apuesta que se hace en algunos juegos, pagando, además de los tantos ordinarios, cierta cantidad a un lance o suerte. **2.** *Fig.* Ofrecimiento de algo: *aceptar un envite.* **3.** En esgrima, posición que se toma con el arma, por la que se ofrece un blanco al adversario con el fin de inducirle al ataque. • **Al primer envite,** de buenas a primeras.

**ENVIUDAR** v. intr. [1]. Quedar viudo.

**ENVOLTORIO** n. m. Lío, porción de cosas atadas. **2.** Lo que sirve para envolver.

**ENVOLTURA** n. m. Capa exterior que envuelve una cosa.

**ENVOLVENTE** adj. Que envuelve o rodea: *superficie envolvente.* ◆ n. f. **2.** MAT. Línea que envuelve a otra. **3.** Curva fija a la que otra curva plana, móvil en su plano, es constantemente tangente.

**ENVOLVER** v. tr. (lat. *involvere*) [2n]. Cubrir una cosa total o parcialmente, rodeándola y ciñéndola con algo: *envolver un regalo.* **2.** *Fig.* Rodear a alguien de argumentos dejándolo cortado y sin salida: *envolver con razones.* ◆ v. tr. y pron. **3.** *Fig.* Mezclar o complicar a uno en un asunto, haciéndole tomar parte en él.

**ENVUELTA** n. f. Revestimiento metálico del proyectil, destinado a aumentar su adherencia en el ánima de un cañón rayado.

**ENYERBAR** v. tr. [1]. *Méx.* Dar a alguien un bebedizo para embrujarlo. ◆ **enyerbarse** v. pron. **2.** *Amér.* Cubrirse de hierba un terreno.

**ENYESADO** n. m. Operación de enyesar. **2.** Operación de esparcir yeso en las tierras de cultivo. **3.** CIR. Vendaje que se coloca en casos de fractura para impedir la movilidad de los fragmentos óseos.

**ENYESAR** v. tr. [1]. Tapar o allanar con yeso: *enyesar una pared.* **2.** Abonar un terreno con yeso. **3.** En la vinificación, poner yeso en los vinos para acidificarlos. **4.** CIR. Inmovilizar con yeso.

**ENYUGAR** v. tr. [1b]. Uncir y poner el yugo a los bueyes o mulas de labranza.

**ENZARZAR** v. tr. [1g]. Poner zarzas en una cosa o cubrirla de ellas. **2.** *Fig.* Hacer que riñan o disputen otros. ◆ **enzarzarse** v. pron. **3.** Enredarse en las zarzas. **4.** *Fig.* Enredarse en algo difícil o comprometido. **5.** *Fig.* Entablar una disputa, pelea, etc.

**ENZIMA** n. m. o f. (gr. *en,* en, y *zymē,* fermento). Sustancia orgánica soluble, que provoca o acelera una reacción bioquímica.

■ Los enzimas, que son sintetizados por los organismos vivos, son muy específicos, ya que cada uno de ellos sólo puede actuar sobre una sustancia determinada. Multiplican las etapas de las reacciones bioquímicas del organismo de manera que cada etapa sólo produce una pequeña cantidad de energía compatible con el equilibrio vital. Además de los enzimas que intervienen en la digestión (amilasa, pepsina, tripsina), existen también las *oxidasas* (como la citocromo-oxidasa) y las *fosfatasas,* que liberan ácido fosfórico a partir de sus ésteres. Muchos enzimas se utilizan en terapéutica.

**ENZIMÁTICO, A** adj. Relativo a los enzimas.

**ENZIMOLOGÍA** n. f. Estudio de los enzimas.

**ENZIMOPATÍA** n. f. Enfermedad debida a la falta de participación de un enzima.

**ENZOLVAR** v. tr. [1]. *Méx.* Cegar un conducto.

**ENZOOTIA** n. f. Enfermedad epidémica limitada a los animales de una sola localidad y que afecta a una o varias especies.

**ENZUNCHAR** v. tr. [1]. Sujetar, ceñir y reforzar con zunchos o flejes.

**EÑE** n. f. Nombre de la letra *ñ.*

**EOCÉNICO, A** adj. Relativo al eoceno.

**EOCENO** n. m. y adj. Segundo período de la era terciaria, entre 70 y 50 millones de años atrás.

**EÓLICO, A** adj. Relativo al viento. **2.** Que funciona por la acción del viento. • **Acción eólica,** erosión del viento en los desiertos, que se caracteriza por un trabajo de destrucción (deflación y corrimiento), y por un trabajo de acumulación (dunas). ‖ **Arpa eólica,** instrumento de cuerdas que vibran con el viento. ‖ **Energía eólica,** energía producida por el viento. ‖ **Motor eólico,** motor accionado por el viento.

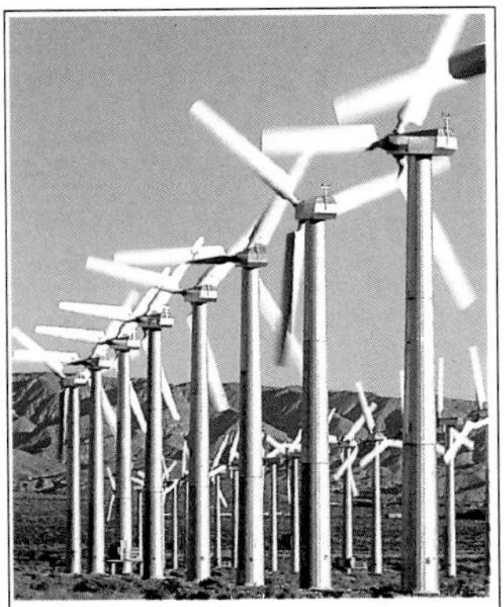

motores **eólicos** de palas, de eje horizontal, que accionan una turbina

**EÓLICO, A** o **EOLIO, A** adj. y n. De Eolia: *dialecto eólico.*

**EOLÍPILA** n. f. (de *Eolo,* dios del viento, y del gr. *pylē,* puerta, conducto). Aparato ideado por Herón de Alejandría para medir la fuerza motriz del vapor de agua.

**EOLITO** n. m. Fragmento de piedra de sílice modelado por la acción de agentes naturales y que recuerda a las piedras trabajadas por el hombre.

**EOLIZACIÓN** n. f. Acción del viento sobre la superficie terrestre. **2.** Erosión eólica.

**EOSINA** n. f. Materia colorante roja derivada de la fluoresceína.

**EOSINOFILIA** n. f. MED. Presencia excesiva de eosinófilos en la sangre.

**EOSINÓFILO, A** adj. y n. m. Dícese de los leucocitos polinucleares cuyo citoplasma contiene granulaciones sensibles a los colorantes ácidos, como la eosina.

**¡EPA!** interj. *Chile* y *Perú.* Se usa para animar. **2.** *Hond., Perú* y *Venez.* ¡Hola! **3.** *Méx.* Se usa para detener o avisar de algún peligro.

**EPACTA** n. f. (del gr. *epaktai hēmerai,* días intercalados). Número de días en que el año solar excede al año lunar.

**EPAGNEUL** n. m. y adj. Tipo de perro de pelo largo y orejas colgantes, del que existen diferentes razas de caza y de salón.

**EPARCA** n. m. (gr. *eparkhos*). En el Imperio romano, gobernador de una provincia griega. **2.** En el Imperio bizantino, prefecto de Constantinopla. **3.** Entre los rusos y orientales, obispo.

**EPARQUÍA** n. f. (gr. *eparkhia*). Circunscripción civil del Imperio romano de Oriente. **2.** En la organización religiosa bizantina, subdivisión de la diócesis. **3.** Diócesis de un obispo o de un arzobispo.

**EPATAR** v. tr. y pron. [1]. *Galic.* Deslumbrar y achicar a alguien, inconsciente o intencionadamente, con la exhibición de algo propio.

**EPAZOTE** n. m. *Méx.* Planta herbácea de hojas olorosas y flores pequeñas, que se usa mucho como condimento.

**EPEIROGÉNESIS** n. f. Epirogénesis.

**EPÉNDIMO** n. m. (gr. *ependyma*). Membrana delgada que protege los ventrículos cerebrales y el conducto central de la médula espinal.

**EPÉNTESIS** n. f. (gr. *epenthesis*) [pl. *epéntesis*]. Aparición de una vocal o consonante no etimológicas en el interior de una palabra.

**EPENTÉTICO, A** adj. Relativo a la epéntesis.

**EPERLANO** n. m. Pez marino parecido al salmón, de una long. de 25 cm, de carne delicada, que aova en primavera en las desembocaduras de los ríos.

**ÉPICA** n. f. LIT. Epopeya.

**EPICANTO** n. m. Repliegue cutáneo que aparece en el ángulo interno del ojo.

**EPICARPIO** o **EPICARPO** n. m. BOT. Película que cubre el fruto, llamada corrientemente «piel» del fruto.

**EPICENO, A** adj. (gr. *epikoinos*). LING. Dícese del género de los nombres común a los dos sexos: *águila, perdiz y jilguero tienen género epiceno.*

**EPICENTRO** n. m. Punto de la superficie terrestre en donde un sismo ha sido más intenso.

**EPICICLO** n. m. (gr. *epikyklos*). Círculo que se suponía descrito por un astro alrededor de un centro, que describía a su vez otro círculo alrededor de la Tierra.

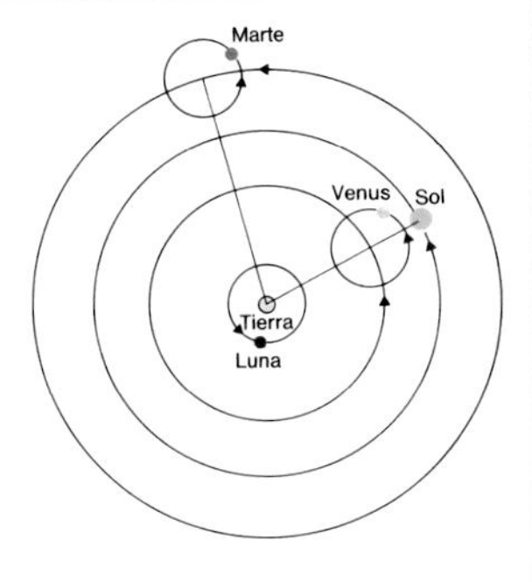


**epiciclos**

**EPICICLOIDAL** adj. Relativo al epicicloide. • **Tren epicicloidal,** tren de engranajes, algunos de cuyos ejes pueden girar sobre sí mismos alrededor del árbol que los dirige.

**EPICICLOIDE** n. f. MAT. Curva descrita por un punto de una curva móvil que gira sin deslizarse sobre una curva fija. **2.** MAT. Curva descrita por un punto de una circunferencia móvil que gira sin deslizarse sobre una circunferencia fija que puede ser interior o exterior a la móvil.

**ÉPICO, A** adj. (lat. *epicum*). Relativo a la epopeya: *género, estilo épico.* **2.** Digno de ser cantado en verso: *hazaña épica.* **3.** Que canta en verso acciones heroicas: *poema épico.* **4.** *Fig.* e *irón.* Extraordinario, memorable: *una discusión épica.*

**EPICONDILITIS** n. f. Inflamación de los tendones de los músculos que se insertan en el epicóndilo.

**EPICÓNDILO** n. m. Apófisis de la extremidad inferior del húmero.

**EPICONTINENTAL** adj. Dícese de los mares u océanos que cubren la plataforma continental.

**EPICRANEANO, A** adj. ANAT. Que rodea el cráneo: *aponeurosis epicraneana.*

**EPICUREÍSMO** n. m. Doctrina de Epicuro y de los epicúreos. **2.** *Fig.* Actitud del que tiende a disfrutar de los placeres de la vida evitando el dolor.

**EPICÚREO, A** adj. y n. Relativo a Epicuro o al epicureísmo; partidario de sus doctrinas. **2.** *Fig.* Voluptuoso, sensual.

**EPIDEMIA** n. f. Brote de una enfermedad infectocontagiosa, que aparece en forma aguda y masiva en un determinado lugar geográfico.

**EPIDÉMICO, A** adj. Relativo a la epidemia.

**EPIDEMIOLOGÍA** n. f. Estudio de los factores que determinan la frecuencia y distribución de las epidemias entre las poblaciones humanas.

**EPIDEMIÓLOGO, A** n. Persona versada en epidemiología.

**EPIDÉRMICO, A** adj. Relativo a la epidermis.

**EPIDERMIS** n. f. (de *epi,* y del gr. *derma, atos,* piel) [pl. *epidermis*]. Membrana epitelial que cubre el cuerpo de los animales. (Los pelos, plumas, cuernos, uñas, garras y pezuñas son producciones de la epidermis.) **2.** BOT. Película que cubre las hojas, los tallos y las raíces jóvenes.

**EPIDERMOFITIA** n. f. Afección debida al desarrollo de un hongo microscópico y parásito en la piel.

**EPIDIASCOPIO** o **EPIDIÁSCOPO** n. m. Aparato de proyección por reflexión y transparencia.

**EPIDIDIMITIS** n. f. (pl. *epididimitis*). Proceso infeccioso, agudo o crónico, del epidídimo.

**EPIDÍDIMO** n. m. (gr. *epididymis*). ANAT. Pequeña estructura, en forma de capuchón, situada en el polo superior de cada testículo.

**EPIDOTA** n. f. Silicato hidratado natural de aluminio, calcio y hierro, que se encuentra en las rocas débilmente metamórficas.

**EPIDURAL** adj. Situado alrededor de la duramadre y entre ésta y el canal raquídeo óseo.

**EPIFANÍA** n. f. (gr. *epiphaneia,* aparición). Fiesta cristiana que se celebra el 6 de enero para conmemorar la manifestación de Cristo a los gentiles y que en el Evangelio figura como el episodio de los Reyes Magos. (Suele escribirse con mayúscula.)

**EPIFENOMENISMO** n. m. Teoría filosófica según la cual la conciencia se añade a los fenómenos fisiológicos, sin influir en ellos.

**EPIFENOMENISTA** adj. y n. m. y f. Relativo al epifenomenismo; partidario de esta doctrina.

**EPIFENÓMENO** n. m. FILOS. Fenómeno que se suma a otro sin modificarlo.

**EPÍFISIS** n. f. (gr. *epiphysis,* excrecencia) [pl. *epífisis*]. Extremidad de un hueso largo, que contiene la médula roja. **2.** Glándula contigua al diencéfalo. SIN.: *glándula pineal.*

**EPIFITIA** n. f. Enfermedad contagiosa que afecta local o regionalmente a una especie vegetal.

**EPÍFITO, A** o **EPIFITO, A** adj. y n. m. Dícese de la planta fijada sobre otra, sin ser parásita, como es el caso de algunas orquídeas ecuatoriales y de los árboles.

**EPIFONEMA** n. m. (gr. *epiphōnema*). RET. Figura de pensamiento de las llamadas lógicas, que consiste en concluir una narración o pensamiento mediante una exclamación o reflexión profunda.

**EPIGÁSTRICO, A** adj. Relativo al epigastrio.

**EPIGASTRIO** n. m. (gr. *epigastrion*). Parte superior del abdomen comprendida entre el ombligo y el esternón.

**EPIGÉNESIS** n. f. (pl. *epigénesis*). BIOL. Teoría que admite que el embrión se constituye gradualmente en el huevo por formación sucesiva de sus partes. **2.** GEOMORFOL. Sobreimposición. **3.** MINER. En una roca, sustitución de un mineral por otro.

**EPIGEO, A** adj. (gr. *epigaios*). BOT. Dícese de una forma de germinación en la que el crecimiento de la gémula eleva los cotiledones por encima del suelo, como en la judía.

**EPIGINO, A** adj. BOT. Dícese de la pieza floral inserta encima del ovario, o de la flor, periantio o androceo insertos por encima del ovario, que en este caso se llama *ínfero.*

**EPIGLOTIS** n. f. (pl. *epiglotis*). Cartílago que permite la oclusión de la glotis durante la deglución.

**EPÍGONO** o **EPIGONO** n. m. (gr. *epigonos,* nacido después). El que sigue las huellas de otro, es-

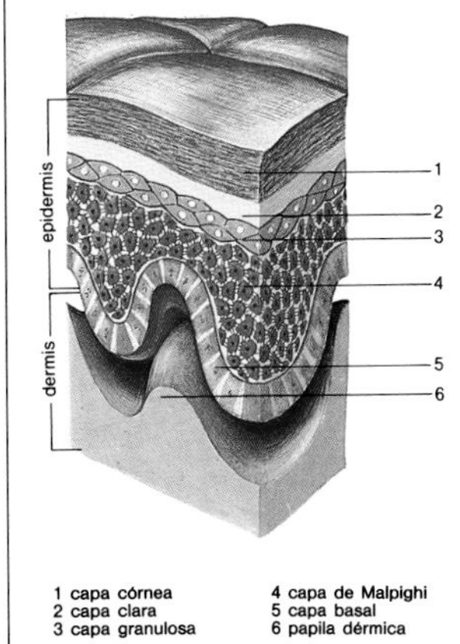


**epidermis**

pecialmente en materia artística, filosófica, etc. **2.** El que pertenece a la segunda generación.

**EPÍGRAFE** n. m. (gr. *epigraphē*). Expresión que precede a cada capítulo o división de un libro, a los artículos de periódico, etc., anunciando su contenido. **2.** Cualquier frase, sentencia o cita que se coloca al principio de un escrito sugiriendo algo de su contenido o lo que lo ha inspirado. **3.** Inscripción en piedra, metal, etc., para conservar el recuerdo de alguien o de algún suceso. **4.** Título, rótulo.

**EPIGRAFÍA** n. f. Ciencia auxiliar de la historia cuyo fin es estudiar las inscripciones sobre materiales duros, como piedra, metal o madera.

**EPIGRÁFICO, A** adj. Relativo a la epigrafía.

**EPIGRAFISTA** n. m. y f. Especialista en epigrafía.

**EPIGRAMA** n. m. (gr. *epigramma*). Composición breve en verso, a veces en prosa, en la que se expresa un pensamiento festivo o satírico.

**EPIGRAMÁTICO, A** adj. Relativo al epigrama.

**EPIGRAMATISTA** o **EPIGRAMISTA** n. m. y f. Autor de epigramas.

**EPILEPSIA** n. f. (gr. *epilepsia*, interrupción brusca). Enfermedad que se manifiesta bajo forma de crisis convulsivas paroxísticas, correspondientes a descargas encefálicas bilaterales o localizadas, y que pueden ir acompañadas de pérdida de conciencia o de alucinaciones.

■ Se distinguen dos formas de epilepsia: las crisis generalizadas, debidas a descargas encefálicas bilaterales súbitas, sincrónicas y simétricas, y las crisis parciales, debidas a una descarga en una zona parcial. Las primeras se presentan o bien en forma de *gran mal*, con la aparición sucesiva de rigidez del cuerpo, convulsiones generalizadas y, finalmente, coma profundo; o bien en forma de *pequeño mal*, específico del niño, con ausencia o suspensión brusca de las funciones de la conciencia de diez a quince segundos, y mioclonias. El pequeño mal desaparece en la pubertad o se transforma en gran mal.

**EPILÉPTICO, A** adj. y n. Relativo a la epilepsia; afecto de esta enfermedad.

**EPILOGAR** v. tr. **[1b]**. Compendiar un escrito.

**EPÍLOGO** n. m. (gr. *epilogos*). Recapitulación de todo lo dicho en una obra literaria. **2.** *Fig.* Conjunto o compendio. **3.** Parte añadida a algunas obras literarias, en la que se hace alguna consideración general acerca de ellas. **4.** Suceso que ocurre después de otro que ya se consideraba como terminado y que cambia su final: *la fiesta tuvo un triste epílogo.*

**EPIMACO** n. m. Ave paseriforme de Nueva Guinea, caracterizada por una larga cola y abanicos de grandes plumas a cada lado del pecho.

**EPÍMONE** n. f. (gr. *epimonē*). RET. Repetición insistente de una palabra con intención de dar cierto énfasis a lo que se dice.

**EPIPALEOLÍTICO, A** adj. y n. m. Dícese de un período prehistórico que sigue al paleolítico a partir del holoceno, caracterizado por el desarrollo de las herramientas microlíticas, sin abandono de la economía de depredación, y que se opone, de este modo, al mesolítico.

**EPIPLÓN** n. m. (gr. *epiploon*). ANAT. Nombre que reciben dos repliegues del peritoneo, el epiplón mayor, que une el estómago con el colon transverso, y el epiplón menor, que une el hígado con el estómago.

**EPIROGÉNESIS** o **EPEIROGÉNESIS** n. f. (pl. *epirogénesis* o *epeirogénesis*). GEOL. Levantamiento o hundimiento conjunto de una gran parte de la corteza terrestre.

**EPIROGÉNICO, A** adj. Relativo a la epirogénesis.

**EPIROTA** adj. y n. m. y f. De Epiro. ◆ n. m. **2.** Dialecto dórico hablado en Epiro en la antigüedad.

**EPISCLERITIS** n. f. Inflamación superficial de la esclerótica, que se manifiesta por un ligero enrojecimiento del blanco del ojo.

**EPISCOPADO** n. m. (lat. *episcopatum*). La última y más elevada de las órdenes sagradas, por la que se recibe la plenitud del sacerdocio. **2.** Dignidad del obispo. **3.** Época y duración del gobierno de un obispo. **4.** Conjunto de los obispos: *el episcopado latinoamericano.*

**EPISCOPAL** adj. Relativo al episcopado: *jurisdicción episcopal.*

**EPISCOPALIANO, A** adj. y n. Relativo al episcopalismo; partidario de esta teoría. ◆ adj. **2. Iglesia episcopaliana,** nombre de la Iglesia anglicana en E.U.A.

**EPISCOPALISMO** n. m. Teoría según la cual la asamblea de los obispos es superior al papa.

**EPISCOPIO** n. m. Aparato que sirve para proyectar por reflexión, en una pantalla, objetos opacos.

**EPISIOTOMÍA** n. f. Sección de la vulva y de los músculos del periné, que se practica en algunos partos para facilitar el paso de la cabeza del feto.

**EPISÓDICO, A** adj. Relativo al episodio. **2.** Circunstancial.

**EPISODIO** n. m. (gr. *epeisodion*). Cada uno de los sucesos que, enlazado con otros, forma un todo o conjunto. **2.** LIT. Cada una de las acciones parciales o partes integrantes de la acción principal.

**EPISOMA** n. m. Partícula celular del citoplasma, portadora de información genética.

**EPISTASIS** n. f. (gr. *epistasis*, dominación). BIOL. Carácter dominante de un gen sobre otro no alelo.

**EPISTAXIS** n. f. (gr. *epistaxis*). MED. Salida de sangre por la nariz.

**EPISTEMOLOGÍA** n. f. Estudio crítico del desarrollo, métodos y resultados de las ciencias. • **Epistemología genética,** teoría del conocimiento científico, desarrollada por J. Piaget, basada en el análisis del propio desarrollo de este conocimiento en el niño, y en el de la constitución del sistema de nociones utilizadas por una ciencia en particular a lo largo de su trayectoria.

**EPISTEMOLÓGICO, A** adj. Relativo a la epistemología.

**EPÍSTOLA** n. f. (lat. *epistulam*). Carta misiva que se escribe a los ausentes. **2.** LIT. Composición poética en forma de carta, cuyo fin es moralizar, instruir o satirizar. **3.** REL. Fragmento de las epístolas del Antiguo y, en especial, del Nuevo Testamento que se lee o se canta durante la misa.

**EPISTOLAR** adj. Relativo a la epístola o carta.

**EPISTOLARIO** n. m. Libro o cuaderno en que se hallan escritas varias cartas o epístolas de un autor.

**EPITAFIO** n. m. (lat. *epitaphium*). Inscripción sepulcral.

**EPITALAMIO** n. m. (gr. *epithalamion*). LIT. Poema lírico compuesto con ocasión de una boda.

**EPITAXIS** o **EPITAXIA** n. f. Fenómeno de orientación mutua de los cristales de sustancias diferentes, debido a las estrechas analogías de la distribución de los átomos de las caras comunes.

**EPITELIAL** adj. Relativo al epitelio.

**EPITELIO** n. m. HISTOL. Tejido formado por una o varias capas de células, que recubre el cuerpo, las cavidades internas y los órganos.

**EPITELIOMA** n. m. Tumor maligno formado a partir del tejido epitelial.

**EPITELIZACIÓN** n. f. Regeneración del epitelio sobre el tejido conjuntivo, durante la cicatrización.

**EPÍTETO** n. m. (gr. *epitheton*, añadido). Adjetivo aparentemente innecesario que atribuye al nombre al que acompaña una cualidad inherente al mismo. **2.** Calificación injuriosa o elogiosa.

**EPÍTOME** n. m. (gr. *epitomē*). Compendio de una obra extensa, en el que sólo se expone lo más fundamental o preciso.

**EPIZOOTIA** n. f. Enfermedad contagiosa que afecta a un gran número de animales.

**EPO** n. f. Acrónimo de *eritropoyetina.*

**ÉPOCA** n. f. (gr. *epokhē*, detención). Momento de la historia marcado por un acontecimiento importante o por un estado de cosas: *la época de las cruzadas.* **2.** Tiempo de considerable duración. **3.** Momento determinado del año, de la vida de una persona o de una sociedad: *la época de la vendimia.* **4.** Subdivisión de un período geológico. • **De época,** no contemporáneo: *película de época.* ‖ **Formar,** o **hacer época,** tener un suceso mucha resonancia en el tiempo en que ocurre.

**EPODO** n. m. (gr. *epōidos*). Estrofa lírica formada por dos versos desiguales. **2.** En los coros de las tragedias, parte lírica que se cantaba después de la estrofa y antistrofa. **3.** Nombre que reciben los poemas satíricos de Horacio.

**EPÓNIMO, A** adj. (gr. *epōnymos*). Que da su nombre a un pueblo, ciudad, etc. • **Magistrado epónimo,** en Atenas, aquel de los nueve arcontes que daba su nombre al año.

**EPOPEYA** n. f. (gr. *epopoiia*). Poema narrativo extenso, de acción bélica, acciones nobles y personajes heroicos. **2.** Conjunto de poemas que forman la tradición épica de un pueblo. **3.** *Fig.* Acción realizada con dificultades y sufrimientos.

**EPÓXIDO** n. m. QUÍM. Función de enlace de dos átomos vecinos de una cadena de carbono con un mismo átomo de oxígeno exterior a la cadena.

**ÉPSILON** n. f. Quinta letra del alfabeto griego (ε).

**EPSOMITA** n. f. Sulfato natural hidratado de magnesio.

**ÉPULIS** n. m. Tumor inflamatorio de la encía.

**EQUIÁNGULO** adj. Que tiene los ángulos iguales: *un triángulo equiángulo es también equilátero.*

**EQUIDAD** n. f. (lat. *aequitatem*). Igualdad de ánimo. **2.** Cualidad que consiste en atribuir a cada uno aquello a lo que tiene derecho. **3.** DER. Justicia natural, por oposición a justicia legal y a justicia ideal.

**EQUIDISTANCIA** n. f. Cualidad de equidistante.

**EQUIDISTANTE** adj. Situado a igual distancia: *todos los puntos de la circunferencia son equidistantes del centro.*

**EQUIDISTAR** v. intr. **[1]**. Ser equidistantes uno o más puntos o cosas.

**EQUIDNA** n. m. Mamífero ovíparo de Australia y Nueva Guinea, de unos 25 cm de long., excavador e insectívoro, con el cuerpo cubierto de pinchos y cuyo hocico se prolonga en una especie de pico córneo.

**equidna**

**ÉQUIDO, A** adj. y n. m. Relativo a una familia de mamíferos ungulados que poseen un solo dedo por pata, como el caballo, la cebra y el asno.

**EQUILÁTERO, A** adj. (lat. *aequilaterum*). GEOMETR. Dícese de las figuras de lados iguales. **2.** GEOMETR. Dícese de una hipérbola cuyas asíntotas son perpendiculares entre sí.

**EQUILIBRADO, A** adj. Ecuánime, prudente, sensato. ◆ n. m. **2.** Acción y efecto de equilibrar.

**EQUILIBRADOR** n. m. Órgano que mantiene el equilibrio: *los aviones están provistos de equilibradores automáticos.*

**EQUILIBRAR** v. tr. y pron. (lat. *aequilibrare*) **[1]**. Poner en equilibrio. **2.** *Fig.* Hacer que una cosa no exceda ni supere a otra. ◆ v. tr. **3.** MEC. Determinar la medida en que una pieza en rotación se halla desequilibrada.

**EQUILIBRIO** n. m. (ital. *equilibrio*). Estado de reposo, resultante de la actuación de fuerzas que se contrarrestan. **2.** Posición vertical del cuerpo humano. **3.** *Fig.* Contrapeso, armonía entre cosas diversas. **4.** *Fig.* Ecuanimidad, mesura, sensatez en los actos y juicios. **5.** QUÍM. Estado de un sistema de cuerpos cuya composición no varía, ya sea por ausencia de reacción, ya sea por la existencia de dos reacciones inversas de igual velocidad. • **Equilibrio económico,** situación de un país o de un grupo de países caracterizada por la igualdad entre los volúmenes de oferta y de demanda en los mercados de bienes, capitales y trabajo, así como por una tendencia al retorno de la estabilidad y por la interdependencia de distintos mercados. ‖ **Equilibrio estable,** equilibrio en el que un cuerpo, ligeramente desplazado de su posición inicial, tiende a volver a ella. ‖ **Equilibrio indiferente,** equilibrio en el que un cuerpo, ligeramente apartado de su posición de equilibrio, permanece en equilibrio en su nueva posición. ‖ **Equilibrio inestable,** equilibrio en el que un cuerpo, separado de su posición, no la recupera. ‖ **Equilibrio natural,** estado de un ecosistema cuya biocenosis se mantiene largo tiempo sin grandes cambios, debido a que las influencias climáticas, edáficas y bióticas son muy estables y se limitan unas a otras. ‖ **Equilibrio presupuestario,**

principio según el cual el presupuesto público anual debe asegurar la cobertura completa de los gastos ordinarios con los ingresos de carácter fiscal. || **Sentido del equilibrio,** función que asegura el mantenimiento del cuerpo en equilibrio y cuyo centro principal es el cerebelo, que reacciona ante los mensajes del oído interno. ◆ **equilibrios** n. m. pl. **6.** *Fig.* Actos de contemporización encaminados a sostener una situación dificultosa.

**EQUILIBRISMO** n. m. Conjunto de ejercicios y juegos que practica el equilibrista.

**EQUILIBRISTA** adj. y n. m. y f. Dícese de la persona que realiza ejercicios de destreza o de equilibrio acrobático.

**EQUIMOLECULAR** adj. QUÍM. Dícese de la mezcla que contiene distintos cuerpos en iguales proporciones moleculares.

**EQUIMOSIS** n. f. (gr. *ekkhymōsis*). PATOL. Presencia de sangre en el tejido celular, al extravasarse por efracción de los vasos. **2.** PATOL. Mancha de la piel resultante de la extravasación a nivel del tejido celular subcutáneo.

**EQUIMÚLTIPLO, A** adj. y n. m. MAT. Dícese de dos números en relación a otros dos cuando son el resultado de la multiplicación de estos últimos por un mismo número.

**EQUINISMO** n. m. MED. Deformación del pie en que éste adopta la posición equina.

**EQUINO, A** adj. (lat. *equinum*). Relativo al caballo. • **Pie equino,** deformidad del pie, que da a dicha extremidad la imagen del pie de caballo.

**EQUINO** n. m. (lat. *echinum*). ARQ. Moldura gruesa, en forma de cojín, que forma el cuerpo del capitel dórico.

**EQUINOCCIAL** adj. Relativo al equinoccio.

**EQUINOCCIO** n. m. (lat. *aequinoctium*). Época del año en la que el Sol, en su movimiento propio aparente sobre la eclíptica, corta el ecuador celeste, y que corresponde a la igualdad de duración de los días y de las noches. (Existen dos equinoccios al año, el 20 o 21 de marzo y el 22 o 23 de setiembre.) • **Línea de equinoccios,** recta de intersección de los dos planos de la eclíptica y del ecuador celeste. || **Precesión de los equinoccios,** avance del momento de los equinoccios, unido al lento desplazamiento del eje de los polos alrededor de una posición media, a consecuencia de la atracción de la Luna y del Sol sobre la dilatación ecuatorial de la Tierra.

**EQUINOCOCO** n. m. Cestodo que vive en el intestino de algunos animales carnívoros en estado adulto, y cuya larva se desarrolla en el hígado de numerosos mamíferos.

**EQUINOCOCOSIS** n. f. Enfermedad parasitaria producida por la existencia en los tejidos orgánicos del cisticerco del equinococo.

**EQUINODERMO, A** adj. y n. m. Relativo a un tipo de animales marinos que presentan simetría axial pentámera y están dotados de un sistema de ventosas, como el erizo de mar y la estrella de mar.

**EQUIPAJE** n. m. Conjunto de cosas que se llevan de viaje. **2.** MAR. MIL. Conjunto de marinería y tropa que constituye la dotación de un barco. **3.** MIL. Conjunto de ropas y efectos que forma parte de la impedimenta de un ejército en campaña.

**EQUIPAL** n. m. *Méx.* Silla de varas entretejidas, con el asiento y el respaldo de cuero o de palma tejida.

**EQUIPAMIENTO** n. m. Acción y efecto de equipar. • **Equipamiento social,** conjunto de medios y de inversiones a través de los cuales los agentes sociales promueven sus proyectos de acuerdo con sus necesidades y que necesitan el concurso financiero de las entidades públicas.

**EQUIPAR** v. tr. y pron. (fr. *équiper*) **[1]**. Proveer de las cosas necesarias para un uso determinado.

**EQUIPARABLE** adj. Que se puede equiparar.

**EQUIPARACIÓN** n. f. Acción y efecto de equiparar.

**EQUIPARAR** v. tr. (lat. *aequiparare*) **[1]**. Comparar una persona o cosa con otra, considerándolas o haciéndolas iguales o equivalentes.

**EQUIPO** n. m. Equipamiento. **2.** Conjunto de ropas y otras cosas para uso particular de una persona: *equipo de novia.* **3.** Conjunto de objetos y pertrechos necesarios para un fin. **4.** Grupo de personas organizadas para un servicio determinado: *equipo médico.* **5.** Cada uno de los conjuntos que se disputan el triunfo en ciertos deportes: *equipo de fútbol.*

**EQUIPOLADO, A** adj. HERÁLD. Dícese de cada uno de los cuatro puntos que se interpolan con otros cinco de diferente esmalte, estando dispuestos los nueve en forma de tablero de ajedrez.

**EQUIPOLENCIA** n. f. Relación existente entre dos o más vectores iguales, paralelos y del mismo sentido.

**EQUIPOLENTE** adj. Dícese de los vectores relacionados por una relación de equipolencia.

**EQUIPOTENCIAL** adj. Del mismo potencial.

**EQUIS** n. f. Nombre de la letra *x* y del signo de la incógnita en los cálculos. ◆ adj. **2.** Denota un número desconocido o indiferente.

**EQUISETAL** adj. y n. f. Relativo a un orden de plantas sin flores, con protalos unisexuados.

**EQUISETO** n. m. Planta de hasta 1,50 m de alt., que crece en lugares húmedos, de tallo hueco, hojas dispuestas en verticilos y cuyas esporas son producidas por unas espigas terminales de esporangios en escamas.

**EQUITACIÓN** n. f. (lat. *equitationem*). Arte de montar a caballo. **2.** Deporte practicado con el caballo.

**EQUITADOR** n. m. *Amér.* Caballista, el que entiende de caballos.

**EQUITATIVO, A** adj. Que tiene equidad. .

**ÉQUITE** n. m. (lat. *equitem*). Ciudadano romano perteneciente a una clase intermedia entre los patricios y los plebeyos.

**EQUIVALENCIA** n. f. Igualdad en el valor, estimación, potencia o eficacia de dos o varias cosas: *equivalencia de pesos.* • **Relación de equivalencia,** relación que une dos elementos *a* y *b* de un conjunto, que se verifica si *a* y *b* son el mismo elemento (relación reflexiva), es verdadera para *b* y *a* cuando lo es para *a* y *b* (relación simétrica), es verdadera para *a* y *c* si lo es para *a* y *b* por una parte, y para *b* y *c* por otra (relación transitiva).

**EQUIVALENTE** adj. Que equivale a otra cosa. • **Figuras equivalentes,** figuras con igual área, independientemente de las formas, que pueden ser distintas. || **Proyección equivalente,** proyección cartográfica que respeta las superficies y las proporciones, pero que deforma el dibujo de los continentes. ◆ n. m. **2.** Lo que equivale en cantidad o en calidad: *emplear equivalentes.* • **Equivalente electroquímico,** cociente del peso atómico de cada elemento químico por su electrovalencia. || **Equivalente mecánico del calor,** relación constante, igual a 4,185 julios por caloría, que existe entre un trabajo determinado y la cantidad de calor correspondiente. || **Equivalente químico,** cantidad de una determinada entidad química que en unas condiciones dadas suministra, desplaza o reacciona con un mol de átomos de hidrógeno o de otro átomo o grupo de átomos monovalente. SIN.: *peso equivalente.*

**EQUIVALENTE-GRAMO** n. m. (pl. *equivalentes-gramo*). QUÍM. Cantidad de una sustancia o radical cuya masa expresada en gramos es numéricamente igual a su equivalente químico.

**EQUIVALER** v. intr. **[9]**. Ser igual una cosa a otra en valor, potencia o eficacia.

**EQUIVOCACIÓN** n. f. Acción y efecto de equivocar. **2.** Cosa hecha equivocadamente.

**EQUIVOCADA** n. f. *Méx.* Acción y efecto de equivocarse.

**EQUIVOCADO, A** adj. Se aplica a las cosas que contienen equivocación.

**EQUIVOCAR** v. tr. y pron. **[1a]**. Tener o tomar una cosa por otra juzgando u obrando desacertadamente.

**EQUÍVOCO, A** adj. (lat. *aequivocum*). Dícese del término cuya significación no es una, sino que designa objetos totalmente diferentes. **2.** Dícese de las personas que por su aspecto o maneras hacen sospechar inmoralidad. **3.** Relativo a dichas personas: *aspecto equívoco.* ◆ n. m. **4.** Malentendido.

**Er,** símbolo químico del *erbio.*

**ERA** n. f. (bajo lat. *aera,* número, cifra). Cada uno de los sistemas de cómputo cronológico en que se asigna a cada año, siglo o milenio un número de orden a partir de una fecha determinada. **2.** Punto de partida de cada cronología particular. **3.** Época notable en que empieza un nuevo orden de cosas: *la era atómica.* **4.** GEOL. Subdivisión de primer orden de los tiempos geológicos.

**ERA** n. f. (lat. *aream*). Espacio descubierto, llano y a veces empedrado, donde se trillan las mieses.

**ERAL, LA** n. Res vacuna que no pasa de dos años.

**ERARIO** n. m. (lat. *aerarium*). Tesoro público. **2.** Lugar donde se guarda.

**ERASMISMO** n. m. Ideología suscitada en el s. XVI por el humanista Erasmo de Rotterdam.

**ERASMISTA** adj. y n. m. y f. Relativo al erasmismo; partidario de esta ideología.

**ERBIO** n. m. (de *Ytterby,* localidad sueca). Metal (Er) del grupo de los lantánidos, de número atómico 68 y masa atómica 167,27.

**ERE** n. f. Nombre de la letra *r* en su sonido simple.

**ERECCIÓN** n. f. (lat. *erectionem*). Acción y efecto de levantar, levantarse, enderezarse o ponerse rígida una cosa. **2.** FISIOL. Estado de rigidez de algunos tejidos orgánicos y de algunos órganos, en particular el pene, en estado de turgencia.

**ERÉCTIL** adj. Que puede levantarse, enderezarse o ponerse rígido.

**ERECTILIDAD** n. f. Calidad de eréctil.

**ERECTO, A** adj. Enderezado, levantado, rígido: *ramas erectas.*

**ERECTOR, RA** adj. y n. Que erige. ◆ adj. **2.** FISIOL. Relativo a la erección: *músculo erector.*

**EREMITA** n. m. y f. (gr. *erēmitēs*). Asceta que vive en soledad.

**EREMÍTICO, A** adj. Relativo a los eremitas: *vida eremítica.*

**EREPSINA** n. f. Enzima del jugo intestinal que transforma las peptonas en aminoácidos.

**ERETISMO** n. m. (gr. *erethismos*). MED. Estado anormal de irritabilidad de algunos tejidos o sistemas nerviosos.

**ERG** n. m. (voz árabe). En el Sahara, nombre que se da a las regiones ocupadas por las dunas.

**erg,** símbolo del *ergio,* unidad de trabajo.

**ERGASTOPLASMA** n. m. Orgánulo intracelular que forma una especie de filamento en el que se fijan los ribosomas.

**ERGÁSTULA** n. f. (lat. *ergastulum*). En Roma, edificio, generalmente subterráneo, donde se encerraban los esclavos castigados y los condenados a trabajos forzados.

**ERGATIVO** n. m. LING. Caso gramatical que, en algunas lenguas flexivas, indica el sujeto de una acción que se ejerce sobre un objeto.

**ERGIO** n. m. Unidad de trabajo, de energía y de cantidad de calor (símbolo erg), que equivale a $10^{-7}$ julios.

**ERGO** conj. (voz latina). Por tanto, luego, pues.

**ERGÓGRAFO** n. m. Aparato para el estudio del trabajo muscular.

**ERGOL** n. m. Nombre genérico de toda sustancia química susceptible de entrar en la composición de una mezcla propulsora.

**ERGONOMÍA** n. f. Conjunto de estudios e investigaciones sobre la organización metódica del trabajo y el acondicionamiento del equipo en función de las posibilidades del hombre. **2.** Busca de una mejor adaptación entre una función, un hardware y el usuario; cualidad de un hardware así concebido.

**ERGONÓMICO, A** adj. Relativo a la ergonomía. **2.** Que se caracteriza por una buena ergonomía.

**ERGOSTEROL** n. m. Esterol presente en los tejidos animales o vegetales, y que puede transformarse en vitamina D por la influencia de los rayos ultravioletas.

**ERGOTAMINA** n. f. Base nitrogenada tóxica, extraída del cornezuelo del centeno y que se utiliza en medicina como simpatolítico.

**ERGOTERAPIA** n. f. Terapéutica a base de actividad física o manual, aplicada especialmente en las afecciones mentales como medio de readaptación social.

**ERGOTINA** n. f. (gr. *ergotine*). Alcaloide del cornezuelo del centeno.

**ERGOTISMO** n. m. Intoxicación producida por la ingestión de centeno afecto de cornezuelo, y que se manifiesta por trastornos nerviosos y síquicos o por trastornos vasculares.

**ERGUÉN** n. m. Planta arbórea espinosa, de poca

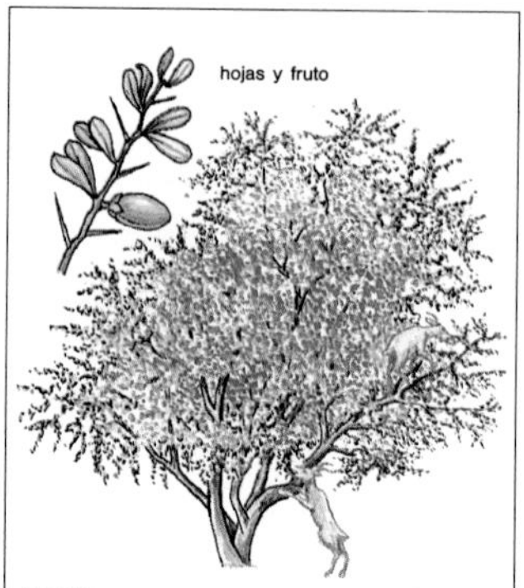

erguén

altura y copa muy extendida, de cuyas semillas se extrae aceite. (Familia sapotáceas.)

**ERGUIMIENTO** n. m. Acción y efecto de erguir.

**ERGUIR** v. tr. y pron. (lat. *erigere*) **[23]**. Levantar y poner derecha una cosa, especialmente el cuello, la cabeza, etc.

**ERIAL** adj. y n. m. Dícese de la tierra o campo sin cultivar ni labrar.

**ERICÁCEO, A** adj. y n. f. Relativo a una familia de plantas dicotiledóneas gamopétalas, como el brezo, el rododendro y la azalea.

**ERIGIR** v. tr. (lat. *erigere*) **[3b]**. Fundar, instituir o levantar: *erigir una iglesia.* ◆ v. tr. y pron. **2.** Elevar a cierta condición: *erigirse en cabecilla.*

**ERINA** n. f. CIR. Instrumento que sirve para mantener separados los tejidos durante una operación.

**ERISIPELA** n. f. (gr. *erysipelas*). Enfermedad infecciosa, debida a un estreptococo, caracterizada por una inflamación de la piel, que afecta preferentemente a la dermis y se localiza frecuentemente en la cara.

**ERISIPELATOSO, A** adj. Relativo a la erisipela.

**ERISTALIS** n. m. Gruesa mosca de abdomen amarillo y negro, que recuerda una avispa. (Familia sírfidos.)

**ERÍSTICA** n. f. Arte de la controversia.

**ERITEMA** n. m. (gr. *erythēma*, enrojecimiento de la piel). Congestión cutánea que provoca un enrojecimiento de la piel.

**ERITEMATOSO, A** adj. Relativo al eritema.

**ERITRASMA** n. f. MED. Dermatosis muy frecuente en las ingles, que se caracteriza por una placa de color rojo amarronado simétrica y es debida a una micosis.

**ERITREO, A** adj. y n. De Eritrea. ◆ adj. **2.** Relativo al mar Rojo.

**ERITROBLASTO** n. m. Célula madre de los eritrocitos, que conserva su núcleo.

**ERITROBLASTOSIS** n. f. Presencia patológica de eritroblastos en la sangre.

**ERITROCITO** n. m. Hematíe.

**ERITROFOBIA** n. f. Temor exagerado a ruborizarse.

**ERITROMICINA** n. f. Antibiótico activo contra las bacterias grampositivas y contra las del género *Brucella.*

**ERITROPOYETINA** n. f. Sustancia sintética que aumenta la producción de hematíes, utilizada por algunos deportistas para aumentar su rendimiento.

**ERIZADO, A** adj. BOT. Dícese de las plantas y de sus órganos cubiertos de pelos tiesos, rígidos, casi punzantes.

**ERIZAMIENTO** n. m. Acción y efecto de erizar.

**ERIZAR** v. tr. y pron. **[1g]**. Levantar, poner algo, especialmente el pelo, rígido y tieso como las púas del erizo. ◆ v. tr. **2.** *Fig.* Llenar o estar llena una cosa de obstáculos, asperezas, etc.

**ERIZO** n. m. (lat. *ericium*). Mamífero del orden insectívoros, de unos 20 cm de long., caracterizado por sus pelos dorsales, que son púas agudas, y por la facultad de arrollarse en forma de bola. **2.** *Fig.* y *fam.* Persona de carácter áspero. **3.** BOT. Cúpula erizada de pinchos en que se contienen tres o más frutos del castaño. **4.** MIL. Conjunto de puntas de hierro que coronaba una muralla, etc., para dificultar el paso sobre ella. **5.** MIL. Obstáculo formado por maderos unidos con alambre de espino, utilizado como caballo de frisa. • **Erizo de mar,** o **marino,** animal marino con caparazón calcáreo globuloso, cubierto de púas móviles y cuyas glándulas reproductoras son comestibles. (Tipo equinodermos.)

**ERKE** o **ERQUE** n. m. *Argent.* Instrumento musical de viento, especie de trompeta, con embocadura lateral, y cuyo pabellón se prolonga en dos o más cañas insertadas entre sí hasta alcanzar entre 2 y 6 m de long.

**ERKENCHO** o **ERQUENCHO** n. m. *Argent.* Trompeta rústica cuyo pabellón se construye con un cuerno de vacuno en el que se inserta una boquilla de caña terminada a modo de lengüeta.

**ERMITA** n. f. Capilla situada en despoblado o en las afueras de una población.

**ERMITAÑO, A** n. (lat. *eremitanem*). Persona que vive en una ermita y cuida de ella. **2.** Asceta que vive en soledad. ◆ n. m. **3.** Decápodo marino, de abdomen blando y de gran tamaño, que para proteger éste se aloja en la concha vacía de algún molusco. (Familia pagúridos.)

**EROGACIÓN** n. f. Acción y efecto de erogar. **2.** *Méx.* Gasto, pago.

**EROGAR** v. tr. (lat. *erogare*) **[1b]**. Distribuir bienes o caudales. **2.** *Bol.* Gastar el dinero. ◆ v. intr. **3.** *Méx.* Gastar, pagar.

**ERÓGENO, A** o **EROTÓGENO, A** adj. Dícese de una parte del cuerpo susceptible de provocar una excitación sexual: *zonas erógenas.*

**EROS** n. m. (gr. *erōs*, amor). SICOANÁL. Conjunto de las pulsiones de vida en la teoría freudiana.

**EROSIÓN** n. f. (lat. *erosionem*). Desgaste producido en la superficie de un cuerpo por la fricción de otro. **2.** Conjunto de fenómenos constituidos por la degradación del relieve y el transporte y acumulación de los materiales arrancados. **3.** *Fig.* Pérdida de prestigio o de influencia de una persona o una institución. • **Erosión del suelo,** degradación debida principalmente a la acción del hombre. ‖ **Erosión diferencial,** ablación desigual resultante de las diferencias de resistencia de las distintas rocas frente a los agentes de erosión. ‖ **Erosión regresiva,** excavación que se desplaza remontando el curso de un río, torrente, etc., a causa de un descenso del nivel de base. ‖ **Sistema de erosión,** combinación relativamente constante, en una zona climática, de distintos procesos de erosión. ‖ **Superficie de erosión,** superficie que resulta de un largo trabajo de erosión.

**EROSIONAR** v. tr. **[1]**. Producir erosión. ◆ v. tr. y pron. **2.** *Fig.* Desgastar el prestigio o influencia de una persona, partido, etc.

**EROSIVO, A** adj. Relativo a la erosión.

**ERÓTICO, A** adj. (lat. *eroticum*). Relativo al amor, especialmente al sexual.

**EROTISMO** n. m. Carácter de erótico. **2.** Búsqueda diversa de la excitación sexual. **3.** SICOANÁL. Aptitud de la excitación de las zonas erógenas para acompañarse de placer sexual.

erizo

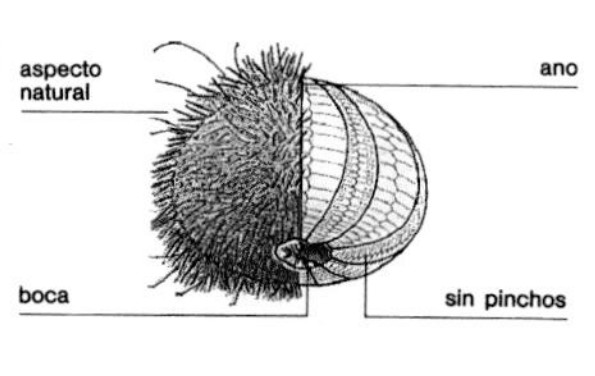

erizo de mar

**EROTIZAR** v. tr. y pron. **[1g]**. Dar carácter erótico.

**EROTÓGENO, A** adj. Erógeno.

**EROTOLOGÍA** n. f. Estudio científico del amor físico y de las obras eróticas.

**EROTOMANÍA** n. f. SIQUIATR. Afección mental caracterizada por una obsesión sexual.

**EROTÓMANO, A** adj. y n. Que padece erotomanía.

**ERRABUNDO, A** adj. (lat. *errabundum*). Que anda vagando de una parte a otra.

**ERRADICACIÓN** n. f. Acción de erradicar. **2.** Supresión total de una enfermedad infecciosa y contagiosa en un determinado territorio.

**ERRADICAR** v. tr. **[1a]**. Arrancar de raíz.

**ERRAJ** n. m. Cisco de huesos de aceituna machacados.

**ERRANTE** adj. Que anda vagando.

**ERRAR** v. tr., intr. y pron. (lat. *errare*) **[1k]**. No acertar, equivocarse. ◆ v. intr. **2.** Andar vagando de una parte a otra.

**ERRATA** n. f. (lat. *errata*). Equivocación material en lo impreso o lo manuscrito.

**ERRÁTICO, A** adj. Vagabundo, sin domicilio cierto. **2.** Inestable, inconstante. **3.** MED. Intermitente, irregular. • **Bloque errático** (GEOL.), bloque redondeado o anguloso que subsiste después del retroceso de un glaciar.

**ERRE** n. f. Nombre de la letra *r* en su sonido fuerte. • **Erre que erre** *(Fam.)*, con obstinación, con terquedad.

**ERRONA** n. f. *Chile.* Suerte en que no acierta el jugador.

**ERRÓNEO, A** adj. (lat. *erroneum*). Que contiene error: *suposición errónea.*

**ERROR** n. m. (lat. *errorem*). Concepto equivocado o juicio falso. **2.** Acción desacertada o equivocada. **3.** Conducta reprochable, particularmente desde un punto de vista religioso: *vivir en el error.* **4.** DER. Conocimiento falso, disconformidad entre el conocimiento y la realidad de las cosas en cualquier acto o contrato jurídico. • **Error absoluto,** diferencia entre el valor exacto de una magnitud y el valor dado por su medida. ‖ **Error relativo,** relación entre el error absoluto y el valor de la dimensión medida.

**ERSE** adj. (voz inglesa). Relativo a los habitantes de la alta Escocia. ◆ n. m. **2.** Dialecto gaélico hablado en Escocia.

**ERTZAINA** n. m. y f. (voz vasca). Miembro de la ertzantza.

**ERTZANTZA** n. f. (voz vasca). Policía autónoma del País Vasco.

**ERUBESCENCIA** n. f. (lat. *erubescentiam*). Rubor, vergüenza.

**ERUBESCENTE** adj. Que se sonroja.

**ERUCIFORME** adj. ZOOL. Dícese de una larva de insecto con aspecto de oruga.

**ERUCTAR** v. intr. **[1]**. Echar por la boca y con ruido los gases acumulados en el estómago.

**ERUCTO** n. m. Acción y efecto de eructar. **2.** Gases expelidos al eructar.

**ERUDICIÓN** n. f. (lat. *eruditionem*). Saber profundo en un tipo de conocimientos, especialmente en los referentes a disciplinas literarias e históricas.

**ERUDITO, A** adj. y n. Que tiene erudición.

**ERUPCIÓN** n. f. (lat. *eruptionem*). Expulsión violenta de algo contenido en un sitio. **2.** MED. Brote brusco de las lesiones de localización cutánea de una enfermedad. • **Erupción cromosférica,** fenómeno de la actividad solar que se manifiesta por el incremento repentino y temporal de las emisiones de radiaciones electromagnéticas y de corpúsculos de una región de la cromosfera, que provoca importantes trastornos en el campo magnético de la Tierra. ‖ **Erupción volcánica,** emisión más o menos violenta, producida por un volcán, de lavas, proyecciones y gas.

**ERUPCIONAR** v. tr. **[1]**. *Colomb.* Hacer erupción un volcán.

**ERUPTIVO, A** adj. Perteneciente a la erupción o procedente de ella. • **Enfermedad eruptiva,** enfermedad predominantemente infantil, caracterizada por la aparición de lesiones rojizas en la piel, como el sarampión, escarlatina, rubéola, etc. ‖

**Roca eruptiva,** roca de origen interno que cristaliza a partir de un magma. SIN.: *roca magmática.*

**Es,** símbolo químico del *einstenio.*

**ESBATIMENTO** n. m. (ital. *sbattimento*). PINT. Sombra que hace un cuerpo sobre otro.

**ESBELTEZ** n. f. Calidad de esbelto.

**ESBELTO, A** adj. (ital. *svelto*). Delgado, alto y de formas graciosas, ágiles y elegantes: *muchacha esbelta.*

**ESBIRRO** n. m. (ital. *sbirro*). Alguacil, oficial inferior de justicia. **2.** El que tiene por oficio prender a las personas o ejecutar personalmente órdenes de las autoridades. **3.** *Fig.* El que sirve a una persona que le paga para ejecutar violencias o desafueros.

**ESBOZAR** v. tr. **[1g]**. Bosquejar.

**ESBOZO** n. m. (ital. *sbozzo*). Bosquejo.

**ESCABECHAR** v. tr. **[1]**. Poner en escabeche. **2.** *Fig.* y *fam.* Matar. **3.** *Fig.* y *fam.* Suspender a alguien en un examen.

**ESCABECHE** n. m. Adobo en que se tiene en maceración carne o pescado. **2.** Pescado puesto en escabeche. **3.** *Argent.* Fruto en vinagre, encurtido.

**ESCABECHINA** n. f. *Fam.* Destrozo, estrago. **2.** *Fam.* Abundancia de suspensos en un examen.

**ESCABEL** n. m. Tarima pequeña colocada delante de la silla para descansar los pies. **2.** Asiento pequeño hecho de tablas, sin respaldo. **3.** *Fig.* Persona o circunstancia de que uno se aprovecha para medrar.

**ESCABINATO** n. m. DER. Tribunal formado por jueces que no son expertos en materia jurídica, legos, y por jueces expertos en materia jurídica, letrados, que deliberan conjuntamente.

**ESCABIOSA** n. f. Planta de flores blancas o azuladas, que se utilizaba contra las enfermedades de la piel. (Familia dipsacáceas.)

**ESCABIOSO, A** adj. Relativo a la sarna.

**ESCABROSIDAD** n. f. Calidad de escabroso.

**ESCABROSO, A** adj. Dícese del terreno abrupto, áspero, quebrado. **2.** *Fig.* Áspero, duro: *carácter escabroso.* **3.** *Fig.* Dícese del asunto difícil de manejar o resolver. **4.** *Fig.* Que está al borde de lo inmoral y obsceno.

**ESCABULLARSE** v. pron. **[1]**. *Antillas, Colomb.* y *Venez.* Escabullirse.

**ESCABULLIMIENTO** n. m. Acción de escabullirse.

**ESCABULLIRSE** v. pron. **[3h]**. Irse o escaparse de entre las manos: *escabullirse una anguila.* **2.** *Fig.* Ausentarse disimuladamente.

**ESCACHARRAR** v. tr. y pron. **[1]**. Malograr, estropear una cosa.

**ESCAFANDRA** n. f. (fr. *escaphandre*). Equipo herméticamente cerrado, en el que está asegurada la circulación del aire por medio de una bomba, que emplean los buzos para trabajar debajo del agua. • **Escafandra autónoma,** aparato respiratorio individual, que permite a un submarinista evolucionar por debajo del agua sin ningún enlace o dependencia con la superficie. || **Escafandra espacial,** escafandra que llevan los astronautas ya sea dentro de las naves, durante las fases más delicadas de los vuelos espaciales, o para salir a realizar trabajos en el espacio.

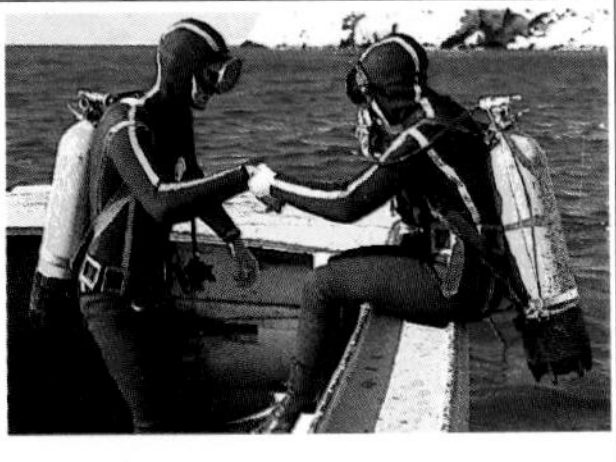

**escafandra:** submarinistas equipados con escafandras autónomas

**ESCAFANDRISTA** n. m. y f. Submarinista provisto de escafandra.

**ESCAFOIDES** n. m. ANAT. Nombre de dos huesos, uno del carpo y otro del tarso. SIN.: *hueso navicular.*

**ESCAFÓPODO, A** adj. y n. m. Relativo a un orden de moluscos que tienen la concha en forma de tubo.

**ESCAJOCOTE** n. m. Planta arbórea corpulenta, de América Central, cuyo fruto tiene el aspecto de una bola de algodón cuando se le quita la cáscara.

**ESCALA** n. f. (lat. *scalam*). Escalera de mano. **2.** Serie graduada de cosas distintas, pero de la misma especie. SIN. *gama.* **3.** *Fig.* Tamaño o proporción en que se desarrolla un plano o idea. **4.** En una representación gráfica, cartográfica o fotográfica, o en una maqueta, un modelo reducido, etc., proporción entre una longitud determinada y la longitud correspondiente. (La escala puede estar indicada en forma del número que expresa esta proporción o representada gráficamente por un trazo graduado.) **5.** Sucesión o serie de sonidos ordenados en función de un principio acústico o de una fórmula determinada y que pueden ser utilizados en una composición o improvisación musical. **6.** Serie de divisiones de un instrumento de medida. **7.** Sistema de niveles o grados que constituyen una jerarquía o una estructura jerarquizada; serie continua y progresiva: *escala social; escala de valores, de salarios, de precios.* **8.** En las líneas aéreas o marítimas, cada uno de los puntos previstos donde se detiene una nave, en tránsito hacia el punto de destino, para abastecerse de combustible, descargar o cargar mercancías, recoger pasajeros, etc. **9.** MAR. Escalera. **10.** MIL. Escalafón. • **En escala,** por mayor, en grueso. || **Hacer escala,** tocar una nave en un puerto o aeropuerto antes de llegar al término a que se dirige. ◆ **escalas** n. f. pl. **11.** HIST. Establecimientos comerciales fundados por las naciones cristianas en los países infieles.

■ En occidente, las escalas musicales se dividen en *diatónicas* (siete sonidos) y *cromáticas* (doce sonidos separados por semitonos). Las escalas diatónicas comprenden dos modos: *mayor* (cinco tonos y dos semitonos) y *menor* (tres tonos, un tono y medio y tres semitonos).

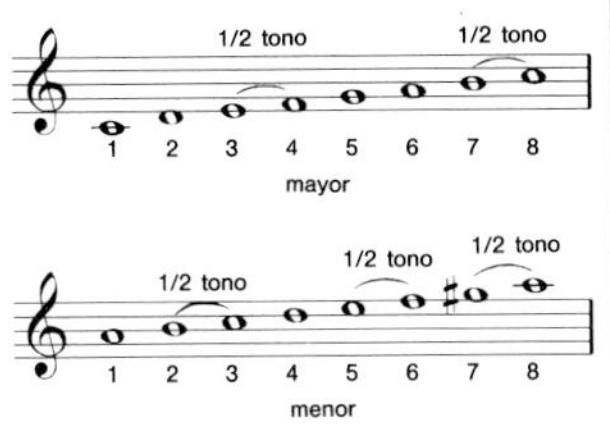


**escalas** musicales

**ESCALADA** n. f. Acción y efecto de escalar. **2.** *Fig.* Aumento o intensificación progresiva de una acción o de una variable económica: *escalada de violencia; escalada de precios.* **3.** ALP. Acción y efecto de trepar por una gran pendiente o una gran altura, empleando los pies y las manos. **4.** DEP. Prueba ciclista en la que los participantes deben ascender cuestas prolongadas o con fuerte inclinación. • **Escalada artificial,** en alpinismo, escalada en la que el escalador se ayuda con presas y apoyos que forma hundiendo los pitones en las grietas de las rocas. || **Escalada libre,** aquella en la que el escalador sube por sus propios medios, aprovechando las presas y apoyos que le ofrece la roca.

**ESCALADOR, RA** adj. y n. Que escala. ◆ n. **2.** ALP. Persona que practica la escalada.

**ESCALAFÓN** n. m. Lista de los funcionarios de la administración, clasificados según su empleo, antigüedad, etc.

**ESCALAMIENTO** n. m. Acción y efecto de escalar. **2.** DER. Acción de entrar en un lugar por vía no destinada al efecto. SIN.: *escalo.*

**ESCÁLAMO** n. m. MAR. Estaca pequeña y redonda, fijada en la borda de una embarcación, a la cual se ata el remo.

**ESCALAR** v. tr. **[1]**. Entrar en una plaza u otro lugar valiéndose de escalas. **2.** Subir, trepar a una gran altura. **3.** Entrar subrepticia o violentamente en un lugar cercado, saltar una tapia. **4.** *Fig.* Subir, no siempre por buenas artes, a elevadas dignidades.

**ESCALAR** adj. MAT. Dícese de una magnitud enteramente definida por su medida en función de una cierta unidad. • **Producto escalar de dos vectores,** producto de sus módulos por el coseno del ángulo que forman. ◆ n. m. **2.** MAT. En un espacio vectorial definido sobre un cuerpo conmutativo K, cada uno de los elementos de K.

**ESCALARIS** n. m. Pez de cuerpo comprimido verticalmente, de 15 cm de long., originario de América del Sur, que a menudo se cría en acuario. (Familia cíclidos.)

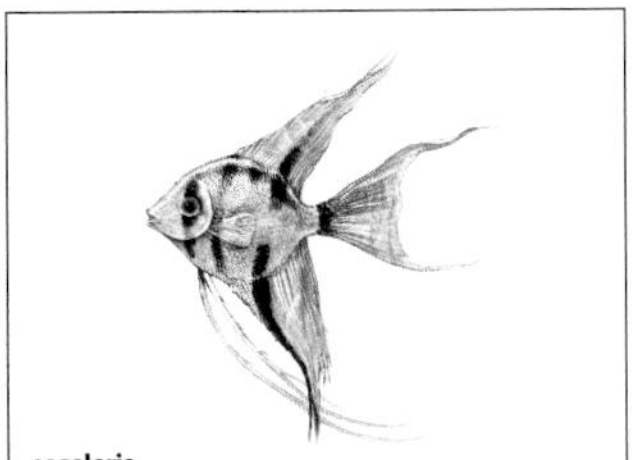

**escalaris**

**ESCALDADO, A** adj. *Fam.* Receloso por haber sido escarmentado. ◆ adj. y n. m. **2.** Dícese de los cereales que han sufrido los efectos de un calor excepcional y como consecuencia los granos han quedado pequeños y arrugados.

**ESCALDADURA** n. f. Escaldamiento.

**ESCALDAMIENTO** n. m. Acción y efecto de escaldar.

**ESCALDAR** v. tr. y pron. **[1]**. Bañar con agua hirviendo una cosa. ◆ **escaldarse** v. pron. **2.** Escocerse, ponerse roja e inflamarse la piel.

**ESCALDE** n. m. Enfermedad que ocasionan las bacterias en diversas plantas.

**ESCALDO** n. m. LIT. Nombre de los antiguos poetas escandinavos.

**ESCALENO** adj. MAT. Dícese del triángulo que tiene los tres lados desiguales. ◆ n. m. **2.** ANAT. Nombre de tres músculos con función inspiradora, que van de las vértebras cervicales a los dos primeros pares de costillas.

**ESCALERA** n. f. (lat. *scalaria,* peldaños). Serie de escalones para subir y bajar. **2.** En el póquer, combinación de cinco cartas de valor correlativo. **3.** *Fig.* Trasquilón recto o línea de desigual nivel que la tijera deja en el pelo mal cortado. • **Escalera de caracol,** o **de husillo,** la de forma espiral, seguida y sin ningún descanso. || **Escalera de mano,** la portátil, formada de dos largueros paralelos unidos a intervalos iguales por travesaños. || **Escalera de servicio,** escalera accesoria que tienen algunas casas para dar paso a ella a la servidumbre y a los abastecedores. || **Escalera mecánica,** escalera de peldaños articulados que transporta a la gente hacia arriba o hacia abajo.

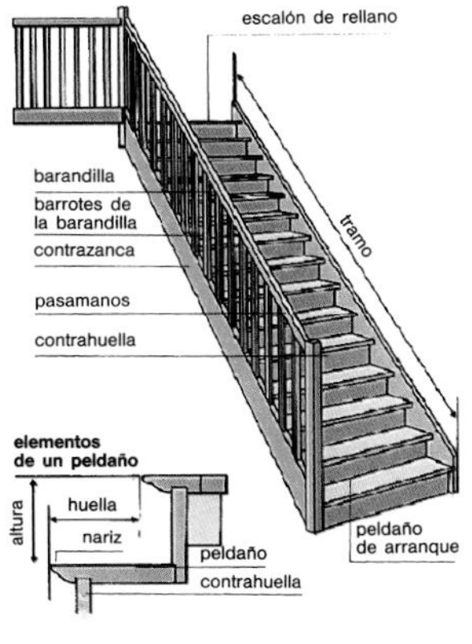


**escalera:** elementos constitutivos

**ESCALERILLA** n. f. Escalera de corto número de escalones.

**ESCALFADO, A** adj. Dícese de la pared mal encalada y que forma burbujas.

**ESCALFAR** v. tr. [**1**]. Cocer en agua hirviendo o caldo un huevo sin la cáscara.

**ESCALINATA** n. f. (ital. *scalinata*). Escalera exterior de un solo tramo y hecha de fábrica.

**ESCALIO** n. m. (lat. *squalidum*, inculto). Acción de romper o labrar de nuevo en tierras yermas o en baldíos de propiedad comunal.

**ESCALO** n. m. Acción de escalar. **2.** DER. Escalamiento.

**ESCALOFRIANTE** adj. Aterrador, horrible. **2.** Asombroso, sorprendente.

**ESCALOFRIAR** v. tr., intr. y pron. [**1t**]. Producir escalofríos.

**ESCALOFRÍO** n. m. Contracción muscular de breve duración que adopta el aspecto de temblor irregular y que se interpreta como una reacción de defensa frente al frío.

**ESCALÓN** n. m. Peldaño. **2.** Cada uno de los grados de una serie continua y progresiva.

**ESCALONAMIENTO** n. m. Acción y efecto de escalonar.

**ESCALONAR** v. tr. y pron. [**1**]. Situar ordenadamente personas o cosas de trecho en trecho. ◆ v. tr. **2.** Distribuir en tiempos sucesivos las partes de una serie.

**ESCALOPA** n. f. Escalope.

**ESCALOPE** n. m. Loncha delgada de carne empanada y frita.

**ESCALPAR** v. tr. [**1**]. Arrancar el cuero de la cabeza con el cabello adherido.

**ESCALPELO** n. m. Instrumento de corte empleado en cirugía y en las disecciones anatómicas.

**ESCALPO** n. m. Cabellera arrancada del cráneo junto con la piel y que algunos pueblos amerindios de América septentrional conservaban como trofeo de guerra.

**ESCAMA** n. f. (lat. *squamam*). Cada una de las láminas que cubren el cuerpo de algunos animales, córneas en los reptiles, y óseas en los peces. **2.** Lo que tiene esta forma: *jabón en escamas.* **3.** Parte más alta y externa del hueso temporal. **4.** BOT. Hoja rudimentaria que protege las yemas en invierno. **5.** MED. Laminilla epidérmica que se desprende de la piel, particularmente en las dermatosis.

**ESCAMADA** n. f. *Méx. Fam.* Susto.

**ESCAMAR** v. tr. [**1**]. Quitar las escamas a los peces. **2.** *Méx. Fam.* Asustar, intimidar. ◆ v. tr. y pron. **3.** *Fam.* Hacer que uno entre o entrar en recelo o desconfianza.

**ESCAMOLES** n. m. pl. *Méx.* Hueva comestible de cierto tipo de hormiga, muy apreciable por su sabor.

**ESCAMÓN, NA** adj. Receloso, desconfiado.

**ESCAMONDA** n. f. Escamondo.

**ESCAMONDAR** v. tr. [**1**]. Cortar las ramas inútiles de un árbol.

**ESCAMONDO** n. m. Acción y efecto de escamondar.

**ESCAMONEA** n. f. Planta herbácea, que crece en Asia Menor y Siria, de la que se obtiene una gomorresina muy purgante. (Familia convolvuláceas.) **2.** Gomorresina de esta planta.

**ESCAMOSO, A** adj. Que tiene escamas.

**ESCAMOTEAR** v. tr. (fr. *escamoter*) [**1**]. Hacer un prestidigitador que desaparezcan a ojos vistas las cosas que maneja. **2.** *Fig.* Eliminar algo de modo arbitrario. **3.** *Fig.* Robar con habilidad y astucia.

**ESCAMOTEO** n. m. Acción y efecto de escamotear.

**ESCAMPADA** n. f. *Fam.* Interrupción de la lluvia; intervalo en que deja de llover.

**ESCAMPAR** v. tr. [**1**]. Despejar, desembarazar un sitio. ◆ v. intr. **2.** Dejar de llover.

**ESCÁMULA** n. f. Pequeña escama, como las que recubren las alas de las mariposas.

**ESCANCIADOR, RA** adj. y n. Que sirve las bebidas en las mesas y convites.

**ESCANCIAR** v. tr. [**1**]. Echar vino, especialmente servirlo en las mesas y convites. ◆ v. intr. **2.** Beber vino.

**ESCANDA** n. f. Tipo de trigo propio de terrenos pobres, cuyo grano se adhiere con fuerza al cascabillo.

**ESCANDALERA** n. f. *Fam.* Escándalo, alboroto.

**ESCANDALIZAR** v. tr. (lat. *scandalizare*) [**1g**]. Causar escándalo. **2.** Armar jaleo, alboroto, ruido. ◆ **escandalizarse** v. pron. **3.** Mostrarse indignado u horrorizado por algo.

**ESCANDALLAR** v. tr. [**1**]. Sondear, medir el fondo del mar con el escandallo. **2.** Aplicar a una mercancía el procedimiento del escandallo.

**ESCANDALLO** n. m. (cat. *escandall*). Parte de la sonda que sirve para reconocer la calidad del fondo del agua. **2.** *Fig.* Procedimiento para determinar el valor, peso o calidad de un conjunto de cosas tomando al azar una de ellas como tipo.

**ESCÁNDALO** n. m. (lat. *scandalum*). Acción que provoca indignación o que es digna de desprecio. **2.** Alboroto, tumulto. **3.** Acción deshonesta, inmoral, que conmueve la opinión pública. • **Escándalo público** (DER.), delito que se caracteriza por una conducta contraria a la moral pública o a las buenas costumbres.

**ESCANDALOSO, A** adj. Que causa escándalo. **2.** Ruidoso, revoltoso.

**ESCANDINAVO, A** adj. y n. De Escandinavia.

**ESCANDIO** n. m. Cuerpo simple metálico, cuyo símbolo químico es Sc, de número atómico 21 y de masa atómica 44,95.

**ESCANDIR** v. tr. [**3**]. Pronunciar un verso con ritmo y marcando con más intensidad los tiempos fuertes. **2.** Descomponer un verso en sus elementos constitutivos.

**ESCANEAR** v. tr. [**1**]. Digitalizar un documento (texto o imagen) mediante un escáner.

**ESCÁNER** n. m. Scanner.

**ESCANSIÓN** n. f. Acción o forma de escandir.

**ESCANTILLÓN** n. m. Regla o patrón para trazar las líneas según las cuales se han de labrar las piezas.

**ESCAÑA** n. f. Planta herbácea que presenta el tallo desnudo en la parte superior y la espiga comprimida lateralmente. (Familia gramíneas.)

**ESCAÑO** n. m. (lat. *scamnum*). Banco con respaldo. **2.** Banco que ocupan los diputados en las cámaras legislativas. **3.** Acta de diputado.

**ESCAPADA** n. f. Acción de escapar, salir uno de prisa u ocultamente. **2.** Esfuerzo que permite a un corredor distanciarse del pelotón. **3.** TAUROM. Huida apresurada del toro. • **En una escapada,** a escape.

**ESCAPAR** v. intr. y pron. [**1**]. Salir uno de prisa o en secreto: *escapar sin ser visto.* **2.** Salir de un encierro, o de alguna enfermedad o peligro. **3.** Quedar fuera del dominio o influencia de una persona o cosa. ◆ v. intr. **4.** Ponerse fuera del alcance de cierta cosa, no ser asequible. ◆ **escaparse** v. pron. **5.** Salirse un fluido por algún resquicio. **6.** Soltarse cualquier cosa que está sujeta: *escaparse algún punto de media.* **7.** *Fig.* No advertir o no darse cuenta de algo: *escapársele a alguien el sentido de una frase.* **8.** Decir alguien algo por descuido, revelarlo inadvertidamente. **9.** No poder retener algo. • **Escapársele** a uno **la mano, la risa,** etc., soltársele involuntariamente.

**ESCAPARATE** n. m. (neerlandés *schaprade*). Espacio en las fachadas de las tiendas que sirve para exponer las mercancías que en ellas se venden.

**ESCAPARATISTA** n. m. y f. Especialista en decorar escaparates.

**ESCAPATORIA** n. f. Acción y efecto de evadirse o escaparse. **2.** Lugar por donde se escapa. **3.** *Fam.* Excusa y modo de evadirse uno de un aprieto o dificultad en que se halla.

**ESCAPE** n. m. Acción de escapar. **2.** Pérdida de un fluido por un orificio o grieta. **3.** *Fig.* Salida, solución. **4.** Expulsión a la atmósfera de los gases de la combustión de un motor térmico. **5.** Dispositivo que permite esta expulsión. **6.** Mecanismo de relojería que sirve para regular el movimiento del péndulo de un reloj. • **A escape,** con gran rapidez. ‖ **Escape libre,** tubo de escape desprovisto de silenciador.

**ESCAPISMO** n. m. Actitud del que se evade de la realidad. **2.** Espectáculo consistente en escapar de ataduras y encierros exagerados.

**ESCAPO** n. m. (lat. *scapum*). ARQ. Fuste de la columna. **2.** BOT. Tallo que, arrancando de un rizoma, bulbo, etc., está desprovisto de hojas y presenta las flores en el ápice. SIN.: *bohordo.*

**ESCÁPULA** n. f. (lat. *scapulam*). Omóplato.

**ESCAPULAR** adj. ANAT. Relativo a la escápula y a la región vecina. • **Cintura escapular,** esqueleto del hombro, formado por tres huesos: clavícula, esternón y escápulas.

**ESCAPULARIO** n. m. Distintivo de algunas órdenes religiosas que consiste en una tira de tela que cuelga sobre el pecho y la espalda. **2.** Objeto devoto similar usado por seglares.

**ESCAPULOHUMERAL** adj. Relativo a la escápula y al húmero.

**ESCAQUE** n. m. Cada una de las casillas del tablero de ajedrez o damas. ◆ **escaques** n. m. pl. **2.** Juego de ajedrez.

**ESCAQUEADO, A** adj. HERÁLD. Jaquelado.

**ESCAQUEARSE** v. pron. [**1**]. Desaparecer, eludir o esquivar un trabajo.

**ESCARA** n. f. MED. Costra negruzca que se forma sobre la piel, las llagas, etc., por necrosis de los tejidos.

**ESCARABAJEAR** v. intr. [**1**]. Bullir, agitarse. **2.** *Fig.* Trazar garabatos. **3.** *Fig.* y *fam.* Desazonar a alguien un pensamiento.

**ESCARABAJEO** n. m. *Fam.* Acción y efecto de escarabajear, desazonar a alguien un pensamiento.

**ESCARABAJO** n. m. Nombre dado a diversos coleópteros, en particular a los de cuerpo ovalado y patas cortas. • **Escarabajo sagrado, pelotero,** o **bolero,** coleóptero que se alimenta de los excrementos de los herbívoros.

**escarabajo** sagrado

**ESCARABEIDO, A** adj. y n. m. Relativo a una familia de insectos coleópteros que tienen antenas formadas por laminillas, como el escarabajo pelotero.

**ESCARABEO** n. m. ARQUEOL. Representación escultórica del escarabajo pelotero.

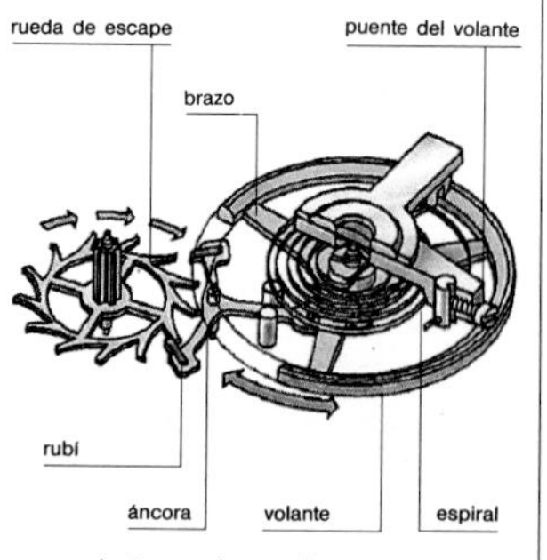


**escape** de áncora de un reloj mecánico

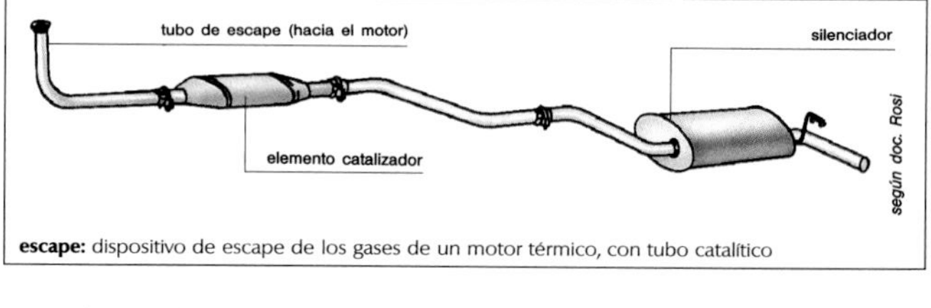


**escape:** dispositivo de escape de los gases de un motor térmico, con tubo catalítico

**ESCARAMUJO** n. m. Rosal silvestre del cual provienen los rosales cultivados. (Familia rosáceas.)

**ESCARAMUZA** n. f. En la guerra, combate de poca importancia, especialmente el sostenido por las avanzadas de los ejércitos. **2.** Riña o discusión poco violenta.

**ESCARAMUZAR** v. intr. **[1g]**. Sostener una escaramuza. **2.** Revolver el caballo a un lado y otro.

**ESCARAPELA** n. f. Roseta de cintas o de plumas que se utiliza como adorno o distintivo y generalmente se coloca en el sombrero.

**ESCARAPELAR** v. intr. **[1]**. *Colomb.* Ajar, manosear. ◆ v. intr. y pron. **2.** *Colomb., C. Rica* y *Venez.* Descascarar, resquebrajar. ◆ **escarapelarse** v. pron. **3.** *Perú.* Ponérsele a uno carne de gallina.

**ESCARBADIENTES** n. m. (pl. *escarbadientes*). Mondadientes.

**ESCARBADOR, RA** adj. Que escarba.

**ESCARBAR** v. tr. **[1]**. Remover la tierra u otra cosa semejante para buscar algo. **2.** Atizar la lumbre removiéndola. **3.** *Fig.* Escudriñar, fisgar. ◆ v. tr. y pron. **4.** Hurgar, tocar repetida e insistentemente con los dedos u otra cosa.

**ESCARBILLO** n. m. Residuo de combustible, no quemado del todo, que se escapa de un hogar.

**ESCARCEAR** v. intr. **[1]**. *Argent., Urug.* y *Venez.* Hacer escarceos el caballo.

**ESCARCELA** n. f. (ital. *scarsella*). Especie de bolsa que se colgaba de la cintura. **2.** Especie de cofia de mujer. **3.** ARM. Pieza de la armadura que cubría el muslo.

**ESCARCEO** n. m. Oleaje menudo que se levanta en la superficie del mar, en los parajes en los que hay corrientes. **2.** *Fig.* Aventura amorosa superficial. ◆ **escarceos** n. m. pl. **3.** Tornos y vueltas que dan los caballos. **4.** *Fig.* Acciones o divagaciones poco serias o poco profundas.

**ESCARCHA** n. f. Capa de hielo que se forma sobre los terrenos y sobre la vegetación en las madrugadas de invierno.

**ESCARCHADO** n. m. Cierto bordado hecho con oro o plata sobre tela.

**ESCARCHAR** v. intr. **[1]**. Formarse escarcha. ◆ v. tr. **2.** Preparar confituras de modo que el azúcar cristalice en lo exterior. **3.** Hacer que en el aguardiente cristalice el azúcar sobre un ramo de anís. **4.** Salpicar una superficie de partículas de talco o de otra sustancia brillante que imite la escarcha.

**ESCARDA** n. f. Escardo. **2.** Época del año en que se realiza esta labor.

**ESCARDAR** v. tr. **[1]**. Arrancar las hierbas nocivas de un sembrado. **2.** *Fig.* Separar en una cosa lo malo de lo bueno.

**ESCARDO** n. m. Acción de escardar o desherbar.

**ESCARIADO** n. m. Acción y efecto de escariar.

**ESCARIADOR** n. m. Herramienta para escariar.

**ESCARIAR** v. tr. **[1]**. Agrandar o redondear un agujero abierto en metal, o el diámetro de un tubo.

**ESCARIFICACIÓN** n. f. Acción y efecto de escarificar. **2.** ETNOL. Adorno corporal practicado por individuos de algunos pueblos primitivos, generalmente melanodermos, consistente en incisiones efectuadas en la piel. **3.** PATOL. Proceso de formación de una escara.

**ESCARIFICADO** n. m. Acción de escarificar la tierra.

**ESCARIFICADOR, RA** adj. Que escarifica. ◆ n. m. **2.** AGRIC. Instrumento agrícola que sirve para mullir la tierra sin voltearla. **3.** CIR. Instrumento para hacer pequeñas incisiones en la piel.

**ESCARIFICAR** v. tr. (lat. *scarificare*) **[1a]**. Mullir la tierra con el escarificador. **2.** Hacer una incisión muy superficial en la piel para provocar la salida de una pequeña cantidad de linfa o sangre.

**ESCARIOSO, A** adj. BOT. Dícese de los órganos delgados y traslúcidos.

**ESCARLATA** adj. De color rojo intenso: *mejillas escarlata.* ◆ n. m. **2.** Color rojo intenso.

**ESCARLATINA** n. f. Enfermedad febril contagiosa, caracterizada por la formación de placas escarlatas en la piel y en las mucosas.

**ESCARMENTAR** v. tr. **[1j]**. Corregir con rigor al que ha errado para que se enmiende. ◆ v. intr. **2.** Tomar enseñanza de la experiencia propia o ajena para evitar nuevos daños o problemas: *no escarmienta nunca.*

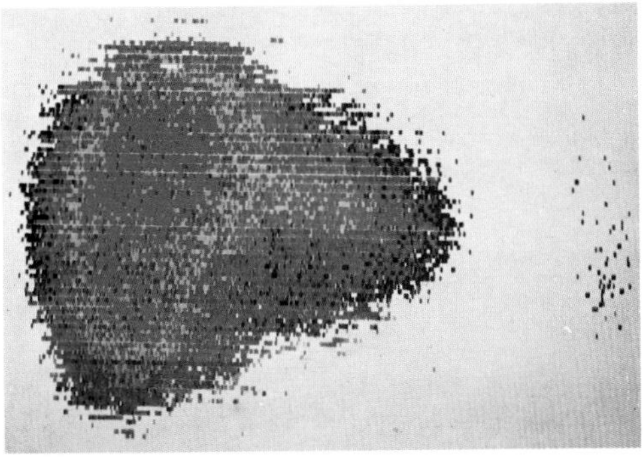

**escintilografía** del hígado

**ESCARMIENTO** n. m. Acción y efecto de escarmentar.

**ESCARNECER** v. tr. **[2m]**. Hacer mofa y burla de otro.

**ESCARNIO** o **ESCARNECIMIENTO** n. m. Acción y efecto de escarnecer.

**ESCARO** n. m. (gr. *skaros*). Pez de los arrecifes coralinos, de colores variados y brillantes, que mide de 20 a 30 cm de long.

**ESCAROLA** n. f. Planta hortense de hojas rizadas que se comen en ensalada.

**ESCARPA** n. f. (ital. *scarpa*). Declive áspero de cualquier terreno. SIN.: *escardadura.* **2.** Talud interior del foso de una fortificación.

**ESCARPADO, A** adj. Que tiene pendiente: *pared escarpada.* **2.** Dícese de las alturas que tienen subida peligrosa o intransitable.

**ESCARPAR** v. tr. **[1]**. Cortar una montaña o terreno poniéndolo en plano inclinado.

**ESCARPE** n. m. Escarpa, declive. **2.** ARM. Parte de la armadura, formada de placas modeladas, que servía para proteger el pie.

**ESCARPIA** n. f. Clavo con cabeza acodillada.

**ESCARPÍN** n. m. (ital. *scarpino*). Zapato de terciopelo acuchillado y con punta roma. **2.** Calzado interior que se colocaba encima de la media o el calcetín. **3.** *Argent.* y *Urug.* Calzado de bebé, hecho con lana o hilo tejidos, que cubre el pie y el tobillo.

**ESCARZA** n. f. Enfermedad del pie del caballo, consistente en una retracción de la parte posterior.

**ESCASAMENTE** adv. m. Con dificultad; apenas.

**ESCASEAR** v. intr. **[1]**. Faltar: *el pan escasea.*

**ESCASEZ** n. f. Insuficiencia, falta de una cosa. **2.** Pobreza, falta de lo necesario para vivir.

**ESCASO, A** adj. Poco, insuficiente en cantidad o número. **2.** Con insuficiente cantidad o número de la cosa que se expresa: *de escasos recursos.*

**ESCATIMAR** v. tr. **[1]**. Dar lo menos posible de algo: *no escatimar esfuerzos.*

**ESCATOFAGIA** n. f. Hábito de comer excrementos, que es patológico en las personas.

**ESCATÓFILO, A** adj. Dícese de algunos insectos que viven o se desarrollan entre los excrementos.

**ESCATOL** n. m. QUÍM. Compuesto, con olor de materia fecal, que tiene su origen en la putrefacción de las proteínas.

**ESCATOLOGÍA** n. f. (de *escato,* último, y *logía*). Conjunto de doctrinas y creencias relacionadas con el destino último del hombre y del universo.

**ESCATOLOGÍA** n. f. (de *escato,* excremento, y *logía*). Estudio de los excrementos.

**ESCATOLÓGICO, A** adj. Relativo a la escatología, parte de la teología.

**ESCATOLÓGICO, A** adj. Relativo a los excrementos y suciedades.

**ESCAUPIL** n. m. Sayo acolchado con algodón, que usaban los antiguos mexicanos para defenderse de las flechas enemigas.

**ESCAYOLA** n. f. (ital. *scagliuola*). Yeso calcinado que, amasado con agua, se emplea como material plástico en escultura, para sacar moldes, para sostener huesos fracturados, etc.

**ESCAYOLAR** v. tr. **[1]**. Endurecer por medio de yeso o escayola los apósitos y vendajes destinados a sostener en posición conveniente los huesos fracturados o luxados.

**ESCENA** n. f. (lat. *scaenam*). Parte del teatro donde actúan los actores. **2.** Caracterización del escenario para que represente el lugar donde se supone que ocurre la acción: *cambio de escena.* **3.** Cada parte de una obra que tiene una unidad en sí, suficiente para caracterizarla. **4.** Actuación algo teatral o exagerada para impresionar. **5.** *Fig.* Suceso o acción real digno de atención, al que se asiste como espectador: *escena terrorífica.* **6.** *Fig.* Teatro, literatura dramática. • **Poner en escena** una obra, representarla, ejecutarla en el teatro.

**ESCENARIO** n. m. Lugar del teatro en que se actúa o lugar en que se desarrolla la acción de una película. **2.** Lugar de un suceso. **3.** Conjunto de cosas o circunstancias que se consideran en torno a alguien o algún suceso.

**ESCÉNICO, A** adj. Relativo a la escena.

**ESCENIFICACIÓN** n. f. Acción y efecto de escenificar.

**ESCENIFICAR** v. tr. **[1a]**. Poner en escena o dar forma dramática a una obra literaria.

**ESCENOGRAFÍA** n. f. Estudio y práctica de toda forma de expresión capaz de inscribirse en el universo del teatro, el espectáculo y la organización espacial. **2.** Decorados escénicos o cualquier obra de decorado.

**ESCENOGRÁFICO, A** adj. Relativo a la escenografía.

**ESCENÓGRAFO, A** n. Autor de una escenografía o especialista en escenografía.

**ESCEPTICISMO** n. m. Doctrina epistemológica que pone en duda la posibilidad del conocimiento de la realidad objetiva. **2.** Cualidad de escéptico, que duda.

**ESCÉPTICO, A** adj. y n. (gr. *skeptikos*). Relativo al escepticismo; adepto a esta doctrina. **2.** Que duda o simula dudar de lo que está probado de una forma evidente o incuestionable.

**ESCIALÍTICO, A** adj. Dícese del dispositivo de iluminación que no proyecta sombras, utilizado en cirugía.

**ESCIÉNIDO, A** adj. y n. m. Relativo a una familia de peces óseos teleósteos, que viven en las aguas poco profundas de los mares cálidos y templados, como el corvallo y el verrugato.

**ESCIENTE** adj. Que sabe.

**ESCIFOZOO, A** adj. y n. m. Acalefo.

**ESCÍNCIDO, A** adj. y n. m. Relativo a una familia de reptiles lacértidos, que vive principalmente en las regiones áridas de África, Asia meridional y Australia, como el eslizón.

**ESCINDIR** v. tr. y pron. (lat. *scindere*) **[3]**. Cortar, dividir, separar.

**ESCINTILOGRAFÍA** n. f. Estudio gráfico de las emisiones radiactivas de un órgano determinado.

**ESCIRRO** n. m. MED. Tumor constituido por un epitelioma acompañado de una reacción fibrosa.

**ESCIRROSO, A** adj. Relativo al escirro.

**ESCISIÓN** n. f. (lat. *scissionem*). Cortadura, rompimiento, desavenencia. **2.** División, separación de personas que formaban una asociación o partido. **3.** CIR. Extirpación, mediante un instrumento cortante, de un órgano o parte de él.

**ESCISIONISTA** adj. Que produce una división.

**ESCISIPARIDAD** n. f. Fisiparidad.

**ESCITA** adj. y n. m. y f. Relativo a un pueblo de lengua irania, establecido entre el Danubio y el Don a partir del s. XII a. J.C.; individuo de este pueblo. (Fueron jinetes y guerreros temibles; desaparecieron en el s. II a. J.C.)

**ESCITAMÍNEO, A** adj. y n. f. Relativo a un orden de plantas monocotiledóneas con ovario ínfero, con estambres de dos tipos, uno de ellos estéril, como el banano.

**ESCIÚRIDO, A** adj. y n. m. Relativo a una familia de mamíferos roedores de pequeña talla, como la ardilla.

**ESCLARECEDOR, RA** adj. Que esclarece.

**ESCLARECER** v. tr. **[2m]**. Iluminar, poner clara una cosa. **2.** *Fig.* Poner en claro, dilucidar una cuestión o doctrina: *esclarecer un asunto turbio.* ◆ v. intr. **3.** Empezar a amanecer.

**ESCLARECIDO, A** adj. Claro, ilustre, singular, insigne.

**ESCLARECIMIENTO** n. m. Acción y efecto de esclarecer.

**ESCLAVA** n. f. Pulsera sin adornos y que no se abre.

**ESCLAVINA** n. f. Prenda de vestir, en forma de capa pequeña, que cubre los hombros.

**ESCLAVISMO** n. m. Sistema social fundado en la esclavitud.

**ESCLAVISTA** adj. y n. m. y f. Partidario de la esclavitud. **2.** Relativo al esclavismo.

**ESCLAVITUD** n. f. Estado en que se halla un individuo o un grupo social que ha sido sometido por otro individuo o grupo social a un régimen económico y político que, generalmente tras deportarlo, le priva de la libertad y le fuerza a realizar determinadas funciones económicas, las más de las veces sin otra contrapartida que el alojamiento y el sustento. **2.** *Fig.* Sujeción excesiva o dependencia por la cual se ve sometida una persona a otra, o a un trabajo u obligación. **3.** *Fig.* Sujeción a las pasiones y afectos del alma.

■ La esclavitud aparece ligada a economías primitivas que basan su potencial en la fuerza humana y animal. Aceptada en la antigua Grecia y en Roma, como un sistema natural, fue sustituida paulatinamente durante la edad media por la servidumbre. Los descubrimientos, especialmente el de América, impulsaron la captura y traslado de negros africanos para trabajar en la plantaciones de Brasil o las Antillas. También la América española importó esclavos africanos, ya que las leyes prohibían la esclavización de indígenas. El movimiento abolicionista, iniciado en Gran Bretaña a principios del s. XIX, provocó prohibiciones internacionales que dificultaron el comercio de esclavos. Las reiteradas condenas internacionales a la esclavitud (acta de Berlín [1885], conferencia colonial de Bruselas [1890], convención de Ginebra [1926], declaración de los derechos humanos de la O.N.U. [1948]), se explican por el hecho de que la esclavitud no ha desaparecido por completo (como es el caso de algunos países del Tercer mundo).

**ESCLAVIZACIÓN** n. f. Acción y efecto de esclavizar.

**ESCLAVIZAR** v. tr. **[1g]**. Reducir a la esclavitud. **2.** *Fig.* Tener sometido a alguien o hacerle trabajar excesivamente.

**ESCLAVO, A** adj. y n. (gr. bizantino *sklavos*). Que se encuentra bajo el dominio absoluto de un amo, quien lo ha capturado o comprado, y carece de libertad. **2.** *Fig.* Sometido rigurosa o fuertemente a alguien o algo.

**ESCLAVÓN, NA** adj. y n. Eslavo. **2.** Eslavón. ◆ n. m. **3.** En la Córdoba omeya, esclavo de procedencia nórdica, frecuentemente eunuco, y que era adquirido en los mercados de Verdún y Praga. SIN.: *eslavo.*

**ESCLERAL** adj. De la esclerótica.

**ESCLERÉNQUIMA** n. f. BOT. Tejido vegetal de sostén.

**ESCLERODERMIA** n. f. Enfermedad de las fibras colágenas de la dermis, que endurece la piel y reduce su flexibilidad y movilidad.

**ESCLERÓFILO, A** adj. BOT. Que tiene las hojas duras, con la cutícula espesa y, por ello, bien adaptadas a la sequía.

**ESCLERÓGENO** adj. MED. Que engendra la formación de tejido escleroso.

**ESCLERÓMETRO** n. m. Instrumento que sirve para medir la dureza de los sólidos, según el esfuerzo que se necesita para rayarlos.

**ESCLEROPROTEÍNA** n. f. Proteína muy resistente, como la queratina.

**ESCLEROSAR** v. tr. y pron. **[1]**. MED. Provocar artificialmente la esclerosis. ◆ **esclerosarse** v. pron. **2.** Alterarse un órgano o tejido con producción de esclerosis.

**ESCLERÓSICO, A** adj. Escleroso.

**ESCLEROSIS** n. f. (gr. *sklērōsis*). MED. Induración patológica de un tejido o de un órgano. • **Esclerosis en placas,** afección de la sustancia blanca del sistema nervioso, que se manifiesta por múltiples focos de esclerosis y que ocasiona variados y regresivos trastornos nerviosos, por lo menos al principio de la evolución de la enfermedad.

**ESCLEROSO, A** adj. y n. Relativo a la esclerosis; afecto de esta enfermedad.

**ESCLERÓTICA** n. f. Membrana externa del globo ocular, resistente y de naturaleza conjuntiva, que forma el blanco del ojo.

**ESCLERÓTICO, A** adj. Relativo a la esclerosis.

**ESCLUSA** n. f. Obra construida en las vías de agua, con puertas de entrada y salida, que permite a los barcos franquear un desnivel, llenando de agua o vaciando el espacio comprendido entre dichas puertas. **2.** Puerta de dicha obra.

**ESCLUSADA** n. f. Cantidad de agua que fluye en el intervalo de tiempo que media entre la apertura y el cierre de una esclusa.

**ESCLUSERO, A** n. Profesional encargado del manejo de las puertas de una esclusa.

**ESCOA** n. f. (cat. *escoa*). Punto de mayor curvatura de cada cuaderna de un buque.

**ESCOBA** n. f. (lat. *scopam*). Utensilio para barrer que se hace con un manojo de ramas flexibles o de diversos filamentos, atado al extremo de un palo o caña. **2.** Planta arbustiva, de 2 m de alt., de ramas angulosas, verdes y lampiñas, y flores amarillas en racimo, con la cual se hacen escobas. (Familia papilionáceas.) **3.** Cierto juego de naipes españoles. **4.** *Colomb.* y *Hond.* Planta malvácea de hojas mucilaginosas. **5.** *C. Rica* y *Nicar.* Pequeño arbusto de la familia de las borragináceas del cual se hacen escobas. • **Camión escoba,** vehículo que va el postrero en las carreras ciclistas para recoger a los deportistas que han abandonado la competición, y sus máquinas.

**ESCOBADA** n. f. Cada uno de los movimientos que se hacen con la escoba para barrer.

**ESCOBAJO** n. m. Escoba vieja. **2.** Raspa que queda del racimo después de quitarle las uvas.

**ESCOBAR** v. tr. **[1]**. Barrer con escoba.

**ESCOBAZO** n. m. Golpe dado con una escoba. **2.** *Argent.* y *Chile.* Barredura ligera. • **Echar a escobazos** *(Fam.),* despedir a uno de mala manera.

**ESCOBÉN** n. m. (cat. *escobenc*). Cualquiera de los conductos de fundición o de acero moldeado que se abren a uno u otro lado de la roda de un barco, para dar paso a la cadena del ancla.

**ESCOBETA** n. f. *Méx.* Escobilla de raíz de zacatón, corta y recia.

**ESCOBILLA** n. f. Escoba pequeña, de cerdas o de alambre. **2.** Pieza conductora destinada a garantizar, mediante contacto por rozamiento, la conexión eléctrica entre un órgano móvil y otro fijo.

**ESCOBILLAR** v. tr. **[1]**. Limpiar con la escobilla, cepillar. **2.** *Méx.* En ciertos bailes, hacer un movimiento rápido con los pies restregando el suelo. ◆ v. intr. **3.** *Amér.* En algunos bailes tradicionales, zapatear suavemente. ◆ **escobillarse** v. pron. **4.** TAUROM. Abrírsele al toro la punta del cuerno, por haber corneado en objetos duros.

**ESCOBILLEO** o **ESCOBILLADO** n. m. *Amér.* Acción y efecto de escobillar.

**ESCOBILLÓN** n. m. Cepillo unido al extremo de un astil, que se usa para barrer el suelo. **2.** Cepillo cilíndrico con mango para limpiar el cañón de un arma de fuego. **3.** CIR. Pequeño instrumento que sirve para limpiar o drenar una cavidad natural.

**ESCOBÓN** n. m. Especie de escoba de palo largo para limpiar objetos o cuerpos huecos, techos, hornos, etc.

**ESCOCEDURA** n. f. Acción y efecto de escocer o escocerse.

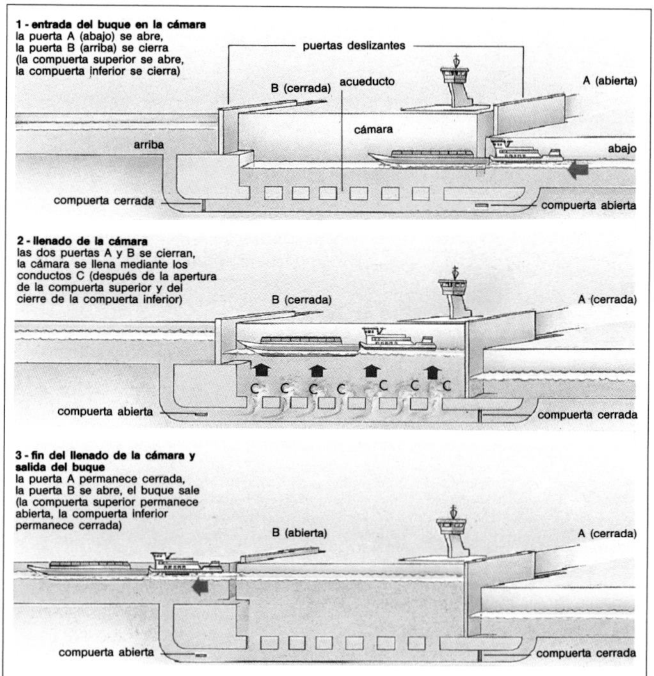
1 - entrada del buque en la cámara
la puerta A (abajo) se abre,
la puerta B (arriba) se cierra
(la compuerta superior se abre,
la compuerta inferior se cierra)
puertas deslizantes
B (cerrada)
acueducto
A (abierta)
cámara
arriba
abajo
compuerta cerrada
compuerta abierta
2 - llenado de la cámara
las dos puertas A y B se cierran,
la cámara se llena mediante los
conductos C (después de la apertura
de la compuerta superior y del
cierre de la compuerta inferior)
B (cerrada)
A (cerrada)
C
compuerta abierta
compuerta cerrada
3 - fin del llenado de la cámara y
salida del buque
la puerta A permanece cerrada,
la puerta B se abre, el buque sale
(la compuerta superior permanece
abierta, la compuerta inferior
permanece cerrada)
B (abierta)
A (cerrada)
compuerta abierta
compuerta cerrada

**esclusa** fluvial: principio de funcionamiento

**ESCOCER** v. intr. **[2f]**. Causar escozor: *el alcohol escuece.* **2.** *Fig.* Producir una impresión de desagrado o aflicción: *los disgustos escuecen.* ◆ **escocerse** v. pron. **3.** Sentirse, dolerse: *escocerse de una contrariedad.* **4.** *Fig.* Ponerse irritadas algunas partes del cuerpo: *escocerse los pies.*

**ESCOCÉS, SA** adj. y n. De Escocia. ◆ adj. y n. m. **2.** Dícese de un tejido a cuadros de diversos colores. ◆ n. m. **3.** Lengua céltica hablada en Escocia.

**ESCOCIA** n. f. (lat. *scotium*). ARQ. Moldura de perfil cóncavo constituido por el acorde de dos arcos de círculo de diferente diámetro. SIN.: *escota.*

**ESCOCIMIENTO** n. m. Escozor.

**ESCODA** n. f. Martillo con punta o corte en ambos lados, para labrar piedras y picar paredes.

**ESCODADURA** n. f. Huella que deja en la piedra la escoda.

**ESCODAR** v. tr. **[1]**. Labrar con la escoda los paramentos de un sillar. **2.** Picar paredes o muros con la escoda.

**ESCOFINA** n. f. Herramienta a modo de lima, de dientes gruesos y triangulares, usada para desbastar.

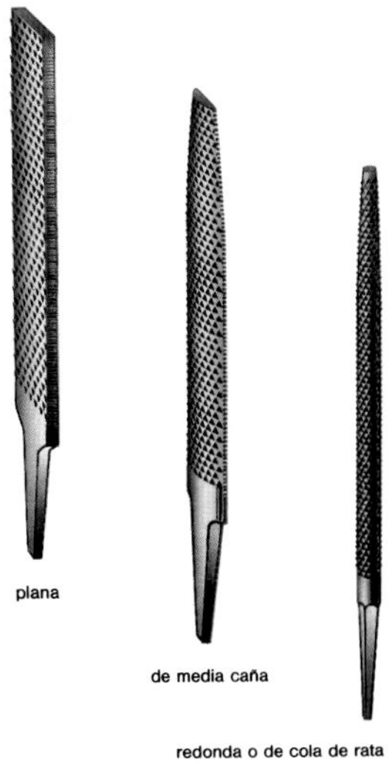


**escofinas:** diferentes tipos de escofinas para madera

**ESCOFINAR** v. tr. **[1]**. Limar con la escofina.

**ESCOGER** v. tr. **[2b]**. Tomar una o más cosas o personas entre otras: *escoger un regalo; escoger marido.*

**ESCOGIDO, A** adj. Selecto: *gente escogida.*

**ESCOLANÍA** n. f. Escuela de música de un monasterio. **2.** Coro de niños de las iglesias.

**ESCOLANO** n. m. Miembro de una escolanía.

**ESCOLAPIO, A** adj. y n. Relativo a la orden de las Escuelas pías; miembro de dicha orden.

**ESCOLAR** n. m. y f. Estudiante que va a la escuela. ◆ adj. **2.** Relativo al estudiante o a la escuela: *edad, año escolar.*

**ESCOLARIDAD** n. f. Período de tiempo durante el cual se asiste a la escuela. **2.** Tiempo que se asiste a un centro de enseñanza para llevar a cabo en él los estudios.

**ESCOLARIZACIÓN** n. f. Acción y efecto de escolarizar.

**ESCOLARIZAR** v. tr. **[1g]**. Suministrar instrucción en régimen escolar: *escolarizar un país.*

**ESCOLÁSTICA** n. f. Enseñanza de las artes liberales en las escuelas monacales medievales. **2.** Filosofía cristiana que se enseñaba en las escuelas y universidades medievales, que ha formado una tradición filosófica que persiste hasta la actualidad.

**ESCOLASTICISMO** n. m. Filosofía enseñada en las universidades y escuelas eclesiásticas medievales. **2.** Exclusivismo de escuela.

**ESCOLÁSTICO, A** adj. y n. (lat. *scholasticum*). Relativo a la escolástica; filósofo o teólogo que sigue esta corriente filosófica. **2.** Dícese de toda doctrina considerada como dogmática.

**ESCÓLEX** n. m. Extremidad anterior de la tenia, provista de ventosas.

**ESCOLIADOR, RA** n. Comentarista que pone notas en los textos antiguos.

**ESCOLIAR** v. tr. **[1]**. Poner escolios a un texto.

**ESCOLIASTA** n. m. y f. Escoliador.

**ESCOLIO** n. m. (lat. *scholium*). Nota que se pone a un texto para explicarlo. **2.** Nota gramatical o crítica sobre autores antiguos.

**ESCOLIOSIS** n. f. (der. del gr. *skolios,* torcido). Desviación lateral de la columna vertebral.

**ESCOLIÓTICO, A** adj. y n. Relativo a la escoliosis; afecto de ella.

**ESCOLLAR** v. intr. **[1]**. *Argent.* Tropezar en un escollo la embarcación. **2.** *Argent.* y *Chile. Fig.* Malograrse un propósito por haber tropezado con algún inconveniente.

**ESCOLLERA** n. f. Obra hecha de piedras arrojadas al fondo del agua para formar un dique de defensa contra el oleaje, para servir de cimiento a un muelle, o para resguardar el pie de otra obra.

**ESCOLLO** n. m. (ital. *scoglio*). Peñasco a flor de agua o que no se descubre bien. **2.** *Fig.* Peligro, dificultad, obstáculo.

**ESCOLOPENDRA** n. f. (lat. *scolopendram*). Artrópodo de unos 10 cm de long., provisto de veintiún pares de patas y un par de uñas venenosas.

**ESCOLTA** n. f. (ital. *scorta*). Formación militar terrestre, aérea o naval encargada de escoltar. **2.** Conjunto de personas que escoltan. • **Buque de escolta,** barco de guerra especialmente equipado para la protección y para la lucha antisubmarina.

**ESCOLTAR** v. tr. **[1]**. Acompañar para proteger, vigilar o en señal de honra: *escoltar un convoy.*

**ESCOMBRERA** n. f. Conjunto de escombros o desechos. **2.** Lugar donde se echan los escombros.

**ESCOMBRERO, A** adj. y n. *Argent.* Dícese de la persona exagerada o aparatosa.

**ESCÓMBRIDO, A** adj. y n. m. Relativo a una familia de peces óseos de alta mar, que suelen ser de color azul verdoso metálico, como la caballa y el atún.

**ESCOMBRO** n. m. Desecho, broza y cascote que queda de una obra de albañilería, de una mina o de un edificio arruinado o derribado. • **Hacer escombro** *(Argent. Fam.),* magnificar la importancia de un hecho o el modo de realizarlo.

**ESCONDER** v. tr. y pron. (lat. *abscondere*) **[2]**. Poner a alguien o a algo en un lugar o sitio retirado o secreto para no ser visto o encontrado fácilmente: *esconder a un fugitivo; esconder un tesoro.* **2.** *Fig.* Encerrar, incluir o contener en sí una cosa que no es manifiesta a todos: *esconder un doble sentido.*

**ESCONDIDAS** n. f. pl. *Amér.* Juego del escondite. • **A escondidas,** de manera oculta.

**ESCONDIDILLAS** n. f. pl. *Méx.* Juego del escondite.

**ESCONDIDOS** n. m. pl. *Perú.* Juego del escondite.

**ESCONDITE** n. m. Escondrijo. **2.** Juego infantil en el cual uno de los jugadores busca a sus compañeros, que se han escondido previamente.

**ESCONDRIJO** n. m. Rincón o lugar oculto y retirado, propio para esconder y guardar en él algo.

**ESCOPETA** n. f. Término general con el que se han designado durante los ss. XV al XVIII diversas armas de fuego portátiles. **2.** Arma de fuego portátil, con uno o dos cañones de unos 8 dm de largo, montados en una caja de madera.

**ESCOPETAZO** n. m. Tiro de escopeta. **2.** Herida hecha por el tiro de una escopeta. **3.** *Fig.* Noticia o suceso súbito e inesperado.

**ESCOPETEAR** v. tr. **[1]**. Hacer repetidos disparos de escopeta: *escopetear una liebre.* ◆ **escopetearse** v. pron. **2.** *Fig.* y *fam.* Dirigirse dos o más personas recíprocamente cumplimientos o insultos.

**ESCOPETEO** n. m. Acción de escopetear o escopetearse.

**ESCOPLEAR** v. tr. **[1]**. Hacer un corte o practicar una canal o ranura en una pieza de madera, con un escoplo, formón, etc.

**ESCOPLO** n. m. (lat. *scalprum*). Especie de cincel de hierro acerado, estrecho, y más grueso que ancho.

**ESCOPOLAMINA** n. f. Alcaloide que se extrae de la mandrágora, parecido a la atropina, que tiene los mismos efectos que ésta.

**ESCORA** n. f. Cada uno de los puntales que sostienen los costados del buque en construcción o en varadero. **2.** Inclinación que toma un buque al ceder al esfuerzo de sus velas, por ladeamiento de la carga, etcétera.

**ESCORAJE** n. m. MAR. Acción de escorar un barco.

**ESCORAR** v. tr. **[1]**. MAR. Apuntalar un buque con escoras. ◆ v. intr. **2.** MAR. Inclinarse un buque por la fuerza del viento o por otras causas.

**ESCORBÚTICO, A** adj. Relativo al escorbuto.

**ESCORBUTO** n. m. (fr. *scorbut*). Enfermedad carencial, caracterizada por hemorragias múltiples y caquexia progresiva. • **Escorbuto infantil,** enfermedad propia de la primera infancia, que cursa con dolores óseos y hemorragias subperiósticas.

**ESCORCHADO, A** adj. (fr. *écorché,* desollado). HERÁLD. Dícese del animal que aparece en carne viva, despellejado y, por lo tanto, de gules.

**ESCORIA** n. f. (lat. *scoriam*). Sustancia vítrea que sobrenada en un baño de metal fundido y que contiene las impurezas. **2.** Materia que al ser golpeada suelta el hierro candente salido de la fragua. **3.** Residuo mineral de una combustión o de una fusión, y especialmente, subproducto de un proceso o tratamiento metalúrgico. **4.** *Fig.* Lo más despreciable de algo: *la escoria de la sociedad.* • **Escoria básica,** residuo de la desfosforación del mineral de hierro, utilizado como abono. ‖ **Escoria volcánica** (GEOL.), materia volcánica tosca, áspera al tacto y ligera. ◆ **escorias** n. f. pl. **5.** Denominación genérica de las materias terrosas de diversos combustibles, cenizas fundidas de los hornos que queman hulla o coque, residuos de alto horno, cagafierro, etc.

**ESCORIÁCEO, A** adj. De la naturaleza de las escorias.

**ESCORIACIÓN** n. f. Excoriación.

**ESCORIAL** n. m. Sitio donde se echan las escorias de las fábricas metalúrgicas. **2.** Montón de escorias de una fábrica metalúrgica.

**ESCORIAR** v. tr. **[1]**. Excoriar.

**ESCORPIÓN** n. m. (lat. *scorpionem*). Artrópodo de los países cálidos, de un tamaño que varía entre los 3 y los 20 cm, dotado de un par de pinzas delanteras, cuyo abdomen móvil termina en un aguijón venenoso, y cuya picadura es dolorosa e incluso puede ser mortal. • **Escorpión de agua,** insecto de unos 5 cm de long., que vive en las aguas estancadas, carnívoro, plano y que respira por un tubo abdominal. (Orden hemípteros.) ‖ **Escorpión de mar,** pez de 15 a 30 cm de long., cuerpo subcilíndrico y cabeza grande, que presenta el cuerpo lleno de espinas y aguijones. (Familia cótidos.)

**escorpión**

**ESCORRENTÍA** n. f. Sistema de desplazamiento de las aguas que se opone al estancamiento, pero también a la arroyada e infiltración.

**ESCORZAR** v. tr. (ital. *scorciare*) **[1g]**. Representar, acortándolas según las reglas de la perspectiva, las cosas que se extienden en sentido oblicuo al plano del papel o lienzo sobre el que se dibuja o pinta.

**ESCORZO** n. m. Acción y efecto de escorzar. **2.** Posición o representación de una figura especialmente humana, cuando una parte de ella está vuelta con un giro con respecto al resto.

**ESCORZONERA** n. f. (cat. *escurçonera*). Planta herbácea de 40 a 100 cm de alt., cuya raíz, gruesa y carnosa, se emplea como alimento.

**ESCOTA** n. f. ARQ. Escocia. **2.** MAR. Cabo que sirve para templar y tensar las velas de manera que reciban bien el viento. • **Puño de escota,** en las velas redondas, puño o ángulo bajos; en las velas de cuchillo, puño bajo de popa.

**ESCOTADO, A** adj. HERÁLD. Dícese del escudo con una escotadura.

**ESCOTADURA** n. f. Escote de una prenda de vestir. SIN.: *escotado.* **2.** Depresión o incisura en el borde de una estructura anatómica, en especial de un hueso. **3.** HERÁLD. División angular de un escudo que cubre un cantón.

**ESCOTAR** v. tr. **[1]**. Hacer un escote en una prenda de vestir.

**ESCOTAR** v. tr. **[1]**. Pagar el escote.

**ESCOTE** n. m. Abertura que se hace alrededor del cuello en una prenda de vestir. **2.** Parte del busto que deja al descubierto una prenda escotada. **3.** Curva donde se insertan las mangas.

**ESCOTE** n. m. (provenz. *escot*). Parte que corresponde pagar a cada una de dos o más personas que han hecho un gasto en común.

**ESCOTILLA** n. f. MAR. Abertura rectangular practicada en la cubierta de un buque para permitir el acceso a los compartimientos interiores y ventilarlos.

**ESCOTILLÓN** n. m. Trampa cerradiza en el suelo. **2.** TEATR. Trozo del piso del escenario que puede bajarse y subirse para dejar aberturas por donde salgan a escena o desaparezcan personas o cosas.

**ESCOTISMO** n. m. Doctrina filosófica y teológica de Duns Escoto.

**ESCOTISTA** adj. y n. m. y f. Relativo al escotismo; partidario de esta doctrina.

**ESCOTOMA** n. m. (gr. *skotoma*). Zona desprovista de visión en el campo visual.

**ESCOTOS,** nombre genérico de los piratas y aventureros irlandeses de la alta edad media y, en particular, de los colonos establecidos en Escocia en el s. VI que dieron nombre al país.

**ESCOZOR** o **ESCOCIMIENTO** n. m. Sensación cutánea, que sin ser dolorosa, es molesta, y que la determinan estímulos a menudo poco definidos de origen químico. **2.** *Fig.* Sentimiento o resentimiento por un desaire, desconsideración o reproche.

**ESCREIX** n. m. (voz catalana). En Cataluña, donación voluntaria, mediante escritura pública, que el futuro esposo hace a su futura esposa en atención a sus condiciones personales.

**ESCRIBA** n. m. (lat. *scriba*). Copista, escribano o secretario de distintos pueblos de la antigüedad, en especial de los egipcios. **2.** Doctor o intérprete de la ley entre los hebreos.

**ESCRIBANA** n. f. Mujer del escribano. **2.** *Argent., Par.* y *Urug.* Mujer que ejerce la escribanía.

**ESCRIBANÍA** n. f. Oficio u oficina del secretario judicial en los juzgados de primera instancia e instrucción. **2.** Escritorio. **3.** Juego compuesto de tintero, secante, pluma y otras piezas, colocado en un soporte. **4.** *Argent., C. Rica, Ecuad., Par.* y *Urug.* Notaría.

**ESCRIBANO** n. m. El que por oficio público estaba autorizado para dar fe de las escrituras y demás actos que pasaban ante él. **2.** Coleóptero acuático con el segundo y tercer par de patas con misión impulsora y forma de barquilla. (Familia girínidos.) **3.** Ave de 20 cm de long., que habita en campos, praderas y jardines. (Familia fringílidos.) • **Escribano apostólico,** secretario de la cancillería del papa.

**ESCRIBIDOR, RA** n. *Desp.* Mal escritor.

**ESCRIBIENTE** n. m. y f. Empleado de oficina que escribe o copia lo que le mandan.

**ESCRIBIR** v. tr. (lat. *scribere*) **[3n]**. Representar las palabras o las ideas con letras u otros signos convencionales trazados en papel u otra superficie. **2.** Trazar las notas y demás signos de la música. ◆ v. tr. e intr. **3.** Comunicar a uno por escrito algo. **4.** Componer textos artísticos, literarios o científicos.

**ESCRITO, A** adj. *Fig.* Dícese de lo que tiene manchas o rayas que semejan letras o rasgos de pluma: *un melón escrito.* • **Estar escrito,** estar así dispuesto por la providencia. || **Lengua escrita,** lengua literaria, en oposición a la lengua hablada. || **Por escrito,** por medio de la escritura. ◆ n. m. **2.** Carta, documento, papel manuscrito, mecanografiado, impreso, etc.: *firmar un escrito.* **3.** Obra científica o literaria: *publicar un escrito.* **4.** DER. Alegación o pedimento en pleito o causa.

**ESCRITOR, RA** n. (lat. *scriptorem*). Autor de obras escritas o impresas.

**ESCRITORIO** n. m. Mueble cerrado, con divisiones en su interior para guardar papeles. **2.** Aposento donde tienen su despacho las personas que se dedican a los negocios.

**escritorio** (estilo rococó alemán; segundo cuarto del s. XVIII) [col. part., Eltville, R.F.A.]

**ESCRITURA** n. f. (lat. *scripturam*). Representación del pensamiento por signos gráficos convencionales. **2.** Conjunto de signos gráficos que expresan un enunciado, forma particular de escribir: *escritura cuneiforme; escritura apretada.* **3.** Conjunto de libros de la Biblia. (Con este significado se escribe con mayúscula.) SIN.: *escrituras, sagrada escritura, sagradas escrituras.* **4.** Escrito, carta, documento. **5.** DER. Documento suscrito por las partes, en que consta un negocio jurídico.

**ESCRITURAR** v. tr. **[1]**. Hacer constar en escritura pública un hecho, otorgamiento o contrato, para dar mayor seguridad jurídica al mismo.

**ESCRITURARIO, A** adj. DER. Que consta en escritura pública o que pertenece a ella.

**ESCRÓFULA** n. f. (bajo lat. *scrofula*). Inflamación y absceso de origen tuberculoso, que alcanza principalmente los paquetes ganglionares linfáticos del cuello.

**ESCROFULARIA** n. f. Planta herbácea de tallo tetragonal y flores en panícula.

**ESCROFULARIÁCEO, A** adj. y n. f. Relativo a una familia de plantas gamopétalas, tales como la escrofularia, la digital y el dragón.

**ESCROFULOSIS** n. f. Adenopatía tuberculosa que se localiza con preferencia en el cuello.

**ESCROFULOSO, A** adj. y n. Relativo a la escrófula o de su naturaleza; afecto de escrofulosis.

**ESCROTAL** adj. Relativo al escroto.

**ESCROTO** n. m. (bajo lat. *scrotum*). Bolsa en cuyo interior se alojan los testículos. **2.** Piel de esta bolsa.

**ESCRUPULIZAR** v. intr. **[1g]**. Tener o poner escrúpulos: *escrupulizar en pequeñeces.*

**ESCRÚPULO** n. m. (lat. *scrupulum*). Duda y recelo que inquieta y desasosiega el ánimo o la conciencia: *no tener escrúpulos.* **2.** Escrupulosidad: *trabajar con escrúpulo.* **3.** Aprensión de tomar algún alimento o usar algo por temor de que esté sucio. • **Sin escrúpulos,** falto de preocupación por obrar honrada y justamente.

**ESCRUPULOSIDAD** n. f. Exactitud en el examen y averiguación de las cosas y en el estricto cumplimiento de lo que uno emprende o toma a su cargo.

**ESCRUPULOSO, A** adj. y n. Que padece o tiene escrúpulos: *persona escrupulosa.* ◆ adj. **2.** Que causa escrúpulos: *pensamiento escrupuloso.* **3.** *Fig.* Exacto: *trabajo escrupuloso.*

**ESCRUTADOR, RA** adj. Examinador cuidadoso de algo: *mirada escrutadora.* ◆ adj. y n. **2.** En elecciones y otros actos análogos, dícese del que cuenta y computa los votos.

**ESCRUTAR** v. tr. (lat. *scrutari*) **[1]**. Indagar, explorar, examinar cuidadosamente algo. **2.** Reconocer y contabilizar los sufragios de una votación.

**ESCRUTINIO** n. m. (lat. *scrutinium*). Examen y averiguación exacta y diligente de una cosa para saber lo que es y formar juicio sobre ella: *el escrutinio de un libro.* **2.** Reconocimiento y contabilización de los sufragios en una votación. **3.** Conjunto de operaciones que comprende una votación o una elección. **4.** ESTADÍST. Operación que tiene por objeto repartir en clases de unidades estadísticas sucesivos valores de los caracteres distintivos y completar las unidades de cada clase.

**ESCUADRA** n. f. Instrumento de figura de triángulo rectángulo, o compuesto solamente de dos reglas en ángulo recto. **2.** Instrumento formado por dos piezas ajustadas en ángulo recto y utilizado para verificar ángulos diedros rectos y para trazar ángulos planos rectos. **3.** Pieza de metal con dos ramas en ángulo recto, que se usa en carpintería, ebanistería, etc. **4.** Conjunto de buques de guerra mandado, generalmente, por un vicealmirante. **5.** Cierto número de soldados a las órdenes de un cabo. **6.** Plaza de cabo de este número de soldados. **7.** *Amér.* Revólver automático que tiene forma de escuadra. **8.** HERÁLD. Figura compuesta de medio palo y media faja que forman ángulos y cuyos extremos van pegados al borde del escudo. • **A escuadra,** en ángulo recto. || **Escuadra de agrimensor,** instrumento de topografía para el levantamiento de planos o el trazado de alineaciones en el terreno. || **Escuadra de albañil,** armadura que forma un ángulo recto en el vértice del cual pende una plomada. || **Escuadra óptica,** moderna escuadra de agrimensura, en la que la realización del ángulo recto se consigue por métodos ópticos. || **Falsa escuadra,** escuadra de brazos articulados.

**ESCUADRACIÓN** n. f. Operación que consiste en labrar un tronco o un bloque de piedra, transformándolos en un paralelepípedo de sección cuadrada o rectangular.

**ESCUADRAR** v. tr. **[1]**. Labrar o disponer un objeto de modo que sus caras planas formen entre sí ángulos rectos.

**ESCUADREO** n. m. Acción y efecto de escuadrar.

**ESCUADRÍA** n. f. Las dos dimensiones de la sección transversal de un madero labrado a escuadra.

**ESCUADRILLA** n. f. Escuadra de buques de pequeño porte. **2.** Grupo de aviones que realizan un mismo vuelo al mando de un jefe.

**ESCUADRÓN** n. m. Unidad táctica y administrativa de caballería, al mando de un capitán, división básica del regimiento. **2.** Unidad táctica y administrativa de las fuerzas aéreas: *escuadrón de cazabombarderos.* • **Escuadrón de la muerte,** denominación de diferentes grupos armados de extrema derecha de algunos países latinoamericanos.

**ESCUADRONAR** v. tr. **[1]**. Formar la gente de guerra escuadrones.

**ESCUALIDEZ** n. f. Calidad de escuálido.

**ESCUÁLIDO, A** adj. Flaco, macilento. ◆ adj. y n. m. **2.** Dícese de los peces selacios que tienen el cuerpo fusiforme y hendiduras branquiales a los lados de éste, detrás de la cabeza.

**ESCUALO** n. m. Nombre dado a los tiburones, lijas, etc.

**ESCUCHA** n. f. Acción de escuchar una emisión radiofónica, una conversación telefónica, etc.: *al cabo de una hora de escucha.* **2.** Control de comunicaciones o conversaciones ajenas, especialmente telefónicas. **3.** MIL. Detección por el sonido de la presencia y actividad del enemigo. • **A la escucha,** apercibido para oír algo. ◆ n. m. **4.** Centinela que se adelanta de noche para observar de cerca los movimientos del enemigo.

**ESCUCHAR** v. tr. **[1]**. Aplicar el oído para oír: *escuchar tras la puerta una conversación.* **2.** Prestar atención a lo que se oye: *escuchar música.* **3.** Dar oídos, atender a algo: *escuchar un consejo.* **4.** *Méx.* Oír. ◆ **escucharse** v. pron. **5.** Hablar o recitar con pausas afectadas.

**ESCUCHIMIZADO, A** adj. Muy flaco y débil.

**ESCUCHÓN, NA** adj. y n. Que escucha con curiosidad indiscreta o lo que no debe.

**ESCUDAR** v. tr. y pron. **[1]**. Amparar y resguardar con el escudo. ◆ v. tr. **2.** *Fig.* Resguardar y defender de algún peligro. ◆ **escudarse** v. pron. **3.** *Fig.* Usar algo como pretexto.

**ESCUDERÍA** n. f. Servicio y ministerio del escudero. **2.** Conjunto de corredores y personal técnico adscrito a una marca, asociación, club, etc., automovilísticos.

**ESCUDERIL** o **ESCUDERO, A** adj. Relativo al empleo de escudero.

**ESCUDERO** n. m. Paje que acompañaba a un caballero para llevarle el escudo y servirle, o persona que servía a otra de distinción y tenía la obligación de asistirle en determinadas cosas. **2.** Hidalgo, persona de clase noble.

**ESCUDETE** n. m. Objeto semejante a un escudo pequeño. • **Injerto de escudete,** tipo de injerto que consiste en introducir un trozo de corteza provisto de una yema. SIN.: *injerto de yema.*

**ESCUDILLA** n. f. (lat. *scutellam*). Vasija ancha y de forma de media esfera, en que se suele servir la sopa y el caldo.

**ESCUDILLAR** v. tr. **[1]**. Distribuir comida en escudillas. **2.** Echar caldo hirviendo sobre el pan con que se hace la sopa.

**ESCUDILLO** n. m. Antigua moneda castellana de oro.

**ESCUDO** n. m. (lat. *scutum*). Arma defensiva para cubrirse y resguardarse de las ofensivas, formada por una lámina de cuero, madera o metal que se lleva en el brazo izquierdo. **2.** Placa blindada que llevan las piezas de artillería para defender a los que las manejan. **3.** *Fig.* Amparo, defensa. **4.** Chapa de metal que rodea el ojo de la cerradura. **5.** Especie de encofrado o mamparo metálico muy resistente, para proteger el frente de trabajo de una obra o excavación que se realiza en terreno flojo. **6.** Partes duras o córneas de diversos grupos de animales. **7.** Nombre dado a las placas óseas que cubren el cuerpo de ciertos peces. **8.** Disposición del pelo cerca de las ubres de la vaca. **9.** Nombre de diversas monedas de oro y de plata que llevaban un escudo de armas grabado en una de sus caras. **10.** Unidad monetaria de Portugal (sustituida en 2002 por el euro) y de Cabo Verde. **11.** Unidad monetaria de Chile de 1960 a 1975. **12.** GEOL. Vasta superficie constituida por terrenos muy antiguos y nivelados por la erosión. **13.** HERÁLD. Campo en forma de escudo, en que se pintan los blasones.

**escudos** de hoplitas griegos (tesoro de Sifnos, Delfos; *c.* 525 a. J.C.) [museo de Delfos]

**ESCUDRIÑADOR, RA** adj. y n. Que tiene curiosidad por saber y apurar las cosas secretas.

**ESCUDRIÑAMIENTO** n. m. Acción y efecto de escudriñar.

**ESCUDRIÑAR** v. tr. (bajo lat. *scrutinare*) **[1]**. Examinar, inquirir y averiguar cuidadosamente algo y sus circunstancias: *escudriñar todos los rincones.*

**ESCUELA** n. f. (lat. *scholam*). Establecimiento donde se imparte la primera instrucción. **2.** Institución colectiva de carácter público o privado, donde se imparte cualquier género de instrucción: *escuela de teología; escuela de conducir.* **3.** Establecimiento donde se cursan determinadas carreras: *escuela de bellas artes, de comercio.* **4.** Edificio donde se imparte cualquiera de estos tipos de enseñanza. **5.** Método o sistema de enseñanza: *escuela moderna.* **6.** Conjunto de personas que en filosofía, ciencia o arte siguen una misma doctrina o tienen un estilo que da unidad al grupo: *escuela realista.* **7.** Conjunto de los discípulos o seguidores de un maestro, o de ellos y sus obras: *crear escuela.* **8.** Enseñanza que se da o se adquiere: *tener buena escuela.* **9.** Lo que en algún modo alecciona o da ejemplo y experiencia: *la escuela de la vida.* • **Alta escuela,** equitación sabia o académica. ‖ **Baja escuela,** conjunto de ejercicios que se enseñan al caballo de buena doma. ‖ **Escuela activa,** práctica pedagógica centrada en el aprendizaje activo de los alumnos, en situaciones vitales, que recogen sus intereses y además están próximas a su realidad social. ‖ **Escuela normal,** o **del magisterio,** en algunos países, centro de enseñanza donde se cursan los estudios para obtener el título de maestro de primera enseñanza. ‖ **Escuela técnica superior,** centro universitario donde se imparten enseñanzas técnicas superiores de ingeniería y arquitectura. ‖ **Escuela universitaria,** centro universitario donde se imparten enseñanzas del primer ciclo que conducen al grado de diplomado o ingeniero técnico.

**ESCUETO, A** adj. Descubierto, libre, despejado, desembarazado: *camino escueto.* **2.** Sin adornos, seco, estricto: *dibujo escueto.* **3.** Sin rodeos o sin palabras innecesarias: *explicación escueta.*

**ESCUINCLE, A** n. *Méx. Fam.* Chiquillo, chaval.

**ESCULINA** n. f. Glucósido extraído de la corteza del castaño de Indias, que posee la acción de la vitamina P.

**ESCULPIR** v. tr. (lat. *sculpere,* rascar) **[3]**. Cincelar piedra, madera, etc.: *esculpir un bajorrelieve.* **2.** Grabar.

**ESCULTISMO** o **ESCUTISMO** n. m. Organización mundial, creada en 1909 por Baden-Powell, que tiene por objeto organizar a niños y adolescentes de ambos sexos en grupos jerarquizados, con el fin de desarrollar en ellos cualidades morales y deportivas.

**ESCULTOR, RA** n. Persona que profesa el arte de la escultura.

**ESCULTURA** n. f. (lat. *sculpturam*). Arte de esculpir. **2.** Conjunto de obras esculpidas: *la escultura griega.* **3.** Obra del escultor: *una escultura de gran relieve.* *(V. ilustración pág. 409.)*

**ESCULTURAL** o **ESCULTÓRICO, A** adj. Relativo a la escultura: *arte escultural.* **2.** Que participa de las proporciones y caracteres exigidos para la belleza de la estatua: *formas esculturales.*

**ESCUNA** n. f. MAR. Goleta.

**ESCUPIDERA** n. f. Pequeño recipiente que sirve para escupir en él. **2.** *Argent., Chile, Ecuad.* y *Venez.* Orinal, bacín.

**ESCUPIDERO** n. m. Lugar donde se escupe.

**ESCUPIDOR** n. m. *Chile* y *P. Rico.* Recipiente para escupir.

**ESCUPIDURA** n. f. Saliva, sangre o flema escupida. **2.** Excoriación en los labios.

**ESCUPIÑA** n. f. Molusco bivalvo comestible, de 5 cm de long., que vive en la arena.

**ESCUPIR** v. intr. (lat. *exconspuere*) **[3]**. Arrojar saliva o flema por la boca. ◆ v. tr. **2.** Arrojar con la boca algo como escupiendo. **3.** *Fig.* Despedir un cuerpo a la superficie otra sustancia que estaba mezclada o unida a él: *el basalto escupe la humedad.* **4.** *Fig.* Despedir o arrojar con violencia: *el motor escupe humo.* **5.** TAUROM. Despedir el toro el estoque después de tenerlo clavado. ◆ **escupirse** v. pron. **6.** TAUROM. Salirse el toro de la suerte, por blando, al sentir el hierro. **7.** TAUROM. Irse el diestro del centro de la suerte, por temor o por cualquier accidente.

**ESCUPITAJO** n. m. *Fam.* Esputo.

**ESCURANA** n. f. *Amér.* Oscuridad.

**ESCURIALENSE** adj. Relativo al monasterio de El Escorial.

**ESCURREPLATOS** n. m. (pl. *escurreplatos*). Escurridero especial para los platos.

**ESCURRIDERO** n. m. Lugar o dispositivo a propósito para poner a escurrir algo.

**ESCURRIDIZO, A** adj. Que evita algo, que no se compromete. **2.** Propio para hacer deslizar o escurrirse: *suelo escurridizo.*

**ESCURRIDO, A** adj. Delgado y sin curvas: *persona escurrida.* **2.** *P. Rico.* Confuso, avergonzado. **3.** TAUROM. Dícese del toro enjuto, de pocas carnes.

**ESCURRIDOR** n. m. Escurridero. **2.** Colador para escurrir las viandas después de lavadas, hervidas, etcétera.

**ESCURRIDURA** n. f. Última gota o restos de un líquido que quedan en un vaso, recipiente, etc.

**ESCURRIMIENTO** o **ESCURRIDO** n. m. Acción y efecto de escurrir o escurrirse. **2.** TECNOL. Operación consistente en extraer de un producto el líquido que lo empapa, por la acción de la fuerza centrífuga o por presión.

**ESCURRIR** v. tr. y pron. **[3]**. Hacer o dejar que una cosa mojada suelte el agua o líquido que retiene: *escurrir la ropa.* ◆ v. intr. y pron. **2.** Caer poco a poco el líquido contenido en un recipiente. **3.** Correr, resbalar una cosa por encima de otra. ◆ v. tr. **4.** Apurar las últimas gotas del contenido de una vasija: *escurrir el vino de la botella.* ◆ **escurrirse** v. pron. **5.** Deslizarse algo, especialmente de entre las manos.

**ESCUSADO** n. m. Retrete.

**ESCUSÓN** n. m. HERÁLD. Escudo pequeño de armas.

**ESCÚTER** n. m. Scooter.

**ESCUTISMO** n. m. Escultismo.

**ESDRUJULIZAR** v. tr. **[1g]**. Dar acentuación esdrújula a una voz.

**ESDRÚJULO, A** adj. y n. m. (ital. *sdrucciolo*). Dícese de la voz que lleva el acento en la antepenúltima sílaba, como máximo, mecánica, súbito. ◆ adj. **2. Verso esdrújulo,** el acabado en palabra esdrújula.

**ESE** n. f. Nombre de la letra *s.* **2.** Cada una de las aberturas que los instrumentos de cuerda tienen a ambos lados del puente. **3.** Eslabón de cadena en forma de S. **4.** Grapa de acero en forma de S. • **Andar,** o **ir, haciendo eses** *(Fam.),* andar hacia uno y otro lado por estar ebrio.

**ESE, A** pron. dem. y adj. dem. (lat. *ipsem*) [pl. *esos, esas*]. Indica proximidad en el espacio o en el tiempo respecto a la persona que escucha: *quiero esa; ese libro.* **2.** Pospuesto a un sustantivo, toma a veces un matiz despectivo: *el crío ese.* **3.** Designa a alguien con cierto matiz despectivo: *díselo a ese.* • **Ni por esas,** expresión con que se comenta la imposibilidad de hacer o conseguir algo.

**ESECILLA** n. f. Cada una de las asillas con que se traban los botones de metal y otras cosas.

**ESENCIA** n. f. (lat. *essentiam*). Naturaleza propia y necesaria, por la que cada ser es lo que es; conjunto de sus caracteres constitutivos. **2.** *Fig.* Lo más puro y acendrado de una cosa. **3.** Perfume líquido con gran concentración de sustancias aromáticas. **4.** QUÍM. Sustancia líquida muy volátil, formada por una mezcla de hidrocarburos, generalmente de olor muy penetrante y producida por una planta. • **Quinta esencia,** quinto elemento que consideraba la filosofía antigua en la composición del universo.

**ESENCIAL** adj. Relativo a la esencia. **2.** Sustancial, principal, necesario: *principios esenciales.* • **Enfermedad esencial** (MED.), enfermedad de causa desconocida.

**ESENCIALIDAD** n. f. Cualidad de esencial.

**ESENCIERO** n. m. Frasco para esencia.

**ESENIO, A** adj. y n. Relativo a una secta judía (s. II a. J.C.-s. I), cuyos miembros vivían en comunidades y llevaban una vida ascética; miembro de dicha secta.

**ESERINA** n. f. Alcaloide muy tóxico de la haba del calabar.

**ESFACELO** n. m. MED. Tejido necrosado en vías de eliminación.

**ESFENOIDAL** adj. Relativo al esfenoides.

**ESFENOIDES** n. m. y adj. (gr. *sphēnoeidēs,* de

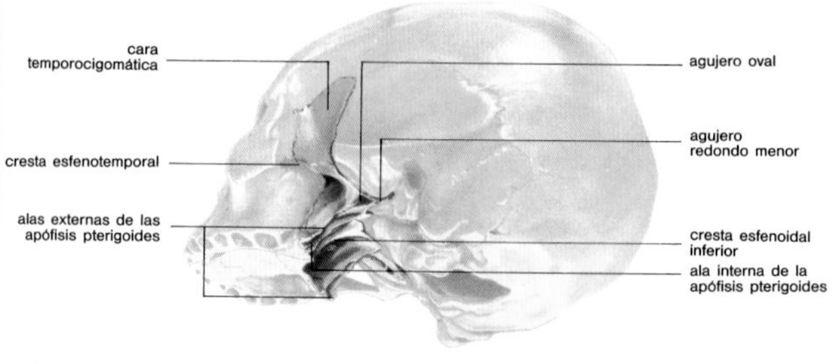


esfenoides

forma de cuña). Uno de los huesos de la cabeza, en la base del cráneo.

**ESFERA** n. f. (lat. *sphaeram*). Sólido o espacio limitado por una superficie curva cuyos puntos equidistan todos de otro interior llamado centro. **2.** Espacio a que se extiende la acción, el influjo, etc., de una persona o cosa. **3.** *Fig.* Rango, condición social de una persona. **4.** Círculo en que giran las manecillas del reloj. • **Esfera celeste** (ASTRON.), esfera imaginaria, de radio indeterminado, que tiene por centro el ojo del observador y sirve para definir la dirección de los astros independientemente de su distancia. || **Esfera de influencia,** región del globo en la que, explícita o tácitamente, se reconoce a una gran potencia unos derechos de intervención particulares.

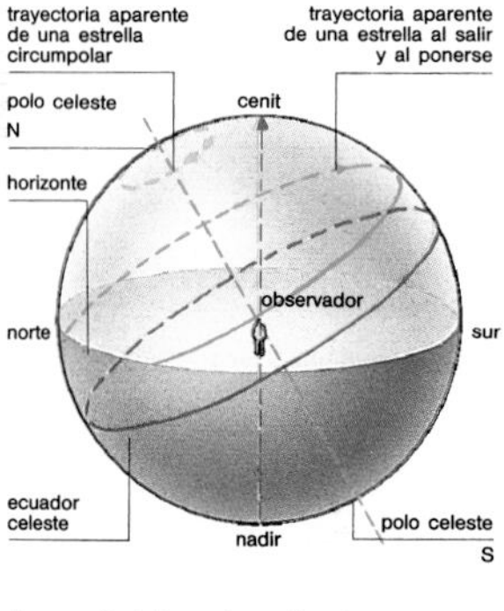


En un punto dado un observador sólo ve una semiesfera celeste, limitada por el horizonte y que contiene el cenit.

representación de la **esfera** celeste

**ESFERICIDAD** n. f. Calidad de esférico.

**ESFÉRICO, A** adj. Que tiene forma de esfera: *figura esférica.* **2.** Relativo a la esfera. • **Cuña esférica,** parte de la esfera comprendida entre los planos de dos semicírculos máximos. || **Huso esférico,** porción de superficie esférica comprendida entre dos semicírculos máximos. || **Sector esférico,** sólido engendrado por un sector circular que gira alrededor de un diámetro del círculo que no atraviesa el sector. || **Segmento esférico,** parte de la esfera comprendida entre dos planos paralelos. || **Triángulo esférico,** triángulo trazado sobre la superficie esférica y cuyos lados son arcos de círculos máximos. ◆ n. m. **3.** En algunos deportes, balón.

**ESFEROGRÁFICO, A** n. *Amér. Merid.* Bolígrafo.

**ESFEROIDAL** adj. Relativo al esferoide o que tiene su figura.

**ESFEROIDE** n. m. GEOMETR. Elipsoide de revolución aplanado. (La superficie de la Tierra es un *esferoide.*)

**ESFERÓMETRO** n. m. Instrumento que permite medir la curvatura de las superficies esféricas.

**ESFIGMOMANÓMETRO** n. m. Aparato que permite medir la presión arterial.

**ESFINGE** n. f. (lat. *sphingem*). Monstruo con cuerpo de león y cabeza humana, a veces con alas de grifo, que en Egipto custodiaba los santuarios funerarios. (La más famosa es la de Gizeh. La esfinge pasó después a Grecia, donde fue relacionada sobre todo con la leyenda de Edipo.) **2.** *Fig.* Persona que no trasluce sus sentimientos e ideas, impenetrable, enigmática. **3.** Diversos lepidópteros de la familia esfíngidos.

**ESFÍNGIDO, A** adj. y n. m. Relativo a una familia de mariposas provistas de larga trompa, y que presentan las alas anteriores largas y estrechas.

**ESFÍNTER** n. m. Músculo anular que sirve para cerrar un orificio o un conducto natural.

**ESFINTERIANO, A** adj. Relativo al esfínter.

**ESFORZADO, A** adj. Alentado, animoso, valiente.

**ESFORZAR** v. tr. [**1n**]. Dar o comunicar fuerza o vigor. ◆ **esforzarse** v. pron. **2.** Hacer esfuerzos física o moralmente con algún fin.

**ESFUERZO** n. m. Empleo enérgico de las fuerzas físicas, intelectuales o morales para lograr algún fin. **2.** FÍS. Fuerza que tiende a deformar un material por tracción, compresión, flexión, torsión o cizallamiento.

**ESFUMAR** v. tr. (ital. *sfummare*) [**1**]. Extender los trazos de lápiz restregando el papel con el esfumino para dar empaste a las sombras de un dibujo. SIN.: *esfuminar.* **2.** Rebajar los tonos de una composición pictórica, y principalmente los contornos. ◆ **esfumarse** v. pron. **3.** *Fig.* Desvanecerse. **4.** *Fig.* y *fam.* Marcharse, irse de un lugar con rapidez y disimulo.

**ESFUMINO** n. m. (ital. *sfummino*). Pequeño rollo de piel o papel estoposo terminado en punta, utilizado para esfumar un dibujo. SIN.: *difumino.*

**ESGRAFIADO** n. m. Técnica decorativa utilizada para el exterior de los edificios, consistente en la superposición de capas de revoque de distinto color, alguna de las cuales se quita en determinadas zonas, según un dibujo previo, con lo que se obtiene una decoración policroma.

**ESGRAFIAR** v. tr. (ital. *sgraffiare*) [**1t**]. Decorar un muro con la técnica del esgrafiado.

**ESGRIMA** n. f. (provenz. *escrima*). Arte del manejo del florete, la espada y el sable.

**ESGRIMIDOR, RA** adj. y n. Dícese de la persona que practica la esgrima.

**ESGRIMIR** v. tr. [**3**]. Sostener o manejar una cosa, especialmente un arma, en actitud de utilizarla contra alguien: *esgrimir una espada.* **2.** *Fig.* Usar de una cosa o medio como arma para atacar o defenderse: *esgrimir argumentos.*

la **esfinge** de Gizeh (Egipto, Imperio antiguo, IV dinastía) [al fondo, la pirámide de Keops]

**ESGRIMISTA** n. m. y f. *Argent., Chile, Ecuad., Perú* y *Venez.* Esgrimidor.

**ESGUAZAR** v. tr. [**1g**]. Vadear, pasar de una parte a otra de un río o brazo de mar bajo.

**ESGUÍN** n. m. (vasc. *izokin,* salmón). Cría del salmón cuando aún no ha salido de los ríos al mar.

**ESGUINCE** n. m. Ademán hecho con el cuerpo, hurtándolo y torciéndolo para evitar un golpe o caída. **2.** Distensión o rotura de uno o varios ligamentos en una articulación.

**ESLABÓN** n. m. Pieza que, enlazada con otras, forma una cadena. **2.** *Fig.* Elemento imprescindible para el enlace de una sucesión de hechos, argumentos, etc. **3.** Hierro acerado del que saltan chispas al chocar con un pedernal. ◆ **eslabones** n. m. pl. **4.** En el golf, conjunto de hoyos de un terreno. **5.** Recorrido total de una prueba de golf.

**ESLABONAMIENTO** n. m. Acción y efecto de eslabonar.

**ESLABONAR** v. tr. [**1**]. Unir unos eslabones con otros formando cadena. ◆ v. tr. y pron. **2.** *Fig.* Unir o relacionar una sucesión de ideas, motivos, hechos, etc., con otros.

**ESLAVISMO** n. m. Paneslavismo. **2.** Afición a lo eslavo.

**ESLAVISTA** adj. y n. m. y f. Dícese del estudioso de la cultura eslava.

**ESLAVÍSTICA** n. f. Ciencia y estudio de las lenguas eslavas.

**ESLAVIZAR** v. tr. [**1g**]. Dar carácter eslavo.

**ESLAVO, A** adj. y n. Relativo a un grupo etnolingüístico de la rama oriental de la familia indoeuropea, que habla lenguas del mismo origen (lenguas eslavas) y que ocupa la mayor parte de Europa central y oriental; individuo de este grupo. ◆ n. m. **2.** Conjunto de lenguas indoeuropeas habladas en Europa oriental y central por los eslavos. ■ Los eslavos, 270 millones aprox., se dividen en *eslavos orientales* (rusos, ucranianos y bielorrusos), *eslavos occidentales* (polacos, checos, eslovacos y sorabos o serbios de Lusacia) y *eslavos meridionales* (serbios, croatas, búlgaros, eslovenos y macedonios).

**ESLAVÓFILO, A** adj. y n. HIST. Decíase de quienes ensalzaban los valores espirituales tradicionales propios de Rusia.

**ESLAVÓN, NA** adj. y n. De Eslavonia. ◆ n. m. **2.** Lengua artificial desarrollada a partir del eslavo antiguo y utilizada antaño como lengua religiosa y literaria en Rusia, Serbia y Bulgaria.

**ESLIZÓN** n. m. Reptil escamoso de 20 cm de long., de patas muy cortas, que vive en los países mediterráneos.

**ESLOGAN** o **SLOGAN** n. m. (pl. *eslóganes* o *slogans*). Frase publicitaria o fórmula de propaganda, breve y contundente.

**ESLORA** n. f. (neerlandés *slorie*). MAR. Longitud del buque. **2.** MAR. Una de las piezas o tablones longitudinales que forman el borde de las escotillas o de cualquier abertura de cubierta: *esloras de escotilla.*

**ESLOVACO, A** adj. y n. De Eslovaquia. ◆ n. m. **2.** Lengua eslava hablada en Eslovaquia.

**ESLOVENO, A** adj. y n. De la rama más occidental de los eslavos del sur, que habitan en Eslovenia. **2.** De Eslovenia.

**ESMALTADO, A** adj. Que es de esmalte o de la naturaleza del esmalte. ◆ n. m. **2.** Acción y efecto de esmaltar. **3.** Operación que consiste en recubrir una pieza de material cerámico, o una superficie metálica, con una capa de barniz vítreo o esmalte. **4.** FOT. Barnizado brillante de las copias fotográficas.

**ESMALTADOR, RA** n. Persona que esmalta.

**ESMALTAR** v. tr. [**1**]. Cubrir con esmalte. **2.** *Fig.* Adornar, hermosear, ilustrar.

**ESMALTE** n. m. (fráncico *smalt*). Sustancia vítrea, opaca o transparente, con la que se recubren algunas materias para darles brillo o color de forma permanente. (Generalmente está compuesto por arena silícosa, una mezcla de potasa y sosa, y óxidos metálicos colorantes.) **2.** Labor que se hace con el esmalte. **3.** Objeto revestido o adornado de esmalte. **4.** Sustancia dura y blanca que, en el

Constantin Brancusi: *Princesa X* (1916). Bronce. (Centro Georges-Pompidou, París.)

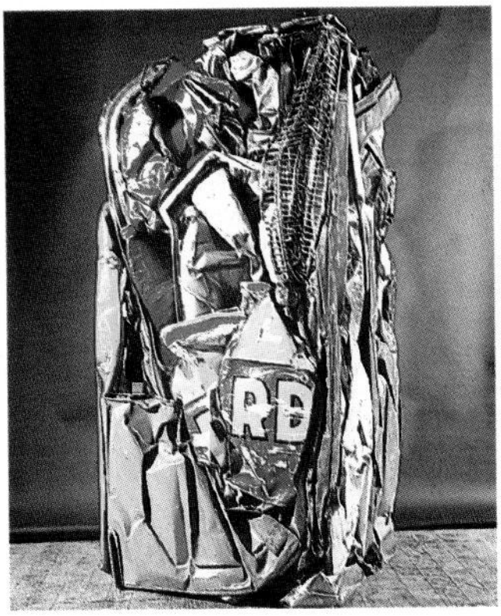

César: *Auto comprimido* (1962). (Centro Georges-Pompidou, París.)

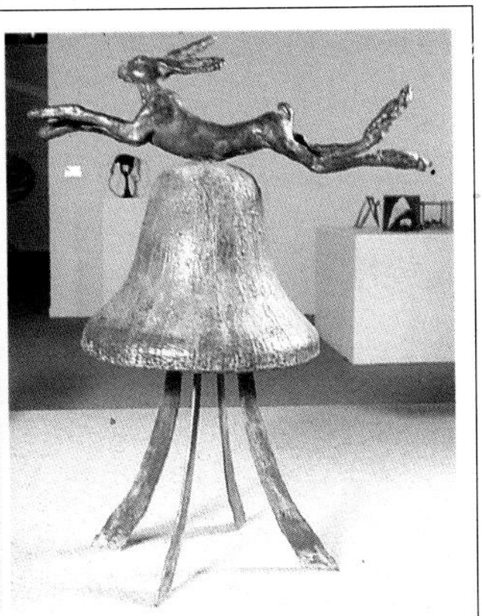

Barry Flanagan: *La liebre y la campana* (1981). Bronce. (Col. part.)

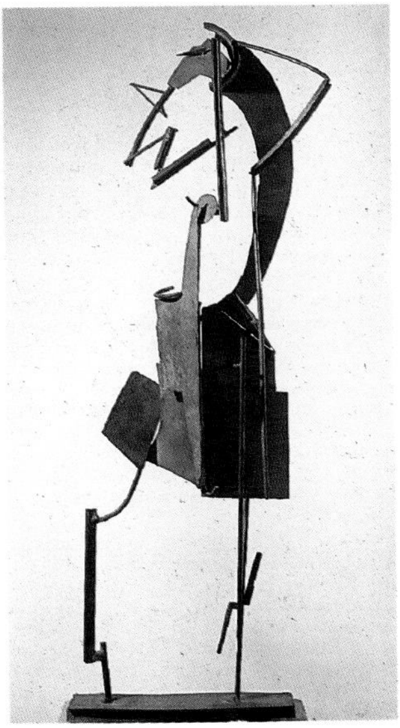

Julio González: *Mujer peinándose* (1930-1933). Hierro. (Centro Georges-Pompidou, París.)

Después de casi ocho siglos de arte figurativo de gran virtuosidad (desde las portadas románicas hasta Rodin), la escultura occidental, sin renunciar completamente a la representación de modelos de la naturaleza (Maillol o Despiau en Francia, Barlach o Lehmbruck en Alemania, A. Martini, Giacomo Manzù o Marino Marini en Italia, Alberto Sánchez, Pablo Gargallo o Manolo Hugué en España, etc.) se va alejando de ella cada vez más, especialmente bajo la influencia del cubismo y del expresionismo (Archipenko, Laurens, Lipchitz, Zadkine, etc.), del futurismo (Boccioni, Duchamp-Villon) y de la abstracción. En el proceso cubista de análisis y de recomposición de la forma se incorpora la técnica nueva del hierro soldado que practican Picasso, González, Calder, D. Smith, etc. La depuración formal de Brancusi, esencialmente arcaica y simbólica, inspira a numerosos escultores, como H. Moore. Los partidarios del constructivismo, después de Pevsner y Gabo, son menos numerosos, y están influidos en los años sesenta por la estricta disciplina del arte minimal norteamericano; en cambio el expresionismo, contenido en ciertos artistas por la referencia figurativa (Giacometti, G. Richier, etc.), se convierte en proyección impetuosa, dramática o lírica para innumerables escultores que han relanzado esta referencia (décadas de los cincuenta y sesenta). El pop-art (Oldenburg), el nuevo realismo (Tinguely, César, Arman, etc.) y el arte pobre marcan con sus assemblages de objetos de desecho y con materiales ordinarios el retorno a una realidad muy diferente de los temas «nobles» de otras épocas. Esto no excluye los refinamientos de la materia ni la sutileza de pensamiento en artistas como el español Sergi Aguilar o el británico Flanagan.

Sergi Aguilar: *Arc n.º 1* (1982). (Col. S. Aguilar.)

la **escultura** del s. XX

hombre y algunos animales, recubre la corona de los dientes. **5.** HERÁLD. Nombre de los colores heráldicos. • **Esmalte de uñas,** preparado para dar color y brillo a las uñas. || **Pintura al esmalte,** pintura que, como vehículo, lleva barniz en lugar de aceite. *(V. ilustración pág. 411.)*

**ESMALTINA** n. f. Arseniuro natural de cobalto.

**ESMÉCTICO, A** adj. Dícese de una sustancia que sirve para desengrasar la lana. **2.** FÍS. Dícese de un estado mesomorfo en el cual los centros de las moléculas están situados en planos paralelos.

**ESMEGMA** n. m. Materia blanquecina que se deposita en los repliegues de los órganos genitales externos.

**ESMERADO, A** adj. Ejecutado con esmero: *trabajo esmerado.* **2.** Que se esmera.

**ESMERALDA** n. f. (lat. *smaragdum*). Nombre de dos piedra preciosas de composición diferente, la *esmeralda* propiamente dicha y el *corindón verde* o *esmeralda oriental.* • **Esmeralda de Brasil,** turmalina. ◆ adj. y n. m. **2.** Dícese del color verde semejante al de la esmeralda.

**ESMERALDERO, A** adj. y n. *Colomb.* Dícese de la persona que se dedica a la explotación de esmeraldas o a negociar con ellas.

**ESMERAR** v. tr. [**1**]. Pulir o limpiar. ◆ **esmerarse** v. pron. **2.** Poner sumo cuidado en el cumplimiento de las obligaciones. **3.** Lucirse.

**ESMEREJÓN** n. m. Halcón de pequeño tamaño, audaz, rápido y agresivo, que habita normalmente en el N de Europa y Asia y emigra hacia el S de Asia y N de África en invierno.

**ESMERIL** n. m. Roca que contiene cristales de corindón, de gran dureza, cuyo polvo es utilizado como abrasivo. • **Papel, tela de esmeril,** papel o tela en los que se ha pegado esmeril y que sirven para pulimentar.

**ESMERILADO, A** adj. **Cristal esmerilado,** cristal cuya superficie ha sido sometida a la acción de un abrasivo relativamente grueso. ◆ n. m. **2.** ÓPT. Operación intermedia entre el desbastado y el pulido. **3.** TEXT. Acción de suavizar el tacto de los tejidos de algodón, poniéndolos en contacto con un cilindro revestido de esmeril muy fino y que gira a gran velocidad.

**ESMERILAR** v. tr. [**1**]. Pulir con esmeril.

**ESMERO** n. m. Sumo cuidado y atención diligente en hacer las cosas: *trabajar con esmero.*

**ESMIRRIADO, A** adj. *Fam.* Flaco, raquítico.

**ESMOQUIN** o **SMOKING** n. m. (ingl. *smoking* [*jacket*], traje para fumar) [pl. *esmóquines* o *smokings*]. Traje de etiqueta masculino, con solapas de seda.

**ESMORECER** v. intr. y pron. [**2**]. *C. Rica, Cuba* y *Venez.* Desfallecer, perder el aliento.

**ESNIFAR** v. intr. y tr. (der. del ingl. *to sniff,* aspirar) [**1**]. Inhalar drogas por la nariz.

**ESNOB** o **SNOB** adj. y n. m. y f. (ingl. *snob*) [pl. *esnobs* o *snobs*]. Que actúa con esnobismo. ◆ adj. **2.** Dícese de todo lo que se acoge por esnobismo: *película esnob.*

**ESNOBISMO** n. m. Admiración por todo lo que está de moda en los ambientes que pasan por distinguidos.

**ESO** pron. dem. neutro. Se refiere a objetos o situaciones anteriormente aludidos, señalándolos sin nombrarlos.

**ESO,** siglas de *educación secundaria obligatoria.*

**ESOFÁGICO, A** adj. Relativo al esófago.

**ESOFAGITIS** n. f. Inflamación del esófago.

**ESÓFAGO** n. m. (gr. *oisophagos*). Primera parte del tubo digestivo, que va desde la faringe hasta el cardias del estómago, cuyas paredes anterior y posterior, normalmente adaptadas una contra otra, sólo se separan para dejar pasar el bolo alimenticio.

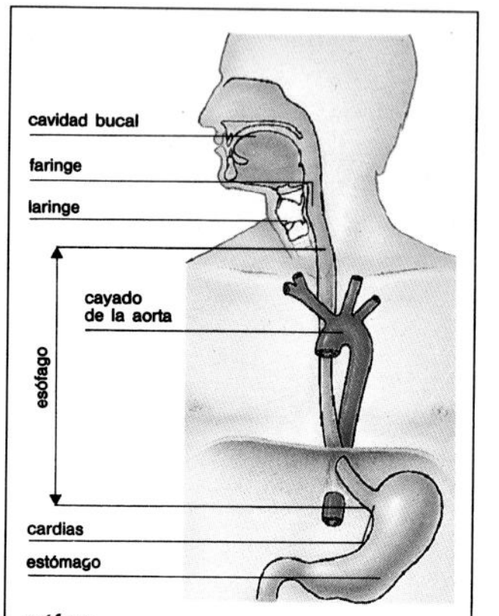

**esófago**

**ESOFAGOSCOPIO** n. m. Tubo especial para el examen endoscópico del esófago.

**ESOTÉRICO, A** adj. (gr. *esōterikos*, íntimo). Que es enseñado únicamente a los iniciados. **2.** Dícese de los conocimientos de las obras que son incomprensibles para los que no están iniciados: *lenguaje, poesía esotérica.* **3.** Oculto, reservado.

**ESOTERISMO** n. m. Parte de la filosofía pitagórica, cabalista o análoga, que no era conocida por los profanos. **2.** Toda doctrina que requiere un cierto grado de iniciación para participar en ella.

**ESOTRO, A** adj. dem. y pron. dem. Contracción de *ese, esa* o *eso* y *otro.*

**ESPABILAR** v. tr. **[1]**. Despabilar.

**ESPACHURRAR** v. tr. y pron. **[1]**. Despachurrar.

**ESPACIADO** n. m. IMPR. Conjunto de espacios que se ponen en una composición.

**ESPACIADOR** n. m. En las máquinas de escribir, tecla que se pulsa para dejar espacios en blanco.

**ESPACIAL** adj. Relativo al espacio: *viajes espaciales.* • **Carga espacial,** acumulación de electrones que rodean el filamento de un tubo electrónico. || **Guerra espacial,** expresión que designa la competición que las grandes potencias sostienen por la exploración y dominio del espacio.

**ESPACIALIDAD** n. f. Carácter de lo que es espacial.

**ESPACIAR** v. tr. y pron. **[1]**. Poner distancia entre las cosas en el tiempo o en el espacio: *espaciar las visitas.* **2.** IMPR. En las composiciones tipográficas, separar las dicciones, las letras o los renglones con espacios o regletas. ◆ **espaciarse** v. pron. **3.** Extenderse en el discurso o en lo que se dice.

**ESPACIO** n. m. (lat. *spatium*). Extensión indefinida, medio sin límites que contiene todas las extensiones finitas. **2.** Parte de esta extensión que ocupa cada cuerpo. **3.** Distancia entre dos o más objetos. **4.** Transcurso de tiempo: *hablar por espacio de una hora.* **5.** Cada una de las partes que componen un programa radiofónico o de televisión. **6.** IMPR. Pequeña pieza de metal, más baja que los caracteres tipográficos, que sirve para separar las palabras. **7.** MAT. Extensión indefinida de tres dimensiones que constituye el objeto de la geometría clásica, llamada *geometría del espacio.* **8.** MAT. Conjunto provisto de algunas estructuras algebraicas, geométricas o topológicas: *espacio vectorial, proyectivo, normado.* **9.** MÚS. Zona de separación entre dos líneas consecutivas del pentagrama. • **Espacio aéreo,** zona atmosférica de soberanía de un estado, situada sobre el territorio terrestre y las aguas jurisdiccionales. || **Espacio verde,** superficie reservada a parques y jardines en una zona urbana. || **Espacio vital,** superficie indispensable para vivir una población dada.

**ESPACIOSIDAD** n. f. Cualidad de espacioso.

**ESPACIOSO, A** adj. Ancho, dilatado, vasto: *habitación espaciosa.*

**ESPACIO-TIEMPO** n. m. Espacio de cuatro dimensiones, las tres que corresponden al espacio ordinario y el tiempo, que necesita un observador para situar un acontecimiento, según la formulación de la teoría de la relatividad.

**ESPADA** n. f. (lat. *spatham*). Arma blanca, larga, recta, aguda y cortante, con guarnición y empuñadura. **2.** Ejercicio de esgrima en que se utiliza la espada. **3.** En el juego de naipes, cualquiera de las cartas del palo de espadas. • **Entre la espada y la pared,** en trance de tener que decidirse por una cosa u otra, sin escapatoria. || **Espada de Damocles,** amenaza persistente de un peligro. ◆ n. m. y f. **4.** Persona diestra en el manejo de esta arma. ◆ n. m. **5.** TAUROM. Diestro que en la lidia mata al toro con estoque. ◆ **espadas** n. f. pl. **6.** Uno de los cuatro palos de la baraja española.

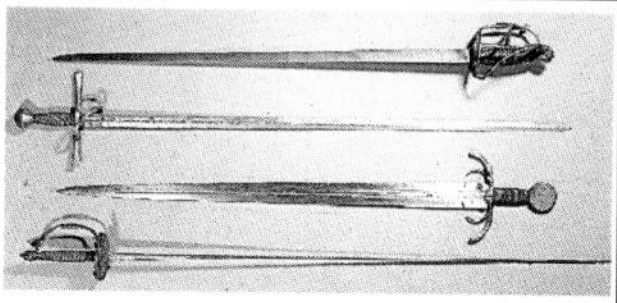
Modelos de **espadas.** *De arriba a abajo:* estoque de media cazoleta (s. XVII); estoque de guardia clásico (s. XVI); espada con empuñadura en disco (s. XV); espada de cazoleta (s. XVII). [Museo del ejército, París.]

**ESPADACHÍN** n. m. (ital. *spadaccino*). El que sabe manejar bien la espada.

**ESPADAÑA** n. f. Planta herbácea que crece junto a las aguas estancadas, parecida a una caña y cuyas flores forman una espiga compacta. (Familia tifáceas.) SIN.: *enea.* **2.** Campanario formado por una sola pared, en la que están abiertos los huecos para colocar las campanas.

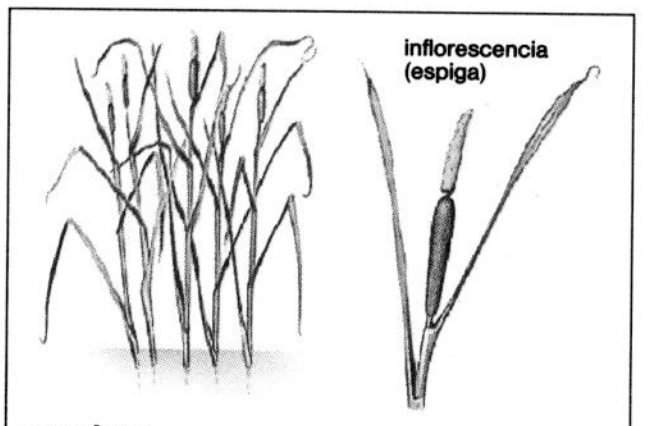

**espadaña**

**espadaña** (iglesia de San Salvador, Cantamuda, Palencia; s. XII)

**ESPADAÑADA** n. f. Golpe de sangre que, a manera de vómito, sale bruscamente por la boca.

**ESPADAÑAL** n. m. Terreno en que abunda la espadaña.

**ESPADAÑAR** v. tr. **[1]**. Abrir o separar el ave las plumas de la cola.

**ESPADERO, A** n. Persona que fabrica, compone o vende espadas.

**ESPÁDICE** n. m. BOT. Inflorescencia constituida por una espiga envuelta en una bráctea llamada *espata,* que se encuentra en los aros.

**ESPADICIFLORO, A** adj. y n. f. Relativo a un orden de plantas monocotiledóneas que presenta las inflorescencias dispuestas en espádice.

**ESPADILLA** n. f. Insignia roja, en figura de espada, que traen los caballeros de la orden militar de Santiago. **2.** MAR. Remo grande que sirve de timón en algunas embarcaciones menores.

**ESPADÍN** n. m. Espada de hoja muy estrecha o triangular, montada en una empuñadura más o menos adornada. **2.** Espada de hoja estrecha y empuñadura en cruz, usada por los cadetes como prenda de gala. **3.** Pez marino costero, casi tan gregario como el arenque, que en los períodos fríos penetra en la desembocadura de los ríos. (Familia clupeidos.)

**ESPADÓN** n. m. Espada grande y ancha, utilizada entre los ss. XV y XVII, que se empuñaba con las dos manos.

**ESPAGUETI** n. m. (ital. *spaghetti*). Pasta alimenticia de harina de trigo en forma de cilindros macizos, largos y delgados.

**ESPAHÍ** n. m. (fr. *spahi*). Soldado de caballería turca. **2.** En Argelia, soldado de caballería del ejército francés.

**ESPALACIÓN** n. f. (ingl. *spallation*). FÍS. Fragmentación, en numerosas partículas, del núcleo de un átomo por efecto de un bombardeo corpuscular suficientemente intenso.

**ESPALDA** n. f. Parte posterior del cuerpo humano y de algunos animales, desde los hombros hasta la región lumbar. **2.** Envés o parte posterior de una cosa. • **A espaldas de** alguien, en su ausencia, sin que se entere. || **Caer,** o **caerse, de espaldas,** asombrarse, sorprenderse mucho. || **Espalda mojada** (*Méx.*), trabajador indocumentado en E.U.A. || **Guardar las espaldas** a alguien, protegerle de algún peligro. || **Por la espalda,** a traición. || **Tener cubiertas las espaldas,** estar a cubierto, tener protección suficiente.

**ESPALDAR** n. m. Espalda, parte posterior del cuerpo humano. **2.** Respaldo, parte de la silla o banco en que descansa la espalda. **3.** Conjunto de árboles plantados contra un muro, sobre el que las ramas se apoyan. **4.** Enrejado sobrepuesto a una pared para que por él trepen y se extiendan ciertas plantas. **5.** ARM. Pieza de la coraza y del coselete que cubría la espalda.

**ESPALDARAZO** n. m. Golpe dado de plano con la espada en la espalda de uno como ceremonia en el acto de armar caballero. **2.** *Fig.* Reconocimiento de la competencia o habilidad de alguien en una profesión o actividad.

**ESPALDARCETE** n. m. ARM. Pieza de la armadura con que sólo se cubría la parte superior de la espalda.

**ESPALDARÓN** n. m. ARM. Pieza de la armadura que cubría y defendía las espaldas.

**ESPALDEAR** v. tr. **[1]**. *Chile.* Defender a una persona.

**ESPALDER** n. m. Remero de galeras que regulaba los movimientos de los demás remeros. **2.** DEP. En los deportes de remo, remero que boga en la proa y gobierna con el remo a los demás.

**ESPALDERA** n. f. Espaldar, enrejado sobrepuesto a una pared. **2.** Línea de árboles frutales, alineados sobre hilos de hierro o sobre una tela, al aire libre. ◆ **espalderas** n. f. **3.** Aparato de gimnasia consistente en varias barras de madera horizontales y dispuestas para hacer ejercicios.

**ESPALDILLA** n. f. Omóplato, especialmente el de los animales. **2.** Cuarto delantero de las reses. **3.** *Méx.* Brazuelo o lacón del cerdo.

**ESPALDÓN** n. m. Parte maciza y saliente que queda en un madero al abrir en él una entalladura. **2.** Barrera o dique destinado a resistir el empuje de las tierras o de las aguas. **3.** FORT. Masa de tierra u otro material destinada a cubrir del fuego de enfilada. **4.** MEC. Variación brusca que forma la sección de una pieza, destinada a servir de apoyo o de tope.

**ESPANTADA** n. f. Huida repentina de un animal. **2.** Desistimiento súbito, ocasionado por el miedo.

**ESPANTADIZO, A** adj. Que fácilmente se espanta.

**ESPANTADOR, RA** adj. *Argent., Colomb.* y *Guat.* Dícese del caballo espantadizo.

**ESPANTAJO** n. m. Lo que se pone en un lugar para espantar, especialmente en los sembrados para espantar los pájaros. **2.** *Fig.* Cosa o persona que infunde falso temor. **3.** Persona fea, ridícula o ridículamente vestida.

**ESPANTALOBOS** n. m. (pl. *espantalobos*). Arbusto de las regiones mediterráneas, de flores amarillas y legumbres vesiculares. (Familia papilionáceas.)

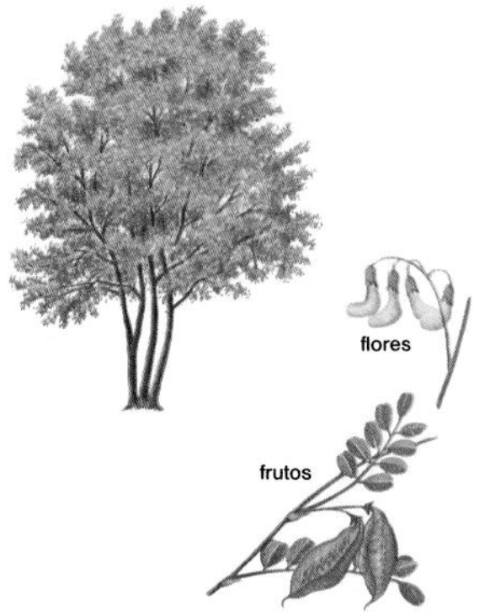


**espantalobos**

Copa decorada con caquis; **esmaltes** alveolados sobre bronce. China, fines s. XV. (Museo de artes decorativas, París.)

**Esmaltes** del pináculo central del retablo de plata del altar mayor de la catedral de Gerona; obra de Pere Berneç, del maestro Bartomeu y de otros, s. XIV.

*El caballo de Troya.* Placa en **esmalte** pintado. Escuela lemosín, *c.* 1530. (Louvre, París.)

**esmalte**

**ESPANTAMOSCAS** n. m. (pl. *espantamoscas*). Conjunto de plumas o tiras de papel que se emplea para espantar las moscas.

**ESPANTAPÁJAROS** n. m. (pl. *espantapájaros*). Espantajo que se pone en árboles y sembrados para ahuyentar a los pájaros.

**ESPANTAR** v. tr. (lat. *expaventare*) [**1**]. Ahuyentar, echar de un lugar. ◆ v. tr. y pron. **2.** Causar o sentir espanto o infundir miedo.

**ESPANTO** n. m. Terror. **2.** *Méx.* Fantasma. • **De espanto,** muy intenso: *hacer un frío de espanto.*

**ESPANTOSIDAD** n. f. *Méx.* Cosa muy fea.

**ESPANTOSO, A** adj. Que causa espanto. **2.** Desmesurado: *un hambre espantosa.* **3.** *Fig.* Muy feo.

**ESPAÑOL, LA** adj. y n. De España. ◆ n. m. **2.** Lengua hablada en España, en los países de Hispanoamérica y en algunos territorios de cultura española. SIN.: *castellano.*

■ El español es un idioma derivado del latín, en el que influyeron principalmente los sustratos ibérico y céltico. La primera unidad lingüística de Hispania fue consecuencia de la romanización. El latín de Hispania viene configurado por las interferencias en el uso hablado y el literario del latín durante la romanización, los rasgos dialectales latinos de colonos y soldados, y la persistencia de hábitos propios de las lenguas indígenas en el latín. Las invasiones germánicas favorecieron la progresiva diferenciación del latín, que desembocó en las diversas lenguas románicas. El árabe influyó de un modo especial en el léxico. En la etapa medieval fue constante la expansión del castellano y la desaparición de otros dialectos peninsulares. En el s. XIV, con el nacimiento de la literatura, se creó una norma lingüística y el castellano se convirtió en lengua oficial del estado, estableciéndose como lengua de cultura. La fundación, en 1713, de la Real academia española de la lengua señaló, en el plano lingüístico, el paso a una nueva época.

• *El español de América.* Hay pocos fenómenos de carácter lingüístico fundamental que separen el español americano del de España. En las divergencias dialectales del español americano influyeron los sustratos indígenas: arawak, caribe, náhuatl y maya, quechua, araucano o mapuche y guaraní. En el conjunto de fenómenos que caracterizan el español americano pueden señalarse el voseo, una mayor actividad de las formas derivadas con diminutivo u otros sufijos, y el léxico, que además del sustrato indígena presenta préstamos de diversas lenguas extranjeras (italianismos, anglicismos, etc.).

**ESPAÑOLADA** n. f. Dicho o hecho propio de españoles. **2.** Acción, espectáculo, etc., en que se falsean, por exageración o por limitación al aspecto más espectacular, las cosas típicas de España.

**ESPAÑOLEAR** v. intr. [**1**]. Hacer extremada propaganda de España en conferencias, artículos, etcétera.

**ESPAÑOLETA** n. f. (fr. *espagnolette*). *Galic.* Falleba.

**ESPAÑOLISMO** n. m. Amor o apego a las cosas características o típicas de España. **2.** Carácter español acentuado o definido.

**ESPAÑOLISTA** adj. y n. m. y f. Dado o afecto al españolismo.

**ESPAÑOLIZACIÓN** n. f. Acción y efecto de españolizar.

**ESPAÑOLIZAR** v. tr. [**1g**]. Dar carácter español. **2.** Dar forma española a un vocablo o expresión de otro idioma. ◆ v. tr. y pron. **3.** Comunicar o tomar costumbres españolas.

**ESPARADRAPO** n. m. Tiras de tela o de papel, una de cuyas caras está cubierta de un emplasto adherente, que se usan para sujetar los vendajes.

**ESPARAVÁN** n. m. Gavilán. **2.** VET. Tumor óseo en la parte interna del corvejón de los solípedos.

**ESPARAVEL** n. m. Red redonda para pescar en aguas poco profundas.

**ESPARCETA** n. f. (provenz. *esparseto*). Pipirigallo.

**ESPARCIDORA** n. f. Máquina utilizada para esparcir los abonos.

**ESPARCILLA** n. f. Planta herbácea de hojas laciniadas, cultivada como forraje. (Familia cariofiláceas.)

**ESPARCIMIENTO** n. m. Acción y efecto de esparcir. **2.** Actividad con que se ocupa el tiempo libre. **3.** Diversión, recreo.

**ESPARCIR** v. tr. y pron. (lat. *spargere*) [**3a**]. Separar, extender, desparramar lo que está junto o amontonado. **2.** Derramar extendiendo. **3.** Difundir, extender, especialmente una noticia. **4.** Divertir, recrear.

**ESPÁRIDO, A** adj. y n. m. Relativo a una familia de peces provistos de aletas pelvianas insertas en el tórax, con una sola aleta dorsal, que presenta un radio espinoso, como la breca.

**ESPARRAGAL** n. m. Lugar donde se cultivan espárragos.

**ESPÁRRAGO** n. m. (lat. *asparagum,* brote). Brote tierno de la esparraguera, que se utiliza como comestible. **2.** TECNOL. Especie de pasador o perno metálico sin cabeza que se emplea para unir y asegurar dos piezas entre sí. • **Enviar,** o **mandar, a freír espárragos** *(Fam.),* despedir a alguien con aspereza o enojo o sin miramientos.

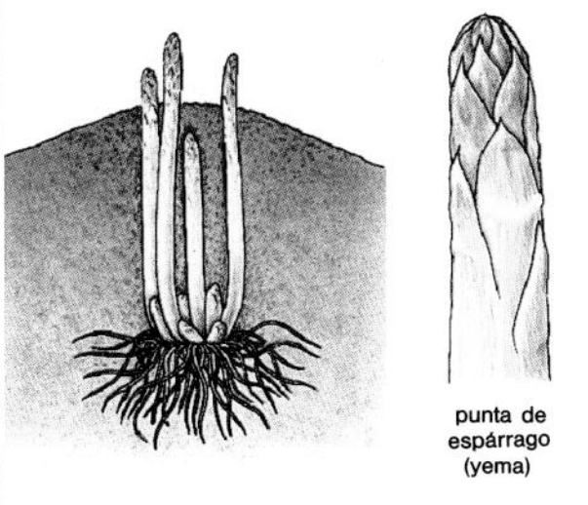


**espárrago**

**ESPARRAGÓN** n. m. Tejido de seda con que se forma un cordoncillo más grueso y fuerte que el de la tercianela.

**ESPARRAGUERA** n. f. Hortaliza de la familia liliáceas, de la cual se comen los brotes, espárragos, cuando todavía son tiernos.

**ESPARRANCADO, A** adj. Dícese de las cosas que están demasiado esparcidas o separadas.

**ESPARRANCARSE** v. pron. [**1a**]. *Fam.* Ponerse con las piernas muy abiertas.

**ESPARTANO, A** adj. y n. (lat. *spartanum*). De Esparta. ◆ adj. **2.** Dícese de las personas, costumbres, etc., de gran severidad y austeridad.

**ESPARTAQUISMO** n. m. Movimiento socialista alemán, posteriormente comunista, dirigido por Karl Liebknecht y Rosa Luxemburgo, de 1914 a 1919, y que agrupó a elementos minoritarios de la socialdemocracia.

**ESPARTAQUISTA** adj. y n. m. y f. Relativo al espartaquismo; partidario de este movimiento.

**ESPARTEÍNA** n. f. Alcaloide que se obtiene de la retama, empleado como tónico cardíaco y diurético.

**ESPARTERÍA** n. f. Oficio de espartero. **2.** Establecimiento donde se hacen o venden obras de esparto.

**ESPARTERO, A** n. Persona que fabrica o vende obras de esparto.

**ESPARTIZAL** o **ESPARTAL** n. m. Terreno donde se cría esparto.

**ESPARTO** n. m. Planta herbácea que crece en el N de África y en el centro y S de la península Ibérica, cuyas hojas se utilizan en la fabricación de cuerdas, alpargatas, tejidos bastos, papel de imprenta, etc. (Familia gramíneas.) **2.** Fibra obtenida con las hojas de esta planta.

**ESPARVERO** n. m. Falconiforme rapaz delgado, caracterizado por su larga cola y alas cortas. (Familia accipítridos.)

**ESPARZA** n. f. Composición poética, frecuente en las canciones castellanas de los ss. XIV y XV, que se caracteriza por constar de una sola estrofa, generalmente de arte mayor.

**ESPASMO** n. m. (gr. *spasmos*). Contracción involuntaria de las fibras musculares, especialmente de la musculatura lisa.

**ESPASMÓDICO, A** adj. Relativo al espasmo, o acompañado de este síntoma.

**ESPASMOFILIA** n. f. Afección caracterizada por calambres, hormigueos, crisis de agitación y malestar, en el curso de la cual aparecen crisis de tetania.

**ESPASMOLÍTICO, A** adj. y n. m. Antiespasmódico.

**ESPATA** n. f. BOT. Bráctea en forma de cucurucho que rodea ciertas inflorescencias.

**ESPATARRARSE** v. pron. [**1**]. *Fam.* Despatarrarse.

**ESPÁTICO, A** adj. Dícese de los minerales que se dividen fácilmente en láminas. **2.** Que contiene espato.

**ESPATO** n. m. (alem. *spat*). Denominación dada a diversos minerales pétreos, de estructura laminar. • **Espato de Islandia,** variedad transparente, birrefringente, de calcita cristalizada.

**ESPÁTULA** n. f. Utensilio de metal, madera, etc., en forma de paleta plana. **2.** Parte anterior y curvada del esquí. **3.** Ave zancuda, de 80 cm de long., de pico ancho, que anida en las costas o en los cañaverales.

**ESPECIA** n. f. (lat. *speciem*). Sustancia aromática de origen vegetal, como el clavo, la nuez moscada, etc., utilizada para sazonar los alimentos.

**ESPECIACIÓN** n. f. BIOL. Aparición de diferencias entre dos especies próximas, que motivan su separación definitiva.

**ESPECIAL** adj. (lat. *specialem*). Singular o particular, en oposición a general y ordinario. **2.** Muy adecuado o propio para algún efecto. • **En especial,** de forma singular o particular.

**ESPECIALIDAD** n. f. Circunstancia de ser especial o carácter especial. **2.** Aquello a que uno se dedica con cierta exclusividad y competencia. **3.** Cada una de las partes de una ciencia o arte que tiene, por sí misma, un cuerpo de doctrina suficiente y puede ejercerse de modo independiente. • **Especialidad farmacéutica** (FARM.), específico, medicamento.

**ESPECIALISTA** adj. y n. m. y f. Dícese del que con especialidad cultiva un ramo de determinado arte o ciencia y sobresale en él. ◆ n. m. y f. **2.** CIN. Doble que sustituye al actor en escenas de riesgo o destreza.

**ESPECIALIZACIÓN** n. f. Acción y efecto de especializar. **2.** LING. Fenómeno semántico por el cual una palabra restringe el área de su significado.

**ESPECIALIZAR** v. intr. y pron. [**1g**]. Cultivar con especialidad una rama determinada de una ciencia o arte: *especializarse en pediatría.* ◆ v. intr. **2.** Limitar una cosa a uso o fin determinado.

**ESPECIAR** v. tr. [**1**]. Sazonar con especias.

**ESPECIE** n. f. (lat. *speciem*). Conjunto de cosas a las que conviene una misma definición. **2.** Grupo de seres naturales que tienen varios caracteres comunes: *la especie humana.* **3.** Clase, cierta manera de ser. **4.** Noticia: *difundióse rápidamente la especie.* **5.** Apariencia, pretexto. **6.** Grupo de individuos, animales o vegetales con un aspecto parecido, un hábitat particular, fecundos entre sí pero generalmente estériles con individuos de otras especies. • **En especie,** o **especies,** en género y no en dinero. || **Especie química,** cuerpo puro. || **Especies sacramentales** (TEOL.), apariencias del pan y del vino después de la transustanciación.

**ESPECIERÍA** n. f. Tienda en que se venden especias. **2.** Conjunto de especias.

**ESPECIERO, A** n. Persona que comercia en especias. ◆ n. m. **2.** Utensilio o vasija para guardar las especias.

**ESPECIFICACIÓN** n. f. Acción y efecto de especificar.

**ESPECIFICAR** v. tr. [**1a**]. Determinar o precisar.

**ESPECIFICATIVO, A** adj. Que tiene virtud o eficacia para especificar. **2.** GRAM. Dícese del adjetivo que expresa una cualidad que limita la aplicación del nombre a determinados objetos de los designados por él. • **Oración especificativa** (GRAM.), la que limita o determina a algún elemento de la oración principal.

**ESPECIFICIDAD** n. f. Cualidad de específico.

**ESPECÍFICO, A** adj. Que es propio de una especie, de una cosa con exclusión de otra. ◆ n. m. **2.** Nombre genérico de los medicamentos que vienen preparados de laboratorios químico-farmacéuticos, sin otra intervención de la farmacia que su suministro al público.

**ESPÉCIMEN** n. m. (lat. *specimen*) [pl. *especímenes*]. Ejemplar, muestra, modelo, señal.

**ESPECIOSO, A** adj. Hermoso, precioso, perfecto. **2.** *Fig.* Aparente, engañoso.

**ESPECTACULAR** adj. Dícese de las cosas aparatosas que impresionan.

**ESPECTACULARIDAD** n. f. Calidad de espectacular.

**ESPECTÁCULO** n. m. (lat. *spectaculum*). Cualquier acción que se ejecuta en público para divertir o recrear. **2.** Conjunto de las actividades del teatro, del circo, etc.: *el mundo del espectáculo.* **3.** Aquello especialmente notable que se ofrece a la vista o a la contemplación intelectual. **4.** Acción escandalosa, extravagante o inconveniente: *dar un espectáculo en la calle.*

**ESPECTADOR, RA** adj. (lat. *spectatorem*). Que mira algo con atención. ◆ adj. y n. **2.** Que asiste a un espectáculo.

**ESPECTRAL** adj. Relativo al espectro.

**ESPECTRO** n. m. (lat. *spectrum,* simulacro). Imagen o fantasma, por lo común horrible, que se representa a los ojos o en la fantasía. **2.** Persona que ha llegado a un grado extremo de delgadez o decadencia física. **3.** *Fig.* Conjunto variado de elementos, aplicaciones, tendencias o rodeos de que consta algo: *alianza política de amplio espectro.* **4.** FÍS. Conjunto de las líneas resultantes de la descomposición de una luz compleja. **5.** FÍS. Distribución de la intensidad de una onda, acústica o electromagnética, o de un haz de partículas, en función de la frecuencia o de la energía. **6.** MED. Conjunto de las bacterias sobre las que es activo un antibiótico. • **Espectro acústico,** distribución de la intensidad acústica en función de la frecuencia. || **Espectro atómico, molecular,** espectro de la radiación emitida por excitación de los átomos (espectro de rayas) o de las moléculas (espectro de bandas). || **Espectro de absorción,** espectro que se obtiene haciendo que una radiación, continua en frecuencia, atraviese una sustancia que absorbe ciertas radiaciones características de ella. || **Espectro de emisión,** espectro de la radiación electromagnética emitida por una fuente convenientemente excitada (llama, descarga o arco eléctricos, chispa). || **Espectro de frecuencia,** representación, en función de la frecuencia, de las amplitudes, y eventualmente de las fases, de los componentes sinusoidales de una magnitud física en función del tiempo. || **Espectro magnético, eléctrico,** figura que materializa las líneas de fuerza de un campo magnético o eléctrico, obtenida esparciendo limaduras de hierro o partículas conductoras sobre una superficie donde reina este campo.

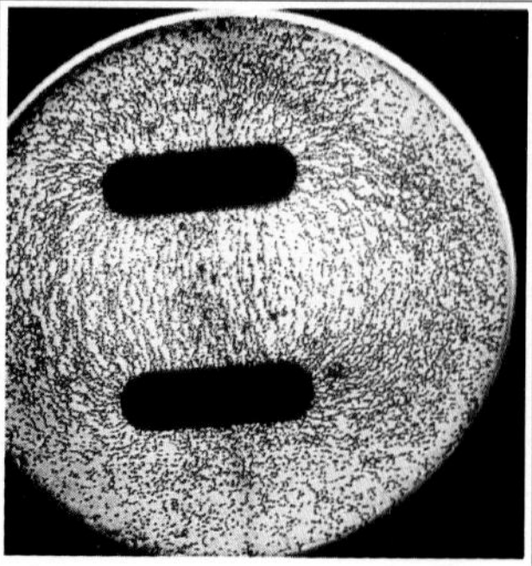

**espectro** eléctrico: materialización de las líneas del campo eléctrico imperante entre dos electrodos (+ y −), colocados en una cubeta de aceite mediante la orientación de pequeños granos de sémola electrizados

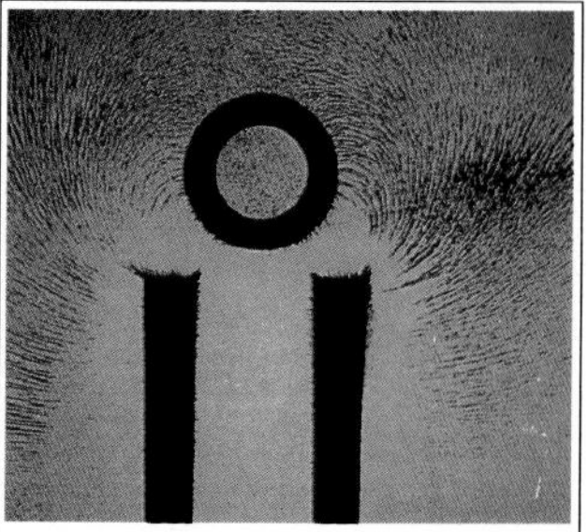

**espectro** magnético: materialización de dos líneas de fuerza de un campo magnético con ayuda de limaduras de hierro

**ESPECTROFOTOMETRÍA** n. f. Estudio realizado con un espectrofotómetro.

**ESPECTROFOTÓMETRO** n. m. Aparato que sirve para medir, en función de la longitud de onda, la relación entre valores de una misma magnitud fotométrica relativos a dos haces de radiaciones.

**ESPECTROGRAFÍA** n. f. Estudio de los espectros por medio del espectrógrafo.

**ESPECTROGRÁFICO, A** adj. Relativo a la espectrografía.

**ESPECTRÓGRAFO** n. m. Aparato que sirve para registrar los espectros luminosos en una placa fotográfica. • **Espectrógrafo de masas,** aparato que sirve para separar los átomos de uno o de varios cuerpos según sus masas.

**ESPECTROGRAMA** n. m. Fotografía o diagrama de un espectro.

**ESPECTROHELIÓGRAFO** n. m. Instrumento que sirve para fotografiar los detalles de la superficie solar, mediante la utilización de la luz procedente de una radiación única del espectro.

**ESPECTROMETRÍA** n. f. Estudio de los espectros mediante el espectrómetro.

**ESPECTROMÉTRICO, A** adj. Relativo a la espectrometría.

**ESPECTRÓMETRO** n. m. Aparato para medir la distribución de una radiación compleja en función de la longitud de onda o de la frecuencia si se trata de ondas, y de la masa o de la energía de las partículas individuales si se trata de partículas.

**ESPECTROSCOPIA** n. f. FÍS. Estudio de los espectros. • **Espectroscopia de las radiofrecuencias,** o

**hertziana,** conjunto de los estudios realizados sobre los fenómenos de interacción resonante, en especial, resonancia magnética, entre átomos, moléculas y ondas hertzianas. || **Espectroscopia nuclear,** estudio de la distribución según su energía de las radiaciones electromagnéticas y de las partículas emitidas por un núcleo excitado.

**ESPECTROSCÓPICO, A** adj. Relativo a la espectroscopia.

**ESPECTROSCOPIO** n. m. Aparato destinado a observar los espectros luminosos.

**ESPECULACIÓN** n. f. Acción y efecto de especular. **2.** Operación comercial consistente en adquirir mercancías, valores o efectos públicos, con ánimo de obtener lucro en su reventa. **3.** FILOS. Conocimiento teórico y desinteresado cuyo fin es la contemplación del objeto.

**ESPECULADOR, RA** adj. y n. Que especula.

**ESPECULAR** v. tr. e intr. (lat. *speculari*, observar, acechar) **[1]**. Meditar, reflexionar. ◆ v. intr. **2.** Comerciar, negociar. **3.** Procurar provecho o ganancia con algo. **4.** Efectuar operaciones comerciales o financieras, cuyo beneficio se obtendrá por las variaciones en los precios de los cambios. ◆ v. intr. y pron. **5.** Hacer cábalas.

**ESPECULAR** adj. (lat. *specularem*, transparente). Dícese de los minerales compuestos por hojas brillantes. • **Alucinación especular,** alucinación en la cual el sujeto ve su propia imagen como en un espejo. || **Pulido especular,** pulido perfecto de una pieza mecánica. || **Simetría especular** (MAT. y FÍS.), simetría repecto a un plano.

**ESPECULATIVO, A** adj. Relativo a la especulación. **2.** Dado a la especulación. **3.** FILOS. Que tiene aptitud para especular.

**ESPÉCULO** n. m. (lat. *speculum*). Instrumento de que se sirve el médico o el cirujano para dilatar ciertas cavidades del cuerpo y facilitar su exploración.

**ESPEJISMO** n. m. Fenómeno óptico particular de los países cálidos que consiste en el hecho de que los objetos lejanos producen una imagen invertida, como si se reflejasen en la superficie de una balsa de agua, debido a la reflexión total de la luz cuando atraviesa capas de aire de densidad distinta. **2.** *Fig.* Apariencia seductora y engañosa.

**ESPEJO** n. m. (lat. *speculum*). Superficie pulida y, especialmente, vidrio pulido y metalizado que refleja la luz y da imágenes de los objetos. **2.** *Fig.* Lo que da imagen de una cosa: *el teatro es el espejo de la vida.* **3.** *Fig.* Modelo o dechado digno de imitación: *espejo de virtudes.* • **Espejo de Venus,** planta herbácea de flores de color blanco o violeta. (Familia campanuláceas.) || **Espejo ustorio,** espejo cóncavo que puede inflamar objetos por concentración de los rayos solares en un punto llamado foco.

**ESPEJUELO** n. m. Reflejo producido en ciertas maderas cortadas a lo largo de los radios medulares. **2.** Ingenio de caza para atraer a las alondras. **3.** MINER. Yeso cristalizado en láminas brillantes. ◆ **espejuelos** n. m. pl. **4.** Cristales de los anteojos. **5.** Anteojos, instrumento óptico. **6.** *Amér.* Lentes.

**ESPELEOLOGÍA** n. f. Ciencia y deporte que tienen por objeto el estudio o exploración de las cavidades naturales del subsuelo.

**ESPELEOLÓGICO, A** adj. Relativo a la espeleología.

**ESPELEÓLOGO, A** n. Persona que se dedica a la espeleología.

**ESPELUZNAMIENTO** n. m. Acción y efecto de espeluznar.

**ESPELUZNANTE** adj. Que espeluzna.

**ESPELUZNAR** v. tr. y pron. **[1]**. Poner el pelo erizado por efecto del miedo o causar mucho miedo.

**ESPELUZNO** n. m. *Fam.* Escalofrío, estremecimiento.

**ESPEO** n. m. (gr. *speos*, caverna). ARQUEOL. Templo o tumba subterránea egipcia.

**ESPEQUE** n. m. Palanca o barra recta de madera resistente.

**ESPERA** n. f. Acción y efecto de esperar. **2.** Calma, facultad de saberse contener. • **A la espera de,** denota que se aguarda algo para obrar en consecuencia. || **Circuito de espera** (AERON.), circuito que describen los aviones en las proximidades de un aeropuerto, cuando varios aparatos se presentan al mismo tiempo. || **En espera de,** expresa que se aguarda mientras llega u ocurre cierta cosa.

**ESPERANTISTA** adj. y n. m. y f. Relativo al esperanto; partidario de esta lengua.

**ESPERANTO** n. m. Lengua internacional, creada en 1887 por Zamenhof, que se basa en la máxima internacionalidad de las raíces y la invariabilidad de los elementos léxicos.

**ESPERANZA** n. f. Confianza de lograr una cosa o de que se realice lo que se desea. **2.** TEOL. Una de las tres virtudes teologales. • **Esperanza de vida,** duración media de la vida en un grupo humano determinado. || **Esperanza matemática de una variable aleatoria discreta X,** media aritmética ponderada de los valores posibles $x_i$ de la variable X por su probabilidad $p_i$.

**ESPERANZAR** v. tr. **[1g]**. Dar esperanza. ◆ v. intr. y pron. **2.** Tener esperanza.

**ESPERAR** v. tr. (lat. *sperare*) **[1]**. Tener esperanza de conseguir lo que se desea. **2.** Permanecer en un sitio hasta que llegue una persona o cosa. **3.** Confiar en, contar con la ayuda o colaboración de una persona o cosa. **4.** Dejar de hacer cierta cosa hasta que ocurra otra. **5.** Ser inevitable que suceda a alguien alguna cosa, tener destinado: *nos espera un largo viaje.* ◆ v. tr. e intr. **6.** Creer que ha de suceder una cosa. • **Ser de esperar,** expresión que indica que hay motivos para creer que va a ocurrir lo que se espera. ◆ v. intr. **7.** Seguido de la prep. *en*, confiar en alguien: *esperar en el Señor.* ◆ **esperarse** v. pron. **8.** Prever, ver como probable: *de alguien como tú se espera cualquier cosa.* **9.** Imaginarse, figurarse: *nadie se esperaba que vinieras.*

**ESPERMA** n. m. o f. Líquido que secretan las glándulas reproductoras masculinas y que contiene los espermatozoides. • **Esperma de ballena,** sustancia oleaginosa que se encuentra en la cabeza de ciertos cetáceos. SIN.: *espermaceti.*

**ESPERMATICIDA** n. m. y adj. Espermicida.

**ESPERMÁTICO, A** adj. Relativo al esperma y a los espermatozoides. • **Cordón espermático,** conjunto del conducto deferente y de las venas y arterias del testículo.

**ESPERMATIDA** n. f. BIOL. Gameto masculino inmaduro que se convertirá en un espermatozoide.

**ESPERMATOCITO** n. m. Célula germinal masculina llamada a experimentar la primera o la segunda división de la meyosis.

**ESPERMATÓFITO, A** adj. y n. m. Fanerógamo.

**ESPERMATÓFORO** n. m. Órgano que contiene los espermatozoides en diversos invertebrados, y del que estos animales pueden desprenderse para pasarlo a las hembras.

**ESPERMATOGÉNESIS** n. f. (pl. *espermatogénesis*). Formación de las células reproductoras masculinas.

**ESPERMATOGONIA** n. f. ZOOL. Célula sexual masculina inmadura y diploide.

**ESPERMATOZOIDE** o **ESPERMATOZOO** n. m. Célula sexual masculina, formada habitualmente por una cabeza, ocupada por el núcleo haploide, y un flagelo que asegura su desplazamiento.

**ESPERMICIDA** adj. y n. m. Dícese de las sustancias químicas que, aplicadas localmente en la vagina, destruyen los espermatozoides.

**ESPERMOFILO** n. m. Animal roedor parecido a la marmota.

**ESPERNADA** n. f. Remate de la cadena que suele tener el eslabón abierto.

**ESPERÓN** n. m. (ital. *sperone*). Espolón para embestir a los buques.

**ESPERONTE** n. m. FORT. Obra en ángulo saliente que se hacía en las cortinas de las murallas.

**ESPERPÉNTICO, A** adj. Relativo al esperpento.

**ESPERPENTO** n. m. *Fam.* Persona o cosa extravagante y ridícula. **2.** Desatino, absurdo. **3.** LIT. Título dado por Ramón del Valle-Inclán a varias de sus obras, caracterizadas por presentar el sentido trágico de la vida con una estética deformada. **4.** LIT. Denominación dada a cierto tipo de obras literarias que presentan rasgos parecidos a las de Valle-Inclán.

**ESPESAMIENTO** n. m. Acción y efecto de espesar.

**ESPESANTE** n. m. Materia que espesa, que aumenta la viscosidad.

**ESPESAR** v. tr. y pron. **[1]**. Convertir en espeso o más espeso. **2.** Hacer tupido un tejido al fabricarlo.

**ESPESO, A** adj. (lat. *spissum*). Dícese de la sustancia fluida que tiene mucha densidad o condensación. **2.** Dícese del conjunto o agregado de cosas, partículas, etc., muy próximas unas a otras. **3.** Grueso, recio. **4.** *Fig.* Enrevesado, de difícil comprensión. **5.** *Argent., Perú, Urug.* y *Venez. Fig.* Pesado, impertinente. **6.** *Argent.* y *Urug. Fig.* Referido a una situación, conflictiva, complicada.

**ESPESOR** n. m. Grueso de un sólido. **2.** Densidad o condensación de un fluido o una masa.

**ESPESURA** n. f. Calidad de espeso. **2.** Vegetación densa.

**ESPETAR** v. tr. **[1]**. Atravesar algo con un instrumento puntiagudo. **2.** *Fig.* y *fam.* Decir a alguien algo que causa sorpresa o molestia.

**ESPETERA** n. f. Tabla con garfios en que se cuelgan carnes, aves, y utensilios de cocina. **2.** Conjunto de utensilios metálicos de cocina que se cuelgan en la espetera.

**ESPETÓN** n. m. Varilla de hierro u otro material, larga y delgada, como el asador o el estoque. **2.** Golpe dado con este instrumento.

**ESPÍA** n. m. y f. (gót. *spaíha*). Persona que espía o acecha con disimulo. **2.** Persona que comunica al gobierno o mando militar o a una empresa de un país informaciones secretas de otro.

**ESPÍA** n. f. Cada una de las cuerdas o tiros con que se mantiene fijo y vertical un madero. **2.** MAR. Acción de espiar.

**ESPIAR** v. tr. (gót. *spaihon*, acechar) **[1t]**. Observar algo o acechar a alguien con atención, continuidad y disimulo: *espiar al enemigo.*

**ESPIAR** v. intr. **[1t]**. MAR. Halar de un cabo firme en un objeto fijo para hacer mover una nave en dirección al mismo.

**ESPICANARDO** n. m. (lat. *spicam nardi*, espiga del nardo). Planta, de 50 cm de alt., con tallo en caña delgada, inflorescencias terminales, y rizomas con numerosas raicillas fibrosas, de olor agradable, cuyo extracto se ha usado como perfume. (Familia gramíneas.) **2.** Rizoma de estas plantas.

**ESPICHAR** v. tr. **[1]**. Pinchar, punzar o herir con una cosa aguda o punzante. ◆ v. intr. **2.** *Fam.* Morir, acabar la vida. **3.** *Ven.* Perder aire el neumático a causa de un pinchazo. ◆ **espicharse** v. pron. **4.** *Cuba* Enflaquecer, adelgazar.

**ESPICHE** n. m. Arma o instrumento puntiagudo. **2.** Estaquilla para cerrar un agujero, como las que se colocan en las cubas para que no se salga el líquido.

**ESPICIFORME** adj. Que tiene forma de espiga.

**ESPICILEGIO** n. m. Colección de diplomas, tratados, etc. **2.** Florilegio.

**ESPÍCULA** n. f. Inflorescencia elemental de las gramíneas. **2.** Corpúsculo silíceo o calcáreo que forma parte del esqueleto de las esponjas. **3.** ASTRON. Elemento constitutivo de la cromosfera solar.

**ESPIGA** n. f. (lat. *spicam*). Inflorescencia ramosa, simple, formada por un conjunto de flores hermafroditas, sésiles, dispuestas a lo largo de un eje. **2.** Conjunto de granos agrupados a lo largo de un eje. **3.** Púa, vástago de un árbol que se introduce en otro para injertarlo. **4.** Extremo de una pieza de madera entallado para que entre y encaje en un hueco de igual sección abierto en otra pieza que se ha de ensamblar con la primera. **5.** Parte saliente

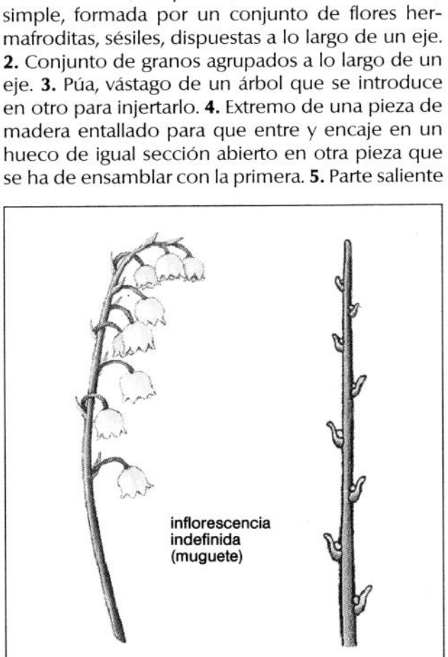


**espigas** simples

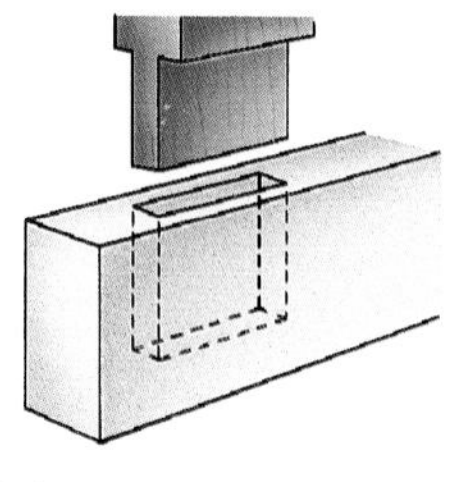

**espiga** (y mortaja)

en una pieza metálica, que se aloja o no en una cavidad correspondiente.

**ESPIGADO, A** adj. Dícese de las plantas que tienen espiga u otra inflorescencia ya formada. **2.** En forma de espiga.

**ESPIGADOR, RA** n. Persona que espiga o recoge las espigas que han quedado en el rastrojo.

**ESPIGADORA** n. f. Máquina-herramienta utilizada en los talleres de carpintería mecánica para labrar espigas de ensamblaje.

**ESPIGAR** v. tr. **[1b]**. Recoger las espigas que han quedado en el rastrojo. **2.** Labrar la espiga con las piezas de madera que se han de ensamblar. ◆ v. intr. **3.** Empezar los cereales a echar espiga. ◆ **espigarse** v. pron. **4.** Crecer notablemente una persona.

**ESPIGÓN** n. m. Aguijón, punta o extremo del palo con que se aguija. **2.** Espiga áspera y espinosa. **3.** Mazorca de maíz. **4.** Columna que constituye el eje o núcleo de una escalera de caracol. **5.** OBR. PÚBL. Macizo saliente o dique que avanza en el mar o en un río perpendicularmente a la orilla, para proteger un puerto contra el oleaje.

**ESPIGUEAR** v. intr. **[1]**. *Méx.* Mover el caballo la cola, sacudiéndola de arriba abajo.

**ESPIGUEO** n. m. Acción de espigar o recoger las espigas que han quedado en el rastrojo.

**ESPIGUILLA** n. f. Cinta estrecha o fleco, con picos, que se emplea como adorno.

**ESPINA** n. f. (lat. *spinam*). Astilla pequeña y puntiaguda. **2.** *Fig.* Pesar íntimo y duradero: *tener una espina clavada en el corazón.* **3.** Excrecencia que, en los peces, toma formas distintas, ya sean simples asperezas puntiagudas de los huesos de la cabeza, ya sean radios duros, puntiagudos y formados de una sola pieza. **4.** ANAT. Nombre que reciben diversas estructuras anatómicas óseas: *espinas ilíacas, ciáticas, etc.* **5.** BOT. Órgano, o parte orgánica axial apendicular, endurecido y puntiagudo. **6.** BOT. Planta arbórea espinosa, originaria de Australia. (Familia mimosáceas.) **7.** ZOOL. Columna vertebral. • **Darle** a uno **mala espina** una cosa, hacerle entrar en recelo o cuidado. ‖ **Espina bífida,** malformación congénita de la columna vertebral, consistente en una hernia de parte del contenido del canal raquídeo. ‖ **Espina de Cristo, santa,** o **vera,** planta arbustiva de unos 3 m de alt., de hojas pecioladas, que presenta espinas estipuladas y flores de pequeño tamaño, amarillentas. (Familia ramnáceas.) ‖ **Sacarse** uno **la espina,** desquitarse de una pérdida, especialmente en el juego; hacer o decir algo que uno ha estado reprimiendo largo tiempo. ‖ **Santa espina,** cada una de las espinas de la corona que ciñó la cabeza de Jesús durante su pasión.

**ESPINACA** n. f. (ár. hispánico *ispināh*). Planta herbácea cultivada por sus hojas, que se consumen cocidas. (Familia quenopodiáceas.)

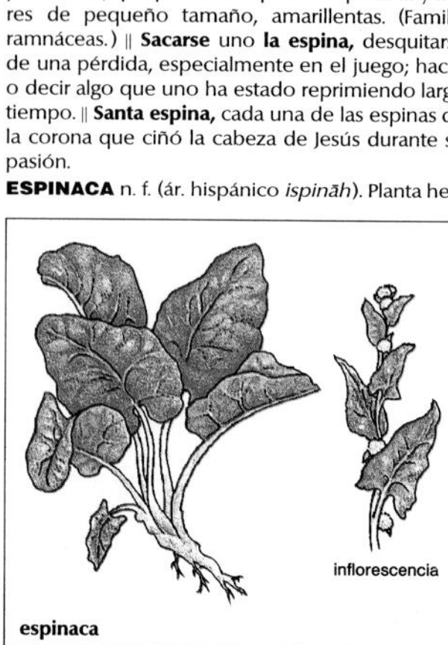


**espinaca**

**ESPINAL** adj. Relativo a la columna vertebral o espinazo. • **Nervio espinal,** nervio craneal par, motor de los músculos del cuello, de la laringe y de la faringe.

**ESPINAPEZ** n. m. En los solados y entarimados, modo de disponer las piezas o tablas, que consiste en colocarlas diagonalmente en zigzag y con las testas machihembradas en ángulo recto.

**ESPINAR** n. m. Lugar donde crecen arbustos espinosos. **2.** *Fig.* Dificultad, enredo.

**ESPINAR** v. intr. y pron. **[1]**. Punzar, herir con espinas. ◆ v. tr. **2.** Proteger con tallos espinosos los árboles recién plantados.

**ESPINAZO** n. m. Columna vertebral.

**ESPINEL** n. m. PESC. Palangre de ramales cortos y cordel grueso.

**ESPINELA** n. f. Mineral constituido por aluminato de magnesio, que puede dar piedras finas de color rosado, rojo, pardorrojizo, azul gris, azul violeta, grisáceo y verdoso. **2.** Grupo de minerales compuestos de óxidos dobles.

**ESPINELA** n. f. MÉTRIC. Décima.

**ESPINETA** n. f. (ital. *spinetta*). Instrumento de teclado, con cuerdas pulsadas.

**ESPINGARDA** n. f. Cañón de artillería, mayor que el falconete y menor que la pieza de batir. **2.** Escopeta muy larga que usaban los moros. **3.** *Fig.* Mujer alta, delgada y de aspecto desvaído.

**ESPINILLA** n. f. Parte anterior de la canilla de la pierna. **2.** Comedón.

**ESPINILLERA** n. f. Aparato de protección que a veces llevan los jugadores de algunos deportes para proteger la espinilla.

**ESPINILLO** n. m. *Argent.* Nombre de diversos árboles de la familia de las rosáceas o de las leguminosas, con espinas en sus ramas y flores esféricas de color amarillo, muy perfumadas.

**ESPINO** n. m. Planta arbórea, de 4 a 6 m de alt., de ramas espinosas y flores blancas y olorosas. (Familia rosáceas.) **2.** *Argent.* Arbusto leguminoso de flores muy aromáticas y madera muy apreciada por sus vetas jaspeadas. **3.** *Cuba.* Arbusto silvestre de la familia de las rubiáceas, muy ramoso y espinoso. • **Espino amarillo,** o **falso,** planta arbórea de 1 a 3 m de alt., de ramas espinosas y hojas blancas y lustrosas. (Familia oleanáceas.) ‖ **Espino artificial,** cable delgado formado de alambres de hierro torcidos conjuntamente y que lleva pinchos de trecho en trecho. ‖ **Espino cerval,** planta arbustiva de frutos negros, cuyas semillas se emplean como purgantes.

**ESPINOCELULAR** adj. Relativo al estrato espinoso del tejido epitelial.

**ESPINOSISMO** n. m. Doctrina filosófica de Spinoza.

**ESPINOSISTA** adj. y n. m. y f. Relativo al espinosismo; partidario de esta doctrina.

**ESPINOSO, A** adj. Que tiene espinas: *zarza espinosa.* **2.** *Fig.* Arduo, difícil, comprometido. **3.** ANAT. Dícese de algunas estructuras anatómicas atendiendo a su forma o a su relación con la columna vertebral: *apófisis espinosas.* ◆ n. m. **4.** Pequeño pez marino o de agua dulce, que presenta espinas en el dorso.

**espinoso** de agua dulce

**ESPINUDO, A** adj. *Chile, C. Rica, Nicar.* y *Urug.* Espinoso.

**ESPIONAJE** n. m. (fr. *espionnage*). Acción de espiar, acechar, observar disimuladamente lo que se dice o hace. **2.** Conjunto de personas que se dedican a espiar con fines militares o políticos, y sus actividades. • **Espionaje industrial,** búsqueda de información concerniente a la industria y, preferentemente, a los procedimientos de fabricación.

**ESPIRA** n. f. (lat. *spiram*). Vuelta de una línea espiral, de una hélice. **2.** Parte elemental de un arrollamiento eléctrico, cuyos extremos están por lo general muy cerca uno de otro. **3.** Conjunto de vueltas de una concha enrollada, como la de los gasterópodos.

**ESPIRACIÓN** n. f. Acción y efecto de espirar. **2.** Acción de sacar fuera del pecho el aire que se respira.

**ESPIRÁCULO** n. m. ZOOL. Orificio para la evacuación del agua que baña las branquias internas de los renacuajos de los anuros.

**ESPIRADOR, RA** adj. Que espira. **2.** FISIOL. Que participa en el movimiento de espiración, de expulsión del aire de las vías respiratorias.

**ESPIRAL** adj. Perteneciente a la espira, en forma de espira: *broca espiral.* ◆ n. f. **2.** Espira. **3.** Serie de circunvoluciones o volutas. **4.** Pequeño resorte o muelle espiral de un reloj, que asegura su isocronismo. **5.** MAT. Curva plana cuyo radio polar crece, o decrece, mientras gira en el mismo sentido. • **Espiral precios-salarios,** repercusión recíproca de los incrementos de los precios y de los salarios en un proceso inflacionario.

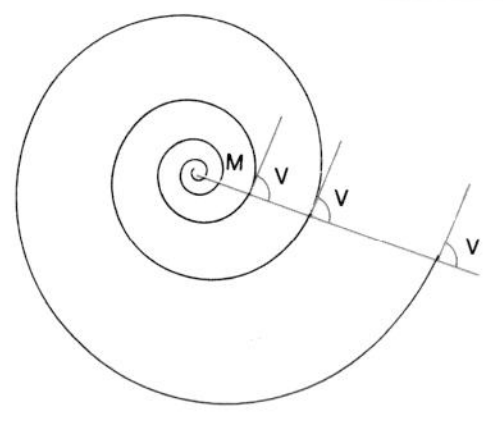


Ejemplo de espiral logarítmica. (Tiene por ecuación polar $\rho = e^{m\theta}$; sus puntos de intersección con un mismo radio vector se distribuyen según una progresión geométrica; la tangente de estos puntos forma un ángulo constante V con el radio vector.)

**espiral** logarítmica

**ESPIRALADO, A** adj. Arrollado en espiral.

**ESPIRAR** v. tr. (lat. *spirare*) **[1]**. Exhalar, echar de sí un cuerpo algún olor. ◆ v. tr. e intr. **2.** FISIOL. Expulsar el aire de las vías respiratorias.

**ESPIRATORIO, A** adj. Relativo a la espiración.

**ESPIRILO** n. m. (lat. *spirillum*). BIOL. Nombre genérico de las bacterias en forma de filamentos alargados de disposición en espiral.

**ESPIRILOSIS** n. f. (pl. *espirilosis*). Enfermedad provocada por un espirilo.

**ESPIRITADO, A** adj. *Fam.* Dícese de las personas excesivamente flacas.

**ESPIRITAR** v. tr. y pron. **[1]**. Endemoniar, introducir los demonios en el cuerpo de una persona. **2.** *Fig.* y *fam.* Agitar, conmover, irritar.

**ESPIRITISMO** n. m. Ciencia oculta que tiene por objeto provocar la manifestación de seres inmateriales, o espíritus, y entrar en comunicación con ellos por medios ocultos o a través de personas en estado de trance hipnótico, llamadas *médiums.*

**ESPIRITISTA** adj. y n. m. y f. Relativo al espiritismo; partidario de esta ciencia.

**ESPIRITOSO, A** adj. Vivo, animoso. **2.** Espirituoso.

**ESPÍRITU** n. m. (lat. *spiritum*). Principio inmaterial, sustancia incorpórea, en oposición a material, corpórea. **2.** Vivacidad, ingenio. **3.** Ánimo, valor, brío. **4.** Idea central, carácter fundamental, esencia de algo. **5.** En oposición a letra, sentido o intención real de un texto: *el espíritu de la ley.* **6.** Inclinación de alguien hacia algo: *espíritu de contradicción.* **7.** Sentimiento de solidaridad hacia una comunidad: *espíritu de clase.* **8.** Alma individual, especialmente la de un muerto. **9.** Ser inmaterial y dotado de razón: *no creer en espíritus.* **10.** FARM. Denominación dada a ciertos medicamentos volátiles: *espíritu de madera.* **11.** GRAM. Signo gráfico particular de la lengua griega. • **Espíritu maligno,** el demonio. ‖ **Pobre de espíritu,** apocado, tímido; que mira con menosprecio los bienes y honores mundanos.

**ESPIRITUAL** adj. Relativo al espíritu: *amistad espiritual.* **2.** Dícese de lo relativo a la Iglesia. • **Director espiritual,** sacerdote que aconseja sobre asuntos de conciencia. ◆ adj. y n. m. **3.** Dícese de los miembros de una corriente de la orden de los franciscanos que, por fidelidad al ideal de absoluta pobreza del fundador, se separó de la orden en el s. XIII y se enfrentó al papado.

**ESPIRITUALIDAD** n. f. Naturaleza espiritual o cualidad de lo que es espíritu: *la espiritualidad del alma, de la poesía.* **2.** TEOL. Todo lo que tiene por objeto la vida espiritual.

**ESPIRITUALISMO** n. m. Filosofía que considera el espíritu como una realidad irreductible y primera, y se opone al materialismo. **2.** Inclinación a la vida espiritual.

**ESPIRITUALISTA** adj. y n. m. y f. Relativo al espiritualismo; partidario de esta doctrina.

**ESPIRITUALIZACIÓN** n. f. Acción y efecto de espiritualizar.

**ESPIRITUALIZAR** v. tr. y pron. [**1g**]. Hacer espiritual o más espiritual a algo o a alguien. ◆ v. tr. **2.** Reducir algunos bienes a la condición de eclesiásticos.

**ESPIRITUANO, A** adj. y n. De Sancti Spíritus.

**ESPIRITUOSO, A** adj. Que contiene una importante cantidad de alcohol: *bebidas espirituosas.*

**ESPIRITUSANTO** n. m. *C. Rica* y *Nicar.* Flor de una especie de cacto, blanca y de gran tamaño.

**ESPIROIDAL** adj. Que tiene forma de espiral: *arrollamiento espiroidal.*

**ESPIRÓMETRO** n. m. Instrumento que sirve para medir la capacidad respiratoria de los pulmones.

**ESPIROQUETA** n. f. Microorganismo que presenta un filamento axial, alrededor del cual se arrolla el protoplasma en espiral. SIN.: *espiroqueto.*

**ESPIROQUETOSIS** n. f. (pl. *espiroquetosis*). Enfermedad causada por una espiroqueta.

**ESPITA** n. f. (gót. *spitus,* asador). Canuto que se mete en el agujero de la cuba para que salga por él el licor. **2.** Grifo pequeño.

**ESPITOSO, A** adj. *Fam.* Que se comporta con euforia, en especial por efecto de una droga: *el alcohol que bebió le puso espitoso.*

**ESPLÁCNICO, A** adj. ANAT. Relativo a las vísceras.

**ESPLENDER** v. intr. [**2**]. *Poét.* Resplandecer.

**ESPLENDIDEZ** n. f. Cualidad de espléndido.

**ESPLÉNDIDO, A** adj. (lat. *splendidum,* resplandeciente). Magnífico, ostentoso. **2.** Liberal, desinteresado. **3.** Resplandeciente.

**ESPLENDOR** n. m. Resplandor. **2.** *Fig.* Lustre, nobleza, magnificencia.

**ESPLENDOROSO, A** adj. Que resplandece: *luz esplendorosa.*

**ESPLENECTOMÍA** n. f. CIR. Ablación del bazo.

**ESPLÉNICO, A** adj. ANAT. Relativo al bazo.

**ESPLENITIS** n. f. Inflamación del bazo.

**ESPLENOMEGALIA** n. f. Aumento del tamaño del bazo.

**ESPLIEGO** n. m. Planta vivaz de la familia labiadas, que crece en los terrenos secos y rocosos de la región mediterránea, de hojas y flores olorosas, de las que se extrae una esencia utilizada en perfumería.

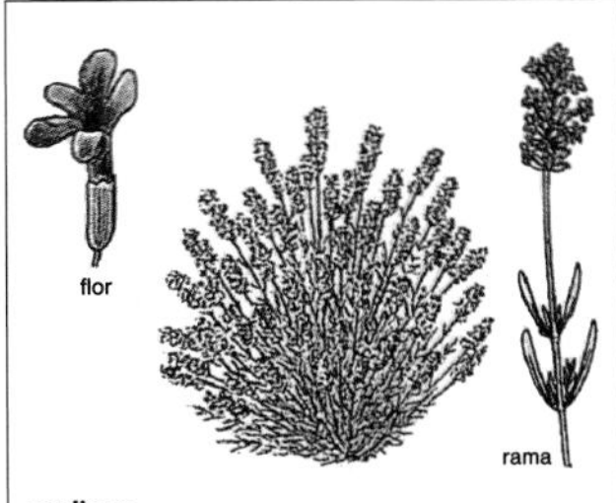

**espliego**

**ESPLÍN** n. m. (ingl. *spleen,* bazo). Melancolía que produce tedio de todo.

**ESPOLADA** n. f. Golpe o apretón dado con la espuela a la caballería. SIN.: *espolazo.*

**ESPOLEAR** v. tr. [**1**]. Aguijar con la espuela a la cabalgadura. **2.** *Fig.* Incitar, estimular a uno para que haga algo.

**ESPOLETA** n. f. (ital. *spoleta*). Artificio que provoca la explosión de la carga de determinados proyectiles. **2.** En un artefacto explosivo, aparato que sirve de detonador. **3.** Horquilla que forman las clavículas del ave.

**ESPOLÍN** n. m. Espuela fija en el tacón de la bota.

**ESPOLÍN** n. m. Tela de seda con flores o motivos esparcidos, y como sobretejidos, a la manera del brocado de oro o de seda. **2.** Lanzadera pequeña.

**ESPOLIO** n. m. Expolio.

**ESPOLIQUE** n. m. Mozo que caminaba a pie delante de la caballería en que iba su amo.

**ESPOLÓN** n. m. Pequeña formación, situada en las extremidades de algunos animales. **2.** ANAT. Nombre que se da al vértice del ángulo agudo que forman diversas estructuras al bifurcarse. **3.** ARQ. Contrafuerte. **4.** BOT. Protuberancia en la base de los pétalos o de los sépalos de ciertas flores. **5.** CONSTR. Macizo de cantería u otro material que prolonga en ángulo agudo la base del pilar de un puente. SIN.: *tajamar.* **6.** MAR. MIL. Parte saliente y reforzada en que remataba la proa de ciertos navíos de guerra, como arma para embestir de costado las naves enemigas y hundirlas.

**ESPOLONAZO** n. m. Golpe dado con el espolón.

**ESPOLVOREAR** v. tr. [**1**]. Esparcir algo hecho polvo.

**ESPONDEO** n. m. MÉTRIC. CLÁS. Pie compuesto por dos sílabas largas.

**ESPONDILARTRITIS** n. f. Reumatismo inflamatorio que evoluciona por accesos y que afecta al raquis y las articulaciones sacroilíacas.

**ESPONDILITIS** n. f. Inflamación de una o de varias vértebras.

**ESPÓNDILO** o **ESPÓNDIL** n. m. (lat. *spondylum*). Vértebra.

**ESPONGIARIO, A** adj. y n. m. ZOOL. Dícese incorrectamente de los animales pertenecientes al tipo poríferos.

**ESPONJA** n. f. Denominación usual de los poríferos. **2.** Sustancia córnea, ligera y porosa, que constituye el esqueleto de algunos poríferos de los mares cálidos, y que tiene distintos usos debido a su propiedad para retener líquidos. **3.** Cualquier masa porosa de propiedades absorbentes usada para el aseo personal. ● **Esponja de platino,** platino esponjoso, obtenido por calcinación de ciertas sales de este metal.

**esponjas**

**ESPONJAMIENTO** n. m. Acción y efecto de esponjar o esponjarse. SIN.: *esponjadura.*

**ESPONJAR** v. tr. [**1**]. Hacer más poroso un cuerpo. ◆ **esponjarse** v. pron. **2.** *Fig.* Envanecerse. **3.** Adquirir alguien cierta lozanía, que indica salud y bienestar.

**ESPONJERA** n. f. Recipiente para colocar la esponja de tocador.

**ESPONJOSIDAD** n. f. Calidad de esponjoso.

**ESPONJOSO, A** adj. Dícese del cuerpo muy poroso, hueco y más ligero de lo que corresponde a su volumen.

**ESPONSALES** n. m. pl. Promesa mutua de matrimonio, hecha con cierta solemnidad.

**ESPONSALICIO, A** adj. Relativo a los esponsales.

**ESPÓNSOR** n. m. y f. Sponsor.

**ESPONTANEARSE** v. pron. [**1**]. Descubrir uno a las autoridades, voluntariamente, cualquier hecho propio, secreto o ignorado, con el objeto de alcanzar perdón en premio de su franqueza. **2.** Descubrir uno a otro voluntariamente un hecho propio ignorado o lo íntimo de sus pensamientos o afectos personales.

**ESPONTANEIDAD** n. f. Calidad de espontáneo. **2.** Naturalidad, falta de artificio o reserva.

**ESPONTANEÍSMO** n. m. Actividad de quienes, en la extrema izquierda, tratan de desarrollar acciones revolucionarias en el pueblo, sin tener en cuenta partidos ni sindicatos, aprovechando acontecimientos que juzgan capaces de movilizar a las masas.

**ESPONTANEÍSTA** adj. y n. m. y f. Relativo al espontaneísmo; partidario de esta tendencia.

**ESPONTÁNEO, A** adj. (lat. *spontaneum*). Dícese de lo que procede de un impulso interior. **2.** Voluntario, hecho sin coacción o indicación de otro. **3.** BOT. Dícese de las plantas que crecen de manera natural en un país, sin que el hombre las haya introducido. ● **Generación espontánea,** según ciertas teorías, aparición de seres vivos a partir de la materia inerte. ◆ adj. y n. **4.** Dícese del aficionado que, formando parte del público en una plaza de toros, se arroja al ruedo a intentar la ejecución de alguna suerte.

**ESPONTÓN** n. m. Pica de mango corto que llevaban los oficiales de infantería durante los siglos XVII y XVIII.

**ESPORA** n. f. (gr. *spora,* semilla). BOT. Órgano reproductor, característico del reino vegetal, constituido por una pequeña diáspora de células generalmente haploides, que se separa de la planta y se divide reiteradamente hasta constituir un nuevo individuo.

**ESPORÁDICO, A** adj. Dícese de lo que es ocasional, sin ostensible enlace con antecedentes ni consiguientes. **2.** BOT. Dícese de las especies que aparecen raramente y en forma de individuos aislados o casi aislados, en el seno de la asociación respectiva. **3.** MED. Dícese de las enfermedades que sólo afectan a algunos individuos aisladamente.

**ESPORANGIO** n. m. BOT. Saco o receptáculo que contiene las esporas.

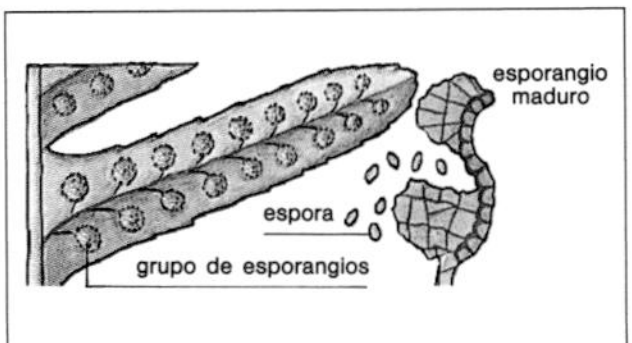

**esporangios** en la hoja de helecho

**ESPORÓFITO** n. m. Individuo vegetal nacido de un óvulo fecundado, y que, en la madurez, es portador de esporas.

**ESPOROGONIO** n. m. Nombre que se da, en los musgos, al conjunto del esporangio y de la seta o cerda que lo lleva.

**ESPOROTRICOSIS** n. f. Micosis debida a una invasión de hongos del género *Sporothrichum.*

**ESPOROZOO** adj. y n. m. Relativo a un tipo de protozoos capaces de formar esporas.

**ESPORTADA** n. f. Cantidad que cabe en una espuerta.

**ESPORULACIÓN** n. f. BIOL. Emisión de esporas.

**ESPORULAR** v. intr. [**1**]. Formar esporas, o pasar al estado de espora, cuando las condiciones de vida se hacen desfavorables.

**ESPOSA** n. f. Femenino de esposo. **2.** *Amér.* Anillo episcopal.

**ESPOSAR** v. tr. [**1**]. Sujetar a uno con esposas.

**ESPOSAS** n. f. pl. (de *esposa,* alusión metafórica). Manillas de hierro para sujetar a los presos por las muñecas.

**ESPOSO, A** n. (lat. *sponsum*). Persona que ha contraído esponsales con otra. **2.** Con respecto a una persona, la que está casada con ella.

**ESPREA** n. f. (ingl. *spread*). *Méx.* Llave que deja salir la gasolina en el motor del automóvil.

**ESPRIT** n. m. (voz francesa). Actitudes o conversación en donde destacan la agudeza e ironía elegante. SIN. *esprí.*

**ESPUELA** n. f. Espiga de metal terminada en una ruedecita con puntas, que se ajusta al calcañar, para picar a la cabalgadura. **2.** *Fig.* Aviso, estímulo, incitativo. **3.** En la riña de gallos, hoja de acero, aguda y cortante, con que se arma el espolón de los gallos. **4.** *Amér.* Espolón de las aves. ● **Espuela de caballero** (BOT.), ranunculácea silvestre, cultivada como planta ornamental.

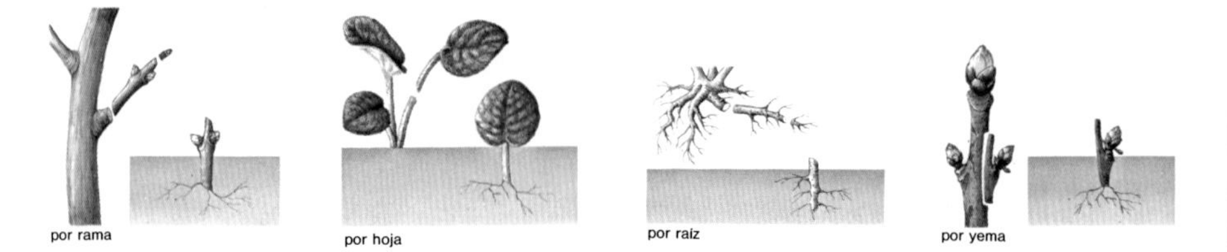

**esquejes:** diferentes tipos

**ESPUERTA** n. f. (lat. *sportam*). Recipiente cóncavo de esparto, palma u otra materia, con dos asas pequeñas, para transportar escombros, tierras, etc. • **A espuertas,** a montones, en abundancia.

**ESPULGADOR, RA** adj. y n. Que espulga.

**ESPULGAR** v. tr. y pron. [**1b**]. Quitar las pulgas o piojos.

**ESPULGO** n. m. Acción y efecto de espulgar.

**ESPUMA** n. f. (lat. *spumam*). Conjunto de burbujas que se forman en la superficie de los líquidos. **2.** Parte del jugo y de las impurezas que ciertas sustancias arrojan de sí al cocer en el agua. **3.** Masa espumosa que se encuentra a menudo en primavera sobre ciertas plantas. **4.** INDUSTR. Conjunto de escorias que sobrenadan en los metales en fusión. • **Crecer como la espuma** *(Fam.)*, crecer mucho algo en poco tiempo. || **Espuma de mar,** silicato natural de magnesio hidratado, blanquecino y poroso, con el que se elaboran pipas. || **Espuma de nylon,** nylon especialmente preparado para obtener una gran elasticidad.

**ESPUMADERA** n. f. Cucharón o paleta con agujeros que sirve para espumar y para sacar y escurrir cualquier manjar que esté en un líquido caliente.

**ESPUMADOR, RA** n. Persona que espuma.

**ESPUMAJE** n. m. Abundancia de espuma.

**ESPUMAJOSO, A** adj. Lleno de espuma.

**ESPUMANTE** n. m. Reactivo utilizado en el procedimiento de flotación para mantener una espuma persistente.

**ESPUMAR** v. tr. (lat. *spumare*) [**1**]. Quitar la espuma. ◆ v. intr. **2.** Hacer espuma: *este vino espuma.* SIN.: *espumear.*

**ESPUMARAJEAR** o **ESPUMAJEAR** v. intr. [**1**]. Echar espumarajos.

**ESPUMARAJO** o **ESPUMAJO** n. m. Saliva arrojada en gran abundancia por la boca.

**ESPUMILLA** n. f. Tela muy ligera, rala y delicada, semejante al crespón.

**ESPUMOSIDAD** n. f. Calidad de espumoso.

**ESPUMOSO, A** adj. Que tiene o hace mucha espuma: *leche espumosa.* **2.** Que se convierte en espuma: *jabón espumoso.* ◆ adj. y n. m. **3.** Dícese del vino blanco y de la sidra que forman una ligera espuma o burbujas.

**ESPUNDIA** n. f. Úlcera maligna en las caballerías.

**ESPURIO, A** o **ESPÚREO, A** adj. (lat. *spurium*). Bastardo, que degenera de su origen o naturaleza. **2.** Falto de legitimidad o autenticidad. **3.** DER. CIV. Dícese del hijo de padre incierto o desconocido.

**ESPURREAR** v. tr. [**1**]. Rociar algo con un líquido expelido por la boca. SIN.: *espurriar.*

**ESPUTAR** v. tr. [**1**]. Expectorar.

**ESPUTO** n. m. (lat. *sputum*). Secreción de las vías respiratorias, que llega a la boca por expectoración.

**ESQUEJAR** v. tr. [**1**]. Plantar esquejes.

**ESQUEJE** n. m. Brote joven arrancado de una planta, y que, colocado en tierra húmeda, se nutre de raíces adventicias y es el origen de un nuevo tallo.

**ESQUELA** n. f. Notificación de la muerte de una persona, que se envía particularmente o se publica en un periódico. **2.** Carta breve.

**ESQUELÉTICO, A** adj. Relativo al esqueleto. **2.** Muy flaco: *piernas esqueléticas.*

**ESQUELETO** n. m. (gr. *skeletos*). Armazón del cuerpo de los vertebrados, de naturaleza ósea o, más raramente, cartilaginosa. **2.** Conjunto de partes duras de un animal cualquiera. **3.** Armadura, armazón: *el esqueleto de un barco.* **4.** *Fig.* y *fam.* Persona muy flaca. **5.** *Fig.* Bosquejo general, boceto. **6.** *Chile. Fig.* Bosquejo de una obra literaria. **7.** *Colomb., C. Rica, Guat., Méx.* y *Nicar. Fig.* Modelo o patrón impreso en el que se dejan blancos que se rellenan a mano.

**ESQUEMA** n. m. (lat. *schema*). Representación gráfica y simbólica de cosas inmateriales. **2.** Representación de algo atendiendo sólo a sus líneas o caracteres más salientes. **3.** Programa de puntos que se van a tratar, de actos que se van a realizar, etc., sin detallarlos. • **Esquema trascendental** (FILOS.), representación intermedia entre el concepto y los datos de la percepción.

**ESQUEMÁTICO, A** adj. Relativo al esquema: *resumen esquemático.* **2.** Que esquematiza en exceso: *interpretación esquemática.* **3.** Que muestra la disposición de un objeto, de un órgano, etc.: *corte esquemático de la oreja.* **4.** Explicado o hecho de una manera simple, a rasgos generales, sin entrar en detalles. • **Estilo esquemático,** estilo pictórico de la prehistoria española, caracterizado por la esquematización de las figuras, reducidas a símbolos.

**ESQUEMATISMO** n. m. Carácter esquemático. **2.** FILOS. Sistema basado en el esquema.

**ESQUEMATIZACIÓN** n. f. Acción y efecto de esquematizar.

**ESQUEMATIZAR** v. tr. [**1g**]. Representar en forma de esquema.

**ESQUÍ** n. m. (fr. *ski,* del noruego *ski,* tronco cortado) [pl. *esquís* o *esquíes*]. Patín largo, de madera, metal o materias sintéticas, que se usa para deslizarse sobre la nieve o el agua. **2.** Deporte practicado sobre estos patines: *campeón de esquí; una estación de esquí.* • **Esquí alpino,** deporte practicado en pendientes por lo general pronunciadas. || **Esquí de fondo,** deporte practicado en recorridos de poco desnivel. || **Esquí náutico,** deporte acuático en el que el ejecutante, arrastrado por una canoa automóvil, se desliza sobre el agua, manteniéndose sobre uno o dos esquís. || **Esquí nórdico,** disciplina deportiva que engloba principalmente una carrera de esquí de fondo y un salto a partir de un trampolín.

■ El esquí deportivo nació a finales del s. XIX en Noruega y en los Alpes. El esquí alpino comprende el descenso, prueba de velocidad en una distancia de 2,5 a 4 km, y dos slaloms: el slalom especial, recorrido corto sobre terreno en pendiente, en el que hay que franquear de 55 a 75 puertas, en las pruebas masculinas, y de 40 a 60, en las femeninas; y el slalom gigante, en el que el desnivel es de al menos 400 m en las pruebas masculinas y 300 m en las femeninas. La combinada alpina es una síntesis de los resultados obtenidos en dos de estas tres pruebas. El esquí nórdico comprende la tradicional carrera de fondo (con un tercio de recorrido llano, un tercio de pendiente suave y un tercio de descenso); y la espectacular prueba de salto (reservada a los hombres), que tiene lugar en trampolines de 70, 90 o 150 m. El salto se juzga según la longitud, la calidad del estilo y el aterrizaje. La combinada nórdica es una prueba en las que se asocian los resultados obtenidos en una carrera de fondo (15 km) y un salto en trampolín (70 m).

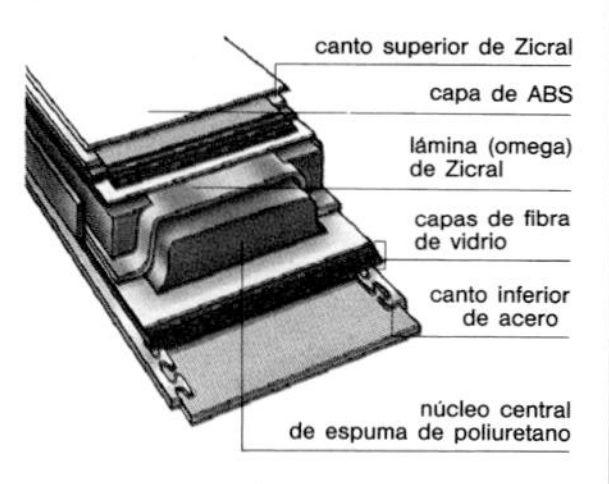

**esquí:** estructura de un esquí alpino

**esquí** náutico

**ESQUIADOR, RA** n. Persona que practica el esquí.

**ESQUIAR** v. intr. [**1**]. Practicar el esquí.

**ESQUIASCOPIA** n. f. Método que permite determinar de una manera objetiva las características ópticas del ojo, fundado en el estudio de la sombra de la pupila sobre la retina.

**ESQUIFADO, A** adj. **Bóveda esquifada,** bóveda derivada de la bóveda en rincón de claustro, cuyo vértice está sustituido por una línea recta o una superficie plana.

**ESQUIFE** n. m. (cat. *esquif*). Bote que se lleva en el navío especialmente para saltar a tierra. **2.** Embarcación de regatas de un solo remero, muy estrecha y ligera. **3.** ARQ. Cañón de bóveda en figura cilíndrica.

**ESQUILA** n. f. (gót. *skilla*). Cencerro en forma de campana.

**ESQUILADOR, RA** n. Persona que se dedica a esquilar. ◆ adj. y n. f. **2.** Dícese de la máquina de esquilar.

**ESQUILAR** v. tr. (gót. *skairan*) [**1**]. Cortar el pelo, vellón o lana de un animal.

**ESQUILEO** n. m. Acción y efecto de esquilar. SIN.: *esquila.* **2.** Casa destinada para esquilar. **3.** Tiempo en que se esquila.

**ESQUILMAR** v. tr. [**1**]. Coger los frutos y provechos de haciendas y ganados. **2.** Chupar con exceso las plantas el jugo de la tierra. **3.** *Fig.* Agotar o menoscabar una fuente de riqueza, sacando de ella mayor provecho que el debido.

**ESQUILMO** n. m. Acción y efecto de esquilmar. **2.** *Chile.* Escobajo de la uva. **3.** *Méx.* Provechos accesorios de menor cuantía obtenidos del cultivo o la ganadería.

**ESQUIMAL** adj. y n. m. f. Relativo al pueblo instalado en las tierras árticas de América y de Groenlandia; individuo de dicho pueblo. (Viven esencialmente de la caza y de la pesca y cada vez en mayor medida, de la artesanía [escultura y pintura]. Unidos cultural y lingüísticamente, su población experimenta un progresivo crecimiento demográfico. Los esquimales se llaman a sí mismos *invit.*) ◆ n. m. **2.** Conjunto de lenguas habladas por los esquimales.

**ESQUINA** n. f. Arista, especialmente la que resulta del encuentro de las paredes de un edificio. **2.** Sitio donde se juntan dos lados: *la esquina del pañuelo.* • **Doblar la esquina,** darle la vuelta.

**ESQUINADO, A** adj. Dícese de la persona de trato difícil.

**ESQUINAR** v. tr. e intr. **[1]**. Hacer o formar esquina. ◆ v. tr. **2.** Poner en esquina una cosa: *esquinar un armario.* ◆ v. tr. y pron. **3.** *Fig.* Poner a mal, indisponer.

**ESQUINAZO** n. m. *Fam.* Esquina. **2.** *Chile.* Serenata. • **Dar esquinazo** *(Fam.),* dejar a uno plantado; abandonarle; rehuir en la calle el encuentro con alguien variando la dirección que se llevaba.

**ESQUINERA** n. f. *Amér.* Rinconera, mueble.

**ESQUIRE** n. m. Término honorífico que, en Inglaterra, se coloca a veces detrás de los nombres de hombre que no llevan título nobiliario.

**ESQUIRLA** n. f. Astilla desprendida de un hueso, y, por extensión, de un vidrio, piedra, madera, etc.

**ESQUIROL** n. m. y f. (voz catalana). Obrero que no sigue la orden de huelga o el que remplaza en su trabajo al huelguista.

**ESQUISTO** n. m. (gr. *skhistos,* rajado). Nombre general de las rocas sedimentarias o metamórficas que se exfolian mecánicamente en hojas. **2.** Roca metamórfica hojosa que presenta una débil recristalización. • **Esquisto bituminoso,** roca arcillosa de estructura esquistosa que contiene hidrocarburos pesados en forma sólida.

**ESQUISTOSIDAD** n. f. Estado de una roca divisible en láminas delgadas.

**ESQUISTOSO, A** adj. De la naturaleza o características del esquisto.

**ESQUISTOSOMIASIS** n. f. Bilharziosis.

**ESQUITE** n. m. (voz azteca). *Amér. Central* y *Méx.* Granos de maíz cocidos con epazote, que se sirven con limón y chile.

**ESQUIVAR** v. tr. y pron. **[1]**. Procurar o conseguir con habilidad no hacer algo, no encontrarse con alguien o que no ocurra algo: *esquivar un peligro.*

**ESQUIVEZ** n. f. Cualidad de esquivo.

**ESQUIVO, A** adj. Que rehúye las atenciones y muestras de afecto: *mostrarse esquivo.*

**ESQUIZOFASIA** n. f. SIQUIATR. Trastorno del lenguaje hablado, en el que se da a las palabras un sentido diferente del habitual, haciéndolo incoherente e incomprensible.

**ESQUIZOFÍCEO, A** adj. y n. f. Cianofíceo.

**ESQUIZOFRENIA** n. f. Sicosis caracterizada por la ruptura de contacto con el mundo exterior.

■ La esquizofrenia, conocida antaño como *demencia precoz,* es una afección del adulto joven. En principio se manifiesta por una escisión entre una vida intelectual brillante y una desorganización de las relaciones afectivas, con un estado anímico depresivo y sobre todo paradójico. Inmediatamente después aparecen alteraciones del comportamiento, que pasa a ser raro y autista, con excentricidad en la conducta, alucinaciones diversas sobre todo auditivas, e ideas delirantes. Va acompañado de problemas en el lenguaje que reflejan la alteración del desarrollo del pensamiento, que se vuelve hermético y caótico. Algunas investigaciones neuroquímicas intentan demostrar una alteración de la actividad de ciertos neurotransmisores.

**ESQUIZOFRÉNICO, A** adj. y n. Relativo a la esquizofrenia; afecto de esta sicosis.

el arte de los **esquimales** del s. XIX
(marfil de morsa) [col. part. París]

**ESQUIZOGAMIA** n. f. BIOL. Forma de reproducción de ciertos anélidos por división del organismo.

**ESQUIZOGONIA** n. f. BIOL. Tipo de reproducción de los esporozoos que comporta cerrazón tardía de las células.

**ESQUIZOIDE** adj. y n. m. y f. Dícese de una constitución mental caracterizada por un replegamiento en sí mismo; que presenta esta constitución mental.

**ESQUIZOTIMIA** n. f. Temperamento caracterizado por el retraimiento.

**ESQUIZOTÍMICO, A** adj. y n. Relativo a la esquizotimia; que posee este temperamento.

**ESTABILIDAD** n. f. Cualidad de estable: *la estabilidad de un puente, de una moneda.* **2.** ECON. Situación en la que no se producen oscilaciones en el volumen de empleo, producción, o en el índice general de precios de una unidad económica nacional. **3.** FÍS. Aptitud de una magnitud para recuperar un valor llamado normal, cuando momentánea y accidentalmente se aparta de él. **4.** MEC. Estado de un sólido en equilibrio, que tiende a volver a su posición inicial si se le separa de ella. **5.** METEOROL. Estado de la atmósfera caracterizado por la superposición de capas de densidades decrecientes hacia arriba. **6.** QUÍM. Carácter de una combinación difícil de descomponer.

**ESTABILIZACIÓN** n. f. Acción y efecto de estabilizar.

**ESTABILIZADOR, RA** adj. Que estabiliza. ◆ n. m. **2.** Mecanismo destinado a evitar o amortiguar las oscilaciones. **3.** Cada uno de los planos fijos que forman el empenaje de un avión, uno vertical y el otro horizontal. **4.** Sustancia incorporada a una materia para mejorar la estabilidad química. • **Estabilizador de balance,** aparato que permite una importante reducción del balance de los buques por medio de aletas dispuestas a cada costado. ‖ **Estabilizador de tensión,** dispositivo que sirve para paliar las fluctuaciones de tensión de la red o sector, especialmente para proporcionar una tensión constante a los receptores de televisión.

**ESTABILIZAR** v. tr. **[1g]**. Dar estabilidad: *estabilizar los precios.*

**ESTABLE** adj. (lat. *stabilem*). Que no está en peligro de caer, de descomponerse, de cambiar o desaparecer. **2.** Dícese de lo que permanece en un sitio indefinidamente. **3.** MEC. Dícese de un equilibrio que no es destruido por una variación débil de las condiciones. **4.** QUÍM. Dícese de un compuesto químico que resiste la descomposición.

**ESTABLECEDOR, RA** adj. y n. Que establece.

**ESTABLECER** v. tr. **[2m]**. Dejar puesto algo en un lugar para que permanezca y realice su función en él: *establecer controles de policía.* **2.** Crear algo que empieza a funcionar: *establecer una entidad.* **3.** Disponer lo que ha de regir o hacerse: *establecer una disciplina.* **4.** Expresar un pensamiento de valor general: *establecer una opinión.* ◆ **establecerse** v. pron. **5.** Avecindarse. **6.** Abrir, crear uno por su cuenta un establecimiento comercial.

**ESTABLECIMIENTO** n. m. Acción y efecto de establecer o establecerse: *el establecimiento de nuevas normas.* **2.** Lugar donde se ejerce una industria o profesión. **3.** Tienda o local, abiertos al público, donde se vende algo o se sirven comidas o bebidas. SIN.: *establecimiento público.* • **Establecimiento penal,** o **penitenciario,** lugar donde los condenados cumplen las sentencias de privación de libertad.

**ESTABLISHMENT** n. m. (voz inglesa). Grupo importante de personas con poder, que defiende sus privilegios y su posición social.

**ESTABLO** n. m. (lat. *stabulum*). Lugar cubierto en que se encierra el ganado.

**ESTABULACIÓN** n. f. (lat. *stabulationem*). Residencia y manutención de los animales en establo. • **Estabulación libre,** forma de alojamiento del ganado, principalmente bovino, en la que los animales no están sujetos.

**ESTABULAR** v. tr. (lat. *stabulare*) **[1]**. Someter el ganado a estabulación.

**ESTACA** n. f. Palo con punta en un extremo para clavarlo. **2.** Garrote, palo grueso. **3.** Clavo largo de hierro para clavar vigas y maderos. **4.** *Amér.* Pertenencia minera. **5.** *Amér.* Espolón de ave.

**ESTACADA** n. f. Obra hecha de estacas clavadas en la tierra. **2.** Defensa constituida por filas de pilotes, formando enjaretado, para proteger las márgenes de un puerto o para canalizar la corriente en un curso de agua. SIN.: *estacada de pilotes.* • **Dejar en la estacada,** abandonar a alguien, dejándolo comprometido en un peligro o mal negocio. ‖ **Quedar,** o **quedarse, en la estacada,** salir mal de una empresa y sin esperanza de remedio; ser vencido en una disputa.

**ESTACAR** v. tr. **[1a]**. Atar una bestia a una estaca hincada en la tierra. **2.** Señalar en el terreno una línea con estacas. **3.** *Amér.* Extender alguna cosa sujetándola o clavándola con estacas: *estacar un cuero.* ◆ **estacarse** v. pron. **4.** *Colomb.* y *C. Rica.* Clavarse una astilla.

**ESTACAZO** n. m. Golpe dado con un garrote o estaca. **2.** *Fig.* Daño, quebranto.

**ESTACHA** n. f. Cuerda o cable atado al arpón que se clava a las ballenas. **2.** Cabo grueso y resistente que desde un buque se da a otro fondeado o a cualquier objeto fijo.

**ESTACIÓN** n. f. (lat. *stationem*). Cierto tiempo señalado por una actividad o ciertas condiciones cli-

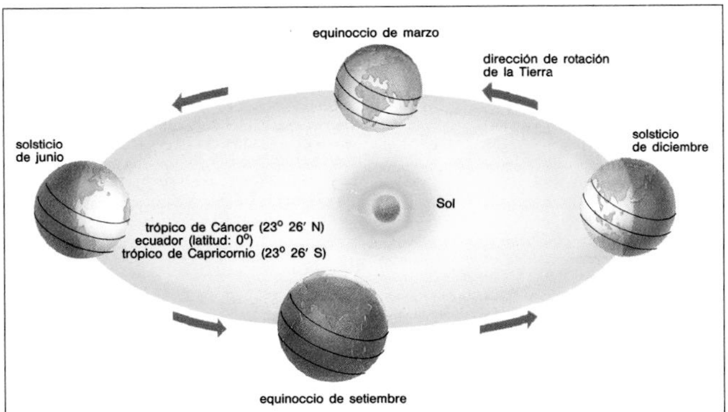


La división del año en estaciones resulta de la inclinación (23° 26′) del eje de rotación de la Tierra con respecto a su plano de traslación alrededor del Sol; puesto que el eje de los polos mantiene durante el transcurso del año una dirección fija en el espacio, el Sol ilumina unas veces el polo norte y otras el polo sur, y la duración del día en los diferentes puntos del globo varía; en el solsticio de junio, el Sol se encuentra en el cenit del trópico de Cáncer y en el hemisferio norte se dan los días más largos; en el solsticio de diciembre, pasa al cenit del trópico de Capricornio y los días más largos se dan en el hemisferio sur; en los equinoccios (marzo y set.), el Sol se halla exactamente en el plano del ecuador, de modo que en cualquier punto del globo la duración del día es igual a la de la noche.

las **estaciones**

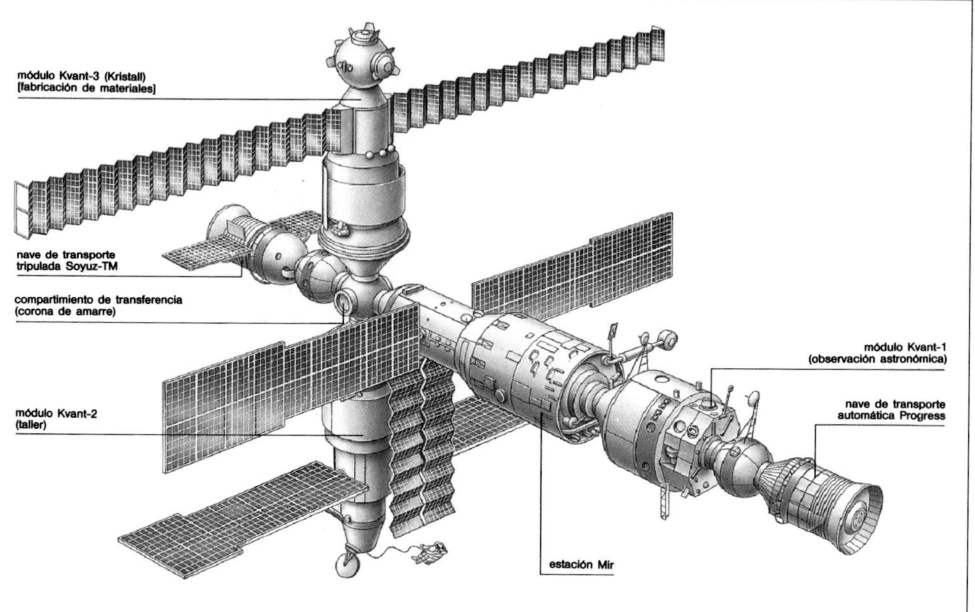

la **estación** espacial Mir

máticas: *estación turística; la estación de las lluvias.* **2.** Cualquiera de los lugares en que se hace alto durante un viaje, paseo, etc.: *hacer estación a mitad del camino.* **3.** Cada una de las cuatro partes en que está dividido el año por los equinoccios y los solsticios. **4.** Conjunto de edificios y vías férreas donde se cargan y descargan las mercancías o donde los viajeros suben y bajan del tren. **5.** Lugar de residencia para hacer una cura o practicar ciertos deportes: *estación de deportes de invierno.* **6.** Establecimiento de investigaciones científicas: *estación meteorológica.* **7.** Instalación fija o móvil destinada a cumplir determinadas misiones. **8.** Lugar en que se coloca el que, en las operaciones de topografía y geodesia, hace las observaciones. **9.** REL. Cada una de las catorce pausas del vía crucis. • **Estación de servicio,** conjunto de instalaciones destinadas al aprovisionamiento de vehículos automotores. || **Estación espacial,** u **orbital,** ingenio espacial con medios limitados de propulsión autónoma, destinado a realizar una misión determinada, en el espacio o en un astro, con cierta permanencia. || **Estación marítima,** conjunto de instalaciones portuarias destinadas al servicio de pasajeros y mercancías. || **Estación terminal,** en el interior de las grandes ciudades, estación de los servicios que aseguran el enlace con el aeropuerto. || **Estación término,** la situada en el punto inicial o final de trayecto.

■ La primavera comienza en el equinoccio de primavera y termina en el solsticio de verano; el verano, el otoño y el invierno terminan, respectivamente, en el equinoccio de otoño, el solsticio de invierno y el equinoccio de primavera. La Tierra no se desplaza a una velocidad constante sobre su órbita elíptica, lo que acarrea desigualdad en la duración de las estaciones. En la actualidad, la primavera, el verano, el otoño y el invierno tienen en el hemisferio norte duraciones medias, respectivamente, de 92 d, 19 h; 93 d, 23 h; 89 d, 13 h; 89 d, que experimentan variaciones seculares. En el hemisferio sur, las estaciones se invierten en relación con las del hemisferio norte.

**ESTACIONAMIENTO** n. m. Acción y efecto de estacionar o estacionarse. • **Disco de estacionamiento,** en ciertas zonas donde el estacionamiento está reglamentado, dispositivo que indica la hora de llegada del automovilista.

**ESTACIONAR** v. tr. y pron. **[1]**. Colocar transitoriamente en un lugar, especialmente un vehículo.

**ESTACIONARIO, A** adj. Que permanece en el mismo punto o situación, sin adelanto ni retroceso: *la natalidad permanece estacionaria.* **2.** MAT. Dícese de una sucesión de números que, a partir de cierto estado, son todos iguales. • **Estado estacionario** (ECON.), situación teórica de un sistema económico que hubiese llegado al límite de su proceso de crecimiento. || **Onda estacionaria** (FÍS.), onda en la que las vibraciones de todos sus puntos están en concordancia o en oposición de fase. || **Teoría del universo estacionario** (FÍS.), teoría cosmológica según la cual el universo conserva una densidad de materia constante en el transcurso del tiempo. ◆ n. m. **3.** Librero jurado de la baja edad media. **4.** En la antigüedad romana, soldado de un puesto de policía.

**ESTADA** n. f. Permanencia o demora en un lugar.

**ESTADÍA** n. f. Tiempo en que se permanece en algún sitio. **2.** MAR. Plazo estipulado para la carga y descarga de un buque. **3.** TECNOL. Mira graduada utilizada para medir con el taquímetro la distancia entre dos puntos.

**ESTADÍGRAFO, A** n. Especialista en estadística.

**ESTADIO** n. m. (lat. *stadium*). Lugar destinado a la práctica del deporte y a manifestaciones deportivas. SIN.: *estádium.* **2.** Grado de desarrollo de un fenómeno: *los diferentes estadios de una evolución.* **3.** Entre los griegos, medida itineraria de 600 pies, cuya longitud variaba entre 147 y 192 m.

**ESTADISTA** n. m. y f. Político, persona que ejerce un alto cargo en la administración del estado.

**ESTADÍSTICA** n. f. Ciencia cuyo objeto es reunir una información cuantitativa concerniente a individuos, grupos, series de hechos, etc., y deducir de ella, gracias al análisis de estos datos, unos significados precisos o unas previsiones para el futuro. **2.** Cuadro numérico de un hecho que se presta a la estadística: *estadística de natalidad.*

**ESTADÍSTICO, A** adj. Relativo a la estadística: *método estadístico.* ◆ n. **2.** Persona que se ocupa de investigaciones estadísticas.

**ESTÁDIUM** n. m. Estadio.

**ESTADIZO, A** adj. Que está mucho tiempo sin moverse, orearse o renovarse: *aguas estadizas.*

**ESTADO** n. m. (lat. *statum*). Situación en que está una persona o cosa: *estado de salud; edificio en mal estado; estado de una cuenta.* **2.** Manera de ser de un cuerpo en relación a su cohesión, fluidez, distribución o ionización de sus átomos: *estado sólido, cristalino.* **3.** Entidad política que preside los destinos colectivos de una sociedad y que ejerce, por esta razón, el poder legal. • **Ecuación de estado** (FÍS.), ecuación entre las dimensiones que definen el estado de un cuerpo puro. || **Estado benefactor,** el que se basa en el principio de que el bienestar del individuo depende del de la colectividad. SIN.: *estado del bienestar, estado providencia.* || **Estado civil,** condición de cada persona en relación a los derechos y obligaciones civiles. || **Estado contable,** documento que reproduce el detalle o el análisis de cifras y datos extraídos de

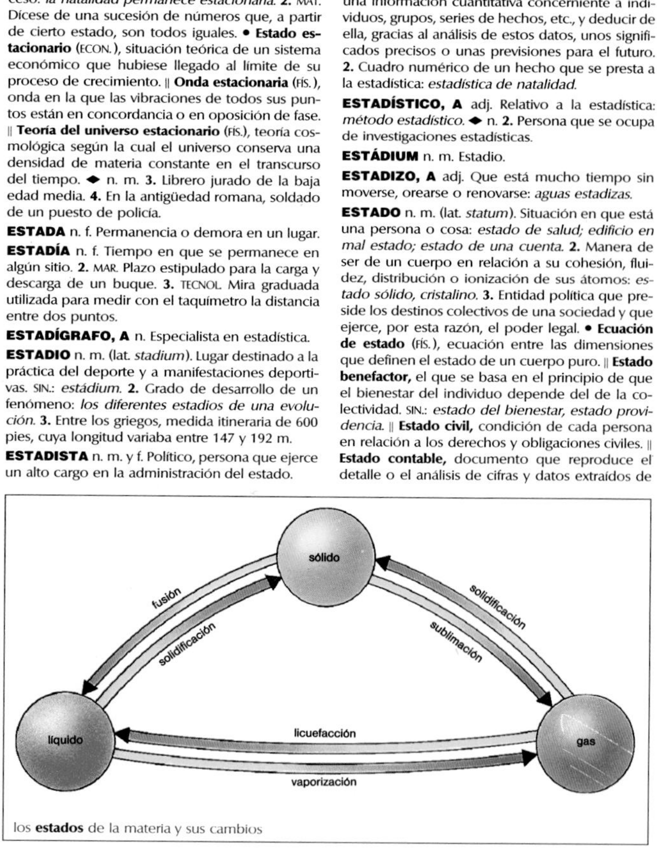

los **estados** de la materia y sus cambios

las cuentas contables. || **Estado de ánimo,** estado moral en que se encuentra alguien, de alegría, tristeza, abatimiento, etc. || **Estado de cosas,** conjunto de circunstancias que concurren en un asunto determinado. || **Estado del bienestar,** sistema social de organización en el que se procura compensar las deficiencias e injusticias de la economía de mercado con redistribuciones de renta y prestaciones sociales otorgadas a los menos favorecidos. || **Estado de naturaleza,** estado hipotético de la humanidad, lógicamente anterior a la vida en sociedad. || **Estado de necesidad** (DER.), situación de grave peligro o extrema necesidad, en cuyo urgente remedio se excusa la infracción de la ley y la lesión económica del derecho ajeno. || **Estado de un sistema** (FÍS.), conjunto de las características de un sistema necesarias y suficientes para su descripción y para la previsión de su evolución. || **Estado límite** (SIQUIATR.), estructura patológica de la personalidad que se caracteriza por la combinación de alteraciones sicóticas, neuróticas y caracteriales, a las que se yuxtaponen elementos normales. || **Estado mayor,** cuerpo de oficiales encargados en los ejércitos de informar técnicamente a los jefes superiores, distribuir las órdenes y procurar y vigilar su cumplimiento. || **Estado social y democrático de derecho,** el caracterizado por la intervención de los poderes públicos en materias económicas y sociales y por la ampliación de derechos políticos individuales a esferas de ámbito colectivo y social (sanidad, educación, etc.). || **Estar en estado,** estar preñada la mujer. || **Golpe de estado,** acción de una autoridad que viola las formas constitucionales; conquista del poder político por medios ilegales. || **Hombre de estado,** hombre que participa en la dirección del estado o desempeña un papel político importante. || **Razón de estado,** consideración del interés público en nombre del cual se justifica una acción generalmente injusta. ◆ **estados** n. m. pl. **4. Estados generales,** en el Antiguo régimen francés, asambleas convocadas por el rey de Francia para tratar asuntos importantes concernientes al estado.

**ESTADOUNIDENSE** adj. y n. m. y f. De Estados Unidos.

**ESTADUAL** adj. *Amér.* Relativo a los estados que integran una federación o confederación.

**ESTAFA** n. f. (ital. *staffa,* estribo). Acción y efecto de estafar. **2.** Delito de apropiación patrimonial, en perjuicio de un tercero, realizado con ánimo de lucro y mediante engaño. **3.** Lazo en el que un acróbata asegura la mano o el pie para hacer ejercicios sobre aparatos gimnásticos.

**ESTAFADOR, RA** n. Persona que estafa.

**ESTAFAR** v. tr. (ital. *staffare,* sacar el pie del estribo) [**1**]. Privar a alguien, con engaño, de dinero u otra cosa de valor, con intención de no pagar. **2.** No satisfacer lo que uno ha prometido pagar.

**ESTAFERMO** n. m. (ital. *sta fermo,* estáte firme). Poste o maniquí que servía antiguamente para la instrucción de los caballeros en el empleo de la lanza.

**ESTAFETA** n. f. (ital. *staffetta*). Oficina del servicio de correos, particularmente cada sucursal de la central en una población grande. **2.** Correo ordinario que iba a caballo de un lugar a otro.

**ESTAFILÍNIDO, A** adj. y n. m. Relativo a una familia de coleópteros carnívoros, con élitros cortos y abdomen móvil.

**ESTAFILINO, A** adj. ANAT. Relativo a la úvula.

**ESTAFILOCOCIA** n. f. Infección por estafilococos.

**ESTAFILOCOCO** n. m. Bacteria cuyos individuos están agrupados en racimos y es causante de los forúnculos, el ántrax, la septicemia, etc.

**ESTAFILOMA** n. m. Tumor de la córnea del ojo.

**ESTAFISAGRIA** n. f. Planta herbácea, llamada también *hierba piojera* y *matapiojos,* debido a que es tóxica para los piojos. (Familia ranunculáceas.)

**ESTAGNACIÓN** n. f. Paralización, quietud.

**ESTAJADERA** n. f. Especie de martillo que usan los herreros. SIN.: *estajador.*

**ESTAJANOVISMO** o **STAJANOVISMO** n. m. (de *Stajánov,* minero ruso). En los países de economía socialista, método basado en la iniciativa del trabajador para aumentar el rendimiento.

**ESTAJANOVISTA** o **STAJANOVISTA** adj. y n. m. y f. Que concierne al estajanovismo o que lo practica.

**ESTAJAR** v. tr. [**1**]. Disminuir el espesor de una pieza de hierro.

**ESTALACIÓN** n. f. Cada una de las categorías en que se dividen los individuos de una comunidad o cuerpo.

**ESTALACTITA** n. f. Columna que desciende de la bóveda de las grutas y que está formada por concreciones calcáreas.

**ESTALAGMITA** n. f. Columna formada por concreciones calcáreas, que arranca del suelo de las grutas.

**estalactitas** y **estalagmitas**

**ESTALAGMOMETRÍA** n. f. Medida de la tensión superficial mediante la determinación de la masa o del volumen de una gota de líquido dispuesta en el extremo de un tubo capilar.

**ESTALAGMÓMETRO** n. m. Instrumento para medir la tensión superficial por medición del número de gotas en una cantidad de líquido.

**ESTALINISMO** o **STALINISMO** n. m. Teoría y conjunto de las prácticas desarrolladas por Stalin en la U.R.S.S. de 1924 a 1953, en el movimiento comunista internacional durante la misma época y, tras la segunda guerra mundial, en las democracias populares.

**ESTALINISTA** o **STALINISTA** adj. y n. m. y f. Relativo al estalinismo; partidario de estas tendencias.

**ESTALLAR** v. intr. [**1**]. Henderse o reventar de golpe, con ruido: *estallar un globo.* **2.** Restallar: *estallar el látigo.* **3.** *Fig.* Sobrevenir, ocurrir violentamente: *estallar la guerra.* **4.** *Fig.* Sentir y manifestar violentamente un sentimiento: *estallar de ira; estallar en llanto.*

**ESTALLIDO** n. m. Acción y efecto de estallar: *estallido de un trueno, de una bomba, de risa.*

**ESTAMBRAR** v. tr. [**1**]. Torcer la lana y convertirla en estambre.

**ESTAMBRE** n. m. (lat. *stamen,* urdimbre). Parte del vellón de lana compuesta de hebras largas. **2.** Hilo de lana peinada, formado de estas hebras, y tela obtenida con este hilo. **3.** Órgano sexual masculino de las plantas con flores, que consta de una parte estrecha, filamento, y otra ancha, antera, que contiene el polen.

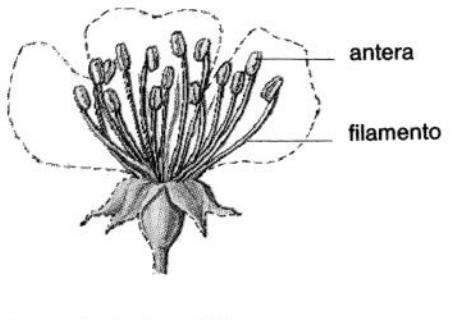


**estambres** de la flor del manzano

**ESTAMENARA** n. f. MAR. Cada uno de los maderos que forman la armazón de la embarcación hasta la cinta.

**ESTAMENTAL** adj. Relativo al estamento.

**ESTAMENTO** n. m. (cat. *estament*). Grupo social integrado por las personas que tienen una misma situación jurídica y gozan de unos mismos privilegios.

**ESTAMEÑA** n. f. Tejido basto de estambre, usado principalmente para hábitos.

**ESTAMINADO, A** adj. Dícese de las flores provistas de estambres.

**ESTAMINAL** adj. Relativo a los estambres.

**ESTAMÍNEO, A** adj. (lat. *stamineum*). Que es de estambre. **2.** Relativo al estambre.

**ESTAMINÍFERO, A** adj. Dícese de las flores que llevan sólo estambres.

**ESTAMPA** n. f. Efigie o figura impresa. **2.** *Fig.* Figura, aire, apariencia: *mujer de fina estampa.* **3.** *Fig.* Reproducción, representación, ejemplo: *ser la estampa de su padre.* **4.** Molde o matriz huecos que sirven para el forjado de piezas. **5.** Punzón o macho de embutir. **6.** Imprenta o impresión: *dar un texto a la estampa.* **7.** Huella, señal del pie.

**ESTAMPACIÓN** n. f. Acción y efecto de estampar. **2.** Impresión en hueco, con ayuda de planchas grabadas en relieve, calentadas y sometidas a fuerte presión, sobre las tapas de los volúmenes encuadernados. **3.** Elaboración, por deformación plástica de una masa de metal mediante matrices, para darle una forma y dimensión determinadas, parecidas a las definitivas. **4.** Huella de una inscripción, de un sello o de un bajorrelieve, obtenida por presión sobre una hoja de papel mojado, un bloque de yeso húmedo o una cerámica sin cocer. • **Estampación de telas,** procedimiento de tinción localizada, que forma, en la superficie de los tejidos, dibujos multicolores o de un solo color.

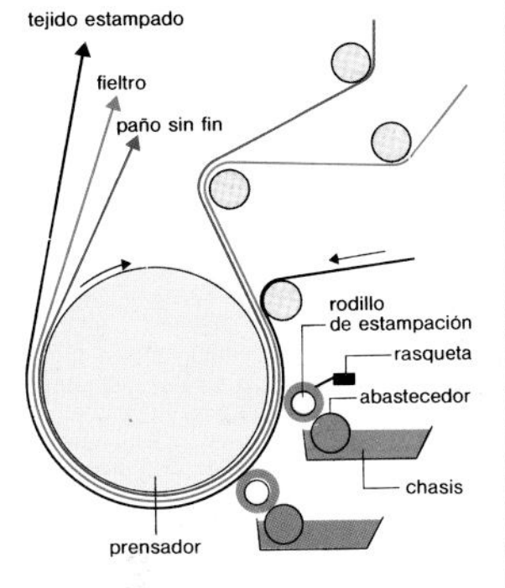


**estampación** de telas: máquina de estampar de rodillos

**ESTAMPADO, A** adj. y n. m. Dícese de los tejidos en que se estampan diferentes labores o dibujos. ◆ n. m. **2.** Estampación. • **Estampado de telas,** estampación de telas.

**ESTAMPADOR, RA** adj. y n. m. Dícese de diversos instrumentos o utensilios que sirven para estampar. ◆ n. **2.** Persona que estampa.

**ESTAMPAR** v. tr. e intr. [**1**]. Imprimir, sacar en estampas las figuras, dibujos o letras contenidos en un molde, ejerciendo presión sobre un papel, tela, etc., o sobre un objeto de metal, cuero, etc. **2.** Dar al cuero un grano artificial por medio de la prensa o máquina de estampar. **3.** Dar forma a las piezas de metal forjándolas entre dos matrices o estampas. **4.** Imprimir en relieve sobre metal, cuero, cartón, etc. **5.** Escribir, especialmente firmar: *estampar la firma.* ◆ v. tr. y pron. **6.** Señalar o dejar huella una cosa en otra: *estampar una pisada en la arena.* **7.** *Fig.* Imprimir algo en el ánimo: *estampar dulzura.* **8.** *Fam.* Arrojar a alguien o algo haciéndolo chocar contra otra cosa: *estampar contra la pared.*

**ESTAMPÍA. De estampía,** con precipitación, muy de prisa: *salir de estampía.*

**ESTAMPIDA** n. f. Carrera rápida e impetuosa. **2.** *Amér.* Huida impetuosa. • **De estampida** *(Fam.),* con precipitación, muy de prisa.

**ESTAMPIDO** n. m. Ruido fuerte y seco, como el producido por un cañonazo.

**ESTAMPILLA** n. f. Sello que contiene en facsímil la firma y rúbrica de una persona. **2.** Sello con letrero para estampar en ciertos documentos. **3.** Marca impresa por medio de cualquiera de estos sellos. **4.** Marca de fábrica que proporciona indicaciones seguras sobre la datación y procedencia de los vasos de cerámica, tejas y ladrillos. **5.** *Amér.* Sello de correos o fiscal.

**ESTAMPILLADO** n. m. Acción y efecto de estampillar: *estampillado de libros, de acciones.*

**ESTAMPILLAR** v. tr. [**1**]. Sellar, marcar con estampilla.

**ESTANCAMIENTO** n. m. Acción y efecto de estancar. SIN.: *estancación.*

**ESTANCAR** v. tr. y pron. [**1a**]. Detener el curso de una cosa: *estancarse el agua.* ◆ v. tr. **2.** Quitar el curso o venta libre de algo: *estancar tabaco.*

**ESTANCIA** n. f. Mansión, habitación, aposento donde se habita ordinariamente. **2.** Permanencia en un lugar. **3.** *Argent., Chile, Perú* y *Urug.* Hacienda agrícola, destinada principalmente a la ganadería y a determinados tipos de cultivo extensivo. **4.** *Cuba, Dom.* y *Venez.* Casa de campo con huerta y próxima a la ciudad. **5.** MÉTRIC. Estrofa formada por versos heptasílabos y endecasílabos en número variable, con rima libre. **6.** MÉTRIC. Cada una de las estrofas que componen una canción renacentista.

**ESTANCIERO, A** n. Dueño de una estancia o persona que cuida de ella.

**ESTANCO, A** adj. Completamente cerrado. • **Compartimiento estanco,** cualquier cosa totalmente independiente de otra. ◆ n. m. **2.** Monopolio de la producción o venta de alguna mercancía, concedido por el estado en arrendamiento o administrado directamente por éste. **3.** Sitio donde se venden géneros estancados, especialmente sellos, tabaco y cerillas.

**ESTÁNDAR** o **STANDARD** adj. Conforme a una norma de fabricación, a un modelo o a un tipo: *neumático estándar.* **2.** Uniforme, comúnmente aceptado o utilizado. • **Precio estándar,** precio de orden establecido para todos los costes de la empresa a fin de obtener unos resultados contables independientes de la variación de los precios. ◆ n. m. (pl. *estándares* o *standards*). **3.** Regla establecida en una empresa para caracterizar un producto, un método de trabajo, una cantidad que producir, etc. • **Desviación estándar** (ESTADÍST.), desviación tipo. || **Estándar de vida,** nivel de vida.

**ESTANDARIZACIÓN** o **ESTANDARDIZACIÓN** n. f. Acción y efecto de estandarizar. **2.** SOCIOL. Proceso por el que las actitudes, ideas y gustos del hombre moderno son moldeados según un patrón común.

**ESTANDARIZAR** v. tr. [**1g**]. Establecer un estándar, normalizar, unificar, simplificar. ◆ **estandarizarse** v. pron. **2.** Adocenarse, perder los rasgos distintivos, las cualidades originales.

**ESTANDARTE** n. m. Insignia o bandera que usan los cuerpos montados, las tropas de aviación y algunas corporaciones civiles o religiosas. **2.** BOT. Pétalo superior de la corola de las papilionáceas. SIN.: *vexilo.* **3.** ORNITOL. Conjunto de las barbas y barbillas de la pluma de un ave.

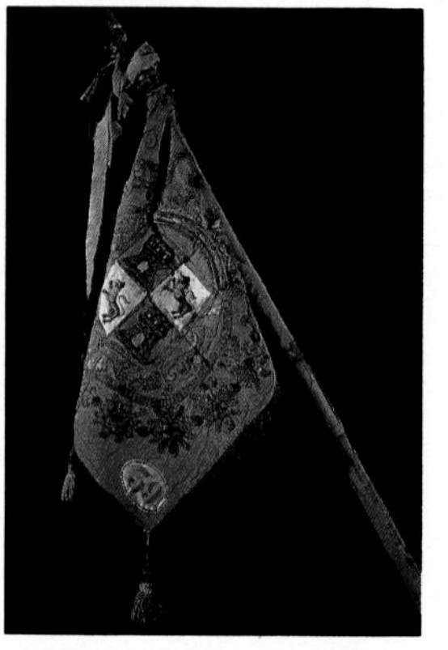

**estandarte** del regimiento de caballería en la batalla de Ayacucho (9 dic. 1824), Perú
(museo del ejército, Madrid)

**ESTANFLACIÓN** n. f. Situación económica de un país que se caracteriza por el estancamiento o la recesión del crecimiento, a la vez que persiste el alza de los precios y los salarios, pese a mantenerse un nivel de paro relativamente importante.

**ESTÁNNICO, A** adj. QUÍM. Dícese de los compuestos del estaño tetravalente.

**ESTANNÍFERO, A** adj. Que contiene estaño.

**ESTANNOSO, A** adj. QUÍM. Dícese de los compuestos del estaño divalente.

**ESTANQUE** n. m. Extensión artificial de agua estancada. • **Estanque lateral,** estanque lindante a una esclusa y cuyo fin es reducir la pérdida de agua cada vez que se abre la esclusa.

**ESTANQUEIDAD** o **ESTANQUIDAD** n. f. Calidad de estanco.

**ESTANQUERO, A** n. Persona encargada de la venta pública del tabaco y de otros géneros estancados.

**ESTANQUERO, A** adj. y n. Relativo a un partido político chileno creado en 1826 por Diego Portales; miembro de este partido.

■ Los estanqueros, llamados así porque defendían los intereses de Portales, que en 1824-1826 había administrado el estanco del tabaco, defendían un gobierno fuerte, y se enfrentaron a los liberales o pipiolos con el apoyo del grupo de los pelucones, al que muchos de ellos se integraron en 1830.

**ESTANQUILLO** n. m. Estanco, lugar donde se venden géneros estancados. **2.** *Ecuad.* Taberna de vinos y licores. **3.** *Méx.* Tienda mal abastecida, tenducho.

**ESTANTE** n. m. Tabla horizontal, que forma parte de un mueble o está adosada a la pared y sirve para colocar cosas encima. **2.** *Amér.* Madero incorruptible que sirve de sostén al armazón de las casas en las ciudades tropicales.

**ESTANTERÍA** n. f. Mueble formado por estantes superpuestos.

**ESTANTIGUA** n. f. Procesión de fantasmas, fantasma o visión que causa pavor. **2.** *Fig.* y *fam.* Persona alta y desgarbada, mal vestida.

**ESTANTÍO, A** adj. Pasado, que no tiene curso.

**ESTAÑADO** n. m. Acción y efecto de estañar.

**ESTAÑADOR, RA** adj. y n. m. Que sirve para estañar. ◆ n. **2.** Persona que se dedica a estañar.

**ESTAÑADURA** n. f. Acción y efecto de estañar. **2.** METAL. Baño o revestimiento con que se ha estañado un recipiente u objeto.

**ESTAÑAR** v. tr. [**1**]. Cubrir o bañar con estaño, especialmente una pieza o vasija de otro metal. **2.** Soldar una cosa con estaño.

**ESTAÑO** n. m. (lat. *stagnum*). Metal blanco, relativamente ligero y muy maleable, elemento químico $\pi$, de símbolo Sn, número atómico 50 y masa atómica 118,7.

■ El estaño, de densidad 7,2, funde a 232° C y entra en ebullición hacia los 2 250° C. Es inalterable en contacto con el aire. Se encuentra en la naturaleza, sobre todo en estado de óxido, principalmente en Malaysia. Se alea con cobre para constituir los bronces; con el plomo forma aleaciones utilizadas en la soldadura de bajo punto de fusión. Se utiliza como metal de protección para el cobre y el hierro (hojalata).

**ESTAQUEADERO** n. m. *Argent.* y *Urug.* Lugar donde se ponen al aire, sujetas por estacas, las pieles de los animales recién desollados para que se oreen.

**ESTAQUEADOR** n. m. *Argent.* Peón encargado de estaquear cueros.

**ESTAQUEAR** v. tr. [**1**]. *Argent.* Estirar un cuero fijándolo con estacas. **2.** *Argent. Por ext.* En el s. XIX, castigar a un hombre estirándolo entre cuatro estacas.

**ESTAQUILLA** n. f. Clavo pequeño de hierro, de figura piramidal y sin cabeza. **2.** Estaca, clavo de hierro de 3 a 4 dm de long., que sirve para clavar vigas y maderos.

**ESTAR** v. intr. (lat. *stare*) [**4**]. Verbo de amplia gama significativa, según la función que desempeñe en la oración: 1.°, en función predicativa tiene el sentido de encontrarse, hallarse, permanecer: *el señor está en casa; estamos en octubre;* 2.°, función auxiliar: *estuvieron trabajando; está cerrado; estoy sin dormir;* 3.°, en función copulativa, va unido a sustantivos generalmente introducidos por preposición o por alguna otra partícula: *estar a régimen; estar de humor; estar en guardia; no estar para bromas;* 4.°, con los adverbios *bien* y *mal* indica, respectivamente, sentido aprobatorio, salud, suficiencia, conveniencia, etc., o sus opuestos: *está bien que salgas; ya está bien de la gripe; estuvo mal lo que hiciste;* 5.°, seguido de adjetivo expresa duración o mutabilidad: *la calle está sucia; avisa cuando estés lista.* • **Estar a matar,** tener gran enemistad. || **Estar de más,** sobrar, ser inútil o molesto. || **Estar en todo,** atender con eficacia y a un tiempo muchas cosas. || **Estar por ver,** dudar sobre la certeza o ejecución de algo.

**ESTARCIDO** n. m. Dibujo hecho estarciendo.

**ESTARCIR** v. tr. [**3a**]. Estampar dibujos pasando una brocha por una chapa en que están previamente recortados.

**ESTAROSTA** n. m. HIST. En la Rusia zarista, jefe de la administración del mir.

**ESTASIOLOGÍA** n. f. SOCIOL. Parte de la sociología política que estudia los partidos políticos.

**ESTASIS** n. f. (gr. *stasis,* estabilidad, fijeza). Detención o ralentización de la circulación de un líquido orgánico.

**ESTATAL** adj. Relativo al estado: *organización estatal.*

**ESTATALIZAR** v. tr. [**1g**]. Poner bajo la intervención o administración del estado.

**ESTATERA** n. f. Unidad de peso y monetaria de la Grecia antigua.

**ESTÁTICA** n. f. Parte de la mecánica que tiene por objeto el estudio del equilibrio de los sistemas de fuerzas.

**ESTÁTICO, A** adj. Relativo a la estática. **2.** Que permanece en un mismo estado, sin mudanza en él. **3.** *Fig.* Que se queda parado de asombro o de emoción.

**ESTATIFICAR** v. tr. [**1a**]. Pasar a explotar y administrar el estado servicios, instituciones, empresas, etc., que eran de propiedad privada: *estatificar los ferrocarriles, las minas de carbón.*

**ESTATISMO** n. m. Estado de estático.

**ESTATISMO** n. m. Sistema político en el que el estado interviene directamente en los campos económico y social.

**ESTATISTA** adj. y n. m. y f. Relativo al estatismo; partidario de este sistema político.

**ESTATIZACIÓN** n. f. Proceso por el cual una empresa o sector económico pasa a ser controlado directamente por el estado.

**ESTATOCISTO** n. m. FISIOL. Órgano hueco que contiene corpúsculos pesados, rodeado de una pared sensible, que proporciona información a los animales de numerosas especies sobre su orientación en el campo gravitatorio.

**ESTATOR** n. m. TECNOL. Parte fija de un motor o generador eléctrico (por oposición a la parte móvil, o *rotor*).

**ESTATORREACTOR** n. m. AERON. Propulsor de reacción sin órgano móvil, constituido por una tobera termopropulsiva.

**ESTATUA** n. f. (lat. *statuam*). Figura de bulto labrada a imitación del natural.

**ESTATUARIA** n. f. Arte de hacer estatuas.

**ESTATUARIO, A** adj. Relativo a las estatuas.

**ESTATÚDER** n. m. (neerlandés *stathouder* o *stadhouder,* lugarteniente). HIST. En los Países Bajos españoles, gobernador de provincia, elegido por el soberano. **2.** HIST. En las Provincias Unidas, jefe del poder ejecutivo de una provincia o del conjunto de la Unión.

**ESTATUIR** v. tr. (lat. *statuere*) [**29**]. Establecer, determinar especialmente lo que debe regir a personas o cosas: *estatuir normas.* **2.** Demostrar, asentar como verdad una doctrina o un hecho.

**ESTATURA** n. f. (lat. *staturam*). Altura de una persona desde los pies a la cabeza.

**ESTATUS** o **STATUS** n. m. Posición social de un individuo, definida por comparación con la de su sociedad, y determinada por ciertos atributos.

**ESTATUTARIO, A** adj. Estipulado en los estatutos o referente a ellos.

**ESTATUTO** n. m. (lat. *statutum*). Conjunto de normas que rigen la organización y vida de una colectividad: *estatutos de una sociedad anónima, de un partido político.* • **Estatuto de autonomía,**

ley constitucional de una comunidad territorial autónoma en el interior de un estado.

**ESTAY** n. m. MAR. Cabo que sujeta la cabeza de un mástil al pie del inmediato y en dirección hacia proa. • **Vela de estay** (MAR.), vela de cuchillo izada en un estay.

**ESTE** n. m. Oriente, punto cardinal del horizonte, por donde nace o aparece el Sol en los equinoccios (abrev. E). **2.** Conjunto de países situados al este de un país, o conjunto de países situados al este de un continente, especialmente el europeo. ◆ adj. y n. m. **3.** Dícese del viento que viene del oriente. ◆ adj. **4.** Situado al oriente: *lado este.*

**ESTE, A** pron. dem. y adj. dem. (lat. *ipsem*). Expresa proximidad en espacio y tiempo respecto a la persona que habla. **2.** *Desp.* y *vulg.* Se emplea para designar a una persona presente: *éste no quiere venir.* **3.** La forma femenina se emplea en la correspondencia para referirse a la población donde está el que escribe: *llegué a ésta en el primer tren.*

**ESTEARATO** n. m. Sal o éster del ácido esteárico.

**ESTEÁRICO, A** adj. Dícese de un ácido contenido en las grasas animales y que se utiliza sobre todo en la fabricación de velas.

**ESTEARINA** n. f. Cuerpo graso, principal constituyente de las grasas animales.

**ESTEATOMA** n. m. MED. Tumor benigno formado por materia grasa.

**ESTEATOPIGIA** n. f. Carácter anatómico de los hotentotes y los bosquimanos, caracterizado, sobre todo en las mujeres, por el desarrollo de una masa adiposa en la región de las nalgas.

**ESTEATOSIS** n. f. MED. Degeneración grasa de un tejido.

**ESTEFANOTE** n. m. *Venez.* Planta de la familia de las asclepiadáceas, que se cultiva en los jardines por sus hermosas flores blancas.

**ESTEGANÓPODO, A** adj. y n. m. Pelecaniforme.

**ESTEGOCÉFALO, A** adj. y n. m. Relativo a una subclase de anfibios fósiles del primario y del triásico, de cráneo particularmente bien osificado.

**ESTEGOMÍA** n. f. Mosquito de los países cálidos, que propaga la fiebre amarilla con sus picaduras.

**ESTELA** n. f. Zona de turbulencia que deja tras sí un cuerpo que se mueve en un fluido. **2.** Señal o rastro que deja en el aire un cuerpo luminoso en movimiento: *estela luminosa.*

**ESTELA** n. f. (lat. *stelam*). Monumento monolítico de carácter conmemorativo, que se dispone en posición vertical sobre el suelo. **2.** Columna rota, cipo, lápida o pedestal que lleva una inscripción generalmente funeraria.

**estela** maya (Dos Pilas, Guatemala; *c.* 736)

**ESTELAR** adj. Relativo a las estrellas: *magnitud estelar.* **2.** *Fig.* Extraordinario, de gran categoría: *figura estelar.* • **Ganglio estelar,** ganglio cervical del sistema simpático que presenta ramificaciones en estrella.

**ESTELIONATO** n. m. (lat. *stellionatum*). DER. Fraude cometido por medio de un contrato que encubre la obligación o carga que pesa sobre un bien.

**ESTELITA** n. f. (marca registrada). Tipo de aleación de cobalto, cromo, volframio y molibdeno, utilizada por sus propiedades de resistencia al desgaste y al calor.

**ESTEMMA** n. m. ZOOL. Ojo simple de las larvas de los insectos superiores.

**ESTENIO** o **ESTENO** n. m. Antigua unidad de medida de fuerza (símbolo: sn), que equivalía a la fuerza que, en 1 segundo, comunica a una masa de 1 tonelada un aumento de velocidad de 1 metro por segundo.

**ESTENODACTILOGRAFÍA** n. f. Taquimecanografía.

**ESTENOGRAFÍA** n. f. Taquigrafía.

**ESTENOGRAFIAR** v. tr. **[1t]**. Taquigrafiar.

**ESTENOHALINO, A** adj. ZOOL. Dícese de los animales marinos que sólo pueden vivir en aguas de salinidad constante.

**ESTENORESTE** o **ESTENORDESTE** n. m. Punto del horizonte entre el este y el noreste (abrev. ENE).

**ESTENOSAJE** n. m. Tratamiento de las fibras celulósicas para endurecerlas.

**ESTENOSIS** n. f. MED. Estrechez de un conducto u orificio.

**ESTENOTERMO, A** adj. Dícese de los animales marinos que exigen una temperatura casi constante del medio.

**ESTENOTIPIA** n. f. Máquina para transcribir a la velocidad de la palabra, por muy rápida que sea, textos en forma fonética simplificada. **2.** Arte de estenotipiar.

**ESTENOTIPIAR** v. tr. **[1]**. Escribir con la estenotipia.

**ESTENOTIPISTA** n. m. y f. Persona que practica la estenotipia.

**ESTENTÓREO, A** adj. Muy fuerte, ruidoso o retumbante: *risa estentórea.*

**ESTEPA** n. f. (fr. *steppe*). Formación discontinua de vegetales xerófitos, con frecuencia herbáceos, de las regiones tropicales y de las regiones de clima continental semiáridas. **2.** Erial llano y muy extenso. • **Arte de las estepas,** producción artística, en la edad del bronce, de los pueblos nómadas de las estepas euroasiáticas, que alcanzó su apogeo entre los ss. VIII y III a. J.C.

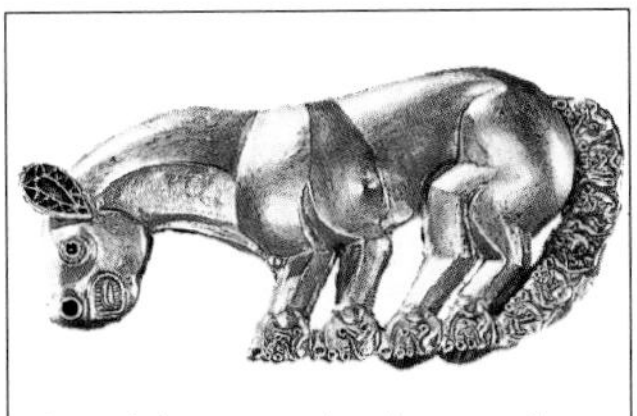

el arte de las **estepas:** placa de un escudo escita en forma de pantera, en oro con incrustaciones de esmalte y de ámbar; fines del s. VII-principios del s. VI a. J.C. (museo del Ermitage, San Petersburgo)

**ESTEPA** n. f. Planta arbustiva sin estípulas, con ramas leñosas y erguidas, empleada como leña. (Familia cistáceas.)

**ESTEPARIO, A** adj. Propio de la estepa, formación vegetal.

**ESTEQUIOMETRÍA** n. f. QUÍM. Estudio de las proporciones según las cuales los cuerpos se combinan entre sí.

**ESTEQUIOMÉTRICO, A** adj. Relativo a la estequiometría.

**ÉSTER** n. m. Cuerpo resultante de la acción de un ácido carboxílico sobre un alcohol, con eliminación de agua.

**ESTERA** n. f. (lat. *stoream*). Tejido grueso de esparto, juncos, palma, etc., usado especialmente para cubrir el suelo de las habitaciones.

**ESTERAL** n. m. *Argent.* y *Urug.* Estero, terreno pantanoso.

**ESTERAR** v. tr. **[1]**. Cubrir con esteras el suelo de las habitaciones.

**ESTERCOLADURA** n. f. Acción y efecto de estercolar.

**ESTERCOLAR** v. tr. **[1]**. Beneficiar las tierras con estiércol.

**ESTERCOLERO** n. m. Lugar donde se recoge y fermenta el estiércol.

**ESTERCÓREO, A** adj. Relativo a los excrementos.

**ESTERCULIÁCEO, A** adj. y n. f. Relativo a una familia de plantas dialipétalas arbóreas, arbustivas o herbáceas, como el cacao.

**ESTÉREO** n. m. Unidad de medida de volumen (símbolo: st), empleada para medir volúmenes de madera, equivalente a 1 $m^3$.

**ESTÉREO** adj. Apócope de *estereofónico.* ◆ n. m. **2.** Apócope de *estereofonía.*

**ESTEREÓBATO** n. m. ARQ. Pedestal situado en la base de un edificio, columnata, etc.

**ESTEREOCOMPARADOR** n. m. Aparato utilizado en los levantamientos de planos mediante fotografías para efectuar mediciones de coordenadas de gran precisión y para deducir de ellas la situación de puntos topográficos.

**ESTEREOESPECÍFICO, A** adj. QUÍM. Dícese de los catalizadores que permiten la formación de altos polímeros de estructura regular. **2.** QUÍM. Relativo a una reacción en la cual un compuesto que posee una configuración determinada y única conduce a la formación de un compuesto que tiene asimismo una configuración única.

**ESTEREOFONÍA** n. f. Técnica de la reproducción de los sonidos registrados o radiodifundidos, caracterizada por la reconstitución espacial de las fuentes sonoras.

**ESTEREOFÓNICO, A** adj. Relativo a la estereofonía.

**ESTEREOGNOSIA** n. f. Percepción de la forma y los volúmenes de los cuerpos, utilizando las sensibilidades táctil y muscular.

**ESTEREOGRAFÍA** n. f. Arte de representar los sólidos por proyección sobre un plano.

**ESTEREOGRÁFICO, A** adj. Relativo a la estereografía.

**ESTEREOISOMERÍA** n. f. QUÍM. Isomería que consiste en la distinta posición en el espacio de los átomos de una misma sustancia.

**ESTEREOISÓMERO, A** adj. QUÍM. Que presenta estereoisomería.

**ESTEREOMETRÍA** n. f. Parte de la geometría que trata de la medida de los sólidos.

**ESTEREOMÉTRICO, A** adj. Relativo a la estereometría.

**ESTEREOQUÍMICA** n. f. Estudio de la estructura espacial de los compuestos químicos.

**ESTEREOQUÍMICO, A** adj. Relativo a la estereoquímica.

**ESTEREORRADIÁN** n. m. Unidad de medida de ángulo sólido (símbolo sr), equivalente al ángulo sólido que, teniendo su vértice en el centro de una esfera, abarca, sobre la superficie de esta esfera, un área equivalente a la de un cuadrado de lado igual al radio de la esfera.

**ESTEREOSCOPIA** n. f. Visión en relieve con la ayuda de un estereoscopio.

**ESTEREOSCÓPICO, A** adj. Relativo a la estereoscopia.

**ESTEREOSCOPIO** n. m. Instrumento óptico en el cual dos imágenes planas, superpuestas por la visión binocular, dan la impresión de una sola imagen en relieve. *(V. ilustración pág. 422.)*

**ESTEREOTIPADO, A** adj. Dícese de las manifestaciones externas que se adoptan formulariamente o suponen un lugar común: *sonrisa estereotipada.*

**ESTEREOTIPIA** n. f. ART. GRÁF. Arte de imprimir con planchas fundidas en lugar de moldes compuestos de letras sueltas. **2.** SICOL. Repetición inmotivada, automática e inadaptada a la situación, de palabras, movimientos o actitudes.

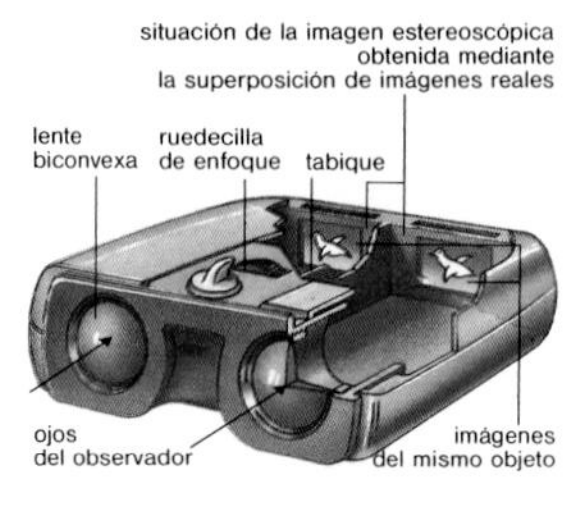


**estereoscopio**

**ESTEREOTÍPICO, A** adj. Relativo a la estereotipia.

**ESTEREOTIPO** n. m. Concepción simplificada y comúnmente aceptada por un grupo sobre un personaje, aspecto de la estructura social o determinado programa social. **2.** ART. GRÁF. Cliché obtenido por colada de plomo fundido.

**ESTEREOTOMÍA** n. f. Arte de cortar cuerpos sólidos para su empleo en la industria y en la construcción.

**ESTEREOTÓMICO, A** adj. Relativo a la estereotomía.

**ESTERERÍA** n. f. Lugar donde se hacen o venden esteras.

**ESTERERO, A** n. Persona que tiene por oficio hacer, vender o colocar esteras.

**ESTÉRICO, A** adj. QUÍM. Relativo a la configuración espacial de un compuesto químico.

**ESTERIFICACIÓN** n. f. QUÍM. Reacción reversible de un ácido carboxílico sobre un alcohol.

**ESTERIFICAR** v. tr. y pron. **[1a]**. QUÍM. Transformar en éster.

**ESTÉRIL** adj. (lat. *sterilem*). Que no da fruto, o no produce nada. **2.** Que no contiene ningún elemento microbiano. **3.** BIOL. Dícese del animal que no es capaz de reproducirse. ◆ n. m. **4.** Roca no mineralizada.

**ESTERILIDAD** n. f. (lat. *sterilitatem*). Estado, naturaleza de lo que es estéril.

**ESTERILIZACIÓN** n. f. Acción y efecto de esterilizar. **2.** Intervención practicada al hombre o a la mujer con objeto de hacerlos estériles.

**ESTERILIZADO, A** adj. Sometido a esterilización. • **Leche esterilizada,** leche que ha sido sometida a una temperatura alta y que puede ser conservada varios meses.

**ESTERILIZADOR, RA** adj. Que esteriliza. ◆ n. m. **2.** Aparato que se emplea para esterilizar.

**ESTERILIZAR** v. tr. y pron. **[1g]**. Hacer estéril. **2.** BIOL. Anular la actividad genética en un ser vivo para evitar que pueda reproducirse. ◆ v. tr. **3.** BACTER. y MICROB. Destruir los organismos de un medio.

**ESTERILLA** n. f. Tela de hilos gruesos y separados. **2.** *Argent., Chile, C. Rica, Ecuad.* y *Urug.* Tejido de trama parecida a la del cañamazo. **3.** *Argent.* y *Ecuad.* Rejilla para construir asientos.

**ESTERLETE** n. m. Pez muy próximo al esturión común, del que se distingue por tener el hocico más puntiagudo y por su menor tamaño.

**ESTERLINO, A** adj. y n. f. **Libra esterlina** → ***libra.***

**ESTERNOCLEIDOMASTOIDEO** adj. y n. m. ANAT. Dícese de un músculo que se inserta en el esternón, la clavícula y la apófisis mastoides.

**ESTERNÓN** n. m. Hueso plano situado en la parte anterior de la caja torácica al que están unidas las diez primeras costillas en el hombre.

**ESTERO** n. m. (lat. *aestuarium*). Zona del litoral inundada durante la pleamar. **2.** *Amér.* Cada uno de los brazos que forman los ríos que enlazan unos cauces con otros. **3.** *Bol., Colomb.* y *Venez.* Aguazal, terreno cenagoso. **4.** *Chile.* Arroyo, riachuelo.

**ESTEROIDE** n. m. y adj. Nombre genérico de los compuestos que poseen una cadena carbonada con cuatro núcleos cíclicos enlazados.

**ESTEROL** n. m. QUÍM. Sustancia orgánica que posee la estructura básica de los esteroides y una función alcohol, como el colesterol.

**ESTERTOR** n. m. Respiración anhelosa, con ronquido sibilante, propia de la agonía y el coma. **2.** Denominación genérica de los ruidos patológicos que se perciben en la auscultación del aparato respiratorio.

**ESTERTOROSO, A** adj. Relativo a los estertores.

**ESTESIOLOGÍA** n. f. Parte de la anatomía que trata de los órganos de los sentidos.

**ESTETA** n. m. y f. Especialista o conocedor de estética. **2.** Persona amante de la belleza. **3.** Persona que muestra afectación y refinamiento en materia de arte.

**ESTÉTICA** n. f. Teoría de la belleza en general y del sentimiento que despierta en el hombre. **2.** Teoría del arte. **3.** Belleza en sentido amplio. • **Estética industrial,** disciplina que estudia un objeto fabricado según criterios estéticos, pero sin perder de vista su utilización.

**ESTETICISMO** o **ESTETISMO** n. m. Valoración que se hace de los estilos artísticos, exclusivamente desde el punto de vista estético.

**ESTETICISTA** adj. Relativo al esteticismo. ◆ n. m. y f. **2.** Persona que, en los institutos de belleza, practica la cosmética y los tratamientos de embellecimiento corporal.

**ESTÉTICO, A** adj. Relativo a la estética. **2.** Artístico o bello. • **Cirugía estética,** la que tiene por finalidad devolver el aspecto normal a las alteraciones congénitas o traumáticas del cuerpo.

**ESTETOSCOPIA** n. f. MED. Auscultación por medio del estetoscopio. **2.** MED. Conjunto de signos suministrados por la auscultación.

**ESTETOSCOPIO** n. m. Instrumento a modo de trompetilla acústica, que sirve para la auscultación de los enfermos.

**ESTEVA** n. f. Pieza corva y trasera del arado, sobre la cual lleva la mano el que ara.

**ESTEVADO, A** adj. y n. Que tiene las piernas torcidas en arco.

**ESTHÉTICIENNE** n. f. (voz francesa). Mujer esteticista.

**ESTIAJE** n. m. Nivel medio más bajo de un curso de agua. **2.** Período que dura este nivel.

**ESTIBA** n. f. Acción y efecto de estibar. SIN.: *estibación.* **2.** MAR. Colocación conveniente de las mercancías a bordo.

**ESTIBADOR, RA** n. Persona que estiba en los muelles.

**ESTIBADORA** n. f. Aparato de manutención que permite colocar cargas de formas regulares, una encima de la otra, en dos o varios niveles.

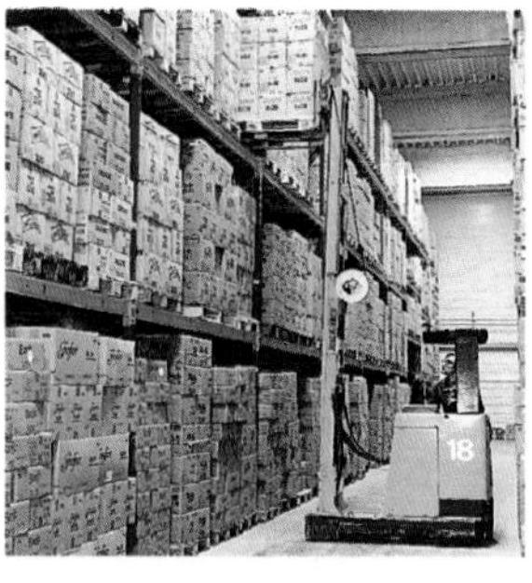

**estibadora** eléctrica
(capacidad de elevación: 1250 kg.)

**ESTIBAR** v. tr. (lat. *stipare,* amontonar) **[1]**. Apretar materiales o cosas sueltas para que ocupen el menor espacio posible. **2.** MAR. Distribuir convenientemente todos los pesos del buque. **3.** MAR. Cargar y descargar mercancías en los muelles.

**ESTIBIADO, A** adj. FARM. Que contiene antimonio.

**ESTIBINA** n. f. Sulfuro natural de antimonio y principal mena de este metal. SIN.: *antimonita.*

**ESTIÉRCOL** n. m. (lat. *stercus*). Excremento de los animales. **2.** Conjunto de materias orgánicas, detritos animales y vegetales en descomposición, que constituyen un abono natural para las tierras.

**ESTIGMA** n. m. Marca o señal que aparece en el cuerpo a consecuencia de un proceso patológico. **2.** Marca impuesta con hierro candente, como pena infamante o como signo de esclavitud. **3.** *Fig.* Señal de infamia, de deshonra, de bajeza moral: *el estigma del vicio.* **4.** BOT. Parte superior del pistilo. **5.** ZOOL. Orificio respiratorio de las tráqueas, en los insectos y arácnidos. ◆ **estigmas** n. m. pl. **6.** Llagas que reproducen las de Jesús crucificado, observadas en ciertos místicos cristianos.

**ESTIGMÁTICO, A** adj. Relativo al estigma. **2.** Dícese de un sistema óptico que da una imagen neta de un punto u objeto.

**ESTIGMATISMO** n. m. ÓPT. Carácter de un sistema óptico que es estigmático.

**ESTIGMATIZAR** v. tr. **[1g]**. Producir estigmas.

**ESTILAR** v. tr., intr. y pron. **[1]**. Usar, acostumbrar, estar de moda: *ya no se estila el sombrero.*

**ESTILETE** n. m. (fr. *stylet*). Pequeño puñal de hoja muy afilada. **2.** Instrumento quirúrgico.

**ESTILICIDIO** n. m. Acto de estar manando un líquido gota a gota.

**ESTILISMO** n. m. Tendencia a cuidar exageradamente del estilo, atendiendo más a la forma que al fondo de la obra literaria.

**ESTILISTA** n. m. y f. Escritor y orador que se distingue por lo esmerado y elegante de su estilo. **2.** Persona que cuida del estilo en una actividad, particularmente en el mundo de la moda y la decoración.

**ESTILÍSTICA** n. f. LING. Estudio científico del estilo.

**ESTILÍSTICO, A** adj. Relativo al estilo.

**ESTILITA** adj. y n. m. Dícese de los anacoretas que vivían en lo alto de una columna.

**ESTILIZACIÓN** n. f. Acción y efecto de estilizar.

**ESTILIZAR** v. tr. **[1g]**. Interpretar convencionalmente la forma de un objeto, haciendo resaltar tan sólo sus rasgos más característicos. ◆ v. tr. y pron. **2.** Destacar aquellos rasgos que acusan una delgadez elegante.

**ESTILO** n. m. (lat. *stilum*). Punzón metálico que se empleaba para escribir sobre tabletas de cera. **2.** Modo, manera, forma: *estilo de vida.* **3.** Uso, práctica, costumbre, moda: *estilo tejano.* **4.** Manera peculiar de ejecutar una obra, propia de un artista, un género, una época o un país: *estilo barroco.* **5.** *Argent.* y *Urug.* Canción típica que se compone de dos partes: una lenta, en compás binario, y otra rápida, en ternario, que se acompaña con la guitarra. **6.** BOT. Región media del pistilo, comprendida entre el ovario y el estigma. **7.** CRONOL. Manera de contar los años. • **Por el estilo,** indica una vaga similitud. ‖ **Tener estilo,** tener elegancia y personalidad.

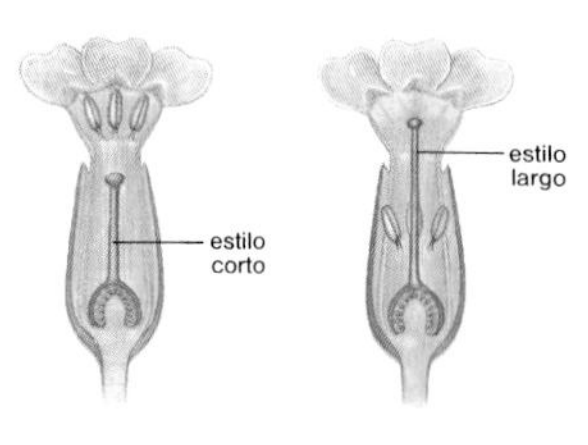


**estilos**

**ESTILÓBATO** n. m. ARQ. Pedestal o basamento sobre el cual se apoya una columnata.

**ESTILOGRÁFICO, A** adj. y n. f. Dícese de la pluma cuyo mango contiene un depósito de tinta.

**ESTILOIDES** adj. ANAT. Dícese de ciertas apófisis óseas en forma de estilete.

**ESTIMA** n. f. Consideración y aprecio que se hace de una persona o cosa. **2.** MAR. Cálculo de situación aproximada de un buque, deducida tan sólo de los rumbos seguidos y distancias navegadas.

**ESTIMABILIDAD** n. f. Calidad de estimable.

**ESTIMABLE** adj. Digno de ser estimado.

**ESTIMACIÓN** n. f. Aprecio y valor que se da y en que se tasa una cosa. **2.** Aprecio, consideración, afecto. **3.** ESTADÍST. Búsqueda de uno o varios parámetros característicos de una población entre la que se ha efectuado un muestreo.

**ESTIMAR** v. tr., intr. y pron. (lat. *aestimare*) **[1]**. Valorar, atribuir un valor. ◆ v. tr. y pron. **2.** Sentir afecto por alguien. ◆ v. tr. **3.** Juzgar, creer. **4.** ESTADÍST. Realizar una estimación. **5.** MAR. Verificar el cálculo de una estima.

**ESTIMATIVA** n. f. Facultad síquica con que se hace juicio del aprecio que merecen las cosas.

**ESTIMATIVO, A** adj. Que constituye una estimación: *presupuesto estimativo.*

**ESTIMATORIO, A** adj. Relativo a la estima.

**ESTIMULANTE** adj. Que estimula. SIN.: *estimulador.* ◆ adj. y n. m. **2.** Dícese de la sustancia que incrementa o facilita el desarrollo de una actividad orgánica.

**ESTIMULAR** v. tr. (lat. *stimulare*) **[1]**. Excitar vivamente a uno a la ejecución de una cosa, o avivar una actividad, operación o función.

**ESTIMULINA** n. f. Hormona secretada por la hipófisis, cuya acción consiste en estimular la actividad de una glándula endocrina.

**ESTÍMULO** n. m. (lat. *stimulum,* aguijón). Incitamiento para obrar. **2.** BIOL. Agente físico, químico, mecánico, o de otra índole, que desencadena una reacción funcional en un organismo. • **Estímulo signo** (ETOL.), estímulo capaz de desencadenar una reacción motora en un animal.

**ESTÍO** n. m. (lat. *aestivum*). *Poét.* Verano.

**ESTIPENDIO** n. m. (lat. *stipendium*). Remuneración dada a una persona por su trabajo y servicio.

**ESTÍPITE** n. m. (lat. *stipitem*). ARQ. Pilastra en forma de pirámide truncada, con la base menor hacia abajo. **2.** BOT. Tallo largo, no ramificado, cubierto por las cicatrices de las hojas, como en las palmeras; tallo simple de los helechos.

**ESTÍPTICO, A** adj. y n. m. MED. Dícese del astringente poderoso, como el alumbre, las sales de plomo, de hierro, etc.

**ESTIPTIQUEZ** o **ESTITIQUEZ** n. f. *Amér. Central, Chile, Colomb., Ecuad.* y *Venez.* Estreñimiento.

**ESTÍPULA** n. f. (lat. *stipulam*). BOT. Pequeño apéndice membranoso o foliáceo, que se encuentra en el punto de inserción de las hojas.

**ESTIPULACIÓN** n. f. DER. Convenio, pacto, especialmente verbal. **2.** DER. Cláusula de un contrato u otro documento.

**ESTIPULAR** v. tr. (lat. *stipulari*) **[1]**. Convenir, concertar, acordar. **2.** DER. Hacer contrato verbal, contratar por medio de estipulación.

**ESTIRADA** n. f. Estirón, crecimiento rápido en altura.

**ESTIRADO, A** adj. Entonado y orgulloso en su trato con los demás. ◆ n. m. **2.** Operación que tiene por objeto obtener una mayor longitud y menor sección de una barra o un tubo, haciéndolos pasar en frío a través de una hilera. **3.** En el proceso de hilatura, operación que tiene por objeto adelgazar las cintas de fibras textiles. **4.** Procedimiento continuo de fabricación de vidrio plano directamente a partir de la masa vítrea blanda. • **Banco de estirado,** máquina utilizada para el estirado de las cintas de fibras textiles.

**ESTIRAMIENTO** n. m. Acción y efecto de estirar o estirarse. **2.** Orgullo, arrogancia.

**ESTIRAR** v. tr. y pron. **[1]**. Alargar, dilatar una cosa extendiéndola con fuerza para que dé de sí. **2.** Atirantar, poner tenso y tirante. ◆ v. tr. **3.** Ir poniendo recto un miembro, especialmente los brazos, para desentumecerlo o desperezarse. **4.** *Fig.* Administrar el dinero con cuidado para atender con él el mayor número de necesidades. **5.** TECNOL. Realizar el estirado de una pieza metálica o de una cinta de fibra textil. ◆ v. intr. **6.** Tirar, hacer fuerza sujetando el extremo de algo: *estirar de la punta.* ◆ **estirarse** v. pron. **7.** Desperezarse. **8.** Tenderse: *estirarse en la cama.* **9.** Crecer una persona.

**ESTIRENO** o **ESTIROLENO** n. m. Hidrocarburo bencénico, $C_8H_8$, que sirve de materia prima para numerosas materias plásticas.

**ESTIRÓN** n. m. Acción con que uno estira o arranca con fuerza una cosa. **2.** Crecimiento rápido en altura.

**ESTIRPE** n. f. (lat. *stirpem,* base del tronco de un árbol). Raíz y tronco de una familia o linaje.

**ESTIVACIÓN** n. f. ZOOL. Letargo de algunos animales en verano.

**ESTIVAL** adj. (lat. *aestivalem*). Relativo al estío: *temporada estival.*

**ESTO** pron. dem. neutro. Se refiere a objetos o situaciones anteriores aludidos, señalándolos sin nombrarlos.

**ESTOCADA** n. f. Golpe que se tira de punta con la espada o el estoque. **2.** Herida que resulta de él.

**ESTOCAFÍS** n. m. (ingl. *stockfish*). Pejepalo.

**ESTOCÁSTICO, A** adj. Dícese de los procesos que sólo están sometidos al azar y que son objeto de análisis estadístico.

**ESTOFA** n. f. Tela o tejido de labores, generalmente de seda. **2.** *Fig.* Calidad, clase. • **Gente de baja estofa,** personas despreciables y groseras.

**ESTOFADO** n. m. Guiso que consiste en condimentar un manjar con aceite, vino o vinagre, cebolla y especias y cocer todo a fuego lento y bien tapado, para que no se pierda vapor ni aroma.

**ESTOFADO** n. m. Acción y efecto de estofar, acolchar una tela. **2.** Adorno que resulta de estofar un dorado.

**ESTOFAR** v. tr. **[1]**. Acolchar una tela o prenda. **2.** Raer con la punta del grafio el color dado sobre el dorado de la madera para que se descubra el oro. **3.** Pintar sobre el oro bruñido algunos relieves a temple.

**ESTOFAR** v. tr. (fr. *étouffer,* ahogar) **[1]**. Guisar un estofado: *estofar patatas y guisantes.*

**ESTOICIDAD** n. f. Entereza, impasibilidad.

**ESTOICISMO** n. m. Doctrina filosófica de Zenón de Citio y, después, de Crisipo, Séneca, Epicteto y Marco Aurelio. **2.** Fortaleza, austeridad: *soportar sus desgracias con estoicismo.*

**ESTOICO, A** adj. y n. (lat. *stoicum*). Relativo al estoicismo; adepto de esta doctrina. **2.** *Fig.* Que manifiesta indiferencia por el placer y el dolor, o que tiene gran entereza ante la desgracia.

**ESTOLA** n. f. (lat. *stolam*). Vestidura de las damas romanas. **2.** Prenda de piel o material semejante, en forma de tira alargada, usada por las mujeres alrededor del cuello o sobre los hombros. **3.** Ornamento litúrgico constituido por una tira ancha de tela, que se lleva de forma distinta según se trate de un obispo, un sacerdote o un diácono.

**ESTOLIDEZ** n. f. Cualidad de estólido.

**ESTÓLIDO, A** adj. y n. Bobo, estúpido.

**ESTOLÓN** n. m. (lat. *stolonem,* retoño). BOT. Tallo aéreo rastrero, terminado en una yema, que cada cierta distancia produce raíces adventicias, punto de partida de nuevos pies, como en la fresa. **2.** ZOOL. Yema que asegura la multiplicación asexual de ciertos animales marinos.

**ESTOLONÍFERO, A** adj. BOT. Que emite estolones.

**ESTOMA** n. m. BOT. Cada una de las aberturas microscópicas de la epidermis de las plantas superiores, en especial de las hojas o partes verdes.

**ESTOMACAL** adj. Relativo al estómago. ◆ adj. y n. m. **2.** Dícese del medicamento o licor que tonifica el estómago y favorece la digestión.

**ESTOMAGAR** v. tr. y pron. **[1b]**. Empachar, causar indigestión.

**ESTÓMAGO** n. m. (lat. *stomachum*). Parte del tubo digestivo en forma de bolsa situado bajo el diafragma, entre el esófago y el intestino delgado, donde los alimentos permanecen durante varias horas y se impregnan del jugo gástrico que coagula la leche e hidroliza las proteínas. • **Tener estómago,** ser poco escrupuloso y delicado.

■ En el hombre, el estómago tiene la forma de una J mayúscula, cuyas dos partes se unen formando un ángulo más o menos agudo. La parte superior, o *porción vertical,* comprende a su vez dos porciones superpuestas, la tuberosidad mayor, arriba, y el cuerpo del estómago, abajo, que acaba en la tuberosidad menor; la parte inferior, o *porción horizontal,* está separada del duodeno por el *píloro.* El orificio que comunica el estómago con el esófago se llama *cardias.* El estómago está situado en la región epigástrica, entre el hígado a la derecha, el bazo a la izquierda, el diafragma arriba, el colon transverso abajo, y el páncreas atrás. El estómago tiene una función mecánica: sirve de almacén para los alimentos y asegura su mezcla y evacuación progresiva. Tiene también una función química: el jugo gástrico, ácido cuyo enzima es la pepsina, tiene una importante función en la digestión de los prótidos y en la absorción de la vitamina $B_{12}$.

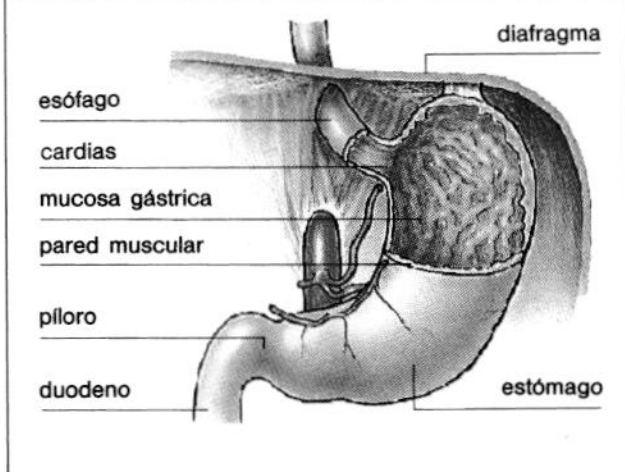

**estómago:** vista anterior y corte frontal

**ESTOMÁQUICO, A** adj. Relativo al estómago.

**ESTOMATITIS** n. f. Inflamación de la mucosa bucal.

**ESTOMATOLOGÍA** n. f. Especialidad médica que estudia y trata las afecciones de la boca y del sistema dentario.

**ESTOMATÓLOGO, A** n. Médico especialista en estomatología.

**ESTOMATOPLASTIA** n. f. Reconstrucción quirúrgica de la boca.

**ESTOMOCORDADO, A** adj. y n. m. Relativo a un grupo de animales marinos primitivos, próximos a los cordados.

**ESTONIO, A** adj. y n. De Estonia. ◆ n. m. **2.** Lengua ugrofinesa hablada en este país.

**ESTOPA** n. f. (lat. *stuppam*). Residuo que dejan las operaciones de espadillado, rastrillado o peinado de las fibras textiles de lino y de cáñamo. **2.** Tela basta tejida con la hilaza de la estopa. **3.** Cuerda o cáñamo sin retorcer, usado para hacer juntas. **4.** MAR. Jarcia deshilada empleada para calafatear.

**ESTOPADA** n. f. Porción de estopa para hilar o para juntas de tuberías.

**ESTOPEÑO, A** adj. Relativo a la estopa. **2.** Hecho o fabricado de estopa.

**ESTOPEROL** n. m. *Amér.* Tachuela grande dorada o plateada que se usa como adorno en prendas de vestir.

**ESTOPÍN** n. m. Artificio con una composición fulminante que sirve para inflamar una carga explosiva.

**ESTOPOR** n. m. (fr. *stoppeur*). MAR. Aparato para frenar o retener la cadena del ancla.

**ESTOQUE** n. m. Espada estrecha con la que sólo se puede herir de punta, utilizada en los ss. XV y XVI. **2.** Arma blanca, de forma prismática rectangular o cilíndrica, aguzada en la punta, que suele llevarse metida en un bastón. **3.** TAUROM. Espada de matar los toros.

**ESTOQUEADOR, RA** adj. y n. Que estoquea.

**ESTOQUEAR** v. tr. **[1]**. Herir de punta con espada o estoque.

**ESTOQUEO** n. m. Acto de dar estocadas.

**ESTOQUILLO** n. m. *Chile.* Planta de la familia de las ciperáceas, con el tallo en forma triangular y cortante.

**ESTOR** n. m. Cortina transparente que cubre el hueco de una ventana o balcón.

**ESTORAQUE** n. m. Planta arbórea exótica que proporciona un bálsamo oloroso. (Familia estiracáceas.) **2.** Este bálsamo.

**ESTORBADOR, RA** adj. Que estorba.

**ESTORBAR** v. tr. (lat. *exturbare*) **[1]**. Obstaculizar la ejecución de una cosa: *estorbar un plan.* **2.** *Fig.* Molestar, incomodar: *el sol me estorba.*

**ESTORBO** n. m. Persona o cosa que estorba.

**ESTORNINO** n. m. Ave paseriforme, de 20 cm de long., de plumaje oscuro con manchas blancas, insectívoro y frugívoro. (Familia estúrnidos.)

**estornino**

**ESTORNUDAR** v. intr. (lat. *sternutare*) **[1]**. Dar o hacer un estornudo.

**ESTORNUDO** n. m. Contracción súbita de los músculos respiratorios, a consecuencia de lo cual el aire es expulsado violentamente por la nariz y la boca.

**ESTRÁBICO, A** adj. y n. Relativo al estrabismo; afecto de estrabismo.

**ESTRABISMO** n. m. (gr. *strabismos*). Defecto de paralelismo de los ejes ópticos de los ojos, que ocasiona un trastorno de la visión binocular.

**ESTRADA** n. f. (lat. *stratam*). Camino, tierra hollada por donde se transita. **2.** Vía que se construye para transitar.

**ESTRADIOL** n. m. Estrógeno del ovario parecido a la foliculina.

**ESTRADIOTA** n. f. Lanza de unos 3 m de long., que usaban los estradiotes.

**ESTRADIOTE** n. m. (gr. *stratiōtēs*). En los ss. XV y XVI, soldado de caballería ligera, originario de Grecia.

**ESTRADO** n. m. (lat. *stratum*, yacija). Tarima cubierta con alfombra, sobre la cual se pone el trono real o la mesa presidencial en actos solemnes. **2.** Sitio de honor, algo elevado, en un salón de actos. **3.** Lugar separado del público, donde sólo tienen derecho a permanecer los agentes de cambio para recibir sus órdenes. ◆ **estrados** n. m. pl. **4.** Salas o tribunales donde los jueces oyen y sentencian los pleitos.

**ESTRAFALARIO, A** adj. *Fam.* Desaliñado, extravagante: *persona estrafalaria; vestido estrafalario.*

**ESTRAGADOR, RA** adj. Que estraga.

**ESTRAGAMIENTO** n. m. Acción y efecto de estragar.

**ESTRAGAR** v. tr. y pron. **[1b]**. Viciar, corromper, estropear: *estragar el gusto.* ◆ v. tr. **2.** Causar estrago: *estragar la cosecha.*

**ESTRAGO** n. m. (lat. *stragem*). Daño muy grande causado en la guerra o por un agente natural. **2.** Daño o ruina moral.

**ESTRAGÓN** n. m. (fr. *estragon*). Planta herbácea aromática que suele usarse como condimento. (Familia compuestas.)

**ESTRAL** adj. Relativo al estro. • **Ciclo estral,** modificaciones periódicas de los órganos genitales femeninos, en relación con la liberación de los óvulos. (En la mujer, el *ciclo estral* dura 28 días y tiene dos fases: folicular y lútea; está bajo la dependencia de las hormonas, cesa provisionalmente durante el embarazo y definitivamente en la menopausia.)

**ESTRAMBOTE** n. m. Versos que a veces se añaden al fin de una composición métrica, especialmente a un soneto.

**ESTRAMBÓTICO, A** adj. *Fam.* Extravagante, irregular y sin orden.

**ESTRAMONIO** n. m. Planta herbácea venenosa, de grandes flores blancas y fruto espinoso. (Familia solanáceas.)

**ESTRANGULACIÓN** n. f. Acción y efecto de estrangular: *muerte por estrangulación.*

**ESTRANGULADOR, RA** adj. y n. Que estrangula. ◆ n. m. **2.** Difusor, tubo Venturi o estrechamiento del conducto de aspiración para el paso del aire al carburador. **3.** Válvula dispuesta en la entrada de aire al carburador.

**ESTRANGULAMIENTO** n. m. Estrangulación.

**ESTRANGULAR** v. tr. y pron. (lat. *strangulare*) **[1]**. Ahogar oprimiendo el cuello hasta impedir la respiración. **2.** Dificultar o impedir el paso por una vía o conducto: *estrangular una vena.* **3.** Impedir la realización de un proyecto o la consumación de algo: *estrangular los planes.*

**ESTRANGURIA** n. f. (gr. *stranguria*). MED. Micción dolorosa, gota a gota, con pujo en la vejiga.

**ESTRAPADA** n. f. (ital. *strappata*). Suplicio que consistía en izar al condenado a lo alto de un mástil y dejarlo caer hasta cerca del suelo.

**ESTRAPALUCIO** n. m. *Fam.* Estropicio, destrozo, trastorno.

**ESTRAPERLEAR** v. tr. **[1]**. Negociar con artículos de estraperlo.

**ESTRAPERLISTA** adj. y n. m. y f. Dícese de la persona que se dedica al comercio de estraperlo.

**ESTRAPERLO** n. m. Mercado negro, comercio ilegal y clandestino. (Se aplica especialmente al comercio de artículos de primera necesidad en épocas de escasez.) **2.** Mercancía que es objeto de tal tráfico.

**ESTRATAGEMA** n. f. (lat. *strategemam*). Ardid de guerra. **2.** Astucia, fingimiento: *valerse de estratagemas.*

**ESTRATEGA** n. m. (gr. *stratēgos*). Especialista versado en estrategia. **2.** HIST. En Atenas, principal magistrado; jefe de ejército.

**ESTRATEGIA** n. f. Arte de dirigir un conjunto de disposiciones para alcanzar un objetivo. **2.** Arte de coordinar la acción de las fuerzas militares, políticas, económicas y morales, implicadas en la conducción de un conflicto o en la preparación de la defensa de una nación o de una comunidad de naciones.

**ESTRATÉGICO, A** adj. Relativo a la estrategia.

**ESTRATIFICACIÓN** n. f. Disposición en capas superpuestas. **2.** GEOL. Disposición de los sedimentos o rocas sedimentarias en estratos superpuestos. **3.** SICOL. Técnica particular de encuesta por sondeo, en la que la población a estudiar se divide previamente en estratos. **4.** SOCIOL. Característica de una sociedad que establece un sistema de jerarquías entre los individuos y los grupos que la componen.

**ESTRATIFICADO, A** adj. Que se presenta en capas superpuestas. **2.** Dícese de los productos fabricados a base de varios soportes (papel, telas, etc.) e impregnados de un barniz termoplástico.

**ESTRATIFICAR** v. tr. **[1a]**. Disponer por capas superpuestas. ◆ v. tr. y pron. **2.** Disponer en estratos.

**ESTRATIGRAFÍA** n. f. Parte de la geología que estudia las capas de la corteza terrestre al objeto de establecer el orden normal de superposición y la edad relativa. **2.** Método de investigación arqueológica que consiste en excavar y aislar el contenido de los niveles de un yacimiento, siguiendo la configuración que presentan.

**ESTRATIGRÁFICO, A** adj. Relativo a la estratigrafía. • **Escala estratigráfica,** cronología de los acontecimientos que se han sucedido en la superficie de la Tierra en el transcurso de los tiempos geológicos.

**ESTRATO** n. m. (lat. *stratum*, yacija). Cada una de las capas de materiales que constituyen un terreno, en particular un terreno sedimentario. **2.** Nube baja que se presenta en una capa uniforme gris, en forma de velo continuo. **3.** SICOL. En una encuesta, subdivisión de una muestra en conjuntos homogéneos.

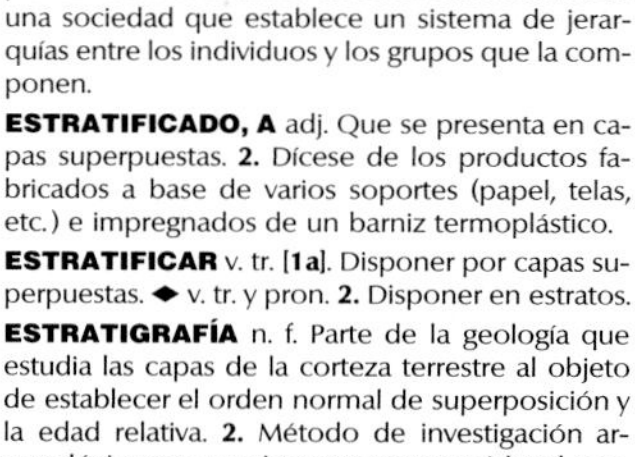

**estratos**

**estratocúmulos**

**ESTRATOCÚMULO** n. m. Capa continua o conjunto de bancos nubosos, generalmente finos y de espesor regular, de forma más extendida y más plana que el altocúmulo.

**ESTRATOFORTALEZA** n. f. Tipo de bombardero norteamericano.

**ESTRATOPAUSA** n. f. Límite entre la estratosfera y la mesosfera.

**ESTRATOSFERA** n. f. Región de la atmósfera entre la troposfera y la mesosfera, que tiene un espesor de unos 30 km y en la que la temperatura es sensiblemente constante.

**ESTRATOSFÉRICO, A** adj. Relativo a la estratosfera.

**ESTRATOVISIÓN** n. f. Técnica de difusión de programas de televisión a partir de emisores situados a bordo de aviones o de globos a gran altura, que permite el servicio de comunicaciones a grandes extensiones.

**ESTRATOVOLCÁN** n. m. Cono volcánico constituido por amontonamiento de coladas de lava que alternan con capas de proyecciones.

**ESTRAVE** n. m. (fr. *étrave*). MAR. Remate de la quilla del navío, que va en línea curva hacia la proa.

**ESTRAZA** n. f. Trapo, pedazo o desecho de ropa basta. • **Papel de estraza,** papel de tina, áspero y muy basto, sin encolar.

**ESTRECHAMIENTO** n. m. Acción y efecto de estrechar o estrecharse.

**ESTRECHAR** v. tr. **[1]**. Hacer estrecho o más estrecho: *estrechar un vestido.* **2.** *Fig.* Manejar, empujar a decir o hacer algo: *estrechar al culpable a que confiese.* **3.** *Fig.* Apretar, reducir a estrechez. ◆ v. tr. y pron. **4.** Abrazar, ceñir con los brazos o las manos: *estrechar la mano.* **5.** Aumentar el cariño, la intimidad o el parentesco: *estrechar los lazos de amistad.* ◆ **estrecharse** v. pron. **6.** Apretarse en un sitio para que quepa más gente. **7.** Disminuir los gastos. **8.** TAUROM. Ceñirse o arrimarse al ejecutar las suertes.

**ESTRECHEZ** o **ESTRECHURA** n. f. Calidad de estrecho: *la estrechez de una calle.* **2.** *Fig.* Dificultad, apuro, escasez de medios económicos: *vivir con estrechez.* **3.** *Fig.* Limitación, pobreza o falta de amplitud intelectual o moral: *estrechez de miras.*

**ESTRECHO, A** adj. (lat. *strictum*). De menos anchura que la ordinaria o que otras cosas de la misma clase: *pasillo estrecho.* **2.** Ajustado, apretado, ceñido: *falda estrecha.* **3.** *Fig.* Dícese de todo tipo de relación o dependencia íntima: *una estrecha amistad.* ◆ adj. y n. **4.** *Fam.* Se aplica a la persona muy pudorosa o que no accede con facilidad a mantener relaciones sexuales. ◆ n. m. **5.** Brazo de mar comprendido entre dos tierras.

**ESTREGADURA** n. f. Acción y efecto de estregar. SIN.: *estregamiento.*

**ESTREGAR** v. tr. y pron. **[1b]**. Pasar con fuerza una cosa sobre otra: *estregar la ropa; estregarse los ojos.*

**ESTRELLA** n. f. (lat. *stellam*). En lenguaje corriente, cualquier astro que brilla en el cielo, a excepción de la Luna y el Sol. **2.** Astro dotado de luz propia. **3.** Influencia atribuida a los astros sobre la suerte de los hombres, destino: *haber nacido bajo buena estrella.* **4.** Objeto o adorno, formado de ramas que irradian a partir de un punto central. **5.** *Fig.* Persona que sobresale en su profesión por sus dotes excepcionales, especialmente un artista del cine o de la canción. **6.** Insignia de ciertas condecoraciones. **7.** Divisa o símbolo de determinadas jerarquías militares: *estrellas de capitán.* **8.** En un cartel o una guía, signo único o repetido que indica la categoría o la calidad de un restaurante, hotel, paraje turístico, etc. • **Estrella de David,** signo distintivo de color amarillo, de seis puntas, símbolo del judaísmo. ‖ **Estrella de mar,** equinodermo de cuerpo radiado. SIN.: *estrellamar.* ‖ **Estrella doble,** conjunto de dos estrellas cercanas en el cielo. ‖ **Estrella enana,** estrella de densidad media muy alta y luminosidad relativamente débil. ‖ **Estrella errante,** o **errática,** planeta, cuerpo celeste opaco. ‖ **Estrella fugaz,** fenómeno luminoso provocado por el desplazamiento rápido de un corpúsculo sólido, generalmente de pequeñas dimensiones, incandescente debido a un frotamiento en las capas atmosféricas superiores. ‖ **Estrella gigante,** estrella con mucha luminosidad y poca densidad. ‖ **Estrella nova,** o **temporaria,** estrella joven que se caracteriza por los cambios bruscos y breves de brillo y espectro. ‖ **Estrella polar,** la del extremo de la

**las veinte estrellas más brillantes del firmamento**

| *nombre usual* | *nombre oficial* | *constelación* | *magnitud aparente* |
|---|---|---|---|
| Sirio | ALCMa | Can Mayor | −1,4 |
| Canope | ALCar | Carena | −0,7 |
| Rigil Kentarus | ALCen | Centauro | −0,1 |
| Arturo | ALBoo | Boyero | 0 |
| Vega | ALLyr | Lira | 0 |
| Capela | ALAur | Cochero | +0,1 |
| Rigel | BEOri | Orión | 0,2 |
| Procyon | ALCMi | Can Menor | 0,4 |
| Achernar | ALEri | Erídano | 0,5 |
| Agena | BECen | Centauro | 0,6 |
| Altair | ALAql | Águila | 0,7 |
| Acrux | ALCru | Cruz del Sur | 0,8 |
| Betelgeuse | ALOri | Orión | 0,8* |
| Aldebarán | ALTau | Tauro | 0,8 |
| Espiga | ALVir | Virgo | 1 |
| Antares | ALSco | Escorpión | 1** |
| Pólux | BEGem | Géminis | 1,1 |
| Fomalhaut | ALPsA | Pez Austral | 1,1 |
| Mimosa | BECru | Cruz del Sur | 1,3 |
| Deneb | ALCyg | Cisne | 1,3 |

*variable entre 0,4 y 1,3
**variable entre 0,9 y 1,8

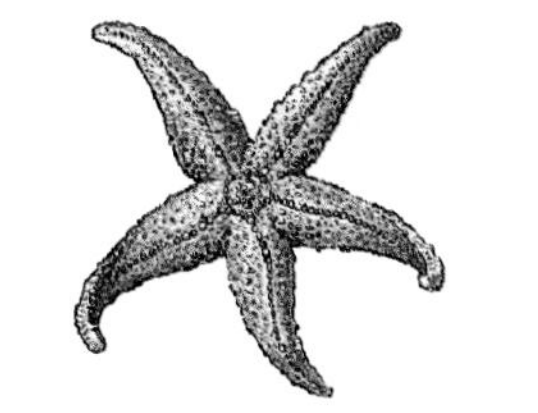

**estrella** de mar

lanza de la constelación de la Osa Menor. ‖ **Estrella variable,** estrella sometida a importantes variaciones de brillo. ‖ **Tener,** o **nacer, con estrella,** tener suerte. ‖ **Ver las estrellas** *(Fam.),* sentir vivo dolor físico, especialmente a causa de un golpe en la cabeza.

■ Las estrellas nacen de la contracción de grandes nubes de materia interestelar (protoestrellas). Cuando su temperatura es suficientemente elevada, se desencadenan reacciones termonucleares en sus regiones centrales. La evolución del proceso comporta una sucesión de períodos durante los cuales las estrellas se contraen bajo el efecto de su propia gravitación; la materia que las forma experimenta un calentamiento progresivo, que permite el desencadenamiento de reacciones nucleares entre elementos cada vez más pesados. Durante la mayor parte de su vida, las estrellas extraen su energía de la transformación de hidrógeno en helio (caso del Sol actual). Cuando su combustible nuclear se agota, las estrellas pasan por una fase explosiva y a continuación experimentan una última fase de colapso gravitacional que genera, según sea la masa, una enana blanca, una estrella de neutrones o un agujero negro.

**ESTRELLADO, A** adj. De o en forma de estrella. **2.** Lleno de estrellas: *cielo estrellado.* • **Bóveda estrellada,** bóveda con el intradós adornado con nervios, braguetones, cadenas, etc., formando una estrella.

**ESTRELLAMAR** n. f. Estrella de mar.

**ESTRELLAR** v. tr. y pron. [**1**]. *Fam.* Arrojar con violencia una cosa contra otra, haciéndola pedazos: *estrellar un vaso contra la pared.* ◆ v. tr. **2.** Freír huevos. ◆ **estrellarse** v. pron. **3.** Quedar malparado o matarse por efecto de un choque violento contra una superficie dura. **4.** *Fig.* Fracasar en una pretensión por tropezar contra un obstáculo insuperable: *estrellarse los planes.*

**ESTRELLATO** n. m. Condición del artista que ha alcanzado el éxito.

**ESTRELLÓN** n. m. *Bol., Dom., Ecuad.* y *Hond.* Choque, encontrón.

**ESTREMECEDOR, RA** adj. Que estremece.

**ESTREMECER** v. tr. (lat. *tremere*) [**2m**]. Conmover, hacer temblar: *estremecer la casa.* **2.** *Fig.* Ocasionar alteración o sobresalto algo extraordinario o imprevisto: *estremecer los ánimos.* ◆ **estremecerse** v. pron. **3.** Temblar con movimiento agitado y súbito: *estremecerse de frío.* **4.** *Fig.* Sentir una repentina sacudida nerviosa o sobresalto: *estremecerse de miedo.*

**ESTREMECIMIENTO** n. m. Acción y efecto de estremecer o estremecerse.

**ESTREMEZÓN** n. m. *Colomb.* Estremecimiento.

**ESTRENAR** v. tr. [**1**]. Hacer uso por primera vez de una cosa: *estrenar un vestido.* **2.** Representar o ejecutar por primera vez una comedia, película u otro espectáculo. ◆ **estrenarse** v. pron. **3.** Empezar a desempeñar un empleo, oficio, etc., o darse a conocer por primera vez en el ejercicio de un arte, facultad o profesión. **4.** Hacer un vendedor o negociante la primera transacción del día.

**ESTRENO** n. m. Acción y efecto de estrenar o estrenarse. **2.** Primera representación de una obra de teatro, película o espectáculo.

**ESTREÑIMIENTO** n. m. Disminución en la frecuencia o cantidad de eliminación de heces.

**ESTREÑIR** v. tr. y pron. (lat. *stringere,* estrechar) [**24**]. Producir o padecer estreñimiento.

**ESTRÉPITO** n. m. (lat. *strepitum*). Ruido considerable, estruendo. **2.** *Fig.* Ostentación, aparato en la realización de algo.

**ESTREPITOSO, A** adj. Que causa estrépito. **2.** Muy ostensible, espectacular.

**ESTREPSÍPTERO, A** adj. y n. m. Relativo a un orden de insectos minúsculos, parásitos de otros insectos.

**ESTREPTOCOCIA** n. f. Infección por estreptococos.

**ESTREPTOCÓCICO, A** adj. Relativo a los estreptococos.

**ESTREPTOCOCO** n. m. Bacteria de forma redondeada, que se agrupa con otras formando cadenitas y de la que existen varias especies que producen infecciones graves, como la erisipela y el impétigo.

**ESTREPTOMICINA** n. f. Antibiótico obtenido a partir de un moho del suelo, activo contra el bacilo de la tuberculosis y contra otras bacterias.

**ESTRÉS** o **STRESS** n. m. (ingl. *stress*) [pl. *estreses* o *stress*]. Situación de un individuo o de alguno de sus órganos o aparatos, que por exigir de ellos un rendimiento muy superior al normal, los pone en riesgo próximo de enfermar.

**ESTRESAR** v. tr. [**1**]. Causar estrés.

**ESTRÍA** n. f. (lat. *striam,* surco). Cada una de las ranuras longitudinales que tienen a menudo las columnas y pilastras. **2.** Línea fina en la superficie de un objeto, de una roca, etc. ◆ **estrías** n. f. pl. **3.** Cicatrices lineales de la piel, debidas a una distensión excesiva de las fibras de la dermis, en personas obesas o durante el embarazo.

**ESTRIACIÓN** n. f. Acción de estriar. **2.** Conjunto de estrías.

**ESTRIADO, A** adj. Que presenta estrías. • **Cuerpos estriados** (ANAT.), masas de sustancia gris situadas en la base del cerebro, que intervienen en el tono muscular y en la realización de los movimientos automáticos. ‖ **Músculo estriado,** músculo de contracción rápida y voluntaria, cuyas fibras muestran al microscopio una estriación transversal, debida a la alternancia de discos claros y oscuros en las fibrillas, por oposición al músculo liso.

**ESTRIAR** v. tr. y pron. [**1t**]. Trazar, formar o formarse estrías.

**ESTRIBACIÓN** n. f. Ramal corto de una cadena montañosa.

**ESTRIBAR** v. intr. [**1**]. Descansar el peso de una cosa en otra sólida y firme: *estribar un edificio en los cimientos.* **2.** *Fig.* Fundarse, apoyarse: *su atractivo estriba en su sencillez.* **3.** *Argent.* Calzar el jinete los pies en el estribo.

**ESTRIBERA** n. f. Estribo de la montura, de un carruaje, etc. **2.** *Argent.* y *Urug.* Correa del estribo.

**ESTRIBILLO** n. m. Bordón, voz o frase que repite una persona con frecuencia: *siempre está con el mismo estribillo.* **2.** Fórmula musical, vocal o instrumental, que se repite con regularidad en una composición. **3.** Verso o versos que sirven de introducción a una composición poética y que se repiten total o parcialmente al final de una o varias estrofas.

**ESTRIBO** n. m. Anillo de metal, suspendido por una correa a cada lado de la silla de montar y sobre el cual el jinete apoya el pie. **2.** Especie de escalón que sirve para subir o bajar de los coches y otros carruajes. **3.** Macizo de fábrica, que sirve para sostener una bóveda y contrarrestar su empuje. **4.** Contrafuerte, machón saliente en el paramento de un muro, para fortalecerlo. **5.** Chapa de hierro doblada en ángulo recto por sus dos extremos, que se emplea para asegurar la unión de ciertas piezas. **6.** Pequeña escala de cuerdas con barras de metal ligero que se utiliza en alpinismo para la escalada artificial. **7.** ANAT. Uno de los tres huesecillos que se encuentran en la parte media del oído. **8.** TAUROM. Parte saliente de madera que se extiende alrededor de la barrera de las plazas de toros, para que sirva de apoyo al torero cuando salta al callejón. • **La del estribo** (*Argent., Méx.* y *Urug.*), última copa que toma alguien antes de irse. ‖ **Perder los estribos,** desbarrar; hablar u obrar fuera de razón; impacientarse mucho.

**ESTRIBOR** n. m. MAR. Costado derecho del barco, mirando de popa a proa. CONTR.: *babor.*

**ESTRIBOTE** n. m. Variedad del zéjel, según algunos poetas del s. XV.

**ESTRICCIÓN** n. f. FÍS. Disminución de la sección de flujo de un fluido bajo la acción de elementos mecánicos o de otro flujo. **2.** FÍS. Aproximación de las trayectorias de las partículas electrizadas cuando se somete un gas a una descarga eléctrica de gran intensidad, empleada para confinar los plasmas. **3.** METAL. Reducción de sección que experimenta una barreta metálica sometida a ensayo de tracción, poco antes de la rotura, en la zona donde ésta se producirá.

**ESTRICNINA** n. f. (del gr. *stryknos*). Veneno consistente en un alcaloide extraído de la nuez vómica, y que provoca la contracción y después la parálisis de los músculos.

**ESTRICOTE** n. m. *Venez.* Vida licenciosa.

**ESTRICTO, A** adj. (lat. *strictum*). Exacto y riguroso: *sentido estricto; profesor estricto.* • **Desigualdad estricta** (MAT.), desigualdad que excluye la igualdad.

**ESTRIDENCIA** n. f. Sonido agudo, desapacible y chirriante. **2.** *Fig.* Exceso, desmesura: *estridencia en el vestir.*

**ESTRIDENTE** adj. (lat. *stridentem*). Dícese del ruido agudo, desapacible y chirriante: *grito estridente.* **2.** Que por violento o exagerado produce sensación molesta: *color estridente.*

**ESTRIDOR** n. m. MED. Ruido agudo que se produce en la inspiración.

**ESTRIDOROSO, A** adj. MED. Relativo al estridor.

**ESTRIDULACIÓN** n. f. Ruido estridente que emiten ciertos insectos, como los saltamontes, los grillos, las cigarras, etc.

**ESTRIDULANTE** adj. Que emite un ruido agudo.

**ESTRIDULAR** v. intr. [**1**]. Producir estridulación.

**ESTRÍGIDO, A** adj. y n. m. Relativo a una familia

de aves rapaces nocturnas, como el búho y el mochuelo.

**ESTRÍGILA** n. f. (lat. *strigilem,* rascadera). ANT. Raedera curva que se usaba para el aseo personal. **2.** ARQUEOL. Estría sinuosa utilizada como motivo ornamental en ciertos sarcófagos antiguos.

**ESTRIOSCOPIA** n. f. Estudio, por método fotográfico, del surco producido en el aire por un proyectil o por un perfil de ala ensayado en un túnel aerodinámico.

**ESTRIPTÍS** n. m. (ingl. *to strip,* desnudar, y *to tease,* irritar). Espectáculo de variedades durante el cual uno o varios artistas se desnudan de una manera lenta y sugestiva.

**ESTRO** n. m. (gr. *ōistros,* tábano, aguijón). Inspiración de los artistas. **2.** Moscardón. **3.** Modificación de la mucosa del útero, que permite la nidificación del huevo fecundado. **4.** En los animales, período de celo.

**ESTRÓBILO** n. m. BOT. Fruto en forma de cono. **2.** ZOOL. Estado larvario de ciertas medusas.

**ESTROBO** n. m. (lat. *struppum*). MAR. Especie de anillo o argolla que sirve para suspender una polea, sujetar el remo al tolete, etc.

**ESTROBOSCOPIA** n. f. Modo de observación de un movimiento periódico rápido, gracias a unos destellos regulares cuya frecuencia es próxima a la del movimiento.

**ESTROBOSCÓPICO, A** adj. Relativo a la estroboscopia.

**ESTROBOSCOPIO** n. m. Aparato que sirve para observar por estroboscopia.

**ESTROFA** n. f. (lat. *stropham*). Grupo de versos que forman una unidad y se ordenan de manera que presenten una correspondencia métrica con uno o varios grupos semejantes. **2.** Primera de las tres partes líricas cantadas por el coro de la tragedia griega.

**ESTROFANTINA** n. f. Alcaloide obtenido del estrofanto y utilizado como tónico cardíaco.

**ESTROFANTO** n. m. Planta arbustiva de las regiones tropicales, que contiene un veneno con el que los indígenas emponzoñan las flechas. (Familia apocináceas.) **2.** Sustancia que se extrae de las semillas de dicha planta.

**ESTRÓFICO, A** adj. Relativo a la estrofa. **2.** Dividido en estrofas.

**ESTRÓGENO, A** adj. y n. m. Dícese de las sustancias de naturaleza hormonal que provocan el estro en la hembra.

**ESTROMA** n. m. ANAT. Tejido conjuntivo que forma el armazón de un órgano o de un tumor.

**ESTROMBOLIANO, A** adj. (de *Stromboli,* volcán). Dícese de un tipo de erupción volcánica caracterizada por la alternancia de explosiones y de emisiones de lava.

**ESTRONCIANA** n. f. Óxido o hidróxido de estroncio, empleado en la fabricación de azúcar.

**ESTRONCIO** n. m. Metal amarillo, que presenta gran analogía con el calcio, cuyo símbolo químico es Sr, de número atómico 38 y de masa atómica 87,62.

**ESTRONGILOSIS** n. m. VET. Enfermedad provocada en ciertos animales por determinados nematodos.

**ESTROPAJO** n. m. Porción de esparto machacado, o de otro material, que sirve principalmente para fregar.

**ESTROPAJOSO, A** adj. *Fam.* Dícese de la lengua o persona que pronuncia las palabras de manera confusa o indistinta: *un hablar estropajoso.* **2.** *Fig.* y *fam.* Dícese de la persona muy desaseada y andrajosa. **3.** *Fig.* y *fam.* Dícese de la carne y otros comestibles fibrosos y difíciles de masticar.

**ESTROPEAR** v. tr. y pron. (ital. *stroppiare*) [**1**]. Maltratar o deteriorar: *estropear el calzado.* **2.** Echar a perder, malograr: *estropear los planes.*

**ESTROPICIO** n. m. Destrozo, rotura estrepitosa de enseres de uso doméstico u otras cosas: *estropicio de platos.* **2.** Trastorno ruidoso, de escasas consecuencias: *un estropicio familiar.*

**ESTRUCTURA** n. f. (lat. *structuram*). Manera en que las diferentes partes de un conjunto, concreto o abstracto, están dispuestas entre sí y son solidarias, y sólo adquieren sentido en relación al conjunto: *la estructura de una red de carreteras; la estructura del cuerpo humano.* **2.** Armadura que constituye el esqueleto de algo y que sirve para sostener un conjunto: *la estructura de un edificio.* **3.** ECON. Conjunto de caracteres relativamente estables de un sistema económico en un período dado (por oposición a *coyuntura*). **4.** FILOS. Conjunto ordenado y autónomo de elementos interdependientes cuyas relaciones están reguladas por leyes. **5.** GEOL. Disposición de las capas geológicas relacionadas unas con otras. **6.** MAT. Carácter de un conjunto resultante de las operaciones que se definen en él y de las propiedades de estas operaciones. **7.** QUÍM. Disposición espacial de los átomos, las moléculas o los iones en las especies químicas consideradas en sus distintos estados físicos. • **Estructura de una roca,** disposición de los minerales que constituyen una roca, relacionados unos con otros.

el **estuario** del río Miño

**ESTRUCTURACIÓN** n. f. Acción y efecto de estructurar.

**ESTRUCTURADO, A** adj. Dícese de lo que tiene determinada estructura.

**ESTRUCTURAL** adj. Relativo a la estructura o al estructuralismo. • **Causalidad estructural** (FILOS.), producción de efectos de una estructura sobre los elementos que la constituyen, según el lugar que éstos ocupan en ella. ‖ **Geología estructural,** parte de la geología que estudia la estructura de la corteza terrestre. ‖ **Paro estructural,** paro de un país en el que las condiciones económicas fundamentales impiden que una fracción importante de la población encuentre trabajo. ‖ **Superficie estructural,** superficie constituida por la parte superior de una capa dura, puesta al descubierto por erosión de una capa blanda situada encima.

**ESTRUCTURALISMO** n. m. Teoría lingüística que considera la lengua como un conjunto autónomo y estructurado, en el que las relaciones definen los términos a los diversos niveles (fonemas, morfemas, frases). **2.** Corriente de pensamiento común a diversas ciencias humanas (sicología, antropología, etc.), que trata de definir un hecho humano en función de un conjunto organizado y dar cuenta de este último con modelos matemáticos.

**ESTRUCTURAR** v. tr. y pron. [**1**]. Ordenar las partes de una obra o de un cuerpo: *estructurar un programa.*

**ESTRUENDO** n. m. Ruido muy grande: *el estruendo de una explosión.* **2.** *Fig.* Confusión, bullicio: *el estruendo del gentío.*

**ESTRUENDOSO, A** adj. Ruidoso, estrepitoso: *ovación estruendosa.*

**ESTRUJADOR, RA** adj. y n. Que estruja.

**ESTRUJADURA** n. f. Estrujamiento.

**ESTRUJAMIENTO** n. m. Acción y efecto de estrujar.

**ESTRUJAR** v. tr. (bajo lat. *extorculare*) [**1**]. Apretar una cosa para sacarle el zumo: *estrujar un limón.* **2.** Apretar arrugando, aplastando o deformando: *estrujar un papel.* **3.** *Fig.* y *fam.* Sacar todo el partido posible: *estrujar la mente.*

**ESTRUJÓN** n. m. Acción y efecto de estrujar, apretar.

**ESTUARIO** n. m. (lat. *aestuarium*). Desembocadura de un río caracterizada por una amplia abertura por donde el mar penetra tierra adentro.

**ESTUCADO** n. m. Acción y efecto de estucar. **2.** PAPEL. Operación que consiste en cubrir la superficie de un papel o de un cartón con una o varias capas de baño de estucado en estado líquido, para dar al papel mejor aspecto y mejor aptitud para la impresión.

**ESTUCADOR, RA** n. Persona que trabaja el estuco. SIN.: *estuquista.*

**ESTUCAR** v. tr. [**1a**]. Dar con estuco o blanquear con él.

**ESTUCHE** n. m. (provenz. *estug*). Caja o funda adecuada para guardar objetos: *estuche para las gafas.* **2.** Conjunto de utensilios que se guardan en el estuche: *estuche de aseo.*

**ESTUCO** n. m. (ital. *stucco*). Enlucido que imita el mármol y que se compone generalmente de yeso fino, agua y cola, polvo de mármol y creta. **2.** Revestimiento mural decorativo realizado con este material.

**ESTUDIADO, A** adj. Fingido, afectado, amanerado: *gestos estudiados.*

**ESTUDIANTADO** n. m. Conjunto de estudiantes de un establecimiento docente.

**ESTUDIANTE** n. m. y f. Persona que cursa estudios, particularmente de grado secundario o superior.

**ESTUDIANTIL** adj. *Fam.* Relativo a los estudiantes: *vida estudiantil.*

**ESTUDIANTINA** n. f. Grupo de estudiantes, vestidos con trajes al estilo de los antiguos, que salen por las calles tocando varios instrumentos para divertirse o para recaudar dinero. SIN.: *tuna.*

**ESTUDIAR** v. tr. [**1**]. Ejercitar el entendimiento para comprender una cosa: *estudiar matemáticas, música.* **2.** Pensar insistentemente sobre un asunto para resolver sobre él, analizar: *estudiar un proyecto, un fenómeno.* ◆ v. tr. e intr. **3.** Recibir enseñanzas en ciertos centros: *estudiar en la universidad.*

**ESTUDIO** n. m. (lat. *studium*, aplicación). Trabajo del espíritu dedicado a aprender o profundizar: *interesarse en el estudio de las ciencias.* **2.** Obra en la que se expresan los resultados de una investigación: *sabio estudio de un autor.* **3.** Trabajos que preceden o preparan la ejecución de un proyecto: *estudio de un puerto.* **4.** Despacho, pieza o local donde alguien trabaja en el ejercicio de tareas intelectuales u obras artísticas. **5.** Pequeño apartamento compuesto de una sola pieza principal. **6.** Fragmento de música instrumental o vocal compuesto para vencer una dificultad técnica. **7.** Dibujo o pintura que se hace como preparación o tanteo para otra principal. **8.** *Fig.* Cuidado, afectación: *hablar con estudio.* ◆ **estudios** n. m. pl. **9.** Conjunto de cursos seguidos en un establecimiento escolar o universitario: *acabar los estudios.* **10.** Edificio o conjunto de locales donde se realizan las tomas de vista o de sonido para el cine, la televisión, la radio, etc. **11.** *Chile* y *R. de la Plata.* Bufete de abogado. • **En estudio,** que está siendo objeto de análisis. ‖ **Sala de estudios,** sala de trabajo de los alumnos. ‖ **Tener estudios,** ser persona que ha recibido instrucción o que tiene una carrera.

**ESTUDIOSO, A** adj. Dado al estudio. ◆ n. **2.** Erudito.

**ESTUFA** n. f. Aparato que funciona por combustible o electricidad, destinado a caldear. **2.** Aposento destinado en los baños termales a producir en los enfermos un sudor copioso. **3.** Aparato de calefacción utilizado para la cría de polluelos. **4.** Aparato usado en microbiología para mantener los cultivos a una temperatura constante. **5.** Cualquiera de los aparatos empleados para el secado industrial. **6.** Cámara que sirve para la desecación artificial de la madera. **7.** *Méx.* Mueble de cocina con hornillas sobre el cual se guisan los alimentos, cocina. • **Criar en estufa** *(Fam.)*, criar a alguien con cuidados excesivos.

**ESTUFADO** n. m. Acción de estufar.

**ESTUFAR** v. tr. **[1]**. Secar o calentar en una estufa.

**ESTUFILLA** n. f. Manguito pequeño para tener abrigadas las manos en el invierno. **2.** Braserillo para calentar los pies.

**ESTULTICIA** n. f. (lat. *stultitiam*). Calidad de estulto.

**ESTULTO, A** adj. Necio, tonto.

**ESTUPEFACCIÓN** n. f. Pasmo o estupor.

**ESTUPEFACIENTE** adj. Que produce estupefacción. ◆ n. m. **2.** Sustancia que provoca hábito y un estado de dependencia, y que puede conducir a una toxicomanía.

**ESTUPEFACTO, A** adj. (lat. *stupefactum*). Atónito, pasmado: *quedarse estupefacto.*

**ESTUPENDO, A** adj. (lat. *stupendum*). Muy bueno, muy hermoso o muy sorprendente.

**ESTUPIDEZ** n. f. Torpeza notable en comprender las cosas. **2.** Dicho o hecho propio de un estúpido.

**ESTÚPIDO, A** adj. y n. (lat. *stupidum*, aturdido). Notablemente torpe para comprender las cosas. ◆ adj. **2.** Que revela estupidez: *actitud estúpida; razonamiento estúpido.*

**ESTUPOR** n. m. (lat. *stuporem*). Asombro, pasmo. **2.** SIQUIATR. Estado de inhibición motora, de origen síquico.

**ESTUPOROSO, A** adj. SIQUIATR. Relativo al estupor.

**ESTUPRADOR, RA** n. Persona que estupra.

**ESTUPRAR** v. tr. (lat. *stuprare*) **[1]**. Cometer estupro.

**ESTUPRO** n. m. (lat. *stuprum*). Delito que consiste en la violación de una mujer que no pasa de cierta edad fijada legalmente.

**ESTURIÓN** n. m. (bajo lat. *sturio*). Pez condróstep de boca ventral, con cinco hileras longitudinales de placas, que remonta los ríos para desovar, puede alcanzar los 6 m de long. y los 200 k de peso, y con cuyas huevas se prepara el caviar.

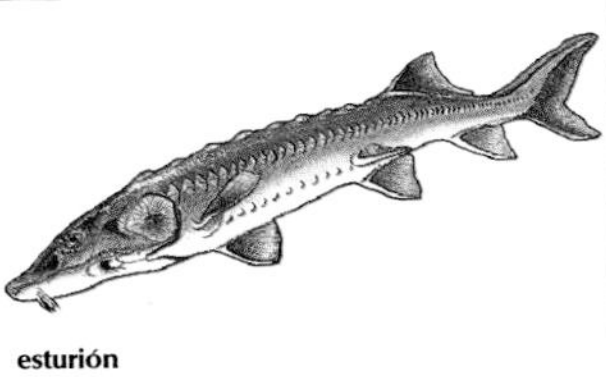

**esturión**

**ESTÚRNIDO, A** adj. y n. m. Relativo a una familia de paseriformes de pico grande y plumaje con vivos colores, como el estornino.

**ESVÁSTICA** n. f. Svástica, cruz gamada.

**ESVIAJE** n. m. Oblicuidad de la superficie de un muro o del eje de una bóveda respecto al frente de la obra de que forman parte.

**ETA** n. f. Séptima letra del alfabeto griego ($\eta$), que equivale a una *e* larga.

**ETA** → ***aeta.***

**ETALAJE** n. m. (fr. *étalage*). Parte de un alto horno comprendida entre el vientre y las toberas.

**ETAMÍN** n. m. (fr. *étamine*). Tela rala y flexible. **2.** Especie de cañamazo fabricado con lino o algodón y con mucho apresto.

**ETANO** n. m. QUÍM. Hidrocarburo saturado formado por dos átomos de carbono y seis de hidrógeno.

**ETANOL** n. m. Alcohol etílico.

**ETAPA** n. f. (fr. *étape*). Lugar donde se detiene una tropa en movimiento, un equipo de ciclistas, etc., antes de proseguir la marcha. **2.** Distancia que media entre dos de estos lugares. **3.** Prueba deportiva que consiste en franquear esta distancia: *ganar una etapa.* **4.** *Fig.* Época o avance parcial en el desarrollo de una acción u obra: *proceder por etapas.* • **Etapa (propulsora)**, parte autónoma y separable de un vehículo espacial, generalmente dotada de medios de propulsión, con ciertas funciones seguras durante una fase determinada del vuelo. SIN.: *fase.*

**ETARRA** adj. y n. m. y f. Relativo a ETA; miembro de ETA.

**ETCÉTERA**, voz que se añade a una exposición o enumeración para indicar que son incompletas. (Se abrevia *etc.*)

**ÉTER** n. m. (lat. *aetherem*). Fluido hipotético, imponderable y elástico, que era considerado como el agente de transmisión de la luz. **2.** QUÍM. Óxido de etilo $(C_2H_5)_2O$, líquido muy volátil, inflamable y buen disolvente, llamado también *éter sulfúrico*, que se empleaba como anestésico general en inhalaciones. **3.** *Poét.* Cielo, bóveda celeste.

**ETÉREO, A** adj. Relativo al éter. **2.** *Poét.* Vago, inmaterial, sutil, sublime.

**ETERISMO** n. m. Conjunto de fenómenos patológicos causados por la absorción de éter.

**ETERNAL** adj. (lat. *aeternalem*). Eterno.

**ETERNIDAD** n. f. (lat. *aeternitatem*). Perpetuidad que no tiene principio ni tendrá fin. **2.** Vida después de la muerte: *pensar en la eternidad.* **3.** *Fig.* Espacio de tiempo muy largo: *hace una eternidad que no la he visto.*

**ETERNIZABLE** adj. Susceptible de ser eternizado.

**ETERNIZAR** v. tr. y pron. **[1g]**. Hacer durar algo mucho tiempo o tardar mucho en hacer algo: *eternizar un proceso, un debate; la crisis se eterniza; eternizarse ante el espejo.* ◆ v. tr. **2.** Perpetuar la duración de una cosa: *eternizar un paisaje en un cuadro.*

**ETERNO, A** adj. Que no tiene principio ni fin: *Dios como ser eterno; vida eterna.* **2.** Válido o existente en todos los tiempos: *verdades eternas; amor eterno.* **3.** Que tiene larga duración o que se repite con frecuencia o insistencia: *una espera eterna.* • **Fuego eterno,** suplicio sin fin de los condenados. ‖ **Sueño eterno,** la muerte.

**ETEROMANÍA** n. f. Intoxicación crónica por éter tomado mediante inhalación, bebida o inyección.

**ETERÓMANO, A** adj. y n. Toxicómano de éter.

**ETESIO, A** adj. y n. m. (lat. *etesium*). Dícese de los vientos que soplan periódicamente del N, durante el verano, sobre el Mediterráneo oriental.

**ETHOS** n. m. Carácter común de comportamiento o forma de vida que adopta un grupo de individuos que pertenecen a una misma sociedad.

**ÉTICA** n. f. (lat. *ethicum*). FILOS. Parte teórica de la valoración moral de los actos humanos. SIN.: *moral.* **2.** FILOS. Conjunto de principios y normas morales que regulan las actividades humanas.

**ÉTICO, A** adj. Relativo, o conforme, a los principios de la moral: *juicio ético.* • **Dativo ético** (GRAM.), en las lenguas con flexión, caso que expresa la ventaja, el inconveniente o el interés tomado en una acción.

**ETILÉNICO, A** adj. Dícese de los compuestos, como el etileno, en cuya molécula existe un doble enlace carbono-carbono, llamados también *alquenos* y *olefinas.*

**ETILENO** n. m. Hidrocarburo gaseoso incoloro $(C_2H_4)$, ligeramente oloroso, obtenido a partir del petróleo y que se encuentra en la base de muchas síntesis.

**ETÍLICO, A** adj. Dícese de los derivados del radical etilo: *alcohol etílico* (o alcohol ordinario), de fórmula $C_2H_5OH$. **2.** Relativo al alcohol o al etilismo.

**ETILISMO** n. m. Alcoholismo.

**ETILO** n. m. Radical monovalente $C_2H_5$, derivado del alcohol etílico.

**ETILSULFÚRICO, A** adj. Sulfovínico.

**ÉTIMO** n. m. LING. Palabra de la que procede etimológicamente un término dado.

**ETIMOLOGÍA** n. f. (lat. *etymologiam*). Ciencia que estudia el origen de las palabras. **2.** Origen particular de una palabra.

**ETIMOLÓGICO, A** adj. Relativo a la etimología.

**ETIMÓLOGO, A** n. Especialista en etimología. SIN.: *etimologista.*

**ETINO** n. m. QUÍM. Acetileno.

**ETIOLOGÍA** n. f. Parte de la medicina que investiga las causas de las enfermedades.

**ETIOLÓGICO, A** adj. Relativo a la etiología.

**ETÍOPE** o **ETIOPE** adj. y n. m. y f. De Etiopía.

**ETIÓPICO, A** adj. Relativo a Etiopía. • **Lenguas etiópicas,** lenguas semíticas de Etiopía y Eritrea (ge'ez, amárico, tigré, etc.).

**ETIQUETA** n. f. (fr. *étiquette*). Cédula que se adhiere a un objeto aclarando qué es, su contenido o cualquier otra indicación. **2.** Ceremonial que se debe observar en las casas reales, en actos públicos solemnes o en actos de la vida privada, a diferencia de los usos de confianza o familiaridad. **3.** INFORMÁT. Instrucción particular en un programa. **4.** INFORMÁT. Conjunto de caracteres unido a un grupo de datos que sirve para identificarlo. • **De etiqueta,** dícese de las fiestas o reuniones de sociedad solemnes y en las que se exige traje adecuado; dícese del traje para estas fiestas.

**ETIQUETADO** n. m. Acción y efecto de etiquetar.

**ETIQUETADOR, RA** n. Persona que pone las etiquetas.

**ETIQUETADORA** n. f. Máquina para etiquetar botellas.

**ETIQUETAR** v. tr. **[1]**. Poner etiqueta a una cosa. **2.** *Fig.* Considerar a alguien como adicto a una ideología.

**ETIQUETERO, A** adj. *Fam.* Que gasta muchos cumplimientos.

**ETMOIDAL** adj. Relativo al etmoides.

**ETMOIDES** n. m. Hueso impar del cráneo, que forma la parte superior del esqueleto de la nariz y cuya lámina acribillada, situada en el compartimiento anterior de la base del cráneo, está atravesada por los nervios olfatorios.

**ETNARCA** n. m. ANT. ROM. Gobernador de las provincias de oriente, relativamente autónomas, vasallas de Roma. **2.** ANT. ROM. Jefe civil de las comunidades judías de la diáspora romana.

**ETNARQUÍA** n. f. Dignidad del etnarca. **2.** Provincia gobernada por un etnarca.

**ETNIA** n. f. Grupo de familias en el sentido amplio de la palabra, en un área geográfica variable, cuya unidad se basa en una estructura familiar, económica y social comunes y en una lengua y cultura asimismo comunes.

**ÉTNICO, A** adj. Relativo a la etnia: *influencias étnicas.* **2.** Gentilicio.

**ETNOCÉNTRICO, A** adj. Relativo al etnocentrismo.

**ETNOCENTRISMO** n. m. Tendencia de un individuo o de un grupo a sobrevalorar su grupo, su país o su nacionalidad.

**ETNOCIDIO** n. m. Destrucción de una etnia en el aspecto cultural.

**ETNOGRAFÍA** n. f. Rama de las ciencias humanas cuyo objetivo es el estudio descriptivo de las etnias.

**ETNOGRÁFICO, A** adj. Relativo a la etnografía.

**ETNÓGRAFO, A** n. Especialista en etnografía.

**ETNOLINGÜÍSTICA** n. f. Ciencia que estudia las correlaciones entre el comportamiento lingüístico y sociocultural.

**ETNOLINGÜÍSTICO, A** adj. Relativo a la etnolingüística.

**ETNOLOGÍA** n. f. Estudio científico de las etnias, en la unidad de la estructura lingüística, económica y social de cada una, de los lazos de civilización que las caracterizan y de su evolución.

**ETNÓLOGO, A** n. Especialista en etnología.

**ETNOMUSICOLOGÍA** n. f. Rama de la musicología que estudia esencialmente la música de las sociedades primitivas y la música popular de las sociedades más evolucionadas.

**ETNOSIQUIATRÍA** n. f. SIQUIATR. Estudio de los desórdenes síquicos en función de los grupos culturales a los que pertenecen los enfermos.

**ETOESPECIE** n. f. ETOL. Conjunto de animales de características morfológicas y fisiológicas parecidas a las de los demás de su especie, de los que se diferencian únicamente por presentar distinto comportamiento.

**ETOGRAMA** n. m. Registro gráfico del conjunto de movimientos y desplazamientos espontáneos de un animal en libertad aparente.

**ETOLIO, A** adj. y n. De Etolia.

**ETOLOGÍA** n. f. Estudio científico del comportamiento de los animales en su medio natural, que se interesa tanto por la evolución ontogenética como por la filogenética.

**ETOLÓGICO, A** adj. Relativo a la etología.

**ETÓLOGO, A** n. Especialista en etología.

**ETOPEYA** n. f. RET. Descripción del carácter, acciones y costumbres de una persona.

**ETOS** n. m. ANTROP. Carácter común a un grupo de individuos que pertenecen a una misma sociedad.

**ETRUSCO, A** adj. y n. Relativo a un pueblo que apareció a fines del s. VIII a. J.C. en Toscana y cuyo origen es objeto de controversia; individuo de este pueblo. ◆ n. m. **2.** Lengua no indoeuropea hablada por los etruscos.

■ Los etruscos fundaron poderosas y ricas ciudades, agrupadas en confederaciones, gobernadas por reyes *(lucumones)*, y, hacia fines del s. VI a. J.C., por magistrados anuales y colegiados. Del s. VII al s. VI a. J.C. extendieron su dominio hasta Campania y la llanura del Po, y dotaron a Roma de su primer patrimonio monumental (reinados de Servio Tulio y de los Tarquinos). Por el particularismo de sus ciudades eran vulnerables a los ataques de los griegos, los samnitas, los galos y, sobre todo, los romanos, quienes, a partir del s. IV a. J.C. se apoderaron de la totalidad de Toscana. La civilización etrusca, que sobrevivió a las derrotas, influyó profundamente en la religión y las instituciones romanas. La evolución artística se desarrolló a lo largo de casi siete siglos y su apogeo correspondió al período arcaico (610-460 a. J.C.), del que se conservan, entre otros vestigios, vastas necrópolis (Cerveteri, Chiusi, Tarquinia, Volterra, etc.) con elementos arquitectónicos y adornos de pinturas murales en la cámaras funerarias.

**ETRUSCOLOGÍA** n. f. Ciencia que estudia el mundo etrusco, según los textos, monumentos y excavaciones.

**ETT** n. f. Acrónimo de *empresa* de trabajo temporal*.

**ETUSA** n. f. BOT. Planta muy tóxica, llamada también *cicuta menor*. (Familia umbelíferas.)

**Eu,** símbolo químico del *europio*.

**EUCALIPTO** n. m. Árbol de gran tamaño, originario de Australia, que crece preferentemente en las regiones cálidas y cuyas hojas son muy olorosas. (Familia mirtáceas.)

**EUCALIPTOL** n. m. Cineol.

**EUCARIOTA** n. m. Especie viviente cuyas células tienen un núcleo netamente separado del citoplasma. CONTR.: *procariota*.

**EUCARISTÍA** n. f. (gr. *eukharistia*, acción de gracias). Sacramento que, según la doctrina católica, contiene realmente y sustancialmente el cuerpo, la sangre, el alma y la divinidad de Jesucristo bajo las apariencias del pan y del vino.

**EUCARÍSTICO, A** adj. Relativo a la eucaristía. • **Congreso eucarístico,** asamblea de clérigos y fieles que se reúnen en sesiones de estudios relativos a la eucaristía y para celebrar ceremonias litúrgicas en honor del Santísimo Sacramento.

Necrópolis con túmulos de Cerveteri (la antigua Caere) de los ss. VII-VI a.J.C. En Etruria sólo las necrópolis se crearon con materiales sólidos. Verdaderas ciudades de los muertos, se organizaron a lo largo de vías –aquí excavadas en la roca, lo mismo que algunas tumbas– a semejanza del hábitat de los vivos.

La tumba de los Toros (mediados del s. VI a.J.C.), una de las más antiguas de la necrópolis de Tarquinia.

El Apolo de Veyes. Terracota cocida policromada (*c.* 510-490 a.J.C.) procedente del templo de Portonaccio. (Museo de la Villa Julia, Roma.)

el **arte de los etruscos**

**EUCLIDIANO, A** o **EUCLÍDEO, A** adj. Relativo a Euclides y a su método. • **Geometría euclidiana,** geometría que se basa en el postulado de Euclides. ‖ **Geometría no euclidiana,** geometría que rechaza el postulado de Euclides.

**EUDIOMETRÍA** n. f. Determinación de la composición de un gas mediante el uso de un eudiómetro.

**EUDIOMÉTRICO, A** adj. Relativo a la eudiometría.

**EUDIÓMETRO** n. m. FÍS. Tubo de vidrio graduado que sirve para medir las variaciones de volumen en las reacciones químicas entre gases.

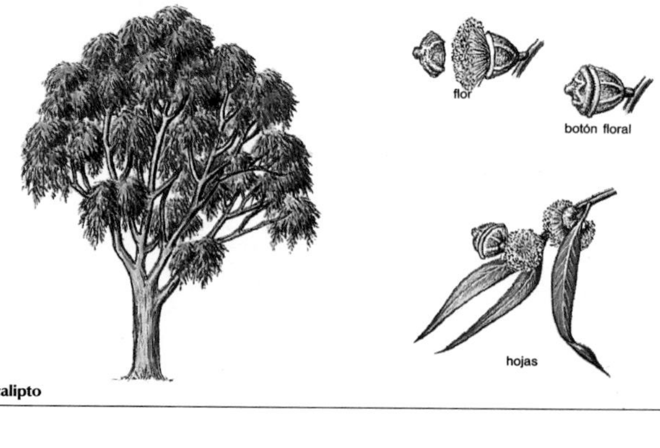


**eucalipto**

**EUDISTA** n. m. Miembro de la congregación de Jesús y María, fundada en Caen, en 1643, por san Juan Eudes para la dirección de los seminarios.

**EUÉ** o **EWÉ,** pueblo negroafricano de Ghana, Togo y Benín, originario del actual país yoruba.

**EUFEMISMO** n. m. (gr. *euphemismos*). Modo de expresar con disimulo palabras de mal gusto, inoportunas o malsonantes.

**EUFILICAL** adj. y n. f. Relativo a un orden de plantas con esporangios isospóricos y protalos bien desarrollados. SIN.: *filical.*

**EUFONÍA** n. f. (gr. *euphōnia*). Cualidad de los sonidos agradables al oído, a la que se recurre para dar cuenta de ciertos cambios fonéticos.

**EUFÓNICO, A** adj. Que tiene eufonía.

**EUFORBIA** n. f. Planta herbácea o leñosa, que segrega un látex blanco muy acre. (Familia euforbiáceas.)

**EUFORBIÁCEO, A** adj. y n. f. Relativo a una familia de plantas dicotiledóneas que comprende alrededor de 7 000 especies: el árbol del caucho y la mandioca pertenecen a la familia euforbiáceas.

**EUFORIA** n. f. (gr. *euphoria*). Estado de excitación síquica que se acompaña de un alto tono afectivo.

**EUFÓRICO, A** adj. Relativo a la euforia o en estado de euforia.

**EUFRASIA** n. f. (gr. *euphrasia*, alegría). Planta herbácea vellosa, de tallo erguido y flores pequeñas, blancas, con rayas purpúreas y una mancha amarilla. (Familia escrofulariáceas.)

**EUFUISMO** n. m. Estilo literario amanerado, de moda en la corte de Isabel I de Inglaterra.

**EUGENESIA** n. f. Ciencia que estudia la mejora, desde un punto de vista biológico, de los individuos de una especie vegetal o animal.

**EUGENISTA** n. m. y f. Persona que practica, ejerce o estudia la eugenesia.

**EUNUCO** n. m. Varón castrado.

**EUPATORIO** n. m. Planta de 1,50 m de alt., de flores blancas y rosadas, que crece en los lugares húmedos. (Familia compuestas.)

**EUPÁTRIDA** n. m. (gr. *eupatridēs*, de nacimiento noble). Miembro de la nobleza en el Ática. (Ostentaron el poder en los ss. VIII y VII a. J.C.)

**EUPEPSIA** n. f. Buena digestión.

**EUPÉPTICO, A** adj. Que facilita la eupepsia.

**EURASIÁTICO, A** adj. y n. De Eurasia. **2.** Dícese del mestizo de europeo y de asiático, especialmente en Vietnam, India e Indonesia.

**¡EUREKA!** interj. (voz griega). Denota júbilo por haber hallado o conseguido algo que se buscaba o deseaba.

**EURIHALINO, A** adj. Dícese de los organismos marinos capaces de soportar grandes variaciones de salinidad.

**EURITERMIA** n. f. Carácter de un organismo euritérmico.

**EURITÉRMICO, A** adj. Dícese de los organismos poiquilotermos capaces de soportar grandes diferencias de temperatura.

**EURITMIA** n. f. Combinación armónica de proporciones, líneas, colores o sonidos.

**EURO** n. m. (lat. *eurum*). *Poét.* Uno de los cuatro vientos cardinales, que sopla de oriente.

**EURO** n. m. Unidad monetaria principal de 12 de los 15 países de la Unión europea (Alemania, Austria, Bélgica, España, Finlandia, Francia, Grecia, Irlanda, Italia, Luxemburgo, Países Bajos y Portugal) [simb. € ], fraccionada en 100 céntimos. Entró en vigor el 1 de enero de 1999.

**Valores de conversión del euro**
**1 euro =**

| *país* | *moneda nacional* |
|---|---|
| Alemania | 1,95583 marcos |
| Austria | 13,7603 chelines |
| Bélgica | 40,3399 francos belgas |
| España | 166,386 pesetas |
| Finlandia | 5,94573 marcos finlandeses |
| Francia | 6,55957 francos |
| Gracia | 340,750 dracmas |
| Irlanda | 0,787564 libras irlandesas |
| Italia | 1936,27 liras |
| Luxemburgo | 40,3399 francos luxemburgueses |
| Países Bajos | 2,20371 florines |
| Portugal | 200,482 escudos |

**EUROCENTRISMO** n. m. Tendencia que sitúa en la cumbre de la escala planetaria de los pueblos a la cultura propia de la cuenca mediterránea desde los orígenes hebreos, griegos y romanos hasta la revolución industrial.

**EUROCOMUNISMO** n. m. Corriente ideológica que intentó adaptar las teorías comunistas a la situación política existente en los países de la Europa occidental durante los años setenta y ochenta. (La siguieron los partidos comunistas de España, Italia y Francia.)

**EUROCONECTOR** n. m. Clavija estándar de 24 varillas que sirve para conectar transmisiones de sonido e imagen.

**EURODIPUTADO, A** n. Diputado del parlamento europeo.

**EURODIVISA** n. f. Divisa depositada en los bancos europeos.

**EURODÓLAR** n. m. Dólar depositado fuera de E.U.A. en un banco europeo.

**EUROESCÉPTICO, A** adj. y n. Que desconfía de los beneficios del proceso de unión política europea.

**EUROOBLIGACIÓN** n. f. Valor liberado en eurodivisas o en unidades de cuenta y emitido por el mercado financiero internacional a través de bancos de distintas nacionalidades, agrupados circunstancialmente en agrupaciones internacionales de garantía.

**EUROPEIDAD** n. f. Calidad de europeo. **2.** Carácter genérico de las naciones europeas.

**EUROPEÍSMO** n. m. Tendencia que propugna la unidad económica, política o cultural de las naciones europeas.

**EUROPEÍSTA** adj. y n. m. y f. Relativo al europeísmo; partidario de esta tendencia.

**EUROPEIZAR** v. tr. y pron. **[1x]**. Adaptar a las costumbres o a la cultura europea.

**EUROPEO, A** adj. y n. De Europa. ◆ adj. **2.** Relativo a la comunidad económica o política de Europa.

**EUROPIO** n. m. Metal del grupo de tierras raras, de número atómico 63 y de masa atómica 152, cuyo símbolo químico es Eu.

**EUROTÚNEL** n. m. Túnel submarino que enlaza el continente europeo con las islas británicas.

**EUSKALDÚN, NA** o **EUSCALDÚN, NA** adj. y n. Vasco.

**EUSKERA, EUZKERA** o **EUSKARA** adj. n. m. LING. Vasco.

**EUSTATISMO** n. m. Variación del nivel general de los océanos debido a un cambio climático o a movimientos tectónicos.

**EUTANASIA** n. f. (gr. *euthanasia*). Muerte sin sufrimiento físico. **2.** Acción de acortar voluntariamente la vida de quien, sufriendo una enfermedad incurable, lo solicita para poner fin a sus sufrimientos físicos.

**EUTERIO, A** adj. y n. m. Placentario.

**EUTEXIA** n. f. **Temperatura, punto de eutexia,** temperatura de fusión de una mezcla eutéctica.

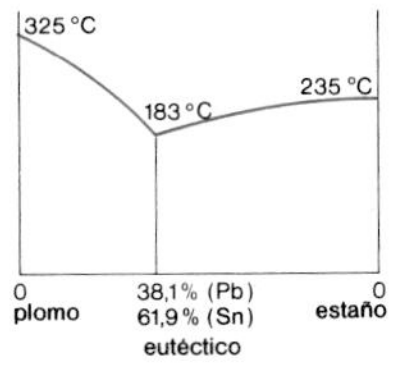


punto de **eutexia** de una aleación de plomo y estaño

**EUTOCIA** n. f. (gr. *eutokia*). Parto normal.

**EUTRAPELIA** n. f. (gr. *eutrapelia*, chiste, gracia). Moderación en las diversiones.

**EUTROFICACIÓN** n. f. ECOL. Enriquecimiento artificial del agua en materias nutritivas.

**EUTROFIZACIÓN** n. f. ECOL. Enriquecimiento natural o artificial del agua en materias nutritivas.

**EUZONE** n. m. Soldado de infantería ligera del ejército griego.

**eV,** símbolo del *electrón-voltio.*

**EVACUACIÓN** n. f. Acción y efecto de evacuar. **2.** Derrame, desagüe: *evacuación de las aguas sucias.*

**EVACUADO, A** n. En tiempo de guerra, habitante de la zona de combate o persona herida o enferma que ha sido trasladada a otro lugar.

**EVACUADOR, RA** adj. Que sirve para evacuar: *conducto evacuador.*

**EVACUAR** v. tr. (lat. *evacuare*) **[1]**. Desocupar, desalojar, especialmente debido a la violencia o a la imposición de las circunstancias. **2.** Expeler un ser humano humores o excrementos: *evacuar el vientre.* **3.** DER. Cumplir un trámite: *evacuar una diligencia.*

**EVACUATORIO** n. m. Urinario público.

**EVADIR** v. tr. y pron. (lat. *evadere*, escapar) **[3]**. Evitar un daño o peligro inminente o eludir con arte y astucia una dificultad prevista: *evadir los impuestos.* ◆ **evadirse** v. pron. **2.** Fugarse, escaparse.

**EVAGINACIÓN** n. f. PATOL. Salida de un órgano fuera de su vaina.

**EVALUABLE** adj. Que se puede evaluar.

**EVALUACIÓN** n. f. Acción y efecto de evaluar. **2.** Valoración del rendimiento de un alumno. • **Evaluación global** (DER. FISC.), sistema de determinación de la base imponible sobre el monto total del impuesto, valorado según el rendimiento neto presunto a liquidar de forma colectiva.

**EVALUADOR, RA** adj. Que evalúa.

**EVALUAR** v. tr. **[1s]**. Tasar, valorar, atribuir un valor. **2.** Estimar los conocimientos, actitudes, aptitudes y rendimiento de un alumno.

**EVANESCENCIA** n. f. Cualidad de evanescente.

**EVANESCENTE** adj. Que se desvanece o esfuma, que no dura.

**EVANGELIARIO** n. m. Libro litúrgico que contiene los evangelios de todas las misas del año.

**EVANGÉLICO, A** adj. Relativo al Evangelio. ◆ adj. y n. **2.** Relativo a las Iglesias surgidas de la Reforma; miembro de dichas Iglesias.

**EVANGELIO** n. m. (lat. *evangelium*). Historia de la vida y doctrina de Jesucristo: *predicar el Evangelio.* (Con este significado suele escribirse con mayúscula.) **2.** Cada uno de los cuatro libros que la contienen. **3.** Pasaje de los Evangelios que se lee durante la misa. **4.** *Fig.* Religión cristiana. **5.** *Fig.* y *fam.* Verdad indiscutible.

**EVANGELISMO** n. m. Fiesta de la Anunciación en la Iglesia griega. **2.** Doctrina de la Iglesia evangélica.

**EVANGELISTA** n. m. Cada uno de los autores de los Evangelios canónicos. **2.** *Méx.* Memorialista, el que tiene por oficio escribir cartas u otros papeles que necesita la gente que no sabe hacerlo.

**EVANGELIZACIÓN** n. f. Acción y efecto de evangelizar.

**EVANGELIZADOR, RA** adj. y n. Que evangeliza.

**EVANGELIZAR** v. tr. **[1g]**. Instruir a alguien en la doctrina del Evangelio, predicar la fe o las virtudes cristianas.

**EVAPORABLE** adj. Que se puede evaporar.

**EVAPORACIÓN** n. f. Transformación de un líquido en vapor, sin que se produzca ebullición.

**EVAPORADOR** n. m. Aparato que sirve para la deshidratación de frutas, legumbres, leche, etc. **2.** Elemento de una máquina frigorífica en el que el líquido frigorígeno se vaporiza produciendo frío.

**EVAPORAR** v. tr. y pron. (lat. *evaporare*) **[1]**. Convertir un cuerpo líquido o sólido en vapor. **2.** *Fig.* Disipar, desvanecer. ◆ **evaporarse** v. pron. **3.** *Fig.* Fugarse.

**EVAPORITA** n. f. Formación sedimentaria (sal gema y yeso), resultado de una evaporación.

**EVAPOTRANSPIRACIÓN** n. f. Restitución a la atmósfera de parte del agua contenida en el suelo, gracias a la evaporación y a la transpiración de las plantas.

**EVASIÓN** n. f. Acción y efecto de evadir o evadirse. **2.** Término de escaso rigor científico aplicado a la obra literaria o cinematográfica que sólo pretende el esparcimiento del público: *novela de evasión; película de evasión.* • **Evasión de capitales,** exportación o mantenimiento en el extranjero de capitales. ‖ **Evasión fiscal,** acción del contribuyente para evitar un determinado impuesto.

**EVASIVA** n. f. Recurso con que se elude una dificultad o compromiso.

**EVASIVO, A** adj. Que tiende a eludir o desviar una dificultad.

**EVASOR, RA** adj. Que evade o se evade.

**EVECCIÓN** n. f. ASTRON. Desigualdad periódica en el movimiento de la Luna.

**EVEMERISMO** n. m. Conjunto de las teorías antiguas y modernas sobre el origen de las religiones, basadas en el pensamiento del griego Evémero (s. III a. J.C.), que consideraba lo sobrenatural como una derivación de los hechos históricos trasladados al plano mitológico.

**EVENTO** n. m. (lat. *eventum*). Suceso.

**EVENTRACIÓN** n. f. Ruptura de la pared muscular abdominal, que deja la piel como único medio de contención de las vísceras.

**EVENTUAL** adj. Sujeto a cualquier evento o contingencia. • **Trabajador eventual,** aquel que no goza de una situación fija en la plantilla de una empresa.

**EVENTUALIDAD** n. f. Calidad de eventual. **2.** Hecho o circunstancia de realización incierta o conjetural.

**EVERSIÓN** n. f. (lat. *eversionem*). Destrucción, ruina, desolación. **2.** Versión hacia fuera de una mucosa, en especial la de los labios.

**EVICCIÓN** n. f. (lat. *evictionem*). DER. Acción de privar el adquiriente a título oneroso, en virtud de un derecho preexistente, de todo o parte de la cosa adquirida.

**EVIDENCIA** n. f. (lat. *evidentiam*). Certeza clara y manifiesta de una cosa. **2.** *Amér.* Prueba judicial. • **En evidencia,** en ridículo, en situación desairada: *poner en evidencia a alguien.*

**EVIDENCIAR** v. tr. y pron. **[1]**. Hacer patente y manifiesta la evidencia de una cosa.

**EVIDENTE** n. m. Cierto, claro, patente y sin la menor duda.

**EVISCERACIÓN** n. f. Resección quirúrgica de una o varias vísceras.

**EVITABLE** adj. Que puede o debe evitarse.

**EVITACIÓN** n. f. Acción y efecto de precaver y evitar que suceda una cosa.

**EVITAR** v. tr. (lat. *evitare*) **[1]**. Apartar, precaver, impedir que suceda algún mal, peligro o molestia: *evitar las dificultades.* **2.** Excusar, huir de incurrir en algo: *evitar una conversación.* **3.** Huir las ocasiones de tratar a uno, apartarse de su comunicación: *evitar a los niños.*

**EVITERNO, A** adj. (lat. *aeviternum*). Que tiene principio pero no fin y cuya duración no es temporal: *los ángeles son eviternos.*

**EVO** n. m. TEOL. Duración de las cosas eternas. **2.** *Poét.* Duración de tiempo sin término.

**EVOCABLE** adj. Que se puede evocar.

**EVOCACIÓN** n. f. (lat. *evocationem*). Acción y efecto de evocar. • **Evocación de recuerdos,** actividad mental que hace actuales los engramas mnémicos ya fijados.

**EVOCADOR, RA** adj. Que evoca.

**EVOCAR** v. tr. (lat. *evocare*) **[1a]**. Traer algo a la memoria o a la imaginación.

**¡EVOÉ!** o **¡EVOHÉ!** interj. ANT. ROM. Grito de las bacantes en honor de Baco.

**EVOLUCIÓN** n. f. (lat. *evolutionem*). Acción y efecto de evolucionar. **2.** BIOL. Serie de transformaciones sucesivas que han experimentado los seres vivos durante las eras geológicas. **3.** MED. Sucesión de fases de una enfermedad: *la evolución de un tumor.*

**EVOLUCIONAR** v. intr. **[1]**. Desenvolverse, desarrollarse los organismos o las cosas, pasando de un estado a otro. **2.** Pasar por una serie progresiva de transformaciones. **3.** Dar vueltas o realizar movimientos describiendo curvas. **4.** Variar o cambiar las formaciones navales, las unidades aéreas o cualquier unidad táctica militar.

**EVOLUCIONISMO** n. m. Conjunto de teorías explicativas del mecanismo de evolución de los seres vivos (lamarckismo, darwinismo y mutacionismo). **2.** Doctrina sociológica y antropológica según la cual la historia de las sociedades humanas se desarrolla de forma progresiva y continua.

**EVOLUCIONISTA** adj. y n. m. y f. Relativo a la evolución; partidario del evolucionismo.

**EVOLUTA** n. f. GEOMETR. Para una curva plana, envolvente de sus normales; para una curva cualquiera, curva cuyas tangentes son normales a la curva dada.

**EVOLUTIVO, A** adj. Que se produce por evolución o pertenece a ella.

**EVOLVENTE** n. f. y adj. GEOMETR. Curva que puede considerarse como descrita por un hilo arrollado en uno de sus extremos sobre una curva a la cual está fijo por el otro extremo y que se desarrolla de manera que siempre permanece tenso.

**EWÉ** → ***eué.***

**EX** n. m. y f. Hombre o mujer que estuvo casado o que mantuvo relaciones amorosas con el hombre o mujer del que se habla.

**EX** Prefijo que antepuesto a nombres de dignidades o cargos o a nombres o adjetivos de persona indica que ésta ha dejado de ser lo que aquellos significan: *ex·ministro; ex alumno.*

**EX ABRUPTO** loc. (voces lat., *de repente*). Indica la viveza con que uno prorrumpe a hablar cuando o como no se esperaba.

**EX AEQUO** loc. (voces lat., *en igualdad de méritos*). Se emplea referido a opositores, pruebas deportivas, etc., para indicar que han quedado empatados.

**EX ANTE** loc. (voces lat., *situándose en un período anterior a*). Úsase para designar el período anterior a los hechos económicos que se analizan. CONTR.: *ex post.*

**EX CATHEDRA** loc. (voces lat., *desde la cátedra*). Se aplica cuando el papa enseña a toda la Iglesia, o define verdades pertenecientes a la fe o a las costumbres. **2.** *Fig.* y *fam.* Indica tono magistral y decisivo.

**EX LIBRIS** o **EXLIBRIS** n. m. (voces lat., *de entre los libros de*). Viñeta o estampillado con la divisa o el nombre del bibliófilo, que se adhiere al verso de la tapa de los libros.

**EX POST** loc. (voces lat., *situándose en un período posterior a*). Úsase en ciencia económica para designar los hechos percibidos después de su ocurrencia. CONTR.: *ex ante.*

**EX PROFESO** loc. (voces lat., *de propósito*). Con particular intención.

**EX VOTO** n. m. Exvoto.

**EXA,** prefijo (símbolo E) que, colocado delante de una unidad, la multiplica por $10^{18}$.

**EXABRUPTO** n. m. Salida de tono.

**EXACCIÓN** n. f. Acción y efecto de exigir impuestos, multas, etc.

**EXACERBACIÓN** n. f. Acción y efecto de exacerbar.

**EXACERBAR** v. tr. y pron. (lat. *exacerbare*) **[1]**. Irritar, causar grave enfado. **2.** Agravar o agudizar un estado de ánimo o un estado físico o penoso.

**EXACTITUD** n. f. Cualidad de exacto.

**EXACTO, A** adj. (lat. *exactum*). Medido, calculado o expresado con todo rigor: *la hora exacta.* **2.** Rigurosamente conforme con las reglas prescritas: *una disciplina exacta.* **3.** Que reproduce fielmente el modelo: *una copia exacta.* **4.** Sin error lógico: *un razonamiento exacto.* • **Ciencias exactas,** las matemáticas y las ciencias cuyo método conjuga las matemáticas con la experimentación. ◆ interj. **5.** Expresión de asentimiento.

**EXAGERACIÓN** n. f. Acción y efecto de exagerar. **2.** Cosa que traspasa los límites de lo justo, verdadero o razonable.

**EXAGERAR** v. tr. e intr. (lat. *exaggerare,* colmar, amplificar) **[1]**. Decir o hacer algo dándole proporciones mayores que las reales o yendo más allá de lo justo y normal.

**EXAGERATIVO, A** adj. Que exagera.

**EXALTACIÓN** n. f. Acción y efecto de exaltar o exaltarse.

**EXALTADO, A** adj. Excesivamente apasionado o entusiasta. ◆ **exaltados** n. m. pl. **2.** Denominación que se daba en España, en el primer tercio del s. XIX, a los liberales más extremistas.

**EXALTAMIENTO** n. m. Exaltación.

**EXALTAR** v. tr. (lat. *exaltare*) **[1]**. Elevar a una persona o cosa a mayor auge y dignidad. **2.** *Fig.* Realzar el mérito o circunstancias de uno con mucho encarecimiento. ◆ **exaltarse** v. pron. **3.** Dejarse arrebatar de una pasión.

**EXAMEN** n. m. (lat. *examen*). Indagación exacta y cuidadosa de las cualidades y circunstancias de algo. **2.** Prueba que se realiza para comprobar la idoneidad de un sujeto para el ejercicio de alguna facultad o función: *examen de ingreso; examen de conducir.* • **Examen de conciencia,** examen crítico de la propia conducta. ‖ **Libre examen,** derecho que tiene cualquier hombre de creer únicamente lo que su razón individual puede controlar.

**EXAMINADOR, RA** n. Persona que examina.

**EXAMINANDO, A** n. Persona que se presenta a un examen.

**EXAMINAR** v. tr. (lat. *examinare*) **[1]**. Someter a examen: *examinar una cuestión.* ◆ v. tr. y pron. **2.** Juzgar mediante pruebas la suficiencia o aptitud de alguien en determinada materia: *examinarse de una asignatura.*

**EXANGÜE** adj. (lat. *exsanguem*). Sin fuerzas, aniquilado. **2.** Muerto, sin vida.

**EXANGUINOTRANSFUSIÓN** n. f. Sustitución total o parcial de la sangre de un sujeto.

**EXÁNIME** adj. (lat. *exanimem*). Sin señales de vida. **2.** *Fig.* Muy debilitado, desmayado.

**EXANTEMA** n. m. (gr. *exanthēma,* eflorescencia). Erupción cutánea que acompaña a ciertas enfermedades infecciosas, como la rubéola, la escarlatina, la erisipela, el tifus, etc.

**EXANTEMÁTICO, A** adj. Relativo al exantema.

**EXARCA** n. m. (lat. *exarchum*). Gobernador de un exarcado. **2.** Prelado de la Iglesia oriental con jurisdicción episcopal.

**EXARCADO** n. m. HIST. Circunscripción militar bizantina en la que gobernaba un exarca. **2.** HIST. En Oriente, circunscripción eclesiástica administrada por un exarca.

**EXÁRICO** n. m. En la edad media, aparcero musulmán que pagaba una renta proporcional a los frutos de la cosecha. **2.** Siervo de la gleba, de origen musulmán.

**EXASPERACIÓN** n. f. Acción y efecto de exasperar.

**EXASPERAR** v. tr. y pron. (lat. *exasperare*) **[1]**. Irritar, enfurecer, enojar.

**EXCARCELACIÓN** o **EXCARCERACIÓN** n. f. Acción y efecto de excarcelar.

**EXCARCELAR** v. tr. y pron. **[1]**. Poner en libertad a un preso por mandamiento judicial. ◆ v. tr. **2.** Sacar a un preso de la cárcel para ponerlo a disposición de la policía.

**EXCAVACIÓN** n. f. Acción y efecto de excavar. **2.** Operación de abrir zanjas, pozos, galerías, etc., en un terreno, para construir una obra o para exhumar monumentos u objetos de interés arqueológico. **3.** La obra misma: *hacer una excavación.*

**EXCAVADOR, RA** adj. y n. Que excava.

**EXCAVADORA** n. f. Máquina para excavar. • **Excavadora de cangilones,** máquina para excavar provista de una cadena sin fin de cangilones. ‖ **Excavadora de cuchara de arrastre,** excavadora que actúa arañando el terreno mediante una cuchara.

**EXCAVAR** v. tr. (lat. *excavare*) **[1]**. Hacer hoyos o cavidades en un terreno.

**EXCEDENCIA** n. f. Interrupción del desempeño de un cargo o empleo, no debida a sanción.

**EXCEDENTE** adj. Excesivo. ◆ adj. y n. m. **2.** Sobrante, que sobra. • **Excedente de cupo,** mozo que, al sortear las quintas, saca un número superior al del cupo correspondiente y, por tanto, queda libre de hacer el servicio militar. ◆ adj. y n. m. y f. **3.** Dícese del empleado público que temporalmente deja de ejercer cargo. ◆ n. m. **4.** Diferencia entre la producción social y el consumo.

**EXCEDER** v. tr. (lat. *excedere,* salir) **[2]**. Superar. ◆ v. intr. y pron. **2.** Propasarse de lo lícito o razonable.

**EXCELENCIA** n. f. (lat. *excellentiam*). Cualidad de excelente. **2.** Tratamiento de respeto y cortesía que se da a algunas personas por su dignidad y empleo. • **Por excelencia,** de forma excelente; por antonomasia.

**EXCELENTE** adj. (lat. *excellentem,* que excede de la talla de otro). Que tiene el grado más elevado entre los de su género: *un plato excelente.* **2.** Que sobresale en bondad, mérito o estimación.

**EXCELENTÍSIMO, A** adj. Tratamiento con que se habla de y a la persona a quien corresponde el de excelencia.

**EXCELSITUD** n. f. (lat. *excelsitudem*). Calidad de excelso.

**EXCELSO, A** adj. De elevada categoría espiritual.

**EXCENTRACIÓN** n. f. MEC. Desplazamiento del centro.

**EXCÉNTRICA** n. f. MEC. Dispositivo colocado sobre un eje de giro, que se utiliza para la dirección de algunos movimientos.

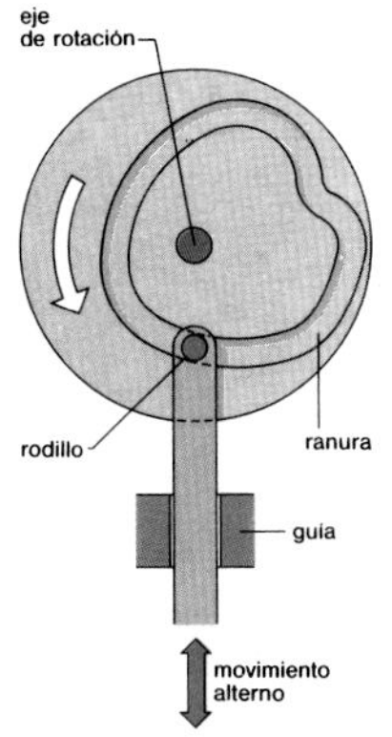

**excéntrica** de rodillo

**EXCENTRICIDAD** n. f. Estado y calidad de excéntrico. **2.** Dicho o hecho excéntrico. **3.** Alejamiento con relación a un centro. • **Excentricidad de la órbita de un planeta** (ASTRON.), excentricidad de la elipse descrita alrededor del Sol. ‖ **Excentricidad de una cónica** (MAT.), relación constante entre las distancias de un punto de la curva a un foco y a la directriz correspondiente.

**EXCÉNTRICO, A** adj. Situado fuera del centro. **2.** MAT. Dícese de la circunferencia que, encerrada dentro de otra, no tiene el mismo centro que esta última. ◆ adj. y n. **3.** *Fig.* Que es fuera de lo corriente, extravagante.

**EXCEPCIÓN** n. f. (lat. *exceptionem*). Acción y efecto de exceptuar. **2.** Cosa que se aparta de una ley general que vale para las de su especie: *la excepción de la regla.* **3.** DER. Título o motivo jurídico que el demandado alega para hacer ineficaz la acción del demandante. • **A,** o **con, excepción de,** exceptuando lo que se expresa. ‖ **De excepción,** extraordinario, privilegiado. ‖ **Estado de excepción,** situación anómala de la vida político-social de una nación o de parte de su territorio, decretada por el gobierno, ante un problema político o social grave, y que conlleva la suspensión de algunos derechos.

**EXCEPCIONAL** adj. Que forma excepción de la regla común o que ocurre rara vez: *circunstancias excepcionales.* **2.** Extraordinario, único: *libro excepcional.*

**EXCEPCIONAR** v. tr. **[1]**. DER. Alegar excepción en el juicio: *excepcionar una incapacidad.*

**EXCEPTO** prep. (lat. *exceptum*). A excepción de.

**EXCEPTUAR** v. tr. y pron. **[1s]**. Excluir a una persona o cosa de la generalidad de lo que se trata o de la regla común.

**EXCESIVO, A** adj. Más grande o en más cantidad que lo necesario o conveniente: *gordura excesiva.*

**EXCESO** n. m. (lat. *excessum,* salida). Lo que excede de la medida o regla, o de lo razonable o lícito. **2.** Abuso, delito, crimen.

**EXCIPIENTE** n. m. Sustancia inactiva que se emplea en la composición de los medicamentos para darles masa.

**EXCISIÓN** n. f. (lat. *scissionem,* corte). CIR. Ablación de una pequeña parte.

**EXCITABILIDAD** n. f. Calidad de excitable.

**EXCITABLE** adj. Capaz de ser excitado. **2.** Que se excita fácilmente.

**EXCITACIÓN** n. f. Acción y efecto de excitar o excitarse.

**EXCITADOR, RA** adj. Que produce excitación. ◆ n. m. **2.** FÍS. Instrumento con mangos aislantes que sirve para descargar un condensador.

**EXCITANTE** adj. Que excita los sentidos o el ánimo. ◆ n. m. **2.** Sustancia o estímulo que produce una excitación.

**EXCITAR** v. tr. (lat. *excitare*) **[1]**. Poner en actividad. **2.** Hacer más intensa cierta acción. **3.** Incitar a obrar. **4.** FÍS. Hacer pasar un átomo, un núcleo o una molécula de un nivel de energía a otro superior. **5.** FÍS. Producir un flujo de inducción magnética en un generador o un motor eléctrico. ◆ v. tr. y pron. **6.** Provocar estados de ánimo, como enojo, alegría, etc. **7.** Provocar deseo sexual. ◆ **excitarse** v. pron. **8.** Perder la tranquilidad por efecto de un estado emocional.

**EXCITATRIZ** n. f. Máquina eléctrica secundaria que envía corriente al circuito inductor de un alternador.

**EXCLAMACIÓN** n. f. Grito o frase en el que se refleja un sentimiento vivo y súbito de dolor, alegría, admiración, etc. **2.** LING. Vocablo interjectivo o frase reducida en la que la entonación expresa una emoción violenta o un juicio teñido de afectividad.

**EXCLAMAR** v. tr. e intr. (lat. *exclamare*) **[1]**. Decir bruscamente una expresión a consecuencia de cierta impresión recibida.

**EXCLAMATORIO, A** o **EXCLAMATIVO, A** adj. Propio de la exclamación: *tono exclamatorio.*

**EXCLAUSTRACIÓN** n. f. Acción y efecto de exclaustrar.

**EXCLAUSTRAR** v. tr. y pron. **[1]**. Permitir u ordenar a un religioso que abandone el claustro.

**EXCLUIR** v. tr. (lat. *excludere,* cerrar fuera) **[29]**. Dejar de incluir algo entre lo de su clase o dejar de aplicarle el mismo trato: *excluir a los menores de edad.* **2.** Echar a una persona o cosa fuera del lugar que ocupaba o no admitir su entrada, su participación. **3.** Descartar o negar la posibilidad de una cosa. ◆ **excluirse** v. pron. **4.** Ser incompatibles: *las dos opiniones se excluyen.*

**EXCLUSIÓN** n. f. Acción y efecto de excluir.

**EXCLUSIVA** n. f. Privilegio por el que alguien es el único autorizado para algo: *tener una exclusiva.* **2.** Noticia conseguida y publicada o emitida por un solo medio informativo, por lo que éste se reserva los derechos de su difusión.

**EXCLUSIVE** adv. m. De forma exclusiva. **2.** Sin tomar en cuenta el último número o elemento mencionado: *hasta el tres de abril exclusive.*

**EXCLUSIVIDAD** n. f. Carácter de lo que es exclusivo. **2.** Exclusiva.

**EXCLUSIVISMO** n. m. Adhesión obstinada a una cosa, persona o idea, con exclusión de toda otra. **2.** Cualidad de exclusivo.

**EXCLUSIVISTA** adj. Relativo al exclusivismo.

**EXCLUSIVO, A** adj. Que excluye o puede excluir. **2.** Único, solo, excluyendo a cualquier otro. • **Dedicación exclusiva,** la que por compromiso o contrato ocupa todo el tiempo disponible, con exclusión de cualquier otro trabajo.

**EXCLUYENTE** adj. Que excluye.

**EXCOGITAR** v. tr. **[1]**. Descubrir algo meditando.

**EXCOMULGADO, A** n. Persona a quien se ha dado excomunión.

**EXCOMULGAR** v. tr. **[1b]**. Apartar la autoridad eclesiástica a alguien de la comunidad de los fieles y del uso de los sacramentos. SIN.: *anatematizar.*

**EXCOMUNIÓN** n. f. (lat. *excommunionem*). Acción y efecto de excomulgar. **2.** Carta, edicto con que se intima y publica la censura.

**EXCORIACIÓN** o **ESCORIACIÓN** n. f. Pérdida de sustancia superficial de la piel, de origen traumático.

**EXCORIAR** o **ESCORIAR** v. tr. y pron. (lat. *excoriare*) **[1]**. Producir una excoriación.

**EXCRECENCIA** n. f. Formación de tipo tumoral, que aparece haciendo prominencia sobre una superficie orgánica. **2.** Cualquier adherencia superflua.

**EXCRECIÓN** n. f. Acción y efecto de excretar. **2.** Función orgánica que consiste en eliminar los elementos inútiles o perjudiciales para el medio interno, bajo forma gaseosa (aire espirado), líquida (orina, sudor) o incluso sólida entre algunos animales del desierto. SIN.: *eliminación.*

**EXCREMENTAR** v. tr. **[1]**. Deponer los excrementos.

**EXCREMENTICIO, A** adj. Relativo al excremento y a la excreción.

**EXCREMENTO** n. m. (lat. *excrementum,* secreción). Materia expulsada fuera del cuerpo de los animales que proviene de residuos indigeridos o de procesos catabólicos.

**EXCRESCENCIA** n. f. BOT. Prominencia debida a un crecimiento parcial y externo del tallo u otro órgano vegetal, que sólo interesa a la epidermis o al tejido cortical.

**EXCRETAR** v. intr. **[1]**. Expeler el excremento. **2.** Expeler las sustancias elaboradas por las glándulas.

**EXCRETAS** n. f. pl. Nombre genérico del conjunto de sustancias destinadas a ser eliminadas por el organismo.

**EXCRETOR, RA** adj. Relacionado con la excreción: *aparato excretor.*

**EXCULPACIÓN** n. f. Acción y efecto de exculpar. **2.** Circunstancia que exculpa.

**EXCULPAR** v. tr. y pron. (lat. *exculpare*) **[1]**. Descargar a uno de culpa.

**EXCULPATORIO, A** adj. Que exculpa.

**EXCURSIÓN** n. f. (lat. *excursionem*). Viaje de corta duración, realizado con finalidad deportiva, científica o recreativa.

**EXCURSIONISMO** n. m. Ejercicio y práctica de las excursiones como deporte o con fin científico o artístico.

**EXCURSIONISTA** n. m. y f. Persona que hace excursiones o excursionismo.

**EXCUSA** n. f. Justificación que se alega por haber hecho o dejado de hacer algo o explicación que se da a una persona para desagraviarla. **2.** Pretexto que se da para hacer o dejar de hacer algo. **3.** DER. Excepción o descargo.

**EXCUSABLE** adj. Que admite excusa o es digno de ella.

**EXCUSADO, A** adj. Dícese de lo superfluo o inútil para el fin que se persigue. ◆ n. m. **2.** Retrete. **3.** Impuesto sobre los bienes del clero concedido a Felipe II en 1567, y que consistía en una participación en el cobro de los diezmos.

**EXCUSAR** v. tr. y pron. (lat. *excusare,* disculpar) **[1]**. Alegar excusas. ◆ v. tr. **2.** Evitar, ahorrar: *excusar una respuesta.* ◆ **excusarse** v. pron. **3.** Justificarse, dar razones para disculparse.

**EXEAT** n. m. (voz latina, *que salga*). Permiso que un obispo otorga a un sacerdote para que éste abandone la diócesis.

**EXECRABLE** adj. Digno de execración.

**EXECRACIÓN** n. f. Acción y efecto de execrar. **2.** RET. Figura de pensamiento que se diferencia de la imprecación en que los deseos de que sobrevenga algún mal recaen en la misma persona que los expresa.

**EXECRAR** v. tr. (lat. *execrari,* maldecir) **[1]**. Condenar algo la autoridad religiosa. **2.** Aborrecer, tener aversión. **3.** Reprobar severamente: *execrar una conducta.*

**EXEDRA** n. f. (gr. *exedra*). ANT. Sala de conversación, con asientos, especie de locutorio.

**EXÉGESIS** o **EXEGESIS** n. f. (gr. *exēgēsis,* interpretación). Explicación o interpretación filológica, histórica o doctrinal de un texto: *exégesis bíblica.*

**EXEGETA** n. m. Comentarista de los grandes escritores, principalmente durante la época alejandrina. **2.** Comentarista de los textos sagrados.

**EXEGÉTICO, A** adj. Relativo a la exégesis: *comentario exegético.*

**EXENCIÓN** n. f. Efecto de eximir.

**EXENTO, A** adj. Libre, desembarazado de una cosa: *exento de impuestos.* • **Mínimo exento,** en la determinación de la base imponible, fracción del objeto del impuesto que la legislación tributaria exime de exacción.

**EXEQUÁTUR** n. m. (lat. *exequatur,* que se ejecute). Acto por el que se autoriza a un agente diplomático extranjero a ejercer sus funciones. **2.** Autorización que permite la ejecución de una sentencia pronunciada en un país extranjero.

**EXEQUIAL** adj. Relativo a las exequias.

**EXEQUIAS** n. f. pl. (lat. *exsequias*). Conjunto de ceremonias religiosas que se hacen por los difuntos.

**EXÉRESIS** n. f. Ablación.

**EXERGO** n. m. (gr. *ex ergu,* fuera de la obra). Pequeño espacio que se deja en la parte inferior de una moneda para poner una inscripción, una fecha, etcétera.

**EXFOLIACIÓN** n. f. Acción y efecto de exfoliar o exfoliarse. **2.** MED. Desprendimiento de las partes más superficiales de una estructura, comúnmente de un epitelio de revestimiento.

**EXFOLIADOR, RA** adj. *Amér.* Dícese de una especie de cuaderno que tiene las hojas ligeramente pegadas para desprenderlas fácilmente.

**EXFOLIANTE** adj. y n. m. y f. Dicho de un producto cosmético, que elimina las células muertas de la piel: *crema exfoliante.*

**EXFOLIAR** v. tr. y pron. (lat. *exfoliare*) **[1]**. Dividir una cosa en láminas o escamas. ◆ **exfoliarse** v. pron. **2.** Disgregarse una roca o mineral de textura laminada por levantamiento o desprendimiento sucesivo de hojas o escamas.

**EXHALACIÓN** n. f. Acción y efecto de exhalar o exhalarse. **2.** Estrella fugaz. **3.** Rayo, centella. • **Como una exhalación,** a toda velocidad.

**EXHALAR** v. tr. y pron. (lat. *exhalare*) **[1]**. Despedir gases, vapores u olores. **2.** *Fig.* Lanzar quejas, suspiros, etc. ◆ **exhalarse** v. pron. **3.** *Fig.* Andar o correr con aceleración.

**EXHAUSTIVO, A** adj. Que agota o apura por completo: *bibliografía exhaustiva.*

**EXHAUSTO, A** adj. (lat. *exhaustum*). Apurado, agotado: *tierra exhausta.*

**EXHIBICIÓN** n. f. Acción y efecto de exhibir. **2.** Manifestación deportiva de carácter espectacular, sin efectos de clasificaciones ulteriores.

**EXHIBICIONISMO** n. m. Prurito de exhibirse. **2.** Tendencia patológica a mostrar en público los órganos genitales.

**EXHIBICIONISTA** n. m. y f. Persona aficionada al exhibicionismo.

**EXHIBIR** v. tr. y pron. (lat. *exhibere*) **[3]**. Manifestar, mostrar en público. ◆ v. tr. **2.** *Méx.* Pagar una cantidad: *exhibió mil pesos al contado.* **3.** DER. Presentar escrituras, documentos, pruebas, etc., ante quien corresponda.

**EXHORTACIÓN** n. f. Acción de exhortar. **2.** Palabras con que se exhorta a uno, sermón breve.

**EXHORTAR** v. tr. (lat. *exhortari*) **[1]**. Inducir a uno con palabras a que haga o deje de hacer alguna cosa: *le exhortó a deponer las armas.*

**EXHORTATIVO, A** adj. Relativo a la exhortación. SIN.: *exhortatorio.* • **Oración exhortativa** (GRAM.), la que expresa ruego o mandato.

**EXHORTO** n. m. Escrito por el que un juez o tribunal competente en un asunto pide a otro de igual categoría que ejecute alguna diligencia judicial que interesa al primero.

**EXHUMACIÓN** n. f. Acción de exhumar.

**EXHUMAR** v. tr. (lat. *exhumare*) **[1]**. Desenterrar un cadáver o restos humanos. **2.** *Fig.* Traer a la memoria lo olvidado.

**EXIGENCIA** n. f. Acción y efecto de exigir. **2.** Pretensión caprichosa o desmedida. (Suele usarse en plural.)

**EXIGENTE** adj. y n. m. y f. Que exige, especialmente caprichosa o despóticamente.

**EXIGIBLE** adj. Que puede o debe exigirse: *pago exigible.*

**EXIGIR** v. tr. (lat. *exigere*) **[3b]**. Cobrar, percibir de uno, por autoridad pública, dinero u otra cosa: *exigir los tributos.* **2.** *Fig.* Pedir una cosa algún requisito necesario para que se haga o perfeccione: *este trabajo exige mucho tiempo.* **3.** *Fig.* Pedir, reclamar imperiosamente: *exigir silencio.*

**EXIGÜIDAD** n. f. Calidad de exiguo.

**EXIGUO, A** adj. Insuficiente, escaso.

**EXILADO, A** n. *Galic.* Exiliado.

**EXILAR** v. tr. y pron. (fr. *exiler*) **[1]**. *Galic.* Exiliar.

**EXILIADO, A** n. Persona que vive en el exilio.

**EXILIAR** v. tr. y pron. **[1]**. Obligar a marchar o marcharse al exilio.

**EXILIO** n. m. Separación de una persona de la tierra en que vive. **2.** Expatriación, generalmente por motivos políticos. **3.** Efecto de estar exiliada una persona. **4.** Lugar en que vive el exiliado.

**EXIMENTE** adj. y n. f. Que exime: *circunstancia eximente.*

**EXIMIO, A** adj. Muy excelente.

**EXIMIR** v. tr. y pron. (lat. *eximere,* sacar fuera) **[3]**. Liberar a uno de una obligación, carga, cuidado, culpa, etcétera.

**EXINSCRITO, A** adj. MAT. Dícese de la circunferencia tangente a un lado del triángulo y a las prolongaciones de los otros dos.

**EXISTENCIA** n. f. Acto de existir. **2.** Vida del hombre. **3.** FILOS. Para el pensamiento clásico, acto cuya potencia es la esencia; para el pensamiento contemporáneo, modo de ser característico del hombre. ◆ **existencias** n. f. pl. **4.** Cosas, especialmente mercancías, que no han tenido aún la salida o empleo a que están destinadas. **5.** Nombre con que se designa toda una categoría de bienes pertenecientes, en una fecha determinada, a una empresa.

**EXISTENCIAL** adj. Relativo al acto de existir. • **Cuantificador existencial** (LÓG.), símbolo que se escribe ∃ (se lee *existe*), que expresa el hecho de que determinados elementos de un conjunto, por lo menos uno, verifican una propiedad dada.

**EXISTENCIALISMO** n. m. Doctrina filosófica que se interroga sobre la noción de ser a partir de la existencia vivida por el hombre.

**EXISTENCIALISTA** adj. y n. m. y f. Relativo al existencialismo; partidario de esta doctrina. **2.** Dícese de las personas que después de la segunda guerra mundial manifestaban desprecio por las convenciones sociales y que estaban influidas por el existencialismo.

**EXISTIR** v. intr. (lat. *existere,* salir, nacer) **[3]**. Tener una cosa ser real y verdadero, ya sea material, ya espiritual. **2.** Tener vida: *dejar de existir.* **3.** Tener realidad fuera de la mente.

**ÉXITO** n. m. (lat. *exitum,* resultado). Resultado de una empresa, acción o suceso, especialmente buen resultado. **2.** Aprobación del público: *una comedia de éxito.*

**EXLIBRIS** n. m. Ex libris.

**EXOBIOLOGÍA** n. f. Ciencia que estudia las posibilidades de existencia de vida en el universo, fuera de la Tierra.

**EXOCRINO, A** adj. Dícese de las glándulas que secretan su producto en la piel o en las cavidades naturales.

**ÉXODO** n. m. (lat. *exodum*). Emigración en masa de un pueblo. **2.** Partida en masa: *el éxodo vacacional.* • **Éxodo agrícola,** o **rural,** emigración de los habitantes del campo a la ciudad.

**EXOFTALMIA** n. f. Exoftalmos.

**EXOFTÁLMICO, A** adj. Relativo al exoftalmos.

**EXOFTALMOS** n. m. Prominencia del globo ocular fuera de su órbita.

**EXOGAMIA** n. f. ANTROPOL. Regla que obliga a un individuo a escoger su cónyuge fuera del grupo al que pertenece.

**EXOGÁMICO, A** adj. Relativo a la exogamia.

**EXÓGAMO, A** adj. Que practica la exogamia.

**EXÓGENO, A** adj. Que se forma en el exterior.

**EXONERACIÓN** n. f. Acción y efecto de exonerar.

**EXONERAR** v. tr. y pron. (lat. *exonerare*) **[1]**. Aliviar, descargar de peso, carga u obligación ◆ v. tr. **2.** Destituir a uno de un empleo, especialmente de un cargo público. • **Exonerar el vientre,** expeler excrementos por el ano.

**EXORBITANCIA** n. f. Exceso notable o exagerado.

**EXORBITANTE** adj. Excesivo: *precio exorbitante.*

**EXORBITAR** v. tr. **[1]**. Exagerar.

**EXORCISMO** n. m. (lat. *exorcismus*). Rito de imprecación contra el demonio, realizado para conjurar su influencia.

**EXORCISTA** n. m. El que exorciza los demonios. **2.** Clérigo que ha recibido el exorcistado.

**EXORCISTADO** n. m. REL. CATÓL. Tercera de las órdenes menores, que facultaba para practicar exorcismos. (Fue suprimida en 1972.)

**EXORCIZAR** v. tr. **[1g]**. Usar de exorcismos contra el espíritu maligno.

**EXORDIO** n. m. (lat. *exordium*). Introducción o preámbulo de una obra, discurso o conversación.

**EXORNAR** v. tr. (lat. *exornare*) **[1]**. Adornar.

**EXORREÍSMO** n. m. Carácter de las regiones (72 % de la superficie del globo) cuyas aguas corrientes alcanzan el mar.

**EXOSFERA** n. f. Capa atmosférica que se extiende por encima de los 1 000 km aproximadamente, en la que las moléculas más ligeras escapan a la fuerza de la gravedad y se elevan lentamente hacia el espacio interplanetario.

**EXÓSMOSIS** o **EXOSMOSIS** n. f. FÍS. Corriente de líquido que se establece desde un sistema cerrado, por ejemplo una célula, hacia el exterior, a través de una membrana semiimpermeable, cuando el medio exterior es más concentrado.

**EXOSQUELETO** n. m. ZOOL. Esqueleto externo superficial.

**EXÓSTOSIS** n. f. Prominencia que aparece en un hueso, causada por un traumatismo, una inflamación o un trastorno de la osificación.

**EXOTÉRICO, A** adj. Dícese de las doctrinas filosóficas y religiosas enseñadas públicamente.

**EXOTÉRMICO, A** adj. QUÍM. Dícese de una transformación que desprende calor.

**EXÓTICA** n. f. *Méx.* Bailarina de cabaret.

**EXÓTICO, A** adj. (lat. *exoticum*). Que pertenece a un país lejano: *fruta exótica.* **2.** Extraño, chocante, extravagante: *personaje exótico.*

**EXOTISMO** n. m. Calidad de exótico.

**EXOTOXINA** n. f. Toxina difundida en el medio exterior por una bacteria.

**EXPANDIDO, A** adj. Dícese de determinados materiales plásticos que poseen una estructura celular.

**EXPANDIR** v. tr. y pron. **[3]**. Hacer que algo que estaba apretado se extienda. **2.** Hacer que se dilate un fluido. **3.** Difundir una noticia, doctrina, idea, etcétera.

**EXPANSIBILIDAD** n. f. Tendencia de los cuerpos gaseosos a ocupar más espacio.

**EXPANSIBLE** adj. FÍS. Capaz de expansión.

**EXPANSIÓN** n. f. (lat. *expansionem*). Acción y efecto de expandir. **2.** *Fig.* Exteriorización voluntaria de algún estado de ánimo reprimido. **3.** Recreo, solaz. • **Expansión del universo** (ASTRON.), teoría sugerida por W. De Sitter en 1917, relativa a un estado de evolución permanente del universo y que implica que las distintas galaxias se alejan sistemáticamente las unas de las otras. ‖ **Expansión demográfica,** aumento del efectivo de una población por efecto de un crecimiento natural y/o un movimiento migratorio del que, globalmente, el saldo es positivo. ‖ **Expansión económica,** desarrollo económico.

**EXPANSIONARSE** v. pron. **[1]**. Dilatarse un gas o vapor. **2.** Decir una persona los sentimientos que le aquejan. **3.** Divertirse, recrearse.

**EXPANSIONISMO** n. m. Tendencia que preconiza la expansión consciente y voluntaria de un área o ideología. **2.** Política seguida por un país, orientada a la expansión territorial o económica más allá de sus fronteras. **3.** Política económica que prima la expansión.

**EXPANSIONISTA** adj. Relativo al expansionismo.

**EXPANSIVO, A** adj. Que tiende a expandirse. **2.** *Fig.* Comunicativo, fácil y accesible al trato con los demás. • **Cemento expansivo,** cemento cuyo endurecimiento va acompañado de un aumento controlable de volumen.

**EXPATRIACIÓN** n. f. Acción y efecto de expatriar.

**EXPATRIAR** v. tr. y pron. **[1]**. Hacer abandonar o abandonar la patria.

**EXPECTACIÓN** n. f. (lat. *expectationem*). Espera, generalmente curiosa o tensa, de un acontecimiento que interesa o importa. **2.** Contemplación de lo que se expone o muestra al público.

**EXPECTANTE** adj. Que espera observando. **2.** DER. Dícese del hecho, la cosa, la obligación o el derecho de que se tiene conocimiento como venidero con certeza o sin ella.

**EXPECTATIVA** n. f. Esperanza de conseguir una cosa. • **Estar a la expectativa,** mantenerse sin actuar hasta ver qué pasa; estar atento para enterarse de algo cuando ocurra y obrar correspondientemente. ‖ **Expectativa de vida,** función que representa el promedio de vida que le queda a una persona a partir de una edad determinada, según las estadísticas.

**EXPECTORACIÓN** n. f. Acción de expectorar. **2.** Lo que se expectora.

**EXPECTORANTE** adj. y n. m. Que facilita la expectoración.

**EXPECTORAR** v. tr. (lat. *expectorare*) **[1]**. Expulsar por la boca las secreciones depositadas en los bronquios. SIN.: *esputar.*

**EXPEDICIÓN** n. f. Acción y efecto de expedir. **2.**

Conjunto de cosas que se expiden: *expedición de mercancías.* **3.** Viaje o marcha de un grupo de personas con un fin militar, científico, deportivo, etc. **4.** Conjunto de personas que la realizan. **5.** MIL. Operación realizada generalmente fuera del territorio nacional.

**EXPEDICIONARIO, A** adj. y n. Que lleva a cabo una expedición. ◆ adj. **2.** MIL. Dícese del cuerpo o tropa a quien se encomienda una expedición.

**EXPEDIDOR, RA** n. Persona que expide.

**EXPEDIENTAR** v. tr. **[1]**. Someter a expediente.

**EXPEDIENTE** n. m. Conjunto de todos los papeles correspondientes a un asunto o negocio. **2.** Procedimiento para enjuiciar la actuación de un funcionario. **3.** Serie de los servicios prestados, incidencias ocurridas o calificaciones obtenidas en una carrera profesional o académica. • **Cubrir el expediente** *(Fam.)*, hacer alguien sólo lo indispensable en su quehacer para que no puedan castigarle o censurarle.

**EXPEDIR** v. tr. (lat. *expedire*, despachar) **[30]**. Dar curso o despacho a las causas y negocios. **2.** Pronunciar un auto, decreto o resolución. **3.** Hacer que algo sea llevado a alguna parte: *expedir una carta, un pedido.* ◆ **expedirse** v. pron. **4.** *Chile* y *Urug.* Manejarse, desenvolverse en asuntos o actividades.

**EXPEDITIVO, A** adj. Que obra con eficacia y rapidez.

**EXPEDITO, A** adj. Libre de todo estorbo.

**EXPELER** v. tr. (lat. *expellere*) **[2]**. Arrojar, hacer una cosa que salga violentamente de ella algo que tiene dentro.

**EXPENDEDOR, RA** adj. y n. Que expende o gasta. ◆ n. **2.** Persona que vende al por menor ciertas mercancías o efectos de otro, y más particularmente la que vende tabaco, sellos, billetes de lotería, etcétera.

**EXPENDEDURÍA** n. f. Tienda en que se expende o vende al por menor tabaco u otros efectos, estancados o monopolizados.

**EXPENDER** v. tr. (lat. *expendere*) **[2]**. Gastar, hacer expensas. **2.** Vender al por menor ciertas mercancías o vender efectos ajenos: *expender tabaco; expender billetes de ferrocarril.*

**EXPENDIO** n. m. *Argent.*, *Méx.*, *Perú* y *Urug.* Venta al por menor. **2.** *Méx.* Expendeduría.

**EXPENSAR** v. tr. **[1]**. *Chile* y *Méx.* Costear los gastos de alguna gestión o negocio.

**EXPENSAS** n. f. pl. Gastos, costas. • **A expensas de,** a costa de, por cuenta de, a cargo de.

**EXPERIENCIA** n. f. (lat. *experientiam*). Conocimiento que se adquiere con la práctica. **2.** Experimento. **3.** FILOS. Todo lo que es aprehendido por los sentidos y constituye la materia del conocimiento humano. **4.** FILOS. Conjunto de fenómenos conocidos y conocibles.

**EXPERIMENTACIÓN** n. f. Acción y efecto de experimentar. **2.** EPISTEMOL. Utilización de medios técnicos para analizar la producción de fenómenos y comprobar las hipótesis científicas.

**EXPERIMENTADO, A** adj. Dícese de la persona que tiene experiencia.

**EXPERIMENTADOR, RA** adj. y n. Que experimenta.

**EXPERIMENTAL** adj. Fundado en la experiencia científica: *método experimental.* **2.** Que sirve para experimentar: *avión experimental.*

**EXPERIMENTAR** v. tr. **[1]**. Probar y examinar las condiciones o propiedades de una cosa por la práctica o la experimentación. **2.** Notar, sentir en sí un cambio o modificación orgánica o afectiva, y, en general, sentir los efectos de un cambio cualquiera: *experimentar dolor.*

**EXPERIMENTO** n. m. (lat. *experimentum*). Acción y efecto de experimentar. **2.** Determinación de un fenómeno u observación del mismo en determinadas condiciones, como medio de investigación científica.

**EXPERTO, A** adj. y n. Entendido en la actividad que le es propia.

**EXPIACIÓN** n. f. Acción y efecto de expiar.

**EXPIAR** v. tr. (lat. *expiare*) **[1t]**. Borrar las culpas por medio de algún sacrificio. **2.** *Fig.* Padecer las consecuencias de desaciertos: *expiar una imprudencia.* **3.** Cumplir un condenado una pena impuesta por sentencia judicial.

**EXPIATORIO, A** adj. Que se hace por expiación, o que la produce.

**EXPIRACIÓN** n. f. Acción y efecto de expirar.

**EXPIRAR** v. intr. (lat. *expirare*, exhalar) **[1]**. Morir, acabar la vida. **2.** *Fig.* Llegar una cosa al término de su duración: *expirar el plazo.*

**EXPLANACIÓN** n. f. Acción y efecto de explanar. **2.** *Fig.* Declaración y explicación de un texto, doctrina o sentencia que tiene el sentido oscuro u ofrece muchas cosas que observar.

**EXPLANADA** n. f. Espacio de tierra allanado. **2.** FORT. Parte más elevada de la muralla, sobre la cual se levantan las almenas.

**EXPLANAR** v. tr. (lat. *explanare*) **[1]**. Allanar, poner llano o liso. **2.** *Fig.* Declarar, explicar. **3.** Construir terraplenes, hacer desmontes, etc., hasta dar al terreno la nivelación o el declive que se desea.

**EXPLAYAR** v. tr. y pron. **[1]**. Ensanchar, extender. ◆ **explayarse** v. pron. **2.** Dilatarse, difundirse, extenderse: *explayarse en un tema.* **3.** *Fig.* Esparcirse. **4.** *Fig.* Confiarse en una persona comunicándole algún secreto o intimidad: *explayarse con un amigo.*

**EXPLETIVO, A** adj. LING. Dícese de una palabra o una expresión que no es necesaria para el sentido de la frase.

**EXPLICACIÓN** n. f. Acción y efecto de explicar, declarar o exponer una materia difícil en forma comprensible. **2.** Satisfacción dada a una persona o colectividad sobre actos o palabras que exigen ser justificados.

**EXPLICADERAS** n. f. pl. *Fam.* Manera de explicarse.

**EXPLICADOR, RA** adj. y n. Que explica o comenta algo.

**EXPLICAR** v. tr. y pron. (lat. *explicare*, desplegar) **[1a]**. Declarar, dar a conocer lo que uno piensa o siente. ◆ v. tr. **2.** Exponer cualquier materia de manera que se haga más comprensible: *explicar un problema.* **3.** Dar a conocer la causa o motivo de cualquier cosa. ◆ **explicarse** v. pron. **4.** Llegar a comprender la razón de alguna cosa.

**EXPLICATIVO, A** adj. Que explica o sirve para explicar una cosa: *nota explicativa.* ◆ adj. y n. f. **2. Oración relativa explicativa,** oración que añade al antecedente una explicación no indispensable, y que podría ser suprimida sin perjudicar esencialmente el sentido de la frase.

**EXPLICITAR** v. tr. **[1]**. Hacer explícito.

**EXPLÍCITO, A** adj. (lat. *explicitum*). Que expresa clara y determinadamente una cosa.

**EXPLORACIÓN** n. f. Acción y efecto de explorar. **2.** MIL. Misión de investigación e información encomendada a una unidad que, en principio, debe evitar entrar en combate. **3.** TELEV. Modo de transmisión secuencial de la imagen.

**EXPLORADOR, RA** adj. y n. Que explora. ◆ n. m. **2.** Boy-scout. **3.** Soldado que descubre y reconoce el campo enemigo. **4.** Buque ligero, idóneo para realizar misiones de reconocimiento o de superficie a distancia.

**EXPLORAR** v. tr. (lat. *explorare*) **[1]**. Tratar de descubrir lo que hay en una cosa o lugar, y especialmente en un país recorriéndolo. **2.** MED. Reconocer minuciosamente el estado de una parte interna del cuerpo para formar diagnóstico.

**EXPLORATORIO, A** adj. y n. Que sirve para explorar. ◆ adj. **2.** Relativo a la exploración de un enfermo.

**EXPLOSIBILIDAD** n. f. Propiedad para explotar.

**EXPLOSIÓN** n. f. (lat. *explosionem*). Acción de reventar un cuerpo violenta y ruidosamente. **2.** *Fig.* Manifestación súbita y violenta de ciertos afectos del ánimo: *explosión de alegría.* **3.** Tercer tiempo del funcionamiento de un motor con un ciclo de cuatro tiempos.

**EXPLOSIONAR** v. intr. **[1]**. Estallar. ◆ v. tr. **2.** Hacer estallar.

**EXPLOSIVO, A** adj. Que hace o puede hacer explosión. ◆ adj. y n. f. **2. Consonante explosiva** (FONÉT.), consonante producida por un cierre completo de la boca, al que sucede una abertura brusca que permite al aire escaparse y determina una especie de explosión. ◆ n. m. **3.** Cuerpo capaz de transformarse rápidamente, por una violenta reacción química, en gas a temperatura elevada.

**EXPLOSOR** n. m. Aparato que sirve para hacer explotar a distancia una carga mediante una corriente eléctrica.

**EXPLOTACIÓN** n. f. Acción y efecto de explotar. **2.** Conjunto de unidades, instalaciones y operaciones para explotar algún producto: *explotación agrícola; explotación minera.* **3.** ECON. Conjunto de operaciones que constituyen la actividad típica de una empresa. • **Cuenta de explotación,** estado contable que inventaría los gastos y productos resultantes de la actividad normal de una empresa durante un ejercicio. ‖ **Explotación del éxito** (MIL.), fase final de un combate que intenta sacar el máximo partido del éxito de un ataque.

**EXPLOTAR** v. tr. (fr. *exploiter*) **[1]**. Extraer de las minas las riquezas que contienen. **2.** *Fig.* Sacar utilidad de un negocio o industria. **3.** Hacer alguien trabajar para su provecho a otro, con abuso.

**EXPLOTAR** v. intr. **[1]**. Estallar, hacer explosión.

**EXPOLIACIÓN** n. f. Acción y efecto de expoliar.

**EXPOLIADOR, RA** adj. y n. Que expolia o favorece la expoliación.

**EXPOLIAR** v. tr. (lat. *expoliare*) **[1]**. Despojar a alguien de una cosa con violencia o sin derecho.

**EXPOLICIÓN** n. f. RET. Figura que consiste en repetir un mismo pensamiento con distintas formas.

**EXPOLIO** n. m. Acción y efecto de expoliar. **2.** Bienes derivados de rentas eclesiásticas que dejaban los obispos a su muerte.

**EXPONENCIAL** adj. MAT. Relativo al exponente. **2.** Que tiene un exponente variable, indeterminado o desconocido: *función exponencial.* • **Ecuación exponencial,** ecuación en la que la incógnita está en un exponente.

**EXPONENTE** adj. Que expone. ◆ n. m. **2.** Índice que sirve para juzgar el grado de algo. **3.** MAT. Signo, letra o cifra que indican la potencia a la que se eleva una cantidad. (Se escribe a la derecha y encima de esta cantidad.)

**EXPONER** v. tr. (lat. *exponere*) **[5]**. Poner de manifiesto o a la vista: *exponer productos.* **2.** Someter a la acción de: *exponer las plantas al sol.* **3.** Decir o escribir algo para comunicarlo a los otros: *exponer sus ideas.* **4.** FOT. Someter una superficie sensible a una radiación. ◆ v. tr. e intr. **5.** Mostrar el Santísimo Sacramento a la adoración de los fieles. **6.** Mostrar un artista sus obras. ◆ v. tr. y pron. **7.** Arriesgar, poner o ponerse en peligro de perderse o dañarse: *exponer la vida; exponerse a las críticas.* **8.** Presentar públicamente productos de la tierra o de la industria, o de artes y ciencias, para estimular la producción, el comercio y la cultura.

**EXPORTACIÓN** n. f. Acción y efecto de exportar. **2.** Mercancías que se exportan.

**EXPORTADOR, RA** adj. y n. Que exporta.

**EXPORTAR** v. tr. (lat. *exportare*) **[1]**. Enviar o vender al extranjero productos nacionales.

**EXPOSICIÓN** n. f. Acción y efecto de exponer o exponerse. **2.** Presentación pública de objetos diversos, obras de arte, productos industriales o agrícolas, etc. **3.** Lugar donde se exponen estos objetos o productos. **4.** Acción de dar a conocer, de hacer saber, representación por escrito: *la exposi-*

**las principales exposiciones universales**

| *año* | *ciudad* |
|---|---|
| 1851 | Londres |
| 1853 | Nueva York |
| 1867 | París |
| 1872 | Lima |
| 1875 | Santiago de Chile |
| 1878 | París |
| 1888 | Barcelona |
| 1889 | París |
| 1894 | Madrid |
| 1900 | París |
| 1910 | Buenos Aires |
| 1915 | San Francisco |
| 1922-1923 | Río de Janeiro |
| 1929-1930 | Barcelona |
| 1933-1934 | Chicago |
| 1937 | París |
| 1958 | Bruselas |
| 1967 | Montreal |
| 1970 | Ōsaka |
| 1992 | Sevilla |
| 2000 | Hannover |

*ción de un hecho.* **5.** Parte de una obra literaria en la que se da a conocer el tema. **6.** Situación de un objeto con respecto a los puntos cardinales del horizonte. **7.** FOT. Acción de exponer una superficie sensible. **8.** MÚS. Parte de una fuga o de una obra en forma de sonata en la que se enuncia el tema. • **Exposición de motivos** (DER.), anotaciones que preceden a la disposición de un proyecto de ley, para explicar las razones de su origen. ‖ **Exposición universal,** exposición que admite los productos y realizaciones de todos los países. ‖ **Tiempo de exposición** (FOT.), duración conveniente de exposición de una placa sensible para obtener un negativo satisfactorio.

**EXPOSÍMETRO** n. m. FOT. Instrumento que permite calcular el tiempo de exposición.

**EXPOSITIVO, A** adj. Que expone o interpreta: *explicación expositiva.*

**EXPÓSITO, A** adj. y n. (lat. *expositum*). Dícese del que, recién nacido, ha sido abandonado en un lugar o dejado en la inclusa.

**EXPOSITOR, RA** adj. y n. Que interpreta, expone y declara una teoría, doctrina, etc. ◆ n. **2.** Persona que presenta sus productos u obras en una exposición pública.

**EXPRÉS** adj. y n. m. Que asegura un servicio rápido: *olla exprés; viajar en el exprés.* **2.** Dícese del café hecho a presión.

**EXPRESAR** v. tr. **[1]**. Manifestar con palabras o por medio de otros signos exteriores lo que uno piensa o siente: *expresar una idea; expresar disgusto.* **2.** Manifestar el artista con viveza y exactitud los afectos propios del caso. ◆ **expresarse** v. pron. **3.** Darse a entender por medio de la palabra: *expresarse bien, mal.*

**EXPRESIÓN** n. f. (lat. *expressionem*). Manifestación del pensamiento o de los sentimientos por medio de la palabra, de signos exteriores, de gestos, etc.: *expresión de alegría.* **2.** Palabra o frase, consideradas en el plano del significado: *expresión anticuada.* **3.** MÚS. Facultad por la que un compositor o un intérprete pueden hacer perceptibles ciertas ideas de una obra. • **Expresión algebraica** (MAT.), conjunto de letras y números unidos entre sí por signos de operaciones algebraicas, que indican las operaciones que deberían efectuarse sobre las magnitudes dadas o desconocidas para deducir la magnitud que depende de ellas. ‖ **Expresión corporal,** conjunto de actitudes, gestos y sonidos vocales, susceptibles de traducir situaciones emocionales o físicas. ‖ **Expresión manual** (OBST.), presiones que se realizan en el abdomen para ayudar a la expulsión del feto durante el parto. ‖ **Reducir a la mínima expresión,** mermar, disminuir todo lo posible. ‖ **Reducir una fracción a su más simple expresión,** encontrar una fracción igual a la fracción dada con los términos más simples posible. ◆ **expresiones** n. f. pl. **4.** Memoria, saludo afectuoso a un ausente por escrito o por medio de tercera persona.

**EXPRESIONISMO** n. m. Tendencia artística y literaria del s. XX que se manifiesta por la intensidad de la expresión. **2.** Carácter de intensidad y singularidad expresivas.

■ Inseparable de una concepción angustiada y rebelde del mundo y del hombre, en el campo del arte el expresionismo se caracterizó por un lenguaje emocional, vehemente y espontáneo. Esta corriente se desarrolló en Alemania con los pintores del grupo Die Brücke, que redescubrieron el arte primitivo y la tradición medieval (Ernst Ludwig Kirchner), y cultivaron el irrealismo del color y las deformaciones (Karl Schmidt-Rottluff, Erich Heckel, Emil Nolde, Oskar Kokoschka). Otro aspecto del expresionismo, la corriente flamenca, rústica y firme, estuvo representada por los pintores de la escuela de Laethem-Saint-Martin (Permeke, Van den Berghe). En España se aproximaron al expresionismo Picasso (en algunas etapas), Nonell, Zabaleta y, sobre todo, Gutiérrez Solana. En América latina, Rivera, Orozco, Siqueiros, Portinari y Guayasamín.

■ Por lo que respecta a la literatura, el expresionismo se desarrolló especialmente en Alemania entre 1900 y el principio de los años veinte. Se caracterizó por el esquematismo de los temas y por la violencia del estilo, lo que explica su predilección por la poesía (G. Benn, G. Trakl) y el teatro (G. Kaiser, Wedekind).

■ El expresionismo cinematográfico, aparecido en Alemania a fines de la primera guerra mundial, trató de expresar esencialmente el estado de ánimo de los personajes a través del simbolismo de las formas, basándose en los decorados y los juegos de luz. Destacan en esta tendencia los directores Robert Wiene, Paul Wegener, Fritz Lang, F. W. Murnau y Paul Leni.

**EXPRESIONISTA** adj. y n. m. y f. Relativo al expresionismo; seguidor de esta tendencia.

**EXPRESIVIDAD** n. f. Cualidad de lo que es expresivo.

**EXPRESIVO, A** adj. Que expresa con gran viveza un pensamiento, sentimiento o emoción: *un gesto expresivo.* **2.** Afectuoso, amoroso, cariñoso. **3.** MÚS. Lleno de sentimiento.

**EXPRESO** adv. m. Ex profeso, con particular intención: *vino expreso para verte.*

**EXPRESO, A** adj. (lat. *expressum,* declarado). Que está claro, explícito o especificado: *orden expresa.* ◆ adj. y n. m. **2.** Dícese del tren rápido de viajeros que asegura en un mínimo de tiempo las principales correspondencias.

**EXPRIMIDOR** n. m. Utensilio que sirve para extraer el zumo de los frutos.

**EXPRIMIR** v. tr. (lat. *exprimere*) **[3]**. Extraer el zumo o líquido de una cosa apretándola o retorciéndola: *exprimir una naranja.* **2.** *Fig.* Estrujar, agotar, sacar todo el partido posible: *exprimir el cerebro.* **3.** *Fig.* Abusar de una persona, explotarla.

**EXPROMISSIO** n. f. (voz latina). DER. ROM. Sustitución de deudores en la que el nuevo deudor se compromete sin haberse puesto de acuerdo previamente con aquel al que sustituye.

**EXPROPIACIÓN** n. f. Acción y efecto de expropiar. • **Expropiación forzosa,** transferencia coactiva de la propiedad de un particular a la administración pública, o a otro particular, por razón de interés público y previo pago de su valor económico.

**EXPROPIAR** v. tr. **[1]**. Desposeer a alguien de su propiedad, con un fin de utilidad general, según unas formas legales y con indemnización.

**EXPUESTO, A** adj. Peligroso: *una acción muy expuesta.*

**EXPUGNAR** v. tr. (lat. *expugnare*) **[1]**. Tomar por fuerza de armas una fortaleza, una ciudad, etc.

**EXPULSABLE** adj. Que se puede expulsar. • **Asiento expulsable,** asiento de avión que, en caso de accidente, es proyectado al exterior y permite al piloto abandonar el aparato a pesar de la resistencia del aire.

**EXPULSAR** v. tr. **[1]**. Hacer salir de un lugar, especialmente a una persona: *expulsar del país; expulsar a un alumno.* **2.** Arrojar, echar: *la chimenea expulsa humo.*

**EXPULSIÓN** n. f. Acción y efecto de expulsar. **2.** Lanzamiento, proyección del piloto al exterior del avión por medio de un asiento expulsable. **3.** Operación por la que se proyecta automáticamente fuera del arma la vaina del cartucho, después de un disparo. **4.** MED. Fase final del parto.

**EXPULSIVO, A** adj. y n. m. MED. Que acompaña o favorece la expulsión.

**EXPULSOR, RA** adj. Que expulsa: *mecanismo expulsor.* ◆ n. m. **2.** Pieza de un arma de fuego que efectúa la expulsión. SIN.: *eyector.*

**EXPURGACIÓN** n. f. Acción y efecto de expurgar.

**EXPURGAR** v. tr. (lat. *expurgare*) **[1b]**. Limpiar, purificar, quitar lo nocivo, erróneo u ofensivo que contiene un libro, impreso, etc.

**EXPURGO** n. m. Expurgación.

**EXQUISITEZ** n. f. Calidad de exquisito. **2.** Cosa exquisita.

**EXQUISITO, A** adj. (lat. *exquisitum*). Muy delicado, que es capaz de satisfacer un gusto refinado: *poema exquisito; vino exquisito.*

**EXTASIARSE** v. pron. **[1]**. Enajenarse, quedarse absorto: *extasiarse ante la belleza de un paisaje.*

**ÉXTASIS** n. m. (gr. *exstasis,* desviación). Estado de una persona que se encuentra como transportada fuera del mundo sensible por la intensidad de un sentimiento místico. **2.** Viva admiración, placer extremo causado por una persona o una cosa. **3.** Droga sintética de efectos afrodisíacos y alucinógenos.

**EXTÁTICO, A** adj. Relativo al éxtasis.

**EXTEMPORANEIDAD** n. f. Calidad de extemporáneo.

**EXTEMPORÁNEO, A** adj. Impropio del tiempo: *frío extemporáneo.* **2.** Inoportuno, inconveniente: *respuesta extemporánea.* **3.** FARM. Preparado fuera del tiempo adecuado.

**EXTENDER** v. tr. y pron. (lat. *extendere*) **[2d]**. Hacer que una cosa, aumentando su superficie o su longitud, ocupe más espacio que antes: *extender el mantel; extender los brazos; extender mantequilla en una tostada.* **2.** Aumentar, ampliar, aplicando a más cosas algo originariamente más restringido: *extender su poder, un castigo.* ◆ v. tr. **3.** Poner por escrito un documento: *extender un certificado, un cheque.* ◆ **extenderse** v. pron. **4.** Ocupar cierto espacio o cierto tiempo: *su poder se extiende por todo el país.* **5.** Detenerse mucho en una explicación o narración: *extenderse en consideraciones.* **6.** *Fig.* Propagarse, irse difundiendo una cosa: *extenderse una noticia.* **7.** *Fig.* Alcanzar, llegar la fuerza de una cosa a influir en otras. **8.** Echarse alguien estirado.

**EXTENSIÓN** n. f. (lat. *extensionem*). Acción y efecto de extender o extenderse: *la extensión del brazo.* **2.** Dimensión, amplitud, superficie: *la extensión de un terreno.* **3.** *Amér.* Aparato telefónico auxiliar que está conectado a la misma línea que el principal. **4.** *Argent.* y *Méx.* Cable que se añade a un aparato eléctrico para que pueda enchufarse desde más lejos. **5.** ESTADÍST. Diferencia entre el valor más grande y más pequeño de un grupo de observaciones o valores. **6.** FILOS. Propiedad de la materia por la cual los cuerpos ocupan espacio. **7.** FILOS. Conjunto de objetos que puede designar un concepto. **8.** INFORMÁT. Parte del nombre de un archivo, situada después de un punto, que consiste en una cadena de un máximo de tres caracteres y es distintiva del tipo de archivo: *los archivos ejecutables llevan la extensión* exe. **9.** LING. Acción de extender por analogía el significado de una palabra. **10.** TELECOM. Línea telefónica conectada a una centralita: *póngame con la extensión dos, siete, cero.* • **En toda la extensión de la palabra,** por completo, enteramente. ‖ **Extensión de una teoría deductiva** (LÓG.), posibilidad de esta teoría de contener todos los teoremas de otra teoría.

**EXTENSIVO, A** adj. Que se puede comunicar o aplicar a más cosas que a las que ordinariamente comprende: *fuerza extensiva.* **2.** Dícese de un cultivo que se extiende sobre grandes superficies y generalmente con débil rendimiento.

**EXTENSO, A** adj. Que ocupa mucha superficie o que es muy amplio en su contenido: *un extenso repertorio.* • **Por extenso,** con todo detalle.

**EXTENSÓMETRO** n. m. Instrumento que sirve para medir las deformaciones producidas en un cuerpo por efecto de tensiones mecánicas.

**EXTENSOR, RA** adj. y n. m. Que extiende o hace que se extienda: *músculos extensores.*

**EXTENUACIÓN** n. f. Acción y efecto de extenuar.

**EXTENUANTE** adj. Que extenúa.

**EXTENUAR** v. tr. y pron. **[1s]**. Debilitar o cansar en extremo: *extenuar las fuerzas.*

**EXTERIOR** adj. (lat. *exteriorem*). Que está fuera de algo: *un muro exterior.* **2.** Que existe fuera del individuo: *influencia exterior.* **3.** Aparente, visible por la parte de fuera: *aspecto exterior.* **4.** Con respecto a un país, relativo a los países extranjeros: *política exterior.* • **Ángulo exterior a una circunferencia,** ángulo cuyo vértice se encuentra en el exterior de una circunferencia y cuyos lados la cortan o tocan. ‖ **Ángulo exterior de un triángulo, de un polígono,** ángulo formado por un lado del triángulo o del polígono con la prolongación del lado adyacente. ‖ **Punto exterior a un conjunto** (MAT.), aquel tal que existe un entorno del mismo en que no hay puntos del conjunto. ◆ n. m. **5.** Superficie externa de los cuerpos: *el exterior de un edificio.* **6.** Aspecto o porte de una persona. **7.** Con respecto a un país, los países extranjeros: *las relaciones con el exterior.* ◆ **exteriores** n. m. pl. **8.** CIN. Escenas filmadas fuera de un estudio. **9.** CIN. Espacios al aire libre donde se ruedan estas escenas.

**EXTERIORIDAD** n. f. Cualidad de exterior.

**EXTERIORIZACIÓN** n. f. Acción y efecto de exteriorizar.

**EXTERIORIZAR** v. tr. y pron. **[1g]**. Hacer patente, revelar o mostrar algo al exterior: *exteriorizar los sentimientos.*

**EXTERMINACIÓN** n. f. Exterminio.

Fauvismo: *Hyde Park* (1907), por André Derain.
(Museo de arte moderno, Troyes.) Perspectiva lineal convertida en arabescos en las dos dimensiones del lienzo, la intensidad de la paleta no excluye el refinamiento.

Fauvismo: *Restaurante de la Machine, en Bougival* (*c.* 1905), por Vlaminck. (Museo de Orsay, París.)
Este lienzo, de la época de la «cage aux fauves» (jaula de fieras) del Salón de otoño, refleja, con gran crudeza y firmeza, la pasión del joven pintor por Van Gogh.

Fauvismo: *Marino II* (1907), por Matisse. (Col. part.) Deliberadamente, el artista sobrepasa a Gauguin en la construcción de un espacio autónomo mediante el color, depurando la forma y excluyendo todo sistema de referencia simbólica.

Expresionismo: *El hombre fulminado* o *El monumento a la ciudad destruida*, estatua de bronce (1948-1951) de Zadkine, en Rotterdam. Para evocar la destrucción del puerto neerlandés por las bombas en 1940, el escultor recurre a una técnica extraída del cubismo (disposición de planos y aristas) y expresa el horror de la guerra mediante una gesticulación mímica de un barroquismo elocuente.

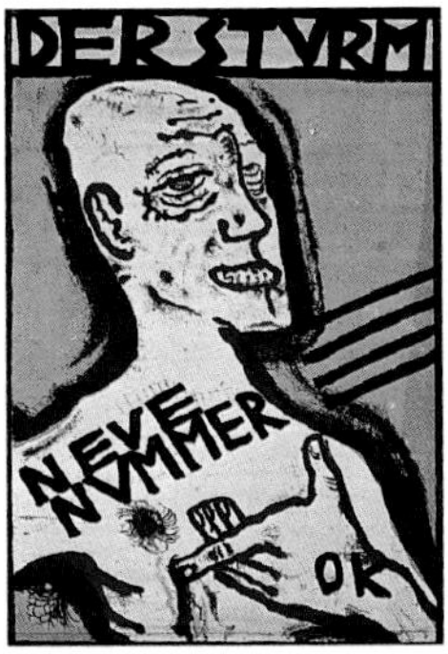


Expresionismo: cartel (1911) por Oskar Kokoschka para *Der Sturm.* Revista de «combate artístico» editada en Berlín (1910-1932) por el escritor y músico Herwarth Walden, *Der Sturm* («La tempestad» o el «Asalto») fundó en 1912 una galería de arte en la cual expusieron expresionistas, futuristas y otros representantes de las vanguardias europeas (rusas, checas, francesas, etc.).
La inquietante imagen de Kokoschka es a la vez un autorretrato y una efigie relacionada con los dibujos del artista para su obra de teatro *Mörder, Hopfnung der Frauen.*

Expresionismo: *Verano* (1913), por Karl Schmidt-Rottluff. (Museo de la Baja Sajonia, Hannover.) Estilización audaz en la que no es ajena la influencia del arte negro (todavía más marcada en algunas esculturas de este artista y en las de Kirchner y Pechstein).

Expresionismo: *Comedor de patatas* (1935), por Constant Permeke. (Museos reales de bellas artes, Bruselas.) Mediante la extrema rudeza de la simplificación formal (dibujo contorneado, sombras monocromas), el maestro del expresionismo flamenco reúne en sí mismo y de manera original la tradición rural de Bruegel y de Van Gogh.

**EXTERMINAR** v. tr. (lat. *exterminare*) **[1]**. Acabar del todo con una cosa: *exterminar el mal.* **2.** Desolar, destruir por fuerza de armas.

**EXTERMINIO** n. m. Acción y efecto de exterminar.

**EXTERNO, A** adj. (lat. *externum*). De fuera: *crema para uso externo.* **2.** Que se manifiesta con actos: *alegría externa.* **3.** No tapado: *parte externa de la planta.* ◆ adj. y n. **4.** Dícese del alumno que sólo permanece en la escuela durante las horas de clase.

**EXTEROCEPTIVIDAD** n. f. Carácter de la sensibilidad exteroceptiva.

**EXTEROCEPTIVO, A** adj. Dícese de la sensibilidad que recibe sus informaciones de receptores sensoriales situados en la superficie del cuerpo, estimulados por agentes externos al organismo, como sensaciones auditivas, táctiles, olfatorias, gustativas, etc.

**EXTINCIÓN** n. f. Acción y efecto de extinguir: *la extinción de un incendio.* **2.** Cesación de una función o actividad: *extinción de un contrato laboral.* **3.** Desaparición, supresión: *la extinción de una especie animal.*

**EXTINGUIBLE** adj. Que se puede extinguir: *fuego extinguible.*

**EXTINGUIR** v. tr. y pron. (lat. *exstinguere*) **[3p]**. Hacer que cese el fuego o la luz: *extinguir la llama; extinguirse el día.* **2.** *Fig.* Hacer que desaparezca poco a poco una cosa: *extinguir el entusiasmo; extinguirse la vida.*

**EXTINTO, A** adj. Que está apagado: *cenizas extintas.* ◆ adj. y n. **2.** Muerto, difunto.

**EXTINTOR, RA** adj. Que extingue o sirve para extinguir. ◆ n. m. y adj. **2.** Aparato que sirve para extinguir pequeños incendios o conatos de incendio.

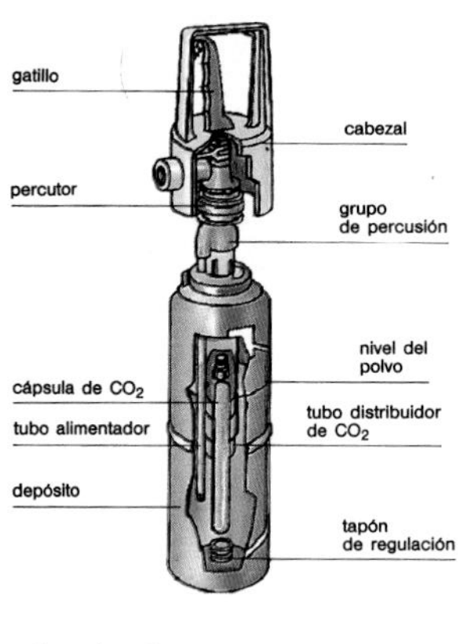


**extintor** de polvo

**EXTIRPABLE** adj. Que se puede extirpar: *tumor fácilmente extirpable.*

**EXTIRPACIÓN** n. f. Acción y efecto de extirpar.

**EXTIRPADOR, RA** adj. y n. Que extirpa. ◆ n. m. **2.** Instrumento agrícola que sirve para arrancar las malas hierbas y efectuar labores superficiales ligeras.

**EXTIRPAR** v. tr. (lat. *extirpare,* desarraigar) **[1]**. Arrancar de cuajo o de raíz; especialmente separar quirúrgicamente una parte del organismo: *extirpar una muela, un tumor.* **2.** *Fig.* Destruir radicalmente: *extirpar el terrorismo.*

**EXTORNO** n. m. Parte de la prima que el asegurador devuelve al asegurado, por haberse modificado alguna de las condiciones de la póliza del seguro.

**EXTORSIÓN** n. f. (lat. *extorsionem*). Acción y efecto de extorsionar.

**EXTORSIONAR** v. tr. **[1]**. Obtener algo por la fuerza, violencia, amenaza o engaño: *extorsionar dinero a alguien.* **2.** Causar un trastorno: *extorsionar los planes.*

**EXTRA** adj. (voz lat., *fuera*). Extraordinario, óptimo: *fruta extra.* ◆ adj. y n. m. **2.** Que se sale de lo ordinario, habitual, previsto o acordado: *paga extra; hacer un extra para los invitados.* ◆ n. m. y f. **3.** Persona que presta un servicio accidentalmente, en especial los comparsas y figurantes de cine.

**EXTRACCIÓN** n. f. Acción y efecto de extraer: *la extracción de una muela.* **2.** Origen, linaje: *ser de noble extracción.* **3.** MAT. Operación que tiene por objeto encontrar la raíz de un número.

**EXTRACORRIENTE** n. f. Corriente que se produce en el aire en el momento en que se abre un circuito recorrido por una corriente eléctrica, debida al fenómeno de autoinducción, y que se manifiesta por un arco.

**EXTRACTAR** v. tr. **[1]**. Reducir a extracto.

**EXTRACTO** n. m. (lat. *extractum*). Resumen de un escrito o exposición, que expresa en términos precisos únicamente lo más sustancial. **2.** Notificación de los movimientos de una cuenta bancaria en un período de tiempo determinado. **3.** Sustancia extraída de otra por una operación física o química: *extracto de quinquina.* **4.** Preparación soluble y concentrada obtenida a partir de un alimento: *extracto de carne.* **5.** Perfume concentrado.

**EXTRACTOR, RA** adj. y n. Que extrae: *dispositivo extractor.* ◆ n. m. **2.** Aparato o pieza que sirve para extraer. **3.** Elemento mecánico que sirve para retirar la vaina de los cartuchos de la recámara o del cañón. **4.** Aparato que sirve para extraer la miel de los panales por aplicación de la fuerza centrífuga. **5.** CIR. Instrumento para extraer cuerpos extraños del organismo. **6.** QUÍM. Aparato que sirve para extraer una sustancia. **7.** TECNOL. Aparato o dispositivo que permite la aireación de un local o habitación.

**EXTRADICIÓN** n. f. Acción de entregar a un inculpado o un condenado a una potencia extranjera que lo reclama.

**EXTRADITABLE** adj. y n. m. y f. Dícese de las personas acusadas de delito que son susceptibles de ser extraditadas en virtud de convenios recíprocos entre países.

**EXTRADITAR** v. tr. **[1]**. Proceder a una extradición.

**EXTRADÓS** n. m. Superficie exterior de un arco, un ala de avión, etc., opuesta a *intradós.*

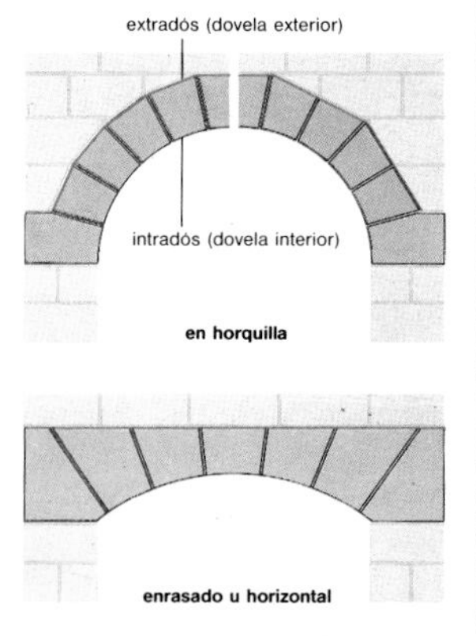


**extradós**

**EXTRAER** v. tr. (lat. *extrahere*) **[10]**. Sacar, retirar de un cuerpo, de un conjunto: *extraer una bala, un diente; extraer un pasaje de un libro.* **2.** Separar por medios físicos o químicos una sustancia de un cuerpo. **3.** Sacar a la luz los productos de una mina subterránea. • **Extraer la raíz de un número,** calcularla.

**EXTRAESCOLAR** adj. Que sucede en el exterior de la escuela o fuera del marco de un programa escolar estricto; relativo a ello: *actividades extraescolares.*

**EXTRAGALÁCTICO, A** adj. Que pertenece al espacio situado fuera de la Galaxia.

**EXTRAJUDICIAL** adj. Que se hace o trata al margen de la vía judicial.

**EXTRALEGAL** adj. Que no es legal, o cae fuera de la ley: *medios extralegales.*

**EXTRALIMITACIÓN** n. f. Acción y efecto de extralimitar o extralimitarse.

**EXTRALIMITAR** v. tr. y pron. **[1]**. Exceder en el uso de las facultades o atribuciones. ◆ **extralimitarse** v. pron. **2.** Abusar de la benevolencia ajena.

**EXTRAMUROS** adv. l. Fuera del recinto de una población.

**EXTRANJERÍA** n. f. Calidad de extranjero. **2.** Situación de un extranjero en el país donde reside.

**EXTRANJERISMO** n. m. Afición desmedida a costumbres extranjeras. **2.** Voz, frase o giro de un idioma empleados en otro.

**EXTRANJERIZAR** v. tr. y pron. **[1g]**. Introducir costumbres extranjeras, mezclándolas con las propias del país.

**EXTRANJERO, A** adj. y n. Relativo a una nación con respecto a otra. **2.** Natural de una nación con respecto a los de cualquier otra. ◆ n. m. **3.** Mundo, o cualquier parte de él, situado fuera del país de la persona de que se trata: *viajar por el extranjero.*

**EXTRANJIS. De extranjis** (*Fam.*), en secreto, ocultamente.

**EXTRAÑAMIENTO** n. m. Pena restrictiva de libertad que consiste en la expulsión de un condenado del territorio nacional por el tiempo que dura la condena.

**EXTRAÑAR** v. tr. y pron. **[1]**. Desterrar a alguien a un país extranjero. **2.** Producir extrañeza o encontrar extraño: *su rara actitud me extrañó.* ◆ v. tr. **3.** Echar de menos a alguna persona o cosa: *extrañar a los padres; extrañar viejas costumbres.*

**EXTRAÑEZA** n. f. Efecto causado por algo extraño. **2.** Cosa extraña o rara. **3.** FÍS. Número cuántico que se emplea para caracterizar a ciertas partículas que están sujetas a interacciones de tipo fuerte.

**EXTRAÑO, A** adj. y n. (lat. *extraneum,* exterior, ajeno). De nación, familia o condición distinta de la que se nombra o sobreentiende. ◆ adj. **2.** Raro, singular, extravagante: *un caso extraño; una mirada extraña.* **3.** Que no tiene parte en algo: *permanecer extraño a la conversación.* • **Cuerpo extraño** (MED.), cuerpo que se encuentra, contra natura, en el organismo del hombre o del animal.

**EXTRAOFICIAL** adj. Oficioso, no oficial.

**EXTRAORDINARIO, A** adj. Fuera del orden o regla natural o común: *suceso extraordinario.* **2.** Mayor o mejor que lo ordinario: *un talento extraordinario.* ◆ adj. y n. m. **3.** Dícese del número de un periódico que se publica por algún motivo especial. ◆ n. m. **4.** Correo especial que se despacha con urgencia. **5.** Extra, plato que no figura en el cubierto ordinario.

**EXTRAPARLAMENTARIO, A** adj. Dícese de lo que está o se hace fuera del parlamento: *comisión extraparlamentaria.* ◆ adj. y n. **2.** Relativo a los grupos políticos no representados en el parlamento. **3.** Integrante de dichos grupos.

**EXTRAPIRAMIDAL** adj. **Síndrome extrapiramidal,** conjunto de manifestaciones (temblores, hipertonía, acinesia, discinesia) debidas a una lesión del sistema extrapiramidal. ‖ **Sistema extrapiramidal,** conjunto de centros nerviosos situados en el cerebro, que rigen los movimientos automáticos y semiautomáticos que acompañan la motricidad voluntaria.

**EXTRAPLANO, A** adj. Que es más plano o delgado que los de su especie.

**EXTRAPOLACIÓN** n. f. Extensión, generalización. **2.** MAT. Procedimiento que consiste en prolongar una serie estadística introduciendo en los términos antiguos un término nuevo que obedece a la ley de la serie, o en determinar la ordenada de un punto situado en la prolongación de una curva y que verifica la ecuación de ésta.

**EXTRAPOLAR** v. intr. **[1]**. Generalizar, deducir a partir de datos parciales o reducidos. **2.** MAT. Practicar la extrapolación.

**EXTRARRADIO** n. m. Sector que rodea el casco urbano de una población y constituye una transición al ámbito rural próximo.

**EXTRASENSORIAL** adj. Dícese de lo que se percibe o acontece sin la intervención de los órganos sensoriales, o que queda fuera de la esfera de éstos.

**EXTRASÍSTOLE** n. f. Contracción suplementaria del corazón, que sobreviene entre contracciones normales y que a veces produce un ligero dolor.

**EXTRATERRESTRE** adj. Que está fuera del globo terráqueo. ◆ adj. y n. m. y f. **2.** Habitante de otro planeta.

**EXTRATERRITORIAL** adj. Fuera de los límites territoriales de una jurisdicción.

**EXTRATERRITORIALIDAD** n. f. Inmunidad por la que se sustrae de la jurisdicción del estado en cuyo territorio se encuentran a diplomáticos y embajadas, por lo que no pueden ser sometidos a las leyes del país donde ejercen sus funciones.

**EXTRAUTERINO, A** adj. Que se encuentra o evoluciona fuera del útero: *embarazo extrauterino.*

**EXTRAVAGANCIA** n. f. Cualidad de extravagante; cosa o acción extravagante: *la extravagancia en el vestir; hacer mil extravagancias.*

**EXTRAVAGANTE** adj. y n. m. y f. Fuera del sentido común, de lo normal, raro: *idea extravagante; un grupo de extravagantes.*

**EXTRAVASARSE** v. pron. **[1]**. Salirse la sangre, savia, etc., del conducto en que están contenidos.

**EXTRAVERSIÓN** o **EXTROVERSIÓN** n. f. SICOL. Característica de una personalidad que se exterioriza fácilmente y que es receptiva a las modificaciones de su entorno.

**EXTRAVERTIDO, A** o **EXTROVERTIDO, A** adj. y n. Que se vuelca hacia el mundo exterior.

**EXTRAVIADO, A** adj. De costumbres desordenadas. **2.** Dícese de los lugares poco transitados o apartados.

**EXTRAVIAR** v. tr. **[1t]**. Perder, poner una cosa en otro lugar que el que debía ocupar: *extraviar las llaves.* **2.** No fijar la vista en un objeto determinado: *extraviar la mirada.* ◆ **extraviarse** v. pron. **3.** Tomar un camino equivocado o llegar a encontrarse sin saber por dónde se tiene que ir. **4.** *Fig.* Pervertirse, seguir una conducta censurable.

**EXTRAVÍO** n. m. Acción y efecto de extraviar o extraviarse. **2.** *Fig.* Desorden en las costumbres: *los extravíos juveniles.* **3.** *Fam.* Molestia, perjuicio: *causar un gran extravío.*

**EXTREMADO, A** adj. Sumamente bueno o malo en su género: *su extremada generosidad.* **2.** Exagerado, que se sale de lo normal o llama la atención.

**EXTREMAR** v. tr. **[1]**. Llevar una cosa al extremo: *extremar los cuidados.* ◆ **extremarse** v. pron. **2.** Emplear todo el esmero en la ejecución de una cosa: *extremarse en el trabajo.*

**EXTREMAUNCIÓN** n. f. En la Iglesia católica, uno de los sacramentos que consiste en la unción con óleo sagrado hecha por el sacerdote a los enfermos graves. SIN.: *unción de los enfermos.*

**EXTREMEÑO, A** adj. y n. De Extremadura. ◆ n. m. **2.** Habla castellana de tránsito propia de las provincias de Cáceres y Badajoz.

**EXTREMIDAD** n. f. Parte extrema o última: *la extremidad de una cuerda.* **2.** *Fig.* Grado último a que una cosa puede llegar. ◆ **extremidades** n. f. pl. **3.** Los pies y las manos: *tener las extremidades frías.* **4.** Brazos y piernas o patas, en oposición al tronco.

**EXTREMISMO** n. m. Tendencia a adoptar ideas extremas o exageradas o a adoptar actitudes extremas o radicales.

**EXTREMISTA** adj. y n. m. y f. Relativo al extremismo. **2.** Partidario de esta tendencia.

**EXTREMO, A** adj. (lat. *extremum*). Que está al final: *el límite extremo del territorio.* **2.** Dícese de la parte de un lugar que está más alejada del punto en que se sitúa el que habla: *la parte extrema de la calle.* **3.** *Fig.* Dícese del grado más elevado de una cosa: *extrema vejez; frío extremo.* **4.** Excesivo, que sobrepasa los límites ordinarios: *extrema dulzura.* **5.** Dícese de lo más radical o extremado en cualquier cosa: *la extrema izquierda.* ◆ n. m. **6.** Parte que está al principio o al final de una cosa: *el extremo del cordón.* **7.** Punto último: *llegar al extremo de la paciencia.* **8.** Lo opuesto, lo contrario: *pasar de un extremo a otro.* **9.** En el fútbol y otros deportes de equipo, jugador que forma parte de la línea de ataque no lejos de la banda. **10.** MAT. Para un subconjunto E de un conjunto C provisto de una relación de orden, el mayor de sus minorantes, extremo inferior, o el menor de sus mayorantes, extremo superior. • **Con, en** o **por, extremo,** muchísimo, excesivamente. ‖ **En último extremo,** en último caso, si no hay otra solución o remedio. ‖ **Los extremos** (MAT.), el primero y el último término de una proporción.

**exvotos** ibéricos de bronce (procedentes de Collado de los Jardines) [museo arqueológico, Madrid]

**EXTREMOSIDAD** n. f. Calidad de extremoso.

**EXTREMOSO, A** adj. Muy expresivo en demostraciones cariñosas. **2.** Extremado en sus afectos o acciones.

**EXTRÍNSECO, A** adj. (lat. *extrinsecum*). Que viene de fuera, que no depende del fondo íntimo: *causas extrínsecas de una enfermedad.* • **Valor extrínseco de una moneda,** valor legal, convencional. SIN.: *valor facial.*

**EXTROFIA** n. f. **Extrofia vesical,** malformación de las vías urinarias en la que la vejiga desemboca directamente en la piel del abdomen.

**EXTRORSO, A** adj. BOT. Dícese de un estambre cuya antera se abre hacia el exterior de la flor, como en las ranunculáceas.

**EXTROVERSIÓN** n. f. Extraversión.

**EXTROVERTIDO, A** adj. y n. Extravertido.

**EXTRUSIÓN** n. f. GEOL. Aparición de materias volcánicas que resulta principalmente de la subida de una masa casi sólida, sin efusión ni proyección. **2.** TECNOL. Acción de dar a una materia moldeable la forma de un perfil de sección recta constante.

**EXTRUSIVO, A** adj. GEOL. Relativo a la extrusión.

**EXTRUSOR** n. m. Máquina de transformación de materiales plásticos, en la que el material fluidificado circula a través de una hilera.

**EXUBERANCIA** n. f. Cualidad de exuberante.

**EXUBERANTE** adj. Abundante, desbordante, desarrollado en exceso: *vegetación exuberante.*

**EXUDACIÓN** n. f. Acción y efecto de exudar. **2.** MED. Supuración patológica. **3.** METAL. Presencia anormal, en la superficie de una aleación, de uno de sus componentes.

**EXUDADO** n. m. MED. Producto que se encuentra en los tejidos por exudación de los líquidos o de la sangre, a través de las paredes vasculares.

**EXUDAR** v. intr. y tr. (lat. *exsudare*) **[1]**. Salir un líquido fuera de sus vasos o continentes. **2.** METAL. Presentar una exudación. ◆ v. intr. **3.** MED. Formarse un exudado.

**EXULCERACIÓN** n. f. MED. Ulceración superficial, en un relieve.

**EXULTACIÓN** n. f. Acción y efecto de exultar.

**EXULTANTE** adj. Que exulta.

**EXULTAR** v. intr. (lat. *exultare*) **[1]**. Mostrar alegría con mucha excitación.

**EXVOTO** o **EX VOTO** n. m. (lat. *ex voto,* a consecuencia del voto). Ofrenda a la divinidad en señal de agradecimiento por un beneficio recibido. • **Exvoto ibérico,** cada una de las figurillas de bronce de carácter votivo, halladas en gran número en los santuarios ibéricos del S y SE de España.

**EYACULACIÓN** n. f. Acción de eyacular. • **Eyaculación precoz,** eyaculación que se produce al empezar el acto sexual.

**EYACULAR** v. tr. (lat. *eiaculare*) **[1]**. Lanzar con fuerza fuera de sí, hablando de ciertas secreciones, en particular del esperma.

**EYACULATORIO, A** adj. Relativo a la eyaculación.

**EYECCIÓN** n. f. FISIOL. Evacuación, expulsión: *eyección de orina.*

**EYECTAR** v. tr. (lat. *eiectare*) **[1]**. Proyectar al exterior.

**EYECTOCONVECTOR** n. m. Aparato de acondicionamiento de aire, similar a un convector de calefacción, que regula la temperatura de un local.

**EYECTOR** n. m. Aparato que sirve para la evacuación de un fluido. **2.** Expulsor.

**EZQUERDEAR** v. intr. **[1]**. Torcerse a la izquierda de la visual una hilada de sillares, un muro, etc.

# F

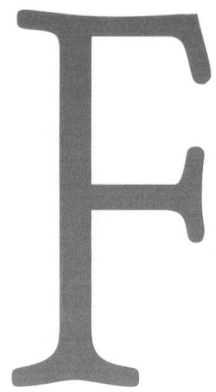

**F** n. f. Sexta letra del alfabeto español y cuarta de las consonantes. (Es una fricativa labiodental sorda.) **2.** Símbolo del grado Fahrenheit, unidad de temperatura de los países anglosajones (ºF). **3.** FÍS. Símbolo del faradio. **4.** MÚS. Nombre de la nota *fa* en inglés y alemán. **5.** QUÍM. Símbolo químico del flúor.

**FA** n. m. Nota musical; cuarto grado de la escala de *do*; signo que la representa. • **Clave de fa,** clave representada por una C invertida seguida de dos puntos, y que indica que la nota situada en la línea que pasa entre los dos puntos es un *fa*.

**FABADA** n. f. Potaje de judías, típico de la cocina asturiana.

**FABIANO, A** adj. y n. Relativo a ciertas sociedades socialistas fundadas en Gran Bretaña a fines del s. XIX para discutir pacíficamente los temas sociales; miembro de dichas sociedades.

**FABLA** n. f. Denominación del aragonés en tanto lengua vernácula, hablada en Aragón y parte de Navarra hasta el s. XV y reducida actualmente a los altos valles pirenaicos y pequeñas comarcas de Huesca.

**FABLIAU** n. m. (voz francesa). Narración en verso, edificante o satírica, propia de los ss. XII y XIII franceses.

**FABORDÓN** n. m. (fr. *faux-bourdon*). MÚS. Manera de cantar que consistía en acompañar el canto litúrgico con sucesiones de tercera y de sexta, acordes que al final y al principio del inciso eran sustituidos por los de octava y de quinta.

**FÁBRICA** n. f. (lat. *fabricam,* taller, fragua). Edificación formada por uno o varios cuerpos, donde se realiza la transformación de materias primas en productos semielaborados o de éstos en productos finales. **2.** Fabricación: *defecto de fábrica.* **3.** Cualquier construcción, o parte de ella, hecha con piedra o ladrillo y argamasa: *pared de fábrica.* **4.** Invención o trama de historias, mentiras, etc.: *fábrica de embustes.* • **Consejo de fábrica,** grupo de clérigos o de laicos que velan por la administración de los bienes de una iglesia. ‖ **Precio de fábrica,** precio al que el fabricante vende sus productos al comercio.

**FABRICACIÓN** n. f. Acción y efecto de fabricar. **2.** Conjunto de las operaciones realizadas en el proceso de producción.

**FABRICADOR, RA** adj. y n. Que inventa o dispone algo no material: *fabricador de embustes.*

**FABRICANTE** adj. Que fabrica. ◆ n. m. y f. **2.** Industrial.

**FABRICAR** v. tr. (lat. *fabricare,* componer) **[1a]**. Hacer un producto industrial por medios mecánicos: *fabricar tejidos, muebles.* **2.** Construir, elaborar: *las abejas fabrican la miel.* **3.** *Fig.* Hacer, disponer o inventar algo no material: *fabricar historias.*

**FABRIL** adj. Relativo a las fábricas o a sus operarios: *industria fabril.*

**FÁBULA** n. f. (lat. *fabulam*). Narración corta, frecuentemente en verso, de la que se extrae una moraleja: *las fábulas de Esopo, La Fontaine.* **2.** Objeto de murmuración irrisoria o despreciativa: *ser la fábula del barrio.* **3.** Relato falso, ficción con que se encubre una verdad.

**FABULACIÓN** n. f. Tendencia de ciertos enfermos síquicos a la invención, o a dar explicaciones falsas.

**FABULADOR, RA** n. Fabulista. **2.** Persona que fabula.

**FABULAR** v. tr. **[1]**. Inventar historias.

**FABULARIO** n. m. Repertorio de fábulas.

**FABULESCO, A** adj. Propio o característico de la fábula como género literario.

**FABULISTA** n. m. y f. Autor de fábulas literarias.

**FABULOSO, A** adj. Dícese de las narraciones fantásticas y maravillosas y de los temas en ellas tratados: *un relato fabuloso.* **2.** *Fig.* Muy grande en cantidad o número o calidad: *memoria fabulosa.*

**FACA** n. f. Cuchillo corvo. **2.** Cualquier cuchillo de grandes dimensiones y con punta, que suele llevarse envainado.

**FACCIÓN** n. f. Parcialidad de gente que provoca desórdenes o está en rebelión: *facción revolucionaria.* **2.** Grupo o partido que se libra a una actividad fraccional o subversiva en el seno de un grupo más importante. **3.** Cualquiera de las partes del rostro humano: *facciones regulares.* (Suele usarse en plural.) **4.** HIST. En el s. XIX español, denominación dada a cada uno de los grupos insurgentes absolutistas, durante el trienio constitucional, de 1820 a 1823, y a los de los carlistas, en general, a lo largo de todo el siglo.

**FACCIOSO, A** adj. y n. Perturbador de la paz pública. **2.** Que pertenece a una facción o parcialidad.

**FACENDA** o **FAZENDA** n. f. En el área cultural portuguesa de América latina, gran explotación agrícola cafetera y ganadera.

**FACERÍA** n. f. Convenio de paz entre valles pirenaicos franceses y españoles vecinos, que incluía disposiciones para facilitar su convivencia.

**FACERO, A** adj. Relativo a la facería.

**FACETA** n. f. (fr. *facette*). Cada una de las caras de un poliedro, cuando son pequeñas: *las facetas de una esmeralda.* **2.** *Fig.* Cada uno de los aspectos que presenta un asunto: *considerar un problema en todas sus facetas.* **3.** ZOOL. Superficie de cada uno de los ocelos que constituyen los ojos compuestos de los artrópodos.

**FACETADA** n. f. *Méx.* Chiste sin gracia.

**FACETAR** v. tr. **[1]**. TECNOL. Tallar en facetas.

**FACETO, A** adj. *Méx.* Chistoso sin gracia. **2.** *Méx.* Presuntuoso.

**FACHA** n. f. (ital. *faccia,* rostro). *Fam.* Traza, figura, aspecto: *tener buena facha.* **2.** *Fam.* Mamarracho, adefesio: *estar hecho una facha.* **3.** *Chile.* Fachenda. ◆ **fachas** n. f. pl. **4.** *Méx.* Disfraz.

**FACHA** n. m. y f. Fascista.

**FACHADA** n. f. (ital. *facciata*). Parte exterior y generalmente principal de un edificio. **2.** Aspecto exterior: *la fachada de un buque.* **3.** Apariencia: *todo en él es pura fachada.*

**FACHENDA** n. f. (ital. *faccenda*). *Fam.* Presunción, vanidad. ◆ n. m. y f. **2.** *Fam.* Persona fachendosa.

**FACHENDEAR** v. intr. **[1]**. Hacer ostentación vanidosa.

**FACHENDOSO, A** adj. y n. *Fam.* Presuntuoso, vanidoso. ◆ adj. **2.** *Méx.* Que viste de forma inadecuada. **3.** *Méx.* Que hace las cosas con descuido.

**FACHINAL** n. m. *Argent.* Lugar anegadizo, cubierto de vegetación como junco y paja brava.

**FACHOSO, A** adj. *Fam.* De mala facha, de figura ridícula. **2.** *Chile, Ecuad.* y *Méx.* Presuntuoso. **3.** *Méx.* Que viste de forma inadecuada.

**FACIAL** adj. Relativo al rostro. • **Ángulo facial,** ángulo formado por la intersección de dos líneas, una que pasa por los incisivos superiores y por el punto más saliente de la frente, y otra que va desde el conducto auditivo a los dientes. ‖ **Nervio facial,** séptimo nervio craneal que dirige los músculos cutáneos de la cara y del cráneo.

**FACIES** n. f. (lat. *facies,* cara). Aspecto de la cara: *facies cadavérica.* **2.** BOT. Fisonomía particular de una asociación vegetal en un lugar dado. **3.** GEOL. Conjunto de características de una cosa consideradas desde el punto de vista de su formación. **4.** PREHIST. Conjunto de rasgos que constituyen un aspecto particular de un período cultural.

**FÁCIL** adj. (lat. *facilem*). Sin gran esfuerzo o que no opone obstáculos: *una lectura fácil.* **2.** Dócil, tratable: *carácter fácil.* **3.** Dícese de la mujer dispuesta a acceder a las solicitaciones masculinas. • **Es fácil,** muy probable o posible: *es fácil que venga.*

**FACILIDAD** n. f. Disposición para hacer una cosa sin gran trabajo: *tener facilidad para el estudio.* **2.** Oportunidad, ocasión propicia: *su cargo le ofrece más facilidad para decidir.* ◆ **facilidades** n. f. pl. **3.** Medios que consiguen hacer fácil algo: *facilidades de pago.*

**FACILITACIÓN** n. f. Acción y efecto de facilitar.

**FACILITAR** v. tr. **[1]**. Hacer fácil o posible: *estos datos facilitan mi trabajo.* **2.** Proporcionar o entregar: *facilitar informes.*

**FACINEROSO, A** adj. y n. (lat. *facinorosum*). Malhechor.

**FACISTOL** n. m. (provenz. *faldestol*). Atril grande

de las iglesias, donde se ponen libros para cantar. **2.** *Antillas* y *Venez.* Persona pedante, vanidosa.

**FACÓMETRO** n. m. ÓPT. Instrumento que permite determinar por lectura directa el número de dioptrías de una lente.

**FACÓN** n. m. *Argent., Bol.* y *Urug.* Cuchillo grande, recto y puntiagudo, usado por los campesinos.

**FACSÍMIL** o **FACSÍMILE** n. m. (lat. *fac simile,* haz una cosa semejante). Reproducción exacta de firmas, escritos, pinturas, dibujos, objetos de arte, etc. **2.** ART. GRÁF. Procedimiento de transmisión a distancia de páginas montadas que permite la publicación simultánea de revistas y periódicos en talleres distintos.

**FACSIMILAR** adj. Dícese de las reproducciones, ediciones, etc., en facsímil.

**FACTIBILIDAD** n. f. Calidad de factible.

**FACTIBLE** adj. Que se puede hacer.

**FACTICIDAD** n. f. FILOS. Carácter de lo que existe de hecho y está desprovisto de necesidad.

**FACTICIO, A** adj. Que no es natural. • **Idea facticia** (FILOS.), según los cartesianos, idea producida por el conocimiento racional o por la imaginación, por oposición a las ideas innatas o adventicias.

**FÁCTICO, A** adj. Relativo al hecho o a los hechos. • **Poderes fácticos,** grupos de presión.

**FACTITIVO, A** o **FACTIVO, A** adj. LING. Dícese de un verbo que expresa que el sujeto no realiza la acción sino que la hace ejecutar. SIN.: *causativo.*

**FACTOR** n. m. (lat. *factorem*). Lo que contribuye a causar un efecto. **2.** BIOL. Agente causal hereditario que determina cierto carácter en la descendencia. **3.** F.C. Empleado que en las estaciones de ferrocarril cuida de la recepción, expedición y entrega de los equipajes, mercancías, etc. **4.** MAT. Cada uno de los números que figuran en un producto. • **Factor de liberación** (MED.), polipéptido secretado por el hipotálamo, que desencadena la secreción de una de las hormonas del lóbulo anterior de la hipófisis. SIN.: *releasing factor.* ‖ **Factor de multiplicación,** número de neutrones liberados cuando un neutrón desaparece en el curso de una reacción nuclear. ‖ **Factor de potencia,** relación entre la potencia activa disipada en un circuito eléctrico, expresada en vatios, y la potencia aparente, expresada en voltamperios. ‖ **Factor general,** o **G** (SICOL.), aptitud general intelectual de un individuo. ‖ **Factores de producción,** elementos que concurren en la producción de los bienes o de los servicios, esencialmente el capital y el trabajo. ‖ **Factores primos de un número,** números primos, distintos o no, cuyo producto es igual a este número.

**FACTORAJE** o **FACTORING** n. m. Técnica financiera consistente en una transferencia de créditos comerciales por parte de un titular a un intermediario financiero (factor) que gestiona y garantiza el cobro.

**FACTORÍA** n. f. Empleo y oficina del factor. **2.** Fábrica. **3.** Establecimiento de comercio o industrial, fundado por una nación o por particulares en países de ultramar. **4.** En Latinoamérica, campamento que establecen las expediciones balleneras en las costas de la Antártida.

**FACTORIAL** adj. En estadística y sicología, dícese de los tests elegidos en función de los resultados de análisis factoriales, considerados buenos indicadores de determinados factores. • **Análisis factorial,** método estadístico que tiene como finalidad la búsqueda de factores comunes a un conjunto de variables que tienen entre sí grandes correlaciones. ◆ n. m. **2. Factorial de $n$,** producto de los $n$ primeros números enteros: *el factorial de 5 es* $5! = 5 \times 4 \times 3 \times 2 \times 1 = 120$.

**FACTORIZACIÓN** n. f. MAT. Transformación de una expresión en producto de factores.

**FACTÓTUM** n. m. y f. (lat. *fac totum,* haz todo). *Fam.* Persona de plena confianza de otra y que en nombre de ésta desempeña sus funciones.

**FACTUAL** adj. Relativo a los hechos.

**FACTURA** n. f. (lat. *facturam*). Hechura, ejecución: *la factura de un tejido.* **2.** Escrito mediante el cual el vendedor da a conocer al comprador el detalle y el precio de las mercancías vendidas. **3.** *Argent.* Nombre que se da a diversas clases de panecillos dulces, horneados o fritos, que suelen fabricarse y venderse en las panaderías. • **Factura pro forma,** proyecto de factura redactado con anterioridad a la ejecución del pedido, para permitir al comprador la obtención de licencias de importación.

**FACTURACIÓN** n. f. Acción y efecto de facturar. **2.** Conjunto de operaciones contables que comprenden desde el simple registro de pedidos hasta la contabilización y control estadístico de los elementos de la factura. **3.** Servicio o sección donde se llevan a cabo estas operaciones: *departamento de facturación.*

**FACTURAR** v. tr. **[1].** Extender facturas. **2.** Registrar, en las estaciones de ferrocarriles o terminales de aeropuerto, mercancías o equipajes para que sean remitidos a su destino.

**FÁCULA** n. f. (lat. *faculam,* antorcha pequeña). ASTRON. Pequeña zona sumamente brillante del disco solar, cuya aparición precede generalmente a la de una mancha solar.

**FACULTAD** n. f. (lat. *facultatem*). Aptitud, potencia física o moral: *ganar, perder facultades; la facultad de pensar.* **2.** Poder, derecho para hacer una cosa: *conceder facultad para dirigir.* **3.** Centro universitario que coordina las enseñanzas impartidas en los departamentos, para la asignación de grados académicos en todos los ciclos de una determinada rama del saber. • **Facultades mentales** (SIQUIATR.), término inespecífico que designa el conjunto de funciones síquicas de un individuo.

**FACULTAR** v. tr. **[1].** Conceder facultades a uno para hacer algo, autorizar.

**FACULTATIVO, A** adj. Relativo a una facultad: *dictamen facultativo.* **2.** Voluntario, no obligatorio: *trabajo facultativo.* ◆ n. **3.** Médico o cirujano.

**FACUNDIA** n. f. Exageración o facilidad de palabra.

**FACUNDO, A** adj. Que tiene facundia.

**FADING** n. m. (voz inglesa). RADIOTECN. Desvanecimiento.

**FADO** n. m. Canción popular portuguesa, de carácter melancólico.

**FAENA** n. f. Trabajo corporal: *faenas del campo.* **2.** *Fig.* Trabajo mental: *faena de investigación.* **3.** *Fam.* Mala pasada. **4.** *Chile.* Trabajo duro de realizar. **5.** *Chile.* Grupo de trabajadores que realizan una tarea común. **6.** *Chile.* Lugar donde éstos lo realizan **7.** *Guat.* Trabajo que en una hacienda se hace fuera de horario. **8.** TAUROM. Conjunto de las suertes realizadas, especialmente con la muleta, desde el primer pase hasta la estocada o descabello final. • **Metido en faena,** entregado de lleno a un trabajo o actividad.

**FAENAR** v. tr. **[1].** Realizar un trabajo, especialmente los pescadores profesionales.

**FAENERO** n. m. *Chile.* Trabajador del campo.

**FAETÓN** n. m. (de *Faetón,* personaje mitológico). Coche hipomóvil de cuatro ruedas, alto, ligero y descubierto, con dos asientos paralelos.

**FAFARACHERO, A** adj. *Amér.* Fanfarrón, jactancioso.

**FAGAL** adj. y n. f. Relativo a un orden de plantas dicotiledóneas, de flores sin pétalos y unisexuadas, agrupadas en amentos, con fruto inserto en una cúpula, como el roble y el haya.

**FAGEDENISMO** n. m. Extensión indefinida de una úlcera, que parece carcomer la carne.

**FAGO** n. m. MICROB. Bacteriófago.

**FAGOCITAR** v. tr. **[1].** MED. Destruir por fagocitosis.

**FAGOCITARIO, A** adj. Relativo a la fagocitosis o a los fagocitos.

**FAGOCITO** n. m. Célula del organismo capaz de fagocitosis, como los leucocitos y las células del tejido reticuloendotelial.

**FAGOCITOSIS** n. f. Función por la que algunas células absorben partículas, microbios, etc., los engloban con seudópodos y después los digieren.

**FAGOT** n. m. Instrumento musical de viento, de madera y lengüeta doble, que en la orquesta constituye el bajo de la familia de los oboes. ◆ n. m. y f. **2.** Fagotista.

**FAGOTISTA** n. m. y f. Músico que toca el fagot.

**FAIR PLAY** n. m. (voces inglesas). Juego limpio, actuación leal, deportividad.

**FAISÁN** n. m. (provenz. *faisan*). Gallinácea originaria de Asia, que en algunas especies alcanza los 2 m de long., de brillante plumaje, sobre todo en el macho, y de carne apreciada. • **Faisán neocelandés,** ave de Nueva Zelanda y Australia, de largos dedos, que edifica colectivamente montones de vegetales en descomposición, de hasta 4 m de alt., y deposita los huevos en ellos para que se incuben solos.

**fagot** y **fagotista**

**FAISANA** n. f. Hembra del faisán.

**FAISANERÍA** n. f. Lugar especialmente dedicado a la cría de faisanes.

**FAJA** n. f. (lat. *fasciam,* venda). Tira de cualquier materia que rodea una persona o una cosa ciñéndola: *la faja de un bebé.* **2.** Prenda interior femenina de materia elástica, que sustituye al antiguo corsé. **3.** Insignia de algunos cargos militares, civiles o eclesiásticos, o distintivo honorífico. **4.** Porción más larga que ancha, especialmente de terreno. **5.** ARQ. Moldura ancha y de poco vuelo. **6.** HERÁLD. Pieza que se coloca horizontalmente en la mitad del escudo y que ocupa la tercera parte del mismo.

**FAJADA** n. f. *Amér.* Acometida, embestida.

**FAJADOR** n. m. DEP. En boxeo, púgil de gran resistencia a los golpes del adversario.

**FAJADURA** n. f. Acción y efecto de fajar o fajarse.

**FAJAMIENTO** n. m. Fajadura.

**FAJAR** v. tr. y pron. **[1].** Rodear o envolver con faja: *fajar a un niño.* **2.** *Amér. Merid., C. Rica* y *Cuba.* Pegar a uno, golpearlo. ◆ v. tr. **3.** *Argent. Fig.* y *fam.* Cobrar en exceso por una venta o servicio. **4.** *C. Rica, Cuba* y *Dom.* Irse a las manos dos personas. **5.** *C. Rica, Dom.* y *P. Rico.* Emprender con ahínco un trabajo o estudio. **6.** *Cuba.* Enamorar a una mujer con propósitos deshonestos. **7.** *Dom.* y *P. Rico* Pedir dinero prestado. **8.** *Méx. Vulg.* Acariciar y besar a alguien con lascivia, excitarse sexualmente con caricias.

**FAJÍN** n. m. Ceñidor de seda de determinados colores y distintivos, que usan los generales.

**FAJINA** n. f. Conjunto de haces de mies que se pone en las eras. **2.** Leña ligera para encender. **3.** *Méx.* En el trabajo del campo, comida que se hace al mediodía. **4.** FORT. Haz de ramas muy apretadas que se usan para revestimientos. **5.** MIL. Toque de formación para las comidas.

**FAJO** n. m. Haz, atado, paquete: *un fajo de leña, de billetes de banco.* **2.** *Méx. Vulg.* Golpe, cintarazo. ◆ **fajos** n. m. pl. **3.** Conjunto de ropas con que se viste a los niños recién nacidos.

**FAJÓN** n. m. Recuadro ancho de yeso alrededor de las puertas y ventanas.

**faisán**

**FAKIR** n. m. Faquir.

**FALACHAS** o **FALASHAS,** judíos negros de Etiopía, act. establecidos en Israel.

**FALACIA** n. f. (lat. *fallaciam*). Cualidad de falaz. **2.** Sofisma, falso razonamiento para inducir a error.

**FALANGE** n. f. (lat. *phalangem*). Cada uno de los huesos que componen los dedos. **2.** Cuerpo de tropas numeroso. **3.** ANT. GR. En la época clásica, formación de combate en la que los hoplitas formaban una masa profunda de varias hileras. **4.** HIST. En la época helénica, infantería macedónica que formaba una masa compacta protegida por escudos y provista de largas lanzas. **5.** POL. Organización política de características paramilitares y generalmente de tendencias derechistas: *Falange española; Falange libanesa.*

**FALANGERO** n. m. Mamífero australiano del orden marsupiales, algunas de cuyas especies, dotadas de un patagio, pueden planear.

**FALANGETA** n. f. ANAT. Falange distal o ungular de los dedos.

**FALÁNGIDO, A** adj. ANAT. Relativo a la falange.

**FALANGINA** n. f. ANAT. Segunda falange, o falange media, de los dedos.

**FALANGISMO** n. m. Tendencia política de la Falange española.

**FALANGISTA** adj. y n. m. y f. Relativo a la falange, partido político, especialmente a la Falange española; militante de este partido.

**FALANSTERIO** n. m. (fr. *phalanstère*). En el sistema de Fourier, amplia asociación de producción, en la que los trabajadores vivían en comunidad.

**FALAZ** adj. (lat. *fallăcem*). Embustero, falso: *palabras falaces.* **2.** Que halaga y atrae con falsas apariencias: *modales falaces.*

**FALCA** n. f. Cuña o pieza que se pone como suplemento debajo de la pata de un mueble que cojea, debajo de las ruedas de un carro para mantenerlo inmóvil, etc. **2.** *Colomb.* Cerco que se pone como suplemento a las pailas. (Suele usarse en plural.) **3.** *Méx.* y *Venez.* Especie de canoa grande provista de techo. **4.** MAR. Cada una de las tablas delgadas que, puestas de canto sobre la borda de las embarcaciones menores, impiden que entre el agua.

**FALCADO, A** adj. De curvatura semejante a la de la hoz. **2.** HERÁLD. Dícese de la cruz cuyos brazos rematan en media luna.

**FALCAR** v. tr. **[1a]**. Colocar una falca o falcas en algo.

**FALCATA** n. f. Tipo de espada empleado por las tribus prerromanas del E y S de España.

**FALCIFORME** adj. Que tiene forma de hoz.

**FALCÓN** n. m. Cañón de los ss. XVI-XVII.

**FALCONETE** n. m. Pequeña pieza de artillería, reducción del falcón.

**FALCÓNIDO, A** adj. y n. m. Relativo a una familia de aves que comprende la mayor parte de las rapaces diurnas, como el águila, el milano y el halcón.

**FALDA** n. f. Parte del vestido o prenda de vestir que va desde la cintura hacia abajo. **2.** Regazo: *tener al niño en la falda.* **3.** En el despiece de carne bovina, parte que comprende la región inferior de las paredes abdominales. **4.** ARM. Parte de la armadura que colgaba desde la cintura hacia abajo. **5.** GEOGR. Sectores bajos de las vertientes montañosas. • **Falda del pistón,** superficie lateral del pistón, que asegura su guía en el interior del cilindro. ◆ **faldas** n. f. pl. **6.** Mujer o mujeres, en oposición al hombre: *cuestión de faldas.*

**FALDAR** n. m. ARM. Parte de la armadura que caía desde el extremo inferior del peto.

**FALDEAR** v. tr. **[1]**. Caminar por la falda de una montaña.

**FALDELLÍN** n. m. Falda corta.

**FALDEO** n. m. *Argent., Chile* y *Cuba.* Faldas de un monte.

**FALDERO, A** adj. Relativo a la falda. **2.** *Fig.* Aficionado a estar entre mujeres.

**FALDICORTO, A** adj. Corto de faldas.

**FALDILLAS** n. f. pl. En ciertos trajes, partes que cuelgan de la cintura abajo.

**FALDISTORIO** n. m. Sillón de tijera parecido a la silla curul de los antiguos.

**FALDÓN** n. m. En algunas prendas de vestir, parte que cae suelta desde la cintura. **2.** Parte inferior de alguna ropa, colgadura, etc. **3.** CONSTR. Vertiente triangular de un tejado. **4.** CONSTR. Conjunto de los dos lienzos y el dintel que forman la boca de una chimenea de calefacción. **5.** EQUIT. Cada una de las partes de una silla sobre las que apoyan las piernas los jinetes.

**FALDRIQUERA** n. f. Faltriquera.

**FALENA** n. f. Nombre dado a las mariposas de la familia geométridos, en particular a algunas especies dañinas para los cultivos y bosques.

**FALENCIA** n. f. *Argent.* En lenguaje administrativo, quiebra de un comerciante. **2.** *Argent.* Carencia, defecto.

**FALERNO** n. m. Vino muy apreciado en la antigua Roma, que se cosechaba en Campania.

**FALIBILIDAD** n. f. Calidad de falible.

**FALIBLE** adj. Que puede equivocarse o engañar: *todo hombre es falible.* **2.** Que puede faltar o fallar.

**FÁLICO, A** adj. Relativo al falo. • **Estadio fálico** (SICOANÁL.), fase de la sexualidad infantil, entre los 3 y los 6 años, en la que las pulsiones se organizan alrededor del falo.

**FALISMO** n. m. Culto rendido en algunas culturas al falo.

**FALLA** n. f. Defecto material de una cosa que merma su resistencia. **2.** Falta, defecto en el obrar, quebrantamiento de la obligación de cada uno. **3.** *Amér.* Deficiencia en el funcionamiento, fallo.

**FALLA** n. f. Fractura de las capas geológicas, acompañada de un desplazamiento vertical, oblicuo u horizontal de los bloques. • **Escarpe de falla** (GEOGR.), talud rígido, casi siempre de trazado rectilíneo, creado por una falla.

**FALLA** n. f. En Valencia, tablado sobre el que se disponen determinadas figuras de madera y cartón que reproducen escenas satíricas de actualidad. ◆ **fallas** n. f. pl. **2.** En Valencia, festejos en que se queman estas figuras en la noche de san José.

**FALLADO, A** adj. GEOL. Que está cortado por fallas.

**FALLAR** v. tr. **[1]**. DER. Decidir un litigio o proceso, pronunciando el juzgador el fallo o sentencia.

**FALLAR** v. tr. **[1]**. En el juego de cartas, poner un triunfo por no tener el palo que se juega. ◆ v. intr. **2.** Frustrarse o salir fallida una cosa: *fallar la puntería.* **3.** Perder una cosa su resistencia: *fallar la memoria.*

**FALLEBA** n. f. (ár. vulg. *hallēba*). Varilla de hierro acodillada en sus extremos, que sirve para cerrar las puertas o ventanas.

**FALLECER** v. intr. **[2m]**. Morir.

**FALLECIDO, A** n. Finado.

**FALLECIMIENTO** n. m. Acción y efecto de fallecer.

**FALLERA** n. f. Femenino de fallero. • **Fallera mayor,** reina de las fiestas de las fallas.

**FALLERO, A** adj. Relativo a las fallas de Valencia. ◆ n. **2.** Persona que toma parte en las fallas de Valencia.

**FALLIDO, A** adj. Frustrado, sin efecto: *intento fallido.* **2.** Dícese de la cantidad, crédito, etc., que se considera incobrable. • **Acto fallido** (SICOANÁL.),

**falla** valenciana

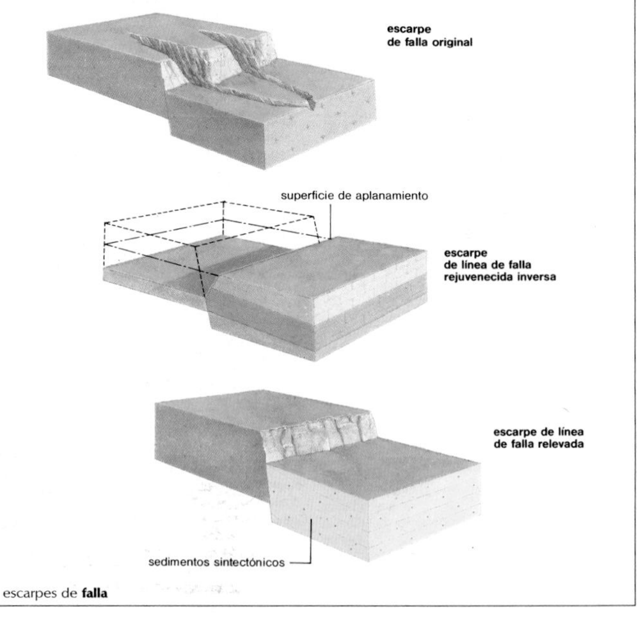


escarpes de **falla**

acto por el cual un individuo sustituye, de manera inconsciente, un proyecto o una intención deliberada por una acción o una conducta totalmente imprevistas.

**FALLO** n. m. Decisión tomada por una persona sobre un asunto: *el fallo de un concurso.* **2.** DER. Sentencia del juez, tribunal o árbitro.

**FALLO** n. m. Fracaso en la ejecución de algo. **2.** Falta, deficiencia, error.

**FALLUTO, A** adj. *Argent.* y *Urug. Vulg.* Hipócrita.

**FALO** n. m. (gr. *phallos,* emblema de la generación). Miembro viril. **2.** Variedad de hongo de olor repelente y forma fálica.

**FALOCRACIA** n. f. Conjunto de comportamientos que reflejan la idea de que el hombre es superior a la mujer.

**FALSACIÓN** n. f. Acción y efecto de falsar.

**FALSAR** v. tr. **[1]**. EPISTEMOL. Contrastar una proposición con los hechos de forma que exista la posibilidad de refutarla.

**FALSARIO, A** adj. y n. Que inventa falsedades, especialmente calumniosas.

**FALSEADOR, RA** adj. Que falsea o falsifica alguna cosa.

**FALSEAMIENTO** n. m. Acción y efecto de falsear.

**FALSEAR** v. tr. **[1]**. Contrahacer o corromper una cosa haciéndola disconforme con la verdad, la exactitud, etc.: *falsear los hechos.* **2.** ARQ. Desviar un corte ligeramente de la perpendicular. ◆ v. intr. **3.** Flaquear o perder una cosa su resistencia y firmeza: *la columna falsea.* **4.** Disonar una cuerda de un instrumento.

**FALSEDAD** n. f. Cualidad de falso. **2.** Dicho o hecho falso.

**FALSEO** n. m. ARQ. Acción y efecto de falsear un corte. **2.** ARQ. Corte o cara de una piedra o madero falseados.

**FALSETE** n. m. (fr. *fausset*). Voz artificial, más aguda que la natural.

**FALSÍA** n. f. Falsedad, hipocresía.

**FALSIFICACIÓN** n. f. Acción y efecto de falsificar.

**FALSIFICADOR, RA** adj. y n. Que falsifica.

**FALSIFICAR** v. tr. (lat. *falsificare*) **[1a]**. Falsear, contrahacer, imitar fraudulentamente: *falsificar una firma, moneda, una obra de arte.*

**FALSILLA** n. f. Hoja de papel con líneas muy señaladas, que se pone debajo de otra para que aquéllas sirvan de guía.

**FALSO, A** adj. (lat. *falsum*). No verdadero, no auténtico o no correspondiente a la verdad: *perlas falsas; falsas promesas; billetes falsos.* **2.** Que no es real, aparente: *falsa modestia.* **3.** Engañoso, fingido, traidor: *persona falsa; una falsa mirada.* **4.** *Galic.* Torpe, inadecuado: *falsa maniobra.* **5.** CONSTR. En la arquitectura y otras artes, dícese de lo que suple la falta de dimensiones o de fuerza: *falso pilote.* • **Armas falsas** (HERÁLD.), las que violan las leyes heráldicas. SIN.: *armas de enquerre.* || **Falso testimonio** (DER. PEN.), delito consistente en la declaración de un testigo, perito o intérprete que falta maliciosamente a la verdad en una causa civil o criminal. || **Nota falsa** (MÚS.), nota afinada en sí misma, pero emitida cuando no le corresponde. ◆ n. m. **6.** Pieza de la misma tela que se pone interiormente en la parte del vestido donde la costura hace más fuerza. **7.** Ruedo de un vestido. • **De, en,** o **sobre, falso,** con intención contraria a la que se quiere dar a entender. || **Entrar en falso** (TAUROM.), dícese cuando se acomete la ejecución de una suerte y se abandona el designio sin consumarla.

**FALTA** n. f. Carencia o privación de una cosa necesaria o útil: *falta de medios económicos.* **2.** Acto contrario al deber u obligación: *falta de respeto.* **3.** Ausencia de una persona del sitio en que hubiera debido estar: *su falta al acto fue muy notoria.* **4.** Cualidad o circunstancia que quita perfección a una cosa: *no encuentro ninguna falta en tu traje.* **5.** Efecto de equivocarse, equivocación: *falta de ortografía.* **6.** DEP. Infracción del reglamento en un determinado deporte. **7.** DER. Hecho ilícito sancionado con una pena leve. **8.** FISIOL. Supresión de la regla o menstruo en la mujer, principalmente durante el embarazo. **9.** JUEG. En la ruleta, una de las seis suertes simples que comprende los números del 1 al 18 inclusive. • **A falta de,** en sustitución de. || **Echar en falta,** sentir la necesidad de algo o alguien; notar que falta algo o alguien. || **Hacer falta,** ser preciso para algún fin. || **Sin falta,** puntualmente, con seguridad.

**FALTAR** v. intr. **[1]**. No haber o no estar una persona o cosa donde debiera estar o haber menos de lo necesario: *hace días que falta a la oficina; aquí falta aire.* **2.** No existir una cualidad o circunstancia en lo que debiera tenerla: *le faltó valor para decírselo.* **3.** Quedar un remanente de tiempo o alguna acción sin realizar: *falta una hora para salir; sólo falta firmar la carta.* **4.** No acudir a un sitio donde se tenía que ir: *faltar a la cita.* **5.** Consumirse, acabarse, fallecer, morir. **6.** No cumplir alguien con lo que debe o se esperaba de él: *faltar a sus obligaciones, al respeto.* **7.** Dejar de asistir a otro o no tratarle con la consideración debida: *ha faltado a su director.* **8.** Ser infiel uno de los cónyuges al otro cometiendo adulterio. • **Faltar poco para** una cosa, estar a punto de suceder una cosa o de acabar una acción.

**FALTO, A** adj. Defectuoso o necesitado de alguna cosa.

**FALTÓN, NA** adj. *Fam.* Que falta con frecuencia a sus obligaciones o citas. **2.** *Fam.* Propenso a cometer faltas de respeto o a ofender a otros.

**FALTRIQUERA** o **FALDRIQUERA** n. f. Bolsillo de las prendas de vestir. **2.** Bolsillo que se atan las mujeres a la cintura y que llevan colgado debajo del vestido o delantal.

**FALÚA** n. f. Embarcación pequeña que emplean los jefes y autoridades de marina en los puertos. **2.** Cierta embarcación de vela latina.

**falúas** en el Nilo

**FALUCHO** n. m. Falúa, embarcación de vela latina. **2.** *Argent.* Sombrero de dos picos que usaban los diplomáticos y los jefes militares en las funciones de gala y recepciones oficiales.

**FALUN** n. m. (voz provenzal). Depósito calcáreo rico en restos fósiles, que data del terciario.

**FAMA** n. f. Gran difusión alcanzada por determinada opinión sobre las extraordinarias cualidades de alguien o algo: *la fama de un héroe.* **2.** Opinión sobre alguien o algo en determinado ambiente o medio: *tener buena o mala fama.*

**FAMÉLICO, A** adj. Hambriento.

**FAMILIA** n. f. (lat. *familiam,* conjunto de criados de una persona). Conjunto de personas que provienen de una misma sangre, de un mismo linaje, de una misma casa, especialmente, el padre, la madre y los hijos. **2.** Dinastía, estirpe, linaje: *ser de familia aristocrática.* **3.** Prole, hijos: *estar cargado de familia.* **4.** Conjunto de personas o cosas que tienen alguna condición común: *familia espiritual.* **5.** *Chile.* Enjambre de abejas. **6.** HIST. NAT. Unidad sistemática de las clasificaciones que comprende cierto número de géneros y es de categoría inferior al orden. • **De buena familia,** dícese de las personas cuyos antecesores gozan de buen crédito y estimación social. || **En familia,** sin gente extraña, en la intimidad. || **Familia de curvas** (MAT.), conjunto de curvas que dependen de uno o varios parámetros. || **Familia de lenguas,** grupo de lenguas que tienen un origen común o vínculos de parentesco estructurales estrechos. || **Familia de palabras,** grupo de palabras procedentes de una raíz común. || **Familia de vectores** (MAT.), conjunto constituido por un determinado número de vectores. || **Familia indexada** (MAT.), sucesión de elementos tomados de un conjunto a los que se hace corresponder de forma biunívoca la sucesión de los números naturales. || **Familia nuclear** (ANTROP. CULT.), conjunto formado por el padre, la madre y sus hijos.

**FAMILIAR** adj. Relativo a la familia: *apellido familiar.* **2.** Dícese del trato llano y sin ceremonia: *tener una relación muy familiar.* **3.** Dícese de aquello que uno sabe muy bien o que hace fácilmente: *una voz familiar; este asunto me es muy familiar.* **4.** Dícese del vehículo automóvil de turismo, carrozado de forma que admita el máximo número de personas para una potencia determinada. **5.** LING. Dícese de una palabra o de una construcción característica de la lengua coloquial. • **Hacerse familiar,** familiarizarse. || **Planificación familiar** (DEMOGR.), conjunto de medidas destinadas a regular la natalidad y, con ello, la dimensión de la familia. ◆ adj. y n. m. y f. **6.** Pariente: *el director es un familiar suyo.* ◆ n. m. **7.** HIST. En la edad media, consejero íntimo del rey. **8.** HIST. En la Inquisición española, agente individual no retribuido, sin obligaciones bien definidas.

**FAMILIARIDAD** n. f. Llaneza y confianza en el trato.

**FAMILIARIZAR** v. tr. **[1g]**. Hacer familiar o común una cosa, acostumbrar: *familiarizar a alguien con la vida del campo.* ◆ **familiarizarse** v. pron. **2.** Introducirse y acomodarse al trato familiar de uno: *familiarizarse con los nuevos compañeros.* **3.** Adaptarse, acostumbrarse a algunas circunstancias o cosas: *familiarizarse al bullicio de la ciudad.*

**FAMOSO, A** adj. (lat. *famosum*). Que tiene fama, buena o mala: *Cervantes es un escritor famoso; se hizo famoso por su crueldad.* **2.** *Fam.* Bueno, excelente en su especie: *un vino famoso.* **3.** *Fam.* Dícese de personas, hechos o dichos que llaman la atención por su gracia o por ser muy singulares y extravagantes: *tuvo una famosa ocurrencia.*

**FÁMULO, A** n. (lat. *famulum*). *Fam.* Criado, doméstico, sirviente.

**FAN** n. m. y f. (voz inglesa) [pl. *fans*]. Fanático admirador o seguidor de una persona o de una moda.

**FANAL** n. m. (ital. *fanale*). Linterna o luz empleadas a bordo de los barcos y para el balizamiento de las costas. **2.** Campana de cristal para resguardar algún objeto, luz, etc. **3.** Farol de locomotora.

**FANARIOTAS,** grupo social griego, que tomó su nombre del barrio griego de Istanbul, *Fanar.* Nobles, prelados o ricos comerciantes, los fanariotas participaron, a partir del s. XVII, en el sistema administrativo del imperio otomano y desempeñaron un importante papel en la lucha por la independencia de Grecia (1830).

**FANÁTICO, A** adj. y n. (lat. *fanaticum,* inspirado, exaltado). Que defiende con apasionamiento y celo desmedidos una creencia, una causa, un partido, etc.: *creyente fanático.* **2.** Entusiasmado ciegamente por una cosa: *fanático de la música.*

**FANATISMO** n. m. Apasionamiento a favor de una creencia o partido.

**FANATIZAR** v. tr. (fr. *fanatiser*) **[1g]**. Provocar el fanatismo: *fanatizar a las masas.*

**FANDANGO** n. m. Canción o baile, ejecutado por una pareja, con acompañamiento de castañuelas, al compás 3/4 o 6/8. **2.** *Fig.* y *fam.* Bullicio, trapatiesta.

**FANDANGUERO, A** adj. y n. Aficionado a bailar el fandango o a asistir a bailes y festejos.

**FANDANGUILLO** n. m. Ramificación menor del tronco de los fandangos andaluces.

**FANÉ** adj. (voz francesa). Lacio, ajado.

**FANECA** n. f. Pez gadiforme comestible, con tres aletas dorsales y tres anales, que vive en el Atlántico y Mediterráneo. (Familia gádidos.)

**FANEGA** n. f. (ár. *faniga,* saco grande). Medida de capacidad para áridos con una capacidad distinta según las regiones. **2.** Porción de áridos que cabe en una fanega. • **Fanega de tierra,** medida agraria de superficie cuya equivalencia varía según las regiones.

**FANEGADA** n. f. Fanega de tierra.

**FANERA** n. f. ANAT. Todo órgano de origen epitelial, como los pelos, las plumas, las uñas, las garras y las pezuñas.

**FANERÓGAMO, A** adj. y n. f. Relativo a un tipo de plantas que se reproduce por flores y semillas. (El tipo *fanerógamas* incluye las angiospermas y las gimnospermas.) SIN.: *espermatófito.*

**FANFARREAR** v. intr. **[1]**. Fanfarronear.

**FANFARRIA** n. f. Baladronada, bravata, jactancia. **2.** Banda militar de música.

**FANFARRÓN, NA** adj. y n. Dícese de la persona

que presume con ostentación de alguna cualidad o haber suyo.

**FANFARRONADA** n. f. Dicho o hecho del fanfarrón.

**FANFARRONEAR** v. intr. **[1]**. Hablar diciendo fanfarronadas.

**FANFARRONERÍA** n. f. Cualidad de fanfarrón.

**FANG, PAMUE** o **PAHOUIN,** pueblo de Gabón, Camerún y Guinea Ecuatorial, que habla una lengua bantú.

**FANGAL** n. m. Terreno lleno de fango.

**FANGO** n. m. (cat. *fang*). Mezcla de tierra y agua. **2.** *Fig.* Deshonra que cae sobre una persona, o indignidad en que vive.

**FANGOSO, A** adj. Lleno de fango. **2.** *Fig.* Semejante al fango.

**FANGOTERAPIA** n. f. Tratamiento a base de baños de barro.

**FANÓN** n. m. Ornamento en forma de doble esclavina cerrada, con la inferior más larga que la superior, que lleva el papa sobre el alba en la misa pontifical. **2.** ZOOL. Producción córnea, como las crines de los caballos y de otros animales.

**FANOTRÓN** n. m. Tubo electrónico de vapor de mercurio, usado como rectificador de corriente.

**FANTASEAR** v. intr. **[1]**. Dejar correr la fantasía o imaginación. **2.** Preciarse, vanagloriarse: *fantasear de rico.* ◆ v. tr. **3.** Imaginar algo fantástico.

**FANTASÍA** n. f. (lat. *phantasiam,* imagen). Facultad de la mente para representar cosas inexistentes y proceso mediante el cual se representan. **2.** Producto mental de la imaginación creadora o que no tiene fundamento real. (Suele usarse en plural.) **3.** MÚS. Hasta el s. XVIII, obra instrumental de estructura bastante libre y a veces contrapuntística que se convirtió en el s. XIX en una yuxtaposición de episodios de carácter improvisado. • **De fantasía,** dícese de los objetos de adorno de bisutería; en términos de modas, se aplica a las prendas de vestir u objetos adornados de forma que se considera poco corriente.

**FANTASIOSO, A** adj. Vanidoso, presuntuoso. **2.** Que tiene mucha imaginación.

**FANTASMA** n. m. (gr. *phantasma*). Aparición, con forma de ser real, de algo imaginado, o bien aparición de un ser inmaterial como el alma de un difunto. **2.** Imagen de un objeto impresa en la fantasía. **3.** *Fig.* Persona entonada y presuntuosa. ◆ n. m. o f. **4.** Espantajo o persona que simula una aparición o un espectro. (Suele preferirse en forma masculina.) ◆ adj. **5.** Dícese de algunas cosas inexistentes, dudosas, poco precisas, etc.: *noticia, venta, buque fantasma.* • **Embarazo fantasma,** situación en que una hembra cree estar embarazada, cuando en realidad no lo está. ‖ **Miembro fantasma,** miembro que algunos amputados tienen la sensación de poseer todavía.

**FANTASMADA** n. f. *Fam.* Acción o palabras propias de un fanfarrón.

**FANTASMAGORÍA** n. f. Arte de representar figuras por medio de una ilusión óptica. **2.** *Fig.* Ilusión de los sentidos o figuración vana de la inteligencia.

**FANTASMAGÓRICO, A** adj. Relativo a la fantasmagoría.

**FANTASMAL** adj. Relativo al fantasma, o visión quimérica.

**FANTASMÓN, NA** adj. y n. Presuntuoso.

**FANTÁSTICO, A** adj. Quimérico, aparente, sin realidad. **2.** Relativo a la fantasía. **3.** *Fig.* Presuntuoso y orgulloso. **4.** Estupendo, asombroso. • **Literatura fantástica,** forma literaria que recoge, laicizándolos, los elementos tradicionales de lo maravilloso, y que pone en evidencia la irrupción de lo irracional en la vida individual y colectiva.

**FANTI,** pueblo de Ghana que habla una lengua kwa.

**FANTOCHADA** n. f. Dicho o hecho propio de fantoche.

**FANTOCHE** n. m. (fr. *fantoche,* del ital. *fantoccio*). Títere, figurilla de pasta u otra materia que se mueve con alguna cuerda. **2.** *Fig.* y *fam.* Sujeto de figura ridícula, grotesca o pequeña. **3.** *Fig.* Fanfarrón, fachendoso.

**FANZINE** n. m. Revista hecha por aficionados.

**FAÑOSO, A** adj. *Antillas, Can., Méx.* y *Venez.* Gangoso.

**FAQUÍN** n. m. Ganapán, mozo de cuerda.

**FAQUIR** o **FAKIR** n. m. (ár. *faqīr,* pobre, mendigo). Santón musulmán que vive de limosna y practica actos de singular austeridad. **2.** En la India, mendigo que realiza ejercicios ascéticos.

**FAQUIRISMO** n. m. Conjunto de fenómenos producidos por los faquires, que tienen apariencia extraordinaria y se atribuyen a un poder sobrenatural.

**FARA** n. f. *Colomb.* Zarigüeya.

**FARADAY** n. m. (de M. *Faraday,* químico y físico británico). Cantidad de electricidad, igual a 96 490 culombios, que disocia un equivalente gramo de un electrólito.

**FARÁDICO, A** adj. Dícese de las corrientes de inducción.

**FARADIO** n. m. (de M. *Faraday,* químico y físico británico). Unidad de medida de capacidad eléctrica (símbolo F), equivalente a la capacidad de un condensador eléctrico entre cuyas armaduras aparece una diferencia de potencial de 1 voltio cuando está cargado con una cantidad de electricidad de 1 culombio.

**FARADIZACIÓN** n. f. Utilización terapéutica de las corrientes de alta tensión.

**FARALÁ** n. m. Volante, banda de tela plisada o fruncida con que se adornan cortinas, tapetes, enaguas, vestidos, etc. **2.** *Fam.* Adorno excesivo y de mal gusto.

**FARALLÓN** n. m. Roca alta y tajada que sobresale en el mar o en la costa. **2.** Crestones de las rocas, relieves escarpados.

**FARAMALLA** n. f. *Méx. Fam.* Situación exagerada, aparatosa o escandalosa con que se pretende llamar la atención.

**FARAMALLERO, A** adj. y n. *Chile* y *Méx.* Bravucón, farolero.

**FARANDOLA** n. f. (provenz. *farandoulo*). Danza típica de Provenza.

**FARÁNDULA** n. f. Arte, trabajo y profesión de los cómicos.

**FARANDULEAR** v. intr. **[1]**. Fanfarronear.

**FARANDULERO, A** adj. y n. Hablador, trapacista.

**FARAÓN** n. m. Soberano del antiguo Egipto. **2.** Juego de naipes parecido al monte y en el que se emplean dos barajas.

**FARAÓNICO, A** adj. Relativo a los faraones y a su época. **2.** Grandioso, fastuoso.

**FARAUTE** n. m. Mensajero, heraldo. **2.** Rey de armas de segunda clase. **3.** *Fam.* Persona bulliciosa y entremetida.

**FARDA** n. f. (ár. *farda,* contribución). Contribución que pagaban los moros y judíos en los reinos cristianos.

**FARDA** n. f. Bulto o lío de ropa.

**FARDA** n. f. (ár. *fard,* muesca). CARP. Corte o muesca que se hace en un madero para encajar en él la barbilla de otro.

**FARDAJE** n. m. Conjunto de fardos que constituye una carga. SIN.: *fardería.*

**FARDAR** v. intr. **[1]**. *Fam.* Alardear.

**FARDEL** n. m. Talega o saco de los pastores y caminantes.

**FARDO** n. m. Lío grande y apretado.

**FARDÓN, NA** adj. *Fam.* Dícese de las cosas atractivas o que sirven para fardar.

**FARFALLÓN, NA** adj. y n. Farfullador, chapucero.

**FARFÁN** n. m. Soldado cristiano al servicio de los musulmanes.

**FÁRFARA** n. f. Membrana cortical del huevo de las aves, que rodea por completo la clara de huevo y está adherida a la superficie interior de la cáscara.

**FARFOLLA** n. f. Envoltura de las panojas del maíz, mijo y panizo. **2.** *Fig.* Cosa de mucha apariencia y poca entidad.

**FARFULLA** n. f. Defecto de la fonación que consiste en la pronunciación precipitada y poco diferenciada de las palabras, lo que hace al lenguaje a menudo ininteligible. ◆ n. m. y f. y adj. **2.** *Fam.* Persona que tiene este defecto.

**FARFULLADOR, RA** o **FARFULLERO, A** adj. y n. Que habla farfullando.

**FARFULLAR** v. tr. **[1]**. Decir una cosa muy de prisa y atropelladamente. **2.** *Fig.* y *fam.* Hacer una cosa con atropello y confusión.

**FARINÁCEO, A** adj. Harinoso.

**FARINGE** n. f. (gr. *pharynx, yngos,* garganta). Región situada entre la boca y el esófago, en la que las vías digestivas se cruzan con las vías respiratorias.

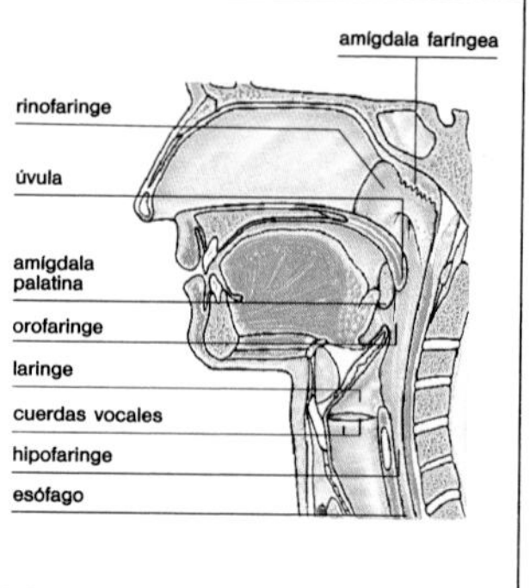


**faringe** (corte)

**FARÍNGEO, A** adj. Relativo a la faringe. **2.** Dícese de una consonante que se articula acercando la raíz de la lengua a la pared posterior de la faringe.

**FARINGITIS** n. f. Inflamación de la faringe.

**FARIÑA** n. f. *Argent., Colomb., Perú* y *Urug.* Harina gruesa de mandioca.

**FARISAICO, A** adj. Propio de los fariseos. **2.** *Fig.* Hipócrita.

**FARISEÍSMO** n. m. Hipocresía.

**FARISEO** n. m. Entre los judíos, miembro de una secta que afectaba rigor y austeridad. **2.** *Fig.* Hombre hipócrita, especialmente el que afecta una piedad que no tiene.

**FARMACÉUTICO, A** adj. (gr. *pharmakeuticos,* el que prepara medicamentos). Relativo a la farmacia. ◆ n. **2.** Persona que, provista del correspondiente título académico, profesa o ejerce la farmacia.

**FARMACIA** n. f. (gr. *pharmakeia,* empleo de los medicamentos). Ciencia que tiene por objeto la preparación de medicamentos. **2.** Local donde se venden los medicamentos.

**FÁRMACO** n. m. Medicamento.

**FARMACODEPENDENCIA** n. f. Estado de quien experimenta una necesidad absoluta de ingerir a intervalos regulares una sustancia medicamentosa.

**FARMACODINAMIA** n. f. Estudio de las acciones que ejercen los medicamentos sobre el organismo.

**FARMACOLOGÍA** n. f. Estudio científico de los medicamentos y de su uso.

**FARMACOLÓGICO, A** adj. Relativo a la farmacología.

**FARMACÓLOGO, A** n. Especialista en farmacología.

**FARMACOPEA** n. f. (gr. *pharmakopoia,* confección de drogas). Relación de indicaciones relativas a los medicamentos, destinada a ayudar a los farmacéuticos en la práctica de su profesión.

**FARO** n. m. (lat. *pharum*). Torre elevada con un potente foco luminoso para guiar los barcos y los aviones durante la noche. **2.** Proyector de luz colocado en la parte delantera de un vehículo. **3.** *Fig.* Lo que sirve de guía a la inteligencia o a la conducta.

**FAROL** n. m. (cat. ant. *faró*). Caja hecha o guarnecida de una materia transparente, dentro de la cual se pone luz para que alumbre. **2.** *Fig.* y *fam.* Persona jactanciosa, muy amiga de llamar la atención. **3.** Hecho o dicho jactancioso que carece de fundamento. **4.** JUEG. Jugada o envite falso que se hace para deslumbrar o desorientar. **5.** TAUROM. Lance de frente, dado con la capa, que consiste en girar el diestro pasándose ésta por la cabeza al efectuarlo. • **Adelante con los faroles** *(Fam.),* expresión con que se manifiesta uno resuelto, o anima a otro, a continuar o perseverar a todo trance en lo ya comenzado, a pesar de las dificultades que se presentan. ‖ **Echarse, marcarse** o **tirarse, un farol,** decir algo exagerado o prometer lo que es difícil de cumplir.

**FAROLA** n. f. Farol grande para el alumbrado público.

**FAROLAZO** n. m. Golpe dado con un farol. **2.** *Amér. Central* y *Méx.* Trago de licor.

**FAROLEAR** v. intr. [**1**]. Fanfarronear.

**FAROLEO** n. m. Acción y efecto de farolear.

**FAROLERO, A** adj. y n. Fanfarrón. ◆ n. **2.** Persona que tiene por oficio cuidar de los faroles del alumbrado público.

**FAROLILLO** n. m. Farol hecho de papeles de colores, de distintas formas, que se emplea como adorno en verbenas y fiestas. • **Farolillo rojo,** en algunas competiciones deportivas, el último clasificado. ◆ **farolillos** n. m. pl. **2.** Planta herbácea de 80 cm de alt., de flores azules o blancas, que se cultiva en jardines y florece todo el verano. (Familia campanuláceas.)

**FARPA** n. f. Cada una de las puntas que quedan al hacer una escotadura en el borde de algunas cosas, como banderas, estandartes, etc.

**FARRA** n. f. (vasc. *farra,* risa). Juerga, jarana: *irse de farra.* **2.** *Argent.* y *Urug.* Burla. • **Tomar** a uno **para la farra** (*Argent., Par.* y *Urug. Fam.*), burlarse de uno, tomarle el pelo.

**FARRA** n. f. Pez de los lagos alpinos, parecido al salmón, muy apreciado por su carne.

**FÁRRAGO** n. m. Conjunto de objetos o ideas desordenadas o inconexas.

**FARRAGOSO, A** adj. Desordenado y confuso: *texto farragoso.*

**FARREAR** v. intr. [**1**]. Andar de farra.

**FARRISTA** adj. y n. m. y f. Aficionado a la farra, juerga.

**FARRO** n. m. Cebada a medio moler, remojada y mondada.

**FARRUCA** n. f. Variedad de cante y baile flamenco, procedente de ciertos influjos folklóricos galaicoasturianos importados a Andalucía por los emigrantes de aquellas regiones.

**FARRUCO, A** adj. y n. Gallego o asturiano recién salido de su tierra. ◆ adj. **2.** *Fam.* Valiente, desafiante, terco.

**FARRUTO, A** adj. *Bol.* y *Chile.* Enteco, enfermizo.

**FARSA** n. f. Nombre con que en diversas épocas y nacionalidades se designan obras dramáticas de muy variada naturaleza e intención. **2.** Pieza cómica breve. **3.** *Desp.* Obra dramática chabacana y grotesca. **4.** *Fig.* Enredo, tramoya para aparentar o engañar.

**FARSANTE, A** adj. y n. *Fam.* Que finge lo que no siente o pretende pasar por lo que no es.

**FARSANTERÍA** n. f. Calidad de farsante. **2.** Fingimiento.

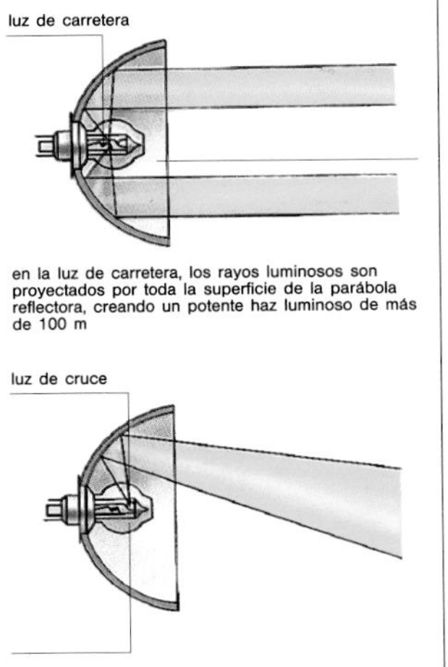


en la luz de carretera, los rayos luminosos son proyectados por toda la superficie de la parábola reflectora, creando un potente haz luminoso de más de 100 m

en la luz de cruce, los rayos luminosos son proyectados solamente por la parte superior del reflector, constituyendo un haz luminoso no deslumbrante dirigido hacia el suelo

**faro:** esquema del funcionamiento

**FARSETO** n. m. Jubón acolchado que se ponía debajo de la armadura.

**FASCES** n. f. pl. (lat. *fasces,* haces). Emblema del fascismo. **2.** ANT. Haz de varas en torno a un hacha, que llevaba el lictor romano.

**FASCIA** n. f. ANAT. Formación aponeurótica que recubre músculos u órganos.

**FASCIACIÓN** n. f. BOT. Anomalía de las plantas consistente en que algunos órganos se aplanan y se agrupan en haces.

**FASCIAL** n. m. ARQ. Piedra o sillar más alto de un edificio.

**FASCICULADO, A** adj. Dispuesto en fascículos. **2.** ARQ. Dícese de la columna compuesta por lo menos de cinco columnillas unidas. • **Raíz fasciculada** (BOT.), aquella en la que no se puede distinguir el eje principal.

**FASCICULAR** adj. Relativo al fascículo.

**FASCÍCULO** n. m. (lat. *fasciculum,* hacecillo). Entrega, cada uno de los cuadernos impresos en que se suele dividir y expender un libro que se publica por partes. **2.** ANAT. Haz de fibras musculares o nerviosas. **3.** BOT. Hacecillo. • **Fascículo de His,** fascículo de fibras nerviosas del corazón que empieza en el nudo de Tawara y se divide en dos ramas, derecha e izquierda, para transmitir el influjo nervioso a los ventrículos.

**FASCINACIÓN** n. f. Acción y efecto de fascinar.

**FASCINADOR, RA** adj. Que fascina.

**FASCINANTE** adj. Fascinador, deslumbrante.

**FASCINAR** v. tr. (lat. *fascinare,* embrujar) [**1**]. Atraer, seducir, retener la atención.

**FASCIO** n. m. (voz italiana que significa *haz*). En Italia, liga o agrupación de acción política o social.

**FASCISMO** n. m. (voz italiana). Régimen establecido en Italia de 1922 a 1945, fundado por Mussolini y basado en la dictadura de un partido único, la exaltación nacionalista y el corporativismo. **2.** Doctrina encaminada al establecimiento de un régimen jerarquizado y totalitario.

■ El fascismo apareció en 1919 con la creación por parte de Mussolini de los Fascios italianos de combate, milicias formadas por los llamados camisas negras, que iniciándose en un vago programa socializante, se orientaron hacia los presupuestos tradicionales de la extrema derecha nacionalista. Llegó al poder cuando el rey Víctor Manuel III, para poner fin a la crisis ministerial, nombró a Mussolini primer ministro (oct. 1922), y consagró su victoria tras la célebre «marcha de Roma». Mussolini estableció progresivamente una dictadura de partido único, censura y represión de las libertades, basada en el culto al jefe (el Duce), a la obediencia y al estado. Su política interior, centrada en el desarrollismo y la industrialización acelerada, no consiguió solucionar los problemas socioeconómicos, que se agravaron con la crisis de 1929. En el exterior, practicó una política expansionista con el afán de restablecer el antiguo imperio romano (invasiones de Libia [1922-1933] y Etiopía [1935-1936] y se comprometió en la segunda guerra mundial del lado de Hitler (desde 1940). Las sucesivas derrotas desacreditaron al régimen, que se hundió definitivamente con la derrota alemana de 1945.
Extendido a otros regímenes distintos, como la Alemania de Hitler, donde el racismo proario y el antisemitismo ocuparon un lugar destacado, y la España de Franco, inducida a desarrollar el espíritu corporativista en nombre de valores tradicionales (ejército, iglesia), el término fascismo se aplica a todo sistema político que se caracterice por su rechazo simultáneo del socialismo y del igualitarismo democrático.

**FASCISTA** adj. y n. m. y f. Relativo al fascismo; partidario del fascismo.

**FASCISTIZACIÓN** n. f. Proceso a través del cual una sociedad adquiere los rasgos característicos de la concepción ideológico-política fascista.

**FASE** n. f. (gr. *phasis,* aparición de una estrella). Cada uno de los aspectos sucesivos con que la Luna y otros planetas se presentan a la vista humana según los ilumina el Sol. **2.** *Fig.* Cada uno de los cambios de aspecto sucesivos de un fenómeno en evolución: *las fases de un combate, de una enfermedad, de un negocio, etc.* **3.** ELECTR. Cada una de las corrientes alternas de la misma frecuencia e intensidad, pero retrasadas en el tiempo unas respecto de otras, que, producidas en un mismo generador y acopladas, originan las corrientes polifásicas. **4.** FÍS. Estado, forma de agregación de la materia. **5.** FÍS. Cantidad $\omega t + \varphi$ cuyo coseno da el modo de variación de una magnitud sinusoidal. **6.** INDUSTR. Conjunto de actividades efectuadas en un mismo puesto de trabajo, para o en una misma unidad de producción. **7.** QUÍM. Cualquier parte homogénea de un sistema de sustancias en contacto y en interacción las unas con las otras. • **En fase,** dícese de dos o más fenómenos periódicos que, en cada instante, varían de la misma manera.

**FASEOLÁCEO, A** o **FASEOLIFORME** adj. BOT. Semejante a una semilla de judía.

**FASIÁNIDO, A** adj. y n. m. Relativo a una familia de aves gallináceas de mediano tamaño, pico fuerte y mejillas desnudas y verrugosas (gallos, faisanes, perdices).

**FASÍMETRO** n. m. Aparato para la medida del desfase de dos tensiones sinusoidales de igual frecuencia.

**FÁSMIDO, A** adj. y n. m. Relativo a una familia de insectos ortópteros con alas o sin ellas que viven preferentemente en las regiones cálidas.

**FAST-FOOD** n. m. (voz angloamericana, *comida rápida*). Tipo de restaurante basado en la distribución, en cualquier momento y a bajo precio, de productos cuya preparación está totalmente automatizada y que pueden ser consumidos en el local o ser transportados en embalajes. **2.** Establecimiento que funciona con este sistema.

**FASTIDIAR** v. tr. y pron. [**1**]. Causar fastidio. **2.** *Fig.* Enojar o molestar. • **Estar fastidiado,** encontrarse mal de salud.

**FASTIDIO** n. m. Hastío, asco, repugnancia. **2.** *Fig.* y *fam.* Enfado, cansancio.

**FASTIDIOSO, A** adj. Que causa fastidio.

**FASTIGIO** n. m. Cúspide, vértice. **2.** *Fig.* Grado sumo.

**FASTO, A** adj. En la antigua Roma, decíase del día en que era lícito tratar los negocios públicos y administrar justicia. **2.** Memorable, venturoso. ◆ n. m. **3.** Fausto, suntuosidad, pompa, lujo extraordinario. ◆ **fastos** n. m. pl. **4.** Tablas cronológicas de los antiguos romanos: *fastos consulares.* **5.** Anales o relación de sucesos memorables por orden cronológico.

**FASTUOSIDAD** n. f. Calidad de fastuoso.

**FASTUOSO, A** adj. Ostentoso, amigo de fausto y pompa.

**FATAL** adj. Inevitable: *destino fatal.* **2.** Aciago, nefasto, funesto: *consecuencias fatales.* **3.** Malo, pésimo: *realizar un examen fatal.* **4.** Mortal: *accidente fatal; fatal desenlace.*

**FATALIDAD** n. f. Fuerza a la que se atribuye la determinación de lo que ha de suceder. **2.** Cualidad de fatal. **3.** Adversidad inevitable.

**FATALISMO** n. m. Teoría que considera todos los acontecimientos como irrevocables y previamente establecidos por una causa única y sobrehumana. **2.** Actitud del que acepta los acontecimientos, sin intentar modificarlos.

**FATALISTA** adj. y n. m. y f. Relativo al fatalismo; partidario de esta teoría. **2.** Dícese de la persona que acepta los acontecimientos sin intentar influir en ellos.

**FATÍDICO, A** adj. Que vaticina el porvenir, anunciando generalmente desgracias. **2.** Desgraciado, nefasto.

**FATIGA** n. f. Sensación penosa que se experimenta después de un trabajo, físico o intelectual, prolongado e intenso. **2.** Molestia ocasionada por la respiración frecuente o difícil. **3.** *Fig.* Molestia, penalidad. (Suele usarse en plural.) **4.** Esfuerzo que soporta, por unidad de sección, un cuerpo sometido a fuerzas exteriores. **5.** Deterioro interno de un material sometido a esfuerzos repetidos superiores al límite de resistencia e inferiores al límite de elasticidad.

**FATIGADOR, RA** adj. Que fatiga a otro.

**FATIGAR** v. tr. y pron. [**1b**]. Causar fatiga. ◆ v. tr. **2.** Vejar, molestar.

**FATIGOSO, A** adj. Que causa fatiga.

**FATIMÍ** o **FATIMITA** adj. y n. m. y f. Relativo a los Fatimíes, dinastía musulmana. (V. parte n. pr.)

**FATUIDAD** n. f. Cualidad de fatuo. **2.** Dicho o hecho fatuo.

**FATUO, A** adj. y n. Lleno de presunción ridícula.

**FAUCES** n. f. pl. ANAT. Parte posterior de la boca de los mamíferos.

**FAUNA** n. f. (de *Fauna,* divinidad romana). Conjunto de especies animales que viven en una región o un medio: *la fauna alpina.* **2.** Obra que describe los animales de un país.

**FAUNESA** n. f. Ninfa que tenía las mismas costumbres y los mismos rasgos que los faunos, con quienes se unía.

**FAUNO** n. m. Divinidad campestre de los romanos.

**FAUSTO** n. m. (lat. *faustum,* orgullo, soberbia). Suntuosidad, pompa, lujo extraordinario.

**FAUSTO, A** adj. (lat. *faustum*). Que causa alegría o felicidad.

**FAUVISMO** n. m. (fr. *fauvisme*). Corriente pictórica desarrollada en París a principios del s. XX.

■ El fauvismo tomó su nombre de la denominación irónica (*cage aux fauves,* jaula de fieras) que un crítico dio a una de las salas del Salón de otoño de París de 1905, en la que exponían un grupo de pintores cuyos cuadros impactaron por su concepción y colorido. Mediante una simplificación de las formas y de la perspectiva, el fauvismo se expresa principalmente por una orquestación de colores puros, ordenados en cada tela de una manera autónoma. No se trata de dar una transcripción fiel del mundo, sino de expresar las sensaciones y las emociones que éste provoca en el pintor. Entre los representantes más destacados están Matisse, Vlaminck, Derain y Friesz.

**FAUVISTA** adj. y n. m. y f. Relativo al fauvismo; seguidor de este movimiento.

**FAVELA** n. f. (voz brasileña). Barraca donde viven las clases bajas en Brasil.

**FAVO** n. m. MED. Dermatosis debida a un hongo microscópico.

**FAVOR** n. m. Ayuda, servicio o protección gratuita: *hacer un favor a alguien.* **2.** Beneficio, benevolencia, protección, aprobación: *gozar del favor del público.* **3.** Ayuda prestada arbitrariamente a alguien por una persona con autoridad. **4.** Situación de una persona grata a un rey del que recibe su confianza. **5.** Aquiescencia de una dama para con un caballero. **6.** *Colomb.* Moño, lazo de cinta. • **A,** o **en favor, de,** en beneficio y utilidad de uno: *testar a favor de alguien;* a beneficio, en virtud de. ‖ **¡Por favor!,** coletilla de cortesía que se añade a una petición. ‖ **Tener** uno **a su favor** a alguien o algo, servirle a uno de apoyo o defensa.

**FAVORABLE** adj. Conveniente, propicio: *viento favorable.*

**FAVORECEDOR, RA** adj. y n. Que favorece.

**FAVORECER** v. tr. [**2m**]. Ayudar, socorrer a uno. **2.** Dar o hacer un favor a alguien. **3.** Apoyar, secundar un intento, empresa u opinión. ◆ v. intr. y pron. **4.** Sentar bien a una persona un vestido, peinado, joyas, etc., haciéndola más atractiva.

**FAVORITISMO** n. m. Parcialidad del que atiende antes al favor que al mérito o a la equidad.

**FAVORITO, A** adj. Que se estima o aprecia con preferencia. ◆ n. **2.** Valido, privado, persona que goza del favor de un rey o personaje. **3.** DEP. Probable ganador.

**FAX** n. m. Apócope de *telefax.*

**FAYA** n. f. (fr. *faille*). TEXT. Tejido compuesto de urdimbre de seda y trama poco densa, que forma canutillos en el sentido de la trama.

**FAYENZA** n. f. Loza fabricada en la ciudad de Faenza. **2.** Loza fina.

**FAYUCA** n. f. *Méx.* Contrabando, estraperlo.

**FAYUQUERO, A** adj. y n. *Méx.* Contrabandista, estraperlista.

**FAZ** n. f. (lat. *faciem*). Rostro o cara. **2.** Anverso, lado principal de una moneda o medalla. **3.** Aspecto o lado de una cosa. • **Sacra,** o **Santa, Faz** (REL.), imagen del rostro de Jesús.

**FAZAÑA** n. f. Durante los ss. X y XI, sentencia o fallo dictado por los jueces castellanos, basándose en su propio albedrío.

**FAZENDA** n. f. Facenda.

**fcem,** abreviatura de *fuerza contraelectromotriz**.

**FE** n. f. (lat. *fidem*). Creencia no basada en argumentos racionales. **2.** Confianza, buen concepto que se tiene de una persona o cosa. **3.** Asentimiento de la inteligencia a verdades religiosas reveladas, que orienta el pensamiento y la acción. **4.** Conjunto de creencias religiosas. **5.** DER. Documento que acredita o certifica una cosa: *fe de bautismo, de viudedad.* • **A fe, a fe mía** o **por mi fe,** en verdad. ‖ **Buena fe,** rectitud, honradez, sinceridad, ingenuidad. ‖ **Dar fe,** asegurar, atestiguar una cosa que se ha visto. ‖ **Fe de erratas,** lista de las erratas de un libro, inserta en el mismo, con la enmienda que de cada una debe hacerse. ‖ **Mala fe,** doblez, alevosía, malicia.

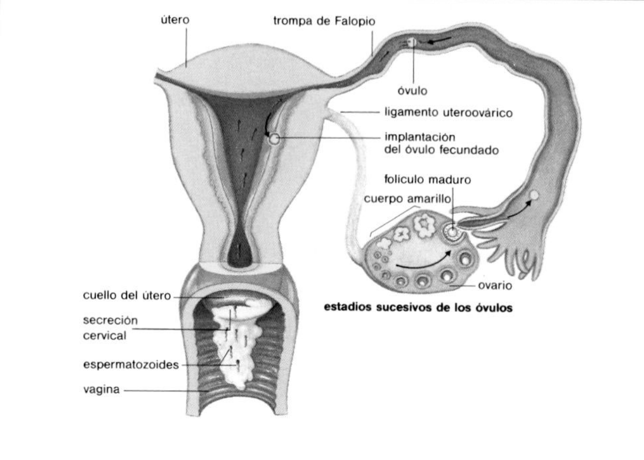


la **fecundación** de la mujer: esquema de la migración del huevo desde el ovario hasta el útero y del camino seguido por los espermatozoides

**Fe,** símbolo químico del *hierro.*

**FEACIOS,** pueblo mítico mencionado en la *Odisea.* La isla de los feacios, donde Nausica acogió a Ulises náufrago, se identifica con Corcira (act. Corfú).

**FEALDAD** n. f. Calidad de feo.

**FEBRERO** n. m. (lat. *februarium*). Segundo mes del año gregoriano.

**FEBRÍCULA** n. f. PATOL. Fiebre muy discreta, por lo general duradera, e inferior a los 38 °C, más común al atardecer o por la noche.

**FEBRÍFUGO, A** adj. y n. m. Que hace bajar la fiebre.

**FEBRIL** adj. Relativo a la fiebre. **2.** *Fig.* Ardoroso, desasosegado, inquieto: *actividad febril.*

**FEBRONIANISMO** n. m. Doctrina enseñada por Febronius y condenada por Clemente XIII en 1764, que pretendía limitar la influencia directa del papa al favorecer a una Iglesia católica nacional en Alemania.

**FECAL** adj. FISIOL. Relativo a las heces.

**FECALOMA** n. f. Masa de materias fecales endurecidas que obstruyen el recto o el colon.

**FECHA** n. f. (lat. *facta*). Indicación del tiempo y a menudo del lugar en que se hace u ocurre algo, especialmente la puesta al principio o al fin de un escrito. **2.** Cada uno de los días que median entre dos momentos determinados: *esta carta ha tardado tres fechas.* **3.** Tiempo o momento actual: *hasta la fecha no ha habido noticias.*

**FECHADOR** n. m. Utensilio para estampar fechas. **2.** *Chile, Méx.* y *Perú.* Matasellos.

**FECHAR** v. tr. [**1**]. Poner fecha a un escrito: *fechó la carta antes de partir.* **2.** Determinar la fecha de un escrito, monumento, suceso histórico, etc.

**FECHORÍA** n. f. Acción especialmente mala, desmán.

**FÉCULA** n. f. (lat. *faeculam*). Sustancia pulverulenta, compuesta de granos de almidón, abundante en determinados tubérculos, como la patata.

**FECULENCIA** n. f. Estado de una sustancia feculenta. **2.** Estado de un líquido que deposita sedimentos.

**FECULENTO, A** adj. Que contiene fécula.

**FECUNDABILIDAD** n. f. Aptitud de las mujeres de ser fecundadas.

**FECUNDABLE** adj. Susceptible de fecundación.

**FECUNDACIÓN** n. f. Acción y efecto de fecundar. **2.** BIOL. Unión de dos células sexuales, masculina y femenina (dos gametos), cada una de las cuales contiene *n* cromosomas, de la cual se origina el huevo o cigoto cuyo desarrollo da lugar a un nuevo individuo. • **Fecundación artificial** (BIOL.), fecundación del óvulo en condiciones no naturales, cualquiera que sea el modo de intervención utilizado. ‖ **Fecundación in vitro** (BIOL.), fecundación del óvulo fuera del organismo, en un medio de cultivo apropiado, seguida de la implantación del huevo, después de las primeras divisiones, en un útero que permita su nidación.

**FECUNDADOR, RA** adj. Que fecunda.

**FECUNDAR** v. tr. [**1**]. Hacer fecunda o productiva una cosa. **2.** BIOL. Unirse el elemento reproductor masculino al femenino para dar origen a un nuevo ser.

**FECUNDIDAD** n. f. Calidad de fecundo.

**FECUNDIZACIÓN** n. f. Acción y efecto de fecundizar.

**FECUNDIZADOR, RA** adj. Que fecundiza.

**FECUNDIZAR** v. tr. [**1g**]. Hacer a una cosa susceptible de producir o de admitir fecundación: *fecundizar un terreno con los abonos.*

**FECUNDO, A** adj. Que produce o se reproduce por los medios naturales. **2.** *Fig.* Dícese de la persona que produce abundantes obras o resultados. **3.** Fértil, abundante.

**FEDATARIO** n. m. DER. Funcionario que goza de fe pública. (Se aplica especialmente al notario.)

**FEDAYIN** n. m. y f. (ár. *fidā'iyyūn,* redentores). Miembro de los comandos palestinos que llevan a cabo una acción de guerrilla.

**FEDERACIÓN** n. f. (lat. *foederationem,* alianza). Agrupación de estados, con frecuencia subsiguiente a una confederación, que constituye una unidad internacional distinta, superpuesta a los estados miembros, y a la que pertenece exclusivamente la soberanía externa. **2.** Agrupación orgánica de colectividades humanas: estados, asociaciones, sindicatos, etc. **3.** DEP. Organismo que agrupa a todos los equipos de una misma modalidad deportiva.

**FEDERADO, A** adj. Que forma parte de una federación: *ciudades federadas.* ◆ n. **2.** Miembro de una confederación. **3.** HIST. Insurrecto parisiense de la Comuna de 1871.

**FEDERAL** adj. y n. m. y f. Relativo a la federación; partidario del federalismo. ◆ adj. **2.** Dícese del sistema de gobierno de una confederación de estados autónomos que en los asuntos de interés general están sujetos a las decisiones de una autoridad central.

**FEDERAL** n. m. Ave paseriforme de color negro con el cuello y pecho rojos, que vive en América meridional. (Familia ictéridos.)

**FEDERALISMO** n. m. Sistema político en el que varios estados independientes abandonan cada uno una parte de su soberanía en provecho de una autoridad superior.

**FEDERALISTA** adj. y n. m. y f. Relativo al federalismo; partidario de este sistema. ◆ adj. **2. Partido federalista,** primer partido político que existió en E.U.A., considerado como la expresión del capitalismo norteamericano en sus inicios.

**FEDERAR** v. tr. y pron. **[1]**. Formar federación.

**FEDERATIVO, A** adj. Relativo a la federación.

**FEED-BACK** n. m. (voz inglesa). Retroacción. **2.** En un sistema de comunicación, capacidad del emisor para recoger las reacciones de los receptores y, de acuerdo con la actitud de éstos, modificar su mensaje.

**FEELING** n. m. (voz inglesa, *sentimiento*). Emoción y sensibilidad con que se interpreta una música. **2.** *Fig.* Sentimiento.

**FEÉRICO, A** adj. (fr. *féerique*). Maravilloso, ideal, mágico.

**FÉFERES** n. m. pl. *Colomb., C. Rica, Cuba, Dom., Ecuad.* y *Méx.* Bártulos, trastos, chismes.

**FEHACIENTE** adj. Dícese de todo tipo de prueba considerado irrefutable. **2.** DER. Que da fe en juicio.

**FEÍSMO** n. m. Tendencia artística o literaria que valora estéticamente lo feo.

**FELACIÓN** o **FELLATIO** n. f. Excitación bucal del sexo del hombre.

**FELANDRIO** n. m. Planta de 2 m de alt., de fruto narcótico, llamada *felandrio acuático*. (Familia umbelíferas.) SIN.: *enante*.

**FELDESPÁTICO, A** adj. Relativo al feldespato. **2.** Que contiene feldespato.

**FELDESPATO** n. m. (alem. *Feldspat*). Nombre dado a un grupo de aluminosilicatos naturales de potasio, sodio y calcio, frecuentes en las rocas eruptivas.

**FELDESPATOIDE** n. m. Silicato natural presente en las rocas no saturadas.

**FELDMARISCAL** n. m. (alem. *feldmarchall*). Grado más elevado de la jerarquía militar alemana.

**FELIBRE** n. m. y f. (provenz. *felibre*). Poeta o escritor en lengua de oc.

**FELIBRISMO** n. m. Escuela literaria creada en 1854 para devolver a la lengua provenzal su categoría de lengua literaria.

**FELICIDAD** n. f. Situación del ser para quien las circunstancias de su vida son tales como las desea. **2.** Satisfacción, contento. **3.** Suerte feliz: *salir con felicidad de un empeño.*

**FELICITACIÓN** n. f. Acción de felicitar. **2.** Expresión o escrito con que se felicita: *enviar una felicitación navideña.*

**FELICITAR** v. tr. y pron. (lat. *felicitare*, hacer feliz) **[1]**. Expresar buenos deseos hacia una persona o satisfacción con motivo de algún suceso favorable a ella: *felicitar las pascuas.*

**FÉLIDO, A** adj. y n. m. Relativo a una familia de mamíferos carnívoros digitígrados, de garras retráctiles y molares cortantes y poco numerosos. (El gato, el león, el lince, etc., pertenecen a dicha familia.)

**FELIGRÉS, SA** n. Con respecto a una parroquia, persona que pertenece a ella.

**FELIGRESÍA** n. f. Conjunto de feligreses de una parroquia. **2.** Parroquia, territorio que está bajo la jurisdicción de un cura párroco.

**FELINIDAD** n. f. Cualidad de felino.

**FELINO, A** adj. Relativo al gato. **2.** Que parece de gato: *movimientos felinos.* ◆ adj. y n. m. **3.** Félido.

**FELIZ** adj. Que tiene u ocasiona felicidad o que goza de ella: *existencia feliz; momento feliz; persona feliz.* **2.** Acertado, afortunado: *respuesta feliz.* **3.** Que ocurre o sucede con felicidad y acierto: *día feliz.*

**FELODERMIS** n. f. Tejido vegetal que se forma hacia el interior de la planta, habitualmente poco desarrollado.

**FELÓGENO, A** adj. y n. m. Dícese de los tejidos vegetales que producen el corcho.

**FELÓN, NA** adj. y n. Que comete felonía.

**FELONÍA** n. f. (fr. *félonie*). Deslealtad, ofensa o traición.

**FELPA** n. f. Tela aterciopelada de algodón, seda, lana, etc., que tiene pelo o pelusilla. **2.** *Fig.* y *fam.* Rapapolvo.

**FELPADA** n. f. *Argent.* y *Urug.* Felpa, rapapolvo.

**FELPAR** v tr. **[1]**. Cubrir con felpa. ◆ v. intr. **2.** *Méx. Fam.* Morirse. **3.** *Méx.* Acabarse algo por completo: *y felpó la botella.*

**FELPEAR** v. tr. **[1]**. *Argent.* y *Urug. Fam.* Reprender ásperamente a alguien.

**FELPILLA** n. f. Cordón o tira de pasamanería afelpados.

**FELPUDO, A** adj. Afelpado. ◆ n. m. **2.** Esterilla afelpada que suele ponerse a la entrada de las casas o al pie de las escaleras.

**FELÚS** n. m. (ár. *fulus*). Pequeña moneda de cobre, la de menor valor del sistema monetario musulmán.

**fem,** abreviatura de *fuerza electromotriz.*

**FEMENIL** adj. Relativo a la mujer.

**FEMENINO, A** adj. Propio de la mujer. **2.** Dícese del individuo o del órgano animal o vegetal apto para producir células fecundables y con frecuencia para abrigar el desarrollo del producto de la fecundación (huevo fecundado, semilla). ◆ adj. y n. m. **3.** LING. Que tiene la forma atribuida gramaticalmente a los nombres que designan, en principio, seres del sexo femenino (o considerados como tales) y a los calificativos de estos nombres: *un nombre, un pronombre, un adjetivo femenino.* **4.** LING. Dícese del género de estos nombres y de estos calificativos.

**FEMENTIDO, A** adj. Falto de fe y palabra. **2.** Engañoso, falso.

**FÉMINA** n. f. Mujer.

**FEMINEIDAD** n. f. Calidad de femenino.

**FEMINIDAD** n. f. Conjunto de caracteres anatómicos y fisiológicos propios de la mujer. **2.** Conjunto de rasgos sicológicos considerados como femeninos, por oposición a los que son atribuidos al hombre. **3.** Estado anormal del varón en que aparecen uno o varios caracteres sexuales femeninos.

**FEMINISMO** n. m. Conjunto de movimientos cuya doctrina común es la de mejorar la situación de la mujer en la sociedad, y que ésta acepte sus derechos para lograr así su emancipación.

**FEMINISTA** adj. y n. m. y f. Relativo al feminismo; partidario del feminismo.

**FEMINIZACIÓN** n. f. BIOL. Acción de feminizar.

**FEMINIZAR** v. tr. **[1g]**. BIOL. Hacer que en un macho se desarrollen características femeninas.

**FEMINOIDE** adj. Dícese de los caracteres de feminidad que presenta un individuo del sexo masculino. **2.** Dícese del individuo que los presenta.

**FEMORAL** adj. Relativo al fémur.

**FEMOROCUTÁNEO, A** adj. Dícese de un importante nervio sensitivo de la parte externa del muslo, y de las neuralgias de las que puede ser el centro.

**FEMTO-** (del dan. *femten*, quince), prefijo que, colocado delante de una unidad, la multiplica por $10^{-15}$.

**FÉMUR** n. m. (lat. *femur*, muslo). Hueso que forma el eje del muslo, el más fuerte de los huesos del cuerpo. (Las partes del fémur son: *la cabeza*, el *trocánter medio*, la *diáfisis* y los *cóndilos.*)

**FENANTRENO** n. m. Hidrocarburo cíclico $C_{14}H_{10}$, isómero del antraceno.

**FENAQUISTISCOPIO** n. m. Antiguo aparato que daba la ilusión de movimiento por la persistencia de las sensaciones ópticas.

**FENATO** n. m. Combinación de fenol con una base.

**FENDA** n. f. Grieta abierta en la madera.

**FENEC** n. m. (ár. *fanak*). Carnívoro de pequeño

fenec

tamaño, hocico puntiagudo y enormes orejas, que vive en el N de África. (Familia cánidos.)

**FENECER** v. tr. **[2m]**. Concluir, poner fin a algo. ◆ v. intr. **2.** Morir, fallecer. **3.** Acabarse o terminarse una cosa.

**FENECIMIENTO** n. m. Acción o efecto de fenecer.

**FENIANO, A** adj. y n. Relativo al movimiento de liberación de Irlanda, dirigido contra la dominación británica; partidario de este movimiento. (V. parte n. pr., ***Fraternidad republicana irlandesa.***)

**FENICIO, A** adj. y n. Relativo a un antiguo pueblo semítico, que ocupó el corredor del litoral sirio, o Fenicia*; individuo de este pueblo. ◆ n. m. **2.** Antigua lengua semítica cuyo alfabeto sirvió para transcribir el griego. **3.** Vino español, seco, elaborado en Sanlúcar de Barrameda.

**FÉNICO, A** adj. **Ácido fénico,** fenol.

**FENILALANINA** n. f. Aminoácido esencial presente en múltiples proteínas y precursor bioquímico de algunas hormonas como la adrenalina y la tiroxina.

**FENILBUTAZONA** n. f. Medicamento antiinflamatorio y analgésico.

**FENILCETONURIA** n. f. Enfermedad hereditaria debida al déficit de una enzima, que se manifiesta por una deficiencia intelectual grave y trastornos neurológicos.

**FENILO** n. m. Radical monovalente $C_6H_5$—, derivado del benceno.

**FÉNIX** n. m. o f. Ave fabulosa de la mitología egipcia a la que la leyenda atribuía el poder de renacer de sus propias cenizas. (Se convirtió en símbolo de la inmortalidad.) SIN.: *ave fénix.* **2.** *Fig.* Lo que es único en su especie: *el fénix de los ingenios.*

**FENOBARBITAL** n. m. Medicamento barbitúrico, sedante e hipnótico.

**FENOCRISTAL** n. m. GEOL. En una roca volcánica, cristal que por su tamaño destaca sobre el fondo uniforme constituido por pequeños cristales.

**FENOL** n. m. Derivado oxigenado ($C_6H_5OH$) del benceno, presente en el alquitrán de hulla y producido industrialmente a partir del benceno. **2.** Nombre genérico de los compuestos análogos al anterior derivados de los hidrocarburos bencénicos.

**FENOLFTALEÍNA** n. f. QUÍM. Derivado del fenol, usado como indicador de color.

**FENÓLICO, A** adj. Relativo al fenol y a sus derivados.

**FENOLOGÍA** n. f. Parte de la meteorología que estudia las repercusiones del clima sobre los fenómenos biológicos de ritmo periódico, como el florecimiento y el brote.

**FENOMENAL** adj. Fenoménico. **2.** *Fam.* Muy grande, muy bueno o muy hermoso: *éxito fenomenal; comida fenomenal; chica fenomenal.*

**FENOMÉNICO, A** adj. Relativo al fenómeno.

**FENOMENISMO** n. m. FILOS. Doctrina que limita el conocimiento humano al de los fenómenos.

**FENÓMENO** n. m. (bajo lat. *phaenomenon*). Lo que de las cosas puede percibirse por los sentidos: *fenómeno óptico; fenómeno acústico.* **2.** Cualquier manifestación de actividad que se produce en la naturaleza: *fenómeno atmosférico.* **3.** Suceso: *las crisis políticas son un fenómeno frecuente.* **4.** *Fam.* Persona o animal monstruoso. **5.** Cosa extraordinaria o sorprendente. **6.** FILOS. Lo que es percibido por los sentidos, lo que aparece y se manifiesta a la conciencia. ◆ adj. y adv. m. **7.** Magnífico, estupendo: *pasarlo fenómeno.*

**FENOMENOLOGÍA** n. f. Estudio filosófico de los fenómenos, que consiste esencialmente en describirlos y en describir las estructuras de la consciencia que tienen que ver con ellos.

**FENOMENOLÓGICO, A** adj. Relativo a la fenomenología.

**FENOMENÓLOGO, A** n. Filósofo que utiliza el método fenomenológico.

**FENOPLÁSTICO** n. m. QUÍM. Resina obtenida por condensación del fenol o sus derivados con aldehídos.

**FENOTIACINA** n. f. Derivado azufrado y aminado del fenol, base de múltiples antihistamínicos y neurolépticos.

**FENOTÍPICO, A** adj. Relativo al fenotipo.

**FENOTIPO** n. m. BIOL. Conjunto de caracteres que se manifiestan visiblemente en un individuo y que expresan la interacción de su genotipo con su medio.

**FEO, A** adj. Que impresiona de forma desagradable a los sentidos, especialmente a la vista. **2.** *Fig.* Sucio, indelicado: *es feo escupir en la calle.* **3.** *Fig.* De aspecto malo o desfavorable: *el tiempo se pone feo.* ◆ n. m. **4.** Desaire manifiesto y grosero: *le hizo un feo.*

**FEOCROMOCITOMA** n. m. Tumor de la médula suprarrenal que provoca accesos de hipertensión.

**FEOFÍCEO, A** adj. y n. f. Feófito.

**FEÓFITO, A** adj. y n. m. Relativo a una clase de algas marinas comunes en las costas, que contienen un pigmento pardo que enmascara la clorofila. SIN.: *alga parda.*

**FERACIDAD** n. f. Cualidad de feraz.

**FERAL** adj. Cruel, sangriento.

**FERALIAS** n. f. pl. (voz latina). Fiestas romanas en honor de los muertos.

**FERAZ** adj. Dícese de las tierras, cultivos, etc., muy fértiles: *vega feraz.*

**FÉRETRO** n. m. Ataúd.

**FERIA** n. f. (lat. *feriam,* día de fiesta). Mercado, generalmente anual, que se celebra en lugar público y días señalados y fiestas que se celebran con tal ocasión. **2.** Lugar público en que están expuestos los géneros de este mercado. **3.** Conjunto de puestos o barracones de diversión que, con ocasión de determinadas fiestas, se montan en las poblaciones. **4.** Instalación donde, con periodicidad determinada, se exhiben los productos de un ramo industrial o comercial para su promoción y venta. **5.** *C. Rica.* Propina. **6.** *Méx.* Moneda fraccionaria, cambio. **7.** LITURG. Cualquiera de los días de la semana excepto sábado y domingo. • **Irle** a alguien **como en feria** *(Méx.),* irle muy mal: *le fue como en feria en el examen.*

**FERIADO, A** adj. Dícese del día en que están cerrados los tribunales y se suspenden los negocios de justicia. ◆ n. m. **2.** *Argent.* y *Urug.* Día de la semana laborable en que se suspende el trabajo por celebrarse alguna festividad.

**FERIAL** adj. Relativo a las ferias o días de la semana. ◆ n. m. **2.** Feria, mercado de mayor importancia que el ordinario. **3.** Feria, lugar en que están expuestos los géneros de este mercado.

**FERIANTE** adj. y n. m. y f. Dícese de la persona que va a las ferias para comprar o vender.

**FERIAR** v. tr. y pron. [1]. Comprar algo en la feria. **2.** Regalar. ◆ v. tr. **3.** Vender, comprar, permutar. ◆ v. intr. **4.** Hacer fiesta uno o varios días.

**FERMATA** n. f. (ital. *fermata,* detención). MÚS. Suspensión del movimiento del compás. **2.** MÚS. Sucesión de notas de adorno, por lo común en forma de cadencia, que se ejecuta suspendiendo momentáneamente el compás.

**FERMENTACIÓN** n. f. Degradación de sustancias orgánicas por la acción de enzimas microbianos, acompañada con frecuencia de desprendimientos gaseosos. (La *fermentación alcohólica* transforma los jugos azucarados de los frutos en bebidas alcohólicas; la *fermentación acética* transforma el vino en vinagre; la *fermentación láctica* es responsable de la coagulación de la leche.)

**FERMENTADOR, RA** adj. Que fermenta.

**FERMENTAR** v. intr. [1]. Sufrir una sustancia una fermentación. **2.** *Fig.* Agitarse o alterarse los ánimos. ◆ v. tr. **3.** Hacer que una sustancia sufra una fermentación: *fermentar el vino, la leche.*

**FERMENTATIVO, A** adj. Que produce una fermentación.

**FERMENTO** n. m. (lat. *fermentum*). Agente productor de la fermentación de una sustancia.

**FERMI** n. m. (de E. *Fermi,* físico italiano). Unidad de medida de longitud utilizada en mecánica cuántica, que vale $10^{-15}$ m.

**FERMIO** n. m. (de E. *Fermi,* físico italiano). Elemento químico artificial (Fm), de número atómico 100, de la familia de los transuránicos, descubierto junto con el einstenio.

**FERMIÓN** n. m. Nombre dado a toda partícula que obedece a la estadística de Fermi-Dirac, como los electrones, nucleones, etc.

**FERNANDINO, A** adj. y n. De la antigua colonia española de Fernando Poo.

**FERNANDINO, A** adj. y n. Relativo a cualquiera de los monarcas de nombre Fernando, especialmente Fernando VII; partidario de Fernando VII.

**FEROCIDAD** n. f. Cualidad de feroz.

**FERODO** n. m. (de *Ferodo,* empresa francesa). Material formado con fibras de amianto e hilos metálicos, que se emplea principalmente para forrar las zapatas o segmentos de freno.

**FEROMONA** n. f. Sustancia secretada por un animal, que actúa sobre el comportamiento de los animales de la misma especie.

**FEROZ** adj. Dícese de los animales que atacan y devoran. **2.** Dícese de la persona que mata, hiere o maltrata a otra con ensañamiento. **3.** Dícese de lo que causa terror o destrozo: *aspecto feroz.* **4.** Muy grande: *tener un hambre feroz.*

**FERRADO, A** adj. Férreo, de hierro.

**FERRALITA** n. f. Suelo rojizo de las regiones tropicales húmedas, caracterizado por la presencia de alúmina libre y de óxidos de hierro.

**FERRALÍTICO, A** adj. Dícese del suelo en el que existe alúmina y hierro.

**FERRARÉS, SA** adj. y n. De Ferrara.

**FERREIRO** n. m. Rana arbórea de unos 8 cm de long., que vive en América meridional. (Familia hílidos.)

**FÉRREO, A** adj. De hierro o que tiene sus propiedades. **2.** *Fig.* Duro, tenaz: *carácter férreo.* • **Línea,** o **vía, férrea,** ferrocarril.

**FERRERÍA** n. f. Establecimiento industrial donde se beneficia el mineral de hierro, reduciéndolo a metal.

**FERRETERÍA** n. f. Tienda donde se venden herramientas, clavos, alambres, cerraduras, etc., y ciertos objetos de cocina, como vasijas, recipientes o cuchillos.

**FERRETERO, A** n. Tendero de ferretería.

**FERRICIANURO** n. m. QUÍM. Sal compleja formada por la unión de cianuro férrico y de un cianuro alcalino.

**FÉRRICO, A** adj. QUÍM. Dícese de los compuestos del hierro trivalente: *cloruro férrico* $FeCl_3$.

**FERRIMAGNETISMO** n. m. Magnetismo particular presentado por las ferritas.

**FERRITA** n. f. Cerámica magnética compuesta de óxidos binarios de fórmula $MFe_2O_4$, en la que M representa uno o varios metales tales como níquel, manganeso, cinc, magnesio o cobre. **2.** METAL. Variedad alotrópica de hierro puro presente en las aleaciones ferrosas.

**FERROALEACIÓN** n. f. Nombre genérico de las aleaciones que contienen hierro.

**FERROCARRIL** n. m. Camino con dos rieles paralelos, sobre los cuales ruedan los trenes. SIN.: *vía férrea.* **2.** Tren que circula por este camino. **3.** Administración, explotación y talleres de este medio de transporte: *red nacional de ferrocarriles españoles.*

■ Desde 1830, en que se inauguró la primera línea de transporte de viajeros y mercancías entre Liverpool y Manchester, hasta la actualidad, se han tendido alrededor de 1 300 000 km de vías férreas. Las dos terceras partes, con redes densas, formadas por líneas principales conectadas a derivaciones secundarias, se encuentran en Europa, América del Norte y Japón. En el resto del mundo existen líneas aisladas que recorren extensiones inmensas y sirven de base para el establecimiento de redes locales en aquellas regiones donde se desarrollan las actividades humanas. Fuera del ámbito de los transportes urbanos de gran capacidad, en los que

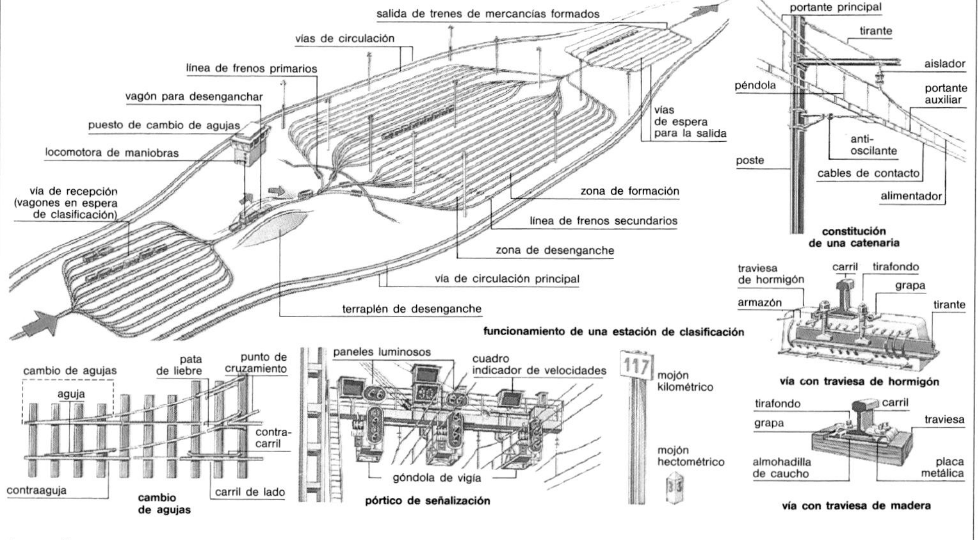


ferrocarril

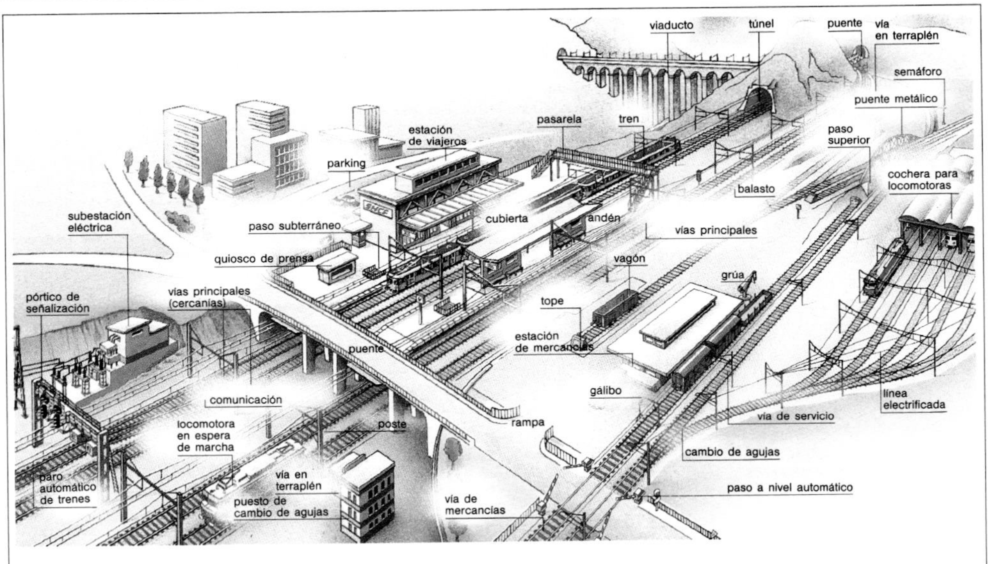


**ferrocarril**

es imprescindible, el ferrocarril tiene gran importancia en los trayectos de distancia media. Varios países disponen de trenes de alta velocidad, con una media de 300 km/h. En España se inauguró en 1992 la primera línea de alta velocidad (AVE), entre Madrid y Sevilla.

**FERROCARRILERO, A** adj. y n. *Amér. Fam.* Ferroviario.

**FERROCEMENTO** n. m. Material constituido por un mortero de cemento fuertemente armado con hilos de acero de pequeño diámetro o con tela metálica de malla fina en varias capas.

**FERROCERIO** n. m. Aleación de hierro y cerio.

**FERROCIANURO** n. m. QUÍM. Sal compleja formada por la unión de cianuro ferroso y de un cianuro alcalino. SIN.: *ferroprusiato.*

**FERROCROMO** n. m. Aleación de hierro y cromo para la fabricación de aceros inoxidables y especiales.

**FERROELECTRICIDAD** n. f. Propiedad que presentan determinados cristales de poseer una polarización eléctrica espontánea, permanente y reversible bajo la acción de un campo eléctrico exterior.

**FERROELÉCTRICO, A** adj. Relativo a la ferroelectricidad.

**FERROLANO, A** adj. y n. De El Ferrol.

**FERROMAGNÉTICO, A** adj. Dícese de las sustancias que están dotadas de ferromagnetismo.

**FERROMAGNETISMO** n. m. Propiedad de determinadas sustancias, como el hierro, el cobalto o el níquel, que pueden adquirir una fuerte imantación.

**FERROMANGANESO** n. m. Aleación de hierro y manganeso, con una proporción de este último que puede alcanzar hasta el 80 %.

**FERROMOLIBDENO** n. m. Aleación de hierro y molibdeno (del 40 al 80 %).

**FERRONÍQUEL** n. m. Aleación de hierro y níquel.

**FERROPRUSIATO** n. m. Ferrocianuro.

**FERROSO, A** adj. Que es de hierro o lo contiene. **2.** QUÍM. Dícese de los compuestos del hierro divalente.

**FERROVIARIO, A** adj. Relativo a los ferrocarriles y a su explotación. ◆ n. **2.** Persona empleada en los ferrocarriles.

**FERRUGINOSO, A** adj. Que contiene hierro: *mineral ferruginoso; aguas ferruginosas.*

**FERRY** o **FERRY-BOAT** n. m. (voz inglesa). Embarcación acondicionada para el transporte de automóviles o de trenes.

**FÉRTIL** adj. Dícese de lo que produce mucho, especialmente el terreno. **2.** BIOL. Dícese de la hembra que es capaz de procrear. **3.** FÍS. Dícese del elemento químico que puede convertirse en fisible por la acción de los neutrones.

**FERTILIDAD** n. f. Cualidad de fértil.

**FERTILIZACIÓN** n. f. Acción de fertilizar.

**FERTILIZANTE** adj. BOT. Dícese de la planta que acrecienta la fertilidad del suelo. ◆ n. m. y adj. **2.** Abono.

**FERTILIZAR** v. tr. **[1g]**. Fecundizar la tierra disponiéndola para que dé abundantes frutos.

**FÉRULA** n. f. Palmeta, instrumento usado por los maestros de escuela para castigar a los muchachos. **2.** *Fig.* Dominio intelectual que ejerce una persona sobre otra. **3.** CIR. Estructura sólida, dotada de cierta rigidez, que se utiliza para inmovilizar una parte determinada del organismo, generalmente una extremidad, para conseguir la consolidación de una fractura. • **Bajo la férula** de alguien, sujeto a él.

**FÉRVIDO, A** adj. Ardiente. **2.** Hirviente.

**FERVIENTE** o **FERVOROSO, A** adj. Que tiene fervor o actúa con él.

**FERVOR** n. m. Calor intenso como el del fuego o el del sol: *fervor estival.* **2.** *Fig.* Celo ardiente y afectuoso, especialmente hacia las cosas de piedad: *rezar con fervor.* **3.** *Fig.* Eficacia suma con que se hace algo: *trabajar con fervor.*

**FERVORÍN** n. m. Jaculatoria o exhortación breve. (Suele usarse en plural.)

**FESTEJAR** v. tr. **[1]**. Hacer festejos en obsequio de uno: *festejar a un huésped.* **2.** Galantear a una mujer. **3.** Conmemorar, celebrar: *festejar un aniversario.* **4.** *Méx.* Golpear, zurrar.

**FESTEJO** n. m. Acción y efecto de festejar. ◆ **festejos** n. m. pl. **2.** Actos públicos de diversión.

**FESTERO, A** adj. **Cantes y bailes festeros,** grupo de modalidades flamencas que, en oposición al dramático repertorio del cante primitivo, entrañan un deliberado y bullicioso regocijo.

**FESTÍN** n. m. Festejo particular, con banquete, baile, música u otros entretenimientos. **2.** Banquete espléndido.

**FESTINACIÓN** n. f. Celeridad, prisa, velocidad. **2.** NEUROL. Tendencia involuntaria a acelerar la marcha.

**FESTINAR** v. tr. **[1]**. *Amér.* Apresurar, precipitar, activar.

**FESTIVAL** n. m. Serie de representaciones artísticas dedicadas a un género o artista determinado.

**FESTIVIDAD** n. f. Día en que la Iglesia celebra algún misterio o a un santo. **2.** Fiesta o solemnidad con que se celebra una cosa.

**FESTIVO, A** adj. De fiesta, que no se trabaja. **2.** Chistoso, agudo: *ocurrencia festiva.* **3.** Alegre, regocijado y gozoso: *tono festivo.*

**FESTÓN** n. m. (ital. *festone*). Dibujo o recorte en forma de onda o puntas, que adorna la orilla o el borde de una cosa. **2.** Bordado de realce cuyas puntadas están rematadas por un nudo, gracias a lo cual puede cortarse la tela a ras del bordado sin que éste se deshaga. **3.** ARQ. Adorno arquitectónico a manera de guirnalda o en forma de ondas o puntas.

**FESTONEAR** o **FESTONAR** v. tr. **[1]**. Adornar con festón. **2.** Constituir el borde ondulado de algo.

**FETA** n. f. *Argent.* Lonja de fiambre.

**FETAL** adj. Relativo al feto.

**FETÉN** n. f. (pl. *fetén*). *Fam.* Verdad: *decir la fetén.* ◆ adj. **2.** Auténtico, verdadero, sincero. • **Estar fetén,** estar muy bien.

**FETICHE** n. m. (fr. *fétiche*). Objeto material al que se le atribuyen propiedades mágicas, benéficas para su poseedor. **2.** SICOANÁL. Objeto inanimado o parte no sexual del cuerpo, capaz de convertirse por sí misma en objeto de la sexualidad.

**FETICHISMO** n. m. Culto o veneración que se tributa a un fetiche. **2.** *Fig.* Idolatría, veneración excesiva. **3.** SICOANÁL. Sustitución del objeto sexual por un fetiche. • **Fetichismo de la mercancía,** según la teoría marxista, ilusión por la cual el valor de intercambio de las mercancías aparece como el resultado de la relación entre ellas, cuando es el resultado de las relaciones sociales.

**FETICHISTA** adj. y n. m. y f. Relativo al fetichismo; adicto al fetichismo.

**FETIDEZ** n. f. Cualidad de fétido.

**FÉTIDO, A** adj. Que huele de manera muy desagradable.

**FETO** n. m. (lat. *fetum*). Producto de la concepción que no ha llegado todavía a término, pero que ya tiene las formas de la especie. (En el hombre, el embrión adopta el nombre de feto en el tercer mes de la gestación, y lo mantiene hasta el nacimiento.)

**FETUA** n. f. (ár. *fatwā*). En el islam, respuesta dada por un muftí a una consulta jurídica.

**FEÚCHO, A** adj. *Desp.* Feo.

**FEUDAL** adj. Relativo al feudalismo. • **Modo de producción feudal,** el caracterizado por el dominio de un grupo familiar propietario y por la supremacía del campo sobre la ciudad.

**FEUDALISMO** n. m. Conjunto de leyes y costumbres que rigieron el orden político y social en Europa, desde fines de la época carolingia a fines de la edad media, que implicaba de una parte el pre-

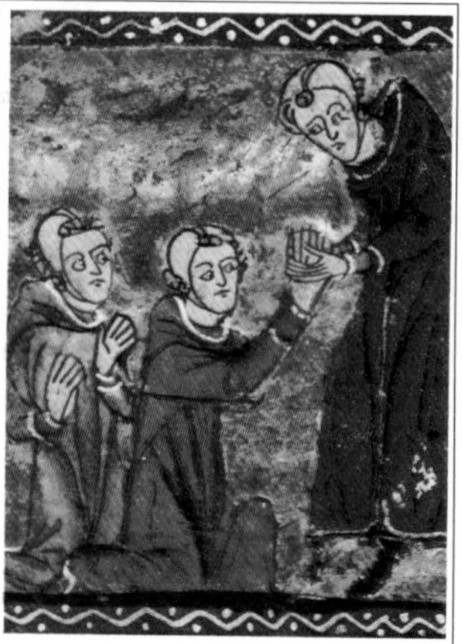

**feudalismo** (escena de prestación de homenaje; miniatura francesa; fines del s. XII) [biblioteca nacional, París]

dominio de una clase de guerreros y de otra la existencia de vínculos de dependencia entre señor y campesino. **2.** Potencia económica o social que recuerda la organización feudal: *feudalismo financiero.*

■ El régimen feudal se basaba en las relaciones de sujeción personal establecidas entre los campesinos y los señores; éstos les entregaban tierras a cambio de bienes en especie y prestaciones, ejercían dominio sobre ellos y administraban justicia. Ante la inseguridad creada por la desintegración de la autoridad real, los pequeños propietarios (hombres libres) se pusieron bajo la protección de un señor más poderoso y se convirtieron en sus vasallos *(homenaje)*; en algunos casos el vasallo recibía algunas tierras (*beneficio,* y a partir de los ss. IX-X, *feudo*). El feudalismo institucional que tuvo su origen en la crisis del bajo imperio romano, se mantuvo hasta los ss. XIV-XV, pero persistió como sistema de relaciones de producción hasta las revoluciones liberales del s. XIX.

**FEUDAR** v. tr. [**1**]. Tributar, entregar el vasallo al señor en reconocimiento del señorío, o el súbdito al estado para las cargas y atenciones públicas, cierta cantidad en dinero o en especies.

**FEUDATARIO, A** adj. y n. Decíase del que estaba investido de un feudo. **2.** Vasallo.

**FEUDISTA** adj. y n. m. y f. Relativo al feudo; autor que escribe sobre la materia de feudos.

**FEUDO** n. m. Tierra u otro bien de que un señor investía a un vasallo, con determinadas obligaciones y derechos. **2.** Zona o parcela en que se ejerce gran influencia o dominio: *la moral es feudo de la Iglesia.*

**FEUILLANTS** n. m. pl. (voz francesa). HIST. Nombre dado, en 1781-1792, a los monárquicos «constitucionales» franceses, cuyo club tenía la sede en el antiguo convento de este nombre, cerca de las Tullerías.

**FEZ** n. m. Gorro de lana en forma de cono truncado, generalmente rojo, que durante mucho tiempo fue el tocado de los turcos.

**Fg,** símbolo de la *frigoría.*

**FI** n. f. Letra del alfabeto griego (φ) que corresponde a la *f.*

**FIABILIDAD** n. f. Calidad de fiable. **2.** Probabilidad de que una pieza, dispositivo, circuito hidráulico, eléctrico o electrónico, o un equipo completo, pueda ser utilizado sin que falle durante un período de tiempo determinado en unas condiciones operacionales dadas. **3.** SICOL. Calidad de un test, prueba, etc., para proporcionar resultados fiables. SIN.: *fidelidad.*

**FIABLE** adj. Digno de confianza.

**FIACA** n. f. *Argent., Chile, Méx.* y *Urug. Fam.* Pereza, flojera.

**FIACRE** n. m. (fr. *fiacre*). Coche hipomóvil de plaza o de alquiler.

**FIADO, A. Al,** o **de, fiado,** sin dar o tomar al momento presente el precio convenido: *comprar al fiado.*

**FIADOR, RA** n. DER. Persona que se compromete, con respecto al acreedor de una obligación, a satisfacerla él mismo si no lo hiciera el deudor. ◆ n. m. **2.** Pieza o dispositivo que sirve para asegurar algo: *fiador de la escopeta; fiador de un broche; fiador de una puerta.* **3.** *Chile* y *Ecuad.* Cinta que sujeta el sombrero por debajo de la barba.

**FIAMBRE** n. m. Comida a base de carne cocida y preparada para que pueda conservarse y que se come fría, como el jamón y los embutidos. **2.** *Vulg.* Cadáver. **3.** *Guat.* Plato nacional hecho con toda clase de carnes y conservas que se come frío el día de Todos los Santos. **4.** *Méx.* Ensalada de lechuga, pies de cerdo, cebolla, aguacate y chiles verdes.

**FIAMBRERA** n. f. Recipiente con tapa muy ajustada, para llevar alimentos condimentados. **2.** *Argent.* y *Urug.* Fresquera.

**FIAMBRERÍA** n. f. *Argent., Chile* y *Urug.* Tienda en la que se venden o preparan fiambres.

**FIANZA** n. f. DER. Cualquier garantía, personal o real, prestada para el cumplimiento de una obligación. **2.** Fiador.

**FIAR** v. tr. [**1t**]. Asegurar uno que otro cumplirá lo que promete o pagará lo que debe, obligándose, en caso de que no lo haga, a satisfacer por él. **2.** Vender sin tomar el precio de contado para recibirlo en adelante. ◆ v. intr. **3.** Confiar y esperar con firmeza y seguridad: *fiar en Dios.* • **Ser de fiar,** merecer confianza. ◆ **fiarse** v. pron. **4.** Poner la confianza en alguien.

**FIASCO** n. m. (ital. *fiasco,* botella). Chasco, fracaso.

**FIAT** n. m. (lat. *fiat,* hágase). Consentimiento o mandato para que una cosa tenga efecto.

**FIBRA** n. f. (lat. *fibram,* filamento de las plantas). Filamento o célula alargada, que constituye determinados tejidos animales y vegetales o determinadas sustancias minerales: *fibra muscular; fibra leñosa.* **2.** Elemento natural o químico de corta longitud, caracterizado por su flexibilidad y finura que lo convierten en apto para aplicaciones textiles. **3.** *Fig.* Vigor, energía, robustez. • **Fibra artificial,** fibra textil fabricada químicamente a partir de productos naturales o de sustancias proteicas vegetales o animales. ‖ **Fibra de vidrio,** filamento de vidrio, muy delgado, utilizado como aislante térmico, acústico y eléctrico y para reforzar las materias plásticas. ‖ **Fibra neutra,** plano horizontal del casco de un buque no sometido a fatigas o esfuerzos longitudinales. ‖ **Fibra óptica,** filamento de pequeño diámetro, de sílice u otro material apropiado, capaz de canalizar en su interior una señal luminosa que se envía a uno de sus extremos. ‖ **Fibra química,** fibra artificial o sintética. ‖ **Fibra sintética,** fibra fabricada químicamente a partir de productos obtenidos por síntesis.

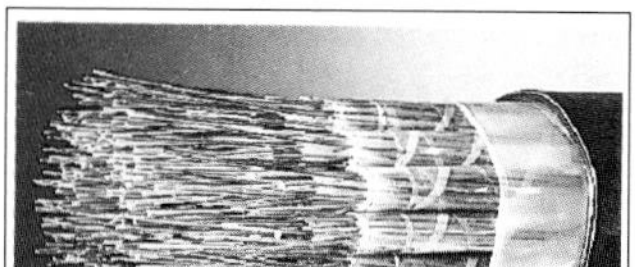

haz de **fibras** ópticas en sus fundas aislantes

**FIBRANA** n. f. Fibra textil artificial a base de celulosa regenerada.

**FIBRILACIÓN** n. f. Serie de contracciones violentas y desordenadas de las fibras del músculo cardíaco.

**FIBRILAR** adj. Relativo a las fibrillas.

**FIBRILLA** n. f. Elemento alargado, liso o estriado de las fibras musculares, sede de la contractilidad.

**FIBRINA** n. f. Sustancia proteica filamentosa procedente del fibrinógeno, que aprisiona los glóbulos de la sangre y de la linfa en el curso de la coagulación y contribuye a la formación del coágulo.

**FIBRINÓGENO** n. m. Proteína del plasma sanguíneo, que se transforma en fibrina en el curso de la coagulación.

**FIBRINOGENOPENIA** n. f. Déficit de fibrinógeno en el plasma sanguíneo, que dificulta la coagulación de la sangre y es causa de hemorragias graves.

**FIBRINÓLISIS** n. f. Fenómeno de degradación de la fibrina.

**FIBROBLASTO** n. m. Célula conjuntiva joven, generadora de las células del tejido fibroso.

**FIBROCEMENTO** n. m. Material compuesto de cemento y amianto, utilizado para la fabricación de numerosos productos empleados en construcción y obras públicas.

**FIBROÍNA** n. f. Sustancia albuminoidea transparente, que entra en la constitución de la seda.

**FIBROMA** n. m. Tumor constituido por tejido fibroso.

**FIBROMATOSIS** n. f. MED. Afección caracterizada por la existencia de varios fibromas.

**FIBROMIOMA** n. m. Tumor benigno formado por nódulos fibrosos, que invade un músculo liso.

**FIBROSCOPIO** n. m. Endoscopio flexible en el cual la luz está canalizada por un haz de fibras de cuarzo.

**FIBROSIS** n. f. MED. Proceso de formación de tejido fibroso.

**FIBROSO, A** adj. Que tiene muchas fibras: *carne fibrosa.* **2.** HISTOL. Dícese del tejido conjuntivo rico en fibras y pobre en células.

**FÍBULA** n. f. (lat. *fibulam,* aguja, broche). ANT. Alfiler de metal que servía para sujetar los vestidos. (Se utilizó desde la edad del bronce hasta la edad media. Por la riqueza de su ornamentación, frecuentemente animalística, algunas piezas son verdaderas obras de arte: fíbulas ibéricas, galas y visigóticas.)

**fíbula** de bronce (*c.* 400 a. J.C.) [museo de antigüedades nacionales, Saint-Germain-en-Laye, Francia]

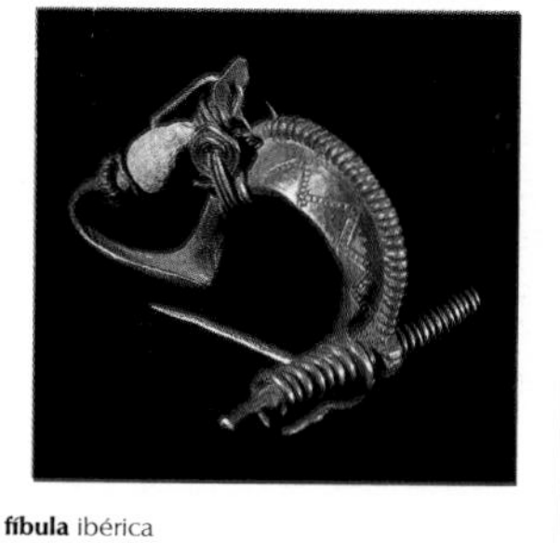

**fíbula** ibérica (museo arqueológico, Córdoba)

**FICCIÓN** n. f. (lat. *fictionem*). Acción y efecto de fingir o simular. **2.** Invención, creación de la imaginación: *personaje de ficción.*

**FICHA** n. f. Pequeña placa de cartón, metal, etc., a la que se asigna un valor convencional: *fichas de la ruleta.* **2.** Cada una de las piezas que se mueven en ciertos juegos de mesa: *ficha de dominó, de parchís.* **3.** Hoja de papel o cartulina para tomar notas y que luego, junto a las de tema homogéneo, se ordenan para facilitar el trabajo. **4.** DEP. Documento por el cual un jugador o un técnico queda adscrito a la disciplina de un club deportivo, previo compromiso contractual. • **Ficha perforada,** rectángulo de cartulina gruesa y rígida, en el que se inscriben, en forma de perforaciones, datos numéricos o alfabéticos.

**FICHAJE** n. m. Acción y efecto de fichar o contratar, especialmente a un deportista. **2.** Importe en metálico de este contrato.

**FICHAR** v. tr. [**1**]. Rellenar una ficha con datos y clasificarla donde corresponda, especialmente las de los ficheros de la policía. **2.** Fijarse en una persona o sospechar de ella por algo que no merece confianza o es desfavorable. **3.** Controlar con un reloj especial la hora de entrada y salida de los obreros y empleados. **4.** DEP. Adquirir un club, mediante contrato o convenio, los servicios de un deportista.

**FICHERA** n. f. *Méx.* Mujer que en algunos locales nocturnos baila con los clientes o los acompaña a cambio del pago con fichas que se adquieren en el mismo local.

**FICHERO** n. m. Caja o mueble adecuados para tener en ellos fichas ordenadas. **2.** Conjunto o colección de fichas o de tarjetas perforadas referentes a un mismo tema. **3.** INFORMÁT. Conjunto organizado de informaciones del mismo tipo, que pueden utilizarse en un mismo tratamiento; soporte material de estas informaciones. SIN.: *archivo.*

**FICOCIANINA** n. f. Pigmento azul violeta que se encuentra en las cianofíceas.

**FICOERITRINA** n. f. Pigmento característico de las algas rojas, que permite la absorción de las radiaciones luminosas de corta longitud de onda que penetran en el mar.

**FICOLOGÍA** n. f. Parte de la botánica que estudia las algas.

**FICOMICETE** adj. y n. m. BOT. Sifomicete.

**FICTICIO, A** adj. Falso, no verdadero: *personaje ficticio.* **2.** Aparente, convencional: *el valor de los billetes de banco es puramente ficticio.*

**FICUS** n. f. Planta arbórea o arbustiva, de interés por el caucho que se obtiene de su látex, cultivada como planta ornamental.

**FIDANCIA** n. f. En la Corona de Aragón, garantía o fianza que el vasallo estaba obligado a dar al señor, con la cual respondía del cumplimiento de sus obligaciones.

**FIDEDIGNO, A** adj. Digno de fe y crédito: *testimonio fidedigno.*

**FIDEICOMISARIO, A** adj. Relativo al fideicomiso. ◆ adj. y n. **2.** Dícese del beneficiario real de una liberalidad dejada a otra persona por fideicomiso. ◆ n. m. **3.** Magistrado encargado de velar por la ejecución de los fideicomisos.

**FIDEICOMISO** n. m. DER. Disposición por la que el testador deja su herencia o parte de ella encomendada a la buena fe de uno para que, en caso y término determinados, la transmita a otro o la invierta del modo que se le señale. **2.** DER. INTER. Situación jurídica por la que un país (fideicomitido), que se entiende sin capacidad suficiente para autogobernarse, es sometido a la tutela de las Naciones unidas.

**FIDEÍSMO** n. m. Doctrina según la cual la fe es la base del conocimiento religioso, negando todo valor a las pruebas racionales.

**FIDELIDAD** n. f. Cualidad de fiel, leal. **2.** DER. FEUD. Juramento que prestaba el vasallo a su señor en señal de acatamiento.

**FIDELIDAD** n. f. Exactitud de la ejecución de algo. • **Alta fidelidad,** técnica electrónica cuya finalidad es conseguir una gran calidad de reproducción del sonido.

**FIDELIZAR** v. tr. [**1g**]. Lograr que la clientela permanezca fiel a una marca, producto, empresa, etc.

**FIDEO** n. m. (voz mozárabe). Pasta de harina de trigo, en forma de hilo más o menos delgado. **2.** *Fig.* y *fam.* Persona muy delgada.

**FIDUCIA** n. f. Operación jurídica consistente en la transferencia de un bien a una persona, a condición de que lo devuelva después de un tiempo convenido y en unas condiciones determinadas.

**FIDUCIARIO, A** adj. y n. DER. Que está encargado de un fideicomiso o tiene la carga de una fiducia: *heredero fiduciario.* ◆ adj. **2.** Dícese de los valores ficticios, basados sólo en la confianza tenida en el que los emite: *título fiduciario.* • **Circulación fiduciaria,** circulación de los billetes de banco.

**FIEBRE** n. f. (lat. *febrem*). Elevación patológica de la temperatura central del cuerpo de los animales superiores y del hombre. **2.** Conjunto de alteraciones que acompañan este estado, como sudación, aceleración del pulso y de la respiración, sensación de calor, malestar, etc. **3.** *Fig.* Estado de tensión o de agitación de un individuo o de un grupo: *fiebre política.* • **Fiebre cuartana, terciana,** formas de paludismo en que los accesos de fiebre tienen lugar cada 72 horas o cada 48 horas. ‖ **Fiebre de Malta,** o **mediterránea,** brucelosis. ‖ **Fiebre del heno,** síndrome alérgico primaveral, caracterizado por conjuntivitis, catarro nasal, asma, etc.

**FIEL** adj. (lat. *fidelem*). Dícese de la persona cuyo comportamiento corresponde a la confianza puesta en ella o a lo que exige de ella el amor, la amistad, el deber, etc. **2.** Exacto, verídico. ◆ adj. y n. m. y f. **3.** REL. Que tiene fe, según prescribe su propia religión. **4.** Que pertenece a la Iglesia.

**FIEL** adj. (lat. *fillum,* hilo). METROL. Dícese del instrumento de medida que da siempre la misma indicación cuando está situado en las mismas condiciones. ◆ n. m. **2.** Aguja que en las balanzas y romanas marca el equilibrio. **3.** Clavillo que asegura las hojas de las tijeras.

**FIELATO** n. m. Oficina a la entrada de las poblaciones, en la cual se pagan los derechos de consumo.

**FIELTRO** n. m. (germ. *filt*). Especie de paño no tejido, que resulta de conglomerar borra, lana o pelo.

**FIEMO** n. m. Fimo, estiércol.

**FIERA** n. f. (lat. *feram*). Animal salvaje e indómito, cruel y carnicero. **2.** *Fig.* Persona cruel o de mal carácter. • **Ponerse** alguien **hecho una fiera,** enfurecerse. ‖ **Ser una fiera para,** o **en,** algo, dedicarse a ello con gran actividad.

**FIERABRÁS** n. m. y f. (de *Fierabrás,* gigante sarraceno héroe de un cantar de gesta francés). Persona mala, ingobernable o traviesa.

**FIEREZA** n. f. Cualidad de fiero.

**FIERO, A** adj. (lat. *ferum*). Relativo a las fieras. **2.** Feroz, duro, cruel: *aspecto fiero.* **3.** Grande, excesivo: *hambre fiera.*

**FIERRO** n. m. *Amér.* Hierro. **2.** *Amér.* Hierro, marca para el ganado. **3.** *Argent., Chile, Méx.* y *Urug. Vulg.* Puñal, arma blanca. **4.** *Méx.* Acelerador de un vehículo: *pisar el fierro.* ◆ **fierros** n. m. pl. **5.** *Argent.* Genéricamente, automotor. **6.** *Méx.* Dinero: *préstame unos fierros.*

**FIESTA** n. f. Reunión social para divertirse. **2.** Conjunto de actos extraordinarios con los que se celebra un acontecimiento familiar. **3.** Conjunto de actos y diversiones que se organizan para regocijo público con motivo de un acontecimiento o fecha especial. (Suele usarse en plural.) **4.** Día en que se celebra alguna solemnidad nacional, civil o religiosa, y en el que están cerradas las oficinas y otros establecimientos públicos. **5.** Alegría, regocijo, diversión o cosa que los provoca. **6.** Caricia o demostración de cariño. (Suele usarse en plural.) **7.** REL. Solemnidad con que la Iglesia católica celebra la memoria de un santo. • **Aguar,** o **aguarse, la fiesta** *(Fam.),* estropearse cualquier regocijo. ‖ **Fiesta nacional,** día en que se celebra alguna solemnidad nacional; corrida de toros. ‖ **Hacer fiesta,** dedicarse al descanso y no trabajar. ◆ **fiestas** n. f. pl. **8.** Conjunto de algunos días entre los cuales hay varios de fiesta: *las fiestas de Navidad; las fiestas de Pascua.* **9.** En ciertas regiones de España, festejos que se celebran una vez al año, generalmente con motivo de una conmemoración religiosa. SIN.: *fiesta mayor, fiestas mayores.*

**principales fiestas religiosas**

**cristianismo**

- Navidad (nacimiento de Cristo)
- Epifanía (manifestación de Cristo a los Magos)
- Pascua de Resurrección (resurrección de Cristo)
- Ascensión (elevación de Cristo a los cielos)
- Pentecostés (venida del Espíritu Santo sobre los apóstoles)
- Corpus Christi (fiesta en honor de la eucaristía)
- Asunción (elevación de la Virgen María al cielo)
- fiesta de Todos los Santos (en honor de todos los bienaventurados)

(las Iglesias protestantes sólo han conservado las fiestas más tradicionales)

**judaísmo**

- Purim (fiesta de Ester)
- Pesaḥ (Pascua)
- Šabu'ot (Pentecostés)
- Roš ha-šaná (año nuevo)
- Yom Kippur (día del gran perdón)
- Sukkot (fiesta de los Tabernáculos)
- Ḥanuká (fiesta de la Dedicación, o de las Luces)

**islam**

- 'Īd al-fiṭr (fiesta de la ruptura del ayuno)
- 'Īd al-aḍḥà (fiesta de los sacrificios, o de las víctimas)
- 'Āšūrā (ayuno expiatorio)
- Mawlid o Mūlūd (nacimiento del Profeta)

**FIESTERO, A** adj. y n. Amigo de fiestas.

**FIFÍ** adj. y n. m. y f. *Argent., Par.* y *Urug.* Dícese de la persona ociosa, presuntuosa e insustancial, perteneciente a una familia adinerada.

**FIFIRICHE** adj. *C. Rica* y *Méx.* Raquítico, flaco, enclenque.

**FIFTY-FIFTY** n. m. (voz inglesa). Yate de crucero en el que se ha dado la misma importancia a la propulsión mecánica que al velamen.

**FÍGARO** n. m. (de *Fígaro,* personaje de comedia). Barbero. **2.** Torera, chaquetilla ceñida.

**FIGLE** n. m. Instrumento músico de viento, de sonoridad grave.

**FIGÓN** n. m. Casa de poca categoría donde se guisan y venden cosas de comer.

**FIGONERO, A** n. Persona encargada de un figón.

**FIGULINA** n. f. Estatuilla de barro cocido.

**FIGULINO, A** adj. (lat. *figulinam*). De barro cocido.

**FIGURA** n. f. (lat. *figuram*). Forma exterior de un cuerpo por la que se diferencia de otro. **2.** Cosa dibujada o hecha de algún material: *figuras de cera.* **3.** Tipo, silueta: *su figura ha perdido esbeltez.* **4.** Cara, parte anterior de la cabeza desde la frente hasta la barba: *el caballero de la triste figura.* **5.** Personaje, persona de renombre: *es una de las más prestigiosas figuras de nuestra literatura.* **6.** Cosa que representa o significa otra: *tomar el lobo la figura del cordero.* **7.** Serie de variaciones, evoluciones y posturas ejecutadas en la danza, el patinaje artístico, las demostraciones ecuestres, etc. **8.** Estatua, pintura, dibujo, que representa el cuerpo de un hombre o animal. **9.** GEOMETR. Espacio cerrado por líneas o superficies: *figura plana; figura del espacio.* **10.** JUEG. Cualquiera de las piezas de ciertos juegos de mesa. **11.** JUEG. Cualquiera de los tres naipes de cada palo que representan personas (rey, caballo y sota). **12.** MÚS. En la notación actual, signo que representa la duración o valor de un sonido o de un silencio. **13.** TEATR. Personaje de la obra dramática y actor que lo representa. • **Figura decorativa** *(Fig.),* persona que ocupa un puesto sin ejercer las funciones esenciales del mismo, o asiste a un acto solemne sin tomar en él parte activa. ‖ **Figura del delito** (DER.), definición legal específica de cada delito que determina los elementos o caracteres típicos de éste.

**FIGURACIÓN** n. f. Acción y efecto de figurar o figurarse una cosa. **2.** CIN. Comparsería cinematográfica. • **Nueva figuración,** en el arte contemporáneo, conjunto de corrientes figurativas que, frecuentemente con espíritu sociopolítico, se desarrollaron a partir de 1960.

**FIGURADO, A** adj. Dícese del sentido en que se toman las voces o frases para que denoten una idea distinta de la que recta y literalmente significan.

**FIGURANTE, A** n. Comparsa de teatro. (Suele usarse en forma masculina.)

**FIGURAR** v. tr. (lat. *figurare*) [**1**]. Representar, delinear y formar la figura de una cosa. **2.** Aparentar, suponer, fingir: *figuró una retirada.* ◆ v. intr. **3.** Formar parte o pertenecer a un número de personas o cosas o estar presente en un acto o negocio. **4.** Desempeñar un brillante papel en sociedad. ◆ **figurarse** v. pron. **5.** Imaginarse, fantasear, suponer uno algo que no conoce.

**FIGURATIVO, A** adj. Que es o sirve de representación o figura de otra cosa. • **Arte figurativo,** el que representa las cosas de la naturaleza tal como las capta el ojo (por oposición a *abstracto* o *no figurativo*).

**FIGURILLA** n. f. Estatuilla de terracota, bronce, etcétera.

**FIGURÍN** n. m. (ital. *figurino*). Dibujo o modelo pequeño para trajes y adornos de moda. **2.** Revista de modas. **3.** *Fig.* Persona vestida con elegancia afectada.

**FIGURINISTA** n. m. y f. Persona que crea y dibuja figurines, esbozos de indumentaria.

**FIGURITA** n. f. *Argent.* Estampa con que juegan los niños, cromo.

*Béatrice et Juliette* (1972), díptico de Jacques Monory (col. part.)

*Diálogo* (1976), por Eduardo Arroyo (col. part.)

La **nueva figuración** (Gilles Ailloud, Eduardo Arroyo, Valerio Adami, Erró, los Malassis, etc.) utiliza básicamente la apropiación y transformación de imágenes fotográficas.

**FIGURÓN** n. m. *Fam.* Persona presumida que aparenta lo que no es. **2.** *Fam.* Mangoneador.

**FIJA** n. f. *Argent.* En el lenguaje hípico, competidor al que se le adjudica un triunfo seguro. **2.** *Argent.* Información pretendidamente cierta respecto de algún asunto controvertido o posible. • **Esfera de las fijas,** esfera celeste imaginaria que participa en el movimiento diurno de las estrellas.

**FIJACIÓN** n. f. Acción y efecto de fijar. **2.** BIOL. Operación mediante la cual un tejido vivo se trata con un fijador antes de su examen microscópico. **3.** SICOANÁL. Estadio en el que se fija la libido y que se caracteriza por la persistencia de sistemas de satisfacción vinculados a un objeto remoto.

**FIJADO** n. m. Operación mediante la cual una imagen fotográfica se convierte en inalterable a la luz.

**FIJADOR, RA** adj. Que fija. ◆ n. m. **2.** Producto mucilaginoso, con brillantina, que sirve para fijar los cabellos. SIN.: *fijapelo.* **3.** Líquido que, esparcido con pulverizador, sirve para fijar un dibujo sobre un papel. **4.** Baño utilizado para el fijado de imágenes fotográficas. **5.** BIOL. Líquido que coagula las proteínas de las células sin alterar su estructura.

**FIJAR** v. tr. [**1**]. Clavar, pegar o sujetar algo en algún sitio: *fijar un clavo en la pared; fijar los esquís a las botas.* **2.** Dirigir, determinar, establecer, precisar: *fijar la atención en algo; fijar la residencia en la ciudad.* **3.** FOT. Tratar una emulsión fotográfica con un baño de fijado. ◆ v. tr. y pron. **4.** Hacer estable una cosa o darle un estado o forma permanente. **5.** Precisar o puntualizar la cuantía, la fecha, el significado u otros detalles de algo. ◆ **fijarse** v. pron. **6.** Percatarse, adquirir conciencia de algo que se ve o se tiene delante. **7.** Prestar o dirigir la atención con interés sobre algo.

**FIJEZA** n. f. Firmeza, seguridad de opinión. **2.** Persistencia, continuidad.

**FIJISMO** n. m. Creacionismo.

**FIJISTA** adj. y n. m. y f. Relativo al fijismo; partidario de esta teoría.

**FIJO, A** adj. Colocado de modo que no pueda moverse o desprenderse. **2.** Inmóvil: *mirada fija.* **3.** No sujeto a cambios: *precio fijo.* **4.** MAT. Dícese del vector de origen fijo. • **Coma fija** (INFORMÁT.), forma de representación de los números con ayuda de una cantidad determinada de cifras, en la que la coma decimal ocupa una posición fija con relación a uno de los extremos del conjunto de cifras. ‖ **De fijo,** seguramente, sin duda.

**FIJÓN, NA** adj. *Méx. Fam.* Dícese del que se fija continuamente en los defectos de los demás y le gusta criticar. • **No haber fijón** *(Méx.),* no haber problema o inconveniente.

**FILA** n. f. (fr. *file*). Línea formada por personas o cosas colocadas unas detrás de otras: *ponerse en fila los soldados.* **2.** *Fig.* y *fam.* Tirria, odio, antipatía. • **Fila india,** la que forman varias personas una tras otra. ◆ **filas** n. f. pl. **3.** *Fig.* Bando, partido, agrupación. • **En filas,** en servicio militar activo: *entrar en filas.*

**FILACTERIA** n. f. (gr. *phylaktērion,* amuleto). Amuleto o talismán que usaban los antiguos. **2.** Tira de piel o pergamino con pasajes de las Escrituras, que los judíos llevaban atado al brazo izquierdo o a la frente. **3.** Especie de tira, banda o friso que durante la edad media se utilizó como elemento decorativo.

**FILAMENTO** n. m. (lat. *filamentum*). Cuerpo filiforme, flexible o rígido. **2.** BOT. Porción basilar alargada del estambre, que sostiene la antera. **3.** ELECTR. En las bombillas o lámparas eléctricas, fino hilo conductor que se pone incandescente cuando lo atraviesa la corriente. **4.** HISTOL. Nombre de diversas estructuras histológicas: *filamento axial de la cola del espermatozoo.*

**FILAMENTOSO, A** adj. Que tiene filamentos.

**FILANTROPÍA** n. f. (gr. *philanthrōpia*). Cualidad de filántropo.

**FILANTRÓPICO, A** adj. Relativo a la filantropía.

**FILÁNTROPO, A** n. Persona que ama al género humano, especialmente la que emplea actividad, capital, etc., en beneficio de los demás.

**FILAR** v. tr. [**1**]. Fijarse en una persona o estar precavido contra ella.

**FILARCA** n. m. (gr. *phylarkhos*). ANT. GR. Magistrado que dirigía las asambleas de cada una de las diez tribus de Atenas.

**FILARIOSIS** n. f. Afección parasitaria ocasionada por individuos del género *Filaria.*

**FILARMONÍA** n. f. Afición a la música.

**FILARMÓNICO, A** adj. y n. Apasionado por la música. ◆ adj. y n. f. **2.** Dícese de determinadas sociedades musicales.

**FILÁSTICA** n. f. MAR. Hilos básicos de que se forman todos los cabos y jarcias.

**FILATELIA** n. f. (de *filo,* y gr. *atelēs,* que no paga gastos de porte). Estudio y colección de los sellos de correos.

**FILATÉLICO, A** adj. y n. Relativo a la filatelia; filatelista.

**FILATELISTA** n. m. y f. Coleccionista de sellos de correos.

**FILATURA** n. f. Hilandería.

**FILERA** n. f. Arte de pesca, que se cala a la entrada de las albuferas, y consiste en varias filas de redes que tienen unas nasas pequeñas en el extremo.

**FILETA** n. f. En las máquinas de hilatura, urdidores, telares, etc., especie de cuadro o bastidor que sostiene las bobinas o carretes de alimentación.

**FILETE** n. m. (ital. *filetto,* lista de moldura). Faja lisa y estrecha que separa dos molduras. **2.** Elemento superior de una cornisa. **3.** Espiral saliente de tornillo. **4.** Remate que se hace en el borde de una prenda de vestir para que no se desgaste. **5.** DIB. Línea o lista fina de adorno. **6.** HISTOL. Nombre que suele darse a las finas ramificaciones nerviosas. **7.** IMPR. Lámina metálica, generalmente de la misma altura que los caracteres, y terminada en una o más rayas de distintos gruesos. **8.** IMPR. Trazo que se obtiene, en la impresión, por medio de esta lámina, y que se utiliza para separar o enmarcar los textos o las ilustraciones.

**FILETE** n. m. (fr. *filet*). Bistec. **2.** Solomillo. **3.** Lonja de pescado cortada paralelamente a la espina dorsal.

**FILETEADO** n. m. *Argent.* Ornamentación artesanal de filetes hecha sobre la carrocería de un vehículo. **2.** *Argent.* Técnica de esta artesanía. **3.** TECNOL. Operación consistente en labrar una ranura helicoidal alrededor de una superficie cilíndrica. SIN.: *roscado.*

**FILETEADOR, RA** n. Operario dedicado al fileteado.

**FILETEAR** v. tr. [**1**]. Adornar con filetes.

**FILÉTICO, A** adj. Relativo a un filum.

**FILFA** n. f. Mentira, noticia falsa, engañifa. **2.** *Méx.* Pifia.

**FILIA** n. f. Apasionada simpatía por alguien o algo.

**FILIACIÓN** n. f. Acción y efecto de filiar. **2.** Conjunto de datos que sirven para identificar a un individuo. **3.** Circunstancia de estar afiliado a cierto partido. **4.** DER. Lazo natural y jurídico que une a los hijos con sus padres.

**FILIAL** adj. Relativo al hijo. ◆ adj. y n. f. **2.** Dícese de la empresa que se encuentra, de hecho, bajo la dependencia o la dirección de una sociedad madre.

**FILIAR** v. tr. [**1**]. Tomar la filiación.

**FILIBUSTERISMO** n. m. Piratería, pillaje en el mar. **2.** Acción de los filibusteros. **3.** Obstruccionismo.

**FILIBUSTERO** n. m. Pirata del mar de las Antillas, que en los ss. XVI-XVIII saqueó las colonias españolas de América. **2.** Partidario de la independencia de las provincias ultramarinas españolas y, posteriormente, aventurero que intervino en las luchas políticas de los países latinoamericanos. **3.** Obstruccionista.

**FILICAL** adj. y n. f. Eufilical.

**FILICIDA** adj. y n. m. y f. Que mata a su hijo.

**FILICIDIO** n. m. Muerte que uno de los padres da a un hijo.

**FILIFORME** adj. Que tiene forma o apariencia de hilo.

**FILIGRANA** n. f. (ital. *filigrana*). Trabajo de orfebrería realizado con hilos de plata u oro. **2.** *Fig.* Obra hecha con gran habilidad y finura. **3.** PAPEL. Marca hecha en el cuerpo del papel durante su manufactura, y que sólo es visible por transparencia.

**FILIPÉNDULA** n. f. BOT. Planta herbácea de hojas divididas en muchos segmentos desiguales, estípulas semicirculares y dentadas, flores blancas o rosadas y raíces tuberculadas. (Familia rosáceas.)

**FILIPENSE** adj. y n. m. Relativo al oratorio de san Felipe Neri; miembro de este oratorio. ◆ adj. y n. f. **2.** Relativo al instituto de religiosas puesto bajo la advocación de san Felipe Neri; religiosa de este instituto.

**FILÍPICA** n. f. (de *Filípicas*). Invectiva, censura acre.

**FILIPINISMO** n. m. Vocablo o giro propio de los filipinos que hablan la lengua española. **2.** Afición a las cosas de Filipinas.

**FILIPINISTA** n. m. y f. Estudioso de las lenguas e historia de Filipinas.

**FILIPINO, A** adj. y n. De Filipinas.

**FILISTEÍSMO** n. m. Nombre con que se designa la cerrazón de espíritu con respecto a las letras, artes, novedades, etc.

**FILISTEO, A** adj. y n. Relativo a un pueblo indoeuropeo que participó en la migración de los pueblos del mar; individuo de este pueblo.
■ Los filisteos se establecieron en el s. XII a. J.C. en la costa de Palestina (que les debe su nombre). Enemigos legendarios de los hebreos fueron sometidos por David.

**FILLER** n. m. (voz inglesa). Materia mineral finamente molida, que se añade al asfalto para la pavimentación de carreteras y que se utiliza también para modificar las propiedades de determinados materiales como el hormigón, las materias plásticas, etc.

**FILM** n. m. (voz inglesa) [pl. *films*]. Película cinematográfica.

**FILMACIÓN** n. f. Acción y efecto de filmar. **2.** Película filmada. **3.** CIN. Rodaje.

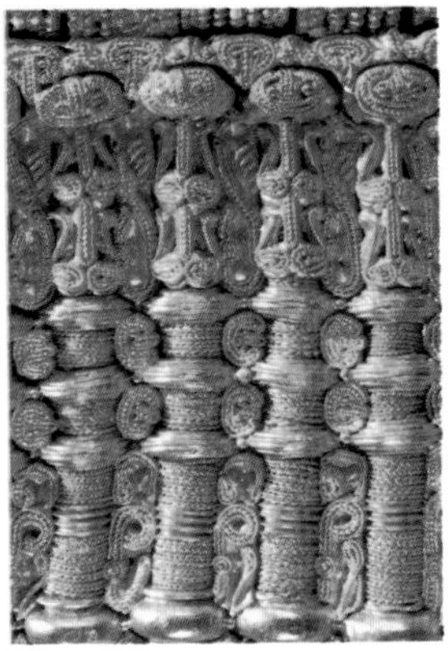

**filigrana** de oro, joya vikinga
(museo de antigüedades nacionales, Estocolmo)

**filigrana** salmantina
(museo de artes e industrias populares, Barcelona)

**FILMADORA** n. f. Cámara cinematográfica de manejo sencillo y pequeño formato, destinada a usos no profesionales.

**FILMAR** v. tr. [**1**]. Tomar o fotografiar una escena en movimiento en una película. **2.** CIN. Rodar.

**FILME** n. m. Película cinematográfica.

**FILMLET** n. m. (pl. *filmlets*). Breve film publicitario.

**FILMOGRAFÍA** n. f. Relación de películas realizadas por un director, productor, o interpretadas por un actor.

**FILMOLOGÍA** n. f. Ciencia que estudia el cine, su estética y sus influencias.

**FILMOTECA** n. f. Local o establecimiento donde se conservan películas cinematográficas para su difusión y proyección con fines culturales. SIN.: *cinemateca.* **2.** Colección de films.

**FILO** n. m. (lat. *filum*). Lado afilado de un instrumento cortante. • **Dar filo,** o **un filo,** afilar, amolar; *(Fig.),* avivar, incitar. ‖ **De doble filo** o **de dos filos,** que puede tener dos efectos opuestos.

**FILODENDRO** n. m. Planta ornamental de hojas digitadas y flores olorosas. (Familia aráceas.)

**filodendro**

**FILOGENÉTICO, A** adj. Relativo a la filogenia.

**FILOGENIA** o **FILOGÉNESIS** n. f. Formación y encadenamiento de líneas evolutivas animales o vegetales. **2.** Estudio de esta formación.

**FILOLOGÍA** n. f. (gr. *philologia*). Estudio de una lengua a través de los documentos escritos que la dan a conocer. **2.** Estudio de los textos y de su transmisión.

**FILOLÓGICO, A** adj. Relativo a la filología.

**FILÓLOGO, A** n. Persona que se dedica a la filología.

**FILÓN** n. m. (fr. *filon*). Fisura, más o menos ancha e irregular, de la corteza terrestre, llena de diversos minerales, mezclados a veces con escombros de las rocas envolventes. **2.** *Fig.* Materia, negocio o recurso del que se espera sacar gran provecho.

**FILOSO, A** adj. Que tiene filo. **2.** *Méx.* Dícese de la persona dispuesta o bien preparada para hacer algo.

**FILOSOFADOR, RA** adj. y n. *Desp.* Que filosofa.

**FILOSOFAL** adj. **Piedra filosofal,** piedra que, según los alquimistas, debía operar la transmutación de los metales en oro; *(Fig.),* solución para algo.

**FILOSOFAR** v. intr. [**1**]. Discurrir o meditar sobre los problemas y cuestiones de la filosofía. **2.** *Fam.* Expresar ideas sin valor sobre temas trascendentales.

**FILOSOFASTRO, A** n. *Desp.* Persona que pretende filosofar sin tener capacidad para ello.

**FILOSOFÍA** n. f. (gr. *philosophia*). Conjunto de consideraciones y reflexiones generales sobre los principios fundamentales del conocimiento, pensamiento y acción humanos, integrado en una doctrina o sistema: *la filosofía griega; la filosofía de Kant.* **2.** Conjunto de principios que se establecen o suponen para explicar u ordenar cierta clase de hechos: *filosofía de la historia.* **3.** *Fig.* Tranquilidad o conformidad para soportar los contratiempos.
■ La filosofía fue, en un principio, una reflexión científica sobre la naturaleza y las causas que provocan la existencia del universo, el hombre y la sociedad. El pensamiento occidental se manifestó en este sentido desde el s. VII a. J.C. en Grecia, donde Platón y Aristóteles (s. IV a J.C.) se erigieron en las grandes figuras de esta reflexión. Con la aparición del cristianismo la filosofía se fue apartando poco a poco de la teología. La edad media (Bacon) y el renacimiento (Maquiavelo) plantearon la problemática del hombre en el mundo y en la ciudad. Durante los ss. XVI y XVII con Copérnico y Descartes se empezó a distinguir entre filosofía y problemas físicos: fue entonces cuando la ciencia adquirió su autonomía. La reflexión sobre el hombre, su moral y su libertad, se fue haciendo más precisa gracias a los sistemas de Leibniz, Spinoza y, más tarde, de Kant. Éste fue quien señaló la autonomía de la filosofía respecto de la metafísica, considerada como especulación acerca de lo que va más allá de la experiencia. Hegel, por su parte, creó una nueva forma de aproximación a la historia, mientras que Marx se propuso, en lugar de interpretarlo, transformar el mundo. Nietzsche hizo de la filosofía un medio para escapar a todas las servidumbres del espíritu. En este momento se constituyen y se separan de la filosofía las ciencias que tratan del hombre. La sicología y la sociología adquieren autonomía propia, mientras que nace el sicoanálisis, con Freud; la lógica se constituye como disciplina independiente con Frege. Husserl sentó los fundamentos de la fenomenología y Heidegger llevó su reflexión hacia la ontología.

**FILOSÓFICO, A** adj. Relativo a la filosofía.

**FILÓSOFO, A** n. Persona que por profesión o estudio se dedica a la filosofía, especialmente el creador de un sistema filosófico. **2.** *Fam.* Persona que sabe vivir ajena a las preocupaciones.

**FILOTAXIS** n. f. BOT. Disposición de las hojas sobre el tallo de las plantas.

**FILOXERA** n. f. Minúsculo pulgón, una de cuyas especies produce en la vid una grave enfermedad. **2.** Enfermedad de la vid, causada por este pulgón.

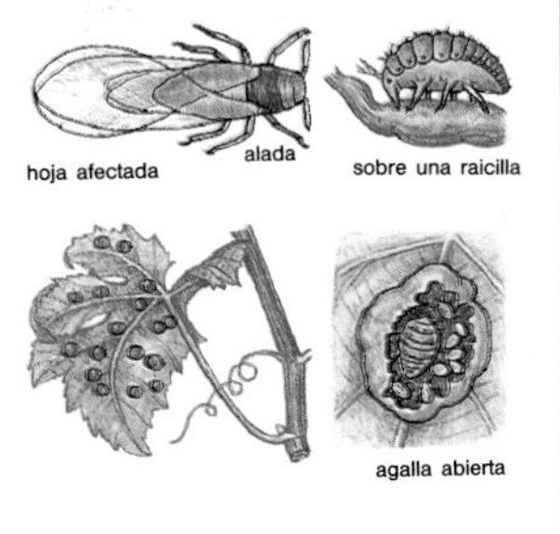


**filoxera** y hoja de viña parasitada

**FILTRACIÓN** n. f. Acción y efecto de filtrar o filtrarse. • **Filtración óptica,** técnica que permite la investigación y perfeccionamiento de las informaciones contenidas en un objeto luminoso.

**FILTRAR** v. tr. [**1**]. Hacer pasar un fluido por un filtro. ◆ v. intr. y tr. **2.** Dejar un cuerpo sólido pasar un fluido a través de sus poros o resquicios. ◆ v. intr. y pron. **3.** Penetrar un fluido a través de un cuerpo sólido. ◆ **filtrarse** v. pron. **4.** Desaparecer inadvertidamente los bienes o el dinero. **5.** Dejar pasar subrepticiamente algo, en especial una noticia.

**FILTRO** n. m. Cuerpo poroso o aparato a través del cual se hace pasar un fluido, para limpiarlo de las materias que contiene en suspensión, o para separarlo de las materias con que está mezclado. **2.** FOT. Cuerpo transparente coloreado que se coloca delante de un objetivo para interceptar determinados rayos del espectro. **3.** TECNOL. Dispositivo que transmite la energía de una señal sonora o luminosa cuya frecuencia está comprendida en determinadas bandas y se opone a su paso en el caso contrario. **4.** *Fig.* Prueba o dificultad que sirve para seleccionar: *este examen es un filtro.* • **Filtro prensa,** aparato que filtra los líquidos a presión. *(V. ilustración pág. 452.)*

**FILTRO** n. m. (gr. *philtron*). Poción a la que se atribuyen poderes mágicos para conseguir el amor de una persona. **2.** Poción venenosa.

**FILUDO, A** adj. *Amér.* Que tiene mucho filo.

**FILUM** n. m. Serie evolutiva de formas animales o vegetales.

**FILVÁN** n. m. Rebaba finísima que queda en el filo de una herramienta recién amolada.

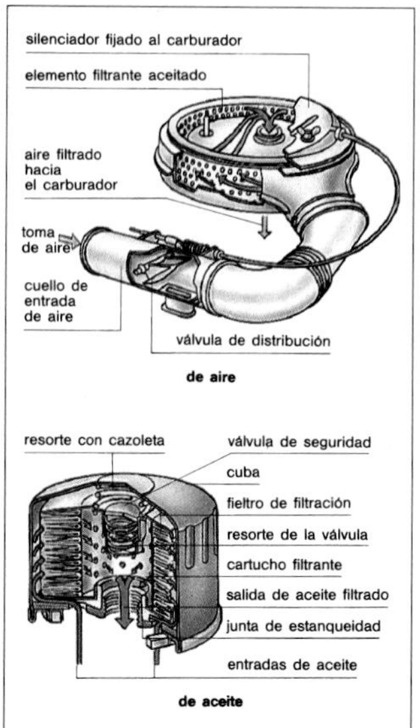

**filtros** (automóvil)

**FIMBRIA** n. f. (lat. *fimbriam*). Borde inferior de la vestidura talar. **2.** Orla o franja de adorno.

**FIMO** n. m (lat. *fimum*). Estiércol.

**FIMOSIS** n. f. (gr. *phimōsis*). Estrechamiento del prepucio que impide descubrir el glande y que a veces puede necesitar tratamiento quirúrgico.

**FIN** n. m. o f. (lat. *finem*). Hecho de terminarse una cosa. (Suele usarse como masculino.) ◆ n. m. **2.** Final, cabo, extremidad o conclusión de una cosa: *fin de año.* **3.** Finalidad, objeto o motivo por lo que se hace una cosa: *actuar con fines inconfesables.* • **A fin de,** con objeto de, para. ‖ **Al fin,** después de vencidos todos los obstáculos, por último. ‖ **Al fin y al cabo** o **al fin y a la postre,** se emplea para introducir una afirmación en apoyo de algo que se acaba de decir y que, en cierto modo, está en oposición con algo de lo que se ha hablado con anterioridad. ‖ **Dar fin** a algo, terminarlo, acabarlo. ‖ **En fin** o **por fin,** por último, finalmente. ‖ **En fin,** en resumidas cuentas, en pocas palabras. ‖ **Fin de fiesta,** actuación extraordinaria después de las normales de un espectáculo determinado. ‖ **Fin de semana,** últimos días de la semana, dedicados al descanso; maletín pequeño en que cabe justamente lo necesario para un viaje corto. ‖ **Poner fin** a una cosa, terminarla o interrumpirla definitivamente. ‖ **Sin fin,** sin número, infinitos, innumerables.

**FINADO, A** n. Persona muerta.

**FINAL** adj. (lat. *finalem*). Que remata, cierra o perfecciona una cosa. **2.** LING. Se aplica a la conjunción que indica finalidad, como *a fin de que, para,* etc. • **Causa final,** el fin en cuanto que obra como causa. ◆ n. m. **3.** Fin, término, remate. ◆ n. f. **4.** Última y decisiva competición de un campeonato o concurso.

**FINALIDAD** n. f. Existencia o naturaleza de un fin, de una causa final. **2.** *Fig.* Fin con que o por que se hace una cosa.

**FINALISMO** n. m. FILOS. Sistema que convierte las causas finales en el principio explicativo universal.

**FINALISTA** adj. y n. m. y f. Que llega a la prueba final en un certamen deportivo, concurso literario, etc. **2.** FILOS. Relativo al finalismo; partidario de este sistema.

**FINALIZAR** v. tr. **[1g]**. Concluir una obra, darle fin. ◆ v. intr. **2.** Extinguirse, consumirse o acabarse una cosa.

**FINANCIACIÓN** n. f. Acción de financiar.

**FINANCIAR** v. tr. (fr. *financer*) **[1]**. Crear y fomentar una empresa aportando el dinero necesario. **2.** Sufragar los gastos de una actividad, obra, partido político, etc.

**FINANCIERO, A** adj. Relativo a las finanzas. ◆ n. **2.** Especialista en materia de operaciones financieras y de gestión de patrimonios privados o públicos.

**FINANCISTA** adj. y n. m. y f. *Amér.* Dícese de la persona que financia.

**FINANZAS** n. f. pl. Hacienda, caudal, negocios. **2.** Conjunto de actividades mercantiles relacionadas con el dinero de los negocios, de la banca y de la bolsa. **3.** Conjunto de mercados o instituciones financieras de ámbito nacional o internacional: SIN.: *mundo de las finanzas.*

**FINAR** v. intr. **[1]**. Fallecer, morir. **2.** Finalizar.

**FINCA** n. f. Superficie delimitada de terreno, perteneciente a un propietario o a varios pro indiviso. • **Finca rústica,** la que no está enclavada dentro de un perímetro urbano o zona urbanizada. ‖ **Finca urbana,** la comprendida dentro de un casco urbano, zona urbanizada o sector previsto como zona de urbanización.

**FINCAR** v. intr. y pron. (lat. *figicare,* fijar) **[1a]**. Adquirir fincas. **2.** *Méx.* Construir una casa.

**FINÉS, SA** adj. y n. Finlandés. ◆ n. m. **2.** Lengua ugrofinesa hablada en Finlandia. SIN.: *finlandés.*

**FINEZA** n. f. Finura. **2.** Atención u obsequio delicado que se hace a alguien.

**FINGIMIENTO** n. m. Acción y efecto de fingir.

**FINGIR** v. tr. y pron. (lat. *fingere,* modelar, inventar) **[3b]**. Dejar ver o hacer creer con palabras, gestos o acciones algo que no es verdad. **2.** Dar existencia real a lo que no la tiene.

**FINIQUITAR** v. tr. **[1]**. Saldar una cuenta. **2.** *Fig.* y *fam.* Acabar, concluir, rematar.

**FINIQUITO** n. m. Hecho de finiquitar una cuenta. **2.** Documento en el que consta este hecho.

**FINISECULAR** adj. Relativo al fin de un siglo determinado.

**FINITISMO** n. m. Doctrina metamatemática según la cual sólo existen los entes matemáticos que pueden construirse por procesos finitos.

**FINITO, A** adj. Que tiene fin o término.

**FINITUD** n. f. FILOS. Cualidad de finito.

**FIN-KEEL** n. m. (voces inglesas, *aleta* y *quilla*). Quilla fija lastrada en su parte inferior, inserta en el casco de un velero.

**FINLANDÉS, SA** o **FINÉS, SA** adj. y n. De Finlandia.

**FINO, A** adj. Delgado, de poco grosor. **2.** Selecto, de buena calidad: *tela fina.* **3.** Astuto o hábil. **4.** Elegante, esbelto, de facciones delicadas. **5.** Dícese de los sentidos agudos: *oído fino.* **6.** Liso o suave, sin asperezas: *superficie fina.* **7.** Atento, amable, afectuoso. • **Piedra fina,** gema que, sin ser de las más valiosas, puede utilizarse en joyería, por su belleza y dureza. ◆ adj. y n. m. **8.** Dícese del tipo de vino generoso, de color pajizo, aroma fuerte, delicado y transparente.

**FINOLIS** adj. y n. m. y f. Dícese de las personas que usan una finura exagerada o afectada.

**FINOUGRO, A** adj. y n. m. Ugrofinés.

**FINTA** n. f. (ital. *finta,* amago de un golpe). Ademán o amago que se hace con intención de engañar a alguien, o regate hecho con el cuerpo. • **Irse** uno **con la finta** *(Méx.),* actuar dejándose llevar por las apariencias o por alguna situación engañosa.

**FINURA** n. f. Cualidad de fino.

**FIORDO** n. m. (noruego *fjord*). Antiguo valle glaciar invadido por el mar.

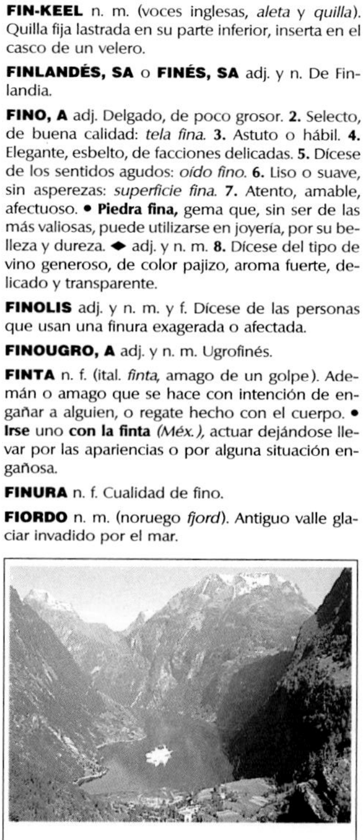
**fiordo** (Geirangerfjord, Noruega)

**FIQUE** n. m. *Colomb., Méx.* y *Venez.* Fibra de la pita, de la que se hacen cuerdas.

**FIRMA** n. f. Nombre de una persona, generalmente acompañado de una rúbrica, estampado al pie de un escrito para atestiguar que se es el autor o que se aprueba su contenido. **2.** Acción de firmar. **3.** Conjunto de cartas y documentos que se firman. **4.** Nombre comercial, empresa o establecimiento mercantil.

**FIRMAMENTO** n. m. (lat. *firmamentum*). Espacio infinito en el que se mueven los astros.

**FIRMÁN** n. m. (persa *firmān,* decreto). Edicto del soberano en el Imperio otomano y en Irán.

**FIRMANTE** adj. y n. m. y f. Que firma.

**FIRMAR** v. tr. **[1]**. Poner uno su firma en un escrito. ◆ **firmarse** v. pron. **2.** Usar de un determinado nombre o título en la firma.

**FIRME** adj. Que no cede sino difícilmente a un esfuerzo exterior o que no se mueve ni vacila: *la mesa está firme.* **2.** *Fig.* Constante, entero, definitivo. • **De firme,** con constancia y ardor; con solidez; con violencia: *llueve de firme.* ‖ **En firme,** dícese de la operación de compra o venta a plazo, no rescindibles. ◆ adv. m. **3.** Con firmeza, con valor, con violencia. ◆ n. m. **4.** Capa sólida de terreno, sobre la cual se pueden poner los cimientos de una obra. **5.** Capa de cubierta o pavimento de una carretera, calle, etc. ◆ **¡firmes!** interj. **6.** MIL. Voz de mando reglamentaria para que la tropa en formación se cuadre si estaba descansando o vuelva la vista al frente cuando termina una alineación.

**FIRMEZA** n. f. Cualidad de firme. • **La firmeza** *(Argent.),* baile tradicional de galanteo, de ritmo vivaz, en el que las parejas ejecutan la pantomima de lo expresado en el estribillo.

**FIRULETE** n. m. *Amér. Merid.* Adorno superfluo y de mal gusto. (Suele usarse en plural.)

**FISCAL** adj. Relativo al fisco. **2.** DER. Relativo al oficio del fiscal. ◆ n. m. y f. **3.** Funcionario de la carrera judicial que representa y ejerce el ministerio público en los tribunales. **4.** Empleado que tiene a su cargo, de alguna forma, defender los intereses del fisco: *fiscal de tasas.* **5.** Persona que fiscaliza acciones ajenas. **6.** *Bol.* y *Chile.* Seglar que cuida de una capilla rural, dirige las funciones del culto y auxilia al párroco. • **Fiscal general del estado,** órgano jerárquico superior del ministerio fiscal.

**FISCALÍA** n. f. Oficio y empleo de fiscal. **2.** Oficina o despacho del fiscal.

**FISCALIDAD** n. f. Conjunto de los impuestos y otros gravámenes que han de pagarse a la administración pública.

**FISCALIZABLE** adj. Que se puede o se debe fiscalizar.

**FISCALIZACIÓN** n. f. Acción y efecto de fiscalizar.

**FISCALIZADOR, RA** adj. y n. Que fiscaliza.

**FISCALIZAR** v. tr. **[1g]**. Sujetar a la inspección fiscal. **2.** *Fig.* Averiguar o criticar y traer a juicio las acciones u obras de otro.

**FISCO** n. m. Tesoro del estado. **2.** Hacienda pública que recauda los impuestos de los contribuyentes. **3.** Moneda de cobre de Venezuela.

**FISCORNO** n. m. MÚS. Instrumento de viento, de metal, que pertenece a la familia del bugle.

**FISGA** n. f. Arpón para pescar peces grandes, consistente en una barra de hierro provista de tres o más dientes. **2.** Burla que se hace de una persona. **3.** *Guat.* y *Méx.* Banderilla del toreo.

**FISGAR** v. tr. **[1b]**. Husmear, rastrear con el olfato. ◆ v. tr. e intr. **2.** Procurar enterarse indiscretamente de cosas ajenas.

**FISGÓN, NA** adj. y n. Que tiene por costumbre fisgar.

**FISGONEAR** v. tr. e intr. **[1]**. Fisgar por costumbre cosas ajenas.

**FISGONEO** n. m. Acción y efecto de fisgonear.

**FISIATRA** n. m. y f. Persona que practica o profesa la fisiatría.

**FISIATRÍA** n. f. Naturismo.

**FISIBLE** adj. Susceptible de sufrir una fisión nuclear.

**FÍSICA** n. f. Ciencia que estudia las propiedades generales de la materia y establece las leyes que dan cuenta de los fenómenos naturales. • **Física atómica,** estudio teórico y experimental de las propiedades del átomo aislado. || **Física matemática,** parte de la física en la que las leyes físicas se traducen en funciones matemáticas. || **Física recreativa,** conjunto de experiencias de física destinadas a distraer o divertir.

**FISICALISMO** n. m. Teoría epistemológica neopositivista que afirma que el lenguaje de la física puede formar un lenguaje universal, apropiado para todas las ciencias. (Fue elaborada por ciertos representantes del círculo de Viena.)

**FÍSICO, A** adj. (lat. *physicum*). Relativo a la física: *propiedades físicas de un cuerpo.* **2.** Que concierne a la naturaleza y constitución corpórea o material: *geografía física; ejercicios físicos.* **3.** *Cuba* y *Méx.* Pedante, melindroso. ◆ n. **4.** Persona que por profesión o estudio se dedica a la física. ◆ n. m. **5.** Exterior de una persona, lo que forma su constitución y naturaleza.

**FÍSICO-MATEMÁTICO, A** adj. Relativo a la física y a las matemáticas a la vez.

**FÍSICO-QUÍMICA** n. f. Rama de la química que aplica las leyes de la física al estudio de los sistemas químicos.

**FÍSICO-QUÍMICO, A** adj. Relativo a la física y a la química a la vez. ◆ n. **2.** Especialista en físico-química.

**FISIOCRACIA** n. f. Doctrina de los economistas que, con Quesnay, consideraban la agricultura como la fuente esencial de la riqueza.

**FISIÓCRATA** adj. y n. m. y f. Fisiocrático; partidario de la fisiocracia.

**FISIOCRÁTICO, A** adj. Relativo a la fisiocracia.

**FISIOGNÓMICA** n. f. Arte de conocer el carácter de los seres humanos por sus rasgos fisonómicos.

**FISIOGRAFÍA** n. f. Descripción geomorfológica de una región.

**FISIOGRÁFICO, A** adj. Relativo a la fisiografía.

**FISIOLOGÍA** n. f. Ciencia que trata de las funciones orgánicas por medio de las cuales se manifiesta la vida y que aseguran el mantenimiento de la vida individual.

**FISIOLÓGICO, A** adj. Relativo a la fisiología.

**FISIÓLOGO, A** n. Persona que por profesión o estudio se dedica a la fisiología.

**FISIÓN** n. f. (ingl. *fission*). División del núcleo de un átomo pesado (uranio, plutonio, etc.) en dos o varios fragmentos, causado por un bombardeo de neutrones, con liberación de una enorme cantidad de energía y varios neutrones.

■ La energía liberada en una reacción de fisión procede de la desintegración de una parte de la masa del núcleo atómico fisionado. Los productos de la fisión son radiactivos; son la causa de los efectos radiactivos de las bombas atómicas y constituyen los residuos radiactivos de las centrales nucleares. Los neutrones que se desprenden al fisionarse un núcleo producen a su vez la fisión de otros núcleos vecinos, dando lugar a la reacción en cadena. Pueden sufrir la fisión, con mayor o menor probabilidad, todos los núcleos de elementos pesados a partir del torio. Los neutrones inductores de fisión pueden ser *lentos* (o térmicos), como en el caso del uranio 235, el uranio 233 y el plutonio 239, o *rápidos,* como en el caso del uranio 238.

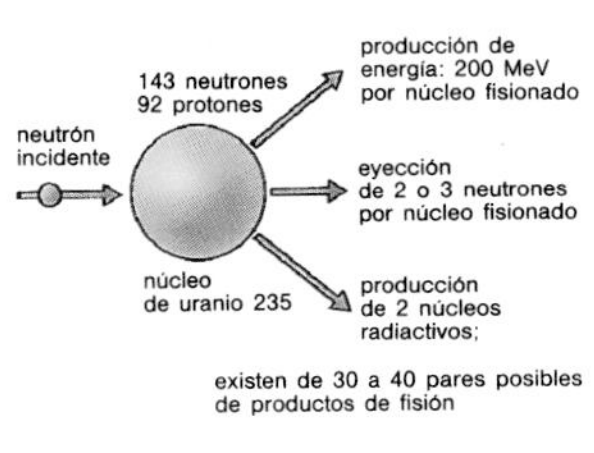


**fisión** de un núcleo de uranio 235

**FISIONAR** v. tr., intr. y pron. [**1**]. Producir o producirse una fisión.

**FISIOPATOLOGÍA** n. f. Estudio de los trastornos funcionales que perturban las funciones fisiológicas y son responsables de los síntomas patológicos.

**FISIOPATOLÓGICO, A** adj. Relativo a la fisiopatología.

**FISIOTERAPEUTA** n. m. y f. El que por profesión o estudio se dedica a la fisioterapia.

**FISIOTERAPIA** n. f. Tratamiento médico por medio de agentes naturales: luz, calor, frío, electricidad, ejercicio, etc.

**FISIPARIDAD** n. f. Modo de reproducción asexual en el que el organismo se divide en dos partes.

**FISÍPARO, A** adj. Dícese de los seres que se multiplican por fisiparidad.

**FISONOMÍA** o **FISIONOMÍA** n. f. Aspecto particular del rostro de una persona que resulta de la combinación de sus facciones. **2.** *Fig.* Aspecto exterior de las cosas.

**FISONÓMICO, A** o **FISIONÓMICO, A** adj. Relativo a la fisonomía.

**FISONOMISTA** o **FISIONOMISTA** adj. y n. m. y f. Dícese de la persona que recuerda fácilmente los rasgos fisonómicos.

**FÍSTULA** n. f. (lat. *fistulam*). Cañón o conducto por donde cuela el agua o algún otro líquido. **2.** Instrumento músico de viento. **3.** PATOL. Conducto de origen congénito, traumático, quirúrgico o patológico, que comunica un órgano con el exterior o con otro órgano.

**FISTULAR** adj. Relativo a la fístula.

**FISTULOSO, A** adj. De forma de fístula o parecido a ella.

**FISURA** n. f. Fractura o hendidura longitudinal de un hueso. **2.** Solución de continuidad, de disposición lineal, en la piel o en una mucosa. **3.** GEOL. Superficie según la cual se hiende una roca.

**FITNESS** n. m. Conjunto de ejercicios gimnásticos que se realizan para conseguir y mantener una buena forma física.

**FITOBIOLOGÍA** n. f. Ciencia que estudia los vegetales bajo un aspecto no sistemático.

**FITÓFAGO, A** adj. y n. m. Dícese del animal que se nutre de materias vegetales.

**FITOFARMACIA** n. f. Estudio y preparación de los productos antiparasitarios destinados al tratamiento de las enfermedades de las plantas.

**FITOFLAGELADO, A** adj. y n. m. Dícese de los protistos flagelados que poseen clorofila.

**FITOGEOGRAFÍA** n. f. Ciencia que estudia la distribución de las plantas sobre la Tierra.

**FITOHORMONA** n. f. Nombre genérico de las hormonas vegetales.

**FITOPATOLOGÍA** n. f. Estudio de las enfermedades de las plantas.

**FITOPLANCTON** n. m. Plancton vegetal.

**FITOSANITARIO, A** adj. Relativo a los cuidados que deben dedicarse a los vegetales.

**FITOSOCIOLOGÍA** n. f. Estudio de las asociaciones vegetales.

**FITOTRÓN** n. m. Laboratorio equipado para estudiar las condiciones físicas y químicas en las que se desarrollan las plantas.

**FITOZOO, A** adj. y n. m. Zoófito.

**FJELD** n. m. (voz noruega). GEOGR. Plataforma rocosa modelada por un glaciar continental. SIN.: *fjell.*

**FLABELO** n. m. (lat. *flabellum*). Abanico grande con mango largo.

**FLACCIDEZ** o **FLACIDEZ** n. f. Calidad de fláccido.

**FLÁCCIDO, A** o **FLÁCIDO, A** adj. (lat. *flaccidum*). Blando, flojo y carente de tersura.

**FLACO, A** adj. (lat. *flaccum,* flojo). Dícese de la persona o animal de pocas carnes. **2.** *Fig.* Poco entero o poco resistente a las tentaciones. **3.** *Fig.* Endeble, sin fuerza: *argumento flaco.*

**FLACURA** n. f. Calidad de flaco.

**FLAGELACIÓN** n. f. Acción y efecto de flagelar.

**FLAGELADO, A** adj. y n. m. Relativo a una clase de protozoos caracterizados por la posesión de flagelos.

**FLAGELANTE** n. m. y f. Penitente que se azotaba en público.

**FLAGELAR** v. tr. y pron. (lat. *flagellare*) [**1**]. Pegar golpes en el cuerpo a alguien con un flagelo. **2.** *Fig.* Dirigir reproches duros a alguien o contra algo.

**FLAGELO** n. m. (lat. *flagellum,* látigo). Azote o instrumento para azotar. **2.** Azote, calamidad, embate o golpe repetido del agua o del aire. **3.** BIOL. Filamento móvil que sirve de órgano locomotor a ciertos protozoos y a los espermatozoides.

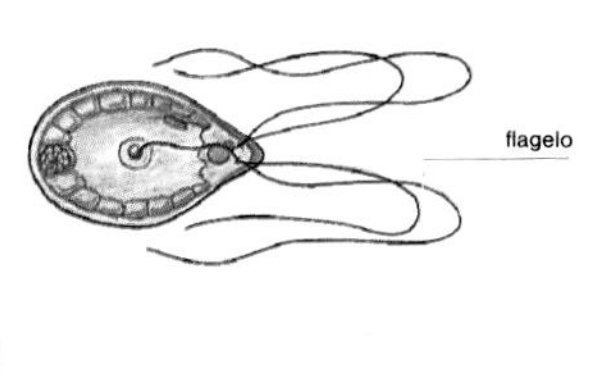


**flagelos** de un protófito

**FLAGRANTE** adj. De tal evidencia que no necesita pruebas. • **Flagrante delito** (DER.), el que se está cometiendo o se acaba de cometer cuando el delincuente ha sido sorprendido.

**FLAMA** n. f. (lat. *flammam*). Llama, masa gaseosa en combustión que se eleva de los cuerpos que arden. **2.** Llama, pasión vehemente.

**FLAMANTE** adj. (ital. *fiammante*). De apariencia vistosa y lucida. **2.** Nuevo, moderno, reciente, acabado de hacer o de estrenar. **3.** Dícese de la espada cuya hoja está ondeada en forma de llama.

**FLAMBEAR** v. tr. [**1**]. Quemar el licor con que se ha rociado un alimento, para darle un gusto específico.

**FLAMBOYAN** o **FRAMBOYAN** n. m. Árbol oriundo de México, de aproximadamente 15 m de alt., de tronco ramificado y flores muy vistosas y abundantes, de color rojo encendido. (Familia leguminosas.).

**FLAMEAR** v. intr. [**1**]. Despedir llamas. **2.** MAR. Ondear las velas orientadas al filo del viento. **3.** MED. Quemar un líquido inflamable en superficies o vasijas que se quieren esterilizar, o pasar por la llama algún instrumento con el mismo fin. ◆ v. tr. e intr. **4.** Ondear o hacer ondear una bandera.

**FLAMEN** n. m. [pl. *flámines*]. ANT. ROM. Sacerdote vinculado al culto de un dios particular.

**FLAMENCO, A** adj. y n. De Flandes. **2.** Achulado. **3.** Dícese de las personas, especialmente de las mujeres, de aspecto robusto y sano. ◆ adj. **4. Escuela flamenca,** conjunto de los artistas y de la producción artística de los países de lengua flamenca antes de la constitución de la actual Bélgica. || **Movimiento flamenco,** movimiento político y cultural aparecido en Bélgica en la segunda mitad del s. XIX, que preconiza la autonomía de Flandes y la limitación de la cultura francesa en el territorio flamenco. ◆ n. m. **5.** Conjunto de dialectos neerlandeses hablados en Bélgica y en la región francesa de Dunkerque. **6.** Ave de gran tamaño, de magnífico plumaje rosa, escarlata y negro, con grandes patas palmeadas, largo cuello flexible y gran pico acodado. (Familia fenicoptéridos.)

**flamenco** rosa

**FLAMENCO, A** adj. Dícese de lo andaluz que tiende a hacerse agitanado: *cante, aire, tipo flamenco.* ◆ n. m. **2.** Término con que se designa al conjunto de cantes y bailes formados por la fusión de ciertos elementos del orientalismo musical andaluz dentro de unos peculiares moldes expresivos gitanos.

■ Poco se sabe sobre las raíces históricas del fla-

bailaores de **flamenco**

menco, que como rito doméstico gitano se fue forjando paulatinamente durante siglos, sin difusión pública hasta fines del s. XVIII. En la Andalucía mestiza de los ss. XVI y XVII, en contacto con individuos de diversas procedencias (moriscos, judaizantes, etc.), los gitanos se apropiaron, con deslumbrante intuición artística, de elementos de la música oriental (modos litúrgicos bizantinos, hebreos, melodías árabes) ya «andaluzados», adaptándolos a sus necesidades expresivas. Las más antiguas modalidades flamencas son las tonás, las siguiriyas y las soleares, de las que han derivado los distintos estilos conocidos en la actualidad: alegrías, fandangos, tientos, bulerías, serranas, saetas, peteneras, etc. El cante jondo y el baile flamenco, caracterizado por el zapateado y los estilos festeros, se difundieron enormemente a mediados del s. XIX, atravesando desde entonces diversas coyunturas de adulteración, autenticidad y renovación. Entre los grandes nombres del flamenco se encuentran los cantaores Tomás el Litri, Antonio Chacón, Antonio Mairena, Manolo Caracol, El Terremoto, La Niña de los Peines, Manuel Molina, Tomás Pavón, Lebrijano, Manuel Soto, Camarón de la Isla, José Menese, etc.; entre los tocaores, el Niño Ricardo, Melchor de Marchena, los Habichuela, etc.; los concertistas Manolo Sanlúcar, Paco de Lucía y Manuel Cano; y los bailaores Vicente Escudero, Carmen Amaya, Enrique el Cojo, Rafael de Córdoba, Estampío, Realito, Antonio, Manuela Vargas, Cristina Hoyos, Antonio Gades, etc.

**FLAMENCOLOGÍA** n. f. Conjunto de conocimientos, técnicas, etc., sobre el cante y el baile flamenco.

**FLAMENCÓLOGO, A** adj. y n. Experto en flamencología.

**FLAMENQUERÍA** n. f. Calidad de flamenco, chulería.

**FLAMENQUISMO** n. m. Afición a las costumbres flamencas o achuladas. **2.** Flamenquería.

**FLAMÍGERO, A** adj. Que arroja o despide llamas o imita su figura. **2.** ARQ. Dícese del último período del gótico, en el s. XV, caracterizado por la decoración con curvas y contracurvas parecidas a lenguas de fuego.

**FLAN** n. m. (fr. *flan*). Dulce de yemas de huevo, leche y azúcar batidos y cuajados en un molde, puesto al baño María. • **Como un flan,** o **hecho un flan** (*Fig.* y *fam.*), muy nervioso o inquieto.

**FLANCO** n. m. (fr. *flanc*, costado). Lado, cada una de las dos partes laterales de un cuerpo. **2.** Costado, lado de un buque o de un cuerpo de tropa. **3.** ANAT. Parte lateral del tronco situada entre el reborde inferior de las costillas de un lado y el borde superior del hueso coxal de otro. **4.** FORT. Cada uno de los dos lados de un baluarte que enlaza las caras del mismo con las cortinas contiguas. **5.** HERÁLD. Cada uno de los rectángulos que ocupan el centro de los costados diestro y siniestro, en el escudo dividido hipotéticamente por dos líneas verticales y dos horizontales.

**FLANERA** n. f. Molde en que se cuaja el flan.

**FLANQUEAR** v. tr. [**1**]. Estar colocado o colocarse en el flanco de algo o alguien. **2.** MIL. Guardar los flancos del ejército.

**FLAP** n. m. (voz inglesa, *faldón*). AERON. Alerón que al abatirse aumenta la capacidad de sustentación del ala de un avión.

**FLAQUEAR** v. intr. [**1**]. Debilitarse, ir perdiendo la fuerza o la resistencia: *flaquear las piernas; flaquear una viga.* **2.** Estar en cierta materia menos enterado que en otras o que otros. **3.** *Fig.* Decaer el ánimo, aflojar en una acción.

**FLAQUEZA** n. f. Fragilidad o acción reprensible cometida por debilidad: *las flaquezas de la carne.* **2.** Cualidad de flaco.

**FLASH** n. m. (voz inglesa, *relámpago*). Aparato productor de intensos destellos luminosos, para la toma de fotografías. **2.** Destello producido por dicho aparato. **3.** Información procedente de una agencia de prensa y transmitida rápidamente, de forma concisa, por radio o televisión durante una emisión o en una interrupción de la programación. **4.** CIN. Rápida visión de un plano de escasa duración. • **Flash electrónico** (FOT.), flash que utiliza descargas de condensador en un tubo con gas enrarecido.

**FLASH-BACK** n. m. (voz inglesa). Secuencia cinematográfica que describe una acción pasada con respecto a la acción principal.

**FLASHING** n. m. (voz inglesa). CIN. Procedimiento que consiste en iluminar muy débilmente la película, de manera uniforme, antes, durante o después de la exposición de la cinta en la cámara o en la tiradora.

**FLATO** n. m. (lat. *flatum*). Acumulación de gases en un punto limitado del tubo digestivo que produce un dolor pasajero. **2.** *Amér. Central, Colomb., Méx.* y *Venez.* Melancolía, tristeza.

**FLATULENCIA** n. f. Acúmulo de gases en la cavidad abdominal, en especial en el estómago y colon transverso.

**FLATULENTO, A** adj. Dícese de las sustancias que tienden a producir gases de fermentación en el tubo digestivo, y por tanto meteorismo. ◆ adj. y n. **2.** Que padece flatulencia.

**FLAUTA** n. f. Instrumento musical de viento, formado por un tubo vacío y con agujeros. (Se distinguen la *flauta de pico,* o *dulce,* de madera, con embocadura en un extremo y perforación cónica, y la *flauta travesera,* de madera o de metal, con la embocadura a un lado.) • **Flauta de Pan,** instrumento de música compuesto por tubos de longitud desigual. ◆ n. m. y f. **2.** Flautista.

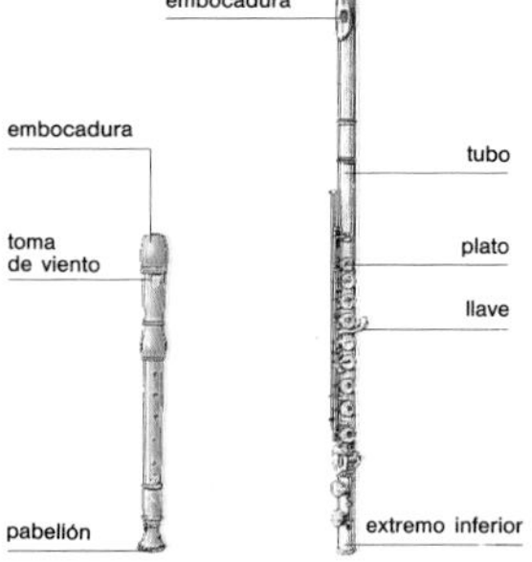


**flauta** dulce y **flauta** travesera

**FLAUTADO, A** adj. De sonido parecido al de la flauta.

**FLAUTÍN** n. m. Instrumento de viento, pequeña flauta afinada a la octava superior de la flauta ordinaria.

**FLAUTISTA** n. m. y f. Músico que toca la flauta.

**FLAVINA** n. f. BIOL. Molécula orgánica perteneciente a un grupo que comprende la vitamina B2 (riboflavina), los pigmentos amarillos de numerosos animales y enzimas respiratorios.

**FLEBITIS** n. f. Inflamación de una vena, que afecta generalmente a las extremidades inferiores y que puede provocar la formación de un coágulo.

**FLEBOTOMÍA** n. f. MED. Incisión de una vena.

**FLECHA** n. f. (fr. *flèche*). Arma arrojadiza, que se dispara generalmente con arco, compuesta por una varilla delgada y ligera, o astil, en el extremo de la cual va una punta afilada. **2.** Indicador de la dirección que se debe seguir, que tiene forma de saeta. **3.** AERON. Ángulo formado por el borde de ataque de un ala de avión con la perpendicular al eje del fuselaje. **4.** ARQ. Remate cónico, piramidal o poligonal de un campanario, que se levanta a gran altura. **5.** ARQ. Altura de la clave de un arco o bóveda sobre la línea de los arranques. **6.** MAT. Perpendicular trazada desde el punto medio de un arco de circunferencia a la cuerda que sostiene este arco.

**flecha** gótica (catedral de Burgos)

**FLECHAR** v. tr. [**1**]. Herir con flechas. **2.** *Fig.* y *fam.* Inspirar amor.

**FLECHASTE** n. m. MAR. Cada uno de los cabos delgados horizontales que forman las escalas que sirven para subir a los palos.

**FLECHAZO** n. m. Acción de disparar la flecha. **2.** Herida causada por una flecha disparada. **3.** *Fig.* Enamoramiento súbito.

**FLECHILLA** n. f. Planta herbácea que, tierna, se utiliza como pasto para el ganado y crece en Argentina. (Familia gramíneas.)

**FLECO** n. m. (lat. *floccum*, copo de lana). Adorno compuesto por una serie de hilos o cordoncillos colgantes de una tira de tela o pasamanería. **2.** Flequillo. **3.** Borde de una tela deshilachado por el uso. **4.** *Fig.* Detalle o aspecto que queda por resolver en un asunto o negociación.

**FLEJE** n. m. Tira de chapa de hierro con que se hacen aros para asegurar las duelas de cubas y toneles y las balas de ciertas mercancías. **2.** Pieza alargada y curva de acero que sirve para muelles y resortes.

**FLEMA** n. f. (lat. *phlegma*). Mucosidad pegajosa que se arroja por la boca, procedente de las vías respiratorias. **2.** *Fig.* Tardanza, lentitud en las operaciones. **3.** Serenidad, impasibilidad.

**FLEMÁTICO, A** adj. (lat. *phlegmaticum*). Relativo a la flema. **2.** Tardo y lento en las acciones. **3.** Sereno, impasible.

**FLEMÓN** n. m. (gr. *phlegmonē*). PATOL. Inflamación difusa del tejido conjuntivo.

**FLEMONOSO, A** adj. De la naturaleza de flemón.

**FLEMOSO, A** adj. Que tiene o causa flema.

**FLEO** n. m. Gramínea forrajera vivaz que crece en los prados, preferentemente en suelos secos y calcáreos.

**FLEQUILLO** n. m. Porción de cabello recortado que cae a manera de fleco sobre la frente.

**FLETADOR, RA** adj. y n. Que fleta. **2.** DER. En el contrato de fletamiento, dícese del que entrega la carga que ha de transportarse.

**FLETAMIENTO** o **FLETAMENTO** n. m. Acción y efecto de fletar. **2.** DER. Contrato de transporte por mar.

**FLETÁN** n. m. Halibut.

**FLETANTE** n. m. y f. *Chile* y *Ecuad.* Individuo que da en alquiler una nave o una bestia para transportar personas o mercaderías. **2.** DER. En el contrato de fletamiento, naviero o quien lo represente.

**FLETAR** v. tr. **[1]**. Alquilar un vehículo para el transporte de mercaderías o personas. **2.** *Argent.*, *Chile* y *Urug.* Despedir a alguien de un trabajo. **3.** *Argent.*, *Chile* y *Urug. Fam.* Enviar a alguien a alguna parte en contra de su voluntad. **4.** *Chile* y *Perú. Fig.* Soltar o espetar palabras agresivas o inconvenientes. ◆ v. tr. y pron. **5.** Embarcar mercancías o personas en una nave para su transporte. ◆ **fletarse** v. pron. **6.** *Cuba.* Largarse, marcharse de pronto. **7.** *Méx.* Encargarse a disgusto de un trabajo pesado. **8.** *Méx.* Inclinarse.

**FLETE** n. m. Precio estipulado para el alquiler de un buque u otro medio de transporte. **2.** Precio de transporte de mercancías por mar, tierra o aire. **3.** Carga que se transporta en un buque, camión o avión. **4.** *Argent.* Vehículo que hace transporte de mercancías por alquiler. **5.** *Argent.* El transporte mismo. **6.** *Argent.* y *Urug.* Caballo ligero. **7.** *Cuba.* Cliente de la fletera o prostituta.

**FLETERA** n. m. *Cuba.* Prostituta callejera.

**FLETERO, A** adj. *Amér.* Dícese del vehículo que se alquila para transporte. ◆ adj. y n. **2.** *Amér.* Dícese del que tiene por oficio hacer transportes. ◆ n. m. **3.** *Amér.* El que cobra el precio del transporte. **4.** *Chile* y *Perú.* En los puertos, individuo encargado de transportar personas o mercancías entre las naves y los muelles.

**FLEXIBILIDAD** n. f. Calidad de flexible.

**FLEXIBILIZAR** v. tr. y pron. **[1g]**. Hacer flexible o más flexible: *flexibilizar un tejido.*

**FLEXIBLE** adj. (lat. *flexibilem*). Que puede doblarse fácilmente. **2.** *Fig.* Dícese del ánimo, genio o índole que tiene disposición a ceder o acomodarse fácilmente al dictamen o resolución de otro. **3.** *Fig.* Dúctil, acomodadizo. ◆ adj. y n. m. **4.** Dícese del sombrero de fieltro flexible.

**FLEXIÓN** n. f. Acción y efecto de doblar o doblarse. **2.** Deformación de un sólido sometido a fuerzas que actúan sobre su plano de simetría o dispuestas simétricamente dos a dos con relación a dicho plano. **3.** GEOL. Forma intermedia entre la falla y el pliegue, en la que las capas han sido levantadas de una parte y hundidas por la otra, sin que se haya roto su continuidad. **4.** LING. Procedimiento morfológico que consiste en colocar como afijo, al final de un vocablo, desinencias con que se expresan las categorías gramaticales.

**FLEXIONAR** v. tr. y pron. **[1]**. Hacer flexiones con el cuerpo o un miembro, generalmente en ejercicios gimnásticos.

**FLEXIVO, A** adj. LING. Que expresa relaciones gramaticales por medio de flexiones: *lenguas flexivas.*

**FLEXO** n. m. Lámpara de mesa con brazo flexible.

**FLEXOGRAFÍA** n. f. Procedimiento de impresión con formas en relieve, constituidas por planchas de caucho o de materia plástica.

**FLEXOR, RA** adj. (lat. *flexorem*). Que dobla o hace que una cosa se doble con movimiento de flexión. ◆ adj. y n. m. **2.** ANAT. Dícese de varios músculos que ejercen un movimiento de flexión. CONTR.: *extensor.*

**FLICTENA** n. f. (gr. *phlyktaina*). Ampolla, vejiga formada en la piel como consecuencia de una quemadura o de un rozamiento.

**FLINTGLAS** o **FLINT-GLASS** n. m. (ingl. *flint*, sílice, y *glass*, cristal). Cristal a base de plomo, dispersivo y refringente, utilizado en óptica.

**FLIPAR** v. tr. **[1]**. *Fam.* Gustar mucho una cosa: *me flipa la música de este grupo.* ◆ v. intr. **2.** *Fam.* Estar una persona muy admirada, sorprendida o confundida: *yo flipo con este tío.* ◆ **fliparse** v. pron. **3.** *Fam.* Someterse a la acción de estupefacientes.

**FLIRT** n. m. (voz inglesa). Acción de flirtear. **2.** Cada uno de los que practican el flirt respecto al otro.

**FLIRTEAR** v. intr. (ingl. *to flirt*) **[1]**. Entablar una relación amorosa superficial y pasajera, por coquetería o pasatiempo. **2.** Manifestar simpatía o afición superficial por algo.

**FLIRTEO** n. m. Flirt, acción de flirtear.

**FLOCADURA** n. f. Guarnición hecha de flecos.

**FLOCULACIÓN** n. f. Transformación reversible de un sistema coloidal bajo la acción de un factor exterior, con formación de pequeños copos. • **Reacciones de floculación,** reacciones bioquímicas útiles para diagnosticar determinadas enfermedades, entre ellas la sífilis.

**FLOGÍSTICO, A** adj. Relativo al flogisto.

**FLOGISTO** n. m. (gr. *phlogistos*, inflamable). Fluido imaginado por los antiguos químicos para explicar la combustión.

**FLOJEAR** v. intr. **[1]**. Flaquear. **2.** Caer en el esfuerzo o en el trabajo.

**FLOJEDAD** n. f. Debilidad y flaqueza en alguna cosa. **2.** *Fig.* Pereza, negligencia, descuido en las operaciones.

**FLOJERA** n. f. *Fam.* Flojedad.

**FLOJO, A** adj. (lat. *fluxum*). Mal atado, poco apretado o poco tirante. **2.** Que no tiene mucha actividad, fortaleza o vigor. ◆ adj. y n. **3.** *Fig.* Perezoso, negligente, descuidado y tardo en las operaciones.

**FLOQUEADO, A** adj. Guarnecido con flecos.

**FLOR** n. f. (lat. *florem*). Órgano reproductor de las plantas con semilla (fanerógamas). **2.** Lo mejor y más escogido de una cosa: *flor de harina.* **3.** Piropo, requiebro. **4.** Virginidad. **5.** Capa superior y externa de algunos minerales o líquidos. **6.** Parte correspondiente a la epidermis y al pelo de las pieles adobadas, opuesta al lado de la carne. **7.** Producto pulverulento obtenido por sublimación o descomposición: *flor de azufre.* **8.** *Argent.* Pieza agujereada de la ducha por donde sale el agua. **9.** *Chile.* Mancha pequeña y blanca que aparece en las uñas. • **A flor de,** casi en la superficie; a punto de. ‖ **En flor,** en el estado anterior al de la madurez, complemento o perfección. ‖ **Flor de** (*Amér. Merid.*), seguido de un sustantivo indica abundancia o exceso de lo expresado por éste. ‖ **Flor de estufa,** o **de invernadero,** persona excesivamente mimada, delicada o propensa a pequeños achaques. ‖ **Flor de la edad,** o **de la vida,** juventud. ‖ **Flor de nieve,** edelweiss. ‖ **Flor de un día,** planta bulbosa, de la familia liliáceas, cultivada por sus flores decorativas, amarillas y rojizas. ‖ **Flor y nata,** lo mejor y más selecto.

■ La flor está unida al tallo por un pedúnculo en cuya base se encuentra una bráctea. Una flor completa está compuesta por: un *periantio*, en el que se distingue un *cáliz* externo, formado por *sépalos*, y una *corola*, formada por *pétalos*, a menudo coloreados y olorosos; un *androceo*, formado por los órganos masculinos, o *estambres*, cuya *antera* produce los granos de *polen*; un *gineceo*, o *pistilo*, órgano femenino, cuyo *ovario*, coronado por un *estilo* y un *estigma*, contiene los *óvulos*. Tras la fecundación, el ovario da un fruto, mientras que cada óvulo proporciona una semilla. En numerosos vegetales las flores son incompletas, sea por reducción del periantio o por ausencia de estambres o pistilo.

**FLORA** n. f. (de *Flora*, diosa de las plantas). Conjunto de las especies vegetales que crecen en una región. **2.** Libro que describe las plantas y permite la determinación de las especies. • **Flora microbiana,** o **bacteriana** (MED.), conjunto de bacterias, hongos microscópicos y protozoos que se encuentran en una cavidad del organismo que comunica con el exterior.

**FLORACIÓN** n. f. Eclosión de las flores. **2.** Tiempo en que tiene lugar.

**FLORAL** adj. Relativo a la flor.

**FLOREADO, A** adj. MIL. Dícese de la diana o retreta que se toca en alguna solemnidad, y en la que interviene la música del regimiento, además de la banda.

**FLOREAL** n. m. Octavo mes del calendario republicano francés, que empieza el 20 o el 21 de abril y acaba el 20 o 21 de mayo.

**FLOREAR** v. tr. **[1]**. Adornar con flores. **2.** *Méx.* Hacer suertes y figuras con el lazo los charros mexicanos. ◆ v. intr. **3.** Vibrar, mover la punta de la espada. **4.** *Fam.* Requebrar, echar flores. **5.** *Amér.* Florecer, brotar las flores. **6.** MÚS. En la técnica de la guitarra, tocar dos o tres cuerdas con tres dedos sucesivamente, pero sin parar.

**FLORECER** v. intr. y tr. (lat. *florescere*) **[2m]**. Dar flores las plantas. ◆ v. intr. **2.** *Fig.* Prosperar. **3.** *Fig.* Existir una persona o cosa insigne en un tiempo o lugar determinado. ◆ **florecerse** v. pron. **4.** Ponerse mohoso: *florecerse el pan.*

**FLORECIENTE** adj. Próspero.

**FLORECIMIENTO** n. m. Acción y efecto de florecer o florecerse. **2.** *Fig.* Apogeo, en una ciudad o país, de la cultura, el arte, etc.

**FLORENTINO, A** adj. y n. De Florencia.

**FLOREO** n. m. Vibración o movimiento de la punta de la espada. **2.** Conversación, dicho, movimiento, etc., vano y superfluo, hecho sin otro fin que el de hacer alarde de ingenio, maestría o mero pasatiempo. **3.** COREOGR. En la danza española, movimiento de un pie en el aire. **4.** MÚS. Acción de florear en la guitarra.

**FLORERÍA** n. f. *Méx.* Floristería.

**FLORERO** n. m. Vaso o vasija para poner flores.

**FLORESCENCIA** n. f. Época de prosperidad o esplendor. **2.** BOT. Abertura de la flor.

**FLORESTA** n. f. Terreno frondoso. **2.** *Fig.* Reunión de cosas agradables y de buen gusto.

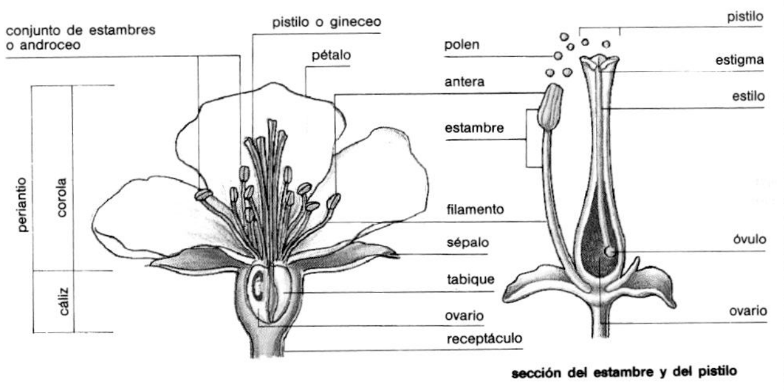


**flor** del manzano (flor bisexuada, órganos masculinos y femeninos unidos)

**FLORETE** n. m. (ital. *fioretto*). Espada delgada, muy ligera, sin filo, terminada en un botón, que se utiliza en las competiciones de esgrima.

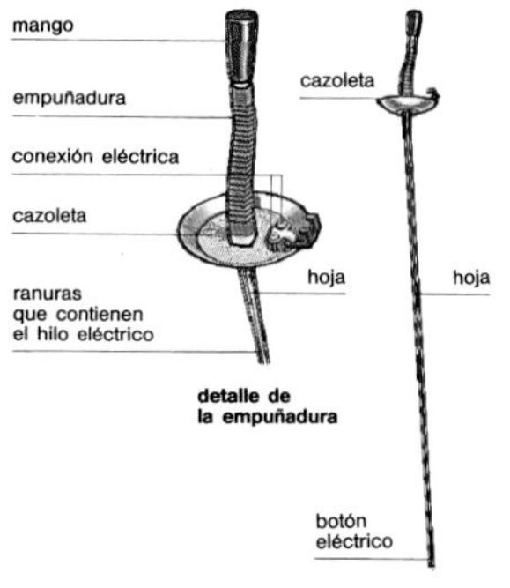

**florete** eléctrico

**FLORÍCOLA** adj. Que vive sobre las flores.

**FLORICULTOR, RA** n. Persona dedicada a la floricultura.

**FLORICULTURA** n. f. Rama de la horticultura que se ocupa especialmente de las flores.

**FLORIDANO, A** adj. y n. De Florida.

**FLORIDO, A** adj. Que tiene flores. **2.** *Fig.* Dícese de lo más escogido de alguna cosa. **3.** *Fig.* Dícese del lenguaje o estilo muy adornado. • **Pascua florida,** pascua de Resurrección.

**FLORÍFERO, A** adj. Que tiene o produce flores.

**FLORILEGIO** n. m. Colección de fragmentos literarios selectos.

**FLORÍN** n. m. (ital. *fiorino*). Moneda de oro, típica de Florencia, que fue unidad internacional durante la edad media. **2.** Unidad monetaria principal de Países Bajos (sustituida en 2002 por el euro), Hungría, Surinam y Antillas Neerlandesas.

**FLORIPONDIO** n. m. Planta arbustiva de unos 30 cm de alt., de flores solitarias blancas, en forma de embudo y muy olorosas, que crece en Perú. (Familia solanáceas.) **2.** *Fig.* y *desp.* Adorno desmesurado y de mal gusto, a veces en forma de flor grande.

**FLORISTA** n. m. y f. Persona que vende flores.

**FLORISTERÍA** n. f. Tienda donde se venden flores.

**FLORÍSTICO, A** adj. Relativo a la flora de una localidad.

**FLORITURA** n. f. (ital. *fioritura*). Conjunto de adornos añadidos a la melodía. **2.** Adorno, ornato accesorio.

**FLORÓN** n. m. (ital. *fiorone*). Hecho que da lustre, que honra. **2.** ARQ. Adorno en forma de flor muy grande, que se usa en pintura y arquitectura. **3.** HERÁLD. Adorno que se pone en el círculo de algunas coronas.

**FLÓSCULO** n. m. (lat. *flosculum,* flor pequeña). BOT. Cada una de las pequeñas flores regulares cuya reunión forma todo o parte del capítulo de las compuestas.

**FLOTA** n. f. (fr. *flotte*). Conjunto de navíos cuyas actividades están coordinadas por una misma autoridad o que operan en una zona determinada. **2.** Conjunto de fuerzas navales de un país o de una compañía de navegación. **3.** Conjunto de aparatos de aviación para un servicio determinado. **4.** *Chile* y *Ecuad. Fig.* Multitud, caterva. **5.** *Colomb.* Autobús de servicio intermunicipal o interdepartamental. **6.** *Colomb. Fig.* Fanfarronada.

**FLOTABILIDAD** n. f. Fuerza debida al empuje del agua sobre el volumen sumergido de un cuerpo, opuesta al peso total de este cuerpo. • **Reserva de flotabilidad,** suplemento de flotabilidad correspondiente a la parte del casco de un buque que no está sumergida.

**FLOTABLE** adj. Capaz de flotar: *madera flotable.* **2.** Que permite conducir a flote armadías, balsas, etc.: *río flotable.*

**FLOTACIÓN** n. f. Acción y efecto de flotar. **2.** Transporte de maderas a flote, por vía fluvial. **3.** Procedimiento de separación de las mezclas de sólidos finamente divididos, basado en la diferencia de tensión superficial con relación a sus partículas cuando están en suspensión en el agua. **4.** ECON. Estado de una moneda flotante. **5.** MAR. Plano correspondiente a la superficie del agua en calma en el exterior de un navío, que delimita la parte sumergida y emergida. • **Línea de flotación,** intersección de la superficie del agua con el casco de un navío.

**FLOTADOR, RA** adj. Que flota en un líquido. ◆ n. m. **2.** Salvavidas, objeto para mantenerse a flote. **3.** Cuerpo ligero que flota sobre un líquido: *el flotador de un sedal de pesca.* **4.** Órgano que permite a un hidroavión posarse sobre el agua.

**FLOTANTE** adj. Que flota sobre un líquido. **2.** Que no está fijo: *costillas flotantes.* • **Capitales flotantes,** dinero caliente. ‖ **Coma flotante,** manera de representar un número en el que la posición de la coma no es fija con respecto a uno de los extremos del número; método que permite efectuar operaciones aritméticas sobre esta figura. ‖ **Deuda flotante,** parte de la deuda pública no consolidada, susceptible de aumento o de disminución diaria. ‖ **Fábrica flotante,** construcción realizada en un taller industrial situado en la costa y llevada seguidamente por vía marítima hasta su emplazamiento de explotación. ‖ **Moneda flotante,** moneda cuya paridad con respecto a las otras monedas no está determinada por una tasa de cambio fijo. ‖ **Motor flotante,** motor de automóvil montado sobre el bastidor mediante fijaciones elásticas.

**FLOTAR** v. intr. (fr. *flotter*) **[1]**. Permanecer en equilibrio en la superficie de un líquido. **2.** Difundirse en el ambiente algo inmaterial que impresiona o produce alguna sensación: *un misterio flotaba a su alrededor.* **3.** Ondear en el aire: *flotar las banderas al viento.* **4.** Estar sometida una moneda a flotación.

**FLOTE** n. m. Flotación, acción y efecto de flotar. • **A flote,** manteniéndose sobre el agua; que funciona sin peligros ni dificultades. ‖ **Salir, sacar** o **poner, a flote,** conseguir salvar o salvarse de un peligro, apuro o dificultad por medio de la habilidad, suerte o recursos.

**FLOTILLA** n. f. Conjunto de buques o aviones pequeños que tienen una misma misión o un mismo tipo de actividad.

**FLOU** n. m. (voz francesa). CIN. y FOT. Disminución de la nitidez de la imagen.

**FLUATACIÓN** n. f. Procedimiento de impermeabilización y endurecimiento superficial de hormigones.

**FLUCTUACIÓN** n. f. Acción y efecto de fluctuar. **2.** Desplazamiento alternativo dentro de la masa de un líquido. **3.** Variación de una magnitud física a una y otra parte de un valor medio. **4.** Variación continua, transformación alternativa: *fluctuación de los precios.*

**FLUCTUANTE** adj. Que experimenta fluctuaciones.

**FLUCTUAR** v. intr. (lat. *fluctuare*) **[1s]**. Oscilar un cuerpo sobre las aguas por el movimiento de ellas. **2.** Variar, oscilar: *fluctuar los precios.* **3.** Tener una moneda un valor variable con respecto al oro o a otra moneda. **4.** *Fig.* Dudar en la resolución de algo: *fluctuar entre dos opciones.*

**FLUENCIA** n. f. Acción y efecto de fluir. **2.** Deformación lenta que experimenta un material sometido a una carga permanente.

**FLUENTE** adj. MED. Dícese de las lesiones u órganos que supuran o fluyen.

**FLUIDEZ** n. f. Calidad de fluido.

**FLUÍDICA** n. f. Tecnología que utiliza un fluido así como compuestos sin piezas móviles para realizar operaciones de amplificación, conmutación, lógica o memoria.

**FLUIDIFICACIÓN** n. f. Acción y efecto de fluidificar.

**FLUIDIFICADO, A** adj. Dícese de un betún del que se ha disminuido la consistencia por incorporación de productos petrolíferos.

**FLUIDIFICANTE** adj. y n. m. Dícese de los medicamentos que convierten en más fluidas las secreciones bronquiales.

**FLUIDIFICAR** v. tr. **[1]**. Hacer pasar al estado fluido.

**FLUIDO, A** adj. y n. m. (lat. *fluidum*). Dícese de los cuerpos (gases y líquidos) que, no teniendo forma propia, cambian de forma sin esfuerzo. ◆ adj. **2.** Que corre fácilmente: *tinta muy fluida.* **3.** *Fig.* Fácil y natural: *lenguaje fluido.* • **Circulación fluida,** circulación que se realiza sin atascos, de forma regular. ◆ n. m. **4.** Corriente eléctrica. **5.** Energía misteriosa que se supone poseen ciertos individuos. • **Mecánica de los fluidos,** parte de la mecánica que estudia los fluidos considerados como medios continuos deformables.

**FLUIR** v. intr. (lat. *fluere*) **[29]**. Correr o brotar un fluido: *fluir el agua.* **2.** *Fig.* Surgir de forma fácil y natural: *fluir las ideas.*

**FLUJO** n. m. (lat. *fluxum*). Movimiento de las cosas líquidas o fluidas. **2.** Subida del mar debida a la marea. **3.** Gran cantidad: *un flujo de palabras.* **4.** ECON. Suma de los intercambios efectuados por los distintos agentes de la vida económica. (La noción de flujo se opone a las nociones de stock o de patrimonio.) **5.** MED. Salida abundante, al exterior del organismo, de un líquido normal o patológico. **6.** METAL. Producto depositado en la superficie de un metal en fusión para afinarlo, fluidificarlo y protegerlo de la oxidación del aire. • **Flujo de un vector a través de una superficie,** producto de la componente normal de este vector por la superficie de la misma. ‖ **Flujo eléctrico, magnético,** flujo de los vectores campo eléctrico, campo magnético. ‖ **Flujo luminoso,** caudal de energía irradiada, evaluada de acuerdo con la sensación luminosa que produce.

**FLÚOR** n. m. (lat. *fluor,* flujo). QUÍM. Cuerpo simple gaseoso (F), amarillo verdoso, de número atómico 9 y de masa atómica 18,99 que constituye el elemento más electronegativo de todos y proporciona reacciones enérgicas. • **Espato de flúor,** fluorita.

**FLUORESCEÍNA** n. f. Materia colorante amarilla, con fluorescencia verde, extraída de la resorcina.

**FLUORESCENCIA** n. f. Propiedad de determinados cuerpos de emitir luz cuando reciben una radiación, que puede ser invisible, como los rayos ultravioletas, los rayos X, los rayos catódicos, etc.

**FLUORESCENTE** adj. Dotado de fluorescencia. **2.** Producido por fluorescencia. ◆ n. m. **3.** Tubo de cristal que produce luz fluorescente.

**FLUORHÍDRICO, A** adj. Dícese de un ácido (HF) compuesto de flúor e hidrógeno, utilizado en el grabado sobre vidrio.

**FLUORITA** n. f. QUÍM. Fluoruro natural de calcio $CaF_2$, cuyos cristales amarillos, verdes o violetas se encuentran asociados al cuarzo o a la calcita en la ganga de los yacimientos mineros.

**FLUOROCARBURO** n. m. QUÍM. Nombre genérico de las combinaciones del carbono y del flúor.

**FLUOROGRAFÍA** n. f. Procedimiento fotográfico consistente en impregnar al sujeto con productos fluorescentes que se fijan en los huecos y que hacen resaltar todos los detalles de estos últimos.

**FLUORURO** n. m. Compuesto de flúor. **2.** Sal del ácido fluorhídrico.

**FLUS** n. m. *Colomb.* y *Venez.* Terno, traje completo de hombre.

**FLUTTER** n. m. (voz inglesa). MED. Taquicardia importante de las aurículas, con ritmo ventricular dos o tres veces más lento.

**FLUVIAL** adj. (lat. *fluvialem*). Relativo a los ríos.

**FLUVIÁTIL** adj. Que vive o crece en los ríos o en las aguas corrientes: *depósitos fluviátiles.*

**FLUVIOGLACIAR** adj. Relativo a los ríos y a los glaciares a la vez. • **Complejo fluvioglaciar** (GEOGR.), glacis de aluviones muy aplanado, extendido gracias a las aguas de los arroyos y a las aguas corrientes, en forma de arcos morrénicos frontales, que han depositado los glaciares cuaternarios.

**FLUVIÓGRAFO** o **FLUVIÓMETRO** n. m. Aparato para medir el nivel de un río canalizado.

**FLUVIOMÉTRICO, A** adj. Relativo a la medición del nivel y del caudal de los ríos.

**FLUXIÓN** n. f. (lat. *fluxionem*). Edema y vasodilatación localizados que representan el estado inicial de una inflamación.

**FLUXÓMETRO** n. m. Galvanómetro especial para medir los flujos magnéticos.

**FLYSCH** o **FLYSH** n. m. GEOL. Formación detrítica que se deposita en los geosinclinales y que se caracteriza por rápidas variaciones de aspecto (bancos calcáreos, areniscos, esquistosos).

**Fm,** símbolo químico del *fermio.*

**FM,** abreviatura de *frecuencia modulada.*

**FOB** adj. o adv. (abreviatura comercial de *free on board,* franco a bordo). Dícese de una transacción comercial marítima en la que el precio convenido comprende todos los gastos ocasionados por el transporte de la mercancía hasta su destino en el navío designado por el comprador.

**FOBIA** n. f. (der. del gr. *phobeomai,* temer). Aversión apasionada. CONTR.: *filia.* **2.** SIQUIATR. Temor irracional a ciertos objetos o a situaciones o personas concretas, del que el sujeto que lo padece reconoce su carácter injustificado, pero del que no se puede librar. (Esta palabra entra en la composición de otros términos que designan distintas clases de miedos injustificados: *agorafobia, claustrofobia,* etcétera.)

**FÓBICO, A** adj. Que tiene las características de la fobia. • **Neurosis fóbica** (SIQUIATR.), neurosis cuyo principal síntoma está constituido por fobias. ◆ adj. y n. **2.** Afecto de neurosis fóbica.

**FOCA** n. f. (lat. *phocam,* del gr. *phōkē*). Mamífero acuático del orden pinnípedos, de cuello corto y oídos sin pabellón (long. 1,50 a 2 m), que vive en las costas árticas, en los mares más cálidos, como la foca fraile del Mediterráneo o en el hemisferio austral, como la foca leopardo. **2.** Piel de este animal.

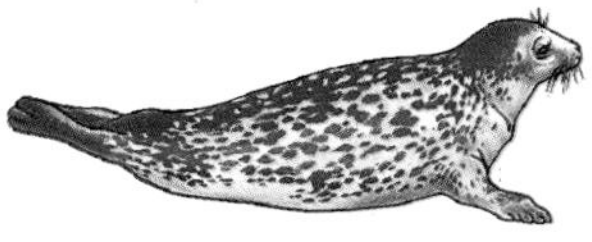

**foca**

**FOCAL** adj. FÍS. Concerniente al foco de los espejos y lentes. • **Distancia focal,** distancia del foco principal al centro óptico; en matemáticas, distancia entre los dos focos de una cónica.

**FOCALIZAR** v. tr. **[1g]**. Hacer converger en un punto un haz luminoso o un flujo de electrones.

**FOCENSE** adj. y n. m. y f. De Focea y de Fócida.

**FOCEO, A** o **FOCIDIO, A** adj. y n. Focense.

**FOCHA** n. f. Ave zancuda, de unos 20 cm de long., de plumaje oscuro, parecida a la becada, que vive entre las cañas de lagos y estanques. (Familia rállidos.)

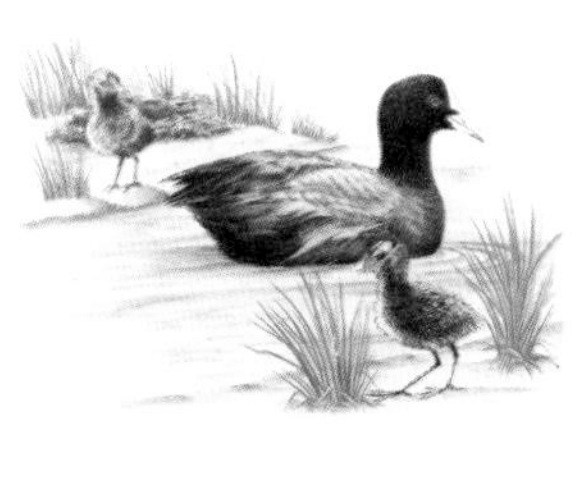

**focha** común con sus polluelos

**FOCO** n. m. (lat. *focum,* hogar). Punto central principal de donde proviene algo: *el foco de la rebelión.* **2.** Lámpara que emite una luz potente. **3.** *Amér.* Bombilla eléctrica. **4.** *Amér.* Farola. **5.** *Amér.* Faro de vehículo. **6.** FÍS. Punto en el que se encuentran rayos inicialmente paralelos, después de la reflexión o refracción. **7.** MED. Centro productor de una enfermedad, centro principal de sus manifestaciones. • **Foco de una cónica,** punto en el que se puede asociar una recta (directriz relativa a este foco), tal que la cónica es el conjunto de los puntos cuya relación de distancias con respecto al foco y a la directriz tiene un valor constante, denominado *excentricidad de la cónica.* ‖ **Profundidad de foco,** distancia máxima entre los puntos extremos del eje de un objetivo fotográfico sin que se altere la nitidez de la imagen.

**FOCOMELIA** n. f. Malformación congénita caracterizada por el acortamiento o ausencia de los segmentos medios de las extremidades, de modo que las manos o los pies quedan unidos directamente a la raíz del miembro, en la axila o en la ingle.

**FOCOMELO, A** adj. y n. Afecto de focomelia.

**FODONGO, A** adj. *Méx.* Dícese de la persona perezosa y descuidada en su apariencia o en el arreglo y aseo de su casa.

**FOETE** n. m. *Amér.* Látigo.

**FOFO, A** adj. *Desp.* Esponjoso, blando y de poca consistencia: *carnes fofas.*

**FOGAJE** n. m. FEUD. Tributo que se pagaba por casa o por hogar.

**FOGARA** n. m. (voz árabe). En el Sahara, galería subterránea que lleva el agua de irrigación captada al pie de las montañas.

**FOGARADA** n. f. Llamarada.

**FOGATA** n. f. Fuego que levanta llama.

**FOGATGE** n. m. (voz catalana). En Cataluña, tributo semejante al fogaje.

**FOGÓN** n. m. (cat. *fogó*). Sitio adecuado en las cocinas para hacer fuego y guisar. **2.** Utensilio para hacer fuego y cocinar, que puede funcionar con diversos combustibles: *fogón de gas, de petróleo.* **3.** *Argent.* Lugar donde, en ranchos y estancias, se hace el fuego para cocinar. **4.** *Argent., Chile, C. Rica,* y *Urug.* Fuego de leña u otro combustible que se hace en el suelo. **5.** TECNOL. En los hornos, calderas de vapor, etc., parte del hogar o lugar donde se echa el combustible.

**FOGONADURA** n. f. MAR. Cada uno de los agujeros de la cubierta por donde pasan los palos.

**FOGONAZO** n. m. Llama o fuego momentáneo que acompaña a un disparo o a la explosión brusca de algo.

**FOGONERO, A** n. Obrero encargado de cuidar del fogón, especialmente en las máquinas de vapor.

**FOGOSIDAD** n. f. Cualidad de fogoso.

**FOGOSO, A** adj. Que pone pasión, ímpetu o entusiasmo en lo que hace: *carácter fogoso.*

**FOGUEAR** v. tr. **[1]**. Limpiar con fuego de pólvora un arma: *foguear la escopeta.* **2.** Acostumbrar a personas o caballos al fuego de la pólvora: *un soldado sin foguear.* **3.** *Fig.* Acostumbrar a alguien a las penalidades o trabajos de un estado u ocupación: *la vida lo ha fogueado.* **4.** TAUROM. Clavar al toro banderillas de fuego.

**FOGUEO** n. m. Acción y efecto de foguear. • **Munición de fogueo,** la que no tiene bala o la tiene de madera, y que se emplea para salvas, ejercicios, etcétera.

**FOIE-GRAS** n. m. (voz francesa). Fuagrás.

**FOJA** n. f. Hoja de papel de un documento legal.

**FOLÍA** n. f. (fr. *folie*). Danza de origen portugués que pasó a Europa a través de España. (Suele usarse en plural.) **2.** Canto y danza popular canarios. (Suele usarse en plural.)

**FOLIÁCEO, A** adj. (der. del lat. *folium,* hoja). De la naturaleza de las hojas. **2.** Que tiene el aspecto de las mismas.

**FOLIACIÓN** n. f. Acción y efecto de foliar. **2.** Desarrollo de las yemas y brotes de las hojas en plantas arbóreas y arbustivas caducas. **3.** Época en que tiene lugar este fenómeno.

**FOLIADO, A** adj. BOT. Que tiene hojas.

**FOLIADOR** n. m. Instrumento que sirve para foliar. SIN.: *foliadora.*

**FOLIAR** adj. BOT. Relativo a las hojas.

**FOLIAR** v. tr. **[1]**. Numerar los folios de un manuscrito, registro o libro.

**FOLIATURA** n. f. Acción de foliar.

**FÓLICO, A** adj. **Ácido fólico,** vitamina contenida en las hojas de espinaca, en el hígado y en numerosos alimentos. SIN.: *vitamina B9.*

**FOLICULAR** adj. Relativo a un folículo: *cavidad folicular.*

**FOLICULINA** n. f. Hormona segregada únicamente por el ovario antes de la liberación cíclica del óvulo, tanto en la mujer como en la hembra de los mamíferos, y después, conjuntamente con la progesterona, tras la ovulación y durante el embarazo.

**FOLICULITIS** n. f. Inflamación de un folículo piloso, lesión elemental del acné.

**FOLÍCULO** n. m. (lat. *folliculum*). Fruto seco que deriva de un carpelo aislado y que se abre por una sola hendidura. **2.** ANAT. Nombre de diversos órganos pequeños en forma de saco: *folículo piloso.*

**FOLIO** n. m. (lat. *folium,* hoja). Hoja de papel, de un libro o de un cuaderno. **2.** Titulillo o número de cada página de un libro. • **En folio,** dícese del pliego de impresión que ha sido doblado una vez, por lo que consta de dos hojas o cuatro páginas; dícese del libro, folleto, etc., cuyo tamaño iguala a la mitad de un pliego de papel sellado.

**FOLÍOLO** o **FOLIOLO** n. m. (lat. *foliolum,* hoja pequeña). Cada división del limbo de una hoja compuesta, como la de la acacia o la del castaño de Indias.

**FOLK SONG** n. m. Canto originario de E.U.A. que, dentro del marco de la música pop, deriva del folklore. SIN.: *folk.*

**FOLKLORE, FOLCLORE** o **FOLCLOR** n. m. Conjunto de tradiciones populares y costumbres relativas a la cultura y civilización de un país o región. **2.** Estudio científico de estas tradiciones.

**FOLKLÓRICO, A** o **FOLCLÓRICO, A** adj. Relativo al folklore: *danza folklórica.*

**FOLKLORISTA** o **FOLCLORISTA** n. m. y f. Especialista en folklore.

**FOLLA** n. f. Diversión teatral compuesta de varios pasos de comedia y música mezclados.

**FOLLAJE** n. m. (cat. *fullatge*). Conjunto de hojas de un árbol, perenne en algunas especies, como el pino, y caduco en otras, como el roble. **2.** *Fig.* Palabrería, superfluidad en el discurso. **3.** B. ART. Adorno realizado con elementos vegetales enroscados sucesivamente unos con otros.

**FOLLAR** v. tr. e intr. **[1]**. *Vulg.* Practicar el coito.

**FOLLETÍN** n. m. Trabajo literario publicado por entregas en un periódico. **2.** Novela de enredo de gran simplicidad sicológica. **3.** Suceso o acontecimiento melodramático.

**FOLLETINESCO, A** adj. Relativo al folletín o que tiene sus características.

**FOLLETINISTA** n. m. y f. Escritor de folletines.

**FOLLETO** n. m. (ital. *foglietto*). Obra impresa, no periódica y de corta extensión. **2.** Prospecto.

**FOLLETÓN** n. m. *Galic.* Folletín.

**FOLLISCA** n. f. *Amér. Central, Antillas, Colomb.* y *Venez.* Riña.

**FOLLÓN, NA** adj. y n. Flojo, perezoso. **2.** Vano, arrogante, cobarde y de ruin proceder. ◆ n. m. **3.** Escena, situación, relato, etc., en que hay gritos, discusiones y riñas; desorden, confusión. **4.** Cohete que se dispara sin trueno. **5.** Ventosidad sin ruido.

**FOLLONAS** n. f. pl. *Ecuad.* Vestiduras femeninas que caen de la cintura abajo, como faldas, refajos y enaguas.

**FOME** adj. *Chile.* Soso. **2.** *Chile.* Aburrido, tedioso. **3.** *Chile.* Pasado de moda.

**FOMENTACIÓN** n. f. MED. Aplicación externa de fomentos.

**FOMENTAR** v. tr. **[1]**. Dar calor que vivifique o preste valor: *fomentar la gallina los huevos.* **2.** *Fig.* Aumentar la actividad o intensidad de algo: *fomentar el turismo, una pasión.* **3.** MED. Aplicar fomentos a una parte enferma.

**FOMENTO** n. m. (lat. *fomentum,* bálsamo). Acción y efecto de fomentar. **2.** MED. Medicamento caliente, seco o húmedo, para calmar una inflamación, que se aplica en paños exteriormente.

**FON** n. m. (gr. *phōnē,* voz). Unidad no dimensional que sirve para graduar una escala de igual nivel fisiológico de intensidad sonora para sonidos de frecuencias diferentes.

**FON,** pueblo del S de Benín y Nigeria que habla una lengua kwa.

**FONACIÓN** n. f. (der. del gr. *phōnē,* voz). Conjunto de fenómenos que intervienen en la producción de la voz.

**FONADOR, RA** adj. Relativo a la producción de sonidos vocales.

**FONDA** n. f. Establecimiento público donde se da hospedaje y se sirven comidas. **2.** *Chile* y *Perú.*

Puesto o cantina en que se despachan comidas y bebidas. **3.** *Méx.* Establecimiento donde se sirve comida casera.

**FONDABLE** adj. Dícese de los parajes de la mar donde pueden fondear los barcos.

**FONDANT** n. m. (voz francesa). Bombón hecho con una pasta azucarada. **2.** Jarabe espeso para recubrir pasteles.

**FONDEADERO** n. m. MAR. Lugar situado en la costa, puerto o río, de profundidad suficiente para que una embarcación pueda fondear.

**FONDEADO, A** adj. *Chile.* Escondido, aislado.

**FONDEAR** v. tr. [**1**]. Reconocer el fondo del agua. **2.** Registrar una embarcación para ver si trae contrabando. **3.** Sumergir una mina amarrándola al fondo del mar. ◆ v. tr. e intr. **4.** Asegurar una embarcación o cuerpo flotante por medio de anclas o pesos. ◆ v. tr. y pron. **5.** *Chile.* Aislar, esconder.

**FONDEO** n. m. Acción de fondear un barco o una mina. **2.** Acción de registrar o reconocer una embarcación.

**FONDERO, A** n. *Amér. Desp.* Fondista.

**FONDILLOS** n. m. pl. Parte trasera de los calzones o pantalones.

**FONDISTA** n. m. y f. Persona que regenta una fonda.

**FONDISTA** n. m. y f. Persona que practica el esquí de fondo. **2.** Persona que participa en carreras de largo recorrido.

**FONDO** n. m. (lat. *fundum*). Parte inferior de un hueco o una concavidad: *el fondo de un pozo.* **2.** Parte opuesta a la entrada: *el fondo del pasillo, de una habitación.* **3.** Profundidad: *un río de poco fondo.* **4.** Extensión interior de un edificio: *esta casa tiene mucho fondo.* **5.** Parte sólida que está por debajo del agua: *el fondo del mar, de un río.* **6.** Base visual, auditiva, etc., sobre la que se destaca alguna cosa: *un bordado sobre fondo rojo; música de fondo.* **7.** *Fig.* Lo esencial o constitutivo de algo: *el fondo del asunto, de una novela.* **8.** Índole interna de alguien: *persona con buen fondo.* **9.** Conjunto de libros o documentos existentes en una biblioteca, librería o archivo, o conjunto de obras publicadas por una editorial. **10.** Primera capa de pintura, de tono neutro, con la que algunos pintores empiezan sus cuadros; campo de un cuadro sobre el que se destaca el tema: *un fondo de paisaje.* **11.** Decoración que cierra el escenario de un teatro, en la parte opuesta a la sala. **12.** *Argent.* Patio o parte posterior de un edificio. **13** *Cuba.* Caldera usada en los ingenios. **14.** *Méx.* Saya blanca que las mujeres llevan debajo de las enaguas. **15.** DER. Lo que se refiere a la esencia y a la naturaleza de un acto jurídico, por oposición a la *forma.* **16.** FOT. Plano sobre el que destacan, en una fotografía, los objetos que constituyen los restantes planos. **17.** IMPR. Cada uno de los márgenes de las páginas de un libro. • **A fondo,** del todo y con perfección. ‖ **Carrera de fondo,** carrera efectuada sobre un largo recorrido (como mínimo 5 000 m en atletismo). ‖ **Dar fondo,** fondear. ‖ **Echar a fondo,** echar a pique. ‖ **En el fondo,** en último término. ‖ **Fondo de comercio,** conjunto de los elementos necesarios a una explotación comercial o industrial. ‖ **Fondo de inversión mobiliaria,** sociedad financiera cuyo objeto son las inversiones en valores mobiliarios. ‖ **Fondo de reserva,** capital retirado por una empresa para prevenir ciertas eventualidades. ‖ **Fondo de vestido** (COST.), forro de tela ligera. ‖ **Ir al fondo,** irse a pique, hundirse. ‖ **Irse a fondo** (ESGR.), tenderse hacia adelante para tirar una estocada. ◆ **fondos** n. m. pl. **18.** Dinero disponible: *no tener fondos.* **19.** Excedente de los valores de explotación, de los valores realizables y de los valores disponibles sobre los exigibles a corto plazo. • **Estar en fondos,** estar dinero disponible. ‖ **Fondos de amortización,** los destinados por una empresa a realizar la amortización de capital. ‖ **Fondos públicos,** medios financieros en poder del estado; dinero adquirido por el estado.

**FONDÓN, NA** adj. *Fam.* y *desp.* Dícese de la persona que ha perdido la agilidad por haber engordado.

**FONDUCHO** n. m. Figón, fonda mala y pobre.

**FONDUE** n. f. (voz francesa). Plato compuesto de queso fundido en vino blanco, en el que se sumergen pequeños trozos de pan. • **Fondue bourguignonne,** plato a base de pequeños trozos de carne que se sumergen en aceite hirviendo en el momento de consumirse, que se acompaña con salsas picantes.

**FONEMA** n. m. (gr. *phōnēma*). Elemento sonoro de la lengua. **2.** Cada una de las unidades fonológicas mínimas que en el sistema de una lengua pueden oponerse a otras en contraste significativo.

**FONEMÁTICA** n. f. Parte de la fonología que estudia los fonemas.

**FONEMÁTICO, A** adj. Relativo a los fonemas.

**FONENDOSCOPIO** n. m. (gr. *phōnē,* sonido, *en,* dentro, y *skopēo,* examinar). Instrumento médico empleado en la exploración clínica para auscultar los sonidos del organismo.

**FONÉTICA** n. f. Estudio científico de los sonidos del lenguaje desde el punto de vista de su articulación o de su recepción auditiva.

**FONÉTICO, A** adj. Relativo a los sonidos del lenguaje. • **Escritura fonética,** aquella cuyos signos gráficos corresponden a los sonidos del lenguaje.

**FONETISTA** n. m. y f. Especialista en fonética.

**FONÍATRA** o **FONIATRA** n. m. y f. Médico especialista en los trastornos de la voz.

**FONIATRÍA** n. f. Parte de la medicina que estudia los trastornos de la fonación.

**FÓNICO, A** adj. Relativo a los sonidos o a la voz.

**FONO** n. m. Receptor telefónico en el sistema telegráfico fonodúplex inventado por Edison. **2.** *Argent., Bol.* y *Chile.* Auricular del teléfono.

**FONOCAPTOR** n. m. Dispositivo que permite leer la grabación de un disco fonográfico.

**FONOCARDIOGRAFÍA** n. f. MED. Método de registro gráfico de los ruidos cardíacos.

**FONOGRÁFICO, A** adj. Relativo a la grabación mecánica de los sonidos.

**FONÓGRAFO** n. m. Aparato que reproduce los sonidos por un procedimiento puramente mecánico.

**FONOGRAMA** n. m. LING. Ideograma utilizado no para anotar una idea sino para transcribir un sonido.

**FONOLITA** n. f. Roca volcánica ácida que contiene un feldespatoide y que se divide en losas sonoras por percusión.

**FONOLOGÍA** n. f. Ciencia que estudia los elementos fónicos desde el punto de vista de su función en una lengua dada.

**FONOLÓGICO, A** adj. Relativo a la fonología.

**FONÓLOGO, A** n. Especialista en fonología.

**FONOMETRÍA** n. f. Medida de la intensidad de los sonidos o de la voz.

**FONÓN** n. m. Cuanto de energía acústica que es para las ondas acústicas lo que el fotón para las ondas electromagnéticas.

**FONOTECA** n. f. Establecimiento o archivo donde se conservan documentos sonoros de todo género.

**FONOTECNIA** n. f. Estudio de las maneras de obtener, transmitir, registrar y reproducir el sonido.

**FONTANA** n. f. (ital. *fontana*). *Poét.* Fuente, manantial de agua.

**FONTANAL** adj. Perteneciente a la fuente.

**FONTANELA** n. f. (fr. *fontanelle*). Nombre de los espacios situados entre los huesos de la bóveda craneal antes de su completa osificación.

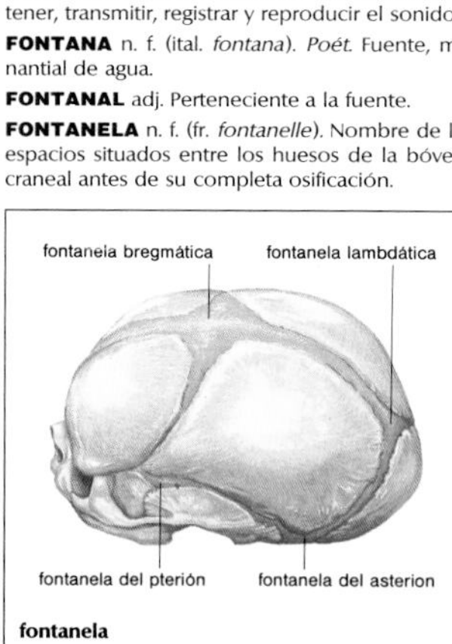

**fontanela**

**FONTANERÍA** n. f. Oficio de fontanero. **2.** Conjunto de instalaciones para la conducción y distribución de aguas en un edificio.

**FONTANERO, A** n. Operario que se encarga de instalar y reparar el sistema doméstico de conducción y distribución de aguas.

**FOOTBALL** n. m. (voz inglesa). Fútbol.

**FOOTING** n. m. (voz inglesa). Deporte que consiste en andar y correr a diferentes ritmos e intercalando fases con aplicación de ejercicios gimnásticos.

**FOQUE** n. m. (neerlandés, *fok*). MAR. Cada una de las velas triangulares situadas en la parte delantera de un navío. • **Foque de mesana,** vela de estay que se instala entre el palo mayor y el de mesana.

**FORADO** n. m. *Amér. Merid.* Agujero hecho en una pared.

**FORAJIDO, A** adj. y n. Malhechor que anda fuera de poblado, huyendo de la justicia.

**FORAL** adj. Relativo al fuero: *guardia foral.* • **Bienes forales,** los que concede el dueño a otra persona mediante el pago de un reconocimiento o pensión anual. ‖ **Derecho foral,** expresión utilizada en España para designar el derecho civil especial de algunos territorios.

**FORALISMO** n. m. Tendencia a privilegiar los fueros en los territorios tradicionalmente forales.

**FORAMEN** n. m. (voz latina). Agujero, orificio.

**FORAMINÍFERO, A** adj. y n. m. Relativo a una clase de rizópodos, generalmente marinos, cuyo protoplasma está protegido por una concha calcárea perforada por minúsculos orificios.

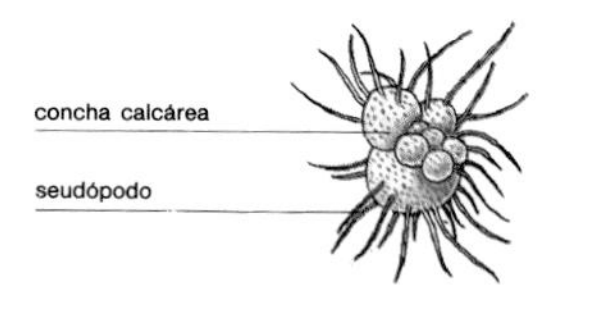

**foraminífero**

**FORÁNEO, A** adj. De fuera, forastero: *costumbres foráneas.*

**FORASTERO, A** adj. y n. (cat. *foraster*). Que viene de fuera. **2.** Relativo al que vive o está en un lugar de donde no es vecino o en donde no ha nacido.

**FORCEJEAR** v. intr. (cat. *forcejar*) [**1**]. Hacer fuerza o esfuerzos para vencer una resistencia, a veces en contra de algo o de alguien.

**FORCEJEO** n. m. Acción o efecto de forcejear.

**FÓRCEPS** n. m. Instrumento de cirugía utilizado en determinados partos difíciles.

**FORCIPRESIÓN** n. f. CIR. Aplicación de una pinza sobre un vaso sanguíneo, lesionado o no, para detener la circulación.

**FORENSE** adj. (de *fuero*). Relativo al foro. SIN.: *judicial.* ◆ adj. y n. m. y f. **2. Médico forense,** funcionario técnico del estado que asiste al juez en asuntos médicos legales.

**FORENSE** n. m. y f. (cat. *forans*). En la edad media, habitante de las villas y aldeas de la isla de Mallorca.

**FORERO, A** adj. Perteneciente o que se hace conforme a fuero. • **Moneda forera,** tributo que se pagaba en Castilla al rey, a cambio de que éste no alterara el valor de la moneda.

**FORESTAL** adj. Relativo a los bosques y a sus posibilidades de aprovechamiento: *repoblación forestal.*

**FORESTAR** v. tr. [**1**]. Poblar un terreno con plantas forestales.

**FORFAIT** n. m. (voz francesa). Contrato en el que el precio de una cosa o de un servicio se fija por adelantado en una cantidad invariable. **2.** Evaluación por el fisco de las rentas o cifras a que ascienden los negocios de determinados contribuyentes. **3.** Suma que el propietario de un caballo comprometido a correr se ve obligado a pagar si no lo hace competir. • **Declarar forfait,** renunciar a participar en una prueba deportiva en la que se estaba inscrito.

**FORILLO** n. m. Telón pequeño que se pone detrás del telón de foro.

**FORJA** n. f. Fragua de platero. **2.** Acción y efecto de forjar. **3.** Argamasa, mezcla de cal, arena y agua. **4.** Procedimiento de modelado plástico de metales o aleaciones por medio de golpes con martillo, o por presión con ayuda de una prensa, a fin de darles forma, dimensiones y características perfectamente definidas.

**FORJADOR, RA** adj. y n. Que forja. ◆ n. **2.** Persona que se dedica a la forja de metales. **3.** *Fig.* Creador o artífice de alguna cosa: *los forjadores de la independencia.*

**FORJADURA** n. f. Forja, acción y efecto de forjar.

**FORJAR** v. tr. (fr. *forger*) [**1**]. Dar forma, por lo general en caliente, mediante deformación plástica, a un metal o a una aleación, por golpes o por presión. **2.** *Fig.* Inventar, imaginar: *forjar ilusiones.* **3.** Fabricar y formar: *forjar un gran futuro.*

**FORLANA** o **FURLANA** n. f. Danza oriunda de Friul, muy popular en Venecia a principios del s. XVII.

**FORMA** n. f. (lat. *formam*). Distribución peculiar de la materia que constituye cada cuerpo: *la forma de una mesa, de una casa.* **2.** Apariencia externa de una cosa: *medicamento bajo forma de píldoras.* **3.** Modo, manera de hacer o proceder: *hablar de forma oficiosa.* **4.** Modo de expresar el pensamiento, cualidades del estilo: *interesa más la forma que el fondo de esta obra.* **5.** Patrón, horma que sirve de modelo para hacer una cosa. **6.** Condiciones físicas en que se halla un deportista: *estar en plena forma.* **7.** DER. Aspecto exterior de un acto jurídico o de un juicio. **8.** IMPR. Número de moldes o páginas que se acuñan en cada rama para imprimir una cara de todo un pliego. **9.** LING. Aspecto bajo el cual se presenta una palabra o una construcción: *forma del singular, del plural.* **10.** MÚS. Estructura, plan de composición de una obra musical. **11.** TECNOL. Molde en que se vacía y forma alguna cosa. • **Dar forma a,** dar expresión precisa a algo que está todavía impreciso. ‖ **De cualquier forma, de todas formas** o **de una forma u otra,** expresa que algo dicho antes, o que está en la mente del que habla y del que escucha, no impide lo que se dice a continuación. ‖ **De forma que,** indica consecuencia o resultado, de modo que se pueda hacer lo que se expresa a continuación. ‖ **En forma,** con formalidad, como es debido; en buenas condiciones físicas o de ánimo para cualquier cosa. ‖ **Sagrada forma,** hostia pequeña para la comunión de los fieles. ‖ **Teoría de la forma,** teoría sicológica de origen alemán (*Gestalttheorie*), que ha subrayado en especial los aspectos de configuración y, más en general, de totalidad, en la vida síquica. SIN.: *gestaltismo.* ◆ **formas** n. f. pl. **12.** Configuración del cuerpo humano, especialmente los pechos y caderas de la mujer. **13.** Maneras, modales: *guardar las formas.*

**FORMABLE** adj. Que se puede formar.

**FORMACIÓN** n. f. Acción y efecto de formar o formarse, proceso que provoca la aparición de algo que no existía antes: *la formación de una palabra, de un absceso.* **2.** Figura o determinación de la materia: *un cuerpo con buena formación.* **3.** Educación, instrucción: *la formación de un niño.* **4.** Grupo de personas: *formación política.* **5.** Orden particular adoptado por un grupo de bailarines o gimnastas en el lugar de la acción. **6.** GEOL. Capa constitutiva del suelo. **7.** MIL. Término genérico que designa un grupo militar organizado. **8.** MIL. Despliegue realizado por una tropa, un conjunto de aviones o embarcaciones de guerra para la instrucción, la maniobra o el combate. • **Formación ocupacional,** enseñanzas no regladas que proporcionan una capacitación laboral para desempeñar tareas de una ocupación o puesto de trabajo. ‖ **Formación profesional** (ENSEÑ.), nivel educativo destinado a proporcionar una capacitación para el ejercicio profesional. ‖ **Formación reactiva** (SICOANÁL.), rasgo de comportamiento opuesto a un deseo reprimido. ‖ **Formación social,** realidad social históricamente determinada, producida por la superposición de varios tipos de modos de producción entre los que domina uno. ‖ **Formación vegetal,** grupo natural de plantas del mismo porte: árboles (bosque), hierbas altas (sabana), matorral, hierba baja (estepa), etc. (Una formación se considera *abierta* cuando en algunos lugares deja el suelo desnudo, *cerrada* cuando lo cubre por entero.)

**FORMAJE** n. m. (fr. *fromage*). Recipiente de barro, madera o mimbre, con orificios, empleado para escurrir y dar forma al queso.

**FORMAL** adj. (lat. *formalem*). Relativo a la forma. **2.** Que tiene formalidad: *persona formal.* **3.** Expreso, preciso, determinado: *compromiso formal.* • **Lógica formal,** estudio general de los razonamientos deductivos, con abstracción de su aplicación a casos particulares. SIN.: *lógica simbólica.*

**FORMALDEHÍDO** n. m. Aldehído fórmico.

**FORMALIDAD** n. f. Exactitud, puntualidad y consecuencia en las acciones. **2.** Requisito indispensable para alguna cosa. (Suele usarse en plural.) **3.** Seriedad, compostura. **4.** Norma de comportamiento en la ejecución de ciertos actos públicos. **5.** DER. Operación de la que la ley hace depender la validez de un acto o el cumplimiento de una obligación.

**FORMALISMO** n. m. Aplicación y observancia rigurosa del método y fórmulas de una escuela, en la enseñanza o en la investigación. **2.** EPISTEMOL. Tesis que sostiene que la verdad de las ciencias sólo depende de las reglas de utilización de los símbolos convencionales, por oposición a *intuicionismo.* **3.** LÓG. Doctrina según la cual los enunciados matemáticos son conjuntos de signos, vacíos de sentido en tanto que tales. **4.** Tendencia artística consistente en privilegiar la forma. • **Formalismo ruso,** escuela de crítica literaria cuya actividad se ejerció de 1916 a 1930, en Moscú, en Leningrado y luego en Praga, y cuyo objeto consistía en el análisis de las formas literarias.

**FORMALISTA** adj. y n. m. y f. Relativo al formalismo. **2.** Partidario de esta tendencia. **3.** Que observa escrupulosamente las formas y tradiciones en cualquier asunto.

**FORMALIZACIÓN** n. f. Acción y efecto de formalizar.

**FORMALIZAR** v. tr. [**1g**]. Dar la última forma a una cosa. **2.** Revestir una cosa de los requisitos legales. **3.** Concretar, precisar. **4.** LÓG. Introducir explícitamente en una teoría deductiva las reglas de formación de las expresiones, o fórmulas, así como las reglas de inferencia según las cuales se razona.

**FORMANTE** n. m. FONÉT. Fenómeno vibratorio que acompaña la emisión de un fonema.

**FORMAR** v. tr. y pron. (lat. *formare*) [**1**]. Hacer algo, dándole la forma que le es propia. ◆ v. tr., intr. y pron. **2.** Juntar, congregar diferentes personas o cosas uniéndolas entre sí para que hagan aquéllas un cuerpo moral y éstas un todo. ◆ v. tr. **3.** Criar, adiestrar, educar. **4.** MIL. Disponer las tropas agrupadas de acuerdo con las reglas de la táctica: *formar el batallón en columna por compañías.* ◆ v. tr. e intr. **5.** Colocarse una persona en una formación. ◆ **formarse** v. pron. **6.** Adquirir una persona desarrollo, aptitud o habilidad.

**FORMATEAR** v. tr. [**1**]. INFORMÁT. Dar un formato o estructura a un disco para que se pueda trabajar con él en el ordenador.

**FORMATIVO, A** adj. Dícese de lo que forma o da la forma.

**FORMATO** n. m. (lat. *formatum*). Tamaño de la tapa o de la cubierta de un libro. **2.** Tamaño o dimensión de algo. **3.** FOT. y CIN. Dimensión de un cliché fotográfico o de un fotograma de película. **4.** INFORMÁT. Estructura que caracteriza la presentación de las informaciones en un ordenador, durante una transmisión, o en un soporte de entrada o de edición de resultados.

**FORMERO, A** adj. Dícese del arco que sostiene el tramo de una bóveda de arista o de crucería y es paralelo al eje mayor del edificio. **2.** Dícese del arco en que descansa una bóveda vaída.

**FORMIATO** n. m. Sal del ácido fórmico.

**FORMICA** n. f. (marca registrada). Material estratificado, revestido de una resina artificial.

**FÓRMICO, A** adj. QUÍM. Dícese del ácido ($HCOOH$), que se encuentra en ortigas, hormigas, etc. • **Aldehído fórmico,** líquido volátil ($HCHO$), de olor fuerte, obtenido por oxidación incompleta del alcohol metílico, que es un antiséptico muy eficaz. SIN.: *formaldehído.*

**FORMIDABLE** adj. (lat. *formidabilem*). Muy grande, muy temible o asombroso. **2.** Extraordinario por lo bueno, lo grande, lo agradable, etc.

**FORMOL** n. m. Solución acuosa de aldehído fórmico, utilizada como antiséptico.

**FORMÓN** n. m. Instrumento parecido al escoplo, pero más ancho y plano.

**FORMOSANO, A** adj. y n. De Formosa.

**FÓRMULA** n. f. (lat. *formulam*). Forma establecida para expresar alguna cosa o modo convenido para ejecutarla o resolverla. **2.** Nota en que se enumera aquello de que debe componerse una cosa, y el modo de hacerla. **3.** Expresión concreta de una avenencia o transacción entre diversos pareceres, partidos o grupos. **4.** Receta, prescripción facultativa. **5.** Expresión simbólica de la relación que existe entre dos o más variables, escrita mediante los signos de igualdad, desigualdad o los de las operaciones matemáticas. **6.** Expresión de una ley física. **7.** Conjunto de símbolos químicos y de números que indican la composición y, a veces, la estructura de una combinación química. **8.** Categoría de coches que poseen más o menos la misma potencia: *coches de fórmula 1.* **9.** DER. Modelo de acto jurídico. **10.** LÓG. Concatenación de un número finito de signos de un sistema formal. • **Fórmula dentaria, fórmula floral,** indicación esquemática del número y de la colocación de los dientes o de la constitución de una flor. ‖ **Fórmula leucocitaria,** proporción de los diferentes tipos de leucocitos contenidos en la sangre. ‖ **Por fórmula,** para cubrir apariencias, para salir del paso.

**FORMULACIÓN** n. f. Acción y efecto de formular.

**FORMULAR** v. tr. [**1**]. Reducir algo a términos claros y precisos. **2.** Recetar. **3.** Expresar, manifestar. **4.** Expresar algo con una fórmula.

**FORMULARIO, A** adj. Relativo a las fórmulas o al formulismo. **2.** Que se hace por fórmula, cubriendo las apariencias. ◆ n. m. **3.** Compilación de fórmulas: *el códex es un formulario farmacéutico.* **4.** Impreso administrativo en el que se formulan las preguntas a las que los interesados han de responder.

**FORMULISMO** n. m. Excesivo apego a las fórmulas.

**FORMULISTA** adj. y n. m. y f. Partidario del formulismo o habituado a él.

**FORNICACIÓN** n. f. Acción y efecto de fornicar.

**FORNICADOR, RA** adj. y n. Que fornica.

**FORNICAR** v. intr. y tr. [**1a**]. En la religión católica, practicar el coito fuera del matrimonio.

**FORNIDO, A** adj. Robusto y de mucho hueso.

**FORNITURA** n. f. (fr. *forniture*). Provisión, abasto, suministro. **2.** Guarnición, adorno, aderezo. **3.** Correaje y cartuchera que usan los soldados. (Suele usarse en plural.)

**FORO** n. m. (lat. *forum*). Plaza de Roma, situada entre el Capitolio y el Palatino, centro de la actividad política, religiosa, comercial y jurídica, correspondiente al ágora griega. (Con este significado suele escribirse con mayúscula.) **2.** Plaza central de las ciudades antiguas de origen romano, en la que estaban situados los principales edificios públicos. **3.** Sitio en que los tribunales oyen y determinan las causas. **4.** Curia, y cuanto concierne a la abogacía y a los tribunales. **5.** Reunión para discutir asuntos de interés actual, ante un auditorio que a veces interviene en la discusión. **6.** La parte del escenario de un teatro opuesta a la embocadura. **7.** DER. Contrato usado en especial en Galicia, Asturias y León, por el que el dueño de una cosa inmueble *(aforante),* reservándose el dominio directo cede al *forero* los derechos que sobre la misma le corresponden, comprometiéndose éste al pago de una pensión anual, y a conservar la cosa, mejorarla y devolverla en su caso. **8.** DER. Carga o pensión que el forero paga al aforante en virtud del contrato de foro. **9.** INFORMÁT. En una red telemática, espacio público destinado al intercambio diferido de mensajes sobre un tema determinado. SIN.: *foro electrónico.* • **Desaparecer por el foro,** marcharse sin ser notado.

**FOROFO, A** n. *Fam.* Seguidor entusiasta e incondicional de una persona o cosa, en especial de un equipo deportivo.

**FORRAJE** n. m. (fr. *fourage*). Cualquier sustancia vegetal, excepto los granos, que sirve para alimentar los animales. **2.** Acción de forrajear. **3.** *Fig.* y *fam.* Abundancia y mezcla de muchas cosas de poca sustancia.

**FORRAJEAR** v. tr. [**1**]. Segar y coger el forraje.

**FORRAJERO, A** adj. Dícese de las plantas o de las partes de éstas que sirven para forraje.

**FORRAR** v. tr. (cat. *folrar*) [**1**]. Poner forro a una cosa. ◆ **forrarse** v. pron. **2.** *Fam.* Atiborrarse, hartarse. **3.** *Fam.* Hacer mucho dinero.

**FORRO** n. m. Abrigo, defensa, resguardo o cubierta que se pone a una cosa interior o exteriormente. **2.** Tela que se pone por la parte interior de las ropas o vestidos. **3.** *Méx. Fam.* Persona muy bella, guapa: *su hermana es un forro.* **4.** HERÁLD. Uno

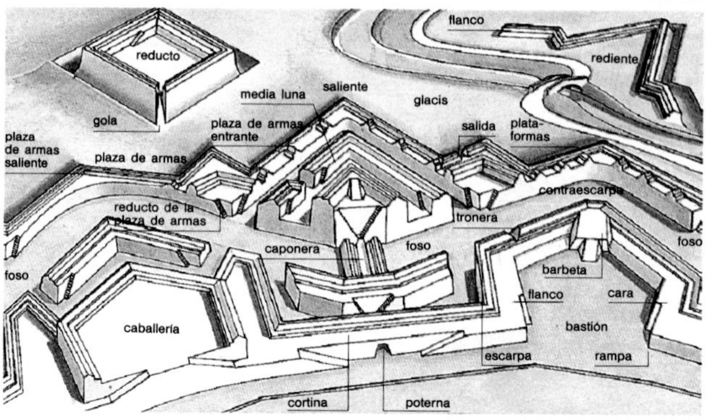


**fortificación:** ejemplo de obra fortificada del s. XVIII

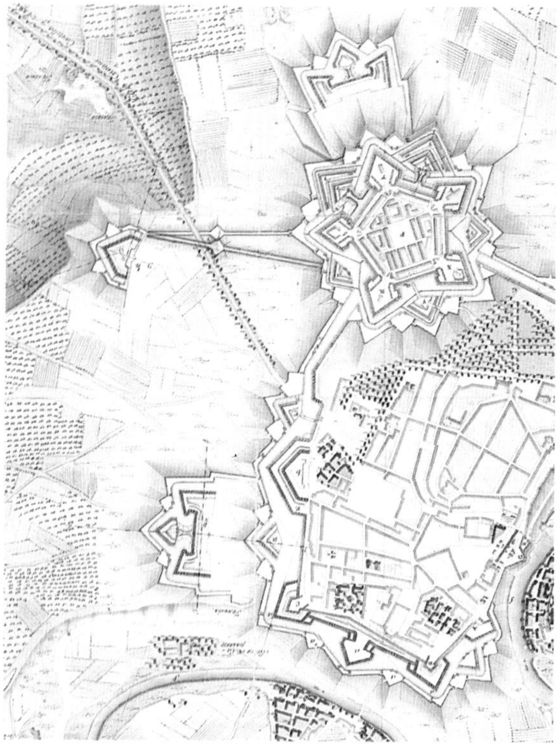

las **fortificaciones** y la ciudadela de Pamplona (plano de 1756) [Instituto geográfico catastral, Madrid]

de los esmaltes del escudo. **5.** MAR. Revestimiento metálico de un buque.

**FORTACHÓN, NA** adj. *Fam.* Fornido.

**FORTALECEDOR, RA** adj. Que fortalece.

**FORTALECER** v. tr. y pron. **[2m]**. Fortificar, dar vigor y fuerza material o moral.

**FORTALECIMIENTO** n. m. Acción y efecto de fortalecer.

**FORTALEZA** n. f. Fuerza y vigor. **2.** Recinto fortificado. **3.** TEOL. Virtud cardinal que confiere valor para soportar la adversidad y practicar la virtud. • **Fortaleza volante,** bombarderos pesados norteamericanos (Boeing B-17, B-29, B-52, 1942-1952). SIN.: *estratofortaleza, superfortaleza.*

**FORTE** adv. y n. m. (voz italiana). MÚS. Expresión que indica que se ha de reforzar el sonido. (Se escribe abreviadamente *f* o *F.*)

**FORTEPIANO** adv. y n. m. (voz italiana). MÚS. Expresión que indica un *fuerte* seguido de un *piano.*

**FORTIFICACIÓN** n. f. Acción y efecto de fortificar. **2.** Arte de construir las obras para la defensa militar. **3.** Obra, o conjunto de ellas, con que se fortifica una plaza o posición.

**FORTIFICADOR, RA** adj. Que fortifica.

**FORTIFICAR** v. tr. (lat. *fortificare*) **[1a]**. Dar vigor y fuerza, material o moral. ◆ v. tr. y pron. **2.** MIL. Proteger con obras de defensa.

**FORTÍN** n. m. Fuerte pequeño. **2.** Obra que se levanta en los atrincheramientos de un ejército para su mayor defensa.

**FORTISSIMO** adv. y n. m. (voz italiana). MÚS. Término de matiz, que indica una ejecución tan fuerte como sea posible.

**FORTRAN** n. m. (abrev. de FORmula TRANslator, traductor de fórmulas). INFORMÁT. Lenguaje de programación utilizado por algunos ordenadores, especialmente para los cálculos científicos y técnicos.

**FORTUITO, A** adj. (lat. *fortuitum*). Que sucede inopinada y casualmente.

**FORTUNA** n. f. (lat. *fortunam*). Causa indeterminable a la que se atribuyen los sucesos. **2.** Suerte favorable. **3.** Éxito, aceptación rápida. **4.** Hacienda, capital, bienes poseídos por alguien. • **Fortuna de mar,** conjunto de los bienes marítimos, como buque, accesorios y fletes, de un armador, por oposición a su *fortuna de tierra.* || **Golpe de fortuna,** suceso extraordinario, próspero o adverso, que sobreviene de repente. || **Hacer fortuna,** tener mucha aceptación algo. || **Por fortuna,** por casualidad, por circunstancias que no se pueden prever; por buena suerte, por dicha. || **Probar fortuna,** intentar una empresa de resultado incierto.

**FORÚNCULO** n. m. (lat. *furunculum*). DERMATOL. Proceso inflamatorio de un folículo piloso y sus alrededores. SIN.: *divieso, furúnculo.*

**FORUNCULOSO, A** adj. Relativo al forúnculo.

**FORZADO, A** adj. No espontáneo: *risa forzada.* • **Cultivo forzado,** cultivo de plantas que se ven obligadas a desarrollarse fuera de sus condiciones habituales, como las fresas, las lechugas, etc. ◆ n. m. **2.** Galeote.

**FORZAMIENTO** n. m. Acción de forzar, obligar a ceder con fuerza o violencia.

**FORZAR** v. tr. **[1n]**. Hacer que algo ceda mediante la fuerza o la violencia. **2.** Violar a una mujer. **3.** Conquistar a fuerza de armas una plaza, castillo, etc. ◆ v. tr. y pron. **4.** *Fig.* Obligar a alguien a que haga una cosa contra su voluntad.

**FORZOSO, A** adj. Necesario, inevitable, obligado.

**FORZUDO, A** adj. Que tiene mucha fuerza.

**FOSA** n. f. (lat. *fossam*). Sepultura, hoyo en la tierra para enterrar uno o más cadáveres. **2.** Foso, excavación alrededor de una fortaleza. **3.** ANAT. Nombre dado a algunas estructuras óseas del organismo: *fosa canina; fosas nasales.* **4.** OCEANOGR. Depresión alargada del fondo de los océanos. • **Fosa séptica,** dispositivo destinado para la recepción y desintegración de las materias excrementicias contenidas en las aguas negras de las casas. || **Fosa tectónica,** zona de la corteza terrestre, hundida entre dos fallas. SIN.: *graben.*

**grandes fosas oceánicas**

| | | |
|---|---|---|
| **océano Pacífico** | | |
| | Marianas | 11 034 m |
| | Tonga | 10 882 m |
| | Kuriles-Kamchatka | 10 542 m |
| | Filipinas | 10 540 m |
| | Bonin | 10 340 m |
| | Kermadec | 10 047 m |
| | Nueva Bretaña | 9 140 m |
| **océano Atlántico** | | |
| | Puerto Rico | 9 218 m |
| **océano Índico** | | |
| | Java | 7 455 m |

**FOSCO, A** adj. (lat. *fuscum*). Hosco.

**FOSFATADO, A** adj. Que contiene algún fosfato: *alimento fosfatado.* **2.** Que está en el estado de fosfato: *cal fosfatada.* ◆ n. m. **3.** Acción de fertilizar con fosfatos los terrenos de labranza. **4.** Procedimiento termoquímico de protección de las aleaciones metálicas por la formación de fosfatos metálicos complejos.

**FOSFATAR** v. tr. **[1]**. METAL. Revestir una pieza metálica con una capa protectora de fosfatos complejos.

**FOSFATASA** n. f. Enzima que libera ácido fosfórico a partir de sus ésteres.

**FOSFÁTIDO** o **FOSFOLÍPIDO** n. m. Lípido que contiene fósforo.

**FOSFATO** n. m. Sal del ácido fosfórico. **2.** Abono fosfatado.

**FOSFENO** n. m. Sensación luminosa elemental, que resulta de la compresión del ojo cuando los párpados están cerrados, o que aparece espontáneamente en algunas enfermedades.

**FOSFINA** n. f. Nombre genérico de los compuestos orgánicos derivados del fosfuro de hidrógeno.

**FOSFITO** n. m. QUÍM. Sal del ácido fosforoso.

**FOSFOCÁLCICO, A** adj. Relativo al fósforo y al calcio: *metabolismo fosfocálcico.*

**FOSFORADO, A** adj. Que contiene fósforo.

**FOSFORECER** o **FOSFORESCER** v. intr. **[2m]**. Emitir luz fosforescente.

**FOSFORERA** n. f. Estuche para los fósforos.

**FOSFORESCENCIA** n. f. Propiedad que poseen ciertos cuerpos de desprender luz en la oscuridad, sin elevación apreciable de temperatura.

**FOSFORESCENTE** adj. Dotado de fosforescencia.

**FOSFÓRICO, A** adj. Relativo al fósforo. • **Ácido fosfórico,** denominación dada a varios ácidos, entre ellos $H_3PO_4$. ‖ **Anhídrido fosfórico,** combinación ($P_2O_5$) de fósforo y oxígeno, formado por combustión viva.

**FOSFORILACIÓN** n. f. Reacción que transfiere un grupo fosfatado de un compuesto orgánico, y especialmente bioquímico, a otro.

**FOSFORISMO** n. m. Intoxicación por fósforo.

**FOSFORITA** n. f. Fosfato natural de calcio.

**FÓSFORO** n. m. (gr. *phosphoros*). Cuerpo simple (P), de número atómico 15 y de masa atómica 30,97, muy inflamable y luminoso en la oscuridad. **2.** Trozo de cerilla, madera o cartón, con cabeza de fósforo, que sirve para encender.
■ Es un sólido polimorfo con dos variedades muy conocidas: el fósforo blanco y el fósforo rojo. El primero, de color ámbar, cristaliza en el sistema cúbico, tiene una densidad de 1,85 y funde a 44 °C, obteniéndose por enfriamiento brusco del vapor de fósforo. El fósforo rojo se obtiene lentamente por calentamiento moderado del fósforo blanco. El fósforo se encuentra en los seres vivos, bajo forma de fosfatos de calcio, en los huesos y dientes y en el ácido desoxirribonucleico (A.D.N). Se utiliza para la fabricación de cerillas y productos fosforados (por ej., raticidas), así como para la preparación de bronces fosforados y la síntesis del ácido fosfórico. El fósforo blanco es muy tóxico, pudiendo producir incluso la muerte.

**FOSFOROSO, A** adj. **Ácido fosforoso,** ácido ($H_3PO_3$). ‖ **Anhídrido fosforoso,** compuesto ($P_2O_3$) formado por la combustión lenta del fósforo.

**FOSFURO** n. m. Cuerpo resultante de la combinación del fósforo con otro elemento.

**FOSGENO** n. m. Combinación de cloro y óxido de carbono ($COCl_2$), que constituye un gas tóxico.

**FÓSIL** adj. y n. m. (lat. *fossilem,* sacado de la tierra). Dícese del resto orgánico o trazas de actividad orgánica, tales como huellas o pisadas de animales, que se han conservado enterrados en los estratos terrestres anteriores al período geológico actual. **2.** *Fig.* y *fam.* Viejo, anticuado.

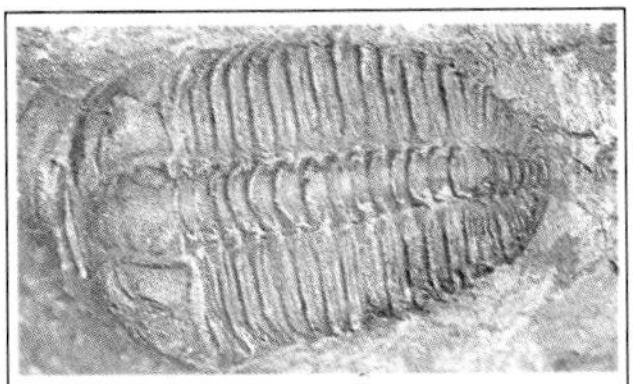
ejemplo de **fósil:** trilobites del cámbrico

**FOSILÍFERO, A** adj. Que contiene fósiles.

**FOSILIZACIÓN** n. f. Acción y efecto de fosilizarse.

**FOSILIZARSE** v. pron. **[1g]**. Transformarse la materia orgánica en fósil. **2.** *Fig.* Estancarse alguien sin evolucionar.

**FOSO** n. f. (ital. *fosso*). Hoyo. **2.** Cada una de las plantas situadas debajo del escenario de un teatro. **3.** Lugar en que se coloca la orquesta en un teatro lírico o en un music-hall. **4.** En los talleres de reparación de automóviles, excavación que sirve para poder arreglar cómodamente el motor desde abajo. **5.** FORT. Excavación profunda que circuye un castillo o fortaleza.

**FOTO** n. f. *Fam.* Apócope de fotografía.

**FOTOCÁTODO** n. m. Cátodo de una célula fotoeléctrica.

**FOTOCÉLULA** n. f. Célula fotoeléctrica.

**FOTOCINESIS** n. f. Reacción de desplazamiento de los organismos debido a la excitación de un fotorreceptor y de la sensibilidad protoplasmática.

**FOTOCOMPOSICIÓN** n. f. IMPR. Procedimiento de composición que proporciona directamente los textos en películas fotográficas.

**FOTOCONDUCTIVIDAD** n. f. Propiedad de algunas sustancias cuya resistencia eléctrica varía cuando reciben una radiación luminosa.

**FOTOCONDUCTOR, RA** adj. Fotorresistente.

**FOTOCOPIA** n. f. Procedimiento de reproducción rápida de un documento por el revelado instantáneo de un negativo fotográfico. **2.** Fotografía obtenida por este procedimiento.

**FOTOCOPIADORA** n. f. Máquina para la obtención de fotocopias.

**FOTOCOPIAR** v. tr. **[1]**. Hacer fotocopias.

**FOTOCRÓMICO, A** adj. Dícese de un material vítrico cuya transmisión óptica varía por la acción de las radiaciones luminosas y, en particular, de la radiación solar.

**FOTODERMATOSIS** n. f. Estado inflamatorio de la piel, provocado por una exposición prolongada a los rayos ultravioletas. SIN.: *lucitis.*

**FOTODIODO** n. m. Diodo semiconductor en el que un rayo luminoso incidente determina una variación de la corriente eléctrica.

**FOTOELASTICIDAD** n. f. Propiedad que presentan algunas sustancias transparentes isótropas de volverse birrefringentes bajo la influencia de deformaciones elásticas.

**FOTOELASTICIMETRÍA** n. f. Estudio óptico de la distribución de las tensiones en masa de una pieza metálica, de una obra de arte, etc.

**FOTOELECTRICIDAD** n. f. Producción de electricidad por acción de la luz.

**FOTOELÉCTRICO, A** adj. Dícese de todo fenómeno eléctrico provocado por la intervención de radiaciones luminosas. • **Célula fotoeléctrica,** dispositivo que permite obtener corrientes eléctricas por la acción del flujo luminoso.

**FOTOEMISOR, RA** adj. Que emite electrones por la acción de la luz.

**FOTO-FIJA** n. f. CIN. Fotografía que se toma de las escenas, durante su rodaje cinematográfico, para uso publicitario. ◆ n. m. y f. **2.** Fotógrafo que realiza estas fotos.

**FOTOFOBIA** n. f. Miedo a la luz.

**FOTÓFORO** n. m. Lámpara portátil de manguito incandescente. **2.** Órgano luminoso de los organismos dotados de bioluminiscencia.

**FOTOGÉNESIS** n. f. BIOL. Producción de luz por parte de ciertas estructuras orgánicas.

**FOTOGENIA** n. f. Cualidad de fotogénico.

**FOTOGÉNICO, A** adj. Dícese de lo que es especialmente adecuado para la reproducción fotográfica: *facciones fotogénicas.* **2.** FÍS. Relativo a los efectos químicos de la luz sobre algunos cuerpos.

**FOTÓGENO, A** adj. BIOL. Que produce luz.

**FOTOGRABADO** n. m. Conjunto de procedimientos fotomecánicos que permiten obtener planchas de impresión. **2.** Lámina grabada o estampada por este procedimiento.

**FOTOGRABADOR, RA** n. Especialista en fotograbado.

**FOTOGRABAR** v. tr. **[1]**. Grabar por medio de la fotografía.

**FOTOGRAFÍA** n. f. Acción, manera y arte de fijar, mediante la luz, la imagen de los objetos sobre una superficie sensible, como una placa, una película, papel, etc. **2.** Reproducción de la imagen obtenida: *álbum de fotografías.* • **Fotografía aérea,** imagen del suelo obtenida desde un avión, misil o satélite artificial, para cartografía, investigación militar o arqueológica, etc.

**FOTOGRAFIAR** v. tr. **[1t]**. Obtener una imagen mediante la fotografía.

**FOTOGRÁFICO, A** adj. Relativo a la fotografía.

**FOTÓGRAFO, A** n. Persona que tiene por oficio ejercer la fotografía.

**FOTOGRAMA** n. m. Cada una de las fotografías que componen una película cinematográfica.

**FOTOGRAMETRÍA** n. f. Aplicación de la estereofotografía a los levantamientos topográficos y al

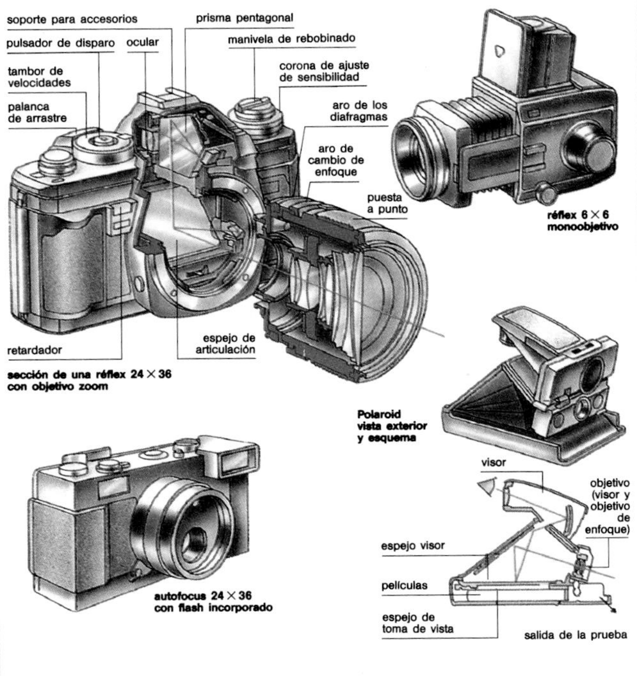

**fotografía:** diferentes tipos de aparatos fotográficos

trazado de formas y dimensiones de diversas cosas.

**FOTÓLISIS** n. f. Descomposición química por efectos de la luz.

**FOTOLITO** n. m. ART. GRÁF. Cliché fotográfico que reproduce el original sobre película o soporte transparente, empleado en la impresión offset y huecograbado.

**FOTOLUMINISCENCIA** n. f. Fenómeno de luminiscencia que consiste en el hecho de que una sustancia absorbe una radiación y la restituye luego en una longitud de onda diferente.

**FOTOMATÓN** n. m. Mecanismo que obtiene el retrato, revela y fija el negativo, tira los positivos que se deseen y entrega las copias secas, todo ello en pocos minutos.

**FOTOMECÁNICO, A** adj. Dícese de todo procedimiento de impresión en el que el cliché se obtiene por fotografía.

**FOTOMETRÍA** n. f. Parte de la física que trata de la medida de las magnitudes relativas a la radiación luminosa.

**FOTOMÉTRICO, A** adj. Relativo a la fotometría.

**FOTÓMETRO** n. m. Instrumento que mide la intensidad de una fuente luminosa.

**FOTOMONTAJE** n. m. Unión o combinación de imágenes fotográficas.

**FOTOMULTIPLICADOR, RA** adj. y n. m. Dícese de la célula fotoeléctrica de multiplicación de electrones.

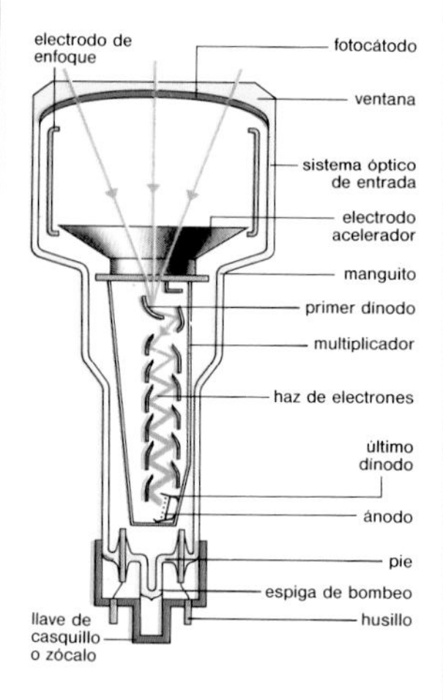

**fotomultiplicador**

**FOTÓN** n. m. Cuanto de energía luminosa.

**FOTÓNICO, A** adj. Relativo al fotón.

**FOTONOVELA** n. f. Narración articulada en una secuencia de fotos fijas, a las que se superponen textos explicativos o diálogos de los personajes fotografiados.

**FOTOPERÍODO** n. m. Duración del día considerada desde el punto de vista de sus efectos biológicos.

**FOTOPILA** n. f. Célula fotovoltaica.

**FOTOQUÍMICA** n. f. Rama de la química que estudia los efectos de la luz sobre las reacciones químicas.

**FOTOQUÍMICO, A** adj. Relativo a la fotoquímica.

**FOTO-ROBOT** n. f. Retrato elaborado mediante descripciones hechas por testigos.

**FOTORRECEPTOR** n. m. BIOL. Neurorreceptor que recibe y traduce las sensaciones luminosas.

**FOTORREPORTAJE** n. m. Reportaje constituido esencialmente por documentos fotográficos.

**FOTORRESISTENTE** adj. Dícese de las sustancias cuya resistencia eléctrica varía en función de la intensidad de luz que reciben. SIN.: *fotoconductor.*

**FOTOSENSIBILIDAD** n. f. Sensibilidad a los rayos luminosos.

**FOTOSENSIBILIZACIÓN** n. f. MED. Sensibilización de la piel a la luz, principalmente solar, que se manifiesta por la aparición de eritemas.

**FOTOSENSIBLE** adj. Sensible a la luz.

**FOTOSFERA** n. f. ASTRON. Superficie luminosa que delimita el contorno aparente del Sol y de las estrellas.

**FOTOSÍNTESIS** n. f. Síntesis de un cuerpo químico o de una sustancia orgánica, como los glúcidos, realizada por las plantas clorofílicas mediante la energía luminosa. (La energía de origen solar se introduce en los grandes ciclos bioquímicos terrestres gracias a la fotosíntesis.) SIN.: *función clorofílica.*

**FOTOSINTÉTICO, A** adj. Relativo a la fotosíntesis.

**FOTOTACTISMO** n. m. BIOL. Movimiento de reacción de los seres unicelulares cuando se produce una brusca iluminación. SIN.: *fototaxis.*

**FOTOTECA** n. f. Archivo fotográfico.

**FOTOTIPIA** n. f. Procedimiento de impresión con tinta rasa mediante gelatina bicromatada e insolada.

**FOTOTIPO** n. m. Imagen fotográfica obtenida por exposición y tratamiento de una capa sensible.

**FOTOTRANSISTOR** n. m. Transistor que utiliza el efecto fotoeléctrico.

**FOTOTROPISMO** n. m. Orientación, con relación a la luz, de los seres fijos, generalmente vegetales.

**FOTOVOLTAICO, A** adj. **Célula fotovoltaica,** especie de pila eléctrica, que sólo produce corriente cuando está iluminada. SIN.: *fotopila.*

**FOULARD** n. m. (voz francesa). Pañuelo o banda de tejido ligero que se usa como adorno, generalmente alrededor del cuello.

**FÓVEA** n. f. ANAT. Depresión de la retina, situada en el centro de la mancha amarilla, donde la visión alcanza el máximo de nitidez.

**FOX-HOUND** n. m. (voz inglesa). Raza de perros británica.

**FOX-TERRIER** n. m. Raza de perros terrier, de origen inglés, de la que existen dos variedades, la de pelo duro y la de pelo liso.

**fox-terrier** de pelo duro

**FOX-TROT** n. m. (voz inglesa, *paso de zorra*). Baile binario de origen anglosajón, que se popularizó a partir de 1913.

**FOYER** n. m. (voz francesa). Sala que suele haber en los teatros para esparcimiento de los espectadores durante los entreactos.

**Fr,** símbolo químico del *francio.*

**FRAC** n. m. (fr. *frac*) [pl. *fracs* o *fraques*]. Chaqueta masculina de ceremonia, provista de dos faldones por la parte posterior.

**FRACASAR** v. intr. (ital. *fracassare*) **[1]**. No conseguir el resultado pretendido, frustrarse un proyecto.

**FRACASO** n. m. Acción y efecto de fracasar. **2.** *Fig.* Suceso lastimoso e inopinado. • **Fracaso escolar,** retraso en la escolaridad, en todas sus formas.

**FRACCIÓN** n. f. División de un todo en partes. **2.** Cada una de las partes de un todo con relación a él. **3.** MAT. Operador formado por dos números enteros, *a* (numerador) y *b* (denominador), que se escribe $\frac{a}{b}$ y que define el resultado obtenido a partir de una magnitud, dividiéndola por *b* y multiplicándola por *a,* pudiéndose invertir ambas operaciones. **4.** PETROQUÍM. Producto obtenido por fraccionamiento o destilación fraccional de una mezcla. **5.** POL. Cada uno de los grupos de un partido u organización, que difieren entre sí o del conjunto, y que pueden llegar a independizarse. • **Fracción decimal,** fracción cuyo denominador es una potencia de 10 : $\frac{23}{100}$ o 0,23.

**FRACCIONADO, A** adj. **Destilación, congelación, cristalización fraccionadas,** separación de los componentes de una mezcla líquida gracias a la diferencia de sus puntos de ebullición o fusión, o a su distinta solubilidad.

**FRACCIONAL** adj. Que tiende a la desunión, al fraccionamiento de un partido.

**FRACCIONAMIENTO** n. m. Acción y efecto de fraccionar. **2.** *Méx.* Terreno muy grande, urbanizado y dividido en lotes para la construcción de casas. **3.** *Méx.* Zona residencial construida en un terreno de este tipo: *viven en un fraccionamiento en las afueras de la ciudad.*

**FRACCIONAR** v. tr. y pron. **[1]**. Separar en fracciones un todo.

**FRACCIONARIO, A** adj. Relativo a la fracción de un todo. **2.** MAT. Que tiene la forma de una fracción: *expresión fraccionaria.* • **Moneda fraccionaria,** la representada por piezas de poco valor.

**FRACTAL** adj. y n. f. GEOMETR. Dícese de los objetos matemáticos cuya creación o forma no encuentra sus reglas más que en la irregularidad o la fragmentación. (Dícese también de las ramas de la matemática que estudian tales objetos: *la geometría fractal estudia conjuntos fractales.*)

**FRACTOGRAFÍA** n. f. TECNOL. Técnica de lectura e interpretación de la rotura natural o provocada de un material, particularmente de los metales.

**FRACTURA** n. f. (lat. *fracturam*). Acción y efecto de fracturar. **2.** Lugar por donde se rompe un cuerpo, y señal que deja. **3.** Ruptura violenta de un hueso o de un cartílago duro. **4.** GEOL. Grieta de la corteza terrestre.

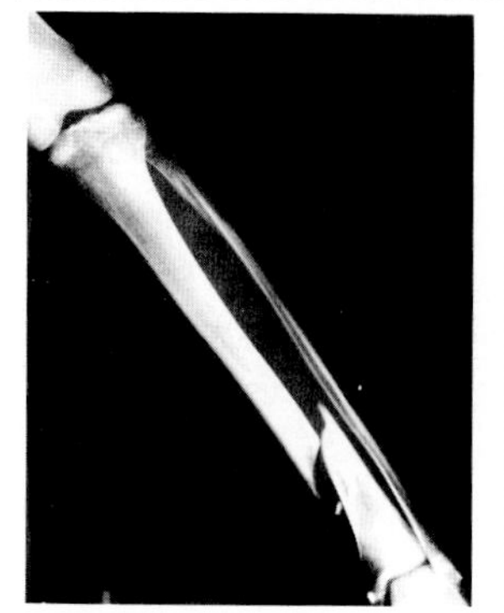
radiografía de una **fractura** espiroidal de la tibia

**FRACTURACIÓN** n. f. TECNOL. Activación de un pozo de petróleo por fisuración a alta presión de la roca de reserva.

**FRACTURAR** v. tr. y pron. **[1]**. Romper o quebrantar con esfuerzo una cosa: *se fracturó una pierna.*

**FRAGANCIA** n. f. Olor suave y delicioso.

**FRAGANTE** adj. Que despide fragancia.

**FRAGANTE** adj. Flagrante.

**FRAGATA** n. f. (ital. *fregata*). Barco de vela de la antigua marina, más ligero que el navío de línea y más pesado que la corbeta, que en la actualidad es un buque de guerra, con misiones de escolta y patrulla. **2.** ORNITOL. Rabihorcado.

**FRÁGIL** adj. (lat. *fragilem*). Quebradizo, que se rompe fácilmente. **2.** Poco fuerte para resistir las tentaciones. **3.** *Fig.* Fácil de estropearse, caduco y perecedero.

**FRAGILIDAD** n. f. (lat. *fragilitatem*). Calidad de frágil.

**FRAGILIZACIÓN** n. f. Tratamiento térmico que aumenta la fragilidad de un metal o una aleación por precipitación de un constituyente entre los cristales.

**FRAGMENTACIÓN** n. f. Acción y efecto de fragmentar.

**FRAGMENTAR** v. tr. y pron. **[1]**. Reducir a fragmentos.

**FRAGMENTARIO, A** adj. Compuesto de fragmentos. **2.** Incompleto, no acabado.

**FRAGMENTO** n. m. (lat. *fragmentum*). Cada una de las partes de algo roto o partido. **2.** *Fig.* Parte conservada de un libro, escrito, u obra artística desaparecidos. **3.** *Fig.* Texto incompleto que se publica o cita. **4.** *Fig.* Parte de una obra musical que forma un todo completo.

**FRAGOR** n. m. (lat. *fragorem*). Ruido prolongado y estruendoso: *el fragor de la batalla.*

**FRAGOROSO, A** adj. Que produce fragor.

**FRAGOSIDAD** n. f. Cualidad de fragoso.

**FRAGOSO, A** adj. (lat. *fragosum*). Áspero, intrincado.

**FRAGUA** n. f. Fogón, provisto de fuelle u otro aparato análogo, en que se calientan los metales para forjarlos.

**FRAGUADO** n. m. Acción y efecto de fraguar.

**FRAGUAR** v. tr. (lat. *fabricari,* modelar) **[1c]**. Forjar, dar la primera forma con el martillo a cualquier pieza de metal. **2.** *Fig.* Idear, discurrir y trazar la disposición de alguna cosa. ◆ v. intr. **3.** Llegar a trabar y endurecerse la cal, yeso, cemento, etc., en la obra con ellos fabricada.

**FRAILE** n. m. Nombre dado a los religiosos en general, y especialmente a los mendicantes. **2.** Doblez hacia fuera de una parte del ruedo de los vestidos. • **Frailes menores,** nombre dado a los religiosos que siguen la regla de san Francisco de Asís. (Esta orden se divide en tres ramas: franciscanos, capuchinos y conventuales.)

**FRAILECILLO** n. m. Ave palmípeda de los mares árticos, de pico aplanado azul y rojo, de unos 35 cm de long., afín a los pájaros bobos.

**frailecillo**

**FRAILEJÓN** n. m. Planta herbácea de flores de color amarillo oro, que crece en las cumbres y faldas de los páramos andinos. (Familia compuestas.)

**frailejón**

**FRAILERO, A** adj. Propio de los frailes. **2.** Amigo de los frailes, devoto, beato.

**FRAILESCO, A** adj. Relativo a los frailes.

**FRAILÍA** n. f. Estado de clérigo regular.

**FRAILUNO, A** adj. *Fam.* y *desp.* Propio de frailes.

**FRAMBUESA** n. f. (fr. *framboise*). Fruto comestible del frambueso, compuesto por pequeñas drupas, muy parecido a la zarzamora.

**FRAMBUESO** n. m. Planta subarbustiva parecida a la zarza, cultivada por sus frutos perfumados, las frambuesas. (Familia rosáceas.)

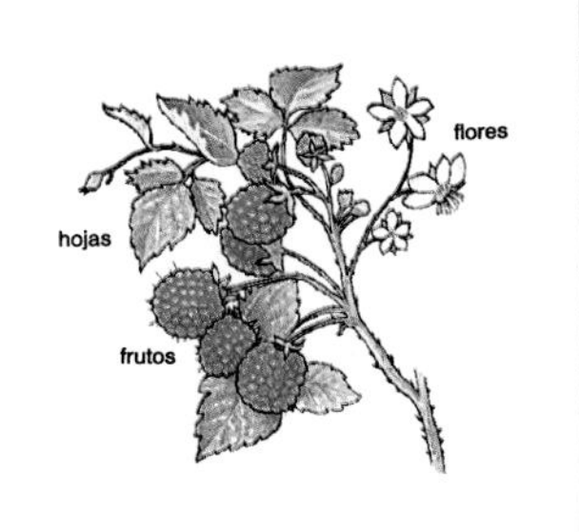


**frambueso**

**FRÁMEA** n. f. (lat. *frameam*). Antigua arma arrojadiza de asta, cuya altura no sobrepasaba la estatura de un hombre.

**FRANCACHELA** n. f. *Fam.* Reunión de varias personas para divertirse y disfrutar de forma desordenada, en especial cuando se abusa de la comida o de la bebida.

**FRANCÉS, SA** adj. y n. De Francia. • **A la francesa,** al uso de Francia; con los verbos *despedirse, marcharse, irse,* significa hacerlo bruscamente, sin decir una palabra. ◆ n. m. **2.** Lengua románica hablada en Francia, Luxemburgo, Mónaco, Canadá, Bélgica y Suiza, y en algunas ex colonias francesas y belgas. **3.** *Vulg.* Felación.

■ El francés es una lengua románica surgida del latín vulgar hablado en la Galia después de la conquista romana. Esta lengua poseía numerosos dialectos, distribuidos en dos grandes grupos (lengua de oc y lengua de oïl); el franciano, hablado en la Ile-de-France, acabó por suplantar a los otros dialectos y se convirtió en el francés. En los ss. XIV-XV el francés sustituyó al latín en todos sus usos, y en los ss. XVII-XVIII, elaboró y codificó la lengua literaria. El francés contemporáneo se caracteriza por una divergencia importante entre la lengua escrita, relativamente fija, y la lengua hablada, que evoluciona con mayor rapidez.

**FRANCESADA** n. f. Dicho o hecho propio de franceses.

**FRANCHIPANIERO** n. m. Planta arbustiva o arbórea originaria de América, que se cultiva por sus flores. (Familia apocináceas.)

**FRANCHUTE, A** n. *Desp.* Francés.

**FRANCIANO** n. m. Dialecto de la lengua de oïl hablado en la Île-de-France en la edad media, que constituye el origen del francés.

**FRÁNCICO** n. m. Lengua de los antiguos francos, que forma parte del germánico occidental.

**FRANCIO** n. m. Metal alcalino radiactivo (Fr), de número atómico 87.

**FRANCISCA** n. f. Hacha de guerra de los francos y otros pueblos germánicos. • **Francisca gálica,** hacha doble, emblema adoptado por el gobierno francés de Vichy (1940-1944).

**FRANCISCANO, A** n. y adj. Religioso o religiosa de la orden fundada por san Francisco de Asís. ◆ adj. **2.** Relativo a san Francisco de Asís o a su orden.

■ La orden de los frailes menores, o franciscanos, fundada en 1209 por san Francisco de Asís, es una orden mendicante fundada como reacción contra el poder creciente del dinero en la sociedad eclesiástica y laica. Originariamente, los franciscanos no podían tener bienes, vivían de su trabajo o de la limosna y predicaban en las ciudades. En el s. XIII la orden se vio desgarrada entre la tendencia radical, fiel a la tradición de pobreza, y la tendencia conventual. En la actualidad, esta orden se organiza en tres ramas: los franciscanos propiamente dichos, los capuchinos y los conventuales.

**FRANCMASÓN, NA** n. (fr. *francmaçon*). Masón.

**FRANCMASONERÍA** n. f. Masonería.

**FRANCMASÓNICO, A** adj. Masónico.

**FRANCO** n. m. Unidad monetaria de Francia, Andorra, Bélgica, Luxemburgo y Mónaco, sustituida en 2002 por el euro. **2.** Unidad monetaria de Suiza, Guinea, Burundi, Comores, Djibouti, Madagascar, Malí, Ruanda y Liechtenstein (franco suizo). • **Franco CFA,** unidad monetaria principal de los países de la Comunidad financiera africana: Benín, Burkina Faso, Camerún, República Centroafricana, Chad, República del Congo, Costa de Marfil, Gabón, Guinea Ecuatorial, Níger, Senegal y Togo. ‖ **Franco CFP,** unidad monetaria principal de la comunidad francesa del Pacífico: Nueva Caledonia, Polinesia Francesa y Wallis-et-Futuna.

**FRANCO, A** adj. (germ. *frank*). Sincero, afable y leal en su trato: *una franca amistad.* **2.** Desembarazado, libre y sin impedimento alguno: *entrada franca.* **3.** Patente, claro, sin lugar a dudas. • **Franco de porte,** dícese de las cartas o mercancías para cuyo porte no hay que pagar nada. ‖ **Puerto franco, zona franca,** puerto o región fronteriza en las que las mercancías extranjeras entran libremente sin tener que pagar derechos. ‖ **Villa franca** (HIST.), ciudad que no pagaba franquicias.

**FRANCO, A** adj. y n. Relativo a un pueblo germánico, tal vez originario de los países bálticos, que dio su nombre a la Galia romana después de haberla conquistado en los ss. V y VI; individuo de dicho pueblo. (Se distinguen dos grupos de pueblos francos: los *francos salios,* establecidos en el Ijsel, y los *francos del Rin,* instalados en la margen derecha del Rin, llamados *francos ripuarios.*)

**FRANCOBORDO** n. m. MAR. Distancia vertical entre la línea de máxima carga y la cubierta principal de un buque, medida en la mitad de su eslora. • **Disco de francobordo,** señal trazada en los costados del buque, que indica su calado máximo autorizado.

**FRANCOCANADIENSE** adj. y n. m. Dícese del francés de las regiones de Canadá de habla francesa.

**FRANCOCANTÁBRICO, A** adj. **Arte francocantábrico,** nombre dado al arte que se desarrolló durante el paleolítico superior en el S de Europa. *(V. ilustración pág. 464.)*

**FRANCOFILIA** n. f. Cualidad de francófilo.

**FRANCÓFILO, A** adj. y n. Que tiene simpatía hacia Francia y hacia los franceses.

**FRANCOFOBIA** n. f. Cualidad de francófobo.

**FRANCÓFOBO, A** adj. y n. Hostil a Francia y a los franceses.

**FRANCOFONÍA** n. f. Colectividad constituida por los pueblos que hablan francés.

**FRANCÓFONO, A** adj. y n. Que habla francés.

**FRANCOLÍN** n. m. (ital. *francolino*). Ave gallinácea parecida a la perdiz.

**FRANCOPROVENZAL** adj. y n. m. Dícese de los dialectos franceses de la Suiza romanche, Saboya, el Delfinado, el Lionés y la Bresse.

**FRANCOTE, A** adj. *Fam.* Dícese de la persona de carácter abierto, que procede con sinceridad y llaneza.

**FRANCOTIRADOR, RA** n. Combatiente que no forma parte de un ejército regular, y lucha aisladamente. **2.** Persona que lleva una acción independiente, sin observar la disciplina de un grupo.

**FRANELA** n. f. (ingl. *flannel*). Tejido fino generalmente de lana cardada, perchado y ligeramente batanado.

**FRANGOLLO** n. m. *Cuba.* Dulce seco hecho de plátano y azúcar.

**FRANGOLLÓN, NA** adj. *Amér.* Dícese del que hace deprisa y mal una cosa.

**FRANJA** n. f. (fr. *frange*). Guarnición de pasamanería para adornar especialmente los vestidos. **2.** Faja, lista o tira.

**FRANKLIN** n. m. (de B. *Franklin,* físico norteamericano). Unidad de carga eléctrica en el sistema CGS electrostático.

**FRANQUEAR** v. tr. **[1]**. Dejar una cosa desembarazada o libre para pasar: *franquear la entrada, una puerta.* **2.** Traspasar, pasar de una parte a otra venciendo alguna dificultad o impedimento: *franquear un río, un obstáculo.* • **Franquear una carta, un pa-**

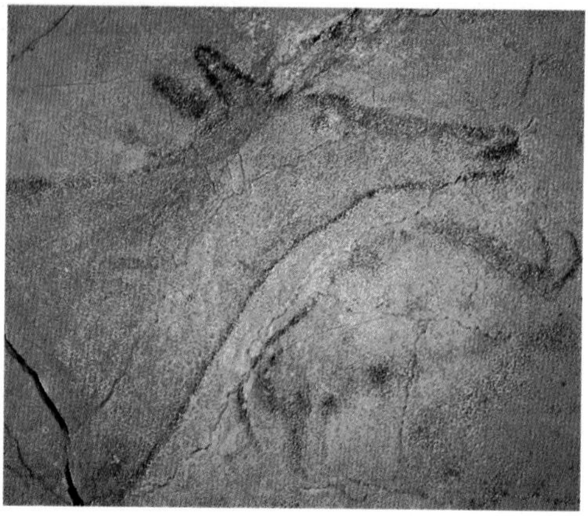

el **arte francocantábrico** (detalle de la cierva, pintura parietal de la cueva de Altamira)

**quete,** pagar el porte en el momento de la expedición, generalmente por medio de sellos de correo. ◆ **franquearse** v. pron. **3.** Descubrir una persona a otra sus pensamientos, sentimientos o intimidades.

**FRANQUEO** o **FRANQUEAMIENTO** n. m. Acción y efecto de franquear. **2.** Abono previo del importe del servicio postal. **3.** Importe de dicho servicio.

**FRANQUEZA** n. f. Sinceridad: *hablar con franqueza.* **2.** Confianza, familiaridad, manera de tratarse sin ceremonias: *tener franqueza.*

**FRANQUÍA** n. f. Situación en que se coloca un buque al salir de un puerto o fondeadero para hacerse a la mar o tomar determinado rumbo.

**FRANQUICIA** n. f. Exención determinada por las leyes o reglamentos, en materia de derechos, tasas o impuestos. **2.** DER. MERC. Contrato por el que un comerciante pone a disposición de otro comerciante sus conocimientos, su marca, su organización y su imagen publicitaria a cambio de una remuneración, fija o variable, en función de la cifra de negocios realizada por el comerciante que recibe la franquicia. SIN.: *franchising.* • **Franquicia postal,** transporte gratuito de la correspondencia u objetos asimilados.

**FRANQUICIADO, A** n. y adj. DER. MERC. El que acepta una franquicia.

**FRANQUICIADOR, RA** n. DER. MERC. Persona o entidad que otorga una franquicia.

**FRANQUISMO** n. m. Régimen instaurado en España, en 1939, por Francisco Franco. **2.** Período histórico que comprende dicho régimen (1939-1975). **3.** Doctrina derivada de las ideas de Franco y de su régimen político.

■ Se pueden distinguir en el franquismo tres etapas diferenciadas: la primera (1938-1957), caracterizada por el predominio político de la Falange y la autarquía económica; la segunda (1957-1973), de ideología desarrollista y tecnócrata, que marca el ascenso del Opus Dei y establece las bases de una economía capitalista con los planes de estabilización y desarrollo; y la tercera (1973-1975), que significa el acceso al poder de la alta burocracia y la preparación de la reforma política, que se veía inminente. Franco supo rodearse, en cada momento histórico, del sector político que mejor garantizaba la continuidad de su obra. Su régimen dictatorial se sustentó en unas fuerzas armadas vinculadas al alzamiento de 1936, una red represiva de las libertades, la fidelidad de la Iglesia católica y el apoyo de las oligarquías financieras españolas. La debilitación del franquismo, iniciada en la década de los sesenta, se acentuó a partir de 1970 (proceso de Burgos).

**FRANQUISTA** adj. y n. m. f. Relativo a Franco o al franquismo; partidario de Franco o del franquismo.

**FRASCA** n. f. (ital. *frasca*). Hojarasca y ramas menudas. **2.** *Méx.* Fiesta, bulla, algazara.

**FRASCO** n. m. (gót. *flasko*). Vaso estrecho de cuello recogido, que sirve comúnmente para contener y conservar líquidos. **2.** Contenido de un frasco.

**FRASCUELINA** n. f. (de *Frascuelo,* matador de toros). TAUROM. Estocada entera, hasta el puño.

**FRASE** n. f. (gr. *phrasis;* de *pharazō,* explicar). Unidad lingüística, formada por más de una palabra, que presenta un enunciado completo, que se basta a sí mismo. **2.** Conjunto de palabras a las que no se da valor porque se dicen ociosamente o sin sinceridad. **3.** MÚS. Período melódico o armónico que tiene un sentido más o menos acabado. • **Frase hecha,** la que en sentido figurado y con forma inalterable es de uso vulgar y no incluye sentencia alguna. ‖ **Frase proverbial,** frase hecha que incluye una sentencia.

**FRASEAR** v. tr. **[1]**. Formar o hacer frases.

**FRASEO** n. m. MÚS. Arte de matizar y de hacer inteligible el discurso musical, poniendo de relieve sus divisiones y silencios.

**FRASEOLOGÍA** n. f. Conjunto de construcciones y expresiones propias de una lengua o de un escritor. **2.** Demasía de palabras o verbosidad redundante en lo escrito o hablado.

**FRASQUETA** n. f. Cuadro ligero que en las prensas de mano sirve para sujetar al tímpano el papel que se va a imprimir.

**FRATÁS** n. m. Instrumento para alisar el enlucido de una pared.

**FRATASADO** n. m. Operación de hacer áspera una pared para que agarre el enyesado.

**FRATASAR** v. tr. **[1]**. Igualar con el fratás la superficie de un muro.

**FRATERNA** n. f. (lat. *fraternam*). *Irón.* Corrección o represión áspera.

**FRATERNAL** o **FRATERNO, A** adj. Propio de hermanos o relativo a ellos: *amor fraternal.*

**FRATERNIDAD** n. f. Unión y buena correspondencia entre hermanos. **2.** Vínculo de solidaridad y amistad entre los hombres, entre los miembros de una sociedad, etc.

**FRATERNIZAR** v. intr. **[1g]**. Unirse y tratarse como hermanos. **2.** *Fig.* Alternar, tratarse amistosamente.

**FRATRÍA** n. f. (gr. *phratria*). ANT. GR. Grupo de familias, subdivisión de la tribu que se apoya en una base religiosa, social y política. **2.** ANTROP. Reunión de varios clanes, generalmente totémica. **3.** ESTADÍST. Conjunto de hijos de una misma pareja de progenitores, colocándose desde el punto de vista de uno de estos hijos.

**FRATRICIDA** adj. y n. m. y f. (lat. *fraticidam*). Que comete fratricidio. ◆ adj. **2.** Que opone a seres que deberían ser solidarios: *luchas fratricidas.*

**FRATRICIDIO** n. m. Asesinato de un hermano.

**FRAUDE** n. m. (lat. *fraudem*). Acto realizado para eludir una disposición legal en perjuicio del estado o de terceros o para burlar los derechos de una persona o de una colectividad: *fraude electoral; fraude fiscal.*

**FRAUDULENCIA** n. f. Fraude. **2.** Calidad de fraudulento.

**FRAUDULENTO, A** adj. Engañoso, falaz.

**FRAY** n. m. Apócope de fraile, que se usa precediendo al nombre de los religiosos de ciertas órdenes.

**FRAZADA** n. f. (cat. *flassada*). Manta de cama.

**FREAK** adj. y n. m. y f. (voz ingl., *extraño, anormal, monstruo*). *Fam.* Dícese de las personas que se mantienen al margen de las normas sociales, especialmente de los drogados.

**FREÁTICO, A** adj. **Capa freática** o **manto freático,** capa de agua subterránea formada por la filtración de las aguas de lluvia, que alimenta los manantiales.

**FRECUENCIA** n. f. Cualidad de frecuente. **2.** FÍS. Número de observaciones de un tipo dado de sucesos. **3.** *Fig.* Número de vibraciones por unidad de tiempo, en un fenómeno periódico. • **Alta frecuencia,** frecuencia de varios millones de hertz. ‖ **Baja frecuencia,** en las telecomunicaciones, frecuencia comprendida entre 30 kHz y 300 kHz; en las aplicaciones industriales, frecuencia inferior a 250 kHz. ‖ **Con frecuencia,** circunstancia de repetirse algo muchas veces o en cortos intervalos de tiempo. ‖ **Frecuencia de pulso,** número de pulsaciones cardíacas por minuto. ‖ **Frecuencias acumuladas** (ESTADÍST.), frecuencias que corresponden a un intervalo determinado de variación de los valores de la variable considerada o al conjunto de los valores inferiores a un valor fijado. ‖ **Gama de frecuencias,** conjunto de frecuencias comprendidas en un intervalo dado.

**FRECUENCÍMETRO** n. m. Aparato que sirve para medir la frecuencia de una corriente alterna.

**FRECUENTACIÓN** n. f. Acción de frecuentar.

**FRECUENTAR** v. tr. (lat. *frequentare*) **[1]**. Repetir un acto a menudo. **2.** Concurrir a menudo a alguna parte. **3.** Tratar con frecuencia a alguien.

**FRECUENTATIVO, A** adj. y n. m. LING. Iterativo.

**FRECUENTE** adj. (lat. *frequentem*). Que ocurre o se repite con cortos intervalos de tiempo. **2.** Usual, común, que ocurre muchas veces.

**FREE JAZZ** n. m. (voz inglesa). Escuela de jazz, aparecida en E.U.A. a principios de los años sesenta, que practica la improvisación íntegramente libre sin la obligación de interpretar la melodía.

**FREE SHOP** n. f. (voz inglesa). Negocio en aeropuertos o embarcaciones donde se puede comprar productos sin pagar impuestos locales.

**FREELANCE** adj. (voz inglesa). Dícese del trabajo de un periodista, escritor, etc., que se basa en colaboraciones para una o varias empresas, sin que exista vinculación laboral por medio de contrato. **2.** Dícese del trabajo realizado en condiciones semejantes por otros profesionales.

**FREGADAZO** n. m. *Méx. Vulg.* Golpe fuerte: *se dio un fregadazo en la cabeza.*

**FREGADERA** n. f. *Méx. Vulg.* Cosa o situación sumamente molesta o perjudicial.

**FREGADERO** o **FREGADOR** n. m. Dispositivo con recipientes para fregar los utensilios de cocina.

**FREGADO** n. m. Acción y efecto de fregar. **2.** *Fig.* y *fam.* Enredo o asunto embrollado y dificultoso. **3.** Escándalo, discusión, riña.

**FREGADO, A** adj. *Amér.* Majadero, fastidioso. **2.** *Colomb., Ecuad.* y *Perú.* Tenaz, terco. **3.** *C. Rica, Ecuad.* y *Méx.* Bellaco, perverso. **4.** *C. Rica, Ecuad.* y *Pan.* Exigente, severo. **5.** *Méx. Vulg.* Arruinado, en pésimas condiciones, en muy mal estado físico o moral: *quedó muy fregada después del divorcio.*

**FREGAR** v. tr. (lat. *fricare,* frotar) **[1d]**. Restregar con fuerza una cosa con otra. **2.** Limpiar alguna cosa restregándola con estropajo, cepillo, etc., empapado en agua y jabón u otro líquido adecuado. **3.** *Méx. Vulg.* Estropear, echar a perder alguna cosa. **4.** *Méx. Vulg.* Provocar un daño muy grande a alguien, perjudicarlo: *lo fregaron de por vida.* ◆ v. tr. y pron. **5.** *Amér. Fig.* y *fam.* Fastidiar o molestar.

**FREGÓN, NA** adj. *Méx.* Dícese del que es muy bueno, muy hábil en alguna actividad: *es un fregón para los negocios.* **2.** *Méx. Vulg.* Que le gusta molestar a los demás.

**FREGONA** n. f. *Desp.* Mujer que friega, sirvienta. **2.** *Desp.* Mujer ordinaria. **3.** Utensilio doméstico para fregar los suelos sin necesidad de arrodillarse.

**FREGOTEAR** v. tr. **[1]**. *Fam.* Fregar de prisa y mal o fregar con mucho movimiento.

**FREGOTEO** n. m. *Fam.* Acción y efecto de fregotear.

**FREGUÉS** n. m. y f. *Amér. Merid.* Cliente.

**FREIDERA** o **FREIDORA** n. f. Utensilio que sirve para freír alimentos en un baño de aceite.

**FREIDURA** n. f. Acción y efecto de freír.

**FREIDURÍA** n. f. Establecimiento público donde se consume especialmente pescado frito en general a la vista del público.

**FREILA** o **FREIRA** n. f. Religiosa de alguna de las órdenes militares.

**FREILE** o **FREIRE** n. m. Caballero profeso de algunas de las órdenes militares. **2.** Sacerdote de alguna de ellas.

**FREÍR** v. tr. y pron. **[25a]**. Guisar en una sartén u otro utensilio de cocina un alimento con aceite hirviendo. **2.** *Fig.* Molestar, importunar. **3.** *Fam.* Matar, asesinar a tiros. ◆ **freírse** v. pron. **4.** *Argent., Méx.* y *Urug. Fig.* Sentir extremado ardor o calor.

**FRÉJOL** n. m. BOT. Judía.

**FRÉMITO** n. m. (lat. *fremitum*). Bramido. **2.** MED. Sensación de estremecimiento o vibración, especialmente la apreciada por palpación.

**FRENADA** n. f. *Argent., Bol., Chile, Méx.* y *Par.* Acción y efecto de frenar súbita y violentamente, frenazo. **2.** *Argent.* y *Chile. Fig.* y *fam.* Reprimenda, llamada de atención.

**FRENADO** n. m. Acción de frenar.

**FRENADOR, RA** adj. FISIOL. Que frena la actividad de determinados órganos.

**FRENAR** v. tr. **[1]**. Moderar o detener el movimiento por medio de un freno: *frenar un automóvil.* **2.** *Fig.* Contener o detener el desarrollo o la intensidad de algo: *frenar una iniciativa.*

**FRENAZO** n. m. Acto de frenar bruscamente.

**FRENESÍ** n. m. (lat. *phrenesim*). Locura, delirio furioso. **2.** *Fig.* Exaltación violenta y muy manifiesta.

**FRENÉTICO, A** adj. (lat. *phreneticum*). Afecto de frenesí. **2.** *Fam.* Furioso, rabioso.

**FRÉNICO, A** adj. ANAT. Relativo al diafragma. • **Nervio frénico,** nervio que rige las contracciones del diafragma.

**FRENILLO** n. m. Cerco de correa o de cuerda que se ajusta al hocico de algunos animales para que no muerdan. **2.** ANAT. Nombre de varias estructuras anatómicas que limitan el movimiento de algún órgano: *frenillo sublingual, del prepucio.*

**FRENO** n. m. (lat. *frenum*). Lo que aminora o detiene. **2.** *Fig.* Sujeción que modera los actos de una persona. **3.** Instrumento de hierro en el que se atan las riendas y que se coloca en la boca de las caballerías para sujetarlas y dirigirlas. **4.** Mecanismo destinado a disminuir la velocidad o a detener un conjunto mecánico dotado de movimiento.

**FRENOLOGÍA** n. f. Teoría sicológica que pretendía estudiar el carácter y las funciones intelectuales del hombre basándose en la conformación externa del cráneo.

**FRENOPATÍA** n. f. Siquiatría.

**FRENOPÁTICO, A** adj. Siquiátrico.

**FRENTE** n. f. (lat. *frontem*). Parte superior de la cara, comprendida entre una y otra sien, y desde encima de los ojos hasta que empieza la vuelta del cráneo. • **Arrugar la frente** *(Fam.),* mostrar en el semblante ira, enojo o miedo. ◆ n. m. **2.** Parte delantera de algo. **3.** Organización política que agrupa a varios partidos en torno a un programa. **4.** METEOROL. Superficie ideal que marca el contacto entre las masas de aire convergentes, diferenciadas por su temperatura y por su grado de humedad. **5.** MIL. Línea exterior presentada por una tropa en orden de batalla. **6.** MIL. Zona de combate. • **Frente colonizador,** o **pionero** (GEOGR.), zona que separa las regiones aún sin roturar de las ya explotadas. || **Frente de avance** (MIN.), en una galería, superficie de ataque. || **Hacer frente,** resistir, oponerse al enemigo. || **Ponerse, ir** o **estar, al frente,** asumir el mando o la dirección de una colectividad o conjunto de personas. ◆ adv. l. **7.** Enfrente, a la parte opuesta.

**FREÓN** n. m. (marca registrada). Fluido utilizado como agente frigorífico, que es un derivado clorado y fluorado del metano o del etano.

**FRESA** n. f. (fr. *fraise*). Planta herbácea rastrera, que se propaga por estolones, de flores blancas o amarillentas y fruto comestible. (Familia rosáceas.) **2.** Fruto de esta planta, casi redondo, rojo, suculento y fragante, formado por aquenios dispuestos sobre el receptáculo floral. SIN.: *madroncillo.*

**FRESA** n. f. Herramienta giratoria cortante, con varios filos, regularmente dispuestos alrededor de un eje. **2.** Instrumento montado en el torno, que sirve para el tratamiento de las lesiones dentales y para las intervenciones que tienen lugar en los tejidos duros de los dientes.

**FRESADO** n. m. Acción de fresar.

**FRESADOR, RA** n. Obrero que se dedica al fresado de piezas con fresadora.

**FRESADORA** n. f. Máquina que sirve para el fresado.

**FRESAL** n. m. Terreno plantado con fresas.

**FRESAR** v. tr. **[1]**. Trabajar una pieza por medio de una fresa.

**FRESCA** n. f. Frío moderado. **2.** Frescor de las primeras horas de la mañana y de las últimas de la tarde en tiempo caluroso: *cenar a la fresca.* **3.** Insolencia que se dice a alguien y que, aun siendo verdad, es molesta u ofensiva: *soltarle cuatro frescas.*

**FRESCACHÓN, NA** adj. Muy robusto y de color sano.

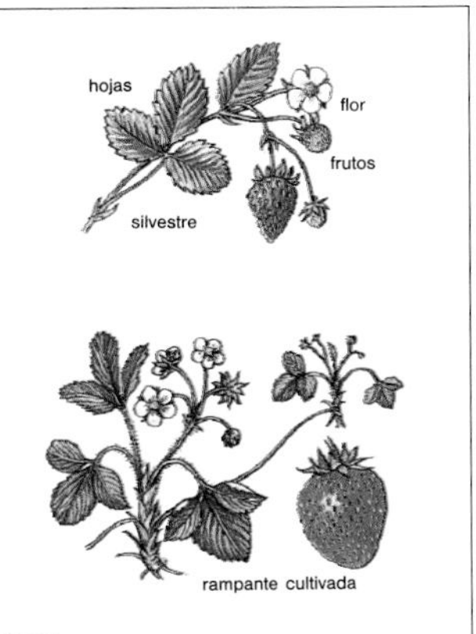


**fresas**

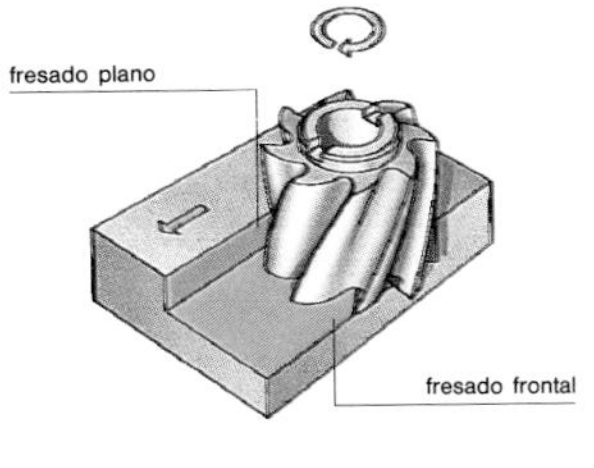


**fresa** de eje vertical

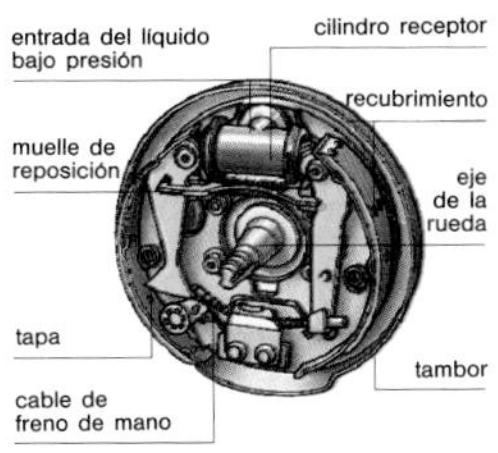


**detalle de un freno de tambor**

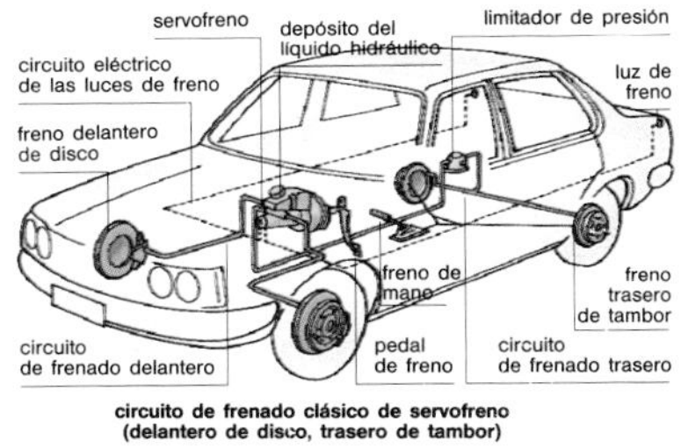


**circuito de frenado clásico de servofreno (delantero de disco, trasero de tambor)**

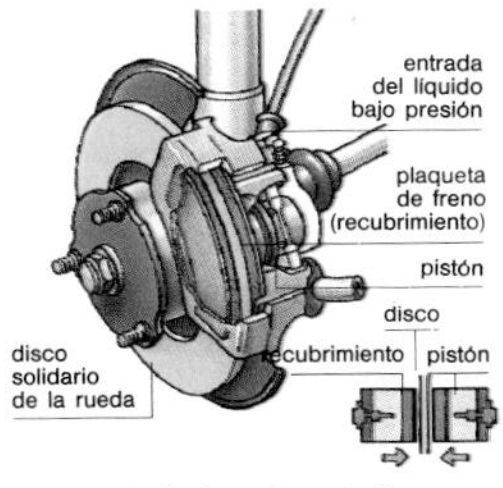


**detalle de un freno de disco**

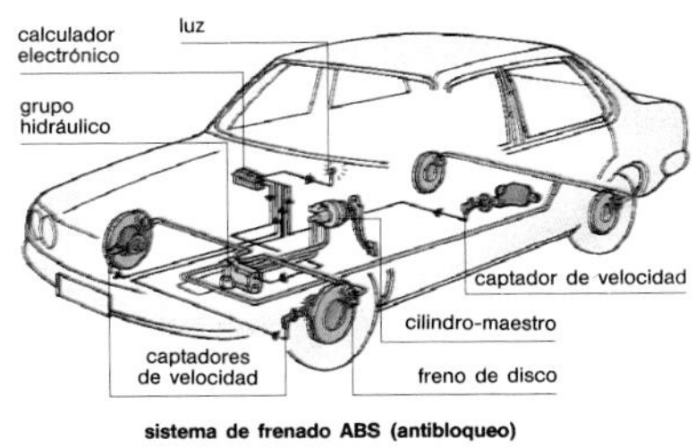


**sistema de frenado ABS (antibloqueo)**

**frenos** y circuitos de frenado

**FRESCALES** n. m. y f. *Fam.* (pl. *frescales*). Persona fresca, despreocupada y desvergonzada.

**FRESCO, A** adj. Moderadamente frío: *aire fresco.* **2.** Dícese de los alimentos que conservan inalterables sus cualidades originales: *pescado fresco.* **3.** *Fig.* Reciente, acabado de suceder: *noticias frescas.* **4.** De aspecto sano y juvenil, rollizo: *tez fresca y rosada.* **5.** *Fig.* Dícese de las personas que están en pleno disfrute de sus facultades, aun después de un esfuerzo o a pesar de su edad: *viéndole tan fresco nadie adivinaría su edad.* **6.** *Fig.* Sereno, que no se inmuta en los peligros o contradicciones: *la noticia le dejó tan fresco.* **7.** *Fig.* Que causa, oliéndolo, una sensación agradable y apacible: *colonia fresca.* **8.** Que por haber descansado está de nuevo en condiciones de realizar un trabajo: *caballos frescos.* • **Estar,** o **quedar,** uno **fresco,** estar o quedar frustrado en sus pretensiones. ◆ adj. y n. **9.** *Fig.* y *fam.* Dícese de la persona que actúa con frescura, con descaro. ◆ n. m. **10.** Frescor agradable y no excesivo en el ambiente: *tomar el fresco.* **11.** Tejido ligero de estambre, usado para trajes de hombre en verano. **12.** Traje que se hace con él. **13.** *Amér.* Refresco, bebida fría. • **Al fresco,** a la intemperie: *dormir al fresco.*

**FRESCO** n. m. (ital. *affresco*). Técnica de pintura mural que consiste en la aplicación de colores disueltos en agua sobre la pared recién revocada: *pintura al fresco.* **2.** Pintura mural que se realiza con esta técnica: *un fresco de Goya.*

**FRESCOR** n. m. Frescura o fresco.

**FRESCOTE, A** adj. *Fam.* Dícese de la persona abultada de carnes que tiene el cutis terso y de buen color.

**FRESCURA** n. f. Calidad de fresco. **2.** Amenidad y fertilidad de un paraje lleno de verdor. **3.** *Fig.* Desembarazo, desenvoltura, descaro. **4.** *Fig.* Chanza, impertinencia, respuesta fuera de propósito: *contestar una frescura.* **5.** *Fig.* Descuido, negligencia, poco celo: *actuar con frescura.*

**FRESNEDA** n. f. (lat. *fraxinetum*). Sitio o lugar poblado de fresnos. SIN.: *fresnedo.*

**FRESNO** n. m. Árbol de hasta 40 m de alt., que crece en los bosques templados, de madera clara, flexible y resistente. (Familia oleáceas.)

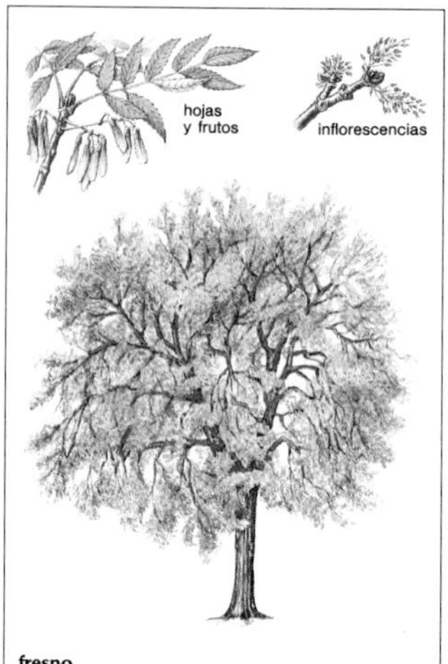

fresno

**FRESÓN** n. m. Fruto parecido a la fresa, pero de mayor volumen.

**FRESQUERA** n. f. Armario, generalmente de tela metálica, que se coloca en un sitio ventilado para conservar frescos los alimentos.

**FRESQUERÍA** n. f. *Amér. Central, Ecuad., Perú* y *Venez.* Establecimiento donde se hacen y venden bebidas frías y helados.

**FRESQUISTA** adj. y n. m. y f. Relativo al fresco, técnica pictórica; pintor de frescos.

**FREUDIANO, A** adj. y n. SIQUIATR. Relativo a las ideas o doctrinas de Freud, en particular del sicoanálisis; partidario de estas ideas o doctrinas.

**FREUDISMO** n. m. Teoría del funcionamiento síquico normal y patológico desarrollada por S. Freud.

**FREUDOMARXISMO** n. m. Combinación teórica del marxismo y del sicoanálisis.

**FREZA** n. f. Desove. **2.** Huevos de los peces, y pescado menudo recién salido de ellos. **3.** Tiempo del desove. **4.** Señal u hoyo que hace un animal escarbando u hozando.

**FREZAR** v. intr. **[1g]**. Desovar, depositar los huevos la hembra del pez.

**FRIABILIDAD** n. f. Propiedad que poseen algunas estructuras que las hace muy fácilmente rompibles o desmenuzables.

**FRIALDAD** n. f. Sensación que proviene de la falta de calor. **2.** Anafrodisia. **3.** *Fig.* Indiferencia, falta de interés, ardor o animación.

**FRICANDÓ** n. m. (fr. *fricandeau*). Guiso de carne generalmente con setas, y servido con una salsa espesa.

**FRICAR** v. tr. (lat. *fricare*) **[1a]**. Restregar.

**FRICASÉ** n. m. (fr. *fricassée*). Guiso de carne cortada en trozos pequeños, parecido al fricandó.

**FRICATIVO, A** adj. y n. f. Dícese de las consonantes cuya articulación se produce reduciendo el canal vocal en alguno de sus puntos a una estrechez por donde el aire sale constreñido, produciendo con su rozamiento un ruido más o menos fuerte.

**FRICCIÓN** n. f. Frotación aplicada a una parte del cuerpo con algún linimento o en seco. **2.** Resistencia que ofrecen dos superficies en contacto al movimiento relativo de una de ellas con respecto a la otra. **3.** *Fig.* Desavenencia entre personas o colectividades.

**FRICCIONAR** v. tr. y pron. **[1]**. Aplicar fricciones.

**FRIEGA** n. f. Fricción aplicada a alguna parte del cuerpo como medio curativo. **2.** *Amér.* Molestia, fastidio.

**FRIGIDARIUM** n. m. (voz latina). ANT. ROM. Estancia de las termas destinada al baño frío.

**FRIGIDER** o **FRIYIDER** n. m. *Chile.* Nevera.

**FRIGIDEZ** n. f. Frialdad, falta de calor. **2.** Ausencia anormal de deseo o goce sexual.

**FRÍGIDO, A** adj. (lat. *frigidum*). *Poét.* Frío. **2.** Que padece frigidez.

**FRIGIO, A** adj. y n. De Frigia. ◆ adj. **Gorro frigio,** tocado semejante al de liberto de la Roma antigua, que fue el emblema de la libertad durante la Revolución francesa.

**FRIGORÍA** n. f. Unidad de medida de cantidad de calor extraída (símbolo fg), equivalente a una kilocaloría negativa y que vale $-4,185\ 5 \cdot 10^3$ julios.

**FRIGORÍFICO, A** adj. Que produce frío. ◆ adj. y n. m. **2.** Dícese del mueble, cámara o espacio cerrado enfriado artificialmente para conservar alimentos.

**FRIGORÍGENO, A** adj. y n. m. Que engendra o produce frío: *fluido frigorígeno.*

**FRIJOL** o **FRÍJOL** n. m. BOT. Judía.

**FRIJOLILLO** n. m. *Amér.* Diversas plantas leguminosas con el fruto en legumbre.

**FRIMARIO** n. m. (fr. *frimaire*). Tercer mes del calendario republicano francés, que empieza el 21, 22 o el 23 de noviembre.

**FRINGÍLIDO, A** adj. y n. m. Relativo a una familia de aves paseriformes de pequeño tamaño, con plumaje de vivos colores, como el gorrión o el jilguero.

**FRÍO, A** adj. (lat. *frigidum*). Que tiene poco calor o carece de él. **2.** Que tiene menos temperatura que la conveniente o deseada: *este café está frío.* **3.** *Fig.* Falto de afecto, de pasión o de sensibilidad. **4.** *Fig.* Sereno, que no se inmuta fácilmente. **5.** *Fig.* Poco sensible a los placeres sexuales. **6.** *Fig.* Poco acogedor: *decoración fría.* • **Colores fríos,** colores del espectro cercanos al azul. || **Operación en frío,** operación realizada fuera de la fase aguda de la enfermedad. || **Quedarse frío,** quedarse indiferente o atónito. ◆ n. m. **7.** Ausencia total o parcial de calor. **8.** Sensación que experimenta el cuerpo animal en contacto con algo frío, por disminución del calor ambiental o por causas internas. • **Frío artificial,** o **industrial,** conjunto de procedimientos que permiten la refrigeración y congelación de diversas sustancias con objeto de conservarlas.

**FRIOLERA** n. f. Cosa de poca monta. **2.** *Vulg.* Gran cantidad, especialmente de dinero: *gastar una friolera en vestidos.*

**FRIOLERO, A** o **FRIOLENTO, A** adj. Muy sensible al frío.

**FRISA** n. f. Tela ordinaria de lana. **2.** *Argent.* y *Chile.* Pelo de algunas telas, como el de la felpa.

**FRISAR** v. tr. **[1]**. Levantar y rizar el pelo de un tejido. ◆ v. intr. y tr. **2.** Tener aproximadamente la edad que se expresa.

**FRISCA** n. f. *Chile.* Soba, tunda, zurra.

**FRISIO, A** adj. y n. Frisón.

**FRISO** n. m. ARQ. Parte del entablamento, entre el

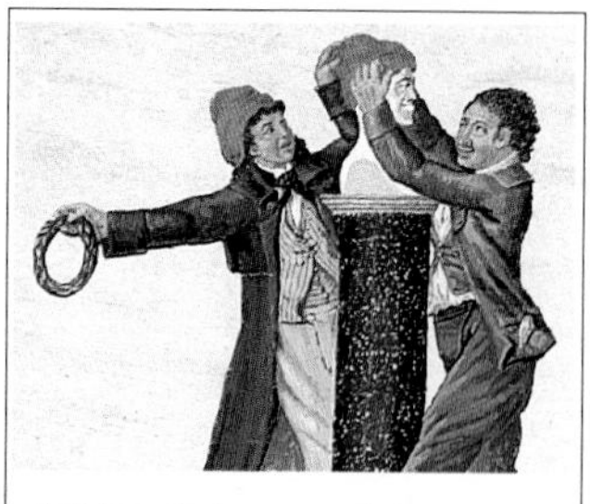

«Patriotas exaltados arrancando la corona del busto de Voltaire para sustituirla por el gorro **frigio**.» Detalle de una pintura a la aguada de los hermanos Lesueur. (Museo Carnavalet, París.)

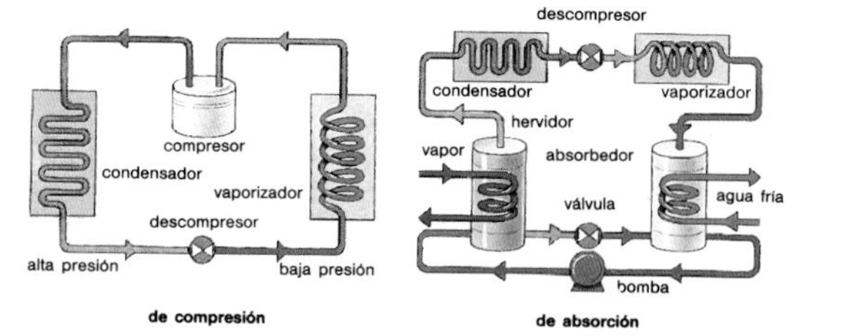


En una máquina frigorífica *de compresión,* un fluido frigorígeno se vaporiza en un vaporizador captando calor del medio exterior; un compresor aspira los vapores formados y los impulsa a un condensador enfriado, donde se licuan; un descompresor deja pasar el frigorígeno líquido hacia el vaporizador y hace descender su presión.

En una máquina frigorífica *de absorción,* el frigorígeno evoluciona entre la fase de vapor y la fase líquida como en las máquinas del primer tipo, pero la compresión mecánica es sustituida por el paso desde una solución rica en frigorígeno a una pobre, obtenida por calentamiento.

máquinas **frigoríficas:** esquemas de principio

arquitrabe y la cornisa. **2.** ARQ. Pieza larga y estrecha que se coloca en balcones y escaleras a la altura del pecho. **3.** ARQ. Conjunto de elementos decorativos en forma de faja muy alargada y seguida.

**FRISÓN, NA** adj. y n. De Frisia. SIN.: *frisio.* ◆ adj. y n. f. **2.** Dícese de una raza bovina lechera francesa de pelaje negro. ◆ n. m. **3.** Lengua germánica occidental, hablada en el N de Países Bajos y en Alemania.

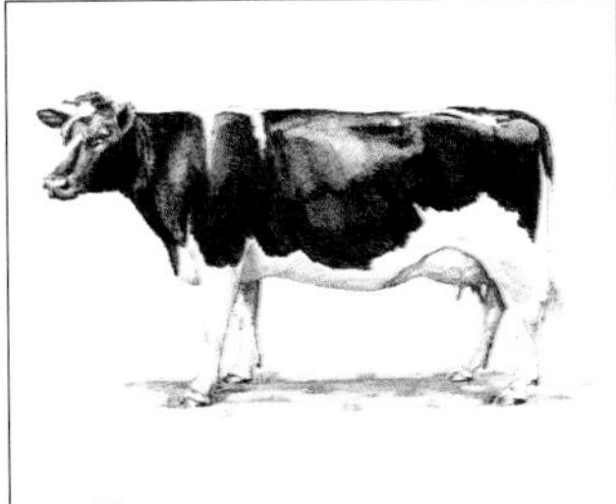

vaca **frisona**

**FRITA** n. f. (fr. *fritte*). Mezcla de arena silicosa y de sosa, no fundida completamente, que entra en la composición de determinados productos cerámicos y del vidrio.

**FRITADA** n. f. Conjunto de alimentos fritos.

**FRITADO** o **FRITAJE** n. m. Operación efectuada en pulvimetalurgia, a fin de realizar una aglomeración de los productos tratados con vistas a darles una cohesión y una rigidez suficientes. **2.** Vitrificación preparatoria incompleta de determinados materiales, en cerámica y en esmalte.

**FRITANGA** n. f. *Desp.* Fritada, especialmente la abundante en grasa.

**FRITAR** v. tr. **[1]**. *Argent., Colomb.* y *Urug.* Freír.

**FRITAR** v. tr. (fr. *fritter*) **[1]**. Someter a la operación de fritado.

**FRITO, A** adj. Exasperado o harto por la insistencia de algo molesto: *estar, tener, frito.* • **Estar** uno **frito** (*Argent., Fam.*), estar muy cansado físicamente; *(Argent. Chile* y *Perú. Fam.)*, hallarse en una situación difícil o sin salida. ◆ n. m. **2.** Fritada. **3.** Cualquier manjar frito.

**FRITURA** n. f. Fritada.

**FRIVOLIDAD** n. f. Calidad de frívolo. **2.** Cosa o hecho frívolo.

**FRIVOLITÉ** n. m. (voz francesa). Encaje que se teje a mano con una o dos lanzaderas y un ganchillo de acero.

**FRÍVOLO, A** adj. (lat. *frivolum*). Ligero, veleidoso, insustancial. **2.** Fútil y de poca sustancia.

**FRONDAS** n. f. pl. Conjunto de hojas o ramas que forman espesura.

**FRONDE** o **FRONDA** n. f. (lat. *frondem,* follaje). BOT. Cada una de las hojas de los helechos. **2.** BOT. Talo de las algas y líquenes cuando tiene aspecto foliáceo o laminar.

**FRONDÍO, A** adj. *Colomb.* y *Méx.* Sucio, desaseado.

**FRONDOSIDAD** n. f. Cualidad de frondoso.

**FRONDOSO, A** adj. (lat. *frondosum*). Con abundantes hojas y ramas. **2.** BOT. Dícese de los organismos vegetales provistos de frondas.

**FRONTAL** adj. Relativo a la frente. **2.** Que está situado en la parte delantera: *lavadora de carga frontal.* **3.** Dícese de la lucha o el enfrentamiento que es directo y total: *su plan chocó con la oposición frontal del director.* **4.** MAT. En geometría descriptiva, dícese de la recta paralela al plano vertical de proyección. • **Lóbulo frontal,** parte de los hemisferios cerebrales situada delante de la cisura de Silvio y que desempeña un papel importante en la motricidad, la regulación del humor y el dolor. ◆ adj. y n. m. **5.** Dícese de uno de los huesos que contribuyen a formar la cavidad craneal. ◆ n. m. **6.** En el yelmo o celada, pieza en forma de media luna que caía sobre los ojos y protegía la vista y la frente.

**FRONTALERA** n. f. Correa o cuerda de la cabezada y de la brida del caballo, que le ciñe la frente y sujeta las carrilleras.

**FRONTALIDAD** n. f. **Ley de la frontalidad,** principio fundamental de las esculturas arcaicas, que se caracteriza por la simetría del cuerpo humano, que nunca se aparta de su eje para hacer una flexión lateral.

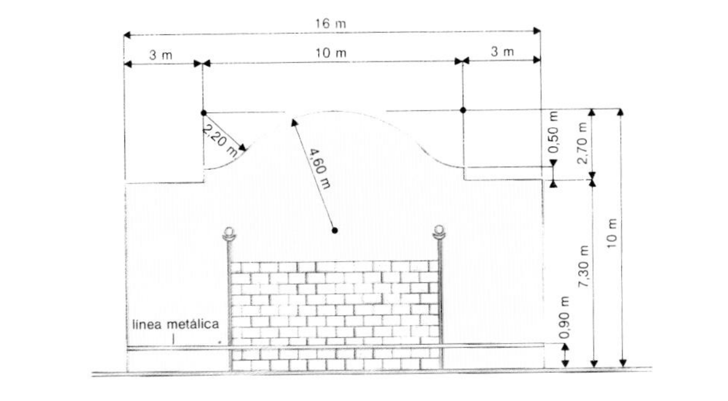


**frontón** de pelota vasca

**FRONTENIS** n. m. (pl. *frontenis*). Juego de pelota que se juega en frontón con raquetas y pelotas de tenis.

**FRONTERA** n. f. Confín de un estado. **2.** Cualquier cosa que limita la extensión de otra. • **Frontera natural,** frontera formada por un elemento geográfico, como un río o una cordillera.

**FRONTERIZO, A** adj. Que está en la frontera. **2.** Que está enfrente de otra cosa.

**FRONTERO, A** adj. Puesto o colocado enfrente.

**FRONTIL** n. m. Pieza acolchada de materia basta que se pone a los bueyes entre su frente y la coyunda.

**FRONTIS** n. m. Fachada o frontispicio.

**FRONTISPICIO** n. m. Fachada o delantera de un edificio, libro, etc. **2.** ARQ. Frontón.

**FRONTÓN** n. m. Edificio o cancha dispuesta para jugar a la pelota vasca. **2.** ARQ. Remate triangular, o semicircular, de un pórtico, fachada o ventana. SIN.: *frontispicio.*

**FROTACIÓN** n. f. Acción de frotar.

**FROTADOR, RA** adj. y n. Que frota. ◆ n. m. **2.** Tirilla situada en el canto de una caja de cerillas y revestida de un producto que facilita la inflamación de aquéllas al frotar.

**FROTAMIENTO** o **FROTE** n. m. Frotación.

**FROTAR** v. tr. y pron. (fr. *frotter*) **[1]**. Pasar repetidamente una cosa sobre otra con fuerza.

**FROTIS** n. m. MED. Método de exploración microscópica de un fragmento de tejido o secreción, consistente en realizar una extensión sobre un portaobjetos y examinarla al microscopio.

**FRUCTIDOR** n. m. Duodécimo mes del calendario republicano francés, que empieza el 18 o el 19 de agosto.

**FRUCTÍFERO, A** adj. Que produce fruto.

**FRUCTIFICABLE** adj. Que puede fructificar.

**FRUCTIFICACIÓN** n. f. Acción y efecto de fructificar.

**FRUCTIFICADOR, RA** adj. Que fructifica.

**FRUCTIFICAR** v. intr. **[1a]**. Convertirse la flor en fruto. **2.** *Fig.* Producir utilidad una cosa.

**FRUCTOSA** n. f. Osa de fórmula $C_6H_{12}O_6$, isómero de la glucosa, contenida en la miel y en numerosas frutas. SIN.: *levulosa.*

**FRUCTUOSO, A** adj. Que da fruto o utilidad.

**FRUFRÚ** n. m. Onomatopeya del ruido que producen al rozarse ciertas telas.

**FRUGAL** adj. (lat. *frugalem,* sobrio). Parco en comer y beber. **2.** Dícese de las comidas sencillas y poco abundantes: *almuerzo frugal.*

**FRUGALIDAD** n. f. Calidad de frugal.

**FRUGÍVORO, A** adj. Que se nutre de frutos o vegetales.

**FRUICIÓN** n. f. (lat. *froitionem*). Placer intenso.

**FRUIR** v. intr. **[29]**. Sentir gran placer.

**FRUMENTARIO, A** adj. (lat. *frumentarium*). Relativo al trigo y otros cereales.

**FRUNCE** o **FRUNCIDO** n. m. Arruga o pliegue que se forma en una tela frunciéndola. **2.** Fruncimiento.

**FRUNCIMIENTO** n. m. Acción y efecto de fruncir.

**FRUNCIR** v. tr. **[3a]**. Arrugar la frente, las cejas, etc.: *fruncir el ceño.* **2.** Arrugar una tela con arrugas pequeñas y paralelas. **3.** *Fig.* Estrechar y recoger una cosa.

**FRUSLERÍA** n. f. Cosa de poco valor o entidad.

**FRUSLERO, A** adj. Fútil o frívolo.

**FRUSTRACIÓN** n. f. Acción y efecto de frustrar. **2.** DER. Realización de todos los actos que deberían producir un resultado delictivo, y que sin embargo no se produce por causas ajenas a la voluntad del agente. **3.** SICOL. Estado de tensión sicológica engendrado por un obstáculo que se interpone entre un sujeto y un fin valorado positivamente por él.

**FRUSTRANTE** adj. Que frustra.

**FRUSTRAR** v. tr. (lat. *frustare,* engañar, hacer inútil) **[1]**. Privar a uno de lo que esperaba: *frustrar las esperanzas de alguien.* ◆ v. tr. y pron. **2.** Dejar sin efecto, malograr un intento.

**FRUTA** n. f. Fruto comestible. • **Fruta de sartén,** masa frita, de varios nombres y figuras. ‖ **Fruta del tiempo,** la que se come en la misma estación en que se madura y coge; *(Fig.* y *fam.),* cosa que sucede con frecuencia en tiempo determinado. ‖ **Fruta prohibida** (*Fig.*), todo lo que no está permitido hacer o tomar. ‖ **Fruta seca,** fruto seco.

**FRUTAL** n. m. y adj. Planta arbórea o arbustiva que se cultiva para la producción de frutos comestibles.

**FRUTERÍA** n. f. Tienda donde se vende fruta.

**FRUTERO, A** adj. Que sirve para llevar o contener fruta: *buque frutero.* ◆ n. **2.** Persona que vende fruta. ◆ n. m. **3.** Recipiente para poner fruta.

**FRUTESCENTE** adj. Dícese de las plantas herbáceas que tienen la base del tallo lignificada.

**FRUTICULTURA** n. f. Cultivo de las plantas que producen frutas.

**FRUTILLA** n. f. BOT. *Amér. Merid.* Fresa.

**FRUTILLAR** n. m. *Amér.* Sitio donde se crían las frutillas.

**FRUTILLERO, A** n. *Amér.* Vendedor ambulante de frutillas.

**FRUTO** n. m. (lat. *fructum,* usufructo, disfrute). Órgano que contiene las semillas de una planta y que procede, generalmente, del ovario de la flor. (Se distinguen los *frutos secos* [vaina, cápsula y aquenio] y los *frutos carnosos* [drupa, baya], con frecuencia comestibles.) **2.** Hijo que lleva la mujer en su seno. **3.** Cualquier producción de la tierra que rinde alguna utilidad. **4.** Producto del ingenio o del trabajo humano. **5.** *Fig.* Utilidad, provecho, resultado. • **Fruto seco,** el que por la condición de su cáscara, o por haber sido sometido a desecación, se conserva comestible todo el año. SIN.: *fruta seca.* ◆ **frutos** n. m. pl. **6.** Producciones de la tierra, de que se hace cosecha. **7.** DER. Productos regulares y periódicos que dan las cosas de acuerdo con su destino y sin pérdida de su sustancia, ya sea de forma natural, ya gracias al trabajo humano. • **Frutos pendientes** (DER.), los que estando más o menos desarrollados permanecen unidos a la cosa que los produce, o los producidos, pero no abo-

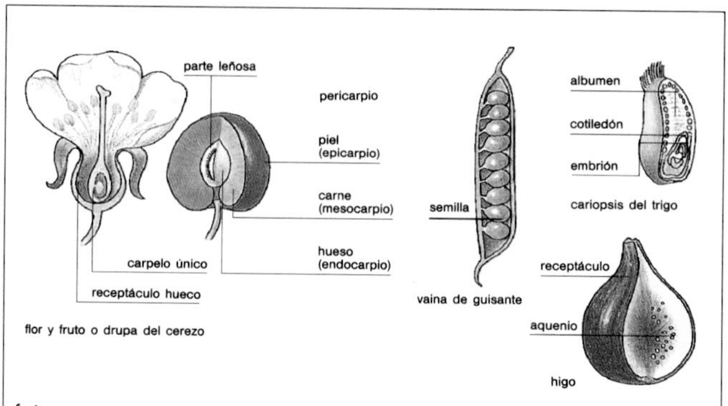

**frutos**

nados. ‖ **Frutos percibidos** (DER.), los separados de la cosa de la que proceden, o los ya abonados.

**FTALEÍNA** n. f. Materia colorante, incolora en un medio ácido o neutro y de color rojo púrpura en un medio básico.

**FTÁLICO, A** adj. Dícese de un ácido derivado del benceno, utilizado en la fabricación de colorantes y resinas sintéticas.

**FTIRIASIS** n. f. (lat. *phtiriasim*). Enfermedad de la piel producida por los piojos.

**FU** n. m. (voz onomatopéyica). Bufido del gato. • **Ni fu ni fa** *(Fam.)*, indica que algo es indiferente, ni bueno ni malo.

**FUAGRÁS** n. m. (fr. *foie-gras*). Pasta de hígado, generalmente de ave o de cerdo.

**FUCAL** adj. y n. m. Relativo a un orden de algas pardas, feofíceas, cuyos talos pueden alcanzar gran complicación.

**FÚCAR** n. m. Hombre muy rico y hacendado.

**¡FUCHI!** interj. *Amér. Fam.* Interjección para expresar asco o repugnancia.

**FUCHSIANO, A** adj. (del matemático alem. *Fuchs*). MAT. Dícese de las funciones trascendentes que permanecen invariables en determinadas transformaciones que constituyen el *grupo fuchsiano.*

**FUCILAZO** n. m. Relámpago sin ruido que ilumina la atmósfera en el horizonte por la noche.

**FUCO** n. m. Alga de color pardo oscuro, muy común, que se encuentra en la zona litoral. (Familia fucáceas.)

**FUCSIA** n. f. (de L. *Fuchs,* botánico alemán). Arbusto originario de América, que se cultiva con frecuencia debido a sus flores rojas decorativas. (Familia enoteráceas.) ◆ adj. y n. m. **2.** Relativo a un color semejante al de las flores de la fucsia.

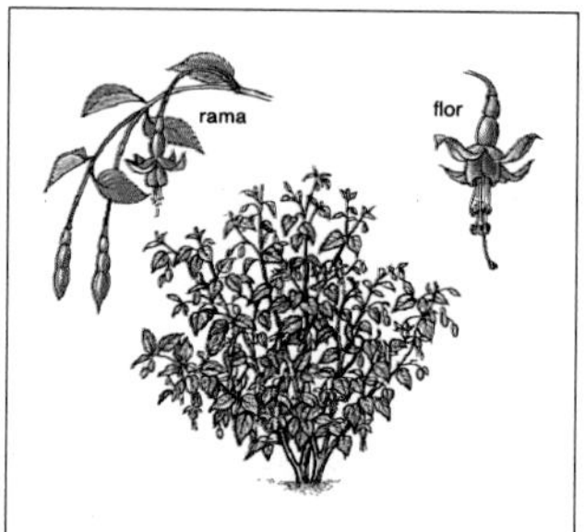

**fucsia**

**FUCSINA** n. f. Materia colorante roja, utilizada en citología y en bacteriología.

**FUEGO** n. m. (lat. *focum,* hogar). Desprendimiento de calor, luz y llamas, producido por la combustión de un cuerpo. **2.** Materia encendida en brasa o llama. **3.** Incendio. **4.** Hoguera. **5.** *Fig.* Casa u hogar. **6.** *Fig.* Pasión, entusiasmo, ardor. **7.** Efecto de disparar las armas de fuego. **8.** Sensación de ardor o quemazón en una región determinada del organismo. • **A fuego lento,** expresa el daño o perjuicio que se va haciendo poco a poco y sin ruido. ‖ **Abrir, romper** o **hacer, fuego,** empezar a disparar. ‖ **Arma de fuego,** arma que se dispara con una materia explosiva. ‖ **Fuego amigo** (MIL.), el producido por las propias tropas sobre sí mismas. ‖ **Fuego de san Telmo,** copete luminoso que aparece en las extremidades de los mástiles de los navíos o en los filamentos de las sogas, debido a la electricidad atmosférica. ‖ **Fuego fatuo,** llama errática que se produce en el suelo, especialmente en los cementerios, por la inflamación del fosfuro de hidrógeno desprendido de las materias orgánicas en descomposición; *(Fig.)*, ardor pasajero. ‖ **Pegar fuego,** incendiar. ◆ interj. **9.** MIL. Voz de mando con que se ordena abrir fuego. ◆ **fuegos** n. m. pl. **10.** Cohetes y otros artificios de pólvora que al quemarse producen luces de colores y detonaciones y que se hacen para diversión. SIN.: *fuegos artificiales.*

**FUEGUINO, A** adj. y n. Relativo a tres pueblos amerindios (ona, alacaluf y yahgán), act. extinguidos, de lengua y características físicas distintas pero de cultura bastante homogénea, muy rudimentaria; individuo de estos pueblos. (Habitaban en el extremo meridional de América del Sur [Isla Grande de la Tierra del Fuego].)

**FUELLE** n. m. (lat. *follem*). Instrumento que sirve para soplar o producir viento. **2.** Arruga o pliegue del vestido. **3.** Pieza de materia flexible que se pone en los lados de los bolsos, carteras, etc., o en las máquinas de fotografiar, para aumentar o disminuir su volumen. **4.** F.C. En los trenes, corredor flexible que pone en comunicación dos vagones.

**FUEL-OIL** o **FUEL** n. m. (voz inglesa). Combustible líquido, de color pardo oscuro o negro, más o menos viscoso, derivado del petróleo. SIN.: *mazut.*

**FUENTE** n. f. (lat. *fontem*). Manantial de agua que brota de la tierra. **2.** Cuerpo de arquitectura hecho de fábrica, piedra, hierro, etc., que sirve para que salga el agua por uno o varios caños dispuestos en él. **3.** Pila bautismal. **4.** Plato grande, circular u oblongo, que se usa para servir la comida. **5.** Cantidad de comida que cabe en este plato. **6.** *Fig.* Sitio, hecho u ocasión de donde procede algo. **7.** Sistema que puede emitir de forma permanente energía, como calor, luz, electricidad, etc., o partículas. • **De buena fuente** o **de buenas fuentes,** fidedigno. ‖ **Fuente de soda** (*Chile, Méx.* y *Venez.*), bar, cafetería.

**FUER** n. m. Apócope de *fuero.* • **A fuer de,** a título de, en razón de, como.

**FUERA** adv. l. y t. A, o en, la parte exterior de un espacio real o imaginario: *lo echó fuera de su casa.* **2.** Seguido de la prep. *de* y un sustantivo, excepto, salvo: *fuera de esto, no queda nada más.* **3.** Seguido de la prep. *de* y determinados nombres de acción, introduce el significado de privación o eliminación de la misma: *fuera de combate; fuera de acción.* • **De fuera,** de otra población o país; por la parte exterior. ◆ n. m. **Fuera borda,** motor instalado en la parte trasera de una embarcación, en el exterior de la borda; pequeña embarcación de recreo o de carreras, propulsada por un motor fuera borda. ‖ **Fuera de banda,** en algunos deportes de equipo, salida de la pelota del terreno de juego por una de sus bandas laterales. ‖ **Fuera de fondo,** en algunos deportes de equipo, salida de la pelota del terreno de juego por una de sus líneas de fondo. ‖ **Fuera de juego,** en algunos deportes de equipo, posición irregular de un jugador con relación a sus adversarios. ◆ adj. y n. m. y f. **4. Fuera de serie,** dícese de los objetos cuya construcción esmerada los distingue de los fabricados en serie; *(Fig.)*, sobresaliente en su línea. ◆ interj. **5.** Se emplea para echar a alguien de un sitio: *¡fuera de mi vista!* ◆ interj. y n. m. **6.** Se emplea para demostrar inconformidad con alguien que habla o actúa en público: *aquí se oía un fuera, allá un silbido.*

**FUERABORDA** n. m. Fuera borda.

**FUEREÑO, A** adj. y n. *Méx.* Dícese del que proviene de una región, ciudad, país, etc., distinto del lugar en que se está: *en Semana santa llegan muchos fuereños a la ciudad.*

**FUERISTA** adj. y n. m. y f. Relativo a los fueros; persona versada en los fueros o que los defiende.

**FUERO** n. m. (lat. *forum,* plaza pública, tribunal de justicia). Derechos o privilegios que se concedían a un territorio, ciudad o persona. **2.** Derechos o privilegios que se conceden a ciertas actividades, principios, etc. (Suele usarse en plural.) **3.** Compilación jurídica. **4.** *Fig.* y *fam.* Arrogancia, presunción. (Suele usarse en plural.) • **En el fuero interno,** o **interior,** de alguien, en la intimidad de la persona de que se trata. ‖ **Volver por los fueros** de algo, defenderlo de atropellos o ataques injustos.

■ A partir de la reconquista, en los reinos cristianos españoles surgieron costumbres, derechos locales y territoriales. De una parte, el fuero es una manifestación de los derechos locales territoriales (fueros municipales) y por otra define determinadas fuentes jurídicas de carácter territorial (fueros territoriales de regiones o reinos). Los fueros munici-

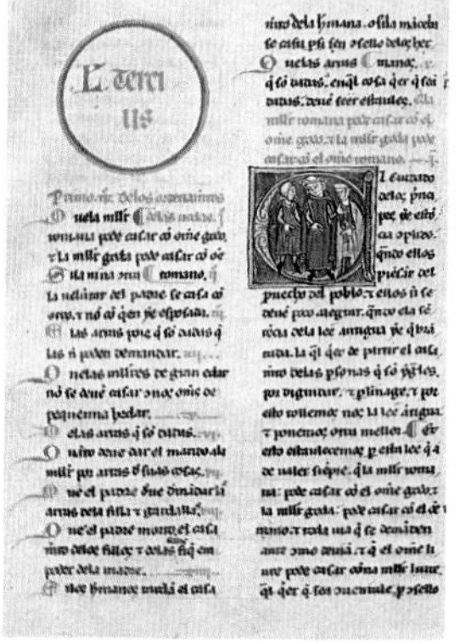
una página del **fuero** juzgo
(biblioteca nacional, Madrid)

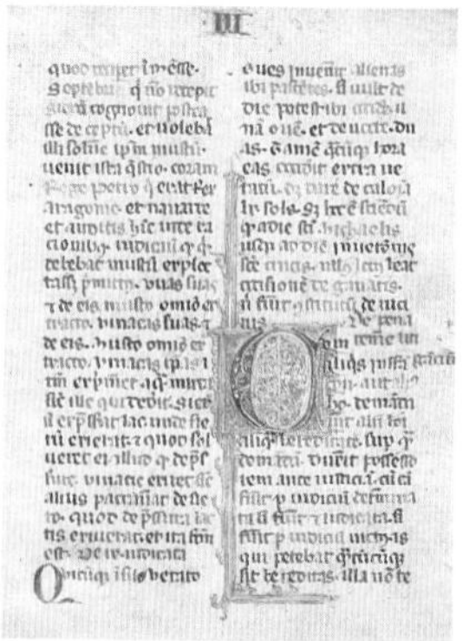
una página de los **fueros** de Aragón
(biblioteca del monasterio de El Escorial)

pales, similares a las *consuetudines* o *costums catalanas, a las chartes* y *coutumes* francesas o a los *statuti* italianos, están compuestos por privilegios, costumbres y disposiciones reales o del propio consejo de la ciudad. Entre éstos destacan el fuero municipal de León, los fueros de Sepúlveda, el fuero extenso de Cuenca, el fuero de Madrid y los fueros de Jaca. Los fueros territoriales de regiones o reinos son, desde el s. XIII, redacciones en las que se reconoce el derecho tradicional de la región o reino (basadas en textos consuetudinarios, decisiones judiciales, privilegios y disposiciones legales). Destacan los siguientes: el Fuero de León, fuero juzgo, fuero real de Castilla, fuero general de Vizcaya, fuero general de Navarra, fueros de Aragón y «Furs» de Valencia. Los fueros territoriales desaparecieron con el centralismo borbónico o a lo largo del s. XIX (País Vasco), aunque se conservó el de Navarra. Con la configuración autonómica del territorio (constitución de 1978), algunos se actualizaron (Amejoramiento del fuero de Navarra) y otros fueron sustituidos por los estatutos de autonomía.

**FUERTE** adj. (lat. *fortem*). Que tiene fuerza y resistencia. **2.** Robusto, corpulento: *hombre alto y fuerte.* **3.** Animoso, varonil, valiente: *hay que ser fuerte para vencer las dificultades.* **4.** Duro, difícil de labrar y trabajar: *el hierro es más fuerte que el plomo.* **5.** Firme o sujeto, muy agarrado: *átalo fuerte.* **6.** *Fig.* Terrible, grande, importante: *en el artículo se dicen cosas muy fuertes contra el gobierno.* **7.** Dícese del terreno áspero y fragoso. **8.** Dícese de lo que tiene gran intensidad, energía o eficacia, y de lo que produce viva sensación o efecto: *tener razones fuertes para callar; el café es demasiado fuerte.* **9.** Dícese del volumen de sonido muy elevado: *hablar muy fuerte.* **10.** Dotado de medios poderosos: *los países fuertes dominan a los débiles.* **11.** *Fig.* Versado o docto en una ciencia o arte: *estar fuerte en matemáticas.* **12.** FORT. Dícese del lugar resguardado con obras de defensa capaz de resistir los ataques del enemigo: *plaza fuerte.* **13.** QUÍM. Dícese de una base, un ácido, o un electrólito muy disociados. ◆ n. m. **14.** Aquello en que más sobresale o destaca una persona: *su fuerte es la música.* **15.** Obra de fortificación que presenta cierto número de frentes. ◆ adv. m. **16.** Con fuerza: *pegar fuerte.* **17.** Mucho, con exceso: *jugar fuerte.*

**FUERZA** n. f. Capacidad de acción física. **2.** Eficacia que tiene algo para producir un efecto. **3.** Resistencia, capacidad de soportar un peso o de oponerse a un impulso: *la fuerza de un dique.* **4.** Esfuerzo, aplicación de la capacidad física o moral: *cógelo con fuerza, no se te escape.* **5.** Autoridad, poder. **6.** Uso de la violencia para obligar. **7.** Vigor, vitalidad: *esta planta crece con mucha fuerza.* **8.** FÍS. Causa capaz de deformar un cuerpo o de modificar su estado de reposo o movimiento. • **A fuerza de,** empleando con insistencia un medio o reiterando una acción. || **A la fuerza** o **por fuerza,** por necesidad. || **Fuerza animal, o de sangre,** la del ser viviente cuando se emplea como motriz. || **Fuerza bruta,** la material, aplicada desmesuradamente o sin inteligencia. || **Fuerza de intervención** (MIL.), unidades y medios militares organizados para entrar en acción con la máxima rapidez en caso de agresión o amenaza. || **Fuerza de ley** (DER.), carácter obligatorio análogo al de la ley. || **Fuerza de un electrólito,** característica relativa a su mayor o menor disociación. || **Fuerza electromotriz,** característica esencial de una fuente de energía eléctrica, que permite hacer circular una corriente por un circuito y determina la intensidad de esta corriente. || **Fuerza mayor,** circunstancia imprevisible e inevitable que impide el cumplimiento de una obligación. || **Fuerza política,** partido político, asociación, grupo de presión o movimiento de ideas que influye o pretende influir en la vida política, directa o indirectamente. ◆ **fuerzas** n. f. pl. **9. Fuerzas armadas,** conjunto de los ejércitos de tierra, mar y aire de un estado o de una organización supranacional. || **Fuerzas de orden público,** conjunto de cuerpos de seguridad del estado que tienen a su cargo el mantenimiento del orden interno. || **Fuerzas productivas,** expresión marxista que designa el conjunto de elementos materiales y sociales que intervienen en el proceso productivo. || **Fuerzas sociales,** conjunto de las clases sociales, grupos de interés y grupos de presión. || **Fuerzas vivas,** clases y grupos impulsores y controladores de la actividad y la prosperidad de un país, localidad, etc.
■ Toda fuerza está definida por su punto de aplicación, su dirección, su sentido y su intensidad. Según la ley fundamental de la dinámica, la aceleración que experimenta un punto material, considerada como vector, es proporcional a la fuerza que la produce.

**FUET** n. m. (cat. *fuet*). Embutido estrecho y delgado, parecido al salchichón, típico de Cataluña.

**FUETAZO** n. m. *Amér.* Latigazo.

**FUETE** n. m. (fr. *fouet*). *Amér.* Látigo.

**FUFÚ** n. m. *Colomb., Cuba* y *P. Rico.* Comida hecha de plátano, ñame o calabaza. **2.** *P. Rico.* Hechizo, mal de ojo.

**FUGA** n. f. (lat. *fugam*). Acción y efecto de fugarse. **2.** Momento de auge o intensidad de una acción. **3.** Salida, escape accidental de un fluido por un orificio o abertura. **4.** Evasión al extranjero de valores necesarios para el propio país: *fuga de capitales.* **5.** MÚS. Composición musical de estilo contrapuntístico, basada en el uso de la imitación procedente de un tema generalmente corto, pero bien diferenciado. • **Fuga de cerebros,** conjunto de movimientos migratorios de personal cualificado hacia países con niveles tecnológicos más elevados o con mayores oportunidades que los de los países de origen. || **Punto de fuga,** punto de un dibujo en perspectiva en el que concurren rectas que son paralelas en la realidad.

**FUGACIDAD** n. f. Calidad de fugaz.

**FUGADO, A** adj. MÚS. En forma de fuga.

**FUGARSE** v. pron. **[1b]**. Escaparse, huir.

**FUGAZ** adj. Que dura poco. **2.** Que huye y desaparece con velocidad.

**FUGITIVO, A** adj. y n. Que anda huyendo y escondiéndose. ◆ adj. **2.** Que pasa muy aprisa. **3.** *Fig.* Caduco, perecedero, de corta duración.

**FUGUILLAS** n. m. y f. Persona de genio vivo e impaciente.

**FUINA** n. f. (fr. *fouine*). Garduña.

**FULANA** n. f. Prostituta.

**FULANI** → ***fulbé***.

**FULANO, A** n. (ár. *fulān,* un tal). Voz con que se suple el nombre de una persona. **2.** Persona indeterminada o imaginaria. **3.** Amante. • **Fulano de tal,** expresión con que se sustituye el nombre de una persona.

**FULAR** n. m. (fr. *foulard*). Foulard.

**FULASTRE** adj. Chapucero, hecho tosca y groseramente.

**FULBÉ, FULANI** o **PEUL,** conjunto de pueblos, nómadas y sedentarios, dispersos en África occidental, de Senegal a Camerún, y que hablan una lengua nigeriano-congoleña.

**FULBITO** n. m. *Argent.* y *Urug.* En fútbol, juego intrascendente, sin mayor espíritu competitivo.

**FULCRO** n. m. Punto de apoyo de la palanca.

**FULERENO** n. m. (de *R. B. Fuller*). QUÍM. Variedad cristalina de carbono cuya molécula consta de gran número de átomos. (Dopados con ciertos iones metálicos, los fulerenos se vuelven superconductores y ferromagnéticos a muy baja temperatura, por lo que son de gran interés en electrónica.)

**FULERO, A** adj. Chapucero, inaceptable.

**FÚLGIDO, A** adj. *Poét.* Brillante, resplandeciente.

**FULGIR** v. intr. (lat. *fulgere,* relampaguear) **[3b]**. Brillar, resplandecer.

**FULGOR** n. m. (lat. *fulgorem,* relámpago). Resplandor y brillantez con luz propia.

**FULGURACIÓN** n. f. Acción y efecto de fulgurar. • **Fulguración cromosférica,** aumento repentino de brillo de una región próxima a una mancha solar.

**FULGURANTE** adj. Resplandeciente, brillante.

**FULGURAR** v. intr. (lat. *fulgurare,* relampaguear) **[1]**. Brillar, resplandecer, despedir rayos de luz.

**FULIENSE** adj. y n. m. y f. Dícese del religioso de una rama de la orden del Cister reformada en 1577 y desaparecida en 1789.

**FULIGINOSO, A** adj. Semejante al hollín. **2.** Oscurecido, ennegrecido.

**FULL** n. m. (voz inglesa, *lleno*). En el póquer, conjunto formado por un trío y una pareja.

**FULL CONTACT** n. m. (voces inglesas). Deporte de lucha en el que se puede golpear con los puños y con los pies.

**FULLERÍA** n. f. Trampa y engaño que se comete en el juego. **2.** *Fig.* Astucia, cautela y arte con que se pretende engañar.

**FULLERO, A** adj. y n. Que hace fullerías o trampas en el juego. **2.** *Fam.* Chapucero, precipitado.

**FULMICOTÓN** n. m. (fr. *fulmicoton*). Algodón pólvora.

**FULMINACIÓN** n. f. Acción de fulminar.

**FULMINADOR, RA** adj. y n. Que fulmina.

**FULMINANTE** adj. Dícese de la enfermedad muy grave, repentina y generalmente mortal. **2.** *Fig.* Rápido. ◆ adj. y n. m. **3.** Apto para explotar produciendo fuerte ruido y brillante fulgor.

**FULMINAR** v. tr. (lat. *fulminare*) **[1]**. Arrojar rayos. **2.** Herir, matar o dañar un rayo o con un rayo a alguien o algo. **3.** *Fig.* Causar muerte repentina una enfermedad. **4.** *Fig.* Hacer que explote una materia explosiva. **5.** *Fig.* Dictar, imponer sentencias, excomuniones, etc. **6.** *Fig.* Dirigir a alguien una mirada muy irritada y colérica.

**FULMINATO** n. m. QUÍM. Sal del ácido fulmínico. **2.** QUÍM. Cualquier materia explosiva.

**FULMÍNICO, A** adj. QUÍM. Dícese del ácido CNOH, que forma sales detonantes.

**FUMABLE** adj. Susceptible de ser fumado.

**FUMADERO** n. m. Lugar o sitio destinado para fumar: *fumadero de opio.*

**FUMADOR, RA** adj. y n. Que tiene costumbre de fumar. ◆ n. **2. Fumador pasivo,** no fumador que inhala el humo producido por un fumador.

**FUMAGINA** n. f. Enfermedad criptogámica de los vegetales, caracterizada por la formación de una capa negra en la superficie de las hojas.

**FUMANTE** adj. Dícese de ciertos ácidos muy concentrados, que humean en contacto con el aire húmedo: *ácido nítrico fumante.*

**FUMAR** v. tr. (fr. *fumer*) **[1]**. Humear. **2.** *Cuba, Méx.* y *P. Rico.* Dominar a alguien, chafarle. • **Fumar a** alguien *(Méx. Fam.),* hacerle caso. ◆ v. tr., intr. y pron. **3.** Aspirar y despedir el humo del tabaco u otra sustancia herbácea, que se hace arder en pipas, cigarrillos o cigarros, llevándoselos a la boca. ◆ **fumarse** v. pron. **4.** *Fig.* y *fam.* Gastar, consumir indebidamente una cosa: *fumarse la paga del mes.* **5.** *Fig.* y *fam.* Descuidar una obligación.

**FUMARADA** n. f. Porción de humo que sale de una vez. **2.** Porción de tabaco que cabe en la pipa.

**FUMARIÁCEO, A** adj. y n. f. Relativo a una familia de plantas dialipétalas con el fruto en cápsula o en aquenio, a la que pertenece la amapola. SIN.: *papaveráceo*

**FUMAROLA** n. f. (ital. *fumaruola*). Emisión de gases de origen volcánico.

**FUMATA** n. f. (voz italiana). Columna de humo que sale de una chimenea de la capilla Sixtina, procedente de la combustión de las papeletas de votación de un cónclave, que cuando es blanca indica que ha sido elegido el nuevo papa.

**FUMAZGO** n. m. En el régimen señorial, en Castilla, tributo que debía pagar al señor el habitante de una casa situada en terreno propiedad de aquél.

**FUMIGACIÓN** n. f. Acción de fumigar.

**FUMIGADOR, RA** n. Persona que fumiga. ◆ n. m. **2.** Aparato para efectuar fumigaciones.

**FUMIGANTE** adj. Que fumiga. ◆ n. m. **2.** Pesticida que se evapora o se descompone en productos gaseosos en contacto con el aire o el agua.

**FUMIGAR** v. tr. (lat. *fumigare*) **[1b]**. Desinfectar algo por medio de humo, gas o vapores adecuados.

**FUMIGATORIO, A** adj. Relativo a la fumigación.

**FUMÍGENO, A** adj. Que produce humo.

**FUMISTA** n. m. y f. Antiguamente, el que tenía por oficio hacer o arreglar cocinas, chimeneas o estufas.

**FUMISTERÍA** n. f. Tienda o taller del fumista.

**FUMÍVORO, A** adj. Dícese de una chimenea que no produce humo o de un aparato que lo hace desaparecer.

**FUNAMBULESCO, A** adj. Dícese del andar, pasos y movimientos semejantes a los del funámbulo. **2.** *Fig.* Grotesco, extravagante.

**FUNÁMBULO, A** n. (lat. *funambulum,* de *funem,* cuerda, y *ambulare,* caminar). Acróbata que anda o hace habilidades sobre la cuerda floja, el alambre o el trapecio.

**FUNCHE** n. m. *Antillas, Colomb.* y *Méx.* Especie de gachas de harina de maíz.

**FUNCIÓN** n. f. (lat. *functionem,* cumplimiento, ejecución). Actividad particular de cada órgano u organismo de los seres vivos, máquinas o instrumentos. **2.** Ejercicio de un empleo, facultad u oficio: *las funciones del juez.* **3.** Acto público, que constituye un espectáculo de cualquier clase, al que concurre mucha gente: *función académica, religiosa, de teatro,* etc. **4.** Acción propia o característica de alguien o de algo: *la función de un abogado es defender a su cliente.* **5.** LING. Papel sintáctico de una palabra o de un grupo de palabras dentro de una frase. **6.** MAT. Magnitud dependiente de una o de varias variables. **7.** QUÍM. Conjunto de propiedades pertenecientes a un grupo de cuerpos: *función ácida.* • **En función de,** en relación de dependencia con algo. ‖ **En funciones,** en sustitución del que ejerce un cargo. ‖ **Función algebraica** (MAT.), función que se calcula mediante las operaciones ordinarias del álgebra. ‖ **Función compleja de una variable real,** función que consta de una parte real y una parte imaginaria. ‖ **Función de función,** función que depende de la variable independiente por intermedio de otra función. ‖ **Función definida en un intervalo** (a, b), función cuyos valores pueden ser calculados u obtenidos dentro de este intervalo. ‖ **Función periódica,** función que vuelve a adquirir los mismos valores cuando la variable de que depende aumenta un múltiplo entero de una cantidad denominada *período.* ‖ **Función proposicional,** fórmula bien formada del cálculo de predicados que contiene varias variables libres y puede convertirse en un enunciado. ‖ **Función pública** (DER), acción del poder ejecutivo al dictar y aplicar las disposiciones *(función reglamentaria)* necesarias para el cumplimiento de las leyes *(función de ejecución)* y para la conservación y fomento de los intereses públicos, y al resolver las reclamaciones *(función de jurisdicción).* ‖ **Función trascendente,** función que no es algebraica.

**FUNCIONAL** adj. Relativo a las funciones orgánicas, matemáticas, etc., y especialmente a las vitales. **2.** Práctico, eficaz, utilitario. • **Lingüística funcional,** estudio de los elementos de la lengua desde el punto de vista de su función en el enunciado y en la comunicación. ‖ **Trastorno funcional** (MED.), perturbación en el funcionamiento de un aparato, digestivo, respiratorio o esfinteriano, o en la realización de una función en ausencia de alteración orgánica.

**FUNCIONALISMO** n. m. Doctrina del s. XX, prolongación del racionalismo del s. XIX, según la cual, en arquitectura y en las artes decorativas, la forma debe estar determinada por la función. **2.** En antropología y en sociología, doctrina que extrae sus instrumentos de observación del postulado según el cual la sociedad es una totalidad orgánica cuyos diversos elementos se explican por la función que desempeñan en la misma.

**FUNCIONALISTA** adj. y n. m. y f. Relativo al funcionalismo; partidario de esta doctrina.

**FUNCIONAMIENTO** n. m. Acción y efecto de funcionar.

**FUNCIONAR** v. intr. [**1**]. Ejecutar las funciones que le son propias. **2.** Marchar o ir bien una persona o una cosa: *este entrenador funciona.*

**FUNCIONARIADO** n. m. Clase de los funcionarios.

**FUNCIONARIO, A** n. Persona que desempeña una función pública. **2.** *Argent.* Empleado jerárquico, particularmente el estatal.

**FUNCIONARISMO** n. m. Burocracia.

**FUNDA** n. f. Cubierta o receptáculo de tela, piel u otro material, con que se envuelve, cubre o guarda una cosa para conservarla o resguardarla: *funda de un sillón, de unas gafas.*

**FUNDACIÓN** n. f. Acción y efecto de fundar. **2.** Principio y origen de una cosa. **3.** DER. Patrimonio organizado afectado a un fin y sin finalidad lucrativa, al que la ley confiere personalidad jurídica.

**FUNDACIONAL** adj. Relativo a la fundación.

**FUNDADOR, RA** adj. y n. Que funda. ◆ n. **2.** DER. Persona que constituye una fundación o una sociedad.

**FUNDAMENTACIÓN** n. f. Acción y efecto de fundamentar.

**FUNDAMENTAL** adj. Que sirve de fundamento o de base. • **Escala fundamental,** serie de sonidos que sirve de base a un sistema musical, de la que derivan las demás escalas y modos.

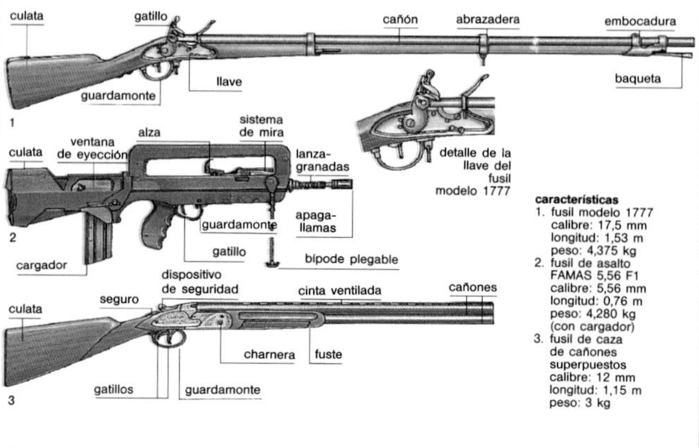


**fusiles** de guerra y de caza

**FUNDAMENTALISMO** n. m. Integrismo. • **Fundamentalismo islámico,** movimiento religioso musulmán del s. XX que preconiza la vuelta a la estricta observancia de las leyes coránicas.

■ El *fundamentalismo islámico* ha tenido en el s. XX dos principales organizadores: los Hermanos musulmanes de tendencia sunní (implantados sobre todo en Egipto) y determinados grupos chiitas (Irán, Líbano, Iraq). Se ha manifestado también en agrupaciones, sectas y partidos políticos de diversos países (Argelia, Níger, Senegal, Afganistán, Malaysia, Pakistán, etc.). La inclusión de la ley coránica en las diversas constituciones de los estados con mayoría islámica se cuenta entre los objetivos principales de este movimiento que, a partir de mediados de los ochenta, representa una considerable fuerza de masas e incluso electoral en muchos países islámicos, sobre todo de Oriente medio y el Magreb (victoria en las elecciones municipales de 1990 del argelino Frente islámico de salvación; participación parlamentaria de los Hermanos musulmanes egipcios, sudaneses y jordanos desde 1984, 1986 y 1989, respectivamente; cumbre fundamentalista en Teherán [1993] con participación de dirigentes radicales de 50 países, etc.).

**FUNDAMENTALISTA** adj. y n. m. y f. Relativo al fundamentalismo; miembro del fundamentalismo.

**FUNDAMENTAR** v. tr. [**1**]. Echar los cimientos a un edificio. **2.** *Fig.* Establecer o poner fundamentos.

**FUNDAMENTO** n. m. (lat. *fundamentum*). Principio o base de una cosa, especialmente cimientos de un edificio. **2.** Razón principal o motivo con que se pretende afianzar y asegurar una cosa. **3.** Seriedad, sensatez o formalidad de una persona. **4.** *Fig.* Elementos básicos de una ciencia o arte. (Suele usarse en plural.)

**FUNDAR** v. tr. (lat. *fundare,* poner los fundamentos) [**1**]. Establecer, crear una ciudad, edificio, negocio, institución, etc. ◆ v. tr. y pron. **2.** Apoyar, basar: *no sé en qué fundas tus afirmaciones.*

**FUNDENTE** adj. y n. m. Que facilita la fundición. ◆ n. m. **2.** INDUSTR. Sustancia que facilita la fusión de otro cuerpo.

**FUNDICIÓN** n. f. Acción y efecto de fundir. **2.** Instalación metalúrgica en la que se funden los metales o las aleaciones, ya sea para fabricar lingotes, ya sea para darles la forma con que se los va a utilizar. **3.** Aleación de hierro y carbono, cuyo contenido de este último es superior al 2,5 % y que se elabora en estado líquido directamente a partir del mineral de hierro. **4.** ART. GRÁF. Surtido completo de los caracteres de un mismo tipo. • **Fundición acerada,** fundición obtenida por adición de acero en las cargas fundidas en el cubilote. ‖ **Fundición blanca,** fundición que presenta una fractura de aspecto blanco, debido a su estructura a base de carburo de hierro. ‖ **Fundición fosforosa,** fundición elaborada a partir de mineral de fósforo. ‖ **Fundición gris,** fundición cuya fractura presenta un aspecto gris debido a su estructura a base de carbono bajo forma de grafito. ‖ **Fundición maleable,** fundición que presenta una determinada maleabilidad debido a la estructura particular de su grafito.

**FUNDIDO, A** adj. METAL. Dícese del acero elaborado en crisol. **2.** METAL. Dícese del metal en estado líquido. **3.** *Argent. Fam.* Muy cansado, abatido. ◆ n. m. **4.** CIN. Procedimiento consistente en hacer aparecer o desaparecer lentamente una imagen. • **Fundido encadenado,** aparición de una imagen en fundido con desaparición de la precedente.

**FUNDIDOR** n. m. Obrero que dirige o efectúa las operaciones de fusión y colada en una fundición.

**FUNDIR** v. tr. y pron. (lat. *fundere,* derretir) [**3**]. Derretir y liquidar los metales u otros cuerpos sólidos. **2.** Dejar de funcionar, por un circuito o un exceso de tensión, un aparato eléctrico. **3.** Unir conceptos, ideas, intereses o partidos. **4.** *Amér. Fig.* y *fam.* Arruinar algo o a alguien, hundirlo. ◆ v. tr. **5.** METAL. Dar forma en moldes al metal en fusión: *fundir cañones, estatuas.*

**FUNDO** n. m. (lat. *fundum,* fondo). Conjunto formado por el suelo de un terreno con todo lo que contiene y cuanto produce natural o artificialmente. **2.** *Chile* y *Ecuad.* Explotación agrícola de superficie más pequeña que la de la hacienda y mayor que la de la chacra. **3.** *Chile* y *Perú.* Finca.

**FUNDUS** n. m. Región del estómago que comprende la parte vertical y una porción de la parte horizontal de este órgano.

**FÚNEBRE** adj. (lat. *funebrem*). Relativo a los difuntos. **2.** *Fig.* Muy triste y sombrío.

**FUNERAL** adj. (lat. *funeralem*). Relativo al entierro o a las exequias de un difunto. ◆ n. m. **2.** Oficio religioso que se hace por los difuntos. (Suele usarse en plural.) **3.** Entierro que se hace con mucha solemnidad.

**FUNERALA. A la funerala,** forma de llevar las armas los militares en señal de duelo, boca abajo; *(Fam.),* dícese del ojo amoratado a consecuencia de un golpe.

**FUNERARIO, A** adj. (lat. *funerarium*). Funeral, perteneciente al entierro o exequias. ◆ adj. y n. f. **2.** Dícese de la empresa encargada de la conducción y entierro de los difuntos.

**FUNESTO, A** adj. (lat. *funestum,* funerario). Que causa, acompaña o constituye desgracia.

**FUNGIBILIDAD** n. f. Cualidad de lo que es fungible.

**FUNGIBLE** adj. Que se consume con el uso. **2.** DER. Dícese de las cosas que pueden ser remplazadas por otras de la misma especie, calidad y cantidad.

**FUNGICIDA** n. m. y adj. Sustancia que destruye los hongos microscópicos.

**FÚNGICO, A** adj. Relativo a los hongos.

**FUNGIFORME** adj. Que tiene forma de hongo.

**FUNGIR** v. intr. [**3b**]. *Hond., Méx.* y *Salv.* Desempeñar un empleo o cargo.

**FUNGOSIDAD** n. f. Cualidad de fungoso.

**FUNGOSO, A** adj. Esponjoso, fofo.

**FUNICULAR** adj. y n. m. Que funciona por medio de una cuerda o que depende de la tensión de una cuerda o cable. **2.** F.C. Dícese del ferrocarril destinado a ascender por rampas muy pronunciadas y cuya tracción se efectúa por medio de un cable o cadena. **3.** F.C. Cualquier medio de transporte por cable aéreo. ◆ adj. **4.** MED. Relativo a los cordones de sustancia blanca de la médula espinal o al cordón espermático. • **Polígono funicular,** sistema de puntos en el que cada uno de ellos está sometido a una fuerza dada y unidos entre sí por un hilo flexible e inextensible.

**FUNÍCULO** n. m. (lat. *funiculum,* cordón). BOT. Fino cordón que une el óvulo a la placenta, en las plantas con semillas.

**FUNK** n. m. Estilo de rock afroamericano aparecido a principios de los años setenta, basado en un ritmo duro y agresivo, un bajo vibrante y una batería esencialmente binaria.

**FUNK ART** n. m. (voces inglesas, *arte de lo horrible*). Tendencia de arte contemporáneo, originado en E.U.A. a fines de los años cincuenta, y que se caracteriza por la utilización de materiales de desecho en acumulaciones, assemblages, collages, etcetera.

**FUNKY** adj. **Jazz funky,** denominación del estilo de jazz *hard-bop,* o jazz duro.

**FURANO** n. m. Compuesto heterocíclico de fórmula $C_4H_4O$, que se encuentra en el alquitrán de madera de abeto.

**FURCIA** n. f. *Fam.* Prostituta.

**FURFURÁCEO, A** adj. Parecido al salvado.

**FURFURAL** n. m. Aldehído de la serie del furano, obtenido a partir de determinados cereales.

**FURGÓN** n. m. (fr. *fourgon*). Vehículo largo y cubierto, utilizado para el transporte de mercancías. **2.** Vagón de equipajes, en un tren. • **Furgón funerario,** coche fúnebre.

**FURGONETA** n. f. (fr. *fourgonnette*). Pequeño vehículo comercial, de cuatro ruedas, de carrocería cerrada con una puerta en la parte posterior.

**FURIA** n. f. (lat. *furiam*). Cólera, ira. **2.** *Fig.* Persona muy irritada y colérica. **3.** Ímpetu o violencia de las cosas materiales: *la furia de los elementos.* **4.** Prontitud y diligencia con que se ejecuta algo: *nadar con furia.* **5.** *Fig.* Momento de gran intensidad de una moda o costumbre.

**FURIBUNDO, A** adj. (lat. *furibundum*). Airado, colérico, muy propenso a enfurecerse. **2.** Que denota furor.

**FÚRICO, A** adj. *Méx.* Furioso, muy enojado: *se puso fúrico con la noticia.*

**FURIERISMO** n. m. Doctrina de Ch. Fourier.

**FURIERISTA** adj. y n. m. y f. Relativo al furierismo; partidario de esta doctrina.

**FURIOSO, A** adj. (lat. *furiosum*). Poseído de furia. **2.** Dícese de los locos violentos. **3.** *Fig.* Violento, terrible: *celos furiosos.* **4.** Muy grande y excesivo: *unas ganas furiosas de reír.*

**FURIOSO** adj. (voz italiana). MÚS. Que tiene un carácter violento: *allegro furioso.*

**FURLANA** n. f. MÚS. Forlana.

**FURNIA** n. f. *Amér.* Bodega bajo tierra.

**FUROR** n. m. (lat. *furorem*). Cólera, ira exaltada. **2.** Furia, actividad y violenta agitación de las cosas insensibles. **3.** *Fig.* Prisa, velocidad. **4.** SIQUIATR. En la demencia o en delirios pasajeros, agitación violenta con los signos exteriores de la cólera. • **Furor uterino** (SIQUIATR.), exageración del apetito sexual en la mujer. || **Hacer furor,** causar sensación, estar de moda.

**FURRIEL** o **FURRIER** n. m. y adj. (fr. *fourrier*). Cabo que tiene a su cargo distribuir el pan y nombrar el servicio de la tropa. **2.** Antiguamente, oficial encargado de alojar la tropa.

**FURRUCO** n. m. Zambomba muy popular en Venezuela.

**FURTIVO, A** adj. (lat. *furtivum*). Que se hace a escondidas y como ocultándose: *mirada furtiva.* **2.** Dícese de las personas que obran de esta manera: *cazador furtivo.*

**FURÚNCULO** n. m. Forúnculo.

**FUSA** n. f. (voz italiana). Nombre de la figura musical que equivale a la mitad de la semicorchea.

**FUSARIOSIS** n. f. Enfermedad de las plantas causada por un hongo parásito.

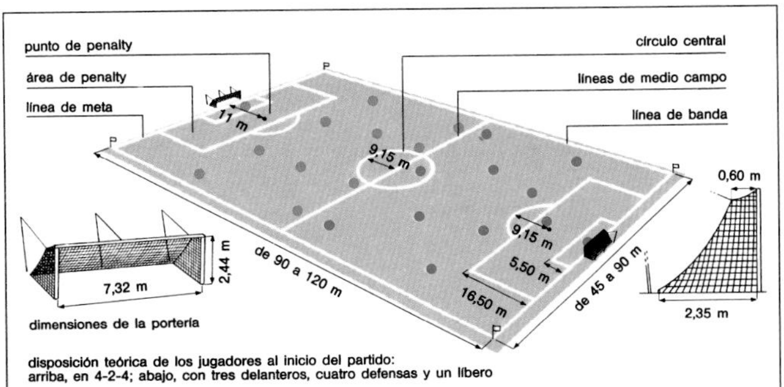


**fútbol:** plano de un campo (con la disposición de los jugadores al inicio del partido)

**FUSCA** n. m. *Méx. Fam.* Pistola, arma de fuego.

**FUSELADO, A** adj. HERÁLD. Cubierto de fusos.

**FUSELAJE** n. m. Cuerpo de un avión al que se fijan las alas y que contiene el habitáculo.

**FUSIBILIDAD** n. f. Calidad de lo que es fusible.

**FUSIBLE** adj. Susceptible de fundirse por efecto del calor. **2.** FÍS. Dícese de un medio en el que se pueden dar reacciones de fusión nuclear con desprendimiento de energía. ◆ n. m. **3.** Hilo de una aleación especial que, colocado en un circuito eléctrico, interrumpe el paso de corriente al fundirse cuando la intensidad es demasiado fuerte. • **Caja de fusibles,** caja que comprende varios fusibles que protegen una instalación eléctrica.

**FUSIFORME** adj. En forma de huso.

**FUSIL** n. m. (fr. *fusil*). Arma de fuego portátil, de tiro tenso e individual, que constituye el armamento básico del combatiente, en especial, de la infantería. • **Fusil ametrallador,** arma automática ligera, con un dispositivo para disparar ráfagas cortas o en modalidad de tiro a tiro. || **Fusil subacuático,** o **submarino,** fusil que lanza arpones a gran velocidad, unidos al arma mediante un hilo, utilizado en la pesca submarina.

**FUSILAMIENTO** n. m. Acción y efecto de fusilar.

**FUSILAR** v. tr. [**1**]. Ejecutar a una persona con descarga de fusilería. **2.** *Fig.* Plagiar, copiar o apropiarse en lo sustancial de obras ajenas.

**FUSILAZO** n. m. Tiro de fusil.

**FUSILERÍA** n. f. Conjunto de fusiles o de soldados fusileros. **2.** Fuego de fusiles.

**FUSILERO** n. m. Soldado de infantería armado de fusil.

**FUSIÓN** n. f. (lat. *fusionem*). Acción y efecto de fundir o fundirse. **2.** Paso de un cuerpo sólido al estado líquido, por la acción del calor. **3.** *Fig.* Unión de partidos, intereses, ideas, etc. **4.** Reunión de dos o más sociedades independientes que abandonan su identidad jurídica para crear una nueva, reagrupando sus bienes sociales. **5.** FÍS. NUCL. Unión de varios núcleos atómicos ligeros, a temperatura muy elevada, con formación de núcleos más pesados y gran desprendimiento de energía.

■ La fusión es, junto con la fisión, uno de los orígenes posibles de la energía nuclear. En la fusión intervienen núcleos ligeros, fundamentalmente los isótopos del hidrógeno: deuterio y tritio. Cuando se fusionan estos núcleos, se libera una gran cantidad de energía procedente de una pérdida de masa, según estableció Einstein ($E = mc^2$). Pero la fusión de los núcleos ligeros presenta dificultades, tanto desde el punto de vista tecnológico, como teórico.

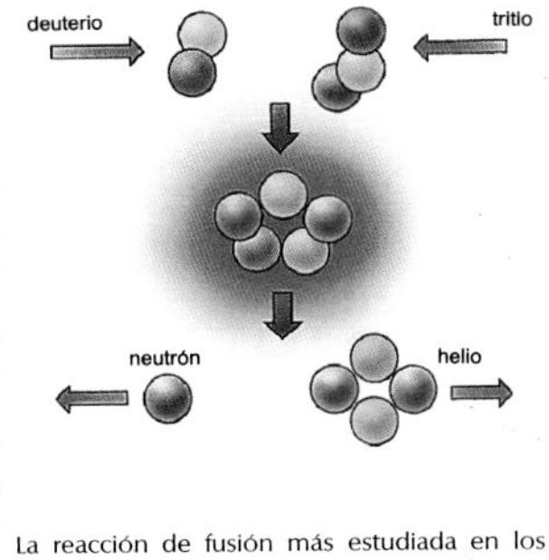


La reacción de fusión más estudiada en los reactores experimentales consiste en elevar a algunas decenas de millones de grados un plasma de deuterio y de tritio, los dos isótopos del hidrógeno. La formación de helio se acompaña de una gran liberación de energía.

esquema del principio de la **fusión** termonuclear

**fútbol: ganadores de los campeonatos del mundo**

| *año* | *país* |
|---|---|
| 1930 | Uruguay |
| 1934 | Italia |
| 1938 | Italia |
| 1950 | Uruguay |
| 1954 | R.F.A. |
| 1958 | Brasil |
| 1962 | Brasil |
| 1966 | Inglaterra |
| 1970 | Brasil |
| 1974 | R.F.A. |
| 1978 | Argentina |
| 1982 | Italia |
| 1986 | Argentina |
| 1990 | Alemania |
| 1994 | Brasil |
| 1998 | Francia |

**FUSIONAR** v. tr. y pron. [**1**]. Producir una fusión.

**FUSIONISTA** adj. y n. m. y f. Partidario de la fusión de ideas, intereses o partidos.

**FUSO** n. m. (lat. *fusum,* huso). HERÁLD. Losange muy alargado.

**FUSTA** n. f. Látigo, vara delgada y flexible con una correa sujeta a uno de sus extremos, utilizada para estimular a las caballerías.

**FUSTÁN** n. m. *Amér. Merid.* Enagua ancha de algodón.

**FUSTÁN** o **FUSTAL** n. m. Tejido tupido de algodón, con pelo por una de sus caras.

**FUSTANELA** n. f. Falda corta, de mucho vuelo y con pliegues, que forma parte del traje popular masculino de Grecia.

**FUSTE** n. m. (lat. *fustem*). Madera, parte sólida de los árboles debajo de la corteza. **2.** Vara, palo largo y delgado, especialmente el que sirve de asta a la lanza. **3.** *Poét.* Silla de caballo. **4.** Nervio, entidad, importancia, fundamento. **5.** ARQ. Cuerpo de la columna que media entre la basa y el capitel.

**FUSTETE** n. m. Arbusto de 3 m de alt., cultivado en los parques por sus copas plumosas. (Familia anacardiáceas.)

**FUSTIGACIÓN** n. f. Acción y efecto de fustigar.

**FUSTIGADOR, RA** adj. y n. Que fustiga.

**FUSTIGAR** v. tr. [**1b**]. Azotar, dar azotes a uno. **2.** *Fig.* Censurar con dureza.

**FÚTBOL** o **FUTBOL** n. m. (ingl. *football*). Deporte que se practica entre dos equipos de once juga-

*Formas únicas de la continuidad en el espacio* (1913). Escultura por Umberto Boccioni. Bronce. (Galería de arte moderno, Milán.) La descomposición de la figura y la revalorización de sus líneas de fuerza sugieren una interpenetración dinámica de las formas y del espacio.

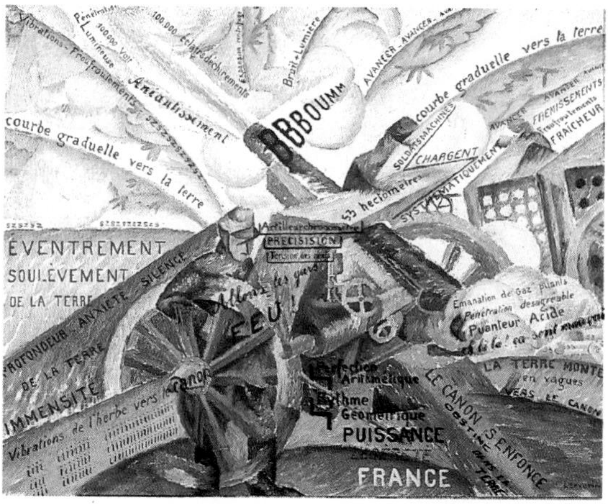


*Cañones en acción* (1915). Pintura de Gino Severini. (Col. part., Milán.) Buscando una subversión cultural, los futuristas pusieron, al menos por un tiempo, sus esperanzas en la guerra; Severini intenta aquí una síntesis de palabras e imágenes no exenta de ingenuidad.

el **futurismo** en el arte

dores, y que consiste en introducir en la portería del equipo contrario un balón esférico, impulsándolo con los pies, el cuerpo, salvo manos y brazos, y la cabeza, siguiendo ciertas reglas. SIN.: *balompié.* • **Fútbol americano,** deporte practicado esencialmente en E.U.A. y más cercano al rugby que al fútbol. ‖ **Fútbol sala,** juego de pelota, similar al fútbol, que se disputa sobre un campo cubierto de menores dimensiones y con menor número de jugadores.

**FUTBOLÍN** n. m. (marca registrada). Fútbol de mesa que consiste en accionar unas figurillas con ayuda de ejes móviles, simulando un partido.

**FUTBOLISTA** n. m. y f. Jugador de fútbol.

**FUTBOLÍSTICO, A** adj. Relativo al fútbol.

**FUTESA** n. f. Fruslería, nadería.

**FÚTIL** adj. (lat. *futilem,* frívolo). De poco aprecio o importancia.

**FUTILIDAD** n. f. Calidad de fútil: *la futilidad de un enfado.* **2.** Cosa fútil: *perder el tiempo en futilidades.*

**FUTÓN** n. m. Colchón de origen japonés, más o menos grueso, formado por capas de copos de algodón.

**FUTRE** n. m. *Chile.* Persona bien vestida. **2.** *Chile.* En zonas rurales, patrón.

**FUTURIBLE** n. m. y adj. Futuro contingente y condicionado. **2.** Cosa, hecho, fenómeno o idea que participa de esas características.

**FUTURISMO** n. m. Movimiento literario y artístico de principios del s. XX, que condena la tradición estética e intenta integrar el mundo moderno, en sus manifestaciones tecnológicas y sociales, tanto en la expresión poética como en la plástica.

■ El movimiento futurista nació en 1909 (Marinetti, *Manifiesto del futurismo*) como un replanteamiento de las ideas artísticas que habría de afectar, fundamentalmente, a la pintura y a la poesía. Los pintores (Balla, Boccioni, Carrà, Severini, Russolo), en busca de la «sensación dinámica», adoptaron la técnica divisionista del neoimpresionismo y una geometrización inspirada en el cubismo, mientras que la poesía pasó del verso libre (Buzzi, Cavacchioli) a las «palabras en libertad» (Marinetti), origen de los caligramas y de la poesía «concreta» y «especialista» contemporánea.

**FUTURISTA** adj. y n. m. y f. Que pertenece o está vinculado al futurismo. ◆ adj. **2.** Que intenta evocar la sociedad o las técnicas del futuro: *una arquitectura futurista.*

**FUTURO, A** adj. (lat. *futurum*). Que está por venir o suceder. ◆ n. **2.** Con respecto a una persona, otra prometida formalmente con ella en matrimonio. ◆ n. m. **3.** Porvenir, tiempo que ha de venir: *preocuparse por el futuro.* **4.** LING. Tiempo del verbo que expresa una acción o un estado que ha de suceder. **5.** LING. En la nomenclatura de los tiempos verbales de Bello, futuro imperfecto. • **Futuro imperfecto,** tiempo que expresa la posterioridad de una acción o de un hecho en relación con el momento en que se habla. SIN.: *futuro.* ‖ **Futuro perfecto,** tiempo que indica una acción acabada en relación con otra futura. SIN.: *antefuturo.* ◆ **futuros** n. m. pl. **6.** ECON. Bienes que se comercian en un contrato con un precio que se fija para una fecha posterior a la de la firma del contrato.

**FUTUROLOGÍA** n. f. Conjunto de investigaciones que estudian el futuro e intentan predecir cuál será, en un momento dado, el estado futuro, del hombre, del mundo o de un país en los campos social, político, etc. **2.** Astrología.

**FUTURÓLOGO, A** n. Especialista en futurología.

# G

**G** n. f. Séptima letra del alfabeto español y la quinta de las consonantes. Seguida de *e* o *i*, representa un sonido de articulación velar fricativa sorda, como la de la *j*: *genio, giro.* En cualquier otro caso representa un sonido de articulación velar sonora, oclusiva en posición inicial absoluta o precedido de nasal: *gloria, angustia,* y fricativo en las demás posiciones: *paga, dogma.* Cuando este sonido velar sonoro precede a una *e* o *i*, se escribe interponiendo una *u* que no se pronuncia: *guerra, guía.* Cuando esta *u* se pronuncia, debe llevar diéresis: *argüir.* **2.** Símbolo del *gramo.* **3.** FÍS. Símbolo de la aceleración de la gravedad. **4.** METROL. Símbolo de *giga.* **5.** MÚS. Nombre de la nota *sol* en inglés y en alemán. • **Factor G,** aptitud general intelectual de un individuo, que corresponde a la correlación entre los resultados que haya obtenido en diversos tests de nivel.

**Ga,** símbolo químico del *galio.*

**GABACHADA** n. f. Acción propia de gabacho.

**GABACHO, A** adj. y n. Relativo a los naturales de algunos pueblos de las faldas de los Pirineos. **2.** *Fam.* y *desp.* Francés. **3.** *Méx. Fam.* Estadounidense.

**GABÁN** n. m. Capote de paño fuerte con mangas, a veces, con capucha. **2.** Abrigo, sobretodo.

**GABARDINA** n. f. Prenda de vestir en forma de abrigo, del tejido del mismo nombre o de otra tela impermeabilizada. **2.** Tela de tejido diagonal con que se hacen diversas prendas de vestir.

**GABARRA** n. f. (vasc. *gabarra* o *kabarra*). Embarcación grande para el transporte de mercancías, o pequeña y chata para la carga y descarga de los barcos.

**GABARRERO, A** n. Patrón, conductor, cargador o descargador de gabarras.

**GABARRO** n. m. MINER. Nódulo de composición extraña en la masa de una piedra. **2.** VET. Tumor inflamatorio en la parte inferior de las extremidades del caballo y del buey.

**GABELA** n. f. (ital. *gabella*). En Francia, durante el Antiguo régimen, impuesto sobre la sal. **2.** *Fig.* Carga, gravamen. **3.** *Colomb., Dom., Ecuad., P. Rico* y *Venez.* Provecho, ventaja.

**GABINETE** n. m. (fr. ant. *gabinet*). Aposento, menor que la sala y generalmente contiguo a ella, en que se reciben visitas. **2.** Local destinado al ejercicio de ciertas profesiones, o a la investigación, estudio o enseñanza de algunas ciencias. **3.** Conjunto de los ministros que, bajo la dirección del jefe de gobierno, presidente del consejo o primer ministro, constituye la autoridad colectiva que asume el poder ejecutivo. **4.** *Colomb.* Balcón cubierto.

**GABLETE** n. m. Remate triangular de mucha altura en relación con su base, que corona algunos arcos (pórticos góticos, etc.).

**GABONÉS, SA** adj. y n. De Gabón.

**GABRIELES** n. m. pl. *Fam.* Garbanzos del cocido.

**GABRO** n. m. Roca plutónica constituida principalmente por plagioclasa cálcica y piroxeno.

**GACELA** n. f. (ár. *gaceta*). Pequeño mamífero rumiante del grupo de los antílopes, muy veloz, que habita en las estepas de África y Asia.

**gacela**

**GACETA** n. f. (ital. *gazzetta*). Periódico en el que se dan noticias políticas, literarias, artísticas, etc. **2.** *Fam.* Correveidile.

**GACETERO, A** n. Persona que escribe para las gacetas o las vende.

**GACETILLA** n. f. Noticia corta en un periódico. **2.** *Fig.* y *fam.* Persona que por hábito o inclinación lleva y trae noticias de una parte a otra.

**GACETILLERO, A** n. Redactor de gacetillas.

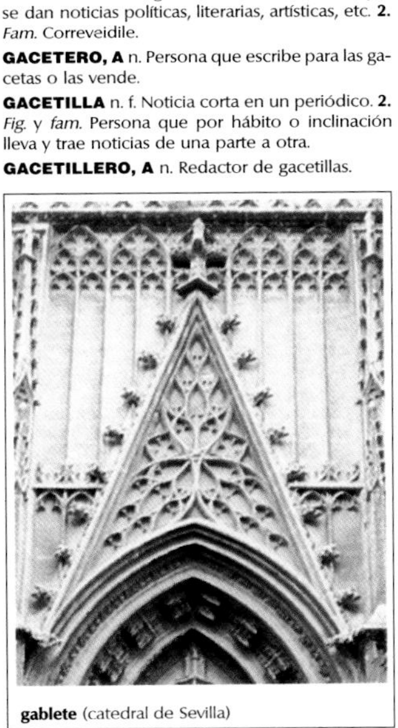

**gablete** (catedral de Sevilla)

**GACHA** n. f. Masa muy blanda y casi líquida. **2.** *Colomb.* y *Venez.* Cuenco de loza o barro. ◆ **gachas** n. f. pl. **3.** Comida hecha con harina cocida en agua, que se adereza con leche, miel, etc. **4.** *Fig.* y *fam.* Lodo, barro.

**GACHETA** n. f. (fr. *gâchette*). Pieza de la cerradura que se coloca debajo del pestillo y que sirve para pararlo cada vez que se hace girar la llave. **2.** Cada uno de los dientes o muescas que hay en la cola del pestillo.

**GACHÍ** n. f. (voz gitana) [pl. *gachís*]. *Vulg.* Mujer, muchacha.

**GACHO, A** adj. Encorvado, inclinado hacia la tierra: *ir con la cabeza gacha.* **2.** Dícese de las reses que tienen uno de los cuernos o ambos inclinados hacia abajo. **3.** *Méx. Fam.* Desagradable, feo, molesto o malo: *está muy gacho este vestido; no seas gacha, ayúdame con mi trabajo.*

**GACHÓ** n. m. (voz gitana). *Fam.* Tío, tipo, en especial el amante de una mujer.

**GACHÓN, NA** adj. *Fam.* Que tiene gracia, atractivo y dulzura.

**GACHONERÍA** o **GACHONADA** n. f. *Fam.* Gracia, donaire, atractivo.

**GACHUMBO** n. m. *Colomb.* y *Ecuad.* Cubierta leñosa y dura de varios frutos, con la cual se hacen vasijas, tazas y otros utensilios.

**GACHUPÍN, NA** n. Sobrenombre despectivo dado a los españoles que se establecen en América. SIN.: *cachupín.*

**GÁDIDO, A** adj. y n. m. Relativo a una familia de peces marinos y de agua dulce, a la que pertenecen el bacalao, el abadejo, la pescadilla, la merluza y la lota.

**GADITANO, A** adj. y n. De Cádiz.

**GADOLINIO** n. m. Metal (Gd) del grupo de las tierras raras, de número atómico 64 y masa atómica 157, 25.

**GAÉLICO, A** adj. y n. Relativo a los gaëls. ◆ n. m. y adj. **2.** Grupo de dialectos célticos de Irlanda y Escocia.

**GAËLS,** pueblo céltico establecido en Irlanda y Escocia hacia fines del I milenio a. J.C.

**GAFA** n. f. (cat. *gafa,* gancho, corchete). Grapa de metal. **2.** Especie de gancho o clavo en forma de L, usado como medio de unión en una pared. ◆ **gafas** n. f. pl. **3.** Par de lentes engarzados en una montura dispuesta de forma que se puede colocar sobre la nariz, delante de los ojos. **4.** Esta misma montura.

**GAFAR** v. tr. [1]. *Fam.* Traer mala suerte.

**GAFE** adj. y n. m. y f. *Fam.* Dícese de la persona a quien se atribuye que trae mala suerte.

**GAFETE** n. m. Corchete, gancho de metal.

**GAG** n. m. (voz inglesa). Situación o efecto cómico.

**GAGAUZO, A** adj. y n. Relativo a un pueblo cristiano ortodoxo de lengua turca que habita en la República de Moldavia y Dobrudja; individuo de dicho pueblo.

**GAGO, A** adj. y n. Tartamudo.

**GAGUEAR** v. intr. **[1]**. Tartamudear.

**GAIAC** n. m. Madera fina y muy dura, de color marrón verdoso o pardo grisáceo, de las Antillas, Guayana francesa y Venezuela, considerada la madera más dura y pesada del mundo.

**GAITA** n. f. Instrumento de viento formado por una especie de fuelle, al cual van unidos tres tubos de boj. SIN.: *gaita gallega.* **2.** Flauta a modo de chirimía que se usa en las fiestas populares. **3.** Instrumento de cuerda que se toca dando vueltas a un manubrio y pulsando unas teclas. **4.** *Fig.* y *fam.* Cosa difícil, ardua o engorrosa. • **Templar gaitas** *(Fam.)*, usar de contemplaciones para concertar voluntades o satisfacer o desenojar a uno.

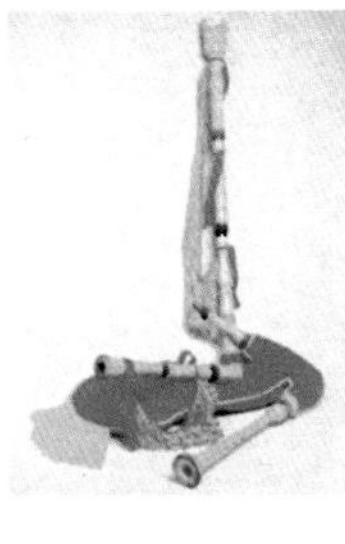

**gaita** gallega

**GAITA** adj. y n. m. y f. (voz lunfarda). Español.

**GAITEO** n. m. TAUROM. Acción de aprovechar el toro la flexibilidad de su cuello para embestir con mayor peligrosidad.

**GAITERO, A** n. Persona que toca la gaita. ◆ adj. y n. **2.** *Fam.* Dícese de la persona ridículamente alegre, y que usa de chistes poco correspondientes a su edad o estado. ◆ adj. **3.** *Fam.* Dícese de los vestidos o adornos de colores demasiado llamativos y unidos con extravagancia.

**GAJE** n. m. (fr. *gage,* prenda). Emolumento, salario que corresponde a un destino o empleo. • **Gajes del oficio** *(Irón.)*, molestias o perjuicios que se experimentan con motivo del empleo u ocupación.

**GAJO** n. m. Rama de árbol desprendida. **2.** Grupo de uvas en que se divide un racimo. **3.** Racimo apiñado de cualquier fruta. **4.** Cada una de las porciones interiores de varias frutas. **5.** *Argent.* Tallo que se emplea para reproducir ciertas plantas en un medio apropiado, esqueje.

**GAL** n. m. Unidad de medida de aceleración (símbolo gal), utilizada en geodesia y geofísica para expresar la aceleración debida a la gravedad, que equivale a $10^{-2}$ metros por segundo al cuadrado.

**GALA** n. f. Adorno suntuoso: *lucía sus mejores galas.* **2.** Lo más esmerado, exquisito y selecto de una cosa: *ser la gala del pueblo.* **3.** Festejo de carácter extraordinario: *asistir a una gala benéfica.* **4.** Actuación o recital de un cantante, grupo musical u otro profesional del espectáculo. **5.** *Antillas* y *Méx.* Regalo, premio, propina. • **De gala,** dícese del uniforme o traje de mayor lujo, en contraposición del que se usa para diario. ‖ **De media gala,** dícese del uniforme o traje que por ciertas prendas o adornos se diferencia del de gala y del de diario. ‖ **Hacer gala de** algo, preciarse y gloriarse de ello. ‖ **Tener a gala,** mostrar satisfacción por algo que no la merece. ◆ **galas** n. f. pl. **6.** Regalos que se hacen a los que van a contraer matrimonio.

**GALÁCTICO, A** adj. Relativo a la Galaxia o a una galaxia. • **Plano galáctico,** plano de simetría de la Galaxia.

**GALACTÓFORO, A** adj. Dícese de los conductos encargados de la excreción de la leche.

**GALACTÓGENO, A** adj. Dícese de una sustancia que favorece la secreción de la leche.

**GALACTÓMETRO** n. m. Lactodensímetro.

**GALACTOSA** n. f. Azúcar (hexosa) obtenido por hidrólisis de la lactosa.

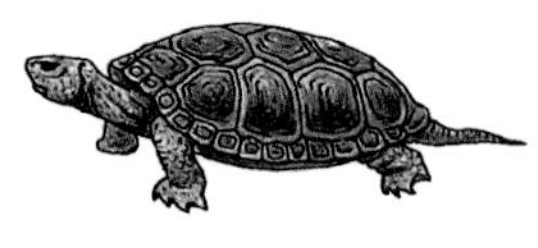

**galápago**

**GÁLAGO** n. m. Pequeño lemuroideo carnívoro de África.

**GALAICO, A** adj. y n. Relativo a un pueblo de la España primitiva que habitaba la zona gallega y norportuguesa; individuo de dicho pueblo. (De fondo étnico céltico o precéltico, desarrollaron una importante cultura celtizada, y en la época romana se dividían en *lucenses* [cap. *Lucus,* act. Lugo] y *bracarenses* [cap. *Bracara,* act. Braga].) **2.** Gallego.

**GALAICOPORTUGUÉS, SA** adj. y n. m. Gallegoportugués.

**GALALITA** n. f. Materia plástica que se obtiene de la caseína endurecida con aldehído fórmico.

**GALÁN** adj. Apócope de *galano.* ◆ n. m. **2.** Hombre bien parecido. **3.** Novio, o el que galantea a una mujer. **4.** Actor que interpreta uno de los papeles principales, generalmente el de personaje joven y enamorado. • **Galán de noche,** perchero móvil en el que se colocan las prendas de vestir masculinas.

**GALANO, NA** adj. De hermoso o agradable aspecto: *moza galana.*

**GALANTE** adj. (fr. *galant*). Atento, obsequioso, especialmente con las damas. **2.** De tema amoroso algo picante: *novela galante.*

**GALANTEAR** v. tr. **[1]**. Cortejar a una mujer o mostrarse amable con ella, requebrarla.

**GALANTERÍA** n. f. Cualidad de galante. **2.** Gracia y elegancia. **3.** Dicho o hecho galante.

**GALANTINA** n. f. (fr. *galantine*). Comida a base de carne, cocida con gelatina.

**GALANURA** n. f. Gala, adorno vistoso: *lucir galanuras.* **2.** Gracia, gentileza: *vestir con galanura.* **3.** *Fig.* Elegancia y gallardía en el modo de expresarse: *la galanura de sus conceptos.*

**GALÁPAGO** n. m. Tortuga acuática, en especial la tortuga europea de agua dulce, que alcanza 35 cm de long. **2.** Tipo de lingote metálico, en especial plomo y estaño, tal como sale del molde de fundición.

**GALARDÓN** n. m. Premio, recompensa, especialmente si son honoríficos: *recibir un galardón.*

**GALARDONAR** v. tr. **[1]**. Premiar los servicios o méritos de uno: *galardonar a un héroe de guerra.*

**GÁLATA** adj. y n. m. y f. De Galacia.

**GALAXIA** n. f. (gr. *galaxias,* relativo a la leche). Conjunto de estrellas, polvo y gas interestelares dotado de una unidad dinámica, que abarca un centenar de miles de millones, entre ellas el Sol. (Con este significado, suele escribirse con mayúscula.). **2.** Conjunto de estrellas y de materia interestelar, cuya cohesión está asegurada por las fuerzas de atracción de la gravedad, que presenta las mismas características generales que aquel al que pertenece el Sol. **3.** *Fig.* Conjunto de personas y elementos que están alrededor de una actividad.

■ La Galaxia a la que pertenece nuestro sistema solar tiene el aspecto de un disco muy aplanado de unos 100 000 años luz de diámetro y unos 5 000 años luz de espesor, con un gran abultamiento central, el bulbo. Su señal en el cielo es la Vía Láctea (v. parte nombres propios). El centro se halla, para nosotros, cerca de la constelación de Sagitario. La posición del Sol es excéntrica, a dos tercios de un radio a partir del centro y ligeramente al N del plano medio. La concentración disminuye del centro hacia el borde del disco. Alrededor del disco se distribuyen enjambres globulares en un halo esferoidal. Observaciones recientes demuestran que también existe una vasta corona gaseosa oscura alrededor del disco. Este último presenta una rotación de conjunto, pero diferente a la de un cuerpo sólido: es una rotación diferencial, en que la rapidez de rotación varía en función de la distancia con respecto al centro. El Sol y el sistema solar giran a una velocidad de cerca de 250 km/s y necesitan cerca de 240 millones de años para dar la vuelta a la Galaxia.

Actualmente se conocen decenas de millones de galaxias que aparecen como el principal elemento constituyente del Universo. Tradicionalmente se clasifican en tres grandes categorías, en función de su forma: elípticas, espirales (con o sin brazos) e

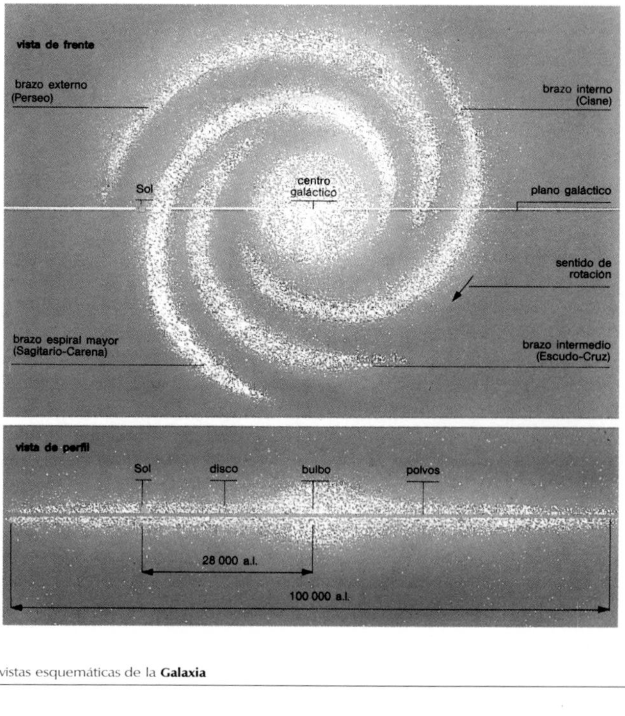


vistas esquemáticas de la **Galaxia**

irregulares. Otras subdivisiones más precisas de cada categoría caracterizan su tipo morfológico. En general se admite que todas las galaxias se formaron de manera simultánea (según un proceso que aún no se conoce bien), aproximadamente mil millones de años después del big-bang*, pero que las diferencias en sus tipos morfológicos señalan ritmos distintos en la formación de estrellas. La región central de ciertas galaxias, llamadas *activas* o *de núcleo activo,* es una fuente de energía excepcionalmente intensa. Esta energía sería emitida por la materia captada por un agujero* negro de masa extremadamente grande. La mayor parte de las galaxias se agrupan en el seno de *enjambres* o *superenjambres* de galaxias de formas variadas, que se extienden por decenas o centenas de millones de años luz y están separados por grandes vacíos.

**GALBANA** n. f. *Fam.* Pereza, indolencia.

**GÁLBANO** n. m. Denominación de diversas fanerógamas que proporcionan la gomorresina de este nombre. (Familia umbelíferas.) **2.** Gomorresina extraída de estas plantas.

**GÁLBULO** n. m. (lat. *galbulum*). Fruto redondeado, carnoso o indehiscente, del ciprés, enebro y otras plantas. SIN.: *gálbula.*

**GALDOSIANO, A** adj. Propio y característico de Pérez Galdós. **2.** Semejante al estilo de Pérez Galdós.

**GÁLEA** n. f. (lat. *galeam*). Casco de los soldados romanos.

**GALEAZA** n. f. (ital. *galeazza*). Navío de vela y remos, más fuerte y pesado que la galera, utilizado hasta el s. XVIII.

**GALEGA** n. f. Planta herbácea de hojas alternas y flores blancas o azules, que se emplea para aumentar la producción de leche, aunque puede ser tóxica durante la floración.

**GALENA** n. f. (lat. *galenam*). MINER. Sulfuro natural de plomo, PbS, que constituye el principal mineral de plomo.

**GALÉNICO, A** adj. Relativo al método de Galeno.

**GALENISMO** n. m. Doctrina médica de Galeno.

**GALENO** n. m. *Fam.* Médico.

**GALEÓN** n. m. (fr. *galion,* de *galie,* galera). Gran navío de vela, armado en tiempo de guerra, que servía para transportar oro, plata y mercancías preciosas que España sacaba de sus colonias, en los ss. XVII y XVIII.

**GALEOTA** n. f. (de *galera*). Galera ligera de 16 a 20 remos por banda, y que arbolaba dos palos.

**GALEOTE** n. m. El que remaba forzado en las galeras.

**GALEOTO** n. m. (de *Galehaut,* caballero de la Tabla Redonda que medió en los amores de Lanzarote y la reina Ginebra). Alcahuete. (Echegaray recogió este significado en su obra *El gran galeoto.*)

**GALERA** n. f. Carro grande de cuatro ruedas, generalmente cubierto. **2.** Navío de guerra, provisto de remos y velas, usado principalmente en el Mediterráneo hasta el s. XVIII. **3.** Cárcel de mujeres. **4.** Crustáceo comestible de cuerpo alargado y caparazón muy corto. **5.** IMPR. Tabla cuadrilonga o plancha metálica, sobre la que el cajista deposita las líneas compuestas, para formar la galerada. **6.** *Argent., Chile* y *Urug.* Sombrero de copa redondeada, o alta y cilíndrica, y alas abarquilladas. **7.** *Méx.* Galerada, prueba tipográfica. • **Sacar** algo **de la galera** *(Argent. Fam.),* sorprender con un hecho inesperado. ◆ **galeras** n. f. pl. **8.** Castigo que consistía en realizar trabajos forzados remando en las galeras reales por un tiempo de dos a diez años.

**GALERA** n. f. En Iberoamérica, colina de rocas duras, particularmente las colinas de rocas cristalinas del macizo guayanés.

**GALERADA** n. f. (de *galera*). Carga que cabe en el carro de cuatro ruedas llamado galera. **2.** IMPR. Prueba de una composición tipográfica o parte de ella, que se saca para hacer correcciones.

**GALERÍA** n. f. Habitación larga y espaciosa, generalmente con muchas ventanas, o sostenida por columnas y pilares. **2.** Paraíso del teatro. **3.** Corredor descubierto o con vidrieras. **4.** Conjunto de personas cuya opinión se tiene en cuenta al hacer algo: *actuar para la galería.* **5.** Tienda o sala de exposiciones en que se venden objetos de arte. **6.** Colección de objetos de arte, museo de pinturas. **7.** Bastidor que sostiene la cortina. **8.** Camino subterráneo excavado en una fortificación para facilitar el ataque o la defensa. **9.** MAR. Crujía. **10.** MIN. Camino subterráneo utilizado para la explotación de una mina. **11.** TECNOL. Pasillo estrecho: *galería de ventilación.* • **Galería cubierta,** alineación de dólmenes en forma de corredor. ◆ **galerías** n. f. pl. **12.** Almacenes o pasaje cubierto en que hay muchas tiendas de venta al por menor.

**galera** SS. XVII-XVIII

**GALERÍN** n. m. IMPR. Tabla de madera o plancha de metal estrecha, más pequeña que la galera, donde el cajista pone las líneas de composición.

**GALERNA** n. f. (fr. *galerne*). Viento frío y con fuertes ráfagas que sopla sobre la costa N de España.

**GALERÓN** n. m. *Amér. Merid.* Romance vulgar que se canta en una especie de recitado. **2.** *Colomb.* y *Venez.* Aire popular al son del cual se baila y se cantan cuartetas y seguidillas. **3.** *C. Rica* y *Salv.* Cobertizo. **4.** *Méx.* Construcción muy grande y de espacios amplios.

**GALÉS, SA** adj. y n. Del País de Gales. ◆ n. m. **2.** Lengua céltica del País de Gales.

**GALGA** n. f. Erupción cutánea, parecida a la sarna.

**GALGA** n. f. (flamenco *galg,* viga). Palo atado por los extremos a la caja del carro y que sirve de freno. **2.** MAR. Anclote y orinque o cabo grueso con que se engalga o refuerza un ancla fondeada. **3.** MEC. Instrumento para medir, controlar, comprobar o verificar las dimensiones o medidas de las piezas fabricadas. **4.** TEXT. En los tejidos de punto, número de mallas en una unidad de longitud.

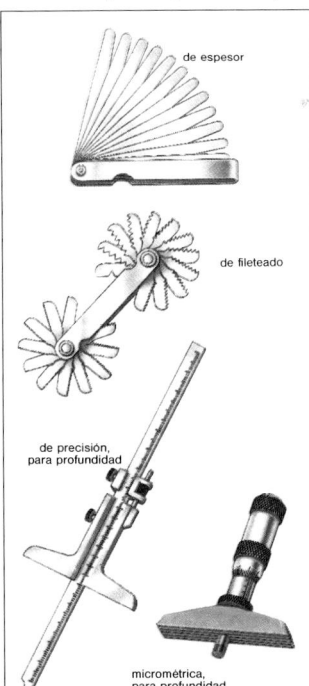

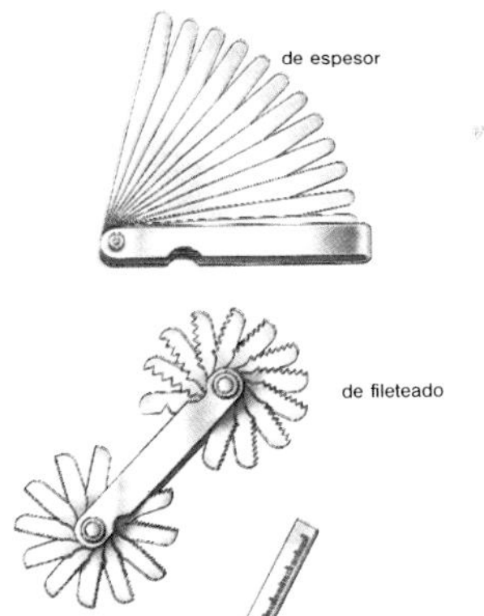


**galgas:** diferentes tipos utilizados en mecánica industrial

**GALGA** n. f. Piedra grande que desde lo alto de una cuesta baja rodando.

**GALGO, A** adj. y n. m. Dícese de los perros de figura esbelta y musculatura potente, de color leonado claro, con manchas atigradas muy oscuras, una mancha blanca en la cabeza, y cuello y pies blancos.

**galgo** español

**GÁLIBO** n. m. (ár. *qālib,* molde). Patrón, galga o plantilla que sirve para trazar, verificar o comprobar el perfil o las medidas que deben tener ciertas piezas. • **Luces de gálibo** (AUTOM.), conjunto de luces que deben llevar los vehículos de grandes dimensiones, situadas tan próximas a los bordes extremos como sea posible, en un plano más elevado que el alumbrado ordinario.

**GALICANISMO** n. m. (fr. *gallicanisme*). Doctrina que defiende las libertades de la Iglesia francesa, o galicana, respecto a la Santa Sede.

**GALICISMO** n. m. Palabra o característica fonética, morfosintáctica o semántica de la lengua francesa empleada en otra lengua.

**GÁLICO, A** adj. Relativo a las Galias. **2.** Dícese de un ácido que se forma en la infusión de agallas de roble expuesta al aire. ◆ n. m. **3.** Sífilis.

**GALILEANO, A** adj. Relativo a las concepciones de Galileo.

**GALILEO, A** adj. y n. De Galilea. ◆ n. m. **2.** *Por antonom.* Jesucristo. (Con este significado, suele escribirse con mayúscula.) **3.** Nombre que los paganos daban a los cristianos.

**GALIMATÍAS** n. m. (fr. *galimatias*). *Fam.* Lenguaje oscuro por la impropiedad de la frase o por la confusión de las ideas. **2.** Confusión, desorden.

**GALIO** n. m. Planta herbácea, que se encuentra comúnmente en los prados, de flores amarillas o blancas. (Familia rubiáceas.)

**GALIO** n. m. Metal (Ga) de número atómico 31 y de masa atómica 69,72, parecido al aluminio.

**GALIPODIO** o **GALIPOTE** n. m. (fr. *galipot*). Resina de pino marítimo, llamada también *trementina francesa,* o *de Burdeos.*

**GALLA,** pueblo que vive en Kenya y, en su mayor parte, en Etiopía. Habla una lengua cusita y está muy islamizado.

**GALLADURA** n. f. Pinta como de sangre que se halla en la yema del huevo de gallina fecundado.

**GALLARDA** n. f. Danza y pieza instrumental de los ss. XVI y XVII, de tres tiempos y ritmo vivo, que sustituyó a la pavana.

**GALLARDEAR** v. intr. y pron. **[1]**. Mostrarse gallardo.

**GALLARDETE** n. m. Tira o faja volante de tela que va disminuyendo hasta rematar en punta y se utiliza como insignia, o para adorno, aviso o señal.

**GALLARDÍA** n. f. Planta ornamental de flores amarillas y rojas. (Familia compuestas.)

**GALLARDÍA** n. f. Cualidad de gallardo.

**GALLARDO, A** adj. (fr. *gaillard*). Que presenta bello aspecto, esbeltez y movimientos ágiles y graciosos. **2.** Valiente y noble al actuar.

**GALLARETA** n. f. Ave acuática de pico grueso y abultado, que vive en lagunas y ríos densos de vegetación. (Familia rállidos.)

**GALLEAR** v. tr. (de *gallo*) **[1]**. Cubrir el gallo a las gallinas. ◆ v. intr. **2.** *Fig.* y *fam.* Presumir, bravuconear, fanfarronear. **3.** *Fig.* y *fam.* Sobresalir, descollar.

**GALLEGADA** n. f. Multitud de gallegos. **2.** Dicho o hecho propio de los gallegos.

**GALLEGO, A** adj. y n. De Galicia. **2.** *Argent., Bol., P. Rico* y *Urug. Desp.* Inmigrante español. ◆ n. m. **3.** Lengua romance hablada por habitantes de las provincias constitutivas de Galicia y de la franja más occidental de las de Asturias, León y Zamora.
■ Gallego y portugués no son sino variantes de una sola lengua, dialectos de una lengua común, divididos a su vez en subdialectos. La denominación de lengua gallega se reserva al conjunto de dialectos hablados en territorio español. El gallego es una lengua de tendencia arcaizante, no sólo en comparación con los grandes romances occidentales (castellano y francés), sino en relación con su paralelo hispánico (el catalán). A diferencia de éste (y también de la lengua vasca, no romance), el gallego no ha sufrido competencia lingüística por inmigración, pero la fuerte y tradicional emigración de los gallegos ha constituido un constante drenaje demográfico y, en consecuencia, lingüístico. La población potencial de habla gallega se aproxima a los tres millones, aunque son muchos menos los que usan la lengua gallega de modo habitual. La proporción de gallegohablantes es mayor en el ámbito rural y menor en los grandes núcleos de población
■ LIT. Hasta el s. XIX: canciones y villancicos anónimos, poesía culta y religiosa. s. XIX: J. M. Pintos, Rosalía de Castro, E. Pondal, V. Lamas Carvajal, M. Curros Enríquez. s. XX: A. Noriega Varela, R. Cabanillas, A. Rodríguez Castelao, V. Risco, R. Otero Pedrayo. *Tras la guerra civil:* D. García-Sabell, R. Carballo Calero, R. Piñeiro, Manuel Antonio, A. Iglesias Alvariño, Á. Cunqueiro, L. Seoane, C. E. Ferreiro, L. Varela, Manuel María, X. L. Méndez Ferrín, E. Blanco-Amor, Á. Fole, X. Neira Vilas, X. Torres.

**GALLEGOPORTUGUÉS, SA** adj. y n. m. LING. Dícese de la fase medieval del gallego.
■ En el gallegoportugués se insertan tanto el portugués como el gallego moderno, hablado por habitantes de la zona noroccidental de España. La invasión islámica de la península Ibérica favoreció el desarrollo de las peculiaridades del latín galaico frente a los demás dialectos hispanorromanos. La reconquista extendió hacia el sur el nuevo romance, que se afianzó con la independencia del reino de Portugal. A su vez, la participación de Portugal en la gran empresa colonizadora del s. XVI proyectó su lengua sobre lejanas tierras.

**GALLEGUISMO** n. m. Tendencia y doctrina política que propugna una forma de autogobierno para Galicia y defiende sus valores históricos y culturales. **2.** Expresión propia de la lengua gallega. **3.** Palabra o giro gallego incorporado a otra lengua.

**GALLEGUISTA** adj. y n. m. y f. Relativo al galleguismo; partidario de esta tendencia.

**GALLEO** n. m. Desprendimiento de gas que se produce en el curso de la solidificación de determinados metales o aleaciones, y que forma ampollas irregulares.

**GALLEO** n. m. TAUROM. Quiebro que, ayudado con la capa, hace el torero ante el toro.

**GALLERA** n. f. Reñidero de gallos. **2.** Gallinero donde se crían gallos de pelea.

**GALLERO, A** adj. y n. *Amér.* Aficionado a las riñas de gallos. **2.** *Méx.* Dícese del que se dedica a criar y entrenar gallos de pelea.

**GALLETA** n. f. (fr. *galette*). Pasta hecha con harina, mantequilla y huevos, de diferentes formas y tamaños, aunque siempre pequeños, que se cuece al horno, pudiendo conservarse mucho tiempo sin que se altere. **2.** *Fam.* Cachete, bofetada. **3.** *Argent.* y *Chile.* Pan de color moreno amarillento que se amasa para los trabajadores del campo. **4.** *Méx. Fam.* Fuerza física, energía, vigor: *jugaron con mucha galleta los futbolistas.* **5.** MIN. Trozo grueso de carbón de piedra.

**GALLETA** n. f. (lat. *galletam*, vasija). *R. de la Plata.* Vasija hecha de calabaza, chata, redonda y sin asa, que se usa para tomar mate. ● **Colgar la galleta** *(Argent. Fam.),* abandonar o desairar a alguien.

**GALLETERA** n. f. Máquina de moldear o cortar ladrillos.

**GALLETERO** n. m. Vasija en que se conservan y sirven las galletas.

**GALLIFORME** adj. y n. m. Relativo a un orden de aves omnívoras, de patas robustas, alas cortas y vuelo pesado, que incluye, entre otros, el urogallo, la perdiz, la codorniz, el faisán y el pavo.

**GALLINA** n. f. (lat. *gallinam*). Hembra del gallo, que se distingue del macho por ser de menor tamaño, tener la cresta más corta y carecer de espolones. ● **Gallina ciega,** juego en el cual uno de los jugadores, con los ojos vendados, intenta coger a ciegas a uno de los restantes, que hacen corro a su alrededor. ◆ n. m. y f. **2.** Persona cobarde.

**gallina** (New Hampshire)

**GALLINÁCEO, A** adj. Relativo a las gallinas. ◆ adj. y n. f. **2.** Decíase antiguamente del orden galliformes.

**GALLINAZA** n. f. Excrementos de gallina utilizados como abono.

**GALLINAZO** n. m. Aura, ave. **2.** *Amér. Merid.* Especie de buitre de plumaje totalmente negro.

**GALLINERÍA** n. f. Lugar donde se venden gallinas.

**GALLINERO, A** n. Persona que trata en gallinas. ◆ n. m. **2.** Recinto o local destinado al alojamiento y a la cría de gallinas y gallos. **3.** *Fig.* Sitio donde hay mucha gritería y no se entienden unos con otros. **4.** Anfiteatro más elevado de algunos teatros, cuyas localidades son las de menor precio.

**GALLINETA** n. f. Pez marino de unos 30 cm de long., de color rojizo con manchas blancas. (Familia escorpénidos.) **2.** Ave gruiforme de alas cortas y patas largas. (Familia rállidos.) **3.** *Amér.* Pintada. **4.** *Amér. Merid.* Nombre de varias especies de aves acuáticas que habitan en lagunas y terrenos pantanosos, y tienen el dorso de color pardo, el vientre grisáceo y las patas rojas o violáceas.

**GALLÍSTICO, A** adj. Relativo a los gallos, en especial a las peleas de gallos.

**GALLITO** n. m. *Fig.* Persona que intenta sobresalir e imponerse a los demás. **2.** *Argent., Chile, Colomb.* y *Venez.* Nombre de diversas especies de pájaros, con alas cóncavas y cortas, cola larga, pico corto y cónico y plumaje suave, que se caracterizan por su copete de plumas lanceoladas. **3.** *Méx.* Proyectil con el que se juega al badminton consistente en un corcho o media esfera de plástico con plumas.

**GALLIZACIÓN** n. f. ENOL. Procedimiento que tiene por objeto reducir la acidez de los mostos y aumentar su contenido en azúcar.

**GALLO** n. m. (lat. *gallum*). Ave doméstica del orden galliformes, con la cabeza adornada con una cresta roja y carnosa, carúnculas rojas, pico corto y arqueado, plumaje abundante y lustroso y tarsos armados de espolones. (Familia fasiánidos.) **2.** *Fig.* El que todo lo manda o lo quiere mandar. **3.** *Fig.* Nota aguda falsa, dada por el que canta o habla: *soltar un gallo.* **4.** Pez de unos 25 cm de long., comestible, de cuerpo comprimido, verdoso por encima y plateado por el vientre, que habita en las aguas atlánticas y mediterráneas. (Familia escoftálmidos.) **5.** *Colomb.* Rebilete, volante. **6.** *Méx.* Serenata. **7.** *Perú.* Papagayo, orinal de cama para varones. ● **Gallo de roca,** ave de América del Sur, de plumaje anaranjado. ‖ **Pelar el gallo** *(Méx. Fam.),* huir o morirse alguien. ‖ **Peso gallo,** categoría de peso de un boxeador. ◆ n. m. y adj. **8.** *Amér.* Hombre fuerte, valiente.

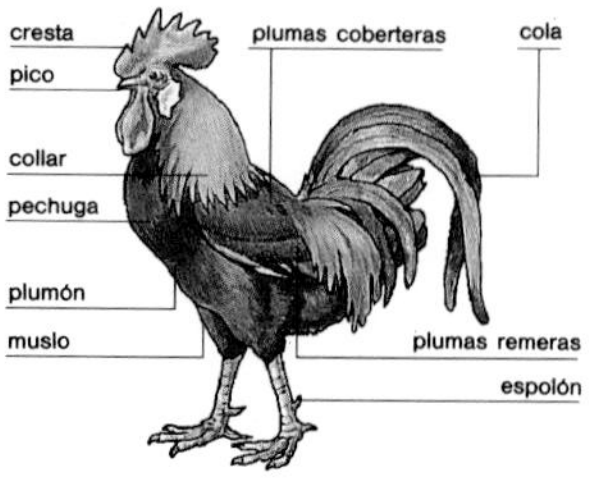

**gallo** (Leghorn dorado)

**GALLOFA** n. f. Comida que se daba de limosna a los peregrinos de Santiago. **2.** Cuento, chisme.

**GALLÓN** n. m. Cada uno de los motivos en forma de peculiares segmentos ovoideos o esféricos que se emplean en ornamentación.

**GALO, A** adj. y n. Relativo a unos pueblos celtas que habitaban la Galia; individuo de dichos pueblos. ◆ n. m. **2.** Lengua celta de los galos.

**GALOCHA** n. f. *Argent.* Protección en forma de zapato que se coloca sobre el calzado para protegerlo de la lluvia.

**GALÓN** n. m. (fr. *galon*). Tejido fuerte y estrecho a modo de cinta. **2.** MAR. Listón de madera que guarnece exteriormente el costado de la embarcación, a nivel del agua. **3.** MIL. Tejido estrecho de lana o de algodón, que sirve de adorno, distintivo o divisa en el uniforme de las diferentes clases del ejército o de cualquier otro cuerpo uniformado.

**GALÓN** n. m. (ingl. *gallon*). Antigua medida de capacidad. ● **Galón (UK),** unidad de capacidad usada en Gran Bretaña y Canadá, equivalente a 4,546 litros. ‖ **Galón (US),** unidad de capacidad norteamericana equivalente a 3,785 litros.

**GALONEAR** v. tr. **[1]**. Adornar con galones.

**GALOP** n. m. (fr. *galop*) [pl. *galops*]. Danza de origen húngaro o bávaro, de ritmo vivo y a dos tiempos. **2.** Música de esta danza. SIN.: *galopa.*

**GALOPADA** n. f. Carrera al galope.

**GALOPANTE** adj. Dícese de un proceso de curso grave y rápido: *tuberculosis galopante.*

**GALOPAR** v. intr. **[1]**. Ir a galope el caballo. **2.** Cabalgar una persona en caballo que va a galope.

**GALOPE** n. m. (fr. *galop*). Aire del caballo en el que se combinan una serie de movimientos homogéneos. ● **A galope** o **a galope tendido,** con prisa y aceleración. ‖ **Galope tendido,** galope con saltos muy largos en que el cuerpo y las patas delanteras de la caballería están casi en la misma línea. ‖ **Ritmo de galope** (MED.), ruido anormal del corazón.

**GALOPÍN** n. m. (fr. *galopin*). Muchacho sucio y desharrapado. **2.** *Fig.* y *fam.* Granuja, estafador.

**GALORROMÁNICO, A** adj. y n. m. Dícese de la lengua románica hablada en la Galia.

**GALPÓN** n. m. (voz de origen azteca). Departamento que se destinaba a los esclavos en las haciendas de América. **2.** *Amér. Merid.* y *Nicar.* Barracón o cobertizo que sirve de almacén.

**GALUCHA** n. f. *Colomb., Cuba, P. Rico* y *Venez.* Galope.

**GALVÁNICO, A** adj. Relativo al galvanismo.

**GALVANISMO** n. m. Acción de las corrientes eléctricas continuas sobre los órganos vivos.

**GALVANIZACIÓN** n. f. Acción de galvanizar. SIN.: *galvanizado.*

**GALVANIZADOR, RA** adj. Que galvaniza.

**GALVANIZAR** v. tr. **[1g]**. Someter un animal vivo o muerto a la acción de la corriente galvánica. **2.** *Fig.* Infundir nuevos ánimos a una persona. **3.** *Fig.* Dar vida pasajera a algo que está en decadencia.

4. Electrizar por medio de una pila. **5.** TECNOL. Dar un baño de cinc a otro metal para preservarlo de la oxidación. **6.** TECNOL. Aplicar una capa de metal sobre otro por procedimiento galvánico.

**GALVANO** o **GÁLVANO** n. m. Abrev. de galvanotipo.

**GALVANOCAUTERIO** n. m. Cauterio formado por un hilo de platino que se pone al rojo vivo por la acción de la corriente eléctrica.

**GALVANÓMETRO** n. m. Instrumento que sirve para medir la intensidad de las corrientes eléctricas débiles mediante las desviaciones que se imprimen a una aguja imantada o a un cuadro conductor colocado en el entrehierro de un imán.

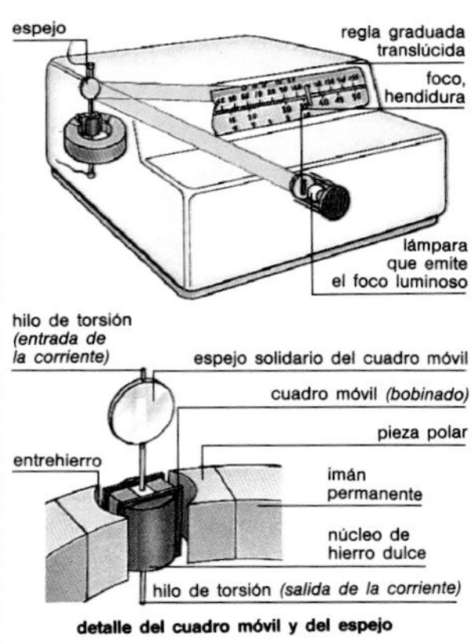


**galvanómetro** de cuadro móvil y de foco luminoso

**GALVANOPLASTIA** n. f. Procedimiento electrolítico de reproducción de un objeto.

**GALVANOPLÁSTICO, A** adj. Relativo a la galvanoplastia. **2.** Obtenido por galvanoplastia.

**GALVANOSCOPIO** n. m. Aparato que sirve para señalar o detectar el paso de una corriente eléctrica, sin efectuar la medida de su intensidad.

**GALVANOSTEGIA** n. f. Conjunto de procedimientos electroquímicos para el cromado, plateado, etc.

**GALVANOTECNIA** n. f. Procedimiento para obtener recubrimientos metálicos sobre objetos por electrólisis.

**GALVANOTIPIA** n. f. Procedimiento galvanoplástico aplicado especialmente a la producción de clichés tipográficos.

**GALVANOTIPO** n. m. Cliché tipográfico obtenido por galvanoplastia.

**GAMA** n. f. Escala musical. **2.** *Fig.* Escala, gradación, especialmente aplicado a colores. **3.** TELECOM. Conjunto de frecuencias comprendidas en un intervalo dado.

**GAMARRA** n. f. Correa que forma parte de la guarnición del caballo.

**GAMAY** n. f. (voz francesa). Variedad de vid de la que se obtienen los vinos de Borgoña, Francia.

**GAMBA** n. f. (cat. *gamba*). Decápodo comestible semejante al langostino, pero de menor tamaño. (Familia peneidos.)

**GAMBA** n. f. (ital. *gamba*, pierna). **Meter la gamba** *(Fam.)*, meter la pata, equivocarse.

**GAMBA** n. f. *Chile. Vulg.* Hablando de dinero, cien pesos.

**GAMBERRADA** n. f. Acción propia de gamberros.

**GAMBERRISMO** n. m. Existencia de gamberros.

**GAMBERRO, A** adj. y n. Dícese de la persona que por grosería o falta de oportunidad comete actos inciviles, molesta a otros o se hace desagradable.

**GAMBETA** n. f. (ital. *gambetta*). Movimiento especial de las piernas al danzar. **2.** *Argent.* y *Bol.* Ademán hecho con el cuerpo para evitar un golpe o caída. **3.** *Argent.* y *Urug. Fig.* y *fam.* Justificación inventada para eludir un compromiso. **4.** DEP. *Amér.* Regate.

**GAMBITO** n. m. En el juego del ajedrez, sacrificio de una pieza con el fin de obtener una ventaja en el ataque o una superioridad en la posición.

**GAMBOÍNO** n. m. (de *Gamboa*, nombre de un linaje alavés). Miembro de un bando que, enfrentado al de los oñacinos, perturbó con sus pugnas la vida del País Vasco durante la baja edad media.

**GAMBOTA** n. f. MAR. Cada uno de los maderos curvos que, apoyados en el yugo principal y dirigidos hacia arriba, forman la bovedilla.

**GAMBUSINO** n. m. Pez, de unos 5 cm de long., originario de América, aclimatado en numerosos estanques y pantanos de las regiones tropicales y templadas, que destruye las larvas de los mosquitos. **2.** *Méx.* Catador, minero encargado de buscar yacimientos minerales. **3.** *Méx.* Buscador de fortuna, aventurero.

**GAME** n. m. (voz inglesa). En el tenis, juego, división de un set.

**GAMELÁN** n. m. Conjunto musical formado por instrumentos metálicos de percusión, de origen indonesio.

**GAMELLA** n. f. (lat. *camellam*, escudilla). Arco que se forma en cada extremo del yugo. **2.** Recipiente o artesa grande de piedra, madera o metal, que sirve para dar de comer o beber a los animales y para otros usos.

**GAMETO** n. m. Célula reproductora, masculina o femenina, cuyo núcleo sólo contiene un cromosoma de cada par, y que puede unirse a otro gameto de sexo opuesto, en la fecundación, pero no multiplicarse por sí sola.

**GAMETÓFITO** n. m. Individuo vegetal procedente de la germinación de una espora, que desarrolla los gametos de ambos sexos o de uno solo.

**GAMETOGÉNESIS** n. f. Proceso de formación de los gametos.

**GAMEZNO** n. m. Gamo pequeño.

**GAMITAR** v. intr. [1]. Dar gamitidos.

**GAMITIDO** n. m. Balido del gamo o voz que lo imita.

**GAMMA** n. f. Tercera letra del alfabeto griego ($\gamma$, $\Gamma$), que corresponde a la *g* española ante *a, o* y *u.* • **Rayos gamma,** radiaciones emitidas por los cuerpos radiactivos, semejantes a los rayos X, pero mucho más penetrantes y de menor longitud de onda, provistas de una potente acción biológica.

**GAMMAGLOBULINA** n. f. Sustancia proteica del plasma sanguíneo, que actúa como soporte material de los anticuerpos.

**GAMMAGRAFÍA** n. f. Procedimiento de estudio o análisis de la estructura de los cuerpos opacos por medio de los rayos gamma. SIN.: *escintilografía.*

**GAMMATERAPIA** n. f. MED. Tratamiento con radiación gamma.

**GAMO, A** n. Mamífero rumiante del grupo de los ciervos, de 90 cm de alt., con manchas blancas en la piel y cuernos aplastados por sus extremos, que vive en algunos bosques de Europa. SIN.: *paleto.*

**gamo**

**GAMÓN** n. m. Planta herbácea de raíces tuberosas y flores blancas o amarillas. (Familia liliáceas.)

**GAMONAL** n. m. Terreno poblado de gamones. **2.** *Amér. Central* y *Merid.* Cacique de pueblo.

**GAMONALISMO** n. m. *Amér. Central* y *Merid.* Caciquismo.

**GAMOPÉTALO, A** adj. Dícese de la flor de pétalos soldados. CONTR.: *dialipétalo.* ◆ adj. y n. f. **2.** Relativo a un antiguo grupo de dicotiledóneas, cuyas flores tienen los pétalos soldados.

**GAMOSÉPALO, A** adj. BOT. Dícese de la flor con los sépalos más o menos soldados entre sí.

**GAMUZA** n. f. Mamífero rumiante que tiene los cuernos negros, lisos y recurvados en anzuelo en la punta y vive en las montañas altas de Europa. (Se conoce con diferentes nombres según la región: rebeco [cordillera Cantábrica], sarrio [Pirineos centrales], isard [Cataluña]; familia bóvidos.) **2.** Piel de la gamuza que, adobada, es muy flexible y sirve para varios usos. **3.** Piel de cualquier animal preparada y adobada de forma que adquiera características y cualidades semejantes a la de la gamuza. **4.** Tejido de lana o algodón que imita la piel de la gamuza. **5.** Paño utilizado para la limpieza y pulimento de los muebles.

**gamuza**

**GANA** n. f. Deseo, inclinación o disposición para hacer algo: *ganas de comer, de dormir.* **2.** Apetito, hambre. • **Darle** a uno **la gana,** o **la real gana** (*Fam.* y *vulg.*), expresa que alguien hace algo porque quiere. ‖ **De buena gana,** con gusto o voluntad. ‖ **De mala gana,** con repugnancia y fastidio. ‖ **Tenerle ganas** a uno (*Fig.* y *fam.*), desear reñir o pelearse con él.

**GANADERÍA** n. f. Conjunto de ganado de un país, región, etc. **2.** Conjunto de actividades relacionadas con la cría de ganado. **3.** TAUROM. Nombre que se da a todos los toros de un mismo propietario.

**GANADERO, A** adj. Relativo al ganado: *región ganadera.* ◆ n. **2.** Dueño o tratante de ganado. **3.** TAUROM. Propietario de una ganadería.

**GANADO** n. m. Conjunto de animales de cierta especie de los que se crían para la explotación. (El *ganado mayor* comprende los caballos, asnos, mulas, bovinos, etc.; el *ganado menor* se compone de corderos, cabras, cerdos, etc.) **2.** Conjunto de reses que se llevan juntas a pastar. **3.** Conjunto de abejas de una colmena. **4.** *Fig.* y *fam.* Conjunto de personas. • **Ganado mayor,** el compuesto por reses mayores como caballos, vacas, etc. ‖ **Ganado menor,** el compuesto por reses menores como corderos, cabras, etc.

**GANADOR, RA** adj. y n. Que gana, especialmente en una competición.

**GANANCIA** n. f. Lo que se gana, especialmente dinero: *producir muchas ganancias.* **2.** *Chile, Guat.* y *Méx.* Propina. **3.** ELECTRÓN. Magnitud, expresada en decibelios, que caracteriza la amplificación en potencia, intensidad o tensión que da un dispositivo ante una determinada señal. • **No arrendarle** a alguien **la ganancia,** da a entender que uno está en peligro, o expuesto a un trabajo o castigo a que ha dado ocasión.

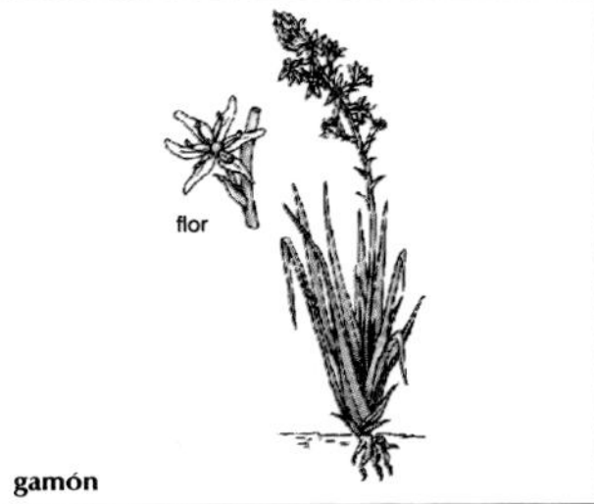


**gamón**

**GANANCIAL** adj. Relativo a la ganancia. • **Bienes gananciales,** los adquiridos por la sociedad conyugal durante el matrimonio.

**GANANCIOSO, A** adj. Que ocasiona ganancia. ◆ adj. y n. **2.** Que obtiene ganancia de un trato, juego, etc.: *salir ganancioso.*

**GANAPÁN** n. m. *Desp.* Hombre que se gana la vida llevando recados o transportando bultos. **2.** *Fig.* y *fam.* Hombre rudo y tosco.

**GANAPIERDE** n. m. o f. (pl. *ganapierde*). Juego de damas en que gana el que pierde antes todas las piezas. **2.** Ciertos juegos en que se conviene que pierda el ganador.

**GANAR** v. tr., intr. y pron. **[1]**. Adquirir u obtener algo con trabajo o esfuerzo, por suerte, etc.: *ganar dinero, un premio; ganar un pleito; ganarse la estima.* ◆ v. tr. e intr. **2.** Tener cierto sueldo: *ganar el salario mínimo.* **3.** *Fig.* Aventajar o exceder: *ganar en astucia.* ◆ v. tr. **4.** Conquistar, vencer: *ganar una batalla, un territorio, una carrera.* **5.** Alcanzar un lugar: *ganar la meta, la frontera.* **6.** Captar la voluntad de uno o atraerle a cierto partido: *le ganó para su causa.* ◆ v. intr. **7.** Prosperar, mejorar: *el vino gana con los años.*

**GANCHILLO** n. m. Varilla con una de sus extremidades más delgada y terminada en una punta corva, que se utiliza para confeccionar diversas labores. **2.** Labor o acción de trabajar con esta varilla.

**GANCHO** n. m. Instrumento corvo y puntiagudo en uno o ambos extremos, para agarrar o colgar algo. **2.** Cayado de pastor. **3.** *Fig.* y *fam.* Atractivo, gracia: *una persona con gancho.* **4.** *Fig.* Cómplice de un jugador o timador que, fingiéndose ajeno, induce a los demás a caer en el engaño tendido. **5.** *Amér.* Horquilla para sujetar el pelo. **6.** *Ecuad.* Silla de montar para señora. **7.** DEP. En boxeo, golpe corto que se lanza de abajo arriba, con el brazo y el antebrazo arqueados. **8.** DEP. En baloncesto, tiro a cesta que se realiza arqueando el brazo sobre la cabeza. • **Echar** a uno **el gancho** *(Fam.)*, atraerle, sujetarlo con habilidad.

**GANCHOSO, A** adj. Con gancho o de forma de gancho.

**GANCHUDO, A** adj. Que tiene forma de gancho: *nariz ganchuda.*

**GANDA** o **BAGANDA,** etnia bantú dominante en Uganda, establecida también en Kenya.

**GANDALLA** adj. y n. m. y f. *Méx. Fam.* Que se aprovecha de los demás, que es malo y abusivo.

**GANDIDO, A** adj. *Colomb., C. Rica, Cuba, Dom.* y *Venez.* Comilón, glotón.

**GANDINGA** n. f. *Cuba* y *P. Rico.* Chanfaina con salsa espesa.

**GANDOLA** n. f. (voz de origen malayo). Planta alimenticia de los países tropicales, semejante a la espinaca.

**GANDUL, LA** adj. y n. *Fam.* Holgazán, perezoso, vago.

**GANDULEAR** v. intr. **[1]**. Holgazanear.

**GANDULERÍA** n. f. Calidad de gandul.

**GANDUMBAS** adj. y n. m. y f. *Fam.* Gandul.

**GANG** n. m. (voz inglesa, *equipo*). Banda organizada de malhechores.

**GANGA** n. f. (voz onomatopéyica). Ave parecida a la paloma, de unos 30 cm de long. y con un lunar rojo en la pechuga, que vive en los desiertos de Asia y África, y en la región mediterránea.

**GANGA** n. f. (fr. *gangue*). Sustancia estéril mezclada con los minerales útiles de un filón. **2.** *Fig.* Cosa apreciable que se adquiere a poca costa o que se obtiene con poco trabajo.

**GANGÉTICO, A** adj. Relativo al Ganges.

**GANGLIO** n. m. (bajo lat. *ganglio,* del gr. *ganglion*). Engrosamiento en el recorrido de un nervio, que contiene los cuerpos celulares de una neurona. • **Ganglio linfático,** engrosamiento situado en el recorrido de los vasos linfáticos.

**GANGLIONAR** adj. Relativo a los ganglios.

**GANGLIOPLÉJICO, A** adj. y n. m. Dícese de los medicamentos capaces de cortar o reducir la conducción del influjo nervioso al nivel de los ganglios del sistema neurovegetativo.

**GANGOCHO** n. m. *Amér. Central, Chile* y *Ecuad.* Guangoche, especie de arpillera.

**GANGOSIDAD** n. f. Calidad de gangoso.

**GANGOSO, A** adj. y n. Que ganguea o refleja gangueo: *voz gangosa.*

**GANGRENA** n. f. (lat. *gangraenam*). Necrosis local de los tejidos. • **Gangrena gaseosa,** tipo de gangrena debida a microbios anaerobios que producen gases en el seno de los tejidos, y que solía presentarse con frecuencia a causa de las heridas sucias de tierra. ‖ **Gangrena húmeda,** necrosis infecciosa que se produce en una llaga o herida infectadas, o como complicación de una gangrena seca. ‖ **Gangrena seca,** gangrena debida a la obstrucción de una arteria.

**GANGRENARSE** v. pron. **[1]**. Producirse o padecer gangrena.

**GANGRENOSO, A** adj. De la naturaleza de la gangrena.

**GÁNGSTER** o **GANGSTER** n. m. (voz angloamericana). En Norteamérica, miembro de una banda que practicaba negocios clandestinos, controlados por elementos italoamericanos, más o menos relacionados con la mafia. **2.** *Por ext.* Persona que recurre a medios poco escrupulosos por ganar dinero u obtener ventajas.

**GANGSTERISMO** n. m. Conjunto de actividades y modo de actuar de los gángsters.

**GANGUEAR** v. intr. (voz onomatopéyica) **[1]**. Hablar con resonancia nasal, producida por cualquier defecto en los conductos de la nariz.

**GANGUEO** n. m. Acción de ganguear.

**GANGUERO, A** adj. Amigo de procurarse gangas, de buscar ventajas. SIN.: *ganguista.*

**GÁNGUIL** n. m. Embarcación de pesca con dos proas y un palo central, en el que se iza una vela latina. **2.** Barco auxiliar de las dragas, destinado a recibir la broza o basuras que éstas extraen del fondo de los puertos.

**GANOIDEO, A** adj. y n. m. Relativo a una subclase de peces de agua dulce, de esqueleto cartilaginoso y cola de lóbulos desiguales, como el esturión.

**GANÓN, NA** adj. y n. *Méx. Fam.* Dícese de quien resulta beneficiado en una situación determinada.

**GANOSO, A** adj. Deseoso, que tiene gana de algo: *estar ganoso de servirle.*

**GANSADA** n. f. *Fam.* Hecho o dicho sin sentido.

**GANSEAR** v. intr. **[1]**. *Fam.* Hacer o decir gansadas.

**GANSO, A** n. (gót. *gans*). Ave palmípeda, de la que se conocen varias especies salvajes y una especie doméstica que se cría para aprovechar su carne y su hígado. (Voz: el ganso *grazna.*) SIN.: *oca.* ◆ n. y adj. **2.** *Fig.* Persona tarda, perezosa, descuidada. **3.** Persona pesada que pretende ser graciosa. • **Gansos del Capitolio,** gansos sagrados del Capitolio que salvaron Roma previniendo con sus graznidos a Manlio y a los romanos del ataque nocturno de los galos. ‖ **Hacer el ganso,** hacer o decir tonterías para divertir a otros.

**GANTÉS, SA** adj. y n. De Gante.

**GANZÚA** n. f. (vasc. *gantzua*). Garfio para abrir sin llaves las cerraduras. **2.** *Fig.* y *fam.* Ladrón que roba con maña. **3.** *Fig.* y *fam.* Persona hábil para sonsacar a otra sus secretos.

**GAÑAFÓN** n. m. TAUROM. Derrote brusco y violento del toro.

**GAÑÁN** n. m. Mozo de labranza. **2.** *Fig.* Hombre fuerte y rudo.

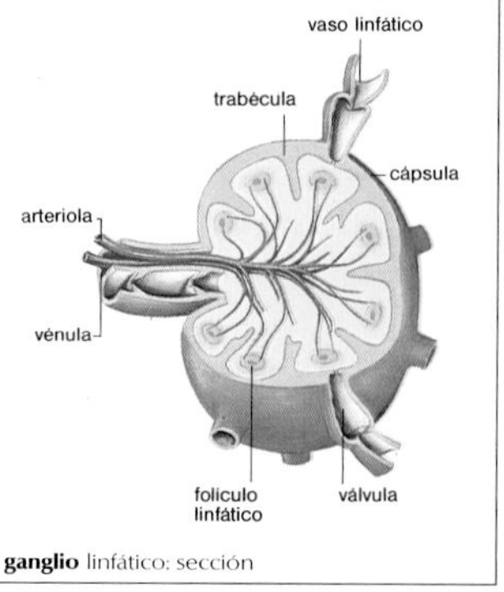


**ganglio** linfático: sección

**GAÑIDO** n. m. Aullido lastimero del perro o de otros animales.

**GAÑIL** n. m. Parte cartilaginosa del animal, en que se forma la voz o el gañido. **2.** Agalla del atún.

**GAÑIR** v. intr. (lat. *gannire*) **[3h]**. Aullar el perro u otros animales con gritos agudos y repetidos cuando los maltratan.

**GAÑOTE** n. m. *Fam.* Garganta o gaznate.

**GAP** n. m. (voz inglesa). Desajuste entre dos magnitudes económicas o entre los valores planeados y realizados de una misma magnitud. **2.** INFORMÁT. Intervalo de espacio o de tiempo que separa dos palabras, registros, bloques, etc.

**GARA** n. m. En el Sahara, pequeño cerro tabular de flancos escarpados y cumbre plana.

**GARABATAL** n. m. *Argent.* Sitio poblado de garabatos.

**GARABATEAR** v. intr. **[1]**. Echar los garabatos para asir una cosa. **2.** *Fig.* y *fam.* Andar con rodeos o no ir derecho en lo que se dice o hace. ◆ v. intr. y tr. **3.** Hacer garabatos.

**GARABATEO** n. m. Acción y efecto de garabatear.

**GARABATERO, A** adj. y n. *Chile.* Dícese de la persona que tiene la costumbre de proferir garabatos, insultos.

**GARABATO** n. m. Gancho de hierro para agarrar o tener colgadas algunas cosas. **2.** Garfios de hierro que, sujetos al extremo de una cuerda, sirven para sacar objetos caídos en un pozo. **3.** Palo de madera dura que forma gancho en un extremo. **4.** *Argent.* Nombre de diversos arbustos ramosos de la familia de las leguminosas, que se caracterizan por sus espinas en forma de garfio. **5.** *Chile.* Insulto. ◆ **garabatos** n. m. pl. **6.** Letras y rasgos mal formados.

**GARABATOSO, A** adj. Con letras y rasgos mal formados.

**GARAGE** n. m. *Méx.* Garaje.

**GARAJE** n. m. (fr. *garage*). Local o cochera donde se guardan automóviles, camiones, motocicletas, etc. **2.** Taller de reparación, engrase y mantenimiento de estos vehículos. **3.** *P. Rico.* Gasolinera.

**ganso** doméstico

**GARAMBAINAS** n. f. pl. Adornos de mal gusto y superfluos. **2.** *Fam.* Tonterías.

**GARANDUMBA** n. f. *Amér. Merid.* Especie de balsa, barcaza grande para conducir carga, siguiendo la corriente fluvial. **2.** *Méx. Fig.* Mujer gorda y grande.

**GARANTE** adj. y n. m. y f. Que da garantía. ◆ n. m. y f. **2.** Persona que se constituye en responsable del cumplimiento de lo prometido por otro en un pacto, convenio o alianza.

**GARANTÍA** n. f. (fr. *garantie*). Acción y efecto de afianzar lo estipulado: *ofrecer garantías.* **2.** Fianza, prenda: *su palabra es la mejor garantía.* **3.** Acción de asegurar, durante un tiempo, el buen funcionamiento de algo que se vende, y de repararlo gratuitamente en caso de avería: *la garantía de un reloj.* **4.** Documento en que consta este seguro. • **Contrato de garantía,** el que tiende a asegurar la efectividad de los derechos del acreedor, previniendo el riesgo de insolvencia del deudor.

**GARANTIR** v. tr. (fr. *garantir*) **[3ñ]**. Garantizar. **2.** *Galic.* Preservar, proteger.

**GARANTIZAR** v. tr. **[1g]**. Dar u ofrecer garantías de algo: *garantizar la veracidad de un hecho.* **2.** Asumir una obligación de garantía. **3.** Afianzar el cumplimiento de lo estipulado o la observancia de una obligación o promesa. **4.** Responder de la calidad de un objeto; aceptar lo contrario como cláusula resolutoria de venta o de cambio del objeto.

**GARAÑÓN, NA** adj. y n. m. (germ. *wranjo,* semental). Macho de asno, camello, caballo, etc., destinado a la reproducción. ◆ n. m. **2.** *Amér. Central, Chile, Méx.* y *Perú.* Caballo semental. **3.** *Chile* y *Méx. Fig.* Mujeriego.

**GARAPIÑA** n. f. Estado del líquido que se solidifica formando grumos.

**GARAPIÑAR** o **GARRAPIÑAR** v. tr. [**1**]. Poner un líquido en estado de garapiña. **2.** Bañar golosinas en almíbar de forma que éste se solidifique formando grumos: *garapiñar almendras.*

**GARAPIÑERA** n. f. Utensilio para hacer helados.

**GARBANCERO, A** adj. Relativo al garbanzo: *temporada garbancera.*

**GARBANZAL** n. m. Terreno sembrado de garbanzos.

**GARBANZO** n. m. Planta herbácea de unos 50 cm de alt., de hojas compuestas, flores blancas axilares y fruto en legumbre. (Familia papilionáceas.) **2.** Fruto y semilla de esta planta. **3.** *Chile. Fam.* Tumor o bulto superficial, lobanillo. • **Garbanzo negro** *(Fig.),* persona que entre las de su grupo no goza de consideración por moralidad o carácter.

**garbanzo**

**GARBEO** n. m. Paseo, acción de pasearse: *dar un garbeo.*

**GARBO** n. m. (ital. *garbo,* plantilla, modelo). Cierta agilidad, gracia o desenvoltura en la manera de actuar y desenvolverse: *andar con garbo.* **2.** *Fig.* Cierta gracia, perfección, soltura y elegancia que se observa en las creaciones del espíritu: *escribir con garbo.*

**GARBOSO, A** adj. Que muestra garbo al actuar o desenvolverse. **2.** *Fig.* Generoso: *es muy garboso dando propinas.*

**GARCETA** n. f. Ave ciconiforme parecida a la garza, completamente blanca o de un gris apizarrado, de cabeza con penacho corto del cual salen dos plumas filiformes pendientes y cuyas plumas, descompuestas y espaciadas en la época de celo, se utilizan como adorno.

**garceta**

**GARCILLA** n. f. Ave ciconiforme de cuerpo corto, con alas bastante robustas, y cuyo plumaje no se diferencia entre machos y hembras, excepto en la época de celo, en que los machos adquieren adornos característicos. (Familia ardeidos.)

**GARÇON** n. m. (voz francesa). Muchacho. • **A lo garçon,** hace referencia a un tipo de peinado femenino de cabellos muy cortos.

**GARDENIA** n. f. (del n. del médico escocés *Garden*). Planta ornamental de flores grandes y olorosas, generalmente blancas. (Familia rubiáceas.) **2.** Flor de esta planta.

**GARDEN-PARTY** n. m. (voz inglesa). Fiesta que se celebra en un jardín o parque.

**GARDÓN** n. m. Pez de agua dulce, de 15 a 30 cm de long., con el vientre plateado, el dorso verdoso y las aletas rojizas. (Familia ciprínidos.)

**GARDUÑA** n. f. Mamífero carnicero de pelaje marrón grisáceo y patas cortas, que alcanza 50 cm de long. sin contar la cola, y que vive en los bosques cometiendo de noche estragos en los gallineros. (Familia mustélidos.) SIN.: *fuina.*

**garduña**

**GARDUÑO, A** n. *Fam.* Ratero que hurta con maña y disimulo.

**GARETE. Ir,** o **irse, al garete,** indica que una embarcación, sin gobierno, es arrastrada por el viento o la corriente; *(Fam.),* malograrse algo: *irse al garete un negocio.*

**GARFIO** n. m. (lat. *graphium*). Gancho de hierro corvo y puntiagudo, que sirve para sujetar o coger algo.

**GARGAJEAR** v. intr. [**1**]. Arrojar gargajos.

**GARGAJEO** n. m. Acción y efecto de gargajear.

**GARGAJO** n. m. (voz onomatopéyica). Flema, mucosidad pegajosa que se arroja por la boca, procedente de las vías respiratorias.

**GARGAJOSO, A** o **GARGAJIENTO, A** adj. y n. Que gargajea con frecuencia.

**GARGANTA** n. f. (voz onomatopéyica). Región anatómica, tanto interna como externa, correspondiente a la parte anterior del cuello. **2.** *Fig.* Cuello, la parte más estrecha y delgada de un cuerpo, especialmente si es redondo. **3.** Ranura semicircular en la periferia de una polea. **4.** ARQ. Moldura cóncava redondeada. **5.** FORT. Parte posterior de una fortificación. **6.** GEOGR. Valle estrecho y encajado. • **Tener** a uno **atravesado en la garganta** *(Fam.),* sentir antipatía hacia él.

**GARGANTILLA** n. f. Collar, adorno femenino. **2.** Cada una de las cuentas que se pueden ensartar para formar un collar.

**GARGANTILLO, A** adj. TAUROM. Dícese de la res de cuello oscuro, con una mancha blanca o clara en forma de collarín.

**GÁRGARA** n. f. Acción de mantener un líquido en la garganta, con la boca hacia arriba y arrojando el aliento para hacerlo mover, lo cual produce un ruido característico. ◆ **gárgaras** n. f. pl. **2.** *Chile, Colomb., Méx.* y *P. Rico.* Gargarismo, medicamento. • **Mandar** a alguien **a hacer gárgaras** *(Fam.),* despedirle o expulsarle en señal de reprobación o desprecio.

**GARGARISMO** n. m. Medicamento líquido para gargarizar. **2.** Acción de gargarizar.

**GARGARIZAR** v. intr. (gr. *gargarizō*) [**1g**]. Hacer gárgaras.

**GÁRGARO** n. m. *Venez.* Juego del escondite.

**GÁRGOLA** n. f. Conducto de desagüe de un tejado, esculpido generalmente en forma de figura humana o animal. **2.** Esta misma figura.

**GÁRGOLA** n. f. Cápsula que contiene las semillas del lino o linaza.

**GARGUERO** n. m. Parte superior de la tráquea. **2.** Toda la caña del pulmón. **3.** *Vulg.* Garganta.

**GARIBALDINA** n. f. Especie de blusa de color rojo, como la que usaban Garibaldi y sus voluntarios.

**GARIGOLEADO, A** adj. *Méx.* Que está adornado con exceso: *una fachada garigoleada.*

**GARITA** n. f. (fr. ant. *garite,* refugio). Caseta de madera, u otros materiales, que se destina para abrigo y comodidad de centinelas o vigilantes. **2.** Cuarto pequeño que suelen tener los porteros en los portales de algunas casas. **3.** Excusado, retrete. **4.** *Méx.* Oficina o puesto de aduanas.

**GARITO** n. m. Casa de juego. **2.** Establecimiento de diversión, especialmente el de mala fama.

**GARLITO** n. m. Especie de nasa que tiene en lo más estrecho una red dispuesta de forma que, entrando el pez por la malla, no puede salir. **2.** *Fig.* y *fam.* Celada, trampa, lazo o asechanza que se hace para molestar y hacer daño.

**GARLOPA** n. f. Cepillo largo y con empuñadura, empleado especialmente para igualar superficies de madera ya acepillada.

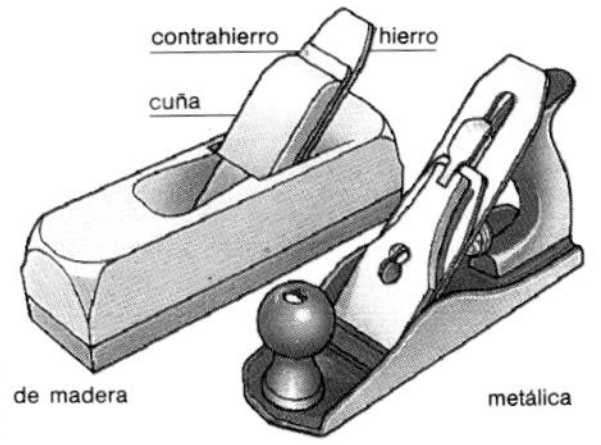

**garlopas**

**GARNACHA** n. f. (provenz. *ganacha*). Vestidura talar de los togados, con mangas y un sobrecuello grande, que cae desde los hombros a las espaldas.

**GARNACHA** n. f. (ital. *vernaccia*). Variedad de vid que produce una uva de color rojo oscuro, y que en España se cultiva principalmente en Cataluña, Navarra y Aragón. **2.** Vino obtenido de esta clase de uva.

**GARNIERITA** n. f. Silicato natural de níquel y magnesio, que constituye un mineral de níquel.

**GARO,** pueblo de la India (Assam).

**GARRA** n. f. Uña córnea, puntiaguda y curvada, en la falange terminal de los dedos de numerosos vertebrados: carnívoros, roedores, aves, etc. **2.** *Fig.* Mano del hombre. **3.** ARQ. En la edad media, adorno esculpido en los ángulos salientes del plinto de una columna. • **Tener garra,** tener personalidad, atractivo. ◆ **garras** n. f. pl. **4.** Piel de las patas de animal usada en peletería: *garras de astracán.* • **Caer en las garras,** caer en las manos de alguien de quien se teme o recela grave daño. ‖ **Sacar** a uno **de las garras** de otro, libertarle del poder o dominio que ejercen sobre él.

**GARRAFA** n. f. Vasija ancha y redonda, de cuello

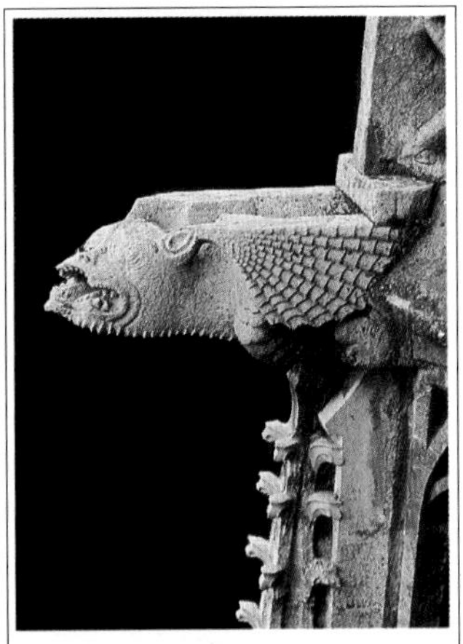
**gárgola** gótica (catedral de Sevilla)

largo y estrecho, por lo común de vidrio, y protegida generalmente por un revestimiento de mimbres, esparto, plástico, etc. **2.** *Argent.* y *Urug.* Bombona, envase metálico para gases.

**GARRAFAL** adj. Muy grande, exorbitante, aplicado a cosas no materiales: *falta, error, mentira garrafal.*

**GARRAFÓN** n. m. Garrafa grande.

**GARRAPATA** n. f. Ácaro parásito de ciertos animales, a los que chupa la sangre. (Familias ixódidos y argásidos.)

**GARRAPATEA** n. f. MÚS. Figura musical cuyo valor es la mitad de la semifusa.

**GARRAPATEAR** v. intr. **[1]**. Garabatear.

**GARRAPATO** n. m. Garabato, letras y rasgos mal formados.

**GARRAPIÑAR** v. tr. **[1]**. Garapiñar.

**GARRIDO, A** adj. Galán, hermoso, gentil.

**GARRIGA** n. f. En las zonas mediterráneas, formación vegetal secundaria, carrascas mezcladas con arbustos y plantas herbáceas, que aparece en suelos calcáreos después de la degradación de un bosque.

**GARROBO** n. m. Saurio de fuerte piel escamosa, que abunda en las tierras cálidas de las costas de América Central. (Familia iguánidos.)

**GARROCHA** n. f. Vara larga rematada en un hierro pequeño con un arponcillo, para que agarre y no se desprenda. **2.** TAUROM. Vara larga para picar toros, con una punta de acero de tres filos, llamada puya. • **Salto de la garrocha** (TAUROM.), suerte que consistía en que el torero saltaba por encima del toro de delante hacia atrás ayudándose con una garrocha.

**GARROCHAR** o **GARROCHEAR** v. tr. **[1]**. Picar al toro con la garrocha.

**GARROCHAZO** n. m. Herida y golpe dado con la garrocha.

**GARROCHISTA** n. m. y f. TAUROM. Persona que practica las faenas taurinas de campo que se ejecutan con la garrocha.

**GARRONEAR** v. tr. **[1]**. *Argent. Fam.* Pedir prestado con oportunismo o insistencia.

**GARRONERO, A** adj. *Argent.* Dícese de la persona que acostumbra a vivir de prestado, gorrista.

**GARROTAZO** n. m. Golpe dado con un garrote.

**GARROTE** n. m. Palo grueso y fuerte que puede manejarse a modo de bastón. SIN.: *garrota.* **2.** Estaca, plantón de olivo. **3.** Ligadura fuerte que se hace en los brazos o muslos, oprimiendo su carne, y que se ha empleado algunas veces como tormento. **4.** Instrumento para ejecutar la pena de muerte. SIN.: *garrote vil.* • **Dar garrote,** matar por medio del garrote.

**GARROTEAR** v. tr. **[1]**. *Amér.* Apalear, dar golpes con un palo. **2.** *Chile.* Cobrar precios excesivos sin justificación.

**GARROTILLO** n. m. Nombre vulgar de la difteria.

**GARROTÍN** n. m. Forma tributaria del cante flamenco, procedente de ciertos influjos folklóricos asturianos.

**GARRUCHA** n. f. Polea.

**GARRUDO, A** adj. *Colomb.* Dícese de la res muy flaca. **2.** *Méx.* Forzudo.

**GARRULERÍA** n. f. Charla de persona gárrula.

**GARRULIDAD** n. f. Calidad de gárrulo.

**GÁRRULO, A** adj. Dícese del ave que canta, gorjea o chirría mucho. **2.** *Fig.* Dícese de la persona muy habladora o charlatana, vulgar, pedestre.

**GARÚA** n. f. *Amér.* Llovizna.

**GARUAR** v. intr. **[1s]**. *Amér.* Lloviznar.

**GARUFA** n. f. (voz lunfarda). Diversión.

**GARZA** n. f. Ave zancuda de hasta 1,50 m de long., con pico largo y cuello alargado y flexible, que habita en las riberas, donde pesca diversos animales acuáticos. **2.** *Chile.* Copa alta en forma de embudo que se utiliza para beber cerveza.

**GARZO, A** adj. De color azulado: *ojos garzos.*

**GARZÓN, NA** n. *Chile.* Camarero.

**GAS** n. m. (voz formada por derivación del lat. *chaos,* caos). Cuerpo que se encuentra en el estado de la materia caracterizado por la fluidez, compresibilidad y expansibilidad. **2.** Cuerpo gaseoso utilizado en calefacción. **3.** Servicio de fabricación y distribución del gas ciudad: *un empleado del gas.* • **A todo gas,** a mucha velocidad. ‖ **Dar gas,** accionar el acelerador de un motor para permitir la entrada de mezcla carburada en el cilindro. ‖ **Gas asfixiante,** o **de guerra,** sustancias químicas gaseosas o líquidas utilizadas como arma. ‖ **Gas ciudad,** gas combustible obtenido por la destilación de la hulla o de productos derivados del petróleo y cuya distribución se efectúa por conductos. ‖ **Gas de agua,** gas combustible resultante de la descomposición del vapor de agua por efectos del coque ardiendo a una temperatura de 1 000 a 1 200 °C. ‖ **Gas de aire,** o **pobre,** gas obtenido en un gasómetro haciendo pasar los productos de combustión de combustibles sólidos sobre una masa de coque al rojo vivo. ‖ **Gas de los pantanos,** metano. ‖ **Gas lacrimógeno,** el que, a base de bromuro de bencilo, produce irritación en los ojos. ‖ **Gas licuado,** hidrocarburo ligero, gaseoso en condiciones normales, que se obtiene del gas natural o del gas de refinería y se conserva en estado líquido en recipientes bajo presión. ‖ **Gas mostaza,** gas tóxico derivado de la iperita, utilizado con fines bélicos. ‖ **Gas natural,** gas constituido principalmente por metano, que se encuentra comprimido en algunas capas geológicas y que constituye un combustible excelente. ‖ **Gas permanente,** gas que no se puede licuar por simple aumento de presión. ◆ **gases** n. m. pl. **4.** Mezcla, en el tubo digestivo, de aire deglutido y de productos volátiles de las fermentaciones. • **Gases raros,** o **inertes,** helio, neón, argón, kriptón, xenón.

**GASA** n. f. Tela de seda o hilo de tejido muy claro y sutil. **2.** Banda de tela suave y esterilizada que se utiliza para compresas, vendajes, etc.

**GASCÓN, NA** o **GASCONÉS, A** adj. y n. De Gascuña. ◆ n. m. **2.** Dialecto hablado en Gascuña.

**GASEADO, A** adj. y n. Que ha sufrido los efectos de los gases asfixiantes: *los gaseados de la primera guerra mundial.* ◆ n. m. **2.** TEXT. Acción de gasear.

**GASEAR** v. tr. **[1]**. Hacer circular un gas a través de un líquido. **2.** Someter a la acción de los gases asfixiantes, lacrimógenos, etc. **3.** TEXT. Pasar los hilos a través de una llama para eliminar la pelusilla.

**GASEIFORME** adj. Que se halla en estado de gas.

**GASEOSA** n. f. Bebida refrescante que se prepara con agua saturada de ácido carbónico, a la cual se añade azúcar o jarabe de limón o naranja.

**GASEOSO, A** adj. Que se halla en estado de gas. **2.** Dícese del líquido que contiene o del que se desprenden gases: *agua gaseosa.*

**GÁSFITER** o **GASFÍTER** n. m. *Chile.* Fontanero, plomero.

**GASFITERÍA** n. f. *Chile, Ecuad.* y *Perú.* Fontanería, plomería.

**GASIFICACIÓN** n. f. Transformación completa, en gas combustible, de productos líquidos o sólidos que contienen carbono. **2.** Incorporación de gas carbónico a un líquido.

**GASIFICAR** v. tr. **[1a]**. Convertir en gas por medio del calor o una reacción química. **2.** Disolver gas carbónico en un líquido.

**GASODUCTO** o **GASEODUCTO** n. m. Canalización para conducir a larga distancia gas natural o gases obtenidos por destilación.

**GASÓGENO** n. m. Aparato que sirve para transformar, por oxidación incompleta, el carbón o la madera en gas combustible.

**garza** común o real y sus crías

**GAS-OIL, GASOIL** o **GASÓLEO** n. m. Líquido derivado del petróleo, de color amarillo claro, utilizado como carburante y combustible.

**GASOLINA** n. f. El producto más ligero obtenido en la destilación fraccionada del petróleo o de los aceites hidrocarburados sintéticos. **2.** Líquido petrolífero, ligero, incoloro o coloreado artificialmente, de olor característico, que destila entre 40 y 210 °C aproximadamente, utilizado como carburante, como disolvente o para distintos usos industriales.

**GASOLINERA** n. f. Embarcación o lancha automóvil con motor de gasolina. **2.** Puesto de gasolina para la venta al público.

**GASOMETRÍA** n. f. QUÍM. Medida de volúmenes de productos gaseosos.

**GASÓMETRO** n. m. Depósito para almacenar gas y distribuirlo a una presión constante.

**GASTADO, A** adj. Dícese de la persona debilitada o decaída en su vigor físico o de su prestigio moral.

**GASTADOR, RA** adj. y n. Que gasta mucho, derrochador. ◆ n. m. **2.** Soldado que marcha delante de una fuerza a pie en desfiles y paradas, para abrir calle: *cabo de gastadores.*

**GASTAR** v. tr. (lat. *vastare,* destruir) **[1]**. Emplear el dinero en una cosa: *no gastar un céntimo.* **2.** Desgastar, deteriorar una cosa: *gastar unos zapatos.* **3.** Tener o usar por costumbre: *gastar malhumor.* **4.** Con *bromas, cumplidos,* etc., practicarlos: *gastar bromas pesadas.* ◆ v. tr. y pron. **5.** Consumir, invertir, ocupar: *gastar tiempo.* • **Gastarlas** *(Fam.),* comportarse, actuar: *ya sabes como las gasta mi padre.*

**GASTERÓFILO** n. m. Mosca grande, cuyas larvas son parásitos del tubo digestivo del caballo.

**GASTEROMICETE** adj. y n. m. Relativo a un orden de basidiomicetes cuyas esporas se forman en el interior de una envoltura completamente cerrada, como el cuesco de lobo.

**GASTERÓPODO, A** adj. y n. m. Relativo a una clase de moluscos dotados de un pie ventral ensanchado y, a menudo, de una concha en espiral, que viven en el mar, en aguas dulces o en lugares húmedos. (La lapa y el caracol son *gasterópodos.*)

**GASTO** n. m. Acción y efecto de gastar. **2.** Cantidad de dinero que se gasta. **3.** *Méx.* Dinero que se destina para cubrir las necesidades diarias de una familia: *esta semana no le alcanzó el gasto.* **4.** CONTAB. Costo de una o varias operaciones que constituyen, por lo general, cargas de explotación. **5.** ECON. POL. Aplicación directa o indirecta de los ingresos a la satisfacción de las necesidades. **6.** FÍS. Volumen de un fluido que sale por unidad de tiempo de un orificio practicado en el recipiente que lo contiene. **7.** HIDROL. Caudal ideal de un río calculado en función de la velocidad media y de la sección mojada. • **Cubrir gastos,** producir una cosa lo bastante para resarcir de su coste. ‖ **Gasto cardíaco,** cantidad de sangre expulsada por cada ventrículo del corazón en la circulación sistémica en un minuto. ‖ **Gasto público,** el que se realiza por cuenta de un patrimonio administrativo. ‖ **Gastos de producción,** o **variables,** gastos cuyo volumen varía en función del grado de actividad de la empresa. ‖ **Gastos fijos,** o **periódicos,** fracción de los gastos generales independiente del grado de actividad de la empresa. ‖ **Gastos generales,** gastos diversos necesarios para el funcionamiento de la empresa. ‖ **Gastos sociales,** gastos que corresponden a los diversos aspectos de la acción social, como salud, vejez, vivienda, etc. ‖ **Hacer el gasto** *(Fam.),* mantener uno o dos la conversación entre muchos concurrentes.

**GASTRALGIA** n. f. Dolor localizado en la zona del estómago.

**GASTRECTOMÍA** n. f. Ablación total o parcial del estómago.

**GÁSTRICO, A** adj. Relativo al estómago. • **Jugo gástrico,** líquido ácido secretado por el estómago, que contribuye a la digestión.

**GASTRITIS** n. f. Inflamación de la mucosa del estómago.

**GASTROENTERITIS** n. f. Inflamación simultánea de las mucosas del estómago y de los intestinos.

**GASTROENTEROLOGÍA** n. f. Especialidad que estudia las enfermedades del tubo digestivo.

**GASTROINTESTINAL** adj. Relativo al estómago y al intestino.

**GASTRONOMÍA** n. f. (gr. *gastronomia,* tratado de la glotonería). Arte de preparar una buena comida. **2.** Afición a comer regaladamente.

**GASTRONÓMICO, A** adj. Relativo a la gastronomía.

**GASTRÓNOMO, A** n. Persona aficionada a la gastronomía.

**GASTROSCOPIA** n. f. Examen visual del interior del estómago realizado mediante la introducción de un fibroscopio por el esófago.

**GASTROTOMÍA** n. f Abertura quirúrgica del estómago.

**GÁSTRULA** n. f. Estado embrionario de los animales, que sigue a la blástula, en el que el embrión está formado por dos capas, endoblasto y ectoblasto, que rodean una cavidad central.

**GATA** n. f. *Amér. Central.* Pez. selacio marino de color pardo amarillo. **2.** *Chile.* Gato, máquina para levantar pesos a poca altura.

**GATAS. A gatas,** con las manos y los pies o las rodillas en el suelo.

**GATEADO, A** adj. Semejante en algún aspecto al gato. ◆ adj. y n. **2.** *Argent.* Dícese del caballo o yegua de pelo oscuro y cebrado.

**GATEAR** v. intr. [**1**]. Trepar como los gatos, y especialmente subir por un tronco valiéndose de los brazos y las piernas. **2.** *Fam.* Andar a gatas.

**GATERA** n. f. Agujero en una pared, tejado o puerta, para que puedan entrar o salir los gatos o para otros fines. **2.** *Bol., Ecuad.* y *Perú.* Revendedora, y más especialmente, verdulera. **3.** *Chile.* Cueva de ratones, ratonera.

**GATILLAZO** n. m. Golpe que da el gatillo en las escopetas, etc.

**GATILLERO** n. m. *Méx.* Pistolero, asesino a sueldo.

**GATILLO** n. m. En las armas de fuego portátiles, parte inferior del disparador, en forma de arco, que se adapta al dedo del tirador. **2.** *Chile.* Crines largas que se dejan a las caballerías en la cruz y de las cuales se asen los jinetes para montar.

**GATISMO** n. m. MED. Incontinencia diurna y nocturna de la orina y de las materias fecales por deficiencia del control nervioso.

**GATO** n. m. (voz quechua). *Perú.* Mercado al aire libre.

**GATO, A** n. Pequeño mamífero carnívoro, generalmente doméstico y de costumbres básicamente nocturnas. (Familia félidos; voz: el gato *maúlla.*) • **Cuatro gatos** *(Fam.),* escaso número de personas. ‖ **Dar gato por liebre** *(Fam.),* hacer pasar alguna cosa por otra similar de calidad superior. ‖ **Gato de algalia,** mamífero carnívoro oriundo de Asia, del cual se obtiene la algalia. (Familia vivérridos.) ‖ **Haber gato encerrado,** haber alguna razón oculta. ‖ **Llevarse el gato al agua,** superar una dificultad. ◆ n. m. **2.** Aparato que permite levantar grandes pesos a poca altura. SIN.: *cric.* **3.** *Argent.* Danza popular bailada por una o dos parejas, con movimientos rápidos. **4.** *Argent.* Música de esta danza. **5.** *Méx.* Sirviente. • **Gato con relaciones** *(Argent.),* baile cuya música es interrumpida para que quienes bailan intercambien coplas cargadas de intención. ‖ **Gato de nueve colas,** especie de látigo de nueve cuerdas provistas de puntas de hierro. ‖ **Pobre gato** *(Argent. Fam.),* persona pobre material o espiritualmente.

**GATOPARDO** n. m. (ital. *gattopardo*). Ocelote.

**GATUNO, A** adj. Relativo al gato o que tiene sus características.

**GATUÑA** n. f. Planta de flores rosadas, fruto en vainillas ovales y raíces de gran longitud, común en los campos y en las orillas de los caminos. (Familia papilionáceas.) SIN.: *detienebuey.*

**GATUPERIO** n. m. Mezcla de sustancias incoherentes. **2.** *Fig.* y *fam.* Chanchullo, intriga.

**GAUCHADA** n. f. *Argent., Chile, Perú* y *Urug.* Acción propia del gaucho. **2.** *Argent.* y *Urug. Fig.* Servicio ocasional realizado con buena disposición.

**GAUCHAJE** n. m. *Argent., Chile* y *Urug.* Conjunto o reunión de gauchos.

**GAUCHEAR** v. intr. [**1**]. *Argent.* y *Urug.* Practicar costumbres de gaucho. **2.** *Argent.* Andar errante.

**GAUCHESCO, A** adj. Relativo al gaucho: *literatura gauchesca.*

■ El tema gauchesco conoció un gran florecimiento poético en Argentina y Uruguay a lo largo del s. XIX. Se fraguó en la época del romanticismo por obra de poetas cultos, como E. Echevarría, pero arranca, propiamente, del encuentro de dos tradiciones principales: una poesía ciudadana en dialecto gaucho y la poesía popular de la pampa. Bartolomé Hidalgo (1788-1822) se puede considerar el iniciador de un género que culmina en el poema épico de José Hernández, *Martín Fierro* (1870) y *La vuelta de Martín Fierro* (1879).

**GAUCHO** n. m. Ave insectívora de gran tamaño, provista de pico fuerte terminado en gancho, que vive en América del Sur y construye su nido en el suelo o en los árboles. (Familia tiránidos.)

**GAUCHO, A** adj. y n. m. Relativo a ciertos habitantes rurales, en los ss. XVIII y XIX, de las llanuras rioplatenses de Argentina, de Uruguay y de Rio Grande do Sul en Brasil; individuo perteneciente a dicho grupo social. **2.** *Argent.* Dícese de la persona que posee las cualidades de nobleza, valentía y ge-

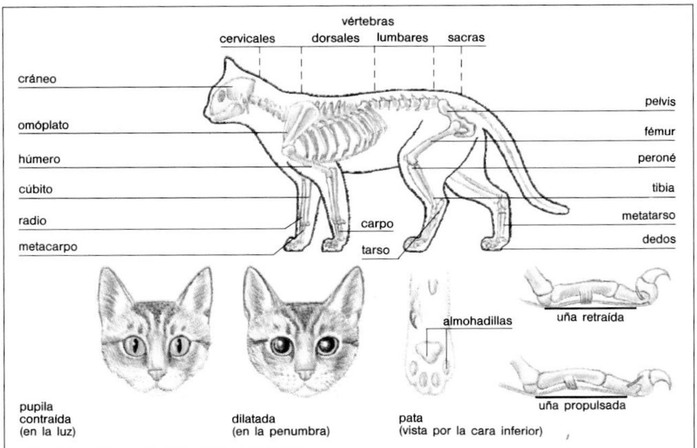

**gato:** esqueleto y detalles de la morfología

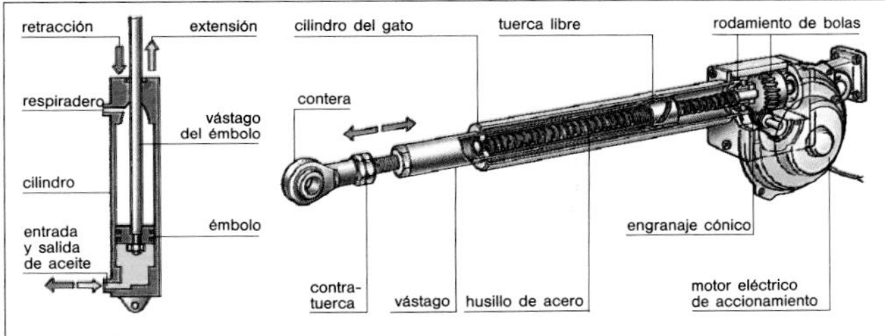

dos tipos de **gatos**

**gatuña**

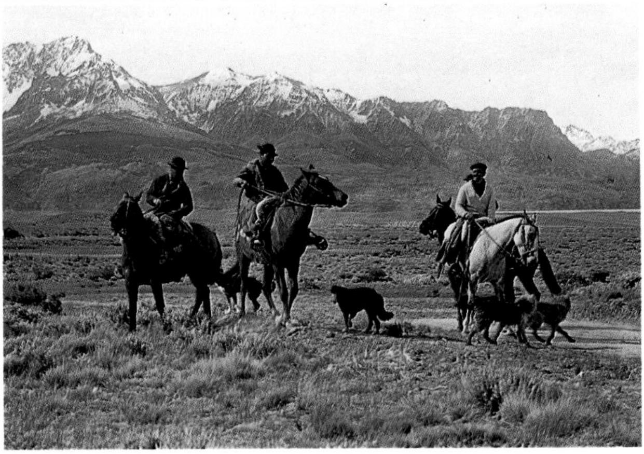
**gauchos** argentinos

nerosidad atribuidas modernamente al gaucho. ◆ adj. **3.** *Argent. Fig.* y *fam.* Dícese de los animales y objetos que proporcionan satisfacción por su rendimiento. ◆ n. m. **4.** *Argent., Chile* y *Urug.* Peón rural experimentado en las faenas ganaderas tradicionales.

■ El gaucho apareció en el s. XVI de las necesidades de la explotación ganadera, que exigía un peonaje avezado a montar a caballo y diestro en el manejo del lazo y las boleadoras. Este peonaje surgió en su mayoría de los mestizos de español e india y adquirió unos hábitos de vida muy característicos: habitaba en ranchos y trabajaba a sueldo en las estancias o estaba como *agregado,* viviendo a cambio de algún trabajo ocasional. Su condición de mestizo y de peón hizo del gaucho un individuo al margen tanto de la sociedad colonial como de la surgida tras la independencia. Así apareció el gaucho matrero o alzado, rebelde contra una sociedad que lo acorralaba, descrito en *Martín Fierro.*

**GAUDEAMUS** n. m. (voz latina que significa *alegrémonos*). Canto religioso de alegría.

**GAULLISMO** n. m. Doctrina y movimiento políticos franceses basados en el pensamiento de Charles de Gaulle.

**GAULLISTA** adj. y n. m. y f. Relativo al gaullismo; partidario de esta doctrina y movimiento.

**GAUR** n. m. Búfalo salvaje de las montañas de la India y Malasia.

**GAUSS** n. m. (de C. F. *Gauss,* físico alemán). Unidad de inducción magnética (símbolo Gs) en el sistema CGS electromagnético.

**GAVE** n. m. (voz francesa). Curso de agua torrencial en la parte occidental de los Pirineos franceses.

**GAVETA** n. f. Cajón corredizo que hay en los escritorios.

**GAVIA** n. f. (lat. *caveam,* hoyo, jaula). Zanja para desagüe o linde de propiedades. **2.** En Canarias, campo instalado en el lecho de un valle, que se cierra con un muro de piedra para represar el agua antes de arar la tierra. **3.** MAR. Vela cuadra que se larga en la verga y mastelero del mismo nombre. **4.** MAR. Cada una de las velas cuadras correspondientes que se largan en los otros dos masteleros.

**GAVIAL** n. m. Cocodrilo de la India y Birmania, de entre 7 y 10 m de long. y hocico largo y delgado.

**GAVIERO** n. m. En los buques de vela, marinero experimentado o de primera que se elige para dirigir las maniobras en las cofas y en lo alto de los palos.

**GAVIETA** n. f. MAR. Gavia, modo de garito que se pone sobre la mesana o el bauprés. **2.** MAR. Trozo de madera, fijo en el bauprés, para encajar la coz del botalón de foque.

**GAVIFORME** adj. y n. m. Colimbiforme.

**GAVILÁN** n. m. Ave rapaz de pequeño tamaño, parecida al azor, con plumaje gris azulado y pardo. (Familia accipítridos.) **2.** *Chile, Cuba, Méx.* y *P. Rico.* Uñero, borde de la uña, especialmente la del dedo gordo del pie que se clava en la carne.

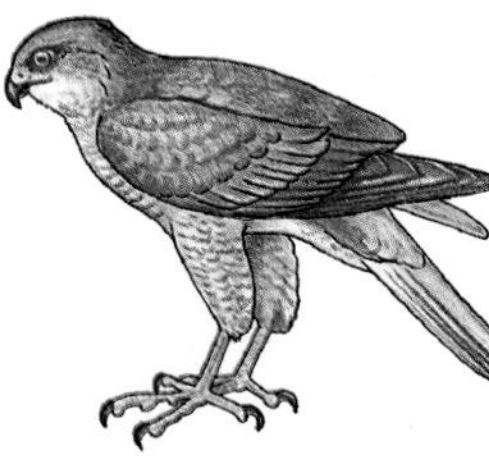
**gavilán**

**GAVILLA** n. f. Conjunto de sarmientos, cañas, mieses, ramos, hierbas, etc., mayor que el manojo y menor que el haz.

**GAVIÓN** n. m. Cestón de mimbres lleno de tierra, que sirve para defender de los tiros del enemigo a los que abren las trincheras.

**GAVIOTA** n. f. Ave de alas largas y puntiagudas y cola variablemente desarrollada, excelente voladora, que vive en las costas y se alimenta de peces. (Familia láridos o estercoráridos.)

**GAVIOTÍN** n. m. Ave de aspecto parecido a las gaviotas, pero de menor tamaño. (Familia láridos.)

**GAVOTA** n. f. Antigua danza francesa de aire moderado y ritmo binario. **2.** Música de esta danza.

**GAY** n. m. y adj. (voz inglesa). Término con que se designa a los homosexuales y a todo lo relativo a los movimientos de liberación homosexual: *movimiento gay.*

**GAYA** n. f. Lista de diverso color que el fondo.

**GAYADURA** n. f. Adorno del vestido u otra prenda, hecho con listas de distinto color.

**GAYAL** n. m. Especie de búfalo que vive en la India en estado de semidomesticidad.

**GAYO, A** adj. Alegre, vistoso. • **Gaya ciencia** (LIT.), antiguamente, poesía de los trovadores.

**GAYOLA** n. f. *Méx. Fam.* Parte más alta de la gradería de un teatro, auditoría, estadio, etc.

**GAYUMBA** n. f. Instrumento de percusión rudimentario, típico de algunas regiones colombianas.

**GAYUNA** n. f. Planta arbustiva de unos 30 cm de alt., con frutos rojos comestibles. (Familia ericáceas.)

**GAZA** n. f. MAR. Especie de lazo, ojo o asa que se forma en el extremo de un cabo o cable doblándolo y uniéndolo con una costura o ligada.

**GAZAPERA** n. f. Madriguera que hacen los conejos para guarecerse con sus crías. **2.** *Fig.* y *fam.* Junta de personas de mal vivir.

**GAZAPO** n. m. Cría del conejo.

**GAZAPO** n. m. *Fam.* Error o equivocación que por inadvertencia se deja escapar al escribir o al hablar.

**GAZMOÑERÍA** n. f. Cualidad de gazmoño.

**GAZMOÑO, A** adj. y n. Que finge devoción, escrúpulos y virtudes que no tiene.

**GAZNÁPIRO, A** adj. y n. Palurdo, cándido, torpe, que se queda embobado con cualquier cosa.

**GAZNATADA** n. f. *Amér. Central, Méx., P. Rico* y *Venez.* Bofetada.

**GAZNATE** n. m. Garguero, garganta. **2.** *Méx.* Dulce hecho de piña o coco.

**GAZNAWÍ** adj. y n. m. y f. Relativo a los Gaznawíes, dinastía turca. (V. parte n. pr.)

**GAZPACHO** n. m. (port. *caspacho*). Plato típico de las regiones del S de España, que consiste en tomate cortado a trozos o pasado por un tamiz, agua, aceite, vinagre, sal y miga de pan, todo mezclado formando una especie de sopa, a la que se añade un picadillo de cebolla, pepino y pimiento.

**GAZUZA** n. f. *Fam.* Hambre.

**Gd,** símbolo químico del *gadolinio.*

**GE** n. f. Nombre de la letra *g.*

**GE,** grupo etnolingüístico de Brasil, muy aculturado, establecido desde el E del Xingu hasta el S de Maranhão. La familia lingüística ge parece emparentada con el tupí.

**Ge,** símbolo químico del *germanio.*

**GEADA** n. f. Fenómeno fonético frecuente en el habla popular gallega que consiste en pronunciar la *g* como *x.*

**gaviota** cocinera

**gaviota** reidora

**GECO** n. m. Lagarto de las regiones cálidas, provisto de dedos adhesivos.

**geco**

**GE'EZ** o **GUEEZ** n. m. y adj. Lengua camitosemítica del grupo etiópico, hablada antiguamente en el reino de Aksum y que sigue siendo la lengua litúrgica de la Iglesia de Etiopía.

**GEHENA** n. m. En los escritos bíblicos, infierno.

**GÉISER, GEISER** o **GEYSER** n. m. (islandés *geysir,* surtidor). Surtidor de agua caliente e intermitente.

**GEISHA** n. f. Danzante y cantante japonesa.

**GEL** n. m. Sustancia coloidal de consistencia viscosa que tiende a hincharse al absorber agua. • **Gel de baño,** solución jabonosa de consistencia gelatinosa destinada al aseo personal.

**GELATINA** n. f. (ital. *gelatina*). Proteína de aspecto de gel, que se derrite a unos 25 °C, obtenida por la acción del agua caliente sobre el colágeno de los tejidos de sostén de los animales, y se utiliza en microbiología como medio de cultivo y en la industria (placas fotográficas, colas, etc.). **2.** Jugo de carne que, al enfriarse, se espesa y adquiere una consistencia blanda elástica y transparente. **3.** Dulce que se hace con zumo de frutas y azúcar cocido hasta adquirir una consistencia similar a la anterior: *gelatina de grosella; gelatina de manzana.*

**GELATINAR** v. tr. **[1]**. Recubrir algo de gelatina.

**GELATINOBROMURO** o **GELATINOCLORURO** n. m. Composición formada por una sal de plata (bromuro o cloruro) en suspensión en gelatina.

**GELATINOSO, A** adj. Abundante en gelatina. **2.** Parecido a la gelatina. **3.** BIOL. Dícese de las estructuras, órganos o seres de consistencia de gel.

**GÉLIDO, A** adj. (lat. *gelidum*). *Poét.* Muy frío.

**GELIFICACIÓN** n. f. Formación de un gel.

**GELIFICAR** v. tr. **[1a]**. Transformar en gel mediante adición de una sustancia apropiada. ◆ **gelificarse** v. pron. **2.** Sufrir una sustancia coloidal la gelificación.

**GELITURBACIÓN** n. f. Crioturbación.

**GELIVABLE** adj. Dícese de las rocas y de los árboles susceptibles de resquebrajarse por la congelación del agua que se ha infiltrado en ellos.

**GELIVACIÓN** o **GELIFRACCIÓN** n. f. Fragmentación de las rocas a causa de las alternancias del hielo y el deshielo.

**GELOSA** n. f. Agar-agar.

**GÉLULA** n. f. Forma medicamentosa constituida por una pequeña cápsula de gelatina.

**GEMA** n. f. (lat. *gemmam*). Piedra preciosa. **2.** Yema de una planta. • **Sal gema,** sal fósil.

**GEMACIÓN** n. f. Desarrollo de las yemas. **2.** Época en la que ésta se produce. **3.** BOT. y ZOOL. Modo de multiplicación vegetativa de algunos animales invertebrados y de algunas plantas, a partir de pequeños grupos celulares o yemas.

**GEMEBUNDO, A** adj. *Desp.* Que gimotea o tiene propensión a hacerlo.

**GEMELAR** adj. Relativo a los gemelos o mellizos.

**GEMELAS** n. f. pl. Conjunto de dos piezas exactamente iguales que forman parte de una máquina o de una herramienta.

**GEMELÍPARA** n. f. y adj. Hembra que pare gemelos.

**GEMELO, A** adj. y n. Dícese de cada uno de los seres que nacen en un mismo parto. ◆ adj. **2.** Dícese de dos elementos que forman pareja. **3.** ANAT. Dícese de dos músculos de la cara posterior de la pierna. • **Ruedas gemelas,** ruedas provistas de un neumático individual, montadas por pares a cada extremo del puente trasero de ciertos vehículos pesados. ◆ **gemelos** n. m. pl. **4.** Los dos maderos gruesos que, empalmados a un tercero, sirven para dar a este último más resistencia y cuerpo. **5.** Juego de botones iguales que se ponen en los puños de la camisa. **6.** Anteojos.

■ Existen dos variedades de gemelos: los *dicigóticos* o falsos gemelos, y los *monocigóticos* o auténticos gemelos. Los primeros, más frecuentes, son debidos a la fecundación de dos óvulos por dos espermatozoides. Los monocigóticos son el resultado de la fecundación de un óvulo por un único espermatozoide, pero el huevo fecundado se separa después en dos embriones distintos.

**GEMIDO** n. m. (lat. *gemitum*). Acción y efecto de gemir.

**GEMÍFERO, A** adj. Portador de yemas.

**GEMINACIÓN** n. f. (lat. *geminationem*). BIOL. Estado de lo que es doble, dispuesto por pares: *la geminación de los folíolos, de los pistilos.* **2.** LING. Repetición de un fonema o de una sílaba.

**GEMINADO, A** adj. Dícese de las cosas agrupadas por pares: *columnas geminadas.*

**GEMINAR** v. intr. y pron. (lat. *geminare*) [**1**]. Producirse una geminación.

**GEMIPARIDAD** n. f. BIOL. Proceso de reproducción por gemación.

**GEMÍPARO, A** adj. BIOL. Dícese de los animales o plantas originados por medio de yemas.

**GEMIQUEAR** v. intr. [**1**]. *Chile.* Gemir.

**GEMIQUEO** n. m. *Chile.* Acción y efecto de gemiquear.

**GEMIR** v. intr. (lat. *gemere*) [**30**]. Expresar naturalmente con sonido y voz lastimera una pena o dolor. **2.** *Fig.* Aullar algunos animales. **3.** *Fig.* Producir un sonido algunas cosas inanimadas semejante al gemido del hombre: *gemir el viento.*

**GEMOLOGÍA** n. f. Ciencia que estudia las gemas o piedras preciosas.

**GEMOLÓGICO, A** adj. Relativo a la gemología.

**GEMÓLOGO, A** n. Especialista en gemología.

**GEMONÍAS** n. f. pl. (lat. *gemonias*). ANT. ROM. Derrumbadero, en el lado NO del Capitolio, donde se exponían los cuerpos de los ajusticiados antes de ser arrojados al Tíber.

**GÉMULA** n. f. BOT. Pequeño brote de una planta, que durante la germinación proporcionará el tallo y las hojas.

**GEN** o **GENE** n. m. BIOL. Elemento de un cromosoma que condiciona la transmisión y la manifestación de un carácter hereditario determinado.

**GENCIANA** n. f. (lat. *gentianam*). Planta de las zonas montañosas, de flores gamopétalas, amarillas, azules o violetas según las especies.

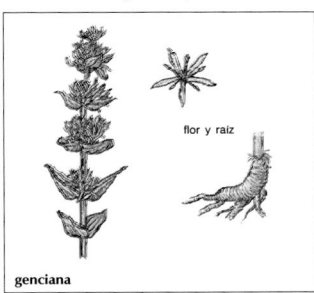

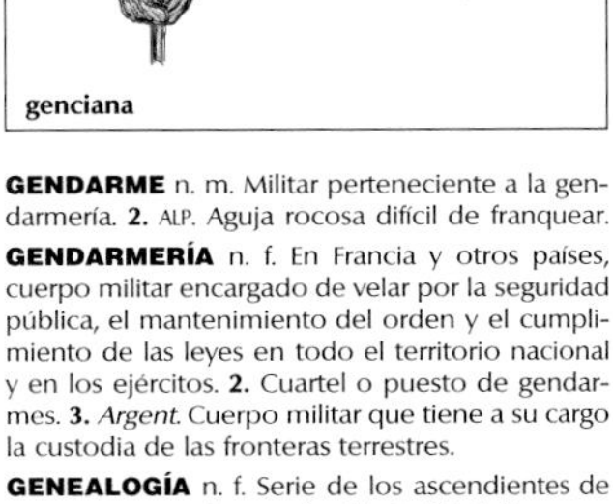


genciana

**GENDARME** n. m. Militar perteneciente a la gendarmería. **2.** ALP. Aguja rocosa difícil de franquear.

**GENDARMERÍA** n. f. En Francia y otros países, cuerpo militar encargado de velar por la seguridad pública, el mantenimiento del orden y el cumplimiento de las leyes en todo el territorio nacional y en los ejércitos. **2.** Cuartel o puesto de gendarmes. **3.** *Argent.* Cuerpo militar que tiene a su cargo la custodia de las fronteras terrestres.

**GENEALOGÍA** n. f. Serie de los ascendientes de una persona o de una familia. **2.** Disciplina cuyo objeto es la investigación del origen y de la filiación de las familias.

**GENEALÓGICO, A** adj. Relativo a la genealogía.

**GENEALOGISTA** n. m. y f. Persona que se dedica al estudio de las genealogías.

**GENEPÍ** n. m. BOT. Nombre común de algunas especies aromáticas de artemisa de los Alpes y los Pirineos, empleadas en la fabricación de licor.

**GENERABLE** adj. Que se puede producir por generación.

**GENERACIÓN** n. f. Acción y efecto de engendrar. **2.** Sucesión de descendientes en línea recta. **3.** Conjunto de todos los vivientes coetáneos: *la generación futura.* **4.** Conjunto de todas las personas que, nacidas en fechas próximas, han recibido influjos culturales y sociales semejantes: *la generación beat.* **5.** Conjunto de técnicas y de productos que caracterizan una rama de la actividad industrial o científica en un momento determinado: *ordenadores de la segunda generación.* • **Generación espontánea,** teoría admitida durante la antigüedad y la edad media para ciertos animales, y hasta Pasteur para los microbios, según la cual existía una formación espontánea de los seres vivos a partir de materias minerales o de sustancias orgánicas en descomposición.

**GENERACIONAL** adj. Relativo a la generación.

**GENERADOR, RA** adj. Que genera o engendra. ◆ n. m. **2.** Aparato que produce corriente eléctrica a partir de energía obtenida por otros medios.

**GENERAL** adj. Que concierne a la totalidad o conjunto de personas o cosas. **2.** Común, frecuente, usual. **3.** Vago, de sentido indeterminado: *hablar en términos generales.* • **En general** o **por lo general,** en común, generalmente; sin especificar ni individualizar demasiado. ‖ **Medicina general,** la que abarca todas las especialidades. ◆ adj. y n. m. y f. **4.** Dícese del superior de algunas órdenes religiosas. ◆ n. m. **5.** Oficial que pertenece al escalón más alto de la jerarquía de los ejércitos de tierra y aire; los oficiales generales son, de superior a inferior, los capitanes generales, los tenientes generales y los generales de división y de brigada.

**GENERALA** n. f. Esposa del general. **2.** MIL. Toque para que las fuerzas de una guarnición o campo se pongan sobre las armas.

**GENERALATO** n. m. Empleo o grado de general. **2.** Conjunto de los generales de uno o varios ejércitos. **3.** Ministerio del general de las órdenes religiosas.

**GENERALIDAD** n. f. Mayoría, muchedumbre o casi la totalidad de los individuos u objetos que componen una clase o todo sin determinación. **2.** Vaguedad o falta de precisión en lo que se dice o escribe: *abundar en generalidades.*

**GENERALÍSIMO** n. m. General que tiene el mando superior de todas las fuerzas armadas de un estado o de una coalición de estados.

**GENERALISTA** n. m. y f. Profesional que trata de uno o diversos asuntos con una visión general interrelacionada, por contraposición al enfoque parcelado del especialista.

**GENERALIZABLE** adj. Que puede generalizarse.

**GENERALIZACIÓN** n. f. Acción y efecto de generalizar. **2.** Actividad mediante la cual los resultados de la observación de algunos casos se extiende a todos los casos posibles.

**GENERALIZADOR, RA** adj. Que generaliza.

**GENERALIZAR** v. tr. y pron. [**1g**]. Hacer general o común una cosa. **2.** Abstraer lo que es común y esencial a muchas cosas, para formar un concepto que las comprenda a todas. **3.** Extender, ampliar: *generalizar un concepto.* ◆ v. tr. **4.** Considerar y tratar en común cualquier punto o cuestión, sin contraerla a caso determinado.

**GENERAR** v. tr. [**1**]. Producir algo: *generar una corriente eléctrica.* **2.** Engendrar un nuevo ser.

**GENERATIVO, A** adj. Que tiene virtud de engendrar. • **Gramática generativa** (LING.), gramática consistente en una serie finita de reglas y operaciones capaces de enumerar el conjunto infinito de las frases gramaticales de una lengua.

**GENERATRIZ** n. f. y adj. Máquina que transforma la energía mecánica en corriente eléctrica continua. **2.** MAT. Línea cuyo desplazamiento genera una superficie. ◆ adj. **3.** BOT. Dícese de la capa de células que garantiza el crecimiento en grosor de las plantas vivaces.

**GENÉRICO, A** adj. Común a muchas especies. **2.** BIOL. Correspondiente al género o propio de él: *nombre genérico.* **3.** LING. Dícese de una palabra que corresponde a toda una categoría (*pájaro* es un término genérico). **4.** MAT. Dícese del elemento de un conjunto tomado en su forma general. ◆ adj. y n. m. **5.** Dícese del medicamento cuya fórmula es de dominio público y que se vende bajo su denominación común a un precio inferior al de la especialidad correspondiente. ◆ n. m. **6.** Parte de una película cinematográfica o de un programa de televisión donde se indican los nombres de las personas que han colaborado en ellos.

**GÉNERO** n. m. (lat. *genus*). Especie, conjunto de cosas semejantes entre sí por tener uno o varios caracteres esencialmente comunes: *el género humano.* **2.** Clase, orden en que con arreglo a determinadas condiciones o calidades, se consideran comprendidas diferentes personas o cosas. **3.** Modo o manera de hacer una cosa: *llevar un determinado género de vida.* **4.** En el comercio, cualquier clase de mercancías. **5.** BIOL. Categoría taxonómica intermedia entre la familia y la especie. **6.** LING. Característica gramatical de los nombres por la que se dividen en masculinos o femeninos, o neutros en algunas lenguas, y que se corresponden con el sexo o con una clasificación arbitraria. • **Género chico,** denominación que se aplica a un tipo de sainete cómico y de costumbres en un acto, casi siempre con diálogos y cantables, que tuvo su auge a fines del s. XIX y principios del XX. ‖ **Género literario,** categoría de obras definida por reglas y caracteres comunes. ‖ **Géneros de punto,** artículos hechos de punto de media, y toda clase de tejidos o prendas de vestir de punto. ‖ **Pintura de género** (B. ART.), la que utiliza escenas sacadas de la vida familiar o popular, o de temas anecdóticos.

**GENEROSIDAD** n. f. Cualidad de generoso.

**GENEROSO, A** adj. Que obra con magnanimidad y nobleza de ánimo. **2.** Inclinado a dar a los demás de lo suyo propio. • **Vino generoso,** el de mayor graduación alcohólica que el corriente, añejo y elaborado por ciertos métodos.

**GENESIACO, A** o **GENESÍACO, A** adj. Relativo a la génesis.

**GENÉSICO, A** adj. Relativo a la generación.

**GÉNESIS** n. f. (gr. *genesis,* generación). Origen o principio de una cosa. **2.** Conjunto de fenómenos que dan por resultado un hecho. **3.** BIOL. Proceso de formación y diferenciación de los caracteres de cada uno de los órganos y estructuras del ser vivo.

**GENÉTICA** n. f. Ciencia de los fenómenos hereditarios, cuyas primeras leyes fueron establecidas por Mendel en 1865, y que estudia la transmisión de los caracteres anatómicos, citológicos y funcionales de padres a hijos.

**GENÉTICO, A** adj. Relativo a la génesis u origen de las cosas. **2.** BIOL. Dícese de los factores de la herencia. • **Información genética** (BIOL.), información contenida en una secuencia de nucleótidos de ácidos nucleicos, A.D.N. o A.R.N. ‖ **Sicología genética** (SICOL.), estudio del desarrollo mental del niño y del adolescente en tanto que este desarrollo explica la estructura intelectual del adulto. ◆ n. **3.** Biólogo dedicado al estudio de la genética.

**GENETISMO** n. m. Teoría sicológica según la cual la percepción del espacio se debe a la educación de los sentidos, y no es innata como propugna el nativismo.

**GENETISTA** n. m. y f. Especialista en genética.

**GENETLÍACO, A** o **GENETLIACO, A** adj. Dícese de la parte de la astrología que estudia el cielo en el momento del nacimiento.

**GENIAL** adj. (lat. *genialem*). Relativo al genio creador o que tiene sus características. **2.** Excelente, placentero, que causa agrado.

**GENIALIDAD** n. f. Condición de genio, capacidad creativa. **2.** Acción original o extravagante.

**GÉNICO, A** adj. Relativo a los genes.

**GENICULADO, A** adj. BIOL. Dícese de todos los órganos doblados sobre sí mismos formando un ángulo, y de los seres que poseen tales órganos: *tallo geniculado.*

**GENIO** n. m. Índole o condición natural de cada persona. **2.** Mal carácter: *estar de genio.* **3.** Estado de ánimo circunstancial. **4.** Disposición o habilidad extraordinaria para algo determinado: *tener genio de artista.* **5.** Ser sobrenatural al que se atribuye un poder mágico. **6.** Persona que destaca extraordinariamente en una actividad determinada. **7.** Capacidad creativa en artes, ciencias o letras. **8.** Persona que posee capacidad creativa. • **Genio epidémico,** conjunto de condiciones climáticas, bacteriológicas y fisiológicas que determinan las

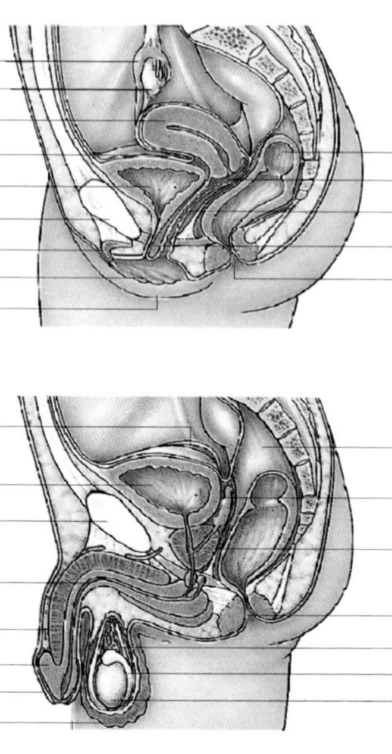

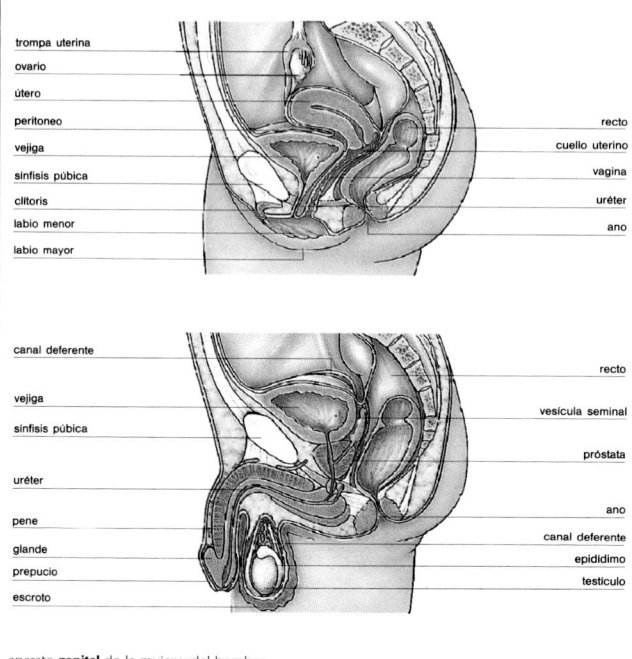


aparato **genital** de la mujer y del hombre

epidemias. ‖ **Pronto,** o **vivo, de genio,** dícese de la persona de irascibilidad fácil pero poco duradera.

**GENIPA** n. f. Planta arbórea de América tropical cuyo fruto, del tamaño de una naranja, está lleno de una pulpa blanquecina, agridulce, con la que se preparan bebidas refrescantes. (Familia rubiáceas.)

**GENITAL** adj. Relativo al sexo y al aparato reproductor del hombre y de los animales. **2.** SICOANÁL. Dícese del estadio de la evolución de la líbido en que ésta aparece definitivamente ligada a los órganos y las funciones procreadores. ◆ **genitales** n. m. pl. **3.** Partes externas del aparato genital masculino y femenino.

**GENITIVO, A** adj. Que puede engendrar o producir una cosa. ◆ n. m. **2.** LING. En las lenguas que tienen declinación, caso que indica pertenencia, posesión o materia de que está hecha una cosa.

**GENITOR** n. m. El que engendra.

**GENITOURINARIO, A** adj. Relativo al conjunto de los aparatos reproductor y urinario. SIN.: *urogenital.*

**GENÍZARO** n. m. Jenízaro.

**GENOCIDIO** n. m. Crimen cometido contra un pueblo o un grupo nacional, étnico o religioso.

**GENOL** n. m. MAR. Cada una de las piezas que servía para unir las varengas con sus respectivas ligazones y formar las cuadernas de la embarcación.

**GENOMA** n. m. BIOL. Conjunto de los genes de la especie.

**GENOTERAPIA** n. f. Método terapéutico consistente en la inserción de determinados genes en las células de un paciente.

**GENOTIPO** n. m. BIOL. Conjunto de factores hereditarios constitucionales de un individuo o de una especie.

**GENOVÉS, SA** adj. y n. De Génova.

**GENOVEVANO** n. m. Canónigo regular de San Agustín de la congregación de Santa Genoveva.

**GENS** n. f. (voz latina). En la antigua Roma, grupo de familias patricias con un antepasado común y que llevaba el mismo apellido (gentilicio).

**GENTE** n. f. (lat. *gentem,* raza, familia). Pluralidad de personas: *la gente acudió al estadio.* **2.** Clase social: *su familia es gente humilde.* **3.** Los hombres en general: *la gente vive engañada.* **4.** *Fam.* Familia, parentela inmediata de alguien: *sentía nostalgia y volvió con su gente.* **5.** Persona: *este muchacho es buena gente.* **6.** *Chile, Colomb., Perú* y *P. Rico.* Gente decente, bien portada. • **Gente bien,** personas distinguidas, de clase elevada. ‖ **Gente de bien,** la de buena intención y proceder. ‖ **Gente menuda** *(Fam.),* los niños.

**GENTIL** adj. y n. m. y f. (lat. *gentilem,* propio de una familia). Idólatra o pagano. ◆ adj. **2.** De hermosa presencia, apuesto. **3.** Amable.

**GENTILEZA** n. f. Cualidad de gentil. **2.** Amabilidad y cortesía.

**GENTILHOMBRE** n. m. (fr. *gentilhomme*) [pl. *gentileshombres*]. Noble que servía en la casa real. **2.** Hidalgo.

**GENTILICIO, A** adj. Relativo a las gentes o naciones: *nombre gentilicio.* **2.** Relativo al linaje o familia. ◆ adj. y n. m. **3.** Dícese de los nombres y adjetivos que expresan lugar de origen o nacionalidad: *español es un gentilicio.*

**GENTILIDAD** n. f. Conjunto y agregado de todos los gentiles. **2.** Religión que profesan los gentiles o idólatras. **3.** En la península Ibérica, en la antigüedad, conjunto de familias patriarcales que se atribuían una ascendencia común.

**GENTÍO** n. m. Concurrencia o afluencia considerable de personas.

**GENTLEMAN** n. m. (voz inglesa) [pl. *gentlemans* o *gentlemen*]. Caballero, hombre distinguido.

**GENTÚ** n. m. Ave de plumaje gris y blanco que vive en Georgia del Sur, islas Malvinas y algunos islotes de la Antártida. (Familia esfeníscidos.)

**GENTUZA** n. f. *Desp.* Chusma, gente despreciable.

**GENUFLEXIÓN** n. f. Acción de doblar la rodilla en señal de reverencia, sumisión o adoración.

**GENUINO, A** adj. (lat. *genuinum,* auténtico). Que conserva sus características propias y originarias.

**GEO** n. m. y f. (de *grupos especiales de operaciones*). Miembro de un grupo especial de la policía.

**GEOBIOLOGÍA** n. f. Ciencia que estudia las relaciones entre la evolución cósmica y geológica de la Tierra, con las condiciones de origen, la composición química y física y la evolución de la materia viva, así como con los organismos que esta última constituye.

**GEOBOTÁNICA** n. f. Estudio de los vegetales en relación con el medio terrestre.

**GEOCÉNTRICO, A** adj. Relativo al centro de la Tierra como punto de observación. • **Movimiento geocéntrico,** movimiento aparente de un astro alrededor de la Tierra considerada como centro de observación.

**GEOCENTRISMO** n. m. Antigua teoría astronómica que defendía que la Tierra era el centro del universo.

**GEOCRONOLOGÍA** n. f. Ciencia cuyo objeto es fijar la edad de las rocas.

**GEODA** n. f. (gr. *geōdēs,* terroso). Cavidad de una roca tapizada interiormente de cristales minerales. **2.** MED. Cavidad patológica en el interior de un hueso.

**GEODESIA** n. f. Ciencia que tiene por objeto definir la forma de la Tierra, describir con detalle su campo de gravedad y estudiar las variaciones eventuales de éste en el tiempo.

**GEODÉSICO, A** adj. Relativo a la geodesia. • **Línea geodésica,** la línea más corta que une dos puntos de una superficie.

**GEODINÁMICA** n. f. Rama de la geología que estudia los procesos evolutivos que afectan a la Tierra y analiza las fuerzas que se derivan de ellos.

**GEOESTACIONARIO, A** adj. ASTRONÁUT. Dícese de un satélite de la Tierra, con igual período de revolución, que describe una órbita directa, ecuatorial y circular.

**GEOFAGIA** n. f. PATOL. Hábito de comer tierra o sustancias similares no nutricias.

**GEÓFAGO, A** adj. y n. Que come tierra.

**GEOFÍSICA** n. f. Estudio, a través de la física, de la estructura de conjunto del globo terrestre y de los movimientos que lo afectan.

**GEOFÍSICO, A** adj. Relativo a la geofísica. ◆ n. **2.** Especialista en geofísica.

**GEOGNOSIA** n. f. Parte de la geología que estudia la composición, estructura y disposición de los elementos que integran la Tierra.

**GEOGRAFÍA** n. f. (gr. *geōgraphia*). Ciencia que tiene por objeto la descripción y explicación de los fenómenos físicos y humanos en la superficie de la Tierra.

■ La geografía es la ciencia que trata de la organización del espacio terrestre (continental y, eventualmente, marítimo) por el hombre, desde los puntos de vista del hábitat y de la población (*geografía humana* en sentido estricto), de la producción y de los transportes *(geografía económica).* La geografía, en su investigación explicativa, recurre a diversas disciplinas. El estudio de las condiciones que ofrece el medio natural se sirve de la geomorfología, la climatología, la biogeografía, la edafología (disciplinas que, en ocasiones, se agrupan bajo la denominación de *geografía física*). A pesar

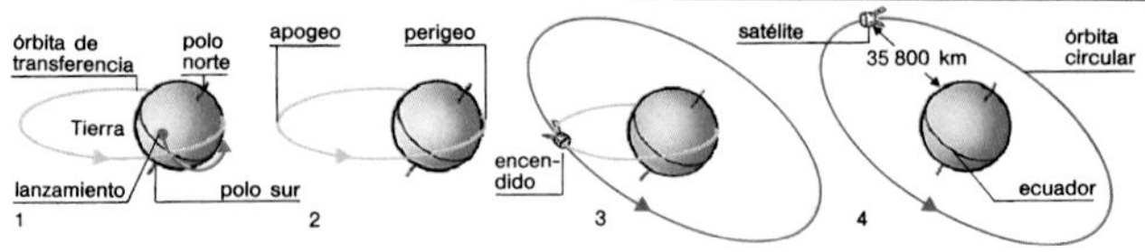


1. Lanzamiento y entrada del satélite en una órbita de transferencia. 2. El satélite describe varias revoluciones sobre esta órbita, desde el perigeo al apogeo. 3. Tras su paso por el apogeo, el encendido del motor de apogeo lanza al satélite sobre una órbita circular de 35 800 km alrededor del suelo. 4. Las últimas correcciones de trayectoria convierten al satélite en geoestacionario.

satélite **geoestacionario:** lanzamiento y puesta en órbita de ello, la comprensión de la organización del espacio requiere también la colaboración de la historia, la sociología, la economía y la demografía. La geografía, auténtica ecología humana y disciplina de síntesis, se sitúa así en la encrucijada de las ciencias de la Tierra y de las ciencias humanas clásicas.

**GEOIDE** n. m. (gr. *geoeidés*, semejante a la tierra). Superficie ideal que, en cualquier punto de la Tierra, es normal a la vertical del lugar y que coincide con el nivel medio de los mares, haciendo abstracción de las mareas; corresponde convencionalmente a la altitud cero.

**GEOLOGÍA** n. f. Ciencia que tiene por objeto la descripción de los materiales que forman el globo terrestre, el estudio de las transformaciones que ha sufrido la Tierra en el transcurso de los tiempos y el estudio de los fósiles.

**GEOLÓGICO, A** adj. Relativo a la geología.

**GEÓLOGO, A** n. Especialista en geología.

**GEOMAGNÉTICO, A** adj. Relativo al geomagnetismo.

**GEOMAGNETISMO** n. m. Magnetismo terrestre.

**GEOMANCIA** o **GEOMANCÍA** n. f. Técnica de adivinación supersticiosa basada en la observación de las figuras que se forman con tierra, polvo, piedras, etc., lanzados al azar sobre una superficie lisa.

**GEÓMETRA** n. m. y f. Especialista en geometría.

**GEOMETRÍA** n. f. (gr. *geômetria*). Disciplina matemática que tiene por objeto el estudio riguroso del espacio y de las formas (figuras y cuerpos) que en él se pueden imaginar. • **Geometría analítica,** estudio de las figuras por medio del álgebra gracias al empleo de coordenadas. ‖ **Geometría de** n **dimensiones,** geometría que opera en un espacio de *n* dimensiones, pudiendo ser *n* superior a tres. ‖ **Geometría del espacio,** o **de tres dimensiones,** geometría que corresponde a la representación intuitiva del espacio que incluye tres dimensiones. ‖ **Geometría descriptiva,** estudio de las figuras del espacio a partir de sus proyecciones ortogonales sobre dos planos perpendiculares entre sí. ‖ **Geometría diferencial,** estudio de las curvas y de las superficies con ayuda del cálculo infinitesimal. ‖ **Geometría elemental,** geometría que, sin recurrir a un sistema de coordenadas, trata un programa tradicionalmente limitado a la recta, el círculo y las cónicas. ‖ **Geometría plana,** o **de dos dimensiones,** estudio de las figuras en un plano. ‖ **Geometría proyectiva** (→ ***proyectiva***).

**GEOMÉTRICO, A** adj. Relativo a la geometría. • **Abstracción geométrica,** o **fría,** tendencia del arte del s. XX que experimenta sistemáticamente el poder estético de las líneas, de las figuras geométricas y del color. ‖ **Estilo geométrico,** período del arte griego (1050-725 a. J.C.) que alcanzó su apogeo en el s. VIII y que se define por el carácter geométrico de la decoración en la cerámica.

**GEOMÉTRIDO, A** adj. y n. m. Relativo a una familia de mariposas nocturnas o crepusculares como las falenas, perteneciente al orden lepidópteros.

**GEOMORFOGÉNESIS** n. f. GEOMORFOL. Creación y evolución de las formas del relieve terrestre.

**GEOMORFOLOGÍA** n. f. Parte de la geografía física que tiene por objeto la descripción y explicación del relieve terrestre actual, gracias al estudio de su evolución.

**GEOMORFÓLOGO, A** n. Especialista en geomorfología.

**GEOPOLÍTICA** n. f. Estudio de las relaciones entre los elementos naturales, como relieve, clima, etc., y la política de los estados.

**GEOQUÍMICA** n. f. Ciencia que trata de la cantidad absoluta y relativa de los elementos e isótopos, de su distribución y de sus migraciones, en todo el globo terráqueo.

**GEOQUÍMICO, A** n. Especialista en geoquímica.

**GEORGIANO, A** adj. y n. De Georgia. ◆ n. m. **2.** Lengua caucásica hablada en la república de Georgia.

**GEÓRGICA** n. f. Obra, especialmente literaria, que trata temas relacionados con la agricultura.

**GEÓRGICO, A** adj. Relativo a la agricultura.

**GEOSFERA** n. f. Parte mineral, no viva, de la Tierra, que sirve de soporte al conjunto de los seres vivos. (Comprende la atmósfera, la hidrosfera y la parte externa de la litosfera.)

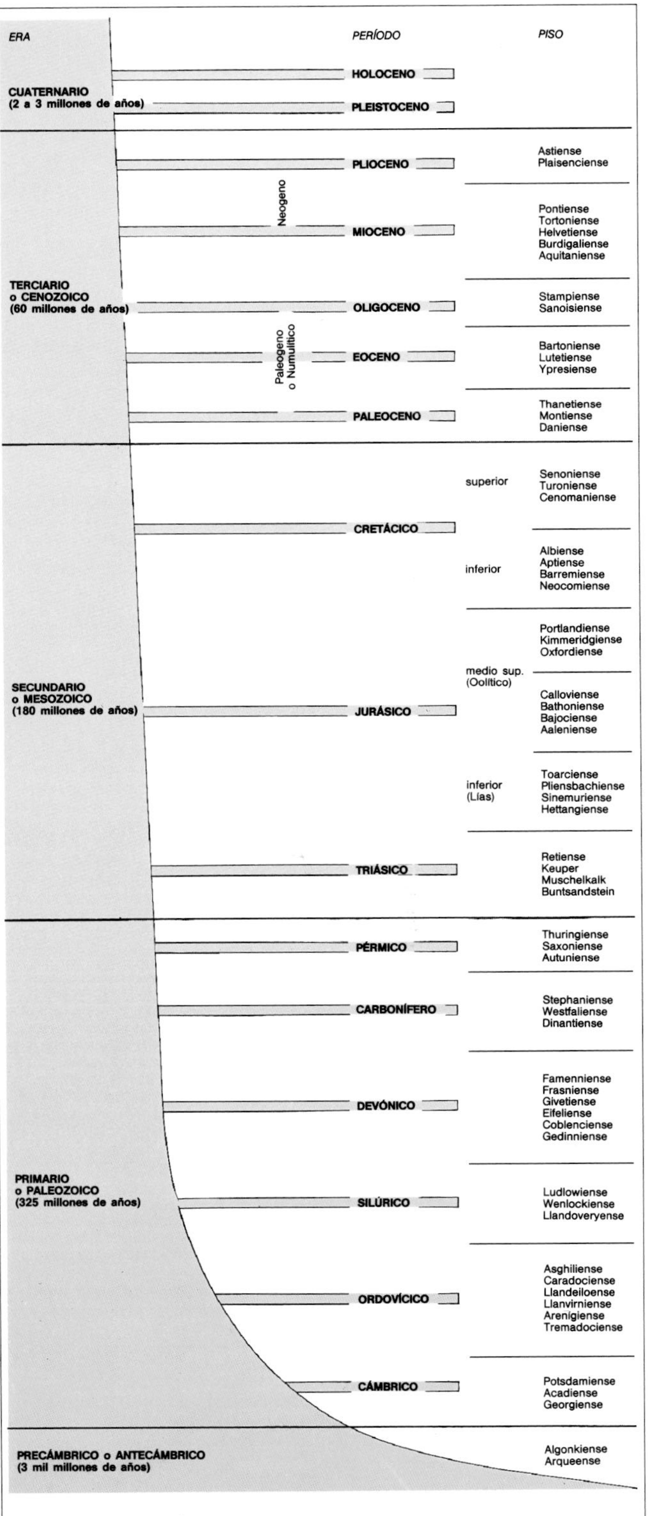

**geología:** cuadro estratigráfico

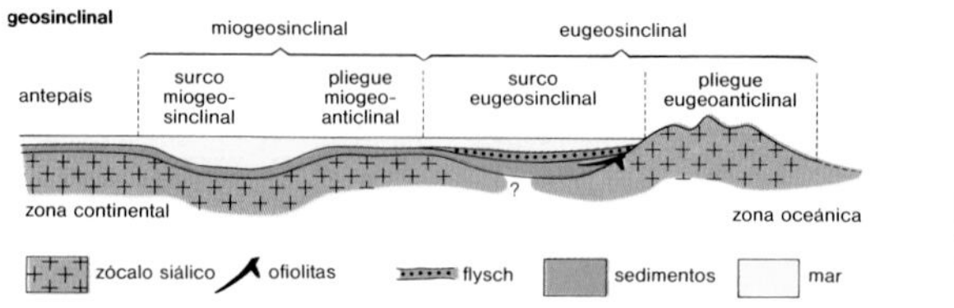

geosinclinal

**GEOSINCLINAL** n. m. y adj. En las zonas orogénicas, amplia fosa de la corteza terrestre que va hundiéndose progresivamente bajo el peso de los sedimentos que se acumulan en ella y cuyo plegamiento interior finaliza con la formación de una cadena montañosa.

**GEOSTRÓFICO, A** adj. Dícese del viento que circula paralelo a las isobaras.

**GEOTAXIS** n. f. ETOL. Movimiento de orientación táctica debido a la acción de la gravedad.

**GEOTECNIA** n. f. Parte de la geología que estudia las propiedades de los suelos y de las rocas en función de proyectos de construcción.

**GEOTERMIA** n. f. Estudio de los fenómenos térmicos que tienen su sede en el globo terrestre.

**GEOTÉRMICO, A** adj. Relativo a la geotermia. • **Grado geotérmico,** profundización terrestre necesaria para alcanzar un aumento de temperatura de 1 °C. (Es del orden de unos 33 m en la capa superficial.)

**GEOTEXTIL** n. m. Producto o artículo textil utilizado en ingeniería.

**GEOTROPISMO** n. m. Orientación del crecimiento de los órganos vegetativos de las plantas debida a la fuerza de la gravedad.

**GÉPIDO, A** adj. y n. Relativo a un pueblo germánico de Europa central que fue empujado por los hunos hacia occidente; individuo de este pueblo.

**GERAL** adj. (voz portuguesa). **Lingua geral,** denominación dada a un dialecto tupí de Brasil, convertido en *lingua franca* por los misioneros, para facilitar la comunicación y comprensión entre los indígenas.

**GERANIÁCEO, A** adj. y n. f. Relativo a una familia de plantas dicotiledóneas con cinco carpelos, como el geranio.

**GERANIO** n. m. Planta de tallo carnoso, cultivada por sus flores ornamentales. (Familia geraniáceas.) **2.** Flor de esta planta.

geranio

**GERENCIA** n. f. Cargo y gestión del gerente. **2.** Oficina del gerente. **3.** Tiempo que una persona ocupa este cargo.

**GERENTE** n. m. y f. Persona física que dirige, administra y representa una empresa mercantil y en la que se personifican sus órganos directores.

**GERIATRA** n. m. y f. Médico especialista en geriatría.

**GERIATRÍA** n. f. Parte de la medicina que estudia las enfermedades de la vejez.

**GERIÁTRICO, A** adj. Relativo a la geriatría. ◆ n. m. **2.** Residencia de ancianos.

**GERIFALTE** n. m. Halcón de gran tamaño, unos 50 cm de long., de plumaje marrón claro o blanco, que vive en Europa septentrional. **2.** *Fam.* Persona que sobresale en cierto cargo.

**GERMANESCO, A** adj. Relativo a la germanía.

**GERMANÍA** n. f. (cat. *germania,* hermandad). Habla jergal española propia del hampa de los ss. XVI y XVII; actualmente, jerga del hampa y de los gitanos.

**GERMÁNICO, A** adj. y n. De Germania **2.** De Alemania o de sus habitantes. ◆ n. m. **3.** Rama del indoeuropeo de la que surgieron el inglés, el alemán, el neerlandés y las lenguas escandinavas.

**GERMANIO** n. m. Metal (Ge) de número atómico 32 y masa atómica 72,59, parecido al silicio.

**GERMANISMO** n. m. Expresión propia de la lengua alemana. **2.** Palabra o giro de la lengua alemana que han sido incorporados a otra lengua.

**GERMANISTA** n. m. y f. Especialista en lengua y civilización alemanas.

**GERMANITA** n. f. MINER. Sulfuro de hierro, cobre y germanio $Cu_6FeGeS_8$, cúbico, opaco, hasta en el polvo muy fino, de brillo metálico rosa violado.

**GERMANIZACIÓN** n. f. Acción de germanizar.

**GERMANIZAR** v. tr. y pron. **[1g]**. Comunicar o tomar costumbres alemanas. **2.** Dar forma alemana a una palabra.

**GERMANO, A** adj. y n. Que pertenece a la germanía.

**GERMANO, A** adj. y n. Relativo a un pueblo indoeuropeo, originario de Escadinavia meridional, que emigró hacia la llanura europea en el I milenio a. J.C.; individuo de este pueblo.

■ Los germanos (godos, vándalos, burgundios, suevos, francos, etc.) se establecieron en el centro y norte de Europa en los ss. I y II d. J.C. y establecieron relaciones con Roma, a la que proporcionaban esclavos y mercenarios. A mediados del s. II, los germanos invadieron el norte de Italia y de los Balcanes; fue el preludio de varios siglos de invasiones en occidente, en los que los germanos acabaron por formar varios reinos (s. V).

**GERMANÓFILO, A** adj. y n. Favorable a los alemanes.

**GERMANÓFOBO, A** adj. y n. Hostil a los alemanes.

**GERMEN** n. m. (lat. *germen*). Causa, origen de alguna cosa: *el germen de un error.* **2.** Estado simple y primitivo del que deriva todo ser viviente (huevo, embrión, plántula, espora, etc.). **3.** Primer tallo que brota de una planta. **4.** MED. Microbio patógeno causante de una enfermedad.

**GERMICIDA** adj. y n. m. Que mata los gérmenes.

**GERMINACIÓN** n. f. Desarrollo del germen contenido en una semilla, que pone fin al estado de vida latente o anhidrobiosis.

**GERMINADOR, RA** adj. Que tiene la facultad de hacer germinar.

**GERMINAL** adj. Que se refiere al germen.

**GERMINAL** n. m. Séptimo mes del calendario republicano francés, del 21 o 22 de marzo al 18 o 19 de abril.

**GERMINAR** v. intr. **[1]**. Desarrollar su germen una semilla o una planta. **2.** *Fig.* Empezar a desarrollarse: *una idea ha germinado en su mente.*

**GERMINATIVO, A** adj. Que está relacionado con la germinación. • **Facultad germinativa** o **poder germinativo,** facultad de una semilla que todavía está viva y es capaz de germinar cuando se encuentra en un medio favorable.

**GEROCULTOR, A** n. Persona que cuida de ancianos en un geriátrico.

**GERONTOCRACIA** n. f. Sociedad en la que el poder político lo ejercen los ancianos.

**GERONTOFILIA** n. f. Atracción sexual hacia personas ancianas.

**GERONTOLOGÍA** n. f. Estudio de la vejez y de los fenómenos del envejecimiento en sus diversos aspectos, morfológicos, fisiopatológicos (geriatría), sicológicos, sociales, etc.

**GERONTÓLOGO, A** n. Especialista en gerontología.

**GERUNDENSE** adj. y n. m. y f. De Gerona.

**GERUNDIO** n. m. (lat. *gerundium,* de *gerere,* hacer). LING. En latín, forma verbal que proporciona una especie de flexión al infinitivo. **2.** LING. En español, forma no personal del verbo que en unos casos realiza función adjetiva y en otros adverbial.

**GERUNDIVO** n. m. LING. Forma verbal latina que equivale a un participio pasivo de futuro con carácter atributivo o predicativo.

**GERUSIA** n. f. Órgano principal del gobierno de Esparta, integrado por ancianos.

**GESTA** n. f. (lat. *gesta*). Conjunto de hazañas o hechos memorables de algún personaje o de un pueblo. • **Cantar de gesta** (→ *cantar).*

**GESTACIÓN** n. f. Proceso del desarrollo del embrión de las hembras vivíparas desde su concepción hasta el parto. **2.** Tiempo que dura este proceso, que varía entre los 21 días en la rata y los 640 días en el elefante. **3.** En la mujer, embarazo. **4.** *Fig.* Período de preparación o de elaboración que precede a algo: *la gestación de una obra teatral.*

**duración de la gestación en los animales**

| | |
|---|---|
| oposum | 13 días |
| ratón | 21 días |
| conejo | 30 días |
| marmota, topo, liebre | 40 días |
| zorro | 54 días |
| cobayo, lobo, gato | 60 días |
| pantera | 93 días |
| león, tigre | 106 días |
| cerdo | 115 días |
| castor | 128 días |
| oveja | 150 días |
| tejón | 180 días |
| gibón | 210 días |
| ciervo | 235 días |
| gamo, hipopótamo | 240 días |
| oso pardo | 260 días |
| manatí | 270 días |
| rorcual | 330 días |
| caballo | 335 días |
| asno, cebra | 375 días |
| jirafa | 440 días |
| cachalote | 480 días |
| rinoceronte | 560 días |
| elefante de África | 640 días |

**GESTAR** v. tr. **[1]**. Estar una hembra en período de gestación. ◆ **gestarse** v. pron. **2.** Prepararse o desarrollarse un suceso, obra, etc.: *se gestaba una revolución.*

**GESTATORIO, A** adj. (lat. *gestatorium*). Que ha de ser llevado en brazos: *silla gestatoria.*

**GESTEAR** v. intr. (de *gesto*) **[1]**. Hacer gestos.

**GESTICULACIÓN** n. f. Acción de gesticular.

**GESTICULADOR, RA** o **GESTERO, A** adj. Que gesticula.

**GESTICULAR** v. intr. (lat. *gesticulari*) **[1]**. Hacer gestos.

**GESTIÓN** n. f. (lat. *gestionem*). Acción de gestionar, administración. • **Gestión de negocios ajenos,** cuasicontrato que consiste en la intervención voluntaria de una persona en los negocios e intereses de un tercero, sin que exista oposición por parte de éste. ‖ **Gestión presupuestaria** (FIN.), sistema que consiste en aplicar todos los gastos e ingresos al presupuesto del año en que se han producido sin tener en cuenta el año en que han sido adoptados.

**GESTIONAR** v. tr. [1]. Hacer diligencias para la consecución de algo o la tramitación de un asunto.

**GESTO** n. m. (lat. *gestum*). Expresión del rostro que es reflejo de un estado de ánimo. **2.** Movimiento del cuerpo, de las manos, de los brazos, etc. **3.** Rasgo de amabilidad o generosidad. • **Hacer un mal gesto,** hacer un movimiento que cause dolor muscular. || **Torcer el gesto,** poner expresión de enfado o disgusto.

**GESTOR, RA** adj. y n. Que gestiona. ◆ n. **2.** Gestor administrativo, persona que de un modo habitual y por profesión se dedica a gestionar, promover y activar en las oficinas públicas toda clase de asuntos particulares o de corporaciones.

**GESTORÍA** n. f. Oficina del gestor.

**GESTUAL** adj. Relativo a los gestos. • **Pintura gestual,** la que da una importancia fundamental a la velocidad de ejecución y a la espontaneidad del gesto, especialmente en el expresionismo abstracto y en la abstracción lírica.

**GESTUDO, A** adj. Que suele poner mal gesto.

**GETA,** adj. y n. m. y f. Relativo a un pueblo tracio establecido entre los Balcanes y el Danubio, sometido por Darío I en 513 a. J.C., que acabó fundiéndose con los dacios; individuo de este pueblo.

**GÉTULO, A** adj. y n. Relativo a un antiguo pueblo berberisco nómada de los confines del Sahara (se aliaron con Yugurta contra los romanos y fueron derrotados [6 a. J.C.]); individuo de este pueblo.

**GEYSER** n. m. Géiser.

**GHANÉS, SA** adj. y n. De Ghana.

**GHETTO** o **GUETO** n. m. (voz de origen italiano). Antiguamente, barrio reservado a los judíos en algunas ciudades. **2.** Lugar donde una minoría se ve separada del resto de la sociedad: *en Nueva York, Harlem es un ghetto de negros.* **3.** Grupo social encerrado en sí mismo, condición marginal: *el ghetto cultural de la literatura de vanguardia.*

**GIBA** n. f. (lat. *gibbam*). Corcova, joroba.

**GIBAR** v. tr. [1]. Corcovar. **2.** *Fig.* y *fam.* Fastidiar, molestar.

**GIBELINO, A** n. y adj. (ital. *ghibellino*). HIST. Nombre dado en Italia a los partidarios de los emperadores romanogermánicos, por oposición a los güelfos, partidarios de los papas y de la independencia de Italia.

**GIBELOTE** n. m. (voz francesa). Guisado de conejo al vino blanco.

**GIBERELINA** n. f. Sustancia orgánica extraída de un hongo parásito que acelera el crecimiento y la germinación de numerosas especies de plantas.

**GIBÓN** n. m. Mono de 1 m de long., desprovisto de cola, que trepa fácilmente a los árboles gracias a sus largos brazos, y que vive en la India y Malaysia.

gibón

**GIBOSIDAD** n. f. MED. Tipo de deformidad de la columna vertebral, en la que existe una curvatura exagerada de una de sus partes.

**GIBOSO, A** adj. y n. Que tiene giba o corcova.

**GIBRALTAREÑO, A** adj. y n. De Gibraltar.

**GIGA** n. f. Instrumento de cuerdas frotadas, de tapa armónica ovalada y de mango bastante corto, que tuvo gran importancia desde el s. XII hasta el siglo XVI.

**GIGA** n. f. (ingl. *jig*). Danza popular antigua, de movimiento vivo y ritmo ternario, oriunda de Gran Bretaña, con la que generalmente terminaba la suite. **2.** Música de este baile.

**GIGA-,** prefijo (símbolo G) que colocado delante de una unidad la multiplica por $10^9$.

**GIGANTA** n. f. Mujer que excede mucho en estatura a la generalidad de las demás.

**GIGANTE** adj. De gran tamaño, gigantesco, inmenso. ◆ n. m. **2.** Ser fabuloso de enorme estatura que aparece en cuentos, fábulas y leyendas. **3.** Hombre que excede mucho en estatura a la generalidad de los demás. **4.** *Fig.* Persona que sobresale en un arte o ciencia o por sus hechos nobles o heroicos: *Bolívar fue un gigante del arte militar.* **5.** Cada una de las figuras de gran tamaño que intervienen en algunas fiestas populares.

**gigantes del mundo animal y vegetal**

| | |
|---|---|
| **especies vivas** | |
| *mamíferos* | |
| rorcual azul | long.: 33 m<br>peso: 130 t |
| elefante de África | alt.: 4 m<br>peso: 6 t |
| jirafa | alt.: 6 m |
| elefante marino | long.: 6 m<br>peso: 3 t |
| oso de Alaska | long.: 3 m<br>peso: 1 t |
| *aves* | |
| avestruz | alt.: 2,5 m<br>peso: 120 kg |
| *reptiles* | |
| anaconda | long.: 8 m |
| tortuga laúd | peso: 500 kg |
| *crustáceos* | |
| cangrejo *Macrochirus* | envergadura: 4 m |
| *cnidarios* | |
| medusa *Cyanea capillata* | diámetro: 2 m<br>long. de tent.: 40 m |
| *plantas y árboles* | |
| secuoya | alt.: 140 m<br>circunferencia: 40 m |
| eucalipto | alt.: 110 m |
| palmera rota | long. (lianas): 300 m |
| **especies desaparecidas** | |
| *mamíferos* | |
| *Balunchitherium* | long.: 10 m<br>alt.: 5 m |
| *Megatherium* | long.: 8 m<br>alt.: 4 m |
| *aves* | |
| *Dinornis* | alt.: 3,5 m |
| *reptiles* | |
| *Diplodocus* | long.: 25 m<br>alt.: 10 m |
| *Tyrannosaurus* | long.: 12 m<br>alt.: 5 m |
| *Pteranodon* | envergadura: 8 m<br>peso: 12 kg |

**GIGANTESCO, A** adj. Relativo a los gigantes. **2.** *Fig.* Excesivo o muy sobresaliente en su línea: *una obra gigantesca.*

**GIGANTISMO** n. m. Desarrollo excesivo de las dimensiones del cuerpo o de alguna de sus partes. **2.** Desarrollo excesivo de un organismo cualquiera: *gigantismo de una célula.*

**GIGANTOMAQUIA** n. f. Combates mitológicos de los gigantes contra los dioses del Olimpo.

**GIGANTÓN, NA** n. Gigante, figura de gran tamaño de algunas fiestas populares.

**GIGOLÓ** n. m. (voz francesa). Amante joven de una mujer, generalmente madura y rica, que le protege económicamente.

**GIGOTE** n. m. (fr. *gigot*). Guisado de carne picada rehogada en manteca. **2.** Cualquier otra comida cortada en pedazos pequeños.

**GIJONÉS, SA** adj. y n. o **GIJONENSE** adj. y n. m. y f. De Gijón.

**GIL, LA** adj. *Argent., Chile* y *Urug. Fam.* Tonto, incauto, papanatas.

**GILÍ** adj. Tonto, chiflado, lelo.

**GILIPOLLAS** n. m. y f. y adj. (pl. *gilipollas*). Persona estúpida, que hace tonterías; persona cobarde.

**GILIPOLLEZ** n. f. *Fam.* Dicho o hecho propios de un gilipollas.

**GILVO, A** adj. Aplícase al color melado o entre blanco y rojo.

**GIMNASIA** n. f. (gr. *gymnasia*). Arte de ejercitar, fortalecer y desarrollar el cuerpo mediante ejercicios físicos adecuados. **2.** Conjunto de ejercicios encaminados a desarrollar una facultad intelectual: *gimnasia intelectual.* • **Gimnasia correctiva,** la que tiene por objeto el enderezamiento de la columna vertebral así como el tratamiento de algunas anomalías musculares y malformaciones. || **Gimnasia rítmica** (DEP.), disciplina esencialmente femenina, de carácter gimnástico, que se practica con acompañamiento musical y que utiliza diversos complementos, como cintas, pelotas, aros, cuerdas, mazas, etc.

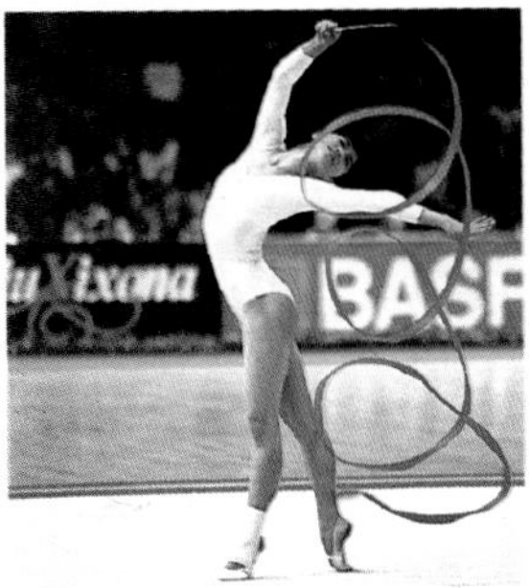


figura de **gimnasia** rítmica y deportiva

**GIMNASIO** n. m. (lat. *gimnasium*, del gr.). Establecimiento y sala en que se practican ejercicios corporales. **2.** En Alemania, Suiza, etc., centro de enseñanza media. **3.** ANT. GR. Edificio público al principio destinado exclusivamente a los ejercicios físicos y que luego se convirtió en un centro de vida intelectual.

**GIMNASTA** n. m. y f. (gr. *gymnastēs*). Deportista que efectúa ejercicios de gimnasia.

**GIMNÁSTICO, A** adj. Relativo a los ejercicios del cuerpo. • **Paso gimnástico,** paso lento de carrera.

**GÍMNICO, A** adj. Relativo a las luchas de los atletas.

**GIMNOSOFISTA** n. f. Nombre dado por los griegos de la antigüedad a ciertos ascetas de la India.

**GIMNOSPERMO, A** adj. y n. f. Relativo a una subdivisión de plantas arbóreas, a la que pertenecen las coníferas, que llevan las semillas en un fruto abierto.

**GIMNOTO** n. m. Pez de agua dulce de América del Sur, parecido a la anguila, una de cuyas especies, que alcanza los 2,50 m de long., paraliza a sus presas produciendo fuertes descargas eléctricas.

**GIMOTEADOR, RA** adj. Que gimotea.

**GIMOTEAR** v. intr. [1]. *Fam.* Gemir, quejarse o llorar sin causa justificada. **2.** Hacer gestos como de llorar, pero sin llegar a ello.

**GIMOTEO** n. m. *Fam.* Acción y efecto de gimotear.

**GIN** n. m. (voz inglesa). Ginebra.

**GIN FIZZ** n. m. Cóctel compuesto de ginebra, zumo de limón y azúcar, a los que se añade agua gaseosa.

**GIN TONIC** n. m. Bebida compuesta de ginebra y agua tónica.

**GINANDROMORFISMO** n. m. Presencia simultánea en un mismo individuo de caracteres sexuales masculinos y femeninos yuxtapuestos.

**GINEBRA** n. f. (fr. *genièvre*). Aguardiente de semillas, aromatizado con bayas de enebro y otras materias aromáticas.

**GINEBRINO, A** o **GINEBRÉS, SA** adj. y n. De Ginebra.

**GINECEO** n. m. (lat. *gynaeceum*). Lugar reservado a las mujeres entre los antiguos griegos. **2.** BOT. Verticilo floral formado por los pistilos.

**GINECOLOGÍA** n. f. Parte de la medicina que estudia las enfermedades propias de la mujer.

**GINECOLÓGICO, A** adj. Relativo a la ginecología.

**GINECÓLOGO, A** n. Médico especialista en ginecología.

**GINECOMASTIA** n. f. Desarrollo anormal de las glándulas mamarias en el hombre.

**GINGIVAL** adj. (der. del lat. *gingivam*, encía). Relativo a las encías.

**GINGIVITIS** n. f. Inflamación de las encías.

**GINKGO** n. m. Árbol propio de China con hojas en forma de abanico, cultivado como ornamental y considerado en Extremo Oriente como un árbol sagrado.

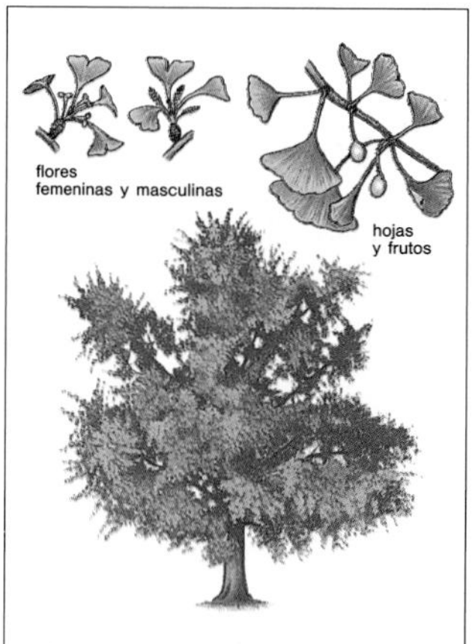

ginkgo

**GINSÉN** o **GINSENG** n. m. Raíz de una planta de la familia de las araliáceas, que posee notables cualidades tónicas.

**GIOBERTITA** n. f. Magnesita.

**GIRA** n. f. Viaje o excursión de una o varias personas por distintos lugares, con vuelta al punto de partida. **2.** Serie de actuaciones de una compañía de teatro, de una orquesta o de un artista en diferentes poblaciones.

**GIRADA** n. f. Giro, acción y efecto de girar.

**GIRALDA** n. f. Veleta de torre, cuando tiene figura humana o de animal.

**GIRÁNDULA** n. f. Candelabro de sobremesa con varios brazos y adornado de ordinario con colgantes de cristal. **2.** Artificio giratorio que se pone en las fuentes para que éstas arrojen un ramillete de chorros de agua. **3.** Rueda de cohetes o fuegos artificiales que gira en un plano horizontal.

**GIRAR** v. intr. (lat. *gyrare*) [**1**]. Dar vueltas algo sobre su eje o alrededor de un punto. **2.** *Fig.* Desarrollarse una conversación, negocio, trato, etc., en torno a un tema o interés dado. **3.** Desviarse o torcer la dirección inicial. ◆ v. intr. y tr. **4.** Expedir una orden de pago, en especial una letra de cambio. **5.** Enviar una cantidad de dinero a través del servicio de correos o de telégrafos. ◆ v. intr. y tr. **6. Girarla** *(Méx. Fam.)*, ocuparse de una actividad determinada, cumplir cierta función, papel, etc.: *¿de qué la giras en la obra?*

**GIRASOL** n. m. Planta herbácea de flores grandes y amarillas, que se cultiva por sus semillas, de las que se extrae un aceite de mesa y un orujo utilizado en la alimentación del ganado. (Familia compuestas.) **2.** Flor de esta planta. **3.** Variedad de ópalo lechoso y azulado.

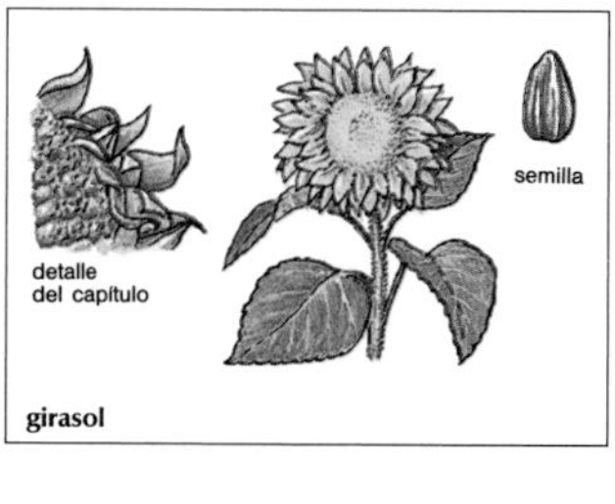

girasol

**GIRATORIO, A** adj. Que gira.

**GIRAVIÓN** n. m. Aeronave de alas giratorias, cuya sustentación está asegurada por la rotación de uno o varios rotores con eje de giro casi vertical.

**GIRINO** n. m. Insecto coleóptero de 5 mm de long., que revolotea por la superficie de las aguas dulces estancadas.

**GIRO** n. m. (lat. *gyrum*). Acción y efecto de girar. **2.** Movimiento circular. **3.** Dirección o aspecto que toma una conversación, un asunto, un negocio, etc. **4.** Transferencia de fondos o dinero por medio de letras de cambio, cheques u otros instrumentos de pago: *giro postal; giro telegráfico.* **5.** Estructura especial de la frase o manera de estar ordenadas sus palabras para expresar un concepto: *este giro parece calderoniano.*

**GIRO, A** adj. *Amér.* Dícese del gallo que tiene el plumaje matizado de amarillo. **2.** *Argent., Chile* y *Colomb.* Dícese del gallo o la gallina en cuyo plumaje se entremezclan el rojo, el amarillo y el negro.

**GIROCOMPÁS** n. m. Aparato de orientación que contiene un giroscopio accionado eléctricamente y cuyo eje conserva una dirección invariable.

**GIRODINO** n. m. Giravión en que el rotor, accionado por un motor, asegura la sustentación y los movimientos verticales del aparato, mientras que la traslación horizontal se obtiene mediante propulsores independientes.

**GIROLA** n. f. En algunos templos, especialmente los góticos, espacio transitable formado por la prolongación de las naves laterales en torno a la cabecera de la nave central.

**GIROLÁSER** n. m. Giroscopio sin piezas mecánicas, fundado en las propiedades de la óptica del láser.

**GIRÓMETRO** n. m. Aparato que sirve para indicar los cambios de dirección de un avión.

**GIRONDINO, A** adj. y n. Relativo a los Girondinos. (V. parte n. pr.)

**GIROPILOTO** n. m. AERON. Compás giroscópico que acciona por relés el mecanismo de dirección de un aparato.

**GIROSCÓPICO, A** adj. Relativo al giroscopio: *aguja giroscópica; compás giroscópico.*

**GIROSCOPIO** n. m. Aparato que, animado de un movimiento de rotación alrededor de uno de sus ejes, puede ser desplazado de cualquier forma sin que la dirección de su eje de rotación resulte modificada.

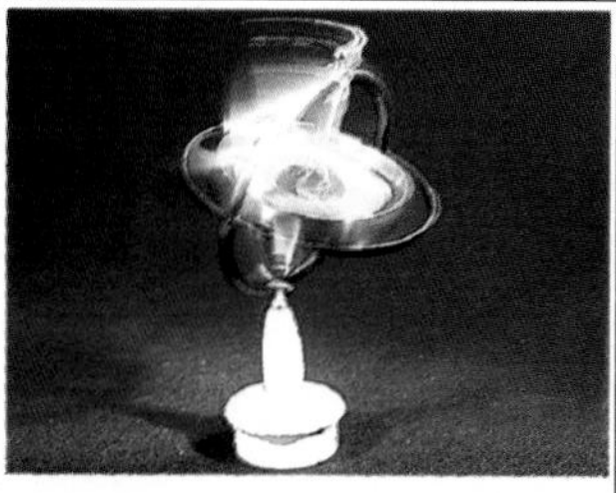
giroscopio

**GIRÓSTATO** n. m. Cualquier sólido animado de un movimiento rápido de rotación alrededor de su eje.

**GIRÓVAGO, A** adj. Vagabundo. ◆ adj. y n. **2.** Dícese del monje que por no sujetarse a la vida regular de los anacoretas y cenobitas, vagaba de uno en otro monasterio.

**GIS** n. m. *Méx.* Tiza.

**GITANADA** n. f. Acción propia de gitano, de desaprensivo.

**GITANEAR** v. intr. [**1**]. Halagar con gitanería para obtener lo que se desea. **2.** Proceder engañosamente en las compras y ventas.

**GITANERÍA** n. f. Cualidad de gitano, de desaprensivo. **2.** Gitanada. **3.** Reunión o conjunto de gitanos.

**GITANESCO, A** adj. Propio de gitano, de desaprensivo.

**GITANISMO** n. m. Costumbres y maneras que caracterizan a los gitanos. **2.** Vocablo o giro propio de la lengua que hablan los gitanos.

**GITANO, A** adj. n. Relativo a un pueblo, en gran parte nómada, que, procedente de la India, se estableció en épocas distintas en el norte de África, Europa y posteriormente en América y Australia; individuo de dicho pueblo. **2.** *Fig.* Que tiene gracia y arte para ganarse las voluntades de otros. **3.** *Fig.* y *desp.* Desaprensivo. ◆ n. m. **4.** Lengua propia de los gitanos.

■ Los gitanos llegaron a España según parece, en dos etapas: a través de Francia, por Cataluña (s. XV), y a través del norte de África. Su asimilación ha sido en general difícil, como lo prueban diversas persecuciones, desde la pragmática de 1499, derogada por Carlos III. La cultura gitana ha tenido especial desarrollo en Andalucía con fuerte influencia en su folklore. Su organización social es patriarcal y se basa en la fidelidad al jefe y al esposo, así como el respeto a la palabra dada. Su lengua es el romanó o cíngaro (en España, caló). La población gitana de Europa se estima en 12 millones aprox., la mayoría en Europa central y oriental; en España son unos 550 000.

**GLABELA** n. f. ANAT. Punto del hueso frontal situado entre los dos arcos ciliares.

**GLABRO, A** adj. Dícese de las estructuras desprovistas de pelos y glándulas.

**GLACIACIÓN** n. f. Conjunto de fenómenos de glaciarismo que, a consecuencia de una acusada y permanente disminución de la temperatura, se han presentado en grandes extensiones de la superficie terrestre y en diversas épocas de la historia geológica.

**GLACIAL** adj. Helado, muy frío: *zona glacial.* **2.** Que hace helar o helarse: *viento glacial.* **3.** *Fig.* Frío, desafecto, desabrido: *acogida glacial.* **4.** QUÍM. Cristalizado o que puede cristalizar en cristales que tienen aspecto de hielo. • **Períodos glaciales,** períodos geológicos caracterizados por el desarrollo de los glaciares.

**GLACIALISMO** n. m. Descenso general de la temperatura de una región, que comporta la formación de glaciares.

**GLACIAR** n. m. Acumulación de nieve transformada en hielo, animada de movimientos lentos, que cubre vastas zonas en las regiones polares (*inlandsis* o *glaciar continental*), fluye por los valles (*glaciar de montaña* o *de valle*) o se extiende en forma de lóbulo al salir de una montaña (*glaciar de pie de monte*). ◆ adj. **2.** Relativo a los glaciares. • **Erosión glaciar,** trabajo de desgaste, transporte y acumulación de materiales, efectuado por las lenguas de los glaciares de montaña. ‖ **Régimen glaciar,** régimen de un curso de agua que se caracteriza por la subida de aguas en verano (fusión de los glaciares) y el descenso en invierno (retención nival y glaciar).

**GLACIARISMO** n. m. Modelado del relieve que se deriva del glacialismo.

**GLACIOLOGÍA** n. f. Ciencia que estudia los glaciares.

**GLACIS** n. m. FORT. Terreno descubierto dispuesto en pendiente suave, a partir de los elementos exteriores de una fortaleza. **2.** GEOGR. Superficie de erosión, en pendiente suave, desarrollada en las regiones semiáridas o periglaciales, al pie de los relieves montañosos.

**GLADIADOR** n. m. (lat. *gladiatorem*). En el circo romano, hombre que combatía contra otros o contra animales feroces.

**GLADIOLO** o **GLADÍOLO** n. m. Planta bulbosa, cultivada por sus flores de colores variados. (Familia iridáceas.) **2.** Flor de esta planta.

**GLAGOLÍTICO, A** adj. Dícese de una escritura utilizada en los primeros monumentos de la literatura eslava.

**GLAM** adj. y n. m. Relativo a un estilo musical, variante del rock, caracterizado por la imagen ambigua (maquillaje, pelucas, etc.) de sus intérpretes.

**GLAMOUR** n. m. (voz inglesa). Encanto, atractivo.

**GLANDE** n. m. Bellota envuelta por la cúpula. **2.** Extremidad del pene.

**GLÁNDULA** n. f. (lat. *glandulam*, amígdala). Órgano cuyas células producen una secreción que desempeña diversas funciones en el organismo. **2.** *Vulg.* Amígdala. (Suele usarse en plural.)

■ Cabe distinguir las *glándulas exocrinas,* que li-

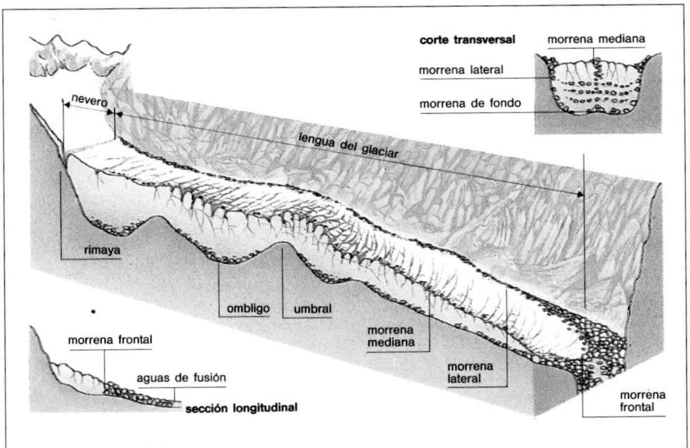

**glaciar** de valle (sección)

beran su secreción en el exterior del organismo o en algunas de sus cavidades (como en el caso de las glándulas salivales e intestinales) y las *glándulas endocrinas,* que vierten su secreción, las *hormonas,* directamente a la sangre. Su funcionamiento depende de la hipófisis y, por tanto, del hipotálamo. Son numerosas y desempeñan un papel importante en el crecimiento, la digestión, el sistema nervioso, las funciones sexuales, etc. Algunos órganos (hígado, riñón, ovarios, testículos) funcionan simultáneamente como glándulas exocrinas y endocrinas.

**GLANDULAR** adj. Relativo a las glándulas.

**GLASÉ** n. m. (fr. *glacé*). Tela de seda brillante.

**GLASEADO, A** adj. Brillante, lustroso: *papel glaseado.*

**GLASEAMIENTO** o **GLASEO** n. m. Acción de satinar o glasear papeles, tejidos, pieles, etc.

**GLASEAR** v. tr. [**1**]. Dar brillo a la superficie de algunas cosas, como papel, telas, etc. **2.** Recubrir un pastel con una mezcla líquida azucarada.

**GLÁSNOST** n. f. (voz rusa, *transparencia*). Denominación dada, dentro de las reformas políticas (perestroika) emprendidas en la antigua U.R.S.S. bajo la dirección de M. S. Gorbachov, a la política de libertad de expresión, transparencia informativa, libertad de discusión y controversia, etc.

**GLASTO** n. m. (lat. *glastum*). Planta herbácea de pequeñas flores amarillas, cuyas hojas, grandes y lanceoladas, proporcionan el azul de índigo. (Familia crucíferas.)

**GLAUCO, A** adj. Verde claro.

**GLAUCOMA** n. m. MED. Endurecimiento del globo ocular por aumento de la presión interna, que acarrea pérdida de visión.

**GLAUCONITA** n. f. Silicato hidratado de hierro y potasio, de color verde intenso.

**GLEBA** n. f. (lat. *glebam*). Terrón que se levanta con el arado. **2.** Tierra de labor. **3.** FEUD. Tierras a las que estaban adscritos determinados colonos y posteriormente los siervos.

**GLENA** n. f. (gr. *glēnē*, cavidad). ANAT. Cavidad articular donde se encaja un hueso.

**GLÍA** n. f. HISTOL. Variedad del tejido del sistema nervioso, constituido por la neuroglia, de acción principalmente de sostén, y la microglia.

**GLIAL** adj. Relativo a la glía.

**GLICEMIA** n. f. Glucemia.

**GLICÉRICO, A** adj. Relativo al ácido formado por oxidación de la glicerina.

**GLICÉRIDO** n. m. Éster de la glicerina.

**GLICERINA** n. f. Trialcohol líquido, de fórmula $CH_2OH—CHOH—CH_2OH$, incoloro, viscoso, que se extrae de los cuerpos grasos por saponificación.

**GLICEROLADO** n. m. Medicamento en cuya composición interviene la glicerina.

**GLICINA** o **GLICINIA** n. f. Planta trepadora originaria de China, con inflorescencias en forma de racimos colgantes y de flores violadas. (Familia papilionáceas.)

**GLICOCOLA** o **GLICINA** n. f. Aminoácido contenido en numerosas proteínas.

**GLICOL** n. m. Dialcohol de fórmula $CH_2\,OH—CH_2$ $—OH$. **2.** Nombre genérico de los dialcoholes.

**GLICÓLICO, A** adj. Dícese de un ácido derivado de la oxidación del glicol.

**GLIFO** n. m. (gr. *glyphē*). Canal vertical poco profundo, generalmente en sección angular. **2.** Acanaladura, al modo de la anterior, con que se decora un miembro arquitectónico. **3.** Cada uno de los signos utilizados por los antiguos mayas para designar los días y los años.

**GLIOMA** n. m. Tumor del sistema nervioso constituido por una proliferación anormal de las células de sostén del tejido cerebral (glía).

**GLÍPTICA** n. f. Arte de grabar sobre piedras finas. **2.** Arte de grabar en acero los cuños para la fabricación de monedas y medallas.

**GLIPTOGRAFÍA** n. f. Estudio de las grabaciones sobre piedras finas antiguas.

**GLIPTOTECA** n. f. Colección de piedras finas grabadas. **2.** Museo de escultura.

**GLISSANDO** n. m. (voz italiana). MÚS. Técnica de ejecución vocal o instrumental que consiste en franquear un intervalo pasando por todos los microintervalos que lo componen.

**GLOBAL** adj. Total, considerado en conjunto. **2.** Mundial, relativo a todo el planeta.

**GLOBALIZACIÓN** n. f. Acción y efecto de globalizar.

**GLOBALIZAR** v. intr. y tr. [**1g**]. Presentar algo de forma global.

**GLOBINA** n. f. Proteína que interviene en la composición de la hemoglobina de la sangre.

**GLOBO** n. m. (lat. *globum,* bola). Esfera, sólido o espacio limitado por una superficie curva. **2.** El planeta Tierra. **3.** Esfera o figura grotesca de papel, a la que se hace ascender hinchándola con humo o aire caliente. **4.** Juguete que consiste en una pequeña esfera de goma, plástico, etc., llena de aire o de gas ligero. **5.** Pieza hueca esferoidal, de cristal u otro material adecuado, que se adapta a las lámparas eléctricas para obtener una mejor difusión de la luz y evitar el deslumbramiento. **6.** Aparato aeronáutico compuesto esencialmente de una

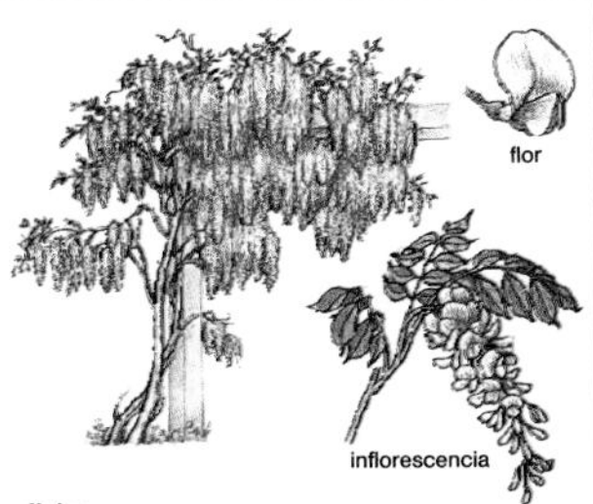

**glicina**

bolsa de tejido impermeable, de figura esférica o más o menos cilíndrica, llena de un gas más ligero que el aire que le permite elevarse en la atmósfera transportando una barquilla en la que pueden viajar personas. • **Globo celeste,** globo representativo de la esfera celeste con un sistema de coordenadas horizontales. ‖ **Globo ocular,** el ojo. ‖ **Globo sonda,** globo dotado de aparatos registradores destinados a la exploración meteorológica de las capas altas de la atmósfera. ‖ **Globo terráqueo,** o **terrestre,** el planeta Tierra.

**globo** libre norteamericano Double eagle II (altura: 43 m; volumen 5 000 m³ de helio; masa: 4,8 t; envoltura impermeable forrada de una película de aluminio)

**GLOBULAR** adj. De figura de glóbulo. **2.** Compuesto de glóbulos. **3.** Relativo a los glóbulos rojos. **4.** BIOL. Dícese de los órganos u organismos que tienen forma de globo: *cuerpo globular; masa globular.*

**GLOBULINA** n. f. Proteína de elevado peso molecular, uno de los componentes de la sangre.

**GLÓBULO** n. m. Cuerpo esférico muy pequeño. **2.** Elemento que se encuentra en suspensión en diversos líquidos orgánicos. • **Glóbulo blanco,** leucocito. ‖ **Glóbulo rojo,** hematíe.

**GLOBULOSO, A** adj. Compuesto de glóbulos.

**GLOMÉRULO** n. m. Pequeño acúmulo de corpúsculos de la misma naturaleza. **2.** ANAT. Varios tipos distintos de pequeños corpúsculos, diferenciados histológicamente, existentes en el organismo **3.** BOT. Inflorescencia formada por una cima muy contraída, de forma más o menos globosa.

**GLOMERULONEFRITIS** n. f. Variedad de nefritis que afecta predominantemente a los glomérulos del riñón.

**GLORIA** n. f. (lat. *gloriam*). Fama, celebridad. **2.** Lo que da lugar a esta fama. **3.** Persona célebre: *es una gloria nacional.* **4.** Cosa que produce gran placer: *un vino extraordinario, gloria del buen bebedor.* **5.** En pintura, representación, en las cúpulas, de un cielo poblado de ángeles. **6.** REL. CATÓL. Cielo, donde los ángeles, los santos y los bienaventurados gozan de la presencia de Dios. • **Estar en la gloria,** encontrarse muy bien en cierto lugar, situación, etc. ‖ **Que en gloria esté,** fórmula de respeto que se usa al referirse a los difuntos. ‖ **Saber** a alguien algo **a gloria,** ser muy de su agrado; encontrar muy buen sabor a un alimento. ‖ **Sin pena ni gloria,** con mediocridad, sin brillantez. ◆ n. m. **7.** Canto de alabanza en la liturgia romana y griega, que comienza con las palabras *Gloria in excelsis Deo.* • **Gloria Patri,** versículo latino que se reza después del padrenuestro y avemaría y al fin de los salmos del oficio divino. ◆ interj. **8.** Denota elogio.

**GLORIADO** n. m. *Amér. Central* y *Merid.* Bebida parecida al ponche, hecha con aguardiente.

**GLORIAPATRI** n. m. LITURG. Gloria Patri.

**GLORIAR** v. tr. (lat. *gloriari*) [**1t**]. Glorificar. ◆ **gloriarse** v. pron. **2.** Preciarse demasiado o alabarse de una cosa. **3.** Complacerse, alegrarse mucho.

**GLORIETA** n. f. (fr. *gloriette*). Cenador, espacio generalmente redondo que suele haber en los jardines, cercado de plantas trepadoras, parras o árboles. **2.** Plazoleta, generalmente en un jardín, donde suele haber un cenador. **3.** Encrucijada de calles o alamedas.

**GLORIFICACIÓN** n. f. Acción y efecto de glorificar o glorificarse.

**GLORIFICADOR, RA** adj. y n. Que glorifica.

**GLORIFICAR** v. tr. [**1a**]. Conferir la gloria a alguno: *el martirio le glorificó.* **2.** Reconocer, ensalzar al que es glorioso dándole alabanzas. ◆ **glorificarse** v. pron. **3.** Gloriarse.

**GLORIOSO, A** adj. Digno de gloria, fama. **2.** Relativo a la gloria o bienaventuranza.

**GLOSA** n. f. Explicación o comentario de un texto oscuro o difícil de entender. **2.** Composición poética que consiste en desarrollar, en formas estróficas no fijas, unos versos que forman la letra o texto. **3.** MÚS. Variación que diestramente ejecuta el músico sobre unas mismas notas, pero sin sujetarse rigurosamente a ellas.

**GLOSADOR, RA** adj. y n. Que hace o reúne glosas.

**GLOSAR** v. tr. (lat. *glossare*) [**1**]. Hacer, poner o escribir glosas. **2.** Comentar, hacer comentarios.

**GLOSARIO** n. m. (lat. *glossarium*). Catálogo de palabras, especialmente las dudosas de un texto, con su explicación. **2.** Colección de glosas.

**GLOSEMÁTICA** n. f. LING. Nombre que recibe la teoría del lenguaje concebida por los lingüistas de la escuela de Copenhague.

**GLOSITIS** n. f. (pl. *glositis*). MED. Inflamación de la lengua.

**GLOSOFARÍNGEO, A** adj. Relativo a la lengua y a la faringe.

**GLOSOLALIA** n. f. Lenguaje propio de ciertos enfermos mentales, compuesto de neologismos y una sintaxis deformada. **2.** REL. Don de lenguas.

**GLOSOPEDA** n. f. VET. Fiebre aftosa.

**GLOTAL** adj. Emitido por la glotis.

**GLÓTICO, A** adj. Relativo a la glotis.

**GLOTIS** n. f. ANAT. Orificio de la laringe, circunscrito por las dos cuerdas vocales inferiores.

**GLOTOCRONOLOGÍA** n. f. LING. Técnica estadística para establecer la época en que dos lenguas emparentadas se separaron.

**GLOTÓN, NA** adj. y n. (lat. *gluttonem*). Que come con exceso y con avidez. ◆ n. m. **2.** Mamífero carnívoro parecido a la marta, que habita en el N de Europa y de América. (Familia mustélidos.)

**GLOTONEAR** v. intr. [**1**]. Comer en exceso y con avidez.

**GLOTONERÍA** n. f. Acción de glotonear. **2.** Calidad de glotón.

**GLUCAGÓN** n. m. Hormona secretada por los islotes de Langerhans del páncreas, de acción hiperglucemiante.

**GLUCEMIA** o **GLICEMIA** n. f. Presencia de glucosa en la sangre. (La tasa normal es de 1 g de glucosa por litro de sangre.)

**GLÚCIDO** n. m. Nombre dado a las sustancias orgánicas ternarias de fórmula general $C_n(H_2O)_p$, llamados también *hidratos de carbono.*

■ Los glúcidos se dividen en *osas,* que no son hidrolizables y cuya molécula contiene de 3 a 6 átomos de carbono (glucosa), y en *ósidos,* que están formados por la unión de dos o más *osas* que pueden liberarse mediante hidrólisis (sacarisa, almidón, glucógeno). El principal trastorno del metabolismo de los glúcidos es la diabetes.

**GLUCINA** n. f. Óxido de berilio.

**GLUCOCORTICOIDE** n. f. Corticoide que actúa en el metabolismo de los glúcidos.

**GLUCOGÉNESIS** n. f. Proceso de formación del glucógeno o de la glucosa.

**GLUCOGÉNICO, A** adj. Relativo al glucógeno.

**GLUCÓGENO** n. m. Glúcido complejo, forma de reserva de la glucosa en el hígado y los músculos.

**GLUCOGENOGÉNESIS** n. f. Formación del glucógeno por polimerización de la glucosa.

**GLUCÓLISIS** n. f. Destrucción de la glucosa durante los fenómenos metabólicos.

**GLUCÓMETRO** n. m. Areómetro destinado a calcular la cantidad de azúcar que contiene un mosto.

**GLUCÓNICO, A** adj. Dícese de un ácido formado por oxidación de la glucosa.

**GLUCOPROTEÍNA** n. f. Proteína combinada con glúcidos.

**GLUCORREGULACIÓN** n. f. Conjunto de procesos fisiológicos que permiten al organismo mantener constante el nivel de azúcar en la sangre.

**GLUCOSA** n. f. QUÍM. Glúcido de sabor azucarado, de fórmula $C_6H_{12}O_6$, que se encuentra en algunos frutos, como la uva, entra en la composición de casi todos los glúcidos, y desempeña un papel fundamental en el metabolismo de los seres vivos. SIN.: *dextrosa.*

**GLUCÓSIDO** n. m. Nombre genérico dado a diversos compuestos naturales que por hidrólisis dan origen a la glucosa, y que se encuentran en numerosos vegetales.

**GLUCOSURIA** n. f. Presencia de azúcar en la orina, uno de los síntomas de la diabetes.

**GLUGLÚ** n. m. Onomatopeya del agua al sumirse o dejar escapar aire. **2.** Onomatopeya de la voz del pavo.

**GLUMA** n. f. BOT. Bráctea membranosa situada en la base de cada espiguilla de las gramíneas.

**GLUMELA** n. m. BOT. Cada una de las dos brácteas que envuelven las flores de las gramíneas.

**GLUÓN** n. m. Partícula elemental agente de las interacciones entre los quarks. (El gluón es un bosón.)

**GLUTAMATO** n. m. Aditivo que se añade a numerosos alimentos para aumentar el sabor. (Se le considera nocivo para la salud.)

**GLUTÁMICO, A** adj. Dícese de un ácido aminado que se encuentra en el tejido nervioso y desempeña un papel importante en el metabolismo.

**GLUTATIÓN** n. m. Tripéptido existente en los tejidos animales y vegetales, que tiene un considerable papel en los mecanismos de oxidorreducción.

**GLUTEN** n. m. (lat. *gluten,* cola, engrudo). Sustancia albuminoide viscosa que se encuentra en la harina de los cereales.

**GLÚTEO, A** adj. ANAT. Relativo a la región de la nalga. ◆ adj. y n. m. **2.** Dícese de tres músculos, mayor, mediano y menor, situados en la región glútea.

**GLUTINOSO, A** adj. Pegajoso, que tiene virtud para pegar y trabar una cosa con otra.

**G.M.T.,** siglas de la expresión inglesa *Greenwich mean time,* que significa *tiempo medio de Greenwich.* Esta referencia se utiliza en astronomía para designar un tiempo cuyo origen es el mediodía. Suele usarse, de forma impropia, para designar el tiempo universal [T.U.], tiempo civil cuyo origen es medianoche.

**GNEIS** n. m. Neis.

**GNÉISICO, A** adj. Néisico.

**GNÓMICO, A** adj. y n. Nómico.

**GNOMO** n. m. MIT. Nomo.

**GNOMON** n. m. Nomon.

**GNOMÓNICA** n. f. Nomónica.

**GNOMÓNICO, A** adj. Nomónico.

**GNOSEOLOGÍA** n. f. Noseología.

**GNOSIA** n. f. Nosia.

**GNOSIS** n. f. Nosis.

**GNOSTICISMO** n. m. Nosticismo.

**GNÓSTICO, A** adj. y n. Nóstico.

**GNU** n. m. Ñu.

**GO** n. m. Juego de estrategia muy popular en Extremo oriente, para dos jugadores, que consiste en colocar peones en el tablero formando territorios lo más extensos posible.

**GOA** n. f. Lingote de fundición de primera fusión.

**GOAJIRO** → ***guajiro,*** pueblo amerindio.

**GOAYANÁ** o **GUAYANÁ,** pueblo amerindio del grupo caingang de la familia ge, de lengua guaraní. Hasta el s. XVI se extendía del N de Argentina al est. brasileño de Bahía. Act., muy reducido, vive a orillas del Paraná (Brasil).

**GOBERNABLE** adj. Susceptible de ser gobernado.

**GOBERNACIÓN** n. f. Gobierno, acción y efecto de gobernar. **2.** Ejercicio del gobierno. **3.** HIST. En la Indias españolas, demarcación administrativa dentro de un virreinato o capitanía general.

**GOBERNADOR, RA** adj. y n. Que gobierna. ◆ n. **2.** Funcionario encargado del mando de una provincia o de una circunscripción territorial análoga. **3.** Alto funcionario que está al frente de una colonia para dirigir su administración y representar a la metrópoli. **4.** En E.U.A., titular del poder ejecutivo en el marco de un estado. **5.** Director de determinados establecimientos públicos: *gobernador del Banco de España.* • **Gobernador civil,** en España, representante permanente del gobierno en una provincia. (En 1997, un real decreto suprimió la figura de los gobernadores civiles.) ‖ **Gobernador militar,** en el ejército español, oficial general con mando sobre una provincia, plaza o fortaleza.

**GOBERNADORA** n. f. Femenino de gobernador. **2.** Mujer del gobernador. **3.** Arbusto ramoso de origen mexicano, de flores pequeñas y amarillas, con cuyas hojas se prepara una infusión de propiedades diuréticas y antirreumáticas.

**GOBERNALLE** n. m. Timón.

**GOBERNANTA** n. f. Mujer encargada de la administración o régimen interior de una casa o institución. **2.** Mujer encargada de la servidumbre y el orden en un hotel.

**GOBERNANTE** n. m. y f. Persona que gobierna un país o forma parte de un gobierno.

**GOBERNAR** v. tr., intr. y pron. (lat. *gubernare*) [**1j**]. Administrar, tener el mando político: *gobernar un estado.* ◆ v. tr. y pron. **2.** Dirigir, conducir, guiar: *gobernar un barco.* ◆ v. intr. **3.** MAR. Obedecer al timón. ◆ **gobernarse** v. pron. **4.** Administrarse, manejarse. **5.** Hacer de algo la norma o guía para actuar o comportarse.

**GOBIERNA** n. f. Veleta que señala la dirección del viento.

**GOBIERNO** n. m. Acción de gobernar, administrar, dirigir, guiar. **2.** Constitución política: *gobierno democrático.* **3.** En un estado, conjunto de organismos políticos y de personas que ejercen el poder ejecutivo. **4.** Edificio en que reside un gobierno o un gobernador. • **Acto político de gobierno** (DER.), acto que emana de una autoridad administrativa, pero que, por razones políticas, escapa al control jurisdiccional. ‖ **Gobierno en la sombra,** nombre que reciben los gabinetes organizados por la oposición política como alternativa de gobierno. ‖ **Mirar contra el gobierno** (*Fam.*), ser bizco. ‖ **Para el gobierno** de alguien, empléase para indicar a alguien que ajuste su conducta, sus actos, etc., a lo que se le hace saber: *te aviso, para tu gobierno, que a Juan no le gusta nada tu manera de actuar.*

**GOBIO** n. m. (lat. *gobium*). Pez pequeño, de 15 cm de long., que vive en aguas fluviales límpidas. (Familia ciprínidos.)

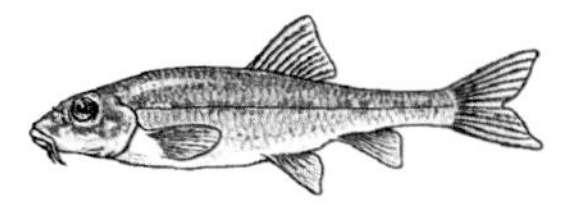

gobio

**GOCE** n. m. Acción y efecto de gozar o disfrutar de algo.

**GODO, A** adj. y n. Relativo a un pueblo de la antigua Germania. Llegados de Escandinavia y establecidos en el s. I a. J.C. en el bajo Vístula; individuo de este pueblo. **2.** *Can.* Dícese de los españoles oriundos de la Península. **3.** *Amér. Merid. Desp.* Decíase de los españoles durante la guerra de la Independencia.

■ En el s. III se establecieron al NO del mar Negro. En el s. IV, el obispo Ulfilas los convirtió al arrianismo y los dotó de escritura y de lengua literaria. Bajo el empuje de los hunos (*c.* 375), su imperio se escindió, y cada una de las ramas, visigodos y ostrogodos, tuvieron su propia historia.

**GOFIO** n. m. (voz guanche). Harina gruesa de maíz, trigo o cebada tostada. **2.** *Antillas, Cuba* y *P. Rico.* Plato de comida que se hace con harina muy fina de maíz tostado y azúcar. **3.** *Argent., Bol., Can., Cuba, Ecuad.* y *P. Rico.* Golosina hecha de harina gruesa de maíz, trigo o cebada tostados y azúcar. **4.** *C. Rica, Nicar.* y *Venez.* Especie de alfajor hecho con harina de maíz o de cazabe y papelón.

**GOFRADO** n. m. Acción de gofrar.

**GOFRADOR, RA** n. Obrero que gofra telas, cueros, etc. ◆ n. m. **2.** Instrumento consistente en una caja compuesta de dos piezas planas entre las cuales se coloca la superficie que se quiere gofrar.

**GOFRAR** v. tr. (fr. *gaufrer*) [**1**]. Estampar dibujos o motivos sobre tela, piel, etc., mediante hierros calientes o cilindros grabados.

**GOGÓ** n. f. Chica que baila como profesional en discotecas y salas de fiesta para animar al público.

**GOL** n. m. (ingl. *goal*). En algunos deportes de equipo, acción y efecto de introducir la pelota en la portería. **2.** Tanto: *el equipo se ha apuntado un gol.* • **Gol average,** en diversos deportes, suma de los goles o puntos marcados o recibidos por un equipo, que sirve para desempatar dos equipos al final de una competición. ‖ **Línea de gol,** línea que separa el área de juego de la de gol.

**GOLA** n. f. (lat. *gulam*). Garganta, parte anterior del cuello. **2.** Pieza metálica de la armadura que protegía la garganta. **3.** ARQ. Moldura cuyo perfil tiene la figura de una S. **4.** GEOGR. Canal natural de entrada a un río, un puerto o una ría.

**GOLEADA** n. f. En algunos deportes de equipo, tanteo abundante y poco habitual.

**GOLEAR** v. intr. [**1**]. Obtener uno de los equipos un número de goles muy superior al del adversario.

**GOLETA** n. f. (fr. *goélette*). MAR. Pequeño barco, generalmente de dos palos, de líneas esbeltas. SIN.: *escuna.*

**GOLF** n. m. (voz inglesa). Deporte que consiste en introducir una pelota, con un mínimo de golpes y con la ayuda de unos palos (clubs), en los dieciocho agujeros que se encuentran distribuidos en un amplio terreno.

fase de un partido de **golf**
(uno de los jugadores en el green
dispuesto a introducir la pelota
en un hoyo con el putter)

**GOLFA** n. f. Prostituta.

**GOLFANTE** adj. y n. m. y f. Golfo.

**GOLFEAR** v. intr. [**1**]. Vivir a la manera de un golfo.

**GOLFERÍA** n. f. Conjunto de golfos, pilluelos, sinvergüenzas. **2.** Acción propia de un golfo.

**GOLFISTA** n. m. y f. Persona que juega al golf.

**GOLFO** n. m. Parte del mar que avanza en las tierras.

**GOLFO, A** n. y adj. Pilluelo, vagabundo. **2.** Sinvergüenza o de pocos escrúpulos. SIN.: *golfante.*

**GOLIARDESCO, A** adj. Relativo a los goliardos o a su poesía.

**GOLIARDO** n. m. En la edad media, clérigo o estudiante que llevaba una vida irregular y se dedicaba en ocasiones a la poesía.

**GOLILLA** n. f. Adorno masculino que se llevaba alrededor del cuello, consistente en una tira estrecha de tela blanca almidonada sobre una tirilla de tela negra. **2.** *Argent.* y *Urug.* Pañuelo que usa el campesino alrededor del cuello. **3.** *Bol.* Chalina que usa el gaucho. **4.** *Chile.* Anillo de hierro en el eje del carro que se pone entre un clavo de sujeción y la rueda. ◆ n. m. **5.** Denominación despectiva dada durante el s. XVIII, y especialmente durante el reinado de Carlos III, por la aristocracia a los políticos y funcionarios de la pequeña nobleza y la burguesía.

**GOLLERÍA** n. f. Manjar exquisito y delicado. **2.** *Fig.* y *fam.* Delicadeza, superfluidad, demasía.

**GOLLETAZO** n. m. Golpe que se da en el gollete de una botella cuando no se puede abrir. **2.** TAUROM. Estocada que se da en el gollete.

**goleta** de velacho

**GOLLETE** n. m. (fr. *goulet*). Parte superior de la garganta, por donde se une a la cabeza. **2.** Cuello estrecho de algunas vasijas: *el gollete de una garrafa.*

**GOLONDRINA** n. f. Ave paseriforme de 15 a 18 cm de long., lomo negro, vientre blanco, y cola recortada, que se alimenta de insectos que coge al vuelo con el pico muy abierto. **2.** *Fam.* Ciertas embarcaciones de motor destinadas al transporte de pasajeros, generalmente por el interior de un puerto. • **Golondrina de mar,** ave palmípeda menor que la gaviota. ‖ **Nido de golondrina,** nido de la salangana, que construye regurgitando del buche una sustancia gelatinosa procedente de las algas absorbidas y que constituye un manjar muy apreciado en la cocina china.

**golondrina** y sus crías

**GOLONDRINO** n. m. Pollo de la golondrina. **2.** Denominación vulgar de la inflamación de las glándulas sudoríparas axilares.

**GOLOSINA** n. f. Lo que se come sin necesidad, sino simplemente para dar gusto al paladar, en especial dulces, bombones, caramelos. **2.** *Fig.* Cosa más agradable que útil.

**GOLOSINEAR, GOLOSINAR** o **GOLOSEAR** v. intr. [**1**]. Comer golosinas.

**GOLOSO, A** adj. y n. Aficionado a comer golosinas. **2.** Aficionado, en gran manera, a algo: *goloso del baile.* ◆ adj. **3.** Apetitoso, que excita el apetito o deseo: *un manjar goloso.*

**GOLPAZO** n. m. Golpe violento o ruidoso.

**GOLPE** n. m. Encuentro violento y brusco de un cuerpo en movimiento contra otro: *dar un golpe en la puerta.* **2.** Multitud o abundancia de una cosa: *golpe de gente.* **3.** Infortunio o desgracia repentina que afecta gravemente: *los duros golpes de la vida.* **4.** Latido del corazón. **5.** *Fig.* Asalto, atraco: *preparar un golpe.* **6.** *Fig.* Ocurrencia graciosa y oportuna. **7.** Pestillo dispuesto de modo que se encaja al cerrar la puerta con fuerza: *cerradura de golpe.* **8.** En algunos deportes y juegos, jugada. **9.** *Méx.* Instrumento de hierro parecido a un mazo. • **A golpe de calcetín** (*Méx. Fam.*), a pie, caminando. ‖ **A golpes,** a porrazos; con intermitencias; distribuido con discontinuidad en grupos no homogéneos. ‖ **Dar golpe,** o **el golpe,** causar sorpresa o admiración. ‖ **Darle el golpe al cigarro** (*Méx.*), aspirar el humo. ‖ **De golpe,** prontamente, con brevedad, de repente, violentamente. ‖ **De golpe y porrazo,** precipitadamente, sin reflexión ni meditación. ‖ **De un golpe,** de una vez, en una sola acción. ‖ **Golpe bajo,** en boxeo, falta cometida al golpear por debajo de la cintura; (*Fig.*), acción malintencionada y contraria a las normas admitidas en el trato social. ‖ **Golpe de estado** → ***estado.*** ‖ **Golpe de gracia,** el que se da para rematar al que está gravemente herido; agravio o revés con que se consuma el descrédito, la desgracia o la ruina de alguien. ‖ **Golpe de mano,** asalto brusco e inesperado, realizado con rapidez; (MIL.), acción militar local, llevada por sorpresa, con el objeto de apoderarse de un puesto importante o de obtener información del enemigo. ‖ **Golpe de mar,** ola que por su volumen o fuerza llega a romper contra un buque, peñasco, costa, etc. ‖ **Golpe de pecho,** signo externo de dolor o contrición. ‖ **Golpe de suerte,** suceso favorable que cambia la situación de alguien. ‖ **Golpe de tos,** acceso de tos. ‖ **Golpe de viento,** chubasco de viento. ‖ **Golpe de vista,** sagacidad y rapidez en la apreciación de algo. ‖ **Golpe doble,** en esgrima, golpe que se da y que se recibe al mismo tiempo por parte de cada uno de los dos adversarios. ‖ **Golpe franco,** en fútbol, penalización con que se sanciona cualquier infracción del reglamento que obstruya la realización de una jugada decisiva para el desarrollo del juego, en las proximidades del área de penalty. ‖ **No,** o **sin, dar golpe,** no trabajar en nada; no realizar el trabajo que se tiene obligación de hacer. ‖ **Parar el golpe,** evitar un contratiempo o fracaso que amenazaba.

tiro de un **golpe franco**
(el portero se lanza para despejar el balón)

**GOLPEAR** v. tr. e intr. [**1**]. Dar un golpe o repetidos golpes: *golpear la puerta.*

**GOLPETAZO** n. m. Golpe, choque.

**GOLPETEAR** v. tr. e intr. [**1**]. Golpear viva y continuamente.

**GOLPETEO** n. m. Acción y efecto de golpetear: *el golpeteo de la lluvia en los cristales.*

**GOLPISMO** n. m. Actitud de ciertos estamentos sociales, especialmente los militares, favorable a los golpes de estado.

**GOLPISTA** adj. y n. m. y f. Relativo al golpismo; persona que participa en un golpe de estado.

**GOLPIZA** n. f. *Amér.* Paliza.

**GOMA** n. f. (bajo lat. *gumma*). Tira o banda elástica

a modo de cinta. **2.** Caucho: *suela de goma.* **3.** *Fam.* Condón, preservativo. **4.** *Amér. Central.* Malestar que se siente al día siguiente de haber bebido mucho. **5.** *Argent.* Neumático. **6.** *Colomb.* Afición, manía. **7.** BOT. Sustancia viscosa que exudan algunos árboles. **8.** MED. Lesión nodular de origen infeccioso, que puede observarse en la sífilis y en la tuberculosis cutánea. • **Goma arábiga,** goma que se obtiene de distintas especies de acacias y que se recogió por primera vez en Arabia. || **Goma de borrar,** goma elástica, a base de caucho, que sirve para borrar el lápiz o la tinta. || **Goma de mascar,** chicle. || **Goma 2,** explosivo plástico impermeable e insensible al fuego y a los golpes. || **Goma laca,** sustancia resinosa producida por una especie de cochinilla de la India, que se utiliza en la fabricación de barnices. || **Mandar** a alguien **a la goma** *(Méx. Fam.),* mandarlo a paseo.

**GOMAESPUMA** n. f. Caucho celular.

**GOMBO** n. m. Planta tropical de flores amarillas, cuyo fruto es una cápsula de forma piramidal que se consume como verdura y como condimento.

**GOMERA** n. f *Argent.* Horquilla con gomas para tirar piedras pequeñas, tirachinas.

**GOMERÍA** n. f. *Argent.* Lugar de venta o reparación de neumáticos.

**GOMERO, A** adj. y n. De Gomera.

**GOMERO, A** adj. *Amér. Merid.* Árbol que produce goma. **2.** *Argent.* Dícese de quien explota la industria de la goma. ◆ n. m. **3.** Nombre que se da a diversos árboles, principalmente acacias, productores de goma. **4.** *Amér. Merid.* Árbol ornamental de la familia de las moráceas de copa ancha y hojas de color verde oscuro. **5.** *Argent.* Persona que se dedica a la reparación y venta de cámaras o cubiertas de automóviles.

**GOMINA** n. f. Fijador del cabello.

**GOMORRESINA** n. f. Sustancia vegetal formada por una mezcla de goma y resina, como el gálbano, la mirra, etc.

**GOMOSIS** n. f. Enfermedad de las plantas caracterizada por una abundante producción de goma.

**GOMOSO, A** adj. De la naturaleza de la goma. ◆ n. m. **2.** Petimetre, joven excesivamente acicalado.

**GÓNADA** n. f. Glándula sexual que produce los gametos y secreta hormonas. (El testículo es la gónada en el macho y el ovario la gónada en la hembra.)

**GONADOTROPINA** n. f. Hormona gonadotropa.

**GONADOTROPO, A** adj. Que actúa sobre las gónadas. • **Hormona gonadotropa,** hormona secretada por la hipófisis o la placenta, en el caso de la hembra o la mujer embarazada, y que estimula la actividad de las gónadas.

■ Las hormonas gonadotropas *hipofisarias* las segrega el lóbulo anterior de la hipófisis. Existen en número de tres y actúan sobre la maduración del folículo, desencadenan la ovulación y forman el cuerpo lúteo. En el hombre, estas hormonas actúan en la espermatogénesis y en la secreción de la testosterona. Las hormonas gonadotropas *placentarias* se forman durante el embarazo.

**GÓNDOLA** n. f. (ital. *gondola*). Embarcación veneciana, larga y plana, movida por un solo remo.

**GONDOLERO** n. m. El que por oficio dirige una góndola o rema en ella.

**GONFALÓN** n. m. Estandarte bajo el cual se alineaban los vasallos en la edad media.

**GONG** n. m. (pl. *gongs*). Batintín.

**GONGORINO, A** adj. y n. Relativo a Góngora. **2.** Que sigue o imita la manera literaria de Góngora.

**GONGORISMO** n. m. (de *Góngora*). Manifestación particular del culteranismo consistente según Dámaso Alonso en un «recargamiento ornamental y sensorial, entrelazado con una complicación conceptista». **2.** Imitación de Góngora.

**GONGORISTA** adj. Relativo al gongorismo.

**GONGORIZAR** v. intr. **[1g]**. Hablar o escribir en estilo gongorino.

**GONIA** n. f. (del gr. *gonos,* germen). Célula que origina los elementos sexuales.

**GONIOMETRÍA** n. f. Determinación de los ángulos. **2.** Método de navegación con ayuda del goniómetro.

**GONIÓMETRO** n. m. Instrumento para medir ángulos.

**GONOCITO** n. m. Célula embrionaria de los animales que, según el sexo, producirá cuatro espermatozoides o un solo óvulo.

**GONOCOCIA** o **GONORREA** n. f. Infección producida por gonococos.

**GONOCOCO** n. m. Microbio patógeno específico de la blenorragia.

**GONOCORISMO** n. m. BIOL. Carácter de las especies animales en que los gametos machos y hembras son producidos por individuos distintos.

**GOPURA** n. m. Pabellón de acceso en forma de torre piramidal de los templos de estilo drávida, en el S de la India.

**gopura** (s. XV) del templo de Raghunathaswami en Tiruchchirāppalli

**GORDA** n. f. *Chile. Vulg.* Nombre dado a las mujeres embarazadas. **2.** *Méx.* Tortilla de maíz, más gruesa que la común. • **Armarse la gorda** *(Fam.),* sobrevenir una pendencia, discusión ruidosa o trastorno. || **Ni gorda** o **sin gorda,** sin dinero.

**GORDINFLÓN, NA** o **GORDIFLÓN, NA** adj. *Fam.* De gordura fofa.

**GORDITA** n. f. *Méx.* Tortilla de maíz gruesa y rellena de carne, queso u otros ingredientes: *gordita de chicharrón, gordita de requesón.*

**GORDO, A** adj. Que tiene muchas carnes: *hombre, animal gordo.* **2.** Que excede en volumen o grosor a los de su clase: *libro gordo.* **3.** Pingüe, craso y mantecoso: *gordas tajadas de jamón.* **4.** *Fig.* De consideración, importancia o gravedad, según los casos: *una falta muy gorda.* • **Dedo gordo,** el primero de cada una de las extremidades. ◆ n. m. **5.** Sebo o manteca de la carne del animal. **6.** *Fig.* Premio mayor de los que se adjudican en cada sorteo de la lotería, especialmente la de Navidad. **7.** *Argent., Chile* y *Méx.* Apelativo cariñoso que se utiliza para dirigirse a los seres queridos.

**GORDOLOBO** n. m. Planta herbácea de flores algodonosas y amarillentas, que crece en los lugares incultos. (Familia escrofulariáceas.)

**GORDURA** n. f. Calidad de gordo.

**GORE** adj. (voz inglesa). Perteneciente a un género de películas en las que abundan las escenas sangrientas.

**GORE-TEX** n. m. (marca registrada). Fibra textil sintética impermeable, derivada del Teflón.

**GORGOJO** n. m. Insecto coleóptero, de color pardo oscuro y cuerpo ovalado, cuya cabeza se prolonga en forma de pico, muy perjudicial para las semillas. (Los gorgojos pertenecen a las familias curculiónidos [más de 50 000 especies] y brúquidos, entre los que destacan el *gorgojo del guisante* y el *gorgojo de la lenteja.*)

**GORGOJOSO, A** adj. Corroído por el gorgojo.

**GORGONARIO, A** adj. y n. m. Relativo a un orden de cnidarios octocoralarios de la clase antozoos, que comprende animales marinos fijos en fondos rocosos.

**GORGONZOLA** n. m. (voz italiana). Queso italiano con enmohecimiento interno.

**GORGORITO** n. m. Quiebro que se hace con la voz en la garganta, especialmente al cantar.

**GORGOTEAR** v. intr. **[1]**. Producir gorgoteo.

**GORGOTEO** n. m. Ruido que produce un líquido que se mueve o agita dentro de alguna cavidad, canalización o recipiente. **2.** Ruido que hace el gas al desprenderse tumultuosamente en burbujas en la superficie de un líquido.

**GORGUERA** n. f. Pieza de indumentaria que se hacía de lienzo fino o telas transparentes y se ponía alrededor del cuello como adorno. **2.** ARQ. Moldura de perfil cóncavo. **3.** ARQ. Moldura muy frecuente en la arquitectura gótica, parecida a una cima recta muy acentuada.

**gorguera** (principios del s. XVII)
[A. Van Ravesteyn - museo de bellas artes, Lille]

**GORIGORI** n. m. *Fam.* Canto fúnebre de los entierros. **2.** Ruido o confusión producidos por varias personas que hablan al mismo tiempo.

**GORILA** n. m. (gr. *gorilla,* hombres velludos). Mono antropoide de África ecuatorial, frugívoro y feroz, que alcanza 2 m de alt. y un peso de hasta 250 kg. **2.** *Fam.* Guardaespaldas.

**gorila**

**GORJAL** n. m. ARM. Pieza de la armadura, que se ajusta al cuello para su defensa.

**GORJEADOR, RA** adj. Que gorjea.

**GORJEAR** v. intr. **[1]**. Hacer quiebros con la voz en la garganta las personas o los pájaros. **2.** *Amér.* Hacer burla.

**GORJEO** n. m. Canto o voz de algunos pájaros. **2.** Quiebro de la voz en la garganta. **3.** Articulación imperfecta en la voz de los niños.

**GORRA** n. f. Prenda para abrigar la cabeza, de forma circular, sin copa ni alas y generalmente con visera. **2.** Gorro. • **De gorra** *(Fam.),* a costa ajena: *comer de gorra.* || **Gorra de plato** (MIL.), la que tiene la parte superior más ancha que la cabeza y va provista de visera.

**GORREAR** o **GORRONEAR** v. tr. e intr. **[1]**. Vivir de gorra.

**GORRERÍA** n. f. Taller o tienda de gorras.

**GORRERO, A** n. Persona que se dedica a hacer o vender gorras. **2.** Gorrón, que vive o se divierte a costa ajena.

**GORRINERÍA** n. f. Porquería, suciedad.

**GORRINO, A** n. Cerdo, especialmente el pequeño que aún no llega a cuatro meses. ◆ n. y adj. **2.** *Fig.* Persona desaseada o de mal comportamiento en su trato social.

**GORRIÓN, NA** n. Ave paseriforme, de plumaje pardo, con manchas negras y rojizas, que abunda en las ciudades (gorrión común) y en los campos (gorrión molinero). [Familia ploceidos.] ◆ n. m. **2.** *Amér. Central.* Colibrí.

**GORRO** n. m. Prenda para cubrir y abrigar la cabeza, de forma redonda, con visera o sin ella. **2.** Prenda que se pone a los niños para cubrirles la cabeza y que generalmente se sujeta con cintas debajo de la barba. • **Estar** uno **hasta el gorro** (*Fig.* y *fam.*), perder la paciencia, no aguantar más; (*Méx.*), estar muy borracho. ‖ **Ponerle** a uno **el gorro** (*Chile*), serle infiel, ponerle los cuernos. ‖ **Valerle a** uno algo **gorro** (*Méx. Fam.*), no importarle nada.

**GORRÓN** n. m. MEC. Espiga o saliente cilíndrico en que termina un eje o árbol giratorio de maquinaria y que entra en un cojinete.

**GORRÓN, NA** adj. y n. Que abusa de otros haciéndose invitar o no pagando lo que utiliza.

**GORRONA** n. f. Prostituta.

**GORRONERÍA** n. f. Cualidad o acción de gorrón.

**GOSPEL** n. m. (voz inglesa, *evangelio*). Canto religioso de los negros de América del Norte.

**GOTA** n. f. (lat. *guttam*). Glóbulo de cualquier líquido: *gotas de lluvia.* **2.** Pequeña cantidad de alguna cosa. **3.** *Colomb.* Enfermedad de ciertas plantas, como la papa, causadas por un hongo. **4.** ARQ. Cada uno de los pequeños conos que rodean el sofito de la cornisa, debajo de los triglifos del entablamento dórico. **5.** METEOROL. Masa de aire aislada de su región de origen y rodeada de masas más cálidas (gota fría) o más frías (gota cálida). • **Cuatro gotas,** lluvia breve y escasa. ‖ **Gota a gota,** por gotas y con intermisión de una a otra, de forma muy lenta y espaciada. ‖ **Gota de sangre,** planta de hojas muy divididas, con flores de sépalos lampiños con una mancha negra en la base. (Familia ranunculáceas.) ‖ **Ni gota,** nada. ◆ n. m. **6. Gota a gota,** método de administración por vía endovenosa de sueros o sangre en cantidad importante, de modo lento.

**GOTA** n. f. MED. Afección caracterizada por una inflamación articular muy dolorosa, que se localiza casi siempre en el dedo gordo del pie, y por otros trastornos viscerales. (Está provocada por un aumento de uricemia.) **2.** *Colomb.* Enfermedad de ciertas plantas, como la papa, causadas por un hongo.

**GOTEADO** n. m. *Chile.* Bebida preparada con pisco, jugo de limón, hielo y una pequeña porción de whisky.

**GOTEAR** v. intr. **[1]**. Caer un líquido gota a gota. **2.** Comenzar a llover gotas espaciadas. ◆ v. tr. **3.** *Fig.* Dar o recibir una cosa a pausas y con intermisión.

**GOTEO** n. m. Acción y efecto de gotear.

**GOTERA** n. f. Filtración de agua a través de un techo o pared. **2.** Grieta o sitio por donde se filtra. **3.** Mancha que deja esta filtración. **4.** *Fig.* Achaque, indisposición o enfermedad habitual.

**GOTERO** n. m. *Amér.* Cuentagotas.

**GOTERÓN** n. m. Gota muy grande de agua de lluvia. **2.** ARQ. Especie de canal o surco practicado en la cara inferior de la corona de una cornisa o voladizo.

**GÓTICO, A** adj. Relativo a los godos. • **Novela gótica** (LIT.), género narrativo prerromántico, cultivado principalmente por escritores ingleses, basado en el misterio y el terror y cuya acción transcurre generalmente en el marco de castillos medievales. ◆ adj. y n. m. **2.** Relativo al arte europeo que se desarrolló desde el s. XII hasta el renacimiento, sucediendo al románico. **3.** LING. Dícese de la lengua de una traducción de la Biblia, hecha a mediados del s. IV para una comunidad cristiana de lengua germánica por el obispo Ulfilas (Wulfila). ◆ adj. y n. f. **4.** Dícese de una escritura utilizada desde el s. XII al XV en la copia de libros manuscritos.

**gorriones** (hembra y macho)

■ El desarrollo del arte gótico se centra en los ss. XII-XV, y su extensión engloba a la mayoría de los países de Europa occidental. Se caracteriza por la aplicación del arco de ojiva y de la bóveda de crucería, así como por la plasmación de nuevos temas figurativos.

*Arquitectura.* Su división se ha estructurado a partir de las distintas etapas que se sucedieron en Francia: el período primitivo, de mediados del s. XII hasta 1230-1240 (catedrales de Sens, Laon y París); el período radiante, de 1230-1240 hasta mediados del s. XIV (catedral de Amiens y Santa Capilla de París); y el período flamígero, fines s. XIV hasta el s. XVI (torre de la catedral de Ruán y fachada de la Trinidad de Vêndome).

Como muestra de los diferentes períodos, destacan, en Inglaterra: la catedral de Salisbury (s. XIII), la catedral de Exeter (s. XIII-XIV) y la capilla del King's college de Cambridge (s. XV-XVI). En Alemania: las catedrales de Estrasburgo y de Colonia (s. XIII), la catedral de Ulm y la iglesia de San Esteban de Viena (s. XIV). En España: las catedrales de Ávila, Burgos, León y Toledo en el s. XIII, las catedrales de Barcelona, Palma de Mallorca y Gerona en el s. XIV, y las catedrales de Sevilla, Salamanca y Segovia en el s. XV y principios del s. XVI. En Portugal, el monasterio de Batalha (s. XV) y el de Belem (principios del s. XVI).

*Escultura.* En Francia destacan las fachadas occidentales de Saint-Denis y de la catedral de Chartres. En Italia, los púlpitos del baptisterio de Pisa y la catedral de Siena, y las puertas del baptisterio de Florencia. En Alemania, el crucero de la catedral de Estrasburgo, y el portal y el coro de la catedral de Bamberg. En España cabe destacar, en el s. XIII, la escultura castellana representada por la triple portada de la *Pulchra leonina* y las puertas del Sarmental y de la Coronería burgalesas; en el s. XIV y principios del s. XV, la escultura de la Corona de Aragón con el retablo de Cornellá de Conflent; en el s. XV, las obras de G. Sagrera Johan, el taller de Burgos con las obras de la Cartuja y de Gil de Siloé, el taller de Toledo (sepulcro del Doncel de la catedral de Sigüenza) y, en Sevilla, el sepulcro del cardenal Cervantes.

*Pintura.* En Francia destacan las ilustraciones de Jean Pucelle, el paramento de Narbona y la obra escultórica de los hermanos Van Eyck en Borgoña. En Italia destacaron P. Cavallini, G. Pisano, Cimabue, Giotto, Duccio y A. Lorenzetti. En Alemania, Conrad von Soest y Stephan Lochner, Meister Francke y Conrad Witz. En España cabe señalar las miniaturas de las *Cantigas de Alfonso X,* las pinturas murales del Tinell en Barcelona y el refectorio de la catedral de Pamplona, de Juan Oliver, y del monasterio de Pedralbes, de Ferrer Bassa, y obras de Destorrens y los hermanos Serra; Marsal de Sas y Gonçal Peris, en Valencia; Lluís Borrassà y Bernat Martorell, en Cataluña; Nicolás Francés y Dello Delli, en León y Castilla. Posteriormente destacan Luis Dalmau, Jacomart y Rexach, Jaume Huguet, Fernando Gallego y Bartolomé Bermejo.

**GOTOSO, A** adj. y n. Que padece gota.

**GOURAMI** o **GURAMI** n. m. Pez de acuario originario de Tailandia y Sumatra, de 10 cm de long., que vive en aguas que se encuentran entre los 20 y los 30 °C.

**GOURDE** n. f. Unidad monetaria principal de Haití.

**GOURMET** n. m. y f. (voz francesa). Persona experta y refinada en la comida y en la bebida.

**GOY** n. m. (voz hebrea, *pueblo*) [f. *goyá;* pl. m. *goyim;* pl. f. *goyot*]. Nombre que dan los judíos a los pueblos extranjeros y a su culto.

**GOYESCO, A** adj. Relativo a Goya.

**GOZADA** n. f. *Fam.* Gran satisfacción.

**GOZAR** v. intr. y pron. **[1g]**. Experimentar gozo o placer. ◆ v. tr. **2.** Tener una persona relación sexual con otra. ◆ v. tr. e intr. **3.** Tener o poseer algo útil, ventajoso o agradable: *gozar de buena salud.* • **Gozarla,** pasarlo bien, disfrutar con alguien o con algo.

**GOZNE** n. m. Charnela o bisagra compuesta de dos piezas metálicas, cuya articulación permite hacer girar las puertas.

**GOZO** n. m. (lat. *gaudium,* placer). Sentimiento de placer originado generalmente por una viva satisfacción o por la esperanza de obtener cosas halagüeñas y apetecibles. ◆ **gozos** n. m. pl. **2.** Composición poética en loor de la Virgen o de los santos, en la que se repite un mismo estribillo al final de cada copla.

**GOZOSO, A** adj. Que siente gozo.

**GOZQUE** adj. y n. m. Dícese del perro pequeño muy ladrador.

**gr,** símbolo del *grado,* unidad de ángulo.

**GRABACIÓN** n. f. Acción y efecto de grabar. **2.** Disco gramofónico: *las grabaciones más recientes.*

**GRABADO** n. m. Arte de grabar. **2.** Procedimiento para grabar. **3.** Imagen impresa después de haber sido grabada sobre metal, madera, etc., o dibujada sobre un soporte litográfico. • **Grabado rupestre,** grabado prehistórico sobre roca, realizado por medio de un instrumento cortante de piedra o de metal. (*V. ilustraciones pág. 494.*)

**GRABADOR, RA** adj. Que graba. **2.** Relativo al arte de grabar. ◆ n. **3.** Persona que tiene por oficio grabar: *grabador en metal.* ◆ n. m. **4.** Aparato electromecánico utilizado para grabar discos.

**GRABAR** v. tr. y pron. (fr. *graver*) **[1]**. Señalar con incisión o abrir y labrar en hueco o en relieve sobre una superficie un letrero, figura o representación de cualquier objeto. **2.** Fijar profundamente en el ánimo un concepto, un sentimiento o un recuerdo. ◆ v. tr. e intr. **3.** Registrar los sonidos por medio de un disco fonográfico, de una cinta magnetofónica o cualquier otro procedimiento de manera que se puedan reproducir. **4.** INFORMÁT. Registrar información sobre un soporte magnético, como un disco o una cinta.

**GRABEN** n. m. (alem. *Graben, fosa*). GEOMORFOL. Fosa tectónica.

**GRACEJADA** n. f. *Amér. Central* y *Méx.* Payasada, generalmente de mal gusto.

**GRACEJO** n. m. Gracia, chiste, donaire festivo en el hablar o escribir.

**GRACIA** n. f. (lat. *gratiam*). Beneficio, concesión gratuita. **2.** Disposición afable, amistosa o protectora respecto a alguien. **3.** Indulto, perdón que la autoridad concede a un condenado. **4.** Cualidad o conjunto de cualidades que hacen agradable a alguien o algo: *tener todas las gracias.* **5.** Cierto atractivo independiente de la perfección formal: *hablar con gracia.* **6.** Habilidad o arte para hacer o conseguir algo: *tener gracia para convencer a la gente.* **7.** Cualidad de divertir o hacer reír: *chiste con gracia.* **8.** Acción o dicho que divierte o hace reír: *celebrar las gracias de alguien.* **9.** *Irón.* Acción o dicho que molesta: *estar harto de las gracias de alguien.* **10.** Nombre de cada uno, en lenguaje extremadamente afectado. **11.** TEOL. Don o ayuda sobrenatural que Dios concede a los hombres para su salvación. • **Caer en gracia,** agradar. ‖ **Dar gracias,** o **las gracias,** manifestar agradecimiento. ‖ **¡Gracias!,** expresión de agradecimiento. ‖ **Gracias a,** por causa, por mediación de. ‖ **Hacer gracia** algo, parecer agradable o gracioso. ‖ **No hacer gracia,** disgustar. ‖ **No tener gracia** algo, ser desagradable o molesto. ‖ **Tener gracia** algo, ser chocante, ser absurdo o contradictorio; ser intolerable o irritante.

**GRÁCIL** adj. (lat. *gracilem,* delgado). Sutil, delicado, delgado o menudo.

**GRACILIDAD** n. f. Calidad de grácil.

**GRACIOSO, A** adj. Que tiene gracia. **2.** Que se da de balde o de gracia. **3.** Dictado de los reyes de Gran Bretaña: *su graciosa majestad.* ◆ n. **4.** Personaje que suele aparecer en los dramas españoles del siglo de oro. **5.** Actor dramático que representa siempre papeles de carácter festivo.

**GRADA** n. f. Peldaño, especialmente el de un altar o trono. **2.** Asiento a manera de escalón corrido. **3.** Conjunto de estos asientos en los estadios deportivos y otros lugares públicos. **4.** MAR. Plano inclinado a orilla de un mar o de un río, donde se construyen o carenan los buques: *grada de construcción.* ◆ **gradas** n. f. pl. **5.** Conjunto de escalones que suelen tener los edificios grandes, majestuosos, delante de su pórtico o fachada.

**GRADA** n. f. (lat. *cratem,* enrejado, verja). Reja o locutorio de los monasterios de monjas. **2.** Instrumento de madera o de hierro de muy diversas formas, tamaños y tipos, para realizar labores agrícolas, como allanar y ahuecar la tierra: *grada de cota; grada reticulada.*

**GRADACIÓN** n. f. Serie de cosas ordenadas gradualmente. **2.** MÚS. Progresión ascendente o descendente de períodos armónicos, relacionados entre sí. **3.** PINT. Paso insensible de una tonalidad a otra. **4.** RET. Figura de dicción que consiste en la repetición de palabras.

Detalle del interior de la lonja de Palma de Mallorca, obra de Guillem Sagrera (primera mitad del s. XV). Arcos y ojivas arrancan directamente sobre los pilares, estriados en espiral, formando sencillas bóvedas de crucería.

Detalle de la fachada principal de la catedral de Burgos (segunda mitad del s. XIII). Destacan dos torres provistas de amplios ventanales, adornadas con varias esculturas y rematadas por agujas caladas, construidas a mediados del s. XV por Juan de Colonia.

Representación del arcángel Gabriel de la Anunciación en la portada central de la catedral de Reims: gracia sonriente, obra de uno de los mejores talleres de Reims del s. XIII.

Coro de la catedral de Wells (Gran Bretaña), reconstruido durante el segundo tercio del s. XV: conjunto característico del gótico inglés decorado.

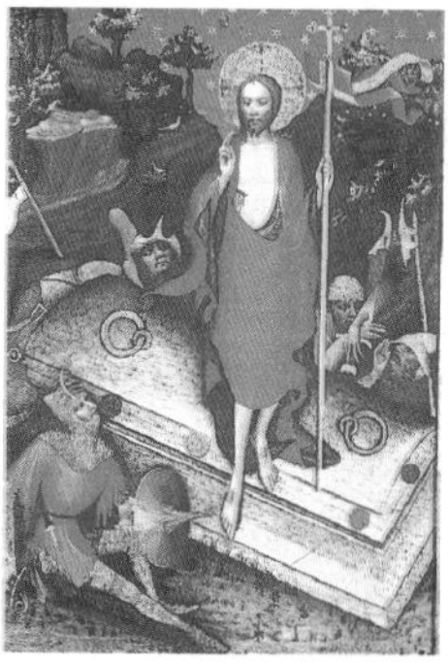

La *Resurrección* (*c.* 1380). Panel de un retablo pintado por el maestro de Třeboň para un convento de la ciudad de Třeboň en la República checa. (Galería Narodni, Praga.) En la corte de Carlos IV, en Praga, se desarrolló en la segunda mitad del s. XIV una de las versiones más notables del estilo internacional. Tributario de influencias francesas (elegancia lineal) e italianas (sentido del volumen y del espacio), el arte de pintores como el maestro Teodorico o el anónimo maestro de Třeboň influiría a su vez sobre la pintura alemana.

Fachada lateral del ayuntamiento de Lovaina (Bélgica), construido entre 1448 y 1463 por Matthijs de Layens. Torres con escaleras, arcos conopiales ornamentados con motivos vegetales, arquerías y barandillas caladas, estatuas bajo doseles con pináculos componen la exuberante decoración de esta obra maestra de la arquitectura municipal brabanzona.

*A la derecha:*
Asunción de la Virgen. Parte central de un retablo de madera de tilo realizado *c.* 1505-1510 por Tilman Riemenschneider para la iglesia de Creglingen (Baviera). La intensidad formal y espiritual, el realismo y expresionismo hacen de este tríptico monumental una obra maestra del arte del retablo en madera tallada (con la misma calidad que la obra de V. Stoss en Cracovia).

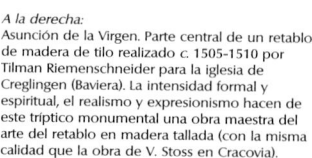

*La ninfa de Fontainebleau* (parte central). Grabado al buril por Pierre Milan y René Boyvin. Mediados del s. XVI. (Biblioteca nacional, París.) Inspirado en la decoración de la galería de Francisco I del palacio de Fontainebleau, obra de Rosso Fiorentino y Primaticcio, este grabado corrobora, por sus formas seguras y sutiles, la perfecta asimilación de la elegancia manierista de los maestros italianos.

*Paisaje con tres árboles* (1643) por Rembrandt. Aguafuerte, a la punta seca y al buril. (Museo Condé, Chantilly.)
Rembrandt supo crear un lenguaje completamente nuevo, fundamentado en su maestría en todas las técnicas del grabado en talla dulce, y jugar con su combinación para obtener estos efectos de claroscuro, de un raro poder y sugestión.

*Se repulen.* Aguafuerte y aguatinta de la serie *Los caprichos* (1793-1798) por Goya. (Biblioteca nacional, París.)
Aquí como en los demás grabados de la serie, de una ironía mordaz y de una fuerza plástica poco común, el artista deja vía libre a su inspiración satírica y a los delirios de su imaginación.

*El niño enfermo* (1896) por Munch. Litografía en colores. (Col. part.)
La angustia del pintor noruego se revela a través de la técnica muy directa del dibujo litográfico, con un estremecimiento casi impresionista. En la misma época, Munch explota con potentes efectos de estilización todos los recursos del grabado sobre madera

*Las pescadoras de Awabi*, una de las partes de un tríptico (*c.* 1798) por Utamaro dedicado a este tema. Grabado sobre madera. (Museo Guimet, París.)
El grabado japonés toma sus temas de la vida cotidiana, pero idealizada, especialmente mediante el arabesco de la línea. La técnica (xilografía sobre madera de fibra que requiere una plancha distinta para cada color) es compleja y refinada.

el arte del **grabado**

**GRADERÍA** n. f. Conjunto o serie de gradas.

**GRADERÍO** n. m. Gradería.

**GRADIENTE** n. m. Tasa de variación de un elemento meteorológico en función de la distancia. (En sentido vertical, el *gradiente de temperatura* se expresa en °C por 100 m; en sentido horizontal, el *gradiente de presión* se expresa en millares por 100 km o por grado geográfico [111 km].) **2.** BIOL. Variación, progresivamente decreciente a partir de un punto máximo, de la concentración de una sustancia o de una propiedad fisiológica, en un biotopo, una célula o un organismo. • **Gradiente de potencial** (ELECTR.), variación del potencial entre dos puntos, en la dirección del campo. ‖ **Gradiente de una función** (MAT.), vector cuyas componentes son las derivadas parciales de la función en relación a cada una de las coordenadas. ◆ n. f. **3.** *Chile, Ecuad., Nicar.* y *Perú.* Pendiente, declive, repecho.

**GRADO** n. m. (lat. *gradum*). Cada uno de los diversos estados, valores o calidades que, en relación de mayor a menor, puede tener algo. **2.** Cada uno de los escalones o puestos jerárquicos dentro de una institución: *el grado de comandante.* **3.** Nivel de estudios: *grado medio, grado superior.* **4.** Conjunto de estudios que conducen a una titulación: *examen de grado* **5.** Cada uno de los títulos que se concede al superar alguno de los niveles en que se dividen los estudios de enseñanza media o superior: *grado de bachiller; grado de doctor.* **6.** Cada una de las divisiones de una escala adaptada a un aparato de medida. **7.** DER. Cada una de las generaciones que marcan el parentesco entre las personas: *parientes en primer, segundo o tercer grado.* **8.** DER. Cada una de las diferentes instancias que puede tener un pleito: *en grado de apelación.* **9.** GEOMETR. Cada una de las 360 (grado sexagesimal, símbolo °) o 400 (grado centesimal, símbolo gr) partes iguales en que puede dividirse la circunferencia o el círculo correspondiente y se emplea como unidad de medida de ángulos y arcos de circunferencia. **10.** GRAM. Manera de significar la intensidad relativa de los adjetivos y adverbios: *grado positivo, comparativo, superlativo.* **11.** MÚS. Cada uno de los sonidos de la escala musical. **12.** PETRÓL. Calidad de un aceite lubricante. • **Grado alcohométrico centesimal,** unidad de graduación alcohométrica (símbolo °GL), equivalente al grado de la escala centesimal de Gay-Lussac, en la que el título alcohométrico del agua pura es 0 y la del alcohol absoluto 100. ‖ **Grado Baumé,** unidad que sirve para medir la concentración de una solución partiendo de su densidad. ‖ **Grado Celsius, centígrado, o centesimal,** unidad de medida de temperatura (símbolo °C), que corresponde a una división del termómetro centesimal. ‖ **Grado de dureza,** cualidad por la que un aglomerante retiene los granos de abrasivo en una muela. ‖ **Grado de un monomio entero con relación a una variable,** exponente de la potencia a que se encuentra elevada esta variable en el monomio. ‖ **Grado de un monomio fraccionario,** diferencia de los grados del numerador y del denominador. ‖ **Grado de una ecuación entera,** o **de un polinomio,** grado del monomio componente que lo tenga mayor. ‖ **Grado de una quemadura,** profundidad de la lesión producida (*primer grado,* simple enrojecimiento; *segundo grado,* vesícula llena de líquido; *tercer grado,* todas las lesiones a mayor profundidad que la dermis). ‖ **Grado Fahrenheit,** unidad de medida de temperatura (símbolo °F) igual a la ciento ochentava parte de la diferencia entre la temperatura de fusión del hielo y la temperatura de ebullición del agua a la presión atmosférica, respectivamente 32 °F y 212 °F, es decir, 0 °C y 100 °C.

**GRADO** n. m. Voluntad, gusto. • **De buen grado, de grado,** voluntaria o gustosamente. || **De mal grado,** sin voluntad, con repugnancia y a disgusto.

**GRADUACIÓN** n. f. Acción y efecto de graduar. **2.** Cantidad proporcional de alcohol que contienen las bebidas espirituosas. **3.** Categoría de un militar en su carrera.

**GRADUADO, A** adj. Dividido en grados. ◆ adj. y n. **2.** Dícese del que ha alcanzado un grado o título, especialmente universitario. ◆ n. **3. Graduado escolar,** título que acredita haber realizado los estudios correspondientes a la educación general básica, o haber superado los exámenes de prueba de madurez para los mayores de catorce años. || **Graduado social,** profesional que ejerce en las empresas las funciones de organización, control y asesoramiento en asuntos laborales y de previsión social, así como la representación y defensa en los tribunales de lo social. (A partir de 1990 la titulación equivalente, aprobada por el consejo de universidades, es la de diplomado en relaciones laborales.)

**GRADUAL** adj. Que está por grados o que va de grado en grado. ◆ n. m. **2.** LITURG. Versículos que se cantan o se recitan entre la epístola y el evangelio.

**GRADUANDO, A** n. Persona que está estudiando para graduarse en una universidad.

**GRADUAR** v. tr. **[1s]**. Dar a algo el grado, calidad o intensidad que le corresponde. **2.** Medir el grado o calidad de algo: *graduar la vista.* **3.** Señalar los grados en los que se divide algo: *graduar un termómetro.* **4.** Dividir y ordenar una cosa en una serie de grados o estados correlativos. ◆ v. tr. y pron. **5.** Dar un grado o título: *graduarse de doctor.*

**GRAFEMA** n. m. LING. Elemento abstracto de un sistema de escritura susceptible de realizarse en un número variado de formas distintas.

**GRAFFITI** n. m. (voz italiana). Inscripción o dibujo realizado sobre una pared.

**GRAFÍA** n. f. (gr. *graphē*, acción de escribir). Signo o conjunto de signos con que se representa un sonido o la palabra hablada.

**GRÁFICO, A** adj. (lat. *graphicum*). Relativo a la escritura. **2.** Que representa algo por medio del dibujo: *diccionario gráfico.* **3.** *Fig.* Dícese del modo de hablar que expone las cosas con la misma claridad que si estuvieran dibujadas. • **Artes gráficas,** las relacionadas con la imprenta. ◆ adj. y n. m. **4.** Dícese de las descripciones, operaciones y demostraciones que se representan por medio de signos o figuras. ◆ n. **5.** Representación de datos mediante magnitudes geométricas o figuras.

**GRÁFILA** o **GRAFILA** n. f. Orla que rodea la leyenda de ciertas monedas y que suele estar formada por puntos y rayas.

**GRAFISMO** n. m. Manera de hacer un trazo, de dibujar: *el grafismo de Alberto Durero.* **2.** Arte de proyectar y realizar ediciones (libros, folletos, carteles, etc.) en su aspecto material.

**GRAFISTA** n. m. y f. Especialista del diseño gráfico.

**GRAFÍTICO, A** adj. Relativo al grafito.

**GRAFITIZACIÓN** n. f. Tratamiento térmico efectuado en las fundiciones para precipitar el carbono en estado de grafito.

**GRAFITO** n. m. Forma alotrópica del carbono, que cristaliza en el sistema hexagonal.

**GRAFO** n. m. Sistema de pares de elementos determinados por la aplicación de un conjunto en sí mismo o en otro. (Si los dos conjuntos son el conjunto R de los R de los números reales, el grafo es un sistema de puntos y se confunde con la representación gráfica de una fusión.) **2.** Conjunto de puntos, algunos de cuyos pares están unidos por una línea, orientada o no.

**GRAFOLOGÍA** n. f. Estudio de la personalidad de un individuo a través del examen de su escritura.

**GRAFOLÓGICO, A** adj. Relativo a la grafología.

**GRAFÓLOGO, A** n. Especialista en grafología.

**GRAFOMANÍA** n. f. Manía de escribir.

**GRAFÓMANO, A** adj. Que tiene grafomanía.

**GRAFÓMETRO** n. m. Instrumento usado antiguamente en el levantamiento de planos para medir ángulos sobre el terreno.

**GRAFOTERAPIA** n. f. Reeducación que tiene por finalidad modificar el funcionamiento afectivo del sujeto a través de una modificación de su escritura.

**GRAGEA** n. f. Confite menudo. **2.** FARM. Una de las formas de presentación de un medicamento de administración por vía oral.

**GRAJILLA** n. f. Ave paseriforme de unos 35 cm de long. y plumaje negro, salvo en la nuca que es gris, que vive en colonias en las torres y campanarios.

grajilla

**GRAJO** n. m. Ave paseriforme parecida a la corneja, que mide unos 45 cm de long. **2.** *Antillas, Colomb., Ecuad.* y *Perú.* Olor desagradable que se desprende del sudor. **3.** *Cuba.* Planta mirtácea de olor fétido.

**GRAMA** n. f. Planta medicinal, muy común, de flores en espigas filiformes, que salen en número de tres o cinco en el extremo de los tallos. (Familia gramíneas.) • **Grama de olor,** hierba forrajera olorosa, que crece en bosques y prados. (Familia gramíneas.) || **Grama en jopillos,** planta graminácea forrajera de las regiones templadas.

**GRAMAJE** n. m. En la industria papelera, peso del papel o del cartón, expresado en gramos por metro cuadrado.

**GRAMAL** n. m. Terreno poblado de grama.

**GRAMALOTE** n. m. *Colomb., Ecuad.* y *Perú.* Hierba forrajera de la familia de las gramíneas.

**GRAMÁTICA** n. f. Estudio y descripción de las estructuras sintácticas, morfológicas y fonéticas de una lengua. **2.** Texto que enseña metódicamente estas estructuras. **3.** INFORMÁT. Descripción del conjunto de reglas que permiten generar, a partir de un vocabulario terminal (conjunto de símbolos), las cadenas o series ordenadas de símbolos que constituyen las frases autorizadas en el lenguaje correspondiente. • **Gramática parda** *(Fam.),* habilidad natural o adquirida que tienen algunas personas para manejarse.

**GRAMATICAL** adj. Relativo a la gramática. **2.** Que se ajusta a las reglas de la gramática.

**GRAMATICALIDAD** n. f. LING. Propiedad que tiene una frase de ser conforme a las reglas de la gramática de una lengua.

**GRAMATICALIZACIÓN** n. f. Acción de gramaticalizarse: *la gramaticalización de la palabra latina «mente» en sufijo adverbial.*

**GRAMATICALIZARSE** v. pron. **[1g]**. LING. Adquirir un elemento léxico una función gramatical.

**GRAMÁTICO, A** adj. Gramatical. ◆ n. **2.** Especialista en gramática.

**GRAMATIQUEAR** v. intr. **[1]**. *Fam.* y *desp.* Tratar de cuestiones gramaticales.

**GRAMIL** n. m. Instrumento empleado en diversos oficios para el trazado de las piezas a trabajar.

**GRAMILLA** n. f. *Amér. Merid.* Diversas gramíneas utilizadas para pasto.

**GRAMÍNEO, A** o **GRAMINÁCEO, A** adj. y n. f. Relativo a una familia de plantas monocotiledóneas con espigas de flores poco vistosas, frutos harinosos reducidos a simples granos y tallo herbáceo, como los cereales.

**GRAMO** n. m. (gr. *gramma,* peso). Unidad de masa (símbolo g) del sistema cegesimal, que equivale a la masa de un centímetro cúbico de agua pura a 4 °C. **2.** Cantidad de alguna materia cuya masa es un gramo: *doce gramos de azafrán.* • **Gramo peso, gramo fuerza,** fuerza con la que una masa de 1 g es atraída por la Tierra.

**GRAMÓFONO** n. m Aparato que reproduce las vibraciones sonoras grabadas sobre un disco plano que se apoya en un plato que gira impulsado por un mecanismo de muelle o electromotor.

**GRAMOLA** n. f. (de *Gramola,* marca registrada). Nombre de ciertos gramófonos de bocina interior, portátiles o en forma de mueble.

**GRAN** adj. Apócope de *grande,* cuando va antepuesto al sustantivo singular: *un gran hotel; una gran mujer.*

**GRANA** n. f. (lat. *grana*). Excrecencia o agallita que un quermésido forma en la coscoja y que exprimida produce color rojo. **2.** Color rojo obtenido de este modo. **3.** Cochinilla. **4.** Quermes, insecto.

**GRANA** n. m. Variedad de queso parmesano.

**GRANADA** n. f. Fruto del granado, del tamaño de una manzana, que contiene muchos granos rojos o rosados de sabor agridulce muy gustoso. **2.** MIL. Proyectil ligero que puede lanzarse a corta distancia con la mano, con la ayuda de un fusil, de un arma ligera o de un mortero. • **Granada submarina,** ingenio concebido para el ataque de submarinos sumergidos.

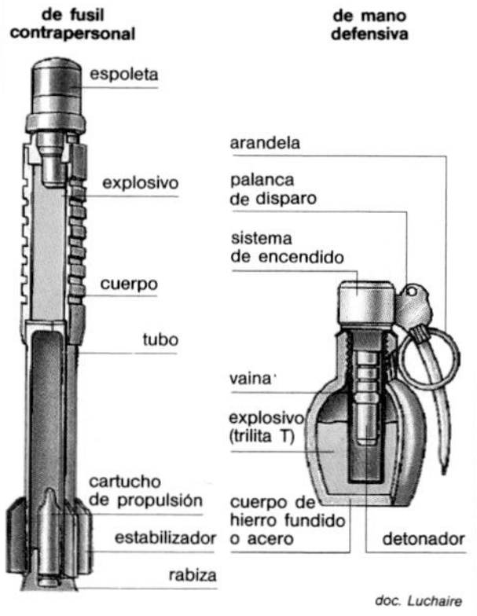


granadas

**GRANADERA** n. f. Cartuchera para llevar las granadas.

**GRANADERO** n. m. Soldado encargado de lanzar granadas. **2.** HIST. Soldado de algunas compañías escogidas.

**GRANADILLA** n. f. Flor de la pasionaria. **2.** Fruto de esta planta.

**GRANADILLO** n. m. Planta arbórea de Antillas, con ramas espinosas y flores blanquecinas, cuya madera, dura, de grano fino y color rojo y amarillo, es muy apreciada en ebanistería. (Familia cesalpiniáceas.)

**GRANADINA** n. f. Tejido calado, que se hace con seda retorcida. **2.** Hilo de seda constituido por hilos de seda cruda, torcidos por separado y luego conjuntamente.

**GRANADINA** n. f. Refresco hecho con zumo de granada.

**GRANADINA** n. f. Especie de fandango oriundo de Granada.

**GRANADINO** n. m. Flor del granado.

**GRANADINO, A** adj. y n. De Granada.

**GRANADO** n. m. Árbol cultivado en los países mediterráneos, de flores rojas y cuyo fruto es la granada. (Familia punicáceas.)

**GRANADO, A** adj. Notable, ilustre y escogido. **2.** Maduro, experto.

**GRANALLA** n. f. Metal o metaloide reducido a granos pequeños: *granalla de plomo.*

**GRANALLAR** v. tr. **[1]**. Reducir a granalla.

**GRANAR** v. intr. **[1]**. Producir grano. ◆ v. tr. **2.** Granear, reducir a grano.

**GRANATE** n. m. (cat. o provenz. *granat*). Silicato doble de ciertos metales, que se encuentra en las rocas metamórficas y del que algunas variedades son piedras finas. ◆ n. m. y adj. **2.** Color rojo oscuro.

**GRANATITA** n. f. Roca metamórfica, de color rojo, constituida fundamentalmente por granate.

**GRANAZÓN** n. m. BOT. Formación de granos.

**GRANCÉ** adj. (fr. *garance*). Rojo ligeramente purpúreo.

**GRANCOLOMBIANO, A** adj. y n. De la República de la Gran Colombia.

**GRANDE** adj. (lat. *grandem*). Que tiene mucho tamaño o mayor tamaño que otras de la misma especie: *un árbol grande.* **2.** De dimensiones que exceden a las necesarias o convenientes: *zapatos grandes.* **3.** *Fam.* Dícese de la persona adulta: *apto para pequeños y grandes.* **4.** Mucho, muy intenso o vehemente: *un amor grande.* **5.** *Fig.* De elevada moral, muy noble: *grandes ideales.* **6.** *Fig.* Famoso, singular, de mucha importancia: *un poeta grande.* **7.** *Fig.* y *fam.* Ilógico, absurdo, contradictorio: *es grande que pague el más pobre.* **8.** Epíteto que se añade al título de ciertos dignatarios y a ciertos títulos nobiliarios: *los grandes duques.* • **A lo grande,** con mucho lujo. || **En grande,** en cantidad importante; muy bien o con mucho bienestar. || **Venir grande,** ser algo demasiado importante para alguien. ◆ n. m. **9.** Prócer, magnate, persona de muy elevada jerarquía o nobleza: *una reunión de los cuatro grandes.* • **Grande de España,** título que representa la jerarquía superior dentro de la nobleza española.

**GRANDEZA** n. f. Cualidad de grande: *admirar la grandeza de una acción.* **2.** Majestad, poder: *la grandeza de Dios.* **3.** HIST. Dignidad de grande de España. **4.** Conjunto de los grandes de España.

**GRANDILOCUENCIA** n. f. Elocuencia altisonante. **2.** Estilo sublime.

**GRANDILOCUENTE** adj. Que habla o escribe con grandilocuencia.

**GRANDIOSIDAD** n. f. Cualidad de grandioso.

**GRANDIOSO, A** adj. Que es de grandes dimensiones y causa admiración por su belleza o significado: *un salón grandioso; una actuación grandiosa.*

**GRANDISONAR** v. intr. [**1r**]. *Poét.* Resonar o tronar con fuerza.

**GRANDÍSONO, A** adj. *Poét.* Altísono.

**GRANDOR** n. m. Tamaño de las cosas, dimensión, magnitud.

**GRANDULLÓN, NA** adj. y n. *Desp.* Dícese de los muchachos muy crecidos para su edad o que obran en desacuerdo con lo que les corresponde por ella.

**GRANDULÓN, NA** adj. *Argent.* y *Méx. Fam.* Muchacho muy crecido para su edad, especialmente el que tiene conductas infantiles.

**granado**

**GRANEADO, A** adj. Salpicado de pintas. • **Fuego graneado,** fuego a discreción. ◆ n. m. **2.** Acción de reducir a grano. **3.** Acción de transformar la superficie lisa de un cuerpo en una superficie ligeramente rugosa para facilitar un trabajo ulterior.

**GRANEAR** v. tr. [**1**]. Esparcir el grano en un terreno. **2.** Sacarle grano a una superficie lisa. **3.** Reducir a grano.

**GRANEL. A granel,** sin orden, número ni medida; género sin envase o sin empaquetar; en abundancia.

**GRANERO** n. m. (lat. *granarium*). Lugar o parte de un edificio destinados a almacenar granos. **2.** *Fig.* Región fértil que produce grandes cantidades de trigo: *Cerdeña fue el granero de Cataluña en el s.* XIV.

**GRANIENTO, A** adj. *Méx.* Que está lleno de granos.

**GRANILLA** n. f. Grano pequeño que por el revés tiene el paño. **2.** Tejido de lana o algodón de grano grueso.

**GRANÍTICO, A** adj. De la naturaleza del granito.

**GRANITIZACIÓN** n. f. Transformación de una roca en granito.

**GRANITO** n. m. (ital. *granito,* a granos). Roca plutónica formada principalmente por cuarzo, feldespato alcalino y mica, y que constituye la parte esencial de la corteza continental.

**GRANITOIDE** adj. Que tiene la apariencia del granito.

**GRANÍVORO, A** adj. y n. Que se alimenta de granos.

**GRANIZADA** n. f. Precipitación grande de granizo. **2.** *Fig.* Caída o afluencia de algo en gran cantidad o fluidez: *granizada de piedras, de insultos.* **3.** *Chile.* Granizado.

**GRANIZADO** n. m. Bebida refrescante parcialmente congelada y de consistencia granulosa: *granizado de café.*

**GRANIZAR** v. intr. [**1g**]. Caer granizo. ◆ v. intr. y tr. **2.** *Fig.* Arrojar una cosa con ímpetu y frecuencia.

**GRANIZO** n. m. Agua congelada que cae de las nubes con violencia en forma de granos de hielo. **2.** Granizada, precipitación de granizo.

**GRANJA** n. f. (fr. *grange*). Finca rústica, generalmente cercada, con casa y dependencias para la gente y el ganado. **2.** Finca rural destinada a la cría de animales domésticos. **3.** Comercio especializado en la venta de leche y sus derivados. **4.** Establecimiento en que se sirven al público productos lácteos, chocolate, helados, pastas, etc.

**GRANJEABLE** adj. Que se puede granjear.

**GRANJEAR** v. tr. [**1**]. Conseguir, adquirir, obtener. ◆ v. tr. y pron. **2.** Captar, atraer, lograr: *granjearse las simpatías.*

**GRANJERÍA** n. f. Beneficio de las haciendas de campo y venta de sus frutos, o cría de ganados y trato con ellos, etc. **2.** *Fig.* Ganancia y utilidad que se obtiene traficando o negociando.

**GRANJERO, A** n. Persona que cuida de una granja. **2.** Persona que explota una finca o predio rústicos.

**GRANO** n. m. (lat. *granum*). Fruto formado casi únicamente por la semilla: *grano de trigo.* **2.** Baya pequeña: *grano de uva.* **3.** Pequeño cuerpo esférico: *los granos de un rosario.* **4.** Partícula, corpúsculo: *grano de arena; grano de clorofila.* **5.** Desigualdad en la superficie del cuero, de una tela, una piedra, una cerámica, etc. **6.** FOT. Partícula que forma la emulsión. **7.** MED. Pequeña lesión cutánea caracterizada por la existencia de un punto central de pus rodeado de un halo inflamatorio rojizo, algo edematoso. • **Grano de arena** *(Fig.),* auxilio pequeño con que uno contribuye para una obra o fin determinado. || **Ir al grano,** atender a lo esencial, omitiendo superfluidades. || **No ser un grano de anís,** no ser despreciable. ◆ **granos** n. m. pl. **8.** Cereales: *silo de granos.*

**GRANOSO, A** adj. Que tiene o forma granos. **2.** Dícese de los tejidos bastos, de trama desigual: *tela granosa.*

**GRANUDO, A** adj. Que se compone de pequeños granos o gránulos: *rocas granudas.*

**GRANUJA** n. m. y f. Golfo, pilluelo. **2.** *Fig.* Persona que habitualmente engaña, comete fraudes y atiende sólo a su propio provecho.

**GRANUJADA** n. f. Acción propia de un granuja.

**GRANUJERÍA** n. f. Conjunto de granujas. **2.** Granujada.

**GRANUJIENTO, A** adj. Que tiene granos: *cara granujienta.*

**GRANULACIÓN** n. f. Aglomeración en pequeños granos. **2.** MED. Lesión orgánica que consiste en pequeños tumores formados en los órganos, mucosas o llagas. **3.** TECNOL. Fragmentación de un producto fundido sometido a la acción de un chorro de agua y que se solidifica dividiéndose en pequeñas partículas de contornos redondeados. • **Granulación solar,** red formada por el conjunto de gránulos observados en las regiones tranquilas de la fotosfera del Sol.

**GRANULADO, A** adj. Que forma granos. **2.** Que tiene granulaciones. ◆ n. m. **3.** Preparación farmacéutica, en forma de pequeños gránulos con excipiente azucarado. **4.** Graneado de las pieles.

**GRANULAR** adj. Que se compone de pequeños granos.

**GRANULAR** v. tr. [**1**]. Reducir a gránulos o pequeños granos. ◆ **granularse** v. pron. **2.** Cubrirse de granos: *granularse la cara.*

**GRANULIA** n. f. MED. Forma grave de tuberculosis, caracterizada por la diseminación en los pulmones *(granulia pulmonar)* o en todo el organismo *(granulia generalizada)* de granulaciones tuberculosas del volumen de un grano de mijo. SIN.: *tuberculosis miliar.*

**GRANULITA** n. f. Roca metamórfica constituida esencialmente de cuarzo y feldespato y, accesoriamente, de granate o piroxeno.

**GRÁNULO** n. m. Grano pequeño. **2.** Elemento brillante, de aspecto poligonal irregular, de escasas dimensiones (unos 1 000 km) y vida corta (del orden de 8 min), observable fuera de las manchas en las imágenes de la fotosfera del Sol, obtenidas con luz blanca. **3.** FARM. Pequeña píldora que contiene una cantidad ínfima pero rigurosamente dosificada de una sustancia muy activa.

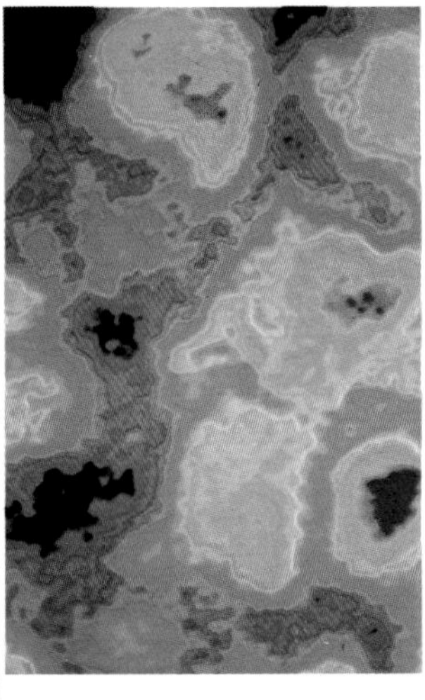

**gránulos** solares

**GRANULOCITO** n. m. BIOL. Leucocito polinuclear de la sangre.

**GRANULOMA** n. m. Pequeño tumor conjuntivo, benigno y de forma redondeada.

**GRANULOMETRÍA** n. f. Clasificación de un producto pulverulento según el porcentaje de granos de distintos grosores que contiene. **2.** Medida de las partículas minerales del suelo o de una roca.

**GRANULOSIS** n. f. Producción patológica de partículas granulares o cristalinas en el protoplasma celular en vías de degeneración.

**GRANULOSO, A** adj. Que posee gránulos: *superficie granulosa.*

**GRANZA** n. f. (fr. *garance*). Rubia, planta rubiácea.

**GRANZA** n. f. (bajo lat. *grandia,* harina gruesa). Carbón mineral lavado y clasificado, cuyos trozos son de un tamaño comprendido entre 15 y 25 mm. **2.** *Argent.* Ladrillo triturado que suele recubrir los senderos de plazas y jardines. ◆ **granzas** n. f. pl. **3.** Residuos de paja, espigas y granos sin descascarillar, que quedan del trigo y otras semillas tras la criba. **4.** Desechos del yeso cuando se cierne. **5.** Residuos de minerales u otros materiales.

**GRAO** n. m. (cat. *grau*). Playa que sirve de desembarcadero.

**GRAPA** n. f. Pieza de hierro u otro metal que, doblada por los extremos, se clava para unir y sujetar algunas cosas. **2.** ARQ. Gancho de metal destinado a ligar dos bases de piedras o a fijar los paneles de revestimiento de una fachada a la mampostería bruta. **3.** ARQ. Argolla de hierro que sirve para fijar un postigo, una puerta, etc., a su parte superior. **4.** ARQ. Ornamento en forma de consola o de mascarón, esculpido sobre el paramento exterior de la clave de una arcada de puerta o de ventana para sujetar las molduras. **5.** MED. Tira metálica estrecha, corta y con los extremos doblados, utilizada en cirugía para unir los bordes de las heridas superficiales. **6.** TECNOL. Alambre, con los extremos doblados, que sirve para el ensamblaje mecánico de ciertos tipos de embalajes ligeros. **7.** VET. Llaga que se forma en el pliegue del corvejón de los caballos.

**GRAPADORA** n. f. Utensilio para grapar papeles.

**GRAPAR** v. tr. **[1]**. Unir o sujetar con grapa.

**GRAPE-FRUIT** n. m. Variedad de pomelo.

**GRAPO** n. m. y f. (siglas de *grupo de resistencia antifascista primero de octubre*). Miembro de la organización terrorista del mismo nombre.

**GRAPPA** n. f. Aguardiente de brisa que se elabora especialmente en el norte de Italia.

**GRAPTOLITE** adj. y n. m. Relativo a un grupo de organismos fósiles marinos, de principios de la era primaria, que vivía en colonias y que en la actualidad se le relaciona con los procordados.

**GRARA** n. f. En el Sahara Occidental, área deprimida que conserva más tiempo la humedad y se aprovecha para pastos y cultivos.

**GRASA** n. f. Sustancia lipídica, untuosa, que funde entre 25 y 50 °C, de origen animal o vegetal. **2.** Todo cuerpo graso que sirve para lubricar o proteger. **3.** Alteración del vino, la sidra y la cerveza, por lo que tienden a ahilarse como el aceite.

**GRASERA** n. f. Utensilio de cocina para guardar la grasa. **2.** Utensilio de cocina para recoger la grasa de la carne que se asa.

**GRASIENTO, A** adj. Untado y lleno de grasa: *manos grasientas.*

**GRASO, A** adj. (lat. *crassum*). Que está formado por grasa o la contiene: *materias grasas; alimentos grasos.* • **Cuerpo graso,** sustancias neutras, de origen orgánico, que comprenden los aceites, mantecas, grasas y sebos. ‖ **Hulla grasa,** carbón rico en materias volátiles y que se aglomera con el calor antes de quemar. ‖ **Planta grasa,** planta de hojas gruesas y carnosas. ‖ **Serie grasa** (QUÍM.), conjunto de compuestos orgánicos de cadena abierta.

**GRATA** n. f. Escobilla metálica usada por los plateros, grabadores, albañiles, fontaneros, doradores, etc., para raspar, limpiar o bruñir las piezas.

**GRATAR** v. tr. **[1]**. Limpiar o bruñir con la grata.

**GRATÉN** o **GRATÍN** n. m. (fr. *gratin*). Manera especial de guisar los manjares, cubriéndolos con una capa de galleta molida y queso rallado o bien sólo este último ingrediente y dorándolos al horno. **2.** Manjar así preparado. **3.** Costra formada sobre los alimentos así preparados.

**GRATIFICACIÓN** n. f. Acción y efecto de gratificar. **2.** Suplemento del salario, que constituye una recompensa.

**GRATIFICANTE** adj. Que proporciona una satisfacción: *un esfuerzo gratificante.*

**GRATIFICAR** v. tr. (lat. *gratificari*) **[1a]**. Recompensar a alguien por algún servicio prestado: *gratificó al muchacho por cuidar la casa mientras estuvo fuera.* **2.** Complacer, satisfacer.

**GRÁTIL** o **GRATIL** n. m. MAR. Cuerpo o parte central de la verga, donde se sujeta la vela. **2.** MAR. Orilla superior de las velas redondas o de cruz. **3.** MAR. Caída o lado de proa, en las velas de cuchillo.

**GRATINAR** v. tr. **[1]**. Dorar al horno un manjar cubierto de salsa bechamel o mantequilla y queso rallado.

**GRATIS** adv. m. (lat. *gratis*). Sin ningún coste monetario. **2.** Sin cobrar o sin obtener una cosa a cambio: *actuar gratis.* **3.** Sin esfuerzo o trabajo: *conseguir algo gratis.*

**GRATITUD** n. f. Acción y efecto de agradecer un beneficio o atención recibidos.

**GRATO, A** adj. Gustoso, agradable: *grata noticia.* **2.** Gratuito, gracioso: *una grata donación.* **3.** *Bol.* y *Chile.* Agradecido, obligado: *le estoy grato.*

**GRATUIDAD** n. f. Calidad de gratuito: *la gratuidad de la enseñanza.*

**GRATUITO, A** adj. De balde: *enseñanza gratuita.* **2.** Arbitrario, infundado: *afirmación gratuita.*

**GRAU** n. m. En Cataluña y el Languedoc, canal, a lo largo del litoral, que une una albufera con el mar.

**GRAVA** n. f. (cat. *grava*). Terreno aluvial de granulometría homogénea que se utiliza como primera capa de una calzada. **2.** Amasijo de piedras pequeñas machacadas, destinado al mantenimiento de carreteras y caminos y en la confección del hormigón. **3.** GEOL. Materiales sueltos en los que dominan los guijarros.

**GRAVAMEN** n. m. (lat. *gravamen*). Carga u obligación que afecta a una persona. **2.** Derecho real o carga impuesta sobre un inmueble o sobre un caudal. **3.** Tributo.

**GRAVAR** v. tr. (lat. *gravare*) **[1]**. Cargar, pesar sobre una persona o cosa: *gravar la economía familiar.* **2.** Constituir una carga o gravamen sobre algo, especialmente sobre la propiedad inmobiliaria: *gravar un inmueble con una hipoteca.* **3.** Establecer un tributo: *gravar los productos de lujo.*

**GRAVE** adj. (lat. *gravem*). Grande, de mucha entidad o importancia: *un asunto grave.* **2.** Que encierra peligro o es susceptible de consecuencias dañosas: *una grave sequía.* **3.** Que está enfermo de cuidado: *estar muy grave.* **4.** Dícese de los sonidos, voces, etc., poco agudos. **5.** Que se distingue por su circunspección, decoro y nobleza: *estilo grave.* **6.** Dícese de la palabra cuyo acento de intensidad recae sobre la penúltima sílaba. SIN.: *llana, paroxítona.* • **Acento grave** ( ` ) [LING.], acento que va de izquierda a derecha. ◆ n. m. **7.** Obra o fragmento de una obra musical de carácter majestuoso y de tempo lento.

**GRAVEDAD** n. f. Calidad o estado de grave: *la gravedad de una situación; gravedad de espíritu; la gravedad de una falta, de una enfermedad.* **2.** FÍS. Fuerza resultante de la gravitación entre la Tierra y los cuerpos situados en sus proximidades, o, más generalmente, entre un cuerpo celeste y los cuerpos próximos a él. **3.** MÚS. Carácter de un sonido musical relativamente bajo. • **Centro de gravedad,** punto de aplicación de la resultante de las acciones de la gravedad sobre todas las partes de un cuerpo. ‖ **Tectónica de gravedad,** movimiento tectónico que corresponde al deslizamiento por gravedad de los mantos de corrimiento.

■ La gravedad es una fuerza que atrae a todos los objetos del universo; constituye una de las cuatro interacciones fundamentales de la materia (las otras tres son la electromagnética, la nuclear fuerte y la nuclear débil) y la más dominante de todas, pues es la única universal y que afecta a todas las formas de materia y energía de la misma manera. Newton fue el primero en elaborar una ley de la gravitación universal, según la cual dos objetos se atraen con una intensidad directamente proporcional a sus masas e inversamente proporcional al cuadrado de su distancia. En el s. XX, la teoría de la relatividad de Einstein precisó la ley de la gravedad newtoniana. A grandes rasgos, concibe la gravedad sólo desde el punto de vista de la estructura del continuo espacio-tiempo y describe tanto el efecto de la gravedad en la materia como el de ésta en la gravedad. Aunque muy diferente de la de Newton, esta teoría predice casi los mismos efectos en sistemas cuyo campo gravitatorio sea débil y las velocidades lentas en comparación con la de la luz.

**GRAVEDOSO, A** adj. Circunspecto y serio con afectación: *persona gravedosa.*

**GRAVERA** n. f. Sitio de donde se extrae grava.

**GRAVETIENSE** n. m. y adj. (de *La Gravette,* en Dordoña). Facies cultural del paleolítico superior, caracterizada por un buril en entroncadura retocada y una punta alargada de borde rectilíneo rebajado mediante retoques abruptos.

**GRAVIDEZ** n. f. Estado de la hembra preñada o de la mujer embarazada.

**GRAVÍDICO, A** adj. MED. Que tiene relación con el embarazo.

**GRÁVIDO, A** adj. Cargado, lleno, abundante: *una bolsa grávida.* **2.** En estado de gravidez.

**GRAVILLA** n. f. Producto de la selección de una roca triturada cuyos elementos tienen un grosor comprendido entre cinco y veinticinco milímetros.

**GRAVIMETRÍA** n. f. FÍS. Medida de la intensidad del campo de la gravedad. **2.** QUÍM. Análisis efectuado por pesadas.

**GRAVIMÉTRICO, A** adj. FÍS. Concerniente a la gravimetría.

**GRAVÍMETRO** n. m. Instrumento para medir la componente vertical del campo de la gravedad.

**GRAVISFERA** n. f. Región situada alrededor de un astro en la que la fuerza de atracción de éste es superior a la de los astros vecinos.

**GRAVITACIÓN** n. f. FÍS. Fenómeno por el cual todos los objetos se atraen en razón directa de su masa y en razón inversa al cuadrado de su distancia.

**GRAVITAR** v. intr. **[1]**. Cargar, imponer un gravamen, carga u obligación. **2.** Descansar o hacer fuerza un cuerpo sobre otro. **3.** Pender, pesar algo sobre alguien: *una amenaza gravita sobre él.* **4.** FÍS. Describir una trayectoria alrededor de un punto central, en virtud de la gravitación. **5.** Tener un cuerpo propensión a caer sobre otro por razón de su peso.

**GRAVITATORIO, A** adj. FÍS. Relativo a la gravitación: *campo gravitatorio.*

**GRAVITÓN** n. m. Partícula hipotética considerada el vehículo de la interacción gravitatoria.

**GRAVOSO, A** adj. Molesto, pesado: *esfuerzo gravoso.* **2.** Oneroso, costoso: *alquiler gravoso.*

**GRAY** n. m. (de S. *Gray,* físico inglés). MED. Unidad SI de dosis absorbida durante una irradiación de rayos ionizantes. (Símbolo Gy.)

**GRAZNAR** v. intr. (voz de origen onomatopéyico) **[1]**. Emitir graznidos.

**GRAZNIDO** n. m. Voz del cuervo, el grajo, el ganso, etc.

**GREBA** n. f. Pieza de la armadura que cubría la pierna.

**GRECA** n. f. B. ART. Banda ornamental compuesta por líneas quebradas formando una sucesión de ángulos rectos que se repiten periódicamente.

**GRECA** n. f. *Antillas, Colomb.* y *Venez.* Aparato para preparar café, usado especialmente en sitios públicos.

**GRECISMO** n. m. Helenismo.

**GRECIZAR** v. tr. **[1g]**. Helenizar, dar forma griega a palabras de otra lengua.

**GRECO, A** adj. y n. Griego, de Grecia.

**GRECOBÚDICO, A** adj. Dícese del arte de la India que recibió influencias griegas.

**GRECOLATINO, A** adj. Común a griegos y latinos.

**GRECORROMANO, A** adj. Relativo a la civilización nacida del encuentro de las culturas griega y romana. • **Lucha grecorromana,** variedad de lucha que sólo admite presas por encima de la cintura y que prohíbe la acción de las piernas para realizar las presas. ‖ **Período grecorromano,** período que se extiende desde 146 a. J.C. (conquista de Grecia por los romanos) hasta fines del s. V (caída del Imperio de occidente).

**grecas** (cornisa del templo de Baco en Baalbek; s. II d. J.C.)

**GREDA** n. f. (lat. *cretam*). Arcilla arenosa, usada especialmente para quitar manchas.

**GREDAL** adj. y n. m. Dícese del terreno que tiene o abunda en greda.

**GREDOSO, A** adj. Perteneciente a la greda o que tiene sus cualidades.

**GREEN** n. m. (voz inglesa, *verde*). Espacio con césped muy suave, dispuesto alrededor de cada agujero de un campo de golf.

**GREGA** o **GREGE** adj. (ital. *greggia*). Dícese de la seda natural, en crudo, tal cual sale del capullo.

**GREGAL** n. m. Nombre que se da en el Mediterráneo occidental al viento del NE.

**GREGAL** adj. Que anda junto o acompañado con otros de su especie.

**GREGARIO, A** adj. (lat. *gregarium*). Que está en compañía de otros sin distinción. **2.** *Fig.* Que sirve servilmente las ideas o iniciativas ajenas. **3.** Dícese de los animales o vegetales que viven agrupados formando asociaciones de distinto tipo. ◆ n. m. **4.** Ciclista encargado de ayudar al jefe de equipo o a otro ciclista de categoría superior a la suya.

**GREGARISMO** n. m. Calidad de gregario. **2.** Tendencia de algunos animales a vivir en sociedad.

**GREGORIANO, A** adj. Relativo a alguno de los papas llamados Gregorio, o a cualquier otro personaje del mismo nombre. • **Canto gregoriano,** canto ritual de la Iglesia latina, atribuido a Gregorio I, base del canto eclesiástico católico. ‖ **Misas gregorianas,** serie de treinta misas para un difunto. ■ El canto gregoriano se codificó en el s. IX. Esencialmente melódico, el canto gregoriano también es monódico u homófono; está escrito en un registro corto, por grados conjuntos e intervalos simples y naturales; utiliza escalas diatónicas (modos) y está inspirado en el latín, por lo que adopta sus acentos y su ritmo. La producción de obras litúrgicas en gregoriano auténtico terminó hacia fines del s. XI, pero se ha compuesto en gregoriano, o a imitación del gregoriano, al menos en el mundo eclesiástico, hasta mediados del s. XVII bajo el nombre de *canto llano*.

**GREGUERÍA** n. f. Ruido producido conjuntamente por muchas personas o cosas. **2.** Género literario creado por Ramón Gómez de la Serna. (De acuerdo con su teoría, es una metáfora con ingredientes de humor y de ingeniosa intuición sobre las relaciones existentes entre las cosas. Su primera colección de *Greguerías* data de 1917.)

**GREGÜESCOS** n. m. pl. (lat. *graeciscus,* griego). Calzones muy anchos usados en los ss. XVI y XVII.

**GRELO** n. m. Brotes tiernos y comestibles de los nabos.

**GREMIAL** adj. Relativo al gremio.

**GREMIALISMO** n. m. Tendencia política favorable a organizar la sociedad en gremios de productores bajo la suprema autoridad del estado. **2.** Sindicalismo, en algunos países suramericanos, donde al sindicato de oficio se le llama gremio.

**GREMIALISTA** adj. y n. m. y f. Partidario del gremialismo. ◆ n. m. y f. **2.** Persona perteneciente a un gremio. **3.** *Argent., Chile, Ecuad.* y *Venez.* Dirigente de un gremio.

**GREMIO** n. m. (lat. *gremium,* regazo, seno). Corporación privilegiada, de ámbito puramente local, integrada por todos los artesanos de un mismo oficio. **2.** Conjunto de personas que tienen un mismo ejercicio, profesión, etc.

**GREÑA** n. f. Mechón de pelo enredado y desarreglado. (Suele usarse en plural.) • **Andar a la greña** (*Fam.*), reñir dos o más personas; estar dos o más personas en desacuerdo o dispuestas a promover disputas. ‖ **En greña** (*Méx.*), en rama, sin purificar o sin beneficiar.

**GREÑUDO, A** adj. Que tiene greñas.

**GRES** n. m. Arenisca. **2.** Material cerámico cuya dureza e impermeabilidad se deben a una vitrificación parcial de arcilla refractaria (caolín) y de feldespato, obtenida entre 1 150 y 1 300 °C. **3.** Producto secretado por el gusano de seda, que une los dos filamentos que forman el capullo.

**GRESCA** n. f. Bulla, algazara. **2.** Riña, pendencia.

**GREUGE** n. m. (voz catalana). Durante el Antiguo régimen, en Cataluña y Valencia, agravio o violación de las leyes, usos, fueros o privilegios del reino o de los estamentos, cometido por el rey o por sus oficiales.

**GRÉVOL** n. m. Ave gallinácea de plumaje rojizo, de 35 cm de long., que vive en los bosques montañosos.

**GREY** n. f. (lat. *gregem*). Rebaño. **2.** *Fig.* Conjunto de individuos que tienen algún carácter común.

**GRIEGO, A** adj. y n. (lat. *graecum*). De Grecia. ◆ adj. y n. m. **2.** *Fam.* Dícese del lenguaje ininteligible. ◆ adj. **3. Fuego griego** (HIST.), composición incendiaria a base de salitre y nafta que ardía incluso en contacto con el agua. ‖ **I griega,** penúltima letra del alfabeto español (Y), que corresponde a la épsilon griega. ‖ **Iglesia griega,** Iglesia ortodoxa de Grecia. ◆ n. m. **4.** Lengua griega.

| imprenta | nombre | imprenta | nombre |
|---|---|---|---|
| Α α | *a* alfa | Ν ν | *n* ny |
| Β ϐ, β | *b* beta | Ξ ξ | *x* xi |
| Γ γ | *g* gamma | Ο ο | *o* ómicron |
| Δ δ | *d* delta | Π π | *p* pi |
| Ε ε | *e* épsilon | Ρ ρ | *r* ro o rho |
| Ζ ζ | *z* zeta o seta | Σ σ, ς | *s* sigma |
| Η η | *ē* eta | Τ τ | *t* tau |
| Θ θ | *th* (*t* aspirada): zeta o theta | Υ υ | *y* ípsilon |
| Ι ι | *i* iota | Φ φ | *ph* (*p* aspirada): fi o phi |
| Κ κ | *k* kappa o cappa | Χ χ | *kh* (*k* aspirada): ji |
| Λ λ | *l* lambda | Ψ ψ | *ps, bs* psi |
| Μ μ | *m* my | Ω ω | *ō* omega |

el alfabeto **griego**

**GRIETA** n. f. Abertura larga y estrecha resultado de separarse algo en dos partes. **2.** PATOL. Solución de continuidad lineal de la piel, que asienta en tejidos muy traumatizados.

**GRIETEADO** n. m. Conjunto de grietas finas y entrecruzadas que aparecen en la superficie de un revoque o en el esmalte de un objeto cerámico.

**GRIFA** n. f. Polvo elaborado con hojas de cáñamo indio, que se fuma como droga mezclado con tabaco. SIN.: *kif.*

**GRIFERÍA** n. f. Conjunto de grifos, llaves y accesorios destinados a abrir, cerrar o regular el paso de un fluido.

**GRIFERO, A** n. *Perú.* Empleado de una gasolinera.

**GRIFO, A** adj. Dícese de los cabellos crespos y enmarañados. ◆ adj. y n. **2.** *Colomb.* Presuntuoso. **3.** *Méx.* Dícese de la persona intoxicada con grifa o marihuana. ◆ n. m. **4.** Dispositivo que sirve para abrir, cerrar o regular el paso de un fluido por una cañería, mediante un obturador manipulado desde el exterior. **5.** Palanca con que se acciona dicho aparato. **6.** Animal fabuloso con cuerpo de león, cabeza y alas de águila, orejas de caballo y cresta con aletas de pez. **7.** *Perú.* Gasolinera.

**GRIFÓN** n. m. Tipo de perro de pelo largo y áspero.

**GRILL** n. m. (voz inglesa). Parrilla. **2.** En los hornos, fuego superior que sirve para gratinar o dorar los alimentos.

**GRILLA** n. f. *Méx. Fam.* Actividad política, principalmente la que implica deshonestidad o intrigas para favorecer los intereses de un grupo.

ejemplo de **gres:** vasija de celadón; China, época Song del Norte; ss. X-XIII (museo Guimet, París)

**GRILLAR** v. intr. [**1**]. *Méx.* Intrigar con fines políticos.

**GRILLARSE** v. pron. [**1**]. Echar grillos los bulbos, rizomas y tubérculos. **2.** *Fam.* Volverse loco.

**GRILLERA** n. f. Jaula para grillos. **2.** *Fig.* y *fam.* Lugar en el que hay gran desorden y confusión.

**GRILLETE** n. m. Arco de hierro, semicircular, con los extremos unidos por un perno, para sujetar una cadena a algún sitio, especialmente para sujetar los pies de los presos. **2.** MAR. Cada uno de los trozos de cadena que unidos entre sí por unos eslabones especiales forman la cadena del ancla.

**GRILLO** n. m. Insecto ortóptero cavador, de unos 3 cm de long., de color negro rojizo, que vive en lugares cálidos y oscuros, y cuyo macho produce un sonido agudo y monótono con el roce de los élitros. (Familia grillidos.) • **Grillo real,** o **topo,** insecto ortóptero, de unos 5 cm de long., que excava galerías en el suelo con la ayuda de sus patas anteriores, anchas y planas, y es nocivo para la agricultura. ◆ **grillos** n. m. pl. **2.** Conjunto de dos grilletes, que se colocaban en los dos pies de los presos para impedirles andar.

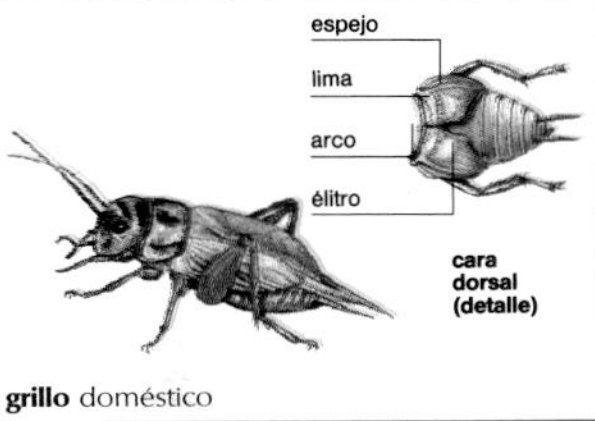


**grillo** doméstico

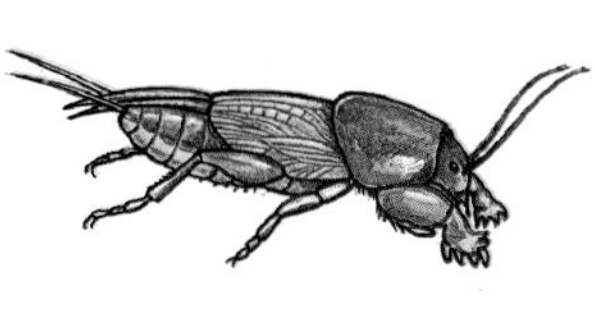

**grillo** real

**GRILLO** n. m. Tallo o brote tierno que nace en los rizomas, bulbos o tubérculos.

**GRILLO, A** n. *Méx. Fam.* Persona que se dedica a la política.

**GRIMA** n. f. Desazón, irritación, efecto desagradable.

**GRIMILLÓN** n. m. *Chile.* Multitud, muchedumbre.

**GRIMOSO, A** adj. Que da grima, horroroso.

**GRÍMPOLA** n. f. Insignia militar en forma de pequeño gallardete triangular.

gran **grifón** vendeano

**GRINGADA** n. f. *Argent. Desp.* Acción propia del gringo, inmigrante italiano.

**GRINGO, A** adj. y n. *Amér.* Extranjero, especialmente el de origen norteamericano o de rasgos anglosajones. **2.** *Argent.* y *Urug. Desp.* Extranjero, en particular el italiano. **3.** *Chile.* Tonto. ◆ adj. y n. m. **4.** *Amér.* Dícese de la lengua extranjera.

**GRIÑOLERA** n. f. Membrillo falso.

**GRIÑÓN** n. m. Toca de monjas que rodea el rostro.

**GRIÑÓN** n. m. Híbrido de melocotón, de piel lisa y hueso adherente.

**GRIOTA** n. f. (fr. *griotte*). Variedad de mármol que presenta manchas rojas u oscuras de forma redondeada.

**GRIP** n. m. En el golf, posición de las manos sobre el palo. **2.** Revestimiento del mango de un palo de golf o de una raqueta de tenis.

**GRIPA** n. f. *Amér.* Gripe.

**GRIPAL** adj. Relativo a la gripe: *afección gripal.*

**GRIPARSE** v. pron. Bloquearse o adherirse fuertemente las piezas móviles de un motor por dilatación, falta de lubricación o ajuste defectuoso.

**GRIPE** n. f. Denominación que se da a diversas afecciones estacionales contagiosas de origen vírico, que se presentan acompañadas de fiebre y, generalmente, de catarro nasal o bronquial.

**GRIPOSO, A** adj. y n. Afecto de gripe.

**GRIS** adj. y n. m. Dícese del color que resulta de la mezcla de blanco y negro. • **Gris marengo,** gris muy oscuro. || **Gris perla,** gris muy claro. ◆ adj. **2.** *Fig.* Dícese de la persona o cosa que no se destaca por nada: *una mentalidad gris.* **3.** *Fig.* Triste, sombrío, lánguido, apagado: *un día gris.* • **Sustancia gris** (ANAT.), tejido gris rosáceo que constituye en particular la superficie del cerebro y del cerebelo.

**GRISÁCEO, A** adj. Que tira a gris.

**GRISALLA** n. f. Pintura monocroma, realizada en diferentes tonos de gris, que produce la ilusión del relieve esculpido. **2.** Composición empleada en la pintura sobre vidrio, con que se daba a los vidrios de color los efectos propios del claroscuro. **3.** *Méx.* Chatarra.

**GRISEOFULVINA** n. f. Antifúngico extraído del *Penicillum griseofulvum,* activo contra las principales micosis de la piel.

**GRISMA** n. f. *Chile, Guat., Hond.* y *Nicar.* Brizna, pizca.

**GRISÓN, NA** adj. y n. Del cantón de los Grisones.

**GRISÚ** n. m. (fr. *grisou*). Gas inflamable, compuesto principalmente por metano, que se desprende en las minas de carbón y que, mezclado con el aire, explota al contacto con una llama.

**GRISÚMETRO** n. m. Aparato para determinar la cantidad de grisú en una mina.

**GRISUTOSO, A** adj. Que desprende o contiene grisú: *atmósfera grisutosa.*

**GRITADERA** n. f. *Argent., Colomb., Chile* y *Venez.* Griterío.

**GRITAR** v. intr. **[1]**. Levantar mucho la voz emitiendo sonidos penetrantes. ◆ v. tr. e intr. **2.** Manifestar desagrado ruidosamente.

**GRITERÍO** n. m. Confusión de voces altas y desentonadas.

**GRITO** n. m. Voz sumamente levantada y esforzada: *un grito de socorro.* **2.** Denominación dada a la voz de algunos animales. **3.** HIST. En Latinoamérica, y en especial durante el s. XIX, acto que da inicio a un movimiento emancipador y en el que generalmente se proclama la independencia y se trazan las directrices políticas del nuevo país. • **A grito pelado,** en voz muy alta o gritando. || **El último grito** *(Fam.),* la última moda. || **Pedir,** o **estar pidiendo,** una cosa **a gritos,** necesitar mucho una cosa. || **Poner el grito en el cielo,** clamar en voz alta, quejándose vehementemente de alguna cosa.

**GRITÓN, NA** adj. y n. *Fam.* Que grita mucho y desaforadamente.

**GRIVNA** n. f. Unidad monetaria principal de Ucrania.

**GRIZZLY** n. m. (voz angloamericana). Oso gris de gran tamaño, de las Montañas Rocosas.

**GROENENDAEL** n. m. Raza belga de perro pastor, de pelo largo y negro.

**GROENLANDÉS, SA** o **GROELANDÉS, SA** adj. y n. De Groenlandia.

**GROERA** n. f. MAR. Abertura hecha en una plancha o tablón para dar paso a un cabo, pinzote, etc.

**GROG** n. m. (voz inglesa). Bebida compuesta de ron, agua caliente azucarada y limón.

**GROGGY** o **GROGUI** adj. Dícese del boxeador muy castigado por el adversario pero que, aunque inconsciente, todavía sigue en pie. **2.** Aturdido, profundamente impresionado por un shock.

**GROSELLA** n. f. (fr. *groseille*). Fruto del grosellero, baya de color rojo y de sabor agridulce.

**GROSELLERO** n. m. Arbusto de la familia saxifragáceas cuyo fruto es la grosella.

**GROSERÍA** n. f. Descortesía, falta de atención o respeto. **2.** Tosquedad en el trabajo manual.

**GROSERO, A** adj. Basto, ordinario, tosco. ◆ adj. y n. **2.** Carente de educación, cortesía o delicadeza.

**GROSOR** n. m. Espesor de un cuerpo.

**GROSSO MODO** loc. adv. (voces lat., *en conjunto*). Sin detallar o especificar.

**GROTESCO, A** adj. (ital. *grottesco*). Ridículo y extravagante.

**GROUPIE** n. f. (voz inglesa). Joven admiradora de un cantante o grupo de música pop o rock, a los que sigue en sus desplazamientos.

**GRÚA** n. f. (cat. *grua*). Máquina compuesta de un brazo montado sobre un eje giratorio y con una o varias poleas, que sirve para levantar pesos. **2.** CIN. Plataforma móvil y dirigible que sostiene la cámara y al operador y que permite movimientos combinados. • **Coche grúa,** vehículo automóvil provisto de una grúa y destinado al remolque de otros vehículos. || **Grúa de torre,** tipo de grúa utilizada para elevar los materiales de construcción.

**GRUESA** n. f. Doce docenas.

**GRUESO, A** adj. (lat. *grossum*). Corpulento, abultado: *hombre grueso.* **2.** Grande: *recogió gruesos racimos de uvas.* ◆ n. m. **3.** Grosor. **4.** Parte principal, mayor y más fuerte de un todo: *el grueso del ejército.*

**GRUIR** v. intr. (lat. *gruere*) **[29]**. Gritar las grullas.

**GRUJIDOR** n. m. Instrumento que usan los vidrieros para grujir, consistente en una barreta de hierro con una muesca en cada extremidad. SIN.: *brujidor.*

**GRUJIR** v. tr. **[3]**. Igualar con el grujidor los bordes de los vidrios.

**GRULLA** n. f. (lat. *gruem*). Ave zancuda de gran tamaño, de plumaje gris, marrón o blanco combinado con negro, de patas y cuello muy largos, con amplias alas y cabeza pequeña. (Familia gruidos.)

**grulla** real

**GRULLO, A** adj. *Méx.* Dícese del caballo o mula de color ceniciento. ◆ n. m. **2.** *Argent., Méx.* y *P. Rico.* Peso, moneda.

**GRUMETE** n. m. Aprendiz de marinero.

**GRUMO** n. m. (lat. *grumum,* montoncito de tierra). Parte coagulada de un líquido. **2.** Pequeña porción compacta que se forma cuando una sustancia en polvo se deslíe sin precaución en un líquido.

**GRUNGE** adj. (voz inglesa). Se dice de un tipo de moda de aspecto desaliñado y descuidado.

**GRUÑIDO** n. m. Voz del cerdo. **2.** Voz ronca, amenazadora, de algunos animales, como el perro. **3.** *Fig.* Sonidos inarticulados, roncos que emite una persona como señal generalmente de enfado.

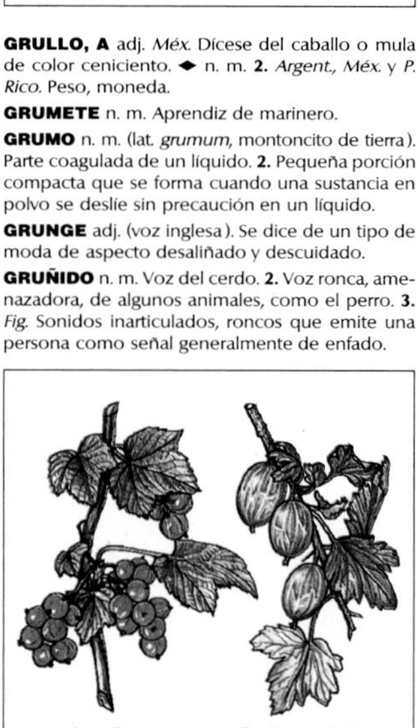


**groselleros**

**grúa** flotante

**GRUÑIR** v. intr. (lat. *grunnire*) **[3h]**. Dar gruñidos. **2.** *Fig.* Mostrar disgusto murmurando entre dientes. **3.** Chirriar, rechinar una cosa: *la puerta gruñe.*

**GRUÑÓN, NA** adj. *Fam.* Que gruñe con frecuencia.

**GRUPA** n. f. (fr. *croupe*). Ancas de una caballería. • **Volver grupas,** o **la grupa,** volver atrás.

**GRUPAL** adj. Relativo al grupo.

**GRUPERA** n. f. Parte de los arneses que descansa sobre la grupa.

**GRUPETO** n. m. (ital. *gruppetto*). MÚS. Adorno constituido por 3 o 4 notas breves que preceden o siguen a la nota principal.

**GRUPO** n. m. (ital. *gruppo,* nudo). Pluralidad de seres o cosas que forman un conjunto. **2.** B. ART. Reunión de figuras que forman un conjunto: *el grupo de Laoconte.* **3.** BIOL. Categoría de clasificación botánica y zoológica empleada cuando no se puede precisar el valor taxonómico. **4.** MAR. Nudo al revés que se da a los cabos gruesos cuando se necesita unirlos pronto y deshacer después la unión con facilidad. **5.** MAT. En álgebra moderna, conjunto de elementos de la misma naturaleza, provisto de una ley de composición interna que verifica determinadas propiedades. **6.** MIL. Unidad orgánica con distinta composición según las armas. • **Efecto de grupo** (ETOL.), modificación del comportamiento provocada por el agrupamiento, en un mismo espacio vital, de dos o más animales de la misma especie, sin que su concentración signifique un carácter restrictivo para sus desplazamientos o su alimentación. || **Grupo aditivo, grupo multiplicativo** (MAT.), grupo en el que la operación de definición se indica como la adición o la multiplicación en álgebra, sea cual sea la naturaleza de sus elementos o de la operación. || **Grupo de combate** (MIL.), unidad táctica que se forma con arreglo a las características de la misión aplicada. || **Grupo de presión** (POL.), conjunto de personas que, en beneficio de sus propios intereses, influye en una organización, esfera o actividad social. || **Grupo electrógeno** (ELECTR.), generador eléctrico alimentado por un motor de explosión. || **Grupo funcional** (QUÍM.), radical, cuya presencia en la fórmula de un compuesto caracteriza la existencia de una función química. || **Grupo industrial** (ECON.), conjunto de empresas relacionadas entre sí, principalmente en el campo de las finanzas. || **Grupo local** (ASTRON.), cúmulo de galaxias entre las que figura la Galaxia, cuyos espectros no presentan corrimiento hacia el rojo. || **Grupo parlamentario** (POL.), formación permanente que agrupa a los miembros de una asamblea parlamentaria que comparten las mismas ideas políticas. || **Grupo sanguíneo** (MED.), conjunto de propiedades antigénicas de la sangre que permite clasificar los individuos y regular las transfusiones sanguíneas entre donantes y receptores compatibles. || **Grupo social** (SOCIOL.), conjunto de personas estructurado en función de un criterio, objetivo o subjetivo, elegido o impuesto desde el exterior, que dirige el conjunto de sus relaciones. || **Grupo tisular** (MED.), conjunto de propiedades análogas que permiten determinar la compatibilidad de un receptor a un injerto o trasplante.

■ Los grupos sanguíneos se distribuyen en una veintena de *sistemas*, entre los que destacan el sistema AB0 —que comprende cuatro grupos: A, B, 0 (donante universal), AB (receptor universal)— y el sistema Rhesus*.

**GRUPÚSCULO** n. m. Organización política con reducido número de miembros, caracterizada por su radicalismo teórico y su práctica activista.

**GRUTA** n. f. (ital. *grotta*). Cavidad natural o artificial abierta en riscos o peñas. **2.** Estancia subterránea artificial que imita más o menos los peñascos naturales.

**GRUTESCO, A** adj. Relativo a la gruta. ◆ **grutescos** n. m. pl. **2.** Elementos decorativos, típicos del renacimiento, en los que se mezclan, de forma arbitraria, arabescos, elementos vegetales y figurillas de fantasía.

**grutescos**
cerámica de Alcora (s. XVIII)
[museo de artes decorativas, París]

**GRUYÈRE** n. m. (voz francesa). Queso de origen suizo que se obtiene con el cuajo de leche de vaca triturado y cocido.

**GSM,** siglas de *global system for movil communications,* con que se designa un sistema de radiotelefonía celular digital europeo comercializado a partir de 1992.

**GUA** n. m. Hoyito que hacen los muchachos en el suelo para jugar, tirando en él bolitas o canicas. **2.** Nombre de este juego.

**¡GUA!** interj. *Amér. Merid.* Expresa temor o admiración o sirve para animar.

**GUABÁN** n. m. *Cuba.* Planta arbórea con cuya madera se fabrican herramientas y mangos. (Familia meliáceas.)

**GUABICO** n. m. *Cuba.* Planta arbórea anonácea de madera dura y fina.

**GUABINA** n. f. *Antillas, Colomb.* y *Venez.* Pez de agua dulce, de carne suave y gustosa.

**GUABIRÁ** n. f. *Argent., Par.* y *Urug.* Planta arbórea de gran tamaño, de madera fina, hojas con una espina en el ápice y fruto amarillo y del tamaño de una guinda. (Familia mirtáceas.)

**GUABIYÚ** n. m. (voz guaraní). *Argent.* y *Par.* Planta arbórea medicinal, de fruto comestible. (Familia mirtáceas.)

**GUACA** n. f. (voz quechua). *Amér. Central* y *Merid.* Tesoro enterrado. **2.** *Amér. Central* y *Merid.* Tumba o yacimiento arqueológico de la época prehispánica. **3.** *Bol., C. Rica* y *Cuba.* Hucha, alcancía. **4.** *C. Rica* y *Cuba.* Hoyo donde se depositan frutas verdes para que maduren.

**GUACAL** n. m. Cesta formada de varillas de madera para transportar mercancías. **2.** *Amér. Central.* Planta arbórea que produce un fruto redondo, del que se hacen vasijas. (Familia bignoniáceas.) **3.** *Amér. Central* y *Méx.* Recipiente hecho con el fruto del árbol del mismo nombre. **4.** *Colomb., Méx.* y *Venez.* Cesta o jaula de varillas que se utiliza para transportar loza, cristal o frutas.

**GUACALOTE** n. m. *Cuba.* Planta trepadora de tallos gruesos y fuertes espinas. (Familia cesalpiniáceas.)

**GUACAMAYO** n. m. (voz araucana). Papagayo de gran tamaño de América del Sur, con larga cola y plumaje de vivos colores.

**GUACAMOL** o **GUACAMOLE** n. m. *Amér. Central, Cuba* y *Méx.* Ensalada de aguacate, cebolla, tomate y chile verde.

**GUACAMOTE** n. m. *Méx.* Yuca.

**GUACHADA** n. f. *Argent. Vulg.* Acción sucia, desleal.

**GUACHAFITA** n. f. *Colomb.* y *Venez.* Alboroto, bullicio.

**GUACHAJE** n. m. *Chile.* Hato de terneros separados de sus madres.

**GUACHAPEAR** v. tr. [1]. *Chile.* Hurtar, robar, arrebatar.

**GUÁCHARO** n. m. Ave nocturna parecida al chotacabras, que vive en cavernas en Colombia y Venezuela.

**GUACHE** n. m. (fr. *gouache*). Pintura a la aguada. **2.** *Colomb.* y *Venez.* Hombre vulgar, patán.

**GUACHIMÁN** n. m. *Amér. Central, Chile, Dom.* y *Perú.* Guardia jurado, vigilante. **2.** *Nicar.* Sirviente.

**GUACHINANGO** adj. *Cuba, Méx.* y *P. Rico.* Dícese de la persona astuta y zalamera. **2.** *P. Rico.* Dícese de la persona burlona. ◆ n. m. **3.** *Méx.* Pez semejante al pagro.

**GUACHO, A** adj. *Amér.* Dícese de la cría que ha perdido la madre. **2.** *Chile.* Desparejado, descabalado. ◆ adj. y n. **3.** *Argent., Chile* y *Perú.* Huérfano, desmadrado, expósito. **4.** *Argent. Vulg.* Dícese de la persona ruin y despreciable. ◆ n. **5.** *Amér. Merid. Desp.* Hijo natural, bastardo. ◆ n. m. **6.** *Pan.* Plato de arroz cocido con carne, pollo y algunas verduras, con la apariencia de una sopa espesa.

**GUÁCIMA** n. f. *Antillas, Colomb.* y *C. Rica.* Planta arbórea de corteza jabonosa y madera estoposa, que crece en América tropical. (Familia esterculiáceas.)

**GUACO** n. m. *Amér.* Planta de la familia de las compuestas que tiene flores blancas en forma de campanilla y se utiliza para curar llagas, picaduras venenosas, etc. **2.** *Amér.* Ave gallinácea casi tan grande como el pavo, cuya carne es más apreciada que la del faisán. **3.** *C. Rica.* Ave de la familia de las falcónidas, con el cuerpo negro y el vientre blanco.

**GUACO** n. m. *Amér. Central* y *Merid.* Objeto de valor que se encuentra enterrado en una tumba o yacimiento precolombino.

**GUACO, A** adj. y n. *Ecuad.* Dícese de la persona que tiene labio leporino.

**GUADAL** n. m. *Argent.* Extensión de tierra arenosa que cuando llueve se convierte en un barrizal.

**GUADALAJARENSE** adj. y n. m. y f. De Guadalajara, ciudad de México.

**GUADALAJAREÑO, A** adj. y n. De Guadalajara, ciudad y provincia de España.

**GUADALUPANO, A** adj. y n. *Méx.* Perteneciente o relativo a la Virgen de Guadalupe; que es devoto de ella.

**GUADAMECÍ** o **GUADAMECIL** n. m. Cuero adobado y adornado con dibujos de pintura o relieve.

**GUADAÑA** n. f. Instrumento consistente en una cuchilla de acero corva, enastada en un palo largo provisto de manija, que sirve para segar a ras de tierra. **2.** *Poét.* Uno de los símbolos o atributos del tiempo y de la muerte.

**GUADAÑADORA** n. f. Máquina agrícola que se emplea para guadañar. • **Guadañadora atadora,** o **agavilladora,** máquina agrícola para segar cereales y agavillarlos.

**GUADAÑAR** v. tr. [1]. Segar la hierba con la guadaña.

**GUADARNÉS, SA** n. Persona que cuida de las guarniciones de las caballerías. ◆ n. m. **2.** Lugar donde se guardan las sillas y guarniciones de las caballerías.

**GUADIANÉS, SA** adj. Relativo al río Guadiana.

**guacamayo**

**guácharo**

**GUADUA** n. f. *Amér. Merid.* Bambú muy grueso y alto, espinoso y lleno de agua. (Familia gramíneas.)

**GUAFE** n. m. *Amér. Central.* Pequeño muelle marítimo.

**GUAGUA** n. f. Cosa baladí. **2.** *Antillas* y *Can.* Autobús. **3.** *Cuba* y *Dom.* Insecto muy pequeño, de color blanco o gris, que destruye los naranjos y limoneros.

**GUAGUA** n. f. *Amér. Merid.* Nene, niñito, rorro. (En *Ecuad.* se usa como n. m. y f.)

**GUAGUALÓN, NA** n. *Chile. Fig.* y *fam.* Persona que, siendo ya de edad, tiene actitudes de niño.

**GUAHÍBO** → ***guajivo.***

**GUAICA** → ***waica.***

**GUAICHÍ** n. m. Marsupial con cara de color pardo negruzco y dos manchas blancas encima de los ojos que vive de México a Brasil. (Familia didélfidos.)

**GUAICURÚ** n. m. *Argent.* y *Urug.* Hierba perenne de tallo áspero, estriado y cuadrangular, hojas vellosas alternas, largas, agudas y con nervaduras y flores moradas en racimos. (Su raíz se emplea en medicina popular como astringente.)

**GUAICURÚ** o **MBAYA,** pueblo amerindio del Chaco (río Paraguay, Bajo Paraná). Comprende numerosas tribus de lengua independiente, con dialectos diversos.

**GUAIMÍ,** pueblo amerindio de Panamá, de la familia lingüística chibcha.

**GUAINA** adj. y n. m. y f. (voz quechua). *Chile.* Joven, mozo.

**GUAIPE** n. m. *Chile.* Estopa.

**GUAIPO** n. m. Martinete terrícola americano, con alas y cola cortas, parecido a la gallina. (Familia tinámidos.)

**GUAIRA** n. f. (voz quechua). *Amér.* Hornillo de barro en que los indios de Perú funden los minerales de plata. **2.** *Amér. Central.* Especie de flauta de varios tubos que usan los indios. **3.** MAR. Vela triangular que se enverga al palo, o a éste y a un mastelerillo guindado en él.

**GUAIRABO** n. m. *Chile.* Ave nocturna, de plumaje blanco, con la cabeza y el dorso negros. (Familia ardeidos.)

**GUAIRO** n. m. MAR. Embarcación pequeña y con dos guairas, que se usa en América para el tráfico en las bahías y costas.

**GUAJA** n. m. y f. *Fam.* Pillo, tunante, granuja.

**GUAJE** adj. y n. m. y f. *Amér. Central.* Trasto, persona o cosa inútil. ◆ adj. y n. m. **2.** *Hond.* y *Méx.* Bobo, tonto. ◆ n. m. **3.** *Hond.* y *Méx.* Calabaza de ancha base que sirve para llevar líquidos. **4.** *Méx.* Especie de acacia.

**GUAJIRA** n. f. Canción aflamencada, procedente de ciertos aires populares cubanos llegados a España en la segunda mitad del s. XIX.

**GUAJIRO, A** n. Campesino blanco de Cuba. ◆ adj. y n. **2.** *Colomb.* y *Cuba.* Campesino.

**GUAJIRO** o **GOAJIRO,** pueblo amerindio arawak de la península de La Guajira (Colombia) y de la costa del lago Maracaibo (Venezuela).

**GUAJIVO** o **GUAHÍBO,** pueblo amerindio de Venezuela y Colombia.

**GUAJOLOTE** adj. *Méx. Fig.* Tonto, bobo. ◆ n. m. **2.** *Méx.* Pavo.

**GUALDA** n. f. Planta del género *Reseda* que proporciona una tintura amarilla.

**GUALDERA** n. f. Cada uno de los dos tablones laterales que forman una escalera, cureña, etc.

**GUALDO, A** adj. Dícese del color amarillo parecido al de la gualda.

**GUALDRAPA** n. f. Cobertura larga que cubre las ancas de las cabalgaduras.

**GUALETA** n. f. *Chile.* Aleta de peces y reptiles. **2.** *Chile.* Parte saliente y generalmente flexible de cualquier objeto. **3.** Aleta de buceo.

**GUALICHO** n. f. *Argent.* y *Urug.* Hechizo. **2.** *Argent.* y *Urug.* Objeto que, según las creencias populares, lo produce.

**GUALILLA** n. f. Roedor de color pardo negruzco que abunda en los Andes ecuatorianos. (Familia cávidos.)

**GUALTATA** n. f. *Chile.* Hierba de los pantanos, de la familia de las compuestas, que se usa en la medicina aborigen como remedio cardíaco.

**GUALVE** n. m. *Chile.* Terreno pantanoso.

**GUAMA** n. f. Fruto del guamo.

**GUAMÁ** n. m. Planta arbórea maderable que crece en América Meridional. (Familia papilionáceas.)

**GUAMAZO** n. m. *Méx. Fam.* Golpe fuerte.

**GUAMBRA** n. m. y f. *Ecuad.* Niño mestizo o de raza india.

**GUAMO** n. m. Planta arbórea de América Meridional. (Familia mimosáceas.)

**GUAMPA** n. f. (voz quechua). *Amér. Merid.* Asta o cuerno del animal vacuno.

**GUAMPO** n. m. *Chile.* Embarcación pequeña hecha de un tronco de árbol.

**GUAMPUDO, A** adj. *Amér. Merid.* Dícese del ganado que tiene astas grandes.

**GUAMÚCHIL** n. m. *Méx.* Árbol espinoso de la familia de las leguminosas. **2.** *Méx.* Fruto comestible de este árbol.

**GUANÁBANA** n. f. BOT. Fruto del guanábano. **2.** *Antillas* y *Venez.* Especie de chirimoya.

**GUANÁBANO** n. m. Planta arbórea de las Antillas, que da un fruto acorazonado, de corteza y pulpa blanca, de sabor agradable, dulce y refrescante. (Familia anonáceas.)

**GUANACASTE** n. m. (voz náhuatl). Madera de origen americano, de color marrón rojizo y fácil de trabajar.

**GUANACO** n. m. Camélido de aproximadamente un metro de altura, con cuello largo y patas largas y delgadas, que tiene el pelo lanoso, de color marrón excepto en vientre, patas y parte delantera del cuello, que son blancas. (Vive en zonas áridas de Suramérica y se le puede encontrar hasta los 4 000 m de alt.) **2.** *Amér. Fig.* Tonto, bobo. **3.** *Amér. Central.* Campesino, rústico. **4.** *Chile. Fam.* Camión policial que dispara agua a gran presión.

guanaco

**GUANAQUEAR** v. intr. [1]. *Amér.* Cazar guanacos. **2.** *Amér. Fig.* Hacer el bobo.

**GUANAY** n. m. Cormorán de Perú, de unos 70 cm de long., que se caracteriza por presentar una pequeña cresta, la piel que rodea la órbita del ojo de color verde y la región ventral blanca. (Familia falacrocorácidos.)

cultura **guanche** (el cenobio de Valerón en Santa María de Guía, Gran Canaria)

**GUANCHE** adj. y n. m. y f. Relativo a los pueblos prehispánicos de las islas Canarias; individuo de estos pueblos. ◆ n. m. **2.** Lengua guanche.

■ A pesar de la fuerte aportación hispánica, se distinguen diversos grupos étnicos (mediterráneos, norteafricanos, negroides), procedentes de distintas inmigraciones a partir del neolítico final (*c.* 2 500 a. J.C.). Su lengua, extinguida, se relaciona con el grupo líbico-bereber. Su cultura era eminentemente ganadera (ovejas, cabras, cerdos) y agrícola, aunque no conocían el arado. Para moler el grano (cebada, trigo) utilizaban molinos de mano rotatorios y morteros de piedra (lava). Fabricaban diversos utensilios de piedra volcánica y momificaban los cadáveres. Vivían en poblados de cabañas y en cuevas, y, aunque en Lanzarote se practicó la poliandria, la organización social se basaba en la familia monógama. La población, presidida por el rey o *mencey*, estaba dividida en hidalgos, escuderos y villanos. Su religión era animista: Achguayaxiraxi, especie de diosa madre, era la divinidad conservadora del mundo.

**GUANDO** n. m. (voz quechua). *Colomb., Ecuad., Pan.* y *Perú.* Camilla, parihuela.

**GUANERA** n. f. Lugar donde se encuentra el guano, materia excrementicia de las aves marinas.

**GUANERO, A** adj. Relativo al guano.

**GUANGO, A** adj. *Méx.* Ancho, holgado: *te queda guanga la blusa.*

**GUANGOCHE** n. m. *Amér. Central* y *Méx.* Tela basta parecida a la arpillera, que suele emplearse para embalajes, cubiertas, etc.

**GUANGOCHO, A** adj. *Méx.* Ancho, holgado. ◆ n. m. **2.** *Hond.* Guangoche. **3.** *Hond.* Saco hecho de guangoche.

**GUANINA** n. f. Una de las cuatro bases nitrogenadas del ADN del núcleo celular.

**GUANO** n. m. Materia resultante de la acumulación de excrementos y cadáveres de aves marinas, que constituye un abono rico en nitrógeno y ácido fosfórico. **2.** Abono mineral fabricado a imitación del guano verdadero. **3.** *Argent., Chile* y *Perú.* Estiércol.

**GUANTADA** n. f. Bofetón. SIN.: *guantazo.*

**GUANTANAMEÑO, A** o **GUANTANAMERO, A** adj. y n. De Guantánamo.

**GUANTE** n. m. Prenda de punto, piel, caucho, etc., que se adapta a la mano y se usa para abrigarla, como complemento del vestido o para protegerla. • **Arrojar,** o **tirar, el guante** a uno, desafiarle, retarle, provocarle. || **Colgar los guantes,** abandonar la práctica del boxeo. || **Echar el guante** *(Fam.)*, alargar la mano para agarrar una cosa; coger, aprehender a alguien. || **Recoger el guante,** aceptar uno un desafío o provocación.

**GUANTEAR** v. tr. [1]. *Amér. Central* y *Méx.* Golpear con la mano abierta.

**GUANTELETE** n. m. Guante cubierto de láminas de hierro, que forma parte de la armadura.

**GUANTERA** n. f. Caja para guardar guantes. **2.** Caja del salpicadero de los vehículos automóviles en la que se guardan guantes y otros objetos.

**GUANTERÍA** n. f. Establecimiento donde se hacen o venden guantes. **2.** Oficio de guantero.

**GUANTERO, A** n. Persona que hace o vende guantes.

**GUAÑÍN** n. m. (voz antillana). Nombre que daban los indios al oro bajo y a ciertos objetos hechos con este metal.

**GUAPAMENTE** adv. m. *Fam.* Muy bien, de forma espléndida.

**GUAPEAR** v. intr. [1]. *Argent., Chile* y *Urug.* Fanfarronear, echar bravatas.

**GUAPETÓN** n. m. Guapo, bravucón, fanfarrón.

**GUAPEZA** n. f. Cualidad de guapo.

**GUAPO, A** adj. y n. Bien parecido físicamente. **2.** Ostentoso en el modo de vestir y presentarse. **3.** *Fam.* Bonito: *tiene un coche muy guapo.* **4.** *Amér. Fam.* Que desprecia los peligros y los acomete; fiero. ◆ n. m. **5.** Bravucón, fanfarrón: *el guapo del barrio.*

**GUAPOTE, A** adj. Dícese de las personas de belleza algo basta.

**GUAPURA** n. f. *Fam.* Cualidad de guapo.

**GUAQUERO, A** n. m. *Amér. Central* y *Merid.* Persona que ilegalmente se dedica a buscar tesoros en las tumbas y yacimientos arqueológicos de la época prehispánica.

**GUARA** n. f. *Cuba.* Árbol parecido al castaño.

**GUARA** n. f. *Colomb.* Especie de gallinazo que no tiene plumas en la cabeza ni en el cuello. **2.** *Hond.* Guacamayo.

**GUARA** n. f. *Chile.* Perifollo, adorno en el vestido.

**GUARACA** n. f. *Chile. Fam.* Cuerda en sentido figurado. **2.** *Chile, Colomb., Ecuad.* y *Perú.* Correa, látigo, trozo de cuerda largo y flexible.

**GUARACHA** n. f. *Chile, Cuba* y *P. Rico.* Baile semejante al zapateado.

**GUARACHE** n. m. *Méx.* Especie de sandalia tosca de cuero.

**GUARAGUA** n. f. *Amér.* Contoneo, movimiento

del cuerpo. **2.** *Amér.* Rodeo para contar o decir algo.

**GUARANGADA** n. f. *Amér. Merid.* Acción propia de una persona maleducada, grosería.

**GUARANGO, A** adj. (voz quechua). *Amér. Merid.* Mal educado, descarado, grosero.

**GUARANÍ** adj. y n. m. y f. Relativo a un pueblo amerindio que en el s. XVI ocupaba la costa atlántica de América del Sur, act. reducido a algunos grupos aislados en Paraguay y Brasil; individuo de dicho pueblo. ◆ n. m. **2.** Familia lingüística de América del Sur. **3.** Unidad monetaria de Paraguay, dividida en 100 céntimos.

■ Eran agricultores, de creencias animistas, gobernados por chamanes. De su mestizaje con los españoles, llegados a su territorio en 1515, procede la actual población paraguaya. En el s. XVI llevaron a cabo revueltas contra el régimen de encomiendas, del que se liberaron a partir de 1609 gracias a las reducciones jesuíticas del alto Paraná y la cuenca del Uruguay; las reducciones, que implantaron procedimientos de trabajo comunitario, fueron trasladadas en 1631 a orillas del Paraná. En 1639-1640 sostuvieron guerras con los traficantes de esclavos portugueses. La expulsión de los jesuitas de América (1767) significó el desposeimiento de sus tierras para los guaraníes. En 1848 se abolieron las últimas misiones.

**GUARAPAZO** n. m. *Colomb. Fam.* Caída, golpe violento.

**GUARAPETA** n. f. *Méx.* Borrachera.

**GUARAPO** n. m. *Amér.* Jugo extraído de la caña de azúcar.

**GUARAPÓN** n. m. *Chile* y *Perú.* Sombrero de ala ancha.

**GUARAÚNO,** pueblo amerindio del delta del Orinoco y la costa de Guayana.

**GUARDA** n. m. y f. Persona encargada de conservar o custodiar alguna cosa. ◆ n. m. **2. Guarda forestal,** persona encargada de la vigilancia y conservación de los montes y bosques del estado. || **Guarda jurado,** el que nombra la autoridad a propuesta de un particular. ◆ n. f. **3.** Acción de guardar, conservar o defender. **4.** Observancia y cumplimiento de un mandato, ley o estatuto. **5.** Cualquiera de las dos hojas de papel blanco que ponen los encuadernadores al principio y final de los libros. **6.** En las cerraduras, rodete o hierros que sólo dejan pasar la llave correspondiente. (Suele usarse en plural.) **7.** En las llaves, rodaplancha o hueco del paletón por donde pasa el rodete. (Suele usarse en plural.) **8.** *Amér.* Franja con que se adornan los bordes de vestidos, cortinas y telas en general.

**GUARDABARRERA** n. m. y f. Persona que cuida de la maniobra de las barreras de un paso a nivel.

**GUARDABARROS** n. m. (pl. *guardabarros*). Pieza de metal o de plástico que se coloca encima de las ruedas de una bicicleta, motocicleta, automóvil, etc., para proteger de las salpicaduras de barro. SIN.: *parafango, salvabarros.*

**GUARDABOSQUE** n. m. y f. Guarda forestal.

**GUARDACABO** n. m. MAR. Anillo de madera o metal, con una canal en su superficie exterior, a la cual se ajusta una beta que le hace de estrobo, y sirve para que un cabo de labor pase por dentro sin rozarse o para enganchar un aparejo.

**GUARDACANTÓN** n. m. Cada uno de los postes de piedra que se colocan a ambos lados de los caminos, para evitar que los carruajes se salgan de ellos. **2.** Poste de piedra para resguardar las esquinas de los edificios de las ruedas de los carruajes.

**GUARDACOCHES** n. m. y f. (pl. *guardacoches*). Guarda de un aparcamiento.

**GUARDACOSTAS** n. m. (pl. *guardacostas*). Embarcación encargada de la vigilancia de las costas.

**GUARDADOR, RA** adj. y n. Que guarda o tiene cuidado de sus cosas. **2.** Que cumple escrupulosamente las leyes y preceptos.

**GUARDAESPALDAS** n. m. y f. (pl. *guardaespaldas*). Persona que protege la vida de otro y le acompaña en público.

**GUARDAFRENOS** n. m. y f. (pl. *guardafrenos*). Empleado encargado del manejo de los frenos en los trenes.

**GUARDAFUEGO** n. m. Plancha que se coloca delante de los hornos, a modo de pantalla.

**GUARDAGUJAS** n. m. y f. (pl. *guardagujas*). Empleado encargado del manejo de las agujas de una vía férrea.

guaraníes

**GUARDAINFANTE** n. m. Armazón hueco de forma redondeada, hecho de alambres con cintas, que se ponían antiguamente las mujeres en la cintura, debajo de la falda.

**GUARDAJOYAS** n. m. (pl. *guardajoyas*). Joyero, mueble, caja o estuche para guardar joyas.

**GUARDALLAMAS** n. m. (pl. *guardallamas*). F.C. Plancha de hierro sobre la portezuela del hogar de la locomotora, para preservar de las llamas al fogonero.

**GUARDALOBO** n. m. Planta santalácea de propiedades astringentes.

**GUARDAMALLETA** n. f. Pieza de adorno que pende sobre el cortinaje por la parte superior y que permanece fija.

**GUARDAMANO** n. m. ARM. Pieza de madera que se fija en el cañón de un arma de fuego. **2.** ARM. Guarnición.

**GUARDAMETA** n. m. DEP. Portero.

**GUARDAMONTE** n. m. Capote de monte. **2.** *Argent., Bol.* y *Urug.* Piezas de cuero que cuelgan de la parte delantera de la montura y sirven para defender las piernas del jinete de la maleza del monte. **3.** *Méx.* Pedazo de piel que se pone sobre las ancas del caballo para evitar la mancha de sudor. **4.** ARM. Pieza que protege el gatillo de un arma de fuego portátil.

**GUARDAMUEBLES** n. m. (pl. *guardamuebles*). Local destinado a guardar muebles.

**GUARDAPAPO** n. m. ARM. Pieza de la armadura que defendía el cuello y la barba.

**GUARDAPELO** n. m. Joya en forma de caja pequeña y chata donde se colocan objetos de recuerdo.

**GUARDAPESCA** n. m. Barco destinado a vigilar el cumplimiento de los reglamentos de pesca.

**GUARDAPETO** n. m. ARM. En la armadura antigua, pieza de refuerzo sobre el peto.

**GUARDAPIÉS** n. m. (pl. *guardapiés*). Prenda exterior del traje de las mujeres, especie de falda larga, usada antiguamente.

**GUARDAPOLVO** n. m. Cualquier cosa que se pone por encima de otra para resguardarla del polvo. **2.** Prenda de vestir que se pone por encima del traje para protegerlo. **3.** Tejadillo voladizo construido sobre un balcón o ventana para desviar las aguas de lluvia. **4.** Caja o tapa interior que suele haber en los relojes de bolsillo para mayor resguardo de la máquina.

**GUARDAPUNTAS** n. m. (pl. *guardapuntas*). Contera para preservar la punta del lápiz.

**GUARDAR** v. tr. [1]. Cuidar y custodiar algo. **2.** Poner una cosa en el sitio que le corresponde o donde esté segura. **3.** Tener cuidado de una cosa o persona o vigilancia sobre ella. **4.** Observar y cumplir lo que cada uno debe por obligación: *guardar las leyes.* **5.** No gastar, ser avaro. **6.** Preservar una cosa del daño que le puede sobrevenir. **7.** *Fig.* Tener, observar: *guardar silencio.* ◆ v. tr. e intr. **8.** Conservar, retener, recoger una cosa. ◆ **guardarse** v. pron. **9.** Recelarse y precaverse de un riesgo. **10.** Poner cuidado en dejar de ejecutar una cosa que no es conveniente: *¡guárdate de decir nada!* • **Guardársela** a uno *(Fam.),* diferir para tiempo oportuno la venganza o castigo de una ofensa.

**GUARDARRIEL** n. m. F. C. Trozo de carril que se coloca en las vías férreas al lado de los carriles, para darles más firmeza y evitar los descarrilamientos.

**GUARDARROPA** n. m. Habitación de un lugar público donde se guardan los abrigos, sombreros, etc. **2.** Armario donde se guarda la ropa. **3.** Conjunto de prendas de vestir. ◆ n. m. y f. **4.** Persona encargada del guardarropa de un lugar público.

**GUARDARROPÍA** n. f. Conjunto de trajes y efectos de cierta clase utilizados en las representaciones escénicas. **2.** Lugar o habitación donde se custodian estos trajes o efectos. • **De guardarropía,** dícese de las cosas que aparentan ostentosamente lo que no son en realidad.

**GUARDASELLOS** n. m. (pl. *guardasellos*). Dignatario palatino cuya misión era custodiar el sello real.

**GUARDASILLA** n. f. Moldura ancha de madera que se coloca en la pared para evitar el roce de las sillas.

**GUARDAVALLA** n. m. *Amér.* Portero, guardameta, arquero.

**GUARDAVÍA** n. m. F. C. Empleado encargado de la vigilancia de un tramo de vía férrea.

**GUARDERÍA** n. f. Ocupación y trabajo del guarda. **2.** Establecimiento destinado al cuidado de los niños durante las horas en que sus padres, por exigencias de trabajo, no pueden atenderlos.

**GUARDIA** n. f. (gót. *wardja*). Acción de guardar o vigilar. **2.** Tropa que vigila o defiende una persona o un puesto. **3.** Servicio efectuado por la tropa encargada de misiones de defensa o vigilancia. **4.** Servicio especial que se realiza en determinadas profesiones: *médico de guardia.* **5.** Nombre que se da a algunos cuerpos armados encargados específicamente de funciones de vigilancia o defensa: *guardia civil; guardia municipal; guardia real.* **6.** DEP. Postura de protección y defensa, en boxeo, esgrima, etc. • **Cuerpo de guardia** (MIL.), lugar en que se sitúa la tropa que desempeña el servicio de guardia. || **En guardia,** en actitud de defensa o desconfianza. || **Guardia de corps,** tropa que estaba encargada de dar protección al monarca. || **Guardia nacional,** milicia cívica francesa creada en 1789, que desempeñó un importante papel en la Revolución francesa. ◆ n. m. **7.** Individuo de alguno de los cuerpos armados. • **Guardia civil,** miembro de la Guardia civil. || **Guardia de tráfico,** el urbano destinado a regular el tráfico de las ciudades. || **Guardia marina,** alumno del cuerpo general de la armada. SIN.: *guardiamarina.*

**GUARDIAMARINA** n. m. Guardia marina.

**GUARDIÁN, NA** n. (gót. *wardjan*). Persona que guarda una cosa y cuida de ella. ◆ n. m. **2.** En la orden franciscana, prelado ordinario de uno de sus conventos.

**GUARDILLA** n. f. Buhardilla. **2.** Habitación contigua al tejado.

**GUARDÍN** n. m. MAR. Cada uno de los dos cabos o cadenas que van sujetos a la caña del timón y por medio de los cuales se maneja.

**GUARECER** v. tr. **[2m]**. Acoger, poner a cubierto, preservar. ◆ **guarecerse** v. pron. **2.** Refugiarse, acogerse y resguardarse en alguna parte para librarse de riesgo, daño o peligro: *guarecerse de la lluvia.*

**GUARÉN** n. m. *Chile.* Rata de gran tamaño que tiene los dedos palmeados y es una gran nadadora; se alimenta de ranas y pececillos.

**GUARÉS** n. m. Especie de balsa o almadía que usan algunos pueblos amerindios.

**GUARICHA** n. f. *Colomb., Ecuad., Pan.* y *Venez.* Prostituta. **2.** *Pan.* Lamparita de queroseno.

**GUARIDA** n. f. Cueva o lugar abrigado donde se acogen o refugian los animales. **2.** Lugar oculto al que concurren habitualmente personas, especialmente maleantes.

**GUARIMÁN** n. m. Planta arbórea, cuya corteza es de olor y sabor parecido a la canela. (Familia magnoliáceas.) **2.** Fruto de este árbol.

**GUARIPOLA** n. f. *Chile.* Vara de madera que termina con una punta metálica y tiene en la base un globo también metálico. Mide alrededor de un metro y medio y suele ir adornada de colores. Es la insignia que lleva el que dirige una banda militar. ◆ n. m. y f. **2.** *Chile.* Persona que perteneciendo a una banda militar lleva la insignia o guaripola.

**GUARISAPO** n. m. *Chile.* Renacuajo.

**GUARISMO** n. m. Cada uno de los signos o cifras arábigas que expresan una cantidad. **2.** Cualquier expresión de cantidad compuesta de dos o más cifras.

**GUARNECER** v. tr. **[2m]**. Poner accesorios, complementos o adornos. **2.** Dotar, proveer, equipar. **3.** MIL. Estar de guarnición.

**GUARNICIÓN** n. f. Adorno que se pone en los vestidos, ropas, uniformes, colgaduras y otras cosas semejantes. **2.** ARM. Piezas que, en un arma portátil, unen el cañón a la caja y sirven de refuerzo a ésta. **3.** ARM. Parte de las espadas y sables que cubre la empuñadura y protege la mano. **4.** CULINAR. Accesorios añadidos a un plato, que sirven para adorno o complemento. **5.** JOY. Engastes de oro, plata u otro metal, en que se sientan y aseguran las piedras preciosas. **6.** MIL. Conjunto de tropas estacionadas en una ciudad o plaza, y las que defienden una fortificación. **7.** TECNOL. Dispositivo o material que forma una junta hermética alrededor de diversos órganos. • **Guarnición de embrague, de freno,** material de fricción que asegura el embrague o el frenado de un automóvil, motocicleta, etc. ◆ **guarniciones** n. f. pl. **8.** Conjunto de correas y demás efectos que se ponen a las caballerías para que tiren de los carruajes o para montarlas o cargarlas.

**GUARNICIONERÍA** n. f. Taller donde se fabrican y reparan las guarniciones y demás efectos que se ponen a las caballerías para tiro, carga o montura. **2.** Arte y trabajo de guarnicionero.

**GUARNICIONERO, A** n. El que hace o vende guarniciones para caballerías. **2.** Operario que trabaja o hace objetos de cuero, como maletas, bolsos, correas, etc.

**GUARO** n. m. *Venez.* Loro.

**GUARO** n. m. *Amér. Central.* Aguardiente de caña.

**GUARRADA** o **GUARRERÍA** n. f. Porquería, suciedad. **2.** Acción vil.

**GUARREAR** v. intr. **[1]**. Gruñir el jabalí o aullar el lobo.

**GUARRO, A** adj. y n. Cochino.

**GUARURA** n. m. *Méx.* Guardaespaldas, gorila.

**GUASA** n. f. Ironía o burla con que se dice algo. • **Estar de guasa,** hablar en broma o tomar algo en broma.

**GUASADA** n. f. *Argent. Fam.* Acción o dicho groseros o chabacanos.

**GUASANGA** n. f. *Amér. Central, Colomb., Cuba* y *Méx.* Bulla, algazara.

**GUASCA** n. f. (voz quechua). *Amér. Merid.* y *Antillas.* Ramal de cuero, cuerda o soga, que sirve de rienda o de látigo. **2.** *Argent.* y *Urug. Vulg.* Miembro viril.

**GUASCAZO** n. m. *Amér. Merid.* Azote dado con la guasca o cosa semejante.

**GUASEARSE** v. pron. **[1]**. Chancearse.

**GUASERÍA** n. f. *Argent.* y *Chile.* Acción propia de un guaso, grosería.

**GUASO, A** adj. *Amér. Merid.* Maleducado, descortés, de carácter desabrido.

**GUASÓN, NA** adj. y n. *Fam.* Que tiene guasa. **2.** *Fam.* Burlón.

**GUASTECA** → ***huasteca.***

**GUATA** n. f. Lámina gruesa de algodón empleada como material de relleno para ciertas confecciones.

**GUATA** n. f. (voz mapuche). *Chile. Fam.* Barriga, vientre. **2.** *Chile.* Alabeo, pandeo.

**GUATE** n. m. *Amér. Central* y *Méx.* Plantación de maíz destinado a servir de forraje.

**GUATE, A** adj. *Salv.* Cuate.

**GUATEMALTECO, A** adj. y n. De Guatemala. ◆ n. m. **2.** Modalidad adoptada por el español en Guatemala.

**GUATEQUE** n. m. Fiesta, generalmente celebrada en una casa particular, en la que se comen canapés, emparedados, etc., se consumen bebidas y a veces se baila.

**GUATERO** n. m. *Chile.* Bolsa de agua caliente.

**GUATITAS** n. f. pl. *Chile.* Trozos de estómago de animal, generalmente vacuno, que se comen guisados; callos.

**GUATÓN, NA** adj. y n. *Chile. Fam.* Panzudo, barrigón.

**GUAU** n. m. Voz onomatopéyica con que se representa el ladrido del perro.

**GUAY** adj. *Fam.* Bueno, excelente.

**GUAYABA** n. f. Fruto del guayabo. **2.** *Antillas, Colomb., Nicar., Salv.* y *Urug. Fig.* y *fam.* Mentira, embuste.

**GUAYABAL** n. m. Terreno poblado de guayabos.

**GUAYABAZO** n. m. *Méx. Fam.* Elogio desmedido que se dirige a alguien con el fin de ganarse su favor.

**GUAYABEAR** v. intr. **[1]**. *Antillas, Colomb., Nicar., Salv.* y *Urug. Fig.* y *fam.* Mentir.

**GUAYABERA** n. f. Chaqueta o camisa suelta de tela ligera.

**GUAYABI** n. m. Madera de origen americano, de color rojizo, muy fina y dura, que se trabaja y pule fácilmente.

**GUAYABO** n. m. Planta arbórea de la familia mirtáceas, cultivada en América tropical por sus bayas azucaradas, o guayabas.

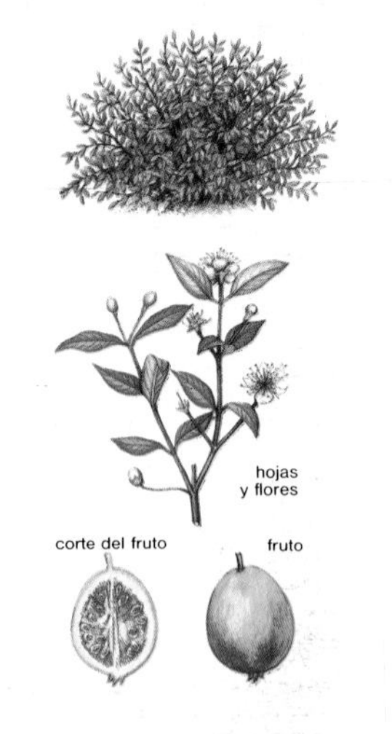

**guayabo**

**GUAYABO, A** n. *Fam.* Persona joven y agraciada.

**GUAYACA** n. f. (voz quechua). *Argent., Bol.* y *Chile.* Taleguilla para guardar monedas o adminículos de fumar. **2.** *Argent., Bol.* y *Chile. Fig.* Amuleto.

**GUAYACÁN** o **GUAYACO** n. m. Planta arbórea, de hojas persistentes, apreciada por su madera y por sus extractos. (Familia cigofiláceas.) **2.** Madera de este árbol. **3.** *Amér.* Árbol de la familia de las cigofiláceas, que crece hasta unos 12 m de alt., con tronco grande, corteza dura y gruesa, hojas persistentes y pareadas, flores de color blanco azulado, y fruto capsular y carnoso. Su madera es muy dura y se emplea en ebanistería y en la construcción de máquinas.

**GUAYACOL** n. m. Sustancia extraída de la resina del guayacán y de la creosota de haya.

**GUAYANÁ** → ***goayaná.***

**GUAYAQUILEÑO, A** adj. y n. De Guayaquil.

**GUAYAR** v. tr. **[1]**. *Dom.* Rallar, desmenuzar una cosa con el rallador. ◆ **guayarse** v. pron. **2.** *P. Rico.* Embriagarse, emborracharse.

**GUAYUCO** n. m. *Colomb., Pan.* y *Venez.* Taparrabos.

**GUAYULE** n. m. Planta cultivada en grandes extensiones de E.U.A. como productora de caucho. (Familia compuestas.)

**GUAYUSA** n. f. Planta cuya infusión remplaza al té y se parece al mate de Paraguay.

**GUAZÁBARA** n. f. *Amér.* Bullicio, algarada.

**GUAZUBIRÁ** n. m. *Argent.* y *Par.* Especie de venado pequeño, de color generalmente bayo, pardusco o grisáceo, que habita lugares abiertos y bañados por ríos o lagunas.

**GUBERNAMENTAL** adj. Relativo al gobierno. **2.** Partidario del gobierno o favorecedor del principio de autoridad.

**GUBERNATIVO, A** adj. Relativo al gobierno.

**GUBIA** n. f. Formón en forma de mediacaña que sirve para hacer muescas y molduras. **2.** Instrumento empleado en cirugía para la resección de fragmentos óseos.

**GUDARI** n. m. (voz vasca). Soldado del gobierno autónomo de Euzkadi durante la guerra civil española.

**GUEDEJA** n. f. Cabellera larga, o porción o mechón de cabello. **2.** Melena del león.

**GÜEGÜECHO, A** adj. *Amér. Central* y *Méx.* Que padece bocio. **2.** *Colomb.* Bobo, tonto.

**GÜELFO, A** n. y adj. (alem. *Whelf*). HIST. Partidario de los papas en Italia, enemigo de los gibelinos.

**GÜEMUL** n. m. *Argent.* y *Chile.* Mamífero de la familia de los cérvidos, huemul.

**GUEPARDO** n. m. Mamífero carnívoro de África y Asia, de unos 75 cm de long. sin la cola, que puede ser domesticado y alcanza una velocidad de 100 km/h. (Familia félidos.)

**guepardo**

**GÜERO, A** adj. y n. *Méx.* y *Venez.* Rubio.

**GUERRA** n. f. (germ. *werra*). Forma violenta de dirimir un conflicto entre sociedades humanas recurriendo a la lucha armada. **2.** Cualquier clase de lucha o de pugna entre personas. **3.** *Fig.* Acción encaminada a destruir o poner fin a algo: *guerra al hambre, al analfabetismo.* • **Dar guerra** *(Fam.),* causar molestia, dar que sentir. ‖ **De antes de la guerra** *(Fam.),* de hace mucho tiempo. ‖ **Declarar la guerra,** notificar o hacer saber una potencia a otra la resolución de tratarla como enemiga; entablar abiertamente lucha o competencia con alguien. ‖ **Guerra abierta,** enemistad, hostilidad declarada. ‖ **Guerra civil** → ***civil.*** ‖ **Guerra convencional,** aquella en la que está excluido el empleo de armas nucleares. || **Guerra fría,** estado de las relaciones entre dos países que se caracteriza por una constante hostilidad en todos los terrenos, pero que excluye deliberadamente el enfrentamiento armado. || **Guerra química, nuclear,** aquella en la que se emplean armas químicas o nucleares. || **Guerra revolucionaria,** doctrina encaminada a explotar las contradicciones internas de un adversario con el fin de asegurarse el control de su población. || **Guerra santa,** guerra desencadenada por motivos religiosos, cruzada. || **Guerra sicológica,** o **de nervios,** utilización sistemática de medios de propaganda de todo tipo destinados a influir en la actitud de los pueblos y del ejército, principalmente para quebrantar su voluntad de resistencia. || **Guerra sin cuartel,** o **a muerte,** guerra en la que no se hacen concesiones al enemigo y no se respetan las personas de los prisioneros. || **Guerra subversiva,** acción concertada dirigida contra los poderes públicos de un estado con el fin de paralizar su funcionamiento. || **Guerra total,** la que abarca todas las actividades de un pueblo o cuyo objetivo es el aniquilamiento total del adversario.

**GUERREAR** v. intr. **[1]**. Hacer la guerra. **2.** *Fig.* Resistir, combatir o contradecir.

**GUERRERA** n. f. Chaqueta ajustada, con insignias y divisas, que forma parte de diversos uniformes militares.

**GUERRERO, A** adj. Relativo a la guerra: *actividades guerreras.* ◆ adj. y n. **2.** Que guerrea: *las naciones guerreras.* **3.** Inclinado a la guerra: *pueblos guerreros.* **4.** *Fam.* Travieso, molesto. ◆ n. m. **5.** Soldado, combatiente.

**GUERRILLA** n. f. Partida armada que, contando con algún apoyo de la población autóctona, lleva a cabo acciones coordinadas en el territorio dominado por el adversario. **2.** Guerra de hostigamiento o de emboscada.

**GUERRILLEAR** v. intr. **[1]**. Pelear en guerrillas.

**GUERRILLERO, A** n. Combatiente en una guerrilla.

**GUETO** n. m. Ghetto.

**GÜEVÓN, NA** n. *Méx. Vulg.* Huevón.

**GÜEY** adj. y n. m. y f. *Méx. Vulg.* Tonto, estúpido.

**GUÍA** n. m. y f. Persona que guía o conduce a otras o les enseña cosas dignas de ser vistas. **2.** Persona que da consejos, instrucciones, etc. ◆ n. m. **3.** En los movimientos que realiza una tropa militar, denominación aplicada al hombre cuya posición sirve de referencia a los otros. • **Guía de ondas,** tubo metálico, a veces aislante, en cuyo interior se transmiten las ondas electromagnéticas de elevada frecuencia por reflexión en las paredes internas. ◆ n. f. **4.** Norma, indicación para dirigir u orientar. **5.** Libro o folleto de indicaciones que contiene datos o instrucciones diversas para información de la persona que lo consulta: *guía telefónica, turística.* **6.** Documento expedido por la administración pública para acreditar y autorizar el tránsito de géneros o efectos cuyo movimiento o comercio está restringido por razones fiscales, de salud o de orden público. **7.** Cada extremo del bigote cuando están retorcidos. **8.** Manillar de una bicicleta o ciclomotor. **9.** MAR. Nombre que se da a ciertos cabos. **10.** MEC. Conjunto de dispositivos que obligan a una pieza móvil a seguir una trayectoria determinada. ◆ **guías** n. f. pl. **11.** Riendas para gobernar los caballos.

**GUIADERA** n. f. Cada uno de los maderos o barrotes que sirven para dirigir el movimiento rectilíneo de un objeto: *la guiadera de un molino de aceite.*

**GUIADO** n. m. Sistema destinado a fijar una trayectoria determinada a un vehículo aéreo o a un misil, para que alcance una ruta o un objetivo concretos.

**GUIAHÍLOS** n. m. (pl. *guiahílos*). TECNOL. Aparato que regula la distribución de los hilos en las bobinas de una máquina textil.

**GUIAR** v. tr. e intr. **[1t]**. Acompañar a alguien para mostrarle el camino: *guiar a un ciego; guiar hasta la puerta.* **2.** Conducir un vehículo. **3.** Dirigir enseñando y aconsejando: *guiar a un niño en sus estudios.* **4.** Ayudar a reconocer un camino: *los postes indicadores os guiarán.* **5.** Conducir, orientar, regir: *le guiaba su propio interés.* ◆ **guiarse** v. pron. **6.** Orientarse, regirse por algo o alguien: *guiarse por las indicaciones, por el instinto.*

**GUIJA** n. f. Piedra pelada y chica que se encuentra en las orillas y cauces de ríos y arroyos. **2.** Planta trepadora de la familia papilionáceas, que se cultiva como forrajera o como planta ornamental.

**GUIJARRAL** n. m. Terreno abundante en guijarros.

**GUIJARREÑO, A** adj. Abundante en guijarros o perteneciente a ellos.

**GUIJARRO** n. m. Piedra pequeña desgastada por la erosión.

**GUIJO** n m. Conjunto de guijas que se usa para consolidar o rellenar caminos.

**GÜILA** n. f. *Méx. Vulg.* Prostituta.

**GUILDA** n. f. En la edad media, organización de mercaderes, obreros o artistas, unidos por un juramento de ayuda y defensa mutuas (ss. XI-XIV). **2.** Asociación privada de interés cultural y comercial.

**GUILLADURA** n. f. Chifladura.

**GUILLAME** n. m. (fr. *guillaume*). Cepillo de hierro estrecho y recortado para practicar ranuras rectas.

**GUILLARSE** v. pron. **[1]**. Irse, escaparse: *guillarse de la cárcel.* **2.** Chiflarse, volverse loco: *guillarse por la edad.*

**GUILLATÚN** n. m. *Chile.* Ceremonia de los indios araucanos para hacer rogativas por lluvias o bonanza.

**GUILLOTINA** n. f. (fr. *guillotine,* de J. I. *Guillotin*). Instrumento de decapitación para los condenados a muerte. **2.** Ejecución capital realizada con este instrumento. **3.** Máquina para cortar papel. • **De guillotina,** dícese de las ventanas y persianas con uno o varios bastidores superpuestos, que se abren por deslizamiento vertical a su plano.

**GUILLOTINAR** v. tr. **[1]**. Quitar la vida con la guillotina. **2.** Cortar papel con la guillotina.

**GUIMBARDA** n. f. (fr. *guimbarde*). Cepillo de carpintero de cuchilla estrecha, para labrar el fondo de las cajas y ranuras. **2.** Danza popular antigua. **3.** Instrumento musical que suena haciendo vibrar una lengüeta de acero.

**GÜIN** n. m. *Cuba.* Vástago de algunas cañas que se usa para la armadura de las cometas y para hacer jaulas.

**GÜINCHA** n. f. *Chile.* Huincha.

**GUINDA** n. f. Variedad de cereza de carne azucarada y color negro o rojo oscuro.

**GUINDA** n. f. MAR. Altura de la arboladura de un buque.

**GUINDADO** n. m. *Argent., Chile* y *Urug.* Bebida alcohólica hecha con aguardiente y guindas cocidas.

**GUINDALEZA** n. f. MAR. Cabo grueso.

**GUINDAR** v. tr. y pron. (fr. *guinder*) **[1]**. Subir algo que ha de quedar colgado en lo alto. **2.** *Fam.* Ahorcar. ◆ **guindarse** v. pron. **3.** Descolgarse de alguna parte por medio de cuerda, soga u otro artificio.

**GUINDILLA** n. f. Pimiento pequeño, encarnado, alargado y puntiagudo, muy picante.

**GUINDILLO** n. m. **Guindillo de Indias,** planta de pequeño tamaño, de fruto parecido a la guinda y muy picante. (Familia solanáceas.)

**GUINDO** o **GUINDAL** n. m. Variedad de cerezo que produce las guindas.

**GUINEA** n. f. Antigua moneda de cuenta británica, equivalente a 21 chelines.

**GUINEANO, A** adj. y n. De Guinea.

**GUINEO** n. m. *Amér. Central, Ecuad., Perú, P. Rico* y *Venez.* Plátano de tamaño pequeño y muy dulce.

**GUIÑADA** n. f. Acción de guiñar o guiñarse. **2.** Movimiento angular de un avión en un plano horizontal. **3.** Movimiento de giro o desvío regular de la proa de un buque hacia un lado u otro del rumbo.

**GUIÑAPO** n. m. Andrajo o trapo roto, viejo o deslucido: *ir cubierto de guiñapos.* **2.** *Fig.* Persona envilecida, andrajosa: *un guiñapo de hombre.*

**GUIÑAR** v. tr. **[1]**. Cerrar y abrir un ojo con rapidez, generalmente para hacer una seña a alguien. **2.** MAR. Dar guiñadas un buque. ◆ **guiñarse** v. pron. **3.** Hacerse guiños o señas con los ojos.

**GUIÑO** n. m. Acción y efecto de guiñar o guiñarse los ojos. **2.** *Fig.* Mensaje no expresado abiertamente con el que se pretende ganar la voluntad de una persona: *esa escena era un guiño al espectador cinéfilo.*

**GUIÑOL** n. m. (fr. *guignol*). Teatro de marionetas.

**GUIÑOLESCO, A** adj. Propio del guiñol.

**GUIÑOTE** n. m. Juego de naipes, variante del tute.

**GUIÓN** n. m. Escrito esquemático que sirve como guía o programa para desarrollar un tema, conferencia o cualquier actividad. **2.** Texto que contiene todo el desarrollo de una película, programa de radio, o de televisión, expuesto con todos los pormenores. **3.** Signo ortográfico que consiste en una raya horizontal (-), que se utiliza para indicar que una palabra colocada al final de un renglón no está completa y se continúa en el siguiente, y para unir palabras compuestas. **4.** Signo algo más largo (–) que se utiliza para separar oraciones incidentales, para indicar en los diálogos cuando habla cada interlocutor y para suplir al principio de línea, en índices y otros escritos semejantes, el vocablo con que empieza otra línea anterior. **5.** Estandarte o pendón que se lleva delante de una comitiva. **6.** HIST. Estandarte real de Carlos VII y más tarde de los dragones (s. XVII). **7.** MÚS. ANT. Nota o señal colocada al final de una línea para anunciar la nota que iniciaba la línea siguiente. ◆ n. m. y adj. **8.** Ave delantera en las bandadas que van de paso.

**GUIONISTA** n. m. y f. Persona que redacta guiones de cine, radio o televisión.

**GUIPAR** v. tr. **[1]**. *Vulg.* Ver, percibir, descubrir.

**GÜIPIL** n. m. *Amér. Central* y *Méx.* Huipil.

**GUIPUR** n. m. (fr. *guipure*). Encaje cuyo tejido comprende tres sistemas de hilos y cuyos motivos están trabados en relieve.

**GUIPUZCOANO, A** adj. y n. De Guipúzcoa. ◆ n. m. **2.** Uno de los ocho principales dialectos del vascuence.

**GÜIRA** n. f. Árbol de América tropical. (Familia bignoniáceas.) **2.** Fruto de este árbol, con el que se hacen recipientes.

**GUIRI** n. m. y f. *Fam.* Extranjero, turista de otro país.

**GUIRIGAY** n. m. (voz onomatopéyica) [pl. *guirigays* o *guirigayes*]. *Fam.* Lenguaje confuso y difícil de entender. **2.** Griterío y confusión que resulta cuando varios hablan a la vez o cantan desordenadamente.

**GUIRLACHE** n. m. Turrón de almendras tostadas y caramelo.

**GUIRNALDA** n. f. Tira ornamental a base de flores, hierbas, papel, etc. **2.** Motivo ornamental que representa follajes, flores, etc., entrelazados o unidos con cintas.

**GÜIRO** n. m. (voz taina). *Amér.* Calabaza vinatera. **2.** *Amér. Central.* Güira. **3.** *Antillas* y *Méx.* Instrumento musical que tiene como caja una calabaza vinatera.

**GUISA** n. f. (germ. *wisa*). Modo, manera o semejanza de algo: *procedió de esta guisa.* • **A guisa de** o **en guisa de,** a modo de, de tal suerte, en tal manera: *una tabla a guisa de mesa.*

**GUISADO** n. m. Guiso de carne o pescado cortados a trozos, que se rehoga con cebolla, tomate y otros condimentos, y luego se cuece añadiendo patatas, zanahoria, etc.

**GUISANTE** n. m. Planta herbácea trepadora que se cultiva por su fruto comestible, rico en almidón. (Familia papilionáceas.) **2.** Fruto de esta planta.

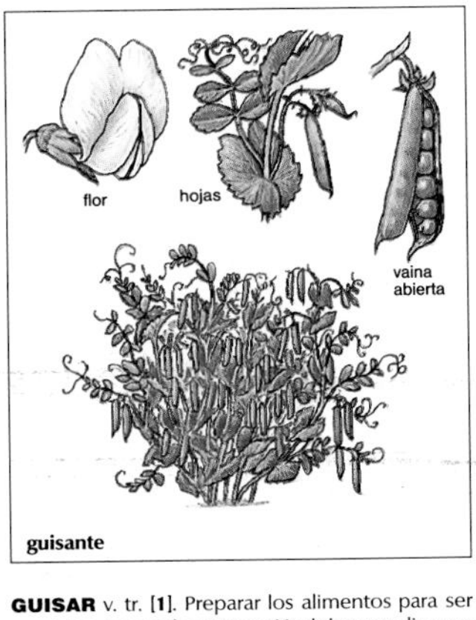

guisante

**GUISAR** v. tr. **[1]**. Preparar los alimentos para ser comidos, especialmente cociéndolos con diversos condimentos. ◆ **guisarse** v. pron. **2.** Tramarse: *algo se guisa en esa reunión.*

**GUISO** n. m. Manjar guisado.

**GUISOTE** n. m. Guisado hecho con poco cuidado o mal presentado.

**GÜISQUI** n. m. Whisky.

**GUITA** n. f. Cuerda delgada de cáñamo. **2.** *Fig.* y *fam.* Dinero.

**GUITARRA** n. f. (ár. *kitara*). Instrumento musical de cuerdas, que se pulsan con los dedos de una mano, mientras las pisan los de la otra donde conviene el tono, formado por una caja de madera que tiene forma de ocho, con un orificio redondo por encima del cual pasan las cuerdas, y un mástil donde están los trastes. • **Guitarra eléctrica,** guitarra en que la vibración de las cuerdas es captada por un electroimán y amplificada mediante un equipo electrónico. ◆ n. m. y f. **2.** Guitarrista.

**guitarra** eléctrica (a la derecha) y clásica

**GUITARREAR** v. intr. [**1**]. Tocar la guitarra.

**GUITARREO** n. m. Toque de guitarra repetido o cansado.

**GUITARRERÍA** n. f. Taller donde se fabrican o tienda donde se venden guitarras, bandurrias, bandolines y laúdes.

**GUITARRERO, A** n. Persona que hace o vende guitarras.

**GUITARRESCO, A** adj. *Fam.* Relativo a la guitarra.

**GUITARRILLO** o **GUITARRO** n. m. Guitarra pequeña que sólo tiene cuatro cuerdas.

**GUITARRISTA** n. m. y f. Persona que toca la guitarra, especialmente por profesión.

**GÜITO** n. m. Hueso de albaricoque con que juegan los muchachos. ◆ **güitos** n. m. pl. **2.** Juego que se hace con estos huesos.

**GUIZACILLO** n. m. Planta arbórea propia de las regiones cálidas. (Familia gramíneas.)

**GUJA** n. f. Arma antigua enastada o lanza con hierro en forma de cuchilla ancha y de unos dos o tres decímetros de largo.

**GULA** n. f. (lat. *gulam,* garganta). Exceso en la comida y en la bebida.

**GULAG** n. m. Organismo soviético que estaba encargado de la administración de los campos de trabajo para presos. **2.** Sistema de campos de concentración represivos soviéticos.

**GULASCH** n. m. (húng. *gulyás*). Guiso de carne de buey preparado a la húngara.

**GULDEN** n. m. (voz neerlandesa) [pl. *guldens*]. Florín, unidad monetaria de Países Bajos, sustituida en 2002 por el euro.

**GULES** n. m. (fr. *gueules*). HERÁLD. Color rojo de los esmaltes, que se representa en el dibujo con trazos verticales.

**GUM** n. m. Nombre que se da a diversas maderas suministradas por distintos árboles, que se utilizan en carpintería, carrocería, para parquets, etc.

**GUMÍA** n. f. Arma blanca, con aspecto de daga encorvada, usada por los moros.

**GUNITA** n. f. Hormigón especial proyectado a presión neumática sobre una superficie que se ha de recubrir.

**GÜNZ** n. m. (de *Günz,* río de Alemania). GEOL. La primera de las cuatro grandes glaciaciones de la era cuaternaria.

**GUPPY** n. m. Pez de muy variada coloración, originario de América del Sur, que suele criarse en acuarios ya que soporta temperaturas comprendidas entre los 18 y 38 °C y se reproduce rápidamente.

**GURA** n. f. Paloma grande de Nueva Guinea, con un copete eréctil.

**GURAMI** n. m. Gourami.

**GURBI** n. m. (voz árabe). Cabaña de África del norte.

**GURÍ, ISA** n. *Argent.* y *Urug.* Niño, muchacho. **2.** *Urug.* Muchachito indio o mestizo.

**GURIPA** adj. y n. m. *Desp.* Soldado raso. **2.** *Desp.* Guardia. **3.** *Fig.* Bribón, golfo.

**GURMET** n. m. Gourmet.

**GURO,** pueblo de Costa de Marfil, que habla una lengua del grupo mandé.

**GURU** o **GURÚ** n. m. (voz sánscrita). En la India, director espiritual o jefe religioso. **2.** *Fig.* Persona a quien se considera maestro o guía espiritual.

**GUSANEAR** v. intr. [**1**]. Hormiguear.

**GUSANERA** n. f. Sitio donde se crían gusanos. **2.** *Fig.* y *fam.* Pasión que domina en el ánimo.

**GUSANILLO** n. m. Hilo o alambre arrollado en espiral. • **Gusanillo de la conciencia,** remordimientos. || **Matar el gusanillo** *(Fam.),* beber aguardiente por la mañana en ayunas; satisfacer el hambre, momentáneamente, comiendo algo ligero.

**GUSANO** n. m. Nombre dado a los animales de cuerpo blando y alargado, sin patas, en especial a los anélidos (gusanos anillados), los platelmintos (aplanados) y los nematelmintos (redondeados). **2.** Nombre dado a ciertos insectos vermiformes: *gusano blanco,* larva del abejorro; *gusano de luz,* luciérnaga; *gusano de seda,* oruga de la morera; *gusano de la harina,* larva de los tenebriónidos. **3.** *Fig.* Persona despreciable o insignificante. • **Gusano de la conciencia** (*Fig.* y *fam.*), remordimiento nacido del mal obrar.

**GUSANOSO, A** adj. Que tiene gusano.

**GUSARAPIENTO, A** adj. Que tiene gusarapos o está lleno de ellos: *agua gusarapienta.*

**GUSARAPO, A** n. Cualquiera de los animales vermiformes que habitan en medio líquido.

**GUSTACIÓN** n. f. Acción de gustar; percepción de los sabores.

**GUSTAR** v. tr. (lat. *gustare*) [**1**]. Percibir el sabor de las cosas, probar, catar: *gustar un alimento, una bebida.* **2.** *Fig.* Experimentar, probar: *gustar una sensación.* ◆ v. tr. e intr. **3.** Agradar, satisfacer, placer: *gustar la música.* ◆ v. intr. **4.** Sentir inclinación hacia algo que en cierto modo produce placer: *gustar de ir a cazar.* • **Gustar de** algo *(Amér.),* apetecer, aceptar: *¿gusta de un café?* || **¿Usted gusta?,** fórmula de cortesía que se emplea cuando se empieza a comer o beber ante otras personas.

**GUSTATIVO, A** adj. Relativo al gusto. • **Nervio gustativo,** nombre de dos nervios que proceden de las papilas linguales y llegan al encéfalo.

**GUSTAZO** n. m. *Fam.* Placer que se experimenta al realizar algo muy esperado: *darse el gustazo de dormir hasta entrada la mañana.*

**GUSTILLO** n. m. Regusto: *un gustillo ácido.*

**GUSTO** n. m. (lat. *gustum*). Sentido que permite distinguir los sabores de las sustancias líquidas o disueltas. (En el hombre, el gusto se encuentra en las papilas gustativas de la lengua, quien puede distinguir cuatro sabores: salado, dulce, amargo y ácido; los peces perciben el gusto a través de las barbillas; los insectos trituradores, gracias a las piezas bucales; y las mariposas y las moscas, gracias a los tarsos.) **2.** Sabor de un alimento. **3.** Placer o deleite que producen las cosas que gustan: *el gusto por la lectura.* **4.** Facultad de sentir o apreciar lo bello y lo feo: *fiarse del gusto de alguien.* **5.** Sentido intuitivo de los valores estéticos: *hombre de gusto.* **6.** Elegancia, distinción o belleza: *decorar con gusto.* **7.** Capricho, deseo arbitrario o irracional: *tener el gusto de gritar.* • **A gusto,** bien, cómodamente, sin sentirse cohibido. || **Con mucho gusto,** indica que se asiente a algo o se dan muestras de complacencia. || **Dar gusto** a alguien, complacerle, satisfacer sus deseos. || **De mal gusto,** grosero. || **Que es un gusto** *(Irón.),* expresa ponderación. || **Tener el gusto,** fórmula de cortesía con que se expresa complacencia. || **Tomar,** o **coger, gusto** a algo, aficionarse.

**GUSTOSO, A** adj. Sabroso: *manjar gustoso.* **2.** Que siente gusto o hace con gusto una cosa: *trabajar gustoso.* **3.** Agradable, divertido, que causa gusto o placer: *un pasatiempo gustoso.*

**GUTAGAMBA** n. f. Planta arbórea de la India. **2.** Gomorresina amarilla extraída de esta planta, que se emplea en la fabricación de pinturas y como purgante.

**GUTAPERCHA** n. f. Sustancia plástica y aislante, extraída del látex de las hojas de un árbol de Malasia de la familia sapotáceas.

**GUTIFERÁCEO, A** adj. y n. f. Relativo a una familia de plantas dialipétalas gutiferales de hojas opuestas.

**GUTIFERAL** adj. y n. f. Relativo a un orden de plantas florales que comprende a las teáceas, las dipterocarpáceas y las gutiferáceas.

**GUTURAL** adj. (del lat. *guttur,* garganta). Relativo a la garganta: *sonido gutural.* ◆ adj. y n. f. **2.** FONÉT. Velar.

**GUYOT** n. m. En el océano Pacífico, volcán submarino de cima aplanada.

**GUZGO, A** adj. *Méx.* Glotón.

**GYMKHANA** n. f. (voz inglesa). Conjunto de pruebas en que los concursantes tienen que recorrer, especialmente en coche o en moto, un trayecto lleno de obstáculos, barreras, etc.

# H

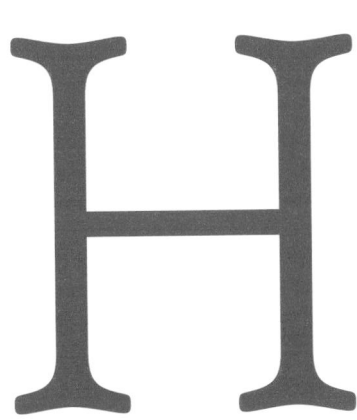

**H** n. f. Octava letra del alfabeto español y sexta de las consonantes. (En español es una consonante muda; en ciertas lenguas y dialectos puede indicar la presencia de una aspiración.) **2.** ELECTR. Símbolo del *henrio*. **3.** METROL. Símbolo de la *hora*. **4.** METROL. Símbolo del prefijo *hecto*. **5.** MÚS. En la notación anglosajona representación del 7.º grado, correspondiente al *si* de la notación latina. **6.** QUÍM. Símbolo del *hidrógeno*. • **Bomba H,** o **de hidrógeno,** bomba termonuclear. || **Hora H,** designación convencional de la hora precisa de desencadenamiento de una acción militar.

**¡HA!** interj. Denota pena, admiración o sorpresa.

**ha,** símbolo de la *hectárea*.

**HABA** n. f. (lat. *fabam*). Leguminosa anual cultivada por su semilla, utilizada en la alimentación humana y animal. (Familia papilionáceas.) **2.** Fruto y semilla de esta planta. **3.** Roncha, bulto que sale en la piel por alguna causa. **4.** Lesión de aspecto tumoral que aparece en el paladar, en el ganado equino. • **Ser habas contadas** *(Fig.)*, ser una cosa cierta y clara.

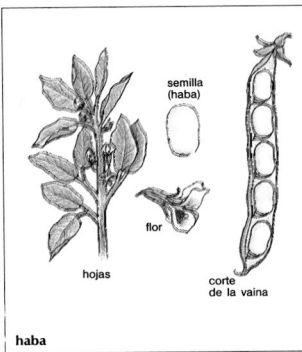

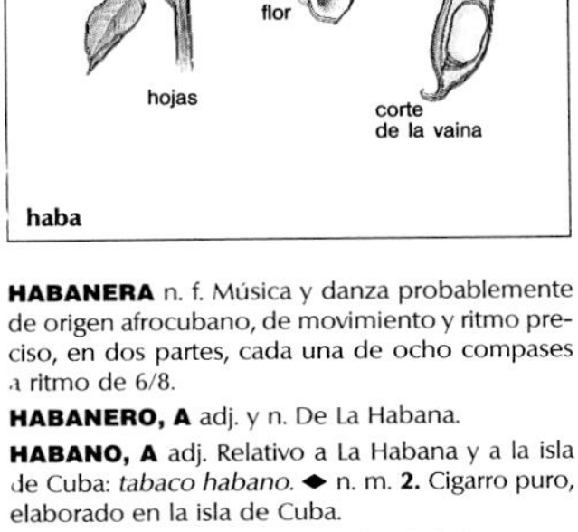


**haba**

**HABANERA** n. f. Música y danza probablemente de origen afrocubano, de movimiento y ritmo preciso, en dos partes, cada una de ocho compases a ritmo de 6/8.

**HABANERO, A** adj. y n. De La Habana.

**HABANO, A** adj. Relativo a La Habana y a la isla de Cuba: *tabaco habano*. ◆ n. m. **2.** Cigarro puro, elaborado en la isla de Cuba.

**HABAR** n. m. Terreno sembrado de habas.

**HABEAS CORPUS** n. m. (voces latinas, *que tengas el cuerpo*). Institución anglosajona que desde 1679 garantiza la libertad individual y protege al individuo de los arrestos y detenciones arbitrarios.

**HABER** n. m. Conjunto de bienes y derechos pertenecientes a una persona. (Suele usarse en plural.) **2.** Cantidad que se devenga periódicamente en retribución de servicios personales. **3.** *Fig.* Cualidades positivas o méritos que se consideran en una persona o cosa. **4.** Parte de una cuenta en la que constan los abonos de la misma. CONTR.: *debe*.

**HABER** v. (lat. *habere*, tener, poseer) **[14]**. Verbo auxiliar, vacío de significado, que, seguido del participio de otro verbo, forma los tiempos compuestos de éste: *ha venido; había comido; hubo llegado*. **2.** Seguido de la preposición *de* y un verbo en infinitivo, indica la obligación, o la intención, de realizar la acción que expresa dicho infinitivo, o lo inevitable de la misma: *has de estudiar; he de concentrarme; todos han de pasar por el aro*. ◆ v. impers. **3.** Estar realmente en alguna parte: *hay mucha gente en la sala; hubo poco público*. **4.** Existir, real o figuradamente: *hay gente de buen corazón; hay motivos para no creer lo que dice*. **5.** Suceder, ocurrir: *hubo altercados*. **6.** Efectuarse, celebrarse: *hoy no hay partidos de fútbol*. **7.** Seguido de la conjunción *que* y un verbo en infinitivo, ser necesario o conveniente aquello que expresa el verbo, en frases afirmativas, y ser inútil, inconveniente o imposible, en frases negativas: *hay que soportarlo; no hay que alarmarse*. • **No hay de qué,** contestación amable que se hace a la persona que da las gracias. || **¡Qué hubo!** o **¡Qué húbole!** *(Méx. Fam.)*, ¿qué tal?, ¿cómo estás?, ¿qué hay de nuevo? || **Ser de lo que no hay,** ser muy malo. || **Si los hay,** expresión ponderativa que va después de un calificativo para reforzarlo: *es guapo, si los hay*. ◆ **haberse** v. pron. **8.** Contender, disputar: *si bebía, se las había con todos*.

**HABICHUELA** n. f. Judía, planta y semilla.

**HÁBIL** adj. (lat. *habilem*, manejable, apto). Capaz, inteligente o dispuesto para cualquier actividad: *una persona hábil en su trabajo*. **2.** Legalmente capaz o apto para una cosa: *días hábiles*.

**HABILIDAD** n. f. Cualidad de hábil: *engañar con habilidad*. **2.** Cosa hecha con esta cualidad: *la acrobacia es una habilidad*. **3.** DER. Aptitud legal.

**HABILIDOSO, A** adj. Que tiene habilidades.

**HABILITACIÓN** n. f. Acción y efecto de habilitar. **2.** Cargo de habilitado. **3.** Oficina de habilitado. **4.** DER. Autorización legal que se concede a una persona para que pueda realizar un acto jurídico.

**HABILITADO, A** n. Persona autorizada para obrar en un asunto que normalmente no le correspondería, o bien para obrar con atribuciones especiales. ◆ n. m. **2.** Encargado de los intereses de un cuerpo o sociedad. **3.** En algunos organismos, encargado de pagar los sueldos u honorarios: *el habilitado de la universidad*.

**HABILITAR** v. tr. **[1]**. Hacer hábil, apto o capaz para algo: *habilitar una vivienda*. **2.** DER. Hacer capaz, apto desde el punto de vista legal: *habilitar un menor*.

**HABILOSO, A** adj. *Chile* y *Perú*. Que tiene habilidad.

**HABITABILIDAD** n. f. Cualidad de habitable. • **Cédula de habitabilidad,** documento que acredita la habitabilidad de una vivienda.

**HABITABLE** adj. Que puede habitarse.

**HABITACIÓN** n. f. Acción y efecto de habitar: *no haber señal de habitación humana*. **2.** Edificio o parte de él que se destina a ser habitado. **3.** Cualquiera de las piezas de una casa. **4.** Dormitorio.

**HABITÁCULO** n. m. (lat. *habitaculum*). Edificio o parte de él destinado a ser habitado. **2.** Parte interior de un automóvil, vehículo espacial, etc., donde se acomodan los viajeros.

**HABITANTE** n. m. y f. Cada una de las personas que constituyen la población de una casa, barrio, ciudad, provincia, país, etc.

**HABITAR** v. tr. e intr. (lat. *habitare*, ocupar un lugar) **[1]**. Vivir o morar en un lugar o casa: *habita una amplia mansión; habitar en el campo*.

**HÁBITAT** n. m. (pl. *hábitats*). Territorio en el que una especie o un grupo de especies encuentran un complejo uniforme de condiciones de vida a las que están adaptadas. **2.** Conjunto de hechos geográficos relativos a la residencia del hombre: *hábitat rural; hábitat urbano*. **3.** Conjunto de condiciones relativas a la vivienda: *mejora del hábitat*.

**HÁBITO** n. m. (lat. *habitum*, vestidura). Traje que llevan algunas personas en virtud de algún voto hecho, o por mortificación. • **Toma de hábito** (REL. CATÓL.), ceremonia que marca la entrada en religión de un postulante. ◆ **hábitos** n. m. pl. **2.** Vestido talar que usan los eclesiásticos. • **Ahorcar,** o **colgar, los hábitos,** dejar la carrera o la vida eclesiástica; abandonar los estudios, profesión u oficio.

**HÁBITO** n. m. (lat. *habitum*, costumbre). Forma de conducta adquirida por la repetición de los mismos actos: *tener el hábito de madrugar*. **2.** Estado creado por la ingestión de una sustancia, por lo común de naturaleza tóxica, que crea una situación de dependencia. **3.** Aumento de la tolerancia a medicamentos o tóxicos, con disminución de su efecto, a consecuencia de tomarlos repetidamente.

**HABITUACIÓN** n. f. Acción y efecto de habituar o habituarse. **2.** Atenuación o desaparición de la actividad farmacodinámica de un medicamento a consecuencia de su administración repetida. **3.** NEUROL. Disminución de la respuesta a un estímulo, cuando éste es aplicado de forma permanente o recurrente.

**HABITUAL** adj. Que se hace por hábito, ordinario, usual.

**HABITUAR** v. tr. y pron. [**1s**]. Acostumbrar o hacer que uno se acostumbre a una cosa: *habituar a la música; habituarse al café.*

**HABLA** n. f. (lat. *fabulam*). Facultad de hablar: *perder el habla.* **2.** Acción y efecto de hablar, expresar el pensamiento por palabras. **3.** Voz: *tener un habla dulce.* **4.** LING. Acto individual de utilización de una lengua por el sujeto hablante. **5.** LING. Conjunto de medios de expresión propios de un grupo determinado, dentro del dominio de una lengua: *las hablas regionales.* • **Al habla,** estar o ponerse en comunicación con alguien para tratar un asunto. ‖ **Quitar el habla** a uno, asustarle o dejarle muy asombrado.

**HABLADA** n. f. *Méx. Fam.* Fanfarronada, exageración o mentira.

**HABLADO, A** adj. Expresado de palabra: *la lengua hablada.* **2.** Con los adv. *bien* o *mal,* comedido o descomedido en el hablar: *hombre mal hablado.*

**HABLADOR, RA** adj. y n. Que habla demasiado o indiscretamente. **2.** *Dom.* Fanfarrón, valentón o mentiroso. **3.** *Méx.* Fanfarrón.

**HABLADURÍA** n. f. *Fam.* Chisme, murmuración. (Suele usarse en plural.) SIN.: *hablilla.*

**HABLANTINA** n. f. *Colomb.* y *Venez.* Charla desordenada o insustancial.

**HABLANTINOSO, A** adj. y n. *Colomb.* y *Venez.* Hablador, que habla mucho.

**HABLAR** v. intr. (lat. *fabulari*) [**1**]. Articular palabras: *el niño ya habla.* **2.** Expresar el pensamiento por medio de la palabra: *hablar en público.* **3.** Darse a entender por medio distinto del de la palabra: *hablar con los ojos.* **4.** Conversar dos o más personas. **5.** Confesar, declarar generalmente por coacción: *no le soltaron hasta que habló.* **6.** Murmurar o criticar: *todos hablan de él.* **7.** Intervenir en un asunto a favor o en contra de alguien. **8.** Seguido de la preposición *de,* tratar, ocuparse de algo, referirse a ello: *el libro habla de política.* **9.** Ser novios. • **Hablar claro,** decir sin rodeos lo que se piensa. ‖ **Hablar por hablar,** decir una cosa sin fundamento y sin venir al caso. ‖ **Ni hablar,** se usa para rechazar una propuesta. ◆ v. tr. **10.** Emplear un idioma para darse a entender: *se habla inglés.* **11.** Decir: *hablar estupideces.* ◆ **hablarse** v. pron. **12.** Comunicarse, tratarse de palabra. **13.** Con negación, no tratarse una persona con otra por haberse enemistado: *hace años que no se hablan.*

**HABLILLA** n. f. Habladuría.

**HABLISTA** n. m. y f. Persona que se distingue por la pureza y corrección del lenguaje.

**HABÓN** n. m. Roncha, bulto que sale en la piel.

**HACA** n. m. (voz aymara). *Amér.* Conjunto de bienes muebles e inmuebles del indígena.

**HACECILLO** n. m. BOT. Conjunto de unidades conductoras aisladas o con elementos acompañantes. SIN.: *fascículo, haz.*

**HACEDERO, A** adj. Que es posible o fácil de hacer.

**HACEDOR, RA** adj. y n. Que hace. ◆ n. m. **2.** Dios. (Con este significado se escribe con mayúscula.)

**HACENDADO, A** adj. y n. Que tiene hacienda en bienes raíces. **2.** *Argent.* y *Chile.* Dícese del estanciero que se dedica a la cría de ganado.

**HACENDÍSTICO, A** adj. Relativo a la hacienda pública.

**HACENDOSO, A** adj. Diligente en las faenas domésticas: *una mujer hacendosa.*

**HACER** v. tr. (lat. *facere*) [**11**]. Crear, producir de la nada: *Dios hizo el mundo.* **2.** Fabricar: *hacen coches.* **3.** Crear intelectualmente: *hacer versos.* **4.** Causar, ocasionar: *hacer ruido.* **5.** Suponer, imaginar: *te hacía fuera.* **6.** Referido a comedias u otros espectáculos, representar: *hace cine.* **7.** Obligar a algo: *les hizo callar.* **8.** Obtener, conseguir, ganar: *ha hecho fortuna.* **9.** Componer según una regla: *cinco por veinte hacen cien.* **10.** Expeler del cuerpo aguas mayores o menores: *hacer pis.* **11.** Ejercitar los músculos para fomentar su desarrollo y agilidad: *hacer abdominales.* **12.** Representa a un verbo anterior, evitando su repetición: *canta como él sólo sabe hacerlo.* **13.** Junto a un nombre, desdobla el verbo de la misma raíz: *hacer resistencia (resistir).* • **A medio hacer,** sin terminar. ‖ **Haberla hecho buena,** haber ejecutado una cosa perjudicial o contraria a un determinado fin. ‖ **Hacer la rosca,** adular. ‖ **Hacer la vista gorda,** fingir no darse cuenta, tolerar. ‖ **Hacer saber,** poner en conocimiento. ◆ v. tr. y pron. **14.** Ejecutar: *hago mi trabajo.* **15.** Disponer, componer, aderezar: *yo me hago la comida.* **16.** Reducir: *lo hizo trizas.* **17.** Habituar o acostumbrar: *hacerse al frío.* **18.** Aparentar, fingir: *hacer el muerto; hacerse el tonto.* **19.** Cortar con arte: *hacer las uñas; hacerse la barba.* ◆ v. intr. **20.** Obrar, actuar: *hace mal.* **21.** Importar, afectar: *por lo que hace a mi dinero.* **22.** Seguido de la preposición *de* y un nombre, ejercer eventualmente de lo que expresa el sustantivo: *hacer de socorrista.* • **Hacer de vientre,** o **del cuerpo,** expeler del cuerpo aguas mayores. ‖ **Hacer y deshacer,** mandar de un modo absoluto. ‖ **No le hace** (*Méx. Fam.*), no importa: *"—no tengo dinero.— no le hace, yo te presto."* ◆ v. impers. **23.** Haber transcurrido cierto tiempo: *hoy hace un año.* **24.** Expresión del clima: *hace frío.* ◆ **hacerse** v. pron. **25.** Volverse, transformarse: *el agua se hizo hielo.* **26.** Cursar estudios: *hacerse médico.* **27.** Afiliarse a un partido, secta u organización: *se ha hecho protestante.* **28.** Seguido de la preposición *con,* obtener, lograr: *se hicieron con ello.* • **Hacerse de oro,** enriquecerse. ‖ **Hacerse de rogar,** provocar insistencia en una petición. ‖ **Hacerse el sueco,** fingir no darse cuenta; no contestar ni corresponder.

**HACHA** n. f. (fr. *hache*). Herramienta cortante, compuesta de una pala acerada, con filo por un lado y un ojo para enastarla por el lado opuesto.

**HACHA** n. f. Vela de cera, grande y gruesa. **2.** Mecha que se hace de esparto y alquitrán para que resista al viento sin apagarse. • **Ser** alguien **un hacha,** ser sobresaliente en algo.

**HACHAZO** n. m. Golpe dado con un hacha. **2.** *Argent.* Golpe violento dado de filo con arma blanca. **3.** *Argent.* Herida y cicatriz así producidas. **4.** *Colomb.* Espanto súbito y violento del caballo. **5.** TAUROM. Golpe que el toro da lateralmente con un cuerno, produciendo sólo contusión.

**HACHE** n. f. Nombre de la letra *h.* • **Por hache o por be,** por un motivo u otro.

**HACHEMÍ** o **HACHEMITA** adj. y n. m. y f. Relativo a los Hachemíes, familia quraysī. (V. parte n. pr.)

**HACHERO** n. m. Candelabro para poner el hacha, vela de cera.

**HACHÍS** o **HASCHICH** n. m. (ár. *ḥasīš,* cáñamo). Resina que se extrae de las hojas y las inflorescencias hembras del cáñamo índico, que se consume mascada o fumada por la sensación especial que provoca.

**HACHÓN** n. m. Hacha, antorcha, mecha de esparto y alquitrán.

**HACIA** prep. Indica dirección o tendencia: *fue hacia él; ir hacia la ruina.* **2.** Indica proximidad a un lugar o tiempo: *hacia fines de mes.*

**HACIENDA** n. f. (lat. *facienda,* cosas por hacer). Finca o conjunto de fincas que constituyen una propiedad. **2.** Bienes propiedad de alguien. **3.** Bienes pertenecientes al estado. **4.** Conjunto de organismos destinados a la administración de estos bienes. **5.** *Amér.* Conjunto de ganado que hay en una estancia. • **Hacienda de beneficio** (*Méx.*), oficina donde se benefician los minerales de plata. ‖ **Hacienda pública,** actividad financiera del estado.

**HACINAMIENTO** n. m. Acción y efecto de hacinar o hacinarse.

**HACINAR** v. tr. y pron. [**1**]. Amontonar, acumular, juntar: *hacinar trastos en un rincón.*

**HADA** n. f. Ser imaginario, de sexo femenino, dotado de poder mágico. • **Cuento de hadas,** cuento en el que intervienen las hadas, narración imaginaria; aventura extraordinaria.

**HADAL** adj. Relativo a las profundidades oceánicas superiores a 6 000 m.

**HADDOCK** n. m. (voz inglesa). Nombre que se da en Gran Bretaña a ciertas variedades de pescado ahumado que provienen de los mares nórdicos.

**HADIZ** n. m. (ár. *hadīṯ*). Narración tradicional que refiere un hecho o dicho de Mahoma.

**HADO** n. m. En la antigua Roma, divinidad o fuerza irresistible que obraba sobre los dioses, los hombres y los hechos. **2.** Fuerza irresistible a la que se atribuye la predestinación de los acontecimientos.

**HADRÓN** n. m. Partícula elemental susceptible de sufrir interacciones fuertes (nucleones, mesones...), por oposición a los leptones.

**HAFNIO** n. m. Metal del grupo de las tierras raras, cuyo símbolo químico es Hf, de número atómico 72 y de masa atómica 178,49.

**HAGIOGRAFÍA** n. f. Ciencia que trata de la vida y del culto a los santos. **2.** Obra que trata de temas santos.

**HAGIOGRÁFICO, A** adj. Relativo a la hagiografía.

**HAGIÓGRAFO, A** n. Escritor de vidas de santos. ◆ n. m. **2.** Autor de cualquiera de los libros de la Sagrada Escritura.

**HAHNIO** n. m. Elemento químico artificial, de número atómico 105, cuyo símbolo es Hn.

**HAIDA,** pueblo amerindio de Canadá, de la familia lingüística na-dené, del grupo de indios del Noroeste. Su cultura, basada en los recursos pesqueros y forestales, destaca por la producción artística (máscaras, tótems).

**HAIKAI** n. m. (voz japonesa). Forma poética japonesa de la que deriva el haiku.

**HAIKU** n. m. (voz japonesa). Pequeño poema japonés formado por una estrofa de 17 sílabas distribuidas en tres versos (5/7/5).

**HAITIANO, A** adj. De Haití.

**HAKIM** n. m. En la España musulmana, funcionario que actuaba como adjunto del cadí.

**HAKITÍA** n. m. Modalidad de judeoespañol hablada en Marruecos.

**¡HALA!** interj. Se emplea para dar prisa o infundir aliento.

**HALACH-UINIC** n. m. (voz maya, *el hombre verdadero*). Entre los antiguos maya, nombre que re-

**hacienda** mexicana (Tapilula, Chiapas)

cibía el más importante funcionario administrativo y ejecutivo del estado.

**HALAGADOR, RA** adj. Que halaga: *palabras halagadoras.*

**HALAGAR** v. tr. [**1b**]. Dar a uno muestras de afecto o admiración. **2.** Dar motivo de satisfacción o envanecimiento. **3.** Adular.

**HALAGO** n. m. Acción y efecto de halagar. **2.** Cosa que halaga.

**HALAGÜEÑO, A** adj. Que halaga o que sirve para halagar: *una frase halagüeña.* **2.** Prometedor de satisfacciones: *noticia halagüeña.*

**HALAR** v. tr. (fr. *haler*) [**1**]. Tirar hacia sí de una cosa. **2.** MAR. Tirar de un cabo, de una lona o de un remo en el acto de bogar.

**HALCÓN** n. m. Ave rapaz diurna, que alcanza como máximo 50 cm de long., poderosa y rápida. **2.** En un gobierno u organización política, partidario de una política dura, que puede llegar hasta la guerra. CONTR.: *paloma.* • **Halcón sacre,** halcón de color blanco, con manchas pardas, de aspecto robusto, que vive en Europa meridional y N de África.

**halcón** común o peregrino

**HALCONERÍA** n. f. Cetrería.

**HALCONERO, A** n. Persona que cuida de los halcones.

**HALDA** n. f. Falda. **2.** Arpillera grande para hacer fardos.

**HALDADA** n. f. Cantidad de una cosa que cabe en el hueco formado por la parte delantera de la falda vuelta hacia arriba.

**¡HALE!** interj. Se usa para animar o dar prisa.

**HALIBUT** n. m. Pez de los mares fríos, de 2 a 3 m de long. y 250 kg de peso, cuyo hígado es rico en vitaminas A y D. (Familia pleuronéctidos.)

**HALIÉUTICA** n. f. (gr. *halieutikē*). Arte de la pesca.

**HALIÉUTICO, A** adj. Relativo a la pesca.

**HALIGRAFÍA** n. f. Halografía.

**HALITA** n. f. Cloruro natural de sodio.

**HÁLITO** n. m. (lat. *halitum*). Aliento que sale por la boca. **2.** *Poét.* Soplo suave y apacible del aire.

**HALITOSIS** n. f. Olor anormal del aire espirado.

**HALL** n. m. (voz inglesa). Vestíbulo.

**HALLAR** v. tr. (lat. *afflare,* soplar hacia algo) [**1**]. Dar con una persona o cosa que se busca: *le hallaron en el bosque; hallar piso; hallar una idea.* **2.** Topar por azar: *hallar un billete en la calle.* **3.** Averiguar: *hallar una dirección.* **4.** Observar, entender, juzgar: *hallo burla en tus palabras; hallo que tienes razón.* **5.** Descubrir, inventar: *hallar un nuevo método.* ◆ **hallarse** v. pron. **6.** Estar en determinado lugar: *hallarse en el campo.* **7.** Figurar, estar presente: *hallarse entre los pobres.* **8.** Estar en determinada situación o estado: *hallarse enfermo, en pecado.* • **No hallarse,** no encontrarse a gusto en algún sitio, estar molesto, echar en falta algo.

**HALLAZGO** n. m. Acción y efecto de hallar. **2.** Cosa hallada: *entregar un hallazgo.* **3.** DER. Encuentro casual de una cosa mueble ajena, que no sea tesoro oculto, perdida por su propietario o poseedor.

**HALLSTÁTICO, A** adj. y n. Relativo al período protohistórico llamado de *Hallstatt* o primera edad de hierro.

**HALLULLA** n. f. *Chile.* Pan hecho con masa más fina y de factura más delgada que el común. **2.** *Chile. Fig.* Sombrero de paja.

**HALO** n. m. (gr. *halōs,* disco). Círculo luminoso ligeramente irisado que rodea algunas veces al Sol o a la Luna, a consecuencia de la difracción de la luz en los cristales de hielo de las nubes. **2.** Zona circular blanca, a veces coloreada, comparable a este círculo luminoso. **3.** *Fig.* Atmósfera que rodea a alguien: *un halo de misterio.* **4.** B. ART. Nimbo o resplandor en forma de disco, a menudo decorado, que se coloca alrededor de la cabeza de los santos. **5.** FOT. Aureola que rodea a veces la imagen fotográfica de un punto brillante.

**HALÓFILO, A** adj. BOT. Dícese de las plantas que prefieren los hábitats salobres.

**HALÓFITO, A** adj. Dícese de los vegetales que viven en lugares salados.

**HALOGENACIÓN** n. f. QUÍM. Introducción de halógenos en una molécula orgánica.

**HALOGENADO, A** adj. Que contiene un halógeno. • **Derivados halogenados,** compuestos orgánicos en cuya molécula hay uno o varios átomos de halógeno, que desempeñan un papel importante en la síntesis.

**HALÓGENO** n. m. y adj. Nombre dado al cloro y a los elementos de su familia. • **Lámpara de halógeno,** lámpara incandescente, con filamento de volframio, cuya atmósfera gaseosa contiene, además de argón o criptón, cierta proporción de halógeno o de un compuesto orgánico halogenado.

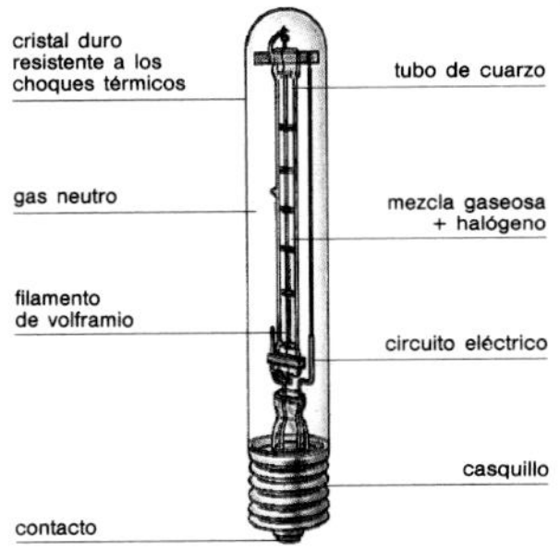


lámpara de **halógeno**

**HALOGRAFÍA** o **HALIGRAFÍA** n. f. Descripción e historia de las sales.

**HALOIDEO, A** adj. Dícese de la combinación de un metal con un halógeno: *sal haloidea.*

**HALÓN** n. m. *Amér.* Tirón, acción y efecto de halar.

**HALTERA** n. f. (gr. *haltēres*). DEP. Aparato gimnástico formado por dos masas metálicas esféricas, o por unos discos también metálicos, unidos por una barra.

**HALTEROFILIA** n. f. Deporte que consiste en el levantamiento de pesos o halteras.

**HALTERÓFILO, A** adj. y n. Que practica la halterofilia.

**HALURO** o **HALOGENURO** n. m. Combinación química de un halógeno con otro elemento.

**HAMACA** n. f. (voz haitiana). Rectángulo de lona, tejido fuerte o red gruesa que, atirantado horizontalmente y colgado por las extremidades, sirve para dormir, tumbarse o columpiarse. **2.** Asiento consistente en una armadura en la que se sostiene una tela que forma el asiento y el respaldo. **3.** *Argent.* y *Urug.* Mecedora. **4.** *Urug.* Columpio.

**HAMACAR** v. tr. y pron. [**1a**]. *Argent., Guat., Par.* y *Urug.* Hamaquear, mecer. ◆ **hamacarse** v. pron. **2.** *Argent.* Dar al cuerpo un movimiento de vaivén. **3.** *Argent. Fig.* y *Fam.* Afrontar con esfuerzo una situación difícil.

**HAMADA** n. f. (ár. *hammāda*). En los desiertos, meseta en la que afloran grandes losas rocosas.

**HAMADRÍADE** o **HAMADRÍADA** n. f. MIT. Ninfa de los bosques, que nacía con un árbol y moría con él.

**HAMADRÍADE** n. f. Simio de Etiopía, con hocico de perro, cuyo macho posee un rico pelambre en el cuello, hombros y tórax. (Familia cercopitécidos.)

**HAMAQUEAR** v. tr. y pron. [**1**]. *Amér.* Mecer, columpiar, especialmente en hamaca. ◆ v. tr. **2.** *Cuba, P. Rico* y *Venez. Fig.* Marear a uno.

**HAMBRE** n. f. (bajo lat. *famis*). Deseo vivo de comer, hecho sensible por las contracciones del estómago. **2.** Escasez de alimentos: *el hambre en el mundo.* **3.** *Fig.* Deseo ardiente de algo: *tener hambre de riquezas.* • **Apagar,** o **matar, el hambre,** saciarla. || **Hambre canina,** gana extraordinaria de comer. || **Matar de hambre,** dar poco de comer. || **Morir de hambre,** tener o padecer mucha penuria. || **Muerto de hambre,** pobre y de poco espíritu. || **Ser más listo que el hambre** *(Fam.),* ser extremadamente listo.

**HAMBRIENTO, A** adj. y n. Que tiene mucha hambre. ◆ adj. **2.** *Fig.* Deseoso: *hambriento de poder.*

**HAMBRÓN, NA** adj. y n. Muy hambriento.

**HAMBRUNA** n. f. Hambre grande.

**HAMBURGUÉS, SA** adj. y n. De Hamburgo.

**HAMBURGUESA** n. f. Bistec de carne picada preparado con huevo, ajo, perejil, etc., que puede servirse con diferentes guarniciones.

**HAMBURGUESERÍA** n. f. Establecimiento donde se sirven especialmente hamburguesas.

**HAMMĀN** n. m. (voz árabe). Establecimiento de baños, en los países musulmanes.

**HAMO** n. m. (lat. *hamum*). Anzuelo.

**HAMPA** n. f. Gente maleante y que se dedica a negocios ilícitos, y género de vida que practica.

**HAMPESCO, A** o **HAMPO, A** adj. Relativo al hampa: *jerga hampesca.*

**HAMPÓN, NA** adj. y n. Valentón, bravo. **2.** Que comete habitualmente acciones delictivas.

**HÁMSTER** n. m. Roedor de Europa central, dañino, que almacena legumbres y semillas en una complicada madriguera.

**hámster**

**HAN,** pueblo mayoritario de China (94 % de la población), de familia sinotibetana.

**HANBALISMO** n. m. Una de las cuatro grandes escuelas del islam. (Fundado por Aḥmad ibn Ḥanbal [780-855], se halla en vigor en Arabia Saudí.)

**HANDICAP** n. m. (voz inglesa). Condición o circunstancia desventajosa. **2.** DEP. En algunas pruebas deportivas, ventaja que los participantes de inferior nivel reciben en tiempo, distancia, peso o puntos, para que se nivelen las probabilidades de triunfo.

**HANDICAPPER** n. m. (voz inglesa). DEP. Comisario encargado de establecer los handicaps en una prueba deportiva.

**HANGAR** n. m. (fr. *hangar*). Cobertizo grande y de ordinario abierto, cubierto sólo por un techo sostenido con soportes verticales.

**HANĪFISMO** n. m. Una de las cuatro grandes escuelas jurídicas del islam sunnita. (Fundado por Abū Ḥanīfa [*c.* 696-767], fue adoptado por el imperio otomano.)

**HANSA** n. f. (alto alem. *Hansa,* tropa). HIST. Compañía de comerciantes. **2.** HIST. Asociación de ciudades mercantiles del N de Alemania, que se constituyó a partir del s. XIII con objeto de favorecer la penetración del flujo comercial en el mundo eslavo y de encontrar mercados en el mar del Norte, Escandinavia y Europa occidental para los productos del Báltico. (Con este significado se escribe con mayúscula.) SIN.: *ansa.*

**HANSEÁTICO, A** adj. y n. Relativo a la Hansa; miembro de cualquiera de estas ligas. SIN.: *anseático.*

**HAPÁLIDO, A** adj. y n. m. Relativo a una familia de primates americanos muy primitivos, de pequeño tamaño, como los titís. SIN.: *calitrícido.*

**HÁPAX** o **HAPAXLEGÓMENO** n. m. (gr. *hapax legomenon,* cosa dicha una vez). LING. Palabra o expresión que está documentada una sola vez.

**HAPLOIDE** adj. BIOL. Dícese de un núcleo celular que posee la mitad del número de cromosomas del huevo fecundado, como el de las células reproductoras o el de un organismo formado por células provistas de tales núcleos.

**HAPLOLOGÍA** n. f. FONÉT. Proceso que hace desaparecer una de las dos series de fonemas sucesivos parecidos: *la palabra latina* nutrix *procede de la haplología de* nutritix.

**HAPPENING** n. m. (voz inglesa). Espectáculo de origen norteamericano (aparecido en los años 1950-1960) que exige la participación activa del público e intenta provocar una creación artística espontánea.

**HAPPY END** n. m. (voces inglesas). Desenlace feliz de una película, una novela o una historia cualquiera.

**HAPTENO** n. m. Sustancia no proteica que, combinada con otra proteica, adquiere las cualidades de antígeno, o de alergeno, que no posee por sí misma.

**HARAGÁN, NA** adj. y n. Perezoso, holgazán, que rehúye el trabajo.

**HARAGANEAR** v. intr. [1]. Holgazanear.

**HARAGANERÍA** n. f. Ociosidad, falta de aplicación en el trabajo.

**HARAKIRI** o **HARAQUIRI** n. m. (voz japonesa). Modo japonés de suicidio, que consiste en abrirse el vientre.

**HARAPIENTO, A** o **HARAPOSO, A** adj. Vestido con harapos.

**HARAPO** n. m. Trozo de un traje o prenda que cuelga roto.

**HARCA** n. f. (ár. *ḥarqa*). En Marruecos, grupo de tropas indígenas de organización irregular.

**HARD-CORE** adj. (voz inglesa). Dícese de una película pornográfica en donde se representan los actos sexuales no simulados. (Suele abreviarse *hard.*) ◆ n. m. **2.** Estilo musical que comparte características del rock y el punk.

**HARDWARE** n. m. (voz inglesa). INFORMÁT. Conjunto de órganos físicos de un sistema informático.

**HARÉN** o **HAREM** n. m. (fr. *harem*). Lugar de la casa destinado a las mujeres, en los países musulmanes. **2.** Conjunto de mujeres que viven en un harén.

**HARFANG** n. m. Búho nival.

**HARINA** n. f. Polvo resultante de moler los granos de trigo, de otros cereales y de las semillas de diversas leguminosas. • **Harina de flor,** harina muy blanca y pura, de calidad superior. ‖ **Harina de madera,** producto obtenido por trituración de serrín y virutas, utilizado como abrasivo, como producto de limpieza, etc. ‖ **Harina de pescado,** polvo de pescado desecado, a partir de los sobrantes de pesca. ‖ **Ser** una cosa **harina de otro costal,** ser muy diferente de otra con que se la compara; ser enteramente ajena al asunto de que se trata.

**HARINEAR** v. intr. [1]. *Venez.* Llover con gotas muy menudas.

**HARINERO, A** adj. Relativo a la harina: *industria harinera.* ◆ n. **2.** Persona que trata y comercia en harina.

**HARINOSO, A** adj. Que tiene mucha harina. **2.** Farináceo: *peras harinosas.*

**HARMATÁN** n. m. Viento del este, cálido y seco, originario del Sahara, que sopla en África occidental.

**HARNEAR** v. tr. [1]. *Chile* y *Colomb.* Cribar, pasar por el harnero.

**HARNERO** n. m. Criba, instrumento para cribar.

**HARPÍA** n. f. Arpía. **2.** ZOOL. Águila de América del Sur, de cabeza grande, patas poderosas y garras muy desarrolladas.

**HARRIJASOTZAILE** n. m. (voz vasca). Levantador de piedras, en los deportes rurales vascos.

**HARTADA** n. f. Hartón.

**HARTAR** v. tr. y pron. [1]. Saciar, incluso con exceso, el apetito de comer o beber. **2.** *Fig.* Satisfacer el gusto o deseo de una cosa: *hartar a los niños de chocolate.* **3.** *Fig.* Fastidiar, molestar, cansar: *me hartas con tus tonterías.* ◆ **hartarse** v. pron. **4.** Repetir excesivamente algo: *hartarse de leer.*

**HARTAZGO** n. m. Acción y efecto de hartar o hartarse de comer: *un hartazgo de dulces.*

**HARTO, A** adj. Lleno, repleto: *sentirse harto.* **2.** Cansado de repetir lo mismo: *estar harto de llamar.* **3.** Conocido por su reiteración: *estoy harto de verle.* **4.** Bastante, sobrado: *tener harta imaginación.* **5.** *Chile, Cuba* y *Méx.* Mucho, gran cantidad. ◆ adv. m. **6.** Bastante. ◆ adv. c. **7.** *Chile.* Muy. **8.** *Chile* y *Méx.* Mucho.

**HARTÓN, NA** adj. y n. *Amér. Central* y *Dom.* Comilón, glotón. ◆ n. m. **2.** Acción y efecto de hartar o hartarse: *un hartón de esperar; un hartón de melón.*

**HARTURA** n. f. Hartazgo.

**HASCHICH** n. m. Hachís.

**HASTA** prep. (ár. *hatta*). Expresa el término del cual no se pasa con relación al espacio, al tiempo y a la cantidad: *desde Madrid hasta Roma; estuvo hasta las dos; comer hasta saciarse.* **2.** *Méx.* Señala el momento en que comienza una acción o el momento en que habrá de ocurrir algo: *hasta las cinco llega el doctor, hasta la tarde cierran.* ◆ adv. **3.** Incluso, aun: *hasta el más tonto lo sabe.* • **Hasta después** o **hasta luego,** saludo para despedirse de alguien a quien se espera volver a ver pronto. ‖ **Hasta que,** o **hasta tanto que,** expresa el término de la duración del verbo principal.

**HASTIAL** n. m. Parte superior triangular de un muro, situada entre las dos vertientes del tejado. **2.** En las minas, cara lateral de una excavación.

**HASTIAR** v. tr. y pron. [1t]. Fastidiar, aburrir, cansar.

**HASTÍO** n. m. (lat. *fastidium*). Repugnancia a la comida. **2.** *Fig.* Disgusto, tedio.

**HATAJO** n. m. Pequeño grupo de cabezas de ganado. **2.** Conjunto de gente o de cosas, generalmente despreciables: *hatajo de maleantes; hatajo de insultos.*

**HATERO, A** n. *Cuba.* Persona que posee un hato, hacienda con ganado.

**HATIJO** n. m. Cubierta de esparto para tapar la boca de las colmenas.

**HATO** n. m. Ropa y pequeño ajuar para el uso preciso y ordinario. **2.** Porción de ganado mayor o menor: *un hato de ovejas.* **3.** Paraje fuera de las poblaciones, que los pastores eligen para comer y dormir. **4.** Provisión de víveres. **5.** Hatajo, conjunto de gente o de cosas. **6.** *Colomb., Cuba, Dom.* y *Venez.* Finca destinada a la cría de ganado. **7.** HIST. En las Antillas, durante la época de la dominación española, concesión de tierras para pastos.

**HAUSA** n. m. Lengua negroafricana hablada en el S del Níger y en el N de Nigeria.

**HAUSA,** pueblo del N de Nigeria y S de Níger, que habla una lengua camitosemítica.

**HAUSTORIO** n. m. BOT. Órgano propio de las plantas parásitas que penetra en los órganos de su huésped y absorbe sus jugos.

**HAWAIANO, A** adj. y n. De Hawai.

**HAYA** n. f. Árbol de los bosques templados, de una altura máxima de 40 m, que tiene la corteza lisa y la madera blanca, compacta y flexible, utilizada en ebanistería. (Familia fagáceas.) **2.** Madera de este árbol.

**HAYACA** n. f. *Venez.* Pastel de harina de maíz relleno de carne y otros ingredientes, que se prepara especialmente en Navidad.

**HAYEDO** o **HAYAL** n. m. Bosque de hojas caducas de las regiones húmedas templadas, cuyos árboles más frecuentes son las hayas.

harpía

**HAYO** n. m. *Colomb.* y *Venez.* Coca, arbusto. **2.** *Colomb.* y *Venez.* Coca, hoja de este arbusto. **3.** *Colomb.* y *Venez.* Mezcla de hojas de coca y sales calizas o de sosa y a veces ceniza, que mascan los indios de Colombia.

**HAYUCO** n. m. Fruto del haya.

**HAŶŶ** o **HĀŶŶĪ** n. m. (voz árabe, *peregrinación a La Meca*). Título dado al musulmán que ha realizado la peregrinación a La Meca y Medina.

**HAZ** n. f. (lat. *faciem*). Cara o rostro. **2.** Cara anterior del paño, de la tela y de otras cosas, y especialmente la opuesta al envés. **3.** BOT. Parte superior de una hoja.

**HAZ** n. m. (lat. *fascem*). Porción de cosas atadas: *haz de leña.* **2.** Flujo de partículas elementales producidas por un acelerador, seleccionadas y después concentradas en un blanco o un detector. **3.** ANAT. Conjunto de varias fibras, musculares o nerviosas, agrupadas en un mismo trayecto. **4.** BOT. Hacecillo. **5.** MAT. Conjunto de rectas, de curvas o de superficies que dependen de un parámetro. • **Haz atómico** o **molecular,** conjunto de átomos o de moléculas, de velocidades y direcciones muy próximas, que se propagan en un espacio vacío. ‖ **Haz de vías,** conjunto de vías férreas unidas en sus extremos por agujas o empalmes. ‖ **Haz hertziano,** haz de ondas electromagnéticas o hertzianas que sirven para establecer la conexión entre dos puntos. ‖ **Haz luminoso,** conjunto de rayos luminosos que parten del mismo punto, limitados por los diafragmas convenientes.

**HAZ** n. m. MIL. Antiguamente, tropa formada en divisiones o en filas.

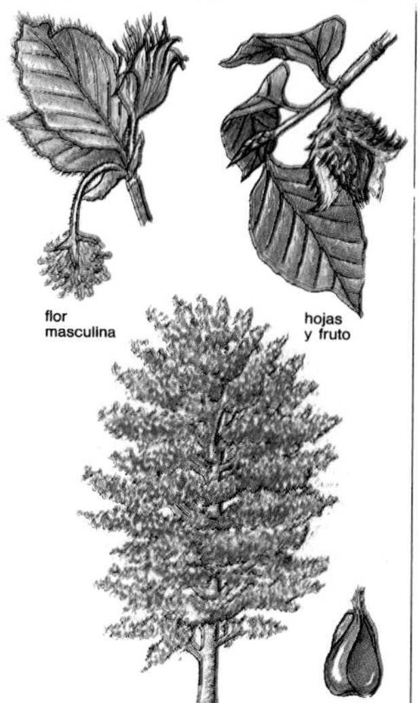


haya

**HAZA** n. f. (lat. *fasciam,* faja, venda). Porción de tierra de labrantía o de sembradura.

**HAZAÑA** n. f. Acción o hecho ilustre o heroico.

**HAZAÑERÍA** n. f. Demostración afectada de temor, admiración o entusiasmo, no teniendo motivo para ello.

**HAZAÑERO, A** adj. Que hace hazañerías. **2.** Relativo a la hazañería.

**HAZAÑOSO, A** adj. Que ejecuta hazañas. **2.** Dícese de los hechos heroicos.

**HAZĀRA,** pueblo musulmán chiita de lengua iraní, que habita en la parte central de Afganistán.

**HAZMERREÍR** n. m. Persona ridícula que sirve de diversión a los demás.

**HE** adv. Junto con los adv. *aquí, allí, ahí,* o unido a pronombres personales átonos, sirve para señalar o mostrar una persona o cosa: *he aquí los papeles que buscabas.* ◆ interj. **2.** Se usa para llamar a una persona.

**He,** símbolo químico del *helio.*

**HEAVY** adj. y n. m. Relativo a una corriente del rock, surgida en los años 70, que se caracteriza por la simplicidad del ritmo y la acentuación de algunos componentes del rock. ◆ n. m. y f. **2.** Joven seguidor de esta modalidad de rock o que usa indumentaria propia de este estilo.

**HEBDOMADARIO, A** adj. Semanal. ◆ n. **2.** Persona encargada de una función determinada durante una semana en los cabildos eclesiásticos y comunidades religiosas.

**HEBEFRENIA** n. f. SIQUIATR. Una de las formas clínicas de la esquizofrenia juvenil, en la que predomina el retraimiento en el mundo interior.

**HEBEFRÉNICO, A** adj. y n. Relativo a la hebefrenia; afecto de hebefrenia.

**HEBÉN** adj. Dícese de cierta variedad de uva blanca, gorda y vellosa. **2.** Dícese del veduño y vides que producen dicha uva.

**HEBIJÓN** n. m. Clavillo o punta metálica, situado en medio de la hebilla, y que se introduce por uno de los agujeros de la correa o cinturón.

**HEBILLA** n. f. Pieza de metal u otra materia, con uno o más clavillos articulados en un pasador, los cuales sujetan una correa, cinta, etc., que pasa por dicha pieza.

**HEBRA** n. f. (lat. *fibram*). Denominación aplicada específicamente a diversas fibras animales y vegetales. **2.** Porción de hilo que se pone en la aguja para coser. **3.** *Fig.* Curso de lo que se va diciendo: *perder la hebra.* **4.** Estigma de la flor de azafrán. **5.** Tabaco cortado en forma de largos filamentos o briznas de aspecto ensortijado. **6.** *Poét.* Cabello. • **Pegar la hebra** *(Fam.)*, trabar accidentalmente conversación con alguien; prolongar la conversación más de la cuenta.

**HEBRAICO, A** adj. Hebreo, relativo a los hebreos: *literatura hebraica.*

**HEBRAÍSMO** n. m. Profesión de la ley antigua de Moisés. **2.** Forma sintáctica o morfológica propia de la lengua hebraica.

**HEBRAÍSTA** n. m. y f. Estudioso de la lengua y cultura hebreas.

**HEBRAIZANTE** n. m. y f. Judaizante.

**HEBREO, A** adj. y n. Relativo a un pueblo semítico del antiguo oriente cuya historia narra la Biblia; individuo de este pueblo **2.** Relativo a quienes profesan la ley de Moisés; individuo que la profesa. ◆ n. m. **3.** Lengua semítica hablada antiguamente por los hebreos, y en la actualidad lengua oficial de Israel.

■ 2000-1770 a. J.C.: los hebreos, originarios de las tribus seminómadas de los confines orientales del desierto sirio, se instalaron en el país de Canaán. Era la época de los patriarcas bíblicos, Abraham, Isaac y Jacob. 1770-1560: durante la dominación de los hicsos emigraron al delta del Nilo. *C.* 1250 - reinado de Ramsés II: los hebreos, guiados por Moisés, abandonaron Egipto, que se había vuelto hostil, período que corresponde al relato del Éxodo bíblico. 1220-1200: los hebreos se instalaron en Palestina, de forma pacífica o mediante guerras. *C.* 1200-*c.* 1030: durante el *período de los jueces,* formaron una federación de tribus. *C.* 1030-931: fin de la unidad nacional; inicio del período monárquico, marcado por los reinados de Saúl, David y Salomón. 931: este siglo de oro finalizó con la escisión en dos reinos, correspondientes a las tribus del N y a las tribus del S el de Israel (hasta 721) y el de Judá (hasta 587); ambos desaparecieron, el primero fue derrotado por los asirios, y el segundo, por los babilonios. 587-538: los hebreos fueron deportados masivamente hacia el exilio en Babilonia. 538-332: la dominación persa permitió el regreso de los deportados y la restauración de Jerusalén. 323: la muerte de Alejandro provocó que Palestina cayera en poder primero de los lágidas y posteriormente de los seléucidas. 142: la revuelta de los Macabeos garantizó a los hebreos una independencia que la dinastía de los Asmoneos logró preservar (134-37). 63 a. J.C.: el estado judío pasó a ser vasallo de Roma. El último gran reinado fue el de Herodes I (37-34 a. J.C.). La destrucción de Jerusalén en 70 d. J.C. por Tito puso punto y final a la historia de la antigua Israel.

**HEBROSO, A** adj. Fibroso.

**HEBRUDO, A** adj. *C. Rica.* Que tiene muchas hebras.

**HECATOMBE** n. f. (gr. *hekatombe*). En la antigüedad grecorromana, sacrificio de cien bueyes que se hacía a los dioses. **2.** Desastre con muchas víctimas.

**HECCEIDAD** n. f. (lat. *haecceitatem*). En la filosofía de Duns Escoto, principio formal constitutivo de cada cosa en cuanto individuo.

**HECHICERÍA** n. f. Operaciones mágicas del hechicero. **2.** ANTROP. Capacidad de curar o de hacer daño por medio de procedimientos y rituales mágicos, propia de un individuo en el seno de una sociedad o de un grupo determinado.

**HECHICERO, A** n. y adj. ANTROP. Persona que practica la hechicería. ◆ adj. **2.** *Fig.* Que atrae o cautiva la voluntad: *hermosura hechicera.*

**HECHIZAR** v. tr. **[1g]**. Ejercer un maleficio sobre alguien con hechicería. **2.** *Fig.* Despertar admiración.

**HECHIZO, A** adj. Artificioso o fingido. **2.** *Méx.* Dícese del aparato o instrumento que no es de fábrica; que fue hecho de forma rudimentaria. ◆ n. m. **3.** Hechicería. **4.** Acción y efecto de hechizar. **5.** *Fig.* Atractivo natural intenso de una persona.

**HECHO** n. m. Acción y efecto de hacer algo: *demostrar algo con hechos.* **2.** Hazaña: *los grandes hechos de la historia.* (Suele usarse en plural.) **3.** Acontecimiento, suceso: *conocer los hechos.* **4.** Lo que existe en la realidad: *observar los hechos.* • **De hecho,** insiste en que lo que se trata es como se expresa, no de otro modo: *de hecho, no estaba mal.* ‖ **Hecho consumado,** acción llevada a cabo adelantándose a las reacciones o presiones que pudieran impedirla. ‖ **Hecho de armas,** acción bélica notable. ‖ **Hecho jurídico,** acontecimiento susceptible de producir alguna adquisición, modificación, transferencia o extinción de los derechos u obligaciones. ‖ **Hecho probado,** el que como tal se declara en las sentencias por los tribunales de instancia. ‖ **Hecho y derecho,** expresa que una persona es cabal, o que se ha ejecutado una cosa cumplidamente: *un hombre hecho y derecho.*

| escritura cuadrada (imprenta) | cursiva moderna (manuscrito) | nombre | transcripción |
|---|---|---|---|
| א | א | alef | ' (nada) |
| ב בּ | ב בּ | bet | b |
| ג גּ | ג | gimel | g |
| ד דּ | ד | dálet | d |
| ה | ה | he | h |
| ו | ו | waw | w |
| ז | ז | zayn | z |
| ח | ח | ḥet | ḥ |
| ט | ט | ṭet | ṭ |
| י | י | yod | y |
| כ כּ [ך] | כ כּ [ך] | kaf | k |
| ל | ל | lámed | l |
| מ [ם] | מ [ם] | mem | m |
| נ [ן] | נ [ן] | nun | n |
| ס | ס | sámek | s |
| ע | ע | 'ayn | ' (espíritu áspero) |
| פ פּ [ף] | פ פּ [ף] | pe | p, f |
| צ [ץ] | צ [ץ] | ṣade | ṣ |
| ק | ק | qof | q |
| ר | ר | reš | r |
| שׁ שׂ | שׁ שׂ | šin, śin | š, ś |
| ת תּ | ת | taw | t |

*las letras entre corchetes son variantes finales*

el alfabeto **hebreo**

**HECHOR, RA** n. *Chile* y *Ecuad.* Malhechor. ◆ n. m. **2.** *Amér. Merid.* Garañón, asno.

**HECHURA** n. f. Acción y efecto de hacer. **2.** Confección: *las hechuras de un vestido.* (Suele usarse en plural.) **3.** Forma exterior o figura que se da a las cosas. **4.** *Fig.* Cariz, aspecto. **5.** Configuración del cuerpo.

**HECTÁREA** n. f. Unidad de medida de superficie, de símbolo ha, que equivale a $10^4$ metros cuadrados.

**HÉCTICO, A** adj. y n. Tísico. ◆ adj. y n. f. **2.** Dícese de la fiebre que acompaña a los estados consuntivos graves.

**HECTO-** (gr. *hekaton,* cien), prefijo que, situado antes del nombre de una unidad, la multiplica por $10^2$.

**HECTOGRAMO** n. m. Masa de cien gramos, de símbolo hg.

**HECTOLITRO** n. m. Volumen de cien litros, de símbolo hl.

**HECTÓMETRO** n. m. Longitud de cien metros, de símbolo hm.

**HEDER** v. intr. (lat. *foetere*) **[2d]**. Despedir mal olor.

**HEDIONDEZ** n. f. Cualidad de hediondo. **2.** Cosa hedionda.

**HEDIONDO, A** adj. Que despide hedor: *callejuela hedionda.* **2.** *Fig.* Repugnante: *aspecto hediondo.* **3.** *Fig.* Sucio, obsceno: *palabras hediondas.* ◆ n. m. **4.** Planta arbustiva de flores amarillas y frutos negros, que crece en la península Ibérica. (Familia papilionáceas.)

**HEDONISMO** n. m. Doctrina que hace del placer un principio o el objetivo de la vida.

**HEDONISTA** adj. y n. m. y f. Relativo al hedonismo; partidario de esta doctrina.

**HEDOR** n. m. Olor desagradable, que generalmente proviene de sustancias orgánicas en descomposición.

**HEGELIANISMO** n. m. Doctrina filosófica de Hegel y sus discípulos.

**HEGELIANO, A** adj. y n. Relativo a Hegel o al hegelianismo; partidario de esta doctrina.

**HEGEMONÍA** n. f. (gr. *hēgemonia*). Supremacía, poder preponderante y dominador, de un estado o de una clase social sobre otras. **2.** Superioridad en cualquier línea.

**HEGEMÓNICO, A** adj. Relativo a la hegemonía.

**HÉGIRA** o **HÉJIRA** n. f. (ár. *hiŷra,* emigración, expatriación). Emigración de Mahoma de La Meca a Medina, que tuvo lugar en 622, y se toma como punto de partida de la cronología musulmana.

**HELADA** n. f. Descenso de la temperatura por debajo de cero grados, que provoca, cuando es persistente, la congelación del agua. • **Caer heladas,** helar.

**HELADERÍA** n. f. Establecimiento donde se sirven o venden helados.

**HELADERO, A** n. Vendedor de helados. ◆ n. m. **2.** *Fig.* Lugar donde hace mucho frío.

**HELÁDICO, A** adj. Relativo a la Hélade. **2.** Relativo a la civilización del bronce en la Grecia continental, que se desarrolló en el tercer y segundo milenios, cuya última fase corresponde a la civilización micénica.

**HELADIZO, A** adj. Que se hiela fácilmente.

**HELADO, A** adj. Muy frío. **2.** *Fig.* Suspenso, atónito, pasmado: *quedarse helado.* **3.** *Fig.* Esquivo, desdeñoso: *maneras heladas.* ◆ n. m. **4.** Golosina o postre compuesto de leche o nata, azúcar, huevos y otros ingredientes, que una vez mezclados se someten a un proceso de congelación.

**HELADOR, RA** adj. Que hiela.

**HELADORA** n. f. Aparato para hacer helados y sorbetes, por agitación continua en contacto con una mezcla frigorífica. **2.** *Amér.* Nevera.

**HELADURA** n. f. Atronadura producida en los árboles por el frío.

**HELAJE** n. m. *Colomb.* Frío intenso.

**HELAMIENTO** n. m. Acción y efecto de helar o helarse. **2.** BOT. Fenómeno que consiste en la rotura de los vasos de plantas leñosas por congelación de la savia.

**HELAR** v. tr., intr. y pron. **[1j]**. Congelar, convertir en hielo por la acción del frío. ◆ v. tr. **2.** *Fig.* Dejar suspenso y pasmado. **3.** Desalentar, acobardar. ◆ v. tr. y pron. **4.** Solidificarse lo que se había licuado por faltarle el calor necesario para mantenerse en estado líquido. ◆ **helarse** v. pron. **5.** Ponerse una persona o cosa sumamente fría y yerta. **6.** Marchitarse o secarse las plantas a causa del frío.

**HELECHAL** n. m. Sitio poblado de helechos.

**HELECHO** n. m. (lat. *filictum,* matorral de helechos). Planta sin flores, de hojas con frecuencia muy divididas, que vive en los bosques y en los lugares húmedos.

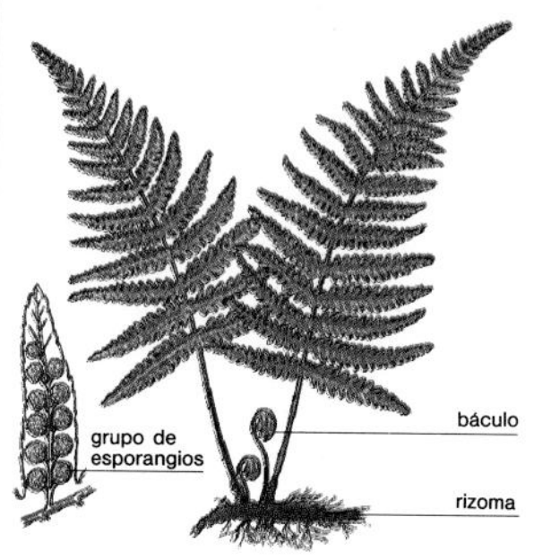

**helecho**

**HELÉNICO, A** adj. (gr. *hellēnikos*). Griego, perteneciente a Grecia.

**HELENIO** n. m. Planta de flores amarillas, raíz amarga y aromática usada en medicina y hojas muy grandes y oblongas, que crece en los lugares húmedos. (Familia compuestas.)

**HELENISMO** n. m. Civilización griega; civilización desarrollada fuera de Grecia bajo la influencia de la cultura griega. **2.** LING. Expresión particular de la lengua griega.

**HELENISTA** n. m. y f. Estudioso de la lengua y la cultura griegas.

**HELENÍSTICO, A** adj. Dícese del período de la civilización griega que comprende desde la conquista de Alejandro a la conquista romana.

**HELENIZACIÓN** n. f. Acción y efecto de helenizar o helenizarse.

**HELENIZAR** v. tr. **[1g]**. Introducir las costumbres, cultura y arte griegos. ◆ **helenizarse** v. pron. **2.** Adoptar las costumbres o la cultura griegas.

**HELENO, A** adj. y n. Griego, perteneciente a Grecia.

**HELERO** n. m. Masa de nieve de pequeñas dimensiones que durante el verano persiste por debajo del límite de las nieves perpetuas.

**HELGADO, A** adj. Que tiene dientes ralos y desiguales.

**HELGADURA** n. f. Hueco o espacio que hay entre diente y diente. **2.** Desigualdad de los dientes.

**HELÍACO, A** o **HELIACO, A** adj. Relativo a Helios, el Sol. **2.** ASTRON. Dícese de la salida o puesta de un astro que se produce al mismo tiempo que la salida o puesta del Sol.

**HELIANTINA** n. f. QUÍM. Indicador coloreado, anaranjado en medio básico y rojo en un medio ácido. SIN.: *anaranjado de metilo.*

**HÉLICE** n. f. (lat. *helicem*). Órgano de propulsión, tracción o sustentación, constituido por aspas o palas dispuestas regularmente alrededor de un

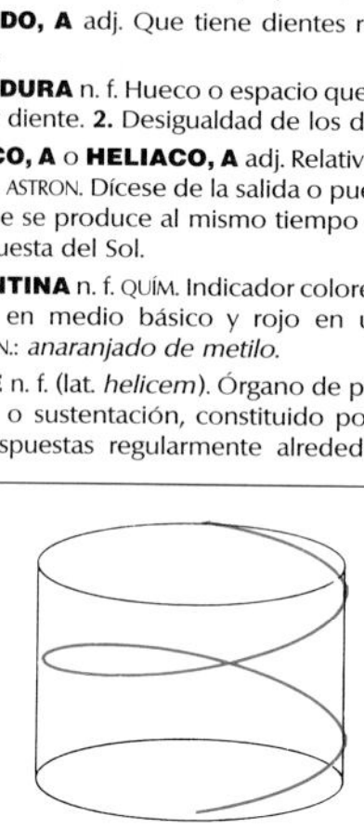
**hélice** (geometría)

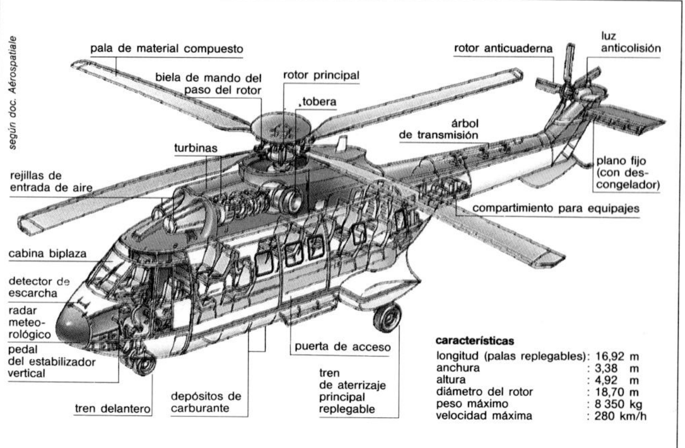

**helicóptero** francés Super-Puma 332

buje accionado por un motor. **2.** ANAT. Hélix. **3.** ARQ. Pequeña voluta del capitel corintio. **4.** GEOMETR. Curva que corta, bajo un ángulo constante, las generatrices de un cilindro de revolución. • **Antena en hélice,** antena direccional de hiperfrecuencias constituida por un hilo conductor enrollado en hélice y por una superficie reflectora perpendicular al eje de la hélice.

**HELICICULTURA** n. f. Cría de caracoles.

**HELICOIDAL** adj. En forma de hélice: *engranaje helicoidal.* • **Movimiento helicoidal,** movimiento de un sólido cuyos diferentes puntos describen hélices del mismo eje y del mismo paso.

**HELICOIDE** n. m. MAT. Superficie (o volumen) originado por una curva (o una superficie) que tiene un movimiento helicoidal.

**HELICÓN** n. m. Instrumento músico de metal cuyo tubo, de forma circular, permite colocarlo alrededor del cuerpo y apoyarlo sobre el hombro de quien lo toca.

**HELICÓPTERO** n. m. Giravión cuyo rotor o rotores aseguran a la vez la sustentación y la traslación durante el vuelo.

**HELIO** n. m. Cuerpo simple gaseoso, de número atómico 2, de masa atómica 4,0026; densidad 0,318, y símbolo He, descubierto en la atmósfera solar y que existe en una cantidad muy pequeña en el aire.

**HELIOCENTRISMO** n. m. Sistema que considera al Sol como centro del universo o como astro alrededor del cual giran los planetas.

**HELIOGEOTERMIA** n. f. Tecnología que consiste en utilizar un yacimiento geotérmico para almacenar el calor solar.

**HELIOGRABADO** n. m. Procedimiento para obtener, mediante la acción de la luz solar, grabados en relieve. **2.** Estampa obtenida por este procedimiento.

**HELIOGRAFÍA** n. f. ART. GRÁF. Procedimiento de reproducción de originales transparentes o translúcidos sobre papel tratado con diazoicos. **2.** ASTRON. Descripción del Sol. **3.** ASTRON. Fotografía de este astro.

**HELIÓGRAFO** n. m. Aparato que sirve para hacer señales telegráficas por medio de la reflexión de un rayo de sol en un espejo plano que se puede mover. **2.** METEOROL. Aparato que sirve para medir la duración e intensidad de la insolación.

**HELIOLATRÍA** n. f. Culto al Sol.

**HELIÓN** n. m. Núcleo del átomo del helio, llamado también *partícula alfa.*

**HELIOSFERA** n. f. Capa situada en el límite superior de la atmósfera terrestre, por debajo de la geocorona, cuyo principal componente es el helio.

**HELIÓSTATO** n. m. Instrumento geodésico consistente en un espejo plano o ligeramente cóncavo, que permite reflejar los rayos del Sol en una dirección fija, a pesar del movimiento diurno.

**HELIOTECNIA** n. f. Técnica para la conversión de la luz solar en energía eléctrica.

**HELIOTERAPIA** n. f. Tratamiento médico por medio de la luz solar, cuya acción es debida a los rayos ultravioletas, utilizado contra el raquitismo, en algunas tuberculosis óseas y enfermedades de la piel.

**HELIOTÉRMICO, A** adj. Dícese de un proceso de conversión de la energía solar cuyo objetivo es la producción de calor. SIN.: *heliotermodinámico.*

**HELIOTROPINA** n. f. Compuesto de olor análogo al del heliotropo, que se obtiene a partir de la esencia del sasafrás. SIN.: *piperonal.*

**HELIOTROPISMO** n. m. Fenómeno que ofrecen las plantas al dirigir sus hojas, tallos o flores hacia el Sol.

**HELIOTROPO** n. m. Planta herbácea o subarbustiva de flores blancas y violetas, que se cultiva en jardinería y como planta de interior. (Familia borragináceas.) **2.** Flor de esta planta.

**HELIPUERTO** n. m. Aeropuerto para helicópteros.

**HÉLIX** n. m. (lat. *helix*). ANAT. Pliegue que forma el pabellón de la oreja. SIN.: *hélice.*

**HELMINTIASIS** n. f. Enfermedad causada por gusanos.

**HELMINTO** n. m. ZOOL. Gusano.

**HELMINTOLOGÍA** n. f. Parte de la zoología que trata de la descripción y estudio de los gusanos.

**HELOBIAL** adj. y n. f. Relativo a un orden de plantas monocotiledóneas acuáticas, al que pertenece la sagitaria.

**HELOR** n. m. Frío intenso y penetrante.

**HELVECIO, A** adj. y n. Relativo a un pueblo céltico que ocupaba Helvecia hacia mediados del s. I a. J.C.; individuo de este pueblo.

**HELVÉTICO, A** adj. Relativo a Suiza.

**HEMARTROSIS** n. f. Derrame sanguíneo en una articulación.

**HEMATEMESIS** n. f. Vómito de sangre.

**HEMÁTICO, A** adj. Relativo a la sangre. SIN.: *emal.*

**HEMATÍE** n. m. Glóbulo rojo de la sangre, coloreado por la hemoglobina. SIN.: *eritrocito.*

**HEMATITES** n. f. (gr. *haimatitēs,* sanguíneo). MINER. Óxido férrico natural $Fe_2O_3$ del que existen dos variedades la hematites roja, u oligisto, y la hematites parda, o limonita, dos minerales de hierro muy importantes.

**HEMATOCRITO, A** adj. y n. m. Dícese del volumen ocupado por los elementos formes de la sangre (glóbulos) en un volumen dado de sangre, expresado porcentualmente.

**HEMATOLOGÍA** n. f. Ciencia que estudia la estructura histológica, la composición química y las propiedades físicas de la sangre. **2.** Especialidad médica que se ocupa de las enfermedades de la sangre y de los órganos de la hemopoyesis.

**HEMATOLÓGICO, A** adj. Relativo a la hematología.

**HEMATÓLOGO, A** n. Especialista en hematología.

**HEMATOMA** n. m. Extravasación de sangre en una

cavidad natural o bajo la piel, consecutiva a una ruptura de los vasos.

**HEMATOPOYESIS** n. f. Hemopoyesis.

**HEMATOPOYÉTICO, A** adj. Hemopoyético.

**HEMATOSIS** n. f. Transformación de la sangre venosa en sangre arterial, que tiene lugar en el aparato respiratorio por pérdida de gas carbónico y enriquecimiento en oxígeno.

**HEMATOZOARIO** o **HEMATOZOO** n. m. Protozoo parásito de los glóbulos rojos de la sangre. (El más importante es el llamado hematozoario de Laveran, causante del paludismo.)

**HEMATURIA** n. f. Emisión de sangre por las vías urinarias.

**HEMBRA** n. f. (lat. *feminam*). En los seres vivos que tienen los órganos de reproducción masculinos o femeninos en distinto individuo, el que tiene los femeninos. **2.** Mujer. **3.** TECNOL. Pieza que tiene un hueco o agujero en el que se introduce y encaja otra llamada *macho*.

**HEMBRAJE** n. m. *Amér. Merid.* Conjunto de las hembras de un ganado. **2.** *Argent.* y *Urug. Desp.* En zonas rurales, conjunto o grupo de mujeres.

**HEMBRILLA** n. f. Pieza pequeña de cualquier utensilio, en la que se introduce otra. **2.** Armella, anillo.

**HEMERÁLOPE** adj. y n. m. y f. Dícese de la persona que padece hemeralopía.

**HEMERALOPÍA** n. f. Disminución o pérdida de la visión cuando la luminosidad disminuye.

**HEMEROTECA** n. f. Biblioteca en que se guardan periódicos y revistas.

**HEMIANOPSIA** n. f. Pérdida de la visión que afecta a la mitad del campo visual.

**HEMICICLO** n. m. Semicírculo. **2.** Espacio central de la sala de un parlamento, teatro, etc., rodeado de asientos formando semicírculo.

**HEMIEDRÍA** n. f. Propiedad de los cristales cuya simetría es la mitad de la de su red cristalina.

**HEMIÉDRICO, A** adj. Que presenta hemiedría.

**HEMIEDRO, A** adj. Hemiédrico. ◆ n. m. **2.** Cristal hemiédrico.

**HEMIÓN** n. m. Équido, intermedio entre el caballo y el asno, que vive en el Tíbet.

**HEMIÓXIDO** n. m. Óxido cuya molécula posee un átomo de oxígeno por cada dos átomos del elemento al que está unido.

**HEMIPLEJÍA** o **HEMIPLEJIA** n. f. Parálisis de la mitad del cuerpo, debida en general a una lesión cerebral en el hemisferio opuesto.

**HEMIPLÉJICO, A** adj. y n. Relativo a la hemiplejía; afecto de hemiplejía.

**HEMIPTEROIDEO, A** adj. y n. m. Relativo a un superorden de insectos como el chinche, la cigarra, los pulgones, con piezas bucales aptas para picar y succionar y, a menudo, con alas anteriores entre coriáceas y membranosas.

**HEMISFÉRICO, A** adj. Que tiene la forma de media esfera. SIN.: *semiesférico.*

**HEMISFERIO** n. m. (gr. *hemisphairion*). Cada una de las dos partes del globo terrestre o de la esfera celeste: *hemisferio norte, septentrional o boreal; hemisferio sur, meridional o austral.* **2.** ANAT. Cada una de las dos mitades del cerebro. **3.** MAT. Cada una de las dos mitades iguales de una esfera, en que la divide un plano que pasa por su centro. • **Hemisferios de Magdeburgo,** semiesferas metálicas huecas que Otto von Guericke utilizó en 1654 para probar la presión atmosférica.

**HEMISTIQUIO** n. m. Cada una de las dos partes de un verso cortado por la cesura.

**HEMITROPÍA** n. f. MINER. Agrupamiento regular de cristales idénticos.

**HEMOCIANINA** n. f. Sustancia equivalente en el aspecto fisiológico a la hemoglobina que existe en la sangre de moluscos y crustáceos.

**HEMOCROMATOSIS** n. f. Enfermedad debida a una sobrecarga de hierro en el organismo.

**HEMOCULTIVO** n. m. Método de investigación de las bacterias que pueden hallarse en la sangre en el curso de determinadas enfermedades.

**HEMODIÁLISIS** n. f. Método de depuración sanguínea extrarrenal que se practica en casos de insuficiencia renal grave.

**HEMODINÁMICA** n. f. Estudio de los diferentes factores que rigen la circulación de la sangre en el organismo.

**HEMOFILIA** n. f. Enfermedad hemorrágica hereditaria que consiste esencialmente en una deficiencia del proceso normal de la coagulación de la sangre. (La transmiten las mujeres y sólo afecta a los hombres.)

**HEMOFÍLICO, A** adj. y n. Relativo a la hemofilia; afecto de hemofilia.

**HEMOGLOBINA** n. f. Pigmento de los glóbulos rojos de la sangre, que garantiza el transporte del oxígeno y del gas carbónico entre el aparato respiratorio y las células del organismo.

**HEMOGLOBINOPATÍA** n. f. Enfermedad caracterizada por una anomalía hereditaria de la hemoglobina y que se manifiesta por una gran anemia, dolores óseos y crisis de dolores abdominales.

**HEMOGLOBINURIA** n. f. Presencia de hemoglobina en la orina.

**HEMOGRAMA** n. m. Estudio cuantitativo y cualitativo de los glóbulos de la sangre. (Comprende la numeración globular y la fórmula leucocitaria.)

**HEMOLISINA** n. f. Anticuerpos que provocan la hemolisis.

**HEMOLISIS** n. f. Destrucción de los glóbulos rojos de la sangre por estallido.

**HEMOLÍTICO, A** adj. Que provoca la hemolisis. **2.** Acompañado de hemolisis.

**HEMOPATÍA** n. f. Denominación genérica de las enfermedades de la sangre.

**HEMOPOYESIS** o **HEMATOPOYESIS** n. f. Formación de los glóbulos rojos de la sangre, que tiene lugar principalmente en la médula roja de los huesos.

**HEMOPOYÉTICO, A** o **HEMATOPOYÉTICO, A** adj. Relativo a la hemopoyesis o hematopoyesis.

**HEMOPTISIS** n. f. Expectoración de sangre.

**HEMOPTOICO, A** adj. Relativo a la hemoptisis.

**HEMORRAGIA** n. f. (gr. *haimorrhagia*). Salida de sangre fuera de los vasos sanguíneos.

■ Las hemorragias pueden ser *externas,* en las que la sangre sale hacia el exterior del cuerpo por una herida u orificio natural, e *internas,* en las que la sangre invade una cavidad natural (peritoneo, intestino, etc.). Asimismo hay que diferenciar también las hemorragias arteriales, venosas y capilares.

**HEMORRÁGICO, A** adj. Relativo a la hemorragia.

**HEMORROIDAL** adj. Relativo a las hemorroides.

**HEMORROIDARIO, A** adj. y n. Afecto de hemorroides.

**HEMORROIDE** n. f. (gr. *haimorrhois, idos*). Variz de las venas del ano. (Suele usarse en plural.) SIN.: *almorrana.*

**HEMOSTASIS** o **HEMOSTASIA** n. f. Detención de una hemorragia.

**HEMOSTÁTICO, A** adj. y n. m. Dícese de un agente mecánico, físico o medicamentoso que detiene las hemorragias.

**HENAJE** n. m. Desecación al aire libre del forraje verde. **2.** Conjunto de operaciones mediante las cuales éste se transforma en heno.

**HENAL** n. m. Henil.

**HENAR** n. m. Sitio poblado de heno.

**HENASCO** n. m. Hierba seca que queda en los prados o entre las matas, en el verano.

**HENCHIDO, A** adj. Lleno, repleto: *un globo henchido de aire; henchido de orgullo.*

**HENCHIDURA** n. f. Acción y efecto de henchir o henchirse. SIN.: *henchimiento.*

**HENCHIR** v. tr. (lat. *implere*) **[30]**. Llenar plenamente, especialmente algo que se va abultando a medida que se llena: *henchir los pulmones de aire.* ◆ **henchirse** v. pron. **2.** *Fam.* Llenarse, hartarse de comida o bebida.

**HENDER** v. tr. y pron. **[2d]**. Hacer o causar una hendidura. ◆ v. tr. **2.** Atravesar un fluido o cortar su superficie algo que se mueve avanzando: *la nave hendía las aguas.*

**HENDIBLE** adj. Que se puede hender.

**HENDIDO, A** adj. Que tiene una hendidura.

**HENDIDURA** o **HENDEDURA** n. f. Abertura, corte en un cuerpo sólido. **2.** ANAT. Nombre de diversas estructuras anatómicas.

**HENDIJA** n. f. *Amér.* Rendija.

**HENDIMIENTO** n. m. Acción y efecto de hender o hendir.

**HENDIR** v. tr. **[3e]**. Hender.

**HENEQUÉN** n. m. Planta amarilidácea, de hojas largas, angostas y rígidas, con espinas pequeñas en los bordes, de la que se obtiene una fibra textil con la que se fabrican cuerdas, esteras, etc. (La casi totalidad de la producción mundial está cubierta por México.) **2.** Esta fibra textil.

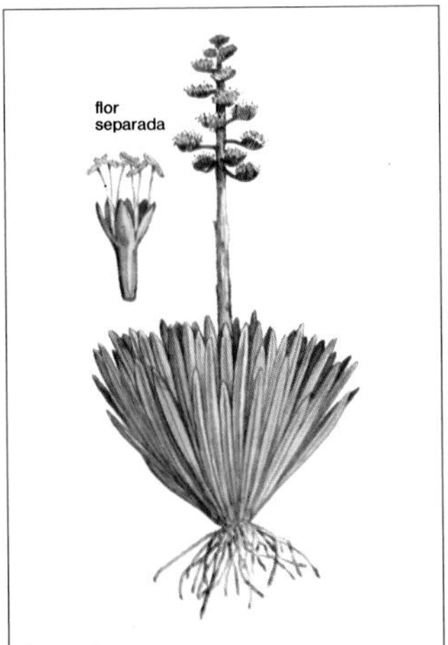

henequén

**HENEQUERO, A** adj. *Méx.* Relativo al henequén. ◆ n. **2.** *Méx.* Persona que se dedica a sembrar, cosechar, comerciar o industrializar el henequén.

**HENIFICAR** v. tr. **[1a]**. Segar plantas forrajeras y secarlas al sol, para conservarlas como heno.

**HENIL** o **HENAL** n. m. Lugar donde se guarda el heno o forraje.

**HENNA** n. m. Arbusto originario de Arabia, del que se extrae un tinte rojo utilizado sobre todo para el cabello. **2.** Este tinte.

**HENO** n. m. (lat. *fenum*). Hierba segada y seca que sirve de alimento al ganado. **2.** Hierba de las praderas destinada a ser cortada y secada. **3.** *Méx.* Planta herbácea de hojas filamentosas de color verde pardusco, que vive encima de algunos árboles y que se emplea en la época navideña para hacer adornos.

**HENRIO** n. m. Unidad de medida de la inductancia eléctrica (símbolo H), equivalente a la inductancia eléctrica de un circuito cerrado en el cual se genera una fuerza electromotriz de 1 voltio cuando la corriente eléctrica que recorre el circuito varía uniformemente a razón de 1 amperio por segundo.

**HEÑIR** v. tr. **[24]**. Amasar, trabajar la masa.

**HEPARINA** n. f. Sustancia anticoagulante que se extrae del hígado y se utiliza en todas las afecciones en las que puede sobrevenir una trombosis.

**HEPATALGIA** n. f. Dolor en el hígado.

**HEPÁTICA** n. f. Planta que vive generalmente en regiones cálidas y húmedas, sobre la tierra, las rocas o adherida a los árboles. (Las hepáticas forman una clase de briófitos.)

**HEPÁTICO, A** adj. y n. (gr. *hēpar, atos,* hígado). Afecto del hígado. ◆ adj. **2.** Relativo al hígado: *arteria, canal hepático.* • **Insuficiencia hepática,** conjunto de trastornos producidos por alteración de una o varias funciones del hígado.

**HEPATISMO** n. m. Estado morboso debido a una afección del hígado.

**HEPATITIS** n. f. Toda enfermedad inflamatoria del hígado, independientemente de su causa.

■ Las *hepatitis tóxicas* están causadas por sustancias químicas (p. ej. medicamentos). Las *infecciosas* se deben a parásitos o bacterias. Las *virales* son causadas por virus. De tipo viral existen: la *hepatitis A,* transmitida por alimentos y agua contaminada por desechos humanos, con período de incubación de 15 a 45 días, pronóstico bueno y no descrita su evolución a la cronicidad. La *hepatitis B,* que se transmite sobre todo por la sangre o sus derivados, aunque también de la madre al feto o por contacto sexual. El virus tipo B, resistente a la esterilización de instrumentos en los hospitales, es frecuente entre los drogadictos que comparten agujas y en ocasiones lleva a hepatitis crónica, cirrosis y hepatomas. Su período de incubación es de 30 a 180 días. Existe un tercer tipo de hepatitis, llamado antes *no A-no B*, y ahora conocida como *hepatitis C*; es la forma más común de hepatitis viral. Se transmite por la sangre y sus derivados y permanece latente durante muchos años antes de dañar el hígado. Su modo de transmisión y comportamiento aún se conocen poco. También existe una *hepatitis D*, causada por un virus incapaz de replicarse por sí mismo, por lo que requiere la presencia del virus de la hepatitis B; se identificó por primera vez en 1977 y llega a ser crónica.

**HEPATIZACIÓN** n. f. Lesión de un tejido que adquiere el aspecto y la consistencia del hígado.

**HEPATOLOGÍA** n. f. Estudio de la anatomía, fisiología y patología del hígado.

**HEPATOMEGALIA** n. f. Aumento de volumen del hígado.

**HEPATONEFRITIS** n. f. Afección grave simultánea del hígado y los riñones.

**HEPATOPÁNCREAS** n. m. Órgano de algunos invertebrados, que realiza las funciones del hígado y del páncreas.

**HEPTAEDRO** n. m. (gr. *hepta*, siete, y *hedra*, asiento, base). Sólido limitado por siete caras.

**HEPTÁGONO, A** adj. Que tiene siete ángulos. ◆ n. m. **2.** MAT. Polígono de siete ángulos y por consiguiente de siete lados: *heptágono regular.*

**HEPTARQUÍA** n. f. Gobierno simultáneo de siete personas. **2.** País constituido por siete estados.

**HEPTASÍLABO, A** adj. y n. m. Que consta de siete sílabas: *verso heptasílabo.*

**HEPTATHLON** o **HEPTATLÓN** n. m. Conjunto de siete pruebas de atletismo, en su categoría femenina.

**HERÁLDICA** n. f. Blasón. **2.** Código de reglas que permite representar y describir correctamente los escudos de armas.

**HERÁLDICO, A** adj. Relativo al blasón, a los escudos de armas y a la heráldica.

**HERALDISTA** n. m. y f. Especialista en heráldica.

**HERALDO** n. m. Oficial público cuya función consistía en notificar las declaraciones de guerra, llevar mensajes y dirigir las ceremonias.

**HERBÁCEO, A** adj. (lat. *herbaceum*). BOT. Que tiene el aspecto o es de la naturaleza de la hierba. • **Plantas herbáceas,** plantas endebles, no leñosas, cuyas partes aéreas mueren después de fructificar.

**HERBAJAR** o **HERBAJEAR** v. tr. [**1**]. Apacentar el ganado en un herbazal. ◆ v. intr. y tr. **2.** Pacer o pastar el ganado.

**HERBAJE** n. m. Conjunto de hierbas que se crían en prados y dehesas. **2.** DER. Derecho que cobran los pueblos por el pasto de los ganados forasteros y por arrendamiento de pastos y dehesas.

**HERBAJERO, A** n. Persona que toma o da en arriendo el herbaje de prados o dehesas.

**HERBARIO, A** adj. Relativo a las hierbas. ◆ n. m. **2.** Colección de plantas, desecadas, rotuladas y denominadas, que se utiliza en los estudios de botánica. **3.** ZOOL. Panza de los rumiantes.

**HERBAZAL** n. m. Sitio poblado de hierbas.

**HERBERO** n. m. Esófago de los rumiantes.

**HERBICIDA** adj. y n. m. Dícese del producto químico que destruye las malas hierbas.

**HERBÍVORO, A** adj. y n. m. Que se alimenta de hierbas o de sustancias vegetales.

**HERBOLARIO, A** n. Persona que recoge o vende hierbas y plantas medicinales. ◆ n. m. **2.** Tienda donde se venden plantas medicinales. **3.** Herbario, colección de plantas.

**HERBORISTERÍA** n. f. Herbolario, tienda.

**HERBORIZACIÓN** n. f. Acción de herborizar.

**HERBORIZAR** v. intr. [**1g**]. Recoger plantas de la naturaleza para estudiarlas.

**HERBOSO, A** adj. Cubierto de hierba abundante.

**HERCIANO, A** adj. Hertziano.

**HERCINIANO, A** adj. **Plegamiento herciniano,** último de los plegamientos primarios, que tuvo lugar en el carbonífero y que dio lugar a toda una serie de altos relieves, desde los Apalaches al Asia central, pasando por Europa.

**HERCIO** n. m. Hertzio.

**HERCÚLEO, A** adj. Digno de Hércules, colosal: *fuerza hercúlea.*

**HÉRCULES** n. m. (de *Hércules*, semidiós romano). Hombre fuerte y robusto.

**HEREDAD** n. f. Porción de terreno cultivado, perteneciente a un mismo dueño.

**HEREDAR** v. tr. (bajo lat. *hereditare*) [**1**]. Suceder, por testamento o sin él, en todo o en parte de los bienes, derechos y acciones que tenía una persona al tiempo de su muerte: *heredar una casa de un tío.* **2.** *Fig.* Recibir ciertas inclinaciones o características: *ha heredado de sus padres todos los prejuicios de su medio social.* **3.** *Fig.* y *fam.* Recibir de una persona algo que ésta había usado: *heredar la ropa del hermano mayor.*

**HEREDERO, A** adj. y n. (lat. *hereditarium*). Que hereda o puede heredar de acuerdo con la ley o por un testamento. **2.** Dícese de toda persona que hereda los bienes de un difunto. ◆ adj. **3.** Que tiene ciertos caracteres de sus padres o muestra notable semejanza con ellos. • **Príncipe heredero,** príncipe que heredará la corona.

**HEREDITARIO, A** adj. Adquirido o transmisible por herencia: *título hereditario.*

**HEREFORD** adj. y n. m y f. Dícese de una raza inglesa de bovinos, especializada en la producción de carne, muy extendida en los países anglosajones y en América latina.

**HEREJE** n. m. y f. (provenz. *eretge*). Persona que incurre en herejía: *la Iglesia excomulga a los herejes.* **2.** *Fig.* Persona que dice o hace irreverencias o blasfemias.

**HEREJÍA** n. f. Opinión religiosa que la Iglesia considera contraria a la fe católica, y por lo cual la condena. **2.** Posición contraria a principios comúnmente aceptados en determinada materia. **3.** Ofensa, insulto: *proferir herejías.* **4.** *Fig.* Daño causado a personas o animales. **5.** *Fig.* Disparate, acción desacertada.

**HERENCIA** n. f. Acción de heredar. **2.** Bienes que se heredan. **3.** Lo que se recibe de los padres, a través de generaciones precedentes: *la herencia cultural.* **4.** Transmisión de caracteres genéticos de una generación a las siguientes. **5.** DER. Conjunto de bienes que deja una persona a su muerte.

**HERERO,** pueblo nómada de Namibia y Botswana que habla una lengua bantú.

**HERESIARCA** n. m. y f. Autor o promotor de una herejía.

**HERÉTICO, A** adj. Relativo a la herejía o al hereje: *doctrina herética.*

**HERIDA** n. f. Pérdida de la solución de continuidad de las partes blandas del cuerpo. **2.** *Fig.* Ofensa, agravio, pena. • **Respirar por la herida,** despedir el aire interior por ella; *(fig.)* dar a conocer un sentimiento que se mantenía oculto.

**HERIDO, A** adj. y n. Que ha sufrido heridas: *herido en su amor propio; asistir a un herido.*

**HERIR** v. tr. (lat. *ferire*) [**22**]. Abrir o romper de un modo violento los tejidos del cuerpo de un ser vivo. **2.** Golpear, batir un cuerpo contra otro: *herir el suelo con el pie.* **3.** Dar un rayo de luz sobre algo: *los rayos hieren las aguas.* **4.** Hacer sonar las cuerdas de un instrumento musical. **5.** Impresionar violentamente la vista o el oído: *el sol hería sus ojos.* **6.** *Fig.* Ofender, agraviar: *herir la sensibilidad de alguien.*

**HERMA** n. m. Busto sin brazos, colocado sobre un estípite.

**HERMAFRODITA** adj. y n. m. y f. (de *Hermafrodita*, personaje mitológico). Dícese del ser vivo en el que están reunidos los órganos reproductores de los dos sexos. **2.** Dícese del individuo de la especie humana cuyas anomalías anatómicas dan la apariencia de reunir los dos sexos.

**HERMAFRODÍTICO, A** adj. Que tiene los dos sexos.

**HERMAFRODITISMO** n. m. Yuxtaposición, en un mismo individuo, de los órganos reproductores de los dos sexos. SIN.: *hermafrodismo.* **2.** Presencia de caracteres somáticos de ambos sexos en un mismo individuo.

**HERMANABLE** adj. Que puede hermanarse.

**HERMANAMIENTO** n. m. Acción y efecto de hermanar.

**HERMANAR** v. tr. y pron. [**1**]. Unir, armonizar, juntar: *hermanar la ética con la estética; hermanar colores.*

**HERMANASTRO, A** n. Hijo de uno de los dos consortes con respecto al hijo del otro. **2.** Medio hermano.

**HERMANDAD** n. f. Fraternidad: *entre ellos reina gran hermandad.* **2.** Cierto tipo de asociación de personas, unidas por trabajo, ideas, etc.: *la hermandad de ganaderos.* **3.** *Fig.* Conformidad de pareceres y propósitos. **4.** *Fig.* Correspondencia de varias cosas entre sí. **5.** HIST. Asociación de los vecinos de diversas poblaciones que se unían para fines de interés común, por lo general para la defensa del orden público, persecución de los malhechores y resistencia frente a los abusos nobiliarios. **6.** REL. Cofradía, congregación de devotos. **7.** REL. Privilegio que a una o varias personas concede una comunidad religiosa.

**HERMANDINO** n. m. Irmandiño.

**HERMANO, A** n. (lat. *germanum*). El que con respecto a otro tiene los mismos padres. **2.** Título dado a los miembros de determinadas órdenes religiosas. **3.** Miembro de congregaciones religiosas laicas: *hermano de las escuelas cristianas.* **4.** Nombre que se dan entre sí los miembros de determinadas cofradías o asociaciones, como los masones. **5.** Una cosa respecto de otra a la que es semejante: *estos guantes no son hermanos.* **6.** *Argent. Fam.* Fórmula de tratamiento con la que se manifiesta confianza y amistad. • **Hermano de leche,** hijo de una nodriza respecto del ajeno que ésta crió, y viceversa. || **Hermano político,** cuñado. || **Medio hermano,** una persona respecto de otra que tiene su mismo padre o madre y el otro progenitor distinto.

**HERMENEUTA** n. m. y f. Persona que profesa la hermenéutica.

**HERMENÉUTICA** n. f. Ciencia que define los principios y métodos de la crítica y la interpretación de los textos antiguos.

**HERMENÉUTICO, A** adj. Relativo a la hermenéutica.

**HERMES** n. m. Figuración particular del dios Hermes, con busto barbado y muñones en lugar de brazos.

**HERMETICIDAD** n. f. Carácter hermético de algo.

**HERMÉTICO, A** adj. Dícese de algo perfectamente cerrado. **2.** Difícil de comprender, impenetrable: *un discurso hermético, expresión hermética.* **3.** Relativo al hermetismo, doctrina esotérica.

**HERMETISMO** n. m. Carácter de lo que es hermético, difícil de comprender. **2.** Doctrina esotérica basada en escritos de la época grecorromana, atribuidos a la inspiración del dios Hermes Trimegisto.

**HERMOSEAMIENTO** n. m. Acción y efecto de hermosear.

**HERMOSEAR** v. tr. y pron. [**1**]. Hacer o poner hermoso.

**HERMOSO, A** adj. (lat. *formosum*). Que tiene hermosura: *persona hermosa.* **2.** Grande, abundante, lozano: *una hermosa cosecha.* **3.** Dícese del tiempo agradable: *día hermoso.*

**HERMOSURA** n. f. Belleza.

**HERNIA** n. f. (lat. *herniam*). Salida de un órgano o de una parte de él fuera de la cavidad donde se encuentra normalmente, a través de un orificio natural o accidental de la pared de esta cavidad: *hernias inguinales, umbilicales, lumbares, discales, etc.* **2.** Tumefacción formada por este órgano bajo la piel. • **Hernia estrangulada,** hernia que no se puede hacer volver al interior por medios externos, que expone a graves complicaciones (oclusión, peritonitis) y que debe ser operada con urgencia.

**HERNIADO, A** o **HERNIOSO, A** adj. y n. Afecto de hernia.

**HERNIARIO, A** adj. Relativo a las hernias.

**HERNIARSE** v. pron. [**1**]. Sufrir una hernia.

**HÉROE** n. m. (lat. *heroem*). Nombre dado por los griegos a los semidioses o a los grandes hombres divinizados. **2.** El que se distingue por sus cualidades o acciones extraordinarias, particularmente en la guerra. **3.** Principal actor de una aventura o un acontecimiento. **4.** Personaje masculino principal de un poema, una novela, una película, etc., que representa el papel principal de la acción.

**HEROICIDAD** n. f. Calidad de heroico: *la heroicidad de un hecho.* **2.** Acción heroica: *admirar las heroicidades.*

**HEROICO, A** adj. Que se comporta como un héroe, digno de un héroe: *combatiente heroico; resistencia heroica.* **2.** Que se toma en un caso grave o extremo: *decisión heroica.* **3.** Que canta las hazañas de los héroes: *romance heroico.* • **Tiempos heroicos,** tiempo fabuloso en el que vivían los héroes; época anterior en la que se han producido hechos memorables.

**HEROIDA** n. f. LIT. Epístola en verso en la que habla un héroe o un personaje famoso.

**HEROÍNA** n. f. Mujer de gran valor, dotada de sentimientos nobles y elevados. **2.** Principal actriz de una aventura o un acontecimiento. **3.** Mujer que representa el personaje principal de una obra literaria o cinematográfica.

**HEROÍNA** n. f. Estupefaciente derivado de la morfina y más tóxico que ésta.

**HEROINOMANÍA** n. f. Toxicomanía provocada por la heroína.

**HEROINÓMANO, A** n. Toxicómano adicto a la heroína.

**HEROÍSMO** n. m. Valor para realizar hechos extraordinarios por altruismo o al servicio de una causa. **2.** Conjunto de cualidades y acciones propias del héroe.

**HERPES** o **HERPE** n. m. Erupción cutánea, de origen viral, formada por vesículas agrupadas sobre una base inflamada.

**HERPÉTICO, A** adj. y n. Relativo al herpes; que padece herpes.

**HERPETOLOGÍA** n. f. (gr. *herpetos,* que repta, y el elemento *logía*). Parte de las ciencias naturales que trata de los reptiles.

**HERPETOLÓGICO, A** adj. Relativo a la herpetología.

**HERPETÓLOGO, A** n. Naturalista que estudia los reptiles.

**HERRADA** n. f. Cubo de madera, con grandes aros de hierro o de latón, más ancho por la base que por la boca.

**HERRADO** n. m. Operación de herrar a los cuadrúpedos.

**HERRADOR, RA** n. Persona que tiene por oficio herrar animales cuadrúpedos.

**HERRADURA** n. f. Hierro en forma de U, que se clava en los cascos de las caballerías para que no se maltraten con el piso. • **Arco de herradura** (ARQ.), arco mayor que una semicircunferencia y cuya flecha es también, por tanto, mayor que la semiluz.

**HERRAJE** n. m. Conjunto de piezas de hierro con que se guarnece y asegura una puerta, ventana, etc., o que sirve para forrar y consolidar un objeto.

**HERRAMENTAL** n. m. Herramientas de un oficio.

**HERRAMIENTA** n. f. Cualquiera de los instrumentos de trabajo manual que usan los obreros, artesanos o artífices. **2.** Conjunto de estos instrumentos. **3.** *Fig.* Parte del cuerpo que desempeña una función activa en la ejecución de un trabajo. **4.** *Fig.* y *fam.* Dentadura. **5.** Arma blanca.

**HERRAR** v. tr. **[1j]**. Ajustar y clavar las herraduras a las caballerías, o los callos a los bueyes. **2.** Marcar con un hierro candente los ganados, esclavos, etc. **3.** Guarnecer de hierro un artefacto.

**HERRERÍA** n. f. Oficio de herrero. **2.** Taller y tienda de herrero.

**HERRERIANO, A** adj. Dícese del estilo arquitectónico característico de Juan Bautista de Herrera y sus seguidores, impuesto durante el reinado de Felipe II.

**HERRERILLO** o **HERRERUELO** n. m. Ave paseriforme insectívora que corresponde a diversas especies de la familia páridos.

**HERRERO** n. m. Artesano que forja a mano diversas piezas de pequeño y mediano tamaño.

**HERRETE** n. m. Cabillo metálico, o diamante, piedra preciosa, etc., que remata el extremo de una agujeta, cordón, cinta, etc.

**HERRIALDE** n. m. (voz vasca). Cada una de las regiones o provincias vascas.

**HERRÓN** n. m. *Colomb.* Hierro o púa del trompo.

**HERRUMBRE** n. f. Orín del hierro. **2.** Gusto o sabor que algunas cosas toman del hierro.

**HERRUMBROSO, A** adj. Con herrumbre.

**HERTZIANO, A** o **HERCIANO, A** adj. ELECTR. Dícese de las ondas y los fenómenos radioeléctricos.

**HERTZIO** o **HERCIO** n. m. (de H. *Hertz,* físico alemán). Unidad de medida de frecuencia de todo movimiento vibratorio, expresada en ciclos por segundo (símbolo Hz).

**HÉRULOS,** ant. pueblo germánico. Su rey Odoacro invadió Italia y destruyó el imperio de occidente en 476. Desaparecieron en el s. VI como consecuencia de la invasión lombarda.

**HERVIDERO** n. m. Movimiento y ruido que hacen los líquidos al hervir. **2.** *Fig.* Muchedumbre de personas o animales: *la plaza era un hervidero.* **3.** *Fig.* Lugar donde se desatan pasiones, odios, etc.: *un hervidero de intrigas.*

**HERVIDO** n. m. Cocido u olla.

**HERVIDOR** n. m. Utensilio para hervir líquidos. **2.** TECNOL. Cilindro metálico situado debajo de una caldera para aumentar la superficie de calentamiento. **3.** TECNOL. Elemento de una máquina frigorífica de absorción en el que el fluido frigorígeno se desprende por calentamiento de la solución en que se halla disuelto, con objeto de alimentar el condensador de la máquina.

**herrajes** (iglesia de Calatañazor, Soria)

**HERVIR** v. intr. (lat. *fervere*) **[22]**. Sufrir un líquido, a una temperatura constante, un proceso de vaporización en toda su masa, caracterizado por la formación de burbujas. **2.** Agitarse un líquido por fermentación o efervescencia: *el mosto hierve.* **3.** *Fig.* Haber en algún sitio gran número de personas o animales: *las calles hervían de gentío.* **4.** *Fig.* Excitarse vivamente a causa de un estado emocional: *hervir en cólera.* ◆ v. tr. **5.** Hacer que un líquido entre en ebullición. **6.** Mantener algo dentro de un líquido en ebullición: *la enfermera hirvió la jeringuilla.*

**HERVOR** n. m. (lat. *fervorem*). Acción y efecto de hervir. **2.** *Fig.* Fogosidad, entusiasmo. • **Dar un hervor,** hervir en breve tiempo. ‖ **Levantar el hervor,** empezar a hervir.

**herrerillo** común

**HESIQUIASMO** o **HESICASMO** n. m. Escuela de espiritualidad oriental, cuyo principal representante es Gregorio Palamás.

**HESITACIÓN** n. f. Duda.

**HESITAR** v. intr. (lat. *haesitare*) **[1]**. Dudar, vacilar.

**HESPERIO, A** adj. y n. De Hesperia. SIN.: *hespérico.*

**HETAIRA** o **HETERA** n. f. (voz griega, *compañera*). En la antigua Grecia, cortesana. **2.** Prostituta.

**HETERÍA** n. f. En la antigua Grecia, asociación sociopolítica de grandes familias. **2.** En la Grecia moderna, sociedad literaria o política.

**HETEROCERCO, A** adj. Dícese de la aleta caudal de ciertos peces, cuyo lóbulo dorsal, más desarrollado que el ventral, contiene la extremidad de la columna. **2.** Dícese de los peces que tienen esta clase de aleta, como la raya o el tiburón.

**HETEROCÍCLICO, A** adj. QUÍM. Dícese de los compuestos orgánicos de cadena cerrada, en la cual, además de átomos de carbono, hay átomos de otros elementos.

**HETEROCIGOTO, A** o **HETEROCIGÓTICO, A** adj. y n. m. BIOL. Dícese de un sujeto o de uno de sus caracteres cuyos alelos son diferentes.

**HETERÓCLITO, A** adj. (gr. *heteroklitos*). Dícese de la voz cuya declinación se realiza partiendo de diversos temas. **2.** Dícese de todo lo que parece oponerse a las reglas gramaticales. **3.** Dícese de un conjunto de cosas mezcladas sin orden ni armonía.

**HETEROCROMOSOMA** n. m. BIOL. Cromosoma del cual depende el sexo del cigoto.

**HETERODINO** n. m. Aparato que permite producir oscilaciones de alta frecuencia, puras o moduladas.

**HETERODOXIA** n. f. Carácter de heterodoxo.

**HETERODOXO, A** adj. y n. (gr. *heterodoxos*). Contrario a la doctrina ortodoxa o a una opinión comúnmente admitida.

**HETEROGAMÉTICO, A** o **HETEROGÁMICO, A** adj. Relativo a la heterogamia.

**HETEROGAMETO** n. m. Célula sexual haploide.

**HETEROGAMIA** n. f. BIOL. Fusión de dos gametos diferentes, que constituye el modo de reproducción que se presenta más frecuentemente.

**HETEROGENEIDAD** n. f. Calidad de heterogéneo.

**HETEROGÉNEO, A** adj. Compuesto de partes de diversa naturaleza. CONTR.: *homogéneo.*

**HETEROINJERTO** n. m. Injerto realizado con material procedente de un individuo de otra especie. SIN.: *heteroplastia.*

**HETEROMANCIA** o **HETEROMANCÍA** n. f. Adivinación supersticiosa por el vuelo de las aves.

**HETEROMETÁBOLO, A** adj. Dícese de los insectos que tienen metamorfosis progresiva y que no presentan ordinariamente estado ninfal.

**HETEROMORFISMO** n. m. Polimorfismo.

**HETEROMORFO, A** adj. Polimorfo.

**HETERONIMIA** n. f. Fenómeno por el cual dos palabras de significado muy próximo proceden de étimos diferentes: *caballo-yegua.*

**HETERONOMÍA** n. f. Ausencia de autonomía.

**HETERÓNOMO, A** adj. Que recibe del exterior las leyes que rigen su conducta.

**HETEROPLASTIA** n. f. Heteroinjerto.

**HETEROPOLAR** adj. ELECTR. Que tiene polos diferentes.

**HETEROPROTEÍNA** n. f. Proteína compleja formada por ácidos aminados y un grupo prostético.

**HETERÓPTERO, A** adj. y n. m. Relativo a un orden de insectos cuyas alas superiores son coriáceas en su primera mitad y membranosas en la segunda. (Los heterópteros se conocen con el nombre vulgar de *chinches.*)

**HETEROSEXUAL** adj. Dícese de las plantas con flores masculinas y femeninas. ◆ adj. y n. m. y f. **2.** Dícese, en oposición a homosexual, de la persona que experimenta atracción sexual por las del sexo contrario.

**HETEROSEXUALIDAD** n. f. Carácter heterosexual.

**HETEROSFERA** n. f. Capa de la atmósfera, situada por encima de la homosfera, caracterizada por el predominio de gases ligeros, como el nitrógeno, el hidrógeno o el helio.

**HETERÓSIDO** n. m. Óxido formado por osas y otras moléculas.

**HETEROSIS** n. f. En un cruzamiento de razas, valor medio de los descendientes, superior al valor medio de las razas que se cruzan.

**HETEROTERMO, A** adj. Poiquilotermo.

**HETERÓTROFO, A** o **HETEROTRÓFICO, A** adj. BIOL. Dícese del ser vivo que se alimenta de sustancias orgánicas elaboradas por otros seres vivos.

**HÉTICO, A** adj. y n. Tísico. ◆ adj. **2.** Relativo al enfermo de tisis.

**HETIQUEZ** n. f. Estado de hético.

**HETMÁN** n. m. Atamán.

**HEURÍSTICA** n. f. Disciplina que trata de establecer las reglas de la investigación.

**HEURÍSTICO, A** adj. Relativo a la heurística.

**HEVEA** n. m. Árbol originario de América del Sur, cultivado sobre todo en el Sureste asiático para la obtención del látex, con el que se fabrica el caucho. (Familia euforbiáceas.)

**hevea**

**HEXACLOROCICLOHEXANO** n. m. Compuesto de fórmula $C_6H_6Cl_6$, derivado del ciclohexano, uno de cuyos isómeros se emplea como insecticida.

**HEXACLORURO** n. m. QUÍM. Cloruro cuya molécula contiene seis átomos de cloro.

**HEXACORALARIO, A** adj. y n. m. Relativo a una subclase de celentéreos con seis (o un múltiplo de seis) tentáculos y otros tantos tabiques.

**HEXACORDO** n. m. MÚS. Serie ascendente o descendente de seis grados diatónicos, en la que se basaba el sistema musical empleado hasta el s. XVII.

**HEXADECIMAL** adj. Dícese del sistema de numeración de base 16.

**HEXAÉDRICO, A** adj. MAT. Que tiene seis caras planas: *prisma hexaédrico.*

**HEXAEDRO** n. m. MAT. Sólido con seis caras planas.

**HEXAFLUORURO** n. m. Fluoruro cuya molécula contiene seis átomos de flúor.

**HEXAGONAL** adj. De figura de hexágono o semejante a él. **2.** Dícese del sistema cristalino cuyas formas holoédricas se caracterizan por tener un eje principal senario y seis binarios, equivalentes tres a tres. **3.** Dícese de las formas pertenecientes a este sistema.

**HEXÁGONO** n. m. MAT. Polígono con seis ángulos y, por tanto, con seis lados.

**HEXÁMETRO, A** adj. y n. m. Dícese del verso que consta de cinco dáctilos más un troqueo o un espondeo.

**HEXAMIDINA** n. f. Potente antiséptico bactericida de uso externo.

**HEXANO** n. m. Hidrocarburo saturado $C_6H_{14}$.

**HEXÁPODO, A** adj. y n. m. HIST. NAT. Que tiene seis patas, como los insectos.

**HEXASÍLABO, A** adj. MÉTRIC. De seis sílabas.

**HEXENO** n. m. Hidrocarburo etilénico lineal de seis carbonos.

**HEXOSA** n. f. QUÍM. Azúcar de fórmula $C_6H_{12}O_6$, como la glucosa y la galactosa.

**HEZ** n. f. (lat. *fecem*). Sedimento, generalmente inútil o perjudicial, que se produce en algunos líquidos. (Suele usarse en plural.) **2.** *Fig.* Lo más vil y despreciable de cualquier clase. ◆ **heces** n. f. pl. **3.** Conjunto de materias eliminadas por vía rectal, como consecuencia de la formación de residuos en el proceso fisiológico de la digestión.

**Hf,** símbolo químico del *hafnio.*

**Hg,** símbolo químico del *mercurio.*

**HI** n. m. y f. Apócope de hijo.

**¡HI, HI, HI!** interj. Imitación irónica de la risa o sonido onomatopéyico con que se imita.

**HIALINO, A** adj. (gr. *hyalinos*). Diáfano como el vidrio o parecido a él.

**HIALITA** n. f. Variedad transparente y vítrea del ópalo.

**HIALOIDEO, A** adj. FÍS. Que se parece al vidrio, o tiene sus propiedades.

**HIATO** n. m. (lat. *hiatum*). Pronunciación en sílabas distintas de dos vocales contiguas. **2.** Cacofonía resultante de la pronunciación contigua de estas vocales. **3.** ANAT. Orificio: *hiato esofágico del diafragma.*

**HIBERNACIÓN** n. f. Descenso permanente de la temperatura central durante el invierno en algunos animales de temperatura constante y elevada en verano, como la marmota, el lirón y el murciélago. **2.** Mantenimiento de un cadáver en estado incorrupto con la hipotética pretensión de devolverlo a la vida en un futuro. • **Hibernación artificial,** terapia a base de neurolépticos en dosis elevadas, que permiten el enfriamiento del enfermo (hasta 30 °C) y que facilita las intervenciones quirúrgicas o determinados tratamientos.

**HIBERNAL** adj. Que tiene lugar en invierno.

**HIBERNANTE** adj. y n. m. y f. Dícese de los animales que hibernan de forma natural.

**HIBERNAR** v. intr. **[1]**. Pasar el invierno en hibernación: *la marmota hiberna.*

**HIBRIDACIÓN** n. f. BIOL. Fecundación entre dos individuos de razas o, más raramente, de especies diferentes.

**HIBRIDAR** v. tr. **[1]**. BIOL. Realizar una hibridación.

**HIBRIDISMO** n. m. Calidad de híbrido.

**HÍBRIDO, A** adj. Dícese del animal o vegetal que es el resultado del cruce de dos especies o géneros distintos, como la mula, híbrido del asno y la yegua. **2.** *Fig.* Dícese de lo que es producto de elementos de distinta naturaleza. ◆ adj. y n. m. **3.** LING. Dícese de una palabra extraída de dos lenguas diferentes, como automóvil.

**HIC ET NUNC** loc. adv. (voces latinas, *aquí y ahora*). Sin tardanza y en este mismo lugar.

**HIC IACET** loc. (voces latinas, *aquí yace*). Encabeza inscripciones funerarias.

**HICACO** n. m. (voz haitiana). Arbusto americano de la familia rosáceas, cuyo fruto es comestible.

**HICADURA** n. f. *Cuba.* Conjunto de hicos que sostienen la hamaca.

**HICKORY** n. m. Árbol de América del Norte, parecido al nogal, cuya madera, muy resistente, se utiliza en la fabricación de esquís, canoas, etc.

**HICO** n. m. *Antillas, Colomb., Pan.* y *Venez.* Cada uno de los cordeles que sostienen la hamaca en el aire. **2.** *Antillas, Colomb., Pan.* y *Venez.* Cuerda, soga.

**HICSOS** o **HYKSOS,** invasores semitas, dominados por una aristocracia indoeuropea, que conquistaron Egipto, donde se establecieron de 1730 a 1580 a. J.C. (XV y XVI dinastías). Fueron expulsados por los príncipes de Tebas (XVII y XVIII dinastías).

**HIDALGO, A** adj. y n. Generoso, digno, íntegro: *comportamiento hidalgo.* ◆ n. m. **2.** Nombre dado, en la corona de Castilla durante la edad media y el Antiguo régimen, al infanzón o noble de linaje que constituía el eslabón más bajo de la jerarquía aristocrática castellana.

**HIDALGUENSE** adj. y n. m. y f. De Hidalgo.

**HIDALGUÍA** n. f. Calidad o condición de hidalgo.

**HIDÁTIDE** n. f. Larva de equinococo, que se desarrolla en el hígado o el pulmón de algunos mamíferos y del hombre.

**HIDATÍDICO, A** adj. Que contiene hidátides: *quiste hidatídico.*

**HIDRA** n. f. (gr. *hydra*). Celentéreo de agua dulce, muy contráctil, que tiene la forma de un pólipo aislado, provisto de 6 a 10 tentáculos. (Clase cnidarios.) **2.** Animal fabuloso en forma de serpiente de agua. (La *Hidra de Lerma,* cada una de cuyas siete cabezas se reproducía cada vez que las cortaban, fue abolida por Hércules que las cortó todas de golpe.) **3.** *Fig.* Monstruo devorador.

**HIDRÁCIDO** n. m. QUÍM. Ácido resultante de la combinación del hidrógeno con un no metal, y que no contiene oxígeno.

**HIDRACINA** n. f. Compuesto básico, de fórmula $H_2N—NH_2$, utilizado como combustible propulsor en los cohetes.

**HIDRACTIVO, A** adj. Que transforma la fuerza hidráulica en trabajo mecánico.

**HIDRARGIRIO** o **HIDRARGIRO** n. m. Antigua denominación del mercurio.

**HIDRARGIRISMO** n. m. Intoxicación originada por la absorción de mercurio.

**HIDRATABLE** adj. Que puede hidratarse.

**HIDRATACIÓN** n. f. Acción y efecto de hidratar.

**HIDRATANTE** adj. Que hidrata: *crema hidratante.*

**HIDRATAR** v. tr. y pron. **[1]**. Combinar con agua o incorporar agua a un cuerpo o sustancia: *hidratar la cal.*

**HIDRATO** n. m. QUÍM. Combinación de un cuerpo simple o compuesto con una o varias moléculas de agua. • **Hidrato de carbono,** glúcido.

**HIDRÁULICA** n. f. Ciencia y técnica que tratan las leyes de la estabilidad y circulación de los líquidos y los problemas que plantea la utilización del agua.

**HIDRÁULICO, A** adj. Relativo a la hidráulica. **2.** Que funciona con ayuda de un líquido: *freno hidráulico.* **3.** Dícese de las cales y cementos que se endurecen en contacto con el agua, y de las obras donde se emplean estos materiales.

**HIDRAULUS** n. m. (gr. *hydraulis*). ANT. Instrumento musical, precursor del órgano, en el que un depósito de agua estabiliza la presión del aire que va hacia los tubos.

**HIDRIA** n. f. (gr. *hydria*). ARQUEOL. Vasija grande para agua utilizada por los griegos y los romanos, provista de tres asas, una de ellas vertical.

**HÍDRICO, A** adj. Relativo al agua: *dieta hídrica.*

**HIDROAVIÓN** n. m. Aeronave provista de flotadores o con casco marino, que puede despegar desde el agua y posarse en ella. SIN.: *hidroplano.*

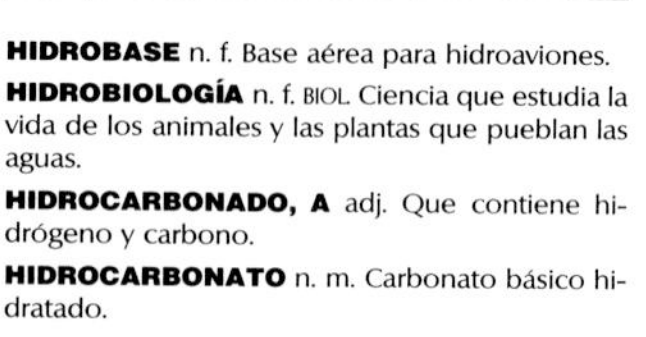

**hidroavión** japonés de salvamento y de lucha antisubmarina Shin Meiwa SS-2 A Stoll

**HIDROBASE** n. f. Base aérea para hidroaviones.

**HIDROBIOLOGÍA** n. f. BIOL. Ciencia que estudia la vida de los animales y las plantas que pueblan las aguas.

**HIDROCARBONADO, A** adj. Que contiene hidrógeno y carbono.

**HIDROCARBONATO** n. m. Carbonato básico hidratado.

**HIDROCARBURO** n. m. Compuesto binario de carbono e hidrógeno: *el petróleo y el gas natural son hidrocarburos.*

**HIDROCARITÁCEO, A** adj. y n. f. Relativo a una familia de plantas monocotiledóneas que viven en las aguas dulces.

**HIDROCEFALIA** n. f. Aumento de volumen del líquido cefalorraquídeo, que comporta, en el niño, un aumento del volumen de la cavidad craneal y una insuficiencia del desarrollo intelectual.

**HIDROCÉFALO, A** adj. Afecto de hidrocefalia.

**HIDROCELE** n. m. Acumulación de líquido en una cavidad, especialmente en el escroto.

**HIDROCORALARIO, A** adj. y n. m. Relativo a un orden de cnidarios coloniales con esqueleto calcáreo, como la milepora.

**HIDROCORTISONA** n. f. Hormona corticosuprarrenal, constituida por un derivado hidrogenado de la cortisona.

**HIDROCUCIÓN** n. f. Muerte súbita por sumersión en el agua.

**HIDRODESLIZADOR** n. m. Embarcación sin quilla, propulsada por una hélice aérea o un motor a reacción.

**HIDRODESULFURACIÓN** n. f. Desulfuración catalítica mediante hidrógeno, con recuperación del azufre.

**HIDRODINÁMICA** n. f. Estudio de las leyes que rigen el movimiento de los líquidos y de la resistencia que oponen a los cuerpos que se mueven en ellos.

**HIDRODINÁMICO, A** adj. Relativo a la hidrodinámica.

**HIDROELECTRICIDAD** n. f. Energía eléctrica obtenida a partir de la fuerza hidráulica.

**HIDROELÉCTRICO, A** adj. Relativo a la hidroelectricidad: *central hidroeléctrica.*

**HIDRÓFANA** n. f. Ópalo que adquiere transparencia dentro del agua.

**HIDRÓFILO, A** adj. Dícese de la materia que absorbe el agua con gran facilidad. **2.** Dícese de los organismos que habitan en ambientes húmedos.

**HIDROFOBIA** n. f. Horror al agua. **2.** Denominación incorrecta de la rabia canina. **3.** QUÍM. Propiedad molecular caracterizada por la falta de fuertes atracciones o afinidad entre la molécula y el agua.

**HIDRÓFOBO, A** adj. y n. Que padece hidrofobia. ◆ adj. **2.** QUÍM. Que no posee afinidad respecto al agua.

**HIDRÓFUGO** adj. Que preserva de la humedad; que evita las filtraciones.

**HIDROGEL** n. m. Gel obtenido en medio acuoso.

**HIDROGENACIÓN** n. f. QUÍM. Operación química que consiste en fijar hidrógeno sobre un cuerpo.

**HIDROGENADO, A** adj. Que contiene hidrógeno.

**HIDROGENANTE** adj. Que cede fácilmente hidrógeno.

**HIDROGENAR** v. tr. **[1]**. Combinar con hidrógeno.

**HIDRÓGENO** n. m. Cuerpo simple, gaseoso, de símbolo químico H, número atómico 1 y masa atómica 1,008 que entra en la composición del agua. • **Bomba de hidrógeno,** bomba termonuclear*.

■ El hidrógeno, gas incoloro e inodoro, abunda en el Universo. Es el más ligero de los elementos, su densidad, en relación con el aire, del que forma una pequeña parte, es de 0,07. Con punto de ebullición a −253 °C, es el gas más difícil de licuar después del helio. Se conocen dos isótopos: el *deuterio* y el *tritio.* Se combina directamente con la mayoría de los no metales. Con los halógenos forma hidrácidos, con los metales alcalinos y alcalinotérreos forma hidruros cristalizados, que el agua descompone. Arde en el aire con llama azulada y formación de agua y produce con el oxígeno una mezcla detonante. Combinado, forma parte del agua, de numerosos cuerpos minerales y de todos los cuerpos orgánicos. Se obtiene por electrólisis de mezclas gaseosas que lo contienen (gas natural, gas de petróleo), o químicamente. Se emplea como materia prima en gran número de operaciones químicas, como la síntesis del amoníaco.

**HIDROGEOLOGÍA** n. f. Parte de la geología que se ocupa de la búsqueda y captación de las aguas subterráneas.

**HIDROGRAFÍA** n. f. Ciencia que estudia las aguas marinas y continentales. **2.** Conjunto de las aguas corrientes o estables de una región.

**HIDROGRÁFICO, A** adj. Relativo a la hidrografía: *mapa hidrográfico.* • **Servicio hidrográfico,** servicio de la marina de guerra, encargado de redactar y poner al día las cartas marinas y otros documentos náuticos.

**HIDRÓGRAFO, A** n. Persona que se dedica a la hidrografía.

**HIDROLASA** n. f. Enzima que interviene en las hidrólisis.

**HIDRÓLISIS** n. f. Descomposición de compuestos químicos por acción del agua.

**HIDROLITA** n. f. Hidruro de calcio que, en contacto con el agua, desprende hidrógeno.

**HIDROLIZAR** v. tr. **[1g]**. Someter a hidrólisis.

**HIDROLOGÍA** n. f. Ciencia que trata de las propiedades mecánicas, físicas y químicas de las aguas marinas (*hidrología marina* u oceanografía) y continentales (*hidrología fluvial* o potamología).

**HIDROLÓGICO, A** adj. Relativo a la hidrología.

**HIDRÓLOGO, A** n. Geofísico especialista en hidrología.

**HIDROMANCIA** o **HIDROMANCÍA** n. f. Arte supersticiosa de adivinar por las señales y observaciones del agua.

**HIDROMASAJE** n. m. Masaje realizado con chorros de agua caliente y aire para estimular la circulación sanguínea y relajar los músculos.

**HIDROMECÁNICO, A** adj. Movido por el agua.

**HIDROMETRÍA** n. f. Parte de la hidrodinámica dedicada a la medición del caudal, velocidad o fuerza de los líquidos en movimiento.

**HIDROMÉTRICO, A** adj. Relativo a la hidrometría.

**HIDROMIEL** o **HIDROMEL** n. m. Bebida hecha con agua y miel.

**HIDROMINERAL** adj. Relativo a las aguas minerales.

**HIDRONEFROSIS** n. f. Distensión de los cálices y de la pelvis del riñón, por dificultad de evacuación de la orina filtrada.

**HIDRONEUMÁTICO, A** adj. Que funciona con agua, un líquido cualquiera o un gas comprimido: *freno hidroneumático.*

**HIDRONIO** o **HIDROXONIO** n. m. Protón combinado con una molécula de agua $H_3O$.

**HIDROPESÍA** n. f. Derrame o acumulación de trasudado seroso en una cavidad natural o intersticio de tejido conjuntivo de un organismo.

**HIDRÓPICO, A** adj. y n. Afecto de hidropesía. ◆ adj. **2.** *Fig.* Insaciable.

**HIDROPLANO** n. m. Hidroavión.

**HIDRÓPTERO** n. m. Embarcación rápida de motor, que posee una especie de alas por debajo del casco, las cuales, a una velocidad suficiente, le permiten navegar con el casco fuera del agua, sustrayéndose así a la resistencia hidrodinámica.

**HIDROQUINONA** n. f. QUÍM. Compuesto con dos núcleos fenólicos, empleado como revelador en fotografía.

**HIDROSADENITIS** n. f. Proceso inflamatorio de las glándulas sudoríparas.

**HIDROSFERA** n. f. Parte líquida del globo terráqueo (por oposición a *atmósfera* y *litosfera*).

**HIDROSILICATO** n. m. Silicato hidratado.

**HIDROSOL** n. m. Solución coloidal en la que el agua actúa como medio dispersivo.

**HIDROSOLUBLE** adj. Dícese de los cuerpos solubles en agua.

**HIDROSTÁTICA** n. f. Estudio de las condiciones de equilibrio de los líquidos.

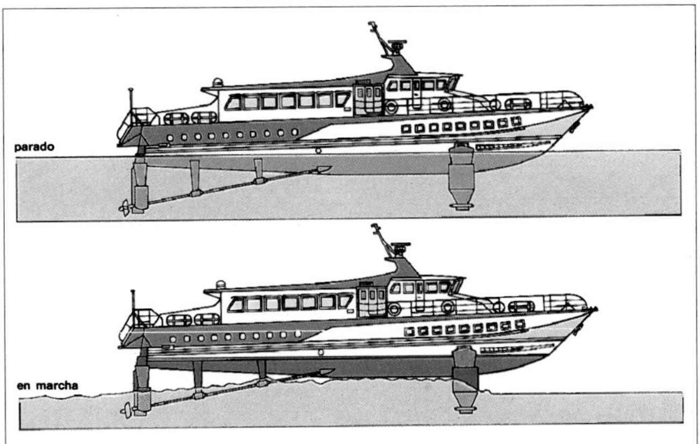

hidróptero

**HIDROSTÁTICO, A** adj. Relativo a la hidrostática. • **Balanza hidrostática,** balanza utilizada para determinar la densidad de los cuerpos. ‖ **Nivel hidrostático,** superficie de la capa freática. ‖ **Presión hidrostática,** presión que ejerce el agua sobre la superficie de un cuerpo sumergido.

**HIDROTERAPIA** n. f. Método terapéutico basado en el empleo del agua.

**HIDROTERÁPICO, A** adj. Relativo a la hidroterapia.

**HIDROTERMAL** adj. Relativo a las aguas termales.

**HIDROTIMETRÍA** n. f. Determinación de la dureza del agua, es decir, de la cantidad de sales de calcio y magnesio que contiene.

**HIDROTÓRAX** n. m. Derrame de líquido en la cavidad pleural.

**HIDRÓXIDO** n. m. QUÍM. Combinación de agua y de un óxido metálico.

**HIDROXILAMINA** n. f. Base $OH-NH_2$, que se forma en la reducción de los nitratos.

**HIDROXILO** n. m. QUÍM. Radical OH que se halla en el agua, los hidróxidos, alcoholes, etc. SIN.: *oxhidrilo.*

**HIDROXONIO** n. m. Hidronio.

**HIDROZOO, A** adj. y n. m. Relativo a una clase de celentéreos cnidarios. (La clase *hidrozoos* comprende los *hidroides* [hidra], los *hidrocoralarios* [madrépora], los *sifonóforos* y los *traquilinos.*)

**HIDRURO** n. m. Combinación de hidrógeno con un cuerpo simple.

**HIEDRA** n. f. (lat. *hederam*). Planta trepadora que vive adherida a las paredes o a los árboles mediante zarcillos, de hojas perennes y bayas negras. (Familia araliáceas.) • **Hiedra terrestre,** pequeña planta de flores violáceas, de la familia labiáceas.

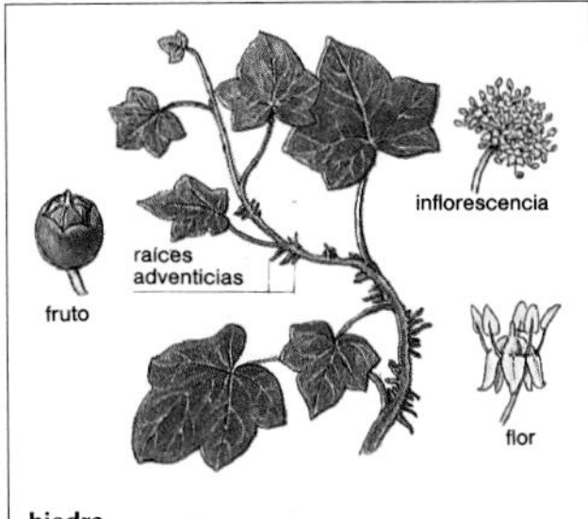

hiedra

**HIEL** n. f. (lat. *fel*). Bilis, especialmente la de los animales. **2.** *Fig.* Amargura, desabrimiento, mala intención. ◆ **hieles** n. f. pl. **3.** *Fig.* Penas, amarguras.

**HIELERA** n. f. *Argent.* Recipiente, generalmente en forma de taza grande, para contener los cubos de hielo que se llevan a la mesa. **2.** *Argent., Chile* y *Méx.* Nevera portátil.

**HIELO** n. m. (lat. *gelum*). Agua solidificada por el frío. **2.** *Fig.* Frialdad, indiferencia en los afectos. •

**Hielo seco,** o **carbónico,** anhídrido carbónico sólido. || **Romper,** o **quebrar, el hielo** *(Fam.),* iniciar una conversación, trato, etc., que nadie se atrevía a empezar.

**HIEMAL** adj. Relativo al invierno: *planta hiemal; solsticio hiemal.*

**HIENA** n. f. (lat. *hyaenam*). Mamífero carnicero que se alimenta sobre todo de carroña, y tiene el pelo gris o rojizo con manchas marrones. (La hiena *ladra.*) **2.** *Fig.* Persona que se ensaña con otras indefensas o vencidas.

**hiena**

**HIERÁTICO, A** adj. (gr. *hieratikos*). Relativo a las cosas o funciones sagradas o a los sacerdotes. **2.** *Fig.* Rígido, severo, que no deja traslucir sentimientos o que afecta solemnidad. **3.** B. ART. En pintura y escultura, dícese de las formas fijadas por la tradición religiosa, y, a menudo y por lo mismo, frías, arcaizantes e inmutables. • **Escritura hierática,** trazado cursivo que esquematizaba la escritura jeroglífica.

**HIERATISMO** n. m. Calidad de hierático.

**HIERBA** n. f. (lat. *herbam*). Planta pequeña de tallo tierno, que perece el mismo año de dar la simiente o a lo sumo, al año siguiente. **2.** Conjunto de dichas plantas: *sentarse en la hierba.* **3.** *Fig.* y *fam.* Droga suave, especialmente hachís. • **Hierba cana,** planta herbácea de hojas blandas y jugosas, flores amarillas y semillas coronadas de vilanos blancos. (Familia compuestas.) || **Hierba centella,** planta herbácea carnosa, de flores amarillas, que crece en los prados. (Familia ranunculáceas.) || **Hierba de la plata,** planta cultivada como ornamental por sus flores olorosas y sus frutos, que tienen la forma de discos blancos plateados y pueden medir 5 cm de long. (Familia crucíferas.) || **Hierba de los canónigos,** hortaliza del género *Valerianella,* que se come en ensalada. || **Hierba gatera,** planta herbácea de la familia labiadas, de olor intenso. || **Hierba luisa,** luisa. || **Hierba mate,** mate. || **Mala hierba,** hierba que, sin sembrarla, crece en gran número en los cultivos. ◆ **hierbas** n. f. pl. **4.** Pastos que hay en las dehesas para los ganados. • **Hierbas finas** o **finas hierbas,** hierbas que, picadas muy menudas, se utilizan como condimento en cocina, como el perejil, el estragón, etc.

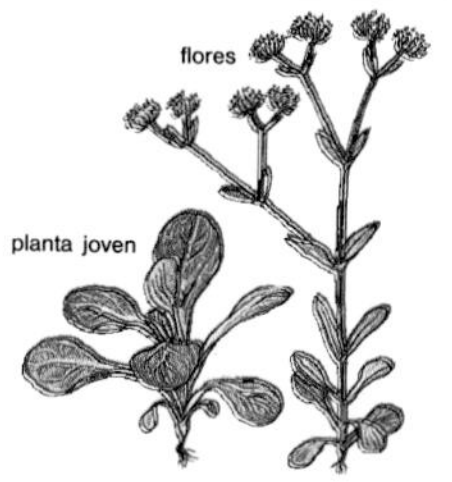


**hierba** de los canónigos

**HIERBABUENA** n. f. Planta herbácea, vivaz y aromática, que se usa como condimento. (Familia labiadas.)

**HIERBAL** n. m. *Chile.* Sitio de mucha hierba.

**HIERBERO, A** n. *Méx.* Persona que vende hierbas. **2.** *Méx.* Curandero, persona que conoce las propiedades de las plantas medicinales y cura con ellas. SIN.: *yerbero.*

**HIERÓDULO, A** n. (gr. *hierodulos*). ANT. GR. Esclavo adscrito al servicio de un templo.

**HIEROFANTE** n. m. (gr. *hierophantēs*). ANT. GR. Sacerdote que presidía los misterios de Eleusis. ◆ n. m. y f. **2.** *Por ext.* Persona que inicia a otra en cosas recónditas o reservadas.

**HIERRA** n. f. *Amér.* Acción de marcar con el hierro al ganado. **2.** *Amér.* Temporada en que se marca al ganado. **3.** *Amér.* Fiesta que se celebra con tal motivo.

**HIERRO** n. m. (lat. *ferrum*). Metal (Fe), de número atómico 26 y de masa atómica 55,847, tenaz y maleable, que ocupa el primer lugar en importancia por su utilización industrial y tecnológica, sobre todo bajo forma de aleaciones, aceros y fundiciones. **2.** Barra o perfil de hierro o acero dulce que presenta una sección particular: *hierro en T, en U.* **3.** Varilla de acero que sirve de armazón del cemento armado. **4.** Lámina de acero que constituye la parte cortante de un instrumento o arma blanca: *el hierro de la lanza.* **5.** Marca que se pone al ganado. **6.** Instrumento de hierro con que se realiza la operación de marcar al ganado. • **Agarrarse alguien a,** o **de, un hierro ardiendo,** valerse de cualquier medio para salir de una dificultad. || **De hierro,** de buena salud, muy resistente. || **Edad del hierro,** período protohistórico durante el cual se generalizó la metalurgia del hierro. || **Hierro batido,** hierro trabajado a golpes de martillo, en forma de chapa o lámina. || **Hierro de dorar,** útil de metal grabado en relieve, que se emplea para decorar las cubiertas de los libros. || **Hierro dulce,** acero extradulce, recocido, utilizado para construir los núcleos de los circuitos magnéticos. || **Hierro electrolítico,** hierro muy puro, obtenido por electrólisis de una sal de hierro. || **Hierro forjado,** hierro trabajado por forja sobre el yunque. || **Hierro fundido,** o **colado,** hierro elaborado por fusión. || **Quitar hierro,** decir algo con que se resta importancia a lo dicho anteriormente. ◆ **hierros** n. m. pl. **7.** Grillos, prisiones.

■ El hierro, principal cuerpo ferromagnético, es un sólido grisáceo de densidad 7,8 que funde a unos 1 530 °C. Es atacado por el aire húmedo que lo corroe y transforma en herrumbre (óxido férrico hidratado). Existen dos series principales de compuestos de hierro: los *compuestos ferrosos* (molécula bivalente) y los *compuestos férricos* (molécula trivalente). El óxido ferroso-férrico, $Fe_3O_4$, es el imán natural. El hierro puro se emplea para la elaboración de aceros finos, aceros ordinarios y especiales, siendo uno de los primeros metales objeto de explotación. Base de la siderurgia, su comercio va dirigido especialmente a la Unión Europea. Los países de mayor producción son China, Brasil, C.E.I., Australia y E.U.A.

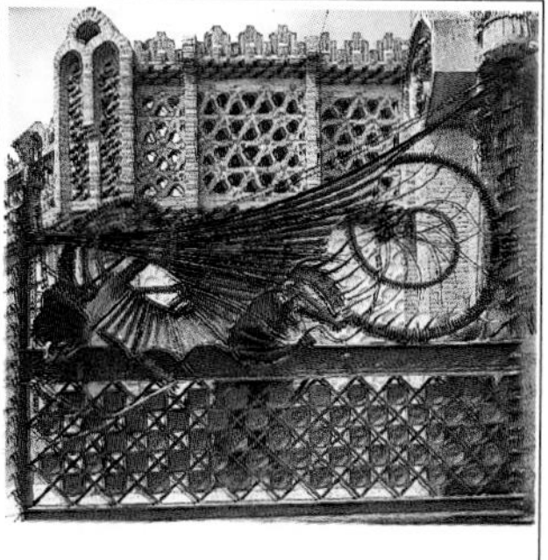

el **hierro** en el arte (dragón de la puerta de la finca Güell de Pedralbes, Barcelona, por A. Gaudí, 1885)

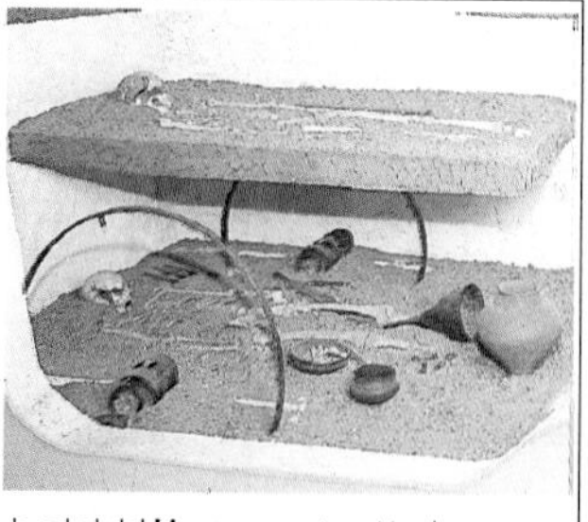

la edad del **hierro:** reconstrucción de una sepultura procedente de la Goge-Meillet (Marne); período de La Tène I
(museo de antigüedades nacionales, Saint-Germain-en-Laye, Francia)

**HIFA** n. f. (gr. *hyphē,* tejido). Filamento compuesto de células, que forma el aparato vegetativo de los hongos.

**HI-FI** n. f. (abrev. del ingl. *high-fidelity*). Alta fidelidad.

**HIGA** n. f. Ademán de desprecio. **2.** *Vulg.* Nada: *no valer una higa.*

**HIGADILLO** n. m. Hígado de los animales pequeños, especialmente de las aves.

**HÍGADO** n. m. (bajo lat. *ficatum*). Órgano contenido en el abdomen, anexionado al tubo digestivo, que segrega bilis y realiza múltiples funciones en el metabolismo de los glúcidos, lípidos y prótidos. **2.** *Fig.* Ánimo, valentía: *tener muchos hígados.* **3.** *Fig.* Falta de escrúpulos: *¡tiene un hígado...!* • **Hígado de buey,** seta de color rojo sangre, que crece sobre los troncos de los robles y castaños, y que es comestible cuando es joven. (Familia poliporáceas.) || **Ser** alguien **un hígado** *(Méx. Fam.),* ser insoportable por antipático o petulante.

■ El hígado humano pesa alrededor de 1 500 gr en el adulto. Situado debajo del diafragma, a la derecha, presenta tres caras: *superior, inferior* y *posterior.* Está compuesto por multitud de lóbulos, que contienen, además de los conductos biliares, ramificaciones de la vena porta y de la arteria hepática. El hígado interviene en el metabolismo de los lípidos, los glúcidos y los prótidos; asegura la eliminación de la bilirrubina y del colesterol sobrante por la secreción de la bilis y efectúa la desintoxicación de numerosas sustancias, la inactivación de determinadas hormonas y el almacenamiento de la vitamina B12. Todos los animales vertebrados poseen un hígado, con funciones bastantes similares a las del hígado humano. Entre las enfermedades más comunes de este órgano están la ictericia, la insuficiencia hepática, la hepatitis, la cirrosis y la esteatosis.

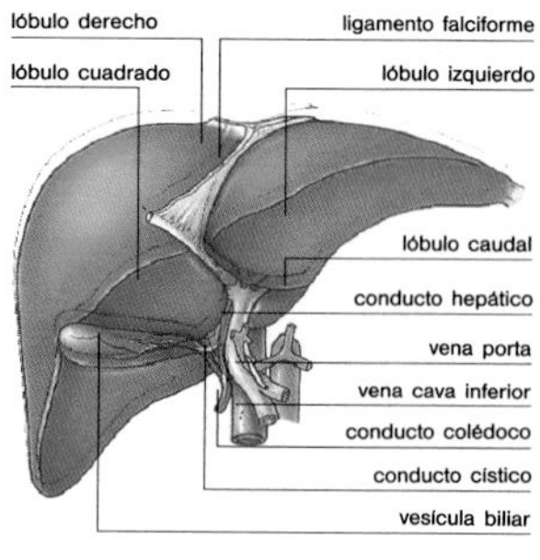


**hígado** humano (cara inferior)

**HIGH TECH** n. m. y adj. (abrev. del ingl. *high technology*). Estilo de decoración de interiores que se caracteriza por la integración, dentro del ámbito doméstico, de materiales, muebles u objetos que han sido concebidos para un uso profesional. **2.** Tecnología avanzada.

**HIGHLANDER** n. m. (voz inglesa). Montañés de Escocia, habitante de los Highlands o tierras altas. **2.** Soldado reclutado en esta región.

**HIGIENE** n. f. (del gr. *hygieinon,* salud). Parte de la medicina que trata de los medios en que el hombre debe vivir y de la forma de modificarlos en el sentido más favorable para su desarrollo. **2.** Conjunto de reglas y prácticas relativas al mantenimiento de la salud: *higiene bucodental.* **3.** Limpieza, aseo. • **Higiene mental,** conjunto de medidas preventivas de la aparición de trastornos mentales.

**HIGIÉNICO, A** adj. Relativo a la higiene: *cuidados higiénicos.* • **Papel higiénico,** papel fino para el water.

**HIGIENISTA** adj. y n. m. y f. Especialista en higiene.

**HIGIENIZACIÓN** n. f. Acción y efecto de higienizar.

**HIGIENIZAR** v. tr. **[1g]**. Dotar de condiciones higiénicas.

**HIGO** n. m. (lat. *ficum*). Fruto comestible de la higuera, formado por la totalidad de la inflorescencia, que se convierte en carnoso después de la fecundación. • **De higos a brevas** *(Fam.)*, algunas veces, con intervalos de tiempo. || **Estar hecho un higo,** estar arrugado o estropeado. || **Higo chumbo, de Berbería,** o **de Indias,** fruto carnoso y azucarado del nopal.

**HIGRÓFILO, A** adj. Dícese de un organismo que busca la humedad.

**HIGRÓFOBO, A** adj. Dícese de un organismo que no puede adaptarse a lugares húmedos.

**HIGROMA** n. m. MED. Inflamación de las bolsas serosas.

**HIGROMETRÍA** o **HIGROSCOPIA** n. f. Ciencia que tiene por objeto determinar la humedad de la atmósfera y la medida de sus variaciones.

**HIGROMÉTRICO, A** adj. Relativo a la higrometría.

**HIGRÓMETRO** n. m. Aparato para medir el grado de humedad del aire.

**HIGROSCÓPICO, A** adj. Que tiende a absorber la humedad del aire.

**HIGROSCOPIO** o **HIGRÓSCOPO** n. m. Aparato que indica de forma cualitativa las variaciones del estado higrométrico del aire.

**HIGRÓSTATO** n. m. Aparato que mantiene constante el estado higrométrico del aire o de un gas.

**HIGUERA** n. f. Árbol de los países cálidos, de savia láctea y amarga y hojas grandes, cuyo fruto es el higo. (Familia moráceas.) • **Estar en la higuera** *(Fam.)*, estar distraído y como ajeno a aquello de que se trata.

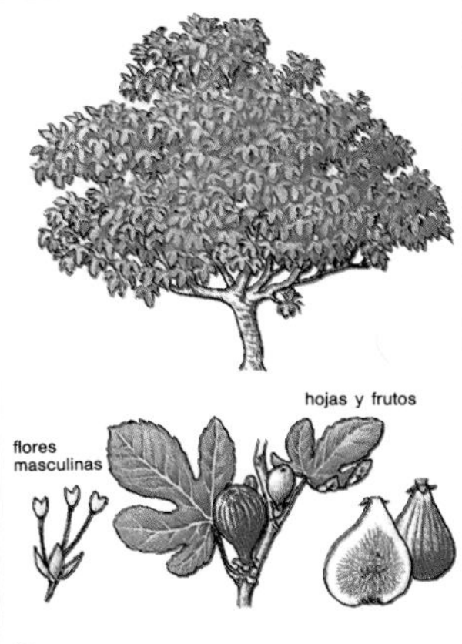


**higuera** común

**HIGUERAL** n. m. Plantación de higueras.

**HIGUERÓN** o **HIGUEROTE** n. m. Planta arbórea que crece en América, de tronco corpulento y madera fuerte, usada para construir embarcaciones. (Familia moráceas.)

**HIJASTRO, A** n. Respecto de uno de los cónyuges, hijo o hija que el otro ha tenido de una relación anterior.

**HIJO, A** n. (lat. *filium*). Persona o animal respecto de su padre o de su madre. **2.** Una persona, respecto del país, provincia o pueblo donde ha nacido: *ser hijo de Madrid.* **3.** Obra hecha por alguien o producto de su inteligencia: *hijo del ingenio.* **4.** Nombre que se suele dar al yerno y a la nuera respecto de los suegros. **5.** Expresión afectuosa, especialmente de protección: *¡pobre hijo!* • **Hijo adoptivo,** el que se ha tomado legalmente como hijo. || **Hijo de familia,** el que está bajo la autoridad paterna o tutelar. || **Hijo de leche,** cualquier persona respecto a su nodriza. || **Hijo de papá,** el de padre rico e influyente. || **Hijo de puta,** o **de su madre,** expresión injuriosa y de desprecio. || **Hijo de vecino,** una persona cualquiera. || **Hijo natural,** el nacido fuera del matrimonio, de padres que al tiempo de la concepción pudieron casarse con dispensa o sin ella. || **Hijo político,** nombre que se suele dar al yerno o a la nuera, respecto de los suegros. || **Hijo único,** el que no tiene hermanos; por ficción legal, el que es el sostén de una familia necesitada, aunque tenga hermanos. ◆ n. m. **6.** Lo que procede o sale de otra cosa por procreación, como los retoños o los vástagos. **7.** Segunda persona de la Santísima Trinidad. ◆ **hijos** n. m. pl. **8.** Descendientes: *los hijos de Adán.*

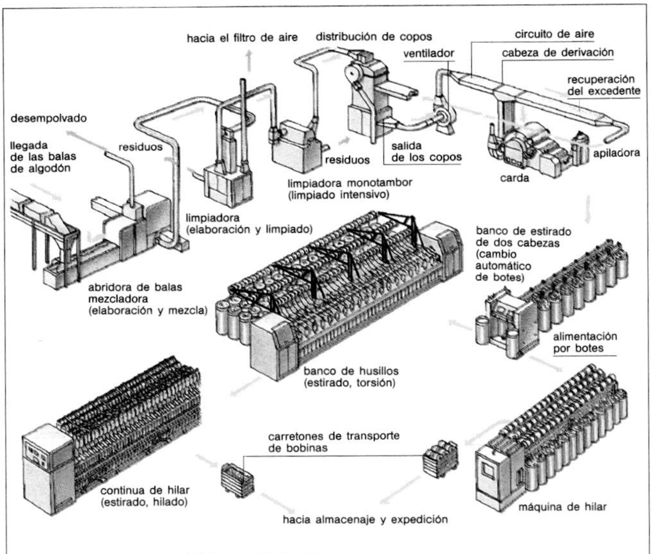


diferentes operaciones en la **hilatura** del algodón

**HIJODALGO, HIJADALGO** n. (pl. *hijosdalgo, hijasdalgo*). Hidalgo.

**¡HÍJOLE!** interj. *Méx. Fam.* Expresa admiración o sorpresa: *¡híjole!, ya es muy tarde.*

**HIJUELA** n. f. Cosa aneja, dependiente o subordinada a otra principal. **2.** Camino que va desde el principal a los lugares algo desviados de él. **3.** Canal que conduce el agua desde una acequia al campo que se ha de regar. **4.** Tira de tela que se pone en una prenda de vestir para ensancharla. **5.** *Chile, C. Rica, Ecuad.* y *Perú.* Finca que resulta de otra mayor al repartir una herencia. **6.** DER. Documento donde se reseñan los bienes que tocan a cada uno de los partícipes en el caudal que dejó el difunto. **7.** DER. Conjunto de los mismos bienes.

**HIJUELAR** v. tr. **[1]**. *Chile.* Dividir un fundo de hijuelas.

**HIJUELO** n. m. Retoño que nace de la raíz de los árboles.

**HILA** n. f. Conjunto de hebras para curar llagas o heridas. (Suele usarse en plural.) **2.** Acción de hilar. **3.** Acción de hilar el gusano de seda.

**HILACHA** n. f. Pedazo de hilo que se desprende de la tela. **2.** Porción diminuta de una cosa, residuo. **3.** *Méx.* Ropa muy vieja y rota, andrajo.

**HILACHENTO, A** adj. *Chile* y *Colomb.* Hilachoso. **2.** *Chile* y *Colomb.* Andrajoso.

**HILACHUDO, A** adj. *Amér.* Que tiene muchas hilachas.

**HILADA** n. f. Hilera, orden o formación en línea: *hilada de ladrillos; hilada de carga.*

**HILADILLO** n. m. Hilo que sale de la maraña de la seda.

**HILADO, A** adj. Dícese del tabaco para mascar, preparado a manera de cordón o cuerda. **2.** En forma de hilos: *huevo hilado.* ◆ n. m. **3.** Acción y efecto de hilar. **4.** Hilatura para transformar fibras textiles en hilos. **5.** Porción de lino, algodón, seda, etc., transformada en hilo: *exportación de hilados.*

**HILADOR, RA** n. Persona que hila, especialmente seda.

**HILANDERAS** n. f. Femenino de hilandero. ◆ **hilanderas** n. f. pl. **2.** MIT. Las Parcas, que hilaban, devanaban y cortaban el hilo de la vida a los hombres.

**HILANDERÍA** n. f. Arte de hilar. **2.** Fábrica de hilados.

**HILANDERO, A** n. Persona que tiene por oficio hilar.

**HILAR** v. tr. (bajo lat. *filare*) **[1]**. Convertir en hilo las fibras textiles. **2.** *Fig.* Discurrir, inferir unas cosas de otras: *hilar planes.* **3.** Elaborar el gusano de seda la hebra con que se hace el capullo. • **Hilar delgado,** discurrir con sutileza; proceder con exactitud y rigor. || **Hilar tabaco** *(Amér.)*, prepararlo para mascar.

**HILARANTE** adj. Que provoca risa. • **Gas hilarante,** antiguo nombre del óxido nitroso ($N_2O$), empleado como anestésico general.

**HILARIDAD** n. f. Alegría súbita, risa ruidosa y sostenida.

**HILATURA** n. f. Conjunto de operaciones a que se someten las fibras textiles para transformarlas en hilo. **2.** Establecimiento, taller o fábrica donde se hilan las materias textiles.

**HILAZA** n. f. Hilo con que se teje algo. **2.** Conjunto de hebras que forman un tejido.

**HILEMORFISMO** o **HILOMORFISMO** n. m. FILOS. Doctrina aristotélica según la cual los cuerpos están constituidos por materia y forma.

**HILERA** n. f. Orden o formación en línea: *colocarse en hilera; una hilera de árboles, de columnas.* **2.** Pieza de acero para transformar el metal en hilo o alambre de una sección determinada. **3.** Placa finamente perforada, utilizada para la fabricación de productos textiles químicos. **4.** Orificio por el que ciertos animales hacen salir los hilos que producen.

**HILO** n. m. (lat. *filum*). Fibra o filamento de una materia textil. **2.** Hebra larga y delgada que se forma ligando entre sí, por medio de la torsión, cierto número de fibras textiles. **3.** Cilindro de cualquier material: *hilo de hierro, de cobre.* **4.** Filamento de cualquier material flexible: *los hilos del teléfono.* **5.** *Fig.* Corriente o chorro: *hilo de agua.* **6.** *Fig.* Serie, sucesión continua, cuya interrupción pone fin a una existencia física o moral: *el hilo de la vida, del amor.* **7.** *Fig.* Curso de un relato, conversación, actividad mental, etc.: *seguir el hilo de un discurso.* **8.** Tela tejida con fibra de lino: *sábana de hilo.* **9.** Secreción producida por algunos artrópodos o por sus larvas. • **Al hilo,** según la dirección de las venas o fibras de una cosa; (*Argent.* y *Chile. Fam.*), sin interrupción, seguidamente. || **Coger** uno **el hilo de** algo, enterarse uno del asunto que se está tratando: *coger el hilo de la conversación.* || **Colgar,** o **pender, de un hilo,** estar en grave riesgo. || **Hilo de voz,** voz tenue. || **Hilo musical,** sistema de conducción del sonido a través del cable telefónico, que sin perjuicio del uso del teléfono, permite escuchar programas musicales. || **Hilo perlé,** hilo de algodón mercerizado de primera calidad.

|| **Perder el hilo,** olvidarse del asunto que se estaba tratando en una conversación. || **Tomar el hilo,** continuar el discurso o conversación que se había interrumpido.

**HILOTA** n. m. Ilota.

**HILVÁN** n. m. Costura de puntadas largas que se hace para preparar el cosido definitivo y hacer señales en la tela. **2.** Cada una de las puntadas con que se hace esta costura. **3.** Hilo usado para hilvanar. **4.** *Venez.* Dobladillo.

**HILVANAR** v. tr. [**1**]. Coser con hilvanes. **2.** Bosquejar algo que se ha de terminar después: *hilvanar un proyecto.* **3.** *Fig.* y *fam.* Trazar, proyectar o preparar con precipitación: *hilvanar un discurso.* **4.** *Fig.* Enlazar o coordinar: *hilvanar ideas, frases, palabras.*

**HIMALAYO, A** adj. Del Himalaya.

**HIMATION** n. m. (voz griega). ANT. GR. Pieza de tela drapeada que se utilizaba como manto largo.

**HIMEN** n. m. Membrana que, en general, ocluye parcialmente la entrada de la vagina de la mujer.

**HIMENEAL** adj. Relativo al himen.

**HIMENEO** n. m. (lat. *hymenaeum*). *Poét.* Boda, casamiento.

**HIMENIO** n. m. En los hongos, capa formada por los elementos productores de esporas.

**HIMENOMICETAL** adj. y n. m. Relativo a un orden de hongos basidiomicetes en los que las esporas nacen en un himenio expuesto al aire libre, como el champiñón, la oronja, etc.

**HIMENÓPTERO, A** adj. y n. m. Relativo a un orden de insectos que se caracterizan por poseer dos pares de alas motrices que se unen durante el vuelo, y por la incapacidad de la larva de sobrevivir por sí sola a sus necesidades (abejas, avispas, hormigas).

**HIMNARIO** n. m. En la religión católica, libro que contiene los himnos del oficio divino.

**HIMNO** n. m. (lat. *himnum*). Entre los antiguos, canto, poema en honor de los dioses y los héroes. **2.** Composición musical de carácter solemne, generalmente cantada a coro, para unir en un mismo fervor patriótico, religioso, deportivo, etc. **3.** Poesía cuyo objeto es honrar a alguien, o celebrar algún suceso memorable. **4.** Cántico latino en forma de poema, que, en la liturgia católica, forma parte del oficio divino. • **Himno nacional,** composición poético musical elegida por cada estado como símbolo patriótico.

**HIMPAR** v. intr. [**1**]. Gemir con hipo.

**HIMPLAR** v. intr. [**1**]. Emitir la onza o la pantera su voz natural.

**HINCADURA** o **HINCADA** n. f. Acción y efecto de hincar o fijar una cosa.

**HINCAPIÉ** n. m. Acción de afianzar el pie para apoyarse o para hacer fuerza. • **Hacer hincapié** (*Fam.*), insistir con tesón, mantenerse firme en una opinión o solicitud.

**HINCAR** v. tr. [**1a**]. Introducir o clavar una cosa en otra. **2.** Apoyar una cosa en otra como para clavarla. ◆ **hincarse** v. pron. **3.** Arrodillarse, postrarse.

**HINCHA** n. f. *Fam.* Antipatía, odio o enemistad. ◆ n. m. y f. **2.** Persona que demuestra un entusiasmo excesivo por algo. **3.** Partidario entusiasta de un equipo deportivo.

**HINCHABLE** adj. Dícese de algo flexible que adquiere su forma verdadera y útil al ser hinchado: *colchón hinchable.*

**HINCHADA** n. f. Conjunto de hinchas.

**HINCHADO, A** adj. Enfático o grandilocuente: *lenguaje, estilo hinchado.*

**HINCHAMIENTO** n. m. Hinchazón.

**HINCHAR** v. tr. y pron. (lat. *inflare,* soplar dentro de algo) [**1**]. Llenar de aire o gas un objeto flexible: *hinchar un globo.* **2.** *Fig.* Aumentar: *el río se ha hinchado hasta desbordarse.* **3.** *Fig.* Exagerar: *hinchar una noticia, un suceso.* ◆ v. tr. **4.** *Argent.* y *Chile. Fig.* Molestar. **5.** *Argent., Chile, Colomb.* y *Urug.* Alentar a un equipo deportivo. (Va seguido de la prep. *por.*) ◆ **hincharse** v. pron. **6.** Aumentar de volumen una parte del cuerpo, por herida, golpe, inflamación, etc. **7.** *Fig.* Envanecerse, engreírse. **8.** *Fig.* Hartarse de comer.

**HINCHAZÓN** n. f. Efecto de hinchar o hincharse: *la hinchazón de una pierna.* **2.** *Fig.* Vanidad, presunción. **3.** *Fig.* Énfasis en el estilo o lenguaje.

**HINDĪ** n. m. Lengua federal oficial de la India, derivada del sánscrito.

**HINDÚ** adj. y n. m. y f. De la India. **2.** Adepto del hinduismo.

**HINDUISMO** n. m. En la India, actitud religiosa cuya base filosófica es la identidad del yo individual con el yo universal o absoluto.

■ El hinduismo procede de la religión de los invasores arios. Su fundamento teórico se encuentra en textos (*Veda, Upanisad*) que definen un conjunto de creencias comunes al brahmanismo y al budismo (liberación del ciclo de los nacimientos, yoga). Se diferencia de ellos por la creencia en la existencia de un principio universal (ātman-brahmān) y por la creencia en un panteón que le está subordinado (Indra, Brahmā, Viṣnú y Śiva), así como por una organización social específica, el sistema de castas. El hinduismo comprende diversas corrientes (viṣnuismo, sivaísmo, tantrismo) y ha dado lugar a numerosas sectas.

**HINDUISTA** adj. y n. m. y f. Relativo al hinduismo; adepto del hinduismo.

**HINIESTA** n. f. Retama.

**HINOJAL** n. m. Sitio poblado de hinojos.

**HINOJO** n. m. Rodilla. • **De hinojos,** de rodillas.

**HINOJO** n. m. (bajo lat. *fenuculum*). Planta aromática, de flores pequeñas y amarillas, y hojas recortadas en divisiones casi lineares, de la que la base de los peciolos carnosos se utiliza en medicina y como condimento. (Familia umbelíferas.)

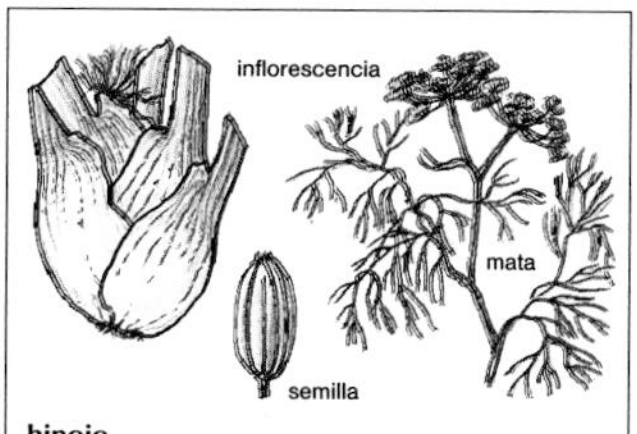

**hinojo**

**HINTERLAND** n. m. (alem. *Hinterland*). GEOGR. Traspaís.

**HIOIDES** n. m. (gr. *hyoeidēs*). Hueso en forma de herradura, situado por encima de la laringe.

**HIPÁLAGE** n. f. (gr. *hypallagē*). Figura retórica por la que se atribuye a determinadas palabras de una frase lo que conviene a otras.

**HIPAR** v. intr. (voz onomatopéyica) [**1**]. Tener hipo. **2.** Gimotear. **3.** *Fig.* Desear con ansia algo.

**HIPARCO** n. m. ANT. GR. Comandante de caballería.

**HIPARQUÍA** n. f. (gr. *hipparkhia*). ANT. GR. Unidad de caballería.

**HIPEAR** v. intr. [**1**]. *Colomb.* Hipar, tener hipo.

**HÍPER** n. m. *Fam.* Hipermercado.

**HIPERACUSIA** n. f. Sensibilidad excesiva al ruido.

**HIPERAZOEMIA** n. f. MED. Aumento patológico de la cantidad de productos nitrogenados en la sangre como consecuencia de una insuficiencia renal, manifestándose por la cantidad de urea sanguínea.

**HIPERBÁRICO, A** adj. Dícese de un recinto cuya presión interior es superior a la atmosférica.

**HIPÉRBATON** n. m. (lat. *hyperbaton*) [pl. *hipérbatos* o *hiperbatones*]. Figura retórica de construcción que consiste en una alteración del orden lógico de las palabras.

**HIPÉRBOLA** n. f. (gr. *hyperbolē*, exceso). MAT. Cónica formada por puntos cuya diferencia de distancias a dos puntos fijos, o focos, es constante.

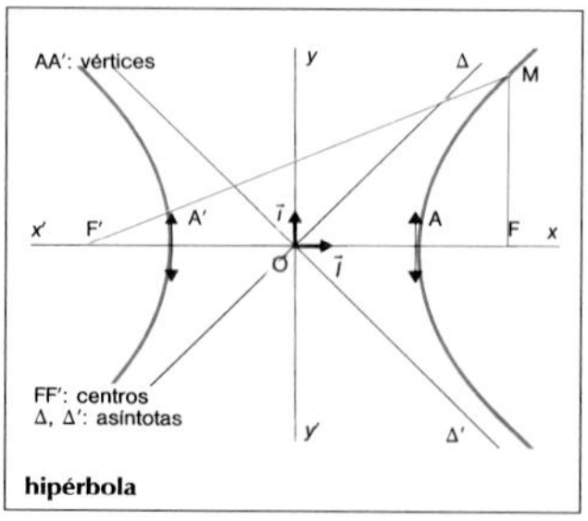

**hipérbola**

**HIPÉRBOLE** n. f. (del. gr. *hyperballō*, lanzar más allá). Figura retórica que consiste en exagerar la expresión para producir una fuerte impresión.

**HIPERBÓLICO, A** adj. Que va hasta la exageración: *expresión hiperbólica.* **2.** En forma de hipérbola. **3.** MAT. Relativo a la hipérbola.

**HIPERBOLIZAR** v. intr. [**1g**]. Usar de hipérboles.

**HIPERBOLOIDE** adj. Que se asemeja a una hipérbola: *espejo hiperboloide.* ◆ n. m. **2.** MAT. Superficie de segundo grado con centro, que posee un cono asintótico. • **Hiperboloide de revolución,** superficie engendrada por una hipérbola que gira alrededor de uno de sus ejes; sólido limitado por esta superficie.

**HIPERBÓREO, A** adj. Relativo a las regiones muy septentrionales: *animales hiperbóreos; plantas hiperbóreas.*

**HIPERCALCEMIA** n. f. Aumento patológico de la tasa normal de calcio en la sangre.

**HIPERCAPNIA** n. f. Aumento patológico del nivel de anhídrido carbónico en la sangre.

**HIPERCLORHIDRIA** n. f. Exceso de ácido clorhídrico en la secreción gástrica.

**HIPERCOLESTEROLEMIA** n. f. MED. Elevación patológica de la tasa de colesterol en la sangre.

**HIPERCOMPLEJO, A** adj. MAT. Dícese de los números formados con *n* números reales escritos en un orden determinado.

**HIPERCOMPRESOR** n. m. Aparato que permite obtener una presión muy elevada.

**HIPERCRÍTICA** n. f. Crítica exagerada y rigurosa.

**HIPERCRÍTICO, A** adj. Dícese de lo que contiene una crítica excesivamente rigurosa o minuciosa y de quien la practica.

**HIPERDULÍA** n. f. Culto rendido a la Virgen (por oposición al culto de *dulía,* que se rinde a los santos).

**HIPEREMIA** n. f. Aumento patológico de sangre en un órgano o parte de él.

**HIPERESPACIO** n. m. Espacio matemático ficticio de más de tres dimensiones.

**HIPERESTENIA** n. f. Aumento del tono nervioso y muscular. **2.** Aumento de la fuerza vital.

**HIPERESTESIA** n. f. SICOL. Sensibilidad exagerada.

**HIPERFOCAL** adj. Dícese de la distancia más corta a la que hay que situar un objeto para que un aparato fotográfico pueda obtener una imagen nítida.

**HIPERFRECUENCIA** n. f. Frecuencia muy elevada de un movimiento periódico. **2.** Onda electromagnética cuya longitud es del orden del centímetro y que se utiliza sobre todo en el radar.

**HIPERFUNCIÓN** n. f. MED. Actividad exagerada de un órgano.

**HIPERGÉNESIS** n. f. Desarrollo anormal de un elemento anatómico.

**HIPERGÓLICO, A** adj. Dícese del conjunto de combustible y comburente de un motor, cuando la reacción se produce espontáneamente por simple contacto.

**HIPERHIDROSIS** n. f. Exceso de agua en las células o en los tejidos, que comporta un aumento del volumen. **2.** Aumento de la secreción sudoral.

**HIPERICÁCEO, A** adj. y n. f. Gutiferáceo.

**HIPERKALEMIA** n. f. Aumento patológico del nivel de potasio en la sangre.

**HIPERMENORREA** n. f. Hemorragia menstrual de intensidad y duración superior a la normal.

**HIPERMERCADO** n. m. Gran supermercado, localizado generalmente en la periferia de las ciudades.

**HIPERMÉTROPE** adj. y n. m. y f. Afecto de hipermetropía.

**HIPERMETROPÍA** n. f. Anomalía de la visión, debida generalmente a un defecto de convergencia del cristalino, en la que la imagen se forma detrás de la retina.

**HIPERMNESIA** n. f. Exaltación anormal e incontrolable de la memoria.

**HIPERÓN** n. m. Toda partícula subatómica de masa superior a la del protón.

**HIPERÓNIMO, A** adj. y n. LING. Dícese del término que tiene un significado general que incluye el de otros términos más específicos (hipónimos): *animal es el hiperónimo de caballo.*

**HIPERPLANO** n. m. MAT. En un espacio vectorial de dimensión *n* en relación a un origen fijo, conjunto de puntos cuyas *n* coordenadas escalares verifican una relación de primer grado.

**HIPERPLASIA** n. f. Desarrollo excesivo de un tejido por multiplicación de sus células, conservando su estructura y capacidad funcional normales.

**HIPERREALISMO** n. m. Corriente artística que se caracteriza por la traducción literal y fotográfica de la realidad.

**hiperrealismo:** *Turistas* (1970) por Duane Hanson (fibra de vidrio y poliéster) [col. part., Nueva York]

**HIPERSECRECIÓN** n. f. Secreción superior a la normal.

**HIPERSENSIBILIDAD** n. f. Sensibilidad exagerada.

**HIPERSENSIBLE** adj. y n. m. y f. De una sensibilidad exagerada.

**HIPERSOMNIA** n. f. MED. Exceso de sueño.

**HIPERSÓNICO, A** adj. AERON. Dícese de las velocidades que corresponden a un número de Mach igual o superior a 5 (o sea, a 15°C, alrededor de 6 000 km/h), así como de los movimientos efectuados a estas velocidades.

**HIPERSUSTENTACIÓN** n. f. AERON. Aumento momentáneo de la fuerza de sustentación de un ala con ayuda de dispositivos especiales.

**HIPERTELIA** n. f. Resultado nocivo de una evolución biológica que sobrepasa el grado de su función normal.

**HIPERTÉLICO, A** adj. Hablando del desarrollo de un órgano, que ha rebasado el grado de función normal.

**HIPERTENSIÓN** n. f. Aumento de la tensión de las paredes de una cavidad, cuando la presión de los líquidos que contiene es superior a la normal. • **Hipertensión arterial,** elevación por encima de lo normal de la tensión arterial. ‖ **Hipertensión intracraneana,** elevación de la presión del líquido cefalorraquídeo.

**HIPERTENSO, A** adj. y n. Que tiene la tensión arterial superior a la normal.

**HIPERTERMIA** n. f. Fiebre.

**HIPERTEXTO** n. m. Técnica o sistema de consulta de una base de textos, que permite saltar de un documento a otro según caminos preestablecidos o elaborados con este fin.

**HIPERTIROIDISMO** n. m. Aumento de la secreción de la glándula tiroides, que provoca en el hombre la enfermedad de Basedow.

**HIPERTONÍA** n. f. Estado de una solución hipertónica. **2.** MED. Aumento de la tonicidad muscular.

**HIPERTÓNICO, A** adj. Dícese de una solución cuya presión osmótica es superior a la de una solución de referencia. ◆ adj. y n. **2.** MED. Relativo a la hipertonía muscular; afecto de hipertonía.

**HIPERTROFIA** n. f. Crecimiento anormal del tejido de un órgano. **2.** Desarrollo excesivo de un sentimiento, una actividad, etc.

**HIPERTROFIAR** v. tr. **[1]**. Producir hipertrofia. ◆ **hipertrofiarse** v. pron. **2.** Aumentar de volumen por hipertrofia. **3.** Desarrollarse excesivamente.

**HIPERTRÓFICO, A** adj. Que tiene las características de la hipertrofia; acompañado de hipertrofia.

**HIPERVITAMINOSIS** n. f. Trastorno provocado por la administración excesiva de algunas vitaminas.

**HIP-HOP** adj. y n. m. (voz inglesa). Dícese de un movimiento sociocultural contestatario, nacido entre la juventud urbana de los Estados Unidos a principios de los años 80, que se manifiesta, generalmente en la calle, a través de los graffitis, el baile (breakdance) y la música (rap).

**HIPIATRA** n. m. y f. Veterinario especialista en enfermedades de los caballos.

**HIPIATRÍA** o **HIPIÁTRICA** n. f. Parte de la zootecnia que se ocupa del cuidado y cura de los caballos.

**HIPIÁTRICO, A** adj. Relativo a la hipiatría.

**HÍPICA** n. f. Nombre genérico de los deportes hípicos que engloba a las carreras de caballos, los concursos de saltos, etc. SIN.: *hipismo.*

**HÍPICO, A** adj. (gr. *hippikos*). Relativo a los caballos y a la hípica: *concurso hípico.*

**HIPIDO** n. m. Acción y efecto de hipar o gimotear.

**HIPNAGÓGICO, A** adj. Relativo al adormecimiento que precede al verdadero sueño.

**HIPNOGRAMA** n. m. Diagrama obtenido mediante el registro continuo del electroencefalograma durante el sueño y que permite establecer los niveles de sueño a lo largo de la noche.

**HIPNOSIS** n. f. (del gr. *hypnos,* sueño). Descenso del nivel de vigilancia provocado por sugestión y que da lugar a una dependencia que puede ser utilizada para fines diversos: analgesia, sicoterapia, etc. **2.** Técnica que provoca este estado.

**HIPNÓTICO, A** adj. Relativo a la hipnosis: *sueño hipnótico.* ◆ adj. y n. m. **2.** Dícese de los medicamentos que producen sueño.

**HIPNOTISMO** n. m. Conjunto de técnicas que permiten provocar un estado hipnótico.

**HIPNOTIZACIÓN** n. f. Acción de hipnotizar.

**HIPNOTIZADOR, RA** adj. y n. Que hipnotiza.

**HIPNOTIZAR** v. tr. **[1g]**. Producir hipnosis. **2.** *Fig.* Fascinar: *aquella belleza le hipnotizó.*

**HIPO** n. m. Contracción brusca y espasmódica del diafragma, que provoca una sacudida de los músculos del abdomen y del tórax y origina, por este motivo, un ruido característico al ser expulsado el aire de los pulmones con violencia mientras permanece la glotis en constricción. • **Quitar el hipo** *(Fam.),* asustar, asombrar, desconcertar.

**HIPOACUSIA** n. f. Disminución de la agudeza auditiva.

**HIPOALERGÉNICO, A** adj. y n. m. Dícese de la sustancia que provoca una débil reacción alérgica: *jabón hipoalergénico.*

**HIPOALGIA** n. f. Estado caracterizado por la disminución de la percepción y de la reactividad al dolor. SIN.: *hipoalgesia.*

**HIPOCALCEMIA** n. f. Disminución de la tasa de calcio en la sangre.

**HIPOCALIEMIA** n. f. Insuficiencia del nivel de potasio en la sangre.

**HIPOCAMPO** n. m. Caballito de mar. **2.** ANAT. Circunvolución del lóbulo temporal del cerebro. **3.** MIT. Animal fabuloso de la mitología griega, mitad caballo y mitad pez.

**HIPOCASTANÁCEO, A** adj. y n. f. Relativo a una familia de plantas dicotiledóneas dialipétalas, de flores hermafroditas o polígamas, como el castaño de Indias.

**HIPOCAUSTO** n. m. (gr. *hypokauston*). ARQUEOL. Sistema de calefacción por aire caliente, instalado en el suelo y el subsuelo de las termas romanas.

**HIPOCENTRO** n. m. Región situada a una determinada profundidad, comprendida generalmente entre 10 y 100 km, aunque a veces alcanza los 700 km, en la vertical del epicentro de un seísmo, y de donde parten las ondas sísmicas.

**HIPOCICLOIDAL** adj. Epicicloidal. **2.** Dícese de una forma de engranaje en la que una rueda gira dentro de una rueda más grande.

**HIPOCICLOIDE** n. f. MAT. Epicicloide.

**HIPOCLORHIDRIA** n. f. Disminución de la acidez normal del jugo gástrico.

**HIPOCLORHÍDRICO, A** adj. y n. Relativo a la hipoclorhidria; afecto de esta enfermedad.

**HIPOCLORITO** n. m. QUÍM. Sal del ácido hipocloroso.

**HIPOCLOROSO, A** adj. QUÍM. Dícese del anhídrido $Cl_2O$ y del ácido HClO.

**HIPOCONDRÍA** n. f. Inquietud patológica que se caracteriza por una preocupación obsesiva por la propia salud y la valoración exagerada de los signos de enfermedad que padece uno mismo.

**HIPOCONDRÍACO, A, HIPOCONDRIACO, A** o **HIPOCÓNDRICO, A** adj. y n. Relativo a la hipocondría; afecto de hipocondría.

**HIPOCONDRIO** n. m. (gr. *hypo,* debajo, y *khondros,* cartílago). Cada una de las partes laterales de la región superior del abdomen.

**HIPOCORÍSTICO, A** adj. y n. m. Dícese de los diminutivos o de las alteraciones de los nombres, que se aplican en lenguaje familiar o como apelativos cariñosos: Lola *es un hipocorístico de* Dolores.

**HIPOCRÁS** n. m. (de *Hipócrates*). Bebida a base de vino azucarado y sustancias aromáticas que se usaba como tonificante.

**HIPOCRÁTICO, A** adj. Relativo a Hipócrates o al hipocratismo.

**HIPOCRATISMO** n. m. Doctrina de Hipócrates. • **Hipocratismo digital,** deformación de las uñas que se curvan en forma de «cristal de reloj».

**HIPOCRESÍA** n. f. (gr. *hypokrisia,* acción de desempeñar un papel teatral). Fingimiento de cualidades o sentimientos, y, especialmente, de devoción o virtud.

**HIPÓCRITA** adj. y n. m. y f. Que finge o aparenta lo que no es o lo que no siente.

**HIPODÉRMICO, A** adj. Relativo a la hipodermis.

**HIPODERMIS** n. f. Parte profunda de la piel, bajo la dermis, rica en tejido adiposo.

**HIPODERMOSIS** n. f. Afección causada por ciertas larvas, que afecta a los animales y en particular al ganado bovino.

**HIPÓDROMO** n. m. Lugar destinado a las carreras de caballos y trotones.

**HIPOESTESIA** n. f. Disminución patológica de la sensibilidad.

**HIPOFAGIA** n. f. Costumbre de comer carne de caballo como alimento.

**HIPOFISARIO, A** adj. Relativo a la hipófisis.

**HIPÓFISIS** n. f. Glándula endocrina situada bajo el encéfalo, que produce numerosas hormonas, en particular una hormona de crecimiento, estimulinas que actúan sobre las demás glándulas endocrinas, una hormona que frena la secreción urinaria y otra que contrae los músculos lisos.

**HIPOFOSFITO** n. m. Sal del ácido hipofosforoso.

**HIPOFOSFOROSO, A** adj. Dícese del ácido menos oxigenado del fósforo ($HPO_2H_2$).

**HIPOGASTRIO** n. m. Parte central e inferior del abdomen.

**HIPOGEO** n. m. ARQUEOL. Construcción subterránea, especialmente tumbas, de las civilizaciones prehistóricas, protohistóricas y de la antigüedad.

**HIPOGEO, A** adj. BOT. Que se desarrolla bajo tierra.

**HIPOGÍNEO, A** adj. BOT. Dícese de una flor en la que el periantio y el androceo están insertos debajo del ovario. CONTR.: *epigíneo.*

**HIPOGLOSO, A** adj. y n. m. ANAT. Dícese de un nervio que parte del bulbo raquídeo e inerva los músculos de la lengua.

**HIPOGLUCEMIA** n. f. MED. Insuficiencia de la tasa de glucosa en la sangre.

**HIPOGONADISMO** n. m. Insuficiencia de la función endocrina de las gónadas.

**HIPOGRIFO** n. m. (ital. *ippogrifo*). Animal fabuloso de los poemas caballerescos, mitad caballo y mitad grifo.

**HIPOIDE** adj. MEC. Dícese de una pareja de engranajes cónicos con dentado espiral, cuyos conos de origen no tienen vértice común.

**HIPOLOGÍA** n. f. Ciencia que se dedica al estudio de los caballos.

**HIPOMÓVIL** adj. Dícese de los vehículos tirados por caballos.

**HIPÓNIMO, A** adj. y n. LING. Dícese del término cuyo significado es más específico respecto a otro (hiperónimo) de significado más general: *las palabras* bota *y* zapatilla *son hipónimas de* calzado.

**HIPOPLASIA** n. f. Insuficiencia de desarrollo de un tejido o de un órgano.

**HIPOPÓTAMO** n. m. Mamífero ungulado, de 4 m de long., y de 3 a 4 t de peso, piel gruesa, negruzca y casi desnuda, cabeza enorme con boca amplia y unos grandes caninos inferiores curvados, que vive en los ríos africanos y se alimenta de plantas acuáticas.

**hipopótamo**

**HIPOSPADIA** o **HIPOSPADIAS** n. m. MED. Malformación del pene, en el que la uretra se abre en la cara inferior y no en el extremo de éste.

**HIPOSTASIAR** v. tr. [**1**]. Considerar algo como una realidad en sí, absoluta.

**HIPÓSTASIS** n. f. (gr. *hypostasis,* sustancia). TEOL. y FILOS. Ser que existe en sí y por sí; persona.

**HIPOSTÁTICO, A** adj. **Unión hipostática** (TEOL.), unión en una sola hipóstasis de dos naturalezas, divina y humana, en Jesucristo.

**HIPÓSTILO, A** adj. Dícese de la gran sala de los templos egipcios, cuyo techo estaba sostenido por columnas.

**HIPOSULFITO** n. m. Sal del ácido hiposulfuroso.

**HIPOSULFUROSO, A** adj. **Ácido hiposulfuroso** (QUÍM.), compuesto de azufre, oxígeno e hidrógeno ($H_2S_2O_3$).

**HIPOTALÁMICO, A** adj. Relativo al hipotálamo.

**HIPOTÁLAMO** n. m. Región del diencéfalo situada en la base del cerebro, donde se hallan numerosos centros reguladores de importantes funciones, como el hambre, la sed, la actividad sexual, el sueño, la vigilia, la termorregulación, etc.

**HIPOTECA** n. f. (gr. *hypothēkhē,* prenda, fundamento). Derecho real de garantía de una obligación, constituido sobre inmuebles, naves o aeronaves, pudiendo los bienes permanecer en posesión de su dueño, y que confiere al acreedor la facultad de pedir la venta pública de éstos y resarcirse con su precio si no se cumple la obligación garantizada.

**HIPOTECAR** v. tr. [**1a**]. Imponer una hipoteca sobre un bien. **2.** *Fig.* Realizar una acción con la cual se condiciona futuras actuaciones: *hipotecar el porvenir.*

**HIPOTECARIO, A** adj. Relativo a la hipoteca: *crédito hipotecario.*

**HIPOTECNIA** n. f. Ciencia que trata de la cría y adiestramiento de los caballos.

**HIPOTENAR** adj. ANAT. Dícese de una eminencia o parte saliente que forman en la parte interna de la palma de la mano los músculos motores del dedo meñique.

**HIPOTENSIÓN** n. f. Tensión arterial inferior a la normal. • **Hipotensión controlada,** hipotensión provocada durante determinadas operaciones, especialmente neuroquirúrgicas.

**HIPOTENSO, A** adj. y n. Afecto de hipotensión arterial.

**HIPOTENSOR** n. m. Medicamento que disminuye la tensión arterial.

**HIPOTENUSA** n. f. MAT. Lado opuesto al ángulo recto de un triángulo rectángulo. (El cuadrado de la hipotenusa es igual a la suma de los cuadrados de los otros dos lados.)

**HIPOTERMIA** n. f. Descenso de la temperatura del cuerpo por debajo de lo normal.

**HIPÓTESIS** n. f. (gr. *hypothesis,* suposición). Suposición de una cosa, sea posible o imposible, para sacar de ella una consecuencia. **2.** EPISTEMOL. Proposición que resulta de una observación o de una inducción y que debe ser verificada. **3.** MAT. Conjunto de datos a partir del cual se intenta demostrar de forma lógica una nueva proposición. • **Hipótesis de trabajo,** la que se establece provisionalmente como base de una investigación que puede confirmar o negar la validez de aquélla.

**HIPOTÉTICO, A** adj. Basado en una hipótesis.

**HIPOTIROIDEO, A** adj. Relativo al hipotiroidismo.

**HIPOTIROIDISMO** n. m. MED. Insuficiencia de funcionamiento de la glándula tiroides, que provoca mixedema, acompañado, en el niño, de enanismo y deficiencia intelectual.

**HIPOTONÍA** n. f. Estado de una solución hipotónica. **2.** Disminución del tono muscular.

**HIPOTÓNICO, A** adj. Dícese de una solución cuya presión osmótica es inferior a la de una solución de referencia.

**HIPOTROFIA** n. f. Insuficiencia del desarrollo de un órgano o de un tejido.

**HIPOXEMIA** o **HIPOXIA** n. f. Disminución de la concentración de oxígeno en la sangre.

**HIPPY** adj. y n. m. y f. (voz inglesa). Relativo a una ética basada en el rechazo de la sociedad industrial o de consumo, en la aspiración a la libertad integral en el vestir, las costumbres y la vida social y en la no violencia; adepto de esta ética.

**HIPSOMETRÍA** n. f. Medida y representación cartográfica del relieve terrestre. **2.** Extensión respectiva de las diferentes zonas de altitud de una región.

**HIPSOMÉTRICO, A** adj. Relativo a la hipsometría. • **Mapa hipsométrico,** mapa que representa la distribución de altitudes, generalmente mediante curvas de nivel.

**HIPSÓMETRO** n. m. Instrumento que permite determinar la altitud de un lugar midiendo el punto de ebullición del agua.

**HIPÚRICO, A** adj. Dícese de un ácido orgánico existente en la orina de los herbívoros y del hombre.

**HIRCO** n. m. Cabra montés.

**HIRIENTE** adj. Que hiere.

**HIRSUTISMO** n. m. Desarrollo exagerado de los pelos y cabello, debido a una enfermedad de las glándulas suprarrenales.

**HIRSUTO, A** adj. (lat. *hirsutum*). Dícese del pelo áspero y duro. **2.** Dícese de lo que está cubierto de pelo de esta clase o de púas o espinas. **3.** *Fig.* Dícese de la persona de carácter áspero.

**HIRUDÍNEO, A** adj. y n. m. Relativo a una clase de anélidos cuyo cuerpo termina en una ventosa, como la sanguijuela.

**HIRVIENTE** adj. Que hierve.

**HISOPADA** n. f. Cada aspersión hecha con el hisopo. SIN.: *hisopazo.*

**HISOPAR** o **HISOPEAR** v. tr. [**1**]. Rociar o esparcir agua con el hisopo.

**HISOPO** n. m. (lat. *hissopum*). Planta sufruticosa olorosa, de flores azules, blancas o rosadas, cuya infusión es estimulante. (Familia labiadas.) **2.** *Amér.* Palito con algodón en la punta que se usa para la higiene personal. **3.** *Chile* y *Colomb.* Brocha de afeitar. **4.** *Colomb.* Escobilla empleada para blanquear o pintar paredes. **5.** LITURG. Manojo de ramitas de hisopo o de otra planta que se utiliza para asperjar con agua bendita. **6.** LITURG. Utensilio que sirve para el mismo fin.

**HISPALENSE** adj. y n. m. y f. Sevillano.

**HISPÁNICO, A** adj. (lat. *hispanicum*). Relativo a España, español. **2.** Relativo a la hispanidad. **3.** Relativo a Hispania y a los pueblos que vivían en ella. **4.** Hispanoamericano.

**HISPANIDAD** n. f. Denominación con que se designa el conjunto formado por España, las naciones americanas de habla hispánica y Filipinas. **2.** Conjunto de caracteres, especialmente culturales, que comparten estas naciones.

**HISPANISMO** n. m. Giro o modo de hablar propio y privativo de la lengua española. **2.** Palabra o giro españoles que han pasado a otra lengua. **3.** Estudio de la cultura hispánica, especialmente por extranjeros.

**HISPANISTA** n. m. y f. Especialista de la lengua, la literatura y la civilización hispánicas.

**HISPANIZACIÓN** n. f. Acción y efecto de hispanizar.

**HISPANIZAR** v. tr. [**1g**]. Españolizar.

**HISPANO, A** adj. y n. Español. (Suele usarse como prefijo o sufijo en voces compuestas.) **2.** Dícese de los hispanoamericanos y españoles afincados en E.U.A. ◆ adj. **3.** Hispanoamericano.

**HISPANOAMERICANISMO** n. m. Doctrina que tiende a la unión espiritual de todos los pueblos hispanoamericanos.

**HISPANOAMERICANO, A** adj. y n. Relativo a los pueblos que forman parte de Hispanoamérica; individuo de dichos pueblos. ◆ adj. **2.** Relativo a estos pueblos y a España a la vez. • **Arte hispanoamericano,** arte de la América española, desde el descubrimiento a la independencia. SIN.: *arte hispanocolonial.*

■ El arte realizado en América durante el período de dominio español (ss. XVI-XVIII) abarca fundamentalmente dos estilos: el renacimiento plateresco y el barroco. La impronta del estilo de los talladores indígenas y la transculturación de símbolos y formas se refundieron con el estilo europeo.

*El plateresco.* Fue el primer estilo que se trasladó a América, a la isla de Santo Domingo, donde destacan la catedral de Santo Domingo y la iglesia y el hospital de San Nicolás de Bari. En México aparecieron las primeras modificaciones al estilo; destacan los templos de Tepeaca y San Agustín de Alcoman. En América del Sur la arquitectura plateresca no tuvo mucho brillo; se encuentran algunos vestigios en Tunja (Colombia) y Ayacucho (Perú). En escultura sobresalen las tallas de artesanos como Juan de Aguirre y Quirio Cataño. En pintura se copiaron reproducciones europeas, aunque se innovó en el color; Alonso Vásquez y Andrés de la Concha iniciaron la pintura de caballete, que se desarrolló con Simón Pereyns; la primera escuela suramericana fue creada en Quito por fray Pedro Gosseal y fray Jodoco Ricke; luego llegaron a la ciudad Diego de Robles y Luis de Rivera. En Perú destaca Francisco Titu Yupanqui, descendiente de incas, que produjo la primera escultura mestiza.

*El barroco.* En México la arquitectura se caracteriza por la utilización del color (piedra, yesería policromada, ladrillo y azulejo), la utilización de las formas mixtilíneas y la implantación del estípite: iglesias de Santa Prisca y La Valenciana, catedral de Zacatecas, San Francisco de Acatepec y Santa María Tonantzintla, y obras de Lorenzo Rodríguez y F. Guerrero Torres. En escultura, representada por retablos e imaginería, destaca Jerónimo de Balbás. Y en pintura, los Echave y los Juárez, Cristóbal de Villalpando, Juan Correa y José de Ibarra.

En Centroamérica y el Caribe el barroco pierde el color que lo caracteriza en México y se vuelve de una blancura inmaculada: las ruinas de Antigua Guatemala (la catedral, San Francisco y La Merced) y la catedral de Tegucigalpa, obra de Ignacio de Quirós. En Colombia destaca la ciudad de Cartagena por su arquitectura militar, y la obra de Juan de Tejeda y la familia Antonelli. En pintura sobresalen Quirio Cataño, Juan de Chávez y Antonio de Montúfar.

En Quito y Nueva Granada destacan el templo de San Francisco de Quito, la iglesia de la Compañía, el núcleo barroco de Popayán y la obra de J. B. Coluccini. En escultura cabe señalar al padre Carlos, Pampite, Bernardo de Legarda y Caspicara. En pintura, la escuela de Quito, con Miguel de Santiago, Nicolás de Goríbar. En Bogotá, G. Vázquez de Arce y Ceballos.

En Perú y Bolivia destacan las portadas de San Agustín y de La Merced y el palacio de Torres Tagle en Lima, la iglesia de la Compañía, en Cuzco, y el Templo de San Francisco, en La Paz. En pintura sobresalen Angelino Medoro y Melchor Pérez de Holguín, que llevó la pintura altoperuana a la cima. En Argentina destacan la catedral y la universidad de Córdoba.

Portada plateresca de la iglesia del convento de San Agustín de Acolmán, México, terminada en 1560.

La iglesia del convento de la Compañía de Jesús en Quito, acabada en 1765.

La iglesia de Santa Prisca de Taxco, México.

Virgen de Belén por Melchor Pérez de Holguín. (Museo nacional de arte, La Paz.)

El mirador del palacio de Torre Tagle en Lima (1735).

Sobre estructuras firmes y sólidas, impuestas por los terremotos, la arquitectura se desarrolla, dentro de un marco general de sentido renacentista, con una fantasía decorativa de motivos platerescos y manieristas como parte de una explosión ornamental barroca, todo ello tratado con un gran sentido autóctono de los contrastes entre luz y sombras en la incisión de los elementos. En la pintura se conjuga cierto manierismo, como el de Pérez de Holguín, notable en la tipificación de personajes —aquí en una transformación pictórica del tema de la Virgen de la Leche— y el leve arcaísmo de influencias italianizantes y flamencas, presente en las obras de Echave Orio.

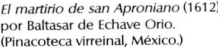

La iglesia de la Valenciana, cerca de Guanajato, México, de piedra rosa (1765-1788), arte churrigueresco tardío.

*El martirio de san Aproniano* (1612) por Baltasar de Echave Orio. (Pinacoteca virreinal, México.)

**HISPANOÁRABE** adj. y n. m. y f. Hispanomusulmán.

**HISPANOCOLONIAL** adj. Dícese del arte hispanoamericano.

**HISPANÓFILO, A** adj. y n. Dícese del extranjero aficionado a la cultura, historia y costumbres de España.

**HISPANOHABLANTE** adj. y n. m. y f. Dícese de la persona, comunidad, país, etc., que tiene como lengua materna el español. SIN.: *hispanoparlante.*

**HISPANOMUSULMÁN, NA** adj. y n. Relativo a la España musulmana; natural u originario de la misma. • **Arte hispanomusulmán,** denominación empleada para designar las obras producidas en la España musulmana.

■ El auge del arte hispanomusulmán va parejo al emirato y califato de Córdoba a fines del s. X (palacio de Medina Azara). A partir del s. XIII el reino de Granada tomó la supremacía y fue el centro artístico de la España musulmana del s. XIV (arte nazarí), destacando la Alhambra y el Generalife. Los edificios musulmanes fueron realizados a base de materiales pobres (ladrillo y yeso) revestidos de un lujo exuberante a base de estuco, mocárabes y azulejos. Del arte de los reinos de taifas, cabe destacar el palacio de la Aljafería de Zaragoza y las alcazabas de Málaga y de Almería. Del arte almorávid y almohade han quedado más testimonios en Sevilla: la Giralda, el alcázar, la torre del Oro; también cabe señalar, en la España cristiana, las Huelgas (Burgos) y la sinagoga de Santa María la Blanca de Toledo. La influencia del arte musulmán en el resto de la Península se realizó a través de los mozárabes y los mudéjares. Ambos grupos se caracterizan por la utilización del arco de herradura, del ladrillo, de la decoración geométrica y vegetal, y por el cromatismo y luminosidad de sus obras. El arte hispanomusulmán se manifiesta, además, en arquetas de marfil, cofres de metal repujado, cerámica, tejidos y también en la miniatura.

**HISPANORROMANO, A** adj. y n. Relativo a los pueblos romanizados de la península Ibérica; individuo de dichos pueblos.

**HÍSPIDO, A** adj. (lat. *hispidum*). Hirsuto.

**HISTAMINA** n. f. Amina derivada de la histidina, presente en los tejidos animales y en el cornezuelo del centeno, que provoca la contracción de los músculos lisos, la vasodilatación de las arteriolas y desempeña una importante función en el mecanismo de la inflamación.

**HISTAMÍNICO, A** adj. Relativo a la histamina.

**HISTERECTOMÍA** n. f. CIR. Ablación del útero.

**HISTÉRESIS** n. f. Retraso en la evolución de un fenómeno físico en relación a otro, del que depende. **2.** Propiedad de las sustancias ferromagnéticas, en virtud de la cual la inducción depende no sólo del campo magnetizante actual, sino también de los estados magnéticos anteriores.

**HISTERIA** n. f. Neurosis caracterizada por la traducción al lenguaje corporal de los conflictos síquicos y por un tipo particular de personalidad, marcada por la dependencia y la manipulación del entorno. **2.** Cualidad de histérico.

■ Fue descrita por primera vez por Hipócrates como la consecuencia de una enfermedad provocada por la falta de relaciones sexuales en las mujeres. En la edad media las manifestaciones histéricas se atribuían a la posesión del cuerpo por Satanás y se castigaban con la hoguera. El estudio científico de la histeria se inició en el s. XIX. Charcot la clasificó entre las afecciones orgánicas del sistema nervioso. Freud, recogiendo las enseñanzas de Charcot, determinó la etiología síquica de la histeria, al tiempo que descubría los conceptos de inconsciente y sicoanálisis.

**HISTÉRICO, A** adj. y n. Relativo a la histeria; afecto de histeria. **2.** Dícese de la persona que responde con exageración a diferentes estímulos.

**HISTERIFORME** adj. Que tiene un aspecto clínico semejante a la histeria.

**HISTERISMO** n. m. Histeria.

**HISTEROGRAFÍA** n. f. Radiografía del útero efectuada tras la inyección de un líquido opaco a los rayos X.

**HÍSTICO, A** adj. Propio del tejido orgánico.

**HISTIDINA** n. f. Aminoácido indispensable para el crecimiento y conservación de los mamíferos.

**HISTIOCITO** n. m. BIOL. Célula joven del tejido reticuloendotelial o del tejido conjuntivo.

**HISTOCOMPATIBILIDAD** n. f. Conjunto de las condiciones que deben reunir dos tejidos para que uno de ellos pueda injertarse en el otro.

**HISTOGÉNESIS** n. f. Formación y desarrollo de los diferentes tejidos del embrión. **2.** Reestructuración de los tejidos que, en los insectos, tiene lugar al final de las metamorfosis.

**HISTOGRAMA** n. m. Gráfico formado por rectángulos de la misma base y cuya altura es proporcional a la cantidad que representan.

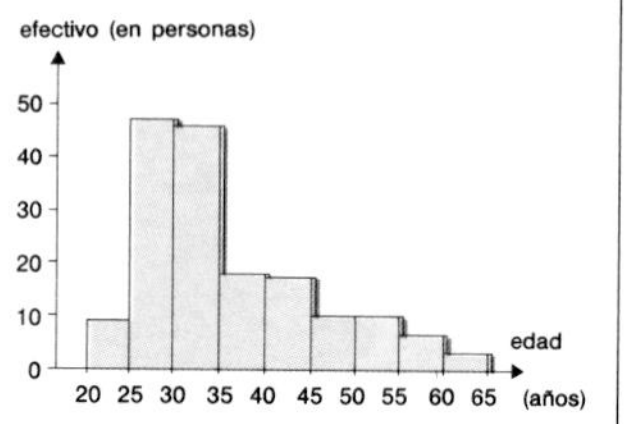


ejemplo de **histograma** (grupos de edad del personal de una empresa)

**HISTÓLISIS** n. f. Destrucción no patológica de los tejidos vivos.

**HISTOLOGÍA** n. f. Ciencia que estudia los tejidos constituyentes de los seres vivos.

**HISTOLÓGICO, A** adj. Relativo a la histología.

**HISTÓLOGO, A** n. Especialista en histología.

**HISTONA** n. f. Proteína existente en forma casi idéntica en todos los seres vivos, tanto vegetales como animales.

**HISTOPLASMOSIS** n. f. Enfermedad debida a un hongo parásito del género *Histoplasma,* que afecta a la piel, ganglios, huesos y vísceras.

**HISTOQUIMIA** o **HISTOQUÍMICA** n. f. Estudio de la constitución química y del metabolismo de las células y los tejidos.

**HISTORIA** n. f. (lat. *historiam*). Estudio de los acontecimientos del pasado relativos al hombre y a las sociedades humanas. **2.** El propio desarrollo de estos acontecimientos: *las sociedades humanas han cambiado a través de la historia.* **3.** Relato de sucesos del pasado, especialmente cuando se trata de una narración ordenada cronológicamente y verificada con los métodos de la crítica histórica: *la historia de España.* **4.** *Fig.* Conjunto de acontecimientos de carácter privado relativos a alguien: *contar alguien la historia de su vida.* **5.** *Fig.* Narración inventada: *contar historias de aparecidos.* **6.** *Fig.* Monserga, relato o pretensión fastidiosa: *déjate de historias.* (Suele usarse en plural.) **7.** *Fig.* Chisme, enredo: *contar historias sobre alguien.* (Suele usarse en plural.) • **Historia natural,** sin. ant. de ciencias naturales. ‖ **Historia sagrada,** conjunto de narraciones históricas contenidas en el Viejo y el Nuevo Testamento. ‖ **Pasar a la historia,** tener mucha importancia o trascendencia; perder actualidad. ‖ **Pintura de historia,** la que, tomando sus temas de la antigüedad, la mitología, la Biblia y la historia, especialmente antigua, ocupaba el primer lugar en la antigua jerarquía académica.

**HISTORIADO, A** adj. Complicado o recargado de adornos. **2.** B. ART. Dícese de las obras que están decoradas con escenas sagradas o profanas.

**HISTORIADOR, RA** n. Persona especializada en el estudio de la historia.

**HISTORIAL** adj. Relativo a la historia. ◆ n. m. **2.** Reseña circunstanciada de los antecedentes de un negocio, de los servicios o la carrera de un funcionario o empleado, etc. • **Historial clínico,** narración de los datos relativos a un enfermo, de los hallazgos del médico en él y del tratamiento a que se le somete.

**HISTORIAR** v. tr. [1]. Narrar algo de manera ordenada y minuciosa. **2.** Representar un suceso histórico o fabuloso en cuadros, estampas o tapices. **3.** *Amér. Fam.* Complicar, confundir, enmarañar.

**HISTORICIDAD** n. f. Calidad de histórico.

**HISTORICISMO** n. m. Actitud que interpreta los fenómenos humanos como producto de su desarrollo histórico, y, por lo tanto, como relativos y limitados.

**HISTORICISTA** adj. Relativo al historicismo.

**HISTÓRICO, A** adj. Relativo a la historia. **2.** Sucedido realmente. **3.** De gran importancia y trascendencia. **4.** Dícese del género cinematográfico, literario, etc., que se inspira en hechos históricos. • **Personaje histórico,** personaje que ha existido realmente.

**HISTORIETA** n. f. Anécdota, chiste o cuento divertido. **2.** Cómic.

**HISTORIOGRAFÍA** n. f. Estudio bibliográfico y crítico de los escritos sobre historia y sus fuentes. **2.** Conjunto de obras e investigaciones históricas.

**HISTORIOGRÁFICO, A** adj. Relativo a la historiografía.

**HISTORIÓGRAFO, A** n. Cronista, el que era nombrado oficialmente para escribir una historia de su tiempo o de su soberano. **2.** Persona especializada en historiografía.

**HISTRIÓN** n. m. (lat. *histrionem,* comediante). Actor, especialmente el de la tragedia antigua. **2.** Titiritero, acróbata, prestidigitador, etc., que hacía ejercicios para divertir al público. **3.** *Desp.* Persona que se pone en ridículo para divertir a otras. **4.** *Fig.* Persona farsante o efectista: *histrión político.*

**HISTRIÓNICO, A** adj. Relativo al histrión y al histrionismo.

**HISTRIONISMO** n. m. *Desp.* Aparatosidad, teatralidad en los gestos, lenguaje, etc. **2.** SICOL. Característica de la personalidad definida por la necesidad de atraer la atención de los demás sobre uno mismo.

**HIT** n. m. (voz inglesa, *golpe*). Término utilizado para designar un disco que constituye un éxito de venta.

**HITACIÓN** n. f. Acción y efecto de hitar. • **Hitación de Wamba,** supuesta división de obispados decretada en un concilio de Toledo por aquel rey visigodo.

**HITAR** v. tr. [1]. Colocar hitos, delimitar.

**HITITA** adj. y n. m. y f. Relativo a un pueblo indoeuropeo que, entre los ss. XX y XII a. J.C., constituyó un poderoso imperio en Anatolia central; individuo de este pueblo. ◆ n. m. **2.** Lengua indoeuropea hablada por los hititas.

■ La capital de los hititas era *Hattusa* (act. **Boğazköy**). Su poder, eclipsado en el s. XV por Mitanni, alcanzó su auge en los ss. XIV-XIII, equili-

el **arte hitita:** la puerta de las esfinges que conduce al santuario de la fortaleza de Alaca hōyūk (Anatolia); s. XIV a. J.C.

La Giralda.

Un aspecto de las ruinas de Medina Azara.

En el rico y variado arte de la España musulmana se suceden diversos períodos estilísticos en los que se generan abundantes y monumentales obras como en el arte emiral y califal, al que pertenecen la gran mezquita de Córdoba, producto de sucesivas ampliaciones y cuyo interior sorprende por la belleza conseguida con la sencilla combinación de columnas y arquerías, o la ciudad califal de Medina Azara, enclavada en una ladera de la sierra de Córdoba, y cuyas ruinas dan idea, en correspondencia con las crónicas, de la magnitud de sus construcciones y palacios, de sus puertas y columnas —son destacables de este período los marfiles: cajas, botes, arquetas, de uso palatino—. El refinamiento de la vida en la Alhambra nazarí de Granada se revela en el arte de asociar la arquitectura a la vegetación y al agua corriente —remarcable la perfección alcanzada en la técnica de los alicatados y azulejos de sus paredes—. La monumentalidad se erige en la esbeltez de la Giralda, alminar de la desaparecida mezquita almohade de Sevilla, y en la que se conjugan armoniosamente los distintos cuerpos superpuestos y su decoración de ladrillo tallado.

Píxide con decoración esculpida de follaje mezclado con aves y cuadrúpedos con una inscripción y fecha (964), en cúfico. (Museo arqueológico nacional, Madrid.)

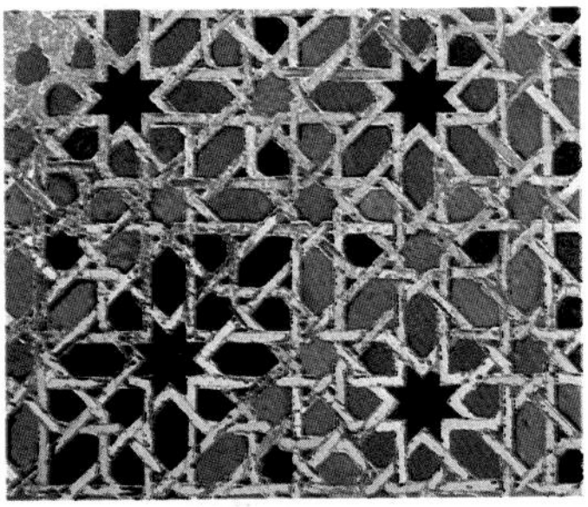

Mosaico alicatado, detalle de la decoración de las paredes de la Alhambra.

Naves de la gran mezquita de Córdoba, decoradas con dobles arcos superpuestos de ladrillo y piedra (ss. VIII-X).

El patio de los Arrayanes de la Alhambra de Granada.

brando así el de Egipto (batalla de Qadeš). El imperio hitita desapareció en el s. XII con la invasión de los pueblos del mar.

**HITLERIANO, A** adj. y n. Relativo a Hitler; partidario de Hitler y de su doctrina.

**HITLERISMO** n. m. Sistema político de Hitler o de los que se inspiran en él.

**HITO** n. m. Mojón o poste con que se marcan los límites de un terreno o la dirección, distancias, etc., de los caminos. **2.** *Fig.* Hecho importante que constituye un punto de referencia. **3.** Marca hecha sobre un muro, jalón o terreno, para indicar una alineación, un nivel, etc. • **Mirar de hito,** o **de hito en hito,** fijar la vista en un objeto sin apartarla de él.

**HIT-PARADE** n. m. (voz inglesa, *desfile de éxitos*). Clasificación de las canciones de éxito.

**Hn,** símbolo químico del *hahnio.*

**Ho,** símbolo químico del *holmio.*

**HŌ,** pueblo de la India (Bihār y Orissa), que habla una lengua mundā.

**HOACÍN** n. m. Ave de la selva amazónica, de unos 70 cm, pardusca, maloliente y provista de un gran moño. (Familia opistocómidos.)

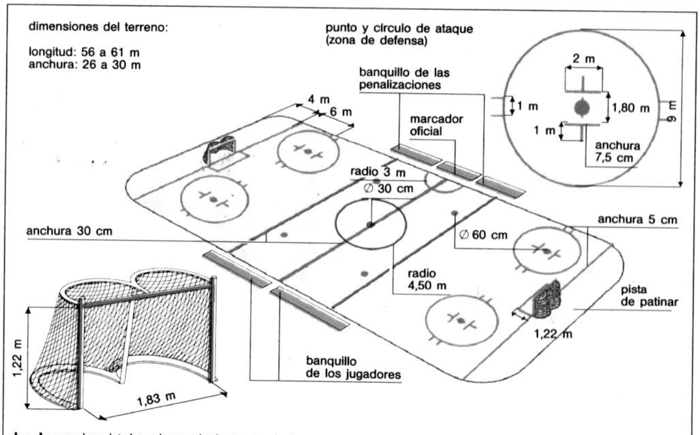

**hockey** sobre hielo: plano de la zona de juego

**hoacín**

**HOBACHÓN, NA** adj. Dícese de la persona corpulenta, pero de poca energía y holgazana.

**HOBACHONERÍA** n. f. Pereza, desidia, holgazanería.

**HOBBY** n. m. (voz inglesa) [pl. *hobbies*]. Pasatiempo favorito para distraerse de las ocupaciones habituales.

**HOCICAR** v. tr. [**1a**]. *Fam.* Tropezar con un obstáculo o dificultad insuperable. **2.** *Fam.* Fisgar.

**HOCICO** n. m. Parte de la cabeza de algunos animales donde están la boca y las narices. **2.** Morro, boca de una persona de labios muy abultados. **3.** *Fig.* y *fam.* Cara, parte anterior de la cabeza. **4.** *Fig.* y *fam.* Gesto de enojo o desagrado. • **Meter el hocico,** o **los hocicos,** en algo, curiosear.

**HOCICÓN, NA** adj. *Méx. Vulg.* Dícese del que tiene la boca grande. **2.** *Méx. Vulg.* Fanfarrón, mentiroso.

**HOCICUDO, A** adj. De labios prominentes o de hocico desarrollado.

**HOCINO** n. m. Pequeña hoz para cortar la madera menuda. **2.** Instrumento que usan los hortelanos para trasplantar. **3.** Arma de asta derivada de la hoz (ss. XIII-XV).

**HOCINO** n. m. Terreno formado por la acumulación de materiales, depositados por las quebradas en las faldas de las montañas cerca de los ríos. **2.** Cada uno de los huertecillos cultivados en dichos terrenos.

**HOCIQUEAR** v. intr. [**1**]. Hocicar.

**HOCKEY** n. m. (voz inglesa, *cayado*). Deporte que se practica entre dos equipos que impulsan una pelota con un bastón o stick, para tratar de introducirla en la portería del contrario. • **Hockey sobre hielo,** el que se practica entre equipos de seis jugadores sobre una pista de hielo. ‖ **Hockey sobre hierba,** el que se practica entre equipos de once jugadores sobre un campo de hierba. ‖ **Hockey sobre patines,** el que se practica entre equipos de cinco jugadores calzados con patines sobre una superficie dura.

**HOCO** n. m. Ave gallinácea originaria de América del Sur.

**hoco** negro

**HODIERNO** adj. Relativo al día de hoy o al tiempo presente.

**HOGAÑO** adv. t. En este año, en el año presente. **2.** En esta época.

**HOGAR** n. m. (lat. *focarem*). Sitio donde se coloca la lumbre en las cocinas, chimeneas, hornos, etc. **2.** *Fig.* Domicilio, lugar donde se vive con la familia. **3.** *Fig.* Familia, conjunto de personas que habitan bajo un mismo techo. **4.** Parte de un horno industrial o doméstico en la que tiene lugar la combustión. **5.** Conjunto de conocimientos referentes a la casa (estructura, mobiliario, etc.) y labores que en ella se realizan.

**HOGAREÑO, A** adj. Relativo al hogar. **2.** Amante del hogar y de la vida de familia.

**HOGAZA** n. f. Pan grande.

**HOGUERA** n. f. Montón de materias combustibles que arden con llama. **2.** HIST. Pena que la Inquisición aplicaba a los herejes impenitentes y relapsos.

**HOJA** n. f. (lat. *folia*). Órgano vegetal clorofílico fijado a lo largo de un tallo o de una rama, y cuya parte plana y ancha contiene numerosos vasos, agrupados en nerviaciones. **2.** Pétalo. **3.** Lámina delgada de cualquier material: *hoja de papel, madera, metal.* **4.** Cada una de las partes articuladas que pueden plegarse unas sobre otras. **5.** En puertas, ventanas, persianas, etc., cada una de las partes que se abren y se cierran: *puerta de dos hojas.* **6.** Folio conjunto de dos páginas, anverso y reverso, de un libro o cuaderno. **7.** Cuchilla de las herramientas y armas blancas. • **Hoja de afeitar,** laminilla de acero, muy delgada, con filo, que, colocada en un instrumento especial, sirve para afeitar. ‖ **Hoja de cálculo,** o **electrónica,** programa informático que efectúa cálculos numéricos a partir de datos y fórmulas de cálculo introducidas por el usuario. ‖ **Hoja de estudios,** expediente académico de un estudiante. ‖ **Hoja de lata,** hojalata. ‖ **Hoja**

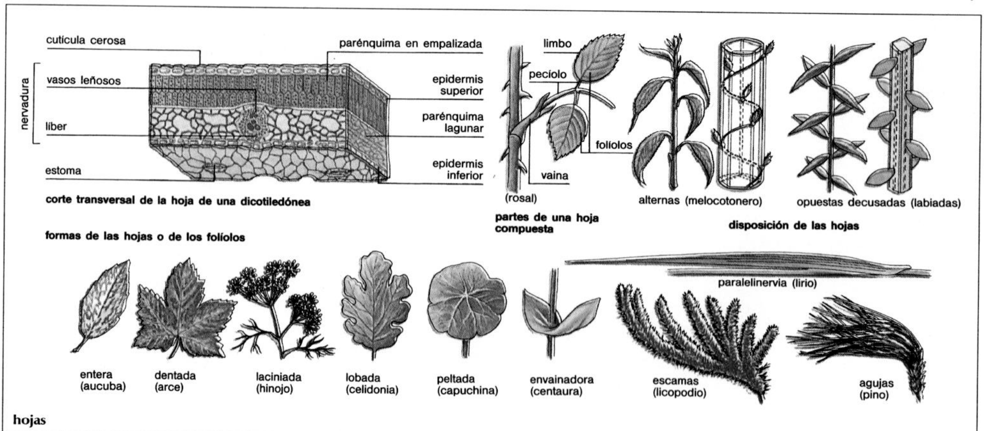

**hojas**

**de ruta,** documento que acompaña a las mercancías transportadas para ciertos trámites. || **Hoja de servicios,** documento en que constan los antecedentes de un funcionario en el ejercicio de su empleo. || **Hoja suelta,** impreso que, sin ser cartel o periódico, tiene menos páginas que el folleto.

■ La cara superior de las hojas (haz), muy rica en clorofila, garantiza la fotosíntesis gracias a la energía solar. De la fotosíntesis resultan unos *intercambios gaseosos* (vapor de agua, oxígeno, dióxido de carbono), a través de los estomas de la cara inferior (envés), y unos *intercambios vasculares* (los vasos llevan savia bruta a la hoja y reciben de ésta savia elaborada muy rica en materia orgánica, que será distribuida a toda la planta).

**HOJALATA** n. f. Chapa delgada de acero suave, revestida de estaño por ambas caras.

**HOJALATEAR** v. tr. [**1**]. *Méx.* Reparar las abolladuras de las carrocerías de los automóviles.

**HOJALATERÍA** n. f. Taller en que se hacen piezas de hojalata. **2.** Tienda donde se venden. **3.** *Méx.* Taller donde se reparan carrocerías.

**HOJALATERO, A** n. Persona que tiene por oficio hacer o vender piezas de hojalata. ◆ n. m. **2.** *Méx.* El que hojalatea carrocerías.

**HOJALDRA** n. f. *Amér.* Hojaldre.

**HOJALDRADO, A** adj. De hojaldre o semejante a él.

**HOJALDRAR** v. tr. [**1**]. Trabajar la masa para hacer hojaldre.

**HOJALDRE** n. m. o f. Pasta o masa hecha con harina y mantequilla, que, al cocerse al horno, forma hojas delgadas y superpuestas.

**HOJARASCA** n. f. Conjunto de hojas secas de las plantas. **2.** Excesiva frondosidad de las plantas. **3.** *Fig.* Cosa aparatosa, pero de poco provecho, especialmente en lo que se dice o escribe.

**HOJEAR** v. tr. [**1**]. Mover o pasar ligeramente las hojas de un libro, cuaderno, revista, etc. **2.** Pasar las hojas de un texto, leyendo de prisa algunos pasajes.

**HOJOSO, A** adj. Que tiene muchas hojas. **2.** De estructura en forma de hojas o láminas.

**HOJUELA** n. f. Masa frita muy extendida y delgada. **2.** Tira delgada, estrecha y larga, de oro, plata u otro metal, que sirve para galones, bordados, etc. **3.** Hollejo que queda de la aceituna molida.

**HOKA,** familia lingüística que comprende las lenguas de diversos pueblos amerindios que vivieron o viven desde California hasta Colombia.

**¡HOLA!** interj. Voz que se emplea para saludar. **2.** Denota sorpresa o extrañeza.

**HOLÁN** n. m. *Méx.* Faralá, volante, adorno de cortinas o vestidos. SIN.: *olán.*

**HOLANDA** n. m. Queso refinado, de pasta prensada sin cocer y de corteza lavada. ◆ n. f. **2.** Cierta tela de algodón muy fina.

**HOLANDÉS, SA** adj. y n. De Holanda o de Países Bajos. ◆ adj. **2. Salsa holandesa,** salsa que se hace con yema de huevo y mantequilla. ◆ n. m. **3.** Dialecto neerlandés hablado en Holanda.

**HOLANDESA** n. f. Hoja de papel de 22 × 28 cm.

**HOLDING** n. m. (voz inglesa). Sociedad anónima que, gracias a sus participaciones financieras, controla un grupo de empresas de la misma naturaleza, que de esta forma quedan unidas por una comunidad de intereses.

**HOLGACHÓN, NA** adj. y n. Dícese de la persona que se da buena vida y trabaja poco.

**HOLGADO, A** adj. Dícese de las cosas demasiado anchas o sobradas en relación con lo que han de contener. **2.** *Fig.* Dícese de la situación económica de una persona que tiene para vivir con bienestar.

**HOLGANZA** n. f. Ociosidad.

**HOLGAR** v. intr. [**1m**]. Estar ocioso o entregarse al ocio. **2.** Sobrar, estar de más: *huelgan los comentarios.* ◆ **holgarse** v. pron. **3.** Alegrarse de algún suceso. **4.** Divertirse, distraerse.

**HOLGAZÁN, NA** adj. y n. Dícese de la persona vaga y ociosa, que se resiste a trabajar.

**HOLGAZANEAR** v. intr. [**1**]. Trabajar poco o nada por holgazanería o estar ocioso.

**HOLGAZANERÍA** n. f. Cualidad de holgazán.

**HOLGÓN, NA** adj. y n. Amigo de darse buena vida.

**HOLGORIO** n. m. Jolgorio.

**HOLGURA** n. f. Amplitud, cualidad o situación de holgado. **2.** Espacio vacío que queda entre dos piezas que han de encajar una en otra. **3.** Desahogo o bienestar económico.

**HOLISMO** n. m. FILOS. Doctrina epistemológica según la cual la comprensión de las totalidades o realidades complejas se lleva a cabo a partir de leyes específicas, que no se reducen a leyes que afectan a sus elementos.

**HOLLADERO, A** adj. Dícese de la parte del camino por donde ordinariamente se transita.

**HOLLADURA** n. f. Acción y efecto de hollar.

**HOLLAR** v. tr. [**1r**]. Pisar algo con los pies. **2.** *Fig.* Abatir, humillar.

**HOLLEJO** n. m. Piel delgada que cubre algunas frutas y legumbres.

**HOLLÍN** n. m. Sustancia crasa y negra que el humo deposita en la superficie de los cuerpos.

**HOLLINAR** v. tr. [**1**]. Cubrir de hollín.

**HOLMIO** n. m. QUÍM. Metal del grupo de las tierras raras, de número atómico 67 y de masa atómica 164,93, cuyo símbolo químico es Ho.

**HOLOCAUSTO** n. m. Entre los judíos, sacrificio religioso en el que la víctima era totalmente consumida por el fuego. **2.** Gran matanza de seres humanos. **3.** *Fig.* Sacrificio, acto de abnegación.

**HOLOCENO** n. m. y adj. GEOL. Período más reciente del cuaternario.

**HOLOCRISTALINO** adj. GEOL. Dícese de las rocas endógenas enteramente cristalizadas.

**HOLOENZIMA** n. m. Enzima completo constituido por una parte proteica no dializable, el apoenzima, y por una parte no proteica, dializable, el coenzima.

**HOLOFRÁSTICO, A** adj. **Lengua holofrástica** (LING.), lengua incorporante.

**HOLOGRAFÍA** n. f. Método de fotografía en relieve que utiliza las interferencias producidas por dos rayos laser, uno procedente directamente del aparato productor, y el otro reflejado por el objeto a fotografiar.

**HOLOGRÁFICO, A** adj. Relativo a la holografía.

**HOLÓGRAFO, A** adj. y n. Ológrafo.

**HOLOGRAMA** n. m. Imagen obtenida por holografía.

**HOLOPROTEÍNA** n. f. Proteína formada únicamente por aminoácidos.

**HOLÓSIDO** n. m. Ósido formado únicamente por osas.

**HOLÓSTEO, A** adj. y n. m. Relativo a una subclase de peces de agua dulce que representa una transición entre los condrósteos y los teleósteos, y que comprende fundamentalmente formas fósiles.

**HOLOTURIA** n. f. (gr. *holothurion*). Equinodermo de los fondos marinos, de cuerpo blando y alargado, que alcanza hasta 25 cm de long.

**HOMAR** n. m. Bogavante.

**HOMBRACHO** n. m. *Desp.* Hombre grueso y fornido. **2.** *Desp.* Hombre grosero o despreciable.

**HOMBRADA** n. f. Acción propia de un hombre fuerte o de carácter.

**HOMBRE** n. m. (lat. *hominem*). Ser dotado de inteligencia y de un lenguaje articulado, clasificado entre los mamíferos del orden primates, y caracterizado por poseer cerebro voluminoso, postura erguida y manos prensiles. **2.** La especie humana en sentido colectivo: *el hombre ha subido a la Luna.* **3.** Grupo determinado de la especie humana: *el hombre europeo.* **4.** Persona, miembro de la especie humana: *los derechos del hombre.* **5.** Varón, individuo del sexo masculino de la especie humana. **6.** Individuo adulto del sexo masculino de la especie humana. **7.** Individuo del sexo masculino dotado de las cualidades que caracterizan la madurez síquica. **8.** *Fam.* Marido o amante. **9.** *Fig.* Individuo que posee las cualidades consideradas varoniles por excelencia: *es todo un hombre.* **10.** Seguido de la prep. *de* y de un sustantivo, expresa la actividad o cualidad relacionada con dicho sustantivo: *hombre de acción; hombre de estado; hombre de bien.* **11.** FEUD. Cualquier tipo de persona que dependiese de un señor. • **Hombre bueno** (DER.), mediador en los actos de conciliación. || **Hombre de paja,** el que actúa al dictado de otro que no quiere figurar en primer plano. || **Hombre lobo,** hombre que, según la superstición popular, al llegar la noche adquiere la apariencia de lobo. || **Hombre medio** o **el hombre de la calle,** conjunto de personas representativas de las opiniones de una mayoría. || **Hombre público,** el que interviene públicamente en política. || **Hombre rana,** persona que, provista de un equipo autónomo de inmersión, se dedica a actividades submarinas. || **Ser** uno **otro hombre,** haber cambiado mucho en sus cualidades. ◆ interj. **12.** Denota sorpresa o asombro.

■ Se conoce la evolución del hombre gracias a tres tipos distintos de documentos: el utillaje lítico (cantos rodados, sílex tallados, piedras pulidas), indicios de asentamientos y, en tercer lugar, restos de esqueletos. Los despojos óseos humanos y prehumanos, que se descubrieron en primer lugar en Europa (La-Chapelle-aux-Saints, Cro-Magnon, Grimaldi) y más tarde en Asia (Java, China), en Oriente próximo (Israel) y, sobre todo, en África (Etiopía), indican una evolución continua a partir de primates desaparecidos, que son al mismo tiempo los antepasados de los póngidos (grandes simios). Esta evolución se caracteriza por el aumento de la capacidad craneal, el retroceso de la concavidad occipital, reducción de la mandíbula, creciente adaptación a la bipedia, etc. Las etapas de esta evolución son: australopiteco (−3 millones de años) y las especies del género *Homo, Homo habilis* (−2 millones de años), *Homo erectus* (−1,5 millones de años) y *Homo sapiens* (−200 000 años), con sus dos subespecies *Homo sapiens neardentalensis* (de −100 000 a −30 000 años) y *Homo sapiens sapiens,* que es el hombre «moderno». Todo parece indicar que esta evolución empezó en África.

**HOMBREAR** v. intr. [**1**]. Querer el joven parecer hombre hecho.

**HOMBREAR** v. intr. y pron. [**1**]. Querer igualarse con otro u otros.

**HOMBRERA** n. f. Pequeña almohadilla colocada en los vestidos para levantar los hombros. **2.** Tirante de algunas prendas de vestir. **3.** MIL. Franja de tela que se coloca sobre los hombros del uniforme.

**HOMBRÍA** n. f. Calidad de hombre. **2.** Conjunto de cualidades morales que ensalzan a un hombre. • **Hombría de bien,** honradez y moralidad.

**HOMBRILLO** n. m. Tira de tela con que se refuerza la camisa por el hombro. **2.** Pieza que por adorno se pone encima de los hombros.

**HOMBRO** n. m. (lat. *humerum*). Parte superior y lateral del tronco del hombre, de donde nace el brazo. • **A hombros,** sobre los hombros; llevar entre varias personas a otra en volandas en manifestación de homenaje. || **Arrimar el hombro,** cooperar o ayudar en algún trabajo. || **Encogerse de hombros,** no saber o no querer responder a lo que se pregunta; mostrarse indiferente a lo que se

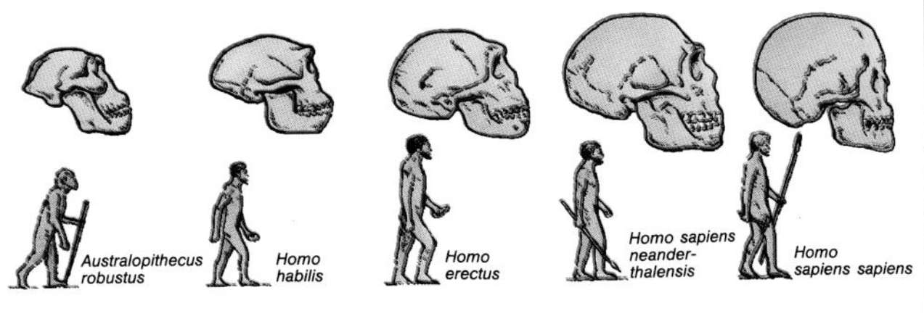


**hombre:** las grandes etapas de la evolución de la especie

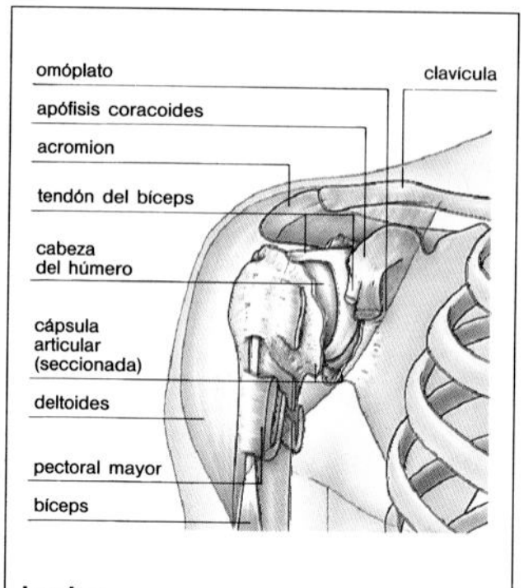

**hombro**

ve u oye. ‖ **Mirar** a uno **por encima del hombro,** tenerle en menos, desdeñarle.

**HOMBRUNO, A** adj. Dícese de la mujer que se parece al hombre y de las cosas en que estriba esta semejanza.

**HOMELAND** n. m. Bantustán.

**HOMENAJE** n. m. (provenz. *omenatge*). Demostración de admiración, respeto, etc., hacia alguien. **2.** Acto o serie de actos que se celebran en honor de alguien. **3.** HIST. Ceremonia en que un hombre se declaraba vasallo de un señor.

**HOMENAJEAR** v. tr. [**1**]. Tributar un homenaje.

**HOMEOMORFISMO** n. m. Analogía de formas que presentan entre ellos ciertos cristales de naturaleza diferente.

**HOMEOMORFO, A** adj. Dícese de los cristales que presentan homeomorfismo.

**HOMEÓPATA** adj. y n. m. y f. Dícese del médico que practica la homeopatía.

**HOMEOPATÍA** n. f. Sistema terapéutico que consiste en tratar a los enfermos con la ayuda de dosis infinitesimales de agentes que determinan una afección análoga a la que se quiere combatir. CONTR.: *alopatía.*

**HOMEOPÁTICO, A** adj. Relativo a la homeopatía. **2.** Dícese de la dosis en que el producto activo interviene en proporción muy reducida.

**HOMEOSTASIS** n. f. ECOL. Característica de un ecosistema que resiste a los cambios y conserva un estado de equilibrio. **2.** FISIOL. Tendencia de los organismos vivos a estabilizar sus diversas constantes fisiológicas.

**HOMEOSTÁTICO, A** adj. Relativo a la homeostasis.

**HOMEOSTATO** n. m. Aparato destinado a estudiar cómo un sistema de una cierta complejidad es capaz de alcanzar por sí solo un estado de equilibrio previamente fijado.

**HOMEOTERMIA** n. f. Carácter de los organismos homeotermos. SIN.: *isotermia.*

**HOMEOTERMO, A** u **HOMEOTÉRMICO, A** adj. Dícese del animal cuya temperatura central es constante. SIN.: *isotermo, isotérmico;* CONTR.: *poiquilotermo.*

**HOMÉRICO, A** adj. Relativo a Homero.

**HOMICIDA** adj. y n. m. y f. (lat. *homicidam*). Dícese de la persona que voluntariamente causa la muerte de otra. **2.** Responsable de un homicidio. ◆ adj. **3.** Dícese de lo que ocasiona la muerte: *el arma homicida.*

**HOMICIDIO** n. m. Muerte de una persona causada voluntariamente por otra.

**HOMILÍA** n. f. (gr. *homilia,* plática). Explicación o sermón sobre materias religiosas, que se efectúa en el curso de la misa.

**HOMILIARIO** n. m. Libro que contiene homilías.

**HOMÍNIDO, A** u **HOMINIANO, A** adj. y n. m. Relativo a un suborden de mamíferos primates vivos y fósiles, en el que se incluye el hombre actual.

**HOMINIZACIÓN** n. f. Proceso evolutivo que determinó la aparición de la especie humana.

**HOMOCÉNTRICO, A** adj. *Fig.* Dícese del haz luminoso cuyos rayos pasan todos por el mismo punto. **2.** MAT. Concéntrico.

**HOMOCENTRO** n. m. MAT. Centro común a varias circunferencias.

**HOMOCERCO, A** adj. HIST. NAT. Que tiene sus dos lóbulos iguales, referido a la aleta caudal de los peces.

**HOMOCÍCLICO, A** adj. QUÍM. Dícese de los compuestos orgánicos que contienen una o varias cadenas cerradas, constituidas exclusivamente por átomos de carbono.

**HOMOCIGOTO, A** u **HOMOCIGÓTICO, A** adj. BIOL. Dícese del organismo cuyos genes alelomorfos, para un mismo carácter, son iguales.

**HOMOCINÉTICO, A** adj. Dícese de las partículas que tienen la misma velocidad. **2.** MEC. Dícese de la conexión entre dos ejes que asegura una transmisión regular de las velocidades, incluso si los dos ejes no están alineados.

**HOMOCROMÍA** n. f. BIOL. Propiedad de algunos animales (reptiles, peces e insectos) de armonizar su color con el de los objetos que les rodean.

**HOMOFOBIA** n. f. Aversión o rechazo hacia los homosexuales.

**HOMOFOCAL** adj. Dícese de las cónicas que admiten los mismos focos.

**HOMOFONÍA** n. f. Calidad de homófono.

**HOMÓFONO, A** adj. y n. m. LING. Dícese de las palabras de igual pronunciación, pero de ortografía y sentido diferentes. ◆ adj. **2.** MÚS. Dícese del canto o música en que todas las voces van al unísono. CONTR.: *polifónico.*

**HOMOGAMÉTICO, A** adj. **Sexo homogamético,** aquel en el cual todos los gametos son del mismo tipo. (En los mamíferos es la hembra.)

**HOMOGENEIDAD** n. f. Calidad de homogéneo.

**HOMOGENEIZACIÓN** n. f. Acción de homogeneizar y, en particular, de someter ciertos líquidos, como la leche, a un tratamiento que impide en su masa la decantación de los elementos constitutivos.

**HOMOGENEIZADO, A** adj. **Leche homogeneizada,** leche que ha sido sometida al proceso de homogeneización.

**HOMOGENEIZADOR, RA** adj. Que homogeneiza. ◆ n. m. **2.** Aparato que sirve para homogeneizar.

**HOMOGENEIZAR** v. tr. [**1x**]. Transformar en homogéneo.

**HOMOGÉNEO, A** adj. Perteneciente a un mismo género. **2.** Dícese del conjunto formado por elementos de igual naturaleza y condición o en el que no se distinguen sus partes constituyentes.

**HOMOGRAFÍA** n. f. LING. Naturaleza de las palabras homógrafas. **2.** MAT. Transformación puntual en la que toda forma lineal (recta, plano, etc.) tiene por imagen otra forma lineal.

**HOMOGRÁFICO, A** adj. Relativo a la homografía. • **Función homográfica,** cociente de dos funciones de primer grado.

**HOMÓGRAFO, A** adj. LING. Dícese de los homónimos que tienen la misma ortografía.

**HOMOINJERTO** n. m. Injerto en el cual el tejido injertado está tomado de un sujeto de la misma especie que el sujeto injertado. CONTR.: *heteroinjerto.*

**HOMOLOGABLE** adj. Que puede homologarse.

**HOMOLOGACIÓN** n. f. Acción y efecto de homologar.

**HOMOLOGAR** v. tr. [**1b**]. Confirmar, corroborar, revalidar. **2.** Reconocer oficial o privadamente un aparato o técnica de ejecución comprobando las características prefijadas. **3.** Equiparar, poner en relación de igualdad o semejanza dos cosas. **4.** DEP. Registrar o confirmar un organismo autorizado el resultado de una prueba deportiva realizada con arreglo a ciertas normas. **5.** DER. Dar firmeza las partes al fallo de los árbitros, por haber dejado pasar el plazo legal sin impugnarlo. **6.** DER. Confirmar el juez los actos y convenios de las partes para hacerlos más firmes.

**HOMOLOGÍA** n. f. Cualidad de homólogo.

**HOMÓLOGO, A** adj. y n. Dícese de la persona o cosa que se corresponde exactamente con otra. ◆ adj. **2.** MAT. Dícese de los elementos correspondientes en una transformación. **3.** QUÍM. Dícese de los cuerpos orgánicos que tienen las mismas funciones y estructuras análogas.

**HOMOMORFISMO** n. m. MAT. Morfismo.

**HOMONIMIA** n. f. Carácter de lo que es homónimo.

**HOMÓNIMO, A** adj. y n. (gr. *homōnymos*). Dícese de las palabras que tienen la misma pronunciación o la misma ortografía, pero sentido diferente. **2.** Dícese de una persona, de una ciudad, etc., que tiene el mismo nombre que otra.

**HOMOPOLAR** adj. QUÍM. Dícese de una molécula cuyos átomos tienen un enlace de covalencia.

**HOMÓPTERO, A** adj. y n. m. Relativo a un orden de insectos hemipteroides de alas iguales, a menudo vegetarianos, como la cigarra y el pulgón.

**HOMOSEXUAL** adj. y n. m. y f. Dícese de la persona que siente atracción sexual por individuos de su mismo sexo. ◆ adj. **2.** Relativo a la homosexualidad.

**HOMOSEXUALIDAD** n. f. Forma de sexualidad en la que la atracción sexual se dirige hacia una persona del mismo sexo.

**HOMOSFERA** n. f. Capa de la atmósfera, situada entre el suelo y una altura de aproximadamente 100 km, en la que los principales elementos, nitrógeno y oxígeno, mantienen proporciones constantes.

**HOMOTECIA** n. f. MAT. Transformación en la que la imagen de un punto se halla sobre la recta que le une a un punto fijo, y en la que la distancia disminuye o aumenta en una relación constante.

**HOMOTERMIA** n. f. Carácter de un cuerpo con temperatura homogénea y constante.

**HOMOTÉTICO, A** adj. Relativo a la homotecia.

**HOMOZIGOTO, A** u **HOMOZIGÓTICO, A** adj. Homocigoto.

**HOMÚNCULO** n. m. Pequeño ser sin cuerpo, sin sexo, y dotado de un poder sobrenatural, que los brujos pretendían poder crear.

**HONDA** n. f. (lat. *fundam*). Utensilio formado por una tira de una materia flexible, especialmente cuero, y que se usa para lanzar piedras.

**HONDAZO** n. m. Tiro de honda. SIN.: *hondada.*

**HONDEAR** v. intr. [**1**]. Disparar con la honda.

**HONDERO** n. m. Soldado que se servía de la honda para combatir.

**HONDO, A** adj. Que tiene mucha profundidad. **2.** Dícese de la parte del terreno más baja que la circundante. **3.** *Fig.* Oculto, recóndito: *en lo más hondo del corazón.* **4.** Dícese de los sentimientos intensos, muy íntimos y verdaderos: *sentir un hondo pesar.* **5.** TAUROM. Dícese del toro largo de costillas. • **Cante hondo,** cante jondo. ◆ n. m. **6.** Fondo de cualquier cosa hueca.

**HONDÓN** n. m. Fondo de cualquier cosa hueca. **2.** Hondonada. **3.** Ojo de la aguja.

**HONDONADA** n. f. Parte del terreno que está más honda que la que le rodea.

**HONDURA** n. f. Profundidad de una cosa. • **Meterse** uno **en honduras,** profundizar demasiado en el estudio o exposición de un asunto; querer averiguar demasiado de algo.

**HONDUREÑISMO** n. m. Vocablo, giro o locución propio de los hondureños.

**HONDUREÑO, A** adj. y n. De Honduras. ◆ n. m. **2.** Modalidad adoptada por el español en Honduras.

**HONESTAR** v. tr. [**1**]. Honrar. **2.** Cohonestar.

**HONESTIDAD** n. f. Cualidad de honesto. • **Delito contra la honestidad,** cada uno de los delitos cuya característica común es su relación con la esfera sexual.

**HONESTO, A** adj. (lat. *honestum*). Conforme a lo que exige el pudor y la decencia o que no se opone a las buenas costumbres. **2.** Honrado, incapaz de robar, estafar o defraudar. **3.** Razonable, moderado.

**HONGKONÉS, SA** adj. y n. De Hong Kong.

**HONGO** n. m. (lat. *fungum*). Vegetal sin flores y sin clorofila, que crece en lugares húmedos, ricos en materia orgánica y poco iluminados, y del que existen cerca de 250 000 especies. **2.** Sombrero de copa baja, rígida y semiesférica.

■ En el grupo de los hongos se distinguen las formas superiores, de gran tamaño, comestibles o venenosas, en ocasiones mortales, que se reproducen por medio de esporas externas *(basidiomicetes),* o que se desarrollan dentro de ascos *(ascomicetes),* y las inferiores: moho, levaduras,

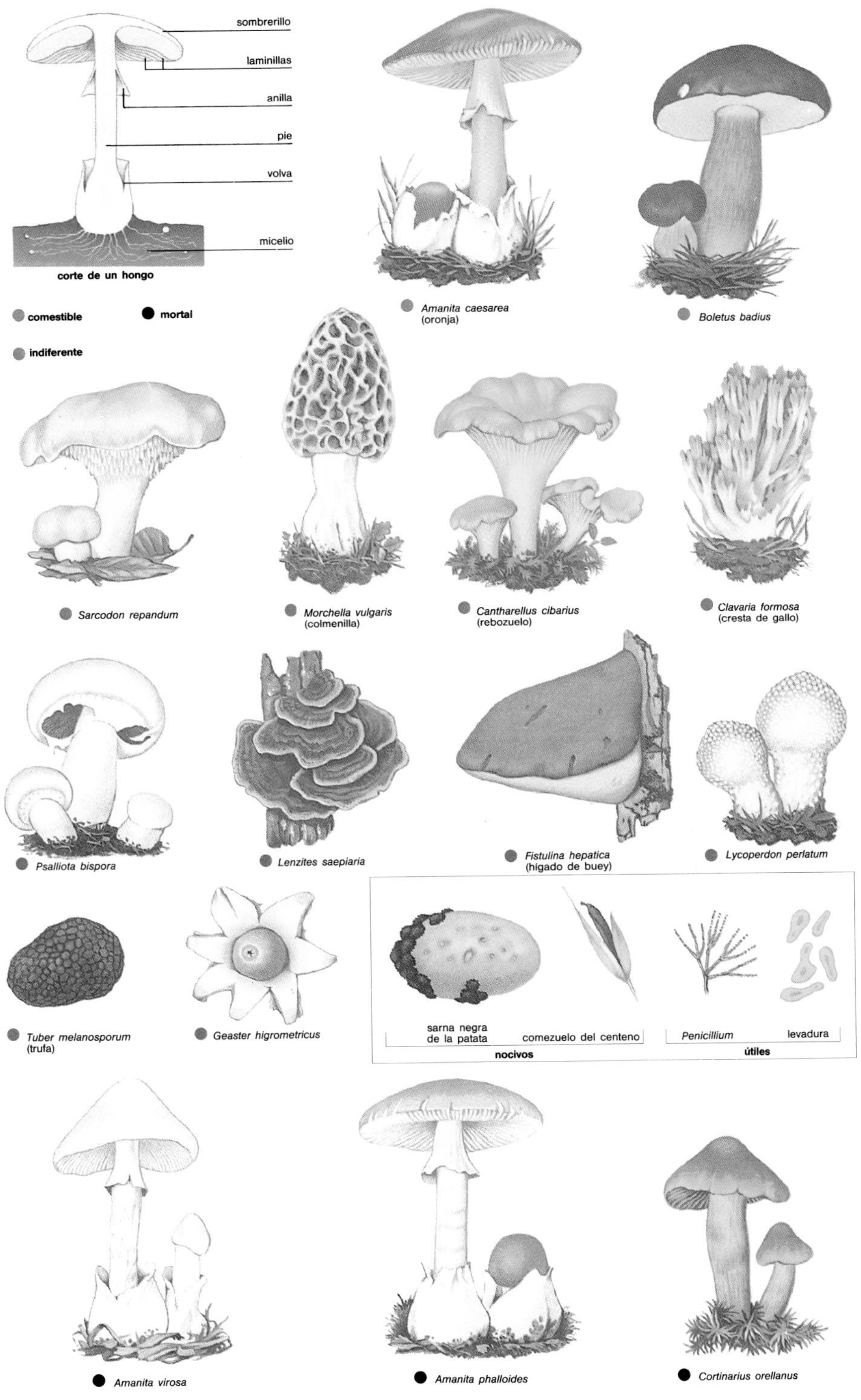
sombrerillo
laminillas
anilla
pie
volva
micelio
corte de un hongo
comestible
mortal
indiferente
Amanita caesarea
(oronja)
Boletus badius
Sarcodon repandum
Morchella vulgaris
(colmenilla)
Cantharellus cibarius
(rebozuelo)
Clavaria formosa
(cresta de gallo)
Psalliota bispora
Lenzites saepiaria
Fistulina hepatica
(hígado de buey)
Lycoperdon perlatum
Tuber melanosporum
(trufa)
Geaster higrometricus
sarna negra
de la patata
comezuelo del centeno
nocivos
Penicillium
levadura
útiles
Amanita virosa
Amanita phalloides
Cortinarius orellanus

**hongos**

agentes de enfermedades de las plantas (mildiu, carbón) y de micosis en el hombre, clasificadas a menudo como *sicomicetes*.

**HONING** n. m. (voz inglesa). Operación de acabado con una piedra abrasiva para mejorar el estado de la superficie de determinadas piezas mecánicas.

**HONOR** n. m. (lat. *honorem*). Cualidad moral de la persona, que obedece a los estímulos de su propia estimación: *un hombre de honor.* **2.** Recompensa moral que se alcanza con esta cualidad: *preferir el honor al dinero.* **3.** Reputación, consideración: *vengar su honor.* **4.** Virginidad en las mujeres. **5.** Demostración de estima, de respeto: *celebrar una fiesta en honor a alguien.* **6.** Acto por el cual alguien se siente halagado. **7.** Dignidad, cargo, empleo: *aspirar a los honores de la presidencia.* (Suele usarse en plural.) • **Campo,** o **terreno, del honor,** lugar donde, conforme a ciertas reglas, combaten dos o más personas. ‖ **Hacer honor a** algo, comportarse conforme a lo que se dice. ‖ **Palabra de honor,** promesa o afirmación que confirma con fuerza algo. ‖ **Tener a honor,** considerar que es causa de orgullo. ◆ **honores** n. m. pl. **8.** Ceremonial, agasajo: *rendir honores.* **9.** Fórmulas particulares de respeto que deben observarse ante los jefes de estado y altos funcionarios. **10.** Ceremonias con que la guardia o tropa formada honra a determinadas personas, a la bandera, etc. • **Hacer los honores,** atender a los invitados en una fiesta o ceremonia; hacer aprecio de lo que se ofrece en un convite, comiendo y bebiendo en abundancia. ‖ **Honores de guerra,** los que se conceden a un enemigo que capitula honrosamente. ‖ **Honores fúnebres,** los que se tributan a los difuntos.

**HONORABILIDAD** n. f. Cualidad de honorable.

**HONORABLE** adj. Digno de ser honrado o acatado: *aspecto, conducta honorable.* **2.** Respetable, digno: *hombre honorable.* **3.** Tratamiento dado a ciertos títulos o cargos, como a los miembros del consejo ejecutivo de la Generalidad de Cataluña y del gobierno de la Generalidad valenciana. **4.** HERÁLD. Dícese de las piezas heráldicas consideradas erróneamente durante mucho tiempo como las más antiguas.

**HONORARIO, A** adj. Dícese de la persona que tiene los honores pero no el ejercicio ni retribución de un empleo o dignidad: *miembro honorario; decano honorario.* ◆ **honorarios** n. m. pl. **2.** Retribución percibida por las personas que ejercen profesiones liberales.

**HONORÍFICO, A** adj. (lat. *honorificum*). Que da honor: *un título honorífico.*

**HONORIS CAUSA** loc. adj. (voces lat., *a causa del honor*). Dícese de los grados universitarios conferidos, a título honorífico y sin examen, a altas personalidades.

**HONRA** n. f. Circunstancia de ser alguien por su conducta digno de aprecio y respeto: *la honra de una familia.* **2.** Buena opinión y fama adquirida por la virtud y el mérito: *granjearse mucha honra.* **3.** Motivo de satisfacción y orgullo: *tener algo a mucha honra.* **4.** Honor, virginidad en las mujeres. • **¡A mucha honra!,** respuesta a un comentario en que se atribuye a alguien algo en tono despreciativo. ◆ **honras** n. f. pl. **5.** Oficio solemne que se hace por los difuntos algunos días después del entierro. SIN.: *honras fúnebres.*

**HONRADEZ** n. f. Calidad de honrado.

**HONRADO, A** adj. Incapaz de robar, estafar o defraudar: *un ciudadano honrado.* **2.** Escrupuloso en el cumplimiento de sus deberes: *trabajador honrado.* **3.** Honesto, decente: *mujer honrada.* **4.** Dícese de lo ejecutado de forma considerada moralmente buena: *intenciones honradas.*

**HONRAR** v. tr. (lat. *honorare*) [**1**]. Manifestar respeto, estima o consideración: *honrar la memoria de alguien.* **2.** Ser motivo de estimación o gloria: *le honra su valentía.* **3.** Premiar el mérito de alguien con muestras de reconocimiento: *le honraron con títulos.* • **Honrar la casa, la mesa,** etc., fórmula de cortesía utilizada para invitar. ◆ **honrarse** v. pron. **4.** Considerarse orgulloso por algo: *una ciudad que se honra de sus monumentos.*

**HONRILLA** n. f. *Fam.* Amor propio.

**HONROSO, A** adj. Que da honra: *un cargo honroso.* **2.** Decoroso, decente: *un acuerdo honroso.*

**HONTANAR** n. m. Sitio en que nacen fuentes o manantiales.

**HOOLIGAN** n. m. y f. (voz inglesa). Hincha exaltado del fútbol británico.

**HOPAK** n. m. Danza popular ucraniana y rusa, de ritmo vivo, durante la cual se ejecutan saltos acrobáticos, piruetas y «martillos». SIN.: *gopak.*

**HOPALANDA** u **HOPA** n. f. Vestidura talar muy holgada y pomposa.

**HOPEAR** v. intr. [**1**]. Menear la cola los animales, especialmente la zorra cuando la persiguen.

**HOPI** o **MOKI,** pueblo amerindio de América del Norte (NE de Arizona), del grupo pueblo, de la familia lingüística shoshón, creador de originales máscaras y muñecas de madera pintada que personifican a los espíritus.

**HOPLITA** n. m. (gr. *hoplitēs*). ANT. GR. Soldado de infantería con armadura pesada.

**HOPO** n. m. Cola lanuda o peluda.

**HOPTENSE** adj. y n. m. y f. De Huete, ciudad española de la provincia de Cuenca. SIN.: *hueteño.*

**HOQUIS. De hoquis** *(Méx.),* gratis, de balde.

**HORA** n. f. Unidad de medida de tiempo (símbolo h), equivalente a 3 600 segundos, o sea, 60 minutos. **2.** Momento determinado del día: *la hora de la comida.* **3.** Momento cualquiera: *recordar horas agradables.* **4.** Momento oportuno y determinado para hacer una cosa: *llegar antes de hora.* **5.** Últimos instantes de la vida: *cuando llegue mi hora...* • **¡A buena hora!** o **¡a buenas horas!,** exclamación usada cuando llega algo que se esperaba, pero tarde para lo que era necesario. ‖ **A la hora de la hora,** o **a la mera hora** *(Méx.),* en el momento preciso, crítico o decisivo: *a la hora de la hora se arrepintió.* ‖ **A última hora,** al final del día o al final de la parte del día que se expresa; al final de lo que se expresa o entiende. ‖ **Cada hora,** siempre, continuamente. ‖ **Dar hora,** señalar plazo o citar en un tiempo determinado. ‖ **En buena hora,** oportunamente o con buena suerte. ‖ **En mala hora,** con mala suerte. ‖ **En su hora,** en el momento adecuado. ‖ **Hora extraordinaria,** hora de trabajo realizada fuera de la jornada laboral legal. ‖ **Hora hábil,** cada una de las que median entre la salida y la puesta del sol. ‖ **Hora inhábil,** aquella en que no está permitido practicar actuaciones judiciales válidas. ‖ **Hora punta,** aquella en que se produce mayor aglomeración en la circulación urbana. ‖ **Hora suprema,** la de la muerte. ‖ **Pedir hora,** solicitar a una persona que señale el momento adecuado para ir a verla. ◆ **horas** n. f. pl. **6. A todas horas,** cada hora. ‖ **Entre horas,** entre las horas de las comidas. ‖ **Horas canónicas,** horas en que tradicionalmente se recitan las diversas partes del breviario; estas mismas partes. ‖ **Horas muertas,** tiempo dedicado a una actividad no productiva. ‖ **Libro de horas,** libro de plegarias para uso de los fieles.

**HORADADO, A** adj. HERÁLD. Dícese de la pieza agujereada cuya abertura es de diferente esmalte que el campo del escudo.

**HORADAMIENTO** n. m. Excavación del suelo, lodo, madera, piedra, etc., por ciertos animales.

**HORADAR** v. tr. [**1**]. Agujerear una cosa atravesándola de parte a parte.

**HORARIO, A** adj. Relativo a las horas. • **Círculo horario de un astro,** círculo máximo de la esfera celeste, que pasa por este astro y por los polos. ◆ n. m. **2.** Saetilla o mano del reloj que indica la hora. (Es siempre más corta que el segundero.) **3.** Repartición de las horas de trabajo. **4.** Cuadro detallado que señala las horas de llegada y de salida: *horario de trenes.* • **Horario flexible,** horario de trabajo que permite a los empleados de una empresa una cierta elección en las horas de entrada y de salida.

**HORCA** n. f. (lat. *furcam*). Aparato formado por una barra horizontal sostenida por otras verticales, de la que se cuelga una cuerda y que sirve para ahorcar a los condenados a esta pena. **2.** Conjunto formado por un palo que atravesaba a otro con dos puntas, entre las cuales se metía el pescuezo del condenado. **3.** Palo que remata en dos o más púas, muy utilizado en las faenas agrícolas. **4.** Palo que remata en dos puntas y sirve para sostener las ramas de los árboles, armar los parrales, etc. **5.** Conjunto de dos ristras de ajos o de cebollas atadas por un extremo.

**HORCAJADA. A horcajadas,** manera de montar a caballo o de sentarse echando una pierna por cada lado.

**HORCAJADURA** n. f. Ángulo que forman las dos piernas en su nacimiento.

**HORCATE** n. m. Arreo de madera o hierro, en forma de herradura, que se pone a las caballerías.

**HORCHATA** n. f. (cat. *orxata*). Bebida hecha a base de almendras, chufas, etc., machacadas con agua y azúcar, y que se toma muy fría. **2.** *Méx.* Bebida que se prepara con harina de arroz, agua, azúcar y canela.

**HORCHATERÍA** n. f. Establecimiento donde se hace o vende horchata.

**HORCHATERO, A** n. Persona que tiene por oficio hacer o vender horchata.

**HORCÓN** n. m. *Amér.* Madero vertical que en las casas rústicas sirve para sostener vigas o aleros de tejado. **2.** *Chile.* Palo para sostener las ramas de los árboles.

**HORDA** n. f. (fr. *horde*). Comunidad nómada que se distingue de la tribu por el carácter rudimentario de los vínculos sociales que unen a los grupos que la integran. **2.** Grupo de gente indisciplinada: *horda de bandidos.* **3.** HIST. Tribu tártara o estado mongol. (Los dos principales estados mongoles fueron la Horda Blanca y la Horda de Oro.)

**HORDEÍNA** n. f. Proteido vegetal (prolamina), rico en ácido glutámico, que se encuentra en la cebada.

**HORIZONTAL** adj. Paralelo al plano del horizonte y, por tanto, perpendicular a una dirección que representa convencionalmente la vertical. • **Coordenadas horizontales de un astro,** altura y acimut de este astro. ‖ **Integración horizontal,** operación mediante la cual una empresa absorbe a otra que comparte la misma fabricación y se encuentra a su mismo nivel en un determinado proceso productivo. ‖ **Plano horizontal,** plano que pasa por el observador y perpendicular a la dirección del hilo de la plomada, en un lugar determinado. ◆ n. m. **2.** MAT. Línea horizontal.

**HORIZONTALIDAD** n. f. Carácter o estado de lo que es horizontal: *la horizontalidad de un plano.*

**HORIZONTE** n. m. (lat. *horizontem*). Línea imaginaria circular cuyo centro es el observador y en la que parece que se unen el cielo y la tierra o el mar. **2.** Parte de la tierra, el mar o el cielo que señala el límite de esta línea. **3.** Campo o dominio de una acción o de cualquier actividad: *el horizonte de los conocimientos humanos; el horizonte político.* **4.** Perspectivas del porvenir. **5.** ASTRON. Gran círculo de la esfera celeste formado, en un lugar dado, por la intersección de esta esfera y del plano horizontal. **6.** EDAFOL. Capa del suelo, sensiblemente homogénea desde el punto de vista de su composición, estructura y aspectos físicos y químicos. **7.** GEOL. Capa bien caracterizada por uno o varios fósiles. **8.** PREHIST. Distribución de las características culturales idénticas en una vasta región, durante un período limitado. • **Horizonte artificial,** o **giroscópico,** aparato de pilotaje de un avión que sirve para materializar una referencia de vertical terrestre. ‖ **Horizonte económico** (ECON.), duración del conjunto de los períodos de cálculo para los cuales los productores, los consumidores o los ahorradores establecen sus previsiones y sus planes.

**HORMA** n. f. (lat. *formam*). Molde o forma que se emplea en la fabricación de zapatos, en sombrerería, peluquería, etc. **2.** Instrumento que se introduce en el zapato para conservar, ensanchar o alargar su forma. **3.** *Colomb., Cuba, Perú* y *Venez.* Molde o vasija para elaborar los panes de azúcar. • **Encontrar,** o **hallar,** alguien, **la horma de su zapato** *(Fam.),* encontrar lo que es adecuado para él, o quien le entienda sus mañas o se le resista, enfrente y supere.

**HORMADORAS** n. f. pl. *Colomb.* Enaguas.

**HORMIGA** n m. (lat. *formicam*). Insecto de algunos milímetros de longitud, que vive en sociedades, u hormigueros, donde se encuentran reinas fecundas y numerosas obreras sin alas, hasta 500 000 en algunas colonias. (Orden himenópteros.) • **Hormiga blanca,** nombre dado al termes. ‖ **Hormiga león,** insecto cuya larva, de 1 cm de long., cava dentro de la arena una fosa en forma de embudo donde captura las hormigas. (Orden neurópteros.) ‖ **Ser una hormiga** *(Fam.),* ser ahorrador y laborioso.

**HORMIGÓN** n. m. Aglomerado artificial de piedras menudas, grava y arena, cohesionadas mediante un aglutinante hidráulico. SIN.: *calcina.* • **Hormigón armado,** hormigón que envuelve armaduras metálicas destinadas a resistir esfuerzos de tracción o de flexión que el hormigón ordinario soportaría mal. ‖ **Hormigón asfáltico,** mezcla de granulado mineral y de asfalto o masilla asfáltica. ‖ **Hormigón celular,** o **alveolar,** hormigón ligero constituido por una mezcla de ligantes hidráulicos y de agregados finos que han sufrido un tratamiento destinado a agrupar en la masa numerosos poros esféricos. ‖ **Hormigón pretensado,** hormigón armado en el que la introducción artificial de tensiones internas permanentes compensa las tensiones externas a las que está sometido el hormigón en servicio.

**HORMIGONADO** n. m. Acción de hormigonar. **2.** Obra de albañilería hecha con hormigón.

**HORMIGONAR** v. tr. **[1]**. Construir con hormigón.

**HORMIGONERA** n. f. Máquina compuesta por un tambor que gira sobre su eje que se utiliza para mezclar los materiales con que se fabrica el hormigón.

**HORMIGUEAR** v. intr. **[1]**. Experimentar hormigueo. **2.** *Fig.* Bullir, estar en movimiento una muchedumbre.

**HORMIGUEO** n. m. Sensación de prurito o desazón en forma de pequeños pinchazos, que aparece y desaparece espontáneamente, especialmente en las extremidades, y que puede ser de origen nervioso o vascular. **2.** *Fig.* Desazón física o moral.

**HORMIGUERO, A** adj. y n. m. Dícese de varios mamíferos desdentados que capturan los insectos con su lengua viscosa. ◆ n. m. **2.** Nido donde viven las hormigas. **3.** Conjunto de hormigas que habitan en este nido. **4.** *Fig.* Aglomeración de gente que bulle. **5.** Cada uno de los montoncitos de hierbas inútiles o dañinas cubiertas con tierra, que se queman y esparcen sobre el terreno para que sirvan de abono.

**HORMIGUILLAR** v. tr. **[1]**. *Amér.* Revolver el mineral argentífero pulverizado con el magistral y la sal común para preparar el beneficio.

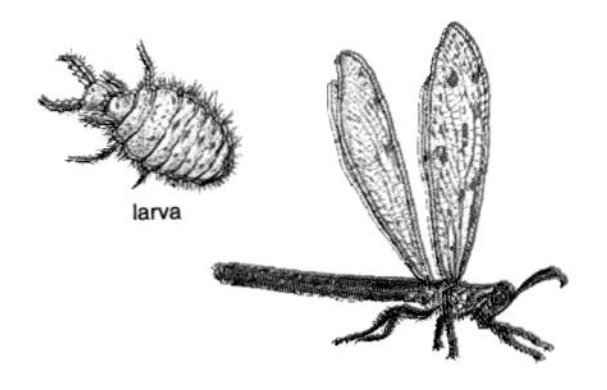

**hormiga** león

**HORMIGUILLO** n. m. Línea de gente que se forma para ir pasando cosas de mano en mano. **2.** Hormigueo. **3.** Cierta enfermedad que padecen las caballerías en el casco. **4.** *Amér.* Movimiento que producen las reacciones entre el mineral y los ingredientes incorporados para el beneficio por amalgamación.

**HORMIGUITA** n. f. Persona laboriosa, económica y buena administradora.

**HORMILLA** n. f. Pieza circular y pequeña, de madera, hueso u otra materia, que, forrada, forma un botón.

**HORMONA** n. f. (gr. *hormōn,* de *hormão,* excitar). Sustancia producida por una glándula o por síntesis y que actúa en órganos o tejidos situados a distancia, tras ser transportada por la sangre. **2.** Sustancia reguladora del crecimiento de los vegetales.

■ Las hormonas son segregadas por determinados tejidos (placenta, hipotálamo) y particularmente por las glándulas endocrinas, cada una de las cuales puede segregar numerosas hormonas. La hipófisis actúa sobre la secreción del resto de glándulas endocrinas (tiroides, paratiroides, páncreas, suprarrenales, glándulas sexuales). Actualmente se ha conseguido la síntesis de numerosas hormonas y los productos sintéticos que se utilizan en terapéutica son por lo general más eficaces que las hormonas naturales. La *ingeniería genética* ofrece grandes posibilidades en este campo.

**HORMONAL** adj. Relativo a las hormonas: *insuficiencia hormonal.*

**HORMONOTERAPIA** n. f. Tratamiento por hormonas.

**HORNACINA** n. f. Concavidad hecha en el espesor de un muro, en el que se suele colocar una estatua, una imagen, un objeto decorativo, etc.

**HORNADA** n. f. Cantidad de pan, piezas de cerámica, etc., que se cuecen de una vez en un horno. **2.** *Fig.* y *fam.* Conjunto de individuos que acaban a un mismo tiempo una carrera o reciben a la vez el nombramiento para un cargo: *hornada de senadores vitalicios.*

**HORNAGUEARSE** v. pron. **[1]**. *Chile.* Moverse un cuerpo a un lado y otro.

**HORNAGUERA** n. f. Carbón de piedra.

**HORNAGUERO, A** adj. Holgado, espacioso. **2.** Dícese del terreno que contiene hornaguera.

**HORNAZA** n. f. Horno pequeño que utilizan los plateros y fundidores de metales.

**HORNAZO** n. m. *Méx. Vulg.* Olor fuerte y penetrante, particularmente el que despide la marihuana.

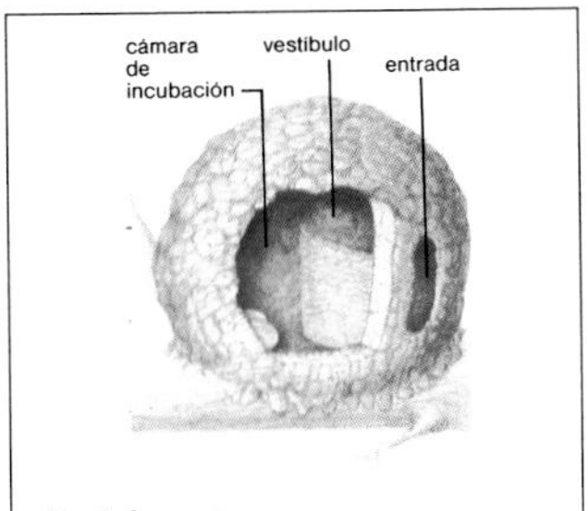

nido de **hornero**

**HORNBLENDA** n. f. Aluminosilicato natural de calcio, hierro y magnesio, negro o verde oscuro, del grupo de los anfíboles.

**HORNEAR** v. intr. **[1]**. Enhornar.

**HORNERO, A** n. Propietario o encargado de un horno. ◆ n. m. **2.** Pájaro de color generalmente pardo acanelado, el pecho blanco y la cola de tono herrumbroso vivo, que construye con barro y paja un característico nido en forma de horno, que vive en América Central y Meridional. (Familia furnáridos.)

**HORNILLA** n. f. *Méx.* Hornillo de la cocina o estufa.

**HORNILLO** n. m. Utensilio, transportable o empotrado, donde se hace el fuego para cocinar, y que puede funcionar con diversos combustibles. **2.** Recipiente, suelto o empotrado en el hogar de una cocina, donde se hace fuego. **3.** Cavidad destinada a recibir una carga de explosivo para producir una voladura.

**HORNO** n. m. (lat. *furnum*). Obra de albañilería abovedada, que sirve para cocer diferentes sustancias o para la producción de temperaturas muy elevadas. **2.** Aparato en el que se calienta una materia con la finalidad de someterla a transformaciones físicas o químicas. **3.** Parte de una cocina calorífica o recinto calorífugo independiente y empotrable, en la que se ponen los alimentos para cocerlos o calentarlos. **4.** Tahona, lugar donde se cuece y vende pan. **5.** *Fig.* Lugar que es o está muy caliente. • **Alto horno,** construcción pensada especialmente para efectuar la fusión y la reducción de minerales de hierro, con vistas a elaborar la fundición. ‖ **Horno bajo,** horno de cuba de poca altura utilizado para la fusión de ciertos metales y la elaboración de ferroaleaciones, a partir de minerales pobres. ‖ **Horno catalítico,** horno autolimpiador eléctrico o de gas en el que las grasas son

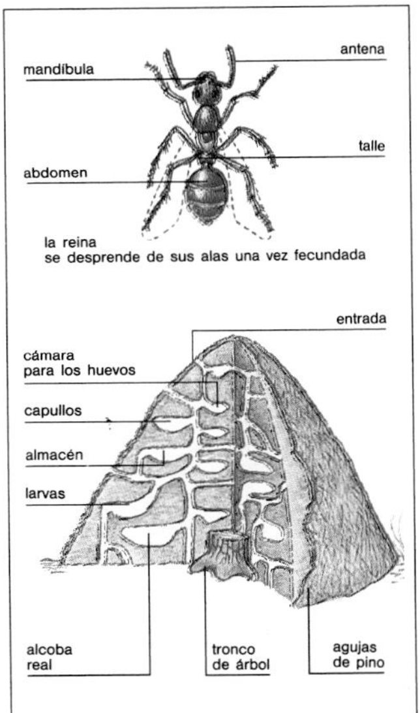

**hormiga** y **hormiguero**

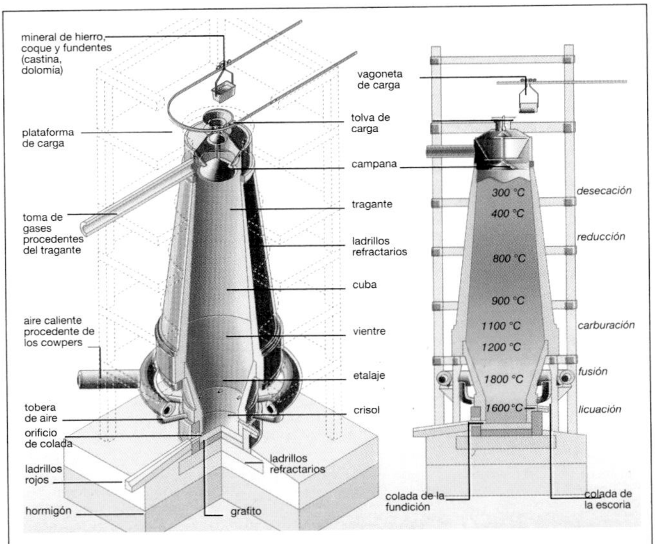

sección de un alto **horno** de siderurgia y funcionamiento

oxidadas en contacto con el esmalte de las paredes. || **Horno de pirolisis,** horno autolimpiador eléctrico en el que la combustión de las grasas se efectúa a 500 °C. || **Horno de solera,** horno en el que el calorífero está separado de la zona en que se utiliza el calor. || **Horno eléctrico,** horno muy utilizado en metalurgia, en el que el calor está suministrado por el arco eléctrico, por inducción electromagnética, por bombardeo electrónico o por una resistencia que recorre una corriente intensa. || **Horno Martin,** horno de soldar para el afinado de la fundición. || **Horno solar,** espejo cóncavo de gran diámetro, que concentra los rayos solares en su centro, produciendo una temperatura muy elevada. || **Horno túnel,** horno de grandes dimensiones en el que los productos que se van a tratar se desplazan en sentido inverso a los gases calientes, a fin de obtener un calentamiento metódico. || **No estar el horno para bollos,** o **tortas** *(Fam.)*, no haber oportunidad o conveniencia para hacer una cosa.

■ El alto horno, cuyo perfil está determinado para permitir el descenso regular de la carga y la distribución uniforme de los gases, tiene forma de dos troncos de cono unidos por sus bases mayores a través de una parte cilíndrica. Comprende el *tragante*, cerrado por la *tolva de carga*, equilibrada por el *contrapeso*, por lo cual se carga el mineral, el carbón de coque y el fundente; la *cuba*, en la que tiene lugar la reducción del mineral; el *vientre*, la parte más ancha del horno, donde continúa la reducción del mineral; el *etalaje*, donde finaliza esta reducción; la *obra*, parte cilíndrica a la que las *toberas* conducen el aire, y el *crisol*, donde se recoge la fundición líquida y la escoria, cuya evacuación se efectúa por el agujero de colada.

**HORÓPTERO** n. m. ÓPT. Línea recta, paralela a la recta que une los centros de los ojos y que pasa por el punto donde coinciden los ejes ópticos.

**HORÓSCOPO** n. m. (gr. *hōroskopos*). Predicción del futuro que aguarda a personas, países, etc., realizada por los astrólogos y deducida de la posición relativa de los astros del sistema solar y de los signos del Zodíaco en un momento dado.

**HORQUETA** n. f. *Argent.* Lugar donde se bifurca un camino. **2.** *Argent.* y *Chile. Fig.* Parte donde el curso de un río o arroyo forma ángulo agudo, y terreno que éste comprende.

**HORQUILLA** n. f. Vara larga, terminada en uno de sus extremos por dos puntas, que sirve para colgar, descolgar o afianzar cosas. **2.** Parte del cuadro que sostiene la rueda delantera y el manillar de una bicicleta o una motocicleta. **3.** Instrumento con dientes o púas de hierro o de madera, con un mango largo, y que se emplea para diversos usos agrícolas. **4.** Pieza de alambre en forma de U, para sujetar el cabello. **5.** *Fig.* Espacio comprendido entre dos cantidades o magnitudes: *podrán escoger dentro de la horquilla comprendida entre el 5 y el 8 por ciento.* **6.** AUTOM. Triángulo de empuje y de reacción del eje delantero. **7.** TECNOL. Pieza terminada en dos ramas o dientes y que actúa como elemento u órgano intermedio en la realización del movimiento de un mecanismo.

**HORQUILLADO, A** adj. HERÁLD. Dícese de la cola de animal cuando está ramificada en dos, con sendas bolas en cada extremo.

**HORRAR** v. tr. y pron. **[1]**. *Amér. Central* y *Colomb.* Hablando de yeguas, vacas, etc., malograrseles las crías.

**HORRENDO, A** adj. (lat. *horrendum*, que hace erizar los cabellos). Horroroso: *un crimen horrendo.*

**HÓRREO** n. m. (lat. *horreum*). Granero, lugar donde se recogen los granos. **2.** En el NO de la península Ibérica, cámara algo elevada, sostenida en el aire por pilares y provista de agujeros de ventilación y de sistema de protección contra animales dañinos, para conservar las cosechas.

**HORRIBLE** adj. (lat. *horribilem*). Horroroso: *un espectáculo horrible; un ruido horrible.*

**HORRIPILACIÓN** n. f. Erección de los pelos debida al terror, al frío, etc.

**HORRIPILADOR, RA** adj. Dícese del músculo fijado a la raíz de cada pelo, cuya contracción produce la horripilación.

**HORRIPILANTE** adj. Que horripila: *una historia horripilante.*

**HORRIPILAR** v. tr. y pron. (lat. *horripilare*, hacer erizar los cabellos) **[1]**. Causar horripilación. **2.** Causar horror y espanto: *la miseria me horripila.*

**HORRÍSONO, A** adj. (lat. *horrisonum*). Que con su sonido causa horror: *un grito horrísono.*

**HORRO, A** adj. (ár. *hurr*, libre). Dícese del esclavo que alcanza la libertad. **2.** Libre, desembarazado, carente de algo: *horro de vergüenza.*

**HORROR** n. m. (lat. *horrorem*). Miedo muy intenso: *estar sobrecogido de horror.* **2.** Temor por algo desagradable o que causa disgusto: *los exámenes le producen horror.* **3.** Impresión producida por algo catastrófico, sangriento o cruel: *los horrores de la guerra.* **4.** Aversión: *tener horror al desorden.* **5.** Cosa extraordinaria por lo mala, grande o exagerada: *divertirse un horror.*

**HORRORIZAR** v. tr. **[1g]**. Causar horror. ◆ **horrorizarse** v. pron. **2.** Sentir horror.

**HORROROSO, A** adj. Que causa horror por lo pavoroso, cruel, trágico, etc.: *un espectáculo horroroso; un accidente horroroso.* **2.** *Fam.* Muy feo: *un hombre, un dibujo horroroso.* **3.** *Fam.* Muy malo: *hace un tiempo horroroso.* **4.** *Fam.* Muy grande: *tener un hambre horrorosa.*

**HORSE-POWER** n. m. (expresión inglesa, *potencia de un caballo*). Unidad de medida de potencia (símbolo HP) adoptada en Gran Bretaña, que equivale a 75,9 kgm/s, 1,013 CV o 0,7457 kW.

**HORST** n. m. (alem. *Horst*, pilar). GEOL. Compartimento elevado entre fallas.

**HORTALIZA** n. f. Nombre que se da a las plantas de huertas cuyos frutos, semillas, hojas, tallos o raíces forman parte de la alimentación. (Se consideran hortalizas las raíces [rábano, zanahoria, remolacha], bulbos o tubérculos [cebada, ajo], flores e inflorescencias [coliflor, alcachofa], frutos y semillas [pepino, berenjena] y hojas [lechuga] y muchas legumbres [judías, guisantes].)

**HORTELANO, A** adj. Relativo a la huerta: *productos hortelanos.* ◆ n. **2.** Persona que tiene por oficio cuidar y cultivar huertas. ◆ n. m. **3.** Ave paseriforme de plumaje gris verdoso en la cabeza, pecho y espalda, amarillento en la garganta y de color ceniza en las partes inferiores. (Familia fringílidos.)

**HORTENSE** u **HORTÍCOLA** adj. Relativo a la huerta.

**HORTENSIA** n. f. Arbusto originario de Extremo Oriente, cultivado por sus flores ornamentales blancas, rosas o azules. (Familia saxifragáceas.) **2.** Flor de esta planta.

**hortensia**

**HORTERA** adj. y n. m. y f. *Fam.* Vulgar, poco refinado.

**HORTERADA** n. f. Acción o cosa de mal gusto, chabacana.

**HORTICULTOR, RA** u **HORTOFRUTICULTOR, RA** n. Persona que se dedica a la horticultura.

**HORTICULTURA** u **HORTOFRUTICULTURA** n. f. Rama de la agricultura que se ocupa del cultivo de las plantas de huerta.

**HOSANNA** n. m. (voz hebrea, *sálvame, te lo ruego*). Exclamación de júbilo que se usa en la liturgia católica, especialmente en el *Sanctus* y *Benedictus* de la misa. **2.** Himno que se canta el domingo de Ramos. **3.** Canto o grito de alegría o triunfo.

**HOSCO, A** adj. (lat. *fuscum*, pardo oscuro). Falto de amabilidad y poco sociable: *carácter hosco.* **2.** Inhospitalario o amenazador: *lugar, tiempo hosco.*

**HOSPEDAJE** n. m. Acción de hospedar. **2.** Contrato por el que una persona se obliga a prestar a otra alojamiento mediante un precio. **3.** Cantidad que se paga por estar hospedado. **4.** Lugar, casa donde uno se hospeda.

**HOSPEDAR** v. tr. **[1]**. Tener a alguien como huésped: *nos hospedó en su casa.* ◆ **hospedarse** v. pron. **2.** Estar como huésped: *hospedarse en un hotel.*

**HOSPEDERÍA** n. f. Casa donde se admiten huéspedes que pagan su hospedaje. **2.** Habitación destinada en los conventos para recibir a los huéspedes.

**HOSPEDERO, A** n. Persona que tiene a su cargo una hospedería.

**HOSPICIANO, A** adj. y n. Asilado en un hospicio.

**HOSPICIO** n. m. (lat. *hospitium*, alojamiento). Asilo en que se da mantenimiento y educación a niños pobres, expósitos o huérfanos. **2.** Casa destinada para albergar y recibir peregrinos y pobres. **3.** *Argent.*, *Chile* y *Ecuad.* Asilo para dementes y ancianos. **4.** *Argent.*, *Chile* y *Perú.* Asilo para menesterosos.

**HOSPITAL** n. m. (lat. *hospitalem*). Establecimiento, público o privado, donde se efectúan todos los cuidados médicos y quirúrgicos, así como los alumbramientos. • **Hospital de sangre,** formación sanitaria que, en campaña, constituye el primer escalón de tratamiento. || **Hospital siquiátrico,** establecimiento hospitalario especializado en el tratamiento de los trastornos mentales.

**HOSPITALARIO, A** adj. Relativo al hospital: *un centro hospitalario.* **2.** Acogedor: *un pueblo hospitalario; una persona hospitalaria.* **3.** Dícese de los lugares naturales que están al abrigo. ◆ adj. y n. **4.** Relativo a las órdenes religiosas militares que se entregaban al servicio de los viajeros, peregrinos o enfermos, como los templarios, o que todavía ejercen una actividad caritativa, como la orden de Malta.

**HOSPITALENSE** adj. y n. m. y f. De L'Hospitalet.

**HOSPITALIDAD** n. f. Calidad de hospitalario, acogedor. **2.** Estancia de los enfermos en el hospital.

**HOSPITALISMO** n. m. Conjunto de alteraciones físicas y síquicas que aparecen como consecuencia de una prolongada hospitalización del niño de menos de 15 meses de edad.

**HOSPITALIZACIÓN** n. f. Acción y efecto de hospitalizar.

**HOSPITALIZAR** v. tr. **[1g]**. Internar en un hospital o clínica: *hospitalizar a un enfermo.*

**HOSPODAR** n. m. (del eslavo *gospod*, amo). HIST. Título de los príncipes vasallos del sultán, particularmente en Moldavia y Valaquia.

**HOSQUEDAD** n. f. Calidad de hosco.

**HOSTAL** n. m. Hostería.

**HOSTELERÍA** n. f. Conjunto de servicios encaminados a la satisfacción de las necesidades de alojamiento y alimentación, prestados en establecimientos públicos a cambio de una compensación económica. SIN.: *hotelería.*

**HOSTELERO, A** adj. Relativo a la hostelería: *el sector hostelero.* ◆ n. **2.** Persona que tiene a su cargo una hostería.

**HOSTERÍA** n. f. Establecimiento donde por dinero se da de comer y hospedaje. **2.** *Argent.* y *Chile.* Hotel, restaurante turístico.

**HOSTIA** n. f. (lat. *hostiam*, víctima). Oblea hecha con harina, huevo y azúcar, batidos en agua o leche. **2.** *Vulg.* Bofetón, golpe. **3.** LITURG. Pan ázimo que el sacerdote consagra durante la misa.

**HOSTIARIO** n. m. Caja en que se guardan hostias no consagradas.

**HOSTIGADOR, RA** adj. y n. Que hostiga.

**HOSTIGAMIENTO** n. m. Acción de hostigar. • **Tiros de hostigamiento,** tiros que tienen por objeto provocar sensación de inseguridad en una zona que se supone ocupada por el enemigo.

**HOSTIGAR** v. tr. (bajo lat. *fustigare*) **[1b]**. Azotar, castigar con látigo, vara o cosa semejante: *hostigar a los caballos.* **2.** Excitar a alguien para que haga algo. **3.** *Fig.* Perseguir, molestar, acosar: *hostigar a alguien con burlas.* **4.** En la guerra, inquietar al enemigo y entorpecer su actuación. **5.** *Amér. Merid.*, *Méx.* y *Nicar.* Hartar el sabor de un alimento o bebida después de algunos bocados o tragos. **6.** *Colomb.* y *Perú. Fam.* Molestar, empalagar un individuo.

**HOSTIGOSO, A** adj. *Chile*, *Guat.* y *Perú.* Empalagoso, fastidioso.

**HOSTIL** adj. Que es contrario, enemigo o que se opone: *actitud hostil; hostil al progreso.*

**HOSTILIDAD** n. f. Calidad de hostil o actitud hostil: *la hostilidad entre dos personas.* **2.** Agresión armada de un pueblo, ejército o tropa. • **Romper las hostilidades,** dar principio a la guerra.

**HOSTILIZAR** v. tr. **[1g]**. Realizar actos de hostilidad contra alguien.

**HOT** n. m. y adj. (voz inglesa). Estilo de jazz expresivo y brillante de los años 1925-1930 que se caracteriza por la abundancia de trémolos, inflexiones, etc.

**HOT CAKE** n. m. *Méx.* Pan delgado y de forma circular que se come con mantequilla y miel.

**HOT DOG** n. m. (voces inglesas, *perro caliente*). Bocadillo caliente de salchichas con mostaza.

**HOT MONEY** n. f. (loc. ingl., *moneda ardiente*). Dinero caliente.

**HOTEL** n. m. (fr. *hôtel*). Establecimiento donde se da alojamiento a personas que, en general, están temporalmente en una población. **2.** Casa aislada de las colindantes y con jardín.

**HOTELERO, A** adj. Relativo al hotel: *industria hotelera.* ◆ n. **2.** Persona que posee o administra un hotel.

**HOTENTOTE, A** adj. y n. Relativo a un pueblo nómada que vive en Namibia y habla una lengua del grupo khoisan; individuos de este pueblo.

**HOUSE** n. m. (de *Warehouse,* nombre de un club de Chicago). Estilo musical nacido en Chicago a principios de los años 80, con influencias de la cultura musical afroamericana, la música disco y el pop.

**HOVERCRAFT** n. m. (voz inglesa). Aerodeslizador.

**HOY** adv. t. (lat. *hodie*). En este día, en el día presente: *hoy hace tres semanas que se fue.* **2.** En el tiempo presente: *la juventud de hoy.* • **Hoy por hoy,** en este tiempo, en la actualidad.

**HOYA** n. f. Concavidad u hondura grande formada en la tierra: *excavar una hoya en el jardín.* **2.** Sepultura. **3.** GEOMORFOL. Depresión del terreno, debida a la erosión, pero generalmente preparada de antemano por la tectónica.

**HOYAR** v. intr. **[1]**. *Cuba, Guat.* y *Méx.* Abrir hoyos para hacer ciertos plantíos, como el del cafeto.

**HOYO** n. m. Concavidad natural o artificial de la tierra o de cualquier superficie: *un suelo lleno de hoyos.* **2.** Hoya, sepultura. **3.** En el golf, agujero.

**HOYUELO** n. m. Hoyo en el centro de la barba, o el que se forma en la mejilla de algunas personas cuando se ríen.

**HOZ** n. f. (lat. *falcem*). Instrumento para segar, compuesto de una hoja acerada, corva, afianzada en un mango de madera. • **La hoz y el martillo,** emblema de la antigua U.R.S.S. y, en general, de los partidos comunistas.

**HOZ** n. f. (lat. *faucem,* garganta). Paso estrecho de un valle profundo, entre dos montañas.

**HOZADA** n. f. Cada movimiento de la hoz con que se hace una corta. **2.** Porción de mies o de hierba que se siega de una vez con la hoz.

**HOZAR** v. tr. **[1g]**. Escarbar la tierra con el hocico, como lo hacen el cerdo y el jabalí.

**HUACA** n. f. (voz quechua). *Amér. Central* y *Merid.* Guaca.

**HUACAL** n. m. *Méx.* Caja hecha con varas o tablas delgadas, usada principalmente para transportar frutas y verduras. • **Salirse** alguien **del huacal** *(Méx. Fam.),* salirse de ciertas normas o alineamientos; quedar fuera del control de alguien: *a esa edad los adolescentes se salen del huacal.*

**HUACALÓN, NA** adj. *Méx. Fam.* Grueso, obeso.

**HUACAMOLE** n. m. Guacamol.

**HUACHAFERÍA** n. f. *Perú.* Cursilería, actitud pretenciosa y vanidosa.

**HUACHAFO, A** adj. y n. *Perú.* Cursi, pretencioso, vanidoso.

**HUACHAFOSO, A** adj. *Perú.* Cursi.

**HUACHAR** v. tr. **[1]**. *Ecuad.* Arar, hacer surcos.

**HUACHINANGO** n. m. *Méx.* Pez marino comestible, de carne muy apreciada, que mide aprox. 60 cm de long. y es de color rojo. (Familia lutiánidos.)

**HUACHO** n. m. (voz quechua). *Ecuad.* Surco, hendidura hecha con el arado.

**huaco** (cultura mochica) [museo chileno de arte precolombino, Santiago de Chile]

**HUACO** n. m. Vaso de cerámica, entre los antiguos peruanos.

**HUAICO** n. m. *Perú.* Riada de agua, barro y piedras.

**HUAINO** o **HUAYNO** n. m. *Argent., Bol., Chile* y *Perú.* Baile de grupo, cuya música es semejante a la del carnavalito, en el que los participantes forman una ronda y realizan figuras de gran elegancia.

**HUAIRURO** n. m. (voz quechua). Fruto de una papilionácea que crece en Perú, de forma de garbanzo y color coralino, que se emplea para hacer collares, aretes y objetos de adorno.

**HUANGO** n. m. Peinado usado por las indias de Ecuador, que consistía en una sola trenza fajada estrechamente que cae por la espalda.

**HUAPANGO** n. m. Baile mexicano, de tiempo muy vivo.

**HUAQUERO, A** n. *Amér. Central* y *Merid.* Guaquero.

**HUARACHE** n. m. *Méx.* Calzado, por lo general tosco, consistente en una suela de cuero o hule que se sujeta al pie mediante tiras de cuero u otro material.

**HUARI** n. m. MAR. Aparejo compuesto por una vela áurica triangular, envergada en una percha que se desliza verticalmente a lo largo del mástil.

**HUARPE,** pueblo amerindio de la región de Mendoza (Argentina), act. extinguido.

**HUASCA** n. f. *Amér. Merid.* Guasca.

**HUÁSCAR** n. m. *Chile. Fam.* Camión policial que dispara agua y dobla en tamaño y potencia al guanaco.

**HUASIPUNGO** n. m. (voz quechua). *Bol., Ecuad.* y *Perú.* Terreno que el hacendado proporciona a sus peones para que siembren sus propios alimentos.

**HUASO** n. m. *Bol.* y *Chile.* Hombre rudo del campo.

**HUASTECA, HUAXTECA** o **GUASTECA,** pueblo amerindio de la familia lingüística maya-zoque, que en época precolombina habitaba en una extensa región de la costa del golfo de México, reducido act. a dos pequeños núcleos al SE de San Luis Potosí y al N de Veracruz. Se han descubierto numerosos yacimientos de esta cultura, influida por sus vecinos totonacas y mayas y por los olmecas. Restos arquitectónicos, escultura en piedra (altorrelieves) y cerámica decorada.

**HUAUZONTLE** n. m. *Méx.* Planta herbácea, de hasta 2 m de alt., con inflorescencias comestibles, que se utilizan para preparar diversos guisos.

**HUAVE,** pueblo amerindio de México (est. de Oaxaca).

**HUCHA** n. f. (fr. *huche*). Caja, vasija o recipiente con una ranura, destinado a guardar dinero.

**HUEBRA** n. f. Yugada o tierra de labor que ara un par de bueyes en un día.

**HUECO, A** adj. Que presenta un vacío en su interior. **2.** *Fig.* Presumido, orgulloso, vanidoso. **3.** *Fig.* Dícese del lenguaje, estilo, etc., con que afectadamente se expresan conceptos vanos o triviales. **4.** Dícese de lo que estando vacío abulta mucho por estar extendida y dilatada su superficie: *falda hueca.* **5.** Que no contiene lo que debería contener: *cabeza hueca.* ◆ n. m. **6.** Cavidad, concavidad. **7.** Vano o abertura en un muro. **8.** Intervalo de tiempo o lugar: *pude hacer un hueco en mis ocupaciones.* **9.** *Fig.* y *fam.* Plaza o puesto vacante. **10.** FÍS. Emplazamiento que queda vacante en una red cristalina, al desplazarse un electrón en el interior de la red. • **Hueco de escalera,** espacio alrededor del cual se desarrolla ésta. ‖ **Hueco del ascensor,** el espacio en que circula la cabina o camarín del ascensor.

**HUECOGRABADO** n. m. Procedimiento de obtención, por medios fotomecánicos, de formas de impresión grabadas en hueco. **2.** Procedimiento de impresión que utiliza estas formas. **3.** Grabado obtenido por estos procedimientos.

**HUECÚ** n. m. *Chile.* Terreno empantanado con arenas movedizas.

**HUEHUETL** n. m. (voz náhuatl). Tambor primitivo, propio de las antiguas civilizaciones centroamericanas.

**HUÉLFAGO** n. m. Tipo especial de estridor que aparece en obstrucciones de las vías respiratorias, o en compresiones de las mismas por diversas lesiones. **2.** VET. Respiración fatigosa de algunos animales.

**HUELGA** n. f. Tiempo en que uno está sin trabajar. **2.** Suspensión colectiva del trabajo destinada a presionar para obtener alguna reivindicación. • **Huelga de celo,** manifestación de descontento consistente en efectuar el trabajo con excesiva minuciosidad. ‖ **Huelga de hambre,** abstinencia total de alimentos que se impone a sí misma una persona, mostrando de ese modo su decisión de morir si no se consigue lo que pretende. ‖ **Huelga general,** la que se plantea simultáneamente en todos los oficios de una o varias localidades. ‖ **Huelga salvaje,** suspensión del trabajo efectuada bruscamente por la base sin consignas sindicales.

**HUELGO** n. m. Aliento, respiración, resuello. **2.** MEC. Espacio libre o intervalo calibrado que queda entre las superficies de ajuste de dos piezas acopladas.

**HUELGUISTA** n. m. y f. Persona que participa en una huelga.

**HUELGUÍSTICO, A** adj. Relativo a la huelga: *movimiento huelguístico.*

**HUELLA** n. f. Señal que deja el pie del hombre o del animal, la rueda de un carro, etc., en la tierra por donde ha pasado. **2.** *Fig.* Señal o vestigio que queda de una cosa en otra: *en su cara se notaban las huellas del llanto.* **3.** Plano horizontal de los escalones o peldaños de una escalera. **4.** Profundidad del escalón. **5.** *Amér. Merid.* Camino hecho por el paso, más o menos frecuente, de personas, animales o vehículos. **6.** *Argent.* y *Urug.* Baile campesino por parejas independientes, paso moderadamente suave y cadencioso, cuyas coplas en

la cultura **huasteca:** figura femenina de la fertilidad (museo nacional de antropología, México) seguidilla se acompañan con guitarra. • **Huellas dactilares,** marcas dejadas por los surcos de la piel de los dedos.

**HUELVEÑO, A** adj. y n. Onubense.

**HUEMUL** n. m. Cérvido suramericano que habita estepas y bosques abiertos de los Andes australes, de formas robustas, cola muy corta, orejas bastante desarrolladas y pelaje corto y áspero, de color pardo intenso, con la parte inferior de la cola blanca.

**HUÉRFANO, A** adj. y n. Dícese de la persona de menor edad a quien se le ha muerto el padre y la madre o alguno de los dos. ◆ adj. **2.** Falto de alguna cosa, especialmente de amparo. **3.** *Amér.* Expósito.

**HUERO, A** adj. Vano, vacío. **2.** *Fig.* Insustancial.

**HUERTA** n. f. Terreno destinado al cultivo de hortalizas, legumbres y árboles frutales, mayor que el huerto. **2.** En ciertas regiones, tierra de regadío: *huerta de Murcia.* **3.** En el norte argentino, sembrado donde predominan las matas de sandía.

**HUERTANO, A** adj. y n. Dícese de los habitantes de algunas comarcas de regadío, como Murcia, Valencia, etc.

**HUERTERO, A** n. *Argent., Nicar.* y *Perú.* Hortelano.

**HUERTO** n. m. (lat. *hortum,* jardín). Pequeña extensión de terreno, donde se plantan verduras, legumbres y árboles frutales.

**HUESA** n. m. (lat. *fossam,* excavación). Sepultura u hoyo para enterrar en él un cadáver.

**HUESECILLO** n. m. Hueso pequeño. **2.** Cada uno de los tres pequeños huesos del oído medio (martillo, yunque y estribo), que transmiten las vibraciones sonoras del tímpano a la ventana oval del oído interno.

**HUESERA** n. f. *Chile.* Lugar en que se guardan los huesos de los muertos.

**HUESERO, A** n. *Méx.* Quiropráctico.

**HUESILLO** n. m. *Amér. Merid.* Durazno secado al sol, orejón.

**HUESO** n. m. (lat. *os*). Parte dura y sólida que forma el esqueleto del cuerpo del hombre y de los vertebrados. **2.** Envoltura lenosa de las semillas de algunas frutas: *hueso de melocotón.* **3.** *Fig.* Algo que cuesta trabajo o que constituye una molestia. **4.** *Fig.* y *fam.* Persona severa y exigente: *el profesor de matemáticas es un hueso.* **5.** *Méx.* Cargo o puesto oficial de cierta importancia que alguien consigue por influencias: *le dieron un hueso en la oficina del ministro.* • **Hueso de santo,** pasta de repostería hecha con harina y huevos, frita en aceite. ◆ **huesos** n. m. pl. **6.** Restos mortales. **7.** *Fam.* Cuerpo, persona: *dio con sus huesos en la cárcel.* • **Estar en los huesos,** estar sumamente flaco. || **Estar por los huesos** de alguien, estar enamorado de él.

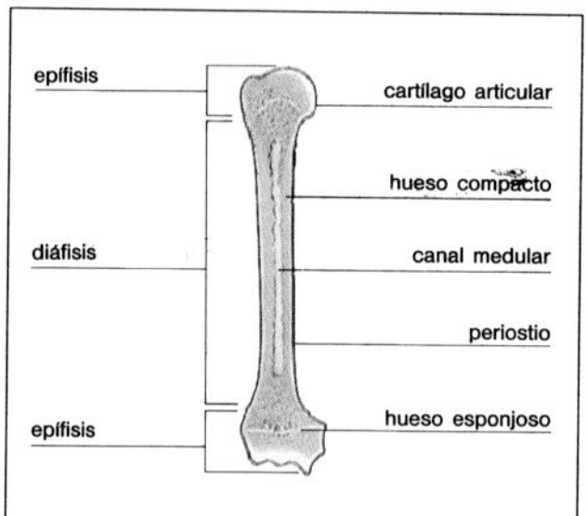


estructura de un **hueso** largo

**HUESOSO, A** adj. Relativo al hueso. **2.** Con muchos huesos o con los huesos muy grandes.

**HUÉSPED, DA** n. (lat. *hospitem*). Persona alojada gratuitamente en casa ajena. **2.** Persona alojada en un hotel o establecimiento similar pagando. **3.** Anfitrión. ◆ n. m. **4.** Organismo vivo a cuyas expensas vive un parásito.

**HUESTE** n. f. (lat. *hostem,* enemigo, armado). En la edad media, servicio militar, consistente en la obligación de acudir a una expedición militar, debido por un vasallo a su señor. **2.** Contingentes que tomaban parte en una campaña: *huestes reales.* **3.** *Fig.* Conjunto de partidarios de una persona o de una causa. **4.** Muchedumbre: *hueste de mendigos.*

**HUESUDO, A** adj. Con los huesos muy marcados.

**HUETEÑO, A** adj. y n. Hoptense.

**HUEVA** n. f. (lat. *ova,* huevos). Masa oval que forman los huevecillos de los peces, en el interior de éstos. SIN.: *ovas.* **2.** *Chile. Vulg.* Testículo. **3.** *Méx. Vulg.* Pereza, flojera.

**HUEVADA** n. f. Conjunto de huevos de aves. **2.** *Argent., Bol.* y *Chile. Vulg.* Tontería, estupidez.

**HUEVEAR** v. intr. [1]. *Argent.* y *Chile. Vulg.* Molestar. **2.** *Chile. Vulg.* Hacer el tonto.

**HUEVERA** n. f. Utensilio que se emplea para servir los huevos pasados por agua. **2.** Utensilio que se emplea para transportar o guardar huevos. **3.** ZOOL. Conducto membranoso de las aves en el cual se forman la clara y la cáscara de los huevos.

**HUEVERÍA** n. f. Establecimiento donde se venden huevos.

**HUEVERO, A** n. Persona que vende huevos.

**HUÉVIL** n. m. *Chile.* Planta que tiene un olor fétido y se emplea contra la disentería. (Familia solanáceas.)

**HUEVO** n. m. (lat. *ovum*). Célula resultante de la fecundación, y que, por división, da un nuevo ser. **2.** Gameto femenino maduro pero aún sin fecundar. **3.** Producto comestible de la puesta de algunas aves, principalmente de la gallina, peces, etc. (Un huevo de ave contiene un embrión rodeado de sustancias de reserva [amarilla, o vitelo, y blanca, rica en albúmina] y protegido por una cáscara calcárea porosa. Las aves incuban sus huevos hasta la eclosión del nuevo ser.) • **A huevo** *(Vulg.),* fácil, sin esfuerzo; a tiro; *(Méx. Vulg.), por supuesto, claro que sí: ¿vas a venir?— ¡a huevo!;* a la fuerza, de manera obligada o forzada; *a huevo ni los zapatos entran.* || **Costar** una cosa **un huevo** *(Vulg.),* costar mucho, ser muy caro. || **Huevo a la copa** *(Chile),* huevo tibio. || **Huevo a la paila** *(Chile),* Huevo frito. || **Huevo de Colón,** o **de Juanelo** *(Fig.),* cosa que tiene, aparentemente, mucha dificultad y es en realidad muy fácil. || **Huevo duro,** el cocido con la cáscara en agua hirviendo, hasta llegar a cuajarse enteramente yema y clara. || **Huevo frito,** el que se fríe, sacado de la cáscara, pero sin batirlo. || **Huevo pasado por agua,** el cocido ligeramente, con la cáscara, en agua hirviendo. || **Huevo tibio** *(Amér. Central, Ecuad., Méx.* y *Perú.),* huevo pasado por agua. ◆ **huevos** n. m. pl. **4.** *Vulg.* Testículos. • **Huevos al plato,** los cuajados en mantequilla o aceite al calor suave y servidos en el mismo recipiente en que se han hecho. || **Huevos hilados,** composición de huevos y azúcar que forma hebras o hilos. || **Huevos moles,** yemas de huevo batidas con azúcar. || **Huevos pericos** *(Colomb.),* huevos revueltos. || **Huevos revueltos,** los que se fríen en la sartén revolviéndolos.

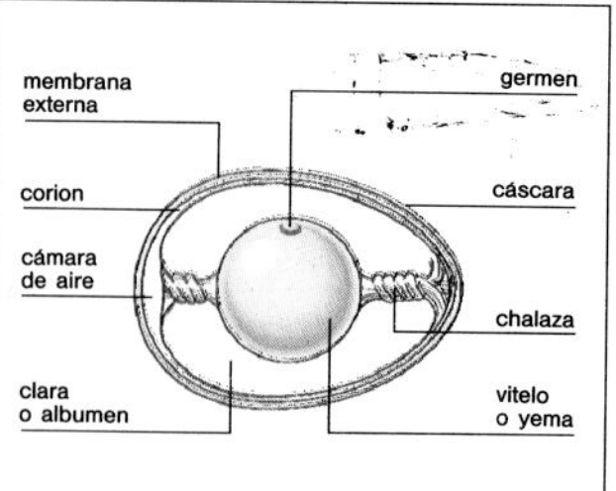


composición de un **huevo** de gallina

**HUEVÓN, NA** adj. *Méx. Vulg.* Holgazán, flojo. **2.** *Nicar.* Animoso, valiente. ◆ adj. y n. **3.** *Amér. Vulg.* Lento, tardo, bobalicón, ingenuo. **4.** *Amér. Merid.* y *Méx. Vulg.* Estúpido, imbécil.

**HUEVONEAR** v. intr. [1]. *Méx. Vulg.* Flojear, haraganear.

**HUGONOTE, A** adj. y n. (fr. *huguenot*). Sobrenombre dado antiguamente por los católicos franceses a los protestantes calvinistas.

**¡HUICHI PIRICHI!** interj. *Chile.* Se usa para burlarse de alguien.

**HUICHOL,** pueblo amerindio de México (est. de Jalisco y Nayarit), de lengua uto-azteca. Su territorio fue conquistado tardíamente por los españoles, y se han resistido fuertemente a la aculturación.

**HUIDA** n. f. Acción y efecto de huir.

**HUIDIZO, A** adj. Que huye o que tiende a huir. **2.** Fugaz, breve.

**HUIDO, A** adj. Dícese del que por temor u otra causa anda receloso y como escondiéndose de sus semejantes.

**¡HUIFA!** interj. *Chile.* Denota alegría.

**HUILA** *Chile.* Harapo, andrajo. **2.** *Méx. Vulg.* Prostituta.

**HUILIENTO, A** adj. *Chile.* Andrajoso, harapiento.

**HUILLÍN** n. m. (voz araucana). Carnívoro de color pardo oscuro que vive en los Andes chilenos. (Familia mustélidos.)

**HUILTE** n. m. *Chile.* Tallo del cochayuyo, principalmente cuando está creciendo y antes de ramificarse; es comestible.

**HUINCHA** n. f. *Bol., Chile* y *Perú.* Cinta de lana o algodón.

**HUIPIL** n. m. *Guat.* y *Méx.* Camisa o túnica amplia de algodón o manta, adornada con bordados típicos, que usan principalmente las mujeres indígenas de distintas regiones del país. **2.** *Guat., Hond.* y *Méx.* Camisa de mujer, sin mangas.

**HUIR** v. intr. y pron. (lat. *fugere*) **[29]**. Alejarse rápidamente de un lugar para evitar un daño o peligro. ◆ v. intr. y tr. **2.** Evitar a alguien o apartarse de algo molesto o perjudicial. ◆ v. intr. **3.** *Fig.* Transcurrir o pasar velozmente el tiempo. **4.** *Fig.* Alejarse velozmente.

**HUIRA** n. f. *Chile.* Corteza del maqui que, sola o torcida en forma de soga, sirve para atar.

**HUIRO** n. m. *Bol.* y *Perú.* Tallo de maíz verde.

**HUIRO** n. m. *Chile.* Alga marina.

**HUISQUIL** n. m. *Amér. Central* y *Méx.* Fruto del huisquilar, usado como verdura en el cocido, y cuya cáscara está llena de espinas blandas y cortas.

**HUISQUILAR** n. m. *Amér. Central* y *Méx.* Planta trepadora espinosa. (Familia cucurbitáceas.) **2.** *Guat.* Terreno plantado de huisquilares.

**HUITLACOCHE** n. m. *Méx.* Hongo comestible que parasita las mazorcas tiernas del maíz, de color blanco grisáceo que pasa a negro cuando se cuece. (Se utiliza para preparar gran variedad de platos.) SIN.: *cuitlacoche, huiclacoche.*

**HUITRÍN** n. m. *Chile.* Colgajo de choclos o mazorcas de maíz.

**HUIZACHE** n. m. *Méx.* Árbol de ramas espinosas y corteza delgada, con vainas largas de color morado negruzco, de las cuales se extrae una sustancia que se emplea para hacer tinta negra. (Familia leguminosas.)

**HUJIER** n. m. Ujier.

**HULE** n. m. (azteca *ulli*). Caucho. **2.** Tela pintada y barnizada por uno de sus lados para que resulte impermeable. **3.** *Amér.* Goma. **4.** *Méx.* Árbol que se cultiva en las regiones de clima cálido y húmedo, de 25 m de alt., con hojas alargadas y ásperas, y del que se extrae el caucho. (Familia moráceas.) • **Haber hule** *(Fam.),* haber riñas, peleas, etc., en algún sitio u ocasión.

**HULERO, A** n. *Amér.* Trabajador que recoge el hule o goma elástica.

**HULLA** n. f. (fr. *houille*). Combustible mineral fósil sólido, procedente de vegetales que en el curso de los tiempos geológicos han sufrido una transformación que les confiere un gran potencial calorífico. • **Hulla blanca,** energía obtenida a partir de los saltos de agua.

**HULLERA** n. f. Mina de hulla en explotación.

**HULLERO, A** adj. Relativo a la hulla. • **Período hullero** (GEOL.), período carbonífero.

**HULLIFICACIÓN** n. f. Transformación de restos vegetales en hulla.

**HUMANIDAD** n. f. (lat. *humanitatem*). Condición de humano, naturaleza humana. **2.** Género humano, conjunto de todos los hombres: *la guerra es un azote de la humanidad.* **3.** *Fam.* Bondad, amor y compasión hacia los otros. **4.** *Fam.* Muchedumbre de personas. **5.** *Fam.* Corpulencia, gordura. ◆ **humanidades** n. f. pl. **6.** Conocimientos literarios y filosóficos, especialmente del pensamiento griego y romano.

**HUMANISMO** n. m. Conjunto de tendencias intelectuales y filosóficas que tienen por objeto el desarrollo de las cualidades esenciales del hombre. **2.** Movimiento intelectual que se extendió, sobre todo, en la Europa del s. XVI, cuyo método y filosofía se basaba en el estudio de los textos antiguos. **3.** Método de formación intelectual fundado en las humanidades.

■ El humanismo es uno de los aspectos del renacimiento, época de reforma intelectual, moral y espiritual del hombre y de la iglesia. El filólogo y el escritor vuelven sus ojos hacia la edad de oro de las letras antiguas y rompen con la tradición medieval y católica. La visión nueva y entusiasta de una civilización piadosamente conservada no pudo acomodarse en los moldes de la tradición cristiana y evolucionó hacia cierto paganismo. Las corrientes antiguas del pensamiento ya no se estudiaron a la luz de la fe, sino por sí mismas: el platonismo de Marsilio Ficini se extendió por toda Europa. En España, sin embargo, figuras como Arias Montano o fray Luis de León se aplicaron con saber filológico al estudio y traducción de la Biblia. Esta línea de humanismo cristiano es la que representaba Erasmo, intelectual de gran prestigio e influencia en Europa.

**HUMANISTA** n. m. y f. Persona versada en humanidades. **2.** Denominación aplicada a los estudiosos y literatos que en los ss. XV y XVI revalorizaron las obras de la antigüedad clásica. **3.** Filósofo que fundamenta su sistema en el desarrollo de las cualidades esenciales del hombre. ◆ adj. **4.** Humanístico.

**HUMANÍSTICO, A** adj. Relativo al humanismo o a las humanidades.

**HUMANITARIO, A** adj. (fr. *humanitaire*). Humano, solidario o caritativo con sus semejantes.

**HUMANITARISMO** n. m. Actitud en la que predominan los sentimientos humanitarios sobre cualquier otra consideración.

**HUMANIZAR** v. tr. y pron. **[1g]**. Hacer más humano, menos cruel, menos duro, etc.

**HUMANO, A** adj. Relativo al hombre. **2.** Propio del hombre como ser imperfecto: *es humano equivocarse.* **3.** *Fig.* Solidario o benévolo y compasivo con sus semejantes. ◆ n. m. **4.** Ser humano.

**HUMANOIDE** adj. Que presenta rasgos o características humanas: *el cráneo humanoide de los australopitecos.* ◆ n. m. y f. **2.** En lenguaje de ciencia ficción, ser o robot parecido al hombre.

**HUMAREDA** n. f. Abundancia de humo.

**HUMAZO** n. m. Humo denso y abundante.

**HUMEAR** v. intr. y pron. **[1]**. Exhalar, echar de sí humo. ◆ v. intr. **2.** Arrojar una cosa vaho o vapor. **3.** *Fig.* Quedar todavía huellas de algo pasado, como una riña o enemistad. ◆ v. tr. **4.** *Amér.* Fumigar.

**HUMECTACIÓN** n. f. Acción y efecto de humedecer o humectar.

**HUMECTADOR, RA** adj. Que humedece. ◆ n. m. **2.** Aparato utilizado para efectuar la humectación de tejidos, papel, etc. **3.** Aparato que sirve para mantener un grado higrométrico dado en un punto o en un lugar determinados.

**HUMECTAR** v. tr. (lat. *humectare*) **[1]**. Producir o causar humedad. SIN.: *humidificar.*

**HUMECTATIVO, A** adj. Que causa y engendra humedad.

**HUMEDAD** n. f. (lat. *umiditatem*). Calidad de húmedo. • **Humedad absoluta,** número de gramos de vapor de agua que contiene un metro cúbico de aire. ‖ **Humedad relativa,** relación entre la presión efectiva del vapor de agua y la presión máxima.

**HUMEDAL** n. m. Terreno húmedo.

**HUMEDECER** v. tr. y pron. **[2m]**. Mojar ligeramente algo.

**HÚMEDO, A** adj. Que está ligeramente mojado: *ropa húmeda.* **2.** Cargado de vapor de agua: *tiempo húmedo.* **3.** Dícese del país o clima en que llueve mucho.

**HUMERAL** adj. Relativo al húmero. ◆ n. m. y adj. **2.** LITURG. Paño blanco que se pone sobre los hombros el sacerdote para coger la custodia o el copón.

**HÚMERO** n. m. (lat. *humerum*). Hueso que forma el esqueleto del brazo, articulado en el hombro con la cavidad glenoidea del omóplato, y en el codo con la cavidad sigmoidea del cúbito y con la

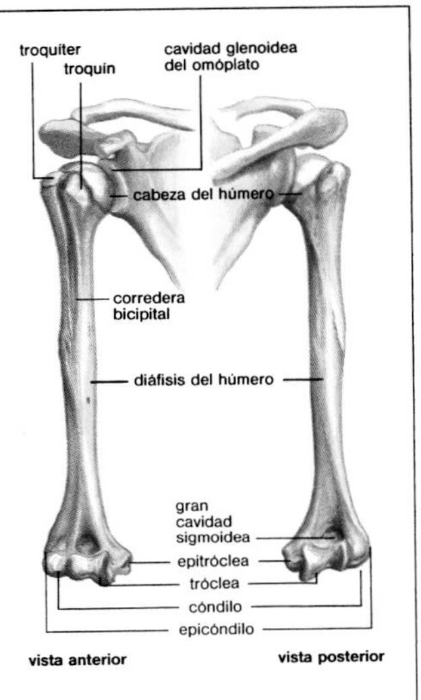

**húmero**

cúpula del radio. (Las partes del húmero son: cabeza, troquíter, corredera, tróclea, cóndilo, epitróclea y epicóndilo.)

**HÚMICO, A** adj. Perteneciente o relativo al humus. • **Abono húmico,** conjunto de aportes orgánicos incorporados al suelo, cuya transformación da lugar a la formación de humus.

**HUMÍCOLA** adj. Que vive en el humus.

**HUMIFICACIÓN** n. f. Transformación en humus.

**HUMILDAD** n. f. (lat. *humilitatem*). Ausencia completa de orgullo. **2.** Sumisión voluntaria por conciencia de la propia insuficiencia o por cálculo.

**HUMILDE** adj. Que tiene humildad. **2.** Perteneciente a una clase social de las que viven muy pobremente.

**HUMILLACIÓN** n. f. Acción y efecto de humillar o humillarse.

**HUMILLADERO** n. m. Lugar con una cruz o imagen que suele haber a la entrada de los pueblos.

**HUMILLANTE** adj. Que humilla o causa humillación.

**HUMILLAR** v. tr. **[1]**. Bajar o inclinar una parte del cuerpo, como la cabeza o la rodilla, en señal de sumisión. **2.** *Fig.* Abatir el orgullo de uno. ◆ **humillarse** v. pron. **3.** Adoptar alguien una actitud de inferioridad frente a otra persona, o perder su dignidad con alguna acción.

**HUMINTA** n. f. *Argent.* Humita.

**HUMITA** n. f. (quechua *huminta,* pan de maíz). *Amér. Merid.* Comida hecha de maíz rallado y hervido en agua con sal, al que se agrega una salsa de guindilla, tomate y cebolla frita. (Se suele envolver en hojas de maíz.) **2.** *Argent., Chile* y *Perú.* Cierto guisado hecho con maíz tierno.

**HUMITERO, A** n. *Chile* y *Perú.* Persona que hace y vende humitas.

**HUMO** n. m. (lat. *fumum*). Conjunto de productos gaseosos y partículas sólidas sumamente tenues, que se desprende de los cuerpos en combustión. **2.** Vapor que exhala cualquier cosa que fermenta. • **Negro de humo,** hollín obtenido por combustión incompleta del benceno. ◆ **humos** n. m. pl. **3.** Hogares o casas. **4.** *Fig.* Vanidad, orgullo. • **Bajarle a** uno **los humos** *(Fam.),* humillarle. ‖ **Irse** o **venirse al humo** (*Argent.* y *Urug.*), dirigirse rápida y directamente a una persona, por lo general con fines agresivos.

**HUMOR** n. m. (lat. *umorem,* líquido). Cualquiera de los líquidos del cuerpo animal. **2.** Disposición del ánimo habitual o pasajera: *estar de mal humor.* **3.** Buena disposición del ánimo: *tener humor.* **4.** Facultad de descubrir y manifestar lo cómico y ridículo: *sentido del humor.* **5.** Producto de dicha facultad. • **Humor gráfico,** medio de expresión en el que, mediante dibujos y con o sin ayuda de palabras, se juega con ideas casi siempre con intención satírica o irónica y a veces sin otro objetivo que la especulación intelectual o la búsqueda gráfica. ‖ **Humor negro,** el de carácter violento y corrosivo, que subraya con crueldad lo absurdo de una situación.

**HUMORADA** n. f. Dicho o hecho caprichoso o extravagante.

**HUMORADO, A** adj. Con humor.

**HUMORAL** adj. Relativo a los humores orgánicos.

**HUMORISMO** n. m. Género de ironía en el que predomina el humor, facultad de manifestar o captar lo cómico y lo ridículo.

**HUMORISTA** n. m. y f. Persona que cultiva el humorismo, especialmente de forma profesional.

**HUMORÍSTICO, A** adj. Relativo al humorismo.

**HUMOSO, A** adj. Que echa de sí humo. **2.** Dícese del sitio que contiene humo.

**HUMUS** n. m. Sustancia coloidal negruzca, resultante de la descomposición parcial, realizada por los microbios del suelo, de residuos vegetales o animales.

**HUNCHE** n. m. *Colomb.* Hollejo del maíz y de otros cereales. **2.** *Colomb.* Zumo del filque.

**HUNCO** n. m. *Bol.* Poncho de lana que no tiene flecos.

**HUNDIMIENTO** n. m. Acción y efecto de hundir o hundirse. **2.** MED. Tipo de fractura en que hay una depresión del fragmento roto sobre planos inferiores.

**HUNDIR** v. tr. y pron. (lat. *fundere,* derribar) **[3]**. Hacer que algo se vaya por completo al fondo de una masa líquida. **2.** Sumergir, introducir algo en un líquido de modo que quede completamente cubierto. **3.** Introducir algo en una masa o materia. **4.** Derrumbar un edificio, construcción, etc. **5.** Hacer descender el peso de algo la superficie sobre la que se apoya. **6.** *Fig.* Arruinar o perjudicar mucho a alguien. **7.** *Fig.* Producir el fracaso de algo. ◆ v. tr. **8.** *Fig.* Derrotar a alguien en una lucha o discusión. ◆ **hundirse** v. pron. **9.** *Fig.* Haber mucho alboroto y ruido en algún lugar: *durante la fiesta la casa se hundía.*

**HÚNGARO, A** adj. y n. De Hungría. ◆ n. m. **2.** Lengua ugrofinesa hablada sobre todo en Hungría.

**HUNO, A** adj. y n. Relativo a un pueblo nómada de Asia, probablemente de origen mongol; individuo de este pueblo.

■ Se supone que fueron dos ramas de un mismo pueblo, los hunos blancos o heftalíes, las que, a fines del s. IV irrumpieron en Europa y en Asia central. La primera rama desempeñó un papel decisivo en el desencadenamiento de las grandes invasiones bárbaras. A principios del s. V creó un estado en las llanuras del Danubio. Átila (†453) saqueó el Imperio romano; a su muerte, el estado huno se dispersó. La otra rama se estableció en Sogdiana y Bactriana en el s. V, y posteriormente atacó Irán y penetró en el N de la India, donde se mantuvo hasta principios del s. VI.

**HUNTER** n. m. (voz inglesa). Caballo de caza que se emplea para el salto de obstáculos.

**HURACÁN** n. m. (voz antillana). Tempestad muy violenta, en la que la velocidad del viento sobrepasa los 117 km por hora. **2.** Viento de fuerza extraordinaria. **3.** *Fig.* Cosa que destruye o trastorna lo que encuentra a su paso: *un huracán de pasiones.*

**HURACANADO, A** adj. Que tiene la fuerza o los caracteres del huracán: *viento huracanado.*

**HURACANARSE** v. pron. **[1]**. Arreciar el viento hasta convertirse en huracán.

**HURACO** n. m. *Colomb.* Agujero, oquedad.

**HURAÑO, A** adj. (lat. *foraneum*). Que rehúye el trato y la conversación.

**HURE** n. m. *Colomb.* Olla grande de barro cocido para guardar líquidos, como agua o chicha.

**HURGADOR, RA** adj. Que hurga.

**HURGAMIENTO** n. m. Acción de hurgar o hurgarse.

**HURGAR** v. tr. y pron. **[1b]**. Remover en un hueco o cavidad: *hurgar el fogón; hurgarse la nariz.* ◆ v. tr. **2.** *Fig.* Fisgar en asuntos de otros: *hurgar en la vida de otro.*

**HURGÓN** n. m. Instrumento para remover y atizar la lumbre.

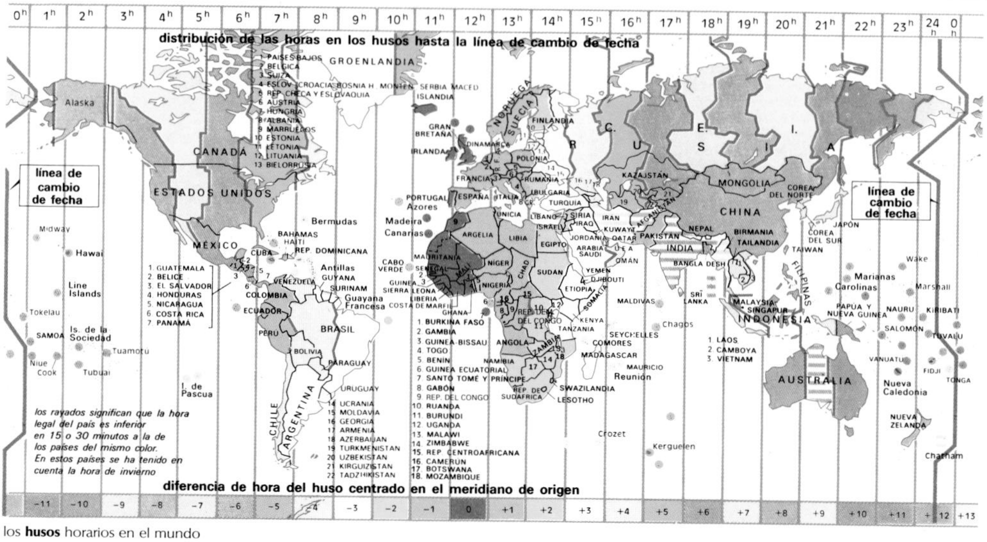


los **husos** horarios en el mundo

**HURGUETE** n. m. *Argent.* y *Chile.* Persona que averigua lo escondido y secreto.

**HURGUETEAR** v. tr. [**1**]. *Amér.* Hurgar, escudriñar.

**HURGUILLAS** n. m. y f. Persona inquieta y apremiante.

**HURÍ** n. f. (del persa *hūrī*). Mujer muy bella del paraíso islámico.

**HURÓN, NA** n. Carnívoro de pequeño tamaño, variedad albina del turón, que se emplea en la caza de conejos. ◆ n. y adj. **2.** *Fig.* y *fam.* Persona aficionada a averiguar y descubrir las intimidades o secretos de los demás. **3.** *Fig.* y *fam.* Persona huraña e intratable.

**hurón** (variedad albina)

**HURÓN** o **WYANDOT,** pueblo amerindio de América del Norte, del grupo iroqués, que habitaba entre los lagos Hurón y Ontario, act. en reservas en Oklahoma.

**HURONEAR** v. intr. [**1**]. Cazar con hurón. **2.** *Fig.* y *fam.* Procurar saber y escudriñar cuanto pasa.

**HURONERA** n. f. Especie de caja o jaula donde se encierra el hurón.

**HURONIANO, A** adj. **Plegamiento huroniano,** precámbrico que afectó especialmente a Escandinavia y Canadá.

**HURRA** interj. y n. m. Grito reglamentario que en algunos países da la tripulación de un navío para rendir honores a un huésped ilustre. **2.** Grito de alegría y entusiasmo o aprobación: *ser recibido con hurras de satisfacción; ihurra, hemos ganado!*

**HURRITA** adj. y n. m. y f. Relativo a un pueblo atestiguado en Anatolia, en la alta Mesopotamia y en Siria del s. XXI al XII a. J.C.; individuo de este pueblo. (En el s. XVI a. J.C. fundaron el reino de Mitanni, que desapareció en los ss. XIV-XIII ante la presión de los hititas y los asirios.)

**HURTADILLAS. A hurtadillas,** furtivamente, sin que nadie lo note.

**HURTAR** v. tr. [**1**]. Cometer un hurto: *hurtar dinero.* **2.** No dar el peso o medida cabal. ◆ v. tr. y pron. **3.** *Fig.* Ocultar, desviar, apartar.

**HURTO** n. m. (lat. *furtum*). Delito que comete el que se apodera, sin consentimiento, de una cosa ajena, con ánimo de lucro. **2.** Cosa hurtada: *encontrar el hurto.*

**HUSADA** n. f. Porción de lino, lana o estambre que, ya hilada, cabe en el huso.

**HÚSAR** n. m (fr. *hussard*). Militar de un cuerpo de caballería ligera creado en Francia en el s. XVII y cuyo uniforme fue copiado, en un principio, de la caballería húngara.

**HUSILLO** n. m. Cilindro con rosca de tornillo, que hay en las prensas u otras máquinas.

**HUSITA** n. m. Partidario de las doctrinas religiosas de Jan Hus.

**HUSKY** n. m. Perro de una raza de Canadá, especialmente apto para la tracción de trineos sobre la nieve.

**HUSMEAR** v. tr. (gr. *osmaomai*) [**1**]. Rastrear con el olfato una cosa: *un perro que husmea el rastro.* **2.** *Fig.* y *fam.* Indagar, tratar alguien de enterarse de algo que no le concierne.

**HUSMEO** n. m. Acción y efecto de husmear.

**HUSO** n. m. (lat. *fusum*). Instrumento para torcer y arrollar, en el hilado a mano, el hilo que se va formando. **2.** CIT. Conjunto de filamentos que aparecen durante la división celular, y que siguen a los cromosomas durante su ascenso hacia cada esfera que los atrae. **3.** MAT. Parte de una superficie de revolución comprendida entre dos semiplanos que pasan por el eje de dicha superficie y están limitados por ésta. **4.** TEXT. Instrumento cónico alrededor del cual se enrolla el hilo de algodón, seda, etc. • **Huso horario,** cada uno de los 24 husos geométricos convencionales en los que se divide la superficie de la Tierra, y cuyos puntos tienen la misma hora legal.

**HUTÍA** n. f. Mamífero roedor de unos 50 cm de long. y 8 kg de peso, que vive en las selvas de América. (Familia caprómidos.)

**HUTU** o **BAHUTU,** pueblo de África oriental, el más extendido en Burundi y Ruanda.

**¡HUY!** interj. Denota dolor físico agudo, melindre o asombro.

**Hz,** símbolo del *hertzio.*

**husky**

# I

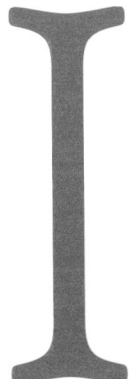

**I** n. f. Novena letra del alfabeto español y tercera de sus vocales. **2.** MAT. En la teoría de los números complejos, unidad llamada imaginaria, cuyo cuadrado es igual a −1. **3.** Cifra romana que vale uno. **4.** Símbolo químico del *yodo.* • **Poner los puntos sobre las íes,** puntualizar, expresarse de forma clara y minuciosa.

**IACETANOS,** pueblo primitivo de la península Ibérica que en la época romana habitaba en el alto Aragón y que fue sometido por Catón (194 a. J.C.).

**IATROGÉNICO, A** o **IATRÓGENO, A** adj. Dícese de la enfermedad provocada por un medicamento.

**IBÉRICO, A** adj. Ibero: *arte ibérico.* **2.** Relativo a España y Portugal a la vez: *pacto Ibérico.*

**IBERISMO** n. m. Doctrina política que propugna la intensificación de las relaciones culturales y económicas entre España y Portugal, y, en última instancia, la unión pacífica entre ambos países.

**IBERO, A** o **ÍBERO, A** adj. y n. Relativo a los pueblos que en la época prerromana habitaban en las zonas mediterránea y meridional de la península Ibérica; individuo de estos pueblos. ◆ n. m. **2.** Lengua preindoeuropea hablada por los iberos.
■ El desarrollo de la civilización ibérica se sitúa en el s. VI a. J.C., con dos grandes momentos en los ss. V-IV y III-II. Los pueblos ibéricos más importantes fueron: contestanos; edetanos; ilercavones; ilergetes; cosetanos; layetanos; indigetes; lacetanos, ausetanos y ceretanos de la Cataluña interior; deitanos de Murcia y sordones del Rosellón. Los pueblos del ant. reino de Tartessos (turdetanos, túrdulos, cinetes, bastetanos) se incluyen en el área ibérica. Su economía se basaba sobre todo en la agricultura, así como en la ganadería, la caza y la pesca. Practicaron la metalurgia del hierro y utilizaron monedas acuñadas por ellos mismos. Realizaron cerámica y joyas de influencia oriental, céltica o helenística y dejaron interesantes esculturas (damas de Elche y de Baza; Cerro de los Santos). Sus poblados, protegidos por un muro, se asentaban generalmente en colinas. Las necrópolis han permitido rastrear la existencia de una capa social aristocrática formada por los guerreros; al parecer existía también una especie de asambleas generales en las que participaba el pueblo, excepto las clases serviles. Aunque no se conoce la filiación de su lengua, se sabe que sus inscripciones presentan una escritura a la vez alfabética y silábica (bronces de Botorrita). Su religión tenía un carácter mediterráneo, con divinidades femeninas y demoníacas, cultos astrales y magia, naturalismo o zoocultismo.

**IBEROAMERICANO, A** adj. y n. Relativo a los pueblos que forman parte de Iberoamérica. ◆ adj. **2.** Relativo a estos pueblos y a España y Portugal a la vez.

**IBERORROMÁNICO, A** adj. y n. m. Dícese de las lenguas derivadas del latín hablado en la antigua Iberia.

**IBERORROMANO, A** adj. Dícese de las obras

el **arte iberorromano:** caballito (procedente de Cigarralejo, Murcia) [col. part.]

cabeza procedente del Cerro de los Santos, Montealegre, Albacete (museo arqueológico, Madrid)

cerámica procedente de Peal de Becerro, Jaén (museo arqueológico, Madrid)

exvoto femenino (s. VI) procedente de Despeñaperros, Jaén (museo arqueológico, Madrid)

el **arte ibero**

producidas por los artistas de la antigua Iberia bajo el estímulo romanizador.

**ÍBEX** o **ÍBICE** n. m. Rumiante parecido a una cabra, que vive en los altos parajes alpinos. (Familia bóvidos.)

**íbex**

**IBICENCO, A** adj. y n. De Ibiza. ◆ n. m. **2.** Subdialecto balear, dentro de la lengua catalana.

**IBÍDEM** o **IBIDEM** adv. (lat. *ibidem*). De allí mismo, o en el mismo lugar. (Suele abreviarse *ibíd.* o ibid.)

**IBIRAPITÁ** n. f. Planta arbórea americana cuya madera es muy apreciada en tornería y carpintería.

**IBIS** n. m. Ave del orden zancudas, de pico largo y curvado hacia abajo. (El ibis sagrado, que los antiguos egipcios veneraban como una encarnación del dios Tot, presenta plumaje blanco, excepto en la cabeza, cuello y parte de las alas, que son negros.)

**ibis** sagrado

**IBO,** etnia del SE de Nigeria que habla una lengua del grupo kwa. Su intento de secesión en 1967 provocó la guerra de Biafra*.

**IBÓN** n. m. Lago de origen glaciar, en los Pirineos de Aragón.

**ICA,** pueblo amerindio del grupo arauco, de la familia lingüística chibcha, que vive en Colombia (sierra Nevada de Santa Marta).

**ICARIO, A** adj. Relativo a Ícaro. ◆ adj. y n. **2.** De Icaria.

**ÍCARO** n. m. *P. Rico.* Especie de ñame.

**ICEBERG** n. m. (voz inglesa). Bloque de hielo de gran tamaño desprendido de los glaciares continentales, que flota en las regiones polares del océano, y cuya porción emergida puede alcanzar 200 m de altura, quedando sumergidas las cuatro quintas partes de su masa.

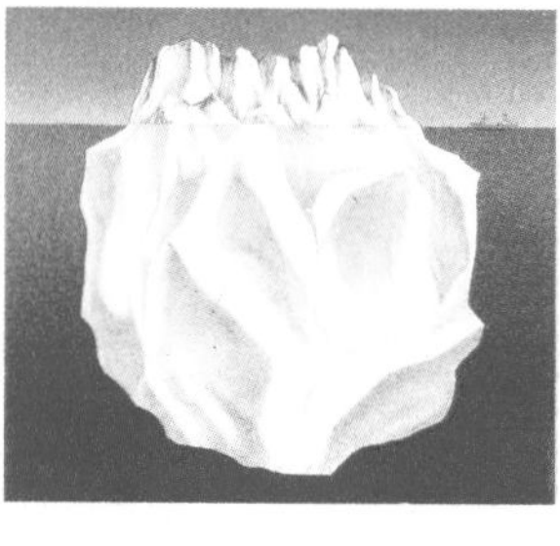

**iceberg** (corte)

**ICHO** o **ICHU** n. m. (voz quechua). Planta herbácea espontánea en los páramos de la cordillera de los Andes. (Familia gramíneas.)

**ICNEUMÓN** n. m. Insecto que deposita sus huevos en las larvas de otros insectos, algunas veces a través de las cortezas de los árboles. (Orden himenópteros.)

**ICÓNICO, A** adj. Relativo al icono. **2.** Relativo a la imagen: *mensaje icónico.*

**ICONO** n. m. (gr. *eikōn, onos,* imagen). En las iglesias de oriente de tradición bizantina, imagen de Cristo, de la Virgen o de los santos. **2.** Signo que mantiene una relación de semejanza con el objeto representado. **3.** INFORMÁT. Símbolo gráfico que aparece en la pantalla de un ordenador y que corresponde a la ejecución particular en un software. **4.** LING. Signo en el que se da una relación de analogía con la realidad exterior.

**ICONOCLASIA** o **ICONOCLASTIA** n. f. Doctrina, proclamada como oficial en el imperio bizantino por los emperadores León III el Isáurico, Constantino V Coprónimo y León V el Armenio, que prohibía como idolátricas la representación y veneración de las imágenes de Cristo y de los santos.

**ICONOCLASTA** adj. y n. m. y f. Relativo a la iconoclasia; partidario de esta doctrina. **2.** *Por ext.* Que es enemigo de signos, emblemas, etc., religiosos, políticos o de cualquier valor establecido.

**ICONOGRAFÍA** n. f. Estudio descriptivo de las diferentes representaciones figuradas de un mismo sujeto. **2.** Conjunto clasificado de las imágenes correspondientes. **3.** Colección de retratos.

**ICONOGRÁFICO, A** adj. Relativo a la iconografía.

**ICONOLATRÍA** n. f. Adoración de las imágenes.

**ICONOLOGÍA** n. f. En la cultura y en el arte clásicos, ciencia y arte de utilizar emblemas, símbolos y alegorías figurativas. **2.** Estudio de la formación, transmisión y significación profunda de las representaciones figuradas en arte.

**ICONOLÓGICO, A** adj. Relativo a la iconología.

**ICONOSCOPIO** n. m. Tubo catódico tomavistas de las cámaras de televisión.

**ICONOSTASIO** n. m. En las iglesias de rito oriental, mampara o cancel abierto en general por tres puertas, que separa la nave del santuario y está adornado con iconos.

parte central de un **iconostasio**
de madera esculpida y dorada (s. XVIII)
[iglesia de la Transfiguración, isla de Kiji, Rusia]

**ICOR** n. m. (gr. *ichōr*). MED. Antigua denominación de un líquido seroso que exhalan ciertas úlceras.

**ICOSAEDRO** n. m. MAT. Sólido que tiene veinte caras planas. (El icosaedro regular tiene por caras veinte triángulos equiláteros iguales.)

**ICOSÁGONO, A** adj. MAT. Que tiene veinte ángulos: *figura icoságona.* ◆ n. m. **2.** Polígono que tiene veinte ángulos y veinte lados.

**ICTERICIA** n. f. MED. Enfermedad caracterizada por coloración amarilla de la piel, debida a la presencia en la sangre y en los tejidos de pigmentos biliares.

**ICTÉRICO, A** adj. y n. Relativo a la ictericia; afecto de esta enfermedad.

**ICTÍNEO, A** adj. Semejante a un pez.

**ICTIÓFAGO, A** adj. y n. Que se nutre principalmente de peces.

**ICTIOGRAFÍA** n. f. Descripción de los peces.

**ICTIOLAMONIO** o **ICTIOL** n. m. Aceite sulfuroso empleado en el tratamiento de diversas enfermedades de la piel.

**ICTIOLOGÍA** n. f. Parte de la zoología que trata de los peces.

**ICTIÓLOGO, A** n. Especialista en ictiología.

**ICTIOSAURIO, A** adj. y n. m. Relativo a un orden de reptiles adaptados a la vida marina, pelágicos y fósiles del mesozoico.

**ICTIOSIS** n. f. MED. Enfermedad de la piel caracterizada por la formación de laminillas y la descamación de la epidermis, que aparece seca y rugosa.

**ICTUS** n. m. (voz latina que significa *golpe*). MED. Lesión grave, de aparición brusca. **2.** MÉTRIC. ANT. Apoyo rítmico sobre una sílaba larga o acentuada.

**ID EST** loc. (voces lat., *esto es*). Por ejemplo. (Suele abreviarse *i.e.*)

**IDA** n. f. Acción de ir. • **Encuentro de ida** (DEP.), primer encuentro de una eliminatoria que se disputa a doble partido.

**IDEA** n. f. (gr. *idea,* imagen ideal de un objeto). Representación mental de una cosa real o imaginaria. **2.** Concepción elemental, noción de una cosa: *no tengo ni idea de la hora que es.* **3.** Propósito de realizar algo, plan: *tenía idea de ir hoy al cine.* **4.** Ocurrencia, hallazgo: *fue una gran idea reunirnos.* **5.** Opinión, apreciación acerca de algo o alguien: *tenía una idea equivocada de ti.* **6.** Ingenio o maña para inventar o realizar algo: *tiene mucha idea para bordar.* **7.** Fondo, parte sustancial de una doctrina, razonamiento, etc.: *la idea es buena, aunque de difícil realización.* **8.** Esquema, proyecto: *te ha dado la idea para que la realices.* • **Idea fuerza,** idea principal, eje de un razonamiento y germen de acción. ◆ **ideas** n. f. pl. **9.** Manera de pensar que uno tiene en lo religioso, político, etc.

**IDEACIÓN** n. f. Génesis y proceso en la formación de las ideas.

**IDEAL** adj. Relativo a la idea o ideas. **2.** Que sólo existe en la imaginación, no real. **3.** Excelente, perfecto en su clase: *un coche ideal.* ◆ n. m. **4.** Perfección que el espíritu imagina, sin poder alcanzarla por completo. **5.** Aquello que se pretende o a lo que se aspira. **6.** Doctrina, ideas, etc., que alguien profesa apasionadamente. **7.** MAT. En un anillo conmutativo, en el que las operaciones definidas son la suma y el producto, subgrupo aditivo estable respecto de la multiplicación tal que el producto de un elemento cualquiera del subgrupo por un elemento cualquiera del anillo está contenido en el subgrupo.

**IDEALIDAD** n. f. Calidad de ideal.

**IDEALISMO** n. m. Propensión a idealizar las cosas. **2.** FILOS. Filosofía que reduce la realidad al ser, y el ser, al pensamiento: *el idealismo hegeliano.*

**IDEALISTA** adj. y n. m. y f. Relativo al idealismo; partidario de esta doctrina. **2.** Dícese de la persona que propende a idealizar las cosas.

**IDEALIZACIÓN** n. f. Acción y efecto de idealizar. **2.** SICOANÁL. Proceso por el cual el objeto del deseo se encuentra aumentado en la imaginación e investido por el sujeto de cualidades que objetivamente no posee.

**IDEALIZAR** v. tr. [**1g**]. Presentar una cosa como perfecta o mejor de lo que es en realidad: *si idealizas a las personas, terminan decepcionándote.*

**IDEAR** v. tr. [**1**]. Pensar, discurrir. **2.** Trazar, inventar.

**IDEARIO** n. m. Repertorio de las principales ideas de un autor, escuela, etc.

**IDEÁTICO, A** adj. *Amér.* Extravagante, maniático, caprichoso. **2.** *Hond.* Ingenioso.

**ÍDEM** o **IDEM.** Voz procedente del pron. lat. *idem,* que significa *el mismo* o *lo mismo,* y se usa para evitar repeticiones. (Suele abreviarse *íd* o *id.*)

**IDEMPOTENTE** adj. En un conjunto en el que está definida una ley de composición interna, dícese de todo elemento que compuesto consigo mismo da el propio elemento.

**IDÉNTICO, A** adj. Completamente igual o muy parecido.

**IDENTIDAD** n. f. Calidad de idéntico. **2.** Circunstancia de ser efectivamente una persona lo que dice ser. **3.** Conjunto de caracteres o circunstancias que hacen que alguien o algo sea reconocido, sin posibilidad de confusión con otro. **4.** MAT. Igualdad en la que los dos miembros toman valores numéricos iguales para todo el sistema de valores atribuido a las variables. • **Documento nacional de identidad,** documento oficial que acredita la identidad de una persona, en el que figuran su fotografía y sus huellas digitales. ‖ **Identidad social** (SICOSOCIOL.), conciencia que tiene un individuo de su pertenencia a uno o varios grupos sociales o a un territorio, y significación emocional y valorativa que resulta de ello. ‖ **Placa de identidad,** placa metálica que llevan los militares cuando participan en una operación. ‖ **Principio de identidad,** principio fundamental de la lógica tradicional, según el cual toda cosa es igual a sí misma.

**IDENTIFICABLE** adj. Que puede ser identificado.

**IDENTIFICACIÓN** n. f. Acción y efecto de identificar o identificarse. **2.** SICOANÁL. Proceso síquico por el cual el sujeto se asimila a otra persona o a un objeto afectivo.

**IDENTIFICAR** v. tr. **[1a]**. Reconocer que una persona o cosa es la misma que se supone o se busca. ◆ v. tr. y pron. **2.** Considerar dos o más cosas como idénticas. ◆ **identificarse** v. pron. **3.** Solidarizarse. **4.** Acreditar una persona su identidad o dar los datos personales necesarios para ser reconocida.

**IDEOGRAFÍA** n. f. Representación directa del sentido de las palabras mediante símbolos gráficos.

**IDEOGRÁFICO, A** adj. Relativo a la ideografía: *escritura ideográfica.*

**IDEOGRAMA** n. m. LING. Signo gráfico que representa el sentido de una palabra y no sus sonidos.

**IDEOLOGÍA** n. f. Conjunto de ideas que caracterizan a una persona, grupo, época, o movi-

escritura **ideográfica** en un canope egipcio (Imperio nuevo)
[museo arqueológico, El Cairo]

miento. **2.** FILOS. Conjunto de representaciones coherentes en las que una clase social se reconoce y de las que se sirve en su lucha contra otra clase para imponer su dominio.

**IDEOLÓGICO, A** adj. Relativo a la ideología.

**IDEÓLOGO, A** n. Persona que crea ideas o que se atiene excesivamente a las ideas abstractas. **2.** En los ss. XVIII y XIX, filósofo que analizaba el origen de las ideas.

**IDEOSO, A** adj. *Guat.* Ingenioso, ideático. **2.** *Méx.* Ideático.

**IDH,** siglas de *índice de desarrollo humano,* con las que se designa una medida utilizada por la O.N.U. para evaluar el desarrollo humano, a través de tres variables ponderadas de forma equitativa: longevidad, educación y nivel de vida.

**IDÍLICO, A** adj. Relativo al idilio. **2.** Sumamente placentero o agradable.

**IDILIO** n. m. (lat. *idyllium*). Composición poética de motivo pastoral y generalmente amoroso. **2.** Episodio o aventura amorosa.

**IDIOCIA** n. f. MED. Déficit intelectual profundo de origen orgánico o síquico, definido por un cociente intelectual no superior a 20 y que comporta incapacidad para la adquisición del lenguaje. SIN.: *idiotez, idiotismo.*

**IDIOLECTO** n. m. LING. Conjunto de las variantes de un idioma propias de una persona dada en un momento determinado. (Es la única realidad de la que dispone un dialectólogo.)

**IDIOLOGÍA** n. f. Modo peculiar de hablar.

**IDIOMA** n. m. Término en cierto modo equivalente a lengua, en el sentido de sistema de signos lingüísticos al servicio de una comunidad de hablantes.

**IDIOMÁTICO, A** adj. Relativo al idioma: *expresión idiomática.*

**IDIOPATÍA** n. f. Enfermedad que tiene existencia propia, sin ser la consecuencia de otra.

**IDIOPÁTICO, A** adj. Relativo a la idiopatía.

**IDIOSINCRASIA** n. f. (gr. *idiosynkrasia*). Temperamento o manera de ser que caracteriza a un individuo o a una colectividad.

**IDIOSINCRÁSICO, A** adj. Relativo a la idiosincrasia.

**IDIOTA** adj. y n. m. y f. Dícese de la persona muy poco inteligente e ignorante. **2.** Afecto de idiocia.

**IDIOTEZ** n. f. Tontería. **2.** MED. Idiocia.

**IDIOTISMO** n. m. Ignorancia, falta de letras e instrucción. **2.** LING. Expresión o construcción peculiar de una lengua, de forma fija y no analizable. **3.** MED. Idiocia.

**IDIOTIZAR** v. tr. y pron. **[1g]**. Volver idiota.

**IDO, A** adj. *Fam.* Muy distraído. **2.** Que padece algún trastorno mental.

**IDÓLATRA** adj. y n. m. y f. Que idolatra.

**IDOLATRAR** v. tr. **[1]**. Adorar ídolos. **2.** *Fig.* Amar excesivamente a una persona o cosa.

**ídolo** femenino (cicládico medio, bronce reciente; *c.* 1600-1100 a. J.C.)
[museo de La Canea, Creta]

**IDOLATRÍA** n. f. Acción y efecto de idolatrar.

**ÍDOLO** n. m. Objeto inanimado al que se considera dotado de poderes sobrenaturales y al que se rinde culto. **2.** *Fig.* Persona o cosa excesivamente amada o admirada: *un ídolo de la juventud.*

**IDONEIDAD** n. f. Calidad de idóneo.

**IDÓNEO, A** adj. (lat. *idoneum,* adecuado). Que tiene suficiencia o aptitud para alguna cosa.

**IDUMEOS** → ***edomitas.***

**IDUS** n. m. pl. (voz latina). Decimoquinto día de los meses de marzo, mayo, julio y octubre, y decimotercer día de los otros meses, en el calendario romano.

**IGLESIA** n. f. (bajo lat. *ecclesiam,* del gr. *ekkēsia,* asamblea). Sociedad religiosa fundada por Jesucristo. (Suele escribirse con mayúscula.) **2.** Con-

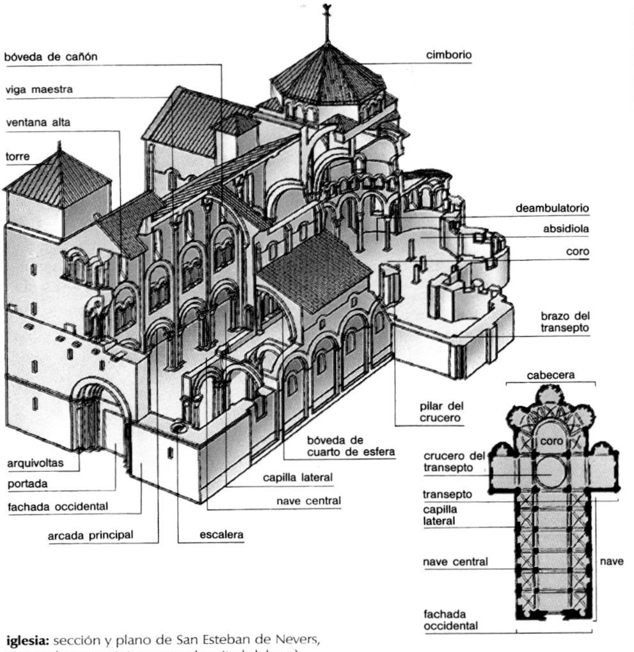


**iglesia:** sección y plano de San Esteban de Nevers, Francia (arte románico, segunda mitad del s. XI) junto del clero y pueblo de un país en donde el cristianismo tiene adeptos. **3.** Estado eclesiástico, que comprende a todos los ordenados. **4.** Gobierno eclesiástico general del Sumo Pontífice, concilios y prelados. **5.** Comunidad formada por personas que profesan la misma doctrina: *Iglesia católica; Iglesia ortodoxa.* (Suele escribirse con mayúscula.) **6.** Edificio donde se reúnen los fieles.

**IGLÚ** n. m. (ingl. *igloo*). Construcción de nieve que sirve de habitación temporal a determinados grupos de esquimales.

**IGNACIANO, A** adj. Relativo a san Ignacio de Loyola y a las instituciones por él fundadas.

**IGNARO, A** adj. (lat. *ignarum*). Ignorante.

**ÍGNEO, A** adj. De fuego o que tiene algunas de sus propiedades.

**IGNICIÓN** n. f. Acción y efecto de estar un cuerpo encendido, si es combustible, o enrojecido por un fuerte calor si es incombustible. **2.** Operación de encendido de los propulsores de un cohete.

**IGNIFUGACIÓN** n. f. Acción de ignifugar.

**IGNIFUGAR** v. tr. **[1b]**. Revestir o impregnar una materia de una sustancia ignífuga, para hacerla ininflamable.

**IGNÍFUGO, A** adj. y n. m. Propio para hacer ininflamables los objetos combustibles.

**IGNIPUNTURA** n. f. MED. Cauterización mediante punciones practicadas con una aguja candente.

**IGNITRÓN** n. m. ELECTR. Tubo rectificador cuyo cátodo está constituido por mercurio, en el que el cebado se renueva, al comienzo de cada una de las alternancias, merced a un electrodo especial.

**IGNOMINIA** n. f. (lat. *ignominiam*). Situación de una persona que por sus actos o conducta deshonrosa ha perdido el respeto de los demás. **2.** Motivo para esta situación. **3.** Mala acción perpetrada contra alguien.

**IGNOMINIOSO, A** adj. Que es ocasión o causa de ignominia.

**IGNORANCIA** n. f. Falta general de instrucción. **2.** Falta de conocimiento acerca de una materia o asunto determinado.

**IGNORANTE** adj. y n. m. y f. Que carece de instrucción. **2.** Que ignora una determinada materia o asunto.

**IGNORANTISMO** n. m. Tendencia a rechazar la instrucción por los peligros sociales que pueda acarrear.

**IGNORANTISTA** adj. y n. m. y f. Partidario del ignorantismo.

**IGNORAR** v. tr. (lat. *ignorare*) **[1]**. No saber una cosa. ◆ v. tr. y pron. **2.** *Fig.* No prestar atención deliberadamente a alguien o a algo.

**IGNOTO, A** adj. (lat. *ignotum*). No conocido ni descubierto.

**IGORROTES,** pueblo de Filipinas (Luzón).

**IGUAL** adj. (lat. *aequalem*). Que no difiere de otro. **2.** Semejante, muy parecido. **3.** Liso, sin desniveles: *terreno igual.* **4.** Proporcionado, en conveniente relación: *el resultado obtenido no es igual al esfuerzo realizado.* **5.** Constante, no variable. **6.** GEOMETR. Dícese de las figuras que se pueden superponer de modo que se confunden en su totalidad. ◆ adj. y n. m. y f. **7.** Dícese de la persona de la misma clase, condición, etc., que otra u otras. • **Sin igual,** singular, extraordinario. ◆ n. m. **8.** Signo de igualdad, formado por dos rayas paralelas y horizontales (=). ◆ adv. m. **9.** De la misma manera: *comportarse igual que un niño.* **10.** Posiblemente, tal vez: *igual le encuentra aún en su casa.* **11.** *Argent., Chile* y *Urug.* Así y todo; a pesar de todo.

**IGUALA** n. f. Igualación, acción y efecto de igualar o igualarse. **2.** Composición, ajuste o pacto por el que se contratan los servicios de una asociación o persona. **3.** Lo que se paga por este ajuste. **4.** Convenio por el que el cliente paga al médico una cantidad anual determinada por prestar sus servicios.

**IGUALACIÓN** n. f. Acción y efecto de igualar o igualarse.

**IGUALADA** n. f. DEP. Empate. **2.** TAUROM. Acción de igualar el toro.

**IGUALADO, A** adj. *Guat.* y *Méx.* Dícese de la persona que quiere igualarse con otras de clase social superior. **2.** *Méx.* Mal educado, grosero.

**IGUALADOR, RA** adj. y n. Que iguala.

iglú

**IGUALAR** v. tr. y pron. **[1]**. Hacer iguales dos o más personas o cosas. **2.** Ajustar o contratar algo, especialmente una iguala sanitaria. **3.** TAUROM. Colocar el toro sus cuatro extremidades perpendiculares y paralelas entre sí. ◆ v. tr. **4.** Allanar, reducir algo a un mismo nivel. **5.** En todos los juegos de azar, hacer una apuesta igual a la que ha sido propuesta por otro jugador. ◆ v. intr. y pron. **6.** Ser una persona o cosa igual a otra. ◆ **igualarse** v. pron. **7.** Tratar alguien a otros como si fuesen de la misma categoría que él.

**IGUALDAD** n. f. (lat. *aequalitatem*). Calidad de igual. • **Igualdad algebraica** (MAT.), conjunto de dos expresiones algebraicas separadas por el signo =.

**IGUALITARIO, A** adj. (fr. *égalitaire*). Que entraña igualdad o tiende a ella.

**IGUALITARISMO** n. m. Corriente del pensamiento social que preconiza la supresión de las diferencias sociales.

**IGUALMENTE** adv. m. También, asimismo. **2.** De la misma manera.

**IGUANA** n. f. Reptil saurio de América tropical, de párpados móviles y lengua gruesa adherida al paladar, que tiene una gran papada y una cresta espinosa en el dorso.

iguana

**IGUANA** n. f. *Méx.* Instrumento músico parecido a la guitarra, que consta de cinco cuerdas dobles.

**IJADA** n. f. Cada uno de los dos espacios simétricos comprendidos entre las falsas costillas y los huesos de las caderas. **2.** Dolor en esta región.

**IJAR** n. m. Ijada del hombre y de algunos animales.

**IKASTOLA** n. f. (voz vasca, *escuela*). Escuela en la que la enseñanza se imparte en euskera.

**IKEBANA** n. m. (voz japonesa, *composición de flores*). Arte japonés de arreglar las flores.

**IKURRIÑA** n. f. (voz vasca). Bandera vasca.

**ILACIÓN** n. f. (lat. *illationem*). Relación entre ideas que se deducen unas de otras o que están de acuerdo: *un discurso carente de ilación.*

**ILANG-ILANG** n. m. Esencia que se obtiene de la cananga.

**ILATIVO, A** adj. Que establece ilación. • **Conjunción** u **oración ilativa,** conjunción u oración consecutiva.

**ILEGAL** adj. Que no es legal, contrario a las leyes.

**ILEGALIDAD** n. f. Calidad de ilegal: *la ilegalidad de un acto.* **2.** Acto ilegal: *cometer ilegalidades.*

**ILEGIBILIDAD** n. f. Calidad de ilegible: *la ilegibilidad de un texto.*

**ILEGIBLE** adj. Que no se puede o casi no se puede leer: *letra ilegible.* **2.** Que no se debe leer: *una obra considerada ilegible.*

**ILEGITIMIDAD** n. f. Calidad de ilegítimo.

**ILEGÍTIMO, A** adj. Que no cumple las condiciones requeridas por la ley: *unión ilegítima.*

**ILEÍTIS** n. f. Inflamación del íleon.

**ÍLEO** o **ILEUS** n. m. MED. Obstrucción del intestino. SIN.: *oclusión intestinal.*

**ILEOCECAL** adj. Relativo al íleon y al ciego simultáneamente.

**ÍLEON** n. m. (del gr. *eilein,* retorcer). Tercera parte del intestino delgado, entre el yeyuno y el intestino grueso.

**ILERCAVÓN, NA** o **ILERCAÓN** adj. y n. Relativo a un pueblo de la península Ibérica que en la época de la dominación romana estaba asentado en el bajo Ebro, y cuya principal ciudad era *Dertosa* (Tortosa); individuo de dicho pueblo.

**ILERDENSE** adj. y n. m. y f. De la antigua Ilerda y la actual Lérida.

**ILERGETE** adj. y n. m. y f. Relativo a un pueblo ibérico que en la época de la dominación romana estaba asentado a or. del Ebro, desde el Segre hasta más allá de Huesca, con cap. en Ilerda, y que con Indíbil y Mandonio presentó fuerte resistencia a los romanos; individuo de dicho pueblo.

**ILESO, A** adj. Que no ha recibido heridas o daño en ocasión que podía haberlo hecho: *salir ileso de un accidente.*

**ILETRADO, A** adj. y n. Falto de instrucción. **2.** Afecto de iletrismo.

**ILETRISMO** n. m. Disfunción cultural ligada al fracaso escolar y a la primacía de la imagen en el aprendizaje y la información.

**ILÍACO, A** o **ILIACO, A** adj. Relativo a las paredes laterales de la pelvis y al íleon. • **Fosa ilíaca,** cada una de las dos regiones laterales e inferiores de la cavidad abdominal. ‖ **Hueso ilíaco,** cada uno de los dos huesos que forman la cintura pélvica, resultado de la soldadura del ilion, el isquion y el pubis.

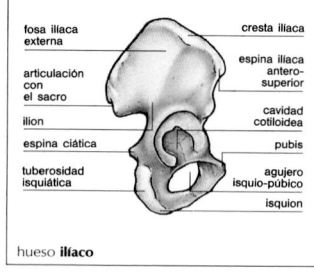

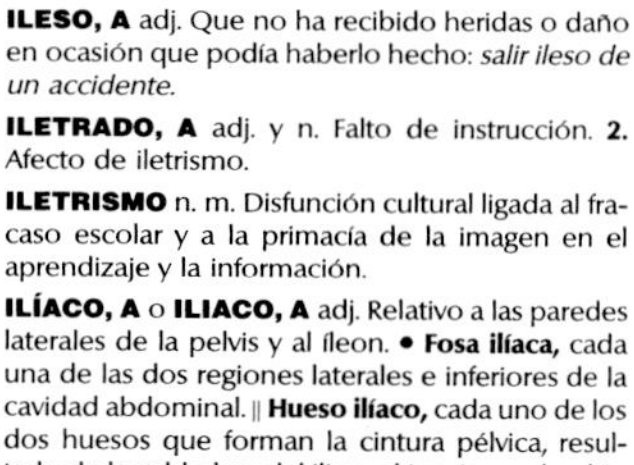


hueso **ilíaco**

**ILÍACO, A** adj. y n. De Ilión o Troya.

**ILICITANO, A** adj. y n. De la antigua Ilici y la actual Elche.

**ILÍCITO, A** adj. Prohibido por las leyes o por la moral: *negocio ilícito; relaciones ilícitas.*

**ILICITUD** n. f. Calidad de ilícito.

**ILIMITABLE** adj. Que no puede limitarse.

**ILIMITADO, A** adj. Que no tiene o no presenta límites.

**ILION** n. m. Uno de los tres elementos del hueso ilíaco, ancho y plano, que forma el saliente de la cadera.

**ILÍQUIDO, A** adj. Dícese de la cuenta, deuda, etc., que está por liquidar.

**ILÍRICO, A** adj. Ilirio.

**ILIRIO, A** adj. y n. De Iliria.

**ILLITA** n. f. Mineral de arcilla potásica, de estructura micácea.

**ILMENITA** n. f. (de *Ilmen*). Óxido natural de hierro y titanio, que se encuentra en determinados esquistos cristalinos.

**ILÓGICO, A** adj. Que carece de lógica: *conclusión ilógica; comportamiento ilógico.*

**ILOTA** o **HILOTA** n. m. (gr. *heilōs, ōtos*). El que se halla desposeído de los derechos de ciudadano. **2.** HIST. Esclavo propiedad del estado de Esparta.

**ILOTISMO** n. m. HIST. Condición de ilota.

**ILUMINACIÓN** n. f. Acción y efecto de iluminar. **2.** Conjunto de luces dispuestas para iluminar o decorar calles, monumentos públicos, etc. **3.** Conjunto de luces destinadas a realzar un espectáculo, una representación teatral o televisada, etc. **4.** Cantidad de luz. **5.** Decoración e ilustración, generalmente en colores, de un manuscrito.

**ILUMINADO, A** adj. y n. Dícese de la persona que ve visiones en materia de religión. ◆ **Iluminados** n. m. pl. **2.** Miembros de sectas religiosas que durante los ss. XVI - XVIII pretendían ser iluminados directamente por Dios sin recurrir a los sacramentos. (Tuvieron particular importancia los iluminados de España, llamados alumbrados.) **3.** Miembros de antiguas sociedades masónicas.

**ILUMINADOR, RA** adj. y n. Que ilumina: *foco iluminador.* ◆ n. **2.** Artista que iluminaba manuscritos.

**ILUMINAR** v. tr. (lat. *iluminare*) [**1**]. Alumbrar, dar luz. **2.** Adornar con luces. **3.** *Fig.* Hacer claro algo: *la alegría iluminó su cara.* **4.** Decorar con iluminaciones: *iluminar un misal.*

**ILUMINISMO** n. m. Doctrina de determinados movimientos religiosos marginales, fundada en la creencia en una iluminación interior o en revelaciones inspiradas directamente por Dios.

**ILUSIÓN** n. f. (lat. *illusionem*, engaño). Imagen de un objeto que aparece en la conciencia distinto de como es en realidad: *el espejismo es una ilusión visual.* **2.** Alegría que produce la esperanza o la realización de un deseo: *llenarse de ilusiones.* **3.** Esperanza poco fundada en la realización de un deseo: *vivir con la ilusión del éxito.* • **Hacerse,** o **forjarse, ilusiones,** esperar, sin fundamento real, la realización de deseos. ‖ **Ilusión de Delboeuf,** ilusión óptico-geométrica que hace parecer desiguales dos círculos iguales, uno de los cuales está dentro de un tercer círculo mayor. ‖ **Ilusión de Müller-Lyer,** ilusión óptico-geométrica que hace parecer desiguales dos rectas en cuyos extremos se han dibujado dos pequeños segmentos que en una de las rectas forman una línea cóncava, y en la otra, una línea convexa. ‖ **Ilusión óptica,** error relativo a la forma, dimensiones y color de los objetos. ‖ **Ilusión óptico-geométrica,** error en la percepción visual de figuras geométricas, que se manifiesta por una sobreestimación o una subestimación sistemáticas de la longitud, la superficie, la dirección o la curvatura de los ángulos, la vertical, etc.

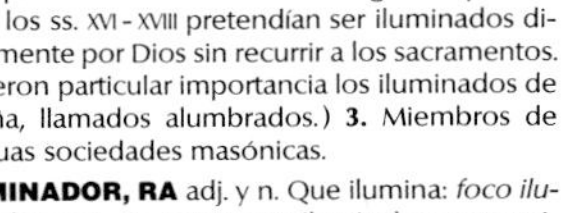

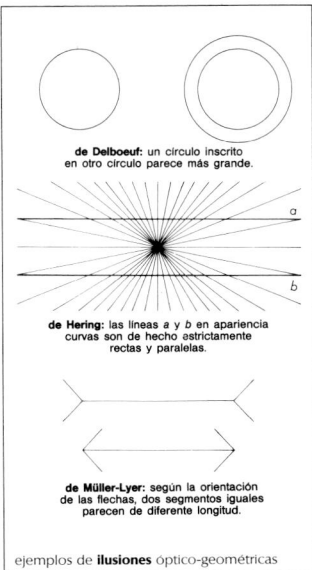

**de Delboeuf:** un círculo inscrito en otro círculo parece más grande.

**de Hering:** las líneas *a* y *b* en apariencia curvas son de hecho estrictamente rectas y paralelas.

**de Müller-Lyer:** según la orientación de las flechas, dos segmentos iguales parecen de diferente longitud.

ejemplos de **ilusiones** óptico-geométricas

**ILUSIONAR** v. tr. y pron. [**1**]. Producir o sentir ilusión: *la idea me ilusiona; ilusionarse por todo.* **2.** Hacer que alguien conciba o concebir ilusiones, esperanzas, etc.: *intentar ilusionar a alguien.*

**ILUSIONISMO** n. m. Arte de producir fenómenos en aparente contradicción con las leyes naturales.

**ILUSIONISTA** adj. y n. m. y f. Que realiza ejercicios de ilusionismo.

**ILUSO, A** adj. Que está engañado con una ilusión o que tiende a ilusionarse con facilidad.

**ILUSORIO, A** adj. Que es sólo ilusión, sin valor real: *promesas ilusorias.*

**ILUSTRACIÓN** n. f. Acción y efecto de ilustrar: *este ejemplo sirve de ilustración del texto.* **2.** Cultura, instrucción: *persona de poca ilustración.* **3.** Estampa, grabado o dibujo que acompaña al texto de un libro, periódico, etc. **4.** Movimiento intelectual europeo (y de sus colonias americanas), centrado en el período comprendido entre la segunda revolución inglesa de 1688 y la Revolución francesa (aunque con ampliaciones hasta 1830) caracterizado por el racionalismo utilitarista de la clase burguesa en su etapa ascendente en la consecución de la hegemonía estructural capitalista y por la toma del poder político (que el *despotismo ilustrado* intentó inútilmente conjurar), y de conformación de su ideología. (Con este significado suele escribirse con mayúscula.)

■ En el terreno de la teoría la ilustración apeló a una moral sin ambiciones totalizadoras para lograr la felicidad general mediante el progreso (Condorcet, Kant) alcanzado mediante la educación (Rousseau, Pestalozzi). La lucha contra la superstición (Feijoo) y el rechazo de la religiosidad tradicional (Berkeley, Voltaire, Helvetius), unidos al interés por las ciencias naturales y las matemáticas (Lavoisier, Humboldt, Cavanilles), condujeron a la vez a un gran progreso en el terreno técnico (revolución industrial) y a un vitalismo preevolucionista (Diderot, Lamarck). La teoría política del iusnaturalismo creó el principio soberano de la nación (Pope, Montesquieu) que, unido a la teoría del contrato social (Rousseau), condujo al republicanismo, a la historicidad considerada desde lo social (Vico, Capmany, Herder), a la fisiocracia (Turgot, Jovellanos) y al liberalismo (Smith). En el terreno artístico destacaron las teorizaciones neoclásicas (Winckelmann, Baumgarten, Lessing) unidas al predominio de la narrativa (Fielding, Cadalso, Lizardi) y a la creación del teatro burgués (Goldoni, Gay), a la vez que se produjo el gran salto musical de Purcell a Beethoven a través de Vivaldi, Bach, Rameau, Haydn, Mozart.

**ILUSTRADO, A** adj. Docto, instruido: *persona ilustrada.* **2.** Adornado con grabados, imágenes, fotografías, etc.: *libro ilustrado.* ◆ adj. y n. **3.** Perteneciente o relativo a la Ilustración; partidario de este movimiento.

**ILUSTRADOR, RA** adj. y n. Que ilustra una obra.

**ILUSTRAR** v. tr. y pron. (lat. *illustrare*) [**1**]. Instruir, proporcionar conocimientos o cultura: *la lectura ilustra.* ◆ v. tr. **2.** Aclarar un punto o materia: *ilustrar un texto con notas.* **3.** Incluir en un impreso láminas o grabados alusivos al texto.

**ILUSTRATIVO, A** adj. Que ilustra o proporciona conocimientos: *artículo ilustrativo.*

**ILUSTRE** adj. (lat. *ilustrem*). De noble linaje: *familia ilustre.* **2.** Que sobresale extraordinariamente en alguna actividad: *escritor ilustre.* SIN.: *insigne.* **3.** Título de dignidad: *ilustre señor director.*

**ILUSTRÍSIMO, A** adj. Tratamiento que se da a ciertas personas constituidas en dignidad. • **Su ilustrísima,** tratamiento que se da a un obispo.

**ILUVIACIÓN** n. f. EDAFOL. Proceso de acumulación, en un horizonte del suelo, de elementos disueltos en otro horizonte.

**ILUVIAL** adj. Que resulta de la iluviación.

**ILUVIUM** n. m. EDAFOL. Horizonte de un suelo caracterizado por la precipitación, en forma de concreciones, de elementos procedentes de otros horizontes.

**IMAGEN** n. f. (lat. *imaginem*). Representación de una persona o de una cosa por medio de la pintura, la escultura, el dibujo, la fotografía, el cine, etc. **2.** Representación impresa de un sujeto cualquiera. **3.** Reproducción visual de un objeto a través de un espejo o un instrumento óptico. **4.** Representación mental de un ser o de un objeto. **5.** Parecido; aquello que imita o reproduce; aspecto: *este niño es la imagen de su padre; era la imagen de la desesperación.* **6.** Palabra o expresión que sugiere algo con lo que tiene alguna relación o analogía: *un poema de bellas imágenes.* **7.** MAT. En una aplicación de un conjunto C en un conjunto C′, elemento de C′ que corresponde a un elemento dado de C. • **A imagen** o **a imagen y semejanza,** de igual o parecida manera. ‖ **Derecho a la propia imagen,** derecho que tiene toda persona sobre su propia representación externa. ‖ **Frecuencia de imagen,** número de imágenes completas transmitidas por segundo según un determinado sistema de televisión. ‖ **Imagen de un conjunto,** en la aplicación *f* del conjunto C en el C′, conjunto *f*(C) formado por las imágenes de los elementos de C. ‖ **Imagen mental,** representación síquica de un objeto ausente.

**IMAGINABLE** adj. Que se puede imaginar.

**IMAGINACIÓN** n. f. (lat. *imaginationem*). Facultad de evocar imágenes, sentido interno de reproducir en la mente rastros de impresiones sensoriales en ausencia de sus objetos. **2.** Facultad de inventar, crear o concebir: *un artista con mucha imaginación.* **3.** Idea falsa, ilusión o sospecha sin fundamento real: *eso no son más que imaginaciones tuyas.* • **Ni por imaginación** *(Fam.)*, sin ni siquiera haber pensado en ejecutar aquello de que se trata.

**IMAGINAL** adj. Relativo al imago, insecto adulto.

**IMAGINAR** v. tr. y pron. (lat. *imaginari*) [**1**]. Representarse algo en la mente: *imaginar fantasmas.* **2.** Idear, inventarse. **3.** Pensar o creer.

**IMAGINARIA** n. f. Guardia militar que no presta efectivamente el servicio como tal, pero está dispuesta para prestarlo en caso de necesidad. ◆ n. m. **2.** Soldado que por turno vela durante la noche en cada dormitorio del cuartel.

**IMAGINARIO, A** adj. Que sólo existe en la imaginación: *un temor imaginario.* **2.** MAT. Dícese de la parte de un número complejo resultante del producto de un número real por *i*. ◆ n. m. **3.** Concepción popular y colectiva que se tiene de la realidad cultural, social y política de una comunidad, que puede tener fundamento real o no.

**IMAGINATIVO, A** adj. Que tiene mucha imaginación o que predomina ésta sobre otras facultades.

**IMAGINERÍA** n. f. Arte de los imagineros. **2.** Conjunto de imágenes, especialmente sagradas. **3.** Conjunto de imágenes o expresiones usadas por un autor, escuela, etc.

**IMAGINERO, A** n. Escultor especializado en realizar imágenes religiosas.

**IMAGINISTAS** n. m. pl. Nombre dado hacia 1920 a un grupo de poetas británicos y norteamericanos que se proponían «transferir a la mente del auditor la impresión directa de sus sentidos, mediante el color y el ritmo».

**IMAGO** n. m. Insecto adulto que ha alcanzado su completo desarrollo y es capaz de reproducirse. ◆ n. f. **2.** SICOANÁL. Representación inconsciente que rige la relación del sujeto con su entorno.

**IMÁN** n. m. Óxido natural de hierro que atrae el hierro y otros metales. **2.** Barra de acero que ha adquirido artificialmente las mismas propiedades. **3.** *Fig.* Atractivo.

**IMÁN** o **IMĀM** n. m. (ár. *imām*). Jefe religioso musulmán. **2.** Título de ciertos soberanos musulmanes.

**IMANATO** n. m. Dignidad de imán.

**IMANTACIÓN** o **IMANACIÓN** n. f. Acción de imantar.

**IMANTAR** o **IMANAR** v. tr. y pron. [**1**]. Comunicar a un cuerpo las propiedades del imán.

**I+D,** siglas de *investigación* y desarrollo.*

**IMBATIDO, A** adj. Que no ha sido vencido, especialmente en un combate deportivo.

**IMBATIBILIDAD** n. f. Condición de imbatido.

**IMBÉCIL** adj. y n. m. y f. (lat. *imbecillem,* débil). Poco inteligente, estúpido, tonto. **2.** MED. Afecto de imbecilidad.

**IMBECILIDAD** n. f. Calidad o estado de imbécil. **2.** Acción o dicho propio de un imbécil: *hacer imbecilidades.* **3.** MED. Retraso mental definido por un cociente intelectual comprendido entre 20 y 50, y una edad mental situada entre los 2 y 7 años en la edad adulta.

**IMBERBE** adj. (lat. *imberbem*). Que no tiene barba.

**IMBIBICIÓN** n. f. Acción y efecto de embeber o embeberse.

**IMBORNAL** n. m. (cat. *embornal*). Abertura o boca en los bordillos de las aceras para recoger las aguas y conducirlas a las alcantarillas. **2.** Boca o agujero en los terrados para evacuar las aguas. **3.** Pequeño canal empedrado para evacuar las aguas, en terrenos de escasa pendiente. **4.** Agujero en los costados de una embarcación, por donde se vacía el agua.

**IMBORRABLE** adj. Indeleble: *un recuerdo imborrable.*

**IMBRICACIÓN** n. f. Acción y efecto de imbricar. **2.** Estado de cosas imbricadas.

**IMBRICADO, A** adj. (lat. *imbricatum*). Dícese de las cosas sobrepuestas de modo que se cubren parcialmente, como las tejas de un tejado, las escamas de los peces, etc.

**IMBRICAR** v. tr. y pron. **[1a]**. Poner parte de una cosa sobre otra, a la manera de las tejas.

**IMBUIA** n. m. Madera americana, resistente y de fácil trabajo, que se emplea en ebanistería, torneado, chapado, etc.

**IMBUIR** v. tr. y pron. (lat. *imbuere*) **[29]**. Inculcar ciertas ideas o pensamientos: *imbuir creencias; imbuirse de errores.*

**IMBUNCHAR** v. tr. **[1]**. *Chile.* Hechizar, embrujar. **2.** *Chile.* Estafar, robar con cierta habilidad y misterio.

**IMBUNCHE** n. m. (voz araucana). *Chile.* Ser maléfico, deforme y contrahecho, que lleva la cara vuelta hacia la espalda y anda sobre una pierna por tener la otra pegada a la nuca. (Se creía que los brujos robaban a los niños y les obstruían todos los agujeros naturales del cuerpo para convertirlos en imbuches, cuya misión era guardar tesoros escondidos.) **2.** *Chile.* Brujo que hace este maleficio a los niños. **3.** *Chile. Fig.* Niño feo, gordo y rechoncho. **4.** *Chile. Fig.* Maleficio, hechicería. **5.** *Chile. Fig.* Asunto embrollado y de difícil o imposible solución.

**IMIDA** n. f. Compuesto químico que resulta del anhídrido de los diácidos por la sustitución de un oxígeno por el radical NH.

**IMILLA** n. f. (voz quechua). *Argent.* y *Bol.* Muchacha. **2.** *Bol.* y *Perú.* Criada india.

**IMIPRAMINA** n. f. Medicamento antidepresivo tricíclico.

**IMITACIÓN** n. f. Acción y efecto de imitar. **2.** Cosa hecha imitando a otra: *tener la costumbre de la imitación; esa novela es una imitación.* **3.** Producto fabricado que imita otro más valioso: *perlas de imitación.* **4.** MÚS. Término que designa una escritura basada en la repetición de un corto motivo tratado en el estilo contrapuntístico.

**IMITAR** v. tr. (lat. *imitari*) **[1]**. Hacer o tratar de hacer lo mismo o algo parecido a lo hecho por otro: *imitar una firma; imitar los gestos de alguien; imitar el aspecto del oro.*

**IMITATIVO, A** adj. Relativo a la imitación: *gran capacidad imitativa.*

**IMMELMANN** n. m. (del n. de su inventor, el as de la aviación de caza alemana, M. *Immelmann*). Figura de acrobacia aérea que consiste en un semirrizo, o semilooping, vertical seguido de un semitonel, o medio tonel, horizontal.

**IMOSCAPO** n. m. (lat. *imum,* inferior, y *scapum,* tronco). Parte curva con que empieza el fuste de una columna. **2.** Diámetro inferior de una columna.

**IMPACCIÓN** n. f. (lat. *impactionem*). MED. Penetración de dos fragmentos óseos uno en el otro.

**IMPACIENCIA** n. f. Calidad de impaciente. **2.** Exasperación, irritación, desazón: *manifestar impaciencia.*

**IMPACIENTAR** v. tr. **[1]**. Hacer perder la paciencia: *me impacienta con su tardanza.* ◆ **impacientarse** v. pron. **2.** Perder la paciencia.

**IMPACIENTE** adj. Que no tiene paciencia. **2.** Que tiene afán o prisa: *estar impaciente de esperar.* **3.** Intranquilo por falta de información o noticias: *impaciente hasta saber lo sucedido.*

**IMPACTO** n. m. (bajo lat. *impactum;* de *impingere,* empujar). Choque del proyectil en el blanco. **2.** Señal que deja en él. **3.** Choque de un objeto con otro. **4.** *Fig.* Efecto intenso que algo produce en el ánimo: *el accidente causó un fuerte impacto en ellos; el impacto de una campaña publicitaria.* • **Impacto ambiental,** consecuencia que sobre el medio ambiente producen las modificaciones o perturbaciones parciales o totales del mismo. || **Punto de impacto,** punto donde la trayectoria de un proyectil encuentra el terreno o el objetivo.

**IMPAGABLE** adj. Que no se puede pagar. **2.** De tanto valor que es imposible pagarlo.

**IMPAGADO, A** adj. y n. m. Que no se ha pagado: *efectos impagados; acumulación de impagados.*

**IMPAGO** n. m. Situación en que se halla lo que todavía no se ha pagado: *impago de deudas.* **2.** Omisión de pago de la deuda debida o vencida.

**IMPALA** n. m. Herbívoro que vive en África, extraordinariamente ágil, que cuando huye da saltos de hasta 4 o 5 m. (Familia bóvidos.)

**impala** macho

**IMPALPABLE** adj. Ligero, sutil, de muy poca densidad.

**IMPALUDACIÓN** n. f. Inoculación del paludismo con fines terapéuticos.

**IMPANACIÓN** n. f. TEOL. Consustanciación.

**IMPAR** adj. Dícese del número entero que no es divisible por dos. **2.** Que no tiene par o igual: *persona de impar belleza.* ◆ adj. y n. m. **3.** Que está expresado por un número o una cifra impar. (Los números impares son los que terminan por 1, 3, 5, 7 y 9.) • **Función impar** (MAT.), función que cambia de signo al mismo tiempo que la variable. || **Órganos impares** (ANAT.), órganos que no guardan razón de simetría en sus mitades derecha e izquierda del organismo, como el estómago, el hígado, etc. ◆ n. m. **4.** Nombre de una de las suertes más sencillas de la ruleta, la cual comprende los números impares del 1 al 35.

**IMPARABLE** adj. Que no se puede parar o detener.

**IMPARCIAL** adj. y n. m. y f. Que juzga o procede sin parcialidad o pasión, equitativo: *juicio imparcial.*

**IMPARCIALIDAD** n. f. Calidad de imparcial, forma de obrar imparcial.

**IMPARIDÍGITO, A** adj. y n. m. Dícese de los mamíferos con pezuñas que presentan un número impar de dedos en cada pata, como el caballo, el rinoceronte, etc.

**IMPARIPINNADO, A** adj. BOT. Dícese de las hojas pinnadas terminadas en un folíolo impar.

**IMPARISÍLABO, A** adj. y n. m. LING. Dícese de los vocablos latinos que poseen en el genitivo del singular una sílaba más que en el nominativo.

**IMPARTIBLE** adj. Que no puede partirse.

**IMPARTIR** v. tr. (lat. *impartiri*) **[3]**. Comunicar, hacer participar a otros de lo que uno sabe o tiene: *impartir clase; impartir la bendición.* • **Impartir el auxilio** (DER.), prestar una autoridad o jurisdicción a otra la colaboración que pueda pedir.

**IMPASIBILIDAD** n. f. Calidad de impasible. **2.** Actitud impasible.

**IMPASIBLE** adj. Que no se altera ni muestra emoción o turbación: *permanecer impasible ante una situación peligrosa.*

**IMPASSE** n. m. (voz francesa). Callejón sin salida, atascamiento, crisis: *las conversaciones de paz están en un impasse.*

**IMPAVIDEZ** n. f. Calidad de impávido.

**IMPÁVIDO, A** adj. Que resiste o hace frente a un peligro sin miedo. **2.** Impasible. **3.** *Amér.* Fresco, descarado.

**IMPEACHMENT** n. m. (voz inglesa). Procedimiento de acusación, ante el congreso, del presidente, del vicepresidente o de un alto funcionario de E.U.A.

**IMPECABILIDAD** n. f. Calidad de impecable.

**IMPECABLE** adj. Perfecto, exento de tacha: *hablar un español impecable; vestir de forma impecable.* **2.** TEOL. Incapaz de pecar.

**IMPEDANCIA** n. f. (ingl. *impedance,* del lat. *impedire,* estorbar). FÍS. Relación entre la amplitud compleja de una magnitud sinusoidal (tensión eléctrica y presión acústica) y la amplitud compleja de la magnitud inducida (corriente eléctrica y flujo de velocidad).

**IMPEDIDO, A** adj. y n. Tullido, imposibilitado de moverse o de mover algún miembro.

**IMPEDIENTE** adj. DER. CAN. Dícese del impedimento que hace ilícito el matrimonio celebrado bajo su concurrencia, pero que no lo invalida.

**IMPEDIMENTA** n. f. (voz latina). Bagaje que lleva la tropa y que impide la celeridad en la marcha y en las operaciones.

**IMPEDIMENTO** n. m. (lat. *impedimentum*). Obstáculo, estorbo para una cosa: *surgir impedimentos para proseguir una obra.* **2.** DER. Circunstancias que obstaculizan la celebración de un matrimonio.

**IMPEDIR** v. tr. (lat. *impedire*) **[30]**. Imposibilitar o hacer difícil la ejecución de una cosa: *la lluvia impidió la excursión.*

**IMPEDITIVO, A** adj. Dícese de lo que constituye un impedimento.

**IMPELENTE** adj. Que impele. • **Bomba impelente,** bomba que eleva el agua por medio de la presión ejercida sobre el líquido.

**IMPELER** v. tr. (lat. *impellere*) **[2]**. Dar empuje para producir movimiento: *el viento impelía la nave.* **2.** *Fig.* Incitar, estimular, excitar: *impeler a una acción.*

**IMPENETRABILIDAD** n. f. Calidad de impenetrable. **2.** Actitud impenetrable. **3.** Propiedad en virtud de la cual dos cuerpos no pueden ocupar simultáneamente el mismo lugar en el espacio.

**IMPENETRABLE** adj. Que no se puede penetrar: *selva impenetrable.* **2.** *Fig.* Que no se puede ser conocido o descubierto: *misterio impenetrable.*

**IMPENITENCIA** n. f. Obstinación en el pecado.

**IMPENITENTE** adj. y n. m. y f. Que muestra impenitencia. **2.** *Fig.* y *fam.* Que es incapaz de escarmentar o corregirse: *bebedor impenitente.*

**IMPENSABLE** adj. Que no se puede pensar racionalmente, absurdo. **2.** Muy difícil o imposible de realizar.

**IMPENSADO, A** adj. Dícese de las cosas que suceden sin pensar en ellas o sin esperarlas: *un viaje impensado.*

**IMPENSAS** n. f. pl. DER. Gastos hechos en un inmueble por una persona que tiene su posesión sin ser el propietario.

**IMPEPINABLE** adj. *Fam.* Inevitable, indiscutible.

**IMPERANTE** adj. Que impera: *una moda imperante.*

**IMPERAR** v. intr. (lat. *imperare,* mandar) **[1]**. Dominar, mandar, preponderar: *ahora imperan otras costumbres.*

**IMPERATIVIDAD** n. f. Característica del derecho por la que toda norma jurídica contiene un mandato positivo o negativo, e impone a los sometidos a ella, con independencia de su voluntad, una determinada conducta, bajo una sanción.

**IMPERATIVO, A** adj. Que impera, manda u ordena: *tono imperativo; asunto imperativo de trabajo.* **2.** LING. Que pertenece al modo imperativo: *forma imperativa.* ◆ adj. y n. m. **3.** LING. Dícese del modo del verbo que expresa un mandato, una exhortación, una invitación o un ruego. ◆ n. m. **4.** Necesidad absoluta: *hallarse bajo imperativos económicos; condenar una acción por imperativo ético.* • **Imperativo categórico,** según Kant, mandamiento moral incondicionado que conlleva su propio fin. || **Imperativo hipotético,** mandamiento condicionado a una acción moral posible con vistas a un fin.

**IMPERATOR** n. m. (voz latina). Título otorgado, en tiempo de la república romana, a un general victorioso.

**IMPERATORIA** n. f. Planta herbácea de 40 a 60 cm de alt., flores blancas y fruto seco, con semillas menudas y estrechas, que se encuentra en toda la península Ibérica. (Familia umbelíferas.)

**IMPERCEPTIBILIDAD** n. f. Calidad de imperceptible.

**IMPERCEPTIBLE** adj. Que no se puede percibir o que apenas se percibe: *defecto imperceptible.*

**IMPERCUSO, A** adj. Dícese de la moneda de acuñación deficiente.

**IMPERDIBLE** adj. Que no puede perderse. ◆ n. m. **2.** Alfiler de seguridad, doblado formando resorte, y con uno de sus extremos rematado por una caperuza, en la que se introduce el otro extremo, terminado en punta, de modo que no puede abrirse fácilmente.

**IMPERDONABLE** adj. Que no se debe o no se puede perdonar: *error imperdonable.*

**IMPERECEDERO, A** adj. Que no perece, inmortal, eterno: *fama imperecedera.*

**IMPERFECCIÓN** n. f. Calidad de imperfecto: *la imperfección de una obra.* **2.** Defecto, lo que impide que algo sea perfecto: *un objeto con imperfecciones.*

**IMPERFECTIVO, A** adj. y n. m. LING. Dícese de ciertos verbos y de ciertos tiempos de los mismos que indican un ciclo incompleto de acción, con una duración ilimitada.

**IMPERFECTO, A** adj. (lat. *imperfectum*). Que tiene defectos, no perfecto: *obra imperfecta.* ◆ n. m. y adj. **2.** LING. Denominación aplicada por la Real academia española a cinco tiempos simples de la conjugación verbal: *pretérito imperfecto de indicativo, futuro imperfecto de indicativo, potencial simple* o *imperfecto, pretérito imperfecto de subjuntivo* y *futuro imperfecto de subjuntivo.*

**IMPERFORACIÓN** n. f. MED. Ausencia de orificio en una estructura orgánica que debería poseerlo: *imperforación del ano.*

**IMPERIAL** adj. (lat. *imperialem*). Relativo al emperador o al imperio: *dignidad imperial.* • **Corona imperial** (BOT.), planta de flores azafranadas dispuestas en círculo en la extremidad del tallo, que termina en una corona de hojas. (Familia liliáceas.) ◆ n. m. **2.** *Cuba.* Cigarro puro de buen tamaño y calidad. ◆ n. f. **3.** Tejadillo o cubierta de las carrozas. **4.** Piso superior, con asientos, en un carruaje, ómnibus, tranvía, autobús, etc. ◆ **imperales** n. m. pl. **5.** HIST. Nombre dado a los soldados del Imperio germánico desde el s. XV hasta principios del s. XIX. ◆ n. f. pl. **6.** NUMISM. Monedas que se acuñaron por orden de los emperadores romanos.

**IMPERIALISMO** n. m. Política de expansión de un estado en el aspecto continental, colonial, marítimo o económico, que tiende a poner a otros estados bajo su dependencia. **2.** Según la teoría marxista, estadio supremo del capitalismo, caracterizado por el dominio de los monopolios, el desarrollo de las sociedades multinacionales y la multiplicación de las formas de guerra. **3.** Tendencia a dominar moralmente el propio entorno.

**IMPERIALISTA** adj. y n. m. y f. Relativo al imperialismo; persona o estado que lo propugnan.

**IMPERICIA** n. f. (lat. *imperitiam*). Falta de pericia: *impericia en conducir.*

**IMPERIO** n. m. (lat. *imperium*). Forma de gobierno monárquico cuyo jefe es un emperador. **2.** Nación gobernada por este sistema. **3.** Conjunto importante de territorios que dependen de un mismo gobierno: *imperios coloniales.* **4.** Dignidad, cargo o ejercicio de emperador. **5.** Espacio de tiempo que dura el gobierno de un emperador. • **Estilo imperio,** estilo artístico desarrollado en Francia en época del Directorio y del Imperio. || **Valer un imperio** *(Fam.),* ser excelente o de gran mérito.

**IMPERIOSO, A** adj. Que denota dureza y despotismo o que emplea tono de mando. **2.** Que es necesario.

**IMPERITO, A** adj. (lat. *imperitum*). Que carece de pericia.

**IMPERIUM** n. m. ANT. ROM. Término que designaba el poder, en el dominio político, jurídico y militar, de quien gobernaba el estado, como el cónsul, el pretor, el dictador y, más tarde, el emperador. (Se oponía a la *potestas,* fue designada el poder administrativo.)

**IMPERMEABILIDAD** n. f. Cualidad de impermeable.

**IMPERMEABILIZACIÓN** n. f. Operación que impermeabiliza un tejido.

**IMPERMEABILIZANTE** adj. y n. m. Dícese de la sustancia que, al endurecer, forma una película impermeable sobre la superficie de un cuerpo.

**IMPERMEABILIZAR** v. tr. [**1g**]. Hacer impermeable al agua, a la lluvia, etc.: *impermeabilizar un tejido.*

**IMPERMEABLE** adj. (lat. *impermeabilem*). Dícese de los cuerpos que no pueden ser atravesados por los líquidos: *la arcilla es impermeable.* ◆ n. m. **2.** Prenda de abrigo hecha con tela impermeable.

**IMPERMUTABILIDAD** n. f. Calidad de impermutable.

**IMPERMUTABLE** adj. Que no puede permutarse.

**IMPERSONAL** adj. (lat. *impersonalem*). Que no pertenece o que no se aplica a una persona en particular: *la ley es impersonal.* **2.** Poco original, de poca calidad: *un estilo impersonal.* • **Modos impersonales,** el infinitivo, el gerundio y el participio, llamados así porque no expresan la persona gramatical. ◆ adj. y n. m. **3.** LING. Dícese del verbo que sólo se conjuga en la tercera persona del singular (*llueve, nieva, graniza,* etc.). ◆ adj. y n. f. **4.** LING. Dícese de la oración en que se omite el elemento agente de la acción expresada por el verbo.

**IMPERSONALIDAD** n. f. Calidad de impersonal.

**IMPERSONALIZAR** v. tr. [**1g**]. Usar como impersonal un verbo.

**IMPERTÉRRITO, A** adj. Que no se altera o asusta ante circunstancias peligrosas o difíciles: *permanecer impertérrito ante una tragedia.*

**IMPERTINENCIA** n. f. Calidad de impertinente: *impertinencia en contestar.* **2.** Palabras o acciones inconvenientes: *oír impertinencias.*

**IMPERTINENTE** adj. y n. m. y f. Que molesta, que no tiene o implica consideración o respeto. **2.** Indiscreto, inoportuno. ◆ **impertinentes** n. m. pl. **3.** Anteojos con mango.

**impertinentes** (detalle de un retrato de F. Martínez de la Rosa)
[palacio del congreso de diputados, Madrid]

**IMPERTURBABILIDAD** n. f. Calidad de imperturbable.

**IMPERTURBABLE** adj. (lat. *imperturbabilem*). Que no se altera, que no pierde la tranquilidad o el aplomo.

**IMPÉTIGO** n. m. Afección contagiosa de la piel, producida por estreptococos y estafilococos, caracterizada por la erupción de vesículas.

**IMPETRACIÓN** n. f. Acción y efecto de impetrar.

**IMPETRAR** v. tr. (lat. *impetrare,* lograr) [**1**]. Solicitar una gracia con ahínco.

**IMPETRATORIO, A** adj. Que sirve para impetrar.

**ÍMPETU** n. m. Gran intensidad o fuerza de un movimiento: *el ímpetu de las olas.* **2.** *Fig.* Energía y eficacia con que se realiza algo. SIN.: *impetuosidad.*

**IMPETUOSO, A** adj. Que se mueve o actúa con ímpetu: *un torrente impetuoso.* ◆ adj. y n. **2.** *Fig.* Apasionado, irreflexivo: *carácter impetuoso.*

**IMPIEDAD** n. f. Falta de piedad o de religión.

**IMPÍO, A** adj. y n. (lat. *impium*). Falto de piedad o fe religiosa. **2.** Falto de compasión o piedad: *acción impía.* ◆ adj. **3.** Irreverente: *un robo impío.*

**IMPLACABLE** adj. (lat. *implacabilem*). Que no se puede aplacar o templar: *ira implacable; huracán implacable.* **2.** Que no se deja ablandar en su rigor.

**IMPLANTACIÓN** n. f. Acción y efecto de implantar o implantarse: *la implantación de la democracia.* **2.** MED. Intervención consistente en colocar un implante bajo la piel.

**IMPLANTAR** v. tr. y pron. (fr. *implanter*) [**1**]. Establecer, instaurar, poner en ejecución doctrinas, instituciones, prácticas o costumbres nuevas. ◆ v. tr. **2.** MED. Realizar una implantación.

**IMPLANTE** n. m. MED. Sustancia medicamentosa que se introduce en el tejido celular subcutáneo, donde se reabsorbe lentamente.

**IMPLEMENTACIÓN** n. f. INFORMÁT. Instalación y puesta en marcha, en un ordenador, de un sistema de explotación o de un conjunto de programas de utilidad, destinados a usuarios.

**IMPLEXO, A** adj. (lat. *implexum,* embrollado). Dícese de los poemas épicos en que la fortuna de los héroes experimenta varias vicisitudes.

**IMPLICACIÓN** n. f. Acción y efecto de implicar: *las implicaciones políticas en un asunto económico.* **2.** LÓG. y MAT. Unión de dos proposiciones por *si... entonces,* del tipo «si es cierto que A = B y B = C, entonces A = C». SIN.: *proposición condicional.*

**IMPLICANCIA** n. f. *Amér.* Consecuencia, secuela. **2.** *Argent., Chile* y *Urug.* Incompatibilidad o impedimento moral.

**IMPLICAR** v. tr. y pron. [**1a**]. Envolver, enredar, contener: *implicar a otros en un problema.* ◆ v. tr. **2.** *Fig.* Incluir en esencia, contener como consecuencia una cosa: *este propósito implica un arrepentimiento.* ◆ v. intr. **3.** Obstar, envolver contradicción.

**IMPLICATORIO, A** adj. Que envuelve o contiene en sí implicación.

**IMPLÍCITO, A** adj. (lat. *implicitum*). Dícese de lo que se entiende incluido en otra cosa sin expresarlo: *condición, voluntad implícita.*

**IMPLORACIÓN** n. f. Acción y efecto de implorar.

**IMPLORANTE** adj. Que implora: *lo pidió en actitud implorante.*

**IMPLORAR** v. tr. (lat. *implorare*) [**1**]. Pedir con ruegos o lágrimas: *implorar perdón.*

**IMPLOSIÓN** n. f. Irrupción violenta de un fluido en un recinto que se halla a una presión mucho menor que la presión exterior y que, en consecuencia, resulta destruido. **2.** LING. Primera fase de la emisión de una consonante oclusiva, correspondiente al término fonético de intensión.

**IMPLOSIVO, A** adj. y n. f. LING. Dícese de las consonantes oclusivas que se producen con una cerrazón del canal vocal.

**IMPLUME** adj. Desprovisto de plumas.

**IMPLUVIO** o **IMPLUVIUM** n. m. (lat. *impluvium*). Estanque situado en el atrio de las casas romanas donde se recogían las aguas de la lluvia.

**IMPOLARIZABLE** adj. Dícese de una pila eléctrica que no puede polarizarse.

**IMPOLÍTICO, A** adj. Falto de política o tacto.

**IMPOLUTO, A** adj. (lat. *impollutum*). Limpio, inmaculado, sin mancha: *nieve impoluta; una vida impoluta.*

**IMPONDERABILIDAD** adj. Calidad de imponderable.

**IMPONDERABLE** adj. y n. Que no puede pesarse, medirse o precisarse. **2.** *Fig.* Que excede a toda ponderación o previsión. ◆ n. m. **3.** Factor que interviene en la determinación de ciertos acontecimientos, pero cuya influencia es difícil de precisar.

**IMPONENCIA** n. f. *Chile* y *Colomb.* Cualidad de imponente, grandeza, majestad.

**IMPONENTE** adj. Que sorprende por alguna cualidad extraordinaria: *una cena imponente; aspecto imponente.* ◆ n. m. y f. **2.** Impositor.

**IMPONER** v. tr. y pron. (lat. *imponere*) **[5]**. Obligar a alguien a la aceptación de algo: *imponer condiciones; imponer deberes.* **2.** Infundir respeto o miedo: *su severidad impone.* **3.** Poner a alguien el nombre que llevará en lo sucesivo: *le impondrán el nombre del abuelo* ◆ v. tr. **4.** Poner dinero a crédito o en depósito. • **Imponer las manos** (LITURG.), extender las manos sobre una persona o cosa para bendecirla. || **Imponer una página** (IMPR.), hacer su imposición. ◆ **imponerse** v. pron. **5.** Estar en boga, predominar, sobresalir: *se han impuesto nuevas modas.* **6.** Hacerse obedecer o respetar: *imponerse a sus subordinados.* **7.** *Méx.* Acostumbrarse.

**IMPONIBLE** adj. Que se puede gravar con impuesto o contribución: *base imponible.*

**IMPOPULAR** adj. Que no es grato a la multitud, al pueblo o a una comunidad: *una ley impopular.*

**IMPOPULARIDAD** n. f. Calidad de impopular: *la impopularidad de una norma fiscal, de un gobierno.*

**IMPORTACIÓN** n. f. Acción de importar mercancías extranjeras. **2.** Conjunto de mercancías que se importan. • **Importación temporal,** régimen aduanero que permite introducir temporalmente una mercancía en un país, sin pago de los derechos de aduana.

**IMPORTADOR, RA** adj. y n. Que importa o introduce géneros extranjeros.

**IMPORTANCIA** n. f. Calidad de importante: *asunto de importancia; detalles sin importancia; la importancia de saber.* • **Darse importancia** *(Fam.),* afectar aires de superioridad o influencia.

**IMPORTANTE** adj. Que tiene valor o interés: *noticia importante; la cultura es importante; una herida importante.* **2.** Dícese de la persona socialmente considerada: *ser gente importante.*

**IMPORTAR** v. intr. (lat. *importare,* introducir) **[1]**. Convenir, interesar, preocupar, hacer al caso, ser de mucha entidad o consecuencia: *¿te importa su opinión?; sobre todo importa la salud; no me importa acompañarte; ¡qué importa!* ◆ v. tr. **2.** Valer, llegar a tal cantidad el precio de la cosa comprada: *la factura importa mil euros.* **3.** Introducir en un país mercancías procedentes de países extranjeros.

**IMPORTE** n. m. Cuantía de un precio, crédito, deuda o saldo.

**IMPORTUNACIÓN** n. f. Instancia porfiada y molesta.

**IMPORTUNAR** v. tr. **[1]**. Incomodar o molestar con una pretensión o solicitud: *importunar a alguien con demandas.*

**IMPORTUNIDAD** n. f. Calidad de importuno. **2.** Cosa importuna.

**IMPORTUNO, A** adj. y n. Inoportuno: *una visita importuna.* **2.** Indiscreto, molesto, enfadoso: *trabajo importuno; estar libre de importunos.*

**IMPOSIBILIDAD** n. f. Falta de posibilidad. **2.** DER. Enfermedad o defecto que estorba o excusa para una función pública: *imposibilidad física.*

**IMPOSIBILITADO, A** adj. y n. Tullido, que ha perdido el movimiento del cuerpo o de alguno de sus miembros: *está imposibilitado de ambas piernas.* SIN.: *impedido.*

**IMPOSIBILITAR** v. tr. **[1]**. Hacer imposible: *su ignorancia le imposibilita para ese trabajo.*

**IMPOSIBLE** adj. (lat. *impossibilem*). No posible: *es imposible saber el futuro.* **2.** Inaguantable, intratable: *un hombre imposible; el niño está imposible.* **3.** *Chile.* Se dice de la persona desaseada o muy sucia. ◆ n. m. **4.** Cosa sumamente difícil: *intentar conseguir lo imposible; pedir imposibles.* • **Hacer lo imposible** *(Fam.),* apurar todos los medios para conseguir o arreglar algo.

**IMPOSICIÓN** n. f. Acción y efecto de imponer o imponerse: *la imposición de una moda.* **2.** Cantidad que se impone de una vez en cuenta, depósito. **3.** IMPR. Colocación de las páginas de composición tipográfica en las formas, observando los blancos establecidos y de manera que el pliego obtenido después de plegada la hoja impresa presente una numeración correlativa. **4.** IMPR. Cada uno de los lingotes y cuadrados que se utilizan en la confección de la forma de impresión. • **Imposición de manos,** acción del sacerdote, pastor, etc., que impone las manos sobre una persona o cosa para bendecir o conferir carácter sagrado.

**IMPOSITIVO, A** adj. Que impone. **2.** Relativo a los impuestos.

**IMPOSITOR, RA** adj. y n. Que ingresa dinero en una institución bancaria. SIN.: *imponente.*

**IMPOSTA** n. f. Hilada de sillares, algo voladiza, sobre la que se asienta un arco o una bóveda. **2.** Tablero fijo o durmiente de una puerta o ventana, sobre el que se cierra la hoja.

**imposta** sobre canecillos (catedral de Lugo)

**IMPOSTACIÓN** n. f. MÚS. Equilibrio que llega a alcanzar la voz humana en su registro normal, por medio de un trabajo adecuado.

**IMPOSTAR** v. tr. **[1]**. MÚS. Fijar la voz por medio de una impostación.

**IMPOSTERGABLE** adj. Que no se puede postergar.

**IMPOSTOR, RA** adj. y n. Que calumnia, que atribuye falsamente a uno alguna cosa. **2.** Dícese de la persona que engaña con apariencia de verdad. **3.** Que se hace pasar por quien no es.

**IMPOSTURA** n. f. Imputación calumniosa. **2.** Engaño con apariencia de verdad.

**IMPOTENCIA** n. f. Calidad de impotente. **2.** MED. Disminución del grado normal de actividad de ciertos órganos o estructuras. **3.** MED. Incapacidad, orgánica o síquica, del hombre para realizar el acto sexual, a consecuencia de una inhibición que puede darse en cualquiera de las fases de éste.

**IMPOTENTE** adj. Que no tiene potencia o poder para hacer alguna cosa. ◆ adj. y n. m. y f. **2.** MED. Afecto de impotencia.

**IMPRACTICABILIDAD** n. f. Calidad de impracticable.

**IMPRACTICABLE** adj. Que no se puede practicar. **2.** Dícese de los caminos y lugares por donde es imposible o difícil el paso.

**IMPRECACIÓN** n. f. Expresión exclamativa con que se evidencia el deseo de que a alguien le ocurra algo malo.

**IMPRECAR** v. tr. (lat. *imprecari,* desear) **[1a]**. Proferir imprecaciones.

**IMPRECATORIO, A** adj. Que implica o denota imprecación.

**IMPRECISIÓN** n. f. Vaguedad, falta de precisión.

**IMPRECISO, A** adj. Vago, indefinido, no preciso.

**IMPREDECIBLE** adj. Imprevisto, inesperado.

**IMPREGNABLE** adj. Dícese de lo que se puede impregnar.

**IMPREGNACIÓN** n. f. Acción y efecto de impregnar.

**IMPREGNAR** v. tr. y pron. **[1]**. Introducir entre las moléculas de un cuerpo las de otro en cantidad perceptible, sin que haya propiamente mezcla ni combinación. **2.** Mojar, empapar.

**IMPREMEDITACIÓN** n. f. Falta de premeditación.

**IMPREMEDITADO, A** adj. No premeditado. **2.** Irreflexivo.

**IMPRENTA** n. f. Conjunto de técnicas y artes que concurren en la fabricación de obras impresas. **2.** Establecimiento donde se imprime.

**IMPRENTAR** v. tr. **[1]**. *Chile.* Planchar los cuellos y solapas, o las perneras de los pantalones, para darles la debida forma. **2.** *Chile.* Coser en la parte inferior de las perneras de los pantalones una tira circular.

**IMPRESCINDIBLE** adj. Dícese de aquello de lo que no se puede prescindir.

**IMPRESCRIPTIBLE** adj. DER. Que no puede prescribir.

**IMPRESENTABLE** adj. Que no es digno de presentarse ni de ser presentado.

**IMPRESIÓN** n. f. Acción y efecto de imprimir. **2.** Marca, huella o señal que una cosa deja en otra apretándola. **3.** Efecto o sensación que causa en un cuerpo otro extraño. **4.** *Fig.* Efecto especialmente vivo que las cosas causan en el ánimo. **5.** Opinión sobre un hecho, sentimiento, etc. **6.** ART. GRÁF. Calidad y forma de letra con que está impresa una obra. **7.** ART. GRÁF. Edición. **8.** ART. GRÁF. Obra impresa. *(V. ilustración pág. 564.)*

**IMPRESIONABILIDAD** n. f. Calidad de impresionable.

**IMPRESIONABLE** adj. Que se impresiona fácilmente.

**IMPRESIONANTE** adj. Que produce fuerte impresión sobre el ánimo: *escenas de violencia impresionantes.* **2.** Que presenta una importancia, una dimensión, etc., considerables: *una suma de dinero impresionante.*

**IMPRESIONAR** v. tr. y pron. **[1]**. Persuadir por un movimiento afectivo. **2.** Conmover hondamente. **3.** Grabar un disco o una cinta magnetofónica. **4.** FOT. Fijar la imagen por medio de la luz en una placa fotográfica.

**IMPRESIONISMO** n. m. Movimiento pictórico iniciado y desarrollado primeramente en Francia durante el último tercio del s. XIX, y cuya influencia se extendió por buena parte de Europa y América, hasta bien entrado el s. XX. **2.** Tendencia general, en arte, a percibir las impresiones fugitivas, la movilidad de los fenómenos, antes que el aspecto estable y conceptual de las cosas.

■ El término *impresionista* sirvió para denominar a los artistas de la Sociedad anónima de pintores, escultores y grabadores (C. Pissarro, C. Monet, A. Sisley, E. Degas, P. A. Renoir, P. Cézanne, A. Guillaumin, Berthe Morisot). Sus primeros guías fueron E. Boudin, S. Lépine, Jonkind y las escuelas de Barbizon y Fontainebleau. Algunos artistas de la Sociedad anónima se reunían en torno a Manet en el café Guerbois; de allí surgió la escuela de Batignolles. En España sobresalieron A. de Beruete, D. de Regoyos, S. Rusiñol, R. Casas, J. Mir, J. Vayreda, F. Gimeno y J. Sorolla. En Hispanoamérica, F. Fadery y M. Malharro en Argentina; J. F. González, C. M. Herrera y P. Blanes Viale en Uruguay; J. M. Velasco y J. Clausell en México. Los postulados básicos de la plástica impresionista son: la primacía de la observación directa de los fenómenos lumínicos en la naturaleza; la fragmentación de la pincelada, y la utilización de los colores puros y los complementarios, cuya combinación no se produce en el cuadro, sino en la retina del espectador.

**IMPRESIONISTA** adj. y n. m. y f. Relativo al impresionismo; partidario de este movimiento.

**IMPRESO** n. m. Escrito, signo o estampa reproducido por la imprenta o por otro medio mecánico. **2.** Papel con algún destino especial en el que van impresas ciertas demandas a las que hay que responder por escrito: *un impreso para la declaración de renta.* **3.** Objeto postal impreso que se expide en condiciones especiales de franqueo y distribución.

*Escarcha, antigua ruta de Ennery, Pontoise* (1873), por Camille Pissarro. (Museo de Orsay, París.) El artista continúa la tradición paisajista de la escuela de Barbizon, pero elige un paisaje de una gran trivialidad para concentrarse en el efecto luminoso del conjunto, en un destello cromático obtenido por la mezcla de colores claros a través de pinceladas irregulares.

*La inundación de Port-Marly* (1876), por Alfred Sisley. (Museo de Orsay, París.) Los reflejos del agua transfiguran lo cotidiano en muchas pinturas impresionistas, como en este tema de crecida del Sena, varias veces tratado por Sisley.

*La estación de Saint-Lazare* (1877), por Claude Monet. (Museo de Orsay, París.) Al lado de diferentes fábricas e instalaciones portuarias presentes en la obra de Pissarro, la serie dedicada por Monet a la estación parisina que une Argenteuil y Normandía constituye una de las principales incursiones de los impresionistas en la vida propiamente moderna, aunque el efecto instantáneo atmosférico sigue siendo esencial.

*El columpio* (1876), por Auguste Renoir. (Museo de Orsay, París.) Toque suave, colores puros, sombras azules con manchas de sol amarillas y blancas participan en la sensualidad de la obra tanto o más que su tema, extraído de la vida placentera del tiempo libre.

*Bailarinas azules* (*c.* 1890), por Edgar Degas. (Museo de Orsay, París.) El motivo de las bailarinas esperando en los vestuarios de la ópera es el pretexto para un poema puramente pictórico en el que juega la intensidad de los colores complementarios azul y anaranjado en el plano del cuadro, y en el que el papel de la perspectiva es secundario.

*El muchacho del chaleco rojo* (*c.* 1890-1895), por Paul Cézanne. (Fundación Bührle, Zurich.) Es aquí, en el arte del s. xx, independientemente del impresionismo, donde Cézanne esperaba hacer «algo sólido y duradero como el arte de los museos». En esta pintura moderó el uso del color puro y la libertad externa de la pincelada, en aras de una hábil construcción, en una vibrante síntesis del espacio, de las dos dimensiones del lienzo.

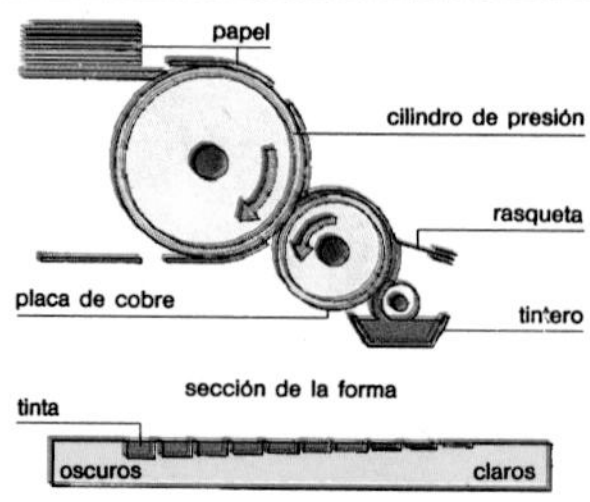


**heliograbado**
(impresión en hueco)

el cilindro de cobre se graba mediante los huecos más o menos profundos que retienen la tinta depositada sobre el papel (procedimiento clásico)

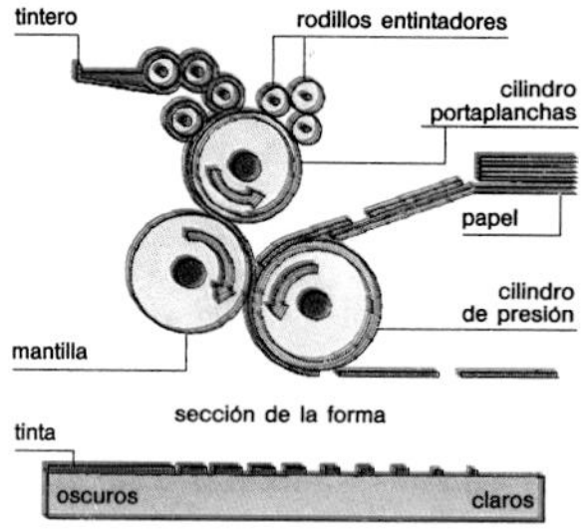


**offset**
(impresión en plano)

el cilindro, revestido por una mantilla de caucho, recibe el calco de la plancha y lo pasa sobre el papel

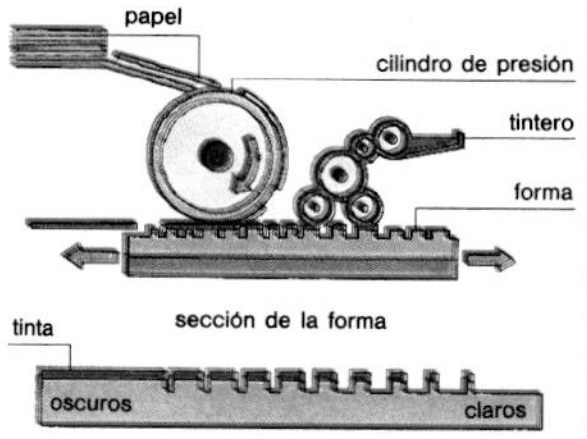


**tipografía**
(impresión en relieve)

el cilindro de presión aplica el papel sobre la forma en relieve

**impresión:** los tres principales procedimientos

**IMPRESOR, RA** adj. Que imprime. ◆ n. **2.** Dueño de una imprenta. **3.** Obrero de imprenta y, particularmente, obrero prensista.

**IMPRESORA** n. f. Dispositivo periférico de un ordenador, constituido por una máquina que permite la salida de resultados escritos sobre papel.

**IMPREVISIBLE** adj. Que no se puede prever.

**IMPREVISIÓN** n. f. Falta de previsión. • **Teoría de la imprevisión** (DER.), teoría elaborada por los tribunales administrativos, según la cual las cláusulas financieras de un contrato de larga duración pueden ser revisadas en razón de una alteración imprevisible de la situación económica, especialmente de una guerra.

**IMPREVISOR, RA** adj. Que no prevé.

**IMPREVISTO, A** adj. Que ocurre sin haber sido previsto o sin haber contado con ello. ◆ n. m. **2.** Gasto no previsto.

**IMPRIMACIÓN** n. f. Acción y efecto de imprimar. **2.** Conjunto de ingredientes con que se imprima.

**IMPRIMAR** v. tr. **[1]**. Preparar con los ingredientes necesarios las cosas o superficies que se han de pintar o teñir. **2.** *Colomb.* y *Perú.* Cubrir la superficie no pavimentada de una carretera con un material asfáltico para evitar el polvo y la erosión.

**IMPRIMÁTUR** n. m. (lat. *imprimatur,* que sea impreso). Permiso para la edición de una obra, dado por la autoridad eclesiástica.

**IMPRIMIR** v. tr. **[3k]**. Estampar o dejar huella por medio de la presión. **2.** Publicar, editar. **3.** Comunicar un movimiento o influencia a una cosa. **4.** ART. GRÁF. Trasladar a un papel, tela, etc., caracteres o dibujos grabados en clichés o formas de impresión impregnados de tinta: *imprimir un libro.*

**IMPRIMIR** v. tr. **[3]**. Fijar en el ánimo algún afecto o carácter.

**IMPROBABILIDAD** n. f. Calidad de improbable.

**IMPROBABLE** adj. Poco probable o inseguro.

**IMPROBIDAD** n. f. Falta de probidad.

**ÍMPROBO, A** adj. Falto de probidad. **2.** Dícese del esfuerzo, trabajo, etc., excesivo y continuado.

**IMPROCEDENCIA** n. f. Calidad de improcedente.

**IMPROCEDENTE** adj. No conforme a derecho: *despido improcedente.* **2.** Inadecuado, extemporáneo: *conducta improcedente.*

**IMPRODUCTIVO, A** adj. Dícese de lo que no produce.

**IMPROMPTU** n. m. MÚS. Pieza musical de carácter y forma indeterminados que aparece en el repertorio pianístico en la época romántica.

**IMPRONTA** n. f. (ital. *impronta*). Reproducción de imágenes en hueco o en relieve, en cualquier materia blanda o dúctil. **2.** *Fig.* Señal o carácter peculiar. **3.** ETOL. Forma de aprendizaje establecida genéticamente, por la que un animal es capaz de aprender un determinado comportamiento durante un espacio limitado de tiempo.

**IMPRONUNCIABLE** adj. De muy difícil o imposible pronunciación.

**IMPROPERIO** n. m. Injuria de palabra, especialmente la empleada para echar en cara algo. **2.** Cada uno de los objetos que figuran en la representación de la pasión y muerte de Jesucristo.

**IMPROPIEDAD** n. f. Calidad de impropio. **2.** Falta de propiedad en el lenguaje.

**IMPROPIO, A** adj. No adecuado.

**IMPRORROGABLE** adj. Que no se puede prorrogar.

**IMPROSULTO, A** adj. *Chile.* Sinvergüenza, descarado. **2.** *Hond.* Malo, inútil.

**IMPROVISACIÓN** n. f. Acción de improvisar. **2.** Obra o composición improvisada.

**IMPROVISADOR, RA** adj. Que improvisa.

**IMPROVISAR** v. tr. **[1]**. Hacer algo sin haberlo preparado de antemano: *improvisar un discurso.* **2.** Preparar en poco tiempo algo cuando no se dispone de suficientes medios.

**IMPROVISO, A** adj. Que no se prevé o previene. • **De improviso,** sin prevención ni previsión.

**IMPRUDENCIA** n. f. Falta de prudencia. **2.** Acción imprudente. **3.** Indiscreción.

**IMPRUDENTE** adj. y n. m. y f. Que no tiene prudencia.

**IMPÚBER** adj. y n. m. y f. Que no ha alcanzado todavía la pubertad.

**IMPUBERTAD** n. f. Condición de impúber.

**IMPUDICIA** o **IMPUDICICIA** n. f. Deshonestidad.

**IMPÚDICO, A** adj. Deshonesto, falto de pudor.

**IMPUDOR** n. m. Falta de pudor y de honestidad. **2.** Cinismo, desvergüenza en defender o practicar cosas vituperables.

**IMPUESTO** n. m. Prestación pecuniaria requerida a los particulares por vía de autoridad, a título definitivo y sin contrapartida, con el fin de cubrir los gastos públicos. • **Impuesto directo,** el percibido directamente por la administración sobre la renta de las personas físicas y sobre los beneficios industriales y comerciales. ‖ **Impuesto indirecto,** el percibido, especialmente, sobre los bienes de consumo, por ejemplo los carburantes. ‖ **Impuesto progresivo,** impuesto en el cual el tipo de gravamen crece al mismo tiempo que la materia imponible. ‖ **Impuesto proporcional,** impuesto en el cual el tipo de gravamen sobre la base imponible permanece constante. ‖ **Impuesto revolucionario,** pago que algunas organizaciones terroristas exigen mediante chantaje. ‖ **Impuesto sobre el valor añadido (I.V.A.),** tributo básico de la imposición indirecta, que incide sobre el consumo y se exige con ocasión de las transacciones, entrega de bienes y prestaciones de servicios, realizadas en el desarrollo de una actividad empresarial o profesional, así como en las imputaciones de bienes. ‖ **Impuesto sobre la renta de las personas físicas** (IRPF), tipo de gravamen que ha de pagar cada año a la hacienda pública una persona por el conjunto de sus ingresos.

**IMPUGNABLE** adj. Que se puede impugnar.

**IMPUGNACIÓN** n. f. Acción y efecto de impugnar.

**IMPUGNAR** v. tr. **[1]**. Contradecir, combatir, refutar.

**IMPULSAR** v. tr. y pron. (lat. *impulsare*) **[1]**. Impeler, dar empuje para producir movimiento. **2.** *Fig.* Constituir la causa de un obrar. **3.** *Fig.* Aumentar la actividad de algo.

**IMPULSIÓN** n. f. Impulso.

**IMPULSIVIDAD** n. f. Condición de impulsivo.

**IMPULSIVO, A** adj. Dícese de lo que impele o puede impeler. **2.** Dícese de la persona vehemente, que habla o procede de modo irreflexivo y sin cautela.

**IMPULSO** n. m. Acción y efecto de impeler o impulsar. **2.** Deseo, motivo o pensamiento que mueve a hacer algo. **3.** Grupo de oscilaciones de frecuencia muy elevada, utilizadas en electrónica, que se suceden periódicamente en el tiempo. • **Impulso de una fuerza,** producto de la intensidad de esta fuerza por el tiempo durante el cual actúa. ‖ **Impulso nervioso,** fenómeno de naturaleza eléctrica por el cual la excitación de una fibra nerviosa se propaga por el nervio.

■ El impulso nervioso es *centrífugo* cuando va desde los centros nerviosos hacia los órganos (nervios motores), y *centrípeto* cuando va desde los órganos hacia los centros nerviosos (nervios sensitivos). Este impulso está propulsado a lo largo de la membrana de elementos nerviosos por medio de *corrientes de acción* debidas a fenómenos de polarización y despolarización en que el ión sodio desempeña un papel fundamental. La velocidad de propagación del impulso es de 10 a 100 m/s, según los nervios o especies iónicas de que se trate.

**IMPUNE** adj. Que queda sin castigo.

**IMPUNIDAD** n. f. Cualidad de impune.

**IMPUREZA** n. f. Cualidad de impuro. **2.** Mezcla de partículas extrañas a un cuerpo o materia.

**IMPURIFICAR** v. tr. y pron. **[1a]**. Causar impureza.

**IMPURO, A** adj. No puro. • **Espíritus impuros,** los demonios.

**IMPUTABILIDAD** n. f. Calidad de imputable. **2.** DER. Posibilidad de considerar a alguien autor de una infracción.

**IMPUTABLE** adj. Que se puede imputar.

**IMPUTACIÓN** n. f. Acción de imputar. • **Imputación racional** (CONTAB.), sistema de cálculo del precio de coste en el que se contabilizan los gastos fijos en proporción a su utilización para la producción o la venta.

**IMPUTADO, A** adj. y n. DER. Dícese del individuo al que se atribuye un delito o falta.

**IMPUTAR** v. tr. **[1]**. Atribuir a otro una culpa, delito o acción. **2.** CONTAB. Afectar a una cuenta los hechos económicos en atención a su origen, naturaleza y destino.

**IN** adj. (voz inglesa). Que es de gran actualidad o está de moda.

**IN,** prefijo de origen latino, que indica supresión o negación: *ileso; inanimado;* o que tiene el valor de *dentro, sobre: infiltrar.* (Adopta la forma *im* delante de *b* o *p,* y la forma *i* ante *l* o *r.*)

**In,** símbolo químico del *indio.*

**IN AETERNUM** loc. (voces lat., *para toda la eternidad*). Indica que algo no se acaba nunca.

**IN ALBIS** loc. (voces lat., *en blanco*). Sin comprender nada. **2.** Sin lograr lo que se esperaba.

**IN ARTICULO MORTIS** loc. (voces lat., *en el artículo [hora] de la muerte*). Se usa para calificar el matrimonio que contrae una persona en peligro inminente de muerte.

**IN CRESCENDO** loc. (voces lat., *en aumento*). Cada vez más.

**IN EXTREMIS** loc. (voces lat., *en la extremidad*). En los últimos momentos de la existencia.

**IN FRAGANTI** loc. (voces lat., *en flagrante*). Se aplica al hecho de sorprender a alguien en un delito o falta.

**IN ILLO TEMPORE** loc. (voces lat., *en aquel tiempo*). En un tiempo remoto.

**IN PECTORE** loc. (voces lat., *en el pecho*). Da a entender haber tomado una resolución y tenerla aún secreta; dícese especialmente refiriéndose a un cardenal cuya designación tiene hecha el papa, pero cuya proclamación se reserva.

**IN SITU** loc. (voces lat., *en el mismo sitio*). En su medio natural: *estudiar una roca in situ.*

**IN VITRO** loc. (voces lat., *en el vidrio*). Dícese de toda reacción fisiológica que se realiza fuera del organismo.

**IN VIVO** loc. (voces lat., *en el ser vivo*). Dícese de toda reacción fisiológica que se realiza en el organismo.

**INABARCABLE** adj. Que no puede abarcarse.

**INABORDABLE** adj. Que no se puede abordar.

**INACABABLE** adj. Que parece no tener fin, o que se retarda éste con exceso.

**INACABADO, A** adj. Que no está acabado: *sinfonía inacabada.*

**INACCESIBILIDAD** n. f. Calidad de inaccesible.

**INACCESIBLE** adj. No accesible.

**INACCIÓN** n. f. Falta de acción, ociosidad.

**INACENTUADO, A** adj. LING. Que no se acentúa, átono.

**INACEPTABLE** adj. Que no se puede aceptar o creer.

**INACTÍNICO, A** adj. FÍS. Dícese de la luz que no ejerce acción química.

**INACTIVACIÓN** n. f. Acción o efecto de inactivar o inactivarse. **2.** BIOL. Destrucción del poder patógeno de una sustancia o de un microorganismo.

**INACTIVAR** v. intr. **[1]**. Hacer perder la actividad. ◆ **inactivarse** v. pron. **2.** Perder una sustancia su actividad total o temporal.

**INACTIVIDAD** n. f. Falta de actividad.

**INACTIVO, A** adj. Sin acción, movimiento o actividad.

**INADAPTABILIDAD** n. f. Calidad de inadaptable.

**INADAPTACIÓN** n. f. Falta de adaptación. **2.** GEOMORFOL. En una región, ausencia de relación entre el trazado de los cursos de agua y la estructura del relieve.

**INADAPTADO, A** adj. y n. Dícese de la persona que no está adaptada a ciertas circunstancias o a la sociedad.

**INADECUADO, A** adj. No adecuado.

**INADMISIBLE** adj. Que no se puede admitir, tolerar o creer.

**INADVERTENCIA** n. f. Imprevisión, distracción, ignorancia.

**INADVERTIDO, A** adj. Dícese del que no advierte algo que debiera o no está preparado para ello. **2.** No advertido o notado.

**INAGOTABLE** adj. Que no se puede agotar.

**INAGUANTABLE** adj. Que no se puede aguantar.

**INALÁMBRICO, A** adj. Dícese de la comunicación realizada mediante ondas electromagnéticas: *telégrafo inalámbrico.* ◆ adj. y n. m. **2.** Dícese del teléfono fijo convencional cuyo auricular no está conectado mediante hilos conductores con la base.

**INALCANZABLE** adj. Que no se puede alcanzar: *un ideal inalcanzable.*

**INALIENABILIDAD** n. f. DER. Calidad de inalienable.

**INALIENABLE** o **INAJENABLE** adj. Que no se puede enajenar. **2.** DER. Dícese de los bienes que se encuentran fuera del comercio, por disposición legal, obstáculo natural o convención.

**INALTERABILIDAD** n. f. Calidad de inalterable.

**INALTERABLE** adj. Que no se altera.

**INAMBÚ** n. m. Ave de unos 40 cm, de plumaje amarillo rojizo, con franjas negras, que vive en América Meridional. (Familia tinámidos.)

**INAMISIBLE** adj. Que no se puede perder.

**INAMOVIBLE** adj. Que no se puede mover. **2.** DER. Que no puede ser destituido o trasladado por vía administrativa.

**INAMOVILIDAD** n. f. DER. Garantía acordada a determinados titulares de funciones públicas, especialmente magistrados, de conservar el ejercicio de estas funciones o de no ser separados de ellas más que por procedimientos particulares.

**INANE** adj. (lat. *inanem*, vacío). Vano, fútil, inútil: *pretextos inanes.* **2.** MED. Afecto de inanición.

**INANICIÓN** n. f. Estado patológico de desnutrición producido por la falta total o parcial de alimentos.

**INANIMADO, A** adj. Que no tiene vida: *objeto inanimado.* **2.** Desmayado. • **Género inanimado** (LING.), género gramatical que, en ciertas lenguas, corresponde al neutro.

**INAPELABLE** adj. Dícese de la sentencia, auto, fallo o resolución contra los que no se puede apelar. **2.** *Fig.* Irremediable, inevitable.

**INAPETENCIA** n. f. Disminución o falta de apetito.

**INAPETENTE** adj. Afecto de inapetencia.

**INAPLAZABLE** adj. Que no se puede aplazar.

**INAPLICABLE** adj. Que no se puede aplicar.

**INAPRECIABLE** adj. Que no se puede apreciar o distinguir. **2.** De tal calidad que no se puede valorar materialmente.

**INAPRENSIBLE** adj. Que no se puede coger. **2.** *Fig.* Que no se puede captar por demasiado sutil.

**INARMÓNICO, A** adj. Falto de armonía.

**INARRUGABLE** adj. Que no se arruga: *tejido inarrugable.*

**INARTICULADO, A** adj. No articulado. **2.** LING. Dícese del sonido no articulado, como el grito.

**INASEQUIBLE** adj. No asequible.

**INASIBLE** adj. Que no se puede coger o comprender.

**INASISTENCIA** n. f. Falta de asistencia.

**INASTILLABLE** adj. Dícese de un vidrio especial, cuya rotura no produce fragmentos agudos y cortantes.

**INATACABLE** adj. Que no se puede atacar.

**INAUDIBLE** adj. Que no se puede oír.

**INAUDITO, A** adj. Nunca oído. **2.** *Fig.* Sorprendente.

**INAUGURACIÓN** n. f. Acto de inaugurar. **2.** Ceremonia por la que oficialmente se procede a la puesta en servicio de una instalación, edificio, etc.

**INAUGURADOR, RA** adj. Que inaugura.

**INAUGURAL** adj. Perteneciente a la inauguración: *ceremonia inaugural.*

**INAUGURAR** v. tr. **[1]**. Dar principio a una cosa. **2.** Abrir solemnemente un establecimiento público, o estrenar un monumento u obra. **3.** *Fig.* Señalar el principio de algo, introducirlo: *inaugurar una moda.*

**INCA** adj. y n. m. y f. Relativo a un pueblo amerindio de lengua quechua, originario del lago Titicaca, que en la época prehispánica constituyó un importante imperio que se extendía desde el S de Colombia, por Ecuador, Perú y Bolivia, al NO de Argentina y el norte y centro de Chile; individuo de dicho pueblo. ◆ n. m. **2.** Denominación que se daba al soberano que los gobernaba. **3.** Moneda de oro de la república del Perú.

■ Los incas vivían en clanes (ayllu) y practicaban una agricultura comunitaria (patata, maíz); la tierra era propiedad del inca, soberano absoluto de origen divino, y estaba repartida entre éste, los sacerdotes y el pueblo; los campesinos recibían parcelas en función de sus necesidades. En el s. XIII se inicia un período legendario, que abarca los ocho primeros incas: Manco Cápac, Sinchi Roca, Lloque Yupanqui, Mayta Cápac, Cápac Yupanqui, Inca

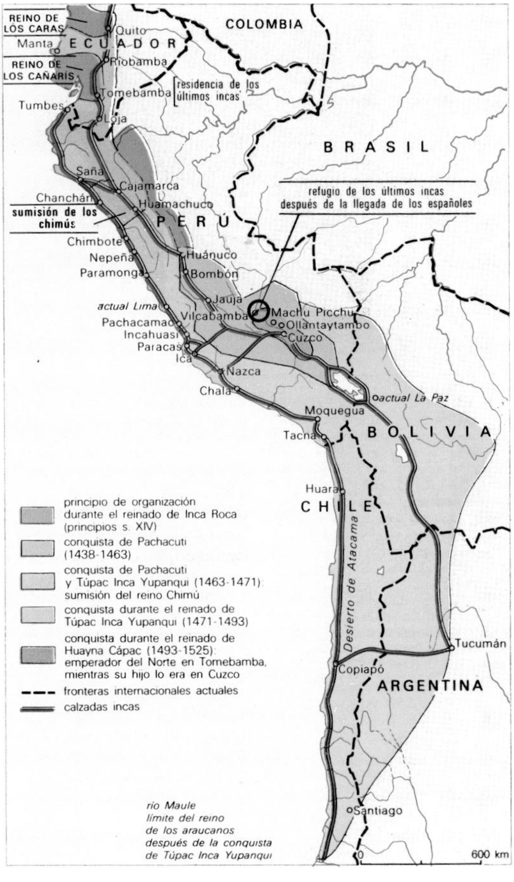


el **imperio inca**

vista parcial del barrio sagrado de la ciudad de Pisac, en Perú (1400-1532)

gradas de un lugar de sacrificio de la fortaleza de Sacsahuamán

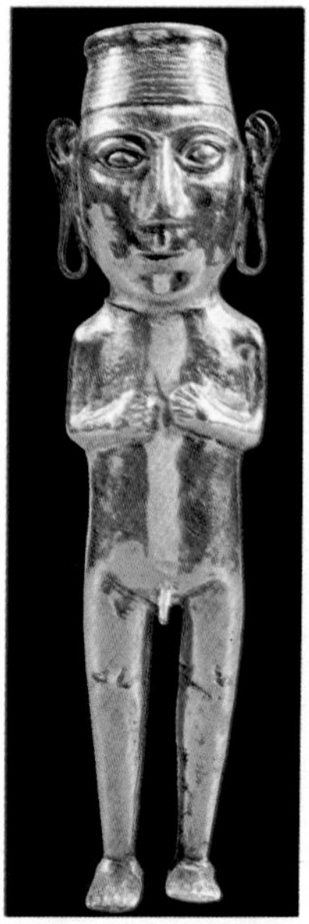

figurilla masculina de plata [museo de América, Madrid]

vaso con asa en estribo (terracota policroma) [museo nacional de antropología, Lima]

el edificio circular en el interior de la fortaleza de Sacsahuamán

la **cultura inca**

Roca, Yahuar Huacac y Hatun Túpac Inca (Viracocha Inca). En 1438, con Cusi Yupanqui (Pachacuti), se inicia el imperio histórico. Túpac Inca Yupanqui (1471-1493) prosiguió la expansión hacia Ecuador, Chile y Tucumán, y su hijo Tuti Cusi Hualpa o Huayna Cápac (1493-1525) consolidó la estructura administrativa del imperio, conquistado en 1533 por Pizarro, que ejecutó al inca Atahualpa. Túpac Amaru aspiró al trono hasta su ejecución en 1572. En el s. XVIII, la revuelta campesina de José Gabriel Condorcanqui (Túpac Amaru II), ejecutado en 1781, reivindicó el esplendor inca.

La forma artística más importante del imperio inca fue la arquitectura. Destaca la ciudad de Cuzco, con el Coricancha y la fortaleza de Sacsahuamán, así como Ollantaytambo, Pisac y Machu Picchu. Los principales dioses eran Inti (el Sol) y Viracocha, el creador del mundo y dios civilizador.

**INCAICO, A** adj. Relativo a los incas.

**INCALCULABLE** adj. Que no puede calcularse, demasiado numeroso o grande.

**INCALIFICABLE** adj. Que no se puede calificar. **2.** Muy vituperable.

**INCANDESCENCIA** n. f. Estado de un cuerpo que emite luz por elevación de su temperatura. **2.** *Fig.* Ardor, efervescencia.

**INCANDESCENTE** adj. Que está en incandescencia.

**INCANSABLE** adj. Que resiste mucho el cansancio o que no se cansa.

**INCAPACIDAD** n. f. Calidad de incapaz. **2.** DER. Carencia de capacidad legal para disfrutar de un derecho o para ejercerlo sin asistencia o autorización. • **Incapacidad para el trabajo,** estado de una persona a quien un accidente o una enfermedad impiden trabajar.

**INCAPACITADO, A** adj. DER. Dícese, especialmente en el orden civil, de los locos, pródigos, sordomudos, iletrados y reos que sufren pena de interdicción.

**INCAPACITAR** v. tr. **[1]**. Ser causa de que alguien o algo sea incapaz. **2.** DER. Declarar la falta de capacidad civil de personas mayores de edad. **3.** DER. Decretar la carencia, en una persona, de las condiciones legales para un cargo público.

**INCAPAZ** adj. Que no tiene capacidad para una cosa. **2.** Falto de aptitud para algo. **3.** *Fig.* Falto de talento. **4.** DER. Dícese del que carece de aptitud legal para ciertos actos.

**INCARCERACIÓN** n. f. MED. Retención, bloqueo o aprisionamiento anómalo de un órgano o de parte de él.

**INCARDINACIÓN** n. f. Acción y efecto de incardinar.

**INCARDINAR** v. tr. y pron. **[1]**. Admitir un obispo como súbdito propio a un eclesiástico de otra diócesis.

**INCASABLE** adj. Dícese de la persona que por sus cualidades difícilmente podría hallar cónyuge.

**INCAUTACIÓN** n. f. Acción y efecto de incautarse.

**INCAUTARSE** v. pron. **[1]**. Tomar posesión una autoridad competente de dinero o bienes de otra clase. **2.** Apoderarse de algo arbitrariamente.

**INCAUTO, A** adj. y n. Falto de malicia y fácil de engañar.

**INCENDIAR** v. tr. y pron. **[1]**. Causar incendio.

**INCENDIARIO, A** adj. y n. Dícese del que voluntariamente provoca un incendio. ◆ adj. **2.** Destinado a incendiar o que puede causar incendio: *proyectil incendiario.* **3.** *Fig.* Exaltante, subversivo: *discurso incendiario.*

**INCENDIO** n. m. (lat. *incendium*). Fuego grande que se propaga y causa estragos.

**INCENSACIÓN** n. f. Acción y efecto de incensar.

**INCENSAR** v. tr. **[1j]**. Dirigir con el incensario el humo del incienso hacia una persona o cosa. **2.** *Fig.* Adular, lisonjear.

**INCENSARIO** n. m. Brasero colgado de unas cadenas, en el que se quema el incienso durante las ceremonias religiosas.

**INCENTIVAR** v. tr. **[1]**. Estimular para que algo se acreciente o aumente.

**INCENTIVO** n. m. y adj. Estímulo que mueve o incita a hacer o desear una cosa.

**INCERTIDUMBRE** n. f. Falta de certidumbre. • **Principio de incertidumbre,** principio de indeterminación.

**INCESANTE** adj. Que no cesa. **2.** *Fig.* Repetido, frecuente.

**INCESTO** n. m. DER. Relaciones sexuales entre personas consanguíneas o afines, a quienes la ley prohíbe contraer entre sí matrimonio válido.

**INCESTUOSO, A** adj. y n. Relativo al incesto. **2.** Que comete incesto.

**INCIDENCIA** n. f. (ingl. *incidence*). Acción de incidir. **2.** Incidente. **3.** ECON. Determinación de la persona o del grupo social que soporta final y realmente el impuesto. • **Ángulo de incidencia,** ángulo formado por la dirección de un cuerpo en movimiento o de un rayo luminoso con la normal a una superficie en el punto de encuentro. ‖ **Punto de incidencia,** punto de encuentro de un cuerpo en movimiento o de una radiación con una superficie.

**INCIDENTAL** adj. Que constituye un incidente. **2.** Accesorio, de menor importancia.

**INCIDENTE** adj. Que incide: *rayo incidente.* ◆ n. m. **2.** Hecho que sobreviene en el curso de un negocio o asunto y tiene con él alguna conexión. **3.** Pequeño suceso que interrumpe más o menos el curso de otro. **4.** DER. Cuestión, distinta de la principal, que surge en el desarrollo de un proceso.

**INCIDIR** v. intr. [3]. Caer, incurrir: *incidir en repeticiones.* **2.** Llegar un proyectil, un rayo de luz, etc., a una superficie. **3.** Sobrevenir, ocurrir, acontecer.

**INCIDIR** v. intr. [3]. Cortar, romper, separar. **2.** MED. Hacer una incisión.

**INCIENSO** n. m. Resina aromática, extraída principalmente de varias especies del género *Boswellia* (familia terebintáceas) originarias de Arabia y Abisinia, que desprende un olor fuerte y agradable por combustión. **2.** Mezcla de sustancias resinosas que al arder despiden buen olor. **3.** *Fig.* Adulación, lisonja.

**INCIERTO, A** adj. Poco seguro. **2.** Impreciso, borroso. **3.** Desconocido, ignorado. **4.** TAUROM. Dícese del toro que mira todos los bultos, sin concentrar su atención en uno.

**INCINERABLE** adj. Que ha de incinerarse.

**INCINERACIÓN** n. f. Acción y efecto de incinerar.

**INCINERADOR, RA** adj. y n. Dícese de todo aparato o instalación destinados a incinerar.

**INCINERAR** v. tr. [1]. Reducir una cosa a cenizas, especialmente un cadáver.

**INCIPIENTE** adj. Que empieza.

**ÍNCIPIT** o **INCIPIT** n. m. (voz lat., *empieza*). Primeras palabras de un documento.

**INCIRCUNCISO, A** adj. No circuncidado.

**INCISIÓN** n. f. Hendidura hecha en algunos cuerpos con instrumento cortante: *efectuar una incisión con el bisturí.* **2.** AGRIC. Operación que consiste en separar un trozo de corteza de una rama.

**INCISIVO, A** adj. Apto para abrir o cortar. **2.** *Fig.* Punzante, mordaz. ◆ adj. y n. m. **3.** Dícese de las piezas dentarias más anteriores de la boca, que en el hombre son cuatro en la mandíbula superior y otras cuatro en la inferior. SIN.: *diente.*

**INCISO, A** adj. Que lleva incisiones: *cerámica incisa.* **2.** Dícese del estilo del escritor que expresa los conceptos en cláusulas breves y sueltas. ◆ n. m. **3.** Oración de ordinario poco extensa, que se intercala en el cuerpo de una frase. **4.** Lo que se intercala en un discurso, exposición, charla, etc., para explicar una cosa poco relacionada con el tema.

**INCISORIO, A** adj. Que corta o puede cortar.

**INCITACIÓN** n. f. Acción y efecto de incitar.

**INCITADOR, RA** adj. y n. Que incita.

**INCITANTE** adj. Incitador. **2.** Atractivo, estimulante.

**INCITAR** v. tr. [1]. Mover o estimular a alguien para que ejecute algo.

**INCITATIVO, A** adj. y n. m. Que incita o tiene virtud de incitar.

**INCIVIL** adj. Falto de civilidad o cultura. **2.** Falto de educación o cortesía.

**INCIVILIDAD** n. f. Calidad de incivil.

**INCLASIFICABLE** adj. Que no se puede clasificar.

**INCLEMENCIA** n. f. Calidad de inclemente. **2.** *Fig.* Rigor del tiempo atmosférico, especialmente en invierno.

**INCLEMENTE** adj. Falto de clemencia.

**INCLINACIÓN** n. f. Acción y efecto de inclinar o inclinarse. **2.** Reverencia que se hace con la cabeza o el cuerpo en señal de respeto y cortesía. **3.** *Fig.* Afecto o propensión a una cosa. **4.** Dirección que una línea o superficie tiene con relación a otra línea o superficie especialmente horizontal o vertical. **5.** ASTRON. Ángulo formado por el plano de la órbita de un planeta con el plano de la eclíptica. **6.** ASTRON. Ángulo formado por el plano de la órbita de un satélite artificial con un plano de referencia, en general el plano ecuatorial del astro alrededor del cual gravita. • **Inclinación magnética,** ángulo que forma con el plano horizontal una aguja imantada suspendida libremente por su centro de gravedad.

**INCLINAR** v. tr. y pron. [1]. Desviar de la posición vertical u horizontal formando ángulo. **2.** Doblegar o flexionar el tronco o la cabeza. ◆ v. tr. **3.** *Fig.* Influir sobre alguien para que actúe de cierta manera. ◆ **inclinarse** v. pron. **4.** Tender o propender.

**INCLINÓMETRO** n. m. Aparato de nivel y regleta pivotante, que permite medir inclinaciones.

**ÍNCLITO, A** adj. (lat. *inclitum*). Ilustre, esclarecido.

**INCLUIR** v. tr. [29]. Poner una cosa dentro de otra, o dentro de sus límites. **2.** Contener una cosa a otra, llevarla implícita. **3.** Comprender un número menor en otro mayor, o una parte en su todo.

**INCLUSA** n. f. (de *La Inclusa,* nombre de la casa de expósitos de Madrid). Casa donde se recogen y crían los niños expósitos.

**INCLUSERO, A** adj. y n. Que se cría o se ha criado en la inclusa.

**INCLUSIÓN** n. f. Acción y efecto de incluir. **2.** Cosa incluida en otra u otras. **3.** Partícula, metálica o no, que altera las propiedades físicas, mecánicas o químicas de un metal, de una aleación o de un medio cristalino. **4.** MAT. Propiedad de un conjunto A por la que todos sus elementos forman parte de otro conjunto B. (Se expresa por la notación $A \subset B$, que se lee *A está incluido en B.*) • **Inclusión dentaria,** déficit de desarrollo de una pieza dentaria, que permanece en el interior del maxilar.

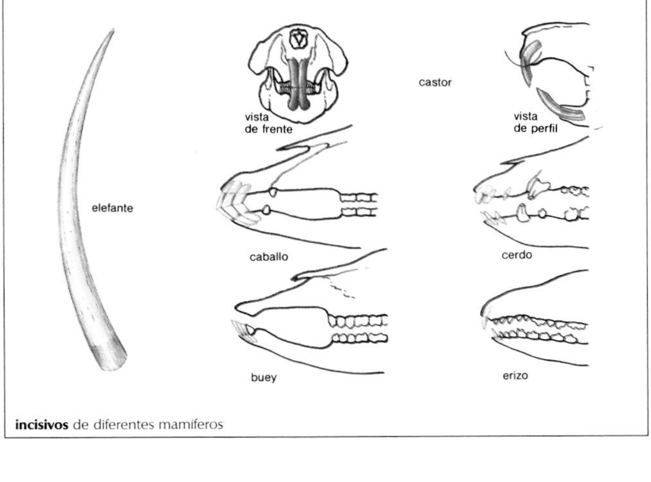

**incisivos** de diferentes mamíferos

**INCLUSIVE** adv. m. Incluyendo el último objeto nombrado.

**INCLUSIVO, A** adj. Que incluye o puede incluir una cosa.

**INCLUSO, A** adj. Dícese de lo que está incluido en otra cosa. ◆ adv. m. **2.** Con inclusión de: *perdonó a todos, incluso a sus enemigos.*

**INCOACIÓN** n. f. Acción de incoar.

**INCOAR** v. tr. (lat. *incoare*) [1]. Comenzar una cosa, especialmente un sumario, pleito, proceso, expediente o alguna otra actuación oficial.

**INCOATIVO, A** adj. Que explica o denota el principio de una cosa. **2.** LING. Dícese de cualquier elemento lingüístico, como verbos, afijos, etc., que expresa el principio de una acción.

**INCOBRABLE** adj. Que no se puede cobrar o es de muy dudosa cobranza.

**INCOERCIBLE** adj. Que no puede ser coercido. **2.** MED. Dícese del accidente patológico, por lo general vómitos o hemorragias, de gran intensidad y que no puede contenerse.

**INCÓGNITA** n. f. En matemáticas, magnitud que se propone encontrar. **2.** *Fig.* Causa o razón oculta de un hecho que se examina.

**INCÓGNITO, A** adj. No conocido. ◆ n. m. **2.** Situación de una persona que oculta su identidad.

**INCOGNOSCIBLE** adj. Que no se puede conocer.

**INCOHERENCIA** n. f. Calidad de incoherente. **2.** Dicho o hecho incoherente. **3.** FÍS. Característica de un conjunto de vibraciones que no presentan diferencia de fase constante entre ellas.

**INCOHERENTE** adj. Carente de unidad o trabazón. **2.** Dícese de las ideas, palabras o frases que no forman un conjunto unido lógicamente. **3.** FÍS. Que posee incoherencia.

**INCOLORO, A** adj. Que carece de color.

**INCÓLUME** adj. Sano, sin lesión ni menoscabo.

**INCOLUMIDAD** n. f. Estado o calidad de incólume.

**INCOMBUSTIBILIDAD** n. f. Calidad de incombustible.

**INCOMBUSTIBLE** adj. Que no puede arder, o que resiste poderosamente la acción del fuego: *material incombustible.*

**INCOME-TAX** n. m. (voz inglesa). En los países anglosajones, impuesto sobre la renta.

**INCOMIBLE** adj. Que no se puede comer.

**INCOMODADOR, RA** adj. y n. Que incomoda.

**INCOMODAR** v. tr. y pron. [1]. Causar incomodidad o molestia.

**INCOMODIDAD** n. f. Cualidad de incómodo o circunstancia de estar incómodo. SIN.: *incomodo.*

**INCÓMODO, A** adj. No cómodo, molesto, violento.

**INCOMPARABLE** adj. Que no tiene o no admite comparación.

**INCOMPARECENCIA** n. f. Falta de comparecencia o presentación ante un juez o tribunal en cumplimiento de una citación, emplazamiento o requerimiento. **2.** Falta de asistencia a un lugar o acto al que hay obligación de comparecer: *incomparecencia al trabajo.*

**INCOMPARTIBLE** adj. Que no se puede compartir.

**INCOMPATIBILIDAD** n. f. Calidad de incompatible. **2.** DER. Imposibilidad legal de ejercer simultáneamente determinadas funciones. **3.** MED. Imposibilidad de mezclar o de administrar simultáneamente dos o más medicamentos por el riesgo de modificar su acción o de aumentar su toxicidad. • **Incompatibilidad de un sistema de ecuaciones,** caso en que las ecuaciones no se pueden verificar por un mismo sistema de valores de las incógnitas.

**INCOMPATIBLE** adj. No compatible con otra cosa. **2.** Dícese de las personas cuyos caracteres chocan. **3.** Dícese de ciertas asignaturas de las que uno no puede examinarse sin antes haber aprobado otra. **4.** DER. Dícese de las funciones que no pueden recaer en una misma persona. • **Ecuaciones incompatibles,** ecuaciones que presentan incompatibilidad.

**INCOMPETENCIA** n. f. Falta de competencia. **2.** DER. Carencia de jurisdicción de un tribunal o juez para conocer de una causa.

**INCOMPETENTE** adj. No competente.

**INCOMPLETITUD** n. f. LÓG. Propiedad de una teoría deductiva en la que existe una fórmula que no es demostrable ni refutable.

**INCOMPLETO, A** adj. No completo.

**INCOMPRENDIDO, A** adj. y n. Dícese de la persona que no es comprendida por los demás.

**INCOMPRENSIBILIDAD** n. f. Calidad de incomprensible.

**INCOMPRENSIBLE** adj. Que no se puede comprender.

**INCOMPRENSIÓN** n. f. Falta de comprensión.

**INCOMPRENSIVO, A** adj. Dícese de la persona intolerante, incapaz de comprender el sentimiento o la conducta de los demás.

**INCOMPRESIBILIDAD** n. f. Calidad de incompresible.

**INCOMPRESIBLE** adj. Que no se puede comprimir, reducir a menor volumen.

**INCOMUNICABILIDAD** n. f. Calidad de incomunicable.

**INCOMUNICABLE** adj. No comunicable.

**INCOMUNICACIÓN** n. f. Acción y efecto de incomunicar o incomunicarse. **2.** DER. Aislamiento temporal de procesados y testigos.

**INCOMUNICAR** v. tr. **[1a]**. Privar de comunicación a personas o cosas. ◆ **incomunicarse** v. pron. **2.** Aislarse, negarse al trato con otras personas.

**INCONCEBIBLE** adj. Que no puede concebirse o comprenderse, o que parece inexplicable.

**INCONCLUSO, A** adj. No concluido, no acabado.

**INCONCRETO, A** adj. Vago, impreciso.

**INCONCUSO, A** adj. Firme, sin duda ni contradicción.

**INCONDICIONADO, A** adj. Que no está sometido a ninguna condición.

**INCONDICIONAL** adj. Absoluto, sin condición ni requisito: *una amiga incondicional.* ◆ n. m. y f. **2.** Adepto a una persona o idea, sin limitación ni condición alguna.

**INCONDUCTA** n. f. *Argent.* y *Urug.* En el lenguaje administrativo, comportamiento reprobable.

**INCONEXO, A** adj. Que no tiene conexión con una cosa.

**INCONFESABLE** adj. Dícese de lo que no puede confesarse por ser deshonroso o vergonzoso.

**INCONFESO, A** adj. Dícese del presunto reo que no confiesa el delito que se le imputa.

**INCONFORMIDAD** n. f. Calidad o condición de inconformista.

**INCONFORMISMO** n. m. Actitud del inconformista.

**INCONFORMISTA** adj. y n. m. y f. Que mantiene una actitud de rechazo o desacuerdo contra lo establecido en el orden político, social, moral, etc.

**INCONFUNDIBLE** adj. No confundible, del todo distinto a las demás cosas de su género.

**INCONGRUENCIA** n. f. Calidad de incongruente. **2.** Cosa incongruente.

**INCONGRUENTE** adj. Falto de acuerdo, relación o correspondencia entre sus partes.

**INCONMENSURABILIDAD** n. f. Calidad de inconmensurable.

**INCONMENSURABLE** adj. No conmensurable. **2.** MAT. Dícese de dos magnitudes cuya relación no es entera ni racional: *el perímetro de una circunferencia es inconmensurable con su diámetro.*

**INCONMOVIBLE** adj. Que no se puede conmover o alterar.

**INCONOCIBLE** adj. *Amér.* Dícese de la persona desconocida por haber sufrido un cambio en su manera de ser.

**INCONQUISTABLE** adj. Que no se puede conquistar.

**INCONSCIENCIA** n. f. Calidad o estado de inconsciente.

**INCONSCIENTE** adj. y n. m. y f. Que ha quedado sin sentido. **2.** Que actúa sin reflexión, prudencia ni sentido de la responsabilidad. ◆ adj. **3.** No deliberado, sin tener conciencia de ello: *estiró los brazos en un movimiento inconsciente.* ◆ n. m. **4.** Conjunto de fenómenos síquicos que escapan a la conciencia. **5.** SICOANÁL. Una de las tres instancias del aparato síquico en la primera tópica freudiana. ■ Las teorías de Sigmund Freud dieron importancia a la noción de inconsciente e hicieron de ella algo distinto del contrario de consciente. Los sueños, actos fallidos y síntomas neuróticos demuestran su existencia. Freud distingue en el siquismo tres sistemas: el *inconsciente,* noción inseparable de la de represión, que no conoce el tiempo ni la realidad exterior; el *preconsciente* y el *consciente.* Mientras que el inconsciente sólo obedece al principio del placer —a la satisfacción inmediata de una pulsión, cualquiera que sean las consecuencias posteriores—, el sistema preconsciente-consciente se caracteriza por el principio de realidad: es capaz de diferir la satisfacción de una pulsión o de adaptar su fin en función de la realidad exterior.

**INCONSECUENCIA** n. f. Calidad de inconsecuente. **2.** Acción inconsecuente.

**INCONSECUENTE** adj. y n. m. y f. Dícese de las personas cuyos actos no están de acuerdo lógicamente con sus ideas, conducta, palabras, etc., o que cambian fácilmente de opinión.

**INCONSIDERACIÓN** n. f. Falta de consideración y reflexión.

**INCONSIDERADO, A** adj. No considerado ni reflexionado. ◆ adj. y n. **2.** Que no considera ni reflexiona. **3.** Que trata a otros sin consideración.

**INCONSISTENCIA** n. f. Calidad de inconsistente. **2.** LÓG. Propiedad de una teoría deductiva en la que una misma fórmula puede ser a la vez demostrada o rechazada.

**INCONSISTENTE** adj. Falto de consistencia.

**INCONSOLABLE** adj. Que no puede consolarse.

**INCONSTANCIA** n. f. Calidad de inconstante.

**INCONSTANTE** adj. Falto de constancia.

**INCONSTITUCIONAL** adj. DER. No conforme a la constitución: *decreto inconstitucional.*

**INCONSTITUCIONALIDAD** n. f. DER. Carácter de lo que no es constitucional. • **Recurso de inconstitucionalidad,** instrumento de carácter procesal a través del cual se somete al Tribunal constitucional la apreciación de la constitucionalidad de las leyes, disposiciones normativas o actos con fuerza de ley.

**INCONSÚTIL** adj. Sin costura.

**INCONTABLE** adj. Que no puede contarse. **2.** Muy difícil de contar, numerosísimo.

**INCONTAMINADO, A** adj. Que no está contaminado.

**INCONTENIBLE** adj. Que no puede ser contenido o refrenado.

**INCONTESTABLE** adj. Que no se puede dudar ni contestar con fundamento.

**INCONTINENCIA** n. f. Falta de continencia. **2.** MED. Alteración o pérdida del control de los esfínteres anal o vesical.

**INCONTINENTE** adj. (lat. *incontinentem*). Dícese de la persona incapaz de reprimir sus deseos o pasiones. **2.** MED. Afecto de incontinencia.

**INCONTINENTI** adv. t. (lat. *in continenti,* en continuo). Prontamente, al instante: *fue destituido incontinenti.*

**INCONTRASTABLE** adj. Que no puede impugnarse fundadamente. **2.** *Fig.* Que no se deja reducir o convencer.

**INCONTROLABLE** adj. Imposible de controlar.

**INCONTROLADO, A** adj. No controlado.

**INCONTROVERTIBLE** adj. Que no admite duda ni disputa.

**INCONVENCIBLE** adj. Que no se deja convencer con razones.

**INCONVENIENCIA** n. f. Calidad de inconveniente. **2.** Acción o dicho inconveniente.

**INCONVENIENTE** adj. No conveniente, poco oportuno. **2.** No conforme a las conveniencias sociales. ◆ n. m. **3.** Dificultad u obstáculo. **4.** Desventaja que algo ofrece.

**INCORDIA** n. f. *Colomb.* Aversión, antipatía.

**INCORDIAR** v. tr. **[1]**. *Fam.* Molestar, fastidiar, incomodar.

**INCORDIO** n. m. *Fam.* Fastidio, molestia, impertinencia.

**INCORPORACIÓN** n. f. Acción y efecto de incorporar o incorporarse. **2.** MIL. Fase final del alistamiento de un contingente, que consiste en la presentación de los reclutas a sus unidades.

**INCORPORAL** adj. Incorpóreo. **2.** DER. Dícese de los bienes que no tienen existencia material.

**INCORPORANTE** adj. Que incorpora. **2.** LING. Dícese de las lenguas en que ciertas palabras de una frase hacen un cuerpo con la raíz verbal para formar un solo vocablo. SIN.: *holofrástico.*

**INCORPORAR** v. tr. (lat. *incorporare*) **[1]**. Unir dos o más cosas para que formen un cuerpo y un todo entre sí o introducir algo en un todo o un cuerpo ya constituido. ◆ v. tr. y pron. **2.** Levantar la parte superior del cuerpo, el que está tendido, para quedar sentado o reclinado. ◆ **incorporarse** v. pron. **3.** Agregarse una o más personas a un todo para formar un cuerpo.

**INCORPOREIDAD** n. f. Calidad de incorpóreo.

**INCORPÓREO, A** adj. No corpóreo.

**INCORRECCIÓN** n. f. Calidad de incorrecto. **2.** Dicho o hecho incorrecto.

**INCORRECTO, A** adj. No correcto.

**INCORREGIBILIDAD** n. f. Calidad de incorregible.

**INCORREGIBLE** adj. No corregible. **2.** Dícese de la persona que por su dureza y terquedad no se quiere enmendar.

**INCORRUPCIÓN** n. f. Estado de incorrupto.

**INCORRUPTIBILIDAD** n. f. Calidad de incorruptible.

**INCORRUPTIBLE** adj. No corruptible. **2.** *Fig.* Dícese de la persona honesta y honrada a la que no se puede, o es muy difícil, pervertir.

**INCORRUPTO, A** adj. Que está sin corromperse. **2.** No dañado ni pervertido.

**INCREADO, A** adj. Aplicado a Dios y a sus atributos, no creado.

**INCREDIBILIDAD** n. f. Imposibilidad o dificultad para que sea creída una cosa.

**INCREDULIDAD** n. f. Calidad de incrédulo.

**INCRÉDULO, A** adj. y n. Falto de fe religiosa. ◆ adj. **2.** Que no cree fácilmente.

**INCREÍBLE** adj. Que no puede creerse. **2.** *Fig.* Muy difícil de creer.

**INCREMENTAR** v. tr. y pron. **[1]**. Dar incremento, aumentar.

**INCREMENTO** n. m. Acción y efecto de incrementar. • **Incremento de una función** (MAT.), diferencia entre los valores que toma una función cuando la variable sufre un incremento. (Se representa por $\Delta y$.) ‖ **Incremento de una variable** (MAT.), diferencia entre dos valores que puede tomar la variable de una función. (Se representa por $\Delta x$.)

**INCREPACIÓN** n. f. Acción de increpar. **2.** Reprensión fuerte, agria y severa.

**INCREPADOR, RA** adj. y n. Que increpa.

**INCREPAR** v. tr. **[1]**. Reprender con dureza y severidad. **2.** Insultar a alguien.

**INCRIMINACIÓN** n. f. Acción y efecto de incriminar.

**INCRIMINAR** v. tr. **[1]**. Inculpar a alguien de un delito o falta grave.

**INCROMADO** n. m. METAL. Procedimiento de cementación por medio de cromo.

**INCRUENTO, A** adj. Que se realiza sin derramamiento de sangre.

**INCRUSTACIÓN** n. f. Acción de incrustar. **2.** Cosa incrustada. **3.** Procedimiento decorativo que consiste en engastar en una materia otra distinta, generalmente más preciosa. **4.** Tipo de bordado en el que se recorta la tela que queda por debajo del motivo aplicado. ◆ **incrustaciones** n. f. pl. **5.** Depósito de sustancias sólidas que deja el agua cargada de sales calcáreas.

**INCRUSTANTE** adj. Que tiene la propiedad de recubrir los cuerpos de una costra mineral formada generalmente por carbonato cálcico.

**INCRUSTAR** v. tr. **[1]**. Embutir, en una superficie lisa y dura, piedras, metales, madera, etc., formando dibujos para que sirvan de adorno. **2.** Cubrir una superficie con una costra dura. **3.** *Fig.* Fijar firmemente una idea. ◆ **incrustarse** v. pron. **4.** Penetrar y quedar adherido un cuerpo en otro, sin formar un todo.

**INCUBACIÓN** n. f. Acción y efecto de incubar. **2.** BIOL. Tiempo que transcurre entre la fecundación y la formación de un organismo. **3.** BIOL. Tiempo que incuba un ave. **4.** MED. Tiempo que transcurre entre la introducción de un agente infeccioso en un organismo y la aparición de los primeros síntomas de la enfermedad que provoca. • **Incubación artificial,** acción de llevar a la eclosión, generalmente por medio de una incubadora, los huevos de las aves de corral.

**INCUBADOR, RA** adj. Que incuba.

**INCUBADORA** n. f. Aparato que sirve para incubar artificialmente los huevos de aves domésticas. **2.** MED. Aparato en el que se mantiene a los niños prematuros.

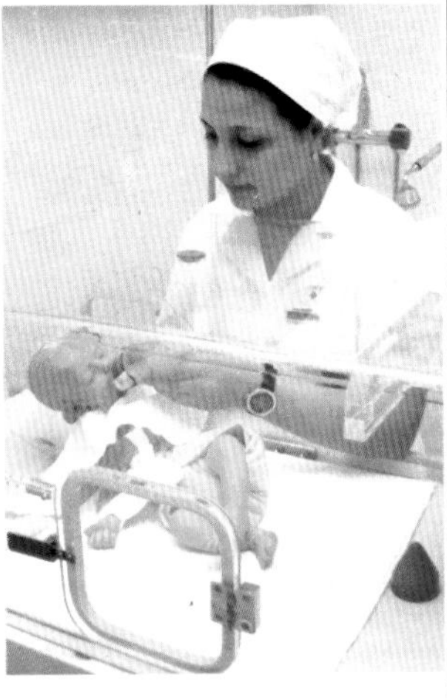

lactante prematuro en una **incubadora**

**INCUBAR** v. tr. **[1]**. Calentar el ave los huevos, poniéndose sobre ellos, para que salgan crías. **2.** Sufrir el organismo humano el desarrollo de gérmenes morbosos. **3.** *Fig.* Estar latente algo, sufriendo, por lo general, una evolución progresiva.

**ÍNCUBO** n. m. y adj. (lat. *incubum,* el que se acuesta sobre alguien). Espíritu, diablo o demonio que, bajo la apariencia de varón, tiene relaciones sexuales con una mujer.

**INCUESTIONABLE** adj. No cuestionable.

**INCULCACIÓN** n. f. Acción y efecto de inculcar.

**INCULCAR** v. tr. **[1a]**. Fijar en la mente una idea, un concepto, etc., a fuerza de repetirlo con ahínco.

**INCULPABILIDAD** n. f. Exención de culpa.

**INCULPACIÓN** n. f. Acción y efecto de inculpar. **2.** Cosa de que se acusa a alguien.

**INCULPAR** v. tr. **[1]**. Culpar, acusar a uno de algo.

**INCULTIVABLE** adj. Que no puede cultivarse.

**INCULTO, A** adj. Que no tiene cultivo ni labor: *terreno inculto.* **2.** *Fig.* Carente de cultura e instrucción: *persona inculta.* **3.** *Fig.* Dícese del estilo descuidado y tosco.

**INCULTURA** n. f. Estado de inculto.

**INCULTURACIÓN** n. f. Proceso de integración de una cultura en otra.

**INCUMBENCIA** n. f. Acción, asunto, etc., que corresponde a alguien. **2.** Obligación y cargo de hacer una cosa.

**INCUMBIR** v. intr. **[3]**. Estar a cargo de alguien o concernirle una acción, función, asunto, obligación, etc.

**INCUMPLIMIENTO** n. m. Acción y efecto de incumplir.

**INCUMPLIR** v. tr. **[3]**. No llevar a efecto, dejar de cumplir.

**INCUNABLE** adj. y n. m. Dícese de las ediciones hechas desde la invención de la imprenta hasta el año 1500.

**INCURABLE** adj. y n. Que no se puede curar o no puede sanar. ◆ adj. **2.** Que no tiene enmienda ni remedio: *un embustero incurable.*

**INCURIA** n. f. Falta de cuidado, negligencia.

**INCURRIMIENTO** n. m. Acción y efecto de incurrir.

**INCURRIR** v. intr. **[3]**. Llevar a cabo una falta, error, etc.: *incurrir en culpa grave.* **2.** Hacerse objeto del odio, desprecio, etc., de alguien.

**INCURSIÓN** n. f. Acción de incurrir. **2.** Acción de penetrar en un sitio ajeno, generalmente de forma brusca. **3.** MIL. Operación que consiste en lanzar al interior de un territorio enemigo a una tropa dotada de movilidad.

**INCURSO, A** adj. Que incurre en una falta, error, etc.

**INCUSO, A** adj. Dícese de la moneda o medalla que tiene una sola cara acuñada en relieve.

**INDAGACIÓN** n. f. Acción y efecto de indagar.

**INDAGADOR, RA** adj. y n. Que indaga.

**INDAGAR** v. tr. (lat. *indagare,* seguir la pista de un animal) **[1b]**. Tratar de llegar al conocimiento de una cosa, discurriendo, o mediante gestiones y preguntas. **2.** Preguntar.

**INDAGATORIA** n. f. DER. Primera declaración prestada en el sumario por el procesado, cuando se le notifica el auto del procesamiento.

**INDAGATORIO, A** adj. DER. Que tiende o conduce a indagar.

**INDAYÉ** n. m. Especie de gavilán de Argentina.

**INDEBIDO, A** adj. Que no es obligatorio ni exigible. **2.** Ilícito, injusto, desconsiderado.

**INDECENCIA** n. f. Falta de decencia. **2.** Acto vituperable o vergonzoso.

**INDECENTE** adj. No decente, asqueroso. **2.** Que ofende al pudor.

**INDECIBLE** adj. Que no se puede decir o explicar: *un placer indecible.*

**INDECISIÓN** n. f. Carácter o estado de indeciso.

**INDECISO, A** adj. Dícese de lo que está pendiente de resolución: *asunto indeciso.* **2.** Perplejo, dudoso: *hallarse indecisa una persona.* **3.** Vago, indeterminado: *horas indecisas.* ◆ adj. y n. **4.** Dícese de la persona que nunca sabe decidirse.

**INDECLINABLE** adj. Que necesariamente tiene que hacerse o cumplirse: *invitación indeclinable.* **2.** DER. Dícese de la jurisdicción que no se puede declinar, que ha de conocer forzosamente del asunto. **3.** LING. Dícese de las palabras que no tienen declinación gramatical.

**INDECOROSO, A** adj. Que carece de decoro o que lo ofende.

**INDEFECTIBILIDAD** n. f. Calidad de indefectible.

**INDEFECTIBLE** adj. Que no puede faltar o dejar de ser u ocurrir.

**INDEFENDIBLE** adj. Que no puede ser defendido: *una causa indefendible.*

**INDEFENSIÓN** n. f. Estado de indefenso.

**INDEFENSO, A** adj. Que carece de defensa.

**INDEFINIBLE** adj. Que no se puede definir. **2.** De tal naturaleza que no se puede precisar: *persona de edad indefinible.*

**INDEFINIDO, A** adj. No definido o precisado: *dibujo de trazos indefinidos.* **2.** Que no tiene término señalado o conocido: *plazo indefinido.* • **Adjetivo, pronombre indefinido,** el que determina o representa al nombre de una manera vaga o general: algún, cada, ningún, varios, *etc. son adjetivos indefinidos;* alguien, quienquiera, nadie, nada, *etc., son pronombres indefinidos.* ‖ **Artículo indefinido,** nombre dado a veces al artículo indeterminado. ‖ **Pretérito indefinido,** tiempo perfecto de indicativo, que expresa una acción anterior, independiente de otra acción.

**INDEFORMABLE** adj. Que no se deforma.

**INDEHISCENCIA** n. f. BOT. Estado de lo que es indehiscente.

**INDEHISCENTE** adj. BOT. Referido a determinados frutos (aquenios), que no se abre.

**INDELEBLE** adj. Que no se puede borrar o quitar. **2.** REL. CATÓL. Dícese del carácter que imprimen algunos sacramentos.

**INDELIBERADO, A** adj. Hecho sin deliberación ni reflexión.

**INDELICADEZA** n. f. Falta de delicadeza. **2.** Acto indelicado.

**INDELICADO, A** adj. Falto de delicadeza, descortés.

**INDEMNE** adj. (lat. *indemnem,* que no ha sufrido daño). Libre o exento de daño.

**INDEMNIDAD** n. f. Estado o situación de indemne.

**INDEMNIZACIÓN** n. f. Acción y efecto de indemnizar. **2.** Cosa con que se indemniza.

**INDEMNIZAR** v. tr. y pron. **[1g]**. Resarcir de un daño o perjuicio.

**INDEMORABLE** adj. Que no puede demorarse.

**INDEMOSTRABLE** adj. Que no puede ser demostrado: *principio indemostrable.*

**INDENO** n. m. Hidrocarburo $C_9H_8$ que se extrae del alquitrán de hulla.

**INDEPENDENCIA** n. f. Calidad de independiente. **2.** Situación del individuo, estado, etc., que goza de libertad y autonomía. **3.** Entereza, firmeza de carácter. **4.** DER. Situación de una colectividad que no está sometida a la autoridad de otra. • **Independencia de un sistema de axiomas** (LÓG.), propiedad de una teoría deductiva axiomatizada en la que ningún axioma puede deducirse a partir de los demás.

**INDEPENDENTISMO** n. m. Movimiento que propugna o reclama la independencia de un país.

**INDEPENDENTISTA** adj. y n. m. y f. Relativo al independentismo; partidario del mismo.

**INDEPENDIENTE** adj. Que no está sometido a nadie, o está exento de dependencia: *estado independiente.* **2.** Que gusta de no depender de nadie y rechaza toda sujeción: *carácter independiente.* **3.** Dícese de una cosa que no es solidaria de otra: *punto independiente de la cuestión.* **4.** Dícese de la actividad artística que no se ciñe a las corrientes estéticas o a las formas de producción establecidas. **5.** ESTADÍST. Dícese de las variables tales que la probabilidad de que una de ellas ocurra es la misma, tanto si las demás ocurren como si no. • **Trabajador independiente,** trabajador que ejerce fuera de una empresa una actividad que puede organizar libremente. ‖ **Variable independiente** (MAT.), variable susceptible de tomar un valor cualquiera, sea cual sea el valor tomado por las otras variables. ◆ n. m. y f. y adj. **6.** DEP. En ciclismo, tipo de licencia federativa intermedia entre la de aficionado y la de profesional.

**INDEPENDIZAR** v. tr. y pron. **[1g]**. Hacer independiente.

**INDESCIFRABLE** adj. Que no se puede descifrar: *un jeroglífico indescifrable.*

**INDESCRIPTIBLE** adj. Que no se puede describir por lo grande o impresionante: *una alegría indescriptible.*

**INDESEABLE** adj. y n. m. y f. Dícese de la persona, principalmente extranjera, cuya permanencia en un país consideran peligrosa las autoridades. **2.** Dícese de la persona que por su ruindad moral se considera indigna del trato.

**INDESMALLABLE** adj. Dícese de los géneros o artículos de punto por urdimbre cuya textura es tal que no se rompen o deshacen las mallas de la línea.

**INDESTRUCTIBILIDAD** n. f. Calidad de indestructible.

**INDESTRUCTIBLE** adj. Que no se puede destruir.

**INDETERMINABLE** adj. Que no se puede determinar.

**INDETERMINACIÓN** n. f. Falta de determinación en las cosas, o de resolución en las personas. **2.** MAT. Cualidad de lo que está indeterminado. • **Principio de indeterminación,** principio según el cual en microfísica es posible atribuir simultáneamente a una partícula, en un instante dado, una posición y una cantidad de movimiento infinitamente precisas. SIN.: *principio de incertidumbre.*

**INDETERMINADO, A** adj. Que no implica determinación. **2.** Incierto, impreciso. **3.** MAT. Dícese de un sistema de ecuaciones o de una ecuación que tiene infinitas soluciones. • **Artículo indeterminado,** el que sirve para designar a una persona o cosa de la que todavía no se ha hablado: *érase un* *rey.* (Algunos lingüistas lo consideran un pronombre indefinido.)

**INDETERMINISMO** n. m. Filosofía según la cual tanto el hombre como Dios gozan de libre albedrío. **2.** Doctrina según la cual el determinismo no existe, o existe sólo parcialmente, en la naturaleza.

**INDETERMINISTA** adj. y n. m. y f. Partidario del indeterminismo.

**INDEXACIÓN** n. f. Acción y efecto de indexar. **2.** ESTADÍST. Procedimiento de ajuste mediante el cual una variable es modificada automáticamente en función de un índice determinado.

**INDEXAR** v. tr. **[1]**. En documentalismo, analizar y destacar del título de un documento o de su contenido algunas palabras clave que lo caracterizan para poder ser encontrado posteriormente mediante esta palabra. **2.** ESTADÍST. Realizar una indexación. **3.** INFORMÁT. Indizar u ordenar un conjunto de datos para elaborar un índice de ellos.

**INDIADA** n. f. *Amér.* Conjunto o muchedumbre de indios. **2.** *Amér.* Dicho o acción propia de indios. **3.** *Amér.* Salvajada. **4.** *Méx. Fam.* Vulgo, populacho.

**INDIANA** n. f. Tela de hilo o algodón, o de mezcla de uno y otro, estampada por un solo lado.

**INDIANISMO** n. m. Estudio de las lenguas y de las civilizaciones de la India. **2.** Movimiento político e ideológico de los indios latinoamericanos, surgido por oposición al indigenismo integrador, que tiene por base la reivindicación de la identidad de los pueblos amerindios.

**INDIANISTA** n. m. y f. Especialista en indianismo. ◆ adj. **2. Literatura indianista,** literatura indigenista.

**INDIANO, A** adj. De las Indias. ◆ adj. y n. **2.** Dícese del emigrante que vuelve rico de América.

**INDICACIÓN** n. f. Acción y efecto de indicar. **2.** Lo que sirve para indicar. **3.** Observación o corrección. **4.** *Chile.* Propuesta o consulta que se hace acerca de una cosa.

**INDICADO, A** adj. Conveniente o adecuado: *parecer ser la persona indicada para ese puesto.*

**INDICADOR, RA** adj. y n. Que indica o sirve para indicar: *poste indicador.* ◆ n. m. **2.** Signo, aparato u otra cosa que sirve para indicar: *indicador de velocidad.* **3.** Sustancia que mediante un cambio de color indica la concentración de un componente de una solución. • **Indicador económico,** cifra representativa de la situación económica para un período determinado (producto nacional bruto, índice de precios, comercio exterior, etc.).

**INDICÁN** n. m. Sustancia presente en el índigo natural y en la orina.

**INDICAR** v. tr. **[1a]**. Dar a entender una cosa con señales, gestos o palabras. **2.** MED. Señalar un determinado medicamento para el tratamiento eficaz de una enfermedad.

**INDICATIVO, A** adj. y n. m. Que indica o sirve para indicar: *cifras indicativas.* **2.** Dícese del modo de la conjugación verbal expresivo de la realidad. ◆ n. m. **3. Indicativo de llamada,** apelación convencional formada por letras y cifras, que identifica el lugar de origen o el expedidor de un mensaje telegráfico o radiotelegráfico.

**INDICCIÓN** n. f. (lat. *indictionem*). Convocación para una junta sinodal o conciliar. **2.** ANT. ROM. Período de quince años introducido por Constantino en 312.

**ÍNDICE** n. m. Indicio o señal de una cosa. **2.** Lista ordenada de los capítulos, epígrafes, etc., de una obra con indicación de la página en que comienza cada uno, y que suele ponerse al final o al principio del libro. **3.** Catálogo de los autores o materias de las obras de una biblioteca. **4.** Número con que se representa convencionalmente el grado o intensidad de una determinada cualidad o fenómeno: *índice de natalidad; índice del coste de la vida.* **5.** Aguja, manecilla u otro elemento indicador de un instrumento graduado. **6.** Manecilla, aguja o saeta de reloj. **7.** MAT. Número que indica el grado de una raíz. • **Índice de libros prohibidos,** catálogo oficial de los libros prohibidos a los católicos, establecido en el s. XVI y que no tiene fuerza jurídica desde 1966. ‖ **Índice de precios al consumo, (I.P.C.)**, índice que refleja el estado y la evolución de los precios de los bienes y servicios pagados por las familias. ◆ adj. y n. m. **8.** Dícese del dedo segundo de la mano.

**indiana** (tela pintada de fabricación europea; segunda mitad del s. XVI)
[museo de artes decorativas, París]

**INDICIAR** v. tr. **[1]**. Dar indicios de una cosa. **2.** Sospechar una cosa o venir en conocimiento de ella por indicios.

**INDICIO** n. m. Signo u otra cosa que permite presumir algo con fundamento. **2.** Primera manifestación de algo. **3.** DER. Circunstancia que da a un hecho un carácter de verosimilitud.

**ÍNDICO, A** adj. Relativo a las Indias. **2.** Relativo al océano Índico.

**INDIFERENCIA** n. f. Calidad de indiferente. **2.** Actitud indiferente. • **Libertad de indiferencia** (FILOS.), la que resulta de la posibilidad de escoger entre dos cosas, sin preferencia por ninguna de ellas.

**INDIFERENCIADO, A** adj. Que no se diferencia o que no posee caracteres diferenciados.

**INDIFERENTE** adj. Que no presenta en sí ningún motivo de preferencia. **2.** Dícese de la persona hacia la que no se experimenta ningún sentimiento. **3.** De poco interés o importancia. ◆ adj. y n. m. y f. **4.** Que no toma interés o no lo manifiesta. **5.** No creyente en materia religiosa.

**INDIFERENTISMO** n. m. Actitud de indiferencia.

**INDÍGENA** adj. y n. m. y f. Originario del país de que se trata. **2.** Dícese del animal o planta autóctono del país en que se encuentra.

**INDIGENCIA** n. f. Cualidad o estado de indigente.

**INDIGENISMO** n. m. Condición de indígena. **2.** Tendencia política y cultural, que revaloriza el pasado de los pueblos indígenas americanos precolombinos, contraponiéndolo a las tradiciones europeas, particularmente a la española, considerada conservadora. **3.** Voz procedente de una lengua indígena, que ha sido incorporada a una lengua invasora en el mismo lugar en que se habla o se habló aquélla.

**INDIGENISTA** adj. Relativo al indigenismo. **2.** Partidario de esta tendencia. • **Literatura indigenista,** tendencia literaria, especialmente en la narrativa, que revaloriza la cultura, vida y problemática social del indio latinoamericano. SIN.: *literatura indianista.*
■ La literatura sobre tema indigenista tiene en Hispanoamérica especial relieve dentro del género narrativo. Con antecedentes en la novela histórica de tradición romántica, se inició propiamente hacia 1920, centrada en la situación de los indios contemporáneos. Escritores como el boliviano Alcides Arguedas, los ecuatorianos Jorge Icaza y Ángel F. Rojas González, el peruano Ciro Alegría y el guatemalteco M. Á. Asturias tendieron a ver al indio como una fuerza política y lo juzgaron según su capacidad para el cambio y el progreso. Posteriormente, el paraguayo Roa Bastos y el peruano José María Arguedas y más recientemente el peruano Manuel Scorza, han intentado revalorizar las culturas indígenas en un afán de reconstruir desde dentro, con un conocimiento antropológico riguroso, su universo cultural.

**INDIGENTE** adj. y n. m. y f. Dícese de la persona cuyos recursos son insuficientes para vivir.

**INDIGESTARSE** v. pron. **[1]**. Sufrir indigestión. **2.** *Fig.* y *fam.* No agradarle a uno algo o alguien.

**INDIGESTIÓN** n. f. Indisposición debida a una digestión realizada de forma anormal, que generalmente termina en vómito.

**INDIGESTO, A** adj. Que no se digiere o se digiere con dificultad: *comida indigesta.* **2.** Afecto de indigestión: *estar indigesto.* **3.** *Fig.* Confuso y desordenado: *ciencia árida e indigesta.*

**INDIGETE** adj. y n. m. y f. Relativo a un pueblo ibérico que habitaba en el Ampurdán (*c.* 500 a. J.C.) y que se sublevó contra los romanos (195 a. J.C.), pero fue vencido; individuo de dicho pueblo.

**INDIGNACIÓN** n. f. Ira, enfado vehemente contra una persona o cosa.

**INDIGNANTE** adj. Que causa profunda indignación.

**INDIGNAR** v. tr. y pron. (lat. *indignare*) **[1]**. Irritar, enfadar vehementemente a uno.

**INDIGNIDAD** n. f. Calidad de indigno. **2.** Acción indigna cometida contra alguien. **3.** DER. Motivo de exclusión sucesoria, por mal comportamiento del heredero. **4.** DER. Pena que comporta la privación de los derechos cívicos.

**INDIGNO, A** adj. Que es disconforme o inferior a la calidad y mérito de alguien o algo. **2.** Que no tiene mérito ni disposición para una cosa. **3.** Humillante, vergonzoso.

**ÍNDIGO** n. m. Materia colorante que, en su forma primitiva, es de color azul algo violáceo y se extrae de las hojas del añil o se obtiene por síntesis. **2.** BOT. Añil.

**INDIGOTINA** n. f. Principio colorante del índigo.

**INDINO, A** adj. *Fam.* Indigno. **2.** *Fam.* Dícese de la persona traviesa, terca o descarada.

**INDIO** n. m. Metal blanco (In) de número atómico 49, de masa atómica 114,82, que funde a 155 °C y presenta analogías con el aluminio.

**INDIO, A** adj. y n. De las Indias orientales. **2.** Relativo a las poblaciones autóctonas de América, y a sus actuales descendientes; individuo de estas poblaciones. • **Indios de las Praderas,** nombre que se da a una serie de pueblos que habitaron las grandes llanuras herbáceas del centro de Norteamérica: pies negros, cree, assiniboine, hidatsa, cuervo, dakota, pawnee, omaha, cheyene, kiowa, comanche, osage. Desarrollaron una cultura basada en la caza del bisonte en verano y la agricultura en invierno. ‖ **Indios del Noroeste,** denominación de una serie de pueblos amerindios que hasta su contacto con los blancos ocupaban la costa del NO de Canadá: tlingit, haida, tsinshian, kwakiutl, bella-coola, nootka, salish. Vivían esencialmente de la pesca. ◆ adj. **3.** *Cuba.* Dícese del gallo con pechuga negra y plumaje colorado.
■ Actualmente se prefiere el término *amerindio* para designar la población aborigen americana (con exclusión de los esquimales). Antropológicamente se distinguen seis grandes grupos: *indios norpacíficos* (Alaska y montañas Rocosas); *indios noratlánticos*; *indios surpacíficos* (México hasta la Patagonia, a lo largo de los Andes, y que cuentan entre ellos los creadores de las grandes culturas precolombinas, aztecas, mayas, incas, chibchas, etc.); *indios de las Pampas* (desde el Chaco hasta la Patagonia, prácticamente extinguidos); *indios suratlánticos* (en las selvas amazónicas, son los arawak, caribe y tupí-guaraní); y *paleoamerindios* (en Tierra del Fuego).
Desde el punto de vista lingüístico las grandes familias son, de NO a S: *aleutiano-esquimal*; *na-dené* (que incluye el grupo *atapasco*); *algonquino*; *penutia*; *hoka*; *siux*; *tano*, y *uto-azteca*, representado éste principalmente en México y Mesoamérica, que incluye el grupo *nahua*. Asimismo en Mesoamérica destacan las familias *maya-zoque*, *otomangue* (grupos *otomí*, *mixteca*) y *maya-quiché*. En América del Sur las familias lingüísticas bien indi-

vidualizadas son las *arawak, caribe, chibcha, ge, pano, tupí-guaraní*, y lenguas habladas por importantes comunidades indiáfonas, como el *araucano, aymara, quechua* y *guaraní*.

**INDIO, A** adj. De color azul.

**INDIÓFILO, A** adj. y n. Protector de los indios.

**INDIRECTA** n. f. Cosa que se dice con una intención determinada, pero sin expresarla claramente.

**INDIRECTO, A** adj. Que no va rectamente a un fin, aunque se encamine a él. • **Complemento indirecto** (GRAM.), elemento gramatical en que recae indirectamente la acción verbal o directamente el significado conjunto del verbo y el complemento directo.

**INDISCERNIBLE** adj. Que no se puede discernir o distinguir de otra cosa determinada.

**INDISCIPLINA** n. f. Falta de disciplina.

**INDISCIPLINARSE** v. pron. [**1**]. Negarse a obedecer o a sujetarse a la disciplina debida.

**INDISCRECIÓN** n. f. Falta de discreción. **2.** Dicho o hecho indiscreto.

**INDISCRETO, A** adj. y n. Que obra sin discreción. ◆ adj. **2.** Que se hace sin discreción.

**INDISCRIMINADO, A** adj. No sujeto a discriminación.

**INDISCULPABLE** adj. Que no tiene disculpa o que difícilmente puede disculparse.

**INDISCUTIBLE** adj. Tan evidente que no se duda ni discute sobre ello.

**INDISOLUBILIDAD** n. f. Calidad de indisoluble.

**INDISOLUBLE** adj. Que no se puede disolver. **2.** *Fig.* Que no se puede desunir: *vínculos indisolubles.*

**INDISPENSABLE** adj. Que no se puede dispensar ni excusar. **2.** Que es absolutamente necesario.

**INDISPONER** v. tr. y pron. [**5**]. Enemistar. **2.** Producir una indisposición en el estado de salud de alguien. ◆ **indisponerse** v. pron. **3.** Sufrir una indisposición en el estado de salud.

**INDISPOSICIÓN** n. f. Enfermedad ligera y pasajera.

**INDISPUTABLE** adj. Que no admite disputa.

**INDISTINGUIBLE** adj. No distinguible, no claro y perceptible.

**INDISTINTO, A** adj. Que no se percibe clara y distintamente: *contornos indistintos.* **2.** Indiferente, que no presenta en sí ningún motivo de preferencia: *ser indistinta una cosa u otra.*

**INDIVIDUACIÓN** n. f. Individualización.

**INDIVIDUAL** adj. No colectivo, de cada individuo. **2.** Destinado a un individuo solo: *cama individual.*

**INDIVIDUALIDAD** n. f. Calidad de individual. **2.** Individuo, especialmente el de mucha personalidad.

**INDIVIDUALISMO** n. m. Tendencia a pensar u obrar con independencia sin tener en cuenta a los demás o sin ceñirse a normas generales. **2.** Tendencia a privilegiar el valor y los derechos del individuo sobre los de los grupos sociales. **3.** FILOS. Doctrina que afirma que el individuo es el fundamento de la sociedad y de los valores morales.

**INDIVIDUALISTA** adj. y n. m. y f. Relativo al individualismo; partidario del individualismo.

**INDIVIDUALIZACIÓN** n. f. Acción y efecto de individualizar.

**INDIVIDUALIZAR** v. tr. [**1g**]. Distinguir un individuo en una especie por sus peculiaridades. **2.** Caracterizar, particularizar: *hablar en general, sin individualizar.*

**INDIVIDUAR** v. tr. [**1s**]. Individualizar. **2.** FILOS. Determinar, caracterizar como individuo.

**INDIVIDUO** n. m. Cada ser distinto, animal o vegetal, que no puede descomponerse en otros más simples: *el género, la especie y el individuo.* **2.** Persona considerada aisladamente con relación a una colectividad: *el individuo y la sociedad.* **3.** Persona indeterminada o de la que se habla despectivamente: *¿quién es ese individuo?*

**INDIVISIBILIDAD** n. f. Calidad de indivisible.

**INDIVISIBLE** adj. Que no puede ser dividido.

**INDIVISIÓN** n. f. Carencia de división. **2.** DER. Copropiedad en la que no hay división material de las partes.

**INDIVISO, A** adj. No dividido en partes.

**INDIZAR** v. tr. [**1g**]. Hacer índices. **2.** Registrar de forma ordenada datos e informaciones, para elaborar un índice de ellos.

**INDO, A** adj. Relativo a la India.

**INDOAMERICANO, A** adj. y n. Amerindio.

**INDOARIO, A** adj. y n. m. Dícese de las lenguas indoeuropeas actualmente habladas en la India. (Las principales son el hindī, el urdu, el mahrātta, el bengalí, el panjābī, el gujrātī, el oriyā, el cingalés y el assamés.)

**INDOBLEGABLE** adj. Que no desiste de su opinión, propósito, conducta, etc.

**INDOCHINO, A** adj. y n. De Indochina.

**INDÓCIL** adj. Que no tiene docilidad.

**INDOCILIDAD** n. f. Calidad de indócil.

**INDOCTO, A** adj. Falto de instrucción.

**INDOCUMENTADO, A** adj. Dícese del que carece de documentos de identificación personal. **2.** Dícese de la persona ignorante.

**INDOEUROPEO, A** adj. y n. Relativo a un conjunto de sociedades que, entre 2000 y 1500 a. J.C., ocuparon el SE europeo y el occidente de Asia por sucesivas oleadas de tribus (arios, hititas, etc.), procedentes, al parecer, de las estepas que se extienden del Dniéper al Kazajstán [III milenio]; individuo perteneciente a estas sociedades. ◆ adj. y n. m. **2.** Dícese de una lengua de la que no se tienen testimonios directos pero que ha sido reconstruida a partir de diversas lenguas que derivarían de ella, y de esta misma familia de lenguas derivadas, habladas en Europa y Asia.

■ Las lenguas indoeuropeas se clasifican en doce grupos principales: tokario, indoario, iranio, armenio, anatolio, griego, albanés, lenguas itálicas (latín y lenguas románicas), celta, germánico, báltico y eslavo. Muchas de estas lenguas han desaparecido, pero la mitad de la humanidad habla actualmente una lengua procedente del indoeuropeo.

**INDOFENOL** n. m. Nombre genérico de las materias colorantes obtenidas por la acción de un fenato alcalino sobre una amina.

**INDOGERMÁNICO, A** adj. y n. m. Indoeuropeo.

**INDOICO, A** adj. Relativo a la civilización del Indo.

**INDOL** n. m. QUÍM. Compuesto que está en la base de una serie de sustancias heterocíclicas en las que existe un núcleo bencénico unido a un núcleo de pirrol.

**ÍNDOLE** n. f. Condición e inclinación natural propia de cada uno: *persona de índole compasiva.* **2.** Naturaleza y calidad de las cosas: *problema de índole económica.*

**INDOLENCIA** n. f. Calidad de indolente.

**INDOLENTE** adj. Perezoso, inactivo, descuidado.

**INDOLORO, A** adj. Que no causa dolor.

**INDOMABILIDAD** n. f. Calidad de indomable.

**INDOMABLE** o **INDÓMITO** adj. Que no se puede domar. **2.** *Fig.* Difícil de someter.

**INDOMESTICABLE** adj. Que no se puede domesticar.

**INDONESIO, A** adj. y n. De Indonesia. ◆ adj. y n. m. **2.** Dícese de un grupo de lenguas pertenecientes a la familia malayopolinesia. **3.** Dícese de la lengua oficial de la República de Indonesia.

**INDOOR** adj. (voz inglesa, *en el interior*). Dícese de las competiciones deportivas disputadas en un recinto cubierto y cerrado: *una competición de atletismo indoor.*

**INDORMÍA** n. f. *Colomb.* y *Venez.* Maña o arbitrio para hacer algo.

**INDOSTANÉS, SA** o **INDOSTANO, A** adj. y n. Del Indostán.

**INDOSTANÍ** adj. Indostánico. ◆ n. m. **2.** Lengua indoaria hablada en la India y Pakistán.

**INDOSTÁNICO, A** adj. Relativo al Indostán.

**INDOTADO, A** adj. No dotado.

**INDUCCIÓN** n. f. (lat. *inductionem*). Acción y efecto de inducir. **2.** Generalización de una observación o un razonamiento establecido a partir de casos singulares. • **Inducción electromagnética,** producción de corriente eléctrica en un circuito por efecto de la variación del flujo de inducción magnética que la atraviesa. || **Inducción magnética,** vector que caracteriza la densidad del flujo magnético que atraviesa una sustancia. || **Motor de inducción,** motor eléctrico de corriente alterna sin colector, en el que solamente una parte, rotor o estator, está conectada a la red, funcionando la otra por inducción. || **Principio de inducción completa** (MAT.), principio según el cual si una propiedad de los números naturales se verifica para el cero, y si verificándose para un número natural *n* también se verifica para su siguiente *n'*, entonces todo número natural posee dicha propiedad.

**INDUCIDO** n. m. Circuito atravesado por una corriente inducida. **2.** Parte de una máquina eléctrica en la que se producen corrientes inducidas.

**INDUCIR** v. tr. (lat. *inducere*) [**20**]. Hacer, por diversos medios, que alguien realice determinada acción: *inducir a deponer una actitud.* **2.** Deducir, inferir: *de esto se induce que...* **3.** ELECTR. Producir los efectos de la inducción.

**INDUCTANCIA** n. f. Cociente del flujo de inducción a través de un circuito, creado por la corriente que atraviesa este circuito, por la intensidad de esta corriente.

**INDUCTIVIDAD** n. f. Coeficiente de inducción mutua.

**INDUCTIVO, A** adj. Que procede por inducción: *método inductivo.* **2.** ELECTR. Que posee una inductancia.

**INDUCTOR, RA** adj. y n. Que induce: *inductor de un crimen.* ◆ adj. **2.** ELECTR. Dícese de lo que produce el fenómeno de inducción. ◆ n. m. **3.** Imán o electroimán destinado a producir el flujo magnético creador de la inducción. **4.** BIOL. Molécula que, cuando una célula viva recibe un alimento, provoca la secreción del enzima necesario para digerirlo.

**INDUDABLE, INDUBITABLE** o **INDUBITADO, A** adj. (lat. *indubitabilem*). Que no puede ponerse en duda por lo claro, seguro o evidente.

**INDULGENCIA** n. f. Facilidad en perdonar o disimular culpas o en conceder gracias: *tratar con indulgencia.* **2.** TEOL. CATÓL. Remisión total, llamada *indulgencia plenaria*, o parcial, llamada *indulgencia parcial*, de la pena temporal debida a los pecados.

**INDULGENCIAR** v. tr. [**1**]. TEOL. CATÓL. Conceder indulgencias.

**INDULGENTE** adj. (lat. *indulgentem*). Fácil en perdonar y disimular culpas, poco exigente.

**INDULINA** n. f. Nombre genérico de los colorantes azules derivados de la anilina.

**INDULTAR** v. tr. [**1**]. Conceder un indulto. ◆ **indultarse** v. pron. **2.** *Bol.* Entrometerse. **3.** *Cuba.* Salirse de una situación difícil o comprometida.

**INDULTO** n. m. (lat. *indultum*, concesión). Gracia otorgada a los condenados por sentencia firme irrevocable, por la que se les remite la pena o se les conmuta por otra menos grave. **2.** REL. Privilegio concedido temporalmente por el papa.

**INDUMENTARIA** n. f. Conjunto de todo lo que sirve para vestirse, especialmente lo que se lleva puesto.

**INDUMENTARIO, A** adj. Relativo al vestido.

**INDUMENTO** n. m. Prenda de vestir.

**INDURACIÓN** n. f. MED. Endurecimiento anormal de un tejido, parte endurecida.

**INDURADO, A** adj. MED. Endurecido: *lesión indurada.*

**INDURAR** v. tr. y pron. [**1**]. MED. Hacer duro o volverse duro.

**INDUSTRIA** n. f. (lat. *industriam*, actividad). Conjunto de actividades económicas que producen bienes materiales por transformación de materias primas. **2.** Conjunto de empresas pertenecientes a un sector industrial determinado: *industria textil.* **3.** Conjunto de instalaciones industriales dominadas por el mismo grupo financiero y con entidad económica y jurídica propia. **4.** Planta industrial. **5.** Destreza o habilidad para hacer algo.

**INDUSTRIAL** adj. Relativo a la industria: *producto, sector industrial.* **2.** Dícese del lugar donde la industria es importante: *zona, barrio industrial.* • **Centro industrial,** lugar donde reina una gran actividad industrial. || **En cantidad industrial,** o **en cantidades industriales,** en abundancia. || **Planta industrial,** establecimiento o instalación donde se transforman materias primas o semimanufacturadas en productos acabados. || **Sicología industrial,** parte de la sicología que se ocupa de los problemas humanos de la industria, como elección y orientación del personal, organización del trabajo, etc. ◆ n. m. y f. **3.** Persona que ejerce funciones directivas en una empresa dedicada a transformar materias primas en productos manufacturados o semimanufacturados. **4.** Propietario de una empresa.

**INDUSTRIALISMO** n. m. Tendencia al predominio indebido de los intereses industriales. **2.** Mercantilismo.

**INDUSTRIALIZACIÓN** n. f. Acción de industrializar.

**INDUSTRIALIZADO, A** adj. ECON. Dícese de los países con un alto grado de realización industrial. • **Nuevos países industrializados (N.P.I.),** países en vías de desarrollo que, por efecto de la especialización internacional del trabajo, han experimentado un crecimiento rápido y sostenido (alrededor del 6-7 %) de su P.N.B.

**INDUSTRIALIZAR** v. tr. [1g]. Dar carácter industrial a una actividad. **2.** Equipar un país, región, etc., con fábricas o industrias. **3.** Dar predominio a las industrias en la economía de un país. ◆ **industrializarse** v. pron. **4.** Tomar carácter industrial.

**INDUSTRIAR** v. tr. [1]. Instruir, enseñar, adiestrar. ◆ **industriarse** v. pron. **2.** Ingeniarse, sabérselas componer.

**INDUSTRIOSO, A** adj. Que obra o está hecho con industria o habilidad.

**INDUVIA** n. f. BOT. Órgano de diseminación del fruto que proviene del periantio de la flor, como en los aquenios de las compuestas.

**INECUACIÓN** n. f. MAT. Desigualdad entre dos expresiones algebraicas que contienen variables, que no se satisface más que para ciertos valores de estas variables.

**INÉDITO, A** adj. (lat. *ineditum*). Que no ha sido impreso o publicado: *poema inédito.* **2.** Dícese de los hechos sin precedentes conocidos: *suceso, espectáculo inédito.*

**INEDUCACIÓN** n. f. Falta de educación.

**INEDUCADO, A** adj. Falto de educación.

**INEFABILIDAD** n. f. Calidad de inefable.

**INEFABLE** adj. (lat. *ineffabilem*). Que no se puede expresar con palabras: *alegría inefable.*

**INEFECTIVO, A** adj. Falto de efecto.

**INEFICACIA** n. f. Calidad de ineficaz.

**INEFICAZ** adj. No eficaz: *medio, secretario ineficaz.*

**INEFICIENCIA** n. f. Calidad de ineficiente.

**INEFICIENTE** adj. Falto de eficiencia: *empleada ineficiente.*

**INEJECUCIÓN** n. f. *Chile.* Falta de ejecución en una cosa.

**INELEGANCIA** n. f. Falta de elegancia.

**INELEGANTE** adj. Falto de elegancia.

**INELEGIBILIDAD** n. f. Estado o condición de una persona no elegible.

**INELEGIBLE** adj. Que no se puede elegir.

**INELUCTABILIDAD** n. f. Calidad de ineluctable.

**INELUCTABLE** adj. (lat. *ineluctabilem*). Que no se puede evitar, inevitable: *la muerte es ineluctable.*

**INELUDIBLE** adj. Que no se puede eludir: *un compromiso ineludible.*

**INEMBARGABILIDAD** n. f. Calidad de los bienes que los acreedores no pueden embargar a sus poseedores: *cláusula de inembargabilidad.*

**INEMBARGABLE** adj. Que no puede ser embargado: *el salario es inembargable.*

**INENARRABLE** adj. Que por sus cualidades es imposible o muy difícil de describir: *aventura inenarrable.*

**INENCOGIBLE** adj. Dícese de las telas o tejidos que conservan una gran estabilidad dimensional, de manera que no encogen por el uso ni por efecto del lavado.

**INEPTITUD** o **INEPCIA** n. f. Calidad de inepto.

**INEPTO, A** adj. y n. (lat. *ineptum*). No apto o a propósito para algo, incapaz: *persona inepta; ser un inepto.*

**INEQUÍVOCO, A** adj. Que no admite duda.

**INERCIA** n. f. Propiedad de la materia, que hace que los cuerpos no puedan modificar por sí mismos su estado de reposo o de movimiento. **2.** Falta de actividad, energía o iniciativa: *sacar a alguien de su inercia.* • **Fuerza de inercia,** resistencia que los cuerpos, en razón de su masa, oponen al movimiento; resistencia pasiva, que consiste especialmente en no obedecer. || **Inercia uterina** (MED.), contracción insuficiente del útero durante o después del parto. || **Momento de inercia de un sistema sólido S,** suma, extendida a todos los puntos del sistema S, de las cantidades $mr^2$, siendo $m$ la masa de un punto M del sistema S situado a la distancia $r$ de un punto O, de un plano P o de un eje Δ dados. || **Navegación por inercia,** navegación que se basa en la medida y en la integración de las aceleraciones sufridas por un vehículo aéreo, marítimo o espacial. || **Principio de inercia,** principio por el que todo punto material que no está sometido a ninguna fuerza permanece en reposo o está animado por un movimiento rectilíneo uniforme.

**INERCIAL** adj. Relativo a la inercia.

**INERME** adj. (lat. *inermem,* sin armas). Desprovisto de defensas: *sentirse inerme.* **2.** BOT. Que no tiene púas ni espinas. **3.** ZOOL. Sin ganchos: *tenia inerme.*

**INERTE** adj. (lat. *inertem,* sin capacidad). Sin actividad propia: *materia inerte.* **2.** Sin movimiento, inmóvil: *un cuerpo inerte yacía en la calle.* **3.** Sin energía moral, sin reacción; apático.

**INERVACIÓN** n. f. Modo de distribución anatómica y funcional de los nervios que permite la transmisión de un impulso nervioso a una región del organismo.

**INERVADOR, RA** adj. Que produce la inervación.

**INERVAR** v. tr. [1]. Transmitir los estímulos de origen nervioso a una región determinada.

**INESCRUTABLE** adj. Que no se puede saber ni averiguar: *el destino es inescrutable.*

**INESPERADO, A** adj. Que sucede sin haberlo esperado o previsto: *cambio inesperado.*

**INESTABILIDAD** n. f. Calidad de inestable: *la inestabilidad económica de un país; inestabilidad atmosférica.* • **Inestabilidad sicomotriz** (SICOL.), rasgo de la personalidad caracterizado por insuficiencia del control de la motricidad y una gran labilidad de la atención y las emociones.

**INESTABLE** adj. No estable, firme o seguro. **2.** Dícese de un equilibrio destruido por la mínima perturbación o de una combinación química que puede descomponerse espontáneamente. **3.** SICOL. Que sufre inestabilidad sicomotriz o de carácter.

**INESTIMABLE** adj. Que no puede ser debidamente apreciado o valorado, inapreciable.

**INESTIMADO, A** adj. Que está sin apreciar ni tasar. **2.** Que no se estima tanto como merece.

**INEVITABLE** adj. Que no se puede evitar.

**INEXACTITUD** n. f. Falta de exactitud, de precisión: *una biografía llena de inexactitudes.*

**INEXACTO, A** adj. No exacto o justo, falso: *cálculo, dato inexacto.*

**INEXCITABILIDAD** n. f. Estado de lo que es inexcitable.

**INEXCITABLE** adj. Que no se puede excitar.

**INEXCUSABLE** adj. Que no se puede eludir excusándose o que no se puede dejar de hacer. **2.** Que no puede ser disculpado.

**INEXHAUSTO, A** adj. (lat. *inexhaustum*). Que no se agota: *bondad inexhausta.*

**INEXISTENCIA** n. f. Falta de existencia. **2.** DER. Calidad de un acto jurídico al que le falta una cualidad esencial.

**INEXISTENTE** adj. Que no existe: *un monstruo inexistente.* **2.** *Fig.* Que se considera totalmente nulo.

**INEXORABILIDAD** n. f. Calidad de inexorable: *la inexorabilidad del paso del tiempo.*

**INEXORABLE** adj. (lat. *inexorabilem*). Que no se deja vencer por ruegos, implacable: *juez inexorable.* **2.** Que no se puede evitar: *vejez inexorable.*

**INEXPERIENCIA** n. f. Falta de experiencia.

**INEXPERTO, A** adj. y n. Falto de experiencia o habilidad.

**INEXPIABLE** adj. Que no se puede expiar: *crimen inexpiable.*

**INEXPLICABLE** adj. Que no se puede explicar.

**INEXPLICADO, A** adj. Falto de la debida explicación.

**INEXPLORADO, A** adj. No explorado.

**INEXPLOSIBLE** adj. Que no puede hacer explosión.

**INEXPLOTABLE** adj. Que no es susceptible de ser explotado: *yacimiento inexplotable.*

**INEXPRESABLE** adj. Que no se puede expresar: *dicha inexpresable.*

**INEXPRESIVO, A** adj. Que carece de expresión o que es poco expresivo: *rostro inexpresivo.*

**INEXPUGNABLE** adj. Que no se puede expugnar. **2.** *Fig.* Que no se deja vencer ni persuadir.

**INEXTENSIBILIDAD** n. f. Cualidad de lo que es inextensible.

**INEXTENSIBLE** adj. Que no se puede extender: *materia inextensible.*

**INEXTENSO, A** adj. Que carece de extensión.

**INEXTINGUIBLE** adj. Que no se puede extinguir: *fuego inextinguible.* **2.** Que no se puede calmar o parar: *risa, sed inextinguible.*

**INEXTIRPABLE** adj. Que no se puede extirpar.

**INEXTRICABLE** adj. Difícil de desenredar por lo intrincado y confuso: *problema inextricable.*

**INFALIBILIDAD** n. f. Imposibilidad de equivocarse. **2.** Carácter de algo que produce el resultado esperado. • **Infalibilidad pontificia,** dogma proclamado en 1870 por el concilio Vaticano I, según el cual el papa, cuando habla *ex cathedra,* no puede equivocarse en materia de fe.

**INFALIBILISTA** adj. y n. m. y f. Partidario de las doctrinas definidas por el concilio Vaticano I sobre la infalibilidad pontificia, por oposición a los que contestaron su oportunidad o las rechazaron (católicos viejos).

**INFALIBLE** adj. Que goza de infalibilidad. **2.** Que produce los resultados esperados, que no puede dejar de suceder: *remedio infalible; hecho infalible.*

**INFALSIFICABLE** adj. Que no se puede falsificar.

**INFAMACIÓN** n. f. Acción y efecto de infamar.

**INFAMADOR, RA** adj. y n. Que infama: *acusación infamadora.*

**INFAMAR** v. tr. y pron. [1]. Difamar.

**INFAMATORIO, A** adj. Dícese de lo que infama: *palabras infamatorias.*

**INFAME** adj. y n. m. y f. (lat. *infamem*). Dícese de la persona vil y detestable. ◆ adj. **2.** Dícese de las acciones indignas, vergonzosas, etc.: *infame traición.* **3.** Muy malo en su línea: *obra infame; día infame.*

**INFAMIA** n. f. Calidad de infame: *la infamia de un crimen.* **2.** Situación de la persona deshonrada: *caer en la infamia.* **3.** Acción mala o vil: *cometer infamias.*

**INFANCIA** n. f. (lat. *infantiam*). Período de la vida humana que va desde el nacimiento hasta la pubertad: *primera, segunda infancia.* **2.** *Fig.* Conjunto de los niños: *protección a la infancia.* **3.** *Fig.* Primer período de la existencia de una cosa: *proyecto que está en su infancia.*

**INFANTA** n. f. Femenino de infante. **2.** Esposa de un infante.

**INFANTADO** n. m. Territorio de un infante o infanta, hijos de reyes.

**INFANTAZGO** n. m. Señorío atribuido a un infante.

**INFANTE, A** n. (lat. *infantem*). Niño de corta edad. **2.** Título de los hijos legítimos de los reyes de España, no herederos al trono. ◆ n. m. **3.** Término con que se designa al soldado de infantería. **4.** MÚS. Denominación dada a los niños que cantan en el coro de una catedral.

**INFANTERÍA** n. f. (ital. *infanteria;* der. de *fante,* servidor). Tradicionalmente, tropa que combate a pie. **2.** Conjunto de tropas capaces de combatir a pie o desde vehículos acorazados.

**INFANTICIDA** adj. y n. m. y f. Dícese del autor de un infanticidio.

**INFANTICIDIO** n. m. Muerte dada violentamente a un niño, sobre todo si es recién nacido o está próximo a nacer.

**INFANTIL** adj. (lat. *infantilem*). Relativo a la infancia: *enfermedad infantil.* **2.** Que implica infantilismo: *comportamiento infantil.* **3.** *Fig.* Inocente, cándido.

**INFANTILISMO** n. m. Detención del desarrollo de un individuo, debido a una insuficiencia endocrina (hipofisaria o tiroidea) o a una anomalía genética. **2.** Comportamiento infantil, irresponsable, ausencia de madurez, puerilidad.

**INFANZÓN, NA** n. Hijodalgo o hijadalgo que en sus heredamientos tenía potestad y señorío limitados. **2.** En León, Castilla, Navarra y Aragón, durante la edad media, noble de segunda categoría.

**INFANZONADO** o **INFANZONAZGO** n. m. Calidad de infanzón. **2.** Territorio perteneciente al infanzón.

**INFARTAR** v. tr. y pron. **[1]**. PATOL. Producir un infarto.

**INFARTO** n. m. (lat. *infartum,* lleno). MED. Lesión necrótica de los tejidos debida a un trastorno circulatorio, acompañada generalmente de infiltración sanguínea. (La causa habitual de los infartos es la obliteración de un vaso por arteritis, por trombosis o por embolia. El *infarto de miocardio,* consecuencia de la obliteración de una arteria coronaria, es una lesión del corazón de variable gravedad. El *infarto pulmonar* aparece generalmente como consecuencia de una embolia.)

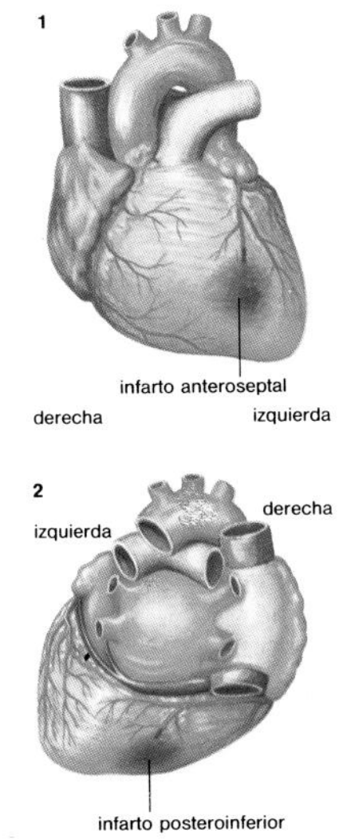


**infarto** de miocardio
1 oclusión de la rama anterior interventricular de la arteria coronaria izquierda (infarto anteroseptal [pared anterior y tabique interventricular]); 2 oclusión de la rama posterior interventricular de la arteria coronaria derecha (infarto posteroinferior)

**INFATIGABLE** adj. Que nada le fatiga.

**INFATUACIÓN** n. f. Acción y efecto de infatuar o infatuarse.

**INFATUAR** v. tr. y pron. (lat. *infatuare*) **[1s]**. Volver o volverse fatuo.

**INFAUSTO, A** adj. (lat. *infaustum*). Que constituye, acompaña o anuncia una desgracia: *noticia infausta; recuerdo infausto.*

**INFECCIÓN** n. f. Penetración y desarrollo en un ser vivo de microbios patógenos, llamados *agentes infecciosos,* que invaden el organismo por vía sanguínea, como en la septicemia, o que permanecen localizados, como en la neumonía o en abscesos, etc., vertiendo sus toxinas en la sangre.

**INFECCIOSO, A** adj. Que produce infección: *germen infeccioso.* **2.** Que resulta o va acompañado de infección.

**INFECTAR** v. tr. **[1]**. Contaminar por gérmenes infecciosos. **2.** *Fig.* Llenar de emanaciones malolientes y malsanas, apestar. ◆ **infectarse** v. pron. **3.** Estar contaminado por gérmenes: *la herida se ha infectado.*

**INFECTO, A** adj. (lat. *infectum*). Maloliente, sucio, repugnante: *emanaciones infectas de un pantano.* **2.** *Fig.* Fastidioso o muy malo: *tiempo infecto; libro infecto; café infecto.*

**INFECUNDIDAD** n. f. Calidad de infecundo.

**INFECUNDO, A** adj. No fecundo: *tierras infecundas.*

**INFELICE** adj. *Poét.* Infeliz.

**INFELICIDAD** n. f. Cualidad o estado de infeliz.

**INFELIZ** adj. y n. m. y f. (lat. *infelicem*). Desgraciado, desventurado, no feliz: *suerte infeliz; una madre infeliz.* **2.** *Fam.* Bueno, ingenuo, sin picardía: *en el fondo es un infeliz.*

**INFERENCIA** n. f. Operación intelectual por la que se pasa de una verdad a otra que se juzga en razón de su unión con la primera: *la deducción es una inferencia.* • **Reglas de inferencia** (LÓG.), las que permiten, en una teoría deductiva, llegar a la verdad de una proposición a partir de una o varias proposiciones tomadas como hipótesis.

**INFERIOR** adj. (lat. *inferiorem*). Situado más bajo con respecto a otra cosa: *mandíbula inferior.* **2.** Dícese de la parte de un río más cercana al mar: *Ródano inferior.* **3.** Menor en dignidad, en mérito, en organización, en valor: *rango inferior; número inferior a diez; calidad inferior.* **4.** HIST. NAT. Menos avanzado en la evolución. ◆ n. m. y f. **5.** Subordinado, subalterno.

**INFERIORIDAD** n. f. Desventaja en lo que concierne al rango, fuerza, mérito, etc.: *encontrarse en situación de inferioridad.* • **Complejo de inferioridad,** sentimiento mórbido que impulsa al sujeto a subestimarse, debido a su convicción íntima de ser inferior a los que le rodean.

**INFERIR** v. tr. y pron. (lat. *inferre,* llevar a una parte) **[22]**. Sacar una consecuencia de un hecho o un principio. ◆ v. tr. **2.** Causar o hacer heridas, ofensas, etc.

**INFERMENTESCIBLE** adj. Que no puede fermentar.

**INFERNAL** adj. Relativo al infierno: *el poder infernal.* **2.** Que posee o anuncia mucha maldad o perfidia: *treta infernal.* **3.** *Fam.* Insoportable: *ruido infernal.* • **Máquina infernal,** ingenio explosivo.

**INFERNILLO** n. m. Infiernillo.

**INFERNO, A** adj. *Poét.* Infernal.

**ÍNFERO, A** adj. (lat. *inferum,* de abajo). BOT. Dícese de un ovario situado debajo de los puntos de inserción de los sépalos, pétalos y estambres, como en el iris, en el manzano, etc. CONTR.: *súpero.*

**INFESTACIÓN** n. f. MED. Presencia de parásitos en un organismo, que pueden provocar trastornos patológicos.

**INFESTAR** v. tr. y pron. (lat. *infestare*) **[1]**. Contaminar, corromper: *infestar las aguas.* **2.** Asolar por invasiones brutales o actos de bandidaje: *los piratas infestaban estas costas.* **3.** Abundar en un lugar, hablando de animales o plantas perjudiciales: *las ratas infestan algunos barcos.* **4.** MED. Hablando de parásitos, invadir un organismo.

**INFESTO, A** adj. *Poét.* Dañoso, perjudicial.

**INFIBULACIÓN** n. f. ANTROP. Operación quirúrgica que se practica a los niños de ambos sexos de determinadas etnias, con el fin de impedir las relaciones sexuales.

**INFICIONAR** v. tr. y pron. **[1]**. Infectar, envenenar: *inficionar la sangre.* **2.** *Fig.* Corromper con malas doctrinas o ejemplos: *inficionar a los hijos.*

**INFIDELIDAD** n. f. Falta de fidelidad, especialmente en el matrimonio. **2.** Falta de exactitud, de verdad: *la infidelidad de un historiador.*

**INFIDENCIA** n. f. Violación de la confianza y fe debida a otro.

**INFIEL** adj. y n. m. y f. (lat. *infidelem*). Que no guarda fidelidad, que falta a sus compromisos, especialmente en el matrimonio: *infiel a sus promesas.* **2.** Inexacto, que no expresa la verdad o la realidad: *relato infiel.* **3.** Que no profesa la religión considerada como la verdadera: *pueblo infiel; convertir infieles.*

**INFIERNILLO** o **INFERNILLO** n. m. Cocinilla, aparato con lámpara de alcohol.

**INFIERNITO** n. m. *C. Rica* y *Cuba.* Cono o pirámide de pólvora humedecida que se quema como si fuera una luz de bengala.

**INFIERNO** n. m. (lat. *infernum*). Según diversas religiones, lugar donde los condenados sufren un castigo eterno. **2.** *Fig.* Lugar en el que hay alboroto, discordia o malestar: *esta casa es un infierno.* **3.** *Fig.* y *fam.* Serie de circunstancias adversas: *su matrimonio es un infierno.*

**INFIJACIÓN** n. f. LING. Introducción de un infijo en el seno de una palabra.

**INFIJO** n. m. (lat. *infixum,* intercalado). LING. Elemento que se intercala en el interior de una palabra para modificar su sentido o su valor.

**INFILTRACIÓN** n. f. Paso lento de un líquido a través de los intersticios de un cuerpo. **2.** *Fig.* Penetración lenta y subrepticia: *infiltración de ideas subversivas.* **3.** MIL. Modo de progresión de la infantería utilizando al máximo los accidentes del terreno y las zonas no batidas por el fuego adversario. **4.** PATOL. Invasión de un órgano por líquidos orgánicos procedentes de un conducto natural o por células inflamatorias o tumorales. **5.** TERAP. Inyección de un medicamento en una región del organismo. • **Aguas de infiltración,** aguas de lluvia que penetran en el suelo por percolación.

**INFILTRADO** n. m. MED. Producto de la reacción inflamatoria, acumulado en el intersticio de los tejidos.

**INFILTRAR** v. tr. y pron. **[1]**. Introducir gradualmente un líquido en los poros o intersticios de un cuerpo sólido. **2.** *Fig.* Infundir en el ánimo una idea o doctrina. ◆ **infiltrarse** v. pron. **3.** Penetrar subrepticiamente en alguna parte.

**ÍNFIMO, A** adj. Que en su situación está muy bajo o el más bajo de todos. **2.** En el orden y graduación de las cosas, dícese de la que es última y menos que las demás.

**INFINIDAD** n. f. Calidad de infinito. **2.** *Fig.* Gran cantidad de cosas o personas.

**INFINITAMENTE** adv. En extremo.

**INFINITESIMAL** adj. MAT. Dícese de la magnitud considerada como suma de sus crecimientos sucesivos infinitamente pequeños.

**INFINITÉSIMO** n. m. MAT. Cantidad variable, que puede llegar a ser, en valor absoluto, inferior a todo número positivo, por pequeño que sea.

**INFINITIVO, A** adj. y n. m. GRAM. Dícese de la forma del verbo que expresa la acción en abstracto sin concretar persona, tiempo ni número.

**INFINITO, A** adj. Que no tiene fin: *el universo es infinito.* **2.** Demasiado grande o numeroso para poderse medir: *le avisé infinitas veces.* **3.** Muy grande o intenso: *odio infinito.* ◆ n. m. **4.** Lo que no tiene límites; el espacio sin límites. **5.** MAT. Cantidad variable, que, en valor absoluto, llega a ser mayor que toda otra cantidad fijada arbitrariamente (símbolo $\infty$, $+\infty$ o $-\infty$, según el signo). ◆ adv. m. **6.** Excesivamente, muchísimo: *siento infinito no haber estado aquí.*

**INFINITUD** n. f. Infinidad, calidad de infinito.

**INFIRMAR** v. tr. **[1]**. DER. Declarar nulo, invalidar.

**INFLACIÓN** n. f. Acción y efecto de inflar. **2.** Desequilibrio económico que se caracteriza por un alza general de los precios y por un aumento de la circulación monetaria. **3.** Aumento excesivo: *inflación de funcionarios.* • **Inflación reptante,** inflación crónica, generalmente de poca intensidad. (Se opone a la *inflación galopante.*)

■ Tradicionalmente se distinguen tres mecanismos productores de inflación: la *inflación de demanda,* o intensificación súbita de la demanda de un producto frente a una oferta que no puede cubrirse de inmediato; la *inflación de costes,* producto del aumento de las cargas –salarios especialmente– que pesan sobre el proceso de producción de los bienes y servicios y que repercuten sobre los precios de éstos; la *inflación monetaria,* que responde a la inyección, en el ciclo económico, de un aumento de recursos monetarios y medios de pago, que conduce –por intensificación de la demanda– a un alza de precios. Fenómenos de interacción (espiral salarios-precios) alargan –y a menudo acrecientan– la inflación.

**INFLACIONISTA** adj. Que es causa o señal de inflación: *tensión inflacionista.* SIN.: *inflacionario.*

**INFLAMABILIDAD** n. f. Calidad de inflamable: *la inflamabilidad de un gas.*

**INFLAMABLE** adj. Fácil de inflamar.

**INFLAMACIÓN** n. f. Acción y efecto de inflamar. **2.** MED. Reacción patológica que aparece como consecuencia de una agresión traumática, química o microbiana al organismo, y que se caracteriza por calor, enrojecimiento, dolor y tumefacción.

**INFLAMAR** v. tr. y pron. **[1]**. Encender una cosa que al quemarse produce llama inmediatamente. **2.** *Fig.* Despertar entusiasmo: *inflamar el corazón de los jóvenes.* **3.** Producirse irritación en una parte del organismo: *inflamarse la garganta.* **4.** Producirse una inflamación.

**INFLAMATORIO, A** adj. MED. Relativo a la inflamación.

**INFLAR** v. tr. y pron. [**1**]. Hinchar una cosa con aire u otro gas. **2.** *Fig.* Ensoberbecer, engreír, infatuar. ◆ v. tr. **3.** *Fig.* Exagerar, abultar hechos, noticias, etc. ◆ v. intr. **4.** *Méx.* Beber alcohol.

**INFLEXIBILIDAD** n. f. Calidad de inflexible.

**INFLEXIBLE** adj. Incapaz de torcerse o de doblarse. **2.** *Fig.* Que no se deja ablandar: *carácter inflexible.*

**INFLEXIÓN** n. f. Acción y efecto de doblarse una línea o algo lineal en un punto. **2.** Elevación o atenuación hecha con la voz, quebrándola o pasando de un tono a otro. **3.** LING. Elemento que pone en contacto la raíz con la desinencia. **4.** LING. Cada una de las terminaciones del verbo, el pronombre, y las demás partes variables de la oración. **5.** MAT. Cambio de sentido de la curvatura de una curva plana. • **Punto de inflexión** (MAT.), punto en que una curva corta a su tangente.

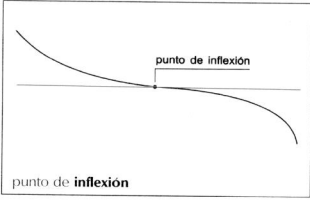

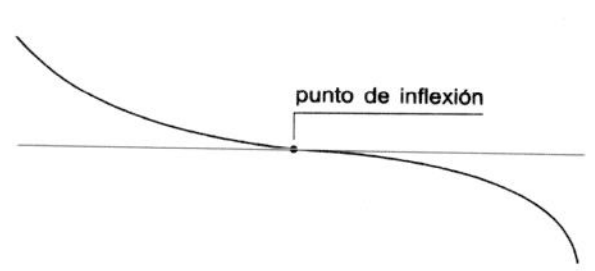


punto de **inflexión**

**INFLEXO, A** adj. BOT. Encorvado hacia abajo o hacia lo alto.

**INFLIGIR** v. tr. [**3b**]. Aplicar o causar castigos, derrotas, agravios, etc.

**INFLORESCENCIA** n. f. Forma de agruparse las flores en una planta: *los principales tipos de inflorescencia son* racimo, espiga, umbela, capítulo y cima. **2.** Conjunto de estas flores.

**INFLUENCIA** n. f. Acción y efecto de influir. **2.** *Fig.* Poder que ejerce uno sobre otro o que tiene en un medio por sí o por sus relaciones. **3.** *Fig.* Contacto o relación que proporcionan un trato de favor: *tiene influencias en el ayuntamiento.* • **Electrización por influencia,** carga eléctrica adquirida por un conductor situado cerca de otro conductor electrizado.

**INFLUENCIABLE** adj. Que se deja influir con facilidad.

**INFLUENCIAR** v. intr. [**1**]. Influir.

**INFLUENZA** n. f. (voz italiana). Trancazo o gripe.

**INFLUIR** v. intr. [**29**]. Causar unas cosas sobre otras ciertos efectos. **2.** *Fig.* Ejercer una persona o cosa predominio en el ánimo.

**INFLUJO** n. m. Influencia. • **Influjo nervioso,** fenómeno de naturaleza eléctrica por el cual la excitación de una fibra nerviosa se propaga por el nervio.

**INFLUYENTE** adj. Que influye.

**INFOGRAFÍA** n. f. (de *informática* y *grafía*). Técnica de creación de imágenes de síntesis y de representación gráfica mediante utilización directa del ordenador.

**INFOLIO** n. m. Libro en folio.

**INFORMACIÓN** n. f. Acción y efecto de informar: *te lo digo para tu información.* **2.** Oficina donde se informa de alguna cosa: *preguntar en información.* **3.** Conjunto de noticias o informes. **4.** En cibernética, factor cualitativo que designa la posición de un sistema, y que eventualmente es transmitido por este sistema a otro. **5.** DER. Averiguación jurídica y legal de un hecho o delito. • **Cantidad de información,** medida cuantitativa de la incertidumbre de un mensaje en función del grado de probabilidad de cada una de las señales que lo componen. ‖ **Teoría de la información,** teoría que tiene por objeto definir y estudiar las cantidades de información, la codificación de estas informaciones, los canales de transmisión y su capacidad.

**INFORMADOR, RA** adj. y n. Que informa; dícese especialmente, respecto a una persona, de otra que le informa o le ha informado sobre cierta cosa.

**INFORMAL** adj. y n. m. y f. Dícese de la persona falta de formalidad. ◆ adj. **2.** Que no se ajusta a las circunstancias que le son normales: *reunión informal.* • **Pintura informal,** informalismo.

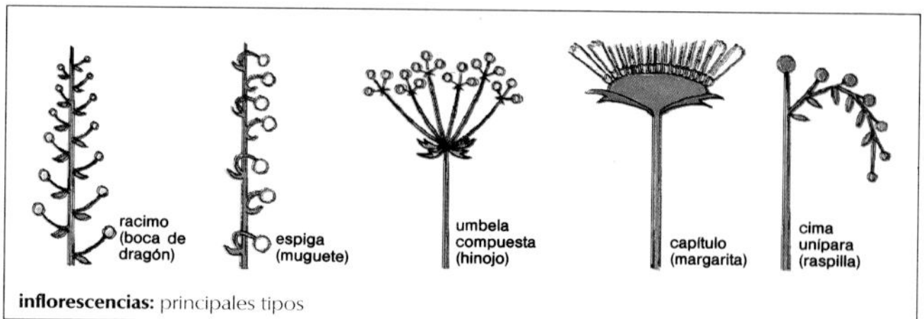


**inflorescencias:** principales tipos

**INFORMALIDAD** n. f. Calidad de informal. **2.** Acto propio de una persona informal.

**INFORMALISMO** n. m. Tendencia artística que se da en pintura especialmente, desarrollada sobre todo entre 1950 y 1960, que tiende a representar lo real fuera de todo orden lógico de espacio y composición.

**INFORMALISTA** adj. y n. m. y f. Relativo al informalismo; partidario de esta tendencia.

**INFORMANTE** n. m. y f. y adj. Persona que facilita una información.

**INFORMAR** v. tr. [**1**]. Dar a alguien noticia de alguna cosa. **2.** Imprimir determinadas características: *las mismas ideas informan toda la producción del poeta.* ◆ v. intr. **3.** Dar informes acerca de determinadas cuestiones, planos, etc.

**INFORMÁTICA** n. f. Ciencia del tratamiento automático y racional de la información considerada como el soporte de los conocimientos y las comunicaciones.

■ Suelen diferenciarse varios campos dentro de la informática: *informática teórica* (análisis numérico, teoría de la información, lenguajes y gramática, autómatas, etc.), *de los sistemas* (arquitectura de los ordenadores y de los sistemas de explotación, jerarquía de los recursos, comunicación entre procesadores, redes, etc.), *tecnológica* (hardware: componentes electrónicos, semiconductores, memorias, registros en soportes magnéticos, órganos periféricos de entrada y salida, etc.), metodológica (referida especialmente al software: compilación, lenguajes, técnicas de explotación, análisis, programación estructurada, etc.) y *aplicada* (realizaciones llevadas a cabo por los ordenadores y el tratamiento automático de la información).

**INFORMÁTICO, A** adj. Perteneciente o relativo a la informática. • **Sistema informático,** conjunto de medios de captación, tratamiento y transmisión de la información que se emplean para una aplicación determinada. ◆ n. **2.** Especialista en informática.

**INFORMATIVO, A** adj. Dícese de lo que informa o sirve para dar noticia de una cosa: *hoja informativa; reunión informativa.* ◆ n. m. **2.** En televisión, espacio dedicado a difundir noticias.

*Pintura* (1955) por Antoni Tàpies (centro de arte Reina Sofía, Madrid)

*Homúnculo* (1969), por Manolo Millares (col. part.)

**informalismo**

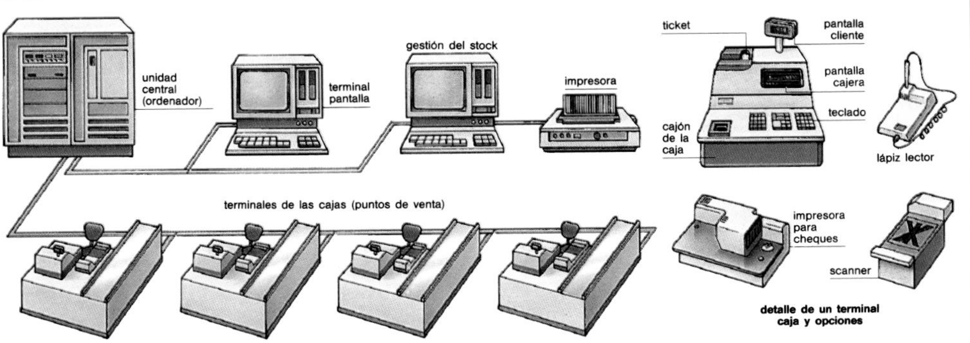


La gestión de un almacén tiene por objeto conocer las cantidades de mercancías compradas a los proveedores y vendidas a los clientes, el stock disponible, el coste de la mano de obra, los gastos financieros, etc. En otro tiempo realizada de manera manual, en la actualidad está automatizada gracias a la informática. Se utiliza para ello un ordenador en el cual están conectados terminales-pantallas, terminales puntos de venta (cajas registradoras) y unidades de discos magnéticos para memorizar las informaciones del almacén (artículos, cantidades, precio de compra, precio de venta, etc.). En los terminales se conectan los lápices lectores o los scanners (dispositivo situado bajo el fondo de la caja y que posee una pequeña ventana en forma de estrella) para la lectura óptica: cada artículo o mercancía almacenado posee un número de identificación o número de código representado por códigos de barras (pequeños trazos verticales, dispuestos según una configuración precisa, que representan cierto número de informaciones específicas de cada producto); no es necesario escribir este número en el teclado para hacer aparecer las informaciones referentes al producto; un lápiz lector puesto sobre los códigos de barras identifica el artículo y proporciona rápidamente las informaciones, especialmente el precio de venta, a la cajera.

**informática:** ejemplo de aplicación a la gestión de una gran superficie de venta

**INFORMATIZACIÓN** n. f. Acción y efecto de informatizar.

**INFORMATIZAR** v. tr. **[1g]**. Dotar a un servicio, organismo, etc., de medios informáticos, asegurar su gestión mediante medios informáticos. **2.** Utilizar la informática para tratar con ayuda de ordenador las necesidades de un sector profesional o para solucionar un problema.

**INFORME** adj. Deforme. **2.** De forma vaga e indeterminada.

**INFORME** n. m. Acción y efecto de informar o dictaminar. **2.** Noticias o datos que se dan sobre alguien o algo. **3.** Exposición oral o escrita del estado de una cuestión.

**INFORTUNADO, A** adj. y n. Desafortunado, desdichado.

**INFORTUNIO** n. m. Suerte desdichada. **2.** Hecho o acontecimiento desgraciado.

**INFOSURA** n. f. VET. Enfermedad del ganado equino que se presenta con dolores en dos o en todas las extremidades.

**INFOVÍA** n. f. Servicio de Telefónica de España para la conexión informática a los proveedores de información de Internet en España, Chile y Perú.

**INFRACCIÓN** n. f. Quebrantamiento de una ley o tratado, o de una norma moral, lógica o doctrinal.

**INFRACCIONAR** v. tr. **[1]**. *Méx.* Multar.

**INFRACTOR, RA** adj. y n. Transgresor.

**INFRAESTRUCTURA** n. f. Conjunto de los trabajos relativos a la cimentación de los edificios, carreteras y, especialmente, de las vías férreas. **2.** Capa de asiento que hace de almohadilla entre el pavimento y los cimientos o lecho de una carretera. **3.** ECON. Base física sobre la que se asienta la economía de un país. **4.** ECON. Conjunto de servicios considerados como esenciales en la creación de una economía moderna. • **Infraestructura aérea,** conjunto de las instalaciones de tierra indispensables para el tráfico aéreo.

**INFRAHUMANO, A** adj. Inferior a lo humano.

**INFRANQUEABLE** adj. Imposible o difícil de franquear o desembarazar.

**INFRAORBITARIO, A** adj. ANAT. Relativo a la cara inferior de la órbita o situado por debajo de ella: *nervio infraorbitario.*

**INFRARROJO, A** adj. y n. m. Dícese de la radiación electromagnética de longitud de onda comprendida entre una micra y un milímetro, que se utiliza en calefacción, terapéutica, armamentos, etc.

**INFRASCRITO, A** adj. y n. Que firma al fin de un escrito. ◆ adj. **2.** Dicho abajo o después de un escrito.

**INFRASONIDO** n. m. Vibración de la misma naturaleza que el sonido, pero de frecuencia demasiado baja para ser percibida por el oído humano.

**INFRASONORO, A** adj. Relativo a los infrasonidos.

**INFRAVALORAR** v. tr. **[1]**. Disminuir la importancia de algo.

**INFRECUENCIA** n. f. Calidad de infrecuente.

**INFRECUENTE** adj. Que no es frecuente.

**INFRINGIR** v. tr. **[3b]**. Quebrantar una ley, pacto, convenio, etc.

**INFRUCTUOSIDAD** n. f. Calidad de infructuoso.

**INFRUCTUOSO, A** adj. Ineficaz para algún fin.

**INFRUTESCENCIA** n. f. BOT. Fructificación formada por la agrupación de varios frutillos procedentes de las flores de una inflorescencia.

**ÍNFULA** n. f. Cinta de lana blanca, con dos tiras caídas a los lados, con que se ceñían la cabeza los sacerdotes de los gentiles y los suplicantes. **2.** Cada una de las dos cintas anchas que penden por la parte posterior de la mitra episcopal. ◆ **ínfulas** n. f. pl. **3.** *Fig.* Presunción o vanidad.

**INFUMABLE** adj. Que no se puede fumar, dícese especialmente del tabaco de mala calidad.

**INFUNDADO, A** adj. Que carece de fundamento real o racional.

**INFUNDIO** n. m. Noticia falsa, chisme.

**INFUNDIOSO, A** adj. y n. Que constituye un infundio.

**INFUNDIR** v. tr. **[3]**. Provocar cierto estado de ánimo o sentimiento: *infundir valor.*

**INFURCIÓN** n. f. (der. del lat. *functio,* pago de impuestos, o de *offertio, de offerre,* ofrecer). En los estados de la península Ibérica, durante la edad media, renta, prestación o canon anual que pagaban siervos, libres, hombres de behetría o caballeros villanos al señor o al rey.

**INFUSIBILIDAD** n. f. Calidad de infusible.

**INFUSIBLE** adj. Que no puede fundirse o derretirse.

**INFUSIÓN** n. f. (lat. *infusionem*). Acción y efecto de infundir. **2.** Preparado en forma líquida que resulta de la extracción de los principios activos de ciertas plantas por la acción del agua hirviendo, del alcohol, o, más raramente, de otro solvente.

**INFUSO, A** adj. **Ciencia infusa,** en teología católica, ciencia recibida directamente de Dios; la que se posee o se cree poseer, en cierto sentido, de una manera natural.

**INFUSORIO, A** adj. y n. m. Antigua denominación de los protozoos del tipo *ciliados,* que pueden desarrollarse en las infusiones vegetales. ◆ n. m. **2.** **Tierra de infusorios,** roca formada por restos de caparazones de infusorios fósiles, que se emplea como aislante térmico o acústico y como materia inerte.

**INGÁ** n. m. *Amér.* Árbol de la familia de las leguminosas de flores blanquecinas en espigas.

**INGENIAR** v. tr. y pron. **[1]**. Trazar, idear o inventar algo con ingenio. • **Ingeniárselas,** conseguir algo o salir de una dificultad con ingenio.

**INGENIERÍA** n. f. Arte de aplicar los conocimientos científicos a la invención, perfeccionamiento y utilización de la técnica industrial en todas sus dimensiones. • **Ingeniería genética,** conjunto de técnicas que permiten la recombinación fuera de un organismo de cromosomas pertenecientes a organismos diferentes.

**INGENIERO, A** n. Persona que se dedica a la ingeniería con un título oficial de grado superior. • **Arma de ingenieros,** una de las cuatro armas que con carácter de combatientes existen en el ejército español. ‖ **Ingeniero técnico,** técnico de grado medio en ingeniería, cuyo título oficial, en España, es expedido por las escuelas universitarias.

**INGENIO** n. m. Talento para discurrir e inventar con prontitud y facilidad. **2.** Persona de talento. **3.** Maña y artificio para conseguir algo. **4.** Máquina o artificio mecánico. **5.** Molino y explotación de caña de azúcar.

**INGENIOSIDAD** n. f. Calidad de ingenioso. **2.** *Fig.* Dicho o hecho que quiere resultar gracioso y resulta inoportuno.

**INGENIOSO, A** adj. Que tiene o implica ingenio: *persona ingeniosa; respuesta ingeniosa.*

**INGÉNITO, A** adj. No engendrado. **2.** Connatural y como nacido con uno.

**INGENTE** adj. Muy grande.

**INGENUA** n. f. Femenino de ingenuo. **2.** Actriz que hace el papel de muchacha inocente y cándida.

**INGENUIDAD** n. f. Calidad de ingenuo.

**INGENUO, A** adj. y n. (lat. *ingenuum,* noble). Sincero, candoroso, sin doblez. ◆ adj. y n. **2.** DER. ROM. Decíase del que nacía libre y no perdía su libertad.

**INGERENCIA** n. f. Injerencia.

**INGERIR** v. tr. **[22]**. Introducir por la boca la comida, bebida o medicamentos.

**INGESTA** n. f. (voz latina que significa *cosas introducidas*). FISIOL. Conjunto de materias que por vía bucal ingresan en el organismo, con fines alimenticios.

**INGESTIÓN** n. f. Acción y efecto de ingerir.

**INGLE** n. f. (lat. *inguen*). Pliegue de flexión entre el muslo y el abdomen.

**INGLÉS, SA** adj. y n. De Inglaterra. **2.** Británico. ◆ adj. **A la inglesa,** al uso de Inglaterra; *(Fam.),* dícese de la encuadernación cuyas tapas son flexibles y tienen puntas redondeadas. ‖ **Letra inglesa,** la inclinada a la derecha, con perfiles gruesos y delgados. || **Pura sangre inglés,** raza de caballos de carreras, muy veloces, enérgicos y nerviosos, y de gran alzada, producto del mestizaje de razas de predominio oriental con las razas inglesas. ◆ n. m. **3.** Lengua indoeuropea del grupo germánico, hablada principalmente en Gran Bretaña y E.U.A.

■ El inglés es, después del chino, la lengua más extendida del mundo: lo hablan cerca de 320 millones de personas. Por la importancia económica y científica de los países anglosajones, el inglés se ha convertido en la lengua más utilizada en los intercambios internacionales y en la difusión de información técnica y científica. Pertenece al grupo occidental de las lenguas germánicas. Los invasores anglos y sajones lo introdujeron en las islas Británicas hacia el s. XV y, poco a poco, fue sustituyendo al idioma romanocéltico. Durante los ss. XI-XIII, la conquista normanda impuso el francés como lengua oficial, bilingüismo que marcó profundamente el vocabulario.

**INGLETE** n. m. Ángulo de 45° que con cada cateto forma la hipotenusa del cartabón. **2.** Método de ensamble de carpintería, que consiste en cortar las superficies de unión bajo un ángulo de 45°. • **Caja, cortador,** o **patrón, de ingletes,** especie de caja acanalada, abierta por sus dos extremos, y con muescas oblicuas en los costados para guiar la sierra bajo el ángulo deseado al cortar la pieza que se trabaja.

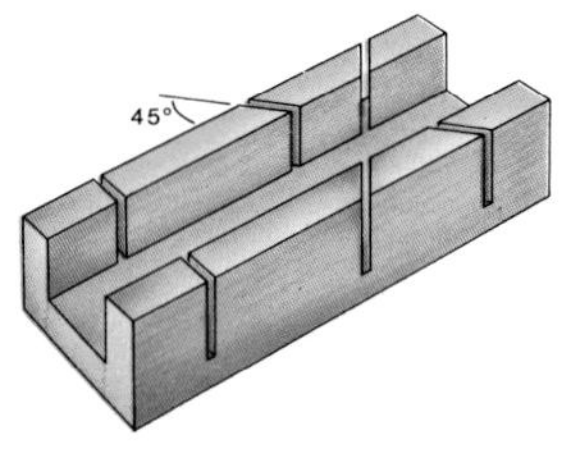

caja de **ingletes**

**INGOBERNABLE** adj. Que no se puede gobernar.

**INGRATITUD** n. f. Desagradecimiento, olvido de los favores recibidos.

**INGRATO, A** adj. Desagradecido, que olvida los beneficios recibidos: *persona ingrata.* **2.** Desabrido, áspero, desagradable: *tiempo ingrato.* **3.** Dícese de lo que no corresponde al trabajo que cuesta: *labor ingrata.*

**INGRAVIDEZ** n. f. Calidad de ingrávido. **2.** Estado en el que los efectos de la gravedad se anulan.

**INGRÁVIDO, A** adj. Ligero, leve, que no pesa.

**INGREDIENTE** n. m. Cualquier cosa que entra con otras en un remedio, bebida, guisado u otro compuesto.

**INGRESAR** v. intr. **[1]**. Entrar como miembro en una corporación, sociedad, etc. **2.** Entrar como paciente en un establecimiento sanitario. **3.** Aprobar el examen de ingreso. ◆ v. tr. **4.** Imponer dinero en una entidad bancaria o comercial. **5.** Percibir regularmente por cualquier concepto determinada cantidad de dinero.

**INGRESIVO, A** adj. LING. Dícese del aspecto verbal que designa el comienzo de la acción. (En español está representado generalmente por perífrasis, como *se puso a cantar, se echó a reír.*) • **Consonante ingresiva,** consonante que se produce con una corta succión.

**INGRESO** n. m. Acción de ingresar. **2.** Examen por el que hay que pasar al comenzar determinados estudios. **3.** Entrada, lugar por donde se entra en alguna parte. ◆ **ingresos** n. m. pl. **4.** Cantidad de dinero que se percibe regularmente por cualquier concepto.

**ÍNGRIMO, A** adj. *Amér. Central, Colomb., Dom., Ecuad., Pan.* y *Venez.* Solitario, aislado.

**INGUINAL** adj. ANAT. Relativo a la ingle: *hernia inguinal.*

**INGURGITACIÓN** n. f. Acción y efecto de ingurgitar.

**INGURGITAR** v. tr. **[1]**. Engullir. ◆ v. tr. y pron. **2.** FISIOL. Aumentar de tamaño un órgano, por repleción.

**INGUSH,** pueblo musulmán del Cáucaso nororiental, distribuido principalmente entre las repúblicas de Ingushia y del Daguestán.

**INHÁBIL** adj. Falto de habilidad. **2.** Que no tiene las cualidades y condiciones necesarias para hacer una cosa. **3.** Que por falta de algún requisito, o por una tacha o delito, no puede obtener o desempeñar un cargo, empleo o dignidad. **4.** DER. Dícese del día feriado y de las horas en que, salvo habilitación expresa, no deben practicarse actuaciones.

**INHABILIDAD** n. f. Cualidad de inhábil. **2.** DER. Estado de la persona que no tiene capacidad legal: *inhabilidad para testar.*

**INHABILITACIÓN** n. f. Acción y efecto de inhabilitar. **2.** DER. Pena que priva de algún derecho o incapacita para ciertos cargos.

**INHABILITAR** v. tr. **[1]**. Declarar a uno inhábil para ejercer cargos públicos o para ejercitar derechos civiles o políticos. ◆ v. tr. y pron. **2.** Imposibilitar para una cosa.

**INHABITABLE** adj. No habitable.

**INHABITADO, A** adj. Que no está habitado.

**INHALACIÓN** n. f. Acción y efecto de inhalar. **2.** Absorción por las vías respiratorias de un gas, vapor o aerosol.

**INHALADOR** n. m. Aparato que sirve para efectuar inhalaciones.

**INHALAR** v. tr. **[1]**. Aspirar gases y vapores, especialmente con fines médicos.

**INHALLABLE** adj. Imposible o difícil de hallar.

**INHAMUI** n. m. Madera comercial americana, cuyo color varía del amarillo gris al pardo.

**INHERENCIA** n. f. Calidad de inherente.

**INHERENTE** adj. Que por su naturaleza está de tal manera unido a una cosa que no se puede separar.

**INHIBICIÓN** n. f. Acción y efecto de inhibir o inhibirse. **2.** Fenómeno de cese, bloqueo o disminución de un proceso químico, sicológico o fisiológico. **3.** Disminución de la actividad de una neurona, de una fibra muscular o de una célula secretora, bajo la acción de un influjo nervioso o de una hormona.

**INHIBIDOR, RA** adj. Que inhibe. ◆ n. m. **2.** QUÍM. Sustancia de débil concentración, que bloquea o retrasa una reacción química. • **Inhibidor de la ovulación,** medicamento anticonceptivo que deja en suspenso la periodicidad de la ovulación.

**INHIBIR** v. tr. **[3]**. DER. Impedir que un juez intervenga o prosiga en el conocimiento de una causa. ◆ v. tr. y pron. **2.** FISIOL. Suspender permanente o transitoriamente una función o actividad del organismo mediante la acción de un estímulo adecuado. ◆ **inhibirse** v. pron. **3.** Abstenerse de intervenir en un asunto o actividad.

**INHIBITORIO, A** adj. Que sirve para inhibir.

**INHIESTO, A** adj. Enhiesto.

**INHOSPITALARIO, A** adj. No hospitalario. **2.** Inhóspito.

**INHOSPITALIDAD** n. f. Calidad de inhospitalario.

**INHÓSPITO, A** adj. Desagradable para ser habitado o poco acogedor. **2.** Que no ofrece seguridad ni abrigo.

**INHUMACIÓN** n. f. Acción y efecto de inhumar.

**INHUMANIDAD** n. f. Calidad de inhumano.

**INHUMANO, A** adj. Falto de humanidad, cruel. **2.** Que no parece pertenecer a la naturaleza humana. **3.** *Chile.* Muy sucio.

**INHUMAR** v. tr. **[1]**. Enterrar, dar sepultura.

**INICIACIÓN** n. f. Acción y efecto de iniciar. **2.** Introducción solemne de una persona entre el número de los adeptos de una religión, secta o sociedad secreta, por medio de ritos que se considera que marcan al individuo: *iniciación masónica.*

**INICIADO, A** n. Persona que participa en el conocimiento de algo, especialmente algo secreto. **2.** Miembro de una secta o sociedad secreta.

**INICIADOR, RA** adj. y n. Que inicia.

**INICIAL** adj. Relativo al principio o comienzo de las cosas. ◆ adj. y n. f. **2.** Dícese de la primera letra de una palabra, un capítulo, etc. **3.** Dícese de la primera letra de un nombre de persona.

**INICIALIZACIÓN** n. f. INFORMÁT. Proceso por el que un ordenador entra en funcionamiento, consistente en introducir en la memoria central un programa que requerirá luego los módulos necesarios del sistema de explotación. **2.** INFORMÁT. Atribución de un valor inicial a una variable.

**INICIALIZAR** v. tr. **[1g]**. INFORMÁT. Realizar un proceso de inicialización.

**INICIAR** v. tr. y pron. **[1]**. Empezar alguna cosa. **2.** Enseñar, hacer que alguien adquiera conocimiento o los primeros conocimientos sobre una materia. ◆ v. tr. **3.** Ser el primero en hacer algo determinado. **4.** Admitir a alguien en las prácticas de una religión, secta o asociación secreta.

**INICIÁTICO, A** adj. Que está relacionado con la iniciación a una práctica o a una sociedad secreta: *ritos iniciáticos.*

**INICIATIVA** n. f. Idea que sirve para iniciar una acción. **2.** Acción de proponer o de hacer algo el primero: *tomar la iniciativa.* **3.** Capacidad de emprender, inventar, etc.: *tener iniciativa.* **4.** DER. Derecho de someter a una asamblea una proposición sobre el voto de una moción, de una resolución o de una ley. • **Iniciativa legislativa,** derecho de someter a discusión y a voto en las asambleas parlamentarias el texto de una proposición de ley (iniciativas parlamentarias) o de un proyecto de ley (iniciativa gubernamental). || **Iniciativa popular,** derecho reconocido a los ciudadanos de determinados estados de someter al parlamento proposiciones de ley, a condición de reunir un cierto número de firmas en apoyo de su demanda.

**INICIO** n. m. Comienzo, principio.

**INICUO, A** adj. Contrario a la equidad, injusto: *acción inicua.* **2.** Malvado, perverso.

**INIGUALABLE** adj. Extraordinario, sin igual.

**INIGUALADO, A** adj. Que no tiene igual.

**INIMAGINABLE** adj. No imaginable.

**INIMITABLE** adj. Imposible de imitar.

**ININTELIGIBLE** adj. Imposible de entender o de descifrar: *letra ininteligible.*

**ININTERRUMPIDO, A** adj. Continuado, sin interrupción.

**INIQUIDAD** n. f. Cualidad de inicuo. **2.** Acción inicua.

**INJERENCIA** o **INGERENCIA** n. f. Acción y efecto de injerirse.

**INJERIDOR** n. m. Instrumento que sirve para injertar.

**INJERIR** v. tr. **[22]**. Incluir una cosa en otra, haciendo mención de ella.

**INJERIRSE** v. pron. **[22]**. Entrometerse.

**INJERTABLE** adj. Que puede injertarse.

**INJERTADO** n. m. Operación que consiste en fijar en un polímero, que formará la cadena principal o tronco, cadenas laterales llamadas injertos.

**INJERTAR** v. tr. **[1]**. Aplicar o implantar un injerto.

**INJERTO** n. m. Operación que permite la multiplicación asexuada de árboles productores de frutos y flores, mediante la inserción en una planta, o patrón, de una parte de otra planta, o injerto, cuyos caracteres se quieren desarrollar. **2.** Brote,

**inicial** adornada e historiada (página de un antifonario italiano; s. XV) [biblioteca de San Marcos, Florencia]

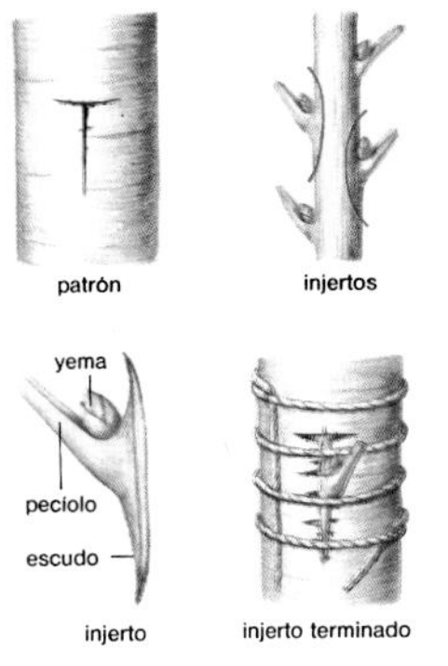


**injerto** por escudete

rama o yema separados de una planta para ser injertados en otra. **3.** Operación quirúrgica que consiste en transferir a un individuo, hombre o animal, tejido procedente de él mismo *(autoinjerto)*, de un individuo de la misma especie *(homoinjerto)* o de un individuo de especie distinta *(heteroinjerto)*. **4.** Tejido que se injerta. **5.** Cadena lateral fijada en la cadena principal de un copolímero.

**INJURIA** n. f. Expresión proferida o acción ejecutada en deshonra, descrédito o menosprecio de otra persona.

**INJURIADO** n. m. *Cuba.* Tabaco en rama, de clase inferior.

**INJURIADOR, RA** adj. y n. Que injuria.

**INJURIAR** v. tr. [**1**]. Proferir o cometer injurias.

**INJURIOSO, A** adj. Que injuria.

**INJUSTICIA** n. f. Acción injusta. **2.** Cualidad de injusto.

**INJUSTIFICABLE** adj. Que no se puede justificar.

**INJUSTIFICADO, A** adj. No justificado.

**INJUSTO, A** adj. Que no es conforme a la justicia o a la equidad: *sentencia injusta.* **2.** Que no es equitativo o imparcial: *un profesor con fama de injusto.*

**INLANDSIS** n. m. (voz escandinava que significa *hielo en el interior del país*). Tipo de glaciar, presente sobre todo en las regiones polares, en forma de gran casquete que oculta el relieve subyacente.

**INLLEVABLE** adj. Que no se puede soportar o tolerar.

**INMACULADO, A** adj. Que no tiene mancha. • **Inmaculada Concepción de María,** privilegio en virtud del cual la Virgen María fue preservada del pecado original, dogma definido por Pío IX el 8 de diciembre de 1854 (bula *Ineffabilis*).

**INMADURACIÓN** n. f. SIQUIATR. Trastorno del proceso de maduración, que se expresa por desorden intelectual, afectivo, emocional o sicomotor.

**INMADUREZ** n. f. Falta de madurez.

**INMADURO, A** adj. No maduro. **2.** Que carece de la madurez propia de la edad adulta.

**INMANEJABLE** adj. No manejable.

**INMANENCIA** n. f. Estado de lo que es inmanente.

**INMANENTE** adj. (lat. *inmanentem*). FILOS. Dícese de aquello que es inherente a un ser o a la experiencia.

**INMANENTISMO** n. m. FILOS. Sistema que se funda en la noción de inmanencia.

**INMARCESIBLE** o **INMARCHITABLE** adj. Que no se puede marchitar.

**INMATERIAL** adj. No material.

**INMATERIALIDAD** n. f. Calidad de inmaterial.

**INMATRICULACIÓN** n. f. DER. Acción y efecto de matricular, inscribir en un registro.

**INMEDIACIÓN** n. f. Calidad de inmediato. ◆ **inmediaciones** n. f. pl. **2.** Contorno o parajes de que está rodeado un lugar.

**INMEDIATEZ** n. f. Circunstancia de estar o ser inmediato algo.

**INMEDIATO, A** adj. Contiguo o muy cercano: *viven en la casa inmediata a la nuestra.* **2.** Que sucede sin intervalo de tiempo: *surtir efecto inmediato.* • **Análisis inmediato** (QUÍM.), separación de los componentes de una mezcla. || **De inmediato,** sin tardar.

**INMEJORABLE** adj. Que no se puede mejorar.

**INMEMORIAL** adj. Tan antiguo, que no hay memoria de cuándo comenzó.

**INMENSIDAD** n. f. Calidad de inmenso. **2.** *Fig.* Muchedumbre, número o extensión grande.

**INMENSO, A** adj. Que no tiene medida. **2.** *Fig.* Muy grande o muy difícil de medirse o contarse.

**INMENSURABLE** adj. Que no puede medirse o de difícil medida.

**INMERECIDO, A** adj. No merecido.

**INMERSIÓN** n. f. Acción de sumergir o sumergirse. **2.** Hecho de encontrarse en un medio extraño sin contacto directo con el medio de origen: *inmersión lingüística.* **3.** ASTRON. Comienzo de la ocultación de un astro.

**INMERSO, A** adj. Que está sumergido.

**INMIGRACIÓN** n. f. Migración considerada desde el punto de vista del lugar de destino de los individuos desplazados.

**INMIGRANTE** adj. y n. m. y f. Que realiza o ha realizado una inmigración.

**INMIGRAR** v. intr. (lat. *immigrare,* introducirse). [**1**]. Realizar una inmigración.

**INMIGRATORIO, A** adj. Relativo a la inmigración.

**INMINENCIA** n. f. Calidad de inminente.

**INMINENTE** adj. Que amenaza o está para suceder muy pronto.

**INMISCUIR** v. tr. [**29**]. Poner una sustancia en otra para que resulte una mezcla. ◆ **inmiscuirse** v. pron. **2.** *Fig.* Entremeterse en un asunto o negocio.

**INMOBILIARIA** n. f. Empresa que construye, vende y administra edificios.

**INMOBILIARIO, A** adj. Relativo a cosas inmuebles.

**INMODERACIÓN** n. f. Calidad de inmoderado.

**INMODERADO, A** adj. Que no tiene moderación.

**INMODESTIA** n. f. Falta de modestia.

**INMODESTO, A** adj. No modesto.

**INMOLACIÓN** n. f. Acción y efecto de inmolar o inmolarse.

**INMOLADOR, RA** adj. y n. Que inmola.

**INMOLAR** v. tr. [**1**]. Sacrificar, hacer sacrificios. ◆ **inmolarse** v. pron. **2.** *Fig.* Sacrificarse por el bien ajeno.

**INMORAL** adj. y n. m. y f. Contrario a los principios de la moral.

**INMORALIDAD** n. f. Calidad de inmoral. **2.** Acción inmoral.

**INMORTAL** adj. No mortal: *el alma es inmortal.* **2.** *Fig.* Que dura tiempo indefinido: *la inmortal figura de don Quijote.* ◆ n. f. **3.** Galicismo con que se designan varias plantas cuyas flores persisten mucho tiempo. ◆ n. m. **4.** *Ecuad.* y *P. Rico.* Siempreviva, planta.

**INMORTALIDAD** n. f. Calidad de inmortal.

**INMORTALIZAR** v. tr. [**1g**]. Hacer inmortal. ◆ v. tr. y pron. **2.** Hacer perpetua una cosa en la memoria de los hombres.

**INMOTIVADO, A** adj. Sin motivo.

**INMÓVIL** adj. Que no se mueve.

**INMOVILIDAD** n. f. Estado de inmóvil.

**INMOVILISMO** n. m. Tendencia a mantener sin cambios lo establecido o a oponerse a toda forma de innovación en el terreno político, social, religioso, etc.

**INMOVILISTA** adj. y n. m. y f. Relativo al inmovilismo; partidario de esta tendencia.

**INMOVILIZACIÓN** n. f. Acción y efecto de inmovilizar o inmovilizarse. **2.** CIR. Método terapéutico encaminado a conseguir de modo temporal o permanente la supresión de todos los movimientos de un miembro. **3.** DEP. En diversos deportes de combate, y especialmente en judo y en lucha, acción que permite mantener en el suelo al adversario sin que éste pueda soltarse.

**INMOVILIZADO, A** adj. En ajedrez, dícese de la pieza que no puede ser cambiada de lugar sin que se produzca jaque contra su propio rey.

**INMOVILIZAR** v. tr. [**1g**]. Hacer que una cosa quede inmóvil. ◆ **inmovilizarse** v. pron. **2.** Quedarse o permanecer inmóvil.

**INMUEBLE** adj. y n. m. **Bien inmueble** (DER.), bien como tierras, edificios, construcciones y minas, y de los adornos, artefactos o derechos a los que la ley considera no muebles. SIN.: *bienes raíces.* ◆ n. m. **2.** Casa y especialmente edificio de varios pisos.

**INMUNDICIA** n. f. Calidad de inmundo. **2.** Suciedad, basura. **3.** *Fig.* Asunto, ambiente, etc., inmoral.

**INMUNDO, A** adj. Sucio y asqueroso. • **Espíritu inmundo,** el demonio.

**INMUNE** adj. Exento de ciertos oficios, cargos, gravámenes o penas. **2.** BIOL. Dícese del organismo vivo que posee un estado defensivo suficiente para evitar padecer una determinada enfermedad.

**INMUNIDAD** n. f. Calidad de inmune. **2.** BIOL. Resistencia natural o adquirida de un organismo vivo a un agente infeccioso, como los microbios, o tóxico, como venenos y sustancias tóxicas. **3.** DER. Privilegio, derecho a beneficiarse de la derogación personal o estamental de una ley: *las inmunidades feudales.* • **Inmunidad diplomática,** privilegio de los agentes diplomáticos extranjeros, en virtud del cual no pueden ser librados a la jurisdicción del estado en que prestan sus servicios. || **Inmunidad parlamentaria,** privilegio de los representantes parlamentarios de no poder ser procesados sin la autorización del parlamento.

■ El concepto de inmunidad de un organismo vivo atañe a todas las reacciones de éste frente a la introducción de una sustancia extraña o *antígeno.* Sirve para la protección contra determinadas enfermedades infecciosas.

**INMUNITARIO, A** adj. Relativo a la inmunidad. • **Sistema inmunitario** (BIOL.), el que poseen todos los vertebrados para defender su organismo de los agentes infecciosos.

**INMUNIZANTE** adj. BIOL. Que provoca inmunidad.

**INMUNIZAR** v. tr. y pron. [**1g**]. Hacer inmune.

**INMUNODEFICIENCIA** n. f. Situación clínica en la que existe una susceptibilidad aumentada a la afección, y a veces, también a las enfermedades autoinmunes y a la neoplasia.

**INMUNODEPRESOR, RA** adj. y n. Dícese de la sustancia o agente físico que disminuye las reacciones inmunitarias, como los corticoides, radiaciones ionizantes, etc.

**INMUNÓGENO, A** adj. BIOL. Que produce inmunidad.

**INMUNOGLOBULINA** n. f. Globulina plasmática dotada de propiedades inmunitarias, debidas a los anticuerpos de los que es soporte material.

**INMUNOLOGÍA** n. f. Parte de la biología y de la medicina que estudia los fenómenos de la inmunidad.

**INMUNOTERAPIA** n. f. Tratamiento que consiste en provocar o en aumentar la inmunidad del organismo.

**INMUNOTRANSFUSIÓN** n. f. Transfusión efectuada a un sujeto afecto de una enfermedad infecciosa con sangre de un sujeto inmunizado contra dicha enfermedad.

**INMUTABILIDAD** n. f. Calidad de inmutable.

**INMUTABLE** adj. Que no cambia o no puede ser cambiado: *principios inmutables.* **2.** Que no se inmuta o es poco propenso a ello: *permanecer inmutable.*

**INMUTACIÓN** n. f. Acción y efecto de inmutar.

**INMUTAR** v. tr. (lat. *inmutare*) [**1**]. Mudar o variar una cosa. ◆ v. tr. y pron. **2.** *Fig.* Impresionar repentina, vehemente y visiblemente.

**INNATISMO** n. m. Carácter de lo que es innato. **2.** Doctrina filosófica fundada sobre la creencia en las ideas innatas.

**INNATO, A** adj. Que tiene carácter congénito. **2.** BIOL. Dícese de los caracteres que, sin ser hereditarios, se presentan desde el nacimiento. • **Ideas innatas** (FILOS.), según los cartesianos, ideas que se hallan en potencia en el hombre desde su nacimiento, como las de Dios, alma o cuerpo.

**INNAVEGABLE** adj. No navegable. **2.** Dícese de la embarcación que no está en condiciones de navegar.

**INNECESARIO, A** adj. No necesario.

**INNEGABLE** adj. Que no se puede negar: *acusación innegable.*

**INNIVACIÓN** n. f. Tiempo de permanencia de la nieve sobre el suelo.

**INNOBLE** adj. Que no es noble. **2.** Vil y despreciable.

**INNOMBRABLE** adj. Que no se puede nombrar, por causar horror, inconveniencia, etc.

**INNOMINADO, A** adj. Que no tiene nombre. • **Contratos innominados** (DER. ROM.), aquellos que no habían recibido del derecho civil una denominación particular. || **Hueso innominado,** hueso ilíaco.

**INNOVACIÓN** n. f. Acción y efecto de innovar. **2.** Lo que es nuevo; creación; transformación: *tener horror a las innovaciones.*

**INNOVADOR, RA** adj. y n. Que innova.

**INNOVAR** v. tr. [**1**]. Introducir novedades.

**INNUMERABLE** adj. Que no se puede reducir a número. **2.** Copioso, muy abundante.

**INOBSERVABLE** adj. Que no se puede observar.

**INOBSERVANCIA** n. f. Falta de obediencia a las leyes o a los reglamentos.

**INOCENCIA** n. f. Estado de inocente. **2.** TEOL. Estado del hombre antes del pecado original, en el cual estaba exento de pecado y de toda inclinación al mal.

**INOCENTADA** n. f. *Fam.* Acción o palabra candorosa o simple. **2.** *Fam.* Engaño o broma que se hace a alguien, especialmente en el día de los Santos Inocentes.

**INOCENTE** adj. y n. m. y f. Libre de culpa. **2.** Falto de malicia o picardía.

**INOCUIDAD** n. f. Calidad de inocuo.

**INOCULABLE** adj. Que puede inocularse.

**INOCULACIÓN** n. f. Acción y efecto de inocular.

**INOCULAR** v. tr. y pron. [**1**]. Introducir accidental o voluntariamente en el organismo, con fines terapéuticos experimentales, agentes patógenos o sus toxinas. **2.** *Fig.* Pervertir a uno con el mal ejemplo o con ideas nocivas.

**INOCULTABLE** adj. Que no puede ocultarse.

**INOCUO, A** adj. No nocivo. **2.** Anodino, soso: *discurso inocuo.*

**INODORO, A** adj. Que no tiene olor. ◆ adj. y n. m. **2.** Dícese de los recipientes de retrete provistos de sifón.

**INOFENSIVO, A** adj. Que no puede causar daño ni molestia.

**INOFICIOSO, A** adj. *Amér.* Ocioso, innecesario, inútil. **2.** DER. Dícese de los actos de última voluntad y de las dotes y donaciones que lesionan los derechos del heredero forzoso: *testamento inoficioso.*

**INOLVIDABLE** adj. Que no puede o no debe olvidarse.

**INOPERABLE** adj. MED. Que no puede ser operado.

**INOPERANTE** adj. Dícese de lo que no produce efecto: *medidas económicas inoperantes.*

**INOPIA** n. f. (lat. *inopiam*). Pobreza. • **Estar en la inopia** *(Fam.),* estar distraído, no darse cuenta de lo que pasa.

**INOPINABLE** adj. No opinable.

**INOPINADO, A** adj. Que sucede sin pensar o sin esperarse.

**INOPORTUNIDAD** n. f. Falta de oportunidad.

**INOPORTUNO, A** adj. Fuera de tiempo o de propósito.

**INORGÁNICO, A** adj. Dícese de cualquier cuerpo sin procesos metabólicos vitales, como son todos los minerales, y que no pueden crecer sino por yuxtaposición. **2.** *Fig.* Dícese de cualquier conjunto desordenado o mal concertado. • **Química inorgánica,** parte de la química que estudia los metales, los no metales y sus combinaciones. SIN.: *química mineral.*

**INOXIDABLE** adj. Que no puede oxidarse. **2.** Dícese de los metales o de las aleaciones notables por su resistencia a la oxidación: *acero inoxidable.*

**INPUT** n. m. (voz inglesa). ECON. Elemento que interviene en la producción de un bien. • **Método input-output,** método de análisis económico basado en un estudio empírico de las interrelaciones existentes entre diversos agregados de un sistema económico.

**INQUEBRANTABLE** adj. Que permanece sin quebranto, o no puede quebrantarse.

**INQUIETANTE** adj. Que inquieta.

**INQUIETAR** v. tr. y pron. [**1**]. Poner inquieto, desasosegado.

**INQUIETO, A** adj. Que no está quieto o es de índole bulliciosa. **2.** Desasosegado por un temor, una aprensión, una duda, etc. **3.** Que es propenso a emprender cosas nuevas o a promover cambios. **4.** *Hond.* Propenso a algo, inclinado.

**INQUIETUD** n. f. Estado de inquieto. ◆ **inquietudes** n. f. pl. **2.** Preocupaciones de tipo espiritual: *inquietudes artísticas.*

**INQUILINAJE** n. m. *Chile.* Sistema de relación laboral existente en el campo mediante el cual el campesino, a cambio de vivienda, elementos de subsistencia y herramientas, cultiva una parcela en beneficio del patrón. **2.** *Chile.* Inquilinato. **3.** *Chile.* Conjunto de inquilinos.

**INQUILINATO** n. m. *Argent., Colomb.* y *Urug.* Casa de vecindad. **2.** *Chile.* Sistema de explotación de fincas agrícolas por medio de inquilinos. **3.** DER. Contrato de arrendamiento de una casa o parte de ella.

**INQUILINISMO** n. m. BIOL. Asociación entre seres vivos, en la que uno de los participantes sólo busca la protección del otro.

**INQUILINO, A** n. Persona que ha tomado una casa o parte de ella en alquiler para habitarla. **2.** Arrendatario, especialmente de finca urbana. **3.** HIST. En Chile, campesino sometido a las condiciones de inquilinaje.

**INQUINA** n. f. Antipatía, animadversión.

**INQUIRIR** v. tr. [**3f**]. Indagar o preguntar para adquirir cierta información.

**INQUIRRIADO, A** adj. *Hond.* Dícese de la persona muy enamoradiza y alegre.

**INQUISICIÓN** n. f. Acción y efecto de inquirir. **2.** HIST. Tribunal permanente, distinto del ordinario, que estaba encargado por el papado de la lucha contra la herejía. (Con este significado suele escribirse con mayúscula.) [V. parte n. pr.] **3.** HIST. Cárcel destinada para los reos pertenecientes a este tribunal.

**INQUISIDOR, RA** adj. Inquisitivo. ◆ n. m. **2.** Miembro de un tribunal de la Inquisición; se llamaba *inquisidor general* al miembro más elevado de la jerarquía inquisitorial; el *inquisidor ordinario* era el obispo o el que en su nombre asistía a sentenciar las causas. **3.** En Aragón, cada uno de los jueces nombrados para hacer inquisición de la conducta del vicecanciller y de los otros magistrados o de los contrafueros cometidos por ellos.

**INQUISITIVO, A** adj. Relativo a la indagación o averiguación: *mirada inquisitiva.*

**INQUISITORIAL** adj. Relativo al inquisidor o a la Inquisición. **2.** *Fig.* Dícese de los procedimientos muy severos o duros.

**INRI** n. m. Nombre que resulta de leer como una palabra las iniciales de *Iesus nazarenus rex iudaeorum,* rótulo latino de la santa cruz. **2.** *Fig.* Nota de burla o de afrenta.

**INSACIABILIDAD** n. f. Calidad de insaciable.

**INSACIABLE** adj. Que no se puede saciar.

**INSACULACIÓN** n. f. Procedimiento seguido para designar a la suerte, de entre un cierto número de personas, cuyos nombres se insaculan, una o varias para desempeñar un cargo, oficio o función. (Este sistema empezó a aplicarse en las magistraturas municipales de la Corona de Aragón desde mediados del s. XIV, para extenderse, especialmente entre los principales municipios catalanes, a fines del s. XV. Perduró hasta su abolición por los decretos de Nueva Planta, a principios del s. XVIII.)

**INSACULAR** v. tr. [**1**]. Poner en un saco, bombo, etc., boletos con números o nombres, para sacar uno o más por sorteo.

**INSALIFICABLE** adj. QUÍM. Que no puede producir una sal: *base insalificable.*

**INSALIVACIÓN** n. f. Acción y efecto de insalivar.

**INSALIVAR** v. tr. [**1**]. Mezclar los alimentos con la saliva en la cavidad de la boca.

**INSALUBRE** adj. Malsano, dañoso a la salud.

**INSALUBRIDAD** n. f. Calidad de insalubre.

**INSALVABLE** adj. Que no se puede salvar.

**INSANIA** n. f. (lat. *insaniam*). Locura.

**INSANO, A** adj. (lat. *insanum*). Loco, furioso: *furor insano.* **2.** Insalubre.

**INSATISFACCIÓN** n. f. Estado de insatisfecho.

**INSATISFACTORIO, A** adj. Que no satisface.

**INSATISFECHO, A** adj. No satisfecho o saciado. **2.** Descontento.

**INSCRIBIR** v. tr. [**3n**]. Grabar algo para que quede constancia duradera. **2.** MAT. Dibujar una figura dentro de otra de modo que tenga todos sus vértices sobre el perímetro de la figura exterior, o que sea tangente a todos los lados de dicha figura. ◆ v. tr. y pron. **3.** Anotar el nombre de una persona en una lista o registro para un fin determinado.

**INSCRIPCIÓN** n. f. Acción y efecto de inscribir. **2.** Escrito sucinto hecho en un registro. **3.** Escrito sucinto grabado en piedra, metal u otra materia. **4.** DER. Acción y efecto de inscribir un asiento en uno de los libros de un registro público, con el objeto de que surta determinados efectos jurídicos. • **Inscripción marítima,** registro que llevan las autoridades de marina de todas las personas que se dedican a la navegación, pesca o industrias del mar, y de las que ingresan con carácter permanente en la marina mercante o de guerra.

**INSCRITO, A** adj. MAT. Dícese de un polígono cuyos vértices están sobre una curva dada, o de una curva tangente a todos los lados de un polígono dado. • **Ángulo inscrito,** ángulo cuyo vértice se encuentra sobre una circunferencia y cuyos lados la cortan.

**INSCULTURA** n. f. Grabado rupestre realizado con una técnica de piqueteado continuo, que proporciona incisiones anchas y profundas. (Se aplica este nombre a las representaciones rupestres de la región gallega.)

**INSECTARIO** n. m. Instalación utilizada para conservar y criar insectos.

**INSECTICIDA** adj. y n. m. Dícese del producto que destruye los insectos nocivos.

**INSECTÍVORO, A** adj. Dícese del animal que se nutre principalmente o exclusivamente de insectos, como el lagarto y la golondrina. ◆ adj. y n. m. **2.** Relativo a un orden de mamíferos de tamaño pequeño y dientes numerosos, pequeños y puntiagudos, que se nutren especialmente de insectos, como el erizo, el topo, etc.

**INSECTO** adj. y n. m. Relativo a una clase de animales invertebrados del tipo artrópodos, cuyo cuerpo se divide en tres partes: la *cabeza,* con dos antenas, dos ojos compuestos y seis piezas bucales; el *tórax,* con tres pares de patas y, a menudo, dos pares de alas, y el *abdomen,* anillado y provisto de orificios o estigmas, en los que se abren las tráqueas respiratorias. ◆ n. m. **2. Insecto hoja,** insecto cuya particular morfología y coloración hacen que se confunda con las hojas de las plantas sobre las que generalmente se encuentra. || **Insectos sociales,** especies de insectos, como las abejas, las hormigas y las termitas, que viven en grupos numerosos y se caracterizan por la existencia de castas de adultos estériles, los obreros y los soldados, así como por la construcción de un nido colectivo.

■ Se han descrito más de un millón de especies de insectos del total de aproximadamente dos millones existentes en el mundo, con poblaciones que pueden superar a veces el trillón de individuos. El insecto que sale del huevo (larva) no posee alas y su crecimiento puede acompañarse de metamorfosis, a veces tan compleja que es necesaria una fase de inmovilización total (ninfosis). El tamaño de los insectos adultos varía entre 0,1 y 30 cm. Con pocas excepciones, todos los insectos frecuentan el medio terrestre (tierras emergidas y pequeñas extensiones de agua dulce), donde la

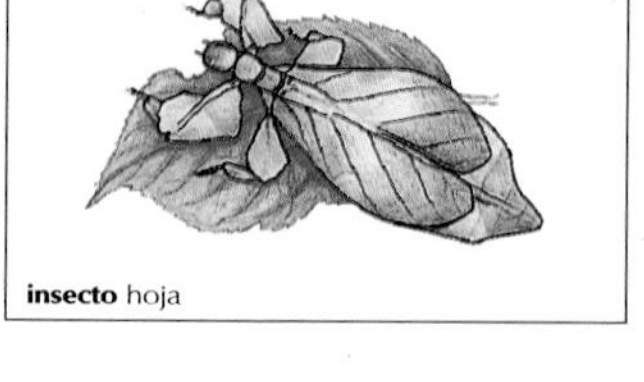

**insecto** hoja

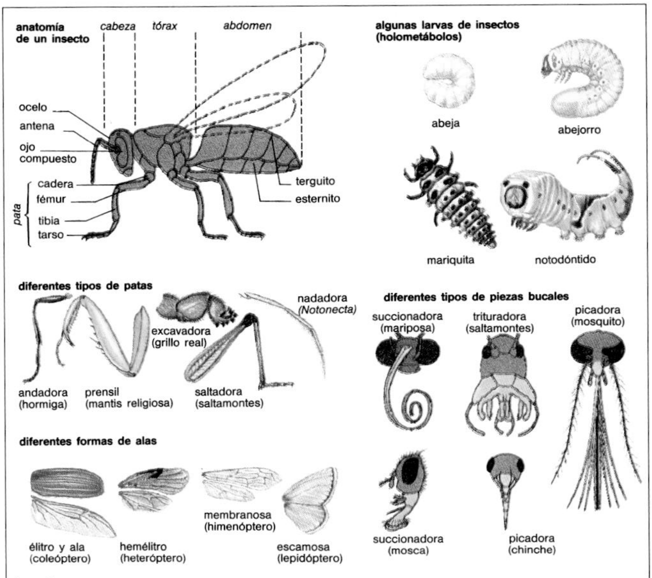


**insectos**

mayor parte se manifiestan como peligrosos contrincantes del hombre, al devorar sus cosechas y picar a sus animales. Los únicos insectos verdaderamente útiles son aquellos que, como el cárabo y la mariquita devoran a otros insectos, o los que, como el abejorro, contribuyen a la polinización de las plantas forrajeras. En cuanto a la abeja, su miel sigue siendo insustituible en unos tiempos en que ya no se precisa de la seda del gusano de seda ni de la laca de la cochinilla.

**INSEGURIDAD** n. f. Calidad de inseguro.

**INSEGURO, A** adj. Falto de seguridad.

**INSELBERG** n. m. (voz alemana). Monte isla.

**INSEMINACIÓN** n. f. Depósito de semen por parte del macho en las vías genitales de la hembra. • **Inseminación artificial,** técnica que permite la fecundación de una hembra al margen de toda relación sexual, por depósito en las vías genitales de semen tomado de un macho. (Es muy utilizada en ganadería.)

**INSEMINADOR, A** adj. y n. Que practica una inseminación.

**INSEMINAR** v. tr. **[1]**. Proceder a la inseminación artificial.

**INSENSATEZ** n. f. Calidad de insensato. **2.** *Fig.* Dicho o hecho insensato.

**INSENSATO, A** adj. y n. Falto de sensatez.

**INSENSIBILIDAD** n. f. Calidad de insensible.

**INSENSIBILIZACIÓN** n. f. Acción y efecto de insensibilizar.

**INSENSIBILIZADOR, RA** adj. Que insensibiliza.

**INSENSIBILIZAR** v. tr. y pron. **[1g]**. Quitar la sensibilidad o privar a uno de ella.

**INSENSIBLE** adj. Que carece de sensibilidad: *ser insensible al dolor; mostrarse insensible ante las desgracias ajenas.* **2.** Imperceptible: *experimentar una insensible mejoría.*

**INSEPARABLE** adj. Que no se puede separar o que se separa con dificultad. ◆ adj. y n. m. y f. **2.** *Fig.* Dícese de la persona estrechamente unida a otra con vínculos de amistad o de amor: *amigos inseparables.*

**INSEPULTO, A** adj. No sepultado.

**INSERCIÓN** n. f. Acción y efecto de insertar. **2.** Punto en el que una cosa se inserta en otra.

**INSERIR** v. tr. **[22]**. Insertar. **2.** Injerir. **3.** Injertar.

**INSERTAR** v. tr. **[1]**. Incluir una cosa en otra. **2.** Publicar un texto en un periódico, revista, etc.

**INSERTO, A** adj. Incluido en algo.

**INSERVIBLE** adj. Que no está en estado de servir.

**INSIDIA** n. f. Asechanza: *atraer con insidias.* **2.** Acción o palabras llenas de mala intención: *obrar con insidia.*

**INSIDIOSO, A** adj. y n. Que arma asechanzas: *persona insidiosa.* ◆ adj. **2.** Relativo a la insidia: *palabras insidiosas.* **3.** Que emplea insidias. **4.** MED. Dícese de la enfermedad de comienzo progresivo, cuyos síntomas aparecen cuando la afección ya ha evolucionado.

**INSIGNE** adj. (lat. *insignem,* señalado). Célebre, famoso.

**INSIGNIA** n. f. Signo distintivo de grados y dignidades: *insignias reales.* **2.** Pendón, imagen, medalla, emblema u otro distintivo de una hermandad o asociación. **3.** MIL. Bandera especial que sirve para distinguir las graduaciones y mandos de los oficiales de divisiones, buques, flotas, escuadras, etc. • **Buque insignia,** aquel en que se arbola la insignia del que manda una escuadra o división naval.

**INSIGNIFICANCIA** n. f. Calidad de insignificante. **2.** Cosa insignificante.

**INSIGNIFICANTE** adj. Que no merece ser tenido en cuenta, muy pequeño, baladí, despreciable.

**INSINCERIDAD** n. f. Calidad de insincero.

**INSINCERO, A** adj. Falto de sinceridad.

**INSINUACIÓN** n. f. Acción y efecto de insinuar o insinuarse.

**INSINUADOR, RA** adj. y n. Que insinúa.

**INSINUAR** v. tr. (lat. *insinuare,* introducir en el interior) **[1s]**. Dar a entender una cosa no haciendo más que indicarla ligeramente. ◆ **insinuarse** v. pron. **2.** Adoptar ciertas actitudes prometedoras y amorosas con otra persona. **3.** *Fig.* Introducirse suavemente en el ánimo un afecto, vicio, virtud, etc. **4.** Principiar algo de forma apenas perceptible: *el bozo se insinuaba en su labio superior.*

**INSINUATIVO, A** adj. Dícese de lo que tiene virtud para insinuar o insinuarse.

**INSIPIDEZ** n. f. Calidad de insípido.

**INSÍPIDO, A** adj. Falto de sabor o que no tiene el grado de sabor que debiera tener: *comida insípida.* **2.** *Fig.* Falto de gracia: *historieta insípida.*

**INSISTENCIA** n. f. Acción y efecto de insistir.

**INSISTIR** v. intr. **[3]**. Repetir varias veces una petición o una acción, con el fin de lograr lo que se intenta.

**INSOBORNABLE** adj. Que no puede ser sobornado.

**INSOCIABILIDAD** n. f. Calidad de insociable.

**INSOCIABLE** adj. Dícese de la persona que rehúye el trato con otras.

**INSOLACIÓN** n. f. Acción y efecto de insolar. **2.** MED. Estado patológico provocado por una exposición excesiva a los rayos solares. **3.** METEOROL. Tiempo durante el cual ha brillado el sol en un lugar.

**INSOLAR** v. tr. **[1]**. Poner al sol una cosa. **2.** ART. GRÁF. y FOT. Exponer a la luz una preparación sensible.

**INSOLENCIA** n. f. Calidad de insolente. **2.** Actitud insolente: *mirar con insolencia.* **3.** Dicho o hecho insolente: *me cansé de sus insolencias.*

**INSOLENTAR** v. tr. **[1]**. Hacer que alguien se insolente. ◆ **insolentarse** v. pron. **2.** Mostrarse alguien insolente.

**INSOLENTE** adj. y n. m. y f. Dícese de la persona que trata a las otras de forma descortés o irrespetuosamente. ◆ adj. **2.** Despectivo, desafiante: *actitud insolente.*

**INSÓLITO, A** adj. Que ocurre rara vez: *en esta ciudad las nevadas son algo insólito.* **2.** Más grande o intenso que lo habitual: *pescó una trucha de tamaño insólito.*

**INSOLUBILIDAD** n. f. Calidad o estado de insoluble.

**INSOLUBLE** adj. Que no puede disolverse ni diluirse: *la resina es insoluble en agua.* **2.** Que no se puede resolver, sin solución: *problema insoluble.*

**INSOLVENCIA** n. f. DER. Imposibilidad de pagar por falta de recursos.

**INSOLVENTE** adj. y n. m. y f. Que no tiene con qué pagar. **2.** Que no ofrece garantías para encomendarle una misión o cargo.

**INSOMNE** adj. Falto de sueño.

**INSOMNIO** n. m. Imposibilidad o dificultad para conciliar el sueño o para dormir lo suficiente.

**INSONDABLE** adj. Que no se puede sondear: *mar insondable.* **2.** *Fig.* Que no se puede averiguar o saber a fondo: *misterios insondables.*

**INSONORIDAD** n. f. Calidad de insonoro.

**INSONORIZACIÓN** n. f. Acción y efecto de insonorizar.

**INSONORIZAR** v. tr. **[1g]**. Aislar de sonidos o ruidos exteriores un local, o atenuar los que se producen en su interior, utilizando dispositivos adecuados.

**INSONORO, A** adj. Falto de sonoridad.

**INSOPORTABLE** adj. Que no se puede soportar o aguantar o que es difícil hacerlo: *calor insoportable; persona insoportable.*

**INSORIA** n. f. *Venez.* Pizca, insignificancia.

**INSOSLAYABLE** adj. Imposible de evitar o eludir: *obligaciones insoslayables.*

**INSOSPECHABLE** adj. Que no puede sospecharse.

**INSOSPECHADO, A** adj. No sospechado.

**INSOSTENIBLE** adj. Que no se puede sostener: *gastos insostenibles.* **2.** *Fig.* Que no se puede defender con razones: *opinión insostenible.*

**INSPECCIÓN** n. f. Acción y efecto de inspeccionar: *inspección ocular.* **2.** Cargo de velar sobre una cosa. **3.** Oficina del inspector, jurisdicción del mismo y organización dependiente de él: *inspección de hacienda.*

**INSPECCIONAR** v. tr. **[1]**. Examinar, reconocer atentamente una cosa.

**INSPECTOR, RA** adj. y n. Que inspecciona: *función inspectora.* ◆ n. **2.** Persona encargada de controlar las actividades de otras personas y vigilar el cumplimiento de las leyes, reglamentos y órdenes: *inspector de trabajo; inspector de hacienda.* ◆ n. m. **3.** MIL. Oficial general encargado de la inspección o vigilancia de determinados servicios: *inspector de tropas.* • **Inspector de policía,** funcionario civil del cuerpo de policía, encargado de la investigación de delitos y de la detención de los presuntos infractores del ordenamiento penal.

**INSPECTORÍA** n. f. *Chile.* Cuerpo de policía que está bajo el mando de un inspector. **2.** *Chile.* Territorio a que se extiende la vigilancia de dicho cuerpo.

**INSPIRACIÓN** n. f. Acción y efecto de inspirar o ser inspirado. **2.** *Fig.* Estado propicio para cualquier creación del espíritu, especialmente artística. **3.** *Fig.* Cosa inspirada. **4.** FISIOL. Entrada de aire en los pulmones. **5.** TEOL. CATÓL. Acción ejercida por Dios sobre la inteligencia humana.

**INSPIRADOR, RA** adj. y n. Que inspira.

**INSPIRAR** v. tr. **[1]**. Hacer entrar aire u otra mezcla gaseosa en los pulmones mediante la inspiración. **2.** Hacer que alguien conciba sentimientos, ideas, etc.: *inspirar compasión.* **3.** *Fig.* Sugerir ideas creadoras. **4.** TEOL. *Fig.* Iluminar Dios el entendimiento de uno y mover su voluntad. ◆ **inspirarse** v. pron. **5.** *Fig.* Sentir inspiración creadora. **6.** *Fig.* Con la prep. *en,* tomar como objeto de imitación o como punto de partida: *inspirarse en un paisaje para pintar un cuadro.*

**INSPIRATORIO, A** adj. Relativo a la inspiración respiratoria: *músculos inspiratorios.*

**INSTALACIÓN** n. f. Acción y efecto de instalar o instalarse. **2.** Conjunto de cosas instaladas: *instalación eléctrica.* **3.** ART. Término con que se denomina a los trabajos artísticos en los que desaparece el concepto de obra de arte como un único objeto para referirse a la conjunción de una serie de elementos que son los que otorgan un sentido unitario a la obra.

**INSTALADOR, RA** adj. y n. Que instala.

**INSTALAR** v. tr. (fr. *installer*) **[1]**. Colocar una cosa en el lugar y forma que le es adecuada para la función que ha de realizar: *instalar una radio en el automóvil.* **2.** Poner en un lugar destinado a algún servicio los aparatos o accesorios que se requieren: *instalar una peluquería.* ◆ v. tr. y pron. **3.** Situar, poner en un sitio: *cruzó la habitación y se instaló detrás de la mesa.* ◆ **instalarse** v. pron. **4.** Fijar la residencia en alguna parte: *se instalaron en el campo.*

**INSTANCIA** n. f. Acción y efecto de instar: *la investigación se realizó a instancias del fiscal.* **2.** Memorial, solicitud escrita: *presentar una instancia.* **3.** Esfera, institución, grupo de poder: *altas instancias.* **4.** DER. Conjunto de actuaciones practicadas desde la iniciación litigiosa hasta la sentencia definitiva. **5.** DER. Cada uno de los grados jurisdiccionales que la ley ha establecido para ventilar y sentenciar juicios y pleitos: *fallar en segunda instancia.* **6.** SICOANÁL. Término genérico que designa una estructura del aparato síquico. • **De primera instancia,** al primer ímpetu, de un golpe; primeramente, primer lugar, por primera vez. ‖ **En última instancia,** denota que algo se hará si no hay otro camino.

**INSTANTÁNEA** n. f. Negativo o copia obtenidos por fotografía instantánea.

**INSTANTANEIDAD** n. f. Calidad de instantáneo.

**INSTANTÁNEO, A** adj. Que sólo dura un instante: *descarga eléctrica instantánea.* **2.** Que se produce en un instante: *muerte instantánea.* **3.** Dícese del producto alimenticio deshidratado (café, sopa, puré, etc.) que está en condiciones de consumirse con sólo añadirle agua.

**INSTANTE** n. m. Momento, tiempo sin extensión que une dos espacios de tiempo. **2.** *Fig.* Tiempo brevísimo. • **A cada instante** o **cada instante,** frecuentemente, a cada paso. ‖ **Al instante,** al punto, sin dilación. ‖ **Por instantes,** continuamente; sin cesar; de un momento a otro.

**INSTAR** v. tr. **[1]**. Insistir en una petición o súplica. ◆ v. intr. **2.** Apremiar o urgir la pronta ejecución de una cosa.

**INSTAURACIÓN** n. f. Acción y efecto de instaurar.

**INSTAURADOR, RA** adj. y n. Que instaura.

**INSTAURAR** v. tr. **[1]**. Fundar, instituir, establecer.

**INSTIGACIÓN** n. f. Acción y efecto de instigar.

**INSTIGADOR, RA** adj. y n. Que instiga: *el instigador del crimen.*

**INSTIGAR** v. tr. **[1b]**. Incitar, provocar o inducir a uno para que haga una cosa.

**INSTILACIÓN** n. f. Acción y efecto de instilar.

**INSTILAR** v. tr. **[1]**. Echar gota a gota un líquido en algún sitio. **2.** *Fig.* Infundir insensiblemente en el ánimo una cosa.

**INSTINTIVO, A** adj. Dícese de lo que es obra, efecto o resultado del instinto y no de la razón.

**INSTINTO** n. m. (lat. *instinctum,* instigación). Impulso natural, intuición, sentimiento espontáneo. **2.** ETOL. Determinante hereditario del comportamiento de la especie: *instinto reproductor.* • **Por instinto,** por un impulso o propensión maquinal e indeliberada.

**INSTITUCIÓN** n. f. Acción de instituir. **2.** Cosa instituida. **3.** Cada uno de los órganos fundamentales de un estado o de una sociedad. **4.** DER. Cada una de las materias y figuras principales del derecho o de cualquiera de sus ramas: *la patria potestad es una institución del derecho de familia.* • **Ser uno una institución,** tener el prestigio debido a la antigüedad o a poseer los caracteres representativos de aquélla. ◆ **instituciones** n. f. pl. **5.** Colección metódica de los principios o elementos de una ciencia, arte, etc.

**INSTITUCIONAL** adj. Relativo a la institución. • **Sicoterapia institucional** (SIQUIATR.), práctica siquiátrica hospitalaria que preconiza un tratamiento colectivo pluridimensional de las enfermedades mentales.

**INSTITUCIONALISMO** n. m. ECON. Corriente del pensamiento económico y social, iniciada en E.U.A. a fines del s. XIX, que se propone el análisis empírico de las instituciones típicas del sistema capitalista.

**INSTITUCIONALIZACIÓN** n. f. Acción y efecto de institucionalizar. **2.** Legalización, acción de legalizar.

**INSTITUCIONALIZAR** v. tr. y pron. **[1g]**. Convertir algo en institucional.

**INSTITUCIONISTA** adj. Relativo a la Institución libre de enseñanza.

**INSTITUIDOR, RA** adj. y n. Que instituye.

**INSTITUIR** v. tr. **[29]**. Fundar, establecer, crear. **2.** Designar por testamento: *instituir heredero.*

**INSTITUTA** n. m. pl. (voz latina). DER. Compendio metódico de derecho romano.

**INSTITUTO** n. m. Corporación científica, literaria, artística, etc.: *Instituto de España.* **2.** Establecimiento de enseñanza, de investigaciones científicas, etc. **3.** Nombre dado a diversos establecimientos especializados: *instituto de belleza.* **4.** REL. Título que se da a una congregación de religiosos no clérigos o de laicos: *el instituto de los hermanos de las escuelas cristianas.* • **Instituto de bachillerato,** centro docente creado y sostenido por la administración del estado, para impartir las enseñanzas del bachillerato. ‖ **Instituto politécnico,** centro docente de formación profesional que además coordina y orienta los centros de formación profesional a él adscritos.

**INSTITUTOR** n. m. *Colomb.* Profesor, maestro.

**INSTITUTRIZ** n. f. Maestra o persona encargada de la educación de los niños de una familia.

**INSTRUCCIÓN** n. f. Acción de instruir o instruirse. **2.** Caudal de conocimientos adquiridos: *persona de poca instrucción.* **3.** INFORMÁT. En un ordenador, orden codificada cuya interpretación desencadena la ejecución de una operación elemental de un tipo determinado. (Una sucesión de instrucciones constituye un programa.) • **Instrucción del sumario,** fase preparatoria de un juicio penal en el curso de la cual el juez instructor recoge y materializa los elementos de interés para el proceso. ‖ **Instrucción militar,** adiestramiento que se imparte a los militares, y en particular a los reclutas. ◆ **instrucciones** n. f. pl. **4.** Conjunto de reglas o normas dadas para la realización o empleo de algo.

**INSTRUCTIVO, A** adj. Dícese de lo que instruye o sirve para instruir.

**INSTRUCTOR, RA** adj. y n. Que instruye. ◆ n. m. **2.** MIL. Denominación de todo oficial o suboficial encargado de una misión de instrucción de los reclutas.

**INSTRUIDO, A** adj. Que tiene un caudal de conocimientos considerado normal dentro de una sociedad.

**INSTRUIR** v. tr. **[29]**. Proporcionar conocimientos. **2.** DER. Formalizar un proceso o expediente conforme a las reglas de derecho. ◆ **instruirse** v. pron. **3.** Adquirir conocimientos.

**INSTRUMENTACIÓN** n. f. Acción y efecto de instrumentar. **2.** MÚS. Adaptación a un instrumento determinado de una música o parte musical dada.

**INSTRUMENTAL** adj. Relativo a los instrumentos: *música instrumental.* **2.** Que sirve de instrumento o tiene función de tal: *agente instrumental; conocimientos instrumentales.* • **Prueba instrumental** (DER.), prueba documental. ‖ **Testigo instrumental** (DER.), el que asiste a una declaración de voluntad y puede dar fe de ella. ◆ adj. y n. m. **3.** LING. Dícese de un caso de la declinación de algunas lenguas que indica el instrumento de la acción. ◆ n. m. **4.** Conjunto de instrumentos: *instrumental quirúrgico.*

**INSTRUMENTALISMO** n. m. FILOS. Doctrina filosófica que considera a la inteligencia y las teorías como medios destinados a la acción.

**INSTRUMENTALIZAR** v. tr. **[1g]**. Transformar en instrumento para un fin determinado; manipular.

**INSTRUMENTAR** v. tr. **[1]**. Acomodar una partitura a cada uno de los instrumentos que han de interpretarla. **2.** *Fig.* Preparar, organizar una acción en la que deben intervenir diversos elementos asignando a cada uno la función que debe realizar: *instrumentar una campaña difamatoria.* **3.** TAUROM. *Fig.* Ejecutar las diversas suertes de la lidia.

**INSTRUMENTISTA** n. m. y f. Artista que ejecuta música con un determinado instrumento. **2.** Artista que se dedica a instrumentar música. **3.** Fabricante de instrumentos músicos, quirúrgicos, etc. **4.** CIR. Persona que en una intervención quirúrgica actúa como auxiliar del cirujano.

**INSTRUMENTO** n. m. Objeto fabricado, formado por una o varias piezas combinadas, que se utiliza para facilitar trabajos o para producir algún efecto. **2.** *Fig.* Lo que sirve de medio para hacer una cosa o conseguir un fin: *esa información es un valioso instrumento.* **3.** DER. Documento escrito en el que se hace constar algún hecho o acto que deba surtir efectos jurídicos. • **Instrumento musical,** aparato destinado a producir sonidos musicales.

**INSUBORDINACIÓN** n. f. Falta de subordinación. **2.** MIL. Delito que comprende dos tipos delictivos distintos, el insulto a un superior y la desobediencia.

**INSUBORDINAR** v. tr. **[1]**. Provocar la insubordinación. ◆ **insubordinarse** v. pron. **2.** Quebrantar la subordinación, sublevarse.

**INSUBSANABLE** adj. Que no puede subsanarse: *error insubsanable.*

**INSUBSTANCIAL** adj. Insustancial.

**INSUBSTITUIBLE** adj. Insustituible.

**INSUFICIENCIA** n. f. Calidad de insuficiente, o circunstancia de ser algo insuficiente. **2.** Falta de suficiencia o de inteligencia. **3.** MED. Disminución cualitativa o cuantitativa del funcionamiento de un órgano: *insuficiencia hepática.*

**INSUFICIENTE** adj. No suficiente. ◆ n. m. **2.** Valoración negativa del aprovechamiento de un alumno en una disciplina o en el conjunto de ellas.

**INSUFLACIÓN** n. f. MED. Acción de insuflar.

**INSUFLADOR** n. m. MED. Instrumento que permite la inyección de un vapor o un gas, generalmente aire, a cierta presión.

**INSUFLAR** v. tr. (lat. *insufflare*) **[1]**. MED. Introducir con la ayuda de un insuflador o de un aparato especial, un gas o un vapor en alguna cavidad del cuerpo.

**INSUFRIBLE** adj. Que no se puede sufrir, aguantar o tolerar.

**ÍNSULA** n. f. Isla, porción de tierra rodeada de agua por todas partes.

**INSULAR** adj. y n. m. y f. Isleño.

**INSULARIDAD** n. f. Carácter de un país constituido por una isla o un conjunto de islas. **2.** Conjunto de fenómenos geográficos característicos de las islas.

**INSULINA** n. f. (ingl. *insuline*). Hormona que disminuye la glucemia, secretada por los islotes de Langerhans del páncreas. (Se emplea en el tratamiento de la diabetes.)

**INSULINASA** n. f. Enzima del hígado que inhibe la actividad de la insulina.

**INSULSEZ** n. f. Calidad de insulso. **2.** Cosa insulsa.

**INSULSO, A** adj. Insípido, falto de sabor: *comida insulsa.* **2.** *Fig.* Falto de gracia y viveza: *descripción insulsa.*

**INSULTADA** n. f. *Amér. Central, Chile, Colomb., Ecuad., Méx., Perú* y *P. Rico.* Serie de insultos.

**INSULTADOR, RA** adj. y n. Que insulta.

**INSULTAR** v. tr. **[1]**. Dirigir a alguien expresiones ofensivas.

**INSULTO** n. m. Acción y efecto de insultar. **2.** Expresión que se emplea para insultar.

**INSUMERGIBLE** adj. Que no se puede sumergir.

**INSUMISIÓN** n. f. Calidad o estado de insumiso.

**INSUMISO, A** adj. Que no está sometido o que se halla en rebeldía. ◆ adj. y n. Que se niega a realizar el servicio militar.

**INSUPERABLE** adj. No superable.

**INSURGENTE** adj. y n. m. y f. Levantado o sublevado contra la autoridad.

**INSURRECCIÓN** n. f. (lat. *insurrectionem*). Levantamiento, sublevación o rebelión de un pueblo, nación, etc.

**INSURRECCIONAL** adj. Relativo a la insurrección.

**INSURRECCIONAR** v. tr. [**1**]. Concitar a las gentes para que se amotinen contra las autoridades. ◆ **insurreccionarse** v. pron. **2.** Alzarse, levantarse, sublevarse contra las autoridades.

**INSURRECTO, A** adj. y n. Insurgente.

**INSUSTANCIAL** o **INSUBSTANCIAL** adj. De poca o ninguna sustancia.

**INSUSTANCIALIDAD** o **INSUBSTANCIALIDAD** n. f. Calidad de insustancial. **2.** Cosa insustancial.

**INSUSTITUIBLE** o **INSUBSTITUIBLE** adj. Que no puede sustituirse.

**INTACHABLE** adj. Que no admite o merece tacha o reproche: *conducta intachable.*

**INTACTO, A** adj. No tocado o palpado. **2.** *Fig.* Que no ha padecido alteración, menoscabo o deterioro.

**INTANGIBILIDAD** n. f. Calidad de intangible.

**INTANGIBLE** adj. Que no debe o no puede tocarse.

**INTEGRABLE** adj. Dícese de lo que se puede integrar. **2.** MAT. Dícese de la función que admite una integral.

**INTEGRACIÓN** n. f. Acción y efecto de integrar o integrarse. **2.** FISIOL. Coordinación de las actividades de varios órganos, para alcanzar un funcionamiento armonioso, realizada por diversos centros nerviosos. **3.** MAT. Cálculo de la integral de una diferencial o de una ecuación diferencial. • **Integración económica empresarial,** reunión, bajo la misma dirección, de establecimientos que se completan los unos a los otros, de modo que el producto de uno es input del siguiente. || **Integración racial,** tendencia que propugna la igualdad de derechos para las personas de orígenes, razas o religiones distintas que habitan en un mismo país.

**INTEGRACIONISTA** n. m. y f. Partidario de la integración política y racial.

**INTEGRADO, A** adj. Dícese de un aparato que reúne en una sola pieza una serie de otros aparatos que podrían existir independientemente unos de otros: *cadena estéreo integrada.* **2.** Dícese de una empresa que abarca varios campos de producción de un bien o de un servicio. • **Comercio integrado,** conjunto de formas de distribución que efectúan un reagrupamiento de todas las funciones al por mayor y al detall.

**INTEGRADOR, RA** adj. Que integra. SIN.: *integrante.* ◆ n. m. **2.** Aparato que totaliza indicaciones continuas.

**INTEGRAL** adj. (lat. *integralem*). Que comprende todas las partes o aspectos de lo que se trata: *renovación integral.* **2.** MAT. Relativo a las integrales: *cálculo integral.* • **Casco integral,** casco que usan los motoristas y que protege la caja craneana, los ojos, la nariz y las mandíbulas. ◆ n. f. **3.** MAT. Función solución de una diferencial o de una ecuación diferencial. • **Integral de una función f,** función *g* obtenida considerando una integral definida de *f* como dependiente del límite superior del intervalo de integración.

$$\left[\text{Se escribe } g(x) = \int_a^t f(t)\,dt\right]$$

|| **Integral definida de una función f en un intervalo (a, b),** valor numérico obtenido como límite de una suma de términos infinitesimales y que representa el área (algebraica) comprendida entre la curva representativa de la función *f* y el eje de las *x.*

$$\left[\text{Se escribe } \int_a^b f(x)\,dx\right]$$

**INTEGRAR** v. tr. y pron. (lat. *integrare*) [**1**]. Componer un todo con partes diversas. ◆ v. tr. **2.** Reintegrar. **3.** MAT. Determinar la integral de una función. ◆ **integrarse** v. pron. **4.** Introducirse enteramente en un grupo.

**INTEGRIDAD** n. f. Estado de una cosa que tiene todas sus partes o que no ha sufrido alteración: *la integridad de una suma, de un conjunto.* **2.** Cualidad de una persona íntegra, recta, honesta.

**INTEGRISMO** n. m. Disposición de ánimo de algunos creyentes quienes, apoyándose en la tradición, rechazan todo tipo de evolución.

**INTEGRISTA** adj. y n. m. y f. Relativo al integrismo; partidario del integrismo.

**ÍNTEGRO, A** adj. (lat. *integrum*). Que tiene todo lo que ordinariamente lo constituye: *obra íntegra.* **2.** *Fig.* Que actúa con rectitud: *juez íntegro.*

**INTELECT** n. m. Juego de letras en el que los jugadores disponen por turnos, sobre un tablero especial, pequeñas fichas cuadradas que llevan grabados valores de puntuación y letras, con la finalidad de formar palabras.

**INTELECTIVA** n. f. Facultad de entender.

**INTELECTIVO, A** adj. Que tiene virtud de entender: *facultad intelectiva.*

**INTELECTO** n. m. (lat. *intellectum*). Entendimiento, facultad de entender.

**INTELECTUAL** adj. Relativo al entendimiento o a los intelectuales: *un trabajo intelectual; la vida intelectual.* ◆ n. m. y f. y adj. **2.** Persona que se dedica a actividades que requieren especial empleo de la inteligencia.

**INTELECTUALIDAD** n. f. Cualidad de lo que es intelectual. **2.** Conjunto de los intelectuales de un país, región, etc.

**INTELECTUALISMO** n. m. Doctrina filosófica que afirma la preeminencia de los fenómenos intelectuales sobre los volitivos y afectivos. **2.** Carácter de una obra o de un arte en los que predomina el elemento intelectual.

**INTELECTUALISTA** adj. y n. m. y f. Relativo al intelectualismo.

**INTELECTUALIZAR** v. tr. [**1g**]. Dar o atribuir forma o contenido intelectual o racional a algo. **2.** Tratar o analizar intelectualmente.

**INTELIGENCIA** n. f. Facultad de entender, de comprender: *la inteligencia distingue al hombre del animal.* **2.** Inteligibilidad, cualidad de inteligible: *texto de fácil inteligencia.* **3.** Acuerdo, entente: *llegar a una buena inteligencia; falta de inteligencia entre dos personas.* **4.** SICOL. Aptitud, variable con los individuos y las especies, para resolver todo tipo de problemas. • **Inteligencia artificial** (INFORMÁT.), conjunto de técnicas que se aplican al ordenador con objeto de desarrollar su capacidad para realizar funciones de aprendizaje y autocorrección.

■ Los tests de inteligencia (Binet-Simon, Terman-Merril, Wechsler-Bellevue) que cuantifican el *cociente intelectual* (C. I.) y las teorías de H. Wallon y de J. Piaget consideran el desarrollo intelectual como la imagen de una jerarquía del saber progresivamente adquirido por el niño a través de una serie de *estadios.* A un nivel inferior se sitúan los comportamientos reflejos, y después los comportamientos concretos, unidos a una *inteligencia práctica* que se encuentra ya en los animales superiores; la *inteligencia concreta* es el primer nivel de la *inteligencia discursiva,* capaz de operar sobre signos y símbolos; cuando esta operación se libera de la afectividad y de la acción inmediata, el niño alcanza el estadio de la *inteligencia abstracta* (capacidad de distinguir las cualidades de un objeto, de comparar, de clasificar), que se ve complementado por la *inteligencia conceptual* (razonamiento hipotético-deductivo, recurso a una lógica formal).

**INTELIGENCIADO, A** adj. Dícese de la persona a quien se le ha notificado algo.

**INTELIGENTE** adj. Dotado de inteligencia, capaz de comprender: *es muy inteligente, pero vago.* **2.** Que implica inteligencia: *respuesta inteligente.* **3.** Dícese de máquinas, sistemas, edificios, etc., que mediante control de ordenador y redes de conexión pueden actuar automáticamente, adaptándose a cada situación. ◆ adj. y n. m. y f. **4.** Que tiene mucha inteligencia: *alumno inteligente.*

**INTELIGIBILIDAD** n. f. Calidad o carácter de inteligible.

**INTELIGIBLE** adj. Que puede ser entendido o comprendido: *hablar de forma inteligible; discurso inteligible; voz inteligible.* **2.** FILOS. Que sólo es conocido por el entendimiento.

**INTELLIGENTSIA** n. f. (voz rusa). Conjunto de los intelectuales partidarios de reformas, en la Rusia zarista del s. XIX.

**INTEMPERANCIA** n. f. Exceso, falta de moderación: *intemperancia en el comportamiento.*

**INTEMPERANTE** adj. Que demuestra intemperancia o falta de templanza: *actitud intemperante.*

**INTEMPERIE** n. f. (lat. *intemperiem*). Destemplanza o desigualdad del tiempo: *resguardarse de la intemperie.* • **A la intemperie,** al aire libre, sin techo donde guarecerse.

**INTEMPESTIVO, A** adj. (lat. *intempestivum*). Que está fuera de tiempo y sazón: *hora intempestiva; lluvia intempestiva.*

**INTEMPORAL** adj. Que es independiente del curso del tiempo: *una luz intemporal.* **2.** LING. Dícese de una forma verbal que no expresa un tiempo.

**INTENCIÓN** n. f. (lat. *intentionem*). Propósito de hacer algo o conseguir un objetivo: *la intención no basta para acusar de un delito; tener intención de estudiar.* **2.** Fin por el que se celebra una misa. • **De primera intención** *(Fam.),* en el primer momento. || **Doble,** o **segunda, intención** *(Fam.),* modo de proceder doble y solapado.

**INTENCIONADO, A** adj. **Bien,** o **mal, intencionado,** que tiene buenas, o malas, intenciones.

**INTENCIONAL** adj. Deliberado, hecho con intención: *olvido intencional.*

**INTENCIONALIDAD** n. f. Cualidad de intencional. **2.** FILOS. En la filosofía fenomenológica, orientación del espíritu hacia un objeto real o hacia una idea, o a ser consciente de cualquier cosa.

**INTENDENCIA** n. f. Dignidad, cargo, jurisdicción u oficina del intendente. **2.** Dirección, administración y gobierno de una cosa. • **Intendencia militar,** cuerpo del ejército de tierra encargado de proporcionarle los elementos necesarios para la vida de las tropas; oficina o establecimiento que pertenece a este servicio.

**INTENDENTE** n. m. (fr. *intendant*). Jefes de fábricas u otras empresas explotadas por cuenta del erario. **2.** En el ejército y en la marina, jefe superior de la administración militar.

**INTENSIDAD** n. f. Grado de energía de un agente natural o mecánico, de una cualidad, de una expresión o de un afecto: *intensidad del viento, de un esfuerzo; odiar con intensidad.* **2.** Expresión del valor numérico de una magnitud, generalmente vectorial: *intensidad de una fuerza.* • **Intensidad de una corriente eléctrica,** cantidad de electricidad que circula por un conductor eléctrico durante la unidad de tiempo. || **Intensidad luminosa,** flujo luminoso emitido por una fuente luminosa en un ángulo sólido unitario.

**INTENSIFICACIÓN** n. f. Acción de intensificar.

**INTENSIFICAR** v. tr. y pron. [**1a**]. Hacer o volverse más intenso, más fuerte, más activo: *intensificar las fuerzas; intensificarse un problema.*

**INTENSIVISTA** n. m. y f. Persona especializada en cuidados médicos intensivos.

**INTENSIVO, A** adj. Que se realiza de forma intencionadamente intensa o más intensa, enérgica

el edificio **inteligente** Torre de Europa en el paseo de la Castellana de Madrid o activa que de costumbre: *trabajo intensivo.* **2.** FÍS. Que tiene el carácter de la intensidad: *magnitud intensiva.* • **Cultivo intensivo,** el que se realiza sobre una superficie limitada, con gran inversión en abonos, útiles, etc., y cuyo rendimiento bruto por unidad de superficie es muy elevado.

**INTENSO, A** adj. Que tiene intensidad, vehemente, vivo: *calor intenso; actividad intensa.*

**INTENTAR** v. tr. (lat. *intentare*) [**1**]. Trabajar o esforzarse para hacer algo o comenzarlo: *intentar un récord; he intentado abrir pero no puedo; intentar decir algo.*

**INTENTO** n. m. Propósito, designio: *llevar a cabo un intento.* **2.** Tentativa, acción que se intenta: *conseguirlo al primer intento.*

**INTENTONA** n. f. *Fam.* Intento temerario, y especialmente si se ha frustrado.

**ÍNTER** n. m. Ínterin.

**ÍNTER** n. m. *Perú.* Sacerdote que ayuda al párroco.

**INTER NOS** loc. (voces lat., *entre nosotros*). Reservadamente.

**INTERACCIÓN** n. f. Influencia recíproca. **2.** FÍS. Acción recíproca que se ejercen entre sí las partículas elementales (gravitacional, electromagnética, débil [radiactividad y desintegración] y fuerte [fuerza nuclear]). • **Interacción hombre-máquina,** conjunto de teorías y técnicas relativas al diálogo, a la comunicación entre un hombre y una máquina informática o automática.

**INTERACCIONAR** v. intr. [**1**]. Ejercer una acción recíproca.

**INTERACTIVO, A** adj. Dícese de los fenómenos que reaccionan unos sobre otros. **2.** Dícese de un modo de empleo del ordenador en el cual el usuario dialoga con los programas de la máquina por medio de una terminal de entrada y salida (teletipo, pantalla de visualización con teclado, etc.). SIN.: *conversacional.* **3.** Dícese de un soporte de comunicación que favorece un intercambio con el público: *televisión interactiva.*

**INTERALIADO, A** adj. Relativo a los aliados de una coalición: *el mando interaliado.*

**INTERAMERICANO, A** adj. Relativo a diversos países americanos a la vez.

**INTERANDINO, A** adj. Relativo a diversos países andinos a la vez: *tráfico interandino.*

**INTERARTICULAR** adj. Que está situado en las articulaciones.

**INTERBANCARIO, A** adj. B. Y BOLS. Dícese del dinero prestado por una institución financiera a otra para hacer frente a las necesidades momentáneas de tesorería, o del mercado al que acuden los intermediarios financieros.

**INTERCADENCIA** n. f. Circunstancia de ser intercadente.

**INTERCADENTE** adj. Dícese de lo que se realiza con discontinuidad en su ritmo.

**INTERCALACIÓN** o **INTERCALADURA** n. f. Acción y efecto de intercalar.

**INTERCALAR** adj. Que está colocado entre otras cosas: *hoja intercalar.* **2.** Dícese del día que se añade al mes de febrero en los años bisiestos.

**INTERCALAR** v. tr. y pron. (lat. *intercalare*) [**1**]. Poner una cosa entre otras: *intercalar una palabra en un texto.*

**INTERCALO** n. m. IMPR. Palabra o texto intercalado, de tipo distinto al resto.

**INTERCAMBIABILIDAD** n. f. Carácter de lo que es intercambiable. **2.** Sistema de construcción de piezas de máquinas en las que la tolerancia de fabricación permite montar unas en lugar de otras sin ninguna operación de ajuste.

**INTERCAMBIABLE** adj. Dícese de las cosas que pueden utilizarse indistintamente las unas en lugar de las otras. **2.** Que puede ser objeto de intercambio.

**INTERCAMBIADOR** n. m. Aparato que sirve para calentar o enfriar un fluido, mediante otro fluido que circula a diferente temperatura. SIN.: *intercambiador de calor, de temperatura, térmico.* • **Intercambiador iónico,** sustancia sólida, natural o sintética, capaz de intercambiar sus iones con los de los contenidos en una solución.

**INTERCAMBIAR** v. tr. y pron. [**1**]. Realizar un intercambio: *intercambiar sellos; intercambiar opiniones, sonrisas.*

**INTERCAMBIO** n. m. Trueque entre cosas, personas o grupos: *intercambios culturales; intercambio de prisioneros.* **2.** BIOL. Paso y circulación de sustancias entre una célula y el medio exterior. • **Intercambios internacionales** (ECON.), transferencias comerciales entre naciones.

**INTERCEDER** v. intr. (lat. *intercedere*) [**2**]. Intervenir en favor de alguien: *interceder en favor de un condenado.*

**INTERCELULAR** adj. Dícese de los espacios comprendidos entre las células en los seres pluricelulares y de los espacios ocupados en los tejidos animales de tipo conjuntivo por una sustancia llamada intersticial.

**INTERCEPTACIÓN** n. f. Acción y efecto de interceptar: *interceptación del paso.* **2.** MIL. Acción que consiste, tras haber detectado e identificado aparatos o misiles enemigos, en dirigir hacia ellos formaciones de caza o misiles tierra-aire, para destruirlos.

**INTERCEPTADO, A** adj. MAT. Dícese de la porción de línea (recta, arco, etc.) comprendida entre otras dos que la cortan.

**INTERCEPTAR** v. tr. (del lat. *intercipere,* sustraer) [**1**]. Apoderarse de algo o detenerlo antes de que llegue a su destino: *interceptar la correspondencia, un mensaje.* **2.** Obstruir una vía de comunicación: *un camión interceptaba la calzada; interceptar el paso.* **3.** DEP. Adueñarse de un balón que iba destinado a un adversario.

**INTERCEPTOR** n. m. Avión de caza especialmente concebido para impedir las incursiones de aparatos enemigos destruyéndolos.

**INTERCESIÓN** n. f. Acción y efecto de interceder.

**INTERCESOR, RA** adj. y n. Que intercede.

**INTERCITY** n. m. Tren de largo recorrido que circula a gran velocidad y hace pocas paradas.

**INTERCOLUMNIO** n. m. ARQ. Espacio entre dos columnas.

**INTERCOMUNICACIÓN** n. f. Comunicación recíproca. **2.** Sistema de comunicación telefónica, entre dos o más lugares de un mismo edificio.

**INTERCOMUNICADOR** n. m. Aparato destinado a la intercomunicación.

**INTERCOMUNIÓN** n. f. Unión, relaciones oficiales entre varias Iglesias.

**INTERCONECTAR** v. tr. [**1**]. Poner en relación dos o varios centros de producción o de consumo de electricidad para permitir los intercambios de energía de un centro a otro, pudiendo alimentar cada centro generador varios centros receptores.

**INTERCONEXIÓN** n. f. Acción de interconectar.

**INTERCONTINENTAL** adj. Que pone en relación dos o más continentes: *llamada intercontinental.*

**INTERCOSTAL** adj. Que está entre las costillas: *músculos intercostales.*

**INTERCOTIDAL** adj. Intertidal.

**INTERCURRENTE** adj. (lat. *intercurrentem*). Que aparece en el curso de una enfermedad: *complicaciones intercurrentes.*

**INTERDECIR** v. tr. (lat. *interdicere*) [**19**]. Vedar o prohibir: *interdecir nuevas disposiciones.*

**INTERDENTAL** adj. y n. f. Dícese de la consonante cuya articulación se produce colocando la punta de la lengua detrás del espacio formado por las dos hileras de dientes débilmente separadas, como la *z.*

**INTERDEPENDENCIA** n. f. Dependencia recíproca.

**INTERDEPENDIENTE** adj. Dícese de las cosas que dependen unas de otras.

**INTERDICCIÓN** n. f. Acción y efecto de interdecir. • **Interdicción civil,** pena accesoria que provoca la incapacidad y somete a tutela a quien le es impuesta.

**INTERDICTO, A** adj. Dícese de la persona sujeta a interdicción. ◆ n. m. **2.** Juicio sumario en el que se discute la posesión considerada exclusivamente como hecho.

**INTERDIGITAL** adj. Que se halla entre los dedos: *espacio, músculo, membrana interdigital.*

**INTERDISCIPLINAR** adj. Que establece relaciones entre varias ciencias o disciplinas.

**INTERDISCIPLINARIDAD** n. f. Cualidad de interdisciplinar.

**INTERÉS** n. m. (der. del lat. *interesse,* interesar). Cualidad de una cosa que la hace importante o valiosa para alguien: *el interés de un libro.* **2.** Atracción sentida hacia alguien o algo: *sentir interés por un amigo.* **3.** Beneficio, provecho, especialmente material: *obrar por interés.* **4.** Retribución del capital monetario. **5.** Cantidad que se paga por la tenencia de dinero ajeno: *préstamo a un alto interés.* **6.** Lucro producido por el capital monetario: *tanto por ciento de interés anual.* • **Interés compuesto,** interés percibido sobre un capital formado por el capital primitivo aumentado por los réditos acumulados hasta la época del vencimiento. (Un capital *a,* colocado al tanto por uno *r* durante *n* años se convierte en: $A = a\,(1 + r)^n$.) ‖ **Interés simple,** interés percibido sobre el capital primitivo, sin agregarle ningún rédito vencido. (El interés simple *i* del capital *a,* colocado durante un tiempo *t,* al tanto por ciento *r* es: $i = \frac{art}{100}$.) ‖ **Tipo de interés,** precio pagado por el uso de fondos prestables, a corto y a largo plazo. ◆ **intereses** n. m. pl. **7.** Bienes materiales: *poseer muchos intereses.* **8.** Conveniencia, necesidad: *sólo mira sus intereses.* • **Intereses creados,** ventajas de que disfrutan los que rodean a una persona determinada, supeditadas a la buena situación de ésta, por lo cual los que las disfrutan están interesados en mantener dicha situación. ‖ **Intereses y descuentos,** cuenta de resultados que recoge los descuentos tanto de tipo financiero, por pronto pago, como de tipo económico, por reajuste de precios o volumen de ventas.

**INTERESADO, A** adj. y n. Que tiene interés en algo: *estar interesado en un asunto; notificar a los interesados.* **2.** Que se preocupa en gran manera del interés material: *ser muy interesado.*

**INTERESANTE** adj. Digno de interés, de atención, importante: *noticia interesante.* **2.** Que procura una ventaja material: *comprar a un precio interesante.* **3.** Que inspira interés o simpatía; apasionante: *personalidad interesante.* • **Estado interesante,** estado de una mujer encinta. ‖ **Hacer,** o **hacerse, el interesante,** adoptar ciertas actitudes para hacerse notar ante los demás.

**INTERESAR** v. tr. [**1**]. Suscitar, adquirir o tomar interés: *esto me interesa; una ley que interesa a los industriales.* **2.** Dar parte alguien a otro en negocios o intereses propios: *le interesó en su empresa.* **3.** Invertir dinero en algo: *interesar quinientos euros en bolsa.* **4.** Captar la atención, despertar curiosidad: *este joven me interesa; este libro me interesa.* **5.** Afectar algo a algún órgano del cuerpo: *la herida interesa a los pulmones.* ◆ **interesarse** v. pron. **6.** Tener interés en una persona o cosa. **7.** Preguntar por el estado de alguien o algo: *interesarse por un enfermo, por los asuntos económicos.*

**INTERESTATAL** adj. Perteneciente o relativo a las relaciones de dos o más Estados.

**INTERESTELAR** adj. ASTRON. Situado entre las estrellas de una galaxia. • **Materia interestelar,** conjunto de los materiales extremadamente difundidos (gases débilmente ionizados y polvo) que existen en el espacio situado entre las estrellas de una galaxia y cuya masa total es una fracción no despreciable de la de la galaxia.

**INTERFASE** n. f. (ingl. *interface*). Período que separa dos divisiones sucesivas de una célula viva. **2.** Límite común a dos sistemas, que permite intercambios entre ellos: *interfase gas-líquido; interfase producción-distribución.*

**INTERFAZ** n. f. INFORMÁT. Frontera convencional entre dos sistemas o dos unidades, que permite intercambios de informaciones. **2.** INFORMÁT. Módulo de hardware o de software que permite la comunicación con el exterior de un sistema o de un subconjunto.

**INTERFECTO, A** adj. y n. (lat. *interfectum,* de *interficere,* matar). En terminología jurídica, muerto violentamente. **2.** *Fam.* Dícese de alguien de quien se está hablando.

**INTERFERENCIA** n. f. Acción y efecto de interferir. **2.** FÍS. Fenómeno que resulta de la superposición de dos movimientos vibratorios de la misma frecuencia.

**INTERFERENCIAL** adj. Relativo a las interferencias.

**INTERFERENTE** adj. FÍS. Que presenta el fenómeno de interferencia.

**INTERFERIR** v. tr. y pron. [**22**]. Interponerse o mezclarse una acción o movimiento en otro: *este* hecho ha acabado por interferir en mi vida privada. ◆ v. tr. e intr. **2.** Producir interferencias.

**INTERFEROMETRÍA** n. f. Técnica de medición de gran precisión, basada en los fenómenos de interferencia.

**INTERFERÓMETRO** n. m. Aparato para medir interferencias luminosas o radioeléctricas.

**INTERFERÓN** n. m. Proteína producida por las células atacadas por un virus, y que las hace resistentes a toda otra infección viral.

**INTERFLUVIO** n. m. GEOGR. Relieve que separa dos valles o dos ríos.

**INTERFOLIACIÓN** n. f. Acción de interfoliar.

**INTERFOLIAR** v. tr. **[1]**. Intercalar entre las hojas de un libro otras en blanco.

**INTERFONO** n. m. Aparato telefónico empleado para la comunicación entre las distintas dependencias de un mismo local.

**INTERFRANJA** n. f. ÓPT. Distancia que separa dos franjas contiguas.

**INTERGALÁCTICO, A** adj. ASTRON. Situado entre las galaxias.

**INTERGLACIAR** adj. y n. m. Dícese de los períodos del cuaternario comprendidos entre dos glaciaciones.

**ÍNTERIN** n. m. Intervalo, intermedio. **2.** Interinidad, tiempo que dura el desempeño interino. ◆ adv. t. **3.** Entretanto o mientras.

**INTERINA** n. f. Asistenta, criada de una casa particular que no pernocta en ella.

**INTERINATO** n. m. *Argent., Méx., Perú* y *Urug.* Interinidad, tiempo que dura el desempeño interino de un cargo. **2.** *Chile, Guat., Hond., Perú* y *P. Rico.* Cargo o empleo interino.

**INTERINDIVIDUAL** adj. Que concierne a las relaciones entre varios individuos: *sicología interindividual.*

**INTERINIDAD** n. f. Calidad de interino. **2.** Tiempo que dura el desempeño interino. **3.** *Amér. Merid., Guat., Hond.* y *P. Rico.* Cargo o empleo interino.

**INTERINO, A** adj. y n. Que sirve por algún tiempo en sustitución de otra persona o cosa: *trabajador interino; funciones interinas.*

**INTERINSULAR** adj. Dícese de cualquier tipo de relación entre dos o más islas.

**INTERIOR** adj. Que está, se lleva, hace u ocurre en la parte de dentro: *ropa interior.* **2.** Dícese de la vivienda o parte de ella que no da a la calle: *patio interior.* **3.** Que concierne a un país o a un territorio: *política interior.* **4.** *Fig.* Espiritual: *vida, sentimiento interior.* • **Ángulo interior,** ángulo cuyo vértice se encuentra en el interior de un círculo. ‖ **Punto interior a un conjunto,** en el plano, punto tal que todos los puntos infinitamente próximos pertenecen a este conjunto. ◆ n. m. **5.** La parte de dentro: *el interior de un cuerpo.* **6.** Parte central de un país: *el clima del interior.* **7.** *Fig.* Intimidad, pensamientos, sentimientos, etc., propios de alguien: *en su interior no es mala persona.* **8.** *Méx.* Provincia. **9.** DEP. En el fútbol y algunos deportes de pelota, jugador que se coloca entre el delantero centro y el extremo. • **Ministerio del interior,** organismo estatal encargado de los asuntos administrativos centrales y locales, así como de la policía y del mantenimiento del orden interior. ◆ **interiores** n. m. pl. **10.** Entrañas.

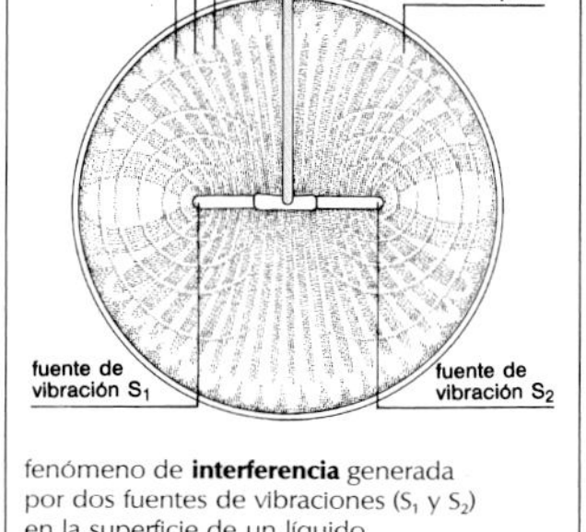


fenómeno de **interferencia** generada por dos fuentes de vibraciones ($S_1$ y $S_2$) en la superficie de un líquido

**INTERIORIDAD** n. f. Calidad de interior. **2.** FILOS. Contenido de la conciencia, intimidad. ◆ **interioridades** n. m. pl. **3.** Cosas privativas, por lo común secretas: *interioridades personales, familiares.*

**INTERIORISMO** n. m. Arte de acondicionar y decorar los espacios interiores de la arquitectura.

**INTERIORIZACIÓN** n. f. Acción de interiorizar.

**INTERIORIZAR** v. tr. **[1g]**. Guardar para sí mismo, retener: *interiorizar sus reacciones.* **2.** Hacer propias opiniones o normas de conducta que hasta entonces eran de otros, hasta el punto de no reconocerlas como adquiridas: *ha interiorizado completamente las normas de funcionamiento de su partido.* **3.** Hacer más interior.

**INTERJECCIÓN** n. f. LING. Voz con que se expresa, por lo común repentina o impremeditadamente, un estado de ánimo.

**INTERJECTIVO, A** adj. LING. Relativo a la interjección: *locución interjectiva.*

**INTERLÍNEA** n. f. Espacio entre dos líneas escritas o impresas. **2.** ART. GRÁF. Lámina de metal que sirve para espaciar las líneas.

**INTERLINEACIÓN** n. f. Acción y efecto de interlinear.

**INTERLINEADO** n. m. Conjunto de los espacios que hay entre las líneas de un texto.

**INTERLINEAL** adj. Escrito o impreso entre dos renglones.

**INTERLINEAR** v. tr. **[1]**. Espaciar mediante las interlíneas.

**INTERLOCK** n. m. (voz inglesa). Telar o tricotosa circular para géneros de punto. **2.** Tejido fabricado en esta máquina.

**INTERLOCUTOR, RA** n. Cada una de las personas que toman parte en un diálogo.

**INTERLOCUTORIO, A** adj. y n. m. DER. Dícese del auto o sentencia que se da antes de la definitiva y que no decide sobre el fondo de la cuestión.

**INTÉRLOPE** adj. (fr. *interlope*). Fraudulento, ilegal: *comercio intérlope.*

**INTERLUDIO** n. m. Intermedio dramático, musical o filmado entre dos partes de un espectáculo. **2.** MÚS. Composición que se ejecuta a modo de intermedio en la música instrumental.

**INTERLUNIO** n. m. ASTRON. Tiempo de la conjunción en que no se ve la Luna.

**INTERMEDIAR** v. intr. **[1]**. Mediar.

**INTERMEDIARIO, A** adj. y n. Que media entre dos o más personas, y especialmente entre el productor y el consumidor de géneros o mercancías: *empresa intermediaria; intervenir como intermediario.*

**INTERMEDIO, A** adj. Que está situado en medio: *espacio intermedio; calidad intermedia.* ◆ n. m. **2.** Espacio que hay de un tiempo a otro o de una acción a otra. **3.** Espacio de tiempo comprendido entre dos actos o partes de una representación teatral o de otro espectáculo. **4.** TELEV. Tiempo durante el que se interrumpe un programa o retransmisión. • **Por intermedio de,** por mediación de.

**INTERMEZZO** n. m. (voz italiana). MÚS. Divertimento musical intercalado entre las partes de una obra teatral.

**INTERMINABLE** adj. Que no tiene término o fin. **2.** Que dura demasiado: *discurso interminable.*

**INTERMINISTERIAL** adj. Relativo a varios ministerios o que los relaciona entre sí.

**INTERMISIÓN** n. f. Interrupción o cesación de una cosa por algún tiempo.

**INTERMITENCIA** n. f. Calidad de intermitente: *la intermitencia de una señal luminosa.* **2.** MED. Intervalo que separa dos accesos de fiebre.

**INTERMITENTE** adj. Que se interrumpe y prosigue a intervalos: *luz intermitente.* • **Fiebre intermitente,** tipo de fiebre que evoluciona a brotes, regulares o no. (La más conocida es la del paludismo.) ◆ n. m. **2.** Dispositivo que enciende y apaga alternativamente una lámpara. **3.** Luz lateral de un automóvil que se enciende y se apaga para señalar un cambio de dirección.

**INTERMITIR** v. tr. **[3]**. Interrumpir por algún tiempo una cosa.

**INTERMOLECULAR** adj. Que está entre las moléculas.

**INTERMUSCULAR** adj. Situado entre los músculos.

**INTERNACIÓN** n. f. Internamiento.

**INTERNACIONAL** adj. Relativo a dos o más naciones: *congreso internacional.* • **Derecho internacional,** el que regula las relaciones entre las organizaciones internacionales o entre los estados, entre los nacionales de un país con otro país o entre súbditos de diferentes estados. ◆ adj. y n. m. y f. **2.** Que toma o ha tomado parte en competiciones internacionales: *jugador internacional.*

**INTERNACIONALIDAD** n. f. Calidad o estado de internacional.

**INTERNACIONALISMO** n. m. Doctrina según la cual los diversos intereses nacionales deben estar subordinados a un interés general supranacional. **2.** Identidad de los fines comunes a determinadas clases sociales o a determinados grupos políticos de diversas naciones. • **Internacionalismo proletario,** según los comunistas, solidaridad activa que se ejerce entre los proletarios de las diferentes naciones del mundo.

**INTERNACIONALISTA** adj. y n. m. y f. Relativo al internacionalismo; partidario del internacionalismo.

**INTERNACIONALIZACIÓN** n. f. Acción de volver o volverse internacional.

**INTERNACIONALIZAR** v. tr. **[1g]**. Hacer internacional; regir sobre el plano internacional.

**INTERNADA** n. f. En algunos deportes de pelota, avance rápido de un jugador hasta el área defensiva contraria.

**INTERNADO** n. m. Régimen escolar en que los alumnos están internos. **2.** Centro educativo donde los alumnos residen, comen y duermen. **3.** Conjunto de alumnos internos. **4.** Régimen de personas que viven internas en establecimientos sanitarios o benéficos. **5.** Condición o régimen del personal que presta servicios en centros sanitarios.

**INTERNALIZAR** v. tr. **[1g]**. SICOL. Asimilar ideas, emociones, etc., que provienen del exterior, de forma que no se distinguen como adquiridos.

**INTERNAMIENTO** n. m. Acción y efecto de internar.

**INTERNAR** v. tr. **[1]**. Hacer que alguien resida en una institución o local, con determinada finalidad. **2.** Instalar a un enfermo en un centro sanitario. ◆ **internarse** v. pron. **3.** Penetrar o adentrarse en un lugar. **4.** *Fig.* Profundizar en una materia.

**INTERNAUTA** n. m. y f. Persona que utiliza la red informática de internet.

**INTERNET** n. f. Red informática de ordenadores que se conectan entre sí en un ámbito mundial para participar de información (servicios de noticias, correo electrónico, transferencia de ficheros, etc.).

**INTERNISTA** adj. y n. m. y f. Dícese del médico especialista en medicina interna.

**INTERNO, A** adj. Interior: *régimen interno; herida interna.* **2.** Dícese de la parte de la medicina que trata de enfermedades generales que no requieren intervención quirúrgica. • **Ángulos internos** (MAT.), ángulos formados por una secante con dos rectas paralelas y situados entre estas dos rectas. ‖ **Energía interna de un sistema** (FÍS.), magnitud termodinámica cuyas variaciones son iguales a la suma de la energía mecánica y del calor cedidos por este sistema. ◆ adj. y n. **3.** Dícese del alumno que vive en un establecimiento de enseñanza. **4.** Dícese del personal que presta servicios en centros sanitarios. ◆ n. **5.** Recluso, preso.

**INTERNUNCIO** n. m. Representante del papa en un estado no católico.

**INTEROCEÁNICO, A** adj. Que pone en comunicación dos océanos.

**INTEROCEPTIVIDAD** n. f. Carácter de la sensibilidad interoceptiva.

**INTEROCEPTIVO, A** adj. Dícese de la sensibilidad que recoge sus informaciones en las vísceras y que es el punto de partida de los reflejos vegetativos.

**INTERÓSEO, A** adj. Situado entre los huesos.

**INTERPAGINAR** v. tr. **[1]**. Interfoliar.

**INTERPARLAMENTARIO, A** adj. Dícese de las comunicaciones y organizaciones que enlazan la actividad internacional entre las representaciones legislativas de diferentes cámaras o regímenes políticos.

**INTERPELACIÓN** n. f. Acción y efecto de interpelar.

**INTERPELAR** v. tr. (lat. *interpellare*) **[1]**. Solicitar de alguien que dé explicaciones sobre determinado suceso en que de alguna manera ha intervenido. **2.** Dirigir la palabra a alguien: *interpelar a un transeúnte.* **3.** DER. Intimar, requerir a alguien para que diga o haga alguna cosa: *interpelar a alguien para que firme.*

**INTERPENETRARSE** v. pron. **[1]**. Imbricarse una cosa con otra.

**INTERPERSONAL** adj. Que tiene lugar entre las personas: *relaciones interpersonales.*

**INTERPLANETARIO, A** adj. ASTRON. Situado entre los planetas del sistema solar.

**INTERPOLACIÓN** n. f. Acción y efecto de interpolar. **2.** MAT. Intercalación, en una serie de valores dados, de uno o varios términos directamente determinados por el cálculo. **3.** MAT. Búsqueda, a partir de casos particulares dados, de una ley funcional generalmente válida en un determinado dominio de variaciones.

**INTERPOLAR** v. tr. (lat. *interpolare*) **[1]**. Intercalar una cosa entre otras. **2.** Interrumpir brevemente la continuación de una cosa. **3.** MAT. Efectuar una interpolación.

**INTERPONER** v. tr. y pron. **[5]**. Poner algo o ponerse entre dos cosas o personas: *interponer una mampara.* ◆ v. tr. **2.** *Fig.* Usar de su influencia o autoridad con el fin de conseguir alguna cosa para otra persona: *interponer su influencia.* **3.** DER. Formalizar por medio de un pedimento alguno de los recursos legales. ◆ **interponerse** v. pron. **4.** Hacer que no se lleve a cabo una acción o que se interrumpa o cambie de dirección determinado curso: *interponerse en la pelea.*

**INTERPOSICIÓN** n. f. Acción y efecto de interponer o interponerse. • **Interposición de personas** (DER.), acto por el cual una persona presta su nombre a otra para facilitarle ciertas ventajas que ésta no podría obtener directamente.

**INTERPRESA** n. f. MIL. Ataque por sorpresa.

**INTERPRETABLE** adj. Que se puede interpretar: *un poema difícilmente interpretable.*

**INTERPRETACIÓN** n. f. Acción y efecto de interpretar. **2.** Explicación, comentario: *interpretación de un texto, de una obra.* **3.** Investigación dirigida a aprehender el sentido y alcance de una norma jurídica. **4.** Acción o forma de representar o de ejecutar una obra dramática, musical, coreográfica, etc. **5.** SICOANÁL. Trabajo realizado por el paciente, ayudado por su sicoanalista, para descubrir el sentido inconsciente que hay en su comportamiento. • **Interpretación de una teoría axiomática formalizada** (LÓG.), operación que consiste en asociar a los símbolos de una teoría objetos y relaciones entre estos objetos; resultado de esta operación. ‖ **Interpretación musical,** ejercicio de improvisación que se hace sobre una partitura musical dada.

**INTERPRETADOR, RA** adj. y n. Que interpreta.

**INTERPRETADORA** n. f. INFORMÁT. Máquina que traduce el código de perforación de una tarjeta a caracteres legibles y los imprime en la parte superior de la misma tarjeta.

**INTERPRETAR** v. tr. (lat. *interpretare*) **[1]**. Explicar el sentido de una cosa, y principalmente el de textos de significado poco claro: *interpretar un texto; esta respuesta puede interpretarse de varias maneras.* **2.** Dar determinado sentido a palabras, actitudes, acciones, etc.: *interpretar un sueño.* **3.** Reproducir o ejecutar el artista una obra. **4.** INFORMÁT. Analizar un programa y ejecutarlo de inmediato, instrucción por instrucción, sin que pase por una fase de compilación.

**INTERPRETATIVO, A** adj. Que sirve para interpretar una cosa: *explicación interpretativa; un juicio interpretativo.*

**INTÉRPRETE** n. m. y f. (lat. *interpretem*). Persona que traduce o explica a otras, en una lengua que entienden, lo dicho en otra que les es desconocida. **2.** Persona que interpreta un texto. **3.** Persona que da forma o realiza algo que está en el ánimo de otros: *hacerse intérprete del sentir general.* **4.** Artista que interpreta: *aplaudir a los intérpretes.*

**INTERRAÍL** n. m. Billete de tren individual, a precio reducido, que permite a los menores de 26 años circular libremente por la red de ferrocarriles europeos durante un mes.

**INTERREGNO** n. m. Espacio de tiempo en que un estado no tiene soberano. **2.** *Por ext.* Espacio de tiempo en que están suspendidas las funciones gubernamentales.

**INTERROGACIÓN** n. f. (lat. *interrogationem*). Acción de interrogar, preguntar: *responder a una interrogación.* **2.** Signo de puntuación que expresa una interrogación directa (¿?). SIN.: *punto de interrogación.* **3.** Figura de pensamiento que consiste en preguntar algo no con intención de obtener una respuesta, sino para dar más fuerza a lo que se dice. • **Interrogación directa,** interrogación que se formula directamente al interlocutor, sin que dependa de un verbo. Ej.: *¿quién ha venido?* ‖ **Interrogación indirecta,** interrogación formulada a través de un verbo de carácter interrogativo, como saber, preguntar, etc. (Ej.: *me pregunto quién habrá venido.*)

**INTERROGADOR, RA** adj. y n. Que interroga: *mirada interrogadora.*

**INTERROGANTE** adj. Que interroga. • **Punto interrogante,** signo de interrogación. ◆ n. m. f. **2.** Incógnita, problema no aclarado: *este asunto presenta varios interrogantes.* **3.** Pregunta.

**INTERROGAR** v. tr. y pron. **[1b]**. Preguntar: *interrogar a un paciente; se interrogaba qué sería de él.*

**INTERROGATIVO, A** adj. Que implica o denota interrogación: *frase interrogativa.*

**INTERROGATORIO** n. m. Serie de preguntas formuladas a alguien: *tras el interrogatorio, el detenido confesó.* **2.** Papel o documento que las contiene: *firmar un interrogatorio.* **3.** Acto de dirigirlas a quien las ha de contestar: *suspender el interrogatorio.*

**INTERRUMPIR** v. tr. **[3]**. Cortar la continuación de una acción en el lugar o en el tiempo: *interrumpir un paseo, una corriente eléctrica.* **2.** Suspender o parar por algún tiempo una obra: *interrumpir la construcción de un puente.* **3.** Interceptar, impedir el paso: *interrumpir la circulación.* **4.** Tomar la palabra impidiendo que otro continúe hablando: *interrumpir a alguien que habla.*

**INTERRUPCIÓN** n. f. Acción y efecto de interrumpir: *trabajar sin interrupción; hubo muchas interrupciones.* **2.** INFORMÁT. Suspensión automática de la ejecución de un programa informático en beneficio de una secuencia de instrucciones prevista para analizar las mismas causas de la interrupción. • **Punto de interrupción** (INFORMÁT.), instante en que un proceso es momentáneamente detenido para efectuar una copia en cinta magnética de la situación de las variables que intervienen en él y de los ficheros con que se trabaja. SIN.: *check-point.*

**INTERRUPTOR, RA** o **INTERRUPTIVO, A** adj. Que interrumpe.

**INTERRUPTOR** n. m. Aparato que sirve para abrir o cerrar un circuito eléctrico.

**INTERSECARSE** v. pron. **[1a]**. MAT. Cortarse dos líneas o superficies entre sí.

**INTERSECCIÓN** n. f. Lugar donde se cortan dos vías. **2.** MAT. Conjunto de puntos o de elementos comunes a dos o varias líneas, superficies o volúmenes. • **Intersección** o **producto de clases K y L** (LÓG.), clase constituida de elementos que pertenecen a la vez a la clase K y a la clase L; esta misma operación (simbolizada por $K \cap L$). ‖ **Intersección de dos subconjuntos A y B de un conjunto C,** conjunto de elementos comunes a estos dos subconjuntos, que se escribe $A \cap B$ (A intersección B).

**INTERSEXUAL** adj. Relativo a la intersexualidad.

**INTERSEXUALIDAD** n. f. BIOL. Estadio intermedio entre el masculino y el femenino.

**INTERSIDERAL** adj. ASTRON. Situado entre los astros.

**INTERSINDICAL** adj. Establecido entre diversos sindicatos: *reunión intersindical.*

**INTERSTICIAL** adj. MED. Dícese de las formaciones celulares situadas entre las células del parénquima de los órganos. **2.** MED. Dícese de las sustancias que separan las células de los tejidos de tipo conjuntivo. • **Fauna intersticial,** conjunto de animales microscópicos que viven en los espacios libres que hay entre los granos de arena.

**INTERSTICIO** n. m. (del lat. *interstare,* estar entre dos cosas). Espacio pequeño vacío entre las partes de un todo: *los intersticios del adoquinado.*

**INTERSUBJETIVIDAD** n. f. FILOS. Comunicación que se establece entre las conciencias.

**INTERSUBJETIVO, A** adj. Que se produce entre dos personas o dos sujetos.

**INTERTIDAL** o **INTERCOTIDAL** adj. (de *inter* e ingl. *tide,* marea). Dícese de la zona comprendida entre los niveles de las mareas más altas y los de las más bajas.

**INTERTRIGO** n. m. MED. Dermatosis que se asienta generalmente en los pliegues de la piel.

**INTERTROPICAL** adj. Situado entre los dos trópicos.

**INTERURBANO, A** adj. Establecido entre poblaciones distintas. **2.** Dícese del teléfono que permite la comunicación entre poblaciones. **3.** Dícese de los servicios de locomoción entre poblaciones o entre zonas o barrios de la misma ciudad.

**INTERVALO** n. m. Porción de espacio o de tiempo que media entre dos cosas: *el intervalo entre dos columnas; diez minutos de intervalo.* **2.** Espacio que hay de un tiempo a otro: *en el intervalo de un mes.* **3.** FÍS. Relación de frecuencias de dos sonidos. **4.** MAT. Conjunto de números $x$ comprendidos entre dos números $a$ y $b$. **5.** MIL. Espacio que separa dos formaciones, dos posiciones o dos maniobras, contado en relación paralela a su frente. **6.** MÚS. Distancia que separa dos sonidos. • **A intervalos,** de un espacio o de un tiempo a otro. ‖ **Intervalo abierto ]a, b[,** conjunto de números $x$ tales que $a < x < b$. ‖ **Intervalo cerrado [a, b],** conjunto de números $x$ tales que $a \leq x \leq b$.

**intervalos** musicales

**INTERVENCIÓN** n. f. Acción y efecto de intervenir. **2.** Acción de un estado o de una organización internacional que se injiere en los asuntos que no son de su competencia. **3.** MED. Operación quirúrgica: *recuperarse de una intervención.* • **No intervención,** actitud de un estado que no interviene en los asuntos de otros estados, cuando no está directamente interesado en ellos.

**INTERVENCIONISMO** n. m. Doctrina que defiende la intervención del estado en los asuntos privados. **2.** Intervención habitual de una nación en los conflictos entre otros países, o en los conflictos internos de otras naciones.

**INTERVENCIONISTA** adj. y n. m. y f. Que se refiere al intervencionismo: *política intervencionista;* partidario del intervencionismo. • **No intervencionista,** partidario de la no intervención.

**INTERVENIR** v. intr. **[21]**. Tomar parte en un asunto: *intervenir en un coloquio.* **2.** Interponer uno su autoridad: *intervenir un juez.* **3.** Mediar, interceder o interponerse: *intervenir en favor de alguien.* **4.** MIL. Enviar tropas a un país extranjero para favorecer un partido, realizar una conquista, reparar una agresión, etc. ◆ v. tr. **5.** Realizar una operación quirúrgica. **6.** DER. Examinar y fiscalizar las cuentas de una sociedad o del estado con autoridad suficiente para ello. **7.** DER. Dirigir, limitar o suspender una autoridad el libre ejercicio de actividades o funciones. **8.** DER. Vigilar una autoridad la comunicación privada: *intervenir el teléfono.* **9.** DER. Fiscalizar la administración de aduanas. **10.** POL. En las relaciones internacionales, dirigir temporalmente una o varias potencias algunos asuntos interiores de otra.

**INTERVENTOR, RA** adj. y n. Que interviene: *parte interventora.* ◆ n. m. **2.** Persona que examina y fiscaliza las cuentas del estado o de una sociedad con autoridad suficiente: *interventor general de la administración del estado; interventor del banco.* **3.** Elector designado oficialmente por un candidato para vigilar la regularidad de la votación en unas elecciones y autorizar el resultado de la misma, en unión del presidente y demás componentes de la mesa. **4.** Oficial militar designado para presenciar los arqueos y balances de caja. **5.** Revisor de un tren.

**INTERVERSIÓN** n. f. Metátesis, inversión del orden habitual.

**INTERVIEW** n. f. (voz inglesa). Interviú.

**INTERVIÚ** n. f. Entrevista hecha a una persona para interrogarle acerca de su vida, sus ideas, proyectos, etc., con el fin de publicar o difundir su contenido, en periodismo, o utilizarla con fines analíticos, en una encuesta sicosociológica.

**INTERVIUAR** v. tr. [**1**]. Someter a una interviú.

**INTERVOCÁLICO, A** adj. Situado entre dos vocales.

**INTESTADO, A** adj. y n. Que no ha hecho testamento. ◆ n. m. **2.** DER. Caudal sucesorio acerca del cual no existen o no rigen disposiciones testamentarias.

**INTESTIA** n. f. Uno de los malos usos a que estaban sometidos los payeses de remensa catalanes en los ss. XI-XV, consistente en la apropiación por parte del señor de un tercio a la mitad de la herencia del remensa muerto sin testamento.

**INTESTINAL** adj. Relativo a los intestinos: *obstrucción intestinal.* • **Jugo intestinal,** jugo digestivo segregado por las glándulas del duodeno y del yeyuno, que contiene enzimas que actúan en toda clase de alimentos (amilasa, maltasa, invertasa y lactasa en los glúcidos; lipasa en los líquidos; erepsina y proteasa en los prótidos).

**INTESTINO, A** adj. Interno, interior: *luchas intestinas.* ◆ n. m. **2.** ANAT. Víscera abdominal hueca que se extiende entre el estómago y el ano, dividida en dos partes (*intestino delgado* e *intestino grueso* o colon).

**INTI** n. m. Unidad monetaria de Perú de 1985 a 1991.

**INTIFADA** n. f. Rebelión popular de los palestinos de los territorios ocupados por Israel.

**ÍNTIMA** n. f. HISTOL. La capa más interna de la estructura de la pared de los vasos.

**INTIMACIÓN** n. f. DER. Acción de intimar.

**INTIMAR** v. tr. y pron. (lat. *intimare*) [**1**]. Entablar estrecha amistad con alguien. **2.** DER. Exhortar o requerir que se haga algo, especialmente con autoridad o fuerza: *intimar al testigo; intimar una orden.*

**INTIMATORIO, A** adj. Dícese de lo que intima un decreto u orden: *carta intimatoria.*

**INTIMIDACIÓN** n. f. Acción y efecto de intimidar: *actuar por intimidación.*

**INTIMIDAD** n. f. Calidad de íntimo: *la intimidad del ambiente.* **2.** Sentimientos, pensamientos o hábitos propios: *en la intimidad de su conciencia.* **3.** Relación íntima entre personas: *entre ellos hay gran intimidad.* ◆ **intimidades** n. f. pl. **4.** Partes sexuales exteriores del cuerpo humano.

**INTIMIDAR** v. tr. y pron. [**1**]. Causar o infundir miedo.

**INTIMISMO** n. m. Estilo o tendencia intimista.

**INTIMISTA** adj. y n. m. y f. Dícese de los escritores, y particularmente de los poetas, que expresan sus sentimientos más secretos en un tono confidencial. **2.** Dícese de los pintores especializados en la representación de escenas de la vida familiar, o que expresan una visión íntima.

**ÍNTIMO, A** adj. Dícese de lo más interior y profundo: *la naturaleza íntima de un ser.* **2.** Dícese de las relaciones muy estrechas entre las personas: *amistad íntima.* **3.** Dícese de los actos a los que asisten sólo los muy amigos o familiares: *una cena íntima.* **4.** Acogedor y tranquilo: *un lugar íntimo.* ◆ adj. y n. **5.** Dícese de la persona muy amiga.

**INTITULAR** v. tr. (lat. *intitulare*) [**1**]. Poner título a un libro o escrito. ◆ v. tr. y pron. **2.** Dar un título o nombre particular a una persona o cosa.

**INTOCABLE** adj. Intangible: *virtud intocable.* ◆ n. m. y adj. **2.** En la India, paria, considerado sin casta.

**INTOLERABLE** adj. Que no se puede tolerar: *dolor, acción intolerable.*

**INTOLERANCIA** n. f. Calidad de intolerante. **2.** MED. Imposibilidad de un organismo para soportar

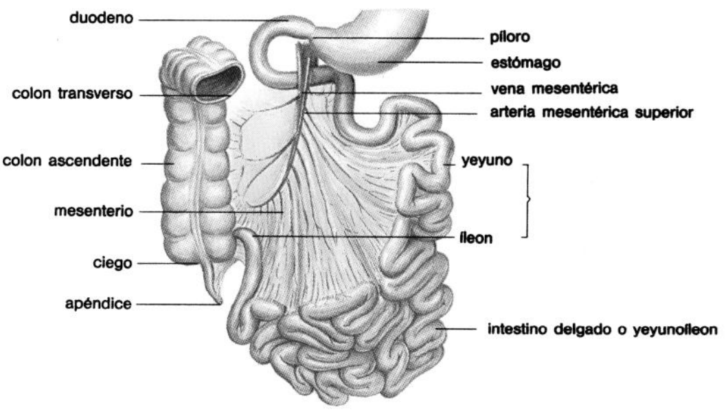


**intestino** delgado

determinadas sustancias que no le resultan tóxicas pero que le producen una reacción alérgica.

**INTOLERANTE** adj. y n. m. y f. Que no tiene tolerancia.

**INTONSO, A** adj. Que no tiene cortado el cabello.

**INTOXICACIÓN** n. f. Introducción o acumulación espontánea de un tóxico en el organismo.

**INTOXICAR** v. tr. y pron. [**1a**]. Envenenar, impregnar de sustancias tóxicas.

**INTRACARDÍACO, A** adj. Relativo al interior del corazón.

**INTRACELULAR** adj. Que está situado u ocurre entre una célula o células.

**INTRACEREBRAL** adj. Relativo al interior del cerebro.

**INTRADÉRMICO, A** adj. Dícese de lo que está o se pone en el interior de la piel.

**INTRADERMORREACCIÓN** n. f. Inyección intradérmica de una determinada sustancia para estudiar su sensibilidad en el organismo.

**INTRADÓS** n. m. Superficie o cara interior o inferior de un arco, una bóveda o un ala de avión. CONTR.: *extradós.*

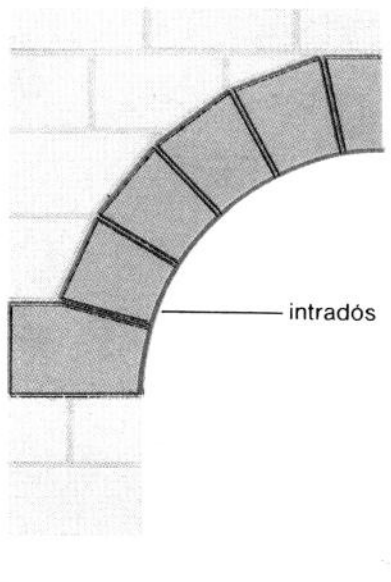


**intradós**

**INTRADUCIBILIDAD** n. f. Calidad de intraducible.

**INTRADUCIBLE** adj. Que no se puede traducir.

**INTRAGLACIAR** adj. Que se encuentra en la masa de un glaciar: *morrena intraglaciar; torrente intraglaciar.*

**INTRAMEDULAR** adj. Que está situado en el interior de la médula.

**INTRAMOLECULAR** adj. Relativo al interior de las moléculas.

**INTRAMONTANO, A** adj. Situado en el interior de un macizo montañoso o de una cordillera.

**INTRAMUROS** adv. l. Dentro de una ciudad, villa o lugar.

**INTRAMUSCULAR** adj. Que está o se realiza en el interior de una masa muscular o de un músculo.

**INTRANQUILIDAD** n. f. Estado de intranquilo.

**INTRANQUILIZADOR, RA** adj. Que intranquiliza: *aspecto intranquilizador.*

**INTRANQUILIZAR** v. tr. [**1g**]. Quitar la tranquilidad: *su tardanza me intranquiliza.* ◆ **intranquilizarse** v. pron. **2.** Ponerse intranquilo.

**INTRANQUILO, A** adj. Falto de tranquilidad por cualquier alteración de ánimo, un estado febril o malestar físico intenso.

**INTRANSIGENCIA** n. f. Calidad o actitud de intransigente.

**INTRANSIGENTE** adj. Que no transige o no se presta a transigir.

**INTRANSITABLE** adj. Dícese del lugar o camino por donde no se puede transitar: *calle intransitable.*

**INTRANSITIVO, A** adj. y n. m. LING. Dícese de los verbos que no van seguidos de un complemento directo, como *dormir, morir, quedar,* etc. ◆ adj. **2.** Que es propio de los verbos intransitivos: *forma intransitiva.* • **Oración intransitiva,** oración que no lleva complemento directo.

**INTRANUCLEAR** adj. FÍS. Que está en el interior del núcleo atómico.

**INTRARRAQUÍDEO, A** adj. Situado en el interior del conducto vertebral.

**INTRASCENDENCIA** n. f. Calidad de intrascendente.

**INTRASCENDENTAL** adj. Intrascendente.

**INTRASCENDENTE** adj. Falto de trascendencia.

**INTRASFERIBLE** o **INTRANSFERIBLE** adj. No trasferible.

**INTRASMISIBLE** o **INTRANSMISIBLE** adj. Que no puede ser trasmitido.

**INTRASMUTABILIDAD** o **INTRANSMUTABILIDAD** n. f. Calidad de intrasmutable.

**INTRASMUTABLE** o **INTRANSMUTABLE** adj. Que no se puede trasmutar.

**INTRATABILIDAD** n. f. Calidad de intratable.

**INTRATABLE** adj. (lat. *intratabilem*). No tratable ni manejable: *metal intratable.* **2.** *Fig.* Insociable y de genio áspero: *persona intratable.*

**INTRATAR** v. tr. [**1**]. *Hond.* Insultar.

**INTRAUTERINO, A** adj. Que se halla o tiene lugar en el interior del útero. • **Dispositivo intrauterino (DIU),** dispositivo anticonceptivo de material plástico y forma variable, que, situado en la cavidad uterina, impide la fecundación. ‖ **Vida intrauterina,** la del feto en el interior del útero durante todo el período que dura la gestación.

**INTRAVENOSO, A** adj. Que está o se efectúa en el interior de las venas. • **Inyección intravenosa,** inyección que se pone en el interior de una vena.

**INTREPIDEZ** n. f. Calidad de intrépido o comportamiento intrépido.

**INTRÉPIDO, A** adj. Que no teme al peligro. **2.** *Fig.* Que obra o habla sin reflexión.

**INTRIGA** n. f. Acción que se ejecuta cautelosamente y con astucia para conseguir un fin. **2.** Encadenamiento de hechos y acciones que forman la trama de una obra teatral, una novela, película, etc.

**INTRIGANTE** adj. y n. m. y f. Que intriga o suele intrigar.

**INTRIGAR** v. intr. (ital. *intrigare;* del lat. *intricare*) [**1b**]. Hacer cautelosamente algo para conseguir un fin: *intrigar contra alguien.* ◆ v. tr. **2.** Excitar viva curiosidad una cosa: *su comportamiento me intriga.*

**INTRINCACIÓN** n. f. Calidad de intrincado. **2.** Acción y efecto de intrincar.

**INTRINCADO, A** adj. Enredado, enmarañado, con rodeos, confuso: *asunto, camino intrincado.*

**INTRINCAMIENTO** n. m. Intrincación.

**INTRINCAR** v. tr. y pron. (lat. *intrincare*) [**1a**]. Enredar o enmarañar una cosa. ◆ v. tr. **2.** *Fig.* Confundir los pensamientos o conceptos.

**INTRÍNGULIS** n. m. *Fam.* Causa oculta o intención disimulada que se supone en alguna acción. **2.** Dificultad o complicación: *tener algo su intríngulis.*

**INTRÍNSECO, A** adj. Que es propio de algo por sí mismo. **2.** Que constituye la sustancia de algo: *las dificultades intrínsecas de un asunto; el valor intrínseco de una joya.*

**INTRODUCCIÓN** n. f. Acción y efecto de introducir. **2.** Lo que sirve de preparación a un estudio o a una ciencia: *introducción a la química.* **3.** Prólogo o preámbulo de una obra o discurso.

**INTRODUCIR** v. tr. y pron. (lat. *introducere*) [**20**]. Dar entrada a alguien, o entrar, en un lugar: *introducir a un visitante en el salón; un ladrón que se introduce en una casa.* **2.** *Fig.* Hacer que uno sea recibido o admitido en el trato, la amistad, etc., de otro: *lo introdujeron en el círculo de amigos; introducirse en un ambiente.* **3.** Meter, hacer entrar o penetrar: *introducir la llave en la cerradura; el agua se introdujo por las rendijas.* **4.** Hacer adoptar por costumbre, poner en uso: *introducir una moda; nuevas costumbres se han introducido.* ◆ **introducirse** v. pron. **5.** *Fig.* Entremeterse uno en lo que no le toca: *introducirse en una conversación.*

**INTRODUCTOR, RA** adj. y n. Que introduce: *capítulo introductor; el introductor de embajadores.* **2.** Que es el primero en introducir una idea, un uso, una costumbre, un objeto, etc.

**INTROITO** n. m. (lat. *introitum*). LITURG. Canto de entrada de la misa romana.

**INTROMISIÓN** n. f. Acción y efecto de entrometerse.

**INTRORSO, A** adj. BOT. Dícese de una antera, de un estambre o de su dehiscencia, cuando se abren hacia el eje de la flor. CONTR.: *extrorso.*

**INTROSPECCIÓN** n. f. (lat. *introspectionem*). Estudio del estado de conciencia por ella misma, del sujeto por sí mismo.

**INTROSPECTIVO, A** adj. Basado en la introspección.

**INTROVERSIÓN** n. f. SICOL. Rasgo de la personalidad caracterizado por un replegarse en sí mismo, en la propia realidad interior, más que tender hacia el mundo exterior.

**INTROVERTIDO, A** adj. y n. Dado a la introversión.

**INTROYECCIÓN** n. f. SICOANÁL. Proceso por el que el sujeto integra en su yo todo lo que le satisface del mundo exterior.

**INTRUSIÓN** n. f. Acción de introducirse indebidamente en un lugar, en una sociedad, en un oficio, etc. **2.** GEOL. Acción y efecto de introducirse y consolidarse una masa magmática líquida entre las rocas sólidas de la corteza terrestre.

**INTRUSISMO** n. m. Ejercicio fraudulento de una profesión sin títulos para ello.

**INTRUSIVO, A** adj. GEOL. Dícese de las rocas formadas por la consolidación de una masa fundida introducida a presión entre otras rocas ya existentes.

**INTRUSO, A** adj. y n. Que detenta algo por intrusión o por intrusismo. **2.** Que penetra en un círculo en el que no es aceptado, o en un lugar donde no ha sido invitado.

**INTUBACIÓN** n. f. MED. Introducción en la tráquea de un tubo semirrígido, para aislar las vías respiratorias de los conductos digestivos y permitir la respiración artificial en caso de reanimación o de anestesia general.

**INTUBADOR** n. m. MED. Aparato para intubar.

**INTUBAR** v. tr. [**1**]. MED. Introducir un tubo o cánula en el interior de un órgano.

**INTUICIÓN** n. f. (lat. *intuitionem*). Conocimiento inmediato de una cosa, idea o verdad, sin el concurso del razonamiento: *tener la intuición de un hecho futuro.*

**INTUICIONISMO** n. m. Doctrina de los lógicos matemáticos neerlandeses Heyting y Brouwer, según la cual en matemáticas sólo se deben considerar las entidades que se pueden construir por intuición.

**INTUIR** v. tr. [**29**]. Percibir por intuición: *intuir la verdad.*

**INTUITIVO, A** adj. Relativo a la intuición: *conocimiento intuitivo.* **2.** Dícese de la persona en la que predomina la intuición sobre el razonamiento.

**INTUMESCENCIA** n. f. Hinchazón: *intumescencia lumbar.* **2.** FÍS. Onda de superficie que se produce en los canales descubiertos de débil profundidad.

**INTUMESCENTE** adj. Que se va hinchando.

**INTUSUSCEPCIÓN** n. f. BIOL. Tipo de crecimiento de un ser vivo en el que hay un depósito de sustancias nuevas junto a las ya existentes, con lo que se logra un aumento de masa.

**INUIT,** nombre con que los esquimales se designan a sí mismos.

**INULINA** n. f. QUÍM. Glúcido parecido al almidón, soluble en agua e insoluble en alcohol, que tienen como sustancia de reserva algunas compuestas (dalia, tupinambo, etc.).

**INUNDACIÓN** n. f. Crecida que llega a un desbordamiento del agua fuera del lecho aparente. **2.** *Fig.* Multitud excesiva: *inundación de papeles.*

**INUNDADO** n. m. Acción y efecto de inundar un tanque, compartimiento o buque.

**INUNDAR** v. tr. y pron. (lat. *inundare*) [**1**]. Cubrir el agua un terreno, una población, etc. **2.** *Fig.* Llenar con exceso: *inundar un país de productos extranjeros.* **3.** Cubrir, llenar: *inundarse de lágrimas.*

**INURBANIDAD** n. f. Calidad de inurbano.

**INURBANO, A** adj. Falto de urbanidad.

**INUSITADO, A** adj. Que no es habitual ni frecuente.

**INUSUAL** adj. No usual: *un suceso inusual.*

**INÚTIL** adj. y n. m. y f. Que no sirve o no es apto, ineficaz, incapaz.

**INUTILIDAD** n. f. Calidad de inútil: *reconocer la inutilidad de un esfuerzo.*

**INUTILIZAR** v. tr. y pron. [**1g**]. Hacer inútil, vano o nulo: *inutilizar un aparato.*

**INVADEABLE** adj. Que no se puede vadear.

**INVADIR** v. tr. (lat. *invadere*) [**3**]. Acometer, entrar por fuerza o por violencia en una parte, especialmente en acción de guerra. **2.** Entrar o irrumpir en un sitio algo, especialmente perjudicial o molesto. **3.** *Fig.* Apoderarse de alguien un estado de ánimo, sensación, etc.: *invadir una gran alegría.*

**INVAGINACIÓN** n. f. MED. Repliegue de un órgano hueco sobre sí mismo, como el dedo vuelto de un guante. (La invaginación del intestino causa su oclusión.)

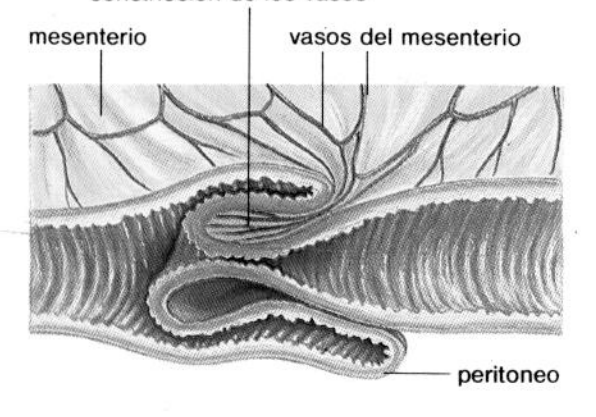

**invaginación** intestinal

**INVAGINAR** v. tr. y pron. [**1**]. Doblar o doblarse hacia dentro por invaginación.

**INVALIDACIÓN** n. f. Acción y efecto de invalidar: *la invalidación de unas oposiciones.*

**INVALIDAR** v. tr. [**1**]. Hacer inválida o de ningún valor y efecto una cosa: *invalidar un testamento.*

**INVALIDEZ** n. f. Incapacidad permanente y total de una persona para desempeñar el trabajo habitual o incapacidad absoluta para todo trabajo. **2.** DER. Falta de validez que conlleva la nulidad. • **Gran invalidez,** incapacidad en la que la persona afectada no puede realizar por sí misma los actos materiales humanos más esenciales.

**INVÁLIDO, A** adj. y n. Que no puede moverse, andar o está falto de algún miembro. ◆ adj. **2.** *Fig.* Nulo y de ningún valor. **3.** *Fig.* Falto de vigor en el entendimiento. **4.** DER. Que no es válido, que es legalmente nulo.

**INVALUABLE** adj. Que no se puede valuar como corresponde.

**INVAR** n. m. (marca registrada). Acero al níquel cuyo coeficiente de dilatación térmica es prácticamente nulo.

**INVARIABILIDAD** n. f. Calidad y estado de invariable.

**INVARIABLE** adj. Que no padece o no puede padecer variación: *el orden invariable de las cuatro estaciones.* **2.** LING. Dícese de las palabras cuya desinencia no sufre ningún cambio.

**INVARIACIÓN** n. f. Permanencia de una cosa sin variación.

**INVARIANCIA** n. f. FÍS. Propiedad de ciertas magnitudes físicas que están regidas por leyes de conservación. **2.** MAT. Cualidad de invariante.

**INVARIANTE** adj. Dícese de un sistema físicoquímico en equilibrio, en el que la variación es nula. **2.** MAT. Dícese de una magnitud, de una expresión, de una relación, de una propiedad, etc., que, para un grupo de transformaciones, permanecen inalteradas tras la transformación. ◆ n. m. **3.** MAT. Cantidad numérica invariante.

**INVASIÓN** n. f. Acción y efecto de invadir un lugar: *invasión de turistas, de productos extranjeros.* **2.** Irrupción hecha en un país por una fuerza militar: *una invasión de tropas.* **3.** Llegada masiva de animales perjudiciales: *invasión de ratas.* **4.** MED. Irrupción de una enfermedad en una determinada extensión.

**INVASOR, RA** adj. y n. Que invade.

**INVECTIVA** n. f. Discurso o escrito acre y violento: *lanzar invectivas contra alguien.*

**INVENCIBILIDAD** n. f. Calidad de invencible.

**INVENCIBLE** adj. Que no puede ser vencido: *ejército invencible.* **2.** *Fig.* Imposible de sobreponerse a ello: *timidez invencible.*

**INVENCIÓN** n. f. Acción y efecto de inventar. **2.** Cosa inventada: *las grandes invenciones del hombre.* **3.** Hallazgo: *la penicilina fue una gran invención.* **4.** Engaño, ficción: *eso es pura invención.* **5.** MÚS. Corta composición musical de estilo contrapuntístico, para instrumentos de teclado.

**INVENCIONERO, A** adj. y n. Inventor. **2.** Embustero.

**INVENDIBLE** adj. Que no puede venderse.

**INVENTAR** v. tr. [**1**]. Hallar la manera de hacer una cosa nueva o no conocida, o una nueva manera de hacer algo: *inventar un nuevo procedimiento de fabricación.* ◆ v. tr. y pron. **2.** Imaginar cuentos, narraciones, poesías, etc.: *inventar historias.* **3.** Contar como verdadero lo que no lo es: *inventar excusas.* **4.** Añadir algo, cuando se cuenta o se recita, que no existe en la realidad o en el texto.

**INVENTARIAR** v. tr. [**1**]. Hacer inventario.

**INVENTARIO** n. m. (lat. *inventarium*). Lista en que se inscriben y describen, artículo por artículo, todos los bienes muebles que pertenecen a una persona o se encuentran en una casa: *hacer el inventario de los géneros de un almacén.* **2.** Relación y valoración de los bienes, derechos y obligaciones de una empresa, que expresa la estructura de su patrimonio en un momento dado. **3.** Documento en que están escritos el conjunto de bienes y derechos.

**INVENTIVA** n. f. Facultad y disposición para inventar.

**INVENTIVO, A** adj. Que tiene disposición para inventar: *espíritu inventivo.*

**INVENTO** n. m. (lat. *inventum*). Cosa material inventada: *esto es un gran invento.* **2.** Cosa nueva que alguien idea o pone de moda: *este plato es un invento del cocinero.*

**INVENTOR, RA** o **INVENTADOR, RA** adj. y n. Que inventa.

**INVERECUNDIA** n. f. Desvergüenza, desfachatez.

**INVERECUNDO, A** adj. y n. Desvergonzado.

**INVERNA** n. f. *Perú.* Invernada del ganado.

**INVERNÁCULO** n. m. Invernadero donde se cultivan productos hortícolas.

**INVERNADA** n. f. *Amér.* Invernadero para el ganado. **2.** *Argent., Colomb., Perú* y *Urug.* Acción y efecto de invernar el ganado. **3.** *Argent., Colomb., Perú* y *Urug.* Época de engorde para el ganado. **4.** AGRIC. Labor dada a las tierras antes o durante el invierno. **5.** GEOGR. En las regiones tropicales, época de lluvias. **6.** MAR. Tiempo de escala para los barcos durante el invierno o durante la estación de lluvias, de los hielos o de los huracanes.

**INVERNADERO** n. m. Espacio cerrado con paredes y techo traslúcidos, que permite obtener, para la producción de vegetales, unas condiciones ambientales mejores que las naturales. **2.** *Amér.* Paraje elevado donde se resguarda el ganado en invierno, durante el período de las inundaciones. • **Efecto de invernadero,** retención de la energía calorífica enviada a la corteza terrestre por el Sol, gracias a la absorción selectiva de la atmósfera.

**INVERNAL** adj. Relativo al invierno: *los rigores de la temporada invernal.* ◆ n. f. **2.** Ascensión en alta montaña, durante el invierno.

**INVERNAR** v. intr. [**1j**]. Pasar el invierno en una parte o de cierto modo: *en Laponia, los renos invernan en los bosques.* **2.** Pasar el invierno en una región: *la expedición invernó en Groenlandia.* **3.** *Argent., Colomb., Perú* y *Urug.* Pastar el ganado en campos durante la época de engorde.

**INVERNAZO** n. m. *Dom.* y *P. Rico.* Período de lluvias de julio a setiembre. **2.** *P. Rico.* Período de inactividad en los ingenios de azúcar.

**INVERNIZO, A** adj. Relativo al invierno o que tiene sus propiedades.

**INVEROSÍMIL** adj. Que no tiene apariencia de verdad: *un relato inverosímil.*

**INVEROSIMILITUD** n. f. Calidad de inverosímil.

**INVERSIBLE** adj. Propio para dar imágenes positivas por inversión. • **Película inversible,** película cuyo revelado por inversión da una imagen positiva.

**INVERSIÓN** n. f. (lat. *inversionem*). Acción y efecto de invertir. **2.** ECON. Adquisición, por parte de un individuo, una empresa o una colectividad, de bienes de capital para aumentar la producción. **3.** Parte no consumida de la renta disponible en un período de un año. **4.** Empleo de fondos líquidos en una cuenta bancaria. **5.** FOT. Serie de operaciones que permite obtener directamente una imagen positiva sobre la capa fotosensible impresionada. **6.** MAT. Transformación en la que a un punto M de una figura le corresponde otro punto M′ de la recta OM (siendo O un punto fijo), tal que el producto OM × OM′ sea constante. **7.** PATOL. Colocación de las vísceras del tronco en el lado inverso del que les corresponde. **8.** QUÍM. Transformación de la sacarosa en glucosa y levulosa por hidrólisis. • **Inversión de relieve** (GEOL.), forma estructural en que la disposición topográfica es inversa de la de las estructuras. ‖ **Inversión sexual,** homosexualidad. ‖ **Inversión térmica,** fenómeno según el cual el aire frío, más pesado, se acumula en los valles y cuencas, mientras que el aire de las cimas es relativamente más caliente.

**INVERSIONISTA** adj. y n. m. y f. Que dispone de dinero para invertir.

**INVERSO, A** adj. De sentido invertido: *en un espejo, los objetos aparecen en un sentido inverso.* • **A,** o **por, la inversa,** al revés, de un modo opuesto. ‖ **Elementos inversos** (MAT.), en un conjunto que posee una ley de composición interna, los dos elementos cuya composición proporciona el elemento unidad. ‖ **En razón inversa,** dícese de una comparación entre objetos que varían en proporción inversa uno de otro. ‖ **Figuras inversas** (MAT.), figuras que se transforman una en otra por inversión. ‖ **Funciones inversas,** funciones $f(x)$ y $g(x)$, tales que $y = f(x)$ y $x = g(y)$ expresan la misma ley funcional. ‖ **Números inversos** (MAT.), números cuyo producto es igual a la unidad. ‖ **Relieve inverso** (GEOL.), aquel en que el desnivel topográfico está en sentido inverso de la deformación tectónica. ◆ n. m. **2. Inverso de un número** (MAT.), fracción que tiene este número por denominador y la unidad por numerador: *1/4 es el inverso de 4.* (Cero no tiene inverso.) ‖ **Inversos ópticos** (QUÍM.), isómeros simétricos uno de otro, en relación a un plano. SIN.: *compuestos enantiomorfos.*

**INVERSOR, RA** adj. y n. ECON. Que invierte. ◆ n. m. **2.** Agente u organismo que realiza las colocaciones financieras con fines de inversión. **3.** Mecanismo destinado a invertir el sentido de marcha de un conjunto mecánico.

**INVERTASA** n. f. Enzima de la transformación de la sacarosa en glucosa y en levulosa. SIN.: *sacarasa.*

**INVERTEBRADO, A** adj. y n. m. Relativo a un grupo de animales desprovistos de columna vertebral. (Los insectos, crustáceos, moluscos, arácnidos, gusanos, erizos, etc., pertenecen al grupo invertebrados.)

**INVERTIDO, A** adj. QUÍM. Dícese de la sacarosa transformada en glucosa y en levulosa por hidrólisis. ◆ adj. y n. **2.** Homosexual.

**INVERTIR** v. tr. (lat. *invertere*) [**22**]. Sustituir el orden, la dirección o la disposición de algo por su opuesto. **2.** Emplear una cantidad determinada de algo, especialmente dinero, en alguna cosa. **3.** Ocupar el tiempo en algo. **4.** QUÍM. Transformar la sacarosa por inversión.

**INVESTIDURA** n. f. Acción y efecto de investir. **2.** Carácter que se adquiere con la toma de posesión de ciertos cargos o dignidades. **3.** DER. Votación parlamentaria que tiene por objeto designar el jefe del estado o del gobierno o ratificar su elección. **4.** DER. Votación por la que un partido político designa un candidato para ocupar una función electiva. **5.** FEUD. Entrega de feudo.

**INVESTIGACIÓN** n. f. Acción y efecto de investigar: *la investigación de la policía.* **2.** Actividad encaminada al descubrimiento de nuevos conocimientos en el campo de las ciencias, las artes o las letras: *dedicarse a sus investigaciones.* • **Investigación y desarrollo (I + D),** investigación científica y desarrollo tecnológico que tiene por objeto una movilización y una valorización sistemática de los resultados de la investigación aplicada para crear unos materiales, productos o procesos nuevos.

**INVESTIGADOR, RA** adj. y n. Que investiga: *una comisión investigadora; es un investigador infatigable.* ◆ n. **2.** Persona que se dedica a la investigación. • **Investigador privado,** detective.

**INVESTIGAR** v. tr. (lat. *investigare*) [**1b**]. Intentar descubrir o conocer alguna cosa examinando atentamente cualquier indicio o realizando las diligencias para averiguar o aclarar un hecho. **2.** Realizar actividades intelectuales y experimentales de modo sistemático con el propósito de aumentar los conocimientos sobre una materia.

**INVESTIR** v. tr. (lat. *investire*) [**30**]. Conferir una dignidad o cargo importante.

**INVETERADO, A** adj. Antiguo, arraigado.

**INVIABILIDAD** n. f. Calidad de inviable.

**INVIABLE** adj. Que no es apto para alcanzar el fin propuesto: *un sistema inviable.*

**INVICTO, A** adj. (lat. *invictum*). No vencido, siempre victorioso: *ejército invicto.*

**INVIDENTE** adj. y n. m. y f. Privado del sentido de la vista: *persona invidente.*

**INVIERNO** n. m. (lat. *hibernum*). Estación más fría del año, comprendida entre el otoño y la primavera. **2.** En las regiones tropicales, temporada de lluvias que dura de tres a seis meses, con algunas intermitencias y alteraciones.

**INVIOLABILIDAD** n. f. Calidad de inviolable.

**INVIOLABLE** adj. Que no se debe o no se puede violar o profanar: *promesa inviolable.* **2.** Que goza de protección especial: *la persona del embajador es inviolable.*

**INVIOLADO, A** adj. Que se conserva en toda su integridad y pureza: *santuario inviolado; norma inviolada.*

**INVISIBILIDAD** n. f. Calidad de invisible.

**INVISIBLE** adj. Que no se puede ver: *un ser invisible.* **2.** Que no se ve por su naturaleza, su tamaño o su situación: *ciertas estrellas son invisibles a simple vista.* **3.** *Argent. Fam.* Horquilla usada para mantener los peinados femeninos.

**INVITACIÓN** n. f. Acción y efecto de invitar. **2.** Impreso o escrito con que se invita.

**INVITADO, A** adj. y n. Que ha recibido invitación.

**INVITAR** v. tr. (lat. *invitare*) [**1**]. Decir a alguien que asista a una fiesta, espectáculo, comida, etc., o llevarlo allí. **2.** Obsequiar pagando algo, especialmente comida o bebida. **3.** Dar a alguien alojamiento gratuito. **4.** Indicar cortésmente a alguien que haga algo: *invitar a sentarse.* **5.** Intimar a hacer algo: *invitar a abandonar un lugar.* **6.** *Fig.* Incitar determinado lugar o circunstancia a hacer una cosa: *el frío invita a quedarse en casa.*

**INVIVIBLE** adj. *Colomb.* Dícese de una casa inhabitable o de una ciudad donde se han deteriorado las condiciones de vida.

**INVOCACIÓN** n. f. (lat. *invocationem*). Acción y efecto de invocar: *invocación a los santos.* **2.** Fórmula inicial empleada en las cartas o documentos por la que se pide la bendición de Dios.

**INVOCADOR, RA** adj. y n. Que invoca.

**INVOCAR** v. tr. (lat. *invocare*) [**1a**]. Pedir auxilio o ayuda: *invocar protección.* **2.** Alegar una ley o circunstancia para justificar determinada acción o actitud: *invocar un artículo de una ley.*

**INVOCATORIO, A** adj. Que sirve para invocar.

**INVOLUCIÓN** n. f. Regresión de un órgano en un individuo (la involución del útero después del parto dura doce días) o en una especie, siguiendo uno de los mecanismos de la evolución. **2.** Proceso de regresión biológico y sicológico debido al envejecimiento. **3.** Modificación o proceso regresivo de una situación: *sufrir una involución el panorama político.* **4.** FILOS. Paso de lo heterogéneo a lo homogéneo, de lo diverso a lo que es igual, de lo múltiple a la unidad. **5.** MAT. Homografía recíproca.

**INVOLUCIONAR** v. tr. [**1**]. Caer en involución.

**INVOLUCRAR** v. tr. [**1**]. Abarcar, incluir. **2.** Añadir a los discursos o escritos temas ajenos al objeto de aquéllos. **3.** Confundir o enredar unas cosas con otras. ◆ v. tr. y pron. **4.** Complicar a alguien en un asunto, comprometiéndole en él.

**INVOLUCRO** n. m. (lat. *involucrum*). BOT. Conjunto de brácteas o de órganos foliáceos situado en torno a la base de una flor o de una inflorescencia, especialmente de una umbela o un capítulo.

**INVOLUNTARIEDAD** n. f. Calidad de involuntario.

**INVOLUNTARIO, A** adj. No voluntario. **2.** Que escapa al control de la voluntad.

**INVOLUTA** n. f. MAT. Curva plana considerada en relación a su envolvente.

**INVOLUTIVO, A** adj. Que se refiere a una involución: *proceso político involutivo.* **2.** MAT. Dícese de un elemento de un conjunto igual a su inverso. **3.** MED. Dícese de los procesos unidos al envejecimiento. • **Transformación involutiva,** transformación biyectiva igual a la transformación inversa.

**INVOLUTO, A** adj. (lat. *involutum*). BOT. Arrollado hacia dentro.

**INVULNERABILIDAD** n. f. Calidad de invulnerable.

**INVULNERABLE** adj. Que no puede ser herido. **2.** No susceptible de ser afectado por algo: *es invulnerable a las críticas.*

**INYECCIÓN** n. f. (lat. *iniectionem*). Acción de introducir bajo presión en un cuerpo un líquido, un gas o una sustancia viscosa. **2.** Líquido que se inyecta. **3.** Punción con aguja cilíndrica hueca, a la que se adosa una jeringuilla, y con la que se introduce una sustancia líquida en el interior del organismo. **4.** MAT. Aplicación inyectiva. • **Motor de inyección** (AUTOM.), motor de combustión interna sin carburador, en el que el carburante se inyecta directamente en los cilindros.

**INYECTABLE** adj. y n. m. Dícese de los medicamentos preparados para usarlos en inyección.

**INYECTADO, A** adj. Muy lleno o coloreado por un aflujo intenso de sangre: *conjuntiva inyectada; ojos inyectados.*

**INYECTAR** v. tr. (lat. *iniectare*) [**1**]. Introducir bajo presión un líquido o un gas en un cuerpo. **2.** Administrar algo mediante inyección. ◆ **inyectarse** v. pron. **3.** Llenarse o colorearse por aflujo de sangre: *sus ojos se inyectaron en sangre.*

**INYECTIVO, A** adj. MAT. Dícese de una aplicación en la que un elemento del segundo conjunto tiene a lo sumo un antecedente.

**INYECTOR** n. m. Aparato destinado a la práctica de inyecciones. **2.** TECNOL. Aparato con el que se efectúa la introducción forzada de un fluido en una máquina o en un mecanismo.

**IÑIGUISTA** n. m. Nombre primitivo de los jesuitas, en España.

**IODO** n. m. Yodo.

**ION** n. m. Átomo o grupo de átomos que han ganado o han perdido, por electrólisis o bajo la acción de radiaciones, uno o varios electrones.

**IÓNICO, A** adj. Relativo a los iones. • **Motor iónico,** motor cuyo funcionamiento se basa en el principio de la transformación de la energía nuclear en energía eléctrica.

**IONIZACIÓN** n. f. Transformación de átomos o de moléculas neutras en iones.

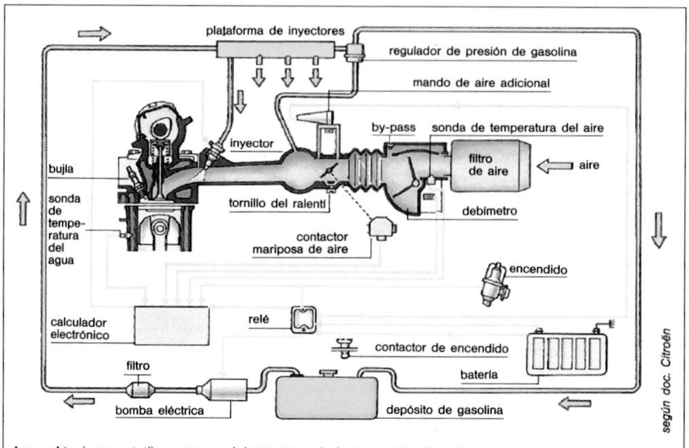


**inyección** (automóvil): esquema del principio de la inyección electrónica

**IONIZANTE** adj. Que produce iones.

**IONIZAR** v. tr. [**1g**]. Producir iones en un medio.

**IONOGRAMA** n. m. QUÍM. Fórmula que representa las concentraciones de los diferentes iones contenidos en un líquido orgánico.

**IONONA** n. f. Cetona dotada de un fuerte olor de violeta, que se emplea en perfumería.

**IONOSFERA** n. f. Conjunto de regiones de la alta atmósfera, aproximadamente entre 60 y 600 km, donde el aire está muy ionizado y, en consecuencia, es conductor de electricidad.

**IONOSFÉRICO, A** adj. Relativo a la ionosfera: *capas ionosféricas.*

**IOTA** n. f. Novena letra del alfabeto griego (ι), que indica la vocal cerrada larga o breve correspondiente a la *i* española.

**IOTACISMO** n. m. Itacismo.

**IOWA,** pueblo amerindio de la familia lingüística siux que habitaba en el curso bajo del Missouri, act. en reservas en Kansas y Oklahoma.

**I.P.C.,** siglas de *índice de precios al consumo.*

**IPECACUANA** n. f. Planta fruticosa, de tallos sarmentosos y raíz cilíndrica, torcida y llena de anillos, que crece en América Meridional. (Familia rubiáceas.) **2.** Raíz de esta planta.

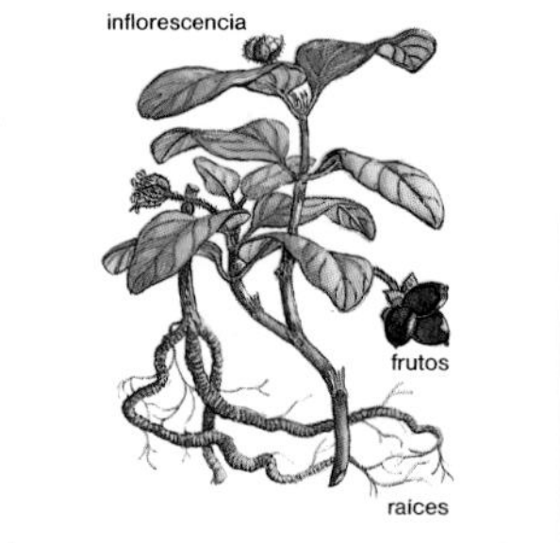


**ipecacuana**

**IPEGÜE** n. m. *Nicar.* y *Salv.* Lo que se da por añadidura a quien realiza una compra.

**IPERITA** n. f. Gas de guerra a base de sulfuro de etilo diclorado.

**IPIL** n. m. Planta arbórea, de gran tamaño, con hojas opuestas y aladas y flores en panoja, que suministra una madera dura y muy pesada, apreciada en ebanistería. (Familia cesalpiniáceas.)

**ÍPSILON** n. f. Vigésima letra del alfabeto griego (υ, Υ) que corresponde a la i griega del alfabeto español.

**IPSO FACTO** loc. (voces lat., *por el mismo hecho*). Inmediatamente, en el acto.

**IQUITO,** pueblo amerindio de lengua záparo, que vive cerca de Iquitos (Perú).

**IR** v. intr. y pron. [**18**]. Moverse hacia determinado lugar: *ir a París; ir al cine.* **2.** Moverse hacia determinado lugar del modo en que se expresa: *ir a pie; ir en coche.* ◆ v. intr. **3.** Asistir con regularidad a algún lugar: *los domingos va a misa.* **4.** Tener determinada dirección: *este tren va a Sevilla.* **5.** Extenderse entre dos límites o puntos: *la calle va desde el puente hasta la plaza.* **6.** *Fig.* Estar, funcionar, ser o suceder de la manera que se expresa: *el coche no va bien.* **7.** Cambiar, evolucionar: *el asunto va a mejor.* **8.** Llevar determinada prenda o adorno: *iba sin jersey; ir con sombrero.* **9.** *Fig.* Ser algo adecuado o conveniente para alguien: *este color no te va.* **10.** Seguido de la conjunción *y* y de un verbo, poner de relieve el significado de este verbo: *va y se enfada.* **11.** Valer: *¿da cuánto van las uvas?* **12.** Poner en juego: *en este asunto va su reputación.* • **Ir detrás,** intentar insistentemente conseguir algo de alguien. ‖ **¡Vamos!** o **¡vaya!** *(Fam.),* expresa desagrado o protesta; sorpresa; da énfasis a la palabra que acompaña: *¡vaya día!* ‖ **Vete a saber** o **vaya usted a saber,** expresa que no se percibe la motivación de algo. ◆ v. auxiliar. **13.** Con gerundio intensifica la significación durativa de éste: *se han ido cayendo.* **14.** Con la preposición *a* y un infinitivo, indica disposición o inminencia: *iba a salir, va a hablar.* ◆ **irse** v. pron. **15.** Dejar de estar donde se estaba: *se fue ayer.* **16.** Estarse muriendo: *el abuelo se nos va.* **17.** Salirse un líquido o un gas del recipiente en que está: *el agua se iba por una grieta del depósito.* **18.** Deslizarse una cosa o perder el equilibrio: *se me ha ido el pie.* **19.** Desaparecer una mancha o señal: *esta mancha no se va con alcohol.* **20.** Desaparecer o borrarse de la mente una imagen, recuerdo, etc. **21.** Producirse una manifestación física involuntaria: *me fui de la mano y le di un bofetón.*

**Ir,** símbolo químico del *iridio.*

**IRA** n. f. Irritación y enfado muy violento, con pérdida del dominio de sí mismo. **2.** *Fig.* Furia o violencia de los elementos. • **Ira regia** (HIST.), durante la edad media, en la península Ibérica, actuación real por la cual el soberano desterraba a un súbdito caído en desgracia. ‖ **Llenarse uno de ira** *(Fig.),* enfadarse, irritarse.

**IRACA** n. f. *Colomb.* Palma utilizada para tejer sombreros.

**IRACUNDIA** n. f. Calidad o estado de iracundo.

**IRACUNDO, A** adj. y n. Propenso a la ira o dominado por ella.

**IRANÍ** adj. y n. m. y f. De Irán.

**IRANIO, A** adj. y n. Relativo a unos pueblos de la familia lingüística indoeuropea que habitaban en la meseta de Irán, E de Asia Menor e Iraq, y se extendían hasta Asia central; individuo de estos pueblos. ◆ adj. y n. m. **2.** Dícese de un grupo de lenguas indoeuropeas que comprende el avéstico y derivados (persa, pasto, etc.).

**IRAQUÍ** adj. y n. m. y f. De Iraq. ◆ n. m. **2.** Dialecto árabe hablado en Iraq.

**IRASCIBILIDAD** n. f. Calidad de irascible.

**IRASCIBLE** adj. Propenso a irritarse.

**IRBIS** n. m. Felino de gran tamaño, que vive en las regiones frías y montañosas del norte y centro de Asia.

**IRÉNICO, A** adj. (gr. *eirēnikos,* pacífico). Relativo al irenismo.

**IRENISMO** n. m. Actitud pacificadora adoptada entre los cristianos de confesiones diferentes para estudiar los problemas que los separan.

**IRIBÚ** n. m. (voz guaraní). Zopilote.

**IRIDÁCEO, A** adj. y n. f. Relativo a una familia de plantas monocotiledóneas, generalmente de flores decorativas, como el gladiolo.

**ÍRIDE** n. f. BOT. Lirio hediondo.

**IRIDECTOMÍA** n. f. MED. Resección quirúrgica de una parte del iris.

**IRIDIADO, A** adj. Dícese de un metal aleado con iridio.

**IRÍDICO, A** o **IRIDIANO, A** adj. MED. Relativo al iris.

**IRIDIO** n. m. Metal (Ir) blanco, de número atómico 77, de peso atómico 192,22, muy duro y resistente a la acción de los agentes químicos, que funde a unos 2 400 °C, y se encuentra en algunos minerales de platino.

**IRIDISCENCIA** n. f. Calidad de iridiscente.

**IRIDISCENTE** adj. Que muestra o refleja los colores del arco iris.

**IRIRE** n. m. *Bol.* Calabaza ovoide en la que se toma chicha.

**IRIREAR** v. intr. [**1**]. *Bol.* Tomar chicha en irire.

**IRIS** n. m. ANAT. Membrana pigmentada del ojo, situada detrás de la córnea y delante del cristalino y atravesada por un orificio, la pupila. (Se comporta como un diafragma.) • **Diafragma iris** (FOT.), diafragma formado por numerosas laminillas comprendidas entre dos anillos, uno fijo y el otro móvil.

**IRISACIÓN** n. f. Acción y efecto de irisar. ◆ **irisaciones** n. f. pl. **2.** Vislumbre producida en las láminas metálicas delgadas cuando, candentes, se pasan por el agua.

**IRISADO, A** adj. Que presenta reflejos de diversos colores.

**IRISAR** v. intr. [**1**]. Presentar un cuerpo fajas variadas o reflejos de luz, con los colores del arco iris. ◆ v. tr. **2.** Hacer que un cuerpo tenga un aspecto semejante al del arco iris.

**IRISH COFFEE** n. m. (voz inglesa). Bebida compuesta de café muy caliente acompañado de whisky y cubierto de nata líquida. SIN.: *café irlandés.*

**IRITIS** n. f. MED. Inflamación del iris.

**IRLANDA** n. f. Cierto tejido de lana y algodón. **2.** Cierta tela fina de lino.

**IRLANDÉS, SA** adj. y n. De Irlanda. ◆ adj. **2. Café irlandés,** irish coffee. ◆ n. m. **3.** Lengua céltica hablada en Irlanda.

**IRMANDIÑO** o **HERMANDINO** n. m. Miembro de cualquiera de las diversas hermandades gallegas medievales. (V. parte n. pr.)

**IRONÍA** n. f. Burla fina y disimulada. **2.** Forma de expresión que consiste en modificar o cambiar el valor de las palabras, en hacer entender lo contrario de lo que se piensa. **3.** Oposición, contraste que parece una broma insultante: *las ironías del destino.*

**IRÓNICO, A** adj. Que denota o implica ironía, o concerniente a ella.

**IRONISTA** n. m. y f. Persona que habla o escribe con ironía.

**IRONIZAR** v. tr. [**1g**]. Hablar con ironía, ridiculizar.

**IROQUÉS, SA** adj. y n. Relativo a un pueblo amerindio que habitaba las orillas de los lagos Erie, Hurón y Ontario, así como el valle del San Lorenzo; individuo de este pueblo. ◆ n. m. **2.** Lengua hablada por los iroqueses y otras tribus (hurón, erie, conestoga y cherokee).

■ Lucharon contra los franceses, aliados de los hurones, de 1655 a 1701. Estaban organizados en cinco tribus o naciones. Act. viven en Quebec y en el est. de Nueva York. La lengua iroquesa se incluye en la familia hoka.

**IRPF** n. m. Siglas de *impuesto* sobre la renta de las personas físicas.*

**IRRACIONAL** adj. Que carece de razón: *animal irracional.* **2.** Opuesto a la razón o que va fuera de ella: *acto irracional.* **3.** MAT. Dícese del número que no puede expresarse como un cociente de dos números enteros.

**IRRACIONALIDAD** n. f. Calidad de irracional.

**IRRACIONALISMO** n. m. Actitud filosófica según la cual el mundo no es enteramente accesible al conocimiento. **2.** Actitud filosófica que pretende que la razón no tiene o no debe de tener un valor absoluto en la conducta humana.

**IRRACIONALISTA** adj. y n. m. y f. Relativo al irracionalismo; partidario del irracionalismo.

**IRRADIACIÓN** n. f. Acción y efecto de irradiar. **2.** Exposición a una radiación radiactiva, luminosa o a otros tipos de radiaciones. **3.** FISIOL. Fenómeno que se produce al incidir un estímulo de gran intensidad sobre varios elementos nerviosos, cuya irritación se transmite a las fibras nerviosas vecinas.

**IRRADIADOR, RA** adj. Que irradia.

**IRRADIAR** v. tr. **[1]**. Despedir un cuerpo radiaciones luminosas, térmicas, magnéticas, etc. **2.** *Fig.* Propagar una acción, efecto, influencia, etc.: *irradiar simpatía.* **3.** FÍS. Someter a una radiación.

**IRRAZONABLE** adj. No razonable.

**IRREAL** adj. No real, falto de realidad.

**IRREALIDAD** n. f. Calidad o condición de lo que es irreal.

**IRREALISMO** n. m. Falta de realismo. **2.** B. ART. Tendencia artística que consiste en expresarse sin referirse a la realidad.

**IRREALIZABLE** adj. Que no se puede realizar.

**IRREBATIBLE** adj. Que no se puede rebatir o refutar.

**IRRECONCILIABLE** adj. No reconciliable: *enemigos irreconciliables.*

**IRRECUPERABLE** adj. Que no se puede recuperar.

**IRRECUSABLE** adj. Que no se puede recusar: *pruebas irrecusables.*

**IRREDENTISMO** n. m. (ital. *irredentismo*). HIST. Movimiento italiano, posterior a 1870, que reivindicaba las tierras de Trentino, Istria y Dalmacia, y más tarde todos los territorios considerados como italianos. **2.** Movimiento nacionalista de reivindicación territorial.

**IRREDENTISTA** adj. y n. m. y f. Partidario del irredentismo.

**IRREDENTO, A** adj. Que permanece sin redimir: *pueblo irredento.*

**IRREDIMIBLE** adj. Que no se puede redimir.

**IRREDUCIBLE** adj. Que no se puede reducir. **2.** Que no se puede someter o conquistar. • **Fracción irreducible,** fracción cuyo numerador y denominador no tienen más divisor común que la unidad. || **Polinomio irreducible en un cuerpo K,** polinomio que no puede descomponerse en producto de polinomios con coeficientes en el cuerpo K.

**IRREDUCTIBLE** adj. Irreducible. **2.** CIR. Que no puede ser colocado de nuevo en su posición normal: *hernia irreductible.*

**IRREFLEXIÓN** n. f. Falta de reflexión, aturdimiento.

**IRREFLEXIVO, A** adj. Que no reflexiona: *persona irreflexiva.* **2.** Que se dice o hace sin reflexionar: *acción irreflexiva.*

**IRREFORMABLE** adj. Que no se puede reformar.

**IRREFRAGABLE** adj. Que no se puede contrarrestar.

**IRREFRENABLE** adj. Que no se puede refrenar.

**IRREFUTABILIDAD** n. f. Carácter de lo que es irrefutable.

**IRREFUTABLE** adj. Que no se puede refutar.

**IRREGULAR** adj. Que no es regular, simétrico, uniforme. **2.** Que no es conforme a la ley, regla, uso, etc., establecidos: *conducta irregular.* **3.** BOT. Dícese del cáliz o de la corola cuyas piezas no son iguales. **4.** LING. Que se aparta del tipo considerado como normal: *verbo irregular; plural irregular.* **5.** MAT. Dícese de la figura geométrica que no es regular. **6.** MIL. Dícese de los contingentes armados que colaboran en las operaciones de un ejército regular.

**IRREGULARIDAD** n. f. Calidad de irregular. **2.** *Fig.* y *fam.* Acción o conducta que constituye un delito o falta.

**IRRELEVANCIA** n. f. Calidad de irrelevante.

**IRRELEVANTE** adj. Que carece de importancia o significación: *suceso irrelevante.*

**IRRELIGIOSIDAD** o **IRRELIGIÓN** n. f. Calidad de irreligioso.

**IRRELIGIOSO, A** adj. y n. Falto de sentimientos religiosos o que descuida las prácticas de la religión. **2.** Falto de respeto a la religión.

**IRREMEDIABLE** adj. Que no se puede remediar.

**IRREMISIBLE** adj. Que no se puede remitir o perdonar.

**IRREMPLAZABLE** adj. No remplazable.

**IRRENUNCIABLE** adj. Que no se puede renunciar: *derechos irrenunciables.*

**IRREPARABLE** adj. Que no se puede reparar: *daños irreparables.*

**IRREPETIBLE** adj. Que no puede o debe ser repetido.

**IRREPRENSIBLE** adj. Que no merece reprensión.

**IRREPRESENTABLE** adj. Que no se puede representar: *obra teatral irrepresentable.*

**IRREPRIMIBLE** adj. Que no se puede reprimir: *deseo irreprimible.*

**IRREPROCHABILIDAD** n. f. Calidad de irreprochable.

**IRREPROCHABLE** adj. Que no tiene ninguna falta: *conducta irreprochable.*

**IRRESARCIBLE** adj. Que no se puede resarcir: *pérdida irresarcible.*

**IRRESCINDIBLE** adj. Que no puede rescindirse: *contrato irrescindible.*

**IRRESISTIBLE** adj. Dícese de aquello a lo que no se puede poner resistencia: *fuerza irresistible.* **2.** Inaguantable, insufrible, intolerable: *dolor irresistible.* **3.** *Fig.* Dícese de la persona de mucho atractivo o simpatía.

**IRRESOLUBLE** adj. Dícese de lo que no se puede resolver o determinar.

**IRRESOLUCIÓN** n. f. Falta de resolución.

**IRRESOLUTO, A** adj. y n. Que carece de resolución. **2.** Que no se decide en un caso determinado: *permanecer irresoluto ante un dilema.*

**IRRESPETUOSIDAD** n. f. Calidad de irrespetuoso.

**IRRESPETUOSO, A** adj. No respetuoso.

**IRRESPIRABLE** adj. Imposible o difícil de respirarse.

**IRRESPONSABILIDAD** n. f. Calidad de irresponsable. **2.** DER. Impunidad que resulta de no residenciar a los que son responsables.

**IRRESPONSABLE** adj. Carente de responsabilidad. **2.** Que actúa u obra sin tener en cuenta la responsabilidad.

**IRREVERENCIA** n. f. Calidad de irreverente. **2.** Dicho o hecho irreverente.

**IRREVERENCIAR** v. tr. **[1]**. Tratar con irreverencia, profanar.

**IRREVERENTE** adj. y n. m. y f. Irrespetuoso con las cosas respetables, especialmente las religiosas.

**IRREVERSIBILIDAD** n. f. Calidad de irreversible.

**IRREVERSIBLE** adj. Que no es reversible. **2.** Que sólo puede funcionar en un sentido: *mecanismo irreversible.* **3.** QUÍM. Dícese de la reacción que no está limitada por la reacción inversa, y se continúa hasta la desaparición de uno de los cuerpos reaccionantes.

**IRREVOCABILIDAD** n. f. Calidad de irrevocable.

**IRREVOCABLE** adj. Que no se puede revocar.

**IRRIGABLE** adj. Que se puede regar.

**IRRIGACIÓN** n. f. Acción y efecto de irrigar. **2.** FISIOL. Aportación de sangre a los tejidos por medio de los vasos sanguíneos. **3.** MED. Acción de hacer llegar un líquido a una zona enferma.

**IRRIGADOR, RA** adj. Que irriga. ◆ n. m. **2.** MED. Instrumento que se emplea para la práctica de enemas.

**IRRIGAR** v. tr. (lat. *irrigare*) **[1b]**. Regar. **2.** FISIOL. y MED. Efectuar la irrigación.

**IRRISIBLE** adj. Digno de risa y desprecio.

**IRRISIÓN** n. f. Burla insultante. **2.** *Fam.* Persona o cosa que es o puede ser objeto de esta burla.

**IRRISORIO, A** adj. Que mueve o provoca a risa y burla. **2.** Insignificante, de poca estimación.

**IRRITABILIDAD** n. f. Calidad de irritable. **2.** BIOL. Propiedad que posee una célula o un organismo de reaccionar frente a las excitaciones externas.

**IRRITABLE** adj. Que se irrita con facilidad. **2.** BIOL. Que posee la cualidad de la irritabilidad.

**IRRITACIÓN** n. f. Acción y efecto de irritar. **2.** BIOL. Estado producido por la acción de un estímulo o un agente irritante sobre la materia viva.

**IRRITADOR, RA** adj. y n. Que irrita.

**IRRITAMIENTO** n. m. Irritación.

**IRRITANTE** adj. Que causa irritación. **2.** DER. Que anula: *cláusula irritante.*

**IRRITAR** v. tr. y pron. **[1]**. Hacer sentir enfado violento o excitación. **2.** Producir algo en el cuerpo cierto escozor, enrojecimiento o ardor.

**IRRITATIVO, A** adj. Que produce irritación.

**ÍRRITO, A** adj. Dícese de lo que es nulo por imperativo de la ley.

**IRROGACIÓN** n. f. Acción y efecto de irrogar.

**IRROGAR** v. tr. y pron. **[1b]**. Causar un perjuicio o daño.

**IRROMPIBLE** adj. Que no se puede romper.

**IRRUIR** v. tr. **[29]**. Acometer con ímpetu, invadir un lugar.

**IRRUMPIR** v. intr. **[3]**. Entrar violentamente en un lugar.

**IRRUPCIÓN** n. f. Acción y efecto de irrumpir. **2.** Ataque brusco y violento: *una irrupción de cólera.*

**IRRUPTOR, RA** adj. Que hace irrupción.

**ISABELINO, A** adj. Relativo al período en que reinaron cualquiera de las soberanas que llevaron el nombre de Isabel en España o en Inglaterra. (Se conoce como *estilo isabelino* a las tendencias en la decoración desarrollado en España durante el reinado de Isabel II (1833-1868), que se concreta especialmente en el mobiliario, de clara influencia napoleónica [estilo Imperio], aunque de formas más sinuosas, y en la orfebrería. Asimismo suele denominarse *estilo isabelino* a la modalidad de gótico tardío español desarrollado durante el reinado de los Reyes Católicos. [V. parte n. pr.] En cambio, no se admite rotundamente la noción de un estilo vinculado a la reina Isabel I de Inglaterra, y se prefiere hacer referencia al *arte isabelino* o *elisabetano,* y al *teatro* y a la *música isabelinos.*) ◆ adj. y n. **2.** Dícese de la persona que perteneció a algún movimiento artístico, literario, etc., desarrollados en los períodos llamados isabelinos. **3.** Partidario de la reina Isabel II de España. ◆ adj. y n. f. **4.** Dícese de la moneda que lleva el busto de Isabel II de España.

**ISAGOGE** n. f. (gr. *eisagōgē*, de *eisagō*, introducir). Introducción, exordio.

**ISAGÓGICO, A** adj. Relativo a la isagoge.

**ISALÓBARA** n. f. Curva que une los puntos de la Tierra en que la presión atmosférica ha experimentado la misma variación entre dos observaciones consecutivas.

**ISALOTERMA** n. f. Curva que une los puntos de la Tierra donde las variaciones de la temperatura del aire son iguales en un tiempo dado.

**ISANÉMONA** n. f. Curva trazada sobre un mapa, que une los puntos en que el viento alcanza igual velocidad media.

**ISANGAS** n. f. pl. *Argent.* Espuertas usadas para el transporte de mercancías a lomo de bestias. **2.** *Perú.* Nasas para la pesca del camarón.

**ISANÓMALA** n. f. Curva que une todos los puntos de la Tierra que presentan la misma anomalía de un elemento meteorológico en relación con la media calculada sobre un círculo de latitud.

**ISATIS** n. m. Zorro ártico, más pequeño que el europeo, de pelo espeso, blanco en invierno y pardusco en verano.

**ISAURIO, A** o **ISÁURICO, A** adj. y n. Relativo a los Isaurios, dinastía de emperadores de Constantinopla. (V. parte n. pr.)

**ISBA** o **IZBÁ** n. f. (voz rusa). Nombre eslavo de la casa labriega, y, particularmente, de la choza forestal rusa.

**ISBN,** siglas de *international standard book number,* número de identificación internacional asignado a los libros.

**ISIACO, A** o **ISÍACO, A** adj. Relativo a Isis o a su culto. ◆ n. m. **2.** Sacerdote de Isis.

**ISLA** n. f. (lat. *insulam*). Porción de tierra rodeada enteramente de agua. **2.** Manzana de casas. **3.** *Fig.* Zona claramente diferenciada del espacio que le rodea: *isla peatonal.* **4.** *Fig.* Bosquecillo de árboles o matas, aislado en medio de un terreno no poblado. **5.** *Chile. Fig.* Terreno próximo a un río, que ha estado o que está a veces cubierto por las aguas.

**ISLAM** n. m. Religión de los musulmanes. **2.** Conjunto de los países en los que esta religión es la predominante.

■ El Islam, fundado por Mahoma en el s. VII, se extendió por Asia y, en menor medida, por África y Europa. Actualmente se calcula que hay en el mundo más de 800 millones de musulmanes. El Corán, que Alá reveló a Mahoma, es, junto con la tradición, el fundamento de la vida religiosa y política. El dogma fundamental del islam es un monoteísmo estricto. La ley canónica *(šarī'a)* establece los cinco deberes fundamentales (los «cinco pilares») de los creyentes: 1. La profesión de fe, o šahāda (no hay más Dios que Alá, y Mahoma es un enviado); 2. La plegaria ritual cinco veces al día; 3. El ayuno durante el ramadán; 4. La peregrinación a la Meca, o ḥaŷŷ, al menos una vez en la vida; 5. La limosna ritual. Esta ley comporta también prescripciones de orden político, jurídico, alimentario e higiénico. En las dos grandes tendencias del islam, el sunnismo y el chiismo, no hay clero, sino únicamente guías religiosos (ulemas, mullā) que interpretan la ley y velan por su aplicación.

**ISLÁMICO, A** adj. Relativo al islam.

**ISLAMISMO** n. m. Conjunto de dogmas y preceptos que constituyen la religión de Mahoma. **2.** Movimiento político-religioso que aspira a hacer del islam una verdadera ideología política.

**ISLAMITA** adj. y n. m. y f. Que profesa el islamismo.

**ISLAMIZACIÓN** n. f. Conversión al islam.

**ISLAMIZAR** v. intr. y pron. **[1g]**. Convertir al islam.

**ISLANDÉS, SA** adj. y n. De Islandia. ◆ n. m. **2.** Lengua del grupo nórdico hablada en Islandia.

**ISLARIO** n. m. Descripción de las islas de un mar, continente o nación. **2.** Mapa en que están representadas.

**ISLEÑO, A** adj. y n. De una isla. **2.** De las islas Canarias. **3.** *Colomb.* De las islas San Andrés y Providencia.

**ISLEO** n. m. Isla pequeña junto a otra mayor. **2.** Porción de terreno rodeado por todas partes de otro de distinta clase.

**ISLETA** n. f. Isla pequeña. **2.** *Argent.* Grupo de árboles aislados en medio de la llanura.

**ISLOTE** n. m. Isla pequeña y despoblada. **2.** Peñasco muy grande en el mar. ● **Islote nuclear,** en una central nuclear, conjunto de las instalaciones comprendidas en el edificio del reactor y en el edificio del combustible, así como de las diversas instalaciones auxiliares de la caldera nuclear y las destinadas al tratamiento de los efluentes y de los residuos. ‖ **Islotes de Langerhans** (ANAT.), pequeños grupos de células endocrinas diseminadas por el páncreas, que secretan la insulina.

**ISMAELITA** adj. y n. m. y f. Perteneciente a las tribus árabes de Transjordania, que según la Biblia descienden de Ismael, hijo de Abraham.

**ISMAILÍ** o **ISMĀ'ĪLÍ** adj. y n. m. y f. Relativo a una secta chiita que admite como último imán a Ismā'īl; miembro de esta secta.

**ISMO** n. m. Tendencia de orientación innovadora, principalmente en las artes, que se opone a la ya existente (futurismo, vanguardismo, dadaísmo).

**ISO,** escala de las sensibilidades de las emulsiones fotográficas adaptada internacionalmente en sustitución de las escalas ASA y DIN.

**ISOBARA** n. f. En un mapa meteorológico, línea que une los puntos de igual presión atmosférica. *(V. ilustración pág. 574.)*

**ISOBÁRICO, A** adj. De igual presión: *superficie isobárica.* **2.** Que tiene lugar a presión constante: *transformación isobárica.*

**ISOBARO, A** adj. Isobárico. ◆ adj. y n. m. **2.** Dícese de los núcleos que tienen el mismo número de masa pero diferentes números atómicos.

**ISOBÁTICO, A** adj. Que tiene igual profundidad.

**ISOBATO, A** adj. y n. f. Dícese de la línea que, en un mapa batimétrico, une los puntos de igual profundidad del fondo de los mares o los océanos.

**ISOCA** n. f. *Argent.* y *Par.* Nombre genérico dado a las larvas de varias familias de mariposas, que son muy perjudiciales para la agricultura. **2.** *Argent. Por ext.* En el lenguaje rural, cualquier larva de cuerpo blando y patas cortas.

**ISOCALÓRICO, A** adj. Dícese de los alimentos que con el mismo peso producen la misma cantidad de calorías. **2.** Dícese de la reacción en que se mantiene constante la temperatura.

**ISOCLINAL** adj. **Pliegue isoclinal** (GEOL.), pliegue cuyos dos flancos son paralelos.

**ISOCLINO, A** adj. Que tiene la misma inclinación magnética. ● **Línea isoclina,** línea que une los puntos de la superficie terrestre en que la inclinación magnética es igual.

**ISÓCORO, A** adj. Que corresponde a un volumen constante: *transformación isócora.*

**ISOCROMÁTICO, A** adj. De igual color.

**ISOCRONISMO** n. m. Cualidad de lo que es isócrono.

**ISÓCRONO, A** adj. De igual duración.

**ISODINAMIA** n. f. FISIOL. Equivalencia entre los alimentos, desde el punto de vista de la energía que aportan.

**ISODINÁMICO, A** adj. FISIOL. Relativo a la isodinamia. ◆ adj. y n. f. **2.** Dícese de la línea que une los puntos de la superficie terrestre en que la componente horizontal del campo magnético terrestre tiene igual valor.

**ISODONTIA** n. f. Igualdad de los dientes en tamaño y forma.

**ISOÉDRICO, A** adj. MINER. Que tiene facetas parecidas.

**ISOELÉCTRICO, A** adj. Dícese de un cuerpo eléctricamente neutro. ● **Punto isoeléctrico,** estado de un sistema coloidal cuyas partículas no son portadoras de cargas eléctricas.

**ISOENTRÓPICO, A** adj. Dícese de una transformación en el curso de la cual la entropía permanece constante.

**ISOGAMIA** n. f. Fusión entre dos gametos semejantes, que se efectúa en diversas especies de algas y de hongos inferiores.

**ISOGLOSA** n. f. LING. Línea imaginaria que une los lugares que presentan fenómenos lingüísticos análogos.

**ISÓGONO, A** adj. Que tiene los ángulos iguales. ◆ adj. y n. f. **2.** Dícese de la línea que une los puntos de la superficie terrestre que presentan la misma declinación magnética.

**ISOHIPSO, A** adj. y n. f. Dícese de la línea que

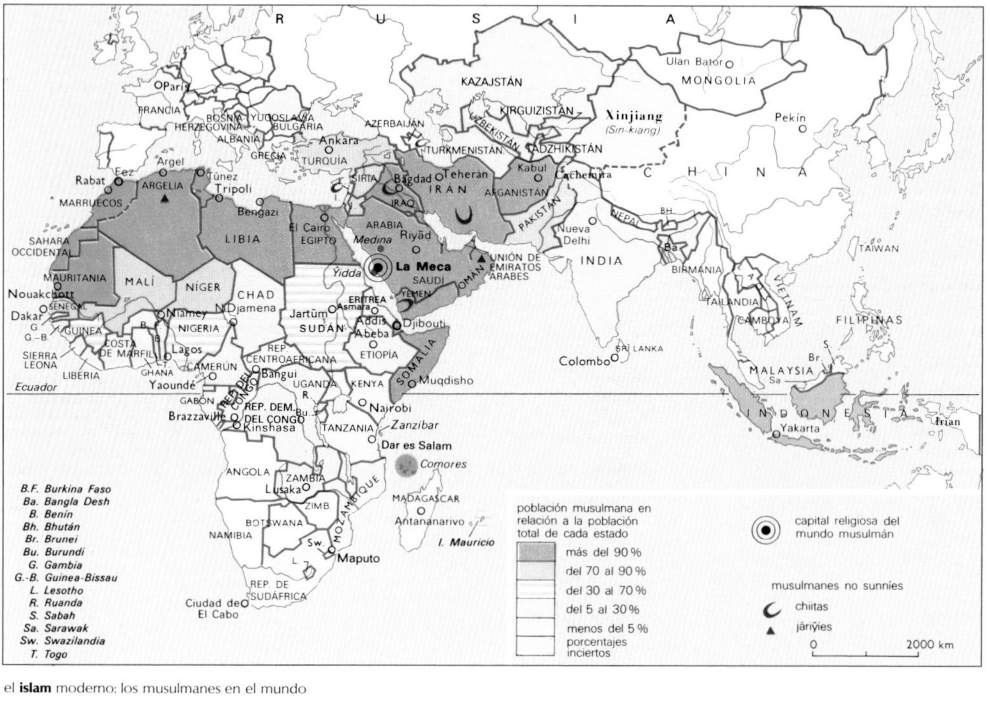


el **islam** moderno: los musulmanes en el mundo

El ribāt de Monastir (Tunicia), iniciado en 796. Convento y fortaleza, el ribāt es característico de los primeros tiempos del islam y del joven imperio árabe que defiende sus fronteras: todos fueron construidos entre los ss. VIII y IX.

La gran mezquita construida por el califa Ibn Tūlūn en El Cairo (876-879). Lugar de oración, la mezquita es el monumento esencial del islam, que la expansión religiosa implantó en todo el mundo islámico, con determinadas variantes regionales: iwān en Irán, juegos de cúpulas y semicúpulas en Turquía (mezquita de Selīm construida según planos de Sinan, en Edirne) o, como aquí, un patio abierto rodeado de pórticos según el prototipo árabe levantado en Damasco; (el alminar, de estructura helicoidal, está directamente inspirado en la *Malwiyya*, alminar de la gran mezquita de los abasíes de Sāmarrā [Irak]).

Mausoleo levantado en Āgrā (India), en 1628, por la esposa del emperador Ŷahāngir, para su padre I'timād al-Dawla. La blancura del mármol, los resaltos de piedras policromas, la delicadeza de los ventanales y claraboyas, todo aquí se hace eco del refinamiento y de la elegancia de la arquitectura mongol en la cual, junto con el estilo indomusulmán, se materializa la síntesis entre la influencia iraní y el gusto autóctono.

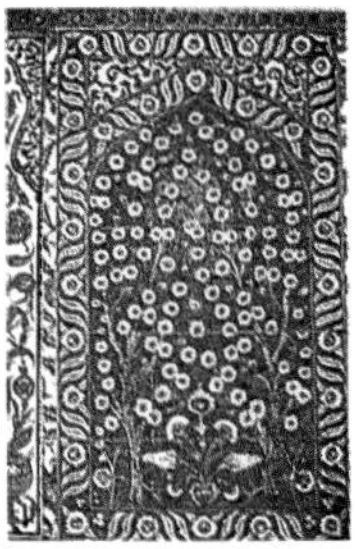

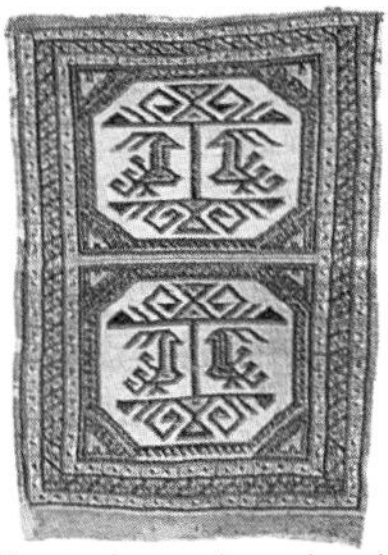

Detalle de la decoración de azulejos de Iznik (ss. XV-XVI), que adornan los salones del palacio de Topkapi en Istanbul, y que ilustran la exuberancia y la cualidad del estilo otomano. Originario de Irán, el arte del revestimiento mural con azulejos ha privilegiado principalmente el motivo floral, así como el arte del tapiz en la misma región. Por el contrario, los nómadas del Cáucaso y de Anatolia utilizaron el simbolismo y la estilización geométrica: como la decoración con tema animalístico (pájaros enfrentados a un lado y al otro de un árbol) que adorna este tapiz de lana del s. XV [abajo, a la derecha] procedente de Anatolia. (Museo de historia, Estocolmo.)

El mihrāb (965) de la gran mezquita omeya de Córdoba. Este elemento importante de la mezquita goza siempre de un cuidado particular. Su fachada se abre mediante un arco de herradura suntuosamente decorado de mosaicos con fondo de oro, estucos y placas de mármol. Contrasta la austeridad de la caligrafía cúfica, en la moldura y en el frontal, y las variaciones del tema floral, precursoras del arabesco.

el arte del **islam**

une los puntos de una superficie isobárica situados a la misma altitud.

**ISOIÓNICO, A** adj. Dícese de los sistemas que contienen la misma cantidad de iones.

**ISOMERASA** n. f. Enzima productor de isomerizaciones.

**ISOMERÍA** n. f. Carácter de los cuerpos isómeros.

**ISOMÉRICO, A** adj. Relativo a la isomería. **2.** Que presenta el carácter de los cuerpos isómeros.

**ISOMERIZACIÓN** n. f. Transformación en un compuesto isómero.

**ISOMERIZAR** v. tr. [**1g**]. Transformar por isomerización.

**ISÓMERO, A** adj. y n. m. Que tiene la misma composición química y la misma masa molecular, pero con diferentes propiedades y estructura atómica.

**ISOMETRÍA** n. f. MAT. Transformación isométrica.

**ISOMÉTRICO, A** adj. Dícese de una transformación puntual que conserva la distancia entre dos puntos cualesquiera. **2.** De dimensiones iguales: *cristales isométricos.* **3.** Dícese de un procedimiento de miografía en el que se registran las variaciones de tensión del músculo excitado, manteniendo éste su longitud.

**ISOMORFISMO** n. m. Carácter de los cuerpos isomorfos. **2.** MAT. Morfismo definido por una aplicación biyectiva.

**ISOMORFO, A** adj. MAT. Dícese de los conjuntos entre los que existe una relación de isomorfismo. **2.** MINER. Dícese de los cuerpos que pueden formar cristales mixtos en cualquier proporción. **3.** QUÍM. Que presenta la misma forma cristalina.

**ISONIACIDA** n. f. Denominación de un importante medicamento antituberculoso.

**ISÓPODO, A** adj. y n. m. Relativo a un orden de crustáceos, a veces terrestres, con siete pares de patas semejantes.

**ISOPRENO** n. m. Hidrocarburo dietilénico utilizado en la fabricación de numerosos polímeros.

**ISÓPTERO, A** adj. y n. m. Relativo a un orden de insectos de alas iguales y boca masticadora, como las termes.

**ISOQUÍMENO, A** adj. y n. f. Dícese de la línea que une los puntos del globo de igual temperatura media en invierno.

**ISÓSCELES** adj. MAT. Que tiene dos lados iguales: *triángulo isósceles.* • **Trapecio isósceles,** trapecio cuyos lados no paralelos son iguales. ‖ **Triedro isósceles,** triedro que tiene dos caras o dos diedros iguales.

**ISOSILÁBICO, A** adj. Que tiene el mismo número de sílabas.

**ISOSTASIA** n. f. Teoría según la cual las diferentes capas de la corteza terrestre se mantienen en equilibrio relativo gracias a sus diferencias de densidad.

**ISOSTÁTICO, A** adj. Relativo a la isostasia.

**ISOTERMIA** n. f. Homeotermia.

**ISOTÉRMICO, A** adj. Dícese del proceso en que la temperatura permanece constante. SIN.: *homeotérmico.*

**ISOTERMO, A** adj. FÍS. De igual temperatura. ◆ adj. y n. f. **2.** METEOROL. Dícese de la línea que une

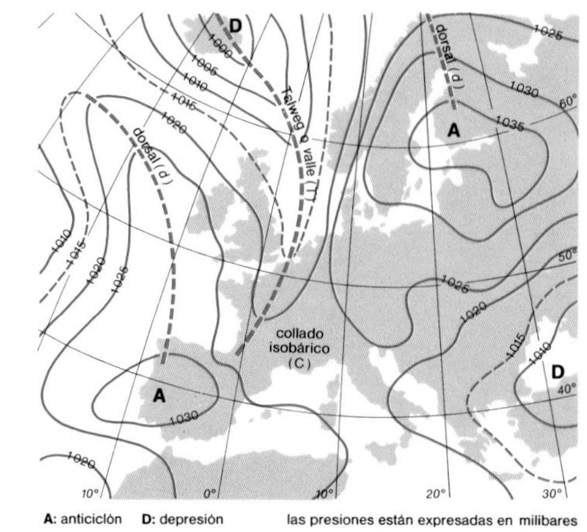

isobaras

los puntos de temperatura media idéntica durante un período considerado.

**ISOTERO, A** adj. y n. f. METEOROL. Dícese de las isotermas medias de verano.

**ISOTONÍA** n. f. FÍS. Equilibrio molecular de dos soluciones separadas por una membrana permeable y que tienen la misma presión osmótica.

**ISOTÓNICO, A** adj. FÍS. Dícese de una solución que, con la misma concentración molecular que otra, tiene la misma presión osmótica que la primera. • **Solución isotónica** (MED.), solución que tiene la misma concentración molecular que el plasma sanguíneo.

**ISOTÓPICO, A** adj. Relativo a los isótopos. • **Generador isotópico,** generador de corriente eléctrica que utiliza como fuente de energía las radiaciones emitidas por los radioelementos.

**ISÓTOPO** n. m. Nombre que se da a los átomos de un mismo elemento químico que no se distinguen más que por las masas de sus núcleos. • **Isótopo radiactivo,** radioisótopo.

**ISOTROPÍA** n. f. Carácter de un medio isótropo.

**ISÓTROPO, A** adj. FÍS. Dícese del medio cuyas propiedades físicas son idénticas en todas las direcciones.

**ISOYETO, A** o **ISOHIETO, A** adj. y n. f. METEOROL. Dícese de una línea que une los puntos de una región en los que las precipitaciones medias son iguales durante el período que se considera.

**ISQUEMIA** n. f. MED. Disminución brusca e intensa de la circulación sanguínea en un órgano o un tejido.

**ISQUEMIAR** v. tr. y pron. **[1]**. PATOL. Producir una isquemia en un tejido determinado.

**ISQUÉMICO, A** adj. MED. Relativo a la isquemia.

**ISQUIÁTICO, A** adj. ANAT. Relativo a la cadera o al isquion.

**ISQUION** n. m. ANAT. Uno de los tres huesos que forman el hueso ilíaco.

**ISRAELÍ** adj. y n. m. y f. Del Estado de Israel.

**ISRAELITA** adj. y n. m. y f. Relativo al pueblo de Israel; individuo de dicho pueblo.

**ISRAELÍTICO, A** adj. Relativo a Israel.

**ISSA,** pueblo de Djibouti y Somalia, que habla una lengua cusita.

**ISSN,** siglas de *international standard serial number,* número de identificación internacional asignado a las publicaciones periódicas.

**ISTAPACLE** n. m. *Méx.* Planta apocinácea usada como purgante.

**ISTMEÑO, A** adj. y n. Natural u originario de un istmo.

**ÍSTMICO, A** adj. Relativo a un istmo.

**ISTMO** n. m. (lat. *isthmum*). Estrecha lengua de tierra que une dos continentes o una península con un continente. **2.** ANAT. Nombre dado a ciertas partes estrechas de una región o de un órgano.

**ITACATE** n. m. *Méx.* Provisiones alimenticias que se llevan para el viaje.

**ITACISMO** n. m. Evolución hacia el sonido *i* de vocales o diptongos, proceso que se manifiesta particularmente en el griego posclásico, y que afecta a los sonidos *e* larga, *u, ei* y *oi* del griego clásico. SIN.: *iotacismo.*

**ITALIANISMO** n. m. Giro o modo de hablar propio de la lengua italiana. **2.** Palabra o giro de la lengua italiana incorporado a otra lengua. **3.** Afición por las cosas italianas.

**ITALIANIZANTE** adj. B. ART. Que se inspira en los estilos de Italia.

**ITALIANIZAR** v. tr. y pron. **[1g]**. Comunicar o tomar costumbres italianas.

**ITALIANO, A** adj. y n. De Italia. ◆ n. m. **2.** Lengua románica hablada en Italia.

■ El italiano, la lengua vernácula de Italia desde hace relativamente poco tiempo, es en realidad el dialecto toscano elevado a la categoría de lengua literaria por los grandes escritores del renacimiento florentino (Dante, Petrarca y Boccaccio). Durante largo tiempo fue únicamente una lengua escrita, evolucionó poco desde el s. XIII y ha permanecido más próxima a sus orígenes que las demás lenguas románicas. El italiano contemporáneo es una lengua en plena evolución. Los numerosos dialectos siguen siendo muy utilizados. Se distribuyen en cuatro grandes grupos: los del N, los del centro, los del S y los de Cerdeña.

**ITÁLICO, A** adj. y n. Dícese de los pueblos indoeuropeos que penetraron en Italia en el II milenio, y también de sus lenguas. **2.** Dícese del carácter, o de la letra, de imprenta ligeramente inclinado hacia la derecha, que fue creado en Venecia, hacia 1500, por Aldo Manucio. SIN.: *italiota.*

**ÍTALO, A** adj. y n. *Poét.* Italiano.

**ITALOGÓTICO, A** adj. Dícese del estilo de la segunda etapa de la pintura gótica española (s. XIV), caracterizado por el influjo de la pintura toscana.

**ÍTEM** adv. (lat. *item*). Además, igualmente. **2.** En una escritura u otro instrumento, indica distinción de artículos o capítulos, o adición. ◆ n. m. **3.** *Fig.* Aditamento, añadidura. **4.** INFORMÁT. Cada uno de los elementos de que consta un conjunto de informaciones procesables por ordenador. **5.** INFORMÁT. Colección de caracteres tratados como una unidad lógica de información en un programa.

**ITERABLE** adj. Capaz de repetirse.

**ITERACIÓN** n. f. Acción y efecto de iterar. **2.** INFORMÁT. Cada una de las sucesivas ejecuciones de un bucle durante el desarrollo de un programa.

**ITERAR** v. tr. **[1]**. Repetir.

**ITERATIVO, A** adj. Que tiene la condición de repetirse o de reiterarse: *acto iterativo.* ◆ adj. y n. m. **2.** LING. Dícese de un verbo que indica una acción que se repite, como parpadear, vociferar. SIN.: *frecuentativo.*

**ITERBIO** n. m. Metal (Yb) de número atómico 70, de masa atómica 173,04, del grupo de las tierras raras.

**ITIFÁLICO, A** adj. B. ART. Que representa un falo en erección: *estatua itifálica.*

**ITIFALO** n. m. Figura que representaba un falo en erección.

**ITINERANTE** adj. Que se desplaza para ejercer una función determinada. • **Agricultura itinerante** (GEOGR.), desplazamiento de las áreas de cultivo y, a menudo, del hábitat, característico de las regiones tropicales, donde el suelo se agota rápidamente.

**ITINERARIO, A** adj. (lat. *itinerarium,* der. de *iter,* camino). Relativo a caminos. • **Medida itineraria** (TOP.), evaluación de una distancia. ◆ n. m. **2.** Descripción o guía de un viaje, expedición, etc., con una serie de datos geográficos o turísticos referentes a él: *establecer un itinerario.* **3.** Ruta que se sigue para llegar a un lugar.

**ITRIA** n. f. Óxido natural de itrio $Y_2O_3$, sustancia blanca, terrosa e insoluble en agua.

**ITRIALITA** n. f. Silicato natural de itrio y torio.

**ITRIO** n. m. Metal (Y) de número atómico 39, y masa atómica 88,059, del grupo de las tierras raras, que acompaña al cerio en la mayoría de sus minerales.

**ITZÁ,** pueblo amerindio del grupo maya, que vive en el Petén (N de Guatemala y Belice). Procedentes del SO del Yucatán, fundaron la c. de Chichén Itzá. En el s. X se unieron con los toltecas (esplendor de Chichén Itzá). Del s. XIII al XV estuvieron sometidos por los mayas. Lucharon contra los españoles, que sólo impusieron su dominio en la región en 1697.

**ITZCUINTLI** n. m. (voz náhuatl, *perro*). Décimo de los veinte signos del calendario azteca.

**IUS** n. m. (voz latina, *derecho*). DER. ROM. Todo aquello que se consideraba lícito.

**IVA** n. f. Planta herbácea, que crece en los barbechos y lugares incultos, secos y pedregosos de las regiones templadas, exhala un olor aromático, resinoso, y se usa como astringente, aperitivo y tónico. (Familia labiadas.)

**I.V.A.** n. m. Siglas de *impuesto sobre el valor añadido.*

**IXIL,** pueblo amerindio de Guatemala, del grupo mam, de la familia lingüística maya-zoque.

**IXTLE** n. m. *Méx.* Especie de agave y fibra textil que proporciona.

**IZA** n. f. *Vulg.* Prostituta.

**IZADA** n. f. Acción y efecto de izar.

**IZADO** n. m. Izada.

**IZAGA** n. f. Lugar donde hay muchos juncos.

**IZAPÍ** n. m. Planta arbórea que crece en Misiones, Argentina, en la estación de calor, y despide de sus hojas un abundante rocío que refresca el suelo.

**IZAR** v. tr. (fr. *hisser*) **[1g]**. Elevar una cosa tirando de la cuerda, cable, etc., a que está sujeta: *izar las velas; izar una bandera.*

**IZBÁ** n. f. Isbá.

**IZOTE** n. m. Planta arbórea de América Central, de hasta 10 m de alt., con hojas en abanico, largas y fuertes, y flores muy olorosas, blancas o verdosas, que se cultiva en jardinería y cuyas hojas y capullos carnosos son comestibles. (Familia liliáceas.)

**IZQUIERDA** n. f. Lo que está situado con respecto al hombre al lado del corazón: *sentarse a la izquierda.* **2.** Conjunto de grupos y partidos que profesan opiniones avanzadas, por oposición a la derecha, conservadora. • **Extrema izquierda,** partido político o fracción de una asamblea con la opinión de izquierda más radical.

**IZQUIERDISMO** n. m. Doctrina o actitud de los grupos políticos de izquierda.

**IZQUIERDISTA** adj. y n. m. y f. Relativo a la izquierda política; partidario de la izquierda política. **2.** Relativo al izquierdismo.

**IZQUIERDO, A** adj. Dícese de las partes del cuerpo situadas del lado del corazón: *ojo izquierdo; mano izquierda.* **2.** Dícese de lo que está situado, con respecto al hombre, del lado del corazón: *zapato izquierdo.* **3.** Dícese del lado de un objeto que está situado, con relación a su parte anterior, como en el hombre la parte del cuerpo en relación al lado del corazón: *el ala izquierda del palacio.* **4.** Dícese de la parte de un río que queda a la izquierda de quien se coloca mirando hacia donde corren las aguas: *margen, orilla izquierda.*

# J

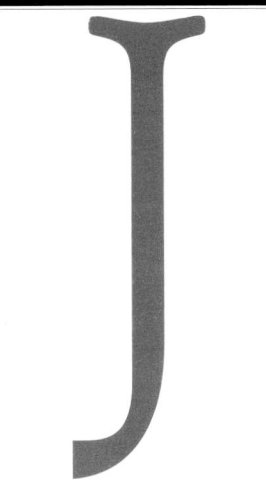

**J** n. f. Décima letra del alfabeto español y séptima de sus consonantes. (Es una fricativa velar sorda.) **2.** Símbolo del *julio.*

**¡JA!** Voz onomatopéyica con que se imita la risa. (Suele usarse repetida.)

**JABA** n. f. *Amér.* Especie de cajón enrejado en que se transportan útiles domésticos. **2.** *Chile.* Cajón lleno de piedras que se pone en la ribera de los ríos para impedir su desborde. **3.** *Chile. Fig., vulg.* y *desp.* Boca. **4.** *Cuba.* Especie de cesta hecha de tejido de junco o yagua. **5.** *Cuba.* Cualquier bolsa de plástico para llevar a mano.

**JABALCÓN** o **JABALÓN** n. m. ARQ. Madero ensamblado en uno vertical para apear otro horizontal o inclinado.

**JABALCONAR** o **JABALONAR** v. tr. [**1**]. Poner jabalcones en una armadura.

**JABALÍ** n. m. (ár. *ŷabalī).* Mamífero común en los montes de España, parecido al cerdo, del cual se distingue por tener la cabeza más aguda, la jeta más prolongada y colmillos muy desarrollados que sobresalen de los labios.

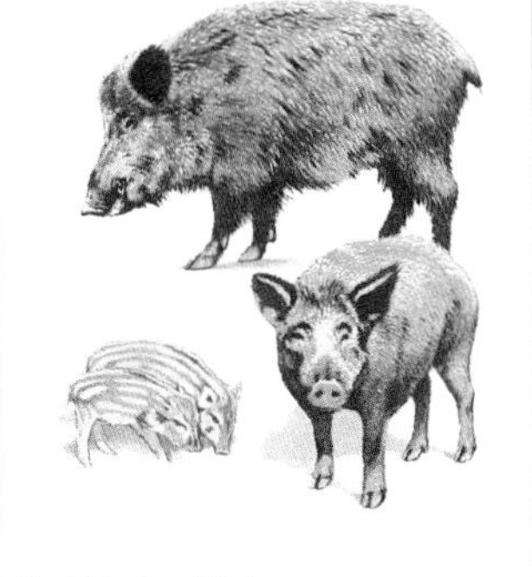

**jabalí, jabalina** y **jabatos**

**JABALINA** n. f. (fr. *javeline*). Especie de lanza, arma arrojadiza de los pueblos antiguos. **2.** Instrumento para lanzar, en forma de asta, usado en atletismo.

**JABALINA** n. f. Hembra del jabalí.

**JABARDEAR** v. intr. [**1**]. Dar jabardos las colmenas.

**JABARDILLO** n. m. Enjambre, conjunto de insectos. **2.** *Fig.* y *fam.* Aglomeración de gente.

**JABARDO** n. m. Enjambre pequeño que se separa de una colmena. **2.** Jabardillo, aglomeración de gente.

**JABATO, A** adj. y n. Valiente, bravo. ◆ n. m. **2.** Cachorro de jabalí.

**JABEAR** v. tr. [**1**]. *Guat.* Robar, hurtar.

**JÁBEGA** o **JÁBECA** n. f. Arte de pesca cerca de la costa de 150 a 200 m de long., compuesto de un copo y dos bandas. **2.** Embarcación menor a remos, utilizada para calar el arte homónimo, usada en Andalucía.

**JABEGOTE** n. m. Cada uno de los hombres que tiran de los cabos del arte de jábega.

**JABEGUERO, A** adj. Relativo al arte de jábega. ◆ n. m. **2.** Pescador que usa el arte de jábega.

**JABEQUE** n. m. (ár. *sābbāk*). Embarcación de perfil muy fino, que podía navegar a remo o a vela y llevaba tres palos con velas latinas y un foque.

**JABERA** n. f. Canción popular andaluza, en compás de 3/8, integrada por una introducción instrumental, parecida a la malagueña, y una copla.

**JABÍ** adj. y n. m. Dícese de una especie de manzana silvestre. **2.** Dícese de una especie de uva pequeña de Granada.

**JABÍ** n. m. Planta arbórea maderable que crece en América. (Familia cesalpiniáceas.)

**JABILLA** n. f. Planta arbórea que se emplea para la ornamentación de plazas y jardines. (Crece en Cuba y México.)

**JABILLO** n. m. Planta arbórea, de madera blanda empleada en la construcción de embarcaciones de pequeño calado. (Familia euforbiáceas.)

**JABINO** n. m. Variedad enana del enebro.

**JABIRÚ** n. m. Ave zancuda parecida a la cigüeña, que habita en las regiones cálidas.

lanzamiento de **jabalina**

**JABLANDERA** n. f. Instrumento que sirve para hacer el jable de los toneles.

**JABLE** n. m. (voz francesa). Ranura practicada en las duelas de los toneles y en la que se encajan las tiestas.

**JABLE** n. m. Cultivo sobre arena en las dunas.

**JABÓN** n. m. Producto obtenido por la acción de una base sobre un cuerpo graso, utilizado para lavar. **2.** *Argent., Méx.* y *Urug. Fam.* Miedo, susto. • **Dar jabón** *(Fam.),* adular.

**JABONADA** n. f. Aplicación de jabón a una cosa para lavarla. **2.** *Fig.* y *fam.* Reprimenda. **3.** *Chile.* Jabonado.

**JABONADO** n. m. Acción y efecto de jabonar. **2.** *Chile.* Reprimenda, regañina. **3.** *Chile.* Jabonadura.

**JABONADOR, RA** adj. Que jabona o sirve para jabonar.

**JABONADORA** n. f. *Colomb.* Lavandera.

**JABONADURA** n. f. Jabonado. **2.** Jabonada. • **Dar a alguien una jabonadura** *(Fam.),* reprenderle duramente. ◆ **jabonaduras** n. f. pl. **3.** Agua que queda mezclada con el jabón y su espuma. **4.** Espuma que se forma al jabonar.

**JABONAR** v. tr. [**1**]. Enjabonar. **2.** *Fig.* y *fam.* Reprender duramente. ◆ v. tr. y pron. **3.** Humedecer la barba con agua jabonosa para afeitarla.

**JABONCILLO** n. m. Pastilla de jabón aromatizado. **2.** Planta arbustiva de fruto carnoso cuya pulpa contiene saponina. (Familia sapindáceas.) **3.** *Amér.* Árbol de la familia de las sapindáceas, de flores amarillentas y fruto carnoso y amargo parecido a la cereza. **4.** *Cuba.* Planta amarantácea. • **Jaboncillo de sastre,** pequeña pieza de esteatita de diversos colores que se emplea para hacer señales en las telas.

**JABONERA** n. f. Recipiente donde se deposita o guarda el jabón. **2.** Planta de flores rosas, que crece en lugares húmedos y cuyo tallo y raíces contienen saponina, que forma espuma con el agua igual que el jabón. (Familia cariofiláceas.)

**jabonera**

**JABONERÍA** n. f. Establecimiento donde se hace o vende jabón.

**JABONERO, A** adj. Relativo al jabón. ◆ adj. y n. **2.** TAUROM. Dícese de la res de pelo blanco sucio o amarillento. ◆ n. **3.** Persona que fabrica o vende jabón.

**JABONETA** n. f. Jabonete.

**JABONETE** n. m. Jaboncillo o pastilla de jabón aromatizado. SIN.: *jabonete de olor.*

**JABONOSO, A** adj. Que contiene jabón o es de la naturaleza del jabón.

**JABORANDI** n. m. (fr. *jaborandi*). Planta arbustiva de Brasil y Paraguay, cuyas hojas se utilizan como fuente de policarpina en terapéutica.

**JABOTÍ** n. m. *Amér.* Tortuga terrestre de carne comestible.

**JACA** n. f. Caballo de poca alzada. **2.** Yegua, hembra del caballo. **3.** *Argent.* Gallo de pelea al que se le dejan crecer los espolones. **4.** *Perú.* Yegua de poca alzada.

**JACAL** n. m. *Méx.* y *Venez.* Choza o casa humilde.

**JACALÓN** n. m. *Méx.* Cobertizo, tinglado.

**JACAMAR** n. m. Ave suramericana de colores brillantes y pico negro, que vive en los bosques umbrosos, cerca de las zonas acuáticas. (Familia galbúlidos.)

**JACAPA** n. m. Pájaro que vive en los bosques de América Meridional. (Familia tráupidos.)

**JACAPUCAYO** n. m. *Argent.* Planta arbórea que produce un fruto llamado vulgarmente olla de mono, que contiene semillas oleaginosas, gruesas y comestibles. (Familia lecitidáceas.)

**JÁCARA** n. f. Romance que trataba de la vida de malhechores y rufianes, escrito en la jerga de los bajos fondos de la sociedad. **2.** Fig. y *fam.* Molestia o fastidio. **3.** *Fig.* y *fam.* Razonamiento, parrafada. **4.** MÚS. Música para cantar o bailar en la escena. **5.** MÚS. Danza que se bailaba al son de esta música.

**JACARANDÁ** n. m. *Amér.* Árbol de la familia de las bignoniáceas, cuya madera es muy estimada en ebanistería.

**JACARANDOSO, A** adj. *Fam.* Alegre, desenvuelto, que tiene donaire.

**JACAREAR** v. intr. **[1]**. Cantar jácaras. **2.** *Fig.* y *fam.* Andar por las calles cantando o haciendo bulla. **3.** *Fig.* y *fam.* Molestar a alguien con palabras impertinentes.

**JACARERO, A** n. *Fam.* Persona alegre y amiga de juergas y bromas.

**JACARISTA** n. m. y f. Jacarero. **2.** Autor de jácaras.

**JÁCARO, A** adj. Dícese de los actos, palabras, etc., del fanfarrón. ◆ n. **2.** Fanfarrón, bravucón.

**JÁCENA** n. f. Viga maestra. **2.** Cada una de las vigas principales, de gran sección, que dan apoyo a las viguetas o vigas secundarias y transmiten las cargas a los pilares.

**JACERINA** n. f. En la edad media, cota de malla de acero muy fina.

**JACETANO, A** adj. y n. De Jaca.

**JACHADO, A** adj. *Hond.* Dícese del que tiene una cicatriz producida por herida de arma blanca.

**JACHALÍ** n. m. *Amér.* Planta arbórea de fruto aromático y sabroso y de madera dura, muy apreciada en ebanistería.

**JACILLA** n. f. Señal que deja una cosa sobre la tierra en que ha estado por algún tiempo.

**JACINTINO, A** adj. *Poét.* De color violado.

**JACINTO** n. m. Planta bulbosa una de cuyas especies del Asia Menor se cultiva por sus flores en racimos ornamentales. (Familia liliáceas.) **2.** Flor de esta planta. **3.** Piedra preciosa, variedad del circón, de color rojo amarillento.

**JACK** n. m. (voz inglesa). Conjuntor.

**JACO** n. m. Caballo pequeño rechoncho y poco apreciado. **2.** En el lenguaje de la droga, heroína.

**JACOBEO, A** adj. Relativo al apóstol Santiago: *peregrinación jacobea.*

**JACOBINISMO** n. m. Doctrina democrática y centralizadora profesada durante la Revolución francesa por los jacobinos. **2.** *Por ext.* Opinión democrática radical.

**JACOBINO, A** adj. Relativo al período en que reinó Jacobo I de Inglaterra. ◆ adj. y n. **2.** Relativo al club de los jacobinos; miembro de dicho club. **3.** *Por ext.* Partidario acérrimo de la democracia política. ◆ n. **4.** Nombre dado durante mucho tiempo en Francia a los religiosos y religiosas dominicos.

**JACOBITA** adj. y n. m. y f. Relativo al partido legitimista escocés e inglés que, después de la revolución de 1688, defendió la causa de Jacobo II y de los Estuardo; miembro de dicho partido. **2.** REL. Dícese de la iglesia oriental monofisita, llamada oficialmente *siria ortodoxa*; miembro de dicha iglesia.

**JACQUARD** n. m. Máquina de tejer inventada por Jacquard.

**JACQUEZ** n. m. Vid norteamericana de fruto negro, usada en la reconstitución de las cepas españolas.

**JACTABUNDO, A** adj. Jactancioso.

**JACTANCIA** n. f. Calidad de jactancioso. **2.** Actitud o acción jactanciosa: *hablar sin jactancia.*

**JACTANCIOSO, A** adj. y n. Que se jacta: *es persona más jactanciosa que valiente.* ◆ adj. **2.** Dícese de la acción o actitud con que alguien se jacta: *palabras jactanciosas.*

**JACTARSE** v. pron. (lat. *iactare*) **[1]**. Presumir de algo que uno tiene o se atribuye, sea o no motivo de enorgullecimiento: *se jacta de saber más que todos.*

**JACÚ** n. m. *Bol.* Alimentos que como el pan, yuca, plátano, etc., se comen acompañando a otros.

**JACULATORIA** n. f. Oración breve y fervorosa.

**JACULATORIO, A** adj. (lat. *iaculatorium*). Breve y fervoroso.

**JÁCULO** n. m. Dardo, arma arrojadiza.

**JACUZZI** n. m. (marca registrada). Piscina pequeña equipada con chorros de agua a presión que crean unas burbujas relajantes.

**JADE** n. m. (fr. *jade*). Silicato natural de aluminio, calcio y magnesio, usado como piedra preciosa, de color verde, más o menos oscuro, y brillo lechoso, muy utilizado en el arte oriental, especialmente el chino.

**JADEANTE** adj. Que jadea.

**JADEAR** v. intr. **[1]**. Respirar con dificultad o entrecortadamente por efecto de cansancio, calor, enfermedad, etc.

**JADEÍTA** n. f. Silicato natural de aluminio y sodio.

**JADEO** n. m. Respiración rítmica, superficial y entrecortada.

**JAÉN** adj. y n. f. Dícese de una uva blanca de hollejo grueso y duro. **2.** Dícese de la vid y del viduño que la producen.

**JAENÉS, SA** adj. y n. Jiennense.

**JAEZ** n. m. (ár. *ŷehēz*, ajuar, arnés). Cualquier adorno que se pone a las caballerías. **2.** Cualidad o propiedad de algo o alguien: *gente de semejante jaez resulta indeseable.*

**JAEZAR** v. tr. **[1g]**. Enjaezar.

**JAFÉTICO, A** adj. Relativo a cualquiera de los pueblos o razas de Europa que, según una antigua clasificación, actualmente abandonada, se suponían descendientes de Jafet.

**JAGO** n. m. Palmera americana de interés alimenticio. (Familia palmáceas.)

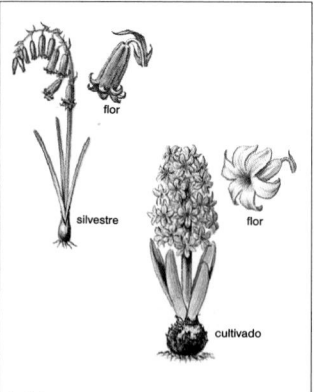

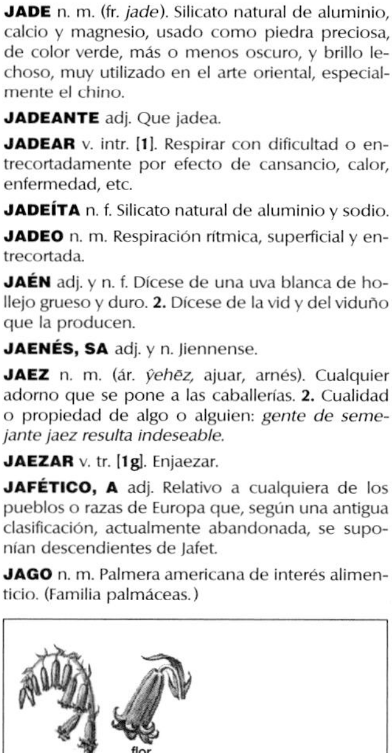

jacintos

**JAGUA** n. f. (voz araucana). Planta arbórea de América intertropical, de flores blanco amarillentas y fruto drupáceo de regular tamaño con pulpa agridulce. (Familia rubiáceas.) **2.** Fruto de esta planta. **3.** *Colomb.* Variedad de frijol.

**JAGUAR** n. m. Yaguar.

**JAGUARETÉ** n. m. *Argent., Par.* y *Urug.* Yagaraté.

**JAGUAY** n. m. *Cuba.* Planta arbórea empleada en ebanistería. (Familia mimosáceas.)

**JAGÜEL** n. m. *Amér. Merid.* Jagüey.

**JAGÜEY** n. m. *Amér.* Balsa, pozo o zanja llena de agua, ya artificialmente, ya por filtraciones del terreno. **2.** *Amér.* Balsa o depósito natural de agua que se emplea como abrevadero. **3.** *Cuba.* Bejuco de la familia de las moráceas que crece enlazándose con otro árbol, al cual mata.

**JAHARÍ** adj. Dícese de una especie de higos que se crían en Andalucía.

**JAHARRAR** v. tr. **[1]**. Cubrir con una capa de yeso o mortero el paramento de una pared.

**JAHARRO** n. m. Acción y efecto de jaharrar.

**JAIBA** n. f. *Chile* y *Méx.* Cangrejo de río. **2.** *Chile.* Cámbaro. ◆ adj. y n. m. y f. *Cuba.* Perezoso. **3.** *Cuba, Méx.* y *P. Rico.* Astuto, taimado.

**JAILOSO, A** adj. *Colomb.* Dícese del aristócrata o del que pretende serlo.

**JAIMIQUÍ** n. m. Planta arbórea cuya madera se aprecia mucho en ebanistería y cuyos frutos se emplean en la alimentación del ganado bovino y de cerda. (Familia sapotáceas.)

**JAIMISMO** n. m. Denominación adoptada por el carlismo de 1901 a 1931, período en que ejerció su jefatura el pretendiente Jaime III.

**JAIMISTA** adj. y n. m. y f. Relativo al jaimismo; partidario del pretendiente Jaime III.

**JAINÍ** adj. y n. m. y f. Relativo al jainismo; adepto a esta doctrina.

**JAINISMO** n. m. Religión fundada en la India en el s. VI a. J.C., cuyo nombre proviene del término *Jina*, victorioso, aplicado a su fundador Mahāvīra, contemporáneo de Buda, cuyo objetivo es conducir al hombre al nirvana.

**JAIQUE** n. m. (ár. *ḥayk*). Especie de capa o pieza de tela ligera y sin costuras, que llevan las mujeres árabes para cubrirse.

**JAIRAR** v. tr. **[1]**. Inclinar hacia fuera la cuchilla los zapateros al realizar ciertos cortes.

**JÁJARA** n. f. Fárfara, membrana de los huevos.

**JAKÁS,** pueblo altaico de lengua turcomongol, que vive en la *República de Jakasia* (Rusia).

**JAL** n. m. *Méx.* Piedra pómez con fragmentos de minerales o metales preciosos.

**JALA** n. f. *Colomb.* Borrachera.

**JALADA** n. f. *Méx. Fam.* Exageración. **2.** *Méx. Fam.* Fumada de cigarrillo.

**JALADO, A** adj. *Méx.* Exagerado.

**JALADOR, RA** adj. y n. *Méx.* Dícese del que se suma con entusiasmo a una empresa común.

**JALAPA** n. f. Planta de América septentrional, cuyas raíces tienen propiedades purgativas. (Familia convolvuláceas.)

**JALAPEÑO** n. m. *Méx.* Variedad de chile.

**JALAR** v. tr. (fr. *haler*) **[1]**. *Fam.* Halar. **2.** *Fam.* Tirar, atraer. **3.** *Vulg.* Comer. ◆ v. tr. e intr. **4.** *Amér.* Largarse, irse. ◆ v. intr. **5.** *Amér. Fig.* Correr o andar muy deprisa. **6.** *Amér. Central.* Mantener relaciones amorosas. ◆ **jalarse** v. pron. **7.** *Amér.* Emborracharse. • **Jalársela** *(Méx. Fam.)*, exagerar.

**JALBEGAR** v. tr. **[1b]**. Enjalbegar, blanquear.

**JALBEGUE** n. m. Blanqueo de las paredes hecho con cal o arcilla blanca. **2.** Lechada de cal para enjalbegar.

**JALCA** n. f. *Perú.* Cumbre elevada de la cordillera andina.

**JALDA** n. f. *P. Rico.* Falda de un monte.

**JALDE** adj. (fr. ant. *jalne*, amarillo). Color amarillo fuerte. **2.** HERÁLD. Oro.

**JALEA** n. f. (fr. *gelée*). Conserva dulce de aspecto gelatinoso y transparente hecha de zumo de algunas frutas. • **Jalea real,** sustancia fluida y blanquecina, rica en vitaminas, elaborada por las abejas para alimentar a las larvas o a las reinas.

**JALEADOR, RA** adj. y n. Que jalea.

**JALEAR** v. tr. **[1]**. Animar con palmadas, exclamaciones y actitudes a los que cantan, bailan o tocan. **2.** Incitar a los perros a voces para que sigan o ataquen a la caza. **3.** *Chile. Vulg.* Importunar, molestar; mofarse, burlarse.

**JALEO** n. m. Acción y efecto de jalear. **2.** Baile popular oriundo de Jerez y Cádiz, de compás ternario. **3.** Copla que acompaña a este baile. **4.** Última parte del merengue dominicano. **5.** *Fam.* Ruido, agitación, desorden, tumulto. **6.** *Fam.* Lío, enredo, intriga.

**JALIFA** n. m. (ár. *jalīfa*). Autoridad suprema del antiguo protectorado español de Marruecos. **2.** En Marruecos, lugarteniente, sustituto. **3.** Califa.

**JALIFATO** n. m. Dignidad de jalifa. **2.** Territorio de un jalifa.

**JALISCO, A** adj. *Chile.* Dícese de la persona que es mala perdedora o que pretende tener siempre la razón.

**JALÓN** n. m. (fr. *jalon*). Vara con regatón de hierro que se clava en tierra para determinar puntos fijos. **2.** *Fig.* Hito, punto de referencia. **3.** *Fig.* Por extensión, hecho importante en la historia o en la vida de alguien. **4.** *Argent., Bol.* y *Chile.* Trecho, distancia. • **Jalón de alineación,** o **de mira** (TOP.), estaca rematada por una tablilla, regulable o no, que se clava en el suelo para efectuar un trazado o un estudio del terreno.

**JALÓN** n. m. *Amér.* Tirón. **2.** *Méx.* Trago de bebida alcohólica. **3.** *Méx.* Fumada de cigarrillo. • **De un jalón** (*Méx.*), de principio a fin, sin interrupción: *leí la novela de un jalón.*

**JALÓN** n. m. *Nicar. Fam.* Novio, pretendiente.

**JALONAMIENTO** n. m. Acción y forma de jalonar.

**JALONAR** v. tr. [**1**]. Señalar con jalones. **2.** *Fig.* Servir un acontecimiento como punto de referencia en un período de tiempo.

**JALONEAR** v. tr. [**1**]. *Guat., Méx.* y *Nicar.* Dar tirones. **2.** *Guat., Méx.* y *Nicar.* Regatear el precio.

**JALOQUE** n. m. Viento del sureste.

**JAMA** n. f. *Hond.* Iguana de tamaño menor que el común.

**JAMAICA** n. f. *Cuba* y *Méx.* Planta malvácea de propiedades diuréticas. **2.** *Méx.* Tómbola o venta de caridad.

**JAMAICANO, A** adj. y n. De Jamaica.

**JAMAR** v. tr. y pron. [**1**]. *Fam.* Comer: *se jamó toda la carne.*

**JAMÁS** adv. t. En ningún tiempo, nunca.

**JAMBA** n. f. (fr. *jambe*). Cada uno de los elementos verticales de mampostería, ladrillo o madera, que sostienen un arco o dintel de una puerta o ventana.

**JAMBADO, A** adj. *Méx.* Comilón, tragón, glotón.

**JAMBAJE** n. m. Conjunto de las dos jambas y el dintel que forman el marco o hueco de una puerta o ventana. **2.** Todo lo perteneciente a la ornamentación de dicho conjunto.

**JAMBOREE** n. m. (voz inglesa, tomada del indostaní por R. Kipling). Reunión internacional de boy-scouts.

**JAMELGO** n. m. (lat. *famelicum*). Caballo desgarbado y mal proporcionado, de patas excesivamente largas en relación con el volumen del cuerpo.

**JAMEO** o **HAMEO** n. m. Cueva de origen volcánico en las islas Canarias.

**JAMERDAR** v. tr. [**1**]. Limpiar los vientres de las reses. **2.** *Fig.* y *fam.* Lavar de prisa y mal.

**JAMETE** n. m. Especie de satén fuerte, con trama de seda en la que a veces se entretejían hilos de plata y oro.

**JAMÓN** n. m. Pierna de cerdo curada. **2.** Carne de esta pierna. • **Jamón cocido,** o **en dulce,** el obtenido por cocción, generalmente deshuesado y moldeado. ‖ **Jamón serrano,** el de calidad superior, secado en climas secos y fríos de montaña.

**JAMONA** n. f. y adj. *Fam.* Mujer madura, algo gruesa y de formas pronunciadas.

**JAMONCILLO** n. m. *Méx.* Dulce de leche.

**JAM-SESSION** n. f. (voz inglesa, de *jam,* multitud, y *session,* reunión). Reunión de músicos de jazz que improvisan libremente, para su propio placer.

**JAMSIN** n. m. (voz árabe). En Egipto, viento de arena, semejante al siroco.

**JAMUGA** n. f. Silla de tijera que se coloca sobre el aparejo de las caballerías para montar a mujeriegas. (Suele usarse en plural.)

**JAMURAR** v. tr. [**1**]. Achicar, extraer el agua de un dique, mina, embarcación, etc.

**JAN** n. m. *Cuba.* Estaca empleada para sembrar haciendo hoyos.

**JAN** n. m. Kan.

**JANANO, A** adj. *Guat., Nicar.* y *Salv.* Dícese del que tiene labio leporino.

**JÁNDALO, A** adj. y n. Dícese de la persona que ha estado en Andalucía y vuelve con pronunciación y costumbres andaluzas. **2.** *Fam.* Aplícase a los andaluces por su pronunciación gutural.

**JANEIRO** n. m. Planta forrajera que crece en Colombia y Ecuador. (Familia gramíneas.)

**JANGADA** n. f. *Fam.* Salida o idea necia y fuera de tiempo. **2.** *Fam.* Trastada.

**JANGADA** n. f. (voz portuguesa). Balsa o almadía.

**JANGUA** n. f. Barco pequeño armado, usado en los mares de oriente.

**JANSENISMO** n. m. Doctrina inspirada en la creencia de Jansenio, que pretendía limitar la libertad humana partiendo del principio de que la gracia se otorga a algunos seres desde su nacimiento y a otros se les niega.

■ El jansenismo surgió en el s. XVI a raíz de la polémica sobre la noción de gracia divina que enfrentó a la escuela de san Agustín (*agustinistas*), que otorgaban mayor poder a la iniciativa divina, y a los jesuitas (*molinistas*), que concedían primacía a la libertad humana. El agustinismo fue defendido por la escuela de Jansenio, cuyas tesis (*Augustinus,* 1640) constituyen la base de la corriente jansenista. A pesar de las condenas papales (1653, 1656 y 1713) y de la destrucción de su principal foco, el monasterio francés de Port-Royal, su espíritu de austeridad y antiabsolutismo penetró en una parte del clero e influyó, durante tiempo, en toda una área de la espiritualidad católica.

**JANSENISTA** adj. y n. m. y f. Relativo al jansenismo; partidario de esta doctrina.

**JAPONÉS, SA** adj. y n. De Japón. SIN.: *nipón.* ◆ n. m. **2.** Lengua hablada en Japón.

**JAQUE** n. m. Lance del ajedrez en el cual el rey o la reina de un jugador están amenazados por alguna pieza del invitado, que tiene obligación de avisarlo. **2.** Palabra con que se avisa este lance. **3.** *Fam.* Valentón, perdonavidas. • **Jaque mate,** mate. ‖ **Poner, tener** o **traer en jaque,** amenazar o atacar a alguien, inquietándolo o impidiéndole realizar lo que desea.

**JAQUEAR** v. tr. [**1**]. Dar jaques en el juego del ajedrez. **2.** *Fig.* Hostigar al enemigo.

**JAQUECA** n. f. Dolor de cabeza.

**JAQUECOSO, A** adj. Fastidioso, cargante.

**JAQUEL** n. m. HERÁLD. Cualquier rectángulo que se halle repetido en un escudo o en una pieza, siempre que sea en número de 4 o más.

**JAQUELADO, A** adj. y n. Dícese de las piedras preciosas labradas con facetas cuadradas. ◆ adj. **2.** HERÁLD. Dícese del escudo dividido en más de treinta jaqueles. SIN.: *escaqueado.*

**JAQUÉS, SA** adj. y n. De Jaca. ◆ adj. **Moneda jaquesa,** la acuñada en Jaca.

**JAQUETÓN** n. m. *Fam.* Jaque, valentón.

**JAQUETÓN** n. m. Pez marino, especie de tiburón, de cuerpo fusiforme, boca grande armada de poderosos dientes y color gris y blanco. (Familia isúridos.)

**JÁQUIMA** n. f. (ár. *šakīma*). Cabezada de cordel que hace las veces de cabestro. **2.** *Amér. Central.* Borrachera.

**JARA** n. f. Planta arbustiva de hojas brillantes, con el envés pubescente, flores blancas y fruto en cápsula. (Familia cistáceas.) **2.** Palo de punta aguzada y endurecida al fuego que se emplea como arma arrojadiza. **3.** *Bol.* Descenso o alto en una marcha campestre, por lo común para pernoctar. **4.** *Méx.* Flecha.

**JARABA** n. f. Planta herbácea de hojas con bordes aserrados e inflorescencias en umbelas, común en la península Ibérica. (Familia umbelíferas.)

**JARABE** n. m. (ár. *šarāb,* bebida). Bebida que se obtiene cociendo azúcar en agua hasta que espesa, y añadiendo alguna esencia o medicamento. **2.** Cualquier bebida muy dulce. **3.** MÚS. Baile popular mexicano de movimiento moderado, derivado del zapateado español. • **Jarabe de palo** (*Fig.* y *fam.*), castigo o reprimenda que debería darse a alguien en lugar de los cuidados que aparenta necesitar. ‖ **Jarabe de pico** (*Fig.* y *fam.*), palabrería.

**JARABEAR** v. tr. [**1**]. Dar a un enfermo un jarabe como medicina.

**JARACATAL** n. m. *Guat.* Multitud, abundancia.

**JARAÍZ** n. m. Lagar.

**JARAL** n. m. Terreno poblado de jaras. **2.** *Fig.* Cosa o asunto muy enredado o intrincado.

**JARAMAGO** n. m. Planta de tallo erecto y ramoso, con flores amarillas y pequeñas y fruto en delgadas silículas. (Familia crucíferas.) **2.** Planta de 1 m de alt., de flores amarillas agrupadas en racimos. (Familia crucíferas.)

**JARAMEÑO, A** adj. Del río Jarama o de sus riberas.

**JARAMUGO** n. m. Pez pequeño que sirve de cebo.

**JARANA** n. f. Diversión bulliciosa. **2.** Ruido, bullicio. **3.** *Fam.* Pendencia, trifulca. **4.** *Méx.* Guitarra pequeña de cuatro cuerdas que se usa en la costa de Veracruz. **5.** MÚS. Baile mexicano, en especial del estado de Yucatán.

**JARANEAR** v. intr. [**1**]. *Fam.* Ir de jarana. **2.** *Cuba.* Chancear, burlarse.

**JARANERO, A** adj. *Fam.* Aficionado a la jarana. ◆ n. **2.** *Méx.* Persona que toca la jarana.

**JARANISTA** adj. *Perú.* Jaranero.

**JARANO** adj. y n. m. Dícese del sombrero de fieltro blanco, ancho de ala y bajo de copa.

**JARCHA** n. f. (ár. *jarŷa*). Últimos versos de la última estrofa de la moaxaja.

**JARCIA** n. f. Conjunto de todos los cabos y aparejos de un buque. **2.** Conjunto de instrumentos y redes para pescar.

**JARCIAR** v. tr. [**1**]. Enjarciar.

**JARCIERÍA** n. f. *Méx.* Conjunto de objetos de uso doméstico elaborados con fibra.

**JARCIERO, A** n. *Méx.* Persona que vende o fabrica jarciería.

**JARCIO, A** adj. *Méx.* Borracho.

**JARDÍN** n. m. (fr. *jardin*). Terreno en donde se cultivan plantas, en especial de adorno, con fines comerciales o de recreo. **2.** TEATR. Lado de la escena que está a la derecha del actor. • **Jardín botánico,** jardín donde se cultivan especies vegetales herbáceas o arbóreas, clasificadas científicamente para su estudio metódico. ‖ **Jardín de infancia,** escuela a la que asisten los niños cuya edad está comprendida entre los 2 y los 4 años. ‖ **Jardín de infantes** (*Argent., Par.* y *Urug.*), parvulario. ‖ **Jardín zoológico,** zoológico.

■ En Occidente, los dos grandes tipos de jardines que constituyen composiciones importantes y que tienen voluntad estética o simbólica, son el jardín francés del s. XVII, de gran regularidad, que impone

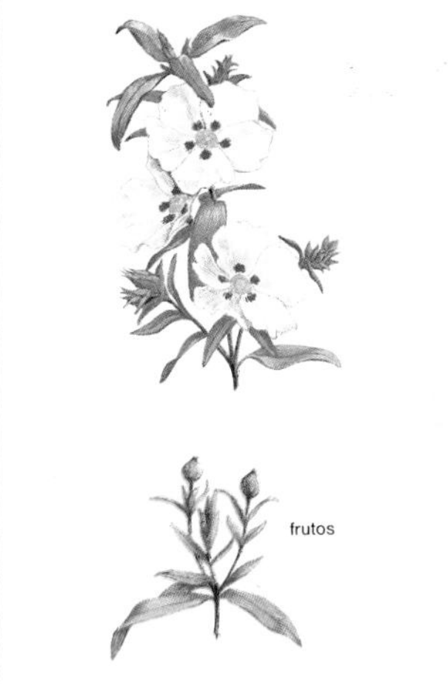


**jara** común

Instalaciones realizadas por Le Nôtre (1656-1661) en el castillo de Vaux-le-Vicomte. Parterres, estanques que reflejan la luz, fuentes, estatuas y el ninfeo al fondo (por delante del cual pasa un canal transversal) componen un todo ordenado y jerarquizado según las leyes de la geometría y de la óptica. La majestuosa nobleza del conjunto se aprecia plenamente desde los salones de recepción del palacio.

El jardín del Kinkaku-ji (pabellón de oro) en Kyōto (fines del s. XIV). Influidos por los jardines chinos, los japoneses los superan en refinamiento. A pesar de una apariencia de naturaleza en libertad, el uso y la valoración sugestiva de cada uno de los componentes —agua, piedras, musgos, hojas, etc.— son el resultado de una codificación preciosa: si el Kinkaku-ji simboliza «el palacio del Paraíso», su jardín con lago e islas representa «el país de la Felicidad».

El laberinto de Horta, jardines de Barcelona creados en 1794 por J. Antoni Desvalls i d'Ardena, aunque se hizo cargo del proyecto el arquitecto italiano, Domenico Bagutti. Presenta elementos neoclásicos que se mezclan con características naturalistas de jardín romántico; tiene como pieza central un laberinto transitable diseñado de bojes.

El jardín del Príncipe, del palacio Real de Aranjuez (s. XVIII). Se llamó así por el príncipe de Asturias, futuro Carlos IV. El estanque chinesco con templetes es obra de Juan de Villanueva. Este jardín responde a un amplio plan donde se dan diversos estilos, incluido el inglés, el que imita «el curioso desorden de la naturaleza».

el arte de los **jardines**

su simetría a una naturaleza domesticada, y el jardín paisajístico, que intenta imitar el pintoresquismo de un paisaje natural variado (*jardín inglés* o *anglochino* de los ss. XVIII y XIX). Por su parte, China, Japón y el islam tienen sus propios tipos de jardín.

**JARDINERA** n. f. Mueble o receptáculo para colgar plantas de adorno o macetas con flores. **2.** Carruaje de cuatro ruedas, ligero y descubierto. **3.** Coche tranvía abierto, que se usa en verano. • **A la jardinera,** modo de complementar la presentación de algunos alimentos, especialmente la carne, con diversas verduras cocidas.

**JARDINERÍA** n. f. Arte de cultivar jardines.

**JARDINERO, A** n. Persona que cuida los jardines o se dedica al arte de la jardinería. ◆ n. m. **2.** Ave paseriforme de hasta 30 cm de long. y de colores vistosos. (Familia ptilonorrínquidos.) **3.** Traje de faena, constituido por pantalones muy holgados con pechera provista de tirantes.

**JARETA** n. f. Dobladillo que se hace en la ropa y por el que se introduce una cinta, cordón o goma que permite fruncirla. **2.** Lorza que se hace en la ropa como adorno. **3.** *C. Rica.* Bragueta, abertura de los pantalones. **4.** MAR. Cada uno de los cabos o amarras que sujetan la obencadura y el pie de las arraigadas, desde la banda de babor a la de estribor, por debajo de la cofa.

**JARETÓN** n. m. Dobladillo muy ancho, especialmente el que suele hacerse en el embozo de las sábanas.

**JARGÓN** n. m. Variedad de circón de color amarillo paja.

**JARGONAFASIA** o **JERGAFASIA** n. f. Dificultad del lenguaje que se caracteriza por sustituir las palabras adecuadas por términos ininteligibles.

**JARICO** n. m. *Cuba.* Reptil quelonio emídido.

**JARIFO, A** adj. Vistoso, adornado.

**JARILLA** n. f. Planta vivaz de América Meridional, con hojas opuestas, que se utilizaba como antisifilítico. (Familia compuestas.) **2.** *Argent., Chile* y *Urug.* Nombre de diversas especies de arbustos ramificados y resinosos, con pequeñas flores amarillas, que alcanzan los dos metros de altura.

**JARILLAL** n. m. *Argent.* y *Chile.* Lugar poblado de jarillas.

**JARILLERO, A** n. *Argent.* y *Chile.* Persona que recoge y vende jarilla.

**JARIPEO** n. m. *Méx.* Fiesta charra. **2.** *Méx.* Suertes que los charros realizan con el lazo.

**JARO** n. m. Mancha espesa de los montes bajos.

**JARO, A** adj. y n. Dícese del animal que tiene el pelo rojizo.

**JAROCHO, A** adj. y n. Dícese de la persona de modales bruscos e insolentes. ◆ n. **2.** *Méx.* Originario de la costa del estado de Veracruz. **3.** *Méx.* Natural de la ciudad de Veracruz.

**JAROPAR** o **JAROPEAR** v. tr. **[1]**. *Fam.* Dar a alguien muchos jarabes o alguna cosa parecida a ellos.

**JAROPE** n. m. Jarabe. **2.** *Fig.* y *fam.* Bebida desagradable.

**JAROPEO** n. m. *Fam.* Abuso de jarabes o medicinas.

**JAROSO, A** adj. Lleno o poblado de jaras.

**JAROVIZACIÓN** n. m. Vernalización.

**JARRA** n. f. Vasija de barro y cuello ancho, con una o más asas, y generalmente con un pequeño pico en el borde por donde suele verterse el líquido. **2.** El contenido de dicha vasija. • **De,** o **en, jarras,** o **jarra,** con los brazos arqueados y las manos en la cintura.

**JARREAR** v. intr. **[1]**. *Fam.* Sacar frecuentemente agua o vino de algún sitio con jarra. **2.** Llover copiosamente.

**JARRETAR** v. tr. y pron. [**1**]. Enervar, debilitar las fuerzas o el ánimo de alguien.

**JARRETE** n. m. (fr. *jarret*, pierna). Corva de la rodilla. **2.** Parte alta y carnuda de la pantorrilla hacia la corva, especialmente en las reses para el consumo.

**JARRETERA** n. f. (fr. *jarretière*). Liga con que se sujetaba al jarrete la media o el calzón.

**JARRO** n. m. Jarra. **2.** El contenido de dicha vasija: *un jarro de vino.* • **A jarros** *(Fam.)*, en abundancia, con mucha fuerza: *llover a jarros.* ‖ **Echarle a uno un jarro de agua**, o **de agua fría** *(Fam.)*, desanimarle o causarle un desengaño.

**JARRÓN** n. m. Pieza arquitectónica en forma de jarro, que se usa como elemento ornamental. **2.** Vaso, por lo general de porcelana, artísticamente labrado.

**JASAR** v. tr. [**1**]. Sajar.

**JASPE** n. m. Roca sedimentaria silicosa, de colores vivos y entremezclados (rojo, verde, amarillo, etc.), empleada en joyería.

**JASPEADO, A** adj. Veteado como el jaspe. **2.** TEXT. Dícese del hilo retorcido, de fantasía, compuesto de varios cabos de diferentes colores. ◆ n. m. **3.** Acción y efecto de jaspear.

**JASPEAR** v. tr. [**1**]. Pintar imitando las vetas y salpicaduras del jaspe.

**JASPÓN** n. m. Mármol de grano grueso, blanco, o con manchas rojas o amarillas.

**JAT,** pueblo de Pakistán y de la India, al que se considera emparentado con los gitanos.

**JÁTIB** n. m. (ár. *jaṭīb*). En la Arabia preislámica, portavoz de la tribu. **2.** En los países islámicos, predicador encargado de dirigir la oración del viernes en la mezquita.

**JATIBÍ** adj. Dícese de una especie de uva de hollejo duro.

**JATO, A** n. Ternero.

**JAUJA** n. f. País imaginario donde se supone reina la felicidad, la prosperidad y la abundancia. (Con este significado suele escribirse con mayúscula.) **2.** Bienestar, abundancia.

**JAULA** n. f. (provenz. *jaole*). Caja hecha con listones de mimbre, alambre, hierro, madera, etc., dispuesta para encerrar animales. **2.** Embalaje de grandes dimensiones, a modo de caja, hecha de mimbre trenzado o de tablas o listones de madera espaciados y formando enrejado. **3.** TAUROM. Chiquero. • **Jaula de ardilla**, en algunos motores eléctricos de corriente alterna, dispositivo compuesto de conductores alojados en las ranuras del núcleo, según las generatrices de un cilindro, y unidos a un anillo común en cada extremo que los pone en cortocircuito. ‖ **Jaula de extracción**, armazón metálica suspendida del cable de extracción en un pozo de mina, que sirve para transportar personal o vagonetas. ‖ **Jaula de Faraday**, recinto de pared conductora, que permite aislar eléctricamente los objetos situados en su interior.

**JAURÍA** n. f. Conjunto de perros que cazan dirigidos por un mismo perrero.

**JAVANÉS, SA** adj. y n. De Java. ◆ n. m. **2.** Lengua del grupo indonesio que se habla en Java.

**JAVELIZACIÓN** n. f. Tratamiento de esterilización aplicado al agua potable, que consiste en añadir a ésta una solución de hipoclorito sódico o de agua clorada.

**JAYÁN, NA** n. Persona de gran estatura y de muchas fuerzas. **2.** Persona tosca y grosera. ◆ n. m. **3.** Rufián.

**JAYAO** n. m. *Cuba.* Pez marino cuya carne es muy apreciada.

**JÁZAROS,** pueblo turco que, del s. VII al s. X, dominó la región del mar Caspio, la de Crimea y las estepas entre el Don y el Dniéper. El príncipe de Kíev, Sviatoslav, terminó con su poderío en 969.

**JAZMÍN** n. m. (ár. *yāsamīn*). Planta arbustiva de flores amarillas o blancas, muy olorosas, que se cultiva por sus aplicaciones en perfumería. (Familia oleáceas.) **2.** Flor de esta planta.

**JAZZ** n. m. (voz anglonorteamericana). Música afronorteamericana, creada a principios del s. XX por las comunidades negra y criolla de color del S de E.U.A., y basada ampliamente en la improvisación, un tratamiento especial del material sonoro y un énfasis en el ritmo *(swing).*

**JAZZ-BAND** n. m. (voz inglesa). Orquesta de jazz.

**JE.** Voz onomatopéyica con que se indica la risa. (Suele usarse repetida.)

**JEANS** n. m. pl. (voz inglesa). Pantalón tejano.

**JEBE** n. m. Alumbre. **2.** *Amér.* Goma elástica, caucho.

**JEBUSEO, A** adj. y n. Relativo a un pueblo preisraelita de la región de Jerusalén, sometidos por David; individuo de este pueblo.

**JEDIVATO** n. m. Dignidad de jedive. **2.** Tiempo durante el cual ésta se ejerce.

**JEDIVE** n. m. Título del virrey de Egipto desde 1867 hasta 1914.

**JEEP** n. m. (voz inglesa) [pl. *jeeps*]. Automóvil todo terreno.

**JEFATURA** n. f. Dignidad y cargo de jefe. **2.** Sede de cierto tipo de organismos: *jefatura de policía; jefatura de Obras Públicas.*

**JEFE, A** n. (fr. *chef*). Persona que tiene a otras a sus órdenes. ◆ n. m. **2.** Líder, guía y cabeza de un partido o corporación. **3.** Tratamiento con mezcla de respeto y confianza. **4.** HERÁLD. Pieza honorable que ocupa el tercio superior del escudo. **5.** MIL. En los tres ejércitos, categoría superior al empleo de capitán e inferior al de general. • **Jefe del estado**, autoridad superior de un país.

**JEFERÍA** n. f. ANTROP. Autoridad política ostentada de modo permanente por un individuo en el seno de un grupo.

**JEGÜITE** n. m. *Méx.* Maleza.

**JEITO** n. m. Red usada en el Cantábrico para la pesca del boquerón y la sardina.

**JEJA** n. f. En el Levante español, trigo candeal.

**JEJÉN** n. m. *Amér.* Díptero, más pequeño que el mosquito y de picadura más irritante. (Familia simúlidos.)

**JELIZ** n. m. Oficial de las alcaicerías de Granada que guardaba y vendía en subasta pública la seda que le llevaban los particulares.

**JEMAL** adj. De un jeme de longitud.

**JEME** n. m. Distancia que media desde la extremidad del dedo pulgar a la del dedo índice, separando uno del otro todo lo posible. **2.** *Fig.* y *fam.* Palmito, cara de mujer.

**JEMER** adj. y n. m. y f. Khmer.

**JENABE** o **JENABLE** n. m. Mostaza.

**JENCHICERO** n. m. *P. Rico.* Pozo o fuente de donde se saca agua.

**JENGIBRE** o **JENJIBRE** n. m. (lat. *zingiberem*). Planta oriunda de Asia, de rizoma aromático que se utiliza como condimento. (Familia cingiberáceas.)

**JENIQUÉN** n. m. *Colomb., Cuba* y *P. Rico.* Pita, planta, henequén.

**JENÍZARO, A** adj. Mezclado de dos especies de cosas. ◆ n. m. **2** Soldado de un cuerpo de infantería otomano reclutado entre los hijos de los pueblos sometidos. (Úsase también genízaro.) **3.** *Méx.* Individuo del cuerpo de policía.

**JENNY** n. f. (voz inglesa). TEXT. Nombre dado a la primera máquina de hilar algodón.

**JEQUE** n. m. Entre los musulmanes, tratamiento respetuoso que se aplica a los sabios, a los religiosos y a todas las personas respetables por su edad. SIN.: *cheik, sheik.* **2.** En Marruecos y Argelia, jefe de tribu árabe. **3.** Jefe de una cofradía religiosa árabe o de un convento de derviches.

**JERARCA** n. m. Persona que tiene elevada categoría dentro de una organización, particularmente en la Iglesia. **2.** *Fig.* Personalidad que ocupa un lugar importante en un terreno determinado.

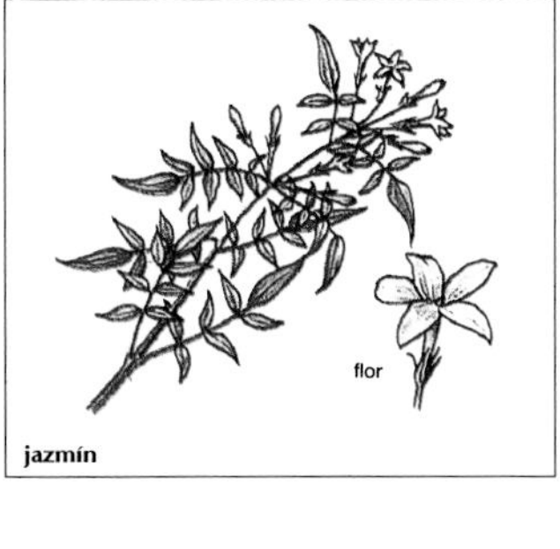

jazmín

**JERARQUÍA** n. f. Clasificación de las funciones, dignidades, poderes en un grupo social, de acuerdo con una relación de subordinación y de importancia respectiva: *jerarquía administrativa, eclesiástica.* **2.** Organización de un conjunto en el que cada elemento es superior al anterior: *jerarquía de valores.* **3.** Persona o conjunto de personas que se encuentran en el más alto nivel de la jerarquía, y por ello deciden o dirigen. **4.** REL. Orden escalonado de los diversos coros angélicos.

**JERÁRQUICO, A** adj. Relativo a la jerarquía.

**JERARQUIZAR** v. tr. [**1g**]. Organizar en forma jerárquica.

**JERBO** n. m. Mamífero roedor, de largas patas posteriores provistas de tres dedos, que salta y abre madrigueras en las llanuras arenosas del Viejo mundo y de América del Norte.

jerbo

**JEREMIADA** n. f. Lamentación o muestra exagerada de dolor.

**JEREMÍAS** n. m. y f. (de *Jeremías*). Persona que se lamenta continuamente.

**JEREMIQUEAR** v. intr. [**1g**]. Lloriquear, gimotear. **2.** *Amér. Central, Antillas, Chile* y *Perú.* Rogar con insistencia, lloriquear, gimotear.

**JEREMIQUEO** n. m. Acción de jeremiquear.

**JEREZ** n. m. Vino blanco, seco, de fina calidad y de alta graduación alcohólica.

**JERGA** n. f. Jergón, colchón. **2.** Tela de lana o estambre gruesa y tosca, aunque algo más fina que la estameña y con ligamento diagonal. **3.** *Méx.* Trapo que se utiliza para fregar o limpiar.

**JERGA** n. f. Lenguaje especial que hablan entre sí los individuos de ciertas profesiones o grupos.

**JERGAFASIA** n. f. Jargonafasia.

**JERGAL** adj. Relativo a la jerga, lenguaje especial.

**JERGÓN** n. m. Colchón de paja, esparto o hierbas y sin bastas. **2.** *Fig.* y *fam.* Vestido mal hecho y poco ajustado al cuerpo. **3.** *Fig.* y *fam.* Persona gruesa, pesada, tosca y perezosa.

**JERGUILLA** n. f. Tela delgada de seda o lana que se parece en el tejido a la jerga. **2.** *Chile.* Pez teleósteo, de hasta 30 cm de long., cuerpo oblongo y comprimido, de tono oliváceo con pintas negras.

**JERIBEQUE** n. m. Guiño, gesto, contorsión. (Suele usarse en plural.)

**JERICOPLEAR** v. tr. [**1**]. *Guat.* y *Hond.* Fastidiar.

**JERIFE** n. m. (ár. *šarīf*). Príncipe musulmán descendiente de Mahoma. **2.** En Marruecos, individuo de la dinastía reinante.

**JERIFIANO, A** adj. Relativo a los jerifes.

**JERIGONZA** n. f. Habla especial y enrevesada, extraña a la lengua común. **2.** Lenguaje difícil de entender. **3.** *Fig.* y *fam.* Acción extraña y ridícula.

**JERINGA** n. f. Instrumento para aspirar o impeler líquidos, o para introducir en algún sitio materias blandas. **2.** Instrumento por medio del cual se pueden inyectar o extraer líquidos de los tejidos o cavidades naturales. ◆ adj. **3.** *Argent.* y *Chile. Vulg.* Dícese de la persona molesta e inoportuna.

**JERINGACIÓN** n. f. *Fam.* Acción de jeringar.

**JERINGADOR, RA** adj. *Fam.* Que jeringa.

**JERINGAR** v. tr. y pron. [**1b**]. Inyectar algo por medio de una jeringa. **2.** *Fig.* y *fam.* Fastidiar o pinchar a alguien.

**JERINGAZO** n. m. Chorro de líquido despedido de una vez con la jeringa.

**JERINGUEAR** v. tr. [**1**]. *Argent., Chile, Colomb.* y *Méx. Vulg.* Jeringar, fastidiar.

**JERINGUILLA** n. f. Jeringa pequeña para inyecciones. **2.** Planta arbustiva de unos dos metros de altura, de hoja sencilla y con grandes flores blanquecinas muy olorosas, utilizada en jardinería. (Familia hidrangeáceas.)

**JEROGLÍFICO, A** adj. y n. m. (lat. *hieroglyphicum*). Dícese de la escritura de los egipcios y otros pueblos antiguos, en la que se usaban caracteres ideográficos, combinados con caracteres fonéticos, que representaban un sonido o una sílaba. ◆ n. m. **2.** Cada uno de los caracteres usados en la escritura jeroglífica. **3.** Juego que consiste en deducir o adivinar palabras o frases a partir de unas cifras, signos o dibujos dados. **4.** Escritura o expresión difícil de descifrar.

**jeroglíficos**
(museo egipcio, El Cairo)

**JERONIMIANO, A** adj. Relativo a san Jerónimo: *la traducción jeronimiana de la Biblia.*

**JERÓNIMO, A** adj. y n. Relativo a una congregación religiosa que sigue la regla dada por san Jerónimo; miembro de esta congregación. (Llegaron a regentar los monasterios más importantes de España [Yuste, El Escorial, Guadalupe, etc.].)

**JEROSOLIMITANO, A** adj. y n. De Jerusalén.

**JERPA** n. f. Sarmiento delgado y estéril que brota de las raíces de la vid.

**JERRICOTE** n. m. Salsa elaborada con almendras, salvia, jengibre y azúcar, con caldo de gallina.

**JERSEY** n. m. (voz inglesa) [pl. *jerseys* o *jerséis*]. Prenda de vestir de punto, generalmente con mangas, que llega aproximadamente hasta la cintura.

**JERUGA** n. f. Vaina o cáscara de algunas simientes.

**JERUVA** n. f. Ave de América Meridional, de plumaje verde con el pecho castaño. (Familia momótidos.)

**JERUZA** n. f. *Guat.* y *Hond.* Cárcel, calabozo.

**JESUITA** n. m. Miembro de la Compañía de Jesús, sociedad de clérigos regulares fundada por san Ignacio de Loyola en 1539 y aprobada por el papa en 1540. ◆ n. m. y f. y adj. **2.** *Desp.* Persona hipócrita y astuta.

■ La Compañía de Jesús fue inicialmente una sociedad misionera, cuyos miembros se comprometían con el papa por un voto especial de obediencia. A raíz de la Contrarreforma adoptó también el ministerio de la enseñanza. La institución creció rápidamente por Europa y más allá de ésta, y se manifestó en toda su importancia en el s. XVII, con las querellas en torno al jansenismo. Múltiples causas motivaron la supresión de la Compañía en la mayor parte de los países católicos (1759-1768). Restablecida por Pío VII (1814), volvió a conocer una gran prosperidad en los ss. XIX y XX. Su espiritualidad se basa en sus constituciones y en los *Ejercicios espirituales* de san Ignacio.

**JESUÍTICO, A** adj. Relativo a los jesuitas. **2.** *Desp.* Hipócrita, astuto.

**JESUITINA** n. f. Religiosa de cualquiera de las diversas comunidades femeninas que se inspiran en la espiritualidad ignaciana.

**JESUITISMO** n. m. Sistema moral y religioso de los jesuitas. **2.** *Desp.* Hipocresía basada en restricciones mentales.

**JESÚS** adj. y n. m. (de *Jesús*, personaje central de los Evangelios). Dícese del formato de papel de gran tamaño. ◆ interj. **2.** Denota admiración, dolor, susto o lástima.

**JESUSEAR** v. intr. [1]. *Fam.* Repetir muchas veces el nombre de Jesús. ◆ v. tr. **2.** *Guat.* Atribuir falsamente un hecho a una persona.

**JET** n. m. (voz inglesa). Chorro de fluido que sale por un orificio o una tobera y produce un efecto de propulsión. **2.** Avión a reacción.

**JET LAG** n. m. (voces inglesas). Desajuste temporal de las funciones del cuerpo humano tras un viaje largo en avión.

**JETA** n. f. *Fam.* Boca saliente por su configuración o por tener los labios abultados. **2.** *Fam.* Cara, parte anterior de la cabeza. **3.** *Vulg.* Cara de enfado. **4.** *Méx. Fam.* Gesto de enojo en el rostro. • **Echarse una jeta** (*Méx.*), dormir una siesta. ◆ n. m. y f. **5.** *Vulg.* Caradura.

**JETÉ** n. m. (voz francesa). COREOGR. Paso de danza que consiste en saltar sobre una pierna para caer sobre la otra.

**JETEARSE** v. pron. [1]. *Méx. Fam.* Dormir.

**JETÓN, NA** adj. *Méx. Fam.* Malhumorado, enojado. **2.** *Méx.* Dormido.

**JET-SET** n. f. (abrev. de las voces inglesas *jet*, avión, y *society*, sociedad). Conjunto de personalidades acaudaladas e internacionales del mundo de los negocios, de la política, de los espectáculos, etc., desde el punto de vista de sus relaciones sociales (fiestas, viajes, etc.). [Suele abreviarse *jet*.]

**JET-STREAM** n. m. (voz inglesa, *corriente a chorro*). Corriente del oeste muy rápida, que se observa entre 10 000 m y 15 000 m de altura, en las latitudes subtropicales de los dos hemisferios.

**JETUDO, A** o **JETÓN, NA** adj. Que tiene jeta.

**JI** n. f. (gr. *khi*). Vigésima segunda letra del alfabeto griego ($\chi$), que representa una velar sorda aspirada.

**JI.** Voz onomatopéyica con que se indica la risa. (Suele usarse repetida.)

**JÍBARO, A** adj. y n. *Antillas.* Dícese de la gente rústica y de lo relativo a ella. **2.** *Dom.* Dícese de los animales indómitos. **3.** *P. Rico.* Relativo al campesino blanco. ◆ n. m. **4.** *Hond.* Hombre vigoroso y alto.

**JÍBARO** → ***jívaro.***

**JIBE** n. m. *Cuba* y *Dom.* Criba usada principalmente por los obreros de la construcción.

**JIBIA** n. f. Sepia.

**JIBRALTAREÑO, A** adj. y n. Gibraltareño.

**JÍCAMA** n. f. *Méx.* Nombre de varios tubérculos comestibles o medicinales, entre los que destaca uno parecido a la cebolla aunque más grande, duro, quebradizo, blanco y jugoso, que se come aderezado con sal y limón.

**JICAQUE** adj. *Guat.* y *Hond.* Inculto, necio, cerril.

**JÍCARA** n. f. Vasija pequeña, que suele emplearse para tomar chocolate. **2.** *Amér.* Vasija pequeña, hecha de la corteza del fruto de la güira. **3.** *Amér. Central* y *Méx.* Fruto del jícaro.

**JÍCARO** n. m. *Amér. Central* y *Méx.* Güira.

**JICO** n. m. *Colomb.* Cabestro. **2.** *Colomb.* Cuerda para enlazar. **3.** *Cuba.* Ramal de muchos cordones con que se rematan los dos extremos de una hamaca.

**JICOTE** n. m. *Amér. Central* y *Méx.* Avispa gruesa de cuerpo negro, abdomen amarillo, cuya picadura produce una herida muy dolorosa. **2.** *Hond.* y *Nicar.* Panal de esta avispa.

**JICOTEA** n. f. *Cuba, Méx.* y *P. Rico.* Reptil quelonio.

**JICOTERA** n. f. *Amér. Central* y *Méx.* Nido de avispas o jicotes.

**JIENNENSE** adj. y n. m. y f. De Jaén.

**JIFERO** n. m. Cuchillo con que se matan y descuartizan las reses. **2.** Oficial que ejecuta este trabajo.

**JIGUILLO** n. m. *P. Rico.* Arbusto de la familia de las piperáceas, de corteza y hojas aromáticas.

**JIJO, A** n. *Méx. Vulg.* y *desp.* Hijo.

**JIJONA** n. f. Variedad de trigo álaga, que se siembra en La Mancha y Murcia.

**JIJONA** n. m. Turrón de almendras, granuloso, grasiento y de color ocre. SIN.: *turrón de Jijona.*

**JILGUERO** n. m. Ave paseriforme muy común en España, de pico delgado, colores vivos y canto melodioso. (Familia fringílidos.) SIN.: *colorín.*

**JILIBIOSO, A** adj. *Chile.* Dícese de la persona que se queja o llora sin motivo. **2.** *Chile.* Dícese del caballo que, por molestia o desasosiego, está siempre moviendo alguna parte de su cuerpo. **3.** *Chile.* Melindroso, dengoso.

**JILOTE** n. m. *Amér. Central* y *Méx.* Mazorca de maíz, cuando sus granos aún no han cuajado.

**JILOTEAR** v. intr. [1]. *Amér. Central* y *Méx.* Empezar a cuajar el maíz.

**JIMELGA** n. f. MAR. Pieza de madera, en forma de teja, que se pone como refuerzo en palos, vergas, etc.

**JINESTADA** n. f. Salsa que se hace de leche, harina de arroz, especias, dátiles y otros ingredientes.

**JINETA** n. f. Mamífero carnívoro de la familia vivérridos, de pelaje claro moteado de negro, que vive en Europa y África.

**JINETA** n. f. *Amér.* Mujer que monta a caballo. • **Monta a la jineta** (EQUIT.), estilo de monta de origen árabe, en que se llevan los estribos muy cortos y las piernas dobladas y pegadas al vientre de la cabalgadura.

**JINETE** n. m. Soldado de a caballo que peleaba con lanza y adarga. **2.** Persona que va a caballo. **3.** El que es diestro en equitación. • **Jinetes del Apocalipsis,** ángeles descritos por san Juan en su Apocalipsis como ministros de la venganza divina.

**JINETEADA** n. f. *Argent.* Acción y efecto de jinetear. **2.** *Argent.* Fiesta de campo donde los jinetes exhiben su destreza.

**JINETEAR** v. intr. [1]. Presumir montando a caballo. ◆ v. tr. **2.** *Amér.* Domar caballos cerriles. **3.** *Argent.* Montar potros luciendo el jinete su habilidad y destreza. **4.** *Méx. Fig.* Tardar en pagar un dinero con el fin de sacar ganancias. ◆ **jinetearse** v. pron. **5.** *Colomb.* y *Méx.* Montarse y asegurarse en la silla.

**JINGLAR** v. intr. [1]. Oscilar o mecerse algo que está colgado.

**JINGOÍSMO** n. m. Denominación dada a la patriotería exaltada de los británicos.

**JÍNJOL** n. m. Azufaifa.

**JINJOLERO** n. m. Azufaifo.

**JIÑA** n. f. Excremento humano.

**JIOTE** n. m. *Méx.* Erupción cutánea acompañada de escozor.

**JIPA** n. f. *Colomb.* Sombrero de ala ancha tejido con paja muy fina.

**JIPATO, A** adj. *Amér. Central, Antillas, Colomb., Ecuad.* y *Méx.* Dícese de la persona pálida, de color amarillento. **2.** *Cuba.* Dícese de la fruta que ha perdido la sustancia.

**JIPI** n. m. Sombrero de jipijapa.

**JIPIAR** v. intr. [1t]. Hipar, gemir, gimotear. **2.** Cantar con voz semejante a un gemido.

**JIPIDO** o **JIPÍO** n. m. Acción y efecto de jipiar.

**JIPIJAPA** n. f. Tira fina, flexible y muy tenaz, que se saca de las hojas del bombonaje, y se emplea para hacer sombreros, petacas, etc. ◆ n. m. **2.** Sombrero que se hace de las tiras sacadas del bombonaje. SIN.: *sombrero de jipijapa.*

**JIQUERA** n. m. *Colomb.* Saco de cabuya.

**JÍQUERA** n. f. *Amér.* Jícara.

**JIRA** n. f. Pedazo algo grande y largo que se corta o rasga de una tela.

**JIRA** n. f. Banquete o merienda campestre para diversión y regocijo. **2.** Excursión de un grupo de personas.

**JIRAFA** n. f. (ital. *giraffa*). Mamífero rumiante de África de cuello largo y esbelto, cabeza pequeña con dos cuernos poco desarrollados y pelaje gris claro con manchas leonadas poligonales. **2.** CIN. y TELEV. Brazo articulado que sostiene el micrófono.

**JIRAJARA**, pueblo amerindio de Venezuela, de la familia lingüística arawak.

**JIRAPLIEGA** n. f. FARM. Electuario purgante, compuesto de acíbar, miel clarificada y otros ingredientes.

**JIREL** n. m. Gualdrapa o manta rica de caballo.

**jilguero**

**JIRIMIQUEAR** v. intr. [1]. *Amér.* Jeremiquear.

**JIRON** n. m. *Perú.* Vía urbana compuesta de varias calles o tramos entre esquinas.

**JIRÓN** n. m. Trozo desgarrado de una tela, prenda de vestir, etc.: *llevar la camisa hecha jirones.* **2.** *Fig.* Cada uno de los pedazos de un cuerpo, generalmente separado, violenta o injustamente. **3.** HERÁLD. Pieza honorable, en forma de triángulo rectángulo, cuyo vértice ocupa el abismo del escudo.

**JIRONADO, A** adj. Roto, hecho jirones. **2.** HERÁLD. Dícese del escudo dividido en ocho partes triangulares iguales, con esmaltes alternados.

**JITANJÁFORA** n. f. (palabra creada por el escritor mexicano Alfonso Reyes). Enunciado carente de sentido que pretende conseguir resultados eufónicos.

**JITAZO** n. m. *Méx. Fam.* Éxito.

**JITOMATE** n. m. *Méx.* Variedad de tomate carnoso y grande.

**JIU-JITSU** o **JU-JITSU** n. m. (jap. *jūjitsu,* arte de la agilidad). Método japonés de control del cuerpo que es al mismo tiempo un sistema de entrenamiento físico y un arte de defensa sin armas. (Sus reglas son menos estrictas que las del judo.)

**JÍVARO** o **JÍBARO,** pueblo amerindio de la región amazónica de Ecuador y Perú, de lengua independiente. La economía se basa en la agricultura, practicada por las mujeres, y la caza, por los hombres. De creencias animistas y muy belicosos, matan a sus enemigos para acumular poder, y para neutralizar el alma de los muertos les cortan la cabeza y la reducen. Pese a estar muy aculturados, han mantenido su independencia.

**JO** n. m. Moneda de México que vale tres centavos de peso.

**¡JO!** interj. Denota sorpresa, enojo, admiración, fastidio o cólera.

**JOÁNICO, A** adj. Relativo a san Juan Evangelista.

**JOB** n. m. INFORMÁT. Conjunto de programas que en su totalidad producen un trabajo utilizable al usuario y que se procesan uno a continuación de otro.

**JOBILLO** n. m. *Antillas.* Jobo. • **Irse de jobillos** (*P. Rico. Fig.* y *fam.*), hacer novillos.

jirafas

**JOBO** n. m. *Amér. Central, Antillas, Colomb., Pan., P. Rico* y *Venez.* Árbol de la familia de las anacardiáceas, con flores hermafroditas en panojas y fruto parecido a la ciruela. • **Comer jobos** (*P. Rico. Fig.* y *fam.*), irse de jobillos.

**JOCHEAR** v. tr. [1]. *Bol.* Torear, azuzar.

**JOCKEY** n. m. (voz inglesa). Profesional que monta los caballos de carreras.

**JOCOQUE** n. m. *Méx.* Preparación alimenticia a base de leche agriada, semejante al yogur.

**JOCOSERIO, A** adj. Que participa de las cualidades de lo serio y de lo jocoso.

**JOCOSIDAD** n. f. Calidad de jocoso. **2.** Chiste, cosa graciosa.

**JOCOSO, A** adj. (lat. *iocosum*). Gracioso, chistoso, festivo: *comentarios jocosos.*

**JOCOTAL** n. m. *Guat.* Variedad de jobo cuyo fruto es el jocote.

**JOCOTE** n. m. (voz náhuatl). *C. Rica, Guat.* y *Méx.* Fruta parecida a la ciruela, de color rojo o amarillo, con una película delgada que cubre la carne y un cuesco muy pequeño.

**JOCOTEAR** v. intr. [1]. *C. Rica* y *Guat.* Salir al campo a cortar o a comer jocotes. ◆ v. intr., tr. y pron. **2.** *C. Rica* y *Guat. Fig.* Molestar mucho.

**JOCUNDIDAD** n. f. Alegría, apacibilidad.

**JOCUNDO, A** adj. Jovial, alegre, jocoso.

**JODA** n. f. *Argent. Vulg.* Problema, situación difícil o comprometida. **2.** *Argent., Colomb., Chile* y *Méx. Vulg.* Acción de joder, molestar o fastidiar. **3.** *Méx. Fam.* Molestia, incomodidad debida principalmente al exceso de trabajo: *es una joda tener que trabajar en domingo.*

**JODER** v. tr. e intr. [2]. *Vulg.* Practicar el coito. **2.** *Vulg.* Hurtar, robar. ◆ v. tr. y pron. **3.** *Vulg.* Molestar, fastidiar. • **Estar jodido** *(Vulg.),* estar mal de salud; *(Vulg.),* andar de mala suerte. ‖ **¡Joder!** *(Vulg.),* denota sorpresa, enojo, admiración, fastidio o cólera.

**JODLER** n. m. Vocalización de los cantos populares en los Alpes tiroleses, bávaros y suizos.

**JODÓN, NA** adj. *Méx. Fam.* Persona que molesta mucho.

**JOFAINA** n. f. Recipiente de uso doméstico, de gran diámetro en relación con su poca altura, que sirve para lavarse.

**JOGGING** n. m. (voz inglesa). Actividad física que consiste en correr a pie por diversos terrenos, practicada como entrenamiento deportivo.

**JOINT VENTURE,** voces inglesas que significan *riesgo compartido,* con las que en economía financiera se designa una asociación empresarial en la que los socios comparten los riesgos de capital y los beneficios según las tasas acordadas.

**JOJANA** n. f. *Venez.* Modo burlesco de decir las cosas.

**JOJOBA** n. f. *Amér.* Planta euforbiácea.

**JOJOTO, A** adj. *Venez.* Dícese del fruto verde, que no está en sazón. ◆ n. m. **2.** *Venez.* Maíz cuando aún está tierno.

**JOLGORIO** n. m. *Fam.* Regocijo, fiesta bulliciosa.

**¡JOLÍN!** o **¡JOLINES!** interj. Denota sorpresa, alegría o enfado.

**JOLITO** n. m. Calma, quietud, interrupción.

**JOLLÍN** n. m. *Fam.* Jolgorio.

**JOLOTE** n. m. *Guat., Hond.* y *Méx.* Pavo. **2.** *Méx.* Guajolote, pez común de río.

**JONDO** adj. **Cante jondo,** canto folklórico que tiene su origen en el seno de la comunidad gitana andaluza y que suele calificar a los cantes flamencos de mayor categoría artística (tonás, seguiriyas y soleares).

**JÓNICO, A** adj. De Jonia. • **Orden jónico,** orden arquitectónico griego aparecido hacia el 560 a. J.C., caracterizado por una columna estriada y esbelta que descansa sobre una basa moldurada y coronada por un capitel, cuyo equino, decorado con ovas y dardos, está flanqueado por dos volutas, y el ábaco está adornado generalmente en su centro con una flor. ◆ adj. y n. m. **2.** Dícese de uno de los principales dialectos de la lengua griega, que se hablaba en Jonia.

**JONIO, A** adj. y n. De Jonia. ◆ adj. **Escuela jonia** (FILOS.), escuela de los ss. VII y VI a. J.C., basada en una amplia observación de la naturaleza para buscar el principio de explicación: el agua para Tales, el infinito para Anaximandro, el aire para Anaxímenes.

**JONJABAR** v. tr. [1]. *Fam.* Engatusar, lisonjear.

**JOPO** n. m. Cola lanuda o peluda.

**JORA** n. f. *Amér. Merid.* Maíz germinado para hacer chicha.

**JORDANO, A** adj. y n. De Jordania.

**JORFE** n. m. Muro de sostenimiento de tierras. **2.** Peñasco tajado que forma despeñadero.

**JORNADA** n. f. Camino que se recorre en un día. **2.** Camino recorrido de una vez en un espacio de tiempo cualquiera. **3.** Día, desde el punto de vista de la actividad humana. **4.** *Fig.* Tiempo que dura la vida del hombre. **5.** Duración del tiempo diario o semanal en que el trabajador, en virtud del contrato laboral que le une a la empresa por cuenta de la que presta servicios, debe efectuar la prestación de trabajos. SIN.: *jornada laboral.* **6.** Época en que oficialmente se trasladan el cuerpo diplomático y el gobierno, o parte de él, a residencia distinta de la capital. **7.** En el poema dramático español y en la ópera del s. XVIII, acto de una obra.

**JORNAL** n. m. (provenz. *jornal*). Estipendio que percibe un trabajador por cuenta ajena por cada día de trabajo: *cobrar el jornal.* **2.** Este mismo trabajo. **3.** Medida superficial agraria, de extensión varia.

**JORNALERO, A** n. Persona que trabaja a jornal, especialmente la que trabaja en el campo.

**JOROBA** n. f. Deformidad producida en el cuerpo por la torcedura de la columna vertebral. **2.** *Fig.* y *fam.* Fastidiado: *¡qué joroba tener que trabajar!*

**JOROBADO, A** adj. y n. Que tiene joroba: *un anciano jorobado.* **2.** *Fam.* Fastidiado, molesto: *estar jorobado del estómago.*

**JOROBADURA** n. f. Acción y efecto de jorobar.

**JOROBAR** v. tr. y pron. [1]. *Fam.* Fastidiar, molestar: *me joroba tener que salir ahora.*

**JOROBETA** n. m. y f. *Desp.* Jorobado, giboso.

**JORONGO** n. m. *Méx.* Poncho con que se cubren los campesinos. **2.** *Méx.* Colcha de lana.

**JOROPEAR** v. intr. [1]. *Colomb.* y *Venez.* Bailar el joropo. **2.** *Colomb.* y *Venez.* Divertirse.

**JOROPO** n. m. Baile popular venezolano de movimiento rápido, que incluye un vistoso zapateado y una leve referencia al vals. **2.** *Venez.* Fiesta hogareña.

**JOSA** n. f. *Amér.* Heredad sin cerca, plantada de vides y árboles frutales.

**JOSEFINISMO** o **JOSEFISMO** n. m. Sistema ideado por José II, emperador germánico, para subordinar la Iglesia al estado.

**JOSEFINISTA** adj. y n. m. y f. Relativo al josefinismo; partidario de este sistema.

**JOSEFINO, A** adj. y n. Dícese de los miembros de ciertas congregaciones fundadas bajo la advocación de san José. **2.** Afrancesado.

**JOTA** n. f. Nombre de la letra *j.* **2.** La mínima cosa que se puede saber, entender, etc., de algo: *no ver ni jota.* (Úsase siempre con negación.)

**JOTA** n. f. Baile popular de Aragón y otras regiones españolas, y música y copla propias de este baile.

**JOTA** n. f. *Amér. Merid.* Ojota, especie de sandalia.

**JOTA** n. f. Potaje de verduras hecho con el caldo de la olla y sazonado con especias y hierbas olorosas.

**JOTE** n. m. *Argent., Bol., Chile* y *Perú.* Buitre americano de plumaje generalmente negruzco, con la cabeza, según las especies, negra, roja o amarilla. **2.** *Chile.* Cometa grande de forma cuadrangular. **3.** *Chile. Fig.* y *desp.* Nombre dado a los clérigos que visten de negro.

**JOTO** n. m. *Colomb.* Bulto o paquete pequeño, hatillo. **2.** *Méx. Desp.* Invertido, marica.

**JOULE** n. m. (del n. del físico británico J. P. *Joule*). En la nomenclatura internacional, nombre del julio, unidad de medida del trabajo. • **Efecto Joule,** desprendimiento de calor en un conductor homogéneo durante el paso de una corriente eléctrica.

**JOURNAL** n. m. (voz francesa). Diario. (La voz *journal* forma parte del título de diversos diarios políticos, literarios, artísticos y científicos franceses.)

**JOVEN** adj. y n. m. y f. Que está en la juventud. ◆ adj. **2.** Dícese de lo que no data de mucho: *un arte joven.* **3.** *Fig.* Que conserva caracteres de la juventud: *mantener el cuerpo joven.* • **Joven bárbaro,** miembro del movimiento de las juventudes republicanas que se formó en Barcelona en torno a A. Lerroux. ‖ **Joven turco,** partidario de la Joven Turquía.

**JOVENADO** n. m. En ciertas órdenes religiosas, tiempo en que los que han profesado están bajo la dirección de un maestro. **2.** Casa en que habitan.

**JOVENAZO** n. m. (aum. de *joven*). *Méx. Fam.* Forma afectuosa de dirigirse a un hombre.

**JOVIAL** adj. (lat. *iovialem,* relativo a Júpiter). Contento y de buen humor: *persona jovial.* **2.** Alegre y risueño: *tono, aspecto, actitud jovial.*

**JOVIALIDAD** n. f. Calidad de jovial.

**JOYA** n. f. (fr. ant. *joie*). Objeto de metal precioso, guarnecido a veces de perlas o piedras finas, que sirve principalmente de adorno. **2.** *Fig.* Persona de

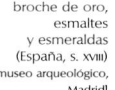

adornos
con motivos zoomorfos
(oro, cultura tairona)
[museo del oro, Bogotá]

broche de oro,
esmaltes
y esmeraldas
(España, s. XVIII)
[museo arqueológico,
Madrid]

**joyas**

mucha valía, de muy buenas cualidades: *ser alguien una joya.* **3.** *Fig.* Cosa de mucho valor, generalmente por ser única o difícil de encontrar: *este sello es una joya.*

**JOYANTE** adj. **Seda joyante,** seda fina y de mucho brillo.

**JOYEL** n. m. Joya pequeña.

**JOYERÍA** n. f. Establecimiento donde se construyen o venden joyas. **2.** Arte, trato o comercio de las joyas. **3.** Conjunto de joyas.

**JOYERO, A** n. Persona que hace o vende joyas. ◆ n. m. **2.** Estuche o caja para guardar joyas.

**JOYO** n. m. Cizaña.

**JOYOLINA** n. f. *Guat.* Prisión, cárcel.

**JOYSTICK** n. m. (voz inglesa). Palanca de control que permite desplazar el cursor en una pantalla de ordenador o en un videojuego.

**JOYUYO** n. m. Pato de América del Norte y Central, de cuello corto, cabeza grande y plumaje denso. (Familia anátidos.)

**JUAGAZA** n. f. *Colomb.* En los ingenios azucareros, meloja.

**JUANAS** n. f. pl. Palillos que usan los guanteros para ensanchar los guantes.

**JUANETE** n. m. Denominación vulgar de una eminencia ósea situada en el borde interno del pie, en la unión del primer metatarsiano con la primera falange del dedo grueso. **2.** MAR. En los grandes veleros, nombre de las velas que van sobre la gavia y el velacho, y también de las vergas en que se afirman aquéllas. **3.** VET. Sobrehueso que se forma en la cara inferior del tejuelo de las caballerías. ◆ **juanetes** n. m. pl. **4.** *Colomb.* Nalgas. **5.** *Hond.* Caderas.

**JUANETUDO, A** adj. Que tiene juanetes, prominencias óseas.

**JUARDA** n. f. Suciedad de las lanas, paños o telas de seda cuando no han sido bien lavadas en su fabricación.

**JUAY** n. m. *Méx.* Cuchillo.

**JUBERTAR** v. tr. [**1**]. MAR. Meter el bote en el buque y colocarlo de costado sobre una banda.

**JUBETE** n. m. Armadura hecha con cuero recubierto con una malla fina y muy tupida de hierro, que protegía el torso contra las flechas.

**JUBILACIÓN** n. f. Acción y efecto de jubilar o jubilarse. **2.** Cantidad que perciben los jubilados.

**JUBILAR** adj. Perteneciente al jubileo.

**JUBILAR** v. tr. (lat. *iubilare,* dar gritos de júbilo) [**1**]. Eximir del servicio por ancianidad o imposibilidad física a un empleado, señalándole, generalmente, una pensión vitalicia. **2.** *Fig.* y *fam.* Desechar por inútil una cosa y no servirse más de ella. ◆ **jubilarse** v. pron. **3.** Conseguir la jubilación. **4.** *Colomb.* Enloquecer. **5.** *Guat.* y *Venez.* Hacer novillos.

**JUBILEE** n. m. (voz inglesa). Canto religioso del folklore negro de E.U.A. emparentado con los *negro spirituals* y los *gospels,* pero con la diferencia de que no es improvisado.

**JUBILEO** n. m. (lat. *iubilaeum*). En la religión hebraica, año santo celebrado cada cincuenta años. **2.** En la religión católica, año privilegiado en el que los peregrinos que van a Roma se benefician, en algunas condiciones, de una indulgencia plenaria. **3.** Dicha indulgencia: *ganar el jubileo.* **4.** Conmemoración cincuentenaria de una institución, reinado, etc. **5.** *Fig.* Concurrencia frecuente de muchas personas en algún sitio. **6.** *Fig.* y *fam.* Bodas de oro de una persona de alta dignidad.

**JÚBILO** n. m. Alegría muy intensa y ostensible.

**JUBILOSO, A** adj. Lleno de júbilo.

**JUBÓN** n. m. Prenda de vestir ajustada al cuerpo, con mangas o sin ellas, que cubre hasta la cintura.

**JÚCARO** n. m. Planta arbórea de flores sin corola, fruto parecido a la aceituna y madera muy dura. (Familia combretáceas.)

**JUCEI** n. m. En Cuba, denominación oficial de la unidad política y administrativa municipal y provincial.

**JUCO, A** adj. *Hond.* Agrio, fermentado.

**JUDAICO, A** adj. Relativo a los judíos.

**JUDAÍSMO** n. m. Conjunto de las ideas y de las instituciones religiosas del pueblo judío.

■ Con el nombre de judaísmo se designa la forma que tomó la religión israelí tras la destrucción del templo de Jerusalén (587 a. J.C.) y el exilio (587 - 538 a. J.C.). En su sentido corriente, se entiende por judaísmo el conjunto de instituciones religiosas del pueblo judío. La tradición religiosa judía se declara heredera de Abraham, padre de los creyentes, y de Moisés, legislador de Israel. La Biblia (el Antiguo testamento de los cristianos) contiene la ley escrita, cuya parte fundamental le fue revelada a Moisés en el monte Sinaí: es la Torá ("doctrina"). El Talmud*, obra de sabios doctores cuya redacción definitiva terminó en el s. V, contiene la ley oral (Mišná), complemento de la ley escrita.

**JUDAIZACIÓN** n. f. Acción y efecto de judaizar.

**JUDAIZANTE** adj. Que judaíza. ◆ adj. y n. m. y f. **2.** Dícese de los judíos hispanoportugueses, bautizados y oficialmente católicos, que conservaron pública o secretamente la fe judaica. ◆ n. m. y f. **3.** Individuo de una facción cristiana del s. I, que sostenía que, además de la observancia de la doctrina cristiana, debía observarse la ley mosaica.

**JUDAIZAR** v. intr. [**1x**]. Convertirse al judaísmo. **2.** Practicar ocultamente el judaísmo los conversos al cristianismo.

**JUDAS** n. m. (de *Judas* Iscariote). Hombre malvado y traidor. **2.** Mirilla de la puerta de las celdas en las prisiones. **3.** *Méx.* Figura de papel que se quema el sábado de gloria.

**JUDEOALEMÁN, NA** adj. y n. Dícese de los descendientes de los judíos expulsados de Alemania en el s. XIV. ◆ n. m. **2.** Yiddish.

**JUDEOESPAÑOL** n. m. Dialecto del castellano hablado por los judíos sefardíes expulsados de España (1492) y sus descendientes. SIN.: *ladino.*

■ Los judíos españoles, expulsados por los Reyes Católicos en 1492, se dispersaron por Europa, África y el Mediterráneo oriental, entonces bajo el dominio otomano. En el imperio otomano desarrollaron importantes comunidades sefardíes, en las que se conservó el castellano. La dispersión de las comunidades sometió a los hablantes de cada una de ellas a distintas influencias, por lo que, en la actualidad, pueden apreciarse diferencias entre el judeoespañol de los que se establecieron en Europa o en Asia Menor, Siria o Egipto. Los acontecimientos subsiguientes a la segunda guerra mundial han determinado un cambio importante en el mapa de la distribución de los núcleos sefardíes.

**JUDERÍA** n. f. Barrio de las ciudades españolas medievales en que habitaban los judíos.

**JUDÍA** n. f. Planta anual de la familia papilionáceas, originaria de América, de la que varias especies se cultivan por sus flores ornamentales y, sobre todo, por sus frutos comestibles y sus semillas, ricas en féculas. (La judía se come en forma de vainas verdes [*judías tiernas*], o de semillas maduras y secas [*judías secas*].) **2.** Fruto de esta planta. **3.** Semilla de esta planta. • **Judía de careta,** planta de los países cálidos, de semillas pequeñas, blancas, con una manchita negra en uno de sus extremos. (Familia papilionáceas.)

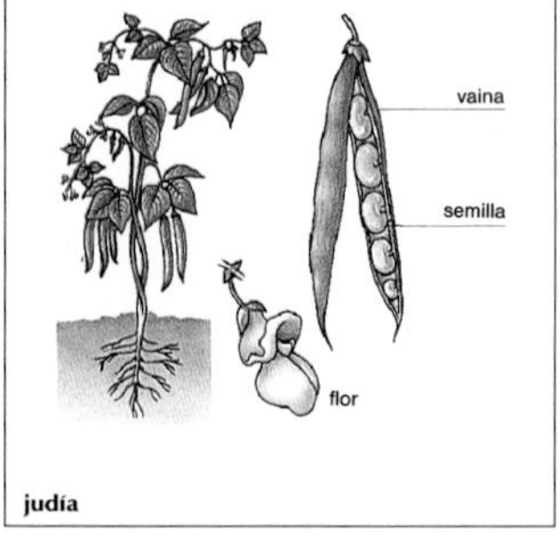


**judía**

**JUDIADA** n. f. Acción mal intencionada o injusta hecha contra alguien. **2.** *Fig.* y *fam.* Lucro excesivo y escandaloso.

**JUDIAR** n. m. Tierra sembrada de judías.

**JUDICATURA** n. f. Ejercicio de juzgar. **2.** Empleo de juez y tiempo que dura. **3.** Cuerpo constituido por los jueces de un país.

**JUDICIAL** adj. Relativo a la organización, ejercicio o administración de la justicia: *autoridad judicial.* • **Poder judicial,** el que ejercen los órganos de la administración de justicia.

**JUDIEGO, A** adj. Dícese de una especie de aceituna buena para hacer aceite, pero no para la alimentación.

**JUDÍO, A** adj. y n. (lat. *iudaeum*). Relativo a una comunidad étnica, cultural e histórica procedente de la antigua Palestina, dispersa por todo el mundo; individuo de esta comunidad. **2.** Dícese del que profesa el judaísmo. **3.** De Judea.

**judío** del s. XIII
(detalle de una miniatura de las *Cantigas de Santa María* de Alfonso X el Sabio)
[biblioteca del monasterio de El Escorial]

**JUDIÓN** o **JUDÍO** n. m. Variedad de judía, con la hoja mayor y más redonda y con las vainas más anchas.

**JUDO** n. m. (jap. *jūdō*). Deporte de combate originario de Japón, surgido del jiu-jitsu y que constituye un método de defensa en el que no se emplean armas.

llave de **judo** (6.ª de cadera)

**JUDOKA** n. m. y f. Persona que practica el judo.

**JUEGO** n. m. (lat. *iocum,* broma, diversión). Acción de jugar. **2.** Cualquier actividad que se realice con el fin de divertirse, generalmente siguiendo determinadas reglas. **3.** Práctica de los juegos de azar: *perdió cuanto tenía en el juego.* **4.** Conjunto de piezas semejantes que se complementan en el uso: *un juego de cama.* **5.** Sucesión de combinaciones o cambios que resultan de la disposición particular de algunas cosas: *juego de luces.* **6.** *Fig.* Intriga o maquinación para conseguir algo: *salirle bien el juego.* **7.** En tenis, cada una de las divisiones de un set. **8.** En pelota vasca y valenciana, tanto. **9.** Conjunto de objetos necesarios para jugar un juego determinado: *un juego de damas.* **10.** En algunos juegos, cada una de las divisiones de la partida. **11.** Cartas, fichas, etc., que tiene cada jugador: *tener buen juego.* **12.** Articulación o manera de estar unidas dos cosas de modo que, sin separarse, tengan cierto movimiento. **13.** Este mismo movimiento. • **Entrar en juego,** intervenir. || **Estar en juego** algo, depender de otra cosa. || **Hacer el juego** a alguien, secundarle en la realización de alguna cosa. || **Hacer juego,** convenir, adecuarse una cosa con otra; en los juegos de azar, depositar las apuestas. || **Juego de azar,** o **de suerte,** aquel en que se hacen apuestas, y cuyo resultado depende casi exclusivamente de la suerte. || **Juego de manos,** ejercicio de prestidigitación. || **Juego de niños** (*Fig.*), cosa que no tiene dificultad o que se hace sin darle importancia. || **Juego de órgano** (MÚS.), serie de tubos que corresponden a un mismo timbre. || **Juego de palabras,** figura que consiste en usar palabras en sentido equívoco, o en varias de sus acepciones, o en emplear dos o más que sólo se diferencian en alguna de sus letras. || **Juego de pelota** (ARQUEOL.), nombre dado a ciertas estructuras arquitectónicas encontradas en centros arqueológicos de México y Guatemala, destinadas al juego de pelota ritual. || **Juego de rol,** juego en el que el participante desempeña el papel de uno de los personajes de una historia o aventura. || **Juego limpio,** manera de obrar sin trampas ni engaños. || **Juego sucio,** actuación dolosa. || **Poner en juego** algo, arriesgarlo, exponerlo, utilizarlo con determinada finalidad. ◆ **juegos** n. m. pl. **14.** Fiestas o espectáculos públicos que se celebraban en Grecia y Roma. • **Juegos electrónicos,** juegos que aplican la electrónica de forma más o menos compleja a los juegos tradicionales. || **Juegos florales,** concurso poético. || **Teoría de juegos,** nombre dado al conjunto de métodos matemáticos que permiten la resolución de problemas en los que intervienen reglas de decisión y nociones abstractas de táctica y estrategia.

**juego de pelota** (Copán Ruinas, Honduras)

**JUERGA** n. f. Diversión bulliciosa, particularmente la que hacen varias personas reunidas.

**JUERGUISTA** adj. y n. m. y f. Aficionado a las juergas.

**JUEVES** n. m. Quinto día de la semana, entre el miércoles y el viernes. • **Jueves gordo,** o **lardero,** el anterior al carnaval. || **Jueves santo,** el de semana santa. || **No ser** algo **cosa del otro jueves,** no ser extraordinario o digno de llamar la atención.

**JUEY** n. m. *P. Rico.* Cangrejo de tierra. **2.** *P. Rico.* Persona codiciosa, avara. • **Hacerse el juey dormido** (*P. Rico. Fig.* y *fam.*), hacerse el mosquita muerta.

**JUEZ** n. m. y f. (lat. *iudicem*). Persona que tiene a su cargo la aplicación de las leyes, teniendo autoridad y potestad para juzgar y sentenciar. **2.** Persona designada para resolver una duda. **3.** DEP. Persona encargada de hacer que se cumpla el reglamento, resolver cualquier duda y dirimir y sentenciar el resultado de una competición deportiva. **4.** HIST. REL. En Israel, jefe militar provisional de una o varias tribus, encargado de velar por sus compatriotas y de preservar su patrimonio religioso. • **Jueces de Castilla** (HIST.), magistrados legendarios que se suponía habían elegido los castellanos para que los gobernasen, rompiendo con la autoridad de los monarcas asturleoneses. || **Juez árbitro,** el designado por las partes litigantes, que ha de ser letrado, pero no juez oficial, para fallar el pleito conforme a derecho. || **Juez de línea,** árbitro auxiliar que desde las líneas de banda ayuda al árbitro en el fútbol y otros deportes. || **Juez de paz,** el que oía a las partes antes de consentir que litigasen, procurando conciliarlas. (Aún existe la institución y en pequeñas entidades de población resuelve cuestiones de ínfima cuantía; no precisa su letrado.) || **Juez de primera instancia,** o **de primera instancia y de instrucción,** el ordinario de un partido o distrito, que conoce en primera instancia cuestiones no sometidas por la ley a los jueces municipales, y en materia criminal dirige la instrucción de los sumarios. || **Juez de raya** (*Argent.*), en las carreras de caballos, encargado de fallar sobre el orden de llegada de los competidores. || **Juez ordinario,** el que en primera instancia conoce las causas y pleitos.

**JUEZA** n. f. Mujer que desempeña el cargo de juez.

**JUGADA** n. f. Cada una de las intervenciones de los jugadores en el juego. **2.** Lance de juego. **3.** *Fig.* Acción mala e inesperada contra alguien: *hacerle una jugada a un compañero.*

**JUGADOR, RA** adj. y n. Que juega. **2.** Que tiene el vicio de apostar al juego. • **Jugador de ventaja,** fullero.

**JUGAR** v. intr. [1ñ]. Hacer algo como diversión: *los niños jugaban en el patio.* **2.** Tomar parte en un juego: *jugar al ajedrez.* **3.** Intervenir los jugadores en el juego cada vez que les corresponde: *te toca jugar a ti.* **4.** Tomar parte en deportes en que actúan sucesiva o conjuntamente varios jugadores: *jugar al fútbol.* **5.** Casar, hacer juego una cosa con otras. **6.** Intervenir en un negocio o asunto: *yo no juego en eso.* **7.** No tomarse algo o a alguien con seriedad: *no juegues con tu salud.* • **Jugar a la bolsa,** especular con las variaciones presupuestas de los valores negociados en ella. ◆ v. intr. y tr. **8.** Ponerse en movimiento una cosa que consta de piezas. ◆ v. tr. **9.** Llevar a cabo partidas o partidos de juego: *jugar un partido en campo contrario.* **10.** Hacer uso de las piezas o cartas en un juego: *voy a jugar el as.* ◆ v. tr. y pron. **11.** Arriesgar en el juego: *jugarse el sueldo.* **12.** *Fig.* Exponerse a perder algo: *jugarse la vida.* • **Jugarla,** o **jugársela** a alguien, hacer algo con intención de perjudicarle.

**JUGARRETA** n. f. *Fam.* Engaño, mala pasada.

**JUGLAR, RESA** n. Histrión que por dinero cantaba, bailaba o hacía juegos y truhanerías públicamente. **2.** Persona que por estipendio o dádiva cantaba o recitaba poesías de los trovadores. *(V. ilustración pág. 584.)*

**JUGLARESCO, A** adj. Relativo al juglar o al mester de juglaría.

**JUGLARÍA** n. f. Actividad o modo propio de los juglares. **2.** Oficio de juglar. • **Mester de juglaría** → ***mester.***

**JUGO** n. m. (lat. *sucum*). Líquido contenido en las sustancias vegetales y animales. **2.** Salsa que acompaña a ciertos guisos. **3.** *Fig.* Contenido o interés

**juglares** (detalle de una miniatura de las *Cantigas de Santa María* de Alfonso X el Sabio) [biblioteca del monasterio de El Escorial]

de lo que se dice o escribe: *sacar jugo de una noticia.* **4.** *Fig.* Utilidad o provecho que se saca de algo. **5.** FISIOL. Líquido orgánico producido por la secreción de una o varias glándulas.

**JUGOSIDAD** n. f. Calidad de jugoso.

**JUGOSO, A** adj. Que tiene jugo: *asado jugoso.* **2.** *Fig.* Sustancioso, enjundioso: *jugosas vacaciones.*

**JUGUETE** n. m. Objeto que sirve para que jueguen los niños. **2.** *Fig.* Persona o cosa dominada por una fuerza material o moral que la mueve a su arbitrio: *ser un juguete de las pasiones.* **3.** TEATR. Breve obra teatral, de carácter cómico, que a veces incluye cantables y suele tener uno o dos actos.

**JUGUETEAR** v. intr. [**1**]. Entretenerse, enredar jugando.

**JUGUETEO** n. m. Acción de juguetear.

**JUGUETERÍA** n. f. Comercio de juguetes o tienda donde se venden.

**JUGUETILLO** n. m. Cancioncilla popular andaluza, de métrica y melodía muy variables, contagiadas posteriormente de algunos rasgos flamencos.

**JUGUETÓN, NA** adj. Dícese de la persona o animal aficionados a jugar: *niños juguetones.*

**JUICIO** n. m. (lat. *iudicium*). Facultad del entendimiento por la que conoce y compara. **2.** Acto de esta facultad. **3.** *Fig.* Cordura, prudencia: *tener juicio.* **4.** *Fig.* Opinión, criterio: *a mi juicio, eso no está bien.* **5.** DER. Tramitación de un pleito o una causa ante un juez o tribunal adecuado, y su resultado. • **Juicio de Dios,** el que se practicaba durante la edad media, para determinar la verdad de una cuestión, invocando el testimonio divino. || **Juicio final,** juicio general de la humanidad, hecho por Cristo, al final del mundo. || **Muela del juicio,** denominación común del último molar inferior, que aparece en edad tardía. || **Perder el juicio,** perder la razón.

**JUICIOSO, A** adj. y n. Dícese del que piensa, habla u obra con buen juicio: *mostrarse juicioso.* ◆ adj. **2.** Hecho con juicio: *comentario juicioso.*

**JUICO, A** adj. *Hond.* Sordo.

**JU-JU** n. m. Pájaro de la familia sitácidos, de color predominantemente verde, con la cabeza y el cuello grises y el abdomen anaranjado.

**JUKE-BOX** n. m. (voz inglesa). Fonógrafo eléctrico automático que entra en funcionamiento al introducir una moneda.

**JULEPE** n. m. (ár. *ŷullāb*). Mezcla de agua destilada, jarabe y otras materias medicamentosas. **2.** *Fig.* y *fam.* Reprimenda, castigo. **3.** Juego de naipes que se juega con baraja de cuarenta cartas. (Se reparten cartas hasta cinco a cada jugador, y se descubre otra que sirve para indicar el palo del triunfo. Gana el juego quien consigue hacer dos bazas de las cinco posibles.) **4.** *Amér. Merid.* y *P. Rico. Fig.* y *fam.* Susto, miedo. **5.** *P. Rico. Fig.* Lío, desorden.

**JULEPEAR** v. intr. [**1**]. Jugar al julepe. ◆ v. tr. **2.** *Colomb.* Insistir, urgir. **3.** *Colomb.* Molestar, mortificar. **4.** *P. Rico.* Embromar. ◆ v. tr. y pron. **5.** *Amér. Merid.* Infundir miedo.

**JULIA** n. f. Pez marino de cuerpo alargado, cuyas aletas dorsales forman una sola cresta espinosa. (Familia lábridos.)

**JULIA** n. m. *Méx. Fam.* Vehículo policial en el que se lleva a los detenidos.

**JULIANA** n. f. Planta de flores blancas, purpúreas o multicolores, cultivada como ornamental. (Familia crucíferas.)

**JULIANO, A** adj. Relativo a Julio César. • **Año juliano,** año de 365,25 días. || **Calendario juliano,** calendario reformado por Julio César en el año 46 a. J.C. || **Era juliana,** espacio de 7 980 años julianos, utilizado para la cronología de los fenómenos astronómicos. (Su origen fue fijado en el 1 de enero del año 4713 a. J.C., a las 12 h del tiempo universal.) || **Sopa juliana,** la que se prepara con verduras cortadas en forma de dado.

**JULIO** n. m. (lat. *iulium*). Séptimo mes del año.

**JULIO** n. m. Unidad de medida de trabajo, energía y cantidad de calor (símbolo J), que equivale al trabajo producido por una fuerza de un newton cuyo punto de aplicación se desplaza un metro en la dirección de la fuerza. • **Julio por kelvin,** unidad de medida de capacidad térmica y de entropía (símbolo J/K), equivalente al aumento de entropía de un sistema que recibe una cantidad de calor de un julio a la temperatura termodinámica constante de un kelvin, sin que el sistema experimente ninguna reacción irreversible. || **Julio por kilogramo y kelvin,** unidad de medida de calor másico y de entropía másica (símbolo J/kg. K), equivalente al calor másico de un cuerpo homogéneo de masa un kilogramo en el que una aportación de una cantidad de calor de un julio produce una elevación de temperatura termodinámica de un kelvin.

**JULO** n. m. Res o caballería que va delante de las demás en el ganado o la recua.

**JUMARSE** v. pron. [**1**]. *Colomb.* y *Cuba.* Emborracharse.

**JUMBO** n. m. (voz inglesa). Avión comercial de gran capacidad. **2.** Carretilla pórtico que soporta varias perforadoras para la ejecución de los barrenos en los trabajos de excavación de subterráneos.

**JUMEL** n. m. Variedad de algodón egipcio.

**JUMENTAL** o **JUMENTIL** adj. Relativo al jumento.

**JUMENTIZAR** v. tr. y pron. [**1g**]. *Colomb.* Hacerse bruto, embrutecer.

**JUMENTO, A** n. (lat. *iumentum*). Pollino, asno, burro.

**JUMERA** o **JUMA** n. f. *Fam.* Borrachera.

**JUMIL** n. m. *Méx.* Insecto hemipteroideo comestible, que se adereza con sal y limón.

**JUMILLA** n. m. Vino abocado, de color tinto o rosado, de alta graduación (entre 15° y 18°) y sin ningún aditamento. (Se produce en Murcia, Caravaca, Cieza, Jumilla, Moratalla, Mula, Totana y Yecla.)

**JUMPER** n. m. (voz inglesa). Caballo especialmente adiestrado para el salto y las competiciones de obstáculos.

**JUMPING** n. m. (voz inglesa). Concurso hípico consistente en una sucesión de saltos de obstáculos.

**JUMS** n. m. (voz árabe, *quinto*). Entre los musulmanes, con ocasión de la guerra santa, parte del botín de guerra (un quinto) que correspondía al califa y era administrada por sus representantes.

**JUNAR** v. tr. [**1**]. *Argent.* Mirar, observar.

**JUNCÁCEO, A** adj. y n. f. Relativo a una familia de plantas monocotiledóneas herbáceas, de rizoma reptante, como algunos géneros de juncos.

**JUNCAL** adj. Relativo al junco. **2.** *Fig.* Gallardo, esbelto, de movimientos airosos: *figura juncal.* ◆ n. m. **3.** Juncar.

**JUNCAR** n. m. Terreno poblado de juncos.

**JUNCIA** n. f. Planta herbácea con cañas triangulares, hojas largas y estrechas de bordes ásperos, flores verdosas en espigas terminales, rizoma tónico y estomacal y frutos en granos secos. (Familia ciperáceas.)

**JUNCIANA** n. f. *Fig.* y *fam.* Jactancia vana y sin fundamento.

**JUNCIERA** n. f. Vaso de barro, en que se ponían hierbas o raíces aromáticas en infusión con vinagre, para perfumar.

**JUNCIÓN** n. f. Juntura, parte o lugar en que se juntan dos o más cosas.

**JUNCO** n. m. (lat. *iuncum*). Planta herbácea, de tallo recto y flexible, que crece dentro del agua o en lugares húmedos, donde forma matas muy compactas. (Corresponde a diversos géneros de las familias ciperáceas, alismáceas y juncáceas.) **2.** Bastón, especialmente si es delgado. • **Junco florido,** planta de flores rosadas que crece al borde de las aguas. (Clase monocotiledóneas.)

**JUNCO** n. m. (malayo *jung*). Velero utilizado en Extremo oriente, cuyas velas de estera o de tela van cosidas sobre enormes listones de bambú horizontales que las mantienen tiesas.

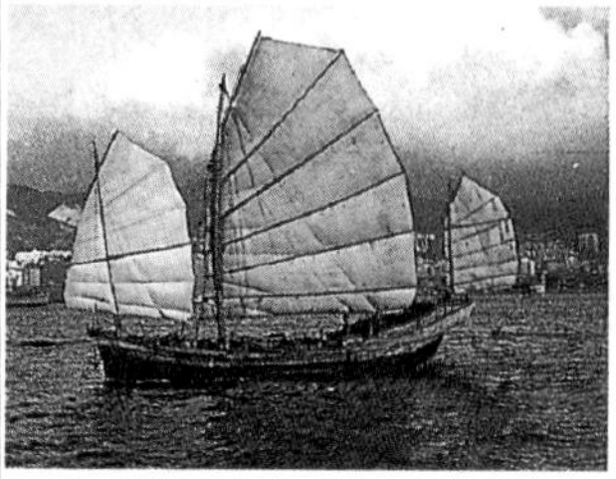

**junco**

**JUNCOSO, A** adj. Dícese de lo que es parecido al junco. **2.** Dícese del terreno que produce juncos.

**JUNGLA** n. f. (ingl. *jungle*). Formación herbácea característica de la India, constituida por una proporción irregular de árboles (monocotiledóneas, bambúes, palmeras, helechos arborescentes, etc.), y que presenta una fauna variada, en la que el tigre es el animal característico.

**JUNGLE** n. m. (voz inglesa). Estilo de jazz evocador, característico de Duke Ellington.

**JUNIO** n. m. (lat. *iunium*). Sexto mes del año.

**JÚNIOR** o **JUNIOR** adj. (pl. *juniors*). Anglicismo con que se designa a la persona más joven respecto a otra que lleva el mismo nombre. (Suele usarse abreviado [jr.] después del apellido.) ◆ adj. y n. m. y f. **2.** DEP. Dícese de la categoría en que se engloban los deportistas de edad inmediatamente inferior a la de los seniors, y del deportista comprendido en esta categoría.

**JUNÍPERO** n. m. Enebro.

**JUNKER** n. m. (voz alemana). HIST. En Alemania, noble hacendado.

**JUNQUERA** n. f. BOT. Junco.

**JUNQUERAL** n. m. Juncar.

**JUNQUILLO** n. m. Planta herbácea de hojas parecidas a las del junco, que se cultiva para extraer su perfume. (Familia amarilidáceas.) **2.** ARQ. Moldura saliente, de unos tres cuartos de círculo, más delgada que el bocel, y aplicada generalmente en esquinas.

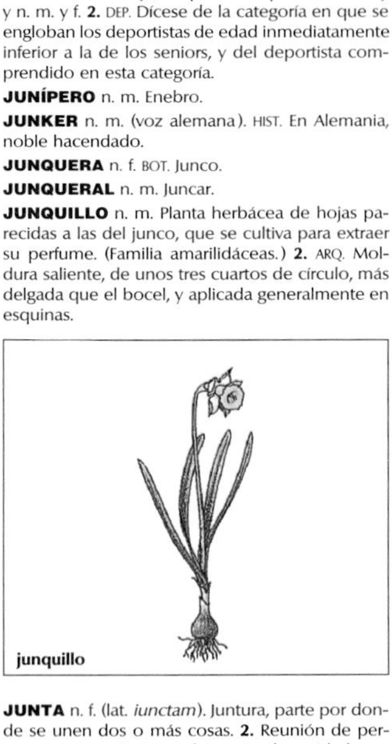

**junquillo**

**JUNTA** n. f. (lat. *iunctam*). Juntura, parte por donde se unen dos o más cosas. **2.** Reunión de personas pertenecientes a determinada entidad para tratar asuntos de la misma. **3.** Conjunto de individuos nombrados para dirigir los asuntos de una colectividad: *Junta directiva.* **4.** Denominación de algunos gobiernos surgidos de un golpe de estado militar. **5.** Denominación adoptada por los estatutos de autonomía de Castilla y León, Extremadura y Galicia *(Xunta)* para designar a los respectivos consejos de gobierno. **6.** CONSTR. Espacio entre dos elementos, generalmente relleno de mortero o argamasa. **7.** TECNOL. Pieza de poco espesor interpuesta entre dos superficies apretadas y ajustadas para asegurar su perfecta hermeticidad. • **Junta de culata,** junta de estanqueidad interpuesta entre el bloque del cilindro y la culata de un motor de combustión interna. || **Junta de dilatación,** dispositivo que permite la libre dilatación o contracción en función de la temperatura. || **Junta de portavoces,** organismo constituido en el seno del congreso de los diputados y en el senado, que está formado por los portavoces de los grupos parlamentarios, el presidente de la cámara y un representante del gobierno con voz pero sin voto. || **Junta electoral,** órgano encargado de velar por la pureza del proceso electoral. || **Juntas generales,** órganos deliberativos y consultivos de participación del pueblo de Álava, Guipúzcoa y del señorío de Vizcaya, a través de sus municipios, en el gobierno provincial, que fiscalizan la gestión del órgano administrativo y ejecutivo que es la diputación foral.

**JUNTAMENTE** adv. m. A un mismo tiempo.

**JUNTAR** v. tr. **[1]**. Poner unas cosas en contacto con otras de manera que se toquen: *juntar dos mesas.* **2.** Colocar cosas en un mismo sitio o formando parte de un conjunto: *juntamos todos los trastos en un rincón.* **3.** Suceder, pensar o imaginar diversos hechos a un mismo tiempo. **4.** Reunir por adiciones sucesivas determinado número de algo: *juntar dinero.* **5.** Entornar puertas o ventanas. ◆ v. tr. y pron. **6.** Reunir, agrupar: *juntarse en una reunión varios amigos.* ◆ **juntarse** v. pron. **7.** Acompañarse, estar o ir en compañía de alguien. **8.** Amancebarse.

**JUNTERA** n. f. Garlopa para alisar el canto de las tablas.

**JUNTERILLA** n. f. Juntera pequeña para empezar los rebajos.

**JUNTERO** n. m. Perteneciente a una junta o delegado en ella.

**JUNTO, A** adj. (lat. *iunctum*). Unido, cercano: *tener las camas juntas.* **2.** En compañía: *llegar juntos.* ◆ adv. l. **3.** Seguido de la prep. *a*, cerca o al cabo de: *sentarse junto al fuego.*

**JUNTURA** n. f. (lat. *iuncturam*). Parte o lugar en que se unen dos o más cosas.

**JUPA** n. f. *C. Rica* y *Hond.* Calabaza redonda. **2.** *C. Rica* y *Hond.* Cabeza.

**JUPIARSE** v. pron. **[1]**. *Amér. Central.* Emborracharse.

**JUPÓN, NA** adj. y n. *Amér. Central.* Cabezón.

**JURA** n. f. Acto solemne de jurar obediencia y fidelidad a un soberano, a las leyes de un país, a un cargo, etc.: *jura de la bandera.* • **Jura de Santa Gadea,** juramento que, según la tradición, hizo Alfonso VI, en la parroquia de Santa Gadea de Burgos, ante doce caballeros castellanos, asegurando que no había tomado parte en el asesinato de su hermano Sancho II.

**JURADO, A** adj. Dícese del escrito o declaración realizados bajo juramento: *declaración jurada; relación jurada.* **2.** *Méx.* Dícese de la persona que ha hecho una promesa ante Dios, la Virgen María o algún santo de no beber alcohol durante un tiempo determinado. ◆ n. m. **3.** Grupo de personas a quienes se constituye en tribunal examinador y calificador en concursos, exposiciones, etc. **4.** Cada uno de los individuos que forman parte de este grupo. **5.** DER. Tribunal, formado por sorteo entre los ciudadanos, cuya misión consiste en determinar el hecho justiciable o la culpabilidad del acusado, dejando a cuidado de los magistrados la imposición de la pena. **6.** DER. Cada una de las personas que forman el jurado. **7.** HIST. Autoridad del concejo municipal en los diversos reinos hispánicos.

**JURADOR, RA** adj. y n. Que tiene hábito de jurar. **2.** DER. Que declara en juicio con juramento.

**JURADURÍA** n. f. Oficio y dignidad de jurado.

**JURAMENTADO, A** adj. HIST. Durante la Revolución francesa, decíase del sacerdote que había prestado juramento a la constitución civil del clero.

**JURAMENTAR** v. tr. **[1]**. Tomar juramento a alguien. ◆ **juramentarse** v. pron. **2.** Obligarse con juramento.

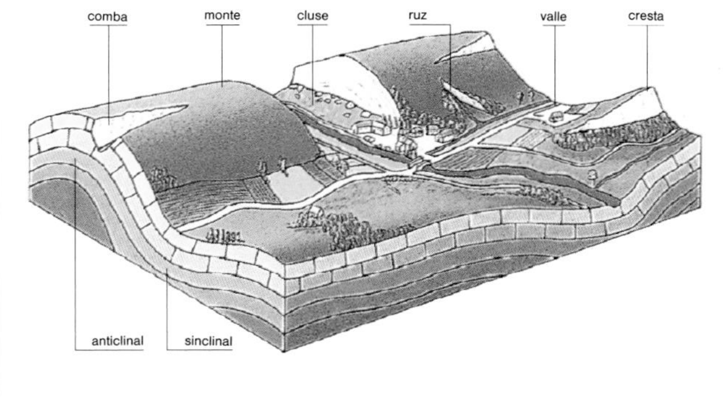

relieve **jurásico**

**JURAMENTO** n. m. Afirmación solemne de una persona para asegurar la veracidad de una cosa. **2.** Blasfemia: *proferir juramentos.*

**JURAR** v. tr. (lat. *iurare*) **[1]**. Afirmar o prometer algo tomando por testigo a una persona o cosa que se considera sagrada. **2.** Reconocer la soberanía de un monarca o de una institución y someterse a sus leyes. • **Jurársela,** o **jurárselas,** uno a otro *(Fam.)*, jurar que se vengará de él. ◆ v. intr. **3.** Blasfemar, renegar. • **Jurar en falso,** jurar sabiendo que lo que se jura no es verdad.

**JURÁSICO, A** adj. Relativo al Jura. • **Relieve jurásico,** tipo de relieve desarrollado en una estructura sedimentaria plegada regularmente, en la que alternan capas resistentes y capas blandas, y en el que la topografía refleja directamente la estructura. ◆ n. m. y adj. **2.** GEOL. Período de la era secundaria entre el triásico y el cretácico, que se distingue por la sedimentación de gruesas capas calcáreas, principalmente en el Jura.

**JUREL** n. m. Pez teleósteo de unos 20 cm de long., de color azul por el lomo y blanco por el vientre, que se diferencia de la sardina por lo estrecho de la raíz de su cola y por los escudetes de la línea lateral. (Familia carángidos.)

**JURERO, A** n. *Chile* y *Ecuad.* Persona que mediante pago presta falso testimonio.

**JURIDICIDAD** n. f. Criterio favorable al predominio del estricto derecho en las cuestiones políticas y sociales.

**JURÍDICO, A** adj. Relativo a las formas judiciales, a la justicia, a las leyes que regulan las relaciones entre los ciudadanos y al derecho en general.

**JURIFICAR** v. intr. **[1a]**. Convertir en ley lo que antes era norma de conducta.

**JURISCONSULTO, A** n. (lat. *iurisconsultum*). Persona especializada en cuestiones jurídicas. **2.** Persona dedicada profesionalmente a la teoría o a la práctica del derecho.

**JURISDICCIÓN** n. f. (lat. *iurisdictionem*). Poder para gobernar y poner en ejecución las leyes. **2.** Término de una provincia o lugar. **3.** Autoridad, poder, potestad o dominio sobre otro. **4.** DER. Conjunto de atribuciones que corresponden en materia judicial a un órgano en un territorio determinado. **5.** DER. Territorio en que un juez o tribunal ejercen sus funciones.

**JURISDICCIONAL** adj. Relativo a la jurisdicción.

**JURISPRUDENCIA** n. f. Ciencia del derecho. **2.** Enseñanza doctrinal que dimana de los fallos de las autoridades gubernativas o judiciales. **3.** Norma de juicio que suple omisiones de la ley y que se funda en las prácticas seguidas en casos análogos. **4.** Interpretación de la ley hecha por los jueces. **5.** Conjunto de sentencias que determinan un criterio sobre una cuestión jurídica. **6.** Interpretación reiterada del tribunal supremo. **7.** Práctica judicial constante.

**JURISTA** n. m. y f. Persona que por profesión o estudio se dedica al derecho.

**JURO** n. m. Forma de propiedad en que ésta se concedía a perpetuidad. **2.** En Castilla, pensión o beneficio que el rey concedía en pago de un servicio.

**JUSELLO** n m. Potaje a base de caldo de carne, perejil, queso y huevos.

**JUSI** n. m. Tela filipina, parecida a la gasa, y con listas de colores intensos.

**JUSTA** n. f. (de *justar*). Competición literaria: *las justas poéticas.* **2.** HIST. Combate caballeresco individual a caballo, de hombre a hombre y con lanza, realizado como entrenamiento o para dar realce a un festejo. (Se diferenciaba de los torneos en que en estos últimos luchaban grupos de caballeros, divididos en dos bandos.)

**JUSTAMENTE** adv. m. Subraya una coincidencia.

**JUSTAR** v. intr. **[1]**. Pelear o combatir en las justas.

**JUSTERO, A** adj. Dícese del perro especialmente adiestrado para la caza del zorro.

**JUSTICIA** n. f. (lat. *iustitiam*). Concepción que cada época, civilización, etc., tiene del bien común: *practicar la justicia.* **2.** Cualidad o comportamiento justo: *es admirado por su justicia.* **3.** Trato justo: *dirigir con justicia.* **4.** Representante de la ley: *ser apresado por la justicia.* **5.** Conjunto de tribunales y magistrados: *la justicia española.* **6.** Acción de examinar las reclamaciones de alguien, acordando lo que sea justo. **7.** Acción por la que se reconoce o declara lo que pertenece o se debe a alguien. **8.** Jurisdicción: *justicia civil, penal.* **9.** El poder judicial. **10.** TEOL. Atributo de Dios, por el cual premia o castiga a cada uno según sus merecimientos. • **Alta justicia** (FEUD.), la que concedía a los señores el derecho de pronunciar penas capitales. || **Baja justicia** (FEUD.), la que sólo se aplicaba a asuntos de poca importancia. || **Hacer justicia,** otorgar a alguien aquello de que se le cree merecedor. || **Justicia de Aragón,** defensor del pueblo en la comunidad autónoma de Aragón. || **Justicia militar,** justicia aplicable al ejército; conjunto de jurisdicciones que aplican esta justicia.

**JUSTICIABLE** adj. Que puede o debe someterse a la acción de los tribunales.

**JUSTICIALISMO** n. m. Denominación del programa político, económico y social desarrollado por el presidente de Argentina J. D. Perón, y del movimiento que lo encarna.

**JUSTICIALISTA** adj. y n. m. y f. Relativo al justicialismo; partidario de este movimiento.

**JUSTICIAR** v. tr. **[1]**. Condenar, declarar culpable el juez al condenado.

**JUSTICIERO, A** adj. Que observa y hace observar estrictamente la justicia: *espíritu justiciero.* **2.** Que observa con rigor la justicia en el castigo: *la espada justiciera del arcángel san Miguel.*

**JUSTIFICABLE** adj. Que se puede justificar.

**JUSTIFICACIÓN** n. f. Acción y efecto de justificar o justificarse. **2.** Aquello con que uno se justifica: *dar una justificación por el retraso.* **3.** IMPR. Longitud de una línea llena. **4.** TEOL. Acto por el cual Dios hace pasar a un alma del estado de pecado al estado de gracia. • **Justificación de tirada** (IMPR.), fórmula que indica el número de ejemplares de un libro impreso en diferentes clases de papel.

**JUSTIFICADO, A** adj. Con motivo o razón: *comportamiento justificado.*

**JUSTIFICADOR, RA** adj. Justificante. ◆ n. m. **2.** El que santifica, santificador.

**JUSTIFICANTE** adj. Que justifica. ◆ n. m. **2.** Documento, comprobante, etc., con que se justifica algo: *presentar un justificante.*

**JUSTIFICAR** v. tr. y pron. (lat. *iustificare*) [**1a**]. Aducir razones para demostrar que algo no es censurable: *justificar una acción.* ◆ v. tr. **2.** Constituir algo la razón de que un hecho, acontecimiento, etc., no sea o parezca inadecuado o censurable: *su enfermedad justifica la falta de asistencia.* **3.** IMPR. Establecer la longitud máxima de una línea impresa. **4.** TEOL. Poner entre los justos.

**JUSTIFICATIVO, A** adj. Que sirve para justificar: *documento justificativo.*

**JUSTILLO** n. m. Prenda de vestir interior, ceñida y sin mangas, que llegaba hasta la cintura.

**JUSTINIANEO, A** adj. Dícese de los cuerpos legales promulgados por el emperador Justiniano. **2.** Dícese del derecho contenido en ellos.

**JUSTIPRECIACIÓN** n. f. Acción y efecto de justipreciar.

**JUSTIPRECIAR** v. tr. [**1**]. Valorar o tasar con rigor una cosa: *justipreciar la mercancía.*

**JUSTIPRECIO** n. m. Tasación, evaluación, valoración de una cosa. **2.** Valor o justo precio de una cosa. **3.** Valor de una cosa fijado en una estimación pericial.

**JUSTO, A** adj. y n. (lat. *iustum*). Que actúa con absoluta imparcialidad, según la moral o la ley: *un juez muy justo.* **2.** Que respeta plenamente los principios de la religión. **3.** Bienaventurado, que goza de la bienaventuranza eterna. ◆ adj. **4.** Que está de acuerdo con los principios de la moral o de la ley: *eso no es justo.* **5.** Conforme a la verdad, a la razón: *razonamiento justo.* **6.** Lícito, fundado: *es justo que esté orgulloso de su triunfo.* **7.** Preciso, adecuado: *encontrar la palabra justa.* **8.** Que tiene la cantidad, la medida exacta para responder a su función: *tener el pan justo para cenar.* **9.** Ajustado, apretado: *pantalón muy justo.* • **Justa causa** (DER.), causa lícita, causa justificativa. ‖ **Justo precio,** expresión utilizada por los escolásticos para designar el precio por el que debían intercambiarse los bienes para no incurrir en falta moral. ◆ adv. m. **10.** Subraya una coincidencia: *justo ahora iba a llamarte.*

**JUTA** n. f. *Ecuad.* y *Perú.* Variedad de ganso doméstico.

**JUTOS**, pueblo germánico, probablemente originario de Jutlandia meridional, que se estableció en el SE de Inglaterra en el s. V d. J. C.

**JUVENIL** adj. Relativo a la juventud: *amor juvenil; aspecto juvenil.* ◆ adj. y n. m. y f. **2.** Dícese de la categoría en que se engloban los deportistas de edad entre los 15 y los 18 años. **3.** Dícese del deportista comprendido en esta categoría.

**JUVENTUD** n. f. Edad que empieza en la pubertad y se extiende a los comienzos de la edad adulta. **2.** Período de la vida de un organismo, comprendido entre su nacimiento y su total madurez. **3.** Conjunto de jóvenes: *espectáculo para la juventud.* **4.** Condición de joven. **5.** Energía, vigor. ◆ **juventudes** n. f. pl. **6.** En un partido político, organización formada por los jóvenes.

**JUVIA** n. f. Planta arbórea de América Meridional, de hasta 30 m de alt., cuyo fruto, bastante grande, contiene semillas comestibles, de las que se extrae un excelente aceite. (Familia mirtáceas.) **2.** Fruto de este árbol.

**JUZGADO** n. m. Junta de jueces que concurren a dar sentencia. **2.** Tribunal de uno o varios jueces. **3.** Término o territorio de la jurisdicción de uno o varios jueces. **4.** Sitio donde se juzga. **5.** Judicatura, dignidad y empleo de juez. • **Juzgado de Indias** (HIST.), organismo fundado en Cádiz en 1545, que era dependiente de la Casa de contratación de Sevilla.

**JUZGAMUNDOS** n. m. y f. *Fam.* Persona murmuradora.

**JUZGAR** v. tr. (lat. *iudicare*) [**1b**]. Decidir en calidad de juez: *juzgar un delito.* **2.** Opinar, creer, considerar: *juzgo necesario avisarle.* **3.** FILOS. Afirmar, después de comparar entre dos o más ideas, las relaciones que existen entre ellas.

# K

**K** n. f. Undécima letra del alfabeto español y octava de sus consonantes. (La *k* es una consonante oclusiva velar sorda, cuya sonora correspondiente es la *g*; sólo se encuentra en palabras cultas o de origen extranjero y su sonido en español se representa por *c* o *qu.*) **2.** Símbolo de *kilo.* **3.** Símbolo químico del potasio. **4.** Símbolo del *grado Kelvin.*

**KA** n. f. Nombre de la letra *k.*

**KA** n. m. Kaón, partícula elemental.

**KABARDINOS** o **KABERDEY,** pueblo musulmán del N del Cáucaso, que vive en la *República de Kabardino-Balkaria* (Rusia).

**KABILA** o **KÁBILA** n. f. Cabila.

**KABUKI** n. m. (voz japonesa). Género teatral japonés en el que el diálogo alterna con partes salmodiadas o cantadas y con intermedios de ballet.

teatro **kabuki** (una escena de *Onnagoroshi abura jigoku* de Chikamatsu Monzaemon)

**KACHARPAYA** n. f. Canción boliviana ritual, que se canta al término de cada una de las estaciones del año.

**KACHIN,** pueblo de China (Yunnan), Birmania y la India (Assam), que habla una lengua tibetobirmana.

**KAERSUTITA** n. f. Anfíbol, hornblenda basáltica con algo de óxido de titanio, que se encuentra en Groenlandia septentrional.

**KAFKIANO, A** adj. Relativo a Kafka. **2.** Dícese de una situación inquietante por su absurdidad o carencia de lógica, que recuerda la atmósfera de las novelas de Kafka.

**KAGÚ** n. m. Pájaro gris de Nueva Caledonia, en vías de extinción. (Orden ralliformes.)

**KAINITA** n. f. MINER. Sal doble formada por sulfato de magnesio y cloruro de potasio hidratados naturales.

**KÁISER** n. m. (alem. *Kaiser,* emperador). Título que se suele aplicar a los tres emperadores del II Reich alemán y especialmente a Guillermo II.

**KAJKAVIANO** n. m. Dialecto eslavo, hablado y escrito en la región de Zagreb, en Croacia.

**KAKEMONO** n. m. (voz japonesa). Pintura o escritura japonesa o china, sobre seda o papel, que se desenrolla verticalmente.

**KAKI** n. m. Caqui.

**KALA-AZAR** n. m. (voz indostánica). Enfermedad parasitaria provocada por un protozoario, endémica en Asia y en África, que se caracteriza por un aumento del volumen del bazo, del hígado y de los ganglios.

**KALIEMIA** n. f. Concentración de iones de potasio en el plasma sanguíneo.

**KALIUM** n. m. Nombre latino del potasio.

**KALMUKO, A** adj. y n. Calmuco.

**KAMBA,** pueblo de Kenia, de lengua bantú.

**KAMI** n. m. (voz japonesa, *superior*). Nombre genérico dado a los seres sobrenaturales en el antiguo Japón. **2.** En Japón, título de nobleza.

**KAMIKAZE** n. m. (voz japonesa, *tempestad providencial*). En 1944-1945, piloto japonés que se presentaba voluntario para estrellar su avión cargado de explosivos sobre un objetivo. **2.** Este mismo avión.

**KAN, KHAN** o **JAN** n. m. Título turco principesco. **2.** En la época mongol, principe inferior al soberano supremo. **3.** En Persia, gobernador de una provincia.

**KANA** n. m. Signo silábico de la escritura japonesa.

**KANAK** → ***canaco.***

**KANARA** n. m. Canara.

**kagú**

**KANATO** n. m. Cargo, función y jurisdicción de un kan. **2.** Territorio sometido a su jurisdicción.

**KANTIANO, A** adj. y n. Relativo a la filosofía de Kant; partidario de esta filosofía.

**KANTISMO** n. m. Filosofía de Kant y sus continuadores.

**KAOLIANG** n. m. Variedad de sorgo.

**KAOLÍN** n. m. Caolín.

**KAÓN** o **KA** n. m. FÍS. Partícula elemental (K), neutra o cargada positiva o negativamente, cuya masa es 965 veces la del electrón.

**KAPPA** o **CAPPA** n. f. Décima letra del alfabeto griego (κ), correspondiente a la *k.*

**KARACHÁI,** pueblo turco musulmán del N del Cáucaso, que vive en la *República de Karachái-Cherkesia* (Rusia).

**KARAKALPAK,** pueblo turco musulmán de Asia central que vive en la *República de Karakalpakia* (Uzbekistán).

**KARAKUL** o **CARACUL** adj. y n. m. Dícese de una variedad de corderos de Asia central, de vellón largo y rizado, que nacido prematuramente proporciona el astracán. **2.** Este vellón.

**KARAOKE** n. m. (voz japonesa). Establecimiento público en que algunos clientes interpretan la letra de canciones conocidas con música pregrabada. **2.** Aparato amplificador utilizado para este tipo de interpretación musical.

**KARATE** n. m. Modalidad de lucha japonesa, basada en golpes secos realizados con el borde de la mano, los codos o los pies.

**karate**

**KARATEKA** n. m. y f. Persona que practica el karate.

**KAREN,** pueblo surmongol de Birmania y Tailandia.

**KARMAN** o **KARMA** n. m. (voz sánscrita). En las religiones de la India, mecanismo de la retribución de los actos al que está sometido cada individuo y que condiciona su futuro escatológico.

**KARST** n. m. (alem. *Karst*). Carso.

**KÁRSTICO, A** adj. Cársico.

**KART** n. m. (voz inglesa). Pequeño vehículo automóvil de competición, con embrague automático y sin caja de velocidades, carrocería ni suspensión.

**KARTING** n. m. (voz inglesa). Deporte practicado con kart.

**KASSITA** adj. y n. m. y f. Casita.

**KATA** n. m. En judo, conjunto de llaves codificadas para realizar una demostración técnica.

**KATABÁTICO, A** adj. Dícese de los vientos descendentes que soplan desde el centro de los inlandsis hacia la periferia. SIN.: *catabático*.

**KATIUSCA** n. f. Bota de caucho usada para protegerse del agua.

**KATÚN** n. m. (voz maya). Período de veinte años, de 360 días cada uno, del calendario maya.

**KAUESKAR** n. m. Aksana.

**KAWI** n. m. LING. Nombre dado al javanés antiguo.

**KAYAK** n. m. (pl. *kayaks*). Embarcación de pesca de los esquimales, formada con pieles de foca extendidas sobre una armazón de madera. **2.** Embarcación de lona engrasada o embreada, que se utiliza para paseos deportivos fluviales o en competiciones.

kayak

**KAZACO, A** adj. y n. Relativo a un pueblo turco musulmán que vive principalmente en Kazajstán, Uzbekistán, Turkmenistán y China (Xinjiang); individuo de este pueblo. SIN.: *kazaj*.

**KAZAJ** n. m. Lengua turca hablada por los kazakos.

**Kcal,** símbolo de la *kilocaloría*.

**KEA** n. m. Papagayo de gran tamaño, de color verde oliva, variado de azul y rojo. (Familia sitácidos.)

**KÉFIR** n. m. Bebida fermentada, preparada a base de leche de vaca, cabra u oveja.

**KELVIN** n. m. Unidad de medida de temperatura termodinámica (símbolo K), equivalente a 1/273,16 de la temperatura termodinámica del punto triple del agua.

**KENDO** n. m. Arte marcial japonesa, que se practica con ayuda de sables de bambú.

**KENOTRÓN** n. m. Aparato electrónico que se emplea para el rectificado de corrientes alternas de baja intensidad y de alta o muy alta tensión.

**KEPIS** n. m. Quepis.

**KEPLERIANO, A** adj. Relativo o conforme al sistema de Kepler.

**KERMESITA** n. f. Quermesita.

**KERMESSE** n. f. (voz francesa). Nombre dado en Países Bajos y en Flandes a fiestas parroquiales y a ferias anuales, celebradas con gran regocijo. **2.** Fiesta pública al aire libre.

**KERO** n. m. Quero.

**KEROSÉN** o **KEROSENE** n. m. *Amér. Merid.* Queroseno.

**KEROSENO** n. m. Queroseno.

**KETCH** n. m. Queche.

**KETCHUP** n. m. (voz inglesa). Salsa elaborada a base de jugo de tomate y sazonada con especias.

**KEVLAR** n. m. Fibra de excelentes propiedades mecánicas, ligera, robusta y con gran resistencia al calor.

**KEYNESIANISMO** n. m. Corriente del pensamiento económico basada en la teoría general de J. M. Keynes.

**kg,** símbolo del *kilogramo*.

**kgf,** símbolo del *kilogramo-fuerza*.

**kgm,** símbolo del *kilográmetro*.

**KHAN** n. m. Kan.

**KHMER** adj. y n. m. y f. Relativo a un pueblo mayoritario de Camboya, que también vive en Tailandia y Vietnam; individuo de este pueblo. • **Khmers rojos,** nombre que reciben los seguidores camboyanos del Partido comunista khmer, dirigido por Pol Pot (1962-1985) y Khieu Samphan (desde 1985). **2.** Camboyano. ◆ n. m. **3.** Lengua oficial de Camboya.

**KHOISAN,** denominación etnológica y lingüística de un grupo de pueblos de África austral y de una familia lingüística que abarca los pueblos hotentotes, o *khoi*, y bosquimanos, o *san*.

**KIBBUTZ** n. m. (voz hebrea) [pl. *kibutzim*]. En Israel, explotación comunitaria, casi siempre agrícola.

**KIESELGUHR** o **KIESELGUR** n. m. GEOL. Trípoli, roca silícea sedimentaria.

**KIESERITA** n. f. MINER. Sulfato hidratado natural de magnesio.

**KIF** n. m. Grifa.

**KIKO** n. m. Maíz tostado y salado.

**KIKUYU,** pueblo de las mesetas de Kenya, que habla una lengua bantú.

**KILO** n. m. Abreviatura de *kilogramo*.

**KILO** n. m. (voz lunfarda). Persona o cosa de importancia, de calidad: *ese tipo es un kilo*.

**KILO** o **KILI** (gr. *khilion*, mil), prefijo (símbolo k) que, situado delante de una unidad de medida, la multiplica por mil.

**KILOCALORÍA** n. f. Unidad equivalente a 1 000 calorías (símbolo kcal).

**KILOCICLO** n. m. RADIOTECN. Mil ciclos.

**KILOGRÁMETRO** o **KILOPONDÍMETRO** n. m. FÍS. Unidad de energía o de trabajo (símbolo kgm o kpm), que equivale al trabajo de una fuerza de 1 kilogramo-fuerza cuyo punto de aplicación se desplaza 1 metro en la dirección de la fuerza.

**KILOGRAMO** n. m. Unidad de medida de masa (símbolo kg), equivalente a la masa del prototipo de platino iridiado, adoptado por la Conferencia general de pesas y medidas celebrada en París en 1889, y que se conserva en la Oficina internacional de pesas y medidas. • **Kilogramo por metro,** unidad de medida de masa lineal (símbolo kg/m), que equivale a la masa lineal de un cuerpo homogéneo de sección uniforme, cuya masa es de 1 kilogramo y cuya longitud es de 1 metro. ‖ **Kilogramo por metro cuadrado,** unidad de medida de masa superficial (símbolo $kg/m^2$), que equivale a la masa superficial de un cuerpo homogéneo, de grosor uniforme, cuya masa es de 1 kilogramo y cuya superficie es de 1 metro cuadrado. ‖ **Kilogramo por metro cúbico,** unidad de medida de masa volumétrica (símbolo $kg/m^3$), que equivale a la masa volumétrica de un cuerpo homogéneo, cuya masa es de un 1 kilogramo y cuyo volumen es de 1 metro cúbico; unidad de medida de concentración (símbolo $kg/m^3$), equivalente a la concentración de una muestra homogénea que contiene 1 kilogramo del cuerpo considerado en un volumen total de un metro cúbico.

**KILOGRAMO-FUERZA** o **KILOPONDIO** n. m. FÍS. Unidad de fuerza (símbolo kgf o kp), que equivale a la fuerza con que una masa de 1 kilogramo es atraída por la Tierra.

**KILOMETRAJE** n. m. Número de kilómetros recorridos. **2.** Medida dada en kilómetros.

**KILOMETRAR** v. tr. [**1**]. Marcar las distancias kilométricas con ayuda de poyos, de estacas, etc.: *kilometrar una carretera*.

**KILOMÉTRICO, A** adj. Relativo al kilómetro: *distancias kilométricas*. **2.** Que marca o señala la distancia de 1 kilómetro: *mojón, poste kilométrico*. **3.** *Fig.* Muy largo: *procesión kilométrica*.

**KILÓMETRO** n. m. Unidad práctica de longitud (símbolo km), que equivale a 1 000 m. • **Kilómetro cuadrado,** unidad de superficie (símbolo $km^2$) igual a la superficie de un cuadrado de 1 km de lado, lo que equivale a un millón de metros cuadrados. ‖ **Kilómetro cúbico,** unidad de volumen (símbolo $km^3$) igual al volumen de un cubo de 1 km de lado, lo que equivale a mil millones de metros cúbicos. ‖ **Kilómetro por hora,** unidad de velocidad (símbolo km/h), que equivale a la velocidad de un móvil, animado de un movimiento uniforme, que recorre la distancia de un kilómetro en una hora.

**KILOTÓN** n. m. Unidad empleada para evaluar la potencia de una bomba o una carga nuclear comparando la energía producida por su explosión con la energía producida por la explosión de 1 000 toneladas de TNT (trinitrotolueno).

**KILOVATIO** n. m. Unidad de potencia (símbolo kW) equivalente a 1 000 vatios. • **Kilovatio hora,** unidad de energía o de trabajo (símbolo kWh), equivalente al trabajo desarrollado durante una hora por una máquina cuya potencia sea de 1 kilovatio.

**KILT** n. m. Falda corta, de lana a cuadros, usada por los escoceses, y que forma parte de la indumentaria tradicional.

**KIMONO** n. m. Quimono.

**KINDERGARTEN** n. m. (voz alemana). *Chile* y *Méx.* Parvulario. SIN.: *kinder*.

**KINESCOPIO** n. m. Aparato que combina la técnica del video y la del cine, a base de fotografiar las imágenes que se producen en el video.

**KINESIÓLOGO, A** n. Médico que se dedica a la kinesiterapia.

**KINESITERAPIA** n. f. Conjunto de tratamientos que utilizan el ejercicio físico para dar o devolver a un enfermo o herido el movimiento y la función de las diferentes partes del cuerpo.

**KINETOSCOPIO** n. m. Aparato inventado por Edison, en 1890, que permitía observar las fases sucesivas de un movimiento, y fue el precursor del cinematógrafo.

**KIOSCO** n. m. Quiosco.

**KIOWA,** pueblo amerindio de las Grandes Praderas de América del Norte, de lengua tano. Su cultura, basada en la caza del bisonte y en rituales religiosos y chamánticos, desapareció con la colonización.

**KIP** n. m. Unidad monetaria principal de la República Democrática Popular de Laos.

**KIPÁ** n. f. (del hebreo *kippa*, cúpula). Bonete semiesférico que usan los judíos practicantes.

**KIRGUIZ** adj. y n. m. y f. Relativo a un pueblo musulmán de lengua turca, que vive principalmente en Kirguizistán y China; individuo de este pueblo. ◆ n. m. **2.** Dialecto turco, afín al kajaz.

**KIRIAL** n. m. Conjunto de las diferentes melodías del kirieleisón y de las demás piezas que componen el ordinario de la misa.

**KIRIE** o **KYRIE** n. m. Invocación de súplica que se utiliza en la liturgia romana y en numerosas liturgias orientales. **2.** Música compuesta para estas palabras.

**KIRIELEISÓN** o **KYRIE ELEISON** n. m. Kirie. **2.** *Fam.* Canto de los entierros y oficios de difuntos.

**KIRSCH** n. m. (alem. *Kirsch*, cereza). Aguardiente extraído de las cerezas fermentadas.

**KIT** n. m. (voz inglesa). Juego de herramientas, repuestos, etc., con una utilidad específica: *un kit de primeros auxilios*. **2.** Conjunto de piezas sueltas, acompañadas de instrucciones para su montaje.

**KITSCH** adj. y n. m. (voz alemana). Cursi, de mal gusto. **2.** Dícese del objeto caracterizado por su inautenticidad estética y su formalismo efectista, que persigue una gran aceptación comercial.

**KIWI** o **KIVI** n. m. Ave corredora de Nueva Zelanda, de alas casi inexistentes, plumaje pardo, pico largo y barbas desordenadas, que mide unos 30 cm de altura. (Subclase ratites.) **2.** Fruta de cor-

kiwi

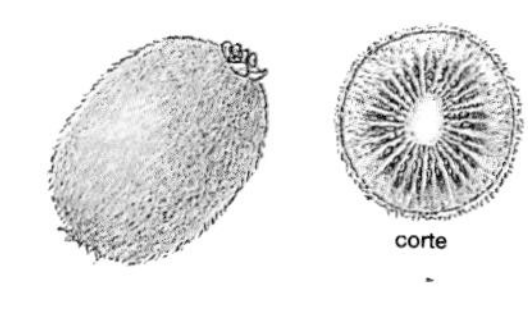

kiwi

teza marrón pilosa y pulpa de color verde, originaria de Nueva Zelanda.

**KLEENEX** n. m. (marca registrada). Pañuelo de guata de celulosa.

**KLINKER** n. m. Clinca.

**KLIPPE** n. m. (alem. *Klippe,* peñasco). GEOL. Fragmento de un manto de recubrimiento de roca dura sobre una roca más blanda, puesto de relieve por la erosión.

**km,** símbolo del *kilómetro.*

**km/h,** símbolo del *kilómetro por hora.*

**KNOCK-DOWN** n. m. (voz inglesa, *derribo*). En boxeo, caída de un púgil por un intervalo de tiempo inferior a 10 segundos.

**KNOCK-OUT** n. m. (voz inglesa, *fuera de combate*). En boxeo, caída de un púgil por un intervalo de tiempo superior a 10 segundos. • **Knock-out técnico,** derrota declarada por el árbitro, por inferioridad manifiesta de uno de los contrincantes. ◆ adj. **2.** Puesto fuera de combate.

**KNOW-HOW** n. m. (voz inglesa, *saber cómo*). Conjunto de conocimientos técnicos y administrativos imprescindibles para llevar a cabo un proceso productivo comercial, etc., y que no están protegidos por una patente.

**KNUT** n. m. (voz rusa). En la Rusia zarista, suplicio ejecutado con un látigo de varias correas de cuero terminadas en bolas de metal. **2.** Látigo con que se infligía este castigo.

**K.O.,** abreviatura de *knock-out.*

**KOB** n. m. Rumiante de las marismas de África austral. (Familia bóvidos.)

**KOINÉ** o **COINÉ** n. f. LING. Lengua común hablada y escrita en Grecia en las épocas helenística y romana. **2.** Toda lengua común.

**KOLJÓS** o **KOLJOZ** n. m. (abrev. de las voces rusas *kollektívnoie joziaistvo,* economía colectiva). En la economía soviética planificada, explotación agrícola basada en la propiedad colectiva de los medios de producción y en la disposición gratuita y a perpetuidad de tierras propiedad del estado.

**KOLJOSIANO, A** o **KOLJOZIANO, A** adj. y n. Relativo a un koljós; miembro de un koljós.

**KOMI** o **ZIRIANE,** pueblo ugrofinés que habita, a lo largo del valle del Pechora, en la *República de Komi* (Rusia).

**KONDO** n. m. (voz japonesa). Edificio principal del conjunto arquitectónico de un monasterio budista japonés, que alberga el santuario donde se reverencia la imagen del buda o del bodhisattva.

**KONGO** o **BAKONGO,** pueblo de lengua bantú que habita en las dos repúblicas del Congo.

**KONZERN** n. m. (alem. *Konzern*). Grupo formado por varias empresas económicas, más estrechamente ligadas que en un cártel pero sin constituir una fusión completa.

**KOPEK, KOPECK** o **COPEC** n. m. En la U.R.S.S. hasta 1991 y desde entonces en Rusia y otras ex repúblicas soviéticas, unidad monetaria fraccionaria, que equivale a 1/100 de rublo.

**KOTO** n. m. Instrumento musical de cuerda de Extremo oriente, formado por una caja de resonancia sobre la que se extienden las cuerdas, cada una de las cuales posee su propio puente.

koto

**Kp,** símbolo del *kilopondio.*

**Kpm,** símbolo del *kilopondímetro.*

**Kr,** símbolo químico del *kriptón.*

**KRAFT** n. m. y adj. (alem. *Kraft,* fuerza). Papel de embalaje de color oscuro y muy resistente. • **Pasta kraft,** pasta de papel obtenida por el procedimiento al sulfato.

**KRAK** n. m. (ár. *karāk*). Conjunto fortificado construido por los cruzados en Palestina y en Siria.

**KRAUSISMO** n. m. Corriente filosófica que se desarrolló durante la segunda mitad del s. XIX, tomando como base el pensamiento de F. Krause.

**KRAUSISTA** adj. y n. m. y f. Relativo al krausismo; partidario de esta doctrina.

**KRIPTÓN** o **CRIPTÓN** n. m. (gr. *kryptos,* escondido). Gas raro presente en la atmósfera, incoloro, inodoro y monoatómico, de número atómico 36 y de masa atómica 83,80, cuyo símbolo químico es Kr.

**KRONPRINZ** n. m. (alem. *Kronprinz*). Título que se daba, en Alemania y Austria, al heredero de la corona imperial o real.

**KRU,** conjunto de pueblos de Costa de Marfil y de Liberia, integrado por varios grupos étnicos (evé, kru, beté, dida, etc.).

**KUBA** o **BAKUBA,** pueblo bantú de la Rep. Dem. del Congo (ex Zaire).

**KUCHEN** n. m. *Chile.* Tipo de tarta.

**KUDURRU** n. m. En el antiguo oriente, laja inscrita, gruesa y ovoide, con representaciones simbólicas de dioses, que servía como garantía de la tutela divina sobre la tierra.

**KUFÍA** n. f. (ár. *kūfiya*). Tocado masculino típico de la indumentaria beduina.

**KULAK** n. m. (voz rusa). En la antigua U.R.S.S. campesino rico antes de la colectivización de las tierras.

**KUMIK** o **KUMYK,** pueblo turco musulmán del Daguestán.

**KÜMMEL** n. m. (voz alemana). Cúmel.

**KUNG-FU** n. m. (voz china). Deporte de combate originario de Extremo oriente.

**KUNZA** n. m. Atacameño.

**KURDO, A** adj. y n. Relativo a un pueblo de lengua iraní, musulmán (sunní), que habita principalmente en Turquía, Irán, Iraq y Siria; individuo de este pueblo. SIN.: *curdo.* ◆ n. m. **2.** Lengua del grupo iranio hablada por los kurdos.

■ En 1923, los kurdos fueron privados del estado soberano que se les había prometido en el tratado de Sèvres (1920). Unos veinte millones de kurdos luchan por obtener de los estados de los que dependen, mediante la negociación o la rebelión, una autonomía efectiva. Frecuentemente han sido víctima de los conflictos en la región (guerra Irán-Iraq y guerra del Golfo).

**KUROS** o **CUROS** n. m. (voz griega) [pl. *kuroi*]. Estatua griega arcaica que representa a un joven.

**KUWAITÍ** adj. y n. m. y f. De Kuwait.

**KVAS** n. m. Bebida de cebada fermentada, consumida en los países eslavos.

**Kw,** símbolo del *kilovatio.*

**KWAKIUTL,** pueblo amerindio de lengua wakash de la costa N del Pacífico (archipiélago de la Reina Carlota, N de la isla de Vancouver).

**KYAT** n. m. Unidad monetaria de Birmania.

# L

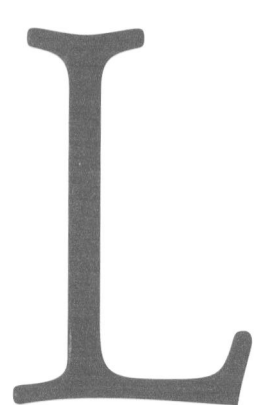

**L** n. f. Duodécima letra del alfabeto español y novena de las consonantes. (Es una consonante lateral fricativa alveolar sonora.) **2.** Símbolo del *litro.* **3.** Cifra romana que vale *cincuenta.*

**LA** art. det. f. sing. → ***el.***

**LA** pron. pers. f. sing. átono de 3.ª pers. Se usa como complemento directo y equivale a un sustantivo sin preposición o con la preposición *a* si el nombre es de persona.

**LA** n. m. MÚS. Sexta nota de la escala musical. **2.** MÚS. Signo que la representa.

**La,** símbolo químico del *lantano.*

**LÁBARO** n. m. (lat. *labarum*). HIST. Estandarte imperial sobre el que, al parecer, Constantino hizo poner, después de su victoria sobre Magencio, una cruz y el monograma de Cristo, en el año 312.

**LABEL** n. m. (voz inglesa). Marca especial establecida por el poder público, por un organismo especializado o por una asociación profesional, que aplicada a un producto, garantiza al comprador el origen y control de las condiciones exigibles al producto, especialmente su calidad.

**LABELO** n. m. Pétalo superior de la corola de las orquídeas. **2.** Pieza impar articulada en el extremo del labium de ciertos insectos.

**LABERÍNTICO, A** adj. Relativo al laberinto.

**LABERINTITIS** n. f. MED. Inflamación del laberinto, en el oído interno.

**LABERINTO** n. m. (gr. *labyrinthos*). Edificio compuesto de gran número de compartimentos dispuestos de tal forma que resulta muy difícil encontrar la salida. **2.** Lugar formado artificialmente por caminos que se entrecruzan, de manera que es difícil orientarse. **3.** Complicación inextricable. **4.** ANAT. Estructura del oído interno. **5.** ARQ. Composición, en forma de meandros con plano centrado, del pavimento de determinadas catedrales de la edad media, que los fieles seguían de rodillas como si fuera un vía crucis.

**LABERINTODONTO, A** adj. y n. m. Relativo a un orden de anfibios fósiles del triásico, con dientes que presentaban complicados repliegues.

**LABIA** n. f. *Fam.* Facilidad de palabra y gracia en el hablar: *tener mucha labia.*

**LABIADO, A** adj. BOT. Dícese de una corola gamopétala y cigomorfa cuyo borde está recortado en dos lóbulos principales opuestos entre sí, como dos labios abiertos. ◆ adj. y n. f. **2.** Relativo a una familia de plantas dicotiledóneas, con flores cigomorfas, generalmente perfumadas (menta, tomillo lavanda, etc.). SIN.: *labiáceo.*

**LABIAL** adj. Relativo a los labios. ◆ adj. y n. f. **2.** FONÉT. Dícese de un fonema en cuya articulación intervienen los labios.

**LABIALIZACIÓN** n. f. Acción y efecto de labializar.

**LABIALIZAR** v. tr. **[1g]**. Dar carácter labial a un fonema.

**LABIÉRNAGO** n. m. Planta arbustiva de la península Ibérica, de 2 a 3 m de alt., de ramas delgadas, hojas perennes y estrechas, de color verde negruzco, flores de color blanco y fruto en drupa globosa y pequeña. (Familia oleáceas.) SIN.: *picadera.*

**LABIHENDIDO, A** adj. Que tiene hendido o partido el labio superior.

**LÁBIL** adj. (lat. *labilem*). Que resbala o se desliza fácilmente. **2.** Inestable, cambiante, débil: *persona lábil; pulso lábil.* **3.** Dícese de los compuestos químicos poco estables, especialmente al calor, tales como determinadas proteínas, las vitaminas, etc. **4.** SICOL. Dícese de un humor cambiante.

**LABILIDAD** n. f. Calidad de lábil. **2.** Carácter de un compuesto lábil. **3.** SICOL. Carácter de un humor lábil.

**LABIO** n. m. (lat. *labium*). Cada una de las partes exteriores, inferior y superior, de la boca que cubre los dientes. **2.** ANAT. Cada uno de los repliegues membranosos de la vulva (labios mayores, labios menores). **3.** BOT. Cada uno de los lóbulos de determinadas flores. **4.** ENTOM. Cada una de las piezas horizontales situadas una dorsalmente y otra ventralmente respecto a la abertura bucal. **5.** MED. Cada uno de los bordes de una llaga. • **Cerrar los labios,** callar. ‖ **Labio leporino** (MED.), malformación congénita del labio superior, por defecto de soldadura de los arcos maxilares y brote medio intermaxilar. ‖ **Morderse los labios** *(Fam.),* violentarse para reprimir la risa o el habla. ‖ **No descoser,** o **despegar, los labios,** mantenerse callado o sin contestar. ‖ **Sellar los labios,** impedir que alguien hable. ◆ **labios** n. m. pl. **6.** *Fig.* Boca, órgano de la palabra: *sus labios callaron.*

**LABIODENTAL** adj. y n. f. FONÉT. Dícese de las consonantes cuya articulación se produce por acercamiento del labio inferior a los incisivos superiores (f, v).

**LABIOSO, A** adj. *Ecuad. Fig.* Adulador.

**LABIUM** n. m. ZOOL. Labio inferior de los insectos.

**LABOR** n. f. (lat. *laborem*). Trabajo, acción de trabajar: *una labor muy penosa.* **2.** Obra realizada por alguien: *desarrollar una gran labor.* **3.** Labranza. **4.** Cada una de las operaciones agrícolas de preparación o cultivo de las tierras. **5.** Cava que se da a la tierra: *dar dos labores a un campo.* **6.** Cualquier trabajo de los que se hacen con hilo, a mano o a máquina. **7.** Obra hecha trabajando así. **8.** Cada uno de los grupos de productos que se confeccionan en las fábricas de tabacos. (Suele usarse en plural.) • **De labor,** dícese de los aperos y animales que se usan para el trabajo de la tierra. ‖ **Día de labor,** día laborable.

**LABORABLE** adj. Dícese de los terrenos cultivables.

**LABORAL** adj. Relativo al trabajo en su aspecto económico y social: *problemas laborales.*

**LABORALISTA** adj. y n. m. y f. Dícese del abogado especialista en derecho laboral.

**LABORAR** v. intr. (lat. *laborare*) **[1]**. Labrar, procurar o intentar algo con esfuerzo.

**LABORATORIO** n. m. Local dispuesto para realizar investigaciones científicas, análisis biológicos, pruebas industriales, trabajos fotográficos, etc. • **Laboratorio de idiomas,** sala insonorizada que permite al estudiante dedicarse a la práctica oral de la lengua, especialmente extranjera, con ayuda de un magnetófono en el que está registrado un modelo de enseñanza.

**LABOREAR** v. tr. **[1]**. Labrar la tierra. **2.** Hacer excavaciones en una mina. ◆ v. intr. **3.** MAR. Pasar y correr un cabo por la roldana de un motón.

**LABOREO** n. m. Acción y efecto de laborear: *el laboreo de las tierras.*

**LABORERO** n. m. *Bol., Chile* y *Perú.* Capataz, el que dirige una labor.

**LABORIOSIDAD** n. f. Calidad de laborioso.

**LABORIOSO, A** adj. Trabajador, inclinado al trabajo. **2.** Trabajoso, penoso.

**LABORISMO** n. m. Movimiento político de los socialistas británicos.

**LABORISTA** adj. y n. m. y f. Relativo al laborismo; partidario del laborismo.

**LABORTANO** n. m. Dialecto del vasco.

**LABRA** n. f. Acción y efecto de labrar piedras, maderas y otros materiales. SIN.: *labrado.* **2.** Obra que se da a las piedras de cantería antes de asentarlas. **3.** Operación de labrar, pulir o acabar la superficie de los sillares o piedras de talla empleadas en arquitectura.

**LABRADO, A** adj. Dícese de los tejidos que tienen algún dibujo en relieve: *terciopelo labrado.* ◆ n. m. **2.** Labra. **3.** Campo labrado. (Suele usarse en plural.)

**LABRADOR, RA** adj. y n. Que labra la tierra. ◆ n. **2.** Persona que vive en el campo y se dedica a las faenas de la tierra. SIN.: *campesino, labriego.* **3.** *Cuba, Dom.* y *Par.* Persona que labra la madera sacando la corteza de los árboles para convertirlos en rollizos.

**LABRADORESCO, A** o **LABRADORIL** adj. Perteneciente al labrador o propio de él.

**LABRADORITA** n. f. Feldespato laminar de color gris, que entra en la composición de diferentes rocas.

**LABRANTÍO, A** adj. y n. m. Dícese del campo o tierra de labor.

**LABRANZA** n. f. Cultivo de los campos.

**LABRAPUNTAS** n. m. (pl. *labrapuntas*). *Colomb.* Sacapuntas.

**LABRAR** v. tr. (lat. *laborare*) **[1]**. Trabajar una materia dándole una forma determinada: *labrar la piedra.* **2.** Cultivar la tierra. **3.** Arar. **4.** Coser o bordar. ◆ v. tr. y pron. **5.** *Fig.* Preparar, conseguir: *labrarse un porvenir.*

**LABRIEGO, A** n. Labrador.

**LABRO** n. m. (lat. *labrum,* labio). ZOOL. Labio superior de los insectos.

**LABRUSCA** n. f. Vid silvestre.

**LABURAR** v. intr. **[1]**. *Argent.* y *Urug. Fam.* Trabajar.

**LABURO** n. m. *Argent.* y *Urug. Fam.* Trabajo.

**LACA** n. f. (ár. *lakk*). Sustancia resinosa de color rojo oscuro que se forma en las ramas de varias plantas de Extremo oriente, con la exudación que producen las picaduras de insectos. **2.** Barniz negro o rojo preparado, sobre todo en China, con esta resina. **3.** Objeto barnizado con numerosas capas de laca, eventualmente pintado, grabado y esculpido. **4.** Sustancia albuminosa coloreada, utilizada en pintura. **5.** Producto que, al vaporizarse sobre el pelo, lo recubre con una capa protectora.

**LACADO** n. m. Laqueado.

**LACADO, A** adj. **Sangre lacada,** sangre cuyos glóbulos rojos han sufrido la hemólisis, liberando hemoglobina. ◆ n. m. **2.** Mecanismo por el que se produce una liberación de hemoglobina en la sangre.

**LACANDÓN,** pueblo amerindio de lengua maya que vive en las montañas del curso alto del Usumacinta (NO de Guatemala) y al E del est. de Chiapas (México).

**LACAR** v. tr. **[1a]**. Laquear.

**LACASA** n. f. Enzima oxidante que se encuentra en la laca, la zanahoria, las frutas, etc.

**LACAYO** n. m. Criado de librea, que acompañaba a su amo. **2.** *Fig.* Persona servil.

**LACAYUNO, A** adj. Propio de lacayo. **2.** *Fig.* Bajo, servil, despreciable.

**LACEADOR, RA** n. *Amér.* Persona encargada de echar el lazo a las reses.

**LACEAR** v. tr. **[1]**. Adornar o atar con lazos. **2.** Cazar con lazo. **3.** Disponer la caza para que venga al tiro tomándole el aire.

**LACEDEMONIO, A** o **LACEDEMÓN, NA** adj. y n. Relativo a Lacedemonia.

**LACERACIÓN** n. f. Acción y efecto de lacerar.

**LACERANTE** adj. Que lacera.

**LACERAR** v. tr. y pron. (lat. *lacerare,* desgarrar, despedazar) **[1]**. Herir, producir un daño en el cuerpo. ◆ v. tr. **2.** *Fig.* Dañar, causar dolor. ◆ v. intr. **3.** Padecer, pasar penalidades.

**LACERÍA** n. f. B. ART. Ornamentación de líneas, cintas o estilizaciones vegetales que se enlazan.

**LACERO** n. m. Hombre diestro en manejar el lazo para apresar animales. **2.** Empleado municipal que recoge los perros vagabundos, cazándolos a lazo.

**LACERTILIO, A** adj. y n. m. Relativo a un orden de reptiles generalmente provistos de patas y rara vez de gran tamaño (lagarto, camaleón, etc.). SIN.: *saurio.*

**LACETANO, A** adj. y n. Relativo a un pueblo ibérico que en la época de la conquista romana estaba establecido en las cuencas del Llobregat y el Cardoner; individuo de dicho pueblo.

**LACHA** n. f. Boquerón.

**LACHA** n. f. *Fam.* Vergüenza, pundonor.

**LACHEAR** v. tr. **[1]**. *Chile.* Galantear, decir zalamerías a una mujer.

**LACHO, A** adj. y n. *Chile* y *Perú. Fam.* y *vulg.* Galán, amante, enamoradizo.

**LACINIADO, A** adj. BOT. Dícese de un órgano que presenta cortes profundos y estrechos.

**LACIO** n. m. Conjunto de dialectos hablados en el Lacio.

**LACIO, A** adj. (lat. *flaccidum*). Marchito, ajado: *la amapola estaba lacia, caída, marchita.* **2.** Flojo, sin vigor. **3.** Dícese del cabello que cae liso sin formar ondas ni rizos.

**LACOLITO** n. m. Intumescencia del relieve, de origen volcánico, provocada por una subida de lava que no alcanza la superficie.

**LACÓN** n. m. Brazuelo del cerdo, especialmente el salado y curado.

**LACÓNICO, A** adj. (lat. *laconicum*). Breve, conciso: *respuesta lacónica.* **2.** Que habla o escribe con brevedad, concisión: *hombre lacónico.*

**LACONISMO** n. m. Calidad de lacónico.

**LACRA** n. f. Señal que deja una enfermedad o daño físico. **2.** Defecto o vicio de una cosa: *las lacras de la sociedad.* **3.** *Venez.* Úlcera, llaga.

**LACRAR** v. tr. **[1]**. Cerrar con lacre.

**LACRAR** v. tr. y pron. **[1]**. Dañar la salud de alguien o contagiar una enfermedad. ◆ v. tr. **2.** *Fig.* Dañar o perjudicar a alguien en sus intereses.

**LACRE** n. m. Compuesto coloreado, a base de goma laca y trementina, que sirve para sellar y cerrar cartas. ◆ adj. **2.** *Amér. Fig.* De color rojo.

**LACRE** n. m. Vino español, variedad de vino de Alella, añejado, seco o dulce para postre.

**LACRIMA** n. m. (voz latina, *lágrima*). Vid de uva blanca o negra, cultivada en las regiones centromeridionales de Italia. • **Lacrima Christi,** vino procedente de las viñas cultivadas al pie del Vesubio.

**LACRIMAL** adj. Relativo a las lágrimas: *glándula lacrimal; conductos lacrimales.*

**LACRIMÓGENO, A** adj. Que excita la secreción de las glándulas lacrimales: *gases lacrimógenos.* **2.** Lacrimoso, que mueve a llanto: *película lacrimógena.*

**LACRIMOSO, A** adj. Que llora o segrega lágrimas: *ojos lacrimosos.* **2.** Que mueve a llanto: *novela lacrimosa.* **3.** Que es propenso a lamentarse.

**LACTACIÓN** n. f. Acción de lactar.

**LACTALBÚMINA** n. f. Proteína de la leche.

**LACTAMA** n. f. Nombre genérico de las amidas internas cíclicas formadas por determinados aminoácidos.

**LACTANCIA** n. f. Período de la vida en que el ser se alimenta fundamentalmente de leche. **2.** Dicho sistema de alimentación: *lactancia materna; lactancia artificial.*

**LACTANTE** n. m. y f. Ser que se halla todavía en la fase en que es alimentado predominantemente con leche.

**LACTAR** v. tr. (lat. *lactare*) **[1]**. Amamantar o criar con leche. ◆ v. intr. **2.** Nutrirse con leche.

**LACTASA** n. f. QUÍM. Enzima que transforma la lactosa en glucosa y galactosa.

**LACTATO** n. m. QUÍM. Sal o éster del ácido láctico.

**LACTEADO, A** adj. Mezclado con leche.

**LÁCTEO, A** adj. (lat. *lacteum*). Perteneciente a la leche o parecido a ella.

**LACTESCENCIA** n. f. Calidad de lactescente.

**LACTESCENTE** adj. De aspecto de leche.

**LACTICINIO** n. m. Leche o cualquier manjar compuesto con ella. **2.** Pasta vítrea de color lechoso con la que se decoran ciertos vidrios.

**LÁCTICO, A** adj. QUÍM. Dícese de un ácido alcohol $CH_3$—CHOH—COOH, que se forma en la fermentación de las hexosas bajo la acción de las bacterias lácticas y en la descomposición del glucógeno durante la contracción muscular. • **Fermento láctico,** microorganismo capaz de transformar las hexosas en ácido láctico.

**LACTÍFERO, A** adj. ANAT. Que conduce la leche.

**LACTÍVORO, A** adj. y n. m. Que se alimenta exclusivamente de leche.

**LACTODENSÍMETRO** o **LACTÓMETRO** n. m. Instrumento que sirve para medir la densidad de la leche.

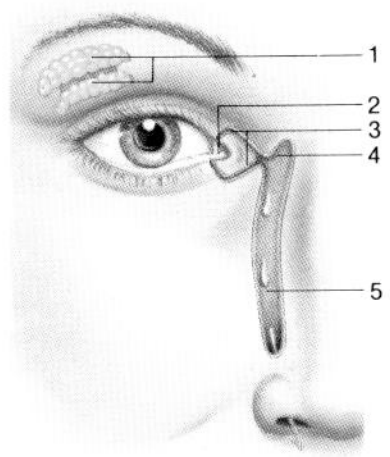

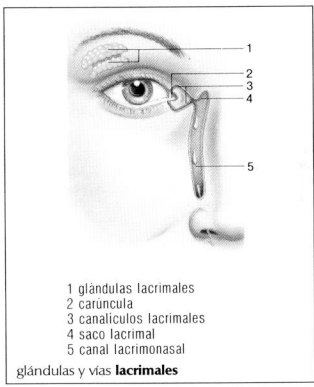

1 glándulas lacrimales
2 carúncula
3 canalículos lacrimales
4 saco lacrimal
5 canal lacrimonasal

glándulas y vías **lacrimales**

**LACTOFLAVINA** n. f. BIOQUÍM. Materia colorante amarilla, aislada de la leche, cuyo éster fosfórico es la vitamina B2.

**LACTONA** n. f. QUÍM. Nombre genérico de los ésteres internos cíclicos derivados de algunos ácidos-alcoholes.

**LACTOSA** n. f. QUÍM. Azúcar de fórmula $C_{12}H_{22}O_{11}$, contenido en la leche, y que se desdobla en glucosa y galactosa.

**LACTOSERUM** n. m. Líquido resultante de la coagulación de la leche.

**LACUSTRE** adj. Relativo a los lagos: *región lacustre.* **2.** Que vive en los bordes o en las aguas de un lago: *planta lacustre.*

**LADA** n. f. Jara.

**LADANG** n. m. Cultivo temporal seminómada sobre rozas, propio de Indonesia.

**LÁDANO** n. m. Sustancia resinosa que fluye de las hojas y ramas de la jara, utilizada en perfumería.

**LADEADO, A** adj. BOT. Dícese de las partes de una planta cuando todas miran a un lado únicamente. **2.** TAUROM. Dícese de la estocada que penetra a un lado del hoyo de las agujas o cruz del toro.

**LADEAR** v. tr., intr. y pron. **[1]**. Inclinar o torcer hacia un lado. ◆ v. intr. **2.** Andar por las laderas de las montañas. **3.** *Fig.* Desviarse del camino derecho. ◆ **ladearse** v. pron. **4.** *Fig.* Sentir afición o inclinación hacia alguna cosa. **5.** *Chile. Fig.* y *fam.* Prendarse, enamorarse.

**LADEO** n. m. Acción y efecto de ladear o ladearse.

**LADERA** n. f. Declive de un monte o de una altura.

**LADERÍA** n. f. Llanura pequeña en la ladera de un monte.

decoración mudéjar de **lacería**
(muro exterior de la parroquieta de San Miguel en la Seo de Zaragoza)

**LADERO** n. m. *Argent.* Caballo de tiro que, en los vehículos de varas, se ata al lado del varero y, en los de lanza, junto a cualquiera de los troncos. **2.** *Argent. Fig.* Persona que secunda a otra, particularmente a un caudillo político.

**LADILLA** n. f. y adj. Insecto de unos 2 mm de long., de forma redondeada y color amarillento, que vive parásito en las partes vellosas del cuerpo humano. (Familia tíridos.) **2.** Especie de cebada de granos chatos y pesados. (Familia gramíneas.) **3.** *Argent., Chile, Méx.* y *Urug. Fam.* Persona molesta, impertinente.

**LADILLO** n. m. IMPR. Nota o adición marginal en un texto impreso.

**LADINO, A** adj. (lat. *latinum,* latino). En la edad media, romance por oposición a árabe. **2.** *Fig.* Astuto, sagaz: *hombre ladino y falso.* **3.** *Amér. Central.* Mestizo que sólo habla español. **4.** *Méx.* Indígena o mestizo que reniega de las costumbres de su comunidad o que se aprovecha de los indios que no hablan español. ◆ n. m. **5.** Retorrománico. **6.** Judeoespañol.

**LADO** n. m. Costado del cuerpo humano: *dormir del lado izquierdo.* **2.** Parte de algo que se contrapone a la otra: *el lado derecho de la casa.* **3.** Parte de algo próxima a los bordes, en oposición al centro: *la mesa estaba en el centro; las sillas, a los lados.* **4.** Con relación a un determinado punto, cada una de las partes de su contorno que se pueden diferenciar por alguna característica especial: *la ciudad se ensancha por el lado del río.* **5.** Cara, cada una de las superficies de un cuerpo laminar: *cuartillas escritas por un solo lado.* **6.** Lugar, sitio, especialmente con referencia a otro: *no lo encuentro aquí, debe estar en otro lado.* **7.** *Fig.* Medio o camino para hacer algo. **8.** *Fig.* Aspecto, punto de vista: *el lado bueno de la vida.* **9.** Rama de un parentesco: *por el lado de la madre son primos.* **10.** GEOMETR. Cada una de las líneas que limitan un ángulo o un polígono. • **Al lado** o **al lado de,** tocando a la persona o cosa expresadas, o muy cerca. ‖ **Dar de lado** a uno *(Fam.),* apartarse de su trato o compañía; rehuirle. ‖ **Darle a** alguien **por su lado** *(Méx. Fam.),* fingir estar de acuerdo con él sólo por complacerlo, por no discutir, etc. ‖ **Dejar a un,** o **de, lado** una persona o cosa, no tenerla en cuenta, prescindir de ella. ‖ **Hacerse a un lado,** apartarse, quitarse de en medio. ‖ **Mirar de lado** *(Fam.),* mirar despectivamente. ‖ **Ser** alguien **del otro lado,** ser homosexual.

**LADÓN** n. m. Lada.

**LADRA** n. f. Acción de ladrar.

**LADRADOR, RA** adj. Que ladra mucho: *perro ladrador, poco mordedor.*

**LADRAR** v. intr. (lat. *latrare*) **[1]**. Dar ladridos el perro. **2.** *Fig.* y *fam.* Amenazar sin acometer. **3.** *Fig.* y *fam.* Dirigir a alguien insultos o críticas ásperas.

**LADRE** n. m. y f. Nombre con que se designaba antiguamente la lepra, y a la persona enferma de este mal.

**LADREAR** v. intr. **[1]**. Ladrar el perro con frecuencia sin motivo.

**LADRERÍA** n. f. Cisticercosis.

**LADRIDO** n. m. Voz que emite el perro. **2.** *Fig.* y *fam.* Grito o expresión áspera.

**LADRILLADO** n. m. Enladrillado.

**LADRILLAR** v. tr. **[1]**. Enladrillar.

**LADRILLAR** o **LADRILLAL** n. m. Lugar donde se fabrican ladrillos.

**LADRILLAZO** n. m. Golpe dado con un ladrillo.

**LADRILLERO, A** adj. Relativo a los ladrillos: *industria ladrillera.* ◆ n. **2.** Persona que tiene por oficio hacer o vender ladrillos.

**LADRILLO** n. m. Masa de arcilla en forma de paralelepípedo rectangular, que, después de cocida, sirve para construir muros, solar habitaciones, etc.

**LADRÓN, NA** adj. y n. (lat. *latronem*). Que hurta o roba. ◆ n. m. **2.** Cualquier dispositivo empleado para sustraer o desviar el caudal de un fluido. • **El buen ladrón** y **el mal ladrón,** los dos ladrones que, según los Evangelios, fueron crucificados junto con Jesucristo, y de los cuales, el primero se arrepintió antes de morir.

**LADRONERA** n. f. Guarida de ladrones.

**LADRONERÍA** n. f. Latrocinio.

**LADRONESCA** n. f. *Fam.* Conjunto de ladrones.

**LADRONESCO, A** adj. *Fam.* Relativo a los ladrones.

**LADRONICIO** n. m. Latrocinio.

**LADRONZUELO, A** n. Ladrón que comete hurtos o robos de poca importancia.

**LADY** n. f. (voz inglesa) [pl. *ladies*]. Título dado en Gran Bretaña a las señoras de la nobleza.

**LAGAÑOSO, A** adj. *Méx.* Legañoso.

**LAGAR** n. m. Recipiente donde se prensa la aceituna para extraer aceite, se pisa la uva para obtener el mosto, etc. **2.** Edificio donde hay un lagar. **3.** Olivar en que hay molino de aceite.

**LAGARERO, A** n. Persona que trabaja en el lagar.

**LAGARTA** n. f. Lagarto hembra. **2.** Lepidóptero de tamaño medio, antenas plumosas, más desarrolladas en los machos que en las hembras, y líneas oscuras en las alas. (Familia limántridos.) ◆ n. f. y adj. **3.** *Fig.* y *fam.* Lagartona.

**LAGARTEAR** v. tr. **[1]**. *Chile.* Coger de los músculos de los brazos a uno y apretárselos para inmovilizarlo, con el fin de atormentarlo o vencerlo en la lucha. **2.** *Colomb.* Importunar, solicitar con insistencia.

**LAGARTEO** n. m. *Chile.* Acción y efecto de lagartear.

**LAGARTERA** n. f. Madriguera de los lagartos.

**LAGARTERANO, A** adj. y n. De Lagartera. **2.** adj. **Bordado lagarterano,** bordado de Lagartera, que se realiza por hilos contados o por deshilado y cuyos dibujos pueden ser de tipo geométrico.

**LAGARTERO, A** adj. Dícese de algunos animales que cazan lagartos.

**LAGARTIJA** n. f. Denominación de diversos saurios de menor tamaño que los lagartos, que corresponden a diversas especies de las familias lacértidos, iguánidos y xantúsidos. **2.** *Méx.* Ejercicio gimnástico que se practica boca abajo con el cuerpo estirado, y consiste en subir y bajar varias veces estirando los brazos y sosteniéndose únicamente con las manos y las puntas de los pies.

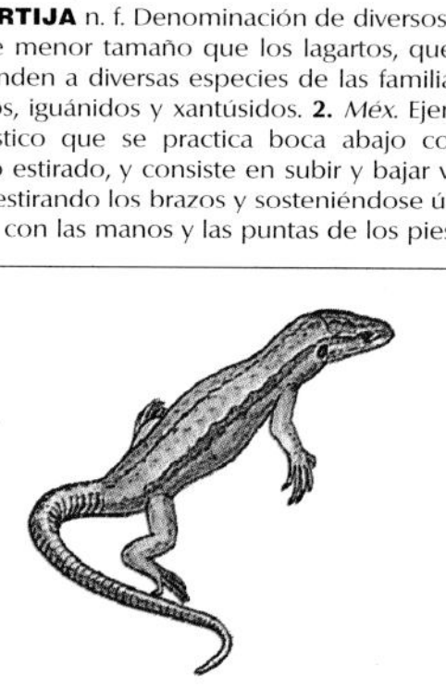

lagartija

**LAGARTIJERO, A** adj. Dícese de algunos animales que cazan y comen lagartijas.

**LAGARTO** n. m. (lat. *lacertum*). Reptil que comúnmente vive entre las piedras de los muros, en los bosques y los prados. (Orden lacertilios.) **2.** Piel curtida de este animal. **3.** *Méx.* Caimán. ◆ n. m. y adj. **4.** *Fig.* y *fam.* Lagartón.

**LAGARTÓN, NA** adj. y n. *Fam.* Astuto, taimado.

**LAGARTONA** n. f. *Vulg.* Prostituta.

**LAGO** n. m. (lat. *lacum*). Masa de agua, dulce o salada, acumulada de forma natural en el interior de los continentes, y de superficie y profundidad variables entre amplios límites.

**los principales lagos del mundo**

| *nombre* | *región* | *superficie (en km²)* |
|---|---|---|
| Superior | América del Norte | 82 700 |
| Victoria | África oriental | 68 100 |
| Hurón | América del Norte | 59 800 |
| Michigan | América del Norte | 58 300 |
| Aral (mar de) | Asia central | 39 000 |
| Tanganyika | África oriental | 31 900 |
| Baikal | Siberia | 31 500 |
| Gran Lago de los Osos | América del Norte | 31 100 |
| Malawi | África oriental | 30 800 |
| Gran Lago del Esclavo | América del Norte | 28 930 |

**LAGOMORFO, A** adj. y n. m. Relativo a un suborden de mamíferos roedores, como la liebre y el conejo.

**LAGÓN** o **LAGOON** n. m. Extensión de agua situada en el interior de un atolón, o encerrada por un arrecife coralífero.

**LAGÓPODO** n. m. Ave gallinácea que habita en las altas montañas y en el N de Europa. (En los Alpes y Pirineos vive un lagópodo llamado *perdiz blanca.*)

**LAGOTEAR** v. intr. y tr. **[1]**. *Fam.* Hacer halagos o zalamerías a alguien para conseguir algo.

**LAGOTERÍA** n. f. *Fam.* Zalamería.

**LAGOTERO, A** adj. y n. *Fam.* Zalamero.

**LÁGRIMA** n. f. (lat. *lacrimam*). Líquido salado producido por dos glándulas situadas bajo los párpados, encima de los globos oculares, que humedece la conjuntiva y penetra en las fosas nasales por las carúnculas lacrimales. (Suele usarse en plural.) **2.** Cualquiera de las gotas del humor o jugo que algunas plantas destilan después de la poda, o por incisión: *las lágrimas de la vid.* **3.** Gota de cristal coloreado que desluce a veces los objetos de vidrio. • **Llorar a lágrima viva,** llorar mucho y de manera ostensible. ‖ **Saltar,** o **saltársele,** a alguien **las lágrimas,** empezar a llorar, pero sin que lleguen a caer lágrimas. ‖ **Vino de lágrima,** el que destila de la cuba o del lagar antes de haber sido prensada la uva. ◆ **lágrimas** n. f. pl. **4.** *Fig.* Padecimiento, adversidades. • **Lágrimas de cocodrilo** *(Fig.),* pena o arrepentimiento falsos. ‖ **Lágrimas de David, Job,** o **de san Pedro,** planta de caña elevada, cultivada en jardinería, con semillas en forma de lágrimas. (Familia gramíneas.)

**LAGRIMAL** adj. Dícese de los órganos de secreción y excreción de las lágrimas. ◆ n. m. **2.** Extremidad del ojo próxima a la nariz.

**LAGRIMEAR** v. intr. **[1]**. Segregar lágrimas los ojos. **2.** Llorar con frecuencia y facilidad.

**LAGRIMEO** n. m. Acción de lagrimear.

**LAGRIMOSO, A** adj. Lloroso. **2.** Lacrimoso, que mueve a llanto. ◆ adj. y n. **3.** Afecto de lagrimeo.

**LAGUA** n. f. *Bol.* y *Perú.* Especie de puches o gachas que, en Bolivia y Perú, se preparan con fécula de patata o de chuño.

**LAGUNA** n. f. (lat. *lacunam,* hueco). Extensión natural de agua, dulce o salada, estancada, más pequeña y menos profunda que el lago. **2.** *Fig.* Hueco, vacío, omisión o imperfección en un trabajo. **3.** *Fig.* Fallo de la memoria. **4.** GEOL. Ausencia de una capa de terreno en una serie estratigráfica.

**LAGUNAR** adj. Relativo a las lagunas. ◆ n. m. **2.** Cada uno de los huecos que dejan los maderos con que se forma el techo artesonado.

**LAGUNERO, A** adj. y n. De La Laguna.

**LAGUNERO, A** o **LAGUNÉS, SA** adj. Relativo a las lagunas.

**LAGUNOSO, A** adj. Abundante en lagunas.

**LAI** o **LAY** n. m. (voz de origen celta). En la edad media, breve poema de versos cortos, generalmente de ocho sílabas, destinado a relatar una leyenda o historia de amor.

**LAICADO** n. m. Conjunto de laicos en el interior de la Iglesia. **2.** Situación de laico.

**LAICAL** adj. Relativo a los laicos.

**LAICIDAD** n. f. Calidad de laico. **2.** Sistema que excluye a las Iglesias del ejercicio del poder político o administrativo, y en particular de la organización de la enseñanza pública.

**LAICISMO** n. m. Doctrina de los partidarios de la laicización de las instituciones.

**LAICISTA** adj. y n. m. y f. Relativo al laicismo; partidario de esta doctrina.

**LAICIZACIÓN** n. f. Acción y efecto de laicizar.

**LAICIZAR** v. tr. **[1g]**. Dar carácter laico.

**LAICO, A** adj. y n. Que no es eclesiástico ni religioso. **2.** Independiente de la autoridad de los organismos religiosos.

**LAÍSMO** n. m. Uso de los pronombres átonos de tercera persona *la/las,* propios del acusativo, en funciones de dativo que exigirían el empleo de *le/les,* con el fin de efectuar una oposición genérica.

**LAÍSTA** adj. y n. m. y f. Dícese de la persona que practica el laísmo.

**LAJA** n. f. Lancha, piedra lisa.

**LAKISTA** adj. y n. m. y f. Dícese de los poetas

británicos de fines del s. XVIII y principios del XIX que frecuentaban el Lake District, y que pertenecían a la primera generación del romanticismo, como Woordsworth o Coleridge.

**LALOPATÍA** n. f. Denominación genérica de los trastornos del lenguaje.

**LAMA** n. f. Cieno blando, de color oscuro, que se halla en el fondo del mar y de los ríos, y otros lugares cubiertos de agua. **2.** *Bol., Colomb.* y *Méx.* Moho. **3.** *Chile, Colomb.* y *Hond.* Capa de plantas criptógamas que se cría en las aguas dulces. **4.** *Chile, Colomb., Hond., Méx.* y *P. Rico.* Musgo.

**LAMA** n. f. (lat. *laminam*). Lámina. **2.** *Chile.* Tejido de lana con flecos en los bordes.

**LAMA** n. m. (voz tibetana, *superior, maestro venerable*). Monje budista tibetano.

**LAMAÍSMO** n. m. Forma articular del budismo, muy extendida en el Tíbet.

**LAMAÍSTA** adj. y n. m. y f. Relativo al lamaísmo; partidario de esta doctrina.

**LAMARQUISMO** o **LAMARCKISMO** n. m. Teoría que explica la evolución de los seres vivos a través de la influencia de las variaciones del medio sobre el comportamiento, así como sobre la morfología de los organismos.

**LAMARQUISTA** o **LAMARCKISTA** adj. y n. m. y f. Relativo al lamarquismo; partidario de esta teoría.

**LAMASERÍA** n. f. Convento de lamas tibetanos.

**LAMBADA** n. f. Música y baile concebidos a partir de elementos folklóricos de América Central, con un acentuado carácter erótico.

**LAMBARERO, A** adj. *Cuba.* Dícese de la persona ociosa, errante, vagabunda.

**LAMBDA** n. f. Undécima letra del alfabeto griego (λ), correspondiente a la *l* española. ◆ n. m. **2.** Punto craneométrico situado en la unión del hueso occipital y los dos parietales.

**LAMBEL** o **LAMBEO** n. m. HERÁLD. Pieza estrecha y larga con pendientes, que se coloca en el jefe del escudo.

**LAMBER** v. tr. (lat. *lambere*) **[2]**. Lamer.

**LAMBETEAR** v. tr. **[1]**. *Amér.* Lamer.

**LAMBICHE** adj. *Méx.* Dícese del que es adulador.

**LAMBISCÓN, NA** adj. *Méx. Fam.* Que es servil o adulador. SIN.: *lambiche.*

**LAMBLIASIS** n. f. Parasitosis intestinal debida a un protozoo flagelado del género *Lamblia.*

**LAMBÓN, NA** adj. *Colomb.* Soplón. **2.** *Colomb.* y *Méx.* Adulador.

**LAMBREQUÍN** n. m. Adorno recortado que se coloca bajo el borde de un alero, de la visera de un tejado, etc., para disimular los canalones o conductos de desagüe. **2.** ARM. y HERÁLD. Adorno del yelmo, en forma de cintas, hojas, plumas o penachos, que penden de su parte posterior.

**LAMBRIJA** n. f. Lombriz. **2.** *Fig.* y *fam.* Persona muy flaca.

**LAMBRIJO, A** adj. Flaco, delgado.

**LAMBURDA** n. f. HORT. Ramo grueso que termina en un botón fructífero.

**LAMÉ** n. m. (voz francesa). Tela adornada con finas laminillas de oro o plata o tejida con hilos de metal.

**LAMECULOS** n. m. y f. (pl. *lameculos*). *Vulg.* Adulador.

**LAMEDAL** n. m. Sitio donde hay mucha lama o cieno.

**LAMEDURA** n. f. Acción y efecto de lamer.

**LAMELA** n. f. (lat. *lamellam*). BOT. Laminilla.

**LAMELIBRANQUIO, A** adj. y n. m. Dícese del molusco de concha bivalva (almeja, mejillón). SIN.: *bivalvo.*

**LAMELICORNIO, A** adj. Dícese de los insectos coleópteros cuyas antenas están formadas por laminillas que se pueden separar como un abanico, como el escarabajo y el abejorro.

**LAMELIRROSTRO, A** adj. y n. m. ZOOL. Que tiene el pico con laminillas transversales en sus bordes.

**LAMENTABLE** adj. Digno de lamentarse. **2.** Que por cualquier causa produce mala impresión: *aspecto lamentable.*

**LAMENTACIÓN** n. f. (lat. *lamentationem*). Acción de lamentarse. **2.** Palabras o expresiones con que alguien se lamenta: *estar harto de lamentaciones.*

**LAMENTAR** v. tr. e intr. (lat. *lamentari*) **[1]**. Experimentar disgusto o contrariedad por alguna causa: *lamento mucho que no haya venido.* ◆ v. tr. y pron. **2.** Quejarse, expresar disgusto por una contrariedad, pena o desgracia.

**LAMENTO** n. m. (lat. *lamentum*). Quejido, queja. **2.** Canto triste. (Suele aparecer en las óperas.)

**LAMENTOSO, A** adj. Plañidero. **2.** Lamentable.

**LAMEPLATOS** n. m. y f. (pl. *lameplatos*). Persona que no tiene con qué vivir decorosamente.

**LAMER** v. tr. y pron. (lat. *lambere*) **[2]**. Pasar la lengua por alguna cosa: *lamer el plato.* ◆ v. tr. **2.** *Fig.* Tocar suavemente algo: *las olas lamían la arena de la playa.*

**LAMETÓN** n. m. Cada movimiento de la lengua al lamer, especialmente si es enérgico.

**LAMIA** n. f. (gr. *lamia*). ANT. CLÁS. Monstruo o demonio fabuloso. **2.** ZOOL. Especie de tiburón que puede alcanzar los 4 m de long. y habita en el Mediterráneo.

**LAMIDO, A** adj. *Fig.* Flaco. **2.** *Fig.* Relamido.

**LÁMINA** n. f. (lat. *laminam*). Plancha delgada de un metal. **2.** Plancha de cobre o de otro metal en el cual se encuentra grabado un dibujo para estamparlo. **3.** Estampa, efigie o figura impresa. **4.** *Fig.* Estampa, figura buena o mala de una persona o animal: *un pura raza de excelente lámina.* **5.** *Fig.* Porción de cualquier materia extendida en superficie y de poco grosor. **6.** ANAT. Parte ancha de los huesos, cartílagos, etc. **7.** BOT. Cada una de las membranas que se encuentran bajo el sombrerillo de determinados hongos. **8.** ÓPT. Cristal delgado que posee propiedades interferenciales o polarizantes. • **Lámina cribosa,** parte del hueso etmoides que separa las fosas nasales de la bóveda craneal, y por cuyos poros pasan las ramas del nervio olfatorio. ‖ **Lámina delgada,** preparación constituida por una capa de roca dispuesta sobre una lámina de cristal, suficientemente delgada para que el mineral sea transparente y pueda ser observado al microscopio. ‖ **Lámina espiral,** cresta ósea que separa las rampas timpánica y vestibular del caracol. ‖ **Lámina perpendicular,** parte del etmoides que separa las dos fosas nasales. ‖ **Lámina vertebral,** parte del arco posterior de las vértebras, entre la apófisis articular y la apófisis espinosa.

**LAMINABLE** adj. Que se puede reducir a láminas.

**LAMINACIÓN** n. f. Acción y efecto de laminar. **2.** Acción de someter un producto a una deformación por compresión entre dos cilindros, para modificar, de una parte, su constitución interna y, de otra, su forma, alargándolo a fin de darle unas dimensiones más próximas a las de su forma final de utilización.

**LAMINADO, A** adj. Obtenido por laminación: *alambre laminado.* ◆ n. m. **2.** Laminación.

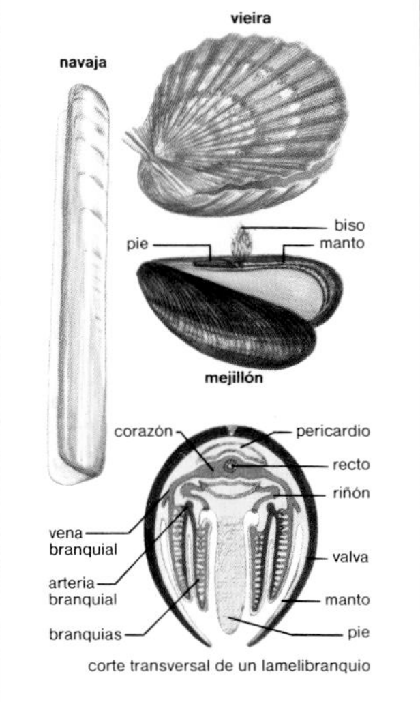


**lamelibranquios:** diferentes especies

**LAMINADOR, RA** adj. Que lamina: *cilindro laminador.* ◆ n. m. **2.** Máquina con ayuda de la cual se puede reducir la sección de un producto haciéndolo pasar entre dos cilindros.

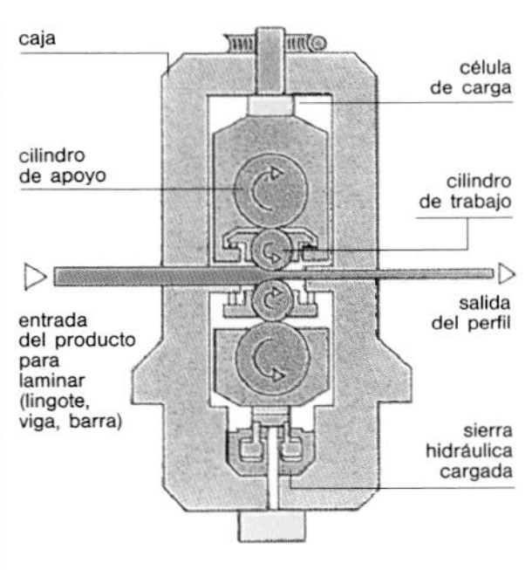


**laminador:** esquema de funcionamiento

**LAMINAR** adj. De forma de lámina. **2.** Dícese de la estructura de un cuerpo cuando sus láminas y hojas están sobrepuestas y paralelamente colocadas. • **Régimen laminar** (FÍS.), régimen de circulación de un fluido, que se efectúa por deslizamiento de unas capas del mismo fluido sobre otras, sin intercambio de partículas entre ellas.

**LAMINAR** v. tr. **[1]**. Transformar un material en láminas. **2.** Recubrir algo con láminas de otro material.

**LAMINECTOMÍA** n. f. Resección de las láminas vertebrales, primera fase de toda intervención neuroquirúrgica de la médula espinal.

**LAMINERO, A** adj. y n. Goloso.

**LAMINILLA** n. f. Lámina pequeña y fina.

**LAMINOSO, A** adj. Laminar, hojoso. • **Tejido laminoso** (ANAT.), tejido conjuntivo dispuesto en láminas paralelas.

**LAMISCAR** v. tr. **[1a]**. *Fam.* Lamer aprisa y con ansia.

**LAMOSO, A** adj. Cubierto de lama.

**LAMPA** n. f. (voz quechua). *Chile, C. Rica, Ecuad.* y *Perú.* Azada.

**LAMPACEAR** v. tr. **[1]**. MAR. Enjugar o secar con lampazo: *lampacear la cubierta.*

**LAMPACEO** n. m. MAR. Acción y efecto de lampacear.

**LAMPALAGUA** adj. y n. m. y f. *Argent.* y *Chile.* Tragón, glotón. ◆ n. m. **2.** *Chile.* Monstruo fabuloso que se bebe el agua de los ríos y los deja secos. ◆ n. f. **3.** *Argent.* Serpiente de la misma familia que las boas, de 2,50 m de long., coloración amarronada con manchas amarillentas, que se alimenta de aves y mamíferos pequeños a los que mata por constricción.

**LAMPALLO, A** adj. *Chile.* Hambriento.

**LAMPANTE** adj. Dícese del queroseno purificado que se emplea para el alumbrado. • **Aceite,** o **petróleo, lampante,** mezcla de hidrocarburos, obtenida por destilación del petróleo bruto.

**LÁMPARA** n. f. (lat. *lampada*). Dispositivo o aparato destinados a producir luz: *lámpara de techo; lámpara de petróleo.* **2.** Objeto que sirve de soporte o adorno a una o más luces. **3.** Bombilla eléctrica: *fundirse una lámpara.* **4.** Lamparón, mancha: *un traje lleno de lámparas.* **5.** Aparato o utensilio que producen llama y que se utilizan como fuente de calor: *lámpara de alcohol.* **6.** ELECTRÓN. Elemento de los aparatos de radio y televisión que consta de tres electrodos metálicos: un filamento, una rejilla y una placa. SIN.: *tubo de vacío.* • **Lámpara de gasolina,** recipiente relleno de algodón o de fieltro impregnados de gasolina y en el que una mecha de algodón sirve de conductor capilar al combustible. ‖ **Lámpara de incandescencia,** en un espacio vacío de aire o en un gas inerte, lámpara en la que la luz procede de la incandescencia de un conductor delgado bajo la acción de una corriente eléctrica. ‖ **Lámpara de petróleo,** recipiente con petróleo que, al subir por capilaridad con ayuda de una mecha, puede arder encima de una cámara hueca con agujeros para el paso del aire, que activa la combustión. ‖ **Lámpara de seguridad,**

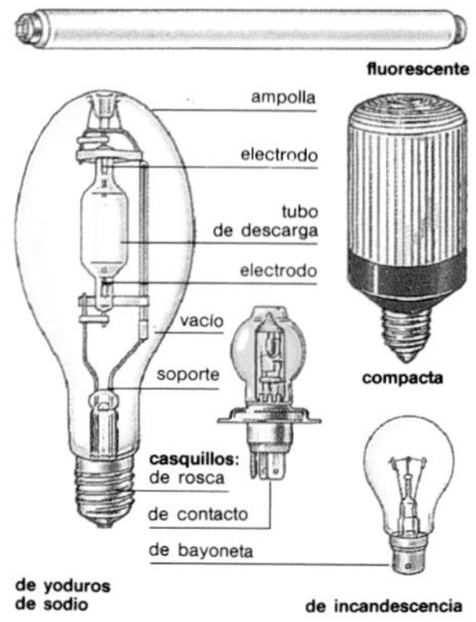


diferentes tipos de **lámparas**

lámpara que se puede utilizar en una atmósfera susceptible de explosión. || **Lámpara de vapor de mercurio,** tubo que contiene vapor de mercurio y que, atravesado por una corriente eléctrica, emite una luz viva y azulada. || **Lámpara piloto,** lámpara que, al encenderse o apagarse, sirve para señalar el funcionamiento o la puesta en marcha de un aparato. || **Lámpara relámpago,** bombilla que produce destellos muy breves pero muy intensos.

**LAMPARAZO** n. m. *Colomb.* Porción de líquido que se bebe de un trago.

**LAMPARERÍA** n. f. Taller, tienda o almacén de lámparas.

**LAMPARERO, A** n. Persona que hace o vende lámparas. SIN.: *lamparista.*

**LAMPARILLA** n. f. Mariposa, candelilla que se enciende en un vaso de aceite. **2.** Plato o vaso en que ésta se pone. **3.** Mechero de alcohol. **4.** BOT. Álamo temblón.

**LAMPARÍN** n. m. Cerco de metal en que se pone la lamparilla en las iglesias. **2.** *Chile.* Candil.

**LÁMPARO, A** adj. *Colomb.* Dícese de la persona que se ha quedado sin blanca.

**LAMPARÓN** n. m. Mancha evidente en la ropa, especialmente la de grasa. **2.** *Chile.* Ubrera. (Suele usarse en plural.) **3.** VET. Nombre dado a las localizaciones cutáneas del muermo de los équidos, a una actinomicosis exótica de los bóvidos y a la linfangitis epizoótica de los équidos.

**LAMPARONES** n. m. Planta de la familia compuestas, espinosa, empleada para tratar enfermedades cutáneas.

**LAMPAZO** n. m. (lat. *lappaceum*). MAR. Manojo grueso de filásticas, unidas a un mango, para limpiar y enjugar la humedad de las cubiertas y costados de las embarcaciones. **2.** METAL. Escobón de ramas verdes, utilizado en los hornos de fundición de plomo para dirigir la llama del hogar.

**LAMPEAR** v. tr. **[1]**. *Chile.* Encuadrar. **2.** *Chile* y *Perú.* Remover la tierra con la lampa. **3.** *Perú.* Desbastar.

**LAMPEZA** n. f. Tejido de tapicería, de seda adornada con grandes motivos decorativos en relieve, obtenidos mediante una textura diferente de la del fondo. SIN.: *lampás.*

**LAMPIÑO, A** adj. Que no tiene barba o que todavía no le ha salido: *joven lampiño.* **2.** De poco pelo o vello: *cabeza lampiña.*

**LAMPIÓN** o **LAMPEÓN** n. m. Farol, caja transparente dentro de la cual se pone una luz.

**LAMPISTA** n. m. y f. Lamparero. **2.** *Cat.* Electricista y fontanero.

**LAMPISTERÍA** n. f. Lamparería.

**LAMPO** n. m. *Poét.* Resplandor intenso y fugaz, como el del relámpago: *un lampo de luz.*

**LAMPREA** n. f. (bajo lat. *lampreda*). Vertebrado acuático carente de mandíbulas, muy primitivo, de forma cilíndrica y alargada, y piel lisa y viscosa, que puede alcanzar 1 m de long. y remonta los ríos en primavera. (Clase agnatos o ciclóstomos.)

**LAMPREADO** n. m. Guiso chileno, hecho con charqui y otros ingredientes.

**LAMPREAR** v. tr. **[1]**. Guisar un alimento, cociéndolo en agua o vino con azúcar o miel y especias, después de frito o asado.

**LAMPREHUELA** o **LAMPREÍLLA** n. f. Locha.

**LAMPRÓFIDO** n. m. Roca eruptiva, generalmente filoniana, caracterizada por su riqueza en minerales ferromagnésicos, en particular en mica negra.

**LAMPUGA** n. f. Llampuga.

**LAMPUSO, A** adj. *Cuba.* Atrevido, desvergonzado.

**LÄN** n. m. (voz sueca, *comarca*). División administrativa principal de Suecia y Finlandia.

**LANA** n. f. (lat. *lanam*). Fibra tupida, suave y rizada, procedente del vellón de la oveja y otros rumiantes. **2.** Hilo de esta materia: *lana para un jersey.* **3.** Tela fabricada con esta materia textil: *un traje de lana inglesa.* • **Emborrado de la lana,** cardado o carda de la lana; tratamiento preliminar que se da a la lana, antes del cardado mecánico. || **Lana de escorias,** o **mineral,** producto preparado por proyección de vapor de agua sobre las escorias fundidas, utilizado como aislante térmico y acústico, y para la fabricación de madera artificial. || **Lana de vidrio,** fibra de vidrio de diámetro muy pequeño, utilizada como aislante térmico y acústico. ◆ n. m. y f. **4.** *Guat.* y *Hond.* Persona de clase social muy baja. ◆ n. m. **5.** *Chile, Méx.* y *Perú. Fam.* Dinero.

**LANADA** n. f. Instrumento para limpiar y refrescar el alma de las piezas de artillería después de haberlas disparado.

**LANAR** adj. **Ganado lanar,** ganado ovino.

**LANCE** n. m. Acontecimiento, episodio, situación: *lances melodramáticos; los lances de la vida.* **2.** Encuentro, riña, desafío: *un lance entre caballeros.* **3.** En el juego, cada uno de los accidentes o combinaciones notables que ocurren en él. **4.** *Chile.* Esguince, marro, regate. **5.** ARM. Proyectil de ballesta. **6.** TAUROM. Suerte de capa. • **De lance,** que se compra o se vende por menos de lo que vale. || **Lance de fortuna,** casualidad, accidente inesperado. || **Lance de honor,** desafío.

**LANCEAR** v. intr. **[1]**. TAUROM. Dar lances con la capa.

**LANCÉOLA** n. f. Llantén menor.

**LANCEOLADO, A** adj. BOT. Dícese de un órgano laminar de una planta que termina en forma de lanza: *hoja lanceolada.*

**LANCERA** n. f. Armero para colocar las lanzas.

**LANCERO** n. m. (lat. *lancearium*). Soldado de un cuerpo de caballería, armado de lanza. **2.** TAUROM. Picador. ◆ **lanceros** n. m. pl. **3.** Baile de origen británico, en el que las parejas van al encuentro unas de otras, se saludan y desfilan paralelamente, etc. **4.** Música de este baile.

**LANCETA** n. f. Instrumento quirúrgico cortante, de hoja triangular y punta agudísima, utilizado para efectuar pequeñas incisiones. ◆ **lancetas** n. f. pl. **2.** TAUROM. Cuernos.

**LANCHA** n. f. Piedra plana o losa de escaso grosor, de origen natural, que en algunas regiones se utiliza para cubrir los tejados. **2.** *Ecuad.* Helada, escarcha.

**LANCHA** n. f. (port. *lancha*). Bote grande, propio para ayudar en las faenas de fuerza que se ejecutan en los buques y para transportar carga y pasajeros entre puntos cercanos. **2.** La mayor de las embarcaciones menores que llevan a bordo los grandes buques para su servicio. **3.** Bote, barco pequeño sin cubierta. • **Lancha de desembarco,** la empleada para situar en tierra tropas y medios bélicos. || **Lancha lanzamisiles,** embarcación que va armada con misiles superficie-superficie. || **Lancha rápida,** embarcación automóvil para el servicio de buques de guerra o para la vigilancia costera.

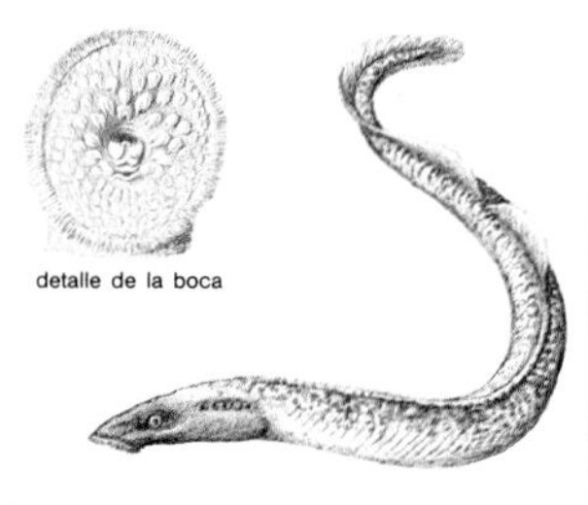


**lamprea**

**LANCHADA** n. f. Carga que lleva o puede llevar de una vez una lancha.

**LANCHAJE** n. m. Flete que se paga por el servicio de una lancha u otra embarcación menor. **2.** Este mismo servicio.

**LANCHAR** n. m. Cantera de donde se sacan lanchas de piedra.

**LANCHAR** v. intr. **[1]**. *Ecuad.* Nublarse el cielo. **2.** *Ecuad.* Helar, escarchar.

**LANCHERO, A** n. Patrón o tripulante de una lancha de tráfico portuario.

**LANCINANTE** adj. Agudo, muy intenso y punzante, típico de algunas enfermedades: *dolor lancinante.*

**LANCINAR** v. tr. y pron. (lat. *lancinare*) **[1]**. Punzar, desgarrar.

**LANCO** n. m. Planta herbácea de América Meridional, ligeramente vomitiva, usada como expectorante. (Familia gramíneas.)

**LAND** n. m. (voz alemana) [pl. *Länder*]. Nombre dado a los estados de Alemania y a las provincias de Austria.

**LAND ART** n. m. (voces inglesas). Tendencia del arte contemporáneo, aparecida en E.U.A. hacia 1967, que abandona las modalidades tradicionales del arte en provecho de un trabajo en y sobre la naturaleza.

**LANDA** n. f. (fr. *lande*). Formación vegetal de la zona templada, compuesta principalmente por brezos, retamas y juncos, considerada como una forma de degradación del bosque. **2.** Terreno cubierto por esta vegetación.

**LANDGRAVE** n. m. (alem. *Landgraf;* de *Land,* país, y *Graf,* conde). En Alemania, título que ostentaban algunos príncipes soberanos. **2.** Magistrado que administraba justicia en nombre del emperador germánico.

**LANDGRAVIATO** n. m. Dignidad de landgrave. **2.** Territorio gobernado por un landgrave.

**LANDÓ** n. m. (fr. *landau,* de *Landau,* c. de Alemania). Coche hipomóvil con suspensión, de cuatro ruedas y provisto en su interior de dos asientos situados frente a frente.

**LANERÍA** n. f. Establecimiento donde se vende lana, especialmente para colchones.

**LANERO, A** adj. Relativo a la lana: *la industria lanera.* ◆ n. **2.** Persona que trata en lanas.

**LANGARO, A** adj. *Argent.* Larguirucho. **2.** *C. Rica.* Vagabundo.

**LANGARUTO, A** adj. *Fam.* Larguirucho.

**LANGOSTA** n. f. (lat. *locustam*). Crustáceo del orden decápodos, que alcanza unos 40 cm de long., tiene fuertes antenas, pero sin pinzas, vive en los fondos rocosos de todos los mares y es muy apreciado por su carne. **2.** Insecto herbívoro del que existen numerosas especies, que se desplaza saltando y volando. (Orden ortópteros.)

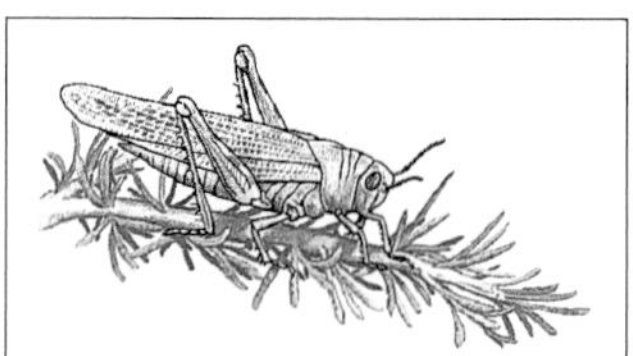

**langosta** (insecto)

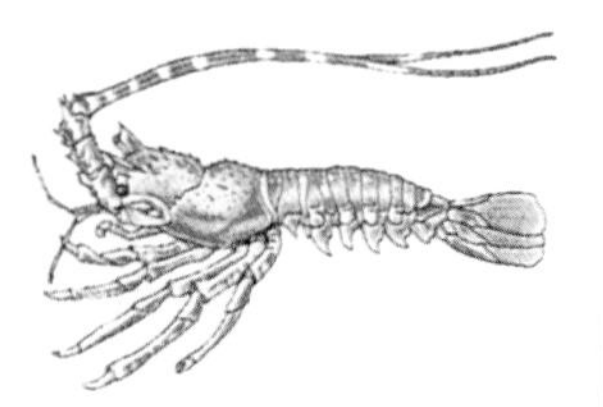

**langosta** (crustáceo)

**LANGOSTERA** n. f. Trasmallo de hilo grueso, que se cala a mayor profundidad que los corrientes, propio para la pesca de langostas y bogavantes.

**LANGOSTERO, A** adj. Dícese de la gente que se dedica a la pesca de la langosta, y de las embarcaciones y utensilios empleados con el mismo fin.

**LANGOSTINO** n. m. Crustáceo marino, de carne muy apreciada, cuerpo comprimido, cola muy prolongada y caparazón poco consistente, de colores variados, tendentes al azul rosado, que pasa a rojo por cocción. (Familia peneidos.)

**LANGUEDOCIANO, A** adj. y n. Del Languedoc. ◆ n. m. **2.** Dialecto de la lengua de oc, hablado en esta región.

**LANGUIDECER** v. intr. **[2m]**. Encontrarse en un estado prolongado de debilidad física o moral. **2.** *Fig.* Perder vigor, intensidad, etc.: *la conversación languidece.*

**LANGUIDEZ** n. f. Abatimiento prolongado, físico o moral, que se manifiesta por una astenia; falta de dinamismo. **2.** Melancolía, falta de intensidad, vigor, etc.

**LÁNGUIDO, A** adj. Falto de fuerza, de vigor. **2.** *Fig.* Falto de actividad, de vida, de movimiento. **3.** De pocos ánimos, falto de alegría: *mirada lánguida.*

**LANGUR** n. m. Primate de pelo abundante y fino, orificios nasales muy próximos y abazones pequeños, así como las callosidades del muslo. (Familia cercopitécidos.)

**LANÍFERO, A** adj. Que está cubierto de una materia lanosa o algodonosa.

**LANÍGERO, A** adj. Revestido de una capa de pelusa.

**LANILLA** n. f. Pelillo que le queda al tejido de la lana por la cara. **2.** Tela fina de lana.

**LANOLINA** n. f. Grasa de consistencia sólida, de color ambarino, extraída de la suarda de la lana de oveja, que se utiliza como excipiente para numerosas pomadas.

**LANOSIDAD** n. f. Pelusa, especialmente la de las hojas de los vegetales.

**LANOSO, A** adj. Lanudo. **2.** BOT. Lanuginoso.

**LANSQUENETE** n. m. (alem. *Landsknecht,* siervo del país). Mercenario alemán que servía en la infantería (ss. XV y XVI).

**LANTÁNIDO** n. m. Nombre genérico de los metales de las tierras raras, cuyo primer elemento es el lantano.

**LANTANO** n. m. Metal del grupo de las tierras raras, de número atómico 57 y de masa atómica 138,90, cuyo símbolo químico es La.

**LANTÉN** n. m. *Méx.* Llantén.

**LANUDO, A** adj. Que tiene mucha lana. **2.** *Venez.* Grosero, rústico.

**LANUGINOSO, A** adj. BOT. Que tiene lanosidad. SIN.: *lanoso.*

**LANUGO** n. m. (voz latina). Suave revestimiento piloso que recubre la piel del feto.

**LANZA** n. f. (lat. *lanceam*). Arma ofensiva, compuesta de una asta larga en cuya extremidad va fijo un hierro puntiagudo y cortante. **2.** Combatiente armado de lanza. **3.** Pieza de madera o vara que, unida por uno de sus extremos al juego delantero de un carruaje, sirve para darle dirección. • **Lanza en ristre,** preparado para acometer una empresa. ‖ **Romper una lanza,** o **lanzas, por, o en favor de,** salir en defensa de alguien o de algo.

**LANZABOMBAS, LANZACOHETES, LANZAGRANADAS, LANZALLAMAS, LANZAMISILES, LANZATORPEDOS** n. m. (pl. *lanzabombas, lanzacohetes, lanzagranadas, lanzallamas, lanzamisiles, lanzatorpedos*). MIL. Aparato para lanzar bombas, cohetes, granadas, líquidos inflamables, misiles o torpedos.

**LANZACABOS** o **LANZAAMARRAS** n. m. (pl. *lanzacabos* o *lanzaamarras*). MAR. Aparato (cohete, fusil o pequeño cañón) que se usa para lanzar el extremo de un cable o cabo delgado, recogido, el cual sirve para izar un cabo grueso, a fin de establecer una amarra resistente.

**LANZADA** n. f. Golpe dado o herida producida con una lanza. SIN.: *lanzazo.*

**LANZADERA** n. f. Instrumento del telar para hacer pasar los hilos de la trama por los de la urdimbre en un tejido. **2.** Pieza de madera, de formas diversas, destinada a recibir el hilo utilizado para la fabricación de determinados artículos especiales, como las redes de pesca, o la trama de las alfombras confeccionadas manualmente. **3.** Instrumento en forma de huso que se emplea en algunas labores femeninas. **4.** Tren que efectúa el trayecto de ida y vuelta entre las estaciones inicial y terminal de una línea, en la que es el único en prestar servicio. • **Lanzadera espacial,** vehículo espacial recuperable, concebido para efectuar numerosos viajes entre la Tierra y una órbita terrestre. SIN.: *transbordador espacial.*

lanzamiento de una **lanzadera** espacial norteamericana

■ La lanzadera espacial norteamericana, que se viene utilizando desde 1981, constituye a la vez un lanzador y una nave espacial. Su principal ventaja estriba en ser en gran parte reutilizable. Su elemento principal es el orbitador. Tiene forma de avión de ala delta, con una longitud de 37 m y una envergadura de 24 m. Su fuselaje comprende, en proa, una cabina para la tripulación (hasta 7 astronautas), en el centro una amplia bodega de 4,5 m de diámetro y de 18 m de longitud que puede albergar carga útil con una masa de hasta 29,5 t, y, en popa, los tres motores-cohete principales del aparato y dos motores de maniobra. Su masa «en seco» (depósitos vacíos y sin carga útil) es de 68 t. Este vehículo espacial se ha concebido para realizar misiones en órbita baja (300 km de altura) y puede aterrizar como un avión. Sin embargo, no puede llegar solo al espacio: en el momento del despegue se le añaden dos propulsores auxiliares de propergol sólido (cada uno de ellos contiene 500 t de propegol) y un depósito exterior de 47 m de longitud y 8,4 m de diámetro no reutilizable, que contiene 703 t de hidrógeno y oxígeno líquidos, destinados a la alimentación de los tres motores principales. Hasta la fecha se ha puesto en servicio cuatro orbitadores: Columbia, Challenger, Discovery y Atlantis. La explosión en pleno vuelo del Challenger, el 28 de enero de 1986, provocó la muerte de 7 astronautas y ocasionó la suspensión de los vuelos hasta 1988.

**LANZADO, A** adj. Decidido, audaz: *persona muy lanzada.* ◆ n. m. **2. Pesca al lanzado,** modalidad de pesca que consiste en enviar el cebo lejos mediante una caña provista de un carrete.

**LANZADOR, RA** adj. y n. Que lanza o arroja: *aparato lanzador; un lanzador de jabalina.* ◆ n. m. **2.** Vehículo propulsor formado generalmente por varias etapas, capaz de enviar una carga útil al espacio.

**LANZAMIENTO** n. m. Acción y efecto de lanzar o lanzarse. **2.** Conjunto de operaciones, que acompañan el disparo de un ingenio espacial. **3.** En atletismo, prueba que consiste en arrojar lo más lejos posible un peso, disco, jabalina o martillo. **4.** DER. Acción y efecto de obligar a una persona, por mandamiento judicial, a abandonar la posesión de una cosa. **5.** MAR. Botadura. **6.** MAR. Ángulo formado por el codaste o la roda con la prolongación de la quilla. • **Lanzamiento aéreo,** operación que consiste en lanzar personal o material desde un avión, por medio de paracaídas. ‖ **Lanzamiento de aeroplanos,** acción de impulsar un aeroplano hasta que alcanza la velocidad mínima de sustentación, y que permite reducir considerablemente el espacio necesario para el despegue. ‖ **Lanzamiento de puentes,** sistema de montaje de puentes, particularmente de los metálicos y de los tramos de puentes cantilever.

**LANZAPLATOS** n. m. (pl. *lanzaplatos*). En el deporte del tiro, aparato que se emplea para proyectar al aire platos o palomas de barro.

**LANZAR** v. tr. y pron. **[1g]**. Aplicar un fuerte impulso a una cosa, de manera que recorra una distancia en el aire: *lanzar una pelota; lanzarse al agua.* ◆ v. tr. **2.** *Fig.* Proferir, exhalar: *lanzar insultos.* **3.** *Fig.* Divulgar, propagar, dar a conocer: *lanzar un nuevo producto; lanzar a un cantante.* **4.** En deporte, arrojar el disco, la jabalina, el martillo o el peso. **5.** Practicar la pesca al lanzado. ◆ **lanzarse** v. pron. **6.** Empezar a hacer algo con gran intensidad, decisión o violencia.

**LANZÓN** n. m. Pez teleósteo, largo y delgado, de 20 a 30 cm de long. y dorso verde o azul oscuro, que vive entre la arena, en las zonas costeras de los mares templados y fríos.

**LAÑA** n. f. Grapa que sirve para unir dos piezas.

**LAÑAR** v. tr. **[1]**. Trabar o unir con lañas.

**LAOSIANO, A** adj. y n. De Laos. ◆ n. m. **2.** Lengua oficial de Laos, de la familia thai.

**LAPA** n. f. Molusco comestible de concha cónica, que vive fuertemente adherido a las rocas a flor de

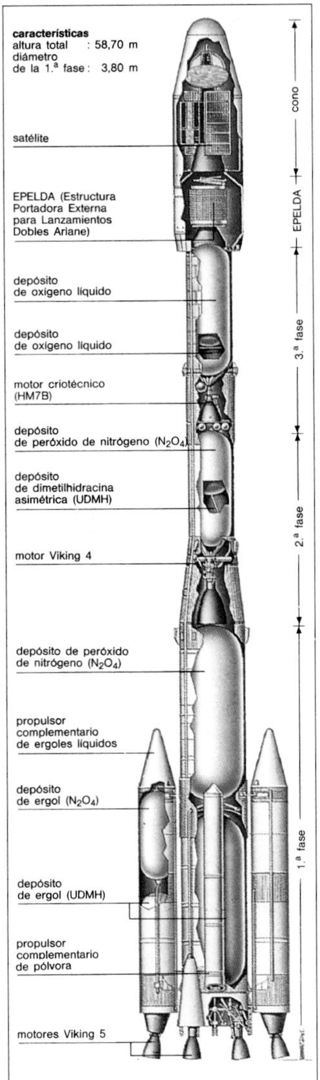


el **lanzador** espacial europeo Ariane 4 versión 44 LP (propulsores complementarios de líquido y de pólvora)

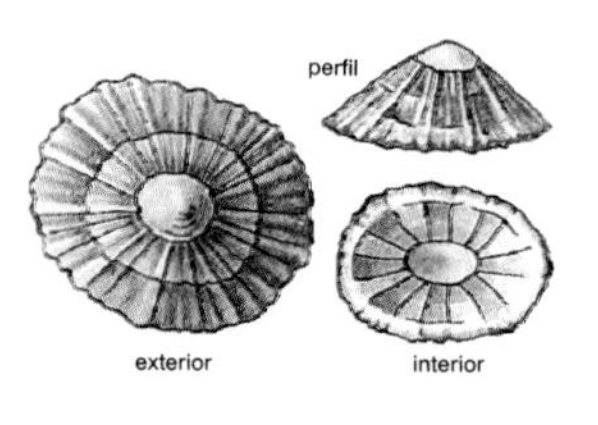


**lapa**

agua. (Clase gasterópodos.) **2.** *Fig.* y *fam.* Persona pesada, molesta e insistente.

**LAPACHAR** n. m. Terreno cenagoso o excesivamente húmedo.

**LAPACHO** o **LAPACO** n. m. Planta arbórea maderable, que crece en América Meridional. (Familia bignoniáceas.) **2.** Madera de este árbol.

**LAPALAPA** n. f. *Méx.* Llovizna.

**LAPAROSCOPIO** n. m. Instrumento médico de exploración, que se introduce en la cavidad abdominal a través de una punción de la pared.

**LAPAROTOMÍA** n. f. Abertura quirúrgica de la pared abdominal.

**LAPE** adj. *Chile.* Dícese de la lana, hilo, etc., apelmazado o enredado. **2.** *Chile.* Dícese de las fiestas muy alegres y animadas.

**LAPEADO** n. m. Operación de acabado de superficies metálicas mediante elementos sueltos de abrasivo y pulimento.

**LAPIAZ** n. m. Lenar.

**LAPICERA** n. f. *Amér. Merid.* Pluma estilográfica. **2.** *Argent.* Útil para escribir que tiene una pluma metálica insertada en el mango.

**LAPICERO** n. m. Instrumento en que se coloca el lápiz. **2.** Lápiz.

**LÁPIDA** n. f. (lat. *lapidem,* piedra). Losa con una inscripción en que se conmemora algo o a alguien.

**LAPIDACIÓN** n. f. Acción y efecto de lapidar.

**LAPIDAR** v. tr. (lat. *lapidare*) **[1]**. Apedrear, matar a pedradas. **2.** *Colomb.* Labrar piedras preciosas.

**LAPIDARIO, A** adj. (lat. *lapidarium*). Relativo a las piedras preciosas, o a la talla de éstas. **2.** Relativo a las lápidas: *inscripción lapidaria.* **3.** *Fig.* Digno de perdurar por su perfección o solemnidad: *frase lapidaria.* ◆ n. **4.** Persona que tiene por oficio labrar piedras preciosas. **5.** Persona que comercia en ellas. ◆ n. m. **6.** Especie de trípode con tablero circular, que sirve para bruñir y pulimentar piedras preciosas, cristales o lentes, piezas metálicas, etc. **7.** Bruñidor, instrumento o máquina para bruñir. **8.** Máquina de marmolería, que sirve para rebajar o alisar los bloques o fragmentos que han de ser labrados. **9.** Libro que describe poéticamente las cualidades de los minerales.

**LAPÍDEO, A** adj. (lat. *lapideum*). De piedra, o perteneciente a ella. **2.** De consistencia pétrea.

**LAPIDIFICACIÓN** n. f. Acción y efecto de lapidificar.

**LAPIDIFICAR** v. tr. y pron. **[1a]**. QUÍM. Convertir en piedra.

**LAPIDÍFICO, A** adj. QUÍM. Que lapidifica.

**LAPILLI** n. m. pl. (voz italiana). Proyecciones volcánicas de pequeñas dimensiones comprendidas entre las cenizas y las bombas.

**LAPISLÁZULI** n. m. (ital. *lapislazzuli*). Piedra fina, opaca, de color azul intenso, formada por silicato de aluminio y de sodio con azufre en estado muy dividido, que se utiliza en joyería y bisutería fina. SIN.: *lazurita.*

**LAPITAS**, pueblo legendario de Tesalia, famoso por haber vencido a los centauros durante la ceremonia nupcial del rey Piritoo.

**LÁPIZ** n. m. (ital. *lapis*). Barrita de grafito encerrada en un cilindro o prisma, generalmente de madera, y que sirve para escribir o dibujar. SIN.: *lapicero.* **2.** Cosmético de forma de lápiz, destinado al maquillaje. **3.** Preparación medicinal, a base de una sustancia activa y de sustancias neutras, generalmente de naturaleza grasa, y desecadas. **4.** Nombre genérico de varias sustancias minerales que sirven para dibujar. • **Lápiz óptico,** o **luminoso** (INFORMÁT.), dispositivo en forma de lápiz que comporta un elemento sensible a la señal luminosa de barrido de una pantalla de visualización y que permite un diálogo entre un utilizador, que lo mantiene en la mano dirigido contra un punto de la pantalla, y un ordenador, por selección y designación de las informaciones expuestas en este punto. SIN.: *fotostilo.*

**LAPLACIANO, A** adj. Relativo a las teorías o a las fórmulas de Laplace.

**LAPO** n. m. *Fam.* Golpe dado con una vara, correa u otra cosa flexible. **2.** Bofetada. **3.** *Fig.* Trago o chisguete.

**LAPÓN, NA** adj. y n. Relativo a un pueblo de raza alpina que habita en Laponia; individuo de este pueblo. ◆ n. m. **2.** Lengua ugrofinesa hablada en Laponia.

**LAPSI** n. m. pl. (voz latina, *los que han caído*). Cristianos que, en tiempo de las persecuciones, renegaron o actuaron como si hubieran renegado de su fe.

**LAPSO** n. m. (lat. *lapsum*). Curso de un espacio de tiempo. **2.** Lapsus.

**LAPSUS** n. m. (voz latina). Falta cometida al hablar (*lapsus linguae*) o al escribir (*lapsus calami*), que consiste en sustituir la palabra que se iba a decir por otra.

**LAQUE** n. m. *Chile.* Boleadoras.

**LAQUEADO** n. m. Acción de laquear. SIN.: *lacado.* **2.** Extensión de una capa de laca en la superficie de un soporte impreso para hacer más brillante y proteger la impresión.

**LAQUEADOR, RA** adj. y n. Que decora obras de madera mediante aplicación de lacas y barnices.

**LAQUEAR** v. tr. **[1]**. Cubrir con una capa de laca. SIN.: *lacar.*

**LAQUEAR** v. tr. **[1]**. *Chile.* Coger o derribar un animal valiéndose del laque.

**LAR** n. m. (lat. *larem*). En la antigua Roma, cada uno de los dioses protectores del hogar doméstico. (Suele usarse en plural.) **2.** Hogar, fogón. ◆ **lares** n. m. pl. **3.** *Fig.* Casa propia u hogar.

**LARARIO** n. m. En la antigua Roma, pequeño santuario de ciertas casas destinado al culto de los dioses lares.

**LARDÁCEO, A** adj. Semejante al lardo.

**LARDAR** o **LARDEAR** v. tr. **[1]**. Untar con lardo o grasa lo que se va a asar.

**LARDERO** adj. Dícese del jueves anterior al carnaval.

**LARDO** n. m. (lat. *lardum*). Tocino o sebo.

**LARDOSO, A** adj. Grasiento, pegajoso.

**LARGA** n. f. En pelota vasca, pelota que en el saque rebasa la línea del cuadro siete. **2.** TAUROM. Suerte de capa a una mano, en la que el diestro cita al toro de frente, haciéndole seguir el movimiento del capote hasta el remate. • **A la larga,** cuando haya pasado bastante tiempo. ‖ **Dar largas,** retrasar intencionadamente.

**LARGAR** v. tr. **[1b]**. Soltar, dejar libre: *largar a los perros.* **2.** *Fig.* y *fam.* Dar, pegar: *largar una bofetada, una propina, un discurso.* **3.** Aflojar, ir soltando poco a poco, hablando de amarras, bolinas, velas, etc. ◆ **largarse** v. pron. **4.** *Fam.* Marcharse, irse. **5.** MAR. Hacerse el buque a la mar, o apartarse de una rada o de un fondeadero cuando la violencia de una tempestad le impide permanecer anclado sin peligro de que se rompan las cadenas.

**LARGHETTO** n. m. (voz italiana). MÚS. Fragmento que se interpreta en un tiempo un poco menos lento que el largo. **2.** MÚS. Segundo movimiento de una sonata o de un concierto.

**LARGO** adv. m. Mucho: *hablar largo.* **2.** MÚS. Lo más lentamente posible.

**LARGO, A** adj. (lat. *largum*). Dícese de aquello en que predomina la longitud sobre las demás dimensiones: *un pasillo largo.* **2.** Que tiene excesiva longitud: *cortinas largas para esta ventana.* **3.** De mucha o excesiva duración: *una larga historia de amor.* **4.** Que mide o dura un poco más de lo justo: *un litro largo; dos horas largas.* (Suele posponerse al sustantivo.) **5.** *Fig.* y *fam.* Alto y delgado: *un chico largo.* **6.** *Fig.* Liberal, dadivoso: *largo en alabanzas.* **7.** *Fig.* y *fam.* Astuto, listo: *parece tonto pero es muy largo.* **8.** *Fig.* Abundante, mucho: *vivió largos años.* **9.** ANAT. Dícese de los huesos en que predomina ampliamente el diámetro longitudinal. **10.** FONÉT. Dícese de las vocales o de las sílabas cuya duración de emisión suele ser el doble de las llamadas breves. **11.** MAR. Arriado, suelto. • **A lo largo,** longitudinalmente. ‖ **A lo largo de,** durante el espacio de tiempo que dura una cosa; paralelamente al borde en sentido longitudinal. ‖ **A lo largo y a lo ancho,** en toda su extensión. ‖ **De largo,** desde hace mucho tiempo. ‖ **¡Largo!** o **¡largo de ahí!,** o **¡de aquí!,** expresiones con que se echa violentamente a alguien de un lugar. ‖ **Largo y tendido** *(Fam.),* con profusión. ‖ **Viento largo,** o **a un largo,** viento que sopla en sentido perpendicular al rumbo que lleva la nave. ◆ n. m. **12.** Longitud: *un metro de largo.* **13.** Trozo de una pieza de tela que tiene la anchura de la misma y la longitud necesaria para aquello que se confecciona: *dos largos de tela.* **14.** DEP. Unidad que separa a los participantes de una carrera a la llegada a la meta, y en la que se toma como referencia la longitud de la embarcación o de la máquina. **15.** DEP. En natación, recorrido de la longitud mayor de una piscina. **16.** MÚS. Composición o fragmento ejecutado con lentitud.

**LARGOMETRAJE** n. m. Película cinematográfica cuya duración sobrepasa los sesenta minutos.

**LARGOR** n. m. Longitud.

**LARGUEADO, A** adj. Listado o adornado con listas.

**LARGUERO, A** adj. *Chile.* Largo, abundante. **2.** *Chile.* Largo, liberal, dadivoso. ◆ n. m. **3.** Viga maestra longitudinal de un puente, bastidor, armadura o estructura cualquiera, destinada a soportar el esfuerzo de carga o de peso. **4.** Cada una de las vigas principales de un ala de avión. **5.** DEP. Travesaño horizontal que une los postes de una portería.

**LARGUEZA** n. f. Calidad de largo, generoso: *es querido por su largueza.* **2.** Acción de dar de manera generosa: *recompensar con largueza.*

**LARGUIRUCHO, A** adj. Muy delgado, alto y desgarbado.

**LARGURA** n. f. Longitud.

**LÁRICE** n. m. Alerce.

**LARIFORME** adj. y n. m. Relativo a un antiguo orden de aves neognatas.

**LARIGOT** n. m. Pequeña flauta pastoril. **2.** Juego del órgano que suena una octava por encima del nasardo.

**LARINGAL** adj. y n. f. Dícese de un fonema indoeuropeo continuo, de articulación posterior, que podía vocalizarse o funcionar como consonante.

**LARINGE** n. f. (gr. *laryux*). Órgano de la fonación, situado delante de la faringe, entre el hueso hioides y la tráquea, y que está formado por cartílagos que sostienen las cuerdas vocales.

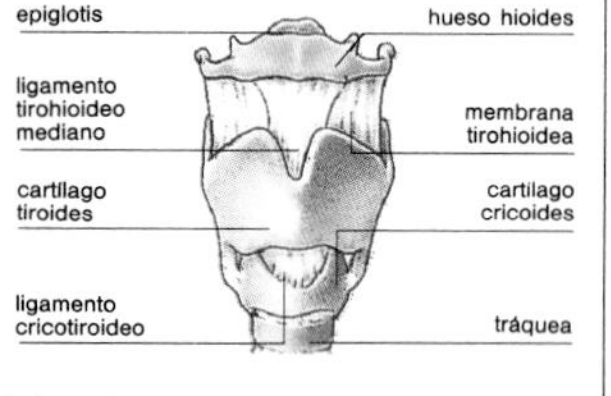


**laringe** (vista exterior, de frente)

**LARINGECTOMÍA** n. f. Ablación quirúrgica de la laringe.

**LARÍNGEO, A** adj. Relativo a la laringe.

**LARINGITIS** n. f. Inflamación de la laringe.

**LARINGOLOGÍA** n. f. Estudio de la laringe y de su patología.

**LARINGÓLOGO, A** n. Médico especialista en laringología.

**LARINGOSCOPIA** n. f. Exploración del interior de la laringe.

**LARINGOSCOPIO** n. m. Instrumento con el que se examina la laringe.

**LARINGOTOMÍA** n. f. Incisión quirúrgica de la laringe.

**LARO, A** adj. y n. m. Relativo a un suborden de aves caradriformes, de alas alargadas y puntiagudas, y plumaje abundante, de colores suaves y mortecinos.

**LARVA** n. f. (lat. *larvam,* máscara, fantasma). Estadio de desarrollo, diferente del estado adulto por su forma y por su tipo de vida, que presentan numerosos animales, como los batracios, los insectos y los crustáceos. **2.** ANT. ROM. Espectro de un hombre muerto trágicamente o de un criminal, que los romanos suponían que erraba sobre la tierra para atormentar a los vivos.

**LARVADO, A** adj. Dícese de ciertos fenómenos, situaciones, etc., especialmente de las enfermedades que se presentan ocultando su verdadera naturaleza.

**LARVICIDA** n. m. Sustancia utilizada para destruir las larvas de los parásitos.

**LASAÑA** n. f. (ital. *lasagna*). Pieza de pasta alimenticia delgada y plana, de diferentes medidas, que se prepara superponiendo capas de pasta intercaladas con una porción de picadillo, generalmente de carne.

**LASCA** n. f. Trozo pequeño y delgado desprendido de una piedra. **2.** MAR. Nudo doble. **3.** PREHIST. Esquirla de sílex cuya longitud es inferior al doble de su anchura.

**LASCAR** v. tr. (lat. *laxare,* desatar) **[1a]**. MAR. Aflojar, ir soltando poco a poco un cabo.

**LASCAR** v. tr. **[1a]**. *Méx.* Lastimar, magullar, rozar.

**LASCIVIA** n. f. Calidad de lascivo. **2.** Conducta lasciva.

**LASCIVO, A** adj. y n. Dícese de la persona dominada por un deseo sexual exagerado. ◆ adj. **2.** Dícese de los actos en que se manifiesta dicho deseo: *mirada lasciva.*

**LÁSER** o **LASER** n. m. (acrónimo del ingl. *light amplification by stimulated emission of radiation*). Aparato capaz de generar un haz de luz coherente en el espacio y en el tiempo, de múltiples aplicaciones (investigación científica, armamento, medicina, telecomunicaciones, industria, etc.).

■ La luz de un láser se caracteriza por su coherencia, su gran intensidad, su monocromatismo y su carácter fuertemente direccional. Un láser requiere tres elementos: un medio ópticamente activo con distintos niveles de energía electrónicos; un sistema de inyección (bombeo óptico) por el cual se produce una inversión de población (algún estado de mayor energía está más poblado que otro de energía menor); una cavidad resonante que almacena la radiación emitida y alimenta la radiación estimulada. El mecanismo de formación de luz láser es la emisión estimulada: en presencia de un fotón de energía adecuada, un electrón del nivel superior más poblado decae hacia el inferior y emite otro fotón de igual frecuencia que el anterior y coherente con él, que queda disponible para proseguir el proceso de emisión. Los primeros láseres fueron de estado sólido, como el de rubí. Existen también láseres de gas y de semiconductores, que producen ondas mantenidas modulables, con aplicaciones al campo de las telecomunicaciones.

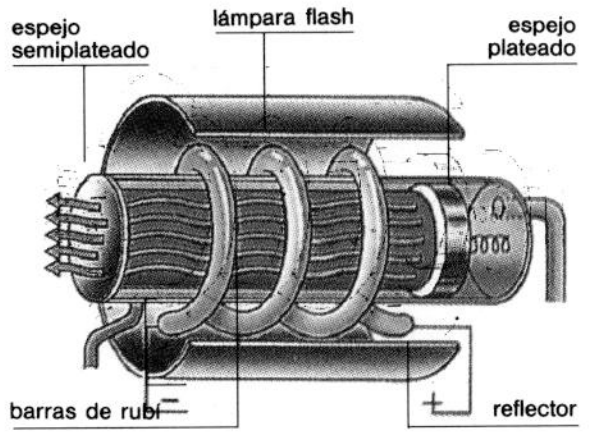


Los átomos de las barras de rubí artificial se excitan bajo el efecto de la radiación de la lámpara flash. Pierden su excedente de energía emitiendo una luz roja coherente.

**láser** de rubí

**LASERDISC** n. m. (voz inglesa). Disco videográfico digital de larga duración, cuya grabación se reproduce por medio del láser.

**LASERPICIO** n. m. Planta herbácea umbelífera, de tallo grueso, flores blancas y raíz gruesa. **2.** Semilla de esta planta.

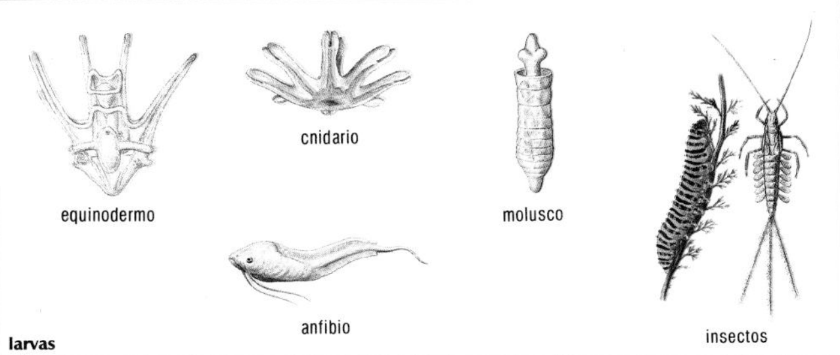


**larvas**

**LASITUD** n. f. (lat. *lassitudinem*). Cansancio, falta de vigor y de fuerzas.

**LASO, A** adj. (lat. *lasum*). Cansado, falto de fuerzas. **2.** Lacio: *cabellos lasos.*

**LÁSTIMA** n. f. Sentimiento de compasión que suscitan las desgracias y males: *dar lástima.* **2.** Objeto que inspira compasión: *el coche quedó hecho una lástima.* **3.** Cosa lamentable o que causa disgusto.

**LASTIMADURA** n. f. Acción y efecto de lastimar.

**LASTIMAR** v. tr. y pron. **[1]**. Herir ligeramente o hacer daño: *se lastimó las manos.* ◆ v. tr. **2.** Agraviar, ofender: *lastimar su reputación.*

**LASTIMERO, A** adj. Que mueve a lástima: *voz lastimera.*

**LASTIMOSO, A** adj. Digno de lástima: *sucesos lastimosos.* **2.** Lamentable, que por cualquier causa produce mala impresión: *quedó en un estado lastimoso.*

**LASTÓN** n. m. Planta vivaz, de hojas estrechas, que crece en la parte meridional de la península Ibérica. (Familia gramíneas.)

**LASTRA** n. f. Piedra plana y delgada.

**LASTRAJE** n. m. Acción y efecto de lastrar.

**LASTRAR** v. tr. **[1]**. Poner lastre a una embarcación, aparejo de pesca, etc.

**LASTRE** n. m. Materia pesada, piedra, granalla de hierro, etc., que se embarca en un vehículo cuando la ausencia de carga hace difícil su conducción. **2.** Arena que el aeronauta lleva en la barquilla del globo, y que arroja para aliviar el peso. **3.** *Fig.* Algo que impide moverse con libertad. **4.** *Fig.* Impedimento para llevar algo a buen término. • **Ir,** o **navegar, en lastre,** no llevar más carga que éste. ‖ **Tanque de lastre,** compartimiento que al ser llenado o vaciado de agua de mar permite que un submarino se sumerja o emerja.

**LAT** n. m. Unidad monetaria principal de Letonia.

**LATA** n. f. Hojalata. **2.** Envase de hojalata. **3.** *Fig.* y *fam.* Fastidio, molestia, pesadez: *es una lata tener que salir con esta lluvia.* **4.** Tabla sobre la que se aseguran las tejas. • **Dar la lata** *(Fam.),* fastidiar o molestar con cosas inoportunas.

**LATACUNGA,** pueblo amerindio de lengua chibcha que vivía en la región de Quito (Ecuador).

**LATAZ** n. m. Carnívoro parecido a una nutria, aunque de mayor tamaño y de pelo sedoso. (Familia mustélidos.)

**LATAZO** n. m. Fastidio, pesadez.

**LATENCIA** n. f. Calidad de latente. **2.** Período de aparente inactividad metabólica por el que pasan algunos animales y plantas. • **Período de latencia** (SICOANÁL.), período que va desde la declinación del complejo de Edipo hasta la pubertad, y que se caracteriza por una retracción normal y fisiológica de la pulsión sexual.

**LATENTE** adj. Que existe sin exteriorizarse o manifestarse: *rivalidad latente.* **2.** Que perdura, que se mantiene aún con fuerza: *un recuerdo latente.* **3.** Dícese de la imagen fotográfica impresionada en una película, pero aún sin revelar. **4.** Dícese de las enfermedades sin síntomas aparentes. • **Calor latente,** calor utilizado por la unidad de masa en un cambio de estado físico, que se efectúa a una temperatura fija.

**LATERAL** adj. (lat. *lateralem*). Dícese de lo que está en un lado o en la orilla de algo: *puerta lateral.* **2.** *Fig.* No directo: *sucesión lateral.* • **Superficie lateral** (MAT.), superficie de las caras de un sólido, sin contar la de las bases. ◆ adj. y n. f. **3.** Dícese de los fonemas fricativos cuya emisión consiste en la elevación de la lengua, que obstruye la línea media del canal bucal, dejando escapar el aire por los lados. ◆ n. m. **4.** Cada uno de los lados de una avenida, separado de la zona central de la calzada por un seto o una acera de peatones.

**LATERALIDAD** n. f. NEUROL. Preferencia sistematizada, derecha o izquierda, en la utilización de ciertos órganos pares, como las manos, los ojos o los pies.

**LATERALIZACIÓN** n. f. Acción y efecto de lateralizar o lateralizarse. **2.** NEUROL. Predominio observado en el hombre de uno de los dos hemisferios celebrales en lo que corresponde a las distintas funciones del cerebro, que da lugar a una especialización hemisférica.

**LATERALIZAR** v. tr. y pron. **[1g]**. Transformar una consonante en lateral.

**LATERANENSE** adj. Relativo al templo de San Juan de Letrán.

**LATERÍA** n. f. Conjunto de latas de conserva. **2.** *Amér.* Hojalatería.

**LATERITA** n. f. Ferralita.

**LATERÍTICO, A** adj. Relativo a la laterita.

**LATERITIZACIÓN** n. f. Transformación de un suelo en laterita, por migración de la sílice.

**LATERO, A** adj. Latoso. ◆ n. **2.** *Amér.* Hojalatero.

**LÁTEX** n. m. (lat. *látex,* líquido) [pl. *látex*]. Líquido blanco o amarillo segregado por determinadas plantas. • **Test del látex,** test biológico que permite evidenciar el factor reumatoide.

**LATICÍFERO, A** adj. Dícese de los vasos de los vegetales que conducen látex.

**LATICLAVO** n. m. Banda de púrpura que adornaba la túnica de los senadores romanos. **2.** La propia túnica.

**LATIDO** n. m. Movimiento alternativo de dilatación y de contracción del corazón y de las arterias. **2.** Golpe producido por este movimiento. **3.** Golpe doloroso que se siente en ciertas partes inflamadas muy sensibles, por la diástole de las arterias que las riegan.

**LATIFOLIO, A** adj. BOT. Que tiene las hojas anchas.

**LATIFUNDIO** n. m. (lat. *latifundium*). Gran propiedad agrícola explotada extensivamente, característica de las economías poco desarrolladas y con fuerte concentración de la propiedad de la tierra, en la que el trabajo corre a cargo, fundamentalmente, de jornaleros.

**LATIFUNDISMO** n. m. Tipo de distribución de la propiedad de la tierra caracterizado por la abundancia de latifundios.

**LATIFUNDISTA** adj. y n. m. y f. Relativo al latifundismo; propietario de uno o varios latifundios.

**LATIGAZO** n. m. Golpe dado con un látigo. **2.** Chasquido del látigo. **3.** *Fig.* Represión áspera que produce en alguien el efecto estimulante o doloroso de un latigazo. **4.** *Fig.* y *fam.* Trago de bebida alcohólica. • **Dolor en latigazo,** tipo de dolor brusco, agudo e intensísimo, ocasionado casi siempre como consecuencia de algún traumatismo.

**LÁTIGO** n. m. Azote largo, delgado y flexible, de cuero, cuerda u otra materia, con que se aviva y castiga a las caballerías. **2.** Máquina utilizada para diversión, en los parques de atracciones.

**LATIGUDO, A** adj. *Chile.* Correoso, flexible y elástico.

**LATIGUEAR** v. intr. **[1]**. Hacer restallar el látigo.

**LATIGUEO** n. m. Acción de latiguear.

**LATIGUILLO** n. m. Expresión sin originalidad empleada alusivamente al hablar, escribir, etc. **2.** Exceso oratorio del actor o del orador, destinado a conseguir un aplauso.

**LATÍN** n. m. Lengua de la antigua Roma. • **Bajo latín,** latín hablado o escrito tras la caída del Imperio romano y durante la edad media. || **Latín vulgar,** o **popular,** latín hablado, por oposición al latín escrito, y que dio lugar a las diferentes lenguas romances. || **Saber latín,** ser astuto y vivo.

**LATINAJO** n. m. *Fam.* y *desp.* Voz o frase latina empleada en español.

**LATINIDAD** n. f. Cultura latina. **2.** Conjunto de los pueblos latinos en cualquiera de sus aspectos, étnico, lingüístico, geográfico, etc.

**LATINIPARLA** n. f. Lenguaje de los que emplean voces latinas, más o menos castellanizadas, hablando o escribiendo en castellano.

**LATINISMO** n. m. Vocablo o giro latinos introducidos en una lengua por cultismo.

**LATINISTA** adj. y n. m. y f. Relativo al latinismo; versado en la lengua y literatura latinas.

**LATINIZACIÓN** n. f. Acción de latinizar.

**LATINIZANTE** adj. y n. m. y f. Dícese de la persona que viviendo en un país de rito ortodoxo practica el culto de la Iglesia latina: *los cristianos latinizantes.*

**LATINIZAR** v. tr. **[1g]**. Dar forma latina a voces de otra lengua. **2.** Introducir la cultura latina.

**LATINO, A** adj. y n. Relativo al Lacio, o a cualquiera de los pueblos italianos de que era metrópoli Roma; habitante u originario de esta región o de cualquiera de estos pueblos. **2.** Relativo a los países en que se hablan lenguas derivadas del latín; habitante u originario de dichos países. ◆ adj. **3.** Relativo al latín. • **Iglesia latina,** Iglesia de rito latino. || **Rito latino,** rito de la Iglesia romana. || **Vela latina,** vela en forma de triángulo. ◆ adj. y n. f. **4.** Dícese de la embarcación aparejada con velas envergadas en entenas.

■ Los antiguos latinos formaban parte de los pueblos indoeuropeos que, en la segunda mitad del II milenio, invadieron Italia. Los latinos estaban constituidos en ciudades-estado reunidas en confederaciones, entre las que destacó la *Liga latina* (ss. V-IV a. J.C.). Sufrieron en primer lugar la dominación etrusca (s. VI a. J.C.) y, posteriormente, la de Roma, que abolió la *Liga latina* en 338-335 a. J.C.

**LATINOAMERICANO, A** adj. y n. De Latinoamérica.

**LATIR** v. intr. (lat. *glattire,* lanzar ladridos agudos) **[3]**. Dar latidos el corazón y las arterias, y a veces los capilares y algunas venas. **2.** Estar latente: *bajo sus palabras latía un odio feroz.* • **Latirle** algo a alguien (*Méx. Fam.*), tener una corazonada, presentir algo: *me late que no va a venir,* (*Méx. Fam.*), gustarle: *me laten tus zapatos.*

**LATIRISMO** n. m. Intoxicación producida por la ingestión de guijas.

**LATITUD** n. f. (lat. *latitudinem*). La menor de las dos dimensiones principales de una figura plana, en contraposición a la mayor o longitud. **2.** Ángulo formado, en un punto determinado, por la vertical del lugar con el plano del ecuador. **3.** Lugar considerado desde el punto de vista del clima, la temperatura, etc.: *el hombre puede vivir en las más diversas latitudes.* • **Altas latitudes,** latitudes próximas a los polos. || **Bajas latitudes,** latitudes próximas al ecuador.

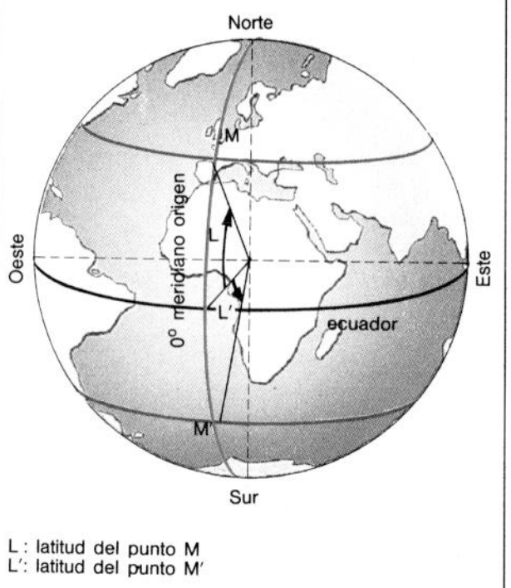


**latitud**

**LATITUDINAL** adj. Que se extiende a lo ancho.

**LATITUDINARIO, A** n. Partidario de una doctrina religiosa que hace extensiva la salvación a todo el género humano.

**LATO, A** adj. (lat. *latum,* ancho). Extenso o extendido. **2.** *Fig.* Aplícase al significado que por extensión se da a las palabras, en oposición al que literal o estrictamente les corresponde: *tomar una palabra en sentido lato.*

**LATOMÍA** n. f. (gr. *latomia*). ANT. Cantera de piedra o de mármol, que en Siracusa se utilizaba como prisión.

**LATÓN** n. m. (ár. *lātūn*). Aleación de cobre y cinc.

**LATONERÍA** n. f. Taller donde se fabrican instrumentos y utensilios de latón. **2.** Tienda de obras de latón.

**LATONERO, A** n. Persona que hace o vende objetos de latón. **2.** *Colomb.* Hojalatero.

**LATOSO, A** adj. Fastidioso, molesto, pesado.

**LATRÍA** n. f. Culto y adoración que sólo se debe a Dios.

**LATROCINIO** n. m. (lat. *latrocinium*). Robo o fraude.

**LATVIO, A** adj. y n. De Letonia.

**LAUCA** n. f. *Chile.* Calva, especialmente la de forma circular, peladura.

**LAUCHA** n. f. (voz araucana). *Argent., Chile* y *Urug.* Ratón de poco tamaño. ◆ adj. y n. f. **2.** *Argent. Fig.* y *fam.* Dícese de la persona lista y pícara. ◆ adj. **3.** *Chile.* Dícese de la persona de constitución delgada y cara alargada.

**LAÚD** n. m. (ár. *al'ūd,* madera). Instrumento musical con 7, 13 o 21 cuerdas pulsadas, que se utilizaba en Europa en los ss. XVI y XVII, cuyo cuerpo tiene forma de media pera y cuyo clavijero forma ángulo recto con el mástil. **2.** Pequeña embarcación de un solo palo con vela latina.

**laúd** (F. De Troy-Louvre, París)

**LAUDABLE** adj. Digno de alabanza.

**LÁUDANO** n. m. Preparado farmacéutico a base de opio.

**LAUDATORIO, A** adj. Que alaba o contiene alabanza.

**LAUDEMIO** n. m. DER. Derecho que se paga al dueño directo de una heredad sujeta a enfiteusis, cuando aquélla se enajena.

**LAUDES** n. f. pl. (voz latina, *alabanzas*). LITURG. CATÓL. Segunda parte del oficio, que se dice después de maitines.

**LAUDO** n. m. DER. Fallo que pronuncian los árbitros o amigables componedores a los que se ha sometido un asunto de forma voluntaria por las partes.

**LAURA** n. f. (gr. *laura,* calle). En el oriente cristiano, especie de colonia religiosa habitada por monjes que hacían vida aislada. **2.** Gran monasterio.

**LAURÁCEO, A** adj. y n. f. Relativo a una familia de plantas dicotiledóneas dialipétalas que comprende árboles y arbustos de las regiones tropicales, como el aguacate, el canelo y el laurel.

**LAUREADO, A** adj. y n. (lat. *laureatum,* coronado de laurel). Que ha obtenido un premio o una condecoración.

**LAUREAR** v. tr. **[1]**. Coronar con laurel a alguien que ha triunfado. **2.** Conceder a alguien un premio o condecoración.

**LAUREDAL** n. m. Sitio poblado de laureles.

**LAUREL** n. m. (provenz. *laurier*). Planta arbustiva o arbórea de la región mediterránea, cuyas hojas perennes se utilizan como condimento. (Familia lauráceas.) **2.** *Fig.* Gloria y fama conseguidas con acciones heroicas o sobresaliendo en una actividad noble. • **Dormirse** alguien **sobre los laureles,** o **en los laureles,** dejar de trabajar o de esforzarse en un asunto después de haber conseguido un triunfo. || **Laurel cerezo,** planta arbórea de hojas perennes, como el laurel, y frutos comestibles.

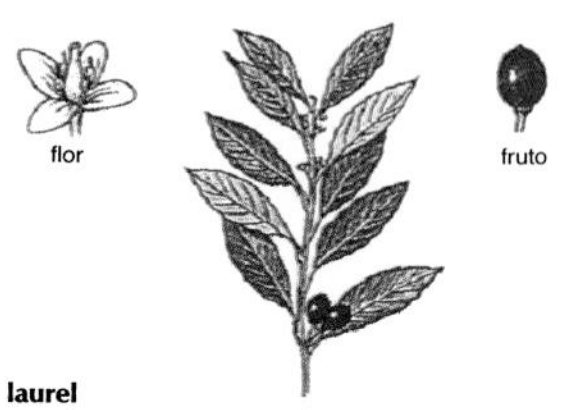


**laurel**

**LÁUREO, A** adj. De laurel, o de hojas de laurel.

**LAURÉOLA** o **LAUREOLA** n. f. Corona de laurel con que se premiaba a los héroes y se coronaban los sacerdotes de los gentiles.

**LAURO** n. m. (lat. *laurum*). Gloria, triunfo: *conquistar lauros imperecederos.*

**LAUROCERASO** n. m. Laurel cerezo.

**LAUTISTA** n. m. y f. Músico que toca el laúd.

**LAVA** n. f. Materia líquida emitida por un volcán, y que se enfría para formar una roca volcánica.

**LAVABLE** adj. Que puede lavarse.

**LAVABO** n. m. (voz latina, *yo lavaré*). Soporte de madera o metal provisto de una palangana que se usaba para lavarse. **2.** Pila provista de grifos y accesorios varios, destinada a este mismo objeto. **3.** Habitación destinada al aseo personal. **4.** Retrete, cuarto en que está instalado el water o dispositivo para la evacuación. **5.** ARQ. Fuente claustral donde los monjes se lavan las manos, después de la comida. **6.** LITURG. Fragmento del salmo XXI que el sacerdote recitaba al lavarse las manos durante el ofertorio.

**LAVACOCHES** n. m. y f. (pl. *lavacoches*). En los garajes y talleres de automóviles, empleado que tiene a su cargo la limpieza de los coches.

**LAVADERO** n. m. Piedra lisa o tabla sobre la que se lava la ropa. **2.** Sitio donde se lava la ropa: *lavadero público.* **3.** En las viviendas, pieza, situada por lo general junto a la cocina, donde se lava la ropa. **4.** Instalación para lavar los minerales. **5.** *Amér.* Paraje del lecho de un río o arroyo donde se recogen arenas auríferas y se lavan allí mismo agitándolas en una batea.

**LAVADO, A** adj. MIN. Dícese del carbón o finos cuyo contenido en cenizas ha sido reducido al pasar por el lavadero. ◆ n. m. **2.** Acción y efecto de lavar. **3.** MIN. Eliminación del estéril o ganga contenidos en el carbón o el mineral bruto. • **Lavado de cerebro,** pérdida parcial de la voluntad, debida a técnicas seleccionadoras de estímulos externos, que varían en intensidad, frecuencia y ritmo. || **Lavado gástrico,** o **de estómago,** introducción en el estómago de una gran cantidad de líquido que es eliminado por una sonda introducida previamente.

**LAVADOR, RA** adj. y n. Que lava.

**LAVADORA** n. f. Aparato para limpiar productos y frutos de la tierra. **2.** Máquina para lavar la ropa.

**LAVAFRUTAS** n. m. (pl. *lavafrutas*). Recipiente empleado en la mesa para lavar la fruta o enjuagarse los dedos.

**LAVAJE** n. m. Lavado de heridas, cavidades, etc., con líquidos antisépticos. **2.** *Amér.* Acción y efecto de lavar.

**LAVAMANOS** n. m. (pl. *lavamanos*). Lavabo pequeño, destinado a lavarse las manos.

**LAVANDA** n. f. Espliego. • **Esencia de lavanda,** esencia que se extrae del espliego. || **Jabón de lavanda,** jabón fino de tocador, a base de esencia de lavanda y otros ingredientes.

**LAVANDERA** n. f. Ave paseriforme cuyo color varía del blanco o gris al verde o amarillo, y que se caracteriza por sus formas finas y elegantes y por su cola larga, que mueve constantemente. (Familia motacílidos.)

**LAVANDERÍA** n. f. Establecimiento dedicado a la industria del lavado de la ropa. **2.** Lugar donde ésta se lava y se plancha.

**LAVANDERO, A** n. Persona que tiene por oficio lavar ropa.

**LAVANDINA** n. f. *Argent.* y *Par.* Líquido clorado que se usa para aclarar y desinfectar ropa blanca, vajilla, suelos, etc., lejía.

**LAVAOJOS** n. m. (pl. *lavaojos*). Pequeño recipiente para bañar el ojo.

**LAVAPLATOS** n. m. (pl. *lavaplatos*). Máquina para lavar platos y menaje de cocina. SIN.: *lavavajillas.* **2.** *Argent., Chile* y *Méx.* Mozo que se encarga de lavar los platos en un restaurante o bar. **3.** *Chile, Colomb.* y *Méx.* Fregadero, pila dispuesta para fregar la vajilla.

**LAVAR** v. tr. y pron. (lat. *lavare*) **[1]**. Limpiar con agua u otro líquido: *lavar la ropa.* ◆ v. tr. **2.** *Fig.* Hacer desaparecer una mancha moral, purificar: *lavar una ofensa.* **3.** *Fig.* Blanquear dinero. **4.** B. ART. Dar color con aguadas a un dibujo. **5.** MIN. Eliminar, por procedimientos puramente físicos, el estéril contenido en el carbón o la ganga de los minerales metalíferos.

**LAVASECO** n. m. *Chile.* Tintorería.

**LAVATIVA** n. f. Enema. **2.** Instrumento manual con que se administra el enema.

**LAVATORIO** n. m. (lat. *lavatorium*). Lavamanos. **2.** *Amér.* Lavabo, pieza de la casa dispuesta para el aseo. **3.** *Amér.* Lavabo, mueble especial donde se pone la palangana. **4.** *Amér.* Jofaina. **5.** LITURG. Acción de lavarse los dedos el sacerdote durante la misa. • **Lavatorio de pies** (LITURG.), ceremonia que tiene lugar el jueves santo en recuerdo de Jesucristo, quien, según san Juan, lavó los pies a los apóstoles antes de la Cena.

**LAVAZAS** n. f. pl. Agua sucia, mezclada con las impurezas de lo que se ha lavado en ella.

**LAVOTEAR** v. tr. y pron. **[1]**. *Fam.* Lavar mucho, aprisa y mal.

**LAVOTEO** n. m. Acción y efecto de lavotear.

**LAWRENCIO** n. m. (de E. O. *Lawrence,* físico norteamericano). Elemento químico transuránico, de número atómico 103, cuyo símbolo químico es Lr.

**LAXACIÓN** n. f. Acción y efecto de laxar.

**LAXANTE** adj. Que laxa. ◆ n. m. **2.** MED. Purgante de acción suave.

**LAXAR** v. tr. y pron. (lat. *laxare*) **[1]**. Aflojar, ablandar, disminuir la tensión de una cosa. **2.** MED. Ayudar a la evacuación del vientre mediante la acción de un laxante.

**LAXISMO** n. m. Sistema de moral o actitud práctica que tiende a suavizar exageradamente el rigor de las leyes o de las reglas.

**LAXISTA** n. m. y f. Partidario del laxismo.

**LAXITUD** n. f. Calidad de laxo. **2.** MED. Estado de falta de tono o distensión de una estructura.

**LAXO, A** adj. (lat. *laxum*). Flojo, que no tiene la tensión que debería tener naturalmente: *tener los músculos laxos.* **2.** *Fig.* Poco firme o severo: *moral laxa.*

**LAY** n. m. Lai.

**LAYA** n. f. (vasc. *laia*). Pala fuerte de hierro, con mango de madera, que sirve para labrar y remover la tierra.

**LAYA** n. f. Calidad, especie, clase: *gentes de toda laya.*

**LAYETANO, A** adj. y n. Relativo a un pueblo ibérico que en la época romana estaba asentado en la act. Cataluña, y cuyas principales ciudades eran: *Blanda* (Blanes), *Iluro* (Mataró), *Baitolo* (Badalona) y *Barcino* (Barcelona); individuo de dicho pueblo.

**LAZADA** n. f. Nudo que se deshace con facilidad tirando de uno de sus cabos: *lazada corrediza.* **2.** Cada una de las asas o anillas de este nudo. **3.** Lazo, nudo que sirve de adorno.

**LAZARETO** n. m. (ital. *lazzaretto*). Establecimiento sanitario en el que se aíslan enfermos afectos de enfermedades contagiosas. **2.** Hospital de leprosos.

**LAZARILLO** n. m. Muchacho que guía y dirige a un ciego.

**LAZARISTA** n. m. Miembro de la Sociedad de sacerdotes de la misión, fundada en 1625 por san Vicente de Paúl.

**LÁZARO** n. m. Pobre andrajoso.

**LAZO** n. m. (lat. *laqueum*). Atadura o nudo de cintas o cosa semejante, que sirve de adorno. **2.** Lazada, atadura que se deshace con facilidad. **3.** Trampa o cuerda con un nudo corredizo que sirve para cazar o sujetar animales. **4.** Emblema o distinción del que forma parte una cinta doblada en forma conveniente y reglamentaria: *lazo de la orden de Isabel la Católica.* **5.** *Fig.* Ardid, asechanza, artificio engañoso: *caer en el lazo enemigo.* **6.** *Fig.* Vínculo, obligación: *lazos familiares.* **7.** *Hond.* y *Méx.* Cuerda. **8.** AERON. Movimiento de un avión alrededor de un eje vertical que pasa por el centro de gravedad del aparato. • **Tirarle un lazo** a alguien (*Méx. Fam.*), hacerle caso, prestarle atención.

**LAZURITA** n. f. Lapislázuli.

**LAZZI** n. m. pl. (voz italiana). Dicho gracioso, o arlequinada.

**LE** pron. pers. m. y f. de 3.ª pers. (pl. *les*). Funciona como complemento indirecto y puede utilizarse como complemento directo, aunque solamente en género masculino referido a personas; no admite preposición y en ambas funciones se puede usar como sufijo: *dale el libro, síguele.*

**LEADER** n. m. (voz inglesa). Líder.

**LEAL** adj. y n. m. y f. (lat. *legalem*). Dícese de la persona fiel y noble e incapaz de cometer cualquier traición o engaño. ◆ adj. **2.** Dícese de las acciones y actitudes propias de dicha persona: *amistad leal.* **3.** Dícese de algunos animales domésticos fieles para con su amo.

**LEALTAD** n. f. Calidad de leal.

**LEASING** n. m. (voz inglesa). Operación de financiación a medio y largo plazo, consistente en la compra por una empresa financiera de los bienes de equipo que precisa una empresa industrial, y de la cesión de dichos bienes a esta última a cambio de una renta.

**LEBECHE** o **LEVECHE** n. m. Viento del SO, en el litoral oriental del Mediterráneo, muy seco.

**LEBRANCHO** n. m. *Antillas.* Pez mugílido.

**LEBRATO** n. m. Liebre de menos de diez meses.

**LEBREL** adj. y n. m. (cat. *llebrer*). Dícese de los perros de talla alta, aspecto esbelto, cabeza alargada, hocico largo y pecho estrecho y profundo.

**LEBRERO, A** adj. Dícese de los perros que sirven para cazar liebres.

**LEBRILLO** n. m. Barreño.

**lebrel** árabe

**LEBRUNO, A** adj. Perteneciente a la liebre o semejante a ella.

**LECCIÓN** n. f. (lat. *lectionem,* elección, lectura). Cada una de las partes, numeradas correlativamente y con cierta unidad, en que se divide la materia de una disciplina y sirve para facilitar su estudio: *las diez primeras lecciones del libro.* **2.** Materia que un profesor manda a los alumnos para estudiar y aprender: *estudiar la lección.* **3.** Enseñanzas dadas en una sesión a una o más personas y estas mismas sesiones: *da lecciones de piano con un profesor particular.* **4.** *Fig.* Advertencia o consejo que se da a una persona para corregirla o aleccionarla: *a este chico le hace falta una buena lección.* • **Tomar la lección,** oírsela el maestro al alumno para ver si se la sabe.

**LECHA** n. f. Líquido seminal de los peces. **2.** Cada una de las dos bolsas que lo contienen.

**LECHADA** n. f. Masa muy fina de cal, yeso o argamasa, usada para blanquear paredes o para unir piedras o hiladas de ladrillos. **2.** Líquido que tiene en disolución cuerpos insolubles muy divididos. • **Lechada de cal,** suspensión de cal apagada, que se emplea en los laboratorios y en la industria.

**LECHAL** adj. y n. m. Dícese del animal de cría que aún mama: *cordero lechal.* ◆ adj. **2.** Dícese de las plantas y frutos que tienen un zumo semejante a la leche.

**LECHE** n. f. (lat. *lactem*). Líquido producido por las mamas de los mamíferos hembras, alimento de gran valor nutritivo que asegura, de forma especial, la subsistencia de las crías al principio de su vida gracias a su riqueza en grasas emulsionadas, que le dan su color blanco, prótidos, lactosa, vitaminas y sales minerales. **2.** *Vulg.* Semen. **3.** Líquido que se parece a la leche: *leche de almendras.* **4.** Preparación líquida destinada a suavizar la epidermis o para desmaquillar. • **De leche,** dícese de las hembras de animales vivíparos criadas para explotar su leche; dícese de los animales que aún maman; dí-

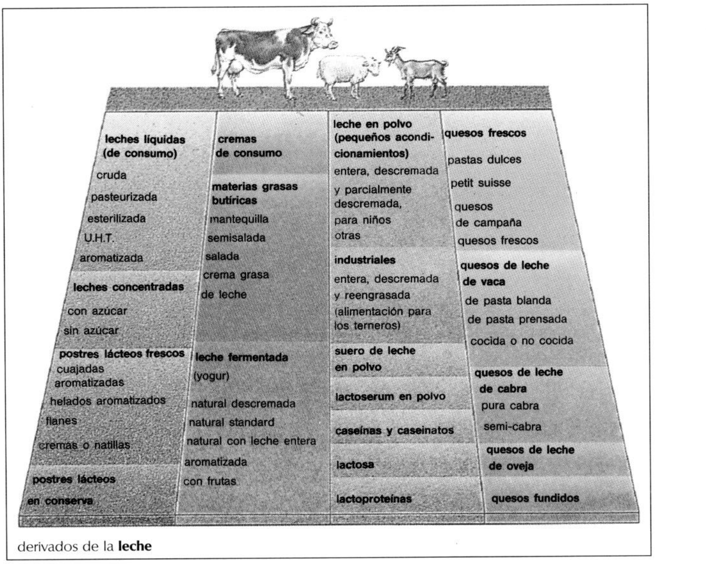


derivados de la **leche**

cese de los dientes de la primera dentición. || **Estar de, tener, traer** o **llevar,** etc., **buena** o **mala leche** *(Vulg.)*, estar de buen o mal humor; traer buenas o malas intenciones. || **Leche condensada,** la que se obtiene por evaporación en el vacío entre 45° y 55°, con adición de azúcar. || **Leche de gallina,** planta del género *Ornithogalum,* con hojas paralelinervias que presentan una línea blanca longitudinal. (Familia liliáceas.) || **Leche en polvo,** leche deshidratada, descremada o no, azucarada o no, que se puede reconstituir adicionando agua. || **Leche frita,** plato de dulce que consiste en una masa espesa, hecha con harina cocida con leche que, después de fría, se parte en trozos cuadrados y, rebozada, se fríe. || **Leche homogeneizada,** leche en que el grosor de sus glóbulos grasos ha sido reducido tratándola en un homogeneizador. || **Leche maternizada,** leche de vaca cuya composición ha sido modificada por adición de lactosa y reducción del contenido de caseína con el fin de que se asemeje a la de la mujer. || **Leche merengada,** la que se prepara con claras de huevo, azúcar y canela. || **Ser la leche** *(Vulg.)*, ser raro, extravagante; ser molesto, cargante.

**LECHECILLAS** n. f. pl. Excrecencias carnosas comestibles, formadas en las reses jóvenes por infarto de diversas glándulas. **2.** Asadura, entrañas del animal.

**LECHERA** n. f. Vasija en que se guarda, sirve o transporta la leche.

**LECHERÍA** n. f. Tienda, puesto o dependencia donde se vende leche y, por lo común, otros productos lácteos. **2.** Anexo de las granjas o vaquerías, donde la leche se envasa después de someterla o no a ciertos tratamientos u operaciones. **3.** *Chile.* Vaquería.

**LECHERO, A** adj. Relativo a la leche: *industria lechera.* **2.** Dícese de las hembras vivíparas que se tienen para aprovechar su leche: *vaca lechera.* • **Central lechera,** fábrica donde se trata la leche para su consumo y para la fabricación de productos derivados. ◆ n. **3.** Persona que tiene por oficio vender leche.

**LECHETREZNA** n. f. Planta herbácea, de tallo erguido, hojas en forma de espátula y semillas negras, cuyo jugo lechoso, acre y mordicante, se ha usado en medicina. (Familia euforbiáceas.)

**LECHIGADA** n. f. Conjunto de crías que tienen de un parto, o en un nido, los animales. **2.** *Fig.* y *fam.* Conjunto o cuadrilla de gente maleante.

**LECHIGUANA** n. m. *Argent.* Avispa pequeña y negra del orden de los himenópteros. **2.** *Argent.* Nido colgante de esta avispa y miel que produce.

**LECHÍN** adj. y n. m. Dícese de una especie de olivo que produce mucha aceituna, que proporciona gran cantidad de aceite. ◆ adj. **2.** Dícese de la aceituna producida por dicho olivo.

**LECHO** n. m. (lat. *lectum*). Cama con colchones, sábanas, etc. **2.** Capa, porción de cosas extendidas horizontalmente. **3.** CONSTR. Cualquier material extendido en forma de capa y que sirve de asiento a otro. **4.** GEOL. Capa muy delgada, de pocos centímetros, de roca mineral, en un conjunto estratificado. **5.** HIDROL. Parte del fondo del valle por donde se escurren las aguas.

**LECHÓN** n. m. Cerdo pequeño, que todavía mama. **2.** Puerco de cualquier tiempo.

**LECHOSA** n. f. *Dom.* y *Venez.* Papaya.

**LECHOSO, A** adj. Que tiene la apariencia o las cualidades de la leche. **2.** Dícese de las plantas que contienen látex.

**LECHUCEAR** v. tr. **[1]**. *Argent. Fam.* Presagiar desgracias. **2.** *Argent.* Curiosear, espiar.

**LECHUGA** n. f. Planta herbácea de la familia compuestas, que se come corrientemente en ensalada. (Las variedades de lechuga son numerosas: lechugas de tallo, romana, de cogollo, de hoja rizada, etc.)

**LECHUGUILLA** n. f. Lechuga silvestre. **2.** Cuello o puño grande, almidonado y rizado.

**LECHUGUINO** n. m. Lechuga pequeña antes de ser trasplantada. ◆ n. m. y adj. **2.** *Fig.* y *fam.* Hombre joven que se compone mucho y sigue rigurosamente la moda.

**LECHUZA** n. f. Rapaz nocturna, de cabeza redonda, con discos faciales y pico corto y encorvado en la punta. (Familia estrígidos y titónidos.)

**LECHUZÓN** n. m. *Argent.* Lechuza campestre, de gran tamaño.

**LECITINA** n. f. Lípido fosforoso, abundante en la yema de huevo y el tejido nervioso.

**LECITO** n. m. Lequito.

**LECTIVO, A** adj. Dícese de los días y del tiempo destinados a dar lección en los centros docentes.

**LECTOR, RA** adj. y n. Que lee, especialmente respecto a un libro, periódico, etc., determinado. ◆ n. **2.** En la enseñanza de idiomas extranjeros, profesor nativo que enseña su lengua materna. ◆ n. m. **3.** Aparato que transforma en impulsos eléctricos las señales o los datos registrados en una cinta magnética, un disco, etc. **4.** INFORMÁT. Máquina o dispositivo que permite la introducción de datos en un ordenador a partir de un soporte exterior: banda magnética, cinta de papel perforado, tarjeta perforada, etc. **5.** LITURG. Clérigo o laico que ha recibido el ministerio del lectorado. • **Lector óptico** (INFORMÁT.), dispositivo que permite leer automáticamente, por un procedimiento optoelectrónico, caracteres impresos o manuscritos.

**LECTORADO** n. m. ENSEÑ. Cargo de lector. **2.** REL. Ministerio de la Iglesia católica, antiguamente la segunda de las cuatro órdenes menores.

**LECTURA** n. f. Acción de leer: *horas de lectura.* **2.** Escrito que se lee: *selecciona las lecturas de sus hijos.* **3.** Manera de interpretar un texto, una película, etc. **4.** INFORMÁT. Proceso por el cual se introduce información en la memoria central o en una de las memorias auxiliares del ordenador. • **Cabeza de lectura** (ELECTRÓN.), transductor electromecánico accionado por la modulación del surco del soporte del registro, para la reproducción de la señal registrada. || **Lectura en memoria** (INFORMÁT.), salida de información registrada anteriormente en una memoria electrónica. || **Lectura óptica,** reconocimiento de los caracteres impresos o manuscritos por un dispositivo automático utilizando un procedimiento óptico.

**LEDO, A** adj. *Poét.* Alegre, plácido.

**LEEDOR, RA** adj. y n. Lector, que lee.

**LEER** v. tr. (lat. *legere*) **[2i]**. Interpretar mentalmente o en voz alta la palabra escrita: *leer una novela.* **2.** Dar una interpretación de un texto. **3.** *Fig.* Descubrir, averiguar o comprender los sentimientos o pensamientos de alguien por la apariencia exterior: *leer en los ojos.* **4.** MÚS. Mirar una partitura o melodía diciendo, interiormente, el valor de las notas y de los signos.

**LEGACIÓN** n. f. (lat. *legationem*). Empleo o cargo del legado. **2.** Asunto o mensaje que se le encarga. **3.** Personal que el legado tiene a sus órdenes. **4.** Casa u oficina del legado. **5.** Cargo diplomático

**lechugas**

**lechuza** y su cría

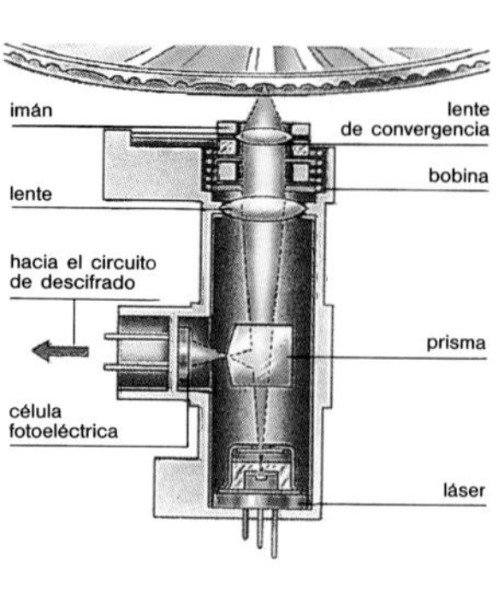


**lector** de discos numéricos

que confiere un gobierno a un individuo para que le represente cerca de otro gobierno extranjero.

**LEGADO** n. m. (lat. *legatum*). Persona que una suprema potestad envía a otra para tratar de un asunto concreto. **2.** Representante del papa. **3.** DER. Disposición hecha en el testamento o codicilo en beneficio de una o varias personas: *aceptar un legado.* **4.** HIST. En Roma, personaje encargado de una misión diplomática (embajador), administrativa (adjunto del gobernador de una provincia) o militar (lugarteniente de un general en campaña). **5.** HIST. En el Imperio romano, título concedido a los gobernadores de las provincias imperiales y a los jefes de la legión. • **Legado a latere,** cardenal encargado por el papa de una misión extraordinaria e importante.

**LEGAJO** n. m. Conjunto, generalmente atado, de papeles referentes a un mismo asunto o materia.

**LEGAL** adj. (lat. *legalem*). Relativo a la ley: *requisitos legales.* **2.** Relativo a la justicia: *medicina legal.* **3.** *Fam.* Leal, digno de confianza.

**LEGALIDAD** n. f. Calidad de legal. **2.** Régimen jurídico-político que viene configurado por el conjunto de leyes fundamentales en cada estado.

**LEGALISMO** n. m. Preocupación por respetar minuciosamente la letra de la ley.

**LEGALISTA** adj. y n. m. y f. Que antepone a toda otra consideración la aplicación literal de las leyes.

**LEGALIZACIÓN** n. f. DER. Acción de legalizar. **2.** DER. Certificado o nota que acredita la autenticidad de un documento o de una firma.

**LEGALIZAR** v. tr. **[1g]**. DER. Dar estado legal a una cosa. **2.** DER. Certificar la autenticidad de un documento o firma.

**LÉGAMO** o **LÉGANO** n. m. Cieno, lodo pegajoso.

**LEGAMOSO, A** o **LEGANOSO, A** adj. Que tiene légamo.

**LEGAÑA** n. f. Producto resultante de la secreción de las glándulas de los párpados, de color amarillento o blanquecino.

**LEGAÑOSO, A** adj. y n. Que tiene muchas legañas.

**LEGAR** v. tr. (lat. *legare*) **[1b]**. Dejar una persona a otra alguna cosa por disposición testamentaria o codicilar: *legar una fortuna.* **2.** Enviar a un legado o representante. **3.** *Fig.* Transmitir ideas, tradiciones, etc., a los que viven después.

**LEGATARIO, A** n. (lat. *legatarium*). Beneficiario de un legado.

**LEGATO** n. m. (voz italiana, *ligado*). MÚS. Término que indica que los sonidos han de sucederse sin interrupción.

**LEGENDARIO, A** adj. Que constituye una leyenda o que sólo existe en ella: *personaje legendario.* **2.** De mucha fama.

**LEGHORN** n. f. (voz inglesa). Raza de gallinas, excelentes ponedoras.

**LEGIBLE** adj. Leíble.

**LEGIÓN** n. f. (lat. *legionem*). Unidad fundamental del ejército romano. (La legión imperial contaba unos 6 000 hombres repartidos en 10 cohortes, 30 manípulos y 60 centurias.) **2.** Número indeterminado y copioso de personas o de seres vivientes. **3.** MIL. Nombre que suele darse a ciertos cuerpos de tropa.

**LEGIONARIO, A** adj. Relativo a la legión. ◆ n. m. **2.** Soldado de una legión.

**LEGIONELLA** n. f. Género de bacilos gramnegativos, agentes etiológicos de la legionelosis y de la fiebre de Pontiac.

**LEGIONELOSIS** n. f. Conjunto de manifestaciones patológicas vinculadas a una infección por una bacteria del género *Legionella*. SIN.: *enfermedad del legionario.*

**LEGISLABLE** adj. Que puede o debe legislarse.

**LEGISLACIÓN** n. f. DER. Conjunto de leyes de un estado: *la legislación vigente.* **2.** DER. Conjunto de disposiciones legislativas que conciernen a una materia determinada: *legislación mercantil.* **3.** DER. Ciencia de las leyes y de los códigos.

**LEGISLADOR, RA** adj. y n. (lat. *legislatorem*). Que legisla.

**LEGISLAR** v. intr. y tr. [**1**]. Hacer, dictar o implantar leyes.

**LEGISLATIVO, A** adj. Que tiene por misión hacer leyes. **2.** Relativo al legislador o a la legislación: *disposición legislativa.* ◆ adj. y n. m. **3.** Dícese del poder en que reside la potestad de hacer y reformar las leyes.

**LEGISLATURA** n. f. Conjunto de los órganos legislativos. **2.** Tiempo durante el cual funcionan los órganos legislativos. **3.** En Argentina, congreso o cuerpo legislativo de las provincias, en oposición a congreso nacional.

**LEGISTA** n. m. y f. Persona que por profesión o estudio se dedica a cuestiones jurídicas.

**LEGÍTIMA** n. f. DER. Parte de los bienes de una herencia de los cuales el testador no puede disponer por corresponder a los herederos forzosos.

**LEGITIMACIÓN** n. f. Acción y efecto de legitimar.

**LEGITIMADOR, RA** adj. Que legitima o sirve para legitimar.

**LEGITIMAR** v. tr. [**1**]. Certificar o probar la verdad de una cosa o la calidad de una persona o cosa conforme a las leyes. **2.** Reconocer por legítimo al hijo que no lo era. **3.** Habilitar a una persona, de suyo inhábil, para un oficio o empleo. **4.** POL. Conceder o adquirir legitimidad un poder político, régimen, etc.

**LEGITIMARIO, A** adj. Perteneciente a la legítima hereditaria. ◆ adj. y n. **2.** Que tiene derecho a la legítima.

**LEGITIMIDAD** n. f. Calidad de legítimo. **2.** POL. Derecho de una dinastía que se considera legítima. **3.** POL. Cualidad de un poder político que engendra y mantiene las creencias dominantes en una sociedad.

**LEGITIMISMO** n. m. Doctrina que afirma la legitimidad de una rama de una dinastía, por considerarla con mayores derechos al trono que la rama reinante.

**LEGITIMISTA** adj. y n. m. y f. Relativo al legitimismo; partidario de esta doctrina.

**LEGÍTIMO, A** adj. (lat. *legitimum*). Hecho o establecido conforme al derecho: *dueño legítimo.* **2.** Justo, lícito: *es legítimo exigir garantías.* **3.** Auténtico, verdadero: *oro legítimo.* • **Legítima defensa,** violencia autorizada en ciertos casos para rechazar una agresión injusta.

**LEGO, A** adj. y n. (lat. *laicum*). Laico. **2.** Ignorante: *ser lego en matemáticas.* ◆ adj. y n. m. **3.** En los conventos de religiosos, dícese del que siendo profeso no tiene opción a las sagradas órdenes. ◆ adj. y n. f. **4.** En algunas órdenes religiosas, dícese de la monja profesa exenta de coro, que sirve a la comunidad en las faenas caseras.

**LEGÓN** n. m. (lat. *ligonem*). Especie de azadón.

**LEGRA** n. f. (lat. *ligulam*). MED. Instrumento que se emplea para efectuar legrados.

**LEGRADO** n. m. Intervención quirúrgica en que se desprenden, mediante un instrumento apropiado, las partes blandas que recubren una superficie ósea o mucosa, por una operación de rascado. SIN.: *raspado.*

**LEGRAR** v. tr. [**1**]. Raspar o raer quirúrgicamente las superficies óseas o mucosas.

**LEGUA** n. f. Medida real de Castilla, de longitud, que presenta una doble variante: la de la tierra, que equivale a 5 572 m, y la marina, denominada *de 20 al grado,* que corresponde a 5 555 m. (En Iberoamérica se emplea también como medida de longitud en varios países, con valores distintos: en Argentina equivale a 5 199 m; en Colombia y Paraguay, a 5 000 m; en Guatemala, a 5 572 m, y en México, a 4 190 m.) • **A la legua, a legua, a leguas, de cien leguas, de mil leguas, de muchas leguas, desde media legua,** desde muy lejos, a gran distancia. || **Legua de posta,** la de 4 km. || **Legua de quince, de diecisiete y medio, de dieciocho y de veinticinco al grado,** la que respectivamente representa un 15, un 17 1/2, un 18 o un 25 avo del grado de un meridiano terrestre, el cual mide 111 111,11 m.

**LEGULEYO** n. m. *Desp.* Jurista, abogado.

**LEGUMBRE** n. f. (lat. *legulem*). Fruto de las leguminosas. **2.** Hortaliza.

**LEGUMBRERA** n. f. Recipiente en que se sirven las legumbres.

**LEGÚMINA** n. f. Sustancia proteica que se encuentra en determinadas semillas, como el guisante o la judía.

**LEGUMINOSO, A** adj. y n. f. Relativo a un orden de plantas dicotiledóneas cuyo fruto es una vaina, o legumbre, como el guisante, la judía y la lenteja.

**LEHENDAKARI** n. m. (voz vasca, *presidente*). Título del presidente del gobierno autónomo vasco. (Úsase también LENDAKARI.)

**LEÍBLE** adj. Que se puede leer.

**LEÍDA** n. f. Lectura, acción de leer.

**LEÍDO, A** adj. Dícese de la persona culta, instruida.

**LEISHMANIOSIS** n. f. MED. Afección causada por parásitos del género *Leishmania.*

**LEÍSMO** n. m. Uso incorrecto de los pronombres átonos de tercera persona, *le/les,* en funciones de complemento directo, que exigirían el empleo de *lo/los.*

**LEÍSTA** adj. y n. m. y f. Dícese de la persona que practica el leísmo.

**LEITMOTIV** n. m. (alem. *Leitmotiv,* motivo conductor). Tema básico de una composición poética o musical que se repite insistentemente. **2.** Idea alrededor de la cual se desarrolla un discurso, conferencia, conversación, monólogo, etc.

**LEJANÍA** n. f. Calidad de lejano. **2.** Conjunto de lugares que se ven lejos.

**LEJANO, A** adj. Que está lejos.

**LEJÍA** n. f. Agua que lleva disueltos álcalis o sales alcalinas y que se emplea para desinfectar y blanquear la ropa. **2.** QUÍM. Solución alcalina o salina para la saponificación.

**LEJIADO** n. m. Lavado de los trapos en la fabricación de la pasta de papel.

**LEJOS** adv. l. y t. (lat. *laxius*). A gran distancia en el espacio o en el tiempo: *vive muy lejos de aquí; Navidad está aún lejos.* • **A lo lejos, de lejos,** o **desde lejos,** a o desde gran distancia. || **Lejos de,** señala cierta oposición respecto a algo que se ha dicho: *lejos de mejorar, iba de mal en peor.*

**LEJURA** n. f. *Colomb.* y *Ecuad.* Parte muy lejana, lejanía.

**LEK** n. m. (pl. *lekë*). Unidad monetaria principal de Albania.

**LELE** adj. y n. m. y f. *Amér.* Lelo.

**LELO, A** adj. y n. Simple, pasmado, tonto.

**LEMA** n. m. Rótulo o encabezamiento que precede a ciertas composiciones literarias para indicar el asunto de la obra. **2.** Frase que expresa una idea como guía de una conducta, institución, etc. **3.** Palabra o palabras que se usan como contraseña en algunos concursos, poniéndolas en el sobre cerrado que contiene la obra, para saber después del fallo a quién pertenece. **4.** LING. Entrada de un diccionario. **5.** MAT. Proposición preliminar cuya demostración facilita la de un teorema subsiguiente.

**LEMMING** n. m. Mamífero del orden roedores, de 10 cm de long., que vive en madrigueras, en Escandinavia, y que efectúa migraciones masivas hacia el sur.

**lemming**

**LEMNÁCEO, A** adj. y n. f. Relativo a una familia de plantas monocotiledóneas acuáticas. (La *lenteja de agua* pertenece a la familia *lemnáceas.*)

**LEMNISCATA** n. f. MAT. Lugar geométrico de los puntos tales que el producto de sus distancias a dos puntos fijos es constante.

**LEMNISCO** n. m. (lat. *lemniscum*). ANAT. Nombre que se da a los fascículos sensitivos posteriores a nivel del bulbo y protuberancia.

**LEMOSÍN, NA** adj. y n. Del Lemosín. ◆ adj. **2.** Dícese de las razas bovinas, ovinas y porcinas originarias del Lemosín. ◆ n. m. **3.** Dialecto del provenzal hablado en la región de Limoges. (Equivocadamente se dio este nombre al catalán cuando se desconocía el origen de esta lengua.)

**LEMPIRA** n. m. Unidad monetaria principal de Honduras.

**LÉMUR** n. m. Mamífero primate arborícola de Madagascar, del tamaño de un gato. (Suborden lemuroideos.)

**LÉMURES** n. m. pl. (lat. *lemures*). Espíritus maléficos que, según las creencias romanas, se aparecían a los vivientes para atemorizarlos.

**LEMUROIDEO, A** adj. y n. m. Relativo a un suborden de mamíferos primates con lóbulos olfativos muy desarrollados. SIN.: *prosimio.*

**LENAR** o **LAPIAZ** n. m. Estrías y cavidades irregulares superficiales, separadas por crestas agudas, producidas por la arroyada en las rocas calcáreas.

**LENCA,** pueblo amerindio de las montañas de Honduras y el NE de El Salvador.

**LENCERÍA** n. f. Ropa blanca en general, y, especialmente, ropa interior. **2.** Tienda o departamento de una tienda en que se vende esta ropa.

**LENCERO, A** n. Persona que confecciona o vende lencería.

**LENCO, A** adj. y n. *Hond.* Tartamudo.

**LENDAKARI** n. m. Lehendakari.

**LENDRERA** n. f. Peine espeso.

**LENGÓN** n. m. *Colomb.* Mentiroso.

**LENGUA** n. f. (lat. *linguam*). Órgano carnoso fijado por su parte posterior en la cavidad bucal, móvil gracias a diecisiete músculos estriados inervados por el hipogloso mayor. (Por sus movimientos, la lengua interviene en la deglución y la palabra; las papilas que la recubren contienen botones sensoriales que aseguran la gustación; en diversos animales la lengua sirve para la captura de las presas, para la información táctil u olfativa, etc.) **2.** Sistema de señales verbales propio de una comunidad, de un grupo, de un individuo, etc.: *la lengua inglesa; la lengua de los cantares de gesta.* **3.** Cosa que tiene la forma de una lengua: *una lengua de tierra.* • **Irse** uno **de la lengua** o **írsele** a uno **la lengua** (*Fam.*), revelar algo que no debía manifestar. || **Lengua cerval,** o **de ciervo,** helecho de hojas en punta de lanza que alcanzan 50 cm de long. || **Lengua de gato,** galleta dura, larga y plana. || **Lengua de serpiente,** helecho de rizoma pequeño, del que sale un escapo que tiene hacia su mitad un fronde entero y una espiga formada por la fusión de los esporangios. || **Lengua glaciar,** parte alargada de un glaciar de valle, a partir del punto en que el hielo forma un río bien individualizado. || **Lengua larga** (*Méx. Fam.*), dícese del mentiroso que gusta de exagerar cuando habla. || **Lengua materna,** lengua del país en donde se ha nacido. || **Lengua muerta,** lengua que ya no se habla, como el latín, el sánscrito, etc. || **Lengua viva,** lengua que se habla actualmente. || **Malas lenguas** (*Fig.* y *fam.*), gente murmuradora y calumniadora. || **Morderse** uno **la**

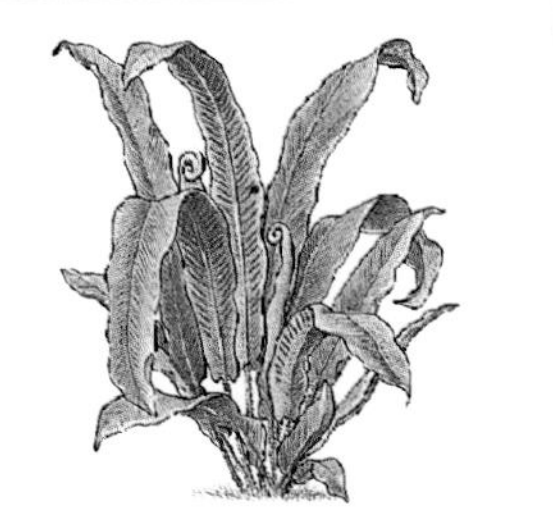

**lengua** cerval

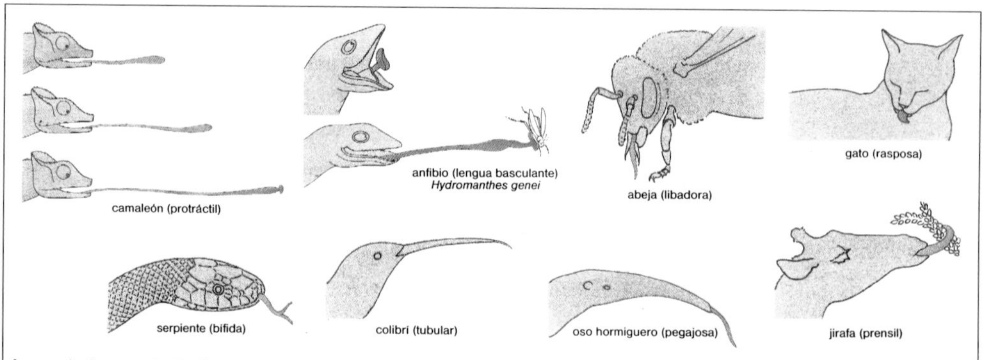

**lenguas** de diversos animales de respiración aérea

**lengua,** contenerse en hablar, callando lo que se iba a decir. || **Tirar de la lengua** a uno *(Fam.)*, provocarle a que hable de algo que debería callar.

**LENGUA,** pueblo amerindio de Paraguay, de lengua mascoi.

**LENGUADO** n. m. Pez de cuerpo asimétrico, casi plano, boca lateral y ojos a un mismo lado del cuerpo, muy apreciado por su carne. (Familia soleidos.)

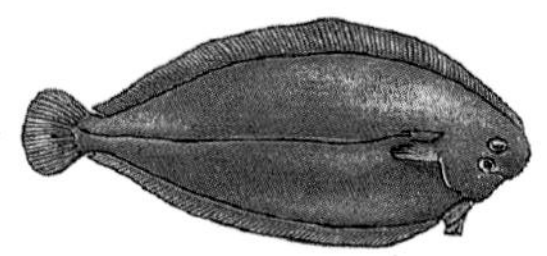
**lenguado**

**LENGUAJE** n. m. Cualquiera de los sistemas que emplea el hombre para comunicar a sus semejantes sus sentimientos o ideas. **2.** Facultad humana que sirve para la representación, expresión y comunicación de ideas, por medio de un sistema de símbolos: *lenguaje hablado; lenguaje escrito.* **3.** Manera de expresarse: *lenguaje agresivo.* **4.** *Fig.* Conjunto de señales que dan a entender una cosa: *el lenguaje de las flores.* **5.** Modo de transmisión de la información en algunos animales: *el lenguaje de las abejas.* **6.** INFORMÁT. Conjunto de caracteres, símbolos y reglas que permiten unirlos, utilizado para escribir las instrucciones que se dan a un ordenador. • **Lenguaje animal,** conjunto de señales utilizadas en las comunicaciones entre animales. || **Lenguaje de alto nivel,** lenguaje simbólico en el que una instrucción del programa fuente da lugar a varias instrucciones máquina. (Los principales lenguajes de alto nivel son el ALGOL, el COBOL y el FORTRAN.) || **Lenguaje máquina,** lenguaje específico de un ordenador, en el que las instrucciones se expresan en código binario directamente asimilable por la máquina. || **Lenguaje simbólico,** lenguaje de programación no ejecutable directamente por el ordenador.

**LENGUARAZ** adj. Dícese de la persona que habla con descaro y atrevimiento.

**LENGÜETA** n. f. Pieza de material flexible en forma de lengua: *la lengüeta de un zapato.* **2.** Espiga longitudinal, estrecha y seguida, que se labra en el canto de una tabla y encaja en la canal o ranura de la tabla contigua: *ensamble a ranura y lengüeta.* **3.** MÚS. Laminilla de caña, madera o metal, cuyas vibraciones dan un sonido tanto más agudo cuanto mayor es su frecuencia, en ciertos instrumentos de viento y en los tubos del órgano. **4.** TECNOL. Pieza de metal prismática, de débil sección con relación a su longitud, y que sirve por lo general de chaveta de guía en una ranura.

**LENGÜETADA** n. f. Acción de tomar o de lamer una cosa con la lengua. SIN.: *lengüetazo.*

**LENGÜETEAR** v. intr. **[1]**. Sacar repetidamente la lengua con movimientos rápidos. **2.** *Amér.* Hablar mucho, sin sustancia o sin claridad.

**LENGÜILARGO, A** adj. *Fam.* Lenguaraz, descarado.

**LENIDAD** n. f. (lat. *lenitatem*). Excesiva condescendencia en exigir el cumplimiento de los deberes o en castigar las faltas.

**LENIFICACIÓN** n. f. Acción y efecto de lenificar.

**LENIFICAR** v. tr. **[1a]**. Suavizar, ablandar.

**LENINISMO** n. m. Doctrina de Lenin, considerada como desarrollo del marxismo, especialmente su análisis del imperialismo y su concepción de la organización del partido bolchevique.

**LENINISTA** adj. y n. m. y f. Relativo a Lenin; partidario de Lenin o de sus ideas.

**LENITIVO, A** adj. Que ablanda y suaviza. ◆ n. m. **2.** Medio para mitigar un padecimiento físico o moral. **3.** MED. Sustancia que tiene una acción suavizante.

**LENOCINIO** n. m. (lat. *lenocinium*). Alcahuetería.

**LENTE** n. f. (lat. *lentem,* lenteja). Disco de cristal o de una sustancia refringente cualquiera, limitado por dos superficies generalmente esféricas. • **Lente de contacto** → ***contacto.*** || **Lente electrónica,** dispositivo que desempeña el mismo papel con respecto a los electrones que una lente óptica con respecto a la luz. || **Lente intraocular,** implantación intraocular que sustituye al cristalino. ◆ **lentes** n. m. pl. **2.** Instrumento óptico compuesto de dos lentes montadas en una armadura que permite tenerlo sujeto delante de los ojos.

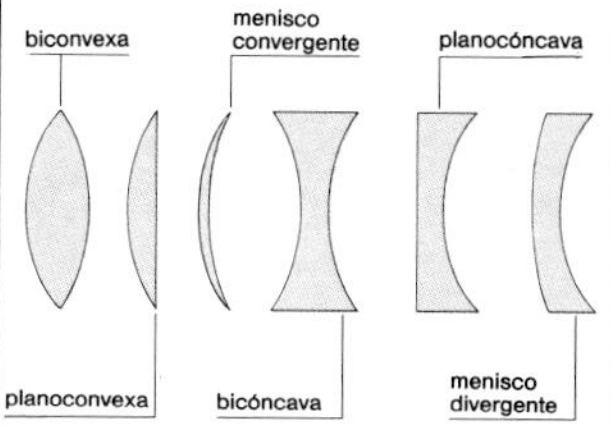

**lentes**

**LENTEJA** n. f. (lat. *lenticulam*). Planta herbácea trepadora de semillas comestibles, de la familia papilionáceas. **2.** Semilla de esta planta. • **Lenteja de agua,** planta muy pequeña, con dos o tres hojas del tamaño de una lenteja, que crece en gran número en la superficie de las aguas estancadas. (Familia lemnáceas.) || **Lenteja de péndulo,** masa metálica, de forma redonda, que se suspende en el extremo inferior del péndulo de un reloj.

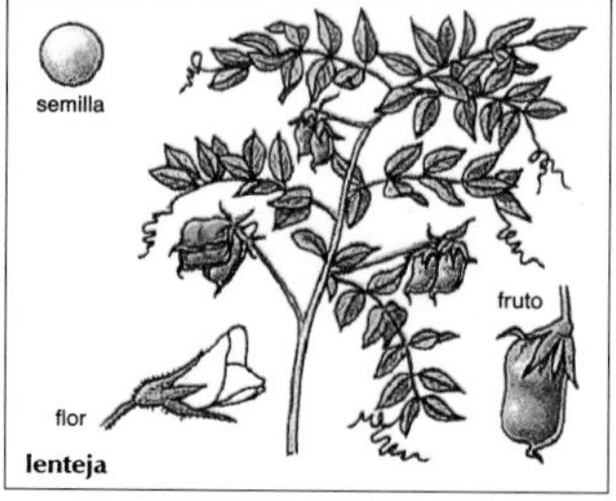

**lenteja**

**LENTEJAR** n. m. Terreno sembrado de lentejas.

**LENTEJÓN** n. m. GEOL. Formación de extensión limitada y forma frecuentemente lenticular.

**LENTEJUELA** n. f. Laminilla redondeada de metal o de un material brillante, que se aplica a los vestidos como adorno.

**LENTIBULARIA** n. f. Planta acuática que captura pequeñas presas animales con los utrículos.

**LENTICELA** n. f. BOT. Poro que atraviesa la corteza de los árboles jóvenes y permite la respiración de los tejidos subyacentes.

**LENTICULAR** adj. De forma de lenteja.

**LENTIGO** n. m. Presencia en la piel de manchas generalmente de pequeño tamaño. **2.** Cada una de esas manchas. SIN.: *peca.*

**LENTILLA** n. f. Lente de contacto*.

**LENTISCAL** n. m. Terreno de monte poblado de lentiscos.

**LENTISCO** n. m. Arbusto que crece en toda la región mediterránea, cuyo tronco proporciona una resina denominada almáciga utilizada como masticatorio. (Familia terebintáceas.) SIN.: *almácigo.*

**LENTITUD** n. f. Calidad de lento.

**LENTO** adv. m. (voz italiana). MÚS. Indica que un fragmento debe interpretarse de forma pausada. ◆ n. m. **2.** Fragmento musical que se ejecuta con movimiento pausado.

**LENTO, A** adj. (lat. *lentum*). Tardo o pausado en el movimiento o en la acción: *caminar lento.*

**LEÑA** n. f. (lat. *ligna*). Conjunto de ramas, matas y troncos que, cortados y hechos trozos, se destinan a la combustión. **2.** *Fig.* y *fam.* Golpes que se dan a alguien como castigo o que se cruzan en una pelea: *cargar de leña.* • **Echar leña al fuego,** aportar medios para acrecentar un mal; dar incentivo a un afecto, inclinación o vicio. || **Leña de oveja** o **de vaca** (*Argent.* y *Urug.*), en el lenguaje rural, estiércol seco que se emplea para hacer fuego.

**LEÑADOR, RA** n. Persona que tiene por oficio cortar leña.

**LEÑATERO** n. m. Planta trepadora, de fruto capsular, que crece en las regiones tropicales de América. (Familia ramnáceas.)

**LEÑAZO** n. m. *Fam.* Garrotazo.

**¡LEÑE!** interj. *Fam.* y *vulg.* Denota disgusto o sorpresa.

**LEÑERA** n. f. Sitio destinado a guardar leña.

**LEÑERO, A** n. Persona que tiene por oficio vender leña.

**LEÑO** n. m. (lat. *lignum*). Trozo de árbol cortado y limpio de ramas. **2.** *Fig* y *fam.* Persona torpe y de poco talento. **3.** BOT. Conjunto de elementos conductores lignificados de las plantas.

**LEÑOSO, A** adj. Que es de la naturaleza de la madera. **2.** Dícese de las plantas que contienen suficientes haces lignificados para que sus tallos sean resistentes.

**LEÓN, NA** n. (lat. *leonem*). Mamífero carnicero de la familia félidos, de unos 2 m de long., de pelaje pardo ocráceo adornado por una melena en el caso del macho, confinado actualmente en las sabanas de África, después de haber vivido en el Próximo oriente e incluso en Europa, y que, de noche, ataca a las cebras, antílopes, jirafas, etc. **2.** *Fig.* Persona audaz y valiente. **3.** *Argent., Bol., Chile, Par.* y *Perú.* Puma. • **La parte del león** *(Fig.)*, la mayor, la que se lleva el más fuerte. ◆ n. m. **4. León americano** o **plateado,** puma. ‖ **León marino,** mamífero parecido a la foca, de la que se distingue por la presencia de pabellones en las orejas y por poseer miembros anteriores y posteriores más desarrollados, lo que le permite desplazarse con más facilidad en tierra. SIN.: *otario.*

**león** y **leona**

**león** marino

**LEONADO, A** adj. De color rubio oscuro, semejante al del pelo del león: *cabello leonado.* **2.** HERÁLD. Dícese del leopardo en posición rampante.

**LEONE** n. m. Unidad monetaria principal de Sierra Leona, dividida en 100 céntimos.

**LEONERA** n. f. Lugar en que se encierra a los leones. **2.** *Fig.* y *fam.* Sitio en que hay muchas cosas en desorden. **3.** *Colomb.* Reunión de personas de poco seso o de mala vida.

**LEONERO, A** adj. *Chile.* Dícese del perro adiestrado en la caza de pumas.

**LEONÉS, SA** adj. y n. De León. ◆ n. m. **2.** Dialecto que se hablaba en el antiguo reino de León, y del que se conservan restos en las provincias de Asturias, Santander, León, Zamora, Salamanca, Cáceres y Badajoz.

**LEONESISMO** n. m. Palabra, giro o fenómeno del castellano de procedencia leonesa.

**LEONINO, A** adj. (lat. *leoninum*). Relativo al león. **2.** Dícese del contrato oneroso en que toda la ventaja se da a una de las partes, sin la adecuada compensación a la otra.

**LEONINO, A** adj. (de *Leonius,* poeta del s. XIII). Dícese del verso latino cuyas sílabas finales forman consonancia con las últimas de su primer hemistiquio.

**LEONTINA** n. f. Cadena de reloj, ancha y colgante.

**LEOPARDO** n. m. (lat. *leopardum*). Mamífero carnívoro de África y Asia, de cuerpo esbelto y zarpas con uñas muy robustas. (Familia félidos.) SIN.: *pantera.* **2.** Piel de este animal, de colorido que varía desde el ocre claro al amarillo con manchas negras, muy apreciada en peletería.

**LEOTARDOS** n. m. pl. Medias que cubren de los pies hasta la cintura.

**LEPERADA** n. f. *Amér. Central* y *Méx.* Acción o dicho de lépero.

**LÉPERO, A** adj. y n. *Amér. Central* y *Méx.* Grosero, ordinario. ◆ adj. **2.** *Cuba.* Astuto, perspicaz. **3.** *Ecuad. Fig.* y *fam.* Dícese de la persona muy pobre y sin recursos.

**LEPIDOLITA** n. f. Mica lítica, principal mineral del que se extrae litio.

**LEPIDÓPTERO, A** adj. y n. m. Relativo a un orden de insectos de metamorfosis completa, que en estado adulto tienen cuatro alas membranosas cubiertas de escamas microscópicas coloreadas. (La larva del orden *lepidópteros* se denomina *oruga,* la ninfa *crisálida* y el animal adulto *mariposa.*)

**LEPIDOSIRENA** n. f. Pez de las ciénagas de la cuenca del Amazonas, de 1,20 m de long., que se esconde en una cavidad preparada en el limo para llevar allí una vida aletargada durante la estación seca, y que respira mediante branquias y pulmones. (Orden dipnoos.)

**LEPISOSTEO** n. m. Pez de los ríos y lagos de E.U.A., de 1,50 m de long. (Orden ganoideos.)

**LEPÓRIDO, A** adj. y n. m. Relativo a una familia de mamíferos roedores lagomorfos, como la liebre y el conejo.

**LEPORINO, A** adj. (lat. *leporinum*). Relativo a la liebre. • **Labio leporino** → ***labio***.

**LEPRA** n. f. (lat. *lepram*). Enfermedad infecciosa crónica, producida por un bacilo específico llamado *de Hansen,* que cubre la piel de pústulas y escamas, y lesiona el sistema nervioso. **2.** VET. Enfermedad del cerdo o del buey, producida por el cisticerco de la tenia común.

**LEPROSERÍA** n. f. Hospital para leprosos.

**LEPROSO, A** adj. y n. Que padece lepra.

**LEPTOCÉFALO** n. m. Larva de la anguila, de 6 a 7 cm de longitud máxima, transparente, en forma de hoja, que atraviesa el Atlántico hacia las costas europeas, en tres años.

**LEPTOLÍTICO** n. m. y adj. Nombre con el que se denominaba antiguamente al paleolítico superior.

**LEPTÓN** n. m. (gr. *leptos,* delgado). Partícula elemental que no sufre interacciones nucleares (electrón, neutrino, muón).

**LEPTOSPIROSIS** n. f. Afección producida por espiroquetas del género *Leptospira.* (La *leptospirosis icterohemorrágica* se caracteriza por fiebre elevada, hepatitis con ictericia y hemorragias.)

**LEQUITO** o **LECITO** n. m. (gr. *lekythos*). ARQUEOL. Pequeño vaso cilíndrico, de boca estrecha, con asa y pie, destinado para contener perfume, que se convirtió, a partir del s. V a. J.C., en una ofrenda funeraria frecuente en Ática.

**LERDEAR** v. intr. **[1]**. *Amér. Central* y *Argent.* Moverse con pesadez o torpeza, hacer algo con lentitud. **2.** *Amér. Central* y *Argent.* Demorarse, llegar tarde.

**LERDO, A** adj. Tardo y torpe para ejecutar o comprender una cosa.

**LERDÓN** n. m. VET. Tumor sinovial que aparece en el ganado equino, cerca de las rodillas.

**LERIDANO, A** adj. y n. De Lérida. ◆ n. m. **2.** Uno de los cinco dialectos del catalán.

**LERROUXISMO** n. m. Doctrina y actitud políticas de Alejandro Lerroux y sus partidarios, especialmente del partido radical.

**LERROUXISTA** adj. y n. m. y f. Relativo al lerrouxismo; partidario del lerrouxismo.

**LESBIANA** n. f. Mujer homosexual.

**LESBIANISMO** n. m. Homosexualidad femenina.

**LÉSBICO, A** adj. Lesbio. **2.** Dícese de la relación homosexual femenina.

**LESBIO, A** adj. y n. De Lesbos.

**LESEAR** v. intr. **[1]**. *Chile.* Tontear, hacer o decir leseras.

**LESERA** n. f. *Bol., Chile* y *Perú.* Tontería, estupidez.

**leopardo** africano

**LESGUI** o **LEZGUI,** adj. y n. m. y f. Relativo a un pueblo caucasiano musulmán que vive en el Daguestán y en Azerbaiján; individuo de este pueblo.

**LESIÓN** n. f. (lat. *laesionem*). Alteración patológica en la textura de los órganos, como llaga, contusión, inflamación, tumor, etc. **2.** *Fig.* Cualquier daño o perjuicio. **3.** DER. Perjuicio económico producido a una parte en un contrato o en un reparto. **4.** DER. Delito o falta derivados del daño corporal inferido dolorosamente a una persona sin ánimo de matar.

**LESIONADOR, RA** adj. Que lesiona.

**LESIONAR** v. tr. y pron. **[1]**. Causar lesión.

**LESIVO, A** adj. DER. Que causa o puede causar lesión, daño o perjuicio.

**LESO, A** adj. (lat. *laesum,* herido, ofendido). Palabra que se coloca delante de determinados sustantivos para indicar que la cosa expresada por el sustantivo ha sido agraviada, atacada o lastimada: *crimen de lesa majestad, de lesa humanidad.* **2.** *Argent., Bol.* y *Chile.* Tonto, necio, torpe. • **Lesa majestad** (DER. ANT.), atentado a la majestad del soberano.

**LET** n. m. (voz inglesa). En tenis y en ping-pong, servicio nulo producido cuando la pelota de servicio toca la red antes de caer en los límites del terreno de juego o de la mesa. SIN.: *net.*

**LETAL** adj. (lat. *letalem;* de *letum,* muerte). Mortífero, capaz de ocasionar la muerte. **2.** GENÉT. Dícese de un gene que, en estado homocigoto, produce la muerte más o menos precoz de quien lo lleva. **3.** MED. Dícese de toda causa que produce la muerte del feto antes del parto. • **Dosis letal,** dosis de un producto tóxico, en relación al peso corporal, que produce la muerte del sujeto.

**LETALIDAD** n. f. Mortandad: *establecer las tablas de letalidad.* **2.** Carácter de un gene letal.

**LETANÍA** n. f. (ital. *litania*). *Fam.* Larga y enojosa enumeración: *una letanía de reclamaciones.* **2.** LITURG. Plegarias formadas por una serie de cortas invocaciones, que los fieles rezan o cantan en honor de Dios, de la Virgen o de los santos.

**LETÁRGICO, A** adj. Relativo al letargo; afecto de letargo: *sueño, estado letárgico.*

**LETARGO** n. m. (gr. *lēthargos;* de *lēthē,* olvido, y *argos,* inactivo). Sueño profundo, anormalmente continuo, sin fiebre ni infección, con relajación muscular completa: *caer en estado de letargo.* **2.** Modorra, sopor: *sacar a alguien de su letargo.* **3.** Hibernación: *temporada de letargo.*

**LETIFICAR** v. tr. (lat. *laetificare*) **[1a]**. Alegrar, animar.

**LETÍFICO, A** adj. Que alegra.

**LETÓN, NA** adj. y n. De Letonia. ◆ n. m. **2.** Lengua báltica hablada en Letonia.

**LETRA** n. f. (lat. *litteram*). Cada uno de los signos o figuras con que se representan los sonidos de un alfabeto: *el alfabeto español consta de veintiocho letras.* **2.** Modo particular de escribir estos signos que tiene un individuo, o que se usa en determinado país o en determinada época: *tener mala letra; escribir en letra gótica.* **3.** Sentido propio y exacto de las palabras empleadas en un texto: *ceñirse a la letra.* **4.** Pieza de metal fundido en forma de prisma rectangular, con cualquier signo de escritura relevado en una de las bases, para que pueda estamparse. **5.** Conjunto de estas piezas: *letra itálica.* **6.** Texto de una obra musical, por oposición a la música. **7.** Carácter alfabético que se usa de alguna manera en música. • **A la letra,** o **al pie de la letra,** literalmente, según el sentido literal de las palabras. ‖ **Letra a la vista,** letra de cambio pagadera a su presentación. ‖ **Letra abierta,** carta de crédito y orden que se da a una persona para que se franquee a otra el dinero que pida. ‖ **Letra capitular,** letra adornada que empieza un capítulo. ‖ **Letra de cambio,** documento mercantil por el que una persona (librador) manda a otra (librado) pagar una determinada cantidad, o se obliga ella misma a hacerlo, a la orden de un tercero (tomador) o a su propia orden. ‖ **Letra de imprenta,** o **de molde,** letra impresa. ‖ **Letra de mano,** o **manuscrita,** la que se hace al escribir con pluma, lápiz, etc., a diferencia de la impresa o escrita a máquina. ‖ **Letra menuda,** sagacidad o astucia para actuar o comportarse. ‖ **Letra muerta** *(Fig.)*, escrito, regla o precepto que no tiene vigencia o que no se cumple. ‖ **Protestar una letra,** requerir ante notario al que no la ha pagado, para recobrar su importe. ◆ **letras** n. f. pl. **8.** Conjunto de las diversas ramas de los conocimientos humanos: *ser una persona de letras.* **9.** Ciencias humanas, por oposición a ciencias o conocimientos técnicos: *licenciado en letras.* • **Bellas,** o **buenas, letras,** literatura. || **Dos,** o **cuatro, letras** (*Fig.* y *fam.*), escrito breve y conciso. || **Primeras letras,** rudimentos de lectura, escritura, aritmética, etc.

**LETRADO, A** adj. y n. Docto, instruido. **2.** *Fam.* e *irón.* Que presume de instrucción. ◆ n. **3.** Abogado.

**LETRERO** n. m. Escrito que se coloca en determinado lugar para avisar o hacer pública alguna cosa.

**LETRILLA** n. f. Composición poética de versos cortos que suele ponerse en música. **2.** Composición poética semejante al villancico, pero de tema satírico y burlesco.

**LETRINA** n. f. (lat. *letrinam*). Retrete. **2.** Lugar sucio y repugnante. **3.** *Fig.* Asunto inmoral.

**LETRISTA** n. m. y f. Autor de letras para canciones.

**LEU** n. m. (pl. *lei*). Unidad monetaria principal de Rumania.

**LEUCEMIA** n. f. Enfermedad que se manifiesta por un aumento del número de glóbulos blancos en la sangre (hasta 500 000 por $mm^3$) y por la presencia de células anormales que ponen de manifiesto una alteración de los órganos hematopoyéticos, médula ósea, bazo, ganglios. SIN.: *leucosis.* ■ Las *leucemias agudas* están asociadas a un síndrome infeccioso, anémico y hemorrágico. Entre las *leucemias crónicas* se distinguen las *leucemias mieloides* (caracterizadas por una proliferación en la sangre y en la médula ósea de granulocitos portadores de una anomalía cromosómica —el cromosoma Filadelfia—) y las *leucemias linfoides* que se manifiestan por una proliferación linfocitaria, especialmente en la sangre y la médula ósea.

**LEUCÉMICO, A** adj. y n. Relativo a la leucemia; afecto de leucemia.

**LEUCINA** n. f. Aminoácido, homólogo de la glicocola.

**LEUCITA** n. f. Silicato natural de aluminio y potasio, que se encuentra en las rocas volcánicas.

**LEUCITO** n. m. BOT. Plasto.

**LEUCOCITARIO, A** adj. Relativo a los leucocitos. • **Fórmula leucocitaria,** proporción de los diversos tipos de leucocitos en la sangre.

**LEUCOCITO** n. m. Glóbulo blanco de la sangre y de la linfa, que asegura la defensa contra los microbios. (Cada milímetro cúbico de sangre contiene de 5 000 a 8 000 leucocitos, de los que un 65 % son polinucleares, y un 35 %, mononucleares.)

**LEUCOCITOSIS** n. f. Aumento del número de glóbulos blancos en la sangre, siendo éstos normales.

**LEUCOENCEFALITIS** n. f. Afección inflamatoria de la sustancia blanca de los hemisferios cerebrales, que produce trastornos neurológicos y un deterioro intelectual.

**LEUCOMA** n. f. Pequeña mancha blanquecina que aparece en la córnea, secundaria casi siempre a una herida, ulceración o proceso inflamatorio.

**LEUCOPENIA** n. f. Disminución del número de glóbulos blancos en la sangre.

**LEUCOPLASIA** n. f. Transformación patológica de una mucosa que se recubre de una capa córnea, como la piel normal, y que, al estar constantemente húmeda, adquiere un aspecto blanquecino.

**LEUCOPOYESIS** n. f. Formación de glóbulos blancos o leucocitos.

**LEUCOPOYÉTICO, A** adj. Relativo a la leucopoyesis.

**LEUCORREA** n. f. Secreción mucosa blanquecina procedente de las vías genitales de la mujer.

**LEUCOSIS** n. f. Leucemia.

**LEUCOTOMÍA** n. f. Lobotomía.

**LEUDA** n. f. Lezda.

**LEUDE** n. m. (bajo lat. *leudes*). HIST. Súbdito de un rey merovingio, particularmente ligado a él por un vínculo de fidelidad personal.

**LEV** n. m. (pl. *leva*). Unidad monetaria principal de Bulgaria.

**LEVA** n. f. Acción y efecto de levar. **2.** Espeque. **3.** Nombre dado a diferentes mecanismos, que realizan una transformación de movimiento mediante un sistema más o menos complicado y merced a curvas o perfiles calculados adecuadamente. **4.** *Cuba.* Americana. **5.** MIL. Forma de reclutamiento, que muchas veces significaba la movilización de todos los recursos humanos, empleada durante el Antiguo régimen para allegar tropas.

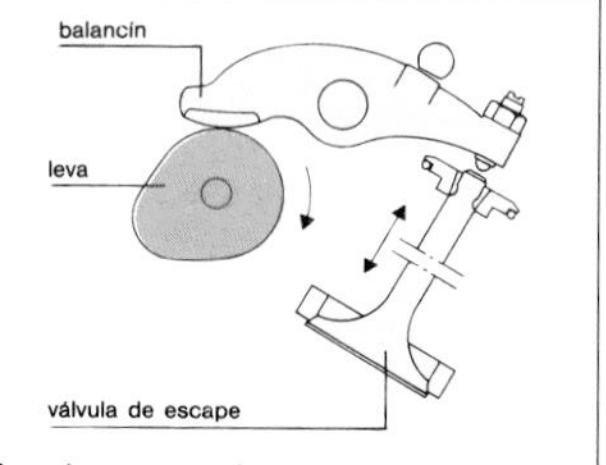


**leva** de un motor de explosión

**LEVADIZO, A** adj. Que se puede levantar con algún artificio: *puente levadizo.*

**LEVADURA** n. f. (de *levar*). Hongo unicelular que produce la fermentación alcohólica de las soluciones azucaradas o de las masas harinosas. (Las levaduras son hongos ascomicetes.) **2.** Masa constituida por dichos microorganismos. **3.** Cualquier sustancia que hace fermentar el cuerpo con que se la mezcla. • **Levadura química,** cuerpo utilizado en panificación o en pastelería en lugar de la levadura natural y que produce el mismo resultado de fermentación.

**LEVALLOISIENSE** adj. y n. m. (de *Levallois-Perret*). Dícese del aspecto industrial del paleolítico medio caracterizado por la talla de lascas de sílex, denominada *técnica Levallois,* que consiste en preparar minuciosamente núcleos, quitando una serie de capas sucesivas. (A menudo asociado al musteriense, el levalloisiense constituye de hecho un aspecto de este mismo.)

**LEVANTADO, A** adj. Sublime, elevado. **2.** HERÁLD. Dícese de los mamíferos que se mantienen erguidos, apoyados en las patas traseras. **3.** TAUROM. Dícese del toro cuando acaba de salir al ruedo y tiene la cabeza muy alta, mira hacia todos los objetos, sin fijar la atención en ninguno, y recorre la plaza con gran celeridad.

**LEVANTAMIENTO** n. m. Acción y efecto de levantar o levantarse: *levantamiento de cejas; el levantamiento de la veda; un levantamiento militar.* **2.** Elevación del conjunto de la corteza terrestre en una región. • **Levantamiento de cadáver,** diligencia en la que el juez, acompañado del médico forense u otro facultativo, procede a reconocer un cadáver y dar orden de su traslado al lugar donde habrá de realizarse la autopsia. || **Levantamiento topográfico,** conjunto de operaciones necesarias para ejecutar un mapa o plano topográfico.

**LEVANTAR** v. tr. y pron. (lat. *levantare*) [1]. Llevar algo a un nivel más alto: *levantar la persiana, un peso; levantar en brazos.* **2.** Poner derecho o en posición vertical: *levantar un poste derribado.* **3.** Separar una cosa de la superficie donde está o despegar lo que está adherido: *levantar un vendaje.* **4.** Sublevar, rebelar: *levantar al pueblo; levantarse una ciudad.* **5.** *Fig.* Producir, ocasionar: *levantar pasiones, protestas.* **6.** Hacer saltar la res del encame. • **Levantar la caza,** obligarla a huir para poder disparar sobre ella o para soltar los perros en su persecución. ◆ v. tr. **7.** Dirigir la mirada, los ojos, etc., hacia arriba: *levantar la vista.* **8.** Desmontar una cosa que está instalada en un sitio: *levantar una tienda de campaña.* **9.** Construir, edificar: *levantar un edificio.* **10.** Producir algo que forme prominencia o hinchazón: *se le ha levantado un chichón.* **11.** *Fig.* Dar mayor intensidad a algo no material: *levantar la voz, el tono.* **12.** *Fig.* Dar ánimo, valor, etc.: *levantar la moral.* **13.** *Fig.* Suprimir una pena o prohibición: *levantar la veda, un castigo.* **14.** Reclutar gente para el ejército. **15.** *Fig.* Calumniar, imputar: *levantar infamias.* **16.** *Fig.* Ensalzar, encumbrar: *levantar a un actor.* **17.** Llevar el caballo al galope, o sobre el cuarto trasero. **18.** Cortar o dividir la baraja: *levantar las cartas.* • **Levantar el asedio,** o **el sitio,** cesar en el asedio de una plaza fuerte por imposibilidad de conquistarla o por la presencia de fuerzas enemigas. ◆ **levantarse** v. pron. **19.** Ponerse de pie: *levantarse del suelo.* **20.** Dejar la cama después de haber dormido o haber estado enfermo en ella: *levantarse a las diez.* **21.** Elevarse, resaltar sobre una superficie o plano: *un castillo se levanta en el horizonte.* **22.** Empezar a hacer viento o a agitarse el mar: *levantarse un vendaval, el oleaje.* • **Levantarse en armas,** alzarse en armas.

**LEVANTE** n. m. Acción y efecto de levantar. **2.** En los talleres de reparación y conservación del material ferroviario, operación periódica que consiste en levantar la locomotora o cuerpo de la máquina, por causa del desgaste de las llantas, para separarla de los ejes de ruedas. **3.** *Chile.* Derecho que paga al dueño de un terreno el que corta maderas en él para beneficiarlas por su cuenta. **4.** *Colomb.* Edad de un bovino comprendido entre el destete y el principio de la ceba. **5.** *Colomb.* Actividad pecuaria que produce esa categoría de bovinos. **6.** *Hond.* Difamación, calumnia.

**LEVANTE** n. m. (lat. *levantem*). Oriente, este, parte por donde sale el sol. **2.** Viento del este. **3.** En las costas levantinas españolas, viento que sopla del nordeste y del sureste.

**LEVANTINO, A** adj. y n. Relativo a Levante; natural o habitante de Levante. ◆ adj. **2. Arte levantino,**

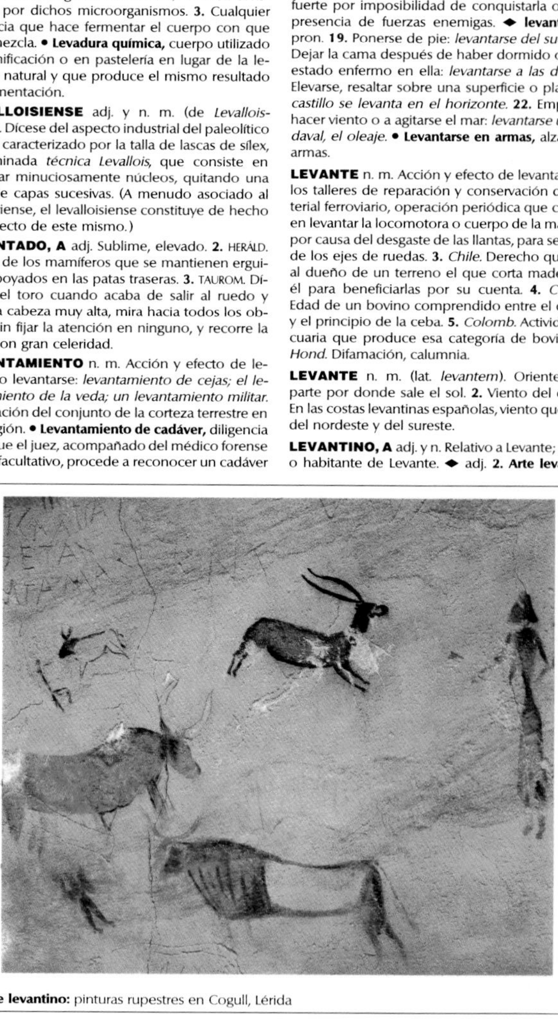

el **arte levantino:** pinturas rupestres en Cogull, Lérida

nombre dado al arte rupestre prehistórico del territorio levantino y SE de España, caracterizado por la técnica de siluetear las figuras y componerlas formando escenas.

**LEVANTISCO, A** adj. Turbulento o rebelde: *tribus levantiscas.*

**LEVAR** v. tr. [**1**]. MAR. Levantar o arrancar el ancla del fondo. • **Levar anclas** (MAR.), zarpar, hacerse a la mar. ◆ v. intr. **2.** MAR. Zarpar, hacerse a la mar.

**LEVE** adj. De poco peso: *una carga leve.* **2.** Muy fino, sutil: *un leve velo.* **3.** De poca intensidad o profundidad: *pecado leve; herida leve.*

**LEVECHE** n. m. Lebeche.

**LEVEDAD** n. f. Calidad de leve: *la levedad de la carga, de una falta.*

**LEVIGACIÓN** n. f. Acción y efecto de levigar.

**LEVIGAR** v. tr. [**1b**]. Desleír en agua una materia en polvo para separar la parte más leve de la más pesada, que se deposita en el fondo de la vasija.

**LEVIRATO** n. m. ANTROP. Práctica según la cual la o las esposas de un marido difunto pasan a uno o a los hermanos del marido. **2.** HIST. Ley hebraica que obligaba a un hombre a casarse con la viuda de su hermano fallecido sin descendencia masculina.

**LEVITA** n. m. (lat. *levitam*). HIST. Miembro de la tribu de Leví, dedicado al servicio del templo.

**LEVITA** n. f. (fr. *lévite*). Prenda de vestir masculina, con faldones que, a diferencia de los del chaqué, tienen el borde delantero recto.

**LEVITACIÓN** n. f. Fenómeno por el que un cuerpo se eleva del suelo y se mantiene así sin ningún apoyo natural. **2.** Fenómeno por el que algunos seres serían capaces de elevarse en el espacio, como si estuvieran privados de peso, o de levantar objetos sin tocarlos. **3.** SIQUIATR. Sensación de mantenerse en el aire sin ningún punto de apoyo.

**LEVITAR** v. intr. [**1**]. Hallarse en estado de levitación.

**LEVITÓN** n. m. Prenda de abrigo masculina, en forma de levita larga y holgada.

**LEVODOPA** n. f. Forma levógira y precursora de la dopamina que se utiliza en el tratamiento de la enfermedad de Parkinson. (Abrev. *L- dopa.*)

**LEVÓGIRO, A** adj. Que desvía a la izquierda el plano de polarización de la luz: *la fructosa es levógira.* CONTR.: *dextrógiro.*

**LEVULOSA** n. f. QUÍM. Fructosa.

**LEXEMA** n. m. Elemento léxico de un signo lingüístico que aporta sustancia predicativa (significado) y que se opone a los demás morfemas del mismo signo.

**LEXICALIZACIÓN** n. f. Paso de una onomatopeya o interjección a la categoría de palabra, con función gramatical. **2.** Proceso por el que una metáfora individual se incorpora a la lengua general.

**LEXICALIZARSE** v. pron. [**1g**]. Sufrir una lexicalización.

**LÉXICO** n. m. (gr. *lexikon;* de *lexis,* palabra). Conjunto de palabras de una lengua, o conjunto de las palabras propias de una región, una actividad determinada, un individuo, etc. **2.** Diccionario que comprende la lista alfabética de los términos utilizados en una ciencia o en una técnica. **3.** Diccionario o vocabulario de una lengua.

**LEXICOGRAFÍA** n. f. Arte de elaborar diccionarios. **2.** Estudio del léxico de una lengua.

**LEXICOGRÁFICO, A** o **LÉXICO, A** adj. Relativo a la lexicografía.

**LEXICÓGRAFO, A** n. Especialista en lexicografía; autor de diccionarios.

**LEXICOLOGÍA** n. f. Ciencia que estudia el léxico de una lengua en su aspecto sincrónico.

**LEXICOLÓGICO, A** adj. Relativo a la lexicología.

**LEXICÓLOGO, A** n. Especialista en lexicología.

**LEY** n. f. (lat. *legem*). Relación necesaria que enlaza entre sí fenómenos naturales. **2.** Regla constante que expresa esta relación: *las leyes de la naturaleza.* **3.** Precepto dictado por la suprema autoridad, en que se manda o prohíbe una cosa. **4.** Estatuto o condición establecida para un acto particular: *las leyes dramáticas; respetar las leyes del juego.* **5.** Derecho escrito, en especial el impuesto unilateralmente por vía de autoridad. **6.** Disposición jurídica de carácter general, dictada por el poder legislativo para ordenar las relaciones de los hombres dentro de un estado. **7.** Conjunto de las leyes o cuerpo del derecho civil. **8.** En los regímenes constitucionales, disposición votada por las Cortes y sancionada por el jefe del estado. **9.** Lealtad, fidelidad. **10.** Religión: *la ley de los mahometanos.* • **Con todas las de la ley,** sin omisión de ninguno de los requisitos indispensables para su perfección o buen acabamiento. ‖ **Ley autonómica,** la dictada por las asambleas legislativas de las comunidades autónomas. ‖ **Ley de armonización,** la dictada por las cortes generales para armonizar las disposiciones normativas de las comunidades autónomas. ‖ **Ley de la ventaja,** ley deportiva consistente en que si el árbitro estima que a un jugador se le ha hecho falta, pero continúa en posesión de la pelota, no sanciona la falta para que aquél pueda proseguir su iniciativa. ‖ **Ley del embudo** (*Fig.* y *fam.*), la que se emplea con desigualdad, aplicándola estrictamente a unos y ampliamente a otros. ‖ **Ley divina,** o **de Dios,** conjunto de preceptos que provienen de la voluntad de Dios y que han sido manifestados por una revelación. ‖ **Ley económica,** exposición de una uniformidad con respecto a dos o más fenómenos de la vida económica. ‖ **Ley formal,** o **material,** la que contiene una disposición o conjunto de disposiciones jurídicas. ‖ **Ley fundamental,** constitución. ‖ **Ley marcial,** la de orden público, una vez declarado el estado de guerra; bando de carácter penal o militar aplicado en tal situación. ‖ **Ley marco,** aquella mediante la cual las Cortes Generales atribuyen a las comunidades autónomas facultad de dictar para sí mismas normas legislativas en materias de competencia estatal. ‖ **Ley moral,** ley que ordena hacer el bien y evitar el mal. ‖ **Ley natural,** o **de la naturaleza,** reglas de conducta fundadas en la misma naturaleza del hombre y de la sociedad. ‖ **Ley orgánica,** la que deriva inmediatamente de la constitución de un estado y determina la organización de un sector o servicio del mismo. ‖ **Ley seca,** la que prohíbe la producción y tráfico de bebidas alcohólicas y su consumo. ‖ **Leyes fundamentales,** conjunto de normas escritas que definían y regulaban la actividad, la organización y las instituciones políticas del estado franquista hasta que fueron derogadas por la constitución de 1978. ‖ **Proyecto de ley,** texto presentado por el gobierno al parlamento o al pueblo, para su aprobación. ‖ **Ser de buena ley,** ser honrado y moral, tener buenas condiciones.

**LEY** n. f. (del fr. ant. *alej*). Cantidad de oro o plata finos que hay en la ligas de barras, alhajas de oro y plata y que es fijado por las leyes. **2.** Cantidad de metal contenido en una mena. • **Ley de una aleación de metal precioso,** relación entre el peso de metal fino contenido en esta aleación y el peso total de la misma.

**LEYENDA** n. f. (lat. *legenda,* cosas que se leen). Narración o relato de sucesos fabulosos, a veces con una base histórica, que se transmiten por tradición oral o escrita. **2.** Pie explicativo de un cuadro, grabado, mapa, etc. **3.** Pieza musical de estructura variable, que casi siempre evoca un ambiente misterioso y arcaico, inspirado en alguna leyenda literaria. **4.** NUMISM. Conjunto de los caracteres que figuran en una moneda o medalla, y especialmente la inscripción circular que se encuentra en el anverso o en el reverso. • **Leyenda negra,** conjunto de creencias negativas que se tienen acerca de una persona o una cosa.

**LEZDA** o **LEUDA** n. f. Denominación que, en Navarra, Aragón y Cataluña, recibía el teloneo, o impuesto sobre las mercancías.

**LEZNA** n. f. Hoja de acero en forma de rombo, muy afilada y cortante, unida a un mango de madera. • **Lezna de talabartero,** o **de zapatero,** punzón con el que se agujerea el cuero para coserlo.

**LI** n. m. Medida de longitud china, equivalente a unos 576 m.

**Li,** símbolo químico del *litio.*

**LI,** pueblo de la isla de Hainan (China), que habla una lengua thai.

**LÍA** n. f. Soga de esparto machacado, tejida como trenza.

**LÍA** n. f. (fr. *lie*). Heces de un líquido, especialmente del vino. (Suele usarse en plural.)

**LIAIS** n. m. Piedra caliza dura, de granos finos.

**LIAISON** n. f. (voz francesa). FONÉT. Enlace.

**LIANA** n. f. Nombre dado a diversas plantas, generalmente sarmentosas, de la selva tropical que, tomando como soporte los árboles, se encaraman sobre ellos hasta alcanzar la parte alta y despejada, donde ramifican con abundancia. **2.** *Por ext.* Enredadera o planta trepadora.

**LIAR** v. tr. (lat. *ligare*) [**1t**]. Atar, envolviéndolo o no, con ligaduras una cosa. **2.** Formar cigarrillos envolviendo la picadura en el papel de fumar: *liar un cigarrillo.* **3.** Devanar: *liar una madeja.* ◆ v. tr. y pron. **4.** *Fig.* Enredar, complicar un asunto: *ándate con cuidado, no lo líes todo más de lo que está.* **5.** *Fig.* Engañar o complicar a alguien en un asunto: *se lió en un mal negocio.* ◆ **liarse** v. pron. **6.** Aturdirse o embarullarse: *a media argumentación se lió.* **7.** Entablar o empezar algo: *liarse a bofetadas.* **8.** Mantener relaciones amorosas ilícitas.

**LIARD** n. m. Moneda de plata de los Países Bajos, creada por Carlos Quinto.

**LÍAS** n. m. GEOL. Denominación del jurásico inferior.

**LIÁSICO, A** adj. GEOL. Relativo al lías. ◆ n. m. **2.** Lías.

**LIBACIÓN** n. f. (lat. *libationem*). Acción y efecto de libar, especialmente una bebida alcohólica. **2.** Ofrenda ritual de los antiguos a una divinidad, consistente en verter un líquido (vino, aceite) sobre el suelo o sobre un altar.

**LIBANÉS, SA** adj. y n. Del Líbano.

**LIBAR** v. tr. (lat. *libare*) [**1**]. Chupar los insectos el néctar de las flores. **2.** Chupar el jugo de una cosa. **3.** Probar o gustar una bebida, especialmente alcohólica. ◆ v. intr. **4.** Hacer libaciones para sacrificios religiosos.

**LIBATORIO** n. m. Vaso con que los antiguos romanos hacían sus libaciones.

**LIBELISTA** n. m. y f. Autor de libelos.

**LIBELO** n. m. (lat. *libellum*). Escrito infamatorio. **2.** DER. Petición o memorial.

**LIBÉLULA** n. f. Insecto dotado de cuatro alas membranosas, de hasta 5 cm de longitud, que vive en las cercanías de las aguas, donde captura pequeños insectos, y cuya larva es acuática. (Orden odonatos.)

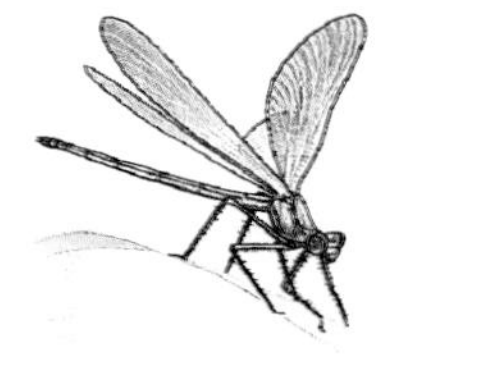

**libélula**

**LÍBER** n. m. (lat. *liber,* corteza de árbol). BOT. Tejido vegetal que se encuentra en la parte profunda de la corteza del tronco y de las ramas y que asegura, mediante sus conductos cribosos, la conducción de la savia elaborada.

**LIBERACIÓN** n. f. Acción y efecto de liberar. **2.** DER. Cancelación de un gravamen o carga. • **Teología de la liberación,** reflexión teológica nacida del compromiso de los cristianos en la lucha contra la opresión en América latina. ‖ **Velocidad de liberación,** velocidad mínima que hay que comunicar a un cuerpo en el momento de partida de un astro para permitirle abandonar el campo de atracción de dicho astro. (La velocidad de liberación terrestre es de 11,2 km/s.)

**LIBERADO, A** adj. **Acción liberada** (B. Y BOLS.), acción entregada sin contraprestación monetaria, con motivo de la entrega de un bien o la prestación de un servicio.

**LIBERADOR, RA** adj. y n. Libertador.

**LIBERAL** adj. Dícese de la persona dadivosa. **2.** Partidario de la libertad y de la tolerancia. • **Artes liberales,** en la antigüedad clásica y en la edad media, conjunto de actividades intelectuales fundamentales (se dividían en dos ciclos: el *trivium* [gramática, retórica, dialéctica] y el *cuadrivium* [aritmética, música, geometría, astronomía]); en la época clásica, artes en las que predominan la concepción intelectual y la inspiración. ‖ **Partido liberal,** nombre que ostentan los partidos seguidores del liberalismo político en diferentes países. || **Profesión liberal,** profesión independiente y de tipo intelectual (abogado, médico, ingeniero consultor, etc.). ◆ adj. y n. m. y f. **3.** Relativo al liberalismo; partidario de esta doctrina.

**LIBERALESCO, A** adj. *Desp.* Liberal.

**LIBERALIDAD** n. f. Calidad de liberal. **2.** DER. Disposición de bienes a favor de alguien, sin pretender ninguna contraprestación.

**LIBERALISMO** n. m. Doctrina (liberalismo económico) de los partidarios de la libre empresa, que se opone al socialismo y al dirigismo; en especial, teoría según la cual el estado no debe intervenir en las relaciones económicas que existen entre individuos, clases o naciones. **2.** Doctrina (liberalismo político) que, sin negar la autoridad del estado, sostiene que ésta no es absoluta y que los ciudadanos conservan una parte de autonomía que el estado debe respetar.

**LIBERALIZACIÓN** n. f. Acción y efecto de liberalizar.

**LIBERALIZAR** v. tr. y pron. **[1g]**. Hacer liberal. **2.** Practicar una política liberal, de supresión de restricciones.

**LIBERAR** v. tr. y pron. **[1]**. Libertar, poner en libertad: *liberar a los presos.* **2.** Eximir a alguien de una obligación o carga: *le liberó del cumplimiento de la promesa.* ◆ v. tr. **3.** B. Y BOLS. Adquirir acciones la propia sociedad que las emitió.

**LIBERATORIO, A** adj. Que libera.

**LIBERIANO, A** adj. y n. De Liberia.

**LIBERIANO, A** adj. Relativo al líber.

**LÍBERO** n. m. (ital. *libero,* libre). En fútbol, jugador que desempeña funciones predominantemente defensivas, pero sin quedar sujeto al marcaje de un delantero contrario.

**LIBEROLEÑOSO, A** adj. Compuesto de madera y de líber: *haz liberoleñoso.*

**LIBERTAD** n. f. (lat. *libertatem*). Poder inmanente al sujeto, en orden a su realización, que puede definirse como la capacidad de decidirse o autodeterminarse. **2.** Estado del que no sufre ni sujeción ni impedimento: *estar en libertad.* **3.** Naturalidad, soltura, falta de cohibición en el comportamiento: *moverse con libertad.* **4.** Familiaridad, confianza: *tomarse demasiadas libertades.* **5.** DER. Estado o condición del que no es esclavo o del que no está preso. • **Grado de libertad** (FÍS.), cada una de las traslaciones o rotaciones que puede realizar un cuerpo a lo largo de los tres ejes de referencia del sistema de coordenadas. || **Libertad condicional,** beneficio de abandonar la prisión que puede concederse a los penados cuando han extinguido tres cuartas partes de la condena y han observado buena conducta. || **Libertad de conciencia,** o **de pensamiento,** la que permite manifestar las propias opiniones, especialmente las religiosas, defenderlas y propagarlas. || **Libertad de contratación,** posibilidad de que cualquier persona con capacidad suficiente convenga contratos privados bajo la única limitación del respeto al orden público y a las buenas costumbres. || **Libertad de cultos,** derecho a la libre disposición de edificios religiosos y a la libre participación en las respectivas ceremonias religiosas. || **Libertad de enseñanza,** posibilidad de abrir libremente centros de enseñanza. || **Libertad de pensamiento,** derecho que tiene cada uno de sostener y propagar sus propias ideas. || **Libertad provisional,** beneficio de que pueden gozar, bajo fianza o bajo palabra, los procesados, no sometiéndoles durante la tramitación de la causa a prisión preventiva. || **Libertad religiosa,** derecho reconocido a la persona humana de practicar libremente la religión que profesa. || **Libertad vigilada,** medida aplicada en las penas de confinamiento en un pueblo o distrito, por la que los condenados quedan en libertad, bajo la vigilancia de la autoridad correspondiente. || **Libertades públicas,** conjunto de libertades reconocidas a los individuos y a los grupos frente al estado (libertad de opinión, libertad religiosa, libertad de enseñanza, libertad de prensa y expresión, libertad de reunión, libertad de asociación, etc.).

**LIBERTADOR, RA** o **LIBERADOR, RA** adj. y n. Que liberta.

**LIBERTAR** v. tr. y pron. **[1]**. Poner en libertad, dejar libre algo o a alguien que estaba sujeto o preso. **2.** Eximir a uno de una obligación, sujeción o deuda.

**LIBERTARIO, A** adj. y n. Anarquista. (En España especialmente a partir de la tercera década del s. XX, partidario de la rama comunista del anarquismo, llamada también *comunismo libertario.*)

**LIBERTINAJE** n. m. Conducta de libertino.

**LIBERTINO, A** adj. y n. Que lleva una vida irregular y licenciosa. ◆ n. **2.** En la antigüedad, hijo de liberto, y el mismo liberto con respecto a su estado.

**LIBERTO, A** n. (lat. *libertum*). Esclavo que recibía la libertad de su señor.

**LIBERUM VETO** n. m. (voces lat., *veto libre*). HIST. Derecho de veto que podía ejercer cada miembro de la dieta polaca.

**LÍBICO, A** adj. y n. Relativo a Libia.

**LIBIDINAL** adj. Relativo a la libido. • **Estadio libidinal** (SICOANÁL.), etapa del desarrollo de la libido que se caracteriza por la primacía de una zona erógena y de un tipo de relación de objeto.

**LIBÍDINE** n. f. (lat. *libidinem*). Lujuria.

**LIBIDINOSO, A** adj. Lujurioso.

**LIBIDO** n. f. (voz lat., *deseo*). SICOANÁL. Energía de la pulsión sexual.

**LIBIO, A** adj. y n. De Libia.

**LIBOR** n. m. (de la expresión inglesa *London Interbanking Offered Rated*). Precio del dinero o tipo de interés vigente en el mercado interbancario de Londres.

**LIBRA** n. f. (lat. *libram,* libra de peso). Antigua unidad de peso, de valor variable, dividida en 16 onzas y que equivale aproximadamente a medio kilo. **2.** Unidad de peso usada por los romanos. **3.** Antigua moneda de cuenta, que representaba el valor de una libra de oro o de plata. **4.** Unidad monetaria de varios países, entre ellos Chipre, Egipto, Irlanda (sustituida en 2002 por el euro), Líbano, Siria y Sudán. **5.** *Cuba.* Hoja de tabaco de calidad superior. • **Libra esterlina,** unidad monetaria principal (£) de Gran Bretaña.

**LIBRACIÓN** n. f. ASTRON. Balanceo aparente de la Luna en torno a su eje.

**LIBRACO** n. m. *Desp.* Libro despreciable.

**LIBRADO, A** n. Persona contra la cual se gira una letra de cambio. • **Salir bien** o **mal librado,** salir beneficiado o con desventaja de una situación.

**LIBRADOR, RA** n. Persona que libra una letra de cambio.

**LIBRAMIENTO** n. m. Acción y efecto de librar o libertar. **2.** Orden que se da por escrito para que uno pague una cantidad de dinero u otro género.

**LIBRANCISTA** n. m. y f. Persona a cuyo favor se da una libranza.

**LIBRANZA** n. f. Orden de pago, expresada generalmente por carta, que da una persona contra otra, que posee fondos del que la expide, para que pague a un tercero. **2.** Libramiento.

**LIBRAR** v. tr. y pron. (lat. *liberare*) **[1]**. Dejar libre o preservar a alguien de un trabajo, peligro o situación desagradable: *librarse del suplicio.* ◆ v. tr. **2.** Expedir letras de cambio, cheques y otras órdenes de pago. **3.** *Méx.* Lograr pasar por un lugar estrecho, o alcanzar a esquivar un obstáculo pasando muy cerca de él: *el conductor apenas pudo librar el poste para no chocar.* **4.** DER. Eximir a una persona de una obligación. • **Librar batalla,** tener lugar una batalla. ◆ v. intr. **5.** Parir, dar a luz. **6.** *Fam.* Disfrutar los empleados del día de descanso semanal: *librar los jueves.*

**LIBRARIO, A** adj. Relativo al libro. (Se usa especialmente en la expresión *escritura libraria,* que denota la empleada para escribir libros, generalmente más regular y más sentada que la que se usaba en los documentos.)

**LIBRE** adj. Que goza de libertad o puede obrar con libertad: *hombre libre; eres libre de entrar y salir.* **2.** Excluido de determinadas obligaciones, cargos, normas, etc.: *está libre de preocupaciones.* **3.** Suelto, no sujeto. **4.** No interceptado: *dejar vía libre.* **5.** Independiente. **6.** Vacante, desocupado: *queda un sitio libre.* **7.** Dícese de la persona sin compromiso matrimonial. **8.** Disoluto, desenfrenado. **9.** DEP. En las pruebas de gimnasia, patinaje artístico, etc., dícese del ejercicio o figura de libre elección del concursante. • **Traducción libre,** traducción que no sigue exactamente el texto original. || **Vector libre,** vector que puede ser remplazado por otro equipolente. ◆ n. m. **10.** *Méx.* Taxi.

**LIBREA** n. f. (fr. *livrée*). Traje de uniforme, generalmente con levita y distintivos, que llevan algunos empleados y criados. **2.** Pelaje de determinados animales; plumaje de ciertas aves. **3.** Conjunto de caracteres morfológicos que caracterizan un animal: *librea nupcial.*

**LIBRECAMBIO** n. m. Comercio entre países sin trabas ni derechos aduaneros. (Se opone a *proteccionismo.*)

**LIBRECAMBISMO** n. m. Doctrina que propugna el establecimiento del librecambio.

**LIBRECAMBISTA** adj. y n. m. y f. Relativo al librecambio o al librecambismo; partidario del librecambismo.

**LIBREPENSADOR, RA** adj. y n. Partidario del librepensamiento.

**LIBREPENSAMIENTO** n. m. Doctrina o actitud que afirma la independencia de la razón frente al pensamiento dogmático, principalmente religioso.

**LIBRERA** n. f. *Guat.* y *Pan.* Librería, mueble con estanterías para colocar libros.

**LIBRERÍA** n. f. Establecimiento donde se venden libros. **2.** Ejercicio o profesión de librero. **3.** Mueble donde se colocan libros. **4.** *Argent.* Comercio donde se venden papeles, cuadernos, lápices y otros artículos de escritorio. **5.** INFORMÁT. Conjunto de programas disponibles por los usuarios de un ordenador. SIN.: *biblioteca.*

**LIBRERO, A** n. Comerciante de libros. ◆ n. m. **2.** *Méx.* Librería, mueble donde se colocan libros.

**LIBRESCO, A** adj. *Desp.* Relativo al libro. **2.** *Desp.* Dícese de la obra o del autor que se inspira en los libros y no en la realidad.

**LIBRETA** n. f. Cuaderno en que se escriben anotaciones, cuentas, etc. • **Libreta de ahorros,** cartilla que las cajas de ahorro y los bancos entregan a sus depositantes, y donde se inscriben los depósitos y rembolsos efectuados. || **Libreta cívica** *(Argent.),* documento oficial con el que la mujer acredita su identidad. || **Libreta de enrolamiento** *(Argent.),* documento oficial con el que el varón acredita su identidad.

**LIBRETISTA** n. m. y f. Autor de libretos.

**LIBRETO** n. m. (ital. *libretto,* libro pequeño). Texto literario que sirve de base a una obra dramática musical.

**LIBRILLO** n. m. Conjunto de hojas de papel de fumar, de papel higiénico, etc.

**LIBRO** n. m. (lat. *librum*). Conjunto de hojas manuscritas o impresas, cosidas o encuadernadas juntas, y que forman un volumen ordenado para la lectura. **2.** Obra científica o literaria de bastante extensión para formar volumen. **3.** Conjunto de hojas cosidas o encuadernadas juntas, donde se anotan datos, informes, etc., para que consten permanentemente: *libro de reclamaciones; libro de registro.* **4.** Tercera cavidad del estómago de los rumiantes, llamada así por los repliegues laminados de su pared interna. • **Colgar, los libros** *(Fam.),* abandonar los estudios. || **Gran libro,** el utilizado por las oficinas de la deuda pública para anotar las inscripciones nominativas de las rentas perpetuas a cargo del estado. || **Libro amarillo, azul, rojo,** etc., nombre que reciben las publicaciones oficiales de un estado que contienen documentos diplomáticos o políticos, para información de los órganos legislativos o de la opinión pública. || **Libro blanco,** reunión, en forma de libro, de documentos sobre un tema cualquiera de actualidad, presentados en forma objetiva: *libro blanco de educación.* || **Libro contable,** instrumento material de la contabilidad formado por un conjunto de folios dispuestos ordenada y sistemáticamente, en el que se efectúan las anotaciones contables. (Los principales libros contables son el diario, el mayor y el de inventarios y balances.) || **Libro de cabecera,** el que tiene una significación especial para una persona y suele leerse con cierta frecuencia. || **Libro de estilo,** el que recoge los criterios formales y metodológicos que uniforman lo que publica un periódico o una editorial. || **Libro de familia,** libro que se entrega a los cónyuges cuando se celebra el matrimonio, en el que se expresan sumariamente los acontecimientos capitales relativos al estado civil de los esposos y al nacimiento de los hijos. || **Libro de texto,** el destinado a los alumnos de un centro de enseñanza.

**LICANTROPÍA** n. f. Conversión de un hombre en lobo. (Constituye una creencia popular muy antigua que aparece ya en escritos latinos y sobre todo en el folklore de los países que recibieron la influencia céltica [Galicia, Bretaña, País de Gales, etc.], lo que motivó su conversión en un tema literario.) **2.** SIQUIATR. Tipo de delirio en que la persona afecta cree estar convertida en un lobo e intenta comportarse como tal.

**LICÁNTROPO, A** adj. y n. Dícese del hombre convertido en lobo. **2.** SIQUIATR. Relativo a la licantropía; afecto de este tipo de delirio.

**LICEÍSTA** n. m. y f. Socio de un liceo.

**LICENCIA** n. f. (lat. *licentiam*). Facultad o permiso para hacer algo: *¿quién te ha dado licencia para hablar?* **2.** Abusiva libertad de decir u obrar: *tomarse demasiadas licencias con los superiores.* **3.** DEP. Documento expedido por una federación a un deportista, que le permite participar en competiciones oficiales. **4.** DER. Autorización, permiso. **5.** DER. Documento en que consta: *licencia judicial, marital.* **6.** MIL. Permiso concedido a un militar para ausentarse de su cuerpo. • **Licencia absoluta,** la que marca el fin de todas las obligaciones del soldado. ‖ **Licencia fiscal,** en España, cuota fija que grava el mero ejercicio de cualquier industria, comercio, arte u oficio. ‖ **Licencia poética,** uso que hacen los escritores, y preferentemente los poetas, de frases, figuras y voces que pueden suponer una transgresión de las reglas teóricas y gramaticales comúnmente admitidas. ‖ **Licencias ministeriales,** acto por el que el obispo del lugar concede a un sacerdote el poder de predicar, celebrar misa y confesar dentro de su diócesis.

**LICENCIADO, A** adj. Dado libre de algún servicio. ◆ n. **2.** Persona que ha obtenido el grado de licenciatura. ◆ n. m. **3.** Soldado que ha recibido la licencia absoluta.

**LICENCIAMIENTO** n. m. Acción y efecto de licenciar a los soldados.

**LICENCIAR** v. tr. **[1]**. Dar a los soldados la licencia ilimitada, que pone fin al servicio en filas, o la absoluta. ◆ **licenciarse** v. pron. **2.** Obtener el grado de licenciado.

**LICENCIATURA** n. f. Grado universitario al que pueden aspirar los alumnos que hayan aprobado todas las asignaturas que integran el plan de estudios de cada facultad.

**LICENCIOSO, A** adj. Contrario a las buenas costumbres, especialmente en cuestiones sexuales: *conducta licenciosa.*

**LICÉNIDO, A** adj. y n. m. Relativo a una familia de mariposas de colores vivos, diferentes según el sexo, repartidas por todo el globo.

**LICEO** n. m. Nombre dado en algunos países a establecimientos de segunda enseñanza. **2.** Nombre de ciertas sociedades literarias o recreativas.

**LICITACIÓN** n. f. Acción y efecto de licitar.

**LICITADOR, RA** n. Persona que licita.

**LICITANTE** n. m. y f. Licitador.

**LICITAR** v. tr. **[1]**. Ofrecer precio por una cosa en subasta.

**LÍCITO, A** adj. (lat. *licitum*). Permitido por la ley o la moral.

**LICITUD** n. f. Calidad de lícito.

**LICOPODIAL** adj. y n. f. Relativo a un orden de plantas criptógamas vasculares trepadoras, con numerosas hojitas, que las hacen parecidas a los musgos, como el licopodio.

**LICOPODIO** n. m. Criptógama vascular cuyas esporas forman el polvo de licopodio. • **Polvo de licopodio,** polvo amarillento formado por las esporas del licopodio, empleado en farmacia para recubrir píldoras, como absorbente y desecante, y en la fabricación de fuegos de artificio.

**LICOR** n. m. (lat. *liquorem*). Sustancia líquida. **2.** Bebida alcohólica obtenida sin fermentación por una mezcla de alcohol, agua, sustancias aromáticas y azúcar. **3.** Nombre de diferentes soluciones químicas o farmacéuticas.

**LICORERA** n. f. Botella decorativa para servir el licor. **2.** Juego de botella, copas o vasitos de licor, con el soporte adecuado.

**LICORERÍA** n. f. Fábrica o tienda de licores.

**LICORISTA** n. m. y f. Persona que hace o vende licores.

**LICOROSO, A** adj. Dícese del vino aromático: *el Málaga es un vino licoroso.*

**LICTOR** n. m. (voz latina). ANT. ROM. Oficial que precedía a los magistrados y emperadores de la antigua Roma, llevando un haz de varas.

**LICUABLE** adj. Que se puede licuar.

**LICUACIÓN** n. f. Acción y efecto de licuar. **2.** Separación, por calentamiento, de dos metales aleados de puntos de fusión diferentes.

**LICUADORA** n. f. Aparato eléctrico para licuar frutos u otros alimentos.

**LICUAR** v. tr. y pron. (lat. *liquare*) **[1]**. Convertir en líquido una sustancia sólida o gaseosa.

**LICUEFACCIÓN** n. f. (lat. *liquefactionem*). Acción y efecto de licuefacer. **2.** FÍS. Transformación de un gas en líquido.

**LICUEFACER** v. tr. y pron. (lat. *liquefacere*) **[2m]**. Licuar.

**LID** n. f. (lat. *litem*). Combate, pelea. **2.** *Fig.* Discusión, controversia de razones y argumentos. **3.** *Fig.* Actividad: *era experto en estas lides.* (Suele usarse en plural.) • **En buena lid,** por medios lícitos.

**LIDAR** n. m. (abrev. de la expresión inglesa *light detection and ranging,* detección y regulación por medio de la luz). Radar que funciona con ondas de la gama óptica emitidas por láser y que permite medir la intensidad de la señal retrodifundida por los átomos, moléculas o aerosoles atmosféricos.

**LÍDER** n. m. y f. (ingl. *leader*). Dirigente, jefe, especialmente el de un partido político. **2.** Empresa, grupo, producto, etc., que ocupa el primer lugar, un papel de primer orden en determinado campo. **3.** DEP. Persona o equipo que en el transcurso de una competición deportiva va en cabeza. (Se emplea también en aposición.)

**LIDERAR** v. tr. **[1]**. Dirigir o estar a la cabeza de un grupo, partido político, competición, etc.

**LIDERATO** o **LIDERAZGO** n. m. Condición de líder o ejercicio de sus actividades.

**LIDIA** n. f. Acción y efecto de lidiar. **2.** TAUROM. Conjunto de suertes que se practican con el toro desde que se le da suelta del toril hasta su arrastre.

**LIDIABLE** o **LIDIADERO, A** adj. TAUROM. Dícese del ganado apto para ser lidiado.

**LIDIADOR, RA** adj. y n. Dícese de la persona que lidia. ◆ n. **2.** Torero.

**LIDIAR** v. intr. (lat. *litigare,* disputar) **[1]**. Batallar, pelear: *lidiar contra el enemigo.* **2.** *Fig.* Tratar con personas a las que hay que saber llevar: *lidiar con clientes difíciles.* ◆ v. tr. **3.** TAUROM. Torear.

**LIDIO, A** adj. y n. De Lidia.

**LIDITA** n. f. Explosivo fabricado con ácido pícrico.

**LIDO** n. m. (voz italiana). GEOGR. Banda de arena que cierra una bahía y que puede aislar una albufera.

**LIEBRE** n. f. (lat. *leporem*). Mamífero de largas patas posteriores adaptadas a la carrera, que tiene las puntas de las orejas negras y se guarece en las depresiones del terreno. (Orden roedores; suborden lagomorfos.) **2.** *Chile.* Autobús pequeño de transporte urbano. • **Levantar** uno **la liebre** (*Fam.*), llamar la atención sobre algo dando lugar a que otros se aprovechen de ello o lo entorpezcan.

**liebre**

**LIED** n. m. (alem. *Lied,* canción) [pl. *lieder*]. Breve composición vocal a una o varias voces, con o sin acompañamiento instrumental. **2.** Forma musical instrumental.

**LIENCILLO** n. m. *Amér. Merid.* Tela burda de algodón.

**LIENDRE** n. f. (lat. *leudinem*). Huevecillo de piojo.

**LIENZO** n. m. (lat. *linteum*). Tela de lino, cáñamo o algodón. **2.** Cada fachada o pared de un edificio. **3.** Porción de muralla que corre en línea recta de baluarte a baluarte o de cubo a cubo. **4.** Tela usada para pintar. **5.** Cuadro.

**LIFTAR** v. tr. (ingl. *to lift,* levantar) **[1]**. DEP. Dar a la pelota cierto efecto, imprimiéndole un movimiento de rotación.

**LIFTING** n. m. (voz inglesa). Intervención de cirugía estética cuya finalidad es suprimir las arrugas del rostro.

**LIGA** n. f. Alianza, confederación de varios estados: *liga ofensiva y defensiva.* **2.** Agrupación de individuos o colectividades humanas con algún designio que les es común: *liga de los derechos del hombre.* **3.** Sustancia viscosa con que se untan espartos, mimbres o juncos, para cazar pájaros al enviscado. **4.** Cinta, tira de goma o cualquier dispositivo usado para sujetar a la pierna las medias o calcetines. **5.** Aleación, mezcla. **6.** Cantidad de cobre que se mezcla con el oro o la plata de las monedas o alhajas. **7.** *Méx.* Banda elástica, oval o circular para sujetar cosas. • **Campeonato de liga** (DEP.), competición entre varios equipos.

**LIGADA** n. f. IMPR. Carácter tipográfico que une varias letras en un solo signo. **2.** MAR. Conjunto de vueltas de cabo delgado, meollar o filástica, que sirven para sujetar un objeto a otro, o para unir dos cabos, formar una gaza, etc.

**LIGADO, A** adj. BIOL. Dícese de cualquiera de los caracteres adscritos a un determinado cromosoma, especialmente los sexuales, que se distinguen por peculiaridades de la herencia. ◆ n. m. **2.** MÚS. Unión de dos notas sosteniendo su valor y nombrando sólo la primera. **3.** MÚS. Modo de ejecutar una composición musical en que los sonidos de una línea melódica se suceden sin interrupción.

**LIGADURA** n. f. Acción y efecto de ligar o ligarse. **2.** Cualquier cosa que sirve para atar: *soltarse las ligaduras.* **3.** *Fig.* Atadura, sujeción moral. **4.** Acción de fijar o constreñir una estructura, generalmente un vaso u órgano hueco, durante una intervención. **5.** Operación que consiste en atar una planta, un injerto, las ramas de los árboles frutales criados en formas artificiales, etc. **6.** En notación musical, nombre dado a una línea ligeramente curvada, de dimensiones variables.

**LIGAMAZA** n. f. Sustancia viscosa que exudan las hojas o que recubre las semillas de algunas plantas.

**LIGAMEN** n. m. (voz latina). Atadura, lazo. **2.** Vínculo establecido por un matrimonio válido. **3.** Impedimento dirimente que para nuevo matrimonio supone el hecho de que subsista otro anterior válido.

**LIGAMENTO** n. m. Conjunto de fibras conjuntivas densas y resistentes, orientadas en el mismo sentido, que unen los huesos al nivel de las articulaciones, o mantienen en su sitio los órganos. **2.** TEXT. Manera de cruzarse los hilos de la urdimbre con los de la trama, en un tejido.

**LIGAMENTOSO, A** adj. Relativo a los ligamentos.

**LIGAMIENTO** n. m. Acción y efecto de ligar o ligarse.

**LIGANDO** n. m. QUÍM. Molécula o ión unido al átomo central de un complejo por un nexo de coordinación.

**LIGAR** v. tr. (lat. *ligare*) **[1b]**. Atar o sujetar: *ligar las manos; ligar un paquete con cuerda.* **2.** *Fig.* Existir una determinada relación: *les ligan intereses comunes.* **3.** *Fig.* Unir, relacionar: *estas declaraciones no ligan; ligar la mahonesa.* **4.** *Fam.* Entablar una relación de tipo amoroso superficial y pasajera: *ligar con un compañero.* **5.** Practicar una ligadura en un órgano: *ligar una arteria.* **6.** Sujetar, mediante una ligadura, el tronco de un arbusto, la rama de un árbol, etc., para corregir su dirección: *ligar un árbol a un tutor.* **7.** Hacer ligaduras en el tronco o en las ramas de los árboles, para acelerar la producción de los frutos. **8.** MAR. Enlazar, trabar mediante piezas de madera o ligazones: *ligar las cuadernas.* **9.** MÚS. Producir las notas en una sola emisión de voz o de aire o por un único golpe de arco. **10.** TAUROM. Verificar el torero los lances o suertes en sucesión continuada y sin interrupción. **11.** TECNOL. Alear metales. **12.** TECNOL. Mezclar cierta porción de metal con oro o plata cuando se bate moneda o se fabrican alhajas. ◆ v. intr. **13.** En ciertos juegos de naipes, juntar dos o más cartas adecuadas para alguna combinación. ◆ v. tr. e intr. **14.** CULINAR. Conseguir que sustancias como la leche, natillas, salsas, etc., presenten un aspecto homogéneo. ◆ **ligarse** v. pron. **15.** Crearse uno mismo trabas morales. **16.** Obligarse a algo. **17.** Unirse a alguien.

**LIGASA** n. f. Enzima que cataliza la unión de dos moléculas.

**LIGAZÓN** n. f. Unión, trabazón: *la ligazón de una masa, de dos hechos.*

**LIGERAMENTE** adv. m. Con ligereza: *moverse ligeramente.* **2.** *Fig.* Sin reflexión: *hablar ligeramente.*

**LIGEREAR** v. intr. **[1]**. *Chile.* Andar de prisa o despachar algo con ligereza.

**LIGEREZA** n. f. Calidad de ligero: *la ligereza de una pluma; actuar con ligereza; perder ligereza de movimientos.* **2.** Acto propio de persona ligera, informal: *cometer una ligereza.*

**LIGERO, A** adj. (fr. *léger,* leve, poco pesado). Que obra o se mueve con rapidez o facilidad: *andar ligero; mente ligera.* **2.** Que pesa poco: *un paquete ligero; barco ligero; armamento ligero.* **3.** Muy fino, sutil: *un vestido ligero.* **4.** Que está constituido por sustancias o materias menos consistentes que las normales: *comida ligera.* **5.** De poca intensidad o profundidad: *dolor ligero; sueño ligero; un ligero rumor.* **6.** Informal, irreflexivo: *una joven ligera.* • **A la ligera,** de manera irreflexiva; sin fundamento; de prisa y sin cuidado, superficialmente; frívolamente. ‖ **Peso ligero,** en boxeo, judo y lucha, una de las clasificaciones entre las que se distribuyen los practicantes según su peso.

**LIGHT** adj. (voz inglesa). Que tiene disminuidas las sustancias que lo caracterizan por considerarlas perjudiciales para la salud: *cigarrillos lights.* **2.** Se aplica al alimento o bebida a la que se han eliminado las sustancias grasas y las calorías: *toma yogures lights para no engordar.*

**LIGNARIO, A** adj. Relativo a la madera.

**LIGNÍCOLA** adj. Que vive en la madera.

**LIGNIFICACIÓN** n. f. Acción y efecto de lignificar o lignificarse. **2.** Fenómeno que consiste en el depósito de lignina, en mayor o menor grado, junto con derivados oxidados de la celulosa, en la membrana celular.

**LIGNIFICAR** v. tr. (lat. *lignum,* leño, madero, y *facere,* hacer) **[1a]**. Dar contextura de madera. ◆ **lignificarse** v. pron. **2.** Tomar consistencia de madera.

**LIGNIFORME** adj. Semejante a la leña.

**LIGNINA** n. f. BOT. Sustancia orgánica que impregna las células, fibras y vasos de la madera, haciéndolos impermeables e inextensibles.

**LIGNITO** n. m. (del lat. *lignum,* madera). Roca de origen orgánico, que resulta de la descomposición incompleta de residuos vegetales. (Es una roca combustible, que contiene un 70 % de carbono, y tiene un valor calorífico tres veces menor que el de la hulla.)

**LIGÓN, NA** n. y adj. *Fam.* Persona que habitualmente intenta ligar, establecer una relación.

**LIGUANO, A** adj. *Chile.* Dícese de una raza americana de carneros, de lana gruesa y larga. **2.** *Chile.* Dícese de la lana producida por los carneros de esta raza, y de lo que se fabrica con tal lana.

**LIGUE** n. m. *Fam.* Acción y efecto de ligar, entablar una relación. **2.** *Fam.* Persona con la que se liga.

**LIGUERO, A** adj. y n. Relativo a una liga; miembro o partidario de ella: *los equipos ligueros de la temporada.* ◆ n. m. **2.** Portaligas.

**LIGUILLA** n. f. En fútbol y otros deportes de equipo, torneo similar al de la liga, que se juega entre un número reducido de equipos.

**LÍGULA** n. f. Pequeña lámina saliente que tiene la hoja de las gramíneas, en la conjunción del limbo y la vaina.

**LIGULADO, A** adj. Que tiene forma de lígula, o que está provisto de ellas.

**LIGULIFLORO, A** adj. Dícese de las plantas o de las flores liguladas.

**LIGUR** adj. y n. m. y f. De Liguria. **2.** Relativo a un antiguo pueblo establecido en la costa mediterránea entre Marsella y La Spezia, sometido o exterminado por los romanos en el s. II a. J.C.

**LIGURINO, A** adj. y n. Ligur.

**LIJA** n. f. Pintarroja. **2.** Piel seca de la pintarroja o de otro selacio, que se emplea para pulir. • **Dar lija** (*Cuba* y *Dom. Fam.*), adular. ‖ **Darse lija** (*Cuba* y *Dom.*), darse pisto. ‖ **Papel de lija,** papel fuerte, sobre el cual se espolvorean polvos o granos de esmeril o de vidrio, tras embadurnarlo de cola, que sirve como abrasivo para alisar y pulir metales, maderas y otros materiales.

**LIJADO** n. m. Operación de alisar y pulir las superficies con papel de lija u otros abrasivos: *lijado de la madera.*

**LIJADOR, RA** adj. Que lija.

**LIJADORA** n. f. y adj. Máquina que efectúa el lijado de objetos de madera, para facilitar la ulterior aplicación de la pintura y, especialmente, de los barnices. **2.** Máquina para alisar las pieles por el lado de la carne.

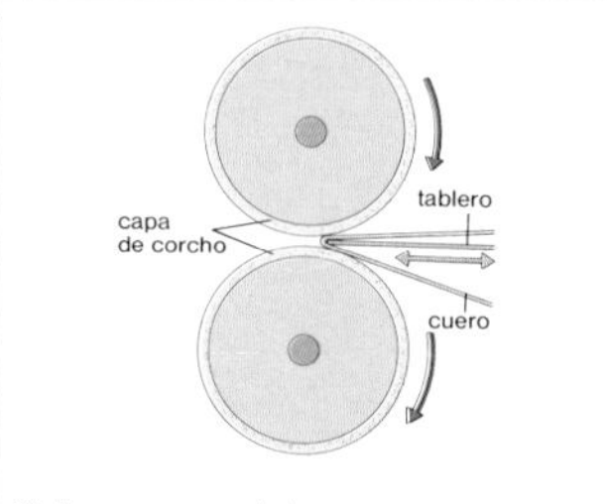

**lijadora:** esquema de funcionamiento

**LIJAR** v. tr. **[1]**. Alisar la superficie de una pieza de madera o de metal, con papel de lija u otro abrasivo.

**LIJOSO, A** adj. *Cuba.* Vanidoso.

**LIKAN-ANTAI** adj. y n. m. y f. Atacameño.

**LILA** n. f. Arbusto originario de Oriente medio, cultivado por sus racimos de flores olorosas, malvas o blancas. (Familia oleáceas.) **2.** Flor de este arbusto. ◆ adj. y n. m. **3.** De un morado más o menos rosado. ◆ adj. y n. m. y f. **4.** *Fam.* Tonto, fatuo.

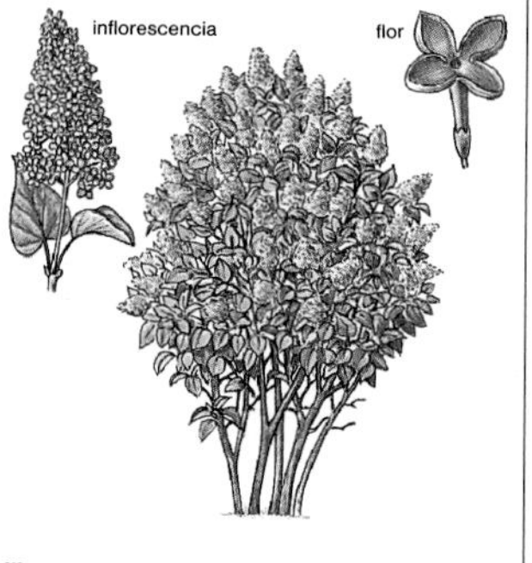

**lila**

**LILE** adj. *Chile.* Débil, decaído.

**LILEQUEAR** v. intr. **[1]**. *Chile.* Tiritar, temblar.

**LILIÁCEO, A** adj. y n. f. Relativo a una familia de plantas herbáceas, con flores actinomorfas y hermafroditas, y fruto muy variado, como el lirio, el tulipán, el ajo y el puerro.

**LILIFLORO, A** adj. y n. f. Relativo a un orden de plantas monocotiledóneas de flores cíclicas y con tejido nutricio, carnoso o cartilaginoso, y, generalmente, con reservas grasas.

**LILIPUTIENSE** adj. y n. m. y f. (de *Lilliput,* n. propio). De talla muy pequeña.

**LIMA** n. f. (lat. *limam*). Instrumento de acero templado, con la superficie finamente estriada en uno o en dos sentidos, para desgastar y pulir los metales y otras materias duras: *lima plana; lima de cuchillas.* **2.** Acción de limar: *proceder a la lima de un objeto.* **3.** Cualquier instrumento para pulir: *lima de uñas.* **4.** *Fam.* Persona que come mucho. **5.** *Fig.* Corrección, enmienda: *lima de una novela; lima de estilo.* **6.** MED. Instrumento para pulir las piezas dentarias y, en particular, para eliminar los raigones no extirpados.

**LIMA** n. f. Ángulo de un caballete de tejado. **2.** Madero situado en dicho ángulo.

**LIMA** n. f. (ár. *līma*). Limero. **2.** Fruto de este árbol.

**LIMADO** n. m. Acción y efecto de limar.

**LIMADOR, RA** adj. y n. Que lima. **2.** Dícese especialmente de la persona cuyo oficio es limar.

**LIMADORA** n. f. Máquina-herramienta acepilladora, en el cual el movimiento de corte se obtiene por desplazamiento del útil.

**LIMADURA** n. f. Limado. ◆ **limaduras** n. f. pl. **2.** Partículas que se desprenden al limar un metal.

**LIMÁN** n. m. (gr. *leimōn,* terreno húmedo). GEOGR. Laguna constituida por un cordón litoral que cierra un estuario.

**LIMAR** v. tr. (lat. *limare*) **[1]**. Pulir, desbastar, afinar, etc., con la lima. **2.** *Fig.* Pulir una obra, escrito, etc. **3.** *Fig.* Debilitar o cercenar: *limar asperezas.* **4.** Igualar con la lima las piezas dentarias.

**LIMATÓN** n. m. (cat. *llimetó*). Lima de desbarbar, que se utiliza principalmente para afilar los dientes de las sierras. **2.** *Chile, Colomb.* y *Hond.* Lima para alisar metales, madera, etc.

**LIMATÓN** n. m. *Amér.* Madero de refuerzo que se pone en el ángulo formado por dos vertientes de una cubierta.

**LIMAZA** n. f. Babosa.

**LIMBA** n. f. Nombre genérico de una excelente madera de África tropical, que se traba fácilmente y es susceptible de los empleos más variados.

**LIMBO** n. m. (lat. *limbum,* borde, orla). En la teología católica, estado de las almas que, no habiendo merecido el infierno, no pudieron, antes de la redención, entrar en el cielo *(limbo de los patriarcas),* o son excluidos de él por el pecado original no perdonado *(limbo de los niños).* **2.** ANAT. Borde o reborde de algunos órganos. **3.** ASTRON. Borde exterior de un astro. **4.** BOT. Parte principal, ensanchada y más a la vista de la hoja. **5.** BOT. Parte ancha y patente de un sépalo o de un pétalo. **6.** TECNOL. Círculo graduado, de metal o de vidrio, que forma parte de ciertos instrumentos o aparatos de medida. • **Estar en el limbo** *(Fam.),* estar ensimismado; no enterarse o no estar enterado de algo.

**LIMEN** n. m. (voz latina). *Poét.* Umbral.

**LIMEÑO, A** adj. y n. De Lima.

**LIMERO** n. m. Planta arbórea de flores blancas y olorosas y fruto de corteza amarilla y pulpa jugosa y dulce. (Familia rutáceas.)

**LIMES** n. m. (voz lat., *camino, límite*). HIST. En el Imperio romano, zona de fortificaciones más o menos continuas, que bordeaban determinadas fronteras desprovistas de defensas naturales.

**LIMETA** n. f. Botella de vientre ancho y cuello largo.

**LIMÍCOLA** adj. y n. m. (lat. *limicola*). ZOOL. Que vive en el cieno del fondo de los lagos o del mar, o en los pantanos.

**LIMINAL** adj. SICOL. Relativo al umbral.

**LIMITACIÓN** n. f. Acción y efecto de limitar: *sin limitación de tiempo.* **2.** Término o distrito.

**LIMITADO, A** adj. De corto entendimiento: *inteligencia muy limitada.* **2.** Pequeño, escaso, poco: *reservado para un limitado número de personas.*

**LIMITADOR, RA** adj. Que limita o sirve para limitar. ◆ n. m. **2.** TECNOL. Dispositivo mecánico o eléctrico destinado a impedir que una magnitud determinada fluctúe o varíe rebasando cierto límite, a partir del cual podrían derivarse consecuencias peligrosas.

**LIMITÁNEO, A** adj. Perteneciente o inmediato a los límites de un país.

**LIMITAR** v. tr. (lat. *limitare*) **[1]**. Fijar o señalar límites: *limitar un terreno.* **2.** *Fig.* Fijar la mayor extensión que pueden tener la jurisdicción, autoridad o derechos y facultades de uno: *limitar influencias.* ◆ v. tr. y pron. **3.** *Fig.* Atenerse, ajustarse uno en sus acciones a alguna cosa: *limitar los gastos; limitarse a escuchar.* ◆ v. intr. **4.** Tener un país, territorio, terreno, etc., límites comunes con otro: *España limita al oeste* con Portugal.

**LIMITATIVO, A** adj. Que limita, cercena o reduce: *derechos limitativos.*

**LÍMITE** n. m. (lat. *limitem*). Línea visible o imaginaria que señala el fin de algo o la separación entre dos cosas: *el límite de una finca; el límite de la paciencia; ambición sin límites.* **2.** Término, separación, línea común a dos territorios, países, etc. **3.** *Fig.* Lo que indica o determina hasta dónde puede llegar una cosa: *situación, dimensión, velocidad, edad, precio límite.* **4.** En boxeo, número de asaltos previstos para un combate. **5.** MAT. Valor fijo hacia el que tiende una magnitud variable y del que toma valores tan próximos como se quiera. •

**Límite de probabilidad,** cada uno de los números inferior y superior asignados a un valor estimado, a condición de indicar el margen en el cual se encuentra el valor exacto deducido de las probabilidades.

**LIMÍTROFE** adj. Que limita o confina con algún país, territorio, terreno, etc.: *Francia y España son países limítrofes.*

**LIMÍVORO, A** adj. ZOOL. Que se alimenta de residuos orgánicos contenidos en el cieno del fondo de las aguas.

**LIMMA** n. m. (gr. *leimma*, resto). ACÚST. Semitono diatónico pitagórico, o diferencia de intervalo entre la cuarta justa y la tercera mayor pitagórica.

**LIMNEO, A** adj. Dícese de la vegetación sumergida, arraigada en el suelo subacuático.

**LIMNOLOGÍA** n. f. Ciencia que estudia todos los fenómenos físicos y biológicos relativos a los lagos y, más generalmente, a las aguas dulces.

**LIMNOLÓGICO, A** adj. Relativo a la limnología.

**LIMNOSERIE** n. f. Serie ecológica enteramente acuática, que tiende hacia una agrupación clímax estrictamente acuática.

**LIMO** n. m. (lat. *limum*). Cieno. **2.** Depósito fino, transportado por el agua y sedimentado en el fondo de ríos, pantanos o aguas marinas, cuya granulometría está comprendida entre las arenas finas y las arcillas.

**LIMÓN** n. m. (ár. *laymūn*). Fruto del limonero, de forma ovoide, color amarillo pálido y sabor generalmente ácido.

**LIMÓN** n. m. (fr. *limon*). Limonera. **2.** Zanca.

**LIMONADA** n. f. Refresco que se hace con agua, azúcar y zumo de limón.

**LIMONADO, A** adj. De color de limón.

**LIMONAR** n. m. Terreno plantado de limoneros. **2.** *Guat.* Limonero.

**LIMONCILLO** n. m. Planta rutácea maderable. **2.** Madera de Ceilán suministrada por una planta rutácea, de color amarillo, fina, dura y utilizada en taracea y fabricación de tableros.

**LIMONENO** n. m. Hidrocarburo terpénico.

**LIMONERA** n. f. Cada una de las varas de un carruaje o coche, entre las que se coloca una caballería para tirar de él. **2.** Conjunto de ambas varas. SIN.: *limón.* **3.** Zanca.

**LIMONERO, A** n. Persona que se dedica a vender limones. ◆ n. m. **2.** Planta arbórea espinosa, en especial cuando es silvestre, y que raramente sobrepasa los 5 m de alt., de flores blancas, teñidas de púrpura exteriormente, y cuyo fruto es el limón. (Familia rutáceas.) **3.** Madera de este árbol, que se emplea en ebanistería y tabletería.

limonero

**LIMONERO, A** adj. Dícese de la caballería que va a varas en un carruaje.

**LIMONITA** n. f. Hematites parda.

**LIMOSIDAD** n. f. Calidad de limoso. **2.** Sarro de la dentadura.

**LIMOSNA** n. f. (lat. *eleemosynam*). Lo que se da gratuitamente para socorrer una necesidad, como dinero, comida, ropa, etc. **2.** Lo que se da al sacerdote por la aplicación de una misa.

**LIMOSNEAR** v. intr. [**1**]. Pordiosear, mendigar.

**LIMOSNERO, A** adj. Dícese de la persona que da limosnas. ◆ n. **2.** *Amér.* Mendigo, pordiosero.

**LIMOSO, A** adj. Que tiene limo o abunda en él: *fondo limoso.* **2.** Parecido al limo: *barro limoso.*

**LIMOUSINE** n. f. (voz francesa). Limusina.

**LIMPIA** n. f. Acción y efecto de limpiar. **2.** Operación de vaciado de un pozo mediante cuchara. **3.** Limpieza. **4.** *Méx.* Cura supersticiosa que consiste en frotar a una persona con ciertas hierbas para liberarla de la mala suerte o de algún hechizo.

**LIMPIABARROS** n. m. (pl. *limpiabarros*). Utensilio que suele ponerse a la entrada de las casas, para limpiarse la suela del calzado antes de entrar.

**LIMPIABOTAS** n. m. y f. (pl. *limpiabotas*). Persona que tiene por oficio limpiar el calzado. (Suele abreviarse *limpia.*)

**LIMPIACHIMENEAS** n. m. y f. (pl. *limpiachimeneas*). Deshollinador.

**LIMPIADERA** n. f. Cepillo de carpintero. **2.** Aguijada para limpiar el arado.

**LIMPIADOR, RA** adj. y n. Que limpia: *producto limpiador.* **2.** *Méx.* Limpiaparabrisas.

**LIMPIAMENTE** adv. m. Con suma agilidad, desembarazo y destreza: *saltó limpiamente la tapia.* **2.** Con integridad, honestamente, sin interés: *comportarse limpiamente.*

**LIMPIAPARABRISAS** n. m. (pl. limpiaparabrisas). Mecanismo adaptado a la cara exterior del cristal del parabrisas de los automóviles, que sirve para limpiarlo de la lluvia o nieve que cae sobre él.

**LIMPIAR** v. tr. y pron. [**1**]. Quitar la suciedad de una cosa: *limpiar la casa; limpiarse la cara.* ◆ v. tr. **2.** *Fig.* Purificar, depurar. **3.** *Fig.* Apartar de un lugar, o de una persona o cosa, aquello que le es perjudicial: *limpiar la ciudad de ladrones; limpiar el jardín de maleza.* **4.** *Fig.* y *fam.* Hurtar: *le limpiaron la cartera.* **5.** *Fam.* En el juego, ganar. **6.** *Chile.* Escardar la tierra. **7.** TEXT. En las fábricas de seda, efectuar la operación de purga o purgado de los hilos.

**LIMPIAÚÑAS** n. m. (pl. *limpiaúñas*). Utensilio que se emplea para limpiar las uñas.

**LIMPIDEZ** n. f. *Poét.* Calidad de límpido: *la limpidez del cielo.*

**LÍMPIDO, A** adj. (lat. *limpidum*). Limpio, puro, sin mancha: *agua límpida.*

**LIMPIEZA** n. f. Calidad de limpio: *la limpieza es fundamental para la higiene.* **2.** Acción y efecto de limpiar: *taller de limpieza.* **3.** *Fig.* Integridad con que se procede en la conducta: *obrar con limpieza.* **4.** *Fig.* Destreza, perfección, precisión: *trabajar con limpieza.* **5.** En los juegos, observación estricta de las reglas de cada uno. **6.** Labor forestal que tiene por objeto favorecer el desarrollo de los ejemplares destinados a constituir una masa o unidad de cultivo explotable. SIN.: *limpia.* • **Limpieza de sangre** (HIST.), cualidad de descender exclusivamente de cristianos viejos, sin tener ningún antecesor judío, musulmán ni penitenciado por la Inquisición. ‖ **Limpieza étnica,** eliminación, por parte de la población dominante, de otros grupos étnicos que viven en el mismo territorio, por medio de la violencia física o sicológica. SIN.: *depuración étnica.*

**LIMPIO, A** adj. Que no tiene suciedad. **2.** Que tiene el hábito del aseo y la pulcritud: *una persona muy limpia.* **3.** Que no tiene mezcla: *aire limpio.* **4.** Neto. **5.** *Fig.* y *fam.* Que no tiene dinero, especialmente que lo ha perdido todo en el juego: *dejar, quedarse limpio.* **6.** *Fig.* Exento de lo que daña, infecciona o perjudica: *limpio de toda sospecha.* **7.** *Fig.* Honrado, decente: *intenciones limpias.* **8.** *Fig.* Claro, despejado: *cielo limpio; imagen limpia.* **9.** *Fig.* Ignorante o desprovisto de lo necesario en ciertas materias: *en matemáticas está limpio.* • **A golpe, grito, palo,** etc., **limpio,** úsase para dar mayor énfasis a la palabra que acompaña. ‖ **En limpio,** expresa el valor fijo que queda de una cosa, deducidos los gastos; sin enmiendas, ni tachones; en concreto, en resumen.

**LIMPIÓN** n. m. Limpieza ligera. **2.** *Colomb., C. Rica* y *Venez.* Paño para secar y limpiar los platos.

**LIMUSINA** n. f. (fr. *limousine*). Automóvil de conducción interior, que posee cuatro puertas y seis cristales laterales.

**LINA** n. f. *Chile.* Hebra de lana gruesa y basta. (Suele usarse en plural.)

**LINÁCEO, A** adj. y n. f. Relativo a una familia de plantas dicotiledóneas, de hojas alternas u opuestas, y flores regulares y hermafroditas, como el lino.

**LINAJE** n. m. (cat. *llinatge*). Ascendencia o descendencia de un individuo: *ser de ilustre linaje.* **2.** *Fig.* Clase, especie, índole, naturaleza: *gente de muy distinto linaje.* **3.** ANTROP. Grupo de parentesco unilineal cuyos miembros descienden de un antepasado conocido o fundador.

**LINAJISTA** n. m. y f. Persona entendida en linajes.

**LINAJUDO, A** adj. y n. Que es o presume de gran linaje: *familia encopetada y linajuda.*

**LINÁLOE** n. m. Áloe bastardo.

**LINAO** n. m. Especie de juego de pelota, usual en la provincia chilena de Chiloé.

**LINAR** n. m. Terreno sembrado de lino.

**LINARIA** n. f. Planta herbácea cuyas flores poseen una larga espuela. (Familia escrofulariáceas.)

**LINAZA** n. f. Semilla del lino.

**LINCE** n. m. (gr. *lynx*). Mamífero carnívoro, de aspecto parecido a un gato, pero de mayor tamaño, patas largas, cola corta, orejas anchas y puntiagudas y vista vivaz. (Familia félidos.) ◆ n. m. y f. y adj. **2.** *Fig.* Persona lista o sagaz.

**lince** ártico

**LINCEAR** v. tr. [**1**]. *Fam.* Descubrir o notar lo que difícilmente puede verse.

**LINCHAMIENTO** n. m. Acción y efecto de linchar.

**LINCHAR** v. tr. [**1**]. Ejecutar a alguien sin formación de proceso regular previo, en especial cuando lo hace de forma tumultuosa una muchedumbre o un grupo numeroso de personas.

**LINDANTE** adj. Que linda: *tierras lindantes.*

**LINDAR** v. intr. [**1**]. Tener límites uno con otro dos terrenos, fincas, etc.: *dos casas que lindan.* **2.** *Fig.* Llegar algo a estar en el límite con otra cosa: *su descaro linda con la grosería.*

**LINDE** n. m. o f. (lat. *limitem*). Límite o línea que divide terrenos, fincas, etc. **2.** *Fig.* Límite que indica el fin de algo o la separación entre dos cosas: *llegar al linde de la paciencia.*

**LINDERA** n. f. Linde o conjunto de lindes.

**LINDERO, A** adj. Limítrofe, lindante. ◆ n. m. **2.** Linde. **3.** *Hond.* Hito o mojón.

**LINDEZA** n. f. Calidad de lindo: la *lindeza de una joven.* **2.** Hecho o dicho gracioso: *reír una lindeza.* ◆ **lindezas** n. f. pl. **3.** *Irón.* Insultos o improperios: *proferir lindezas.* **4.** Palabras agradables, galantes y cariñosas: *deshacerse en lindezas.*

**LINDO, A** adj. Correcto de formas y agradable a la vista: *un lindo joven; facciones lindas.* ◆ n. m. **2.** *Fam.* Hombre afeminado o que cuida demasiado de su compostura y aseo. SIN.: *lindo don Diego.* • **De lo lindo,** con gran primor; mucho o con exceso.

**LINDURA** n. f. Lindeza.

**LÍNEA** n. f. (lat. *lineam*). Figura cuya imagen es un hilo muy fino. **2.** Trazo largo, fino y continuo: *un punto que se desplaza engendra una línea.* **3.** Lo que forma un límite o una separación: *la línea de demarcación entre dos regiones.* **4.** Contorno de una figura o silueta de una persona: *la línea de un coche; no comer para guardar la línea.* **5.** Instalación que sirve para la comunicación, para la transmisión o para el transporte de energía. **6.** Vía de comunicación regular, terrestre, marítima o aérea: *autobús de línea periférica; las líneas aéreas de un país.* **7.** Dirección continua hacia un punto determinado: *seguir en línea recta.* **8.** Serie continuada de personas o de cosas: *una línea de árboles.* **9.** Serie de generaciones sucesivas de parientes. (La línea es *directa* cuando los parientes descienden unos de otros, y *colateral* cuando no es así.) **10.** *Fig.* Conjunto de directrices que enmarcan un sistema de actuación individual o de grupo: *seguir una línea de conducta.* **11.** *Fig.* Categoría, orden de valor: *escritor de primera línea; productos de la misma línea.* **12.** *Fig.* Referido a personas, figura armoniosa, delgada y esbelta. **13.** Serie de palabras dispuestas transversalmente, o siguiendo una misma dirección. **14.** Corte de las prendas de vestir según la moda: *vestir una línea clásica.* **15.** En bellas artes, trazado de los contornos. **16.** *Fam.* Dosis de un estupefaciente, especialmente cocaína. **17.** MAT. Conjunto de puntos que son función continua de un parámetro. **18.** MIL. Despliegue de hombres, unidades o medios de combate colocados uno junto a otro. **19.** MIL. Contorno aparente de este despliegue. **20.** MIL. Fortificaciones permanentes y continuadas, destinadas a proteger una frontera. **21.** MÚS. Trazo horizontal que se utiliza en notación. **22.** TELEV. Superficie de análisis de la imagen que hay que transmitir o de la imagen recibida, constituida por la yuxtaposición de puntos elementales. • **Barco,** o **navío, de línea** (MAR.), gran barco de guerra, poderosamente armado, que constituía antaño el elemento principal de una escuadra. || **En primera línea,** lo más cerca del enemigo. || **En toda la línea,** completa, totalmente. || **Línea de agua,** o **de flotación** (MAR.), intersección de la superficie del agua con el costado del buque. || **Línea de batalla,** orden táctico de los barcos de guerra navegando uno detrás de otro. || **Línea de combate,** despliegue en dirección al enemigo. || **Línea de nodos** (ASTRON.), línea de intersección del plano de la órbita de un astro con un plano que se toma como referencia. || **Línea equinoccial,** o **ecuatorial,** ecuador terrestre. || **Línea lateral** (ZOOL.), en los peces, hilera longitudinal de escamas perforadas, que abriga un órgano sensorial que percibe las alteraciones mecánicas. ◆ **líneas** n. f. pl. **23.** Rasgos del rostro: *una cara de líneas desdibujadas.* • **Leer entre líneas,** comprender un escrito cuando el sentido de éste se halla, más que desarrollado, implicado en él.

**LINEAL** adj. Relativo a las líneas. **2.** Dícese de una medida de longitud, por oposición a medida de superficie o de volumen. **3.** MAT. Dícese de la magnitud cuya variación puede ser representada por una línea recta. • **Álgebra lineal,** parte del álgebra que estudia las estructuras lineales (espacios vectoriales, matrices, tensores). || **Dibujo lineal,** dibujo geométrico que se vale sólo de líneas y cuyo trazado se obtiene con ayuda de instrumentos auxiliares. || **Forma lineal,** forma vinculada a un vector de espacio vectorial, que se calcula como polinomio homogéneo del primer grado de las coordenadas del vector. || **Función lineal,** función en que cada una de las variables sólo figura en primer grado, quedando excluidos los productos entre sí de las variables.

**LINEALIDAD** n. f. Cualidad de lo que está dispuesto o se produce de manera lineal.

**LINEAR** adj. BOT. y ZOOL. Largo y delgado casi como una línea.

**LINEAR** v. tr. (lat. *lineare*) [1]. Trazar líneas. **2.** Bosquejar.

**LINEÓMETRO** n. m. Regla graduada que se utiliza en tipografía para contar las líneas de composición.

**LINER** n. m. (voz inglesa). Buque destinado al servicio de una línea de navegación.

**LINERO, A** adj. Relativo al lino.

**LINFA** n. f. (lat. *limpha*). Líquido orgánico, límpido e incoloro que, en el hombre, se compone de un 97 % de plasma y un 3 % de leucocitos (8 000 por mm$^3$).

■ La linfa es el verdadero medio interior en que se bañan las células. Está formada por un líquido intermediario entre la sangre y los constituyentes celulares. Contiene linfocitos procedentes de los ganglios linfáticos y un plasma que, en el intestino delgado, se carga de las grasas de la digestión. La linfa circula por los vasos linfáticos.

**LINFADENOGRAMA** n. m. MED. Examen de las células de un ganglio linfático, obtenidas por punción. SIN.: *adenograma.*

**LINFANGIOMA** n. m. Angioma de un vaso linfático.

**LINFANGITIS** n. f. Inflamación de los vasos linfáticos. (Se distinguen las *linfagitis reticulares* [placa enrojecida debida a la inflamación de pequeños capilares linfáticos] y las *linfangitis tronculares* [cordón enrojecido debido a la inflamación de un grueso tronco linfático].)

**LINFÁTICO, A** adj. Relativo a la linfa, o abundante en ella. ◆ adj. y n. **2.** Afecto de linfatismo. **3.** Falto de energía: *temperamento linfático.* ◆ adj. **4.** Dícese del aparato circulatorio y de los órganos anexos que contienen linfa: *ganglios, vasos linfáticos.*

**LINFATISMO** n. m. Estado de deficiencia constitucional con astenia y aumento de volumen de los ganglios linfáticos.

**LINFOBLASTO** n. m. Célula joven del tejido linfoide cuya evolución da origen a los linfocitos.

**LINFOCITARIO, A** adj. Relativo a los linfocitos.

**LINFOCITO** n. m. Variedad de leucocitos que tiene de 6 a 8 μ de diámetro, con un gran núcleo, que se origina en los ganglios linfáticos y en los órganos linfoides, y es responsable de la inmunidad celular.

**LINFOCITOPENIA** o **LINFOPENIA** n. f. Disminución del número de linfocitos en la sangre.

**LINFOCITOSIS** o **LINFOCITEMIA** n. f. Aumento del número de linfocitos contenidos en la sangre.

**LINFOGRAFÍA** n. f. Radiografía de los vasos y ganglios linfáticos previa inyección de una sustancia de contraste.

**LINFOGRANULOMA** n. m. Tumor, benigno o maligno, formado por tejido de granulación en el sistema linfático. • **Linfogranuloma inguinal,** o **venéreo,** enfermedad venérea, cuyo agente etiológico es un virus filtrable. || **Linfogranuloma maligno,** enfermedad que afecta a los ganglios linfáticos, el bazo y las vísceras, y que se manifiesta por fiebre, picazones y un dolor general. SIN.: *enfermedad de Hodgkin.*

**LINFOGRANULOMATOSIS** n. f. Afección que comporta una proliferación del sistema linfático.

**LINFOIDE** adj. Dícese de una variedad de tejido conjuntivo donde se forman los linfocitos. • **Órganos linfoides,** órganos ricos en tejido linfoide (ganglios linfáticos, amígdalas, folículos cerrados del intestino, timo, bazo).

**LINFOMA** n. m. Tumor maligno de los ganglios linfáticos.

**LINFOPOYESIS** n. f. Formación de linfocitos en los tejidos linfoides.

**LINFOQUINA** n. f. Proteína que interviene como mediador en las reacciones inmunitarias.

**LINFORRETICULOSIS** n. f. Afección inflamatoria de los tejidos linfoide y reticuloendotelial.

**LINFOSARCOMA** n. m. Tumor maligno del tejido linfoide (ganglio linfático, amígdalas, etc.).

**LINGA** o **LINGAM** n. m. Símbolo fálico del dios indio Śiva.

**LINGOTAZO** n. m. *Fam.* Trago de bebida alcohólica.

**LINGOTE** n. m. Bloque de metal o de aleación obtenido por colada en lingotera y destinado a la refundición, laminación o forja. **2.** IMPR. Regleta maciza que se usa para márgenes y pies en las imposiciones.

**LINGOTEADO** o **LINGOTAJE** n. m. Operación de fundición que consiste en colar el metal fundido en lingotes.

**LINGOTERA** n. f. Molde en que se vierte un metal o aleación en fusión y donde se solidifica formando lingotes.

**LINGUA FRANCA** n. f. (voces latinas). Sabir que comprende elementos de diferentes lenguas románicas, del árabe y del turco, en uso hasta el s. XIX en los puertos mediterráneos.

**LINGUAL** adj. Relativo a la lengua: *músculo lingual.* **2.** Dícese de un fonema cuya articulación implica un movimiento activo de la lengua, por ejemplo *d, t* y *l.*

**LINGUE** n. m. Planta arbórea de Chile y Argentina, alta y frondosa, de corteza lisa y cenicienta, y madera flexible de gran duración, que se emplea para muebles, vigas, etc. (Familia lauráceas.) **2.** Corteza de este árbol, que se usa para curtir muebles.

**LINGUETE** n. m. (fr. *linguet*). MAR. Trinquete o palanquita de hierro que sirve para impedir el retroceso de un cabestrante, molinete, etc.

**LINGÜISTA** n. m. y f. Persona que por profesión o estudio se dedica a la lingüística.

**LINGÜÍSTICA** n. f. Ciencia que tiene por objeto el estudio del lenguaje y de las lenguas.

**LINGÜÍSTICO, A** adj. Relativo al estudio científico del lenguaje o a las lenguas.

**LINIER** n. m. (voz inglesa). En algunos deportes, juez de línea.

**LINIMENTO** n. m. (lat. *linimentum*; de *linire*, untar). Medicamento untuoso, cuyo excipiente es una materia grasa, que se usa para dar fricciones.

**LINKAJE** n. m. (del ingl. *to link*, ligar). BIOL. Asociación constante, en una especie animal o vegetal, de dos características individuales que no tienen ningún vínculo lógico.

**LINKS** n. m. pl. (voz inglesa). Recorrido de un campo de golf.

**LINNEANO, A** adj. y n. Relativo a Linneo; partidario de sus teorías.

**LINO** n. m. (lat. *linum*). Planta herbácea, textil y oleaginosa, de flores azules, cultivada en las regiones templadas. (De su tallo se extraen fibras textiles y su semilla proporciona harina con la que se hacen cataplasmas emolientes, aceite secante, utilizado especialmente en pintura, y un pienso que se utiliza para la alimentación del ganado.) **2.** Materia textil extraída de los tallos de esta planta. **3.** Tejido hecho de lino.

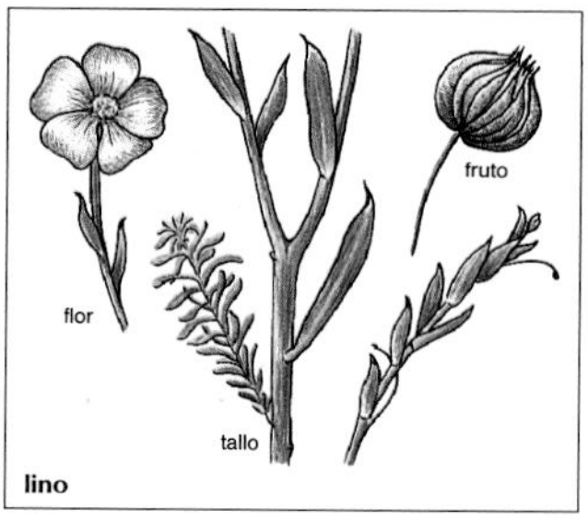

lino

**LINOLEICO, A** adj. **Ácido linoleico,** ácido graso dietilénico $C_{18}H_{32}O_2$.

**LINOLEÍNA** n. f. Glicérido del ácido linoleico, contenido en los aceites secantes.

**LINÓLEO** o **LINÓLEUM** n. m. (ingl. *linoleum;* del lat. *linum,* lino, y *oleum,* aceite). Especie de cubierta que sirve para pavimentos, hecha con una tela de yute impregnada de una mezcla de aceite de linaza, con resina y con harina de corcho, todo ello aglomerado.

**LINÓN** n. m. (de *lino*). Tela ligera y fina, con ligamento tafetán que se fabrica con lino, para lencería.

**LINOTIPIA** n. f. (ingl. *linotype*). IMPR. Máquina de componer que funde los tipos por líneas enteras.

**LINOTIPISTA** n. m. y f. Persona que tiene por oficio manejar la linotipia.

**LINOTIPO** n. m. Forma tipográfica obtenida con la linotipia.

**LINSANG** n. m. Mamífero carnívoro que vive en el Sureste asiático.

**LÍNTERES** n. m. pl. Fibras muy cortas, formadas por celulosa pura, que quedan adheridas a las semillas de algodón después de quitar las fibras largas.

**LINTERNA** n. f. (lat. *lanternam*). Farol manual o portátil, con una sola cara de vidrio u otra materia transparente y un asa en la opuesta. **2.** Utensilio manual que sirve para proyectar luz y que funciona con pilas eléctricas. **3.** Pieza que forma o no cuerpo con el quemador de una estufa de combustible líquido, y que tiene unas aberturas o lumbreras que aseguran la distribución del aire admitido en el quemador, o de parte de este aire. **4.** ARQ. Torre o torrecilla con aberturas que corona una cúpula, protege la parte alta de una escalera o se pone como remate en algunas construcciones. **5.** MAR. Aparato óptico de un faro. **6.** METAL. Tubo horizontal perforado con agujeros, que constituye el núcleo sobre el que se forman los machos de barro para fundición. **7.** METAL. Armadura de machos hueca. **8.** TECNOL. Tipo de engranaje, por lo general de madera, formado por dos discos horizontales paralelos, enlazados por una serie de varillas redondas dispuestas en círculo o

**linterna** (iglesia del Santo Sepulcro en Torres del Río, Navarra)

espaciadas regularmente entre sí. **9.** TECNOL. Pieza metálica con dos fileteados de un eje común y pasos encontrados, que sirven para acoplar dos varillas que forman parte de un conjunto de longitud graduable. • **Linterna de Aristóteles,** aparato masticador de los erizos de mar. || **Linterna mágica,** aparato óptico que sirve para proyectar, ampliﬁcadas, sobre una superficie blanca, imágenes transparentes colocadas cerca del foco de su sistema óptico, y que se puede considerar precursora de los aparatos de proyección actuales. || **Linterna sorda,** o **flamenca,** linterna dispuesta en forma que el que la lleva puede ver sin ser visto u ocultar la luz a voluntad.

**LINTERNÓN** n. m. ARQ. Remate vidriado de una cúpula, para proporcionar luz y ventilación. **2.** MAR. Farol de popa.

**LINUDO, A** adj. *Chile.* Dícese del animal que tiene mucha lina. **2.** *Chile.* Dícese del tejido hecho con lina.

**LINYERA** n. f. *Argent.* y *Urug.* Atado en que se guarda ropa y otros efectos personales. **2.** *Argent.* y *Urug.* Persona vagabunda, dejada y ociosa, que vive de variados recursos.

**LIÑO** n. m. Hilera o carrera de árboles, vides u otras plantas.

**LIÑUELO** n. m. Ramal, cada uno de los cabos de una cuerda. **2.** Liño.

**LÍO** n. m. Conjunto de ropas o de otras cosas atadas. **2.** *Fig.* Situación o problema de difícil solución: *encontrarse en un buen lío.* **3.** *Fig.* Chisme. **4.** *Fig.* y *fam.* Relación amorosa íntima, considerada ilícita por la sociedad. • **Hacerse,** o **estar hecho, un lío,** no entender algo con claridad.

**LIOFILIZACIÓN** n. f. Deshidratación por sublimación a baja temperatura al vacío, a la que se someten determinadas sustancias para su conservación.

**LIOFILIZAR** v. tr. [**1g**]. Someter a la liofilización.

**LIONÉS, SA** adj. y n. De Lyon.

**LIONESA** n. f. Pastel pequeño, cuya masa se compone de harina, huevos, mantequilla y azúcar, y que, una vez cocido al horno y dejado enfriar, se rellena de nata, crema o chocolate.

**LIORNA** n. f. *Fam.* Jaleo, desorden.

**LIOSO, A** adj. *Fam.* Que gusta de armar enredos o de ir contando chismes: *persona liosa.* **2.** *Fam.* Difícil de entender o de solucionar: *explicación liosa.*

**LIPA** n. f. *Venez.* Barriga.

**LIPASA** n. f. (del gr. *lipos,* grasas). Enzima contenido en varios jugos gástricos y que actúa hidrolizando los lípidos.

**LIPECTOMÍA** n. f. Intervención quirúrgica en que se extirpa tejido adiposo, como tratamiento de la obesidad.

**LIPEMIA** n. f. Tasa de lípidos del plasma sanguíneo, comprendida, normalmente, entre 6 y 8 g por litro.

**LIPIDIA** n. f. *Amér. Central.* Miseria, pobreza.

**LIPIDIAR** v. tr. [**1**]. *Cuba, Méx.* y *P. Rico.* Importunar, fastidiar.

**LIPÍDICO, A** adj. Relativo a los lípidos.

**LIPIDIOSO, A** adj. *Cuba, Méx.* y *P. Rico.* Majadero, fastidioso.

**LÍPIDO** n. m. y adj. Sustancia orgánica corrientemente denominada *grasa,* insoluble en el agua, soluble en bencina y éter, y formada por ácidos grasos unidos a otros cuerpos.
■ Los lípidos, insolubles en agua, son importantes componentes estructurales de las membranas celulares y también apreciables sustancias de reserva. Se clasifican en dos grupos: lípidos sencillos, que son ésteres de ácidos grasos con alcoholes (si el alcohol es la glicerina constituyen los glicéridos o grasas), y lípidos complejos, en los cuales la materia grasa está ligada a un no metal, como el fósforo, y a moléculas proteínicas.

**LIPOCITO** n. m. Célula específica del tejido adiposo.

**LIPOCROMO** n. m. BIOL. Grupo de pigmentos solubles, que colorean las grasas de amarillo.

**LIPÓFILO, A** adj. Que se deja impregnar por líquidos grasos.

**LIPÓFOBO, A** adj. Refractario a la impregnación por cuerpos grasos.

**LIPOIDE** n. m. Sustancia semejante a las grasas. **2.** Lípido complejo cuya molécula contiene fósforo y nitrógeno, como los fosfolípidos y cerebrósidos.

**LIPOIDEO, A** adj. Que tiene aspecto de grasa.

**LIPÓLISIS** n. f. Destrucción de las grasas en el organismo.

**LIPOMA** n. m. (del gr. *lipos,* grasa). Tumor benigno formado a partir de una hipertrofia local del tejido adiposo.

**LIPOPROTEÍNA** n. f. Combinación de una proteína y de un lípido.

**LIPOSOLUBLE** adj. Soluble en las grasas o en los aceites.

**LIPOSOMA** n. m. Inclusión lipídica, generalmente esférica, del citoplasma celular que constituye una reserva de alimentos para la célula.

**LIPOSUCCIÓN** n. f. Método de tratamiento de las sobrecargas adiposas de los tejidos, consistente en introducir una fina cánula metálica conectada a un motor electrónico que crea el vacío.

**LIPOTIMIA** n. f. PATOL. Pérdida transitoria de la conciencia con brusca relajación muscular, sin paro cardíaco ni respiratorio.

**LIPOTRÓPICO, A** adj. Dícese de las sustancias que se fijan en las grasas o que facilitan su metabolismo.

**LIPURIA** n. f. Presencia de sustancias lipoideas en la orina.

**LIQUEN** n. m. (lat. *lichen;* del gr. *leikhēn,* lepra, herpes). Vegetal que vive sobre el suelo, los árboles y las piedras, constituido por un talo aplanado o ramoso, donde viven asociados un hongo y un alga. **2.** MED. Erupción cutánea con numerosas pápulas, con espesamiento de la epidermis, acompañadas de intenso prurito.

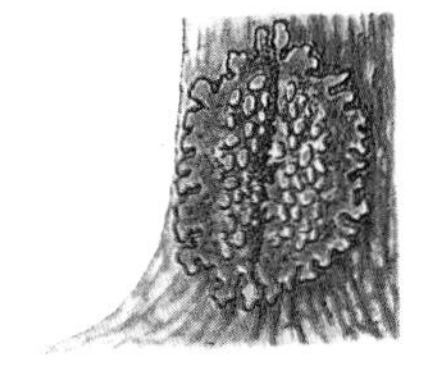

ejemplos de **liquen**

**LIQUIDABILIDAD** n. f. Criterio de ordenación de las partidas del activo, según la facilidad que tiene cada una de ellas de convertirse en disponibilidades.

**LIQUIDABLE** adj. Que se puede liquidar, o que es susceptible de liquidarse.

**LIQUIDACIÓN** n. f. Acción y efecto de liquidar. **2.** En Bolsa, cierre periódico de las operaciones para entregar los títulos comprados o pagar las diferencias pendientes. **3.** Venta de mercancías a bajo precio por necesidad de eliminar un stock. **4.** Acción y efecto de ajustar formalmente unas cuentas. **5.** Acción y efecto de poner término a una cosa o a las operaciones de una empresa o establecimiento: *liquidación de una sociedad, de una herencia.* **6.** Operación que consiste en completar las adiciones de sosa y de electrólito para dar al jabón su forma comercial. • **Liquidación del impuesto** (DER. FISC.), cálculo definitivo del monto de la deuda impositiva del contribuyente y su realización.

**LIQUIDADOR, RA** adj. y n. Que liquida, poniendo término a una cosa o a un estado de cosas. **2.** DER. Que liquida, haciendo el ajuste formal de una cuenta.

**LIQUIDÁMBAR** n. m. Árbol de Asia menor y de América, del que se extraen diferentes resinas.

**LIQUIDAR** v. tr. y pron. (lat. *liquidare*) [**1**]. Licuar, convertir en líquido. ◆ v. tr. **2.** Pagar enteramente una cuenta: *liquidar una factura.* **3.** Gastar algo, especialmente dinero, en un tiempo muy breve: *liquidar una fortuna.* **4.** *Fig.* Poner fin a una situación difícil: *liquidar un asunto, un problema.* **5.** *Fig.* y *fam.* Matar: *liquidar al jefe de la banda.* **6.** Vender mercancías en liquidación. **7.** DER. Ajustar formalmente unas cuentas. **8.** DER. Poner término a una cosa o a las operaciones de una empresa.

**LIQUIDEZ** n. f. Calidad de líquido: *la liquidez de una salsa.* **2.** Disponibilidad de medios de pago. **3.** Conjunto de activos financieros fácilmente realizables en dinero. • **Liquidez internacional,** conjunto de activos, como reservas en oro o en monedas de libre uso internacional (dólares o libras esterlinas), con los que se financian los déficits y superávits de las balanzas de pagos de los distintos países.

**LÍQUIDO, A** adj. y n. m. (lat. *liquidum*). Dícese de los cuerpos cuyas moléculas se mueven libremente sin tendencia a separarse, y por ello se adaptan a la forma de la cavidad que los contiene, y mantienen horizontal la superficie libre. ◆ adj. y n. f. **2.** FONÉT. Dícese de aquellos fonemas que ofrecen la particularidad de participar al mismo tiempo del carácter de las vocales y de las consonantes, como *r* y *l* en *brazo* y *plaza.* ◆ adj. **3.** Dícese de los bienes de la máxima liquidabilidad: *renta líquida; capital líquido.* ◆ n. m. **4.** CONTAB. Saldo de las cuentas de Caja y Bancos. • **Líquido de Knop,** solución acuosa de sales minerales, que permite el desarrollo completo de una planta verde. || **Líquido de Raulin,** solución acuosa de azúcar, ácido tartárico y sales minerales, que permite el desarrollo completo de las plantas heterótrofas. || **Líquido imponible,** cuantía de los ingresos de un contribuyente que se encuentran sujetos al pago de impuestos.

**LIQUIDUS** n. m. En un diagrama térmico, curva que da la temperatura final de fusión de una mezcla, en función de su composición. CONTR.: *solidus.*

**LIRA** n. f. (lat. *liram*). Instrumento músico antiguo, compuesto de varias cuerdas tensadas en un marco, que se pulsaban con ambas manos, o con un plectro. **2.** *Fig.* Numen o inspiración de un poeta determinado. **3.** MÉTRIC. Estrofa de cinco versos, tres heptasílabos y dos endecasílabos, en rima consonante.

**LIRA** n. f. Unidad monetaria de Italia, San Marino y Ciudad del Vaticano, sustituida en 2002 por el euro. • **Lira turca,** unidad monetaria principal de Turquía.

**LÍRICA** n. f. Género de poesía en que predomina la expresión del sentimiento subjetivo. **2.** En la antigüedad, poesía que se cantaba con acompañamiento musical, generalmente con la lira.

**LÍRICO, A** adj. y n. (gr. *lyrikos*). Relativo a la lírica; poeta que cultiva este género literario. ◆ adj. **2.** *Méx.* Dícese de la persona que ha aprendido algún oficio, profesión o arte de forma empírica, sin haber estudiado: *un músico lírico.* **3.** MÚS. Dícese de las obras dramáticas que son cantadas o tienen acompañamiento musical. **4.** MÚS. Dícese de las compañías que representan estas obras y de algunos de sus componentes. • **Abstracción lírica,** (por oposición a *geométrica*), tendencia del arte del s. XX que privilegia la libre efusión del artista en sus formas no figurativas más variadas.

**LIRIO** n. m. (lat. *lilium*). Planta herbácea vivaz, de bulbo escamoso, flores con seis pétalos azules, morados o blancos, y fruto en cápsula. (Familia iridáceas.) **2.** Flor de esta planta. • **Lirio blanco,** azucena. || **Lirio de agua,** cala.

**LIRISMO** n. m. Calidad de lírico. **2.** Abuso de las cualidades características de la poesía lírica, o empleo indebido de este género de poesía o del estilo lírico en composiciones de toda clase. **3.**

Expresión poética y exaltada de sentimientos personales, de pasiones.

**LIRÓN** n. m. Mamífero roedor, de 15 cm de long., que establece sus madrigueras en nidos abandonados por otros animales o en refugios naturales, en los que inverna enrollado. • **Dormir uno como un lirón** *(Fam.)*, dormir mucho o de continuo. || **Lirón enano,** lirón de pequeño tamaño, con el pelaje de la región dorsal amarillento. SIN.: *muscardino.* || **Lirón gris,** lirón de pequeño tamaño, de pelaje gris, con manchas negras.

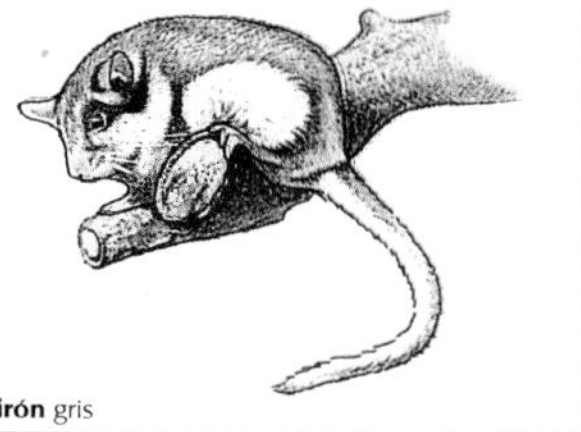

**lirón** gris

**lirón** común

**LIRONDO** → *mondo.*

**LIS** n. f. (fr. *lys*). Lirio. • **Flor de lis,** forma heráldica de la flor del lirio, que fue el emblema de la casa real francesa.

**LISA** n. f. Mújol.

**LISAMENTE** adv. m. Con lisura. • **Lisa y llanamente,** sin ambages ni rodeos.

**LISAR** v. tr. y pron. **[1]**. BIOL. Destruir por lisis.

**LISBOETA** adj. y n. m. y f. De Lisboa.

**LISÉRGICO** adj. **Ácido lisérgico,** sustancia derivada de un alcaloide del cornezuelo del centeno, que posee propiedades alucinógenas. • **Dietilamida del ácido lisérgico,** derivado del ácido lisérgico, alucinógeno de síntesis que actúa principalmente modificando las sensaciones visuales y auditivas, que se conoce generalmente como L.S.D.

**LISIADO, A** adj. y n. Dícese de la persona que tiene alguna imperfección orgánica, especialmente si es lesión permanente en las extremidades.

**LISIAR** v. tr. y pron. **[1]**. Lesionar.

**LISIMAQUIA** n. f. Planta herbácea de flores amarillas que crece en los lugares húmedos. (Familia primuláceas.)

**LISINA** n. f. Aminoácido indispensable para el crecimiento.

**LISIS** n. f. BIOL. Destrucción de un elemento orgánico (célula, bacteria, etc.).

**LISO, A** adj. (lat. *lisum,* pulimentado). Sin desigualdades, sin asperezas, sin arrugas: *frente lisa.* **2.** Dícese del pelo sin rizar. **3.** Sencillo, sin adornos: *vestido liso.* **4.** De un solo color: *preferir las telas lisas a las estampadas.* **5.** *Fig.* Sin dificultades u obstáculos: *una carrera de cien metros lisos.* • **Liso y llano,** sin rodeos ni consideraciones, con libertad.

**LISÓGENO, A** adj. y n. m. BIOL. Dícese de la sustancia que provoca la formación de lisinas.

**LISONJA** n. f. (provenz. *lauzenja*). Lo que se dice o hace para lisonjear a alguien: *tributar halagos y lisonjas.*

**LISONJEAR** v. tr. **[1]**. Adular, halagar. ◆ v. tr. y pron. **2.** Envanecer, satisfacer el amor propio.

**LISONJERO, A** adj. Halagüeño, satisfactorio, prometedor de cosas buenas.

**LISOSOMA** n. m. Partícula intracelular que cumple funciones de desasimilación.

**LISOZIMA** n. f. Enzima bactericida que se encuentra en las lágrimas, la leche, etc.

**LISTA** n. f. Tira, pedazo largo y estrecho de tela, papel, etc. **2.** Línea de color que, por contraste, se forma en un cuerpo cualquiera, especialmente en los tejidos: *los jugadores vestían camiseta a listas rojas y blancas.* **3.** Relación de nombres de personas, cosas, etc., que se forma con algún propósito. **4.** INFORMÁT. Conjunto de elementos de información, estructurado de tal modo que se conoce la posición relativa de cada elemento en el conjunto. • **Lista civil,** dotación anual de un jefe de estado. || **Lista de boda,** lista de regalos seleccionados en una tienda por los futuros esposos. || **Lista de correos,** oficina a la que se dirigen las cartas y paquetes, cuyos destinatarios han de presentarse en ella para recogerlos. || **Lista electoral,** lista en que están inscritos los electores de una circunscripción. || **Lista negra,** relación secreta en que se inscriben los nombres de las personas que se consideran vitandas. || **Pasar lista,** llamar en voz alta para que respondan las personas cuyos nombres figuran en una relación.

**LISTAR** v. tr. **[1]**. INFORMÁT. Efectuar un listado.

**LISTADO, A** adj. Que forma o tiene listas, bandas: *blusa listada de rojo y blanco.* ◆ n. m. **2.** INFORMÁT. Salida en una impresora del resultado de un proceso de un ordenador.

**LISTEL** n. m. (ital. *listello*). ARQ. Filete o faja lisa que constituye un miembro o elemento de moldura. **2.** ARQ. Elemento superior de una cornisa.

**LISTERIOSIS** n. f. Enfermedad infecciosa de los animales y del hombre, debida a una bacteria grampositiva, *Listeria monocytogenes,* especialmente grave en la mujer embarazada y en el recién nacido.

**LISTERO, A** n. Persona encargada de pasar lista.

**LISTEZA** n. f. Calidad de listo.

**LISTÍN** n. m. Publicación que recoge las listas que contienen el nombre, dirección y número de teléfono de los abonados.

**LISTO, A** adj. Dícese de la persona que comprende y asimila las cosas con rapidez y con ingenio: *chico listo.* **2.** Diligente, hábil para hacer o llevar a cabo alguna cosa: *manos listas.* **3.** Preparado, dispuesto: *estar listo para partir.* • **Estar,** o **ir listo,** expresa la convicción de que la esperanza o el propósito de una persona saldrán fallidos.

**LISTÓN** n. m. Pedazo de tabla delgado y largo. **2.** En atletismo, barra colocada horizontalmente en un soporte que indica la altura que debe sobrepasar el atleta al saltar. **3.** *Fig.* Medida o nivel que establece la calidad o efectividad de una cosa. **4.** *Méx.* Cinta de tela.

**LISTURA** n. f. *Fam.* Condición o calidad de listo.

**LISURA** n. f. Calidad de liso. **2.** *Fig.* Sinceridad, franqueza. **3.** *Guat., Pan.* y *Perú. Fig.* Palabra o acción grosera e irrespetuosa. **4.** *Pan.* y *Perú. Fig.* Atrevimiento, desparpajo. **5.** *Perú. Fig.* Gracia, donaire.

**LITAM** n. f. (voz árabe). Velo con el que las mujeres musulmanas y algunas nómadas del Sahara se cubren la cara.

**LITARGIRIO** n. m. Óxido de plomo (PbO), fundido y cristalizado, de color rojo anaranjado.

**LITAS** n. m. Unidad monetaria principal de Lituania.

**LITCHI** n. m. Planta arbórea de Asia oriental y Filipinas, cuyo fruto, rojo, encierra una pulpa de olor exquisito y que se puede conservar en seco. **2.** Fruto de esta planta.

**LITERA** n. f. (cat. *llitera*). Vehículo antiguo, a manera de caja de coche, con dos asideros, uno delante y otro atrás, para ser transportado por hombres o por caballerías. **2.** Cama de los camarotes de los buques o de los compartimientos de los trenes. **3.** Mueble formado por dos camas superpuestas.

**LITERAL** adj. Conforme a la letra del texto y al sentido exacto y propio de las palabras que lo forman. **2.** LING. Dícese de un estado de lengua representado por la lengua escrita, por oposición a la lengua hablada: *árabe literal.* • **Expresión literal** (MAT.), expresión algebraica donde ciertas cantidades están expresadas por medio de letras.

**LITERALIDAD** n. f. Calidad de literal.

**LITERARIO, A** adj. (lat. *litterarium*). Relativo a las letras o a la literatura: *revista literaria.*

**LITERATO, A** adj. y n. Dícese de la persona versada en literatura. ◆ n. **2.** Escritor, persona que escribe por profesión.

**LITERATURA** n. f. Arte que emplea la palabra hablada o escrita como forma de expresión. **2.** Conjunto de producciones literarias compuestas en determinada lengua o en determinado período: *la literatura española.* **3.** Conjunto de escritos relativos a una materia o asunto: *la literatura cervantina.* **4.** Producción de obras literarias, profesión de literato: *se dedica a la literatura.* **5.** *Desp.* En el discurso hablado o escrito, exceso de palabras sin contenido esencial: *no dice nada de interés, todo es literatura.*

**LITERGOL** n. m. Propergol constituido por dos ergoles, uno de los cuales es sólido y el otro líquido. SIN.: *propergol híbrido.*

**LITIÁSICO, A** adj. Relativo a la litiasis.

**LITIASIS** n. f. Formación y presencia de cálculos en diversas estructuras del organismo, que constituye una afección frecuente en las estructuras huecas, en especial en el aparato urinario y las vías biliares: *litiasis renal, uretral* y *vesical.*

**LÍTICO, A** adj. Relativo a la lisis. • **Cóctel lítico,** mezcla utilizada en anestesia, que potencia la acción propia del anestésico.

**LÍTICO, A** adj. PREHIST. Relativo a la industria de la piedra.

**LITIGACIÓN** n. f. (lat. *litigationem*). Acción y efecto de litigar.

**LITIGANTE** adj. y n. m. y f. Que litiga.

**LITIGAR** v. tr. (lat. *litigare*) **[1b]**. Entablar o mantener un litigio. ◆ v. intr. **2.** *Fig.* Altercar, contender.

**LITIGIO** n. m. (lat. *litigium*). Pleito, disputa en un juicio. **2.** *Fig.* Disputa, contienda.

**LITIGIOSO, A** adj. Dícese de lo que está en pleito. **2.** Dícese de lo que está en duda y se disputa. **3.** Propenso a mover pleitos y acciones judiciales.

**LITINA** n. f. Hidróxido de litio.

**LITÍNICO, A** adj. Que contiene litina: *aguas litínicas.*

**LITIO** n. m. Metal alcalino, el más ligero de todos los metales, de número atómico 3 y de masa atómica 6,94, cuyo símbolo químico es Li y funde a 180 °C.

**LITISCONSORCIO** n. m. DER. Situación producida por la unión y coordinación de una pluralidad de personas que en un juicio poseen una solidaridad de intereses.

**LITISCONSORTE** n. m. y f. DER. Persona que litiga por la misma causa o interés que otra, formando con ella una sola parte.

**LITISCONTESTACIÓN** n. f. DER. Trabamiento de la contienda en juicio por medio de la contestación a la demanda, de que resulta un especial estado jurídico del asunto litigioso y de los litigantes entre sí.

**LITISEXPENSAS** n. f. pl. DER. Gastos o costas causados, o que se presumen que van a producirse, en el seguimiento de un pleito. **2.** DER. Fondos que se asignan a personas que no disponen libremente de sus bienes, para que atiendan a tales gastos. **3.** DER. Cantidad que para gastos judiciales han de aportar algunas personas a fin de que sus representantes legales puedan litigar en defensa de sus derechos, si carecen de recursos propios.

**LITISPENDENCIA** n. f. Estado del pleito antes de su terminación. **2.** Tiempo que media desde la contestación a la demanda hasta la sentencia. **3.** Excepción dilatoria debida a encontrarse una causa *sub iudice,* ante otro juez o tribunal competente, o ante el mismo.

**LITÓFAGO, A** adj. Dícese de las algas que corroen las rocas calcáreas. **2.** Dícese de todo animal que aparentemente se alimenta de la roca, la cual taladra para alojarse en las galerías formadas.

**LITOFANÍA** n. f. Procedimiento que permite obtener efectos por transparencia en la porcelana, cristal opaco, etc., mediante variaciones en el espesor de la pasta.

**LITOGÉNESIS** o **LITOGENESIA** n. f. GEOL. Formación de las rocas.

**LITOGRAFÍA** n. f. Arte de reproducir por impresión los dibujos trazados con tinta o lápiz graso sobre una piedra caliza. (La litografía fue descubierta en 1796 por Senefelder.) **2.** Estampa impresa mediante este procedimiento. **3.** Taller del litógrafo.

**LITOGRAFIAR** v. tr. **[1t]**. Imprimir mediante los procedimientos de la litografía.

**LITOGRÁFICO, A** adj. Relativo a la litografía. • **Piedra litográfica,** variedad de piedra caliza de grano muy fino y homogéneo, utilizada en litografía.

**LITÓGRAFO, A** n. Persona que se dedica a la litografía.

**LITOLOGÍA** n. f. Ciencia que estudia las piedras.

**LITOLÓGICO, A** adj. Relativo a la litología.

**LITOPEDION** n. m. Feto muerto y sobrecargado de sales minerales como consecuencia de la prolongada estancia en el útero materno.

**LITOPÓN** n. m. Mezcla de sulfato bárico y sulfuro de cinc, no tóxica, utilizada en pintura.

**LITORAL** adj. Relativo a la costa: *zona litoral.* • **Erosión litoral,** erosión de la costa bajo la acción conjugada del mar y de los agentes atmosféricos. ◆ n. m. **2.** Conjunto de las costas de un país o de un mar: *el litoral mediterráneo.* **3.** *Argent., Par.* y *Urug.* Orilla o franja de tierra al lado de los ríos.

**LITOSFERA** n. f. Capa externa del globo terrestre, rígida, constituida por la corteza (continental y oceánica) y el manto superior, y limitada hacia el interior por la astenosfera.

**LÍTOTE** o **LITOTE** n. f. (lat. *litotes*). RET. Forma de atenuación consistente en disminuir las cualidades de un objeto mediante el procedimiento de decir lo contrario de lo que se quiere afirmar. («No estás en lo cierto», «no puedo por menos» son ejemplos frecuentes de esta figura.)

**LITOTIPOGRAFÍA** n. f. Arte de reproducir en litografía una plancha impresa en caracteres tipográficos corrientes.

**LITOTOMÍA** n. f. CIR. Intervención quirúrgica para extraer un cálculo del organismo.

**LITOTRICIA** n. f. Trituración de los cálculos vesicales y renales, para su posterior extracción.

**LITOTROFO, A** adj. y n. m. Dícese de los organismos que utilizan sustancias inorgánicas como donadores de electrones.

**LITRE** n. m. *Chile.* Planta arbórea de la familia de las anacardiáceas, de flores amarillas y frutos pequeños y dulces, de los cuales se extrae una especie de chicha. (Su sombra y el contacto de sus ramas producen un sarpullido.) **2.** *Chile. Fam.* Enfermedad producida por la sombra de este árbol.

**LITRI** adj. Dícese de la persona excesivamente atildada y presumida.

**LITRO** n. m. (fr. *litre*). Unidad de medida de volumen (símbolo l) que vale $10^{-3}$ metros cúbicos. **2.** Cantidad de líquido que cabe en este volumen.

**LITRÓN** n. m. Antigua medida de capacidad equivalente a 0,813 litros.

**LITRONA** n. f. *Fam.* Botella de cerveza de un litro.

**LITUANO, A** adj. y n. De Lituania. ◆ n. m. **2.** Lengua báltica hablada en Lituania.

**LITURGIA** n. f. Conjunto de ritos y oraciones, determinado por la autoridad competente, que constituye el culto divino de una comunidad religiosa: *la liturgia romana.* **2.** HIST. En la antigua Grecia, servicio público (espectáculos, fiestas, armamento de una embarcación, etc.) cuya organización y financiación no corrían a cargo de la ciudad sino de ciudadanos ricos.

**LITÚRGICO, A** adj. Relativo a la liturgia.

**LIUTO** n. m. Planta herbácea de cuyas raíces, tuberosas y comestibles, se extrae el chuño. (Familia amarilidáceas.)

**LIVE** adj. y n. m. (voz inglesa). Dícese de un disco, una emisión, etc., grabados en directo.

**LIVEDO** n. m. (voz latina). Manchas violáceas en los miembros inferiores, que son síntoma de alteraciones circulatorias.

**LIVIANA** n. f. Modalidad de cante flamenco.

**LIVIANDAD** n. f. Calidad de liviano. **2.** *Fig.* Acción liviana.

**LIVIANO, A** adj. Ligero, de poco peso: *ropa liviana.* **2.** *Fig.* Leve, de poca importancia: *enfadarse por motivos livianos.* **3.** *Fig.* Inconstante, voluble, informal: *mujer liviana.*

**LIVIDECER** v. intr. **[2m]**. Ponerse lívido.

**LIVIDEZ** n. f. Calidad de lívido.

**LÍVIDO, A** adj. (lat. *lividus*). Cárdeno, que tira a morado. **2.** Referido a personas, extremadamente pálido: *está serio, lívido, desencajado.*

**LIVING** n. m. (voz inglesa, abrev. de *living-room*) [pl. *livings*]. Cuarto de estar.

**LIVOR** n. m. Color cárdeno. **2.** *Fig.* Malignidad, envidia, odio.

**LIXIVIACIÓN** n. f. Acción y efecto de lixiviar. **2.** EDAFOL. Proceso de arrastre por el agua de lluvia de las materias solubles o coloidales de los horizontes superiores de un suelo a horizontes más profundos. **3.** TECNOL. Disolución de las materias solubles de una mezcla con ayuda de disolventes apropiados.

**LIXIVIAR** v. tr. **[1]**. Tratar una sustancia por un líquido que disuelva uno o más componentes de la misma.

**LIZA** n. f. (fr. *lize*). Campo dispuesto para que luchen dos o más personas. **2.** La misma lucha. **3.** *Fig.* Lucha de personas, intereses, etc.

**LIZO** n. m. (lat. *licium*). Alambre o cordón de hilo que lleva un mallón por el que pasa el hilo de urdimbre en el telar. • **Telar de alto lizo,** telar en el que los hilos de la urdimbre están dispuestos verticalmente. || **Telar de bajo lizo,** aquel en que dichos hilos están dispuestos horizontalmente.

**LL** n. f. Letra doble del español, que representa un sonido de articulación palatal, lateral, fricativo y sonoro.

**LLACA** n. f. Mamífero marsupial de color gris pálido, que vive en Argentina y Chile, en terrenos pedregosos, y se alimenta de insectos. (Familia didélfidos.)

**LLAGA** n. f. (lat. *plagam*). Úlcera. **2.** *Fig.* Pesadumbre, pena.

**LLAGAR** v. tr. y pron. **[1b]**. Producir llagas.

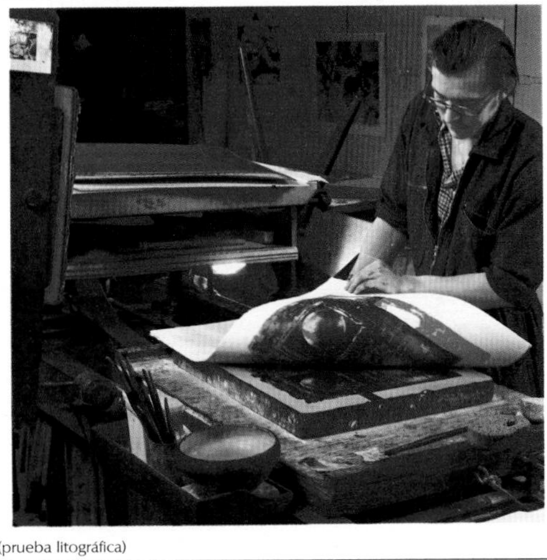

litografía (prueba litográfica)

**LLAGUE** n. m. *Chile.* Planta solanácea. **2.** *Perú.* Planta poligonácea.

**LLALLÍ** n. f. (voz araucana). *Chile.* Palomita o roseta de maíz. • **Hacer llallí** algo *(Chile)*, destrozarlo.

**LLAMA** n. f. (lat. *flammam*). Masa gaseosa en combustión, de forma de lengua, que permanece en contacto con un cuerpo en ignición, y en la que se realiza una interacción química que desprende luz y calor. **2.** *Fig.* Sentimiento apasionado o vivo: *la llama del amor.* • **Llama neutra,** llama obtenida mezclando volúmenes iguales de acetileno y de aire en el interior de un soplete para la soldadura de metales.

**LLAMA** n. f. (lat. *lamam*). Terreno pantanoso.

**LLAMA** n. f. (voz quechua). Mamífero rumiante de la cordillera de los Andes, de 2,50 m de long., que en la actualidad sólo se encuentra en forma doméstica.

llama

**LLAMADA** n. f. Acción de llamar. **2.** Atracción ejercida por algo sobre alguien: *sentir la llamada del deber.* **3.** Voz o señal con que se llama: *acudir a una llamada.* **4.** IMPR. Signo, letra o número que se pone en el texto para indicar que hay una cita o nota al pie de la página, al margen, o al fin del capítulo o del volumen. **5.** INFORMÁT. Transferencia temporal de control en un ordenador digital, con el fin de cumplimentar una finalidad subsidiaria. **6.** MIL. Toque de corneta o de otro instrumento para que la tropa tome las armas y entre en formación o se reúna en un lugar determinado.

**LLAMADO** n. m. *Amér.* Llamada telefónica. **2.** *Amér.* Llamamiento.

**LLAMADOR, RA** n. Persona que llama. ◆ n. m. **2.** Aldaba o timbre para llamar. **3.** Botón o piececita redonda que cierra el circuito en el timbre eléctrico. **4.** Aparato que en una estación telegráfica intermedia avisa las llamadas de otra.

**LLAMAMIENTO** n. m. Acción de llamar, especialmente al hacerlo solemne o patéticamente. **2.** DER. Designación de personas o estirpes para una herencia, cargo, etc.

**LLAMAR** v. tr. (lat. *clamare*) **[1]**. Hacer que alguien preste atención o vaya a un sitio determinado, pronunciando su nombre, haciendo gestos, etc.: *llamar al camarero.* **2.** Establecer una comunicación telefónica. **3.** Convocar, citar: *llamar a declarar como testigo.* **4.** Aplicar un nombre o apelativo. **5.** Atraer: *las aventuras le llaman.* **6.** Apetecer, gustar: *le llaman los dulces.* **7.** DER. Hacer llamamiento o designación de personas o estirpe para una sucesión, liberalidad, cargo, etc. • **Llamar la atención,** hacer que alguien se fije en una cosa determinada; reprender al que ha obrado mal en cierta cosa; hacerse notar, sobresalir. ◆ v. intr. **8.** Hacer sonar el timbre, campanilla, etc., para que acudan a abrir, servir, etc.: *llamar a la puerta.* **9.** MIL. Tocar llamada. • **Llamar a filas,** citar, convocar a quienes han de alistarse. ◆ **llamarse** v. pron. **10.** Tener por nombre.

**LLAMARADA** n. f. Llama grande que brota y se apaga con rapidez. **2.** *Fig.* Acceso repentino y pasajero de rubor. **3.** *Fig.* Arrebato, furor momentáneo: *una llamarada de ira.* • **Llamarada de petate,** dícese de algo o alguien que, después de haber despertado grandes expectativas de éxito, resulta un fracaso.

**LLAMARÓN** n. m. *Chile, Colomb.* y *Ecuad.* Llamarada.

**LLAMATIVO, A** adj. Que llama la atención, generalmente por lo exagerado: *un color llamativo; persona llamativa.*

**LLAMAZAR** o **LLAMARGO** n. m. Terreno pantanoso.

**LLAME** n. m. (voz araucana). *Chile.* Lazo o trampa para cazar pájaros.

**LLAMEAR** v. intr. [**1**]. Echar llamas: *el fuego llamea.*

**LLAMPO** n. m. *Chile.* Polvo y parte menuda del mineral que queda una vez separada la parte más gruesa.

**LLAMPUGA** o **LAMPUGA** n. f. Pez comestible, de 1,80 m de long., de cuerpo alargado y comprimido y coloración muy variada, con irisaciones nacaradas, que vive en los mares abiertos. (Familia corifénidos.)

**LLANA** n. f. (lat. *planam*). Herramienta de albañil para extender el yeso y la argamasa.

**LLANA** n. f. (lat. *planam,* f. de *planum,* llano). Plana, cara de un escrito. **2.** Llanura. **3.** TAUROM. Parte externa y plana de la nalga del toro.

**LLANARCA** n. m. *Argent.* Atajacaminos.

**LLANCA** n. f. *Chile.* Cualquier mineral de cobre, de color verde azulado. **2.** *Chile.* Piedrezuelas de este mineral, usadas por los araucanos para hacer collares y adornos de trajes.

**LLANEAR** v. intr. [**1**]. Correr o andar por un lugar llano. **2.** Andar por el llano evitando las pendientes.

**LLANERO, A** n. Habitante de las llanuras.

**LLANERO, A** adj. y n. Relativo a Los Llanos.

**LLANEZA** n. f. Sencillez, naturalidad, falta de afectación: *es agradable por su llaneza.* **2.** *Fig.* Familiaridad, afabilidad en el trato: *tratar con llaneza.*

**LLANISTO, A** adj. y n. *Argent.* Para el montañés, perteneciente o relativo a las tierras bajas, en particular a los llanos de la provincia de La Rioja.

**LLANITO, A** adj. y n. *Fam.* Dícese del natural de Gibraltar.

**LLANO, A** adj. Dícese de la superficie igual y lisa, sin desniveles: *terreno llano.* **2.** *Fig.* Afable, natural, sencillo: *hombre de trato llano.* **3.** *Fig.* Sincero, legal: *un consejo llano.* **4.** *Fig.* Fácil, corriente: *explicación llana.* **5.** Dícese de la palabra grave. • **Ángulo llano,** ángulo de 180 grados. ◆ n. m. **6.** Llanura. ◆ **llanos** n. m. pl. **7.** En las labores de punto de media, puntos que se hacen sin pasar de lado la hebra y sin crecer.

**LLANQUE** n. m. *Perú.* Sandalia rústica.

**LLANTA** n. f. Cerco metálico de las ruedas de los vehículos. **2.** Fleje. **3.** Pieza de hierro plana, larga y mucho más ancha que gruesa. **4.** *Amér.* Cubierta de caucho de una rueda, neumático. **5.** *Méx.* Pliegue que se forma alrededor del cuerpo por acumulación excesiva de grasa.

**LLANTÉN** n. m. Planta herbácea con cuyas hojas se hace una infusión empleada como astringente y contra las oftalmías. (Familia plantagináceas.) • **Llantén de agua,** alisma.

**llantén**

**LLANTINA** o **LLANTERA** n. f. *Fam.* Llanto violento y prolongado.

**LLANTO** n. m. (lat. *planctum*). Efusión de lágrimas acompañada generalmente de lamentos y sollozos. • **Anegarse,** o **deshacerse, en llanto,** llorar mucho.

**LLANURA** n. f. Región de escaso relieve y cuya altitud media es próxima al nivel del mar.

**LLAPA** n. f. *Amér. Merid.* Añadidura, añadido.

**LLAPANGO, A** adj. Que no usa calzado.

**LLAPAR** v. tr. [**1**]. *Amér. Merid.* En minería, añadir.

**LLAPINGACHO** n. m. *Ecuad.* Tortilla de patatas con queso.

**LLARES** n. m. pl. Cadena que pende en el cañón de la chimenea, con un gancho en el extremo inferior para colgar la caldera, y a poca distancia otro para subirla o bajarla.

**LLARETA** n. f. *Argent., Bol., Chile* y *Perú.* Planta herbácea, de hojas alternas, cuyo tallo destila una resina balsámica, de uso medicinal, estimulante y estomacal. (Familia umbelíferas.)

**LLAUCANA** n. f. (voz quechua). *Chile.* Barreta corta que usan los mineros para picar la veta.

**LLAULLAU** n. m. *Chile.* Hongo que se cría en los árboles, es comestible y se emplea en la fabricación de una especie de chicha.

**LLAUQUEARSE** v. pron. [**1**]. *Chile.* Venirse abajo, desmoronarse.

**LLAVE** n. f. (lat. *clavem*). Instrumento, comúnmente de metal duro, que sirve para abrir o cerrar una cerradura. **2.** *Fig.* Medio para descubrir lo oculto o secreto. **3.** *Fig.* Principio que facilita el conocimiento de otras cosas. **4.** Grifo, dispositivo para abrir o cerrar el paso de un fluido. **5.** Nombre de diversos instrumentos o herramientas que sirven para apretar o aflojar tuercas y tornillos, para dar tensión o aflojar el resorte o muelle de un mecanismo, etc. **6.** Aparato para abrir y cerrar con la mano un circuito eléctrico. **7.** Pieza de las armas de fuego portátiles y de algunas piezas de artillería ligera que servía para dispararlas por inflamación de la pólvora. **8.** Signo ortográfico que abraza dos o más guarismos, palabras o renglones. **9.** Aparato de metal colocado en algunos instrumentos músicos de viento, que abre o cierra el paso del aire produciendo diversos sonidos. **10.** DEP. En lucha y judo, presa que inmoviliza al adversario. **11.** HERÁLD. Figura muy frecuente en heráldica. • **Debajo de,** o **bajo, llave,** da a entender que algo está guardado o cerrado con llave. ‖ **Debajo de,** o **bajo, siete llaves,** denota que una cosa está muy guardada y segura. ‖ **Llave de paso,** grifo cuyos dos extremos van empalmados en un punto intermedio de los tubos o cañerías de alimentación y sirve para cerrar o reducir el paso de un fluido por una serie o conjunto de canalizaciones. ‖ **Llave inglesa,** herramienta provista de un dispositivo que, al girar, abre más o menos las dos partes que forman la cabeza, hasta que ésta se acopla a la tuerca o tornillo que se quiere mover. ‖ **Llave maestra,** la que está hecha de forma que abre y cierra todas las cerraduras de una casa o de un local, cada una de las cuales tiene su llave distinta correspondiente. ‖ **Llave plana,** llave de dos bocas o cabezas fijas, propia para apretar o aflojar las tuercas de las bicicletas y automóviles.

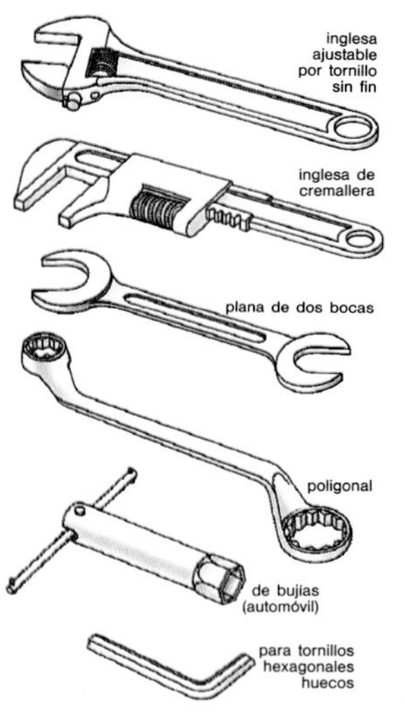


**llaves**

**LLAVEAR** v. tr. [**1**]. *Argent.* y *Par.* Cerrar con llave.

**LLAVERO** n. m. Utensilio donde se guardan las llaves.

**LLAVÍN** n. m. Llave pequeña con que se abre el picaporte.

**LLEGADA** n. f. Acción y efecto de llegar. **2.** En deporte, meta.

**LLEGAR** v. intr. (lat. *plicare,* plegar) [**1b**]. Empezar a estar en el lugar al que se dirigía: *llegar a casa.* **2.** Hacerse actual un momento o una época: *ya llega el verano.* **3.** Durar, existir hasta cuando se expresa: *llegar a viejo.* **4.** Alcanzar cierta altura, grado o nivel. **5.** Alcanzar el fin perseguido. **6.** Tener capacidad, extensión, potencia, etc., suficientes para determinado objeto: *llegar a comprender algo.* **7.** Ser suficiente un dinero para algo. **8.** Expresa que lo que a continuación se dice es muy extremo o exagerado: *llegó a insultarme.* • **¡Hasta ahí podíamos llegar!,** exclamación de protesta o indignación por algún abuso. ◆ **llegarse** v. pron. **9.** Acercarse alguien a una persona o cosa. **10.** Ir a un sitio cercano: *llegarse hasta el parque.*

**LLEIVÚN** n. m. Planta herbácea, propia de terrenos húmedos, cuyos tallos se emplean para hacer lazos, atar sarmientos, etc. (Familia ciperáceas.)

**LLENA** n. f. Desbordamiento o riada.

**LLENADOR, RA** adj. *Chile.* Dícese del alimento que rápidamente produce saciedad.

**LLENADORA** n. f. Máquina que llena los barriles en cadena.

**LLENAR** v. tr. y pron. [**1**]. Ocupar un espacio determinado: *llenar las copas; la playa se llenó de bañistas.* **2.** Hartar o hartarse de comida. ◆ v. tr. **3.** Ocupar algo un espacio. **4.** Poner o haber en un sitio gran cantidad de algo: *llenar una pared de cuadros.* **5.** Colmar, satisfacer plenamente deseos, aspiraciones, etc.: *el trabajo le llena.* **6.** Colmar, dar con abundancia: *llenar de consejos.* **7.** Rellenar un impreso.

**LLENE** o **LLENO** n. m. Acción de llenar.

**LLENO** n. m. Juego auxiliar compuesto del órgano. **2.** Composición para órgano, muy en boga en España en los ss. XVI al XVIII.

**LLENO, A** adj. (lat. *plenum*). Que contiene de algo tanto como permite su capacidad: *el vaso está lleno.* **2.** Que contiene gran cantidad: *casa llena de gente.* **3.** Saciado, satisfecho de comida: *sentirse lleno.* **4.** Algo gordo: *persona un poco llena.* ◆ n. m. **5.** Gran concurrencia en un espectáculo público: *haber un lleno total.* **6.** ASTRON. Plenilunio de la Luna. • **De lleno** o **de lleno en lleno,** enteramente, totalmente.

**LLETA** n. f. BOT. Tallo recién nacido de la semilla o del bulbo de una planta.

**LLEUDA** n. f. (voz catalana). HIST. En la Corona de Aragón, impuesto que gravaba la entrada de mercancías en las villas y ciudades de mercado.

**LLEVABLE** adj. Susceptible de ser llevado. **2.** Llevadero.

**LLEVADA** n. f. Acción y efecto de llevar.

**LLEVADERO, A** adj. Soportable, tolerable: *carga, pena llevadera.*

**LLEVADOR** n. m. Tambor o cilindro cuya periferia está recubierta por una guarnición de carda, y que, situado en la proximidad del tambor principal de una máquina de carda, recibe las fibras de éste y forma con ellas la napa o velo.

**LLEVAR** v. tr. [**1**]. Transportar algo de una parte a otra que no sea el lugar en donde está el que habla: *llevar la ropa a la lavandería.* **2.** Conducir o transportar en un vehículo, de un sitio a otro: *este autobús me lleva hasta casa.* **3.** Ir a parar un camino a determinado lugar: *un sendero que lleva al pueblo.* **4.** Conducir, guiar un vehículo, montura, etc.: *lleva bien el coche.* **5.** Acompañar o guiar a alguien a determinado lugar: *llevar a los niños al colegio.* **6.** Tener la cualidad, estado o circunstancia que se especifica: *llevar razón.* **7.** Tener puesta una prenda de vestir o un adorno personal, o usarlos habitualmente: *llevar sombrero.* **8.** Traer consigo en la mano, bolsillo, etc.: *llevar el bolso.* **9.** Dirigir, administrar un negocio o asunto: *llevar las cuentas.* **10.** Hacer algo de la manera que se expresa: *llevar bien los estudios.* **11.** Soportar, sufrir: *llevar una enfermedad con resignación.* **12.** Ser causa de que algo suceda: *llevar la alegría a los padres.* **13.** Transmitir, comunicar: *llevar una noticia.* **14.** Con un complemento de tiempo, haberlo pasado uno en la misma situación en que se encuentra o haciendo lo mismo que hace, hasta el momento en que se habla: *llevar una hora esperando.* **15.** Marcar el paso, el ritmo, etc.: *llevar mal el paso.* • **Llevar adelante,** realizar algo, conseguir que prospere un negocio. ‖ **Llevar consigo,** hacerse alguien acompañar de una o varias personas. || **Llevar las de perder** *(Fam.)*, estar en desventaja o en situación desesperada. || **Llevar y traer** *(Fam.)*, andar en chismes y cuentos. ◆ v. tr. y pron. **16.** Lograr, conseguir: *llevarse un premio.* **17.** Exceder una persona o cosa a otra en la cantidad que se determina: *le llevo diez años; se llevan poco tiempo.* **18.** Requerir cierto trabajo o tiempo, hacer algo que se expresa: *arreglarlo llevará una hora.* **19.** Cobrar determinada cantidad por algo: *ese médico lleva mil euros por visita.* ◆ v. auxiliar. **20.** Con algunos participios equivale a *haber: lleva dichas muchas verdades.* ◆ **llevarse** v. pron. **21.** Tomar una cosa de alguien, por lo general, violenta u ocultamente: *se llevaron las joyas y el dinero.* **22.** Estar algo de moda: *este año se lleva el color negro.* **23.** Recibir o sufrir un disgusto, sofocón, etc.: *llevarse un buen susto.* • **Llevarse bien** o **mal** con alguien, avenirse o desavenirse.

**LLICLLA** n. f. *Bol., Ecuad.* y *Perú.* Manteleta vistosa de color distinto del de la falda, con que las indias se cubren los hombros y la espalda.

**LLICTA** n. f. *Argent.* y *Bol.* Masa semiblanda hecha a base de patatas hervidas, de sabor salado y coloración gris oscura por la ceniza de algunas plantas que intervienen en la mezcla, y que acompaña las hojas de coca del acullico.

**LLIGUES** n. m. pl. *Chile.* Habas pintadas que se utilizan como fichas en algunos juegos.

**LLOCLLA** n. f. *Perú.* Avenida anegada de agua a causa de las lluvias torrenciales.

**LLOICA** n. f. *Chile.* Loica.

**LLORADERO** n. m. MAR. Sitio o agujero por donde se filtra el agua.

**LLORAR** v. intr. y tr. (lat. *plorare*) [**1**]. Derramar lágrimas. **2.** *Fig.* Caer un líquido gota a gota, o destilar: *este botijo llora.* ◆ v. intr. **3.** Fluir un humor por los ojos. **4.** Fluir savia después de la poda de los árboles, especialmente las vides. ◆ v. tr. **5.** *Fig.* Estar muy afligido por una desgracia: *llorar la muerte de alguien.* **6.** *Fig.* Quejarse con el fin de despertar compasión: *llorarle a alguien.*

**LLORERA** n. f. *Fam.* Llanto violento y prolongado.

**LLORICA** n. m. y f. Persona que llora con frecuencia y por cualquier motivo.

**LLORIDO** n. m. *Méx.* Gemido, lloro, llanto.

**LLORIQUEAR** v. intr. [**1**]. Llorar de forma débil, desganada o monótona.

**LLORIQUEO** n. m. Acción y efecto de lloriquear.

**LLORO** n. m. Acción y efecto de llorar. **2.** Llanto.

**LLORÓN, NA** adj. Relativo al llanto: *borrachera llorona.* **2.** Dícese de ciertos árboles en los que las ramas cuelgan por la acción de la gravedad, como el sauce. **3.** TAUROM. Dícese del toro que tiene alguna mancha en la parte inferior del ojo. ◆ adj. y n. **4.** Que llora con poco motivo o se queja habitualmente: *niño llorón.*

sauce **llorón**

**LLORONAS** n. f. pl. *Argent.* y *Urug.* Espuelas grandes.

**LLOROSO, A** adj. Que tiene señales de haber llorado o con aspecto de echarse a llorar: *ojos llorosos.*

**LLOVEDIZO, A** adj. Dícese de los techos o cubiertas que, por defecto, dejan pasar el agua de lluvia.

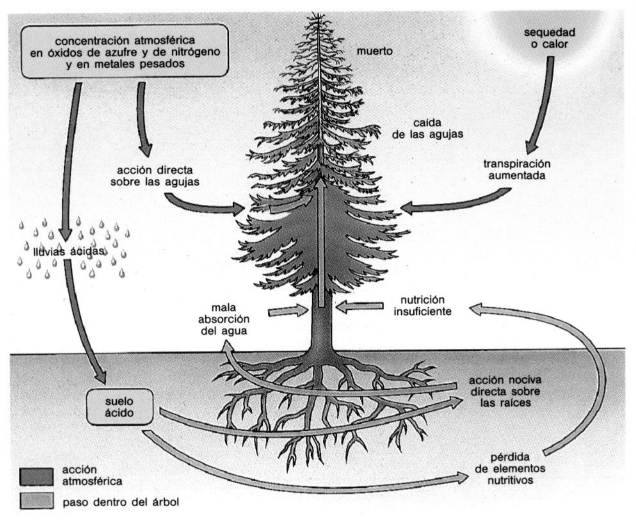

las **lluvias** ácidas y sus acciones sobre la flora

**LLOVER** v. intr. (bajo lat. *plovere*) [**2e**]. Caer agua de las nubes. **2.** *Fig.* Venir u ocurrir de una vez muchas cosas: *los contratos le llueven.* • **Como llovido del cielo,** de modo imprevisto e inesperado. || **Como quien oye llover** *(Fam.)*, sin hacer caso de lo que se oye o sucede. || **Llover sobre mojado,** ocurrirle algo a alguien después de otras cosas y cuando ya tiene el ánimo afectado por ellas.

**LLOVIZNA** n. f. Lluvia bastante uniforme, formada por gotas de agua muy pequeñas, que parecen flotar en el aire.

**LLOVIZNAR** v. intr. [**1**]. Caer llovizna.

**LLUQUI** adj. (voz quechua). *Ecuad.* Zurdo.

**LLUVIA** n. f. (lat. *pluviam*). Precipitación líquida de agua atmosférica en forma de gotas. **2.** Caída de objetos, de materias: *una lluvia de ceniza.* **3.** Gran cantidad o abundancia de algo: *lluvia de regalos, de preguntas.* **4.** *Argent., Chile* y *Nicar.* Agua que, en forma de lluvia o de chorro, surge de la ducha. **5.** *Argent., Chile* y *Nicar.* Dispositivo que regula la caída de este chorro, ducha. • **Lluvia ácida,** contaminación atmosférica debida a la presencia de compuestos de azufre en el aire, procedentes principalmente de combustibles con un elevado contenido de dichos elementos y que se depositan en forma de ácidos tanto en lugares cercanos al foco contaminante como en los muy lejanos, debido a las corrientes atmosféricas.

■ El aire, al ascender, sufre un enfriamiento que provoca la condensación, en pequeñas gotas, del vapor de agua que contiene, formándose así las nubes. Cuando el aumento de tamaño y peso de las gotas hace que no se puedan mantener en suspensión, se produce la lluvia.

**LLUVIOSO, A** adj. Caracterizado por la lluvia: *tiempo lluvioso; zona lluviosa.*

**Lm,** símbolo del *lumen.*

**Ln,** símbolo del *logaritmo neperiano.*

**LO** art. det. neutro (lat. *illum*). Se antepone a adjetivos, adverbios y frases dándole carácter sustantivo: *lo noble; a lo lejos; lo que me pediste.* ◆ pron. pers. masculino sing. átono de 3.ª pers. **2.** Se usa como complemento directo y equivale a un sustantivo masculino: *no tiene coche porque lo vendió.* ◆ pron. pers. neutro sing. átono de 3.ª pers. **3.** Se usa como sujeto, predicado nominal o complemento directo y es derivado de *ello: parecía un general pero no lo era.*

**LO** n. m. MAR. Cada una de las relingas de caída en las velas redondas.

**LOA** n. f. Acción y efecto de loar. **2.** TEATR. En el teatro clásico español, especie de prólogo a la comedia en el que se elogiaba a la persona a la que estaba dedicada la obra y se describía el argumento.

**LOABLE** adj. (lat. *laudabilem*). Laudable, digno de alabanza: *actitudes loables.*

**LOADER** n. m. (voz inglesa). Cargadora móvil de gran potencia, empleada en obras públicas para excavar terrenos y descargar los escombros sobre una cinta transportadora.

**LOADOR, RA** adj. y n. Que loa.

**LOAR** v. tr. (lat. *laudare*) [**1**]. Alabar.

**LOB** n. m. (voz inglesa). DEP. En tenis, jugada que se realiza para pasar al contrario, cuando éste juega en la red.

**LOBA** n. f. Sotana, vestidura de eclesiásticos y, antiguamente, de estudiantes.

**LOBA** n. f. Lomo no removido por el arado.

**LOBADO** n. m. Lesión carbuncosa, de aspecto tumoral, que padecen el ganado equino, vacuno, lanar y cabrío.

**LOBANILLO** n. m. Excrecencia leñosa, cubierta de corteza, que se forma en el tronco o en las ramas de un árbol. **2.** MED. Quiste producido por la hipertrofia de una glándula sebácea cuyo producto de secreción no se evacua. SIN.: *lupia.*

**LOBAR** adj. Relativo a un lobo o lóbulo.

**LOBATO, A** n. Cachorro de lobo.

**LOBBY** n. m. (ingl. norteamericano *lobby,* pasillo). Grupo de presión.

**LOBEAR** v. intr. [**1**]. *Argent.* Cazar lobos marinos.

**LOBECTOMÍA** n. f. Ablación quirúrgica de un lóbulo de una víscera.

**LOBERA** n. f. Monte en que hacen guarida los lobos. **2.** Guarida del lobo.

**LOBERÍA** n. f. *Argent.* y *Perú.* Paraje de la costa donde los lobos marinos hacen su vida en tierra.

**LOBERO, A** adj. Lobuno. ◆ n. **2.** Persona que caza lobos por la remuneración señalada a los que matan estos animales. ◆ n. m. **3.** *Argent.* Cazador de lobos marinos.

**LOBEZNO, A** n. Cachorro de lobo.

**LOBI,** pueblo de Burkina Faso y de Costa de Marfil, que habla una lengua voltaica.

**LOBISÓN** n. m. *Argent., Par.* y *Urug.* Hombre, generalmente el séptimo hijo varón, a quien la tradición popular atribuye la facultad de transformarse en bestia durante las noches de luna llena. **2.** *Argent., Par.* y *Urug. Por ext.* Persona intratable.

**LOBITO** n. m. **Lobito de río** *(Amér. Merid.)*, nutria que vive en los grandes ríos de la región subtropical de Argentina y Brasil.

**LOBO** n. m. (gr. *lobos*). Lóbulo, perilla de la oreja. **2.** Porción redondeada de un órgano cualquiera.

**LOBO, A** n. (lat. *lupum*). Mamífero carnívoro correspondiente a diversos géneros de las familias

**lobo**

cánidos y hiénidos. (El más conocido es el *lobo común*, propio de Europa, Asia y América septentrional, de tronco ágil y esbelto, cabeza grande y fuerte con hocico puntiagudo y orejas esbeltas; *el lobo de tierra*, parecido a la hiena, vive en el sur de África, tiene el pelambre corto, con manchas negras, blancas y leonadas.) • **Lobo cerval,** lince. ‖ **Lobo marino,** mamífero carnívoro que vive en el mar durante la mayor parte del año, donde se alimenta de peces y moluscos. (Familia otáridos.) ◆ n. m. **2.** Pez de agua dulce, de cuerpo alargado, ojos grandes y hocico prominente. (Familia ciprínidos.) **3.** Pez de agua dulce, de color amarillento, con una incisión en la aleta caudal, que se encuentra en los ríos de toda Europa. (Familia cobítidos.) • **Lobo de mar** (*Fig.* y *fam.*), marino viejo y experimentado.

**LOBOTOMÍA** n. f. Intervención neuroquirúrgica que se realiza sobre el lóbulo frontal, con la intención de desconectarlo del tálamo para actuar sobre el componente emocional de determinadas alteraciones mentales.

**LÓBREGO, A** adj. Oscuro, sombrío: *cuchitril lóbrego; noche lóbrega.*

**LOBREGUECER** v. tr. **[2m]**. Hacer lóbrego. ◆ v. intr. **2.** Anochecer.

**LOBREGUEZ** o **LOBREGURA** n. f. Calidad de lóbrego.

**LOBULADO, A** adj. Dividido en lóbulos: *hoja lobulada.*

**LOBULAR** adj. Relativo al lóbulo.

**LÓBULO** n. m. Cada una de las partes a manera de ondas que forman saliente en el borde de una cosa. **2.** ANAT. Parte inferior carnosa de la oreja. **3.** ANAT. Cada una de las partes, a menudo poco diferenciadas anatómicamente, en que se divide una víscera.

**LOBUNO, A** adj. Relativo al lobo. **2.** *Argent.* Dícese del caballo cuyo pelaje es grisáceo en el lomo, más claro en las verijas y en el hocico, y negro en la cara, crines, cola y remos.

**LOCACIÓN** n. f. Arrendamiento.

**LOCAL** adj. (lat. *localem*). Que es particular de un lugar: *costumbres locales.* **2.** Municipal o provincial, por oposición a general o nacional: *autoridades locales.* **3.** Dícese de lo que se refiere sólo a una parte y no a su totalidad: *anestesia local.* ◆ n. m. **4.** Sitio cerrado y cubierto.

**LOCALIDAD** n. f. Población o ciudad. **2.** Cada una de las plazas o asientos en los locales destinados a espectáculos públicos: *teatro de mil localidades.* **3.** Billete, entrada que da derecho a ocupar un asiento o plaza en un local de espectáculos: *agotadas las localidades.*

**LOCALISMO** n. m. Apego excesivo hacia el propio país y a sus tradiciones. **2.** Palabra o giro que sólo tienen uso en determinada localidad.

**LOCALISTA** adj. Relativo al localismo.

**LOCALIZACIÓN** n. f. Acción y efecto de localizar. **2.** AERON. Acción de situar, en función de la población propia o de sus coordenadas geográficas, un objeto. **3.** BOT. Situación que ocupa una especie dentro de un biotopo. • **Localizaciones cerebrales** (FISIOL.), relación entre una determinada zona del cerebro y una función concreta.

**LOCALIZAR** v. tr. y pron. **[1g]**. Fijar, delimitar el lugar de una cosa: *el dolor se le ha localizado en la pierna.* ◆ v. tr. **2.** Averiguar el lugar preciso en que se halla una persona o cosa: *no pude localizarte en todo el día.* **3.** Circunscribir, reducir una cosa a ciertos límites.

**LOCATARIO, A** n. Arrendatario.

**LOCATIS** n. m. y f. *Fam.* Chiflado.

**LOCATIVO, A** adj. DER. Relativo al contrato de locación o arrendamiento. ◆ n. m. y adj. **2.** LING. En algunas lenguas, caso que expresa el lugar donde se desarrolla la acción.

**LOCERÍA** n. f. *Amér.* Fabrica de loza.

**LOCH** n. m. (voz escocesa). Lago alargado, establecido en el fondo de un valle, característico de Escocia.

**LOCHA** n. f. Brótola.

**LOCHE** n. m. *Colomb.* Mamífero rumiante, similar al ciervo, de pelo muy lustroso.

**LOCIÓN** n. f. (lat. *lotionem*). Fricción o lavado dado sobre una parte del cuerpo con un líquido, para limpieza o como medicación. **2.** Líquido para el cuidado y tratamiento de la piel o del cabello, compuesto de agua y sustancias específicas.

**LOCK-OUT** n. m. (voz inglesa). Cierre de los centros de trabajo impuesto por los empresarios para hacer presión sobre el personal en huelga o que amenaza con hacer huelga.

**LOCO** n. m. Gasterópodo del Pacífico de carne sabrosa, pero dura, que se come guisado. (Familia purpúridos.)

**LOCO, A** adj. y n. Dícese de la persona que no tiene normales sus facultades mentales. **2.** De poco juicio, imprudente: *es un loco conduciendo.* **3.** Dícese de la persona que sufre un fuerte estado pasional o un dolor físico intenso: *está loco por esa chica.* • **Loco de atar** (*Fig.* y *fam.*), persona que actúa como si tuviera perturbadas las facultades mentales. ◆ adj. **4.** Dícese de los estados que provocan una actuación irrazonable: *un orgullo loco.* **5.** *Fig.* Extraordinario, muy grande: *has tenido una suerte loca.* **6.** MEC. Dícese de un mecanismo independiente del árbol o eje en que va montado y sobre el cual gira: *rueda loca, polea loca.* • **A lo loco** o **a locas,** sin reflexión. ‖ **Hacer el loco,** divertirse actuando de forma irreflexiva. ‖ **Volver loco** a alguien, marearle; gustarle mucho; enamorarle. ‖ **Volverse loco** por alguien o algo, desear intensamente o desvivirse por dicha persona o cosa.

**LOCOMOCIÓN** n. f. Acción de desplazarse de un punto a otro. **2.** Función que asegura este desplazamiento. • **Medios de locomoción,** término general con que se designan los diversos sistemas que el hombre utiliza para desplazarse de un lugar a otro.

**LOCOMOTOR, RA** adj. Propio para la locomoción, o que la produce. **2.** Dícese de las patas de los insectos o de los crustáceos que únicamente sirven para la marcha.

**LOCOMOTORA** n. f. Máquina de vapor, eléctrica, con motor térmico o de aire comprimido, etc., montada sobre ruedas y destinada a arrastrar los vagones de un tren.

**LOCOMOTRIZ** adj. Locomotor: *fuerza locomotriz.* ◆ n. f. **2.** Aparato de tracción ferroviaria de mediana potencia, accionado por un motor térmico o eléctrico.

**LOCOMÓVIL** adj. Que puede moverse o llevarse de un lugar a otro. ◆ n. f. y adj. **2.** Máquina de vapor montada sobre ruedas.

**LOCOTRACTOR** n. m. Aparato de tracción sobre raíles accionado por un motor térmico de poca potencia.

**LOCRIO** n. m. *Dom.* Arroz cocido con carne, sin otros ingredientes.

**LOCRO** n. m. *Amér. Merid.* Guiso de maíz blando con patatas, carne, especias y otros ingredientes.

**LOCUACIDAD** n. f. Calidad de locuaz.

**LOCUAZ** adj. (lat. *loquacem*). Que habla mucho.

**LOCUCIÓN** n. f. Modo de hablar. **2.** Grupo de palabras que forman sentido, frase. **3.** LING. Expresión pluriverbal, de forma fija o con flexión en algún elemento, cuyo sentido unitario, familiar a la comunidad lingüística, no se justifica como una suma del significado normal de los componentes.

**LOCUELA** n. f. (lat. *loquellam*). Modo y tono particular de hablar de cada persona.

**LOCUELO, A** adj. y n. *Fam.* Atolondrado, ligero.

**LOCULAR** adj. BOT. Relativo a los lóculos. (Suele usarse como prefijo en voces compuestas: *bilocular, unilocular.*)

**LÓCULO** n. m. BOT. Cavidad de algunos órganos donde se contienen las semillas o esporas.

**LOCURA** n. f. Denominación antigua e imprecisa de algunos trastornos mentales. **2.** Dicho o hecho disparatado: *decir locuras; cometer locuras.* **3.** Afecto o afición exagerados por alguien o algo: *querer con locura.*

**LOCUS** n. m. (voz latina) [pl. *loci*]. Lugar cromosómico ocupado por los genes alelos relativos a un carácter hereditario.

**LOCUTOR, RA** n. Persona que por profesión se dirige a un auditorio, dando noticias, anuncios, etc., especialmente en las emisoras de radio y televisión.

**LOCUTORIO** n. m. Departamento dividido comúnmente por una reja, donde reciben las visitas las monjas o los penados. **2.** Departamento en que hay un teléfono para uso del público. **3.** Local convenientemente preparado para realizar una audición transmitida por una emisora de radio.

**LODAZAL** o **LODAZAR** n. m. Terreno lleno de lodo.

**LODEN** n. m. (alem. *Loden*). Tela de lana tupida parecida al fieltro. **2.** Abrigo confeccionado con esta tela.

**LODO** n. m. (lat. *lutum*). Mezcla de tierra y de agua, especialmente la que resulta de la lluvia en el suelo. **2.** *Fig.* Deshonra, descrédito: *cubrir de lodo el buen nombre de una familia.*

**LODOÑERO** o **LODONERO** n. m. Guayacán.

**LODOSO, A** adj. Lleno de lodo.

**LOES** o **LOESS** n. m. (de *Löss*, localidad alemana) [pl. *loes*]. Variedad de limo, de origen eólico, cuya fertilidad está vinculada a la riqueza en materiales calizos.

**LOFÓFORO** n. m. ZOOL. Corona de tentáculos peribucales de los briozoos, que básicamente toma la forma de círculo o de herradura.

**LOFT** n. m. Vivienda o apartamento acondicionado a partir de un antiguo local industrial, como un almacén, un taller o una fábrica.

**log,** símbolo de *logaritmo vulgar.*

**LOGARÍTMICO, A** adj. Relativo a los logaritmos: *tabla logarítmica.* • **Cálculo logarítmico**, cálculo efectuado mediante logaritmos. ‖ **Función logarítmica**, función de la forma $\log_a x$ inversa de la función exponencial.

**LOGARITMO** n. m. **Logaritmo de un número real positivo en un sistema de base** *a* **positivo,** o, más simplemente, **logaritmo,** exponente de la potencia a la que hay que elevar *a* para hallar el número considerado (símbolo $\log_a$). ‖ **Logaritmo natural,** o **neperiano, de un número,** logaritmo de este número en un sistema cuya base es el número *e* (símbolo ln). ‖ **Logaritmo vulgar,** o **decimal, de un número**, logaritmo de este número en un sistema cuya base es 10 (símbolo log).

**LOGIA** n. f. (ital. *loggia*). Galería exterior, techada y abierta por delante, formada por columnas que soportan arquitrabes o arcadas: *las logias del Vaticano.* **2.** Lugar en el que los masones celebran sus asambleas. **3.** Cada una de estas asambleas. **4.** Conjunto de individuos que la constituyen.

**LÓGICA** n. f. (gr. *logikē*). Disciplina que estudia la estructura, fundamento y uso de las expresiones del conocimiento humano. **2.** Serie coherente de ideas y razonamientos: *su explicación carece de toda lógica.* • **Lógica formal,** conjunto de leyes y de reglas relativas al razonamiento deductivo. ‖ **Lógica matemática,** teoría científica del razonamiento, con exclusión de los procesos sicológicos que intervienen en él, y que se divide en *cálculo de enunciados* y *cálculo de predicados.*

■ La lógica constituye una lengua, es decir, un sistema de signos con unas determinadas reglas para combinarlos. Esta lengua está constituida por un sistema de símbolos y de variables relacionados por operadores que determinan la estructura interna de las proposiciones y las relaciones entre éstas. La lógica se remonta a Aristóteles (s. IV a. J.C.). Éste fue quien sentó las bases del silogismo, que los filósofos escolásticos se encargaron de formalizar durante la edad media. La lógica pasó a ser matemática en el s. XIX, gracias a Bolzano, Boole y De Morgan. Frege (1884-1951) fue el fundador de la *lógica formal*, y Russell (1872-1970) y Wittgenstein (1889-1951), sus principales teóricos.

**LOGICISMO** n. m. Actitud filosófica que acentúa la importancia de la lógica de los razonamientos y minimiza su aspecto sociológico. **2.** Doctrina elaborada por Frege y desarrollada por B. Russell, según la cual las matemáticas se reducirían a la lógica.

**LÓGICO, A** adj. Relativo a la lógica: *principio lógico.* **2.** Aprobado por la razón como bien dedu-

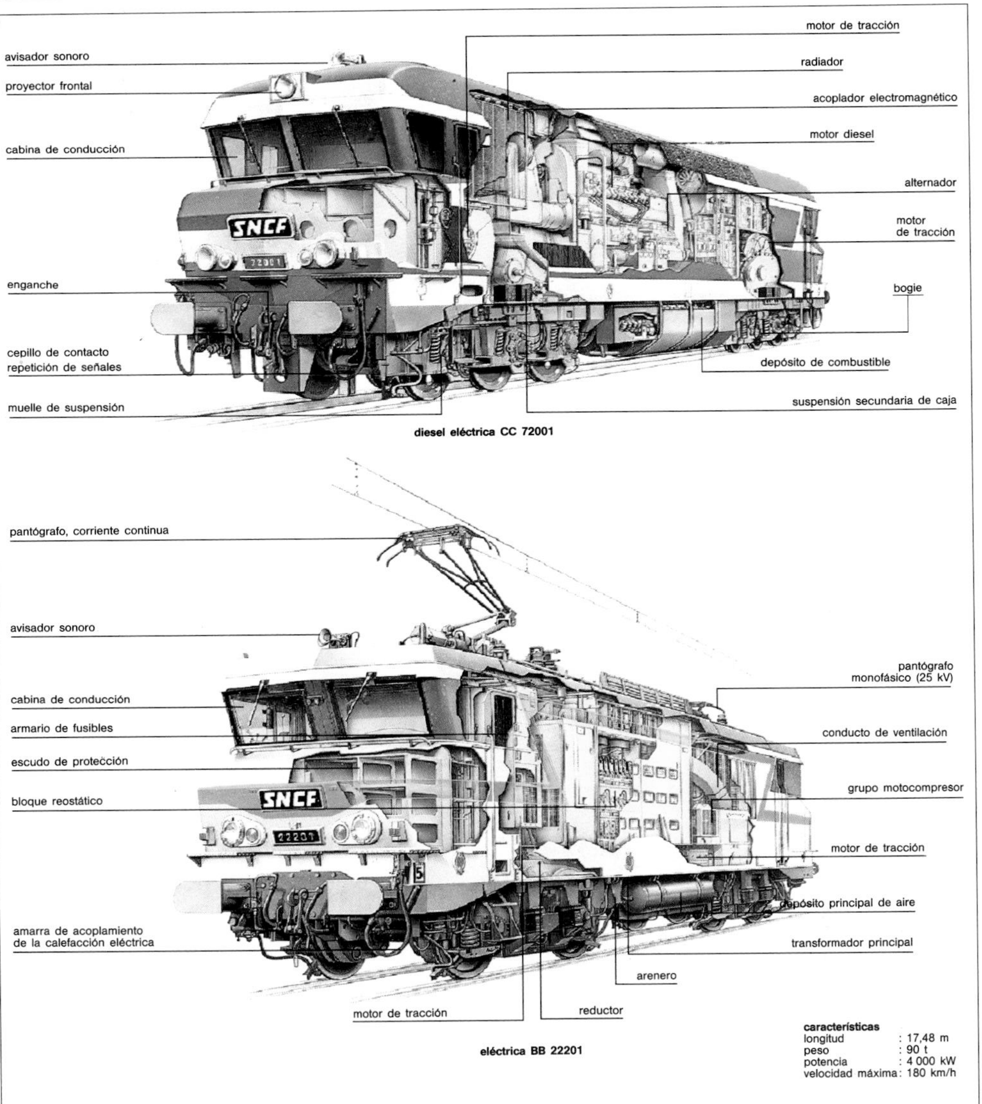


**locomotoras**

cido o pensado: *excusa lógica y convincente.* **3.** Natural, normal: *es lógico que con los años vengan los achaques.* ◆ n. **4.** Especialista en lógica.

**LOGISTA** n. m. y f. Persona especializada en logística.

**LOGÍSTICA** n. f. Lógica formal. **2.** Conjunto de métodos y de medios relativos a la organización de un servicio, de una empresa, etc. **3.** MIL. Parte de la ciencia militar que calcula, prepara y realiza cuanto se refiere a la vida, movimientos y necesidades de las tropas que están en campaña.

**LOGÍSTICO, A** adj. (lat. *logisticus*). Relativo a la logística. • **Centro logístico** (MIL.), órgano que atiende en campaña, dentro de una gran unidad, a las necesidades de las tropas establecidas en un determinado lugar. ‖ **Despliegue logístico** (MIL.), el que adoptan los medios de los diferentes servicios durante una situación determinada o en el transcurso de una operación.

**LOGO** n. m. Apócope de *logotipo.*

**LOGÓGRAFO** n. m. ANT. GR. Nombre dado a los primeros historiadores. **2.** ANT. GR. Autor de discursos o de alegatos.

**LOGOGRIFO** n. m. Enigma que consiste en adivinar una palabra a partir de otras, que a su vez se deducen del sentido del texto dado, y que presentan letras o sílabas comunes con la palabra que se trata de averiguar.

**LOGOMAQUIA** n. f. Discusión en que se atiende más a las palabras que al fondo del asunto.

**LOGOPEDA** n. m. y f. Especialista en logopedia.

**LOGOPEDIA** n. f. Técnica que tiene como finalidad corregir los defectos de fonación y de lenguaje.

**LOGORREA** n. f. Locuacidad verbal excesiva y desordenada, que se presenta en determinados estados de excitación síquica.

**LOGOS** n. m. (voz griega). FILOS. Palabra inteligible.

**LOGOTIPO** n. m. Forma característica que distingue una marca o nombre de una empresa o de un producto.

**LOGRADO, A** adj. Bien hecho, que resulta: *este libro está muy logrado.*

**LOGRAR** v. tr. (lat. *lucrari*) **[1]**. Llegar a obtener lo que se pretendía: *no logré convencerle.* ◆ **lograrse** v. pron. **2.** Llegar a realizar plenamente: *temía abortar y que su hijo no se lograse.*

**LOGREAR** v. intr. **[1]**. Hacer tratos con usura.

**LOGRERÍA** n. f. Ejercicio de la usura.

**LOGRERO, A** adj. y n. Dícese de la persona que presta dinero a un interés muy alto. **2.** Que guarda y retiene géneros, para venderlos después a precio excesivo. **3.** Dícese de quien explota a sus subordinados. **4.** *Chile.* Gorrón. ◆ n. **5.** *Argent., Chile, Colomb., Par.* y *Urug.* Persona que procura lucrarse por cualquier medio.

**LOGRO** n. m. Acción y efecto de lograr.

**LOGROÑÉS, SA** adj. y n. De Logroño.

**LOICA** n. f. Ave paseriforme algo mayor que el estornino, de color gris y blanco, con la cabeza y el pecho rojo escarlata, que se domestica con facilidad y es muy estimada por su canto melódico. (Vive en la zona S de Chile y Argentina; familia ictéridos.)

**LOÍSMO** n. m. Uso incorrecto de *lo* por *le: lo di una torta.* (Su uso está poco extendido.)

**LOÍSTA** adj. y n. m. y f. Que practica el loísmo.

**LOJANO, A** adj. y n. De Loja (Ecuador).

**LOLARDO** n. m. Miembro de determinadas cofradías de penitentes de Alemania y los Países Bajos en el s. XVI. **2.** En Inglaterra, predicador itinerante discípulo de Wyclif.

**LOLO, A** n. *Chile.* Chico, adolescente.

**LOMA** n. f. Altura pequeña y alargada.

**LOMADA** n. f. *Amér. Merid.* Loma.

**LOMAJE** n. m. *Chile.* Terreno formado por lomas.

**LOMBARDA** n. f. Bombarda.

**LOMBARDERO** n. m. Soldado que disparaba las lombardas.

**LOMBARDO, A** adj. y n. De Lombardía. **2.** Relativo a un pueblo germánico establecido entre el Elba y el Odra, y posteriormente al S del Danubio; individuo de este pueblo. ◆ adj. **Col lombarda,** variedad de col de cabeza repollada, de hojas rizadas y de intenso color violáceo.

■ Los lombardos invadieron Italia en el s. VI y fundaron un estado cuya capital era Pavía (572). Derrotados por Carlomagno, que adoptó el título de rey de los lombardos, mantuvieron una dinastía en Benevento hasta 1047.

**LOMBRICIENTO, A** adj. *Amér.* Que tiene muchas lombrices.

**LOMBRIGUERA** n. f. Agujero que hacen en la tierra las lombrices.

**LOMBRIZ** n. f. **Lombriz de tierra,** oligoqueto terrestre, de cuerpo cilíndrico y unos 30 cm de long., que tiene gran importancia en agricultura por su régimen alimenticio micrófago y por las galerías que excava en el suelo, que contribuyen a airear la tierra. (Familia lumbrícidos.) ‖ **Lombriz intestinal,** nematodo del intestino delgado del hombre y de ciertos vertebrados. (Familia ascáridos.)

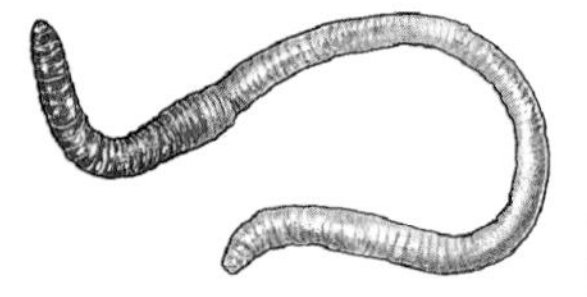

**lombriz** de tierra

**LOMEAR** v. intr. **[1].** Encorvar violentamente el lomo los caballos.

**LOMENTO** n. m. BOT. Variedad de fruto en legumbre indehiscente, que en la madurez se descompone en fragmentos.

**LOMERA** n. f. Correa que, acomodada en el lomo de la caballería, mantiene las demás piezas de la guarnición. **2.** Caballete, línea horizontal y más elevada de un tejado. **3.** Piel o tela que forma el lomo del libro encuadernado en media pasta.

**LOMIENHIESTO, A** o **LOMINHIESTO, A** adj. Alto de lomos. **2.** *Fig.* y *fam.* Engreído, presuntuoso.

**LOMILLERÍA** n. f. *Amér. Merid.* Guarnicionería, taller o tienda donde se venden lomillos, riendas, etc. **2.** DEP. Conjunto de los aparejos de montar.

**LOMILLO** n. m. Parte superior de la albarda. **2.** Punto que se hace a base de puntadas cruzadas. **3.** *Amér.* Pieza del recado de montar consistente en dos almohadas rellenas de junco o de totora, afianzadas a una lonja de suela. ◆ **lomillos** n. m. pl. **4.** Aparejo con dos almohadillas largas y estrechas, que se pone a las caballerías de carga.

**LOMO** n. m. (lat. *lumbum*). Parte inferior y central de la espalda. (Suele usarse en plural.) **2.** Parte por donde doblan a lo largo de la pieza las pieles, telas y otras cosas. **3.** En los instrumentos cortantes, parte opuesta al filo. **4.** Tierra que levanta el arado entre surco y surco. **5.** Carne de diversas regiones del cuerpo, variable según el ganado y el tipo de corte que se practica, de las reses destinadas a consumo. **6.** Parte del libro opuesta al canal o corte delantero de las hojas, y en la cual van cosidos los pliegos. • **A lomo** o **a lomos,** sobre una caballería. ‖ **Agachar,** o **doblar, el lomo** *(Fam.),* trabajar duramente; humillarse.

**LOMUDO, A** adj. Que tiene grandes lomos.

**LONA** n. f. Tela de lino, cáñamo o algodón, recia e impermeable, con la que se confeccionan toldos, velas, etc. **2.** *Fig.* En boxeo, lucha, etc., piso del cuadrilátero. **3.** *Argent.* Pieza rectangular de tela gruesa que se emplea en actividades al aire libre. • **Irse, mandar,** o **tirar lona** *(Argent. Fam.),* perder, arruinar.

**LONCH, LONCHA** o **LUNCH** n. m. *Méx.* Almuerzo, principalmente el que se lleva a la escuela o trabajo.

**LONCHA** n. f. Lonja. **2.** Lancha, piedra lisa y plana.

**LONCHERÍA** n. f. *Amér. Central* y *Méx.* Restaurante donde se sirve comida rápida.

**LONCO** n. m. (voz araucana). *Chile.* Cuello, pescuezo.

**LONDINENSE** adj. y n. m. y f. De Londres.

**LONETA** n. f. (dim. de *lona*). Lona delgada propia para velas de botes. **2.** *Argent. Por ext.* Lona, pieza rectangular. **3.** *Argent.* y *Chile.* Lona delgada.

**LONG PLAY** n. m. (voces inglesas, *larga duración*). Disco de larga duración. (Suele abreviarse L.P.)

**LONGANIMIDAD** n. f. Grandeza y constancia de ánimo en las adversidades.

**LONGÁNIMO, A** adj. Que tiene longanimidad.

**LONGANIZA** n. f. Embutido hecho de carne de cerdo adobada y picada.

**LONGEVIDAD** n. f. Prolongación de la vida hasta una edad muy avanzada.

**longevidad de algunos seres vivos**

| | |
|---|---|
| **animales** | |
| cachipolla | 2 a 3 días |
| cigarra de América | 3 a 4 meses* |
| musaraña | 2 años |
| ratón | 4 años |
| cobayo, erizo | 5 años |
| liebre | 10 años |
| zorro, carnero | 15 años |
| gato, perro | 20 años |
| buey, tigre | 25 años |
| chimpancé | 25 años |
| oso, jirafa | 30 años |
| camello, asno | 40 años |
| serpiente pitón | 70 años |
| caimán | 90 años |
| tortuga | 200 años |
| **plantas** | |
| agave | 100 años |
| secuoya | 2 000 años |

* en estado adulto (y 17 años de vida larvaria)

**LONGEVO, A** adj. Que ha alcanzado edad muy avanzada.

**LONGICORNIO, A** adj. y n. m. ZOOL. Cerambícido.

**LONGITUD** n. f. (lat. *longitudinem*). Dimensión única que se considera en una línea, o la mayor dimensión en los cuerpos que tienen varias. **2.** Ángulo diedro formado, en un lugar dado, por el plano meridiano de este lugar con el plano meridiano de otro lugar tomado como origen. **3.** INFORMÁT. Número de elementos binarios, de caracteres o de palabras máquina contenidos en una palabra, un artículo, una cadena o un dato cualquiera.

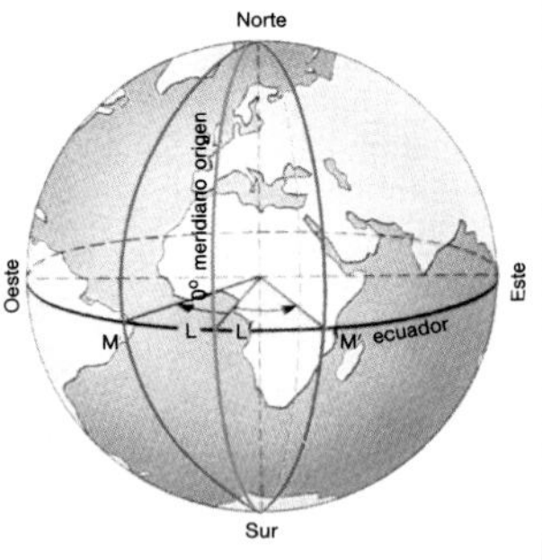


L: longitud del punto M
L': longitud del punto M'

**longitud**

**LONGITUDINAL** adj. Relativo a la longitud. **2.** En el sentido o dirección de la longitud.

**LONGOBARDO, A** adj. y n. Lombardo.

**LONGORÓN** n. m. *Cuba* y *Pan.* Molusco lamelibranquio comestible.

**LONGUERA** n. f. Porción de tierra larga y estrecha.

**LONGUI** o **LONGUIS. Hacerse el longui,** o **el longuis** *(Fam.),* hacerse el despistado o simular ignorancia.

**LONJA** n. f. (fr. *longe*). Lámina delgada, larga y de poco grueso que se corta de ciertos productos, especialmente del jamón. **2.** *Argent.* Tira de cuero.

**LONJA** n. f. (cat. *llotja*). Edificio o lugar oficial de reunión periódica de comerciantes, para realizar sus contratos sobre mercancías, fletes y seguros marítimos. **2.** Atrio algo levantado a la entrada de un edificio.

**LONJEAR** v. tr. **[1].** *Argent.* Hacer lonjas descarnando y rapando el pelo a un cuero. ◆ **lonjearse** v. pron. **2.** *Argent.* Cortarse en lonjas la piel.

**LONTANANZA** n. f. (voz italiana). Términos de un cuadro más distantes del plano principal. • **En lontananza,** lejos, o a lo lejos.

**LOOK** n. m. (voz inglesa). *Fam.* Forma de arreglarse o vestirse; aspecto que presenta alguien o algo, considerado como característico de una moda.

**LOOPING** n. m. (voz inglesa). Ejercicio de acrobacia aérea que consiste en describir una circunferencia en el plano vertical.

**LOOR** n. m. Alabanza: *entonar cánticos en loor de la Virgen.*

**LOPISTA** n. m. y f. Estudioso o conocedor de la obra de Lope de Vega.

**LOQUEAR** v. intr. **[1].** Decir o hacer locuras o insensateces. **2.** *Fig.* Divertirse con bulla y alboroto.

**LOQUERA** n. f. Jaula de locos. **2.** *Amér.* Locura, desatino.

**LOQUERO, A** n. Persona que tiene por oficio cuidar locos. **2.** *Méx. Fam.* Siquiatra. ◆ n. m. **3.** *Argent.* Hospicio, clínica siquiátrica.

**LOQUESCO, A** adj. Alocado. **2.** *Fig.* Chistoso, gracioso.

**LOQUIOS** n. m. pl (gr. *lokheia,* parto). MED. Pérdida serohemática, de origen uterino, que se prolonga durante dos o tres semanas después del parto.

**LORA** n. f. *Amér. Merid. Fig.* y *fam.* Mujer charlatana. **2.** *Chile.* Hembra del loro. **3.** *Colomb., C. Rica, Ecuad., Hond., Nicar.* y *Perú.* Loro.

**LORAN** n. m. (de LO*ng* R*ange* A*id to* N*avigation,* ayuda de navegación a larga distancia). Procedimiento de radionavegación que permite a un aviador o a un navegante determinar su posición con relación a tres estaciones.

**LORCHA** n. f. Barca de cabotaje china, ligera y rápida.

**LORD** n. m. (voz inglesa) [pl. *lores*]. Título dado en Gran Bretaña a los pares del reino y a los miembros de la cámara alta o cámara de los lores. • **Lord mayor,** primer magistrado o alcalde de varias ciudades británicas. ‖ **Primer lord del almirantazgo,** denominación dada hasta 1964 al ministro de la marina británica.

**LORDOSIS** n. f. (gr. *lordōsis,* curvatura). ANAT. Curvatura de la columna vertebral con convexidad anterior.

**LORENÉS, SA** adj. y n. De Lorena.

**LORI** n. m. Pequeño loro de Oceanía.

**LÓRICA** n. f. Especie de coraza que presentan los frutos de ciertas palmáceas. **2.** En las algas, caparazón o cubierta resistente.

**LORIGA** n. f. (lat. *loricam*). Cota de mallas medieval. **2.** Conjunto de defensas corporales, distinto de la armadura, que llevaba el guerrero medieval, y que comprendía una túnica de tejido o de cuero reforzada con pequeñas placas o anillos de metal. **3.** Armadura del caballo para la guerra.

**LORO** n. m. (de la voz caribe *roro*). Papagayo. **2.** *Fig.* Mujer fea. **3.** *Fig.* Persona que habla mucho. **4.** *Chile.* Orinal de cristal para los enfermos que no pueden levantarse de la cama. **5.** *Chile.* Individuo enviado para que, con cierto disimulo, averigüe alguna cosa. • **Estar al loro** *(Fam.),* estar al corriente de lo que sucede; estar a la moda. ‖ **Loro barranquero** *(Argent.),* ave de la familia de las sitácidas, de unos 50 cm de long., de color gris verdoso con el vientre rojo y el dorso y el lomo amarillentos, que forma bandadas y nidifica generalmente en cuevas.

**LORRY** n. m. (voz inglesa). Vagoneta de cuatro ruedas que puede ser empujada a brazo sobre una vía férrea y que sirve para transportar materiales.

**LORZA** n. f. Pliegue que lleva una costura paralela al doblez.

**LOSA** n. f. Placa de mármol, piedra, vidrio, cemento, etc., que se emplea para revestir suelos, muros de edificios, cubrir sepulcros, etc. **2.** Placa de hormigón de gran superficie empleada como pavimento. **3.** *Fig.* Sepulcro.

**LOSANGE** n. m. Figura de rombo colocado de suerte que uno de los ángulos quede por pie y su opuesto por cabeza. **2.** Pieza heráldica en forma de rombo, que simboliza la punta de la lanza.

**LOSAR** v. tr. **[1]**. Enlosar.

**LOSETA** n. f. Losa pequeña que se emplea para revestimiento de paredes y pavimentación de interiores.

**LOTA** n. f. Pez de agua dulce, de carne estimada, que mide de 30 a 70 cm de long., y tiene la segunda aleta dorsal muy larga. (Familia gádidos.)

**LOTE** n. m. (fr. *lot*). Cada una de las partes en que se divide un todo que se ha de distribuir entre varias personas: *dividir una herencia en varios lotes.* **2.** Lo que le toca a cada uno en la lotería u otros juegos en que se sortean sumas desiguales: *rifar un lote de libros.* **3.** Conjunto de objetos que se agrupan con un fin determinado: *regalar un lote de Navidad.* **4.** *Vulg.* Magreo: *pegarse el lote.* **5.** DER. Cada una de las parcelas en que se divide una propiedad para su venta fraccionada. **6.** DER. La finca así vendida, generalmente a plazos y en subasta pública. **7.** ESTADÍST. Grupo de unidades de un producto, fabricado en idénticas condiciones, con la finalidad de su inspección y control. **8.** INFORMÁT. Conjunto finito de trabajos, destinado a ser tratado de un solo tirón en diferido.

**LOTEAR** v. tr. **[1]**. Dividir un terreno en lotes para venderlos por separado.

**LOTEO** n. m. Acción y efecto de lotear.

**LOTERÍA** n. f. Juego de azar, administrado por el estado, en que se premian con diversas cantidades varios billetes sacados a la suerte entre un gran número de ellos que se ponen en venta. **2.** Casa en que se despachan los billetes de lotería. **3.** Bingo. • **Caerle,** o **tocarle,** a uno **la lotería,** corresponderle uno de los premios; *(Irón.),* sucederle accidentalmente algún acontecimiento desagradable o molesto.

**LOTERO, A** n. Persona que vende lotería o tiene a su cargo un despacho de billetes de lotería.

**LOTI** n. m. Unidad monetaria de Lesotho.

**LOTIFORME** adj. Que tiene forma de loto.

**LOTO** n. m. (lat. *lotum;* del gr. *lotos*). Planta acuática, de flores olorosas, que abunda en las orillas del Nilo. **2.** Flor y fruto de esta planta. **3.** Arbusto de las regiones desérticas, cuyas bayas tónicas son suculentas. **4.** Planta ebenácea de fruto comestible. **5.** ARQ. Especie de cimacio, utilizado con frecuencia en los monumentos egipcios.

**LOTO** n. m. Lotería primitiva, juego de azar en que se premian los boletos que contienen las combinaciones de seis números entre cuarenta y nueve. **2.** *Argent.* Juego de azar en que se sortean doce números entre cuarenta y dos y recibe el premio mayor quien haya apostado a los seis números extraídos primero.

**LOVANIENSE** adj. y n. m. y f. De Lovaina.

**LOXODROMIA** n. f. Línea curva trazada sobre una esfera, que corta todos los meridianos bajo el mismo ángulo. SIN.: *línea loxodrómica, loxodrómica.*

**LOYALIST** adj. y n. m. y f. (voz inglesa, *leal*). Decíase de los colonos norteamericanos que seguían fieles al gobierno británico durante y después de la guerra de Independencia.

**LOYO** n. m. Hongo chileno comestible.

**LOZA** n. f. Cerámica de pasta porosa recubierta por un barniz vítreo, transparente u opaco. **2.** Conjunto de objetos de este material destinados al ajuar doméstico. • **Loza dura, de pedernal,** o **pedernal,** especie de loza, cuya pasta, que contiene feldespato, es dura, fina y opaca. ‖ **Loza fina,** cerámica de pasta blanca y fina, revestida de un esmalte transparente.

**LOZANEAR** v. intr. y pron. **[1]**. Ostentar lozanía. ◆ v. intr. **2.** Estar en la edad lozana.

**LOZANÍA** n. f. Calidad de lozano: *la lozanía de la juventud, de una flor.*

**LOZANO, A** adj. Con mucho vigor y vitalidad: *planta lozana.* **2.** De aspecto sano y juvenil: *persona lozana.* **3.** Gallardo.

**LOZI** o **ROTSÉ,** pueblo de Zambia que habla una lengua bantú.

**L.P.,** abrev. de *long play.*

**Lr,** símbolo químico del *lawrencio.*

**L.S.D.** n. m. (siglas de *lysergic acid diethylamide*). Derivado del ácido lisérgico, alucinógeno de síntesis que modifica las sensaciones visuales y auditivas.

**Lu,** símbolo químico del *lutecio.*

**LÚA** n. f. Especie de guante de esparto sin separaciones de los dedos, que se emplea para limpiar las caballerías. **2.** Guante que protege el puño del cetrero contra las garras del halcón, cuando éste se posa en él. **3.** Revés de las velas por la parte donde van cazadas a viento largo o en popa. **4.** Tangente de su curvatura por la relinga de sotavento.

**LUAZO** n. m. Golpe que dan las velas cuando la embarcación toma por la lúa. **2.** Acción y efecto de tomar por la lúa.

**LUBA** o **BALUBA,** pueblo de la Rep. Dem. del Congo (ex Zaire) que habla una lengua bantú.

**LUBINA** n. f. Especie de perca grande, de hasta 1 m de long., cuerpo estilizado y esbelto, de color metálico, y aletas con radios espinosos, común en las costas mediterráneas. (Familia morónidos.)

**LUBRICACIÓN** o **LUBRIFICACIÓN** n. f. Acción y efecto de lubricar.

**loza** de Sceaux: sopera y bandeja decoradas con ramajes en relieve (s. XVIII); loza decorada y cocida a fuego lento (generalmente obtenida entre 200 y 600 °C, que permite una gran variedad de colores)
[museo de l'Ile-de-France, Sceaux, Francia]

**loza** de Talavera de la Reina: diferentes objetos; loza vidriada (una vez moldeadas las piezas se someten a una primera y somera cocción para proceder a continuación a su vidriado con un baño de barniz; una vez secas se decoran y finalmente se procede a una segunda cocción a unos 900 °C)
[museo de cerámica Ruiz de Luna, Talavera de la Reina]

**LUBRICADOR, RA** o **LUBRIFICADOR, RA** adj. y n. Que lubrica.

**LUBRICANTE** o **LUBRIFICANTE** adj. y n. m. Dícese de toda sustancia útil para lubricar. ◆ n. m. **2.** Composición o mezcla, por lo común de naturaleza orgánica, que se agrega a las materias moldeables a fin de facilitar el desmoldeo de las piezas o la fabricación de los materiales. **3.** Producto o sustancia utilizados para el engrase o lubricación.

**LUBRICAR** o **LUBRIFICAR** v. tr. (lat. *lubricare,* hacer resbaladizo) **[1a]**. Hacer resbaladiza una cosa. **2.** Impregnar con una sustancia grasa u oleosa las superficies que frotan entre sí en las máquinas, motores, mecanismos, etc., para facilitar su funcionamiento: *lubricar los cojinetes.*

**LUBRICATIVO, A** adj. Que sirve para lubricar.

**LUBRICIDAD** n. f. Calidad de lúbrico.

**LÚBRICO, A** adj. (lat. *lubricum*). Resbaladizo. **2.** *Fig.* Propenso a la lujuria o que refleja lujuria: *persona, mirada, intención lúbrica.*

**LUCANO, A** adj. y n. De Lucania.

**LUCENSE** adj. y n. m. y f. De Lugo SIN.: *lugués.* **2.** Relativo a uno de los pueblos en que se dividían los galaicos; individuo de este pueblo.

**LUCERNA** n. f. (voz latina). Araña, lámpara grande para alumbrar. **2.** Claraboya.

**LUCERO** n. m. Astro grande y brillante. **2.** Lunar blanco y grande que tienen en la frente algunos cuadrúpedos. **3.** Denominación dada al cuadrúpedo que tiene esta característica. • **Lucero del alba, de la mañana, matutino, de la tarde,** o **vespertino,** el planeta Venus. ◆ **luceros** n. m. pl. **4.** *Fig.* Ojos.

**LUCHA** n. f. (lat. *luctam*). Acción de luchar, combate de dos personas: *entablarse una lucha encarnizada.* **2.** Deporte consistente en el combate cuerpo a cuerpo entre dos personas que tratan de derribarse, siguiendo ciertas reglas. **3.** Esfuerzo realizado por dos personas, pueblos, facciones, tendencias, etc., para vencerse mutuamente y ganar una causa: *entrar en lucha con alguien; luchas políticas, religiosas.* **4.** Acción de dos fuerzas que actúan en sentido contrario, antagonismo: *la lucha de los elementos naturales.* **5.** *Fig.* Desasosiego, inquietud del ánimo: *mantener serias luchas interiores.* • **Hacer la lucha** *(Méx.),* esforzarse por conseguir algo. ‖ **Lucha biológica,** competencia entre diferentes especies o entre individuos de una misma especie para ocupar un mismo hábitat; método de defensa de los cultivos, que consiste en combatir una especie perjudicial para el hombre (parásitos, insectos, transmisores de enfermedades), mediante depredadores o parásitos naturales o mediante sustancias extraídas directamente de organismos vivos. ‖ **Lucha de clases,** conflicto que opone a las clases sociales en dos campos, opresores y oprimidos. ‖ **Lucha por la vida,** hecho biológico, constatado por Darwin, que consiste en la lucha directa entre animales y, sobre todo, en una lucha por el espacio para la reproducción, la adaptación al medio, etc.

**LUCHADOR, RA** n. Persona que lucha, o que toma parte en luchas ideológicas: *luchador incansable de sus principios.* **2.** Deportista que practica la lucha.

**LUCHAR** v. intr. (lat. *luctare*) **[1]**. Contender, pelear cuerpo a cuerpo dos o más personas. **2.** Batallar, batirse. **3.** *Fig.* Contraponerse, estar en oposición: *dos individuos, ideas, tendencias que luchan.* **4.** *Fig.* Tratar de vencer obstáculos, dificultades, para librarse de algo o conseguirlo. **5.** Practicar las modalidades del deporte de la lucha.

**LUCHARNIEGO, A** adj. Dícese del perro adiestrado para cazar de noche.

**LUCHE** n. m. *Chile.* Juego de la raya.

**LUCHE** n. m. *Chile.* Especie de alga comestible.

**LUCHÓN, NA** adj. *Méx. Fam.* Esforzado, que hace todo lo posible para alcanzar sus objetivos.

**LUCÍCOLA** adj. Dícese de los animales que prefieren los sitios luminosos para vivir.

**LUCIDEZ** n. f. Calidad de lúcido. • **Lucidez mental** (SICOL.), criptestesia.

**LÚCIDO, A** adj. (lat. *lucidum*). Claro o inteligible: *palabras lúcidas.* **2.** Que comprende claramente: *mente lúcida.* **3.** En condiciones de pensar normalmente. **4.** *Poét.* Resplandeciente. • **Intervalo lúcido** (SIQUIATR.), período más o menos largo durante el curso de una enfermedad síquica grave, en que el enfermo recupera la normalidad de sus funciones mentales.

**LUCIENTE** adj. Brillante: *ojos lucientes.*

**LUCIÉRNAGA** n. f. (del lat. *lucernam,* candil). Insecto coleóptero de cuerpo blando, cuya hembra carece de alas y está dotada de un aparato luminiscente.

**LUCIFERASA** n. f. Enzima de los órganos luminosos de diversos animales.

**LUCIFERIANO, A** adj. y n. HIST. En la edad media, decíase del sectario acusado de rendir culto a Lucifer.

**LUCIFERINA** n. f. Sustancia de los órganos luminosos de diversos animales, como la luciérnaga y algunos peces, cuya oxidación en presencia de luciferasa provoca una emisión de luz.

**LUCIFERINO, A** adj. Relativo a Lucifer.

**LUCÍFERO, A** adj. *Poét.* Luminoso.

**LUCÍFUGO, A** adj. *Poét.* Que huye de la luz. **2.** BIOL. Dícese de los organismos que evitan la luz.

**LUCIMIENTO** n. m. Acción y efecto de lucir o lucirse.

**LUCIO** n. m. (lat. *lucium*). Pez de agua dulce, voraz, cuya boca, muy alargada, contiene 700 dientes, y cuyas aletas posteriores le permiten alcanzar una gran velocidad para atrapar a su presa; puede vivir varias decenas de años y alcanzar 1 m de long. (Familia esócidos.)

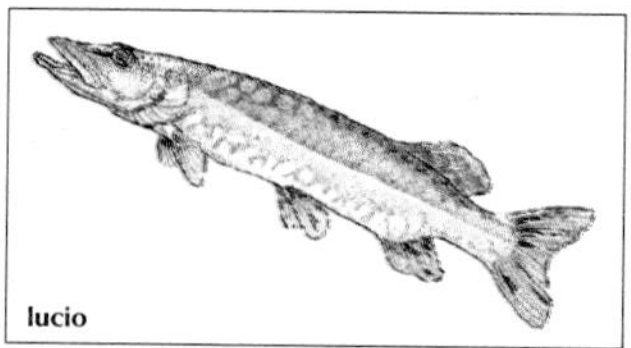

lucio

**LUCIÓN** n. m. Reptil insectívoro, de 30 a 50 cm de long., de color gris o dorado, sin patas, cuya cola se rompe fácilmente, por lo que se le da también el nombre de *serpiente de cristal.*

**LUCIR** v. intr. (lat. *lucere*) **[3g]**. Brillar, resplandecer. **2.** *Fig.* Corresponder notoriamente el provecho al trabajo o esfuerzo empleado: *el estudio no le luce en los exámenes.* **3.** *Amér.* Ofrecer cierta imagen, aspecto exterior. ◆ v. tr. **4.** Manifestar, mostrar alguna cosa o hacer ostentación de ella: *lucir una joya; lucir su ingenio.* ◆ v. intr. y pron. **5.** *Fig.* Sobresalir, resaltar. ◆ **lucirse** v. pron. **6.** Vestirse y adornarse con esmero. **7.** *Fig.* Salir airoso, causar buena impresión: *lucirse en un discurso.* **8.** Quedar chasqueado, defraudado, etc.

**LUCITIS** n. f. Fotodermatosis.

**LUCRAR** v. tr. (lat. *lucrare,* ganar) **[1]**. Lograr o conseguir algo: *lucrar un buen sueldo.* ◆ **lucrarse** v. pron. **2.** Sacar provecho: *lucrarse con un negocio.*

**LUCRATIVO, A** adj. Que proporciona lucro: *negocio lucrativo.*

**LUCRO** n. m. (lat. *lucrum*). Ganancia o provecho que se obtiene de algo, especialmente de un negocio: *tener afán de lucro; el lucro del trabajo.*

**LUCTUOSO, A** adj. (lat. *luctuosum*). Triste y digno de llanto: *noticia luctuosa.*

**LUCUBRACIÓN** n. f. Acción y efecto de lucubrar.

**LUCUBRAR** v. tr. (lat. *lucubrare*) **[1]**. Dedicarse intensamente a trabajos intelectuales o artísticos, especialmente dedicando a ello las noches.

**LÚCUMA** n. f. *Chile* y *Perú.* Fruto del lúcumo que es muy usado en repostería, pues no puede comerse crudo.

**LÚCUMO** n. m. *Chile* y *Perú.* Planta arbórea de la familia de las sapotáceas.

**LUDIBRIO** n. m. (lat. *ludibrium*). Escarnio, desprecio.

**LÚDICO, A** o **LÚDICRO, A** adj. (lat. *ludicrum*). Relativo al juego: *actividad lúdica.*

**LUDIÓN** n. m. Figurilla que, suspendida en una esfera hueca que contiene aire y agujereada con un pequeño orificio en su parte inferior, desciende o asciende en un recipiente lleno de agua y cerrado por una membrana elástica, según las variaciones de presión en dicho recipiente.

**LUDIR** v. tr. **[3]**. Frotar, rozar una cosa con otra: *ludir dos piedras.*

**LUDISMO** n. m. Movimiento de los luditas.

**LUDITA** adj. y n. m. y f. Relativo a los grupos de obreros británicos que, hacia 1810, se organizaron para destruir las máquinas, consideradas como responsables de provocar el paro forzoso; miembro de dichos grupos.

**LUDÓPATA** n. m. y f. Afecto de ludopatía.

**LUDOPATÍA** n. f. Hábito de quien se deja dominar por el juego de azar de forma irresistible y compulsiva.

**LUDOTECA** n. f. Local con una serie de juegos y de juguetes puestos a disposición del público, en particular de los niños.

**LUDOTERAPIA** n. f. Utilización de las actividades del juego como ayuda para resolver los problemas de adaptación infantil o para el tratamiento de las enfermedades mentales.

**LUEGO** adv. t. y l. Después: *primero trabaja y luego te divertirás; allí está su casa y luego la mía.* ◆ adv. t. **2.** Pronto, en seguida: *espero luego tu contestación.* • **Hasta luego,** expresión con que se despide alguien que se espera volver a ver dentro de poco tiempo. || **Luego luego** *(Méx.),* de inmediato, en seguida: *luego luego nos atendieron.* || **Luego que,** en seguida que. ◆ conj. **3.** Denota deducción o consecuencia: *esto no puede ser, luego no es verdad.* • **Desde luego,** indudablemente.

**LUENGO, A** adj. (lat. *longum*). Largo: *luengas barbas.*

**LUETISMO** n. m. Sífilis.

**LÚGANO** n. m. Pájaro, de 12 cm de long., con el plumaje en general amarillo y verde, manchado de negro, y pico cónico, muy puntiagudo, que vive en América del Norte y Europa y nidifica en Europa central, en los Alpes y los Pirineos. (Familia fringílidos.)

**LUGAR** n. m. (lat. *localem*). Porción determinada del espacio: *cada cuerpo ocupa un lugar en el universo.* **2.** Sitio, paraje o localidad: *ir siempre al mismo lugar; cada cosa en su lugar.* **3.** Situación relativa de algo en una serie o jerarquía: *ocupar un lugar principal; relegar a un segundo lugar.* **4.** Puesto, empleo, oficio: *ocupar un buen lugar en la empresa.* **5.** Tiempo, ocasión, oportunidad: *hacer lugar para divertirse.* **6.** Causa, motivo: *dar lugar a sospechas.* **7.** *Chile.* Letrina. • **A como dé lugar** *(Méx.),* sea como sea, a toda costa, cueste lo que cueste: *a como dé lugar tengo que terminar hoy.* || **En lugar de,** en sustitución de una persona o cosa; al contrario, lejos de. || **En primer lugar,** primeramente. || **Fuera de lugar,** poco oportuno y no adecuado al momento o a la circunstancia. || **Hacer lugar,** dejar libre un sitio o una parte de él. || **Hacerse lugar,** hacerse estimar o atender entre otros. || **Lugar común,** expresión trivial o ya muy empleada en casos análogos; letrina. || **Lugar geométrico** (MAT.), conjunto de puntos que gozan de una propiedad determinada y característica. || **No ha lugar** (DER.), fórmula que se utiliza para rechazar una petición o queja. || **Tener lugar,** ocurrir, suceder algo. ◆ **lugares** n. m. pl. **8. Lugares comunes,** u **oratorios,** principios generales de donde se sacan las pruebas para los argumentos en los discursos; figura retórica de uso universal. || **Lugares teológicos,** fuentes de donde la teología extrae sus principios, argumentos e instrumentos.

**LUGAREÑO, A** adj. y n. De los lugares o poblaciones pequeñas.

**LUGARTENENCIA** n. f. Cargo de lugarteniente.

**LUGARTENIENTE** n. m. Persona que tiene autoridad y poder para sustituir a otro en algún cargo. **2.** Durante la baja edad media, persona que ejercía el poder real en uno de los estados o en todo el territorio de la Corona de Aragón. • **Lugartenientes del justicia de Aragón,** personas afectas a éste que, en número de dos, le suplían en sus ausencias.

**LUGE** n. m. Trineo pequeño utilizado para deslizarse sobre la nieve. **2.** Deporte practicado con dicho trineo.

**LUGRE** n. m. (ingl. *lugger*). MAR. Barco pequeño de cabotaje, arbolado y aparejado como el quechemarín, y con gavias volantes.

**LÚGUBRE** adj. (lat. *lugubrem*). Triste, fúnebre: *lugar, imagen lúgubre.*

**LUGUÉS, SA** adj. y n. Lucense, de Lugo.

**LUIR** v. tr. **[29]**. Redimir un censo.

**LUIS** n. m. Antigua moneda de oro francesa, que valía 24 libras, con la efigie de Luis XIII y de sus sucesores. **2.** Pieza de oro francesa, que se llamaba también *napoleón.*

**LUISA** n. f. Planta aromática de jardín, cuyas hojas se usan en infusiones estomáquicas y antiespasmódicas. (Familia verbenáceas.) SIN.: *hierba luisa.*

**LUJO** n. m. (lat. *luxum*). Suntuosidad, riqueza ostentosa: *celebraron la boda con gran lujo y boato.* **2.** Aquello que pone de manifiesto que quien lo hace dispone de mucho dinero, tiempo, libertad, etc.: *no puedo darme el lujo de perder dos horas en la peluquería.* **3.** *Fig.* Abundancia de algo que no siempre es necesario: *un gran lujo de detalles.* • **De lujo,** que corresponde a gustos rebuscados y costosos y no a primeras necesidades: *artículo de lujo.* || **Impuesto de lujo,** impuesto de carácter indirecto que grava la adquisición, tenencia o utilización de bienes superfluos que representen un mero adorno, ostentación o regalo, así como los servicios del mismo carácter o que suponga una comodidad manifiestamente superior a la normal.

**LUJOSO, A** adj. Relativo al lujo: *residencia lujosa.*

**LUJURIA** n. f. Apetito desordenado del goce sexual. **2.** *Fig.* Exceso o abundancia de alguna cosa: *ser alguien feo con lujuria.*

**LUJURIANTE** adj. Abundante, exuberante: *vegetación lujuriante.*

**LUJURIOSO, A** adj. y n. Dado a la lujuria: *hombre lujurioso.* ◆ adj. **2.** Dícese de los actos, conducta, etc., en que se manifiesta la lujuria: *mirada lujuriosa.*

**LULIANO, A** adj. y n. Relativo a Ramon Llull o a sus doctrinas; lulista.

**LULISMO** n. m. Doctrina de Llull y sus seguidores.

**LULISTA** adj. y n. m. y f. Partidario del lulismo.

**LULO** n. m. *Chile.* Envoltorio, lío o paquete, de forma cilíndrica. **2.** *Chile. Fig.* Persona alta y delgada, en particular refiriéndose a adolescentes.

**LULÚ** n. m. Raza de perros de hocico puntiagudo y pelaje largo y abundante.

gran **lulú**

**LUMA** n. f. Planta arbórea, que puede alcanzar los 20 m de alt., de madera dura y pesada. (Familia mirtáceas.) **2.** Madera de este árbol. **3.** *Chile.* Bastón que usan los carabineros.

**LUMAQUELA** n. f. Roca calcárea que contiene numerosas conchas de moluscos.

**LUMBAGO** o **LUMBALGIA** n. m. Dolor vivo de la musculatura lumbar, de origen reumático o traumático.

**LUMBAR** adj. ANAT. Relativo a la región situada en el dorso, entre el borde inferior de las últimas costillas y la cresta ilíaca, en la parte superior e inferior del tronco.

**LUMBARTROSIS** n. f. Artrosis de las vértebras lumbares.

**LUMBOSACRO, A** adj. Relativo a las regiones lumbar y sacra a la vez.

**LUMBRADA** o **LUMBRARADA** n. f. Lumbre grande e intensa.

**LUMBRE** n. f. (lat. *lumen*). Fuego encendido para cocinar o calentarse. **2.** Materia combustible encendida. **3.** Espacio que una puerta, ventana u otro vano dejan franco a la entrada de la luz. **4.** Brillo, claridad. • **Dar lumbre,** arrojar chispas el pedernal herido del eslabón; *(Fam.),* prestar alguien a un fumador una cerilla, mechero, etc., para que encienda su cigarrillo.

**LUMBRERA** n. f. Cuerpo que despide luz. **2.** *Fig.* Persona de talento o sabia. **3.** CONSTR. Abertura, tronera o caño que, desde el techo de una habitación o desde la bóveda de una galería, comunica con el exterior y proporciona luz o ventilación. **4.** MEC. Orificio de admisión, de escape o de paso, abierto en las paredes del cilindro de un motor de dos tiempos. **5.** MEC. En las máquinas de vapor, cada uno de los orificios o aberturas que permiten que este fluido pase del cilindro a la caja de distribución y viceversa.

**LUMEN** n. m. (pl. *lumen* o *lúmenes*). Unidad de medida del flujo luminoso (símbolo lm), equivalente al flujo luminoso emitido en un ángulo sólido de un estereorradián por una fuente puntual uniforme de una candela de intensidad, situada en el vértice del ángulo sólido.

**LUMIA** n. f. Prostituta.

**LUMINANCIA** n. f. Cociente entre la intensidad luminosa de una superficie y su área aparente, para un observador lejano. **2.** Señal de televisión que transmite el brillo de cada uno de los puntos sucesivos que forman la imagen.

**LUMINAR** n. m. Estrella, astro. **2.** *Fig.* Lumbrera, persona de talento.

**LUMINARIA** n. f. Cada una de las luces que se ponen en los balcones, torres, monumentos, etc., en señal de fiesta, solemnidad o ceremonia de carácter público. **2.** *Méx.* Actor o actriz muy famoso: *las luminarias del cine nacional.* **3.** LITURG. Luz que arde en los templos delante del altar.

**LUMÍNICO, A** adj. Relativo a la luz.

**LUMINISCENCIA** n. f. Característica propia de numerosas sustancias que emiten luz a bajas temperaturas bajo el efecto de una excitación. • **Luminiscencia atmosférica,** emisión luminosa debida a átomos o moléculas atmosféricas, excitados por la radiación solar o por colisiones o reacciones entre partículas.

**LUMINISCENTE** adj. Que emite rayos luminosos por luminiscencia.

**LUMINISMO** n. m. Tendencia a acentuar los efectos de la luz en una pintura o dibujo.

**LUMINISTA** adj. Que practica el luminismo.

**LUMINOSIDAD** n. f. Calidad de luminoso. **2.** Potencia total irradiada por un astro, considerada la totalidad del espectro electromagnético y en todas las dimensiones.

**LUMINOSO, A** adj. Que despide luz. **2.** Que está muy iluminado: *habitación luminosa.* **3.** Dícese de las ideas, enseñanzas, explicaciones muy claras o acertadas: *una idea luminosa.* • **Rayo luminoso,** línea hipotética según la cual se propaga la luz.

**LUMINOTECNIA** n. f. Técnica de la iluminación con luz artificial.

**LUMINOTÉCNICO, A** adj. Relativo a la luminotecnia. ◆ n. **2.** Persona especializada en luminotecnia.

**LUMPENPROLETARIADO** n. m. (alem. *Lumpenproletariat*). En la terminología marxista, parte más pobre del proletariado, al que su extrema alienación impide la toma de conciencia revolucionaria. SIN.: *subproletariado.*

**LUNA** n. f. (lat. *lunam*). Satélite natural de la Tierra. (Con este significado suele escribirse con mayúscula.) **2.** Luz nocturna que este satélite refleja. **3.** Satélite natural de un planeta cualquiera: *las lunas de Júpiter.* **4.** *Fig.* Manía pasajera o variación brusca del estado de ánimo: *cambiar de luna cada cinco minutos.* **5.** Espejo o pieza de cristal de gran tamaño: *las lunas de los escaparates.* **6.** Cristal de los anteojos. • **Dejar,** o **quedarse,** uno **a la luna,** o **a la luna de Valencia** *(Fam.)*, dejar o quedarse chasqueado. ‖ **Estar en la luna** *(Fam.)*, estar distraído. ‖ **Luna de miel,** primeros tiempos del matrimonio. ‖ **Luna llena,** fase de la Luna en la que ésta, al encontrarse en oposición al Sol con respecto a la Tierra, presenta a la Tierra su hemisferio iluminado, por lo que es visible bajo el aspecto de un disco entero. ‖ **Luna nueva,** fase de la Luna en la que ésta, al encontrarse entre el Sol y la Tierra, presenta a la Tierra su hemisferio oscuro, por lo que es invisible. ‖ **Media luna** *(Fig.)*, islamismo; *(Fig.)*, imperio turco. ‖ **Pedir la luna** *(Fam.)*, pedir algo imposible o muy difícil.

■ La Luna gira alrededor de la Tierra en 27 días 7 horas y 43 minutos *(revolución sideral)*, a una distancia media de 384 000 km. En el mismo tiempo, realiza una rotación completa sobre sí misma. En consecuencia, siempre presenta la misma cara a la Tierra. Desprovista de luz propia, sólo refleja la luz que recibe del Sol; por consiguiente, tiene permanentemente un hemisferio iluminado y otro sumido en la oscuridad. Los distintos aspectos, o *fases,* según los cuales se la ve desde la Tierra se explican por las variaciones de su posición relativa respecto a nuestro planeta y al Sol. Estas fases se desarrollan siguiendo un ciclo de 29 días 12 horas y 44 minutos (*revolución sinódica, lunación,* o *mes lunar*). El radio de la Luna es de 1 738 km; su densidad media, de 3,34, y su masa, un 1/81 de la de la Tierra. Su superficie presenta amplias llanuras accidentadas, con numerosos cráteres meteoríticos de variadas dimensiones y montañas de formas suaves que pueden alcanzar alturas elevadas (8 200 m). Carece de atmósfera, por lo que está sometida a temperaturas que van desde +100 °C durante el día a −150 °C por la noche. La superficie lunar fue estudiada directamente de 1969 a 1972, a lo largo de seis vuelos de la serie Apolo, que permitieron a doce astronautas norteamericanos posarse sobre el astro y recoger cerca de 400 kg de muestras.

**LUNACIÓN** n. f. Tiempo que transcurre entre dos lunas nuevas consecutivas (alrededor de 29,5 días).

**LUNADA** n. f. *Méx.* Fiesta o reunión nocturna al aire libre que se realiza cuando hay luna llena.

**LUNADO, A** adj. Que tiene figura de media luna.

**LUNANCO, A** adj. Dícese de los cuadrúpedos que tienen una anca más alta que la otra.

**LUNAR** n. m. Pequeña mancha en la piel humana. **2.** Mancha de forma más o menos redondeada que se distingue, por el color, de la superficie que la rodea: *tela de lunares rojos sobre fondo blanco.* **3.** *Fig.* Defecto o imperfección leve.

**LUNAR** adj. (lat. *lunarem*). Relativo a la Luna: *eclipse lunar.*

**LUNAREJO, A** adj. y n. *Colomb.* y *Perú.* Dícese de la persona que tiene uno o más lunares en la cara. ◆ adj. **2.** *Amér.* Dícese de los animales que tienen lunares en el pelo.

**LUNARIO, A** adj. Relativo a las lunaciones.

**LUNÁTICO, A** adj. y n. De estado de ánimo muy variable.

**LUNCH** n. m. (voz inglesa). Refrigerio que se ofrece a los invitados a una fiesta o celebración. **2.** *Méx.* Lonch.

**LUNDU** n. m. Canción y danza brasileña, de origen africano.

**LUNES** n. m. Segundo día de la semana, entre el domingo y el martes.

**LUNETA** n. f. Cristal o vidrio pequeño de los anteojos. **2.** Cristal trasero del automóvil. **3.** *Amér.* Patio de butacas. • **Luneta térmica,** luneta de automóvil provista de hilos eléctricos que al calentar el cristal lo desempañan.

**LUNETO** n. m. ARQ. Hueco de una cúpula o de una bóveda, que suele servir para la iluminación de interiores.

**LUNFA** n. m. *Argent.* Ratero. **2.** *Argent.* Lunfardo, jerga.

**LUNFARDISMO** n. m. Voz, giro o modo de hablar peculiar del lunfardo. **2.** Palabra o giro lunfardos empleados en otra lengua.

**LUNFARDO, A** adj. Relativo al lunfardo. ◆ n. **2.** Ratero, ladrón. **3.** Chulo, rufián. ◆ n. m. **4.** Jerga que originariamente empleaban los delincuentes porteños de Buenos Aires, y que se ha ido extendiendo al lenguaje coloquial de los argentinos.

■ El lunfardo, lenguaje de *lunfas* (ladrones), puede considerarse una jerga gremial. Posee un amplio léxico con elementos calós, españoles, italianos, etc., y utiliza métodos para la formación de palabras, como la metáfora, la supresión de fonemas, la sustitución de palabras por similitud del significante y la alteración del orden habitual de las sílabas de la palabra.

**LUNISOLAR** adj. Relativo, al mismo tiempo, al Sol y a la Luna.

**LÚNULA** n. f. Mancha blanca en forma de elipsoide, situada en la base de las uñas del hombre. **2.** Figura geométrica formada por dos arcos de círculo que tienen las mismas extremidades y cuyas convexidades están orientadas hacia el mismo lado.

**LUPA** n. f. (fr. *loupe*). Lente convergente que amplía los objetos.

**LUPANAR** n. m. (lat. *lupanar*). Prostíbulo.

**LUPERCALES** n. f. pl. HIST. Fiestas anuales celebradas en Roma el 15 de febrero en honor de Luperco, dios protector de los rebaños.

**LUPIA** n. f. Lobanillo. **2.** *Colomb.* Cantidad insignificante de dinero. (Se usa más en plural.)

**LÚPICO, A** adj. Relativo al lupus. ◆ adj. y n. **2.** Afecto de esta enfermedad.

**LUPINO, A** adj. Relativo al lobo. ◆ n. m. **2.** Altramuz. **3.** Fruto de esta planta.

**LUPULINO** n. m. Polvo amarillo de los frutos del lúpulo, que contiene resinas amargas que aromatizan la cerveza.

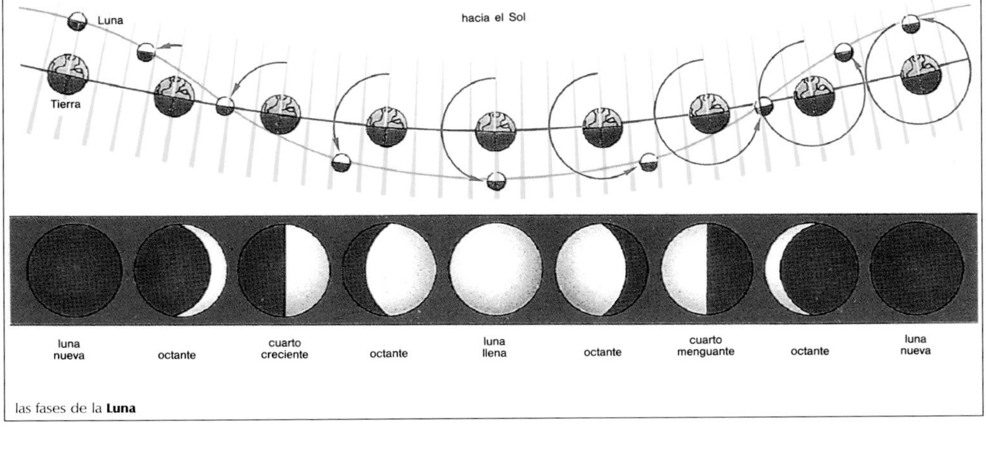


las fases de la **Luna**

**LÚPULO** n. m. Planta herbácea trepadora de hasta 5 m de alt., cultivada por sus inflorescencias femeninas, que se utilizan para aromatizar la cerveza. (Familia cannabináceas.)

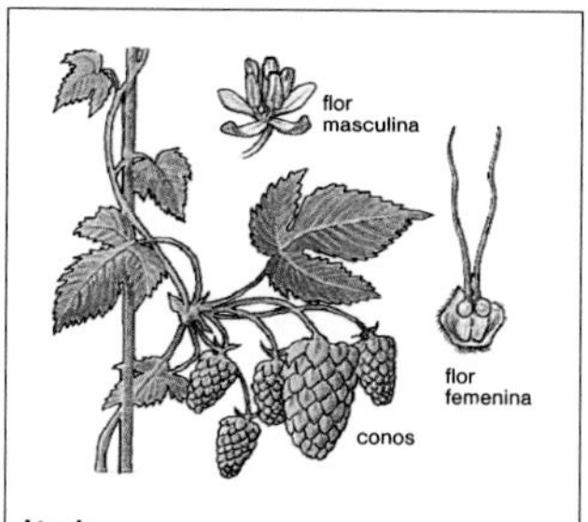

**lúpulo**

**LUPUS** n. m. Afección inflamatoria, de evolución prolongada, de la piel de la cara.

**LUSITANISMO** o **LUSISMO** n. m. Voz, giro o modo de hablar peculiar de la lengua portuguesa. **2.** Palabra o giro portugueses empleados en otra lengua.

**LUSITANO, A** o **LUSO, A** adj. y n. Relativo a un pueblo primitivo de la península Ibérica asentado en Lusitania, base étnica de los act. portugueses; individuo de este pueblo. **2.** Portugués.

**LUSONES,** pueblo celtíbero asentado entre el S del Ebro y las fuentes del Tajo, cuya capital era *Contrebia* (Botorrita, Zaragoza).

**LUSTRABOTAS** n. m. y f. (pl. *lustrabotas*). *Amér. Merid.* Limpiabotas.

**LUSTRACIÓN** n. f. (lat. *lustrationem*). Rito de purificación en algunas religiones.

**LUSTRADO** o **LUSTRAMIENTO** n. m. Acción y efecto de lustrar, dar lustre.

**LUSTRADOR** n. m. *Argent., Bol., Chile, Perú* y *Urug.* El que tiene por oficio lustrar muebles. **2.** *Nicar.* Limpiabotas.

**LUSTRAL** adj. Relativo a la lustración: *agua lustral.*

**LUSTRAR** v. tr. [**1**]. Dar lustre a algo frotándolo con insistencia: *lustrar las botas.* **2.** Recorrer, peregrinar por un país. **3.** ANT. ROM. Purificar con sacrificios y ceremonias las cosas que se creían impuras.

**LUSTRE** n. m. Luz que reflejan las cosas tersas o bruñidas: *dar lustre a unos zapatos.* **2.** *Fig.* Lucimiento, gloria, distinción: *trabajar por el lustre de la patria.*

**LUSTREAR** v. tr. [**1**]. *Chile.* Lustrar, dar lustre.

**LUSTRÍN** n. m. *Chile.* Limpiabotas.

**LUSTRINA** n. f. Tela vistosa de seda, oro y plata, empleada en ornamentos litúrgicos. **2.** Percalina.

**LUSTRO** n. m. (lat. *lustrum*). Período de cinco años. **2.** HIST. Sacrificio expiatorio que se celebraba en Roma cada cinco años.

**LUSTROSO, A** adj. Que tiene lustre. **2.** De aspecto lúcido o robusto por el color o la tirantez de la piel. • **Esquisto lustroso,** esquisto preterciario, no fosilífero, metamorfosizado o neógeno, que se encuentra en la zona alpina interna.

**LUTECIO** n. m. Metal del grupo de las tierras raras, de número atómico 71 y de masa atómica 174,97, cuyo símbolo químico es Lu.

**LUTEÍNA** n. f. BIOL. Xantofila de color amarillo, que se encuentra en las hojas de los vegetales y en la yema de huevo. **2.** Progesterona.

**LÚTEO, A** adj. (lat. *luteum*). De lodo.

**LUTERANISMO** n. m. Doctrina teológica surgida del pensamiento de Lutero en el s. XVI. **2.** Religión basada en esta doctrina.

**LUTERANO, A** adj. y n. Relativo al luteranismo; que profesa el luteranismo.

**LUTHIER** n. m. (voz francesa). Persona que fabrica instrumentos musicales de cuerda.

**LUTO** n. m. Situación consiguiente a la muerte de un familiar en que se viste de manera especial y se guardan determinadas formas sociales: *guardar luto por un familiar.* **2.** Vestido o cualquier señal exterior, cuyo color varía según los lugares, que acostumbra llevarse tras el fallecimiento de un pariente o durante la asistencia a conmemoraciones fúnebres: *llevar luto.* **3.** Cualquier manifestación social de respeto por la muerte de alguien: *día de luto oficial.* **4.** Dolor por el fallecimiento de un ser querido o por alguna desgracia. • **Aliviar el luto,** vestirse de medio luto. || **Medio luto,** vestido menos severo que se lleva después del luto riguroso.

**LUTOCAR** n. m. *Chile.* Carrito de mano para recoger basura.

**LUX** n. m. Unidad de medida de la iluminación (símbolo lx), equivalente a la iluminación de una superficie que recibe, de manera uniformemente repartida, un flujo luminoso de un lumen por metro cuadrado.

**LUXACIÓN** n. f. MED. Pérdida permanente de las relaciones normales entre dos superficies articulares.

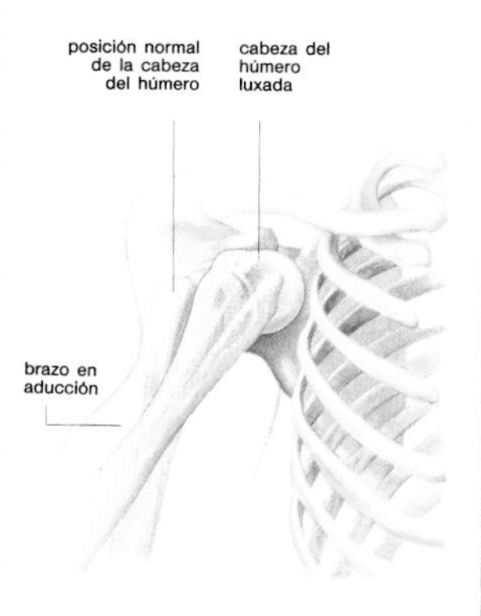

**luxación** del hombro

**LUXAR** v. tr. y pron. [**1**]. Provocar o sufrir una luxación.

**LUXEMBURGUÉS, SA** adj. y n. De Luxemburgo.

**LÚXMETRO** n. m. Aparato que sirve para medir las iluminaciones.

**LUZ** n. f. (lat. *lucem*). Radiación emitida por cuerpos calentados a altas temperaturas (incandescencia) o por cuerpos excitados (luminiscencia) y que es percibida por los ojos. (La luz está constituida por ondas electromagnéticas, y su velocidad de propagación en el vacío es de 299 792,5 km/s; se puede considerar también como un fluido de partículas energéticas desprovistas de masa [*fotones*].) **2.** Agente físico que hace visibles los objetos. **3.** Utensilio o aparato para alumbrar. **4.** *Fig.* Modelo, persona o cosa capaz de ilustrar o guiar. **5.** *Fig.* Esclarecimiento o claridad de la inteligencia. **6.** *Méx.* Dinero. **7.** ANAT. Calibre interior de un vaso o de cualquier conducto del organismo. **8.** ARQ. Cada una de las ventanas o troneras por donde se da luz a un edificio. (Suele usarse en plural.) **9.** ARQ. Dimensión horizontal interior de un arco, un vaso o una habitación. **10.** CONSTR. Distancia entre los puntos de apoyo de una pieza o elemento, que sólo se sostiene sobre alguna de sus partes. **11.** PINT. Parte clara o más iluminada que las demás en un cuadro, grabado o dibujo. • **Arrojar, echar, luz** sobre un asunto, aclararlo o ayudar a comprenderlo. || **Dar a luz,** parir la mujer. || **Entre dos luces,** al amanecer o al anochecer. || **Luces de carretera,** o **largas,** dispositivo luminoso del que ha de estar provisto todo vehículo que circule por carretera para iluminar su ruta a una distancia mínima de 100 m. || **Luces de cruce,** o **cortas,** dispositivo de iluminación que todo conductor de vehículo de carretera debe encender como sustituto de las luces de carretera cuando se cruza con otro vehículo. || **Luces de gálibo,** dispositivo luminoso que ha de llevar todo vehículo de carretera de grandes dimensiones, para indicar su tamaño. || **Luces de posición,** señal luminosa que han de llevar los buques durante la noche para indicar su rumbo y evitar abordajes; dispositivo de iluminación, del que ha de estar provisto todo vehículo de carretera, blanco en la parte delantera y rojo en la trasera. || **Luces de señalización,** dispositivo, aparato luminoso, semáforo, etc., utilizados para regular el tráfico. || **Luz cenicienta** o **cinérea,** luz solar reflejada por la Tierra sobre la Luna, que ilumina la parte oscura del disco lunar antes y después del novilunio. || **Luz cenital,** la que en un edificio o patio se recibe por el techo. || **Luz eléctrica,** la que se produce por medio de la electricidad. || **Luz fría,** luz eléctrica que no tiene liberación apreciable de calor. || **Luz mala** (*Argent.* y *Urug.*), fuego fatuo que en el campo producen de noche los huesos en descomposición y que la superstición atribuye a las almas de los muertos que no han sido sepultados. || **Luz negra,** radiación ultravioleta, invisible, que provoca la fluorescencia de determinados cuerpos. || **Luz zodiacal,** resplandor difuso situado en el plano de la eclíptica, que se puede observar en las noches claras y sin Luna, al O después de la puesta del Sol, o al E antes de su salida. || **Media luz,** la que es escasa. || **Sacar a luz,** publicar una obra; descubrir, manifestar lo que estaba oculto. || **Salir a luz,** aparecer publicada una obra; manifestar algo que estaba oculto. || **Ver la luz,** nacer. ◆ **luces** n. f. pl. **12.** *Fig.* Ilustración, cultura: *persona de pocas luces.* **13.** *Méx.* Fiestas nocturnas.

**LYCRA** n. f. (marca registrada). Tejido sintético de gran elasticidad que se utiliza en la confección de algunas prendas, como medias o bañadores.

**lx,** símbolo del *lux.*

# M

**M** n. f. Decimotercera letra del alfabeto español y décima de las consonantes. (Es una consonante nasal, bilabial.) **2.** Cifra romana que vale *mil.* **3.** Símbolo del *maxwell.* **4.** Símbolo del *metro.* **5.** Símbolo del prefijo *mili.*

**MABÍ** n. m. *Dom.* y *P. Rico.* Árbol pequeño de corteza amarga. (Familia raumáceas.)

**MABITA** n. f. *Venez.* Mal de ojo. ◆ n. m. y f. **2.** *Venez.* Persona que tiene o trae mala suerte.

**MACA** n. f. Señal que presenta la fruta por algún daño recibido. **2.** Defecto, deterioro o daño ligero. **3.** Disimulo, fraude.

**MACÁ** n. f. Ave acuática de breve vuelo, pico puntiagudo, cola muy corta y patas con dedos palmeados, que vive en agua dulce en Argentina y Chile. (Familia podicipítidos.)

**MACÁ,** pueblo amerindio de lengua mataco-macá que habitaba en la región del río Pilcomayo.

**MACABEO** n. m. Cepa blanca que se cultiva en las regiones vitícolas catalanas, con la que se prepara un vino blanco y licoroso de igual nombre.

**MACABRO, A** adj. (fr. *macabre*). Que participa de lo terrorífico y repulsivo de la muerte.

**MACACHÍN** n. m. *Argent.* y *Urug.* Pequeña planta de flores amarillas o violadas, hojas parecidas a las del trébol y tubérculo comestible. Sus hojas y flores se utilizan con fines medicinales. (Familia oxalidáceas.)

**MACACINAS** n. f. pl. *Amér. Central.* Especie de calzado tosco, propio para el campo.

**MACACO, A** n. (voz portuguesa). Mono semejante a los cercopitecos, que mide de 50 a 60 cm de long., sin contar la cola. ◆ adj. y n. **2.** *Cuba* y *Chile.* Feo, deforme.

macaco

**MACACOA** n. f. *Colomb.* y *Venez.* Murria, tristeza. **2.** *P. Rico.* Mala suerte.

**MACADAM** o **MACADÁN** n. m. (del ingeniero J. L. *McAdam*). Revestimiento de una calzada hecho con piedra machacada y arena, que se aglomera mediante rodillos compresores. • **Macadam asfáltico,** pavimento a base de grava, ripio y betún o asfalto.

**MACADAMIZADO** n. m. Acción y efecto de macadamizar. SIN.: *macadamización.*

**MACADAMIZAR** v. tr. [**1g**]. Pavimentar con macadam.

**MACAGUA** n. f. Planta arbórea que crece en Cuba, y cuyo fruto del tamaño y configuración de la bellota, pero sin cáscara, comen los cerdos. (Familia rubiáceas.) **2.** Serpiente venenosa, de color negro, que vive en las regiones cálidas de Venezuela, especialmente a orillas del mar. **3.** Ave falconiforme diurna, de tamaño regular y con el pico dentado, que vive en los bosques de América Meridional. (Familia falcónidos.)

**MACAGÜITA** n. f. Palmera espinosa que crece en Venezuela, cuyo fruto es un coco pequeño, casi negro. (Familia palmáceas.) **2.** Fruto de esta planta.

**MACANA** n. f. Arma ofensiva de algunos pueblos precolombinos consistente en una especie de maza de madera. **2.** *Amér.* Garrote grueso de madera dura y pesada. **3.** *Amér. Merid.* Especie de chal, casi siempre de algodón, que usan las mestizas. **4.** *Argent.* Regalo de poca importancia. **5.** *Argent., Perú* y *Urug. Fig.* Desatino, embuste. • **¡Qué macana!** *(Argent.),* exclamación que expresa contrariedad. **6.** BOT. Palmera de madera muy fina y resistente, utilizada para fabricar armas y otros instrumentos. (Familia palmáceas.) **7.** ZOOL. Anfibio anuro que vive en las selvas de Ecuador. (Familia hílidos.)

**MACANAZO** n. f. Golpe dado con la macana.

**MACANEADOR, RA** n. *Argent.* Persona que macanea, dice mentiras.

**MACANEAR** v. tr. [**1**]. *Colomb.* Dirigir bien un negocio. **2.** *Colomb., Nicar.* y *Venez.* Desbrozar. **3.** *Cuba, Dom., Méx.* y *P. Rico.* Golpear con la macana. ◆ v. intr. **4.** *Argent., Bol., Chile, Par.* y *Urug.* Decir desatinos o embustes. **5.** *Colomb.* y *Hond.* Trabajar fuertemente y con asiduidad. (En *Nicar.* se usa como pronominal.)

**MACANO** n. m. *Chile.* Color oscuro que se obtiene de la corteza del huigán, y que se usa para teñir lana.

**MACANUDO, A** adj. y n. Chocante por lo grande, gracioso, extraordinario, etc. **2.** *Amér.* Muy bueno, fenómeno, en sentido material y moral.

**MACAO** n. m. Decápodo parecido al ermitaño. (Familia pagúridos.)

**MACAÓN** n. m. Mariposa diurna, de alas amarillas con manchas negras, rojas y azules, que mide hasta 9 cm de envergadura.

**MACARELA** n. f. *Venez.* Caballa.

**MACARENO, A** adj. y n. Relativo al barrio de la Macarena, de Sevilla; vecino de este barrio.

**MACAREO** n. m. Oleada que sube río arriba al crecer la marea.

**MACARRA** n. m. *Fam.* Hombre que vive a costa de las mujeres. **2.** *Fam.* Hombre pendenciero y sin escrúpulos.

**MACARRÓN** n. m. (ital. *maccherone*). Pasta de harina de trigo en forma de tubo, más o menos delgado. **2.** Tipo de grabado rupestre ejecutado sobre un manto de arcilla húmeda.

**MACARRONEA** n. f. (ital. *maccheronea*). Composición burlesca escrita en latín macarrónico.

**MACARRÓNICO, A** adj. Dícese de un género de poesía burlesca, escrita en un latín caricaturesco mezclado con voces romances latinizadas. **2.** Dícese del lenguaje, estilo, etc., incorrecto o falto de elegancia.

**MACARSE** v. pron. [**1a**]. Empezar a pudrirse los frutos a consecuencia de golpes o magulladuras.

**MACASAR** n. m. Cubierta de punto, tela, encaje, etc., que se pone en los respaldos de los asientos.

**MACAZUCHIL** n. m. Planta cuyo fruto, de sabor fuerte, empleaban los habitantes de México para perfumar el chocolate y las bebidas en que entraba el cacao. (Familia piperáceas.)

**MACCARTHISMO** o **MACARTISMO** n. m. Nombre con que se designa un conjunto de medidas policíacas que entraron en vigor en E.U.A. después de la segunda guerra mundial para descubrir e inhabilitar profesionalmente a los sospechosos de ser simpatizantes comunistas, o, simplemente, de tener ideas contrarias a las del gobierno.

**MACCHIAIOLI** n. m. pl. (voz ital., der. de *macchia,* mancha). Grupo de pintores italianos del s. XIX, de inspiración antiacadémica, que utilizaban una técnica de pincelada larga y de valores cromáticos contrastados. (Los más conocidos de estos artistas, que expusieron conjuntamente en Florencia, en 1862, son Giovanni Fattori [1825-1908], Silvestro Lega [1826-1895] y Telemaco Signorini [1835-1901].)

**MACEAR** v. tr. [**1**]. Golpear con el mazo o la maza. ◆ v. intr. **2.** Machacar, insistir en algo.

**MACEDONIA** n. f. Postre preparado con diversas frutas mondadas y cortadas en trozos pequeños, aderezado con azúcar, licor o zumos de frutas. **2.** Guiso hecho con una mezcla de diferentes legumbres, hervidas y aderezadas.

**MACEDÓNICO, A** adj. Relativo a Macedonia.

**MACEDONIO, A** adj. y n. De Macedonia. ◆ n. m. **2.** Lengua del grupo eslavo meridional.

**MACEGUAL** n. m. En México, denominación de los indios libres que formaban la mayor parte de la población autóctona.

**MACERACIÓN** n. f. Acción y efecto de macerar. **2.** Operación que consiste en sumergir en un líquido una sustancia para extraer de ella los elementos solubles, o un producto alimenticio para perfumarlo o conservarlo.

**MACERADOR, RA** adj. y n. Que macera. ◆ n. m. **2.** Recipiente donde se realiza una maceración.

**MACERAR** v. tr. **[1]**. Efectuar una maceración. ◆ v. tr. y pron. **2.** Mortificarse físicamente con penitencias.

**MACERO** n. m. El que en las ceremonias lleva la maza delante de las corporaciones o individuos que ostentan esta insignia.

**MACETA** n. f. Maza pequeña, utilizada en diversos oficios. **2.** Empuñadura o mango de algunas herramientas. **3.** Martillo con cabeza de dos bocas iguales y mango corto, que usan los canteros para golpear sobre el cincel. **4.** *Chile.* Pieza corta de madera dura que sirve para machacar o golpear.

**MACETA** n. f. (ital. *mazetto*). Vaso de barro cocido con una perforación en su base que, lleno de tierra, sirve para cultivar plantas.

**MACETERO** n. m. Soporte para macetas de flores.

**MACFARLÁN** o **MACFERLÁN** n. m. Abrigo de hombre, sin mangas, con una larga esclavina y dos aberturas para los brazos.

**MACH** n. m. Nombre internacional de una unidad de velocidad aplicada generalmente a los aviones y equivalente a la del sonido.

**MACHA** n. f. Molusco lamelibranquio comestible, propio de los mares de Chile y Perú. (Familia tellínidos.)

**MACHACA** n. f. Machacadera. **2.** Piedra machacada, reducida a fragmentos de pequeño tamaño y medidas determinadas. **3.** *Méx.* Carne seca y deshebrada. ◆ n. m. y f. **4.** Machacón.

**MACHACADERA** n. f. Instrumento que sirve para machacar.

**MACHACADOR, RA** adj. y n. Que machaca.

**MACHACAMIENTO** n. m. Acción y efecto de machacar. SIN.: *machacadura.*

**MACHACANTE** n. m. Soldado destinado a servir a un sargento. **2.** *Fam.* Duro, moneda.

**MACHACAR** v. tr. **[1a]**. Golpear una cosa para deformarla. **2.** Triturar, deshacer o aplastar una sustancia mediante golpes. **3.** *Fig.* Estudiar con insistencia y tenacidad una materia. ◆ v. intr. **4.** *Fig.* Insistir fuertemente sobre algo.

**MACHACÓN, NA** adj. y n. Pesado, que repite las cosas: *insistencia machacona.*

**MACHACONERÍA** n. f. Cualidad de machacón.

**MACHADA** n. f. Hato de machos cabríos. **2.** *Fig.* y *fam.* Necedad, dicho o hecho necio. **3.** *Fig.* y *fam.* Acción propia de un machote.

**MACHADO** n. m. Hacha para cortar madera.

**MACHAJE** n. m. *Chile.* Conjunto de animales machos.

**MACHAMARTILLO. A machamartillo,** con fuerte trabazón y firmeza: *ser honrado a machamartillo.*

**MACHAR** v. tr. **[1]**. Machacar. ◆ **macharse** v. pron. **2.** *Argent.* y *Bol.* Emborracharse.

**MACHETAZO** n. m. Golpe dado con el machete.

**MACHETE** n. m. Arma blanca, más corta que la espada, ancha, pesada y de un solo filo. **2.** Cuchillo grande, que se utiliza para desmontar, abrirse paso en bosques y selvas, y para cortar caña. **3.** *Argent. Fig.* y *fam.* Chuleta, papelito con apuntes que los estudiantes llevan oculto para usar disimuladamente en los exámenes.

**MACHETEAR** v. tr. **[1]**. Dar machetazos. **2.** TAUROM. Quebrantar al toro haciéndole cornear reiteradamente el engaño. ◆ v. tr. y pron. **3.** *Argent.* Valerse el estudiante de machete durante un examen. **4.** *Argent. Fig.* y *fam.* Reducir el texto de un examen a machete. ◆ v. intr. **5.** *Méx.* Trabajar con ahínco hasta alcanzar algún propósito: *tienes que machetearte si quieres terminar tus estudios.*

**MACHETERO, A** n. Persona que abre camino con el machete a través de los pasos embarazados con arbustos y matorrales. **2.** Persona que en los ingenios azucareros corta la caña de azúcar. ◆ adj. y n. **3.** *Argent. Fam.* Dícese del estudiante que usa machetes. **4.** *Méx.* Dícese del estudiante que se dedica con esmero a sus labores escolares.

**MACHI** o **MACHÍ** n. m. y f. *Chile.* Curandero.

**MÁCHICA** n. f. (voz quechua). *Perú.* Harina de maíz tostado, mezclada con azúcar y canela.

**MACHIGUA** n. f. *Amér.* Agua con residuos de maíz.

**MACHIHEMBRADO** adj. y n. m. Dícese de un ensamblaje de dos tablas por sus cantos, por medio de ranura o lengüeta.

**MACHIHEMBRADORA** n. f. y adj. Máquina que efectúa el machihembrado.

**MACHIHEMBRAR** v. tr. **[1]**. Ensamblar dos tablas a caja y espiga o a ranura y lengüeta.

**MACHÍN** n. m. *Colomb., Ecuad.* y *Venez.* Mono, mico.

**MACHINA** n. f. Especie de cabria rudimentaria, compuesta de dos largas pértigas o vigas de madera unidas por sus extremos superiores, en cuyo vértice va suspendida una polea. **2.** Grúa muy potente, en forma de cabria metálica, utilizada en los puertos marítimos. • **Machina de arbolar** (MAR.), machina fija o flotante, propia para las faenas de arbolar y desarbolar los buques.

**MACHINCUEPA** n. f. *Méx.* Voltereta que se da poniendo la cabeza en el suelo y dejándose caer sobre la espalda.

**MACHISMO** n. m. Actitud que considera al sexo masculino superior al femenino.

**MACHISTA** adj. y n. m. y f. Relativo al machismo; partidario del machismo.

**MÁCHMETRO** n. m. Instrumento que, a bordo de un avión, sirve para medir el número de mach.

**MACHO** n. m. (lat. *masculum*). En los seres vivos que tienen los órganos de reproducción masculinos y femeninos en distinto individuo, el que tiene los masculinos. **2.** *Fam.* Machote. **3.** En las ensambladuras, empalmes, articulaciones, uniones, etc., pieza que se introduce y encaja en otra. **4.** ARQ. Pilar de fábrica que sostiene o fortalece alguna cosa. **5.** BOT. Especie que, comparada con otra, es más robusta y más fuerte: *helecho macho.* **6.** METAL. Masa de arena o pieza metálica o de otro material que se coloca en el molde durante la fase de acabado, a fin de obtener cavidades o partes huecas en la pieza colada. **7.** TAUROM. Cada una de las borlas que penden de distintas partes del traje de torear. **8.** ZOOTECN. Mulo. • **Macho cabrío,** o **de cabrío,** macho de la cabra; hombre lujurioso. ‖ **Macho de roscar, aterrajar,** o **terrajar** (MEC.), útil empleado para tallar roscas interiores en tuercas, agujeros ciegos u orificios de reducido diámetro en que han de ajustarse tornillos. ‖ **Macho del timón** (MAR.), cada uno de los pinzotes fijados a la madre del timón, que encajan en las hembras del canto exterior del codaste.

**MACHO** n. m. Martillo pesado y de largo mango empleado por los forjadores y herreros. **2.** MÚS. Especie de coda o estribillo final con que se suele rematar la ejecución de algunos cantes flamencos.

**MACHORRA** n. f. Hembra estéril. **2.** Marimacho.

**MACHORRO, A** adj. Estéril, infructífero.

**MACHOTE** n. m. *Fam.* Varón en quien se quieren destacar las cualidades consideradas típicamente masculinas, como la virilidad, el valor, la fuerza, etc. ◆ adj. **2.** *Chile.* Dícese del animal macho que es estéril.

**MACHOTE** n. m. *Amér. Central.* Borrador, dechado, modelo. **2.** *Méx.* Formulario con espacios en blanco para rellenar. **3.** *Méx.* Señal que se pone para medir los destajos en las minas.

**MACHUCADURA** n. f. Acción y efecto de machucar.

**MACHUCANTE** n. m. *Colomb. Fam.* Individuo, tipo.

**MACHUCAR** v. tr. **[1a]**. Herir, golpear, machacar maltratando y causando contusiones o magullamientos.

**MACHUCHO, A** adj. Prudente, juicioso. **2.** Entrado en años.

**MACHUCÓN** n. m. *Amér.* Machucadura.

**MACIEGA** n. f. *Argent., Bol.* y *Urug.* Hierba silvestre o conjunto de ellas que son perjudiciales para las plantas cultivadas.

**MACILENTO, A** adj. (lat. *macilentum*). Flaco, pálido: *luz macilenta.*

**MACILLO** n. m. Pieza del piano, a modo de mazo con mango y cabeza forrada de fieltro, que, a impulso de la tecla, hiere la cuerda correspondiente. SIN.: *martillo.* **2.** Palillo para tocar los distintos instrumentos de percusión.

**MACIS** n. f. Arilo de la nuez moscada, utilizado como condimento.

**MACIZADO** n. m. CONSTR. Material de relleno: *macizado de una pared.*

**MACIZAR** v. tr. **[1g]**. CONSTR. Rellenar con mampostería, cascotes u otro material compacto.

**MACIZO, A** adj. Formado por una masa sólida, sin huecos en su interior: *oro macizo.* **2.** De carne dura, no fofa: *brazos macizos.* **3.** *Fam.* Dícese de la persona que tiene un cuerpo atractivo. ◆ n. m. **4.** Masa sólida y compacta de algo. **5.** Parte de una pared entre dos vanos. **6.** Obra de hormigón o de mampostería maciza. **7.** Conjunto de plantas que decoran los cuadros de los jardines: *un macizo de tulipanes.* **8.** Conjunto de alturas de relieve que presentan un carácter montañoso unitario.

**MACLA** n. f. Asociación de diversos cristales de la misma especie, orientados de diferente manera y con interpenetración parcial.

**MACLADO, A** adj. Que presenta maclas.

**MACÓN, NA** adj. *Colomb.* Grandote, muy grande.

**MACONDO** n. m. *Colomb.* Árbol corpulento que alcanza de treinta a cuarenta metros de altura. (Familia bombáceas.)

**MACRAMÉ** n m. Tejido reticular hecho a mano con hilos o cuerdas trenzadas y anudadas.

**MACRO** n. f. INFORMÁT. Macroinstrucción.

**MACROANÁLISIS** n. m. ECON. Análisis que se propone determinar el nivel de la renta nacional y, desde una perspectiva global, el empleo de los recursos en capital y mano de obra, y también las relaciones entre vastos conjuntos económicos.

**MACROBIO, A** adj. y n. De larga vida.

**MACROBIÓTICA** n. f. Sistema de vida cuya principal característica es un régimen alimenticio compuesto fundamentalmente por cereales integrales, legumbres, hortalizas y algas marinas, que no han sido sometidos a tratamiento químico ni manipulación de ningún tipo.

**MACROBIÓTICO, A** adj. Relativo a la macrobiótica: *régimen macrobiótico.*

**MACROCEFALIA** n. f. MED. Aumento del volumen del cráneo, a menudo como consecuencia de una hidrocefalia.

**MACROCÉFALO, A** adj. y n. Que padece macrocefalia.

**MACROCISTE** n. m. BOT. Receptáculo esporífero de gran tamaño.

**MACROCITO** n. f. BIOL. Megalocito.

**MACROCONCIERTO** n. m. Concierto de música en el que hay una gran asistencia de público, y generalmente intervienen numerosos participantes.

**MACROCÓSMICO, A** adj. Relativo al macrocosmos.

**MACROCOSMOS** n. m. FILOS. El universo supuesto en armonía con el hombre, o microcosmos.

**MACROECONOMÍA** n. f. Rama de las ciencias económicas que estudia las magnitudes y variables agregadas y que ignora por ello los comportamientos individuales.

**MACROECONÓMICO, A** adj. Relativo a la macroeconomía.

**MACROESTRUCTURA** n. f. Estructura general de una aleación, tal como se revela a simple vista, sin empleo de microscopio. **2.** Estructura de amplias dimensiones. **3.** QUÍM. Característica de un polímero, dada por el conjunto de las cadenas que lo componen, así como por sus disposiciones recíprocas.

**MACRÓFAGO, A** adj. y n. m. Dícese de la célula del sistema reticuloendotelial que tiene una función fagocitaria.

**MACROFOTOGRAFÍA** n. f. Fotografía de objetos de pequeño tamaño que proporciona una imagen notablemente ampliada.

**MACROGLOBULINA** n. f. Proteína anormal, de gran peso molecular.

**MACROGLOBULINEMIA** n. f. Enfermedad que se caracteriza por la presencia de macroglobulinas en la sangre.

**MACROGRAFÍA** n. f. Estudio a simple vista o con medios ópticos de la estructura de un sólido después de haber tratado su superficie con un reactivo.

**MACROINSTRUCCIÓN** n. f. INFORMÁT. Instrucción en lenguaje simbólico que genera varias instrucciones formuladas en lenguaje ensamblador. SIN.: *macro.*

**MACROMOLÉCULA** n. f. Molécula de gran tamaño formada por el enlace y repetición de gran número de moléculas sencillas.

**MACROMOLECULAR** adj. Relativo a las macromoléculas. **2.** Dícese de la sustancia química cuyas moléculas tienen una masa molecular elevada.

**MACROPSIA** n. f. MED. Ilusión visual en la que los objetos aparecen de mayor tamaño de lo que son en realidad.

**MACROSCELÍDIDO, A** o **MACROSCÉLIDO, A** adj. y n. m. Relativo a una familia de mamíferos insectívoros de tamaño y aspecto de una rata, con hocico pronunciado, a modo de trompa.

**MACROSCÓPICO, A** adj. Que se ve a simple vista.

**MACRÓSPORA** n. f. Espora de gran tamaño que, en ciertas criptógamas, da un protalo femenino.

**MACROSPORANGIO** n. m. BOT. Esporangio que produce macrósporas.

**MACROUNIDAD** n. f. ECON. Término con el que se designa a los sujetos económicos complejos, como industria, sindicatos, etc.

**MACRURO, A** adj. y n. m. Relativo a un suborden de crustáceos decápodos de abdomen muy desarrollado (bogavante, langosta, quisquilla).

**MACUBA** n. f. Tabaco aromático y de excelente calidad, que se cultiva en Macuba, Martinica. **2.** Coleóptero de color verde bronceado brillante, de olor parecido al del tabaco macuba. (Familia cerambícidos.)

**MACUCA** n. f. Planta de flores blancas, muy pequeñas, y fruto parecido al del anís. (Familia umbelíferas.)

**MACUCO, A** adj. *Chile.* Astuto, cuco, taimado. ◆ n. m. **2.** *Colomb.* y *Perú.* Muchacho grandullón.

**MÁCULA** n. f. Mancha. **2.** *Fig.* y *fam.* Engaño, embuste, secreto. **3.** ANAT. Depresión de la retina, llamada también *mácula lútea,* mancha amarilla, situada en el polo posterior del ojo, donde la agudeza visual es máxima. **4.** MED. Mancha roja de la piel, debida a una dilatación de los capilares sanguíneos.

**MACULAR** v. tr. **[1]**. Manchar. **2.** Desacreditar.

**MACULATURA** n. f. IMPR. Hoja manchada en la impresión. **2.** MED. Conjunto de máculas. • **Maculatura de embalaje,** hoja de papel grueso y fuerte, que sirve para embalar libros o envolver paquetes.

**MACULÍS** n. m. Planta arbórea de la que se obtiene una madera de gran calidad, el roble americano. (Familia bignoniáceas.)

**MACUQUERO, A** n. Persona que extrae sin permiso metales de las minas abandonadas.

**MACUQUINO, A** adj. Dícese de determinadas monedas acuñadas en el Perú colonial.

**MACURISE** n. m. Planta arbórea, muy apreciada por su madera, dura, olorosa y de color amarillento. (Familia sapindáceas.)

**MACUTENO, A** n. *Méx.* Ladrón, ratero.

**MACUTO** n. m. Mochila de soldado. **2.** Cualquier mochila. **3.** *Amér.* Cesto que usan los mendigos para recoger las limosnas.

**MADAMA** n. f. (fr. *dame,* señora). Tratamiento afectado dado a las señoras. **2.** *R. de la Plata.* Mujer que regenta un prostíbulo.

**MADAME** n. f. (voz francesa). Tratamiento aplicado en Francia a la mujer casada.

**MADAPOLÁN** n. m. Cierta tela blanca de algodón, de buena calidad.

**MADE IN,** expresión inglesa que significa fabricado en y que, seguida del nombre inglés de un país, indica el origen de un producto manufacturado.

**MADEIRA** o **MADERA** n. m. Vino que se obtiene en la isla de Madeira.

**MADEJA** n. f. (lat. *mataxam*). Nombre con que se designa, en general, una longitud devanada de hilo. **2.** Mata de pelo: *una madeja de cabellos negros.* ◆ n. m. **3.** *Fam.* Hombre dejado y perezoso.

**MADERA** n. f. (lat. *materiam*). Sustancia compacta del interior de los árboles, formada por células, fibras y vasos que transportan la savia bruta. **2.** Pieza de madera labrada. **3.** *Fig.* y *fam.* Talento y disposición natural de las personas para determinada actividad: *tiene madera de artista.* **4.** MÚS. Término genérico que designa una de las dos subfamilias en que se dividen los instrumentos de viento, la otra es el metal.

**MADERABLE** adj. Dícese del árbol, bosque, etc., que da madera útil.

**MADERADA** n. f. Conjunto de maderos transportados a flote por un río o un lago.

**MADERAMEN** o **MADERAJE** n. m. Conjunto de maderas que entran en la construcción de una obra.

**MADERAMIENTO** n. m. Acción y efecto de maderar.

**MADERAR** v. tr. **[1]**. Aprovechar árboles para obtener madera.

**MADERERÍA** n. f. Sitio donde se recoge madera para su venta.

**MADERERO, A** adj. Relativo a la industria de la madera. ◆ n. **2.** Persona que trata en maderas. **3.** Persona que conduce armadías.

**MADERIZACIÓN** n. f. Acción de maderizar.

**MADERIZAR** v. tr. y pron. **[1g]**. Dar o adquirir un vino el sabor o el color del madeira.

**MADERO** n. m. Pieza larga de madera escuadrada. **2.** *Fig.* y *fam.* Persona necia, torpe e insensible. **3.** *Vulg.* Individuo de la policía. • **Madero de la cruz** (REL.), cruz.

**MADI** n. m. *Chile.* Planta herbácea, de hojas hediondas y flores amarillas, de cuyas semillas se extrae un aceite comestible. (Familia compuestas.)

**MADIANITA** adj. y n. m. y f. Relativo a un ant. pueblo nómada de Arabia, que se extendía entre el Sinaí y Moab y que entró en conflicto con los hebreos en tiempo de los Jueces; individuo de este pueblo.

**MADONA** n. f. Nombre de origen italiano dado a la Virgen María. (Suele escribirse con mayúscula.) **2.** B. ART. Imagen de la Virgen, sola o con el Niño: *las madonas de Rafael.*

**MADOR** n. m. Ligera humedad que baña el cuerpo, sin llegar a ser sudor.

**MADRÁS** n. m. Cierta tela fina, de seda y algodón, a cuadros.

**MADRASA** n. f. En los países islámicos, escuela de enseñanza religiosa, generalmente adscrita a la mezquita.

**MADRASTRA** n. f. Mujer del padre respecto de los hijos llevados por éste al matrimonio, y habidos en otro anterior.

**MADRAZA** n. f. *Fam.* Madre que mima mucho a sus hijos o que cuida mucho de ellos.

**MADRAZO** n. m. *Méx.* Golpe muy fuerte.

**MADRE** n. f. (lat. *matrem*). Mujer o hembra que ha tenido uno o más hijos, especialmente respecto a éstos. **2.** *Fam.* Mujer anciana de pueblo. **3.** *Fig.* Causa u origen de una cosa: *la experiencia es la madre de la ciencia.* **4.** Aquello en que figuradamente concurren algunas circunstancias propias de la maternidad: *la madre patria.* **5.** Cauce de un río o arroyo. **6.** Título que se da a las abadesas y superioras de conventos, y, en algunas comunidades, a todas las religiosas de coro. **7.** Heces del mosto, vino o vinagre. **8.** Madero principal o eje de un armazón. **9.** ANAT. Matriz en que se desarrolla el feto. • **A toda madre** *(Méx. Vulg.),* estupendo, muy bueno. ‖ **Ciento y la madre,** muchas o demasiadas personas. ‖ **Darle** a algo o a alguien **en la madre** *(Méx. Vulg.),* dañarlo, herirlo seriamente. ‖ **Estar** uno **hasta la madre** *(Méx. Vulg.),* estar harto o estar completamente borracho o drogado. ‖ **Importarle** o **valerle a** alguien **madre,** o **madres** algo o alguien *(Méx. Fam.),* no importarle nada. ‖ **La madre del cordero,** razón o causa real de un hecho o suceso. ‖ **Madre de Dios,** la Virgen María. (En esta acepción suele escribirse con mayúscula.) ‖ **Madre de familia** o **de familias,** mujer casada o viuda cabeza de su casa. ‖ **Madre de leche,** nodriza. ‖ **Madre política,** suegra. ‖ **Mentarle a** uno **la madre,** insultarlo mentando a su madre. ‖ **Puta madre** o **de puta madre** *(Vulg.),* muy bueno, estupendo. ‖ **Sacar de madre** a uno, inquietar a alguien; hacer perder la paciencia.

**MADREAR** v. tr. **[1]**. *Méx.* Arruinar alguna cosa a golpes. **2.** *Méx. Vulg.* Golpear a alguien con fuerza, por lo general dejándolo mal herido.

**MADRECILLA** n. f. Huevera de las aves.

**MADREJÓN** n. m. *Argent.* Cauce seco de un río.

**MADREÑA** n. f. Almadreña, zueco.

**MADREPERLA** n. f. Lamelibranquio de concha casi circular, que vive en el fondo de los mares tropicales, donde se pesca para recoger las perlas que suele contener.

**MADRÉPORA** n. f. Cnidario que desempeña un papel determinante en la formación de los arrecifes coralinos.

madrépora

**MADREPORARIO, A** adj. y n. m. Relativo a una subclase de hexacoralarios que comprende pólipos provistos de esqueleto calcáreo, muy abundantes en los mares cálidos, donde forman arrecifes barrera o islas circulares (atolones).

**MADREPÓRICO, A** adj. Relativo a las madréporas y a los madreporarios.

**MADREPORITA** n. f. Coral fósil.

**MADRERO, A** adj. *Fam.* Dícese de la persona que está muy encariñada con su madre.

**MADRESELVA** n. f. Planta arbustiva sarmentosa, de flores olorosas, que crece en los bosques del S de Europa y en las montañas andinas. (Familia caprifoliáceas.) **2.** Flor de esta planta.

madreselva

**MADREVIEJA** n. f. Lecho antiguo de un río, que a veces tiene agua estancada.

**MADRIGAL** n. m. Composición poética breve, que expresa un pensamiento delicado, tierno o galante. **2.** MÚS. Composición para varias voces, sin acompañamiento, que intenta traducir las más delicadas inflexiones de un poema.

**MADRIGALESCO, A** adj. Relativo al madrigal. **2.** Elegante y delicado.

**MADRIGALISTA** n. m. y f. Compositor de madrigales.

**MADRIGUERA** n. f. (lat. *matricariam*). Pequeña cueva, estrecha y profunda, en que habitan ciertos animales, especialmente los mamíferos, como el conejo, la liebre, etc. **2.** *Fig.* Lugar donde se refugian o esconden los maleantes.

**MADRILEÑO, A** adj. y n. De Madrid. SIN.: *matritense.*

**MADRINA** n. f. Mujer que presenta y asiste al que recibe el bautismo, por lo que contrae con él un parentesco espiritual del que se derivan ciertas obligaciones. **2.** Mujer que en ciertos actos solemnes, tanto de carácter privado como público, actúa como acompañante o protectora: *madrina de boda; madrina en la botadura de un barco.* **3.** *Fig.* Mujer que favorece o protege a alguien en sus pretensiones. **4.** *Hond.* Cualquier animal manso al que se ata otro cerril para domarlo. • **Madrina de guerra,** mujer que mantiene correspondencia o relaciones con un soldado en campaña.

**MADRINAZGO** n. m. Acto de asistir como madrina. **2.** Función de madrina.

**MADRIZA** n. f. *Méx. Vulg.* Paliza.

**MADRONCILLO** n. m. Fresa.

**MADROÑAL** n. m. Sitio poblado de madroños. SIN.: *madroñera.*

**MADROÑO** n. m. Planta arbustiva de hojas parecidas a las del laurel, cuyo fruto esférico, rojo por fuera y amarillo en su interior, es comestible. (Familia ericáceas.) **2.** Fruto de esta planta. **3.** Bolita de forma semejante al fruto del madroño, utilizada como adorno en la montera de los toreros, en la mantilla española y en otras indumentarias.

**madroño**

**MADRUGADA** n. f. Alba, amanecer. **2.** Horas que siguen a la medianoche: *las tres de la madrugada.* **3.** Madrugón.

**MADRUGADOR, RA** adj. y n. Que acostumbra a madrugar.

**MADRUGAR** v. intr. (bajo lat. *maturicare*) [**1b**]. Levantarse de la cama al amanecer o muy temprano. **2.** *Fig.* Anticiparse a otro en la ejecución o solicitud de algo. **3.** Ganar tiempo.

**MADRUGÓN** n. m. *Fam.* Acción de levantarse excesivamente temprano.

**MADURACIÓN** n. f. Acción y efecto de madurar. **2.** BOT. Conjunto de transformaciones que sufre un órgano antes de poder cumplir su función. **3.** SICOL. Término con que se designa el conjunto de fenómenos sicológicos y sociales que permiten al niño alcanzar la madurez. **4.** TECNOL. Tratamiento térmico de endurecimiento estructural practicado en ciertas aleaciones de aluminio.

**MADURADOR, RA** adj. Que hace madurar.

**MADURAR** v. tr. (lat. *maturare*) [**1**]. Dar sazón a los frutos: *el calor madura las frutas.* **2.** *Fig.* Reflexionar sobre algo para preparar su ejecución: *madurar una idea.* **3.** Someter las hojas de tabaco a un tratamiento que hace desaparecer el excedente de agua. ◆ v. intr. y pron. **4.** Volverse maduros los frutos. **5.** *Fig.* Crecer en edad, juicio y prudencia. **6.** BOT. Transformarse el ovario en fruto.

**MADURATIVO, A** adj. Que madura o sirve para madurar: *proceso madurativo de la fruta.*

**MADUREZ** n. f. Cualidad o estado de maduro: *punto de madurez de un fruto.* **2.** *Fig.* Sensatez, buen juicio o prudencia: *madurez de carácter.* **3.** BIOL. Período de la vida del adulto, comprendido entre la juventud y la vejez, variable según el individuo.

**MADURO, A** adj. (lat. *maturum*). Que está en sazón: *fruta madura.* **2.** *Fig.* Preparado para determinado fin: *una idea madura.* **3.** Entrado en años: *un señor maduro.* **4.** *Fig.* Juicioso, prudente: *actuación madura.* • **Edad madura,** madurez, período de la vida entre la juventud y la vejez. ‖ **Estar a las duras y a las maduras,** o **a las verdes y a las maduras,** aceptar el aspecto desagradable o malo de algo, lo mismo que se disfruta de lo bueno y agradable.

**MAËRL** n. m. GEOGR. Arena calcárea de las costas marinas de Bretaña, utilizada como abono.

**MAESTÀ** n. f. (voz italiana). Nombre con que en historia del arte se designa un cuadro que representa a la Virgen entronizada con el Niño en brazos.

**MAESTOSO** n. m. (voz italiana). MÚS. Aire solemne, de movimiento pausado.

**MAESTRAL** adj. Perteneciente al maestre o al maestrazgo. ◆ n. m. **2.** Maestril.

**MAESTRAL** n. m. y adj. Viento frío y seco, que sopla en las costas del golfo de León, en el mar Mediterráneo. SIN.: *mistral.* **2.** MAR. Noroeste en la división de la rosa náutica que se usa en el Mediterráneo.

**MAESTRANTE** n. m. Cada uno de los caballeros de que se compone la maestranza.

**MAESTRANZA** n. f. Corporación nobiliaria que tomó a su cargo, en el aspecto militar, algunos de los cometidos de las antiguas órdenes de caballería. **2.** Conjunto de talleres donde se construye y repara armamento y material de guerra de todas clases. **3.** Local o edificio ocupado por estos talleres. **4.** Conjunto de personas que trabajan en estos talleres o en los de un arsenal. • **Maestranza de la armada,** cuerpo integrado, en la marina de guerra, por personal no militar que presta servicio en los arsenales o establecimientos navales y, eventualmente, a bordo de los buques.

**MAESTRAZGO** n. m. Nombre que se daba a los señoríos de las órdenes militares. **2.** Ingresos obtenidos de estos señoríos por los monarcas españoles en su condición de maestres de las órdenes militares.

**MAESTRE** n. m. Superior de distrito, lengua o región de una orden militar. • **Gran maestre,** superior general de una orden militar o de caballería.

**MAESTRESALA** n. m. Criado principal, que servía la mesa de un señor y probaba lo que se servía para prevenir el envenenamiento.

**MAESTRESCUELA** o **MAESTREESCUELA** n. m. En algunas universidades antiguas, cancelario, el que tenía autoridad para dar los grados. **2.** HIST. Superior de una escuela eclesiástica. **3.** HIST. Antiguo título de los cancilleres o notarios de las abadías. **4.** HIST. Una de las cinco dignidades del cabildo catedral.

**MAESTRÍA** n. f. Gran destreza en enseñar o ejecutar una cosa.

**MAESTRIL** n. m. Celda del panal de miel, dentro de la cual se transforma en imago la larva de la abeja maestra. SIN.: *maestral.*

**MAESTRO, A** adj. (lat. *magistrum*). Excelente o perfecto en su clase: *una obra maestra.* **2.** Principal: *pared, viga, maestra.* ◆ adj. y n. m. **3.** Dícese del palo mayor. ◆ n. **4.** Persona que tiene por función enseñar. **5.** Persona que personalmente o a través de su obra ejerce una enseñanza sobre los demás. **6.** Persona de gran sabiduría o habilidad en una ciencia o arte: *ser un maestro en su oficio.* **7.** El que dirige el personal o las operaciones de un servicio: *maestro de taller.* **8.** Lo que instruye, alecciona o enseña: *la experiencia es una gran maestra.* • **Maestro de enseñanza primaria,** el que ha obtenido el título para enseñar las materias de los primeros ciclos. ‖ **Maestro nacional,** persona que ocupaba en propiedad una plaza de maestro en una escuela nacional primaria. ◆ n. m. **9.** Tratamiento popular afectuoso. **10.** B. ART. Título que antiguamente se exigía para ejercer el arte por cuenta propia. **11.** B. ART. Nombre con que se designa a un artista anónimo: *el maestro de Becerril.* **12.** HIST. En los gremios medievales, categoría máxima en un determinado oficio. **13.** MÚS. Compositor o intérprete. **14.** TAUROM. Matador de toros. • **Maestro de armas,** el que enseña esgrima. ‖ **Maestro de ceremonias,** persona sobre quien recae el cumplimiento del ceremonial que debe observarse en un acto. ‖ **Maestro de obras,** profesional que dirige los albañiles y peones. ‖ **Maestro impresor,** dueño de una imprenta o gerente de un establecimiento tipográfico.

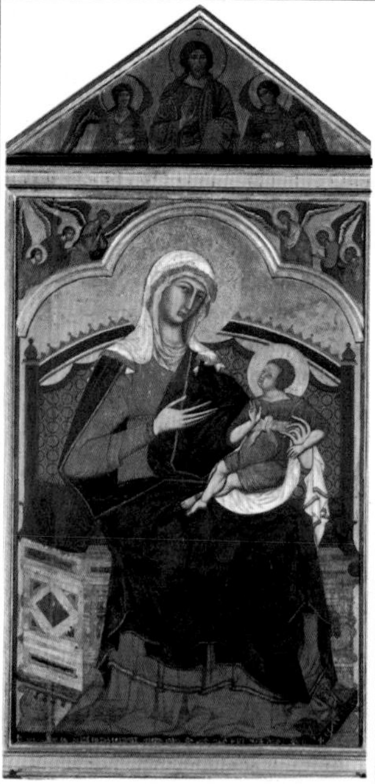

**maestà** por Guido da Siena (1221)
[palacio público, Siena]

**MAFIA** n. f. (voz italiana). Red de asociaciones secretas sicilianas dispuestas a tomarse la justicia por su mano y a impedir el ejercicio de la justicia oficial por medio de un silencio concertado. **2.** Cualquier organización clandestina de criminales. **3.** Grupo secreto de personas que se apoyan entre sí por defender sus intereses.

**MAFIOSO, A** adj. y n. Relativo a la mafia; miembro de esta organización.

**MAGALLÁNICO, A** adj. Relativo al estrecho de Magallanes.

**MAGANCEAR** v. intr. [**1**]. Holgazanear.

**MAGANZÓN, NA** adj. y n. *Colomb.* y *C. Rica.* Holgazán.

**MAGAYA** n. f. *Amér. Central.* Colilla.

**MAGAZINE** n. m. (voz inglesa). Revista ilustrada. **2.** Programa de radio o televisión, de contenido variado.

**MAGDALENA** n. f. Bollo pequeño cuya masa está compuesta de aceite, harina, huevo y leche. **2.** REL. Religiosa de una congregación que tenía por objeto recoger a las mujeres arrepentidas. • **Estar hecha una Magdalena** *(Fam.),* estar desconsolada y llorosa. ‖ **Llorar como una Magdalena** *(Fam.),* llorar desconsoladamente.

**MAGDALÉNICO, A** adj. Relativo al río Magdalena.

**MAGDALENIENSE** n. m. y adj. (de *La Madeleine,* en Dordogne, Francia). Conjunto de facies culturales que marcan el apogeo del paleolítico superior en Europa occidental. (El magdaleniense, que sigue al solutrense, se prolongó hasta fines de la glaciación de Würm [13000 a 8000 a. J.C.]. Además de una diversificación continua de la industria lítica, este período se caracteriza por el desarrollo de los útiles de hueso [puntas de azagaya, arpones] y del arte pictórico [cuevas de Altamira, Combarelles].)

**MAGENTA** n. m. y adj. Color rojo violáceo de las síntesis aditiva y sustractiva de los colores, en fotografía y en imprenta.

**MAGIA** n. f. Conjunto de creencias y prácticas basadas en la idea de que existen poderes ocultos en la naturaleza, y que se deben conciliar o conjurar, para conseguir un beneficio o provocar una desgracia, logrando así una eficacia material. **2.** *Fig.* Atractivo o encanto de algo que parece exceder la realidad. • **Magia blanca** (ANTROP.), conjunto de ritos y de prácticas cuyo objetivo es alejar los malos espíritus, conjurar la mala suerte, o curar a las personas víctimas de maleficios, de algún hechizo o de los malos espíritus. ‖ **Magia negra** (ANTROP.), conjunto de prácticas secretas que tienen como objetivo conciliar los malos espíritus y las fuerzas sobrenaturales, para que ejerzan sus poderes contra alguien a quien se intenta perjudicar.

**MAGIAR** adj. y n. m. y f. Relativo a un pueblo ugrofinés que se estableció en las llanuras de Panonia (Hungría) en el s. IX; individuo de este pueblo. **2.** Húngaro.

**MÁGICO, A** adj. Relativo a la magia: *poder mágico.* **2.** Que sorprende o fascina; maravilloso: *espectáculo mágico.* • **Cuadrado mágico,** tabla de números en forma de cuadrado, dispuestos de manera que la suma de los elementos de una fila, de una columna o de una diagonal da el mismo número. ‖ **Pensamiento mágico** (SICOL.), forma de pensamiento que recurre a las relaciones de par-

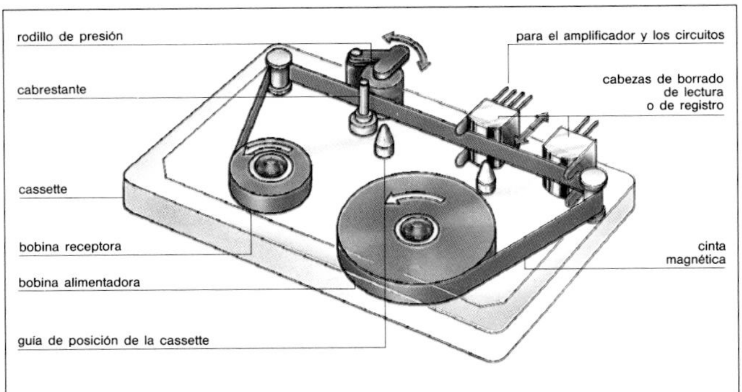


**magnetófono:** principio de funcionamiento de un magnetófono de cassette

ticipación para modificar la realidad y caracteriza al niño entre 2 y 7 años. ◆ n. **3.** Persona que profesa o ejerce la magia. **4.** Encantador, que encanta o hace encantamientos.

**MAGÍN** n. m. *Fam.* Imaginación.

**MAGÍSTER** n. m. *Colomb.* y *Chile.* Maestro, grado inmediatamente inferior al de doctor en universidades.

**MAGISTERIAL** adj. Relativo al magisterio.

**MAGISTERIO** n. m. (lat. *magisterium*). Labor de las personas que tienen por profesión enseñar. **2.** Conjunto de estudios para la obtención del grado de maestro. **3.** Profesión de maestro. **4.** Conjunto de los maestros de una nación, provincia, etc.

**MAGISTRADO, A** n. Superior en el orden civil, en especial, miembro de la judicatura. **2.** Dignidad o empleo de juez o ministro de justicia superior. **3.** Miembro de una sala de la audiencia territorial o provincial o del Tribunal supremo de justicia. **4.** Juez de las magistraturas de trabajo. ◆ n. m. **5.** HIST. En la antigüedad, personaje investido de funciones públicas importantes. • **Primer magistrado,** máxima autoridad en el campo civil, normalmente el presidente de la república, aunque puede denominarse también así al monarca.

**MAGISTRAL** adj. (lat. *magistralem*). Relativo al ejercicio del magisterio. **2.** Dícese de lo que se hace con maestría: *demostración magistral.* **3.** Dícese de actos externos afectados: *tono magistral.* **4.** De extraordinaria precisión: *un instrumento magistral.* • **Fórmula magistral,** medicamento que se prepara en la farmacia según receta. ‖ **Canónigo magistral,** canónigo que tiene por oficio predicar.

**MAGISTRALÍA** n. f. Dignidad de canónigo magistral.

**MAGISTRATURA** n. f. Oficio o dignidad de magistrado. **2.** Tiempo que dura su ejercicio. **3.** Conjunto de los magistrados. • **Magistratura del trabajo,** órgano de la administración de justicia española, con jurisdicción autónoma para entender de los conflictos de trabajo.

**MAGMA** n. m. Masa pastosa, espesa y viscosa. **2.** GEOL. Líquido que se forma en el interior de la Tierra, por fusión de la corteza o del manto, y que, al enfriarse, da origen a una roca eruptiva.

**MAGMÁTICO, A** adj. GEOL. Relativo al magma. • **Roca magmática,** roca eruptiva.

**MAGMATISMO** n. m. GEOL. Formación, migración y solidificación de los magmas. **2.** GEOL. Teoría que atribuye un origen magmático a los granitos.

**MAGNANIMIDAD** n. f. Calidad de magnánimo.

**MAGNÁNIMO, A** adj. (lat. *magnanimum*). Que muestra grandeza de ánimo, generoso: *sentirse magnánimo.*

**MAGNATE** n. m. (lat. *magnates*). En la edad media, título honorífico de los altos funcionarios de Hungría; en España, noble de primera categoría. **2.** Representante más importante del mundo de los negocios, de la industria y de las finanzas.

**MAGNESIA** n. f. QUÍM. Óxido o hidróxido de magnesio. (Es una sustancia terrosa, blanca, suave, insípida e inodora que puede utilizarse en medicina como laxante, o purgante.)

**MAGNESIANO, A** adj. Que contiene magnesio.

**MAGNÉSICO, A** adj. Relativo al magnesio. **2.** Dícese de las sales del magnesio.

**MAGNESIO** n. m. Metal sólido (Mg), número atómico 12, de masa atómica 24,305 y densidad 1,7, blanco plateado, que puede arder en el aire con llama deslumbrante.

**MAGNESIOTERMIA** n. f. Procedimiento metalúrgico de reducción de un óxido por la acción del magnesio, ávido de oxígeno.

**MAGNESITA** n. f. Carbonato natural de magnesio $MgCO_3$. SIN.: *giobertita.*

**MAGNÉTICO, A** adj. (lat. *magneticum*). Relativo al imán: *atracción magnética.* **2.** Que tiene las propiedades del imán: *cuerpo magnético.* **3.** Relativo al magnetismo: *campo magnético.* **4.** Que tiene una influencia poderosa y misteriosa: *mirada magnética.*

**MAGNETISMO** n. m. Fuerza atractiva de un imán. **2.** Parte de la física que estudia las propiedades de los imanes. **3.** Atractivo o influencia ejercidos por una persona sobre otra. • **Magnetismo animal,** influencia, verdadera o supuesta, que una persona puede ejercer sobre otra por medio de movimientos llamados pases, que transmiten un fluido vital, según la teoría de F. Mesmer. ‖ **Magnetismo terrestre,** conjunto de los fenómenos magnéticos ligados al globo terráqueo. SIN.: *geomagnetismo.*
■ La explicación del magnetismo puede realizarse según dos métodos muy diferentes. Uno, exposición coulombiana, recurre a la noción de masa magnética, positiva o negativa, que caracteriza las propiedades del polo norte o del polo sur de un imán, y es análogo al método de estudio empleado en electrostática. El segundo método, preconizado por Ampère, se funda en la existencia de corrientes particulares en todo elemento de materia y ha encontrado su método de interpretación en el movimiento de los electrones de los átomos. Se define como *campo magnético* a la zona del espacio en que se pueden notar los efectos magnéticos de un imán. En cuanto a sus propiedades magnéticas, los diferentes cuerpos pueden clasificarse en tres grupos principales que corresponden al *ferromagnetismo,* al *paramagnetismo* y al *diamagnetismo.*

**MAGNETITA** n. f. Mezcla de óxidos de hierro $FeO{\cdot}Fe_2O_3$, que cristaliza en el sistema cúbico. Es de color negruzco, con brillo metálico, muy pesada, frágil y dura, y tiene propiedades magnéticas.

**MAGNETIZABLE** adj. Susceptible de ser magnetizado.

**MAGNETIZACIÓN** n. f. Acción y efecto de magnetizar.

**MAGNETIZADOR, RA** n. Persona que magnetiza.

**MAGNETIZANTE** adj. Que es propio para producir o comunicar el magnetismo.

**MAGNETIZAR** v. tr. **[1g]**. Comunicar a un cuerpo propiedades magnéticas. **2.** Producir intencionadamente en una persona los fenómenos del magnetismo animal. **3.** *Fig.* Deslumbrar, entusiasmar o fascinar a alguien.

**MAGNETO** n. f. (abrev. de *magnetogeneratriz*). Generador de corriente eléctrica en el que la inducción es producida por un campo magnético creado por un imán permanente.

**MAGNETOCALÓRICO, A** adj. Dícese de los fenómenos caloríficos que acompañan la imantación.

**MAGNETODINÁMICO, A** adj. Dícese de un aparato en el cual la excitación magnética es producida por un imán permanente.

**MAGNETOELÉCTRICO, A** adj. Que presenta a la vez fenómenos magnéticos y fenómenos eléctricos.

**MAGNETOFÓNICO, A** adj. Relativo al magnetófono: *grabación magnetofónica.*

**MAGNETÓFONO** o **MAGNETOFÓN** n. m. Aparato de registro y reproducción del sonido, por imantación remanente de una cinta magnética.

**MAGNETOHIDRODINÁMICA** n. f. Ciencia que trata de la dinámica de los fluidos conductores, por ejemplo, un gas ionizado, en presencia de un campo magnético. (Abrev.: M.H.D.)

**MAGNETOHIDRODINÁMICO, A** adj. Relativo a la magnetohidrodinámica.

**MAGNETOMETRÍA** n. f. Determinación de la componente vertical del campo magnético terrestre.

**MAGNETÓMETRO** n. m. Instrumento empleado para medir la intensidad de los campos y momentos magnéticos.

**MAGNETOMOTOR, MAGNETOMOTRIZ** adj. **Fuerza magnetomotriz,** en un circuito magnético, suma de las diferencias de potencial magnético que crea el flujo de inducción.

**MAGNETÓN** n. m. FÍS. Momento magnético elemental. (El magnetón de Bohr es $eh/2\pi m$ [$e$ y $m$ = carga y masa del electrón, $h$ = constante de Planck].)

**MAGNETOÓPTICA** n. f. Estudio de las propiedades ópticas de las sustancias sometidas a campos magnéticos.

**MAGNETOPAUSA** n. f. Límite externo de la magnetosfera de un planeta dotado de campo magnético, que separa la zona de acción de este campo magnético de la del viento solar.

**MAGNETOQUÍMICA** n. f. Estudio de las relaciones que existen entre el magnetismo de los compuestos químicos y su estructura microscópica, así como de sus aplicaciones a la química estructural y analítica.

**MAGNETOSCOPIO** n. m. Aparato de registro de imágenes y sonido sobre cinta magnética. *(V. ilustración pág. 628.)*

**MAGNETOSFERA** n. f. Parte externa de la envoltura de un planeta dotado de campo magnético, en la que este campo se encuentra confinado y ejerce una acción preponderante.

**MAGNETOSTÁTICA** n. f. Estudio de los fenómenos magnéticos independientes del tiempo.

**MAGNETOSTÁTICO, A** adj. Relativo a la magnetostática.

**MAGNETOSTRICCIÓN** n. f. Pequeña deformación de un cuerpo ferromagnético, bajo la influencia de su imantación.

**MAGNETRÓN** n. m. Tubo de vacío, generador o amplificador de corrientes de frecuencia ultraelevada, en que el flujo de electrones es sometido a la acción simultánea de un campo eléctrico y un campo magnético.

**MAGNICIDA** adj. y n. m. y f. Dícese del autor de un magnicidio.

**MAGNICIDIO** n. m. Atentado contra la vida de un jefe de estado, o contra la de una persona relevante del gobierno.

**MAGNIFICAR** v. tr. y pron. **[1a]**. Engrandecer, enaltecer, alabar. ◆ v. tr. **2.** *Argent.* Exagerar, dar a un hecho mayor dimensión de la que tiene.

**MAGNIFICAT** n. m. (voz latina). Cántico de la Virgen María en el Evangelio de san Lucas. (Se canta en las liturgias romana y bizantina.)

**MAGNIFICENCIA** n. f. Calidad de magnífico.

**MAGNÍFICO, A** adj. De gran suntuosidad. **2.** Excelente, admirable. **3.** Tratamiento dado a los rectores de las universidades.

**MAGNITUD** n. f. Cualquier característica de los cuerpos capaz de ser medida: *magnitud física.* **2.** *Fig.* Grandeza o importancia de algo: *la magnitud de una catástrofe.* **3.** Cantidad que sirve para caracterizar el brillo aparente (magnitud *aparente*) o real (magnitud *absoluta*) de un astro. (Se expresa mediante un número que disminuye cuando el brillo aumenta.) **4.** ECON. Concepto abstracto genérico que comprende todas las cantidades ho-

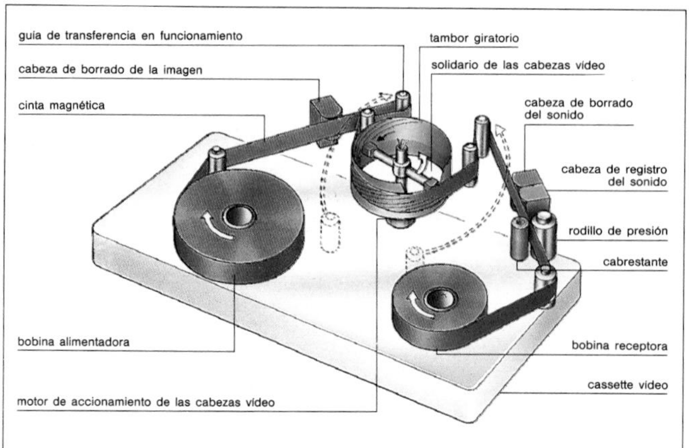

**magnetoscopio:** principio de funcionamiento

mogéneas, como precios, productos, costes, rentas, etc.

**MAGNO, A** adj. Grande, importante. • **Aula magna,** el aula mayor de algunas universidades y facultades, destinada a discursos, reuniones, etc.

**MAGNOLIA** n. f. Planta arbórea o arbustiva originaria de Asia y de América, de porte elegante, hojas alternas, lustrosas, y flores grandes de olor suave, estimada para la ornamentación de parques y jardines. **2.** Flor y fruto de esta planta.

**magnolia**

**MAGNOLIAL** adj. y n. f. Relativo a un orden de plantas con flores, con caracteres morfológicos arcaicos, como el tulipero, la magnolia y el badián.

**MAGNOX** n. m. Aleación de aluminio y de magnesio empleada como material de enfundado del combustible, en particular en ciertos reactores nucleares británicos.

**MAGO, A** n. y adj. (lat. *magum*). Persona que practica la magia. **2.** Astrólogo sacerdote de la religión de Zoroastro, entre los medos y los persas. **3.** Persona versada en las ciencias ocultas. • **Los Reyes Magos,** personajes que acudieron, guiados por una estrella, a adorar a Jesús en Belén. (Una tradición posterior les ha dado los nombres de *Melchor, Gaspar* y *Baltasar.*)

**MAGOSTO** n. m. (port. *magusto*). Hoguera para asar castañas al aire libre, especialmente en la época de la recolección de este fruto. **2.** Castañas asadas en esta ocasión.

**MAGOTE** n. m. Mona de Gibraltar.

**MAGRA** n. f. Lonja de jamón.

**MAGREAR** v. tr. [**1**]. *Vulg.* Sobar, manosear a una persona buscando placer sexual.

**MAGREBÍ** adj. y n. m. y f. Mogrebí.

**MAGREO** n. m. *Vulg.* Acción y efecto de magrear.

**MAGRO, A** adj. (lat. *macrum*). Con poca o ninguna grasa: *carne magra.* **2.** Pobre, esquilmado: *terreno magro.* ◆ n. m. **3.** Carne magra del cerdo, próxima al lomo.

**MAGUA** n. f. *Cuba, P. Rico* y *Venez.* Decepción.

**MAGUARSE** v. pron. [**1c**]. *Cuba.* Aguarse la fiesta. **2.** *Cuba, P. Rico* y *Venez.* Llevarse un chasco.

**MAGUEY** n. m. (voz antillana). BOT. *Amér.* Agave.

**MAGUILLA** n. f. Fruto del maguillo.

**MAGUILLO** n. m. Manzano silvestre, que proporciona unos frutos más pequeños y acerbos y que se emplea para injertos. (Familia pomáceas.)

**MAGULLADURA** n. f. Magullamiento. **2.** Contusión caracterizada por la aparición de una mancha azulada.

**MAGULLAMIENTO** n. m. Acción y efecto de magullar.

**MAGULLAR** v. tr. y pron. [**1**]. Causar daño o contusiones a un tejido orgánico, pero sin producir herida.

**MAGULLÓN** n. m. *Chile.* Magulladura.

**MAGUNTINO, A** adj. y n. De Maguncia.

**MAHALEB** n. m. Planta arbustiva o arbórea, con el porte de un cerezo, de fruto amargo y del tamaño de un guisante.

**MAHĀRĀJA** n. m. (voz sánscrita, *gran rey*). Título que se otorga a los príncipes feudatarios de la India. (Femenino *mahārānī.*)

**MAHĀTMĀ** n. m. (voz sánscrita, *alma grande*). Título dado en la India a personalidades espirituales eminentes.

**MAHDĪ** n. m. (voz árabe, el *bien dirigido*). Nombre dado en el islam (sobre todo chiita) al enviado de Alá, que ha de venir en el final de los tiempos para instaurar el reino de la justicia y del islam puro.

**MAHDISMO** n. m. Movimiento político y religioso de restauración de la sociedad musulmana.

**MAHDISTA** adj. y n. m. y f. Relativo al mahdismo; adepto de este movimiento.

**MAH-JONG** n. m. (voces chinas, *yo gano*). Juego de fichas de origen chino.

**MAHO** n. m. Denominación de varios árboles de América del Sur, pertenecientes a diversas familias, como las esterculiáceas, las malváceas, las anonáceas, etc.

**MAHOMETANO, A** adj. y n. Musulmán.

**MAHOMETISMO** n. m. Islam, islamismo.

**MAHOMETIZAR** v. intr. [**1g**]. Islamizar.

**MAHÓN** n. m. (de *Mahón,* ciudad de Baleares). Queso elaborado en Menorca con leche de vaca, salado y prensado.

**MAHONÉS, SA** adj. y n. De Mahón.

**MAHONESA** o **MAYONESA** n. f. y adj. Salsa fría compuesta por una emulsión de yema de huevo y aceite.

**MAHRĀTTA** o **MARĀTHA** adj. y n. m. y f. Relativo a la población de Mahārāshtra; habitante u originario de esta población. (Crearon un poderoso reino hindú [1674] y resistieron a los británicos de 1779 a 1812.)

**MAICERO, A** n. Persona que se dedica a la venta de maíz.

**MAICILLO** n. m. Planta herbácea, que crece en América Central y Meridional, de hojas aplanadas muy parecidas al mijo, y fruto en cariopsis, muy nutritivo. (Familia gramíneas.) **2.** *Chile.* Arena gruesa y amarillenta con que se cubre el pavimento de jardines y patios.

**MAÍDO** n. m. Maullido.

**MAIL-COACH** n. m. (voz inglesa, de *mail,* correo, y *coach,* carruaje). Berlina de cuatro caballos, con varias filas de asientos sobre el techo. **2.** Diligencia, coche correo.

**MAILING** n. m. (voz inglesa). Forma de venta por correspondencia en la cual se envía a la dirección del destinatario un prospecto redactado en el estilo de una misiva personal.

**MAILLECHORT** n. m. (de *Maillet* y *Chorier,* que, hacia 1819, elaboraron por primera vez esta aleación). Aleación de cobre, níquel y cinc, que imita la plata.

**MAILLOT** n. m. (voz francesa) [pl. *maillots*]. Traje de baño, especialmente el de mujer. **2.** DEP. Camiseta deportiva, especialmente la de ciclista. • **Maillot amarillo,** en ciclismo, camiseta amarilla que viste el ciclista que encabeza la clasificación general; el mismo corredor.

**MAIMÓN** n. m. Especie de sopa con aceite, propia de la cocina andaluza. (Suele usarse en plural.)

**MAIMONISMO** n. m. Sistema filosófico de Maimónides y sus discípulos.

**MAIMONISTA** adj. y n. m. y f. Relativo a Maimónides o al maimonismo; partidario del maimonismo.

**MAINEL** n. m. ARQ. Columnilla de piedra que divide un vano o hueco en dos partes.

**MAITÉN** n. m. Planta arbórea de Argentina y Chile, de hojas muy apetecidas por el ganado y flores purpúreas. (Familia celastráceas.)

**MAITENCITO** n. m. *Chile.* Juego de muchachos parecido al de la gallina ciega.

**MAITINES** n. m. pl. Primera de las horas del oficio divino.

**MAÎTRE** n. m. (voz francesa). Jefe de comedor de un restaurante u hotel.

**MAÍZ** n. m. Cereal cultivado en Europa y América por sus granos comestibles, ricos en almidón. (Familia gramíneas.) **2.** Grano de esta planta.

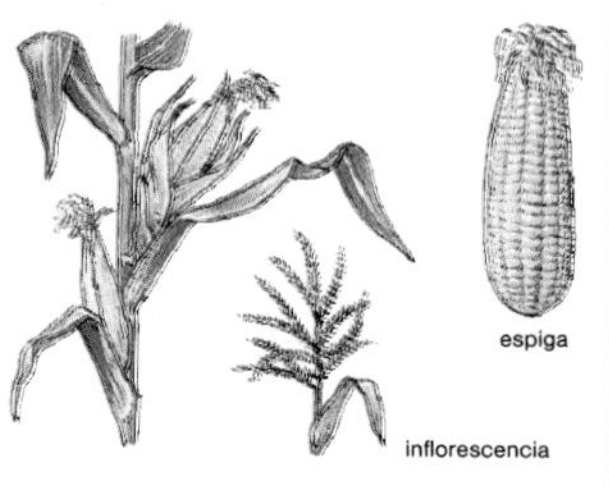

**maíz**

**MAIZAL** n. m. Terreno sembrado de maíz.

**MAJÁ** n. m. *Cuba.* Culebra no venenosa, de color amarillento con manchas de color pardo rojizo, simétricamente dispuestas, de hasta 4 m de long. **2.** *Cuba. Fig.* y *fam.* Persona holgazana.

**MAJADA** n. f. Lugar o paraje que sirve de aprisco a los animales y de albergue a los pastores. **2.** Estiércol de los animales. **3.** *Argent., Chile* y *Urug.* Manada o hato de ganado lanar.

**MAJADAL** n. m. Lugar de pasto a propósito para ganado menor. **2.** Majada, lugar donde se recoge el ganado.

**MAJADEAR** v. intr. [**1**]. Permanecer el ganado en la majada. **2.** Abonar la tierra.

**MAJADEREAR** v. tr. e intr. [**1**]. *Amér.* Molestar, incomodar uno a otra persona. ◆ v. intr. **2.** *Amér.* Insistir con terquedad importuna en una pretensión o negativa.

**MAJADERÍA** n. f. Calidad de majadero. **2.** Dicho o hecho de majadero.

**MAJADERILLO** o **MAJADERITO** n. m. Bolillo de hacer encaje.

**MAJADERO, A** adj. y n. Insensato, inoportuno o pedante. ◆ n. m. **2.** Mano de almirez o de mortero.

**MAJADO** n. m. *Argent.* y *Chile.* Caldo de trigo o maíz triturado al que, en ocasiones, se añade carne machacada. **2.** *Argent.* y *Chile.* Postre o guiso hecho con este trigo.

**MAJADOR, RA** adj. y n. Que maja.

**MAJADURA** n. f. Acción y efecto de majar.

**MAJAGRANZAS** n. m. y f. (pl. *majagranzas*). Persona necia y pesada.

**MAJAGUA** n. f. *Antillas, Colomb., Ecuad., Méx., Pan.* y *Salv.* Árbol, de hasta 12 m de alt., con tronco recto y grueso, copa poblada, flores purpúreas y fruto amarillo. (Familia malváceas.)

**MAJAL** n. m. Banco de peces.

**MAJAMAMA** n. f. *Chile.* Enredo, engaño solapado, especialmente en cuentas y negocios.

**MAJANO** n. m. Montón de cantos sueltos que se forma en las tierras de labor o en las encrucijadas y división de términos.

**MAJAR** v. tr. (del lat. *malleum,* mazo) [**1**]. Machacar una cosa desmenuzándola o aplastándola. **2.** *Fig.* y *fam.* Molestar, importunar.

**MAJARETA** adj. y n. m. y f. *Fam.* Dícese del que tiene algo perturbadas sus facultades mentales.

**MAJARETE** n. m. *P. Rico.* Desorden, barullo, confusión.

**MAJE** adj. y n. m. y f. *Méx. Fam.* Tonto, bobo.

**MAJERÍA** n. f. Conjunto o reunión de majos.

**MAJESTAD** n. f. (lat. *maiestatem*). Condición o aspecto de una persona o cosa que inspira admiración y respeto: *la majestad de su porte imponía más que su cargo.* **2.** Título que se da a Dios y también a reyes y emperadores. **3.** B. ART. Representación de Cristo o de la Virgen en un trono, en actitud hierática. SIN.: *Cristo en majestad, Virgen en majestad.*

Cristo en **majestad**
(procedente de Orgañá, Lérida, arte románico; s. XII)
[museo de arte de Cataluña, Barcelona]

**MAJESTUOSIDAD** n. f. Calidad de majestuoso.

**MAJESTUOSO, A** adj. Que tiene majestad: *el majestuoso vuelo del águila.*

**MAJEZA** n. f. *Fam.* Calidad de majo. **2.** *Fam.* Ostentación de esta cualidad.

**MAJO, A** n. A fines de s. XVIII y principios del XIX, individuo de los barrios bajos de Madrid, que se distinguía por su traje vistoso y su actitud y manera de hablar arrogantes y desenfadadas. ◆ adj. **2.** *Fam.* Guapo, hermoso, bonito. **3.** *Fam.* Simpático, agradable de trato.

**MAJORCA** n. f. Mazorca.

**MAJORERO, A** adj. y n. De la isla de Fuerteventura.

**MAJORETTE** n. f. (voz francesa). Muchacha con uniforme de fantasía, que desfila en los festejos.

**MAJUELA** n. f. Correa de cuero con que se ajustan y atan los zapatos.

**MAJZÉN** o **MAJZAN** n. m. (voz árabe). En Marruecos, gobierno del sultán. **2.** En la antigua Argelia, cuerpo de caballería suministrado por ciertas tribus.

**MAKEMONO** n. m. (voz japonesa, *cosa que se enrolla*). Pintura japonesa o china realizada en un rollo horizontal.

**MAKÍ** n. m. Mamífero primate del suborden lemúridos, de unos 50 cm de long., hocico alargado y cola larga, abundante en Madagascar.

**MAKILA** n. m. (voz vasca, *bastón, garrote*). Bastón herrado usado en el País Vasco, emplomado en el extremo inferior y cuyo puño contiene una punta acerada.

**MAKONDE,** pueblo de Tanzania y Mozambique que habla una lengua bantú.

**MAL** adj. Apócope de *malo: hace mal día.*

**MAL** n. m. Conjunto de todas aquellas cosas que son malas porque dañan o porque son contrarias a la moral: *saber distinguir entre el bien y el mal.* **2.** Daño moral o material: *no haber hecho mal a nadie.* **3.** Inconveniente, aspecto pernicioso de un asunto: *el mal está en que en seguida lo sabrá todo el pueblo.* **4.** Desgracia, calamidad: *ella trajo el mal a esta casa.* **5.** Enfermedad, dolor: *tiene un mal que los médicos no saben diagnosticar.* • **Decir mal de,** maldecir, denigrar. ‖ **Gran mal,** epilepsia en la que se presentan accesos convulsivos. ‖ **Mal de montaña,** o **de altura,** indisposiciones causadas por la rarefacción del oxígeno en altitud. ‖ **Mal de ojo,** supuesto influjo maléfico que, por arte de hechicería, ejerce una persona sobre otra mirándola de cierta manera. ‖ **Mal francés,** sífilis. ‖ **Mal haya, hayas** o **hayan,** exclamación imprecatoria: *¡mal haya el diablo!* ‖ **Pequeño mal** (MED.), epilepsia que se manifiesta principalmente por ausencias. ‖ **Ponerse a mal,** con uno, indisponerse con uno, romper las buenas relaciones. ‖ **Tomar** uno **a mal** una cosa, interpretar torcidamente algo que dicen o hacen y ofenderse por ello.

**MAL** adv. m. (lat. *male*). De forma contraria a la debida, desacertadamente: *hacer las cosas mal.* **2.** Contrario a lo que se apetece o requiere, de manera impropia e inadecuada para un fin: *cenar tarde y mal.* **3.** Con dificultad o imposibilidad: *mal podrás ir si no tienes coche.* **4.** Poco, insuficientemente: *oír mal.* **5.** Con verbos como *saber, oler,* etc., de manera desagradable. • **De mal en peor,** expresión que denota un empeoramiento progresivo de algo: *ir las cosas de mal en peor.*

**MALABAR** adj. y n. m. y f. De la costa de Malabar. • **Juegos malabares,** ejercicios de agilidad y destreza que se practican generalmente como espectáculo, manteniendo objetos en equilibrio inestable, lanzándolos a lo alto y recogiéndolos. SIN.: *malabarismo.*

**MALABARISMO** n. m. Juegos malabares. **2.** *Fig.* Actuación hábil encaminada a sostener una situación dificultosa.

**MALABARISTA** n. m. y f. Persona que hace juegos malabares. **2.** *Chile.* Persona que roba o quita una cosa con astucia.

**MALABSORCIÓN** n. f. Trastorno del proceso de absorción en virtud del cual los alimentos digeridos pasan del intestino a la sangre. (Se origina por causas muy diversas y provoca diarreas, anemia, neuritis, edemas, etc.)

**MALACA** n. m. Roten de gran tamaño, proveniente de Malaca, utilizado para la armazón de los muebles de palmijunco. **2.** Madera de castaño descortezada y curvada a la manera del malaca de origen.

**MALACARA** n. m. *Argent.* Caballo que tiene blanca la mayor parte de la cara.

**MALACATE** n. m. Máquina que consta de un árbol vertical provisto de una o varias palancas horizontales en cuyo extremo se enganchan las caballerías, que dan vueltas en torno al árbol. **2.** *Hond., Méx.* y *Nicar.* Huso, instrumento para hilar. **3.** *Méx.* Cabestrante para elevar objetos pesados.

**MALACIA** n. f. Trastorno del apetito que consiste en el deseo de comer materias impropias para la nutrición, como tierra, carbón, etc.

**MALACITANO, A** adj. y n. Malagueño.

**MALACOLOGÍA** n. f. Estudio de los moluscos.

**MALACÓLOGO, A** n. Zoólogo que estudia los moluscos.

**MALACONSEJADO, A** adj. y n. Que obra desatinadamente, llevado de malos consejos.

**MALACOPTERIGIO, A** adj. y n. m. Relativo a un grupo de peces óseos de aletas blandas o flexibles, como el salmón, la carpa y el bacalao.

**MALACOSTRÁCEO, A** adj. y n. m. Relativo a una subclase de crustáceos de organización superior, entre los que figuran los decápodos, anfípodos e isópodos.

**MALACOSTUMBRADO, A** adj. Acostumbrado a excesiva comodidad o condescendencia por parte de los otros.

**MÁLAGA** n. m. Vino licoroso, de sabor dulce y color oscuro, que se elabora con la uva cosechada en los viñedos de la región de Málaga (Archidona, Coín y Vélez-Málaga).

**MALAGANA** n. f. *Fam.* Desfallecimiento, desmayo.

**MALAGRADECIDO, A** adj. Ingrato, desagradecido.

**MALAGUEÑA** n. f. Canción y danza española, de la provincia de Málaga, que pertenece a la familia del fandango.

**MALAGUEÑO, A** adj. y n. De Málaga.

**MALAGUETA** n. f. Planta herbácea, que produce unas semillas parecidas a la pimienta. (Familia cingiberáceas.)

**MALALECHE** n. m. y f. *Fig.* y *vulg.* Persona de mala intención.

**MALAMBO** n. m. *Argent., Chile* y *Urug.* Baile rápido de zapateo, acompañado de guitarra, en el que intervienen uno o varios bailarines, siempre hombres, que, en contrapunto, efectúan diversas mudanzas, sin otros movimientos que los de las piernas y pies.

**MALAMENTE** adv. m. Mal.

**MALAMISTADO, A** adj. *Chile.* Enemistado. **2.** *Chile.* Amancebado.

**MALAMUJER** n. f. *Méx.* Planta espinosa de distintas especies que produce irritación en la piel.

**MALANDANTE** adj. Desgraciado, infeliz.

**MALANDANZA** n. f. Desgracia, suceso adverso o violento.

**MALANDRÍN, NA** adj. y n. (ital. *malandrino,* salteador). Dícese de la persona mentirosa, traidora, perversa, etc.

**MALANGAY** n. m. *Colomb.* Planta de la familia de las aráceas.

**MALAPATA** n. m. y f. Patoso.

**MALAQUITA** n. f. Carbonato natural de cobre, de un hermoso color verde, susceptible de ser tallado y pulido para usos de joyería y de marquetería.

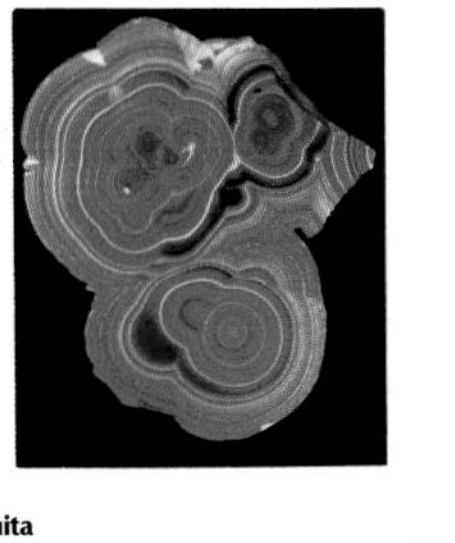

**malaquita**

**MALAR** adj. Relativo a la mejilla: *región malar.* ◆ n. m. **2.** Pómulo.

**MALARIA** n. f. Paludismo.

**MALASANGRE** adj. y n. m. y f. Dícese de la persona de condición aviesa.

**MALASOMBRA** n. m. y f. Persona molesta e inoportuna y falta de gracia.

**MALATOBA** o **MALATOBO** n. m. *Amér.* Gallo de color rojo claro, con las alas más oscuras y con plumas negras en la pechuga.

**MALAVENIDO, A** adj. Descontentadizo.

**MALAVENTURA** o **MALAVENTURANZA** n. f. Desventura, desgracia.

**MALAVENTURADO, A** adj. y n. Desgraciado.

**MALAXACIÓN** n. f. Acción y efecto de malaxar.

**MALAXADOR, RA** adj. y n. m. Dícese del aparato que sirve para malaxar.

**MALAXAR** v. tr. [**1**]. Amasar una sustancia para reblandecerla o para darle homogeneidad: *malaxar la mantequilla.*

**MALAYA** n. f. *Chile* y *Perú.* Corte de carne de vacuno correspondiente a la parte superior de los costillares.

**MALAYALAM** n. m. Lengua dravídica hablada en el estado de Kerala, India.

**MALAYO, A** adj. y n. Relativo a un pueblo que ocupa la península de Malaca y las islas de la Sonda; individuo de este pueblo. ◆ n. m. **2.** Lengua indonesia hablada en la península de Malaca y en las costas de las islas indonésicas, convertida en lengua oficial de Indonesia, indonesio moderno.

**MALAYOPOLINESIO, A** adj. y n. m. Dícese de una familia de lenguas habladas en las islas del océano Índico y Oceanía, entre las que figura el indonesio y las lenguas polinesias.

**MALBARATADOR, RA** adj. y n. Que malbarata.

**MALBARATAMIENTO** o **MALBARATO** n. m. Acción y efecto de malbaratar.

**MALBARATAR** v. tr. **[1]**. Vender a bajo precio: *malbaratar las mercancías.* **2.** Despilfarrar, malgastar: *malbaratar una herencia.*

**MALBARATILLO** n. m. Baratillo, tienda en que se venden cosas de lance.

**MALCARADO, A** adj. Que tiene aspecto repulsivo. **2.** Que pone cara enfadada.

**MALCASADO, A** adj. y n. Dícese del que no vive en armonía con su cónyuge, o del que está separado o divorciado.

**MALCASAR** v. tr., intr. y pron. **[1]**. Casar o casarse desacertadamente.

**MALCOCINADO** n. m. Despojo de las reses. **2.** Sitio donde se venden.

**MALCOMER** v. tr. e intr. **[2]**. Comer escasamente o con poco gusto.

**MALCONSIDERADO, A** adj. Que no guarda consideración.

**MALCONTENTADIZO, A** adj. Descontentadizo.

**MALCONTENTO, A** adj. Descontento, insatisfecho. **2.** Rebelde, revoltoso.

**MALCRIADEZ** o **MALCRIADEZA** n. f. *Amér.* Cualidad de malcriado, grosería, indecencia.

**MALCRIADO, A** adj. Mal educado, descortés.

**MALCRIAR** v. tr. **[1t]**. Educar mal a los hijos por exceso de condescendencia.

**MALDAD** n. f. Calidad de malo. **2.** Acción mala.

**MALDECIDO, A** adj. y n. Dícese de la persona de mala índole.

**MALDECIDOR, RA** adj. y n. Maldiciente.

**MALDECIR** v. tr. **[19a]**. Sentir o expresar abominación, enfado o irritación contra algo o alguien: *maldigo el día en que te conocí.* ◆ v. intr. **2.** Hablar con mordacidad en perjuicio de alguien, denigrándole: *maldice de sus amigos, por no haberle ayudado.* **3.** Quejarse de algo, criticar: *maldice de su juventud, perdida entre libros.*

**MALDICIENTE** adj. y n. m. y f. Que maldice por hábito.

**MALDICIÓN** n. f. (lat. *maledictionem*). Acción de maldecir contra una persona o cosa manifestando enojo o aversión. **2.** Deseo expreso de que al prójimo le sobrevenga algún daño: *abandonó el hogar con la maldición de su padre.* **3.** Expresión con que se maldice: *soltar una maldición.*

**MALDISPUESTO, A** adj. Indispuesto, algo enfermo. **2.** Que no tiene la disposición de ánimo necesaria para una cosa.

**MALDITO, A** adj. Que es objeto de enfado, abominación, etc.: *un escritor maldito; una película maldita.* **2.** Que disgusta o molesta: *estos malditos zapatos no me dejan andar.* **3.** Aplicado a un sustantivo con artículo, equivale al concepto de nada o ninguno, expresando hastío o desilusión: *maldita la falta que me hacen sus consejos.* • **¡Maldita sea!,** exclamación de disgusto o disconformidad. ◆ n. m. **4.** El diablo.

**MALDOSO, A** adj. *Méx.* Que le gusta hacer maldades o travesuras.

**MALEABILIDAD** n. f. TECNOL. Calidad de maleable.

**MALEABILIZACIÓN** n. f. TECNOL. Acción de convertir en maleable.

**MALEABLE** adj. Dícese del metal que puede batirse y extenderse en planchas o láminas.

**MALEANTE** adj. y n. m. y f. Delincuente, persona de mala conducta o que tiene antecedentes penales.

**MALEAR** v. tr. y pron. **[1]**. Dañar, echar a perder. **2.** *Fig.* Pervertir a alguien.

**MALECÓN** n. m. Muralla o terraplén para defensa contra las aguas. **2.** Rompeolas adaptado para atracar. **3.** Terraplén que se construye para elevar el nivel de la vía del ferrocarril.

**MALEDICENCIA** n. f. Acción y efecto de maldecir, hablar con mordacidad en perjuicio de otro.

**MALEDUCADO, A** adj. y n. Descortés, malcriado.

**MALEFICENCIA** n. f. (lat. *maleficentiam*). Inclinación o hábito a hacer daño u obrar mal.

**MALEFICIAR** v. tr. **[1]**. Causar daño. **2.** Hechizar, ejercer un maleficio.

**MALEFICIO** n. m. Influencia dañosa causada por arte de hechicería. **2.** Hechizo que causa este daño.

**MALÉFICO, A** adj. Que perjudica a otro con maleficios: *invocación maléfica.* **2.** Que ocasiona o puede ocasionar daño.

**MALEMPLEAR** v. tr. y pron. **[1]**. Desperdiciar, malgastar.

**MALENTENDER** v. tr. **[2d]**. Entender o interpretar equivocadamente.

**MALENTENDIDO** n. m. Mala interpretación, entendimiento erróneo de algo.

**MALEOLAR** adj. Relativo a los maléolos.

**MALÉOLO** n. m. (lat. *malleolum,* martillo pequeño). Cada una de las apófisis de la región inferior de la tibia y del peroné que forman el tobillo. • **Maléolo externo,** peroné. || **Maléolo interno,** tibia.

**MALESTAR** n. m. Sensación indefinida de encontrarse mal física o espiritualmente.

**MALETA** n. f. Caja de piel, lona u otra materia, con asas y cerradura, que se usa como equipaje manual. **2.** *Amér.* Lío de ropa. **3.** *Chile* y *Guat.* Alforja. • **Hacer la maleta,** o **las maletas,** llenar de ropa y objetos la maleta para hacer un viaje. || **Largar o soltar** uno **la maleta** *(Chile),* morir.

**MALETA** n. m. y f. *Fam.* Persona que practica con torpeza y desacierto su profesión, especialmente toreros, jugadores o deportistas.

**MALETERO, A** n. Persona que tiene por oficio hacer o vender maletas. ◆ n. m. **2.** Mozo que transporta equipajes. **3.** En los vehículos, compartimento donde se pone el equipaje. **4.** *Chile.* Ladrón, ratero.

**MALETILLA** n. m. Aprendiz de torero, que actúa en capeas y tentaderos.

**MALETÍN** n. m. Modelo especial de maleta, de pequeño tamaño, para llevar los útiles de aseo personal o de uso profesional.

**MALETUDO, A** adj. *Colomb., Cuba, Ecuad.* y *Méx.* Jorobado.

**MALEVAJE** n. m. *Argent.* Grupo constituido por malevos.

**MALEVO, A** adj. y n. *Argent.* Relativo al malevo. **2.** *Argent., Bol.* y *Urug.* Maleante, malhechor. ◆ n. m. **3.** *Argent.* Hombre matón, pendenciero que vivía en los alrededores de Buenos Aires.

**MALEVOLENCIA** n. f. Mala voluntad, mala intención: *actuar con malevolencia.*

**MALEVOLENTE** adj. (lat. *malevolentem*). Que tiene mala intención hacia otro o le es hostil: *trato, mirada malevolente.*

**MALÉVOLO, A** adj. y n. Malicioso, mal intencionado: *ideas malévolas.*

**MALEZA** n. f. (lat. *malitiam*). Abundancia de malas hierbas en los sembrados. **2.** Espesura de arbustos. **3.** Formación de hierbas, arbustos o pequeños árboles. **4.** *Chile, Colomb.* y *Perú.* Cualquier hierba mala. **5.** *Dom.* y *Nicar.* Achaque, enfermedad.

**MALFORMACIÓN** n. f. FISIOL. Alteración morfológica congénita de un tejido o un órgano del cuerpo humano: *malformación fetal.*

**MALGACHE** adj. y n. m. y f. De Madagascar. ◆ n. m. **2.** Grupo de lenguas malayopolinesias habladas en Madagascar.

**MALGASTADOR, RA** adj. y n. Que malgasta.

**MALGASTAR** v. tr. **[1]**. Gastar en cosas malas o inútiles: *malgastar el dinero, el tiempo, la paciencia.*

**MALGENIOSO, A** o **MALGENIUDO, A** adj. y n. *Amér.* Que tiene mal genio.

**MALHABLADO, A** adj. y n. Que tiene costumbre de decir expresiones soeces o inconvenientes.

**MALHADADO, A** adj. Infeliz, desventurado, desgraciado.

**¡MALHAYA!** o **¡MALHAYAS!** interj. Exclamación imprecatoria.

**MALHECHO, A** adj. De cuerpo mal formado o contrahecho.

**MALHECHOR, RA** adj. y n. Delincuente, en especial el habitual.

**MALHERIR** v. tr. **[22]**. Herir gravemente.

**MALHORA** n. m. y f. *Méx. Fam.* Amigo de hacer maldades o travesuras.

**MALHUMOR** n. m. Mal humor.

**MALHUMORADO, A** adj. Que está de mal humor, desabrido o displicente.

**MALHUMORAR** v. tr. y pron. **[1]**. Poner o ponerse de mal humor.

**MALÍ** adj. y n. m. y f. De Malí.

**MALÍ** n. m. Hipopótamo enano.

**MALICIA** n. f. (lat. *malitiam*). Maldad, calidad de malo. **2.** Inclinación a hacer el mal. **3.** Intención malévola y disimulada. **4.** Sagacidad, picardía.

**MALICIABLE** adj. Que puede maliciarse.

**MALICIAR** v. tr. y pron. **[1]**. Sospechar algo con malicia. **2.** Malear.

**MALICIOSO, A** adj. y n. Que tiene malicia, que tiende a atribuir mala intención a los hechos de los demás. ◆ adj. **2.** Hecho con malicia, que contiene malicia: *mirada maliciosa.*

**MÁLICO, A** adj. (del lat. *malum,* manzana). QUÍM. Dícese de un diácido alcohol que se encuentra en las manzanas y en los frutos ácidos.

**MALIGNIDAD** n. f. Calidad de maligno: *la malignidad de una mirada.* **2.** Carácter de una lesión o enfermedad que obliga a hacer un pronóstico desfavorable. **3.** SICOL. Tendencia a hacer voluntariamente el mal.

**MALIGNO, A** adj. y n. (lat. *malignum*). Propenso a pensar u obrar mal. ◆ adj. **2.** De índole perniciosa: *sonrisa maligna.* **3.** Dícese de la lesión o enfermedad que evoluciona de modo desfavorable. • **Espíritu maligno**, el demonio. || **Tumor maligno** (MED.), tumor generalmente canceroso y persistente, con frecuencia indoloro al principio, que después invade los tejidos próximos.

**MĀLIKĪ** adj. y n. m. Relativo a una de las cuatro grandes escuelas jurídicas del islam sunní, que predomina en el Magreb y se caracteriza por su rigorismo; adepto de esta escuela.

**MALILLA** n. f. Carta que en algunos juegos de naipes es la segunda entre las de más valor. **2.** Juego de naipes que se juega por parejas y en el que el nueve es el triunfo máximo.

**MALINALLI** n. m. (voz náhuatl, *hierba*). Séptimo día de los veinte que tenía el mes azteca.

**MALINCHISTA** adj. y n. m. y f. *Méx.* Dícese del individuo que da preferencia a las personas, costumbres, cosas extranjeras y desprecia las nacionales, o adopta una actitud servil frente a los extranjeros.

**MALINKÉ** adj. y n. m. y f. Relativo a un pueblo de Malí, que habita también en Senegal, Guinea y Gambia, y habla una lengua nigeriano-congoleña; individuo de este pueblo. ◆ n. m. **2.** Lengua del grupo mandingo.

**MALINTENCIONADO, A** adj. y n. Que tiene mala intención: *idea malintencionada.*

**MALLA** n. f. Tejido poco tupido y transparente, hecho con un hilo que va enlazándose consigo mismo formando agujeros. **2.** Cada uno de los elementos de forma diversa cuyo conjunto constituye este tejido. **3.** Cada una de las anillas del tejido de punto. **4.** *Argent., Perú* y *Urug.* Bañador, traje de baño. **5.** *Chile.* Clase de patata de tubérculo muy pequeño. **6.** ARM. Tejido de anillos o piececitas metálicas, utilizado para confeccionar cotas. **7.** ELECTR. Conjunto de conductores que unen los nudos de una red y forman un circuito cerrado. **8.** ESTADÍST. Cuadro rectangular de doble entrada, que permite comparar las variaciones de un fenómeno durante períodos de tiempo distintos. **9.** TECNOL. Rejilla metálica o de hilo de seda u otro material, que constituye el fondo de un cedazo o tamiz. **10.** TECNOL. Cada una de las aberturas de un tamiz o de una tela metálica o de rejilla. **11.** TEXT. Elemento constitutivo de todo artículo o género textil compuesto de una red de hilos más o menos tensos. • **Malla cristalina,** paralelepípedo formado sobre los tres vectores que expresan la periodicidad tridimensional de una red cristalina. ◆ **mallas** n. f. pl. **12.** Vestido de punto, elástico y ajustado al cuerpo, que se usa para ballet, gimnasia, etc.

**MALLADO, A** adj. HERÁLD. Dícese del escudo o pieza honorable de primer orden, cubierto de mallas.

**MALLETE** n. m. Especie de mazo. **2.** MAR. Cada uno de los barrotes de madera endentados en otros para formar un hueco, por el que pasa una pieza que ha de sufrir grandes esfuerzos.

**MALLÍN** n. m. *Argent.* Pradera cenagosa.

**MALLO** n. m. (lat. *malleum,* martillo). Mazo, martillo grande de madera. **2.** Macho manejado por el ayudante o machacador para auxiliar al forjador o herrador. **3.** Juego que consiste en hacer rodar por el suelo unas bolas de madera, dándoles con un mazo. **4.** Mazo de madera, provisto de mango largo, para impulsar las bolas en el juego del mismo nombre. **5.** TECNOL. Mazo, martillo metálico de gran tamaño, utilizado por los canteros.

**MALLO** n. m. *Chile.* Guiso de patatas cocidas y molidas.

**MALLORQUÍN, NA** adj. y n. De Mallorca. ◆ adj. **2. Escuela mallorquina,** escuela literaria catalana, en la que se inscriben la mayor parte de los poetas mallorquines que escribieron entre 1900 y 1950. ◆ n. m. **3.** Dialecto del catalán que se habla en Mallorca.

**MALMANDADO, A** adj. y n. Desobediente.

**MALMARIDADA** n. f. y adj. Malcasada.

**MALMETER** v. tr. [2]. Disipar, derrochar. **2.** Incitar a obrar mal. **3.** Indisponer, malquistar.

**MALMIRADO, A** adj. Que está mal considerado por otros: *hombre malmirado.*

**MALNUTRICIÓN** n. f. Mala adaptación de la alimentación a las condiciones de vida de un individuo. **2.** Desequilibrio alimentario en general.

**MALO** adv. m. Denota desaprobación, disconformidad o contrariedad: *malo es que llueva ahora.*

**MALO, A** adj. (lat. *malum*). Que carece de las cualidades propias de su naturaleza o función: *mala memoria.* **2.** Dañoso, perjudicial: *beber demasiado es malo.* **3.** Que se opone a la razón o a la ley: *las malas costumbres.* **4.** Enfermo: *estar malo del hígado.* **5.** Difícil: *gente mala de gobernar.* **6.** Desagradable, molesto: *oír una mala noticia.* **7.** Travieso, revoltoso: *un niño malo.* **8.** Deslucido, deteriorado: *un traje que ya está malo.* • **A malas,** en actitud de hostilidad o enemistad. ‖ **De mala,** o **malas,** con desgracia y desacierto. ‖ **Lo malo es que,** indica que lo que se dice después presenta dificultad o impedimento para algún fin determinado. ‖ **Por la mala,** o **las malas,** por la fuerza o coacción. ◆ adj. y n. **9.** Que es de costumbres o vida censurables: *una mala persona.* • **Pelota mala,** en pelota vasca y valenciana, falta.

**MALOCA** n. f. *Amér. Merid.* Malón, ataque inesperado de indios. **2.** *Amér. Merid.* Invasión de hombres blancos en tierra de indios, con pillaje y exterminio. **3.** *Colomb.* Guarida o pueblo de indios salvajes.

**MALÓFAGO, A** adj. y n. m. Relativo a un orden de insectos parásitos de animales de sangre caliente, pero nunca del hombre, como los piojos de aves.

**MALOGRADO, A** adj. Dícese de la persona, especialmente de cierta categoría en su especialidad o actividades, que muere joven: *el malogrado actor.*

**MALOGRAR** v. tr. [1]. Perder, desaprovechar algo: *malograr esfuerzos.* ◆ v. tr. y pron. **2.** No llegar al término que se pretendía o esperaba: *malograr un chiste.* **3.** *Amér.* Estropear. ◆ **malograrse** v. pron. **4.** Frustrarse, no llegar a su natural desarrollo o perfeccionamiento alguien o algo.

**MALOGRO** o **MALOGRAMIENTO** n. m. Acción y efecto de malograr o malograrse.

**MALOJA** n. f. *Cuba.* Planta de maíz que se usa como forraje.

**MALOJAL** n. m. *Cuba* y *Venez.* Plantación de maloja.

**MALOJO** n. m. *Venez.* Maloja.

**MALOLIENTE** adj. Que exhala mal olor.

**MALÓN** n. m. *Amér. Merid.* Irrupción o ataque inesperado de indios, con saqueo y depredaciones. **2.** *Amér. Merid.* Grupo de personas que provocan desórdenes en espectáculos o reuniones públicas. **3.** *Argent.* y *Chile. Fig.* y *fam.* Visita sorpresiva de un grupo de personas a la casa de unos amigos.

**MALÓNICO, A** adj. QUÍM. Dícese de un diácido procedente de la oxidación del ácido málico.

**MALOQUEAR** v. intr. [1]. *Amér. Merid.* Acometer contra el enemigo en forma de malones o malocas.

**MALOQUERO, A** adj. y n. *Amér. Merid.* Que maloquea.

**MALPAÍS** n. m. Nombre dado originariamente en los países de habla española a los terrenos cubiertos de un tipo de corriente de lava de superficie irregular, formada por bloques sueltos, agrietados y ampulosos. (En algunos países de América latina suele llamársele *huayquería.*)

**MALPARADO, A** adj. Que ha sufrido notable menoscabo: *salir malparado de un negocio.*

**MALPARIR** v. intr. [3]. Abortar.

**MALPARTO** n. m. Aborto.

**MALPASAR** v. intr. [1]. Vivir con estrechez o pobreza.

**MALPENSADO, A** adj. y n. Que tiene tendencia a ver malicia o mala intención en los actos o palabras de los demás.

**MALPOSICIÓN** n. f. Posición defectuosa de un diente en la arcada dental.

**MALQUERENCIA** n. f. Antipatía, mala voluntad hacia alguien.

**MALQUERER** v. tr. [7]. Tener antipatía o mala voluntad hacia alguien.

**MALQUISTAR** v. tr. y pron. [1]. Enemistar a una persona con otra.

**MALQUISTO, A** adj. Que está mal considerado por otras personas o que recibe la antipatía o enemistad de otros.

**MALRO** n. m. *Chile.* Maslo, tronco de la cola de las caballerías.

**MALROTAR** v. tr. [1]. Despilfarrar, malgastar.

**MALSANO, A** adj. Perjudicial para la salud: *humo malsano.* **2.** Enfermizo: *deseo malsano.*

**MALSÍN** n. m. Delator, cizañero, soplón.

**MALSINAR** v. tr. [1]. Acusar o calumniar a alguien.

**MALSONANCIA** n. f. Calidad de malsonante.

**MALSONANTE** adj. Que suena de forma desagradable: *ruido malsonante.* **2.** Incorrecto, grosero: *palabras malsonantes.*

**MALSUFRIDO, A** adj. Que tiene poca paciencia, irritable, impaciente. **2.** Que soporta mal los dolores físicos.

**MALTA** n. f. (ingl. *malt*). Cebada germinada artificialmente, desecada y tostada, utilizada en la elaboración de la cerveza. **2.** Esta misma cebada, utilizada para hacer una infusión.

**MALTASA** n. f. Enzima del jugo intestinal, que hidroliza la maltosa.

**MALTEADO** n. m. Operación que transforma la cebada u otros cereales en malta.

**MALTERÍA** n. f. Establecimiento industrial para la obtención de la malta.

**MALTÉS, SA** adj. y n. De Malta. ◆ n. m. **2.** Dialecto árabe hablado en la isla de Malta.

**MALTHUSIANISMO** o **MALTUSIANISMO** n. m. (del economista británico *Malthus*). Restricción voluntaria de la procreación. **2.** ECON. Disminución voluntaria de la producción, de la expansión económica.

**MALTHUSIANO, A** o **MALTUSIANO, A** adj. y n. Relativo a las doctrinas de Malthus. **2.** Opuesto a la expansión económica o demográfica.

**MALTÓN, NA** adj. y n. *Bol., Chile, Ecuad.* y *Perú.* Dícese del animal o persona joven, pero de desarrollo precoz.

**MALTOSA** n. f. Azúcar que por hidrólisis da dos moléculas de glucosa, y que se obtiene a su vez por hidrólisis del almidón.

**MALTRABAJA** n. m. y f. *Fam.* Persona haragana, perezosa.

**MALTRAER** v. tr. [10]. Maltratar, injuriar. • **Traer,** o **llevar, a maltraer,** importunar, molestar e irritar constantemente.

**MALTRAÍDO, A** adj. *Bol., Chile* y *Perú.* Mal vestido, desaliñado.

**MALTRATAMIENTO** o **MALTRATO** n. m. Acción y efecto de maltratar.

**MALTRATAR** v. tr. y pron. [1]. Golpear, insultar o tratar mal: *maltratar a un niño.* ◆ v. tr. **2.** Estropear, echar a perder algo: *maltratar la ropa.*

**MALTRECHO, A** adj. En mal estado físico o moral por alguna causa determinada.

**MALUCHO, A** adj. *Fam.* Que está algo enfermo.

**MALUCO, A** adj. y n. De las Molucas.

**MALUQUERA** n. f. *Colomb.* Fealdad. **2.** *Colomb.* y *Cuba.* Indisposición, enfermedad.

**MALURA** n. f. *Chile.* Malestar, desazón.

**MALVA** n. f. (lat. *malvam*). Planta cuyas flores, de color rosado o violáceo, se usan en infusiones laxantes y calmantes. (Familia malváceas.) **2.** Flor de esta planta. • **Como una malva,** dócil y apacible. ‖ **Estar criando malvas** *(Fam.),* estar muerto y enterrado. ◆ adj. y n. m. **3.** Relativo al color violeta claro.

malva

**MALVÁCEO, A** adj. y n. f. Relativo a una familia de plantas arbustivas o arbóreas, de hojas alternas, flores generalmente hermafroditas con cinco sépalos y cinco pétalos, y fruto en cápsula, como el algodonero y la malva.

**MALVADO, A** adj. y n. (bajo lat. *malifatius*). Muy malo, perverso.

**MALVAR** n. m. Sitio poblado de malvas.

**MALVARROSA** n. f. Geranio rosa.

**MALVASÍA** n. f. Uva muy dulce y fragante, de granos grandes y ovoideos. **2.** Nombre dado a ciertos vinos elaborados en diversos países con esta uva.

**MALVAVISCO** n. m. Planta de rizoma grueso, hojas dentadas y flores blancorrosáceas, cuya raíz se utiliza como emoliente. (Familia malváceas.)

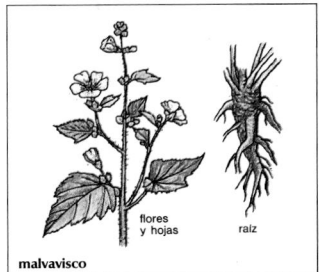

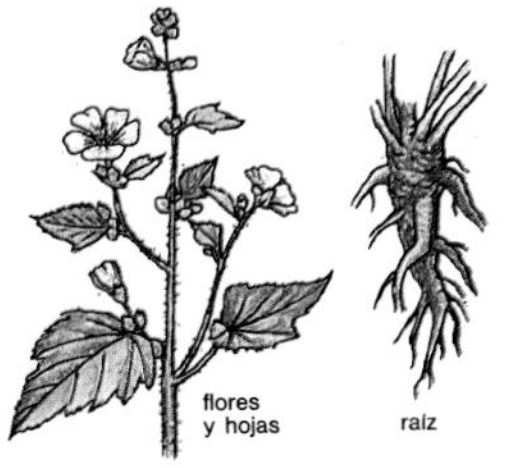

malvavisco

**MALVENDER** v. tr. [2]. Vender a un precio inferior del que se considera adecuado.

**MALVERSACIÓN** n. f. Sustracción o desviación de fondos públicos en el ejercicio de un cargo.

**MALVERSAR** v. tr. [1]. Sustraer caudales públicos. **2.** Gastar indebidamente los fondos públicos el que está encargado de administrarlos.

**MALVINERO, A** adj. y n. De las islas Malvinas. SIN.: *malvinense.*

**MALVÍS** n. m. Tordo de plumaje verde oscuro, manchado de negro y rojo.

**MALVISCO** n. m. *Amér. Merid.* Malvavisco.

**MALVIVIR** v. intr. [3]. Vivir con penalidades.

**MALVIZ** n. m. Malvís.

**MALVÓN** n. m. *Argent., Méx., Par.* y *Urug.* Planta muy ramificada, con hojas afelpadas y flores rosadas, rojas o, a veces, blancas. (Familia geraniáceas.)

**MAM,** conjunto de pueblos de la familia lingüística

maya-zoque, que viven en la región fronteriza de México y Guatemala.

**MAMA** n. f. Cada una de las glándulas situadas en la cara ventral del tronco de las hembras de los mamíferos, que se desarrollan en la pubertad y segregan, después de la gestación, la leche que alimentará a las crías.

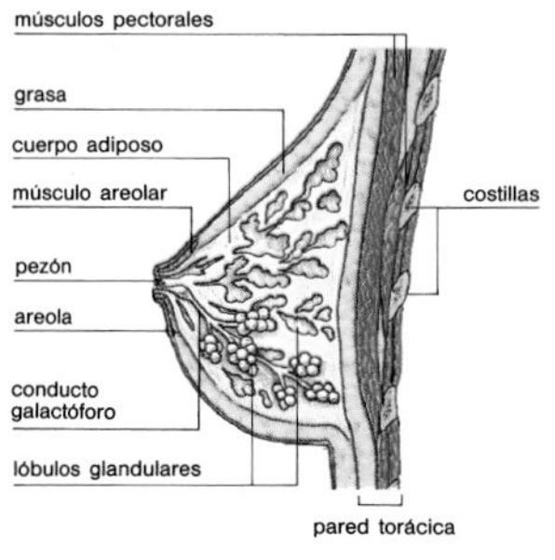


**mama** de mujer (sección)

**MAMÁ** o **MAMA** n. f. Madre, en lenguaje afectivo y familiar.

**MAMACONA** o **MAMACUNA** n. f. En el Perú precolombino, mujer anciana que dirigía las casas en que vivían en comunidad las vírgenes consagradas al servicio de los templos del Sol. **2.** *Bol.* Jáquima de cuero torcido que se pone a las caballerías de reata.

**MAMADA** n. f. Acción y efecto de mamar. **2.** Cantidad de leche mamada de una vez. **3.** *Amér.* Ganga. **4.** *Argent., Perú* y *Urug. Fig.* y *vulg.* Embriaguez, borrachera. **5.** *Méx. Vulg.* Cosa, hecho o dicho absurdo, disparatado o ridículo: *esta película es una mamada.*

**MAMADERA** n. f. Instrumento para descargar los pechos de las mujeres cuando tienen exceso de leche. **2.** *Amér.* Biberón. **3.** *Cuba* y *P. Rico.* Tetilla del biberón. **4.** *Venez.* Tomadura de pelo.

**MAMADO, A** adj. *Vulg.* Ebrio, borracho. **2.** *Vulg.* Dícese del asunto o cosa muy fácil. **3.** *Méx. Vulg.* Fuerte, musculoso: *Liliana está muy mamada.*

**MAMADOR, RA** adj. y n. Que mama.

**MAMALOGÍA** n. f. Parte de la zoología que trata de los mamíferos.

**MAMALÓN, NA** adj. *Cuba* y *P. Rico.* Holgazán.

**MAMANCONA** n. f. *Chile.* Mujer vieja y gorda.

**MAMANDURRIA** n. f. *Amér. Merid.* Sueldo que se disfruta sin merecerlo.

**MAMANTÓN, NA** adj. Dícese del animal que mama todavía.

**MAMAR** v. tr. (lat. *mammare*) **[1]**. Chupar la leche de las mamas. **2.** Adquirir alguna costumbre o cualidad por su nacimiento o el ambiente en que se ha criado. **3.** *Vulg.* Besar los órganos genitales. ◆ v. tr. y pron. **4.** Obtener algún beneficio sin méritos ni esfuerzo. ◆ v. intr. **5.** *Méx. Vulg.* Echarse a perder, arruinarse algo: *ya mamó la televisión.* ◆ **mamarse** v. pron. **6.** Emborracharse.

**MAMARIO, A** adj. Relativo a las mamas.

**MAMARRACHADA** n. f. *Fam.* Conjunto de mamarrachos. **2.** *Fam.* Acción ridícula y desconcertada. **3.** Mamarracho, cosa defectuosa, ridícula o extravagante.

**MAMARRACHO** n. m. Persona que viste grotescamente y actúa de forma ridícula. **2.** *Fam.* Persona informal o despreciable. **3.** Cosa defectuosa, ridícula o extravagante.

**MAMBA** n. f. Serpiente de África que se caracteriza por su gran tamaño, unos 3 m, por ser venenosa y por presentar un largo maxilar. (Familia elápidos.)

**MAMBÍ, ISA** n. (pl. *mambises*). Insurrecto contra la soberanía de España en las guerras de independencia de Santo Domingo y Cuba en el s. XIX. SIN.: *manigüero.*

**MAMBO** n. m. Baile de origen cubano, de compás indefinido, mezcla de rumba y de swing, que se sigue con el movimiento de caderas y la flexión de una pierna con la otra extendida.

**MAMBORETÁ** n. m. *Argent., Par.* y *Urug.* Insecto ortóptero de color verde claro que se alimenta de otros insectos, santateresa.

**MAMELLA** n. f. (lat. *mammillam*). Cada uno de los apéndices largos y ovalados del cuello de algunos mamíferos.

**MAMELLADO, A** adj. Dícese del ganado que presenta mamellas.

**MAMELÓN** n. m. Colina baja, de forma redondeada. **2.** Cumbre o cima de igual forma.

**MAMELONADO, A** adj. Que presenta prominencias en forma de mamelones.

**MAMELUCO, A** adj. y n. (ár. *mamlūk,* esclavo). HIST. Relativo a una milicia turcoegipcia, compuesta originariamente de esclavos, que constituyó la dinastía de los mamelucos, y que dominó Egipto de 1250 a 1798; miembro de dicha milicia. ◆ n. **2.** *Fam.* Persona necia y boba. ◆ n. m. **3.** Jinete de un escuadrón de la guardia de Napoleón. **4.** *Amér.* Prenda de vestir enteriza, especial para niños, que cubre el tronco y extremidades. **5.** *Amér. Merid.* y *Antillas.* Prenda de vestir usada por los obreros, de una sola pieza, que cubre todo el cuerpo; mono. **6.** *Hond.* Bombacho, calzón. • **Mamelucos paulistas,** denominación que dieron los españoles a los bandeirantes* de São Paulo.

**MAMERTINO** n. m. Renombrado vino de la antigua Italia, que se cosechaba en los alrededores de Messina.

**MAMEY** n. m. Planta arbórea que crece en América, de hasta 15 m de alt., con flores blancas olorosas y fruto casi redondo, de pulpa amarilla, aromática y sabrosa. (Familia gutíferas.) **2.** Planta arbórea de hasta 30 m de alt., con hojas lanceoladas, flores de color blanco rojizo y fruto ovoide, de pulpa roja, dulce y muy suave. (Familia sapotáceas.) **3.** Fruto de estas plantas.

**mamey**

**MAMEYERO** n. m. *Amér. Merid.* Mamey.

**MAMÍFERO, A** adj. y n. m. Relativo a una clase de animales vertebrados caracterizados por la presencia de glándulas mamarias, piel generalmente cubierta de pelos, dos pulmones, corazón de cuatro cavidades, encéfalo relativamente desarrollado y por una reproducción generalmente vivípara.

■ Los mamíferos son los vertebrados más recientes: no alcanzaron importancia hasta principios de la era terciaria. Muy diversificados (más de 5 000 especies contabilizadas), viven en todos los medios: terrestre, aéreo (murciélago), acuático (delfín) y subterráneo (topo). Sus principales características son: glándulas cutáneas (sebáceas, que lubrican los pelos; sudoríparas, que segregan sudor; mamarias, que segregan leche); gran variedad de formaciones córneas y de pelambre; tres tipos de dientes (incisivos, caninos y molares); corazón formado por dos aurículas y dos ventrículos, que separa por completo la circulación general de la circulación pulmonar, y un sistema nervioso central muy desarrollado. Todos son vivíparos, excepto los monotremas.

**MAMIFORME** adj. Dícese de los órganos u organismos en forma de mama o pezón.

**MAMILA** n. f. (lat. *mamillam*). Parte de la mama de la hembra, exceptuando el pezón. **2.** Tetilla en el hombre. **3.** *Méx.* Biberón.

**MAMILAR** adj. Relativo a la mamila.

**MAMITIS** n. f. Mastitis.

**MAMOGRAFÍA** n. f. Radiografía de las glándulas mamarias.

**MAMÓN, NA** adj. y n. Que todavía mama. **2.** Que mama demasiado. ◆ adj. **3.** *Méx. Vulg.* Dícese de la persona muy arrogante o soberbia. ◆ n. m. **4.** Especie de bizcocho de almidón y huevo, que se hace en México. **5.** *Hond.* Garrote, palo. **6.** BOT. Vástago que se suprime de algunos árboles porque les chupa la savia y mengua el fruto.

**MAMOPLASTIA** n. f. Intervención de cirugía estética en el seno, para mejorar su forma.

**MAMOTRETO** n. m. (bajo lat. *mammothreptus*). *Fam.* Libro o legajo muy abultado, especialmente cuando es irregular y deforme. **2.** Armatoste, objeto grande y embarazoso.

**MAMPARA** n. f. Cancel movible consistente en un bastidor de madera cubierto generalmente de piel o tela, que sirve para limitar una habitación, cubrir puertas, etc. **2.** Puerta interior, ligera, forrada de paño u otro material.

**MAMPARO** n. m. Cada uno de los tabiques o reparos que dividen el interior del buque en compartimentos. • **Mamparo estanco,** cualquiera de los mamparos metálicos reforzados para cerrar los espacios dentro del buque, aislándolos con el fin de que no pueda entrar agua.

**MAMPATO, A** adj. y n. *Chile.* Dícese del animal de piernas cortas o de poca estatura. ◆ n. **2.** *Chile. Fig.* Persona de reducida estatura.

**MAMPORRERO** n. m. Hombre que guía al caballo en el acto de cubrir a la yegua.

**MAMPORRO** n. m. *Fam.* Golpe dado con la mano o con una cosa cualquiera. **2.** *Fam.* Golpe que se recibe al caer o tropezar: *darse un mamporro.*

**MAMPOSTEAR** v. tr. **[1]**. Trabajar o hacer obras de mampostería.

**MAMPOSTERÍA** n. f. Obra de albañilería hecha de mampuesto o piedras sin labrar, o con labra grosera, unidas con argamasa o mortero, yeso, cal, cemento, etc. **2.** Oficio de mampostero.

**MAMPOSTERO, A** n. Persona que trabaja en obras de mampostería.

**MAMPUESTO, A** adj. Dícese del material que se emplea en la obra de mampostería. ◆ n. m. **2.** Piedra sin labrar y de pequeñas dimensiones, que se puede colocar en una obra con la mano y sólo sirve para relleno. **3.** *Amér.* Cualquier objeto en que se apoya el arma de fuego para tomar mejor la puntería.

**MAMÚA** n. f. *Argent.* y *Urug. Vulg.* Embriaguez, borrachera.

**MAMULLAR** v. tr. **[1]**. Comer o mascar con los mismos ademanes y gestos que hace el que mama. **2.** *Fam.* Mascullar.

**MAMUT** n. m. Elefante fósil del cuaternario, del que se encuentran ejemplares enteros en las zonas heladas de Siberia. (El cuerpo estaba cubierto de pelos ásperos y largos, poseía enormes colmillos curvados hacia arriba y medía 3,50 m de alt.)

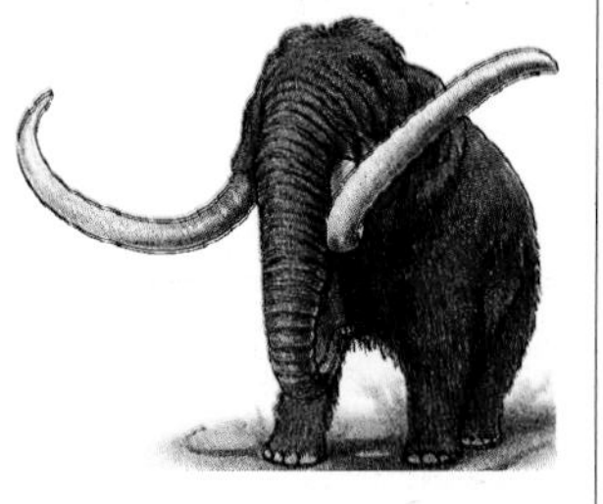

**mamut** (reconstitución probable)

**MANA** n. f. *Amér.* Maná. **2.** *Bol.* Dulce de maní.

**MANA** n. m. Según ciertas religiones, sobre todo animistas, fuerza oculta y difusa que está presente en ciertos seres y en ciertos objetos.

**MANÁ** n. m. (lat. *mannam,* del hebr. *man*). Alimento milagroso que, según la Biblia, Dios procuró a los hebreos en el desierto. **2.** Exudación azucarada que proviene de diferentes vegetales.

**MANÁ** n. f. *Colomb.* Manantial.

**MANADA** n. f. Conjunto de animales de una misma especie que viven o se desplazan juntos. **2.** Hato de ganado al cuidado de un pastor. **3.** *Fig.* Grupo de gente. **4.** Manojo, porción de una cosa que puede cogerse de una vez con la mano.

**MANAGEMENT** n. m. (voz inglesa, de *to manage,*

dirigir). Técnica de dirección y de gestión de la empresa. **2.** Conjunto de dirigentes de una empresa.

**MANAGER** n. m. y f. (voz inglesa). Persona que se encarga de la dirección de los intereses económicos de un deportista, un cantante, un conjunto musical, etc. **2.** Persona que planifica, controla y dirige un determinado tipo de organización económica.

**MANAGUACO, A** adj. *Cuba.* Dícese de la persona rústica y torpe. **2.** *Cuba.* Dícese del animal manchado de blanco en las patas o en el hocico.

**MANAGÜENSE** adj. y n. m. y f. De Managua. SIN.: *managüero.*

**MANAJÚ** n. m. *Cuba.* Planta que produce una resina medicinal.

**MANANTIAL** adj. Dícese del agua que mana. ◆ n. m. **2.** Afloramiento a la superficie terrestre de las aguas de circulación subterránea. **3.** Lugar en que se produce el afloramiento. **4.** *Fig.* Origen y principio de una cosa.

**MANAR** v. intr. y tr. (lat. *manare*) **[1]**. Salir un líquido de algún sitio. **2.** *Fig.* Fluir de forma fácil y natural: *palabras que manan de la boca.*

**MANARE** n. m. *Colomb.* y *Venez.* Especie de cesta de bejucos o mimbres, para llevar o guardar frutos, verduras o ropas. **2.** *Venez.* Cedazo hecho de palma, mimbres o bejucos, para cerner el almidón de yuca.

**MANATÍ** n. m. Mamífero herbívoro del orden sirenios, que vive en los ríos de la zona tropical de África y América, de cuerpo macizo, que alcanza 3 m de long. y puede pesar hasta 500 kg.

**manatí**

**MANAZAS** n. m. y f. (pl. *manazas*). Persona de ademanes torpes o desmañados.

**MANCACABALLOS** n. m. (pl. *mancacaballos*). *Chile.* Insecto coleóptero que pica a las caballerías entre el casco y la carne.

**MANCAPERRO** n. m. *Cuba.* Miriápodo que produce lesiones en el perro.

**MANCARRÓN** n. m. *Amér. Merid.* Caballón o empalizada para torcer o contener el curso de una corriente de agua.

**MANCEBA** n. f. Femenino de mancebo. **2.** Concubina.

**MANCEBÍA** n. f. Prostíbulo. **2.** Mocedad. **3.** Diversión deshonesta.

**MANCEBO, A** adj. y n. (lat. *mancipium,* esclavo). Joven: *un apuesto mancebo.* ◆ n. m. **2.** Hombre soltero. **3.** En algunos oficios, oficial. **4.** El que trabaja en una farmacia a las órdenes de un farmacéutico. **5.** En España, auxiliar de comercio que presta servicios que no sean puramente materiales o mecánicos.

**MANCERA** n. f. Pieza del arado sobre la cual lleva la mano el labrador para dirigir la reja. SIN.: *esteva.*

**MANCHA** n. f. (lat. *maculam*). Señal que hace algo en un cuerpo ensuciándolo. **2.** *Fig.* Lo que deshonra o desprestigia: *una mancha para el honor familiar.* **3.** Zona de una cosa de distinto color y aspecto de la generalidad de ella: *animal blanco con manchas negras.* **4.** ASTRON. Parte oscura sobre el disco del Sol, de la Luna o de un planeta. **5.** BIOL. Síntoma de ciertas enfermedades que consiste en la modificación localizada del color normal de algunos órganos vegetales. **6.** IMPR. Superficie impresa de una página. **7.** MED. Nombre de diversas estructuras anatómicas, macro y microscópicas, y diversas lesiones, en relación con su aspecto.

**MANCHADIZO, A** o **MANCHOSO, A** adj. Que fácilmente se mancha.

**MANCHAR** v. tr. y pron. (lat. *maculare*) **[1]**. Poner sucia o con manchas una cosa. **2.** *Fig.* Deshonrar, desacreditar.

**MANCHEGO, A** adj. y n. De La Mancha. ◆ n. m. y adj. **2.** Queso sin cocer, prensado y salado, que se elabora con leche de oveja.

**MANCHÓN** n. m. En los sembrados, sitio donde nacen las plantas tupidas. **2.** Parte de una tierra de labor que por un año se deja para pasto del ganado.

**MANCHÓN** n. m. (fr. *manchon*). *Amér. Merid.* Manguito.

**MANCHÚ** adj. y n. m. y f. Relativo a un pueblo mongólico del NE de China; individuo de este pueblo. **2.** De Manchuria. ◆ n. m. **3.** Lengua del grupo tungús hablada en Manchuria.

**MANCHURIANO, A** adj. y n. De Manchuria.

**MANCILLA** n. f. (lat. *mancellam*). Mancha, deshonra.

**MANCILLAR** v. tr. y pron. **[1]**. Manchar, deshonrar: *mancillar el honor.*

**MANCIPACIÓN** n. f. DER. ROM. Forma solemne de transmisión de la propiedad, que consistía, en la época clásica, en una venta ficticia por medio del cobre y la balanza.

**MANCO, A** adj. y n. (lat. *mancum*). Que le falta un brazo o una mano, o los dos, o los tiene inutilizados. ◆ adj. **2.** *Fig.* Defectuoso, incompleto: *una obra manca.* • **No ser manco** *(Fam.),* tener talento o habilidad notables.

**MANCOMÚN. De mancomún,** de acuerdo dos o más personas o en unión de ellas.

**MANCOMUNAR** v. tr. y pron. **[1]**. Unir personas, esfuerzos o intereses para un fin. ◆ v. tr. **2.** DER. Obligar a dos o más personas a ejecutar un acto, o a pagar una deuda, pero diferenciando las prestaciones de cada una de ellas.

**MANCOMUNIDAD** n. f. Acción y efecto de mancomunar: *mancomunidad de intereses.* **2.** DER. En España, agrupación de municipios o provincias para resolver problemas comunes.

**MANCORNA** n. f. *Colomb.* y *Chile.* Mancuerna, gemelos.

**MANCORNAR** v. tr. **[1r]**. Derribar las reses a pie, asiéndolas por los cuernos y doblándoles la cabeza. **2.** Atar dos reses por los cuernos para que anden juntas. **3.** *Fig.* Unir dos cosas de una misma especie que estaban separadas.

**MANCORNERA** n. f. *Chile.* Correa que sirve para levantar o bajar los estribos, cuando la acción es fija.

**MANCUERNA** n. f. Pareja de animales o cosas mancornadas: *mancuerna de bueyes.* **2.** Conjunto de dos o tres hojas de tabaco, unidas por el tallo. **3.** *Colomb., Cuba* y *Chile.* Porción de tallo de la planta del tabaco con un par de hojas. **4.** *Colomb., Cuba* y *Chile.* Disposición con que suele hacerse el corte de la planta en tiempo de recolección. **5.** *Méx.* Pareja de aliados. ◆ **mancuernas** n. f. pl. **6.** *Amér. Central, Méx.* y *Venez.* Gemelos de los puños de la camisa.

**MANCUERNILLAS** n. f. pl. *Méx.* Mancuernas, gemelos.

**MANCUSO** n. m. Denominación dada al dinar califal de oro, de 3,90 g, en los reinos cristianos peninsulares.

**MANDA** n. f. Donación que se hace por testamento. **2.** *Argent., Chile* y *Méx.* Voto o promesa hecha a Dios, a la Virgen o a un santo.

**MANDADERO, A** n. Persona que lleva encargos o recados de un sitio a otro.

**MANDADO, A** n. Persona que ejecuta una comisión por mandato ajeno. ◆ n. m. **2.** Comisión, encargo. **3.** Mandato, orden. **4.** *Argent.* y *Méx.* Compra de lo necesario para la comida. **5.** *Méx.* Conjunto de artículos de consumo familiar: *guarda el mandado en la alacena.* • **Comerle** a alguien **el mandado** *(Méx. Fam.),* ganarle la partida en algo, conseguir para uno alguna cosa que otro deseaba.

**MANDALA** n. m. (voz sánscrita, *círculo*). En el budismo y el tantrismo, esquema lineal adornado con bordados de colores simbólicos, que reproduce el universo tal como lo concibe la cosmogonía hindú.

**MANDAMÁS** adj. y n. m. y f. *Fam.* Que asume funciones de mando, y, especialmente, que lo hace sin título legítimo. **2.** Mandón, persona que ostenta demasiado su autoridad.

**MANDAMIENTO** n. m. Mandato, orden. **2.** Cada uno de los preceptos del Decálogo y de la Iglesia. • **Mandamiento judicial** (DER.), orden escrita del juez, en la que se ordena la ejecución o la cumplimentación de alguna cosa. ◆ **mandamientos** n. m. pl. **3.** *Fig.* y *fam.* Los cinco dedos de la mano. • **Mandamientos de la Iglesia,** preceptos más generales de la Iglesia. ‖ **Mandamientos de la ley de Dios,** preceptos que, según el Antiguo Testamento, dio Dios a Moisés en el monte Sinaí.

**MANDANGA** n. f. Pachorra. **2.** Cuento, chisme. (Suele usarse en plural.) **3.** En el lenguaje de la droga, marihuana.

**MANDANTE** n. m. y f. Persona que, en el contrato consensual de mandato, confiere a otra su representación personal, o le encomienda la gestión o el desempeño de uno o más negocios en su nombre y por su cuenta.

**MANDAPA** n. m. (voz sánscrita). Edificio hipóstilo que, en la arquitectura de la India, sirve de vestíbulo al santuario.

**MANDAR** v. tr. (lat. *mandare*) **[1]**. Imponer a alguien la realización de una cosa: *mandó que se callaran.* **2.** Encargar que se haga cierta cosa: *mandar a un botones a un recado.* **3.** Enviar, hacer que algo o alguien sea llevado o se traslade a alguna parte: *mandar una carta; mandar a alguien como delegado.* **4.** *Chile.* Dar la voz de partida en carreras u otros juegos semejantes. **5.** TAUROM. Hacer que el toro se movilice tras el engaño a voluntad del diestro. ◆ v. tr. e intr. **6.** Regir, gobernar, dirigir: *mandar una tropa.* ◆ **mandarse** v. pron. **7.** *Méx. Fam.* Sobrepasarse en algunas cosa o con alguien: *no te mandes con los gastos.*

**MANDARÍN** n. m. (port. *mandarim,* del malayo *mantari*). Título dado antaño en China a los altos funcionarios. **2.** *Fig.* Persona que ejerce un cargo y es tenida en poco. **3.** *Fig.* Persona influyente en los ambientes políticos, artísticos, sociales, etc. **4.** LING. El más importante de los dialectos chinos, lengua oficial de la República popular, hablado por un 70 % de la población. SIN.: *kuan-hua.*

**MANDARINA** n. f. y adj. Fruto del mandarinero, parecido a una pequeña naranja.

**MANDARINATO** n. m. HIST. Dignidad de mandarín, que se adquiría por oposición.

**MANDARINERO** o **MANDARINO** n. m. Arbusto parecido al naranjo, cuyos frutos, comestibles, son las mandarinas. (Familia rutáceas.)

**MANDARINISMO** n. m. Gobierno arbitrario.

**MANDATARIO, A** n. Persona que, en el contrato consensual de mandato, acepta del mandante el representarle personalmente, o la gestión o desempeño de uno o más negocios. **2.** Titular de un mandato político. • **Primer mandatario,** jefe del estado.

**MANDATO** n. m. Acción y efecto de mandar. **2.** Palabras o escrito con que se manda: *recibir un mandato.* **3.** Ejercicio del mando por una autoridad. **4.** Título de representación o voto delegado que una asamblea confiere a una o más personas. **5.** Tiempo que dura esa representación. **6.** Contrato consensual por el que una persona (mandante) confía su representación personal a otra (mandatario). **7.** Representación que los electores confieren a las personas elegidas para ocupar un cargo. • **Mandato imperativo,** sistema de representación política en el que el elegido está obligado a pronunciarse en el sentido de las instrucciones recibidas de sus mandantes. (En E.U.A., los delegados para designar al presidente de la república

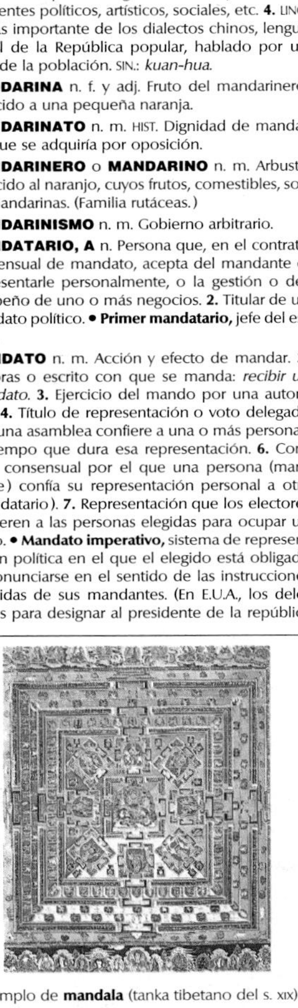

ejemplo de **mandala** (tanka tibetano del s. XIX) [museo Guimet, París] tienen por lo general un mandato imperativo.) || **Mandato legal,** mandato conferido por la ley, que designa la persona que recibe el poder de representación. || **Mandato representativo,** el que deja en libertad al elegido, que se convierte en el representante del elector y actúa según su propia voluntad.

**MANDÉ** adj. y n. m. y f. Mandingo.

**MANDEÍSMO** n. m. Doctrina religiosa de carácter agnóstico, nacida hacia el s. II y de la que todavía quedan algunos miles de adeptos en Iraq.

**MANDEO, A** adj. y n. Relativo al mandeísmo; adepto del mandeísmo.

**MANDÍ** n. m. *Argent.* Pez de unos 60 cm de long. de carne muy delicada.

**MANDÍBULA** n. f. (lat. *mandibulam;* de *mandere,* masticar). Hueso de la cara en el que van incrustados los dientes. (En el hombre, la *mandíbula superior* está formada por la unión de los dos maxilares superiores y el palatino; la *mandíbula inferior* corresponde, en su totalidad, al maxilar inferior.) **2.** Cada una de las dos piezas quitinosas, córneas u óseas que los vertebrados y algunos artrópodos tienen a los lados o alrededor de la boca, y que sirven para la aprehensión de alimentos y para su ulterior desplazamiento o trituración. • **Reír a mandíbula batiente,** reír a carcajadas.

**MANDIBULAR** adj. Relativo a la mandíbula.

**MANDIL** n. m. Prenda de cuero o tela fuerte, que se usa para proteger la ropa desde el pecho hasta debajo de las rodillas. **2.** Delantal.

**MANDILETE** n. m. Pieza de la armadura que protegía la mano.

**MANDILÓN, NA** n. *Fam.* Persona pusilánime.

**MANDINGA** n. m. *Amér. Fam.* El diablo, en el lenguaje de los campesinos. **2.** *Argent. Fig.* y *fam.* Muchacho travieso. **3.** *Argent.* Encantamiento, brujería.

**MANDINGO** o **MANDINGA** adj. y n. m. y f. Relativo a un grupo de pueblos en el que se incluyen los malinké, los sarakolé, los bambara, los soninké y los diula, que hablan lenguas de la familia nigeriano-congoleña; individuo de dicho pueblo. ◆ n. m. **2.** Familia de lenguas del grupo nigero-senegalés.

**MANDIO** n. m. Madera comercial, de origen americano, producida por diversos árboles.

**MANDIOCA** n. f. Planta euforbiácea que se cultiva en los países tropicales, cuya raíz, en tubérculo, proporciona una fécula de la que se extrae la tapioca.

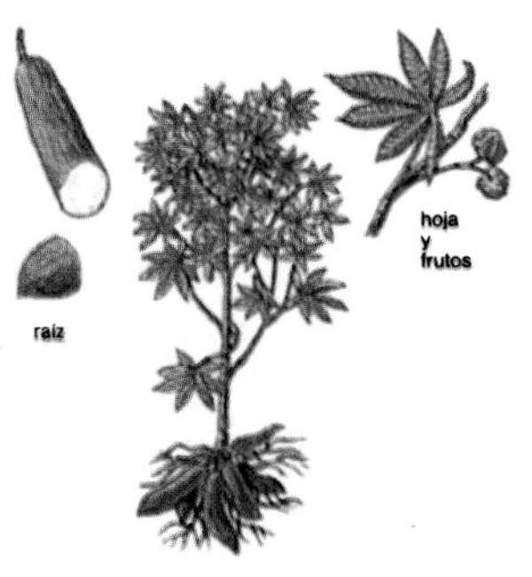

mandioca

**MANDO** n. m. Autoridad, facultad para mandar que tiene el superior sobre sus subordinados. **2.** Persona, conjunto de personas u organismos que tienen dicha autoridad. **3.** ELECTR. Dispositivo empleado en los aparatos eléctricos para el manejo de los diferentes controles. **4.** MEC. Procedimiento de puesta en marcha de ciertos mecanismos. • **Alto mando,** persona u organismo que ejerce la potestad superior en el ámbito militar. || **Doble mando,** en un avión o en un automóvil, duplicación de determinados órganos con el fin de que el instructor pueda intervenir durante el aprendizaje del piloto o del conductor. || **Mando a distancia,** gobierno de un aparato desde un puesto de control situado a alguna distancia del mismo. || **Mando automático,** mando asegurado merced a unas cadenas cuyo funcionamiento es operante en todo caso. || **Puesto de mando** (MIL.), lugar donde están emplazados los que dirigen las operaciones militares.

**MANDOBLAZO** n. m. Estocada dada sin sujeción a las reglas del toreo, pero eficaz.

**MANDOBLE** n. m. Cuchillada o golpe violento que se da esgrimiendo el arma con ambas manos. **2.** *Fig.* y *fam.* Represión violenta.

**MANDOLINA** n. f. (ital. *mandolino*). Instrumento musical, generalmente provisto de cuatro cuerdas dobles, con caja de resonancia abombada o plana.

**MANDOLINISTA** n. m. y f. Persona que toca la mandolina.

**MANDÓN, NA** adj. y n. Dícese de la persona demasiado aficionada a mandar. ◆ n. m. **2.** *Amér.* Capataz de una mina. **3.** *Chile.* Hombre que da la orden de salida en las carreras de caballos a la chilena. **4.** HIST. En la América española, funcionario subordinado, generalmente indígena de un pueblo, barrio o estancia.

**MANDORA** n. f. Instrumento musical de la familia del laúd, de cuerdas dobles.

**MANDORLA** n. f. B. ART. Almendra.

**MANDRÁGORA** o **MANDRÁGULA** n. f. (lat. *mandragoram;* del gr. *mandragoras*). Planta herbácea de las regiones cálidas cuya raíz, tuberizada y bifurcada, recuerda la forma de un cuerpo humano, a la que antaño se le atribuían numerosas virtudes y se usaba en las prácticas de hechicería. (Familia solanáceas.)

**MANDRIA** adj. y n. m. y f. Dícese de la persona pusilánime e inútil.

**MANDRIL** n. m. (ingl. *mandrill*). Mono de África, de unos 80 cm de long., hocico alargado y grueso con surcos azules y nariz escarlata. (Familia cercopitécidos.)

**MANDRIL** n. m. (fr. *mandrin*). MEC. Espiga de centrar del cabezal fijo de un torno. **2.** MEC. Plato de sujeción de los tornos al aire. **3.** MEC. Herramienta de mecánicos y ajustadores que sirve para ensanchar, igualar y alisar los agujeros o taladros practicados en las piezas de maquinaria. **4.** MEC. Instrumento especial utilizado para ensanchar el extremo de los tubos de una caldera de vapor, a fin de fijarlos en las placas tubulares.

mandril

**MANDRILADO** o **MANDRINADO** n. m. MEC. Proceso de mecanización consistente en labrar con precisión la superficie interior de un tubo o agujero.

**MANDRILADOR, RA** o **MANDRINADOR, RA** n. Operario especializado en el manejo de la máquina de mandrilar o mandriladora.

**MANDRILADORA** o **MANDRINADORA** n. f. Máquina con que se ejecuta el mandrilado.

**MANDRILAR** v. tr. **[1]**. Ajustar al diámetro exacto el interior de un tubo, agujero, etc. **2.** Taladrar una pieza metálica con un mandril.

**MANDUBÍ** n. m. *Argent.* y *Bol.* Cacahuete.

**MANDUCA** o **MANDUCATORIA** n. f. *Fam.* Comida, alimento.

**MANDUCACIÓN** n. f. *Fam.* Acción de manducar.

**MANDUCAR** v. tr. e intr. (lat. *manducare*) **[1a]**. *Fam.* Comer.

**MANDURRIA** n. f. Bandurria.

**MANEADO, A** adj. *Chile.* Dícese del individuo torpe, lento, irresoluto.

**MANEADOR** n. m. *Amér.* Tira larga de cuero, que sirve para atar el caballo, apiolar animales y otros usos.

**MANEAR** v. tr. **[1]**. Poner maniotas a una caballería. **2.** Manejar.

**MANECILLA** n. f. Broche de algunos objetos: *las manecillas de un misal.* **2.** Aguja o saeta que señala la hora en la esfera de un reloj.

**MANEJABILIDAD** n. f. Calidad de manejable.

**MANEJABLE** adj. Que se maneja fácilmente.

**MANEJADO, A** adj. PINT. Con los adverbios *bien* o *mal,* y otros semejantes, pintado con soltura o sin ella.

**MANEJAR** v. tr. (ital. *maneggiare*) **[1]**. Usar, utilizar, emplear algo o servirse adecuadamente de ello, especialmente con las manos: *saber manejar los cubiertos; aprender a manejar algo de inglés.* **2.** Regir, dirigir: *manejar un negocio.* **3.** Tener dominio sobre alguien: *maneja al marido a su antojo.* **4.** *Amér.* Conducir, guiar un automóvil. ◆ **manejarse** v. pron. **5.** Adquirir agilidad después de haber estado algún tiempo impedido. **6.** *Fig.* Actuar con desenvoltura: *saber manejarse en la vida.* • **Manejárselas,** ingeniarse para conseguir lo que se desea.

**MANEJO** n. m. Acción y efecto de manejar o manejarse. **2.** *Fig.* Dirección y gobierno de un negocio. **3.** *Fig.* Maquinación, intriga. (Suele usarse en plural.)

**MANERA** n. f. (bajo lat. *manuaria,* maña). Modo particular de ser, de hacer o de suceder algo: *camina de una manera muy graciosa.* **2.** Porte, modales: *tener buenas maneras.* **3.** Estilo de un escritor, de un artista, de una escuela: *las distintas maneras de Goya.* • **A la manera de,** realizando la acción como suele hacerlo el que a continuación se nombre: *a la manera de sus abuelos.* || **A manera de,** se usa para aplicar a algo un nombre que, aun no correspondiéndole exactamente, sirve para describirlo: *llevaba, a manera de barba, una mancha de carbón;* como si fuera otra cosa, con otro uso que el suyo normal: *cubría sus hombros con una manta a manera de abrigo.* || **De cualquier manera,** sin cuidado ni interés. || **De,** o **por manera que,** expresa consecuencia o finalidad. || **De ninguna manera** o **en manera alguna,** se usa para reforzar una negación. || **De todas maneras** o **de una manera o de otra,** en cualquier caso o circunstancia. || **No haber manera,** manifiesta la imposibilidad de lo que se pretende: *no hay manera de que entre.* || **Sobre manera** o **en gran manera,** mucho.

**MANES** n. m. pl. (voz latina). Entre los romanos, espíritus de los difuntos, considerados como divinidades. **2.** *Fig.* Recuerdo, ejemplo dejado por los antepasados.

**MANETO, A** adj. *Guat.* y *Venez.* Patizambo. **2.** *Hond.* Deforme en una o ambas manos.

**MANEZUELA** n. f. Manecilla, broche con que se cierran algunas cosas. **2.** Manija, mango o manubrio de ciertos utensilios o herramientas.

**MANGA** n. f. (lat. *manicam*). Parte de una prenda de vestir que cubre total o parcialmente el brazo. **2.** Especie de colador o filtro de bayeta, de forma cónica. **3.** Especie de embudo de tela, al que se adaptan boquillas especiales, que se utiliza en pastelería. **4.** En algunos deportes, como esquí, motorismo, etc., partes en que puede dividirse una competición. **5.** Parte del eje de un carruaje donde entra y voltea la rueda. **6.** Brazo de mar o estrecho. **7.** Anchura máxima de un buque. **8.** *Fam.* Borrachera. **9.** *Amér.* Vía entre estacadas para el paso del ganado hacia un corral o embarcadero. **10.** *Argent.* Nube de langostas. **11.** *Argent. Despec.* Grupo de personas. **12.** *Méx.* Capote impermeable. **13.** F.C. Tubo flexible destinado a enlazar, entre dos coches de ferrocarril, los conductos de distribución de aire, vapor, etc. **14.** METEOROL. Columna de agua que se eleva con movimiento giratorio por efecto de un torbellino atmosférico. • **Corte de mangas,** ademán de significado obsceno y despectivo, en el que se levanta el brazo y se golpea en él con la otra mano. || **Manga de riego,** tubo que se adapta a las bocas de riego para conducir el agua hasta la lanza o tubo metálico terminal. || **Manga de viento,** tubo de lona situado en lo alto de un mástil para indicar la dirección del viento en aeródromos, autopistas, etc.; conducto metálico que sirve para ventilar el interior de un buque. || **Tener manga ancha** (*Fig.* y *fam.*), no dar gran importancia a las faltas de los demás o a las suyas propias. || **Tirar la manga** (*Argent. Fig.* y *fam.*), pedir dinero prestado con insistencia y oportunismo.

**MANGA** n. f. Árbol de los países intertropicales, variedad del mango, con el fruto sin escotadura. **2.** Fruto de este árbol.

**MANGA** n. m. Género de cómic y dibujos animados de origen japonés.

**MANGAJO, A** n. *Ecuad.* Persona despreciable. **2.** *Ecuad.* y *Perú.* Persona sin voluntad que se deja manejar por otros.

**MANGANA** n. f. Lazo que se arroja a las manos de un caballo o toro para apresarlo. **2.** ARM. Máquina de guerra de la edad media, que lanzaba piedras.

**MANGANATO** n. m. Sal derivada del trióxido de manganeso.

**MANGANCIA** n. f. *Fam.* Conducta propia de un mangante.

**MANGANEAR** v. tr. [**1**]. Echar manganas a una res. **2.** *Perú. Fig.* Fastidiar, importunar.

**MANGANESO** n. m. Metal grisáceo (Mn), de número atómico 25, de masa atómica 54,93 y densidad 7,2, muy duro y quebradizo, que se encuentra en la naturaleza en estado de óxido y se utiliza principalmente en la fabricación de aceros especiales.

**MANGANETA** n. f. *Amér.* Manganilla, engaño.

**MANGANGÁ** n. m. *Amér. Merid. Fig.* Individuo fastidioso por su continua insistencia. **2.** *Argent., Par.* y *Urug.* Especie de abejorro que al volar produce un zumbido fuerte y prolongado.

**MANGÁNICO, A** adj. Dícese del óxido y de las sales del manganeso trivalente.

**MANGANILLA** n. f. Ardid, estratagema. **2.** Habilidad de manos.

**MANGANITO** n. m. Nombre genérico de las sales que derivan del dióxido de manganeso $MnO_2$.

**MANGANOSILICIOSO, A** adj. y n. m. Dícese del producto metalúrgico que contiene manganeso y silicio.

**MANGANOSO, A** adj. Dícese del óxido de manganeso MnO y de las sales correspondientes.

**MANGANTE** adj. y n. m. y f. Dícese del que saca provecho con poco trabajo.

**MANGANZÓN, NA** adj. y n. *Amér.* Holgazán.

**MANGAR** v. tr. (voz gitana) [**1b**]. Pedir, mendigar. **2.** Robar.

**MANGAZO** n. m. *Argent. Fig.* y *fam.* Acción de pedir dinero con habilidad o insistencia, sablazo.

**MANGLAR** n. m. Formación vegetal, en la que predomina el mangle, característica de las regiones litorales de la región tropical. **2.** Terreno en que se da este tipo de formación vegetal.

**MANGLE** n. m. (voz caribe). Planta arbórea con ramas descendentes que llegan al suelo y arraigan en él, cuyas hojas y frutos se utilizan en tenería. (Familia rizoforáceas.)

**mangle**

**MANGO** n. m. (bajo lat. *manicus*). Parte estrecha y larga de un instrumento o utensilio, por donde se agarra o sostiene con la mano al usar de él. **2.** *Argent. Fam.* Dinero.

**MANGO** n. m. Árbol de las regiones tropicales, de fruto en drupa, aromático y comestible. (Familia terebintáceas.) **2.** Fruto de este árbol.

**MANGÓN** n. m. (lat. *mangonem,* traficante). Revendedor. **2.** *Argent., Bol.* y *Colomb.* Cerco para encerrar ganado.

**MANGONEADOR, RA** adj. y n. Aficionado a mangonear.

**MANGONEAR** v. intr. [**1**]. *Fam.* Asumir oficiosamente el mando, para imponerse con arbitrariedad y persistencia sobre los demás. **2.** *Fam.* Manejar a alguien.

**MANGONEO** n. m. *Fam.* Acción y efecto de mangonear.

**MANGORRERO, A** adj. *Fam.* Que anda comúnmente entre las manos. **2.** *Fig.* y *fam.* Inútil o despreciable.

**MANGOSTA** n. f. Mamífero carnívoro de Asia y África (aparte una especie de Europa, el *meloncillo*), que alcanza 50 cm de long. y ataca las serpientes, incluso venenosas.

**MANGOSTÁN** n. m. (voz malaya). Árbol originario de Malasia e Insulindia, cuyos frutos son los mangostos. (Familia gutíferas.)

**MANGOSTO** n. m. Fruto del mangostán, de sabor semejante a la frambuesa.

**MANGRULLO** n. m. *Argent.* Torre rústica que servía de atalaya en las proximidades de fortines, estancias y poblaciones de regiones llanas.

**MANGUAL** n. m. Látigo de guerra. **2.** En algunas provincias del N de España, instrumento formado por un palo que sirve de mango a otro unido a éste por una correa, utilizado para desgranar a golpes cereales y legumbres.

**MANGUALA** n. f. *Colomb. Fam.* y *vulg.* Confabulación con fines ilícitos.

**MANGUARDIA** n. f. Uno de los dos murallones que refuerzan por los lados los estribos de un puente.

**MANGUEAR** v. tr. e intr. [1]. *Argent., Chile* y *Méx.* Acosar al ganado mayor o menor para que entre en la manga, espacio comprendido entre dos palanqueras o estacadas. ◆ v. tr. **2.** *Argent. Fam.* Tirar la manga.

**MANGUERA** n. f. Manga de riego. **2.** Tabla de forma adecuada, que se emplea para planchar las mangas.

**MANGUERO, A** adj. y n. *Argent. Fam.* Dícese de la persona que acostumbra a manguear, sablista.

**MANGUETA** n. f. Vejiga con pitón que sirve para poner lavativas. **2.** Madero que enlaza el par con el tirante, o con un puente, en la armadura de tejado. **3.** OBR. PÚBL. Plataforma de tablas, sostenida en posición inclinada, para dirigir la corriente de las descargas de agua. **4.** TECNOL. Cada uno de los extremos del eje de dirección, que soportan sendas ruedas y sus rodamientos.

**MANGUITO** n. m. Pieza tubular, generalmente de piel, en que se introducen las manos para preservarlas del frío. **2.** Media manga que cubre desde el codo hasta la muñeca. **3.** MEC. Pieza cilíndrica que sirve para unir o acoplar tubos, barras, etc. • **Manguito de incandescencia,** o **incandescente,** especie de funda cilíndrica reticular, constituida por óxidos de metales térreos, que se pone incandescente en contacto con la llama de un mechero de gas.

**MANGURUYÚ** n. m. *Argent.* y *Par.* Pez de río, de gran tamaño, sin escamas, de carne muy apreciada.

**MANÍ** n. m. (voz caribe) [pl. *manises*]. Cacahuete.

**MANÍA** n. f. Idea fija, obsesiva. **2.** Costumbre o aprensión injustificada: *tiene la manía de mirar*

**mango**

*bajo la cama al acostarse.* **3.** Gusto excesivo, afición exagerada por algo: *desde que le dio la manía del fútbol no vivimos tranquilos.* **4.** *Fam.* Ojeriza: *el profesor me ha cogido manía.* **5.** SICOPATOL. Estado de sobreexcitación del siquismo, caracterizado por la aceleración desordenada del pensamiento, la euforia, el ludismo y los desbordamientos instintuales. • **Manía persecutoria,** delirio de persecución*.

**MANÍACO, A** o **MANIACO, A** adj. y n. SICOPATOL. Que padece manías.

**MANÍACO-DEPRESIVO, A** adj. SICOPATOL. Dícese de una sicosis caracterizada por una alternancia de fases de excitación maníaca y de depresión melancólica, y de los enfermos que la padecen.

**MANIATAR** v. tr. [**1**]. Atar las manos.

**MANIÁTICO, A** adj. y n. Relativo a la manía; afecto de esta obsesión. **2.** Que se aplica con gusto y cuidados excesivos a los detalles.

**MANICERO, A** n. Persona que vende maní.

**MANICOMIAL** adj. *Fam.* Propio de manicomio.

**MANICOMIO** n. m. (gr. *mania,* locura, y *komeō,* cuidar). Hospital para enfermos mentales.

**MANICORTO, A** adj. y n. *Fam.* Poco generoso.

**MANICURA** n. f. Cuidado de las manos y las uñas.

**MANICURISTA** n. m. y f. *Antillas, Colomb., Méx., Pan.* y *Perú.* Manicuro.

**MANICURO, A** n. Persona que tiene por oficio cuidar y embellecer las manos, especialmente las uñas.

**MANIDO, A** adj. Ajado por el mucho uso. **2.** Dícese de las comidas que empiezan a descomponerse. **3.** *Fig.* Falto de originalidad, repetido excesivamente.

**MANIERISMO** n. m. Estilo artístico que, bajo la influencia de la *maniera* (estilo) de los grandes maestros del renacimiento clásico, fundamentalmente de Miguel Ángel, fue practicado principalmente por un grupo de artistas italianos y europeos del s. XVI. (El manierismo se caracterizó por unos efectos sofisticados de refinamiento o de énfasis, y en ocasiones por una tendencia a lo fantástico. En España destacaron, entre los pintores, Pedro Machuca, Pedro de Campaña, Luis de Morales y, sobre todo, El Greco; entre los escultores, Alonso Berruguete, Juan de Juni y Gaspar Becerra; en arquitectura, Juan de Herrera, autor de El Escorial.) **2.** SIQUIATR. Trastorno de la expresión en que la palabra, gesto, escritura, etc., ordinarios se ven sobrecargados de movimientos complicados, superfluos y discordantes.

**MANIERISTA** adj. y n. m. y f. Relativo al manierismo; partidario de este estilo artístico.

**MANIFESTACIÓN** n. f. (lat. *manifestationem*). Acción y efecto de manifestar o manifestarse. **2.** Demostración colectiva, generalmente al aire libre, en favor de una opinión o de una reivindicación. **3.** HIST. Provisión por la que la justicia de Aragón colocaba bajo su protección a todo natural de Aragón que, sometido a procedimiento judicial, corriese peligro de coacción o violencia.

**MANIFESTADOR, RA** adj. y n. Que manifiesta.

**MANIFESTANTE** n. m. y f. Persona que toma parte en una manifestación, reunión pública.

**MANIFESTAR** v. tr. y pron. [**1j**]. Dar a conocer por medio de la palabra: *manifestó sus sentimientos.* **2.** Mostrar, hacer patente: *se manifestó su ignorancia.* ◆ v. tr. **3.** Expresar algo de forma solemne y pública para que se difunda: *así lo manifestó el primer ministro a los periodistas.* ◆ **manifestarse** v. pron. **4.** Organizar o hacer una manifestación, demostración colectiva.

**MANIFESTATIVO, A** adj. Que lleva en sí el poder de manifestar.

**MANIFIESTO, A** adj. Evidente, cierto: *una tendencia manifiesta al empeoramiento.* ◆ n. m. **2.** Declaración escrita por la cual un partido, un grupo de escritores o de artistas, etc., define sus opiniones, su programa, o justifica su acción pasada. **3.** Obra que equivale a tal declaración. **4.** Lista completa y detallada de todos los bultos y mercancías que forman el cargamento de un buque. **5.** Documento de a bordo de un avión, principalmente, el itinerario del vuelo, el número de pasajeros y la cantidad de carga o flete transportada. • **Poner de manifiesto** algo, manifestarlo, darlo a conocer.

**MANIGORDO** n. m. *C. Rica.* Ocelote.

**MANIGUA** n. f. En las Antillas, terreno húmedo cubierto de malezas.

**MANIGÜERO, A** adj. y n. Relativo a la manigua; habitante de la manigua. **2.** Mambí.

**MANIJA** n. f. Mango de utensilios o herramientas. **2.** Órgano de maniobra de una cerradura. **3.** Abrazadera de metal. **4.** Especie de cuero o de paño que ciertos obreros se ponen en la mano izquierda para no lastimarse. **5.** TAUROM. Puño del rejón.

**MANILA** n. m. Cigarro elaborado en las islas Filipinas. • **Cáñamo de Manila,** fibra textil que se extrae del abacá.

**MANILARGO, A** adj. Que tiene largas las manos. **2.** *Fig.* Aficionado al hurto. **3.** *Fig.* Liberal, generoso, pródigo.

**MANILEÑO, A** adj. y n. De Manila.

**MANILLA** n. f. (ital. *maniglia*). Pulsera de adorno. **2.** Anilla de hierro que se pone a los presos en las muñecas. **3.** Manecilla del reloj. **4.** Anillo abierto por uno de sus extremos, empleado para reunir dos ramales de cadena entre sí.

**MANILLAR** n. m. Pieza de la bicicleta o de la motocicleta, formada por un tubo transversal, en el cual el conductor apoya las manos para dirigir la máquina.

**MANIOBRA** n. f. Operación o serie de movimientos que se hacen para poner en funcionamiento o dirigir el manejo de una máquina, instrumento, etc. **2.** *Fig.* Operación que, con habilidad y malicia, se lleva a cabo para conseguir un determinado fin. **3.** F.C. Cada una de las operaciones que se hacen en las estaciones para la carga y descarga de los vagones de mercancías, para la formación de nuevos trenes, etc. **4.** MAR. Conjunto de cabos y aparejos de un buque, de un palo, etc. ◆ **maniobras** n. f. pl. **5.** MIL. Evoluciones y simulacros en que se ejercita la tropa.

**MANIOBRABLE** adj. Dícese de un barco, vehículo, etc., de fácil maniobra.

**MANIOBRAR** v. intr. y tr. [**1**]. Ejecutar maniobras.

**MANIOBRERO, A** adj. Que maniobra.

**MANIOTA** n. f. Cuerda o cadena con que se atan las manos de una bestia para que no huya.

**MANIPULACIÓN** n. f. Acción y efecto de manipular.

**MANIPULADOR, RA** adj. y n. Que manipula: *manipulador de la opinión pública.* ◆ n. m. **2.** Aparato empleado en la telegrafía eléctrica para transmitir despachos en alfabeto Morse, mediante el establecimiento o interrupción de la corriente.

**MANIPULAR** v. tr. [**1**]. Operar con las manos, o con cualquier instrumento, especialmente ciertas sustancias para obtener un resultado: *manipular productos químicos.* **2.** *Fig.* y *fam.* Gobernar los asuntos propios o ajenos. **3.** *Fig.* Intervenir de forma poco escrupulosa en la política, la sociedad, etc., para servir intereses propios o ajenos. **4.** Manejar el manipulador de un telégrafo para transmitir las señales.

**MANIPULEO** n. m. *Fam.* Acción y efecto de manipular.

**MANÍPULO** n. m. (lat. *manipulum,* puñado). Tercera parte de una cohorte romana, formada aproximadamente por 200 hombres. **2.** Ornamento litúrgico que el celebrante lleva en el brazo izquierdo.

**MANIQUEÍSMO** n. m. Doctrina de Manes, fundada sobre un nosticismo dualista. (Fue una religión rival del cristianismo hasta la edad media. Su influencia entre los bogomilas y los cátaros fue notable.) **2.** Visión de la realidad reducida a dos principios opuestos, especialmente el bien y el mal.

**MANIQUEO, A** adj. y n. Relativo al maniqueísmo; adepto a esta doctrina. **2.** Que reduce estrictamente la explicación de la realidad a dos principios opuestos.

**MANIQUETE** n. m. (ital. *manichetto,* dim. de *manica,* manga). Mitón, especialmente el de tul negro con calados y labores. **2.** Manija que cubre la mano del segador hasta la mitad de los dedos.

**MANIQUÍ** n. m. (fr. *mannequin*) [pl. *maniquíes* o *maniquís*]. Armazón o muñeco de figura humana, que se usa para probar, arreglar o exhibir prendas de ropa. **2.** B. ART. Armadura de metal o figurín de madera, articulado, susceptible de tomar todas las actitudes del hombre o del animal. ◆ n. m. y f. **3.** Modelo, persona que exhibe trajes.

**MANIR** v. tr. [**3ñ**]. Hacer que algunos alimentos, especialmente la carne, se pongan tiernos y sazonados, dejándolos cierto tiempo preparados con el condimento necesario.

**MANIRROTO, A** adj. y n. Derrochador, pródigo.

**MANITA** n. f. Dim. de mano. **2.** QUÍM. Sustancia orgánica con seis funciones alcohol, de sabor azucarado, que se encuentra en el maná del fresno. • **Manita de gato** *(Méx.),* arreglo rápido y superficial de la apariencia de algo o alguien: *le dimos una manita de gato a la casa.* ◆ **manitas** n. f. pl. **3. Árbol de las manitas,** árbol ornamental, de flores rojas, que semejan una mano abierta. (Crece en México; familia esterculiáceas.) || **Hacer manitas** *(Fam.),* acariciarse las manos una pareja.

**MANITAS** n. m. y f. (pl. *manitas*). *Fam.* Persona mañosa.

**MANITO, A** n. *Méx.* Tratamiento popular de confianza que se emplea para dirigirse a hermanos o amigos: *manito, me caes muy bien; oye manita, préstame dinero.*

**MANIVELA** n. f. (fr. *manivelle*). Palanca acodada en ángulo recto, por medio de la cual se imprime un movimiento de rotación al eje del que es solidaria. **2.** Órgano de una máquina, que transforma un movimiento rectilíneo alternativo en un movimiento circular continuo. **3.** Parte del plato de la bicicleta que lleva el pedal. • **Primera vuelta de manivela,** primera sesión de rodaje de una película.

**MANJAR** n. m. Cualquier cosa de comer, especialmente los alimentos exquisitos y muy bien preparados. **2.** *Chile* y *Pan.* Dulce de leche.

**MANJARETE** n. m. *Cuba* y *Venez.* Dulce hecho de maíz tierno rallado, leche y azúcar, que se cuece y se cuaja al enfriarse. (En Venezuela se prepara con pulpa de coco.)

**MANO** n. f. (lat. *manum*). Parte del cuerpo humano que va desde la muñeca hasta la punta de los dedos. **2.** En algunos animales, extremidad cuyo dedo pulgar puede oponerse a los otros. **3.** En los cuadrúpedos, cada una de las patas delanteras. **4.** Cada uno de los dos lados, derecho e izquierdo, respecto del que habla. **5.** Majador que se usa para moler o desmenuzar: *la mano del mortero.* **6.** *Fig.* Cada operación que se hace de una vez en algún trabajo en que se realizan varias repetidas: *una mano de pintura.* **7.** *Fig.* Conjunto de personas reunidas para un fin determinado: *mano de segadores.* **8.** *Fig.* Medio o camino para alcanzar algo. **9.** *Fig.* Persona que ejecuta una cosa: *la mano asesina.* **10.** *Fig.* Habilidad, destreza: *¡qué manos tienes para bordar!* **11.** *Fig.* Poder, mando: *el asunto está en manos de la justicia.* (Suele usarse en plural.) **12.** *Fig.* Intervención: *aquí hace falta la mano de una mujer.* **13.** *Fig.* Reprensión, castigo: *¡buena mano te espera de tu padre!* **14.** *Fig.* Referido al compromiso de boda, la mujer: *petición de mano.* **15.** Manecilla o aguja del reloj. **16.** Cada jugada parcial de una partida en la que se gana o pierde algún tanto. **17.** *Amér. Central, Antillas, Ecuad.* y *Perú.* Cada uno de los gajos de varios frutos que forman el racimo de bananas. **18.** *C. Rica, Chile* y *Hond.* Aventura, percance. **19.** CONSTR. Sentido de giro de las puertas: *puerta de mano derecha.* **20.** DEP. En fútbol, falta que se comete cuando un jugador toca el balón con la mano o con el brazo. (Suele usarse en plural.) **21.** PAPEL. Conjunto de veinticinco pliegos de papel, o vigésima parte de una resma, equivalente a cinco cuadernillos. • **A mano,** sin máquinas: *hecho a mano;* en lugar fácilmente asequible: *tener a mano.* || **A mano armada,** con armas: *atraco a mano armada.* || **A manos llenas,** generosamente, en gran abundancia. || **Bajo,** o **por debajo, mano,** de manera oculta o secreta: *lo consiguió bajo mano.* || **Caérsele** a alguien **la mano** *(Méx.),* ser homosexual. || **Cargar la mano** en algo, echar en exceso un condimento o ingrediente. || **Con la mano a la cintura** *(Méx.),* con extrema facilidad. || **Con las manos en la masa,** en el mismo momento de estar cometiendo una falta o delito. || **Dar la mano** a alguien, ofrecérsela para saludarle; llevar la mano en la de otra persona para caminar. || **De la mano,** llevándola cogida con la de otro. || **De mano en mano,** de una persona a otra. || **De primera mano,** de la persona que lo ha hecho o del sitio de origen, sin intermediarios. || **De segunda mano,** después de haberlo tenido o usado otro; no directamente, a través de otro. || **Doblar** uno **las manos** *(Méx.),* darse por vencido o ceder en algo: *después de mucho insistir dobló las manos y nos dejó salir.* || **Echar una mano,** ayudar. || **Estar, quedar,** etc., **a mano** *(Méx.),* estar quedar, etc., en igualdad de condiciones dos o más personas, sin que haya deuda alguna entre ellas: *con este pago ya quedamos a mano.* || **Ganar por la mano** a alguien, anticipársele en hacer algo. || **Llegar,** o **venir, a las manos,** pegarse en una disputa. || **Mano a mano,** en compañía, con familiaridad y confianza. || **Mano de obra** (ECON.), trabajo físico incorporado al proceso productivo de una empresa; total de fuerza de trabajo disponible en una región o país. || **Mano derecha,** persona que es muy útil a otra como auxiliar o colaborador. || **Mano dura,** severidad o dureza en el trato con la gente o al mandar algo. || **Mano izquierda,** habilidad o astucia para resolver asuntos difíciles. || **Mano muerta** (HIST.), denominación que se aplicaba a toda entidad que tenía prohibido enajenar los bienes raíces que constituían su dotación permanente. (Suele usarse en plural.) || **Mano negra** *(Méx.),* intervención indebida de alguien en algo en lo que no tiene derecho de participar. || **Meter mano,** a alguien, investigar su conducta para descubrir alguna irregularidad; tocar a otra persona buscando placer sexual. || **Ser mano,** ser el primero en participar en un juego. || **Traer entre manos** algo, estar ocupándose en ello. || **Untarle la mano a** alguien *(Méx.),* darle dinero para sobornarlo. || **Venir a mano,** tener oportunidad o facilidad para algo. ◆ n. m. **22.** TAUROM. **Mano a mano,** corrida en que sólo actúan dos diestros en competencia. ◆ **manos** n. f. pl. **23.** Gente que trabaja: *se necesitarán todas las manos posibles.*

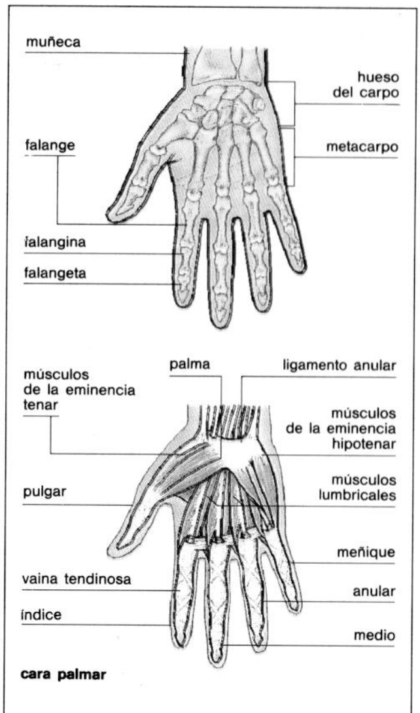

**mano**

**MANO, A** n. *Méx.* Manito.

**MANOBRAR** v. tr. [**1**]. *Chile.* Maniobrar.

**MANÓGRAFO** n. m. Manómetro registrador.

**MANOIR** n. m. (voz francesa). En Francia, mansión antigua y de cierta importancia, rodeada de tierras.

**MANOJEAR** v. tr. [**1**]. *Cuba.* Hacer manojos de hojas de tabaco.

**MANOJEO** n. m. *Amér.* Operación de formar manojos o andullas de las hojas de tabaco, atándolas por su base.

**MANOJO** n. m. Conjunto de cosas, casi siempre alargadas, que generalmente se pueden coger de una vez con la mano. **2.** *Amér.* Atado de tabaco en rama, que tiene aproximadamente dos libras. • **Ser** uno **un manojo de nervios** *(Fig.),* ser muy nervioso y fácilmente irritable.

**MANOLETINA** n. f. (de *Manolete,* matador de toros). TAUROM. Pase de adorno en que el torero, que lleva la muleta detrás, asido el palo con la mano derecha y una punta del paño con la izquierda, cita al toro de frente y le pasa aquélla por encima de la cabeza.

**MANOLO, A** n. Majo.

**MANOMETRÍA** n. f. FÍS. Medida de las presiones de los fluidos.

**MANOMÉTRICO, A** adj. Relativo a la manometría.

**MANÓMETRO** n. m. Instrumento que sirve para medir la presión de un fluido.

**MANOPLA** n. f. Pieza de la armadura con que se protegía la mano y el puño. **2.** Guante sin separaciones para los dedos, salvo el pulgar. **3.** Tira de suela o trozo de cuerpo que rodea y envuelve la palma de la mano para no dañarse en el trabajo. **4.** Mitón empleado para asir utensilios calientes. **5.** *Argent., Chile* y *Perú.* Llave inglesa, arma de hierro en forma de eslabón.

**MANORREDUCTOR** n. m. Dispositivo que permite reducir la presión de un fluido comprimido, con objeto de facilitar su utilización.

**MANOSA** n. f. Glúcido derivado de la manita.

**MANOSEADOR, RA** adj. Que manosea.

**MANOSEAR** v. tr. y pron. **[1]**. Tocar repetidamente una cosa con las manos, con riesgo de ajarla o deslucirla. **2.** *Argent.* Tratar reiterada e imprudentemente un tema o la conducta de una persona para que caiga en descrédito. ◆ v. tr. **3.** *Fig.* Insistir demasiado en un asunto o utilizar algo reiterativamente: *este tema ha sido muy manoseado últimamente.*

**MANOSEO** n. m. Acción y efecto de manosear.

**MANÓSTATO** n. m. Aparato que sirve para mantener una presión constante.

**MANOTAZO** n. m. Golpe dado con la mano.

**MANOTEAR** v. tr. **[1]**. Dar manotazos. ◆ v. intr. **2.** Accionar las manos exageradamente al hablar.

**MANOTEO** n. m. Acción y efecto de manotear.

**MANQUEAR** v. intr. **[1]**. Estar o fingirse manco.

**MANQUEDAD** o **MANQUERA** n. f. Circunstancia de ser manco. **2.** *Fig.* Falta o defecto.

**MANSALINO, A** adj. Muy grande, extraordinario.

**MANSALVA. A mansalva,** sin riesgo ni peligro.

**MANSARDA** n. f. Cubierta con vertientes quebradas, de las cuales la inferior es más empinada que la superior, estando separadas las dos pendientes por una arista en lima tesa. **2.** *Amér.* Buhardilla, desván.

**MANSEQUE** n. m. *Chile.* Baile infantil.

**MANSIÓN** n. f. (lat. *mansionem*). Casa, especialmente la suntuosa. • **Mansiones del cielo,** doce divisiones iguales del cielo, correspondientes a los signos del Zodíaco.

**MANSO** n. m. (lat. medieval, *mansus*, finca, villa). Unidad de explotación agrícola, integrada generalmente por la vivienda del campesino y las tierras que cultivaba.

**MANSO, A** adj. Benigno, apacible. **2.** Dícese de los animales que no son bravos. **3.** Dícese de ciertas cosas insensibles que se mueven lenta o suavemente: *las mansas aguas del río.* **4.** *Chile. Vulg.* Grande, extraordinario. ◆ n. m. **5.** Cabestro, animal macho que sirve de guía a los demás del rebaño.

**MANSURREAR** v. intr. **[1]**. TAUROM. Mostrar el toro cualidades de manso.

**MANSURRÓN, NA** adj. *Fam.* Manso con exceso. **2.** TAUROM. Dícese del toro poco bravo y dócil para la lidia.

**MANTA** n. f. Pieza de lana o algodón grueso, de forma rectangular, que sirve para abrigarse, especialmente en la cama. **2.** Tela ordinaria de algodón, que se fabrica y usa en México. **3.** Cubierta que sirve de abrigo a la caballería. **4.** Costal de pita que se usa en las minas de América para transportar los minerales. **5.** *Fig.* Tunda, somanta. **6.** Cierto baile popular colombiano. • **Liarse la manta a la cabeza,** tomar una decisión aventurada. ‖ **Tirar de la manta,** descubrir lo que había interés en mantener secreto.

**MANTA** n. f. Pez de cuerpo aplanado, parecido a la raya, que puede alcanzar una envergadura de 8 m.

**MANTA,** pueblo amerindio precolombino de la costa de Manabí (Ecuador). Agricultores, tejedores y comerciantes, trabajaban el cobre, el oro y la plata, y eran muy religiosos; ofrecían sacrificios, incluso humanos, a sus dioses (el mar, el jaguar y la serpiente), y enterraban a los muertos en pozos profundos.

**MANTACA** n. f. *Chile.* Manta de hilos gruesos, que se usa para abrigo en los campos.

**MANTALONA** n. f. MAR. Tela fuerte de algodón, que se usa para hacer velas.

**MANTAZO** n. m. TAUROM. Lance dado con la muleta sin sujeción a las reglas del arte.

**MANTEADO** n. m. *Amér. Central.* Tienda de campaña.

**MANTEADOR, RA** adj. y n. Que mantea.

**MANTEAMIENTO** o **MANTEO** n. m. Acción y efecto de mantear.

**MANTEAR** v. tr. **[1]**. Hacer saltar repetidas veces a una persona o pelele sobre una manta sostenida entre varios. ◆ v. pron. **2.** *Chile.* Convertirse en manto una veta de metal.

**MANTECA** n. f. Grasa de los animales, especialmente la del cerdo. **2.** Sustancia grasa de la leche, especialmente una vez separada de ella. **3.** Grasa del cuerpo humano cuando es excesiva. (Suele usarse en plural.) **4.** Pomada. **5.** QUÍM. Glicérido sólido a la temperatura ordinaria. • **Manteca de cacao,** materia grasa extraída de las bayas del cacao.

**MANTECADA** n. f. Especie de bollo de harina de flor, huevos, azúcar y mantequilla, que suele cocerse en un molde cuadrado de papel.

**MANTECADO** n. m. Pasta hecha a base de harina, azúcar, huevo y manteca de cerdo. **2.** Helado elaborado con leche, huevos y azúcar.

**MANTECOSIDAD** n. f. Calidad de mantecoso.

**MANTECOSO, A** adj. Que tiene mucha manteca. **2.** Semejante a la manteca.

**MANTEÍSTA** n. m. Nombre dado a los estudiantes de las universidades, que vestían ropas talares.

**MANTEL** n. m. (lat. *mantelem*). Pieza de tela con que se cubre la mesa para comer. • **Mantel de altar,** lienzo con que se cubre el altar.

**MANTELERÍA** n. f. Juego de mantel y servilletas.

**MANTELETA** n. f. Esclavina con las puntas de delante largas, que usan las mujeres para abrigarse o como adorno.

**MANTELETE** n. m. Pieza de la armadura, pedazo de tela o de malla que protegía la nuca y parte de la espalda. **2.** Tablero grueso, forrado de chapa, que servía de resguardo contra los tiros del enemigo.

**MANTELLINA** n. f. Mantilla para la cabeza.

**MANTELO** n. m. (voz gallega). Especie de delantal de paño que suelen llevar las aldeanas en algunas provincias del N de España.

**MANTENEDOR, RA** n. El que tenía por misión que se cumplieran las leyes en las justas, torneos, etc. **2.** En algunos certámenes, especialmente los Juegos florales, persona que pronuncia el discurso en nombre del jurado.

la cultura de los **manta:**
figurilla masculina
(casa de la cultura ecuatoriana, Guayas)

**MANTENER** v. tr. y pron. **[8]**. Costear las necesidades económicas de alguien, especialmente las de alimentación: *tiene que mantener a su familia.* **2.** Sostener un cuerpo sin caer: *no podía mantenerse en pie.* ◆ v. tr. **3.** Sostener algo para que no se caiga o se deforme: *esta columna mantiene la estructura del edificio.* **4.** *Fig.* Hacer que algo no decaiga, no se extinga ni perezca, o que continúe en la forma que se expresa: *mantener el fuego encendido.* **5.** Proseguir en lo que se está ejecutando: *mantener relaciones diplomáticas.* **6.** Defender una opinión o sistema: *mantengo lo dicho.* ◆ **mantenerse** v. pron. **7.** Perseverar en una acción o posición: *mantenerse firme en una idea.*

**MANTENIDO, A** n. *Vulg.* Persona que vive a expensas de otra, especialmente una mujer a expensas de un hombre con el que mantiene relaciones sexuales extramatrimoniales.

**MANTENIMIENTO** n. m. Acción y efecto de mantener o mantenerse. **2.** Alimento, comida, sustento. **3.** Acción de reparar y mantener o conservar en buen estado el material y las instalaciones de edificios, industrias, etc.: *servicio de mantenimiento.*

**MANTEO** n. m. (fr. *manteau*). Capa larga que llevan los eclesiásticos sobre la sotana.

**MANTEQUERA** n. f. Vasija en que se sirve la mantequilla. **2.** Aparato con el que se hace la mantequilla.

**MANTEQUERÍA** n. f. Fábrica de mantequilla. **2.** Tienda en que se vende mantequilla y otros productos comestibles.

**MANTEQUERO, A** adj. Relativo a la manteca. ◆ n. **2.** Persona que tiene por oficio hacer o vender mantequilla.

**MANTEQUILLA** n. f. Sustancia grasa, de color amarillo claro, que se obtiene de la leche de vaca por agitación. **2.** Esta misma sustancia, batida con azúcar, de modo que resulte muy esponjosa.

**MANTEQUILLERA** n. f. *Amér.* Mantequera.

**MANTEQUILLERO, A** n. *Amér.* Mantequero.

**MANTÉS, SA** adj. y n. *Fam.* Pícaro, pillo.

**MÁNTICA** n. f. Conjunto de artes adivinatorias.

**MANTILLA** n. f. Prenda femenina, generalmente de encaje, tul o seda, que cubre la cabeza y, a veces, parte del vestido. **2.** Pieza de tela gruesa con que se envuelve a los niños por encima de los pañales. ◆ **mantillas** n. f. pl. **3.** Regalo hecho por un príncipe a otro a quien le nace un hijo. • **Estar en mantillas,** estar poco adelantado o muy ignorante respecto a ciertas cosas.

**MANTILLO** n. m. Capa superior del suelo, formada en gran parte por la descomposición de materias orgánicas. **2.** Abono resultante de la fermentación y putrefacción del estiércol.

**MANTIS** n. f. Santateresa, insecto.

**MANTISA** n. f. MAT. Fracción decimal que sigue a la característica de un logaritmo.

**MANTO** n. m. Prenda amplia que se coloca sobre la cabeza o los hombros y cubre todo o parte del vestido. **2.** Velo negro, generalmente de crespón, llevado por las mujeres, en algunos lugares, en señal de luto. **3.** *Fig.* Lo que protege, encubre u oculta una cosa. **4.** GEOL. Parte del globo terrestre comprendida entre la corteza y el núcleo. **5.** HERÁLD. Pieza formada por dos líneas diagonales que parten de los ángulos del jefe. **6.** HERÁLD. Adorno exterior del escudo formado por una capa o cortina escarlata. **7.** MIN. Capa de mineral que yace casi horizontalmente. **8.** ZOOL. Pelaje de los mamíferos. **9.** ZOOL. En los moluscos, membrana que segrega la concha. • **Arroyada en manto,** en las regiones con cobertura vegetal discontinua, escorrentía rápida de las aguas en forma de una delgada película que cubre toda la superficie de una ladera.

**MANTÓN** n. m. Prenda femenina, generalmente de abrigo, que se lleva sobre los hombros. • **Mantón de Manila,** el de seda y que lleva bordados motivos ornamentales. *(V. ilustración pág. 638.)*

**MANTUANO, A** adj. y n. De Mantua.

**MANTUDO, A** adj. Dícese del ave cuando tiene las alas caídas y con aspecto semejante a una capa o mantón.

**mantón** de Manila,
pintura de Rodríguez Acosta
(museo de bellas artes, Granada)

**MANUAL** adj. Que se ejecuta con las manos: *trabajo manual.* **2.** Dícese del dispositivo que necesita la intervención de una persona, por oposición a dispositivo mecánico. ◆ n. m. **3.** Libro en que se resume lo más sustancial de una materia.

**MANUALIDAD** n. f. Trabajo realizado con las manos. ◆ **manualidades** n. f. pl. **2.** Trabajos manuales propios de los escolares.

**MANUAR** n. m. TEXT. En hilatura mecánica, máquina que efectúa una operación combinada de estirado y doblado de la materia textil que sale de las cardas.

**MANUBRIO** n. m. (lat. *manubrium*). Empuñadura o manija de un instrumento. **2.** *Argent.* y *Chile.* Manillar de la bicicleta. **3.** *Chile.* Volante del automóvil. **4.** ANAT. Parte superior del esternón. **5.** ANAT. Apófisis inferior del martillo. **6.** MÚS. Organillo.

**MANUELA** n. f. Coche de alquiler abierto y tirado por un caballo que se utilizaba en Madrid.

**MANUELINO, A** adj. Dícese de un arte arquitectónico y decorativo complejo, que se desarrolló en Portugal a finales del s. XV y principios del s. XVI, en especial bajo el reinado de Manuel I.

el estilo **manuelino:** ventana de la sala capitular del convento de Cristo en Tomar, por Diogo de Arruda (s. XVI)

**MANUFACTURA** n. f. Obra hecha a mano o con el auxilio de una máquina. **2.** Fábrica, lugar donde se fabrica algo. **3.** Empresa o equipo industrial dedicado a algunas actividades fabriles consideradas ligeras. **4.** Conjunto de estas empresas de una región, zona o país. • **Manufactura real** (HIST.), la que gozaba de privilegios reales o que era financiada directamente por la real hacienda.

**MANUFACTURABLE** adj. Que puede ser manufacturado, o utilizarse como materia prima en las manufacturas.

**MANUFACTURADO, A** adj. y n. m. Dícese del producto resultante de la transformación industrial, en una manufactura, de ciertas materias primas.

**MANUFACTURAR** v. tr. **[1]**. Fabricar.

**MANUMISIÓN** n. f. (lat. *manumissio*). HIST. En Roma y en la edad media, liberación legal de un esclavo o de un siervo.

**MANUMISO, A** adj. Esclavo que alcanza la libertad.

**MANUMITIR** v. tr. **[3]**. Dar libertad a un esclavo.

**MANUSCRIBIR** v. tr. **[3n]**. Escribir a mano.

**MANUSCRITO** n. m. Documento o libro escrito a mano, especialmente el de algún valor o antigüedad.

**MANUTENCIÓN** n. f. Acción y efecto de mantener o mantenerse. **2.** Lo que se consume para mantener o mantenerse. **3.** Desplazamiento, manual o mecánico, de las materias primas, mercancías y otros materiales en los talleres, almacenes y demás dependencias de una industria o un comercio.

**MANUTENER** v. tr. **[8]**. Mantener o amparar.

**MANZANA** n. f. Fruto comestible del manzano, de forma globosa algo hundida por los extremos del eje. **2.** Unidad topográfica mínima, representada por el bloque de casas delimitado en sus cuatro frentes por calles. • **Manzana de Adán,** nuez de la garganta. || **Manzana de la discordia,** cualquier cosa que origina discusiones o luchas.

**MANZANAL** n. m. Manzanar. **2.** Manzano.

**MANZANAR** n. m. Terreno plantado de manzanos.

**MANZANERO** n. m. *Ecuad.* Manzano.

**MANZANIL** adj. Dícese de ciertas frutas que, por el color o la figura, se parecen a la manzana.

**MANZANILLA** n. f. Planta herbácea aromática, cuyas flores, con centro amarillo y circunferencia blanca, tienen propiedades medicinales. (Familia compuestas.) **2.** Flor o conjunto de flores de esta planta. **3.** Infusión de flores de manzanilla que se toma como digestivo. **4.** Fruto del manzanillo. **5.** Vino blanco, variante del jerez, que se hace principalmente en Sanlúcar de Barrameda.

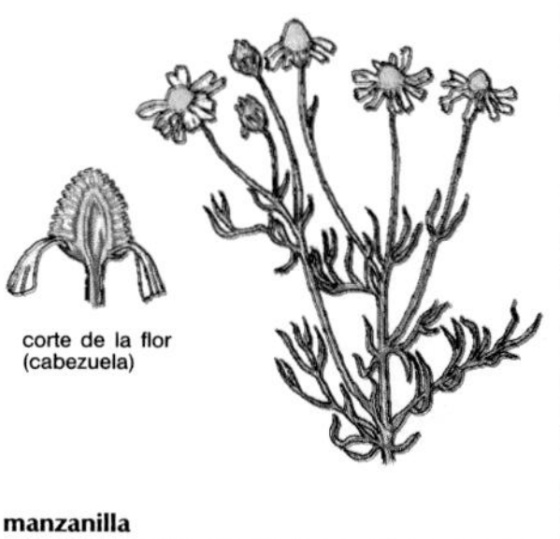


**manzanilla**

**MANZANILLO, A** adj. y n. m. Dícese de cierto olivo que produce una aceituna pequeña. ◆ adj. **2. Aceituna manzanilla,** fruto del olivo manzanillo. ◆ n. m. **3.** Árbol originario de las Antillas y de América ecuatorial, de flores blanquecinas y fruto semejante a la manzana, cuyo jugo, cáustico, es muy venenoso. (Familia euforbiáceas.)

**MANZANO** n. m. Árbol de la familia rosáceas, cuyo fruto, la manzana, es una drupa con pepitas, comestible, redonda y carnosa. **2.** *Méx.* y *P. Rico.* Variedad de plátano, de fruto pequeño y muy dulce.

**MAÑA** n. f. Destreza, habilidad: *tiene maña para peinarse.* **2.** Ardid, astucia: *emplea todas sus mañas para convencerle.* (Suele usarse en plural.) **3.** Mala costumbre, resabio: *después de la enfermedad le han quedado muchas mañas.* (Suele usarse en plural.) • **Darse maña,** ingeniarse para hacer algo con habilidad.

**MAÑANA** n. f. (bajo lat. *maneana,* abrev. de *hora maneana,* en hora temprana). Tiempo que transcurre desde que amanece hasta el mediodía: *desayunar a media mañana.* **2.** Madrugada, horas que siguen a la medianoche hasta que sale el sol: *acostarse a las tres de la mañana.* ◆ n. m. **3.** Tiempo futuro, pero indeterminado. ◆ adv. t. **4.** En el día que seguirá inmediatamente al de hoy. **5.** *Fig.* En tiempo futuro. • **De mañana,** al amanecer, en las primeras horas del día. || **Pasado mañana,** en el día que seguirá inmediatamente al de mañana.

**MAÑANEAR** v. intr. **[1]**. Madrugar.

**MAÑANERO, A** adj. Madrugador. **2.** Matutino.

**MAÑANITA** n. f. Principio de la mañana. **2.** Especie de manteleta que usan las mujeres sobre el camisón. ◆ **mañanitas** n. f. pl. **3.** *Méx.* Composición musical que se canta para celebrar el cumpleaños o la onomástica de alguien.

**MAÑEREAR** v. intr. **[1]**. *Argent.* y *Urug. Vulg.* Obrar, proceder con malas mañas. **2.** *Argent.* y *Chile.* Usar un animal malas mañas.

**MAÑERÍA** n. f. Esterilidad en las hembras. **2.** Esterilidad en las tierras. **3.** HIST. En la edad media, en los reinos de León y Castilla, prestación económica satisfecha al señor por el colono estéril (mañero) para poder transmitir por herencia el predio cultivado.

**MAÑERO, A** adj. Sagaz, astuto. **2.** Fácil de tratar, hacer o manejar. **3.** *Argent.* Que tiene malas mañas o resabios. **4.** *Argent. Fam.* Dícese de la persona o animal que tiene mañas, mañoso.

**MAÑÍU** n. m. *Chile.* Árbol semejante al alerce, cuya madera es muy apreciada.

**MAÑO, A** n. *Fam.* Aragonés.

**MAÑOSEAR** v. intr. **[1]**. *Chile* y *Perú.* Actuar con maña y resabio.

**MAÑOSO, A** adj. Que tiene o demuestra mañas.

**MAOÍSMO** n. m. Doctrina política que se inspira en el pensamiento de Mao Zedong.

■ El maoísmo adopta el análisis histórico y dialéctico del marxismo, pero su principio fundamental es la combatividad y creatividad de las masas. Subraya la importancia del desarrollo económico, basado en la industria y en la agricultura por igual. Surgió tras los desacuerdos ideológicos de China con la U.R.S.S. (1961) y su difusión en Europa tuvo lugar en los años sesenta (especialmente desde 1968). Adquirió, por un lado, el carácter de renovación de los principios ideológicos del marxismo-leninismo y, por otro, de arma política inmediata para la revolución en occidente.

**MAOÍSTA** adj. y n. m. y f. Relativo al maoísmo; partidario de esta doctrina.

**MAORÍ** adj. y n. m. y f. Relativo a un pueblo polinésico de Nueva Zelanda; individuo de este pueblo ◆ n. m. **2.** Lengua del grupo polinesio, hablada por dicho pueblo.

**MAPA** n. m. (abrev. del lat. *mappa mundi,* de *mappa,* pañuelo). Representación convencional, sobre un plano, de la distribución de fenómenos geográficos, geológicos, etc. • **Mapa astronómico** (ASTRON.), representación, sobre un plano, de una porción de cielo estrellado o de un objeto celeste. || **Mapa mudo,** el que no tiene escrita la toponimia.

**MAPACHE** n. m. Mamífero carnicero de América del Norte, apreciado por su pelaje, de color gris amarillento. SIN.: *oso lavador.*

**MAPACHÍN** n. m. *Amér. Central.* Mapache.

**MAPALÉ** n. m. Danza típica de Colombia.

**MAPAMUNDI** n. m. (lat. *mappa mundi*). Mapa que representa el globo terráqueo dividido en dos hemisferios. • **Mapamundi celeste,** mapa plano de

**manzano**

la bóveda celeste sobre el que figuran las constelaciones.

**MAPEO** n. m. GENÉT. Realización de un mapa genético.

**MAPUCHE** adj. y n. m. y f. Relativo a un pueblo amerindio del grupo araucano que vive en comunidades entre los ríos Salado y Toltén (Chile); individuo de este pueblo. **2.** Araucano.

**MAPUEY** n. m. Ñame.

**MAQUE** n. m. Laca.

**MAQUEAR** v. tr. **[1]**. Adornar muebles u otros objetos con pinturas o dorados, usando para ello el maque. ◆ **maquearse** v. pron. **2.** *Fig.* y *fam.* Acicalarse, engalanarse.

**MAQUETA** n. f. (fr. *maquette*). Primer bosquejo, en cera, arcilla, etc., de una escultura. **2.** Representación en tres dimensiones, a escala reducida, pero fiel en sus proporciones y su aspecto, de un aparato, un edificio, un decorado, etc. **3.** IMPR. Boceto o modelo de un libro o parte de él que sirve de guía al impresor. **4.** MÚS. Producto del registro de sonidos, generalmente sobre soporte magnético, a partir del cual se organiza la composición sonora previa a la grabación de un disco.

**MAQUETISTA** n. m. y f. Profesional que ejecuta con arreglo a un plano o dibujo, y a una escala dada, cualquier reproducción. **2.** Profesional de artes gráficas que realiza las maquetas.

**MAQUETO, A** n. *Desp.* En el País Vasco, inmigrante de otra región española.

**MAQUI** n. m. (voz araucana). Planta arbustiva, de flores grandes y frutos redondeados, de color rojo, dulces y astringentes, con los que se hacen confituras. (Familia eleocarpáceas.)

**MAQUI** o **MAQUIS** n. m. y f. (fr. *maquis*, maquia). Guerrillero, especialmente el que formaba parte de las resistencias francesa y yugoslava contra la ocupación alemana durante la segunda guerra mundial y el que combatía contra el régimen franquista en España.

**MAQUIA** o **MAQUÍ** n. m. En las regiones mediterráneas, asociación vegetal bastante exuberante y densa que caracteriza los suelos silíceos de los macizos antiguos, formada por arbustos, como el laurel, el endrino, la retama, el boj, las jaras, el madroño, el mirto y los brezos, así como plantas sufruticosas, como el romero y el tomillo.

**mapache**

**MAQUIAVÉLICO, A** adj. Astuto o hábil para conseguir algo con engaño y falsedad.

**MAQUIAVELISMO** n. m. Doctrina política de Maquiavelo. **2.** *Fig.* Mala fe.

**MAQUIAVELISTA** adj. y n. m. y f. Que sigue las máximas de Maquiavelo.

**MAQUILA** n. f. (ár. *makīla*, cierta medida de capacidad). Porción de grano, harina o aceite que corresponde al molinero por la molienda. **2.** Medida con que se mide dicha porción. **3.** HIST. Durante el Antiguo régimen, gabela que tenían que satisfacer al señor los habitantes de sus dominios por moler el trigo en el molino señorial.

**MAQUILADORA** n. f. y adj. *Méx.* Pequeño taller donde se maquilan ciertos productos: *maquiladora de ropa.*

**MAQUILAR** v. tr. **[1]**. *Méx.* Realizar para una fábrica aquellos pasos del proceso de fabricación de un producto, que requieren trabajo manual o unitario.

**MAQUILLADOR, RA** n. Persona que por profesión se dedica a maquillar.

**MAQUILLAJE** n. m. Acción y efecto de maquillar. **2.** Técnica que tiene por objeto modificar el aspecto de un rostro con la ayuda de productos que se aplican a la cara, los ojos, las cejas, las pestañas y los labios. **3.** Producto adecuado para maquillar el rostro.

**MAQUILLAR** v. tr. y pron. **[1]**. Aplicar cosméticos a un rostro para disimular sus imperfecciones y hacer resaltar sus calidades estéticas o para caracterizarlo.

**MÁQUINA** n. f. Conjunto de mecanismos combinados para recibir una forma determinada de energía, transformarla y restituirla en otra más apropiada, o bien para producir un efecto determinado. **2.** Tramoya del teatro. **3.** Bicicleta, motocicleta o automóvil de carreras. **4.** Estilo musical destinado al baile que se caracteriza por su ritmo veloz y repetitivo. **5.** F.C. Locomotora. • **A toda máquina,** con la máxima velocidad. || **Máquina compuesta** (FÍS.), aparato constituido por órganos o mecanismos combinados que se comunican la fuerza progresivamente. || **Máquina de vapor,** máquina en que se utiliza el vapor como fuerza motriz. || **Máquina simple** (FÍS.), aparato destinado a transmitir una fuerza modificando su dirección o su intensidad, como la polea, la palanca o el torno. || **Máquina tragaperras,** juego de azar constituido por un aparato en el que se introduce una moneda y que, a veces, devuelve varias.

**MÁQUINA-HERRAMIENTA** n. f. (pl. *máquinas-herramienta*). Máquina destinada a trabajar materiales mediante herramientas movidas mecánicamente.

**MAQUINACIÓN** n. f. Proyecto o asechanza artificiosa y oculta, dirigida regularmente a un mal fin.

**MAQUINAL** adj. Perteneciente a los movimientos y efectos de una máquina. **2.** *Fig.* Dícese de los actos y movimientos irreflexivos o involuntarios.

**MAQUINAR** v. tr. (lat. *machinari*) **[1]**. Urdir, tramar algo oculta y artificiosamente.

**MAQUINARIA** n. f. Conjunto de máquinas para un fin determinado: *renovar la maquinaria de una factoría.* **2.** Mecanismo que da movimiento a un artefacto: *la maquinaria del reloj.*

**MAQUINILLA** n. f. **Maquinilla de afeitar,** utensilio compuesto de dos piezas separadas acopladas a un mango, entre las que se inserta una cuchilla u hoja de acero flexible de doble filo, perforada o acanalada en el medio. • **Maquinilla eléctrica,** aparato eléctrico para afeitar en seco.

**MAQUINISMO** n. m. Empleo generalizado de máquinas en sustitución de la mano de obra en la industria.

**MAQUINISTA** n. m. y f. Persona encargada del funcionamiento de una máquina. **2.** F.C. Persona que tiene a su cargo la conducción y gobierno de una locomotora de vapor.

**MAQUINITA** n. f. TEXT. Mecanismo de calada que se usa en los telares cuando la muestra o curso de ligamento que se ha de tejer requiere gran número de lizos o de pasadas.

**MAQUINIZACIÓN** n. f. Acción y efecto de maquinizar.

**MAQUINIZAR** v. tr. y pron. **[1g]**. Emplear en la producción industrial, agrícola, etc., máquinas que sustituyen o mejoran el trabajo del hombre.

**MAQUIRITARE**, pueblo amerindio de lengua caribe de Venezuela (est. Bolívar y territorio del Amazonas).

**MAQUIS** n. m. Maqui.

**MAR** n. m. o f. (lat. *mare*). Masa de agua salada que cubre la mayor parte de la superficie de la Tierra. **2.** Cada una de las partes en que se considera dividida: *mar Mediterráneo.* **3.** Marejada u oleaje alto producido por los vientos fuertes. **4.** *Fig.* Abundancia extraordinaria de algo: *debatirse en un mar de dudas.* **5.** ASTRON. Vasta extensión de la superficie de la Luna, que aparece más oscura, deprimida y menos accidentada que los relieves que la rodean. • **A mares,** mucho, con abundancia: *llover a mares.* || **Alta mar** (DER.), parte del mar que no pertenece al mar territorial, ni a las aguas interiores de un estado. || **Golpe de mar,** ola fuerte que se quiebra en las embarcaciones. || **Hombre de mar,** marino, marinero. || **La mar de,** mucho. || **Mar alta,** mar alborotado. || **Mar de fondo** (*Fig.*), inquietud o descontento que momentáneamente no trascienden al exterior. || **Mar interior,** el bordeado totalmente por un solo estado, y que se considera que forma parte de su territorio. || **Mar territorial,** zona del mar adyacente a la costa de un estado, en la que éste ejerce su soberanía.

**MARA** n. f. *Vulg.* Gente, gentío, muchedumbre.

**MARA** n. f. Mamífero roedor de hasta 75 cm de long., que vive en el centro y S de Argentina. (Familia cávidos.)

**mara**

**MARABÚ** n. m. Ave zancuda de África y Asia, de pico enorme y cuyo cuello, desprovisto de plumas, queda medio hundido entre las alas. **2.** Pluma de esta ave. **3.** Adorno hecho con estas plumas o con las de otras especies.

**marabú**

**MARABUNTA** n. f. (voz brasileña). Migración masiva de hormigas que devoran a su paso todo lo comestible que encuentran.

**MARACA** n. f. Instrumento musical hecho con el fruto del totumo, vaciado, en cuyo interior se introducen semillas secas u otros objetos, que entrechocan al ser agitado aquél. Actualmente se fabrica con otros materiales (plástico, metal, etc.). **2.** *Antillas.* Sonajero. **3.** *Chile. Fig.* Ramera. **4.** *Chile* y *Perú.* Juego de azar que se juega con tres dados.

**MARACAIBERO, A** adj. y n. De Maracaibo.

**MARACAYÁ** n. m. *Amér. Merid.* Mamífero carnicero, pequeño, de cola larga y piel manchada.

**MARACO** n. m. *Chile.* Invertido, sodomita.

**MARAGATO, A** adj. y n. De La Maragatería.

**MARAGOTA** n. m. Pez marino comestible, de hasta 60 cm de long., que vive cerca de las costas rocosas.

**MARAÑA** n. f. Maleza, espesura. **2.** *Fig.* Enredo de los hilos o del cabello. **3.** Embuste inventado para enredar un asunto o negocio. **4.** Lance intrincado y de difícil resolución.

**MARAÑERO, A** adj. y n. Enmarañador, enredador.

**MARAÑÓN** n. m. Planta arbórea de Antillas y América Central, de 4 o 5 m de alt., con fruto en forma de nuez y semilla comestible. (Familia anacardiáceas.)

**MARAÑONES** n. m. pl. Nombre dado por Lope de Aguirre a los soldados que le siguieron después del asesinato de Pedro de Urzúa.

**MARAÑOSO, A** adj. y n. Enmarañador, enredador.

**MARASCA** n. f. Planta arbórea cuyo fruto es una cereza, pequeña y de jugo agridulce, con la que se fabrica el licor llamado marrasquino.

**MARASMO** n. m. Estado de pérdida intensa de vitalidad y actividad de un organismo, que se halla extenuado y caquéctico, como consecuencia de una enfermedad crónica consuntiva. **2.** Suspensión, inmovilidad física o moral.

**MARATÓN** o **MARATHON** n. m. (de la batalla de *Maratón*). Carrera pedestre de gran fondo (42,195 km por carretera). **2.** *Por ext.* Cualquier competición deportiva de resistencia.

**MARATONIANO, A** adj. y n. Relativo a Maratón. **2.** *Fig.* Dícese de las negociaciones o debates extensos y de cierta dificultad que ponen a prueba la resistencia de los participantes.

**MARATÓNICO, A** adj. *Argent.* y *Méx.* Maratoniano.

**MARAVEDÍ** n. m. (pl. *maravedís, maravedises* o

*maravedíes*). Moneda española de diferentes valores y calificativos. **2.** Moneda española de cuenta equivalente a la trigesimocuarta parte del real de vellón.

**MARAVILLA** n. f. (lat. *mirabilia,* cosas admirables). Suceso o cosa extraordinaria que causa admiración: *el jardín es una maravilla.* **2.** Admiración, acción de admirar: *causa maravilla oírla cantar.* **3.** Variedad de pasta para sopa, en forma de pequeños granos. **4.** Planta herbácea trepadora, de hojas parecidas a las de la hiedra y flores azules con rayas rojas. (Familia convolvuláceas.) • **A las maravillas, a las mil maravillas** o **a maravilla,** muy bien, de modo exquisito y primoroso. || **Las siete maravillas del mundo,** las siete obras más notables de la antigüedad: las pirámides de Egipto, los jardines colgantes de Semíramis y las murallas de Babilonia, la estatua de Zeus en Olimpia, el coloso de Rodas, el templo de Artemisa en Éfeso, el mausoleo de Halicarnaso y el faro de Alejandría.

**MARAVILLAR** v. tr. **[1]**. Admirar. ◆ **maravillarse** v. pron. **2.** Ver con admiración.

**MARAVILLOSO, A** adj. Extraordinario, admirable, excelente.

**MARBETE** n. m. Cédula que se adhiere a un objeto para indicar la marca de fábrica, contenido, cualidades, precio, etc. **2.** Cédula pegada en los equipajes de ferrocarril para anotar el punto de destino y el número del registro.

**MARCA** n. f. (germ. *marka*). HIST. En la alta edad media, circunscripción territorial situada en las fronteras del imperio carolingio y destinada a desempeñar el papel de zona de defensa militar. **2.** Provincia surgida de una marca carolingia.

**MARCA** n. f. (de *marcar*). Señal hecha en una persona, animal o cosa, para distinguirla de otra, o para denotar calidad o pertenencia. **2.** Huella, señal. **3.** Acción de marcar. **4.** DEP. Resultado obtenido por un deportista en pruebas de velocidad, distancia, altura, lanzamiento, etc. **5.** DER. Signo o medio material que sirve para señalar los productos de la industria (marca de fábrica o industrial) o del comercio (marca de comercio o mercantil) con el objeto de que el público los conozca y distinga. • **De marca, de marca mayor** o **de más marca,** denota que lo que se expresa está llevado al máximo: *este niño es un maleducado de marca.* || **Marca registrada,** marca de fábrica o de comercio anotada en los registros públicos, adoptada por un industrial o un comerciante.

**MARCACIÓN** n. f. Cerco en el que encajan puertas y ventanas. **2.** Conjunto de estos cercos.

**MARCACIÓN** n. f. Acción y efecto de marcar o marcarse. **2.** SILVIC. Operación de señalar, mediante la marca que se realiza con el martillo forestal, los árboles que se han de cortar o los que han de quedar en pie. **3.** TOP. Determinación exacta de la posición de un punto. • **Marcación radiactiva,** introducción de radioelementos en una molécula, una sustancia o un organismo vivo, que permite seguirlos en sus desplazamientos.

**MARCADO, A** adj. Notable, manifiesto, evidente. ◆ n. m. **2.** Operación de marcar a un animal con fines de identificación. **3.** IMPR. Operación de colocar en el tablero de las máquinas de imprimir la hoja o pliego de papel que ha de tirarse.

**MARCADOR, RA** adj. Que marca. ◆ n. m. **2.** *Argent.* Instrumento semejante a un bolígrafo, con punta de vidrio o fieltro, rotulador. **3.** DEP. Tablero en el que figuran los nombres de los deportistas o de los equipos contendientes y el resultado en puntos o tantos que acumulan cada uno de éstos durante el desarrollo del encuentro.

**MARCAJE** n. m. DEP. Acción y efecto de marcar al contrario.

**MARCAPASOS** o **MARCAPASO** n. m. (pl. *marcapasos*). MED. Aparato eléctrico destinado a provocar la contracción cardíaca cuando ésta deja de efectuarse normalmente.

**MARCAR** v. tr. **[1a]**. Poner una marca a algo o a alguien para que se distinga. **2.** Dejar algo impreso, una huella o señal: *marcó su cara con la espada; aquella desgracia marcó su vida.* **3.** Indicar a alguien la situación o dirección de alguna cosa o el modo de hacerla: *le marcó el camino que debía seguir.* **4.** Accionar el teléfono para componer las cifras del número al que se quiere llamar. **5.** Indicar el reloj la hora, o señalar otro aparato el peso, índice, número, cantidad, etc. **6.** Hacer que se noten las separaciones o divisiones en el paso, o el compás en la marcha, la danza, etc.: *marcar el ritmo; marcar el paso.* **7.** Poner el precio a los géneros expuestos en un comercio. **8.** Resaltar o significar lo que a continuación se expresa: *esto marca una gran diferencia de pareceres.* **9.** Bordar en la ropa las iniciales de su dueño. **10.** Dar al cabello una inclinación estable, generalmente después del lavado. **11.** DEP. Apuntarse un tanto o gol un jugador o un equipo. **12.** DEP. Seguir el juego de un contrario a fin de entorpecer las jugadas que pudieran originarse o producirse en su demarcación. ◆ v. tr. y pron. **13.** Realizar una acción: *marcarse un tango.* ◆ **marcarse** v. pron. **14.** Determinar un buque su situación por medio de marcaciones.

**MARCASITA** n. f. Sulfuro natural de hierro, $FeS_2$, que cristaliza en el sistema ortorrómbico.

**MARCEAR** v. tr. **[1]**. Esquilar las bestias. ◆ v. intr. **2.** Hacer el tiempo propio del mes de marzo.

**MARCEÑO, A** adj. Relativo al mes de marzo. **2.** Dícese de las simientes o granos que se siembran durante el mes de marzo.

**MARCESCENCIA** n. f. Cualidad de marcescente.

**MARCESCENTE** adj. BOT. Dícese de un órgano que se marchita en la planta, sin desprenderse de ella.

**MARCHA** n. f. Acción de marchar. **2.** Forma o modo de andar: *marcha atáxica.* **3.** Grado de celeridad en el movimiento de una máquina, buque, locomotora, etc.: *disminuir la marcha de un vehículo.* **4.** Cualquier desplazamiento de un conjunto de personas con un fin determinado: *marcha ecologista.* **5.** *Fam.* Energía, actividad: *tener, llevar marcha.* **6.** *Fam.* Diversión, animación o juerga: *irse de marcha.* **7.** *Fig.* Curso o desenvolvimiento de un asunto, negocio, operación, etc.: *tener un negocio en marcha.* **8.** AUTOM. Cada una de las posibles posiciones del cambio de velocidades. **9.** DEP. Ejercicio atlético derivado de la forma de andar ordinaria, en el que debe mantenerse sin interrupción el contacto con el suelo. **10.** MIL. Desplazamiento de una tropa a pie. **11.** MÚS. Pieza musical cuyo ritmo marcado evoca el paso de un hombre o de un grupo en marcha. • **A marchas forzadas,** indica la rapidez con que se hace algo. || **Dar,** o **hacer marcha atrás** (*Fam.*), retroceder deliberadamente en un asunto o desistir de él. || **Marcha en vacío,** funcionamiento de un motor o máquina motriz que no acciona ninguna máquina operadora. || **Marcha real,** la que se toca en honor del rey; himno nacional español. || **Poner en marcha,** hacer funcionar una máquina. || **Sobre la marcha,** improvisando, sin plan previo.

**MARCHADOR, RA** adj. Que marcha.

**MARCHAMAR** v. tr. **[1]**. Poner marchamo.

**MARCHAMO** n. m. Señal que los aduaneros ponen en los fardos ya reconocidos. **2.** Marca que se pone a los productos que han de ser objeto de reconocimiento, especialmente embutidos.

**MARCHANTE** adj. (fr. *marchand*). Mercantil. ◆ n. m. y f. **2.** Persona que tiene como profesión comprar y vender. **3.** Persona que comercia con cuadros y otras obras de arte.

**MARCHANTE, A** n. *Amér.* Parroquiano, persona que suele comprar en una misma tienda. **2.** *Méx.* Vendedor al que suele comprar una persona ciertas mercancías, con respecto a ésta: *mi marchanta del mercado siempre me reserva la mejor fruta.* • **A la marchanta** (*Argent.*), de cualquier manera, descuidadamente; (*Argent.* y *Bol. Fam.*), a la rebatiña. || **Tirarse a la marchanta** (*Argent. Fig.* y *fam.*), abandonarse, dejarse estar.

**MARCHANTÍA** n. f. *Amér. Central, P. Rico* y *Venez.* Clientela.

**MARCHAPIÉ** n. m. MAR. Cabo que pende a lo largo de las vergas, en el que los marineros apoyan los pies para envergar, desenvergar, etc.

**MARCHAR** v. intr. y pron. (fr. *marcher,* andar) **[1]**. Andar, caminar, viajar, ir o partir de un lugar. ◆ v. intr. **2.** Andar o funcionar un artefacto: *el coche no marcha bien.* **3.** Andar o caminar la tropa con cierto orden: *marchar en columna de a dos.* **4.** *Fig.* Funcionar o desenvolverse una cosa: *los negocios le marchan muy bien.*

**MARCHITAMIENTO** n. m. Acción y efecto de marchitar.

**MARCHITAR** v. tr. y pron. (der. del lat. *marcere*). **[1]**. Ajar, secar, poner mustias las plantas, flores, etc. **2.** Enflaquecer, debilitar, quitar el vigor.

**MARCHITEZ** n. f. Calidad de marchito.

**MARCHITO, A** adj. Ajado, falto de vigor y lozanía.

**MARCHOSO, A** adj. y n. *Fam.* Animado, juerguista, calavera.

**MARCIAL** adj. (lat. *martialem*). Relativo a la guerra o a la milicia: *disciplina marcial.* **2.** *Fig.* Firme, erguido, gallardo: *porte marcial.* **3.** MED. Relativo al hierro, en especial a su empleo en terapéutica. **4.** QUÍM. Dícese de las sustancias en las que entra el hierro. • **Artes marciales,** conjunto de los deportes de origen japonés, como el kendo, el judo, el karate y el aikido, fundados en un código moral que era el de los samurais. || **Corte marcial, tribunal marcial,** en algunos países hispanoamericanos, instituciones jurídicas equivalentes al consejo de guerra español. || **Ley marcial,** bando que, una vez declarado el estado de guerra, puede dictar la autoridad militar.

**MARCIALIDAD** n. f. Calidad de marcial.

**MARCIANO, A** adj. y n. Relativo al planeta Marte; habitante imaginario de este planeta.

**MARCIONISMO** n. m. Herejía de Marción (s. II), que predicaba un dualismo análogo al de los nósticos y oponía el Dios de justicia del Antiguo Testamento al Dios de amor del Nuevo Testamento.

**MARCIONITA** o **MARCIONISTA** adj. y n. m. y f. Relativo al marcionismo; partidario de esta doctrina.

**MARCIR** v. tr. (lat. *marcere*) **[3a]**. Mustiar, marchitar.

**MARCO** n. m. (germ. *mark*). Unidad ponderal monetaria, patrón de la talla de las monedas, utilizada desde la edad media, con distinto valor según los países. **2.** Unidad monetaria de Alemania y Finlandia, sustituida en 2002 por el euro.

**MARCO** n. m. Cerco que rodea algunas cosas o en el cual se encajan éstas. **2.** *Fig.* Fondo, ambiente físico. **3.** Bastidor de madera que contiene los panales de cera en las colmenas. **4.** *Fig.* Límite en que se encuadra un problema, cuestión, etapa histórica, etc.: *en el marco de la Constitución.* **5.** AGRIC. Figura geométrica adoptada para repartir regularmente una plantación. **6.** CONSTR. Conjunto de dimensiones en que se ofrece la madera de hilo escuadrada para la venta. **7.** DEP. En algunos deportes de equipo, portería.

**MÁRCOLA** n. f. Asta que lleva en la punta un hierro a manera de formón, con un gancho lateral en figura de hocino, y que se usa para limpiar y desmarojar los olivos.

**MARCOLADOR, RA** n. Persona que desmaroja y limpia con la márcola.

**MARCOMANO, A** adj. y n. Relativo a un ant. pueblo germano emparentado con los suevos; individuo de este pueblo. (Establecidos en Bohemia, invadieron el imperio romano durante el reinado de Marco Aurelio.)

**MARCONI** n. m. MAR. Vela mayor triangular.

**MAREA** n. f. (fr. *marée*). Movimiento oscilatorio del nivel del mar, debido a la atracción de la Luna y del Sol sobre las partículas líquidas de los océanos. **2.** Agua del mar que efectúa este movimiento. **3.** *Fig.* Multitud, masa de gente que avanza e invade un lugar o sitio de un modo impetuoso y desordenado. **4.** ASTRON. Deformación de un cuerpo celeste bajo la acción gravitacional de otro cuerpo cercano. • **Coeficiente de marea,** número que indica el valor relativo de la marea para cada día del año. || **Corriente de marea,** corriente determinada por el flujo o el reflujo. || **Escala de mareas,** regla vertical hincada en un punto determinado y provista de graduaciones en las que se lee la altura del agua. || **Marea alta,** pleamar. || **Marea ascendente,** flujo. || **Marea baja,** bajamar. || **Marea descendente,** reflujo. || **Marea negra,** llegada a una costa de manchas de petróleo procedentes de un buque que ha sufrido un accidente o que ha limpiado sus depósitos.

■ Las mareas se manifiestan de manera muy compleja y variable, según el lugar donde se observan. Su conducta y amplitud se ligan tanto a la posición relativa de la Tierra, el Sol y la Luna, como a las irregularidades del contorno y la profundidad de las cuencas oceánicas. Determina su periodicidad la rotación de la Tierra, combinada con el movimiento orbital de la Luna y presenta, según los lugares, un carácter diurno (una pleamar y una bajamar cada 24 h 50 mn), semidiurno (dos pleamares y dos bajamares en 24 h 50 mn) o mixto

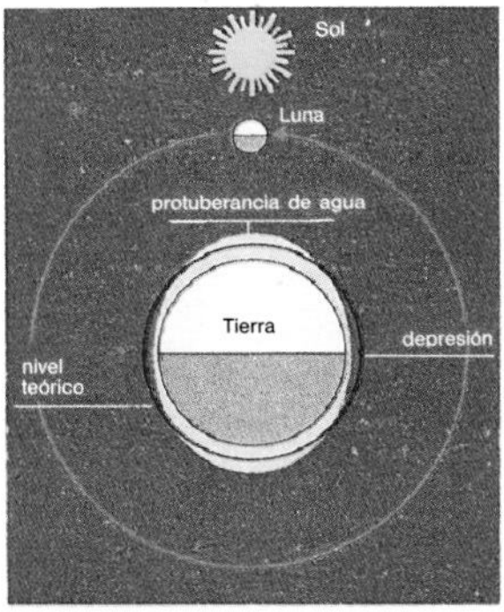


En las mareas vivas (en luna llena o en luna nueva) las atracciones de la Luna y del Sol se suman.

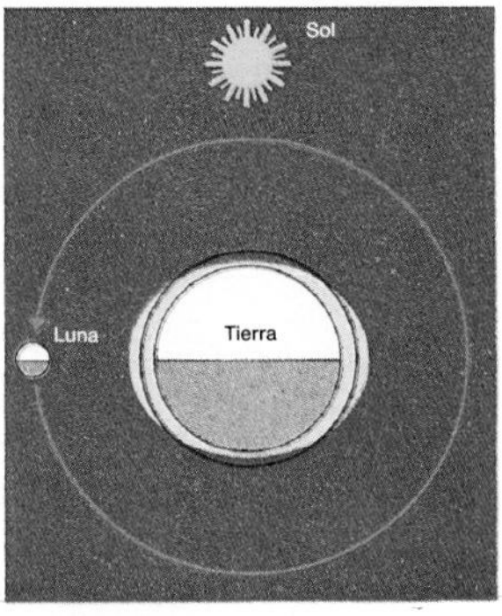


En las mareas muertas (cuando la Luna está en cuadratura) las atracciones se restan.

el fenómeno de las **mareas**

(desigualdad de duración de ambas). Cuanto mayor sea la plataforma continental de las costas más amplitud tendrán las mareas.

**MAREADOR, RA** adj. Que marea.

**MAREANTE** adj. y n. m. y f. Navegante. **2.** Que marea por sus movimientos, charla, pesadez, etc.

**MAREAR** v. tr., intr. y pron. [**1**]. Aturdir, molestar, fastidiar. ◆ **marearse** v. pron. **2.** Sufrir o padecer mareo. **3.** Estar a punto de desmayarse. **4.** Emborracharse ligeramente.

**MAREJADA** n. f. Movimiento tumultuoso del mar, con formación de olas vivas y de alguna consideración, sin llegar a ser temporal.

**MAREJADILLA** n. f. Marejada de olas menos grandes.

**MAREMAGNO** o **MAREMÁGNUM** n. m. Abundancia, confusión.

**MAREMOTO** n. m. Seísmo en el fondo del mar, que origina movimientos de las aguas. **2.** *Chile.* Marejada.

**MAREMOTRIZ** adj. Relativo a la fuerza motriz de las mareas. SIN.: *maremotor.*

**MAREO** n. m. Malestar de tipo neurovegetativo y predominio vagotónico que se manifiesta por un estado nauseoso acompañado de sialorrea, vómitos, sudoración, palidez, miosis, cefalalgia e incapacidad de mantenerse en pie. **2.** Lipotimia. **3.** Aturdimiento, cansancio mental.

**MAREÓGRAFO** n. m. Instrumento o instalación que registra la altura de las mareas.

**MARERO, A** adj. Dícese del viento de la parte de mar.

**MARETA** n. f. Movimiento de las olas del mar menos violento que la marejada.

**MARFIL** n. m. (del ant. *almafil,* der. del ár. *'azn alfil,* hueso del elefante). Materia obtenida de los colmillos o incisivos de algunos animales mamíferos como el elefante, la morsa, el hipopótamo, etc., que se utiliza en arte y joyería. **2.** Parte dura de los dientes cubierta por el esmalte. **3.** Color que va del blanco al amarillo. • **Marfil vegetal,** endospermo, muy duro, del corojo.

**MARFILEÑO, A** adj. Relativo al marfil. **2.** De aspecto de marfil o semejante a él.

**MARGA** n. f. (lat. *marga*). Roca sedimentaria arcillosa que contiene una fuerte proporción de carbonato cálcico, entre 20 y 80 %, y que se utiliza como corrector calcáreo o de suelos muy silícicos y para fabricar cemento.

**MARGAL** n. m. Terreno en que abunda la marga.

**MARGAR** v. tr. [**1**]. AGRIC. Abonar la tierra con marga.

**MARGARINA** n. f. Sustancia grasa comestible, de consistencia blanda, elaborada con diversos aceites y grasas, casi siempre vegetales (cacahuete, soja, copra, etc.).

**MARGARITA** n. f. (lat. *margaritam,* del gr. *margarites,* perla). Nombre de diversas plantas de la familia compuestas, cuyos capítulos presentan un disco central amarillo y lígulas blancas. **2.** Flor de estas plantas. **3.** Rueda en cuyo perímetro están contenidos los caracteres de impresión de ciertas máquinas de escribir y de ciertas impresoras. • **Echar margaritas a los puercos** *(Fam.),* dar, ofrecer o decir cosas delicadas a alguien que no sabe apreciarlas o disfrutarlas.

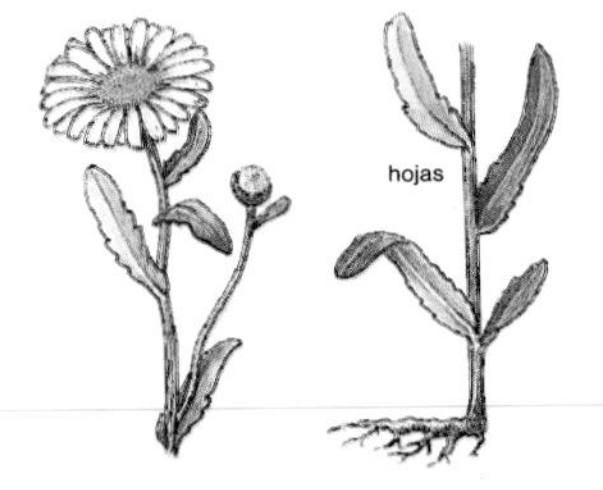


**margarita**

**margarita** de los prados

**MARGAY** n. m. Gato salvaje que vive en América Meridional.

**MARGEN** n. m. o f. (lat. *marginam*). Extremidad u orilla de una cosa: *margen del río.* **2.** Espacio que queda en blanco a los lados de una página manuscrita o impresa. **3.** *Fig.* Diferencia tolerada o previsible entre el cálculo de cierta cosa y su aproximación. **4.** *Fig.* Ocasión, motivo, oportunidad: *dar margen para decidir.* • **Al margen,** apartado, desligado de la intervención en algún asunto. ‖ **Margen comercial,** diferencia entre el precio de compra y el precio de venta bruto. ‖ **Margen continental** (OCEANOGR.), conjunto formado por la plataforma continental y el talud continental que la limita. ‖ **Margen de beneficio,** diferencia entre el precio de venta y el de coste final de un bien, que por lo general se expresa en porcentaje sobre el precio de venta. ‖ **Margen de error** (ESTADÍST.), grado de aproximación o de indeterminación en la estimación por muestreo de una magnitud.

**MARGESÍ** n. m. *Perú.* Inventario de los bienes del Estado, de la Iglesia y de las corporaciones oficiales.

**MARGINACIÓN** n. f. Acción y efecto de marginar.

**MARGINADO, A** adj. y n. Dícese de una persona o de un grupo que ocupa una posición límite en uno o varios sistemas sociales y que por tanto se encuentra excluido de la participación y de los privilegios de los que disfrutan los miembros de dicho sistema. SIN.: *marginal.*

**MARGINADOR, RA** adj. Que margina. ◆ n. m. **2.** Accesorio de la máquina de escribir que sirve para detener el carro en los puntos previstos por el dactilógrafo.

**MARGINAL** adj. Relativo al margen. **2.** Que está al margen: *una posición marginal.* **3.** *Fig.* No sustancial, no importante: *sólo es un problema marginal.* **4.** Dícese de la unidad económica situada en el extremo inferior de un grupo relativamente homogéneo (mercado) según la relación entre precio y coste: *empresa marginal, consumidor marginal.* • **Magnitud económica marginal,** magnitud económica de la última unidad consumida o producida, como coste marginal, eficacia marginal del capital, utilidad marginal, etc. ◆ n. m. y f. **5.** Marginado.

**MARGINALIDAD** n. f. Carácter de lo que es marginal o secundario.

**MARGINALISMO** n. m. Teoría económica según la cual el valor de cambio de un producto dado viene determinado por la utilidad de la última unidad disponible de este producto.

**MARGINAR** v. tr. [**1**]. Apostillar, poner anotaciones marginales. **2.** Dejar márgenes en el papel al escribir. **3.** Dejar al margen, apartar la sociedad o un sector de ella a una o varias personas, evitando su trato, relación o compañía. **4.** *Fig.* Prescindir, hacer caso omiso, no tener en cuenta. **5.** ART. GRÁF. Colocar o ajustar en la máquina la hoja que se ha de imprimir de modo que quede en posición correcta en relación a la forma o molde de impresión.

**MARGOSO, A** adj. Que contiene margas. • **Caliza margosa,** caliza con una débil proporción de arcilla.

**MARGRAVE** n. m. (alem. *Markgraf,* conde de la marca). HIST. Título de los jefes de las regiones fronterizas, o marcas, en el antiguo imperio germánico.

**MARGRAVIATO** n. m. HIST. Estado o dignidad del margrave. **2.** Jurisdicción de un margrave.

**MARGUERA** n. f. Cantera o veta de marga.

**MARGULLAR** v. tr. [**1**]. *Cuba* y *Venez.* Acodar plantas.

**MARGULLO** n. m. *Cuba* y *Venez.* Acodo.

**MARI,** pueblo ugrofinés que habita, al N del Volga, en la *República de Mari* (Rusia).

**MARÍA** n. f. Moneda castellana de plata, de real de a ocho, acuñada a partir de la pragmática de 14 de octubre de 1686. **2.** En el lenguaje de la droga, marihuana.

**MARIACHI** o **MARIACHE** n. m. Música mexicana de carácter alegre, originaria del estado de Jalisco. **2.** Orquesta o músico que la interpreta.

**MARIAL** adj. y n. m. Dícese de algunos libros que contienen alabanzas de la Virgen María.

**MARIANA** n. f. Especie de canción popular aflamencada, de incierta procedencia, cuya temática se refiere invariablemente a la vida errabunda de los cíngaros.

**MARIANISTA** adj. y n. m. Relativo a los religiosos de la Compañía de María de Burdeos, instituto clerical con votos simples, especialmente dedicado a la enseñanza, fundado en 1817, en Burdeos, por el padre Guillaume Chaminade; miembro de dicha Compañía.

**MARIANO, A** adj. Relativo a la Virgen María, y, en especial, a su culto: *devoción mariana.*

**MARICA** n. m. *Fam.* Hombre afeminado u homosexual.

**MARICASTAÑA. El tiempo, los tiempos, en tiempo** o **en tiempos de Maricastaña,** hace muchos años o en tiempos muy remotos.

**MARICÓN** n. m. *Fam.* Marica. **2.** *Fam.* Persona despreciable o indeseable.

**MARICONADA** n. f. Acción propia del marica. **2.** *Fig.* Mala pasada, acción malintencionada o indigna contra otro.

**MARICUECA** n. m. *Chile.* Eufemismo de marica, homosexual.

**MARIDABLE** adj. Adecuado entre marido y mujer.

Galeón inglés (s. XVI).

Navío francés (s. XVIII).

Acorazado británico Dreadnought (1906).

Buque portacontenedores.

Paquebote de crucero Holiday construido en Dinamarca (1985) [número de pasajeros: 1 794].

Petrolero japonés de 400 000 t (1976).

Corbeta francesa lanzamisiles para la lucha antiaérea (1988).

Patrullero rápido lanzamisiles francés del tipo la Combattante III.

La marina de guerra y la marina mercante no se diferenciaron hasta la época de las grandes rivalidades marítimas entre los estados de occidente, en los ss. XV-XVI: así, la galera, utilizada desde la antigüedad hasta el s. XVIII, sirvió tanto para el comercio como para la guerra. A mediados del s. XVIII surgieron las grandes flotas de combate. En el s. XIX tuvieron lugar las grandes transformaciones técnicas: la utilización del vapor, la adopción de la hélice, la construcción en hierro y, después, en acero, y la propulsión con fuel-oil. En esta época aparecieron los nuevos tipos de navíos: la marina mercante y la marina de guerra quedaron claramente diferenciadas.
En el s. XX, el desarrollo de los intercambios comerciales internacionales conllevó el uso de los cargueros*, petroleros, mineraleros y transportadores de mercancías en general.
El transporte de pasajeros sufrió, en cambio, la competencia aérea, como lo demuestra la desaparición de numerosos paquebotes, aunque el desarrollo de los cruceros parece ofrecer nuevas perspectivas.
En cuanto a la marina militar, después de las dos guerras mundiales y gracias a los avances en los campos de la propulsión nuclear y del armamento, se dejó de identificarla únicamente por el dominio de la superficie del mar: los submarinos* y los portaaviones* consiguieron un papel primordial en la estrategia de la guerra naval moderna.

las **marinas** mercante y militar

**MARIDAJE** n. m. Unión y conformidad de los cónyuges. **2.** Unión y semejanza de unas cosas con otras: *un maridaje entre la ciencia y el arte.*

**MARIDAR** v. intr. **[1]**. Casar, contraer matrimonio. **2.** Hacer vida matrimonial. ◆ v. tr. y pron. **3.** *Fig.* Unir, enlazar.

**MARIDO** n. m. (lat. *maritum*). Hombre casado, con respecto a su mujer.

**MARIGOT** n. m. (voz francesa). En los países tropicales, brazo muerto de un río o lugar bajo expuesto a inundaciones.

**MARIGUANZA** n. f. *Chile.* Ceremonia supersticiosa de manos que hacen los curanderos. (Suele usarse en plural.) **2.** *Chile.* Movimientos o gestos con que se hace burla. (Suele usarse en plural.) **3.** *Chile.* Salto, pirueta.

**MARIHUANA** n. f. Sustancia preparada con las hojas y las flores de *Cannabis sativa,* var. *indica,* que se fuma mezclada con tabaco y produce efectos parecidos a los del hachís. (Posee una concentración menor en principios activos que esta última droga, y ocupa el mismo lugar que ella en las diversas clasificaciones.) [Úsase también MARIGUANA o MARIJUANA.]

**MARIMACHO** n. m. *Fam.* Mujer que por su aspecto o forma de actuar parece un hombre.

**MARIMANDÓN, NA** n. Persona autoritaria y dominante.

**MARIMBA** n. f. Instrumento músico moderno, originario de África. **2.** *Amér.* Instrumento de percusión que consiste en una serie de tablas delgadas y de distintos tamaños, puestas sobre unos tubos metálicos, los cuales se golpean con unos palillos que tienen en la punta una bola dura.

**MARIMORENA** n. f. Camorra, riña, pendencia: *armarse la marimorena.*

**MARINA** n. f. Arte o ciencia de la navegación y conjunto de actividades y elementos que intervienen en ella. **2.** Potencia naval de una nación. **3.** Zona de terreno próxima al mar. **4.** Pintura paisajística en que se representa un tema marítimo. **5.** *Chile.* Escuela naval. • **Marina de guerra,** o **militar,** conjunto de fuerzas navales aéreas y terrestres de un estado. ‖ **Marina mercante,** conjunto de los buques y personal de una nación que se emplean en el comercio.

**MARINAJE** n. m. Ejercicio de la marinería. **2.** Conjunto de los marineros de una embarcación.

**MARINAMO, A** adj. *Chile.* Que tiene un dedo de más.

**MARINAR** v. tr. **[1]**. Sazonar el pescado para conservarlo. **2.** Poner a remojo en un líquido aromático (vino, vinagre, hierbas, especias, etc.) una carne, pescado, etc., con el fin de realzar su sabor. **3.** Poner marineros del buque apresador en el apresado.

**MARINE** n. m. (voz inglesa). Soldado de infantería de marina de las fuerzas británicas y norteamericanas.

**MARINERA** n. f. *Chile, Ecuad.* y *Perú.* Baile popular.

**MARINERÍA** n. f. Profesión de marinero. **2.** Conjunto de marineros.

**MARINERO, A** adj. Dícese del buque fácil de gobernar. **2.** Relativo a la marina o a los marineros. • **A la marinera,** forma de preparar pescados, crustáceos o marisco cociéndolos en vino blanco, generalmente con cebolla, ajo, perejil, pimienta y aceite. ‖ **Arco marinero,** arco de puente más amplio que los demás, por debajo del cual pasan las embarcaciones. ‖ **Cuello marinero,** el cuadrado por detrás y con un lazo o corbata delante, como el del uniforme de los marineros. ◆ n. m. **3.** Hombre que sirve en las maniobras de un barco. **4.** Persona experta en marinería. **5.** Individuo que sirve en la marina de guerra con el grado inferior.

**MARINESCO, A** adj. Relativo a los marineros.

**MARĪNI** adj. y n. m. y f. Benimerín.

**MARINISMO** n. m. Corriente poética italiana, que recibe su nombre del poeta G. Marino, análoga al gongorismo en España y al eufuismo en Inglaterra.

**MARINISTA** adj. y n. m. y f. Relativo al marinismo; partidario de esta corriente.

**MARINISTA** adj. y n. m. y f. Dícese del pintor de marinas.

**MARINO, A** adj. (lat. *marinum*). Relativo al mar. **2.** Que se ha formado a partir de sedimentos depositados y consolidados en los fondos marinos: *roca marina.* **3.** HERÁLD. Dícese de los mamíferos con cola de sirena. • **Sal marina,** cloruro sódico obtenido por evaporación del agua del mar. ◆ n. m. **4.** Experto en navegación. **5.** Persona con conocimientos teóricos y prácticos de navegación, que forma parte del personal que dirige las maniobras de un barco.

**MARIOLOGÍA** n. f. Parte de la teología católica que se refiere a la Virgen María.

**MARIONETA** n. f. (fr. *marionette*). Títere o figurilla que se mueve por medio de hilos u otro artificio. ◆ **marionetas** n. f. pl. **2.** Teatro representado con estos títeres.

**MARIPOSA** n. f. Cualquier insecto del orden lepidópteros, con cuatro alas recubiertas de escamas microscópicas, cuya disposición les da una vivacidad de colores y un brillo incomparables. **2.** Especie de candelilla que, afirmada en una ruedecilla de corcho, se pone en un vaso con aceite para conservar luz de noche; luz encendida a este efecto. **3.** Válvula del carburador de un automóvil que regula el volumen de los gases carburados aspirados por el motor. **4.** Modalidad de la natación derivada de la braza, en la que los brazos deben ser proyectados juntos hacia delante, sobre la superficie del agua, e impulsados simultánea y simétricamente hacia atrás. **5.** Suerte de correr las reses abanicando el diestro con el capote a la espalda y dando la cara al toro. • **Mariposa de la col,** mariposa de coloración blanca amarillenta manchada de negro y gris, cuyas larvas son perjudiciales para los cultivos de col. *(V. ilustración pág. 645.)*

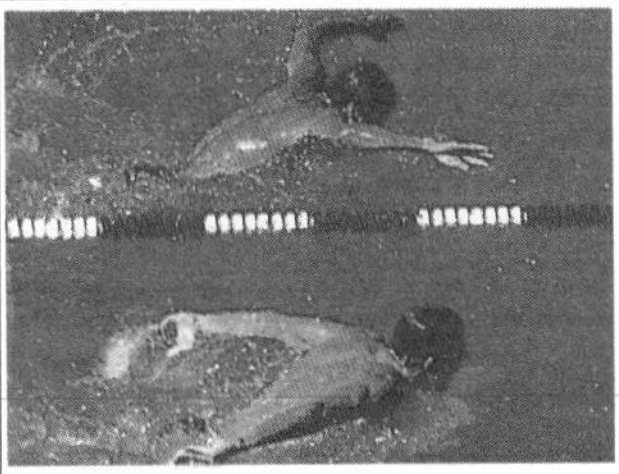

dos movimientos del estilo **mariposa**

**MARIPOSEADOR, RA** adj. Que mariposea.

**MARIPOSEAR** v. intr. **[1]**. Mostrar inconstancia en los estudios, ocupaciones, trabajos, etc. **2.** *Fig.* Andar o vagar insistentemente en torno de alguien, especialmente galantear un hombre a diversas mujeres. **3.** TAUROM. Hacer el quite de la mariposa.

**MARIPOSEO** n. m. Acción y efecto de mariposear.

**MARIPOSÓN** n. m. y adj. Hombre que galantea a varias mujeres. **2.** *Fam.* Marica, hombre afeminado u homosexual.

**MARIQUITA** n. f. Pequeño insecto coleóptero muy útil, ya que se alimenta de pulgones, y cuya especie más común posee élitros de color anaranjado con siete puntos negros. SIN.: *cochinilla de san Antón.* ◆ n. m. **2.** *Fam.* Hombre afeminado. ◆ n. f. **3.** *Cuba.* Miel o almíbar mezclado con queso fresco.

**mariquita**

**MARIQUITA** n. f. *Argent.* Baile popular que ejecutan varias parejas enfrentadas con un pañuelo blanco en la mano, acompañadas por un guitarrista cantor. **2.** *Argent.* Música y cante con que se acompaña este baile.

**MARISABIDILLA** n. f. Mujer que presume de sabia.

**MARISCADA** n. f. Comida a base de mariscos.

**MARISCADOR, RA** adj. y n. Que tiene por oficio mariscar, coger mariscos. **2.** Que fomenta la reproducción de mariscos.

**MARISCAL** n. m. (fráncico *marhskalk,* caballerizo mayor). HIST. Encargado de las cuadras o caballerizas de los príncipes germánicos. **2.** MIL. En algunos ejércitos, una de las más altas graduaciones. • **Mariscal de campo,** grado de la antigua jerarquía militar española equivalente al actual general de división; grado superior de la jerarquía militar alemana, austríaca, británica, rusa y sueca.

**MARISCAR** v. intr. **[1a]**. Coger mariscos.

**MARISCO** n. m. Invertebrado marino comestible provisto de esqueleto externo.

**MARISMA** n. f. (lat. *maritimam,* borde del mar). GEOGR. Terreno pantanoso, de aguas salobres, en las proximidades de la costa, por lo general junto a la desembocadura de un río.

**MARISMEÑO, A** adj. Relativo a la marisma o propio de ella.

**MARISQUERÍA** n. f. Establecimiento donde se venden o consumen mariscos.

**MARISQUERO, A** n. Persona que pesca o vende mariscos.

**MARISTA** adj. y n. m. Relativo a alguna de las congregaciones religiosas fundadas bajo la advocación de la Virgen; miembro de dichas congregaciones.

**MARITAL** adj. Relativo al marido. **2.** Relativo a la vida conyugal.

**MARITATA** n. f. *Bol.* y *Chile.* Cedazo de tela metálica usado en los establecimientos mineros. **2.** *Chile* y *Méx.* Canal cuyo fondo se cubre de pieles de carnero para que, haciendo pasar por él agua corriente con mineral pulverizado, el polvo cuetalífero que arrastra se deposite en ellas. ◆ **maritatas** n. f. pl. **3.** *Guat.* y *Hond.* Chismas, baratijas.

**MARÍTIMO, A** adj. (lat. *maritimum*). Relativo al mar. **2.** Cercano al mar: *ciudad marítima.* **3.** Dícese de los organismos que viven en la zona costera. • **Derecho marítimo,** conjunto de reglas jurídicas que rigen la navegación; rama de la ciencia del derecho que estudia esta clase de normas.

**MARITORNES** n. f. (de *Maritornes,* personaje del *Quijote*). *Fam.* Criada ordinaria, fea y hombruna.

**MARJAL** n. m. (ár. *marŷ*). Terreno bajo y pantanoso.

**MARKETING** n. m. (voz inglesa que significa *comercialización*). Conjunto de operaciones coordinadas (estudio de mercado, publicidad, promoción en el lugar de venta, estímulo del personal de ventas, investigación de nuevos productos, etc.) que contribuyen al desarrollo de las ventas de un producto o de un servicio.

**MARLÍN** n. m. Pez espada de las costas americanas, de los que algunos ejemplares llegan a los mares europeos muy accidentalmente.

**MARLO** n. m. *Amér. Merid.* Espiga de maíz desgranada. **2.** *Argent.* En lenguaje rural, tronco de la cola de los caballos, maslo.

**MARMITA** n. f. (fr. *marmite*). Olla de metal, con tapadera ajustada. **2.** Olla exprés. • **Marmita de gigante** (GEOL.), cavidad excavada por la erosión, con ayuda de gravas y guijarros, en una roca suficientemente compacta para desgastarse sin desagregarse. SIN.: *pilancón.* ‖ **Marmita de Papin,** recipiente cerrado, provisto de una válvula de seguridad, en el cual puede conservarse el agua líquida a una temperatura superior a la de ebullición al aire libre.

**MARMITÓN, NA** n. Pinche de cocina.

**MÁRMOL** n. m. (lat. *marmorem*). Roca metamórfica que resulta de la transformación de una caliza, dura, con frecuencia veteada de colores variados, susceptible de recibir un hermoso pulimento y muy empleada en escultura y arquitectura. **2.** ART. GRÁF. Platina. **3.** TECNOL. Superficie de fundición dura, perfectamente plana, que sirve para la verificación de superficies planas o que se utiliza como plano de referencia en el trazado de piezas.

**MARMOLADO, A** adj. Coloreado o veteado como el mármol.

**MARMOLEJO** n. m. Columna pequeña.

**MARMOLERÍA** n. f. Obra de mármol. **2.** Taller de marmolista.

**MARMOLILLO** n. m. Poste de piedra para resguardar de los carruajes las esquinas de los edificios.

**MARMOLINA** n. f. *Argent.* y *Chile.* Estuco de cal y polvo de mármol.

**MARMOLISTA** n. m. y f. Artífice que trabaja en mármoles. **2.** Persona que trabaja en otras piedras, y, especialmente, el que se dedica a la inscripción de lápidas funerarias.

**MARMÓREO, A** adj. Que es de mármol. **2.** Semejante al mármol: *rostro marmóreo.*

**MARMORIZACIÓN** n. f. Acción y efecto de marmorizar.

**MARMORIZAR** v. tr. y pron. [**1g**]. Transformar la caliza en mármol por recristalización. **2.** EDAFOL. Formar jaspeados en el suelo, debido a los diferentes estados del hierro.

**MARMOSA** n. f. Mamífero marsupial de pequeño tamaño, que vive en América Central y del Sur. (Familia didélfidos.)

**MARMOSETE** n. m. Grabado alegórico, que suele ponerse al fin de un libro o capítulo.

**MARMOTA** n. f. (fr. *marmotte*). Mamífero roedor, de 50 cm de long., de hábitos nocturnos, que vive en pequeños grupos a grandes alturas e hiberna varios meses en una madriguera. **2.** *Fig.* Persona que duerme mucho.

**marmota**

**MARO** n. m. Planta herbácea con flores rojizas, de olor fuerte y sabor amargo, usada como antiespasmódica, tónica y excitante. (Familia labiadas.)

**MAROCHA** n. f. *Hond.* Muchacha sin juicio, locuela.

**MAROJO** n. m. Hojas inútiles que sólo se aprovechan para el ganado.

**MAROMA** n. f. Cuerda gruesa de esparto o cáñamo. **2.** *Amér.* Función acrobática. **3.** *Amér.* Voltereta o pirueta de un acróbata. **4.** *Amér. Fig.* Voltereta política, cambio oportunista de opinión o de partido. **5.** *Argent. Fam.* Lío, desorden.

**MAROMEAR** v. intr. [**1**]. *Amér.* Bailar el volatinero en la maroma o hacer volatines en ella. **2.** *Amér.* Inclinarse, según las circunstancias, a uno u otro bando. **3.** *Chile. Fig.* Hacer pruebas de equilibrio. **4.** *Hond.* Columpiarse en la hamaca.

**MAROMERO, A** n. *Amér.* Acróbata, volatinero. **2.** *Amér.* Político astuto que varía de opinión o partido según las circunstancias. **3.** *P. Rico.* Persona que usa procedimientos de mala fe. ◆ adj. **4.** *Amér.* Versátil.

**MAROMO** n. m. *Fam.* Individuo, persona cuyo nombre o condición se ignoran o no se quieren decir.

**MARONITA** adj. y n. m. y f. Relativo a un grupo de católicos de rito sirio, descendientes de los discípulos de san Marón; miembro de este grupo.

**MAROTA** n. f. *Méx.* Marimacho. **2.** *Venez.* Soga con que se atan las patas delanteras de una bestia para impedir que corra.

**MARQUÉS, SA** n. (provenz. *marqués,* jefe de un territorio fronterizo). Título nobiliario de categoría inferior al de duque y superior al de conde. ◆ n. m. **2.** En la alta edad media, jefe supremo de las tropas de una marca fronteriza.

**MARQUESA** n. f. *Amér.* Marquesina, alero o protección. **2.** *Chile.* Especie de cama de madera fina tallada.

**MARQUESADO** n. m. Título de marqués. **2.** Territorio sobre el que recaía este título o en que ejercía jurisdicción un marqués.

**MARQUESINA** n. f. Especie de alero, por lo general de cristal o hierro, que avanza sobre una puerta, escalinata o andén para resguardarlos de la lluvia. **2.** Cubierta de protección de cemento u otros materiales, para resguardar a los que esperan un autobús, autocar, taxi, etc.

**MARQUESOTE** n. m. *Hond.* y *Nicar.* Torta de figura de rombo, hecha de harina de arroz o de maíz, con huevo, azúcar, etc., y cocida al horno.

**MARQUETA** n. f. *Guat.* Bloque de cualquier cosa que tiene forma prismática.

**MARQUETERÍA** n. f. (fr. *marqueterie*). Decoración que se obtiene por yuxtaposición de chapas de madera de especies variadas, en combinación a veces con mármoles, metales, etc., empleada para recubrir superficies, especialmente en obras de ebanistería. **2.** Arte de hacer estos trabajos o labores. **3.** Ebanistería.

**MARRA** n. f. Hablando de viñas y olivares, falta de una cosa donde debiera estar.

**MARRAJERÍA** n. f. Astucia, mala intención.

**MARRAJO, A** adj. Dícese del toro que acomete con malicia. **2.** *Fig.* Cazurro, astuto. ◆ n. m. **3.** Pez marino parecido al tiburón.

**MARRAMAO, MARRAMAU** o **MARRAMIAU** n. m. Onomatopeya del maullido del gato.

**MARRANADA** o **MARRANERÍA** n. f. *Fam.* Cosa sucia, chapucera, repugnante. **2.** *Fam.* Acción indecorosa o grosera.

**MARRANEAR** v. tr. [**1**]. Ensuciar, manchar. **2.** *Colomb.* Engañar. ◆ v. intr. **3.** Comportarse o actuar indignamente.

**MARRANO** n. m. Madero fuerte empleado como trabazón y para moderar la presión de algunas máquinas.

**MARRANO, A** n. Cerdo. **2.** HIST. Judío o musulmán de la península Ibérica convertido al cristianismo, y especialmente judío converso que seguía practicando en secreto la religión judaica. ◆ adj. y n. **3.** *Fam.* Dícese de la persona sucia y desaseada.

**MARRAQUETA** n. f. *Chile* y *Perú.* Conjunto de varios panes pequeños que se cuecen en una sola pieza, en la cual van señalados por incisiones de manera que puedan después separarse con facilidad.

**MARRAR** v. intr. y pron. [**1**]. Fallar, errar. **2.** Desviarse de una línea recta.

**MARRAS** adv. t. Antiguamente. • **De marras,** consabido: *todo ocurrió en la noche de marras.*

**MARRASQUINO** n. m. (ital. *maraschino*). Licor fabricado a base de los frutos de la marasca.

**MARRAZO** n. m. Especie de hacha de dos bocas, para cortar leña.

**MARRO** n. m. Ladeo del cuerpo, que se hace para no ser atrapado. **2.** Falta, equivocación. **3.** Juego en que los jugadores, divididos en dos bandos, procuran atraparse mutuamente.

**MARRÓN** adj. y n. m. Castaño, color parecido al de la cáscara de la castaña. ◆ n. m. **2.** *Fig.* En el lenguaje del hampa, causa criminal, sumario, condena. **3.** *Fam.* Cosa o situación incómoda o desagradable. **4.** *Amér. Central.* Martillo grande de hierro. **5.** *P. Rico.* Badajo de campana. • **Comerse un marrón** *(Fig.),* en el lenguaje del hampa, confesarse autor de un delito. ‖ **Marrón glacé,** castaña confitada en azúcar y escarchada con almíbar.

**MARRONAZO** n. m. TAUROM. Acción de marrar alguna suerte del toreo.

**MARROQUÍ** adj. y n. m. y f. De Marruecos. ◆ n. m. **2.** Dialecto árabe occidental hablado en Marruecos.

**MARROQUINERÍA** n. f. Tafiletería.

**MARROQUINERO, A** n. Tafiletero.

**MARRUBIO** n. m. Planta aromática de la familia labiadas.

**MARRUECO** n. m. *Chile.* Bragueta del pantalón.

**MARRULLERÍA** n. f. Astucia destinada a conseguir algo o halago con que se pretende engañar a alguien.

**MARRULLERO, A** adj. y n. Que usa de marrullerías.

**MARSALA** n. m. Vino dulce que se produce en Sicilia.

**MARSELLÉS, SA** adj. y n. De Marsella.

**MARSO, A** adj. y n. Relativo a un ant. pueblo de Italia que luchó contra Roma durante la guerra social (91-88); individuo de este pueblo.

**MARSOPA** n. f. Mamífero cetáceo parecido al delfín, que mide 1,50 m, muy voraz, común en el Atlántico, donde con frecuencia sigue a los buques.

**MARSUPIAL** adj. y n. m. (der. del lat. *marsupium,* bolsa). Relativo a una subclase de mamíferos de un tipo primitivo, cuya hembra posee una bolsa ventral, o marsupio, que contiene las mamas y está destinada a recibir las crías después de su nacimiento. (El canguro y la zarigüeya pertenecen a dicha subclase.)

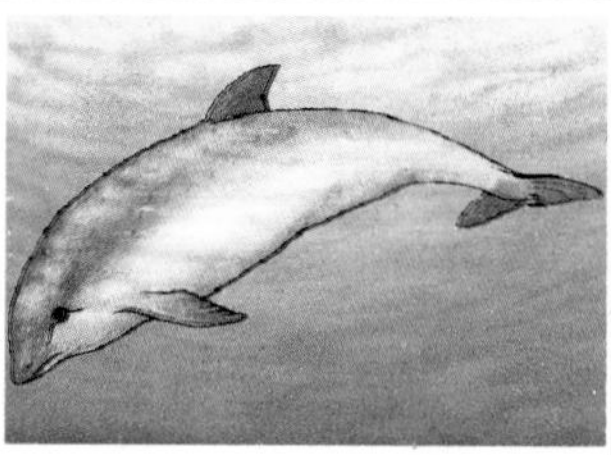

**marsopa**

**MARSUPIO** n. m. Bolsa ventral exterior de los mamíferos marsupiales.

**MARTA** n. f. (fr. *marte*). Mamífero carnívoro de unos 25 cm de alt., de piel muy estimada, entre cuyas especies destacan la *marta común,* la *cebellina* y la *marta de Pennant.* (Familia mustélidos.) **2.** Piel de este animal.

**MARTA** n. f. *Chile.* Mujer que vive en una congregación de religiosas y ayuda a éstas en los quehaceres domésticos.

**MARTAGÓN** n. m. BOT. Azucena silvestre.

**MARTAGÓN, NA** n. *Fam.* Persona astuta.

**MARTAJAR** v. tr. [**1**]. *Méx.* Picar, quebrar el maíz u otra cosa.

**MARTE** n. m. (de *Marte,* divinidad mitológica). En alquimia, nombre del hierro. **2.** HERÁLD. En las armas reales, denominación del color gules.

**MARTELLINA** n. f. Martillo de hierro con dos bocas guarnecidas de dientes prismáticos, o con una de ellas terminada en punta, utilizado por canteros y marmolistas.

**MARTELO** n. m. Celos. **2.** Pena y aflicción que nace de ellos. **3.** Enamoramiento, galanteo.

**MARTENSITA** n. f. (de A. *Martens,* ingeniero alemán). Componente del acero.

**MARTES** n. m. (lat. *dies Martis,* día de Marte). Tercer día de la semana que está entre el lunes y el miércoles.

**MARTILLADO** n. m. Operación que consiste en martillar los metales.

**MARTILLAR** o **MARTILLEAR** v. tr. [**1**]. Golpear repetidamente con el martillo. **2.** METAL. Forjar el metal batiéndolo con el macho, o mecánicamente, con martinete o martillo pilón. ◆ v. tr. y pron. **3.** *Fig.* Oprimir, atormentar: *la idea seguía martilleando en su cerebro.*

**MARTILLAZO** n. m. Golpe fuerte dado con el martillo.

**MARTILLEO** n. m. Acción y efecto de martillar o martillear. **2.** Ruido que produce.

**MARTILLERO** n. m. *Argent., Chile* y *Perú.* Dueño o encargado de un martillo, establecimiento para las subastas públicas.

**MARTILLO** n. m. Herramienta de percusión formada por una cabeza de acero duro templado y un mango. **2.** Pieza de relojería que golpea una campana o un timbre para dar las horas. **3.** *Fig.* El que persigue una cosa con el fin de acabar con ella. **4.** *Fig.* Establecimiento donde se venden efectos en pública subasta. **5.** ANAT. Primer huesecillo del oído medio, cuyo mango es solidario del tímpano y cuya cabeza se articula con el yunque. **6.** ARM. Pieza que en determinadas armas portátiles y cañones golpea sobre la cápsula o el percutor para producir la inflamación de la carga. **7.** DEP. Esfera metálica de 7,257 kg, provista de un cable de acero y una empuñadura, que lanzan los atletas. **8.** MÚS. Macillo. **9.** SILVIC. Instrumento que lleva una marca en relieve y sirve para marcar los árboles. • **A ma-**

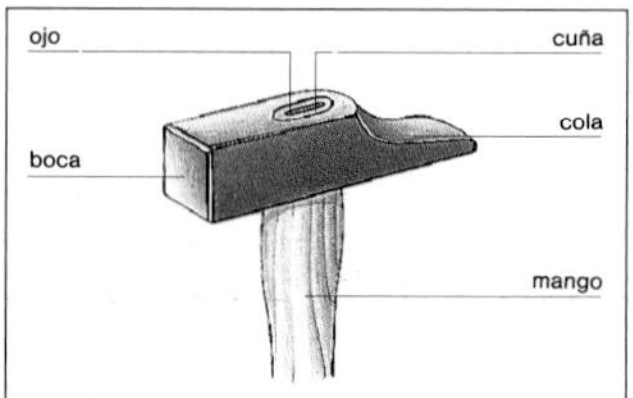


**martillo**

pelaje disuasivo
mimetismo
pelaje disuasivo (cabeza de cárabo)
Papilio dardanus
Danaus chrysippus
♀
Trophonius
Kenya
Samia cynthia
India
Caligo prometheus
Colombia
disimulo
cara dorsal oculta
cara ventral foliácea
dimorfismo de la hembra y del macho
Armandia lidderdali
India
Kalima
Java
Morpho cypris
Colombia
♀
♂
diversas formas de alas
homocromía
diferente colorido según la estación
en primavera
en verano
Eustera troglophylla
Gabón
Troïdes priamus hecuba
islas Salomón
Catocala nupta
Europa
Araschnia levana
Europa
prorsa
Saturnia pyri
(gran pavón)
España
Vanessa io
Europa, Asia
Iphiclides podalirius
España
Argynnis paphia
España
Apatura iris
Europa
Papilio machaon
África del Norte, Europa, Asia templada
Allancastria cerisyi
SE de Europa, Asia Menor
Vanessa aglais polychloros
África del Norte, Europa, Asia
Euvanessa antiopa
Europa occidental, Asia, América del Norte
Deilephila [Daphnis] merii
Europa meridional
Parnassius apollo
sur de Francia, España y Portugal, África del Norte
Gonopteryx cleopatra
Europa meridional, Asia templada, África del Norte
Acherontia atropos
Europa

**mariposas**

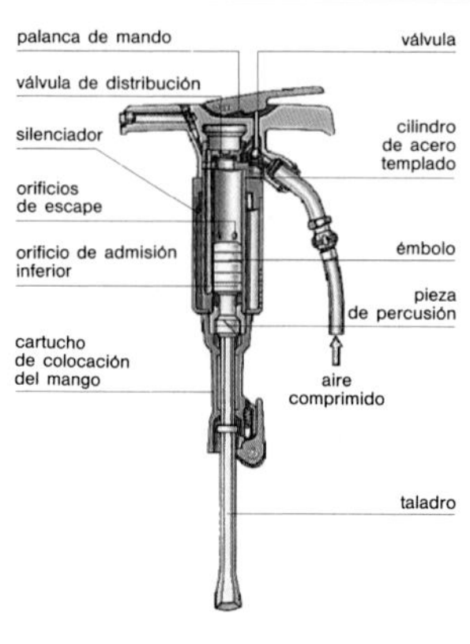


**martillo** neumático

lanzador de **martillo**

cha martillo, expresa que una cosa está construida con solidez, pero sin esmero; con firmeza. || **Martillo neumático,** aparato de percusión en el que la energía la suministra el aire comprimido. || **Martillo perforador,** aparato neumático para abrir barrenos. || **Martillo pilón,** gran martillo de forja que funciona con vapor, aire comprimido, etc. || **Martillo piolet,** instrumento de alpinismo que permite clavar pitones o cortar el hielo. || **Pez martillo** (ZOOL.), tiburón de los mares tropicales, con la cabeza prolongada en dos lóbulos laterales, donde están situados los ojos.

**MARTÍN** n. m. **Martín pescador,** ave de pequeño tamaño, de plumaje brillante, que vive a orillas de los cursos de agua y se zambulle con rapidez para capturar pequeños peces. (Orden coraciformes.)

**martín** pescador

**MARTINA** n. f. Pez teleósteo muy parecido al congrio, de unos 80 cm de long., que presenta cuerpo cilíndrico y hocico puntiagudo. (Familia equélidos.)

**MARTINETA** n. f. *Argent.* y *Urug.* Ave de unos 40 cm de long. y de color pajizo manchado de pardo, que se caracteriza por un copete de plumas.

**MARTINETE** n. m. Ave parecida a la garza, de 50 cm de long., con plumaje verde oscuro en el dorso, que vive cerca de ríos y lagos. SIN.: *aldorta.* **2.** Penacho de plumas de esta ave.

**MARTINETE** n. m. (fr. *martinet*). Martillo o mazo movido mecánicamente. **2.** Modalidad de cante flamenco incluida dentro del grupo de las tonás. **3.** METAL. Martillo basculante que, movido por una rueda de levas, sirve para batir metales. **4.** MÚS. Pequeña plancha de madera del mecanismo del clave, acabada por un gancho cortado en una pluma de cuervo, que puntea la cuerda. **5.** OBR. PUBL. Armazón en forma de pirámide, que guía el pilón en la hinca de estacas o pilotes. • **Martinete de forja con estampa** (METAL.), máquina de forjar que actúa por percusión de una masa sobre la pieza que hay que formar. || **Martinete de hinca,** dispositivo utilizado para hincar pilotes en el suelo, destinados a servir de apoyo a los cimientos de una construcción. || **Martinete de torno** (OBR. PUBL.), pequeño aparato de sondeo equipado con un tambor o torno que levanta la herramienta de perforación y la deja caer para perforar la roca. || **Martinete rotativo** (METAL.), aparato utilizado en los ensayos de resistencia al choque.

**MARTINGALA** n. f. (fr. *martingale*). Cada una de las calzas que llevaban los hombres de armas debajo de los quijotes. (Suele usarse en plural.) **2.** Artimaña, artificio, astucia.

**MARTINIEGA** n. f. En la baja edad media, en León y Castilla, renta o tributo territorial pagado anualmente por cada vecino villano por el disfrute de la tierra.

**MÁRTIR** n. m. y f. (lat. *martyrem*). Persona que ha sufrido o sufre martirio.

**MARTIRIAL** adj. Relativo a los mártires.

**MARTIRIO** n. m. (lat. *martyrium*). Muerte o tormentos que alguien padece a causa de su fe religiosa. **2.** Muerte o tormentos sufridos por una creencia, una opinión, una causa. **3.** *Fig.* Cualquier dolor o sufrimiento físico o moral.

**MARTIRIZADOR, RA** adj. y n. Que martiriza.

**MARTIRIZAR** v. tr. **[1g]**. Hacer sufrir martirio. ◆ v. tr. y pron. **2.** *Fig.* Hacer padecer, atormentar.

**MARTIROLOGIO** n. m. Lista o catálogo de los mártires o de los santos. **2.** Lista de víctimas de una causa.

**MARTUCHA** n. f. Mamífero carnívoro de pelaje bayo, cola larga y prensil y hocico puntiagudo, que vive en América, desde México hasta Mato Grosso. (Familia prociónidos.)

**MARUCA** n. f. Pez marino de cuerpo casi cilíndrico, de unos 2 m de long. (Familia gádidos.)

**MARUJA** n. f. Mujer, generalmente de poco nivel cultural, que se dedica exclusivamente a las tareas domésticas.

**MARXISMO** n. m. Doctrina de K. Marx y F. Engels y de sus continuadores.

■ El marxismo se funda en el materialismo y el socialismo y constituye, a la vez, una teoría general y un programa de movimientos obreros organizados. Según los marxistas, el materialismo es la base teórica ante el idealismo al servicio de la burguesía. El materialismo reviste dos aspectos: *dialéctico,* que formula las leyes generales del mundo exterior y del pensamiento humano, e *histórico,* que afirma que sólo la realidad social determina la conciencia del hombre. Las contradicciones entre los *modos* de producción (antiguo, feudal, capitalista) y las *relaciones* de producción condicionan el movimiento histórico. Estas contradicciones crean la *lucha de clases,* que se convierte en el motor de la historia. Marx elaboró una teoría según la cual el valor expresa la cantidad de trabajo contenido en cada mercancía. La plusvalía consiste en la diferencia existente entre el valor que crea el obrero durante su tiempo de trabajo y el salario que recibe a cambio; la tasa de plusvalía en el régimen capitalista expresa el grado de explotación del asalariado. El marxismo de los seguidores de Marx y Engels (Lenin, Trotski, Stalin, Mao Zedong, así como K. Kautsky, E. Bernstein, G. Plejánov, R. Luxemburgo, G. Lukács, A. Gramsci, la escuela de Frankfurt, H. Lefebvre, L. Althusser, etc.) se ramifica y adquiere formas muy divergentes.

**MARXISMO-LENINISMO** o **MARXISMOLENINISMO** n. m. Teoría y práctica política que se inspiran en Marx y Lenin.

**martinete**

**MARXISTA** adj. y n. m. y f. Relativo al marxismo; partidario de esta doctrina.

**MARXISTA-LENINISTA** o **MARXISTALENINISTA** adj. y n. m. y f. Relativo al marxismo-leninismo; partidario de esta teoría y práctica política.

**MARZAL** adj. Relativo al mes de marzo.

**MARZO** n. m. (lat. *Martius*). Tercero de los meses del calendario gregoriano, colocado entre febrero y abril.

**MAS** n. m. (voz catalana). Explotación agrícola de tipo tradicional, originaria de la Cataluña oriental y definida por su carácter autárquico y complejo.

**MAS** conj. advers. (lat. *magis*). Pero.

**MÁS** adv. c. (lat. *magis*). Denota mayor cantidad numérica o mayor intensidad de las cualidades y acciones: *es el más listo de la clase; es más guapo que tú; había más de cien personas.* **2.** Equivale a *tan* en exclamaciones de ponderación: *¡Qué cosa más buena!* **3.** Denota preferencia o predilección: *más quiero perderlo que rogarle.* • **A lo más,** hasta el límite máximo a que algo puede llegar: *habrá diez kilómetros a lo más.* || **A más,** denota idea de aumento o adición: *a más de ésta tiene otras tres hijas.* || **De más,** de sobra, en exceso: *hay comida de más.* || **El que más y el que menos,** todos, cualquier persona. || **Es más** o **más aún,** expresión con que se intensifica el valor de una afirmación hecha anteriormente: *no quiero ir, es más me niego a acompañarle.* || **Los,** o **las más,** la mayor parte de las personas o cosas a las que se hace referencia. || **Más bien,** denota oposición, preferencia o aproximación: *no le gustó, más bien le molestó.* || **Más o menos,** aproximadamente. || **Ni más ni menos,** precisa, exactamente. || **Por más que,** aunque. || **Sin más** o **sin más ni más,** sin motivo, de manera injustificada e irreflexiva. || **Sus más y sus menos,** dificultades, complicaciones que tiene algo; altercados que existen entre dos o más personas. ◆ prep. **4.** Expresa adición y equivale a *además de: con esto más esto habrá suficiente.* ◆ **5.** pron. indef. cuantitativo invariable: *mucho más que eso.* ◆ n. m. **6.** Signo de la adición que se representa por una cruz (+) y que se coloca entre las dos cantidades que se quieren sumar.

**MASA** n. f. (lat. *massam*). Mezcla resultante de la incorporación de un líquido a una materia sólida o pulverizada. **2.** Aglomeración de personas o cosas: *una masa humana llenaba las calles.* **3.** *Argent.* Pastelito. **4.** AUTOM. Conjunto metálico de un automóvil mediante el cual se cierran los circuitos del equipo eléctrico. **5** DER. Totalidad patrimonial de la herencia, de la quiebra, de los bienes de una sociedad. **6.** ELECTR. Conjunto de piezas conductoras que, en una instalación eléctrica, se ponen en comunicación con el suelo (toma de tierra). **7.** FÍS. Cociente entre la intensidad de una fuerza constante y la aceleración del movimiento que ella produce cuando se aplica al cuerpo considerado *(masa inercial)* o magnitud que caracteriza a este cuerpo con relación a la atracción que sufre por parte de otro *(masa gravitatoria).* [La unidad principal de masa es el kilogramo masa.] **8.** SOCIOL. Conjunto no delimitado de individuos, considerados fuera de las estructuras sociales tradicionales, y que constituyen el objetivo sociocultural de ciertas actividades, como la publicidad, la cultura de masas y el ocio. • **Masa atómica,** relación entre la masa del átomo de un elemento y la doceava parte de la masa del átomo de carbono 12. || **Masa crítica,** cantidad mínima de una sustancia fisible necesaria para que pueda establecerse espontáneamente y mantenerse por sí misma una reacción en cadena. || **Masa de aire,** flujo de aire que presenta una cierta homogeneidad y cuyas cualidades físicas (presión, temperatura, grado de humedad) varían según la posición geográfica que ocupa. || **Masa encefálica,** encéfalo. || **Masa específica,** cociente de la masa de un cuerpo por su volumen. || **Masa monetaria,** conjunto de los billetes en circulación, de las monedas fraccionarias y de los depósitos a la vista. || **Número de masa** (QUÍM.), número total de partículas, protones y neutrones, que constituyen el núcleo de un átomo. || **Relación de masa** (AERON.), en un cohete, relación entre el peso a su partida y el peso a su llegada. || **Unidad de masa atómica,** unidad de medida de masa atómica (símbolo *u*) igual a la fracción 1/12 de la masa de núcleo $^{12}C$ y que vale aproximadamente $1{,}66056 \cdot 10^{-27}$ kilogramos. ◆ **masas** n. f. pl. **9.** Las clases trabajadoras y populares.

**MASACRAR** v. tr. (fr. *massacrer*) **[1]**. Asesinar, matar en masa.

**MASACRE** n. f. (fr. *massacre*). Matanza, carnicería de gentes indefensas.

**MASADA** o **MASERÍA** n. f. (der. del cat. *mas*). Casa de campo y de labor, con tierras, aperos y ganados.

**MASADERO, A** n. Colono de una masada.

**MASAGETA** adj. y n. m. y f. Relativo a un pueblo iraní nómada del E del Cáucaso; individuo de este pueblo. (Ciro II murió [530 a. J.C.] durante una expedición contra los masagetas.)

**MASAI** o **MASSAI**, pueblo nilótico de Kenya y Tanzania.

**MASAJE** n. m. (fr. *massage*). Procedimiento terapéutico e higiénico que consiste en presionar, frotar o golpear rítmicamente en la superficie del cuerpo.

**MASAJISTA** n. m. y f. Persona que realiza masajes.

**MASATO** n. m. *Amér. Merid.* Bebida que se prepara con maíz o arroz, agua y azúcar, y a veces, con zumo de algunas frutas. **2.** *Perú.* Mazamorra de plátano, boniato o yuca.

**MASCABADO, A** adj. Dícese del azúcar que se envasa junto con su melaza.

**MASCADA** n. f. Mascadura, acción y efecto de mascar. **2.** *Amér. Central* y *Merid.* y *Méx.* Porción de tabaco que se toma de una sola vez para mascarlo. **3.** *Argent.* Porción de tabaco que se arranca del andullo del tabaco para mascarla. **4.** *Chile, Colomb.* y *Cuba.* Bocado, porción de comida que cabe en la boca. **5.** *Méx.* Especie de pañuelo grande que se usa para cubrir la cabeza o el cuello, especialmente de seda, para adorno. • **Dar una mascada** a alguien (*Amér. Central. Fig.* y *fam.*), reprender a alguien.

**MASCADIJO** n. m. Sustancia aromática, comúnmente vegetal, que se masca para perfumar el aliento.

**MASCADOR, RA** adj. y n. Que masca.

**MASCADURA** n. f. Acción y efecto de mascar. **2.** *Hond.* Pan o bollo que se toma con el café o el chocolate. **3.** *P. Rico.* Mascada.

**MASCAR** o **MASTICAR** v. tr. **[1a]**. Someter algo, especialmente los alimentos, a una serie de presiones entre los dientes por medio del movimiento del maxilar inferior contra el superior. **2.** *Fig.* Cavilar: *masticar la derrota.* **3.** *Fig.* y *fam.* Mascullar. **4.** *Fig.* y *fam.* Hacer que alguien entienda o asimile algo sin tener que esforzarse. ◆ **mascarse** v. pron. **5.** *Fig.* y *fam.* Considerarse como inminente un hecho importante: *se mascaba la tragedia.*

**MÁSCARA** n. f. Objeto de tela, cartón o alambre, con el que se cubre la cara para disfrazarse, ocultarse, protegerse o expresar una creencia, un deseo, un temor, etc. **2.** Traje singular o extravagante con que alguien se disfraza. **3.** Persona que va disfrazada, especialmente en las fiestas de Carnaval. **4.** *Fig.* Pretexto, excusa. **5.** CIR. Tela destinada a cubrir boca y nariz para evitar la transmisión de gérmenes. **6.** MIL. Obstáculo artificial o natural que sirve de protección para la observación o los disparos enemigos. **7.** ZOOL. Labio inferior de las larvas de los odonatos, libélulas. • **Máscara, mascarilla,** o **inhalador de oxígeno,** careta que cubre la nariz y la boca y ayuda a inhalar el oxígeno procedente de un depósito. ‖ **Máscara antigás** (ARM.), aparato de protección individual contra los gases de guerra.

**máscara** de oxígeno

**MASCARADA** n. f. Fiesta de personas vestidas de máscara. **2.** Comparsa de máscaras. **3.** *Fig.* Farsa, enredo para engañar.

**MASCARET** n. m. (voz gascona). Elevación brusca del nivel del mar que se produce en ciertos estuarios en el momento del flujo y que avanza rápidamente aguas arriba en forma de ola rompiente.

**MASCARILLA** n. f. Máscara que sólo cubre la parte superior del rostro. **2.** Vaciado que se saca sobre el rostro de una persona o escultura, y particularmente de un cadáver. **3.** Máscara de cirujano. **4.** Crema, pasta o gel utilizados a modo de máscara para los cuidados estéticos de la cara y del cuello. **5.** CIR. Aparato que se coloca encima de la cara del paciente para facilitarle la inhalación de los gases anestésicos. **6.** DEP. Careta.

**MASCARÓN** n. m. Máscara de fantasía, que decora puertas, claves de arco, cornisas, entablamientos, consolas, etc. • **Mascarón de proa,** representación de una figura humana, dios o ser fantástico, que se colocaba como adorno en lo alto del tajamar de las embarcaciones.

**MASCOI,** pueblo amerindio, de lengua independiente, que habita en la región de la confluencia del río Paraguay con el Pilcomayo.

**MASCON** n. m. (de la expresión inglesa *massconcentration,* concentración de masa). Concentración de masa existente en ciertas regiones de la Luna.

**MASCOTA** n. f. (fr. *mascotte*). Persona, animal o cosa a los cuales se atribuyen virtudes para alejar desdichas o atraer la buena suerte. **2.** *Méx.* Tela de vestidos cuyo dibujo forma cuadros negros y blancos.

**MASCUJAR** v. tr. **[1]**. *Fam.* Mascar mal o con dificultad. **2.** *Fig.* y *fam.* Mascullar.

**MASCULINIDAD** n. f. Calidad de masculino.

**MASCULINIZACIÓN** n. f. Acción y efecto de masculinizar.

**MASCULINIZAR** v. tr. **[1g]**. Dar caracteres masculinos. **2.** BIOL. Virilizar. ◆ **masculinizarse** v. pron. **3.** Adquirir caracteres masculinos.

**MASCULINO, A** adj. Relativo al varón o al ser dotado de órganos para fecundar: *sexo masculino; órganos masculinos.* **2.** *Fig.* Varonil, enérgico: *actitud masculina.* ◆ adj. y n. m. **3.** LING. Que tiene la forma atribuida gramaticalmente a los nombres que designan, en principio, seres del sexo masculino, o considerados como tales, y a los calificativos de estos nombres: *nombre masculino.* **4.** Dícese del género de estos nombres y calificativos.

**MASCULLAR** v. tr. **[1]**. Hablar entre dientes o pronunciar mal las palabras.

**MÁSER** o **MASER** n. m. Dispositivo que funciona según los mismos principios que el laser, pero para ondas electromagnéticas no visibles.

**MASERA** n. f. Artesa grande que sirve para amasar. **2.** Paño con que se cubre la masa para que fermente.

**MASERÍA** n. f. Masada.

**MASETERO** n. m. y adj. (gr. *masētēr,* masticador). Músculo de la cara, que eleva la mandíbula inferior.

**MASÍA** n. f. (voz catalana). Casa de campo aislada adscrita a una finca rústica de carácter agrícola y ganadero.

**MÁSICO, A** adj. *Fig.* Relativo a la masa. **2.** Dícese de una magnitud característica de un cuerpo dividida por la masa de éste: *volumen másico.*

**MASICOT** o **MASICOTE** n. m. Óxido de plomo (PbO), de color amarillo.

**MASIFICACIÓN** n. f. Adaptación de un grupo o de un fenómeno a las características de las masas, o de los sectores más amplios de la sociedad, mediante la supresión o transformación de los caracteres diferenciados que aquéllos presentaban: *la masificación de las necesidades, de la cultura.*

**MASIFICAR** v. tr. **[1a]**. Efectuar un proceso de masificación.

**MASILLA** n. f. Mezcla pastosa, de constitución diversa, utilizada para rellenar cavidades o unir tubos y otras piezas. SIN.: *mástic.*

**MASITA** n. f. (fr. *massite*). Pequeña cantidad de dinero que del haber de los cabos y soldados retenía el capitán de la compañía para proveerles de calzado y ropa interior. **2.** *Amér. Merid.* y *Dom.* Pastelito.

**MASIVO, A** adj. Grande o fuerte, dícese especialmente de las dosis de un medicamento cuando se acercan al límite máximo de tolerancia del organismo. **2.** Que agrupa a un gran número de personas: *emigración masiva.*

**MASLO** n. m. (lat. *masculum*). Tronco de la cola de los cuadrúpedos. **2.** BOT. Tallo de una planta.

**MASÓN** n. m. Miembro de la masonería. SIN.: *francmasón.*

**MASONERÍA** n. f. Asociación, en parte secreta, extendida por diversos países, cuyos miembros profesan principios de fraternidad, se reconocen entre sí mediante signos y emblemas y se dividen en grupos denominados logias. SIN.: *francmasonería.* ■ El nombre francés *franc-maçon* designaba a los constructores de catedrales cuyos secretos eran enseñados en la logia. En el s. XVII se introdujo en Inglaterra y Escocia, donde las logias de constructores, que admitían ya a profanos, se convirtieron en centros políticos. En el s. XVIII la masonería especulativa, como asociación jerarquizada, se extendió por toda Europa, con enorme difusión en Francia. En E.U.A. alcanzó su mayor desarrollo. Fue condenada por la Iglesia católica por su liberalismo anticlerical. En el s. XIX fue convirtiéndose en una institución cada vez más conservadora y burguesa, por lo que fue proscrita en los países fascistas (por liberal) y en los socialistas (por burguesa). En España, extendida entre las clases altas y el ejército, fue prohibida en 1940 y legalizada nuevamente en 1979. Las logias masónicas tuvieron un destacado papel en el proceso emancipador hispanoamericano, especialmente en México, Argentina y Chile, así como en los movimientos independentistas de fines del s. XIX en Cuba, Puerto Rico y Filipinas.

**MASÓNICO, A** adj. Relativo a la masonería.

**MASOQUISMO** n. m. Perversión sexual en la cual el sujeto experimenta un placer asociado con el dolor que le inflige otro sujeto. **2.** Complacencia en el dolor propio.

**MASOQUISTA** adj. y n. m. y f. Relativo al masoquismo; afecto de masoquismo.

**MASORA** n. f. (hebr. *masōrah,* tradición). Doctrina crítica de los rabinos acerca del texto hebreo de la Biblia, para conservar su genuina interpretación.

**MASOTERAPIA** n. f. Terapéutica por el masaje.

**MASOVERÍA** n. f. En Cataluña, contrato por el que el labrador vive en un mas, del que no es propietario, y lo explota.

**MASOVERO, A** n. (cat. *masover*). En Cataluña, labrador, que cultiva la tierra con un contrato de masovería. **2.** En Aragón, masadero.

**MASS-MEDIA** o **MASS MEDIA** n. m. pl. Conjunto de instrumentos de difusión masiva de la información, como radio, televisión, etc., que constituyen a la vez un medio de expresión y un intermediario que transmite un mensaje destinado a un grupo. (Úsase abreviadamente *media.*)

**MASSAI** → *masai.*

**MASTABA** n. f. (ár. *mastaba,* banco). Monumento funerario trapezoidal, que comprende cámara funeraria y capilla, construido para los notables de Egipto del Imperio antiguo.

**MASTEAR** v. tr. **[1]**. MAR. Proveer un barco de su arboladura.

**MASTECTOMÍA** n. f. Extirpación quirúrgica de la glándula mamaria.

**MÁSTEL** n. m. Mástil, palo derecho que sirve para mantener una cosa.

**MASTELERILLO** n. m. MAR. Cada uno de los palos que van sobre los masteleros.

**MASTELERO** n. m. MAR. Palo menor que se coloca en las embarcaciones sobre cada uno de los mayores. SIN.: *mástil.*

**MÁSTER** n. m. (ingl. *master*). Curso de especialización de la enseñanza superior.

**MASTERS** n. m. (ingl. *master*). Torneo de golf o tenis en el que sólo participan las primeras figuras.

**MÁSTIC** n. m. (fr. *mastic*). Masilla.

**MASTICACIÓN** n. f. Acción y efecto de masticar.

**MASTICADOR, RA** adj. Que interviene en la masticación. **2.** ZOOL. Dícese del aparato bucal de ciertos insectos, apto para la trituración del alimento. **3.** ZOOL. Dícese de los insectos que presentan tal aparato bucal. ◆ n. m. **4.** Utensilio que sirve para triturar los alimentos para ciertos enfermos.

**MASTICAR** v. tr. (lat. *masticare;* doble etim. *mas-*

*car*) [1a]. Someter algo, especialmente los alimentos, a una serie de presiones entre los dientes por medio del movimiento del maxilar inferior contra el superior. **2.** *Fig.* Cavilar.

**MASTICATORIO, A** adj. Que se mastica con un fin medicinal. **2.** Que sirve para masticar. ◆ adj. y n. m. **3.** Dícese de la sustancia que se mastica, sin ingerirla, como el chicle, para excitar la secreción de saliva.

**MÁSTIL** n. m. Palo de una embarcación. **2.** Mastelero. **3.** Palo que se coloca verticalmente para sostener algo: *el mástil de la cama.* **4.** Parte del astil de la pluma, en cuyos costados nacen las barbas. **5.** Torre, pieza o estructura vertical que en las grandes máquinas tiene más altura que la base: *excavadora de mástil.* **6.** F.C. Soporte de las señales y discos indicadores. **7.** MÚS. Pieza estrecha y larga de los instrumentos de arco, púa y pulsación, sobre la cual son tendidas las cuerdas; en los de púa y pulsación se asientan en ellas los trastes.

**MASTÍN, NA** adj. y n. m. Dícese de una raza de perros guardianes muy leales, grandes, potentes y robustos.

**mastín**

**MÁSTIQUE** n. m. Pasta de yeso mate y agua de cola que sirve para igualar las superficies que se han de pintar.

**MASTITIS** n. f. MED. Inflamación de la glándula mamaria. SIN.: *mamitis.*

**MASTODONTE** n. m. (del gr. *mastos,* pezón, y *odus, odontos,* diente). Mamífero fósil de fines del terciario y principios del cuaternario, parecido al elefante pero dotado de molares mamelonados y, a veces, de dos pares de defensas. **2.** *Fig.* Persona o cosa de gran tamaño.

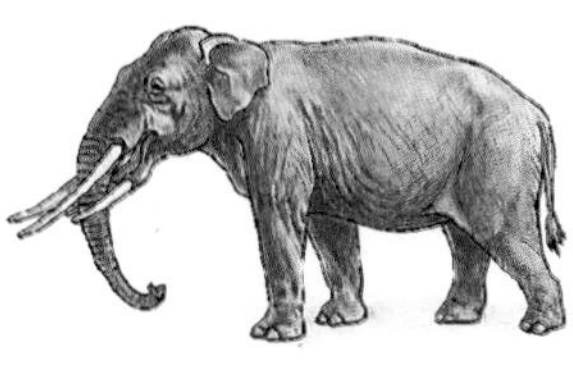

**mastodonte** (reconstitución probable)

**MASTODÓNTICO, A** adj. *Fam.* De gran tamaño.

**MASTOIDEO, A** adj. Relativo a la apófisis mastoides. • **Cavidades mastoideas,** cavidades del hueso temporal que se comunican con la caja del tímpano.

**MASTOIDES** adj. y n. f. ANAT. Dícese de una apófisis situada en la parte inferior, posterior y externa del hueso temporal.

**MASTOIDITIS** n. f. Inflamación mastoidea, que puede ir acompañada de otitis aguda.

**MASTRANTO** n. m. Mastranzo. **2.** *Colomb.* y *Venez.* Nombre que se da a diversas plantas aromáticas.

**MASTRANZO** n. m. Planta herbácea anual, de unos 40 cm de alt., con flores en espiga y fruto encerrado en el cáliz, con cuatro semillas, que crece en la península Ibérica. (Familia labiadas.)

**MASTUERZO** adj. y n. Hombre necio y grosero.

**MASTURBACIÓN** n. f. Acción de masturbar o masturbarse.

**MASTURBADOR, RA** adj. Relativo a la masturbación. ◆ n. **2.** Persona que se masturba.

**MASTURBAR** v. tr. (lat. *masturbari*) [1]. Excitar manualmente los órganos genitales externos con el fin de provocar placer sexual. ◆ **masturbarse** v. pron. **2.** Procurarse solitariamente goce sexual.

**MATA** n. f. Arbusto de poca altura, 1 m como máximo, de tallo leñoso muy ramificado, y que vive varios años. **2.** Cualquier planta herbácea o arbustiva. **3.** Matorral. (Suele usarse en plural.) **4.** *Cuba* y *Venez.* Árbol, arbusto. **5.** *Venez.* Grupo de árboles de una llanura. • **Mata de pelo** *(Fig.),* cabellera larga y espesa, especialmente de mujer.

**MATA** n. f. (fr. *matto*). Sustancia metálica sulfurosa que resulta de la primera fusión de una mena tratada y depurada insuficientemente.

**MATABUEY** n. f. Planta arbustiva perenne, de 1 m o más de alt., de hojas enteras e inflorescencias en umbela. (Familia umbelíferas.)

**MATACABALLOS** n. m. (pl. *matacaballos*). Planta herbácea, de hojas oblongas o lanceoladas y flores en racimo, cuyo tallo segrega un jugo acre. (Familia campanuláceas.)

**MATACALLOS** n. m. (pl. *matacallos*). *Chile* y *Ecuad.* Planta parecida a la siempreviva, cuyas hojas se emplean para curar los callos. (Familia crasuláceas.)

**MATACÁN** n. m. En la edad media, galería voladiza en la parte alta de una muralla o de una torre, cuyo suelo aspillerado permitía observar y hostilizar a las fuerzas enemigas. **2.** Composición venenosa para matar perros. **3.** Piedra que se puede coger cómodamente con la mano.

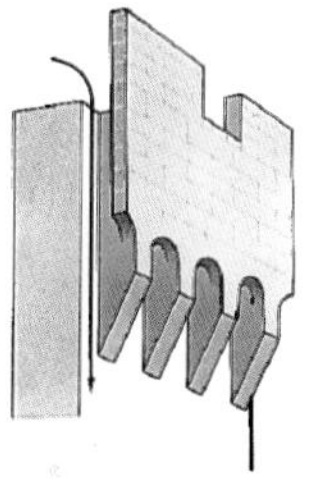

**matacán**

**MATACANDELAS** n. m. (pl. *matacandelas*). Instrumento que, fijo al extremo de una caña, sirve para apagar las velas o cirios colocados en lo alto. SIN.: *apagavelas.* **2.** BOT. Hongo comestible de sombrerillo primero globoso y después acampanado y convexo, con laminillas libres blancas muy apretadas. (Familia agaricáceas.)

**MATACANDIL** n. m. Planta herbácea de tallos lisos, flores amarillas y fruto en silicua que crece en lugares húmedos. (Familia crucíferas.)

**MATACANDILES** n. m. (pl. *matacandiles*). Planta bulbosa, de largas hojas en roseta, acanaladas, y flores en racimos alargados colgantes. (Familia liliáceas.)

**MATACHÍN** n. m. (ital. *mattaccino*). Antiguamente, hombre disfrazado ridículamente con una careta y con un traje ajustado de diversos colores. **2.** Juego que practicaban los matachines mientras bailaban, y que consistía en hacer diversos movimientos y en darse golpes.

**MATACHÍN** n. m. Matarife. **2.** *Fig.* y *fam.* Hombre pendenciero y matón.

**MATACO-MACÁ,** familia de pueblos amerindios del Chaco central (pueblos* del Chaco), a lo largo de los ríos Pilcomayo y Bermejo; los principales pueblos son: mataco, macá, chorotí y ashluslay.

**MATADERO** n. m. Establecimiento donde se mata y prepara el ganado para el abasto público. • **Ir, venir,** o **llevar, al matadero** *(Fam.),* meterse o poner a otro en peligro inminente de perder la vida.

**MATADO, A** adj. *Méx. Fam.* Dícese del que se dedica con exagerado empeño a su trabajo o a sus estudios.

**MATADOR, RA** adj. y n. Que mata: *veneno matador.* ◆ adj. **2.** *Fam.* Feo, ridículo: *un traje matador.* ◆ n. **3.** Diestro que en la lidia mata al toro con estoque.

**MATADURA** n. f. Llaga producida a una caballería por el roce del aparejo.

**MATAGALPA,** pueblo amerindio de Honduras, ya extinguido.

**MATAHAMBRE** n. m. *Argent.* Matambre. **2.** *Cuba.* Especie de mazapán hecho con harina de yuca, azúcar y otros ingredientes.

**MATALAHÚVA** o **MATALAHÚGA** n. f. Anís.

**MATALASCALLANDO** adj. y n. m. y f. (pl. *matalascallando*). Dícese de la persona astuta que persigue sus fines sin aparentarlo.

**MATALOBOS** n. m. (pl. *matalobos*). Acónito. **2.** Planta herbácea de hojas pubescentes acorazonadas, cuyas cabezuelas y raíces se emplean en sustitución del árnica. (Familia compuestas.)

**MATALÓN, NA** adj. y n. Dícese de la caballería flaca y llena de mataduras.

**MATALOTAJE** n. m. Provisión de comida que se lleva en una embarcación. **2.** *Amér.* Equipaje y provisiones que se llevan a lomo en los viajes por tierra.

**MATALOTE** n. m. Buque que precede o sigue a otro cuando navega en columna.

**MATAMATA** n. f. Quelonio de unos 20 cm de long., de color verde uniforme, largo cuello y cabeza aplanada, triangular, recubierta en la parte superior por verrugas y tubérculos. (Familia quélidos.)

**MATAMBA** n. f. Palmera trepadora, de hojas largas y espinosas, que crece en las selvas tropicales. (Familia palmáceas.)

**MATAMBRE** n. m. *Argent.* Lonja de carne que se saca de entre el cuero y el costillar del ganado vacuno. **2.** *Argent.* Fiambre hecho, por lo común, con esa capa de carne, rellena y adobada.

**MATAMOROS** adj. y n. m. y f. (pl. *matamoros*). Valentón.

**MATAMOSCAS** n. m. (pl. *matamoscas*). Instrumento para matar moscas. **2.** Cualquier sustancia para el mismo uso.

**MATANCERO** n. m. *Amér. Merid.* Matarife, carnicero, descuartizador de reses.

**MATANGA** n. f. *Méx.* Juego de muchachos en que uno procura quitar a otro un objeto que tiene en la mano, dándole un golpe en ella. • **¡Matanga dijo la changa!** *(Méx.),* expresión que se usa cuando se le arrebata una cosa a alguien.

**MATANZA** n. f. Acción de matar las reses destinadas a la alimentación. **2.** Mortandad de personas, ejecutada en una batalla, asalto, etc. **3.** Acción de matar los cerdos y preparar su carne. **4.** Época del año en que ordinariamente se matan los cerdos. **5.** Conjunto de la carne del cerdo, y sus embutidos y conservas hechos para el consumo doméstico.

**MATAPALO** n. m. Diversas plantas americanas productoras de látex, que finalmente ocasionan la muerte del árbol sobre el que crecen. (Familia moráceas.) **2.** *Amér. Merid.* Bejuco.

**MATAPERICO** n. m. *Amér.* Capirotazo.

**MATAPERREAR** v. intr. [1]. *Argent., Ecuad.* y *Perú.* Travesear.

**MATAR** v. tr. y pron. [1]. Quitar la vida. ◆ v. tr. **2.** Redondear o achaflanar puntas, aristas, etc.: *matar las esquinas de un mueble.* **3.** *Fig.* Molestar, fastidiar mucho: *matar a alguien a preguntas.* **4.** *Fig.* Atenuar, extinguir: *matar la sed, el tiempo.* **5.** *Fig.* Alterar la salud: *los disgustos me matan.* **6.** En los juegos de cartas, echar una superior a la que ha jugado el contrario. **7.** Apagar el brillo de los metales. • **Estar a matar con alguien,** estar enemistado o muy irritado con él. ‖ **Matarlas callando,** actuar con astucia aparentando timidez o incapacidad para hacerlo. ◆ **matarse** v. pron. **8.** *Fig.* Trabajar con afán y sin descanso. • **Matarse por algo,** hacer grandes esfuerzos para conseguirlo.

**MATARIFE** n. m. El que tiene por oficio matar y descuartizar las reses.

**MATARRATAS** adj. y n. m. (pl. *matarratas*). Dícese de las sustancias propias para matar ratas. ◆ n. m. **2.** *Fam.* Aguardiente muy fuerte y de ínfima calidad.

**MATASANO** n. m. *Amér. Central.* Planta rutácea de fruto narcótico.

**MATASANOS** n. m. y f. (pl. *matasanos*). *Fam.* Mal médico.

**MATASARNA** n. f. Planta arbórea de gran tamaño, que crece en Ecuador y Perú, cuya madera es muy apreciada para las construcciones navales. (Familia papilionáceas.)

**MATASELLOS** n. m. (pl. *matasellos*). Instrumento empleado para inutilizar los sellos de las cartas en las oficinas de correos. **2.** Marca producida por dicho instrumento.

**MATASIETE** n. m. y f. y adj. *Irón.* Fanfarrón, persona que se precia de valiente.

**MATASUEGRAS** n. m. (pl. *matasuegras*). Tubo de papel enrollado que tiene una boquilla en un extremo, por la que se sopla para que se desenrolle y emita un pitido.

**MATATE** n. m. *Amér. Central* y *Méx.* Red rústica que se usa para cargar con mecapal a la cabeza.

**MATAZÓN** n. f. *Amér. Central, Colomb., Cuba* y *Venez.* Matanza de personas, masacre.

**MATCH** n. m. (voz inglesa) [pl. *match* o *matches*]. Competición deportiva que se disputa entre dos participantes o dos equipos: *un match de tenis, de boxeo.*

**MATCH-BALL** n. m. (voz inglesa) [pl. *match-balls*]. En tenis, tanto que decide la victoria final del jugador o pareja que se lo anota.

**MATCH-PLAY** n. m. (voz inglesa) [pl. *match-plays*]. En el golf, modalidad de competición entre dos jugadores o dos equipos, que se juega agujero por agujero.

**MATE** adj. (fr. *mat,* marchito). Que carece de lustre, apagado, sin brillo. **2.** Dícese del oro sin bruñir.

**MATE** n. m. (persa *māt,* fuera de tino). En el juego de ajedrez, lance que pone término a la partida, por estar amenazado y sin posibilidad de defensa uno de los reyes. SIN.: *jaque mate.* **2.** En el baloncesto, enceste que se consigue al depositar la pelota en la cesta, apoyando, por lo general, la muñeca en el aro. • **Dar mate,** burlarse o reírse de alguien.

**MATE** n. m. *Amér. Merid.* Calabaza seca y vaciada que sirve para muchos usos domésticos. **2.** *Amér. Merid.* Lo que cabe en una de estas calabazas. **3.** *Amér. Merid.* Infusión de yerba mate. **4.** *Bol., Chile* y *R. de la Plata.* Juicio, talento, capacidad. **5.** *Bol., Chile* y *R. de la Plata. Fig.* y *fam.* Cabeza humana. **6.** *Bol.* y *R. de la Plata.* Calabacera. **7.** *Bol.* y *R. de la Plata.* Infusión de cualquier yerba medicinal que se toma con bombilla. **8.** *R. de la Plata.* Calabaza, especialmente la que se utiliza para preparar y servir la infusión de yerba, que se sorbe de ella con una bombilla. **9.** *R. de la Plata. Por ext.* Cualquier recipiente que se emplea para tomar la infusión de yerba.

**MATEADA** n. f. *Amér. Merid.* Acción de matear, tomar mate. **2.** *Argent.* Reunión en la que varias personas se juntan a tomar mate.

**MATEAR** v. tr. [1]. Sembrar las simientes o plantar las matas a cierta distancia unas de otras. ◆ v. intr. **2.** Registrar las matas el perro o el cazador en busca de la caza. ◆ v. intr. y pron. **3.** Extenderse las matas de trigo y de otros cereales echando muchos tallos.

**MATEAR** v. intr. [1]. *Amér. Merid.* Tomar mate. **2.** *Chile.* Mezclar un líquido con otro. ◆ v. tr. **3.** *Chile.* En ajedrez, dar mate.

**MATEMÁTICA** n. f. Disciplina que, mediante el razonamiento deductivo, estudia las propiedades de los entes abstractos, números, figuras geométricas, etc., así como las relaciones que se establecen entre ellos. (Suele usarse en plural.) • **Matemática universal,** según Descartes, ciencia generalísima del orden y de la medida.

■ Desde la antigüedad hasta el s. XIX, las matemáticas se definieron por sus objetos, que eran sustancialmente los números, las magnitudes y las figuras. Los griegos incluían además los objetos propios de la mecánica, la astronomía, la óptica o la música, pero estas disciplinas fueron desgajándose de la aritmética y la geometría y, después del Renacimiento, accedieron al rango de ciencias independientes. Aquellos objetos se consideraban como datos intuitivos y debían estudiarse con la misma objetividad con la que un zoólogo estudiaba los animales. En el s. XIX culminó un proceso de abstracción y de unificación que desembocaría en el concepto moderno de lo matemático. Siguiendo a Boole y a Riemann, los matemáticos empezaron a considerar que debían razonar acerca de objetos carentes de interpretación sensible y acerca de operaciones y relaciones entre ellos. Esta tendencia focalizó la atención en el rigor y sentó las bases del método axiomático. Por otra parte, la preocupación por los problemas de reducción y de unificación, patente ya en la geometrización de la aritmética por los griegos y en el movimiento inverso de algebrización cartesiana de la geometría, llevó a la creación de la teoría de conjuntos. Los entes «clásicos» aparecen entonces como distintas estructuraciones posibles de los conjuntos. Dichas estructuras conjuntistas suelen clasificarse en estructuras *algebraicas,* estructuras de *orden* y estructuras *topológicas.*

**MATEMÁTICO, A** adj. (del gr. *mathēmatikos,* estudioso, der. de *mathēma,* conocimiento). Relativo a las matemáticas: *lógica matemática.* **2.** *Fig.* Exacto, preciso: *puntualidad matemática.* ◆ n. **3.** Persona que por profesión o estudio se dedica a las matemáticas.

**MATEMATISMO** n. m. Tendencia a tratar los problemas filosóficos según el espíritu y método propios de la matemática.

**MATERIA** n. f. (lat. *materiam*). Realidad constituyente de los cuerpos, susceptible de tomar cualquier forma. **2.** Sustancia que tiene unas características determinadas: *materia combustible.* **3.** Sustancia de la que está hecha una cosa: *la materia de un objeto; la materia pictórica de un cuadro.* **4.** Lo que constituye el fondo o el sujeto de un discurso o de una obra. **5.** Lo que es objeto de enseñanza o de conocimiento: *profundizar en una materia.* **6.** DER. Contenido de la relación jurídica objeto de un proceso: *materia civil, penal.* • **En materia de,** tratándose de la cuestión que se expresa seguidamente. ‖ **Entrar en materia,** empezar a tratar un asunto después de algún preliminar. ‖ **Índice de materias,** lista ordenada en que se indican los temas tratados a lo largo del libro. ‖ **Materia orgánica,** conjunto de materiales vegetales y animales, total o parcialmente descompuestos por la acción de los microorganismos presentes en el suelo. ‖ **Materias primas** o **primeras materias,** productos básicos que intervienen por transformación o consumición en los procesos de fabricación.

**MATERIAL** adj. (lat. *materialem*). Relativo a la materia: *objeto material.* **2.** Relativo a los aspectos físicos o corporales de la existencia, en contraposición a lo espiritual o intelectual: *confort material; bienes materiales.* **3.** Que existe verdaderamente, efectivo: *error material.* • **Punto material,** masa que se supone concentrada en un punto geométrico. ‖ **Tiempo material,** tiempo necesario para llevar a cabo una acción. ◆ n. m. **4.** Ingrediente, materia u objetos que se necesitan para hacer una obra. **5.** Maquinaria, herramientas y utensilios necesarios para el desempeño de un servicio o el ejercicio de una profesión. • **Material de guerra,** el que puede ser capturado y utilizado por el enemigo, pero, en principio, sólo el estado posee derecho de apropiación sobre el botín de guerra. ‖ **Material hereditario,** conjunto de estructuras que en los organismos vivos constituyen el soporte de la herencia. (Está formado por A.D.N. o A.R.N.) ‖ **Materiales de construcción,** materias primas que intervienen en la construcción de una obra. ‖ **Materiales de derribo,** los de construcción que se aprovechan de algún edificio derribado.

**MATERIALIDAD** n. f. Carácter, calidad, naturaleza de lo que es material: *la materialidad de un cuerpo.* **2.** Sonido de las palabras: *la materialidad de una expresión.*

**MATERIALISMO** n. m. Posición filosófica que considera la materia como la única realidad y que hace del pensamiento un fenómeno material, como cualquier otro fenómeno. **2.** Manera de vivir de aquellos para los que sólo cuentan los bienes materiales y el placer inmediato.

■ El materialismo es una corriente filosófica que se remonta a la antigüedad (Demócrito, Epicuro, Lucrecio). Se basa en la idea de que la materia constituye todo el ser de la realidad. El materialismo niega cualquier dualismo entre una creación y un creador, entre cuerpo y alma, y reduce el pensamiento a un fenómeno material. Los librepensadores del s. XVII y la creación de la física matemática (Galileo, Newton) renovaron esta corriente, que fue ampliamente difundida por los filósofos de la Ilustración (Diderot), en una perspectiva más fisiológica (de Holbach, La Méttrie) o más social (Helvetius). El *materialismo histórico,* definido por Marx, inscribe en la historia del hombre los conceptos atemporales del materialismo antiguo: la historia, cuyo motor es la lucha de clases, está constituida por el conjunto de modos de producción aparecidos o por venir; el modo de producción condiciona el modo de vida, social político e intelectual y, por tanto, el ser social de los hombres es lo que determina su conciencia, y no a la inversa.

**MATERIALISTA** adj. y n. m. y f. Relativo al materialismo; partidario de esta doctrina. **2.** Apegado especialmente a los bienes materiales.

**MATERIALIZACIÓN** n. f. Acción o efecto de materializar o materializarse. **2.** FÍS. Transformación de energía radiante, fotón, en partículas de masa no nula, electrones, positrones.

**MATERIALIZAR** v. tr. [1g]. Representar algo bajo forma material. ◆ v. tr. y pron. **2.** Realizar, llevar a cabo, concretar: *materializar un proyecto.* ◆ **materializarse** v. pron. **3.** Tomar consistencia material. **4.** Hacerse alguien materialista.

**MATERIALMENTE** adj. De hecho, realmente, enteramente: *es materialmente imposible.*

**MATERNAL** adj. Materno: *cuidar con maternal interés.* **2.** Dícese de la primera etapa en que permanece el niño en una guardería o jardín de infancia, generalmente durante la lactancia y hasta los dos o tres años.

**MATERNIDAD** n. f. Estado o calidad de madre. **2.** Hospital destinado a la asistencia médica de parturientas y lactantes. **3.** Período de la vida de la mujer comprendido entre el comienzo de la gestación y el momento del parto.

**MATERNIZACIÓN** n. f. Acción y efecto de maternizar.

**MATERNIZAR** v. tr. [1g]. Conferir propiedades de madre o tratar como madre. **2.** Dotar a la leche vacuna de las propiedades que posee la de mujer.

**MATERNO, A** adj. (lat. *maternum*). Relativo a la madre: *cuidados maternos.* • **Lengua materna,** lengua del país donde se ha nacido o de la comunidad a la que se pertenece originariamente.

**MATERO, A** adj. y n. *Amér. Merid.* Aficionado a tomar mate.

**MATES** n. m. pl. En la industria o manufactura del encaje, conjunto de los adornos planos o formas que componen los dibujos, por oposición al fondo o redecilla.

**MATETE** n. m. *Argent.* y *Urug.* Confusión, enredo. **2.** *Argent.* y *Urug.* Reyerta, disputa. **3.** *Argent.* y *Urug.* Mezcla de sustancias deshechas en un líquido formando una masa inconsistente.

**MÁTICO** o **MATICO** n. m. Planta arbustiva de América Meridional, de cuyas hojas se extrae un aceite esencial, aromático, balsámico y astringente. (Familia piperáceas.)

**MATIERISMO** n. m. (fr. *matiérisme*). Técnica artística en la que los pintores acumulan y trabajan una importante cantidad de materia (pintura, arenas, pastas, betún, etc.). **2.** Tendencia pictórica derivada de esta técnica.

**MATILLA** n. f. Planta herbácea que crece en las costas y lugares salinos del interior de la península Ibérica. (Familia quenopodiáceas.)

**MATINAL** adj. Matutino: *luz matinal.* ◆ adj. y n. f. **2.** Dícese de las sesiones de algunos espectáculos que se realizan por la mañana.

**MATIZ** n. m. Cada una de las gradaciones que puede tener un color. **2.** Combinación de varios colores mezclados con proporción. **3.** Rasgo o tono de distinto colorido y expresión en las obras literarias: *captar los distintos matices de una narración.* **4.** Rasgo o aspecto que da a una cosa un carácter determinado: *matiz irónico, ofensivo.* **5.** MÚS. Grado de intensidad que se puede dar a un sonido en la ejecución de una partitura.

**MATIZACIÓN** n. f. Acción y efecto de matizar.

**MATIZADO, A** adj. HERÁLD. Dícese del pavo real ruante o de las mariposas cuyas plumas o alas, respectivamente, presentan manchas coloreadas.

**MATIZAR** v. tr. [1g]. Armonizar los diversos tonos y colores de varias cosas. **2.** *Fig.* Dar a algo un determinado matiz: *matizar las palabras con cierta ironía.* **3.** *Fig.* Expresar los distintos matices o diferencias de algo: *matizar todos los aspectos de un asunto.*

**MATLATZINCA,** pueblo amerindio precolombino de lengua otomangue, que vivía en México (est. de Guerrero).

**MATOCO** n. m. *Chile. Fam.* El diablo, el demonio.

**MATOJO** n. m. Planta arbustiva, de unos 40 cm de alt., que crece en la península Ibérica. (Familia quenopodiáceas.) **2.** *Desp.* Mata. **3.** *Colomb.* Matorral. **4.** *Cuba.* Retoño de un árbol cortado.

**MATÓN, NA** n. *Fam.* Persona que presume de valiente e intenta intimidar a las demás.

**MATORRAL** n. m. Formación vegetal baja de los países mediterráneos, constituida por olivos silvestres (acebuches), lentiscos, madroños, encinas pequeñas (coscojas), etc.

**MATOSO, A** adj. Que está lleno y cubierto de matas.

**MATRACA** n. f. Rueda de tablas con badajos de madera entre las paletas, que al girar producen un ruido fuerte y estridente. **2.** Instrumento de madera compuesto de un tablero y uno o más mazos, que al sacudirlo produce un ruido fuerte y opaco. **3.** *Fig.* y *fam.* Insistencia molesta en un tema o pretensión. **4.** Machacón, persona pesada.

**MATRAQUEAR** v. intr. **[1]**. *Fam.* Hacer sonar la matraca. **2.** Hacer ruido machaconamente. **3.** *Fig.* y *fam.* Chasquear, importunar con insistencia.

**MATRAQUEO** n. m. *Fam.* Acción y efecto de matraquear.

**MATRAZ** n. m. (fr. *matras*). Vasija de vidrio o de cristal, de figura esférica, terminada en un tubo estrecho y recto, que se emplea en los laboratorios químicos.

**MATREREAR** o **MATRERIAR** v. intr. **[1]**. *Argent.* Llevar vida de matrero. **2.** *Argent. Fig.* y *fam.* Jugar los niños libremente.

**MATRERO, A** adj. Astuto, diestro, experimentado. **2.** *Argent.* En lenguaje rural, dícese del ganado cimarrón. **3.** *Argent., Bol., Chile, Perú* y *Urug.* Dícese del fugitivo que buscaba el monte para escapar de la justicia.

**MATRIARCADO** n. m. Tipo teórico de organización social en el que el derecho, la autoridad y la riqueza son ostentados por las mujeres, que transmiten a sus hijas su posición social, permaneciendo los hombres en una posición subordinada.

**MATRIARCAL** adj. Relativo al matriarcado: *sociedad matriarcal.*

**MATRICARIA** n. f. Manzanilla común.

**MATRICIAL** adj. Relativo a las matrices.

**MATRICIDA** n. m. y f. Persona que comete matricidio.

**MATRICIDIO** n. m. Acto de matar una persona a su madre.

**MATRICLÁN** n. m. ANTROP. Clan fundado en la filiación matrilineal.

**MATRÍCULA** n. f. (lat. *matriculam*). Registro o lista de los nombres de las personas o cosas que se inscriben para un fin determinado. **2.** Documento acreditativo de esta inscripción. **3.** Conjunto de la gente matriculada. **4.** Placa que se coloca en las partes delantera y trasera de los vehículos automóviles, en la que figura la identificación del vehículo. **5.** Formalidad que debe cumplir un estudiante para seguir estudios en un centro de enseñanza. • **Matrícula de honor,** la más alta calificación, que permite al alumno que la ha obtenido la inscripción con carácter gratuito. || **Matrícula gratuita,** exención total o parcial del pago de inscripción en una enseñanza.

**MATRICULACIÓN** n. f. Acción y efecto de matricular o matricularse.

**MATRICULADOR, RA** n. Persona que matricula.

**MATRICULAR** v. tr. y pron. **[1]**. Inscribir o hacer inscribir en una matrícula.

**MATRILINEAL** adj. ANTROP. Dícese de un sistema de filiación y de organización social en el que sólo se toma en cuenta la ascendencia materna.

**MATRILOCAL** adj. ETNOL. Dícese del modo de residencia de una nueva pareja en el que el esposo pasa a residir en la casa de la familia de la mujer.

**MATRIMONIAL** adj. Relativo al matrimonio: *relaciones matrimoniales.* • **Agencia matrimonial,** establecimiento que pone en relación personas que desean casarse.

**MATRIMONIAR** v. intr. **[1]**. Casarse. ◆ **matrimoniarse** v. pron. **2.** *Chile.* Casarse.

**MATRIMONIO** n. m. (lat. *matrimonium*). Institución social, reconocida como legítima por la sociedad, consistente en la unión de dos personas de distinto sexo para establecer una comunidad de vida, más o menos estable. **2.** Sacramento por el cual hombre y mujer se ligan perpetuamente con arreglo a las prescripciones de la Iglesia. **3.** *Fam.* Marido y mujer. • **Consumar el matrimonio,** tener los legítimos casados el primer contacto carnal. || **Contraer matrimonio,** casarse.

■ El matrimonio puede ser monogámico o poligámico. Si bien las religiones le otorgan un carácter sagrado y sacramental, la mayoría de los estados modernos lo contemplan como una unión contractual. En estos casos, el matrimonio civil, único válido, es independiente del religioso. Entre los efectos del matrimonio se encuentra la obligación de vida en común de los cónyuges, que deben ayudarse, respetarse y guardarse fidelidad, y el establecimiento de un régimen patrimonial. Para contraer matrimonio se establecen requisitos de capacidad, libre consentimiento y ausencia de impedimentos legales. Las constituciones avanzadas establecen la plena igualdad jurídica del hombre y la mujer para contraer matrimonio. Se contempla también la posibilidad de separación, anulación y divorcio.

**matrimonio**
(miniatura de un manuscrito del *Fuero juzgo*)
[Real academia española, Madrid]

**MATRITENSE** adj. y n. m. y f. Madrileño.

**MATRIZ** n. f. (lat. *matricem*). ANAT. Útero. **2.** DER. Parte de un talonario, que queda encuadernada al separar los cheques, títulos u otros documentos que lo forman. **3.** DER. Escritura o documento en que consta la celebración de un acto jurídico y que se conserva en el registro. **4.** ESTADÍST. Disposición ordenada de un conjunto de elementos. **5.** MAT. Tabla de $m \cdot n$ números dispuestos en $m$ filas y $n$ columnas, en la que $m$ y $n$ pueden ser iguales. **6.** TECNOL. Molde en hueco o en relieve, que sirve para reproducir una imprenta sobre un objeto sometido a su acción. ◆ adj. y n. f. **7.** Principal, generadora: *una casa matriz.*

**MATRIZADO** n. m. Operación que consiste en modelar una pieza dándole la forma definitiva mediante prensado en caliente, con ayuda de matrices.

**MATRIZAR** v. tr. **[1g]**. TECNOL. Forjar una pieza con prensa, por medio de matrices.

**MATRONA** n. f. (lat. *matronam*). En la antigüedad, madre de familia, noble y virtuosa. **2.** Mujer madura. **3.** Encargada de registrar a las mujeres en aduanas o de ciertas labores de vigilancia en las cárceles femeninas. **4.** Comadrona.

**MATUCHO, A** adj. *Chile.* Dícese del alumno externo de un colegio en el que también hay internos.

**MATUNGO, A** adj. y n. *Argent.* y *Cuba.* Dícese del caballo endeble, matalón.

**MATURRANGO, A** adj. y n. *Amér. Merid.* Mal jinete. **2.** *Chile.* Dícese de la persona pesada y tosca en sus movimientos.

**MATUSALÉN** n. m. (de *Matusalén,* personaje bíblico). Hombre de muchos años.

**MATUTE** n. m. Introducción de género en una población burlando el impuesto de consumos. **2.** Género así introducido.

**MATUTEAR** v. intr. **[1]**. Introducir matute.

**MATUTERO, A** n. Persona que se dedica a matutear.

**MATUTINO, A** adj. (lat. *matutinum*). Relativo a las horas de la mañana: *luz matutina.* **2.** Que ocurre o se hace por la mañana: *trabajo matutino.*

**MAUL** n. m. (voz inglesa). En rugby, mêlée abierta donde el balón no toca el suelo.

**MAULA** n. f. Trasto, persona o cosa inútil. ◆ adj. y n. m. y f. **2.** *Argent., Perú* y *Urug.* Cobarde, despreciable. ◆ n. m. y f. **3.** *Fam.* Persona tramposa o mala pagadora. **4.** *Fig.* y *fam.* Holgazán.

**MAULLADOR, RA** adj. Que maúlla mucho.

**MAULLAR** o **MAULAR** v. intr. **[1w]**. Dar maullidos el gato.

**MAULLIDO** o **MAÚLLO** n. m. Voz del gato.

**MAULÓN, NA** adj. Dícese del toro de malas condiciones para la lidia por su cobardía.

**MAULOSO, A** adj. y n. *Chile.* Embustero.

**MAURITANO, A** adj. y n. De Mauritania.

**MÁUSER** n. m. (de Wilhelm y Paul von *Mauser,* armeros alemanes) [pl. *máuseres* o *máusers*]. Fusil de repetición con un depósito para cinco cartuchos y accionado mediante cerrojo.

**MAUSOLEO** n. m. Monumento funerario.

**MAWLÁ** n. m. (voz árabe). Nombre con que se conocían indistintamente en al-Andalus el señor y el esclavo liberto por manumisión, que pasaba a formar parte de la clientela de aquél.

**MAXILA** n. f. Apéndice par de los artrópodos, situado a continuación de las mandíbulas.

**MAXILAR** adj. (lat. *maxillam*). Relativo a la quijada o mandíbula: *arteria maxilar; nervio maxilar.* ◆ adj. y n. m. **2.** Dícese de los huesos de la cara situados en la región anteroinferior.

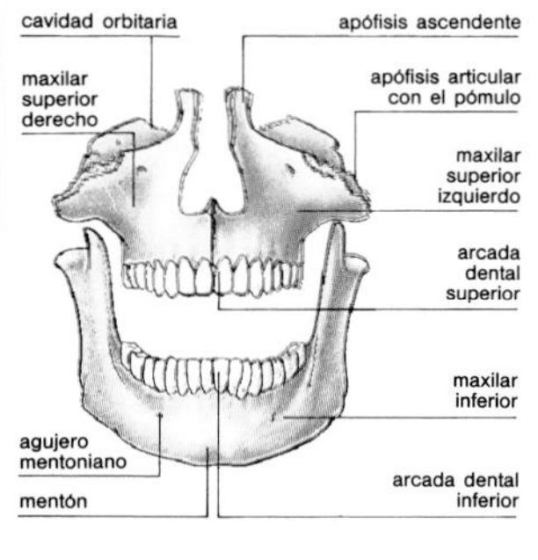


los **maxilares**

**MAXILÍPEDO** n. m. ZOOL. Apéndice par de los crustáceos, situado entre las maxilas y las patas y que sirve principalmente para sujetar las presas.

**MÁXIMA** n. f. Sentencia que resume un principio moral o un juicio de orden general. **2.** Regla de conducta general, o en cualquier campo de actividad: *máxima del arte.*

**MAXIMAL** adj. Que constituye el máximo. **2.** MAT. Para un subconjunto A de un conjunto C provisto de una relación de orden, dícese del elemento de A posterior a todos los elementos de A comparables con él. CONTR.: *minimal.*

**MAXIMALISMO** n. m. Posición política extrema, generalmente no respaldada por una efectiva capacidad operativa o revolucionaria.

**MAXIMALISTA** adj. y n. m. y f. Relativo al maximalismo; partidario de esta posición política.

**MÁXIME** adv. m. Más aún, con mayor motivo o más razón.

**MAXIMIZAR** v. tr. **[1g]**. Intentar obtener el mayor provecho, rendimiento o beneficio de una cosa: *con las nuevas medidas intentan maximizar la producción.* **2.** MAT. Hacer las operaciones necesarias para hallar el máximo común divisor de una función.

**MÁXIMO, A** adj. (lat. *maximum*). Dícese de las cosas que, en cantidad o en grado, son lo más grandes posible, o las más grandes dentro de su especie. ◆ n. m. **2.** Límite superior o extremo a que puede llegar una cosa: *rendir el máximo.* **3.** MAT. El mayor de los valores que puede tomar una cantidad variable entre ciertos límites.

**MÁXIMUM** n. m. Máximo límite o extremo a que puede llegar una cosa.

**MAXISINGLE** n. m. (voz inglesa). Disco fonográfico del tamaño de un elepé, pero de menor duración que éste y grabado a 45 revoluciones por minuto.

**MAXWELL** n. m. Unidad CGS de flujo magnético (símbolo M), equivalente al flujo producido por una inducción magnética de 1 gauss a través de una superficie de 1 $cm^2$, normal al campo.

**MAYA** n. f. Planta herbácea con inflorescencias de flores amarillas y fruto en aquenio. (Familia compuestas.)

**MAYA** adj. y n. m. y f. Relativo a un pueblo indígena mesoamericano que desarrolló una de las

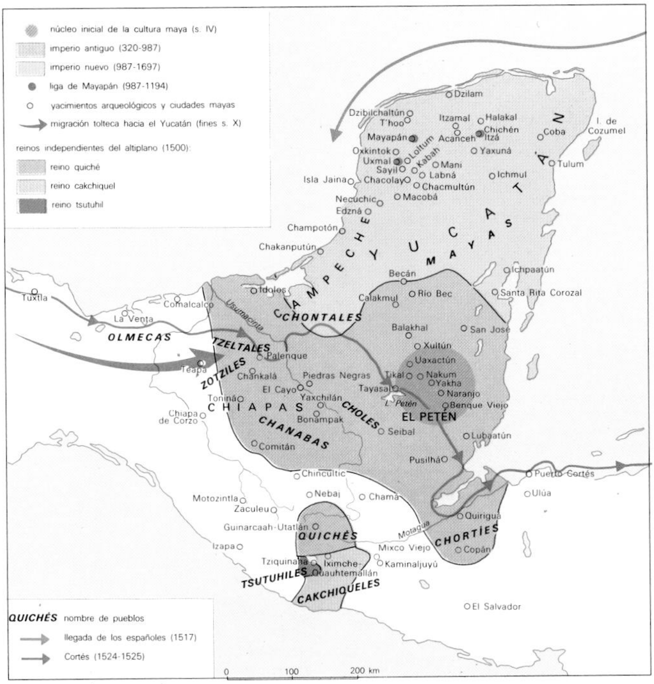


LA CIVILIZACIÓN **MAYA**

más altas civilizaciones de la América prehispánica, en una amplia región que comprende el SE de México, Yucatán y Guatemala, desde comienzos de la era cristiana hasta el s. XVI; individuo de este pueblo. ◆ n. m. **2.** Lengua amerindia de América Central, hablada en la península de Yucatán, N del estado mexicano de Campeche y por los lacandones de México y Guatemala. SIN.: *yucateco.*

■ Desde el IX milenio el área de poblamiento maya experimentó un proceso de sedentarización. Del llamado período formativo de la cultura maya (desde *c.* 1500 a. J.C.) se conocen poblados de agricultores (Cuello, Ocos, Cuadros), con organización social teocrática. En el s. VIII a. J.C. los mayas ocuparon el valle de Guatemala (Kaminaljuyú). En los siglos posteriores destacan la cerámica de Charcas y la pirámide de Uaxactún. Del período clásico (300 - 900 d. J.C.) se conoce la cerámica policroma y se han constatado avanzados conocimientos astronómicos y matemáticos. Tikal, Copán y Palenque fueron ciudades-estado autónomas.

cabeza de joven con tocado de plumas y flores de nenúfar procedente del templo de las Inscripciones de Palenque (México). Período clásico reciente (museo nacional de antropología, México)

el templo de los Guerreros de Chichén Itzá (México)

vista parcial de la ciudad de Tikal, Guatemala, período clásico

el arte de los **mayas**

El apogeo de la cultura maya se sitúa en la segunda mitad del s. VII. La producción artística alcanzó un gran desarrollo, en particular la arquitectura, que dio magníficos monumentos en ciudades como Palenque, Yaxchilán, Piedras Negras, Copán, Tikal, Quiriguá, Uxmal o Chichén Itzá. Destacan los bellos relieves de muros y estelas, así como la pintura mural (Bonampak, Chichén Itzá) y la cerámica, extraordinariamente numerosa y variada. Los mayas disponían de dos calendarios, uno ritual y otro solar y llevaron a cabo numerosos estudios de astronomía y matemáticas (conocían el valor cero). Utilizaron la escritura jeroglífica en las estelas (Chiapa de Corzo, Izapa) y los códices (de los que se conservan cuatro). En literatura cabe citar el *Popol Vuh.* En el s. IX se inició una etapa de decadencia económica y política de los mayas cuyo territorio fue conquistado en 978 - 987 por los itzaes, aliados a los toltecas; éstos impusieron el culto a Quetzalcóatl y una estructura militarista, pero asimilaron la cultura científica y artística maya (observatorio de El Caracol, en Chichén Itzá). En 1200 la liga de Mayapán estableció su dominio en el N de Yucatán, y se inició la decadencia cultural maya, que culminó tras la caída del imperio de Mayapán (1450) y diversas guerras entre las ciudades. En Guatemala los quichés, de influencia tolteca, formaron un imperio que se hundió por luchas intestinas por el poder. En 1525 Pedro de Alvarado conquistó Guatemala, y en 1536 tuvo lugar la ocupación de Yucatán por Francisco de Montejo el Mozo. Los itzaes, último núcleo maya, cayeron ante los españoles en 1697. En los ss. XVI - XVIII los mayas del Yucatán se rebelaron contra los españoles en diversas ocasiones (1652, 1761).

La organización social de los mayas estaba presidida por el monarca o *halach-uinic,* que nombraba *bataboob* o jefe de aldea a un noble. La casta sacerdotal, *ah konoob,* la formaban el *ahuacán,* o señor serpiente, y los *chillanes,* o adivinos. Por debajo de la clase popular de artesanos y agricultores estaban los *pentacoob,* o esclavos, utilizados en los sacrificios humanos. Los principales dioses del panteón maya eran Itzamná, dios supremo, Kinich Ahau, el sol, Ixchel, la luna, y Chac, la lluvia.

La lengua maya, del grupo maya-quiché, familia maya-zoque, fue una de las más importantes lenguas de civilización de la América precolombina.

**MĀYĀ** n. f. (voz sánscrita). En el Vēdānta y en el budismo, conjunto de ilusiones que constituyen el mundo.

**MAYADOR, RA** adj. Maullador.

**MAYA-QUICHÉ,** grupo de lenguas de América Central de la familia maya-zoque, dividido en: *huasteco* (SE de San Luis Potosí y N de Veracruz, México); *maya* (península de Yucatán y N de Campeche, México); *chol* (extendido antiguamente de Tabasco a Honduras); *tzeltal* (Chiapas, México); *mam* (S de la frontera entre México y Guatemala); *quiché,* que comprende el quiché y el cakchiquel, hablados en Guatemala.

**MAYAR** v. tr. **[1]**. Maullar.

**MAYATE** n. m. Coleóptero de color negro, que vive en México. (Familia melolóntidos.)

**MAYA-ZOQUE,** familia lingüística amerindia formada por numerosas lenguas y dialectos de la región que comprende el SE de México, Guatemala, parte de Honduras y una zona de la costa del golfo de México. El principal grupo de lenguas es el maya-quiché*.

**MAYEAR** v. intr. **[1]**. Hacer el tiempo propio del mes de mayo.

**MAYEQUE** n. m. (náhuatl *maitl,* mano). En México, denominación dada a los indígenas de las clases inferiores a los maceguales, que tenían una condición semejante a la de los siervos.

**MAYESTÁTICO, A** adj. Relativo a la majestad. • **Plural mayestático,** plural del pronombre de primera persona empleado con sentido singular, en el estilo oficial, por personas revestidas de un carácter de autoridad: *nos, rey de España.*

**MAYÉUTICA** n. f. En la filosofía socrática, arte de hacer descubrir al interlocutor las verdades que lleva en sí por medio de una serie de preguntas.

**MAYIDO** n. m. Maullido.

**MAYO** n. m. (lat. *maium*). Quinto mes del año gregoriano. **2.** Palo adornado que se pone en el mes de mayo en algún lugar público en que han de celebrarse diversos festejos. **3.** Enramada que ponen los novios a las puertas de sus novias. • **Para mayo** *(Chile. Fam.)*, para las calendas griegas.

**MAYO,** pueblo amerindio de lengua uto-azteca, del grupo cahita, que vivía en Sonora, act. repartido entre ese estado y el de Sinaloa (México).

**MAYOCOL** n. m. *Méx.* En Yucatán, mayordomo, capataz.

**MAYÓLICA** n. f. (ital. *majolica*). Loza común con vidriado estannífero.

**mayólica:** plato de cerámica con decoración historiada de Francia (*c.* 1530) [Louvre, París]

**MAYONESA** n. f. y adj. Mahonesa.

**MAYOR** adj. (lat. *maiorem*). Más grande, en cualquier aspecto material: *su casa es mayor que la nuestra.* (Se usa como comparativo, y precedido del artículo determinado, como superlativo relativo.) **2.** Más intenso: *su mayor ambición es llegar a ministro.* **3.** MÚS. Dícese de un modo, una escala, un acorde o un intervalo cuya tercera se compone de dos tonos. • **Comercio al por mayor,** compra de mercancías en grandes cantidades directamente al fabricante, y venta también en cantidades importantes a los detallistas. ‖ **Mayor que** (MAT.), signo matemático (>) que colocado entre dos cantidades indica que es mayor la primera que la segunda. ‖ **Premisa mayor** (LÓG.), primera proposición de un silogismo. ‖ **Verso de arte mayor,** verso, generalmente de doce sílabas, compuesto por dos hemistiquios. ◆ adj. y n. m. y f. **4.** Dícese de las personas que han pasado la edad madura. (Como sustantivo se usa en plural.) ◆ n. m. **5.** En los ejércitos de diversos países, especialmente los anglosajones, grado militar que equivale al de comandante. • **Teniente coronel,** o **comandante mayor,** jefe que en los regimientos o unidades independientes respectivamente tiene a su cargo la dirección de los asuntos contables y administrativos. ◆ **mayores** n. m. pl. **6.** Antepasados, sean o no progenitores del que habla o de otra persona determinada. **7.** Personas adultas.

**MAYORAL** n. m. Pastor principal de un ganado, especialmente de una ganadería de reses bravas. **2.** Cochero de las diligencias y carruajes. **3.** Capataz de las cuadrillas de segadores y cavadores. **4.** El que en las labranzas y en las cabañas de mulas manda a los otros mozos.

**MAYORALÍA** n. f. Rebaño que pastoreaba un mayoral. **2.** Salario de un mayoral.

**MAYORANA** n. f. Mejorana.

**MAYORANTE** adj. y n. m. MAT. En un conjunto dotado de una relación de orden, y para un elemento *a*, dícese de cada uno de los elementos mayores que *a*, en el sentido de la relación que ordena el conjunto considerado.

**MAYORAZGO** n. m. Institución destinada a perpetuar en una familia la propiedad de ciertos bienes. **2.** Conjunto de estos bienes. **3.** Poseedor de ellos. **4.** *Fam.* Primogenitura.

**MAYORDOMA** n. f. Mujer del mayordomo. **2.** La que ejerce de mayordomo.

**MAYORDOMEAR** v. tr. [**1**]. Administrar o gobernar una hacienda o casa.

**MAYORDOMÍA** n. f. Cargo y empleo de mayordomo o administrador. **2.** Oficina del mayordomo.

**MAYORDOMO** n. m. Criado principal de una casa encargado de la servidumbre y de la administración. **2.** En algunas empresas agrícolas o industriales, encargado general. **3.** Oficial que en las cofradías cuida de la satisfacción de los gastos y gobierno de las funciones. **4.** *Chile.* Sobrestante. **5.** *Perú.* Criado, sirviente. **6.** HIST. Administrador de la casa del rey. **7.** MIL. En los buques de guerra, cocinero que atiende a la cocina del almirante.

**MAYOREO** n. m. Comercio al por mayor.

**MAYORÍA** n. f. Calidad de mayor. **2.** La parte mayor entre las que se considera dividido un todo: *la mayoría de las veces llega tarde.* **3.** Conjunto de votos que dan a una persona, a un gobierno o a un partido la superioridad sobre sus adversarios: *obtener la mayoría.* **4.** Partido o conjunto de partidos que, en una asamblea, representan el mayor número. **5.** Oficina del mayor, especialmente, del teniente coronel o comandante mayor. • **Mayoría absoluta,** la formada por más de la mitad de los votos emitidos. ‖ **Mayoría cualificada,** mayoría para la cual la ley exige que se reúnan más sufragios que para la mayoría absoluta, los 2/3 de los votos, por ejemplo. ‖ **Mayoría de edad,** estado de la persona que ha alcanzado la edad mínima establecida por las leyes para el pleno goce de los derechos civiles y políticos. ‖ **Mayoría relativa,** o **simple,** la que reúne el mayor número de votos, con independencia de los votos emitidos. ‖ **Mayoría silenciosa,** parte mayoritaria de una población, que no expresa opinión significativa.

**MAYORISTA** adj. Dícese del comercio en que se vende y compra al por mayor. ◆ n. m. y f. **2.** Comerciante al por mayor.

**MAYORITARIO, A** adj. y n. Dícese del sistema electoral basado en el triunfo de la mayoría, absoluta o relativa, sin que tengan ningún efecto los sufragios conseguidos por las minorías; partidario de este sistema de votación. ◆ adj. **2.** Que pertenece a la mayoría o que se apoya en ella: *gobierno mayoritario.*

**MAYORMENTE** adv. m. Principalmente, con especialidad.

**MAYUATO** n. m. *Argent.* Pequeño carnívoro suramericano semejante al coatí.

**MAYÚSCULO, A** adj. (lat. *maiusculum*). Que es mayor de lo ordinario: *susto mayúsculo.* ◆ adj. y n. f. **2.** Dícese de las letras que en un mismo contexto son de mayor tamaño que las minúsculas.

**MAZA** n. f. (bajo lat. *mattea*). Utensilio provisto de un extremo pesado, usado para machacar, golpear, apisonar, etc. **2.** Bastón nudoso, más grueso en uno de sus extremos, que en la antigüedad se utilizó como arma contundente. **3.** Bastón en forma de maza, con puño de metal, usado como insignia por los maceros, en las ceremonias. **4.** Extremo más grueso de los tacos de billar. **5.** Pilón o pieza de gran peso en las máquinas de forjar por percusión, que suministra la energía necesaria para la deformación mediante su caída vertical desde cierta altura. **6.** *Chile.* Cubo de la rueda. **7.** MAR. Tambor, cilindro en que se enrollan los guardines del timón. **8.** ZOOL. Dilatación terminal de un órgano. • **Maza de armas,** arma antigua formada por un mango de hierro rematado con una cabeza esférica, cúbica o piramidal, en ocasiones erizada de púas.

**MAZACOTE** n. m. (ital. *marzacotto*). Hormigón, mezcla de piedra, mortero de cal y arena. **2.** *Fig.* Cualquier objeto de arte tosco o pesado. **3.** *Fig.* y *fam.* Hombre molesto y pesado. **4.** *Fig.* y *fam.* Cosa seca, dura y pegajosa. **5.** *Argent.* Pasta hecha de los residuos del azúcar que quedan adheridos al fondo y paredes de la caldera al elaborarlo.

**MAZACOTUDO, A** adj. *Amér.* Amazacotado.

**MAZACUATA** n. f. Especie de boa mexicana, de hasta 4 m de long., que habita en zonas de clima cálido. SIN.: *mazacuate.*

**MAZADA** n. f. Mazazo.

**MAZADO** n. m. Operación a que se somete la nata en la mantequera, en la fabricación de mantequilla.

**MAZAMORRA** n. f. Bizcocho estropeado. **2.** *Fig.* Cosa desmenuzada. **3.** *Colomb.* Ulceración en las pezuñas del ganado vacuno, causada por infección microbiana. **4.** *Colomb.* y *Perú. Fig.* Revoltillo de ideas o de cosas. **5.** *Perú.* Comida compuesta por harina de maíz con azúcar o miel. **6.** *R. de la Plata.* Comida criolla hecha con maíz blanco partido y hervido, que se come frío, con o sin leche y a veces con azúcar o miel.

**MAZAPÁN** n. m. (ital. *marzapane*). Pasta de almendras molidas y azúcar cocida al horno.

**MAZAR** v. tr. [**1g**]. Batir la leche para separar la manteca.

**MAZARÍ** adj. y n. m. Dícese de la baldosa usada para solados.

**MAZAROTA** n. f. Cavidad que se deja en la parte superior de un molde de fundición para formar un depósito de metal líquido que sirve para compensar la contracción de la pieza colada al solidificarse. **2.** Masa de metal moldeada en dicha cavidad.

**MAZATECA,** pueblo amerindio de lengua otomangue del N de los est. de Oaxaca y Guerrero, hasta la ciudad de Veracruz.

**MÁZATL** n. m. (voz náhuatl, *venado*). Sexto día de los veinte que tenía el mes azteca.

**MAZAZO** n. m. Golpe que se da con maza o mazo. **2.** *Fig.* Algo que causa fuerte impresión.

**MAZDEÍSMO** n. m. Religión del antiguo Irán reformada por Zaratustra. (Es una religión dualista: el mundo es escenario de una lucha que enfrenta al principio del mal [Ahrimán o Angra-Mainyu] y al principio del bien [Ormuzd o Ahura Mazdā], que alcanzará el triunfo final. El libro sagrado del mazdeísmo es el *Avesta.*)

**MAZDEÍSTA** adj. y n. m. y f. Relativo al mazdeísmo; adepto a esta religión.

**MAZMORRA** n. f. (ár. *matmūra*). Prisión subterránea.

**MAZNAR** v. tr. [**1**]. Amasar, ablandar o estrujar con las manos. **2.** Machacar el hierro cuando está caliente.

**MAZO** n. m. Martillo grande de madera. **2.** Maza, utensilio con un extremo pesado. **3.** *Fig.* Hombre pesado y molesto. **4.** Conjunto de cosas que forman un haz o paquete.

**MAZONERÍA** n. f. Fábrica de cal y canto. **2.** Obra de relieve.

**MAZORCA** n. f. Espiga densa y apretada, que da un gran número de granos que crecen unos junto a otros, como sucede con el maíz. **2.** *Argent.* Nombre dado a la Sociedad popular restauradora, organización que apoyaba al gobernador de Buenos Aires, Juan Manuel Rosas. **3.** *Chile. Fig.* Junta de personas que forman un gobierno despótico. **4.** TAUROM. Parte baja del cuerno, junto al arranque del testuz.

**MAZORQUERO, A** adj. y n. *Argent.* Relativo a la mazorca; miembro de esta organización. ◆ n. m. **2.** *Chile.* Bandolero que forma parte de una cuadrilla.

**MAZORRAL** adj. Grosero, rudo, basto.

**MAZUCA** n. f. Planta herbácea de flores azules. (Familia iridáceas.)

**MAZURCA** n. f. Danza de ritmo ternario, de origen polaco. **2.** Música de esta danza.

**MAZUT** n. m. Fuel-oil.

**MBARACAYÁ** n. m. Mamífero carnívoro de cráneo alargado y pelaje corto, bayo, con pintas elípticas negras, que vive en Argentina, S de Brasil, Paraguay y Uruguay. (Familia félidos.) SIN.: *gato montés.*

**MBAYÁ** → ***guaicurú.***

**MBICURÉ** n. m. *Amér.* Comadreja.

**MBUTI,** uno de los principales grupos de pigmeos, que vive en la Rep. Dem. del Congo (ex Zaire).

**m.c.d.** MAT. Abrev. de *máximo común divisor.*

**m.c.m.** MAT. Abrev. de *mínimo común múltiplo.*

**ME** pron. pers. m. y f. sing. átono de 1.ª pers. Se usa como complemento directo e indirecto: *me saludó; me dio la mano.* (Se usa siempre sin preposición y se antepone al verbo.)

**MEA CULPA** loc. (voces latinas, *por mi culpa*). Indica que alguien se considera culpable de algo.

**MEADA** n. f. *Vulg.* Orina expelida de una vez. **2.** *Vulg.* Sitio que moja o señal que deja.

**MEADERO** n. m. *Vulg.* Urinario.

**MEADO** n. m. **Meado de zorra,** planta de bulbo muy grande y flores de color blanco. (Familia amarilidáceas.) ◆ **meados** n. m. pl. **2.** *Vulg.* Orines.

**MEAJA** n. f. Migaja.

**MEAJUELA** n. f. Cada una de las piezas pequeñas, pendientes en los sabores del freno, para que, moviéndolas, segregue más saliva el caballo.

**MEANDRO** n. m. Sinuosidad que describe un curso de agua. **2.** ARQ. Ornamentación compuesta de enlaces sinuosos y complicados.

**MEAR** v. tr., intr. y pron. (lat. *meiere*) **[1]**. *Vulg.* Orinar.

**MEATO** n. m. (lat. *meatum*). ANAT. Conducto, canal u orificio: *los meatos de la nariz.* **2.** ANAT. Orificio terminal de un conducto: *meato urinario.* **3.** BOT. Intersticio entre ciertas células vegetales.

**MEATOTOMÍA** n. f. Operación quirúrgica mediante la cual se dilata un meato.

**MECA** n. f. (de *La Meca,* ciudad de Arabia Saudí). Lugar que es el centro más importante de determinada actividad: *Hollywood es la meca del cine.*

**MECA** n. f. *Chile.* Estiércol, excremento. **2.** *Chile.* Persona torpe e inexperta.

**¡MECACHIS!** interj. *Eufem.* Denota contrariedad o enfado.

**MECÁNICA** n. f. Ciencia que tiene por objeto el estudio de las fuerzas y de sus acciones. **2.** Estudio de las máquinas, de su construcción y de su funcionamiento. **3.** Aparato o resorte interior que da movimiento a un ingenio o artefacto. **4.** *Fig.* Mecanismo, manera de producirse una actividad, función o fenómeno. • **Mecánica celeste,** disciplina científica que trata de los movimientos de los cuerpos celestes. || **Mecánica cuántica,** conjunto de leyes que describen la evolución de los sistemas microscópicos, fundadas en la teoría de los cuantos. || **Mecánica estadística,** aplicación de la mecánica y de los métodos estadísticos al estudio de los sistemas formados por un gran número de elementos semejantes (moléculas, átomos). || **Mecánica ondulatoria,** disciplina científica, establecida por L. de Broglie en 1924, según la cual las partículas en movimiento están asociadas a unas ondas capaces de producir fenómenos de interferencia y de difracción. || **Mecánica racional,** o **clásica,** mecánica considerada en su aspecto teórico, generalmente para los cuerpos macroscópicos. || **Mecánica relativista,** mecánica fundada en los principios de la relatividad.

■ La mecánica llamada *clásica* abarca tres grandes campos: la *estática,* que es el estudio de la acción de fuerzas sobre los cuerpos en ausencia de movimiento; la *cinemática,* que estudia el espacio, el tiempo y los movimientos, independientemente de sus causas, y la *dinámica,* que estudia los movimientos bajo la acción de las fuerzas. Desde finales del s. XIX se han desarrollado otras mecánicas, como la *estadística,* la *relativista* y la *cuántica.*

**MECANICISMO** n. m. FILOS. Sistema filosófico que trata de explicar el conjunto de fenómenos naturales únicamente mediante las leyes de la teoría del movimiento.

**MECANICISTA** adj. y n. m. y f. Relativo al mecanicismo; partidario de esta doctrina.

**MECÁNICO, A** adj. (gr. *mekhanikos*). Relativo a la mecánica. **2.** Que se hace con máquina: *barrido mecánico.* **3.** Dícese de los actos y movimientos ejecutados instintivamente o por costumbre: *gesto mecánico.* **4.** QUÍM. Que no actúa químicamente sino según las leyes del movimiento: *acción mecánica de un agente.* **5.** Dícese de ciertas propiedades físicas de una sustancia, como la dureza y la elasticidad. ◆ n. **6.** Persona que por profesión u oficio se dedica al manejo, reparación o mantenimiento de las máquinas. • **Mecánico dentista,** técnico que realiza las prótesis dentales.

**MECANISMO** n. m. Combinación de órganos o de piezas dispuestos de manera que se obtenga un resultado determinado: *el mecanismo de un reloj.* **2.** Modo de realizarse una actividad, función, etc.

**MECANIZACIÓN** n. f. Acción y efecto de mecanizar. **2.** INFORMÁT. Proceso que consiste en aplicar técnicas de informática a una determinada aplicación administrativa, comercial, industrial, etc., para que ésta pueda beneficiarse de las posibilidades del ordenador.

**MECANIZADO, A** adj. **Unidad mecanizada** (MIL.), aquella en la que la dotación de vehículos ligeros acorazados predomina sobre la de carros de combate. ◆ n. m. **2.** METAL. Operación que consiste en quitar material a una pieza por medio de una herramienta de corte, o con otros procedimientos.

**MECANIZAR** v. tr. y pron. **[1g]**. Implantar el uso de las máquinas en operaciones militares, industriales, agrícolas, etc. **2.** Someter a elaboración mecánica. ◆ v. tr. **3.** Informatizar, pasar a un ordenador un proceso administrativo, comercial, industrial, etc. **4.** METAL. Trabajar los metales con una máquina-herramienta.

**MECANO** n. m. Meccano.

**MECANO, A** adj. y n. De La Meca.

**MECANOGRAFÍA** n. f. Arte de escribir a máquina. SIN.: *dactilografía.*

**MECANOGRAFIAR** v. tr. **[1t]**. Escribir a máquina. SIN.: *dactilografiar.*

**MECANOGRÁFICO, A** adj. Relativo a la mecanografía. SIN.: *dactilográfico.*

**MECANÓGRAFO, A** n. Persona que se dedica al estudio, práctica o enseñanza de la mecanografía. SIN.: *dactilógrafo.*

**MECANOTERAPIA** n. f. Kinesiterapia realizada por medio de aparatos mecánicos.

**MECAPACLE** o **MECAPATLI** n. m. *Méx.* Zarzaparrilla.

**MECAPAL** n. m. *Amér. Central.* y *Méx.* Faja de cuero con dos cuerdas en los extremos, que, aplicada a la frente, sirve para llevar carga a cuestas.

**MECAPALERO** n. m. *Amér. Central.* y *Méx.* Mozo de cordel, o cargador que usa el mecapal.

**MECATAZO** n. m. *Amér.* Latigazo o golpe dado con un mecate.

**MECATE** n. m. *Amér. Central, Méx.* y *Venez.* Cuerda, cordel de pita.

**MECATIAR** v. tr. **[1]**. *Colomb.* Comer algo ligero entre comidas.

**MECATO** n. m. *Colomb.* Golosinas, dulces que se comen entre comidas.

**MECCANO** n. m. (marca registrada). Juguete consistente en una serie de ruedas, pasadores y piezas perforadas metálicas, que pueden ser combinadas de diversas maneras y armadas con ayuda de tornillos, para construir con ellas diferentes objetos a escala reducida. SIN.: *mecano.*

**MECEDOR, RA** adj. Que mece o sirve para mecer. ◆ n. m. **2.** Instrumento de madera usado para mecer líquidos. **3.** Columpio.

**MECEDORA** n. f. Silla cuyos pies descansan sobre dos arcos o terminan en forma circular, a la que se puede dar un movimiento de balanceo.

**MECEDURA** n. f. Acción de mecer.

**MECENAS** n. m. y f. (de *Mecenas,* consejero de Augusto). Protector de las letras y las artes.

**MECENAZGO** n. m. Protección dispensada por una persona o entidad a un escritor, artista, institución, fundación, etc.

**MECER** v. tr. (lat. *miscere,* mezclar) **[2a]**. Mover un líquido o el recipiente que lo contiene de un lado a otro, generalmente para mezclarlo. ◆ v. tr. y pron. **2.** Imprimir un movimiento de vaivén a un cuerpo suspendido o que tiene un punto fijo, sin que este cuerpo pierda su posición de equilibrio.

**MECHA** n. f. (fr. *mèche*). Conjunto de hilos, cordón o trenza, empleado en la confección de velas y bujías o para conducir un líquido combustible en un aparato de alumbrado. **2.** Mechón de cabellos. **3.** Cuerda o tubo cilíndrico, largo y delgado, que contiene pólvora negra y sirve para dar fuego a una mina o explosivo. **4.** Trozo de tocino gordo, de jamón o cualquier otro ingrediente que se introduce como relleno en la carne, las aves, etc. **5.** *Colomb., Ecuad.* y *Venez.* Burla, broma, chanza. **6.** *Amér. Merid.* Broca de taladros. **7.** CIR. Piel de gasa larga y delgada utilizada para efectuar drenajes. **8.** MAR. Extremo inferior de un palo macho. **9.** TEXT. Conjunto de fibras textiles que forman una tira o cinta de gran longitud, eventualmente reunidas mediante una ligera torsión. • **Aguantar mecha,** o **la mecha,** sufrir resignadamente las molestias, burlas o impertinencias de que se es objeto. || **Mecha del timón** (MAR.), eje cilíndrico que hace girar la pala del timón. ◆ **mechas** n. f. pl. **10.** *Amér.* Cabellos largos, melenas, greñas.

**MECHAR** v. tr. **[1]**. Rellenar con trozos de tocino, jamón u otros ingredientes la carne, las aves, etc. **2.** TAUROM. Herir el torero al toro con el estoque reiteradamente y sin fortuna.

**MECHAZO** n. m. MIN. Combustión de una mecha sin inflamar el barreno: *dar mechazo.*

**MECHERA** n. f. y adj. Aguja de mechar. ◆ n. f. **2.** Ladrona de tiendas que oculta entre las faldas lo hurtado. **3.** TEXT. Cada una de las máquinas o bancos de husos que se hallan situados entre el manuar y las máquinas de hilar. **4.** TEXT. Obrera que trabaja en dichas máquinas.

**MECHERA** n. f. Planta herbácea de propiedades antihemorroidales. (Familia labiadas.)

**MECHERO** n. m. Utensilio provisto de mecha, utilizado para dar luz o calor. **2.** Utensilio que da llama, aunque no tenga mecha. **3.** Boquilla de los utensilios para alumbrar por donde sale el gas que produce la llama. • **Mechero Auer,** mechero de gas consistente en una camisa impregnada de sales metálicas que se lleva hasta la incandescencia.

**MECHIFICAR** v. intr. **[1a]**. *Amér. Merid.* Burlarse, mofarse.

**MECHINAL** n. m. Cada uno de los agujeros cuadrados que se dejan en un muro de obra, para meter en ellos los palos horizontales que soportan el andamio. **2.** *Fig.* y *fam.* Cuchitril.

**MECHOACÁN** n. m. Raíz de jalapa.

**MECHÓN** n. m. Porción de pelos, hebras o hilos, separada o destacada de un conjunto de la misma clase.

**MECHONEADA** n. f. *Chile, Colomb., Ecuad.* y *Guat.* Acción de tirar del cabello a una persona.

**MECHONEAR** v. tr. y pron. **[1]**. *Amér. Merid.* Mesar el cabello, desgreñarse.

**MECHOSO, A** adj. Que tiene abundancia de mechas.

**MECHTA** n. f. (ár. *maštà*). En Argelia y Tunicia, caserío constituido por cierto número de chozas.

**MECHUDO, A** adj. *Amér. Central, Argent., Chile, Colomb., Méx.* y *Urug.* Mechoso.

**MECONIAL** adj. Relativo al meconio.

**MECONIO** n. m. (lat. *meconium*). Primeras materias fecales del recién nacido.

**MECÓPTERO, A** adj. y n. m. Relativo a un orden de insectos, con las cuatro alas de igual longitud, y cuyas larvas viven en el suelo. (La *mosca escorpión* pertenece al orden *mecópteros.*)

**MEDALLA** n. f. (ital. *medaglia*). Pieza de metal, generalmente circular, que lleva un dibujo o una inscripción en relieve, acuñada como recuerdo de un acontecimiento o en honor de un personaje. **2.** Pieza de metal que se entrega como premio en determinados certámenes y competiciones, como recompensa honorífica en actos de homenaje, etc. **3.** Pieza de metal en la que hay grabado un objeto de devoción. • **Medalla de campaña** (MIL.), la concedida a quienes toman parte en una determinada campaña.

anverso

reverso

**medalla** conmemorativa del restablecimiento de la constitución de 1812
(museo Lázaro Galdiano, Madrid)

**MEDALLA** n. m. Vino amontillado que se produce en Sanlúcar de Barrameda.

**MEDALLERO** n. m. DEP. Relación del número y tipo de medallas obtenidas por cada país participante en una competición internacional.

**MEDALLISTA** n. m. y f. Artista grabador de medallas. **2.** Profesional que graba los sellos y las matrices que sirven para acuñar las monedas y estampar las medallas. **3.** DEP. Competidor que ha conseguido una medalla.

**MEDALLÓN** n. m. Medalla que excede en peso y volumen a las ordinarias. **2.** Bajorrelieve redondo o en óvalo, que representa una cabeza o cualquier otro motivo, y que se coloca en las portadas y en otros lugares de los edificios. **3.** Joya en forma de caja pequeña y achatada, en cuyo interior se guardan retratos, pinturas, rizos, etc. **4.** CULINAR. Preparación de carne o pescado presentada en forma redonda u oval. **5.** MED. Lesión cutánea de forma redonda o elipsoidal.

**MÉDANO** n. m. Duna o barján. (Se aplica generalmente a las dunas costeras móviles.)

**MEDANOSO, A** adj. Que tiene médanos.

**MEDIA** n. f. Prenda de vestir de punto, destinada a cubrir el pie y la pierna, generalmente por encima de la rodilla. **2.** *Amér.* Calcetín.

**MEDIA** n. f. En las determinaciones horarias, espacio de tiempo, treinta minutos, que sobrepasa a la hora indicada: *son las siete y media.* **2.** Media aritmética de los valores observados de un elemento meteorológico (temperatura, precipitaciones, número de días de lluvia, etc.) en un determinado período de tiempo. • **Media aritmética de n números,** suma de estos números dividida por *n.* ‖ **Media armónica,** inversa de la media aritmética de los inversos de los términos de una serie. (La media armónica de *a* y *b* es el número *g* tal que $\left(\frac{2}{g}=\frac{1}{a}+\frac{1}{b}\right)$ ‖ **Media geométrica de n números,** raíz enésima del producto de estos números. ‖ **Media ponderada,** media aritmética en la que algunos números se multiplican por un coeficiente que tiene en cuenta su importancia relativa.

**MEDIA** n. m. pl. Mass-media.

**MEDIACAÑA** n. f. Forma de media caña, partida ésta longitudinalmente. **2.** ARQ. Moldura cóncava de sección semicircular. **3.** ARQ. Listón con que se guarnecen cornisas, frisos, etc. **4.** TECNOL. Formón de boca arqueada. **5.** TECNOL. Lima semicilíndrica terminada en punta.

**MEDIACIÓN** n. f. Acción y efecto de mediar. **2.** ASTRON. Momento de la culminación de un astro. **3.** DER. Procedimiento del derecho internacional y del derecho laboral, que propone una solución a las partes en litigio, sin imponérsela. **4.** DER. MERC. Contrato por el que una de las partes se obliga a dar una remuneración a otra por haber indicado la oportunidad de celebrar un contrato o por haber conseguido con su actividad la celebración del mismo. **5.** FILOS. Articulación entre dos entidades o dos términos en el seno de un proceso dialéctico o en un razonamiento.

**MEDIADO, A** adj. Lleno, gastado o hecho más o menos hasta la mitad: *mediado el camino, se detuvo para comer.* • **A,** o **hacia, mediados del mes, año,** etc., hacia la mitad de este tiempo.

**MEDIADOR, RA** adj. y n. Que media o interviene en una discusión, problema, etc., tratando de solucionarlo. **2.** Que media o interviene a favor de alguien.

**MEDIAGUA** n. f. *Amér.* Tejado con declive en una sola dirección para la caída de las aguas. **2.** *Amér.* Edificio cuyo tejado está construido en esa forma.

**MEDIAL** adj. Dícese de la consonante que se halla en el interior de una palabra.

**MEDIALUNA** n. f. Croissant. **2.** Fortificación construida delante de los baluartes sin cubrir enteramente sus caras.

**MEDIANA** n. f. ESTADÍST. Término que, en una serie establecida por orden de magnitud, ocupa la posición central.

**MEDIANEDO** o **MEDIANETO** n. m. (lat. *medianetum*). En la alta edad media castellana, asamblea popular que dirimía los asuntos judiciales planteados entre gentes de distintos distritos.

**MEDIANEJO, A** adj. *Fam.* Menos que mediano.

**MEDIANERÍA** n. f. DER. Pared, muro, seto, vallado y toda clase de instalaciones o espacios que se hallan entre dos fincas, edificios o pisos colindantes, y cuya propiedad y disfrute es común a los dueños de ambas.

**MEDIANERO, A** adj. Que está en medio de dos cosas: *pared medianera.* • **Columna medianera** (ARQ.), cada una de las dos columnas que están en medio de un soportal y cuyo intercolumnio es más largo que los otros. ◆ adj. y n. **2.** Mediador, que media. ◆ n. m. **3.** Dueño de una casa que tiene medianería con otra. **4.** Mediero.

**MEDIANÍA** n. f. Calidad de mediano. **2.** *Fig.* Persona mediocre, de escasas dotes intelectuales o de limitada capacidad en un campo determinado.

**MEDIANIL** n. m. Parte de un campo de cultivo situada entre la parte más alta y la más baja. **2.** Medianería.

**MEDIANO, A** adj. De calidad intermedia. **2.** De tamaño intermedio. **3.** *Fig.* y *fam.* Mediocre: *un trabajo mediano.* • **Nervio mediano,** nervio flexor principal de la extremidad superior, que actúa sobre el brazo, el antebrazo y la mano. ‖ **Plano mediano** (GEOMETR.), plano diametral de una figura. ◆ adj. y n. f. **4.** MAT. Dícese de la recta que, en una figura plana, divide en dos partes iguales todas las cuerdas paralelas a una dirección dada; en un triángulo, dícese del segmento de recta que une un vértice con el punto medio del lado opuesto. ◆ n. m. **5.** En los caballos, bovinos y ovinos, incisivo situado entre las palas y los extremos.

**MEDIANOCHE** n. f. Las doce de la noche, hora que señala el final de un día y el inicio del siguiente. **2.** Espacio de tiempo más amplio que comprende las horas centrales de la noche: *llegó a medianoche.* **3.** Bollito que se suele rellenar de una loncha de jamón, carne, etc.

**MEDIANTE** adv. m. Utilizando lo que a continuación se expresa: *logró entrar mediante el soborno.* • **Dios mediante,** expresión que se añade a la exposición de un proyecto que se desea suceda sin ningún obstáculo.

**MEDIANTE** n. m. MÚS. Tercer grado de la escala diatónica.

**MEDIAR** v. intr. **[1]**. Llegar aproximadamente a la mitad de algo: *mediaba el mes de julio cuando dejó la ciudad.* **2.** Intervenir alguien en una discusión, problema, etc., entre varios, tratando de encontrar una solución: *el presidente tuvo que mediar para apaciguar los ánimos.* **3.** Interceder en favor de alguien: *la reina medió ante el rey en favor de los condenados.* **4.** Ocurrir un hecho o existir determinada circunstancia que influye en aquello de que se trata: *de no mediar algún imprevisto, terminaremos el sábado.* **5.** Transcurrir cierto tiempo entre dos hechos: *se desconoce en qué empleó las horas que median entre ambos sucesos.* **6.** Estar algo entre dos puntos.

**MEDIASTÍNICO, A** adj. Relativo al mediastino.

**MEDIASTINO** n. m. Espacio comprendido entre los dos pulmones y dividido en dos partes por los repliegues de las pleuras. (El *mediastino anterior* contiene el corazón y el timo, y el *mediastino posterior* encierra el esófago, la aorta y el conducto torácico.)

**MEDIÁTICO, A** adj. Relativo a los medios de comunicación.

**MEDIATIZACIÓN** n. f. Acción y efecto de mediatizar. **2.** HIST. Incorporación de un país germánico, dependiente directamente del emperador, a un estado cuyo soberano pasaba a ser entonces señor intermediario. (Las operaciones de mediatización más importantes fueron practicadas bajo los auspicios de Napoleón I y permitieron conceder una compensación a los príncipes de la or. izq. del Rin, anexionada a Francia en 1803 y, posteriormente, en 1806.)

**MEDIATIZAR** v. tr. **[1g]**. Influir de modo decisivo en el poder, autoridad o negocio que otro ejerce. **2.** Reducir un estado a la dependencia de otro, sin privar a su gobierno de la soberanía nominal.

**MEDIATO, A** adj. No inmediato: *jurisdicción mediata.* • **Auscultación mediata** (MED.), auscultación practicada con un instrumento (estetoscopio).

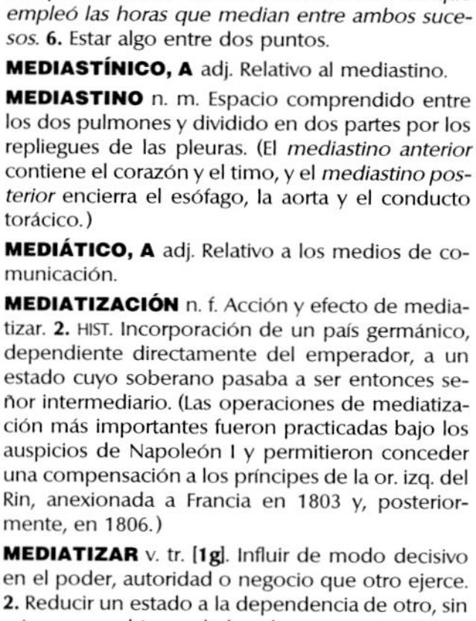

**mediatriz**

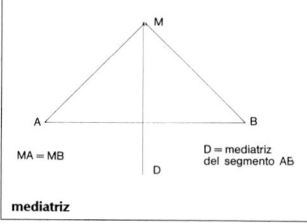

**MEDIATRIZ** n. f. MAT. Perpendicular a un segmento por su punto medio. **2.** MAT. En un triángulo, cada una de las mediatrices de sus lados.

**MEDIATUNA** n. f. Canción típica de Colombia.

**MEDICABLE** adj. (lat. *medicabilem*). Dícese de las enfermedades susceptibles de ser tratadas con medicinas.

**MEDICACIÓN** n. f. (lat. *medicationem*). Empleo terapéutico de los medicamentos. **2.** Conjunto de medicamentos y medios curativos que tienden a un mismo fin.

**MEDICAL** adj. *Galic.* Medicinal o médico.

**MEDICAMENTO** n. m. (lat. *medicamentum*). Sustancia que actúa como remedio en el organismo enfermo.

**MEDICAMENTOSO, A** adj. Dícese de las sustancias que tienen utilidad como medicamento.

**MEDICAR** v. tr. **[1a]**. Administrar medicinas a un enfermo.

**MEDICASTRO, A** n. Médico indocto o malo. **2.** Curandero.

**MEDICINA** n. f. (lat. *medicinam*). Ciencia que tiene por objeto la conservación o el restablecimiento de la salud. **2.** Sustancia que posee acción terapéutica. • **Medicina interna,** la que estudia y trata las enfermedades generales que no necesitan intervención quirúrgica. ‖ **Medicina laboral,** o **del trabajo,** conjunto de medidas preventivas destinadas a establecer un diagnóstico precoz de las enfermedades que afectan a los trabajadores y a evitar los accidentes resultantes de la actividad laboral. ‖ **Medicina legal,** medicina aplicada a diferentes cuestiones de derecho y criminología. ‖ **Medicina preventiva,** la que se ocupa de la prevención y profilaxis de las enfermedades. ‖ **Medicina social,** la que comprende los aspectos de la medicina referidos a la colectividad.

**MEDICINAL** adj. Que tiene cualidades o usos terapéuticos: *una planta medicinal.*

**MEDICIÓN** n. f. Acción y efecto de medir. **2.** Conjunto de las medidas de un levantamiento topográfico.

**MÉDICO, A** adj. Medo.

**MÉDICO, A** adj. (lat. *medicum*). Relativo a la medicina: *examen médico.* ◆ n. **2.** Persona que se halla legalmente autorizada para profesar y ejercer la medicina. • **Médico de cabecera,** el que asiste normalmente a una familia. ‖ **Médico forense,** el oficialmente adscrito a un juzgado de instrucción. ‖ **Médico militar,** el que presta oficialmente sus servicios facultativos en las fuerzas armadas. ‖ **Médico titular,** el encargado de la asistencia pública domiciliaria a los necesitados y de la inspección municipal de sanidad.

**MEDICUCHO** n. m. *Fam.* Médico indocto o incompetente.

**MEDIDA** n. f. Acción y efecto de medir. **2.** Expresión numérica del resultado de medir una magnitud, dimensión o cantidad. **3.** Unidad que se emplea para medir longitudes, áreas o volúmenes. **4.** Disposición, prevención: *adoptar medidas drásticas.* **5.** Cordura y prudencia en las palabras y acciones: *hablar sin medida.* **6.** Grado, proporción, intensidad: *di en qué medida te afecta.* **7.** MAT. Generalización de la noción de longitud de un intervalo de la recta real, susceptible de ser aplicada a una clase muy amplia de conjuntos de números reales. **8.** MÉTRIC. Número y clase de sílabas que ha de tener el verso para que conste. • **A,** o **a la, medida,** hecho expresamente para lo que va destinado. ‖ **A medida que,** al mismo tiempo, a la vez, según. ‖ **Colmarse,** o **llenarse, la medida,** llegar algo a un punto ya no tolerable. ‖ **En gran medida,** mucho. ‖ **Medida conservativa** (DER.), disposición provisional destinada a asegurar la salvaguardia de los derechos en discusión antes que surja un reglamento definitivo. ‖ **Medida de seguridad,** acto de tipo preventivo, sin carácter estrictamente penal, dirigido contra personas consideradas peligrosas para la sociedad. ‖ **Sin medida,** de forma exagerada.

**MEDIDOR, RA** adj. y n. Que mide o sirve para medir. ◆ n. m. **2.** Aparato o instrumento que sirve para medir, contador. **3.** *Amér.* Contador de agua, gas o electricidad. • **Medidor de caudal,** o **de gasto,** aparato que permite medir o regular el caudal de un fluido por una tubería o conducto.

**MEDIERO, A** n. Persona que va a medias con otra en un negocio o empresa agrícola.

**MEDIEVAL** adj. Relativo a la edad media. ◆ n. m.

**2.** Vino blanco seco, de 12 grados de alcohol, que se produce en Cenicero, La Rioja.

**MEDIEVALIDAD** n. f. Calidad o carácter de medieval.

**MEDIEVALISMO** n. m. Conocimiento de la civilización y costumbres de la edad media. **2.** Predilección por la cultura de la edad media. **3.** Carácter medieval.

**MEDIEVALISTA** n. m. y f. Persona especializada en estudios sobre edad media.

**MEDIEVO** o **MEDIOEVO** n. m. Edad media.

**MEDIMARÉMETRO** n. m. Aparato que indica el nivel medio del mar, compensando la influencia de la marea.

**MEDINA** n. f. (ár. *madīna,* ciudad). En el N de África, el casco antiguo de la ciudad, generalmente habitado por la población indígena económicamente más débil, por oposición a las zonas de reciente urbanización.

**MEDIO, A** adj. (lat. *medium*). Que es la mitad de un entero, de un todo: *media docena; medio litro.* **2.** Que corresponde aproximadamente a la mitad de algo: *a medio camino.* **3.** Imperfecto, incompleto: *media sonrisa; media luz.* **4.** Que corresponde a los caracteres o condiciones más generales de un grupo social, pueblo, época, etc.: *cultura media; ciudadano medio.* **5.** *Fam.* Gran cantidad o número de lo que se expresa: *vino medio pueblo.* **6.** Dícese del estado de una lengua intermedia entre antiguo y moderno. • **A media asta,** posición de la bandera cuando no se iza hasta el tope, en señal de duelo. ‖ **A medias,** la mitad, o aproximadamente la mitad cada uno. ‖ **Arco de medio punto** (ARQ.), arco, prototipo de las arquitecturas romana, románica y renacentista, que consta de un semicírculo. ‖ **Media luna** (HIST.), escudo y bandera del Imperio turco, porque estaban decorados con una media luna. (A mediados del s. XX, muchos países musulmanes incluyeron la media luna en su bandera.) ‖ **Medio bulto** (ESCULT.), relieve cuyas figuras sobresalen proporcionalmente alrededor de la mitad de su volumen normal. ‖ **Medio fondo** (DEP.), carrera de media distancia. ‖ **Peso medio,** cierta categoría de boxeadores; boxeador o luchador de esta categoría. ‖ **Término medio,** término de un silogismo que sirve para deducir entre los otros dos (extremos) la relación que permite establecer la conclusión. ‖ **Voz media,** conjugación que, en ciertas lenguas, participa de la activa y de la pasiva, y que expresa un retorno directo o indirecto de la acción sobre el sujeto. ◆ adj. y n. m. **7.** Dícese del tercero de los dedos de la mano. ◆ adv. m. **8.** No del todo, de manera incompleta (con verbos en infinitivo, va precedido de la prep. *a*): *estar algo medio roto; a medio hacer.* • **Medio cortado** (HERÁLD.), dícese del escudo formado por dos medias piezas o figuras, divididas horizontalmente. ‖ **Medio partido** (HERÁLD.), dícese del escudo formado por la unión de dos piezas o figuras, divididas verticalmente. ◆ n. m. **9.** La mitad de un entero, de un todo. **10.** Punto central entre dos límites o extremos: *estar en el medio de un lugar.* **11.** Diligencia para conseguir una finalidad: *utilizar medios prácticos.* **12.** Ambiente social, conjunto de circunstancias materiales o espirituales que rodean a una persona o entre las cuales se desenvuelve: *estar influido por el medio.* **13.** Espacio en que vive un ser y conjunto de factores que condicionan el ambiente: *el aire es un medio en que vivimos.* **14.** En algunos deportes de equipo, jugador encargado de coordinar el juego entre la delantera y la defensa. • **De medio a medio,** por completo, totalmente. ‖ **En medio** o **en medio de,** equidistante de los extremos del lugar que se expresa; entre otros dos; entre varios. ‖ **Medio ambiente,** conjunto de factores externos e internos, físicos, sociales y biológicos, que determinan el modo de ser y de vivir de los individuos. ‖ **Medio geográfico,** o **natural,** conjunto de las características físicas que influyen en la existencia de los seres vivos, en la superficie de la Tierra. ‖ **Medio interno,** conjunto de líquidos en el que se encuentran sumergidas las células de un animal. ‖ **Por medio de,** mediante. ◆ **medios** n. m. pl. **15.** Bienes o hacienda que alguien posee. **16.** TAUROM. Terreno del centro del ruedo, determinado por la tercera parte del radio, medida desde el centro del círculo. • **Medios de cultivo** (BACTER.), sustancia apta para favorecer el desarrollo de los microorganismos. ‖ **Medios de producción** (ECON.), objetos empleados en la producción y que constituyen su condición material.

**MEDIOAMBIENTAL** adj. ECOL. Relativo al medio ambiente.

**MEDIOCRE** adj. (lat. *mediocrem*). Mediano, intermedio: *una cosecha mediocre.* **2.** De inteligencia poco sobresaliente: *persona mediocre.*

**MEDIOCRIDAD** n. f. Calidad de mediocre.

**MEDIODÍA** n. m. Las doce de la mañana, hora en que el sol está en el punto más alto de su elevación sobre el horizonte. **2.** Espacio de tiempo más amplio que comprende las horas centrales del día. **3.** En los países y regiones del hemisferio norte, sur, punto cardinal. **4.** Territorio situado en la dirección de este punto o parte más cercana a él.

**MEDIOFONDISTA** n. m. y f. Atleta especializado en las pruebas de medio fondo.

**MEDIOMETRAJE** n. m. Película cinematográfica de duración comprendida entre 30 y 60 minutos.

**MEDIOPENSIONISTA** adj. y n. m. y f. Dícese del alumno que sigue el régimen de media pensión.

**MEDIR** v. tr. (lat. *metiri*) **[30]**. Determinar la longitud, extensión, volumen o capacidad de algo. **2.** Determinar la cantidad de una magnitud por comparación con otra que se toma como unidad: *medir la intensidad.* **3.** *Fig.* Igualar o comparar una actividad, aptitud, etc., con otra: *medir las fuerzas.* **4.** *Fig.* Reflexionar sobre ciertos aspectos de algo, especialmente ventajas o inconvenientes: *medir los pros y los contras de una cuestión.* ◆ v. tr. y pron. **5.** Contener o moderar: *medir las palabras; medirse en sus acciones.* ◆ v. intr. **6.** Tener determinada longitud, extensión, volumen o capacidad: *la casa mide ochenta metros cuadrados.* • **Medir con la mirada,** o **con los ojos,** examinar a alguien de arriba abajo, generalmente en forma reprensiva.

**MEDITABUNDO, A** adj. Que medita o reflexiona en silencio.

**MEDITACIÓN** n. f. Acción y efecto de meditar. **2.** TEOL. Oración mental, aplicación razonada del espíritu a las verdades religiosas.

**MEDITADOR, RA** adj. Que medita.

**MEDITAR** v. tr. (lat. *meditari*) **[1]**. Aplicar con atención el pensamiento a la consideración de una cosa. **2.** Discurrir con atención sobre los medios de conseguir algo.

**MEDITATIVO, A** adj. Propio de la meditación o referente a ella: *actitud meditativa.*

**MEDITERRÁNEO, A** adj. y n. (lat. *mediterraneum*). Relativo al Mediterráneo: *pueblos mediterráneos.* • **Clima mediterráneo,** tipo de clima característico de las regiones próximas al Mediterráneo, con veranos e inviernos suaves.

**MÉDIUM** n. m. y f. (lat. *medium*) [pl. *médium*]. Persona con poder de percibir realidades parasicológicas, y, en un sentido más estricto y más clásico, de percibir los mensajes de los espíritus.

**MEDO, A** adj. y n. Relativo a un pueblo del antiguo Irán, que, en el s. VII a. J.C., creó un imperio cuya capital era Ecbatana; individuo de este pueblo. (Su rey Ciaxares destruyó Assur en 614 a. J.C. y Nínive en 612. El persa Ciro II puso fin al poder de los medos [c. 550 a. J.C.].)

**MEDRAR** v. intr. **[1]**. Crecer los animales y plantas. **2.** *Fig.* Mejorar de fortuna o de posición.

**MEDRO** n. m. Acción y efecto de medrar.

**MEDROSO, A** adj. y n. Temeroso, pusilánime. ◆ adj. **2.** Que infunde o causa miedo.

**MÉDULA** o **MEDULA** n. f. (lat. *medullam*). Sustancia grasa que se halla en el conducto central de los huesos largos. (Se llama también *médula amarilla,* para distinguirla de la *médula ósea* o *roja,* contenida en los huesos esponjosos y que produce diversos glóbulos sanguíneos.) **2.** *Fig.* Meollo, fondo de una cosa. **3.** BOT. Tejido poco resistente situado en el centro de las raíces y de los tallos jóvenes. • **Médula espinal,** centro nervioso situado en el conducto raquídeo que transmite el influjo nervioso entre el cerebro, los órganos del tronco y las extremidades, así como ciertos reflejos.

**MEDULAR** adj. Relativo a la médula ósea o a la médula espinal. **2.** Que tiene el aspecto o la naturaleza de la médula: *sustancia medular.* • **Conducto medular,** canal axial de los huesos largos, lleno de médula amarilla. ‖ **Sustancia medular,** sustancia central de ciertos órganos.

**MEDULOSO, A** adj. BOT. Dícese de los órganos en cuyo interior se encuentra una especie de médula.

**MEDULOSUPRARRENAL** adj. y n. f. Dícese de una glándula endocrina formada por la parte medular de las cápsulas suprarrenales, que segrega la adrenalina.

**MEDUSA** n. f. (de *Medusa,* personaje mitológico). Forma libre de diversos grupos celentéreos, constituida por una sombrilla o disco (umbrela) contráctil cuyo borde lleva unos filamentos o tentáculos urticantes. (La boca, generalmente rodeada de brazos, se abre en el centro de la cara inferior. En cierto tipo de medusas, las glándulas genitales están contenidas en unas bolsas especiales situadas debajo de la umbrela. Algunas medusas pueden alcanzar 1 m de diámetro. En ciertas especies, la larva es un *pólipo* fijo en el fondo marino.)

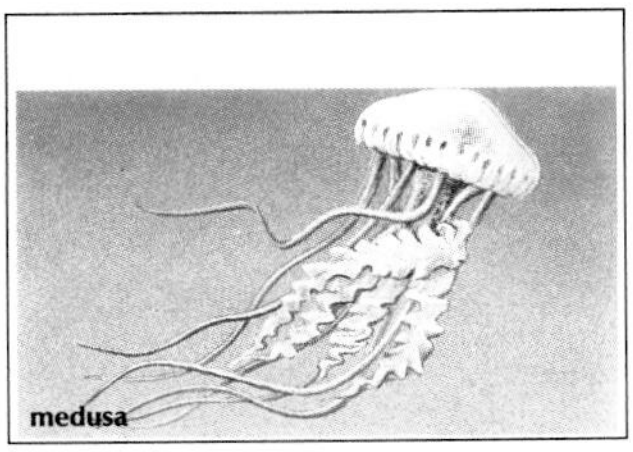


**MEFISTOFÉLICO, A** adj. (de *Mefistófeles,* personaje de la leyenda de Fausto). Diabólico, perverso: *una idea mefistofélica.*

**MEFÍTICO, A** adj. (lat. *mephiticum*). Irrespirable o maloliente.

**MEGA,** prefijo (símbolo M) que, colocado delante de una unidad, la multiplica por $10^6$.

**MEGA** n. m. INFORMÁT. Apócope de *megabyte,* unidad de información equivalente a $10^6$ bytes.

**MEGACARIOCITO** n. m. Célula gigante de la médula ósea, cuya fragmentación proporciona las plaquetas sanguíneas.

**MEGACICLO** n. m. **Megaciclo por segundo,** megahertzio.

**MEGACOLON** n. m. MED. Dilatación del intestino grueso, generalmente de origen congénito.

**MEGAFONÍA** n. f. Técnica que se ocupa de los aparatos e instalaciones precisos para aumentar el volumen del sonido. **2.** Conjunto de aparatos que, debidamente coordinados, aumentan el volumen del sonido en un recinto de gran capacidad.

**MEGÁFONO** n. m. Aparato con forma de bocina de gran tamaño usado para amplificar la voz cuando hay que hablar a distancia. **2.** Aparato que sirve para amplificar los sonidos registrados en los discos fonográficos o gramofónicos. **3.** Altavoz usado como aparato de difusión al aire libre, o en recintos de gran capacidad.

**MEGAHERTZIO** n. m. Unidad de frecuencia que vale un millón de hertzios.

**MEGALÍTICO, A** adj. Relativo a los megalitos (menhires, dólmenes, crómlechs). • **Cultura megalítica,** cultura neolítica originada a raíz del contacto de los técnicos y prospectores mineros del Mediterráneo oriental con la población de las costas de Almería. (*V. ilustración pág. 656.*)

**MEGALITISMO** n. m. Cultura megalítica.

**MEGALITO** n. m. Monumento formado por grandes bloques de piedra en bruto o ligeramente pulidos. (Los megalitos bretones fueron erigidos por poblaciones del neolítico y del calcolítico.)

**MEGALOCITO** n. m. BIOL. Glóbulo rojo de dimensiones mayores que la normal. SIN.: *macrocito.*

**MEGALOMANÍA** n. f. Sobreestimación de las propias capacidades físicas o intelectuales. **2.** SICOL. Idea delirante de grandeza.

**MEGALÓMANO, A** adj. y n. Que padece megalomanía.

**MEGÁRICO, A** adj. Relativo a la escuela de Megara; seguidor de dicha escuela.

**MEGARON** n. m. ARQUEOL. Gran sala rectangular y, más tarde, habitación principal con hogar en el centro, de la vivienda protohistórica (Anatolia, Grecia).

**MEGATÓN** n. m. Unidad que sirve para medir la potencia de un proyectil nuclear, comparando la energía producida por la explosión de este proyectil con la energía producida por la explosión de un millón de toneladas de trinitrotolueno.

la cultura **megalítica:** restos del poblado del yacimiento arqueológico de Los Millares (Almería)

**MEGATÓNICO, A** adj. Dícese de una carga nuclear igual o superior a un megatón.

**MEGAVATIO** n. m. Un millón de vatios (símbolo MW).

**MEHALA** n. f. En Marruecos, cuerpo del ejército regular.

**MEHARI** n. m. Raza de dromedarios domésticos, utilizada en África para la carrera rápida.

**MEIGO, A** n. (voz gallega). Brujo.

**MEIOSIS** n. f. Meyosis.

**MEJANA** n. f. Islote en un río.

**MEJICANISMO** n. m. Mexicanismo.

**MEJICANO, A** adj. y n. Mexicano.

**MEJILLA** n. f. (lat. *maxillam*). Conjunto de las partes blandas de la cara que contribuyen a formar la pared externa de la cavidad bucal.

**MEJILLÓN** n. m. (port. *mexilhão*). Molusco lamelibranquio comestible, de concha bivalva de color negruzco, que vive fijo en las rocas batidas por el mar o en los estuarios.

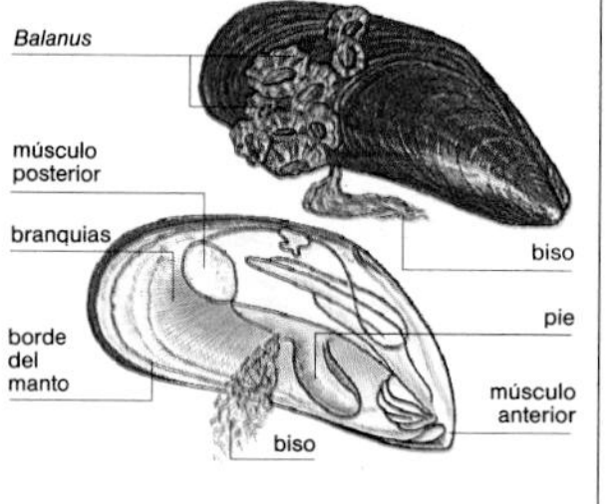


**mejillón:** vista exterior y anatomía

**MEJILLONERO, A** adj. Relativo a la cría de mejillones: *industria mejillonera.* ◆ adj. y n. **2.** Que se dedica a la cría de mejillones.

**MEJOR** adj. (lat. *meliorem*). Que es más bueno que aquello con lo que se compara: *esto es mejor que aquello.* **2.** Más conveniente, preferible: *es mejor que se vaya.* ◆ adv. m. **3.** De manera más conforme a lo bueno o lo conveniente: *ahora me tratan mejor.* • **A lo mejor** *(Fam.),* indica que algo no es seguro, aunque posible. ‖ **Mejor que mejor, mucho mejor** o **tanto mejor,** expresan satisfacción o aprobación intensa.

**MEJORA** n. f. Acción y efecto de mejorar. **2.** DER. Porción de los bienes que el testador deja a uno o varios de sus herederos, además de la legítima que le corresponde. ◆ **mejoras** n. f. pl. **3.** Gastos útiles y reproductivos que hace en propiedad ajena quien tiene respecto de ella algún derecho similar o limitativo del dominio, como la posesión, el usufructo, el arrendamiento.

**MEJORABLE** adj. Que se puede mejorar.

**MEJORAMIENTO** n. m. Mejora, acción y efecto de mejorar.

**MEJORANA** n. f. Planta herbácea de flores olorosas, de la familia labiadas, usada en medicina como antiespasmódica. SIN.: *mayorana.*

**MEJORAR** v. tr. (lat. *meliorare*) [**1**]. Hacer que algo sea mejor de lo que era: *mejorar la casa.* **2.** Poner mejor, hacer recobrar la salud a un enfermo. **3.** Pujar, aumentar el precio de una cosa. **4.** Superar, ser una persona o cosa mejor que otra. **5.** DER. Hacer o dejar una mejora en testamento. • **Mejorar el terreno** (TAUROM.), enmendar el sitio en que se empieza a verificar la suerte, para consumarla más ventajosa y eficazmente. ◆ v. intr. y pron. **6.** Restablecerse un enfermo. **7.** Ponerse el tiempo más favorable o benigno. **8.** Pasar a tener mejor posición social o económica. • **Mejorando lo presente,** expresión de cortesía que se dice cuando en presencia de alguien se alaba a otra persona.

**MEJORÍA** n. f. Acción y efecto de mejorar o mejorarse en una enfermedad o dolencia. **2.** Superioridad de una cosa respecto a otra.

**MEJUNJE** n. m. Bebida, cosmético o medicamento formado por la mezcla de diversos ingredientes.

**MELADO, A** adj. De color de miel: *cabellos melados.* ◆ n. m. **2.** En la fabricación del azúcar de caña, jarabe que se obtiene por evaporación del jugo purificado de la caña antes de concentrarlo al punto de cristalización.

**MELADURA** n. f. Melado ya preparado para hacer el azúcar.

**MELANCOLÍA** n. f. (lat. *melancholiam;* del gr. *melas, anos,* negro, y *kholē,* bilis). Propensión a la tristeza. **2.** Tristeza nostálgica y suave. **3.** SIQUIATR. Estado de depresión intensa, vivido con un sentimiento de dolor moral, y caracterizado por la inhibición de las funciones sicomotoras y el deseo de la muerte.

**MELANCÓLICO, A** adj. Relativo a la melancolía. ◆ adj. y n. **2.** Que tiene melancolía o es propenso a ella.

**MELANCOLIZAR** v. tr. y pron. [**1g**]. Entristecer, desanimar.

**MELANÉSICO, A** o **MELANESIO, A** adj. y n. De Melanesia. • **Lenguas melanésicas,** lenguas de la familia malayopolinesia habladas en Melanesia.

**MELÁNICO, A** adj. Relativo a la melanina.

**MELANINA** n. f. Pigmento pardo que da color a la piel, los cabellos y la coroides, del que las razas negras están ricamente provistas, mientras que los individuos albinos carecen de él.

**MELANOCITO** n. m. Célula de la base de la epidermis, que contiene melanina.

**MELANODERMIA** n. f. MED. Pigmentación parda de la piel, local o generalizada.

**MELANOHINDÚ** adj. y n. m. y f. Relativo a una raza humana cuyos componentes se caracterizan por el color oscuro, casi negro, de su piel, y por sus rasgos europidos; individuo de esta raza.

**MELANOMA** n. m. Nombre genérico de los tumores formados por células que forman o contienen la melanina.

**MELANOSIS** n. f. Acumulación de melanina en los tejidos. **2.** Enfermedad de la vid.

**MELAR** adj. Dícese de ciertas variedades de frutos de sabor dulce o más dulce que otros de la misma especie.

**MELAR** v. intr. [**1j**]. Dar la segunda cochura al zumo de la caña en los ingenios de azúcar, hasta que toma la consistencia de la miel.

**MELATONINA** n. f. Amina presente en la epífisis, donde ejerce el papel de hormona.

**MELAZA** n. f. Jarabe denso y viscoso, no cristalizable, que queda de la fabricación del azúcar cristalizado a partir de la remolacha o de la caña de azúcar, usado para la alimentación del ganado.

**MELCOCHA** n. f. Miel proveniente del azúcar a la que se ha sometido a un tratamiento. **2.** Cualquier tipo de pasta preparada con esta miel.

**MELÉ** n. f. (fr. *mêlée,* mezclada). En rugby, fase del juego en la que, a continuación de una falta, los delanteros de cada equipo se colocan cara a cara y, empujándose, tratan de apoderarse del balón, que ha sido lanzado entre ellos.

**melé**

**MELENA** n. f. Cabello suelto que cuelga sobre los hombros. **2.** Crin del león. • **Andar a la melena** *(Fam.),* reñir o discutir acaloradamente. ◆ **melenas** n. f. pl. **3.** Cabello enredado y desarreglado.

**MELENA** n. f. (gr. *melaina,* negra). MED. Pérdida de sangre alterada, por vía rectal.

**MELENO** adj. TAUROM. Dícese del toro que en su testuz, y cayéndole sobre la frente, tiene un mechón de pelo.

**MELENUDO, A** adj. De cabello largo y abundante.

**MELERO, A** adj. **Hierba melera,** planta herbácea de la península Ibérica, con flores grandes, de color rojo, que florecen en primavera y verano. (Familia labiadas.) ◆ n. m. **2.** Lugar especialmente dispuesto para realizar las labores de extracción de la miel, y en el que se guarda ésta.

**MELGA** n. f. *Amér.* Amelga.

**MELGAR** n. m. Campo abundante en mielgas.

**MÉLICO, A** adj. Relativo al canto. **2.** LIT. Dícese de la poesía lírica griega, y, especialmente, de la poesía coral.

**MELIFICACIÓN** n. f. Acción y efecto de melificar.

**MELIFICADOR** n. m. *Chile.* Cajón de lata con tapa de vidrio, para extraer la miel separada de la cera.

**MELIFICAR** v. intr. y tr. [**1a**]. Elaborar las abejas la miel.

**MELÍFICO, A** adj. (lat. *mellificum*). Que produce miel.

**MELIFLUIDAD** n. f. Calidad o condición de melifluo.

**MELIFLUO, A** adj. (lat. *mellifluum*). Que tiene miel o se parece a ella. **2.** *Fig.* Afectadamente amable: *una sonrisa meliflua.*

**MELILLENSE** adj. y n. m. y f. De Melilla.

**MELILOTO, A** adj. y n. Insensato, necio, bobo. ◆ n. m. **2.** Planta herbácea odorífera, de la familia papilionáceas, medicinal y forrajera.

**MELINDRE** n. m. Fruta de sartén, hecha con miel y harina. **2.** Pasta de mazapán, generalmente en forma de rosquilla, cubierta de azúcar. **3.** *Fig.* Delicadeza exagerada o afectada en el lenguaje o en los modales.

**MELINDREAR** v. intr. [**1**]. Hacer melindres en los ademanes o expresiones.

**MELINDRERÍA** n. f. Hábito o costumbre de melindrear.

**MELINDROSO, A** adj. y n. Que hace o es inclinado a hacer melindres.

**MELINITA** n. f. Explosivo a base de ácido pícrico.

**MELIOIDOSIS** n. f. Enfermedad infecciosa propia de los países del sureste asiático, que afecta principalmente a los roedores y puede transmitirse al hombre.

**MELIORATIVO, A** adj. Que mejora o sirve para mejorar.

**MELISA** n. f. Planta herbácea de la familia labiadas, antiespasmódica y digestiva. SIN.: *cidronela, toronjil.*

**MELISANA** n. f. Licor obtenido mediante la infusión de melisa en aguardiente, empleado como antiespasmódico y estimulante.

**MELISMA** n. m. (gr. *melismos,* trino). MÚS. Grupo de notas de valores breves, que sustituyen una nota larga.

**MELISMÁTICO, A** adj. Relativo al melisma.

**MELITO** n. m. (gr. *melition,* hidromiel). Medicamento preparado con miel.

**MELITOCOCIA** n. f. Brucelosis.

**MELLA** n. f. Rotura o hendidura en el filo de un arma o herramienta o en el borde de un objeto. **2.** Hueco que deja una cosa en el lugar que ocupaba. **3.** *Fig.* Merma, menoscabo. • **Hacer mella,** producir impresión en el ánimo acontecimientos o palabras.

**MELLADO, A** adj. Falto de uno o más dientes.

**MELLADURA** n. f. Mella.

**MELLAR** v. tr. y pron. **[1]**. Hacer mellas. **2.** *Fig.* Mermar o menoscabar una cosa no material: *mellar la salud.*

**MELLIZO, A** adj. y n. Gemelo, cada uno de los hermanos nacidos en un mismo parto.

**MELLOCO** n. m. Planta arbustiva de los parajes fríos de la sierra ecuatoriana, que presenta tubérculos feculentos comestibles. (Familia baseláceas.) **2.** Tubérculo de esta planta.

**MELLÓN** n. m. Haz de paja.

**MELOCOTÓN** n. m. (lat. *malum cotonium,* membrillo). Fruto del melocotonero. SIN.: *pérsico.*

**MELOCOTONAR** n. m. Terreno plantado de melocotoneros.

**MELOCOTONERO** n. m. Planta arbórea originaria de Asia, de flores rosadas y fruto en drupa, el melocotón. (Familia rosáceas.) SIN.: *pérsico.*

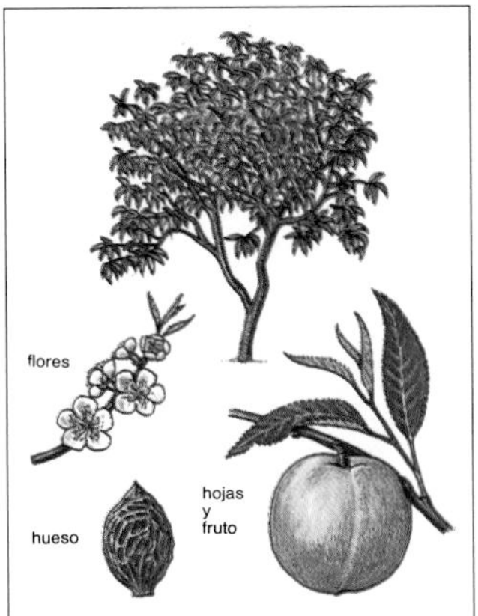

melocotonero

**MELODÍA** n. f. (lat. *melodiam*). Sucesión de sonidos musicales de altura variable. **2.** Serie de sonidos ordenados en una estructura unitaria que al poder ser percibida globalmente forman un motivo.

**MELÓDICO, A** adj. Relativo a la melodía.

**MELODIOSO, A** adj. Dulce y agradable al oído.

**MELODISTA** n. m. y f. Persona hábil en componer melodías. **2.** Partidario de que la melodía es parte esencial en una composición musical.

**MELODRAMA** n. m. Composición teatral íntegramente puesta en música y cantada. **2.** Obra dramática en la que la voz declama y es sostenida por un acompañamiento musical. **3.** Obra dramática que trata de conmover al auditorio por la violencia y el acusado sentimentalismo de las situaciones.

**MELODRAMÁTICO, A** adj. Relativo al melodrama. **2.** Exageradamente patético: *situación melodramática.*

**MELOJO** n. m. Planta arbórea, parecida al roble albar, de la familia fagáceas.

**MELOMANÍA** n. f. Calidad de melómano.

**MELÓMANO, A** n. Persona muy aficionada a la música.

**MELÓN** n. m. Planta de tallo tendido y grueso, cuyo pesado fruto es una pepónide de carne jugosa y dulce, de color amarillento o rojizo. (Familia cucurbitáceas.) **2.** Fruto de esta planta. **3.** *Fig.* Persona inepta, boba. • **Melón de agua,** sandía.

melones

**MELONADA** n. f. *Fig.* y *fam.* Bobada. **2.** *Cuba* y *Méx.* Torpeza, bellaquería.

**MELONAR** n. m. Terreno sembrado de melones.

**MELONCILLO** n. m. Subespecie de mangosta común que vive en Andalucía. **2.** Ave paseriforme que vive en Australia. (Familia melifágidos.)

**MELONERO, A** n. Persona que cultiva o vende melones.

**MELOPEA** n. f. Término con que los griegos designaban la utilización, para el logro de una creación artística, de todos los elementos constitutivos de la melodía. **2.** Canto monótono. **3.** Melopeya. **4.** *Fam.* Borrachera, efecto de emborracharse.

**MELOPEYA** n. f. (gr. *melopoiia,* de *melos,* música, y *poieō,* hacer). Arte de producir melodías. **2.** Entonación rítmica dada al recitado.

**MELOSIDAD** n. f. Calidad de meloso. **2.** Materia melosa. **3.** *Fig.* Dulzura, suavidad.

**MELOSILLA** n. f. Enfermedad de la encina que hace caer las bellotas.

**MELOSO, A** adj. (lat. *mellosum*). Semejante a la miel: *color meloso.* **2.** *Fig.* Blando, dulce: *carne melosa.* **3.** *Fig.* Empalagoso, melifluo: *voz melosa.*

**MELOTE** n. m. Último residuo de azúcar después de cocer el guarapo.

**MELQUITA** n. m. y f. y adj. Nombre dado por los monofisitas a los cristianos de Siria y Egipto que aceptaron las decisiones del concilio de Calcedonia (451). [Las Iglesias melquitas se separaron de occidente al producirse el cisma de Miguel Cerulario (1054), pero una fracción de ellas se reintegró a la Iglesia romana en el s. XVIII.]

**MELVA** n. f. Pez de unos 60 cm de long., de cuerpo oblongo y pedúnculo caudal delgado, que vive en los mares cálidos y templados. (Familia escómbridos.)

**MEMADA** n. f. *Fam.* Memez.

**MEMBRANA** n. f. (lat. *membranam*). Lámina delgada de un material elástico y resistente. **2.** ANAT. Estructura anatómica e histológica, dispuesta en forma de fina hoja o capa, que delimita un espacio. **3.** BIOL. Lámina delgada y flexible, de tejido animal o vegetal, que envuelve ciertos órganos, o bien absorbe, exhala o segrega ciertos fluidos. **4.** FÍS. Lámina de materia porosa que, colocada entre dos fluidos, permite que a su través se realicen intercambios entre los mismos. **5.** TELECOM. Lámina metálica delgada que transforma las vibraciones sonoras en modulaciones de corriente, o viceversa. • **Falsa membrana,** tejido anormal que se desarrolla sobre las mucosas a consecuencia de ciertas inflamaciones. ‖ **Membrana semipermeable** (FÍS.), membrana que permite el paso de ciertas sustancias, a la vez que impide el de otras.

**MEMBRANOSO, A** adj. Que tiene la naturaleza de una membrana.

**MEMBRETE** n. m. Nombre, dirección o título de una persona o entidad, que va impreso en la parte superior del sobre o papel que se emplea para la correspondencia.

**MEMBRILLAR** n. m. Terreno plantado de membrillos.

**MEMBRILLERO** n. m. Membrillo, árbol.

**MEMBRILLETE** n. m. *Perú.* Planta silvestre de hoja parecida a la del membrillo.

**MEMBRILLO** n. m. Árbol frutal oriundo de Asia, que produce unos frutos amarillos, muy aromáticos, de carne áspera y granular. (Familia rosáceas.) **2.** Fruto de este árbol. **3.** Codoñate, dulce de membrillo.

membrillo

**MEMBRUDO, A** adj. Robusto, forzudo.

**MEMELA** n. f. *Méx.* Tortilla de maíz grande, gruesa y ovalada que se sirve con salsa y queso.

**MEMENTO** n. m. (voz latina, *acuérdate*). LITURG. Nombre de dos oraciones de la antigua liturgia de la misa, que empezaban con esta palabra: *memento de vivos; memento de difuntos.*

**MEMENTO MORI** loc. (voces lat., *recuerda que has de morir*). Calavera ante la que meditaban los ascetas. (Los memento mori como signo artístico estuvieron especialmente de moda en el barroco.)

**MEMEZ** n. f. Calidad de memo. **2.** Acción propia de un memo.

**MEMO, A** adj. y n. Necio, bobo.

**MEMORABLE** adj. (lat. *memorabilem*). Digno de ser recordado o que deja un recuerdo duradero.

**MEMORANDO** n. m. Memorándum.

**MEMORÁNDUM** n. m. (lat. *memorandum*) [pl. *memorándum* o *memorándums*]. Cuadernito en que se anota lo que se quiere recordar. **2.** Nota diplomática que contiene la exposición sumaria del estado de una cuestión. **3.** Informe o comunicación en que se exponen hechos o razones para que se tengan en cuenta en determinados asuntos. **4.** *Chile.* Papel con membrete. **5.** *Chile.* Sección de los periódicos en que se anuncian ciertos servicios públicos.

**MEMORAR** v. tr. y pron. **[1]**. Recordar una cosa.

**MEMORATIVO, A** adj. Conmemorativo.

**MEMORIA** n. f. (lat. *memoriam*). Función general gracias a la cual el hombre almacena, conserva y posteriormente reactualiza o utiliza informaciones que se le han presentado durante su existencia. **2.** Capacidad de repetir lo previamente aprendido: *tener buena memoria.* **3.** Recuerdo: *ofreció un donativo en memoria de su marido.* **4.** Estudio, disertación o resumen general escrito sobre las actividades de una institución o sobre una materia. **5.** INFORMÁT. Dispositivo electrónico capaz de almacenar información y restituirla a petición del usuario. **6.** SIQUIATR. Evocación espontánea de recuerdos. • **Ayuda memoria** *(Argent.),* escrito breve o apunte del que se vale un expositor para recordar algunos datos o la organización general de lo que va a decir. ‖ **De memoria,** reteniendo en ella puntualmente lo aprendido u oído. ‖ **Hacer memoria,** esforzarse por recordar algo; recordar, citar. ‖ **Venir a la memoria** una cosa, ser recordada súbitamente. ◆ **memorias** n. f. pl. **7.** Saludo afectuoso que se envía a un ausente por medio de una tercera persona. **8.** Obra autobiográfica en la que se evocan vivencias del autor.

**MEMORIAL** n. m. Libro o cuaderno en que se apunta una cosa para un fin. **2.** Escrito en que se pide una gracia, alegando los méritos en que se funda la petición. **3.** Boletín o publicación oficial de algunas colectividades. **4.** LITURG. Acto que hace presente por el rito un hecho salvífico obrado por Dios en otro tiempo: *la eucaristía es el memorial de la muerte y resurrección de Cristo.* • **Memorial ajustado** (DER.), extracto de lo actuado en un pleito o causa.

**MEMORIALESCO, A** adj. Relativo al memorial.

**MEMORIALISTA** n. m. y f. El que tiene por oficio escribir memoriales y otros documentos.

**MEMORIÓN, NA** adj. y n. *Desp.* Que tiene muy buena memoria.

**MEMORISMO** n. m. Abuso de la memoria en el proceso de aprendizaje.

**MEMORÍSTICO, A** adj. Dícese de la enseñanza, conocimiento, etc., realizado sólo con la memoria.

**MEMORIZACIÓN** n. f. Trabajo de la memoria o acción de fijar metódicamente algo en la memoria.

**MEMORIZAR** v. tr. **[1g]**. Aprender de memoria. **2.** Registrar datos en una memoria.

**MENA** n. f. Parte del filón o criadero que contiene minerales útiles en proporción notable y que requieren una elaboración para ser utilizados por la industria. (La mayor parte de las menas son óxidos [bauxita y limonita], sulfuros [galena y cinabrio], carbonatos [malaquita] o silicatos [garnierita].) **2.** Mineral beneficiable, aunque no sea metalífero.

**MÉNADE** n. f. Compañera de Dioniso. **2.** Mujer consagrada a los misterios de este dios. **3.** *Fig.* Mujer furiosa y frenética.

**MENAJE** n. m. (fr. *ménage*). Conjunto de muebles, utensilios y ropas de la casa.

**MENAR** v. tr. **[1]**. Dar vueltas a la cuerda en el juego de la comba.

**MENARQUÍA** n. f. Inicio de la menstruación. SIN.: *menarca.*

**MENCHEVIQUE** n. m. y f. y adj. (del ruso *menchevik,* minoritario). HIST. Miembro de la fracción minoritaria del Partido obrero socialdemócrata ruso, que se enfrentó, a partir de 1903, a los bolcheviques.

**MENCIÓN** n. f. (lat. *mentionem*). Acción y efecto de nombrar o citar una persona o cosa. • **Hacer mención,** mencionar. ‖ **Mención honorífica,** en los concursos, honor que se concede a una obra de mérito, no premiada.

**MENCIONAR** v. tr. **[1]**. Decir el nombre de una persona o cosa o aludir a ellos en el curso de una conversación, escrito, etc.

**MENDA** pron. Se usa para designarse a sí mismo el que habla: *menda no quiere irse de aquí.*

**MENDACIDAD** n. f. (lat. *mendacitatem*). Hábito o costumbre de mentir. **2.** Mentira descarada.

**MENDAZ** adj. y n. m. y f. Mentiroso.

**MENDÉ,** pueblo de Sierra Leona, que habla una lengua del grupo mandingo.

**MENDELEVIO** n. m. (de D. I. *Mendeléiev,* químico ruso). QUÍM. Elemento transuránico (Mv), núm. 101.

**MENDELIANO, A** adj. Relativo a Mendel o al mendelismo.

**MENDELISMO** n. m. Teoría derivada de los trabajos de Mendel, relativa a la transmisión de ciertos caracteres hereditarios y resumida en las leyes de Mendel. (El mendelismo condujo a la teoría cromosómica de la herencia y a la noción de gen.)

**MENDICANTE** adj. y n. m. y f. Que mendiga o pide limosna. ◆ adj. **2. Órdenes mendicantes,** órdenes religiosas fundadas o reorganizadas en el s. XIII, que hacían profesión de pobreza absoluta. (Las cuatro más antiguas son: los carmelitas, los franciscanos, los dominicos y los agustinos.)

**MENDICIDAD** n. f. Estado y situación de mendigo. **2.** Acción de mendigar.

**MENDIGANTE, A** adj. y n. m. y f. Mendigo.

**MENDIGAR** v. tr. e intr. (lat. *mendicare*) **[1b]**. Pedir limosna. ◆ v. tr. **2.** *Fig.* Solicitar o pedir algo humillándose: *mendigar un favor.*

**MENDIGO, A** n. Persona que vive habitualmente de pedir limosna.

**MENDOCINO, NA** adj. De la ciudad argentina o de la provincia de Mendoza.

**MENDRUGO** n. m. Pedazo de pan duro o desechado. ◆ adj. y n. m. **2.** *Fam.* Tonto, zoquete.

**MENEADO, A** adj. TAUROM. Dícese del toro que ha sido corrido en encierros y corrales antes de lidiarse.

**MENEADOR, RA** adj. y n. Que menea.

**MENEAR** v. tr. y pron. **[1]**. Mover o agitar una cosa de una parte a otra: *el perro meneaba la cola.* ◆ v. tr. **2.** *Fig.* Hacer gestiones para resolver algo. ◆ **menearse** v. pron. **3.** Moverse, hacer con prontitud y diligencia una cosa, y especialmente andar de prisa.

**MENEGILDA** n. f. *Fam.* Criada de servicio doméstico.

**MENEO** n. m. Acción y efecto de menear o menearse. **2.** *Fig.* y *fam.* Vapuleo.

**MENESTER** n. m. (lat. *ministerium,* servicio). Falta o necesidad de algo: *es menester que digas la verdad.* **2.** Ocupación, trabajo o algo que alguien necesita hacer: *se sirve de ti para los menesteres más desagradables.* ◆ **menesteres** n. m. pl. **3.** Necesidades fisiológicas. **4.** *Fam.* Utensilios necesarios para ciertos usos u oficios.

**MENESTEROSO, A** adj. y n. Que carece de algo, especialmente de lo necesario para su subsistencia.

**MENESTRA** n. f. (ital. *minestra*). Guiso de verduras generalmente mezcladas con trozos de carne o jamón. **2.** Legumbre seca. (Suele usarse en plural.)

**MENESTRAL, LA** n. (lat. *ministerialem*). Artesano.

**MENESTRALÍA** n. f. Cuerpo o conjunto de menestrales.

**MENESTRETE** n. m. MAR. Especie de tenazas que se usaban para sacar las cabezas de los clavos de los tablones.

**MENFITA** adj. y n. m. y f. De Menfis.

**MENGALA** n. f. *Amér. Central.* Mujer del pueblo soltera y joven.

**MENGANO, A** n. Una persona cualquiera: *siempre están cotilleando: que si fulana esto, que si mengana lo otro.*

**MENGUA** n. f. Acción y efecto de menguar. **2.** Falta que padece una cosa para estar cabal y perfecta. **3.** *Fig.* Descrédito, deshonra. **4.** HIDROL. Acción de las aguas que descienden **5.** HIDROL. Cantidad en que han decrecido: *la mengua de un río.*

**MENGUADO, A** adj. y n. Cobarde, pusilánime. **2.** Tonto, necio. ◆ n. m. **3.** En las labores de punto, cada uno de los puntos que se menguan.

**MENGUANTE** adj. Que mengua: *cuarto menguante.* ◆ n. f. **2.** Estiaje de los ríos o arroyos. • **Menguante de la Luna** (ASTRON.), período durante el cual decrece el disco iluminado, desde la Luna llena hasta la Luna nueva.

**MENGUAR** v. intr. (lat. *minuare*) **[1c]**. Disminuir o irse empequeñeciendo una cosa: *sus fuerzas menguaban día a día.* **2.** En las labores de punto, ir disminuyendo en cada hilera el número de puntos. **3.** ASTRON. Disminuir la parte iluminada de la Luna.

**MENGUE** n. m. *Fam.* Diablo.

**MENHADEN** n. m. Pez muy abundante en el golfo de México, del que se aprovecha la grasa. (Familia clupeidos.)

**MENHIR** n. m. (fr. *menhir*). Monumento megalítico formado por un bloque de piedra hincado verticalmente en el suelo.

**menhires** de Carnac (Morbihan, Francia)

**MENIANTO** n. m. Planta acuática de hojas trifoliadas y pétalos rosados y soldados.

**MENINGE** n. f. Cada una de las tres membranas (*piamadre, aracnoides* y *duramadre*) que rodean los centros nerviosos.

**MENÍNGEO, A** adj. Relativo a las meninges: *arterias meníngeas.*

**MENINGIOMA** n. f. Tumor que se desarrolla a partir de las meninges.

**MENINGÍTICO, A** adj. Relativo a las meningitis; afecto de esta enfermedad.

**MENINGITIS** n. f. Enfermedad microbiana o viral que provoca la inflamación de las meninges y se traduce por la rigidez de la nuca, cefaleas y vómitos.

**MENINGOCOCO** n. m. Variedad de diplococo responsable de la meningitis cerebroespinal.

**MENINGOENCEFALITIS** n. f. Inflamación simultánea del encéfalo y las meninges.

**MENINO, A** n. (voz portuguesa, *niño*). En la corte española, miembro de la nobleza que desde niño entraba al servicio de la familia real.

**MENISCECTOMÍA** o **MENISCOTOMÍA** n. f. Extirpación quirúrgica de un menisco articular.

**MENISCITIS** n. f. Inflamación de un menisco articular.

**MENISCO** n. m. (gr. *mēniskos,* luna pequeña). Lente convexa por un lado y cóncava por el otro: *menisco convergente, divergente.* **2.** Superficie curva que se forma en el extremo superior de una columna de líquido contenida en un tubo. **3.** ANAT. Lámina cartilaginosa situada entre los huesos en ciertas articulaciones, como la rodilla.

**MENNONITA** o **MENONITA** n. m. y f. HIST. Miembro de una secta anabaptista fundada por el reformador neerlandés Menno Simonsz, en la actualidad extendida sobre todo por América.

**MENOLOGIO** n. m. (gr. *menologion,* libro de los meses). Libro litúrgico de la Iglesia griega, que corresponde al martirologio latino.

**MENOPAUSIA** n. f. Cese de la ovulación en la mujer, caracterizado por la detención definitiva de la menstruación. **2.** Época en que se produce.

**MENOPÁUSICO, A** adj. y n. f. Relativo a la menopausia; mujer que está en este período de la vida.

**MENOR** adj. (lat. *minorem*). Que tiene menos cantidad que otra cosa de la misma especie: *nuestro hijo es menor que el vuestro.* (Se usa como comparativo y, precedido del artículo determinado, como superlativo relativo.) **2.** Menos intenso: *tu responsabilidad será menor si no firmas el documento.* **3.** MÚS. Dícese de un acorde, de una escala, de un intervalo o de un modo cuya tercera se compone de un tono y un semitono. • **Comercio al por menor,** compra de mercancías al por mayor para su posterior venta, en pequeñas cantidades, a los consumidores directamente. ‖ **Menor que** (MAT.), signo matemático (<) que, colocado entre dos cantidades, indica que es menor la primera que la segunda. ‖ **Premisa menor** (LÓG.), segunda de las premisas de un silogismo, que tiene por sujeto el término que sirve de sujeto a la conclusión y por atributo el término medio. ‖ **Verso de arte menor,** verso de dos a ocho sílabas y que sólo lleva un acento rítmico. ◆ adj. y n. m. y f. **4.** Dícese de las personas que no han alcanzado la edad que la ley establece para gozar la plena capacidad jurídica.

**MENORQUÍN, NA** adj. y n. De Menorca. ◆ n. m. **2.** Subdialecto balear.

**MENORRAGIA** n. f. MED. Hemorragia menstrual de intensidad superior a la normal.

**MENORRÁGICO, A** adj. Relativo a la menorragia.

**MENOS** adv. (lat. *minus*). Denota menor cantidad numérica o menor intensidad de las cualidades y acciones: *tengo menos dinero que antes; su amiga es menos simpática que ella.* **2.** Denota idea opuesta a la de preferencia: *menos quiero perder la honra que el caudal.* • **A menos que,** introduce una salvedad a lo dicho antes: *no iré a menos que me acompañes.* ‖ **Al, a lo, lo, cuando** o **por lo menos,** como mínimo: *al menos tenía cuatro perros.* ‖ **De menos,** expresa falta de la cantidad que se indica para llegar a la debida: *en la carnicería me han dado cien gramos de menos.* ‖ **En menos,** en menor grado o cantidad: *llegó en menos tiempo del previsto.* ‖ **Nada menos,** expresión enfatizante:

*me debe diez mil duros nada menos.* || **Ni mucho menos,** expresión con que se niega rotundamente algo: *no le debo nada, ni mucho menos.* ◆ prep. **3.** Excepto: *vinieron todos menos el hijo menor.* ◆ pron. indef. **4.** Cuantitativo invariable: *mucho menos dinero.* ◆ n. m. **5.** Signo (–) de la sustracción: 5 — 3 = 2.

**MENOSCABADOR, RA** adj. Que menoscaba.

**MENOSCABAR** v. tr. y pron. **[1]**. Mermar una cosa quitándole una parte. **2.** *Fig.* Estropear o quitar realce a algo. **3.** *Fig.* Perjudicar, dañar a alguien.

**MENOSCABO** n. m. Acción y efecto de menoscabar.

**MENOSPRECIABLE** adj. Digno de menosprecio.

**MENOSPRECIADOR, RA** adj. y n. Que menosprecia.

**MENOSPRECIAR** v. tr. **[1]**. Tener una cosa o a una persona en menos de lo que merece: *menospreciar el valor del dinero.* **2.** Despreciar: *menosprecia a todo el mundo.*

**MENOSPRECIATIVO, A** adj. Que implica o denota menosprecio.

**MENOSPRECIO** n. m. Acción y efecto de menospreciar.

**MENOSTASIA** n. f. Retención de la menstruación de la mujer.

**MENSAJE** n. m. (provenz. *messatge*). Noticia o comunicación importante enviada a alguien: *la radio transmitía mensajes solicitando ayuda.* **2.** Recado, noticia: *recibí tu mensaje hace un rato.* **3.** DER. Comunicación oficial del poder legislativo al ejecutivo, o de una cámara a otra. **4.** INFORMÁT. Conjunto de datos destinados a ser transmitidos por teleproceso. **5.** SOCIOL. Sentido de una información transmitida por sus interlocutores, expresado a través de un código, normalmente no manifiesto. • **Mensaje de la corona,** en las monarquías constitucionales, discurso, redactado por el gobierno, que el rey, la reina o el regente lee ante las cámaras al comienzo de un período de sesiones, fijando las líneas generales de la política gubernamental.

**MENSAJERÍA** n. f. Transporte urbano de correos y paquetes, como empresa privada. **2.** Empresa que los tiene establecidos. (Suele usarse en plural.)

**MENSAJERO, A** adj. y n. Que lleva un mensaje. ◆ adj. **2.** Dícese de lo que anuncia la llegada de algo: *llegaron los primeros fríos mensajeros del invierno.* • **A.R.N. mensajero,** dícese del ácido ribonucleico en la medida en que ejerce una influencia genética determinante en las células de un organismo. ◆ n. **3.** Persona encargada de un transporte de mensajería urbana. **4.** Persona que lleva un recado o noticia a otra.

**MENSO, A** adj. *Méx.* Tonto, pesado, bobo.

**MENSTRUACIÓN** n. f. FISIOL. Eliminación periódica, acompañada de hemorragia, de la caduca uterina cuando no ha habido fecundación. (En la mujer, tiene su inicio en la *pubertad* y termina en la *menopausia.*) SIN.: *menstruo.*

**MENSTRUAL** adj. Relativo a la menstruación.

**MENSTRUAR** v. intr. **[1s]**. Realizar la menstruación.

**MENSTRUOSO, A** adj. Menstrual. ◆ adj. y n. f. **2.** Dícese de la mujer que está menstruando.

**MENSÚ** n. m. *Argent.* Peón rural.

**MENSUAL** adj. Que ocurre, se hace o aparece cada mes: *revista mensual.* ◆ n. m. **2.** *Argent.* y *Urug.* Peón contratado para realizar diversos trabajos en el campo.

**MENSUALIDAD** n. f. Sueldo o salario de un mes. **2.** Cantidad que se paga por meses: *debe dos mensualidades del colegio de los niños.*

**MENSUALIZAR** v. tr. **[1g]**. Ajustar una cosa a plazos mensuales: *mensualizar los pagos.*

**MÉNSULA** n. f. Repisa o apoyo para sustentar cualquier cosa. **2.** Elemento arquitectónico que sobresale de un plano vertical y se emplea como apoyo de algo. **3.** Parte en voladizo de las vigas de ciertos puentes.

**MENSURA** n. f. (voz latina). Medida.

**MENSURABILIDAD** n. f. GEOMETR. Aptitud de un cuerpo para ser medido.

**MENSURACIÓN** n. f. Medición. **2.** Medio de investigación empleado en medicina y en antropología para determinar ciertas dimensiones o para localizar ciertos puntos anatómicos.

**MENSURAL** adj. Que sirve para medir.

**MENSURAR** v. tr. **[1]**. Medir.

**MENTA** n. f. (lat. *mentam*). Planta aromática, de flores rosadas o blancas, utilizada en infusión por sus propiedades digestivas y estimulantes, y para aromatizar licores, caramelos, etc. (Familia labiadas.) ◆ **mentas** n. f. pl. **2.** *Argent.* En el lenguaje rural, fama, reputación. • **De mentas** *(Argent.),* en el lenguaje rural, de oídas.

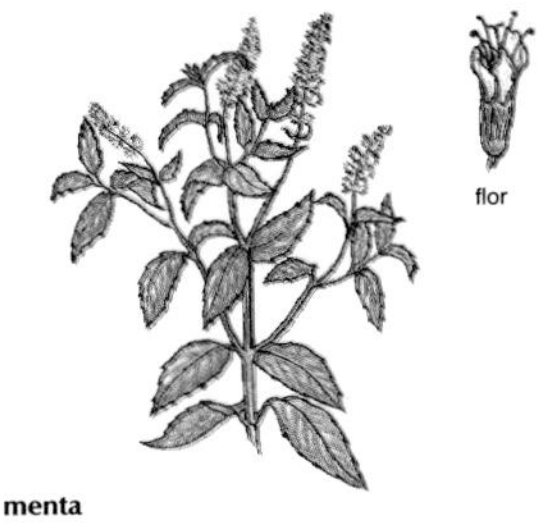

menta

**MENTADA** n. f. *Méx. Vulg.* Insulto: *de cada tres palabras que dice, dos son mentadas.* • **Ser una mentada de madre** *(Méx.),* ser insultante: *es una mentada de madre lo que recibe de sueldo.*

**MENTADO, A** adj. Que tiene fama, célebre, famoso.

**MENTAL** adj. Relativo a la mente: *enfermo mental.*

**MENTALIDAD** n. f. Disposición particular que tiene un individuo o una colectividad para pensar o enjuiciar los hechos.

**MENTALISMO** n. m. LING. Corriente de la lingüística teórica que hace del contenido el elemento determinante de la estructura de la lengua.

**MENTALIZAR** v. intr. y pron. **[1g]**. Adquirir o cimentar una idea.

**MENTAR** v. tr. **[1j]**. Nombrar o mencionar una cosa. ◆ v. intr. **2.** *Amér.* Apodar.

**MENTE** n. f. Entendimiento: *mente privilegiada.* **2.** Intención, propósito, voluntad: *no estaba en mi mente ofenderte.* **3.** Mentalidad: *mente maliciosa.*

**MENTECATERÍA** o **MENTECATADA** n. f. Calidad de mentecato. **2.** Acción propia de mentecato.

**MENTECATO, A** adj. y n. Dícese de las personas faltas de sensatez o buen sentido.

**MENTIDERO** n. m. *Fam.* Sitio donde se reúne la gente para hacer tertulia.

**MENTIDO, A** adj. Mentiroso, engañoso.

**MENTIR** v. intr. (lat. *mentiri*) **[22]**. Decir una mentira o mentiras: *mientes cuando dices que estabas allí; no soporto a las personas que mienten.* **2.** Inducir a error: *las esperanzas mienten.*

**MENTIRA** n. f. Cosa que se dice sabiendo que no es verdad con intención de engañar. **2.** *Fig.* y *fam.* Manchita blanca que suele aparecer en las uñas. • **Mentira piadosa,** la que se dice para no causar disgusto o tristeza a alguien.

**ménsulas**
(patio del palacio Fonseca, Salamanca)

**MENTIRIJILLA De mentirijillas,** por broma, para engañar, por juego.

**MENTIROSO, A** adj. y n. Que tiene costumbre de mentir. ◆ adj. **2.** Engañoso, fingido o falso: *siempre fue la palabra más mentirosa que la imprenta.*

**MENTÍS** n. m. (pl. *mentís*). Hecho o demostración que contradice o niega categóricamente un aserto: *el gobierno dio un rotundo mentís a la noticia.*

**MENTOL** n. m. Alcohol terpénico que se extrae de la esencia de menta.

**MENTOLADO, A** adj. Que contiene mentol.

**MENTÓN** n. m. (fr. *menton*). Barbilla o prominencia de la mandíbula inferior.

**MENTONERA** n. f. ARM. Pieza articulada en ambos lados de algunos cascos, que protegía la parte baja del rostro y se podía levantar hasta el frontal **2.** MÚS. Pequeña pieza de madera o materia plástica que se adapta a la base del violín, y sobre la que se apoya el mentón.

**MENTONIANO, A** adj. Relativo al mentón.

**MENTOR** n. m. Consejero o guía de otro. **2.** El que sirve de ayo.

**MENÚ** n. m. (fr. *menu*) [pl. menús]. Lista de los platos que componen una comida o que pueden pedirse en un restaurante. **2.** La comida que se toma. **3.** Comida a precio fijo que se sirve en un restaurante. **4.** INFORMÁT. Lista de opciones que aparecen en la pantalla de un ordenador, entre las cuales debe elegir el usuario.

**MENUDEAR** v. tr. **[1]**. Hacer una cosa repetidas veces: *desde hace unos días menudea sus visitas.* ◆ v. intr. **2.** Ocurrir o suceder una cosa con frecuencia: *aquel invierno menudearon las nevadas.* ◆ v. tr. e intr. **3.** *Chile* y *Colomb.* Vender al por menor.

**MENUDENCIA** n. f. Pequeñez e insignificancia de una cosa. **2.** Cosa de poco valor y estimación. **3.** Exactitud y cuidado con que se considera una cosa. ◆ **menudencias** n. f. pl. **4.** Menudillos de las aves.

**MENUDEO** n. m. Acción y efecto de menudear.

**MENUDILLO** n. m. En los cuadrúpedos, articulación entre la caña y la cuartilla. ◆ **menudillos** n. m. pl. **2.** Ovarios, hígado, molleja y otras vísceras de las aves.

**MENUDO, A** adj. De tamaño muy pequeño: *manos menudas.* **2.** Insignificante, de poca importancia: *la menuda realidad de las cosas.* **3.** Exacto, minucioso: *le hizo una menuda relación del material existente.* **4.** Se emplea en frases de sentido ponderativo, tanto estimativo como despectivo: *menudo es él para estas cosas.* **5.** Aplicábase al dinero en monedas de poco valor. • **A menudo,** muchas veces, frecuentemente. ◆ n. m. **6.** *Méx.* Guiso que se prepara con estómago de res cocido en un caldo condimentado con especias y chile. ◆ **menudos** n. m. pl. **7.** Entrañas, manos y sangre de las reses que se matan. **8.** Menudillos.

**MEÑIQUE** adj. y n. m. Dícese del quinto dedo de la mano. ◆ adj. **2.** *Fam.* Muy pequeño.

**MEO** → ***miao.***

**MEOGUIL** n. m. *Méx.* Oruga que se cría en las pencas del maguey.

**MEOLLAR** n. m. MAR. Especie de cordel que se confecciona torciendo dos, tres o cuatro filásticas.

**MEOLLO** n. m. Masa nerviosa de la cavidad del cráneo o de la médula. **2.** Miga del pan. **3.** *Fig.* Sustancia, contenido o interés de algo: *el meollo de una cuestión.*

**MEOLLUDO, A** adj. Que tiene mucho meollo.

**MEÓN, NA** adj. y n. Que mea mucho o frecuentemente. ◆ n. **2.** *Fam.* Niño recién nacido.

**MEQUETREFE** n. m. y f. *Fam.* Persona entrometida, de poca importancia y de poco juicio.

**MERALGIA** n. f. Dolor localizado en el muslo.

**MERAR** v. tr. **[1]**. Mezclar un líquido con otro para aumentar su fuerza o para templarla, especialmente mezclar agua con vino.

**MERCA** n. f. *Fam.* Compra.

**MERCABILIDAD** n. f. Medida de la frecuencia con que un bien acostumbra a ser objeto de cambio en el mercado.

**MERCACHIFLE** n. m. y f. Buhonero. **2.** *Desp.* Mercader de poca importancia. **3.** *Fig.* y *desp.* Persona dominada por el mercantilismo.

**MERCADEAR** v. intr. [**1**]. Hacer trato o comercio de mercancías.

**MERCADEO** n. m. Acción y efecto de mercadear.

**MERCADER** n. m. y f. (cat. *mercader*). Persona que trata o comercia con géneros vendibles.

**MERCADERÍA** n. f. Mercancía.

**MERCADERIL** adj. Relativo al mercader.

**MERCADILLO** n. m. Mercado de pequeñas dimensiones en el que suelen venderse géneros baratos, generalmente en días determinados.

**MERCADO** n. m. (lat. *mercatum*). Contratación pública de mercancías en un sitio destinado al efecto y en días señalados. **2.** Lugar o edificio público destinado permanentemente, o en días señalados, a comprar, vender o permutar géneros y mercancías. **3.** Concurrencia de gente en un mercado: *el mercado se alborotó.* **4.** ECON. Ámbito que comprende a los consumidores y productores que normalmente tienen influencia sobre la formación del precio del bien objeto de cambio. • **Área de mercado,** territorio que gravita comercialmente en torno a un centro comercial. || **Economía de mercado,** tipo de organización de la actividad económica basada en un mercado constituido por centros económicos distintos ligados entre sí por relaciones de cambio. || **Estudios de mercado,** conjunto de técnicas de investigación empleadas para lograr un mejor conocimiento del mercado. || **Ley de mercados,** teoría económica atribuida a J. B. Say, según la cual los productos se canjean por productos, y los servicios, por servicios. || **Mercado común,** concierto de países entre los que se han establecido derechos arancelarios comunes frente a otros países. || **Mercado de capitales,** reunión de la oferta y demanda de capital y de toda clase de títulos financieros. || **Mercado de divisas,** conjunto de transacciones con monedas extranjeras que determinan los precios diarios de las divisas en función del resto de las monedas. || **Mercado de futuros,** mercado en el que se formalizan contratos de compraventa a unos precios fijados en el momento en que se acuerda la transacción para el suministro de bienes y activos financieros en una fecha futura. || **Mercado de trabajo,** conjunto de relaciones entre la oferta y la demanda de trabajo como factor productivo. || **Mercado exterior, mercado interior,** conjunto de operaciones de compra y venta que los productores de un país llevan a término con demandantes extranjeros o nacionales, respectivamente. || **Mercado global,** espacio económico producido por la interrelación existente entre los diferentes mercados nacionales, gracias a las nuevas tecnologías de la información y las comunicaciones que permiten reducir los costes de transacción y facilitan las operaciones en tiempo real. || **Mercado negro,** tráfico clandestino de divisas monetarias, mercancías no autorizadas o mercancías escasas, a precios superiores a los legales.

**MERCADOTECNIA** n. f. Marketing.

**MERCANCÍA** n. f. (ital. *mercanzia*). Acción de comerciar. **2.** Todo género vendible. **3.** *Fig.* Cosa que se hace objeto de trato o venta. **4.** Cuenta de activo representativa del valor de las mercancías adquiridas por la empresa para su posterior venta. **5.** Cosa material cuya producción, transformación, distribución, utilización o venta es motivo de la actividad y trato mercantil. **6.** Producto destinado a ser vendido sin transformación. **7.** Carga transportada por un buque, exceptuando la constituida por los efectos personales de la tripulación, las provisiones de a bordo, el combustible y otros artículos consumibles. • **Tren de mercancías,** el que se compone únicamente de vagones destinados al transporte de carga, por oposición a los trenes de viajeros y a los trenes mixtos.

**MERCANTE** adj. Mercantil. **2.** Relativo al comercio marítimo. **3.** Marina mercante → ***marina.*** ◆ adj. y n. m. **4.** Dícese del buque dedicado al transporte de mercancías y pasajeros. ◆ n. m. y f. **5.** Mercader.

**MERCANTIL** adj. Relativo al mercader, a la mercancía o al comercio. • **Derecho mercantil,** conjunto de normas jurídicas que regulan la actividad mercantil.

**MERCANTILISMO** n. m. Espíritu mercantil, especialmente aplicado a cosas que no deben ser objeto de comercio. **2.** HIST. Doctrina económica, elaborada en los ss. XVI y XVII tras el descubrimiento en América de minas de oro y plata, según la cual los metales preciosos constituyen la riqueza principal de los países, al tiempo que preconiza una política proteccionista.

**MERCANTILISTA** adj. y n. m. y f. Relativo al mercantilismo; partidario del mercantilismo. **2.** Experto en derecho mercantil.

**MERCANTILIZAR** v. tr. [**1g**]. Difundir el mercantilismo.

**MERCAPTANO** o **MERCAPTÁN** n. m. (lat. *mercurium captans,* que capta el mercurio). QUÍM. Compuesto de olor fétido, derivado de un alcohol en el que el oxígeno es remplazado por azufre. SIN.: *tiol.*

**MERCAR** v. tr. y pron. [**1a**]. *Fam.* Comprar.

**MERCED** n. f. Beneficio o favor que se hace a alguien gratuitamente. **2.** Voluntad o arbitrio de alguien: *estar a merced del amo.* **3.** Tratamiento de cortesía. **4.** HIST. Dádiva o gracia de empleos, dignidades o rentas que los reyes o señores concedían a sus vasallos. • **Merced a,** gracias a.

**MERCEDARIO, A** adj. y n. Relativo a la orden de santa María de la Merced, fundada por san Pedro Nolasco en Barcelona (1218) para la redención de cautivos; religioso de dicha orden.

**MERCENARIO, A** n. y adj. (lat. *mercenarium*). Soldado que sirve a un gobierno extranjero a cambio de un estipendio convenido. **2.** Persona que realiza cualquier trabajo por una retribución. **3.** Persona que sustituye a otra por el salario que le da.

**MERCERÍA** n. f. (cat. *merceria*). Tienda de artículos accesorios, generalmente de costura. **2.** Comercio de dichos artículos.

**MERCERIZACIÓN** n. f. (de *Mercer,* químico británico). Operación que consiste en impregnar los hilados o los tejidos de algodón, previamente tensados, con una solución de sosa cáustica para que resulten brillantes. SIN.: *mercerizado.*

**MERCERIZAR** v. tr. [**1g**]. Realizar una mercerización.

**MERCERO, A** n. (cat. *mercer*). Persona que comercia en mercería.

**MERCHANDISING** n. m. (voz inglesa). Función de la dirección comercial de una empresa que tiene por objeto el estudio y puesta en práctica de todo lo relativo a la presentación de un producto. **2.** Conjunto de productos (camisetas, mecheros, etc.) relativos a un artista, un grupo, una marca comercial, etc.

**MERCHANTE** n. m. y f. Comerciante que no tiene tienda fija.

**MERCROMINA** n. f. Mercurocromo.

**MERCURESCEÍNA** n. f. Mercurocromo.

**MERCURIAL** adj. Relativo al mercurio. ◆ n. f. **2.** Planta herbácea casi lampiña, de hojas lanceoladas, dentadas, y fruto en cápsula, que se utilizaba como purgante. (Familia euforbiáceas.)

**MERCURIAL** n. f. HIST. Documento que reproducía los precios de los productos vendidos en los mercados locales.

**MERCÚRICO, A** adj. Dícese del óxido de mercurio $HgO$ y de las sales del mercurio divalente.

**MERCURIO** n. m. Metal líquido de color blanco plateado (Hg), de número atómico 80 y de masa atómica 200,59, que se encuentra en las minas en estado nativo, pero principalmente en combinación con el azufre.

■ Único metal líquido a la temperatura ordinaria, es de color blanco y brillante; solidifica a —39 °C y hierve a 357 °C; su densidad, 13,6, es elevada. Disuelve numerosos metales (oro, plata) dando amalgamas. Es atacado por el cloro y el ácido nítrico. Puede ser monovalente (compuestos mercuriosos) o divalente (compuestos mercúricos), y también da compuestos organometálicos. Sus sales son tóxicas. Se emplea en los termómetros y en lámparas de vapor de mercurio. También se utiliza en medicina (antisépticos, antisifílis) y en agricultura (antiparásitos). La producción mundial de mercurio, en continuo descenso desde los años setenta, procede principalmente de Rusia, China, México y Argelia.

**MERCURIOSO, A** adj. Dícese del óxido de mercurio $Hg_2O$ y de las sales del mercurio monovalente.

**MERCUROCROMO** n. m. Antiséptico y colorante rojo, empleado en soluciones. SIN.: *mercuresceína.*

**MERDOSO, A** adj. Asqueroso, sucio.

**MERECEDOR, RA** adj. Que merece.

**MERECER** v. tr. [**2m**]. Hacerse digno de premio o de castigo. **2.** Lograr, conseguir. **3.** Tener cierta estimación o aprecio una cosa: *su obra merece el respeto de todos.* ◆ v. intr. **4.** Hacer méritos, ser digno de premio. • **Estar en edad de merecer,** encontrarse en edad de contraer matrimonio.

**MERECIDO** n. m. Castigo de que se juzga digno a uno: *tener su merecido.*

**MERECIMIENTO** n. m. Acción y efecto de merecer. **2.** Mérito.

**MERENDAR** v. intr. [**1j**]. Tomar la merienda. **2.** En algunas partes, comer al mediodía. ◆ v. tr. **3.** Comer en la merienda algo. ◆ **merendarse** v. pron. **4.** *Fig.* y *fam.* Lograr o disfrutar algo que se apetece: *merendarse un buen cargo.* **5.** *Fig.* y *fam.* Derrotar o dominar a otros en una disputa o competición.

**MERENDERO** n. m. Establecimiento público, situado en el campo o en la playa, donde se va a merendar o a comer, generalmente llevando la propia comida.

**MERENDOLA** o **MERENDONA** n. f. Merienda abundante celebrada como fiesta entre muchas personas.

**MERENGUE** n. m. Dulce elaborado con claras de huevo batidas y azúcar en polvo, cocido al horno. **2.** Persona empalagosa por lo dulce o amable. **3.** Baile nacional dominicano, de movimiento moderado, basado en la mazurca, el vals y otros bailes europeos. **4.** *Argent., Par.* y *Urug. Fig.* y *fam.* Lío, desorden, trifulca. **5.** *Dom.* Danza popular, conocida también en otros países. ◆ adj. y n. m. y f. **6.** Dícese de los jugadores y aficionados del club de fútbol Real Madrid.

**MERETRIZ** n. f. (lat. *meretricem*). Prostituta.

**MÉRGULO** n. m. Pájaro marino, parecido al pingüino, de unos 20 cm, que vive formando grandes colonias en los acantilados de las regiones árticas.

**MERICISMO** n. m. MED. Comportamiento patológico de rumiación de alimentos, primeramente deglutidos y después regurgitados y masticados sin parar.

**MERIDIANA** n. f. Diván. **2.** Siesta. • **Meridiana de un lugar** (ASTRON.), intersección del plano meridiano y del plano horizontal en un lugar dado.

**MERIDIANO, A** adj. (lat. *meridianum,* der. de *meridiem,* mediodía). Relativo a la hora del mediodía: *sombra meridiana.* **2.** *Fig.* Muy claro: *una verdad meridiana.* **3.** ASTRON. Dícese del plano que, en un lugar, comprende la vertical de este lugar y el ojo del mundo. ◆ n. m. **4.** Plano definido por la vertical local y el eje de rotación de la Tierra. SIN.: *plano meridiano.* **5.** Semicírculo máximo de la esfera celeste limitado por los polos y que pasa por el cenit de un lugar. **6.** En la superficie de la Tierra o de un astro cualquiera, lugar de los puntos que tienen la misma longitud. • **Meridiano magnético,** plano vertical que contiene la dirección del campo magnético terrestre. || **Primer meridiano,** meridiano de Greenwich que pasa por el antiguo observatorio, y en relación al cual se cuentan los grados de longitud. ◆ n. m. y adj. **7.** MAT. Sección de una superficie de revolución por un plano que pasa por el eje de esta superficie.

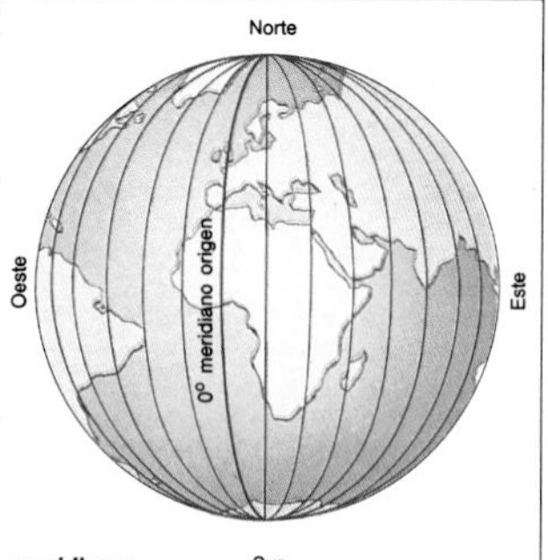

**meridianos**

**MERIDIONAL** adj. y n. m. y f. Relativo al mediodía y a las personas que habitan en él; persona que habita en estos países o regiones.

**MERIENDA** n. f. (lat. *merendam*). Comida ligera que se toma por la tarde. **2.** En algunas partes, comida que se toma al mediodía. **3.** *Ecuad.* Cena. •

**Merienda de negros** *(Fig.* y *fam.),* confusión y desorden; arreglo o reparto caprichoso o abusivo.

**MERILLO** n. m. Pez comestible, de unos 12 cm de long., que vive en los fondos arenosos y fangosos del Mediterráneo y del Atlántico oriental. (Familia serránidos.)

**MERINA,** pueblo autóctono de Madagascar.

**MERINDAD** n. f. Territorio que estaba bajo la jurisdicción de un merino. **2.** Cargo de merino. **3.** Distrito con una villa importante que defendía los intereses de los pueblos de su demarcación.

**MERINO** n. m. (lat. *maiorinum,* perteneciente a la especie mayor). Oficial público que se hallaba encargado de la administración económica, financiera y judicial de un territorio.

**MERINO, A** adj. y n. m. Dícese de una raza de carneros de tamaño ligeramente mayor al normal, de cuerpo cubierto de lana fina y rizada, muy apreciada.

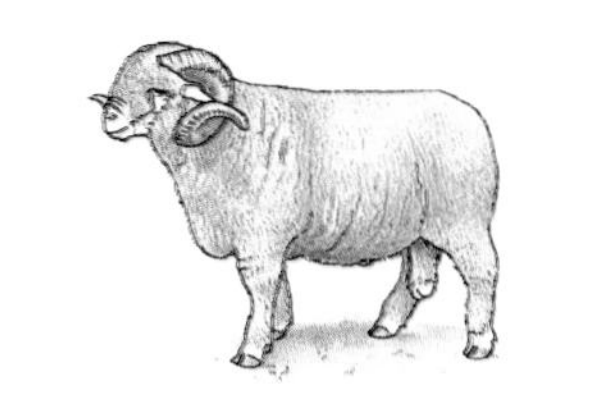

carnero de raza **merina**

**MERISTEMA** n. m. Tejido vegetal formado por células indiferenciadas en las que se producen divisiones rápidas y numerosas, situado en las regiones de crecimiento de la planta.

**MERITÍSIMO, A** adj. Muy digno.

**MÉRITO** n. m. (lat. *meritum*). Aquello que hace a alguien digno de aprecio o de recompensa: *obtener muchos méritos.* **2.** Aquello que da valor a algo: *este trabajo tiene mérito.* • **De mérito,** notable, recomendable. ‖ **Hacer méritos,** tratar de merecer o conseguir algo realizando ciertas acciones. ‖ **Mérito del proceso** (DER.), conjunto de pruebas y razones que resultan de él, y que sirven al juez para dar su fallo.

**MERITORIO, A** adj. Digno de premio. ◆ n. **2.** Persona que trabaja sin sueldo, para hacer méritos, a fin de obtener el mismo puesto retribuido. **3.** Aspirante administrativo.

**MERLÁN** n. m. Pez de las costas de Europa occidental, que mide entre 20 y 40 cm de long., con tres aletas dorsales y dos anales, objeto de activa pesca por su carne tierna y ligera. (Familia gádidos.)

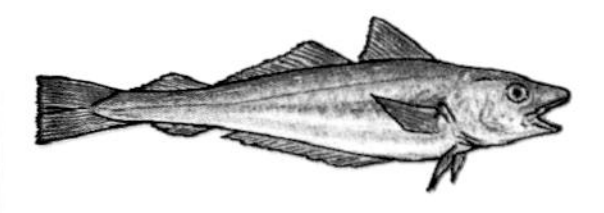

**merlán**

**MERLETA** n. f. HERÁLD. Figura que representa un ave sin pico ni patas, vista de perfil y con la cabeza girada a la derecha.

**MERLÍN** n. m. (neerlandés *meerling*). MAR. Cabo delgado alquitranado, de unos 10 mm de mena, formado por tres cordones de cáñamo fino, que se emplea para cosiduras.

**MERLO** n. m. Pez marino, de unos 20 cm de long. y color azul intenso, que vive en el Mediterráneo y en el Atlántico. (Familia lábridos.)

**MERLÓN** n. m. (ital. *merlone*). Cada uno de los lienzos de parapeto que hay entre dos troneras o aspilleras.

**MERLUZA** n. f. Pez comestible, que mide de 30 a 80 cm de long., de cuerpo fusiforme y alargado, con la parte dorsal gris y aletas de radios blandos. (Familia gádidos.) **2.** *Fig.* y *fam.* Borrachera, embriaguez.

**MERMA** n. f. Acción y efecto de mermar. **2.** Porción que se consume naturalmente o se sustrae de una cosa: *la merma de los bienes.* **3.** Depreciación por pérdida de materia que se produce en mercancías de toda clase transportadas o almacenadas.

**MERMADOR, RA** adj. Que merma.

**MERMAR** v. intr. y pron. (bajo lat. *minimare*) [**1**]. Bajar o disminuirse una cosa, o consumirse naturalmente una parte de ella. ◆ v. tr. **2.** Quitar una parte de algo, o de lo que a uno le corresponde: *mermar la fortuna.*

**MERMELADA** n. f. (port. *marmelada*). Conserva hecha de fruta cocida con azúcar o miel.

**MERO** adv. t. y c. *Méx.* Pronto, casi: *ya mero llega.* **2.** *Méx.* Precisa, justa, exactamente.

**MERO** n. m. Pez comestible, de carne muy apreciada, de color castaño rojizo, que puede alcanzar 130 cm de long., de cuerpo comprimido y aletas caudal y pectorales con los bordes posteriores redondeados. (Familia serránidos.)

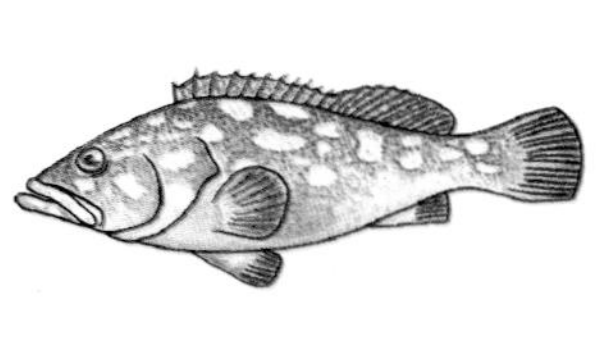

**mero**

**MERO, A** adj. (lat. *merum*). Solo, simple, sin nada más: *una mera explicación.* **2.** Propio, mismo: *es la mera verdad.* • **Ser** alguien **el mero mero** *(Méx. Fam.),* ser la persona principal, la más importante en cierto lugar o en cierta circunstancia: *el jefe es el mero mero de la oficina.*

**MERODEADOR, RA** adj. y n. Que merodea.

**MERODEAR** v. intr. [**1**]. Apartarse algunos soldados del cuerpo en que marchan, en busca de lo que puedan coger o robar. **2.** Vagar por un sitio en busca de algo o para curiosear.

**MERODEO** n. m. Acción y efecto de merodear.

**MEROLICO** n. m. *Méx.* Vendedor callejero, que atrae a los transeúntes con su verborrea. **2.** *Méx. Fig.* Parlanchín, hablador.

**MEROSTOMA** adj. y n. m. Relativo a una clase de artrópodos marinos que en la actualidad sólo están representados por el género único *Limulus.*

**MEROVINGIO, A** adj. y n. Relativo a los Merovingios, dinastía que reinó en la Galia. (V. parte n. pr.)

**MERQUÉN** n. m. *Chile.* Ají con sal que se lleva preparado para condimentar la comida durante los viajes.

**MERZLOTA** n. f. Permafrost.

**MES** n. m. (lat. *mensem*). Cada una de las doce divisiones del año civil. **2.** Espacio de unos treinta días. **3.** Unidad de trabajo y de salario correspondiente a un mes legal. **4.** Mensualidad. **5.** Menstruación.

**MESA** n. f. (lat. *mensam*). Mueble compuesto por un tablero horizontal, sostenido por un soporte generalmente constituido por varios pies. **2.** Dicho mueble, preparado con todo lo necesario para comer. **3.** Conjunto de personas que forman la junta directiva de una corporación: *la mesa aceptó la propuesta del presidente.* **4.** Conjunto de personas que desempeñan provisionalmente la presidencia de un acto: *la mesa electoral.* **5.** GEOGR. Terreno elevado y llano, de gran extensión, rodeado de valles y barrancos, constituido por los restos de una colada volcánica. **6.** REL. Renta de las iglesias, prelados o dignidades eclesiásticas. • **A mesa puesta,** sin tener que trabajar para el mantenimiento. ‖ **Alzar, levantar,** o **recoger, la mesa,** retirar después de comer todo lo que se ha utilizado; dar por acabada la comida o una reunión en torno a una mesa. ‖ **Estar,** o **tener, a mesa y mantel** a alguien, estar alguien comiendo a costa de otro o tener a alguien a comer a costa de uno. ‖ **Levantarse de la mesa,** abandonar el asiento que ocupaban los comensales. ‖ **Mesa camilla,** la armada con unos bastidores plegadizos y un tablero de quita y pon, debajo del cual hay un enrejado y una tarima para brasero. ‖ **Mesa de balance,** tabla suspendida por sus cuatro ángulos para que, oscilando con el balanceo del buque, se mantenga siempre horizontal. ‖ **Mesa de guarnición,** cada una de las plataformas colocadas en los costados de los buques, frente a los tres palos principales, y en las que se afirman las correspondientes tablas de jarcia. ‖ **Mesa de luz** *(Argent.),* mesita de noche. ‖ **Mesa de noche,** mueble pequeño que se coloca junto a la cabecera de la cama. ‖ **Mesa de operaciones,** mesa articulada sobre la que se sitúa al enfermo para intervenirle quirúrgicamente. ‖ **Mesa redonda,** aquella en que no hay ningún lugar preferente; reunión o diálogo para tratar un tema en condiciones de igualdad. ‖ **Mesa rotatoria,** en las grandes instalaciones de sondeo, plataforma circular perforada en su centro por un orificio rectangular, en el que se introduce la barra cuadrada atornillada al extremo superior o cabeza del varillaje de sondeo, y que arrastra el tren de sondeo en su movimiento giratorio. ‖ **Poner la mesa,** poner todo el servicio necesario para comer. ‖ **Sentarse a la mesa,** ocupar cada comensal su asiento para empezar a comer.

**merluza**

**MESADA** n. f. Mensualidad. • **Mesada eclesiástica** (HIST.), derecho de que gozaban los reyes de España de retener el importe de la renta de un mes de todos los beneficios eclesiásticos y pensiones de real prestación, para el pago de los gastos de la capilla real.

**MESADA** n. f. *Argent.* Cobertura de los espacios auxiliares de las cocinas, encimera.

**MESALINA** n. f. (de *Mesalina,* esposa del emperador Claudio). Mujer de costumbres disolutas.

**MESANA** n. m. o f. (ital. *mezzana*). Mástil (palo de mesana) que está más a popa en el buque de tres palos. ◆ n. f. **2.** Vela atravesada que se coloca en el mástil de mesana.

**MESAR** v. tr. y pron. (bajo lat. *messare,* segar) [**1**]. Arrancar o estrujar los cabellos o barbas con las manos.

**MESCAL** n. m. Mezcal.

**MESCALERO** → ***mezcalero.***

**MESCALINA** n. f. Alcaloide alucinógeno que se obtiene del peyote, cactácea americana.

**MESEMBRIANTEMO** n. m. Planta de África austral, de hojas carnosas.

**MESENCÉFALO** n. m. ANAT. Durante la embriogénesis, estructura nerviosa que comprende, en el adulto, los pedúnculos cerebrales y los tubérculos cuadrigéminos.

**MESÉNQUIMA** n. m. Tejido conjuntivo del embrión a partir del cual se forman los vasos sanguíneos y linfáticos, y los músculos.

**MESENTÉRICO, A** adj. Relativo al mesenterio. ◆ adj. y n. f. **2.** Dícese de las arterias, venas, nervios y ganglios incluidos en el mesenterio.

**MESENTERIO** n. m. ANAT. Membrana conjuntiva que fija las diversas estructuras del intestino delgado a la pared posterior del abdomen.

**MESERO, A** n. *Chile, Colomb., Ecuador, Guat.* y *Méx.* Camarero de restaurante.

**MESETA** n. f. Región poco accidentada, con un nivel de cumbres bastante constante, que se halla elevada respecto al resto de las regiones vecinas. **2.** Descansillo de la escalera. • **Meseta marginal,** gran peldaño que interrumpe la pendiente continental, equivalente de la plataforma continental, a grandes profundidades del océano.

**MESIÁNICO, A** adj. Relativo al Mesías o al mesianismo.

**MESIANISMO** n. m. Nombre dado a diversos movimientos religiosos de carácter político nacidos de la crisis de una sociedad, que creen en la venida de un «mesías» que establecerá un nuevo orden o restablecerá el orden original.

**MESÍAS** n. m. (lat. *messias*). Enviado divino, encargado de establecer en la tierra el reino de Dios, anunciado por los profetas judíos y reconocido por los cristianos en la persona de Jesús. (Con este significado se escribe con mayúscula.) **2.** *Fig.* Persona real o imaginaria de cuya intervención se espera la solución de problemas.

**MESIAZGO** n. m. Dignidad de Mesías.

**MESIDOR** n. m. (fr. *messidor*). Décimo mes del calendario republicano francés.

**MESILLA** n. f. Dinero que daba el rey diariamente a sus criados cuando estaban en jornada. • **Mesilla de noche,** mesa de noche.

**MESMERIANO, A** adj. y n. Relativo a Mesmer o al mesmerismo; partidario del mesmerismo. SIN.: *mesmerista.*

**MESMERISMO** n. m. Método de Mesmer.

**MESNADA** n. f. (bajo lat. *mansionata,* del lat. *mansio,* habitación). Compañía de gente de armas al servicio de un rey, de un magnate o de un noble. **2.** *Fig.* Compañía, junta, congregación.

**MESNADERO, A** adj. y n. m. El que servía en la mesnada.

**MESOAMERICANO, A** adj. y n. De Mesoamérica.

**MESOBLASTO** n. m. Mesodermo.

**MESOBLÁSTICO, A** adj. Mesodérmico.

**MESOCARPO** o **MESOCARPIO** n. m. Zona media de un fruto, entre la epidermis y el hueso o las semillas, carnosa y azucarada en los frutos comestibles.

**MESOCEFALIA** n. f. Característica antropomórfica del cráneo, cuyo índice cefálico oscila entre 75 y 79.

**MESOCÉFALO, A** adj. Dícese de la persona cuyo cráneo tiene las proporciones intermedias entre la braquicefalia y la dolicocefalia. ◆ n. m. **2.** Protuberancia situada en la parte inferior y media del cerebro.

**MESOCRACIA** n. f. Forma de gobierno en que prepondera la clase media. **2.** *Fig.* Burguesía.

**MESOCRÁTICO, A** adj. Relativo a la mesocracia.

**MESODÉRMICO, A** o **MESOBLÁSTICO, A** adj. Relativo al mesodermo.

**MESODERMO** o **MESOBLASTO** n. m. Tercera hoja embrionaria situada entre el endoblasto y el ectodermo, que da origen a la sangre, esqueleto, riñones, músculos, etc.

**MESOLÍTICO, A** adj. y n. m. Dícese de la fase del desarrollo técnico de las sociedades prehistóricas que corresponde al abandono progresivo de una economía de predación, la del paleolítico, y a la orientación hacia una economía de producción, la del neolítico.

**MESOLOTE** n. m. *Méx.* Maguey doble.

**MESOMERÍA** n. f. QUÍM. Estructura de un compuesto intermedia entre dos formas isómeras.

**MESÓMERO, A** adj. QUÍM. Que presenta mesomería.

**MESOMORFO, A** adj. Dícese de los estados de la materia intermedios entre el estado amorfo y el estado cristalino, como el nemático o el esméctico.

**MESÓN** n. m. (lat. *mansionem*). Establecimiento público donde se da hospedaje y se sirven comidas. **2.** *Chile.* Mostrador de los bares y cantinas, barra.

**MESÓN** n. m. (del gr. *mesos,* medio). FÍS. Partícula de interacción fuerte (hadrón), compuesta por un quark y un antiquark (por oposición a *barión*).

**MESONERO, A** adj. Relativo al mesón. ◆ n. **2.** Patrón o dueño de un mesón.

**MESOPAUSA** n. f. Superficie de separación entre la mesosfera y la termosfera.

**MESOPOTAMIA** n. f. Denominación que se da a veces a una región comprendida entre dos ríos.

**MESOPOTÁMICO, A** adj. y n. De Mesopotamia.

**MESOSFERA** n. f. Capa atmosférica que se extiende entre la estratosfera y la termosfera, entre los 40 y 80 km de alt., aproximadamente.

**MESOTÓRAX** n. m. ANAT. Parte media del tórax. **2.** ZOOL. Segunda división del tórax de los insectos, entre el protórax y el metatórax. (Sostiene el primer par de alas y el segundo par de patas.)

**MESOZOICO, A** adj. y n. m. GEOL. Dícese de los períodos triásico, jurásico y cretácico, correspondientes a la era secundaria. SIN.: *secundario.*

**MESTA** n. f. Asociación de ganaderos de Castilla, nacida oficialmente en 1273, durante el reinado de Alfonso X, y abolida en 1836. (Suele escribirse con mayúscula.) ◆ **mestas** n. f. pl. **2.** Aguas de dos o más corrientes en el punto de confluencia.

■ Desde principios de la edad media se llamaban *mestas* los prados de uso comunal. En el s. XIII las ciudades de la meseta meridional (Trujillo, Plasencia y Cuenca) solían enviar sus reses al S, a los pastizales de invierno. Paralelamente se fue intensificando la trashumancia de los rebaños del valle del Duero al del Guadiana. A mediados de siglo las asambleas que resolvían los litigios en que se veían envueltos los pastores de la trashumancia, designadas ya con el nombre de mestas, habían adquirido carácter regional. En 1273, Alfonso X aglutinó en una Mesta unificada los intereses de los ganaderos trashumantes de Castilla, que en el s. XV amplió su jurisdicción al ganado estante. Los ganaderos (hermanos de la Mesta), agrupados en cuadrillas, capitaneadas por los alcaldes de la Mesta, reunían sus ganados bajo un conjunto único (la cabaña real). A fines del s. XVI disminuyó la exportación de lanas y la Mesta, en pugna con la agricultura y la naciente industria, inició su decadencia hasta desaparecer definitivamente en 1836, sustituida por la Asociación general de ganaderos del reino.

**MESTEÑO, A** adj. Relativo a la mesta. **2.** Dícese de los caballos y reses vacunas que no tienen amo conocido. **3.** Dícese de los animales cerriles.

**MESTER** n. m. **Mester de clerecía** (LIT.), denominación dada a la escuela poética erudita del s. XIII español. || **Mester de juglaría** (LIT.), denominación dada al arte de los juglares en España y al conjunto de obras que originó.

■ El mester de clerecía impone una métrica fija (cuaderna vía) y una temática preferentemente religiosa, de tono docto pero dirigida al pueblo, utilizando una lengua popular y familiar. Entre su primer y último representantes importantes, Gonzalo de Berceo (mediados del s. XIII) y Pero López de Ayala (segunda mitad del s. XIV) se sitúan obras como el *Libro de Apolonio,* el *Libro de Alexandre,* el *Poema de Fernán González* (s. XIII) y el *Libro de Buen amor* del Arcipreste de Hita (s. XIV). El mester de juglaría es una escuela poética de carácter popular, que se desarrolló en los ss. XII y XIII, y que englobaba una variada gama de actividades, entre las que destacaba una poesía de tipo narrativo, de métrica irregular y tono heroico, centrada en el cantar de gesta.

**MESTIZAJE** n. m. Cruzamiento de razas. **2.** Conjunto de mestizos. • **Mestizaje cultural,** producción cultural (música, literatura, etc.) resultante de la influencia de civilizaciones en contacto.

**MESTIZAR** v. tr. **[1g]**. Cruzar individuos de diversas razas.

**MESTIZO, A** adj. y n. Persona nacida de padre y madre de razas diferentes, especialmente hijo de hombre blanco e india o de indio y mujer blanca. ◆ adj. y n. m. **2.** BIOL. Híbrido obtenido a partir de dos variedades diferentes de la misma especie.

■ El mestizaje fue un elemento fundamental en la conformación de los nuevos países producto de la colonización española. En el inicio de la conquista, la escasez de mujeres blancas propició las uniones de india y español (generalmente ilegítimas, si bien las leyes no prohibían estos matrimonios). El mestizaje con indio no tuvo repercusiones sociales porque el mestizo se integró sin dificultades al grupo de la madre o del padre español (que frecuentemente le reconocía, dándole su apellido). El mestizaje negro, numéricamente inferior, tuvo, sin embargo, repercusiones sociales importantes: se prohibieron los matrimonios mixtos y el mestizo siempre heredaba la esclavitud de la madre. Una gran cantidad de denominaciones tipificó en Hispanoamérica los distintos grados de mestizaje; así son tipos étnicos frecuentes sobre todo en México: *castizo,* mestizo y español; *mulato,* español y negro; *morisco,* mulata y español; *albino,* español y morisco; *torna atrás,* español y albina; *lobo,* indio y torna atrás; *sambayo,* lobo e india; *cambujo,* sambayo e india; *alvarazado,* cambujo y mulato; *chamiso,* coyote e indio; etc. Y en Perú: *mulato,* negro e indio, o blanco y negra; *cholo,* hijo de mulatos; *cuatralbo,* español y mestiza; *tercerón,* blanco y mulato; *zambo,* resultado del cruce de negro y sus mezclas con indio; etc.

**MESTO** n. m. Planta arbórea, de corteza menos suberosa que el alcornoque y fruto cuya cápsula abraza más de la mitad de la bellota. (Familia fagáceas.)

**MESURA** n. f. (lat. *mensuram*). Gravedad y compostura en la actitud, gestos y palabras: *obrar con mesura.* **2.** Moderación, comedimiento: *beber con mesura.*

**MESURAR** v. tr. **[1]**. Infundir mesura en la actitud y el semblante. ◆ **mesurarse** v. pron. **2.** Contenerse, moderarse.

**META** n. f. Cada uno de los dos bornes situados en los extremos de la espina del circo romano. **2.** *Fig.* Fin u objetivo de una acción: *su meta es llegar a ministro.* **3.** DEP. Límite, final de una carrera. **4.** DEP. En diversos deportes de equipo, como fútbol, hockey, etc., portería, marco.

**METÁBASIS** n. f. GRAM. Fenómeno por el que una palabra que pertenece a determinada categoría gramatical pasa a ejercer una función propia de otra categoría.

**METABIOSIS** n. f. BIOL. Interdependencia entre organismos de forma que uno de ellos aprovecha el sustrato y lo prepara para la utilización posterior o conjunta de otros organismos.

**METABÓLICO, A** adj. Relativo al metabolismo.

**METABOLISMO** n. m. Conjunto de transformaciones que experimentan las sustancias absorbidas por un organismo vivo: reacciones de síntesis, llamadas anabólicas, y reacciones de degradación que liberan energía, catabólicas. • **Metabolismo basal,** cantidad de oxígeno producida por el cuerpo humano en reposo, por hora y por metro cuadrado de la superficie del cuerpo.

**METABOLITO** n. m. Nombre que se da a las sustancias orgánicas que resultan de las reacciones metabólicas. **2.** Producto simple y asimilable de la digestión de un alimento.

**METACARPIANO, A** adj. Relativo al metacarpo. ◆ adj. y n. m. **2.** Dícese de los huesos del metacarpo.

**METACARPO** n. m. Parte del esqueleto de la mano comprendida entre el carpo y los dedos.

**METACÉNTRICO, A** adj. Dícese de la curva que une los metacentros de un buque en todas las inclinaciones posibles.

**METACENTRO** n. m. Posición límite del punto en

**mestizo** (óleo anónimo de la serie de *Las castas;* s. XVIII)
[museo nacional de historia, México]

que se cortan las verticales que pasan por el centro de empuje de un cuerpo flotante cuando éste está derecho y cuando está inclinado, al tender la inclinación a cero.

**METACRILATO** n. m. Éster del ácido metacrílico.

**METACRÍLICO, A** adj. Dícese de un ácido carboxílico y de las resinas que de él derivan, utilizadas para fabricar vidrios de seguridad.

**METADONA** n. f. Sustancia de síntesis utilizada como sustituto de la morfina en ciertas curas de desintoxicación de toxicomanías.

**METAFASE** n. f. Segunda fase de la división celular por mitosis.

**METAFÍSICA** n. f. (gr. *meta ta physika,* después de las cosas de la naturaleza). Investigación acerca del ser en cuanto tal, y de sus propiedades, principios y causas primeras. **2.** Investigación acerca de los principios más elevados del pensamiento y de la existencia. **3.** Teoría general y abstracta: *metafísica del lenguaje.* **4.** *Fig.* Modo de discurrir con demasiada sutileza sobre cualquier materia. • **Metafísica especial,** la que se ocupa de algún ser en especial, como la cosmología o la sicología. || **Metafísica general,** la que trata de la naturaleza del ser en sí mismo, independientemente de sus diversas manifestaciones o fenómenos.

**METAFÍSICO, A** adj. Relativo a la metafísica: *pruebas metafísicas de la existencia de Dios.* **2.** *Fig.* Abstracto y difícil de comprender. • **Pintura metafísica,** nombre dado a las composiciones oníricas y emblemáticas de De Chirico, que representan plazas urbanas desiertas, con perspectiva acentuada, e interiores poblados de maniquíes, de caballetes y de escuadras, así como a algunas obras similares ejecutadas por Morandi y, sobre todo, por Carrà hacia 1916-1920. || **Poetas metafísicos,** grupo de poetas ingleses de los últimos años del reinado de Isabel I, que se caracterizaron por un estilo muy difícil y erudito.

**METÁFISIS** n. f. Parte de los huesos largos situada entre la diáfisis y la epífisis.

**METÁFORA** n. f. (lat. *metaphoram,* del gr. *metaphora,* traslado). Tropo que consiste en usar palabras con un sentido distinto del propio, en virtud de una comparación tácita.

**METAFÓRICO, A** adj. Relativo a la metáfora. **2.** Que incluye una metáfora o que abunda en ellas: *lenguaje metafórico.* **3.** Figurado: *sentido metafórico.*

**METAFORIZAR** v. intr. **[1g]**. Usar de metáforas.

**METAFOSFATO** n. m. Sal del ácido metafosfórico.

**METAFOSFÓRICO, A** adj. Dícese del ácido $HPO_3$, derivado del fósforo.

**METAHEMOGLOBINA** n. f. Hemoglobina cuyo hierro ferroso ha sido oxidado en hierro férrico, lo cual la hace inadecuada para el transporte de oxígeno.

**METAHEMOGLOBINEMIA** n. f. Afección debida a una intoxicación, caracterizada por la transformación de la hemoglobina en metahemoglobina, causante de disnea y vértigos.

**METAL** n. m. (lat. *metallum*). Cuerpo simple, dotado de un brillo particular, en general buen conductor del calor y de la electricidad y que posee además la propiedad de dar como mínimo un óxido básico al combinarse con el oxígeno. (Los elementos químicos que no poseen estas propiedades se llaman NO METALES.) **2.** Material constituido por uno de estos elementos químicos o por una aleación de varios de ellos. **3.** *Fig.* Timbre de la voz. **4.** *Fig.* Calidad o condición de una cosa: *eso es de otro metal.* **5.** HERÁLD. Uno de los tres tipos de esmaltes, formado por el oro y la plata. **6.** MÚS. Una de las dos subfamilias en que se dividen los instrumentos de viento. • **El vil metal,** el dinero. || **Metal desplegado,** chapa que presenta una sucesión de hendiduras paralelas, de pequeña longitud y dispuestas al tresbolillo, y que ha sido estirada perpendicularmente a estas hendiduras de manera que forma una especie de enrejado. || **Metales preciosos,** el oro, la plata y el platino.

■ La estructura atómica de los metales se caracteriza por tener un bajo número de electrones de valencia (máximo de 4), carácter electropositivo y un tipo particular de enlace (metálico). El enlace metálico se establece a partir de un conjunto de iones positivos, rodeados por una nube de electrones libres de la acción directa de los átomos. De ahí las propiedades particulares de los metales: mecánicas (maleabilidad, ductilidad, tenacidad), conductividad térmica y eléctrica, formación de cationes en la electrolisis, óxidos básicos, reflexión de la luz, etc. Los metales tienen una estructura cristalina, formada por un conjunto de capas en forma de red en la que cada átomo está en contacto con otros doce. Ciertos metales se encuentran en la naturaleza en estado nativo (cobre, metales preciosos) pero, por lo general, se presentan en forma de óxidos o sulfuros.

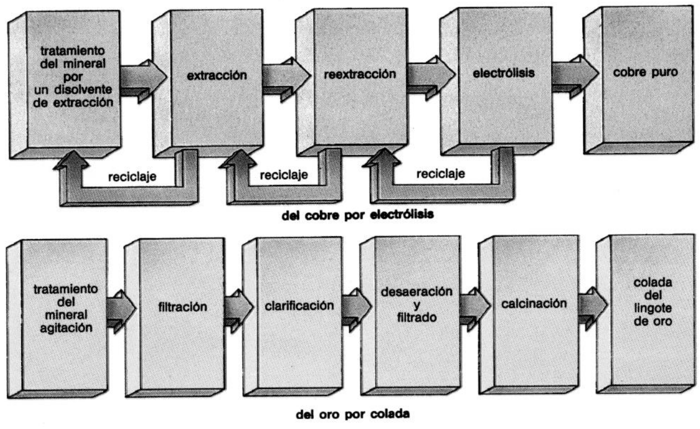

metalurgia

**METALADA** n. f. *Chile.* Cantidad de metal explotable contenido en una veta.

**METALDEHÍDO** n. m. Polímero del aldehído acético, cuerpo sólido, de color blanco, empleado como combustible.

**METALENGUA** n. f. Lengua artificial utilizada en traducción automática.

**METALENGUAJE** n. m. Lenguaje especializado que se utiliza para describir una lengua natural. **2.** INFORMÁT. Lenguaje formal que emplea símbolos especiales, utilizado para describir la sintaxis de los lenguajes de programación.

**METALEPSIS** n. f. Tropo de sentencia por reflexión, muy parecido a la metonimia, que consiste en tomar el antecedente por el consiguiente, y viceversa: *cuenta pocos abriles.*

**METALERO, A** adj. *Chile.* Dícese de algunas cosas que tienen relación con los metales: *saco metalero.*

**METÁLICO, A** adj. Relativo al metal. **2.** Relativo a medallas: *historia metálica.* **3.** Que contiene metal: *sal metálica.* **4.** Que tiene una sonoridad semejante a la del metal: *voz metálica.* ◆ n. m. **5.** Dinero líquido: *pagar en metálico.*

**METALÍFERO, A** adj. Que contiene metal.

**METALINGÜÍSTICA** n. f. Estudio de las interrelaciones entre la lengua y la cultura de un pueblo determinado.

**METALINGÜÍSTICO, A** adj. Relativo a la metalingüística o al metalenguaje.

**METALIZACIÓN** n. f. Acción y efecto de metalizar o metalizarse.

**METALIZADOR, RA** adj. Que metaliza.

**METALIZAR** v. tr. **[1g]**. Cubrir una sustancia con una capa ligera de metal o impregnarla de compuestos metálicos. **2.** Hacer que un cuerpo adquiera propiedades metálicas. ◆ **metalizarse** v. pron. **3.** Convertirse una cosa en metal o impregnarse de él.

**METALLA** n. f. Pequeños trozos de pan de oro con que los doradores resanan las partes defectuosas de un dorado.

**METALOCROMÍA** n. f. Arte de colorear las superficies de los metales.

**METALOGÉNESIS** n. f. Proceso de formación de los yacimientos metalíferos.

**METALÓGICA** n. f. Disciplina que investiga las fórmulas de un sistema matemático o lógico ya constituido, así como las reglas de su empleo.

**METALOGRAFÍA** n. f. Estudio de los metales y de sus aleaciones.

**METALOGRÁFICO, A** adj. Relativo a la metalografía.

**METALOIDE** n. m. Antigua denominación de los no metales.

**METALOPLÁSTICO, A** adj. Que tiene las características de un metal y de una materia plástica.

**METAL-PROTEÍNA** n. f. BIOL. Proteína asociada a compuestos que contienen metales.

**METALURGIA** n. f. (lat. *metallurgiam*). Conjunto de procedimientos y técnicas de extracción, elaboración y tratamiento de los metales y sus aleaciones. • **Metalurgia de los polvos,** conjunto de procedimientos metalúrgicos que permiten obtener productos o piezas por compresión y fritado en caliente de polvos metálicos.

**METALÚRGICO, A** adj. Relativo a la metalurgia. ◆ n. **2.** Persona que trabaja en metalurgia.

**METAMATEMÁTICA** n. f. Teoría deductiva que tiene por objeto establecer ciertas propiedades de las teorías matemáticas ya formalizadas.

**METAMERÍA** n. f. BIOL. División primitiva del mesodermo, a ambos lados de la cuerda dorsal, en metámeros o segmentos primitivos.

**METÁMERO** n. m. BIOL. Segmento primitivo del embrión procedente del mesodermo, que dorsalmente se escinde en bloques regulares desde la cabeza a la cola.

**METAMIELOCITO** n. m. Célula de la médula ósea que sigue al mielocito y precede inmediatamente al leucocito adulto.

**METAMÓRFICO, A** adj. GEOL. Relativo al metamorfismo. • **Rocas metamórficas,** grupo de rocas resultantes de la transformación, por el metamorfismo, de rocas sedimentarias o endógenas preexistentes.

**METAMORFISMO** n. m. GEOL. Transformaciones que sufren las rocas en el interior de la corteza terrestre por efecto de la temperatura y la presión.

**METAMORFIZAR** v. tr. y pron. **[1g]**. GEOL. Transformar por metamorfismo.

**METAMORFOSEAR** v. tr. y pron. **[1]**. Transformar.

**METAMORFOSIS** n. f. (gr. *metamorphōsis*). Transformación de una cosa en otra. **2.** *Fig.* Cambio extraordinario en la fortuna, el carácter o el estado de una persona. **3.** BIOL. Transformación importante del cuerpo y del modo de vida, experimentada por ciertos vertebrados, como los anfibios, y ciertos insectos en el transcurso de su desarrollo, que se manifiesta no sólo en la variación de forma sino también en las funciones y en el género de vida.

**METANERO** n. m. Buque concebido para el transporte de gas natural licuado.

**METANO** n. m. Gas incoloro ($CH_4$), de densidad 0,554, que arde en el aire con llama pálida. (Se desprende de las materias en putrefacción y constituye el gas de los pantanos y el grisú. Es el constituyente principal del gas natural.)

**METANOL** n. m. Alcohol metílico.

**METAPLASIA** n. f. Transformación de un tejido vivo en otro de estructura y función diferentes.

**METAPLASMO** n. m. (gr. *metaplasmos,* transformación). LING. Cambio fonético que consiste en la alteración material de una palabra por supresión, adición o trasposición de fonemas.

**METASICOLOGÍA** o **METAPSICOLOGÍA** n. f. SICOANÁL. Término introducido por S. Freud para designar el aspecto más teórico de la sicología sicoanalítica.

**METASÍQUICA** o **METAPSÍQUICA** n. f. Parasicología.

**METASÍQUICO, A** o **METAPSÍQUICO, A** adj. Que rebasa los límites del mundo síquico: *fenómenos metasíquicos.* SIN.: *parasíquico.*

**METASTABLE** adj. QUÍM. Dícese de un sistema que, en teoría, no es estable, pero que tiene apariencia de estabilidad en razón de su pequeñísima velocidad de transformación.

**METASTÁSICO, A** adj. MED. Relativo a las metástasis.

**METÁSTASIS** n. f. (gr. *metastasis,* desplazamiento). MED. Aparición, en un punto del organismo, de un fenómeno patológico presente ya en otra parte.

**METATARSIANO, A** adj. Relativo al metatarso. ◆ n. m. **2.** Cada uno de los huesos del metatarso.

**METATARSO** n. m. Parte del esqueleto del pie comprendida entre el tarso y los dedos, que se mantiene vertical durante la marcha en los vertebrados ungulígrados y digitígrados.

**METATE** n. m. Tipo de molino de mano utilizado por diversos pueblos amerindios.

**METÁTESIS** n. f. (gr. *metathesis,* trasposición). LING. Desplazamiento de vocales, consonantes o sílabas en el interior de una palabra.

**METATIZAR** v. tr. **[1g]**. Cometer metátesis al hablar o escribir.

**METATORÁCICO, A** adj. Que depende del metatórax: *apéndice metatorácico.*

**METATÓRAX** n. m. Tercer segmento del tórax de los insectos en el que están implantadas las alas posteriores.

**METAZOO** adj. y n. m. Dícese del animal pluricelular. CONTR.: *protozoo.*

**METECO** n. m. y adj. (gr. *metoikos*). HIST. Extranjero domiciliado en una ciudad griega, que gozaba de un estatuto particular.

**METEDOR, RA** adj. Que mete. ◆ n. m. **2.** Nombre que se daba a los españoles que actuaban ilegalmente de intermediarios en el comercio de los extranjeros con las colonias españolas de América.

**METEDURA** n. f. Acción de meter o meterse. • **Metedura de pata** *(Fam.),* equivocación indiscreta.

**METEMPSICOSIS, METEMPSÍCOSIS, METENSICOSIS** o **METENSÍCOSIS** n. f. REL. Transmigración de las almas de un cuerpo a otro. **2.** REL. Doctrina según la cual una misma alma puede animar sucesivamente diferentes cuerpos.

**METENCÉFALO** n. m. Tercera vesícula del encéfalo embrionario, de la que derivan el cerebelo, la protuberancia y el bulbo raquídeo, y cuya cavidad forma el cuarto ventrículo.

**METEÓRICO, A** adj. Relativo a los meteoros. **2.** Muy rápido: *tuvimos que hacer un viaje meteórico.* • **Aguas meteóricas,** aguas de lluvia.

**METEORISMO** n. m. (gr. *meteōrismos*). MED. Acumulación de gases en el interior del tubo digestivo.

**METEORÍTICO, A** adj. Relativo a los meteoritos. • **Cráter meteorítico,** depresión formada en la superficie de la Tierra o de cualquier astro por el impacto de un meteorito.

**METEORITO** n. m. Fragmento de roca o metálico que, procedente de los espacios interplanetarios, llega a la superficie terrestre. SIN.: *aerolito.*

**METEORIZACIÓN** n. f. MED. Acción y efecto de meteorizar o meteorizarse.

**METEORIZACIÓN** n. f. AGRIC. Acción y efecto de meteorizarse la tierra. **2.** GEOL. Modificaciones que experimentan las rocas en contacto con la atmósfera.

**METEORIZAR** v. tr. **[1g]**. MED. Causar meteorismo. ◆ **meteorizarse** v. pron. **2.** Padecer meteorismo.

**METEORIZAR** v. tr. **[1g]**. GEOL. Causar meteorización. ◆ **meteorizarse** v. pron. **2.** AGRIC. Recibir la tierra la influencia de los meteoros.

**METEORO** o **METÉORO** n. m. (gr. *meteōros,* elevado). Fenómeno físico que tiene lugar en la atmósfera. **2.** ASTRON. Cuerpo sólido que, procedente

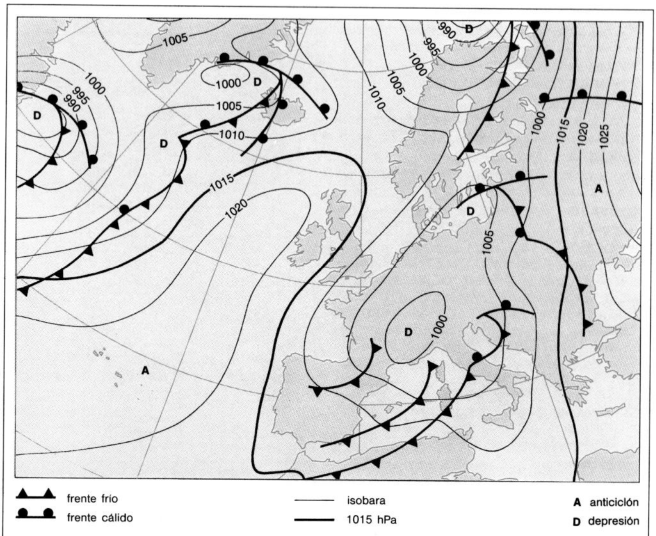


**meteorología:** ejemplo de mapa de situación de los campos de presión el 27 de noviembre de 1990 a las 0 horas

del espacio exterior, penetra en la atmósfera terrestre y al calentarse por rozamiento se pone incandescente y emite luz.

**METEOROIDE** n. m. ASTRON. Cuerpo sólido que se mueve en el exterior de la atmósfera terrestre y que se convierte en meteoro al penetrar en ella.

**METEOROLOGÍA** n. f. (gr. *meteōrologia*). Estudio de los fenómenos atmosféricos y de sus leyes, especialmente para la previsión del tiempo.

**METEOROLÓGICO, A** adj. Relativo a la meteorología o a los meteoros.

**METEORÓLOGO, A** n. Persona que por profesión o estudio se dedica a la meteorología.

**METER** v. tr. y pron. (lat. *metere*) **[2]**. Poner una cosa en el interior de otra o entre otras: *metió la ropa en el armario.* ◆ v. tr. **2.** Ingresar dinero en una entidad bancaria: *metió todo su capital en el banco.* **3.** Internar a alguien en un centro determinado el que tiene poder sobre él: *le metieron en la cárcel.* **4.** Hacer intervenir a alguien en un asunto: *me metió en un lío.* **5.** Invertir dinero en un negocio: *metió cuanto tenía en la fábrica de su suegro.* **6.** Engañar a alguien o hacerle creer algo falso: *¡menuda historia te han metido!* **7.** Causar, motivar o provocar algo: *meter miedo.* **8.** Hacerle soportar a alguien una cosa pesada o molesta: *me metió un rollo inaguantable.* **9.** Pegar: *le metió un par de tortas.* **10.** Dedicar a alguien a una ocupación u oficio: *le metió de programador.* **11.** Embeber en las costuras de una prenda la tela que sobra. ◆ **meterse** v. pron. **12.** Entrometerse, intervenir en cuestiones ajenas sin haber sido solicitado: *no te metas en lo que no te importa.* **13.** Introducirse, conseguir entrar en un ambiente determinado mediante influencias: *se ha metido en el ministerio.* **14.** Junto con nombres que indican profesión o estado, seguirlos: *se metió monja.* • **A todo meter,** con gran intensidad o rapidez. || **Meterse con** alguien, provocarle, molestarle.

**METETE** adj. y n. m. y f. Metomentodo.

**METICHE** adj. y n. m. y f. *Chile* y *Méx.* Dícese de la persona que gusta entrometerse en los asuntos ajenos.

**METICÓN, NA** adj. y n. Metomentodo.

**METICULOSIDAD** n. f. Calidad de meticuloso.

**METICULOSO, A** adj. (lat. *meticulosum,* miedoso). Escrupuloso, concienzudo. **2.** Medroso, temeroso.

**METIDA** n. f. Acción y efecto de meter. **2.** *Fam.* Acometida que se da a algo en su uso o consumo: *darles una metida a los dulces.*

**METIDO, A** adj. Abundante en algo: *metida en carnes.* • **Estar muy metido en** una cosa, estar muy comprometido o muy ocupado en ella. ◆ adj. y n. **2.** *Amér.* Metomentodo. ◆ n. m. **3.** Puñetazo dado en el cuerpo. **4.** Tela sobrante que suele dejarse en las costuras de una prenda. **5.** *Fig.* y *fam.* Reprensión áspera y desconsiderada.

**METILAMINA** n. f. Base orgánica primaria $CH_3NH_2$.

**METILATO** n. m. Alcoholato derivado del alcohol metílico.

**METILBENCENO** n. m. Tolueno.

**METILENO** n. m. Nombre comercial del *alcohol metílico* impuro. **2.** Radical divalente $CH_2$: *cloruro de metileno* ($CH_2Cl_2$). • **Azul de metileno,** colorante y desinfectante extraído de la hulla.

**METÍLICO, A** adj. Relativo al metilo. **2.** Dícese de ciertos compuestos derivados del metano. • **Alcohol metílico,** alcohol $CH_3OH$, extraído de los alquitranes de madera o preparado por síntesis, y utilizado como disolvente, combustible y producto intermediario en ciertas síntesis. SIN.: *metanol.*

**METILO** n. m. Radical monovalente ($CH_3$) derivado del metano. • **Cloruro de metilo** ($CH_3Cl$), líquido cuya evaporación hace descender la temperatura a −55 °C, empleado en diversos procesos industriales y en medicina.

**METIONINA** n. f. Aminoácido sulfurado indispensable para el desarrollo y equilibrio del organismo.

**METÓDICO, A** adj. Hecho con método. **2.** Dícese de la persona que procede con gran orden. • **Duda metódica** (FILOS.), primer paso de Descartes en la búsqueda de la verdad, que consiste en rechazar todos los conocimientos adquiridos como habiéndolo sido sin un fundamento razonable.

**METODISMO** n. m. Movimiento religioso protestante fundado en Gran Bretaña, en el s. XVIII, por John Wesley, en reacción contra el ritualismo de la Iglesia anglicana.

**METODISTA** adj. y n. m. y f. Relativo al metodismo.

**METODIZAR** v. tr. **[1g]**. Poner orden y método en una cosa.

**MÉTODO** n. m. Conjunto de operaciones ordenadas con que se pretende obtener un resultado. **2.** Modo de obrar o proceder que cada uno tiene y observa. **3.** Obra destinada a enseñar los elementos de un arte o ciencia.

**METODOLOGÍA** n. f. Estudio de los métodos. **2.** Aplicación coherente de un método. **3.** Método en sentido genérico.

**METODOLÓGICO, A** adj. Relativo a la metodología.

**METOMENTODO** adj. y n. m. y f. Dícese de la persona entrometida o chismosa.

**METONIMIA** n. f. (gr. *metonymia*). Procedimiento

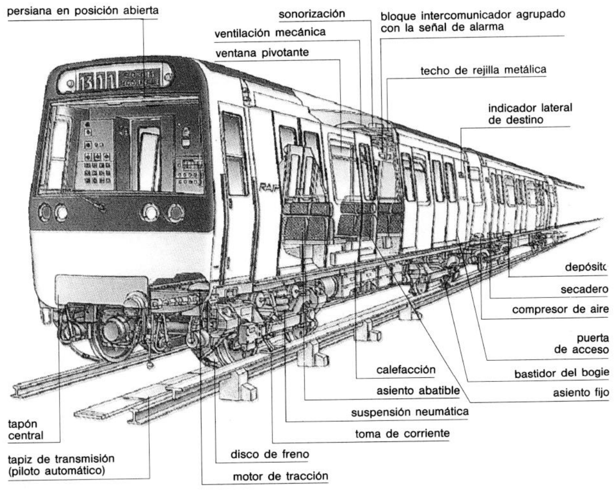


**metropolitano:** sección de un coche MF 77 utilizado por la R.A.T.P. en París

estilístico que consiste en expresar el efecto por la causa, el contenido por el continente, el todo por la parte, etc.

**METONÍMICO, A** adj. Relativo a la metonimia. **2.** Que contiene una metonimia.

**METOPA** o **MÉTOPA** n. f. (lat. *metopam*). Parte del friso dórico situada entre dos triglifos.

**METRAJE** n. m. (fr. *métrage*). Longitud de una película cinematográfica.

**METRALLA** n. f. Munición menuda con que se cargaban antes las piezas de artillería y se cargan actualmente ciertos artefactos explosivos. **2.** Cada uno de los fragmentos en que se divide después de la explosión cualquier proyectil, bomba o artefacto explosivo.

**METRALLAZO** n. m. Disparo de metralla.

**METRALLETA** n. f. Nombre genérico de determinadas armas automáticas portátiles.

**MÉTRICA** n. f. Ciencia que trata del ritmo, estructura y combinación de los versos.

**MÉTRICO, A** adj. Relativo a la métrica. **2.** Relativo al metro o a las medidas de las cuales el metro es la base. • **Espacio métrico** (MAT.), par formado por un conjunto y una distancia. || **Quintal métrico,** masa de 100 kilogramos (símbolo q). || **Sistema métrico decimal,** conjunto de medidas que tienen el metro por base. || **Tonelada métrica,** masa de 1 000 kilogramos (símbolo t).

■ El sistema métrico decimal se estableció por primera vez en Francia en 1790, con el fin de unificar los sistemas de medidas. La comisión de la Academia de Ciencias francesa decidió que la unidad usual (el metro) fuera la diezmillonésima parte del cuadrante del meridiano terrestre. Lafèvre-Guineau investigó la relación del kilogramo con las masas usadas entonces. De esta manera se hizo posible adoptar un patrón único de pesas y medidas. La cualidad esencial del sistema métrico es su decimalidad, correspondiente a la numeración. Para una misma clase de magnitud todas las unidades se deducen de una de ellas: los valores, por factores que son potencias enteras de diez, y la nomenclatura, por prefijos que designan las potencias. En 1872 se reunió en París una Comisión internacional, que estableció los prototipos del metro y el kilogramo. Además se creó la Oficina internacional de pesas y medidas con la misión de construir y conservar los patrones definitivos. Posteriormente se extendió el sistema métrico para los patrones de electricidad, de luz y de medida de las radiaciones ionizantes. En la actualidad, el sistema métrico está legalmente establecido en más de cien países.

**METRIFICACIÓN** n. f. Versificación.

**METRIFICAR** v. tr. e intr. [**1a**]. Versificar.

**METRO** n. m. (lat. *metrum*). Unidad de medida de longitud (símbolo m), equivalente a la longitud del trayecto recorrido en el vacío por la luz de láser durante un tiempo de 1/299 792 458 s. **2.** Objeto que sirve para medir y que tiene la longitud de un metro. **3.** MÉTRIC. Verso, con relación a la medida peculiar que a cada especie de versos corresponde. **4.** MÉTRIC. En la prosodia griega y latina, grupo determinado de sílabas largas o breves que incluyen dos tiempos marcados. • **Metro cuadrado,** unidad de medida de área o de superficie (símbolo $m^2$), equivalente al área de un cuadrado de 1 metro de lado. || **Metro cuadrado por segundo,** unidad de medida de viscosidad cinemática (símbolo $m^2/s$), que equivale a la viscosidad cinemática de un fluido cuya viscosidad dinámica es de 1 pascalsegundo y la masa específica de 1 kilogramo por metro cúbico. || **Metro cúbico,** unidad de medida de volumen (símbolo $m^3$), equivalente al volumen de un cubo de 1 metro de lado. || **Metro cúbico por kilogramo,** unidad de medida de volumen másico (símbolo $m^3/kg$), equivalente al volumen másico de un cuerpo homogéneo cuyo volumen es 1 metro cúbico y la masa 1 kilogramo. || **Metro por segundo,** unidad de medida de velocidad (símbolo m/s), equivalente a la velocidad de un móvil que, animado de un movimiento uniforme, recorre la longitud de 1 metro en 1 segundo. || **Metro por segundo al cuadrado,** unidad de medida de aceleración (símbolo $m/s^2$), equivalente a la aceleración de un móvil animado de un movimiento uniformemente variado, cuya velocidad varía en 1 metro por segundo cada segundo.

■ El metro se definió inicialmente como la longitud de la diezmillonésima parte del cuadrante del meridiano terrestre. La 1.ª conferencia general de pesas y medidas (París, 1889) igualó dicha longitud a la distancia entre dos trazos marcados sobre un prototipo de platino iridiado que se conserva en Sèvres. De 1960 a 1983 (17.ª conferencia general de pesas y medidas) se definió el metro a partir de una de las radiaciones emitidas por una lámpara de descarga llena del isótopo 86 del kriptón. Dado que la utilización de rayos láser ha permitido determinar con más precisión la velocidad de la luz, la nueva definición del metro está en relación con el valor de esta magnitud.

**METRO** n. m. Apócope de metropolitano, ferrocarril.

**METROLOGÍA** n. f. Ciencia de las medidas.

**METROLÓGICO, A** adj. Relativo a la metrología.

**METRÓLOGO, A** n. Persona que se dedica a la metrología.

**METRÓNOMO** n. m. Aparato destinado a indicar el movimiento con el que debe ejecutarse un fragmento musical.

**METRÓPOLI** o **METRÓPOLIS** n. f. (gr. *mētropolis,* de *mētēr,* madre, y *polis,* ciudad). Estado o ciudad considerados en relación con sus colonias. **2.** Ciudad principal de una provincia, región o estado.

**METROPOLITA** n. m. Dignatario de la Iglesia ortodoxa, que ocupa un lugar intermedio entre el patriarca y los arzobispos.

**METROPOLITANO, A** adj. Relativo a la metrópoli. • **Área metropolitana** (URBAN.), conjunto formado por el casco urbano de una ciudad, que a veces ha llegado a formar una aglomeración, y su área urbana. ◆ n. m. y adj. **2.** Ferrocarril eléctrico, subterráneo o elevado, utilizado como medio de transporte rápido de pasajeros en las grandes ciudades. ◆ n. m. **3.** Arzobispo que tiene jurisdicción sobre una provincia eclesiástica.

**METRORRAGIA** n. f. Hemorragia uterina que sobreviene fuera del período menstrual.

**METRORRÁGICO, A** adj. Relativo a las metrorragias.

**MeV** n. m. Símbolo del *megaelectronvoltio* (un millón de electrones-voltio), unidad práctica de energía utilizada en física de las altas energías.

**MEXICA** adj. y n. m. y f. Azteca.

**MEXICANISMO** n. m. Voz o giro propios de México.

**MEXICANO, A** adj. y n. De México. ◆ n. m. **2.** LING. Modalidad adoptada por el español en México. **3.** LING. Nombre dado en español al azteca.

**metrónomos** mecánico y de cuarzo

**MEYOSIS** o **MEIOSIS** n. f. Forma de división de la célula viva, en la que las células hijas tienen la mitad de cromosomas que la célula madre, y constituye el estadio esencial de la formación de las células.

**MEYÓTICO, A** adj. Relativo a la meyosis.

**MEZCAL** o **MESCAL** n. m. Planta industrial y alimenticia. **2.** Aguardiente que se obtiene de esta planta. **3.** *Hond.* Fibra de pita preparada para hacer cuerdas. **4.** *Méx.* Bebida alcohólica que se obtiene al destilar la penca de ciertas especies de maguey.

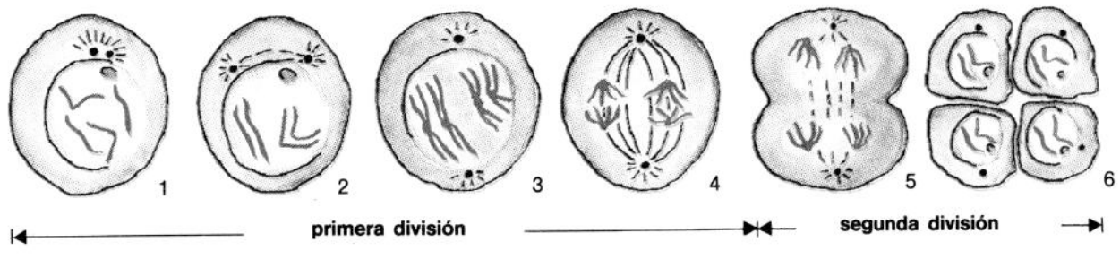


1, 2 y 3. Una célula de 4 cromosomas en profase; 4. Metafase; 5. Anafase reduccional; 6. Cuatro células de 2 cromosomas.

las distintas fases de una **meyosis** macho

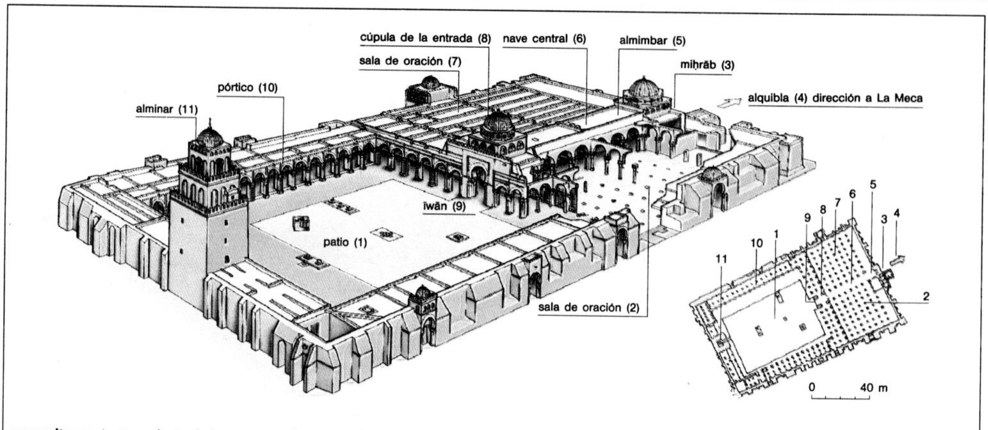


**mezquita:** conjunto y planta de la mezquita de Kairuán (Tunicia) [ss. VIII-IX]

**MEZCALERO** o **MESCALERO,** tribu amerindia de América del Norte, una de las principales del conjunto apache, que habitaban las tierras centrales de Nuevo México.

**MEZCLA** n. f. Acción y efecto de mezclar o mezclarse. **2.** Argamasa, mortero. **3.** Operación que permite mezclar varias bandas de señales sonoras. **4.** Adaptación de estas bandas magnéticas a una película. **5.** QUÍM. Asociación de varios cuerpos sin que presenten reacción química. **6.** TEXT. Tela cuya trama es de fibra distinta de la empleada para la urdimbre. • **Mezcla frigorífica,** o **refrigerante,** mezcla de ciertas sales que, por disolución en el agua o por contacto con hielo triturado, produce un descenso de temperatura.

**MEZCLABLE** adj. Que se puede mezclar.

**MEZCLADO, A** adj. Dícese del animal que es fruto del cruce de castas o razas diferentes.

**MEZCLADOR** n. m. Aparato mediante el cual es posible mezclar, en cantidades determinadas, agua caliente y fría. **2.** Depósito de gran tamaño que recibe el arrabio líquido de los altos hornos antes que éste sea afinado en los hornos Martin o en los convertidores. **3.** Circuito eléctrico que recibe corrientes de baja frecuencia provenientes de distintos micrófonos, destinado a dosificar sus efectos antes de enviar su mezcla al emisor de radio que se trata de modular. • **Mezclador dosificador,** elemento que combina en proporciones determinadas dos o varias señales de idéntica naturaleza física.

**MEZCLADORA** n. f. TECNOL. Aparato o máquina que sirve para mezclar diversas sustancias. **2.** En medios audiovisuales, mesa de control de sonidos e imágenes.

**MEZCLAR** v. tr. y pron. **[1]**. Juntar o incorporar varias cosas, obteniendo una homogeneidad total o aparente. ◆ v. tr. **2.** Desordenar lo que estaba ordenado. ◆ **mezclarse** v. pron. **3.** Introducirse o interponerse uno entre otros. **4.** Intervenir en un asunto que no es de incumbencia de uno o del que se le puede derivar malas consecuencias. **5.** Tener trato con determinada clase de gente. • **Mezclar** a alguien **en** algo, hacerle cómplice en un asunto.

**MEZCLILLA** n. f. Tejido de mezcla, de poco cuerpo. **2.** *Méx.* Tela basta de algodón, por lo general de color azul, que se emplea principalmente en la confección de pantalones estilo vaquero.

**MEZCOLANZA** n. f. *Fam.* Mezcla extraña, confusa e inconexa.

**MEZONTETE** n. m. *Méx.* Tronco hueco y seco de maguey.

**MEZQUINAR** v. tr. **[1]**. *Argent.* Esquivar, apartar, hacer a un lado. **2.** *Colomb.* Librar a alguien de un castigo.

**MEZQUINDAD** n. f. Calidad de mezquino. **2.** Acción o cosa mezquina.

**MEZQUINO, A** adj. (ár. *miskīn*). Pobre, necesitado, falto de lo necesario. **2.** Avaro, tacaño. **3.** Pequeño, escaso, miserable: *un sueldo mezquino.* **4.** Falto de generosidad y de sentimientos nobles: *comportamiento mezquino.* ◆ n. m. **5.** *Méx.* Especie de verruga dolorosa que sale en las manos o en los pies.

**MEZQUITA** n. f. (ár. *masŷid*). Edificio destinado al culto musulmán y centro de la vida cultural, social y, en parte, política del islam.

**MEZQUITE** n. m. *Méx.* Planta arbórea, parecida a la acacia, de cuyas hojas se saca un extracto para el tratamiento de las oftalmías. (Familia mimosáceas.)

**MEZZA VOCE** loc. (voces italianas que significan *media voz*). A media voz.

**MEZZOSOPRANO** n. f. (voz italiana). Voz femenina, más grave y extensa que la de soprano.

**MEZZO-TINTO** n. m. (voces italianas que significan *media tinta*). Técnica de grabado que permite obtener todas las medias tintas.

**Mg,** símbolo químico del *magnesio.*

**MI** adj. Apócope de *mío,* que se utiliza cuando va antepuesto al nombre: *mi libro; mi amigo; mi casa.*

**MI** n. m. Nota musical, tercer grado de la escala de *do.* **2.** Signo que la representa.

**MÍ,** forma tónica del pron. pers. de la 1.ª pers. sing. (lat. *mihi*). Funciona como complemento con preposición: *a mí me gusta; habló contra mí; no esperes nada de mí; vino hacia mí; lo hizo para mí.* • **¡A mí!,** exclamación con que alguien pide auxilio o socorro. ‖ **A mí qué,** expresión con que alguien manifiesta que algo le es indiferente, o que quiere desentenderse de ello. ‖ **Para mí,** según yo creo.

**MIADOR, RA** adj. Maullador.

**MIAJA** n. f. Migaja. **2.** *Fig.* Cantidad insignificante de algo.

**MIAJA** n. f. (lat. *medialiam,* moneda de vellón). NUMISM. Nombre genérico de la más pequeña de las monedas de vellón de la península Ibérica desde la edad media, normalmente acuñada con los tipos del dinero.

**MIALGIA** n. f. Dolor muscular.

**MIAO** o **MEO,** pueblo de China, Tailandia, N de Laos y NO de Vietnam, que habla una lengua del grupo chino-tibetano.

**MIAR** v. intr. **[1t]**. Maullar.

**MIASIS** n. f. Parasitismo provocado, en los animales y en el hombre, por larvas de dípteros.

**MIASMA** n. m. Emanación fétida que se desprende de cuerpos enfermos, de materias en descomposición o de aguas estancadas. (Suele usarse en plural.)

**MIASMÁTICO, A** adj. Que produce o contiene miasmas. **2.** Causado por los miasmas.

**MIASTENIA** n. f. Afección caracterizada por una gran fatigabilidad de los músculos, debida a un trastorno en la transmisión del influjo nervioso en la unión del nervio y el músculo.

**MIATONÍA** n. f. Desaparición de tono muscular, relacionada con una afección neurológica.

**MIAU,** voz onomatopéyica del maullido del gato.

**MIBOR** n. m. (de la expresión inglesa *Madrid Interbanking Offered Rated*). Precio del dinero o tipo de interés vigente en el mercado interbancario de Madrid.

**MICA** n. f. (lat. *micam,* partícula). Mineral brillante y exfoliable, abundante en las rocas eruptivas y metamórficas, formado por silicato de aluminio y de potasio. **2.** *Guat.* Coqueta, mujer que coquetea.

**MICÁCEO, A** adj. De la naturaleza de la mica. **2.** Que contiene mica.

**MICACITA** n. f. Roca metamórfica laminar, formada por capas de mica separadas por pequeños cristales de cuarzo.

**MICADA** n. f. *Amér. Central* y *Méx.* Conjunto de micos.

**MICADO** n. m. Mikado.

**MICCIÓN** n. f. Acto de emisión de orina.

**MICCIONAR** v. intr. y tr. **[1]**. Orinar.

**MICELA** n. f. Partícula que mide entre 0,001 y 0,3 micras, formada por un agregado de moléculas semejantes y que constituye un sistema coloidal.

**MICELAR** adj. Formado por micelas.

**MICELIAL** adj. Relativo al micelio.

**MICELIO** n. m. Aparato vegetativo de los hongos formado por filamentos ramificados, generalmente de color blanco.

**MICÉNICO, A** adj. y n. De Micenas. ◆ adj. **2. Arte micénico,** arte que se desarrolló en el mundo aqueo durante el II milenio a. J.C. ◆ n. m. **3.** El dialecto griego más antiguo que se conoce escrito gracias a un silabario de origen cretense, descifrado en 1952.

**MICER** n. m. (cat. *misser*). En la Corona de Aragón, antiguo título honorífico que se aplicaba a los letrados.

**MICETOMA** n. m. Tumor de origen inflamatorio, provocado por hongos parásitos.

**MICHELÍN** n. m. Rollo de grasa en una parte del cuerpo, especialmente alrededor de la cintura.

**MICHINO, A** n. *Fam.* Gato.

**MICHOACANO, A** adj. y n. De Michoacán.

**MICO** n. m. Mono de cola larga. **2.** *Fig.* y *fam.* Persona muy fea. • **Hecho un mico** *(Fam.),* avergonzado. ‖ **Volverse mico** *(Fam.),* serle muy difícil a alguien el logro o la realización de cierta cosa.

**MICOLOGÍA** n. f. Estudio científico de los hongos.

**MICOLÓGICO, A** adj. Relativo a la micología.

**MICÓLOGO, A** n. Especialista en micología.

**MICOPLASMOSIS** n. f. Enfermedad infecciosa debida a una bacteria del género *Mycoplasma.*

**MICORRIZA** n. f. Asociación de un hongo inferior con las raíces de una planta (roble, haya, orquidáceas).

**MICOSIS** n. f. Infección provocada por hongos parásitos, que afecta a diversas partes del cuerpo.

**MICOTERAPIA** n. f. Empleo de cierto tipo de hongos con fines terapéuticos, para combatir infecciones bacterianas.

**MICRA** n. f. (gr. *mikros,* pequeño). Unidad de medida de longitud (símbolo $\mu$) igual a la millonésima parte de un metro. SIN.: *micrón.*

**MICRO** n. m. Apócope de *micrófono.*

**MICR(O),** prefijo, cuyo símbolo es μ, que se antepone al nombre de la unidad dividiéndola por un millón.

**MICROANÁLISIS** n. m. Análisis químico que, al realizarse sobre masas extremadamente pequeñas de sustancia, requiere un instrumental especial. **2.** ECON. Estudio de los procesos de decisión de los individuos y de las empresas. **3.** METAL. Análisis localizado de una superficie metálica (rotura o superficie pulida), de aproximadamente un micrómetro cuadrado o cúbico.

**MICROBALANZA** n. f. Balanza utilizada para medir masas muy pequeñas, del orden de la millonésima de gramo.

**MICROBIANO, A** adj. Relativo a los microbios.

**MICROBIO** n. m. Ser vivo microscópico, constituido por una sola célula, que origina putrefacciones y enfermedades infecciosas.
■ Los microbios (bacterias, protozoos, virus, hongos, etc.) pertenecen a grupos de organismos muy diversos. Se encuentran en el suelo, en el aire, en el agua y en otros organismos. Ciertos microbios segregan toxinas y son agentes de enfermedades infecciosas; otros son útiles, pues producen fermentaciones (alcohólica, acética, láctica).

**MICROBIOLOGÍA** n. f. Ciencia que estudia los microbios.

**MICROBIÓLOGO, A** n. Especialista en microbiología.

**MICROBIÓTICO, A** adj. Dícese de las especies vegetales cuya semilla pierde su aptitud para germinar menos de tres años después de su diseminación.

**MICROBÚS** n. m. Vehículo de transporte colectivo para desplazamientos rápidos, con capacidad para un pequeño número de viajeros.

**MICROCALORIMETRÍA** n. f. Técnica de la determinación de cantidades de calor muy pequeñas.

**MICROCALORÍMETRO** n. m. Aparato utilizado en microcalorimetría.

**MICROCEFALIA** n. f. Anomalía morfológica del cráneo, cuyo volumen se encuentra reducido.

**MICROCÉFALO, A** adj. y n. Afecto de microcefalia.

**MICROCHIP** n. m. ELECTRÓN. Chip de tamaño muy pequeño.

**MICROCIRCUITO** n. m. Circuito eléctrico o electrónico de dimensiones muy pequeñas, compuesto de circuitos integrados, transistores, diodos, resistencias y capacidades, y encerrado en una envoltura estanca.

**MICROCIRUGÍA** n. f. Cirugía que se efectúa bajo control del microscopio y utilizando instrumentos miniaturizados especiales.

**MICROCLIMA** n. m. Conjunto de condiciones atmosféricas particulares de un espacio homogéneo de poca extensión, en la superficie del suelo.

**MICROCLINA** n. f. Feldespato potásico.

**MICROCOCO** n. m. Bacteria de cuerpo esférico, cuyos individuos se presentan aislados.

**MICROCONTINENTE** n. m. OCEANOGR. Sobreelevación importante del fondo marino, formada por la parte sumergida de un fragmento desgajado de un conjunto continental.

**MICROCOPIA** n. f. Copia fotográfica de tamaño muy reducido, que se ha de leer o examinar mediante un aparato óptico que amplía la imagen. **2.** Reproducción de textos por este procedimiento.

**MICROCOSMOS** o **MICROCOSMO** n. m. Universo en pequeño. **2.** El hombre en tanto refleja el universo.

**MICROCRISTAL** n. m. Cristal microscópico que forma la estructura de ciertos cuerpos.

**MICRODISECCIÓN** n. f. Disección hecha al microscopio sobre células o seres de pequeño tamaño.

**MICROECONOMÍA** n. f. Rama de la ciencia económica que estudia los comportamientos individuales de los agentes económicos.

**MICROECONÓMICO, A** adj. Relativo a la microeconomía.

**MICROELECTRÓNICA** n. f. Parte de la electrónica que se ocupa de la concepción y fabricación de circuitos, memorias, etc., de volumen extraordinariamente reducido.

**MICROESTADO** n. m. DER. INTERN. Estado excep-

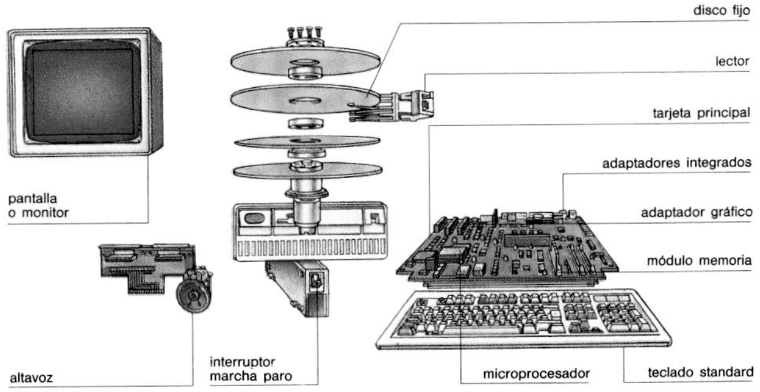

**microordenador**

cionalmente pequeño tanto por su superficie como por su población y sus recursos económicos.

**MICROESTRUCTURA** n. f. Estructura que depende de otra más vasta.

**MICRÓFAGO, A** adj. y n. m. Dícese de la célula que realiza la fagocitosis de elementos muy pequeños, tales como las bacterias.

**MICROFICHA** n. f. Fotografía que reproduce, a escala muy reducida, un documento de archivo.

**MICROFILM** o **MICROFILME** n. m. Película que está constituida por una serie de microfichas.

**MICROFILMACIÓN** n. f. Acción y efecto de microfilmar.

**MICROFILMADOR, RA** adj. Que microfilma.

**MICROFILMADORA** n. f. Máquina con la que se obtienen microfilms.

**MICROFILMAR** v. tr. [**1**]. Reproducir documentos en forma de microfilm.

**MICROFÍSICA** n. f. Parte de la física que trata de los átomos, los electrones y partículas análogas.

**MICROFLORA** n. f. Flora microbiana de un medio dado.

**MICROFÓNICO, A** adj. Relativo al micrófono.

**MICRÓFONO** n. m. Instrumento que transforma las vibraciones sonoras en oscilaciones eléctricas.

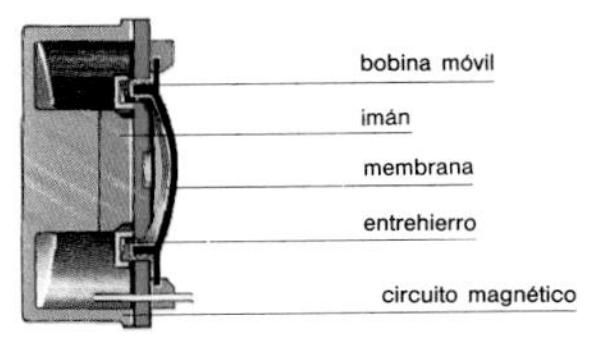

**micrófono** (sección)

**MICROFOTOGRAFÍA** n. f. Fotografía de las investigaciones microscópicas.

**MICROGLIA** n. f. Variedad de neuroglia reticuloendotelial, cuyas células son móviles y están dotadas de capacidad fagocitaria.

**MICROGRAFÍA** n. f. Estudio al microscopio de objetos muy pequeños, en especial de la estructura de metales y aleaciones. **2.** Imagen de un objeto de dimensiones microscópicas obtenida mediante rayos X, electrones, etc.

**MICROGRÁFICO, A** adj. Relativo a la micrografía.

**MICROLENTILLA** n. f. Lente de contacto.

**MICROLÍTICO, A** adj. GEOL. Dícese de la estructura de una roca volcánica que presenta ferrocristales inmersos en una pasta formada por pequeños cristales. **2.** GEOL. Dícese de una roca que presenta esta estructura.

**MICROLITO** n. m. GEOL. Pequeño cristal de las rocas microlíticas. **2.** PREHIST. Instrumento de piedra de dimensiones muy pequeñas, característico de los períodos posglaciales.

**MICROMANIPULADOR** n. m. Aparato que permite la manipulación y disección de células o de pequeños objetos.

**MICROMECÁNICA** n. f. Conjunto de técnicas sobre la creación, el funcionamiento y la fabricación de objetos mecánicos de dimensiones muy reducidas.

**MICROMERISMO** n. m. Hipótesis según la cual el protoplasma está compuesto de pequeñas unidades, cada una de las cuales poseería las características peculiares de la materia viva.

**MICROMERISTA** adj. y n. m. y f. Relativo al micromerismo; partidario de esta hipótesis.

**MICROMETEORITO** n. m. Meteorito de dimensiones muy pequeñas.

**MICROMETRÍA** n. f. Medición de dimensiones muy pequeñas.

**MICROMÉTRICO, A** adj. Relativo al micrómetro y a la micrometría.

**MICRÓMETRO** n. m. Instrumento que permite medir con gran precisión longitudes o ángulos muy pequeños. **2.** Dispositivo óptico o instrumento destinado a medir objetos pequeños o pequeñas imágenes. **3.** Micra. **4.** Dispositivo de que se hallan provistos ciertos instrumentos astronómicos para medir dimensiones en las imágenes visibles en el ocular.

**MICROMÓDULO** n. m. Circuito lógico o aritmético miniaturizado de una calculadora electrónica, que reúne sobre un sustrato aislante de pequeño formato los circuitos, las resistencias y los semiconductores, diodos o transistores, necesarios para una operación determinada.

**MICRÓN** n. m. Micra.

**MICRONESIO, A** adj. y n. De Micronesia.

**MICRONIZAR** v. tr. [**1g**]. Dividir un cuerpo o una sustancia en partículas muy pequeñas.

**MICROONDA** n. f. Onda electromagnética cuya longitud se halla comprendida entre 1 m y 1 mm.

**MICROONDAS** n. m. (pl. *microondas*). Horno en que el calor está generado por ondas de alta frecuencia. SIN.: *horno de microondas.*

**MICROORDENADOR** n. m. Ordenador de poco volumen cuya unidad central de tratamiento está constituida por un microprocesador.

**MICROORGANISMO** o **MICRORGANISMO** n. m. Organismo microscópico, vegetal o animal.

**MICRÓPILO** n. m. Pequeño orificio en los tegumentos del óvulo de las plantas fanerógamas.

**MICROPROCESADOR** n. m. Órgano de tratamiento de la información, realizado en forma de microcircuitos electrónicos integrados.

**microprocesador**

**MICROPROGRAMACIÓN** n. f. INFORMÁT. Técnica de programación de un ordenador en la que las instrucciones del programa se ejecutan mediante una sucesión de instrucciones muy elementales llamadas microinstrucciones.

**MICROPROPULSOR** n. m. ASTRONÁUT. Motor cohete de pequeño empuje, que se utiliza para la estabilización o las maniobras de un vehículo espacial.

**MICROPSIA** n. f. Trastorno visual en el que los objetos se ven de tamaño más pequeño del que en realidad tienen.

**MICROSCOPIA** n. f. Examen por medio de microscopio.

**MICROSCÓPICO, A** adj. Relativo al microscopio. **2.** Hecho con la ayuda del microscopio. **3.** Que sólo puede observarse con el microscopio: *partículas microscópicas.* **4.** Extremadamente pequeño: *un brillante microscópico.*

**MICROSCOPIO** n. m. (de *micro* y gr. *skopeō*, examinar). Instrumento óptico, compuesto de varias lentes, que sirve para observar objetos muy pequeños. • **Microscopio electrónico,** microscopio en el que los rayos luminosos son remplazados por un haz de electrones.

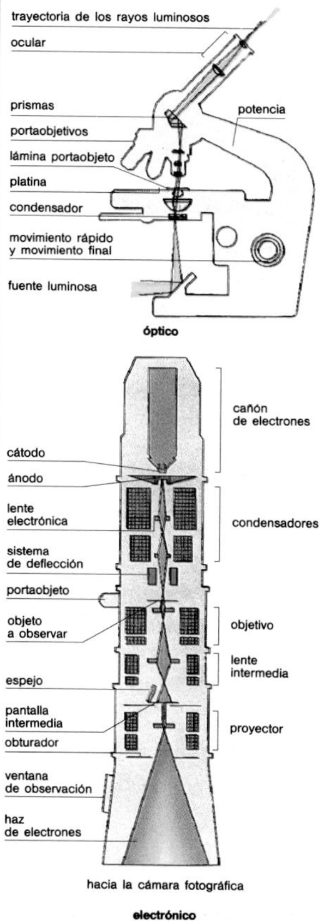


**microscopio:** esquema

**MICROSOCIOLOGÍA** n. f. Estudio de las formas de sociabilidad en el seno de grupos reducidos.

**MICROSOMA** n. m. Gránulo del interior de las células que se ha identificado con los ribosomas.

**MICROSONDA** n. f. Aparato que, mediante el impacto de un haz de electrones sobre una lámina delgada, permite determinar los elementos que esta lámina contiene.

**MICRÓSPORA** n. f. BOT. Espora de ciertas criptógamas, que origina el protalo masculino.

**MICROSPORANGIO** n. m. BOT. Esporangio que contiene las micrósporas.

**MICROSURCO** n. m. Disco que lleva unas cien espiras por centímetro de radio, cuya grabación permite una audición de unos veinticinco minutos por cara de 30 cm de diámetro.

**MICRÓTOMO** n. m. (de *micro,* y gr. *temnō,* cortar). Instrumento de laboratorio para cortar láminas delgadas de tejidos animales o vegetales, para someter a observación con el microscopio.

**MIDDLE JAZZ** n. m. (voces inglesas, *jazz medio*). Expresión que designa los estilos de jazz que sucedieron a los de Nueva Orleans y Chicago, y que siguieron estando en boga hasta la aparición, a principios de los años cuarenta, del bop, sin que por ello desaparecieran por completo.

**MIDI** adj. (abrev. del ingl. *musical instrument digital interface*). Dícese de la interfaz que permite transferir informaciones en tiempo real entre diversos instrumentos de música electrónicos.

**MIDRAS** n. m. (voz hebrea). Género literario del judaísmo rabínico, consistente en comentarios o paráfrasis de la Biblia, realizados en función de la vida cotidiana.

**MIDRIASIS** n. f. (gr. *mydriasis*). MED. Dilatación anormal y persistente de la pupila. SIN.: *miosis.*

**MIDRIÁTICO, A** adj. Relativo a la midriasis.

**MIEDICA** adj. y n. m. y f. *Fam.* Miedoso.

**MIEDITIS** n. f. *Fam.* Miedo.

**MIEDO** n. m. (lat. *metum*). Perturbación angustiosa del ánimo ante un peligro real o imaginario, presente o futuro: *apoderarse de alguien el miedo.* **2.** Temor o recelo de que suceda algo contrario a lo que se desea: *tener miedo de caerse.* • **De miedo** *(Fam.),* pondera la excelencia de algo o de alguien: *el asado está de miedo.* ‖ **Miedo insuperable** (DER.), el que, imponiéndose de forma insuperable a la voluntad de una persona, le impulsa a ejecutar un delito, cuyo mal es igual o menor a la amenaza recibida.

**MIEDOSO, A** adj. y n. *Fam.* Que tiene miedo o es propenso a tenerlo.

**MIEL** n. f. (lat. *mel*). Néctar y exudaciones azucaradas de las plantas, una vez han sido recogidas y almacenadas en el panal por las abejas. **2.** *Fig.* Dulzura, suavidad, ternura. **3.** En los ingenios azucareros, zumo de la caña, después que se ha dado la segunda cochura. • **Dejar con la miel en los labios** *(Fam.),* privar a alguien de lo que empezaba a saborear o disfrutar. ‖ **Miel sobre hojuelas** *(Fam.),* expresa que una cosa viene a mejorar otra ya de suyo excelente.

**MIELENCÉFALO** n. m. Parte del encéfalo formada por el bulbo raquídeo y el puente de Varolio.

**MIELERO** n. m. *Amér.* Melero.

**MIELGA** n. f. Tiburón de talla mediana, de color pardusco, aletas provistas de aguijones y dientes cortantes, cuya carne es comestible aunque dura, fibrosa y de baja calidad. (Familia escuálidos.)

**MIELGA** n. f. Alfalfa silvestre.

**MIELGO, A** adj. (lat. *gemellicum*). Mellizo.

**MIELINA** n. f. Sustancia refringente, de naturaleza lipídica, que recubre las fibras del sistema nervioso central.

**MIELÍTICO, A** adj. y n. Relativo a la mielitis; afecto de este trastorno.

**MIELITIS** n. f. (der. del gr. *myelos,* médula). Inflamación de la médula espinal.

**MIELOBLASTO** n. m. BIOL. Célula de la médula ósea que constituye la célula matriz de los leucocitos polinucleares.

**MIELOCITO** n. m. BIOL. Célula de la médula ósea, derivada de un mieloblasto y precursora de un leucocito polinuclear.

**MIELOGRAFÍA** n. f. Radiografía de la médula espinal y del conducto raquídeo, tras haber inyectado en éste, por punción lumbar, un líquido opaco a los rayos X.

**MIELOGRAMA** n. m. Resultado del estudio diagnóstico de las células de la médula ósea.

**MIELOIDE** adj. Relativo a la médula, especialmente a la médula ósea. • **Leucemia mieloide,** leucemia caracterizada por una proliferación de las células originadas en la médula ósea y por un aumento del volumen del bazo.

**MIELOMA** n. m. Tumor de la médula ósea, que se presenta acompañado de anomalías en las inmunoglobulinas.

**MIELOMALACIA** n. f. NEUROL. Necrosis de la médula espinal consecutiva a la oclusión de una o varias arterias espinales, que afecta a su territorio de irrigación.

**MIEMBRO** n. m. (lat. *membrum*). Cada uno de los apéndices que aparecen en el tronco del hombre o de los animales, dispuestos en forma par, y útiles para las funciones de locomoción y aprehensión. **2.** Otras estructuras en forma de apéndice. **3.** Individuo que forma parte de una corporación o colectividad: *miembro del consejo de administración.* **4.** Parte de un todo: *miembro de una frase; estado miembro de una federación.* **5.** MAT. Cada una de las dos expresiones de una igualdad o de una desigualdad. • **Miembro fantasma,** conservación de las sensaciones cenestésicas cuando un miembro ha sido amputado, aunque el sujeto sea consciente de su ausencia. ‖ **Miembro viril,** pene.

**MIENTE** n. f. Pensamiento. (Úsase en plural.) • **Parar,** o **poner mientes en** algo, considerarlo, meditarlo y recapacitar sobre ello.

**MIENTRAS** adv. t. Entre tanto, en tanto, durante el tiempo en que: *mientras esperaba empezó a llover.* ◆ conj. **2.** Une oraciones expresando simultaneidad entre ellas: *ella leía mientras yo descansaba.* • **Mientras que,** expresa contraste u oposición entre dos acciones. ‖ **Mientras tanto,** en el tiempo en que sucede u ocurre una acción, entre tanto.

**MIERA** n. f. Aceite medicinal, obtenido de las bayas y ramas del enebro o del líquido resinoso que fluye de los pinos.

**MIÉRCOLES** n. m. (lat. *dies Mercuri,* día de Mercurio). Cuarto día de la semana, entre el martes y el jueves.

**MIERDA** n. f. (lat. *merdam*). Excremento humano y de algunos animales. **2.** *Fig.* y *fam.* Grasa, suciedad, porquería. **3.** *Fam.* Persona o cosa que se considera sin valor y despreciable. • **¡A la mierda!** *(Vulg.),* expresión con que se rechaza algo o a alguien con enfado, menosprecio o indignación. ‖ **Irse a la mierda** *(Fam.),* derrumbarse, hundirse o arruinarse algo.

**MIERDACRUZ** n. f. Planta arbustiva de la península Ibérica, de tallos blanquecinos, flores poco vistosas y fruto oblongo.

**MIERDAGO** n. m. BOT. Fresal silvestre.

**MIES** n. f. (lat. *messem;* de *metere,* segar). Cereal maduro. **2.** Tiempo de la siega y cosecha de granos. **3.** En las provincias montañosas del N de España, valles cerrados donde se tienen los sembrados. ◆ **mieses** n. f. pl. **4.** Campos sembrados.

**MIGA** n. f. (lat. *micam*). Migaja, porción pequeña de cualquier cosa y especialmente del pan. (Suele usarse en plural.) **2.** Parte interior y blanda del pan que está recubierta por la corteza. **3.** *Fig.* y *fam.* Contenido, lo sustancial o esencial de algo: *un discurso de mucha miga.* ◆ **migas** n. f. pl. **4.** Pan desmenuzado, humedecido con agua y frito. • **Hacer buenas** o **malas migas** *(Fam.),* avenirse o no las personas en su trato. ‖ **Hacer migas,** dejar en mal estado físico o moral.

**MIGAJA** n. f. Fragmento o partícula de pan. **2.** Porción pequeña de cualquier cosa. **3.** *Fig.* Nada o casi nada. ◆ **migajas** n. f. pl. **4.** Partículas de pan o de comida que caen en la mesa o quedan en ella después de haber comido. **5.** Sobras, residuos: *dar las migajas a los pobres.*

**MIGAJÓN** n. m. Miga de pan o parte de ella. **2.** *Fig.* y *fam.* Meollo e interés de una cosa.

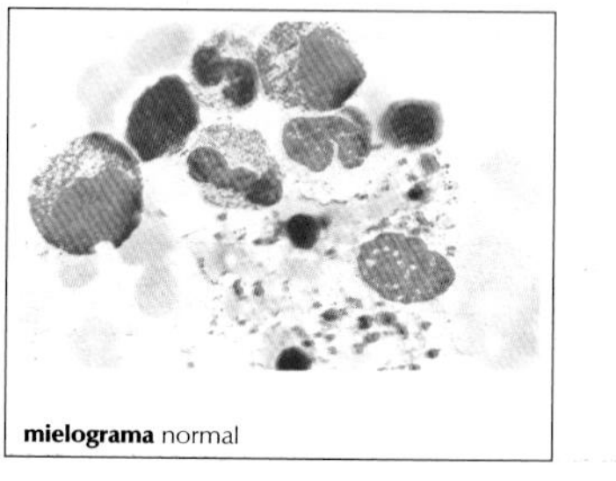

**mielograma** normal

**MIGALA** o **MIGALE** n. f. Araña que excava una madriguera cerrada por un opérculo.

**MIGAR** v. tr. [1b]. Desmenuzar el pan en pedazos muy pequeños. 2. Echar migas de pan en una salsa o en un líquido.

**MIGMATITA** n. f. Roca metamórfica profunda que ha sufrido un principio de anatexia y que presenta franjas de neis separadas por zonas graníticas.

**MIGRACIÓN** n. f. Desplazamiento de personas o grupos de un país, o de una región, a otro para establecerse en él, bajo influencia de factores económicos o políticos. 2. Desplazamiento, en grupo y en una dirección determinada, que emprenden determinados animales estacionalmente. 3. Recorrido de diversas sustancias del suelo, por la acción de las aguas. 4. Desplazamiento de un organismo, de una molécula, etc. 5. En la teoría de los reactores nucleares, desplazamiento de los neutrones durante los procesos de moderación y difusión.

**MIGRAÑA** n. f. Dolor violento que afecta un lado de la cabeza y que, con frecuencia, va acompañado de náuseas y vómitos.

**MIGRAR** v. intr. [1]. Desplazarse en solitario o en grupo a través de una distancia significativa.

**MIGRATORIO, A** adj. Relativo a la migración.

**MIGUELANGELESCO, A** adj. Que recuerda o se parece al estilo de Miguel Ángel.

**MIGUELEAR** v. tr. [1]. *Amér. Central.* Enamorar, cortejar.

**MIGUELETE** n. m. Denominación dada a los guerrilleros catalanes que actuaron como francotiradores, o con una organización militar muy primaria, durante los ss. XVII, XVIII y principios del XIX.

**MIGUELISMO** n. m. Tendencia política de los partidarios de Miguel I de Portugal, de orientación absolutista, semejante al carlismo español.

**MIGUERO, A** adj. Relativo a las migas.

**MIHRĀB** n. m. (voz árabe). En las mezquitas, nicho decorado y vacío, situado por lo general en el centro del muro del fondo, que indica la orientación de La Meca.

**MIJE** n. m. Planta arbórea, de madera apreciada y frutos comestibles, parecidos a los del grosellero. (Familia mirtáceas.) 2. *Méx.* Tabaco de mala calidad.

**MIJO** n. m. (lat. *milium*). Planta herbácea de la familia gramíneas, cuya semilla es utilizada en Europa como alimento de los animales domésticos, y es incluida por algunas tribus de África en su dieta alimenticia. 2. Semilla de esta planta.

**MIKADO** o **MICADO** n. m. (voz japonesa). Palacio imperial de Japón. 2. Emperador de Japón.

**MIL** adj. num. cardin. y n. m. (lat. *mille*). Diez veces ciento. ◆ adj. num. ordin. y n. m. 2. Milésimo, que corresponde en orden al número mil. ◆ adj. 3. *Fig.* Dícese del número o cantidad indefinidamente grande: *tuvimos que vencer mil obstáculos.*

**MILADY** n. f. (voz inglesa). Título que se da a la mujer de un lord. (Úsase también MILADI.)

**MILAGREAR** v. intr. [1]. Hacer milagros.

**MILAGRERÍA** n. f. Tendencia a narrar o admitir como milagros hechos explicables naturalmente.

**MILAGRERO, A** adj. y n. Dícese de la persona que tiende a la milagrería. 2. Dícese de la persona que finge milagros. ◆ adj. 3. *Fig.* y *fam.* Milagroso, que obra o hace milagros.

**MILAGRO** n. m. (lat. *miraculum*). En lenguaje religioso, hecho que no se explica por causas naturales y que se atribuye a una intervención divina. 2. Cualquier suceso o cosa extraordinaria y maravillosa: *un milagro de la técnica.* 3. LIT. Género dramático desarrollado en Francia durante la edad media, que escenificaba una intervención milagrosa de un santo o de la Virgen. • **De milagro,** por casualidad, de modo poco frecuente. ‖ **Vivir de milagro,** no tener casi recursos para mantenerse; haber escapado de un gran peligro.

**MILAGRÓN** n. m. *Fam.* Aspaviento.

**MILAGROSO, A** adj. Que ocurre por milagro: *aparición milagrosa.* 2. Asombroso, maravilloso, pasmoso: *es milagroso que consiguiera vencer.* 3. Que obra o hace milagros: *santo milagroso.*

**MILAMORES** n. f. (pl. *milamores*). Planta herbácea de 60 a 70 cm de alt., que se cultiva en los jardines. (Familia valerianáceas.)

**MILANÉS, SA** adj. y n. De Milán. • **A la milanesa,** dícese de una carne empanada con huevo y frita. ◆ n. m. 2. Dialecto lombardo hablado en Milán.

**MILANO** n. m. Ave rapaz propia de las regiones cálidas o templadas, que alcanza 1,50 m de envergadura y tiene la cola larga y ahorquillada, y se alimenta de desperdicios y de pequeños animales. 2. Pez marino parecido a la raya.

**MILCAO** n. m. *Chile.* Guiso de patatas ralladas o machacadas.

**MILDIU** o **MILDEU** n. m. (ingl. *mildew,* moho). Nombre que se da a diversas enfermedades de las plantas cultivadas, como vid, patatas, cereales, etc., provocadas por hongos microscópicos del orden peronosporales, que se manifiestan por manchas vellosas en la cara inferior de las hojas.

**MILENARIO, A** adj. Relativo al número mil. 2. Dícese de lo que tiene mil años. ◆ n. m. 3. Espacio de mil años. 4. Milésimo aniversario. 5. Fiestas con que se celebra.

**MILENARISMO** n. m. Creencia de determinados escritores cristianos de los primeros siglos y de algunas sectas cristianas posteriores, según la cual Cristo volvería a la tierra para reinar durante mil años. 2. Doctrina que anuncia el advenimiento definitivo de una sociedad justa y feliz.

**MILENIO** n. m. Período de mil años.

**MILENRAMA** n. f. Planta de hojas muy divididas, con capítulos de pequeñas flores blancas o rosadas agrupadas en corimbos. (Familia compuestas.) SIN.: *aquilea.*

**MILEPORA** n. f. Animal marino, con esqueleto calcáreo macizo, que forma colonias de pólipos. (Tipo cnidarios; orden hidrocoralarios.)

**MILÉSIMA** n. f. Unidad angular utilizada en artillería, igual al ángulo bajo el cual se ve un objeto vertical de 1 m a una distancia de 1 000 m.

**MILÉSIMO, A** adj. (lat. *millesimum*). Dícese de cada una de las mil partes iguales en que se divide un todo. ◆ adj. num. ordin. 2. Que corresponde en orden al número mil. ◆ n. m. 3. Unidad monetaria divisionaria de Chile, equivalente a 1/1000 de escudo.

**MILESIO, A** adj. y n. De Mileto.

**MILGRANOS** n. m. (pl. *milgranos*). Planta herbácea de propiedades diuréticas. (Familia cariofiláceas.)

**MILHOJAS** n. m. (pl. *milhojas*). Pastel de hojaldre relleno de merengue o crema.

**MILHOMBRES** n. m. (pl. *milhombres*). Sobrenombre irónico que se aplica al hombre altanero, inútil y de baja estatura.

**MILI** n. f. *Fam.* Forma apocopada de *milicia,* con que suele designarse el servicio militar.

**MILI** (voz latina), prefijo (símbolo m) que, colocado delante de una unidad, la multiplica por $10^{-3}$.

**MILIAMPERÍMETRO** n. m. ELECTR. Amperímetro graduado en miliamperios.

**MILIAMPERIO** n. m. Milésima parte de un amperio (mA).

**MILIAR** adj. Del tamaño o forma de un grano de mijo. 2. MED. Dícese de las lesiones que por su tamaño se asemejan a los granos de mijo.

**MILIAR** adj. (lat. *miliarium*). ANT. ROM. Dícese de las columnas, piedras, etc., que indicaban una distancia de mil pasos.

**MILIÁREA** n. f. Medida de superficie que equivale a la milésima parte de un área.

**MILIARIO, A** adj. Relativo a la milla.

**MILIBAR** n. m. Unidad de medida de presión atmosférica, equivalente a una milésima de bar, o mil barias, o sea, aproximadamente, 3/4 de milímetro de mercurio.

**MILICIA** n. f. (lat. *militiam*). Arte de hacer la guerra y de disciplinar a los soldados para ella. 2. Servicio o profesión militar. 3. Formación militar o paramilitar: *milicia fascista.* • **Milicia nacional,** milicia ciudadana instituida en España durante las luchas políticas del s. XIX para la defensa del sistema constitucional. ‖ **Milicia universitaria,** denominación popular de la fase de instrucción militar para la formación de oficiales y suboficiales del ejército español, a la que tienen acceso los universitarios. ‖ **Milicias populares,** grupos armados, organizados por los partidos políticos y organizaciones sindicales, que actuaron en el bando republicano durante la guerra civil española (1936 - 1939).

**MILICIANO, A** adj. y n. Relativo a la milicia; individuo de una milicia. ◆ n. 2. En la guerra civil española, individuo de algún cuerpo de voluntarios de los formados en la zona republicana no encuadrado en el ejército regular.

**MILICO** n. m. *Amér. Merid. Desp.* Militar, soldado.

**MILIGRAMO** n. m. Milésima parte del gramo (mg).

**MILILITRO** n. m. Milésima parte del litro (ml).

**MILIMETRADO, A** adj. Graduado en milímetros: *papel milimetrado.*

**MILIMÉTRICO, A** adj. Relativo al milímetro.

**MILÍMETRO** n. m. Milésima parte del metro (mm).

**MILIOSMOL** n. m. QUÍM. Cantidad de un determinado ión que produce la misma presión osmótica que una milésima parte de mol.

**MILIREM** n. m. Milésima parte del rem (mrem).

**MILISEGUNDO** n. m. Milésima parte del segundo (ms).

**MILITANCIA** n. f. Actitud, actividad e ideología del militante político o sindical.

**MILITANTE** adj. y n. m. y f. Que milita. ◆ adj. 2. **Iglesia militante** (TEOL.), asamblea de los fieles vivos de la Iglesia católica.

**MILITAR** adj. Relativo a las fuerzas armadas o a la guerra: *autoridad militar.* ◆ n. m. 2. El que tiene por profesión la carrera de las armas.

**MILITAR** v. intr. [1]. Servir en la guerra o profesar la milicia. 2. Figurar activamente en un partido o colectividad que se propone determinados fines.

**MILITARADA** n. f. *Fam.* Golpe de estado dado por los militares.

**MILITARISMO** n. m. Preponderancia del elemento militar en el gobierno de un estado. 2. Doctrina o sistema político fundados en esta preponderancia.

**MILITARISTA** adj. y n. m. y f. Relativo al militarismo; partidario del militarismo.

**MILITARIZACIÓN** n. f. Acción y efecto de militarizar. 2. Situación de carácter excepcional establecida mediante decreto por el gobierno de una nación, por la que determinadas empresas privadas o servicios de carácter público pasan a depender de la jurisdicción militar.

**MILITARIZAR** v. tr. [1g]. Inculcar en otros la disciplina o el espíritu militar. 2. Proceder a la militarización de un cuerpo o servicio civil.

**MILIVOLTÍMETRO** n. m. Aparato que sirve para medir pequeñísimas diferencias de potencial, cuyo cuadrante está graduado en milivoltios.

**MILIVOLTIO** n. m. Milésima de voltio (mV).

**MILLA** n. f. (lat. *milia passuum,* miles de pasos). Medida itineraria de los romanos (1 478,50 m). 2. Medida itineraria anglosajona que equivale a 1 609 m. 3. MAR. Unidad de medida de longitud, cuyo empleo sólo está autorizado para expresar las distancias en navegación (marítima o aérea), y que corresponde a la distancia media entre dos puntos de la superficie terrestre que tienen la misma longitud y cuyas latitudes difieren en un ángulo de 1 minuto (1 852 m).

**MILLAR** n. m. Conjunto de mil unidades. 2. *Fig.* Número grande indeterminado: *te lo he dicho millares de veces.*

**MILLARADA** n. f. Un millar aproximadamente.

**MILLARDO** n. m. Mil millones.

**MILLÓN** n. m. (ital. *milione*). Mil millares. 2. *Fig.* Número grande indeterminado: *me quedan por hacer un millón de cosas.* ◆ **millones** n. m. pl. 3. Impuesto indirecto castellano que consistía en un recargo sobre el vino, vinagre, aceite, carne, jabón y velas de sebo.

**MILLONADA** n. f. Cantidad muy grande, especialmente de dinero.

**MILLONARIO, A** adj. y n. Muy rico, acaudalado.

**MILLONÉSIMO, A** adj. Dícese de cada una del millón de partes iguales en que se divide un todo. ◆ adj. num. ordin. 2. Que corresponde en orden al número un millón.

**MILMILLONÉSIMO, A** adj. Dícese de cada una de las mil millones de partes iguales en que se divide la unidad. ◆ adj. num. ordin. 2. Que corresponde en orden al número mil millones.

**MILONGA** n. f. Copla andaluza derivada de un baile popular de origen argentino y uruguayo. 2. *Argent. Fam.* Lugar o reunión en que se baila. 3.

*Argent. Fig.* y *fam.* Riña, discusión. **4.** *Argent.* y *Urug.* Composición musical de ritmo vivo y marcado en compás de dos por cuatro, emparentada con el tango. **5.** *Argent.* y *Urug.* Canto con que se acompaña. **6.** *Argent.* y *Urug.* Baile rápido de pareja enlazada. ◆ **milongas** n. f. pl. **7.** *Méx.* Excusa, evasiva.

**MILONGUERO, A** n. *Amér. Merid.* Persona que canta o baila milongas. **2.** *Amér. Merid.* Aficionado o concurrente asiduo a los bailes populares. ◆ adj. **3.** *Argent.* Relativo a la milonga.

**MILONITA** n. f. GEOL. Roca de origen metamórfico, formada por fragmentos de roca cementados por recristalización.

**MILORD** n. m. (ingl. *my lord*) [pl. *milores*]. Tratamiento que se da a los nobles en Gran Bretaña. **2.** Coche hipomóvil de cuatro ruedas, de dos plazas y capota, con un asiento más elevado para el conductor, por encima del juego delantero.

**MILPA** n. f. Nombre que daban los españoles, en México, a las parcelas individuales dedicadas al cultivo del maíz, que integraban los calpullali aztecas. **2.** *Amér. Central* y *Méx.* Maizal.

**MILPEAR** v. intr. [**1**]. *Amér. Central* y *Méx.* Comenzar a brotar el maíz sembrado. **2.** *Amér. Central* y *Méx.* Sembrar milpas, hacer maizales.

**MILTOMATE** n. m. *Méx.* Tomate* verde. **2.** *Méx.* Fruto de esta planta.

**MIMAR** v. tr. [**1**]. Tratar a alguien con mimo, o hacerle mimos. **2.** Interpretar por medio de mimo.

**MIMBAR** n. m. Almimbar.

**MIMBRAR** v. tr. y pron. [**1**]. Abrumar, molestar, humillar.

**MIMBRE** n. m. (lat. *vimen*). Rama joven y flexible de sauce. **2.** Sauce con ramas flexibles. **3.** Rama de la mimbrera, especialmente la desnuda, que se usa en cestería.

**MIMBREAR** v. intr. y pron. [**1**]. Moverse o doblarse con flexibilidad, como el mimbre.

**MIMBREÑO, A** adj. De naturaleza de mimbre.

**MIMBRERA** n. f. Planta arbustiva cuyas ramas, amarillas, largas y flexibles, se emplean en cestería. **2.** Diversas especies de sauces. **3.** Mimbreral.

**MIMBRERAL** n. m. Plantación de mimbreras.

**MIMBROSO, A** adj. Relativo al mimbre. **2.** Hecho de mimbres. **3.** Abundante en mimbreras.

**MIME** n. m. *Dom.* y *P. Rico.* Especie de mosquito. • **Caerle** a uno **mimes** (*P. Rico. Fig.* y *fam.*), tener mala suerte; *(P. Rico)*, venir a menos.

**MIMEOGRAFIAR** v. tr. [**1t**]. Multicopiar.

**MIMEÓGRAFO** n. m. Multicopista manual que utiliza una punta cortante para la incisión de la matriz.

**MÍMESIS** o **MIMESIS** n. f. Imitación de los gestos, manera de hablar, etc., de una persona o colectividad. **2.** Término procedente de la poética de Aristóteles, que define la obra de arte como una imitación del mundo sujeta a convenciones.

**MIMÉTICO, A** adj. Relativo al mimetismo o a la mímesis. **2.** Que imita por mímesis o mimetismo.

**MIMETISMO** n. m. Semejanza que toman ciertos seres vivos con el medio en que viven, con las especies mejor protegidas o con aquellas a cuyas expensas viven. **2.** Mímesis.

**MIMETIZAR** v. intr. y pron. [**1g**]. Adquirir el color, apariencia, etc., de las cosas o seres del contorno.

**MÍMICA** n. f. Arte de expresar el pensamiento por medio del gesto o el movimiento de los músculos faciales.

**MÍMICO, A** adj. (lat. *mimicum*). Relativo a la mímica. • **Lenguaje mímico,** lenguaje de gestos.

**MIMO** n. m. Género de comedia en la que el actor representa la acción o los sentimientos mediante gestos. **2.** En las literaturas griega y latina, género de comedia realista que imita la vida y las costumbres. **3.** Pantomima. **4.** Excesiva condescendencia con que se trata a alguien, especialmente a los niños. **5.** Cariño, halago. ◆ n. m. y f. **6.** Actor especializado en representar obras de mimo.

**MIMODRAMA** n. m. Acción dramática representada en forma de pantomima.

**MIMÓGRAFO, A** n. Autor de mimos.

**MIMOSA** n. f. Planta arbustiva o arbórea de hojas pequeñas y flores amarillas olorosas, agrupadas en cabezuelas, muy apreciada en jardinería. (Familia mimosáceas.) **2.** Flor de esta planta.

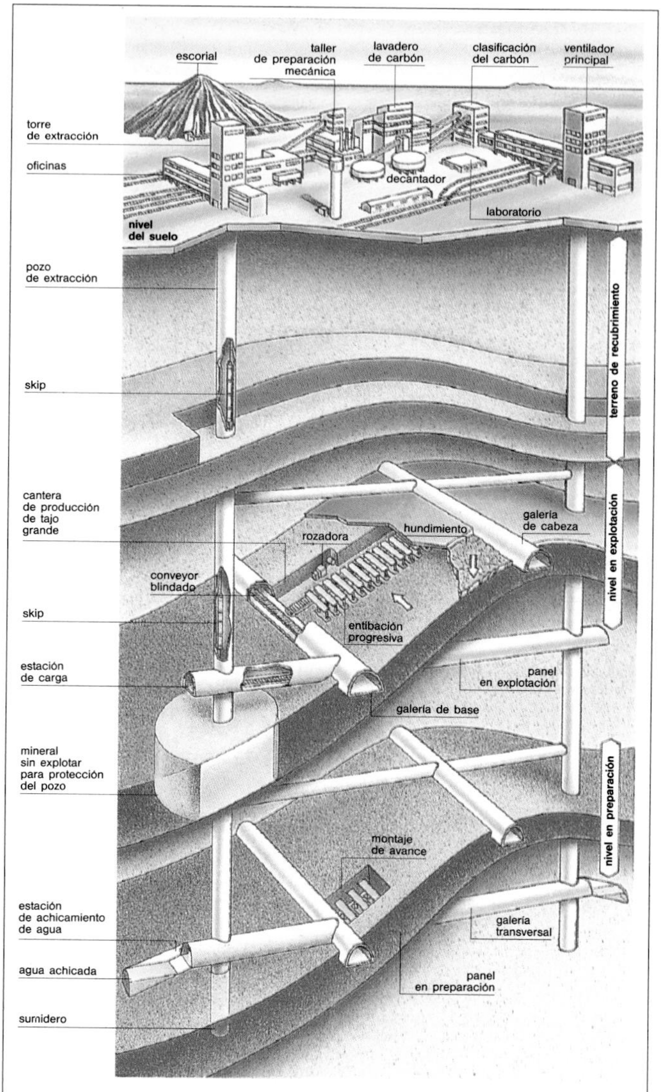


**mina:** infraestructura de un yacimiento sedimentario de carbón poco inclinado

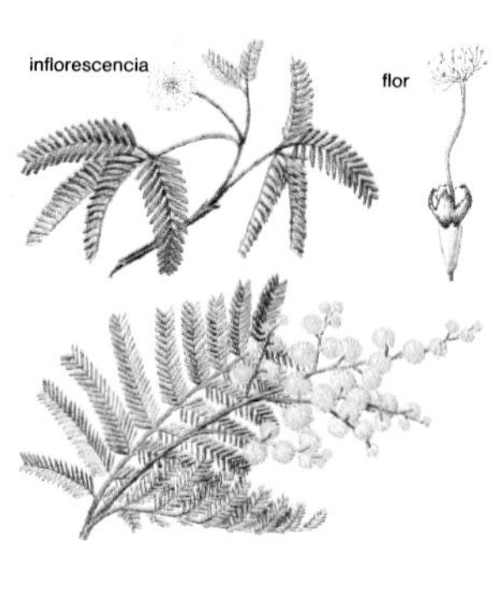


**mimosa**

**MIMOSÁCEO, A** adj. y n. f. Relativo a una familia de plantas leguminosas, la mayoría arbustivas o trepadoras, como las acacias y las mimosas.

**MIMOSO, A** adj. Inclinado a hacer mimos, o que gusta de recibirlos.

**MINA** n. f. Antigua unidad de masa que valía entre 400 y 600 gramos, según los países.

**MINA** n. f. (célt. *mina,* mineral). Excavación realizada para extraer del subsuelo sustancias minerales útiles. **2.** Conjunto de instalaciones necesarias para la extracción y tratamiento previo de las sustancias minerales. **3.** Barrita cilíndrica que forma el eje de un lápiz y está constituida por una materia que deja una traza sobre el papel. **4.** *Fig.* Persona o cosa de la que resulta mucho provecho: *este negocio es una mina.* **5.** *Argent.* y *Chile. Desp.* Mujer. **6.** MIL. Galería subterránea excavada por un sitiador debajo de una posición enemiga con el objeto de hacerla saltar con explosivos. **7.** MIL. Carga explosiva instalada en el suelo, bajo tierra o en el agua, destinada a producir su explosión al paso del enemigo. • **Cante de las minas,** grupo de fandangos procedentes del folklore de las zonas mineras de Andalucía oriental y Murcia, absorbidos por el flamenco a mediados del s. XIX.

**MINÁ** n. f. Ave originaria de Malasia, que imita la voz humana. (Familia estúrnidos.)

**MINADO** n. m. Acción y efecto de minar.

**MINADOR, RA** adj. Que mina. **2.** Dícese de los animales que excavan galerías, tanto en el suelo como en la roca o madera. ◆ adj. y n. m. **3.** Dícese de los buques especialmente dedicados a la operación de fondeo de minas.

**MINAR** v. tr. **[1]**. Abrir minas en un terreno. **2.** *Fig.* Debilitar o destruir poco a poco alguna cosa: *los disgustos están minando su salud.* **3.** Sembrar de minas un terreno o colocar minas submarinas.

**MINARETE** n. m. Alminar.

**MINDEL** n. m. En Europa, la segunda de las cuatro glaciaciones de la era cuaternaria.

**MINERAJE** n. m. Labor y beneficio de las minas.

**MINERAL** adj. Relativo a las sustancias naturales que constituyen la corteza terrestre. **2.** Constituido por materia no viva: *compuesto mineral.* • **Agua mineral,** agua que contiene minerales en disolución y que se emplea como bebida o en baños para fines terapéuticos. || **Química mineral,** química inorgánica. || **Reino mineral,** conjunto de objetos comprendidos bajo el nombre de *minerales.* ◆ n. m. **3.** Cuerpo inorgánico, sólido a la temperatura ordinaria, que constituye las rocas de la corteza terrestre. **4.** MIN. Parte útil de una explotación minera, cuando se trata de filones metalíferos.

**MINERALERO, A** adj. y n. m. Dícese del buque carguero que transporta minerales.

**MINERALIZACIÓN** n. f. Acción y efecto de mineralizar.

**MINERALIZADOR, RA** adj. Que mineraliza. **2.** Dícese de los elementos, como el cloro, el flúor, el boro y el azufre, que, combinados con metales, pueden penetrar en estado fluido en las rocas a partir de un magma y contribuir a su metamorfosis por aporte mineral.

**MINERALIZAR** v. intr. y pron. **[1g]**. Transformarse una sustancia en mineral, generalmente por la acción de agentes exteriores. **2.** GEOL. Formarse concentraciones de minerales.

**MINERALOGÉNESIS** n. f. Proceso de formación de los minerales.

**MINERALOGÍA** n. f. Ciencia que tiene por objeto el estudio de los minerales.

**MINERALÓGICO, A** adj. Que concierne a la mineralogía.

**MINERALOGISTA** n. m. y f. Minerólogo.

**MINERALURGIA** n. f. Conjunto de las técnicas de tratamiento de materias minerales brutas, para obtener productos directamente utilizables en la industria o transformables en metalurgia.

**MINERÍA** n. f. Beneficio de los minerales y rocas útiles. **2.** Explotación de las minas. **3.** Conjunto de minas de un país o región.

**MINERO, A** adj. Relativo a la minería: *compañía minera; cuenca minera.* ◆ n. m. **2.** El que trabaja en las minas. **3.** *Argent. Fig.* Ratón, mamífero roedor.

**MINEROGRAFÍA** n. f. Descripción de los minerales.

**MINERÓLOGO, A** n. Especialista en mineralogía. SIN.: *mineralogista.*

**MINEROMEDICINAL** adj. Dícese del agua mineral que tiene alguna virtud curativa.

**MINERVA** n. f. (de *Minerva,* diosa romana). Inteligencia, invención. **2.** IMPR. Máquina de imprimir pequeña, de platina vertical, que funciona mediante pedal o accionada por motor eléctrico. **3.** MED. Dispositivo ortopédico para sostener la cabeza en posición correcta en caso de lesión de las vértebras cervicales.

**MINERVISTA** n. m. y f. Tipógrafo que maneja una minerva.

**MINESTRONE** n. m. (voz italiana). Sopa italiana elaborada con arroz, judías, col, pastas y tocino.

**MINGA** n. f. (voz quechua). *Amér. Merid.* Reunión de amigos y vecinos para hacer algún trabajo en común, con la única remuneración de una comilona pagada por el que encarga el trabajo. **2.** *Perú.* Chapuza que en día festivo hacen los peones de las haciendas a cambio de un poco de chicha, coca o aguardiente. ◆ n. m. y f. **3.** Persona que trabaja en la minga. ◆ interj. **4.** *Argent.* Expresa negación, falta o ausencia de algo.

**MINGACO** n. m. *Chile.* Minga, reunión.

**MINGITORIO, A** adj. Relativo a la micción. ◆ n. m. **2.** Urinario.

**MINGO** n. m. Bola de billar, que, al comenzar cada mano del juego, se coloca en la cabecera de la mesa.

**MINGÓN, NA** adj. *Venez.* Dícese del niño muy mimado y consentido.

**MINIAR** v. tr. (ital. *miniare,* pintar con minio) **[1]**. Pintar miniaturas.

**MINIATURA** n. f. (voz italiana). Arte de ejecutar pinturas de pequeñas dimensiones, sobre papel, pergamino, marfil, etc. **2.** Obra realizada según este arte. **3.** Modelo de un objeto a escala muy reducida. **4.** *Fam.* Cosa muy pequeña.

**MINIATURISTA** n. m. y f. Artista que realiza miniaturas.

**MINIATURIZACIÓN** n. f. Acción y efecto de miniaturizar. • **Miniaturización del arma nuclear** (ARM.), reducción de la relación entre su peso y su potencia, que permite disponerla en un proyectil de menores dimensiones.

**MINIATURIZAR** v. tr. **[1g]**. Dar a un mecanismo las dimensiones más pequeñas posibles.

**MINIDISCO** n. m. Disco magnetoóptico de 6,4 cm de diámetro, que contiene sonidos grabados que se reproducen por medio del láser.

**MINIFALDA** n. f. Falda muy corta.

**MINIFUNDIO** n. m. Finca rústica que, por su reducida extensión, no constituye por sí sola una explotación económicamente rentable.

**MINIFUNDISMO** n. m. Tipo de distribución de la propiedad de la tierra en el que predominan los minifundios.

**MINIFUNDISTA** adj. y n. m. y f. Relativo al minifundismo; propietario de un minifundio.

**MINIMAL** adj. (voz inglesa, *mínimo*). ART. Dícese de una obra reducida a unas formas geométricas estrictas y a unas modalidades elementales de materia o de color. **2.** MAT. Para un subconjunto A de un conjunto E provisto de una relación de orden, dícese del elemento de A anterior a todos los elementos de A comparables con él. CONTR.: *maximal.* ■ ART. El arte minimal *(minimal art)* surgió en E.U.A., hacia 1965, como una reacción contra el lirismo, el expresionismo abstracto y la figuración del pop-art, al tiempo que aportaba una renovación de la abstracción fundada en la elección de formas y colores elementales y la utilización de formas geométricas simples. La ausencia de preocupación plástica dejó abierto el camino a las tendencias conceptuales. Los escultores S. Lewitt, D. Judd, T. Smith, C. André, R. Morris y D. Flavin constituyeron este movimiento, que tuvo en B. Newmann y A. Reinhardt sus precursores.

**MINIMALISMO** n. m. Arte minimal; características de este arte.

**MINIMALISTA** adj. y n. m. y f. Relativo al arte minimal o minimalismo; artista que practica el arte minimal.

**MINIMIZAR** v. tr. **[1g]**. Disminuir o reducir al mínimo la importancia o el valor de algo. **2.** Reducir lo máximo posible una cosa: *minimizar costes.*

**MÍNIMO, A** adj. Que, en cantidad o en grado, es lo más pequeño posible, o lo más pequeño dentro de su especie: *no hacer el mínimo caso; temperatura mínima.* • **Como mínimo,** calculando la cantidad o medida más pequeña posible. || **Lo más mínimo** *(Fam.),* expresión que se emplea en frases negativas. ◆ n. **2.** Miembro de una orden mendicante instituida por san Francisco de Paula en 1435, en Cosenza (Italia). ◆ n. m. **3.** Grado más pequeño al que puede reducirse una cosa cualquiera: *el mínimo vital; el mínimo de velocidad.* **4.** MAT. Elemento más pequeño (si existe) de un conjunto ordenado. • **Método de los mínimos cuadrados** (ESTADÍST.), método que sirve para calcular la media más probable de los resultados de varias observaciones. || **Mínimo de una función** (MAT.), el menor de los valores que toma dicha función en un intervalo dado o en su dominio de definición. || **Mínimo exento** (DER.), parte de la renta de las personas no incluible en la base imponible. || **Mínimo vital** (DER.), nivel de renta considerado indispensable para la satisfacción de las necesidades normales de un individuo o una familia.

*Daniel en la fosa de los leones,*
**miniatura** de un manuscrito del s. XII
de una obra de san Jerónimo
(biblioteca municipal, Dijon)

**miniatura** de al-Wāsiṭī
de un manuscrito del s. XIII
del *Libro de las sesiones* de al-Ḥārī (s. XII)
[biblioteca nacional, París]

Moisés con las tablas de la ley,
**miniatura** de una biblia del s. XIII
(biblioteca nacional, Madrid)

**MÍNIMUM** n. m. (lat. *minimum,* la menor parte) [pl. *mínimums*]. Mínimo.

**MININO, A** n. *Fam.* Gato, mamífero carnicero.

**MINIO** n. m. (lat. *minium,* bermellón). Óxido de plomo ($Pb_3O_4$), de color rojo. **2.** Pintura de minio con la que se recubre el hierro para preservarlo de la herrumbre.

**MINIORDENADOR** n. m. Ordenador de pequeño volumen, con una capacidad mediana de memoria y de buena prestación, utilizado de manera autónoma.

**MINISTERIAL** adj. Relativo al ministerio o al gobierno del estado, o a alguno de sus ministros. ◆ adj. y n. m. y f. **2.** Que apoya habitualmente al gobierno en las cámaras o en la prensa: *diputado ministerial.*

**MINISTERIAL** n. m. (del lat. *ministerium,* ministerio). Caballero no libre aparecido con el feudalismo y cuyo estatuto varió según los países.

**MINISTERIALISMO** n. m. Condición o actitud de ministerial.

**MINISTERIO** n. m. (lat. *ministerium,* servicio, oficio). Gobierno del estado, considerado en el conjunto de los varios departamentos en que se divide. **2.** Cargo o empleo de ministro que forma parte del gobierno de un estado. **3.** Tiempo que dura su ejercicio. **4.** Cuerpo de ministros de un estado. **5.** Cada uno de los departamentos en que se divide el gobierno de un estado. **6.** Edificio en que se halla la oficina de cada departamento ministerial. **7.** Función, empleo o cargo, especialmente cuando es noble y elevado. **8.** Uso o destino que tienen las cosas. **9.** Servicio eclesial derivado del sacramento del orden. • **Ministerio fiscal,** o **público,** órgano público específico, encargado de cooperar en la administración de justicia, velando por el interés del estado, de la sociedad y de los particulares.

**MINISTRABLE** adj. Dícese de la persona a la que se considera con posibilidades para llegar a ser ministro.

**MINISTRAR** v. tr. e intr. [**1**]. Ejercer un oficio u ocupación.

**MINISTRIL** n. m. (fr. *menestriel*). En la edad media, poeta músico de baja condición, y, en particular, tañedor de instrumentos de viento o de cuerda. **2.** Empleado encargado de los más inferiores menesteres de justicia. **3.** El que en las funciones de iglesia tocaba algún instrumento de viento.

**MINISTRO, A** n. (lat. *ministrum*). Persona que ejerce un ministerio, función especialmente noble y elevada. **2.** Miembro del gobierno y jefe de uno de los grandes departamentos en que se divide la administración del estado. **3.** Juez empleado en la administración de justicia. **4.** Cualquier representante o agente diplomático. **5.** En algunas órdenes, prelado ordinario de cada convento. • **Ministro de Dios,** o **del Señor,** sacerdote. || **Ministro diplomático,** agente diplomático. || **Ministro plenipotenciario,** el que ocupa la segunda categoría de las reconocidas por el derecho internacional, después de la de los embajadores, legados y nuncios. || **Ministro sin cartera,** el miembro del gobierno que no tiene a su cargo la dirección de ningún departamento. || **Primer ministro,** el jefe del gobierno o presidente del consejo de ministros.

**MINISTRO** n. m. Pájaro de América del Norte y Central, de pequeño tamaño, muy apreciado como ave de adorno. (Familia fringílidos.)

**MINO,** voz usada para llamar al gato.

**MINOICO, A** adj. y n. m. Relativo a la historia de Creta desde el III milenio hasta alrededor del 1100 a. J.C.

**MINORACIÓN** n. f. Acción y efecto de minorar.

**MINORANTE** adj. y n. m. MAT. Para un subconjunto E de un conjunto F parcialmente ordenado por la relación $\leqslant$, dícese de un elemento $m \in F$ para el que todo elemento $x \in E$ verifica $m \leqslant x$.

**MINORAR** v. tr. y pron. [**1**]. Disminuir la extensión, intensidad o número de una cosa.

**MINORATIVO, A** adj. Que minora o tiene virtud de minorar.

**MINORÍA** n. f. Conjunto de individuos de una sociedad determinada discriminados, por distinguirse, en alguna forma, de los que forman la categoría social predominante. **2.** Parte de la población de un estado que difiere de la mayoría en etnia, lengua o religión. SIN.: *minoría nacional.* **3.** DER. En las asambleas, juntas, etc., conjunto de personas cuya opinión conforme es distinta de la de la mayoría. **4.** DER. Conjunto de votos de dichas personas en alguna elección, etc.

**MINORIDAD** n. f. Minoría de edad*.

**MINORISTA** n. m. y f. Persona que vende al por menor. ◆ adj. **2.** Dícese del comercio al por menor.

**MINORITARIO, A** adj. Que pertenece a una minoría o que se apoya en ella.

**MINUCIA** n. f. (lat. *minutiam*). Menudencia, cosa de poco aprecio e importancia. **2.** Detalle, pormenor: *contar algo con minucia.*

**MINUCIOSIDAD** n. f. Calidad de minucioso.

**MINUCIOSO, A** adj. Que se detiene en los menores detalles: *un relato minucioso.*

**MINUÉ** o **MINUETO** n. m. (fr. *menuet*). Danza de compás ternario. **2.** Composición musical de esta danza, que, a fines del s. XVII, se integró en la *suite* y entró a formar parte de la *sonata* en el s. XVIII.

**MINUENDO** n. m. (lat. *minuendum,* que se ha de disminuir). MAT. Cantidad de la que ha de restarse otra.

**MINÚSCULO, A** adj. (lat. *minusculum*). De muy pequeñas dimensiones, o de poca entidad. ◆ adj. y n. f. **2.** Dícese de las letras que, en un mismo contexto, se distinguen de las mayúsculas por su figura y menor tamaño.

**MINUSVALÍA** n. f. Disminución del valor de un objeto o de un derecho contabilizado en dos momentos distintos. **2.** Diminución de la capacidad física o síquica de una persona.

**MINUSVALIDEZ** n. f. Cualidad de minusválido. SIN.: *discapacidad.*

**MINUSVÁLIDO, A** adj. y n. Dícese de la persona que tiene en cierto aspecto disminuidas sus facultades físicas.

**MINUSVALORAR** v. tr. [**1**]. Subestimar.

**MINUTA** n. f. (lat. *minutam,* pequeña). Extracto o borrador de un documento o contrato, en el que se anotan las cláusulas o partes esenciales, para extenderlo después con todas las formalidades necesarias a su perfección. **2.** Apuntación que se hace de una cosa para tenerla presente. **3.** Cuenta que de sus honorarios o derechos presentan los abogados y otros profesionales. **4.** Lista de los platos de una comida, o que pueden servirse en un restaurante, etc.

**MINUTAR** v. tr. [**1**]. Hacer la minuta de un documento o contrato. **2.** Tasar los honorarios o derechos de los abogados. **3.** Contar los minutos que dura algo.

**MINUTARIO** n. m. Cuaderno en que el notario guarda las minutas de las escrituras que se otorgan ante él.

**MINUTERO** n. m. Manecilla del reloj, que señala los minutos. **2.** Aparato eléctrico de relojería, destinado a asegurar un contacto durante un lapso de tiempo determinado.

**MINUTO** n. m. Unidad de medida de tiempo (símbolo mn) que vale 60 segundos. **2.** Corto espacio de tiempo: *vuelvo en un minuto.* • **Minuto centesimal,** unidad de medida de ángulo que equivale a 1/100 de grado centesimal, o sea, $\pi/20\,000$ de radián. SIN.: *centígrado.* || **Minuto sexagesimal,** unidad de medida de ángulo (símbolo ′) que equivale a 1/60 de grado sexagesimal, o sea, $\pi/10\,800$ de radián.

**MIÑÓN** n. m. (cat. *minyó*). Soldado de tropa ligera, destinado a la persecución de malhechores o a la custodia de los bosques reales. **2.** Individuo de la milicia foral alavesa que, con anterioridad a 1844, ejercía las funciones de policía rural y represión de contrabando.

**MÍO, A** adj. y pron. poses. de 1.ª pers. (lat. *meum*). Establece relación de posesión o pertenencia: *esto no es asunto mío; este libro es mío.* • **De las mías** *(Fam.),* indica un desacierto o una acción indigna cometida por la persona que habla. || **De mío,** por mi naturaleza. || **Los míos,** las personas de la familia, partido, etc., propios o las del mismo parecer que uno.

**MIOCARDIO** n. m. Parte muscular del corazón; es un tejido muscular formado por fibras estriadas y anastomosadas, que constituye la parte contráctil de la pared del corazón.

**MIOCARDITIS** n. f. Inflamación del miocardio.

**MIOCENO** n. m. y adj. Cuarto período de la era terciaria, entre el oligoceno y el plioceno, en el transcurso del cual aparecieron los mamíferos evolucionados, como simios, rumiantes, mastodontes y dinoterios.

**MIOCLONÍA** n. f. Contracción muscular brusca e involuntaria, como consecuencia de una lesión motora.

**MIOFIBRILLA** n. f. Fibrilla contráctil constitutiva de la fibra muscular.

**MIOGRAFÍA** n. f. Registro gráfico de la contracción de los músculos.

**MIÓGRAFO** n. m. Aparato que registra las contracciones musculares.

**MIOGRAMA** n. m. Curva obtenida por miografía.

**MIOLOGÍA** n. f. Estudio de los músculos.

**MIOMA** n. m. Tumor formado a partir del tejido muscular.

**MIOMECTOMÍA** n. f. Ablación de un mioma.

**MIONCILLO** n. m. *Chile.* Carne de la parte inferior e interna del muslo del animal.

**MIOPATÍA** n. f. Atrofia muscular grave, de evolución progresiva.

**MIOPE** adj. y n. m. y f. (gr. *myops*). Que padece miopía. **2.** Que carece de perspicacia.

**MIOPÍA** n. f. Anomalía de la visión que hace que se vean borrosos los objetos alejados; proviene de una excesiva convergencia del cristalino, que forma las imágenes delante de la retina. (Se corrige con el uso de cristales divergentes.)

**MIORRELAJANTE** adj. y n. m. MED. Que favorece la relajación muscular.

**MIOSINA** n. f. Proteína constituyente de las miofibrillas, que desempeña un papel importante en la contracción muscular.

**MIOSIS** n. f. (del gr. *myō,* cerrar los ojos). MED. Contracción de la pupila. CONTR.: *midriasis.*

**MIOSITIS** n. f. MED. Inflamación del tejido muscular.

**MIOSOTIS** n. m. Nomeolvides.

**MIÓTICO, A** adj. Relativo a la miosis. **2.** Dícese de los agentes capaces de producirla.

**MIQUILO** n. m. *Argent.* y *Bol.* Nutria.

**MIQUIZTLI** n. m. (voz náhuatl, *muerte*). Segundo de los veinte días del mes azteca.

**MIR** n. m. y f. (de *médico interno residente*). Médico que se encuentra en la situación de interinidad. **2.** Conjunto de estudios necesarios para obtener este puesto.

**MIR** n. m. (voz rusa). En la Rusia zarista, comunidad campesina que tenía la propiedad colectiva de las tierras y que las distribuía por parcelas, para un tiempo determinado, entre las familias.

**MIRA** n. f. Pieza que en ciertos instrumentos sirve para dirigir la vista a un punto, con objeto de verlo con la mayor precisión posible. **2.** *Fig.* Intención u objetivo a que van dirigidas ciertas acciones. (Suele usarse en plural.) **3.** Ángulo que tiene la adarga en su parte superior. **4.** Regla graduada que se coloca verticalmente en los puntos del terreno que se quiere nivelar. • **Mira electrónica,** generador de señales similares a las de un emisor de televisión, y que da, sobre la pantalla de un televisor, imágenes geométricas muy sencillas. || **Punto de mira,** en las armas de fuego, pieza que sirve para dirigir la vista y asegurar con ello la puntería.

**MIRABEL** n. m. Planta herbácea de la península Ibérica, de ramas amarillentas y flores axilares, que se cultiva en jardinería. (Familia quenopodiáceas.) **2.** Girasol.

**MIRACIDIO** n. m. Primera forma larvaria de la duela del hígado de la oveja.

**MIRADA** n. f. Acción de mirar. **2.** Vistazo, ojeada: *dar una mirada.* **3.** Modo de mirar, expresión de los ojos: *una mirada penetrante; tener la mirada fija.*

**MIRADO, A** adj. Prudente, comedido, delicado: *ser muy mirado.* **2.** Merecedor de buen o mal concepto: *actitud bien, o mal, mirada.*

**MIRADOR** n. m. Balcón cubierto y cerrado con cristales o persianas. **2.** Lugar alto y bien situado para observar o contemplar un paisaje. **3.** ARM. En las antiguas fortalezas y piezas de artillería, mira.

**MIRAGUANO** n. m. (voz antillana). Palmera de poca altura, de hojas grandes en forma de abanico, flores axilares en racimo y fruto seco, lleno de una materia semejante al algodón, que crece en regiones cálidas de América y Oceanía. (Familia palmáceas.) **2.** Pelo vegetal que llena el interior del fruto de esta planta, utilizado como relleno en almohadas y colchones.

**MIRAHUEVOS** n. m. (pl. *mirahuevos*). Aparato luminoso que sirve para mirar los huevos y comprobar su calidad.

**MIRAJE** n. m. Acción de mirar o examinar algo: *miraje de los huevos.*

**MIRAMIENTO** n. m. Acción de mirar o considerar una cosa. **2.** Circunspección, reserva que se observa ante alguien por consideración o interés: *actuar sin miramientos.* (Suele usarse en plural.)

**MIRAR** v. tr. y pron. (lat. *mirari,* admirar) [**1**]. Fijar el sentido de la vista sobre alguien o algo: *mirar el paisaje; mirarse al espejo.* **2.** Registrar, revisar: *mirar los papeles.* **3.** Considerar, reflexionar acerca de algo: *mirar bien lo que se hace.* ◆ v. tr. **4.** Tener determinado objetivo al hacer algo: *mirar de asegurar el futuro.* **5.** Dar, estar orientado hacia determinada dirección: *la ventana mira al mar.* **6.** Concernir, guardar relación: *en lo que mira a nosotros...* **7.** En imperativo, su función es expletiva: *mira, yo creo que no es verdad.* • **De mírame y no me toques** *(Fam.),* aplícase a las personas o cosas delicadas y poco resistentes. ‖ **Mirar por** algo o alguien, cuidarlo o protegerlo. ‖ **Mirar por encima,** examinar algo superficialmente. ‖ **Si bien se mira,** si se piensa o considera con exactitud o detenimiento.

**MIRBANA** n. f. **Esencia de mirbana,** en perfumería, nombre del nitrobenceno.

**MIRÍADA** n. f. (gr. *myrias*). Conjunto de diez mil unidades. **2.** Cantidad indefinidamente grande.

**MIRIÁPODO, A** adj. y n. m. Relativo a una clase de artrópodos terrestres, unisexuales y dimórficos, de tronco dividido en numerosos segmentos, cada uno de ellos provisto de uno o dos pares de patas, como el ciempiés.

**MIRÍFICO, A** adj. *Poét.* Admirable, maravilloso.

**MIRIKINÁ** n. m. Mono de unos 70 cm de long., 35 de los cuales corresponden a la cola, de color amarillo con unas manchas blancas en la cabeza, que vive en Argentina y Paraguay. (Familia cébidos.)

**MIRILLA** n. f. Pequeña abertura de una puerta, pared, etc., que sirve para mirar. **2.** Pequeña abertura que tienen algunos instrumentos topográficos, y que sirve para dirigir visuales.

**MIRIÑAQUE** n. m. Prenda interior femenina de tela rígida o muy almidonada, y a veces con aros de metal, con que las mujeres se ahuecaban las faldas. **2.** *Argent.* Armazón que las locomotoras llevan en su parte anterior para quitar los obstáculos.

**MIRÍSTICA** n. f. Planta arbórea, que suministra la nuez moscada. (Familia lauráceas.)

**MIRLETA** n. f. Figura heráldica consistente en una avecilla de perfil, con las alas recogidas, sin pico ni patas.

**MIRLO** n. m. (lat. *merulam*). Ave paseriforme, común en parques y bosques, de plumaje oscuro, negro en el macho y pardo en la hembra. (Voz: el mirlo *silba.*) • **Ser un mirlo blanco,** ser excepcional.

**mirlos**

**MIRMECÓFILO, A** adj. y n. m. Dícese de los seres vivos con los que las hormigas viven asociadas.

**MIRMIDONES,** ant. pueblo de Tesalia, que tomó parte en la guerra de Troya.

**MIRMILLÓN** n. m. Gladiador romano armado con un escudo, una espada corta y un casco, que habitualmente luchaba contra el reciario.

**MIROBÁLANO** n. m. Planta arbórea, de frutos negros, rojos o amarillos, semejantes a las ciruelas o a las aceitunas, que crece en la India y se emplea en medicina y tintorería. **2.** Fruto de este árbol, rico en tanino.

**MIRÓN, NA** adj. y n. Que mira, especialmente el que lo hace con excesiva curiosidad. ◆ n. m. **2.** HERÁLD. Cabeza de animal representada sobre una pieza.

**MIROSINA** n. f. Enzima de las semillas de mostaza, que da esencia de mostaza.

**MIROTÓN** n. m. *Chile.* Mirada rápida, generalmente con expresión de enfado.

**MIROXILO** n. m. Árbol de América tropical, que proporciona resinas aromáticas, como el bálsamo de Perú.

**MIRRA** n. f. (lat. *myrrham;* del gr. *myrrha*). Gomorresina aromática y medicinal, suministrada por un árbol de Arabia y Abisinia.

**MIRRIA** n. f. *Amér.* Pizca, pedacito.

**MIRTÁCEO, A** adj. y n. f. Relativo a una familia de plantas dicotiledóneas dialipétalas de las regiones cálidas (mirto, eucalipto).

**MIRTIFORME** adj. Que tiene forma de hoja de mirto.

**MIRTO** n. m. Arbusto de follaje siempre verde, de pequeñas flores blancas y olorosas.

**MIRV** (siglas de *multiple independently* [*targetable*] *reentry vehicle*), carga nuclear múltiple transportada por un misil, cada uno de cuyos elementos puede dirigirse sobre un objetivo particular.

**MISA** n. f. (lat. *missa;* de la frase *ite, missa est*). En la religión católica, sacrificio del cuerpo y la sangre de Jesucristo, que se realiza en el altar por el ministerio del sacerdote. **2.** Forma particular de canto aparecida en la época medieval, escrita sobre las partes de esta celebración. **3.** Orden del presbiterado. • **Cantar misa,** celebrar la primera misa el nuevo sacerdote. ‖ **Ir a misa** algo, ser irrefutable, indiscutible. ‖ **Misa concelebrada,** aquella en la que varios sacerdotes u obispos ofician juntos. ‖ **Misa crismal,** misa que se celebra el Jueves Santo, durante la cual se bendice el crisma con el que se unge a los que se bautizan y se confirman, y también a los obispos y sacerdotes cuando se consagran o se ordenan. ‖ **Misa del gallo,** o **de la noche,** misa que se celebra la noche de Navidad. ‖ **Misa pontifical,** misa cantada por un prelado. ‖ **Misa rezada,** misa en la que todas sus partes son rezadas, leídas o recitadas, y no cantadas. ‖ **No saber de la misa la media,** o **la mitad** *(Fam.),* no estar enterado de cierta cosa alguien que pretende o debería estarlo.

**MISACANTANO** n. m. Sacerdote que dice o canta misa por primera vez.

**MISACHICO** m. m. *Argent.* Ceremonia de campesinos que, entre festejos, realizan una procesión en honor de un santo.

**MISAL** n. m. Libro litúrgico que contiene el texto de la misa para todos los días del año, y que el sacerdote usa en el altar. **2.** Libro de piedad para uso de los fieles, que contiene el texto de todas las misas del año, o solamente de los domingos y fiestas.

**MISANTROPÍA** n. f. Calidad de misántropo.

**MISÁNTROPO, A** n. (fr. *misanthrope*). Persona que se aparta del trato con la gente.

**MISCELÁNEA** n. f. Mezcla de cosas diversas. **2.** Título que se da a ciertas colecciones o recopilaciones literarias. **3.** Obra compuesta por una serie de artículos sobre distintos temas. **4.** *Méx.* Tienda pequeña.

**MISCELÁNEO, A** adj. (lat. *miscellaneum,* mezclado). Mixto, compuesto de cosas distintas.

**MISCIBILIDAD** n. f. Carácter de lo que es miscible.

**MISCIBLE** adj. Que puede formar una mezcla homogénea con otro cuerpo.

**MISERABLE** adj. y n. m. y f. Muy pobre: *viviendas miserables.* **2.** Digno de compasión: *situación miserable.* **3.** Que escatima, da o gasta lo menos posible. **4.** Escaso, insuficiente: *una cantidad miserable.* **5.** Dícese de la persona perversa.

**MISEREAR** v. intr. [**1**]. *Fam.* Comportarse como miserable o tacaño.

**MISERERE** n. m. (voz latina que significa, *apiádate*). Nombre del salmo cuya traducción comienza por esta palabra. **2.** El propio salmo. **3.** Canto compuesto sobre dicho salmo. • **Cólico miserere,** nombre dado antiguamente a la obstrucción intestinal.

**MISERIA** n. f. (lat. *miseriam,* desventura). Extrema pobreza: *vivir en la miseria.* **2.** Desgracia, suceso funesto: *contar miserias.* (Suele usarse en plural.) **3.** Tacañería. **4.** Insignificancia, cantidad insuficiente de algo: *ganar una miseria.* **5.** Parásitos, especialmente piojos, del hombre.

**MISERICORDIA** n. f. (lat. *misericordiam*). Compasión que impulsa a ayudar o perdonar: *tener misericordia de alguien.* **2.** Pieza en forma de repisa, situada en la parte inferior de los asientos abatibles en las sillerías de coro, que permite al ocupante descansar disimuladamente, medio sentado sobre ella. • **Obras de misericordia,** buenas obras que tienen por objeto ayudar al prójimo.

**MISERICORDIOSO, A** adj. y n. Inclinado a sentir misericordia. ◆ adj. **2.** Relativo a la misericordia.

**MÍSERO, A** adj. Miserable: *una mísera vivienda.*

**MISHIADURA** n. f. (voz lunfarda). Pobreza.

**MISIA** o **MISIÁ** n. f. *Amér. Merid.* Tratamiento de cortesía equivalente a *señora.*

**MISIDÁCEO, A** adj. y n. m. Relativo a un orden de crustáceos bastante grandes que viven en alta mar, a veces desprovistos de branquias.

**MISIL** n. m. (ingl. *missile,* del lat. *missile,* arma arrojadiza). Proyectil autopropulsado, autodirigido o teledirigido durante su trayectoria o parte de ella.

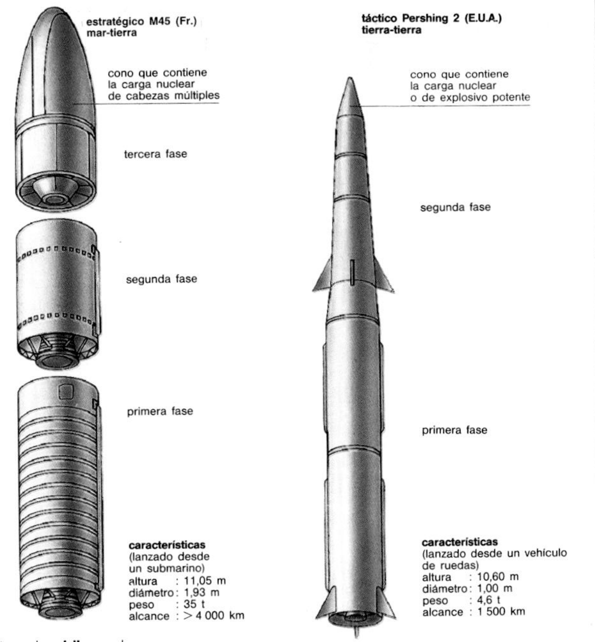

dos tipos de **misiles** nucleares

• **Misil de cargas múltiples,** misil que transporta cargas nucleares que pueden ser guiadas, cada una de ellas de forma independiente, hacia un objetivo particular. ‖ **Misil de crucero,** misil autopropulsado y autodirigido a lo largo de toda su trayectoria a muy baja altura, capaz de transportar una carga nuclear a gran distancia y con gran precisión.

■ Los misiles son o no balísticos, en función de que su trayectoria implique o no una fase balística tras la extinción de los motores-cohete, o bien que el misil, a la manera de un proyectil, esté únicamente sometido a las fuerzas de la gravitación. Los misiles pueden clasificarse según su punto de lanzamiento y su objetivo como misiles *aire-aire, aire-tierra, tierra-tierra, mar-mar, aire-mar,* etc. Cabe también distinguir los misiles tácticos, armas de combate terrestre, naval o aéreo (con un alcance de 1 100 km), los misiles estratégicos (con un alcance de 1 100 a 12 000 km), y los misiles de tipo IRBM o ICBM, que se lanzan desde emplazamientos subterráneos especialmente diseñados para este fin o desde submarinos. Todos ellos pueden ir equipados con carga nuclear.

**MISIÓN** n. f. Acción de enviar. **2.** Cosa encomendada a alguien: *enviar con una misión.* **3.** Expedición científica por tierras poco exploradas. **4.** Obra que una persona o colectividad se sienten obligadas a realizar. **5.** Comisión temporal dada por un estado a un diplomático o agente especial para un fin determinado: *misión comercial.* **6.** Trabajo de evangelización emprendido por personal especialmente dedicado, generalmente en países de mayoría no cristiana. **7.** Serie de predicaciones para la evangelización de los no cristianos o para la conversión y adoctrinamiento de los fieles en países cristianos: *misiones parroquiales.* **8.** Cada una de dichas predicaciones. **9.** Casa, capilla o centro de los misioneros: *acudir a la misión.*

**MISIONAL** adj. Relativo a los misioneros o a las misiones.

**MISIONAR** v. intr. y tr. **[1]**. Predicar misiones.

**MISIONERO, A** adj. Relativo a las misiones: *apostolado misionero.* ◆ n. **2.** Sacerdote, religioso, pastor dedicado a las misiones, en territorios de misión, o en país cristiano.

**MISIVA** n. f. Carta que se envía a alguien.

**MISKITOS** → ***misquitos.***

**MISMAMENTE** adv. m. Precisamente, cabalmente.

**MISMIDAD** n. f. Condición de ser uno mismo. **2.** Aquello por lo cual se es uno mismo. **3.** Identidad personal.

**MISMO, A** pron. dem. y adj. dem. Expresa identidad o semejanza: *este objeto es el mismo que te dije; los dos llevan el mismo nombre.* **2.** Subraya con énfasis aquello de que se trata: *vive en la misma calle que yo; déjalo aquí mismo.* ◆ adv. m. **3.** Pospuesto a un adverbio o locución adverbial tiene valor enfático: *mañana mismo.* **4.** Pospuesto a un nombre o a un adverbio añade cierto matiz de indiferencia. • **Por lo mismo,** a causa de ello, por esta razón. ‖ **Ser,** o **dar, lo mismo,** ser indiferente.

**MISOGINIA** n. f. Aversión o menosprecio hacia las mujeres.

**MISÓGINO, A** adj. y n. Que siente misoginia.

**MISONEÍSMO** n. m. Tendencia del individuo a perpetuar el comportamiento ya admitido por el grupo social al que pertenece.

**MISONEÍSTA** adj. y n. m. y f. Partidario del misoneísmo.

**MISPÍQUEL** n. m. Arseniosulfuro natural de hierro ($FeAsS$).

**MISQUITOS, MISKITOS** o **MOSQUITOS,** pueblo amerindio de América Central que ocupa la costa de los Mosquitos o Mosquitia, entre Honduras y Nicaragua. Hablan una lengua chibcha.

**MISS** n. f. (voz inglesa). Tratamiento dado en los países de habla inglesa a la mujer soltera. **2.** En los concursos de belleza, título dado a la mujer ganadora: *miss mundo; miss España.*

**MISSI DOMINICI** n. m. pl. (voces latinas que significan *enviados del señor*). HIST. Enviados nombrados por Carlomagno que iban en parejas, un clérigo y un laico, para asegurar el control y la vigilancia de las autoridades locales y de los jefes de las circunscripciones administrativas.

**MISTELA** n. f. Bebida hecha con aguardiente, agua, azúcar y canela. **2.** Bebida que se hace con alcohol y mosto de uva, sin que se produzca la fermentación.

**MÍSTER** n. m. (ingl. *mister*). Tratamiento dado en los países de habla inglesa a los hombres.

**MISTÉRICO, A** adj. Dícese de la religión que busca, a través de la recreación ritual de un mito cosmogónico, efectos trascendentes como la fertilidad o la salvación ultraterrena.

**MISTERIO** n. m. (lat. *mysterium;* del gr. *mysterion*). Cosa incomprensible para la mente humana o muy difícil de entender o interpretar: *los misterios de la vida.* **2.** Circunstancia de hacer algo en secreto o de forma cautelosa o reservada: *contar algo con gran misterio.* **3.** HIST. En ciertas religiones antiguas originarias de Grecia o de oriente, conjunto de doctrinas o ceremonias secretas cuya revelación se suponía que debía traer la salvación. **4.** LIT. En la edad media, obra de teatro de tema religioso, en la que intervenían Dios, los santos, los ángeles y el diablo. **5.** TEOL. Verdad de fe inaccesible a la sola razón humana y que sólo puede conocerse por revelación divina. **6.** TEOL. Cada uno de los pasajes, considerado por separado y como objeto de meditación, de la vida, pasión y muerte de Cristo. ◆ **misterios** n. m. pl. **7.** LITURG. Ceremonias del culto: *los sagrados misterios.*

■ Los misterios ofrecían una representación total de la vida humana en sus relaciones con los poderes divinos: mezclaban lo sobrenatural con el más vulgar realismo. La Pasión de Jesús y la Asunción de la Virgen (como el *Misterio de Elche,* del s. XV) eran temas tradicionales de los misterios.

**MISTERIOSO, A** adj. Que encierra misterio: *mirada misteriosa.* **2.** Que acostumbra actuar de forma enigmática: *persona misteriosa.*

**MÍSTICA** n. f. (der. del gr. *mystikos,* cerrado). Filosofía o teología que trata de los fenómenos que no se pueden explicar racionalmente. **2.** Creencia absoluta que se forma en torno a una idea o a una persona. **3.** Literatura mística.

■ La literatura mística, definida ya por el Seudo-Dionisio el Areopagita (s. V) y desarrollada en la edad media (R. Llull, Eckart), tuvo su apogeo en el s. XVI español, con los carmelitas santa Teresa de Jesús y san Juan de la Cruz. En su intento de comunicar una experiencia que reconocen inexpresable, los autores místicos recurren a símbolos, alegorías, comparaciones y antítesis, mediante los que consiguen ampliar las dimensiones conceptuales de la palabra y alcanzar notables cotas de belleza e intensidad lírica, al mismo tiempo que, dado el origen de muchos de ellos, enriquecen el lenguaje literario con la sintaxis y el léxico del habla corriente. La mística se prolonga, en el s. XVII, con Miguel de Molinos.

**MISTICETO, A** adj. y n. m. Relativo a un suborden de mamíferos cetáceos que tienen la dentadura sustituida por una serie de láminas córneas, o barbas, como la ballena.

**MISTICISMO** n. m. Doctrina filosófica y religiosa que admite la realidad de una comunicación directa y personal con Dios. **2.** Doctrina o creencia fundada en el sentimiento o la intuición, y no en la razón.

**MÍSTICO, A** adj. (gr. *mystikos,* cerrado). Relativo a la mística: *fenómenos místicos; literatura mística.* **2.** Misterioso, que encierra misterio. **3.** *Colomb., Cuba, Ecuad., Pan.* y *P. Rico.* Remilgado. ◆ adj. y n. **4.** Entregado a la mística. **5.** Que escribe obras de mística. **6.** *Fam.* Que afecta devoción exagerada.

**MISTIFICACIÓN** n. f. Acción y efecto de mistificar.

**MISTIFICAR** v. tr. (fr. *mystifier*) **[1a]**. Embaucar, burlarse, engañar. **2.** Falsear, falsificar.

**MISTOL** n. m. *Argent.* y *Par.* Planta de ramas abundantes y espinosas, flores pequeñas y fruto castaño ovoide, con el que se suele elaborar arrope y otros alimentos. Se utiliza también con fines medicinales. (Familia ramnáceas.)

**MISTRAL** n. m. METEOROL. Maestral.

**MITA** n. f. (del quechua *mitachanacuy,* turno familiar). En el Imperio incaico, servicio personal de los súbditos del inca para satisfacer los impuestos. **2.** En la América española, repartimiento forzado de los indios para los diversos servicios personales del comercio, agricultura y minería, particularmente, trabajo en las minas del Perú.

**MITACA** n. f. *Bol.* Cosecha.

**MITAD** n. f. (lat. *medietatem*). Cada una de las dos partes iguales en que se divide un todo: *sólo queda la mitad del pastel.* **2.** Punto o parte que equidista o dista aproximadamente igual de sus extremos: *a mitad del camino.* **3.** Unidad social basada en el parentesco, en aquellos casos en que la tribu está dividida en dos partes. • **En mitad,** durante el desarrollo de lo que se expresa. ‖ **Mitad y mitad,** por partes iguales.

**MITAYO** n. m. Indígena americano que trabajaba en la mita.

**MÍTICO, A** adj. Relativo al mito. **2.** Legendario, fabuloso, quimérico.

**MITIFICACIÓN** n. f. Acción y efecto de mitificar.

**MITIFICADOR, RA** adj. Que mitifica.

**MITIFICAR** v. tr. **[1a]**. Dar carácter de mito.

**MITIGACIÓN** n. f. Acción y efecto de mitigar.

**MITIGADO, A** adj. Dícese de la orden religiosa cuya regla ha sido suavizada.

**MITIGADOR, RA** adj. y n. Que mitiga: *efecto mitigador; acción mitigadora.*

**MITIGAR** v. tr. y pron. (lat. *mitigare*) **[1b]**. Moderar, calmar: *mitigar el dolor.* • **Mitigar las olas,** oponerles un dique en talud para que mueran en él sin romperse con violencia. ‖ **Mitigar una corriente de agua,** o **el curso de las aguas,** desviar su corriente o curso, de manera suave y gradual, por medio de diques ligeramente oblicuos.

**MITILICULTOR, RA** o **MITICULTOR, RA** n. Persona que se dedica a la mitilicultura.

**MITILICULTURA** o **MITICULTURA** n. f. Cría o cultivo de mejillones.

**MITIMA** n. f. En el imperio de los incas, sistema de deportaciones en masa, que tenía por objeto la rápida asimilación de las poblaciones recién conquistadas.

**MITIMAE** n. m. En el Imperio incaico, colono que se establecía en las tierras en que se aplicaba la mitima.

**MITIN** n. m. (ingl. *meeting,* der. de *meet,* reunirse) [pl. *mítines*]. Acto público de propaganda, especialmente sobre cuestiones políticas o sociales, en el que intervienen uno o varios oradores.

**MITO** n. m. (gr. *mythos,* fábula). Relato popular o literario en el que intervienen seres sobrehumanos y se desarrollan acciones imaginarias que trasponen acontecimientos históricos, reales o deseados, o en las que se proyectan ciertos complejos individuales o ciertas estructuras subyacentes a las relaciones familiares o sociales. **2.** Idealización de un hecho o de un personaje histórico que presenta caracteres extraordinarios: *el mito napoleónico.* **3.** Idea, teoría, doctrina, etc., que expresa los sentimientos de una colectividad y se convierte en estímulo de un movimiento: *el mito americano.* **4.** Utopía, creencia reputada como irrealizable: *el mito del buen salvaje.* **5.** Fantasía, producto de la imaginación: *eso de que tiene millones en el banco es un mito.*

**MITO** n. m. Ave paseriforme en cuyo plumaje alternan los tonos blanquecinos, negruzcos y rosados. (Familia páridos.)

**MITOCONDRIA** n. f. Condriosoma.

**MITOGRAFÍA** n. f. Ciencia que trata de los mitos.

**MITÓGRAFO, A** n. Persona que se dedica a la mitografía.

**MITOLOGÍA** n. f. Conjunto de los mitos y leyendas propios de un pueblo, una civilización, una religión: *la mitología grecorromana.* **2.** Estudio sistemático de los mitos. **3.** Conjunto de creencias que se refieren a la misma idea y que se imponen en el seno de una colectividad: *mitología del cine.*

**MITOLÓGICO, A** adj. y n. Relativo a la mitología.

**MITÓLOGO, A** n. Especialista en mitología. **2.** Autor de escritos mitológicos.

**MITOMANÍA** n. f. Tendencia arraigada a elaborar explicaciones y relatos de hechos imaginarios, generalmente de forma inconsciente.

**MITÓMANO, A** n. Individuo que presenta conductas mitomaníacas. **2.** Persona tendente a crear y cultivar mitos.

**MITÓN** n. m. (fr. *miton*). Guante que deja los dedos al descubierto.

**MITOSIS** n. f. Proceso de división indirecta de la célula, que se caracteriza por la duplicación de todos sus elementos, y un reparto por igual entre las

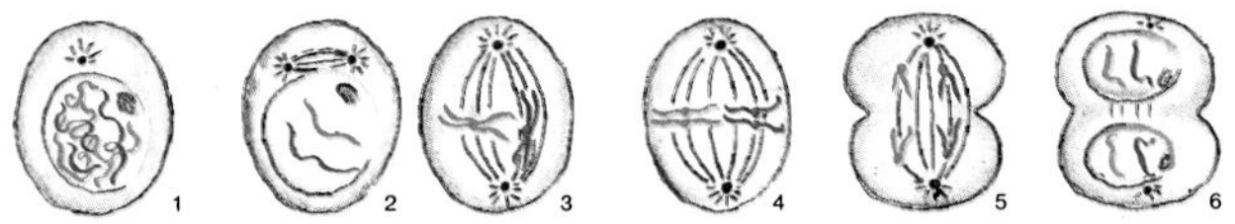

1. Célula antes de la división;
2 y 3. Profase (esquematizadas);
4. Metafase; 5. Anafase; 6. Telofase (esquematizadas)

fases de una **mitosis**

dos células hijas. (Comprende cuatro fases: profase, metafase, anafase y telofase.) SIN.: *cariocinesis.*

**MITOTE** n. m. Baile antiguo de los indios americanos, durante el cual bebían hasta embriagarse. **2.** *Amér.* Fiesta casera. **3.** *Amér.* Melindre, aspaviento. **4.** *Méx.* Situación donde impera el desorden o en la que hay mucho ruido o alboroto.

**MITOTERO, A** adj. y n. *Amér. Fig.* Que hace mitotes o melindres. **2.** *Amér. Fig.* Bullanguero, amigo de diversiones. **3.** *Amér. Fig.* Que hace mitotes, pendencias.

**MITÓTICO, A** adj. Relativo a la mitosis.

**MITRA** n. f. (lat. *mitram*). Tocado de ceremonia, que llevan, cuando ofician, el papa, los obispos, ciertos abades, los investidos de la prelatura, e incluso los miembros de algunas salas capitulares. **2.** Dignidad de arzobispo u obispo. **3.** Gorro alto y puntiagudo que usaban los persas.

**MITRADO, A** adj. Dícese del eclesiástico que usa mitra. ◆ n. m. **2.** Arzobispo u obispo.

**MITRAL** adj. Que tiene forma de mitra. • **Estenosis mitral, insuficiencia mitral,** lesiones de la válvula mitral del corazón. ‖ **Válvula mitral,** válvula situada entre la aurícula y el ventrículo izquierdos del corazón.

**MITRAR** v. intr. [**1**]. *Fam.* Obtener un obispado.

**MITRIDATISMO** n. m. Inmunidad con respecto a ciertas sustancias tóxicas, adquirida mediante la ingestión de dosis progresivamente crecientes de las mismas.

**MITÚ** n. m. Ave fasianiforme, de unos 50 cm de long., de pico corto y comprimido, que lleva un tubérculo córneo en su base, y vive en América Meridional. (Familia crácidos.)

**MIURA** n. m. TAUROM. Toro perteneciente a la ganadería Miura y que se caracteriza por su acometividad y fortaleza.

**MIX** n. m. Grabación musical realizada a partir de la mezcla de diferentes canciones o piezas musicales, generalmente destinada al baile.

**MIXE,** pueblo amerindio de la familia lingüística maya-zoque (Oaxaca, México).

**MIXEDEMA** n. m. Edema generalizado, que se presenta acompañado de diversos trastornos, como apatía y fatiga, debido a una insuficiencia de funcionamiento de la glándula tiroides.

**MIXOMA** n. m. Tumor blando formado por tejido conjuntivo mucoso.

**MIXOMATOSIS** n. f. Enfermedad infecciosa del conejo, debida a un virus.

**MIXOMICETE** adj. y n. m. Relativo a una clase de hongos inferiores, que forman masas gelatinosas, informes, móviles, y que se alimentan de vegetales en descomposición.

**MIXTECA** adj. y n. m. y f. Relativo a un pueblo amerindio de lengua otomangue que en época prehispánica vivía en Oaxaca, act. repartido en los est. de Oaxaca, Guerrero y Puebla (México); individuo de este pueblo.

■ Los mixtecas destacaron por su dominio de la metalurgia y la orfebrería, con piezas de gran calidad artística y técnica; por su cerámica policroma con dibujos geométricos y naturalistas; por sus códices (realizados en piel de venado), en los que consignaban aspectos de su historia y costumbres; por la talla de materiales delicados (turquesa, cristal de roca, alabastro); por su arquitectura (mosaico de piedra) y por sus conocimientos avanzados de medicina, astronomía, geografía, aritmética y otras ciencias.

**MIXTIFICACIÓN** n. f. Mistificación.

**MIXTIFICAR** v. tr. [**1a**]. Mistificar.

**MIXTILÍNEO, A** adj. MAT. Formado por rectas y curvas: *figura mixtilínea.*

**MIXTIÓN** n. f. Mezcla.

**MIXTO, A** adj. (lat. *mixtum,* mezclado). Formado de elementos de diferente naturaleza. **2.** Que comprende personas de ambos sexos o pertenecientes a orígenes o formaciones diferentes: *equipo mixto; escuela mixta.* • **Grupo mixto,** grupo parlamentario integrado por los diputados o senadores que no hayan podido constituir grupo propio, por no llegar a los mínimos establecidos por los reglamentos del congreso de los diputados y del senado. ‖ **Línea mixta** (MAT.), línea compuesta de rectas y curvas. ◆ adj. y n. **3.** Mestizo. ◆ adj. y n. m. **4.** En tenis, equipo de dobles, formado por un jugador y una jugadora. **5.** Dícese del tren compuesto de coches de viajeros y vagones de mercancías. ◆ n. m. **6.** Fósforo, cerilla.

**MIXTURA** n. f. Mezcla.

**MIXTURAR** v. tr. [**1**]. Mezclar.

**MÍZCALO** n. m. Seta comestible, que desprende un látex aromático, dulce o ligeramente acre, y que presenta sombrerillo anaranjado y laminillas del mismo color o verdosas. (Clase basidiomicetes; familia agaricáceas.)

**MIZODENDRO** n. m. Planta que vive parasitariamente en las ramas de los árboles y crece en los bosques australes de América Meridional. (Familia mizodendráceas.)

**mm,** símbolo del *milímetro.*

**mn,** símbolo del *minuto.*

**Mn,** símbolo químico del *manganeso.*

**MNEMOTECNIA** o **MNEMOTÉCNICA** n. f. Nemotecnia.

**MNEMOTÉCNICO, A** adj. Nemotécnico.

**Mo,** símbolo químico del *molibdeno.*

**MOA** n. f. Ave corredora extinguida, que vivía en Nueva Zelanda. (Familia dinornítidos.)

**MOABITA** adj. y n. m. y f. Relativo a un pueblo nómada establecido al E del mar Muerto (s. XIII a. J.C.), emparentado con los hebreos, con los que tuvieron frecuentes conflictos; individuo de este pueblo. (Fueron absorbidos por los nabateos en los ss. III-II a. J. C.)

**MOAI** n. m. Estatua gigante de la isla de Pascua.

**MOARÉ** n. m. Muaré.

**MOAXAJA** n. f. (ár. *muwaššaha*). Composición estrófica árabe, propia de la poesía popular, inventada en el s. X.

**MOBILIARIO, A** adj. DER. Dícese generalmente de los efectos públicos al portador o transferibles por endoso. **2.** Mueble. ◆ n. m. **3.** Conjunto de muebles de una casa. SIN.: *moblaje.*

**MOBLAR** v. tr. [**1r**]. Amueblar.

**MOCA** o **MOKA** n. m. Variedad de café, de calidad muy apreciada. **2.** Infusión de café. **3.** Crema hecha de mantequilla, café, vainilla y azúcar con que se rellenan o adornan pasteles.

**MOCAR** v. tr. y pron. [**1a**]. Sonar, limpiar los mocos.

**MOCÁRABE** n. m. Elemento decorativo del arte musulmán formado por la combinación de prismas truncados en su parte inferior en forma cóncava.

**MOCASÍN** n. m. Calzado de los indios, hecho de piel sin curtir. **2.** Calzado plano, flexible y sin cordones.

**MOCASÍN** n. m. Ofidio escamoso de América y Asia. (Familia crotálidos.)

**MOCEAR** v. intr. [**1**]. Portarse como la gente moza. **2.** Llevar una vida irregular o licenciosa.

**MOCEDAD** n. f. Edad o estado del mozo, persona joven y soltera. ◆ **mocedades** n. f. pl. **2.** En la literatura medieval, relación de las hazañas juveniles realizadas por algunos héroes.

**MOCERÍO** n. m. Grupo o conjunto de gente moza.

**MOCERO, A** adj. Mujeriego.

**MOCETÓN, NA** n. Persona joven y robusta.

**MOCEZUELO** n. m. *Amér.* Convulsiones que suelen tener los recién nacidos.

**MOCHA** n. f. Reverencia que se hacía bajando la cabeza.

**MOCHADA** n. f. Topetazo.

**MOCHALES. Estar mochales** *(Fam.),* estar guillado, chiflado.

**MOCHAR** v. tr. [**1**]. Dar mochadas o topetazos. **2.** Desmochar.

**MOCHE. A troche y moche,** con desorden e irreflexión.

**MOCHETA** n. f. Extremo romo y grueso opuesto a la parte punzante o cortante de algunas herramientas. **2.** Rebajo en el marco de las puertas y ventanas, donde encaja el renvalso. **3.** ARQ. Ángulo diedro o entrante que se deja o se abre en la esquina de una pared, o resulta al encontrarse el plano superior de un miembro arquitectónico con un paramento vertical. **4.** ARQ. Parte del espesor del vano de una puerta o ventana, más próxima al pa-

la cultura **mixteca:** gran pectoral de oro con vueltas de turquesas, perlas y cascabeles, pendentifs de oro (procedentes de Monte Albán, México, 1300-1450)
[museo regional de Oaxaca]

ramento exterior de la pared, y que está con él a escuadra.

**MOCHIL** n. m. (vasc. *motxil*). Muchacho que sirve de recadero a los labradores.

**MOCHILA** n. f. Bolsa, generalmente de lona, que se lleva a la espalda sujeta a los hombros por correas. **2.** Morral, saco de los cazadores y soldados. **3.** *Méx.* Maleta, cofre pequeño.

**MOCHILERO, A** n. Persona que lleva mochila.

**MOCHO, A** adj. Dícese de las cosas a las que falta la punta o el remate ordinario. **2.** *Fig.* y *fam.* Pelado, con el pelo cortado. **3.** *Méx.* Conservador, carca. ◆ adj. y n. **4.** *Chile.* Dícese del religioso motilón y de la religiosa lega. **5.** *Ecuad.* Dícese de la persona calva. **6.** *Méx.* Dícese de la persona mojigata, fanática de sus creencias religiosas. **7.** *Méx.* Dícese de las personas o animales a los que les falta algún miembro: *el gato está mocho de la cola.* **8.** *Venez.* Manco. ◆ n. m. **9.** Remate grueso y romo de un instrumento largo, de un arma de fuego, etc. **10.** *Fam.* Fregona. **11.** *Chile.* Pedazo corto de un madero para aserrar.

**MOCHONGADA** n. f. *Méx.* Payasada.

**MOCHONGO** n. m. *Méx.* Hazmerreír.

**MOCHUELO** n. m. Ave rapaz nocturna, de pequeño tamaño, gris, con la cabeza aplanada, que nidifica en los muros viejos y en los árboles huecos. (Familia estrígidos.) **2.** *Fig.* y *fam.* Trabajo fastidioso o difícil del que nadie quiere encargarse: *cargar con el mochuelo.*

**MOCIL** adj. Propio de gente moza.

**MOCIÓN** n. f. Acción y efecto de mover, moverse o ser movido. **2.** *Fig.* Alteración del ánimo, que se siente atraído por alguna cosa. **3.** Proposición que se hace a una asamblea, congreso, etc. • **Moción de censura,** proposición presentada en una asamblea política para expresar, al aprobarla, su disconformidad con el gobierno.

**MOCIONAR** v. tr. **[1]**. Presentar una moción.

**MOCO** n. m. (lat. *mocum*). Sustancia espesa y viscosa que segregan las membranas mucosas y especialmente la que fluye por la nariz. **2.** Sustancia fluida y viscosa que forma grumos dentro de un líquido. **3.** Extremo del pabilo incandescente o parte que se tuerce por ser muy larga. **4.** Cera derretida de las velas, que se va cuajando a lo largo de ellas. • **Llorar a moco tendido,** llorar mucho y aparatosamente. ‖ **Moco de pavo,** apéndice carnoso y eréctil que posee esta ave sobre el pico. ‖ **No ser** una cosa **moco de pavo,** no ser despreciable, ser importante.

**MOCOCOA** n. f. *Bol.* y *Colomb.* Murria, mal humor.

**MOCOBÍ** o **MOCOVÍ,** pueblo amerindio argentino del Gran Chaco, del grupo guaicurú.

**MOCOSO, A** adj. Que tiene mocos en las narices. ◆ n. **2.** *Fam.* Muchacho que se las da de adulto o de experto en algo.

**MOD** n. m. y f. Miembro de un movimiento juvenil surgido a principios de los años sesenta, que viste con elegancia y le gusta la música pop.

**MODA** n. f. (fr. *mode*). Manera pasajera de actuar, vivir, pensar, etc., ligada a un medio o a una época determinada. **2.** Manera particular de vestirse y arreglarse conforme al gusto de una determinada época o sociedad: *la moda parisiense.* **3.** ESTADÍST. Magnitud del elemento que en un conjunto de datos se presenta con mayor frecuencia. • **A la moda** o **de moda,** según el gusto del momento.

**MODADO, A** adj. *Colomb.* Con los adverbios *bien* o *mal,* que tiene buenos o malos modales.

**MODAL** adj. Relativo al modo, especialmente al modo gramatical: *formas modales.* **2.** MÚS. Que tiene alguna relación con el modo: *escala modal.* **3.** MÚS. Dícese de la música que utiliza otras escalas además de las correspondientes a los dos modos clásicos mayor y menor. • **Lógica modal,** lógica que tiene en cuenta la modalidad de las proposiciones. ◆ **modales** n. m. pl. **4.** Gestos, expresiones o comportamiento, en general, adecuados o no a lo que se considera correcto o distinguido por determinado grupo social.

**MODALIDAD** n. f. Modo, forma particular de ser o de manifestarse una cosa. **2.** LING. En gramática generativa y transformacional, uno de los constituyentes inmediatos de la frase, junto al núcleo. **3.** MÚS. Escala modal de un fragmento.

**MODELADO** n. m. Acción y efecto de modelar. **2.** GEOMORFOL. Conjunto de formas del relieve que caracterizan un sistema morfogenético: *modelado glaciar.* **3.** METAL. Conjunto de procedimientos y medios empleados para la realización de los modelos y cajas de machos o noyos.

*Bandoneon* (1983), por el ballet de la ópera de Wuppertal, bajo la dirección de Pina Bausch.

Carolyn Carlson, coreógrafa y bailarina de *The Blue Lady* (Théâtre de la Ville, París, 1984).

**modern dance**

**MODELADOR, RA** adj. y n. Que modela.

**MODELAR** v. tr. **[1]**. Dar forma artística a una sustancia plástica. **2.** *Fig.* Hacer que una persona adquiera o desarrolle determinadas características morales. ◆ **modelarse** v. pron. **3.** Imitar, ajustarse a un modelo.

**MODELISMO** n. m. Arte y técnica de construcción de modelos.

**MODELISTA** n. m. y f. Operario que utiliza los moldes para el vaciado de piezas de metal, cemento, etc. **2.** METAL. Obrero cualificado que confecciona los modelos y las cajas de machos o noyos utilizados para la realización de los moldes de las piezas de fundición. **3.** TECNOL. Persona que fabrica modelos reducidos o maquetas.

**MODELO** n. m. Aquello que se imita. **2.** Reproducción a escala reducida de un edificio, máquina, etc. **3.** Tipo, categoría, variedad particular: *coche último modelo.* **4.** Prenda de vestir, exclusiva y original, realizada por un modista de alta costura. **5.** Objeto diseñado por un artista de fama. **6.** LÓG. Toda estructura lógica o matemática que se utiliza en la ciencia para dar razón de un conjunto de fenómenos que guardan entre sí ciertas relaciones. • **Modelo matemático,** representación matemática de un fenómeno físico, económico, humano, etc., realizada con el fin de poder estudiarlo mejor. ‖ **Modelo reducido** (CIB.), reproducción a escala reducida de un mecanismo, estructura, etc. ◆ adj. y n. m. **7.** Dícese de la persona o cosa que por sus cualidades merece ser imitada. ◆ n. m. y f. **8.** Persona que posa para pintores, escultores, fotógrafos, etc. **9.** Persona que exhibe, vistiéndolas, las novedades de la moda. **10.** Persona que aparece haciendo publicidad en carteles, filmlets, etc. SIN.: *modelo publicitario.*

**MODEM** n. m. INFORMÁT. Dispositivo que convierte la información que recibe de una forma generalmente digital a otra forma adecuada para su transmisión a través de una línea del teleproceso, y viceversa.

**MODERABILIDAD** n. f. Calidad de moderable.

**MODERABLE** adj. Que puede ser moderado.

**MODERACIÓN** n. f. Acción de moderar o moderarse. **2.** Cualidad o actitud de la persona que se mantiene en un justo medio.

**MODERADO, A** adj. No excesivo. ◆ adj. y n. **2.** Dícese de la persona que actúa con moderación. **3.** HIST. Relativo al partido moderado; miembro de este partido.

**MODERADOR, RA** adj. y n. Que modera. • **Poder moderador,** en los regímenes parlamentarios, el jefe del estado, monarca o presidente, que regula la vida política de acuerdo con la expresión de la voluntad electoral. ◆ n. **2.** Persona que preside o dirige un debate, asamblea, mesa redonda, etc. ◆ n. m. **3.** FÍS. Sustancia que, como el agua pesada, el grafito o el berilio, disminuye la velocidad de los neutrones resultantes de una fisión nuclear y mantiene una reacción en cadena.

**MODERANTISMO** n. m. Costumbre de obrar con moderación. **2.** Actitud política de los moderados.

**MODERAR** v. tr. (lat. *moderari,* reducir a medida) **[1]**. Disminuir la intensidad. **2.** Hacer de moderador en un debate, asamblea, etc. ◆ v. tr. y pron. **3.** Hacer que algo vuelva a una justa medida: *moderar las pasiones.*

**MODERATO** adv. (voz italiana). MÚS. De un movimiento moderado: *allegro moderato.*

**MODERN DANCE** n. f. (voces inglesas que significan *danza moderna*). Forma contemporánea adoptada por la danza tradicional, que se caracteriza por una mayor libertad de expresión y de movimiento.

**MODERN STYLE** n. m. (voces inglesas que significan *estilo moderno*). Modernismo.

**MODERNAMENTE** adv. m. Recientemente. **2.** En los tiempos actuales.

**MODERNIDAD** n. f. Calidad de moderno.

**MODERNISMO** n. m. Calidad de moderno. **2.** Afición, gusto por lo moderno. **3.** *Fam.* Comportamiento nuevo respecto a lo tradicionalmente admitido. **4.** B. ART. Estilo artístico desarrollado a fines del s. XIX y principios del s. XX. **5.** LIT. Movimiento literario hispanoamericano y español, cuyo desarrollo histórico cabe encuadrarlo entre fines del s. XIX y principios del s. XX. **6.** REL. Conjunto de doctrinas y tendencias encaminadas a renovar la exégesis, la doctrina social y el gobierno de la Iglesia, para ponerlos de acuerdo con los datos de la crítica histórica moderna y con las necesidades de la época.

■ B. ART. El modernismo representó una decisiva ruptura con el academicismo y el eclecticismo del s. XIX, y se caracterizó por un empleo, tanto estructural como decorativo, del arabesco, a menudo imitando una flora más o menos estilizada. El movimiento tomó diferentes denominaciones: *Liberty* en Gran Bretaña y E.U.A., *art nouveau* y *modern style* en Francia y Bélgica, *Sezession Stil* en Austria, *Jugendstil* en Alemania, *stile floreale* en Italia. Iniciado por los británicos W. Morris y A. H. Mackmurdo, entre sus representantes se cuentan E. Gallé y H. Guimard, en París; V. Horta, en Bruselas; H. Obrist, en Munich; y en Barcelona, centro del importante núcleo catalán (en el resto de la Península, excepto Valencia y Mallorca, las manifestaciones fueron escasas), los arquitectos A. Gaudí, L. Domènech i Montaner, J. Puig i Cadafalch, A. M. Gallissà y J. M. Jujol, los escultores J. Llimona y E. Clarasó, y los pintores S. Rusiñol y R. Casas. El modernismo llegó también a Hispanoamérica, donde sobresalieron J. J. García Núñez, E. Folkers, A. Locatti, O. Ravzenholer, en Argentina, y M. Bertrán, en México.

– LIT. El modernismo, que surgió en correspondencia con tendencias artísticas del momento (parnasianismo y simbolismo, impresionismo y *art nouveau*), incluye a numerosos escritores hispanoamericanos y españoles cuya obra se desarrolló entre 1890 y 1914. Sus inicios se sitúan en la atmósfera de crisis del fin de siglo, que estimuló la actitud diferencial del artista frente a la sociedad. Las iniciativas renovadoras partieron de América:

La casa Coilliot en Lille (1898-1900), de Hector Guimard: fachada animada por una amplitud inferior por su asimetría, desalineación central y por la diversificación de los materiales.

Broche de Lalique (*c.* 1900): una perla natural colgada en un aro de oro en el que el tema vegetal y la cabellera se confunden. (Museo de artes decorativas, París.)

Plafón por Gaspar Homar (inicios del s. xx), mueblista y decorador malloquín. Tras una primera etapa goticista, llega a ser uno de los principales artistas de su especialidad dentro del modernismo. Sobresale por la elegancia de sus marqueterías, con predominio de la línea ondulante en los motivos ornamentales. (Museo de arte moderno, Barcelona.)

Casa de Victor Horta (1898) en Bruselas: vista de un salón y de la escalera. La línea ondulante está presente en los forjados y en el mobiliario, diseñados por el propio arquitecto.

Jarrón Favrile (*c.* 1896) por L. C. Tiffany: evocación de las plumas del pavo real a través de la gran irisación del vidrio soplado. (Museo metropolitano de arte, Nueva York.)

Detalle de la fachada de la casa Batlló de Barcelona realizada por Antonio Gaudí (1904-1906) y considerada una de sus obras más poéticas. En sus balcones, destacan las formas alabeadas de inspiración naturalista, cerrados con cristales fragmentados de colores.

José Martí, R. Darío, J. Asunción Silva, Lugones, Herrera, Rodó, Larreta, etc., y se extendieron hacia España: Valle-Inclán, Villaespesa, los Machado y J. R. Jiménez.

**MODERNISTA** adj. y n. m. y f. Relativo al modernismo; partidario del modernismo.

**MODERNIZACIÓN** n. f. Acción de modernizar.

**MODERNIZADOR, RA** adj. y n. Que moderniza.

**MODERNIZAR** v. tr. y pron. **[1g]**. Transformar según las costumbres y gustos modernos.

**MODERNO, A** adj. (lat. *modernum*). Actual, o de una época relativamente reciente. **2.** Representativo del gusto que domina en dicha época. • **Edad moderna,** período histórico que va desde el final de la edad media a la Revolución francesa. || **Historia moderna,** parte de la historia que se ocupa de la edad moderna. ◆ adj. y n. **3.** Relativo a la época actual; persona que vive o ha vivido en esta época. **4.** Relativo a la edad moderna; persona que ha vivido en esta edad.

**MODESTIA** n. f. Cualidad de modesto. **2.** Recato en las acciones externas.

**MODESTO, A** adj. y n. (lat. *modestum*). Dícese de la persona que no se vanagloria de los propios méritos. ◆ adj. **2.** Que tiene modestia, recato. **3.** Sencillo, no lujoso. **4.** De mediana posición social.

**MODICIDAD** n. f. Calidad de módico.

**MÓDICO, A** adj. (lat. *modicum*). Moderado, no excesivo: *precio módico*.

**MODIFICABLE** adj. Que puede modificarse.

**MODIFICACIÓN** n. f. Acción y efecto de modificar.

**MODIFICADOR, RA** adj. y n. Que modifica.

**MODIFICAR** v. tr. y pron. (lat. *modificare*) **[1a]**. Hacer que una cosa sea diferente de como era sin alterar su naturaleza. ◆ v. tr. **2.** Determinar o especificar el sentido de una palabra.

**MODIFICATIVO, A** adj. Que modifica o sirve para modificar.

**MODILLÓN** n. m. (ital. *modiglione*). ARQ. Pieza salediza destinada a soportar una cornisa, el arranque de un arco o el vuelo de una galería.

**MODISMO** n. m. Frase o locución características de una lengua, cuyo significado no se deduce de los significados aislados de las palabras que la forman, sino solamente de la frase considerada en su totalidad.

**MODISTA** n. m. y f. Persona que confecciona vestidos de mujer o que los diseña.

**MODISTILLA** n. f. *Fam.* Oficiala o aprendiza de modista.

**MODISTO** n. m. Modista.

**MODO** n. m. (lat. *modum*). Cada realización distinta que puede presentar una cosa variable. **2.** Forma de hacer una cosa. **3.** DER. CIV. Encargo unido a una donación, institución de heredero, legado, etc., que obliga al adquiridor. **4.** FILOS. En la segunda escolástica, determinaciones de un sujeto, que no tienen consistencia propia, y que permiten distinguir entre una entidad y algunas de sus modificaciones. **5.** GRAM. Categoría gramatical propia del verbo y relativa a la manera en que se presenta el proceso verbal. (En español hay cuatro modos: indicativo, condicional o potencial, subjuntivo o imperativo.) **6.** MÚS. Escala de estructura definida en el marco de la octava y caracterizada por la disposición de sus intervalos. • **Modo de vida** (GEOGR. Y ETNOL.), conjunto de actividades regulares y repetidas de un grupo humano en función de un hábitat determinado. || **Ni modo** (*Méx.*), indica que no se puede hacer nada ante algo que no tiene remedio: *ni modo, ya se nos hizo tarde*. ◆ **modos** n. m. pl. **7.** Gestos, expresiones o comportamiento en general, adecuados a lo que se considera correcto dentro de una determinada sociedad.

**MODORRA** n. f. Somnolencia muy pesada. **2.** VET. Denominación vulgar del vértigo de las ovejas.

**MODORRAR** v. tr. **[1]**. Amodorrar. ◆ **modorrarse** v. pron. **2.** Ablandarse la fruta como si empezara a pudrirse.

**MODORRO, A** adj. Que tiene o padece modorra. **2.** Dícese de la fruta que se modorra.

**MODOSIDAD** n. f. Calidad de modoso.

**MODOSO, A** adj. Moderado, respetuoso. **2.** Dícese de la mujer recatada.

**MODREGO** n. m. *Fam.* Hombre torpe, sin habilidad ni gracia.

**MODULACIÓN** n. f. Acción y efecto de modular. **2.** FÍS. Variación, en el tiempo, de una característica de una onda (amplitud, fase, frecuencia) según una ley impuesta. **3.** FONÉT. Entonación. **4.** MÚS. Paso de una tonalidad a otra. **5.** RADIOTECN. Procedimiento utilizado para incorporar la señal que debe transmitirse a la corriente portadora de alta frecuencia. • **Modulación de amplitud,** sistema de emisión en el cual la señal de baja frecuencia que debe transmitirse se superpone por adición algebraica a la amplitud de la señal de alta frecuencia del emisor. || **Modulación de fase,** sistema de modulación en el cual la amplitud y la frecuencia de la señal que debe transmitirse modifican la fase de la señal de alta frecuencia del emisor. || **Modulación de frecuencia,** sistema de modulación en el que varía la frecuencia de la onda portadora según la cadencia de las señales moduladoras, manteniéndose constante la amplitud de la onda portadora.

**MODULADOR, RA** adj. y n. Que modula o sirve para modular. ◆ n. m. **2.** Dispositivo que realiza la operación de modulación.

**MODULAR** adj. Relativo al módulo. **2.** Que está formado por un conjunto de módulos: *biblioteca modular*.

**MODULAR** v. intr. (lat. *modulari,* someter a cadencia) **[1]**. Pasar melódicamente, en una composición, de una tonalidad a otra, dentro de un mismo fragmento. **2.** Ejecutar modulaciones al cantar o al tocar un instrumento. **3.** RADIOTECN. Hacer variar la amplitud, la frecuencia o la fase de la corriente portadora bajo la acción de la señal que se ha de transmitir.

**MÓDULO** n. m. (lat. *modulum*). Proporción que existe entre las dimensiones de los elementos de un cuerpo u obra que se considera perfecta. **2.** Unidad que se toma para establecer esta proporción. **3.** Elemento tipo que se utiliza en construcciones prefabricadas. **4.** Coeficiente que caracteriza ciertas propiedades mecánicas. **5.** Diámetro de una medalla o moneda. **6.** Elemento de una nave espacial: *módulo de mando; módulo lunar*. **7.** Elemento combinable con otros de la misma naturaleza o que concurren a una misma función. **8.** ARQ. Medida convencional que determina las proporciones entre las diferentes partes de una obra arquitectónica. **9.** MAT. Operador matemático que da el resto de la división de una variable por una constante. • **Módulo de engranaje,** cociente del diámetro primitivo de un engranaje por el número de dientes. || **Módulo de un número complejo** $z = a + bi$, número real positivo de valor $\sqrt{a^2 + b^2}$. || **Módulo de un número real,** valor absoluto de este número. || **Módulo de un vector,** longitud de este vector. || **Módulo específico,** o **relativo,** caudal medio anual, en litros por segundo, por kilómetro cuadrado de una cuenca hidrográfica.

**MODUS OPERANDI** loc. (voces latinas que significan *modo de actuar*). Manera especial de actuar o trabajar para alcanzar el fin propuesto.

**MODUS VIVENDI** loc. (voces latinas que significan *modo de vivir*). Arreglo, transacción o ajuste transitorio entre dos partes. **2.** Solución o recurso de tipo económico.

**MOELLEN** o **MOELLÓN** n. m. Subproducto del agamuzado de las pieles.

**MOER** n. m. Muaré.

**MOERE** n. f. GEOGR. En Flandes, laguna marítima desecada, en la que se practican cultivos.

**MOFA** n. f. Burla que se hace con desprecio.

**MOFADOR, RA** adj. y n. Que se mofa.

**MOFAR** v. tr., intr. y pron. **[1]**. Hacer mofa.

**MOFETA** n. f. Mamífero carnívoro de América, de unos 30 cm de long. sin la cola, que posee la facultad de defenderse contra los animales que le atacan lanzándoles, a varios metros de distancia, un líquido fétido secretado por las glándulas anales. **2.** GEOL. Emanación de gas carbónico que se produce con frecuencia en las regiones volcánicas. **3.** MIN. Cualquier gas mefítico desprendido en los yacimientos carboníferos.

**MOFLETE** n. m. *Fam.* Carrillo grueso y carnoso.

**MOFLETUDO, A** adj. Que tiene mofletes.

**MOGATAZ** adj. y n. m. Decíase del soldado moro al servicio de España en África.

**MOGATE** n. m. Baño con que se recubre alguna cosa. **2.** Barniz que usan los alfareros.

**MOGO** n. m. *Colomb.* y *Chile.* Moho.

**MOGOL, LA** adj. y n. Mongol. **2.** Relativo al Gran Mogol.

**MOGÓLICO, A** adj. Mongólico. **2.** Relativo al Gran Mogol.

**MOGOLLA** n. f. *Colomb.* Pan moreno hecho de salvado.

**MOGOLLÓN** n. m. Entremetimiento, gorronería. **2.** *Fam.* Gran cantidad de algo. **3.** *Fam.* Lío, jaleo, enredo.

**MOGÓN, NA** adj. Dícese de la res vacuna que tiene la punta de un cuerno o de los dos roma, o bien sufre la falta de uno de éstos.

**MOGOTE** n. m. Montículo aislado. **2.** Hacina piramidal. **3.** Cornamenta poco crecida de los venados.

**MOGREBÍ** adj. y n. m. y f. Del Mogreb. ◆ n. m. **2.** Variedad del árabe hablado en el Mogreb.

**MOGROLLO** n. m. Gorrón, que vive o se divierte a costa ajena.

**MOHAIR** n. m. y adj. (voz inglesa). Pelo de cabra de angora, con el cual se fabrican telas ligeras y lanas para hacer punto. **2.** Lana fabricada con este pelo. **3.** Tela hecha con esta lana.

**MOHARRA** n. f. Mamífero quiróptero de tronco y miembros gruesos y robustos, que vive en América Central y Meridional. (Familia filostómidos.)

**MOHATRA** n. f. DER. Contrato simulado de compraventa de carácter usurario, en el que se adquieren a precio elevado y a crédito unas mercancías, para venderlas de nuevo a precio menor y al contado al vendedor. **2.** DER. Usura. **3.** DER. Fraude, engaño, abuso en la contratación. **4.** HIST. Práctica que consistía en la venta de mercancías a crédito, embargando el valor de la cosecha de los agricultores compradores.

**MOHATRAR** v. intr. **[1]**. Hacer mohatras.

**MOHATRERO, A** n. Persona que hace mohatras.

**MOHAVE,** pueblo amerindio de Norteamérica de lengua del grupo yuma, que habitaban en el curso bajo del Colorado y en el SE de California, act. en reservas en California y Arizona.

**MOHAWK,** pueblo amerindio de América del Norte (valle del Mohawk, est. de Nueva York) que perteneció a la confederación iroquesa. Act. vive en las cercanías de Montreal (Canadá).

**MOHECER** v. tr. y pron. **[2m]**. Enmohecer.

**MOHICANO** o **MOHICÁN,** ant. pueblo amerindio algonquino de América del Norte.

**MOHÍN** n. m. Gesto gracioso que expresa generalmente enfado fingido.

**MOHÍNA** o **MOHINDAD** n. f. Enfado contra alguno.

**MOHÍNO, A** adj. Triste, disgustado. **2.** Dícese del mulo o mula nacidos de caballo y burra.

**MOHO** n. m. Cualquier micromicete que se desarrolla formando capas sobre materias orgánicas en descomposición. **2.** Película que se forma en la superficie de algunos metales. **3.** *Fig.* Pereza de recomenzar a trabajar, después de un largo período de inactividad.

**MOHOSEARSE** v. pron. **[1]**. *Colomb.* y *Perú.* Enmohecerse.

**MOHOSO, A** adj. Cubierto de moho.

**MOI,** pueblo indonesio de Vietnam y Laos.

**MOISÉS** n. m. (por analogía con el cesto en que *Moisés* fue abandonado en el Nilo). Cuna de cestería para recién nacidos.

**MOJABILIDAD** n. f. Propiedad de un sólido de poder ser mojado por un líquido.

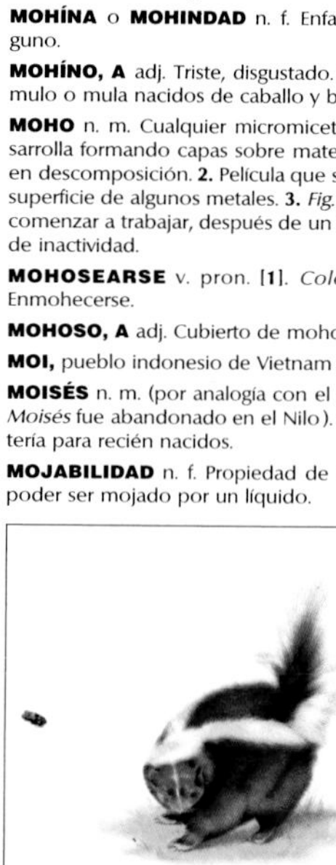

**mofeta**

**MOJADA** n. f. Acción y efecto de mojar o mojarse.

**MOJADO, A** adj. y n. Dícese de los chicanos residentes ilegalmente en E.U.A.

**MOJADOR, RA** adj. y n. Que moja. ◆ adj. **2. Mecanismo mojador** (ART. GRÁF.), en las máquinas offset, dispositivo para humedecer las planchas en las partes no impresoras.

**MOJADURA** n. f. Acción y efecto de mojar o mojarse. **2.** MAR. Avería ocasionada en la carga de un buque por la humedad o por una entrada de agua de mar o de lluvia.

**MOJAMA** n. f. Cecina de atún.

**MOJANTE** adj. y n. m. FÍS. Dícese de un producto que, mezclado con un líquido, le permite mojar un sólido con más facilidad que si estuviera en estado puro.

**MOJAR** v. tr. y pron. **[1]**. Humedecer algo con un líquido o embeberlo en él. ◆ **mojarse** v. pron. **2.** Comprometerse, contraer obligación o responsabilidad.

**MOJARDÓN** n. m. Hongo de pequeño tamaño, comestible, que crece en círculos en los prados y claros de los bosques. (Familia agaricáceas.)

**MOJARRA** n. f. Pez marino de unos 30 cm de long., de color gris plateado con tornasoles y grandes fajas transversales negras. (Familia espáridos.) **2.** Lancha que se utiliza en la pesca del atún. **3.** *Amér.* Cuchillo ancho y corto. **4.** *Argent.* Nombre genérico de varias especies de peces pequeños que abundan en aguas dulces de América del Sur.

**MOJARRILLA** n. m. y f. *Fam.* Persona alegre y burlona.

**MOJASELLOS** n. m. (pl. *mojasellos*). Mojador de sellos.

**MOJE** o **MOJO** n. m. Caldo o salsa de cualquier guisado.

**MOJICÓN** n. m. Especie de bizcocho de mazapán. **2.** Bizcocho delgado que suele comerse mojado en chocolate. **3.** *Fam.* Golpe que se da en la cara con la mano.

**MOJIGANGA** n. f. Fiesta pública que se hacía antiguamente con disfraces, generalmente de animales. **2.** LIT. Género dramático en el que intervenían animales, personajes disfrazados y motivos musicales con danza.

**MOJIGATERÍA** n. f. Calidad de mojigato. **2.** Acción propia del mojigato.

**MOJIGATO, A** adj. y n. Dícese de la persona de moralidad o recato exagerados, que se escandaliza fácilmente. **2.** Dícese de la persona que aparenta humildad o timidez para lograr lo que pretende.

**MOJINETE** n. m. *Argent., Par.* y *Urug.* Remate triangular de las dos paredes más altas y angostas de un rancho, galpón o construcción similar, sobre las que se apoya el caballete.

**MOJO** → ***moxo.***

**MOJÓ** n. m. Ave de formas suaves, negra, con copetes amarillos a ambos lados del pecho, que vive en Hawai. (Familia melifágidos.)

**MOJÓN** n. m. Piedra, poste, etc., que se pone para señalar los límites de una heredad, territorio, etc., o la dirección y distancia en los caminos. **2.** Montón, conjunto de cosas puestas unas encima de otras. **3.** Porción compacta de excremento humano expelida de una vez.

**MOJONAR** v. tr. **[1]**. Señalar los límites de una propiedad o de un término jurisdiccional.

**MOJONERA** n. f. Sitio donde se ponen los mojones. **2.** Serie de mojones entre dos términos o jurisdicciones.

**MOKA** n. m. Moca.

**MOL** n. m. FÍS. Unidad de medida de materia equivalente a la cantidad de materia de un sistema que contiene tantas entidades elementales (átomos, moléculas, iones, etc.) como átomos hay en 0,012 kilogramos de carbono 12. SIN.: *molécula-gramo.*

**MOLA** n. f. Harina de cebada, tostada y mezclada con sal, que los romanos utilizaban en el ritual de los sacrificios.

**MOLA** n. f. (lat. *molem,* masa). MED. Degeneración cística del embrión.

**MOLA** n. f. *Colomb.* y *Pan.* Especie de blusa confeccionada con telas de distintos colores.

**MOLADA** n. f. Porción de algo que se muele de una vez.

**MOLALIDAD** n. f. QUÍM. En una disolución, número de moles de soluto por cada 1 000 g de disolvente.

**MOLAR** adj. Relativo a la muela. **2.** Apto para moler. ◆ adj. y n. m. **3.** Dícese de la pieza dentaria lateral que sirve para triturar los alimentos.

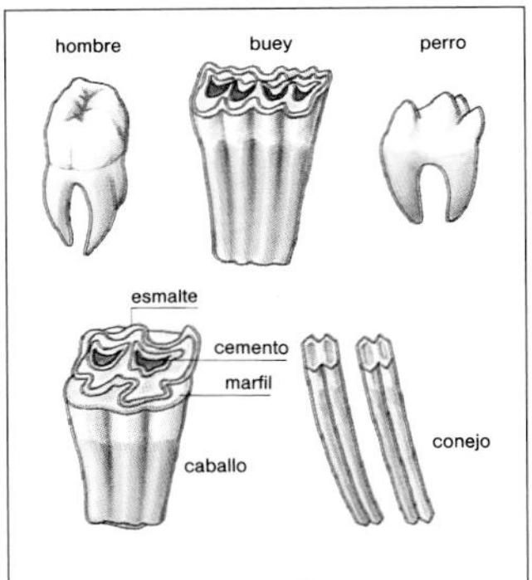

**molares** de algunos mamíferos

**MOLAR** adj. MED. Relativo a la mola vesicular.

**MOLAR** adj. FÍS. Relativo al mol.

**MOLAR** v. intr. **[1]**. *Fam.* Ser una cosa del agrado de una persona: *esta canción me mola cantidad.* **2.** *Fam.* Presumir de algo o lucir una cosa: *cómo molas con esos zapatos.*

**MOLARIDAD** n. f. QUÍM. Número de moles de soluto que existen en un litro de disolución.

**MOLASA** n. f. Formación sedimentaria en la que se incluyen las rocas sedimentadas en las fosas marginales de las cordilleras, después de las fases paroxismales de la orogénesis.

**MOLÁSICO, A** adj. Relativo a la molasa.

**MOLCAJETE** n. m. Mortero grande de piedra o de barro cocido, con tres pies.

**MOLDAR** v. tr. **[1]**. Amoldar. **2.** Moldurar.

**MOLDAVO, A** adj. y n. De Moldavia.

**MOLDE** n. m. (lat. *modulum*). Objeto que presenta una cavidad en la que se introduce una materia en polvo, pastosa o líquida, que toma, solidificándose, la forma de dicha cavidad. **2.** Cualquier instrumento que sirve para estampar o dar forma o cuerpo a una cosa. **3.** *Fig.* Esquema, norma: *romper moldes.* **4.** Utensilio de cocina que se emplea para dar forma a ciertos platos y pasteles. **5.** IMPR. Conjunto de letras o forma ya dispuesta para imprimir. **6.** METAL. Forma de arena, de tierra o metálica, destinada a recibir un metal en fusión, en la fabricación de piezas por colada.

**MOLDEABLE** adj. Que puede ser moldeado.

**MOLDEADO** n. m. Acción y efecto de moldear, especialmente cuando se trata del pelo.

**MOLDEADOR, RA** adj. y n. Que moldea.

**MOLDEAR** v. tr. **[1]**. Formar un objeto echando en un molde la materia fundida con que se hace. **2.** Sacar un molde de una figura. **3.** Modelar, dar determinada forma a algo: *moldear un busto en barro.* **4.** Hacer que alguien adquiera ciertos sentimientos, ideas o gustos.

**MOLDEO** n. m. Procedimiento de modelado de los plásticos para la obtención de piezas u objetos. **2.** METAL. Realización de moldes, sirviéndose de modelos y arenas o tierras preparadas, para la obtención de objetos metálicos por colada. **3.** METAL. Obtención de objetos metálicos por colada en moldes.

**MOLDURA** n. f. Parte saliente que sirve de adorno a una obra de arquitectura, ebanistería, cerrajería u otras artes.

**MOLDURADO** n. m. Trabajo de acabado que tiene por objeto la ejecución del perfil de una moldura.

**MOLDURAJE** n. m. Conjunto de las molduras de una obra arquitectónica o de un mueble.

**MOLDURAR** v. tr. **[1]**. Hacer molduras en una cosa.

**MOLE** adj. (lat. *mollem*). Muelle, blando.

**MOLE** n. f. (lat. *molem*). Cuerpo pesado y enorme. **2.** Corpulencia o voluminosidad.

**MOLE** n. m. (azteca *mulli*). *Méx.* Salsa espesa preparada con diferentes chiles y muchos otros ingredientes y especias. **2.** *Méx.* Guiso de carne de pollo, de guajolote o de cerdo que se prepara con esta salsa.

**MOLÉCULA** n. f. La porción más pequeña de un cuerpo que puede existir en estado libre sin perder las propiedades de la sustancia original. **2.** *Fig.* Elemento, la menor partícula constituyente de un conjunto.

**MOLÉCULA-GRAMO** n. f. (pl. *moléculas-gramo*). Mol.

**MOLECULAR** adj. Relativo a las moléculas.

**MOLEDERA** n. f. Piedra en que se muele. **2.** *Fig.* y *fam.* Molienda, cansancio.

**MOLEDERO, A** adj. Que se ha de moler o puede molerse.

**MOLEDOR, RA** adj. y n. Que muele. **2.** *Fig.* y *fam.* Dícese de la persona que cansa por su pesadez. ◆ n. m. **3.** Cada uno de los cilindros del molino en que machacan las cañas en los ingenios azucareros.

**MOLEDURA** n. f. Molienda, acción de moler. **2.** *Fig.* y *fam.* Molienda, cansancio.

**MOLEJÓN** n. m. *Cuba.* Roca alta y tajada que sobresale en el mar.

**MOLEÑO, A** adj. Dícese de la roca apta para hacer piedras de molino.

**MOLER** v. tr. (lat. *molere*) **[2e]**. Reducir el grano u otros materiales a polvo o pequeños fragmentos por presión o frotamiento. **2.** *Fig.* Maltratar a alguien: *moler a palos.* **3.** Reducir a polvo más o menos fino las materias empleadas en ciertas artes, aplastándolas con una moleta. **4.** Desmenuzar o triturar un mineral pasándolo por el molino. **5.** *Cuba.* Exprimir la caña de azúcar en el molino. **6.** *Méx. Fam.* Molestar, fastidiar: *ya no me muelas, déjame trabajar.* ◆ v. tr. e intr. **7.** *Fig.* Cansar o fatigar mucho físicamente: *la caminata le ha molido.*

**MOLESQUINA** n. f. Tela de algodón fino, recubierta de una capa flexible, cuyo ligamento es un raso por efecto de trama, que imita el grano del cuero.

**MOLESTADOR, RA** adj. y n. Que molesta.

**MOLESTAR** v. tr. y pron. (lat. *molestare*) **[1]**. Alterar la normalidad física o moral de alguien ocasionándole una sensación desagradable u obligándole a hacer un esfuerzo que no desea: *el ruido me molesta.* **2.** Producir un dolor leve: *estos zapatos me molestan.* **3.** Ofender levemente: *aquel insulto le molestó.* ◆ **molestarse** v. pron. **4.** Tomarse algún trabajo: *molestarse por alguien.*

**MOLESTIA** n. f. Sensación producida por algo que molesta. **2.** Lo que molesta.

**MOLESTO, A** adj. (lat. *molestum*). Que causa molestia: *una visita molesta.* **2.** *Fig.* Que siente molestia.

**MOLESTOSO, A** adj. *Amér.* Molesto, que causa molestia.

**MOLETA** n. f. Pequeño disco metálico, provisto de dientes o puntas en su periferia, que marca los puntos en que la lezna ha de atravesar el material para efectuar la costura. **2.** TECNOL. Instrumento dotado de un pequeño disco de acero duro, que sirve para cortar, grabar o trabajar cuerpos duros, piezas de metal, etc.

**MOLETEADO** n. m. Acción de moletear.

**MOLETEAR** v. tr. **[1]**. TECNOL. Adornar, labrar o pulir con la moleta.

**MOLIBDENITA** n. f. Sulfuro natural de molibdeno ($MoS_2$).

**MOLIBDENO** n. m. (gr. *molybdaina,* de *molybdos,* plomo). Metal (Mo) número atómico 42, de masa atómica 95,94, blanco, duro, quebradizo y difícil de fundir.

**MOLÍBDICO, A** adj. Dícese del anhídrido $MoO_3$ y de los ácidos correspondientes.

**MOLICIE** n. f. (lat. *mollitiem*). Blandura. **2.** *Fig.* Excesiva comodidad.

**MOLIDO, A** adj. Cansado, fatigado, maltratado: *tener el cuerpo molido.* • **Oro molido,** oro reducido a polvo, empleado en el s. XVIII para el dorado de metales.

**MOLIENDA** n. f. Acción de moler. **2.** Cantidad que se muele de una vez. **3.** Temporada que dura la operación de moler. **4.** *Fig.* y *fam.* Cansancio, molestia.

**MOLIFICABLE** adj. Susceptible de molificarse.

**MOLIFICACIÓN** n. f. Acción y efecto de molificar o molificarse.

**MOLIFICAR** v. tr. y pron. (lat. *molificare*) **[1a]**. Ablandar o suavizar una cosa.

**MOLIFICATIVO, A** adj. Que molifica o tiene capacidad de molificar.

**MOLINADO** o **MOLINAJE** n. m. Operación que tiene por objeto dar al hilo de seda cruda la torsión necesaria para las diversas aplicaciones a que se destina.

**MOLINAR** n. m. Sitio donde están los molinos.

**MOLINERÍA** n. f. Industria que tiene por objeto producir harina a partir de los granos de cereales, y especialmente del trigo, por medio de la molturación o molienda. **2.** Técnica propia de la fabricación de harinas.

**MOLINERO, A** adj. Relativo al molino o a la molinería. ◆ n. **2.** Persona que tiene a su cargo un molino o que trabaja en él.

**MOLINEROS** n. m. pl. Forma del baile andaluz procedente del folklore regional, algunos de cuyos giros acusaron ciertos esporádicos influjos del flamenco.

**MOLINETE** n. m. Aparato utilizado para renovar el aire de un local, consistente en una rueda de paletas colocada en un orificio que comunica con el exterior. **2.** Juguete que consiste en una caña o palo a cuyo extremo se fija con un alfiler una rueda o estrella de papel, que gira impulsada por el viento. **3.** Accesorio de la caña de pescar que sirve para arrollar el sedal. **4.** COREOGR. Danza propia de los derviches, que la ejecutaban en las mezquitas para celebrar la fiesta de Menelao, su fundador. **5.** COREOGR. Figura en la que las bailarinas unen sus manos derechas, al tiempo que dan la izquierda a su pareja, mientras ejecutan una vuelta completa o una media vuelta *(medio molinete)* y se balancean de un lado a otro. **6.** TAUROM. Pase en que el torero, al estar en el centro de la suerte, gira en dirección contraria a la del toro. **7.** TECNOL. Especie de broca forrada de madera y agujereada en toda su longitud, que usan los tiradores de oro para impedir que se corten el oro, la plata, etc.

**MOLINILLO** n. m. Utensilio doméstico para moler: *molinillo de café*. **2.** Aparato para medir la velocidad de las corrientes de agua.

**MOLINISMO** n. m. Sistema teológico propuesto por el jesuita Luis Molina, sobre la gracia y el libre albedrío.

**MOLINISTA** adj. y n. m. y f. Relativo al molinismo; partidario de este sistema teológico.

**MOLINO** n. m. (lat. *molinum*). Máquina, aparato o instalación que sirve para moler, desmenuzar, triturar o pulverizar ciertos materiales o sustancias: *molino de viento, de aceite, hidráulico, harinero*. **2.** Máquina constituida por cilindros de acero estriados o acanalados, para quebrantar y aplastar los tallos, en la fabricación del azúcar de caña, con objeto de extraerles el jugo. **3.** Máquina utilizada en el molinado o molinaje de la seda para dar torsión a los hilos. **4.** GEOMORFOL. Cavidad excavada, por fusión del hielo, en la superficie de un glaciar, por la que se precipitan las aguas de ablación. • **A molino** (NUMISM.), sistema de acuñación de moneda que se realizó en España con la nueva maquinaria, procedente de Alemania, instalada en Segovia en 1582.

**MOLINOSISMO** n. m. Quietismo.

**MOLINOSISTA** adj. y n. m. y f. Quietista.

**MOLITIVO, A** adj. Dícese de lo que molifica o puede molificar.

**MOLLA** n. f. Parte carnosa o blanda de una cosa orgánica. **2.** *Fam.* Exceso de grasa que forma un bulto en el cuerpo de una persona. **3.** Miga del pan.

**MOLLAR** adj. Dícese de ciertas frutas blandas y fáciles de partir: *albaricoque mollar*. **2.** *Fig.* Dícese de lo que da mucho provecho con poco esfuerzo.

**MOLLE** n. m. Planta arbórea de mediano tamaño, propia de América Central y Meridional, de hojas compuestas y muy poco dentadas, flores en espigas axilares y frutos rojizos, de cuya corteza se extrae esencia de trementina, y con cuyas hojas y frutos, de sabor picante, puede falsificarse la pimienta. (Familia anacardiáceas.)

**MOLLEAR** v. intr. **[1]**. Ceder una cosa a la fuerza o presión. **2.** Doblarse por su blandura.

**MOLLEDO** n. m. Parte carnosa y redondeada de una parte del cuerpo. **2.** Miga del pan.

**MOLLEJA** n. f. Parte del aparato digestivo de los artrópodos y de las aves, que garantiza la trituración de los alimentos gracias a su gruesa pared musculosa y a las pequeñas piedras que a menudo contiene. **2.** Apéndice carnoso de las reses jóvenes, formado generalmente por infarto de las glándulas.

**MOLLEJÓN** n. m. *Fam.* Hombre muy gordo y flojo. **2.** *Fig.* y *fam.* Hombre apacible.

**MOLLERA** n. f. Parte más alta de la cabeza, junto a la comisura coronal. **2.** Fontanela situada en la parte más alta de la frente. **3.** *Fig.* Caletre, seso, talento. • **Cerrado,** o **duro, de mollera** *(Fam.)*, torpe u obstinado.

**MÓLLERA** n. f. Pez teleósteo de unos 25 cm de long., que vive en las costas septentrionales de la península Ibérica. (Familia gádidos.)

**MOLLETE** n. m. *Méx.* Rebanada de pan de corteza dura, untado de mantequilla o de frijoles y queso: *hoy cené molletes*.

**MOLLETUDO, A** adj. Mofletudo.

**MOLLUSCUM** n. m. (voz latina que significa *nudo de arce*). Denominación genérica de los tumores fibrosos de la piel.

**MOLO** n. m. *Chile.* Malecón.

**MOLOC** n. m. *Ecuad.* Puré de patatas.

**MOLOC** n. m. Lagarto de Australia, con el cuerpo cubierto de espinas, que alcanza 20 cm de long.

**MOLÓN** n. m. *Ecuad.* y *Perú.* Trozo de piedra sin labrar.

**MOLONDRO, A** n. *Fam.* Persona torpe y perezosa.

**MOLOSO, A** adj. y n. Relativo a un ant. pueblo de Epiro, al N del golfo de Ambracia; individuo de este pueblo. (Su centro era el santuario de Dodona.) ◆ adj. y n. m. **2.** Dogo.

**MOLOTE** n. m. *Amér. Central, Antillas, Colomb.* y *Méx.* Alboroto, escándalo. **2.** *Méx.* Moño. **3.** *Méx.* Empanada rellena de carne, papas, cebolla, chile, queso, etc. **4.** *Méx.* Envoltura alargada, lío.

**MOLTO** adv. (voz italiana). MÚS. Mucho, muy. • **Crescendo molto,** aumentando mucho. || **Molto expressivo,** muy expresivo.

**MOLTURACIÓN** n. f. Acción y efecto de molturar.

**MOLTURAR** v. tr. **[1]**. Moler.

**MOLUCHE,** pueblo amerindio de la región andina (Chile y Argentina), de la familia araucana.

**MOLUSCO** adj. y n. m. (lat. *molluscum*). Relativo a un tipo de invertebrados de cuerpo blando, que presentan dorsalmente un manto, generalmente cubierto por una concha, y más o menos ventralmente, un pie. (El tipo *molusco* comprende tres clases principales: *gasterópodos* [caracol, babosa], *lamelibranquios* o *bivalvos* [mejillón, ostra] y *cefalópodos* [pulpo, sepia].)

**MOMEAR** v. intr. **[1]**. Hacer momos.

**MOMENTÁNEO, A** adj. Que dura sólo un momento. **2.** Que se ejecuta rápidamente.

**MOMENTO** n. m. (lat. *momentum*). Espacio de tiempo. **2.** Breve instante: *esta operación sólo durará un momento*. **3.** Ocasión, oportunidad, circunstancia: *ahora es el momento oportuno*. **4.** Período de duración indeterminada en que se hace cierta cosa o sucede algo: *los momentos de nuestra vida*. **5.** Tiempo presente, época de la que se trata: *las figuras más importantes del momento*. **6.** Valor característico de una distribución estadística, calculado a partir de las potencias de las separaciones entre los valores observados y un valor tomado como origen. • **A cada momento,** muy frecuentemente. || **Al momento,** inmediatamente. || **De momento** o **por el momento,** expresan algo que sucede ahora, aunque tal vez no ocurra en el futuro. || **De un momento a otro,** pronto, inminentemente. || **Desde el momento en que,** introduce la expresión de algo que hace posible inducir otra cosa. || **Momento cinético,** vector igual al momento del vector cantidad de movimiento. || **Momento de inercia de un cuerpo,** integral del producto de cada elemento de masa de este cuerpo por el cuadrado de la distancia que separa este elemento de un eje fijo, llamado eje de inercia. || **Momento de un par** (MEC.), producto de una de las fuerzas del par por el brazo de palanca de este par. || **Momento de un vector $\vec{V}$ en un punto O,** vector perpendicular al plano determinado por el vector $\vec{V}$ y el punto O, de sentido directo con respecto a $\vec{V}$ y cuya longitud es igual al producto de la longitud del vector $\vec{V}$ por la distancia entre el punto O y su dirección. || **Momento de una fuerza en relación a un punto,** vector igual al momento del vector que representa la fuerza. || **Momento eléctrico,** o **magnético, de un dipolo,** producto de la carga, eléctrica o magnética, de uno de los dos polos por la distancia que los separa. || **Por momentos,** de forma progresiva.

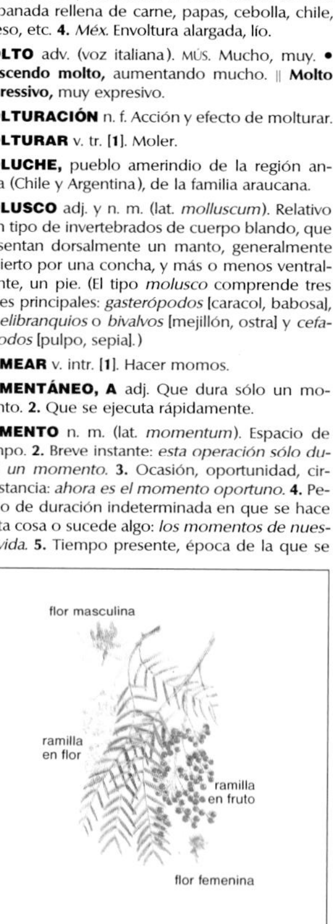

**molle**

**MOMERÍA** n. f. Ejecución de ademanes, gestos o figuras burlescas.

**MOMIA** n. f. (ár. *mūmiyā*, der. de *mūm*, cera). Cadáver conservado por medio de materias balsámicas o por embalsamamiento. **2.** Cuerpo embalsamado. **3.** Persona muy delgada o demacrada.

**momia** egipcia (época tolemaica)
[Louvre, París]

**MOMIFICACIÓN** n. f. Transformación de un cadáver en momia. **2.** Estado de desecación de frutas y otras partes vegetales normalmente turgentes y acuosas. **3.** Conjunto de fenómenos que se suceden en un cadáver situado en un ambiente muy caliente y seco.

**MOMIFICAR** v. tr. y pron. **[1a]**. Convertir un cadáver en momia.

**MOMIO, A** adj. y n. m. Magro, sin gordura. ◆ n. m. **2.** Lo que se da u obtiene sobre la ganancia legítima. **3.** *Fig.* Ganga, cosa apreciable que se adquiere a poca costa o con poco trabajo.

**MOMO** n. m. Gesto, figura o ademán burlesco, propio de histriones, danzantes, etc.

**MONA** n. f. (ár. *mu'na*, provisiones). Torta adornada con huevos duros. • **Mona de Pascua,** bizcocho o pastel que, en ciertos lugares, especialmente en Cataluña, acostumbra hacerse o regalarse por Pascua de Resurrección.

**MONA** n. f. Hembra del mono. **2.** Borrachera, embriaguez. **3.** Juego de naipes en que, tras repartir todas las cartas menos una, que se oculta, los jugadores van haciendo parejas, intercambiándose las cartas, hasta que al final uno queda con la desaparejada y pierde. **4.** En este juego, la carta que se separa al jugar. • **Como la mona** *(Amér. Merid.)*, indica el mal resultado de los negocios, la salud, cualquier actividad, encargo, situación, etc. || **Dormir la mona,** dormir después de emborracharse. || **Enviar,** o **mandar, a freír monas,** despedir a alguien con aspereza, enojo o sin miramientos. || **Estar hecho una mona,** estar enfadado o enojado. || **Mona de Gibraltar,** macaco de unos 75 cm de long., desprovisto de cola, que vive en el norte de África y en Gibraltar. SIN.: *magote.* ◆ n. m. y f. **5.** Persona ebria.

**MONACAL** adj. Relativo al género de vida de los monjes o de las monjas.

**MONACATO** n. m. Estado de monje, vida monástica. **2.** Institución monástica.

**MONACITA** n. f. Fosfato natural de cerio, de lantano y de otras tierras raras.

**MONACORDIO** n. m. Antiguo instrumento musical de teclado, que servía para aprender el órgano.

**MONADA** n. f. Gesto o acción propia de monos. **2.** Gesto o figura afectada. **3.** Cosa bonita, graciosa y pequeña. **4.** *Fig.* Acción tonta e impropia de personas sensatas. **5.** *Fig.* Mimo o halago afectuoso y zalamero. **6.** *Fig.* Monería, gesto o acción graciosa de los niños.

**MÓNADA** n. f. (der. del gr. *monos,* uno, solo). En la filosofía de Leibniz, sustancia simple, activa e indivisible, cuyo número es infinito y de la que todos los seres están compuestos. ◆ adj. y n. f. **2.** BIOL. Dícese de los protozoos pertenecientes al antiguo grupo mónadas. ◆ **mónadas** n. f. pl. **3.** Grupo de protozoos, que formaban una clase distinta, caracterizados por la ausencia total de núcleo.

**MONADELFO, A** adj. BOT. Dícese de la flor cuyos estambres están soldados entre sí, como en la retama y la malvarrosa.

**MONADOLOGÍA** n. f. Teoría de Leibniz según la cual el universo está compuesto de mónadas.

**MONAGUILLO** n. m. Niño que ayuda a misa.

**MONAQUISMO** n. m. Monacato, institución monástica.

**MONARCA** n. m. (gr. *monarkhēs*). Soberano de una monarquía.

**MONARQUÍA** n. f. (gr. *monarkhia*). Forma de gobierno en que la soberanía es ejercida por una sola persona, generalmente con carácter vitalicio y hereditario. **2.** Estado regido por esta forma de gobierno; su territorio. **3.** Tiempo durante el cual ha perdurado este régimen político en un país. • **Monarquía absoluta,** aquella en que la autoridad del monarca no tiene limitación efectiva alguna. || **Monarquía constitucional,** aquella en que la autoridad del monarca está limitada por una constitución. || **Monarquía electiva,** aquella en que el soberano es elegido para un período determinado o por la duración de su vida. || **Monarquía hereditaria,** aquella en la que la sucesión se produce dentro de una familia y de acuerdo con unos usos establecidos o con una ley sucesoria. || **Monarquía parlamentaria,** monarquía constitucional en la que el gobierno es responsable ante el parlamento.

**MONÁRQUICO, A** adj. y n. Relativo a la monarquía o al monarca; partidario de la monarquía.

**MONARQUISMO** n. m. Adhesión a la monarquía.

**MONASTERIO** n. m. (gr. *monastērion*). Casa o convento donde vive una comunidad monástica. **2.** Cualquier casa de religiosos o de religiosas.

**MONÁSTICO, A** adj. Relativo al monacato. **2.** Relativo al monasterio.

**MONDA** n. f. Acción y efecto de mondar. **2.** Mondadura, cáscara. **3.** Operación que consiste en cortar casi a ras del tronco, en la poda de invierno, las ramas agotadas para obtener renuevos vigorosos. • **Ser la monda** *(Fam.),* ser extraordinario por bueno o malo; ser muy divertido.

**MONDADIENTES** n. m. (pl. *mondadientes*). Instrumento pequeño, rematado en punta, que sirve para limpiarse los dientes y sacar lo que se mete entre ellos. SIN.: *escarbadientes,* palillo.

**MONDADOR, RA** adj. y n. Que monda.

**MONDADURA** n. f. Monda, acción y efecto de mondar. **2.** Piel o desperdicios que se quitan de las cosas al mondarlas.

**MONDAR** v. tr. (lat. *mundare*) **[1]**. Limpiar o purificar una cosa o una sustancia, quitándole lo inútil, superfluo o extraño que tiene mezclado. **2.** Quitar la cáscara, la vaina, el hollejo, etc., a las frutas y legumbres. **3.** Podar. **4.** Limpiar un cauce, un pozo, etc. **5.** *Fig.* y *fam.* Quitar algo a alguien, especialmente dinero. • **Mondarse de risa,** o **mondarse,** reírse mucho.

**MONDARAJAS** n. f. pl. *Fam.* Mondaduras y desperdicios de frutos, tubérculos, etc.

**MONDO, A** adj. (lat. *mundum*). Limpio de cosas superfluas mezcladas, añadidas o adherentes. • **Mondo y lirondo** *(Fam.),* limpio, solo, sin mezcla alguna.

**MONDONGO** n. m. Intestinos y panza de un animal, especialmente del cerdo. **2.** *Fam.* Intestinos de las personas. **3.** *Guat.* y *P. Rico. Fig.* Adefesio, traje o adorno ridículo. **4.** *Méx.* Guiso que se prepara con panza de res, menudo. • **Hacer el mondongo,** hacer morcillas y embutidos.

**MONEAR** v. intr. **[1]**. *Fam.* Hacer monadas. **2.** *Argent.* y *Chile.* Presumir, envanecerse.

**MONEDA** n. f. (lat. *monetam*). Objeto de valor convenido, generalmente un disco metálico acuñado por la autoridad, que sirve de medida común para el precio de las cosas y se emplea para pagos y transacciones comerciales. **2.** Cualquier medio legal de pagos. **3.** Unidad monetaria de un país. **4.** Conjunto de monedas y billetes de pequeño valor en circulación dentro de un sistema. **5.** *Fig.* y *fam.* Dinero, caudal, bienes. • **Acuñar, batir,** o **labrar, moneda,** fabricar moneda. || **Casa de moneda** o **Moneda,** fábrica o taller donde se funde y acuña moneda. || **Hierba de la moneda,** planta tendida, de hojas pecioladas y opuestas y flores amarillas, que crece en la península Ibérica. (Familia primuláceas.) || **Moneda de cuenta,** o **imaginaria,** unidad monetaria, no representada materialmente, que se utiliza sólo para las cuentas (unidad de cuenta europea). || **Moneda divisionaria,** moneda metálica acuñada por el estado, con escaso valor intrínseco. || **Moneda escritural,** medio de pago constituido por escrituras, como cheques, órdenes de pago, etc. || **Moneda falsa,** pieza o billete que imita la moneda legal. || **Moneda fiduciaria,** la que representa un valor que intrínsecamente no tiene, como los billetes de banco. || **Moneda forera,** tributo que de siete en siete años se pagaba al rey en reconocimiento del señorío real. || **Moneda fraccionaria,** moneda divisionaria que equivale a una fracción exacta de la unidad monetaria legal. || **Pagar en,** o **con, la misma moneda,** corresponder a una buena o mala acción con otra semejante. || **Papel moneda,** billetes de banco. || **Ser moneda corriente** *(Fam.),* estar algo admitido, o no causar sorpresa a nadie, por ocurrir con mucha frecuencia. (*V. ilustración pág. 682.*)

anverso de un excelente acuñado durante el reinado de los Reyes Católicos (1480-1497)
[gabinete numismático de Cataluña, Barcelona]

real de a 8 mexicano acuñado en tiempos de Carlos III (1760)
[gabinete numismático de Cataluña, Barcelona]

**monedas**

**MONEDAJE** n. m. Servicio o tributo de doce dineros por libra que estableció, en Cataluña y Aragón, Pedro II sobre todos los bienes muebles y raíces.

**MONEDERÍA** n. f. Oficio de monedero.

**MONEDERO, A** adj. Que sirve para poner moneda: *sobre monedero.* ◆ n. **2.** Persona que fabrica moneda. ◆ n. m. **3.** Bolsa o cartera donde se lleva el dinero en metálico.

**MONEGASCO, A** adj. y n. De Mónaco.

**MONEMA** n. m. LING. Mínima unidad significativa. **2.** Cada uno de los términos que integran un sintagma.

**MÓNERA** n. f. Célula ideal, sin núcleo diferenciado.

**MONERGOL** n. m. Propergol compuesto por un solo ergol, como el agua oxigenada, la hidracina, etcétera.

**MONERÍA** n. f. Monada, acción propia del mono. **2.** *Fig.* Gesto o acción graciosa de los niños. **3.** *Fig.* Cosa de poca importancia.

**MONETARIO, A** adj. Relativo a la moneda. • **Autoridad monetaria,** personas y organismos a los que se asigna el control de la política monetaria de un país. || **Base monetaria,** total de dinero en curso legal en manos del público más los depósitos de las instituciones bancarias en la banca central. || **Oferta monetaria,** conjunto de disponibilidades monetarias del mayor grado de liquidabilidad en manos de las unidades económicas de un país, constituido básicamente por el dinero efectivo y los depósitos a la vista. || **Política monetaria,** conjunto de medidas, dentro de las de política económica general de un gobierno, que tienen por objeto la adecuación de las disponibilidades monetarias a las necesidades de la actividad económica de carácter productivo o distributivo, y la contención del aumento desmesurado de los precios o desequilibrios graves de la balanza de pagos, fundamentalmente. || **Sistema monetario,** conjunto de instituciones que llevan a cabo la circulación de activos financieros desde las unidades que los generan hacia su incorporación en el proceso productivo. || **Sistema monetario europeo,** sistema adoptado por los países de la C.E.E, destinado a armonizar la política monetaria de dichos países. || **Sistema monetario internacional,** conjunto de normas e instituciones que regulan la forma de pagar las transacciones económicas entre países como consecuencia de su comercio de mercancías, servicios u operaciones financieras. || **Teoría monetaria,** conjunto de teorías relativas a la influencia del dinero sobre el sistema económico. SIN.: *teoría del dinero.* ◆ n. m. **2.** Colección de medallas y monedas.

■ El sistema monetario europeo (S.M.E.), que entró en vigor en 1979 en sustitución de la serpiente monetaria europea, tiene como función principal vigilar las desviaciones de las unidades monetarias que lo integran con arreglo al ecu, unidad mone-

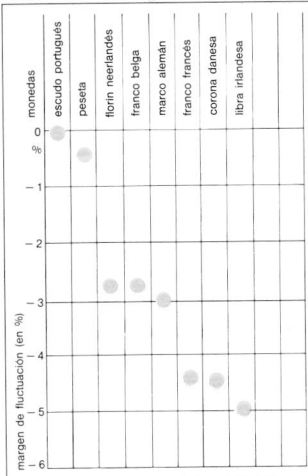

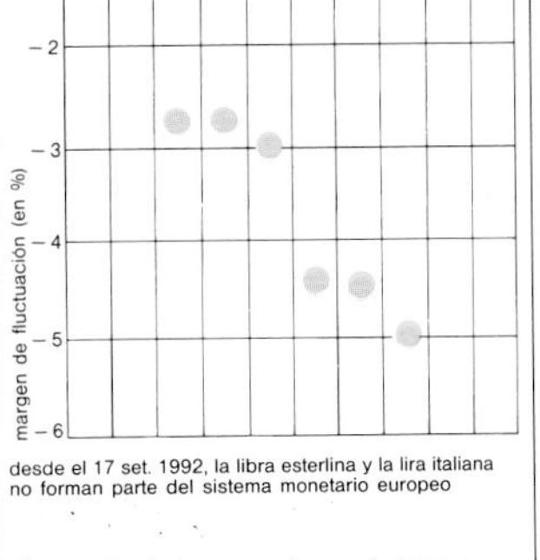


desde el 17 set. 1992, la libra esterlina y la lira italiana no forman parte del sistema monetario europeo

fluctuación de las monedas en el sistema **monetario** europeo el 9 de enero de 1993

**las principales unidades monetarias**

| *país* | *unidad* | *país* | *unidad* |
|---|---|---|---|
| Afganistán | afghani | Japón | yen |
| Albania | lek | Italia | lira y euro |
| Alemania | marco alemán y euro | Jordania | dinar jordano |
| Andorra | franco francés, peseta y euro | Kazajstán | tengue |
| Angola | kwanza | Kenya | shilling de Kenya |
| Arabia Saudí | riyal saudí | Kirguizistán | som |
| Argelia | dinar argelino | Kuwayt | dinar kuwaytí |
| Argentina | peso argentino | Laos | kip |
| Australia | dólar australiano | Letonia | lat |
| Austria | chelín austriaco (schilling) y euro | Líbano | libra libanesa |
| Azerbaiján | manat | Libia | dinar libio |
| Bélgica | franco belga y euro | Lituania | litas |
| Birmania | kyat | Luxemburgo | franco luxemburgués y euro |
| Bolivia | boliviano | Macedonia | dinar |
| Bosnia-Herzegovina | dinar bosnio | Madagascar | franco malgache |
| Brasil | real | Malaysia | dólar de Malaysia (ringgit) |
| Bulgaria | lev | Malí | franco CFA |
| Camboya | riel | Malta | libra maltesa |
| Camerún | franco CFA | Malvinas | libra de las Malvinas |
| Canadá | dólar canadiense | Marruecos | dirham marroquí |
| Centroafricana (Rep.) | franco CFA | Mauritania | ouguiya |
| Checa (Rep.) | corona checa (koruna) | México | peso mexicano |
| Chile | peso chileno | Moldavia | leu |
| China (Rep. Pop. de) | yuan | Montenegro | dinar |
| Chipre | libra chipriota (lira turca en el sector turco) | Mozambique | metical |
| Colombia | peso colombiano | Nicaragua | córdoba oro |
| Congo (Rep. del) | franco CFA | Níger | franco CFA |
| Congo (Rep. Dem. del). | franco congoleño | Nigeria | naira |
| Corea del Norte | won | Noruega | corona noruega (krone) |
| Corea del Sur | won | Nueva Zelanda | dólar neozelandés |
| Costa Rica | colón costarricense | Países Bajos | florín (gulden) y euro |
| Croacia | dinar croata (kuna) | Pakistán | rupia paquistaní |
| Cuba | peso cubano | Panamá | balboa |
| Dinamarca | corona danesa (krone) | Paraguay | guaraní |
| Dominicana (Rep.) | peso dominicano | Perú | nuevo sol |
| Ecuador | dólar E.U.A. | Polinesia Francesa | franco CFP |
| Egipto | libra egipcia | Polonia | złoty |
| El Salvador | dólar E.U.A. | Portugal | escudo y euro |
| Emiratos Árabes (U.) | dirham | Puerto Rico | dólar E.U.A. |
| Eslovaquia | corona eslovaca (koruna) | Qaṭar | riyal de Qaṭar |
| Eslovenia | tolar | Ruanda | franco ruandés |
| España | peseta y euro | Rumania | leu |
| Estados Unidos | dólar E.U.A. | Rusia | rublo |
| Estonia | corona estonia (kroon) | Senegal | franco CFA |
| Etiopía | birr | Serbia | dinar |
| Filipinas | peso filipino | Siria | libra siria |
| Finlandia | marco finlandés (markka) y euro | Somalia | shilling somalí |
| Francia | franco francés y euro | Sudáfrica (Rep. de) | rand |
| Georgia | lari | Sudán | libra sudanesa |
| Ghana | cedi | Suecia | corona sueca (krona) |
| Gran Bretaña | libra esterlina | Suiza | franco suizo |
| Grecia | dracma y euro | Tadzhikistán | rublo tadzhik |
| Guatemala | quetzal | Tailandia | baht |
| Guinea | franco guineano | Taiwan | nuevo dólar de Taiwan |
| Guinea Ecuatorial | franco CFA | Tanzania | shilling tanzano |
| Guinea-Bissau | peso de Guinea | Togo | franco CFA |
| Honduras | lempira | Tunicia | dinar tunecino |
| Hungría | florín (forint) | Turkmenistán | manat |
| India | rupia india | Turquía | lira turca |
| Indonesia | rupia indonesia (rupiah) | Ucrania | grivna |
| Irán | rial iraní | Uruguay | peso uruguayo |
| Iraq | dinar iraquí | Uzbekistán | som |
| Irlanda (Rep. de) | libra irlandesa y euro | Venezuela | bolívar |
| Islandia | corona islandesa (króna) | Vietnam | dông |
| Israel | shekel | Yemen | riyal yemení |
| | | Zimbabwe | dólar de Zimbabwe |

taria de referencia definida por una combinación ponderada de las diversas monedas de los países que forman el sistema. Cuando éstas se separan del valor del ecu por encima de los márgenes permitidos, las autoridades monetarias son llamadas a introducir medidas correctivas. A partir de mediados de los años ochenta, la naturaleza del sistema monetario europeo evolucionó: de un común acuerdo de cambios marcado por numerosos realinamientos se pasó a una situación de cambios casi fijos, que se mantuvo hasta comienzos de la década de los noventa. En noviembre de 1991, el S.M.E. atravesó una grave crisis por las divergencias entre los Doce respecto al ritmo de la integración monetaria europea. La libra y la lira salieron entonces del sistema al no poder los respectivos gobiernos mantener la estabilidad de sus monedas, lo que propició un reajuste del S.M.E. En 1993 se amplió hasta el 15 % la banda de fluctuación de las monedas de los países miembros. Italia se reincorporó al S.M.E. en 1996. Con la introducción en 1999 de la moneda única (cuyo nombre pasó a ser *euro*) se puso en funcionamiento un nuevo S.M.E. para estabilizar el curso de las monedas que no entraron en la primera fase de la unión monetaria.

**MONETARISMO** n. m. Doctrina según la cual existe un nexo entre el volumen de la masa monetaria y el comportamiento de la economía.

**MONETIZACIÓN** n. f. Conjunto de operaciones económicas, técnicas y jurídicas encaminadas a la formación del dinero y al control de su funcionamiento. **2.** Aumento de los activos monetarios de un sistema.

**MONETIZAR** v. tr. **[1g]**. Dar curso legal como moneda a billetes de banco u otros signos pecuniarios. **2.** Amonedar.

**MONGO** n. m. Variedad de judía, cuya semilla es más pequeña que una lenteja y tiene el mismo sabor que ésta. (Familia papilionáceas.)

**MONGOL, LA** adj. y n. De Mongolia **2.** Relativo a un pueblo de la familia altaica que habita act. en la República de Mongolia, Rusia y China; individuo de este país. ◆ n. m. **3.** Grupo de lenguas habladas por los pueblos mongoles.

■ Antes de la creación del imperio mongol por parte de Gengis Kan (s. XIII), los pueblos de lenguas mongol se llamaban protomongoles. Entre ellos, los xianbei (ss. II - III), los yuans-yuans (ss. V - VI) y los k'i-tan (ss. X - XII) fundaron reinos en Manchuria o en China. Federados por Gengis Kan (1206), los mongoles emprendieron conquistas salvajes y destructoras: conquista de China del Norte (1211 - 1216), de Jwārizm y Transoxiana (1219 - 1221), de Jurāsān y Afganistán (1221 - 1222) por Gengis Kan; campañas de Bātū Kan en Rusia y en Hungría (1236 - 1242); sumisión de Irán, Iraq y Siria por Hūlāgū (1256 - 1260); conquista de China del Sur (1236 - 1279), concluida por Qūbīlāy Kan. El imperio, constituido de este modo, fue gobernado por el gran kan. A fines del s. XIII se transformó en una federación cuyos dirigentes (mongoles) asimilaron la civilización de sus dominados: la Horda de Oro (1236, 1240 - 1502), que dominó Rusia, Crimea y Siberia; los īljān de Irán (1256 - 1335), los Yuan de China (1279 - 1368). Tras el desmembramiento del imperio, las tribus de Mongolia cayeron mayoritariamente en la anarquía y sólo pudieron sustraerse a ella durante los reinados de algunos kanes: Dayan Kan (1481 - 1543) y Altan Kan (1543 - 1583). Los mongoles orientales (kalka) se sometieron entre 1627 y 1691 a los manchúes, fundadores de la dinastía china de los Qing, que destruyeron el reino de Dzungaria (1754 - 1756). El SE de Mongolia (Mongolia Interior) siguió siendo chino tras el advenimiento de la República de China (1911). Ese mismo año Mongolia Exterior accedió a la autonomía.

**MONGÓLICO, A** adj. y n. Relativo al mongolismo; afecto de mongolismo.

**MONGOLISMO** n. m. Aberración cromosómica caracterizada por déficit intelectual y modificaciones somáticas particulares, como talla pequeña, extremidades cortas, región occipital aplanada, hendiduras palpebrales oblicuas y angostas, con repliegue del ángulo cutáneo interno de los párpados.

**MONGOLOIDE** adj. y n. m. y f. Que presenta caracteres comparables a los del mongol: *tipo mongoloide.*

**MONIATO** n. m. Batata.

**MONICACO** n. m. *Fam.* Monigote, persona insignificante.

**MONICIÓN** n. f. DER. CAN. Advertencia que debe realizar todo superior eclesiástico antes de imponer una censura.

**MONIGOTE** n. m. *Fam.* Persona insignificante y de poco carácter. **2.** *Fam.* Muñeco o figura grotesca. **3.** *Fam.* Dibujo, pintura o escultura caricaturescos o mal hechos. **4.** *Cuba.* Nombre vulgar de un bejuco silvestre que produce una flor blanca y morada. **5.** *Cuba.* Flor de esta planta. **6.** *Cuba.* Monaguillo. **7.** *Cuba.* Trozo o cilindro de madera en que los muchachos enrollan el hilo del papelote. **8.** *Chile* y *Perú.* Seminarista.

**MONILIASIS** n. f. Enfermedad causada por un ascomicete del género *Monilia.*

**MONIPODIO** n. m. Confabulación para fines ilícitos.

**MONIS** o **MONI** n. m. (alteración del inglés *money*). *Fam.* Dinero.

**MONÍS** n. f. Cosa pequeña, pulida y delicada.

**MONISMO** n. m. FILOS. Sistema según el cual existe una sola clase de realidad. CONTR.: *dualismo, pluralismo.*

**MONISTA** adj. y n. m. y f. Relativo al monismo; partidario de este sistema.

**MÓNITA** n. f. Astucia practicada con amabilidad y halago.

**MONITOR, RA** n. Persona encargada de la enseñanza y de la práctica de ciertos deportes o de ciertas disciplinas: *monitor de esquí.* ◆ n. m. **2.** Aparato, generalmente electrónico, que facilita datos para el control de un proceso. **3.** Receptor de televisión usado para controlar la imagen en emisión. **4.** INFORMÁT. Parte de un sistema operativo formada por un conjunto de programas y rutinas que leen las tarjetas de control y ordenan la ejecución de las funciones respectivas. **5.** MAR. Barco de guerra, de pequeño calado, y desplazamiento medio, fuertemente acorazado y armado para atacar y defender las costas y los ríos caudalosos. **6.** MIN. Cañón de agua a presión.

**MONITORING** n. m. (voz inglesa). Utilización médica del monitor.

**MONITORIO, A** adj. Que sirve para avisar o amonestar. **2.** Dícese de la persona que avisa o amonesta. ◆ n. m. **3.** Carta de un juez eclesiástico dirigida a quien tiene conocimiento de un hecho, para obligarlo a atestiguar bajo la sanción de penas eclesiásticas. **4.** Advertencia que precede a la excomunión.

**MONJA** n. f. Religiosa de cualquier orden o congregación, especialmente la de alguna de las órdenes aprobadas por la Iglesia, que se consagra con votos solemnes.

**MONJE** n. m. (lat. *monachum*). Anacoreta. **2.** Miembro de una orden religiosa masculina monástica.

**MONJIL** adj. Relativo a las monjas. ◆ n. m. **2.** Hábito de monje.

**MONJÍO** n. m. Estado de monja. **2.** Conjunto de monjas.

**MONJITA** n. f. Ave paseriforme de tamaño medio, de pico fuerte, con un gancho, y cola y alas largas. (Familia tiránidos.)

**MÔN-KHMER** n. m. LING. Denominación de un grupo de lenguas habladas en la península indochina.

**MONO, A** n. Mamífero primate cuadrúmano de extremidades plantígradas, que presenta dentición completa y las fosas orbitarias separadas por las temporales y dirigidas hacia adelante. • **Mono araña,** simio de América del Sur, de extremidades muy prolongadas y cola larga y prensil. ◆ adj. **2.** *Fig.* Bonito, gracioso, pulido. **3.** *Colomb.* Rubio. ◆ n. m. **4.** Prenda utilitaria de una sola pieza que cubre el torso y extremidades. **5.** *Fig.* Dibujo o pintura, generalmente humorístico. **6.** *Vulg.* Droga. **7.** *Vulg.* Síndrome de abstinencia de la droga. **8.** *Chile. Fig.* Montón o pila en que se exponen los frutos u otras mercancías en las tiendas y mercados. **9.** *Méx.* Muñeco: *un mono de peluche.* • **Mono de imitación** (*Fig.*), persona que imita a otras. ‖ **Último mono,** persona insignificante y poco considerada por los demás.

**MONOÁCIDO, A** adj. y n. m. QUÍM. Dícese del ácido que posee un solo átomo de hidrógeno ácido.

**MONOAMINA** n. f. Amina que posee un solo radical $NH_2$. (Las catecolaminas y la serotonina son monoaminas.)

**MONOAMINOXIDASA** n. f. Enzima que destruye por oxidación las monoaminas existentes en exceso en el organismo.

**MONOATÓMICO, A** adj. QUÍM. Dícese de los cuerpos simples cuya molécula contiene un solo átomo.

**MONOAURAL** adj. Monofónico.

**MONOAXIAL** adj. MINER. Dícese del cristal birrefringente que posee una dirección en la que un rayo luminoso se propaga sin ser desdoblado.

**MONOBLOC** o **MONOBLOQUE** adj. y n. m. De una sola pieza: *fusil monobloc.*

**MONOCAMERALISMO** n. m. Sistema político en el que existe una sola asamblea legislativa.

**MONOCAMERALISTA** adj. y n. m. y f. Relativo al monocameralismo; partidario de este sistema.

**MONOCARRIL** o **MONORRAÍL** adj. y n. m. Dícese del sistema de ferrocarril que utiliza un solo riel de rodamiento, y de todos los vehículos y otros dispositivos que se desplazan sobre un solo riel.

**MONOCASCO** n. m. INDUSTR. Elemento constructivo cuyo revestimiento activo absorbe los esfuerzos de torsión, cizallamiento y flexión: *construcción monocasco; automóvil monocasco.*

**MONOCÍCLICO, A** adj. Univoltino.

**MONOCICLO** n. m. Ciclo provisto de una sola rueda, empleado en los circos por los equilibristas.

**MONOCIGÓTICO, A** adj. Dícese de los gemelos nacidos de un mismo huevo.

**MONOCINÉTICO, A** adj. FÍS. Dícese de las partículas que tienen la misma velocidad.

**MONOCITO** n. m. Leucocito mononuclear de gran tamaño, procedente del sistema reticuloendotelial.

**MONOCLINAL** adj. GEOL. Dícese de una estructura en la que todas las capas tienen un mismo buzamiento y dirección. • **Relieve monoclinal,** forma topográfica asimétrica que se compone de un talud empinado y de otro flanco de pendiente suave.

**MONOCLÍNICO, A** adj. Dícese del sistema cristalino cuyas formas holoédricas se caracterizan por tener un centro de simetría, un eje binario y un plano perpendicular a él. **2.** Dícese de las formas pertenecientes a este sistema.

**MONOCOCO** n. m. BIOL. Nombre con que se designan los cocos que se presentan en estado aislado.

**MONOCOLOR** adj. Que es de un solo color.

**MONOCORDE** adj. (fr. *monocorde*). Dícese del instrumento musical que tiene una sola cuerda. **2.** Dícese del canto o serie de sonidos que repiten una misma nota. **3.** Monótono, insistente, sin variaciones: *una monocorde retahíla de lamentaciones.*

**MONOCORDIO** n. m. Instrumento musical de una sola cuerda, utilizado para determinar las relaciones numéricas de los sonidos y afinar los otros instrumentos.

**MONOCOTILEDÓNEO, A** adj. y n. f. Relativo a una clase de plantas angiospermas cuyas semillas poseen una plántula con un solo cotiledón, cuyas hojas presentan nervaduras paralelas y cuyas flores tienen una simetría axial de orden 3. (Las principales familias de la clase monocotiledóneas son: gramíneas, orquídeas, liliáceas y palmáceas.)

**MONOCRISTAL** n. m. METAL. Muestra metálica constituida por un cristal único.

**MONOCROMADOR** n. m. Dispositivo que suministra una radiación monocromática.

**MONOCROMÁTICO, A** adj. Monocromo. **2.** FÍS. Dícese de una radiación compuesta de vibraciones de una sola frecuencia.

**MONOCROMÍA** n. f. Calidad de monocromo. **2.** Arte de pintar empleando exclusivamente un solo color. **3.** Pintura o cuadro así obtenido.

**MONOCROMO, A** adj. De un solo color.

**MONOCULAR** adj. Relativo a un solo ojo: *visión monocular.*

**MONÓCULO, A** adj. y n. Que tiene un solo ojo. ◆ n. m. **2.** Lente correctora para un solo ojo.

**MONOCULTIVO** n. m. Cultivo único o predominante de un vegetal en determinada región.

**MONODIA** n. f. (gr. *monōdia*). Canto para una voz sola. **2.** En la tragedia griega, pasaje lírico que era cantado por un personaje durante uno de los episodios.

**MONÓDICO, A** adj. Relativo a la monodia.

**MONOECIA** n. f. BOT. Propiedad que poseen ciertos hongos de vivir y formar sus diversos aparatos reproductores sobre una sola especie de plantas.

**MONOESQUÍ** n. m. Monoskí.

**MONOFÁSICO, A** adj. Dícese de las tensiones o de las corrientes sinusoidales distribuidas mediante un hilo neutro y un hilo de línea, así como de los aparatos que producen o utilizan estas corrientes.

**MONOFILETISMO** n. m. Doctrina antropológica según la cual todas las razas humanas se derivarían de un tipo primitivo único. SIN.: *monogenismo.*

**MONOFISISMO** n. m. Doctrina declarada herética por el concilio de Calcedonia (451), y que sólo reconocía en Jesucristo la naturaleza divina.

**MONOFISITA** adj. y n. m. y f. Relativo al monofisismo; partidario de esta doctrina.

**MONOFONÍA** n. f. Técnica que permite la transmisión de una señal musical por medio de un solo canal (disco, amplificador, radiorreceptor clásico, etc.)

**MONOFÓNICO, A** adj. Relativo a la monofonía. SIN.: *monoaural.*

**MONOGAMIA** n. f. Sistema en el cual un hombre no puede ser simultáneamente esposo de más de una mujer, ni una mujer esposa de más de un hombre. CONTR.: *poligamia.*

**MONOGÁMICO, A** adj. Relativo a la monogamia.

**MONÓGAMO, A** adj. Relativo a la monogamia. **2.** Que se ha casado una sola vez. **3.** Que no tiene simultáneamente más que una sola mujer, o un solo marido.

**MONOGÉNICO, A** adj. GEOL. Dícese de las rocas detríticas formadas por elementos procedentes de la destrucción de la misma roca. **2.** Dícese de las formas topográficas elaboradas completamente en condiciones constantes.

**MONOGENISMO** n. m. Monofiletismo.

**MONOGRAFÍA** n. f. Estudio sobre un asunto particular y de tema generalmente muy concreto y limitado. **2.** ESTADÍST. Estudio de una característica determinada en una parte del total de una población.

**MONOGRÁFICO, A** adj. Relativo a la monografía.

**MONOGRAMA** n. m. Cifra compuesta por dos o más letras de un nombre, utilizada como abreviatura de éste. **2.** Marca o firma abreviada. (*V. ilustración pág. 660.*)

**MONOICO, A** adj. BOT. Dícese de las plantas de flores unisexuales, pero en las que cada pie lleva flores masculinas y flores femeninas, como el maíz. CONTR.: *dioico.*

**monograma** de Alfonso XII (1880)

**MONOKINI** o **MONOQUINI** n. m. Traje de baño para mujer, que no cubre el pecho.

**MONOLINGÜE** adj. Que habla una sola lengua. **2.** Escrito en una sola lengua.

**MONOLÍTICO, A** adj. Relativo al monolito. **2.** Que está hecho de un solo bloque de piedra. **3.** Que se presenta como un todo coherente, homogéneo o sin contradicciones: *partido monolítico.*

**MONOLITISMO** n. m. Sistema de construcción en el que se utilizan piedras de gran tamaño. **2.** Estructura de poder autárquico (político, social, ideológico), que no admite cuestionamiento, modificaciones o desviaciones respecto de sus principios o sistema de valores.

**MONOLITO** n. m. Columna, obelisco o dintel tallado en un solo bloque de piedra, por oposición a las columnas formadas por varios tambores superpuestos.

**MONOLOGAR** v. intr. **[1b]**. Hablar una persona consigo misma, o ella sola cuando está entre otras.

**MONÓLOGO** n. m. Acción de monologar. **2.** Lo que se dice al monologar. **3.** En una obra teatral, discurso que un personaje se hace a sí mismo. **4.** Obra teatral, generalmente de corta extensión, escrita para ser recitada y representada por un solo actor. • **Monólogo interior** (LIT.), técnica narrativa mediante la cual se crea la ilusión de que un personaje expresa su pensamiento más próximo al inconsciente y previo a cualquier organización lógica.

**MONOMANÍA** n. f. Preocupación, aprensión o afición exagerada y obsesiva por algo. **2.** SIQUIATR. Nombre dado en la nomenclatura siquiátrica antigua a las obsesiones.

**MONOMANÍACO, A** o **MONOMANIÁTICO, A** adj. y n. Que padece monomanía.

**MONOMERIZACIÓN** n. f. Acción de dar a un compuesto químico cualquiera las propiedades de un monómero.

**MONÓMERO, A** adj. y n. m. QUÍM. Dícese de la molécula que puede reaccionar con otras moléculas idénticas para dar polímeros.

**MONOMETALISMO** n. m. Sistema monetario que sólo admite un metal, el oro o la plata, como patrón de moneda legal. CONTR.: *bimetalismo.*

**MONOMETALISTA** adj. y n. m. y f. Relativo al monometalismo; partidario de este sistema.

**MONOMIO** n. m. MAT. Expresión algebraica que comprende un solo término.

**MONOMORFISMO** n. m. MAT. Morfismo definido mediante una aplicación inyectiva.

**MONOMOTOR** n. m. y adj. Avión equipado con un solo motor.

**MONONUCLEAR** adj. Dícese de los glóbulos blancos de la sangre formados en los ganglios linfáticos (linfocitos) o en el sistema reticuloendotelial (monocitos).

**MONONUCLEOSIS** n. f. Aumento del número de leucocitos mononucleares presentes en la sangre. • **Mononucleosis infecciosa,** enfermedad vírica benigna del sistema hematopoyético, que se manifiesta por amigdalitis, aumento del volumen de los ganglios linfáticos y del bazo, y leucocitosis.

**MONONUCLEÓTIDO** n. m. BIOL. Sustancia compuesta de una molécula de pentosa, una base púrica o pirimídica, y una o más moléculas de ácido fosfórico.

**MONOPATÍN** n. m. DEP. Skate board.

**MONOPÉTALO, A** adj. Dícese de las flores o corolas de un solo pétalo.

**MONOPLANO, A** adj. y n. m. AERON. Dícese del avión que tiene un solo plano de sustentación.

**MONOPLAZA** adj. y n. m. Dícese del vehículo que tiene una sola plaza.

**MONOPLEJÍA** n. f. Parálisis que afecta a un solo miembro.

**MONOPOLIO** n. m. Privilegio exclusivo de fabricar ciertas cosas o de ejercer un determinado control sobre el mercado de un producto o un servicio. **2.** *Fig.* Derecho o disfrute de una cosa poseídos por alguien con carácter exclusivo: *nadie puede atribuirse el monopolio de la verdad.* **3.** ECON. Forma de mercado en que la oferta se encuentra concentrada en manos de un único oferente, mientras que la demanda proviene de una multitud de demandantes.

**MONOPOLISTA** adj. Monopolístico. ◆ n. m. y f. **2.** Persona que ejerce monopolio.

**MONOPOLÍSTICO, A** adj. Relativo al monopolio.

**MONOPOLIZACIÓN** n. f. Acción de monopolizar.

**MONOPOLIZADOR, RA** adj. y n. Que monopoliza.

**MONOPOLIZAR** v. tr. **[1g]**. Tener o explotar algo en monopolio. **2.** *Fig.* Acaparar exclusivamente algo o a alguien: *monopolizar la atención del público.*

**MONOPOLY** n. m. (marca registrada). Juego de sociedad en el que los jugadores deben adquirir en competencia terrenos e inmuebles, representados en un tablero, hasta obtener el monopolio de los mismos.

**MONOPROCESADOR, RA** adj. y n. m. INFORMÁT. Dícese de un sistema informático que posee una única unidad de tratamiento.

**MONOPROGRAMACIÓN** n. f. INFORMÁT. Modo de operar de un ordenador, caracterizado por la presencia de un solo programa en la memoria.

**MONOPSONIO** n. m. Situación de mercado que se caracteriza por la presencia de un solo comprador y una pluralidad de oferentes.

**MONOPTERIGIO, A** adj. Dícese de los peces con una sola aleta.

**MONÓPTERO, A** adj. (gr. *monopteros*). Dícese del templo circular con la cúpula sostenida por una sola fila de columnas.

**MONOPTONGACIÓN** n. f. Reducción de un diptongo a una vocal simple.

**MONOPTONGAR** v. tr. y pron. **[1b]**. Reducir las vocales de un diptongo a una sola.

**MONOPTONGO** n. m. Fonema vocálico que resulta de una monoptongación.

**MONORRAÍL** adj. y n. m. Monocarril.

**MONORREFRINGENTE** adj. ÓPT. Dícese de los cuerpos que producen una refracción simple, es decir, que para cada rayo incidente dan un solo rayo refractado.

**MONORRIMO, A** adj. De una sola rima.

**MONORRÍTMICO, A** adj. De un solo ritmo.

**MONOSABIO** n. m. TAUROM. Mozo de caballo que asiste al picador en la plaza.

**MONOSACÁRIDO** n. m. QUÍM. Osa.

**MONOSÉPALO, A** adj. BOT. De un solo sépalo.

**MONOSILÁBICO, A** adj. Relativo al monosílabo. **2.** Dícese de las lenguas que están compuestas esencialmente de monosílabos.

**MONOSILABISMO** n. m. Uso exclusivo de monosílabos. **2.** Carácter de un escrito o de una lengua en que sólo se usan monosílabos.

**MONOSÍLABO, A** adj. y n. m. Dícese de la palabra de una sola sílaba.

**MONOSKÍ** o **MONOESQUÍ** n. m. Esquí único para los dos pies que se utiliza en la práctica del esquí náutico.

**MONOSOMÍA** n. f. BIOL. Condición de un organismo diploide que ha perdido un cromosoma de su dotación cromática.

**MONOSÓMICO, A** adj. BIOL. Relativo a la monosomía.

**MONOSPERMIA** n. f. BIOL. Fecundación de un óvulo por un solo espermatozoide. **2.** BOT. Presencia de una sola semilla en el fruto.

**MONOSPERMO, A** adj. BOT. Dícese de los frutos y de las divisiones de los frutos que contienen una sola semilla.

**MONÓSTROFE** n. f. Composición poética de una sola estrofa o estancia.

**MONOSTRÓFICO, A** adj. Relativo a la monóstrofe.

**MONOSUSTITUIDO, A** adj. Dícese de los derivados químicos obtenidos por sustitución de un átomo de la molécula por otro o por un radical.

**MONOTE** n. m. *Fam.* Persona que se queda inmóvil y que parece no oír ni entender lo que se le dice. **2.** Discusión, riña, alboroto.

**MONOTEÍSMO** n. m. Doctrina o religión que sólo admite un Dios, como el judaísmo, el cristianismo y el islam.

**MONOTEÍSTA** adj. y n. m. y f. Relativo al monoteísmo; partidario de esta doctrina o religión.

**MONOTELISMO** n. m. Doctrina religiosa del S. VII según la cual sólo habría habido en Cristo una voluntad, la voluntad divina.

**MONOTELITA** adj. y n. m. y f. Relativo al monotelismo; partidario de esta doctrina.

**MONOTIPIA** n. f. IMPR. Máquina de componer que funde y compone letras sueltas.

**MONOTIPISTA** n. m. y f. IMPR. Persona que compone utilizando el teclado de una monotipia.

**MONOTIPO** n. m. Monotipia. **2.** Monotipopolicromía. **3.** Yate de vela perteneciente a una serie de embarcaciones idénticas, construidas todas ellas según el mismo plano: *monotipos olímpicos.*

**MONOTIPOPOLICROMÍA** n. f. B. ART. Procedimiento de impresión artística a partir de una plancha en la que el motivo no ha sido grabado, sino pintado.

**MONOTONÍA** n. f. Uniformidad de tono, entonación, inflexión: *la monotonía de una voz.* **2.** *Fig.* Falta de variedad: *la monotonía de un paisaje.*

**MONÓTONO, A** adj. Que adolece de monotonía: *canto monótono; vida monótona.* • **Función monótona** (MAT.), función que, en un intervalo dado, varía en un solo sentido: *función monótona creciente; función monótona decreciente.*

**MONOTREMA** adj. y n. m. Relativo a un orden de mamíferos primitivos que ponen huevos y presentan un pico sin dientes, pero que amamantan sus crías y tienen el cuerpo cubierto de pelos o de púas. (El ornitorrinco pertenece a dicho orden.)

**MONOVALENTE** adj. QUÍM. Que tiene valencia uno. SIN.: *univalente.*

**MONOVOLUMEN** adj. Dícese del vehículo de perfil compacto, sin discontinuidad entre la parte trasera y la delantera.

**MONÓXIDO** n. m. Óxido que contiene un solo átomo de oxígeno en su molécula.

**MONSEÑOR** n. m. (fr. *monseigneur*). Título de honor que se da en algunos países a los prelados y dignatarios eclesiásticos y a algunos nobles.

**MONSEÑOR** n. m. Ave africana de brillante colorido, muy apreciada como pájaro de adorno. (Familia ploceidos.)

**MONSERGA** n. f. *Fam.* Lenguaje confuso y enredado. **2.** *Fam.* Pretensión o petición fastidiosa o importuna.

**MONSIEUR** n. m. (voz francesa). En Francia, tratamiento dado antiguamente a ciertos hombres de elevada condición, y que actualmente se da a los hombres en general.

**MONSTRÍLIDO, A** adj. y n. m. Relativo a una familia de crustáceos copépodos cuyas larvas viven como parásitos.

**MONSTRUO** n. m. Ser vivo que posee caracteres morfológicos muy distintos de los habituales de su especie: *monstruo de dos cabezas.* **2.** Ser fantástico, extraño y desproporcionado: *el monstruo del lago Ness.* **3.** *Fig.* Persona o cosa de una fealdad o dimensión extraordinarias. **4.** *Fig.* Persona muy cruel o perversa: *un monstruo de maldad.* **5.** *Fam.* Prodigioso, extraordinario: *una idea monstruo.* **6.** *Fam.* Dícese de la persona extraordinariamente dotada para una determinada actividad: *Manolete, el monstruo del toreo.* • **Monstruo de Gila,** lagarto venenoso que vive en México y suroeste de E.U.A.

**MONSTRUOSIDAD** n. f. Calidad de monstruoso. **2.** Hecho monstruoso: *cometer una monstruosidad.*

**MONSTRUOSO, A** adj. (lat. *monstruosum*). Que tiene características propias de un monstruo. **2.** *Fig.* Abominable, horrible, vituperable: *crimen mons-*

*truoso.* **3.** *Fig.* Extraordinariamente grande: *sufrir pérdidas monstruosas.*

**MONTA** n. f. Acción y efecto de montar una caballería. **2.** Valor o importancia de algo: *asunto de poca monta.* **3.** Importe total o suma de varias partidas.

**MONTACARGAS** n. m. (pl. *montacargas*). Aparato que sirve para el transporte vertical de pesos en una plataforma o jaula que se desliza entre guías.

**MONTADERO** n. m. Montador, poyo para montar.

**MONTADO, A** adj. Dícese del militar o tropa que utiliza una montura: *policía montada.*

**MONTADOR, RA** n. Persona que monta. **2.** Obrero que ensambla las diversas piezas constitutivas de un conjunto. **3.** CIN. Especialista encargado del montaje de películas cinematográficas. ◆ n. m. **4.** Poyo, escabel, asiento u otra cosa que sirve para montar fácilmente en las caballerías.

**MONTADURA** n. f. Acción y efecto de montar. **2.** Montura de una caballería de silla. **3.** ORFEBR. Guarnición o cerco de metal que abraza y asegura la piedra montada.

**MONTAGNAIS**, pueblo amerindio algonquino de los bosques subárticos de América del Norte, entre el Labrador y las Rocosas, act. muy aculturado.

**MONTAJE** n. m. Acción y efecto de montar. **2.** Soporte de la boca de fuego de un arma. **3.** Selección y empalme en una cinta definitiva de las escenas rodadas para una película, de las cintas grabadas para una emisión de radio, etc. **4.** IMPR. Reunión de textos e ilustraciones que serán copiados juntos en la forma de impresión. **5.** TEATR. Presentación escénica de una obra o espectáculo teatral. **6.** TECNOL. Acción de montar, de ajustar las piezas unas con otras para constituir un conjunto.

**MONTÁNCHEZ** n. m. Vino español que se elabora en la provincia de Cáceres.

**MONTANEAR** v. intr. [**1**]. Pastar montanera.

**MONTANERA** n. f. Pasto de bellota o hayuco que los cerdos comen en los montes o dehesas. **2.** Temporada en que están pastando.

**MONTANERO, A** n. Guarda de un monte o de una dehesa.

**MONTANISMO** n. m. Doctrina herética del s. II, fundada por Montano, sacerdote frigio, que anunciaba la inminencia del fin del mundo y predicaba un ascetismo riguroso.

**MONTANISTA** adj. y n. m. y f. Relativo al montanismo; partidario de esta doctrina.

**MONTANO, A** adj. Relativo al monte.

**MONTANTE** adj. Que monta. ◆ n. m. **2.** Todo elemento vertical de un entrepaño, bastidor o estructura, que sirve de soporte o refuerzo. **3.** Jamba. **4.** Cada uno de los dos largueros o banzos de una escalera de mano, unidos a intervalos iguales por travesaños. **5.** Ventana que constituye una prolongación de una puerta por la parte superior. **6.** Parte de la brida que sostiene el bocado. **7.** Espada grande, con gavilanes largos, que se manejaba con ambas manos. **8.** Importe total de una cuenta, de una factura o de una suma cualquiera. ◆ n. f. **9.** MAR. Flujo o pleamar.

**MONTAÑA** n. f. (bajo lat. *montanea*). Cualquier elevación natural del terreno, ya sea grande o pequeña, aislada o formando un conjunto con múltiples cumbres. **2.** Parte montañosa de un lugar, por oposición a la llanura: *pasar las vacaciones en la montaña.* **3.** Cualquier elevación formada por la acumulación de algún material: *una montaña de escombros.* **4.** *Fig.* Dificultad, o problema difícil de resolver: *todo se le hace una montaña.* **5.** *Amér. Merid.* Monte de árboles y arbustos. • **Alta montaña** (ALP.), la que raya o sobrepasa los 3 000 m. || **Mal de montaña** (MED.), conjunto de trastornos que aparecen en personas que ascienden a grandes alturas. || **Montaña rusa,** atracción de feria que consiste en un montículo o pista con una serie de desniveles a lo largo de un recorrido en línea recta o curva, por los que se deslizan vehículos. || **Unidades de montaña** (MIL.), las especialmente concebidas para actuar en terreno montañoso.

**las montañas más altas del mundo**

| | | |
|---|---|---|
| Asia | Everest | 8 848 m |
| | K2 | 8 611 m |
| | Kangchenjunga | 8 586 m |
| | Lhotse | 8 545 m |
| | Makālū | 8 515 m |
| América | Aconcagua | 6 959 m |
| África | Kilimanjaro | 5 895 m |
| Europa | Mont Blanc | 4 807 m |

**MONTAÑERO, A** adj. y n. Dícese de la persona que practica el montañismo.

**MONTAÑÉS, SA** adj. y n. Dícese de la persona que habita en la montaña, en un país montañoso, o que procede de él. **2.** De La Montaña, comarca histórica de España (Cantabria). **3.** Santanderino. ◆ n. m. **4.** Modalidad dialectal del grupo leonés extendida por el O de Cantabria.

**MONTAÑISMO** n. m. Práctica del excursionismo y deportes de alta montaña.

**MONTAÑOSO, A** adj. Relativo a las montañas: *clima montañoso.* **2.** Abundante en ellas: *terreno montañoso.*

**MONTAR** v. tr., intr. y pron. [**1**]. Subir sobre un animal o en un vehículo: *montó en la bicicleta y se largó.* **2.** Colocar o estar una cosa encima de otra: *un diente le monta sobre otro.* ◆ v. intr. y tr. **3.** Dirigir una caballería: *saber montar a caballo.* ◆ v. intr. **4.** *Fig.* Importar, ser de mucha entidad: *que te guste o no, poco monta.* ◆ v. tr. **5.** Armar, ajustar, ensamblar o poner en su lugar las piezas o elementos de una estructura, aparato, máquina, etc.: *montar un andamiaje.* **6.** Importar o sumar una cantidad las facturas, deudas, etc.: *los daños montan más de lo previsto.* **7.** Poner las cosas necesarias en una casa para habitarla, o en un negocio o industria para que empiece a funcionar: *montar piso.* **8.** Amartillar un arma de fuego. **9.** Batir la clara del huevo hasta ponerla esponjosa y consistente. **10.** Poner las piedras preciosas en su montura o soporte de metal. **11.** Poner en escena una obra teatral. **12.** Realizar el montaje de una película o un programa de televisión. **13.** Cubrir el macho a la hembra. • **Montar la guardia** (MIL.), establecer un servicio de guardia. || **Montárselo** (*Fam.*), organizarse de forma fácil y productiva. || **Tanto monta,** es igual, tanto da.

**MONTARAZ** adj. Que vive en los montes o se ha criado en ellos. **2.** *Fig.* Rústico, arisco, insociable. ◆ n. m. **3.** Guarda de montes y fincas.

**MONTAZGO** n. m. Tributo que desde la edad media pagaban en Castilla los ganaderos, por usufructo de los montes, bosques y prados del señorío.

**MONTE** n. m. (lat. *montem*). Montaña. **2.** Terreno inculto, cubierto de árboles, arbustos o matas. **3.** *Fig.* Montaña, dificultad. **4.** Cierto juego de naipes, de envite y azar. **5.** En el dominó y en ciertos juegos de naipes, fichas o cartas que sobran al repartir, y que se dejan al lado para que roben los jugadores. **6.** ANAT. Eminencia. • **Batir,** o **correr el monte,** o **montes,** ir de caza. || **Echarse,** o **tirarse, al monte,** adoptar una actitud expeditiva o violenta. || **Monte de piedad,** establecimiento público cuyo principal objetivo es la concesión de préstamos, por regla general de pequeña cuantía, contra la garantía prendataria de alhajas, muebles, etc. || **Monte de Venus** (ANAT.), eminencia triangular situada delante del pubis. || **Monte isla** (GEOMORFOL.), relieve residual que surge bruscamente por encima de las rampas, en algunas regiones desérticas o subdesérticas. SIN.: *inselberg.*

**MONTEAR** v. tr. [**1**]. Buscar, acosar y perseguir la caza en los montes, o bien ojearla hacia un determinado paraje, donde es esperada por los cazadores.

**MONTEFRÍO** n. m. Vino rosado español elaborado con la uva del área próxima al embalse de Entrepeñas, en la provincia de Guadalajara.

**MONTENEGRINO, A** adj. y n. De Montenegro.

**MONTEPIADO, A** adj. y n. *Chile.* Dícese de la persona que recibe un montepío o pensión.

**MONTEPÍO** n. m. Fondo o depósito de dinero, formado con los descuentos hechos a los individuos de algún cuerpo o clase, o de otras contribuciones que los mismos efectúan, con el fin de obtener pensiones para sus viudas o huérfanos o recursos económicos en sus enfermedades o vejez. **2.** Establecimiento fundado con este objeto.

**MONTERA** n. f. Gorro o gorra. **2.** Galería cubierta de cristales sobre un patio. **3.** TAUROM. Gorro de terciopelo negro y pasamanería de seda, usado por los toreros. **4.** TECNOL. Parte superior de un alambique.

**MONTERÍA** n. f. Cacería con perros, y generalmente a caballo, para cobrar piezas mayores. **2.** Arte de cazar o conjunto de reglas para la caza.

**MONTERILLA** n. f. MAR. Vela triangular que, en tiempo de bonanza, se larga sobre los últimos juanetes.

**MONTERITA** n. f. Ave de coloración grisácea u ocrácea, con el pico casi cónico, que vive en América Meridional. (Familia fringílidos.)

**MONTERO, A** n. Persona que busca, persigue u ojea la caza de monte. ◆ n. m. **2. Montero de cámara,** o **de Espinosa** (HIST.), oficial que, en Castilla, tenía a su cuidado la guarda de las personas reales desde que se acostaban hasta la mañana siguiente. || **Montero mayor** (HIST.), oficial doméstico de la casa real, que tenía a su cargo las cacerías regias.

**MONTÉS, SA** o **MONTESINO, A** adj. Dícese de las plantas y animales salvajes.

**MONTEVIDEANO, A** adj. y n. De Montevideo.

**MONTGOLFIER** n. m. (de *Montgolfier*). Aeróstato cuya sustentación se logra mediante el aire dilatado por el calor de un hornillo situado en la parte inferior del globo.

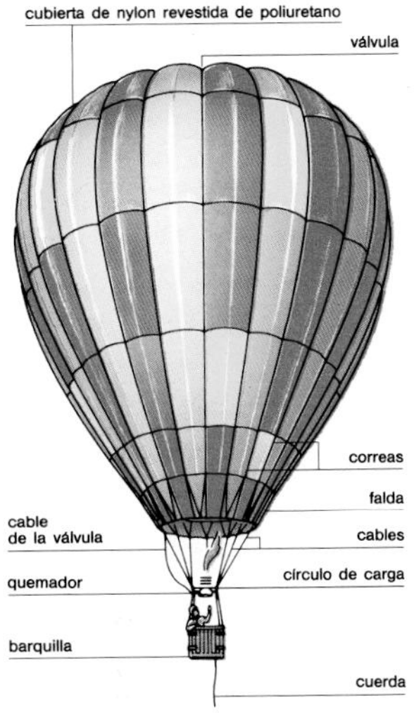


**montgolfier**

**MONTÍCULO** n. m. Pequeña elevación del terreno, natural o hecha por el hombre.

**MONTILLA** n. m. Vino español, ligero, transparente, de aroma penetrante y regular graduación (16°), que se elabora en Córdoba, junto con el moriles, y en Cádiz, como variedad del jerez.

**MONTMORILLONITA** n. f. MINER. Silicato hidratado natural de aluminio, con algo de óxido magnésico.

**MONTO** n. m. Monta, importe total.

**MONTÓN** n. m. Conjunto de cosas puestas sin orden unas encima de otras. **2.** *Fig.* y *fam.* Número considerable, gran cantidad: *un montón de veces.* • **A, de,** o **en, montón** (*Fam.*), juntamente, sin separación o distinción. || **A montones** (*Fam.*), con abundancia, en gran cantidad o número. || **Del montón** (*Fam.*), vulgar, no destacado. || **Echar montón** (*Méx. Fam.*), actuar en conjunto un grupo de personas para aprovecharse o abusar de alguien, para atacarlo, hacer burla de él, etc.

**MONTONERA** n. f. Montón. **2.** *Amér. Merid.* En la época de las luchas de la independencia, guerrilla. **3.** *Colomb.* Montón de hierba o paja.

**MONTONERO, A** adj. *Méx. Fam.* Dícese de quien actúa junto con otros en contra de alguien: *no sean montoneros, si quieren pelear que sea uno por uno.* ◆ n. m. **2.** Miembro de la caballería federal durante las guerras que siguieron a la independencia del virreinato del Río de la Plata.

**MONTUBIO, A** adj. y n. *Amér.* Dícese de la persona montaraz y grosera. **2.** *Colomb, Ecuad.* y *Perú.* Campesino de la costa.

**MONTUNO, A** adj. *Amér.* Agreste, montaraz, rústico.

**MONTUOSIDAD** n. f. Calidad de montuoso.

**MONTUOSO, A** adj. Abundante en montes: *una zona montuosa.*

**MONTURA** n. f. (fr. *monture*). Cabalgadura, bestia para cabalgar. **2.** Montaje, acción y efecto de montar. **3.** Soporte sobre el que está colocada la parte esencial de un objeto: *la montura de unas gafas.* **4.** Arreos, conjunto de guarniciones de una caballería de silla. **5.** Silla de montar.

**MONUMENTAL** adj. Relativo al monumento. **2.** *Fig.* y *fam.* Muy grande, impresionante: *un objeto monumental; una falta monumental.*

**MONUMENTALIDAD** n. f. Carácter monumental de una obra de arte, sobre todo por sus proporciones y estilo.

**MONUMENTO** n. m. (lat. *monumentum*). Obra arquitectónica o escultórica destinada a perpetuar el recuerdo de un personaje o de un acontecimiento. **2.** Edificio notable por su belleza o antigüedad. **3.** Sepulcro, obra por lo común de piedra, que se construye levantada del suelo, para dar en ella sepultura al cadáver de una persona y honrar y hacer más duradera su memoria. SIN.: *monumento funerario.* **4.** Objeto, documento u obra científica, artística o literaria digna de perdurar por su utilidad, importancia o mérito excepcional. **5.** *Fam.* Persona bien proporcionada y de apariencia física llamativa. **6.** En la liturgia católica, altar adornado donde se deposita el Santísimo Sacramento para ser adorado por los fieles, después de la misa vespertina del jueves santo. • **Monumento histórico-artístico,** calificación oficial que se da en España a determinadas obras de arquitectura.

**MONZÓN** n. m. (port. *monção;* del ár. *mawsim,* tiempo para hacer algo). Nombre que se da a unos vientos que soplan, sobre todo en Asia meridional, alternativamente hacia el mar (en invierno: *monzón seco*) y hacia tierra (en verano: *monzón húmedo*) durante varios meses.

**MOÑA** n. f. Lazo de cintas negras que se sujetan los toreros a la coleta. **2.** Adorno de cintas o flores colocado en la divisa de los toros.

**MOÑA** n. f. *Fam.* Borrachera.

**MOÑO** n. m. Cabello sujeto y arrollado detrás, encima o a los lados de la cabeza. **2.** *Fig.* Cima o cumbre de algunas cosas. **3.** Copete de algunos animales. ◆ **moños** n. m. pl. **4.** Adornos superfluos o de mal gusto. • **Ponerse moños** *(Fam.),* presumir, vanagloriarse. || **Ponerse** alguien **sus moños** *(Méx. Fam.),* ponerse pesado, hacerse de rogar: *se puso sus moños y no quiso venir a la fiesta.*

**MOÑUDO, A** adj. Dícese de las aves que tienen moño.

**MOQUEAR** v. intr. **[1]**. Echar mocos.

**MOQUEO** n. m. Secreción nasal abundante.

**MOQUERO** n. m. Pañuelo de bolsillo.

**MOQUETA** n. f. (fr. *moquette*). Tejido espeso y aterciopelado que se emplea para tapizar o alfombrar el suelo.

**MOQUETE** n. m. Puñetazo dado en el rostro, especialmente en las narices.

**MOQUETEAR** v. tr. **[1]**. Dar moquetes. ◆ v. intr. **2.** *Fam.* Moquear con frecuencia.

**MOQUETERO, A** adj. y n. *Chile.* Dícese del que da moquetes.

**MOQUILLO** n. m. Enfermedad catarral contagiosa de algunos animales, especialmente perros. **2.** Pepita, enfermedad de las gallinas. **3.** *Ecuad.* Nudo corredizo con que se sujeta el labio superior del caballo para domarlo.

**MOQUITA** n. f. Moco claro que fluye de la nariz.

**MOQUITEAR** v. intr. **[1]**. Moquear, especialmente llorando.

**MOR** n. m. (voz danesa). Humus bruto que resulta de la descomposición muy lenta de materias de la cobertura vegetal, en un suelo mal aireado.

**MOR. Por mor de,** a causa de.

**MORA** n. f. (lat. *moram*). DER. Dilación o retraso culpable en el cumplimiento de una obligación.

**MORA** n. f. (bajo lat. *mora*). Fruto de la morera y del moral. **2.** Zarzamora. **3.** *Hond.* Frambuesa. **4.** *Méx.* Morera o moral.

**MORABITO** o **MORABUTO** n. m. (ár. *murábit,* ermitaño). En el islam, monje guerrero que vivía en una rábida, considerado santo si moría en la guerra santa y al que se atribuían poderes sobrenaturales. **2.** Jefe o fundador de una cofradía mística del África del norte. **3.** Santón musulmán.

**MORÁCEO, A** adj. y n. f. Relativo a una familia de plantas apétalas de las regiones cálidas a la que pertenecen el moral y la higuera.

**MORADA** n. f. Lugar donde se mora. **2.** Permanencia por algún tiempo en un sitio.

**MORADO, A** adj. y n. m. Dícese del color violeta que tira a rojo o azul. • **Pasarlas moradas** *(Fam.),* encontrarse en una situación difícil, dolorosa o comprometida. || **Ponerse morado** *(Fam.),* disfrutar de algo hasta la saciedad.

**MORADOR, RA** adj. y n. Que habita o mora en un sitio.

**MORADURA** n. f. Cardenal, mancha de la piel.

**MORAL** n. m. Planta arbórea originaria de Asia, de 5 a 6 m de alt., de tronco grueso y recto, hojas dentadas y acorazonadas, y flores unisexuales, cuyo fruto, la mora, es comestible, y fermentado da una bebida alcohólica. (Familia moráceas.)

**MORAL** adj. Relativo a las costumbres o a las reglas de conducta: *los valores morales.* **2.** Que es conforme o favorable a las buenas costumbres: *deber, conducta moral; tener la obligación moral.* **3.** Relativo al espíritu, en oposición a lo físico y material: *formación moral.* • **Teología moral,** parte de la teología que trata de la ordenación de los actos humanos hacia su fin sobrenatural. || **Virtudes morales,** por oposición a las *virtudes sobrenaturales,* virtudes que tienen como fundamento la luz de la razón. ◆ n. f. **4.** Conjunto de reglas de conducta propuestas por una determinada doctrina o inherentes a una determinada condición. **5.** Situación sicológica, estado de ánimo: *levantar la moral al deprimido.* **6.** Ánimos, arrestos: *un equipo con mucha moral.* **7.** FILOS. Ética. • **Moral internacional** (DER.), conjunto de reglas no jurídicas, pero respetadas por los sujetos del derecho de gentes en las relaciones internacionales.

**MORALEDA** n. f. Lugar poblado de morales. **2.** Lugar plantado de moreras.

**MORALEJA** n. f. Experiencia o enseñanza provechosa que se deduce de un cuento, fábula, etc.

**MORALIDAD** n. f. Conformidad con las reglas de la moral: *la moralidad de una obra; una persona de una moralidad intachable.* **2.** Moraleja. **3.** LIT. Obra teatral en verso, de la edad media, que pone en escena personajes alegóricos y tiene por objeto la educación moral.

**MORALINA** n. f. Moral superficial o falsa.

**MORALISMO** n. m. Actitud filosófica o religiosa en la que prevalece un criterio moral.

**MORALISTA** n. m. y f. Filósofo que se ocupa de moral. **2.** *Fig.* Persona que gusta de hacer reflexiones morales. **3.** Denominación dada generalmente a escritores que han tratado de moralizar las costumbres. ◆ adj. y n. m. y f. **4.** Que practica o defiende el moralismo.

**MORALIZACIÓN** n. f. Acción y efecto de moralizar.

**MORALIZADOR, RA** adj. y n. Que moraliza: *ejemplo moralizador.*

**MORALIZAR** v. tr. **[1g]**. Adecuar a las normas morales. ◆ v. intr. **2.** Hacer reflexiones morales.

**MORAPIO** n. m. *Fam.* Vino, especialmente el tinto.

**MORAR** v. intr. (lat. *morari,* detenerse, quedarse) **[1]**. Residir habitualmente en un lugar.

**MORATORIA** n. f. Plazo que se otorga para el pago de una deuda vencida, y que puede pactarse por convenio privado entre los interesados o puede ser declarado por ministerio de la ley.

**MORAVO, A** adj. y n. De Moravia. ◆ adj. **2. Hermanos moravos,** secta cristiana fundada en el s. XV en Bohemia, entre los husitas.

**MORBIDEZ** n. f. Calidad de mórbido. **2.** B. ART. Toque delicado, acariciador, en el modelado de las carnaciones.

**MÓRBIDO, A** adj. (lat. *morbidum*). Que padece enfermedad o la ocasiona. **2.** Suave, blando, delicado.

**MORBÍFICO, A** adj. Que lleva consigo el germen de las enfermedades, o las ocasiona.

**MORBILIDAD** n. f. Proporción de personas que padecen los efectos de una enfermedad en una población.

**MORBO** n. m. (lat. *morbum*). Enfermedad. **2.** *Fam.* Actitud o idea enfermiza.

**MORBOSIDAD** n. f. Calidad de morboso. **2.** Conjunto de alteraciones patológicas que caracterizan el estado sanitario de un país.

**MORBOSO, A** adj. Enfermo: *organismo morboso.* **2.** Que causa enfermedad, o es propio de ella: *atmósfera morbosa.* **3.** Que revela un estado físico o síquico insano: *imaginación, idea morbosa.*

**MORCILLA** n. f. Embutido compuesto de sangre de cerdo y arroz o cebollas, cocidos y condimentados. **2.** *Fig.* y *fam.* Añadidura de palabras de su invención que intercala un actor en su papel. **3.** *Cuba. Fig.* Mentira. • **Dar morcilla** *(Vulg.),* despreciar a alguien con enojo.

**MORCILLO** n. m. Parte carnosa del brazo, desde el hombro hasta cerca del codo, de las reses destinadas al consumo.

**MORCILLO, A** adj. Dícese del caballo o yegua de color negro con viso rojizo.

**MORDACIDAD** n. f. Calidad de mordaz.

**MORDAZ** adj. (lat. *mordacem;* de *mordere,* morder). Que corroe o tiene actividad corrosiva. **2.** *Fig.* Que lleva en sí una ironía aguda y mal intencionada: *crítica mordaz.*

**MORDAZA** n. f. (bajo lat. *mordacia*). Instrumento, tela, etc., que se pone en la boca para impedir hablar. **2.** *Fig.* Censura a la libertad de expresión o de acción. **3.** Aparato para disminuir el retroceso de las piezas de artillería. **4.** TECNOL. Cada una de las dos piezas que, actuando conjuntamente a modo de tenaza, pueden cerrarse a voluntad para sujetar y sostener entre ellas un objeto. • **Mordaza protectora,** cualquiera de las dos placas de metal blando o de materia plástica que se fijan en las mordazas del tornillo de banco para sujetar una pieza sin dañarla.

**MORDEDOR, RA** adj. Que muerde. **2.** *Fig.* Que satiriza o murmura.

**MORDEDURA** n. f. Acción de morder. **2.** Herida o señal dejada al morder: *ir lleno de mordeduras.*

**MORDELÓN** n. m. *Méx. Fam.* Policía de tráfico que acepta mordidas o soborno.

**MORDENTADO** n. m. Aplicación de un mordiente a una tela o fibra textil.

**MORDENTE** n. m. (ital. *mordente*). Mordiente, sustancia para fijar los colores o los panes de oro. **2.** MÚS. Ornamento, usado sobre todo en la música antigua, formado por la nota real, su segunda inferior y de nuevo la nota real.

**MORDER** v. tr. y pron. (lat. *mordere*) **[2e]**. Hincar los dientes en una cosa. ◆ v. tr. **2.** Picar, escocer. **3.** Asir una cosa a otra, haciendo presa en ella. **4.** Gastar poco a poco una cosa en pequeñas porciones: *la lima muerde el acero.* **5.** *Fig.* Desacreditar, murmurar: *sus palabras muerden.* **6.** *Cuba, P. Rico* y *Venez.* Estafar. **7.** *Méx. Fam.* Pedir dinero un funcionario público, principalmente un policía, a un particular a cambio de evitarle una sanción. **8.** TEXT. Impregnar los tejidos con mordiente. **9.** TEXT. Fijarse el tinte sobre la superficie de la tela. • **Estar** alguien **que muerde** *(Fam.),* estar muy enfadado y encolerizado. || **Morder el anzuelo** *(Fam.),* dejarse engañar, caer en una trampa. || **Morderse los dedos** *(Fam.),* arrepentirse de algo.

**MORDICAR** v. tr. **[1a]**. Morder, picar, escocer.

**MORDIDA** n. f. Mordedura, mordisco. **2.** *Bol., Colomb., Méx., Nicar.* y *Pan. Fam.* Cantidad de dinero que un funcionario recibe indebidamente de un particular, por hacerle un servicio o por evitarle una sanción. **3.** *Bol., Colomb., Méx., Nicar.* y *Pan. Fam.* Fruto de cohechos o sobornos.

**MORDIDO, A** adj. Menoscabado, incompleto. ◆ n. m. **2.** Transformación o conversión de una imagen fotográfica en diversas sustancias que desempeñan en frío la función de mordientes con respecto a los colorantes básicos. **3.** GRAB. Operación consistente en someter una plancha a la acción del aguafuerte. **4.** INDUSTR. Estampación de telas practicada mediante mordientes. **5.** METAL. Operación que consiste en limpiar y desoxidar la superficie de un metal mediante un tratamiento especial.

**MORDIDURA** n. f. *Méx.* Mordedura.

**MORDIENTE** adj. Que muerde. ◆ n. m. **2.** Sustancia que, en ciertas artes, sirve para fijar los colores o los panes de oro. **3.** Barniz viscoso que entra en la composición de las tintas y les confiere cohesión. **4.** Producto químico utilizado en procesos de estampación. **5.** Ácido u otro agente corrosivo empleado para atacar superficialmente los metales. **6.** Mástique utilizado en las fábricas de tapices o alfombras de lana cortada, para que ésta se adhiera a la tela o al papel.

**MORDISCO** n. m. Acción y efecto de morder. **2.** Trozo que se arranca al morder. **3.** Mordedura leve. **4.** *Fig.* Beneficio que se saca de un negocio.

**MORDISQUEAR** v. tr. **[1]**. Morder con frecuencia una cosa con poca fuerza o sacando porciones muy pequeñas. SIN.: *mordiscar.*

**MORDVANO,** pueblo ugrofinés que habita en la República de Mordovia (Rusia), junto al Volga medio.

**MORENA** n. f. (lat. *muraenam*). Pez de los fondos rocosos de las costas del Mediterráneo y del Atlántico africano e ibérico, de cuerpo alargado como la anguila, que mide 1,50 m de long. máxima, es muy voraz y puede causar mordeduras muy peligrosas. (Orden ápodos.)

**MORENA** n. f. Hogaza o pan moreno.

**MORENAZO, A** adj. y n. Muy moreno y atractivo.

**MORENEZ** n. f. Calidad de moreno.

**MORENO, A** adj. y n. Dícese de las personas de raza blanca que tienen la piel y el pelo oscuros, o algo oscuros. **2.** *Fig.* y *fam.* Negro. **3.** *Fig.* y *fam.* Mulato. ◆ adj. **4.** Dícese del color oscuro que tira a negro. **5.** Dícese de ciertas cosas cuya variedad de color es más oscura que la corriente en su especie: *pan moreno.* **6.** Dícese del cabello o de la piel oscuros que tienen algunas personas de raza blanca. **7.** Tostado por el sol: *ponerse moreno.*

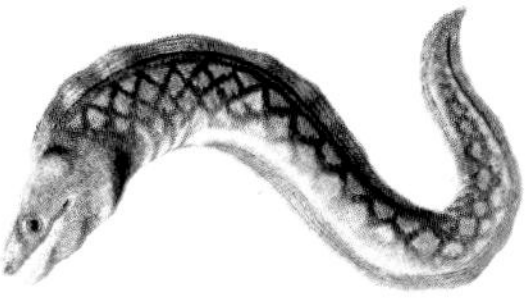
morena

**MORERA** n. f. Planta arbórea cuyo fruto es la mora y cuya hoja alimenta al gusano de seda. (Familia moráceas.)

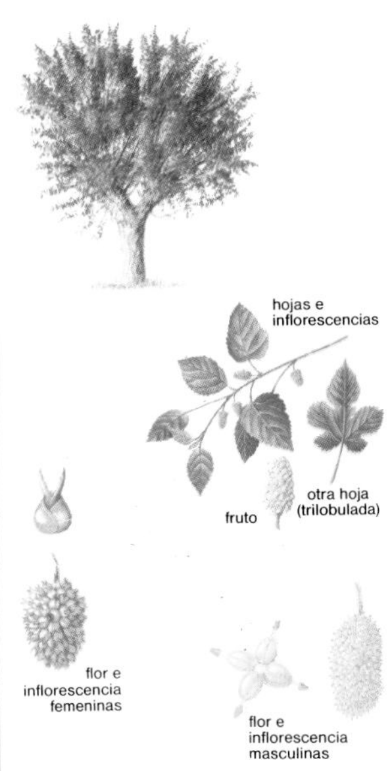

morera

**MORERAL** n. m. Plantación de moreras.

**MORERÍA** n. f. Nombre que recibieron, a partir del s. XV, los barrios en los que primero los mudéjares y luego los moriscos vivieron segregados del resto de la población cristiana.

**MORES** n. m. o f. pl. (voz latina). Usos sociales que, por asentimiento general, se consideran favorables para el bienestar de la sociedad y representan las normas o modos de proceder de una sociedad o grupo determinado.

**MORETE** n. m. *Méx.* Moretón.

**MORETEADO, A** adj. Que tiene moretones. **2.** Que tira a morado.

**MORETÓN** n. m. *Fam.* Equimosis.

**MORFA** n. f. Hongo parásito que ataca los naranjos y limoneros.

**MORFEMA** n. m. LING. El más pequeño de los elementos significativos de un enunciado. • **Morfema gramatical,** morfema que proporciona información gramatical, como *-an* en *cantan.* ‖ **Morfema léxico,** el que, por sí sólo, contiene información léxica, como *prudente-* en *prudentemente.*

**MORFEMÁTICO, A** adj. Relativo a los morfemas.

**MORFINA** n. f. (de *Morfeo,* dios del sueño). Principal alcaloide del opio, que es un potente analgésico e hipnótico, y cuyo uso continuado origina una grave toxicomanía.

**MORFINISMO** n. m. Intoxicación crónica debida a la morfina.

**MORFINOMANÍA** n. f. Toxicomanía de la morfina.

**MORFINÓMANO, A** adj. y n. Afecto de morfinomanía.

**MORFISMO** n. m. MAT. Aplicación $f$ de un conjunto C dotado de una ley interna de notación + en un conjunto C dotado de una ley interna de notación x, tal que, para todo elemento $x$ e $y$ de D, se tenga $f(x+y) = f(x) \cdot f(y)$. SIN.: *homomorfismo.*

**MORFOFONOLOGÍA** o **MORFONOLOGÍA** n. f. LING. Estudio del empleo morfológico de los medios fonológicos de una lengua. **2.** En gramática generativa, descripción de todas las operaciones que conducen a la representación fonética de los enunciados.

**MORFOGÉNESIS** n. f. FISIOL. Desarrollo de las formas y de las estructuras de los organismos.

**MORFÓGENO, A** adj. FISIOL. Dícese de una acción o de una función que interviene en el crecimiento o en la forma del embrión.

**MORFOLOGÍA** n. f. Estudio de la forma y de la estructura de los seres vivos. **2.** Aspecto general del cuerpo humano: *la morfología de un atleta.* **3.** Forma estructurada, aspecto exterior. **4.** Geomorfología. **5.** LING. Estudio de la forma de las palabras o de los grupos de palabras.

**MORFOLÓGICO, A** adj. Relativo a la morfología.

**MORFOMETRÍA** n. f. Estudio cuantitativo de las formas del modelado terrestre.

**MORFOSCOPIA** n. f. Estudio de la forma de los elementos que constituyen las rocas sedimentarias detríticas.

**MORFOSICOLOGÍA** n. f. Parte de la sicología que intenta relacionar las características síquicas de las personas con su aspecto morfológico externo.

**MORFOSINTAXIS** n. f. LING. Estudio conjunto de los hechos lingüísticos en su forma y en su función.

**MORGANÁTICO, A** adj. Dícese del matrimonio de una persona de estirpe real con otra de rango inferior y cuya descendencia no puede tener derechos a la corona. **2.** Dícese de la persona que contrae esta clase de matrimonio y de los hijos nacidos de este matrimonio.

**MORGUE** n. f. (voz francesa). Depósito judicial de cadáveres.

**MORIBUNDO, A** adj. y n. (lat. *moribundum*). Que está muriendo o a punto de morir.

**MORICHAL** n. m. Lugar poblado de moriches.

**MORICHE** n. m. Palmera de gran tamaño, de tronco liso y recto, que crece en América tropical, de cuyas fibras se hacen cuerdas fuertes. (Familia palmáceas.) **2.** Ave paseriforme propia de América, de unos 25 cm de long. y de bello plumaje negro, fácilmente domesticable y muy estimada por su canto. (Familia ictéridos.)

**MORIGERACIÓN** n. f. Calidad de morigerado.

**MORIGERADO, A** adj. y n. Moderado en las costumbres.

**MORIGERAR** v. tr. y pron. (lat. *morigerari*) **[1]**. Moderar los excesos: *morigerarse en la bebida.*

**MORILES** n. m. Vino español, que se elabora en la provincia de Córdoba y que es ligero, transparente y de no muy alta graduación alcohólica.

**MORILLO** n. m. Soporte para sustentar la leña en el hogar.

**MORIO** n. m. Mariposa de alas pardas bordeadas de amarillo.

**MORIR** v. intr. y pron. (lat. *mori*) **[27a]**. Dejar de vivir, perder la vida. **2.** *Fig.* Extinguirse lentamente: *morir el día.* **3.** *Fig.* Estar dominado por un deseo, pasión o necesidad fisiológica: *morirse de hambre, de miedo, de envidia, de celos.* ◆ v. intr. **4.** *Fig.* Tener fin, acabar algo totalmente: *la novela no morirá nunca.* **5.** *Fig.* Terminar o desaparecer el curso de algo: *el río Tajo muere en el Atlántico.* ◆ **morirse** v. pron. **6.** Quedarse insensible o entumecerse un miembro del cuerpo. • **Morir,** o **morirse, por,** amar mucho, o tener gran afición por algo. ‖ **¡Muera!,** denota aversión contra una persona o el propósito de acabar con ella.

**MORISCO, A** adj. y n. Relativo a los descendientes de los musulmanes españoles que quedaron en tierra cristiana después de la reconquista; individuo de este grupo. ◆ adj. **2.** Moro. **3.** Dícese del dibujo o motivo ornamental formado por follajes caprichosos, y que suele usarse principalmente en damasquinería.

■ Al término de la reconquista los moriscos españoles formaban una gran masa semicolonial, que seguía hablando en árabe y practicaba ocultamente el islamismo. A comienzos del s. XV, en vísperas de su expulsión, sumaban unos 300 000, concentrados principalmente en Valencia, Aragón, Castilla, Murcia y Andalucía, agrupados en poblaciones de predominio morisco o en barrios especiales (morerías) de las poblaciones cristianas. Habitaban en tierras señoriales, pagando arrendamientos que para los cristianos viejos resultaban onerosos. Aunque teóricamente cristianos, la mayor parte de ellos conservaba prácticas musulmanas. Tres factores provocaron la expulsión de los moriscos, ordenada por Felipe III en 1609: el temor a una sublevación apoyada por los berberiscos del N de África y los turcos, la desconfianza de la Iglesia hacia estos dudosos cristianos y el odio popular. En 1614 se dio por concluida la expulsión, que tuvo desastrosas consecuencias económicas para los reinos de Aragón y, especialmente, Valencia.

**MORISMA** n. f. *Desp.* Islam. **2.** Multitud de moros.

**MORISQUETA** n. f. *Fam.* Engaño, burla, desprecio.

**MORITO** n. m. Ave caradriforme de tamaño algo menor que el ibis, de pico curvo, cuello curvado en forma de S y plumaje ligeramente tornasolado, de color rojo castaño. (Familia tresquiornítidos.)

**MORLACO, A** adj. y n. Que se finge tonto o ignorante. ◆ adj. y n. m. **2.** TAUROM. Dícese del toro grande. ◆ n. m. **3.** *Amér.* Patacón, peso duro.

**MORMADO, A** adj. *Méx.* Constipado, acatarrado.

**MORMARSE** v. pron. **[1]**. *Méx.* Acatarrarse, constiparse.

**MORMÓN, NA** adj. y n. Relativo al mormonismo; que profesa el mormonismo.

**MORMÓNICO, A** adj. Relativo al mormonismo.

**MORMONISMO** n. m. Religión fundada en E.U.A., en 1830, por Joseph Smith. (La oposición levantada por ciertos aspectos de su doctrina [autonomía teocrática y poligamia], hoy abandonados, llevó a sus adeptos a establecerse a orillas del Gran Lago Salado [Utah], donde fundaron Salt Lake City. Los libros sagrados de los mormones son la Biblia y el *Libro del mormón.*)

**MORO, A** adj. y n. (lat. *maurum*). Relativo a África del norte; habitante u originario de esta región. **2.** Relativo a la población musulmana de al-Andalus; individuo de esta población. **3.** Musulmán. **4.** Relativo a un pueblo sahariano, mestizo de árabes, bereberes y negros, que habita principalmente en Mauritania; individuo de este pueblo. **5.** Denominación dada por los españoles a la población musulmana de Filipinas, descendiente de mercaderes árabes. **6.** *Fam.* Dícese del hombre que tiene muy dominada a su mujer. ◆ adj. **7.** Dícese del caballo o yegua de pelo negro, con una estrella o mancha blanca en la frente y calzado de una o de dos extremidades. **8.** *Amér. Merid.* Dícese del caballo tordo. • **Haber moros en la costa** *(Fam.),* haber motivos para que una persona o un grupo obre con precaución y cautela ante la presencia de otro u otros.

**MOROCADA** n. f. Topetada de carnero.

**MOROCHO, A** adj. *Amér. Fig.* y *fam.* Robusto, sano. **2.** *Argent., Perú* y *Urug. Fig.* Dícese de la persona que tiene pelo negro y tez blanca.

**MORÓN** n. m. Montecillo de tierra.

**MORONA** n. f. *Colomb.* Migaja de pan.

**MORONDANGA** n. f. Cosa inútil y de poca entidad. **2.** Mezcla de cosas inútiles. **3.** Enredo, confusión.

**MORONDO, A** adj. Pelado o mondado de cabellos, de hojas, etc.

**MORONGA** n. f. *Hond., Guat.* y *Méx.* Morcilla, salchicha.

**MOROSIDAD** n. f. Calidad o condición de moroso.

**MOROSO, A** adj. Que se retrasa en un pago o en la devolución de algo. **2.** Que va u obra con lentitud. • **Delectación morosa** (TEOL.), pensamiento en el que la mente se entretiene cuando tendría que rechazarlo.

**MORRA** n. f. Planta arbustiva de color blanquecino. (Familia compuestas.)

**MORRADA** n. f. Golpe dado con la cabeza, o el que se recibe al caerse. **2.** *Fig.* Bofetada, puñetazo.

**MORRAL** n. m. Saco para el pienso que se cuelga de la cabeza de las caballerías, para que coman cuando no están en el pesebre. **2.** Bolsa que usan los pastores, cazadores y soldados para llevar la caza, provisiones, etc. **3.** *Fig.* y *fam.* Hombre torpe y grosero.

**MORRALLA** n. f. Boliche, pescado menudo. **2.** *Fig.* Conjunto de personas despreciables. **3.** *Fig.* Conjunto de cosas inútiles y sin valor. **4.** *Méx.* Dinero menudo.

**MORREAR** v. intr., tr. y pron. [1]. *Vulg.* Besarse en la boca largo tiempo o de forma repetida.

**MORRENA** n. f. GEOGR. Materiales arrancados, transportados y depositados por un glaciar.

**MORREO** n. m. *Vulg.* Acción y efecto de morrear o morrearse.

**MORRERA** n. f. Pupa en los labios.

**MORRILLO** n. m. Porción carnosa que tienen las reses en la parte superior y anterior del cuello. **2.** *Fam.* Nuca de las personas cuando es abultada. **3.** Canto rodado.

**MORRIÑA** n. f. (port. y gall. *morrinha*). Nostalgia, especialmente de la tierra natal. **2.** Enfermedad infectocontagiosa, aguda, febril, del ganado vacuno.

**MORRIÑOSO, A** adj. Que tiene morriña. **2.** Raquítico, enteco.

**MORRIÓN** n. m. Casco de soldado de infantería usado en los ss. XVI y XVII, caracterizado por sus bordes arqueados y por la cresta que lo coronaba. **2.** Prenda militar, a manera de sombrero de copa sin alas y con visera.

**MORRITUERTO** n. m. Planta herbácea, de tallo anguloso, que crece en el S y SE de la península Ibérica. (Familia crucíferas.)

**MORRO** n. m. Hocico, parte de la cabeza de algunos animales donde están la boca y las narices. **2.** *Vulg.* Labios de una persona, especialmente si son abultados. **3.** Extremo delantero y prolongado de ciertas cosas: *el morro de un avión.* **4.** Monte o peñasco pequeño y redondeado. **5.** Peñasco escarpado en la costa, que sirve de referencia a los navegantes. **6.** Extremidad de un dique o de una escollera. • **Beber a morro** (*Fam.*), beber sin vaso aplicando directamente la boca al chorro o botella. || **Estar de morros** dos o más personas (*Fig.* y *fam.*), estar reñidos. || **Tener morro** (*Fig.* y *fam.*), ser cínico, tener descaro.

**MORROCOTA** o **MOROCOTA** n. f. En ciertos países del Caribe, onza de oro.

**MORROCOTUDO, A** adj. *Fam.* De mucha importancia, magnitud o dificultad. **2.** *Colomb.* Rico, acaudalado. **3.** *Chile.* Dícese de las obras literarias o artísticas faltas de proporción, gracia y variedad.

**MORRÓN** adj. Dícese de una variedad de pimiento muy grueso. ◆ n. m. **2.** *Fam.* Golpe, porrazo.

**MORRONGO, A** n. *Fam.* Gato, mamífero carnívoro.

**MORRONGUEAR** v. intr. [1]. *Amér.* Beber. **2.** *Argent.* y *Chile.* Dormitar.

**MORRUDO, A** adj. Que tiene morro.

**MORSA** n. f. Mamífero marino de las regiones árticas, parecido a la foca. (Orden pinnípedos.) **2.** *Argent.* Torno de carpintería.

**morsa**

**MORSANA** n. f. Planta arbórea de pequeño tamaño, de flores blancas o amarillas y rojas en la base. (Familia cigofiláceas.)

**MORSE** n. m. (de *Morse,* inventor norteamericano). Sistema de telegrafía que utiliza un alfabeto convencional de puntos y rayas. **2.** Aparato que sirve para la transmisión y recepción de estas señales. **3.** Alfabeto utilizado para estas señales.

| | | | |
|---|---|---|---|
| a | • — | n | — • |
| b | — • • • | o | — — — |
| c | — • — • | p | • — — • |
| d | — • • | q | — — • — |
| e | • | r | • — • |
| f | • • — • | s | • • • |
| g | — — • | t | — |
| h | • • • • | u | • • — |
| i | • • | v | • • • — |
| j | • — — — | w | • — — |
| k | — • — | x | — • • — |
| l | • — • • | y | — • — — |
| m | — — | z | — — • • |
| **alfabeto** | | | |
| 1 | • — — — — | 6 | — • • • • |
| 2 | • • — — — | 7 | — — • • • |
| 3 | • • • — — | 8 | — — — • • |
| 4 | • • • • — | 9 | — — — — • |
| 5 | • • • • • | 0 | — — — — — |
| **números** | | | |
| punto | • — • — • — | error | • • • • • • |
| comienzo de transmisión | : — • — • — | | |
| fin de transmisión | : • — • — • | | |

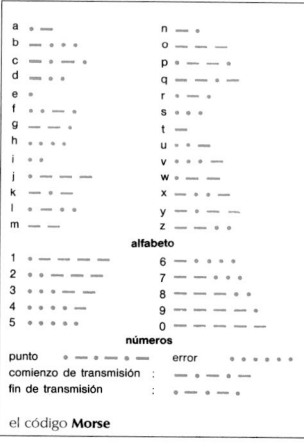

el código **Morse**

**MORTADELA** n. f. (ital. *mortadella*). Embutido de origen italiano, muy grueso, hecho de carne picada de cerdo y de vaca y con trozos de tocino.

**MORTAJA** n. f. Vestidura o sudario con que se envuelve el cadáver para enterrarlo. **2.** Entalladura realizada en una pieza de madera o de metal para recibir una espiga de otra pieza que debe ensamblarse con ella. **3.** Ranura practicada en un taladro y destinada a alojar una chaveta. **4.** *Amér.* Hoja de papel con que se lía el tabaco del cigarrillo.

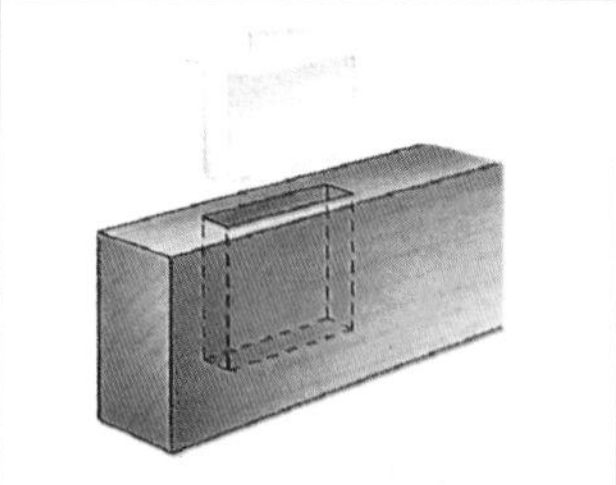

**mortaja** (y espiga)

**MORTAJADORA** n. f. Máquina-herramienta destinada a formar ranuras, muescas, chaveteros, etc.

**MORTAL** adj. (lat. *mortalem*). Que ha de morir: *el hombre es mortal.* **2.** Que causa o puede causar la muerte: *veneno mortal.* **3.** Que llega o incita a desear la muerte a alguien: *odio mortal.* **4.** *Fig.* Decisivo, concluyente: *la derrota es mortal para sus aspiraciones.* **5.** *Fig.* Muy pesado de soportar, que dura mucho: *aburrimiento mortal.* • **Pecado mortal** (TEOL.), grave ofensa a Dios, que hace perder la gracia. ◆ n. m. y f. **6.** El ser humano.

**MORTALIDAD** n. f. Calidad de mortal. **2.** Proporción de defunciones en una población o tiempo determinados: *mortalidad infantil.* • **Tasa de mortalidad,** coeficiente que representa el cociente entre el número de defunciones observadas en una población, en un período de tiempo dado, y el tamaño de la población en dicho período.

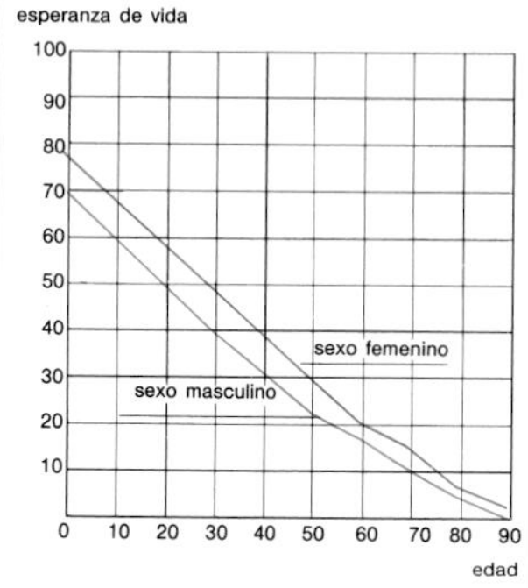


Por ejemplo, para una mujer, la esperanza de vida es de 78 años al nacer, de 48 años a los 30 años, etc.

tabla de **mortalidad**

**MORTANDAD** n. f. Multitud de muertes causadas por la guerra, una epidemia, etc.

**MORTECINO, A** adj. (lat. *mortecinum*). Falto de vigor o de viveza: *luz mortecina.*

**MORTERETE** n. m. Almirez o utensilio parecido utilizado como instrumento músico. **2.** ARM. Pequeño mortero de bronce o hierro colado, que se carga con una bombeta y sirve para probar la potencia de las pólvoras. **3.** ARM. Antigua pieza pequeña de artillería.

**MORTERO** n. m. (lat. *mortarium*). Recipiente de material duro que sirve para machacar o reducir a pasta o a polvo en él especias, semillas, drogas, etc. **2.** Piedra plana y circular de los molinos de aceite, sobre la cual rueda el rulo para moler la aceituna. **3.** ARM. Boca de fuego, de avancarga, destinada a efectuar tiros curvos con grandes ángulos de elevación. **4.** CONSTR. Mezcla pastosa a base de arena ligada por un aglomerante (cal o cemento), y que sirve para dar trabazón a los ladrillos de una obra de albañilería.

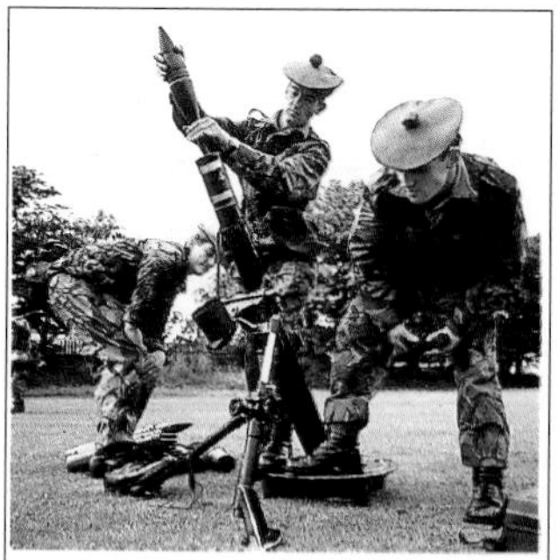

**mortero** británico de 81 mm

**MORTÍFERO, A** adj. Que ocasiona o puede ocasionar la muerte.

**MORTIFICACIÓN** n. f. Acción y efecto de mortificar o mortificarse. **2.** PATOL. Conjunto de fenómenos que tienen como consecuencia una disminución de la vitalidad o la necrosis de los tejidos.

**MORTIFICADOR, RA** adj. Que mortifica.

**MORTIFICAR** v. tr. y pron. [**1a**]. Privar de vitalidad alguna parte del cuerpo. **2.** *Fig.* Castigar el cuerpo con privaciones y penitencias. **3.** *Fig.* Afligir, humillar, molestar.

**MORTINATALIDAD** n. f. Mortalidad neonatal, es decir, que afecta a los recién nacidos.

**MORTINATO, A** adj. y n. Dícese de la criatura que nace muerta.

**MORTUORIO, A** adj. Relativo al muerto o a las honras que por él se hacen. ◆ n. m. **2.** Preparativos para enterrar a los muertos.

**MORUCHO, A** adj. y n. m. TAUROM. Dícese del toro de media casta brava, originario del campo de Salamanca. **2.** TAUROM. Dícese del toro negro.

**MORUECO** n. m. Carnero padre, o que ha servido para la reproducción.

**MÓRULA** n. f. EMBRIOL. Uno de los primeros estadios del embrión animal, que se presenta como una masa cuya superficie externa tiene el aspecto de una mora.

**MORULACIÓN** n. f. EMBRIOL. Proceso de formación de la mórula.

**MORUNO, A** adj. Moro.

**MORUSA** n. f. *Fam.* Dinero, moneda corriente.

**MOS**, siglas de *metal oxide semiconductor*, con que se designa un transistor de efecto campo, con rejilla aislada por una capa de óxido de silicio, utilizado en los circuitos integrados.

**MOSAICO** n. m. y adj. (ital. *mosaico*). Obra compuesta de trocitos de piedra, mármol, alfarería, esmalte, vidrio, etc., de diversos colores, y cuya reunión forma una composición o dibujo decorativo. **2.** AGRIC. Enfermedad vírica que ataca a ciertas plantas y produce en sus hojas manchas de diversos colores. **3.** BIOL. Conjunto de células yuxtapuestas en el mismo ser vivo, que no tienen el mismo genoma. **4.** ENCUAD. Tipo de encuadernación caracterizado por la aplicación sobre la cubierta del libro de un trozo de piel finamente chiflada y de diferente color que el del fondo. **5.** TELEV. Electrodo recubierto de corpúsculos fotoeléctricos aislados entre sí. ◆ n. m. **6.** *Méx.* Cada una de las losas pequeñas de forma cuadrada, generalmente con dibujo, con las que se cubre un piso: *la sala tiene pisos de mosaico.*

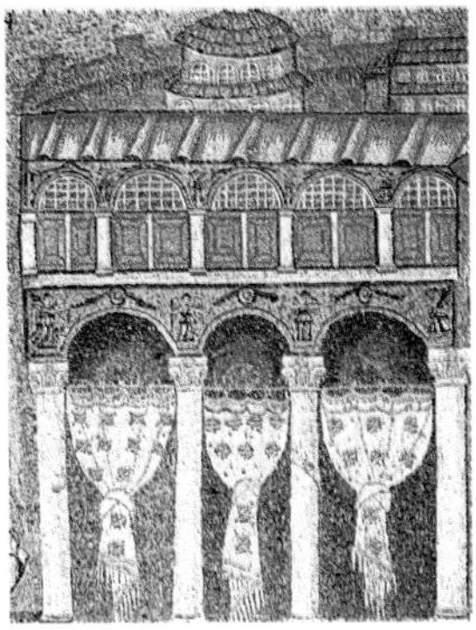

detalle de la decoración de la iglesia de San Apolinar Nuevo en Ravena; arte bizantino (s. VI)

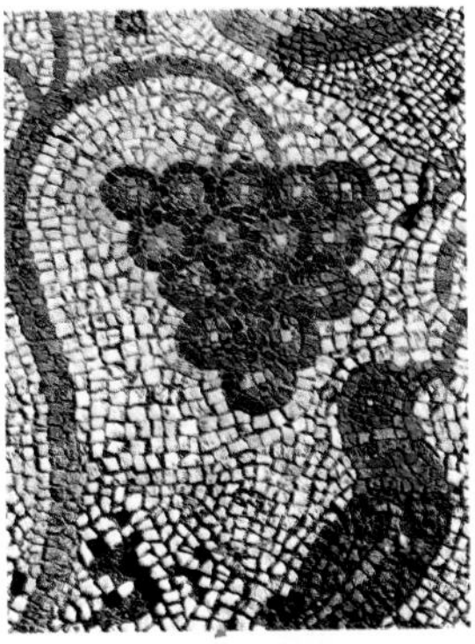

uvas y pájaro, detalle de un mosaico romano de la casa del anfiteatro de Mérida, Badajoz (s. II)

**mosaicos**

**MOSAICO, A** adj. Relativo a Moisés, o al mosaísmo.

**MOSAÍSMO** n. m. Ley de Moisés, conjunto de preceptos e instituciones dados por Moisés al pueblo de Israel.

**MOSAÍSTA** adj. y n. m. y f. Relativo al mosaico; artista que hace mosaicos.

**MOSANO, A** adj. Relativo al Mosa. • **Arte mosano**, arte, principalmente de dinanderie, orfebrería y esmalte, que se desarrolló durante la edad media en la región del Mosa medio e inferior.

**MOSCA** n. f. (lat. *muscam*). Diversos insectos pterigógenos del orden dípteros, y, en sentido amplio, otros insectos de diferentes órdenes. (La *mosca común* es dañina por los microbios que transporta en sus patas y en su trompa; la *mosca verde* y la *mosca azul* depositan sus huevos en la carne; la *mosca borriguera, de burro* o *de caballo*, parasita las caballerías; la *mosca de establo* pica al hombre, al caballo y al buey; la *mosca tse-tse* transmite la enfermedad del sueño; la *mosca escorpión* tiene las alas moteadas de negro y el abdomen del macho termina en punta.) **2.** Pelo que nace al hombre entre el labio inferior y la barbilla. **3.** *Fam.* Dinero. **4.** *Fig.* y *fam.* Moscón, persona pesada y molesta. **5.** *Fig.* y *fam.* Estado de disgusto o recelo: *está algo mosca.* **6.** PESC. Cebo artificial que imita un insecto. • **Hacer mosca** *(Méx. Fam.)*, estorbar la relación entre dos personas interponiéndose entre ellas: *mejor los dejo solos, no quiero hacer mosca.* **Mosca muerta** *(Fig.* y *fam.)*, persona que, bajo una apariencia inofensiva o amable, encubre ciertas intenciones o mal carácter. ‖ **Peso mosca** (DEP.), boxeador de la categoría más ligera. ‖ **Por si las moscas** *(Fam.)*, por si acaso. ‖ **Sacudirse las moscas** *(Fam.)*, apartar de sí los problemas y estorbos. ‖ **Tener la mosca detrás de la oreja** *(Fig.)*, estar receloso de algo. ◆ **moscas** n. f. pl. **7.** *Fig.* y *fam.* Chispas que saltan de la lumbre.

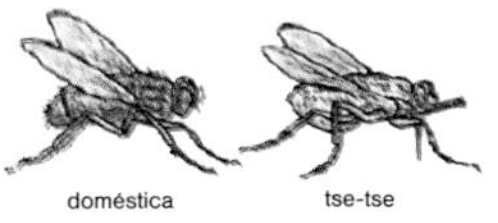


**moscas**

**MOSCARDA** n. f. Insecto díptero que se alimenta de carne muerta, sobre la cual la hembra deposita las larvas, ya nacidas. (Familia califóridos.)

**MOSCARDÓN** n. m. Mosca grande y vellosa. SIN.: *estro.* **2.** Avispón. **3.** *Fig.* Moscón.

**MOSCATEL** adj. y n. m. (cat. *moscatell*). Dícese de una uva blanca, o menos frecuentemente, morada, de grano redondeado y muy dulce. ◆ adj. **2.** Dícese del viñedo que produce la uva moscatel. ◆ n. m. **3.** Vino español, que se elabora principalmente en Málaga y Valencia, a partir de la uva moscatel.

**MOSCO, A** adj. *Chile.* Dícese de la caballería de color muy negro y algún que otro pelo blanco.

**MOSCÓN** n. m. Persona pesada y molesta, especialmente en requerimientos amorosos.

**MOSCONEAR** v. tr. [**1**]. Importunar.

**MOSCONEO** n. m. Acción y efecto de mosconear.

**MOSCOVITA** adj. y n. m. y f. De Moscovia o de Moscú.

**MOSCOVÍTICO, A** adj. Relativo a los moscovitas.

**MOSÉN** n. m. (cat. *mossèn*, mi señor). Tratamiento que se da a los clérigos en regiones de la antigua Corona de Aragón.

**MOSQUEADO, A** adj. Salpicado de pintas.

**MOSQUEADOR** n. m. Instrumento para ahuyentar las moscas. **2.** *Fig.* y *fam.* Cola de una caballería o de una res vacuna.

**MOSQUEAR** v. tr. y pron. [**1**]. Ahuyentar las moscas. ◆ v. tr. **2.** *Fig.* Responder alguien enfadado, como picado por algo. ◆ **mosquearse** v. pron. **3.** *Fig.* Enfadarse o resentirse alguien por lo que le hacen o dicen.

**MOSQUEO** n. m. Acción de mosquear o mosquearse.

**MOSQUERO** n. m. Haz de hierba o conjunto de tiras de papel atado a la punta de un palo para espantar las moscas. **2.** Manojo de hierba o tira engomada que se cuelga del techo para atraerlas y eliminarlas. **3.** *Amér.* Hervidero o abundancia de moscas.

**MOSQUERUELA** n. f. y adj. Variedad de pera, pequeña, de carne granujienta y muy dulce.

**MOSQUETA** n. f. Diversos papamoscas de pequeño tamaño, que frecuentan árboles, arbustos y zonas abiertas. (Familia tiránidos.)

**MOSQUETAZO** n. m. Tiro disparado con el mosquete. **2.** Herida hecha con este tiro.

**MOSQUETE** n. m. (ital. *moschetto*). Arma de fuego portátil, empleada en los ss. XVI y XVII.

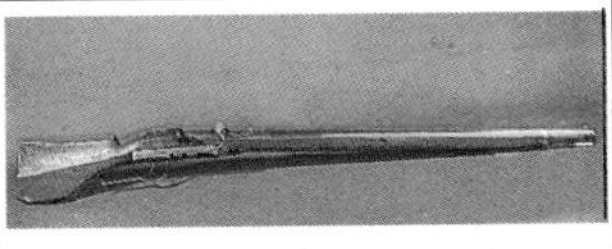

**mosquete** del s. XVII (museo del ejército, París)

**MOSQUETERÍA** n. f. Descarga de mosquetes, lanzada simultáneamente o sucesivamente. **2.** Conjunto de mosqueteros, en los antiguos corrales de comedias.

**MOSQUETERIL** adj. Relativo a la mosquetería de los corrales de comedias.

**MOSQUETERO** n. m. Soldado de infantería dotado de un mosquete. **2.** En Francia, gentilhombre perteneciente a una de las dos compañías de a caballo de la casa del rey (ss. XVII-XVIII). **3.** En los corrales de comedias, el que la veía de pie desde la parte posterior del patio.

**MOSQUETÓN** n. m. Sistema de enganche rápido, consistente en una anilla metálica que se abre y cierra mediante un muelle o resorte. **2.** Arma de fuego individual, más corta que el fusil, pero semejante a él.

**MOSQUIL** o **MOSQUINO, A** adj. Relativo a la mosca.

**MOSQUITERO** n. m. Pabellón de cama hecho de un tejido muy fino para impedir el acceso de mosquitos, insectos, etc. **2.** Bastidor de tela metálica ligera, que se coloca en las ventanas con igual fin. SIN.: *mosquitera.*

**MOSQUITO** n. m. Insecto del orden dípteros, de abdomen alargado y patas largas y frágiles, cuya hembra pica la piel del hombre y de los animales para alimentarse con su sangre.

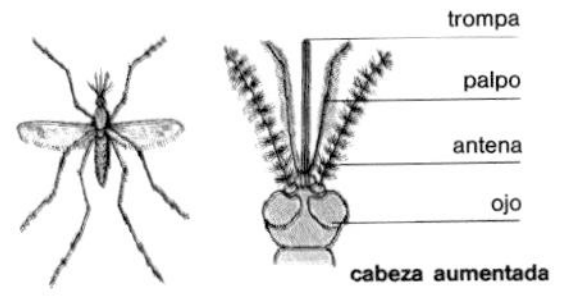


**mosquito** y detalle de las piezas bucales

**MOSQUITOS** → *misquitos.*

**MOSSI**, pueblo de Burkina Faso, que habita también en Costa de Marfil y habla una lengua voltaica.

**MOSSO D'ESQUADRA** n. m. (voz catalana). Miembro de la policía autonómica catalana.

**MOSTACERO** n. m. Recipiente en que se sirve la mostaza en la mesa. SIN.: *mostacera.*

**MOSTACHO** n. m. (ital. *mostaccio*). Bigote poblado. **2.** MAR. Cadena o cabo con que se sujeta el bauprés a las bandas.

**MOSTACHÓN** n. m. Bollo de almendras, avellanas o nueces frescas, harina y especias.

**MOSTACHOSO, A** adj. Que lleva mostacho.

**MOSTACILLA** n. f. Munición del tamaño de la semilla de mostaza, empleada para cazar animales pequeños. **2.** Abalorio de cuentecillas muy menudas.

**MOSTAJO** n. m. Planta arbórea de flores agrupadas en corimbos y frutos comestibles. (Familia rosáceas.)

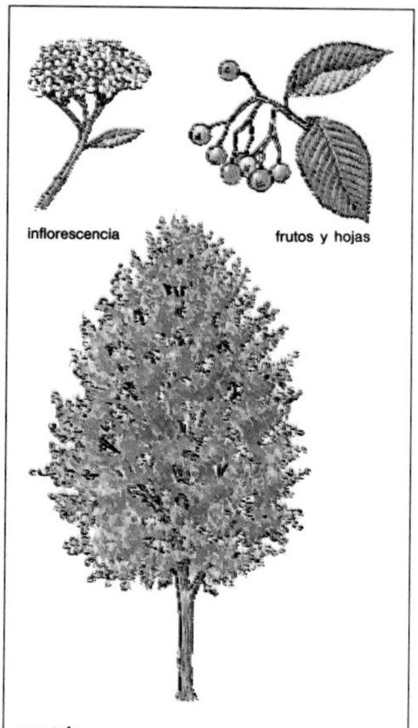

**mostajo**

**MOSTAZA** n. f. Planta herbácea de la familia de las crucíferas que proporciona el condimento del mismo nombre: *mostaza negra; mostaza blanca.* **2.** Semilla de esta planta. **3.** Condimento elaborado con semilla de mostaza molida, agua, vinagre, plantas aromáticas, etc.

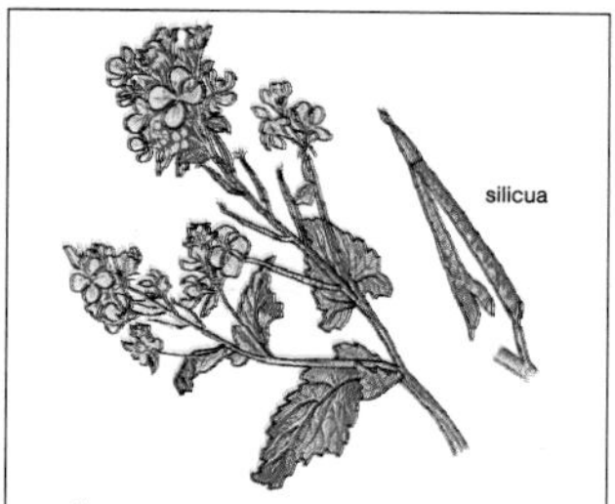

**mostaza**

**MOSTAZAL** n. m. Terreno poblado de mostaza.

**MOSTO** n. m. (lat. *mustum,* vino nuevo). Zumo de la uva o de la manzana, antes de fermentar. **2.** Zumo de ciertos frutos o vegetales con que se preparan licores alcohólicos. **3.** Vino en general. • **Desliar el mosto,** separar el mosto de la lía.

**MOSTRACIÓN** n. f. Acción de mostrar.

**MOSTRADOR, RA** adj. y n. Que muestra. ◆ n. m. **2.** Mesa o tablero que hay en las tiendas para presentar los géneros. **3.** Especie de mesa, cerrada en su parte exterior, que en los bares, cafeterías y otros establecimientos análogos se utiliza para servir lo que piden los clientes. **4.** Esfera del reloj.

**MOSTRAR** v. tr. (lat. *mostrare*) **[1r]**. Exponer o enseñar a la vista una cosa para que sea observada o apreciada. **2.** Dejar ver algo sin propósito de hacerlo: *mostrar unos dientes blancos.* **3.** Hacer patente un afecto, modo de ser, o un estado de ánimo: *mostrar preocupación.* **4.** Explicar algo o intentar hacerlo asequible. ◆ **mostrarse** v. pron. **5.** Manifestarse o darse a conocer de alguna manera.

**MOSTRENCO, A** adj. Dícese de todas las cosas muebles o inmuebles que se encuentran abandonadas y que carecen de dueño conocido. ◆ adj. y n. **2.** *Fig.* y *fam.* Ignorante o torpe. **3.** *Fig.* y *fam.* Dícese de la persona muy gorda y pesada.

**MOTA** n. f. Nudillo o granillo que se forma en el paño. **2.** Pequeña partícula de cualquier materia perceptible sobre un fondo. **3.** *Fig.* Defecto poco consistente. **4.** Pella de tierra con que se cierra o ataja el paso del agua en una acequia. **5.** *Amér. Merid.* Cabello corto, ensortijado y crespo, como el de las personas de raza negra. **6.** *Méx. Fam.* Mariguana. **7.** METAL. Bloque de arena de un molde de fundición, separado de su chasis, en el cual se confecciona la impronta donde será colado el metal.

**MOTE** n. m. (fr. *mot,* palabra). Apodo que se da a una persona. **2.** Sentencia breve expuesta en un verso, generalmente octosílabo. **3.** *Chile* y *Perú.* Error gramatical de un escrito o modo de hablar defectuoso.

**MOTE** n. m. *Amér.* Guiso de maíz desgranado, cocido y deshollejado. **2.** *Chile.* Postre de trigo quebrantado, después de haber sido cocido en lejía y deshollejado. Suele acompañarse con huesillos.

**MOTEADO, A** adj. Dícese de un mármol cuyos efectos decorativos son pequeños e irregulares. **2.** Dícese de los tejidos y paños de tinte irregular. • **Madera moteada,** madera para chapeado, cuya superficie tiene la fibra adornada de nudillos muy seguidos. ◆ n. m. **3.** Enfermedad de las hojas y frutos. **4.** En una película o capa de pintura, aparición de manchas de colores.

**MOTEAR** v. tr. **[1]**. Salpicar de motas una tela.

**MOTEAR** v. intr. **[1]**. *Perú.* Comer mote.

**MOTEJAR** v. tr. **[1]**. Aplicar a alguien calificaciones y denominaciones despectivas.

**MOTEJO** n. m. Acción de motejar.

**MOTEL** n. m. (de *motor* y *hotel*). Hotel situado en las cercanías de las carreteras de gran circulación, especialmente dispuesto para albergar a los automovilistas.

**MOTERO, A** adj. y n. *Chile.* Que vende mote. ◆ adj. **2.** *Chile.* Relativo al mote.

**MOTERO, A** adj. y n. Dícese de la persona aficionada a las motos o al motociclismo.

**MOTETE** n. m. Apodo, denuesto. **2.** *Amér. Central, Antillas* y *Méx.* Lío, envoltorio. **3.** *Amér. Central, Antillas* y *Méx.* Cesto grande de tiras de bejuco que los campesinos llevan en la espalda.

**MOTETE** n. m. MÚS. Pieza vocal religiosa, al margen del ordinario de la misa, a una o varias voces y con acompañamiento instrumental o sin él.

**MOTILAR** v. tr. (lat. *mutilare,* cercenar) **[1]**. Cortar el pelo o raparlo.

**MOTILIDAD** n. f. MED. Facultad de moverse.

**MOTILLÓN,** grupo de pueblos amerindios de lengua caribe que viven en la cordillera de Perijá (Colombia y Venezuela).

**MOTÍN** n. m. Tumulto, movimiento o levantamiento popular contra la autoridad constituida, por lo general de poca envergadura, especialmente el de la tripulación o del pasaje contra el comandante de un buque y el de la tropa contra sus mandos.

**MOTIVACIÓN** n. f. Acción y efecto de motivar. **2.** ECON. Conjunto de factores que determinan el comportamiento de un agente económico. **3.** LING. Relación que el hablante establece entre el significante y el significado de una palabra. **4.** SICOL. Conjunto de motivos que intervienen en un acto electivo.

**MOTIVADOR, RA** adj. Que motiva.

**MOTIVAR** v. tr. **[1]**. Ser causa o motivo de algo: *su tardanza motiva mi inquietud.* **2.** Explicar el motivo o razón de algo. ◆ v. tr. y pron. **3.** Concienciar para realizar una acción.

**MOTIVO, A** adj. (lat. *motivum*). Que mueve o tiene virtud para mover. ◆ n. m. **2.** Causa o razón que determina que exista o se haga algo. **3.** B. ART. Tema básico de una ornamentación, de una figura, un grupo o un paisaje. **4.** LIT. Frase, objeto, idea o, especialmente, una situación o incidente que aparece en distintas obras literarias y actúa como base para el desarrollo de un relato. **5.** MÚS. Grupo de elementos musicales que crea la unidad de una obra o de una parte de ella. **6.** SICOL. Factor que interviene en el acto volitivo y que está constituido por un componente intelectual consciente y un valor, consciente o inconsciente, que atrae las tendencias y sentimientos. ◆ **motivos** n. m. pl. **7.** *Chile.* Dengues, melindres.

**MOTMOT** n. m. Ave de plumaje abundante y delicado, que vive en los bosques tropicales de Brasil. (Familia momótidos.)

**MOTO** n. m. Hito o mojón.

**MOTO** n. f. Apócope de *motocicleta.*

**MOTO, A** n. *Méx. Fam.* Persona adicta a la marihuana.

**MOTOBALL** n. m. Deporte que se practica entre dos equipos de cinco motocicletas, y que consiste en introducir un balón en la portería contraria tantas veces como sea posible.

**MOTOBOMBA** n. f. Bomba aspirante impelente accionada por un motor.

**MOTOCARRO** n. m. Vehículo de tres ruedas con motor, propio para transportar cargas ligeras.

**MOTOCICLETA** n. f. Vehículo de dos ruedas impulsado por un motor de explosión.

**MOTOCICLISMO** n. m. Deporte que agrupa las diferentes competiciones disputadas sobre motocicletas o vehículos similares.

**MOTOCICLISTA** n. m. y f. Persona que conduce una motocicleta.

**MOTOCICLO** n. m. Vehículo automóvil de dos ruedas.

**MOTOCROSS** n. m. Competición deportiva en motocicleta por un terreno muy accidentado.

**MOTOCULTIVADOR** o **MOTOCULTOR** n. m. Máquina automotora, de medianas o pequeñas dimensiones, utilizada en jardinería, horticultura y viticultura.

**MOTOCULTIVO** n. m. Utilización del motor en la agricultura, especialmente en la realización de trabajos en los campos. SIN.: *motocultura.*

**MOTÓN** n. m. MAR. Caja ovalada de madera o de

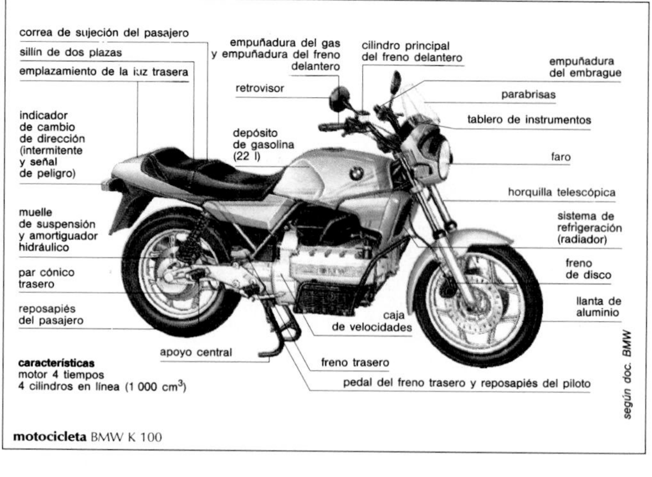

**motocicleta** BMW K 100

metal, que lleva una abertura *(cajera)* donde va colocada la roldana.

**MOTONÁUTICA** n. f. Arte de navegar a motor. **2.** Deporte de la navegación en embarcaciones a motor.

**MOTONÁUTICO, A** adj. Relativo a la motonáutica.

**MOTONAVE** n. f. Buque propulsado por medio de motores diesel.

**MOTOPAVER** n. m. (voz inglesa). Máquina utilizada en obras públicas, que realiza la mezcla de la gravilla y arena con el asfalto y la distribuye en una capa regular sobre la calzada, para construir el firme.

**MOTOPESQUERO** n. m. Barco pesquero movido por motor.

**MOTOPROPULSOR, RA** adj. Dícese del conjunto de órganos y mecanismos que sirven para propulsar un vehículo.

**motociclismo** (carrera de la categoría de 750 $cm^3$)

prueba de **motocross**

**MOTOR, RA** adj. y n. Que produce movimiento. ◆ adj. **2.** Dícese de diversas estructuras anatómicas relacionadas con el movimiento: *nervio motor.* **3.** F.C. Dícese del vehículo que, movido eléctricamente o por un motor de explosión, sirve para la tracción o arrastre de los demás coches: *unidad motora.* ◆ n. m. **4.** Sistema material que transforma en energía mecánica otras formas de energía. • **Motor cohete,** propulsor de reacción utilizado en aviación y en astronáutica, que funciona sin recurrir al aire exterior para obtener su comburente. SIN.: *cohete.* ‖ **Motor de explosión,** motor cuya energía es producida por la expansión de un gas. ‖ **Motor de reacción,** motor en el cual la acción mecánica se realiza mediante la expulsión de un flujo gaseoso a gran velocidad. ‖ **Motor eléctrico,** motor que transforma la energía eléctrica en energía mecánica. ‖ **Motor lineal,** motor eléctrico que sirve para mover un vehículo y cuyo inducido es fijo mientras que el inductor, fijado al vehículo, se desplaza paralelamente al inducido. ‖ **Motor térmico,** motor que transforma la energía térmica en energía mecánica.

■ En los motores térmicos, la energía calorífica puede proceder de diversas fuentes (nuclear, solar, etc.), pero la más frecuente es la producida por la combustión de una mezcla de aire y combustible. Se distinguen los *motores de combustión externa,* en los que un fluido diferente del gas de combustión realiza un ciclo termodinámico generador de trabajo (turbinas de vapor, máquinas de vapor, motor Stirling, etc.) y los *motores de combustión interna,* en los que el fluido de trabajo está constituido por los mismos gases de combustión (motor de explosión, motor diesel, turbina de gas, turbopropulsor, turborreactor, estratorreactor o cohete). *(V. ilustración pág. 693.)*

**MOTORA** n. f. Embarcación menor provista de motor.

**MOTORISMO** n. m. Manifestación deportiva en que se emplea un vehículo de motor, particularmente, motocicleta.

**MOTORISTA** n. m. y f. Persona que conduce una motocicleta. **2.** Persona que practica el motorismo. **3.** *Fam.* Guardia civil o policía de tráfico motorizado.

**MOTORIZACIÓN** n. f. Acción y efecto de motorizar.

**MOTORIZADO, A** adj. MIL. Dícese de las unidades dotadas de medios de transporte automóvil: *división motorizada.*

**MOTORIZAR** v. tr. y pron. **[1g]**. Dotar de medios mecánicos de tracción o transporte.

**MOTORREACTOR** n. m. Motor de reacción que no lleva turbina, sino solamente un compresor accionado por un motor rotativo.

**MOTORREDUCTOR** n. m. Reductor de velocidad formado por un motor asincrónico acoplado a un reductor de engranajes planetarios equilibrados.

**MOTOSO, A** adj. y n. *Amér. Merid.* Motudo.

**MOTOTRACTOR** n. m. Máquina agrícola intermedia entre el tractor y el motocultivador.

**MOTOVELERO** n. m. Buque de vela con motor auxiliar de propulsión.

**MOTOZINTLECA,** pueblo amerindio de la familia lingüística maya-zoque (SE del est. de Chiapas, México).

**MOTRICIDAD** n. f. Conjunto de las funciones de relación aseguradas por el esqueleto, los músculos y el sistema nervioso, que permiten los movimientos y el desplazamiento del hombre y los animales.

**MOTRIZ** adj. Que mueve: *fuerza motriz.*

**MOTU PROPRIO** loc. adv. (voces lat., *por propio movimiento*). Voluntariamente, de propia voluntad. ◆ n. m. y adj. **2.** Acto legislativo promulgado por el papa por su propia iniciativa.

**MOTUDO, A** adj. y n. *Amér. Merid.* Dícese del cabello dispuesto en forma de mota. **2.** *Amér. Merid.* Dícese de la persona que lo tiene.

**MOUNTAIN BIKE** n. m. (voces inglesas, de *mountain,* montaña, y *bike,* bicicleta). Bicicleta de montaña.

**MOUSSE** n. m. (voz francesa). Crema batida que suele tomarse como postre: *mousse de chocolate.*

**MOUTON** n. m. (voz francesa). Piel de cordero utilizada en la confección de prendas de vestir, una vez curtida y tratada.

**MOVEDIZO** n. m. Ave de garganta y pecho de color gris oliváceo, vientre amarillo y dorso verde, que vive en las selvas subtropicales de América Meridional. (Familia tiránidos.)

**MOVEDIZO, A** adj. Fácil de ser movido. **2.** Inseguro. **3.** *Fig.* Inconstante, voluble.

**MOVER** v. tr. y pron. (lat. *movere*) **[2e]**. Hacer que un cuerpo o parte de él cambie de posición o de situación: *mover la cabeza.* **2.** *Fig.* Inducir a hacer determinada acción: *me mueve el deseo de ayudarte.* **3.** *Fig.* Conmover, emocionar: *mover al llanto.* **4.** *Fig.* Suscitar, promover: *mover una polvareda de comentarios.* ◆ v. intr. **5.** Empezar a echar brotes las plantas. **6.** Abortar o parir antes de tiempo. ◆ **moverse** v. pron. **7.** Darse prisa: *si no te mueves, llegaremos tarde.* **8.** *Fig.* Realizar gestiones para conseguir algo. **9.** *Fig.* Tener desenvoltura: *se mueve bien en los ambientes distinguidos.*

**MOVIDA** n. f. Metida, yemas y brotes subsiguientes a cada período de la actividad de una planta. **2.** *Fam.* Ambiente juvenil de creación cultural y diversión. **3.** *Fig.* y *fam.* Confusión, lío. **4.** *Fam.* Juerga. **5.** *Venez. Fig.* y *fam.* Situación, estado de ánimo, gestión.

**MOVIDO, A** adj. Agitado, activo: *he tenido un día movido; viaje movido.* **2.** *Amér.* y *Chile.* Enteco, raquítico. **3.** FOT. Dícese de la prueba que sale borrosa por culpa de un movimiento durante el tiempo de exposición. **4.** TAUROM. Dícese de la suerte y, en general, del toreo que se practica sin quietud en los pies. ◆ n. m. **5.** Aborto, feto.

**MÓVIL** adj. Que puede moverse o ser movido: *unidad móvil.* **2.** Que no tiene estabilidad o permanencia. • **Fiestas móviles,** fiestas cristianas cuya fecha varía en función de la fecha de la Pascua de resurrección. ‖ **Letra,** o **tipo, móvil** (IMPR.), letras separadas, que se juntan una a una para la composición. ◆ adj. y n. m. **3.** Dícese de los timbres o sellos que se aplican a ciertos documentos, en contraposición a los que se estampan en ellos. **4.** Dícese del teléfono portátil autónomo que puede efectuar y recibir llamadas desde cualquier punto, dentro de un área de cobertura determinada. ◆ n. m. **5.** Cuerpo en movimiento. **6.** Motivo, causa. **7.** B. ART. Tipo de obra de arte, ideada por Calder, cuyos elementos, por lo general metálicos, entran en movimiento por la acción del aire o del viento. **8.** DER. Causa sicológica de un acto.

**MOVILIDAD** n. f. Calidad de movible.

**MOVILIZACIÓN** n. f. Acción y efecto de movilizar. **2.** MED. Maniobra quirúrgica para liberar un órgano de sus adherencias normales o patológicas.

**MOVILIZAR** v. tr. **[1g]**. Poner en actividad o movimiento tropas, partidos políticos, capitales, etc. **2.** Poner en práctica un recurso para conseguir un fin.

**MOVIMIENTO** n. m. Acción de moverse o ser movido. **2.** Tráfico, circulación, animación, entradas y salidas: *movimiento de precios; movimiento turístico.* **3.** *Fig.* Impulso, pasión: *mis palabras obedecen a movimientos del corazón.* **4.** *Fig.* Corriente, tendencia de ciertos grupos de personas hacia determinadas realizaciones: *movimiento artístico moderno.* **5.** ASTRON. Marcha real o aparente de los cuerpos celestes. **6.** DEP. Cada una de las posiciones corporales o fases de una tabla o ejercicio. **7.** FÍS. Estado de un cuerpo cuya posición con relación a un sistema de referencia fijo es constante. **8.** FISIOL. Acto mecánico que implica el desplazamiento de los miembros. **9.** MÚS. Grado de rapidez o de lentitud en que debe interpretarse un fragmento musical. **10.** MÚS. Nombre dado a cada uno de los fragmentos de una sonata o sinfonía, teniendo en cuenta los contrastes de tiempo que existen entre ellos. **11.** POL. Tendencia o grupo político, o alianza de varios de éstos: *movimientos libertarios.* • **Cantidad de movimiento de un punto material,** producto de la masa de este cuerpo por su vector velocidad. ‖ **Movimiento absoluto,** movimiento de un cuerpo considerado con respecto a unos puntos de referencia fijos. ‖ **Movimiento continuo,** movimiento de una máquina hipotética que sería capaz de funcionar indefinidamente sin gasto de energía. ‖ **Movimiento de tierras,** obras de excavación, terraplenado o desmonte realizadas con ayuda de máquinas apropiadas. ‖ **Movimiento obrero,** nombre con que se designa a la historia de las luchas de la clase obrera en pro de su emancipación. ‖ **Movimiento ondulatorio,** propagación de una vibración periódica con transporte de energía. ‖ **Movimiento relativo,** movimiento de un cuerpo considerado con respecto a un sistema de referencia que no es necesariamente fijo. ‖ **Movimiento uniforme,** movimiento cuya velocidad es numéricamente constante. ‖ **Movimiento uniformemente acelerado,** movimiento en el que el espacio recorrido es una función de segundo grado del tiempo.

**MOVIOLA** n. f. CIN. y TELEV. Aparato de visión individual para contemplar en una pequeña pantalla una película, que puede desplazarse a diferentes cadencias, detenerse o circular hacia atrás, y que se utiliza para operaciones de montaje.

**MOXA** n. f. Práctica terapéutica propia de la medicina antigua de los pueblos orientales, principalmente de China, que consiste en la cauterización por medio de sustancias terapéuticas en estado de ignición.

**MOXO** o **MOJO,** pueblo amerindio amazónico de Bolivia, de lengua arawak. Ofrecieron gran resistencia en 1881 a su asimilación y explotación.

**MOYA** n. m. *Chile.* Fulano, o Perico de los palotes.

**MOYO** n. m. (lat. *modiu*). Medida de capacidad para el vino y, en algunas comarcas, para áridos.

**MOZA** n. f. Femenino de mozo. **2.** En ciertas áreas rurales, sirvienta doméstica u hostelera. **3.** Prosti-

interior de la iglesia de Santiago de Peñalba

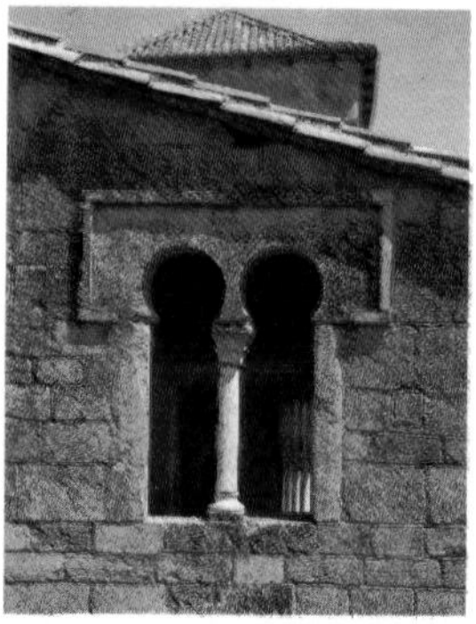

ventana con arcos geminados de la fachada lateral de la iglesia de San Miguel de Escalada

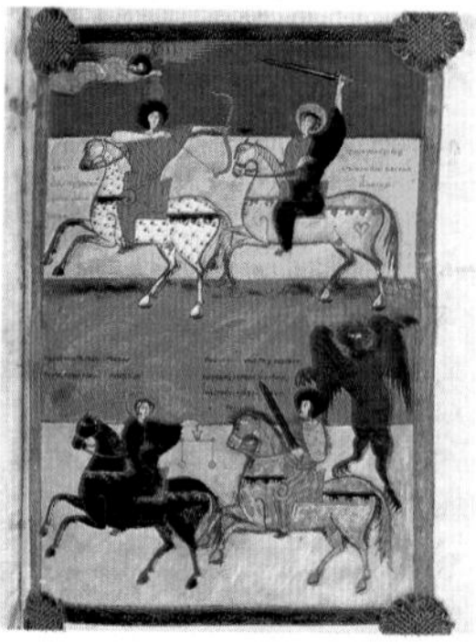

miniatura de los *Comentarios al Apocalipsis* (s. XI) del Beato de Liébana (biblioteca nacional, Madrid)

el **arte mozárabe**

tuta. • **Buena moza**, mujer alta y de buena presencia.

**MOZALBETE** n. m. Mozuelo, muchacho.

**MOZALLÓN, NA** n. Mozo robusto.

**MOZANCÓN, NA** n. Persona moza, alta y fuerte.

**MOZÁRABE** adj. y n. m. y f. (ár. *musta'rab*, que procura parecerse a los árabes). Relativo a la población de la España musulmana que conservó la religión cristiana; individuo de esta población. ◆ adj. y n. m. **2.** Dícese de un conjunto de dialectos románicos hablados por la población de la península Ibérica bajo dominio musulmán. ◆ adj. **3. Arte mozárabe**, nombre dado a la producción artística de las comunidades cristianas sometidas a la dominación musulmana tras la conquista de la península Ibérica, y que se extendió también por los territorios liberados del norte. ‖ **Rito**, o **liturgia, mozárabe**, conjunto de ritos, propios de las iglesias de España, que se crearon a partir del s. V, alcanzaron su organización definitiva en el s. VII, fueron abolidos en el s. XI y restaurados, en algunas partes, en el s. XVI. SIN.: *liturgia visigótica*.

■ Los mozárabes gozaron de amplia autonomía interna: estaban administrados por un *comes* de origen visigodo, la justicia era ejercida según leyes propias y los impuestos eran recaudados por ellos mismos. Su única supeditación al islam radicaba en el establecimiento de los impuestos y designación de las autoridades mozárabes (con importantes cargos en la diplomacia, ejército y cancillería) por parte del emir. La tolerancia musulmana se interrumpió sólo durante el reinado de 'Abd al-Rahmān II (episodio de los mártires mozárabes). Las migraciones hacia los reinos cristianos del N y las conversiones al islam disminuyeron la fuerza demográfica de las comunidades mozárabes, lo que facilitó su deportación en masa al N de África. Los continuos viajes de monjes entre al-Andalus y los reinos cristianos explican la difusión de conocimientos científicos orientales en la Marca Hispánica.

— B. ART. El arte mozárabe presenta dos manifestaciones principales: la arquitectura y la miniatura, que sintetizan las formas y modelos visigodos con elementos islámicos y cristianos orientales. Las edificaciones se caracterizan por el empleo del arco de herradura califal y por la variedad de plantas. Destacan San Miguel de la Escalada y Santiago de Peñalba, en León, y Santa María de Lebeña, en Santander. En la miniatura mozárabe sobresalen los *beatos*, realizados entre los ss. X y XII, copias miniaturizadas de los *Comentarios al Apocalipsis* del Beato de Liébana.

**MOZARABÍA** n. f. Gente mozárabe de una ciudad o región.

**MOZARRÓN, NA** n. Mocetón, persona joven y robusta.

**MOZO, A** adj. y n. Dícese de la persona joven y soltera. ◆ n. m. **2.** Hombre que presta ciertos servicios domésticos o públicos, pero que no constituyen ningún oficio especializado. **3.** En la marina mercante, el marinero de segunda o de inferior categoría. **4.** Individuo sometido al servicio militar, desde que es sorteado hasta que ingresa en la caja de reclutamiento. • **Buen mozo**, hombre joven, alto y de buena presencia. ‖ **Mozo de estoques**, el que cuida de las espadas del matador de toros y le sirve como criado de confianza.

**MOZÓN, NA** adj. *Perú*. Bromista, burlón.

**MOZONADA** n. f. *Perú*. Broma, chanza.

**MOZONEAR** v. intr. [**1**]. *Perú*. Bromear.

**MOZUELO, A** n. Muchacho.

**MOZZARELLA** n. f. (voz italiana). Queso italiano de leche de búfala o de vaca, de pasta blanda.

**MTS**, antiguo sistema de unidades, que tiene por bases el *metro* (longitud), la *tonelada* (masa) y el *segundo* (tiempo).

**MU** n. m. (voz onomatopéyica). Mugido.

**MUARADO** n. m. Operación consistente en tratar la superficie de ciertos metales, tejidos u otras materias, para que presenten aguas o visos.

**MUARAR** v. tr. [**1**]. Tratar una superficie con el sistema de muarado. **2.** Prensar tejidos en la calandria para conferirles el acabado llamado *muaré*.

**MUARÉ, MOARÉ** o **MOER** n. m. (fr. *moiré*). Tela cuya superficie produce reflejos, aguas o visos cambiantes, obtenidos por prensado en una calandria especial. **2.** Efectos de la luz análogos a los que producen estos tejidos.

**MUAY** n. m. *Argent.* Insecto colorado, más irritante que la cantárida europea.

**MUCAMO, A** n. *Amér. Merid.* Criado, servidor. **2.** *Argent.* En hospitales y hoteles, persona encargada de la limpieza.

**MUCETA** n. f. Capa corta o esclavina que usan, como señal de su dignidad, los prelados, canónigos y otros eclesiásticos, y como distintivo académico los doctores y licenciados.

**MUCHACHA** n. f. Femenino de muchacho. **2.** Empleada del servicio doméstico.

**MUCHACHADA** o **MUCHACHERÍA** n. f. Acción propia de muchachos. **2.** Grupo de muchachos.

**MUCHACHEAR** v. intr. [**1**]. Hacer cosas propias de muchachos.

**MUCHACHIL** adj. Relativo a los muchachos, o que es propio de ellos.

**MUCHACHO, A** adj. y n. Adolescente, joven. **2.** *Fam.* Con calificativos encomiásticos, se emplea para hablar en favor de una persona o alabarla: *es un buen muchacho.* **3.** *Fam.* Trato que se da a una persona de cualquier edad con la que se tiene confianza: *¿cómo va, muchacha?* ◆ n. m. **4.** *Chile.* En carpintería, cárcel en que se comprimen dos piezas de madera encoladas.

**MUCHEDUMBRE** n. f. Multitud o reunión de gran número de personas o cosas.

**MUCHIGAY** n. m. *Colomb.* Ser pequeño.

**MUCHITANGA** n. f. *Perú* y *P. Rico.* Populacho. **2.** *P. Rico.* Grupo de muchachos, muchachería que mete mucho ruido.

**MUCHO, A** adj. y pron. indef. Que abunda en cantidad, número o intensidad: *mucho dinero; muchas aventuras.* ◆ adv. c. **2.** Con gran intensidad o frecuencia; en grado elevado: *querer, llover, estudiar mucho; el cine le gusta mucho.* • **Como mucho,** señala el límite superior en un cálculo aproximado. ‖ **Muy mucho** *(Fam.)*, expresión enfática con el significado de mucho. ‖ **Ni con mucho,** expresa la gran diferencia que hay de una cosa a otra. ‖ **Ni mucho menos,** dícese para negar rotundamente. ‖ **Por mucho que** o **por mucho,** aunque.

**MUCILAGINOSO, A** adj. Que contiene mucílago. **2.** Que tiene la consistencia del mucílago.

**MUCÍLAGO** n. m. (lat. *mucilaginem*). Sustancia presente en numerosos vegetales, que se hincha en contacto con el agua y da unas soluciones viscosas. **2.** FARM. Líquido viscoso formado por la disolución de una goma en el agua.

**MUCINA** n. f. Principal constituyente orgánico del moco.

**MUCO** n. m. *Bol.* Maíz mascado, que se hace fermentar para fabricar la chicha.

**MUCOLÍTICO, A** adj. y n. m. FARM. Que elimina el moco o las mucosidades.

**MUCOSA** n. f. y adj. Membrana con abundantes papilas y orificios glandulares, que tapiza las superficies no cutáneas que están relacionadas directa o indirectamente con el exterior (fosas nasales, tubo digestivo, etc.).

**MUCOSIDAD** n. f. Secreción viscosa elaborada por las glándulas de una mucosa.

**MUCOSO, A** adj. Semejante al moco: *sustancia mucosa.* **2.** Dícese de los órganos u organismos que tienen o producen moco o mucosidades.

**MUCOVISCIDOSIS** n. f. Enfermedad hereditaria recesiva, caracterizada por una excesiva viscosidad de las secreciones de las glándulas mucosas, que afecta el tubo digestivo, el páncreas y el aparato respiratorio y los paraliza.

**MUCRE** adj. *Chile.* Acre, áspero.

**MUCRÓN** n. m. BOT. Pequeña punta.

**MÚCURA** n. f. *Bol., Colomb.* y *Venez.* Ánfora de barro para transportar agua y conservarla fresca. ◆ adj. **2.** *Colomb.* Inhábil, tonto.

**MUCUS** n. m. (voz latina). Moco.

**MUDA** n. f. Renovación total o parcial de los tegumentos de un animal, plumaje, pelo o piel, que se opera bajo la influencia del crecimiento, de la edad y de las condiciones del medio. **2.** Época del año en que se realiza este cambio. **3.** Cambio que se opera en el timbre de la voz de los jóvenes en la pubertad. **4.** Rechazo total y reconstitución del tegumento quitinoso, que permite el crecimiento de los artrópodos. **5.** Despojo del animal que ha mudado. SIN.: *exuvio.* **6.** Juego de ropa interior.

**MUDABLE** o **MUDADIZO, A** adj. (lat. *mutabilem*). Que cambia con gran facilidad.

**MUDADA** n. f. *Amér.* Muda de ropa. **2.** *Amér.* Mudanza de casa.

**MUDANZA** n. f. Acción y efecto de mudar o mudarse. **2.** Cambio de muebles o enseres de una casa a otra o de una habitación a otra. **3.** Inconstancia, volubilidad. **4.** COREOGR. Cierto número de movimientos que se hacen a compás en los bailes.

**turborreactor de doble flujo CFM 56**

| | |
|---|---|
| longitud | : 2,43 m |
| diámetro máximo | : 1,73 m |
| peso con accesorios | : 2 095 kg |
| empuje nominal | : 10 900 kgp |

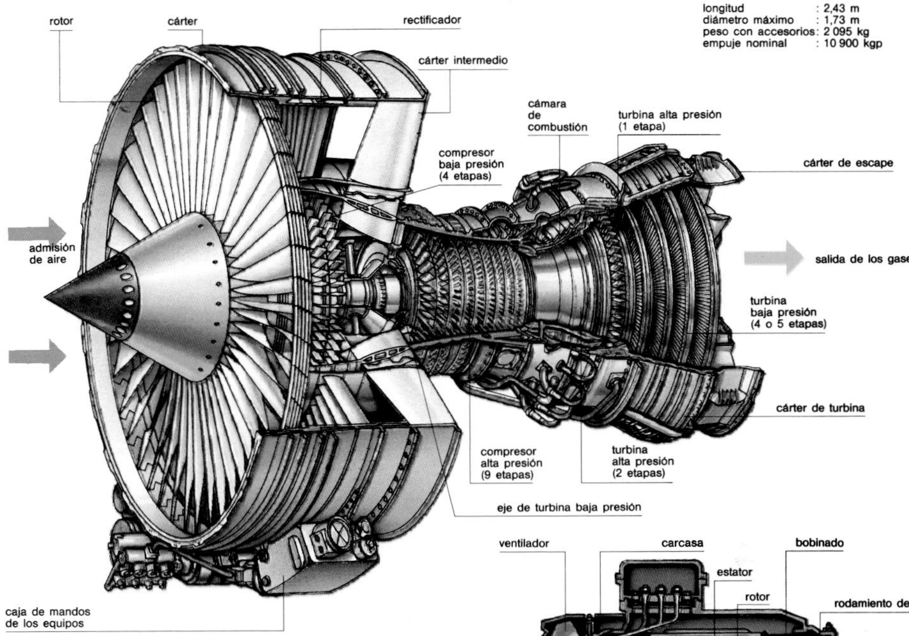


doc. CFM international

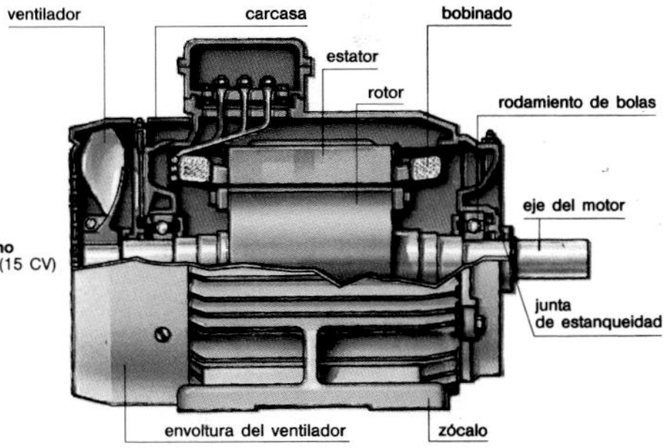


**eléctrico asíncrono**
potencia: 11 kW (15 CV)

según doc. C.E.M.

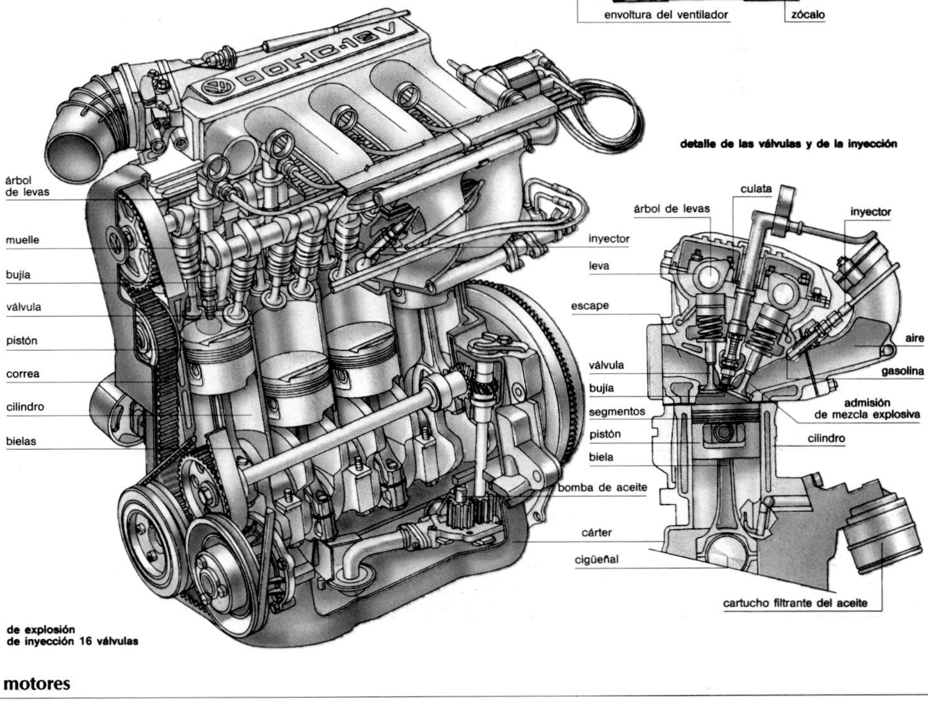


**de explosión**
**de inyección 16 válvulas**

según doc. V.A.G.

## El **arte mudéjar**

Una de las características especiales del arte mudéjar es su anticlasicismo, por su carencia de toda norma y sentido orgánico, y su carácter fundamentalmente ornamental. Son destacables la estructura y decoración de ladrillo y cerámica de las torres campanario de iglesias aragonesas, directamente sugeridas en muchos casos por el alminar musulmán, o las técnicas de arquerías, yeserías y artesonados próximos al gótico, desarrollados magistralmente tanto en edificios civiles, como el alcázar de Sevilla o religiosos como la sinagoga del Tránsito de Toledo.

detalle del artesonado del salón de embajadores del alcázar de Sevilla (1360)

interior de la sinagoga del Tránsito en Toledo (iniciada en 1357)

la torre de la iglesia de la Magdalena en Zaragoza (ss. XV-XVI)

**MUDAR** n. m. Planta arbustiva de cuya raíz, roja por fuera y blanca en su interior, se extrae un jugo usado en la India como emético y contraveneno.

**MUDAR** v. tr. e intr. (lat. *mutare*) **[1]**. Cambiar el aspecto, la naturaleza, el estado, etc. ◆ v. tr. **2.** Destituir a alguien de un empleo, puesto. **3.** Verificar la muda los animales. ◆ v. tr. y pron. **4.** Quitarse alguien la ropa que viste y ponerse otra. ◆ v. intr. y pron. **5.** Trasladar la residencia a otra casa o lugar. ◆ **mudarse** v. pron. **6.** *Fam.* Irse alguien del lugar en que estaba.

**MUDAY** n. m. *Chile.* Chicha de maíz o cebada.

**MUDÉJAR** adj. y n. m. y f. (ár. *mudaŷŷan,* aquel al que se ha permitido quedarse). Relativo a la población musulmana de la península Ibérica que vivía en un zona reconquistada por los cristianos; individuo de esta población. **2.** Morisco. ◆ adj. **3. Arte mudéjar,** nombre dado a la producción artística de los musulmanes que vivían en los territorios cristianos de la España de la baja edad media (ss. XII-XVI).

■ Jurídicamente eran mudéjares los musulmanes «moros» que vivían en territorio gobernado por cristianos conservando la religión propia. El paso de mudéjares a moriscos fue escalonado: con conversiones individuales (frecuentemente sinceras) del s. XII al XVI, y masivas a partir del s. XV. A raíz de la capitulación de Granada (1492) se estableció que los reyes Católicos y sus descendientes respetasen los ritos, costumbres y bienes musulmanes; pero Cisneros, enviado a Granada en 1499, destruyó sus libros, deportó a los recalcitrantes y ordenó la conversión por la fuerza de los que quisieran permanecer en la Península.

– B. ART. El arte mudéjar se centra fundamentalmente en las dos Castillas, León, Andalucía, Aragón y, en menor medida, Valencia y Extremadura. Se caracteriza por la simbiosis que realiza entre elementos y fórmulas artísticas cristianas y musulmanas. En la arquitectura destaca el empleo de materiales como el ladrillo, el yeso y la madera: Santa Eulalia, San Lorenzo, San Lucas y el Cristo de la Vega, en Toledo; San Lorenzo, en Sahagún, y San Lorenzo, en Toro; las sinagogas de Santa María la Blanca y del Tránsito, en Toledo; las Huelgas de Burgos; Santa María de Teruel y San Pablo, en Zaragoza; capilla real de la mezquita, en Córdoba; San Pablo y el Alcázar, en Sevilla. En la cerámica sobresale la loza de reflejo metálico (Manises, Paterna, Teruel y Muel) y la de cuerda seca (Sevilla y Toledo). El arte mudéjar se proyectó en Hispanoamérica desde el s. XVI: iglesia de Huejotzingo, en México, iglesia de Santa Clara, en Tunja (Colombia), palacio de Torre Taple en Lima, iglesia de San Francisco, en Santa Fe (Argentina).

**MUDEZ** n. f. Silencio deliberado y persistente. **2.** MED. Imposibilidad de hablar, a consecuencia de lesiones en los centros nerviosos o en los órganos de la fonación.

**MUDO, A** adj. y n. (lat. *mutum*). Dícese de la persona que no puede hablar por defecto físico. ◆ adj. **2.** Dícese del que circunstancialmente no habla: *permaneció mudo.* **3.** Dícese de lo que no emite el sonido que le es propio: *las campanas permanecieron mudas.* **4.** FONÉT. Dícese de un antiguo fonema que a lo largo de su evolución se ha debilitado hasta perderse totalmente en la lengua hablada. (La *h* del español *humo, hombre,* es una *h* muda.) • **Cine mudo,** cine sin registro de palabra ni sonido. ‖ **Escena muda** (TEATR.), acción de uno o varios personajes que expresan sus sentimientos por medio de la mímica. ◆ n. **5.** HIST. En la Córdoba omeya, esclavo de procedencia nórdica que formaba la guardia palatina, y que no sabía expresarse en ninguno de los idiomas peninsulares.

**MUDRĀ** n. f. (voz sánscrita, *sello*). Gesto ritual efectuado con las manos y los dedos, que posee un significado religioso, utilizado en diversas ceremonias, entre ellas en la danza tradicional de la India.

**MUEBLAJE** n. m. Moblaje.

**MUEBLAR** v. tr. **[1]**. Amueblar.

**MUEBLE** adj. (lat. *mobilem*). **Bien mueble** (DER.), bien que puede ser trasladado de un lugar a otro sin detrimento de su naturaleza. ◆ n. m. **2.** Cada uno de los objetos prácticos o de adorno que hay en las casas, especialmente los que se apoyan sobre el suelo. **3.** HERÁLD. Pieza.

**MUEBLERÍA** n. f. Taller donde se hacen muebles. **2.** Tienda donde se venden.

**MUEBLISTA** adj. y n. m. y f. Que tiene por oficio hacer o vender muebles.

**MUECA** n. f. (fr. ant. *moque,* burla). Gesto muy expresivo del rostro.

**MUECÍN** n. m. Almuecín.

**MUELA** n. f. (lat. *molam*). Cuerpo sólido, de origen natural o artificial, que actúa por abrasión y se emplea en numerosos trabajos. **2.** Cada uno de los dientes posteriores a los caninos. **3.** Piedra de asperón en forma de disco que se usa para afilar herramientas. **4.** AGRIC. Piedra de molino, cada una de las dos piedras redondas o *ruedas,* que giran una sobre otra y trituran los granos que caen entre ellas. **5.** GEOGR. Cerro escarpado, alto y con cima plana, de poca extensión. **6.** HIDROL. Unidad de medida que sirve para apreciar la cantidad de agua que llevan las acequias.

**MUELLE** n. m. (cat. *moll*). Orilla de un curso de agua o de un puerto, especialmente dispuesta para la circulación de vehículos y para la carga y descarga de las embarcaciones. **2.** En las estaciones ferroviarias, andén. **3.** Instalación fija o móvil de la misma altura que la caja de los camiones, que facilita la carga y descarga de éstos.

**MUELLE** adj. (lat. *mollem,* blando, suave). Blando, cómodo. ◆ n. m. **2.** Resorte, pieza elástica capaz de soportar importantes deformaciones, que reacciona para recobrar de nuevo su posición natural, desarrollando una fuerza utilizable.

**MUELO** n. m. Montón, por lo general de forma cónica o cilindrocónica, en que se recoge el grano de la era. **2.** Almiar.

**MUENGA** n. f. *Chile.* Molestia.

**MUENGO, A** adj. *Cuba* y *P. Rico.* Dícese de los seres faltos de una oreja.

**MUERA** n. f. Sal común.

**MUÉRDAGO** n. m. Planta de flores apétalas que vive parásita en las ramas de algunos árboles (álamo, manzano o raras veces encina) y cuyos frutos, blancos, contienen una sustancia viscosa (liga).

**MUERDO** n. m. *Fam.* Acción y efecto de morder. **2.** Bocado, mordisco.

**MUÉRGANO** n. m. *Colomb.* y *Venez.* Objeto inútil

o invendible. **2.** *Méx.* Dulce hecho con trocitos cuadrados de harina de trigo fritos y pegados unos con otros con miel. ◆ adj. y n. **3.** *Ecuad.* Tonto.

**MUÉRGANO** o **MUERGO** n. m. ZOOL. Navaja.

**MUERMERA** n. f. Planta arbustiva cuyas hojas se emplean contra el muermo. (Familia ranunculáceas.)

**MUERMO** n. m. Enfermedad contagiosa de los équidos, con frecuencia mortal, transmisible al hombre y debida a un bacilo que produce ulceraciones en las fosas nasales. **2.** *Fig.* Persona pesada y aburrida. **3.** *Fig.* y *fam.* Aburrimiento.

**MUERMOSO, A** adj. Afecto de muermo.

**MUERTE** n. f. (lat. *mortem*). Cesación completa y definitiva de la vida: *fallecer de muerte natural.* **2.** Homicidio: *fue acusado de la muerte de dos personas.* **3.** Personificación de la muerte, generalmente en forma de esqueleto llevando una guadaña. **4.** *Fig.* Destrucción, aniquilamiento: *un panorama de desolación y muerte.* • **A muerte,** hasta la total destrucción de una de las partes: *combate a muerte;* en extremo: *odiarse a muerte.* || **De mala muerte,** dícese de lo que tiene poco valor o importancia. || **De muerte,** muy grande: *un susto de muerte.* || **Muerte aparente,** estado de disminución extrema de las funciones vitales, que da al individuo el aspecto exterior de la muerte. || **Muerte cerebral,** estado patológico del organismo en el cual el cerebro no realiza ninguna función. || **Muerte civil** (DER.), privación perpetua de todos los derechos civiles y políticos de una persona. || **Muerte eterna** (REL.), estado de los condenados. || **Muerte súbita,** o **repentina,** la que aparece de modo inesperado. || **Pena de muerte,** pena vigente en las legislaciones de algunos países, por la que el condenado es privado de la vida. SIN.: *pena capital.*

**MUERTO, A** adj. y n. Que ha cesado completa y definitivamente de vivir. ◆ adj. **2.** Privado de animación, con poca gente y poca actividad: *la ciudad aparece muerta los fines de semana.* **3.** CONSTR. Dícese del yeso o de la cal apagados con agua. • **Medio muerto,** muy cansado. || **Muerto de hambre,** miserable o desgraciado. ◆ n. m. **4.** Cosa que en determinado momento resulta molesta para alguien. • **Echarle** a alguien **el muerto,** atribuirle la culpa de algo; hacerle cargar con una comisión o trabajo que otros no quieren. ◆ **muertos** n. m. pl. **5.** MAR. Maderos fuertes que se colocan en tierra para entablar o formar alguna obra sobre los mismos.

**MUESCA** n. f. Concavidad que hay o se hace en una cosa para encajar otra. **2.** Incisión o corte hecho como señal.

**MUESLI** n. m. Mezcla de copos de cereales y frutos secos sobre la cual se vierte leche fría y que se consume preferentemente en el desayuno.

**MUESTRA** n. f. Porción de un producto que da a conocer las cualidades del mismo. **2.** Pequeña cantidad de algo. **3.** *Fig.* Prueba, señal: *muestra de cariño.* **4.** Modelo que se copia o imita. **5.** Objeto que se coloca en la puerta de una tienda para anunciar la clase de mercancía que se vende. **6.** En algunos juegos de naipes, carta que se vuelve o enseña, una vez servidos los jugadores, y con que se señala el palo de triunfo. **7.** ESTADÍST. Fracción representativa de una población o de un universo estadístico.

**MUESTRARIO** n. m. Colección de muestras de mercancías.

**MUESTREO** n. m. Acción de escoger muestras. **2.** Técnica empleada para esta selección. **3.** ESTADÍST. Estudio de la distribución de determinadas características de una población, utilizando una muestra representativa de la misma.

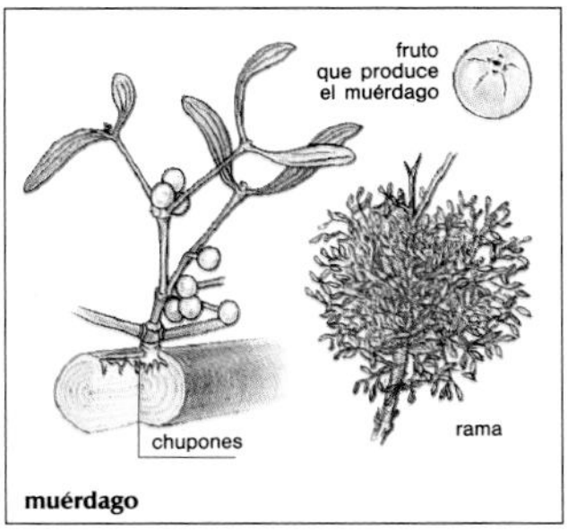

muérdago

**MUFLA** n. f. Parte refractaria de un horno en la cual se disponen los productos que deben tratarse, para protegerlos de la acción directa del fuego o de la acción oxidante del aire.

**MUFLÓN** n. m. Rumiante salvaje de las montañas de Europa y de América del Norte, parecido al carnero.

muflón

**MUFTÍ** n. m. (voz árabe). En el islam, jurisconsulto que da una sentencia legal o fetua.

**MUGA** n. f. Mojón, término o límite.

**MUGA** n. f. Acción y efecto de mugar.

**MUGAR** v. intr. **[1b]**. Desovar. **2.** Fecundar las huevas en los peces y anfibios.

**MUGIDO** n. m. Voz de las reses vacunas. **2.** *Fig.* Grito de la persona cuando está enfurecida. **3.** *Fig.* Estrépito del mar, del aire, etc.: *el mugido de las olas.*

**MUGIDOR, RA** adj. Que muge.

**MÚGIL** n. m. Mújol.

**MUGIR** v. intr. (lat. *mugire*) **[3b]**. Dar mugidos la res vacuna. **2.** *Fig.* Bramar.

**MUGRE** n. f. (lat. *mucorem,* moho). Suciedad grasienta.

**MUGRIENTO, A** o **MUGROSO, A** adj. Lleno de mugre.

**MUGRÓN** n. m. Sarmiento de vid o de otra planta, de bastante longitud, de manera que se pueda enterrar por su parte media sin separarla de la planta madre. **2.** Vástago de cualquier planta.

**MUGUET** n. m. Enfermedad de las mucosas, debida a un hongo, que aparece sobre todo en la boca de los recién nacidos. **2.** Muguete.

**MUGUETE** n. m. Planta liliácea de pequeñas flores blancas, de olor dulce y agradable, que crece en los bosques de los países templados. SIN.: *muguet.*

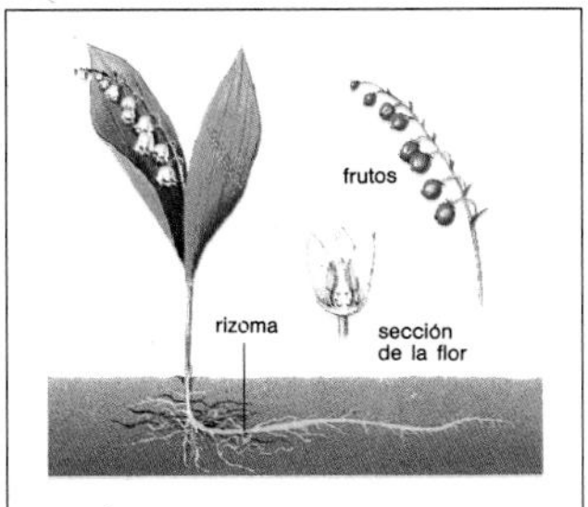

muguete

**MUINA** n. f. *Méx.* Enojo, disgusto.

**MUITÚ** n. m. Ave galliforme de América Meridional. (Familia crácidos.)

**MUJAHIDDIN** o **MUŶAHIDŪN,** voz árabe que significa *combatientes,* utilizada desde antiguo para designar a los combatientes en pro de una causa político-religiosa («combatientes de la fe»), en el contexto de las luchas civiles interislámicas o de la guerra santa contra los cristianos u otros infieles.

**MUJER** n. f. (lat. *mulierem*). Hembra, persona del sexo femenino de la especie humana. **2.** Persona adulta del sexo femenino de la especie humana. **3.** Esposa. **4.** Hembra dotada de las cualidades que caracterizan la madurez síquica: *a pesar de sus pocos años es toda una mujer.* • **Mujer de su casa,** la que cuida con eficiencia del gobierno de la casa.

**MUJERERO, A** adj. *Amér.* Mujeriego.

**MUJERIEGO, A** adj. Mujeril. ◆ adj. y n. m. **2.** Dícese del hombre aficionado a las mujeres.

**MUJERIL** adj. Relativo a la mujer.

**MUJERÍO** n. m. Conjunto de mujeres.

**MUJERONA** adj. y n. f. Dícese de la mujer muy alta y corpulenta.

**MUJERUCA** n. f. *Desp.* Mujer vieja e insignificante, generalmente de pueblo.

**MUJERZUELA** n. f. Prostituta.

**MUJIK** n. m. (voz rusa) [pl. *mujiks*]. Campesino ruso.

**MÚJOL** n. m. Pez de cabeza grande y labios muy gruesos y provistos de verrugas, muy apreciado por su carne y sus huevas. SIN.: *múgil.*

**MULA** n. f. Femenino de mulo. **2.** *Méx.* Ficha doble del dominó: *mula de seises.*

**MULA** n. f. Pantufla blanca usada por los papas, con una cruz bordada en oro.

**MULADA** n. f. Hato de ganado mular.

**MULADAR** n. m. Lugar donde se echa el estiércol o basura de las casas. **2.** *Fig.* Lugar sucio o pervertido.

**MULADÍ** adj. y n. m. y f. (ár. *muwalladin,* adoptado). Dícese del cristiano hispánico que en al-Andalus abrazaba el islamismo.

**MULAR** adj. Relativo al mulo. • **Pez mular,** delfín de hasta 4 m de long., de color gris oscuro, con la mandíbula y el vientre blancos, que presenta aleta dorsal más o menos en el centro del tronco. (Familia delfínidos.)

**MULATEAR** v. intr. **[1]**. *Chile.* Empezar a tomar color negro la fruta que, cuando madura, es de este color.

**MULATERO, A** adj. Relativo a la industria productora de híbridos. • **Yegua mulatera,** yegua productora de híbridos.

**MULATIZAR** v. intr. **[1g]**. Parecerse al mulato en el color.

**MULATO, A** adj. y n. Dícese del hijo de una persona blanca y otra negra. ◆ adj. **2.** De color moreno. **3.** Dícese de las cosas de color más oscuro que la generalidad de su especie. ◆ n. m. **4.** *Amér.* Mineral de plata de color oscuro o verde cobrizo.

**MULE-JENNY** n. f. Máquina empleada en el s. XIX para el hilado del algodón.

**MÚLEO** n. m. (lat. *mulleum*). Calzado de los patricios romanos, de color púrpura, puntiagudo, con la punta vuelta hacia el empeine y que por el talón subía hasta la mitad de la pierna. **2.** Zapatillas de forma algo parecida al múleo.

**MULERO** n. m. Mozo de mulas.

**MULETA** n. f. Prótesis primitiva, constituida por un palo largo con un travesaño transversal que permite el apoyo de la axila. **2.** *Fig.* Aquello que sirve para sostener algo o a alguien. **3.** Almeja de río. **4.** TAUROM. Palo con un paño rojo sujeto a él por una de sus orillas, con que el torero trastea al toro.

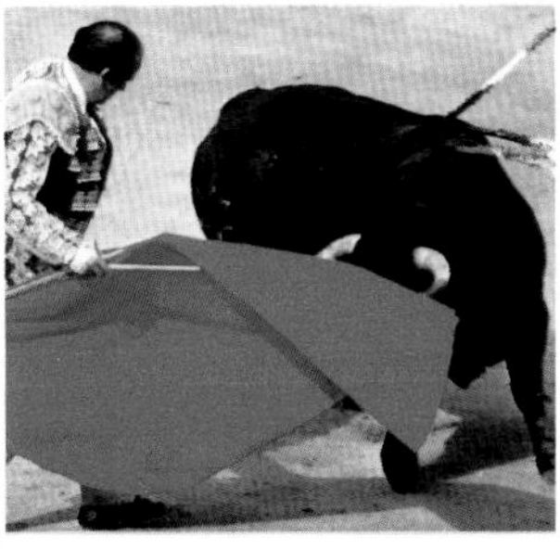
pase de **muleta**

**MULETAZO** n. m. TAUROM. Pase de muleta.

**MULETEAR** v. intr. **[1]**. TAUROM. Torear con la muleta.

**MULETEO** n. m. TAUROM. Acción de muletear.

**MULETILLA** n. f. Bastón que tiene un travesaño

por puño. **2.** Travesaño colocado en el extremo de un palo. **3.** Expresión que se repite innecesariamente en el lenguaje.

**MULETILLERO, A** n. Persona que abusa de muletillas en la conversación.

**MULETO, A** n. Mulo de poca edad o cerril.

**MULETÓN** n. m. (fr. *molleton*). Tela de lana suave o algodón ligeramente afelpada y de mucho abrigo, semejante a una franela gruesa.

**MULILLAS** n. f. pl. TAUROM. Tiro de mulas, generalmente adornado con banderas, madroños, cintas y cascabeles, que, en las plazas, saca arrastrando a los animales muertos en el ruedo.

**MULILLERO** n. m. TAUROM. Encargado de arrear las mulillas en las corridas de toros.

**MULITA** n. f. Tatú.

**MULL** n. m. EDAFOL. Humus dulce, característico de los bosques de caducifolios, en la zona templada.

**MULLAH** n. m. (ár. *mawlà*). En el islam chiita, título dado a los personajes religiosos, en especial a los doctores de la ley coránica.

**MULLIDA** n. f. Montón de juncos o paja, para cama de los animales.

**MULLIDO, A** adj. Dícese del suelo que ha sido cavado y ahuecado con la finalidad de facilitar la germinación de las semillas y el desarrollo de las plantas jóvenes. ◆ n. m. **2.** Material blando con que se rellenan colchones, asientos, etc.

**MULLIDOR, RA** adj. y n. Que mulle.

**MULLIR** v. tr. (lat. *mollire*, ablandar) **[3h]**. Esponjar algo para que esté blando. **2.** AGRIC. Cavar y ahuecar la tierra para hacerla más suelta.

**MULLO** n. m. *Ecuad.* Abalorio, cuenta de rosario o collar.

**MULO, A** n. (lat. *mulum*). Híbrido resultante del cruce entre asno y yegua o bien entre caballo y burra. **2.** *Fig.* y *fam.* Persona fuerte y vigorosa. **3.** *Fig.* y *fam.* Persona muy tozuda y de escasa inteligencia.

**mulo**

**MULÓN, NA** adj. *Chile.* Dícese del niño que tarda mucho en hablar. **2.** *Chile.* Estropajoso, que no pronuncia bien.

**MULTA** n. f. (lat. *multam*). Sanción pecuniaria que se impone por haber realizado una infracción.

**MULTAR** v. tr. **[1]**. Imponer a alguien una multa.

**MULTICABLE** adj. MIN. Dícese de una instalación de extracción en la que las jaulas van suspendidas de varios cables paralelos.

**MULTICELULAR** adj. BOT. Pluricelular.

**MULTICOLOR** adj. Que presenta gran número de colores.

**MULTICOPIADO** n. m. Acción y efecto de multicopiar.

**MULTICOPIAR** v. tr. **[1]**. Reproducir un escrito, dibujo, etc., por medio de una multicopista.

**MULTICOPISTA** n. f. y adj. Máquina que permite obtener con rapidez muchas copias de un texto o dibujo a partir de un original preparado en una hoja especial.

**MULTIDIMENSIONAL** adj. MAT. Dícese de un espacio de más de tres dimensiones.

**MULTIESTÁNDAR** adj. Multistandard.

**MULTIFAMILIAR** adj. y n. *Amér.* Dícese del edificio de varias plantas, con numerosos apartamentos, cada uno de los cuales está destinado para habitación de una familia.

**MULTIFLAR** adj. Que comprende varios filamentos o hilos.

**MULTIFORME** adj. Que tiene varias formas.

**MULTIGRADO** adj. Dícese de un aceite lubricante que sirve para todas las estaciones del año.

**MULTÍGRAFO** n. m. y adj. *Méx.* y *Venez.* Multicopista.

**MULTILATERAL** adj. Dícese de un acuerdo, económico o político, entre varios países.

**MULTILÁTERO, A** adj. Dícese de los polígonos de más de cuatro lados.

**MULTILOCULAR** adj. BIOL. Que tiene muchas cavidades.

**MULTIMEDIA** adj. y n. m. Que combina texto, imagen, sonido e imagen en movimiento: *ordenador multimedia; enciclopedia multimedia.*

**MULTIMILLONARIO, A** adj. y n. Muy rico, millonario.

**MULTINACIONAL** adj. y n. f. Dícese de la empresa o grupo industrial, comercial o financiero cuyas actividades y capitales se distribuyen entre varios países. SIN.: *transnacional.*

**MULTÍPARO, A** adj. Que pare varios hijos en un solo parto: *la coneja es multípara.* **2.** Dícese de una mujer que ha tenido más de un parto.

**MULTIPARTIDISMO** n. m. Sistema político caracterizado por la multiplicidad de partidos.

**MULTIPARTIDO** adj. Que agrupa varios partidos políticos: *un gobierno multipartido.*

**MULTIPLANO, A** adj. y n. m. Dícese del aeroplano que tiene varios planos o superficies de sustentación.

**MÚLTIPLE** adj. (lat. *multiplum*). Que no es simple. **2.** Vario, mucho. (Suele usarse en plural.) ◆ n. m. **3.** ART. CONTEMP. Obra concebida para ser reproducida en diversos ejemplares. **4.** TELECOM. Cuadro terminal de los dispositivos de centración de las líneas telegráficas o telefónicas, que permite el rápido establecimiento de comunicaciones directas.

**MULTIPLETE** n. m. FÍS. Conjunto de niveles de energía vecinos, procedentes de la separación de un nivel único. **2.** INFORMÁT. Conjunto de bits cuya combinación permite representar una cifra, una letra o un signo en la forma binaria que puede ser tratada por un ordenador.

**MÚLTIPLEX** n. m. y adj. (lat. *multiplex*, múltiple). Sistema electrónico que permite la transmisión simultánea de varias informaciones por la misma vía. **2.** Programa radiodifundido en el que participan simultáneamente varios estudios conectados por telecomunicación.

**MULTIPLEXAR** v. tr. **[1]**. INFORMÁT. Circular por la misma línea de transmisión de datos, mensajes destinados a distintos receptores y procedentes de fuentes distintas.

**MULTIPLICABLE** adj. Que se puede multiplicar.

**MULTIPLICACIÓN** n. f. Acción y efecto de multiplicar. **2.** AGRIC. Producción de nuevos pies a partir de fragmentos de la planta madre. **3.** BIOL. Reproducción asexual. **4.** MAT. Operación que tiene por objeto, dados dos números, uno llamado *multiplicando* y el otro *multiplicador,* hallar un tercero, *llamado producto,* que contenga al multiplicando tantas veces como indique el multiplicador. **5.** MEC. Relación en que aumenta la velocidad de una rueda dentada movida por otra de mayor tamaño en una transmisión de movimientos. • **Tabla de multiplicación,** tabla, atribuida a Pitágoras, que da los productos de los diez primeros números entre sí.

**MULTIPLICADOR, RA** adj. Que multiplica o sirve para multiplicar. ◆ adj. y n. m. **2.** MAT. Dícese del factor que en una multiplicación indica las veces que se debe tomar el multiplicando. ◆ n. m. **3.** ECON. Coeficiente numérico que permite conocer el crecimiento experimentado por una magnitud económica como consecuencia de un incremento en otra magnitud relacionada con ella.

**MULTIPLICANDO** adj. y n. m. MAT. Dícese del factor que en una multiplicación debe tomarse como sumando tantas veces como indica el multiplicador.

**MULTIPLICAR** v. tr. y pron. (lat. *multiplicare*) **[1a]**. Aumentar algo un número considerable de veces. **2.** Reproducirse los seres vivos de generación en generación. ◆ v. tr. **3.** MAT. Efectuar una multiplicación. ◆ **multiplicarse** v. pron. **4.** Realizar alguien una serie de trabajos u ocupaciones propios de muchos.

**MULTIPLICATIVO, A** adj. Que multiplica o aumenta. **2.** MAT. Dícese de un grupo cuya operación se indica con el signo ×.

**MULTIPLICIDAD** n. f. Calidad de múltiple. **2.** Abundancia de una cosa.

**MÚLTIPLO, A** adj. y n. m. (lat. *multiplum*). Dícese del número o cantidad que contiene a otro u otra varias veces exactamente. ◆ n. m. **2. Múltiplo común de varios números,** número que es múltiplo a la vez de todos los números considerados. ‖ **Mínimo común múltiplo de varios números,** el menor de los múltiplos comunes de estos números.

**MULTIPOLAR** adj. ELECTR. Que tiene más de dos polos. **2.** HISTOL. Dícese de una neurona cuyo cuerpo celular está rodeado de varias dendritas.

**MULTIPROCESADOR, RA** adj. y n. m. INFORMÁT. Dícese de un sistema informático que posee varias unidades de proceso.

**MULTIPROCESO** n. m. INFORMÁT. Técnica de utilización de un ordenador que permite la ejecución de varios programas con una misma máquina.

**MULTIPROGRAMACIÓN** n. f. INFORMÁT. Método de explotación de un ordenador que permite la ejecución de varios programas con una misma máquina.

**MULTIPROPIEDAD** n. f. Sistema de propiedad compartida por el que cada participante adquiere el derecho a disfrutar de un mismo bien inmueble durante un cierto período de tiempo cada año.

**MULTISALA** n. f. CIN. Local de exhibición que consta de varias salas en las que se proyectan simultáneamente diversas películas.

**MULTISTANDARD** o **MULTIESTÁNDAR** adj. Dícese de un receptor de televisión que proporciona imágenes procedentes de emisoras de normas diferentes.

**MULTITECLADO** n. m. INFORMÁT. Dispositivo formado por un conjunto de órganos de recogida de información (teclados, por lo general dotados de pantallas de visualización) conectados a un ordenador de potencia media, que dispone de una memoria auxiliar de tamaño considerable, que registrará las informaciones recogidas.

**MULTITRATAMIENTO** n. m. INFORMÁT. Ejecución simultánea de varios programas en diversos procesadores de un mismo ordenador.

**MULTITUBULAR** adj. Dícese de la caldera cuya superficie de calentamiento está constituida por tubos que son recorridos por el agua o la mezcla de agua y vapor, y que están expuestos al calor de los gases.

**MULTITUD** n. f. Gran número de personas o cosas.

**MULTITUDINARIO, A** adj. Que forma multitud, o que pertenece a ella.

**MULTIVIBRADOR** n. m. ELECTRÓN. Generador de tensión para televisión, constituido por dos triodos o dos transistores, montados de forma que la tensión de salida de cada uno de ellos se aplica a la entrada del otro.

**MUM** o **BAMUM,** pueblo de Camerún, que habla una lengua bantú.

**MUNCHO, A** adj. *Méx.* Mucho.

**MUNDĀ** n. m. Grupo de lenguas habladas en las regiones montañosas del centro y del E de la India por pueblos tribales.

**MUNDĀ,** grupo de pueblos de la India central y oriental que habla el mundā.

**MUNDANEAR** v. intr. **[1]**. Llevar una vida mundana. **2.** Conceder gran importancia a las cosas del mundo.

**MUNDANERÍA** n. f. Calidad de mundano. **2.** Acción mundana.

**MUNDANO, A** o **MUNDANAL** adj. Relativo al mundo. **2.** Que hace referencia a la vida social: *fiesta mundana.* **3.** Dícese de la persona que gusta de frecuentar la alta sociedad.

**MUNDIAL** adj. Relativo al mundo entero.

**MUNDIALIZACIÓN** n. f. Proceso de internacionalización de la política, las relaciones económicas y financieras y el comercio.

**MUNDICIA** n. f. Limpieza.

**MUNDIFICACIÓN** n. f. Acción y efecto de mundificar.

**MUNDIFICAR** v. tr. y pron. **[1a]**. Limpiar, purgar, purificar.

# EL PATRIMONIO MUNDIAL

Desde tiempos inmemoriales, los hombres han intentado modelar y dominar esta Tierra que habitan. Han roturado bosques, desecado pantanos y trazado carreteras; han construido puentes sobre los ríos o han cambiado su curso; han cavado túneles bajo los mares; han edificado templos, catedrales, castillos, palacios, fábricas... De estos trabajos oscuros o legendarios que han ocupado los días de nuestros ancestros hoy nos quedan algunos preciosos testimonios. Estas maravillas de nuestro mundo actual constituyen una herencia inestimable que es importante que registremos, protejamos y transmitamos a las generaciones futuras. Éste es el objetivo principal de la «Convención sobre la protección del patrimonio mundial, cultural y natural», adoptada por la conferencia general de la Unesco en 1972: identificar y proteger el patrimonio cultural y natural al que se reconozca un «valor universal excepcional». Hasta el día de hoy, los 162 estados miembros signatarios del acuerdo han inscrito 690 lugares en la lista del patrimonio del mundo, manifestando así que su protección incumbe a toda la comunidad internacional. Se trata de lugares diseminados por los cinco continentes cuya existencia y belleza constituyen un motivo de enriquecimiento para cada uno de nosotros y cuya desaparición sería una pérdida irreparable para la humanidad.
*El Pequeño Larousse* se ha sumado a la acción del Centro del patrimonio mundial de la Unesco presentando a continuación 73 lugares que ilustran la diversidad de los paisajes y civilización del planeta.

PATRIMONIO MUNDIAL · WORLD HERITAGE · PATRIMOINE MONDIAL

*Página de Internet del Centro del patrimonio mundial:*
*http://www.unesco.org/whc*

## África y los Estados árabes

*Argelia.* La qaṣba de Argel.
Además de la ciudadela, la qaṣba de Argel comprende mezquitas antiguas, palacios de estilo otomano y un tejido urbano muy tradicional en el que una intensa socialización ha dejado su impronta con el transcurso de los años.

*Ghana.* Fuertes y castillos de Volta, de Accra y sus alrededores, así como varias regiones del centro y del oeste.
En la costa de Ghana, entre Keta y Beyin, sobreviven vestigios de unos establecimientos fortificados fundados entre 1482 y 1786 y que fueron parte de las redes comerciales creadas por los portugueses. Arriba, el castillo de San Jorge.

*Líbano.* Baalbek.
Es la antigua Heliópolis helenística. Con sus construcciones colosales, Baalbek sigue siendo uno de los vestigios más imponentes de la arquitectura imperial romana en su apogeo.

*Camerún.* Reserva de animales del Dja.
Es una de las selvas tropicales africanas más vastas y mejor protegidas. La reserva es especialmente reseñable por su biodiversidad y por la enorme variedad de primates que viven en ella.

*Jordania.* Petra.
Medio construida y medio esculpida en la roca, en el interior de una cadena montañosa circular salpicada de gargantas y desfiladeros, Petra es un lugar en el que las influencias de las tradiciones orientales antiguas se mezclan con la arquitectura helenística.

*Libia.* Leptis Magna.
Leptis Magna fue una de las ciudades más bellas del mundo romano, con sus grandes monumentos públicos, su puerto artificial, su mercado, sus almacenes, sus talleres y sus barrios residenciales.

*Egipto.* El Cairo islámico.
Encerrada en la aglomeración moderna, El Cairo alberga una de las ciudades islámicas más antiguas del mundo, con sus prestigiosas mezquitas, sus madrasa, sus ḥammān y sus fuentes.

*Madagascar.* Reserva natural del Tsingy de Bemaraha.
Un macizo calcáreo fuertemente dentado, con su impresionante «tsingy» y su «bosque» de espolones calcáreos, constituye uno de los paisajes más espectaculares de la reserva natural de Bemaraha.

*Egipto.* Menfis y su necrópolis. La región de las pirámides de Gizeh, en Dahšur.
Alrededor de la capital del Antiguo Imperio egipcio subsisten extraordinarios conjuntos funerarios con tumbas rupestres, mastabas finamente decoradas, templos y pirámides. En la antigüedad este lugar se consideraba una de las Siete Maravillas del mundo.

*Kenya.* Parque nacional / selva natural del monte Kenya.
El monte Kenya –un volcán extinguido– constituye uno de los paisajes más impresionantes del este de África. La evolución y la ecología de su flora afroalpina procuran, además, un notable ejemplo de desarrollo ecológico.

*Malí.* Acantilados de Bandiagara.
Desde hace siglos, estos acantilados que albergan bellísimas construcciones –habitaciones, graneros, altares, santuarios y toguna (lugares de reunión)– son el alma de la cultura tradicional dogon.

*Marruecos.* Medina de Marrakech.
La medina conserva numerosas obras maestras arquitectónicas: las murallas y sus puertas monumentales, la mezquita de Kutūbiyya, las tumbas de la dinastía Sa'dī, así como algunas casas antiguas características, como este pequeño palacio privado.

*Siria.* Palmira.
Situada en la ruta de varias civilizaciones, el arte y la arquitectura de la «ciudad de las palmeras» permitió unir durante los ss. I y II de la era cristiana las técnicas grecorromanas, las tradiciones locales y la influencia persa.

*Tanzania.* Parque nacional del Kilimanjaro.
El Kilimanjaro domina la sabana y está rodeado por un bosque de montaña. El parque acoge numerosos mamíferos, muchos de ellos pertenecientes a especies amenazadas.

*Tunicia.* Cartago.
A partir del s. VI a. J.C., Cartago estableció un imperio comercial que se extendió por gran parte del mundo mediterráneo y que fue el asentamiento de una brillante civilización.

*Yemen.* Ciudad vieja de San'ā'.
Todas sus 106 mezquitas, 12 ḥammām y 6 500 casas son anteriores al s. XI. Las casas-torre de numerosos pisos y las casas antiguas de adobe añaden aún más belleza a este lugar.

*Zambia / Zimbabwe.* Las cataratas Victoria.
Estas cataratas están entre las más espectaculares del mundo. El río Zambeze, de más de 2 km de ancho, cae bruscamente en una serie de gargantas de basalto, provocando una bruma irisada visible a más de 20 km.

*Zimbabwe.* Monumento nacional de la acrópolis de Zimbabwe.
Las ruinas de la acrópolis de Zimbabwe (Great Zimbabwe), supuesta capital de la reina de Saba, son un testimonio único de la civilización bantú de los shona entre los siglos XI y XV. La ciudad, de cerca de 80 ha, fue un importante centro de intercambio, famoso desde la edad media.

## América

*Canadá.* Casco histórico de Quebec.
La ciudad alta, con sus iglesias, sus conventos y otros monumentos como la ciudadela, el Parlamento y el castillo Frontenac, así como la ciudad baja, con sus barrios antiguos, constituyen un conjunto urbano que está entre las mejores muestras de ciudad colonial fortificada.

*Estados Unidos.* Estatua de la libertad.
La estatua colosal de *La libertad iluminando el mundo* fue ofrecida por Francia con motivo del centenario de la independencia de Estados Unidos. Se inauguró en 1886.

*México.* Teotihuacán.
Teotihuacán , «lugar en el que se ha creado a los dioses», se caracteriza por las enormes dimensiones de sus monumentos, entre los que destacan las pirámides del Sol y de la Luna, así como por su ordenamiento geométrico y simbólico.

*Argentina.* Los glaciares.
Este parque nacional ofrece un espectáculo de rara belleza. En la extremidad del lago Argentino se unen tres glaciares y enormes icebergs caen en aguas de color gris lechoso produciendo un ruido atronador.

*Bolivia.* Ciudad de Potosí.
En el s. XVI era considerado el mayor conjunto industrial del mundo y durante dos siglos se explotaron sus minas de plata. La riqueza minera se reflejó en sus templos y construcciones barrocas, como la Casa de Moneda, así como en un intrincado sistema de acueductos.

*Honduras.* Ruinas de Copán.
Estas ruinas, uno de los vestigios más importantes de la cultura maya, comprenden una ciudadela y plazas públicas que muestran tres etapas de desarrollo. La ciudad de Copán creció entre los siglos IV y X de nuestra era, cuando fue abandonada. Este lugar reúne edificios, estelas, esculturas y altorrelieves de gran calidad.

*Brasil.* Ouro Preto.
Centro de la fiebre del oro del s. XVIII en Brasil, Ouro Preto (Oro Negro, en español) alberga una gran cantidad de iglesias y construcciones en las que se plasmó la prosperidad de la ciudad. Además, ahí vivió y trabajó Aleijadinho (1730-1814), uno de los escultores barrocos más importantes de Latinoamérica.

*Colombia.* Parque arqueológico de San Agustín.
Es el mayor conjunto de monumentos religiosos y esculturas megalíticas de América del Sur. Representan divinidades y animales míticos en estilos que oscilan entre la abstracción y el realismo.

*Costa Rica.* Parque nacional de la isla del Coco.
La isla del Coco, situada a 550 km de la costa pacífica de Costa Rica, es la única isla del Pacífico tropical oriental que posee una selva tropical húmeda. En sus mares se pueden observar grandes especies pelágicas, como tiburones, rayas, atunes y delfines.

*Cuba.* Ciudad vieja de La Habana y su sistema de fortificaciones.
El antiguo centro de la ciudad conserva sus fortificaciones (arriba), monumentos barrocos y neoclásicos, así como un conjunto homogéneo de casas con arcadas, balcones, rejas de hierro forjado y patios interiores.

*Ecuador.* Islas Galápagos.
Caracterizadas por su inusual fauna, que incluye tortugas gigantes e iguanas marinas, constituyen un espacio único del proceso evolutivo que ha seguido la vida en nuestro planeta, pues nunca estuvieron unidas a tierra firme. Después de una visita realizada en 1835, Charles Darwin desarrolló su famosa teoría de la evolución de las especies.

*Guatemala.* Parque nacional de Tikal.
Tikal es uno de los principales asentamientos de la civilización maya. Su centro ceremonial alberga templos y palacios de magnífica construcción, lugares públicos a los que se accede por medio de rampas. En el campo que lo rodea se ven numerosos restos de viviendas.

*Perú.* Santuario histórico de Machu Picchu.
Probablemente Machu Picchu haya sido la creación urbana más asombrosa del imperio inca en su apogeo: murallas, terrazas y rampas gigantescas dan forma a las escarpaduras rocosas, de las que parecen una prolongación natural.

*Venezuela.* Parque Nacional de Canaima.
Abarca alrededor de tres millones de hectáreas al sudeste del país. Su mayor atractivo es un impresionante paisaje de suelos con alturas y planicies, salpicado por caídas de agua, entre las que se encuentra el Salto de Angel, la catarata más alta del mundo, con 1002 m de altura.

## Asia y el Pacífico

*Australia.* El gran arrecife.
Con sus 400 especies de coral que albergan 1500 especies de peces y 4000 especies de moluscos, este conjunto de arrecifes coralinos también constituye el hábitat de ciertas especies en peligro de extinción, como el dugón y la gran tortuga verde.

*Indonesia.* Borobudur.
Este célebre templo budista consiste en una base piramidal que comprende cinco terrazas cuadradas, coronadas por un stūpa monumental. Alrededor de las plataformas circulares, 72 stūpas calados albergan otras tantas estatuas de Buda.

*China.* Palacio imperial en Pekín de las dinastías Ming y Qing.
Asentamiento en Pekín del poder supremo durante más de cinco siglos, la «Ciudad prohibida» alberga jardines y numerosos edificios cuyas 9000 salas encierran muebles y obras de arte.

*Nepal.* Valle de Katmandú.
Siete conjuntos de monumentos, hinduistas y budistas, así como las tres zonas residenciales de las ciudades reales de Katmandú, Pātan y Bhādgāun, muestran el arte nepalí en su apogeo.

*Srī Lanka.* Polonnaruwa.
Además de los monumentos brahmánicos erigidos por los chola, Polonnaruwa acoge los restos monumentales de una fabulosa ciudad-jardín creada en el s. XII. (Arriba, monumentos rupestres de Gal Vihāra.)

*Corea (República de).* Cueva de Syokkulam.
Habilitada en el s. VIII, esta cueva encierra una estatua monumental de Buda contemplando el mar (arriba) que constituye una obra maestra del arte budista del Extremo Oriente.

*Nueva Zelanda.* Parque nacional de Tongariro.
Las montañas que se yerguen en el centro del parque nacional simbolizan los vínculos espirituales que el pueblo maorí mantiene con su entorno natural.

*Tailandia.* Ayuthia y las ciudades históricas asociadas.
Los vestigios de esta antigua capital de Siam, caracterizados por los «prang» o torres-relicario, así como por monasterios de dimensiones gigantescas, dan una idea de su pasado esplendor.

*Filipinas.* Arrozales en las terrazas de las cordilleras.
Estos arrozales constituyen un paisaje de gran belleza en el que se aprecia la conquista y preservación de la armonía entre el hombre y su entorno.

*Vietnam.* Bahía de Along.
Está formada por cerca de 1600 islas e islotes que crean un espectacular paisaje marino de pilares de roca calcárea. Al valor estético excepcional de este lugar se añade su gran interés biológico.

## Europa

*Alemania.* Monumentos conmemorativos de Lutero en Eisleben y Wittenberg.
En Sajonia-Anhalt, este conjunto reagrupa los lugares vinculados a la vida de Martín Lutero y a la de su discípulo Melanchthon. En la fotografía, la casa de Lutero en Wittenberg.

*Austria.* Centro histórico de Salzburgo.
Salzburgo ha sabido preservar un tejido urbano de una riqueza excepcional elaborado entre la edad media y el s. XIX, en los tiempos en que era una ciudad-estado gobernada por un príncipe-arzobispo.

*Bélgica.* Plaza mayor, Bruselas.
La mayor parte de este conjunto de edificios públicos y privados se remonta a finales del s. XVII. Su arquitectura resume e ilustra la importancia social y cultural de este centro político y comercial.

*Checa (República).* Centro histórico de Praga.
Construidos entre los siglos XI y XVIII, los barrios del centro histórico, con magníficos monumentos que datan en su mayor parte del s. XIV, son un testimonio de la gran influencia arquitectónica y cultural ejercida por la ciudad. Arriba, una vista de Praga desde el puente Carlos.

*Chipre.* Pafos.
Si bien Pafos es famosa por su templo de Afrodita (según el mito, lugar de nacimiento de la diosa), sus vestigios de ciudades, palacios, teatros, fortalezas (arriba) y tumbas también contribuyen a conferirle un interés arquitectónico e histórico excepcional.

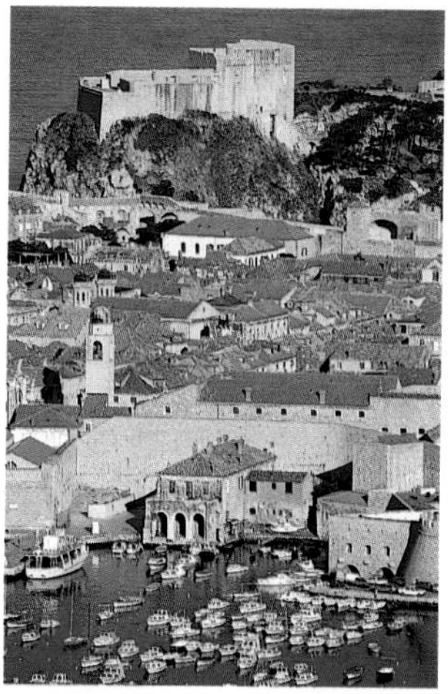

*Croacia.* Ciudad antigua de Dubrovnik.
Dubrovnik conserva bellos monumentos, iglesias, monasterios, palacios y fuentes de estilo gótico, renacentista y barroco. Después del conflicto armado en la región durante la década de 1990, la ciudad fue objeto de un gran programa de restauración coordinado por la Unesco.

*Dinamarca.* Túmulo, piedras rúnicas e iglesia de Jelling.
Los túmulos funerarios y una de las piedras rúnicas constituyen muestras excepcionales de la cultura nórdica pagana, mientras que la otra piedra rúnica y la iglesia ilustran la conversión del pueblo danés al cristianismo a mediados del s. X.

*España.* La Alhambra, el Generalife y el Albaicín, en Granada.
La Alhambra (arriba) y el Albaicín, ubicados en dos colinas adyacentes, constituyen la parte medieval de Granada. Al este de la Alhambra se extienden los maravillosos jardines del Generalife.

*Estonia.* Centro histórico de Tallinn.
La ciudad fue un lugar clave de la liga hanseática. Su prosperidad se traduce en la opulencia de los edificios públicos y especialmente de sus iglesias ortodoxas (arriba vemos la de San Nicolás), así como en la arquitectura doméstica de las casas de los comerciantes.

*Finlandia.* Fortaleza de Suomenlinna.
Construida durante la segunda mitad del s. XVIII por las autoridades suecas sobre un grupo de islas situadas en la entrada de la rada de Helsinki, la fortaleza es testimonio de la arquitectura militar europea de la época.

*Francia.* El Mont-Saint-Michel y su bahía.
En la frontera entre Normandía y la Bretaña se erige la «maravilla de Occidente», la abadía benedictina de estilo gótico dedicada al arcángel san Miguel, así como el pueblo nacido al abrigo de sus murallas.

*Grecia.* Acrópolis de Atenas.
La Acrópolis de Atenas, donde se erigen cuatro de las más grandes obras maestras del arte griego clásico –el Partenón, los Propileos, el Erecteion y el templo de Atenea Nikê– puede considerarse como uno de los principales elementos del patrimonio mundial.

*Italia.* Venecia y su laguna.
Venecia se extiende sobre 118 islotes. Es una extraordinaria obra maestra de la arquitectura en la que incluso el más pequeño monumento encierra obras de algunos de los grandes artistas del mundo, entre ellos Giorgione, Tiziano, el Tintoretto y el Veronés.

*Macedonia.* Región natural e histórico-cultural de Ohrid.
La mayor parte de la ciudad de Ohrid fue construida entre los siglos VII y XIX y alberga el monasterio eslavo más antiguo que se conoce (consagrado a san Pantaleón), así como una de las principales colecciones de iconos del mundo.

*Grecia.* El monte Athos.
Centro espiritual ortodoxo desde 1054, la «montaña santa», prohibida a las mujeres y a los niños y dotada de un estatuto autónomo desde Bizancio, es también un importante centro artístico.

*Italia y la Santa Sede.* Centro histórico de Roma.
Este lugar del patrimonio mundial incluye algunos de los principales monumentos de la antigüedad, así como edificios religiosos y públicos de la Roma de los Papas.

*Noruega.* «Stavkirke» de Urnes.
Esta iglesia de pilares de madera (o «stavkirke») de Urnes fue construida en los siglos XII y XIII. Se distinguen reminiscencias del arte céltico, tradiciones vikingas y estructuras espaciales románicas.

*Hungría.* Budapest: vista panorámica de las dos orillas del Danubio y el barrio del castillo de Buda.
Este lugar, uno de los más bellos paisajes urbanos del mundo, ilustra los períodos de esplendor que ha conocido la capital húngara en el transcurso de la historia.

*Irlanda.* Skelling Michael.
El conjunto monástico levantado sobre las abruptas pendientes del islote rocoso de Skelling Michael desde el s. VII, a una decena de kilómetros de las costas del suroeste de Irlanda, es un testimonio de la extrema dureza de las condiciones de vida de los primeros cristianos irlandeses.

*Lituania.* Centro histórico de Vilnius.
Vilnius conserva un conjunto impresionante de edificios históricos de estilo gótico, renacentista y barroco (arriba, la iglesia del Santo Espíritu).

*Países Bajos.* Red de molinos de Kinkerdijk-Elshout.
Todos los elementos típicos de la tecnología del drenaje del agua se encuentran reunidos aquí: diques, depósitos, estaciones de bombeo, edificios administrativos y molinos perfectamente conservados.

*Polonia.* Centro histórico de Cracovia.
Data del s. XIII y abarca la plaza de mercado más grande de Europa (arriba), el ayuntamiento, la universidad Jagellón, el castillo real del Wawel y la catedral de San Estanislao.

*Portugal.* Monasterio de los Jerónimos y torre de Belém, en Lisboa.
El monasterio de los Jerónimos (arriba), cuya construcción se inició en 1502, es tal vez la expresión más acabada del arte portugués. Su claustro es considerado como la obra maestra del arte manuelino.

*Rumania.* Delta del Danubio.
Las aguas del Danubio desembocan en el mar Negro formando el más extenso y mejor conservado delta europeo. Sus innumerables lagos y pantanos albergan más de 300 especies de aves, así como 45 especies de peces de agua dulce.

*Rusia.* El Kremlin y la plaza Roja de Moscú.
El Kremlin fue construido entre los siglos XIV y XVII por arquitectos rusos y extranjeros excepcionales, constituyendo tanto la residencia del gran príncipe como un gran centro religioso. Al pie de sus murallas, sobre la plaza Roja, se erige la catedral de san Basilio el Bienaventurado.

*Suecia.* Region de Laponia.
Laponia constituye el más vasto territorio –y también uno de los últimos– en los que todavía se practica el modo de vida ancestral de los lapones, basado en la trashumancia de las manadas de renos.

*Suiza.* Barrio antiguo de Berna.
El barrio antiguo alberga numerosas arcadas y fuentes (arriba la fuente de Sansón) del s. XVI. La mayor parte de la ciudad medieval fue renovada en el s. XVIII, aunque ha conservado su carácter original.

*Turquía.* Barrios históricos de İstanbul.
Albergan obras maestras como el antiguo hipódromo de Constantino, la basílica de Santa Sofía (s. VI) y la mezquita de Solimán (s. XVI, arriba). Sin embargo, están amenazadas por la superpoblación, la contaminación industrial y la urbanización incontrolada.

*Ucrania.* Kíev: catedral de Santa Sofía y conjunto de los edificios monásticos y laura de las grutas de Kíev.
Concebida para rivalizar con la iglesia de Santa Sofía de Constantinopla, la catedral de Santa Sofía de Kíev simboliza la «nueva Constantinopla», capital del principado cristiano creada en el s. XI.

*Uzbekistán.* Centro histórico de Bujará.
Situada en la ruta de la seda, Bujará cuenta más de dos mil años. Su tejido urbano ha permanecido básicamente intacto, con numerosos monumentos (mausoleo de Ismā'il el sāmānī), y madrasa del s. XVII (arriba).

Yugoslavia. Monasterio de Studenica.
Fundado hacia finales del s. XII, es el más extenso y rico de los monasterios ortodoxos serbios. Sus dos monumentos principales, la iglesia de la Virgen y la iglesia del Rey, construidos en mármol blanco, fueron un verdadero conservatorio de la pintura bizantina de los siglos XIII y XIV, como muestra el fresco de la fotografía.

**MUNDIFICATIVO, A** adj. Dícese del medicamento que mundifica.

**MUNDILLO** n. m. Con respecto a una persona, conjunto de las de su misma actividad o categoría, entre las que se desenvuelve o con las que convive, así como de las actividades, asuntos, problemas, etc., comunes a todas ellas. **2.** Almohadilla cilíndrica para hacer encaje de bolillos.

**MUNDO** n. m. (lat. *mundum*). Conjunto de todo lo que existe: *Dios creó el mundo.* **2.** Cada parte, real o imaginaria, en que puede dividirse todo lo que existe: *mundo de las ideas.* **3.** Sociedad humana: *el mundo corre hacia su propia destrucción.* **4.** Sociedad humana considerada en un momento de la historia o según sus creencias, costumbres, etc.: *mundo pagano.* **5.** Conjunto de personas que constituyen un grupo determinado por una serie de actividades, problemas, etc., comunes: *mundo obrero.* **6.** Planeta Tierra: *dar la vuelta al mundo.* **7.** Vida seglar, por oposición a la monástica: *Teresa de Jesús, en el mundo Teresa de Cepeda.* **8.** Baúl grande y de mucho fondo. **9.** Globo que representa la esfera terrestre. • **Correr,** o **ver mundo,** viajar por muchas tierras sin permanecer en ellas, sin rumbo fijo. || **El otro mundo,** la vida de ultratumba. || **Gran mundo,** grupo social distinguido por la riqueza, rango o situación de los que lo forman. || **Medio mundo,** mucha gente o gran extensión. || **Mundo antiguo** o **Viejo mundo,** Asia, Europa y África. || **No ser algo nada del otro mundo,** no ser excepcional. || **Nuevo mundo,** América. || **Por nada del mundo,** o **en el mundo,** denota que alguien no está dispuesto, bajo ningún concepto, a hacer una cosa que se expresa. || **Tener mundo** o **ser de mundo,** ser experimentado y desenvuelto en el trato con la gente. || **Tercer mundo,** conjunto de países subdesarrollados. || **Todo el mundo,** generalidad de personas de un ambiente determinado. || **Venir al mundo,** nacer.

**MUNDOLOGÍA** n. f. Experiencia y desenvoltura en el trato social.

**MUNDOVISIÓN** n. f. Sistema de transmisión a diferentes partes del mundo de imágenes de televisión por medio de uno o de varios relés radioeléctricos, en gravitación alrededor de la Tierra.

**MUNICIÓN** n. f. Carga de las armas de fuego.

**MUNICIONAMIENTO** n. m. Acción de municionar.

**MUNICIONAR** v. tr. **[1]**. Proveer de municiones una plaza o una fuerza armada.

**MUNICIPAL** adj. Relativo al municipio. ◆ n. m. **2.** Individuo de la guardia municipal. **3.** Concejal.

**MUNICIPALIDAD** n. f. Municipio, ayuntamiento de una población.

**MUNICIPALIZACIÓN** n. f. Acción y efecto de municipalizar.

**MUNICIPALIZAR** v. tr. **[1g]**. Asignar al municipio un servicio que estaba a cargo de una empresa privada.

**MUNÍCIPE** n. m. Vecino de un municipio.

**MUNICIPIO** n. m. Circunscripción administrativa básica, regida por un ayuntamiento, en que se divide oficialmente el territorio español, y algún país de Hispanoamérica. **2.** Territorio que comprende. **3.** Conjunto de ciudadanos que viven en ella. **4.** Ayuntamiento. **5.** Término municipal. **6.** ANT. ROM. Ciudad cuyos habitantes solían gozar del derecho de ciudadanía romana.

**MUNIDO, A** adj. *Argent.* y *Chile.* Provisto.

**MUNIFICENCIA** n. f. Calidad de munífico.

**MUNÍFICO, A** adj. Generoso con magnificencia.

**MUNIQUÉS, SA** adj. y n. De Munich.

**MUNTIACO** n. m. Pequeño ciervo del Sudeste asiático, de cuernos cortos.

**MUÑECA** n. f. Figura de niña o de mujer, que sirve de juguete. **2.** *Fig.* y *fam.* Mujer generalmente joven y agradable y de poco juicio. **3.** Pequeño bulto de trapos de forma redondeada que empapado en un líquido se emplea para frotar algo, especialmente para barnizar muebles. **4.** Parte del cuerpo humano, correspondiente a la articulación del antebrazo con los huesos del carpo. **5.** *Argent., Bol., Perú* y *Urug.* Habilidad y sutileza para manejar situaciones diversas. (Suele usarse con el verbo *tener.*)

**MUÑECO** n. m. Figura humana hecha de diversos materiales y que sirve para diferentes usos, especialmente el que constituye un juguete. **2.** *Fig.* Hombre de poco carácter.

**MUÑEIRA** n. f. (gall. *muiñeira,* molinera). Danza, generalmente acompañada de canto, propia de Galicia y de Asturias.

**MUÑEQUEAR** v. tr. e intr. **[1]**. *Argent., Bol.* y *Par.* Buscar o procurarse influencia para obtener algo. ◆ v. intr. **2.** *Chile.* Empezar a echar muñequilla el maíz o plantas semejantes.

**MUÑEQUERA** n. f. Tira con que se ajusta la muñeca para curar una distorsión. **2.** Correa del reloj.

**MUÑEQUILLA** n. f. Muñeca, bulto de trapos. **2.** *Chile.* Mazorca tierna de maíz y plantas semejantes cuando empieza a formarse.

**MUÑIDOR** n. m. Criado de cofradía, encargado de convocar a los cofrades. **2.** Persona intrigante que concierta tratos, prepara elecciones, etc.

**MUÑIR** v. tr. **[3h]**. Convocar a juntas u otra cosa. **2.** Concertar, disponer, manejar algo.

**MUÑO** n. m. *Chile.* Comida a base de harina de trigo o maíz tostado, sazonada con sal y ají.

**MUÑÓN** n. m. Parte de un miembro amputado que permanece adherida al cuerpo. **2.** Miembro que ha quedado atrofiado, sin llegar a tomar la forma que le corresponde. **3.** Músculo deltoides. **4.** Región del hombro limitada por este músculo. **5.** Espiga o gorrón con que un órgano mecánico se fija en su soporte, conservando libertad de movimiento de rotación sobre el mismo. **6.** Cada uno de los pivotes fijos a uno y otro lado del tubo de una pieza de artillería, gracias a los cuales reposa sobre la cureña y puede desplazarse sobre un plano vertical.

**MUÑONERA** n. f. Rebajo de cada una de las gualderas de la cureña, para alojar el muñón correspondiente de la pieza de artillería.

**MUÓN** n. m. Partícula elemental ($\mu$) que posee una carga eléctrica positiva o negativa igual a la del electrón y cuya masa es 207 veces mayor que la de éste.

**MURAJES** n. m. pl. Planta de tallo tendido o ascendente y flores axilares, que crece en los lugares arenosos de la península Ibérica. (Familia primuláceas.)

**MURAL** adj. Relativo al muro. **2.** Dícese de lo que se aplica o fija sobre un muro: *pintura mural.* ◆ n. m. **3.** Pintura realizada sobre un muro o aplicada al mismo.

**MURALISMO** n. m. Tendencia artística consistente en la utilización de grandes superficies murales como soporte de la pintura, del mosaico, etc. • **Muralismo mexicano,** corriente artística mexicana del s. XX caracterizada por la utilización pictórica de grandes superficies murales como expresión plástica de un contenido ideológico. *(V. ilustración pág. 698.)*

**MURALISTA** adj. y n. m. y f. Relativo al muralismo; seguidor de estas tendencias.

**MURALLA** n. f. (ital. *muraglia*). Fortificación permanente de una plaza, fortaleza o territorio, y, en particular, recinto o línea continua cuando se los quiere distinguir de las obras exteriores. **2.** *Méx.* Casa con una sola puerta a la calle. **3.** ZOOL. Envoltura calcárea cilíndrica que recubre el cáliz de los corales.

**MURALLÓN** n. m. Muro robusto.

**MURAR** v. tr. **[1]**. Cercar con muro o murallas un terreno, plaza, etc.

**MURCIANO, A** adj. y n. De Murcia. ◆ n. m. **2.** Habla de tránsito, característica de la provincia de Murcia y parte de las de Alicante y Albacete.

**MURCIÉLAGO** n. m. Mamífero insectívoro volador, que pasa el día colgado cabeza abajo en grutas y sale por la noche, orientándose por ecolocación. (Orden quirópteros.) • **Murciélago marino,** pez de unos 25 cm de long., de cuerpo aplastado y aleta dorsal mucho más alta que el resto del cuerpo. (Familia efípidos.)

**murciélago**

**MURGA** n. f. *Fam.* Compañía de músicos callejeros. **2.** *Fam.* Fastidio, molestia. • **Dar la murga** *(Fam.),* molestar, importunar.

**MÚRIDO, A** adj. y n. m. Relativo a una familia de pequeños roedores de cola larga, que viven ocultos y son de costumbres muy variables, como la rata y el hámster.

**MURIKI** n. m. Mamífero primate de los bosques del SE de Brasil, de unos 140 cm de long., la mitad de los cuales corresponden a la cola.

**MURMEL** n. m. (alem. *Murmel*). Piel de marmota que imita la marta.

**MURMULLO** n. m. (lat. *murmurium*). Ruido suave y confuso de varias personas que hablan a la vez, de las aguas que corren, del viento que agita el follaje, etc. • **Murmullo respiratorio** (MED.), sonido suave que se percibe normalmente, con carácter fisiológico, en la auscultación del aparato respiratorio, principalmente en la inspiración.

**MURMURACIÓN** n. f. Conversación en perjuicio de un ausente.

**MURMURADOR, RA** adj. y n. Que murmura.

**MURMURAR** v. intr. (lat. *murmurare*) **[1]**. Producir un murmullo. ◆ v. intr. y tr. **2.** *Fig.* Hablar de forma casi imperceptible, manifestando queja o enfado. **3.** *Fig.* y *fam.* Conversar en perjuicio de un ausente, censurando sus acciones. ◆ **murmurarse** v. pron. **4.** *Fig.* y *fam.* Rumorearse.

**MURMUREO** n. m. Murmullo continuado.

**MURMURÓN, NA** adj. *Chile* y *Ecuad.* Murmurador.

**MURO** n. m. (lat. *murum*). Obra de albañilería, de espesor variable, formada de materiales o elementos sobrepuestos y, por lo general, unidos con mortero de cal, de yeso o de cemento. **2.** Pared vertical de un edificio. **3.** Tabique. **4.** *Fig.* Lo que aísla o separa: *ha formado un muro en torno a su vida privada.* • **Muro cortina,** muro exterior, no sustentante, de un edificio, construido por lo general con elementos estandarizados y prefabricados, y para los que pueden utilizarse vidrio, acero, aluminio, madera, materias plásticas, etc. || **Muro de contención,** el que consolida los márgenes de un curso de agua a ambos lados de un puente para evitar que la corriente ataque los estribos; cada uno de los dos muros laterales de la cámara de una esclusa.

**MURQUE** n. m. *Chile.* Harina tostada.

**MURRIA** n. f. *Fam.* Abatimiento, melancolía.

**MURRIAR** v. tr. **[1t]**. *Colomb.* Impregnar una superficie con cemento muy diluido en agua.

**MÚRRINO, A** adj. Dícese de una especie de vasos, copas o tazas mencionados por los autores clásicos griegos y latinos.

**MURRIO, A** adj. Que tiene murria o melancolía.

**MURRO** n. m. *Chile.* Mohín de desagrado.

**MURTA** n. f. Arrayán.

**MURTILLA** o **MURTINA** n. f. Planta arbustiva de hasta 1 m de alt., de hojas pequeñas, flores blancas y fruto de muy buen sabor, que crece en Chile. (Familia mirtáceas.) **2.** Fruto de esta planta. **3.** Licor fermentado, de propiedades estomacales, que se hace con este fruto.

**MURTÓN** n. m. Fruto del arrayán.

**MURUCUYÁ** o **MURUCUCA** n. f. (voz guaraní). *Amér. Merid.* Pasionaria.

**MUS** n. m. (voz de origen vasco). Juego de naipes que se juega entre cuatro personas, dos contra dos, en el que cada jugador intenta hacer creer a los contrarios que posee cartas superiores, o bien al revés, con objeto de sorprenderlos con mejor juego que ellos.

**MUSA** n. f. (lat. *musam;* del gr. *musa*). Cada una de las nueve divinidades grecorromanas de las artes y las letras: Clío (historia), Euterpe (música), Talía (comedia), Melpómene (tragedia), Terpsícore (danza), Érado (elegía), Polimuia (poesía lírica), Urania (astronomía) y Calíope (elocuencia). [Con este sentido se escribe con mayúscula.] **2. Fuente de inspiración artística. 3.** *Fig.* Ingenio poético particular de cada poeta. ◆ **musas** n. f. pl. **4.** Actividad artística, generalmente poética: *cultivar las musas.*

**MUSÁCEO, A** adj. y n. f. Relativo a una familia de plantas herbáceas monocotiledóneas, de flores con cinco estambres y fruto en baya o drupa. (El plátano pertenece a dicha familia.)

fragmento de la parte izquierda del mural *El hombre controlador del universo* (1934) por Diego Rivera
(museo del palacio de bellas artes, México)

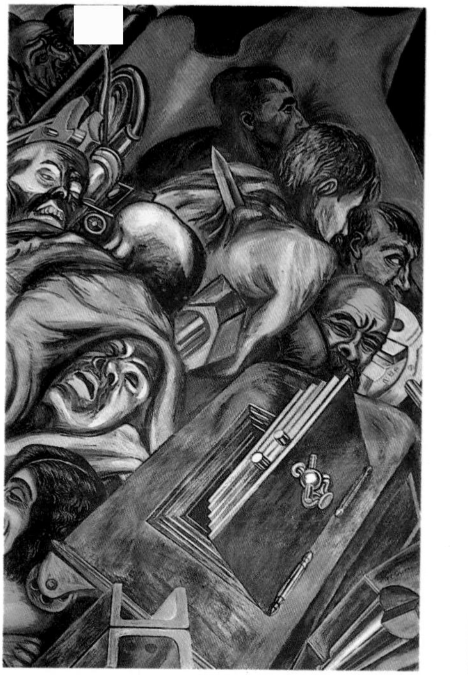

fragmento del mural *Katharsis* (1934) por J. C. Orozco
(museo del palacio de bellas artes, México)

el **muralismo** mexicano

**MUSARAÑA** n. f. (lat. *mus araneus*, ratón araña). Mamífero insectívoro parecido a una rata, de hocico alargado y puntiagudo, útil porque destruye gran número de gusanos, insectos, etc. **2.** *Fig.* y *fam.* Nubecilla que se ve delante de los ojos por defecto de la vista. **3.** *Chile, Dom., Nicar.* y *Salv. Fig.* y *fam.* Mueca que se hace con el rostro, morisqueta. **• Mirar a,** o **pensar en, las musarañas** *(Fam.)*, estar distraído.

**musaraña**

**MUSCARDINA** n. f. Enfermedad generalmente mortal de los gusanos de seda producida por un hongo.

**MUSCARDINO** n. m. Lirón enano.

**MUSCARINA** n. f. Alcaloide tóxico que se halla en algunas setas y en el pescado putrefacto.

**MÚSCIDO, A** adj. y n. m. Relativo a una familia de insectos dípteros, muchos de los cuales tienen una importancia económica, como las moscas.

**MUSCÍNEO, A** adj. y n. f. Musgo.

**MUSCULACIÓN** n. f. Musculatura. **2.** DEP. Método de entrenamiento destinado a aumentar el volumen y la fuerza musculares.

**MUSCULADO, A** adj. Musculoso, que tiene los músculos muy desarrollados.

**MUSCULAR** adj. Relativo a los músculos: *tejido muscular.*

**MUSCULATURA** n. f. Conjunto de los músculos del cuerpo. **2.** Grado de desarrollo de los músculos.

**MÚSCULO** n. m. (lat. *musculum*). Órgano formado por fibras excitables y contráctiles, que sirve para producir el movimiento en el hombre y en los animales.

■ Se distinguen los músculos *lisos*, por lo general viscerales, cuya contracción es involuntaria e inconsciente (tubo digestivo, bronquios, paredes arteriales) y los músculos *estriados* o *esqueléticos*, cuya contracción es voluntaria, y que controlan la motricidad del cuerpo, así como la palabra y la respiración. El *músculo cardíaco* (miocardio) tiene la particularidad de ser un músculo visceral estriado cuya contracción es involuntaria y automática. Las células musculares (fibras), alargadas, contienen *miofibrillas.* Los músculos son contráctiles y excitables: la fibra muscular transforma la energía química producida por su metabolismo en energía mecánica, al modificar la estructura y la longitud de las miofibrillas.

**MUSCULOSO, A** adj. Formado por tejido muscular. **2.** Que tiene los músculos muy desarrollados: *persona musculosa.*

**MUSEÍSTICO, A** adj. Relativo al museo.

**MUSELINA** n. f. (ital. *mussolina*). Tejido claro, ligero, fino y transparente. **2.** Cristal extremadamente fino, o esmerilado y adornado con dibujos transparentes que imitan la muselina.

**MUSEO** n. m. (lat. *museum*; del gr. *museion*, lugar dedicado a las Musas). Institución cuya finalidad consiste en la conservación de aquellos objetos que mejor ilustran los fenómenos de la naturaleza y las actividades del hombre, y en la utilización de los mismos para el desarrollo de los conocimientos humanos. **2.** Edificio público en que se custodian colecciones de obras de arte, objetos científicos, etnográficos, etc.

**MUSEOGRAFÍA** n. f. Conjunto de técnicas y prácticas relativas al funcionamiento de un museo.

**MUSEOGRÁFICO, A** adj. Relativo a la museografía.

**MUSEOLOGÍA** n. f. Ciencia que trata de los museos, su historia, su instalación y organización.

**MUSEOLÓGICO, A** adj. Relativo a la museología.

**MUSEÓLOGO, A** n. Especialista en la organización y acondicionamiento de los museos. SIN.: *museísta.*

**MUSEROLA** n. f. Correa de la brida, dispuesta por encima de los ollares.

**MUSETTE** n. f. (voz francesa). Instrumento musical de viento, compuesto de un depósito de aire en forma de bolsa, alimentado por un fuelle, con uno o dos tubos con lengüetas (caramillo) y algunos grandes tubos, o bordones. **2.** Pieza musical de carácter pastoril, escrita toda ella sobre una nota persistente del bajo.

**MUSGAÑO** n. m. Mamífero insectívoro que vive en Europa meridional, de unos 11 cm, 4 de los cuales corresponden a la cola, y de cabeza afilada y subcónica. (Familia sorícidos.)

**MUSGO** adj. y n. m. (lat. *muscum*). Relativo a un tipo de plantas formadas por una alfombra de cortos tallos foliáceos y apretados, que viven en el suelo, los árboles, las paredes y los tejados.

**MUSGOSO, A** adj. Relativo al musgo. **2.** Cubierto de musgo.

**MÚSICA** n. f. (lat. *musicam*; del gr. *musikē*). Arte de combinar los sonidos. **2.** Producto de este arte. **3.** Teoría de este arte: *aprender música.* **4.** Serie de signos que permiten dar forma gráfica a una idea musical: *saber leer música.* **5.** Conjunto de composiciones de un país, de un compositor o de una época: *música española.* **6.** Serie de sonidos, considerados desde el punto de vista del efecto que producen al oído: *la música de un verso.* **• Con la música a otra parte** *(Fam.)*, dícese para despedir o amonestar a alguien que incomoda. ‖ **Música ambiental,** la difundida por altavoces para crear un fondo más agradable o adecuado para una actividad. ‖ **Música celestial** (*Fig.* y *fam.*), palabras que se escuchan sin hacer caso de ellas o sin entenderlas. ‖ **Música de cámara**, música escrita para un reducido número de instrumentos. ‖ **Música ligera**, música festiva, fácil, sin pretensiones. ‖ **Música militar**, conjunto de piezas musicales que acompañan las diferentes manifestaciones de la vida militar.

**MUSICAL** adj. Relativo a la música: *tradición musical; velada musical.* **2.** Que tiene el carácter de la música, armonioso: *voz musical.* ◆ n. m. **3.** Espectáculo que asocia la música, el canto, la danza y la prosa, en boga en E.U.A. y Gran Bretaña desde fines del s. XIX. SIN.: *comedia musical.*

**MUSICALIDAD** n. f. Calidad o carácter musical.

**MUSICAR** v. tr. [**1g**]. Poner música a una obra.

**MUSIC-HALL** n. m. (voz inglesa) [pl. *music-halls*]. Establecimiento especializado en espectáculos de variedades. **2.** Este mismo espectáculo.

**MÚSICO, A** adj. (lat. *musicum*). Relativo a la música: *instrumento músico.* ◆ n. **2.** Persona que, por profesión o estudio, se dedica a la música. **3.** Persona que toca un instrumento.

**MUSICOGRAFÍA** n. f. Actividad del musicógrafo.

**MUSICOGRÁFICO, A** adj. Relativo a la musicografía.

**MUSICÓGRAFO, A** n. Autor que escribe sobre temas musicales.

**MUSICOLOGÍA** n. f. Conjunto de disciplinas que tienen por objeto el estudio teórico y científico de la música.

**MUSICOLÓGICO, A** adj. Relativo a la musicología.

**MUSICÓLOGO, A** n. Especialista en musicología.

**MUSICOTERAPIA** n. f. Utilización de los efectos de la audición o de la interpretación musicales para fines sicoterapéuticos.

**MUSIQUERO, A** adj. Relativo a la música: *cafetín musiquero.* ◆ n. m. **2.** Mueble destinado a guardar partituras y libros de música.

**MUSITACIÓN** n. f. Modificación de la emisión de voz que consiste en la pronunciación de palabras escasamente articuladas y con poca intensidad de voz.

**MUSITAR** v. intr. (lat. *mussitare*) [**1**]. Hablar en voz muy baja.

**MUSIVO, A** adj. (bajo lat. *musivum*, de mosaico). **Oro musivo,** sulfuro estánnico, cuyo brillo recuerda el del oro y que se utiliza para broncear estatuillas de yeso.

**MUSLAMEN** n. m. *Vulg.* Muslos.

**MUSLERA** n. f. Parte de la armadura que protege el muslo.

**MUSLO** n. m. (lat. *musculum*). Parte de la pierna que se extiende desde la cadera hasta la rodilla. **2.** Parte análoga de los animales: *prefiere el muslo de pollo a la pechuga.*

**MUSOLA** n. f. Pez seláceo comestible, parecido al tiburón, que alcanza hasta 2 m, común en las costas del S del Mediterráneo.

**MUSTANG** n. m. Caballo salvaje americano.

**MUSTÉLIDO, A** adj. y n. m. Relativo a una familia de mamíferos carnívoros de patas cortas, bebedores de sangre. (La *comadreja*, el *armiño*, el *hurón* y la *marta* pertenecen a dicha familia.)

**MUSTERIENSE** adj. y n. m. PREHIST. Dícese de una facies cultural del paleolítico medio, caracterizada por puntas triangulares y raederas, obtenidas por retoques en una sola cara de las lascas (70 000-35 000 a. J.C.).

**MUSTIAR** v. tr. y pron. [**1**]. Poner mustio.

**MUSTIO, A** adj. Dícese de las plantas y flores que han perdido su lozanía. **2.** Falto de la rigidez que le es habitual: *cutis mustio.* **3.** *Fig.* Abatido, triste. **4.** *Méx.* Que esconde su verdadero carácter tras una apariencia de seriedad y humildad.

**MUSUCO, A** adj. *Hond.* De pelo rizado o crespo.

**MUSULMÁN, NA** adj. y n. (persa *musulmān*, del ár. *muslim*). Relativo al islam; adepto a esta religión.

**MUSURANA** n. f. Serpiente de América tropical que alcanza 1,50 m de long., de tronco robusto, hocico redondeado y ojos con pupila vertical, que se alimenta de otras serpientes.

**MUTABILIDAD** n. f. Calidad de mutable.

**MUTABLE** adj. Susceptible de sufrir mutación.

**MUTACIÓN** n. f. Acción y efecto de mudar: *las mutaciones históricas.* **2.** Cambio de decoración en el teatro. **3.** Variación muy sensible de la temperatura o del estado del tiempo: *mutaciones atmosféricas.* **4.** BIOL. Modificación de la estructura de los cromosomas en los seres vivos, que se encuentra en el origen de una modificación hereditaria del fenotipo. **5.** LING. Cambio fonético. **6.** MÚS. Cambio de nombre, sufrido por un mismo sonido, según el hexacordo del que forma parte. • **Juegos de mutación** (MÚS.), juego de órgano que utiliza para una misma nota varios tubos de longitud diferente.

**MUTACIONISMO** n. m. Teoría explicativa de la evolución, formulada por De Vries, en 1901, que asigna a las mutaciones el papel principal en la aparición de especies nuevas.

**MUTACIONISTA** adj. Relativo al mutacionismo. ◆ n. m. y f. y adj. **2.** Partidario de esta teoría.

**MUTAGÉNESIS** n. f. BIOL. Aparición de mutaciones.

**MUTÁGENO, A** adj. BIOL. Susceptible de provocar mutaciones en los seres vivos.

**MUTANTE** adj. Que muta. ◆ adj. y n. m. **2.** Dícese del gen, cromosoma u organismo que ha sufrido alguna alteración en la cantidad, estructura o composición química de su material hereditario. ◆ n. m. y f. **3.** En ciencia ficción, ser nacido del linaje humano, pero que presenta cualidades extraordinarias.

**MUTAR** v. tr. y pron. [**1**]. Mudar, cambiar una persona o cosa el aspecto, naturaleza, estado, etc. ◆ v. tr. **2.** Mudar, destituir a alguien de un empleo o puesto. ◆ v. intr. y tr. **3.** BIOL. Experimentar una mutación o provocarla.

**MUTATIS MUTANDI** loc. (voces lat., *cambiando lo que se debe cambiar*). Haciendo los cambios necesarios.

**MUTE** n. m. *Colomb.* Mote de maíz.

**MUTILACIÓN** n. f. Acción y efecto de mutilar. **2.** Pérdida, sin que exista regeneración, de un órgano o parte del mismo. **3.** DER. Delito de lesiones consistente en el cercenamiento o inutilización de una parte del cuerpo de una persona viva.

**MUTILADO, A** adj. y n. Víctima de una mutilación. **2.** Víctima de una incapacidad permanente, parcial o total, para el trabajo.

**MUTILADOR, RA** adj. Que mutila.

**MUTILAR** v. tr. y pron. (lat. *mutilare*) [**1**]. Cercenar un miembro o una parte del cuerpo a un ser vivo. **2.** Quitar una parte a una cosa: *mutilar un texto.*

**MUTIS** n. m. En representaciones y textos teatrales, indicación de que un actor debe retirarse de la escena. **2.** Acción de retirarse de cualquier lugar. • **Hacer mutis,** salir de la escena o de otro lugar; *(Fam.)*, callarse. ◆ interj. **3.** Úsase para hacer callar a alguien.

**MUTISMO** n. m. Actitud del que permanece callado. **2.** MED. Ausencia de comunicación verbal, sin lesión orgánica y relacionada con trastornos síquicos.

**MUTRE** adj. *Chile.* Dícese de la persona muda o que pronuncia mal. **2.** *Chile.* Tonto, bobalicón.

**MUTRO, A** adj. *Chile.* Mutre. **2.** *Chile.* Mudo. **3.** *Chile.* Tartamudo. ◆ n. **4.** *Chile.* Individuo que no habla español.

**MUTUA** n. f. Mutualidad, asociación.

**MUTUALIDAD** n. f. Calidad de mutuo. **2.** Asociación voluntaria o, más modernamente, obligatoria, para los afectados por unos mismos intereses o riesgos, para la mejor salvaguardia común de aquellos intereses o la división y prorrateo de aquellos riesgos, contribuyendo, sin ánimo de lucro, cada asociado proporcionalmente mediante cuotas variables o fijas. SIN.: *mutua.*

**MUTUALISMO** n. m. Simbiosis en sentido estricto, es decir, asociación entre individuos de especies diferentes, en que ambas partes resultan beneficiadas. **2.** Sistema económico y social propuesto por Proudhon.

**MUTUALISTA** adj. y n. m. y f. Relativo a la mutualidad; socio de una mutualidad. ◆ n. m. **2.** Cada uno de los participantes en el fenómeno del mutualismo.

**MUTUANTE** n. m. y f. DER. Persona que entrega una cosa en mutuo.

**MUTUATARIO, A** o **MUTUARIO, A** n. DER. Persona que recibe una cosa en mutuo.

**MÚTULO** n. m. ARQ. Modillón plano situado debajo del saledizo o goterón, justo por encima del triglifo, en el entablamiento dórico.

**MUTUO, A** adj. Dícese de lo que se intercambia entre dos o más personas o cosas de forma respectiva: *aprecio mutuo.* • **Enseñanza mutua,** sistema de enseñanza en el que los discípulos se instruyen unos a otros bajo la dirección de un maestro, ayudado por monitores. ◆ n. m. **2.** Contrato por el que una de las partes entrega a la otra una cantidad de dinero u otra cosa fungible, con la obligación por parte de ésta de devolver, en su día, otra igual de la misma especie, cantidad y calidad, con abono de intereses si así se pactó.

**MUY** adv. Marca la intensidad de un adjetivo o de un adverbio llevada a su más alto grado: *muy bueno; muy mal; muy lejos.*

**MUY MUY** o **MUIMUY** n. m. *Perú.* Crustáceo de 3 a 5 cm de long., con caparazón a modo de uña, que vive bajo la arena de la rompiente marina.

**MUZ** n. m. MAR. Remate o voluta del tajamar.

**Mv,** símbolo químico del *mendelevio.*

**MW,** abreviatura de *megawatio.*

**MY** n. f. Letra del alfabeto griego (μ), correspondiente a la *m.*

**MYCOPLASMA** n. m. Microorganismo intermedio entre una bacteria y un virus, generalmente patógeno.

**MZĀBÍ** adj. y n. m. y f. Del Mzāb.

# N

**N** n. f. Decimocuarta letra del alfabeto español y undécima de las consonantes: *la* n *es una consonante nasal dental.* **2.** Designa el norte geográfico. **3.** Designa el conjunto de los números naturales, incluido el cero. **4.** Designa el conjunto de los números naturales, sin incluir el cero. **5.** Símbolo químico del *nitrógeno.* **6.** Símbolo del *newton.* **7.** Símbolo del *nano.* • **Nm,** símbolo del *newton metro.* ‖ **N/m,** símbolo del *newton por metro.*

**N.°,** abreviatura de *número.*

**Na,** símbolo químico del *sodio.*

**NABAB** n. m. (indostaní *navāb*). Título dado en la India musulmana a los grandes dignatarios de la corte de los sultanes y a los gobernadores de provincias. **2.** Persona que vive en la opulencia y el fasto.

**NABACO** n. m. *Amér.* Planta ornamental. (Familia solanáceas.) **2.** *Amér.* Planta de aplicaciones medicinales. (Familia rubiáceas.)

**NABAR** adj. Relativo a los nabos. ◆ n. m. **2.** Terreno sembrado de nabos.

**NABATEO, A** adj. y n. Relativo a un antiguo pueblo del NO de Arabia, cuya capital fue *Petra;* individuo de este pueblo. (Su reino fue anexionado al imperio romano en 106, por Trajano.)

**NABINA** n. m. Semilla del nabo, que por presión da lugar a un aceite parecido al de la colza.

**NABIZA** n. f. Hoja tierna del nabo. **2.** Raicillas tiernas de los nabos.

**NABO** n. m. (lat. *napum*). Planta bianual de raíz carnosa, ahusada y comestible. (Familia crucíferas.) **2.** Raíz gruesa y fusiforme. **3.** *Fig.* Tronco de la cola de las caballerías. **4.** ARQ. Espigón de una escalera de caracol. **5.** MAR. Palo de la nave.

**NABORÍ** n. m. Criado indio en la América española al principio de la conquista.

**NABORÍA** n. f. Repartimiento de indios en calidad de criados *(naboríes),* para el servicio personal, que se hacía en la América española al principio de la conquista.

**NÁCAR** n. m. Sustancia dura, con reflejos irisados, rica en caliza, que producen ciertos moluscos en el interior de su concha y que se utiliza en joyería.

**NACARADO, A** adj. Parecido al nácar. **2.** Adornado con nácar.

**NACARIGÜE** n. m. *Hond.* Potaje de carne y pinole.

**NACARINO, A** adj. Propio del nácar o parecido a él.

**NACATAMAL** n. m. *Hond., Méx.* y *Nicar.* Tamal relleno de carne de cerdo.

**NACATAMALERA** n. f. *Hond.* Mujer que hace y vende nacatamales.

**NACEDERO** n. m. *Colomb.* Planta acantácea.

**NACELA** n. f. ARQ. Escocia o moldura cóncava, que se coloca entre los dos toros de la base de una columna.

**NACENCIA** n. f. *Fig.* Tumor. SIN.: *nacido.*

**NACER** v. intr. (lat. *nasci*) **[2c]**. Salir un ser del vientre de la madre. **2.** Salir un animal ovíparo de un huevo. **3.** Salir un vegetal de su semilla o de la tierra. **4.** Salir el vello, el pelo o la pluma en los animales o las hojas, flores, fruto o brotes en las plantas. **5.** *Fig.* Descender de una familia o linaje: *según las profecías, el Mesías debió nacer de la estirpe de David.* **6.** *Fig.* Aparecer un astro en el horizonte. **7.** *Fig.* Tener principio, originarse: *el Ebro nace en Fontibre.* **8.** *Fig.* Proceder una cosa de otra: *su comportamiento nace de la desesperación.* **9.** *Fig.* Tener propensión natural o estar destinado para un fin. • **Haber nacido** o **volver a nacer** en tal día o en tal ocasión *(Fam.),* haber salido indemne de un gran peligro.

**NACIDO, A** adj. y n. Dícese del ser humano que ha vivido, por lo menos, veinticuatro horas desprendido totalmente del seno materno. **2.** Dícese del ser humano en general: *no tolerar la mentira a ningún nacido.* ◆ n. m. **3.** Nacencia. • **Bien nacido,** de noble linaje. ‖ **Mal nacido,** de mala condición. ‖ **Recién nacido,** niño en los días inmediatos al parto.

**NACIENTE** adj. Que nace, que está naciendo: *una actividad naciente.* ◆ n. m. **2.** Este, punto cardinal.

**NACIMIENTO** n. m. Acción de nacer. **2.** Origen, lugar o momento en que algo comienza o empieza a manifestarse: *el nacimiento del muslo, del cabello, de un río.* **3.** Estirpe, ascendencia familiar: *de noble nacimiento.* **4.** Representación de la venida al mundo de Jesús por medio de figuras. • **Auto de nacimiento** (LIT.), representación escénica medieval, de temas religiosos del ciclo de Navidad. ‖ **De nacimiento,** dícese de alguna característica física o moral cuando es innata: *ciego de nacimiento.* ‖ **Partida de nacimiento,** copia que de la inscripción de un nacimiento en los libros del registro civil expide el encargado de éste.

cofre de **nácar** (catedral de Sevilla)

**nacimiento** popular en barro pintado (cerámica de Metepec, México)

**NACIÓN** n. f. (lat. *nationem*). Comunidad de individuos, asentada en un territorio determinado, con etnia, lengua, historia y tradiciones comunes y dotada de conciencia de constituir un cuerpo étnico-político diferenciado. **2.** Conjunto de los habitantes de un país regido por el mismo gobierno. **3.** Territorio de este mismo país. • **De nación,** expresa la naturaleza de uno, o de dónde es natural.

**NACIONAL** adj. Relativo a una nación: *orgullo nacional.* **2.** Opuesto a extranjero: *consumir productos nacionales.* • **Bienes nacionales,** conjunto de bienes de la Iglesia y comunes, que en España fueron objeto de desamortización. ‖ **Primera nacional** (ALP.), primera escalada a una cumbre, realizada por escaladores de un determinado país. ◆ adj. y n. m. y f. **3.** Natural de una nación. ◆ adj. y n. m. **4.** Relativo al bando que en la última guerra civil española peleó contra la república.

**NACIONALCATOLICISMO** n. m. Denominación dada a la doctrina y práctica políticas de la Iglesia católica española de la época franquista, aplicadas también en otros países, consistente en una imbricación del poder estatal y eclesiástico.

**NACIONALIDAD** n. f. Condición o cualidad de pertenecer a la comunidad de una nación. **2.** DER. Vínculo que asocia a una persona individual o jurídica con un estado. **3.** POL. Nación que no ha alcanzado el nivel de nación estado. **4.** POL. Término que en la constitución española de 1978 designa una comunidad histórica que junto con la región integra el territorio de la nación española y puede acceder al autogobierno. • **Principio de las nacionalidades** (POL.), derecho a la autodeterminación de todo grupo social con un origen, una historia y un modo de vida y de pensamiento comunes, que ocupa un territorio determinado.

**NACIONALISMO** n. m. Preferencia o exaltación por lo que es propio de la nación a la que se pertenece. **2.** Doctrina que reivindica para la nación el derecho a practicar una política dictada por la exclusiva consideración de sus intereses y reafirmar una personalidad propia completa. **3.** Movimiento de los individuos que toman conciencia de constituir una comunidad nacional en razón de los vínculos históricos, étnicos, lingüísticos, culturales, económicos, etc., que los unen.

**NACIONALISTA** adj. y. n. m. y f. Relativo al nacionalismo; partidario de esta doctrina y movimiento.

**NACIONALIZACIÓN** n. f. Acción y efecto de nacionalizar. **2.** Transferencia a la colectividad de la propiedad de ciertos medios de producción pertenecientes a particulares, realizada en bien del interés público, para preservar la independencia del estado.

■ La nacionalización puede venir aconsejada por razones de seguridad nacional o interés social, como puede ser el asegurar el suministro de determinados bienes o servicios básicos. Las nacionalizaciones de este tipo en países cuyos gobiernos no pretenden la socialización progresiva de la estructura productiva suelen venir determinadas por la falta de rentabilidad de determinadas actividades. La intervención directa del Estado en la economía empezó a practicarse en los países capitalistas después de la gran crisis de 1929.
En contraposición, los programas de los partidos de izquierdas incluían un amplio programa de nacionalizaciones, en la actualidad reducido a los casos en que imperan razones de eficiencia económica.

**NACIONALIZAR** v. tr. y pron. **[1g]**. Naturalizar a una persona: *se ha nacionalizado para poder trabajar.* **2.** Introducir y emplear en un país usos y costumbres de otros. ◆ v. tr. **3.** Efectuar una nacionalización.

**NACIONALSINDICALISMO** n. m. Doctrina política propugnada por Falange española y adoptada por el franquismo.

**NACIONALSINDICALISTA** adj. y n. m. y f. Relativo al nacionalsindicalismo; partidario de esta doctrina.

**NACIONALSOCIALISMO** n. m. Doctrina nacionalista y racista establecida por Adolfo Hitler, basada en la supremacía de la raza germánica. SIN.: *nacismo, nazismo.*

■ Fundado en Munich en 1920, el partido nacionalista dominó Alemania de 1933 (ascenso de A. Hitler al poder) hasta 1945. Su doctrina, basada en el pangermanismo, la superioridad de la raza aria, el totalitarismo, el militarismo, el anticomunismo y un nacionalismo expansionista, le llevó al enfrentamiento con las potencias occidentales. Impuso un régimen basado en la propaganda, el terrorismo de estado (S.S. Gestapo), el belicismo y la exterminación de otros pueblos, el judío, principalmente.

**NACIONALSOCIALISTA** adj. y n. m. y f. Relativo al nacionalsocialismo; partidario de esta doctrina. SIN.: *nazi.*

**NACISMO** n. m. Nacionalsocialismo.

**NACO** n. m. *Amér.* Andullo de tabaco. **2.** *Colomb.* Puré de patata.

**NACRA** n. f. Molusco lamelibranquio de gran tamaño, de concha de color pardo, nacarada interiormente. (Familia avicúlidos.)

**NADA** pron. indef. Ninguna cosa, ninguna cantidad: *no he leído nada de este autor.* **2.** Muy poca cosa, algo sin importancia: *se enfada por nada.* ◆ adv. c. **3.** En absoluto: *no me gusta nada.* • **Como si nada,** sin tener en cuenta lo ocurrido o dicho. ‖ **De nada,** de poca importancia: *un regalo de nada;* expresión usada para responder a quien da las gracias. ‖ **Nada más,** sólo, únicamente: *comerse nada más un bocadillo.* ‖ **Nada menos que,** dícese para resaltar la importancia de lo que se dice a continuación: *bailamos nada menos que una polca.* ◆ n. f. **4.** El no ser.

**NADADOR, RA** adj. y n. Que nada. **2.** Que practica la natación como deporte.

**NADAR** v. intr. (lat. *natare*) **[1]**. Sostenerse y avanzar en el agua por medio de ciertos movimientos de los miembros. **2.** Flotar algo, mantenerse en la superficie de un líquido. **3.** *Fig.* Abundar en una cosa: *nadar en la opulencia.* **4.** *Fig.* y *fam.* Estar una cosa demasiado holgada dentro de otra: *nadar los pies en los zapatos.* **5.** TAUROM. Agarrarse el picador a las tablas de la barrera, abandonando el caballo que monta, al no poder resistir la acometida del toro.

**NA-DENÉ,** grupo etnolingüístico amerindio, que agrupa los atapasco, eyak, tlingit y haida.

**NADERÍA** n. f. Cosa de poco valor o importancia.

**NADIE** pron. indef. (lat. *nati*). Ninguna persona: *no haber nadie.* ◆ n. m. **2.** *Fig.* Persona de poca importancia o de poco carácter: *tú no eres nadie para aconsejarme.*

**NADIR** n. m. (ár. *nazīr,* opuesto). Punto de la esfera celeste diametralmente opuesto al cenit.

**NADO** n. m. *Amér.* Acción de nadar. • **A nado,** nadando: *atravesar un río a nado.*

**NAFTA** n. f. (lat. *naphtam*). Mezcla líquida de hidrocarburos que se obtiene por destilación del petróleo entre 100 y 250 °C. **2.** Nombre que se da a numerosos líquidos inflamables que resultan de la descomposición pirogenada de materias orgánicas. **3.** *Argent.* y *Urug.* Gasolina.

**NAFTALÉNICO, A** adj. Que tiene relación con el naftaleno: *serie naftalénica.*

**NAFTALENO** n. m. Hidrocarburo aromático $C_{10}H_8$, principal constituyente de la naftalina, formado por dos núcleos bencénicos unidos.

**NAFTALINA** n. f. Nombre comercial del naftaleno impuro.

**NAFTOL** n. m. Fenol derivado del naftaleno, que se utiliza como antiséptico.

**NAGANA** n. f. Enfermedad del ganado caprino y vacuno, que es transmitida por la mosca tse-tse y especies afines.

**NĀGARĪ** adj. y n. m. Devanagārī.

**NAGUAL** n. m. *Amér. Central* y *Méx.* Brujo, hechicero, que se supone puede transformarse en algún animal. **2.** *Guat., Hond., Méx.* y *Nicar.* Animal tutelar de una persona, que es el compañero o protector espiritual durante toda su vida.

**NAGUAPATE** n. m. *Hond.* Planta crucífera cuyo cocimiento se usa contra las enfermedades venéreas.

**NAHOR** n. m. Mamífero de cabeza muy parecida a la del carnero, que vive en las altas montañas de Asia centromeridional. (Familia bóvidos.)

**NAHUA** adj. y n. m. y f. Relativo a un pueblo amerindio de América Central, que constituye el grupo étnico más importante numéricamente de México; individuo de este pueblo. ◆ n. m. **2.** Lengua de la familia utoazteca que en época precolombina fue la mayor lengua de civilización de México.

■ Los nahua viven a ambos lados de la sierra Madre occidental y oriental, practican el cultivo sobre rozas y son hábiles artesanos (tejidos, alfarería).
En el s. XVI la lengua nahua se hablaba en el territorio que tiene como centro México-Tenochtitlán, y se extendía hasta los actuales estados de Veracruz, Hidalgo y Guerrero. Era el idioma oficial, comercial y de cultura del imperio azteca.
El nahua es un conjunto de dialectos: el náhual (Valle de México), el nahual, hablado en el O del país, y el nahuat, en vías de desaparición, que se hablaba al E (Veracruz, Puebla) y en puntos diversos de América Central (El Salvador, Nicaragua).

**NÁHUATL** n. m. Dialecto nahua hablado en México en el momento de la conquista española, cuya variante más conocida es el azteca clásico.

**NAHUATLATO, A** adj. y n. Dícese del indio que, en México, servía de intérprete entre los españoles y los indígenas.

**NAHUATLISMO** n. m. Giro o modo de hablar propio y privativo de la lengua náhuatl. **2.** Vocablo, giro o elemento fonético de esta lengua empleado en otra.

**NAÏF** adj. m. y f. (voz francesa). B. ART. Dícese de un tipo de arte, generalmente pintura, practicado por artistas autodidactos dotados de un sentido plástico natural, al margen de las corrientes del arte culto (académico o vanguardista); artista que practica este arte.

**NAIFE** n. m. Cierto diamante de calidad superior.

**NAILON** n. m. Nylon.

**NAIPE** n. m. Cada una de las cartulinas rectangulares que llevan pintadas en una de las caras una figura o un cierto número de objetos correspondientes a cada uno de los cuatro palos de la baraja.

**NAIRA** n. f. Unidad monetaria principal de Nigeria.

**NAJA** n. f. Serpiente venenosa de la familia elápidos. (Entre las *najas* figuran la *cobra india,* la *cobra egipcia* y la *cobra de cuello negro.*)

**NALGA** n. f. Cada una de las dos partes carnosas situadas debajo de la espalda en el cuerpo humano. **2.** Anca, cada una de las dos mitades laterales de la parte posterior de algunos animales.

**NALGAR** adj. Relativo a las nalgas.

**NALGÓN, NA** adj. *Colomb., Guat., Hond.* y *Méx.* Que tiene gruesas las nalgas.

**NALGUDO, A** adj. Que tiene nalgas gruesas.

**NALGUEAR** v. intr. **[1]**. Mover exageradamente las nalgas al andar. ◆ v. tr. **2.** *C. Rica* y *Méx.* Dar nalgadas, golpear a alguien en las nalgas.

**NAMAQUAS** o **NAMAS,** pueblo hotentote de Namibia *(Namagua-land).*

**NAMBIRA** n. f. *Hond.* Mitad de una calabaza que, quitando la pulpa, sirve para usos domésticos.

**NANA** n. f. Canto con que se duerme a los niños. **2.** Pieza de vestir en forma de saco, abierto por delante, con que se abriga a los niños muy pequeños. **3.** *Fam.* Abuela. **4.** *Amér. Central.* Madre. **5.** *Amér. Central, Méx.* y *Venez.* Niñera; nodriza. • **El año de la nana,** o **nanita** *(Fam.),* tiempo incierto y muy antiguo: *llevaba un vestido del año de la nana.*

**NANA** n. f. (voz quechua). *Argent., Chile, Parag.* y *Urug.* En lenguaje infantil, pupa. ◆ **nanas** n. f. pl. **2.** *Amér. Merid.* Achaques y dolencias sin importancia, en especial las de la vejez.

**NANAY** adv. neg. *Fam.* No.

**NANCE** n. m. *Amér. Central.* Nanche.

**NANCEAR** v. intr. **[1]**. *Hond.* Coger.

**NANCHE** n. m. *Méx.* Planta arbustiva, de fruto pequeño, globoso y de color amarillo. (Familia malpigiáceas.) **2.** *Méx.* Fruto de esta planta.

**NANDIROBA** n. f. Planta arbustiva trepadora que crece en América tropical y Antillas, cuyas semillas proporcionan un aceite que se usa en América para el alumbrado. (Familia cucurbitáceas.) **2.** Planta arbórea, cuya madera se vende como caoba de Brasil, y de cuyas semillas se extrae un aceite con el que los indígenas se embadurnan la piel para protegerse de los mosquitos. (Familia meliáceas.)

**NANO,** prefijo (símbolo n) que colocado delante de una unidad, la divide por mil millones.

**NANOTECNOLOGÍA** n. f. Tecnología que emplea instrumentos y elementos de tamaño muy pequeño.

**NANSÚ** n. m. (ingl. *nainsook*). Tejido ligero de algodón, de aspecto sedoso, que se utiliza en lencería.

**NAO** n. f. Nave comercial de gran tonelaje, propulsada a vela, que se usó en la edad media. **2.** Embarcación, nave.

**NAONATO, A** adj. y n. Dícese de la persona nacida en una nave.

**NAOS** n. m. (voz griega). Sala central de un templo griego, donde estaba situada la estatua del dios. SIN.: *cella.* **2.** En las iglesias griegas modernas, parte del edificio donde se sitúan los fieles.

**NAPA** n. f. (fr. *nappe*). Capa o manto subterráneo de cualquier material líquido o gaseoso: *napa freá-*

el **arte naïf:** *Carnaval* (1952),
por el pintor haitiano Wilson Bigaud
(Art center, Nueva York)

*tica.* **2.** Piel de algunos animales, especialmente después de curtida y preparada para ciertos usos. **3.** TEXT. Conjunto formado por fibras unidas por su adherencia recíproca.

**NAPALM** n. m. (de *Na,* símbolo del sodio, y *palmitato*). Agente gelificante, constituido por palmitato de aluminio, que se utiliza como carga de proyectiles incendiarios. **2.** Gasolina espesada con esta sustancia.

**NAPE** n. m. *Chile.* Cierto cangrejo que se utiliza como cebo.

**NAPELO** n. m. Acónito de los prados y lugares húmedos.

**NAPIA** n. f. *Fam.* Nariz, especialmente cuando es muy grande. (Suele usarse en plural.)

**NAPIFORME** adj. BOT. Que tiene la forma de un nabo. • **Raíz napiforme** (BOT.), raíz axonomorfa, muy gruesa.

**NAPOLEÓN** n. m. Moneda francesa de oro. SIN.: *luis.*

**NAPOLITANA** n. f. Femenino de napolitano. **2.** MÚS. Modalidad simplificada de madrigal, seguramente de origen napolitano.

**NAPOLITANO, A** adj. y n. De Nápoles. ◆ adj. **2.** Dícese de una especie de higos de piel negra, muy sabrosos, y de la higuera que los produce. ◆ n. m. **3.** Dialecto hablado en Nápoles y su región.

**NARANGO** n. m. *Amér. Central.* Planta de fruto comestible.

**NARANJA** n. f. (ár. *nāranŷa;* del persa *nārang*). Fruto comestible del naranjo, de color entre amarillo y rojo. • **Media naranja** (*Fig.* y *fam.*), con respecto a una persona, otra que se adapta perfectamente a ella; el marido o la mujer, el uno respecto del otro. || **¡Naranjas!** o **¡naranjas de la China!**, denota incredulidad o extrañeza; dícese para rehusar algo.

**NARANJADA** n. f. Bebida refrescante a base de zumo de naranja, agua y azúcar.

**NARANJAL** n. m. Lugar plantado de naranjos.

**NARANJERO, A** adj. Relativo a la naranja. ◆ n. **2.** Comerciante o cultivador de naranjas. ◆ n. m. **3.** *Argent.* Pájaro de unos 16 cm de long. y plumaje vistoso, cuya área de distribución es muy amplia en el país.

**NARANJILLA** n. f. Naranja amarga de pequeño tamaño que se utiliza en confitería. **2.** *Ecuad.* Planta solanácea de fruto comestible. **3.** *Ecuad.* Fruto de esta planta.

**NARANJILLO** n. m. *Argent.* Árbol con aguijones en ramas y corteza, flores verdosas y pequeñas, y cuyo follaje exhala un fuerte olor a naranja. (Familia rutáceas.) **2.** *Argent.* Arbusto de hasta 3 m de alt., cuyo fruto es una baya elipsoide u ovoide de color amarillo verdoso. (Familia caparidáceas.) **3.** *Argent.* Arbusto de hasta 2 m de alt., de flores blancas y fruto esférico amarillo. (Familia solanáceas.)

**NARANJO** n. m. Árbol frutal de hojas coriáceas y perennes, extendido en las regiones cálidas. (Género *Citrus;* familia rutáceas.) **2.** Madera de este árbol.

**naranjo**

**NARCISISMO** n. m. (de *Narciso,* personaje mitológico). Admiración preferente de sí mismo. **2.** SICOANÁL. Fijación de la libido sobre uno mismo.

**NARCISISTA** adj. y n. m. y f. Relativo al narcisismo; que presenta narcisismo.

**NARCISO, A** n. (lat. *narcissum*). Persona muy satisfecha de sí misma y exageradamente preocupada de su apariencia exterior. ◆ n. m. **2.** Planta bulbosa, de flores amarillas o blancas provistas de una especie de corona dorada, que se cultiva como planta ornamental. (Familia amarilidáceas.) **3.** Flor de esta planta. **4.** *Méx.* Nombre de diversas plantas de la misma familia que la adelfa, algunas de las cuales son venenosas.

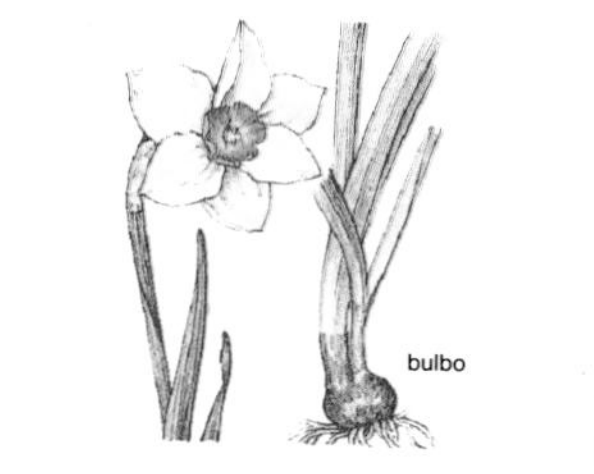

**narciso**

**NARCO** adj. y n. m. y f. Narcotraficante.

**NARCOANÁLISIS** n. m. Técnica de investigación sicológica que pretende el resurgimiento de recuerdos olvidados, provocando un descenso del nivel de conciencia por la inyección intravenosa de un narcótico.

**NARCOLEPSIA** n. f. MED. Crisis repentina e irresistible de sueño, acompañada frecuentemente de una caída.

**NARCOSIS** n. f. Sueño artificial producido por la administración intravenosa de un narcótico.

**NARCOTERAPIA** n. f. Método terapéutico en que durante cierto tiempo se mantiene al enfermo en estado de somnolencia.

**NARCÓTICO, A** adj. Relativo a la narcosis. ◆ adj. y n. m. **2.** Que provoca la aparición del sueño.

**NARCOTISMO** n. m. Estado de sueño o modorra producido por una dosis elevada de narcóticos.

**NARCOTIZACIÓN** n. f. Acción y efecto de narcotizar.

**NARCOTIZADOR, RA** adj. Que narcotiza.

**NARCOTIZAR** v. tr. y pron. **[1g]**. Suministrar un narcótico. **2.** Producir narcotismo.

**NARCOTRAFICANTE** adj. y n. m. y f. Que practica el narcotráfico.

**NARCOTRÁFICO** n. m. Tráfico ilegal de estupefacientes.

**NARDO** n. m. (lat. *nardum*). Planta herbácea de los países intertropicales, que se cultiva en jardinería por sus bellas flores blancas, muy olorosas. (Familia amarilidáceas.) **2.** Planta herbácea vivaz, de flores blancas o rosadas, agrupadas en cimas. (Familia valerianáceas.) **3.** Flor de estas plantas. **4.** Perfume que se preparaba con un extracto de diversas valerianáceas.

**NARGUILE** n. m. (voz persa). Pipa oriental provista de un largo tubo flexible, en la que el humo, antes de llegar a la boca, pasa a través de un pomo lleno de agua perfumada.

**NARIGADA** n. f. *Ecuad.* Polvo de tabaco que se toma de una vez entre el pulgar y otro dedo, para aspirarlo.

**NARIGUDO, A** o **NARIGÓN, NA** adj. y n. De nariz grande.

**NARIGUERA** n. f. Adorno que se coloca en las partes cartilaginosas de la nariz, propio de los papúes de Nueva Guinea, de muchas tribus africanas y de numerosos pueblos amerindios y de la India.

**NARIZ** n. f. (bajo lat. *naricae*). Parte saliente de la cara, entre la boca y la frente, que es el órgano del olfato. (Úsase también en plural.) **2.** Cada uno de dichos orificios. **3.** Olfato: *este perro tiene nariz.* **4.** Parte delantera de un buque, de un avión, de un cohete. • **Dar en las narices,** desairar a alguien. || **Darle en la nariz** algo a alguien, sospecharlo. || **Darse de narices,** caerse con la cara contra el suelo o tropezar con algo recibiendo el golpe en la cara. || **En mis, tus, sus, propias narices,** en presencia de la persona de que se trata. || **Estar hasta las narices,** estar muy cansado de tolerar algo molesto o desagradable. || **Hablar por la nariz,** ganguear. || **Hinchársele las narices** a alguien *(Fam.),* enfadarse mucho. || **Meter,** o **asomar, las narices** *(Fam.),* entrometerse. || **No ver más allá de sus narices** *(Fam.),* ser poco perspicaz. || **Quedar,** o **dejar con un palmo de narices,** quedar o dejar muy chasqueado. || **Romper las narices a alguien** *(Fam.),* expresión de amenaza. || **Torcer la nariz** *(Fam.),* no admitir lo que se dice o propone. ◆ **¡narices!** interj. **5.** Expresa el enfado con que se rehúsa algo.

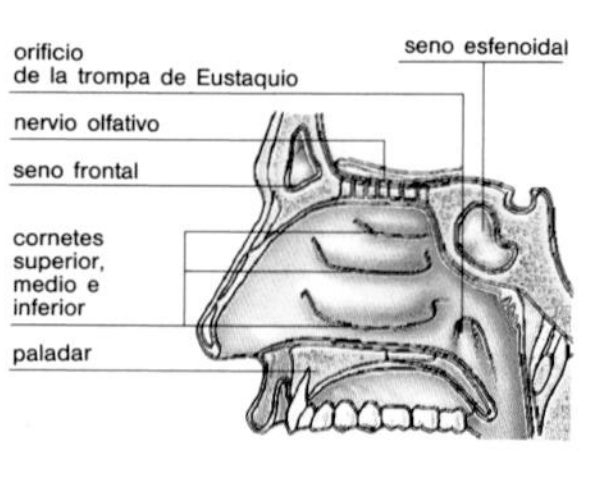

**nariz** (corte sagital)

**NARIZÓN, NA** adj. *Fam.* Narigudo.

**NARIZUDO, A** adj. *Méx. Fam.* Que tiene grandes narices.

**NARRA** n. m. Planta arbórea de Filipinas, de unos 20 m de alt., de flores blancas en racimos axilares y fruto en legumbre, de cuya corteza y raíces se extrae un tinte encarnado, y su madera se usa en ebanistería. (Familia papilionáceas.) **2.** Madera de este árbol.

**NARRABLE** adj. Que puede narrarse.

**NARRACIÓN** n. f. Acción de narrar. **2.** Cosa narrada. **3.** Relato, cuento, novela. **4.** Parte del discurso que expone los hechos de la manera más favorable al esclarecimiento del asunto que se trata.

**NARRADOR, RA** adj. y n. Que narra. ◆ n. **2.** LIT. Autor de narraciones.

**NARRAR** v. tr. (lat. *narrare*) **[1]**. Decir de palabra o por escrito alguna historia: *narrar lo sucedido.*

**NARRATIVA** n. f. Narración, acción de narrar. **2.** Habilidad para narrar. **3.** Género literario que abarca la novela, el relato y el cuento.

**NARRATIVO, A** o **NARRATORIO, A** adj. Relativo a la narración: *estilo narrativo.*

**NARRIA** n. f. (voz de origen prerromano). Cajón o escalera de carro, a propósito para llevar arrastrando cosas de gran peso. **2.** *Fig.* y *fam.* Mujer gorda y pesada.

**NÁRTEX** o **NARTEX** n. m. (gr. *narthēx,* arqueta). Pórtico o vestíbulo construido a la entrada de la nave de las basílicas cristianas, donde se situaban los catecúmenos.

**NARVAL** n. m. (danés *narhval*). Mamífero cetáceo de los mares árticos, de hasta 4 m de long., que sólo posee dos dientes, uno de ellos muy desarrollado (2 a 3 m) en los machos.

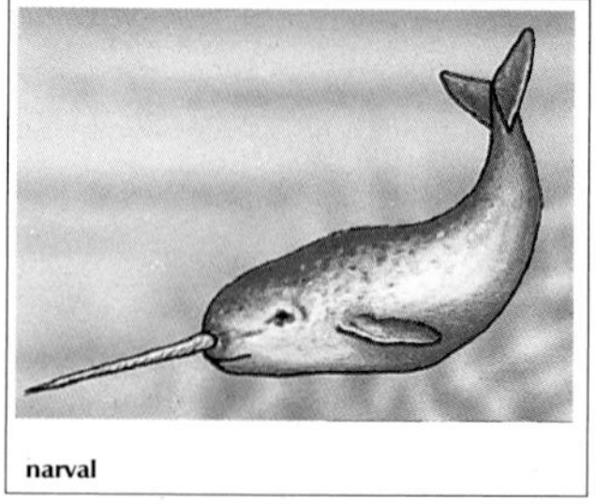
**narval**

**NASA** n. f. (lat. *nassam*). Arte de pesca que consiste en una especie de cesta cilíndrica o troncocónica, formada por un enrejado de varillas vegetales o de alambre galvanizado, red, etc. **2.** Artificio parecido al anterior, consistente en una manga de red, ahuecada por aros de madera. **3.** Cesta de boca estrecha, en que echan los pescadores la pesca. **4.** Cesto para guardar pan, harina, etc.

**NASAL** adj. (del lat. *nasum,* nariz). Relativo a la nariz. **2.** FONÉT. Dícese de un rasgo distintivo, caracterizado acústicamente por la difusión de la energía sobre bandas de frecuencia amplias y por la presencia de formantes adicionales y, articulatoriamente, por la intervención de la cavidad nasal. • **Fosas nasales,** las dos cavidades limitadas por el etmoides y el paladar, separadas por un tabique perpendicular, y en las que penetra el aire a través de los orificios nasales antes de pasar a los pulmones. ◆ n. m. **3.** Pieza del casco de la armadura, destinada a proteger la nariz.

**NASALIDAD** n. f. Calidad de nasal.

**NASALIZACIÓN** n. f. Acción de nasalizar. **2.** Estado de un sonido nasalizado.

**NASALIZAR** v. tr. y pron. [**1g**]. Hacer nasal o pronunciar como tal un sonido.

**NASARDO** n. m. MÚS. Juego de mutación simple del órgano, que produce un sonido que parece nasal.

**NÁSICO** n. m. Mono de Borneo, de nariz larga y carnosa.

**NASO** n. m. Pez de agua dulce, que alcanza los 50 cm de long., de carne no comestible. (Familia ciprínidos.)

**NASOFARÍNGEO, A** adj. Relativo a la rinofaringe.

**NASTIA** n. f. Movimiento relativamente rápido de un vegetal como reacción a un golpe, a un contacto, a una sacudida o a cualquier otro factor externo.

**NATA** n. f. Sustancia constituida por glóbulos de materia grasa que se encuentra emulsionada en la leche. **2.** Capa que se forma en la superficie de algunos líquidos, debido a las sustancias que hay en los mismos. **3.** Leche batida. **4.** *Fig.* Lo mejor y más selecto.

**NATACIÓN** n. f. (lat. *natationem,* de *natare,* nadar). Acción y efecto de nadar, considerado como un ejercicio o como un deporte. **2.** Propulsión activa de los animales en el seno del agua o en su superficie.

**NATAL** adj. Relativo al nacimiento. **2.** Nativo, perteneciente al país o lugar en que uno ha nacido.

**NATALICIO, A** adj. Relativo al día del nacimiento: *fecha natalicia.* ◆ n. m. **2.** Nacimiento.

**NATALIDAD** n. f. Relación entre el número de nacimientos y el de habitantes de una región durante un tiempo determinado.

**NATÁTIL** adj. Capaz de nadar o flotar.

**NATATORIO, A** adj. Relativo a la natación. **2.** Que sirve para nadar. • **Vejiga natatoria,** bolsa situada en el abdomen de ciertos peces, llena de oxígeno y nitrógeno, y de función incierta.

**NATILLAS** n. f. pl. Dulce hecho a base de una mezcla de huevos, leche y azúcar, batida y cocida a fuego lento.

**NATIVIDAD** n. f. Nacimiento. **2.** Fiesta litúrgica del nacimiento de Jesucristo, de la Virgen María y de san Juan Bautista. (Con este significado suele escribirse con mayúscula.)

**NATIVISMO** n. m. SICOL. Teoría según la cual el espacio y el tiempo vendrían dados por las sensaciones, y no adquiridos por la experiencia.

**NATIVISTA** adj. y n. m. y f. SICOL. Relativo al nativismo; partidario de esta teoría.

**NATIVO, A** adj. (lat. *nativum*). Perteneciente al país o lugar en que uno ha nacido y a sus peculiaridades: *costumbres nativas.* **2.** Indígena, nacido en el país de que se trata: *hablante nativo.* **3.** Innato, natural: *estupidez nativa.* **4.** Dícese del metal que se encuentra en la naturaleza en estado puro, no combinado.

**NATO, A** adj. Dícese de las cualidades o defectos que se tienen desde el nacimiento: *artista nato.* **2.** Dícese del título o cargo que está anejo a un empleo o a la calidad de un sujeto: *presidente nato del tribunal.*

**NATRAL** n. m. *Chile.* Terreno poblado de natris.

**NATREMIA** n. f. Tasa de sodio en la sangre, que normalmente oscila entre 3,10 y 3,45 g/l.

**NATRI** o **NATRE** n. m. *Chile.* Arbusto solanáceo de dos a tres metros de altura, con flores blancas. (Con el cocimiento amargo de sus hojas se untan el pecho las mujeres para destetar a los niños.)

**NATRÓN** n. m. Sosa.

**NATRURIA** n. f. Cantidad de sodio contenida en la orina.

**NATURA** n. f. Naturaleza: *ir contra natura.*

**NATURAL** adj. Relativo a la naturaleza: *ciencias naturales; fenómenos naturales.* **2.** Intrínseco a la naturaleza de un ser: *bondad natural.* **3.** Que se tiene por naturaleza, no adquirido: *cabello de color natural, no teñido.* **4.** Normal, conforme al orden habitual de las cosas: *es natural que quiera liberarse.* **5.** Genuino, no adulterado ni elaborado: *vino natural.* **6.** Espontáneo, exento de afectación: *lenguaje simple y natural.* **7.** Que se encuentra en la naturaleza: *gas natural.* • **Al natural,** sin artificio, sin aderezo: *lata de atún al natural.* ‖ **Hijo natural,** el nacido fuera de matrimonio. ‖ **Muerte natural,** muerte que se produce a consecuencia de una enfermedad o de la edad. ‖ **Nota natural** (MÚS.), nota que no está modificada por ninguna alteración. ‖ **Número natural,** cada uno de los números enteros positivos, como el 0, el 1, el 2, ... ‖ **Religión natural,** conjunto de creencias y preceptos relativos a Dios y a la moral, fundados únicamente en la razón y la conciencia. ◆ adj. y n. m. y f. **8.** Con respecto a un pueblo o nación, los nacidos allí: *natural de Burgos.* ◆ adj. y n. m. **9.** TAUROM. Dícese del pase de muleta en que el diestro despide al toro por el mismo lado de la mano en que tiene la muleta. **10.** TAUROM. Dícese de la suerte ejecutada dando al toro para su salida el terreno de afuera y tomando el diestro el de las tablas. ◆ n. m. **11.** Manera de ser de una persona: *ser de natural sencillo.* **12.** Forma exterior de una cosa que se toma por modelo para la pintura y escultura. ◆ n. m. y f. **13.** HIST. Súbdito sometido al rey por el vínculo de la naturaleza.

**NATURALEZA** n. f. Realidad física que existe independientemente del hombre (por oposición a cultura). **2.** Conjunto de caracteres fundamentales propios de un ser o de una cosa: *la naturaleza humana; una naturaleza indolente; actividades de distinta naturaleza.* **3.** Conjunto de inclinaciones e instintos de un individuo. **4.** Complexión del cuerpo: *ser de naturaleza robusta.* **5.** Sexo, especialmente en las mujeres. **6.** DER. Calidad que da derecho a ser tenido por natural de un país para ciertos efectos civiles. **7.** FILOS. Causa creadora de un ser y de su desarrollo. • **Las fuerzas de la naturaleza,** los fenómenos naturales. ‖ **Naturaleza humana,** conjunto de caracteres comunes a todas las personas. ‖ **Naturaleza muerta** (B. ART.), representación de animales muertos, frutos, objetos, flores, etc.

**NATURALIDAD** n. f. Calidad de natural: *la naturalidad de su comportamiento.* **2.** Espontaneidad, sencillez: *hablar con naturalidad.* **3.** Derecho inherente a los naturales de un país.

**NATURALISMO** n. m. Escuela literaria y artística del s. XIX que, por medio de la aplicación al arte de los métodos de la ciencia positivista, trata de reproducir la realidad con absoluta objetividad, incluso en los aspectos más ínfimos. **2.** FILOS. Doctrina que no admite otra realidad que la naturaleza.

■ En literatura, la escuela naturalista surgió entre 1860 y 1880; con la doble influencia del realismo de Flaubert y del positivismo de Taine. Zola fue el teórico de la nueva estética y la plasmó en *La novela experimental,* 1880: la verdad de la novela radica en la observación de la realidad y en el determinismo de la herencia y el medio. Otros naturalistas fueron Maupassant, Huysmans, Daudet, Mirabeau y Renard. En teatro, el naturalismo es un movimiento ilustrado por teóricos (Zola), dramaturgos (Ibsen, Strindberg, Hauptmann, Chéjov) y directores de escena (Stanislavski). Con ellos, la puesta en escena buscaba la reproducción exacta del medio social contemporáneo. En España destacan Galdós, Pardo Bazán y Clarín. En Hispanoamérica, los argentinos Cambacérès y J. Martel; los chilenos Orrego Luco y Edwards Bello; los mexicanos F. Gamboa y M. Azuela; el venezolano M. E. Pardo y otros.

**NATURALISTA** n. m. y f. Persona que se dedica al estudio de los minerales, animales o plantas. ◆ adj. y n. m. y f. **2.** Relativo al naturalismo; adepto al naturalismo.

**NATURALIZACIÓN** n. f. Acción y efecto de naturalizar. **2.** Acto soberano y discrecional del poder público por el que una persona adquiere la cualidad de nacional en el estado que el poder representa. **3.** Adquisición de una nacionalidad distinta de la originaria. **4.** Aclimatación duradera de una especie animal o vegetal en un ambiente que no es el suyo. **5.** En taxidermia, preparación que sufre una planta o un animal para conservar su forma y su apariencia.

**NATURALIZADO, A** n. y adj. Persona que ha obtenido su naturalización.

**NATURALIZAR** v. tr. [**1g**]. Conceder la naturalización a un extranjero. **2.** Conservar por naturalización. ◆ v. tr. y pron. **3.** Introducir y emplear en un país usos y costumbres de otros. **4.** Aclimatar definitivamente. ◆ **naturalizarse** v. pron. **5.** Adquirir los derechos de los naturales de un país.

**NATURISMO** n. m. Tendencia a vivir en contacto con la naturaleza. **2.** Doctrina higiénica y deportiva que aplica esta tendencia. **3.** Nudismo.

**NATURISTA** adj. y n. m. y f. Relativo al naturismo; que practica el naturismo. SIN.: *fisiatra.* **2.** Nudista.

**NATUROPATÍA** n. f. Técnica curativa de las enfermedades basada en el empleo de medios naturales.

**NAUFRAGAR** v. intr. [**1b**]. Hundirse o perderse una embarcación en el agua. **2.** Sufrir este accidente los pasajeros de una embarcación. **3.** *Fig.* Fracasar un intento o asunto: *naufragar un negocio.*

**NAUFRAGIO** n. m. Acción y efecto de naufragar. **2.** *Fig.* Desastre, ruina material o moral.

**NÁUFRAGO, A** adj. y n. Que ha naufragado.

**NAUMAQUIA** n. f. En la Roma antigua, espectáculo consistente en un combate naval. **2.** Estanque en que se desarrollaba este espectáculo.

**NAUPATÍA** n. f. MED. Mareo.

**NAUPLIUS** n. m. Fase larvaria primitiva de muchos crustáceos.

**NÁUSEA** n. f. (lat. *nauseam*). Estado patológico caracterizado por una sensación penosa, localizada en el epigastrio y mediastino, con deseos de vomitar. **2.** *Fig.* Repugnancia física o moral que causa una cosa.

**NAUSEABUNDO, A** adj. Que produce náuseas: *un olor nauseabundo.* **2.** Propenso al vómito.

**NAUSEAR** v. intr. [**1**]. Tener náuseas.

**NAUTA** n. m. Marino, marinero, navegante.

**NÁUTICA** n. f. Ciencia y arte de navegar.

**NÁUTICO, A** adj. Relativo a la navegación. • **Deportes náuticos** (DEP.), denominación utilizada para designar tanto los deportes directamente ligados a la navegación (vela, remo, etc.) como los que tienen como característica común el medio en que se practican, es decir, agua dulce o mar (pesca, submarinismo, etc.).

**NAUTILO** n. m. Molusco cefalópodo de los mares cálidos, de concha espiral, de unos 25 cm de diámetro, con el interior dividido por tabiques, que existe desde la era primaria.

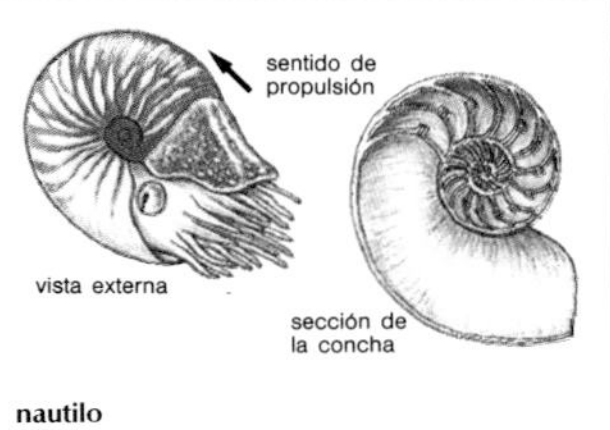


**nautilo**

**NAUYACA** n. f. *Méx.* Serpiente grande y venenosa que tiene muy hendido el labio superior, lo cual le da el aspecto de tener cuatro fosas nasales.

**NAVA** n. f. Tierra baja y húmeda, a veces pantanosa.

**NAVAJA** n. f. Cuchillo cuya hoja se puede doblar para que el filo quede oculto entre las dos cachas que forman el mango. **2.** *Fig.* Aguijón cortante de algunos insectos. **3.** *Fig.* y *fam.* Lengua de los mal-

**navaja** (molusco)

dicientes y murmuradores. **4.** En la riña de gallos, cuchilla puntiaguda y ligeramente arqueada, que se adapta a la pata izquierda del gallo de pelea. **5.** Molusco de cuerpo alargado, encerrado en dos largas valvas con los extremos abiertos. • **Navaja de afeitar,** o **barbera,** cuchillo plegable de acero, de filo agudísimo, para rasurar la barba.

**NAVAJADA** n. f. Golpe dado con la navaja. **2.** Herida que produce.

**NAVAJAZO** n. m. Navajada.

**NAVAJERO, A** n. Atracador que suele ir armado con navaja. ◆ n. m. **2.** Estuche para guardar las navajas de afeitar. **3.** Paño para limpiarlas. **4.** Especie de taza con el borde de caucho, para el mismo fin. ◆ adj. **5.** *Colomb. Fig.* Dícese de la persona muy hábil en alguna cosa.

**NAVAJO,** pueblo amerindio de América del N, de la familia lingüística atapasco, act. en reservas en Texas, Oklahoma, Nuevo México y Arizona.

**NAVAL** adj. Relativo a la navegación: *construcciones navales.* **2.** Relativo a la marina de guerra. • **Agregado naval,** oficial de marina que atiende en una embajada los asuntos de su competencia.

**NAVARCA** n. m. (gr. *nauarkhos*). ANT. GR. Comandante de una flota o de un buque de guerra.

**NAVARRA** n. f. TAUROM. Lance de capa de frente, en el que el diestro, al cargar la suerte, gira en dirección contraria a la que trae el toro.

**NAVARRERÍA** n. f. En la baja edad media, en las ciudades del reino de Navarra, barrio habitado por el núcleo indígena primitivo de los navarros, que quedaba separado de los habitados por la población de origen franco: *la navarrería de Estella.*

**NAVARRO, A** adj. y n. De Navarra.

**NAVARROARAGONÉS** n. m. Conjunto de dialectos hablados en los reinos de Navarra y Aragón, con caracteres casi uniformes.

**NAVAZO** n. m. Huerto en forma de hoyo grande en los arenales inmediatos a las playas, y que se cerca con la misma arena extraída.

**NAVE** n. f. (lat. *navem*). Embarcación. **2.** Cada uno de los espacios que, entre muros o filas de columnas, se extienden a lo largo de los templos, fábricas, almacenes, etc. **3.** *Colomb.* Hoja de puerta o ventana. • **Nave espacial,** astronave de grandes dimensiones o astronave utilizada para los vuelos espaciales del hombre. ‖ **Quemar las naves,** tomar una determinación extrema e irrevocable.

**NAVEGABILIDAD** n. f. Condición o calidad de navegable. **2.** Aptitud de un buque para navegar, en condiciones de seguridad.

**NAVEGACIÓN** n. f. Acción de conducir de un lugar a otro un vehículo marítimo, aéreo o espacial y de determinar su posición en cualquier instante.
■ La navegación, que en un principio se practicaba mediante la observación de referencias conocidas o identificadas en un mapa *(navegación visual),* utiliza en la actualidad redes de balizas radioeléctricas situadas en el suelo (sistemas Decca, Loran, VOR, etc.) o en satélites (sistemas TRANSIT, NAVSTAR). Las técnicas de *navegación astronómica,* basadas en la medición de la altura de los astros, se han sustituido, en aviones y barcos, por la *navegación inercial,* que confía el rumbo a un sistema giroscópico autónomo.

**NAVEGAR** v. intr. y tr. (lat. *navigare*) **[1b]**. Ir un vehículo o ir en un vehículo por el agua o el aire. ◆ v. intr. **2.** INFORMÁT. Realizar con gran facilidad las acciones necesarias para obtener la información buscada en un conjunto de datos informatizado o en una red telemática.

**NAVEL** adj. Dícese de la naranja sin pepitas y con un ombligo bastante desarrollado.

**NAVETA** n. f. Gaveta de los escritorios. **2.** Construcción megalítica balear en forma de nave invertida, alargada, con una entrada pequeña y una cámara interior que está cubierta con una falsa bóveda sostenida por pilares. **3.** LITURG. Pequeño recipiente que contiene el incienso destinado a ser quemado durante los oficios litúrgicos.

**NAVICERT** n. m. Certificado librado en tiempo de guerra por las autoridades consulares de una nación beligerante, en el que consta que un buque y su carga han sido inspeccionados y que se le ha concedido autorización para continuar el viaje hacia un puerto neutral.

**NAVICULAR** adj. ANAT. Que tiene forma de navecilla. • **Hueso navicular,** escafoides.

la **naveta** d'es Tudons (cerca de Ciudadela, Menorca)

**NAVIDAD** n. f. Nacimiento de Jesús. (Con este significado suele escribirse con mayúscula.) **2.** Día en que se celebra. **3.** Tiempo que va desde dicho día hasta la Epifanía. • **Árbol de Navidad,** abeto que se adorna e ilumina en ocasión de la fiesta de Navidad.

**NAVIDEÑO, A** adj. Relativo a las navidades: *fiestas navideñas.* **2.** Dícese de algunas frutas, como melones, uvas, etc., que se pueden conservar hasta navidades.

**NAVIERO, A** adj. Relativo a una nave o a la navegación. ◆ n. **2.** Propietario de un buque, al que explota en nombre y por cuenta propios.

**NAVIESFERA** n. f. Instrumento en forma de esfera, que representa la bóveda celeste y en el cual el navegante puede averiguar el nombre de la estrella cuya altura ha medido con el sextante.

**NAVÍO** n. m. (lat. *navigium*). Embarcación de grandes dimensiones. **2.** Denominación con que se conoció, a partir del s. XVI, a cualquier embarcación superior a las 500 t, y, en particular, a las de guerra.

**NAXALITA** adj. y n. m. y f. Dícese de un movimiento político indio, de inspiración marxista-leninista; miembro de dicho movimiento.

**NÁYADE** n. f. (gr. *naias*). Divinidad femenina de la mitología griega, protectora de fuentes o ríos.

**NÁYADE** n. f. Planta herbácea acuática, de flores pequeñas, verdes o rojizas. (Familia nayadáceas.) **2.** Larva acuática de los odonatos. **3.** Almeja de río.

**NAYARITA** o **NAYARITENSE** adj. y n. m. y f. De Nayarit.

**NAYURIBE** n. f. Planta de flores moradas en espiga, cuyas cenizas se emplean en tintorería para teñir de rojo. (Familia amarantáceas.)

**NAZAREATO** n. m. Condición de nazareno. **2.** Voto por el que algunos israelitas se consagraban a Dios, obligándose a determinadas abstinencias. **3.** Tiempo durante el cual se cumple el compromiso del voto.

**NAZARENAS** n. f. pl. *R. de la Plata.* Espuelas grandes usadas por los gauchos.

**NAZARENO, A** adj. y n. De Nazaret. **2.** Entre los hebreos, dícese del que se consagraba mediante nazareato. **3.** Cristiano, que profesa el cristianismo. ◆ adj. **4.** Dícese de la imagen de Jesús vestido con una túnica morada. • **Escuela nazarena,** grupo de pintores alemanes del s. XIX. ◆ n. m. **5.** Nombre dado a los primeros cristianos. **6.** Miembro de una secta cristiana de Jerusalén, que unía la ley mosaica a la doctrina evangélica. **7.** Hombre vestido con túnica, generalmente morada, y capirote, que forma parte de las procesiones de semana santa. **8.** Planta arbórea de América, de gran tamaño, de cuya madera, susceptible de pulimento, se obtiene un tinte amarillo muy duradero. (Familia cesalpiniáceas.) • **El Nazareno,** Jesucristo.

**NAZARÍ** adj. y n. m. y f. Relativo a los Nazaríes. (V. parte n. pr.).

**NAZI** adj. y n. m. y f. Nacionalsocialista.

**NAZISMO** n. m. Nacionalsocialismo.

**N.B.** abrev. de *nota bene.*

**NE,** abrev. de *noreste.*

**NEANTROPO, A** adj. y n. m. Dícese de una forma de antropoide relacionado con la especie *Homo sapiens,* que comprende en particular las razas fósiles de Cro-Magnon, Chancelade y Grimaldi, así como el hombre actual.

**NEBLADURA** n. f. Neblina muy perjudicial a los sembrados, porque favorece el desarrollo de royas.

**NEBLÍ** o **NEBÍ** n. m. Halcón común.

**NEBLINA** n. f. Niebla espesa y baja. **2.** Enturbiamiento de la atmósfera por cualquier causa.

**NEBLINEAR** v. intr. impers. **[1]**. *Chile.* Lloviznar.

**NEBREDA** n. f. Asociación vegetal donde domina el enebro.

**NEBRINA** n. f. Fruto del enebro.

**NEBULIZACIÓN** n. f. Acción y efecto de nebulizar.

**NEBULIZADOR** n. m. Aparato que se utiliza para pulverizar en gotas finísimas un líquido, especialmente una sustancia medicamentosa.

**NEBULIZAR** v. tr. **[1g]**. Proyectar un líquido en gotas pequeñísimas con ayuda de un nebulizador.

**NEBULÓN** n. m. Hombre astuto e hipócrita.

**NEBULOSA** n. f. ASTRON. Vasta nube de gas y polvo interestelares.
■ Las *nebulosas difusas* están formadas, sobre todo, por hidrógeno neutro por lo que reciben el nombre de «regiones H I». Se manifiestan básicamente por una emisión intensa de radiación radioeléctrica de 21 cm de longitud de onda. En la cercanía de las estrellas de alta temperatura, fuentes poderosas de radiación ultravioleta, la excitación del gas interestelar genera las *nebulosas brillantes,* constituidas sobre todo por hidrógeno ionizado, de ahí llamadas «regiones H II». La formación de nuevas estrellas, que se produce durante centenares de años luz, tiene lugar en el seno de nebulosas complejas y densas, llamadas *nubes moleculares* ya que contienen numerosas moléculas (y no sólo átomos o iones).
Por el contrario, algunas nebulosas se asocian con el estadio final de la evolución estelar: es el caso de las *nebulosas planetarias* (así llamadas debido a que su aspecto, cuando se las observa con instrumentos pequeños, recuerda el de los planetas), envolturas gaseosas esféricas expulsadas por estrellas que se han vuelto inestables y se diluyen progresivamente en el espacio, y el de los *restos de supernovas,* envolturas expulsadas en el momento de producirse la explosión cataclísmica de estrellas masivas. Por último, las *nebulosas oscuras* están compuestas básicamente por polvo, que absorbe la luz de los astros situados detrás, y destacan como sombras chinescas sobre el fondo estrellado del cielo.

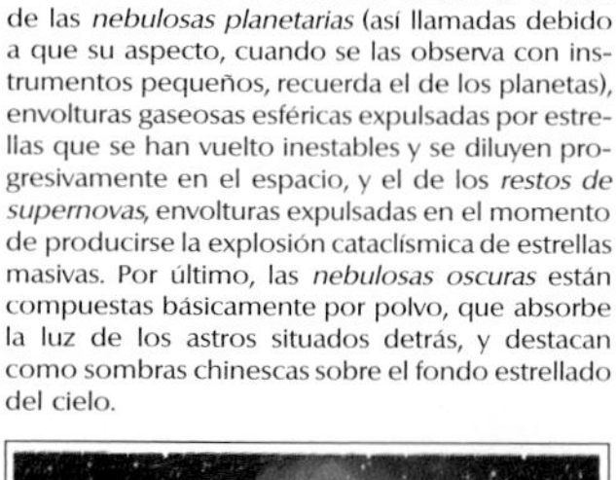

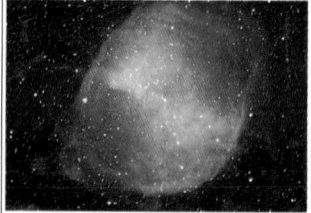

**nebulosa** planetaria NGC 6853, en la constelación de la Zorra

**NEBULOSIDAD** n. f. Calidad de nebuloso. **2.** Sombra u oscuridad tenue.

**NEBULOSO, A** adj. Oscurecido por la niebla o por las nubes. **2.** Turbio, que no tiene transparencia. **3.** *Fig.* Poco claro, oscuro: *poema nebuloso.*

**NECEAR** v. intr. [**1**]. Decir o hacer necedades. **2.** Discutir necia y obstinadamente una cosa.

**NECEDAD** n. f. Calidad de necio. **2.** Dicho o hecho necio.

**NECESARIO, A** adj. (lat. *necessarium*). Que no puede dejar de ser o suceder. **2.** Imprescindible, que hace falta para un fin.

**NECESER** n. m. (fr. *nécessaire*). Caja o estuche con los utensilios de tocador, costura, etc.

**NECESIDAD** n. f. (lat. *necessitatem*). Calidad de necesario. **2.** Falta de las cosas necesarias para vivir: *trabajar por necesidad.* **3.** Situación de alguien que precisa de auxilio o ayuda: *ayudar a alguien en una necesidad.* **4.** Hambre muy intensa: *caerse de necesidad.* **5.** Evacuación de orina o excrementos: *hacer sus necesidades.* (Suele usarse en plural.) • **De necesidad,** que es imprescindible o irremediable: *esto es vital de necesidad.* || **Estado de necesidad** (DER. PEN.), situación de peligro actual o inmediato para un bien jurídicamente protegido, que sólo puede evitarse mediante la lesión de un bien de otra persona, también protegido jurídicamente.

**NECESITADO, A** adj. y n. Pobre, falto de lo necesario: *gente necesitada.*

**NECESITAR** v. tr. e intr. [**1**]. Tener necesidad de alguien o de alguna cosa. ◆ v. tr. **2.** Obligar a alguien a realizar una cosa.

**NECIO, A** adj. y n. (lat. *nescium*). Dícese de la persona ignorante, tonta o presumida. ◆ adj. **2.** Dícese de los dichos o hechos que revelan necedad.

**NECK** n. m. (voz inglesa). Conglomerado de rocas duras, correspondiente a una chimenea volcánica, puesto de relieve por la erosión.

**NÉCORA** n. f. Cangrejo de mar de cuerpo liso, muy convexo, elíptico, y muy apreciado en gastronomía. (Familia portúnidos.)

**NECROBIOSIS** n. f. Proceso de necrosis localizada que se fragua lentamente en el espesor de un tejido, rodeado de estructuras que mantienen su actividad vital.

**NECROBIÓTICO, A** adj. Relativo a la necrobiosis.

**NECRÓFAGO, A** adj. Dícese del animal que se nutre de cadáveres.

**NECROFILIA** n. f. Inclinación por la muerte. **2.** Perversión sexual de quien trata de obtener el placer erótico con cadáveres.

**NECRÓFILO, A** adj. y n. Relativo a la necrofilia; afecto de necrofilia.

**NECRÓFORO, A** adj. y n. m. Dícese de los insectos coleópteros que entierran cadáveres de animales, en los que depositan sus huevos.

**NECROLOGÍA** n. f. Biografía de una persona muerta recientemente. **2.** Lista o noticia de muertos en estadísticas y periódicos.

**NECROLÓGICO, A** adj. Relativo a la necrología: *columna necrológica; noticia necrológica.*

**NECROLOGIO** n. m. Lista o registro de los nombres de los muertos, con la fecha de su fallecimiento.

**NECROMANCIA** o **NECROMANCÍA** n. f. Nigromancia.

**NECRÓPOLIS** n. f. (gr. *nekropolis*). Grupo de sepulturas primitivas, de mayor o menor carácter monumental. **2.** Cementerio importante adornado con monumentos funerarios.

**NECROPSIA** o **NECROSCOPIA** n. f. Autopsia, examen de un cadáver.

**NECROSAR** v. tr. y pron. [**1**]. Producir una necrosis.

**NECROSIS** n. f. PATOL. Transformación de orden físico-químico y químico que experimenta la materia viva y que la conduce a su muerte. **2.** PATOL. Mortificación tisular o celular que, produciéndose a nivel de un tejido, de un órgano, de una región anatómica, permite que el resto del organismo continúe viviendo.

**NECRÓTICO, A** adj. Relativo a la necrosis.

**NÉCTAR** n. m. (gr. *nektar*). Jugo azucarado que segregan ciertos órganos florales. **2.** Bebida agradable al paladar. **3.** En la mitología griega, bebida de los dioses, que confería la inmortalidad a quienes la tomaban.

**NECTARÍFERO, A** adj. BOT. Que segrega néctar.

**NECTARINA** n. f. Híbrido de melocotón y ciruelo.

**NECTARIO** n. m. BOT. Órgano glandular productor del néctar, situado habitualmente en el interior de una flor.

**NECTON** n. m. Conjunto de animales marinos que nadan de forma activa, por oposición a plancton.

**NECTÓNICO, A** adj. Relativo al necton.

**NEERLANDÉS, SA** adj. y n. De Países Bajos. ◆ n. m. **2.** Lengua germánica hablada en Países Bajos y en la zona norte de Bélgica.

**NEFANDARIO, A** adj. Dícese de la persona que comete pecado nefando.

**NEFANDO, A** adj. Abominable, que repugna u horroriza moralmente. • **Pecado nefando,** sodomía.

**NEFARIO, A** adj. Malvado, detestable.

**NEFASTO, A** adj. (lat. *nefastum*). Que causa, va acompañado o anuncia desgracia: *época nefasta.* **2.** Muy malo, perjudicial: *influencias nefastas.* • **Día nefasto** (ANT. ROM.), día en el que estaba prohibido por la religión dedicarse a los asuntos públicos.

**NEFELINA** n. f. Silicato alumínico sódico, que cristaliza en el sistema hexagonal.

**NEFELÍNICO, A** adj. Que contiene nefelina: *sienita nefelínica.*

**NEFELIO** n. m. Pequeña opacidad blanca de la córnea.

**NEFELISMO** n. m. Conjunto de caracteres —forma, clase, altura, coloración, dirección y velocidad de sus movimientos— con que se presentan las nubes.

**NEFELOMETRÍA** n. f. Método de medida de la concentración de una emulsión, mediante la comparación de su transparencia con la de una preparación patrón.

**NEFELOMÉTRICO, A** adj. Relativo a la nefelometría: *medida nefelométrica.*

**NEFLALGIA** n. f. Dolor de origen renal.

**NEFRECTOMÍA** n. f. CIR. Extirpación quirúrgica de un riñón.

**NEFRECTOMIZAR** v. tr. [**1g**]. Realizar una nefrectomía.

**NEFRIDIO** n. m. Órgano excretor de los invertebrados, que realiza funciones semejantes a las de los riñones.

**NEFRITA** n. f. Anfíbol que contiene jade.

**NEFRÍTICO, A** adj. Relativo al riñón: *cólico nefrítico.* ◆ adj. y n. **2.** Relativo a la nefritis; afecto de esta enfermedad.

**NEFRITIS** n. f. Enfermedad renal inflamatoria.

**NEFROLOGÍA** n. f. Parte de la medicina que estudia los riñones, su fisiología y sus enfermedades.

**NEFROLÓGICO, A** adj. Relativo a la nefrología.

**NEFRÓLOGO, A** n. Especialista en nefrología.

**NEFRÓN** n. m. Unidad de secreción elemental del riñón.

**NEFROPATÍA** n. f. Nombre genérico de las enfermedades renales.

**NEFROPEXIA** n. f. Fijación quirúrgica del riñón, en caso de ptosis o descenso de dicho órgano.

**NEFROSCLEROSIS** n. f. Estado terminal de un proceso renal crónico que ha abocado en la destrucción de gran parte del tejido específico del parénquima renal.

**NEFRÓSICO, A** adj. Relativo a la nefrosis.

**NEFROSIS** n. f. Proceso degenerativo del riñón.

**NEFROSTOMÍA** n. f. Abertura quirúrgica del riñón o de la pelvis renal.

**NEFROSTOMIZAR** v. tr. [**1g**]. Realizar una nefrostomía.

**NEGABLE** adj. Que se puede negar.

**NEGACIÓN** n. f. Acción y efecto de negar. **2.** Lo contrario de lo que se expresa: *ser la negación de la inteligencia.* **3.** GRAM. Palabra o expresión que sirven para negar; oración negativa. **4.** LÓG. Paso de un juicio a su opuesto contradictorio, es decir de la verdad a la falsedad o de la falsedad a la verdad. **5.** SICOANÁL. Mecanismo de defensa del yo, consistente en un rechazo de la aceptación de la realidad de una percepción traumatizante. • **Negación de una proposición** p (LÓG.), proposición que resulta al añadir el conector ¬ a la proposición *p* («¬ *p*» se lee «no *p*»), que es verdadera si y sólo si *p* es falsa y falsa si y sólo si *p* es verdadera. || **Principio de la doble negación** (LÓG.), ley según la cual, si es falso que A sea falso, entonces A es verdadero.

**NEGADO, A** adj. y n. Incapaz o inepto: *ser negado para el estudio.*

**NEGADOR, RA** adj. y n. Que niega.

**NEGAR** v. tr. (lat. *negare*) [**1d**]. Decir que algo no existe o no es verdad: *negó su participación en el atraco.* **2.** Responder negativamente a una pregunta: *negó con la cabeza.* **3.** No reconocer un parentesco, amistad o cualquier relación: *negar a su propio hijo.* **4.** Ocultar o disimular algo: *siempre he negado mi nombre.* **5.** Denegar, no conceder lo que se pide: *le negó su ayuda.* ◆ **negarse** v. pron. **6.** Decir que no se quiere hacer cierta cosa: *negarse a colaborar.* • **Negarse** uno **a sí mismo,** renunciar a sus deseos y pasiones.

**NEGATIVA** n. f. Acción de negar o negarse: *no aceptar la negativa de alguien.* **2.** Palabra, gesto, etc., con que se niega.

**NEGATIVIDAD** n. f. Calidad de lo negativo. **2.** ELECTR. Estado de un cuerpo electrizado negativamente.

**NEGATIVO, A** adj. Que expresa, implica o contiene una negación: *respuesta negativa; actitud negativa.* **2.** No positivo, que consiste en la ausencia de una cosa: *examen clínico negativo; diagnóstico negativo.* **3.** DER. Dícese del reo o testigo que, preguntado jurídicamente, no confiesa el delito del que se le acusa o niega lo que se le pregunta. **4.**

la **necrópolis** de Micenas (primer círculo de sepulturas)

GRAM. Dícese de la partícula, palabra o expresión que sirva para negar: *locución negativa.* • **Electricidad negativa,** una de las dos formas de electricidad estática. ‖ **Magnitud negativa** (MAT.), magnitud de signo opuesto al de una magnitud positiva de la misma naturaleza. ‖ **Número negativo,** número obtenido colocando el signo – delante del número positivo del mismo valor absoluto. ◆ n. m. **5.** FOT. Imagen que se forma al revelar un cliché fotográfico y cuyos tonos claros y oscuros se hallan invertidos.

**NEGATÓN** n. m. FÍS. Electrón ordinario de carga negativa.

**NEGATÓNICO, A** adj. Relativo al negatón.

**NEGATOSCOPIO** n. m. Pantalla luminosa utilizada para examinar por transparencia los negativos radiográficos y otros clichés.

**NEGLIGÉ** adj. (voz francesa). Descuidado, desaliñado, aunque no exento de cierta elegancia: *un peinado negligé.* ◆ n. m. **2.** Prenda de vestir femenina usada para estar por casa.

**NEGLIGENCIA** n. f. Falta de diligencia y cuidado debidos. **2.** DER. PEN. Delito o falta consistente en omitir, de forma no intencionada, la realización de un acto que debía realizarse.

**NEGLIGENTE** adj. y n. m. y f. (lat. *negligentem*). Que muestra o incurre en negligencia.

**NEGOCIABILIDAD** n. f. Cualidad de un título representativo de un derecho o un crédito, que permite su transmisión a un tercero por un procedimiento mercantil.

**NEGOCIABLE** adj. Que se puede negociar. **2.** ECON. Susceptible de ser comprado o vendido.

**NEGOCIACIÓN** n. f. Acción y efecto de negociar. **2.** Discusión de las cláusulas de un eventual contrato: *la negociación de un convenio.* **3.** DER. MERC. Transmisión de efectos mercantiles.

**NEGOCIADO** n. m. Negocio, negociación. **2.** Conjunto de oficinas o departamentos de la administración que tienen a su cargo un servicio determinado o una rama del mismo: *el negociado de asuntos extranjeros.* **3.** *Amér. Merid.* Negocio de importancia, ilícito y escandaloso.

**NEGOCIADOR, RA** adj. y n. Que negocia. **2.** DER. INTERN. Dícese del ministro o agente diplomático que gestiona asuntos importantes.

**NEGOCIANTE** adj. y n. m. y f. Que se dedica a negocios. **2.** Dícese de la persona que ejerce una profesión con un afán excesivo de dinero.

**NEGOCIAR** v. intr. (lat. *negotiari*) **[1]**. Dedicarse a negocios o a cierto negocio. ◆ v. tr. e intr. **2.** Hacer alguna operación con un valor bancario o de bolsa. **3.** Hablar una persona con otras para resolver algo o gestionarlo. **4.** DER. INTERN. Tratar por la vía diplomática, de potencia a potencia, un asunto, como un tratado de alianza, de comercio, etc. **5.** DER. MERC. Ajustar el traspaso, cesión o endoso de un vale, efecto o letra. **6.** DER. MERC. Descontar valores. ◆ v. tr. **7.** Entregar un efecto de comercio a un banco, para que avance su pago antes de la fecha de su vencimiento.

**NEGOCIO** n. m. (lat. *negotium*). Transacción comercial que comporta una utilidad o una pérdida. **2.** Operación comercial ventajosa: *hacer negocio.* **3.** Provecho o ganancia que se obtiene en lo que se trata o comercia. **4.** Cualquier ocupación, empleo o trabajo. **5.** Establecimiento comercial o industrial: *tiene un negocio de lencería.* • **Volumen de negocios** (ECON.), síntesis de la actividad total de una empresa.

**NEGOCIOSO, A** adj. Diligente, activo y cuidadoso en sus asuntos.

**NEGRA** n. f. Femenino de negro **2.** MÚS. Figura que tiene una duración doble de la de la corchea y mitad de la de la blanca.

**NEGRADA** n. f. *Cuba.* Conjunto de esclavos negros que constituía la dotación de una finca.

**NEGRAL** adj. Que tira a negro. **2.** AGRIC. Dícese de una variedad de olivo muy cultivada en España.

**NEGREAR** v. intr. **[1]**. Estar, ponerse o tirar a negro: *empezar a negrear la noche.*

**NEGRECER** v. intr. y pron. **[2m]**. Ponerse negro.

**NEGRERÍA** n. f. Lugar donde se encerraba a los esclavos negros con los que se comerciaba. **2.** Lugar donde se hacía trabajar a los esclavos negros. • **Países de negrería,** zonas costeras de África donde los negreros compraban esclavos negros.

**NEGRERO, A** adj. y n. Que se dedicaba a la trata de esclavos negros. **2.** *Fig.* Dícese de la persona que trata con crueldad a sus subordinados o los explota.

**NEGRILLA** n. f. Enfermedad causada por hongos, que ataca a plantas como la vid, el olivo y el sauce.

**NEGRILLO, A** adj. y n. f. Dícese de la letra de imprenta del mismo tamaño que la redonda, pero de trazo más grueso. SIN.: *negrito.* **2.** *Amér. Merid.* Dícese de la mena de plata cuprífera o mineral de hierro, cuyo color es muy oscuro.

**NEGRITOS,** conjunto de pueblos del archipiélago malayo (aeta, semang y andamán), caracterizados por su baja estatura.

**NEGRITA** n. f. Letra negrilla.

**NEGRITO** n. m. *Cuba.* Ave paseriforme de color negro, con el dorso castaño, cuyas hembras son pardogrisáceas, con el dorso rojizo. (Familia tiránidos.)

**NEGRITUD** n. f. Movimiento reivindicador de los valores étnicos y culturales negros.

**NEGRIZAL** n. m. Superficie del terreno accidentada por una colada de lava o por escorias volcánicas.

**NEGRO, A** adj. y n. m. (lat. *nigrum*). Dícese del color más oscuro de todos, debido a la ausencia o a la absorción total de los rayos luminosos. ◆ adj. **2.** De color negro: *un sombrero negro.* **3.** Dícese de las cosas de color más oscuro que el corriente en su especie: *pan negro.* **4.** Oscurecido, que ha perdido color: *ponerse negro el cielo.* **5.** *Fig.* Triste, desgraciado: *mi negra suerte.* • **Cine negro** (CIN.), movimiento cinematográfico norteamericano, caracterizado por sus argumentos de tema criminal, por la ambigüedad moral y la ausencia de personajes éticamente positivos y por la utilización de ambientes sórdidos, de la violencia y del erotismo. ‖ **Cuerpo negro** (FÍS.), cuerpo que absorbe íntegramente todas las radiaciones recibidas en su superficie. ‖ **En negro,** fuera de las regulaciones legales. ‖ **Estar,** o **ponerse, negro** (*Fig.* y *fam.*), estar o ponerse muy irritado o enfadado. ‖ **Misa negra,** parodia de la misa católica, propia del culto satánico. ‖ **Novela negra,** género de novela aparecido en Gran Bretaña a fines del s. XVIII, con una temática basada en las aventuras fantásticas y de terror; novela moderna, especialmente policíaca, que combina escenas de violencia con la pintura realista de una sociedad sórdida. ◆ adj. y n. **6.** Dícese de los individuos o grupos cuya pigmentación de la piel es oscura, y de sus manifestaciones culturales. • **Trabajar como un negro,** trabajar mucho, sin descanso. ◆ n. **7.** Persona que trabaja anónimamente para lucimiento y provecho de otro. ◆ n. m. **8.** Denominación genérica de diversos pigmentos colorantes de color negro. • **Negro animal,** pigmento negro obtenido por calcinación de restos animales (huesos, cuernos). ‖ **Negro de anilina,** colorante negro violáceo, que se obtiene por oxidación de la anilina. ‖ **Negro de humo** o **de carbono,** pigmento industrial negro, formado por pequeñas partículas de carbono. ‖ **Negro de la uña,** parte extrema de la uña cuando está sucia; *(Fig.),* lo mínimo de cualquier cosa. ‖ **Negro marfil,** pigmento negro que se obtiene por calcinación de huesos muy duros y que es utilizado para la preparación de pintura de alta calidad. ‖ **Negro espiritual,** canto religioso de los negros norteamericanos, de inspiración cristiana, en lengua angloamericana.

**NEGROAFRICANO, A** adj. y n. Relativo a los negros de África: *lenguas negroafricanas.*

**NEGROAMERICANO, A** adj. y n. Relativo a los negros africanos transportados como esclavos a América a partir del s. XVI, y a sus descendientes.

**NEGROIDE** adj. y n. m. y f. Que presenta caracteres propios de las razas negras.

**NEGRÓN** n. m. Pato de plumaje muy oscuro, de las regiones boreales, que se alimenta de moluscos.

**NEGRURA** n. f. Calidad de negro. SIN.: *negror.*

**NEGRUZCO, A** adj. Que tira a negro: *color negruzco.*

**NEGUILLA** n. f. (lat. *nigellam*). Planta herbácea, tóxica, de flores azuladas, que crece en las zonas donde se cultivan cereales, en particular el trigo. (Familia ranunculáceas.) **2.** Planta de flores purpúreas, que crece en los campos de cereales y cuyas semillas son tóxicas. (Familia cariofiláceas.)

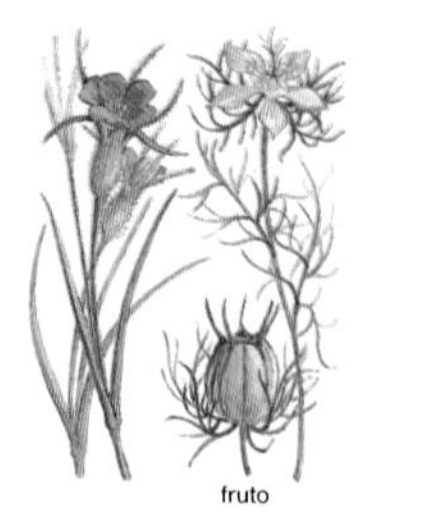


**neguillas**

**NEGUNDO** n. m. Planta arbórea o arbustiva originaria de América del Norte, de la que se cultivan algunas variedades ornamentales con hojas manchadas de blanco. (Familia aceráceas.)

**NEGUS** n. m. (voz etíope, *rey*). Título de los soberanos de Etiopía.

**NEIS** o **GNEIS** n. m. Roca metamórfica constituida por cristales de mica, cuarzo y feldespato, dispuestos en lechos.

**NEÍSICO** o **GNEÍSICO, A** adj. Relativo al neis.

**NEJA** n. f. *Méx.* Tortilla de maíz que adquiere un color ceniciento por tener demasiada cal.

**NELUMBO** o **NELUMBIO** n. m. Planta acuática de gran tamaño, una de cuyas especies era el loto sagrado de los antiguos. (Familia ninfeáceas.)

**NEMA** n. f. Cierre o sello de una carta.

**NEMATELMINTO, A** adj. y n. m. Relativo a un tipo de gusanos cilíndricos, no anillados, provistos de tubo digestivo.

**NEMÁTICO, A** adj. Dícese del estado mesomorfo, más cercano al estado líquido que al cristalino, en que las moléculas, muy alargadas, se desplazan paralelamente las unas a las otras.

**NEMATOCISTO** o **NEMATOCITO** n. m. Órgano urticante de los cnidarios.

**NEMATODO, A** adj. y n. m. Relativo a una clase de gusanos que habitan en el suelo o como parásitos del hombre y de los mamíferos, y que constituye la clase principal de los nematelmintos.

**NEME** n. m. *Colomb.* Betún o asfalto.

**NEMEO, A** adj. y n. De Nemea. ◆ adj. **2. Juegos nemeos** (ANT. GR.), juegos celebrados cada dos años en Nemea, en honor de Zeus.

**NEMERTINO, A** adj. y n. m. Relativo a una clase de gusanos planos, marinos, con tubo digestivo completo, con boca y ano, que son, en su mayoría, unisexuales y viven entre las algas o sumergidos en el fango.

**NEMOROSO, A** adj. *Poét.* Relativo al bosque. **2.** *Poét.* Cubierto de bosques.

**NEMOTECNIA, NEMOTÉCNICA, MNEMOTECNIA** o **MNEMOTÉCNICA** n. f. Arte de desarrollar la memoria por medio de una serie de ejercicios apropiados.

**NEMOTÉCNICO, A** o **MNEMOTÉCNICO, A** adj. Relativo a la nemotecnia. **2.** Que sirve para desarrollar la memoria.

**NENE, A** n. Niño muy pequeño.

**NENEQUE** n. m. *Hond.* Persona muy débil que no puede valerse por sí misma.

**NENÚFAR** n. m. (ár. *nainúfar*). Planta acuática que se cultiva en los estanques de agua por sus grandes hojas flotantes y sus flores de pétalos blancos, amarillos o rojos. (Familia ninfeáceas.) **2.** Flor de esta planta. SIN.: *ninfea.*

**NEOBABILONIO, A** adj. y n. Relativo a la dinastía que gobernó Babilonia desde 612 hasta 539 a. J.C.

**NEOBLASTO** n. m. BIOL. Célula indiferenciada que, en los anélidos, permite la reconstrucción de los tejidos amputados.

**NEOCALEDONIO, A** adj. y n. De Nueva Caledonia.

*Amor y Psiquis*, detalle de un grupo escultórico en mármol (1793) por Antonio Canova. (Louvre, París.) En la búsqueda de la forma ideal, bajo la influencia de teóricos como Winckelmann, el escultor italiano se inspira unas veces en las fuentes griegas y romanas más sobrias, otras veces —como aquí— en la gracia alejandrina.

*Los lictores llevando a Bruto los cuerpos de sus hijos* (1789), por David. (Louvre, París.) El estudio sobre modelo tiene tanta importancia en David como la inspiración clásica (arquitectura, escultura, composición en friso de bajorrelieves), donde la calidad plástica de sus figuras va unida a la lección moral que se desprende del tema histórico.

*El hambre en Madrid* (1818) por José Aparicio. (Museo municipal, Madrid.) Es uno de los pintores que introdujeron las normas del neoclasicismo en la pintura castellana: aquí, evocación teatral de los sufrimientos de la población de la capital durante la guerra de la Independencia.

*Cleopatra* (*c.* 1804) por Damián Campeny. (Museo de arte moderno, Barcelona.) Influido por Canova, es uno de los más destacados representantes en la escultura neoclásica española. Sus obras imitan la estatuaria clásica.

el **neoclasicismo**

**NEOCAPITALISMO** n. m. Forma contemporánea del capitalismo, caracterizada principalmente por el predominio de las grandes empresas y de las sociedades anónimas, y por la aparición de una clase dirigente que no se apoya en la propiedad del capital.

**NEOCAPITALISTA** adj. y n. m. y f. Relativo al neocapitalismo; partidario del neocapitalismo.

**NEOCATOLICISMO** n. m. En el s. XIX, integrismo. **2.** A partir de la tercera década del s. XX, tendencia político-religiosa a introducir en el catolicismo ideas progresistas.

**NEOCATÓLICO, A** adj. y n. Relativo al neocatolicismo; partidario de esta tendencia.

**nenúfar**

**NEOCELANDÉS, SA** o **NEOZELANDÉS, SA** adj. y n. De Nueva Zelanda.

**NEOCLASICISMO** n. m. Tendencia artística y literaria inspirada en la antigüedad clásica. **2.** Tendencia que vuelve a un cierto clasicismo como reacción en contra de la audacia y atrevimiento de un período anterior.

■ B. ART. El neoclasicismo se desarrolló en Europa aproximadamente entre 1760 y 1830, fruto de la transformación de las ideas políticas y morales estimulada por la Ilustración. En la arquitectura neoclásica española sobresalen: V. Rodríguez (fachada de la catedral de Pamplona), F. Sabatini (puerta de Alcalá, en Madrid), J. de Villanueva (museo del Prado), P. M. Cermeño (catedral de Lérida) y J. Soler Faneca (lonja de Barcelona). En Hispanoamérica destacan: en México, M. Tolsá (palacio de la Minería), J. D. Ortiz de Castro, González Velázquez (iglesia de San Pablo Nuevo), M. Constansó e I. Castera; en Colombia, M. Pérez de Arroyo y Valencia; en Perú M. Maestro; en Chile, Toesca (Casa de la Moneda, en Santiago). En pintura el neoclasicismo español está representado por J. Aparicio, J. de Madrazo, J. A. Ribera y J. Flangier.

– LIT. El neoclasicismo literario, vigente durante el s. XVIII, estuvo dominado por los principios de orden, corrección, buen gusto, dominio de la emoción, etc. Aspiraba a deleitar e instruir al hombre como ser social. Destacaron en el neoclasicismo español Jovellanos, Meléndez Valdés y los Moratín.

**NEOCLÁSICO, A** adj. y n. Relativo al neoclasicismo; partidario de este movimiento. ◆ adj. **2. Escuela neoclásica,** denominación que se da a la generación de economistas que introdujeron en la teoría clásica las aportaciones de las nuevas tendencias del pensamiento económico, principalmente la de los marginalistas.

**NEOCOLONIALISMO** n. m. Nueva forma de colonialismo que tiende al dominio económico de los países subdesarrollados.

**NEOCOLONIALISTA** adj. y n. m. y f. Relativo al neocolonialismo; partidario del neocolonialismo.

**NEODARVINISMO** o **NEODARWINISMO** n. m. Teoría de la evolución que explica la selección natural mediante las mutaciones.

**NEODIMIO** n. m. Metal del grupo de las tierras raras, de número atómico 60 y de masa atómica 144,24, cuyo símbolo químico es Nd.

**NEOESCOLÁSTICA** n. f. Neotomismo.

**NEOFASCISMO** n. m. Tendencia política basada en los principios de la doctrina fascista y nacionalsocialista.

**NEÓFITO, A** n. (gr. *neophytos*). En la Iglesia primitiva, cristiano recientemente bautizado. **2.** Persona recién bautizada o convertida a una religión. **3.** Persona recién admitida en el estado eclesiástico o en una orden religiosa. **4.** Persona recientemente adherida a una causa, partido o institución.

**NEOFORMACIÓN** n. f. Formación nueva de un tejido, de un tumor o de un órgano, en un ser vivo.

**NEOGENO** n. m. GEOL. Parte superior del terciario, que se subdivide en mioceno y plioceno.

**NEOGÓTICO, A** adj. y n. m. Dícese de un movimiento artístico que se manifestó especialmente en la arquitectura, y que alcanzó su apogeo entre 1830 y 1875.

**NEOGRANADINO, A** adj. y n. De Nueva Granada.

**NEOGUINEANO, A** adj. y n. De Nueva Guinea.

**NEOIMPRESIONISMO** n. m. Procedimiento pictórico que consiste en la descomposición de los tonos por medio de toques separados de color puro, basado en el *puntillismo*.

**NEOIMPRESIONISTA** adj. y n. m. y f. Relativo al neoimpresionismo; adepto a este procedimiento.

**NEOKANTISMO** n. m. Movimiento filosófico surgido del kantismo, dominado por la búsqueda de una moral (escuela axiológica de Baden), de una teoría del conocimiento y de un método (escuela de Marburgo).

**NEOLATINO, A** adj. y n. m. Romance: *lenguas neolatinas.* ◆ adj. y n. **2.** Dícese de los escritores de la época posclásica que escribieron en latín, así como de sus obras.

**NEOLIBERALISMO** n. m. Forma moderna del liberalismo, que permite una intervención limitada del estado.

**NEOLÍTICO, A** adj. y n. m. Dícese de la fase del desarrollo técnico de las sociedades prehistóricas (piedra pulimentada, cerámica), que coincide con su acceso a una economía productiva (agricultura, ganadería).

■ El neolítico que debe su nombre a la pulimentación de la piedra, en oposición a la simple talla paleolítica, se caracterizó por el paso de una economía depredadora a una productiva y de intercambio. En el Próximo oriente se dio por primera vez (IX-VIII milenio) una agricultura cerealista, combinada con la actividad ganadera, lo que provocó la sedentarización que, en el terreno sociopolítico, se organizó mediante comunidades aldeanoclánicas (con un jefe y con diferenciación de funciones por sexos). Datan de este período el descubrimiento del arte textil y de la cerámica, la rueda, el calendario, el empleo de la fuerza de tracción animal, la fusión del cobre, la construcción de casas de silos y el navío a vela. El neolítico se extendió desde el VII milenio a partir de varios centros, entre los que destacan: el valle de Tehuacán (México), Non Nok Tha (Tailandia), Yangshao (China) y especialmente el Próximo oriente (Jericó, Jarmo, Hassuna, Catal Höyük, Hacilar, etc.). No se desarrolló en Europa hasta el V milenio (excepto en la comunidad balcánica de Sesklo). Durante el neolítico medio se desarrollaron en Europa numerosas culturas, entre las que cabe mencionar las de Chassey (Francia), Lagozza (Italia), Cortaillod (Suiza), Almería (SE de España) y Roessen (Alemania), así como la cultura de los sepulcros en Cataluña y Baleares (España). El neolítico final, el calcolítico y la temprana edad de bronce desarrollaron, especialmente en el O y S de Francia, la cultura megalítica de los dólmenes, menhires, crómlechs, alineaciones, etc.

**NEOLÓGICO, A** adj. Relativo al neologismo.

**NEOLOGISMO** n. m. Palabra, expresión o acepción de creación reciente, que aparece o se adopta en una lengua.

**NEOMALTHUSIANISMO** n. m. Teoría que, como la de Malthus, insiste en la necesidad de limitar el número de nacimientos, pero que rechaza los medios morales preconizados por Malthus, en favor de procedimientos anticonceptivos.

**NEOMENIA** n. f. (de *neo* y gr. *menē*, luna). Día de la luna nueva, primer día del mes lunar, correspondiente a las calendas romanas, y considerado como día festivo en la antigua Grecia. **2.** Luna nueva o novilunio.

**NEOMICINA** n. f. Antibiótico polivalente que se utiliza en aplicaciones locales (pomadas, soluciones, etc.).

**NEÓN** n. m. (gr. *neon*, neutro; de *neos*, nuevo). Gas noble existente en la atmósfera, de número atómico 10 y de masa atómica 20,179, cuyo símbolo químico es Ne, que se emplea para iluminación en tubos luminiscentes de luz roja.

el **arte neogótico:** el castillo de Butrón, Vizcaya, obra del marqués de Cubas

**NEONATAL** adj. Relativo al recién nacido.

**NEONATO, A** adj. y n. Dícese de un ser vivo que acaba de nacer, de un lactante de menos de un mes.

**NEONATOLOGÍA** n. f. Disciplina médica que estudia principalmente los problemas del recién nacido durante el parto y los primeros días de vida.

**NEONAZI** adj. y n. m. y f. Relativo al neonazismo; partidario de esta tendencia.

**NEONAZISMO** n. m. Tendencia política inspirada en el nacionalsocialismo.

**NEOPLASIA** o **NEOPLASMA** n. f. MED. Tejido nuevo formado en el organismo, en particular un tumor.

**NEOPLASTICISMO** n. m. Doctrina del arte abstracto según Pieter Mondrian, pintor neerlandés de la primera mitad del siglo XX.

**NEOPLATÓNICO, A** adj. y n. Relativo al neoplatonismo.

**NEOPLATONISMO** n. m. Corriente filosófica que nació con Plotino (s. III) y que hizo del *Parménides* el diálogo principal de Platón.

**NEOPOSITIVISMO** n. m. Empirismo lógico.

**NEOPOSITIVISTA** adj. y n. m. y f. Relativo al neopositivismo; partidario del neopositivismo.

**NEOPRENO** n. m. (marca registrada). Caucho sintético termoplástico.

**NEORREALISMO** n. m. Escuela cinematográfica italiana que, a partir de 1945, describió la realidad cotidiana más humilde.

**NEORREALISTA** adj. y n. m. y f. Relativo al neorrealismo.

**NEORROMÁNICO, A** adj. y n. m. Dícese de la corriente arquitectónica surgida en Europa a mediados del s. XIX, paralela a los resurgimientos neogótico, neobizantino, neomudéjar, etc.

**NEOTENIA** n. f. BIOL. Persistencia de caracteres larvarios en la edad adulta que presentan algunos animales.

**NEOTOMISMO** n. m. Nombre dado a la renovación del tomismo a fines del s. XIX, impulsada por el papa León XIII (encíclica *Aeterni Patris,* 4 ag. 1879), cuyos principales representantes fueron el cardenal Mercier, J. Maritain y E. Gilson. SIN.: *neoescolástica.*

**NEOVITALISMO** n. m. Forma moderna del vitalismo, representada por H. Driesch.

**NEOYORQUINO, A** adj. y n. De Nueva York.

**NEOZELANDÉS, SA** adj. y n. Neocelandés.

**NEOZOICO, A** adj. y n. m. GEOL. Dícese, a veces, de las eras terciaria y cuaternaria.

**NEPALÉS, SA** adj. y n. De Nepal. ◆ n. m. **2.** Lengua indoirania hablada en Nepal. SIN.: *nepalí.*

**NEPALÍ** adj. y n. m. y f. Nepalés.

**NEPOTE** n. m. (voz italiana, der. del lat. *nepotem*, sobrino). Pariente y privado del papa.

**NEPOTISMO** n. m. (ital. *nepotismo;* del lat. *nepotem,* sobrino). Política adoptada por algunos papas que consistía en favorecer particularmente a sus parientes. **2.** Abuso que una persona hace de su poder en favor de su familia.

**NEPTUNIO** n. m. Metal transuránido radiactivo, de número atómico 93 y masa atómica 237,048, cuyo símbolo químico es Np.

**NEPTUNISMO** n. m. GEOL. Teoría que atribuía a la acción del agua la formación de todas las rocas de la corteza terrestre.

**NERÍTICO, A** adj. Dícese de un depósito marino formado por cantos rodados, grava, arena, fango y lodo, que se acumulan en la plataforma continental.

**NEROLI** n. m. Aceite volátil extraído de la flor del naranjo.

**NERÓN** n. m. (de *Nerón,* emperador romano). Hombre muy cruel.

**NERVADO, A** adj. HERÁLD. Dícese de la planta cuyas fibras son de esmalte diferente.

**NERVADURA** n. f. Disposición de las nerviaciones de una hoja o de un ala de insecto. **2.** Línea saliente en una superficie. **3.** ARQ. Moldura, especialmente en el intradós de las bóvedas góticas. **4.** ENCUAD. Nervura. **5.** TECNOL. Refuerzo en forma de saliente de una pieza mecánica, para aumentar su resistencia.

**NERVAL** adj. Relativo a los nervios.

**NERVIACIÓN** n. f. BOT. Filamento hueco, generalmente ramificado y saliente, en el limbo de una hoja, por donde circula la savia. **2.** ZOOL. Filamento de las alas de los insectos.

**NERVIAR** v. tr. [1]. Reforzar con nervaduras una pieza colada o matrizada.

**NERVIO** n. m. (bajo lat. *nervum*). Cada uno de los troncos periféricos del sistema nervioso, constituidos por la unión de gran número de fibras que tienen un trayecto común, y que sirven de conductores de los influjos nerviosos de la sensibilidad y de la motricidad. **2.** Cualquier tendón o tejido blanco, duro y resistente: *carne llena de nervios.* **3.** *Fig.* Fuerza, vigor: *trabajar con nervio.* **4.** *Fig.* Parte de una cosa que se considera la fuente de su vitalidad: *él es el que da nervio a la empresa.* **5.** Moldura redonda y saliente del intradós de una bóveda o de un techo plano. **6.** Cada uno de los hacecillos fibrovasculares que se hallan en el pecíolo de las hojas. **7.** ENCUAD. Cada una de las cuerdas que se colocan al través en el lomo de un libro encuadernado en piel o pergamino, y por las que se hace pasar el hilo con que se cose el volumen. **8.** MAR. Cable o cabo firme, a lo largo del cual puede correr una vela o un toldo mediante anillas o vueltas culebreadas. **9.** ZOOL. Cada uno de los tubos quitinosos que dan rigidez a las alas de los insectos. • **Nervio de buey,** vergajo. ◆ **nervios** n. m. pl. **10.** Nerviosismo. • **Ponérsele a** uno **los nervios de punta,** excitarse, irritarse mucho.

■ Los nervios transportan los mensajes nerviosos en dos direcciones. Los *mensajes nerviosos sensitivos* (tacto, temperatura, dolor, presión) y *sensoriales* (visión, olor, audición, sentido del equilibrio), llamados también mensajes *aferentes*, se transmiten desde el receptor periférico hasta el sistema nervioso central. Los *mensajes nerviosos motores* o *eferentes* son transportados desde la médula espinal o el tronco cerebral hasta los músculos estriados voluntarios.

**NERVIOSIDAD** n. f. Calidad de nervioso. **2.** Nerviosismo.

**NERVIOSISMO** n. m. Irritabilidad, tensión interior, emotividad.

**NERVIOSO, A** adj. Relativo a los nervios: *centro nervioso; trastorno nervioso.* **2.** Que se irrita fácilmente, inquieto, incapaz de permanecer en reposo: *persona nerviosa; carácter nervioso.* **3.** *Fig.* Fuerte y vigoroso. • **Centros nerviosos,** el encéfalo y la médula espinal. ‖ **Sistema nervioso,** conjunto de los nervios, ganglios y centros nerviosos, que aseguran la dirección y coordinación de las funciones vitales y la recepción de los mensajes sensoriales. (En el hombre se distinguen: el *sistema nervioso cerebroespinal* [cerebro, cerebelo, bulbo raquídeo, médula espinal, nervios craneanos y raquídeos] y el *sistema neurovegetativo.*)

**NERVOSIDAD** n. f. Fuerza y eficacia de las razones o argumentos. **2.** Propiedad que tienen algunos metales de textura fibrosa de dejarse doblar sin romperse ni agrietarse.

**NERVUDO, A** adj. Que tiene las venas, tendones y arterias muy perceptibles: *manos nervudas.* **2.** Que tiene mucha fuerza: *joven nervudo.* **3.** Dícese de las hojas que tienen los nervios muy salientes.

**NERVURA** n. f. Conjunto de las partes salientes que presenta el lomo de ciertos libros, y que están formadas por los nervios o cuerdas. SIN.: *nervadura.*

**NESCIENCIA** n. f. Ignorancia, falta de instrucción.

**NESCIENTE** adj. Ignorante.

**NESGA** n. f. Pieza triangular que se agrega a una prenda de vestir para darle anchura. **2.** *Fig.* Pieza de cualquier cosa, triangular, unida a otras.

**NESGAR** v. tr. [**1b**]. Poner nesgas a una prenda de vestir. **2.** Cortar una tela en dirección oblicua a la de sus hilos.

**NESTE** n. f. o m. En el lenguje pirenaico, río o torrente rápido.

**NESTORIANISMO** n. m. Doctrina de Nestorio, monje y sacerdote de Antioquía (c. 380-451), declarada herética por el concilio de Éfeso en 431.

**NESTORIANO, A** adj. y n. Relativo al nestorianismo; seguidor de esta doctrina.

**NET** n. m. (voz inglesa). DEP. Let. ◆ n. f. **2.** Denominación coloquial de *internet.*

**NETO, A** adj. (fr. *net,* limpio). Claro, bien definido: *la verdad neta; una diferencia neta.* **2.** Exento de deducciones, de cargas: *peso, precio, salario neto.* CONTR.: *bruto.* • **Carga neta,** la que transporta un vehículo, y que se obtiene deduciendo la tara del peso total. ‖ **En neto,** expresa el valor fijo que queda de una cosa, deducidos los gastos. ◆ n. m. **3.** Pedestal de una columna, considerándolo sin las molduras. SIN.: *dado.* **4.** Conjunto de cuentas de la estructura financiera que recogen las fuentes de financiación propias de una empresa.

**NEUMA** n. m. (gr. *pneuma,* espíritu). MÚS. En la edad media, signo nemotécnico que indicaba la curva de la melodía. **2.** MÚS. Signo de notación musical que englobaba diversas notas, empleado en los libros litúrgicos de los ss. VIII a XII.

**NEUMA** n. m. o f. (gr. *neuma,* movimiento de cabeza). RET. Expresión de un sentimiento mediante gestos, señas o una interjección sin sentido.

**NEUMÁTICA** n. f. Parte de la física que trata de las propiedades de los gases o del aire, desde el punto de vista de su movimiento.

**NEUMÁTICO, A** adj. MÚS. Relativo a los neumas: *notación neumática.*

**NEUMÁTICO, A** adj. Relativo al aire o a los gases:

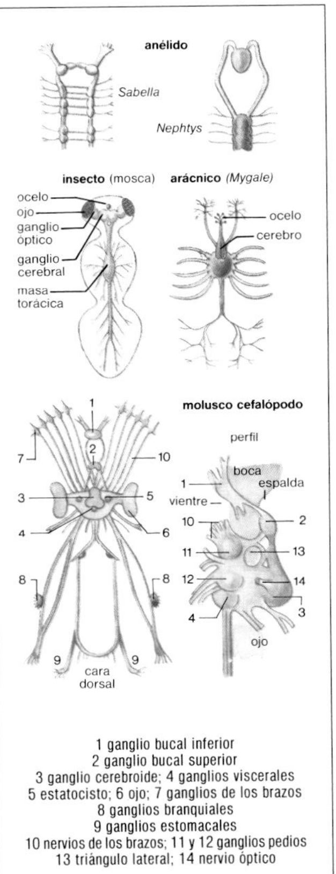


organización del sistema **nervioso** en diferentes especies animales

*colchón neumático.* **2.** Que funciona con la ayuda de aire comprimido: *martillo neumático.* **3.** Dícese de los huesos huecos de las aves, cuya cavidad se rellena de aire procedente de los sacos aéreos. **4.** Dícese de la fabricación de órganos musicales de sistema tubular. • **Ladrillo neumático,** ladrillo compacto del que se ha extraído el aire intersticial en el curso de su fabricación. ‖ **Máquina neumática,** máquina que efectúa el vacío en un recipiente. ◆ n. m. **5.** Cubierta deformable y elástica que se monta en la llanta de las ruedas de ciertos vehículos, y que sirve de envoltura protectora a una cámara de aire que puede ser independiente o no.

**NEUMATÓFORO** n. m. Órgano respiratorio que emerge de las raíces de determinados árboles de las regiones pantanosas.

**NEUMATOSIS** n. f. Estado patológico consecutivo a la presencia de aire en el interior de una estructura orgánica.

**NEUMOCOCO** n. m. Bacteria microorgánica responsable de la forma más frecuente de neumonía, bronconeumonía y diversas infecciones, como peritonitis, meningitis, pericarditis.

**NEUMOCONIOSIS** n. f. Afección crónica broncopulmonar, causada por la inhalación y fijación en el aparato respiratorio de polvo y partículas sólidas.

**NEUMOGÁSTRICO, A** adj. y n. Dícese del tronco nervioso que constituye el décimo par craneal, iniciado en el bulbo, que sale del cráneo por el agujero rasgado posterior, y que tiene un trayecto descendente por el cuello, penetra en el tórax y da ramas que se distribuyen por la laringe, faringe, corazón, estómago, hígado e intestino.

**NEUMOLOGÍA** n. f. Parte de la medicina que trata de las enfermedades de los pulmones.

**NEUMOLÓGICO, A** adj. Relativo a la neumología.

**NEUMÓLOGO, A** n. Médico especializado en neumología.

**NEUMONECTOMÍA** n. f. Extirpación quirúrgica de un pulmón.

**NEUMONÍA** n. f. Inflamación del parénquima pulmonar, producida por una bacteria (el neumococo) o por un virus. SIN.: *pulmonía.*

**NEUMÓNICO, A** adj. y n. Relativo a la neumonía; afecto de neumonía.

**NEUMOPATÍA** n. f. Nombre genérico de las enfermedades del pulmón.

**NEUMOTÓRAX** n. m. Presencia de aire o gas en la cavidad pleural.

**NEURA** n. f. *Fam.* Manía, obsesión: *le ha dado la neura de no salir de casa.*

**NEURAL** adj. ANAT. Relativo al sistema nervioso. • **Placa neural, conducto,** o **tubo neural,** formaciones de la parte dorsal del embrión que corresponden a las primeras estructuras del sistema nervioso.

**NEURALGIA** n. f. Dolor intenso que se localiza en el trayecto de un nervio.

**NEURÁLGICO, A** adj. Relativo a la neuralgia. **2.** Se aplica al lugar, momento o situación que es muy importante: *centro neurálgico.* • **Punto neurálgico,** punto sensible.

**NEURASTENIA** n. f. Estado de abatimiento y de tristeza. **2.** MED. Síndrome que asocia diversos transtornos funcionales sin que existan lesiones (astenia, cefaleas, trastornos cardíacos o digestivos) y trastornos síquicos (angustia, depresión).

**NEURASTÉNICO, A** adj. y n. Relativo a la neurastenia; afecto de neurastenia.

**NEURINOMA** n. m. Tumor de los nervios periféricos, que se desarrolla a partir del tejido de sostén propio del nervio.

**NEURÍTICO, A** adj. Relativo a la neuritis.

**NEURITIS** n. f. Proceso inflamatorio de un nervio.

**NEUROANATOMÍA** n. f. Estudio de la anatomía del sistema nervioso.

**NEUROANATOMISTA** n. m. y f. Persona especializada en neuroanatomía.

**NEUROBIOLOGÍA** n. f. Disciplina científica que estudia la biología del sistema nervioso.

**NEUROBIÓLOGO, A** n. Persona especializada en neurobiología.

**NEUROBIOQUÍMICA** n. f. Neuroquímica.

**NEUROBLASTO** n. m. BIOL. Célula nerviosa embrionaria.

**NEUROCIRUGÍA** n. f. Cirugía del sistema nervioso.

**NEUROCIENCIAS** n. f. pl. Conjunto de disciplinas científicas y médicas que estudian el sistema nervioso.

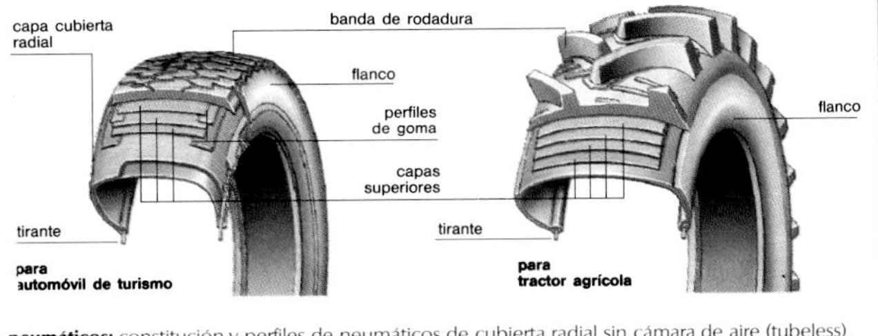


**neumáticos:** constitución y perfiles de neumáticos de cubierta radial sin cámara de aire (tubeless)

**NEUROCIRUJANO, A** n. Cirujano especializado en neurocirugía.

**NEUROEJE** n. m. Conjunto de las estructuras que forman el sistema nervioso central (cerebro, tronco cerebral y médula espinal), excepto los nervios periféricos.

**NEUROENDOCRINOLOGÍA** n. f. Estudio de las hormonas secretadas por determinadas estructuras pertenecientes al sistema nervioso central.

**NEUROENDOCRINOLÓGICO, A** adj. Relativo a la neuroendocrinología.

**NEUROESQUELETO** n. m. Parte del esqueleto que protege la médula espinal.

**NEUROFIBROMATOSIS** n. f. Enfermedad caracterizada por la formación de tumores fibrosos a lo largo de los nervios.

**NEUROFISIOLOGÍA** n. f. Disciplina científica que estudia la fisiología del sistema nervioso.

**NEUROFISIOLÓGICO, A** adj. Relativo a la neurofisiología.

**NEUROFISIÓLOGO, A** n. Especialista en neurofisiología.

**NEUROGLIA** n. f. Tejido glial.

**NEUROHORMONA** n. f. Sustancia orgánica sintetizada por las células nerviosas y secretada en la sangre circulante para actuar a distancia sobre las células diana.

**NEUROLÉPTICO, A** adj. y n. m. Dícese de una clase de sicótropos que se caracterizan por la acción reductora de las sicosis y que producen efectos secundarios extrapiramidales.

**NEUROLINGÜÍSTICA** n. f. Estudio lingüístico de los trastornos del lenguaje y su expresión lingüística.

**NEUROLOGÍA** n. f. Especialidad médica que estudia el sistema nervioso y sus enfermedades.

**NEUROLÓGICO, A** adj. Relativo al sistema nervioso y a la neurología.

**NEURÓLOGO, A** n. Especialista en neurología.

**NEUROMA** n. m. Lesión de tipo tumoral que aparece en el trayecto de un tronco nervioso.

**NEURONA** n. f. Célula nerviosa que no presenta fenómenos de división por carecer de centrosoma.

■ Toda neurona comprende un cuerpo celular o pericarión (que contiene el núcleo), varias prolongaciones finas, las dendritas, y una prolongación principal, el axón. Las informaciones recibidas por las dendritas y el cuerpo celular (soma) son integradas y transmitidas al cono de salida del axón, para ser luego transportadas a las neuronas vecinas. Las propiedades de excitabilidad, conducción y mediación química son propias de las neuronas, por oposición a las células gliales, que aseguran el sostén y nutrición de las neuronas. En el hombre se estima entre 10 000 y 100 000 el número de neuronas, cada una de las cuales puede establecer hasta 30 000 sinapsis con otras neuronas vecinas.

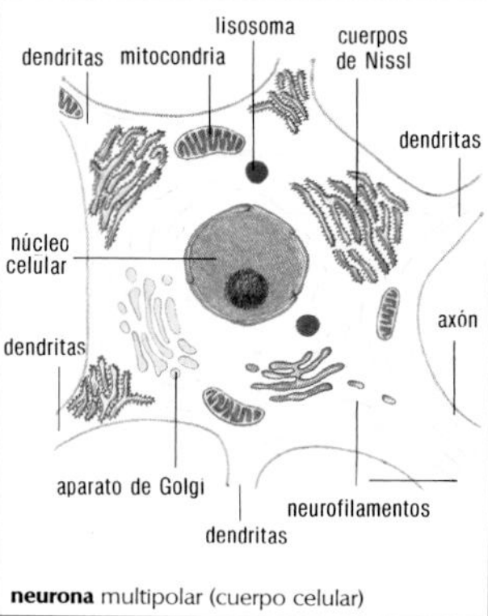


**neurona** multipolar (cuerpo celular)

**NEURONAL** adj. Relativo a la neurona.

**NEURÓPATA** adj. y n. m. y f. Que padece una neuropatía.

**NEUROPATÍA** n. f. Antiguamente, toda forma de organización patológica de la personalidad en la que no se encuentran los síntomas específicos de la neurosis o de la sicosis. (Se agrupaban bajo este término la ansiedad constitucional, la neurosis de angustia y la hipocondria neurótica.)

**NEUROPÁTICO, A** adj. Relativo a las neuropatías.

**NEUROPATOLOGÍA** n. f. Parte de la neurología que estudia las enfermedades del sistema nervioso.

**NEUROPLÉJICO, A** adj. y n. m. Dícese de toda sustancia que paraliza la transmisión de los impulsos nerviosos.

**NEURÓPTERO, A** adj. y n. m. Relativo a un orden de insectos con metamorfosis completa, provistos de cuatro alas con numerosas nerviaciones, como la hormiga león.

**NEUROQUÍMICA** o **NEUROBIOQUÍMICA** n. f. Estudio de los fenómenos de naturaleza bioquímica en el sistema nervioso.

**NEUROQUIRÚRGICO, A** adj. Relativo a la neurocirugía.

**NEURORRETINITIS** n. f. Proceso inflamatorio que afecta al nervio óptico y la retina.

**NEUROSICOLOGÍA** o **NEUROPSICOLOGÍA** n. f. Estudio de las relaciones entre las funciones superiores y las estructuras cerebrales.

**NEUROSIQUIATRÍA** o **NEUROPSIQUIATRÍA** n. f. Especialidad médica que agrupa la neurología y la siquiatría.

**NEUROSÍQUICO, A** o **NEUROPSÍQUICO, A** adj. Relativo al sistema nervioso en relación con las funciones síquicas.

**NEUROSIS** n. f. Afección nerviosa, caracterizada por conflictos intrasíquicos que inhiben las conductas sociales, y por una conciencia dolorosa de los trastornos.

■ Según Freud, la neurosis «no *niega* la realidad, simplemente no quiere saber nada de ella». El neurótico es consciente de su ruptura con lo que él considera como estado normal y percibe sus trastornos como un obstáculo para su libertad. Dependiendo del síntoma predominante se distinguen: la histeria, las neurosis de angustia, las obsesivas y las fóbicas.

**NEURÓTICO, A** adj. y n. Relativo a la neurosis; afecto de esta enfermedad.

**NEUROTOMÍA** n. f. ANAT. Disección del sistema nervioso. **2.** CIR. Sección quirúrgica de un tronco nervioso.

**NEUROTONÍA** n. f. Excesiva irritabilidad e inestabilidad del sistema nervioso, especialmente del vegetativo.

**NEUROTOXINA** n. f. Toxina que actúa sobre el sistema nervioso.

**NEUROTRANSMISOR** n. m. Mediador químico elaborado a nivel de una sinapsis, que efectúa la transmisión del impulso nervioso.

**NEUROTROPISMO** n. m. Cualidad general de las sustancias que tienen apetencia por fijarse preferentemente en las estructuras del sistema nervioso.

**NEURÓTROPO, A** adj. Dícese de las sustancias que presentan neurotropismo.

**NEUROVEGETATIVO, A** adj. Relativo a la parte del sistema nervioso que regula la vida vegetativa, formado por ganglios y nervios y unido al eje cerebroespinal, que contiene los centros reflejos. (En el sistema neurovegetativo o sistema nervioso autónomo, se distinguen el *sistema ortosimpático* y el *sistema parasimpático*, que inervan las mismas vísceras, pero que tienen efectos antagónicos.)

**NEURULA** n. f. Fase embrionaria de los vertebrados, posterior a la de gastrulación, en la que se forma el eje cerebroespinal.

**NEUTRAL** adj. y n. m. y f. Que no toma partido: *permanecer neutral.* **2.** DER. INTERN. Dícese de un estado que no interviene de ninguna forma en una guerra entre otros estados.

**NEUTRALIDAD** n. f. Calidad de neutral. **2.** DER. INTERN. Situación jurídico-política de un estado, que queda obligado a no iniciar ninguna guerra, salvo la defensiva, contra cualquiera de los estados de la comunidad internacional.

**NEUTRALISMO** n. m. Doctrina que implica la negativa a integrarse en uno de los grandes bloques políticos o ideológicos del mundo.

**NEUTRALISTA** adj. y n. m. y f. Favorable a la neutralidad o al neutralismo.

**NEUTRALIZABLE** adj. Susceptible de neutralización.

**NEUTRALIZACIÓN** n. f. Acción y efecto de neutralizar. **2.** DER. INTERN. Situación reconocida a algunos servicios o a algunos lugares, que los beligerantes se comprometen a respetar. **3.** LING. Estado de dos fonemas, cuya oposición, fonológicamente pertinente, puede desaparecer en ciertas posiciones. • **Tiro de neutralización** (MIL.), el destinado a paralizar toda acción del adversario en una zona determinada.

**NEUTRALIZADOR, RA** adj. Que neutraliza.

**NEUTRALIZANTE** adj. y n. m. Que neutraliza o es propio para neutralizar.

**NEUTRALIZAR** v. tr. y pron. **[1g]**. Declarar neutral un estado, un territorio, etc. **2.** *Fig.* Anular o debilitar el efecto de una causa por una acción contraria. **3.** LING. Someter un fonema a neutralización. **4.** MIL. Impedir o paralizar temporalmente la actividad del enemigo por medio de tiros de neutralización: *neutralizar un observatorio.* **5.** QUÍM. Convertir en sustancias neutras los ácidos o las bases.

**NEUTRINO** n. m. Partícula fundamental leptónica de carga nula y masa nula o extremadamente pequeña, de la que existen numerosas especies, asociada a los diferentes leptones cargados (electrón, muón, etc.).

**NEUTRO, A** adj. (lat. *neutrum*). Dícese de lo que no presenta ni uno ni otro de dos caracteres opuestos. **2.** No definido, indeterminado: *color neutro.* **3.** FÍS. Dícese de los cuerpos que no presentan fenómeno alguno eléctrico o magnético, y de los conductores por los que no circula corriente. **4.** LING. Dícese de un tercer género que no es ni masculino ni femenino, y de las palabras que tienen este género: *género neutro; adjetivo neutro.* **5.** MAT. En un conjunto que posee una ley de composición interna, dícese de un elemento *e* tal que para todo elemento *x* del conjunto, se tiene $ex = xe = x$, siendo la notación de la operación, multiplicativa. **6.** QUÍM. Que no tiene carácter ácido ni básico.

**NEUTROFILIA** n. f. Aumento de la proporción de leucocitos neutrófilos en la sangre.

**NEUTRÓFILO, A** adj. MED. Dícese de las células (leucocitos polinucleares de la sangre) que poseen afinidad por los colorantes neutros.

**NEUTRÓN** n. m. Partícula eléctricamente neutra que constituye, con los protones, el núcleo del átomo. • **Bomba de neutrones,** bomba termonuclear cuya radiación neutrónica ha sido aumentada y los efectos de las ondas de choque, del calor y de la radiactividad, reducidos.

■ El neutrón tiene una masa muy semejante a la del protón, pero no posee carga eléctrica. Es inestable en estado libre y se transforma en un protón, un electrón y un antineutrino. La difracción de los neutrones sirve para determinar la estructura atómica de los sólidos cristalinos; su impacto sobre núcleos pesados (uranio, plutonio) produce las reacciones de *fisión* nuclear.

**NEUTRÓNICA** n. f. Rama de la física que se dedica al estudio de los diferentes fenómenos que controlan las poblaciones de neutrones.

**NEUTRÓNICO, A** adj. Relativo al neutrón.

**NEVADA** n. f. Acción y efecto de nevar. **2.** Cantidad de nieve caída de una vez y sin interrupción sobre la tierra. **3.** Temporal de nieve.

**NEVADO, A** adj. Cubierto de nieve. **2.** *Fig.* Blanco: *sienes nevadas.* **3.** TAUROM. Dícese del toro que sobre una capa de pelo de color uniforme tiene pequeñas manchas blancas. ◆ n. m. **4.** *Amér.* Cumbre o área montañosa elevada cubierta por nieves perpetuas.

**NEVAR** v. intr. **[1j]**. Caer nieve. ◆ v. tr. **2.** *Fig.* Poner blanca una cosa pintándola o cubriéndola de cosas blancas.

**NEVAZÓN** n. f. *Argent., Chile* y *Ecuad.* Temporal de nieve.

**NEVERA** n. f. Sitio donde se guarda o conserva nieve. **2.** Frigorífico. **3.** *Fig.* Habitación muy fría.

**NEVERÍA** n. f. *Méx.* Heladería.

**NEVERO** n. m. Pequeña extensión de nieve que permanece sin fundir durante el verano. **2.** Parte superior del glaciar, donde se acumula la nieve y se convierte en hielo.

**NEVISCA** n. f. Nevada corta de copos menudos.

**NEVISCAR** v. intr. **[1a]**. Caer nevisca.

**NEVIZA** n. f. Nieve compactada por su propio peso antes de convertirse en hielo.

**NEVOCARCINOMA** n. m. Tumor maligno de la piel, formado a partir de un nevus.

**NEVOSO, A** adj. Cubierto a menudo de nieve. **2.** Dícese del tiempo cuando parece que va a nevar.

**NEVUS** n. m. (voz latina, *mancha*). Lesión cutánea de origen malformativo, en forma de mancha o tumor.

**NEW AGE** n. f. (voces inglesas). Estilo musical destinado a la relajación, que se caracteriza por sus sonidos armoniosos creados a través de sintetizadores, que en ocasiones se combinan con instrumentos tradicionales.

**NEW LOOK** n. m. y adj. (voces inglesas, *nuevo estilo*). Manera nueva de presentarse algo; estilo nuevo.

**NEWTON** n. m. Unidad de medida de fuerza (símbolo N), equivalente a la fuerza que comunica a un cuerpo de 1 kilogramo de masa una aceleración de 1 metro por segundo al cuadrado. • **Newton metro,** unidad de medida del momento de una fuerza (símbolo N · m), equivalente al momento de una fuerza de 1 newton cuya dirección se halla a 1 metro de distancia del punto respecto del cual se considera el momento.

**NEWTONIANO, A** adj. y n. Relativo al sistema de Newton; partidario de este sistema.

**NEXO** n. m. (lat. *nexum*). Nudo, unión o vínculo. **2.** GRAM. Elemento lingüístico (cópula, preposición, etc.) que, en el plano sintagmático, enlaza otros dos elementos.

**NGONI,** conjunto de pueblos bantúes que habitan en Zambia, Tanzania y Mozambique.

**NI** conj. cop. (lat. *nec*). Partícula negativa y conjuntiva que enlaza palabras y frases que denotan negación, precedida o seguida de otra u otras: *ni actúa ni deja actuar; ni Juan ni Pedro han estado aquí; ni ella es tan lista ni yo soy tan tonto.* • **Ni que,** expresión enfática: *¡ni que yo fuese tonto!*

**Ni,** símbolo químico del *níquel.*

**NICARAGÜEÑO, A** adj. y n. De Nicaragua. SIN.: *nicaragüense.* ◆ n. m. **2.** Modalidad adoptada por el español de Nicaragua.

**NICARAGÜISMO** n. m. Vocablo o giro privativo de Nicaragua.

**NICARAO,** pueblo de lengua nahua, act. extinguido, que en el s. XI se asentó en Nicaragua y Costa Rica.

**NICENO, A** adj. y n. De Nicea.

**NICHO** n. m. Cada una de las concavidades construidas superpuestas formando un muro en los cementerios o excavadas en los muros de éstos, para colocar los ataúdes o las urnas funerarias. **2.** ALP. Plataforma pequeña en un punto protegido de una pared de escalada. **3.** B. ART. Hornacina. **4.** GEOMORFOL. Depresión de forma más o menos hemisférica, entallada en una vertiente. **5.** PATOL. Cavidad de origen patológico, fraguada en el interior de un órgano. • **Nicho de mercado** (ECON.), porción de un mercado claramente diferenciada del resto por una característica determinada. ‖ **Nicho ecológico** (ECOL.), lugar que ocupa una especie en su medio físico, caracterizado por sus relaciones con las otras especies y su forma de nutrición.

**NICOL** n. m. Prisma de espato de Islandia, cortado y vuelto a unir con bálsamo de Canadá, de modo que sólo uno de los dos rayos refractados pueda atravesarlo, y que sirve para polarizar la luz.

**NICOLAÍSMO** n. m. HIST. Secta herética del s. I, de tendencia nóstica, que admitía la participación en los banquetes rituales paganos. **2.** HIST. Práctica de los que, en el s. XI, no admitían el celibato eclesiástico.

**NICOLAÍTA** n. m. y f. Adepto del nicolaísmo.

**NICOTINA** n. f. (fr. *nicotine*). Alcaloide del tabaco, que en pequeñas dosis produce una ligera euforia, disminuye el apetito, la fatiga y es incluso un excitante síquico, pero que en dosis elevadas es un veneno potente que puede provocar una intoxicación grave, el *tabaquismo* o *nicotinismo.*

**NICOTÍNICO, A** adj. Relativo a la nicotina. **2.** Que es causado por esta sustancia.

**NICOTINISMO** o **NICOTISMO** n. m. Tabaquismo.

**NICROMO** n. m. (marca registrada). Aleación de níquel y cromo.

**NICTAGINÁCEO, A** adj. y n. f. Relativo a una familia de plantas dicotiledóneas apétalas de flores de color vivo, como la buganvilla.

**NICTÁLOPE** adj. y n. m. y f. Afecto de nictalopía.

**NICTALOPÍA** n. f. Facultad de ver en un ambiente muy oscuro o en la noche, propia de algunos animales y de ciertas personas con trastornos visuales. **2.** Hemeralopía.

**NICTALÓPICO, A** adj. Relativo a la nictalopía.

**NICTEMERAL** adj. Relativo al mismo tiempo al día y a la noche. **2.** Que tiene la duración del nictémero: *ritmo nictemeral.*

**NICTÉMERO** n. m. Duración de veinticuatro horas, que comprende un día y una noche. SIN.: *nictámera.*

**NICTITACIÓN** n. f. Parpadeo provocado por convulsión del músculo del párpado.

**NICTITANTE** adj. **Membrana nictitante,** tercer párpado, que en las aves se desliza horizontalmente delante del ojo.

**NICTURIA** n. f. MED. Emisión de orina durante la noche.

**NIDACIÓN** n. f. BIOL. Implantación del huevo o del embrión en la mucosa uterina de los mamíferos.

**NIDADA** n. f. Conjunto de los huevos o de las crías en el nido.

**NIDAL** n. m. Lugar donde las gallinas u otras aves domésticas suelen ir a poner los huevos. **2.** Huevo que se deja en un sitio determinado para que las gallinas se acostumbren a ir a poner allí. **3.** *Fig.* Sitio a donde una persona acude con frecuencia.

**NIDÍCOLA** adj. Dícese de las aves que no son capaces de abandonar el nido hasta bastante después de la eclosión.

**NIDIFICACIÓN** n. f. Acción de nidificar.

**NIDIFICAR** v. intr. [**1a**]. Hacer las aves su nido.

**NIDÍFUGO, A** adj. Dícese de las aves que son capaces de abandonar el nido desde el mismo momento de la eclosión.

**NIDO** n. m. (lat. *nidum*). Pequeño abrigo que hacen las aves para poner sus huevos, empollarlos y tener allí sus crías. **2.** Construcción hecha por ciertos animales o lugar resguardado que aprovechan para estos mismos fines. **3.** Lugar donde algunos animales viven agrupados: *un nido de ratas, de hormigas.* **4.** Nidada. **5.** Nidal. **6.** *Fig.* Casa, hogar. **7.** *Fig.* Lugar donde vive o se reúne gente maleante: *un nido de bribones.* **8.** *Fig.* Cosa o lugar que es origen de discordias, riñas, etc.: *un nido de murmuraciones.* **9.** Cierto tipo de asentamiento protegido para armas de infantería: *nido de ametralladora.* • **Cama nido,** cama debajo de la cual se encaja otra. ‖ **Mesa nido,** mesa debajo de la cual se encajan otras de tamaño decreciente. ‖ **Nido de abeja,** punto de adorno que se realiza sobre una tela fruncida. ‖ **Nido de pájaro,** planta parásita de raíces carnosas y flores amarillo rojizas. (Familia orquídeas.)

algunos tipos de **nidos**

**NIDOROSO, A** adj. (lat. *nidorosum*). Que tiene olor y sabor de huevo podrido.

**NIEBA** n. f. Mamífero arborícola muy parecido al damán, que vive en las selvas ecuatoriales africanas. (Familia hirácidos.)

**NIEBLA** n. f. (lat. *nebulam*). Nube estratificada que reposa sobre la superficie terrestre, constituida por gotitas de agua. **2.** *Fig.* Confusión u oscuridad en algún asunto. **3.** Nube, mancha en la córnea. **4.** Munición para armas de caza, consistente en perdigones menudísimos. **5.** MED. Grumos que en ciertas enfermedades suele formar la orina después de fría y en reposo.

**NIEL** n. m. (ital. *niello*). Incrustación decorativa de un esmalte negro en un fondo metálico, generalmente plata, previamente grabado.

**NIELADO** n. m. y adj. Incrustación de nieles en dibujos o motivos grabados en hueco sobre plata.

**NIELADOR, RA** adj. y n. Grabador especialista en nielado.

**NIELAR** v. tr. [**1**]. Adornar con nieles.

**NIETASTRO, A** n. Respecto de una persona, hijo de un hijastro suyo.

**NIETO, A** n. Respecto de una persona, hijo de un hijo suyo. **2.** Descendiente de una línea a partir de la tercera generación: *nieto segundo.*

**NIEVE** n. f. (lat. *nivem*). Precipitación de hielo cristalizado, que cae en forma de copos blancos y ligeros. **2.** Nevada: *febrero es tiempo de nieves.* (Suele usarse en plural.) **3.** *Fig.* y *poét.* Blancura. **4.** *Fam.* Cocaína. **5.** *Cuba, Méx.* y *P. Rico.* Polo, sorbete helado. **6.** QUÍM. Nombre dado a ciertos sólidos pulverulentos que tienen el aspecto de la nieve. **7.** TELEV. Manchas o puntos pequeños e intermitentes que se observan a veces en los televisores a causa de interferencias o debilidad de la señal. • **Nieve carbónica,** gas carbónico solidificado.
■ La nieve es una precipitación que se origina por la presencia, en una nube, de núcleos de congelación cuando las capas bajas de la atmósfera tienen temperatura inferior a 0 °C. Por su baja conductividad, la nieve protege del frío el suelo y los cultivos.

**N.I.F.** (número de identificación fiscal), conjunto de dígitos que se asignan a cada contribuyente para su identificación por el ministerio de Hacienda.

**NIFE** n. m. GEOL. Materia pesada, constituida en su mayor parte por níquel y hierro, que según ciertas teorías forma la parte central de la Tierra (núcleo).

**NIGERIANO, A** adj. y n. De Níger o Nigeria.

**NIGHT-CLUB** n. m. (voz inglesa). Cabaret.

**NIGROMANCIA** o **NIGROMANCÍA** n. f. (gr. *nekromanteia*). Evocación de los muertos para saber el futuro o alguna cosa oculta. SIN.: *necromancia, necromancía.* **2.** Magia.

**NIGROMANTE** n. m. y f. Persona que practica la nigromancia.

**NIGROMÁNTICO, A** adj. y n. Relativo a la nigromancia; nigromante.

**NIGUA** n. f. *Amér.* Insecto parecido a la pulga, pero más pequeño, que suele causar mucha picazón y úlceras graves en la piel del hombre y de los animales.

**NIHILISMO** n. m. (del lat. *nihil,* nada). Negación de toda creencia. **2.** Sistema que tuvo partidarios en Rusia en el s. XIX, y que tenía por objeto la destrucción radical de las estructuras sociales, sin intentar sustituirlas por ningún estado definitivo. **3.** FILOS. Para Nietzsche, voluntad de la nada y negación de la vida bajo una apariencia de moral.

**NIHILISTA** adj. y n. m. y f. Relativo al nihilismo; partidario del nihilismo.

**NILGÓ** n. m. Antílope de Asia, de cuernos cortos, que mide hasta la cruz 1,40 m.

**NILÓN** n. m. Nylon.

**NILÓTICO, A** adj. Relativo al Nilo: *pueblos nilóticos.* ◆ adj. y n. m. **2.** Dícese de una gran familia de lenguas negroafricanas.

**NIMBADO, A** adj. HERALD. Dícese de los ángeles, de los santos y del cordero pascual cuando el nimbo que rodea sus cabezas es de un esmalte particular.

**NIMBO** n. m. (lat. *nimbum,* nube). En la antigüedad, círculo luminoso que se colocaba alrededor de la cabeza de los dioses y de los emperadores deificados. **2.** Círculo luminoso que suele figurarse alrededor de la cabeza de las imágenes de Dios y de los santos, así como del cordero místico. **3.** Círculo que aparece, algunas veces, alrededor de un astro, especialmente del Sol o de la Luna. **4.** Nimbus.

**NIMBOESTRATO** o **NIMBOSTRATUS** n. m. Capa de nubes bajas que se presentan en forma densa y sombría, característica del mal tiempo.

**nimboestratos**

**NIMBUS** n. m. Nube de color gris oscuro. (Se utiliza en compuestos: *cumulonimbus.*) SIN.: *nimbo.*

**NIMIEDAD** n. f. Calidad de nimio: *la nimiedad de un tema.* **2.** Cosa nimia: *enfadarse por una nimiedad.*

**NIMIO, A** adj. (lat. *nimium*). Insignificante, sin importancia: *perder el tiempo en cosas nimias.* **2.** Escrupuloso, prolijo, minucioso.

**NINFA** n. f. (gr. *nymphē*). Muchacha bella y graciosa. **2.** *Fig.* Prostituta. **3.** MIT. GR. Deidad de las aguas, de los bosques y de los campos, de los que personifica la fecundidad y la gracia. **4.** ZOOL. En los insectos con metamorfosis completa, estadio transitorio entre la larva y el imago. ◆ **ninfas** n. f. pl. **5.** ANAT. Labios menores de la vulva.

**NINFÁLIDO, A** adj. y n. m. Relativo a una familia de mariposas diurnas, de talla mediana o grande, con alas de vivos colores, que vive en los países templados.

**NINFEA** n. f. Nenúfar.

**NINFEÁCEO, A** adj. y n. f. Relativo a una familia de plantas acuáticas o palustres, de hojas flotantes, como el nenúfar.

**NINFEO** n. m. ANT. Lugar o santuario dedicado a las ninfas. **2.** B. ART. Construcción levantada alrededor de o sobre un surtidor o una fuente.

**NINFO** n. m. *Fam.* Hombre muy satisfecho de sí mismo.

**NINFÓMANA** n. f. y adj. Afecta de ninfomanía.

**NINFOMANÍA** n. f. Exageración de las necesidades sexuales en la mujer.

**NINFOSIS** n. f. Período de vida latente, propio de los insectos superiores, durante el cual la larva se transforma en un adulto muy diferente.

**NINGÚN** adj. indef. Apócope de *ninguno,* que se emplea antepuesto a nombres masculinos: *no tiene ningún vicio.*

**NINGUNEAR** v. tr. **[1]**. No tomar en consideración a alguien. **2.** Menospreciar a una persona.

**NINGUNO, A** adj. y pron. indef. Denota negación total de lo expresado por el nombre al que se aplica o al que se refiere en última instancia: *ninguno protestó; no tiene ninguna gracia.* **2.** Equivale a *uno* con valor determinado cuando éste aparece en oraciones negativas: *no busca ninguna recompensa.* **3.** Equivale a *nadie,* pero añade siempre la idea de individualización respecto a los elementos de un conjunto: *ninguno (de ellos) dijo nada.*

**NINJA** n. m. y f. (voz inglesa). Experto en artes marciales, que las utiliza de manera violenta.

**NINOT** n. m. (voz catalana) [pl. *ninots*]. Figura de cartón que se quema en la calle durante la fiesta de las fallas valencianas.

**NIÑA** n. f. Femenino de niño. **2.** Pupila del ojo. • **Niñas de los ojos** (*Fig.* y *fam.*), persona o cosa muy querida.

**NIÑATO, A** adj. *Desp.* Joven inexperto que cree saberlo todo. **2.** *Desp.* Dícese del jovenzuelo petulante y presuntuoso. ◆ n. m. **3.** Becerrillo que se halla en el vientre de una vaca cuando la matan.

**NIÑEAR** v. intr. **[1]**. Hacer niñerías.

**NIÑERA** n. f. Criada encargada del cuidado de los niños.

**NIÑERÍA** o **NIÑADA** n. f. Acción de niños o propia de ellos. **2.** Acción o dicho impropio de persona adulta. **3.** Cosa, hecho o dicho de poca importancia: *enfadarse por cualquier niñería.*

**NIÑERO, A** adj. Que gusta de los niños o de niñerías.

**NIÑEZ** n. f. Período de la vida humana, que se extiende desde la infancia a la pubertad. **2.** *Fig.* Primer período de la existencia de una cosa: *la niñez de la civilización.* **3.** *Fig.* Niñería. (Suele usarse en plural.)

**NIÑO, A** n. y adj. Persona en la etapa de la niñez. **2.** Persona joven: *aún es una niña y ya quiere casarse.* **3.** *Fig.* Ingenuo, de poca experiencia o que obra irreflexivamente. **4.** *Amér.* En algunos países, tratamiento de respeto que da el servicio a sus empleadores o personas de cierta consideración social, especialmente a los solteros. • **La niña bonita,** expresión que designa el número quince, especialmente en los sorteos. || **¡Ni qué niño muerto!,** se usa para rechazar lo que acaba de decir un interlocutor. || **Niña de mano** *(Chile),* sirvienta que se ocupa del trabajo de la casa, excluyendo las funciones de la cocina. || **Niño bitongo,** o **pitongo** *(Fam.),* muchacho que viste o hace cosas propias de un niño. || **Niño de teta, de pecho** o **de pañales,** el que aún está en la lactancia. || **Niño mimado,** persona preferida por otra.

**NIOBIO** n. m. Metal gris, bastante raro, que se encuentra asociado al tántalo en sus minerales, cuyo número atómico es 41, su masa atómica 92,90 y su símbolo químico Nb.

**NIPÓN, NA** adj. y n. Japonés.

**NÍQUEL** n. m. (alem. *Nickel*). Metal blanco grisáceo, brillante y de rotura fibrosa, cuyo número atómico es 28, su masa atómica 58,71 y su símbolo químico Ni. **2.** *Cuba* y *P. Rico.* Moneda de cinco centavos. **3.** *Urug.* Caudal, bienes, dinero. **4.** *Urug.* Moneda.

**NIQUELADO** n. m. Acción y efecto de niquelar.

**NIQUELAR** v. tr. **[1]**. Recubrir con níquel.

**NIRVĀNA** n. m. (voz sánscrita). En el pensamiento oriental (principalmente en el budismo), desaparición del dolor unida al samsāra.

**NÍSPERO** n. m. (bajo lat. *nespirum*). Arbusto espinoso en estado silvestre, de hojas grandes y flores blancas, que produce un fruto comestible. (Familia rosáceas.) **2.** Fruto de esta planta. **3.** *Amér.* Zapote, árbol. **4.** *Amér.* Fruto de este árbol.

**NÍSPOLA** n. f. Fruto aovado y rojizo del níspero.

**NISTAGMO** n. m. (gr. *nystazō,* dormitar). Movimiento oscilante, corto y rápido del globo ocular, debido a una lesión de los centros nerviosos.

**NISTATINA** n. f. Antibiótico activo contra las micosis (moniliasis o candidosis).

**NIT** n. m. Unidad de luminancia, igual a una candela por metro cuadrado de superficie aparente.

**NITIDEZ** n. f. Calidad de nítido: *la nitidez de un color, de una conducta.* **2.** Calidad de un cliché o de una copia fotográfica que permite apreciar y distinguir los detalles de la imagen.

**NÍTIDO, A** adj. Limpio, transparente: *atmósfera nítida.* **2.** No confuso, muy preciso: *imagen nítida.*

**NITRACIÓN** n. f. Tratamiento químico por medio del ácido nítrico. **2.** Reacción de sustitución que introduce en una molécula orgánica el radical $NO_2$.

**NITRAR** v. tr. **[1]**. Transformar un compuesto orgánico en derivado nitrado.

**NITRATACIÓN** n. f. Transformación de ácido nitroso o de un nitrito en nitrato o en ácido nítrico.

**NITRATADO, A** adj. Impregnado de nitrato: *papel nitratado.* • **Explosivo nitratado,** explosivo formado por nitrato de amonio envuelto en una ligera película de fuel o de gasoil.

**NITRATAR** v. tr. **[1]**. Transformar en nitrato. **2.** Incorporar un nitrato.

**NITRATO** n. m. Sal o éster del ácido nítrico: *nitrato de plata.* SIN.: *azoato.* • **Nitrato de Chile,** nitrato sódico, nitrato potásico y pequeñas cantidades de sales de boro, yodo y otros elementos.

■ Los nitratos constituyen el principal alimento nitrogenado de las plantas, por ello se utilizan como abonos en agricultura (nitrato de sodio, de calcio, de potasio, de magnesio y principalmente de amonio).

**NITRERÍA** n. f. Lugar de donde se extrae el nitro, o donde existen naturalmente nitratos.

**NÍTRICO, A** adj. Dícese de las bacterias que realizan la nitratación. • **Ácido nítrico,** compuesto oxigenado derivado del nitrógeno ($HNO_3$), ácido fuerte y oxidante.

**NITRIFICACIÓN** n. f. Formación aeróbica de nitratos a partir de materias orgánicas, que se realiza en dos fases: nitrosación y nitratación.

**NITRIFICADOR, RA** adj. Que produce la nitrificación.

**NITRIFICAR** v. tr. **[1a]**. Transformar en nitrato.

**NITRILO** n. m. Compuesto orgánico cuya fórmula contiene el radical —CN.

**NITRITO** n. m. Sal o éster del ácido nitroso.

**NITRO** n. m. (lat. *nitrum;* del gr. *nitron*). Nombre usual del nitrato de potasio. **2.** Cualquier sal del ácido nítrico.

**NITROBENCENO** n. m. Derivado nitrado del benceno, conocido en perfumería con el nombre de *esencia de mirbana.*

**NITROCELULOSA** n. f. Éster nítrico de la celulosa, base del colodión y de las pólvoras sin humo.

**NITRÓFILO, A** adj. Dícese de las plantas que requieren suelos ricos en nitrógeno.

**NITROGENACIÓN** n. f. Fijación del nitrógeno libre en los tejidos de plantas o de animales.

**NITROGENADO, A** adj. QUÍM. Que contiene nitrógeno. • **Abono nitrogenado** (AGRIC.), sustancia que se incorpora al terreno para proporcionarle nitrógeno.

**NITROGENAR** v. tr. **[1]**. QUÍM. Mezclar o combinar con nitrógeno.

**NITROGENASA** n. f. Complejo enzimático bacteriano que interviene en el ciclo del nitrógeno y en la síntesis de los compuestos nitrogenados.

**NITRÓGENO** n. m. Cuerpo simple gaseoso, incoloro, inodoro e insípido, de número atómico 7, masa atómica 14,006 y símbolo químico N.

■ El nitrógeno tiene una densidad de 0,97 en relación con el aire, escasa solubilidad y su punto de ebullición a presión atmosférica es de −195 °C. En estado libre constituye el 75,5 % del aire en masa y 78 % en volumen. Se encuentra combinado en nitratos y sales de amoníaco; forma parte de las proteínas en los tejidos de los seres vivos. Estable a temperatura ordinaria, se emplea para crear atmósferas neutras o protección contra incendios. En estado líquido se utiliza para congelación rápida de alimentos y sistemas de refrigeración. Sólo algunos organismos (bacterias y hongos inferiores) asimilan de manera directa el nitrógeno. Sus compuestos tienen gran importancia en la industria de los abonos, explosivos y colorantes. Los óxidos de nitrógeno liberados en las combustiones industriales y los gases desechados por los automóviles son una causa de la contaminación atmosférica.

**NITROGLICERINA** n. f. Éster nítrico de la glicerina, líquido oleoso y amarillento que entra en la composición de la dinamita.

**NITROSACIÓN** n. f. Transformación del amoníaco en ácido nitroso o en nitritos. **2.** Reacción química que introduce el radical NO en una molécula orgánica.

**NITROSADO, A** adj. Dícese de los compuestos orgánicos que poseen el radical nitrosilo —NO.

**NITROSILO** n. m. Radical monovalente —NO.

**NITROSO, A** adj. Que contiene nitrógeno: *óxido nitroso.* **2.** QUÍM. Dícese del ácido $HNO_2$. **3.** Dícese de las bacterias, como las del género *Nitrosomonas,* que realizan la nitrosación.

**NITRURACIÓN** n. f. Tratamiento termoquímico de endurecimiento superficial de los aceros y aleaciones férricas, mediante nitrógeno.

**NITRURAR** v. tr. **[1]**. Tratar un acero o una aleación férrica por nitruración, con el fin de endurecerlos superficialmente.

**NITRURO** n. m. Combinación del nitrógeno con un metal.

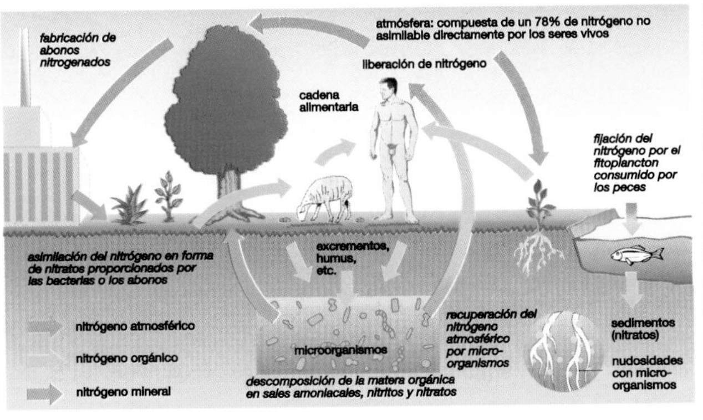

el ciclo del **nitrógeno**

**NIVACIÓN** n. f. Conjunto de los fenómenos mediante los cuales la nieve influye en la formación del relieve.

**NIVAL** adj. Relativo a la nieve. **2.** Dícese de la planta que florece cuando la nieve aún no se ha fundido. • **Régimen nival,** régimen de las corrientes de agua que se alimentan de la fusión de la nieve (crecidas primaverales y aguas bajas en invierno).

**NIVEL** n. m. (bajo lat. *libellum*). Instrumento que sirve para comprobar o realizar la horizontalidad de un plano, o para determinar la diferencia de altura entre dos puntos. **2.** Estado de un plano horizontal. **3.** Grado de elevación de una línea de un plano en relación a una superficie horizontal de referencia. **4.** Grado de elevación de la superficie de un líquido. **5.** Valor alcanzado por una magnitud. **6.** Fase o etapa del sistema educacional con unos objetivos y tipo de estudios que le caracterizan: *nivel superior o universitario.* **7.** Situación de una cosa en relación a otra, equilibrio: *el nivel de precios del año pasado.* **8.** Grado social, intelectual, moral, de clases, de categoría, de mérito: *él no está a tu mismo nivel.* • **A nivel,** en un plano horizontal; en línea recta. || **Curva de nivel,** línea imaginaria que une los puntos de la misma altitud, y que se utiliza para representar el relieve en un mapa. || **Nivel de agua,** nivel formado por dos pequeños tubos llenos de agua que se comunican entre sí. || **Nivel de base** (GEOGR.), punto en función del cual se establece la línea de equilibrio de una corriente de agua. || **Nivel de burbuja,** nivel formado por un tubo de cristal que contiene un líquido muy movible (alcohol o éter) y una burbuja de gas. || **Nivel de energía,** valor de la energía de una partícula, del núcleo de un átomo o de una molécula que están en estado estacionario. || **Nivel de lengua,** carácter de la utilización de una lengua definida por las condiciones de la comunicación y los interlocutores. || **Nivel de vida,** evaluación cuantitativa y objetiva del modo de existencia medio de una nación, de un grupo social, etc. SIN.: *estándar de vida.* || **Nivel mental,** o **intelectual,** grado de desarrollo intelectual de un individuo que se define y mide mediante la aplicación de los llamados tests de inteligencia o tests sicotécnicos. || **Superficie de nivel,** lugar de los puntos de un líquido en equilibrio donde se ejerce la misma presión; en un campo de vectores, superficie normal a las líneas de campo.

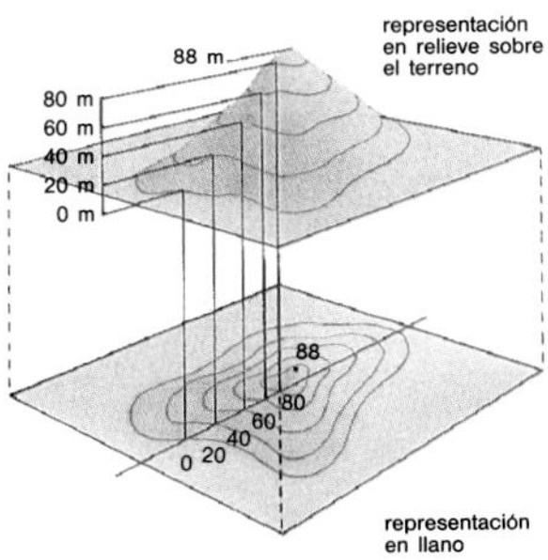

curvas de **nivel**
(la equidistancia de las curvas es de 20 m)

**NIVELACIÓN** n. f. Acción y efecto de nivelar. **2.** Acción de medir las diferencias de nivel, de medir con los niveles, de poner al mismo nivel o de establecer una base horizontal en un terreno. **3.** Allanamiento de los accidentes del relieve por la erosión. **4.** Acción de igualar las fortunas, las condiciones sociales, etc. **5.** LING. Proceso de reducción a cierta homogeneidad de los elementos heterogéneos (fonéticos, morfológicos, léxicos, etc.) de una o más lenguas.

**NIVELADOR, RA** adj. y n. Que nivela. ◆ n. m. **2.** Especie de rastrillo o grada sin dientes utilizado en agricultura.

**NIVELADORA** n. f. Máquina para todo terreno que se utiliza para la nivelación, principalmente de carreteras.

**NIVELAR** v. tr. [**1**]. Poner un plano o superficie en la posición horizontal: *nivelar el suelo.* **2.** OBR. PÚBL. Igualar una superficie excavada o terraplenada, rebajándola hasta un plano aproximadamente horizontal. **3.** TECNOL. Medir o verificar con un nivel. ◆ v. tr. y pron. **4.** *Fig.* Poner o quedar a un mismo nivel, grado o altura: *nivelar los gustos; nivelar la balanza de pagos; nivelarse las fortunas.*

**NÍVEO, A** adj. *Poét.* De nieve o semejante a ella: *manos níveas.*

**NIVOGLACIAR** adj. Dícese del régimen de las corrientes de agua que se alimentan de la fusión de la nieve y de los glaciares (máximos de primavera y verano y mínimo invernal).

**NIVOPLUVIAL** adj. Dícese del régimen de las corrientes de agua que se alimentan de la fusión de la nieve y de las lluvias (máximos de primavera y otoño y mínimo invernal).

**NIVOSIDAD** n. f. En una región, coeficiente que define la proporción de las precipitaciones sólidas con respecto al total de precipitaciones anuales.

**NIVOSO** n. m. Cuarto mes del calendario republicano francés (del 21, 22 o 23 de diciembre al 19, 20 o 21 de enero).

**NIXTAMAL** n. m. *Amér. Central* y *Méx.* Maíz preparado para hacer tortillas.

**NIZARDO, A** adj. y n. De Niza.

**NKOLÉ,** pueblo de Uganda que habla una lengua bantú.

**NO** adv. Expresa la idea de negación, de rechazo, y se opone a *sí.* **2.** Se usa en frases interrogativas para expresar duda o extrañeza, o para pedir la confirmación de algo que ya se sabe o supone: *¿no vienes?; de acuerdo, ¿no?* **3.** Se usa a veces para acentuar la afirmación de la frase a que pertenece: *él lo podrá decir mejor que no yo.* • **A que no,** expresa incredulidad, desafío o incitación. || **No bien,** inmediatamente que, en cuanto. || **No más,** solamente; basta. || **No menos,** expresión con que se pondera alguna cosa. || **No sin,** con. || **No ya,** no solamente.

**NO,** abrev. de *noroeste.*

**No,** símbolo químico del *nobelio.*

**NŌ** n. m. (voz japonesa). Drama lírico japonés, en el que se combinan la música, la danza y la poesía.

**NOBELIO** n. m. (de A. *Nobel*). Elemento químico transuránido, de número atómico 102 y símbolo químico No.

**NOBILIARIO, A** adj. Relativo a la nobleza: *título nobiliario.* ◆ n. m. **2.** Catálogo e historia de las familias nobles de un país, de una región o de una provincia.

**NOBILITAS** n. f. (voz latina, *nobleza*). ANT. ROM. Partido político constituido por la aristocracia, en oposición a los «hombres nuevos», surgidos de la plebe y recién llegados a las tareas políticas.

**NOBLE** adj. y n. m. y f. (lat. *nobilem*). Que por nacimiento o por decisión de un soberano, goza de ciertos privilegios y tiene ciertos títulos. ◆ adj. **2.** Que tiene distinción o señorío: *un aspecto noble.* **3.** Magnánimo, de sentimientos elevados: *una actitud noble.* **4.** Dícese de algunos materiales muy finos o de las unidades más selectas de otros: *el ébano es una madera noble; un vino noble.* • **Gas noble,** denominación dada a los gases raros de la atmósfera. || **Metal noble,** metal precioso; metal más electronegativo que el hidrógeno. ◆ n. m. **5.** Moneda de oro que se usó en España, dos quilates más fina que el escudo.

**NOBLEZA** n. f. Calidad de noble, generosidad, magnanimidad: *obrar con nobleza.* **2.** Conjunto de los nobles considerados como una clase social privilegiada que, por derecho hereditario o por concesión de los soberanos, gozan de particulares prerrogativas. **3.** Condición de noble.

**NOBLOTE, A** adj. *Fam.* De carácter noble y franco.

**NOBUK** n. m. Piel de vaca curtida y aterciopelada.

**NOCA** n. f. Molusco marino comestible, parecido al centollo, de caparazón liso, fuerte y muy convexo, que vive en las costas de la península Ibérica. (Familia coristidos.)

**NOCHE** n. f. (lat. *noctem*). Tiempo comprendido entre la puesta y la salida del sol. **2.** Oscuridad que reina durante este tiempo: *hacerse de noche.* **3.** Cuadro que representa una escena o paisaje vistos de noche. **4.** *Fig.* Tristeza: *la noche de sus pensamientos...* • **Ayer noche,** anoche. || **Buenas noches** (*Fam.*), saludo usual durante la noche. || **De la noche a la mañana,** de pronto, de repente, en muy poco espacio de tiempo. || **Efecto de noche,** efecto con el que un pintor trata de imitar las tinieblas. || **Hacer noche,** detenerse en algún sitio para dormir. || **Noche buena,** nochebuena. || **Noche toledana** (*Fig.* y *fam.*), la que uno pasa sin poder conciliar el sueño. || **Noche vieja,** nochevieja. || **Noche y día,** siempre, continuamente. || **Pasar de claro en claro,** o **en claro, la noche,** pasarla sin dormir.

**NOCHEBUENA** n. f. Noche de la vigilia de Navidad.

**NOCHERNIEGO, A** adj. y n. Noctámbulo.

**NOCHERO, A** adj. y n. m. *Argent.* Dícese del caballo que se reserva para emplearlo por la noche. ◆ adj. y n. **2.** *Argent.* Noctámbulo.

**NOCHEVIEJA** n. f. Noche comprendida entre el 31 de diciembre y el 1 de enero.

**NOCHIZO** n. m. Avellano silvestre.

**NOCIÓN** n. f. (lat. *notionem*). Conocimiento o idea de algo: *no tener noción de lo que pasa.* **2.** Conocimiento elemental: *nociones de gramática.* (Suele usarse en plural.)

**NOCIVIDAD** n. f. Calidad de nocivo.

**NOCIVO, A** adj. (lat. *nocivum*). Dañoso, perjudicial: *influencias nocivas.* SIN.: *nocible.*

**NOCOSOMIAL** adj. Dícese de una infección contraída en un hospital.

**NOCTAMBULAR** v. intr. [**1**]. Pasear o divertirse de noche.

**NOCTAMBULISMO** n. m. Calidad de noctámbulo.

**NOCTÁMBULO, A** adj. y n. Que acostumbra salir, pasear o divertirse de noche.

**NOCTILUCA** n. f. Protozoo de 1 mm de diámetro, a menudo tan abundante en el mar que confiere al agua luminiscencias por la noche. **2.** Luciérnaga.

**NOCTILUCO, A** adj. Que luce en la oscuridad.

**NOCTÍVAGO, A** adj. y n. *Poét.* Noctámbulo.

**NÓCTULO** n. m. Murciélago de 9 cm de long., sin la cola, y 40 cm de envergadura. (Familia vespertiliónidos.)

**NOCTURNAL** adj. Nocturno.

**NOCTURNIDAD** n. f. Calidad o condición de nocturno. **2.** DER. Circunstancia agravante de la responsabilidad penal, que consiste en ejecutar un delito de noche, cuando ésta ha sido buscada de propósito.

**NOCTURNO, A** adj. (lat. *nocturnum*). Relativo a la noche: *silencio nocturno; club nocturno.* **2.** *Fig.* Solitario, triste. **3.** Dícese de las flores que se abren durante la noche. **4.** Dícese de los animales que se ocultan de día y buscan su alimento por la noche. ◆ adj. y n. f. **5.** Dícese de las rapaces, tales como las lechuzas y los búhos, que constituyen el orden de las estrigiformes. ◆ n. m. **6.** Parte del oficio de maitines. **7.** Fragmento musical de carácter soñador y melancólico.

**NODACIÓN** n. f. Impedimento ocasionado por un nodo en el juego de una articulación, tendón o ligamento.

**NODAL** adj. Relativo al nodo. • **Puntos nodales,** puntos del eje de un sistema óptico tales que, a todo rayo incidente que pase por uno de estos puntos, corresponde un rayo emergente paralelo al primero y que pasa por el otro.

**NODO** n. m. ASTRON. Cada uno de los puntos opuestos, donde la órbita de un cuerpo celeste que gravita alrededor de otro corta el plano de la órbita de este segundo cuerpo: *nodo ascendente; nodo descendente.* **2.** FÍS. Punto inmóvil de un cuerpo vibrante o de un sistema de ondas estacionarias. **3.** MED. Nódulo, nudo o nudosidad.

**NODRIZA** n. f. (lat. *nutricem*). Ama de cría. **2.** Dispositivo mecánico que suministra combustible al motor del automóvil, sin necesidad de dar presión al depósito. • **Avión nodriza,** avión cisterna. ‖ **Buque nodriza,** el que tiene por cometido abastecer de combustible a otros buques.

**NODULAR** adj. Relativo a los nódulos.

**NÓDULO** n. m (lat. *nodulum*). Nudosidad o concreción de poco tamaño. **2.** GEOL. Pequeña concreción mineral o rocosa, de forma redondeada, situada en una roca de naturaleza distinta, y, más particularmente, concreción de mineral depositada en el fondo del océano. **3.** MED. Denominación de determinadas estructuras, normales o patológicas, que aparecen en el organismo.

**NOEMA** n. m. (voz griega, *idea, significación*). FILOS. Según Husserl, conjunto de los diversos datos representables por la intuición pura.

**NOESIS** n. f. (gr. *noēsis,* intuición). FILOS. Percepción intelectiva.

**NOGAL** n. m. Árbol de gran tamaño (de 10 a 25 m de alt.) y gran longevidad (300 a 400 años), propios de las regiones templadas, que proporciona una madera dura muy apreciada en ebanistería, y cuyo fruto es la nuez. (Familia juglandáceas.)

**nogal**

**NOGALINA** n. f. Colorante obtenido de la cáscara de la nuez, usado para pintar muebles o maderas imitando el color del nogal.

**NOGUERADO, A** adj. De color parecido al del nogal.

**NOGUERAL** n. m. Terreno plantado de nogales.

**NOIGLO** n. m. Planta de tallo erguido y ramoso y flores amarillas, con la que se prepara un añil especial. (Familia crucíferas.)

**NOLÍ** n. m. *Colomb.* Palma cuyo fruto da aceite.

**NOLICIÓN** n. f. FILOS. Acto de no querer.

**NOMA** n. f. (gr. *nomē*). PATOL. Forma de estomatitis gangrenosa que ocasiona graves destrucciones y pérdidas de sustancia en la cara.

**NÓMADA** o **NÓMADE** adj. y n. m. y f. (lat. *nomadem*). Relativo a los pueblos que practican el nomadismo; individuo de dichos pueblos. **2.** Sin residencia fija.

**NOMADISMO** n. m. Modo de vida caracterizado por el desplazamiento de grupos humanos sin residencia fija con el fin de asegurar su subsistencia. **2.** Desplazamiento de ciertos animales.

**NOMADIZACIÓN** n. f. Evolución de los sedentarios hacia formas de vida nómadas.

**NOMÁS** adv. *Argent., Bol., Méx.* y *Venez.* En oraciones exhortativas, se emplea para añadir énfasis: *pase nomás.* **2.** *Argent., Méx.* y *Venez.* Sólo, nada más, únicamente: *nomás me quedan dos días de vacaciones.* **3.** *Argent.* y *Venez.* Apenas, precisamente. **4.** *Méx.* Apenas, inmediatamente después: *nomás llegó y se fue a dormir.*

**NOMBRADÍA** n. f. Reputación, fama.

**NOMBRADO, A** adj. Célebre, famoso: *un nombrado poeta.*

**NOMBRAMIENTO** n. m. Acción y efecto de nombrar. **2.** Elección de designación para un cargo. **3.** Documento en que se faculta para ejercer un cargo u oficio.

**NOMBRAR** v. tr. (lat. *nominare*) [**1**]. Citar o hacer referencia particular de una persona o cosa: *oír nombrar a alguien.* **2.** Elegir a uno para desempeñar un cargo o empleo: *nombrar un nuevo cónsul.* **3.** Llamar, decir el nombre de alguien o de algo.

**NOMBRE** n. m. (lat. *nomen*). Palabra que sirve para designar un ser, una cosa o un conjunto de seres o de cosas. **2.** Palabra o palabras que preceden al apellido y designan personalmente a un individuo, como *Pilar, Pedro,* etc. **3.** Conjunto formado por el nombre de pila y los apellidos de un individuo. **4.** Apodo, mote. **5.** Fama, reputación. **6.** LING. Categoría lingüística opuesta funcionalmente a verbo. • **Decir,** o **llamar, las cosas por su nombre,** expresarse con gran franqueza y sin rodeos. ‖ **En nombre de alguien,** bajo su autoridad o responsabilidad. ‖ **No tener nombre** algo *(Fam.),* ser muy indignante. ‖ **Nombre comercial** (DER. MERC.), aquel bajo el que se da a conocer al público un establecimiento agrícola, fabril o mercantil. ‖ **Nombre de pila,** el que se impone en el bautismo.

**NOMEDEJES** n. m. (pl. *nomedejes*). Planta herbácea de flores rosadas o blancas, que crece en América Central. (Familia apocináceas.)

**NOMENCLÁTOR** o **NOMENCLADOR** n. m. Catálogo o lista de nombres, especialmente de pueblos, de personas o de voces técnicas de una ciencia: *el nomenclátor de las calles de Madrid.*

**NOMENCLATURA** n. f. Catálogo, lista detallada. **2.** Conjunto de voces técnicas de una ciencia: *nomenclatura química.* **3.** HIST. NAT. Denominación regular de los animales y plantas, establecida según leyes aceptadas internacionalmente.

**NOMEOLVIDES** n. m. (pl. *nomeolvides*). Planta de flores ordinariamente azules, pequeñas y elegantes. (Familia borragináceas.) SIN.: *miosotis.* **2.** Flor de esta planta. **3.** Pulsera de metal, en forma de cadena, con una placa donde suelen grabarse ciertos datos sobre una persona.

**NÓMICO, A** o **GNÓMICO, A** adj. y n. (gr. *gnómikos*). Que expresa verdades morales en forma de máxima o proverbios: *poesía nómica.* **2.** LING. Dícese de una forma verbal, de un tiempo, de un modo, que sirve para expresar un hecho general.

**NÓMINA** n. f. (lat. *nomina*). Lista de nombres de personas o cosas. **2.** Relación del personal contratado por una empresa, en la que figuran para cada perceptor los importes íntegros de sus retribuciones y emolumentos. **3.** *Por ext.* Dichos importes.

**NOMINACIÓN** n. f. Nombramiento. **2.** Designación para un puesto o cargo.

**NOMINADO, A** adj. Designado para un puesto o cargo.

**NOMINADOR, RA** adj. y n. Que elige y nombra para un empleo o comisión: *junta nominadora.*

**NOMINAL** adj. Relativo al nombre. **2.** Que es o existe sólo de nombre, pero no en realidad. • **Formas nominales del verbo** (GRAM.), formas del verbo que no expresan la persona que realiza la acción (infinitivo, gerundio y participio). ‖ **Valor nominal** (B. Y BOLS.), valor consignado en un título, que generalmente difiere del valor con que se cotiza en bolsa; valor teórico inscrito en una moneda o efecto de comercio.

**NOMINALISMO** n. m. Doctrina filosófica según la cual a la universalidad propia de los conceptos del entendimiento no corresponde nada real común en los seres individuales a que aquéllos se refieren.

**NOMINALISTA** adj. y n. m. y f. Relativo al nominalismo; partidario de esta doctrina.

**NOMINALIZACIÓN** n. f. LING. Transformación que convierte una frase en un nombre o en un sintagma nominal. **2.** Resultado de esta transformación.

**NOMINAR** v. tr. [**1**]. Nombrar. **2.** Designar para un puesto o cargo.

**NOMINATIVO, A** adj. Dícese de los títulos del estado o de las sociedades mercantiles que han de llevar el nombre de su propietario, en oposición a los que son al portador. ◆ n. m. **2.** LING. Caso de los nombres, adjetivos y pronombres, propio del sujeto y de su atributo, en las lenguas de flexión. ◆ **nominativos** n. m. pl. **3.** *Fig.* y *fam.* Nociones o principios de cualquier cosa.

**NOMINILLA** n. f. Autorización que se entrega a los que cobran como pasivos, para que puedan percibir su haber. **2.** Nómina breve añadida a la principal.

**NOMO** n. m. (gr. *nomos,* división). División administrativa del antiguo Egipto y de la Grecia moderna.

**NOMO** o **GNOMO** n. m. MIT. Ser pequeño y deforme que, según los cabalistas, vive en el interior de la Tierra guardando sus riquezas. **2.** *Poét.* Ser fantástico.

**NOMOGRAFÍA** n. f. Sistema de cálculo en el que se utilizan ábacos, gráficos o líneas, cuyos puntos de intersección con otras líneas determinan las soluciones.

**NOMOGRAMA** n. m. Tabla o representación gráfica utilizada en nomografía.

**NOMOMECÁNICO, A** adj. Dícese del cálculo efectuado por las máquinas en que los resultados buscados vienen dados sobre un nomograma.

**NOMON** o **GNOMON** n. m. (lat. *gnomon*). Reloj de sol primitivo, consistente en una simple vara vertical que proyecta su sombra sobre una superficie plana horizontal. **2.** Indicador de las horas en los relojes solares más comunes.

**NOMÓNICA** o **GNOMÓNICA** n. f. Arte de construir los relojes solares llamados *nomones.*

**NOMÓNICO, A** o **GNOMÓNICO, A** adj. Relativo a la nomónica.

**NON** adj. y n. m. Impar, indivisible por dos: *números nones.* (Suele usarse en plural.) ◆ **nones** n. m. pl. y adv. neg. **2.** *Fam.* No: *dijo nones a todas mis peticiones.*

**NONA** n. f. (voz latina). ANT. ROM. Cuarta de las partes iguales en que se dividía el día artificial que comenzaba después de las tres de la tarde. **2.** LITURG. Hora menor del oficio divino que se reza a las tres de la tarde. ◆ **nonas** n. f. pl. **3.** ANT. ROM. Séptimo día de marzo, mayo, julio y octubre y quinto día de los otros meses.

**NONADA** n. f. Cosa muy pequeña o de muy poca importancia.

**NONAGENARIO, A** adj. y n. De edad comprendida entre los noventa y los cien años.

**NONAGÉSIMO, A** adj. num. ord. Que corresponde en orden al número noventa. ◆ adj. y n. **2.**

Dícese de cada una de las noventa partes en que se divide un todo.

**NONATO, A** adj. No nacido naturalmente sino extraído del vientre de la madre. **2.** *Fig.* No sucedido o aún no existente.

**NONIGENTÉSIMO, A** adj. num. ord. Que corresponde en orden al número novecientos. ◆ adj. y n. **2.** Dícese de cada una de las novecientas partes en que se divide un todo.

**NONIO** o **NONIUS** n. m. Dispositivo que, acoplado a una regla o a un limbo graduados, facilita la lectura de fracciones o subdivisiones de la escala principal a la que se aplica.

**NONIS** adj. *Amér. Central.* Insuperable.

**NONO, A** adj. Noveno. ◆ n. **2.** *Argent.* y *Urug.* Abuelo, padre o madre del padre o de la madre.

**NÓNUPLO, A** adj. y n. m. Que contiene nueve veces una magnitud, un valor determinado.

**NOOLÓGICO, A** adj. FILOS. Relativo al espíritu.

**NOPAL** n. m. (azteca *nopalli*). Planta crasa, con el tallo formado por cladodios carnosos, erizados de espinas, y flores grandes, con muchos pétalos, cuyo fruto, el higo chumbo, es comestible. (Crece en los países cálidos de América. Familia cactáceas.) SIN.: *chumbera.* **2.** Penca del nopal.

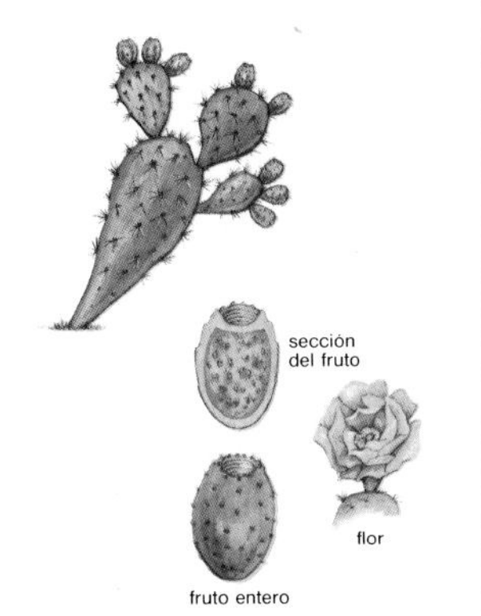


**nopal**

**NOPALERA** o **NOPALEDA** n. f. Terreno poblado de nopales.

**NOPALITOS** n. m. pl. *Méx.* Hojas tiernas de nopal guisadas.

**NOQUE** n. m. (cat. *noc*). Fosa para curtir pieles. **2.** Pila de capachos de aceituna molida, sobre los cuales carga la viga en los molinos de aceite. **3.** Tronco de árbol ahuecado para servir de recipiente. **4.** Cámara con paredes de madera donde se conserva la hierba mate después de tostada. **5.** *Argent., Bol.* y *Urug.* Recipiente de variado tamaño, hecho de cuero o de madera, destinado a la elaboración del vino, a la conservación y transporte de líquidos, sustancias grasas, cereales, etc.

**NOQUEAR** v. tr. **[1]**. En boxeo, dejar un púgil fuera de combate a su adversario por k.o.

**NOQUERO, A** n. Curtidor.

**NORADRENALINA** n. f. Hormona derivada de la adrenalina, secretada como ésta por la porción medular de las suprarrenales.

**NORADRENÉRGICO, A** adj. Perteneciente o relativo a la noradrenalina. **2.** Dícese de las estructuras nerviosas cuyo transmisor químico natural es la noradrenalina.

**NORAY** n. m. MAR. Pieza que se dispone en los muelles, empotrada en un macizo de fábrica algo retrasado, para hacer firmes las amarras de los buques atracados.

**NORCOREANO, A** adj. y n. De Corea del Norte.

**NÓRDICO, A** adj. Relativo al norte. • **Combinada nórdica,** competición de esquí, en la que se combinan las pruebas de fondo con las de saltos. ◆ adj. y n. **2.** De los países escandinavos. ◆ adj. y n. m. **3.** Dícese de las lenguas germánicas habladas en los países escandinavos, como el islandés, el noruego, el sueco y el danés.

**NORDISTA** adj. y n. m. y f. Partidario del gobierno federal durante la guerra de Secesión norteamericana.

**NORESTADA** o **NORDESTADA** n. f. MAR. Viento fuerte o duro del noreste.

**NORESTAL** o **NORDESTAL** adj. Que está en el noreste o que viene del noreste.

**NORESTE** o **NORDESTE** n. m. Punto del horizonte entre el norte y el este, a igual distancia de ambos (abrev. NE). **2.** Región o lugar situados en esta dirección. ◆ adj. y n. m. **3.** Dícese del viento que sopla de esta parte.

**NORIA** n. f. (ár. *nā'ūra*). Máquina para elevar agua, formada por una serie de cangilones unidos a una cadena sin fin, que entran invertidos en el pozo y salen llenos de líquido. **2.** Conjunto de instalaciones referentes a este aparato. **3.** *Fig.* y *fam.* Cualquier trabajo pesado y siempre igual en el que no se adelanta nada. **4.** Artefacto de feria que consiste en una rueda que gira verticalmente y de la que cuelgan asientos.

**NORIAL** adj. Relativo a la noria.

**NORMA** n. f. (lat. *normam*). Escuadra que usan los artífices para arreglar y ajustar los maderos, piedras y otras cosas. **2.** Regla general sobre la manera como se debe obrar o hacer una cosa, o por la que se rigen la mayoría de las personas. **3.** Uso, costumbre: *hacer algo por norma.* **4.** DER. Mandato que establece la forma en que ha de ordenarse una relación social. **5.** FILOS. Criterio o principio discriminatorio al cual se refiere implícita o explícitamente todo juicio de valor en materia estética o moral. **6.** LING. En las gramáticas normativas, conjunto de caracteres lingüísticos a que se ajusta la «corrección» gramatical. **7.** MAT. Magnitud asociada a cada uno de los elementos de un espacio vectorial, cuyas propiedades generalizan las del valor absoluto para los números reales y las del módulo para los números complejos. **8.** TECNOL. Regla que fija las características de un objeto fabricado, así como las condiciones técnicas de fabricación.

**NORMADO, A** adj. MAT. Dícese de un sistema de coordenadas cuyos ejes tienen vectores unitarios de igual longitud. **2.** MAT. Dícese de un espacio vectorial que posee una norma.

**NORMAL** adj. Conforme a la regla, a la norma. **2.** Dícese de lo que por su acomodación a la naturaleza o al uso o por su frecuencia, no produce extrañeza. **3.** MAT. Perpendicular. **4.** QUÍM. Dícese de una solución tipo, que sirve para las mediciones químicas y que contiene un equivalente gramo activo por litro. • **Número normal** (TECNOL.), número tomado de la serie de Renard, constituida por una progresión geométrica de 5, 10, 20 o 40 números escalonados entre 100 y 1 000. ◆ n. f. **5.** MAT. Recta perpendicular. • **Normal a una curva en un punto,** perpendicular a la tangente en este punto. ‖ **Normal a una superficie en un punto,** perpendicular al plano tangente en este punto.

**NORMALIDAD** n. f. Calidad o condición de normal: *reinar la normalidad en un país.* **2.** QUÍM. Concentración de una solución, comparada con la de una solución normal.

**NORMALIZACIÓN** n. f. Acción y efecto de normalizar. **2.** TECNOL. Unificación de las medidas y calidades de los productos industriales o manufacturados, para simplificar la fabricación y reducir el coste de los mismos.

**NORMALIZAR** v. tr. **[1g]**. Hacer que algo sea normal o recuperar la normalidad. **2.** Fijar normas.

**NORMANDA** n. f. Letra de imprenta de base ancha y trazos rectilíneos, con los negros muy gruesos y perfiles tenues.

**NORMANDO, A** adj. y n. De Normandía. **2.** Relativo a unos pueblos procedentes de Escandinavia (noruegos, daneses, suecos) que durante la alta edad media realizaron incursiones por las costas de Europa; individuo de estos pueblos. ◆ adj. **3. Raza normanda,** raza bovina excelente productora de leche y carne.

■ Los normandos se llamaban a sí mismo *vikingos.* Empujados fuera de sus tierras por la superpoblación y la búsqueda de salidas comerciales y botines, llegaron en oleadas hasta el resto de Europa a partir del s. VIII. Con el nombre de varegos, los suecos ocuparon, hacia mediados del s. IX, el valle superior del Dniéper, y llegaron incluso hasta Constantinopla. Fueron los intermediarios entre Bizancio y occidente, entre cristianos y musulmanes. Descubrieron Islandia (*c.* 860) y Groenlandia (s. X). Los noruegos colonizaron el N de Escocia e Irlanda. Los daneses se instalaron en el NE de Inglaterra (s. IX). En el imperio carolingio, los normandos se entregaron a frecuentes actos de piratería tras la muerte de Carlomagno. Organizados en pequeños grupos, en flotillas de grandes barcas, las *snekkjur* (o *drakkar*) llevaron a cabo devastadoras incursiones en el interior. En 844 llegaron a las costas cantábricas de la península Ibérica y posteriormente al Guadalquivir (saqueo de Sevilla), incursiones que se repitieron intermitentemente (858 - 861: Algeciras, Baleares, Cataluña; 966 - 971: Portugal y Galicia; 1016: de nuevo Galicia). En numerosas ocasiones los príncipes europeos compraban a los normandos su retirada pagándoles un tributo o dándoles una provincia para saquear, como después del asedio de París (885 - 886); en 911 se concedió a los invasores un territorio entre el Epte y el mar, que pronto se extendería hasta Bretaña, con el nombre de *ducado de Normandía,* desde donde los normandos, en el s. XI, partieron para conquistar Inglaterra. Rollón, duque normando, y sus vasallos recibieron el bautismo, y Carlos el Simple fue reconocido por ellos como soberano. Los normandos fundaron asimismo principados en el S de Italia y en Sicilia en los ss. XI y XII.

**NORMATIVA** n. f. Conjunto de normas aplicables a una determinada materia o actividad: *la normativa laboral.*

**NORMATIVO, A** adj. Que sirve de norma o la implica. **2.** FILOS. Que concierne al «deber ser» y no al «ser». • **Gramática normativa,** gramática concebida como un conjunto de reglas resultantes de una norma fundada en valores socioculturales.

**NORNORESTE** o **NORNORDESTE** n. m. Punto del horizonte entre el norte y el noreste, a igual distancia de ambos (abrev. NNE). ◆ adj. y n. m. **2.** Dícese del viento que sopla de esta parte.

**NORNOROESTE** n. m. Punto del horizonte entre el norte y el noroeste, a igual distancia de ambos (abrev. NNO). ◆ adj. y n. m. **2.** Dícese del viento que sopla de esta parte.

**NOROESTE** n. m. Punto del horizonte situado entre el norte y el oeste, a igual distancia de ambos (abrev. NO). **2.** Región o lugar situados en esta dirección. ◆ adj. y n. m. **3.** Dícese del viento que sopla de esta parte.

**NORTADA** n. f. Viento fresco del norte, que sopla sin interrupción durante algún tiempo.

**NORTE** n. m. (fr. *nord*). Uno de los cuatro puntos cardinales, en la dirección de la estrella Polar. **2.** Lugar de la Tierra o de la esfera celeste que, respecto de otro, se halla situado en dirección a este punto cardinal. **3.** Parte de un todo que se encuentra en esta dirección. **4.** *Fig.* Meta, fin a que se tiende o que se pretende conseguir. ◆ adj. y n. m. **5.** Dícese del viento que sopla del norte.

**NORTEADO, A** adj. *Méx. Vulg.* Desorientado, perdido.

**NORTEAFRICANO, A** adj. y n. Del N de África.

**NORTEAMERICANO, A** adj. De América del Norte. ◆ adj. y n. **2.** De Estados Unidos de América.

**NORTEAR** v. tr. **[1]**. Observar el norte para orientarse en un viaje, especialmente por mar. ◆ v. intr. **2.** Hacer rumbo al norte. **3.** Declinar el viento hacia el norte. ◆ **nortearse** v. pron. **4.** *Méx.* Perder la orientación: *al dar la vuelta nos norteamos.*

**NORTEÑO, A** adj. y n. Relativo al norte; habitante u originario de estos países o regiones.

**NÓRTICO, A** adj. Norteño.

**NORTINO, A** adj. y n. *Chile* y *Perú.* Norteño.

**NORUEGA** n. f. Embarcación de proa alta y redondeada.

**NORUEGO, A** adj. y n. De Noruega. ◆ adj. **2. Popa noruega** (MAR.), popa puntiaguda y sin espejo. ◆ n. m. **3.** Conjunto de lenguas nórdicas habladas en Noruega.

**NOS** pron. pers. átono. Forma átona del pronombre personal de primera persona del plural *nosotros, nosotras,* en función de complemento directo e indirecto: *creo que nos ha visto; nos dieron el premio.* ◆ pron. pers. tónico de 1.ª persona. **2.** Se usa como sujeto, con sentido singular, aunque con concordancia plural, por jerarcas de la Iglesia en ocasiones solemnes: *nos os bendecimos.*

**NOSEMIASIS** n. f. Enfermedad contagiosa que afecta a las abejas y a los gusanos de seda.

**NOSEOLOGÍA** o **GNOSEOLOGÍA** n. f. (del gr. *gnósis*, conocimiento). FILOS. Ciencia o doctrina del conocimiento.

**NO-SER** n. m. FILOS. Contrario a ser, y, generalmente, equivalente a nada.

**NOSIA** o **GNOSIA** n. f. FISIOL. Facultad de reconocer un estímulo.

**NOSIS** o **GNOSIS** n. f. (gr. *gnōsis*). En el nosticismo y corrientes afines, saber absoluto, superior al saber vulgar, reservado a los iniciados.

**NOSOCOMIAL** adj. Dícese de la infección contraída durante la estancia en un medio hospitalario.

**NOSOCOMIO** n. m. Hospital.

**NOSOCONIOSIS** n. f. Denominación genérica de las enfermedades originadas por el acúmulo en el organismo de sustancias procedentes del exterior.

**NOSOFOBIA** n. f. SIQUIATR. Temor exagerado o morboso a padecer una enfermedad determinada.

**NOSOGRAFÍA** n. f. Descripción y clasificación de las enfermedades.

**NOSOLOGÍA** n. f. Parte de la medicina que estudia las enfermedades diferenciándolas con arreglo a criterios que permiten su individualización.

**NOSOLÓGICO, A** adj. Relativo a la nosología.

**NOSOMANÍA** n. f. SIQUIATR. Creencia de tipo morboso de padecer una enfermedad determinada.

**NOSOTROS, AS** pron. pers. de 1.ª persona del plural. Forma tónica apta para todas las funciones gramaticales: *nosotros lo hicimos; todo lo ha hecho por nosotros; a nosotros eso nos tiene sin cuidado.* **2.** Sustituye a *yo*, como plural de modestia, en algunos escritos o conferencias en que se exponen opiniones o críticas propias.

**NOSTALGIA** n. f. Tristeza por encontrarse lejos del país natal o de algún lugar querido: *sentir nostalgia de su hogar.* **2.** Tristeza que acompaña al recuerdo de épocas o personas a las que uno se siente vinculado afectivamente: *nostalgia del pasado; nostalgia de sus compañeros.*

**NOSTÁLGICO, A** adj. Relativo a la nostalgia: *días nostálgicos.* ◆ adj. y n. **2.** Que siente nostalgia.

**NOSTICISMO** o **GNOSTICISMO** n. m. Sistema filosófico y religioso, cuyos adeptos pretendían poseer un conocimiento completo y trascendental de todo.

**NÓSTICO, A** o **GNÓSTICO, A** adj. y n. (gr. *gnōsticos*). Relativo al nosticismo; adepto de este sistema.

**NOSTRAMO, A** n. Contracción de *nuestro amo.*

**NOTA** n. f. (lat. *notam*). Escrito breve hecho para recordar algo o con intención de desarrollarlo después: *las notas de una conferencia.* **2.** Noticia breve, comunicación sucinta: *le dejé una nota en la portería.* **3.** Calificación, apreciación dada en palabras o números sobre la conducta o el trabajo de un alumno, un empleado, etc.: *sacar buenas notas.* **4.** Cuenta, factura global o detallada de gastos: *pedir la nota al camarero.* **5.** Aspecto, detalle, elemento que tiene determinado carácter que se expresa: *la tolerancia es la nota más destacada de su carácter.* **6.** Fama, reputación: *una casa de mala nota.* **7.** *Méx.* Documento que se da como comprobante de pago de una compra o servicio. **8.** IMPR. Llamada que se pone en un texto para advertir al lector que consulte la anotación correspondiente que se halla al margen o al pie de la página, o al final de la obra; la adición o anotación misma. **9.** MÚS. Signo convencional cuya misión es representar gráficamente un sonido musical; sonido representado por este signo. • **Dar la nota** alguien (*Fig.* y *fam.*), llamar la atención, especialmente de forma negativa. ‖ **Nota diplomática,** comunicación diplomática redactada en tercera persona y firmada, hecha por un gobierno a otro gobierno a través de sus agentes diplomáticos acreditados. ‖ **Tomar nota,** apuntar; fijarse bien en algo para tenerlo luego en cuenta.

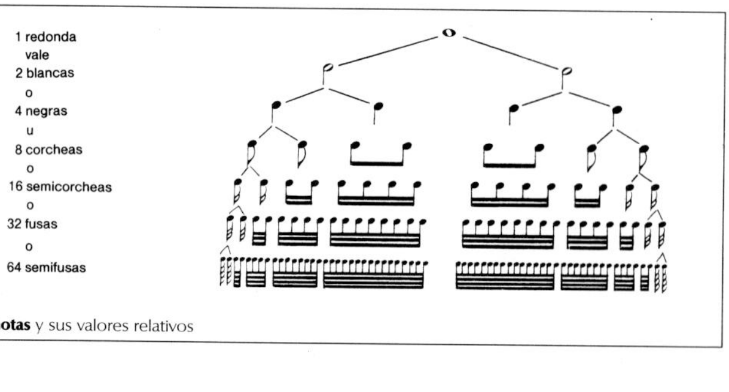


las **notas** y sus valores relativos

**NOTA BENE** loc. (voces latinas, *observa bien*). En impresos y manuscritos, indicación, observación. (Abrev. N.B.)

**NOTABILIDAD** n. f. Calidad de notable. **2.** Persona notable o ilustre.

**NOTABLE** adj. Digno de ser tenido en cuenta, importante: *un acontecimiento notable.* ◆ n. m. **2.** Persona principal en una colectividad. (Suele usarse en plural.) **3.** En la calificación de exámenes, nota inferior al sobresaliente y superior al aprobado: *notable en matemáticas.* • **Asamblea de notables** (HIST.), asamblea formada por miembros representativos de los tres estados del reino de Francia, a los que los reyes solicitaban su opinión en ciertos casos.

**NOTACIÓN** n. f. Anotación. **2.** Sistema de signos empleados en una ciencia, arte, etc.: *notación musical.*

**NOTALGIA** n. f. Dolor en la espalda o región dorsal.

**NOTAR** v. tr. (lat. *notare*) **[1]**. Ver, sentir o advertir una cosa: *notar que a uno le miran.* • **Hacerse notar,** hacer alguien algo para atraer hacia sí la atención de los demás. ◆ **notarse** v. pron. **2.** Ser perceptible: *se nota que estás cansado.*

**NOTARÍA** n. f. Profesión de notario. **2.** Oficina donde despacha el notario.

**NOTARIADO, A** adj. Dícese de lo que está autorizado ante notario o abonado con fe notarial. ◆ n. m. **2.** Carrera, profesión o ejercicio de notario. **3.** Colectividad de notarios.

**NOTARIAL** adj. Relativo al notario. **2.** Hecho o autorizado por notario. **3.** Que goza de fe pública extrajudicial.

**NOTARIATO** n. m. Título o nombramiento de notario. **2.** Ejercicio de este cargo.

**NOTARIO, A** n. (lat. *notarium*). Funcionario autorizado por la ley para dar fe pública de los contratos, testamentos y otros actos extrajudiciales. ◆ n. m. **2.** HIST. Funcionario público que redactaba documentos oficiales o privados, a los que confería autenticidad.

**NOTICIA** n. f. (lat. *notitiam*). Comunicación o información, en especial de un acontecimiento reciente. **2.** Noción, conocimiento elemental. • **Noticia bomba** (*Fam.*), la impresionante y sensacional.

**NOTICIARIO** n. m. Programa de radio o de televisión o película cinematográfica en que se transmiten o dan noticias.

**NOTICIERO, A** adj. y n. Portador de noticias.

**NOTICIÓN** n. m. *Fam.* Noticia bomba.

**NOTICIOSO, A** adj. Que tiene o contiene noticia de una cosa. **2.** Erudito. ◆ n. m. **3.** *Amér.* Programa de radio o de televisión en el que se transmiten noticias.

**NOTIFICACIÓN** n. f. Acción y efecto de notificar. **2.** Documento en que se notifica o se hace constar algo: *recibir una notificación judicial.* **3.** DER. Acto por el que se pone en conocimiento de la persona interesada, observando las formas legales, una resolución o acto que le concierne.

**NOTIFICAR** v. tr. **[1a]**. Comunicar o dar una noticia. **2.** DER. Hacer una notificación.

**NOTIFICATIVO, A** adj. Que sirve para notificar.

**NOTO, A** adj. (gr. *nothos*). Bastardo, ilegítimo: *hijo noto.*

**NOTO, A** adj. (lat. *notum*). Sabido, notorio.

**NOTOBRANQUIO, A** adj. Dícese de los animales acuáticos que presentan las branquias en el dorso.

**NOTOCORDIO** n. m. ZOOL. Cordón cilíndrico, de consistencia elástica, que se extiende desde la cabeza a la extremidad caudal, y que puede conservarse completo o más o menos reducido, e incluso desaparecer totalmente, según las especies.

**NOTORIEDAD** n. f. Calidad de notorio. **2.** Nombradía, fama. • **Acta de notoriedad** (DER. CIV.), documento notarial que tiene por objeto la comprobación y fijación de hechos notorios, sobre los cuales podrán ser fundados y declarados derechos y cualidades con trascendencia jurídica.

**NOTORIO, A** adj. (lat. *notorium*). Que se manifiesta con evidencia: *semejanza notoria.* **2.** Conocido o sabido por todos: *hecho notorio.*

**NOUCENTISME** n. m. (voz catalana). Novecentismo.

**NOÚMENO** n. m. (gr. *noumenon*). FILOS. Para Kant, concepto de la cosa en sí, concebida como más allá de toda experiencia posible, por oposición a *fenómeno.*

**NOVA** n. f. Estrella que, al aumentar bruscamente de brillo, parece formar una nueva estrella.

**NOVACIANISMO** n. m. Doctrina de Novaciano que representaba un rigorismo exagerado en la doctrina penitencial.

**NOVACIANO, A** adj. y n. Relativo al novacianismo; partidario de esta doctrina.

**NOVACIÓN** n. f. DER. Sustitución de una obligación por otra posterior que extingue o modifica la primera.

**NOVADOR, RA** o **NOVATOR, RA** n. Innovador, especialmente en cuestiones ideológicas.

**NOVAL** adj. (lat. *novalem*). Dícese de la tierra que se cultiva de nuevo o por primera vez, y también de lo que ella produce. **2.** Dícese de la labor profunda que se da al comenzar la rotación de cultivos.

**NOVAR** v. tr. **[1]**. DER. Renovar una obligación.

**NOVATADA** n. f. Broma que en una colectividad hacen los antiguos a los compañeros novatos. **2.** Contratiempo o dificultad que se experimenta al hacer algo por falta de experiencia: *pagar la novatada.*

**NOVATO, A** adj. y n. Dícese de la persona nueva en algún sitio o principiante en cualquier actividad u oficio.

**NOVECENTISMO** n. m. Denominación dada a algunas tendencias o movimientos literarios y artísticos del primer tercio del s. XX. (Tuvo gran importancia en Cataluña [*noucentisme*], en donde se caracterizó por su intento modernizador de la lengua, la literatura, las artes plásticas y la sociedad, y su principal representante fue Eugenio d'Ors.)

**NOVECIENTOS, AS** adj. num. cardin. y n. m. Nueve veces ciento. ◆ adj. num. ordin. y n. m. **2.** Que corresponde en orden al número novecientos. ◆ n. m. **3.** Denominación que se aplica al arte, la literatura y, en general, la historia y la cultura del s. XIX.

**NOVEDAD** n. f. Calidad de nuevo; cosa nueva. **2.** Cambio introducido o surgido en una cosa: *no hay novedad en su estado de salud.* **4.** Suceso reciente, noticia: *página de las novedades de la semana.* **5.** Género o mercancía de moda: *presentar las últimas novedades en el vestir.* (Suele usarse en plural.)

**NOVEDOSO, A** adj. Que tiene o constituye novedad. **2.** *Amér.* Novelero, novelesco.

**NOVEL** adj. (cat. *novell*). Principiante y sin experiencia: *un pintor novel.* **2.** En boxeo, categoría de boxeador aficionado.

**NOVELA** n. f. (lat. *novellas*). DER. ROM. Nombre dado a las constituciones que se añadían a un código publicado con anterioridad, pero bajo el mismo emperador. (Con este significado, se escribe con mayúscula.)

**NOVELA** n. f. (ital. *novella*). Obra de ficción que consiste en una narración en prosa de considerable extensión, cuyo interés estriba en la descripción de aventuras, el estudio de costumbres o de caracteres y el análisis de sentimientos o de pasiones. **2.** Género literario constituido por esta clase de narraciones: *la novela pastoril, picaresca, de aventuras.* **3.** Aventura desprovista de verosimilitud: *esta explicación tiene todo el aire de una novela.*

**NOVELAR** v. intr. y tr. [**1**]. Escribir novelas o relatar en forma de novela. ◆ v. intr. **2.** *Fig.* Contar patrañas o chismes.

**NOVELERÍA** n. f. Calidad de novelero. **2.** Fantasía, ficción. **3.** Chismes, habladurías.

**NOVELERO, A** adj. y n. Aficionado a fantasías y ficciones. **2.** Aficionado a las habladurías, chismoso. **3.** Aficionado a las novelas.

**NOVELESCO, A** adj. Propio o característico de las novelas: *relatos novelescos.* **2.** Que parece de novela, por ser fantástico, interesante o extraordinario: *aventura novelesca.*

**NOVELISTA** n. m. y f. Autor de novelas.

**NOVELÍSTICA** n. f. Tratado histórico o preceptivo de la novela. **2.** Literatura novelesca.

**NOVELÍSTICO, A** adj. Relativo a la novela.

**NOVELIZAR** v. tr. [**1g**]. Novelar, relatar en forma de novela.

**NOVELÓN** n. m. *Desp.* Novela dramática, extensa y generalmente mal escrita.

**NOVENA** n. f. Oraciones, actos de devoción realizados durante nueve días seguidos. **2.** Libro en que se contienen las oraciones de una novena. **3.** Sufragios y ofrendas por los difuntos. **4.** MÚS. Intervalo entre dos notas de la escala, separadas por siete notas consecutivas y compuesto por ocho intervalos elementales.

**NOVENARIO** n. m. Período de nueve días que se dedica a la memoria de un difunto. **2.** Período de nueve días en honor de un santo determinado.

**NOVENO, A** adj. num. ordin. Que corresponde en orden al número nueve. ◆ adj. y n. m. **2.** Dícese de cada una de las nueve partes en que se divide un todo.

**NOVENTA** adj. num. cardin. y n. m. Nueve veces diez. ◆ adj. num. ordin. y n. m. **2.** Nonagésimo. **3.** Dícese de la década que empieza en el año noventa y termina en el cien.

**NOVENTAVO, A** adj. y n. m. Dícese de cada una de las noventa partes iguales en que se divide un todo.

**NOVENTÓN, NA** adj. y n. Nonagenario: *un hombre noventón.*

**NOVIAR** v. intr. [**1t**]. *Argent.* Entablar una relación amorosa sin mayor compromiso, flirtear.

**NOVIAZGO** n. m. Período en que dos personas son novios: *un largo noviazgo.* **2.** Relaciones que mantienen durante este período: *romper el noviazgo.*

**NOVICIADO** n. m. Tiempo de prueba impuesto a los novicios antes de pronunciar los primeros votos. **2.** Casa o residencia donde viven los novicios. **3.** Régimen a que están sometidos los novicios. **4.** Conjunto de los novicios. **5.** *Fig.* Tiempo o período que dura un aprendizaje.

**NOVICIO, A** adj. y n. (lat. *novicium*). Dícese de la persona que, habiendo ingresado en una orden o congregación religiosa, se encuentra en el período de prueba previo a la formulación de votos y a su admisión definitiva. **2.** *Fig.* Nuevo, principiante: *ser novicio en una materia.* **3.** *Fig.* Muy modesto y moderado en su conducta.

**NOVIEMBRE** n. m. (lat. *novembrem*). Undécimo mes del año.

**NOVILLADA** n. f. TAUROM. Conjunto de novillos. **2.** TAUROM. Corrida en la que se lidian novillos, y en la que el lidiador, por lo general, no ha recibido la alternativa como matador de toros.

**NOVILLERO** n. m. Hombre que cuida de los novillos. **2.** Lidiador de novillos, que no ha recibido todavía la alternativa de matador. **3.** Corral de los novillos. **4.** Dehesa abundante en hierba, que se destina especialmente para los novillos y para paridera de las vacas. **5.** *Fam.* El que hace novillos frecuentemente.

**NOVILLO, A** n. Toro o vaca de dos o tres años, especialmente cuando no están domados. **2.** *Chile.* Ternero castrado. ◆ n. m. **3.** *Fam.* Marido cuya mujer comete adulterio. ◆ **novillos** n. m. pl. **4.** Novillada, lidia de novillos. • **Hacer novillos** *(Fam.)*, dejar de ir a alguna parte, especialmente faltar a clase.

**NOVILUNIO** n. m. Conjunción de la Luna con el Sol. SIN.: *luna nueva.*

**NOVIO, A** n. (bajo lat. *novius*). Persona respecto a otra con la que mantiene relaciones amorosas con vistas a casarse. **2.** Cada uno de los contrayentes el día de la boda. **3.** Recién casado. • **Quedarse compuesta y sin novio** *(Fam.)*, no lograr algo que se esperaba después de haber hecho planes y preparativos creyéndolo seguro. ◆ n. m. **4.** Montero que mata su primera res. **5.** *Colomb., Ecuad.* y *Venez.* Planta geraniácea de flores rojas, muy común en los jardines.

**NOVÍSIMO, A** adj. Último en el orden de las cosas. ◆ n. m. **2.** TEOL. Cada una de las cuatro postrimerías del hombre (muerte, juicio, infierno y gloria).

**NOVOHISPANO, A** adj. y n. Relativo a Nueva España: *los virreyes novohispanos.*

**NOXA** n. f. MED. Daño o influencia perniciosa.

**NOYÓ** n. m. Licor de aguardiente, azúcar y almendras amargas.

**Np,** símbolo químico del *neptunio.*

**N.T.S.C.** → ***televisión.***

**NŪBA** n. f. (voz árabe). Música de los antiguos regimientos de tropas indígenas norteafricanas. **2.** Entre los árabes, gran composición vocal o instrumental dedicada a un momento determinado del día.

**NUBADA** o **NUBARRADA** n. f. Chaparrón local. **2.** *Fig.* Abundancia de algo.

**NUBARRÓN** n. m. Nube grande, de aspecto negruzco.

**NUBE** n. f. (lat. *nubem*). Conjunto de finas partículas de agua, líquidas o sólidas, que se mantienen en suspensión gracias a los movimientos verticales del aire. **2.** Lo que forma una masa: *nube de humo, de insectos.* **3.** *Fig.* Cualquier cosa que oscurece la vista. **4.** *Fig.* Lo que ofusca la inteligencia o altera la serenidad. **5.** *Fig.* Multitud de personas o cosas juntas: *una nube de fotógrafos.* • **Como caído de las nubes,** de pronto, de forma inesperada. ‖ **En las nubes,** distraído. ‖ **Nube ardiente,** durante ciertas erupciones volcánicas, emisión de una nube de gas a elevada temperatura, cargada de cenizas incandescentes y de bloques, que se desliza por las laderas del volcán. ‖ **Nube de verano,** tormenta repentina de poca duración; *(Fig.)*, disgusto o enfado pasajeros. ‖ **Nube electrónica,** distribución de la densidad de probabilidad de un electrón alrededor del núcleo de un átomo. ‖ **Nube radiactiva,** nube de polvo, partículas y vapor que se forma a consecuencia de una explosión nuclear en la atmósfera. ‖ **Poner en,** o **por, las nubes,** alabar a alguien o algo. ‖ **Por las nubes,** a un precio muy elevado.

■ Las nubes se forman por la evaporación del agua a partir del suelo y los océanos, seguida de una condensación del vapor de agua del aire. Ésta es consecuencia de un enfriamiento de la atmósfera en contacto con una superficie fría o de una ascensión de la masa de aire, debida, por ejemplo, a causas dinámicas u orográficas. Existen diversos tipos de nubes, que se clasifican en tres grandes grupos: las de desarrollo vertical (cúmulos, cumulonimbos, que provocan grandes lluvias); las de desarrollo horizontal (cirros, cirroestratos, altoestratos y estratos) y las de desarrollo mixto (nimboestratos, por ejemplo, que dan lluvias pertinaces). El estudio de la nubosidad es fundamental en meteorología, ya que sirve para indicar la evolución del estado de la atmósfera. *(V. ilustración pág. 718.)*

**NUBIENSE** adj. y n. m. y f. Nubio.

**NÚBIL** adj. Que está en edad de casarse o en las condiciones requeridas para el matrimonio.

**NUBILIDAD** n. f. Calidad de núbil; edad de contraer matrimonio.

**NUBILOSO, A** adj. *Poét.* Nubloso.

**NUBIO, A** adj. y n. De Nubia.

**NUBLADO, A** adj. Cubierto de nubes. **2.** HERÁLD. Dícese de la pieza cuyos perfiles recuerdan las ondulaciones de las nubes. ◆ n. m. **3.** Nube, particularmente la que amenaza tempestad. **4.** *Fig.* Nube, multitud de cosas juntas. **5.** *Fig.* Aquello que perturba o inquieta.

**NUBLAR** v. tr. y pron. [**1**]. Formarse nubes, cubrirse el cielo de nubes. **2.** *Fig.* Enturbiar la vista: *sus ojos se nublaron de ira.* **3.** *Fig.* Confundir, turbar: *nublar el entendimiento.* **4.** *Fig.* Empañar, oscurecer.

**NUBLO, A** adj. (lat. *nubilum*). Nubloso, cubierto de nubes.

**NUBLOSO, A** adj. Cubierto de nubes. **2.** *Fig.* Desgraciado, adverso.

**NUBOSIDAD** n. f. Estado del tiempo en que el cielo aparece cubierto de nubes, en mayor o menor grado, referido generalmente a un momento dado y sobre una estación determinada.

**NUBOSO, A** adj. Con abundantes nubes: *cielo nuboso.*

**NUBUCK** n. m. Nobuk.*

**NUCA** n. f. (ár. *nuhāc*). Región anatómica que corresponde a la parte posterior del cuello, donde se une el espinazo con la cabeza.

**NUCELA** n. f. Parte principal del óvulo de una angiosperma.

**NUCELAR** adj. Relativo a la nucela.

**NUCHE** n. m. *Argent.* Tábano. **2.** *Colomb.* Larva que se introduce en la piel de los animales.

**NUCIFORME** adj. Parecido a una nuez.

**NUCLEACIÓN** n. f. Formación, en un medio de estructura y de composición definidas, de gérmenes que constituyen centros de desarrollo de una nueva estructura física o química.

**NUCLEADO, A** adj. BIOL. Que posee uno o varios núcleos.

**NUCLEAR** adj. Relativo al núcleo del átomo y a la energía que se desprende de él: *física nuclear.* **2.** BIOL. Relativo al núcleo de la célula. • **Arma nuclear,** término genérico que designa toda arma que utiliza la energía nuclear. ◆ n. f. **3.** *Fam.* Central electronuclear*.

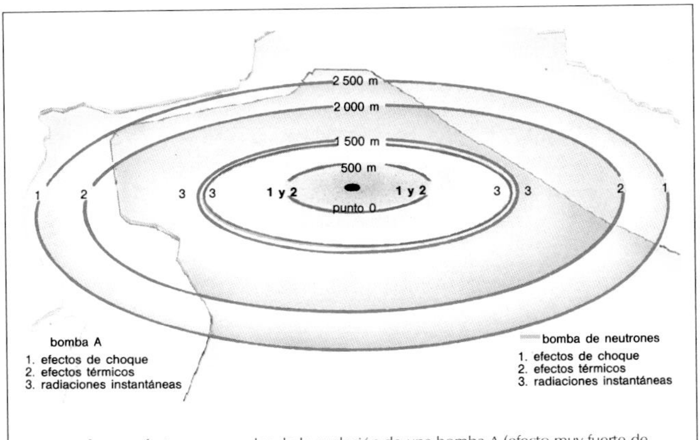


armas **nucleares:** efectos comparados de la explosión de una bomba A (efecto muy fuerte de choque, fuerte efecto térmico, pocas radiaciones) y de la explosión de una bomba de neutrones (débil efecto de choque, débil efecto térmico, radiaciones numerosas e intensas)

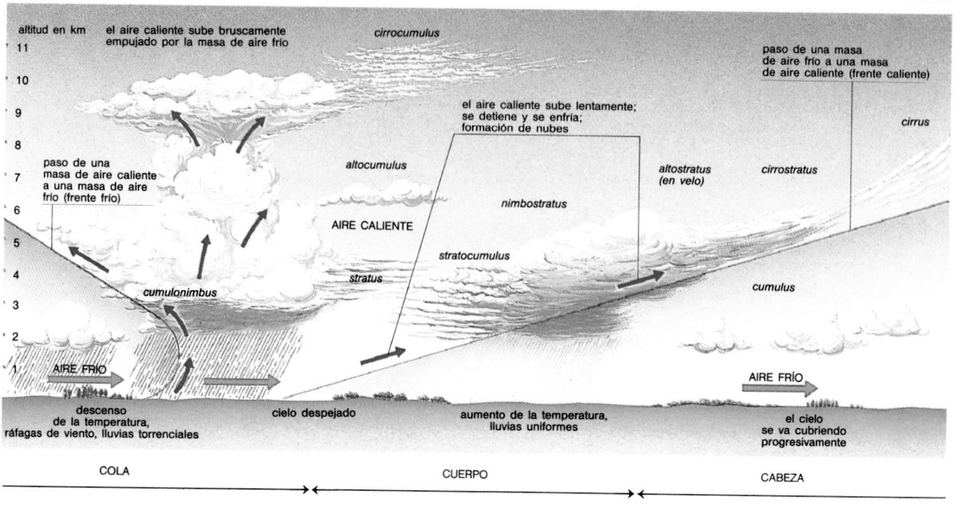


**nubes:** conjunto de las formaciones nubosas que acompañan a una depresión

**NUCLEARIZACIÓN** n. f. Sustitución de las fuentes de energía tradicionales por energía nuclear.

**NUCLEARIZAR** v. tr. [1g]. Realizar la nuclearización.

**NUCLEICO, A** adj. Dícese de los ácidos fosforados, que son uno de los constituyentes fundamentales del núcleo de la célula.

■ Existen dos tipos de ácidos nucleicos: el *ácido desoxirribonucleico* (A.D.N.) y el *ácido ribonucleico* (A.R.N.). El primero, vector de la herencia, y, como tal, presente en los cromosomas, está formado por una doble hélice de azúcares y grupos fosforados, a la cual están fijados pares de bases, una púrica y otra pirimídica, unidas entre sí por un puente de hidrógeno. La secuencia de estas bases (en número de cuatro) constituye la información genética propiamente dicha. El A.R.N. es análogo al A.D.N., pero consta de una sola hélice y en él el azúcar y las bases son distintos. Hay tres variedades de A.R.N.: el *A.R.N. mensajero*, que transmite la información genética al citoplasma, el *A.R.N. ribosómico*, que descifra el código genético del A.R.N. mensajero, y el *A.R.N. de transferencia*, que transfiere los aminoácidos del medio celular hasta la cadena de montaje de las proteínas.

**NUCLEIDO** n. m. Núcleo atómico caracterizado por su número de protones y por su número de neutrones.

**NÚCLEO** n. m. (lat. *nucleum;* de *nucem*, nuez). Parte central de un objeto, de densidad distinta a la de la masa. **2.** Parte alrededor de la cual se organiza un grupo, un conjunto o un sistema: *el verbo es el núcleo de la frase; el núcleo de una reunión.* **3.** Pequeño grupo de individuos que forman un elemento esencial: *el núcleo de un partido; núcleos de resistencia.* **4.** ANAT. Acumulación o concentración de sustancia gris en un centro nervioso. **5.** ASTRON. Parte de un cometa que, junto con la cabellera, constituye la cabeza. **6.** ASTRON. Región central de una mancha solar. **7.** ASTRON. Concentración de materia en el centro de una galaxia. **8.** BOT. Semilla de los frutos de cáscara leñosa. **9.** BOT. Hueso de la fruta. **10.** CIT. Cuerpo esférico que posee toda célula, formado por una nucleoproteína, la cromatina, y por uno o varios nucléolos. **11.** ELECTR. Pieza de material magnético alrededor de la cual se disponen los arrollamientos de un dispositivo. **12.** FÍS. Parte central de un átomo, formada por protones y neutrones y donde está concentrada la casi totalidad de su masa. **13.** GEOL. Parte central del globo terrestre. **14.** MAT. En la aplicación lineal de un espacio vectorial E en un espacio vectorial F, subespacio de E formado por los vectores cuya imagen en F es el vector nulo. **15.** METAL. Pieza resistente a la materia en fusión, que se introduce en un molde para obtener partes huecas en la pieza colada. **16.** PREHIST. Bloque de sílex preparado para la obtención de utensilios. **17.** QUÍM. Tipo particular de cadenas cíclicas de compuestos orgánicos. • **Núcleo de condensación** (METEOROL.), partícula muy fina en suspensión en la atmósfera y que, al tener la propiedad de activar la condensación del vapor de agua, desempeña un papel esencial en la formación de las precipitaciones. ‖ **Núcleo de la hélice** (MAR.), parte de la hélice marina por la que ésta va sujeta al árbol o eje propulsor y de donde parten las palas o álabes. ‖ **Núcleo pulposo** (ANAT.), parte central del disco intervertebral, formada por una masa gelatinosa. ‖ **Núcleo urbano,** sector primitivo de una ciudad, en torno al cual ésta se ha expansionado. ◆ **núcleos** n. m. pl. **18.** APIC. Colmenas pequeñas destinadas para la cría de reinas.

**NUCLÉOLO** n. m. Cuerpo esférico rico en A.R.N. que se encuentra en el interior del núcleo de las células.

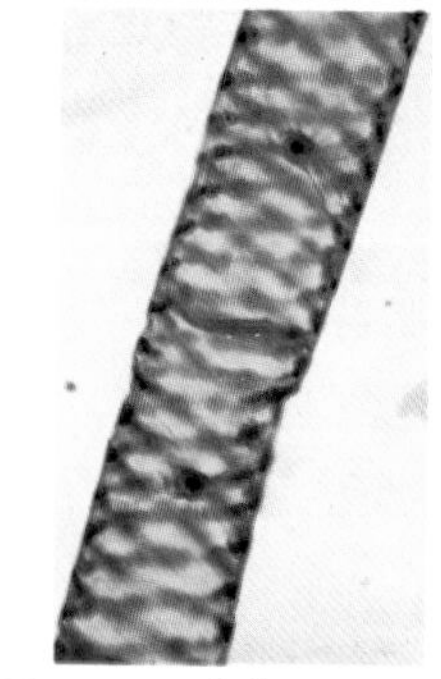

el **núcleo** con su **nucléolo**
(observados en dos células de *Spirogyra*, género de algas)

**NUCLEÓN** n. m. Partícula constituyente del núcleo de un átomo.

**NUCLEÓNICO, A** adj. Relativo a los nucleones.

**NUCLEOPROTEÍNA** n. f. Proteína compleja que se encuentra en el núcleo de las células.

**NUCLEÓSIDO** n. m. Heterósido que resulta de la unión de una pentosa con una base púrica o pirimídica.

**NUCLEOSÍNTESIS** n. f. Formación de elementos químicos mediante reacciones nucleares en el interior de las estrellas.

**NUCLEÓTIDO** n. m. Prótido que resulta de la unión de un nucleósido con ácido fosfórico, y que forma parte de la composición de los ácidos nucleicos.

**NUCO** n. m. *Chile.* Ave de rapiña, nocturna, semejante a la lechuza.

**NUDADO, A** adj. HERÁLD. Dícese de toda pieza que presenta un nudo en su configuración, y de toda figura, principalmente de la cola del león, que presente algún nudo.

**NUDIBRANQUIO, A** adj. y n. m. Relativo a un orden de moluscos gasterópodos marinos, sin concha y con branquias desnudas, dirigidas hacia atrás.

**NUDILLO** n. m. Artejo, cualquiera de las articulaciones de las falanges de los dedos. **2.** Taco de madera que se empotra en el muro para clavar o sujetar algo en él. **3.** Cada uno de los puntos que forman la costura de las medias.

**NUDISMO** n. m. Doctrina que defiende la vida al aire libre en un estado de completa desnudez. SIN.: *desnudismo, naturismo.*

**NUDISTA** adj. y n. m. y f. Relativo al nudismo; que practica el nudismo. SIN.: *desnudista, naturista.*

**NUDO** n. m. (lat. *nodum*). Entrelazamiento de uno o más cuerpos flexibles, como cuerda, hilo, etc., que se hace para sujetar o atar, o para unir cuerpos entre sí. **2.** *Fig.* Vínculo que une a las personas entre sí. **3.** Porción dura o abultamiento en un sólido. **4.** Punto donde se cruzan o de donde arrancan varias cosas: *la ciudad como importante nudo de comunicaciones.* **5.** *Fig.* Punto principal de un problema que hay que resolver: *éste es el nudo de la cuestión.* **6.** Punto del tallo donde se insertan a la vez una hoja o un grupo de hojas, una rama o un grupo de ramas, o al menos una yema axilar, y donde las fibras leñosas toman una nueva orientación. **7.** Excrecencia leñosa que se produce en el tronco y las ramas de algunos árboles. **8.** Punto de una red eléctrica donde coinciden por lo menos tres conductores lineales recorridos por corriente. **9.** Momento de una obra teatral o de una novela en que la intriga llega a su punto de máximo interés, pero en el que todavía no se conoce el desenlace. **10.** Cruce de varias vías de comunicación (vías férreas, carreteras). **11.** ANAT. Agrupación de tejido globuloso. **12.** MAR. Unidad de velocidad utilizada en navegación, equivalente a 1 852 m por hora o una milla marina por hora. **13.** MAT. Punto donde una curva vuelve sobre sí misma y se corta formando una especie de bucle. **14.** TEXT. Pequeña nudosidad en el hilado o en la tela, de la misma o de diferente materia textil. • **Hacérsele,** o **atravesársele,** a uno **un nudo en la garganta,** sentir un impedimento para tragar o hablar, por causa física o por alteración del ánimo. ‖ **Nudo corredizo,**

nudo que se aprieta y se afloja sin deshacerse. || **Nudo gordiano,** dificultad insoluble que se solventa por medios expeditivos. || **Nudo vital,** centro de los movimientos respiratorios, situado en el bulbo.

**NUDO, A** adj. *Poét.* Desnudo. • **Nuda propiedad** (DER.), conjunto de atributos del dominio de una cosa, considerado separadamente y en contraposición del usufructo mientras éste perdura.

**NUDOSIDAD** n. f. Nudo, endurecimiento abultado. **2.** Estado de un vegetal o de un árbol que presenta numerosos nudos. **3.** Engrosamiento o tumoración circunscrita y localizada que a veces se forma bajo la piel. **4.** Raicilla hipertrofiada de las leguminosas.

**NUDOSO, A** adj. Que tiene nudos.

**NUECERO** n. m. Ardilla con el pelaje de coloración ocre rojiza, que vive en Argentina.

**NUÉGADO** n. m. Pasta de harina, miel y nueces, cocida al horno. (Suele usarse en plural.) **2.** Hormigón, mezcla de piedras menudas y argamasa.

**NUER,** pueblo de Sudán que habla una lengua nilótica.

**NUERA** n. f. (bajo lat. *nora*). Mujer del hijo, respecto de los padres de éste. SIN.: *hija política.*

**NUESTRO, A** adj. y pron. poses. de 1.ª pers. pl. Expresa la posesión o pertenencia atribuida a dos o más personas, incluida la que habla: *nuestra casa, nuestros padres.*

**NUEVA** n. f. Noticia, información. • **Buena nueva,** el Evangelio de Jesucristo. || **Cogerle** a uno **de nuevas** una cosa, tener conocimiento de ella sin previo anuncio. || **Hacerse alguien de nuevas,** aparentar desconocer algo que ya se sabía.

**NUEVE** adj. num. card. y n. m. (lat. *novem*). Ocho y uno. ◆ adj. num. ordin. y n. m. **2.** Noveno. • **Prueba del nueve,** técnica rápida que permite comprobar si existe algún error en el resultado de una suma, de una resta, de una multiplicación o de una división.

**NUEVO, A** adj. (lat. *novum*). Recién hecho, aparecido o conocido: *la nueva moda de primavera.* **2.** Que se suma o sustituye a lo de su misma clase: *el nuevo gobernador tomó posesión de su cargo.* **3.** Que está poco o nada estropeado por el uso: *un traje que está nuevo.* **4.** Otro, distinto: *comprarse un nuevo coche.* **5.** Dícese del producto agrícola de cosecha reciente, para distinguirlo del almacenado de cosechas anteriores: *patatas nuevas.* ◆ adj. y n. **6.** Que todavía no tiene experiencia en algo determinado; que hace poco que está en un sitio: *ser nuevo en un oficio.* • **De nuevo,** otra vez.

**NUEZ** n. f. Fruto del nogal. **2.** Fruto simple seco, que ni se abre ni se fragmenta naturalmente al llegar la madurez. **3.** Diversos frutos o semillas pertenecientes a plantas muy diversas. (La *nuez de cola* contiene alcaloides estimulantes y se emplea en la fabricación de refrescos de cola; la *nuez de areca* se consume tierna o seca; la *nuez moscada* se utiliza como condimento y proporciona la mantequilla de moscada; la *nuez vómica* se emplea en pequeñas dosis como emética y febrífuga, aunque en grandes dosis es venenosa.) **4.** Ranura de una pieza de madera de construcción, cuyo fondo está redondeado en semicírculo. **5.** Rueda dentada que sirve para triturar el grano en los molinillos de café, de pimiento, etc. **6.** ANAT. Prominencia formada en la parte delantera del cuello por el cartílago tiroides, más marcada en el hombre que en la mujer. ◆ **nueces** n. f. pl. **7.** Carbón cribado en trozos cuyo tamaño varía entre 10 y 50 mm.

**NUEZA** n. f. (lat. *nodiam*). Planta trepadora, de flores verdes y fruto en baya. (Familia cucurbitáceas.) SIN.: *brionia.* • **Nueza blanca,** planta herbácea, de flores blancas, cuya raíz es purgante. (Familia cucurbitáceas.)

**NUGATORIO, A** adj. (lat. *nugatorium*). Engañoso, que decepciona.

**NULIDAD** n. f. Calidad de nulo. **2.** *Fig.* Persona nula, incapaz. **3.** DER. Ineficacia de un acto jurídico por ausencia de uno de los requisitos señalados por la ley para su validez. **4.** DER. Sanción por la que la ley pronuncia la inexistencia jurídica de un acto o concede una acción al agraviado para hacerlo declarar nulo.

**NULÍPARA** n. f. Mujer que no ha dado a luz ningún hijo.

**NULÍPORO, A** adj. Sin poros.

**NULLIUS** adj. Dícese de los bienes que carecen de dueño, por no haberlo tenido nunca, o porque su propietario los ha abandonado. **2.** Dícese del prelado que tiene jurisdicción de ordinario sobre un territorio que no está comprendido en ninguna diócesis o en ninguna abadía regulares.

**NULO, A** adj. (lat. *nullum*). De ningún valor, sin eficacia: *el resultado de las gestiones fue nulo.* **2.** Incapaz, inepto. • **Combate nulo** (DEP.), en boxeo y otros deportes de lucha, combate en el que no se concede la victoria a ninguno de los dos púgiles, por haber totalizado igual número de puntos.

**NUMANTINO, A** adj. y n. De Numancia. **2.** Dícese de los miembros de una sociedad secreta española al servicio de las ideas liberales, surgida tras el establecimiento del absolutismo (1832). **3.** Que se mantiene en su posición o convicción ante cualquier ataque o crítica: *defensa numantina.*

**NUMBAT** n. m. Mamífero marsupial australiano del tamaño de un armiño. (Familia dasiúridos.)

**NUMEN** n. m. (voz latina). Inspiración artística. **2.** Cualquiera de las deidades paganas.

**NUMERABLE** adj. Que se puede numerar. **2.** Dícese del conjunto cuyos elementos pueden ser numerados con la ayuda de los números enteros.

**NUMERACIÓN** n. f. Acción y efecto de numerar. **2.** Forma de escribir los números *(numeración escrita)* y de enunciarlos *(numeración hablada).* • **Numeración globular** (MED.), recuento de los glóbulos rojos y de los glóbulos blancos de la sangre (referido generalmente a 1 mm$^3$).

**NUMERADOR, RA** adj. Que numera. ◆ n. m. **2.** Aparato que sirve para imprimir números sucesivos, cuyo dispositivo de impresión posee unas ruedecillas que permiten cambiar la numeración después de cada impresión. **3.** MAT. Término superior de una fracción que indica de cuántas partes de la unidad se compone dicha fracción.

**NUMERAL** adj. Relativo al número. ◆ adj. y n. m. **2.** GRAM. Dícese de los adjetivos que sirven para indicar un número. ◆ n. m. **3.** MAR. Grupo de cuatro letras que sirve como señal distintiva asignada a cada buque.

**NUMERAR** v. tr. (lat. *numerare*) [1]. Contar las cosas de una serie según el orden de los números. **2.** Expresar con números una cantidad. **3.** Marcar con números.

**NUMERARIO, A** adj. Relativo al número. ◆ adj. y n. **2.** Dícese del individuo que forma parte con carácter fijo de determinada corporación: *catedrático numerario.* ◆ n. m. **3.** Moneda acuñada o dinero contante.

**NUMÉRICO, A** adj. Relativo a los números. **2.** Compuesto o ejecutado con ellos: *cálculo numérico.*

**NÚMERO** n. m. Cada uno de los entes abstractos que forman una serie ordenada y que indican la cantidad de los elementos de un conjunto. **2.** Cada una de las palabras que designan a dichos entes. **3.** Cada uno de los signos con que se representan gráficamente. **4.** Cantidad indeterminada: *un gran número de estudiantes.* **5.** Categoría o clase: *hallarse en el número de los escogidos.* **6.** En las publicaciones periódicas, cada una de las aparecidas en distinta fecha de edición. **7.** Billete para una rifa o lotería. **8.** Cifra con que se designa el tamaño de ciertas cosas que forman una serie correlativa: *calzar el número cuarenta.* **9.** Parte de un espectáculo ejecutada en escena por un artista o un grupo de artistas. **10.** Miembro de la policía nacional o de la Guardia civil. **11.** LING. Categoría gramatical que permite la oposición entre el singular y el plural. **12.** MAT. Noción fundamental de las matemáticas que permite contar, clasificar los objetos o medir magnitudes, pero que no puede ser objeto de definición rigurosa. (A partir de la idea intuitiva de los números naturales, la noción ha sufrido sucesivas ampliaciones: números enteros*, racionales*, y complejos*.) • **De número,** numerario de una corporación: *académico de número.* || **Hacer número,** estar en total pasividad. || **Hacer números** *(Fam.),* calcular el dinero que se necesita para la administración de un hogar, negocio, etc. || **Ley de los grandes números,** ley relativa a la frecuencia con que tiene lugar un hecho cuya probabilidad ha sido determinada, según la cual la posibilidad de una desviación de cierta importancia entre la frecuencia y la probabilidad disminuye al aumentar el número de pruebas. || **Número atómico** (QUÍM.) [símbolo Z], número de orden de un elemento en la clasificación periódica, igual al número de protones del núcleo. || **Número áureo de un año,** uno de los elementos del cómputo que sirve para regular el tiempo para los usos eclesiásticos, particularmente para determinar la fecha de la Pascua. || **Número índice** (ESTADÍST.), número que mide las variaciones de una magnitud con el tiempo, de año en año, de mes en mes, de lugar en lugar. || **Número perfecto,** número igual a la suma de todos sus divisores, excepto él mismo. || **Número redondo,** el que con unidades completas de cierto orden expresa una cantidad con aproximación y no exactamente. || **Números rojos,** saldo negativo en una cuenta bancaria. || **Ser** alguien o algo **el número uno** *(Fam.),* sobresalir en algo. || **Sin número,** muchos, innumerables: *sortear peligros sin número.*

**NUMEROLOGÍA** n. f. Método de adivinación a través de los números.

**NUMEROSIDAD** n. f. Calidad de numeroso. **2.** Gran cantidad de algo.

**NUMEROSO, A** adj. Que comprende muchos elementos: *un numeroso rebaño.* ◆ **numerosos** adj. pl. **2.** Muchos: *numerosos alumnos.*

**NUMERUS CLAUSUS** n. m. (voces lat., *número cerrado*). Número al que se limita la cantidad de personas admitidas en un cargo, lugar, etc., conforme a una reglamentación establecida previamente.

**NÚMIDA** adj. y n. m. y f. De Numidia.

**NUMÍDICO, A** adj. Relativo a Numidia.

**NUMISMA** n. m. Moneda, pieza de metal.

**NUMISMÁTICA** n. f. Ciencia que trata de las monedas y medallas.

**NUMISMÁTICO, A** adj. Relativo a la numismática: *sociedad numismática.* ◆ n. **2.** Persona que por profesión o estudio se dedica a la numismática.

**NUMULAR** adj. Que tiene forma de moneda.

**NUMULARIO, A** n. Persona que comercia o trata con dinero.

**NUMULITA** n. f. Numulites.

**NUMULITES** n. m. Protozoo fósil de principios del terciario, con caparazón calcáreo de forma lenticular, que puede alcanzar los 8 cm de diámetro y que probablemente servía como flotador. SIN.:

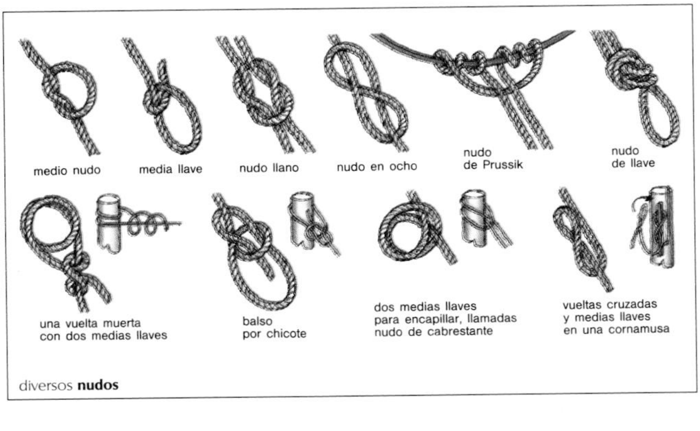


diversos **nudos**

*numulita.* **2.** Cualquier foraminífero fósil de gran tamaño.

**NUMULÍTICO, A** adj. Que contiene numulites. ◆ adj. y n. m. **2.** Dícese del conjunto de períodos geológicos caracterizados por la presencia de numulites.

**NUNATAK** n. m. (voz esquimal). Cima rocosa aislada que destaca sobre la superficie de un casquete glaciar.

**NUNCA** adv. t. (lat. *numquam*). En ningún tiempo, ninguna vez: *nunca lo haré.* **2.** En frases interrogativas, se usa con sentido positivo: *¿has visto nunca algo semejante?* • **Nunca jamás,** expresión enfática de negación. || **Nunca más,** expresión enfática de negación referida al futuro.

**NUNCIATURA** n. f. Dignidad y cargo de nuncio, prelado: *acceder a la nunciatura.* **2.** Tiempo de ejercicio del cargo de nuncio. **3.** Tribunal y residencia del nuncio. **4.** En España, tribunal de la Rota.

**NUNCIO** n. m. (lat. *nuntium*). Persona que lleva un mensaje. **2.** *Fig.* Anuncio, señal. **3.** Prelado encargado de representar al papa cerca de un gobierno extranjero: *nuncio apostólico.* **4.** HIST. Prestación que los vasallos satisfacían a su señor para poder transmitir a sus hijos las tierras que habían recibido de éste en beneficio.

**NUNCUPATIVO, A** adj. DER. Dícese del acto que se realiza oral y públicamente, aunque después se reduzca a escritura: *testamento nuncupativo.*

**NUNCUPATORIO, A** adj. Dícese del escrito con que se dedica una obra, o en que se instituye a uno por heredero o se le confiere un empleo.

**NUOC-MAN** n. m. (voz vietnamita, *agua de pescado*). Condimento de Vietnam, que se obtiene por maceración de pescado en salmuera.

**NUPCIAL** adj. Relativo a la boda: *banquete nupcial.* **2.** BIOL. Dícese de los fenómenos relacionados con la época de apareamiento: *parada nupcial.*

**NUPCIALIDAD** n. f. Estadística de matrimonios. • **Tasa de nupcialidad** (ESTADÍST.), coeficiente que se obtiene dividiendo el número anual de matrimonios por el número de habitantes que constituyen una población.

**NUPCIAS** n. f. pl. (lat. *nuptias*). Matrimonio: *casarse en segundas nupcias.*

**NURAGA** n. f. Torre troncocónica, de bloques ciclópeos, característica de la cultura sarda de la edad del bronce.

**nuraga** de los alrededores de Alguer, Cerdeña (II milenio a. J.C.)

**NURSE** n. f. (voz inglesa). Niñera.

**NUTACIÓN** n. f. (lat. *nutationem,* balanceo). ASTRON. Pequeño movimiento de carácter periódico que experimenta el eje de rotación de la Tierra alrededor de su posición media, que, a su vez, describe un movimiento cónico circular uniforme de precesión astronómica. **2.** BOT. Movimiento autónomo de un órgano, provocado por el crecimiento desigual de sus lados, y que se traduce por una encorvadura del mismo. **3.** MEC. Leve oscilación del eje de rotación de un cuerpo animado de un movimiento giroscópico, alrededor de la posición media de dicho eje, que se traslada a su vez siguiendo un movimiento general de precesión.

**NUTANTE** adj. Dícese de los vegetales que presentan nutación.

**NUTRIA** n. f. Mamífero carnívoro nadador, de cuerpo delgado, patas cortas, y pelo espeso y sedoso, que se alimenta de peces. **2.** Piel de este animal.

**NUTRICIO, A** adj. Nutritivo. **2.** Que procura alimento para otra persona. **3.** ZOOL. Dícese del individuo que, en una asociación de animales, se encarga de alimentar a los demás.

**NUTRICIÓN** n. f. (lat. *nutritionem*). Conjunto de las funciones orgánicas de transformación y utilización de los alimentos para el crecimiento y la actividad de un ser vivo, animal o vegetal, como la digestión, la absorción, la asimilación, la excreción, la respiración y la circulación.

**NUTRIDO** adj. *Fig.* Lleno, numeroso: *un nutrido grupo de manifestantes.* ◆ n. m. **2.** Operación que consiste en engrasar el cuero. **3.** Compuesto graso aplicado al cuero para lubricar y suavizar las fibras.

**NUTRIENTE** adj. Nutritivo. ◆ n. m. **2.** BIOL. Nutrimento.

**NUTRIERO** n. m. *Argent.* y *Urug.* Persona que se dedica a cazar nutrias y a traficar con sus pieles.

**NUTRIMENTO** o **NUTRIMIENTO** n. m. Nutrición. **2.** Sustancia asimilable de los alimentos. **3.** *Fig.* Lo que mantiene o fomenta algo.

**NUTRIR** v. tr. y pron. (lat. *nutrire*) **[3]**. Proporcionar el alimento a un organismo vivo. **2.** *Fig.* Mantener, fomentar la existencia de algunas cosas. **3.** *Fig.* Llenar, colmar con abundancia. **4.** *Fig.* Suministrar.

**NUTRITIVO, A** adj. Que nutre o tiene la propiedad de nutrir: *un caldo nutritivo.*

**NUTRIZ** n. f. Nodriza.

**NY** n. m. Letra del alfabeto griego (ν), correspondiente a la *n* española.

**NYLON** n. m. (voz inglesa). Fibra sintética a base de resina poliamida. SIN.: *nailon, nilón.*

**nutria** común

# Ñ

**Ñ** n. f. Decimoquinta letra del alfabeto español y duodécima de las consonantes: *la ñ es una consonante nasal palatal.*

**ÑA** n. f. *Amér.* En algunos países, tratamiento vulgar y respetuoso por *doña.*

**ÑACANINÁ** n. f. *Argent.* Serpiente acuática de gran agresividad, perteneciente a la familia de las culebras, de 2,5 m de long., dorso pardusco con manchas oscuras redondeadas, vientre de fondo blanquecino y una banda lateral oscura detrás de los ojos, que habita en las cuencas de los grandes ríos y se alimenta de anfibios, roedores y otras culebras.

**ÑÁCARA** n. f. *Amér. Central.* Úlcera, llaga.

**ÑACHI** n. m. *Chile.* Guiso o alimento de sangre de animal, especialmente de cordero, aliñado con algunas especias. **2.** *Chile. Fig.* y *fam.* Sangre.

**ÑACUNDA** n. m. Ave de color ocráceo claro y gris, con el vientre blanco, que vive en amplias zonas de América del Sur. (Familia caprimúlgidos.)

**ÑACURUTÚ** n. m. Ave de plumaje amarillento y gris, hábitos nocturnos y fácil de domesticar. (Familia estrígidos.)

**ÑAMAL** n. m. Plantío de ñames.

**ÑAME** n. m. Planta herbácea de tallos endebles, hojas grandes, flores pequeñas y verdosas en espigas axilares, y raíz grande, tuberosa, de corteza casi negra y carne parecida a la de la batata, que cocida o asada, es comestible. (Familia dioscoreáceas.) **2.** Raíz de esta planta.

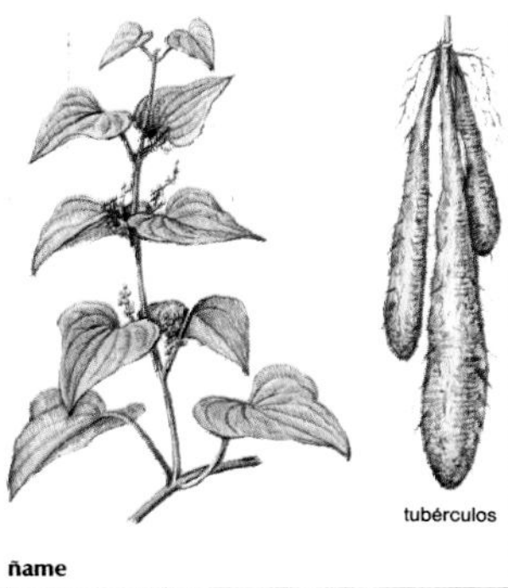
tubérculos

**ñame**

**ÑANCO** n. m. *Chile.* Aguilucho.

**ÑANDÚ** n. m. Ave corredora, parecida al avestruz, pero de menor tamaño, que vive en América. (Subclase ratites.)

**ÑANDUBAY** n. m. Planta arbórea, de tronco y madera muy dura, que crece en América del Sur. (Familia mimosáceas.)

**ÑANDUTÍ** n. m. *Amér. Merid.* Encaje que imita la tela de araña.

**ÑANGOTADO, A** adj. y n. *P. Rico.* Servil, adulador. **2.** *P. Rico.* Alicaído, sin ambiciones.

**ÑANGOTARSE** v. pron. [**1**]. *Dom.* y *P. Rico.* Ponerse en cuclillas. **2.** *P. Rico.* Humillarse, someterse. **3.** *P. Rico.* Perder el ánimo.

**ÑAÑA** n. f. *Amér.* Excremento. **2.** *Chile.* Niñera.

**ÑAÑARAS** n. f. pl. *Méx. Fam.* Miedo, escalofríos por el miedo.

**ÑÁÑIGO** n. m. En Cuba, durante la dominación española, adepto a una sociedad secreta afrocubana *(ñañiguismo),* que ejercitaba prácticas religiosas sincréticas y que destacaba por la defensa mutua de sus componentes.

**ÑAÑO, A** n. *Argent.* y *Chile. Fam.* Hermano, compañero. **2.** *Perú.* Niño. ◆ adj. **3.** *Colomb.* y *Pan.* Consentido, mimado en demasía. **4.** *Ecuad.* y *Perú.* Unido por una amistad íntima.

**ÑAPA** n. f. *Amér.* Propina. **2.** *Amér.* Añadidura, yapa.

**ÑAPANGO, A** adj. *Colomb.* Mestizo, mulato.

**ÑAPINDÁ** n. m. *R. de la Plata.* Especie de acacia muy espinosa, con flores amarillas y de grato aroma. (Familia mimosáceas.)

**ÑAPO** n. m. *Chile.* Especie de mimbre con que se tejen canastos.

**ÑAQUE** n. m. Conjunto de cosas inútiles y ridículas.

**ÑARUSO, A** adj. *Ecuad.* Dícese de la persona picada de viruela.

**ÑATA** n. f. *Amér.* Nariz.

**ÑATO, A** adj. *Amér.* Que tiene la nariz pequeña o roma, chato.

**ÑECO** n. m. *Ecuad.* Golpe que se da con el puño, puñetazo.

**ÑENGO, A** adj. y n. *Méx.* Desmedrado, flaco, enclenque.

**ÑEQUE** adj. *C. Rica, Hond.* y *Nicar.* Fuerte, vigoroso. ◆ n. m. **2.** *Chile, Ecuad.* y *Perú.* Fuerza, energía. **3.** *Perú.* Valor, coraje.

**ÑERO, A** n. *Méx. Vulg.* Compañero, amigo, cuate.

**ÑIPE** n. m. *Chile.* Arbusto cuyas ramas se emplean para teñir. (Familia mirtáceas.)

**ÑIQUIÑAQUE** n. m. *Fam.* Persona o cosa despreciable.

**ÑIRE** n. m. *Chile.* Árbol de unos 20 m de alt., con flores solitarias y hojas profundamente aserradas. (Familia fagáceas.)

**ÑISCA** n. f. *Amér. Fam.* Porción mínima de algo. **2.** *Amér. Fam.* Excremento.

**ÑISÑIL** n. m. *Chile.* Espadaña, planta.

**ÑO** n. m. *Amér.* En algunos países, tratamiento vulgar y respetuoso por *don.*

**ÑOCHA** n. f. *Chile.* Planta herbácea cuyas hojas sirven para hacer canastas, sombreros y esteras. (Familia bromeliáceas.)

**ÑOCLO** n. m. Masa frita.

**ÑOCO, A** adj. y n. *Colomb., Dom., P. Rico* y *Venez.* Dícese de la persona a quien le falta un dedo o la mano.

**ÑONGA** n. f. *Méx. Vulg.* Pene.

**ÑOÑA** n. f. *Chile.* Estiércol, especialmente el humano.

**ÑOÑERÍA** n. f. Acción o dicho ñoño. **2.** *Méx. Fam.* Chochez, cursilada.

**ÑOÑEZ** n. f. Calidad de ñoño. **2.** Ñoñería.

**ÑOÑO, A** adj. y n. Dícese de la persona excesivamente recatada o remilgada: *pecar de ñoño.* ◆ adj. **2.** Sin gracia ni sustancia. ◆ n. **3.** *Méx. Fam.* Chocho, cursi, afectado.

**ÑOQUI** n. m. *Argent. Fig.* y *desp.* Chupóptero, empleado público que asiste al lugar de trabajo sólo en fecha de cobro.

**ÑOQUIS** n. m. pl. CULINAR. Bolitas de sémola (a la romana) o de puré de patata (a la piamontesa) que se escalfan, se gratinan, etc.

**ÑORBO** n. m. *Ecuad.* y *Perú.* Flor pequeña, muy fragante, de una pasionaria, muy común, utilizada como adorno en las ventanas.

**ÑU** o **GNU** n. m. Antílope de cabeza gruesa y cuernos curvados que habita en África del Sur. (Familia bóvidos.)

**ñu**

**ÑUSTA** n. f. Según el Inca Garcilaso de la Vega, nombre con el que se conocía en el Perú incaico a las hijas de los emperadores incas y a las muchachas pertenecientes a la estirpe real.

**ÑUTO, A** adj. y n. m. *Argent., Colomb., Ecuad.* y *Perú.* Dícese de la carne blanda o ablandada a golpes. ◆ n. m. **2.** *Argent.* y *Perú.* Añicos, trizas, polvo.

# O

**O** n. f. Decimosexta letra del alfabeto español y cuarta de las vocales. **2.** Designa el *oeste.* **3.** Símbolo químico del *oxígeno.*

**O** conj. coord. (lat. *aut*). Sirve para indicar exclusión, alternativa o contraposición entre las oraciones o términos que relaciona: *ser un buen o un mal estudiante.* **2.** Indica equivalencia o identidad: *el protagonista o personaje principal.* **3.** Indica inclusión: *en la guerra o en la paz.*

**OAKS** n. m. Carrera de 2 100 m, para yeguas de tres años, que se disputa en Epsom, Gran Bretaña.

**OASIS** n. m. (gr. *oasis*). Zona de un desierto donde la presencia de agua permite el crecimiento de vegetación. **2.** *Fig.* Lugar apacible o situación momentánea de sosiego en medio de ambientes de otras características: *un oasis de paz.*

el **oasis** de Timimoun, Argelia

**OAXAQUEÑO, A** adj. y n. De Oaxaca o de Oaxaca de Juárez.

**OBCECACIÓN** n. f. Acción y efecto de obcecar.

**OBCECAR** v. tr. y pron. (lat. *obcaecare*) **[1a]**. Privar una idea preconcebida, o un determinado estado de ánimo, de la capacidad de juzgar con claridad acerca de algo o de alguien.

**OBDURACIÓN** n. f. Obstinación.

**OBECHE** n. m. Madera africana de color amarillo claro, utilizada en carpintería.

**OBEDECEDOR, RA** adj. y n. Que obedece.

**OBEDECER** v. tr. (lat. *oboedire*) **[2m]**. Cumplir lo que otro manda: *obedecer las órdenes.* **2.** Responder un animal o un mecanismo a la acción de quien los dirige: *no obedecer los frenos.* **3.** Ceder una cosa a la acción que sobre ella se ejerce. **4.** TAUROM. Acudir el toro pronto al engaño y emberberse en él, siguiendo con docilidad la dirección que le señala el diestro. ◆ v. intr. **5.** Estar motivado por algo: *su dimisión obedece a múltiples causas.*

**OBEDECIBLE** adj. Que puede o debe ser obedecido.

**OBEDIENCIA** n. f. Acción y efecto de obedecer. **2.** Calidad o actitud de obediente. **3.** HIST. Durante el cisma, cuando había dos o más papas a la vez, reconocimiento de uno de ellos. **4.** REL. Sumisión a un superior: *hacer voto de obediencia.* • **Obediencia debida** (DER.), obediencia que, por ministerio de la ley, el inferior viene obligado a prestar al superior jerárquico.

**OBEDIENCIAL** adj. Relativo a la obediencia. • **Letras obedienciales,** documento por el que el superior de un instituto religioso dispone y acredita el viaje de un súbdito suyo.

**OBEDIENTE** adj. Que obedece o acostumbra obedecer: *niño obediente.*

**OBELISCO** n. m. (gr. *obeliskos*). Monolito de base cuadrangular, tallado en forma de pirámide muy esbelta, que termina en una punta asimismo piramidal. **2.** IMPR. Signo (†) que, colocado antes del nombre de una persona, significa «difunto», y, antes de una fecha, la del año en que murió.

**OBENCADURA** n. f. MAR. Conjunto de todos los obenques del buque. **2.** MAR. Tabla de jarcia.

**OBENQUE** n. m. MAR. Cada uno de los cabos gruesos que sujetan un palo o mastelero desde su cabeza a la mesa de guarnición o cofa correspondiente. **2.** MAR. Hablando de las plumas y puntales de carga, viento.

**OBERTURA** n. f. (fr. *ouverture*). MÚS. Composición instrumental que precede a una ópera, oratorio, etc., destinada a crear la atmósfera para la obra que le sigue.

**OBESIDAD** n. f. Aumento patológico de la grasa del cuerpo, que determina un peso superior al normal.

**OBESO, A** adj. (lat. *obesum*). Que padece obesidad.

**OBI** n. f. Cinturón de seda largo y ancho que usan los japoneses sobre el quimono.

**ÓBICE** n. m. (lat. *obicem*). Inconveniente u obstáculo: *la lluvia no es óbice para salir de casa.*

**OBISPADO** n. m. Dignidad de obispo. **2.** Territorio o distrito sometido a la jurisdicción de un obispo. **3.** Local o edificio donde funciona la curia episcopal.

**OBISPAL** adj. Episcopal.

**OBISPALÍA** n. f. Palacio del obispo. **2.** Obispado.

**OBISPILLO** n. m. Muchacho que en algunas catedrales viste de obispo, la víspera y día de san Nicolás de Bari. **2.** Morcilla grande y gruesa hecha, generalmente, con carne picada, huevos, almendras y especias. **3.** Parte de la región dorsal del cuerpo de las aves situada encima de la base de la cola.

**OBISPO** n. m. (lat. *episcopum*). Prelado de la Iglesia que posee la plenitud del sacerdocio, a cuyo cargo está la dirección espiritual de una diócesis. **2.** Obispillo, morcilla. **3.** *Méx.* Borrego de cuatro cuernos. • **Cada muerte de obispo** (*Amér. Merid., Cuba, Méx.* y *P. Rico*), cada mucho tiempo, de tarde en tarde.

**ÓBITO** n. m. (lat. *obitum*). Fallecimiento, defunción, muerte.

**OBITUARIO** n. m. Registro de una iglesia o de un monasterio donde se anota el nombre de los bienhechores, la muerte de los abades, etc., y también los funerales celebrados. **2.** Sección necrológica de un periódico. **3.** Depósito de cadáveres. **4.** *Méx.* Defunción. **5.** *Méx.* Libro donde se registran las defunciones.

**OBIUBI** n. m. *Venez.* Mono cébido de color negro que durante el día suele dormir con la cabeza entre las piernas.

**OBJECIÓN** n. f. (lat. *obiectionem*). Inconveniente que alguien opone a algo. **2.** Observación o argumento que se hace en contra de una afirmación para negar su validez o señalar alguna deficiencia en su razonamiento. • **Objeción de conciencia,** actitud de la persona que, por motivos de conciencia, rehúsa prestar el servicio militar o realizar alguna función pública que comporte un eventual recurso a la violencia física contra sus semejantes, y que acepta llevar a cabo, en su lugar, otro tipo de servicios públicos de riesgo, fatiga o utilidad semejantes.

**OBJETAR** v. tr. (lat. *obiectare*) **[1]**. Hacer o poner objeciones. ◆ v. tr. e intr. **2.** Acogerse a la objeción de conciencia.

**OBJETIVACIÓN** n. f. Acción y efecto de objetivar.

**OBJETIVAR** v. tr. **[1]**. Trasponer a una realidad exterior.

**OBJETIVIDAD** n. f. Calidad de objetivo. • **Nueva objetividad,** nombre dado al conjunto de manifestaciones pictóricas, caracterizadas por un realismo sobrio, que se produjeron en Alemania desde los inicios de los años veinte hasta la toma del poder por Hitler. **2.** Corriente clasicista surgida en la misma época en otros países, especialmente en Italia.

**OBJETIVISMO** n. m. Doctrina según la cual el valor de los postulados morales es independiente de la opinión o conciencia de los individuos. **2.** FILOS. Actitud filosófica que concede primacía al objeto en sus relaciones con el sujeto.

**OBJETIVO, A** adj. Dícese de lo referente al objeto de conocimiento considerado en sí mismo, con independencia del sujeto cognoscente. **2.** Que obra, juzga, etc., con imparcialidad y justicia. **3.** Dícese de los juicios, acciones, etc., de estas características: *un análisis objetivo.* ◆ n. m. **4.** Fin, propósito. **5.** Sistema óptico de un telescopio, un microscopio, etc., que se dirige hacia el objeto que se quiere observar (por oposición a *ocular,* elemento al que se aplica el ojo). **6.** Parte de un aparato tomavistas, de una cámara fotográfica, etc., que contiene las lentes que son atravesadas por los rayos luminosos. **7.** MIL. Punto, línea o zona de terreno que deben ser batidos por el fuego o conquistados por el movimiento y el choque.

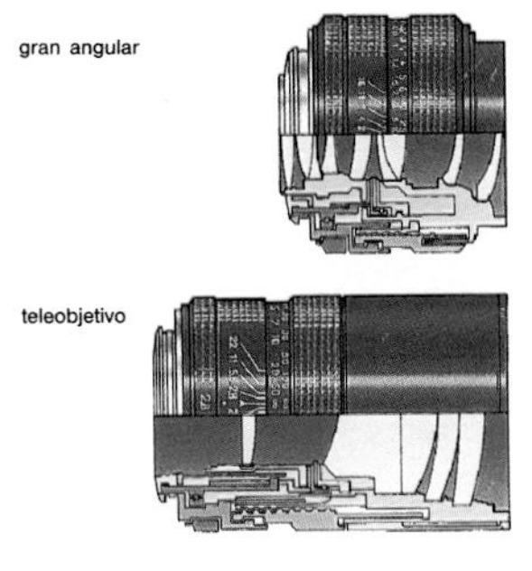


**objetivos** fotográficos

**OBJETO** n. m. (bajo lat. *obiectum;* de *obiicere,* poner delante). Cosa material y determinada, generalmente de dimensiones reducidas. **2.** Causa o motivo de una acción, una operación intelectual o un sentimiento: *ser el objeto de una violenta discusión.* **3.** Finalidad de una acción o una actividad: *el objeto de una visita.* **4.** DER. Aquello sobre lo que puede versar una relación jurídica. **5.** FILOS. Aquello que se percibe o se piensa, y que se opone al ser pensante, o sujeto. **6.** LING. Término que a veces designa el complemento directo de un verbo. **7.** SICOANÁL. Medio por el cual la pulsión trata de alcanzar su objetivo.

**OBJETOR, RA** adj. y n. Que objeta. • **Objetor de conciencia,** persona que practica la objeción de conciencia.

**OBJETUAL** adj. Dícese de una tendencia del arte actual en la que el artista adopta objetos reales para su trabajo, manipulándolos, recreándolos o dándoles una nueva significación artística sin intervenir en ellos.

**OBLACIÓN** n. f. Ofrenda de carácter religioso.

**OBLADA** n. f. (lat. *oblata*). Ofrenda que se lleva a la iglesia y se da por los difuntos.

**OBLATA** n. f. En la misa, la hostia ofrecida y puesta sobre la patena, y el vino en el cáliz antes de ser consagrados. **2.** Dinero que se da al sacristán o a la fábrica de la iglesia por el gasto de vino, hostias, cera u ornamentos para decir las misas.

**OBLATIVO, A** adj. Relativo a la oblación.

**OBLATO, A** n. Laico que se agrega a una comunidad religiosa sin pronunciar los votos. **2.** Miembro de ciertas congregaciones religiosas.

**OBLEA** n. f. Hoja muy fina, hecha de harina y agua o de goma arábiga. **2.** Trozo de esta hoja, especialmente el usado para pegar sobres, pliegos, etc. **3.** *Fig.* y *fam.* Extremadamente escuálido o desmedrado. **4.** *Argent.* Etiqueta autoadhesiva empleada con fines publicitarios, o para indicar el precio de un producto, su fecha de caducidad u otra información. **5.** FARM. Sello.

**OBLICUA** n. f. MAT. Recta que corta a otra recta o a un plano sin ser perpendicular ni paralela a ellos.

**OBLICUÁNGULO, A** adj. Dícese de la figura que no tiene ningún ángulo recto.

**OBLICUAR** v. tr. [**1s**]. Dar a una cosa dirección oblicua con relación a otra. **2.** Ir las tropas en línea oblicua, o marchar en dirección diagonal por cualquiera de los flancos sin perder el frente de la formación.

**OBLICUIDAD** n. f. Calidad de oblicuo. • **Oblicuidad de la eclíptica** (ASTRON.), ángulo de unos 23° 27′ que la eclíptica forma con el ecuador celeste.

**OBLICUO, A** adj. (lat. *obliquum*). Que no es perpendicular ni paralelo a un plano o línea dados. **2.** Inclinado, no vertical ni horizontal. ◆ adj. y n. m. **3.** Dícese de diversos músculos del hombre y de los animales, en relación con su disposición.

**OBLIGACIÓN** n. f. Circunstancia de estar alguien obligado a algo: *tener la obligación de trabajar.* **2.** Aquello que se está obligado a hacer: *mis obligaciones no me permiten ir.* **3.** Reconocimiento, correspondencia al beneficio recibido: *tener grandes obligaciones hacia alguien.* **4.** DER. Relación jurídica constituida entre dos o más personas, por la que una puede exigir de otra una determinada prestación. **5.** FIN. Título, comúnmente amortizable, nominativo o al portador, y con interés fijo, que representa una suma exigible a la persona o entidad que lo emitió. • **En obligación de,** en el compromiso de cumplir algo.

**OBLIGACIONISTA** n. m. y f. Portador o tenedor de una o varias obligaciones.

**OBLIGADO, A** adj. Que por costumbre o norma social se ha hecho casi imprescindible: *normas obligadas.* ◆ n. **2.** DER. Sujeto pasivo de una obligación. **3.** DER. Persona que se encuentra en el deber de dar, hacer o no hacer alguna cosa por espontáneo compromiso, como consecuencia de su culpa o dolo, o por disposición imperativa de la ley.

**OBLIGAR** v. tr. (lat. *obligare*) [**1b**]. Imponer como deber, atar por medio de una ley, una convención, etc. **2.** Forzar, poner en la necesidad de algo: *obligar a alguien a quedarse.* **3.** Forzar un objeto para conseguir algún efecto: *obligar a un tornillo a ceder.* **4.** DER. Sujetar los bienes al cumplimiento de prestaciones exigibles. **5.** TAUROM. Porfiar con el toro receloso, para que se arranque. ◆ **obligarse** v. pron. **6.** Comprometerse a cumplir una cosa.

**OBLIGATORIEDAD** n. f. Calidad de obligatorio: *la obligatoriedad de las leyes.*

**OBLIGATORIO, A** adj. Que obliga a su cumplimiento o ejecución: *giro obligatorio a la derecha.*

**OBLITERACIÓN** n. f. Acción y efecto de obliterar.

**OBLITERADOR, RA** adj. Que oblitera. ◆ n. m. **2.** Instrumento empleado para obliterar.

**OBLITERAR** v. tr. y pron. [**1**]. Cubrir con una señal o una marca especial: *obliterar un sello.* **2.** MED. Obstruir una cavidad o conducto.

**OBLITO** n. m. CIR. Cuerpo extraño olvidado en el interior de un paciente durante una intervención quirúrgica.

**OBLONGO, A** adj. (lat. *oblongum*). Más largo que ancho.

**OBNUBILACIÓN** n. f. Ofuscación de la conciencia y enlentecimiento de los procesos intelectuales.

**OBNUBILAR** v. tr. y pron. [**1**]. Provocar o sufrir una obnubilación.

**OBODRITA** adj. y n. m. y f. Relativo a un pueblo eslavo establecido desde los ss. V-VI entre el Elba inferior y la costa báltica, y cuyo territorio fue conquistado por Enrique el León (*c.* 1160); individuo de este pueblo.

**OBOE** n. m. (fr. *hautbois;* de *haut,* alto, y *bois,* madera). Instrumento musical de viento, hecho de madera y provisto de doble lengüeta, cuyo tubo termina en un pequeño pabellón. **2.** Persona que toca el oboe. SIN.: *oboísta.*

**oboes**

**ÓBOLO** n. m. (gr. *obolos*). Cantidad pequeña con que se contribuye a un fin determinado: *aportar su óbolo para una obra piadosa.* **2.** ANT. GR. Pequeña unidad de peso y de moneda (unos 0,75 g), equivalente a un sexto de dracma.

**OBRA** n. f. (lat. *operam*). Cosa producida por un agente. **2.** Producto resultante de una actividad artística o pictórica: *obra teatral.* **3.** Libro en general, texto científico o literario. **4.** Trabajo o tiempo empleado en la realización de una cosa: *tener más valor la obra que el material.* **5.** Serie de acciones dirigidas a un fin: *dedicarse a obras de caridad.* **6.** Edificio en construcción. **7.** Reparación o reformas que se hacen en un edificio. **8.** Parte de un alto horno que está encima del crisol, en la que desembocan las toberas. **9.** MIL. Elemento autónomo de fortificación capaz de resistir incluso después de un asedio. • **Buenas obras,** todas las acciones de las virtudes cristianas; lo que se hace con fines no lucrativos y con el propósito de proporcionar el bien ajeno. ‖ **De obra,** con actos. ‖ **Obra de fábrica,** puente, alcantarilla, túnel, etc., en una vía de comunicación; toda construcción hecha con ladrillos, piedra u hormigón. ‖ **Obra maestra** (HIST.), en las antiguas corporaciones, trabajo que todo aprendiz u oficial aspirante a maestro debía realizar para alcanzar el grado de maestro, y que había de obtener la mayoría de los votos de los jurados de la corporación; obra capital y superior, en cualquier género, especialmente en el artístico. ‖ **Obra muerta,** parte del buque que va fuera del agua. ‖ **Obra pública** (DER.), bien inmueble de interés general, destinada a uso público y en la que suelen realizarse trabajos públicos. ‖ **Obra viva** (MAR.), parte del casco de un buque situada por debajo de la línea de flotación; fondos. ‖ **Obras de cimentación,** conjunto de los elementos de construcción de un edificio que aseguran su estabilidad, resistencia y protección. ‖ **Obras públicas,** obras de construcción, reparación, conservación o derribo realizadas con fines de utilidad general. ‖ **Por obra de** o **por obra y gracia de,** debido a la acción o intervención de la persona o cosa que se nombra.

**OBRADA** n. f. Labor realizada en una jornada por un hombre cavando la tierra, o una yunta arándola. **2.** Medida agraria de superficie, que se emplea en distintos puntos de España, con valores diferentes.

**OBRADOR, RA** adj. Que obra. ◆ n. m. **2.** Taller, lugar en que se trabaja una obra.

**OBRAJE** n. m. Manufactura, fabricación. **2.** Fábrica, taller, especialmente de paños. **3.** *Amér.* Establecimiento de una explotación forestal. **4.** *Méx.* Despacho público de carnes porcinas. **5.** HIST. En la América española, manufactura en la que trabajaban los indios, y que constituyó una de las primeras formas de producción capitalista.

**OBRAJERO** n. m. *Amér.* Propietario de un obraje. **2.** *Amér.* Artesano. **3.** *Argent.* y *Par.* Peón de un obraje. **4.** *Méx.* Carnicero. **5.** *Méx.* Persona que atiende a un despacho de carnes porcinas.

**OBRAR** v. tr. (lat. *operari,* trabajar) [**1**]. Ejecutar o realizar una cosa no material: *hay que obrar más y hablar menos.* **2.** Actuar, comportarse de un modo determinado: *obrar con precipitación.* **3.** Construir, edificar, hacer una obra. **4.** Construir las abejas los panales. ◆ v. intr. **5.** Evacuar el vientre. **6.** Existir algo en un sitio determinado: *la carta obra en mi poder.* ◆ v. intr. y tr. **7.** Hacer una cosa, trabajar en ella. **8.** Causar algún efecto pretendido: *el medicamento comienza a obrar.*

**OBREPCIÓN** n. f. DER. Falsa narración o exposición de un hecho que se hace al superior para obtener de él un rescripto, empleo o dignidad, de tal modo que se oculte el impedimento que haya para su logro.

**OBRERÍA** n. f. Renta destinada para el sostenimiento de una iglesia o de otras comunidades. **2.** Administración de dicha renta. **3.** Sitio u oficina en que se despacha dicha renta.

**OBRERISMO** n. m. Tendencia que considera que la emancipación de la clase obrera ha de ser obra de ella misma.

**OBRERISTA** adj. y n. m. y f. Relativo al obrerismo; partidario de esta tendencia.

**OBRERO, A** adj. Que trabaja. **2.** Relativo al trabajador: *barrio obrero; reivindicaciones obreras.* ◆

n. **3.** Persona que realiza un trabajo manual por cuenta de un patrono y a cambio de un salario. • **Obrero cualificado,** obrero que desempeña una actividad para la que se requieren unos conocimientos específicos. ◆ adj. y n. f. **4.** En los insectos sociales (abejas, avispas, hormigas y termes), dícese del individuo que proporciona la nutrición, construye los nidos o galerías, cuida de las larvas y asegura la defensa de la sociedad.

**OBSCENIDAD** n. f. Calidad de obsceno. **2.** Palabra o acción obscenas: *decir obscenidades; libro lleno de obscenidades.*

**OBSCENO, A** adj. (lat. *obscenum*). Que presenta o sugiere maliciosa y groseramente cosas relacionadas con el sexo: *canción obscena; postura obscena.*

**OBSCURANTISMO** n. m. Oscurantismo.

**OBSCURANTISTA** adj. y n. m. y f. Oscurantista.

**OBSCURECER** v. tr. **[2m]**. Oscurecer.

**OBSCURECIMIENTO** n. m. Oscurecimiento.

**OBSCURIDAD** n. f. Oscuridad.

**OBSCURO, A** adj. Oscuro.

**OBSECRACIÓN** n. f. (lat. *obsecrationem*). Ruego.

**OBSECUENCIA** n. f. Calidad de obsecuente.

**OBSECUENTE** adj. (lat. *obsequentem*). Obediente, sumiso, amable. **2.** Dícese del curso de agua que, en una estructura monoclinal, transcurre en sentido inverso al buzamiento.

**OBSEQUIADOR, RA** adj. y n. Que obsequia.

**OBSEQUIAR** v. tr. **[1]**. Hacer un obsequio, agasajar: *obsequiar a alguien con un regalo, con una fiesta.* **2.** Galantear a una mujer.

**OBSEQUIO** n. m. (lat. *obsequium,* complacencia). Regalo, agasajo, cosa que se da o acción con que se manifiesta una deferencia a alguien. **2.** Ofrecimiento, amabilidad, cortesía.

**OBSEQUIOSIDAD** n. f. Calidad de obsequioso.

**OBSEQUIOSO, A** adj. Dispuesto a agasajar. **2.** Que manifiesta un exceso de complacencia, respeto, etc., hacia otros.

**OBSERVABLE** adj. Que se puede observar: *fenómeno observable.*

**OBSERVACIÓN** n. f. Acción y efecto de observar. **2.** Facultad de observar: *gran capacidad de observación.* **3.** Advertencia, indicación que se hace sobre el comportamiento de alguien. **4.** Objeción, reparo: *hacer algunas observaciones a un proyecto.* **5.** Anotación o comentario que se hace a un texto: *publicar las observaciones sobre una obra.* • **Estar,** o **poner, en observación,** estar o poner a examen o vigilancia a alguien o algo.

**OBSERVADOR, RA** adj. y n. Que tiene hábito de observar o capacidad de observación: *persona muy observadora.* ◆ n. **2.** Persona delegada para asistir, sin voz ni voto, a un congreso, concilio, reunión, etc. **3.** Persona a quien se encarga la misión de observar una situación económica, política, social, etc. **4.** Combatiente instruido para reconocer y señalar objetivos y posiciones del enemigo, transmitir o explotar las observaciones recogidas, etc. **5.** Militar agregado a una unidad distinta de la suya o a un ejército extranjero para recoger información sobre sus actividades. **6.** En el golf, persona encargada de ayudar al árbitro y de informarle sobre cualquier infracción.

**OBSERVANCIA** n. f. Cumplimiento exacto de aquello que se manda ejecutar: *la observancia de las leyes.* **2.** Respeto y obediencia que se presta a los mayores y a los superiores constituidos en dignidad: *guardar la debida observancia.* **3.** En algunas órdenes religiosas, el estado antiguo de ellas, para distinguirlo del reformado. • **Estrecha observancia,** parte de una orden religiosa que observa la regla más rigurosamente que las otras ramas de la misma orden.

**OBSERVANTE** adj. Que observa.

**OBSERVAR** v. tr. (lat. *observare*) **[1]**. Examinar con atención: *observar las estrellas, un eclipse de sol.* **2.** Advertir, darse cuenta de algo: *observar la presencia de alguien.* **3.** Hacer notar, llamar la atención sobre algo, señalar: *observar la conveniencia de un cambio.* **4.** Acomodar la propia conducta a aquello que está prescrito: *observar las leyes.* **5.** Atisbar, mirar disimuladamente: *observar las acciones de algún sospechoso.*

**OBSERVATORIO** n. m. Lugar apropiado para hacer observaciones. **2.** Centro destinado a observaciones astronómicas, meteorológicas o sismológicas.

**OBSESIÓN** n. f. (lat. *obsessionem,* bloqueo). Idea o preocupación que no se puede alejar de la mente. **2.** SIQUIATR. Idea, generalmente absurda o incongruente, que irrumpe de forma imperativa e irreprimible en la conciencia, aunque el sujeto se dé cuenta de su carácter mórbido y extraño a su propia persona.

**OBSESIONAR** v. tr. y pron. **[1]**. Ser motivo de obsesión, producir o sentir obsesión: *esa idea me obsesiona; obsesionarse con un pensamiento.*

**OBSESIVO, A** adj. Que obsesiona: *idea obsesiva.* **2.** Propenso a obsesionarse: *persona obsesiva.* • **Neurosis obsesiva,** enfermedad mental cuyo principal síntoma son las obsesiones que llevan al sujeto a una lucha continua, junto a un carácter típico en el que predomina la rigidez.

**OBSESO, A** adj. y n. (lat. *obsessum*). Dominado por una obsesión: *obseso sexual.*

**OBSIDIANA** n. f. Roca volcánica vítrea compacta, de color oscuro o negro.

**obsidiana** (procedente de Baja California, México)

**OBSIDIONAL** adj. (lat. *obsidionalem*). ANT. ROM. Relativo al sitio de una plaza. **2.** MED. Dícese de las enfermedades que aparecen en lugares sitiados en tiempo de guerra, y en relación precisamente con el estado de sitio.

**OBSOLESCENCIA** n. f. Calidad o condición de obsolescente. **2.** Depreciación de un activo inmovilizado en virtud de la evolución técnica, o depreciación de un equipo industrial por la mejora introducida en el mismo.

**OBSOLESCENTE** adj. Que está volviéndose obsoleto.

**OBSOLETO, A** adj. Anticuado o caído en desuso. **2.** ECON. Dícese de un medio de producción cuya utilización deja de ser rentable o un bien depreciado debido al avance tecnológico.

**OBSTACULIZAR** v. tr. **[1g]**. Interponer obstáculos para impedir la consecución de algo: *obstaculizar una gestión.*

**OBSTÁCULO** n. m. (lat. *obstaculum*). Lo que hace difícil o imposible el paso, lo que impide o dificulta la realización de algo: *un obstáculo infranqueable; esto no será obstáculo para sus fines.* **2.** DEP. Dificultad que se coloca en la pista, en algunas pruebas de equitación, atletismo, motociclismo, etc.

**OBSTANTE** adj. Que obsta. • **No obstante,** sin que estorbe ni sea impedimento para otra cosa que se enuncia.

**OBSTAR** v. intr. (lat. *obstare*) **[1]**. Impedir, estorbar, oponerse: *todo ello no obsta para que lo intentemos.* (Úsase sólo en oraciones negativas.)

**OBSTETRA** n. m. y f. Médico especialista en obstetricia.

**OBSTETRICIA** n. f. (del lat. *obstetricem,* comadrona). Técnica de la gestación, el parto y el puerperio.

**OBSTÉTRICO, A** adj. Relativo a la obstetricia.

**OBSTINACIÓN** n. f. Mantenimiento tenaz de una resolución, propósito, opinión, empeño, etc.

**OBSTINADO, A** adj. Perseverante, tenaz.

**OBSTINARSE** v. pron. **[1]**. Sostenerse tenazmente en una resolución o en una opinión: *obstinarse en una idea.*

**OBSTRUCCIÓN** n. f. Acción y efecto de obstruir: *la obstrucción de una cañería.* **2.** Táctica utilizada, en las asambleas políticas u otros cuerpos deliberantes, para obstaculizar sistemáticamente la discusión y votación de las leyes u otras resoluciones. **3.** DEP. Acción y efecto de estorbar el paso, de impedir la acción de un contrincante. **4.** DEP. Falta que se produce cuando un deportista obstruye la acción de un contrincante. **5.** MED. Cierre de algún vaso o conducto orgánico.

**OBSTRUCCIONISMO** n. m. Actitud de los que practican la obstrucción política. SIN.: *filibusterismo.*

**OBSTRUCCIONISTA** adj. y n. m. y f. Relativo al obstruccionismo; que practica el obstruccionismo. SIN.: *filibustero.*

**OBSTRUCTOR, RA** adj. y n. Que obstruye.

**OBSTRUIR** v. tr. y pron. (lat. *obstruere*) **[29]**. Situar o colocar un obstáculo: *obstruir el paso; la cañería se ha obstruido.* ◆ v. tr. **2.** *Fig.* Impedir o dificultar una acción.

**OBTENCIÓN** n. f. Acción y efecto de obtener.

**OBTENER** v. tr. (lat. *obtinere*) **[8]**. Llegar a tener cierta cosa, por esfuerzo personal o por concesión de otro: *obtener un diploma; obtener permiso del director.* **2.** Llegar a un resultado en un experimento, en una operación matemática, en un análisis: *obtener un número exacto.* **3.** Extraer de un material algún producto industrial, químico, etc.: *obtener la gasolina del petróleo.*

**OBTENIBLE** adj. Que puede obtenerse.

**OBTURACIÓN** n. f. Acción y efecto de obturar.

**OBTURADOR, RA** adj. Que sirve para obturar. ◆ n. m. **2.** Objeto o dispositivo que sirve para obturar. **3.** Órgano de obturación del cañón de un arma de fuego que se carga por la culata. **4.** Dispositivo de un objetivo fotográfico que permite obtener diferentes tiempos de exposición. **5.** Aparato que sirve para interrumpir la circulación en un conducto de agua, de vapor o de gas.

**OBTURAR** v. tr. y pron. (lat. *obturare*) **[1]**. Tapar o cerrar un orificio o conducto: *obturar la boca del sumidero.*

**OBTUSÁNGULO, A** adj. Dícese de un triángulo que tiene un ángulo obtuso.

**OBTUSIÓN** n. f. SICOL. Lentitud de los procesos intelectuales.

**OBTUSO, A** adj. (lat. *obtusum*). Romo, sin punta. **2.** *Fig.* Torpe, tardo de comprensión. **3.** MAT. Dícese de un ángulo mayor que un ángulo recto.

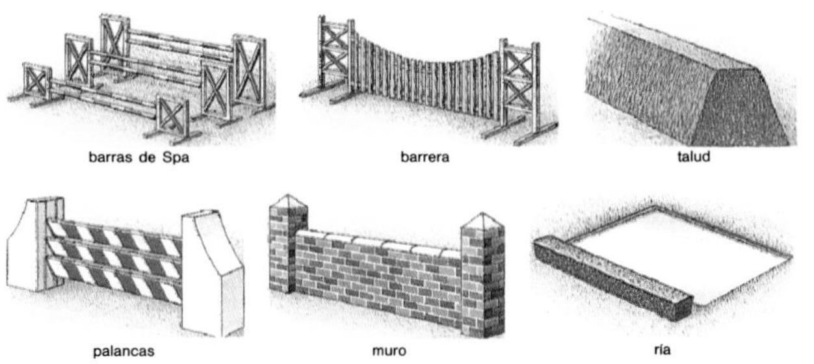


principales **obstáculos** utilizados en los concursos hípicos

**OBÚS** n. m. (fr. *obus;* del alem. *Haubitze*). Pieza de artillería que, en razón de la curvatura de la trayectoria del proyectil que dispara, se puede considerar intermedia entre el cañón y el mortero. **2.** Proyectil disparado por estas piezas.

**OBVENCIÓN** n. f. (lat. *obventionem*). Retribución fija o eventual que se cobra por determinado concepto, además del sueldo. (Suele usarse en plural.)

**OBVIAR** v. tr. (lat. *obviare*) **[1]**. Evitar, soslayar una dificultad u obstáculo: *obviar un inconveniente.*

**OBVIO, A** adj. (lat. *obvium*). Manifiesto, evidente.

**OC** adv. (del ant. provenzal *oc,* que significa *sí*). **Lengua de oc,** conjunto de dialectos románicos del S de Francia, cuyo dominio limita al N con los dialectos de la *lengua de oïl.*

**OCA** n. f. (bajo lat. *auca*). Ganso. **2.** Juego que consiste en avanzar los jugadores su ficha sobre un tablero con casillas dispuestas en espiral y que contienen diversas figuras, entre ellas, cada nueve casillas, una oca. SIN.: *juego de la oca.* • **Paso de la oca,** paso de parada militar en uso en determinados ejércitos, como el alemán y el soviético.

**OCA** n. f. (voz de origen quechua). Planta herbácea de Chile y Perú, de flores amarillentas y tubérculos comestibles, de sabor parecido al de las castañas. (Familia oxalidáceas.) **2.** Raíz de esta planta.

**OCAPI** n. m. Okapi.

**OCARINA** n. f. Instrumento musical de viento, con ocho orificios dispuestos en dos líneas que corresponden a las notas de la escala diatónica.

**OCASIÓN** n. f. (lat. *occasionem;* de *occidere,* caer). Tiempo o lugar al que se asocian determinadas circunstancias: *en cierta ocasión...* **2.** Oportunidad, circunstancia favorable: *buscar la ocasión; aprovechar la ocasión.* **3.** Peligro o riesgo. **4.** Causa o motivo que justifica cierta acción: *dar ocasión para murmurar.* **5.** Objeto vendido a un precio inferior al habitual. • **De ocasión,** que se compra barato o que no es nuevo: *coche de ocasión.*

**OCASIONADOR, RA** adj. y n. Que ocasiona.

**OCASIONAL** adj. Que sucede accidentalmente: *encuentro ocasional.* **2.** Que es apropiado para la ocasión de que se trata: *improvisar un discurso ocasional.* **3.** Que se dice de una manera improvisada y evasiva: *respuesta ocasional.* • **Causa ocasional** (FILOS.), causa cuya acción consiste no en producir el efecto, sino en dar a la causa eficiente la ocasión de actuar.

**OCASIONALISMO** n. m. FILOS. Doctrina de las causas ocasionales.

**OCASIONALISTA** adj. y n. m. y f. Relativo al ocasionalismo; partidario de esta doctrina.

**OCASIONAR** v. tr. **[1]**. Ser causa o motivo de algo: *ocasionar la muerte, la ruina, un disgusto.* **2.** Mover o excitar: *ocasionar la risa.* **3.** Poner en peligro.

**OCASO** n. m. Puesta del sol por el horizonte. **2.** Occidente, punto cardinal. **3.** *Fig.* Decadencia, inclinación: *el ocaso del Imperio romano.*

**OCCIDENTAL** adj. y n. m. y f. De occidente: *cultura occidental.* ◆ adj. **2.** Situado en el occidente: *la parte occidental del edificio.*

**OCCIDENTALISMO** n. m. Movimiento reformador ruso que se desarrolló en tiempo de Nicolás I.

**OCCIDENTALISTA** adj. y n. m. y f. Relativo al occidentalismo; partidario de este movimiento.

**OCCIDENTALIZAR** v. tr. y pron. **[1g]**. Transformar según las ideas y la civilización de occidente.

**OCCIDENTE** n. m. (lat. *occidentem*). Punto cardinal del horizonte por donde se pone el sol en los días equinocciales. **2.** Lugar de la Tierra o de la esfera terrestre que, respecto de otro con el cual se compara, cae hacia donde se pone el sol. **3.** Conjunto de países de Europa occidental y de América del Norte. • **Iglesia de Occidente,** las iglesias de rito latino (por oposición a las iglesias de rito oriental).

**OCCIPITAL** adj. Relativo al occipucio. • **Agujero occipital,** orificio del hueso occipital, por donde pasa el tronco cerebral. ‖ **Lóbulo occipital,** lóbulo posterior del cerebro, en el que se localizan los centros visuales. ◆ adj. y n. m. **2.** Dícese del hueso que forma la pared posterior e inferior del cráneo.

**OCCIPUCIO** n. m. Parte inferior y posterior de la cabeza.

**OCCISIÓN** n. f. Muerte violenta.

**OCCISO, A** adj. y n. Muerto violentamente.

**OCCITANO, A** adj. y n. De Occitania. ◆ n. m. **2.** Lengua de oc.

**OCCITÓCICO, A** adj. y n. m. Oxitócico.

**OCCITOCINA** n. f. Oxitocina.

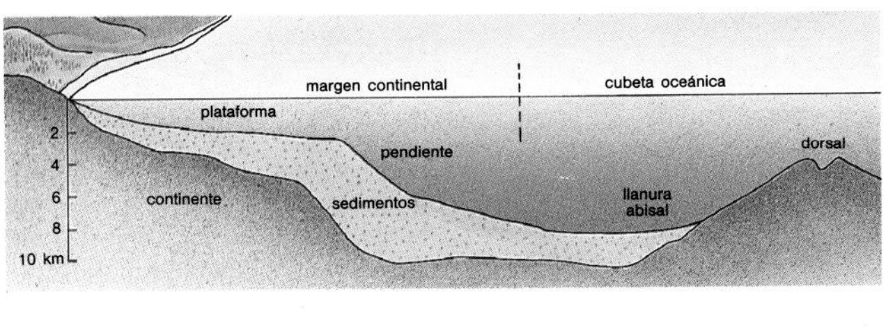


**océano:** grandes formas del relieve submarino

**OCEÁNICO, A** adj. Relativo al océano. • **Clima oceánico,** en las zonas templadas, clima de las vertientes occidentales de los continentes, caracterizado por veranos frescos, inviernos suaves, lluvias finas y abundantes, distribuidas regularmente a lo largo del año, con un máximo en la estación fría y una preponderancia de los vientos del O.

**OCEÁNICO, A** adj. De Oceanía.

**OCEANICULTURA** n. f. Cultivo de las plantas y animales oceánicos, para alimento u otros fines.

**OCÉANO** n. m. (lat. *oceanum;* del gr. *ōkeanos*). Vasta extensión de agua salada que cubre unas tres cuartas partes del globo terrestre. **2.** Cada una de las grandes subdivisiones de esta masa. **3.** *Fig.* Gran extensión de algo: *un océano de vegetación.*

■ Los océanos (Pacífico, Atlántico e Índico) ocupan el 71 % de la superficie terrestre. Se distinguen cuatro grandes tipos de relieves submarinos: la *plataforma continental,* poco profunda y de pendiente suave; el *talud continental,* de pendiente más pronunciada, y las *llanuras abisales,* de 5 000 a 6 000 m de profundidad, que están accidentadas por las *dorsales medio-oceánicas,* verdaderas cordilleras submarinas que a veces emergen formando islas. Finalmente, en determinados puntos de la base de las cordilleras recientes se abren *fosas oceánicas,* que pueden sobrepasar los 10 000 m de profundidad (–11 022 m en la fosa de las Marianas). El agua del mar contiene por término medio 35 g/l de sales disueltas; su temperatura es variable, pero se estabiliza hacia los 3 000 o 4 000 m en unos 4 °C. Menos sensibles a las diferencias térmicas que los continentes, los océanos ejercen una función de termoreguladora a escala del globo terrestre.

**OCEANOGRAFÍA** n. f. Estudio físico, químico y biológico de las aguas y de los fondos marinos.

**OCEANOGRÁFICO, A** adj. Relativo a la oceanografía.

**OCEANÓGRAFO, A** n. Especialista en oceanografía.

**OCEANOLOGÍA** n. f. Conjunto de las disciplinas científicas y de las técnicas relativas al estudio y a la utilización de los océanos.

■ Vasto dominio de las ciencias de la Tierra, la oceanología no se ha desarrollado verdaderamente hasta hace unas décadas. Sus objetivos son tres: el *estudio del fondo marino y de los litorales,* analizados en cuanto a sus formas (ecosondeo, sondeo, batimetría, sonografía, etc.), sus estructuras (anomalías magnéticas, campos sísmicos, perforaciones, etc.) y su cobertura sedimentaria (extracciones, dragados); el *estudio de las aguas* en cuanto a su naturaleza físico-química (salinidad, temperatura, densidad, masas, balance hidrológico), sus movimientos (corrientes superficiales y profundas, olas, mareas) y sus relaciones con la atmósfera en el marco de las investigaciones climatológicas; y el *estudio de las especies animales y vegetales* que viven en el fondo (bentos), que flotan (plancton) o que nadan en sus aguas (necton), cuyo objetivo, más que clasificar y establecer el repertorio de las especies, consiste en definir la productividad de la materia viva (biomasa) en función de las condiciones ecológicas (energía térmica, sales nutritivas), a fin de mejorar la pesca y desarrollar técnicas de acuicultura. A los datos de los buques oceanográficos se agregan los obtenidos a partir de una red de boyas o satélites (teledetección).

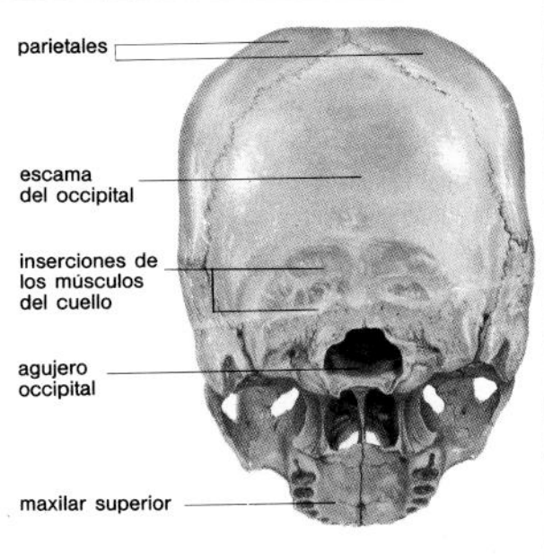


hueso **occipital**

**OCEANÓLOGO, A** n. Especialista en oceanología.

**OCELADO, A** adj. Que posee ocelos.

**OCELO** n. m. (lat. *ocellum;* de *oculum,* ojo). Órgano visual rudimentario de numerosos artrópodos (larvas de insectos, arácnidos, etc.). **2.** Mancha redonda de las alas de algunos insectos, del plumaje de ciertas aves, etc.

**OCELOTE** n. m. (náhuatl *ocelot*). Mamífero carnívoro, de 65 cm de long., pelaje gris con motas rojizas rodeadas de negro y muy apreciado en peletería. SIN.: *gatopardo, onza.* **2.** Piel de este animal.

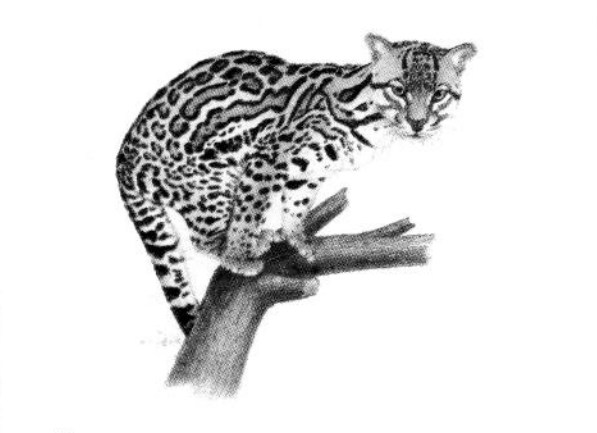

**ocelote**

**OCHAVA** n. f. Octava parte de un todo. **2.** Chaflán de un edificio. **3.** Parte de la acera correspondiente al chaflán.

**OCHAVADO, A** adj. Que tiene ocho ángulos iguales, cuatro lados alternados iguales y los otros cuatro también iguales entre sí: *figura ochavada.*

**OCHAVAR** v. tr. **[1]**. Dar forma ochavada.

**OCHAVO** n. m. Nombre vulgar de las piezas de dos maravedís acuñadas en España desde los Reyes Católicos hasta Isabel II. **2.** Pez de unos 15 cm de long., cuerpo ovalado y comprimido y hocico parecido al de los cerdos, que se pesca a lo largo del litoral de la península Ibérica. (Familia caproidos.) **3.** *Fig.* Dinero.

**OCHAVÓN, NA** adj. y n. Dícese del mestizo hijo de blanco y cuarterona o de cuarterón y blanca.

**OCHENTA** adj. num. card. y n. m. (bajo lat. *octaginta*). Ocho veces diez. ◆ adj. num. ordin. y n. m. **2.** Octogésimo: *página ochenta.* **3.** Dícese de la década que empieza en el año ochenta y termina en el noventa.

**OCHENTAVO, A** adj y n. Dícese de cada una de las ochenta partes iguales en que se divide un todo.

**OCHENTÓN, NA** adj. y n. Octogenario.

**OCHO** adj. num. cardin. y n. m. (lat. *octo*). Siete y uno. ◆ adj. num. ordin. y n. m. **2.** Octavo: *el lugar ocho.* • **Super ocho** (CIN.), formato de película de aficionado, superior al modelo corriente de 8 mm. (Se escribe también *super 8.*) ‖ **Vendaje en ocho**

(CIR.), tipo de apósito en el que las vueltas de la venda se cruzan en figuras de 8.

**OCHO** n. m. *Méx.* Pajarillo idérido propio de las tierras cálidas.

**OCHOCIENTOS, AS** adj. num. cardin. y n. m. Ocho veces ciento. ◆ n. m. **2.** Denominación que se aplica al arte, la literatura y, en general, la historia y la cultura del s. XIX.

**OCIO** n. m. (lat. *otium*). Estado de la persona inactiva: *darse al ocio.* **2.** Tiempo libre, fuera de las obligaciones y ocupaciones habituales: *ocupar el ocio en la práctica de un deporte.*

**OCIOSEAR** v. intr. **[1]**. Andar ocioso, flojear.

**OCIOSIDAD** n. f. Permanencia en el ocio o inactividad. **2.** Lo que se hace en momentos de ocio. (Suele usarse en plural.)

**OCIOSO, A** adj. y n. Que está en ocio, inactivo: *gente ociosa.* **2.** Desocupado, exento de obligaciones. ◆ adj. **3.** Inútil, trivial: *una cuestión ociosa; es ocioso insistir.*

**OCLUIR** v. tr. y pron. (lat. *occludere*) **[29]**. Cerrar un orificio o el conducto de un canal.

**OCLUSIÓN** n. f. Acción y efecto de ocluir: *la oclusión de una vía de desagüe.* **2.** CIR. Operación que consiste en ocluir temporalmente el orificio de los párpados de un enfermo afectado de queratitis. **3.** FONÉT. Cierre momentáneo de los órganos de fonación. **4.** GEOGR. Fin de una perturbación ciclonal, o frente que se forma cuando un frente frío se sobrepone a uno caliente. **5.** MED. Obturación patológica de un conducto o de una abertura natural. **6.** QUÍM. Propiedad que poseen ciertos sólidos de absorber los gases.

**OCLUSIVO, A** adj. Relativo a la oclusión. **2.** Que produce oclusión. ◆ adj. y n. f. **3.** Dícese de los sonidos o de las consonantes cuya fase característica de emisión implica la oclusión de los órganos de la fonación. (A esta categoría pertenecen los fonemas *p, t, k, b, d* y *g.*)

**OCO** n. m. *Colomb.* Vasija de calabaza.

**OCOMISTLE** n. m. *Méx.* Ardilla de gran agresividad que vive en los ocotales.

**OCOSIAL** n. m. *Perú.* Terreno húmedo y deprimido, con alguna vegetación.

**OCOTAL** n. m. *Guat.* y *Méx.* Terreno poblado de ocotes.

**OCOTE** n. m. *Guat.* y *Méx.* Pino de distintas especies, de madera resinosa que, seca, se emplea para encender fuegos.

**OCOTE** n. m. *Argent.* Tripa gruesa, asadura. **2.** *Argent. Vulg.* Ano.

**OCOZOAL** n. m. *Méx.* Culebra de cascabel que suele habitar en los lugares húmedos.

**OCRÁCEO, A** adj. De color parecido al ocre.

**OCRE** n. m. (fr. *ocre;* del gr. *ōkhra*). Variedad de arcilla rica en hematites (ocre rojo) o en limonita (ocre amarillo, tierra de Siena), utilizada en pintura. ◆ adj. y n. m. **2.** De color amarillo o naranja mezclado con marrón.

**OCTAÉDRICO, A** adj. Que tiene la forma del octaedro.

**OCTAEDRO** n. m. y adj. MAT. Sólido de ocho caras. • **Octaedro regular,** octaedro que tiene por caras triángulos equiláteros iguales.

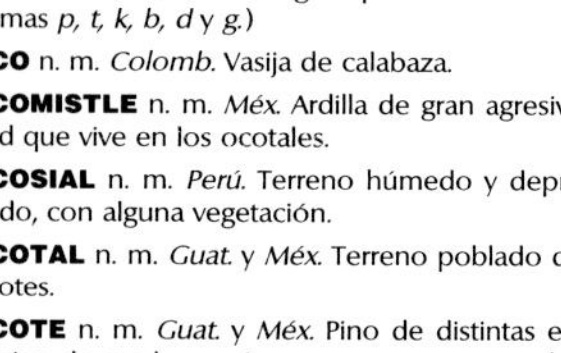

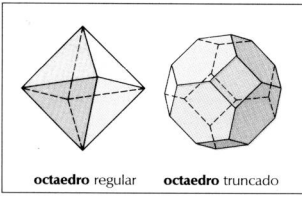

**octaedro** regular **octaedro** truncado

**OCTAGONAL** u **OCTOGONAL** adj. Que tiene la forma de un octágono.

**OCTÁGONO** u **OCTÓGONO** n. m. y adj. MAT. Polígono que tiene ocho ángulos y, por lo tanto, ocho lados.

**OCTANO** n. m. Hidrocarburo saturado ($C_8H_{18}$) que existe en los aceites de petróleo. • **Índice de octano,** índice que mide el valor antidetonante de los combustibles por comparación con el de un carburante patrón.

**OCTANTE** n. m. Instrumento náutico, fundado en el principio de la doble reflexión, y análogo al sextante, pero cuyo sector comprende únicamente la octava parte del círculo (45°).

**OCTAVA** n. f. LING. Estrofa compuesta por ocho versos endecasílabos. **2.** MÚS. Octavo grado de la escala diatónica, que lleva el mismo nombre que el primero. **3.** MÚS. Conjunto de notas contenidas en un intervalo de ocho grados. **4.** REL. Período de ocho días que se prolonga en cada una de las principales fiestas del año. **5.** REL. El último de estos ocho días.

**OCTAVARIO** n. m. Período de ocho días. **2.** REL. Función religiosa que se celebra durante ocho días seguidos en honor de algún santo.

**OCTAVILLA** n. f. Octava parte de un pliego de papel. **2.** Impreso de propaganda política o social. **3.** En Valencia y su provincia, guitarra con seis cuerdas dobles, de acero. • **Octavilla aguda,** o **italiana** (MÉTRIC.), estrofa de ocho versos de arte menor, aunque admite a veces el decasílabo y el eneasílabo.

**OCTAVO, A** adj. num. ordin. y n. m. (lat. *octavum*). Que ocupa el último lugar en una serie ordenada de ocho. ◆ adj. y n. m. **2.** Dícese de cada una de las ocho partes iguales en que se divide un todo. ◆ n. m. **3.** **En octavo,** dícese del pliego impreso que ha recibido tres dobleces y consta, por consiguiente, de 8 hojas o 16 páginas. || **Octavo de final,** primera eliminatoria de una competición o torneo deportivos, en la que toman parte 16 participantes o equipos. (Suele usarse en plural.)

**OCTETO** n. m. FÍS. Conjunto de ocho electrones que forman, en ciertos átomos o en ciertos iones, una capa exterior particularmente estable. **2.** INFORMÁT. Elemento de información de ocho bits. **3.** MÚS. Composición vocal o instrumental a ocho voces. **4.** MÚS. Formación de cámara, compuesta por ocho cantantes o instrumentistas.

**OCTOCORALARIO, A** adj. y n. m. Relativo a un orden de cnidarios que presentan ocho tentáculos móviles, como el coral.

**OCTOGENARIO, A** adj. y n. Que se halla entre los ochenta y los noventa años de edad: *persona octogenaria.*

**OCTOGÉSIMO, A** adj. num. ordin. y n. m. Que ocupa el último lugar en una serie ordenada de ochenta. ◆ adj. y n. m. **2.** Dícese de cada una de las ochenta partes iguales en que se divide un todo.

**OCTÓPODO, A** adj. y n. m. Relativo a un orden de moluscos cefalópodos con concha interna rudimentaria o nula, y corona de tentáculos formada por ocho brazos iguales. (El *pulpo* pertenece a dicho orden.)

**OCTOSILÁBICO, A** adj. De ocho sílabas. **2.** Relativo al verso octosílabo. **3.** Escrito en octosílabos.

**OCTOSÍLABO, A** adj. Octosilábico. ◆ adj. y n. m. **2.** Verso que tiene ocho sílabas.

**OCTUBRE** n. m. (lat. *octobrem*). Décimo mes del año, de treinta y un días.

**ÓCTUPLE** u **ÓCTUPLO** adj. Que contiene ocho veces una cantidad.

**OCULAR** adj. Relativo al ojo: *globo ocular.* • **Testigo ocular,** el que ha presenciado los hechos que se refieren. ◆ n. m. **2.** Sistema óptico de una lente, de un microscopio, etc., colocado en la parte a la que se aplica el ojo del observador, y que sirve para examinar la imagen que ofrece el objetivo.

**OCULISTA** n. m. y f. y adj. Oftalmólogo.

**ÓCULO** u **OCULUS** n. m. (lat. *oculum*). Ventana circular pequeña.

**OCULÓGIRO, A** adj. Relativo a la rotación lateral de los ojos hacia la derecha o hacia la izquierda.

**OCULOMOTOR, TRIZ** adj. Relativo a la motricidad de los ojos.

**OCULTACIÓN** n. f. Acción y efecto de ocultar. **2.** ASTRON. Desaparición momentánea de un astro como consecuencia del paso por delante de él de otro astro de diámetro aparentemente superior. **3.** DER. Acción de ocultar bienes y otras cosas para eludir el pago de los impuestos o para evitar una reivindicación. • **Luz de ocultación,** o **de ocultaciones,** luz de balizamiento o de faro que a intervalos regulares experimenta un eclipse total.

**OCULTADOR, RA** adj. y n. Que oculta. ◆ n. m. **2.** Papel negro que, recortado de diversos modos, permite sacar en la copia sólo una parte de la fotografía.

**OCULTAR** v. tr. y pron. (lat. *occultare*) **[1]**. Impedir que sea vista una persona o cosa. **2.** ASTRON. Producir la ocultación. ◆ v. tr. **3.** Callar intencionadamente alguna cosa: *ocultar los hechos, un problema.* **4.** Evitar la manifestación externa de sentimientos, deseos, etc.: *ocultar el dolor, una intención.*

**OCULTIS. De ocultis,** disimuladamente, en secreto.

**OCULTISMO** n. m. Estudio y práctica de las ciencias ocultas.

**OCULTISTA** adj. y n. m. y f. Relativo al ocultismo; que practica el ocultismo.

**OCULTO, A** adj. (lat. *occultum*). Que está tapado por algo de forma que no se deja ver: *estar oculto tras un muro.* **2.** Que no se comprende, secreto, misterioso: *poder oculto.* • **Ciencias ocultas,** la alquimia, la magia, la nigromancia, la astrología, la cábala, la adivinación, el espiritismo, etc., que se basan en pruebas no experimentales.

**OCUMO** n. m. *Venez.* Planta comestible de tallo corto y flores amarillas. (Familia aráceas.)

**OCUPACIÓN** n. f. Acción y efecto de ocupar. **2.** Trabajo o actividad en que uno emplea el tiempo: *tener muchas ocupaciones.* **3.** Empleo u oficio: *nivel bajo de ocupación.* **4.** Permanencia en un territorio de ejércitos extranjeros que, sin anexionarse aquél, intervienen en su vida pública y la dirigen. **5.** En general, toma de una fortaleza o posición. **6.** DER. Modo originario de adquirir la propiedad por la aprehensión de un bien sin dueño, con el ánimo de apropiárselo. • **Nivel de ocupación** (ECON.), grado de absorción del factor trabajo en las actividades productivas.

**OCUPACIONAL** adj. Relativo a la ocupación, actividad, empleo.

**OCUPADO, A** adj. Atareado. **2.** Dícese de la línea telefónica que, al ser probada, da la señal especial intermitente de estar comunicando. • **Vía ocupada** (F.C.), sección de vía donde se encuentra por lo menos un vehículo, y en la que, por consiguiente, no puede entrar otro tren sin mediar ciertas precauciones.

**OCUPANTE** adj. y n. m. y f. Que ocupa: *tropas ocupantes; los ocupantes de un coche.*

**OCUPAR** v. tr. (lat. *occupare*) **[1]**. Tomar posesión, instalarse en un sitio por la fuerza: *ocupar una fortaleza.* **2.** Llenar un espacio o lugar: *ocupar un asiento.* **3.** Habitar, estar instalado en una casa o habitación: *ocupar un piso.* **4.** Ejercer un empleo o cargo: *ocupar altos cargos administrativos.* **5.** Requerir, llevarle a alguien una actividad cierto tiempo o trabajo: *ese asunto me ocupó toda la tarde.* **6.** Emplear, proporcionar trabajo: *esta fábrica ocupa a cien obreros.* ◆ **ocuparse** v. pron. **7.** Emplearse en algún trabajo: *ocuparse de una difícil tarea.* **8.** Cuidar, atender: *ocuparse de los niños, del jardín.* **9.** Tratar, hablar o escribir sobre un tema: *este libro se ocupa de arte.*

**OCURRENCIA** n. f. Hecho de suceder algo. **2.** Cosa que sucede. **3.** Idea de hacer algo que se le ocurre a una persona. **4.** Pensamiento, dicho agudo o gracioso que se dice circunstancialmente: *reírse de las ocurrencias de alguien.*

**OCURRENTE** adj. Gracioso, oportuno: *idea, persona ocurrente.* ◆ adj. y n. m. y f. **2.** Que ocurre. • **Fiestas ocurrentes** (LITURG.), fiestas que caen en el mismo día.

**OCURRIR** v. intr. (lat. *ocurrere*) **[3]**. Suceder, acontecer: *ocurrir un percance.* **2.** Prevenir, anticipar o salir al encuentro. ◆ v. intr. y pron. **3.** Venir a la mente un pensamiento, una idea: *ocurrírsele a alguien una solución.*

**ODA** n. f. (gr. *ōidē*, canto). Poema lírico, dividido en estrofas, destinado a celebrar grandes acontecimientos o a importantes personajes (odas heroicas), o bien a expresar sentimientos más familiares (odas anacreónticas). **2.** ANT. Poema destinado a ser cantado.

**ODALISCA** n. f. (fr. *odalisque;* del turco *ōdaliq*). Esclava vinculada al servicio de las mujeres del sultán en la Turquía otomana.

**ODEÓN** n. m. (gr. *ōdeion*). Edificio con gradas, cubierto, generalmente de planta semicircular, destinado en la antigüedad a audiciones musicales.

**ODIAR** v. tr. **[1]**. Sentir odio: *odiar a alguien; odiar la mentira.*

**ODIO** n. m. (lat. *odium*). Sentimiento que impulsa a desear el mal de alguien, o a alegrarse de su desgracia. **2.** Viva repugnancia hacia alguna cosa.

**ODIOSIDAD** n. f. Calidad de odioso. **2.** Odio.

**ODIOSO, A** adj. Digno de odio. **2.** Antipático, desagradable. **3.** DER. Que contraría los designios o las presunciones que las leyes favorecen.

**ODISEA** n. f. (de *Odisea*, poema de Homero). Serie de sucesos penosos y molestos: *vivir una peligrosa odisea.*

**ODÓGRAFO** n. m. Trazado de un camino recorrido o por recorrer.

**ODOLIOMETRÍA** n. f. (de gr. *hodos*, camino, *leios*, liso, y *metron*, medida). Técnica que permite determinar y medir el grado y condiciones en que es resbaladizo el piso de las carreteras, calzadas, calles, etc.

**ODÓMETRO** n. m. Podómetro.

**ODONATO, A** adj. y n. m. Relativo a un orden de insectos de larva acuática, que no presentan ninfosis, y que en estado adulto tienen dos pares de alas transversales.

**ODONTALGIA** n. f. Sensación dolorosa localizada en una pieza dentaria.

**ODONTÁLGICO, A** adj. Relativo a la odontalgia.

**ODONTOIDE** adj. Que tiene forma de diente. • **Apófisis odontoide,** prominencia que presenta la segunda vértebra cervical.

**ODONTOLOGÍA** n. f. Estudio de los dientes, de sus enfermedades y de su tratamiento.

**ODONTOLÓGICO, A** adj. Relativo a la odontología: *gabinete odontológico.*

**ODONTÓLOGO, A** n. y adj. Médico especializado en odontología. SIN.: *dentista.*

**ODONTÓMETRO** n. m. Instrumento utilizado por los filatelistas para medir el número de dientes de un sello de correos y la distancia que los separa.

**ODORÍFERO, A** u **ODORÍFICO, A** adj. Aromático.

**ODORIZACIÓN** n. f. Operación de refino que consiste en conferir un olor especial a un producto merced a un odorizante.

**ODORIZANTE** n. m. y adj. Producto incorporado a un gas para conferirle un olor característico y facilitar así la detección de los escapes en los aparatos de utilización.

**ODRE** n. m. (lat. *utrem*). Piel, en general de cabra, que, cosida y empegada, se usa para contener líquidos (vino, aceite). **2.** *Fig.* y *fam.* Persona borracha.

**OERSTED** n. m. (de Ch. *Oersted*, físico danés). Unidad de medida CGS electromagnética de intensidad de campo magnético.

**OERSTITA** n. f. Acero especial con adición de cobalto y titanio, de elevado campo coercitivo y gran imantación remanente, usado en la fabricación de imanes permanentes.

**OESNOROESTE** n. m. Punto del horizonte equidistante del O y del NO (abrev. ONO). ◆ adj. y n. m. **2.** Dícese del viento que sopla de esta parte.

**OESTE** n. m. Occidente, punto cardinal (abrev. O; internacionalmente, W). **2.** Occidente, lugar hacia donde se pone el sol. ◆ adj. y n. m. **3.** Dícese del viento que sopla de occidente.

**OESUROESTE** u **OESUDOESTE** n. m. Punto del horizonte equidistante del O y del SO (abrev. OSO). ◆ adj. y n. m. **2.** Dícese del viento que sopla de esta parte.

**OFENDER** v. tr. (lat. *offendere*, chocar, atacar) **[2]**. Causar daño a la dignidad, al honor de alguien o herir su susceptibilidad. **2.** Dañar físicamente. **3.** Impresionar algo desagradablemente los sentidos: *olores que ofenden.* ◆ **ofenderse** v. pron. **4.** Sentirse herido en su dignidad, molestarse.

**OFENSA** n. f. (lat. *offensam*). Acción y efecto de ofender u ofenderse. **2.** Acto o palabra que ofende.

**OFENSIVA** n. f. Acción y efecto de atacar. **2.** MIL. Modo de acción de las fuerzas armadas al efectuar un movimiento de ataque sobre las posiciones del enemigo con intención de conquistarlas y destruirlas. • **Tomar la ofensiva,** emprender un ataque contra alguien; ser el primero en alguna competencia o pugna.

**OFENSIVO, A** adj. Que ofende o puede ofender: *palabras ofensivas.* **2.** Que ataca, que sirve para atacar: *armas ofensivas.*

instalaciones petrolíferas **off-shore** (costa del emirato de Dibay)

**OFENSOR, RA** u **OFENDEDOR, RA** adj. y n. Que ofende.

**OFERENTE** adj. y n. m. y f. (lat. *offerentem*). Que ofrece.

**OFERTA** n. f. Proposición que se hace a alguien: *ha recibido interesantes ofertas de varias empresas.* **2.** Ofrecimiento de algo en venta. **3.** Don, regalo. **4.** Promesa de dar o de hacer algo: *mi oferta de acompañarte sigue en pie.* **5.** Producto a precio rebajado. (Úsase también con las prep. *de* y *en.*) **6.** DER. CIV. Proposición unilateral que una persona hace a otra para celebrar un contrato. **7.** DER. CIV. Objeto de la proposición hecha de esta forma. **8.** ECON. Cantidad de un bien o servicio que los sujetos económicos están dispuestos a vender a un precio en un mercado y en un tiempo determinados. • **Ley de la oferta y la demanda,** ley económica que determina el precio en que se equilibran el volumen de la oferta de un producto (o de un servicio) y el de la demanda. ‖ **Oferta pública de adquisición (O.P.A.),** técnica por la cual una persona física o jurídica pone públicamente en conocimiento de los accionistas de una sociedad que está dispuesto, durante un período de tiempo determinado, a adquirir sus títulos a un precio prefijado. ‖ **Oferta pública de venta (O.P.V.),** operación por la cual una persona física o jurídica que posee acciones de una sociedad con cotización en bolsa propone públicamente la venta de una cantidad importante de dichas acciones a un precio fijado y según ciertas modalidades.

**OFERTAR** v. tr. **[1]**. Ofrecer en venta un producto de comercio. **2.** *Amér.* Ofrecer, dedicar algo a Dios o a un santo. **3.** *Amér.* Ofrecer, prometer algo. **4.** *Amér.* Ofrecer, dar voluntariamente una cosa.

**OFERTORIO** n. m. Parte de la misa durante la cual el sacerdote ofrece a Dios el pan y el vino que deben ser consagrados. **2.** Ritos y oraciones que constituyen esta parte de la misa. **3.** Antífona con que empieza la segunda parte de la misa.

**OFF** (voz inglesa). **En off,** en lenguaje cinematográfico, teatral, etc., voz, ruido o diálogo cuyo origen es exterior a la escena presentada: *voz en off.*

**OFF LINE** adj. (voces inglesas que significan *fuera de línea, desconectado*). INFORMÁT. Que no se encuentra bajo el control de una computadora central. (Se utiliza en oposición a *on line.*)

**OFF SIDE** n. m. (voces inglesas que significan *fuera de lugar, fuera de sitio*). DEP. Fuera de juego. (Suele castellanizarse ORSAI.)

**OFF THE RECORD** adj. (voces inglesas que significan *fuera de registro*). En el lenguaje periodístico, dícese de las informaciones, declaraciones, etc., que no se hacen públicas.

**OFFICE** n. m. (voz francesa). Habitación contigua a la cocina, destinada a los servicios auxiliares.

**OFFSET** n. m. y adj. (voz inglesa, *repinte, reporte*). ART. GRÁF. Procedimiento de impresión indirecta por intermedio de una mantilla de caucho que toma la tinta aplicada a la plancha y la transfiere a su vez al papel. • **Máquina offset,** máquina de imprimir por el procedimiento offset. ‖ **Offset en seco,** procedimiento de impresión offset sin baño de la plancha. ‖ **Papel offset,** papel que se emplea en la impresión por el procedimiento offset.

**OFF-SHORE** adj. (voz inglesa, *a una cierta distancia de la costa*). Dícese de la parte de la industria del petróleo que comprende la prospección, el sondeo y la explotación de los yacimientos submarinos situados a lo largo de las costas. **2.** Dícese del sector bancario establecido en el extranjero y no sometido a la legislación nacional. (Se denomina también *plaza financiera internacional.*)

**OFICIAL** adj. Que procede del gobierno o de la autoridad competente: *boletín oficial del estado.* **2.** Dícese de aquello cuyo carácter auténtico o formal está públicamente reconocido por una autoridad: *una nota oficial.* **3.** Dícese de las instituciones, centros de enseñanza, edificios, etc., que se sufragan con fondos públicos y dependen del estado. ◆ adj. y n. m. y f. **4.** *Méx.* Formal, establecido: *novio oficial.* ◆ n. m. **5.** En determinados oficios, el que tiene el grado intermedio entre aprendiz y maestro. **6.** En los cuerpos administrativos, el que desempeña la categoría intermedia entre auxiliar y jefe. **7.** MAR. En la marina mercante, el que ejerce a bordo un cargo técnico. **8.** MIL. Título y función de un militar que ha recibido misión y responsabilidad de mando, y que posee cualquiera de los empleos desde alférez a capitán general. • **Oficial de justicia,** funcionario de la administración de justicia. ‖ **Oficial de sala,** auxiliar de los tribunales colegiados, de grado jerárquico inferior al del secretario. ‖ **Oficial público** *(Argent.)*, funcionario autorizado para dar fe.

**OFICIALA** n. f. En determinados oficios, la que tiene el grado intermedio entre aprendiza y maestra.

**OFICIALATO** n. m. MIL. Dignidad de oficial.

**OFICIALÍA** n. f. Cargo o categoría de oficial.

**OFICIALIDAD** n. f. Carácter o calidad de oficial: *la oficialidad de una orden.* **2.** MIL. Conjunto de oficiales de las fuerzas armadas, de un ejército o de una unidad orgánica del mismo.

**OFICIALISTA** adj. Progubernamental.

**OFICIALIZAR** v. tr. **[1g]**. Dar carácter o validez oficial a algo: *oficializar una lengua.*

**OFICIANTE** adj. y n. m. Que preside un oficio litúrgico.

**OFICIAR** v. tr. **[1]**. Comunicar una cosa oficialmente por escrito. **2.** LITURG. Celebrar el sacerdote la misa, o asistirlo en la celebración. ◆ v. intr. **3.** *Fig.* y *fam.* Actuar con el carácter que se determina: *oficiar de conciliador.*

**OFICINA** n. f. (lat. *officinam*, taller). Local destinado a trabajos de tipo administrativo. **2.** Lugar donde se trabaja, prepara o gestiona algo. **3.** Laboratorio de farmacia.

**OFICINAL** adj. Relativo a la oficina de farmacia. **2.** Dícese de los medicamentos cuya fórmula figura en el códex, por oposición a los magistrales. **3.** Dícese de las plantas que se emplean en farmacia como medicinales.

**OFICINESCO, A** adj. *Desp.* Propio de oficinas: *rutina oficinesca.*

**OFICINISTA** n. m. y f. Persona empleada en una oficina.

**OFICIO** n. m. (lat. *officium*). Profesión mecánica o manual. **2.** Ocupación habitual. **3.** Función propia de alguna cosa. **4.** Habilidad que se adquiere por el ejercicio habitual de una actividad: *tener un actor mucho oficio.* **5.** Comunicación oficial escrita. **6.** LITURG. Conjunto de ceremonias y oraciones litúrgicas, especialmente las de semana santa: *asistir a los oficios.* • **Buenos oficios,** mediación en forma unilateral por parte de un tercero para intentar un entendimiento o arreglo amistoso entre personas en discordia. || **De oficio,** a costas del estado: *le nombraron un abogado defensor de oficio.* || **Gajes del oficio,** molestias o perjuicios que se experimentan con motivo del empleo u ocupación. || **Ni oficio ni beneficio** o **sin oficio ni beneficio** (*Fam.*), no tener profesión o empleo. || **Oficio divino** (LITURG.), conjunto de oraciones y ceremonias que constituyen el día y el año litúrgicos, y son la oración oficial de la Iglesia. || **Oficio palatino** (HIST.), administración central del reino hispanovisigodo.

**OFICIOSIDAD** n. f. Calidad de oficioso. **2.** Acto oficioso.

**OFICIOSO, A** adj. Que proviene de una autoridad, pero sin tener carácter oficial: *noticia oficiosa.* **2.** Que interviene como mediador. **3.** Dícese de la persona que se entromete en asuntos ajenos sin haber sido solicitada. **4.** Solícito en ser agradable o en halagar a alguien. **5.** En lenguaje diplomático, dícese de la benévola mediación de una tercera potencia que practica amistosas diligencias en pro de la armonía entre otras.

**OFICLEIDO, OFICLEIDE** u **OFIGLE** n. m. Instrumento musical de viento, con llaves, hecho de cobre.

**OFÍDICO, A** u **OFIDIANO, A** adj. Relativo a los ofidios.

**OFIDIO, A** adj. y n. m. Relativo a un suborden de reptiles escamosos de cuerpo alargado, cilíndrico y sin extremidades, como las serpientes.

**OFIMÁTICA** n. f. Conjunto de técnicas informáticas utilizadas para facilitar los trabajos de oficina en el campo de la producción, almacenamiento y memorización de textos. SIN.: *automatización de oficinas, burótica.*

**OFIOLITA** n. f. GEOL. En las cadenas montañosas, secuencia de rocas eruptivas que comprende, de abajo arriba, rocas ultrabásicas, gabros y basaltos, considerada generalmente como un fragmento de corteza oceánica que ha sufrido dislocaciones tectónicas.

**OFIOLÍTICO, A** adj. Relativo a las ofiolitas.

**OFIOLOGÍA** n. f. Estudio de las serpientes.

**OFIURO, A** adj. y n. m. Relativo a un orden de equinodermos caracterizados por su cuerpo discoidal del que parten cinco brazos serpentiformes.

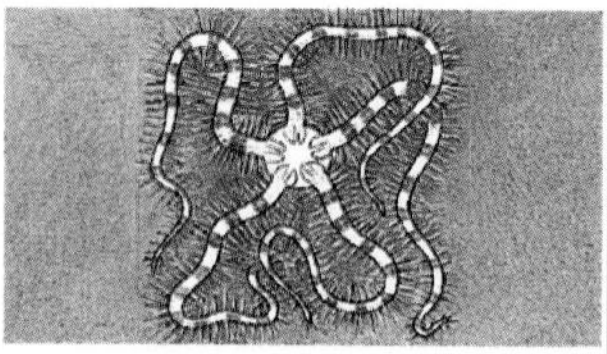
**ofiuro**

**OFLAG** n. m. (voz alemana). En Alemania, durante las dos guerras mundiales, campo de oficiales prisioneros de guerra.

**OFRECEDOR, RA** adj. y n. Que ofrece.

**OFRECER** v. tr. y pron. (lat. *offerre*) **[2m]**. Poner algo o ponerse a disposición de alguien sin que éste lo haya solicitado. **2.** Mostrar, presentar algo cierta característica, aspecto, etc.: *la ciudad ofrecía un aspecto desolado.* ◆ v. tr. **3.** Dar una fiesta, banquete, etc., en honor a alguien. **4.** Proponer determinada suma para adquisición de algo. **5.** Prometer, obligarse: *me ofreció cambiar de actitud si le ayudaba.* **6.** Proporcionar, deparar: *el viaje me ofreció la oportunidad de conocer nuevos ambientes.* **7.** REL. Inmolar, sacrificar. **8.** REL. Dedicar a consagrar a Dios o a un santo las obras que se hacen, un objeto piadoso, o el daño que se padece. ◆ **ofrecerse** v. pron. **9.** Venirle a alguien algo a la imaginación, ocurrírsele. **10.** Ocurrírsele a alguien un encargo, mandato, etc.: *si no se le ofrece nada más, me retiraré.*

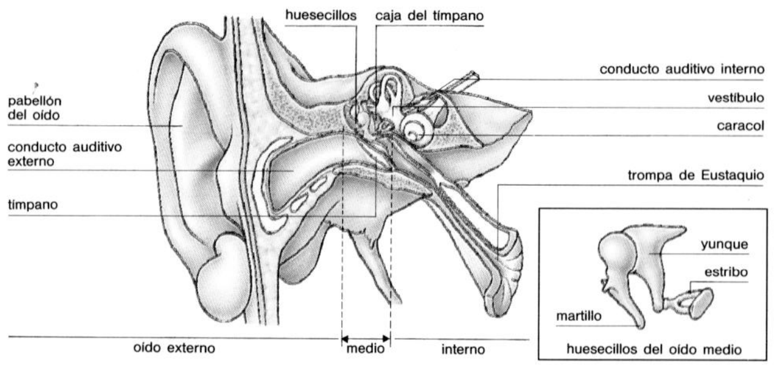

**oído** (corte)

**OFRECIDO, A** adj. (p. p. de *ofrecer*). *Méx.* Dícese de la persona que espontáneamente se ofrece a ayudar a los demás o a hacer algo por ellos, adoptando generalmente una actitud servil.

**OFRECIMIENTO** n. m. Acción y efecto de ofrecer u ofrecerse. • **Ofrecimiento de pago** (DER.), declaración de voluntad del deudor, dirigida a su acreedor, por la que manifiesta su decisión de cumplir inmediatamente la obligación.

**OFRENDA** n. f. (lat. *offerenda,* cosas que se deben ofrecer). Don que se hace a la divinidad o se deposita en un templo con una intención religiosa. **2.** Regalo o favor en señal de gratitud.

**OFRENDAR** v. tr. **[1]**. Hacer ofrendas.

**OFTALMÍA** n. f. Inflamación del ojo y de sus anexos.

**OFTÁLMICO, A** adj. Relativo al ojo y a la región ocular.

**OFTALMOLOGÍA** n. f. Especialidad médica cuyo objeto es el tratamiento de las afecciones del ojo y región ocular y la corrección de los trastornos de la visión.

**OFTALMOLÓGICO, A** adj. Relativo a la oftalmología.

**OFTALMÓLOGO, A** n. Médico especialista en oftalmología. SIN.: *oculista.*

**OFTALMÓMETRO** n. m. Instrumento que mide las diferentes curvaturas de la córnea.

**OFTALMOSCOPIA** n. f. Examen del interior del ojo realizado con el oftalmoscopio.

**OFTALMOSCOPIO** n. m. Instrumento para examinar el interior del ojo.

**OFUSCACIÓN** n. f. Acción de ofuscar. SIN.: *ofuscamiento.*

**OFUSCADOR, RA** adj. y n. Que ofusca o produce ofuscación.

**OFUSCAR** v. tr. y pron. (lat. *offuscare*) **[1a]**. Privar de la visión un exceso de luz o un brillo muy intenso. **2.** *Fig.* Trastornar algo la mente, confundir las ideas.

**OGHAM** n. m. y adj. La más antigua escritura celta conocida.

**OGRO, ESA** n. (fr. *ogre*). Gigante legendario que se alimentaba de carne humana. **2.** *Fig.* Persona cruel o de mal carácter. **3.** *Fig.* Monstruo, persona muy fea.

**¡OH!** interj. Denota generalmente asombro, alegría o dolor.

**OHM** n. m. (de G. S. *Ohm,* físico alemán). Nombre del ohmio, en la nomenclatura internacional.

**ÓHMICO, A** adj. Relativo al ohmio. • **Resistencia óhmica,** resistencia eléctrica que corresponde al desprendimiento de calor conforme a la ley de Joule.

**OHMÍMETRO** n. m. Aparato que sirve para medir la resistencia eléctrica de un conductor.

**OHMIO** n. m. (de G. S. *Ohm,* físico alemán). Unidad de medida de resistencia eléctrica, de símbolo Ω, equivalente a la resistencia eléctrica que existe entre dos puntos de un hilo conductor cuando una diferencia de potencial constante de 1 voltio, aplicada entre estos dos puntos, produce en este conductor una corriente de 1 amperio. • **Ohmio metro,** unidad de resistividad.

**OÍBLE** adj. Audible.

**OÍDA** n. f. Acción y efecto de oír. • **De,** o **por, oídas,** dícese de lo que se conoce únicamente por haber oído hablar de ello: *conocer a alguien de oídas.*

**OÍDIO** n. m. Enfermedad producida en ciertas plantas por hongos del grupo ascomicetes, caracterizada generalmente por la aparición de un polvo grisáceo en la superficie de los órganos parasitados. **2.** Hongo que la produce.

**OÍDO** n. m. Sentido por el que se perciben los sonidos. **2.** Órgano o aparato de la audición. **3.** Agujero que tienen las armas de fuego para comunicar éste a la carga. **4.** Aptitud para percibir y reproducir la altura relativa de un sonido musical: *tener buen oído.* • **Al oído,** dicho en un tono muy bajo o junto al oído de otro. || **Cerrar los oídos,** no escuchar ruegos, peticiones. || **Dar oídos,** escuchar a alguien con benevolencia y creyendo lo que dice. || **Duro de oído,** que no oye muy bien, que tiene dificultades para percibir la diferencia de los sonidos musicales. || **Entrar** a uno una cosa **por un oído y salir por el otro,** expresión que se usa cuando una persona no hace caso ni aprecio de lo que le dicen. || **Ser** uno **todo oídos,** escuchar con atención.

■ *El oído externo* está formado por el pabellón auricular y el conducto auditivo externo, que termina en el tímpano, membrana de separación con el *oído medio.* Éste lo constituye la caja del tímpano, en la que está dispuesta una cadena de huesecillos (martillo, yunque y estribo) que transmiten los sonidos del tímpano al oído interno; comunica con el conducto nasofaríngeo a través de la trompa de Eustaquio. El *oído interno* comprende el laberinto óseo, formado por tres cavidades (vestíbulo, canales semicirculares y caracol), y el laberinto membranoso, contenido en el anterior. En el caracol está el órgano de la audición (órgano de Corti). El oído desempeña también una importante función en el sentido del equilibrio.

**OIDOR, RA** adj. y n. Que oye. ◆ n. m. **2.** HIST. Juez o magistrado de las audiencias y chancillerías.

**OIDORÍA** n. f. Empleo o dignidad de oidor.

**OÍL** adv. (del franciano *oïl,* que significa *sí*). **Lengua de oíl,** conjunto de dialectos románicos hablados en la mitad N de Francia, por oposición a *lengua de oc.*

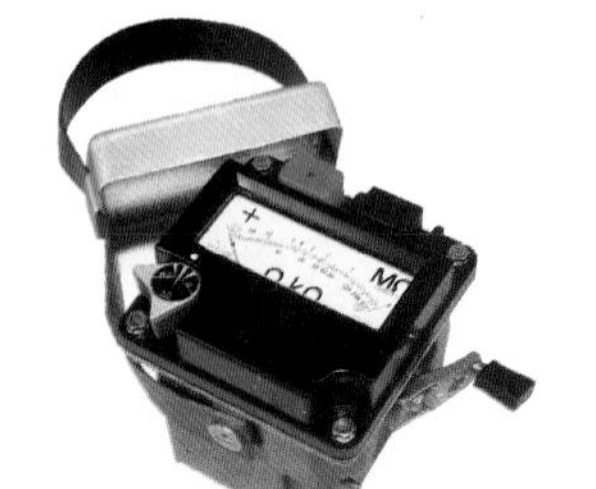
**ohmímetro** de magneto

**OÍR** v. tr. (lat. *audire*) [**26**]. Percibir los sonidos: *oír un ruido.* **2.** Escuchar, poner atención en percibir palabras o sonidos: *oír una conversación.* **3.** Atender o acceder a los ruegos o avisos de uno: *¡Dios te oiga!* **4.** Hacerse uno cargo de aquello de que le hablan: *¿oyes lo que te estoy diciendo?* **5.** DER. Admitir un juez o tribunal peticiones, alegatos o pruebas de las partes antes de resolver: *oír a los peritos.* • **Como quien oye llover,** frase que denota el poco aprecio que se hace de lo que se escucha o sucede. ‖ **Oír, ver y callar,** frase con que se aconseja a uno que no se entrometa en lo que no le incumbe.

**OJAL** n. m. Pequeña abertura, reforzada generalmente en sus bordes, que se hace en una pieza de tela, cuero, etc., para sujetar el botón. **2.** Agujero que atraviesa de parte a parte algunas cosas.

**¡OJALÁ!** interj. Denota vivo deseo de que suceda una cosa.

**OJALAR** v. tr. [**1**]. Hacer ojales.

**OJALATERO, A** adj. y n. *Fam.* Decíase del que en las contiendas civiles españolas se limitaba a desear el triunfo del partido con que simpatizaba, pero sin colaborar con él activamente.

**OJANCO** n. m. *Cuba.* Pez rosado de ojos muy grandes.

**OJEADA** n. f. Mirada rápida: *echar una ojeada.*

**OJEADOR, RA** n. Persona que ojea la caza.

**OJEAR** v. tr. [**1**]. Dirigir los ojos para mirar a determinada parte. **2.** Aojar, hacer mal de ojo.

**OJEAR** v. tr. [**1**]. Levantar la caza y llevarla hacia los puestos de los cazadores o hacia las armadas. **2.** *Fig.* Espantar, ahuyentar.

**OJÉN** n. m. Aguardiente dulce anisado.

**OJEO** n. m. Acción y efecto de ojear la caza. • **Echar un ojeo,** cazar ojeando.

**OJERA** n. f. Mancha amoratada alrededor del párpado inferior. **2.** Instrumento en forma de vaso, adaptado a la forma del ojo, empleado para el baño de la conjuntiva.

**OJERIZA** n. f. Antipatía hacia alguien, que impide ver con agrado sus cosas e inclina a desfavorecerle: *tomarle ojeriza a alguien.*

**OJEROSO, A** adj. Que tiene ojeras.

**OJERUDO, A** adj. Que tiene habitualmente ojeras.

**OJETADA** n. f. *Méx. Vulg.* Acción vil: *fue una ojetada que te burlaras de él.*

**OJETE** n. m. Agujero redondo hecho en una tela, cuero, etc. **2.** Especie de ojal redondo y reforzado con un anillito o aro metálico, cuyos labios van engastados en los bordes de dicho orificio. **3.** Agujero redondo u oval con que se adornan algunos bordados. **4.** *Vulg.* Ano. **5.** *Méx. Vulg.* Persona muy mala, perversa o que se aprovecha de los demás.

**OJIBWA** o **CHIPPEWA,** pueblo amerindio algonquino de la región de los Grandes Lagos (E.U.A. y Canadá).

**OJÍMETRO** n. m. *Fam.* Cálculo hecho a ojo.

**OJINEGRO, A** adj. *Fam.* Que tiene los ojos negros. **2.** TAUROM. Dícese de la res vacuna que tiene la piel negra alrededor de los ojos.

**OJITUERTO, A** adj. Bizco.

**OJIVA** n. f. (fr. *ogive*). Figura de ángulo curvilíneo formada por dos arcos de círculo iguales, que presentan su concavidad contrapuesta y se cortan por uno de sus extremos. **2.** Arco que tiene esta figura. **3.** Parte anterior de un proyectil, de forma cónica u ojival. • **Ojiva atómica,** ojiva con carga nuclear, de la que están provistos determinados misiles o proyectiles. SIN.: *cabeza atómica.*

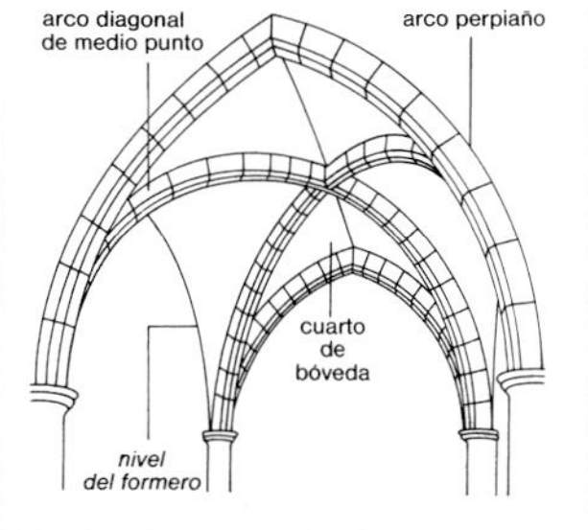

bóveda sobre crucero de **ojivas**

**OJIVAL** adj. En forma de ojiva. **2.** Dícese del estilo arquitectónico caracterizado por el empleo de la ojiva para toda clase de arcos. • **Arco ojival,** arco apuntado que caracteriza al estilo gótico.

**OJO** n. m. Órgano de la visión, compuesto por el globo ocular y sus anexos. **2.** Vista, mirada: *no te quita los ojos de encima.* **3.** Agujero que atraviesa algo de una parte a otra: *el ojo de la aguja.* **4.** Mancha o dibujo más o menos redondo. **5.** Cada uno de los círculos que forman las gotas de grasa en la superficie de un líquido. **6.** Agujero, cavidad en la masa de algunas sustancias: *los ojos del queso, del pan.* **7.** *Fig.* Vista, perspicacia: *tener ojo para los negocios.* **8.** *Fig.* Cuidado, tacto: *andarse con ojo.* **9.** Cada mano de jabón que se da a la ropa al lavarla. **10.** Círculo de colores que tiene el pavo real en la extremidad de cada una de las plumas de la cola. **11.** ARQ. Círculo que hay en el centro de un rosetón. **12.** ARQ. Abertura que hay en lo alto de una cúpula. **13.** BOT. Botón o yema de las plantas. **14.** IMPR. Relieve de los tipos, que, impregnado en tinta, produce la impresión. **15.** MAR. Abertura circular por la que se hace pasar un cabo o cable. **16.** OBR. PÚBL. Arcada de puente: *puente de tres ojos.* • **A ojo** *(Fam.),* sin medida, aproximadamente; a discreción de uno. ‖ **A ojo de buen cubero** *(Fam.),* sin medida, aproximadamente. ‖ **A ojos vistas,** manifiesta, palpablemente. ‖ **Abrir los ojos** a uno, descubrirle algo que ignoraba; desengañarle. ‖ **Bajar** uno **los ojos,** avergonzarse, humillarse. ‖ **Clavar los ojos** en una persona o cosa, mirarla fijamente y con atención. ‖ **Comerse con los ojos** a alguien o algo *(Fam.),* manifestar en la mirada una pasión o deseo intenso. ‖ **Cuatro ojos** (*Fig.* y *fam.*), persona que lleva gafas. ‖ **Delante de los ojos** o **en los ojos de uno,** en su presencia. ‖ **Echar el ojo a** alguien o algo, mirarlo con atención mostrando deseo de ello. ‖ **Echar un ojo** *(Méx.),* echar una ojeada, dar una mirada superficial o rápida a algo: *antes de irte, échale un ojo al libro.* ‖ **En un abrir y cerrar,** o **en un volver de, ojos** *(Fam.),* en un instante, muy rápidamente. ‖ **Mirar con buenos,** o **malos, ojos** a una persona o cosa, sentir por ella simpatía o al contrario. ‖ **Mirar** a uno **con otros ojos,** haber cambiado la manera de considerarlo. ‖ **No pegar el ojo,** o **los ojos** *(Fam.),* no poder dormir en toda la noche. ‖ **No quitar ojo de** una persona o cosa, poner en ella atención grande y persistente. ‖ **No tener ojos en la cara,** no darse cuenta de algo que es evidente. ‖ **¡Ojo!** o **¡mucho ojo!,** expresiones de aviso, atención o amenaza. ‖ **Ojo alerta,** o **avizor** *(Fam.),* expresión con que se advierte a alguien que esté en actitud vigilante. ‖ **Ojo clínico,** o **médico** *(Fig.),* aptitud de los médicos para diagnosticar pronto y con acierto; *(Fig.),* perspicacia para ver alguien con rapidez lo que le conviene. ‖ **Ojo de agua,** manantial. ‖ **Ojo de buey,** ventana circular u ovalada; planta herbácea, de cabezuelas amarillas. (Familia compuestas.) ‖ **Ojo de escalera,** espacio vacío que queda dentro de las vueltas de los tramos. ‖ **Ojo de gallo,** lesión hiperqueratósica delimitada, que aparece en un espacio interdigital, de estructura semejante a la de un callo. ‖ **Ojo de gato,** variedad de calcedonia de color gris paja, amarillo o verdoso, en fajas que, cuando se talla la piedra, forman círculos concéntricos. ‖ **Ojo de la hélice,** abertura o marco en donde se aloja la hélice de un buque. ‖ **Ojo de huracán,** parte central de un huracán en la que todo está en calma. ‖ **Ojo de perdiz,** labor de pasamanería que forma unos nudos de figura lenticular; tejido cruzado que presenta dibujos en forma de rombos. ‖ **Ojo de pez** (FOT.), objetivo de gran angular, con un ángulo de campo de 180° o más. ‖ **Ojo de tigre,** variedad de crecidolita empleada como piedra ornamental. ‖ **Ojo mágico** (ELECTRÓN.), tubo catódico especial, usado en algunos radiorreceptores para indicar la sintonización exacta con respecto a una emisión. ‖ **Ojos rasgados,** los que tienen muy prolongada la comisura de los párpados. ‖ **Pelar los ojos** *(Méx. Fam.),* abrirlos desmesuradamente, por lo general como gesto de sorpresa o admiración. ‖ **Poner** uno **los ojos en blanco,** volverlos de modo que prácticamente sólo se descubra la parte blanca. ‖ **Saltar a los ojos** una cosa, ser muy clara; ser vistosa y sobresaliente. ‖ **Torcer los ojos,** bizquear, mirar bizco. ‖ **Valer** una cosa **un ojo de la cara,** ser de mucha estimación o aprecio; ser una cosa muy cara.

■ En el hombre los ojos se sitúan en cavidades óseas de la cara (órbitas), están sujetos por unos músculos que aseguran su movilidad y se protegen exteriormente por medio de los párpados. El globo ocular está constituido por varias túnicas: la esclerótica (externa y resistente) que en su parte anterior, transparente, recibe el nombre de córnea; la úvea (intermedia, nerviosa y vascular) constituida por la coroides, el cuerpo ciliar y el iris; la retina (interna) es la membrana sensorial. El cristalino es la lente óptica del ojo, su convergencia se acomoda a la distancia. La cavidad ocular está ocupada por un medio transparente. Las anomalías de refracción de los medios transparentes conllevan la miopía, la hipermetropía y el astigmatismo; la presbicia es un defecto de acomodación del cristalino.

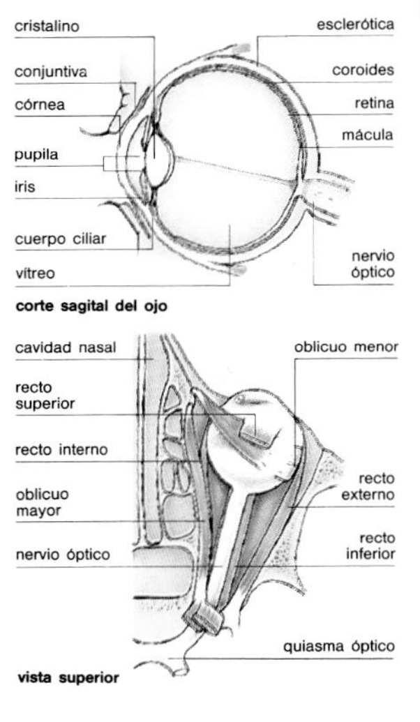

el **ojo** humano

**OJOSO, A** adj. Dícese de ciertos alimentos que tienen muchos ojos o agujeros: *pan ojoso.*

**OJOTA** n. f. *Amér. Merid.* Calzado rústico confeccionado con desechos neumáticos o una suela sin curtir, de la que salen amarras atravesadas sobre el empeine y el talón.

**O.K.** interj. y adv. m. (voz norteamericana, *todo correcto*). *Fam.* De acuerdo, perfecto, correcto.

**OKAPI** u **OCAPI** n. m. Mamífero rumiante africano, parecido a la jirafa, pero con el cuello más corto y la piel rayada en la parte posterior.

**okapi**

**OKOUMÉ** n. m. Madera utilizada en la fabricación de paneles de contrachapado, obtenida de un árbol de África ecuatorial.

**OKUPA** n. m. y f. Persona que se instala en una vivienda desocupada sin consentimiento del propietario.

**OLA** n. f. Onda formada por el viento en la superficie del mar o de un lago. **2.** *Fig.* Oleada. **3.** *Fig.* Afluencia momentánea de gran cantidad de algo. • **Ola de calor, de frío** (METEOROL.), aflujo de masas de aire caliente, de aire frío. ‖ **Quebrar,** o **romperse, las olas,** estrellarse las olas contra los peñascos, playa, etc.

**OLÁN** n. m. *Méx.* Volante, tira de tela plegada que

llevan como adorno algunas prendas femeninas: *una falda con olanes.*

**OLCADES,** pueblo celtíbero de ubicación imprecisa (entre el alto Tajo y el Júcar medio, La Alcarria), cuya capital, Altia, fue tomada por Aníbal en 221 a. J.C.

**OLE** n. m. Cierto baile popular andaluz.

**¡OLÉ!** u **¡OLE!** interj. Exclamación de entusiasmo con que se anima y aplaude, o de alegría ante algo agradable.

**OLEÁCEO, A** adj. y n. f. Relativo a una familia de árboles o arbustos de flores gamopétalas. (El *olivo*, el *jazmín* y el *fresno* pertenecen a dicha familia.)

**OLEADA** n. f. Ola grande. **2.** Embate y golpe de la ola. **3.** *Fig.* Muchedumbre o aglomeración que se desplaza. **4.** *Fig.* Manifestación intensa.

**OLEAGINOSIDAD** n. f. Calidad de oleaginoso.

**OLEAGINOSO, A** adj. Que tiene la naturaleza del aceite: *líquido oleaginoso.* **2.** Que suministra o contiene aceite: *semillas oleaginosas.* • **Planta oleaginosa,** planta de la que se puede extraer materias grasas alimenticias o industriales.

**OLEAJE** n. m. Sucesión continuada de olas. **2.** Movimiento ondulatorio del mar.

**OLEANDOMICINA** n. f. Antibiótico activo contra las bacterias grampositivas.

**OLEAR** v. tr. **[1]**. Administrar a un enfermo el sacramento de la extremaunción.

**OLEAR** v. intr. **[1]**. Moverse el agua formando olas.

**OLEASTRO** n. m. Acebuche.

**OLEATO** n. m. Sal o éster del ácido oleico.

**OLECRANEANO, A** adj. Relativo al olécranon.

**OLÉCRANON** n. m. (gr. *olekranon,* codo). ANAT. Apófisis del cúbito, que forma la prominencia del codo.

**OLEDOR, RA** adj. y n. Que exhala olor o lo percibe.

**OLEFINA** n. f. Hidrocarburo etilénico.

**OLEICO, A** adj. QUÍM. Dícese de un ácido orgánico no saturado, producto de la hidrólisis de la oleína.

**OLEÍCOLA** adj. Relativo a la oleicultura.

**OLEICULTURA** n. f. Cultivo del olivo y de las plantas oleaginosas en general.

**OLEÍNA** n. f. QUÍM. Triéster oleico de la glicerina, líquido que entra en la composición de los aceites vegetales.

**ÓLEO** n. m. (lat. *oleum*). Procedimiento pictórico que utiliza un vehículo graso, generalmente aceite de linaza, como disolvente de los pigmentos: *pintar al óleo.* **2.** Pintura ejecutada con este procedimiento: *exposición de óleos.* • **Santos óleos** (LITURG.), aceites consagrados que se destinan a diversas ceremonias litúrgicas.

**OLEODUCTO** n. m. Pipe-line que sirve para el transporte de productos petrolíferos líquidos.

**OLEORRESINA** n. f. Producto viscoso, insoluble en agua, exudado por diversas plantas. (La *trementina* es una oleorresina.)

**OLEORRESINOSO, A** adj. Dícese de los vegetales y de sus órganos, que contienen aceite esencial y resina.

**OLEOSIDAD** n. f. Calidad de oleoso. **2.** Enfermedad de los vinos, debida a bacilos diversos.

**OLEOSO, A** adj. Aceitoso.

**OLEOTECNIA** n. f. Eleotecnia.

**OLER** v. tr. (lat. *olere*) **[2h]**. Percibir los olores. **2.** Aplicar la nariz a algo para percibir su olor: *oler un perfume.* **3.** *Fig.* Sospechar o adivinar algo que estaba oculto. ◆ v. intr. **4.** Despedir olor: *olerle el aliento a alguien.* **5.** *Fig.* Parecer o tener el aspecto de ser lo que se expresa: *ese hombre me huele a hereje.* • **No oler bien** una cosa, tener la impresión de que encierra algún daño o perjuicio.

**ÓLEUM** n. m. QUÍM. Ácido sulfúrico fumante, obtenido por el procedimiento de contacto.

**OLFACCIÓN** n. f. Acción de oler.

**OLFATEAR** v. tr. **[1]**. Aplicar el olfato a algo. **2.** *Fig.* y *fam.* Curiosear o investigar en alguna cosa. **3.** *Fig.* y *fam.* Figurarse o sospechar algo que pasa ocultamente.

**OLFATEO** n. m. Acción y efecto de olfatear.

**OLFATO** n. m. (lat. *olfactum*). Sentido que permite la percepción de los olores, que tiene una primordial importancia como medio de información en la mayor parte de las especies, tanto acuáticas como terrestres. **2.** *Fig.* Sagacidad para descubrir o advertir algo conveniente.

■ En los invertebrados el sentido del olfato está situado en puntos orgánicos diversos: base de las antenas de los crustáceos, antenas de los insectos, etc. En los vertebrados la cabeza lleva un par de cápsulas olfativas relacionadas con los lóbulos olfativos del encéfalo. En los vertebrados superiores, generalmente terrestres, la superficie olfativa está integrada en las vías respiratorias superiores. El sentido del olfato es el dominante en los animales.

**OLFATORIO, A** u **OLFATIVO, A** adj. Relativo al sentido del olfato.

**OLIENTE** adj. Que huele.

**OLIFANTE** u **OLIFÁN** n. m. Cuerno de caza o de guerra usado en la edad media.

**OLIGARCA** n. m. y f. Miembro de una oligarquía.

**OLIGARQUÍA** n. f. (gr. *oligarkhia*). Régimen político en que el poder es controlado por un pequeño grupo de individuos o familias. **2.** Autoridad, influencia preponderante que ejercen en su provecho un pequeño número de personas.

**OLIGÁRQUICO, A** adj. Relativo a la oligarquía.

**OLIGISTO** n. m. (gr. *oligistos,* muy poco). Óxido natural de hierro $Fe_2O_3$, de color gris negruzco o pardo rojizo, muy apreciado en siderurgia por su riqueza en metal.

**OLIGOCENO, A** adj. GEOL. Relativo al tercer período de la era terciaria. SIN.: *oligocénico.* ◆ n. m. **2.** GEOL. Tercer período del terciario, que sigue al eoceno y con el que finaliza el terciario antiguo o paleógeno.

**OLIGOCLASA** n. f. Feldespato de la serie de las plagioclasas, abundante en las rocas cristalinas.

**OLIGODENDROGLIA** n. f. Conjunto de células de la neuroglia, pobres en ramificaciones.

**OLIGOELEMENTO** n. m. BIOL. Sustancia necesaria, en muy pequeña cantidad, para el funcionamiento de los organismos vivos. (El *hierro,* el *boro,* el *magnesio,* el *cobalto,* etc., son oligoelementos.)

**OLIGOFRENIA** n. f. Desarrollo deficiente de la inteligencia.

**OLIGOFRÉNICO, A** adj. y n. Relativo a la oligofrenia; que padece oligofrenia.

**OLIGOPOLIO** n. m. Situación de mercado en la que pocos vendedores satisfacen la demanda de multitud de compradores.

**OLIGOPSONIO** n. m. Mercado caracterizado por la presencia de un muy pequeño número de compradores frente a numerosos vendedores.

**OLIGOQUETO, A** adj. y n. m. Relativo a una clase de anélidos terrestres o de agua dulce, con un reducido número de quetas, como la lombriz de tierra.

**OLIGOSPERMIA** n. f. Secreción deficiente de esperma con escaso contenido de espermatozoides.

**OLIGURIA** n. f. PATOL. Disminución de la cantidad de orina segregada en un tiempo determinado.

**OLIMPÍADA** u **OLIMPIADA** n. f. (gr. *olympias*). Competición universal de juegos atléticos que se celebra cada cuatro años. **2.** Período de cuatro años comprendido entre dos celebraciones consecutivas de Juegos olímpicos.

**OLÍMPICAMENTE** adv. m. Con altivez, sin hacer caso: *me ignoró olímpicamente.*

**OLÍMPICO, A** adj. Relativo al Olimpo. **2.** Relativo a Olimpia, centro religioso del Peloponeso. **3.** Relativo a los Juegos olímpicos. **4.** *Fig.* Altanero, despectivo: *desdén olímpico.*

**OLISCAR** v. tr. **[1a]**. Olfatear, oler ligeramente alguna cosa: *oliscar unos perros a alguien.* **2.** *Fig.* Curiosear, intentar averiguar un suceso o noticia. ◆ v. intr. **3.** Empezar a oler mal una cosa que se está descomponiendo.

**OLISQUEAR** v. tr. **[1]**. Oler uno o un animal una cosa. **2.** *Fig.* Curiosear, husmear.

**OLIVA** n. f. Aceituna. **2.** Lechuza, ave rapaz nocturna. **3.** Nombre de diversas estructuras anatómicas de forma semejante a una oliva: *oliva bulbar, cerebelosa, protuberancial.* • **Aceite de oliva,** aceite comestible que se extrae de la aceituna.

**OLIVÁCEO, A** adj. De color parecido al de la aceituna verde: *tez olivácea.*

**OLIVAR** n. m. Terreno plantado de olivos.

**OLIVARDA** n. f. Planta herbácea, de olor fuerte, leñosa en la base, usada como astringente. (Familia compuestas.)

**OLIVARERO, A** adj. Perteneciente al cultivo del olivo y al comercio y aprovechamiento de sus frutos: *región olivarera.* ◆ adj. y n. **2.** Que se dedica a este cultivo.

**OLIVERO, A** adj. Relativo a las olivas.

**OLIVÍCOLA** adj. Relativo a la olivicultura.

**OLIVICULTOR, RA** n. Persona que se dedica a la olivicultura.

**OLIVICULTURA** n. f. Cultivo o arte de cultivar el olivo.

**OLIVINO** n. m. MINER. Silicato de magnesio y hierro $(Mg\ Fe)_2SiO_4$, que se presenta en forma de cristales de color verde oliva, común en las rocas eruptivas básicas. SIN.: *peridoto.*

cristal de **olivino**

**OLIVO** n. m. Planta arbórea de los países cálidos, con tronco grueso y torcido, copa ancha y ramosa, y flores blancas y pequeñas, que proporciona la aceituna. (Familia oleáceas.) **2.** Madera de este árbol. • **Dar el olivo** *(Argent. Fam.),* despedir, echar, expulsar.

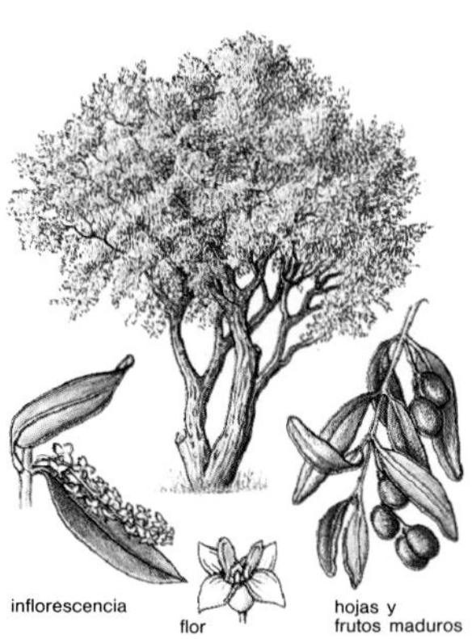


**olivo**

**OLLA** n. f. Vasija redonda, más honda que ancha, con dos asas, que se utiliza para guisar. **2.** Plato compuesto de carnes, tocino, legumbres, hortalizas y, a veces, algún embuchado. **3.** MAR. Cavidad u hondura profunda en el fondo del mar o de un río, donde las corrientes encontradas producen remolinos peligrosos. • **Olla de grillos** (*Fig.* y *fam.*), lugar en que hay gran desorden y confusión. ‖ **Olla a presión,** o **exprés,** aparato de cocción, herméticamente tapado, que utiliza el vapor a presión, por lo que los alimentos se cuecen muy rápidamente. ‖ **Olla popular** *(Argent.),* comida colectiva destinada a cubrir las necesidades alimentarias mínimas de grupos sociales con graves carencias económicas. (A veces, su realización constituye un acto de protesta.)

**OLLAR** n. m. Cada uno de los orificios de la nariz de las caballerías.

**OLLAR** adj. Dícese de la piedra, variedad de serpentina, fácil de tallar, que se emplea para hacer vasijas; cualquier piedra fina y fácil de trabajar.

**OLLIN** n. m. (voz náhuatl, *movimiento*). Octavo de los veinte días del mes azteca.

**OLLUCO** n. m. Planta herbácea, de rizoma tuberoso y flores amarillas que crece en los Andes. (Familia baseláceas.)

**OLM** n. m. Anfibio de tronco muy largo y extremidades pequeñas, cuerpo apigmentado y dos penachos de branquias, que conserva durante toda su vida. (Subclase urodelos.)

**OLMECA** adj. y n. m. y f. Relativo a un pueblo prehispánico de México que vivió en la costa de los estados de Veracruz y Tabasco y se extendió por el interior hasta el altiplano central; individuo de este pueblo.
■ Desarrolló la más importante cultura preclásica del país (1500 a. J.C. - 300 d. J.C.). En sus yacimientos (La Venta, Tres Zapotes, San Lorenzo, Cerro de las Mesas) se han hallado desde vasijas de cerámica y figurillas de barro hasta monumentos y esculturas de piedra tallada (cabezas colosales, altares, estelas). Los olmecas crearon el más antiguo sistema de escritura americano, así como un calendario del que derivarían los demás. Utilizaron el caucho y fueron grandes comerciantes (jade, hule, pieles, caolín), e introdujeron el culto al jaguar y la serpiente.

**OLMO** n. m. (lat. *ulmum*). Árbol que alcanza de 20 a 30 m de alt., con hojas dentadas, que proporciona una madera sólida y flexible, utilizada en carpintería y ebanistería. (Familia ulmáceas.) **2.** Madera de este árbol.

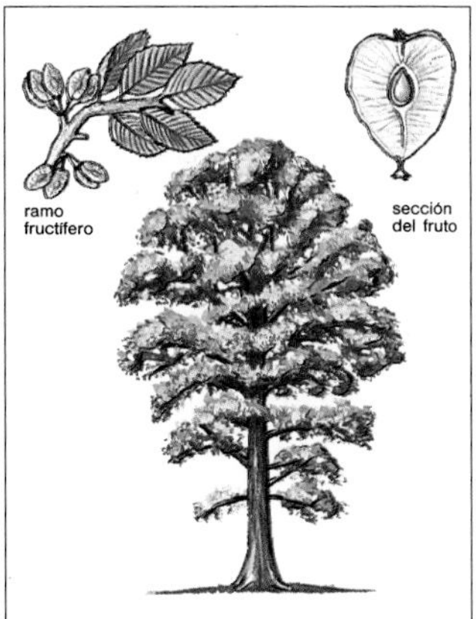

**olmo**

**OLÓGRAFO, A** u **HOLÓGRAFO, A** adj. Autógrafo. **2.** DER. Dícese del testamento o memoria testamentaria de puño y letra del testador.

**OLOR** n. m. Emanación de ciertas sustancias percibida por el olfato. **2.** Impresión que producen ciertas sustancias en el olfato. • **En olor de santidad,** con fama de santo: *morir en olor de santidad.* ◆ **olores** n. m. pl. **3.** *Chile.* Especias.

**OLOROSEAR** u **OLOSAR** v. tr. [**1**]. *Chile.* Oler.

**OLOROSO, A** adj. Que exhala de sí fragancia. ◆ n. m. **2.** Vino de Jerez, muy aromático y de color dorado tirando a oscuro.

**OLOTE** n. m. *Amér. Central* y *Méx.* Marlo, zuro del maíz.

**OLVIDADIZO, A** adj. Que se olvida con facilidad de las cosas. **2.** *Fig.* Ingrato, desagradecido.

**OLVIDAR** v. tr. y pron. [**1**]. Dejar de tener algo presente en la memoria. **2.** Dejar de sentir un afecto. **3.** Omitir algo por negligencia o descuido.

**OLVIDO** n. m. Falta de recuerdo acerca de algo. **2.** Cesación de un afecto que antes se sentía. **3.** Omisión o negligencia de algo que se debía de hacer o tener presente.

**OMAGUA** adj. y n. m. y f. Relativo a un pueblo amerindio del N de Perú, de la familia lingüística tupí; individuo de este pueblo. (Desde 1541 diversas expediciones recorrieron el territorio omagua, que hasta el s. XVIII se identificó con el mítico El Dorado.)

figurilla antropomorfa de jade (*c.* 1000 a. J.C.) [museo nacional de antropología, México]

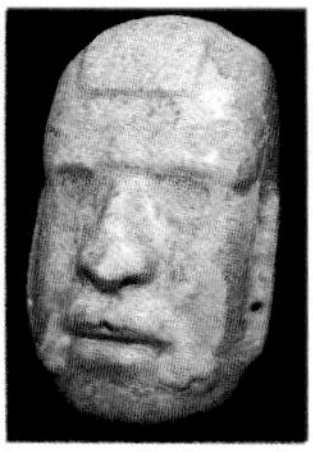
máscara de jade procedente de La Venta, Tabasco, México (museo Británico, Londres)

cabeza colosal de basalto (museo nacional de antropología, México)

el **arte olmeca**

**OMAHA,** pueblo amerindio de las Praderas norteamericanas, de la familia lingüística siux, que actualmente vive en reservas en Nebraska (E.U.A.).

**OMASO** n. m. Libro, tercera cavidad del estómago de los rumiantes.

**OMATIDIO** n. m. Cada uno de los ojos elementales cuyo conjunto constituye el ojo compuesto de los artrópodos.

**OMBLIGO** n. m. (lat. *umbilicum*). Cicatriz del cordón umbilical, en el centro del abdomen. **2.** *Fig.* Centro principal y activo de una cosa: *la ciudad se convirtió en el ombligo cultural del país.* **3.** BOT. Depresión en la base o extremo de algunos frutos. • **Ombligo de Venus** (BOT.), planta herbácea con hojas carnosas circulares. (Familia crasuláceas.)

**OMBLIGUERO** n. m. Venda que sujeta el ombligo de los recién nacidos.

**OMBÚ** n. m. (voz guaraní). Planta arbórea de América Meridional, de tronco muy ancho, corteza gruesa y blanda y copa densa, madera fofa y hojas alternas elípticas, y cuyas flores se presentan en racimos. (Es el árbol nacional de Argentina. Familia fitolacáceas.)

**ombú**

**OMBUDSMAN** n. m. (voz sueca) [pl. *ombudsmen*]. En Suecia y en algunos otros países, persona encargada de controlar el funcionamiento de la administración pública y de la justicia.

**OMEGA** n. f. Última letra del alfabeto griego (ω, Ω), que corresponde a una *o* larga. **2.** *Fig.* Final de una cosa. **3.** Símbolo del *ohmio.*

**OMEYA** adj. y n. m. y f. Relativo a los Omeyas, dinastía árabe. (V. parte n. pr.)

**ÓMICRON** n. f. Letra del alfabeto griego (ο), que corresponde a la *o* breve.

**OMINOSO, A** adj. (lat. *ominosum*). De mal agüero, azaroso. **2.** Abominable.

**OMISIÓN** n. f. Acción y efecto de omitir. **2.** Cosa omitida. **3.** Falta que constituye la abstención de hacer o decir una cosa: *pecado de omisión.* **4.** Descuido o negligencia. **5.** DER. PEN. Infracción penal cometida por haber dejado voluntariamente de hacer alguna cosa que la ley manda realizar.

**OMISO, A** adj. Negligente y descuidado: *hacer caso omiso de lo que ocurre.*

**OMITIR** v. tr. (lat. *omittere*) [**3**]. Dejar de hacer alguna cosa. **2.** Dejar de decir o de señalar cierta cosa: *no omitir nada en un relato.*

**ÓMNIBUS** n. m. (lat. *omnibus*). Vehículo de gran capacidad, destinado al transporte público dentro de las poblaciones. **2.** *Argent., Perú* y *Urug.* Autobús. **3.** ELECTR. Aparato o dispositivo que puede servir para diversos usos en una instalación eléctrica. • **Barra ómnibus** (ELECTR.), conductor de gran sección, conectado por un lado al generador y por el otro al circuito de distribución. ‖ **Tren ómnibus,** tren que para en todas las estaciones de un recorrido.

**OMNIDIRECCIONAL** adj. Que tiene las mismas propiedades en todas las direcciones. **2.** Dícese de la antena emisora o receptora que emite las ondas con la misma intensidad en todas direcciones o que las recibe con la misma eficacia, sea cual sea la dirección de donde emanen.

**OMNÍMODO, A** adj. Total, que comprende todos los aspectos de algo.

**OMNIPOTENCIA** n. f. Calidad de omnipotente.

**OMNIPOTENTE** adj. Que todo lo puede. (Se considera atributo sólo de Dios.) **2.** *Fig.* Que tiene mucho poder.

**OMNIPRESENCIA** n. f. Ubicuidad.

**OMNIPRESENTE** adj. Ubicuo.

**OMNISCIENCIA** n. f. TEOL. CATÓL. Ciencia universal, uno de los atributos de Dios.

**OMNISCIENTE** adj. Que tiene omnisciencia. **2.** *Fig.* Dícese del que sabe mucho o sobre muchas cosas.

**ÓMNIUM** n. m. (lat. *omnium*). DEP. Competición reservada a cierta categoría de torneos deportivos, o que reúne varias clases de pruebas. **2.** EQUIT. Carrera en la que pueden participar todos los caballos.

**OMNÍVORO, A** adj. Que se alimenta de carne y de vegetales: *mamíferos omnívoros.*

**OMÓPLATO** u **OMOPLATO** n. m. (gr. *ōmoplatē*). Hueso plano, delgado y triangular, situado en la parte posterior de la espalda, donde se articulan el húmero y la clavícula. SIN.: *escápula.*

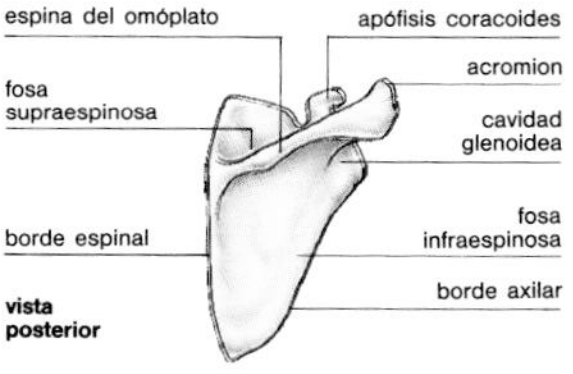

**omóplato**

**ON LINE** adj. (voces inglesas que significan *en línea, conectado*). INFORMÁT. Que opera en conexión directa con el ordenador central. (Se utiliza en oposición a *off line*.)

**ONA,** pueblo amerindio de la familia patagona, extinguido, que vivía en la isla Grande de Tierra del Fuego, en contacto con los pueblos fueguinos yahgán y alacaluf.

**ONAGRA** n. f. Planta de hojas parecidas a las del almendro y raíz blanca, cultivada por sus flores ornamentales. (Familia onagráceas.)

**ONAGRÁCEO, A** adj. y n. f. Relativo a una familia de plantas de frutos ínferos, tales como la *onagra* y la *fucsia*. SIN.: *enoteráceo*.

**ONAGRO** n. m. Mamífero ungulado salvaje, intermedio entre el caballo y el asno, que vive en Asia. (Familia équidos.) **2.** Máquina de guerra empleada por los romanos.

**ONANISMO** n. m. Coito con eyaculación extravaginal. **2.** Masturbación.

**ONANISTA** adj. y n. m. y f. Relativo al onanismo; que practica el onanismo.

**ONCE** adj. num. cardin. y n. m. (lat. *undecim*). Diez y uno. ◆ adj. num. ordin. y n. m. **2.** Undécimo.

**ONCE** n. f. *Chile*. Merienda. (Úsase también en plural.)

**ONCEAVO, A** u **ONZAVO, A** adj. y n. Dícese de cada una de las once partes iguales en que se divide un todo.

**ONCENO, A** adj. y n. Undécimo.

**ONCOCERCOSIS** n. f. Enfermedad parasitaria debida a un nematodo.

**ONCOGÉN** n. m. Gen celular desencadenante del tumor canceroso.

**ONCOGÉNESIS** n. f. Estudio del nacimiento de los tumores.

**ONCÓGENO, A** adj. Que es capaz de provocar un tumor, principalmente un tumor maligno. (En este último caso es sin. de *cancerígeno*.)

**ONCOLOGÍA** n. f. Parte de la medicina que trata de los tumores.

**ONCOLÓGICO, A** adj. Relativo a la oncología.

**ONCÓLOGO, A** n. Médico especialista en oncología.

**ONCÓTICO, A** adj. Relativo a los tumores. **2.** Dícese de la presión osmótica propia de las proteínas en solución en un líquido.

**ONDA** n. f. (lat. *undam*). Perturbación que se propaga en un medio desde un punto a otros, sin que en dicho medio, como conjunto, se produzca ningún desplazamiento permanente. **2.** Ola del mar. **3.** Cada una de las curvas de una superficie o línea sinuosa: *las ondas del cabello*. **4.** Reverberación y movimiento de la llama. **5.** *Méx. Fam.* Asunto, tema, hecho: *no sé nada de esa onda*. • **Captar la onda,** entender lo que se dice, en general indirectamente. ‖ **Estar en la onda,** estar en el asunto, estar al día. ‖ **Longitud de onda,** distancia entre dos puntos consecutivos de la misma fase de un movimiento ondulatorio que se propaga en línea recta. ‖ **Número de onda,** inverso de la longitud de onda. ‖ **Onda amortiguada,** onda que comprende una serie de oscilaciones cuya amplitud decrece regularmente. ‖ **Onda corta,** onda radioeléctrica de longitud comprendida entre 11 m y 60 m (27 MHz a 5 MHz), de la que varias bandas están reservadas para la radiodifusión. ‖ **Onda de boca,** onda sonora producida por la deflagración de la pólvora a la salida del proyectil en un arma de fuego. ‖ **Onda de choque,** superficie de discontinuidad de las velocidades, unida a otras características físicas del medio ambiente, debida a la compresión del aire en las grandes velocidades y que se origina en las regiones del espacio en que la velocidad de circulación supera la del sonido. ‖ **Onda estacionaria,** fenómeno de interferencia debido a la superposición de dos vibraciones de igual período y amplitud. ‖ **Onda explosiva,** onda de detonación de los gases, comparable a una onda de choque que provoca a su paso la combustión de los gases. ‖ **Onda larga,** onda radioeléctrica de longitud comprendida entre 1 000 m y 2 000 m (300 kHz a 150 kHz), reservada a la radiodifusión. ‖ **Onda mantenida,** onda producida por una vibración de amplitud constante. ‖ **Onda media,** onda radioeléctrica de longitud comprendida entre 187,5 m y 577 m (1 600 kHz a 520 kHz), reservada a la radiodifusión. ‖ **Onda médica,** onda radioeléctrica de longitud comprendida entre 1 m y 10 m (300 MHz a 30 MHz), de la que varias bandas están reservadas a la radiodifusión con modulación de frecuencia y a la televisión. ‖ **Onda subportadora,** onda electromagnética modulada que, a su vez, modula una onda de frecuencia más elevada. ‖ **Ondas Martenot,** instrumento de música electrónico cuyo sonido es producido por un oscilador electrónico. ‖ **Poner en onda,** realizar radiofónicamente una obra, o una emisión, espacio de un programa, etc. ‖ **¿Qué onda?** *(Méx. Fam.)*, ¿qué tal?, ¿qué hay?, ¿qué pasa? ‖ **Ser** alguien **buena,** o **mala onda** (*Argent.* y *Méx.*), ser buena o mala persona.

■ Se distinguen las *ondas materiales* (ondas sonoras, olas en un líquido), que se propagan por vibración de la materia, y las *ondas electromagnéticas,* que se propagan sin ningún soporte material, en el vacío. Las ondas sonoras tienen frecuencias (número de vibraciones por segundo) comprendidas entre 20 y 20 000 Hz; los ultrasonidos tienen frecuencias más elevadas, y los infrasonidos, más bajas. Por orden de frecuencias crecientes, las ondas electromagnéticas comprenden las ondas radioeléctricas (a partir de 30 kHz), los rayos infrarrojos, la luz visible (de $37 \cdot 10^{13}$ a $75 \cdot 10^{13}$ Hz), los rayos ultravioleta, los rayos X, los rayos $\gamma$ (más de $10^{19}$ Hz) y los rayos cósmicos. A partir de los rayos ultravioleta las radiaciones de alta frecuencia tienen acción biológica.

**ONDÁMETRO** n. m. Aparato que sirve para medir la longitud de las ondas electromagnéticas.

**ONDEADO, A** adj. Que tiene o forma ondas. **2.** HERÁLD. Dícese de las piezas cuyos bordes están recortados en sinuosidades alternativamente cóncavas y convexas.

**ONDEANTE** adj. Que ondea.

**ONDEAR** v. intr. [**1**]. Formar ondas un cuerpo flexible: *ondear las banderas*. **2.** Hacer ondas el agua. **3.** Transbordar, barquear de un buque a otro.

**ONDINA** n. f. Ser imaginario de las mitologías germánica y escandinava que se decía habitaba en las profundidades de las aguas.

**ONDULACIÓN** n. f. Acción y efecto de ondular. SIN.: *ondulado*. **2.** ELECTR. Término con que suelen designarse los armónicos más altos de una corriente alterna u onda de tensión. **3.** FÍS. Movimiento de vaivén en un fluido o en un medio elástico, sin traslación permanente de sus moléculas.

**ONDULADO, A** adj. Dícese de toda magnitud que varía de manera periódica con el tiempo, manteniendo constantemente el mismo sentido.

**ONDULANTE** adj. Que ondula: *un andar ondulante*. • **Fiebre ondulante,** fiebre que sufre continuas oscilaciones de su intensidad, principalmente la de Malta.

**ONDULAR** v. tr. e intr. [**1**]. Moverse formando ondas. ◆ v. tr. **2.** Formar ondas en algo: *ondular el pelo*.

**ONDULATORIO, A** adj. En forma de ondas. **2.** Ondulante. **3.** FÍS. Que se propaga por ondas.

**ONEROSO, A** adj. (lat. *onerosum*). Pesado, molesto. **2.** Que ocasiona gasto: *un convite oneroso*. **3.** DER. Dícese de lo que supone una reciprocidad de prestaciones, a diferencia de lo que se adquiere a título lucrativo.

**ONE-STEP** n. m. (voz inglesa, *un paso*). Baile rápido de origen norteamericano, sobre compás binario, en el que se marca un paso por tiempo. **2.** Música de este baile.

**ONG,** siglas de *organización no gubernamental*, asociación no estatal, con fines generalmente altruistas.

**ÓNICE** u **ÓNIX** n. m. o f. (lat. *onicem*). Variedad de ágata, notable por su finura y por las bandas de diversos colores que presenta.

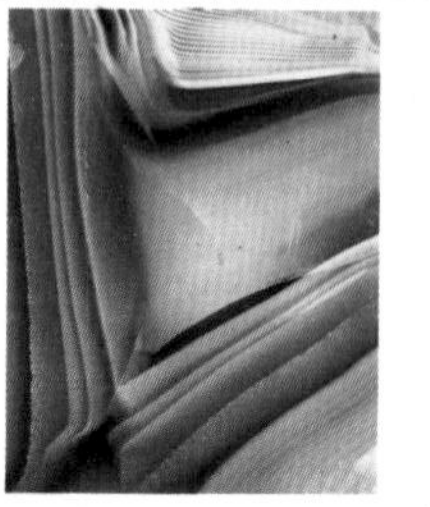
**ónice**

**ONICOFAGIA** n. f. Costumbre de morderse o comerse las uñas.

**ONICÓFORO, A** adj. y n. m. Peripato.

**ONICOMICOSIS** n. f. Lesión de las uñas, de origen parasitario por hongos.

**ONÍRICO, A** adj. Relativo a los sueños.

**ONIRISMO** n. m. SICOL. Estado de sueño. **2.** Estado patológico constituido por alucinaciones visuales que aparecen en los sueños y en los cuales el sujeto participa intensamente.

**ONIROMANCIA** u **ONIROMANCÍA** n. f. Arte de interpretar los sueños.

**ONIROMÁNTICO, A** adj. y n. Relativo a la oniromancia; persona experta en este arte.

**ÓNIX** n. m. o f. Ónice.

**ONIXIS** n. f. Inflamación de la uña, debida a una infección o a una micosis.

**ONOMASIOLOGÍA** n. f. LING. Estudio de los signos lingüísticos que corresponden a un concepto dado.

**ONOMÁSTICA** n. f. LING. Conjunto de los nombres propios de persona o de lugar. **2.** LING. Disciplina que estudia tales nombres. SIN.: *onomatología*.

**ONOMÁSTICO, A** adj. Relativo a los nombres propios, especialmente de persona: *fiesta onomástica*.

**ONOMATOPEYA** n. f. (gr. *onomatopoiia*). Modo de formación de palabras propias para sugerir, por armonía imitativa, la realidad extralingüística que designan. **2.** Palabra formada por armonía imitativa. **3.** RET. Empleo de vocablos onomatopéyicos para imitar el sonido de las cosas con ellos significadas.

**ONOMATOPÉYICO, A** adj. Que ofrece los caracteres de la onomatopeya.

**ÓNTICO, A** adj. FILOS. Dícese del conocimiento que se refiere a los entes.

**ONTOGENIA** u **ONTOGÉNESIS** n. f. BIOL. Serie de transformaciones sufridas por el individuo desde la fecundación del huevo hasta convertirse en un ser completo.

**ONTOGÉNICO, A** u **ONTOGENÉTICO, A** adj. Relativo a la ontogenia.

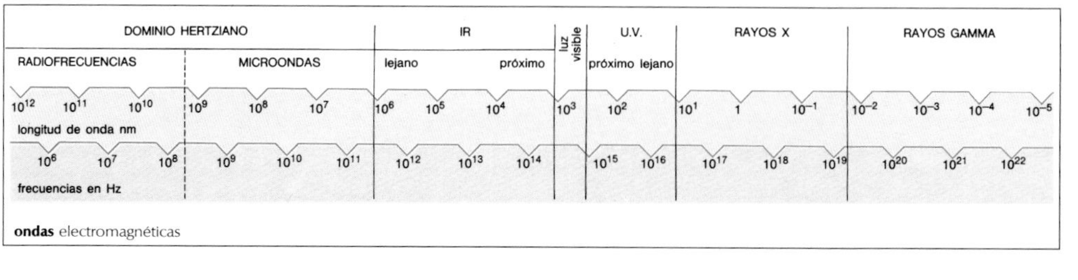

**ondas** electromagnéticas

**ONTOLOGÍA** n. f. Parte de la filosofía que estudia el ente en cuanto tal.

**ONTOLÓGICO, A** adj. Relativo a la ontología. • **Argumento ontológico,** prueba clásica de la existencia de Dios, consistente en, tras considerarlo como ser perfecto, razonar que si le faltase la existencia, ya no sería perfecto.

**ONTÓLOGO, A** n. Persona versada en ontología.

**ONUBENSE** adj. y n. m. y f. De Huelva. SIN.: *huelveño.*

**ONZA** n. f. (lat. *unciam*). Antigua medida de peso de muchos países, con diversos valores, comprendidos entre 24 y 33 g. **2.** NUMISM. En la antigüedad, duodécima parte de la libra romana; en la edad media, octava parte del marco de Castilla; en la edad moderna, unidad superior áurea del sistema monetario español.

**onza** acuñada para América
en tiempos de Fernando VI (1753)
[gabinete numismático, Barcelona]

**ONZA** n. f. Ocelote.

**ONZAVO, A** adj. y n. m. Onceavo.

**OÑACINO** n. m. (de *Oñaz,* nombre de un linaje vasco). Miembro del bando encabezado por la familia Mendoza que, durante la baja edad media, perturbó la vida del País Vasco debido a sus enfrentamientos con el bando de los gamboínos.

**OOCITO** u **OVOCITO** n. m. Célula sexual femenina que aún no ha sufrido la meyosis.

**OOGÉNESIS** n. f. Ovogénesis.

**OOGONIA** u **OVOGONIA** n. f. Célula germinal de la gónada femenina que origina los oocitos de primer orden.

**OOGONIO** n. m. BOT. Órgano en el que se forman las oosferas, en las algas y en ciertos hongos.

**OOLÍTICO, A** adj. Que contiene oolitos.

**OOLITO** n. m. GEOL. Cuerpo esférico de alrededor de 1 mm de diámetro, formado por envolturas minerales concéntricas.

**OOSFERA** n. f. BOT. Gameto femenino que corresponde en el reino vegetal al óvulo de los animales.

**OÓSPORA** n. f. BOT. Oosfera fecundada, por lo general libre.

**OOSPOROSIS** n. f. Afección parasitaria causada por un hongo.

**OOTECA** n. f. Cáscara en que están encerrados los huevos de los ortópteros.

**OP ART** n. m. (abrev. del inglés *optical art,* arte óptico). Modalidad artística de la segunda mitad del s. XX, que se caracteriza por la creación de una gama de ilusiones y efectos ópticos que sugieren la sensación de movimiento a partir de elementos tales como la superposición de planos, la repetición de elementos geométricos simples o la interacción cromática.

**OPA** adj. y n. (voz quechua). *Argent., Bol.* y *Urug.* Tonto, retrasado mental.

**O.P.A.** → ***oferta pública de adquisición.***

**OPACAR** v. tr. y pron. **[1a]**. *Amér.* Hacer opaco, oscurecer, nublar. ◆ v. tr. **2.** *Méx.* Hacer opaca u oscura alguna cosa: *opacar un vidrio.* **3.** *Méx.* Superar por mucho a algo o a alguien, hacerlo desmerecer: *su belleza opaca a las de las demás.*

**OPACIDAD** n. f. Calidad de opaco.

**OPACIMETRÍA** n. f. Medida de la opacidad de ciertas sustancias.

**OPACLE** n. m. *Méx.* Hierba silvestre que se añade al pulque en su fermentación y da más fuerza a la bebida.

**OPACO, A** adj. (lat. *opacum*). Que no deja pasar la luz. **2.** Sin brillo: *ojos opacos.* **3.** *Fig.* Oscuro, insignificante. **4.** *Fig.* Triste, melancólico.

**OPALESCENCIA** n. f. Reflejos de ópalo. **2.** Calidad de opalescente.

**OPALESCENTE** adj. Semejante al ópalo.

**OPALINA** n. f. Sustancia vítrea que imita el ópalo, utilizada en la fabricación de objetos artísticos.

**OPALINO, A** adj. Relativo al ópalo. **2.** De color entre blanco y azulado, con reflejos irisados.

**OPALIZAR** v. tr. **[1g]**. Dar a algo la forma o la apariencia del ópalo.

**ÓPALO** n. m. (lat. *opalum*). Piedra semipreciosa, variedad de sílice hidratada, con reflejos cambiantes irisados.

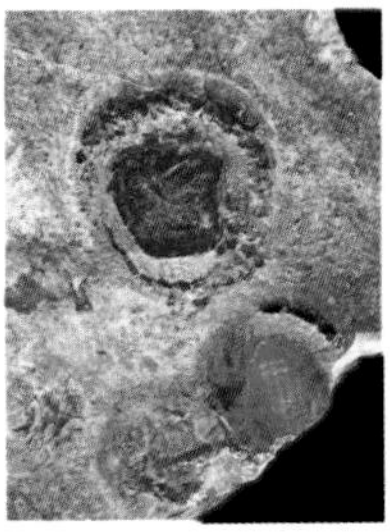

**ópalo** de fuego y **ópalo** noble
(procedente de México)

**ÓPATA,** grupo amerindio de México, de lengua utoazteca, formado por los ópatas, cahita y tarahumara.

**OPCIÓN** n. f. (lat. *optionem*). Acción y efecto de optar. **2.** Facultad de elegir. **3.** Derecho a ocupar cierto empleo, cargo o dignidad. **4.** Derecho derivado o inherente a cierta cosa. **5.** DER. Facultad de escoger entre dos o más situaciones jurídicas. **6.** ECON. Contrato por el que una parte concede a la otra, por un tiempo fijo y en condiciones determinadas, la facultad de decidir respecto a un contrato principal. • **Opción de compra,** prioridad que se concede a una persona física o jurídica sobre la adquisición de un bien, título o derecho en caso de que su poseedor se desprenda de él.

**OPEN** n. m. (voz inglesa, *abierto*). Competición deportiva en la que participan profesionales y aficionados.

**ÓPERA** n. f. (ital. *opera*). Composición dramática sin diálogo hablado, compuesta por una obertura orquestal, arias, dúos, tríos, coros, recitativos y fragmentos orquestales. **2.** Poema dramático escrito para este fin. **3.** Género constituido por esta clase de obras. **4.** Edificio donde se representan estas obras. • **Ópera prima,** primera obra artística de un autor.

■ La ópera nació en Italia a principios del s. XVII como un espectáculo *(ópera seria)* que aunaba narración (recitativo), coros, danzas y escenografía (Monteverdi, Scarlatti). Con la progresiva sustitución del recitativo por el aria durante el s. XVIII, la ópera se extendió por toda Europa, en especial por los países germánicos (Telemann, Haendel, Mozart, Beethoven). Desde 1670 se desarrolló en Francia un tipo de ópera en la que predominaba danza (*tragedia lírica* u *ópera de ballet*). Durante el romanticismo, Italia siguió privilegiando la voz (*bel canto,* Verdi, Puccini); los franceses trabajaron la sicología de los personajes (Berlioz, Gounod) hasta alcanzar la expresión naturalista (Massenet, Bizet). En España, para contrarrestar la tendencia italianizante, nació a fines del s. XVIII la tonadilla escénica, de la cual se originaría la zarzuela (Chapí, Bretón, Serrano, Valera, etc.), pero también hubo un intento de ópera nacional (Pedrell) que dio algunas obras en el s. XX (Guridi, Granados y Toldrá). En Alemania se potenció la orquesta y se tendió hacia el arte total (Wagner, R. Strauss). En el s. XX destacan la escuela de Viena (Berg, Schönberg) y autores como B. Britten, Poulenc, Milhaud, Ravel, Henze, Malipiero, etc. En Hispanoamérica la ópera siguió el curso de una inspiración nacionalista (Villa-Lobos, Ginastera, etc.). En contraste con la ópera seria, surgieron en el s. XVIII la *ópera bufa* en Italia y la *ópera cómica* en Francia y, más adelante, la *opereta.*

**OPERABLE** adj. Que puede realizarse. **2.** CIR. Que puede ser operado.

**OPERACIÓN** n. f. Acción y efecto de operar. **2.** CIR. Intervención practicada por un cirujano a un enfermo o a un herido. **3.** INDUSTR. Conjunto de los trabajos efectuados en una pieza en un puesto de fabricación, con ayuda de uno solo de los medios de que está equipado dicho puesto. **4.** MAT. Combinación efectuada con entes matemáticos siguiendo unas reglas dadas y que admite como resultado un ente matemático perfectamente determinado. **5.** MIL. Conjunto de combates y maniobras de toda clase desarrollados por fuerzas terrestres, navales o aéreas, en una región determinada o contra un objetivo concreto. • **Método de operación** (INFORMÁT.), forma de utilización de un ordenador. || **Operación bancaria,** cualquiera de los actos propios de la actividad de la banca. || **Operación comercial,** compra y venta de bienes y servicios. || **Operación de bolsa,** operación de comprar, vender, etc., valores en la bolsa.

**OPERACIONAL** adj. Relativo a las operaciones matemáticas, comerciales o militares. **2.** Dícese de las unidades militares que están en condiciones de operar.

**OPERADOR, RA** adj. y n. Que opera. **2.** Cirujano. ◆ n. **3.** CIN. y TELEV. Técnico encargado de la parte fotográfica de un rodaje. **4.** TELECOM. Persona que atiende el servicio público en una central telefónica. • **Operador turístico,** persona o empresa que organiza viajes colectivos. ◆ n. m. **5.** INFORMÁT. Órgano que efectúa una operación aritmética o lógica. **6.** MAT. Símbolo de una operación lógica o matemática que se efectúa con un ente matemático, o con un grupo de proposiciones.

**OPERANDO** n. m. MAT. Elemento sobre el cual se aplica una operación.

**OPERANTE** adj. Que opera.

**OPERAR** v. intr. **[1]**. Actuar, ejercer una acción. **2.** Negociar, realizar compras y ventas: *nuestra empresa opera principalmente en el norte del país.* **3.** Robar o cometer actos delictivos: *operar una banda en un barrio.* **4.** MAT. Realizar combinaciones con números o expresiones, según las reglas matemáticas, para llegar a un resultado. **5.** MIL. Maniobrar. ◆ v. tr. **6.** CIR. Ejecutar una operación quirúrgica. ◆ v. tr. y pron. **7.** Realizar, producir un resultado. ◆ **operarse** v. pron. **8.** Someterse a una operación quirúrgica.

**OPERARIO, A** n. Obrero, trabajador manual.

**OPERATIVO, A** adj. Dícese de lo que obra y hace su efecto. • **Investigación operativa,** conjunto de técnicas racionales de análisis y de resolución de problemas concernientes a la actividad económica. || **Sistema operativo** (INFORMÁT.), programa o conjunto de programas que realizan la gestión de los procesos básicos de un sistema informático, permitiendo la ejecución del resto de operaciones.

**OPERATORIO, A** adj. Que puede operar. **2.** Relativo a las operaciones quirúrgicas.

**OPERCULADO, A** adj. Provisto de un opérculo.

**OPERCULAR** adj. Que sirve de opérculo.

**OPÉRCULO** n. m. (lat. *operculum,* tapadera). Pieza, generalmente redondeada, que cierra algunas aberturas del cuerpo de los animales, a modo de tapadera, como la de las agallas de los peces. **2.** Tapa de cera con que las abejas cubren las celdas llenas de miel. **3.** BOT. Cualquier parte de un esporangio o fruto que se desprende a modo de tapadera.

**OPERETA** n. f. Género teatral ligero, en el que los fragmentos cantados alternan con los hablados.

**OPERÍSTICO, A** adj. Relativo a la ópera.

**OPERÓN** n. m. BIOL. Conjunto de genes vecinos de un cromosoma, que concurren en el cumplimiento de una misma función celular en el momento en que ésta es útil.

**OPIÁCEO, A** adj. Relativo al opio. **2.** Dícese de los medicamentos que contienen opio en su composición. **3.** *Fig.* Calmante.

**OPILACIÓN** n. f. Obstrucción, impedimento para el paso de las materias sólidas, líquidas o gaseosas en las vías del cuerpo. **2.** Amenorrea juvenil.

**OPILARSE** v. pron. (lat. *oppilare,* obturar) **[1]**. Contraer amenorrea las mujeres.

**OPIMO, A** adj. (lat. *opimum*). Rico, fértil, abundante.

**OPINABLE** adj. Dícese de aquello acerca de lo cual pueden mantenerse opiniones distintas.

**OPINANTE** adj. y n. m. y f. Que opina.

**OPINAR** v. tr. e intr. (lat. *opinari*) **[1]**. Tener cierta opinión. **2.** Expresar una opinión.

**OPINIÓN** n. f. (lat. *opinionem*). Juicio, manera de pensar sobre un tema. **2.** Fama, reputación. • **Opinión pública,** manera de pensar más extendida en una sociedad.

**OPIO** n. m. (lat. *opium*). Látex seco extraído de las cápsulas maduras de diversas variedades de adormidera, cuyo consumo provoca euforia y su repetido uso conduce al hábito, y posteriormente a una degradación física e intelectual. (Se utiliza en medicina como calmante y somnífero analgésico.)

**OPIOMANÍA** n. f. Toxicomanía producida por el opio.

**OPIÓMANO, A** adj. y n. Afecto de opiomanía.

**OPÍPARO, A** adj. (lat. *opiparum*). Dícese de la comida o banquete abundantes y espléndidos.

**OPISTOBRANQUIO, A** adj. y n. m. Relativo a una subclase de moluscos gasterópodos marinos con branquias orientadas hacia atrás o hacia los lados.

**OPISTÓDOMO** u **OPISTODOMO** n. m. (gr. *opisthodomos*). Parte posterior del templo griego, opuesta al pronaos.

**OPISTÓTONOS** n. m. MED. Contractura muscular generalizada que arquea el cuerpo hacia atrás, observada principalmente en el tétanos.

**OPLOTECA** n. f. (gr. *hoplothēkē*). Colección o museo de armas antiguas, preciosas o raras.

**OPONENTE** adj. y n. m. y f. Con respecto a una persona, dícese de otra que sostiene la opinión contraria. ◆ n. m. **2.** Nombre de tres pequeños músculos, dos de la mano y uno del pie.

**OPONER** v. tr. y pron. (lat. *opponere*) **[5]**. Poner en contra, obstaculizar. ◆ v. tr. **2.** Imputar, objetar. ◆ **oponerse** v. pron. **3.** Ser una cosa contraria a otra.

**OPONIBLE** adj. Que se puede oponer. **2.** DER. Dícese del medio procesal de defensa que un pleiteante puede emplear para frenar, impedir o superar las pretensiones de la parte contraria.

**OPOPÓNACE, OPOPÓNACO** u **OPOPÁNAX** n. m. Planta de la familia de las umbelíferas, de las regiones cálidas de Europa y Asia, empleada en farmacia y perfumería. **2.** Gomorresina amarga y aromática que se obtiene de esta planta.

**OPORTO** n. m. Vino licoroso, aromático y generoso, cosechado en el valle del Duero, en la parte septentrional de Portugal.

**OPORTUNIDAD** n. f. Calidad de oportuno. **2.** Circunstancia oportuna.

**OPORTUNISMO** n. m. Táctica o política de aquellos que, para conseguir sus fines, aprovechan las circunstancias oportunas transigiendo con sus propios principios.

**OPORTUNISTA** adj. y n. m. y f. Relativo al oportunismo; que actúa o se manifiesta con oportunismo.

**OPORTUNO, A** adj. (lat. *opportunum*). Dícese de lo que se hace o sucede en el tiempo, lugar o circunstancia a propósito o conveniente: *una conversación oportuna.* **2.** Ingenioso, ocurrente: *un dicho oportuno.*

**OPOSICIÓN** n. f. Acción y efecto de oponer u oponerse. **2.** Resistencia a lo que alguien hace o dice. **3.** Posición de una cosa enfrente a otra. **4.** Procedimiento selectivo consistente en una serie de ejercicios en que los aspirantes a un cargo someten al juicio de un tribunal su respectiva competencia. **5.** ASTRON. Situación de dos cuerpos celestes cuyas longitudes geocéntricas difieren en 180°. **6.** DER. Acto por el que una persona intenta que no se lleve a cabo lo que otra se propone, ya sea un acto, un procedimiento o una ejecución. **7.** LING. Relación que guardan los elementos homogéneos de un sistema lingüístico y que permite su diferenciación. **8.** POL. Acción emprendida contra un gobierno. **9.** POL. Grupo que desarrolla esta acción.

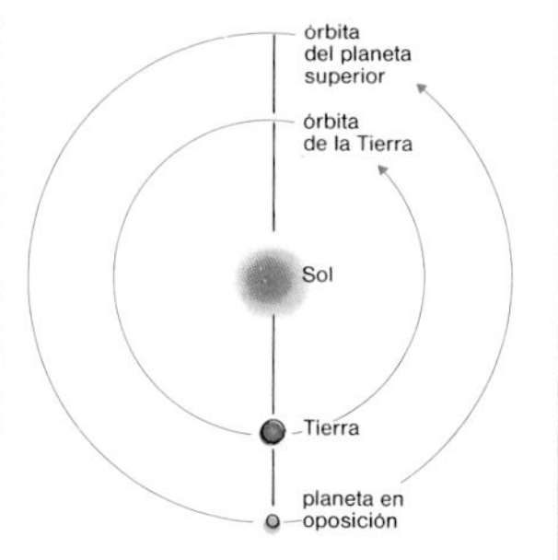

planeta superior en **oposición** al Sol

**OPOSICIONISTA** adj. y n. m. y f. Relativo a la oposición; adicto a la oposición política.

**OPOSITAR** v. tr. **[1]**. Hacer oposiciones a un cargo o empleo.

**OPOSITOR, RA** n. Persona que aspira a un cargo o empleo mediante unas oposiciones. **2.** Persona que se opone a otra, en cualquier materia. **3.** *Amér.* Partidario de la oposición en política.

**OPOSUM** n. m. Mamífero marsupial de América, que mide unos 55 cm sin la cola y es muy apreciado por su piel.

**OPOTERAPIA** n. f. Tratamiento de las enfermedades por administración de extractos de diversos órganos, especialmente de las glándulas endocrinas. SIN.: *organoterapia.*

**OPPIDUM** n. m. (voz latina). ANT. Refugio fortificado establecido generalmente en lugares elevados.

**OPRESIÓN** n. f. (lat. *oppressionem*). Acción y efecto de oprimir. **2.** Dificultad para respirar. SIN.: *opresión de pecho.*

**OPRESIVO, A** adj. Que oprime.

**OPRESOR, RA** adj. y n. Que oprime.

**OPRIMIR** v. tr. (lat. *oprimere*) **[3]**. Hacer presión en una cosa. **2.** *Fig.* Someter por la violencia, tratar con excesivo rigor. **3.** *Fig.* Provocar en alguien un sentimiento de molestia o angustia.

**OPROBIAR** v. tr. **[1]**. Causar oprobio.

**OPROBIO** n. m. (lat. *opprobium*). Deshonor público, ignominia.

**OPROBIOSO, A** adj. Que causa oprobio.

**OPSONINA** n. f. Anticuerpo que se fija en las bacterias y favorece su fagocitosis por las células.

**OPTANTE** adj. Que opta.

**OPTAR** v. tr. e intr. (lat. *optare*) **[1]**. Escoger, decidirse entre varias posibilidades. ◆ v. tr. **2.** Pretender alcanzar algo, especialmente un empleo: *optar a una plaza vacante.*

**OPTATIVO, A** adj. Que se puede optar: *clases optativas.* ◆ adj. y n. m. **2.** LING. Dícese del modo del verbo o sistemas verbales que expresan deseo.

**ÓPTICA** n. f. Parte de la física que trata de las propiedades de la luz y de los fenómenos de la visión. **2.** Tienda de aparatos ópticos. **3.** *Fig.* Manera de juzgar, punto de vista.

**ÓPTICO, A** adj. (gr. *optike tekhnē*, arte de la visión). Relativo a la visión. **2.** Que pertenece al ojo. • **Ángulo óptico,** o **de visión,** ángulo que tiene su vértice en el ojo del observador y cuyos lados pasan por las extremidades del objeto considerado. || **Centro óptico,** punto del eje principal de una lente tal que a todo rayo luminoso interior a la lente, que pasa por este punto, le corresponde un rayo incidente y un rayo emergente paralelos. || **Nervio óptico,** nervio que enlaza el ojo con el encéfalo y que forma el segundo par de nervios craneales. ◆ n. **3.** Persona que fabrica o vende aparatos ópticos, especialmente gafas. **4.** Profesional titulado para trabajar en materia de óptica.

**OPTIMACIÓN** n. f. Acción y efecto de optimar. SIN.: *optimización.*

**OPTIMAR** v. tr. **[1]**. Optimizar **2.** INFORMÁT. Organizar la disposición de las informaciones o de las instrucciones para obtener el tiempo mínimo de tratamiento de un programa.

**OPTIMISMO** n. m. Actitud de los que afirman la bondad fundamental del mundo, o que el conjunto del bien supera al del mal. **2.** Tendencia a tomarse las cosas en su aspecto más favorable, a confiar en el porvenir. CONTR.: *pesimismo.*

**OPTIMISTA** adj. y n. m. y f. Que tiene o implica optimismo.

**OPTIMIZAR** v. tr. **[1g]**. Lograr el mejor resultado posible de una actividad o proceso mediante el aprovechamiento al máximo de sus potencialidades.

**ÓPTIMO, A** adj. (lat. *optimum*). Que en su línea es lo mejor posible: *calidad óptima.* ◆ n. m. **2.** Término que designa la posición más adecuada para conseguir determinado objetivo. • **Óptimo de población,** densidad ideal de la población de un país o de una zona geográfica, que permitiría la mejor utilización de los recursos naturales. || **Óptimo económico,** nivel de la producción o de la distribución donde, en una economía de competencia, es imposible mejorar la producción de un producto o la situación de una persona sin disminuir la de otro u otra.

**OPTOELECTRÓNICA** n. f. Parte de la electrónica que estudia los dispositivos sensibles a la acción de la luz o que producen luz.

**OPTOMETRÍA** n. f. Parte de la oftalmología que permite determinar, medir y corregir los vicios de refracción del ojo, como la miopía o la presbicia.

**OPTOMETRISTA** n. m. y f. Especialista en optometría.

**OPTÓMETRO** n. m. Instrumento empleado en optometría para medir el grado de astigmatismo.

**OPUESTO, A** adj. Contrario, que se opone a algo por estar enfrente: *orillas opuestas de un río.* **2.** Contradictorio, de naturaleza diferente: *caracteres opuestos.* **3.** BOT. Dícese de los órganos puestos de frente, o de las hojas insertadas dos a dos en el mismo nudo, como en la ortiga. • **Ángulos opuestos por el vértice,** ángulos tales que los lados de uno son la prolongación de los lados del otro. || **Números opuestos** (MAT.), números algebraicos del mismo valor absoluto, pero de signos contrarios.

**OPUGNACIÓN** n. f. Acción y efecto de opugnar.

**OPUGNADOR, RA** adj. y n. Que opugna.

**OPUGNAR** v. tr. (lat. *oppugnare*) **[1]**. Oponerse con fuerza o violencia. **2.** Embestir, atacar. **3.** Contradecir, impugnar.

**OPULENCIA** n. f. Abundancia, gran cantidad. **2.** Riqueza, caudal: *vivir en la opulencia.*

**OPULENTO, A** adj. (lat. *opulentum*, rico). Que tiene opulencia: *vida opulenta.* **2.** Muy rico: *persona opulenta.*

**OPUS** n. m. (voz latina, *obra*). Término que, seguido de un número, sirve para situar un fragmento musical en la producción de un compositor. (Suele usarse la forma abreviada: *op.*) **2.** ARQUEOL. Nombre con que se designa el aparejo de la construcción romana: *opus incertum, opus reticulatum.*

**OPÚSCULO** n. m. (lat. *opusculum*). Obra impresa de poca extensión.

**O.P.V.** → ***oferta pública de venta.***

**OQUEDAD** n. f. Espacio vacío en el interior de un cuerpo. **2.** *Fig.* Frivolidad, falta de interés en lo que se dice.

**OQUEDAL** n. m. Monte arbóreo sin maraña de sotobosque.

**ORA** conj. Implica relación de alternancia entre los elementos que enlaza: *ora leía, ora paseaba.* (Se usa repetida.)

**ORACIÓN** n. f. (lat. *orationem*). Obra de elocuencia, acción oral. **2.** Súplica, deprecación, ruego o elevación de la mente a Dios, a la Virgen o a los santos. **3.** Deprecación litúrgica que se recita en la misa o en cualquier otra celebración, en la que el celebrante invita a orar. **4.** Discurso, exposición sobre un tema que un orador hace en público, con el fin de persuadir a los oyentes. **5.** LING. Conjunto de elementos lingüísticos que forman una unidad sintáctica de comunicación relativamente independiente y completa.

**ORACIONAL** adj. Relativo a la oración gramatical: *complemento oracional.*

**ORÁCULO** n. m. (lat. *oraculum*). Respuesta de una divinidad a la que se hacía consultas según unos ritos determinados. **2.** Esta misma divinidad: *consultar el oráculo.* **3.** Imagen ante la que consultaban los gentiles al dios y el templo u otro lugar en que lo hacían. **4.** Afirmación decisiva y tajante que se admite sin discusión por la gran autoridad de quien la emite. **5.** Persona o entidad a la que todos escuchan con respeto por su gran sabiduría.

**ORADOR, RA** n. (lat. *oratorem*). Persona que pronuncia un discurso en público. **2.** Persona elocuente. **3.** Predicador.

**ORAL** adj. Relativo a la boca: *vía oral.* **2.** Que se

expresa verbalmente, por medio del habla. CONTR.: *escrito.* **3.** Transmitido de viva voz: *tradición oral.* **4.** Dícese del examen o parte de él que consiste únicamente en preguntas y respuestas verbales. **5.** FONÉT. Dícese de un fonema para cuya articulación el aire pasa únicamente por la cavidad bucal, por oposición a un fonema nasal.

**¡ÓRALE!** interj. *Méx. Fam.* ¡Oiga! **2.** *Méx.* ¡Venga!

**ORANGISTA** adj. y n. m. y f. En Inglaterra, partidario de Guillermo III de Orange, opuesto al partido católico que apoyaba a Jacobo II. **2.** Protestante de Irlanda del Norte. **3.** Partidario belga de la dinastía de Orange, expulsada de Bélgica en 1830.

**ORANGUTÁN** n. m. (malayo *ōrang ūtan,* hombre salvaje). Mono antropoideo de Asia, de 1,20 a 1,50 m de alt., con cabeza gruesa, nariz chata, hocico saliente, cuerpo robusto y brazos tan largos que tocan el suelo cuando está erguido.

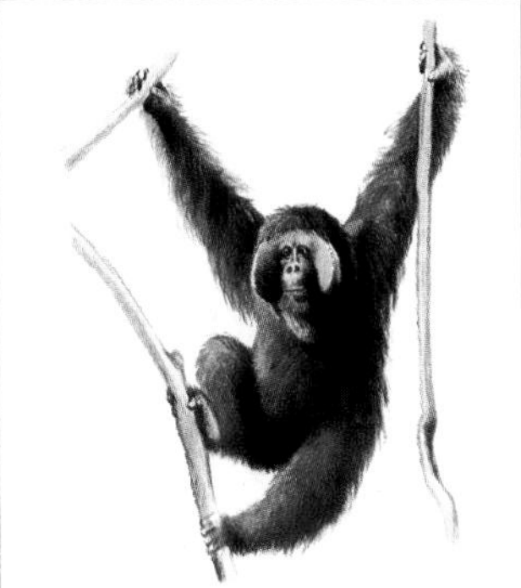

**orangután**

**ORANTE** adj. Que ora. ◆ n. m. y f. **2.** B. ART. Personaje representado en actitud de orar.

**ORAR** v. intr. [**1**]. Hablar en público, pronunciar un discurso. **2.** Hacer oración a Dios vocal o mentalmente. ◆ v. tr. **3.** Rogar, pedir, suplicar.

**ORATE** n. m. y f. (cat. *orat*). Loco, demente. **2.** *Fig.* y *fam.* Persona de poco juicio y poca prudencia.

**ORATORIA** n. f. Arte de hablar con elocuencia. **2.** Género literario que tiene por función convencer, persuadir, exponer o conmover por medio de la palabra hablada.

**ORATORIO** n. m. (lat. *oratorium*). Lugar destinado para orar. **2.** Capilla privada, para el uso de un grupo determinado de fieles.

**ORATORIO** n. m. Composición musical dramática, de tema religioso o a veces profano, con recitativos, arias, coros y orquesta, sin representación.

**ORATORIO, A** adj. Relativo a la oratoria o al orador.

**ORBE** n. m. (lat. *orbem*). Mundo, universo.

**ORBICULAR** adj. Redondo o circular. • **Músculo orbicular,** músculo circular que rodea la boca y el orificio palpebral. ◆ n. m. **2.** Huesecillo lenticular del oído.

**ÓRBITA** n. f. (lat. *orbitam*). Trayectoria cerrada de un cuerpo animado por un movimiento periódico.

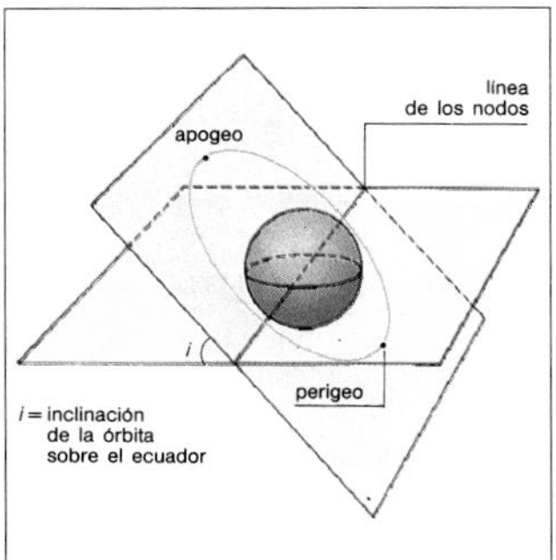


**órbita** de un planeta

**2.** Curva descrita por un planeta alrededor del Sol, o por un satélite alrededor de su planeta. **3.** Cavidad ósea de la cara, en la que se halla alojado el ojo. • **Estar en órbita,** actuar de acuerdo con un acontecimiento o tendencia de actualidad. ‖ **Puesta en órbita,** conjunto de operaciones encaminadas a colocar un satélite artificial en una órbita determinada.

**ORBITAL** adj. Relativo a la órbita. • **Vehículo orbital,** vehículo capaz de ser puesto en órbita para efectuar enlaces con satélites o estaciones espaciales. ◆ n. m. **2.** Volumen situado alrededor de un núcleo atómico y en el que hay más posibilidades, según la mecánica cuántica, de encontrar un electrón.

**ORBITAR** v. tr. [**1**]. Girar alrededor de un cuerpo marcando una trayectoria determinada **2.** Girar un cuerpo celeste alrededor de otro que ejerce una fuerza gravitacional.

**ORBITARIO, A** adj. Relativo a la órbita del ojo.

**ORBITOGRAFÍA** n. f. Técnica de registro de la trayectoria de los satélites artificiales.

**ORCA** n. f. Cetáceo del Atlántico norte, similar a la marsopa, que mide de 5 a 9 m de long., de color azul oscuro por el lomo y blanco por el vientre, que se alimenta de focas y crías de ballena.

**ORCANETA** n. f. (fr. *orcanette*). Planta herbácea muy vellosa, cuya raíz suministra un tinte rojo. (Familia borragináceas.)

**ORCHILLA** n. f. Denominación común a varios líquenes que viven en las costas rocosas del Mediterráneo.

**ÓRDAGO** n. m. (voz vasca). Envite del resto en el juego del mus. • **De órdago** *(Fam.),* expresión que indica calidad superlativa en tamaño, liberalidad, belleza, etc.

**ORDALÍA** n. f. Prueba judicial de carácter mágico o religioso destinada a demostrar la culpabilidad o inocencia de un acusado.

**ORDEN** n. f. Mandato, acción y efecto de mandar: *esperar la orden de un superior; dar órdenes.* **2.** Escrito por el que la autoridad competente manda o dispone algo: *presentar una orden de captura.* **3.** Organización religiosa, ligada por votos solemnes y aprobada por el papa, cuyos miembros viven bajo las reglas establecidas por su fundador o por sus reformadores. **4.** Comisión o poder que se da a alguien para hacer algo. **5.** Norma obligatoria dictada por la administración central del estado para un caso particular. **6.** Mandamiento expedido por un juez o tribunal. **7.** Cuerpo de personas unidas por alguna regla común o por una distinción honorífica: *orden de Carlos III.* **8.** Prescripción militar imperativa, verbal o escrita, de ejecutar una misión, cualquiera que sea su naturaleza. **9.** CIB. Señal o acción que circula en sentido único desde un emisor hacia un receptor. **10.** POL. Régimen político o ideología dominante en un cierto período: *el nuevo orden.* • **A la orden,** expresión en señal de acato a un superior militar; cláusula que, añadida a cualquier título, hace que éste sea transferible por endoso. ‖ **Estar a la orden del día,** ser frecuente en determinado tiempo o lugar. ‖ **Orden de bolsa,** orden dada a un intermediario para que compre o venda en bolsa valores mobiliarios o mercancías. ‖ **Orden de caballería,** caballería, institución militar feudal; institución honorífica creada por un soberano para premiar a sus caballeros o distinguir con ella los servicios prestados a su persona o a la monarquía. ‖ **Orden de pago,** documento por el que una persona u organismo con iniciativa y autoridad suficiente ordena a otra, a la que tiene confiado fondos de tesorería, la realización de un pago en su nombre. ‖ **Orden del día,** relación de los asuntos que deben tratarse en una reunión, asamblea, etc. ‖ **Orden militar,** institución religioso-militar que tenía por objeto la defensa de los ideales caballerescos y cristianos a través de la lucha armada contra los infieles. ‖ **Orden sagrada,** cada uno de los tres grados derivados del sacramento del orden. ◆ **órdenes** n. f. pl. **11.** HERÁLD. Franjas formadas por jaqueles puestos de lado. **12.** Fajas iguales que se repiten alternativamente de metal y color.

**ORDEN** n. m. Organización y disposición armoniosa de las cosas. **2.** Reglas, leyes o estructuras que constituyen una sociedad: *perturbar el orden social.* **3.** Cualidad de las personas que saben organizar u organizarse. **4.** Categoría, rango, clase: *un escritor de primer orden.* **5.** ARQ. Sistema lógico y armonioso de proporciones modulares aplicado en la antigüedad y en la época contemporánea a la construcción, disposición y decoración de las partes salientes de una obra, en especial del basamento, soportes y entablamento. **6.** DER. Sucesión de instancias o demandas en justicia, según los grados de jurisdicción en que puedan introducirse. **7.** DER. Graduación de los diferentes acreedores de un deudor para hacerles pago con los bienes de éste, según la prelación de créditos. **8.** HIST. Grupo social compuesto por personas con situación jurídica y privilegios comunes, y cuyo reclutamiento se basa en el nacimiento, la riqueza o cualquier otra consideración propia de una división jerárquica de la sociedad. **9.** HIST. NAT. División de la clasificación de las plantas y de los animales, intermedia entre la clase y la familia. **10.** INFORMÁT. Directriz para la unidad de mando de un órgano periférico de ordenador. **11.** MIL. Disposición que adoptan las tropas para el desempeño de cada una de sus diferentes misiones. **12.** REL. Sacramento constitutivo de la jerarquía de la Iglesia. (Comporta tres grados: obispo, sacerdote y diácono.) **13.** Clase jerárquica de los ángeles. • **Del orden de,** significa que la cantidad en cuestión es aproximadamente la que se expresa. ‖ **En orden,** ordenadamente, que cumple los requisitos necesarios. ‖ **En orden a,** para; expresa relación, referencia. ‖ **Fuerzas del orden,** servicios de la policía encargados de mantener el orden público y de la represión de disturbios. ‖ **Llamar al orden,** reprender o advertir a alguien para que se reporte. ‖ **Orden abierto,** formación de las tropas cuando se dispersan para ofrecer menos vulnerabilidad y cubrir mayor terreno. ‖ **Orden cerrado,** formación adoptada por las tropas, antes para combatir y hoy en día para desfilar. ‖ **Orden de combate,** el que dirige las tropas para obtener de sus medios el máximo rendimiento. ‖ **Orden lineal,** orden determinado por el sentido de desplazamiento sobre una recta. ‖ **Orden natural,** según los fisiócratas, conjunto de leyes naturales, absolutas, inmutables y universales que rigen todos los fenómenos sociales del modo más ventajoso para todos. ‖ **Orden público,** situación de normalidad en que se mantiene y vive un estado cuando se desarrollan las diversas actividades sin que se produzcan perturbaciones del orden jurídico establecido. ‖ **Orden sucesorio,** conjunto de herederos legítimos en la sucesión intestada. ‖ **Poner en orden** algo, corregir el desorden que haya en él. ‖ **Por su orden,** sucesivamente, cada cosa a su debido tiempo. ‖ **Relación de orden** (LÓG. y MAT.), en un conjunto, relación reflexiva, antisimétrica y tran-

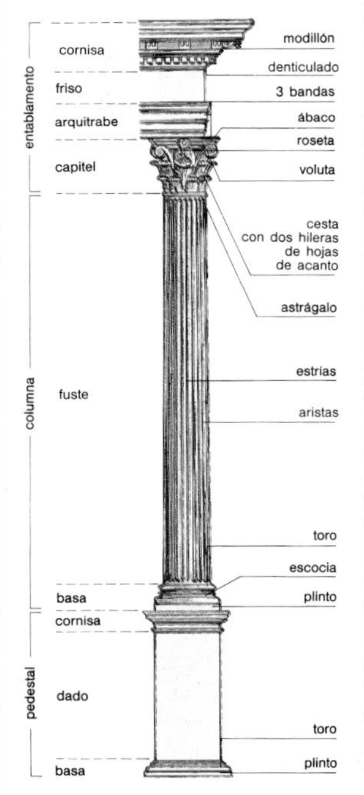


**orden** corintio: detalles de una columna

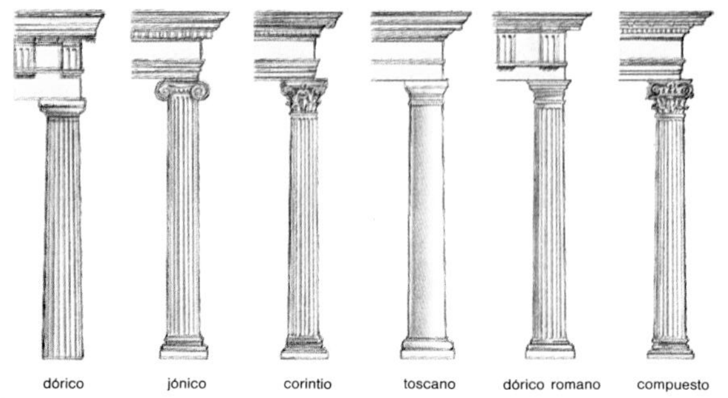

los **órdenes** griegos y romanos

sitiva. || **Sin orden ni concierto,** que se hace o se dice, o está dispuesto, desordenadamente.
■ ARQ. Se distinguen tres órdenes griegos: el dórico, el jónico y el corintio. Los romanos crearon el toscano, el dórico romano y el compuesto. El descubrimiento de los monumentos antiguos y la interpretación del tratado de Vitrubio dieron origen a partir del s. XV, con el Renacimiento italiano, a una arquitectura que utilizó con más o menos libertad los órdenes griegos y romanos, sus módulos, sus proporciones y sus ornamentos característicos.

**principales órdenes militares y de caballería**

**órdenes internacionales**

- orden del santo sepulcro de Jerusalén (principios del s. XII)
- orden de los hospitalarios de San Juan de Jerusalén, de Rodas y de Malta (1113)
- orden del temple, o de los templarios (1119)

**España**

- orden militar de Calatrava (1158)
- orden de Alcántara (1156 o 1166)
- orden militar de Santiago (1170)
- orden militar de Montesa (1317)

**otros países**

- orden del Espíritu Santo (Francia, 1578)
- orden del águila blanca (Polonia, 1325)
- orden suprema de La Anunciada (Saboya, 1364)
- orden de San Carlos (Mónaco, 1858)
- orden de Cristo (Portugal, 1319)
- orden de Cristo (Vaticano, 1905)
- orden del crisantemo (Japón, 1888)
- orden de la jarretera (Inglaterra, 1348)
- orden de San Andrés (Rusia, 1698)
- orden del toisón de oro (Borgoña, 1429, con una rama austríaca y una rama española)

**ORDENACIÓN** n. f. Acción y efecto de ordenar. **2.** Orden, manera de estar ordenado algo. **3.** Disposición, prevención. **4.** Mandato, precepto. **5.** REL. Acción de conferir el sacramento del orden. **6.** REL. Esta misma ceremonia. • **Ordenación territorial,** mejora de la distribución, en un área geográfica, de las actividades económicas en función de los recursos naturales y humanos. || **Plan de ordenación,** conjunto de normas, estándares urbanísticos y reglamentos que determinan en un territorio, una ciudad o una parte de ella, los niveles de edificabilidad, la intensidad de utilización del suelo y su calificación.

**ORDENADO, A** adj. Que guarda orden y método en sus acciones: *persona muy ordenada.* **2.** Bien arreglado, que presenta orden: *habitación ordenada.* • **Conjunto ordenado** (MAT.), conjunto que tiene una relación de orden. || **Par ordenado** (MAT.), par cuyos elementos están clasificados en un orden determinado. ◆ adj. y n. f. **3.** MAT. Dícese de una de las coordenadas cartesianas de un punto. ◆ adj. y n. **4.** Dícese de la persona que ha recibido el sacramento del orden.

**ORDENADOR, RA** adj. Que ordena: *política ordenadora de la economía del país.* ◆ n. m. **2.** Máquina automática para el tratamiento de la información, que obedece a programas formados por sucesiones de operaciones aritméticas y lógicas. SIN.: *calculador digital, computador, computadora.* • **Ordenador personal,** microordenador.
■ Un ordenador comprende una parte física *(hardware),* constituida por circuitos electrónicos de alta integración, y una parte no física *(software).* El hardware agrupa uno o varios procesadores, una memoria, unidades de entrada-salida y unidades de comunicación. El procesador ejecuta, instrucción tras instrucción, el o los programas contenidos en la memoria. Entre las unidades de entrada-salida figuran los teclados, pantallas, unidades de almacenamiento en discos o cintas magnéticas, impresoras, etc.; permiten la introducción de datos y la salida de resultados. Las unidades de comunicación autorizan la conexión del ordenador con terminales o con otros ordenadores organizados en redes. El software se escribe en un lenguaje particular que el ordenador es capaz de traducir en una serie limitada de instrucciones elementales directamente realizables por los circuitos electrónicos. El encadenamiento de instrucciones es susceptible de ser modificado por los resultados mismos de las operaciones que se efectúan o por la llegada de nuevas informaciones procedentes del exterior. La función de un ordenador se limita a ordenar, clasificar, calcular, seleccionar, buscar, editar y representar informaciones que previamente han sido codificadas según una representación binaria.

**ORDENAMIENTO** n. m. Acción y efecto de ordenar. **2.** DER. Ley, pragmática u ordenanza **3.** Breve código de leyes promulgadas al mismo tiempo. **4.** Colección de disposiciones referentes a determinada materia: *ordenamiento jurídico.*

**ORDENANCISTA** adj. y n. m. y f. Que cumple y aplica rigurosamente las ordenanzas o reglamentos.

**ORDENANDO** n. m. (lat. *ordinandum*). El que se dispone a recibir las órdenes sagradas.

**ORDENANTE** n. m. (lat. *ordinantem*). Obispo que confiere las órdenes sagradas.

**ORDENANZA** n. f. Conjunto de preceptos dictados para la reglamentación de una comunidad, una tropa militar, etc. (Suele usarse en plural.) **2.** Mandato, disposición. **3.** DER. Norma dictada por la administración para la aplicación de una ley o decreto: *ordenanzas fiscales, municipales.* **4.** HIST. Durante la baja edad media y la edad moderna, disposiciones dictadas por el rey para la regulación de la administración estatal o autorizadas por él para reglamentar determinadas entidades corporativas. **5.** MIL. Ley que regula las normas de conducta dentro de las fuerzas armadas o de un ejército. ◆ n. m. **6.** En ciertas oficinas, empleado subalterno encargado de hacer recados. **7.** Soldado designado para llevar órdenes, recados o para realizar determinados servicios a los jefes u oficiales.

**ORDENAR** v. tr. (lat. *ordinare*) **[1]**. Poner en orden: *ordenar unas notas; ordenar la casa.* **2.** Mandar, dar una orden para que se haga cierta cosa: *ordenar a alguien que se detenga; el médico le ordenó reposo.* **3.** Encaminar o dirigir algo a un fin determinado: *ordenar todos los esfuerzos a buscar una solución.* **4.** REL. Conferir las órdenes sagradas: *ordenar a los nuevos sacerdotes.* ◆ **ordenarse** v. pron. **5.** REL. Recibir las órdenes sagradas.

**ORDEÑA** n. f. *Méx.* Ordeño, acción y efecto de ordeñar.

**ORDEÑADOR, RA** adj. y n. Que ordeña: *máquina ordeñadora.*

**ORDEÑADORA** n. f. Aparato para ordeñar las vacas. • **Ordeñadora mecánica,** máquina que efectúa el ordeño mediante succión. SIN.: *máquina de ordeñar.*

**ORDEÑAR** v. tr. (bajo lat. *ordiniare,* arreglar) **[1]**. Extraer la leche de las vacas, cabras y, en general, de los animales hembras exprimiendo las ubres. **2.** Recolectar la aceituna o la hoja de ciertos árboles rodeando el ramo con la mano y haciéndola correr a lo largo del mismo.

**ORDEÑE** n. m. *Argent.* Ordeño.

**ORDEÑO** n. m. Acción y efecto de ordeñar.

**ORDINAL** adj. Relativo al orden. • **Adjetivo numeral ordinal** o **adjetivo ordinal,** adjetivo numeral que expresa el lugar, rango u orden de los seres o de las cosas. || **Número ordinal,** número entero que indica el lugar ocupado por los objetos de un conjunto cuando están colocados en un determinado orden.

**ORDINARIEZ** n. f. Calidad de ordinario, grosero. **2.** Expresión o acción ordinaria, de mal gusto.

**ORDINARIO, A** adj. Común, corriente: *el trabajo ordinario de cada día.* **2.** Vulgar, grosero: *persona ordinaria.* **3.** No selecto, de clase inferior: *clase ordinaria.* • **De ordinario,** regularmente, con frecuencia. ◆ adj. y n. m. **4.** Dícese del gasto diario y de las cosas que se consumen diariamente en una casa. **5.** DER. Dícese del juez o tribunal de la justicia civil, en oposición a los de fuero privilegiado o de jurisdicción especializada, y también del obispo diocesano. ◆ n. m. **6.** Recadero, persona que se dedica a llevar encargos o mercancías de un lugar a otro. **7.** MÚS. y REL. Nombre con que se designan las partes fijas, comunes a toda misa, por oposición a las partes variables denominadas *propio.* • **Ordinario del lugar** (REL.), prelado que ejerce la jurisdicción ordinaria.

**ORDINOGRAMA** n. m. Esquema que representa gráficamente el desarrollo de un programa de ordenador por medio de símbolos normalizados.

**ORDO** n. m. (voz latina). DER. ROM. Según un principio fundamental de la organización de justicia en Roma, división del juicio o proceso. **2.** LITURG. Calendario litúrgico que indica para un año determinado la fecha de las fiestas y la manera de celebrarlas.

**ORDOVÍCICO** u **ORDOVICIENSE** n. m. y adj. Segundo período de la era primaria, entre el cámbrico y el silúrico.

**OREAR** v. tr. (del lat. *auram,* aire) **[1]**. Dar el aire o el viento en algo refrescándolo, secándolo o quitándole el olor. ◆ **orearse** v. pron. **2.** Salir al aire libre para refrescarse. ◆ v. intr. **3.** *Chile.* Pasársele a una persona la borrachera.

**ORÉGANO** n. m. (lat. *origanum*). Planta herbácea aromática, con tallos vellosos, hojas pequeñas y flores en espigas que se emplean como condimento. (Familia labiadas.) • **Ser todo el monte orégano,** expresión que se usa generalmente en frases negativas, para significar que no todo es fácil en determinado asunto.

**OREJA** n. f. (lat. *auriculam*). Órgano del oído, en particular la parte externa situada a cada lado de la cabeza. **2.** Oído, aparato y sentido de la audición. **3.** Cualquier apéndice, flexible o no, de un objeto, especialmente si hay uno en cada lado: *un sillón de orejas.* **4.** Cada una de las asas o agarraderas de una vasija. **5.** Cada una de las partes del zapato que sobresale a uno y otro lado, y sirve para ajustarlo al empeine del pie, por medio de cintas, botones, etc. **6.** *Colomb.* Desviación circular que cruza la recta de una autopista. **7.** *Méx.* Pan dulce en forma de dos orejas unidas. **8.** *Salv.* Espía, delator al servicio de las autoridades gubernativas. **9.** MAR. Parte saliente de las uñas del ancla. **10.** TAUROM. Apéndice del toro que la presidencia concede como trofeo al diestro que ha ejecutado una buena faena. • **Aguzar las orejas,** poner mucha atención en escuchar algo. || **Apearse por las orejas,** obrar con desacierto. || **Asomar, descubrir** o **enseñar, la oreja,** descubrir uno su condición o sus intenciones sin darse cuenta. || **Bajar,** o **agachar las orejas,** humillarse, ceder en una disputa. || **Calentar las orejas** *(Fam.),* reprender a alguien, pegarle. || **Con las orejas caídas,** o **gachas,** avergonzado, humillado o sin haber conseguido lo que se pretendía. || **Hacer orejas de mercader,** hacerse el desentendido. || **Oreja de gato,** hongo comestible, con sombrerillo en forma de mitra. (Grupo discomicetes.) || **Oreja de mar,** molusco gasterópodo marino que vive aplicado contra las rocas y cuyas conchas son apreciadas por su hermoso nácar. (Familia haliótridos.) || **Oreja de oso,** planta herbácea de los Alpes, de hojas grandes y velludas en el envés, y flores en umbelas amarillas y olorosas, que se cultiva en jardinería. (Familia primuláceas.) || **Parar la oreja** *(Argent. Fam.)*, aguzar la oreja, prestar atención. || **Ver las orejas al lobo,** darse cuenta de la inminencia de un peligro. ◆ n. m. y f. *Méx.* **11.** Espía.

**OREJERA** n. f. Cada una de las dos piezas de la gorra o montera que cubren las orejas. **2.** En los cascos antiguos, cada una de las dos piezas de acero que cubrían las orejas. **3.** Pieza de la cabezada de las caballerías, que sirve para defender los ojos del polvo, paja, etc.

**OREJERO, A** n. m. *Chile. Fig.* y *fam. Desp.* Soplón, persona chismosa.

**OREJÓN, NA** adj. Orejudo, de orejas grandes o largas. **2.** Dícese de la persona zafia y tosca. ◆ n. m. **3.** Pedazo de melocotón o de otra fruta, secado al aire y al sol. (Suele usarse en plural.) **4.** Tirón de orejas. **5.** HIST. Entre los antiguos peruanos, persona noble que llevaba horadadas las orejas y podía aspirar a los primeros puestos del imperio.

**OREJUDO, A** adj. Que tiene orejas grandes o largas. ◆ n. m. **2.** Sillón de orejas. **3.** Pequeño murciélago que se caracteriza por sus enormes orejas en forma de cucurucho. (Familia vespertiliónidos.)

**OREO** n. m. Acción y efecto de orear. **2.** En la industria maderera, desecación natural de la madera.

**OREOSELINO** n. m. Planta que crece en la península Ibérica, de tallo estriado, flores pequeñas blancas y fruto redondeado. (Familia umbelíferas.) SIN.: *perejil de monte.*

**ORETANO, A** adj. y n. Relativo a un pueblo de origen ibérico establecido en las tierras altas de las cuencas del Guadalquivir y el Segura, al S de celtíberos y carpetanos, y vecino de los bastetanos; individuo de dicho pueblo.

**ORFANATO** n. m. Asilo de huérfanos.

**ORFANATORIO** n. m. *Méx.* Asilo, orfelinato.

**ORFANDAD** n. f. Situación de huérfano. **2.** Pensión que disfrutan algunos huérfanos. **3.** *Fig.* Desamparo, carencia de ayuda o protección.

**ORFEBRE** n. m. (fr. *orfèvre;* del lat. *auri faber,* metalúrgico de oro). Persona que realiza o vende objetos de oro o plata.

**ORFEBRERÍA** n. f. Arte, oficio o comercio del orfebre; obras realizadas por el orfebre.

**ORFELINATO** n. m. Orfanato.

**ORFEÓN** n. m. (fr. *orphéon*). Nombre dado a algunas asociaciones corales.

**ORFEONISTA** n. m. y f. Miembro de un orfeón.

**ÓRFICO, A** adj. Relativo a Orfeo o al orfismo.

**ORFISMO** n. m. (de *Orfeo*). Corriente religiosa de la antigua Grecia, relacionada con Orfeo, maestro de los encantamientos. **2.** Nombre dado por Apollinaire, en 1912, a una tendencia del cubismo, representada principalmente por R. Delaunay, quien exalta el color y la luz.

**ORFO** n. m. (lat. *orphum;* del gr. *orphos*). Variedad de besugo, de color rubio, ojos grandes y dientes como de sierra.

**ORGANDÍ** n. m. Muselina de algodón, muy transparente y ligera, a la que se da un acabado especial o un apresto rígido.

**ORGANICISMO** n. m. MED. Doctrina que atribuye todas las enfermedades, incluso las mentales, a la lesión material de un órgano. **2.** SOCIOL. Doctrina que considera a las sociedades como entidades semejantes a los seres vivos, y que pone especial énfasis en las funciones asumidas por las diversas instituciones.

**ORGANICISTA** adj. y n. m. y f. Relativo al organicismo; partidario del organicismo.

**ORGÁNICO, A** adj. Relativo a los órganos, a los tejidos vivos, a los seres organizados y a la constitución del ser. **2.** Relativo a la parte de la química que estudia los compuestos del carbono. **3.** Dícese de lo que atañe a la constitución de corporaciones o entidades, o a sus funciones. **4.** Dícese de un conjunto que forma un todo: *estructura orgánica.* **5.** MIL. Que pertenece constitutivamente a un cuerpo de tropas o a una gran unidad. • **Arquitectura orgánica,** en el s. XX, la que toma de las formas de la naturaleza la idea de algunas de sus estructuras y articulaciones, y tiende a una estrecha relación con los medios naturales. || **Roca de origen orgánico,** roca sedimentaria formada por restos de organismos vivos, como el carbón o el petróleo.

**ORGANIGRAMA** n. m. Gráfico de la estructura de una organización social, que representa a la vez los diversos elementos de un grupo y sus relaciones respectivas. **2.** Representación gráfica de las operaciones sucesivas de un proceso industrial, de informática, etc.

**ORGANILLERO, A** n. Persona que tiene como oficio tocar el organillo.

**ORGANILLO** n. m. Órgano pequeño o piano portátil, que se hace sonar por medio de un cilindro con púas, movido por una manija. SIN.: *manubrio.*

**ORGANISMO** n. m. (ingl. *organism*). Ser vivo orgánico. **2.** Conjunto de órganos que constituyen un ser vivo. **3.** El cuerpo humano. **4.** Conjunto de órganos administrativos encargados de la gestión de un servicio público, de un partido, etc. • **Organismo autónomo,** ente de carácter público, independiente de la administración, con personalidad jurídica y patrimonio propios, cuyo objetivo es el cumplimiento de un servicio público.

**ORGANISTA** n. m. y f. Persona que tiene por oficio tocar el órgano.

**ORGANIZACIÓN** n. f. Acción y efecto de organizar u organizarse: *la organización de una fiesta.* **2.** Manera en que las partes que componen un ser vivo están dispuestas para cumplir ciertas funciones. **3.** Manera en que un estado, una administración o un servicio están constituidos. **4.** Conjunto de personas que pertenecen a un cuerpo o grupo organizado. **5.** SOCIOL. Conjunto de elementos estructurales de la sociedad. • **Organización científica del trabajo,** conjunto de actividades coordinadas que tienen por objeto aumentar la productividad del trabajo industrial y crear condiciones favorables al mismo. || **Organización industrial,** coordinación racional entre los diferentes centros de la empresa, que permite obtener un rendimiento óptimo con la mínima inversión económica. || **Organización internacional,** agrupación, con carácter gubernamental o no, que tiene por objeto, especialmente, la seguridad colectiva de los estados o la defensa de la condición humana en la comunidad internacional. || **Organización judicial,** conjunto de reglas jurídicas que determinan la jerarquía, composición y atribuciones de los órganos de un estado encargados de administrar justicia. || **Organización no gubernamental,** organización cuyo financiamiento depende principalmente de donativos particulares y que se dedica a la ayuda humanitaria en una o varias de sus diferentes vertientes: asistencia médica o técnica a países subdesarrollados, auxilios en caso de catástrofes o guerras, ayuda a los necesitados en países desarrollados, etc.

**ORGANIZADOR, RA** adj. y n. Que organiza o que tiene aptitud para organizar. ◆ n. m. **2.** Parte del embrión que dirige la diferenciación de las estructuras embrionarias.

**ORGANIZAR** v. tr. **[1g]**. Preparar la realización de algo. ◆ v. tr. y pron. **2.** Disponer algo ordenadamente con miras a una función o uso determinados. ◆ **organizarse** v. pron. **3.** Formarse algo espontáneamente.

**ÓRGANO** n. m. (lat. *organum*). En los seres vivos, parte del cuerpo destinada a realizar una función determinada. **2.** *Fig.* Lo que sirve de instrumento o medio para la realización de algo: *el consejo de dirección es un órgano indispensable para la buena marcha de la empresa.* **3.** *Fig.* Medio de difusión portavoz de un partido, agrupación, etc.: *el periódico es el órgano del partido.* **4.** *Fig.* Persona o cosa que sirve para la ejecución de un acto o un designio. **5.** Medio o conducto que pone en comunicación dos cosas. **6.** Instrumento musical de viento y teclado, usado principalmente en las iglesias. **7.** Tribuna elevada donde se coloca el órgano, en una iglesia. **8.** *Méx.* Planta cactácea de distintas especies que se caracteriza por unos tallos delgados y muy altos, que semejan columnas. **9.** ARM. Lanzacohetes múltiple utilizado durante la segunda guerra mundial. **10.** MEC. En una máquina, pieza, dispositivo o mecanismo elemental que sirve para accionar, gobernar, transmitir o guiar un movimiento: *órganos de transmisión.* • **Órgano de Berbería,** o **de Barbarie** (deformación de *Barberi,* nombre de un fabricante de Módena), instrumento de música mecánico, accionado por bandas de cartón perforado. || **Órgano electrónico,** instrumento que utiliza la electrónica para producir las señales eléctricas necesarias para la producción de los sonidos. ◆ **órganos** n. m. pl. **11.** GEOGR. Prismas de gran regularidad, que pueden alcanzar de 30 a 45 m de alt., formados por enfriamiento de una colada volcánica (a menudo de basalto) perpendicularmente a su superficie.

**ORGANOALUMÍNICO, A** adj. y n. m. Dícese de los compuestos orgánicos del aluminio.

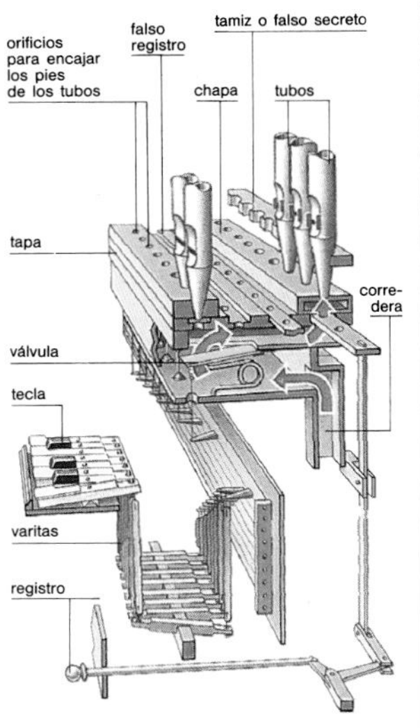

**órgano:** esquema del mecanismo de un órgano clásico

**órgano** electrónico

**órgano** de Berbería

**ORGANOGENIA** u **ORGANOGÉNESIS** n. f. BIOL. Formación y desarrollo de los órganos en el seno de un ser orgánico.

**ORGANOLÉPTICO, A** adj. BIOL. Dícese de las propiedades de los cuerpos que se perciben con los sentidos, como la aspereza, el sabor o el brillo.

**ORGANOLOGÍA** n. f. Disciplina que trata de los instrumentos musicales. **2.** Tratado sobre los órganos de los animales o de los vegetales.

**ORGANOMAGNESIANO, A** adj. Dícese de los compuestos organometálicos derivados del magnesio.

**ORGANOMETÁLICO, A** adj. y n. m. Dícese de los compuestos químicos que encierran radicales carbonados unidos a un metal.

**ORGANOTERAPIA** n. f. Opoterapia.

**ORGÁSMICO, A** u **ORGÁSTICO, A** adj. Relativo al orgasmo.

**ORGASMO** n. m. Culminación del placer sexual.

**ORGÍA** n. f. (fr. *orgie*). Fiesta o banquete en que se come y bebe con exageración y se cometen otros excesos. **2.** *Fig.* Desenfreno en la satisfacción de los deseos y pasiones.

**ORGIÁSTICO, A** adj. Relativo a la orgía. **2.** ANT. GR. Referente al culto de Dioniso.

**ORGULLO** n. m. (cat. *orgull*). Exceso de estimación propia, fatuidad, vanidad. **2.** Sentimiento elevado de la propia dignidad.

**ORGULLOSO, A** adj. Que tiene orgullo, soberbia. **2.** Que siente orgullo, satisfacción: *está orgulloso de sus hijos.*

**ORIENTACIÓN** n. f. Acción y efecto de orientar u orientarse. **2.** Posición de un objeto, de un edificio, etc., con relación a los puntos cardinales. **3.** *Fig.* Dirección, tendencia. **4.** MAR. Disposición de las vergas de modo que permitan a las velas recibir el viento en la dirección más favorable. **5.** SICOL. En un individuo, consciencia de su posición en el tiempo y en el espacio. • **Orientación escolar,** o **educativa,** conjunto de atenciones sicopedagógicas que se tienen en la enseñanza primaria y media para una mejor formación de la personalidad del niño y del adolescente. || **Orientación profesional,** conjunto de métodos que, en función de las características individuales, ayudan a una mejor elección, adaptación y rendimiento del sujeto en una determinada profesión. || **Reacción de orientación** (ETOL.), conjunto de movimientos provocados en el animal por la aparición, desaparición o modificación de elementos físico-químicos o figurados del medio exterior, susceptibles de provocar en el sujeto una estimulación de tipo direccional.

**ORIENTADO, A** adj. Que tiene cierta tendencia doctrinal: *una obra orientada políticamente.* **2.** MAT. En geometría, dícese de todo ente matemático sobre el cual se ha escogido un sentido positivo de recorrido.

**ORIENTADOR, RA** adj. Que orienta.

**ORIENTAL** adj. y n. m. y f. Relativo a oriente; habitante u originario de estas regiones. **2.** De la provincia de Oriente (antes Santiago de Cuba). **3.** Uruguayo. ◆ adj. **4.** ASTRON. Dícese de los planetas que, levantándose antes que el Sol, son visibles por la mañana por el lado de oriente. • **Iglesias orientales,** iglesias cristianas de oriente, separadas de Roma (nestorianos, monofisitas y ortodoxos).

**ORIENTALISMO** n. m. Conjunto de disciplinas que tienen por objeto el estudio de las civilizaciones orientales. **2.** Afición por las cosas de oriente. **3.** Carácter oriental.

**ORIENTALISTA** adj. y n. m. y f. Especialista en civilizaciones orientales.

**ORIENTAR** v. tr. y pron. [**1**]. Colocar algo en determinada dirección respecto a los puntos cardinales. **2.** Determinar dónde está la dirección que se ha de seguir. **3.** *Fig.* Dirigir una persona, cosa o acción hacia un fin determinado: *orientar un coloquio.* **4.** *Fig.* Informar sobre algo. ◆ **orientarse** v. pron. **5.** *Fig.* Reconocer, estudiar la situación de un asunto o de una cuestión: *orientarse sobre la situación de un negocio.*

**ORIENTE** n. m. (lat. *orientem*). Punto cardinal del horizonte por donde aparece el Sol en los días equinocciales. **2.** Lugar de la Tierra o de la esfera terrestre que, respecto de otro con el cual se compara, cae hacia donde sale el Sol. **3.** Conjunto de países del antiguo continente situados al este en relación con la parte occidental de Europa. **4.** Viento que sopla de la parte de oriente. **5.** Color y brillo peculiar de las perlas. **6.** En la masonería, nombre con que se designan las logias de provincia. • **Gran oriente,** alto cuerpo central de la masonería, que agrupa a las logias de un país.

**ORÍFICE** n. m. Artesano que trabaja en oro.

**ORIFICIO** n. m. Boca o agujero.

**ORIFLAMA** n. f. (fr. *oriflamme*). Estandarte, pendón o bandera. **2.** Estandarte de la abadía de Saint-Denis, de forma cuadrada y de color rojo, adoptado por los reyes de Francia del s. XII al XV.

**ORIGEN** n. m. (lat. *originem*). Principio, procedencia de algo: *el origen de la vida.* **2.** Causa, aquello que hace que una cosa se produzca: *el origen de una discusión.* **3.** País, lugar donde uno ha nacido o de donde una cosa proviene. **4.** Ascendencia, clase social a la que pertenece o de la que procede una persona: *ser de origen humilde.* **5.** HIST. NAT. Punto de fijación de un órgano, lugar donde este órgano empieza: *el origen de los dedos, de una hoja.* **6.** MAT. Punto a partir del cual se miden las coordenadas de un punto o la longitud de un segmento. • **Dar origen,** causar. || **De origen,** se aplica al sitio, país, etc., de donde procede una persona o cosa; se aplica a las circunstancias que ya tenía una cosa desde su inicio: *defecto de origen.*

**ORIGINAL** adj. Relativo al origen. **2.** Dícese del artista, intelectual, etc., cuya producción es muy personal: *cuadro original.* **3.** Singular, excéntrico. • **Grabado original,** grabado concebido y ejecutado por un solo y mismo artista. || **Pecado original,** el que todos los hombres, según las creencias cristianas, habrían contraído en la persona de Adán. ◆ adj. y n. m. **4.** Dícese de aquello, especialmente de las obras intelectuales o artísticas, que no son repetición, copia, traducción o imitación de otras. ◆ n. m. **5.** Ejemplar o modelo del que se copia. **6.** Cosa o persona que sirve de modelo a un artista. **7.** ART. GRÁF. Manuscrito o modelo que se da a la imprenta para que, de acuerdo con él, se proceda a la composición tipográfica.

**ORIGINALIDAD** n. f. Calidad de original.

**ORIGINAR** v. tr. [**1**]. Producir o dar origen o principio a una cosa. ◆ **originarse** v. pron. **2.** Proceder una cosa de otra.

**ORIGINARIO, A** adj. Que da origen o principio. **2.** Que ha nacido en el lugar que se especifica o procede de él: *originario de América.* **3.** DER. Dícese del juez y escribano que empezaron las actuaciones de una causa o pleito.

**ORILLA** n. f. Límite que separa una franja de tierra de un mar, río, lago, etc. **2.** Faja de tierra que está más inmediata al agua. **3.** Línea que limita la parte extrema de una superficie. **4.** En las calles sin acera, senda junto a las casas, destinada a los peatones. **5.** Borde inferior o remate de un vestido. **6.** Orillo. ◆ **orillas** n. f. pl. **7.** *Argent.* y *Méx.* Arrabales de una población.

**ORILLAR** v. tr., intr. y pron. [**1**]. Arrimar a la orilla. ◆ v. tr. **2.** *Fig.* Esquivar, eludir algún obstáculo o dificultad: *orillar una discusión.* ◆ v. intr. **3.** Hacerle orillo a una tela.

**ORILLERO, A** adj. y n. *Amér. Central, Argent., Cuba, Urug.* y *Venez. Desp.* Arrabalero. ◆ adj. **2.** *Argent.* Propio de las orillas, y sus costumbres.

**ORILLO** n. m. Borde longitudinal de una pieza de tela o paño, en general de color diferente al del resto de la pieza, y a veces tejido con ligamento diferente.

**ORÍN** n. m. Producto de corrosión de los metales férreos, constituido principalmente por hidróxido férrico rojizo y que se forma fácilmente al aire húmedo. **2.** Alteración del azogado de un espejo.

**ORÍN** n. m. Orina: *analizar los orines.* (Suele usarse en plural.)

**ORINA** n. f. (lat. *urinam*). Líquido excretado por los riñones, acumulado en la vejiga antes de su expulsión por la uretra.

**ORINAL** n. m. Recipiente para recoger la orina.

**ORINAR** v. intr. [**1**]. Expeler la orina. ◆ v. tr. **2.** Expeler por la uretra algún otro líquido: *orinar sangre.* ◆ **orinarse** v. pron. **3.** Expeler la orina involuntariamente.

**ORIOL** n. m. Oropéndola.

**ORIOLANO, A** adj. y n. De Orihuela.

**ORIUNDEZ** n. f. Calidad de oriundo.

**ORIUNDO, A** adj. y n. (lat. *oriundum*). Originario, que ha nacido en el lugar que se especifica o procede de él. **2.** DEP. Dícese del jugador de fútbol extranjero pero hijo de padre o madre españoles.

**ORIX** n. m. Oryx.

**ORIYĀ** n. m. Lengua indoaria hablada en la India, en el estado de Orissā.

**O.R.L.** abrev. de *otorrinolaringología.*

**ORLA** n. f. Adorno que se dibuja, graba o imprime en los bordes de un papel, pergamino, tapiz, etc. **2.** Cuadro con las fotografías de todos los alumnos de una misma promoción que han terminado los estudios. **3.** ARQ. Vuelo o salida, arquivolta. **4.** HERÁLD. Pieza honorable de una anchura igual a la mitad de la bordura, que rodea interiormente el escudo y está separada de él en una anchura igual a la suya. **5.** TEXT. Orilla de paños, telas o vestidos, cuando lleva algún adorno.

**ORLAR** v. tr. [**1**]. Adornar con una orla. **2.** Adornar cualquier cosa, o poner un adorno alrededor de ella. **3.** HERÁLD. Poner orla en el escudo.

**ORLEANISMO** n. m. Doctrina de los partidarios de la casa de Orleans. **2.** Régimen político en el que el primer ministro está controlado a la vez por el parlamento y por el jefe de estado.

**ORLEANISTA** adj. y n. m. y f. Relativo a la casa de Orleans; partidario del orleanismo.

**ORLO** n. m. MÚS. Antigua familia de instrumentos de viento, de doble lengüeta, cuyo tubo está doblado en forma de cayado en su extremidad inferior. **2.** Juego de lengüetas del órgano.

**ORLON** n. m. (marca registrada). Fibra textil sintética.

**ORNAMENTACIÓN** n. f. Acción y efecto de ornamentar: *la ornamentación de un altar.* **2.** MÚS. Grupo de notas breves representadas por signos y destinadas a suavizar el contorno de una melodía.

**ORNAMENTAL** adj. Relativo a la ornamentación o adorno.

**ORNAMENTAR** v. tr. [**1**]. Adornar, poner adornos.

**ORNAMENTO** n. m. Adorno. **2.** *Fig.* Cualidades morales de una persona que la hacen digna de estimación. **3.** ARQ. Pieza o conjunto de piezas accesorias que se ponen para acompañar a las obras principales y embellecer las estructuras: *los ornamentos de una fachada.* ◆ **ornamentos** n. m. pl. **4.** LITURG. Vestiduras que usan los ministros del culto católico en las funciones litúrgicas.

**ORNAR** v. tr. y pron. [**1**]. Adornar.

**ORNATO** n. m. Adorno, aquello que sirve para adornar una cosa. **2.** B. ART. Partes accesorias de una composición, que podrían suprimirse sin alterar el tema principal.

**ORNITOLOGÍA** n. f. Parte de la zoología que estudia las aves.

**ORNITOLÓGICO, A** adj. Relativo a la ornitología.

**ORNITÓLOGO, A** n. Especialista en ornitología.

**ORNITOMANCIA** u **ORNITOMANCÍA** n. f. Arte de la adivinación por el vuelo o el canto de los pájaros.

**ORNITORRINCO** n. m. Mamífero monotrema de Australia y Tasmania, que mide 40 cm de long., es ovíparo, y posee un pico córneo parecido al de un pato, patas palmeadas y cola ancha, que excava galerías cerca del agua.

ornitorrinco

**ORNITOSIS** n. f. Enfermedad contagiosa, próxima a la sitacosis, transmitida por ciertas aves.

**ORO** n. m. (lat. *aurum*). Elemento químico (Au), de número atómico 79, de masa atómica 196, 96, que es un metal precioso, de color amarillo brillante. **2.** Moneda o monedas de dicho metal. **3.** Joyas y objetos de oro. **4.** *Fig.* Dinero, riquezas. **5.** Cualquiera de los naipes del palo de oros. **6.** DEP. En las competiciones deportivas, categoría del concursante que ha obtenido el primer puesto: *ha sido oro en atletismo.* **7.** HERÁLD. Uno de los metales heráldicos. • **Como oro en paño,** dícese de una cosa que se aprecia y cuida mucho. || **De oro,** muy bueno, inmejorable: *tener un corazón de oro.* || **El oro y el moro** *(Fam.)*, exagera el valor de una cosa: *le ofrecieron el oro y el moro por aquella casucha.* || **Hacerse** uno **de oro,** enriquecerse mucho. || **Oro batido,** o **en hojas,** oro reducido a hojas o panes, empleado por los doradores y encuadernadores. || **Oro bruñido,** el que se da sobre piezas talladas, previa preparación de la superficie. || **Oro en barras,** oro refinado, dispuesto para la acuñación. || **Oro negro** *(Fam.)*, petróleo. || **Regla de oro,** regla cuya aplicación resulta provechosa. ◆ **oros** n. m. pl. **8.** Uno de los cuatro palos de la baraja española.

■ El oro tiene densidad 19,5 y funde a 1 064 °C. Es el más maleable y dúctil de los metales (se puede reducir a hojas de 1/10 000 mm de espesor, «pan de oro»). Inalterable en el aire a cualquier temperatura, es atacado por el cloro y el bromo y se disuelve en el mercurio. Sin embargo, es un metal blando, por lo que es necesario alearlo con el cobre. Es trivalente en las sales áuricas y monovalente en las sales aurosas.

**OROBANCA** n. f. Planta sin clorofila, con flores gamopétalas, que vive parásita sobre las raíces de otras plantas.

**OROGÉNESIS** n. f. Formación de los sistemas montañosos.

**OROGENIA** n. f. Parte de la geología que estudia la formación de las montañas y, por extensión, de todo movimiento de la corteza terrestre.

**OROGÉNICO, A** adj. Relativo a la orogenia. • **Movimientos orogénicos,** movimientos de la corteza terrestre que dan lugar a la formación de montañas.

**OROGRAFÍA** n. f. Estudio del relieve terrestre. **2.** Disposición de un relieve terrestre: *la orografía de una región.*

**OROGRÁFICO, A** adj. Relativo a la orografía: *mapa orográfico.*

**ORONDO, A** adj. Dícese de las vasijas de mucha concavidad. **2.** *Fam.* Hueco, hinchado, esponjoso. **3.** *Fig.* y *fam.* Satisfecho de sí mismo. **4.** *Fig.* y *fam.* Grueso, gordo.

**ORONJA** n. f. Hongo comestible, con sombrerillo anaranjado y láminas del himenio amarillas. • **Oronja falsa,** hongo venenoso, muy parecido a la oronja, de la que se distingue por su sombrerillo rojo, salpicado de escamas blancas, y por sus láminas blancas. || **Oronja verde,** hongo mortal, de sombrerillo blanco verdoso a amarillo oliváceo y láminas blancas.

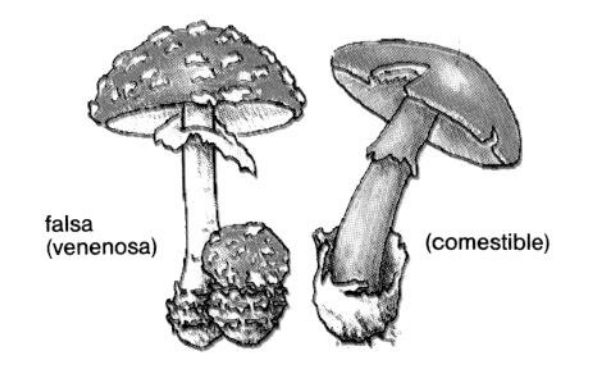

**oronjas**

**OROPEL** n. m. Lámina de cobre, delgada y pulida, que imita el oro. **2.** *Fig.* Cosa o adorno de poco valor, pero de mucha apariencia. **3.** *Fig.* Ostentosidad, apariencia vana.

**OROPÉNDOLA** n. f. Ave paseriforme de unos 24

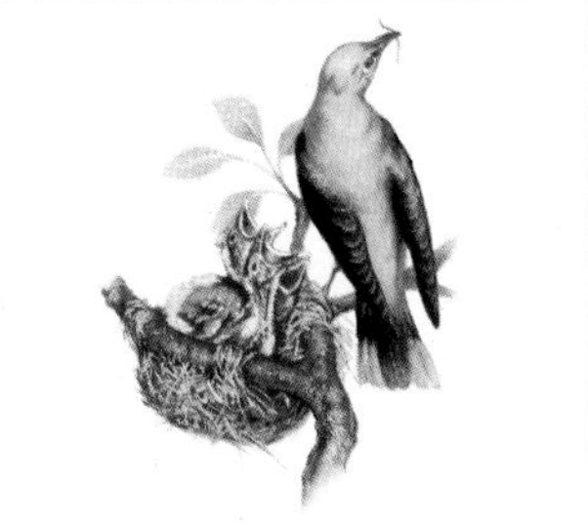
**oropéndola** macho y polluelos

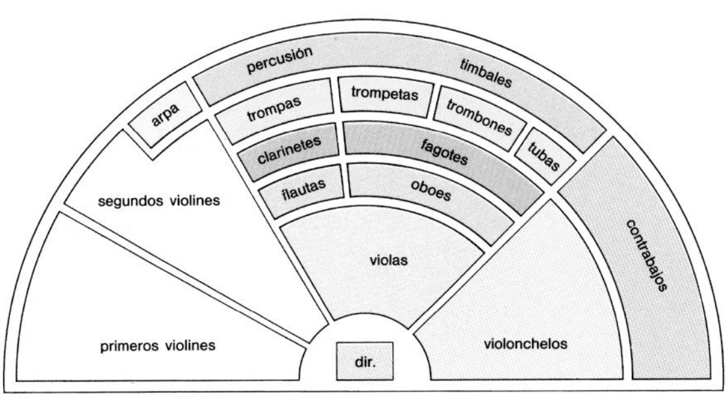

**orquesta:** disposición habitual de la orquesta sinfónica clásica

cm de long., de plumaje amarillo con las alas y cola negras, que presenta un notable dimorfismo sexual. (Familia oriólidos.) SIN.: *oriol, picafigo.*

**OROPIMENTE** n. m. Sulfuro natural de arsénico $As_2S_3$, de color amarillo vivo, empleado en pintura y en farmacia.

**ORQUESTA** n. f. (lat. *orchestram*). Conjunto de instrumentistas que interpretan una obra musical. **2.** En un teatro, espacio comprendido entre la escena y el público, destinado a los músicos.

■ Bastante reducida en el s. XVIII –predominaban los instrumentos de cuerda–, durante el s. XIX con Beethoven, Berlioz y Wagner aumentó el número de instrumentos de metal y ganó en amplitud e intensidad. En el s. XX se enriqueció considerablemente, en especial con instrumentos de percusión y electrónicos. La investigación sobre distintas especializaciones de las fuentes sonoras y timbres provocó que la disposición tradicional se viese alterada con bastante frecuencia, haciendo posible la parcelación en pequeños grupos de las distintas secciones instrumentales en el lugar de la ejecución.

**ORQUESTACIÓN** n. f. Adaptación de una obra musical a la orquesta.

**ORQUESTADOR, RA** n. Músico que compone orquestaciones.

**ORQUESTAL** adj. Relativo a la orquesta.

**ORQUESTAR** v. tr. [1]. Disponer una composición musical siguiendo los timbres de los instrumentos que componen la orquesta. **2.** *Fig.* Canalizar alguien actuaciones, hechos, aspiraciones, etc., a fin de darles la máxima amplitud y resonancia.

**ORQUESTINA** n. f. Orquesta de pocos y variados instrumentos, dedicada por lo general a ejecutar música bailable.

**ORQUESTRA** n. f. (lat. *orchestram*). En los teatros griegos, parte del teatro comprendida entre la escena y los espectadores, donde el coro evolucionaba alrededor de un altar dedicado a Dionisos.

**ORQUÍDEA** n. f. Planta de la familia de las orquídeas; flor de esta planta.

**orquídea**

**ORQUÍDEO, A** u **ORQUIDÁCEO, A** adj. y n. f. Relativo a una familia de plantas monocotiledóneas, a menudo epífitas, que se caracterizan por sus bellas flores, con una extensa gama de colores y variedades. (Más de 15 000 especies.)

**ORQUITIS** n. f. Inflamación de los testículos.

**ORSAI** n. m. (ingl. *off side*). DEP. Fuera de juego. • **Estar en orsai,** estar distraído.

**ORTICÓN** n. m. Tubo captador de imágenes, de alta sensibilidad, utilizado en las cámaras de televisión.

**ORTIGA** n. f. (lat. *urticam*). Planta herbácea de flores poco visibles, cubierta de pelos cuya base contiene un líquido irritante que penetra bajo la piel al simple contacto de sus puntas. (Familia urticáceas.) • **Ortiga blanca,** planta de la familia labiadas, que crece frecuentemente en el borde de los caminos y en los bosques. || **Ortiga de mar,** medusa.

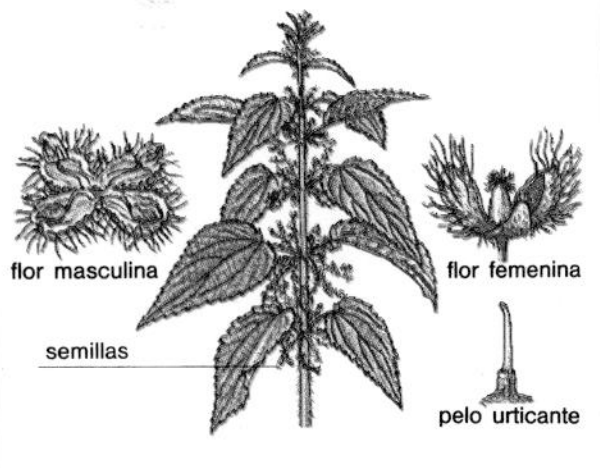

**ortiga**

**ORTIGAL** n. m. Terreno cubierto de ortigas.

**ORTIVO, A** adj. ASTRON. Relativo al orto.

**ORTO** n. m. (lat. *ortum*). ASTRON. Salida del Sol o de otro astro por el horizonte.

**ORTO** n. m. *Argent., Chile* y *Urug. Vulg.* Ano.

**ORTOCENTRO** n. m. MAT. Punto de intersección de las tres alturas de un triángulo.

**ORTOCLASA** n. f. Feldespato potásico, abundante en el granito y el neis. SIN.: *ortosa.*

**ORTOCROMÁTICO, A** adj. Dícese de la película fotográfica sensible a todos los colores, excepto al rojo.

**ORTODONCIA** n. f. Parte de la estomatología que se ocupa de la corrección de las anomalías en la posición de las piezas dentarias.

**ORTODOXIA** n. f. Conjunto de doctrinas y opiniones conformes a la revelación y a las decisiones oficiales de la Iglesia. **2.** Conformidad a la doctrina tradicional en cualquier campo: *ortodoxia filosófica, literaria, política.* **3.** Conjunto de las Iglesias cristianas ortodoxas.

**ORTODOXO, A** adj. (gr. *orthodoxos*). Conforme al dogma y a la doctrina de la Iglesia: *doctrina ortodoxa.* **2.** Conforme a los principios tradicionales en cualquier dominio, verdadero, conforme a la opinión de la mayoría. **3.** Relativo a las Iglesias ortodoxas. • **Iglesias ortodoxas,** Iglesias cristianas orientales, separadas de Roma desde 1054, pero que permanecen fieles a la doctrina definida por el concilio de Calcedonia (451). ◆ adj. y n. **4.** Que profesa la doctrina de las Iglesias ortodoxas. **5.** En la terminología protestante, partidario de los dogmas tradicionales o del orden establecido.

■ La adhesión a las doctrinas de Nestorio (condenadas en el concilio de Éfeso, 431), el rechazo al dogma cristológico (promulgado en el concilio de Calcedonia) y las diferencias referidas a la procedencia del Espíritu Santo provocaron la ruptura con la Iglesia católica romana (en 1054 León IX excomulgó al patriarca de Constantinopla). Todo ello desembocó en la constitución de tres grupos de Iglesias orientales: la ortodoxa, la monofisita y la nestoriana. La Iglesia ortodoxa, basada en el código de Justiniano, cuyo rito es bizantino, se sitúa originariamente en Serbia, Bulgaria, la Rusia de Kíev, los principados rumanos de Valaquia, Moldavia y Transilvania, y en Georgia. Actualmente sus lenguas litúrgicas son el griego (helenos de Constantinopla, Chipre, Grecia), el árabe (griegos melquitas de Alejandría, Kenya, Uganda, Rep. Dem. del Congo (ex Zaire), las lenguas eslavas (Rusia, Serbia, Bulgaria, Polonia, República Checa y Eslovaquia), el rumano, el georgiano, y las lenguas de la diáspora (albanés, finés, chino, japonés). A las Iglesias armenias monofisitas (llamadas gregorianas) y a las Iglesias siríacas monofisitas se les aplica impropiamente el nombre de ortodoxas.

**ORTODROMIA** n. f. (gr. *orthodromos,* que corre en línea recta). Línea más corta que une dos puntos de la superficie de la Tierra, que es el arco de círculo máximo que los une.

**ORTOEDRO** n. m. Prisma de seis caras rectangulares que tiene todos los ángulos rectos.

**ORTOEPIA** u **ORTOEPEYA** n. f. Arte de pronunciar correctamente.

**ORTOFONÍA** n. f. Pronunciación considerada como correcta o normal.

**ORTOGÉNESIS** n. f. BIOL. Serie de variaciones en el mismo sentido a través de varias especies en la evolución de un filum.

**ORTOGONAL** adj. Dícese de dos rectas, dos círculos, una recta y un plano, dos planos, etc., que se cortan en ángulo recto. • **Proyección ortogonal,** proyección efectuada según perpendiculares al eje o al plano de proyección.

**ORTOGONALIDAD** n. f. Calidad de ortogonal.

**ORTOGRAFÍA** n. f. Manera de escribir correctamente las palabras de una lengua. **2.** Parte de la gramática normativa que da reglas para el adecuado uso de las letras y otros signos en la escritura. • **Falta de ortografía,** incorrección en la escritura de una palabra.

**ORTOGRÁFICO, A** adj. Relativo a la ortografía: *sistema ortográfico.* • **Signo ortográfico,** o **de puntuación,** cada uno de los signos que completan la ortografía de las palabras y frases.

**ORTOIMAGEN** n. f. Imagen de gran precisión, como las obtenidas por los satélites espaciales.

**ORTONORMAL** adj. MAT. Dícese de un sistema de coordenadas cuyos ejes se cortan en ángulo recto y admiten vectores unitarios de igual longitud.

**ORTOPEDA** u **ORTOPEDISTA** n. m. y f. Especialista en ortopedia.

**ORTOPEDIA** n. f. Parte de la medicina y de la cirugía que se ocupa del tratamiento de las afecciones del esqueleto, articulaciones, aparato locomotor, etc.

**ORTOPÉDICO, A** adj. y n. Relativo a la ortopedia; ortopeda. • **Cirugía ortopédica,** especialidad médica que agrupa todos los tratamientos quirúrgicos, cruentos o no, referentes a los huesos y a las articulaciones.

**ORTÓPTERO, A** adj. y n. m. Relativo a un orden de insectos masticadores con metamorfosis incompleta, cuyas alas membranosas presentan pliegues rectos, como el saltamontes y el grillo.

**ORTÓPTICO** adj. Relativo al tratamiento destinado a solucionar los defectos de la vista por medio de gimnasia ocular.

**ORTORRÓMBICO, A** adj. Rómbico.

**ORTOSA** n. f. Ortoclasa.

**ORTOSCÓPICO, A** adj. FOT. Dícese del objetivo que no produce distorsión.

**ORTOSTÁTICO, A** adj. MED. Relativo o secundario al hecho de estar de pie: *albuminuria ortostática.*

**ORTOSTATO** n. m. ARQUEOL. Losa de piedra hincada verticalmente, que sirve de soporte o de elemento de cierre en los monumentos megalíticos.

**ORTÓTROPO, A** adj. BOT. Dícese de un tipo de óvulos en que el micrópilo está situado en oposición a la calaza y la placenta.

**ORUGA** n. f. (lat. *erucam*). Larva típica de los lepidópteros, que se alimenta de vegetales y es por ello a menudo muy perjudicial. **2.** Banda sin fin, formada por una cinta continua de caucho armado o por placas metálicas articuladas, que se interpone entre el suelo y las ruedas de un vehículo, lo que permite que éste pueda avanzar por terrenos blandos o accidentados. • **Oruga común,** planta herbácea de la familia crucíferas.

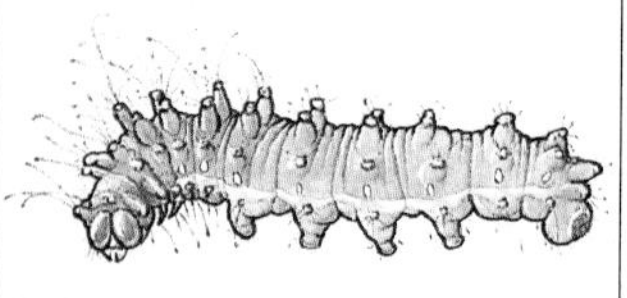

oruga

**ORUJO** n. m. Residuo que se obtiene del prensado de las uvas, aceitunas, manzanas, etc. **2.** Aguardiente que se fabrica destilando el hollejo de la uva. • **Aceite de orujo,** aceite de calidad inferior, que se extrae del orujo de aceituna.

**ORYX** u **ORIX** n. m. Antílope de grandes cuernos apenas curvados, tronco robusto y cola muy larga. (Familia bóvidos.)

**ORZA** n. f. Especie de tinaja pequeña.

**ORZA** u **ORZADA** n. f. MAR. Acción y efecto de orzar. **2.** MAR. Pieza suplementaria, metálica y de forma similar a un triángulo rectángulo, cuyo cateto mayor se aplica y asegura exteriormente a la quilla de los balandros de regata, a fin de aumentar su calado, procurar mayor estabilidad y mejor gobierno para ceñir.

**ORZAGA** n. f. Planta herbácea, de tallos erguidos y flores pequeñas y verdosas. (Familia quenopodiáceas.)

**ORZAR** v. intr. **[1g]**. MAR. Girar el buque de modo que disminuya el ángulo que la quilla forma con la dirección del viento. **2.** MAR. Dar al timón la posición necesaria para que el buque orce.

**ORZUELO** n. m. (lat. *hordeolum*). Pequeña lesión inflamatoria benigna, que aparece en el borde libre de los párpados.

**OS** pron. pers. Forma átona del pronombre personal de segunda persona del plural *vosotros, vosotras,* o del antiguo *vos,* que funciona como complemento directo o indirecto: *ayer os llamé por teléfono; os contaré una historia.*

**Os,** símbolo químico del *osmio.*

**OSA** n. f. QUÍM. Glúcido no hidrolizable, que contiene 3 o más átomos de carbono por molécula. SIN.: *monosacárido.*

**OSA** n. f. Oso hembra.

**OSADÍA** n. f. Temeridad, atrevimiento. **2.** Descaro.

**OSADO, A** adj. Que tiene o implica osadía.

**OSAMENTA** n. f. Esqueleto.

**OSAR** v. intr. (lat. *ausare*) **[1]**. Atreverse.

**OSARIO** n. m. (lat. *ossarium*). Lugar donde se entierran o se hallan enterrados huesos.

**OSCAR** n. m. (voz inglesa). Premio cinematográfico, materializado en una estatuilla y adjudicado anualmente, en Hollywood, a los mejores profesionales del año.

**OSCENSE** adj. y n. m. y f. De Huesca o de Huéscar.

**OSCILACIÓN** n. f. Acción y efecto de oscilar.

**OSCILADOR** n. m. Aparato que produce corrientes eléctricas oscilantes. • **Oscilador armónico,** punto que experimenta, a ambos lados de una posición de equilibrio, oscilaciones sinusoidales.

**OSCILANTE** adj. Que oscila.

**OSCILAR** v. intr. **[1]**. Desplazarse alternativamente un cuerpo en un sentido y en otro de su posición de equilibrio. **2.** *Fig.* Variar, cambiar algunas cosas dentro de determinados límites, como los precios de las cosas, la temperatura, etc. **3.** *Fig.* Vacilar, dudar entre dos cosas. **4.** FÍS. Variar una magnitud fija alrededor de una posición de equilibrio.

**OSCILATORIO, A** adj. Dícese del movimiento de los cuerpos que oscilan, y de su aptitud o disposición para oscilar. **2.** FÍS. Dícese de las magnitudes que oscilan.

**OSCILÓGRAFO** n. m. Aparato que permite observar y registrar las variaciones de una magnitud física variable en función del tiempo. • **Oscilógrafo de rayos catódicos,** aparato para efectuar medidas eléctricas, que, basado en una aplicación de la electrónica, permite estudiar los fenómenos variables en el tiempo.

**OSCILOGRAMA** n. m. Imagen obtenida con un oscilógrafo.

**OSCILÓMETRO** n. m. MED. Instrumento que mide las variaciones de la tensión arterial.

**OSCILOSCOPIO** n. m. Dispositivo que permite hacer visibles las variaciones temporales de una magnitud física.

**OSCO, A** adj. y n. Relativo a un antiguo pueblo de Italia, establecido en los Apeninos centrales; individuo de este pueblo.

■ Los oscos, que ocupaban Campania a fines del s. V a. J.C., fueron sometidos por los samnitas a fines del s. III a. J.C. Su lengua influyó profundamente en el latín.

**OSCULADOR, OSCULATRIZ** adj. MAT. Dícese de las curvas y de las superficies que tienen un contacto del máximo orden posible con otra curva dada.

**ÓSCULO** n. m. (lat. *osculum*). Beso. **2.** ZOOL. Orificio u orificios de salida del agua en una esponja.

**OSCULUM** n. m. (voz latina). Beso que se daban el vasallo y el señor como confirmación de los deberes recíprocamente contraídos en el homenaje y la fidelidad.

**OSCURANA** n. f. Amér. Oscuridad.

**OSCURANTISMO** u **OBSCURANTISMO** n. m. Actitud de oposición a la instrucción, a la razón y al progreso.

**OSCURANTISTA** u **OBSCURANTISTA** adj. y n. m. y f. Partidario del oscurantismo.

**OSCURECER** u **OBSCURECER** v. tr. **[2m]**. Privar parcial o totalmente de luz o claridad. **2.** *Fig.* Disminuir el prestigio, la estimación, deslucir. **3.** *Fig.* Ofuscar, turbar la razón. **4.** *Fig.* Confundir las ideas al expresarlas. ◆ v. intr. **5.** Anochecer. ◆ **oscurecerse** v. pron. **6.** Nublarse: *oscurecerse el cielo.*

**OSCURECIMIENTO** u **OBSCURECIMIENTO** n. m. Acción y efecto de oscurecer u oscurecerse.

**OSCURIDAD** u **OBSCURIDAD** n. f. Calidad de oscuro: *la oscuridad de la noche.* **2.** Lugar o situación oscuros. **3.** *Fig.* Falta de noticias acerca de un hecho, o de sus causas y circunstancias.

**OSCURO, A** u **OBSCURO, A** adj. (lat. *obscurum*). Que tiene poca luz o carece de ella: *un cuarto oscuro.* **2.** *Fig.* Poco claro, difícil de conocer o comprender: *un razonamiento oscuro.* **3.** *Fig.* Humilde, sin fama: *un oscuro escritor.* **4.** *Fig.* Vago, indistinto: *un oscuro presentimiento.* **5.** *Fig.* Incierto, peligroso: *un porvenir oscuro.* **6.** Dícese del día en que está nublado. **7.** Dícese del color que tira a negro. • **A oscuras,** sin luz: *estar un cuarto a oscuras;* sin vista, ciego; en la ignorancia. ◆ n. m. **8.** En las representaciones teatrales, apagón de las luces de la escena que sirve para marcar el final de un cuadro y el comienzo de otro.

**OSEÍNA** n. f. Sustancia orgánica constituyente de los huesos.

**ÓSEO, A** adj. (lat. *osseum*). De hueso. **2.** De la naturaleza del hueso. • **Pez óseo,** pez cuyo esqueleto está total o parcialmente osificado. || **Tejido óseo,** tejido orgánico que constituye la parte dura de los huesos.

**OSERA** n. f. Guarida del oso.

**OSERO** n. m. Osario.

**OSETO, A** adj. y n. Relativo a un pueblo de lengua irania del Cáucaso central, que habita en la República de Osetia del Norte (Rusia) y en la Región Autónoma de Osetia del Sur (Georgia); individuo de este pueblo. ◆ n. m. **2.** Lengua irania hablada en la región del Cáucaso.

**OSEZNO** n. m. Cachorro del oso.

**OSIÁNICO, A** adj. Relativo a Ossián o a la poesía que se le atribuye.

**ÓSIDO** n. m. Glúcido hidrolizable.

**OSIFICACIÓN** n. f. Acción y efecto de osificarse.

**OSIFICARSE** v. pron. **[1a]**. BIOL. Convertirse en hueso o adquirir consistencia de tal un tejido orgánico: *osificarse un tejido cartilaginoso.*

**ÓSMICO, A** adj. Dícese de un ácido derivado del osmio, que se emplea en histología.

**OSMIO** n. m. (gr. *osmē,* olor). QUÍM. Metal (Os) de número atómico 76, de masa atómica 190,2 y densidad 22,5, que funde hacia los 2 700 °C y se encuentra en el mineral de platino.

**OSMIURO** n. m. Combinación del osmio con otro cuerpo simple.

**OSMOL** n. m. QUÍM. Presión osmótica de un mol disuelto en un litro de agua a 22,4 atmósferas de presión y 0 °C de temperatura.

**OSMOLALIDAD** n. f. QUÍM. Concentración de las partículas osmóticamente activas, contenidas en una disolución, expresada en osmoles o en miliosmoles por kilogramo de disolvente.

**OSMOLARIDAD** n. f. QUÍM. Concentración de las partículas osmóticamente activas, contenidas en una disolución, expresada en osmoles o en miliosmoles por litro de disolvente.

**OSMOMETRÍA** n. f. Medición de las presiones osmóticas.

**OSMÓMETRO** n. m. Aparato que sirve para medir la presión osmótica.

**OSMORREGULACIÓN** n. f. BIOL. Regulación de la presión osmótica de los seres vivos.

**ÓSMOSIS** n. f. Fenómeno de difusión de dos disoluciones de distinta concentración, realizada a través de una membrana permeable, como un pergamino o el intestino, o semipermeable. **2.** *Fig.* Influencia recíproca, interpenetración.

**OSMÓTICO, A** adj. Relativo a la ósmosis. • **Presión osmótica,** presión ejercida sobre una membrana por una disolución.

**OSO** n. m. (lat. *ursum*). Mamífero carnívoro, plantígrado, de cuerpo macizo y pesado, cubierto de un tupido pelo, de gran potencia muscular, largas uñas, cola reducida y dentadura con molares más trituradores que cortantes. **2.** *Méx. Fam.* Acción ridícula y vergonzosa: *estaba tan borracho que hizo puros osos en la fiesta.* SIN.: *yurumi.* • **Oso blanco, polar,** o **marítimo,** oso de las regiones árticas, de vida acuática, que se alimenta fundamentalmente de peces y cuyo peso alcanza los 600 kg y su long., los 2,70 m. || **Oso hormiguero,** o **bandera,** mamífero desdentado de hocico cilíndrico, lengua larga y flexible, patas anteriores más cortas que las posteriores y manos con largas y fuertes uñas. || **Oso lavador,** mapache. || **Oso malayo, biruang,** o **bruang,** oso de las zonas forestales de Malaca e Insulindia, excelente trepador. || **Oso marino,** carnívoro pinnípedo parecido al león marino, de cuello breve y aletas anteriores cubiertas de una piel suave y plegable. || **Oso pardo,** oso que vive en solitario en los bosques montañosos de Europa y Asia, y que se alimenta especialmente de fruta y miel.

**osos**

**oso** hormiguero

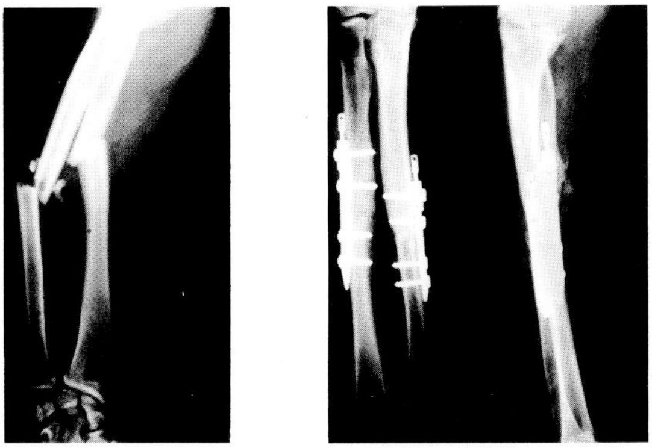

tratamiento de una fractura doble del antebrazo, *a la izquierda* mediante **osteosíntesis** (dispositivos de coaptación), *a la derecha*

**OSOSO, A** adj. Relativo al hueso. **2.** Que tiene hueso o huesos. **3.** Óseo.

**OSSAS** n. f. pl. En la España medieval, gabela con que las mujeres de condición servil o semiservil compraban al señor su consentimiento para contraer matrimonio.

**OSSOBUCO** n. m. (voz italiana). Estofado de tibia de ternera con médula y carne, cortada en rodajas, típico de la cocina italiana.

**OSTALGIA** u **OSTEALGIA** n. f. Dolor óseo.

**OSTÁLGICO, A** u **OSTEÁLGICO, A** adj. Relativo a la ostalgia.

**¡OSTE!** interj. Oxte.

**OSTEÍNA** n. f. Sustancia nitrogenada constituyente de la piel y de los cartílagos animales y que se halla también en las partes óseas.

**OSTEÍTIS** n. f. Inflamación del tejido óseo.

**OSTENSIBLE** adj. Manifiesto, patente. **2.** Que puede manifestarse o mostrarse.

**OSTENSIVO, A** adj. Que ostenta una cosa.

**OSTENSORIO** n. m. Pieza de orfebrería en la que se expone el Santísimo Sacramento.

**OSTENTACIÓN** n. f. Acción y efecto de ostentar. **2.** Afectación por la que se hace alarde de una ventaja o de una cualidad.

**OSTENTAR** v. tr. **[1]**. Mostrar una cosa, hacerla patente. **2.** Mostrar, exhibir con afectación cualquier cosa que halaga la vanidad. **3.** Estar en posesión de algo que da derecho a ejercer ciertas actividades o a obtener ciertas ventajas, beneficios, etc.: *ostentar el título de doctor en medicina.*

**OSTENTOSIDAD** n. f. Calidad de ostentoso.

**OSTENTOSO, A** adj. Magnífico, lujoso: *una casa ostentosa.* **2.** Dícese de aquello que se muestra o se hace de una manera llamativa y con intención de que los demás lo vean o lo noten: *ostentosas demostraciones de cariño.*

**OSTEOBLASTO** n. m. Célula del tejido óseo.

**OSTEOCLASTIA** n. f. Fractura quirúrgica de ciertos huesos para corregir deformaciones óseas o articulares.

**OSTEOCLASTO** n. m. BIOL. Célula gigante de la médula ósea, que destruye la sustancia ósea para facilitar la reconstrucción del hueso.

**OSTEOCONDRITIS** n. f. Inflamación de los cartílagos que forman los huesos o que recubren sus extremos.

**OSTEOFITO** n. m. Proliferación anormal de tejido óseo en la zona próxima a una inflamación.

**OSTEOGÉNESIS** n. f. Proceso de formación de los huesos.

**OSTEÓLISIS** n. f. Destrucción patológica del tejido óseo.

**OSTEOLOGÍA** n. f. Parte de la anatomía que trata de los huesos.

**OSTEOLÓGICO, A** adj. Relativo a la osteología.

**OSTEÓLOGO, A** n. Especialista en osteología.

**OSTEOMA** n. m. Tumor benigno del hueso.

**OSTEOMALACIA** n. f. Afección caracterizada por la progresiva desmineralización de los huesos.

**OSTEOMIELITIS** n. f. Inflamación del hueso y de la médula ósea, debida a una variedad de estafilococo.

**OSTEOPATÍA** n. f. MED. Nombre genérico de las enfermedades de los huesos.

**OSTEOPLASTIA** n. f. CIR. Reconstrucción de un hueso con la ayuda de fragmentos óseos.

**OSTEOPOROSIS** n. f. Fragilidad de los huesos debida a la rarefacción del tejido óseo y al ensanchamiento de los espacios medulares.

**OSTEOSARCOMA** n. m. Tumor maligno de los huesos.

**OSTEOSÍNTESIS** n. f. CIR. Intervención quirúrgica que tiene por finalidad la fijación mecánica de los fragmentos óseos de una fractura por medio de una pieza metálica.

**OSTEOTOMÍA** n. f. CIR. Sección quirúrgica de un hueso.

**OSTIAKO** n. m. Lengua ugrofinesa de Siberia occidental.

**OSTIAKOS,** pueblo ugrofinés de Siberia occidental.

**OSTIARIADO** n. m. REL. Primera de las órdenes menores, que fue suprimida en 1972.

**OSTÍOLO** n. m. BOT. Cada uno de los orificios microscópicos por donde se realizan los intercambios gaseosos de una hoja con la atmósfera, que cubren especialmente la cara inferior de la hoja. **2.** Nombre con que se designan diversos orificios de distintos órganos.

**OSTIÓN** n. m. Ostrón.

**OSTIONERÍA** n. f. *Méx.* Restaurante donde se sirven ostiones y otros mariscos.

**OSTIUM** n. m. (voz latina). ANAT. Boca u orificio, especialmente los orificios de entrada de las trompas de Eustaquio y Falopio.

**OSTRA** n. f. (port. *ostra*). Molusco bivalvo comestible, que vive fijado a las rocas marinas por una valva de su concha. • **Aburrirse como una ostra,** aburrirse extraordinariamente. || **Ostra perlífera,** madreperla.

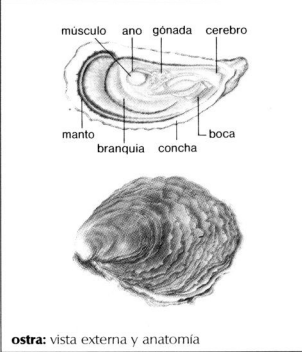

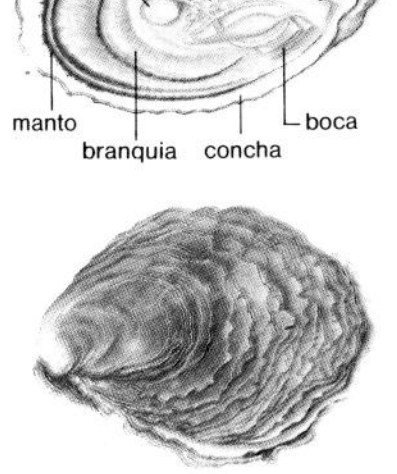


**ostra:** vista externa y anatomía

**OSTRACISMO** n. m. (gr. *ostrakismos*). En la Grecia antigua, procedimiento que permitía a los miembros de la eclesia desterrar por diez años a un ciudadano considerado peligroso por su influencia o ambición. **2.** *Fig.* Acción de tener apartada a una persona que no resulta grata.

**OSTRACO** n. m. Estrato periférico de la concha de los moluscos.

**OSTRÁCODO, A** adj. y n. m. Relativo a un superorden de pequeños crustáceos que poseen caparazón bivalvo y antenas locomotrices, como la pulga de agua.

**OSTRACON** u **OSTRAKON** n. m. (voz griega). En la antigüedad, concha o fragmento de cerámica que servía de soporte a escritos o dibujos de carácter práctico, como bocetos, planos, etc.

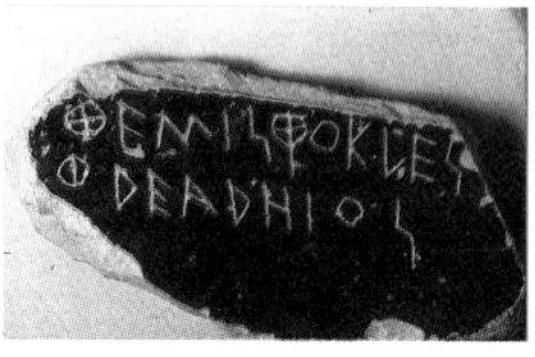

**ostracon** griego
(museo del ágora, Atenas)

**OSTRAL** n. m. Lugar donde se crían las ostras. **2.** Lugar donde se crían las perlas.

**OSTRERO, A** adj. Relativo a las ostras. ◆ n. **2.** Persona que tiene por oficio vender ostras. ◆ n. m. **3.** Ave de plumaje negro y blanco, que vive en las costas y se alimenta de crustáceos y moluscos. **4.** Lugar donde se crían y conservan vivas las ostras. **5.** Lugar en que se crían las perlas.

**OSTRÍCOLA** adj. Relativo a la ostricultura.

**OSTRICULTOR, RA** n. Persona que se dedica a la ostricultura.

**OSTRICULTURA** n. f. Industria destinada a la reproducción y mejoramiento de las ostras.

**OSTRÍFERO, A** adj. Que cría o tiene abundancia de ostras.

**OSTRO** n. m. Cualquiera de los moluscos cuya tinta servía a los antiguos para dar a las telas el color de la púrpura. **2.** *Fig.* Púrpura, tinte.

**OSTROGODO, A** adj. y n. Relativo antiguo pueblo germánico, que constituía una de las grandes fracciones en que se dividían los godos; individuo de este pueblo.

■ El reino que habían constituido a uno y otro lado del Dniéper fue destruido por los hunos hacia 375. La muerte de Átila (453) hizo renacer su poder. Federados con Roma y dominadores de una parte de los Balcanes, penetraron en Italia con Teodorico en 489. Éste, convertido en único señor de Italia, rey en 493, se instaló en Ravena. Al revés que los demás bárbaros, se esforzó en salvaguardar lo que subsistía de las instituciones romanas y gobernó como romano. A su muerte (526) su reino no pudo resistirse a la reconquista bizantina y desapareció en 555. Los supervivientes, poco numerosos, fueron deportados a oriente o acabaron fundiéndose en la población romana sin dejar huella.

**OSTRÓN** n. m. Molusco parecido a la ostra, de concha más bien alargada y valvas desiguales. (Familia ostreidos.)

**OSUDO, A** adj. Huesudo.

**OSUNO, A** adj. Relativo al oso.

**OTALGIA** n. f. MED. Dolor de oído.

**OTÁRIDO** adj. y n. m. Relativo a una familia de mamíferos marinos carnívoros, como el león marino.

**OTARIO** n. m. León marino.

**OTARIO, A** adj. *Argent.* y *Pan.* Tonto, necio. **2.** *Argent.* y *Urug.* Tonto, fácil de engañar.

**OTEADOR, RA** adj. y n. Que otea.

**OTEAR** v. tr. **[1]**. Abarcar, divisar algo con la mirada desde un lugar elevado. **2.** Explorar o mirar algo con atención.

**OTERO** n. m. Cerro aislado que domina un llano.

**ÓTICO, A** adj. ANAT. Relativo al oído.

**OTÍTICO, A** adj. Relativo a la otitis.

**OTITIS** n. f. Inflamación del oído.

■ Se distinguen las *otitis externas*, de origen microbiano o debidas a hongos (infección cutánea del conducto auditivo externo), *otitis medias*, agudas o crónicas (que se asientan en la caja del tímpano y están producidas por una infección de la rinofaringe transmitida por la trompa de Eustaquio), y *otitis internas* (que se asientan en el oído interno, son de origen vírico o bacteriano y se manifiestan por una sordera a menudo irreversible).

**OTOBA** n. f. Planta arbórea de fruto muy parecido a la nuez moscada, que crece en las regiones tropicales americanas. (Familia miristicáceas.)

**OTOLITO** n. m. Concreción mineral, que es calcárea en el hombre, contenida en el órgano del equilibrio.

**OTOLOGÍA** n. f. Estudio del oído y de sus enfermedades.

**OTÓLOGO, A** n. Especialista en otología.

**OTOMACO** pueblo amerindio, actualmente extinguido, que vivía entre los ríos Orinoco, Meta y cuenca superior del Arauca (Venezuela).

**OTOMÁN** n. m. Tejido que forma cordoncillos anchos en sentido horizontal.

**OTOMANA** n. f. (fr. *ottomane*). Silla alargada o lecho de reposo, en uso a partir de mediados del s. XVIII.

**OTOMANGUE** n. m. Familia lingüística de América Central y México, cuya lengua más importante es el otomí.

**OTOMANO, A** adj. y n. Relativo a los Otomanos, dinastía de soberanos turcos. (V. parte n. pr.) **2.** De Turquía.

**OTOMÍ** adj. y n. m. y f. Relativo a un pueblo amerindio que habitaba en el centro de México; individuo de este pueblo. ◆ n. m. **2.** Lengua de la familia otomangue hablada por los otomíes.

■ Los otomíes son de origen desconocido, aunque algunos autores los han relacionado con los chichimecas. Ocupaban los actuales estados de San Luis Potosí, Jalisco y Guanajuato y parte de los de Puebla, Tlaxcala y Guerrero. A fines del s. IX fueron derrotados por los toltecas, y en la segunda mitad del s. XIII se instalaron en el valle de México. Sometidos por los aztecas en el s. XIV, muchos otomíes se replegaron a las montañas.

El otomí se hablaba en el s. XVI en las altas mesetas mexicanas, y en la época colonial se extendió hacia el NO. Sus dialectos principales son: *mazahua, pame, jonaz y matlatzinca.*

**OTÓNICO, A** adj. Relativo a los emperadores germánicos llamados Otón, a su dinastía o a su tiempo. **2.** Dícese de una brillante época de la arquitectura y del arte alemanes que abarca del 960 al 1030 aproximadamente.

**OTOÑADA** n. f. Estación del otoño. **2.** Pasto de otoño.

**OTOÑAL** adj. Relativo al otoño: *temperatura otoñal.* ◆ adj. y n. m. y f. **2.** *Fig.* Que se halla en el otoño de la vida: *edad otoñal; persona otoñal.*

**OTOÑAR** v. intr. **[1]**. Pasar el otoño en un lugar o de cierto modo. **2.** Brotar la hierba en el otoño. ◆ **otoñarse** v. pron. **3.** Sazonarse la tierra en el otoño.

**OTOÑO** n. m. (lat. *autumnum*). Estación del año, comprendida entre el verano y el invierno, y que, en el hemisferio boreal, comienza hacia el 23 de setiembre y termina hacia el 22 de diciembre. **2.** *Fig.* Período de la vida próximo a la vejez: *estar en el otoño de la vida.* **3.** Segunda hierba o heno que producen los prados en la estación del otoño.

**OTORGADOR, RA** adj. y n. Que otorga.

**OTORGAMIENTO** n. m. Permiso, consentimiento, licencia, parecer favorable. **2.** DER. Acción de otorgar un instrumento, como un poder, un testamento, etc. **3.** DER. Escritura de contrato o de última voluntad. **4.** DER. Parte final de una escritura pública en que ésta se aprueba, cierra y solemniza.

**OTORGANTE** adj. y n. m. y f. Que otorga. **2.** DER. Parte que contrata en un documento público.

**OTORGAR** v. tr. (bajo lat. *auctoricare*) **[1b]**. Conceder algo como favor o recompensa: *otorgar una beca, una distinción.* **2.** DER. Disponer, establecer, ofrecer, estipular o prometer una cosa ante notario. **3.** DER. Dar una ley o mandato.

**OTORRAGIA** n. f. Salida de sangre por el oído.

**OTORREA** n. f. Secreción que mana por el oído.

**OTORRINO, A** n. Otorrinolaringólogo.

**OTORRINOLARINGOLOGÍA** n. f. Parte de la medicina que trata de las enfermedades de los oídos, la nariz y la laringe.

**OTORRINOLARINGÓLOGO, A** n. Médico especialista en otorrinolaringología.

**OTOSCLEROSIS** u **OTOSPONGIOSIS** n. f. Afección del oído medio e interno que provoca sordera por anquilosamiento del estribo.

**OTOSCOPIA** n. f. Examen del conducto auditivo externo y de la membrana del tímpano.

**OTOSCOPIO** n. m. Instrumento para el examen del conducto auditivo externo y de la membrana del tímpano.

**OTRO, A** adj. y pron. indef. Distinto de aquello de que se habla. • **Otra,** u **otro, que tal** *(Fam.),* indica una semejanza, generalmente molesta, entre algunas personas o cosas.

**OTROSÍ** adv. c. Además. ◆ n. m. **2.** Cada una de las peticiones o pretensiones que se agregan a la principal en los escritos que se presentan en los juzgados y tribunales.

**OUABAÍNA** n. f. Glucósido cardiotónico.

**OUIJA** n. m. Tablero alfabético sobre el que se desliza un vaso u otro objeto para comunicarse con los espíritus de ultratumba.

**OUT** n. m. (voz inglesa, *fuera*). Fuera de juego. **2.** En tenis, indica que la pelota ha salido fuera de los límites de la pista. **3.** En boxeo, abreviatura de *knock-out.* **4.** *Fam.* Desfasado, obsoleto.

**OUTPUT** n. m. (voz inglesa). ECON. Resultado de una producción.

**OVA** n. f. (lat. *ulvam*). Alga clorofícea filamentosa, que corresponde a diversas especies de las familias confervaceas y ulváceas.

**OVA** n. f. (lat. *ovum,* huevo). Ornamento arquitectónico en forma de huevo en bajorrelieve, empleado para decorar molduras y capiteles.

**OVACIÓN** n. f. (lat. *ovationem*). Aplauso ruidoso tributado por una colectividad. **2.** HIST. ROM. Recompensa a un general victorioso, inferior al triunfo.

**OVACIONAR** v. intr. **[1]**. Tributar una ovación, aclamar.

**OVADO, A** adj. Dícese del ave hembra cuyos huevos han sido fecundados. **2.** Oval.

**OVAL** adj. Que tiene la forma de un huevo. **2.** Dícese de toda curva cerrada, convexa y alargada, que tiene dos ejes de simetría como la elipse. **3.** Dícese de un sólido de revolución que tiene el aspecto general de un elipsoide de revolución aplanado. **4.** Dícese de un espacio plano limitado por una curva oval.

**OVALADO, A** adj. De forma de óvalo o de huevo. • **Escudo ovalado** (HERÁLD.), el que tiene forma de óvalo, y que en España es privativo de damas y doncellas.

**OVALAR** v. tr. **[1]**. Dar forma o figura de óvalo.

**ÓVALO** n. m. Figura o forma oval. **2.** MAT. Curva cerrada semejante a una elipse, que se obtiene uniendo cuatro arcos de círculo iguales dos a dos.

**OVAR** v. intr. **[1]**. Aovar.

**OVÁRICO, A** adj. Relativo al ovario.

**OVARIECTOMÍA** n. f. CIR. Extirpación quirúrgica de un ovario.

**OVARIO** n. m. (lat. *ovarium;* de *ovum,* huevo). Glándula genital femenina donde se forman los óvulos, y que produce hormonas, como la folicu-

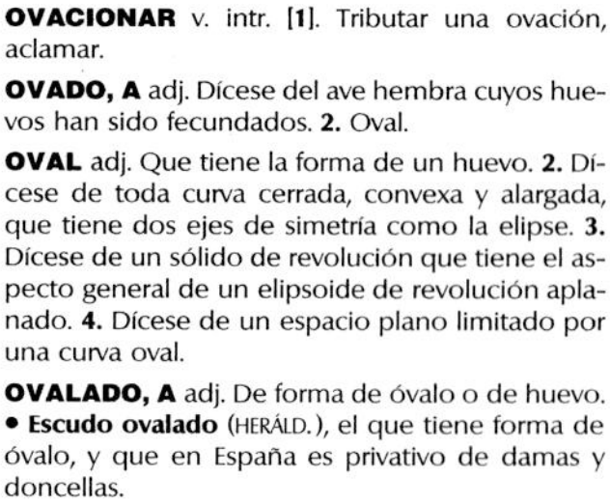

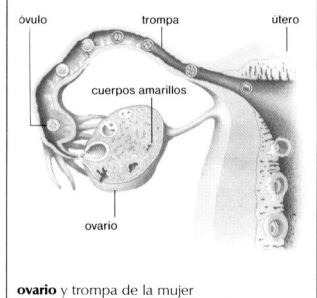


**ovario** y trompa de la mujer

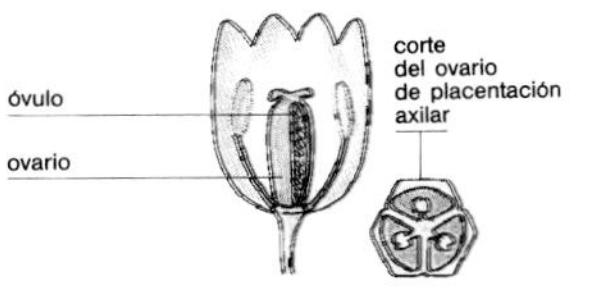


**ovario** del tulipán

lina y la progesterona. **2.** BOT. Parte abultada y hueca del pistilo, que contiene los óvulos y formará el fruto después de la fecundación.

**OVARITIS** n. f. Inflamación de los ovarios.

**OVAS** n. f. pl. Hueva.

**OVEJA** n. f. (bajo lat. *ovicula*). Hembra del carnero. (Voz: la oveja *bala*.) • **Oveja negra** *(Fig.)*, persona que dentro de una colectividad no sigue las líneas de conducta aceptadas.

**oveja**

**OVEJERO, A** adj. y n. Que cuida de las ovejas.

**OVEJUNO, A** adj. Relativo a las ovejas.

**OVERA** n. f. Ovario de las aves.

**OVERBOOKING** n. m. (voz inglesa). En determinados servicios relacionados con los viajes y la hostelería, práctica utilizada por los empresarios o tour operators, consistente en comprometer más plazas de las disponibles.

**OVERLISTA** n. f. *Chile.* Operaria que se encarga de manejar la máquina overlista. **2.** *Chile.* Máquina que confecciona el overlock.

**OVERLOCK** n. m. *Argent.* y *Chile.* Costura en forma de cadeneta que se realiza sobre los tejidos de punto para rematarlos.

**OVERO, A** adj. Dícese del animal que tiene el pelo de color blanco y azafrán mezclados. **2.** *Amér.* Dícese de la caballería de color pío.

**OVEROL** n. m. (ingl. *overall*). *Amér.* Mono, traje de faena.

**OVETENSE** adj. y n. m. y f. De Oviedo.

**OVIDUCTO** n. m. Conducto por el que los huevos pasan del ovario al exterior del cuerpo del animal.

**OVIFORME** adj. Que tiene forma de huevo.

**OVILLADO** n. m. Preparación del ovillo de la urdimbre, enrollada a mano o mecánicamente.

**OVILLADORA** n. f. Máquina propia para arrollar u ovillar hilo, bramante, cordón, etc.

**OVILLAR** v. intr. [**1**]. Hacer ovillos. ◆ **ovillarse** v. pron. **2.** *Fig.* Acurrucarse.

**OVILLEJO** n. m. Estrofa de diez versos, compuesta por tres pareados y una redondilla.

**OVILLO** n. m. Bola formada devanando un hilo de lino, algodón, lana, cuerda, etc. **2.** *Fig.* Cosa enredada y de figura redonda. **3.** *Fig.* Enredo, revoltijo. • **Hacerse un ovillo** *(Fam.)*, acurrucarse, encogerse por miedo, dolor, frío, etc.; embrollarse, confundirse al pensar o al hablar.

**OVINO, A** adj. Relativo a las ovejas y los corderos: *ganado ovino.* ◆ adj. y n. m. **2.** Relativo a una subfamilia de rumiantes bóvidos de pequeño tamaño, como los muflones y las ovejas domésticas.

**OVIPARISMO** n. m. Calidad de ovíparo.

**OVÍPARO, A** adj. y n. Que se reproduce por huevos puestos antes o después de la fecundación, pero siempre antes de la eclosión.

**OVISCAPTO** u **OVOPOSITOR** n. m. ZOOL. Órgano alargado, situado en la extremidad del abdomen de las hembras de ciertos insectos, que les permite depositar los huevos en el suelo, sobre las plantas, etc.

**OVNI** n. m. (de la expresión *Objeto Volante No Identificado*). Ingenio volante de origen misterioso, que algunas personas aseguran haber observado en la atmósfera terrestre.

**OVOALBÚMINA** n. f. Proteína de la clara del huevo.

**OVOCITO** n. m. Oocito.

**OVOGÉNESIS, OVOGENIA** u **OOGÉNESIS** n. f. Formación de gametos femeninos en los animales.

**OVOGONIA** n. f. Oogonia.

**OVOIDE** adj. Ovoideo. ◆ n. m. **2.** Conglomerado de carbón u otra materia que tiene forma ovoidea.

**OVOIDEO, A** adj. De figura o forma de huevo.

**ÓVOLO** n. m. Adorno arquitectónico en figura de huevo, con puntas de flechas intercaladas entre cada dos elementos.

**OVÓNICA** n. f. Conjunto de técnicas basadas en las propiedades de ciertas combinaciones de elementos en capas delgadas.

**OVÓNICO, A** adj. Relativo a la ovónica.

**OVÓTIDE** n. m. BIOL. Gameto femenino.

**OVOVIVIPARISMO** n. m. Modo de reproducción de los animales ovovivíparos.

**OVOVIVÍPARO, A** adj. y n. Dícese del animal que se reproduce por huevos, pero que los conserva en sus vías genitales hasta la eclosión, desarrollándose el embrión únicamente por las reservas acumuladas en el huevo.

**OVULACIÓN** n. f. Producción y desprendimiento natural del óvulo en el ovario, por rotura del folículo, en la mujer y en las hembras de los animales.

**OVULAR** adj. Relativo al óvulo.

**OVULAR** v. intr. [**1**]. Tener una ovulación.

**OVULATORIO, A** adj. Relativo a la ovulación.

**ÓVULO** n. m. Célula femenina destinada a ser fecundada. **2.** BOT. Pequeño órgano contenido en el ovario, que encierra la célula hembra, u oosfera, y que proporcionará la semilla después de la fecundación del polen. **3.** FARM. Pequeño sólido ovoide que contiene materia medicamentosa.

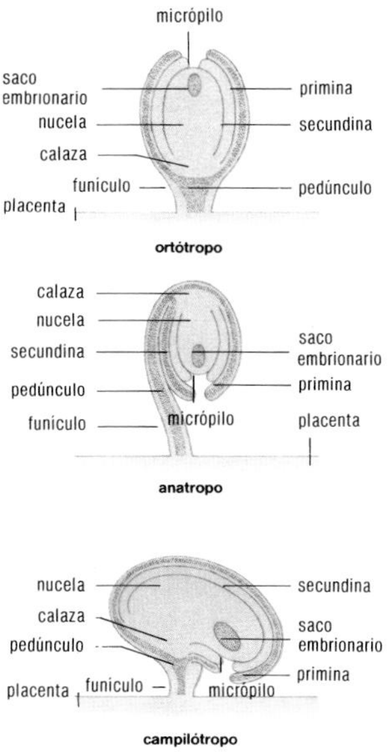


**óvulos** (botánica)

**OXÁCIDO** u **OXIÁCIDO** n. m. QUÍM. Ácido que contiene oxígeno.

**OXALATO** n. m. Sal o éster del ácido oxálico.

**OXÁLICO, A** adj. (del gr. *oxalis*, acedera). Dícese del ácido orgánico de fórmula COOH–COOH, que da a la acedera su particular sabor.

**OXEAR** v. tr. [**1**]. Espantar o ahuyentar a las aves domésticas o a algunos insectos.

**OXFORD** n. m. Tela de algodón rayada o cuadriculada, muy sólida, con la urdimbre muy fina y la trama gruesa.

**OXHÍDRICO, A** adj. Dícese de un compuesto de hidrógeno y de oxígeno, cuya combustión desprende gran cantidad de calor.

**OXHIDRILO** n. m. Hidroxilo.

**OXIACETILÉNICO, A** adj. Relativo a la mezcla de oxígeno y de acetileno.

**OXICARBONADO, A** adj. Dícese de una combinación con óxido de carbono: *hemoglobina oxicarbonada.*

**OXICARBONISMO** n. m. Intoxicación por monóxido de carbono.

**OXICLORURO** n. m. Combinación de un cuerpo con oxígeno y cloro.

**OXICORTE** n. m. Procedimiento de corte de metales o aleaciones por oxidación a alta temperatura.

máquina de **oxicorte** con mando digital

**OXIDABLE** adj. Que se puede oxidar.

**OXIDACIÓN** n. f. Combinación con el oxígeno y, más generalmente, reacción en la que un átomo o un ion pierde electrones. **2.** Estado de lo que está oxidado. • **Oxidación anódica,** procedimiento de revestimiento electrolítico de las piezas de metal mediante la formación de capas protectoras del metal de base.

**OXIDANTE** adj. y n. m. Que oxida o puede oxidar.

**OXIDAR** v. tr. [**1**]. Hacer pasar al estado de óxido o recubrir de óxido. **2.** Combinar con el oxígeno. **3.** Hacer perder electrones a un átomo o a un ion. ◆ **oxidarse** v. pron. **4.** Pasar al estado de óxido o recubrirse de óxido.

**OXIDASA** n. f. Enzima que activa el oxígeno y lo fija al hidrógeno o a otros cuerpos.

**OXIDERURGIA** n. f. Conjunto de procedimientos siderúrgicos que utilizan el oxígeno puro o mezclado con aire insuflado.

**ÓXIDO** n. m. (del gr. *oxys*, ácido). Compuesto que resulta de la combinación de un cuerpo con el oxígeno: *óxido de carbono.* **2.** Capa de este compuesto que se forma sobre los metales expuestos al aire o a la humedad.

**OXIDORREDUCCIÓN** n. f. Oxidación de un cuerpo combinada con la reducción de otro cuerpo. (Los fenómenos de oxidorreducción, que permiten la transpiración celular de los organismos vivos, están asegurados por los enzimas.)

**OXIDORREDUCTASA** n. f. Enzima que cataliza las reacciones de oxidorreducción.

**OXIGENACIÓN** n. f. Acción de oxigenar u oxigenarse.

**OXIGENADO, A** adj. Que contiene oxígeno. • **Agua oxigenada,** solución acuosa de dióxido de hidrógeno $H_2O_2$. || **Cabellos oxigenados,** cabellos decolorados con agua oxigenada.

**OXIGENAR** v. tr. [**1**]. Combinar un cuerpo con el oxígeno. ◆ **oxigenarse** v. pron. **2.** *Fig.* Airearse, respirar al aire libre.

**OXÍGENO** n. m. (del gr. *oxys,* ácido, y *gennaō,* engendrar, generar). Elemento *químico no metálico* de número atómico 8, masa atómica 16 y símbolo O, presente en forma gaseosa en la atmósfera terrestre y necesario para la respiración.
■ El oxígeno, gas incoloro e inodoro, de densidad 1,105, se licua a −183 °C. Poco soluble en el agua, es muy electronegativo. Es el elemento más abundante del globo terrestre: forma aproximadamente la quinta parte del aire y las ocho novenas partes del peso del agua; figura en la mayor parte de los constituyentes del suelo y en las sustancias orgánicas. Es un poderoso agente oxidante y en sus combinaciones con metales y no metales desprende generalmente calor, vapor de agua y gas carbónico (combustiones). En la respiración, el oxígeno produce una combustión lenta de los glúcidos y otras sustancias de reserva de los tejidos vivos.

**OXIGENOTERAPIA** n. f. Tratamiento por medio de inhalaciones de oxígeno, a menudo asociado a la respiración artificial.

**OXIHEMOGLOBINA** n. f. Combinación inestable de hemoglobina y de oxígeno, que da el color rojo vivo a la sangre cuando sale del aparato respiratorio.

**OXILITA** n. f. Nombre comercial del dióxido de sodio, que sirve para preparar oxígeno por acción del agua.

**OXIMA** n. f. Compuesto procedente de la condensación de un aldehído o de una cetona con la hidroxilamina.

**OXISULFURO** n. m. Combinación de un cuerpo con oxígeno y sulfuro.

**OXITÓCICO** u **OCCITÓCICO** adj. y n. m. Dícese de las sustancias que activan el desarrollo del parto.

**OXITOCINA** u **OCCITOCINA** n. f. Hormona segregada por la hipófisis, que favorece las contracciones del útero en el momento del parto.

**OXÍTONO, A** adj. y n. (gr. *oxytonon;* de *oxys,* agudo, y *tonos,* tono). LING. Dícese de las palabras agudas, que llevan el acento tónico en la sílaba final.

**OXIURIASIS** n. f. Parasitación por oxiuros.

**OXIURO** n. m. Gusano nematodo, de 0,5 a 1 cm de long., parásito del intestino del hombre, especialmente de los niños, y de algunos animales, que provoca un doloroso prurito anal y que se elimina por medio de vermífugos.

**OXONIO** n. m. Ion monovalente $H_3O^+$.

**¡OXTE!** u **¡OSTE!** interj. Se emplea para rechazar a quien o a lo que molesta. • **Sin decir oxte ni moxte,** u **oste ni moste** *(Fam.),* sin hablar palabra.

**OYAMEL** u **OYAMELETE** n. m. Planta arbórea maderable de América Central. (Familia abietáceas.)

**OYENTE** adj. y n. m. y f. Que oye.

**OZOMATLI** n. m. (voz náhuatl, *mono*). Tercero de los veinte días del mes azteca.

**OZONAR** v. tr. [**1**]. Ozonizar.

**OZÓNIDO** n. m. Combinación del ozono con los cuerpos orgánicos de doble enlace.

**OZONIZACIÓN** u **OZONACIÓN** n. f. Acción de ozonizar. **2.** Reacción que produce un ozónido.

**OZONIZADOR** u **OZONADOR** n. m. Aparato que sirve para preparar ozono.

**OZONIZAR** v. tr. [**1g**] Transformar el oxígeno en ozono. **2.** Hacer reaccionar el ozono sobre un cuerpo para esterilizarlo o transformarlo.

**OZONO** n. m. (del gr. *ozō,* oler). Variedad alotrópica del oxígeno, cuya fórmula es $O_3$. • **Agujero de la capa de ozono** o **agujero de ozono,** zona de la estratosfera en la que cada año se observa una disminución temporal de la concentración de ozono. (El agujero de ozono se achaca sobre todo a la destrucción del ozono por el cloro emanado por la disociación de hidrocarburos halogenados (clorofluorocarbonos o CFC) producidos por el hombre y liberados en la atmósfera en cantidades crecientes. Actualmente se halla situado casi permanentemente encima de la Antártida.
■ El ozono se puede obtener a partir del oxígeno, a unos 1 500 °C. En la industria se emplea en la esterilización de las aguas, en el blanqueo de productos textiles y en la síntesis de algunas esencias vegetales. Se produce también de manera natural en la estratosfera (ozonosfera), donde, gracias a su poder de absorción, impide que los rayos ultravioletas de cortas longitudes de onda alcancen el suelo. Si esto no ocurriera, sería imposible la existencia de toda clase de vida en la superficie de la Tierra.

**OZONOSFERA** n. f. Capa de la atmósfera terrestre situada entre los 15 y los 40 km de alt., y que contiene ozono.

**OZONOTERAPIA** n. f. Empleo del ozono con fines terapéuticos.

**OZOQUERITA** u **OZOCERITA** n. f. Hidrocarburo natural parecido a la cera de las abejas.

# P

**P** n. f. Decimoséptima letra del alfabeto español y decimotercera de las consonantes. (Es una consonante oclusiva labial sorda.) **2.** METROL. Símbolo de *pico.* **3.** METROL. Símbolo del *poise.* **4.** MÚS. Abrev. de *piano.* **5.** REL. Abrev. de *padre.* **6.** QUÍM. Símbolo del *fósforo.*

**Pa,** símbolo del *pascal.* **2.** Símbolo químico del *protactinio.*

**PABELLÓN** n. m. Tienda de campaña de forma cónica, sostenida en su interior por un palo hincado en tierra, y sujeta al suelo, en el exterior, por cuerdas y estacas. **2.** Dosel que cobija una cama, altar, etc. **3.** Edificio que depende de otro mayor contiguo o próximo a él. **4.** Cada uno de los edificios que forman un conjunto de varios: *el pabellón de una exposición.* **5.** Bandera nacional, con el escudo de su país. **6.** Bandera que indica la nacionalidad a que se ha acogido un buque, y especialmente la que, con el escudo de su país, lleva la nave capitana de una escuadra. **7.** Ensanche cónico o parte abocinada de un embudo u otro instrumento: *el pabellón de un instrumento musical de viento.* **8.** Dispositivo empleado para concentrar o dirigir las ondas acústicas. **9.** Tapa de material aislante que cubre la parte de los teléfonos que se aplica al oído. • **Pabellón de conveniencia,** o **de complacencia,** nacionalidad ficticia dada por un armador a un barco para escapar al fisco de su país. ‖ **Pabellón del oído,** oreja. ◆ **pabellones** n. m. pl. **10.** *Colomb.* Cohetes grandes y luminosos. **11.** *Venez.* Plato en que se sirven separadamente carne frita, arroz y frijoles.

**PABILO** o **PÁBILO** n. m. (lat. *papyrum*). Mecha o torcida de las velas, candiles, etc. **2.** Parte carbonizada de esta mecha.

**PÁBULO** n. m. (lat. *pabulum*). Alimento. **2.** *Fig.* Lo que sirve para mantener o fomentar una acción.

**PACA** n. f. (fr. ant. *pacque*). Fardo de lana, algodón, alfalfa, etc., prensado y atado.

**PACA** n. m. (voz quechua). Alpaca doméstica de Perú y Bolivia, apreciada por su lana y por su carne. **2.** Mamífero roedor de formas rechonchas y orejas cortas, del tamaño de una liebre, que vive desde México hasta el sur de Brasil. (Familia cávidos.) ◆ n. f. **3.** *Amér.* Roedor domesticable, del tamaño de una liebre, con cuerpo robusto y pelaje espeso de color rojizo.

**PACANA** n. f. Planta arbórea de América del Norte que proporciona una madera muy apreciada parecida a la del nogal. (Familia juglandáceas.)

**PACARANA** n. f. Mamífero roedor de cuerpo macizo y patas cortas, que vive en las selvas de Perú. (Familia dinómidos.)

**PACATO, A** adj. Mojigato. **2.** Pacífico, tranquilo. **3.** De poco valor, insignificante.

**PACAYA** n. m. *C. Rica* y *Hond.* Palmera cuyos cogollos se toman como legumbre. ◆ n. f. **2.** *Guat. Fig.* Dificultad.

**PACENSE** adj. y n. m. y f. Badajocense.

**PACEÑO, A** adj. y n. De La Paz.

**PACER** v. intr. y tr. (lat. *pascere*) **[2m]**. Comer el ganado la hierba del campo. SIN.: *pastar.* ◆ v. tr. **2.** Apacentar, dar pasto al ganado. **3.** *Fig.* Comer, roer, o gastar algo.

**PACHA** n. f. *Méx.* y *Nicar.* Botella aplanada y pequeña para bebidas alcohólicas, que puede llevarse en el bolsillo. **2.** *Nicar.* Biberón.

**PACHÁ** n. m. Bajá. • **Vivir como un pachá** *(Fam.)*, vivir de manera ostentosa.

**PACHACHO, A** adj. *Chile.* Dícese de las personas o animales rechonchos y de piernas cortas.

**PACHACO, A** adj. *Amér. Central.* Aplastado. **2.** *C. Rica.* Inútil, enclenque.

**PACHAMAMA** n. f. *Amér. Merid.* Divinidad de origen inca que se identifica con la madre tierra.

**PACHAMANCA** n. f. *Amér. Merid.* Carne condimentada con ají que se asa entre piedras calientes.

**PACHANGA** n. f. Cierto baile. **2.** Fiesta, jolgorio, diversión.

**PACHANGUERO, A** adj. Dícese de un espectáculo, de una fiesta y principalmente de una música fácil, bulliciosa y pegadiza.

**PACHARÁN** n. m. Licor originario de Navarra, fabricado con anís y arándanos.

**PACHECO** n. m. *Ecuad.* y *Venez.* Frío intenso.

**PACHITA** n. f. *Méx.* Pacha.

**PACHO, A** adj. *Amér. Merid.* Regordete, rechoncho. **2.** *Nicar.* Flaco, aplastado.

**PACHOCHA** n. f. *Chile, Colomb., Cuba, Pan.* y *Perú.* Indolencia, flema.

**PACHÓN, NA** adj. y n. m. Dícese de una raza de perros de hocico cuadrado, patas cortas y pelo no muy largo, amarillo con manchas marrones. ◆ adj. **2.** *Chile, Hond., Méx.* y *Nicar.* Peludo, lanudo. ◆ n. **3.** Persona calmosa y flemática.

**pachón** navarro

**PACHORRA** n. f. Cachaza, flema.

**PACHORRIENTO, A** adj. *Amér. Merid.* Pachorrudo.

**PACHORRUDO, A** adj. Que tiene pachorra.

**PACHUCO** n. m. Lengua jergal hispanoamericana que se habla en el sur y suroeste de E.U.A. ◆ adj. y n. **2.** *Méx. Fam.* Joven de origen mexicano, de clase social baja, que vivía en las ciudades del S de E.U.A. hacia los años cincuenta y que se caracterizaba por defender su identidad como grupo social frente a las costumbres norteamericanas.

**PACHUCHO, A** adj. Falto de tiesura o frescura, generalmente por exceso de madurez. **2.** *Fig.* y *fam.* Decaído, física o moralmente.

**PACHULÍ** n. m. (fr. *patchouli*). Planta aromática de la familia labiadas, de la que se extrae un aceite esencial, que crece en Asia y Oceanía. **2.** Perfume extraído de esta planta.

**PACIENCIA** n. f. (lat. *patientiam*). Capacidad de soportar molestias sin rebelarse. **2.** Facultad de saber esperar, contenerse. **3.** Aptitud para realizar trabajos entretenidos o pesados. **4.** Flema, lentitud. • **Hierba de la paciencia,** planta de raíces purgantes, cultivada en jardinería. (Familia poligonáceas.)

**PACIENTE** adj. Que tiene paciencia. **2.** LING. En la gramática tradicional, dícese del sujeto de las oraciones pasivas. ◆ n. m. y f. **3.** Enfermo que está sometido a tratamiento médico.

**PACIENZUDO, A** adj. Que tiene mucha paciencia.

**PACIFICACIÓN** n. f. Acción y efecto de pacificar.

**PACIFICADOR, RA** adj. y n. Que pacifica.

**PACIFICAR** v. tr. (lat. *pacificare*) **[1a]**. Poner paz entre contendientes. **2.** Restablecer la paz en un país, ciudad, etc. ◆ **pacificarse** v. pron. **3.** *Fig.* Quedarse en reposo lo que estaba alterado.

**PACÍFICO, A** adj. Que ama la paz: *hombre pacífico.* **2.** Tranquilo, que está en paz: *vivimos en un país pacífico.* **3.** Que no tiene o no halla oposición: *invasión pacífica.* ◆ n. m. **4.** Moneda de oro catalana acuñada por Pedro de Portugal en 1465.

**PACIFISMO** n. m. Doctrina de quienes preconizan la búsqueda de la paz a través de la negociación. **2.** Tendencia a evitar la violencia en cualquier terreno.

**PACIFISTA** adj. y n. m. y f. Relativo al pacifismo; partidario de esta doctrina o tendencia.

**PACK** n. m. (voz inglesa). En las regiones polares, conjunto de hielos flotantes y de canales que los separan, resultante de la rotura de la banquisa por las corrientes marinas y los vientos. **2.** Envase que engloba varias botellas, latas o tarros para facilitar el almacenamiento y el transporte.

**PACKAGING** n. m. (voz inglesa). Envase de un producto.

**PACO** n. m. (de *Paco,* forma hipocorística de Francisco). Durante las campañas de Marruecos, moro que, aislado y escondido, disparaba a las tropas españolas. **2.** Tirador aislado.

**PACO** n. m. *Nicar.* Tamal de maíz lavado.

**PACO, A** adj. y n. m. *Chile* y *Perú.* Dícese del color rojizo. ◆ n. **2.** *Chile, Colomb., Ecuad.* y *Pan. Fam.* Policía. ◆ n. m. **3.** *Amér.* Mineral de plata con ganga ferruginosa. **4.** *Chile* y *Perú.* Llama, rumiante.

**PACÓN** n. m. Planta arbórea americana, cuyas raíces se utilizan como jabón. (Familia rosáceas.)

**PACOTA** n. f. *Méx.* Pacotilla.

**PACOTILLA** n. f. Mercaderías que los marineros u oficiales de un buque pueden embarcar por su cuenta libres de fletes. • **De pacotilla,** de clase inferior.

**PACOTILLERO, A** adj. y n. Que negocia con pacotillas. ◆ n. **2.** *Amér.* Buhonero o mercader ambulante.

**PACTAR** v. tr. [**1**]. Acordar dos o más personas o entidades algo que una vez aceptado se comprometen a cumplir: *los contendientes pactaron una tregua.* **2.** Contemporizar, transigir, especialmente la autoridad: *el gobierno pactó con los insurrectos.*

**PACTISMO** n. m. Tendencia a resolver determinadas situaciones políticas o sociales mediante compromiso o pacto.

**PACTISTA** adj. y n. m. y f. Relativo al pactismo; partidario de esta tendencia.

**PACTO** n. m. (lat. *pactum*). Acción y efecto de pactar. **2.** Convenio, acuerdo firme entre dos o varias partes. • **Pacto social,** cooperación entre organizaciones sindicales y asociaciones empresariales, bajo los auspicios del gobierno.

**PACÚ** n. m. *Argent.* Pez caracoideo, muy apreciado por su carne, de considerable tamaño y peso, cuerpo comprimido, de color pardo con tonalidades plomizas, más oscuro en el dorso, que habita en la cuenca del Plata.

**PÁCUL** n. m. Plátano silvestre de Filipinas, del cual se saca una fibra textil. **2.** *Chile.* Planta cesalpiniácea cuya corteza es rica en tanino.

**PADANO, A** adj. Relativo al Po: *la llanura padana.*

**PADDLE** n. m. (voz inglesa). Deporte parecido al tenis, que se practica en un terreno de menor tamaño y con raquetas más pequeñas y de madera.

**PADDOCK** n. m. (voz inglesa). Parte de un hipódromo o canódromo donde los animales que han de competir son paseados a mano, para mostrarlos al público.

**PADECER** v. tr. [**2m**]. Recibir la acción de algo que causa dolor físico o moral. **2.** Sufrir una enfermedad. **3.** *Fig.* Incurrir en un error, engaño, etc. **4.** *Fig.* Estar una cosa forzada de tal modo que pueda llegar a estropearse. **5.** Soportar, aguantar, tolerar.

**PADECIMIENTO** n. m. Acción de padecer.

**PADRASTRO** n. m. Marido de una mujer respecto de los hijos habidos antes por ella. **2.** *Fig.* Padre que se porta mal con su hijo. **3.** *Fig.* Pedacito de pellejo que se levanta del borde de la piel que rodea las uñas.

**PADRAZO** n. m. *Fam.* Padre muy indulgente.

**PADRE** n. m. (lat. *patrem*). Hombre o macho que ha engendrado uno o más hijos, especialmente respecto a éstos. **2.** Cabeza de una estirpe, familia, pueblo. **3.** *Fig.* Creador, iniciador, promotor: *Galeno es uno de los padres de la medicina.* **4.** Título dado a los sacerdotes miembros de congregaciones religiosas, por oposición a los hermanos. (Se abrevia P.) **5.** TEOL. Primera persona de la Santísima Trinidad. • **De padre y muy señor mío** *(Fam.),* muy grande, extraordinario. || **Padre de familia,** jefe de una familia, aunque no tenga hijos. || **Padre de la patria,** título de honor dado a una persona por los especiales servicios que hizo al pueblo; *(Fam.),* dictado que irónicamente suele darse a diputados y senadores. || **Padre espiritual,** confesor que cuida y dirige el espíritu y conciencia del penitente. || **Padre nuestro,** padrenuestro. || **Padres de la Iglesia** o **Santos padres,** los primeros doctores de la Iglesia griega y latina, que escribieron sobre los misterios y sobre la doctrina de la religión. || **Santo padre** o **Padre santo,** Sumo pontífice. ◆ adj. **6.** Grande, de importancia: *un susto padre.* **7.** *Méx. Fam.* Estupendo, maravilloso: *¡qué padre día!; una bolsa padre; estuvo padre la película.* ◆ **padres** n. m. pl. **8.** El padre y la madre. **9.** Antepasados.

**PADREAR** v. intr. [**1**]. Parecerse uno a su padre. **2.** ZOOTECN. Ejercer el macho las funciones de la generación.

**PADRENUESTRO** n. m. Oración enseñada por Jesucristo a sus discípulos. **2.** Cada una de las cuentas grandes del rosario.

**PADRILLO** n. m. *Argent., Chile, Par., Perú* y *Urug.* Caballo semental.

**PADRINAZGO** n. m. Acción y efecto de apadrinar. **2.** Título o cargo de padrino. **3.** *Fig.* Protección, favor que uno dispensa a otro.

**PADRINO** n. m. Hombre que presenta y asiste al que recibe el bautismo. **2.** Hombre que cumple funciones de algún modo parecidas a las del padrino del bautismo en un acto solemne de la vida de un individuo o comunidad. **3.** Protector y acompañante de alguien en un desafío, concurso, etc. **4.** *Fig.* Persona que favorece o protege a otra en sus pretensiones. ◆ **padrinos** n. m. pl. **5.** El padrino y la madrina.

**PADRÓN** n. m. Relación nominal de los habitantes de una entidad administrativa. **2.** Patrón, modelo. **3.** Columna o pilar con una lápida o inscripción que recuerda un suceso notable. **4.** Nota pública deshonrosa. **5.** *Fam.* Padrazo. **6.** *Bol., Colomb., Cuba, Dom., Nicar., Pan.* y *Venez.* Semental.

**PADROTE** n. m. *Amér. Central, Colomb., P. Rico* y *Venez.* Semental. **2.** *Amér. Central* y *Méx.* Hombre que vive de explotar una o más prostitutas.

**PADUANO, A** adj. y n. De Padua.

**PAELLA** n. f. Plato típico de la región valenciana, consistente en arroz guisado con distintas carnes o pescados, mariscos, caracoles, verduras, etc. **2.** Paellera.

**PAELLERA** n. f. Sartén de poco fondo con dos asas en que se hace la paella.

**PAER** o **PAHER** n. m. (voz catalana). Cargo municipal de la Cataluña medieval creado por Jaime I.

**¡PAF!,** voz onomatopéyica del ruido de una caída o un choque.

**PAGA** n. f. Retribución económica periódica mensual, que se percibe por un trabajo fijo. **2.** Acción de pagar. **3.** Correspondencia, gratitud. • **Paga extraordinaria,** o **doble,** retribución extraordinaria que perciben los trabajadores fijos por cuenta ajena. || **Paga y señal,** en lenguaje comercial, cantidad que se deja a cuenta cuando se hace un encargo de compra, pedido, etc.

**PAGABLE** adj. Susceptible de ser pagado, generalmente de una forma determinada expresa.

**PAGADERO, A** adj. Que se ha de pagar en un plazo determinado. **2.** De precio no exagerado. **3.** Pagable.

**PAGADO, A** adj. Ufano, engreído, que hace ostentación de lo que posee.

**PAGADOR, RA** adj. y n. Que paga. ◆ n. **2.** Persona encargada de pagar.

**PAGADURÍA** n. f. Oficina donde se paga.

**PÁGALO** n. m. Ave palmípeda, de hasta 60 cm de long., de los mares árticos, de plumaje pardo y blanco, que se alimenta de peces capturados por otras aves. (Familia estercoráridos.)

**págalo** parásito

**págalo** grande

**PAGAMENTO** o **PAGAMIENTO** n. m. Acción y efecto de pagar.

**PAGANISMO** n. m. Nombre dado por los cristianos, a partir del s. IV, al politeísmo, al que los campesinos fueron fieles mucho tiempo. **2.** Nombre dado por los cristianos al estado religioso de un pueblo que todavía no ha sido evangelizado.

**PAGANIZAR** v. tr. [**1g**]. Introducir el paganismo o caracteres paganos en algo. ◆ v. intr. **2.** Profesar el paganismo.

**PAGANO, A** adj. y n. Relativo al paganismo; adepto al paganismo.

**PAGANO, A** n. y adj. Persona que paga, generalmente por abuso de otros. **2.** *Fam.* Persona que paga culpas ajenas.

**PAGAR** v. tr. [**1b**]. Dar a uno lo que se le debe: *pagar a los acreedores.* **2.** Costear, sufragar: *esta cena la pago yo.* **3.** *Fig.* Corresponder en reciprocidad a una actitud, acción o sentimiento de otro: *favor con favor se paga.* **4.** *Fig.* Cumplir la pena correspondiente o sufrir las consecuencias de alguna falta o imprudencia cometida: *pagó su atrevimiento con la vida.* **5.** DER. Adeudar derechos los productos que se introducen en un país o localidad. ◆ **pagarse** v. pron. **6.** Ufanarse, hacer ostentación de cierta cosa: *se paga de ser el más rico del lugar.*

**PAGARÉ** n. m. Documento por el cual una persona se compromete a pagar una cantidad en determinada fecha a otra persona a favor de la que se ha suscrito dicho documento, o a su orden, es decir, a una tercera persona a quien la segunda ha endosado el documento. • **Pagaré del tesoro,** obligación emitida por el estado.

**PAGAYA** n. f. (fr. *pagaye*). Remo corto que se utiliza sin apoyarlo en la embarcación.

**PAGEL** n. m. Breca.

**PÁGINA** n. f. (lat. *paginam,* conjunto de cuatro hileras de vides). Cada una de las dos caras de una hoja de un libro o cuaderno. **2.** Lo escrito o impreso en ella. **3.** *Fig.* Momento importante de la vida de alguien o de la historia de un pueblo.

**PAGINACIÓN** n. f. Acción y efecto de paginar. **2.** Serie de las páginas de un escrito o impreso.

**PAGINAR** v. tr. [**1**]. Numerar las páginas de un escrito o impreso.

**PAGO** n. m. Acción de pagar. **2.** Dinero o cosa con que se paga. **3.** Correspondencia a algo recibido, especialmente un beneficio. • **En pago de,** como recompensa por algo. || **Pronto pago,** acción de pagar pronto para conseguir un descuento o bonificación; esta misma bonificación.

**PAGO** n. m. Distrito determinado de tierras o heredades, especialmente de viñas u olivares. **2.** Aldea, pueblo pequeño. **3.** Lugar en general.

**PAGODA** n. f. Edificio religioso de Extremo oriente.

**PAGUA** n. f. *Méx.* Variedad de aguacate, de fruto grande y de sabor un poco dulce.

**PAGURO** n. m. Cangrejo ermitaño.

**PAGUS** n. m. (voz latina). ANT. ROM. Circunscripción territorial rural.

**PAHĀRĪ,** pueblo hinduista de Nepal.

**PAHLAVĪ** o **PEHLEVI** n. m. y adj. Lengua hablada en Persia bajo los sasánidas, que se transcribe en un sistema de escritura parecido al arameo.

**PAHOUIN** → ***fang.***

**PAICO** n. m. *Chile.* Planta herbácea anual, de hasta 60 cm de alt., muy aromática y cuyas hojas y flores se toman en infusión, pazote. (Familia quenopodiáceas.)

**PAIDOFILIA** n. f. Atracción morbosa hacia los niños.

**PAIDOLOGÍA** n. f. Ciencia que se ocupa del estudio de la infancia y los niños. SIN.: *pedología.*

**PAIDOLÓGICO, A** adj. Relativo a la paidología.

**PAIDOSIQUIATRÍA** n. f. Rama de la siquiatría que se interesa por los trastornos mentales de los niños y adolescentes.

**PAILA** n. f. Vasija grande, redonda y poco profunda, de metal. **2.** *Amér.* Sartén, vasija. **3.** *Chile. Fam.* Oreja. **4.** *Nicar.* Machete de hoja ancha y delgada utilizado para cortar la caña de azúcar.

**PAILEBOT** o **PAILEBOTE** n. m. (ingl. *pilot's boat,* embarcación del piloto). Goleta pequeña, sin gavias, muy rasa y fina.

**PAILERO, A** n. *Amér.* Persona que hace, arregla o

vende pailas u otros recipientes. **2.** *Amér.* Persona que atiende las pailas en los ingenios de azúcar.

**PAILÓN** n. m. *Bol.* y *Ecuad.* Hondonada redonda. ◆ adj. **2.** *Chile.* Dícese del joven extremadamente alto para su edad. **3.** *Chile. Fam.* Orejudo. **4.** *Chile. Fig.* Torpe, necio.

**PAINA** n. f. *Argent.* Copo blanco formado por los abundantes pelos que cubren las semillas del palo borracho.

**PAIPAI** n. m. Abanico generalmente de palma en forma de pala y con mango.

**PAIRAR** v. intr. **[1]**. MAR. Estar la nave al pairo.

**PAIRO** n. m. MAR. Modo de estar a la capa, en que el buque permanece quieto con las velas tendidas y largas las escotas en virtud de colocarse unas contrarrestando los esfuerzos de las otras.

**PAÍS** n. m. Territorio que constituye una unidad geográfica o política, limitada natural o artificialmente. **2.** Conjunto de habitantes de este territorio.

**PAISAJE** n. m. (fr. *paysage*). Extensión de terreno visto desde un lugar determinado. **2.** Pintura, grabado o dibujo en el que el tema principal es la representación de un lugar natural o urbano. **3.** Tela, papel u otro material que recubre las varillas del abanico.

**PAISAJISMO** n. m. Actividad del paisajista. • **Paisajismo abstracto,** tendencia de la pintura abstracta cuyas obras, a pesar de contener una morfología no figurativa, evocan el espectáculo de la naturaleza.

**PAISAJISTA** adj. y n. m. y f. Artista que dibuja o pinta paisajes.

**PAISAJÍSTICO, A** adj. Relativo al paisaje.

**PAISANA** n. f. Femenino de paisano. **2.** Danza propia de los campesinos. **3.** Música de esta danza.

**PAISANAJE** n. m. Conjunto de paisanos. **2.** Circunstancia de ser paisano.

**PAISANO, A** adj. y n. (fr. *paysan*). Con relación a una persona, otra que es del mismo país, población, región o provincia. ◆ n. **2.** Campesino. ◆ n. m. **3.** El que no es militar. **4.** *Chile.* Nombre que reciben los extranjeros, especialmente los árabes y sirios, residentes en el país. • **De paisano,** dícese del militar o eclesiástico que no viste el uniforme o el hábito.

**PAIUTE,** pueblo amerindio de Estados Unidos, entre los ríos Columbia y Colorado, actualmente en reservas en Nevada.

**PAJA** n. f. (lat. *paleam*). Caña o tallo seco de gramínea, y especialmente de cereal. **2.** Conjunto de estas cañas o tallos. **3.** Tubo pequeño y delgado hecho de caña, plástico, etc., que sirve para sorber líquidos. **4.** *Fig.* Cosa insignificante o inútil, especialmente aquello de que se puede prescindir en un libro, discurso, etc. **5.** *Colomb., Guat.* y *Hond.* Grifo, llave para la salida del agua. **6.** TECNOL. Defecto interno en los productos forjados o laminados, consistente en una cavidad plana y alargada. • **Echar pajas,** echar suertes, ocultando en la mano pajas u otras cosas de distinta longitud, de modo que sólo asomen las puntas. ‖ **Hacerse una paja** *(Vulg.),* masturbarse. ‖ **Por quítame allá esas pajas** *(Fam.),* por una cosa sin importancia. ‖ **Vino de paja,** vino blanco licoroso, elaborado con uvas que se dejan secar sobre lechos de paja.

la **pagoda** Qigongta (s. XII) en Luoyang, China

**PAJAR** n. m. Lugar donde se guarda la paja. **2.** Almiar.

**PÁJARA** n. f. Pajarita de papel. **2.** *Fig.* Mujer astuta y granuja. **3.** Cometa. **4.** *Fam.* Bajón brusco o súbito de las energías vitales. • **Pájara pinta,** cierto juego de prendas.

**PAJAREAR** v. intr. **[1]**. Cazar pájaros. **2.** *Fig.* Vagabundear.

**PAJAREL** n. m. Pardillo.

**PAJARERA** n. f. Jaula grande donde se crían pájaros. **2.** Planta herbácea, de tallos tendidos, con una línea de pelos en cada entrenudo, y hojas ovales. (Familia cariofiláceas.)

**PAJARERÍA** n. f. Multitud o abundancia de pájaros. **2.** Arte de criar pájaros. **3.** Tienda donde se venden pájaros.

**PAJARERO, A** adj. y n. Relativo a los pájaros. **2.** *Fig.* y *fam.* Dícese de la persona excesivamente bromista. ◆ adj. **3.** *Amér.* Asustadizo, receloso, especialmente referido a las caballerías. ◆ n. **4.** Persona que tiene por oficio cazar, criar o vender pájaros. ◆ n. m. **5.** *Amér.* Muchacho encargado de espantar los pájaros en los sembrados.

**PAJARETE** n. m. Vino licoroso, muy fino y delicado, elaborado en Jerez de la Frontera.

**PAJARILLA** n. f. Aguileña. **2.** Bazo, especialmente del cerdo. • **Alegrársele a uno la pajarilla,** o **las pajarillas** *(Fam.),* mostrar alegría a la vista de un objeto agradable.

**PAJARITA** n. f. Figura de papel que resulta de doblar éste varias veces hasta conseguir la forma de un pájaro. **2.** Tira de tejido ligero, que se coloca alrededor del cuello y se anuda por delante con un lazo sin caídas.

**PÁJARO** n. m. (lat. *passerem*). Cualquier ave con capacidad para volar, y generalmente de pequeño tamaño. **2.** Perdiz macho de reclamo. **3.** *Fig.* Hombre astuto y granuja. • **Pájaro bobo,** ave palmípeda de las regiones del hemisferio sur, parecida al pingüino, de pico largo, recto y robusto, cuyas extremidades anteriores, impropias para el vuelo, utiliza como aletas natatorias. ‖ **Pájaro carpintero,** pico. ‖ **Pájaro mosca,** colibrí.

**pájaro** bobo

**PAJARÓN, NA** adj. y n. *Argent.* y *Chile. Fam.* y *desp.* Distraído, atolondrado.

**PAJARONA** n. f. Canción popular andaluza, de origen folklórico campesino, que guarda una estrecha relación con las trilleras.

**PAJAROTA** o **PAJAROTADA** n. f. *Fam.* Noticia falsa, mentira.

**PAJARRACO** n. m. *Desp.* Pájaro grande. **2.** *Fig.* y *fam.* Persona despreciable por su mala intención o catadura.

**PAJE** n. m. (provenz. *page*). En la jerarquía feudal, joven noble al servicio de un señor con objeto de realizar el aprendizaje de las armas. **2.** Criado joven que servía en las habitaciones particulares, alumbraba el camino a sus señores en los desplazamientos, etc.

**PAJEL** n. m. Breca.

**PAJERA** n. f. Pajar pequeño que suele haber en las caballerizas.

**PAJERITO** n. m. Pájaro granívoro de América Meridional, de pequeño tamaño y colores vistosos, que frecuenta toda clase de terrenos.

**PAJERO, A** n. *Nicar.* Fontanero.

**PAJIZO, A** adj. Hecho o cubierto de paja. **2.** De color de paja.

**PAJO** n. m. Mango de pequeño tamaño, que se come en dulce o en salmuera. (Familia anacardiáceas.)

**PAJOLERO, A** adj. *Fam.* e *irón.* Que produce molestia o enfado: *bromas pajoleras.* **2.** *Fam.* Según el contexto y la situación, expresa el punto de vista más o menos hostil o afectivo del que habla: *no ha trabajado en su pajolera vida; andar con gracia pajolera.*

**PAJÓN** n. m. Caña alta y gruesa de las rastrojeras. **2.** *Cuba, Dom.* y *Venez.* Planta gramínea silvestre, muy rica en fibra, que en época de escasez sirve de alimento al ganado.

**PAJONAL** n. m. *Argent., Chile, Urug.* y *Venez.* Paraje poblado por la alta vegetación herbácea propia de los terrenos bajos y anegadizos.

**PAJOSO, A** adj. Que tiene mucha paja. **2.** De paja o semejante a ella.

**PAJUELA** n. f. Paja de centeno o mecha de algodón, cubierta de azufre, que arde con llama.

**PAJUERANO, A** adj. *Argent., Bol.* y *Urug. Desp.* Que procede del campo y se comporta torpemente en la ciudad, paleto.

**PAJUNO, A** adj. TAUROM. Dícese de la res de poca pujanza y embestida, sin nervio.

**PAKISTANÍ** adj. y n. m. y f. Paquistaní.

**PAL** n. m. HERÁLD. Palo.

**PAL** → ***televisión.***

**PALA** n. f. (lat. *palam*). Utensilio compuesto por una tabla de madera o plancha de hierro generalmente de forma rectangular o redonda y por un mango más o menos largo, que se usa con distintas finalidades. **2.** Instrumento de forma parecida que se emplea para jugar a pelota. **3.** Hoja de hierro en figura de trapecio con un filo por un lado y un ojo en el opuesto para enastarla, que forma parte del azadón, hacha y otras herramientas. **4.** Elemento de una hélice propulsora de las aeronaves. **5.** Aspa de un avión giroplano. **6.** Cada uno de los elementos o aspas que parten del núcleo de una hélice de barco. **7.** En los buques de ruedas, cada uno de los álabes o paletas de las ruedas. **8.** Parte plana y principal del timón. **9.** Parte plana y ancha de un remo, que penetra en el agua. **10.** Parte delantera del esquí, donde éste se curva hacia arriba y tiene menor espesor. **11.** En los instrumentos músicos de viento, parte ancha y redondeada de las llaves que tapan los agujeros del aire. **12.** Cualquiera de las chapas de una bisagra. **13.** Parte superior del calzado. **14.** BOT. Cada una de las divisiones del tallo de las chumberas. • **Pala mecánica** o **excavadora de pala,** máquina de gran potencia utilizada en los trabajos de movimiento de tierras de cierta importancia.

**pala** mecánica

**PALABRA** n. f. (lat. *parabolam*). Conjunto de sonidos o de letras que representan un ser, una idea. **2.** Facultad natural de expresar el pensamiento por medio del lenguaje articulado. **3.** Ejercicio de esta facultad: *el don de la palabra.* **4.** Promesa basada en el sentimiento del honor, pero privada de una obligación jurídica: *cumplir su palabra; mantener la palabra; prometer bajo palabra.* **5.** Fidelidad a las promesas: *ha demostrado tener palabra.* **6.** Elocuencia, aptitud oratoria: *persona de palabra fácil.* **7.** INFORMÁT. Conjunto de bytes que ocupan posiciones contiguas de memoria tratado por la unidad central de proceso como una unidad de información. • **Coger,** o **tomar, la palabra** a alguien, o **cogerse a la palabra de** alguien, no permitir que se vuelva atrás de la promesa que ha hecho. ‖ **Comerse una palabra,** o **las palabras,** omitir parte de ellas o alguna al hablar o escribir. ‖ **Dar la palabra,** conceder el uso de ella en un debate. ‖ **Dar** uno **su palabra,** prometer. ‖ **De palabra,** por medio de la expresión oral; sin que exista o se realice en verdad. ‖ **Dejar con la palabra en la boca,** dejar de escuchar a alguien o marcharse sin escuchar lo que iba a decir. ‖ **Dirigir la palabra,** hablar a alguien. ‖ **Empeñar la palabra,** comprometerse. ‖ **En una palabra,** expresión con que se introduce lo que resume o pone fin a un razonamiento. ‖ **La palabra de Dios,** las Sagradas Escrituras. ‖ **Mantener** alguien **su palabra,** perseverar en lo ofrecido. ‖ **No tener palabra,** no cumplir frecuentemente lo que se ofrece. ‖ **¡Palabra!** o **¡palabra de honor!,** dícese para confirmar con fuerza algo que se afirma o promete. ‖ **Pedir la palabra,** solicitar permiso para hablar. ‖ **Tomar la palabra,** empezar a hablar en una asamblea, reunión, etc. ‖ **Última palabra,** decisión que se da como definitiva e inalterable; lo que está de última moda. ◆ **palabras** n. m. pl. **8.** Lo que se dice, un trozo de lenguaje: *dirigir unas palabras.* **9.** Lo que el autor de un escrito dice en él: *las palabras de san Pablo en la epístola a los corintios.* • **De pocas palabras,** se dice de la persona que es parca en el hablar. ‖ **Medir las palabras,** hablar con prudencia. ‖ **Ser palabras mayores,** ser de importancia o consideración. ‖ **Tener unas palabras,** tener una discusión.

**PALABREAR** v. tr. **[1]**. *Chile, Colomb.* y *Ecuad.* Convenir verbalmente algún asunto. **2.** *Chile, Colomb.* y *Ecuad.* Tantear para comprometer a una persona. **3.** *Chile.* Insultar.

**PALABRERÍA** n. f. Abundancia de palabras vanas, sin contenido.

**PALABRERO, A** adj. y n. Que habla mucho y sin fundamento. **2.** Que promete fácilmente y después no cumple.

**PALABROTA** n. f. *Desp.* Palabra, juramento, maldición o insulto groseros.

**PALACETE** n. m. Mansión de recreo, de edificación y adorno como un palacio, pero más pequeña.

**PALACIEGO, A** adj. Relativo al palacio: *vida palaciega; adornos palaciegos.* ◆ n. **2.** Persona que forma parte de una corte.

**PALACIENSE** n. m. y adj. Piso del cretácico superior de Uruguay, compuesto por areniscas ferrificadas, cuyo estrato tipo se halla en la gruta Palacio de los indios.

**PALACIO** n. m. (lat. *palatium*). Residencia grande y suntuosa de un gran personaje, especialmente un rey. **2.** Gran mansión. **3.** Denominación dada a algunos edificios públicos monumentales: *palacio de bellas artes; palacio de los deportes.* • **Palacio de justicia,** edificio departamental destinado al servicio de la justicia.

**PALACOLITENSE** n. m. y adj. Piso del mioceno de Chile y Argentina, cuya localidad tipo se encuentra en la sierra Palaco.

**PALADA** n. f. Porción que puede coger una pala de una sola vez. **2.** Cada movimiento que se hace al usar una pala. **3.** Golpe que da en el agua la pala del remo o de la hélice. **4.** Breve rotación de la hélice. **5.** Distancia recorrida por el impulso de la pala del remo o de la hélice.

**PALADAR** n. m. (der. del lat. *palatum*). Bóveda ósea y membranosa que separa la boca de las fosas nasales. (El paladar presenta dos partes distintas: una anterior y ósea, el *paladar óseo,* o bóveda palatina; otra posterior, el *paladar blando,* o velo del paladar.) **2.** Gusto, capacidad de percibir, apreciar o valorar sabores. **3.** *Fig.* Sensibilidad para discernir la calidad de algo, especialmente obras artísticas.

**PALADEAR** v. tr. y pron. **[1]**. Saborear, gustar lentamente. **2.** *Fig.* Saborear, deleitarse.

**PALADEO** n. m. Acción de paladear.

**PALADIAL** adj. Relativo al paladar.

**PALADÍN** n. m. (ital. *paladino*). Según la tradición de los cantares de gesta, caballero del séquito de Carlomagno. **2.** Caballero errante; héroe caballeresco. **3.** Caballero que en la guerra se distinguía por sus hazañas. **4.** *Fig.* Defensor de alguna persona o causa.

**PALADINO, A** adj. Público, claro y sin reservas.

**PALADIO** n. m. (de *Palas,* asteroide). Metal blanco (Pd), número atómico 46, de masa atómica 106,4, dúctil y duro, de densidad 11,4, que absorbe el hidrógeno. **2.** Elemento que se presenta generalmente en granos sueltos y pequeños, y que se encuentra en placeres de Brasil y en los Urales.

**PALADO, A** adj. y n. HERÁLD. Dícese del escudo, pieza o figura cubiertos por seis palos de esmaltes alternados.

**PALAFITO** n. m. (ital. *palafitta*). Vivienda construida sobre una plataforma soportada por postes de madera (caso de los poblados lacustres del período neolítico y de la edad del bronce).

**PALAFRÉN** n. m. (cat. *palafrè*). Caballo manso que se utilizaba para viajar y que era montura propia de damas y eclesiásticos.

**PALAFRENERO** n. m. Criado de las caballerizas que lleva del freno al caballo del señor o que le acompaña montado en el palafrén. • **Palafrenero mayor,** jefe de la regalada de las caballerizas reales, cuya misión consistía en tener al caballo de la cabeza cuando montaba el rey.

**PALAMISMO** n. m. Doctrina teológica de Gregorio Palamás, consagrada a la defensa y justificación de los hesiquiastas, y que suscitó durante el s. XIV una renovación espiritual en el Imperio bizantino.

**PALANCA** n. f. (lat. *palangam;* del gr. *phalanx, angos,* rodillo). Barra rígida que se apoya y puede girar sobre un punto fijo (punto de apoyo) y sirve para transmitir fuerzas. **2.** Pértiga o palo que sirve para llevar entre dos un gran peso. **3.** *Fig.* Influencia que se usa para conseguir algo. **4.** Muro de defensa formado por estacas de madera hincadas verticalmente en el suelo, una junto a otra. **5.** DEP. Plataforma desde la que salta al agua el nadador. **6.** TECNOL. Manecilla para el accionamiento manual de ciertos órganos de máquinas.

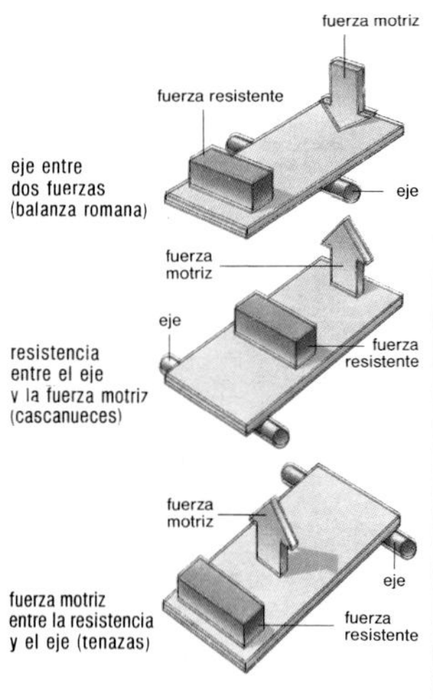


**palanca**

**PALANGANA** n. f. Jofaina. ◆ n. m. y f. y adj. **2.** *Argent., Perú* y *Urug.* Fanfarrón, pedante. ◆ adj. **3.** *Chile.* Dícese de la persona superficial.

**PALANGANERO** n. m. Soporte donde se coloca la palangana.

**PALANGRE** n. m. (voz catalana). Cordel largo y grueso del que penden varios cordeles finos provistos de anzuelos para pescar.

**PALANGRERO, A** adj. y n. m. Dícese del barco de pesca con palangre. ◆ adj. y n. **2.** Dícese del pescador que usa este aparejo.

**PALANQUEAR** v. tr. **[1]**. Apalancar. **2.** *Argent.* y *Urug. Fig.* Emplear alguien su influencia en beneficio o acomodo de otra persona.

**PALANQUETA** n. f. Barrita de hierro para abrir por la fuerza puertas o cerraduras. **2.** *Méx.* Dulce en forma de barra o disco hecho con cacahuete o pepitas de calabaza mezclados con miel de azúcar.

**PALANQUÍN** n. m. (de *palanca*). Cada uno de los cabos que sirven para cargar los puños de las velas mayores de un barco.

**PALANQUÍN** n. m. (port. *palanquim*). Silla de manos usada en oriente. **2.** Silla de porteadores, ligera, a veces colocada sobre el lomo de los camellos o de los elefantes.

**PALAPA** n. f. *Méx.* Construcción rústica y abierta, hecha con palos o troncos, y con techo de palma, común en los lugares muy calurosos.

**PALASTRO** n. m. Chapa o plancha en que se coloca el pestillo de una cerradura. **2.** Hierro o acero laminados.

**PALATAL** adj. Relativo al paladar. ◆ adj. y n. f. **2.** FONÉT. Dícese del fonema que se articula entre la lengua y el paladar duro.

**PALATALIZACIÓN** n. f. FONÉT. Transformación de un fonema en palatal.

**PALATALIZAR** v. tr. **[1g]**. FONÉT. Producir una palatalización.

**PALATINADO** n. m. Título o dignidad de los príncipes palatinos del Sacro imperio. **2.** Territorio o provincia pertenecientes a los príncipes palatinos.

**PALATINO, A** adj. ANAT. Relativo al paladar. ◆ adj. y n. m. **2.** Dícese del hueso par que contribuye a formar la parte posterior del paladar óseo.

**PALATINO, A** adj. Relativo a palacio, o propio de los palacios. **2.** Decíase de quien se encargaba de algún oficio en el palacio de un soberano. • **Conde palatino,** persona que poseía una residencia con título de palacio. ◆ n. m. **3.** HIST. En la antigua Hungría, jefe supremo de la justicia.

**PALCA** n. f. *Bol.* Cruce de dos ríos o de dos caminos. **2.** *Bol.* Horquilla formada por una rama.

**PALCO** n. m. (voz italiana). En los teatros, departamento, en forma de balcón, en el que hay varios asientos. • **Palco escénico,** escena, parte del teatro en que se representa la obra.

**PALÉ** n. m. Plataforma hecha con tablas de madera para el almacenamiento y transporte de mercancías.

**PALEAR** v. tr. **[1]**. Trabajar con la pala. **2.** Apalear, aventar con pala el grano.

**PALENQUE** n. m. (cat. *palenc*). Valla de madera para defender o cerrar un terreno o con algún otro fin. **2.** Terreno cercado con madera u otros materiales para celebrar un torneo, espectáculo, etc. **3.** *Amér. Merid.* Madero al que se atan los animales.

**PALENQUEAR** v. tr. **[1]**. *Argent.* y *Urug.* Sujetar un caballo al palenque para domarlo.

**PALENTINO, A** adj. y n. De Palencia.

**PALEOAMERINDIO, A** adj. y n. Relativo a un grupo de pueblos amerindios, de cultura muy rudimentaria, que correspondería a los primeros grupos humanos que emigraron al continente americano; individuo de este grupo. (→ ***fueguino.***)

**PALEOANTROPO, A** adj. y n. Dícese de una forma de homínidos intermedia entre los arcantropos y los neantropos.

**PALEOANTROPOBIOLOGÍA** n. f. Parte de la paleontología que intenta reconstruir el pasado de la raza humana a partir de los restos del hombre primitivo y sus características físicas y culturales.

**PALEOANTROPOLOGÍA** n. f. Ciencia que estudia los restos humanos fósiles. SIN.: *paleontología humana.*

**PALEOASIÁTICO, A** adj. Dícese de ciertas lenguas habladas en Siberia, que no se pueden clasificar en ninguna familia conocida.

**PALEOBOTÁNICA** n. f. Parte de la paleontología que tiene por objeto el estudio de las plantas fósiles.

**PALEOCENO, A** adj. y n. m. GEOL. Dícese del primer período de la era terciaria que comprende entre los −65 y −55 millones de años aproximadamente.

**PALEOCLIMA** n. m. Clima de una época geológica antigua.

**PALEOCLIMATOLOGÍA** n. f. Ciencia de los paleoclimas.

**PALEOCRISTIANO, A** adj. Dícese del arte de los primeros cristianos, esencialmente de fines del s. II hasta fines del s. IV.

el **arte paleocristiano:** el Buen Pastor, estatua de marfil descubierta en los alrededores de Roma; fines del s. III d. J.C. (Louvre, París)

el **arte paleocristiano:** sarcófago de La Bureba (museo arqueológico, Burgos)

**PALEODEMOGRAFÍA** n. f. Ciencia que estudia los restos óseos de las necrópolis colectivas, especialmente las del neolítico, para llegar a conocer las estructuras demográficas de las poblaciones.

**PALEOECOLOGÍA** n. f. Estudio del modo de vida de los animales fósiles.

**PALEOENDÉMICO, A** adj. BIOL. Dícese de las especies arcaicas cuya zona fue haciéndose cada vez más limitada, por efecto de los cambios climáticos o por la competencia activa de las poblaciones cercanas.

**PALEOENTORNO** n. m. GEOL. Conjunto de los caracteres biológicos y físico-químicos de los medios de una región determinada en un momento de su historia.

**PALEOETNOLOGÍA** n. f. Estudio del comportamiento del hombre prehistórico.

**PALEÓGENO** n. m. Primera mitad del terciario (paleoceno, eoceno y oligoceno).

**PALEOGEOGRAFÍA** n. f. Ciencia que tiene por objeto la reconstrucción hipotética de la repartición de los mares y de los continentes a lo largo de las épocas geológicas.

**PALEOGRAFÍA** n. f. Ciencia que permite descifrar las escrituras antiguas.

**PALEOGRÁFICO, A** adj. Relativo a la paleografía.

**PALEÓGRAFO, A** n. Especialista en paleografía.

**PALEOHISTOLOGÍA** n. f. Estudio de los tejidos animales conservados en los fósiles.

**PALEOLÍTICO, A** adj. y n. m. Dícese del primer período prehistórico, caracterizado por la invención y el desarrollo de la industria lítica, y por una economía de depredación a lo largo del pleistoceno.

■ El paleolítico debe su nombre a la industria de la piedra tallada, que le caracteriza y distingue del neolítico (industria de la piedra pulimentada). El utillaje del *paleolítico inferior* (piedras toscamente desbastadas) está ligado a los australantropos; los restos más antiguos se remontan a tres millones de años (yacimientos del valle del Olmo, Melká Konturé, Olduvai). En el *paleolítico medio* el utillaje corresponde a los paleontropos (hombre de Neandertal), se caracteriza de una parte por la talla levalloisiense (con el plano de percusión trabajado) y, de otra, por los instrumentos musterienses (raederas y puntas), realizados a partir de lascas. Durante el *paleolítico superior,* situado aproximadamente entre −35000 y −10000, se acentúa la especialización de las herramientas, y la industria lítica se asocia a una abundante industria ósea, ambas debidas a los neantropos (hombres de Cro-Magnon, Chancelade y Grimaldi).

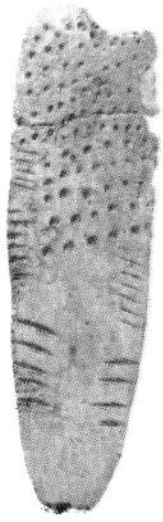

hueso decorado auriñaciense (museo de antigüedades nacionales, Saint-Germain-en-Laye, Francia)

caballo negro, pintura sobre roca de la cueva del Castillo en Puente-Viesgo, Cantabria

**paleolítico**

**PALEOLOGÍA** n. m. Ciencia que estudia la historia primitiva del lenguaje.

**PALEOMAGNETISMO** n. m. Estudio y determinación del campo magnético terrestre a lo largo de las etapas geológicas.

**PALEONTOLOGÍA** n. f. Estudio científico de los seres orgánicos cuyos restos se hallan fósiles. *(V. ilustración pág. 750.)*

**PALEONTÓLOGO, A** n. Especialista en paleontología.

**PALEOSUELO** n. m. Suelo formado en condiciones ecológicas pasadas, que se encuentra en un perfil, recubierto por una formación más reciente o incorporado a una nueva evolución.

**PALEOZOICO, A** adj. y n. m. Dícese de la era primaria.

**PALEOZOOLOGÍA** n. f. Estudio de los animales fósiles.

**PALERMITANO, A** adj. y n. De Palermo.

**PALERO, A** n. *Méx.* Persona que, en ciertos espectáculos, se mezcla entre el público fingiendo ser parte de él, para apoyar a los actores. **2.** *Méx.* Gancho, persona que en combinación con un vendedor ambulante, finge ser un cliente para animar a otros a comprar.

**PALESTINO, A** adj. y n. De Palestina.

**PALESTRA** n. f. En la antigüedad, lugar donde se practicaban combates o deportes. **2.** Lugar en que se celebran competiciones literarias, se confrontan ideas o se discuten determinados problemas. • **Salir a la palestra,** tomar parte en una lucha o en una competición.

**PALETA** n. f. Pala pequeña. **2.** Utensilio en forma de pala, ancho, plano, por lo común de madera, y que sirve para diversos usos. **3.** Tabla de madera o placa de porcelana, cuadrada u oval, con un agujero cerca de uno de sus bordes, por donde se mete el dedo pulgar y sobre la que los artistas pintores extienden y mezclan los colores. **4.** Colorido. **5.** Utensilio de palastro, de figura triangular y mango de madera, que usan los albañiles para manejar la mezcla o mortero. **6.** Espátula de impresor para tomar tinta y extenderla sobre la tabla. **7.** Pala o álabe de una rueda de buque de vapor. **8.** Cada una de las piezas que, unidas a un núcleo central, constituyen la hélice marina. **9.** Álabe de rueda hidráulica o turbina. **10.** Cada una de las piezas que, unidas al núcleo central de los ventiladores y de otros aparatos, reciben y utilizan el choque o la resistencia del aire. **11.** Elemento receptor de la carga, o plataforma de carga, que sirve especialmente para permitir las manutenciones mecánicas mediante carretillas elevadoras. **12.** Disco de caucho endurecido, que se utiliza para jugar al hockey sobre hielo. **13.** Paletilla, omóplato. **14.** *Guat., Méx., Nicar.* y *Pan.* Dulce o helado en forma de pala o disco, con un palito encajado que sirve de mango.

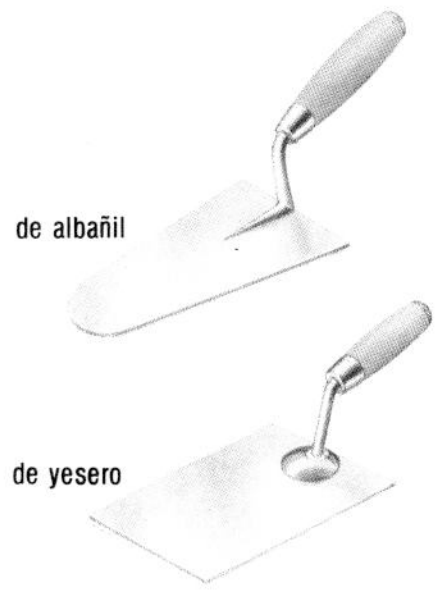


**paletas**

**PALETADA** n. f. Golpe dado con una paleta o una pala. **2.** Porción que se coge de una vez con la paleta: *una paletada de yeso.*

**PALETAZO** n. m. Varetazo. **2.** Cada uno de los golpes que dan en el agua las paletas de las ruedas o palas de las hélices cuando están en acción.

**PALETEADO, A** adj. *Chile. Fig.* y *fam.* Dícese de una persona de complexión fuerte y destacados atributos morales. ◆ adj. y n. **2.** *Chile.* Sencillo, generoso, justo, activo y capaz de realizar lo que promete o dice.

**PALETILLA** n. f. Omóplato. **2.** Espaldilla, cuarto delantero de las reses.

**PALETIZABLE** adj. Dícese de la mercancía que puede cargarse en paletas.

**PALETIZACIÓN** n. f. Organización de las expediciones, el transporte, el almacenamiento, etc., partiendo de la mayor utilización posible de paletas. **2.** Colocación de las mercancías sobre paletas, que puede efectuarse de forma manual, semiautomática o automática.

**PALETIZAR** v. tr. **[1g]**. Efectuar la paletización.

**PALETO, A** adj. y n. *Desp.* Tosco e ignorante. **2.** *Desp.* Falto de cultura y trato social. ◆ n. m. **3.** Gamo.

**PALETÓ** n. m. (fr. *paletot*). Prenda masculina, semejante a la levita, sin faldones, larga y entallada.

**PALETÓN** n. m. Parte de la llave en que están los dientes y guardas.

**PĀLI** n. m. Lengua religiosa indoaria antigua emparentada con el sánscrito clásico.

**PALIA** n. f. LITURG. Lienzo sobre el que se extienden los corporales para decir misa. **2.** LITURG. Cortina o mampara exterior puesta delante del sagrario en que está reservado el Santísimo.

**PALIACATE** n. m. *Méx.* Pañuelo grande, confeccionado en tela estampada, para adornar el cuello o cubrir la cabeza.

**PALIACIÓN** n. f. Acción y efecto de paliar.

**PALIAR** v. tr. (lat. *palliare,* tapar) **[1]**. Atenuar un sufrimiento físico o moral, una pena, disgusto, etc.: *paliar el dolor.* **2.** Disculpar, justificar: *paliar una falta.* **3.** Encubrir, disimular: *paliar un delito.*

**PALIATIVO, A** adj. y n. m. Que sirve para paliar.

**PALIDECER** v. intr. **[2m]**. Ponerse pálido: *palidecer de miedo.* **2.** Perder o disminuir algo su importancia, valor o brillo.

**PALIDEZ** n. f. Calidad o estado de pálido.

**PÁLIDO, A** adj. Que tiene el color más atenuado del que le es propio. **2.** De tono apagado, poco intenso: *rosa pálido.* **3.** *Fig.* Poco expresivo, poco impresionante. • **Rostro pálido,** nombre dado por los indios norteamericanos a los blancos aludiendo al color de su piel.

**PALIDUCHO, A** adj. *Fam.* Que está un poco pálido.

**PALIER** n. m. (voz francesa). Cada una de las dos

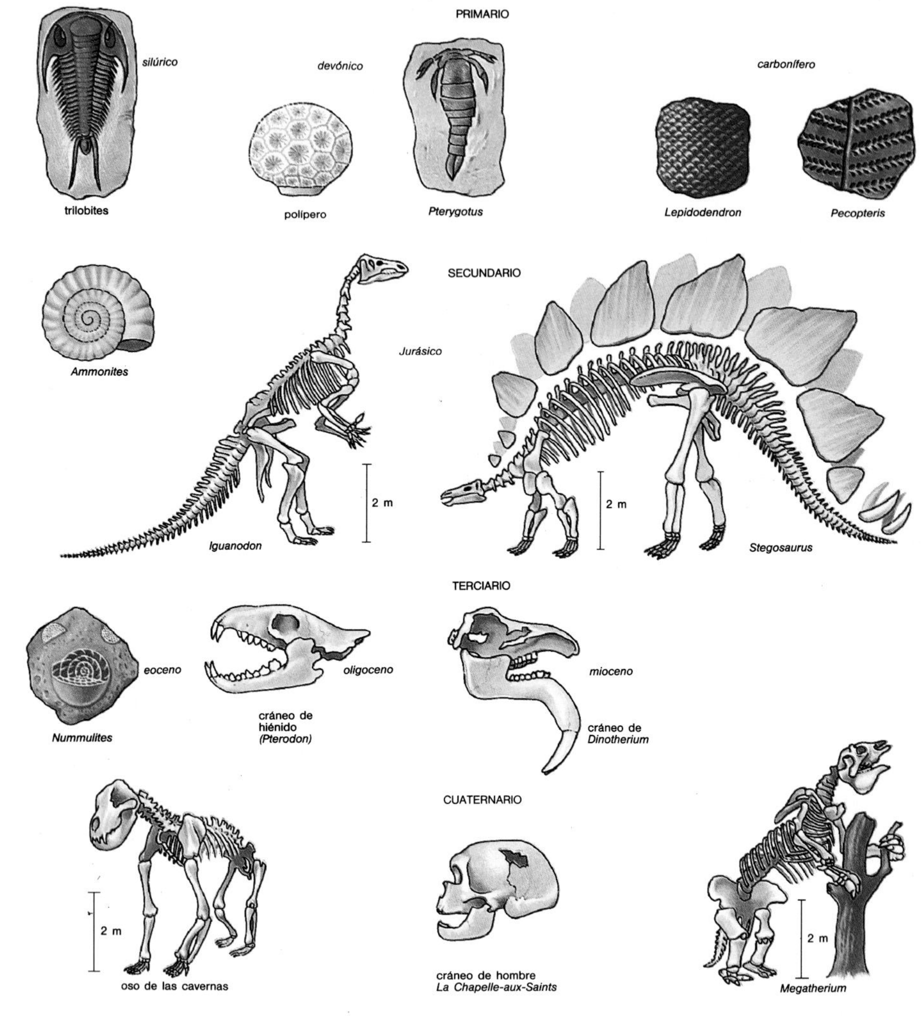


**paleontología:** esqueletos o fósiles de seres vivos que han poblado la tierra en distintas épocas geológicas

mitades del eje del automóvil que, partiendo de la caja del diferencial, transmite el giro a las ruedas motrices. **2.** *Argent.* Rellano de la escalera al que se abren uno o más departamentos de un mismo piso y el ascensor.

**PALILALIA** n. f. (gr. *palin,* de nuevo, y *laleō,* hablar). SICOPATOL. Trastorno motor de la palabra, caracterizado por la repetición involuntaria y monótona de la misma palabra o de la misma frase.

**PALILLERO** n. m. Objeto en que se colocan los mondadientes. **2.** Portaplumas, palo en que se coloca la plumilla para escribir.

**PALILLO** n. m. Mondadientes. **2.** *Fig.* y *fam.* Persona muy flaca: *estar hecho un palillo.* **3.** *Fig.* Palique, charla. **4.** Bolillo para hacer encajes. **5.** Cada una de las dos baquetas con que se toca el tambor. **6.** Castañuela. **7.** Danza argentina picaresca del s. XIX. **8.** Nervio grueso central de la hoja del tabaco. **9.** Palito de boj o de madera dura para moldear la arcilla o la cera. **10.** TAUROM. Vara a la que se ajusta la tela de la muleta. ◆ **palillos** n. m. pl. **11.** Par de pequeños palos que se usan como utensilio de mesa en algunos países orientales. • **Baile de palillos,** cada uno de los bailes populares, procedentes, por lo común, de la tradición castellana y adaptados al carácter folklórico de las distintas regiones andaluzas.

**PALIMPSESTO** n. m. (gr. *palimpsestos*). Códice o documento de pergamino raspado para escribir de nuevo sobre él.

**PALÍNDROMO, A** adj. y n. m. Dícese del escrito que tiene el mismo sentido leído de izquierda a derecha que a la inversa: *dábale arroz a la zorra el abad.*

**PALINGENESIA** o **PALINGÉNESIS** n. f. Retorno a la vida. **2.** Teoría filosófica y religiosa según la cual la historia está hecha por una sucesión de ciclos.

**PALINGENÉSICO, A** adj. Relativo a la palingenesia.

**PALINODIA** n. f. (gr. *palinōidia*). Retractación pública de lo dicho o hecho anteriormente. **2.** Cambio brusco y frecuente de opinión. **3.** ANT. Composición en que el poeta se retracta de los sentimientos expresados en un canto anterior.

**PALIO** n. m. ANT. Manto romano de origen griego. **2.** LITURG. Insignia, a modo de cinta de lana blanca con seis cruces negras, distintivo del papa, los arzobispos y algunos obispos. **3.** LITURG. Especie de dosel colocado sobre cuatro o más varas largas, bajo el cual se lleva procesionalmente el Santísimo Sacramento, y que es utilizado también por los reyes, el papa y otros prelados en ciertas funciones.

**PALIQUE** n. m. *Fam.* Conversación de poca importancia, charla.

**PALIQUEAR** v. intr. [**1**]. *Fam.* Charlar.

**PALISANDRO** n. m. (fr. *palissandre,* del neerlandés *palissander*). Madera pesada y dura, de color marrón oscuro con reflejos violáceos, muy apreciada en ebanistería, que proporcionan diversas especies de árboles de América del Sur.

**PALISTA** n. m. y f. Jugador de pelota con pala. **2.** Deportista que practica el remo.

**PALITO** n. m. **Pisar el palito** *(Argent. Fam.),* caer alguien en una trampa.

**PALITROQUE** o **PALITOQUE** n. m. *Desp.* Palo. **2.** TAUROM. Banderilla.

**PALIZA** n. f. Serie de golpes dados con la finalidad de dañar. **2.** Cualquier esfuerzo que produce un agotamiento. **3.** *Fig.* y *fam.* Derrota en una disputa o competición. • **Dar la paliza,** soltar un rollo o discurso pesado. ◆ n. m. y f. *Fam.* **4.** Persona pesada y latosa.

**PALIZADA** n. f. Sitio cercado con estacas. **2.** Defensa hecha de estacas para impedir la salida de los ríos o dirigir su corriente. **3.** Empalizada. **4.** HERÁLD. Conjunto de piezas en forma de palos, o fajas punteadas o agudas, encajados los unos en los otros.

**PALLACO** n. m. *Chile.* Mineral aprovechable que se recoge en una mina abandonada.

**PALLAR** n. m. Judía gruesa, casi redonda y muy blanca, que crece en Perú. (Familia papilionáceas.)

**PALLAR** v. tr. [**1**]. *Chile.* Payar.

**PALLET** n. m. Paleta receptora de la carga.

**PALLIDUM** n. m. (voz latina). ANAT. Uno de los núcleos grises estriados del cerebro. (Controla el tono y la coordinación de los movimientos elementales.)

**PALLIUM** n. m. ANAT. Corteza cerebral y sustancia blanca subyacente.

**PALLOZA** o **PALLAZA** n. f. En Galicia, construcción rural en piedra, de planta redonda o elíptica, con cubierta de paja, destinada a vivienda y al ganado. (Es una pervivencia de la vivienda ancestral tradicional.)

**PALMA** n. f. (lat. *palmam*). Parte interior de la mano, entre la muñeca y la raíz de los dedos. **2.** Palmera, planta arbórea. **3.** Hoja de palmera, y en especial la que ha sido atada con otras al árbol, para que no adquiera el color verde. **4.** Parte inferior del casco de las caballerías. **5.** *Fig.* Representación de la gloria y el triunfo: *obtener la palma en una competición.* • **Como la palma de la mano** *(Fam.),* dícese de algo muy llano y liso; sin dificultades. || **Llevarse** uno **la palma,** ser el mejor en alguna competición o el más destacado entre varios. ◆ **palmas** n. f. pl. **6.** Aplausos, palmadas. **7.** Acompañamiento adicional con que suele marcarse el ritmo de determinados cantes flamencos. • **Llevar,** o **traer, en palmas,** tratar a alguien con muchas consideraciones.

**PALMÁCEO, A** adj. y n. f. Relativo a una familia de plantas arbóreas cuyo tallo termina en un penacho de hojas generalmente pennadas, y cuyas flores son unisexuales.

**PALMADA** n. f. Golpe dado con la palma de la mano. **2.** Golpe de una palma contra otra, que produce un ruido. (Suele usarse en plural.)

**PALMAR** adj. Relativo a la palma de la mano. ◆ n. m. **2.** Palmeral.

**PALMAR** v. intr. [**1**]. *Fam.* Morir. (Suele usarse, generalmente, *palmarla.*)

**PALMARÉS** n. m. Lista de vencedores en una competición. **2.** Historial, hoja de servicios.

**PALMARIO, A** adj. Claro, evidente.

**PALMATORIA** n. f. Utensilio en forma de platillo, que sirve para sostener la vela. **2.** Palmeta de los maestros.

**PALMEADO, A** adj. De forma de palma.

**PALMEAR** v. tr. e intr. [**1**]. Dar palmadas. **2.** DEP. En el baloncesto, golpear al balón con la punta de los dedos cuando éste ha salido rebotado del aro. ◆ v. intr. y pron. **3.** MAR. Asirse de un cabo o cable fijo por sus dos extremos o pendiente de uno de ellos, y avanzar valiéndose de las manos.

**PALMENSE** adj. y n. m. y f. De Las Palmas de Gran Canaria.

**PALMEO** n. m. Acción y efecto de palmear, especialmente cuando se trata de palmadas de aplauso o de acompañamiento para el cante flamenco. **2.** DEP. En baloncesto, acción y efecto de rematar palmeando.

**PÁLMER** o **PALMER** n. m. (pl. *pálmers* o *palmers*). Instrumento de medida de precisión para determinar espesores o diámetros exteriores.

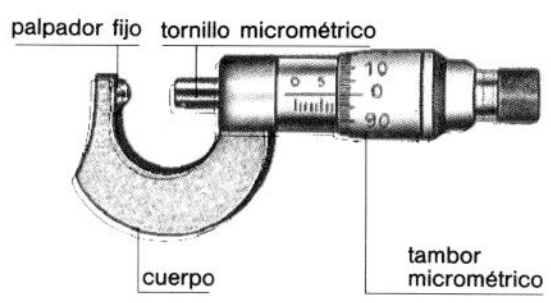

pálmer

pallozas (sierra de Ancares, Lugo)

**PALMERA** n. f. Planta arbórea monocotiledónea, en general de tronco simple, largo y esbelto, con un penacho de robustas hojas en su cima. (Esta denominación incluye especies de gran interés por sus frutos: *cocotero, palmera de dátiles, palmera intertropical americana, palma de Guinea.* Familia palmáceas.) **2.** Cierto pastel de hojaldre, plano y de forma parecida a la copa de este árbol.

palmera

**PALMERAL** n. m. Bosque o plantación de palmeras.

**PALMERO, A** adj. y n. Decíase de los peregrinos a Tierra Santa. ◆ n. **2.** Persona que cuida de un palmeral.

**PALMESANO, A** adj. y n. De Palma de Mallorca.

**PALMETA** n. f. Instrumento utilizado antiguamente en las escuelas para golpear en la mano, como castigo, a los niños. **2.** Palmetazo, golpe con la palmeta.

**PALMETAZO** n. m. Golpe dado con la palmeta. **2.** *Fig.* Reprensión áspera.

**PALMICHE** n. m. *Perú.* Planta palmarácea. ◆ n. f. **2.** *Cuba.* Tela de pana negra usada para hacer trajes de hombre.

**PALMÍPEDO, A** adj. y n. f. Relativo a un grupo de aves, a menudo acuáticas, que presentan las patas con los dedos unidos mediante una membrana, como el ganso, el pato, el cisne, el pájaro bobo, el pelícano, el cormorán, etc.

**PALMIRENO, A** o **PALMIRIANO, A** adj. y n. De Palmira.

**PALMISTE** n. m. Nuez del fruto de diversas palmeras.

**PALMITATO** n. m. Sal o éster del ácido palmítico.

**PALMÍTICO, A** adj. QUÍM. Dícese de un ácido orgánico, constituyente frecuente de las grasas naturales del grupo de los glicéridos.

**PALMITINA** n. f. Éster palmítico de la glicerina, uno de los constituyentes de las materias grasas. SIN.: *tripalmitina.*

**PALMITO** n. m. *Fam.* Cara agraciada o bonita figura de mujer.

**PALMITO** n. m. Palmera de tronco corto, ramificado, de hojas en abanico, común en toda la zona mediterránea de la península Ibérica. (Familia palmáceas.) **2.** Parte central del tronco de esta planta, que es comestible.

palmito

**PALMO** n. m. (lat. *palmum*). Distancia que hay con la mano abierta y extendida desde el extremo del pulgar hasta el del meñique. **2.** Unidad de medida de longitud muy usada antiguamente y cuyo valor varió con el tiempo y de uno a otro lugar. **3.** Cantidad muy pequeña o muy grande de algo: *no es propietario ni de un palmo de tierra; tiene una nariz de palmo.* • **Dejar** a uno **con un palmo de narices,** chasquearle, privarle de algo que esperaba conseguir. || **Palmo a palmo,** dícese para expresar la dificultad o lentitud en la consecución de algo; dícese cuando se conoce algo minuciosamente.

**PALMOTEAR** v. tr. [**1**]. Dar palmadas.

**PALMOTEO** n. m. Acción y efecto de palmotear. **2.** Acción de dar con la palmeta.

**PALO** n. m. (lat. *palum*). Trozo de madera, más largo que ancho, generalmente cilíndrico: *el palo de la escoba; el balón dio en el palo de la portería.*

**2.** Madera: *cuchara de palo.* **3.** Golpe dado con un palo: *te voy a dar un palo.* **4.** *Fig.* y *fam.* Varapalo, daño o perjuicio: *la obra recibió palos de la crítica.* **5.** Diversas plantas arbóreas, generalmente de América del Sur (*palo blanco, palo cochino, palo de hule*). **6.** Trazo de algunas letras que sobresalen de las demás con una prolongación hacia arriba o hacia abajo, como la *d* o la *p.* **7.** Cada una de las cuatro series de la baraja de naipes. **8.** *Argent., Par.* y *Urug.* Pedacito del tronco de la rama que, en la yerba mate, queda como resto junto a la hoja triturada. **9.** *Argent.* y *Urug.* Un millón, especialmente referido a dinero. **10.** DEP. En béisbol, golf, hockey y polo, denominación vulgar del instrumento que se emplea para jugar. **11.** HERÁLD. Pieza honorable rectangular, que se coloca verticalmente en el centro del escudo y ocupa una tercera parte de él. SIN.: *pal.* **12.** MAR. Larga pieza de sección circular, de madera o metálica, vertical u oblicua, que sostiene el velamen de un buque. (Los principales palos son el *bauprés,* el palo *de mesana,* el *palo mayor* y el *palo de trinquete.*) **13.** SILVIC. Diversas maderas de América del Sur. • **A palo seco,** escuetamente, sin nada accesorio ni complementario. ‖ **Palo a pique** (*Argent.*), poste clavado en tierra, firme y perpendicularmente. ‖ **Palo borracho** (*Argent.* y *Urug.*), nombre de dos especies de árboles caracterizados por el color de sus corolas, y cuyas semillas están recubiertas por abundantes pelos sedosos que forman como un copo blanco, al que se denomina paina. (La planta se utiliza como adorno y con fines industriales.) ‖ **Palo de** algo (*Amér.*), expresa excelencia: *no es lo mismo un palo de hombre que un hombre de palo.* ‖ **Palo de agua** (*Amér. Central, Colomb., Ecuad.* y *Venez.*), lluvia torrencial. ‖ **Palo de ciego** (*Fig.*), golpe dado sin reparar a quién se da; (*Fig.*), cualquier castigo o injuria hecho irreflexivamente o sin discriminación. ‖ **Palo enjabonado,** o **jabonado** (*Argent., Par.* y *Urug.*), juego que consiste en trepar un palo largo untado de jabón o grasa, cucaña. ‖ **Palo grueso** (*Chile*), persona influyente, de mando. ‖ **Palo santo,** caqui; (*Argent.* y *Par.*), árbol de madera aromática; (*Argent.* y *Par.*), árbol de hasta 8 m de alt., cuya madera es apreciada en ebanistería y tornería. (Familia compuestas.)

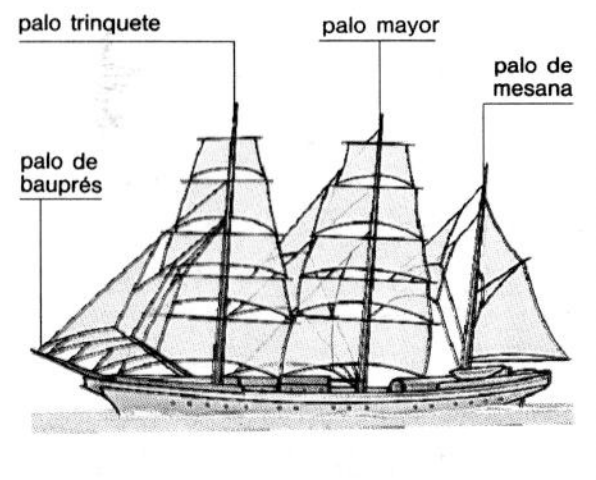


principales **palos** de un velero

**PALO** n. m. Vino español que se elabora en la provincia de Cádiz, como variedad del jerez. **2.** Bebida alcohólica propia de Mallorca e Ibiza.

**PALOMA** n. f. (lat. *palumbam*). Ave granívora y sociable, del orden columbiformes, de carne apreciada (*paloma bravía, paloma torcaz, paloma zurita*). **2.** En un gobierno u organización política, partidario de la paz. CONTR.: *halcón.* **3.** *Fig.* Persona reposada y de temperamento apacible. **4.** *Fam.* Bebida a base de agua y anís. **5.** *Méx.* Petardo de forma triangular, hecho con papel y pólvora. **6.** *Méx.* Señal que se pone en un escrito para indicar acierto o aprobación, consistente en una raya diagonal. • **Paloma mensajera,** paloma amaestrada para llevar mensajes a largas distancias. ◆ **palomas** n. f. pl. **7.** Ondas espumosas que se forman en el mar cuando empieza a soplar viento fresco.

**paloma** bravía

**PALOMAR** n. m. Sitio donde se crían palomas.

**PALOMETA** n. f. Pez comestible, parecido al jurel, aunque mayor que éste.

**PALOMILLA** n. f. Cualquier mariposa pequeña, en especial las nocturnas, perjudiciales a los graneros. **2.** Paloma, bebida compuesta de agua y anís. **3.** Palomita, grano de maíz que se abre al tostarlo. **4.** Pieza en forma de T o de triángulo rectángulo, que sirve a manera de ménsula para sostener anaqueles. **5.** Tuerca con dos expansiones laterales en las que se apoyan los dedos para darle vueltas. **6.** Planta anual, de 30 cm de alt., que crece en los campos, con pequeñas flores rosas provistas de un espolón. (Familia fumariáceas.) **7.** *Chile.* Niño ruidoso. **8.** *Chile, Hond., Méx.* y *Pan.* Pandilla de vagabundos, plebe. **9.** *Chile* y *Perú.* Niño vagabundo, mal vestido y callejero.

**PALOMINA** n. f. Excremento de las palomas, que se emplea como fertilizante. **2.** Variedad de uva negra, de racimos largos y ralos.

**PALOMINO** n. m. Pollo de la paloma brava. **2.** *Fam.* Mancha de excremento de ave en un vestido.

**PALOMINO** n. m. Planta bulbosa, de flores rojas con manchas violetas por el exterior. (Familia liliáceas.)

**PALOMITA** n. f. Grano de maíz que se abre al tostarlo. **2.** Paloma, bebida compuesta de agua y anís.

**PALOMO** n. m. Macho de la paloma. **2.** Paloma torcaz.

**PALOTE** n. m. Palo mediano, como las baquetas con que se tocan los tambores. **2.** Trazo recto que se hace como ejercicio caligráfico para aprender a escribir. **3.** *Chile.* Insecto de la familia de los acrídidos.

**PALPABLE** adj. Que puede tocarse con las manos. **2.** *Fig.* Claro, evidente: *era palpable su desilusión.*

**PALPACIÓN** n. f. Acción y efecto de palpar. **2.** MED. Método de exploración táctil diagnóstica, consistente en la aplicación de la cara palpar de los dedos sobre la superficie corporal del enfermo, con objeto de apreciar las posibles anomalías de los órganos y tejidos subyacentes.

**PALPALLÉN** n. m. *Chile.* Arbusto con hojas dentadas, cubiertas de un vello blanquecino y flores de cabezuelas radiadas y amarillas.

**PALPAR** v. tr. y pron. (lat. *palpare*) **[1]**. Tocar con las manos o con los dedos para examinar o reconocer algo o a alguien. ◆ v. tr. **2.** Tantear los objetos o personas para orientarse cuando se anda a tientas o a oscuras. **3.** *Fig.* Ver, entender o percibir una cosa tan claramente como si se tocara: *la decepción se palpa en el ambiente.*

**PALPEBRAL** adj. Relativo a los párpados y región vecina.

**PALPITACIÓN** n. f. Acción y efecto de palpitar. **2.** MED. Movimiento interior, involuntario y trémulo, de algunas partes del cuerpo. **3.** MED. Latido cardíaco que es percibido directamente por el enfermo en la pared torácica.

**PALPITANTE** adj. Que palpita. **2.** *Fig.* Vivo, de actualidad.

**PALPITAR** v. intr. (lat. *palpitare*) **[1]**. Contraerse y dilatarse el corazón. **2.** Moverse o agitarse una parte del cuerpo interiormente, con movimiento trémulo e involuntario. **3.** *Fig.* Manifestarse perceptiblemente en las acciones o palabras de alguien cierto afecto o pasión: *en el ánimo de todos palpita la esperanza.*

**PÁLPITO** n. m. Presentimiento, corazonada.

**PALPO** n. m. Pequeño apéndice móvil de las piezas bucales de los artrópodos, que forma ordinariamente dos pares: los palpos maxilares y los palpos labiales.

**PALQUI** n. m. Planta arbustiva americana, de tallos erguidos, flores en manojos terminales y olor fétido, empleada en medicina. (Familia solanáceas.) SIN.: *pañil.*

**PALTA** n. f. *Amér. Merid.* Aguacate, fruto.

**PALTO** n. m. *Amér. Merid.* Aguacate, árbol.

**PALÚDICO, A** adj. Relativo a los pantanos: *terreno palúdico.* **2.** Relativo al paludismo: *fiebres palúdicas.*

**PALUDISMO** n. m. (der. del lat. *paludem,* pantano). Enfermedad contagiosa producida por un protozoo parásito de los glóbulos rojos de la sangre, el plasmodio o hematozoario de Laveran, y transmitida por un mosquito de las regiones cálidas y pantanosas, el anofeles. SIN.: *malaria.*

■ Existen cuatro especies de plasmodio que provocan el paludismo, enfermedad que se manifiesta por accesos de fiebre a intervalos regulares siguiendo un ritmo característico (fiebres terciana o cuartana), con anemia, esplenomegalia y alteración del estado general. Sólo una especie (*Plasmodium falciparum*) es grave. El tratamiento se basa en sales de quinina y derivados sintéticos. La profilaxis se basa en la lucha contra los mosquitos. El cultivo del plasmodio, posible desde 1976, abrió el camino para la fabricación de una vacuna.

**PALURDO, A** adj. y n. Dícese del hombre del campo tosco e ignorante. **2.** Dícese de la persona falta de cultura y trato social.

**PALUSTRE** adj. (lat. *palustrem*). Relativo a lagunas o pantanos.

**PALUSTRE** n. m. Paleta de figura triangular, con punta redondeada, que utilizan los albañiles para manejar la mezcla.

**PALUSTRILLO** n. m. Paleta parecida al palustre, pero más pequeña y de punta más aguda.

**PAMBA** n. f. *Méx.* Serie de golpes leves con la palma de la mano que se da a alguien en la cabeza en son festivo.

**PAMBAZO** n. m. *Urug.* Pan achatado y redondo.

**PAMBIL** n. m. *Ecuad.* Palma con tronco esbelto y follaje ancho, pero de menor tamaño que la real.

**PAME,** pueblo amerindio de México (est. de San Luis Potosí), del grupo otomí, de la familia otomangue.

**PAMELA** n. f. Sombrero femenino, bajo de copa y de alas amplias y flexibles.

**PAMEMA** n. f. Hecho o dicho insignificante o sin importancia. **2.** Gesto afectuoso y melindroso, dirigido a obtener alguna cosa o a congraciarse con alguna persona.

**PAMPA** n. f. (voz quechua). *Amér. Merid.* Llanura extensa con vegetación, pero desprovista de árboles. • **Pampa alta** (*Amér. Merid.*), meseta.

**PAMPA** adj. y n. m. y f. Pampeano.

**PÁMPANA** n. f. Hoja de la vid.

**PÁMPANO** n. m. (lat. *pampinum*). Vástago tierno o pimpollo de la vid. **2.** Pámpana. **3.** Pez teleósteo de los mares ibéricos, cuya carne es de baja calidad. (Familia estromateidos.)

**PAMPEANO, A** adj. y n. Relativo a La Pampa; habitante u originario de la región o provincia argentinas de este nombre. **2.** Relativo a un grupo de pueblos amerindios, llamados también *pampas* en Argentina, que se extendieron hasta el s. XIX por el Chaco, las Pampas y la Patagonia; individuo de este grupo. (Cazadores y hábiles jinetes, act. están casi extinguidos o muy mestizados.) ◆ n. m. y adj. **3.** GEOL. Pampense.

**PAMPEAR** v. intr. **[1]**. *Amér. Merid.* Recorrer las pampas.

**PAMPENSE** n. m. y adj. GEOL. Piso del cuaternario medio de América, compuesto por limos calcáreos.

**PAMPERO, A** adj. y n. Pampeano. ◆ n. m. **2.** *Amér. Merid.* Viento fuerte, frío y seco que sopla desde el S patagónico al Río de la Plata.

**PAMPIROLADA** n. f. Salsa que se hace con pan y ajos machacados en el mortero y desleídos en agua. **2.** *Fig.* y *fam.* Cualquier necedad o cosa insustancial.

**PAMPLINA** n. f. Cosa insignificante o de poca utilidad. **2.** *Fig.* y *fam.* Melindres o lisonjas. **3.** Planta herbácea de flores con sépalos agudos y pétalos externos alargados, que crece en la península Ibérica. (Familia fumariáceas.)

**PAMPLINERO, A** adj. Propenso a decir o hacer pamplinas. **2.** Persona a quien gusta que le hagan cumplidos.

**PAMPLONÉS, SA** adj. y n. De Pamplona. SIN.: *pamplonica.*

**PAMUE** → *fang.*

**PAN** n. m. (lat. *panem*). Alimento obtenido por cocción en horno de una pasta previamente amasada y fermentada, compuesta esencialmente de harina, agua, sal y de un agente de fermentación,

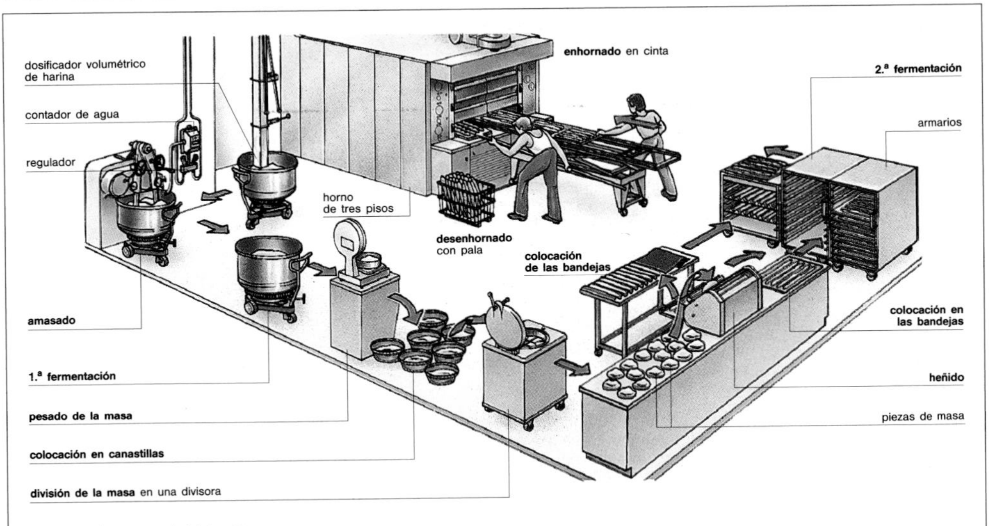


**pan:** principales etapas de fabricación

la levadura. **2.** Cualquier masa de forma semejante: *pan de higos.* **3.** *Fig.* Alimento, sustento: *ganarse el pan.* **4.** *Fig.* Trigo. **5.** Hoja o laminilla de oro, plata u otro metal, propia para dorar o platear: *batir los panes de oro.* • **Árbol del pan,** árbol originario de Oceanía, cuyos frutos, ricos en almidón, pueden consumirse como pan. || **Pan ázimo,** el que no tiene levadura. || **Pan bendito,** el que se bendice en determinadas festividades y se reparte al pueblo; *(Fig.),* aquello que es recibido con gran aceptación. || **Pan blanco,** pan de buena calidad, hecho con la flor de la harina de trigo. || **Pan de azúcar** (GEOMORFOL.), domo rocoso y liso de forma parabólica y pendiente muy acusada. || **Pan de los ángeles** (REL.), eucaristía. || **Pan de Viena,** panecillo o barrita cuya masa contiene azúcar, leche y materias grasas. || **Pan francés,** el de masa esponjosa, liviano y sin grasa. || **Pan inglés,** o **de molde,** aquel en cuya elaboración intervienen leche y materias grasas, y que se cuece en moldes paralelepipédicos. || **Pan íntegro,** o **integral,** el que conserva todas las partes de que se compone el trigo y tiene color algo moreno. || **Pan negro,** el de centeno. || **Ser alguien bueno como,** o **más bueno que el pan** o **un pedazo de pan** *(Fam.),* ser muy bueno y algo infeliz. || **Ser** algo **pan comido** *(Fam.),* ser muy fácil, no ofrecer ningún problema. ◆ **panes** n. m. pl. **6.** Los trigos, centenos, cebadas, etc., desde que nacen hasta que se siegan.

**PANA** n. f. (fr. *panne,* piel). Terciopelo de trama, tejido generalmente con algodón.

**PANA** n. f. (voz mapuche). *Chile.* Hígado de los animales.

**PANA** n. f. (fr. *panne*). *Chile.* Desperfectos que provocan el mal funcionamiento de una máquina. **2.** *Chile.* Detención accidental de un vehículo por fallos en el motor o en las ruedas.

**PANACEA** n. f. (gr. *panakeia*). Remedio al que se le atribuye eficacia contra todas las enfermedades. **2.** *Fig.* Remedio general para todos los males, tanto físicos como morales.

**PANACHÉ** n. m. Mezcla de vegetales cocidos.

**PANADERA** n. f. *Fam.* Paliza, azotaina.

**PANADERÍA** n. f. Oficio de panadero. **2.** Sitio o establecimiento donde se hace o vende pan.

**PANADERO, A** n. Persona que tiene por oficio hacer o vender pan. ◆ **panaderos** n. m. pl. **2.** Variedad del baile andaluz *de palillos.*

**PANADIZO** n. m. Inflamación aguda del tejido celular de los dedos, principalmente de la tercera falange.

**PANAFRICANISMO** n. m. Doctrina que tiende a desarrollar la unidad y la solidaridad de los pueblos africanos.

**PANAFRICANO, A** adj. y n. Relativo al panafricanismo; partidario de esta doctrina.

**PANAL** n. m. Masa esponjosa de cera que elaboran las abejas, constituida por la yuxtaposición de multitud de alvéolos, o celdillas, donde depositan la miel. **2.** Construcción semejante que fabrican las avispas y otros animales.

**PANAMÁ** n. m. Sombrero de pita con el ala recogida, que suele bajar sobre los ojos. **2.** Tejido de algodón de hilos gruesos y separados.

**PANAMEÑISMO** n. m. Palabra o expresión peculiar del panameño.

**PANAMEÑO, A** adj. y n. De Panamá. ◆ n. m. **2.** Modalidad adoptada por el español en Panamá.

**PANAMERICANISMO** n. m. Movimiento de solidaridad tendente a mejorar y a desarrollar las relaciones entre los estados y los pueblos americanos.

**PANAMERICANISTA** n. m. y f. Partidario del panamericanismo.

**PANAMERICANO, A** adj. Relativo al panamericanismo. **2.** Relativo a toda América.

**PANARABISMO** n. m. Doctrina política que propugna la unión de todos los países de lengua y civilización árabes.

**PANATENEAS** n. f. pl. (gr. *panathēnaia*). ANT. GR. Fiestas celebradas en Atenas en honor de Atenea.

**PANCA** n. f. *Bol.* y *Perú.* Vaina que envuelve la mazorca de maíz.

**PANCADA** n. f. Contrato muy usado en Indias, de vender las mercancías por junto y en montón, especialmente las menudas.

**PANCARTA** n. f. Placa de madera, cartón, papel, tela, etc., destinada a dar al público un aviso, o a presentar un eslogan político o reivindicativo.

**PANCERA** n. f. ARM. Parte de la armadura que cubre el vientre.

**PANCETA** n. f. Hoja de tocino entreverada con magro.

**PANCHEN-LAMA** n. m. Segunda autoridad religiosa del Tíbet, después del dalai-lama.

**PANCHO, A** adj. Tranquilo, flemático. **2.** Satisfecho.

**PANCISTA** adj. y n. m. y f. *Fam.* Dícese de la persona acomodaticia.

**PANCITA** n. f. *Méx.* Guiso que se prepara con panza de res en caldo. **2.** *Méx.* Menudos.

**PANCLASTITA** n. f. Explosivo líquido constituido por una mezcla de dióxido de nitrógeno y un líquido combustible.

**PANCRACIO** n. m. (gr. *pankration*). ANT. GR. Deporte que combinaba la lucha y el pugilato.

**PÁNCREAS** n. m. Glándula abdominal humana situada detrás del estómago, con un doble carácter, *exocrino,* por los acini pancreáticos que vierten en el duodeno, a través del conducto de Wirsung, un jugo digestivo, y *endocrino,* por los islotes de Langerhans, productores de la insulina y el glucagón.

**PANCREATECTOMÍA** n. f. CIR. Ablación del páncreas.

**PANCREÁTICO, A** adj. Relativo al páncreas.

**PANCREATITIS** n. f. Inflamación del páncreas.

**PANCROMÁTICO, A** adj. FOT. Dícese de las emulsiones sensibles a todos los colores.

**PANCUTRAS** n. f. pl. *Chile.* Guiso popular que se prepara con tiras de masa cocida en caldo y agua.

**PANDA** n. f. (de *banda*). Cada una de las galerías o corredores de un claustro.

**PANDA** n. f. Pandilla.

**PANDA** n. m. Mamífero carnívoro parecido al oso,

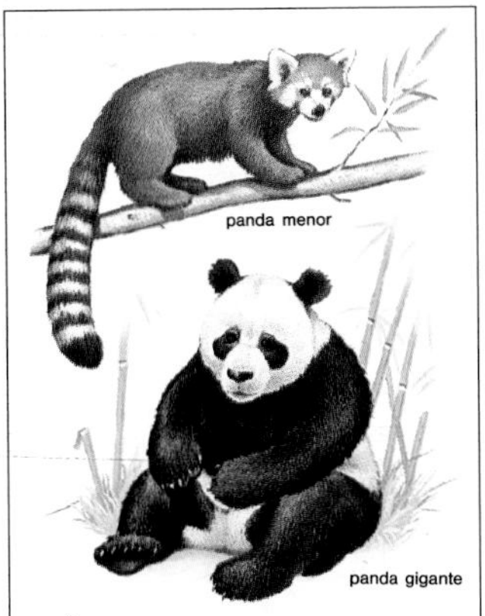


**pandas**

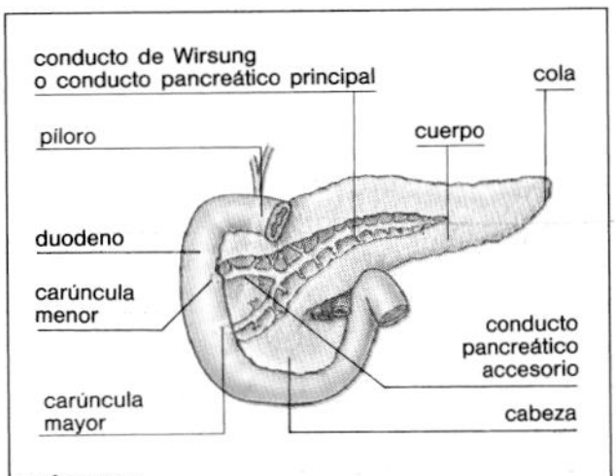


**páncreas**

que vive en el Tíbet y el Himalaya, escondido entre las malezas de bambú. (Familia prociónidos.)

**PANDEAR** v. intr. y pron. [**1**]. Combarse o deformarse por el medio, con tendencia a ceder y a romperse, las piezas de cierta longitud y sección reducida comprimidas en el sentido de su eje longitudinal.

**PANDECTAS** n. f. pl. (voz latina). DER. ROM. Recopilación de decisiones de los jurisconsultos romanos.

**PANDEMIA** n. f. Enfermedad que se presenta en forma de brote epidémico de gran intensidad, y que afecta prácticamente a todos los habitantes de una región determinada.

**PANDÉMICO, A** adj. Relativo a las pandemias.

**PANDEMÓNIUM** n. m. Capital imaginaria del reino infernal. (En este sentido se escribe con mayúscula.) **2.** *Fig.* Lugar en que hay mucho ruido, griterío y confusión.

**PANDEO** n. m. Acción y efecto de pandear.

**PANDERETA** n. f. Instrumento musical de percusión constituido por una membrana de piel sujeta a un cuadro circular en el que hay algunos pares de sonajas.

**PANDERETEAR** v. intr. [**1**]. Tocar el pandero o la pandereta.

**PANDERETEO** n. m. Acción y efecto de panderetear. **2.** Regocijo y bulla al son del pandero.

**PANDERO** n. m. Instrumento musical de percusión de forma similar a la de la pandereta, pero de mayor tamaño. **2.** *Fig.* y *fam.* Culo.

**PANDICULACIÓN** n. f. Acción de estirarse, por extensión de numerosos grupos musculares.

**PANDILLA** n. f. Grupo de gente que se reúne para algún fin: *pandilla de amigos; pandilla de ladrones.*

**PANDILLISTA** n. m. y f. Persona que forma pandillas. SIN.: *pandillero.*

**PANDIT** n. m. Título dado en la India a los brahmanes eruditos.

**PANDO, A** adj. (lat. *pandum*). Que pandea o se pandea. **2.** Que se mueve lentamente. **3.** Dícese de lo que es poco profundo, de poco fondo, en especial de las aguas y de las cavidades que las contienen. **4.** *Méx.* Torcido, combado. ◆ n. m. **5.** Terreno casi llano situado entre dos montañas.

**PANDORGA** n. f. *Colomb.* Chanza, broma.

**PANDROGUEAR** v. intr. [**1**]. *Colomb.* Herir a una persona con groserías o bromas pesadas.

**PANECILLO** n. m. Pan pequeño. **2.** Lo que tiene forma de un pan pequeño.

**PANEGÍRICO, A** adj. y n. m. Dícese del discurso oratorio en alabanza de una persona. ◆ n. m. **2.** Elogio de una persona.

**PANEGIRISTA** n. m. y f. Orador que pronuncia un panegírico. **2.** Persona que alaba a otra.

**PANEGIRIZAR** v. tr. [**1g**]. Hacer un panegírico.

**PANEL** n. m. Cada uno de los compartimientos en que se dividen los lienzos de pared, las hojas de las puertas, etc. **2.** CONSTR. Material prefabricado de grandes dimensiones y muy poco espesor: *panel de madera.* **3.** ESTADÍST. Técnica de entrevista consistente en repetir a intervalos de tiempo las mismas preguntas a las mismas personas. **4.** ESTADÍST. Muestra permanente de personas a las que se hacen las preguntas. ◆ n. f. **5.** *Méx.* Camioneta cerrada para el transporte de mercancías.

**PANELISTA** n. m. y f. ESTADÍST. Persona que forma parte de un panel, muestra de personas a las que se encuesta.

**PANERA** n. f. Cesta grande, sin asa, para transportar pan. **2.** Nasa, cesto. **3.** Canastilla o cualquier otro recipiente donde se pone el pan para el servicio de la mesa. **4.** Hórreo asturiano rectangular.

**PANERO, A** adj. Dícese de la persona muy aficionada a comer pan. ◆ n. m. **2.** Canasta redonda para echar el pan que se va sacando del horno. **3.** Ruedo, estera pequeña y redonda.

**PANESLAVISMO** n. m. Sistema político cuyo objetivo es la reagrupación de los pueblos eslavos. SIN.: *eslavismo.*

**PANESLAVO, A** adj. Relativo a todos los pueblos eslavos: *historia paneslava.*

**PANFILISMO** n. m. Exceso de benignidad.

**PÁNFILO, A** adj. y n. Dícese de la persona muy calmosa y lenta en sus acciones. **2.** Bobo, simple y excesivamente cándido.

**PANFLETARIO, A** adj. Dícese del escrito de características semejantes a las del panfleto.

**PANFLETISTA** n. m. y f. Autor de panfletos.

**PANFLETO** n. m. (ingl. *pamphlet*). Escrito en prosa de tono polémico, violento y agresivo, de difusión manual y carácter clandestino.

**PANGAL** n. m. *Chile.* Plantío de pangues.

**PANGARÉ** adj. y n. m. *Argent.* Dícese del caballo cuya capa básica, dorada o castaña, se ve descolorida en algunas regiones del cuerpo, especialmente las inferiores.

**PANGEA** n. m. Nombre que se dio a la hipotética masa siálica continental que habría estado rodeada por el océano primitivo.

**PANGELÍN** n. m. Planta arbórea de América Meridional, cuyo fruto es una almendra dura y rojiza que se usa en medicina. (Familia papilionáceas.) **2.** Madera de este árbol, muy apreciada.

**PANGERMANISMO** n. m. Ideología y movimiento orientados a reagrupar en un estado único a todas las poblaciones de origen germánico.

**PANGERMANISTA** adj. y n. m. y f. Relativo al pangermanismo; partidario del pangermanismo.

**PANGOLÍN** n. m. Mamífero desdentado de África y Asia, de 1 m de long., recubierto de escamas, que se nutre de hormigas y termes.

**pangolín**

**PANGUE** n. m. *Chile* y *Perú.* Planta con hojas de pecíolos comestibles, que crece en terrenos húmedos. (Familia gunneráceas.)

**PANHELÉNICO, A** adj. Relativo a todos los griegos. • **Juegos panhelénicos,** las cuatro grandes fiestas que reunían a todos los griegos, juegos olímpicos, píticos, ístmicos y nemeos.

**PANHELENISMO** n. m. Sistema político que pretende reunir a todos los pueblos griegos.

**PANIAGUADO** n. m. En la edad media, siervo que disfrutaba de alguna exención tributaria. **2.** *Fig.* El que está protegido por una persona y es excesivamente favorecido por ella.

**PÁNICO** n. m. y adj. (gr. *panikon*). Terror o miedo muy grande, generalmente colectivo.

**PANÍCULA** n. f. BOT. Inflorescencia compuesta formada por racimos cuya longitud va disminuyendo desde la base al ápice, por lo que toma un aspecto piramidal. SIN.: *panoja, panículo.*

**PANICULADO, A** adj. Dispuesto en forma de panícula.

**PANICULAR** adj. Que tiene panículo.

**PANÍCULO** n. m. ANAT. Estrato o acumulación de un tejido. **2.** BOT. Panícula. • **Panículo adiposo,** capa de tejido adiposo que se desarrolla en la hipodermis.

**PANIEGO, A** adj. Dícese de la persona que come mucho pan o es aficionada a él. **2.** Dícese del terreno que produce trigo.

**PANIFICABLE** adj. Que se puede panificar.

**PANIFICACIÓN** n. f. Proceso de fabricación del pan.

**PANIFICADORA** n. f. Instalación industrial destinada a la elaboración del pan.

**PANIFICAR** v. tr. [**1a**]. Hacer pan.

**PANIQUE** n. m. Murciélago de Oceanía, del tamaño del conejo, herbívoro, de carne comestible y cuya piel se utiliza en peletería. (Familia pteropódidos.)

**PANISLÁMICO, A** adj. Relativo al panislamismo.

**PANISLAMISMO** n. m. Movimiento religioso de tendencia política, orientado a conseguir la unión de todos los pueblos musulmanes.

**PANIZO** n. m. Planta herbácea anual, de tallos altos y hojas largas, con panoja gruesa y densa. (Familia gramíneas.) **2.** Grano de esta planta, que se emplea en algunas partes como alimento del hombre y de los animales. **3.** En algunas regiones, maíz. **4.** *Chile.* Criadero de minerales.

**PANJĀBĪ** n. m. Lengua indoaria hablada en el Panjāb.

**PANO,** familia lingüística amerindia del SO de la cuenca amazónica (Perú y Bolivia), dividido en tres grupos: central, que incluye los pueblos del grupo chama y otros (cashibo, omagua, catuquina); el segundo grupo, al SO, vive disperso entre pueblos de lengua quechua o aymará; el tercer grupo, al SE, incluye los capuibo, caripuna y yacariá.

**PANOCHA** n. f. Panoja.

**PANOCHO, A** adj. y n. Relativo a la huerta de Murcia; habitante u originario de esta huerta. ◆ n. m. **2.** Dialecto hablado en la huerta de Murcia.

**PANOFTALMÍA** n. f. MED. Inflamación general del globo ocular.

**PANOJA** n. f. (bajo lat. *panúcula*). Mazorca del maíz, del panizo o del mijo. **2.** Colgajo, ristra. **3.** Conjunto de más de dos pescados pequeños que se fríen pegados por las colas. **4.** BOT. Panícula.

**PANOL** n. m. Pañol.

**PANOLI** adj. y n. m. y f. *Fam.* Dícese de la persona boba y de poco carácter.

**PANOPLIA** n. f. (gr. *panoplia*). Armadura completa. **2.** Colección de armas ordenadamente colocadas. **3.** Tabla, generalmente en forma de escudo, que, adosada a una pared, está destinada a sostener armas diversas, ordenadas decorativamente.

**PANORAMA** n. m. Vista extensa de un horizonte. **2.** *Fig.* Visión general de un tema, de un asunto. **3.** B. ART. Vista pintada en las paredes de una gran sala circular, que el espectador observa desde una plataforma situada en el centro. **4.** B. ART. Edificio en que está instalado este espectáculo.

**PANORÁMICA** n. f. CIN. Movimiento giratorio de la cámara tomavistas alrededor de su eje, en sentido horizontal o vertical.

**PANORÁMICO, A** adj. Relativo al panorama. **2.** CIN. y FOT. Dícese de la imagen que cubre un ángulo horizontal aproximado al de la visión periférica del hombre (164°).

**PANORTODOXO, A** adj. Relativo a la unión de las Iglesias ortodoxas.

**PANQUÉ** n. m. *Méx.* Especie de bizcocho de masa suave y esponjosa, por lo general de forma alargada y cocido en un molde de papel encerado.

**PANQUEQUE** n. m. *Amér.* Torta muy delgada y blanda de harina, leche, huevos, mantequilla y azúcar, que se suele comer doblada, con chocolate, mermelada, etc., en su interior.

**PANTAGRUÉLICO, A** adj. (de *Pantagruel,* personaje de Rabelais). Dícese de las comidas en que hay excesiva abundancia de manjares.

**PANTALÁN** n. m. Muelle o embarcadero pequeño para barcos de poco tonelaje, que avanza algo en el mar.

**PANTALETAS** n. m. *Méx.* y *Venez.* Bragas.

**PANTALLA** n. f. Obstáculo colocado para interceptar rayos de luz, especialmente lámina de distintas formas y tamaños colocada alrededor o junto a un foco de luz o de otras radiaciones u ondas, para dirigirlos en cierta dirección. **2.** Superficie blanca que sirve para proyectar sobre ella imágenes fotográficas o cinematográficas. **3.** Cinematografía: *un astro de la pantalla.* **4.** Especie de mampara que se pone delante de las chimeneas para resguardarse del resplandor de la llama y del exceso de calor. **5.** *Fig.* Persona o cosa que oculta o hace sombra a otra. **6.** *Fig.* Persona o cosa que sirve para llamar o atraer hacia sí la atención, mientras se está haciendo u ocurriendo algo que se quiere ocultar. **7.** *Amér. Merid.* Instrumento para hacer o hacerse aire. **8.** ELECTRÓN. En un tubo electrónico de varias rejillas, electrodo que se mantiene a un potencial positivo inferior al de la placa. SIN.: *rejilla pantalla.* **9.** ELECTRÓN. En un tubo catódico, superficie en que se reproduce la imagen visible: *pantalla de televisión.* • **Pantalla acústica,** dispositivo en el cual se disponen uno o varios altavoces elementales, destinados a disminuir la interferencia entre las radiaciones de la membrana a partir de las caras anterior y posterior, para mejorar el funcionamiento del altavoz. ‖ **Pantalla térmica,** revestimiento protector de las cabinas espaciales o de las ojivas de los misiles, que amortigua el calentamiento al producirse el retorno a la atmósfera. ‖ **Pequeña pantalla,** televisión.

**PANTALLEAR** v. tr. [1]. *Argent., Par.* y *Urug.* Hacer aire con una pantalla.

**PANTALÓN** n. m. Prenda de vestir ceñida a la cintura, que baja más o menos, cubriendo por separado ambas piernas. (Suele usarse en plural.) **2.** Prenda interior femenina. **3.** COREOGR. Una de las figuras de la cuadrilla francesa. • **Llevar los pantalones,** imponer alguien su autoridad en una parte, especialmente en el hogar. ‖ **Pantalón bombacho,** el ancho y acampanado, cuyos perniles se ciñen a la pierna generalmente con una goma. ◆ **pantalones** n. m. pl. **4.** *Fam.* Hombre u hombres, en oposición a la mujer.

**PANTALONERO, A** n. Persona que confecciona pantalones.

**PANTANA** n. f. Especie de calabacín de las islas Canarias.

**PANTANAL** n. f. Tierra pantanosa.

**PANTANO** n. m. Región cubierta por aguas poco profundas y en parte invadida por la vegetación. **2.** Embalse. **3.** *Fig.* Dificultad, obstáculo grande. • **Gas de los pantanos,** metano.

**PANTANOSO, A** adj. Dícese de los terrenos donde hay pantanos, charcos o cenagales. **2.** *Fig.* Lleno de dificultades.

**PANTEÍSMO** n. m. Doctrina que identifica el mundo y Dios.

**PANTEÍSTA** adj. y n. m. y f. Relativo al panteísmo; partidario de esta doctrina.

**PANTEÓN** n. m. Templo que los griegos y los romanos consagraban a todos sus dioses. **2.** Conjunto de todos los dioses de una nación, de un pueblo, etc. **3.** Monumento funerario destinado a enterramiento de varias personas. **4.** *Amér.* Cementerio.

**PANTEONERO** n. m. *Méx.* Persona encargada de cuidar un panteón o cementerio, o de cavar las sepulturas.

**PANTERA** n. f. (lat. *pantheram*). Leopardo. **2.** *Amér.* Yaguar.

**PANTOCRÁTOR** n. m. (gr. *pantokrator,* todopoderoso). Sobrenombre dado a Zeus. **2.** Epíteto atribuido al Dios de los cristianos, y aplicado especialmente, en el arte bizantino y en el románico, a las representaciones de Jesucristo de media figura, en los ábsides y en las cúpulas de las iglesias.

**pantocrátor**
(ábside de la iglesia de San Clemente de Tahull; *c.* 1127)
[museo de arte de Cataluña, Barcelona].

**PANTÓGRAFO** n. m. Instrumento constituido por un paralelogramo articulado que permite reproducir mecánicamente un dibujo, ampliando o reduciendo las dimensiones del modelo. **2.** F.C. Dispositivo articulado de toma de corriente de las locomotoras eléctricas, que asegura el contacto del frotador con el cable conductor de la catenaria.

**PANTÓMETRO** n. m. Instrumento topográfico para la medida de los ángulos y el trazado de perpendiculares sobre el terreno.

**PANTOMIMA** n. f. (lat. *pantomimum*). Representación teatral en que la palabra se sustituye enteramente por gestos o actitudes. **2.** *Fig.* Aquello que se simula o que se finge hacer o sentir.

**PANTOMÍMICO, A** adj. Relativo a la pantomima o al pantomimo.

**PANTOMIMO, A** n. Mimo, actor.

**PANTORRILLA** o **PANTORRA** n. f. Masa carnosa de la parte posterior de la pierna.

**PANTORRILLUDO, A** adj. Que tiene las pantorrillas muy gordas.

**PANTOTÉNICO, A** adj. Dícese de un ácido presente en todos los tejidos animales, necesario para el metabolismo de los lípidos y los glúcidos. SIN.: *vitamina B5.*

**PANTUFLA** n. f. (fr. *pantoufle*). Zapatilla sin talón.

**PANTY** n. m. Medias unidas como leotardos.

**PANUCHO** n. m. *Méx.* Tortilla de maíz rellena con frijoles, a la que se añade carne o pescado deshebrados encima.

**PANUDO, A** adj. *Cuba.* Se dice del fruto del aguacate que tiene carne consistente.

**PANUELA** n. f. *Colomb.* y *Hond.* Chancaca dispuesta en panes.

**PANZA** n. f. (lat. *panticem*). Barriga o vientre, especialmente cuando es muy abultado. **2.** Comba que hace una pared o un muro vertical cuando adopta forma convexa, amenazando derrumbamiento. **3.** Parte inferior y abombada de un balaustre de piedra o madera, de un vaso, etc. **4.** Primera cámara del estómago de los rumiantes. SIN.: *herbario.*

**PANZADA** n. f. *Fam.* Hartazgo.

**PANZUDO, A** o **PANZÓN, NA** adj. Que tiene mucha panza.

**PAÑAL** n. m. Pieza rectangular de tela con que se envuelve a los niños de pecho. **2.** Faldón de la camisa del hombre. ◆ **pañales** n. m. pl. **3.** Conjunto de ropa de los niños de pecho. **4.** *Fig.* Origen, linaje o ascendencia de una persona. **5.** *Fig.* Niñez, primera etapa de la vida. • **Estar en pañales** *(Fam.),* tener alguien poco o ningún conocimiento de alguna cosa o estar una cosa en sus inicios.

**PAÑALERA** n. f. *Argent.* Fábrica de pañales. **2.** *Méx.* Bolsa con asa para llevar los pañales y las cosas del bebé.

**PAÑALÓN, NA** adj. y n. *Fam.* Dícese de la persona que lleva fuera, por descuido, los faldones de la camisa.

**PAÑERÍA** n. f. Comercio o tienda de paños. **2.** Conjunto de los mismos paños.

**PAÑERO, A** adj. Relativo a los paños.

**PAÑETE** n. m. Paño de inferior calidad o de poco cuerpo. **2.** *Colomb.* Paño. **3.** CONSTR. Enlucido.

**PAÑIL** n. m. Palqui. **2.** *Chile.* Planta arbórea cuyas hojas se utilizan para curar úlceras. (Familia escrofulariáceas.)

**PAÑO** n. m. (lat. *pannum*). Tejido muy tupido y raso, especialmente de lana. **2.** Cualquier pedazo de lienzo u otra tela, generalmente de forma rectangular: *paño de cocina.* **3.** Lienzo de pared. **4.** Mancha o impureza que disminuye el brillo o la transparencia de algunas cosas. **5.** MAR. Velas que lleva desplegadas una embarcación. • **Conocer el paño** *(Fam.),* conocer bien la persona o cosa de que se trata. ‖ **Paño de lágrimas** (*Fig.* y *fam.*), persona que consuela y aconseja a otra en sus problemas y dificultades. ‖ **Paño moruno,** baile popular andaluz. ◆ **paños** n. m. pl. **6.** Vestiduras. • **En paños menores** *(Fam.),* vestido solamente con ropa interior. ‖ **Paños calientes** (*Fig.* y *fam.*), atenuantes que suavizan o disminuyen el rigor con que se ha de proceder en alguna cosa; remedios ineficaces. ‖ **Paños fríos** (*Argent. Fig.* y *fam.*), diligencias en procura de apaciguar los ánimos.

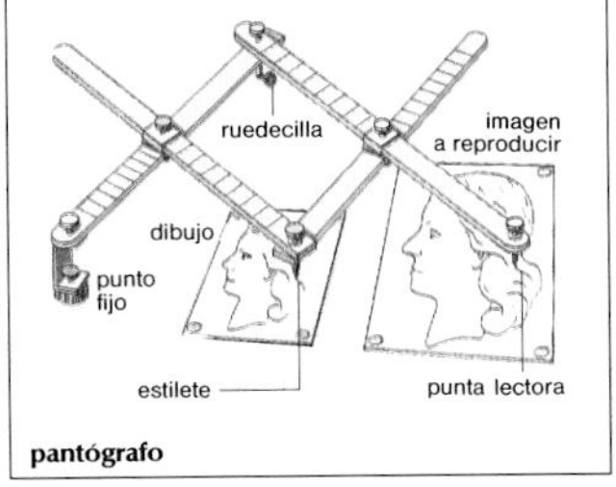


**pantógrafo**

**PAÑOL** o **PANOL** n. m. MAR. Cualquiera de los compartimientos cerrados dispuestos a bordo, en el entrepuente o las bodegas, donde se guardan municiones, víveres, pertrechos, etc.

**PAÑOLERO** n. m. MAR. Cabo de mar o marinero que cuida de uno o varios pañoles.

**PAÑOLETA** n. f. Prenda de vestir femenina, de forma triangular, que se lleva sobre los hombros. **2.** TAUROM. Corbata que usan los toreros.

**PAÑOLÓN** n. m. Mantón.

**PAÑUELO** n. m. Pequeña pieza de lencería, generalmente de forma cuadrangular, que se utiliza para sonarse. **2.** Pieza de tejido de fantasía, generalmente de forma cuadrangular, que tiene diversos usos: *llevar un pañuelo al cuello.*

**PAPA** n. m. (lat. *papam*). Obispo de Roma, jefe de la Iglesia católica romana. *(V. ilustración pág. 756.)*

**PAPA** n. f. (voz quechua). Patata. **2.** *Argent., Chile* y *Perú.* Agujero en la media. **3.** *Chile.* Mentira. ◆ adj. **4.** *Argent.* y *Chile. Fig.* y *vulg.* En el lenguaje estudiantil, fácil. • **Papa de la guagua** *(Chile),* leche que el niño obtiene de la madre.

**PAPA** n. f. (lat. *pappam,* comida). Paparrucha. • **No entender, hablar, saber,** etc., **ni papa** de algo, no entender, hablar, saber, etc., nada de ello. ◆ **papas** n. f. pl. **2.** Cualquier clase de comida. **3.** Sopas blandas, especialmente las que se dan a los niños.

**PAPÁ** o **PAPA** n. m. *Fam.* Padre.

**PAPABLE** adj. Dícese del cardenal que tiene probabilidad de ser papa.

**PAPACHA** n. f. *Méx.* Hoja ancha del plátano que se usa como envoltorio.

**PAPACHAR** v. tr. [1]. *Méx.* Hacer papachos. SIN.: *apapachar.*

**PAPACHO** n. m. *Méx.* Caricia, especialmente la hecha con las manos. SIN.: *apapacho.*

**PAPADA** n. f. Abultamiento carnoso anormal debajo de la barba. **2.** ZOOL. Pliegue cutáneo que sobresale en el borde inferior del cuello de ciertos animales y se extiende hasta el pecho.

**PAPADO** n. m. Dignidad de papa. **2.** Administración, gobierno, magisterio de un papa.

**PAPAGAYA** n. f. Hembra del papagayo.

**PAPAGAYO** n. m. Nombre que reciben las aves trepadoras de mayor tamaño de la familia sitácidos, propias de los países tropicales, de pico grueso y encorvado y colores brillantes (las especies de menor tamaño son los periquitos). SIN.: *loro.* **2.** Planta herbácea originaria de China, cultivada con frecuencia en países de clima templado. (Familia amarantáceas.) **3.** Víbora venenosa de color verde, que vive en las ramas de los árboles tropicales. **4.** Pez actinopterigio de boca protáctil y coloración carmín amarillo. (Familia serránidos.) **5.** *Argent.* Orinal de cama para varones.

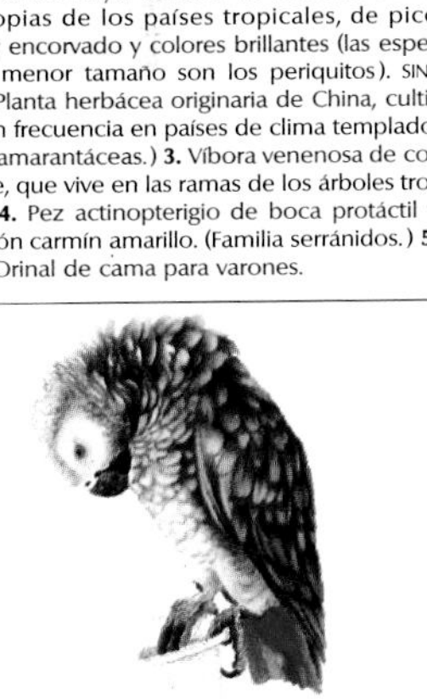

**papagayo**

**PAPAHÍGO** n. m. Gorro de paño que cubre el cuello y parte de la cara. **2.** MAR. Cualquiera de las velas mayores, excepto la mesana, cuando se navega con ellas solas.

**PAPAÍNA** n. f. Enzima de acción proteolítica, que se extrae del jugo de la papaya.

**PAPAL** adj. Relativo al papa.

**PAPALINA** n. f. *Fam.* Borrachera.

**PAPALINA** n. f. Gorra o birrete con dos puntas

**relación de papas**

san Pedro († 64 o 67).
san Lino (67-76).
san Cleto (76-88).
san Clemente I (88-97).
san Evaristo (97-105).
san Alejandro I (105-115).
san Sixto I (115-125).
san Telesforo (125-136).
san Higinio (136-140).
san Pío I (140-155).
san Aniceto (155-166).
san Sotero (166-175).
san Eleuterio (175-189).
san Víctor I (189-199).
san Ceferino (199-217).
san Calixto (217-222).
san Urbano I (222-230).
san Ponciano (230-235).
san Antero (235-236).
san Fabiano (236-250).
san Cornelio (251-253).
san Lucio I (253-254).
san Esteban I (254-257).
san Sixto II (257-258).
san Dionisio (259-268).
san Félix I (269-274).
san Eutiquiano (275-283).
san Cayo (283-296).
san Marcelino (296-304).
*Santa Sede vacante.*
san Marcelo I (308-309).
san Eusebio (309-310).
san Melquíades (311-314).
san Silvestre I (314-335).
san Marcos (336).
san Julio I (337-352).
san Liberio (352-366).
san Dámaso I (366-384).
san Ciricio (384-399).
san Anastasio I (399-401).
san Inocencio I (401-417).
san Zósimo (417-418).
san Bonifacio I (418-422).
san Celestino I (422-432).
san Sixto III (432-440).
san León I Magno (440-461).
san Hilario (461-468).
san Simplicio (468-483).
san Félix III [II] (483-492).
san Gelasio I (492-496).
Anastasio II (496-498).
san Símaco (498-514).
san Hormisdas (514-523).
san Juan I (523-526).
san Félix IV [III] (526-530).
Bonifacio II (530-532).
Juan II (533-535).
san Agapito (535-536).
san Silverio (536-537).
Vigilio (537-555).
Pelagio I (556-561).
Juan III (561-574).
Benedicto I (575-578).
Pelagio II (579-590).
san Gregorio I Magno (590-604).
Sabiniano (604-606).
Bonifacio III (607).
san Bonifacio IV (608-615).
san Deodato (615-618).
Bonifacio V (619-625).
Honorio I (625-638).
*Santa Sede vacante.*
Severiano (640).
Juan IV (640-642).
Teodoro I (642-649).
san Martín I (649-653, 655).
san Eugenio I (654-657).
san Vitaliano (657-672).
Adeodato (672-676).
Donino (676-678).
san Agatón (678-681).
san León II (682-683).
san Benedicto II (684-685).
Juan V (685-686).
Conón (686-687).
san Sergio I (687-701).
Juan VI (701-705).
Juan VII (705-707).
Sisinio (708).
Constantino (708-715).
san Gregorio II (715-731).
san Gregorio III (731-741).
san Zacarías (741-752).
Esteban II [III] (752-757).
san Pablo I (757-767).
Esteban III [IV] (768-772).
Adriano I (772-795).
san León III (795-816).
Esteban IV [V] (816-817).
san Pascual I (817-824).
Eugenio II (824-827).
Valentín (827).
Gregorio IV (827-844).
Sergio II (844-847).
san León IV (847-855).
Benedicto III (855-858).
san Nicolás (858-867).
Adriano II (867-872).
Juan VIII (872-882).
Marino I (882-884).
san Adriano III (884-885).
Esteban V [VI] (885-891).
Formoso (891-896).
Bonifacio VI (896).
Esteban VI [VII] (896-897).
Romano (897).
Teodoro II (897).
Juan IX (898-900).
Benedicto IV (900-903).
León V (903).
Sergio III (904-911).
Anastasio III (911-913).
Landón (913-914).
Juan X (914-928).
León VI (928).
Esteban VII [VIII] (928-931).
Juan XI (931-935).
León VII (936-939).
Esteban VIII [IX] (939-942).
Marino II (942-946).
Agapito II (946-955).
Juan XII (955-964).
León VIII (963-965).
[Benedicto V, antipapa (964-966)].
Juan XIII (965-972).
Benedicto VI (973-974).
Benedicto VII (974-983).
Juan XIV (983-984).
Juan XV (985-996).
Gregorio V (996-999).
[Juan XVI, antipapa (997-998)].
Silvestre II (999-1003).
Juan XVII (1003).
Juan XVIII (1004-1009).
Sergio IV (1009-1012).
Benedicto VIII (1012-1024).
Juan XIX (1024-1032).
Benedicto IX (1032-1044).
Silvestre III (1045).
Benedicto IX (1045, 2.ª vez).
Gregorio VI (1045-1046).
Clemente II (1046-1047).
Benedicto IX (1047-1048, 3.ª vez).
Dámaso II (1048).
san León IX (1049-1054).
Víctor II (1055-1057).
Esteban IX [X] (1057-1058).
[Benedicto X, antipapa (1058-1059)].
Nicolás II (1059-1061).
Alejandro II (1061-1073).
san Gregorio VII (1073-1085).
beato Víctor III (1086-1087).
beato Urbano II (1088-1099).
Pascual II (1099-1118).
Gelasio II (1118-1119).
Calixto II (1119-1124).
Honorio II (1124-1130).
Inocencio II (1130-1143).
Celestino II (1143-1144).
Lucio II (1144-1145).
beato Eugenio III (1145-1153).
Anastasio IV (1153-1154).
Adriano IV (1154-1159).
Alejandro III (1159-1181).
Lucio III (1181-1185).
Urbano III (1185-1187).
Gregorio VIII (1187).
Clemente III (1187-1191).
Celestino III (1191-1198).
Inocencio III (1198-1216).
Honorio III (1216-1227).
Gregorio IX (1227-1241).
Celestino IV (1241).
*Santa Sede vacante.*
Inocencio IV (1243-1254).
Alejandro IV (1254-1261).
Urbano IV (1261-1264).
Clemente IV (1265-1268).
*Santa Sede vacante.*
beato Gregorio X (1271-1276).
beato Inocencio V (1276).
Adriano V (1276-1277).
Juan XXI (1276).
Nicolás III (1277-1280).
Martín IV (1281-1285).
Honorio IV (1285-1287).
Nicolás IV (1288-1292).
*Santa Sede vacante.*
san Celestino V (1294).
Bonifacio VIII (1294-1303).
beato Benedicto XI (1303-1304).
Clemente V (1305-1314).
*Santa Sede vacante.*
Juan XXII (1316-1334).
Benedicto XII (1334-1342).
Clemente VI (1342-1352).
Inocencio VI (1352-1362).
beato Urbano V (1362-1370).
Gregorio XI (1370-1378).

**el gran cisma de occidente**

• *papas romanos.*
Urbano VI (1378-1389).
Bonifacio IX (1389-1404).
Inocencio VII (1404-1406).
Gregorio XII (1406-1415).

• *papas de Aviñón.*
Clemente VII (1378-1394).
Benedicto XIII (1394-1417-† 1423).

• *papas de Pisa.*
Alejandro V (1409-1410).
Juan XXIII (1410-1415).

**los papas después del gran cisma**

Martín V (1417-1431).
Eugenio IV (1431-1447).
Nicolás V (1447-1455).
Calixto III (1455-1458).
Pío II (1458-1464).
Paulo II (1464-1471).
Sixto IV (1471-1484).
Inocencio VIII (1484-1492).
Alejandro VI (1492-1503).
Pío III (1503).
Julio II (1503-1513).
León X (1513-1521).
Adriano VI (1522-1523).
Clemente VII (1523-1534).
Paulo II (1534-1549).
Julio III (1550-1555).
Marcelo II (1555).
Paulo IV (1555-1559).
Pío IV (1559-1565).
san Pío V (1566-1572).
Gregorio XIII (1572-1585).
Sixto V (1585-1590).
Urbano VII (1590).
Gregorio XIV (1590-1591).
Inocencio IX (1591).
Clemente VIII (1592-1605).
León XI (1605).
Paulo V (1605-1621).
Gregorio XV (1621-1623).
Urbano VIII (1623-1644).
Inocencio X (1644-1655).
Alejandro VII (1655-1667).
Clemente IX (1667-1669).
Clemente X (1670-1676).
beato Inocencio XI (1676-1689).
Alejandro VIII (1689-1691).
Inocencio XII (1691-1700).
Clemente XI (1700-1721).
Inocencio XIII (1721-1724).
Benedicto XIII (1724-1730).
Clemente XII (1730-1740).
Benedicto XIV (1740-1758).
Clemente XIII (1758-1769).
Clemente XIV (1769-1774).
Pío VI (1775-1799).
Pío VII (1800-1823).
León XII (1823-1829).
Pío VIII (1829-1830).
Gregorio XVI (1831-1846).
Pío IX (1846-1878).
León XIII (1878-1903).
san Pío X (1903-1914).
Benedicto XV (1914-1922).
Pío XI (1922-1939).
Pío XII (1939-1958).
Juan XXIII (1958-1963).
Paulo VI (1963-1978).
Juan Pablo I (1978).
Juan Pablo II, elegido en 1978.

que tapa las orejas. **2.** Cofia de mujer, de tela ligera y con adornos.

**PAPALOTE** n. m. *Amér. Central, Antillas* y *Méx.* Cometa de papel o plástico.

**PAPAMOSCAS** n. m. (pl. *papamoscas*). Ave paseriforme insectívora, de pico ganchudo y ancho en la base, que se alimenta preferentemente de dípteros. (Familia muscicápidos.) ◆ n. m. y f. **2.** *Fig.* y *fam.* Papanatas.

**PAPANATAS** n. m. y f. (pl. *papanatas*). *Fam.* Persona que se pasma de cualquier cosa o que es fácil de engañar.

**PAPANDUJO, A** adj. *Fam.* Flojo o blando por demasiado maduro.

**PAPAR** v. tr. [**1**]. Comer cosas blandas sin masticar, como sopas, papas, etc. **2.** *Fam.* Comer. **3.** *Fig.* y *fam.* Estar distraído o hacer poco caso de las cosas.

**PAPARAZZI** n. m. (pl. *paparazzi*). Fotógrafo de prensa que se dedica a tomar fotos de personas célebres sin su autorización.

**PAPARRUCHA** o **PAPARRUCHADA** n. f. *Fam.* Cosa insustancial y desatinada que se dice o hace. **2.** *Fam.* Noticia falsa.

**PAPASEBO** n. m. Ave paseriforme de coloración viva, que habita en América Meridional. (Familia tiránidos.)

**PAPATLA** n. f. *Méx.* Hoja ancha del plátano, que se usa como envoltorio.

**PAPAVERÁCEO, A** adj. y n. f. Fumariáceo.

**PAPAVERINA** n. f. Uno de los alcaloides del opio.

**PAPAYA** n. f. Fruto del papayo, de forma oblonga, carnoso, grande y hueco, con las semillas situadas en el interior. **2.** *Chile. Vulg.* Vulva. ◆ adj. y n. f. **3.** *Chile. Fig.* Dícese de lo que es fácil y sencillo de ejecutar.

**PAPAYO** n. m. Planta arbórea, de tronco recto, desnudo, fibroso y de poca consistencia, y hojas palmeadas, reunidas en la parte apical de las ramas, que crece en las zonas tropicales. (Familia caricáceas.)

**PAPEAR** v. intr. [**1**]. Balbucir, tartamudear.

**PAPEL** n. m. (cat. *paper*). Lámina delgada hecha con pasta de fibras vegetales blanqueadas y desleídas en agua, que después se hace secar y endurecer por procedimientos especiales. **2.** Trozo u hoja de este material. **3.** En una obra teatral, cinematográfica o televisiva, parte que representa cada actor. **4.** *Fig.* Quehacer o función que uno desempeña en cierta situación o en la vida. **5.** Conjunto de valores mobiliarios que salen a negociación en el mercado. • **Hacer buen** o **mal papel,** actuar con lucimiento en alguna situación o lugar, o al contrario. || **Hacer el papel** o **papel,** fingir con habilidad una cosa; representar algo con mucho realismo. || **Papel cebolla,** papel de seda muy fino, tenaz y ligero, propio para copias múltiples. || **Papel de aluminio, papel de estaño,** hoja finísima de aluminio, o lámina muy delgada de estaño aleado, que se utiliza para envolver ciertos productos. || **Papel de embalaje,** papel fabricado con pasta de calidad inferior, en la que entran materias muy diversas, y sirve para embalar objetos pesados o voluminosos. || **Papel de filtro,** el poroso y sin cola, que se usa para filtrar. || **Papel de fumar,** el que se usa para liar cigarrillos. || **Papel de música,** papel pautado propio para la escritura musical. || **Papel de tornasol** (QUÍM.), el impregnado en la tinta de tornasol, que sirve como reactivo para reconocer los ácidos. || **Papel Japón** o **japonés,** papel blanco o ligeramente amarillento, sedoso y nacarado utilizado para ediciones de lujo. || **Papel maché** (ART. DEC.), papel reducido a pasta por maceración y cohesionado con cola para ser modelado. || **Papel mojado** *(Fig.),* el de poca importancia y que carece de valor legal; (*Fig.* y *fam.*), cualquier cosa inútil e inconsistente. || **Papel pautado,** el que tiene pauta para escribir en él. || **Papel pergamino,** o **sulfurado,** papel de envoltorio de calidad especial, impermeable al agua. || **Papel pintado,** papel decorativo que sirve para revestir las paredes de las habitaciones. || **Papel reactivo** (QUÍM.), papel empleado para reconocer un cuerpo por el cambio de color que experimenta. || **Papel secante,** papel esponjoso y sin cola, que absorbe los líquidos y se usa para secar lo escrito y enjugar manchas de tinta. || **Papel sellado,** o **timbrado,** el que tiene estampadas las armas de la nación con el precio de cada pliego y clase, como impuesto de timbre, y sirve para formalizar documentos y para otros usos oficiales. || **Papel vegetal,** papel satinado sulfurado, transparente, que emplean los dibujantes y delineantes.

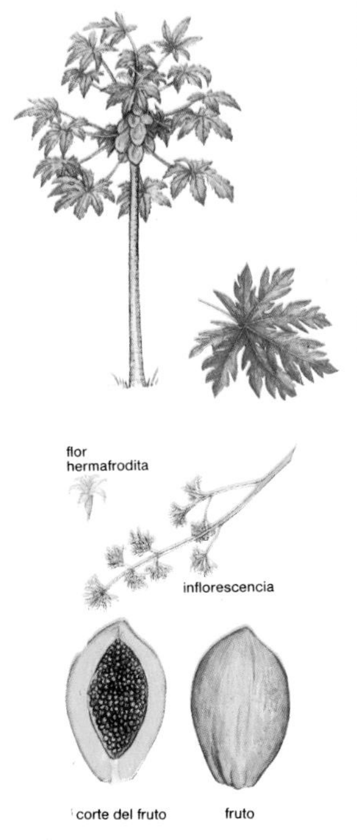

**papayo**

◆ **papeles** n. m. pl. **6.** Documentos con que se acreditan la identidad, estado civil, profesión o calidad de una persona.

**PAPELEO** n. m. Acción y efecto de papelear. **2.** Trámites que se hacen sobre un asunto en las oficinas públicas.

**PAPELERA** n. f. Cesto para echar papeles inservibles. **2.** Fábrica de papel.

**PAPELERÍA** n. f. Tienda en que se venden papel y otros objetos de escritorio. **2.** Conjunto de papeles desordenados e inútiles.

**PAPELERÍO** n. m. En trámites administrativos, documentación excesiva y engorrosa. SIN.: *papelería.* **2.** *Argent.* Conjunto desordenado de papeles.

**PAPELERO, A** adj. Relativo al papel: *industria papelera.* ◆ adj. y n. **2.** Farolero, fantoche. ◆ n. **3.** Persona que tiene por oficio fabricar o vender papel.

**PAPELETA** n. f. Cucurucho de papel. **2.** Papel pequeño con un escrito que acredita un derecho o en que se consigna algún dato de interés: *papeleta de votación, de citación, de empeño.* **3.** *Fig.* y *fam.* Asunto, situación difícil o engorrosa.

**PAPELETEAR** v. intr. **[1]**. Hacer fichas o papeletas en un trabajo intelectual, o consultar textos para hacerlas.

**PAPELILLO** n. m. Paquete de papel que contiene una pequeña dosis medicinal en polvo.

**PAPELINA** n. f. (fr. *papeline*). Tela muy delgada, cuya urdimbre era de seda fina y la trama de seda basta.

**PAPELINA** n. f. *Vulg.* Pequeño envoltorio que contiene droga.

**PAPELISTA** n. m. y f. Persona que comercia, fabrica, almacena o entiende en papeles. **2.** Empapelador.

**PAPELÓN** n. m. Escrito que se desprecia por algún motivo. **2.** Cartón delgado hecho de dos papeles pegados. **3.** *Fig.* y *fam.* Actuación deslucida o ridícula de alguien ante una situación. **4.** *Amér.* Pan de azúcar sin refinar.

**PAPELONERO, A** n. *Argent. Fam.* Persona que hace frecuentes papelones ridículos.

**PAPELORIO** n. m. *Desp.* Fárrago de papeles, escrituras, documentos, etc., superfluos o enojosos.

**PAPELOTE** n. m. *Desp.* Papel o escrito despreciable. **2.** Desperdicio de papel.

**PAPELUCHO** n. m. *Desp.* Papel escrito.

**PAPERA** n. f. Bocio. **2.** VET. Tumor inflamatorio y contagioso que, en los caballos jóvenes, se produce a la entrada del conducto respiratorio o en los ganglios submaxilares. ◆ **paperas** n. f. pl. **3.** Parotiditis.

**PAPICHE** adj. *Chile. Fam.* Dícese de la persona de mentón desproporcionado.

**PAPIAMENTO** n. m. Lengua criolla de los negros de las Antillas neerlandesas.

**PAPILA** n. f. (lat. *papillam*). Nombre de las pequeñas prominencias que aparecen en la superficie de una mucosa, principalmente en la lengua.

**PAPILAR** adj. Relativo a las papilas.

**PAPILIONÁCEO, A** adj. y n. f. Relativo a una familia de plantas de corola papilionada del orden leguminosas, a la que pertenecen la retama, la judía, la soja, la lenteja, el guisante, etc.

**PAPILIONADO, A** adj. BOT. Dícese de la corola de aspecto semejante al de una mariposa, compuesta generalmente de cinco pétalos.

**PAPILITIS** n. f. Inflamación de una papila.

**PAPILLA** n. f. Comida hecha con harina, patatas u otras féculas, cocidas en agua o en leche hasta presentar la consistencia de una pasta más o menos espesa. **2.** RADIOL. Sustancia de contraste opaca a los rayos X, que se hace ingerir para observar el tránsito radiológicamente. • **Echar,** o **arrojar, la primera papilla** *(Fam.),* tener un fuerte vómito. || **Estar hecho papilla** *(Fam.),* estar física o moralmente maltrecho. || **Hacer papilla** a alguien *(Fam.),* dejarlo maltrecho, malparado.

**PAPILLOTE** n. m. Rizo de cabello sujeto con un papel. • **A la papillote,** manera de envolver en papel la carne o pescado que se ha de asar.

**PAPILOMA** n. m. Tumor benigno en forma de papila que se forma en la piel y en las mucosas.

**PAPILOSO, A** adj. BIOL. Con papilas.

**PAPIÓN** n. m. Simio catarrino de dimensiones notables y formas robustas, más adaptado a la vida terrestre que a la arbórea, que vive en Arabia y en toda África, al S del Sahara.

**papión**

**PAPIRO** n. m. Planta de la familia ciperáceas, de hasta 3 m de alt. y 10 cm de grueso, con ramas muy numerosas, divididas y colgantes. **2.** Lámina sacada del tallo de esta planta, que empleaban los antiguos como soporte para la escritura. **3.** Manuscrito en papiro: *descifrar un papiro.*

**papiro**

fragmento de un **papiro** egipcio (XXI dinastía)
[Louvre, París]

**PAPIROFLEXIA** n. f. Técnica de hacer pajaritas y otras figuras doblando papel.

**PAPIROLOGÍA** n. f. Ciencia relativa al estudio de los papiros griegos y latinos.

**PAPIROLÓGICO, A** adj. Relativo a la papirología.

**PAPIRÓLOGO, A** n. Especialista en papirología.

**PAPIROTAZO** n. m. Golpe dado generalmente en la cabeza.

**PAPIROTE** n. m. *Fam.* Tonto, bobo. **2.** Papirotazo, golpe.

**PAPIRUSA** n. f. (voz lunfarda). Mujer bonita.

**PAPISA** n. f. Femenino de papa. (Se usa únicamente aplicado al personaje de la papisa Juana.)

**PAPISMO** n. m. Término peyorativo con que algunos protestantes designan a la Iglesia católica romana. **2.** Autoridad, gobierno del papa, según los mismos.

**PAPISTA** adj. y n. m. y f. Nombre que algunos protestantes y ortodoxos dan a los católicos romanos, porque obedecen al papa. • **Ser más papista que el papa,** demostrar exageración en la defensa de un asunto, pretendiendo saber más que el directamente interesado en el mismo.

**PAPO** n. m. Parte abultada del animal entre la barba y el cuello. **2.** Buche de las aves. **3.** Bocio. **4.** BOT. Vilano. ◆ **papos** n. m. pl. **5.** Peinado femenino que consistía en unos rodetes que cubrían las orejas.

**PAPORRETEAR** v. tr. **[1]**. *Perú.* Repetir o aprender alguna cosa de memoria sin entenderla.

**PAPORRETERO, A** n. *Perú.* Persona que paporretea.

**PÁPRIKA** n. m. (voz serbocroata). Pimentón muy fuerte que se usa como condimento.

**PAPÚA** o **PAPÚ** adj. y n. m. y f. Relativo a un grupo de pueblos melanesios y malayo-polinesios de Nueva Guinea y de las islas próximas, cuyas lenguas, muy variadas, no pertenecen al grupo melanesio; individuo de este pueblo ◆ adj. y n. m. **2.** Dícese de las lenguas no melanesias habladas en Nueva Guinea y en las islas cercanas.

**PAPUDO, A** adj. Dícese de las aves que presentan el papo grueso y crecido.

**PÁPULA** n. f. (lat. *papulam*). MED. Pequeña prominencia roja que aparece en la piel.

**PAPULOSO, A** adj. y n. Relativo a las pápulas; afecto de esta lesión.

**PAQUEBOTE** o **PAQUEBOT** n. m. (ingl. *packet-boat*). Buque mercante que lleva correspondencia y pasajeros. **2.** Transatlántico.

**PAQUETE** n. m. (fr. *paquet*). Bulto formado por un objeto o conjunto de objetos de una misma o distinta clase envueltos o atados. **2.** Fajo, mazo, manojo. **3.** *Fig.* Conjunto de medidas o disposiciones que se adoptan para poner en práctica o hacer efectiva alguna. **4.** *Fig.* Persona que va detrás del conductor en una motocicleta. **5.** *Fig.* Persona torpe o molesta. **6.** Paquebote. **7.** DEP. Conjunto de ciclistas que marchan agrupados. **8.** IMPR. Reunión de cierto número de líneas de composición atadas juntas. **9.** INFORMÁT. Conjunto de programas, generalmente comercializados, que cubren una clase completa de aplicaciones. • **Darse** uno **su paquete** (*Méx. Fam.*), darse importancia. || **Meter** a alguien **un paquete**, reprenderle, castigarle. || **Paquete de acciones** (ECON.), conjunto de acciones de una compañía pertenecientes a un solo titular. || **Paquete postal,** el que se envía por correo. ◆ adj. y n. m. **10.** *Fam.* Petimetre.

**PAQUETE, A** adj. y n. *Argent.* Dícese de la persona bien vestida o de las casas o locales bien puestos. • **De paquete** o **hecho un paquete** (*Argent. Fig.* y *fam.*), bien vestido, acicalado.

**PAQUETEAR** v. intr. **[1]**. *Argent.* y *Urug.* Presumir, ir bien vestido para lucirse ante los demás.

**PAQUETERÍA** n. f. Género de mercancías que se guarda o vende en paquetes. **2.** Comercio de este género. **3.** *Argent., Par.* y *Urug.* Compostura en el vestido o en el arreglo de casas o locales. **4.** *Chile.* Mercería.

**PAQUIDERMIA** n. f. MED. Engrosamiento dérmico debido a una infiltración de la piel.

**PAQUIDÉRMICO, A** adj. Relativo a los paquidermos. **2.** Que tiene características comparables a las de los elefantes: *andares paquidérmicos.*

**PAQUIDERMO, A** adj. (gr. *pakhydermos*). Dícese de los animales de piel gruesa, como el elefante, el rinoceronte y el hipopótamo.

**PAQUISTANÍ** adj. y n. m. y f. De Pakistán.

**PAR** adj. Igual, por cualidad, condición o cantidad, a otra cosa o persona. **2.** Dícese del número que es exactamente divisible por 2. **3.** ZOOL. Dícese del órgano que se corresponde a otro igual. • **A la par, al par** o **a par,** a la vez, además. || **A pares,** de dos en dos. || **De par en par,** dícese de las puertas, ventanas, etc., completamente abiertas. || **Función par** (MAT.), función que toma el mismo valor para dos valores opuestos de la variable. || **Sin par,** que no tiene igual, superior a todos. ◆ n. m. **4.** Conjunto de dos unidades de la misma especie. **5.** Pareja, conjunto de dos cosas que se complementan: *un par de zapatos.* **6.** Algo de lo que no se determina el número exacto: *¿vamos a tomar un par de copas?* **7.** En el golf, número de golpes necesarios para cumplir el recorrido de un hoyo o de un campo: *el hoyo cinco es de par cuatro.* **8.** CONSTR. Cada uno de los dos maderos que, en una armadura, tienen la inclinación del tejado y dan apoyo a las correas. **9.** MAT. Conjunto formado por dos elementos asociados. • **Par de fuerzas** (FÍS.), sistema formado por dos fuerzas iguales, paralelas y de sentido contrario. || **Par motor,** momento, respecto del eje de rotación, de la fuerza transmitida por el motor. || **Par termoeléctrico,** termopar. ◆ n. f. **10.** *Amér.* Persona de igual condición social o profesional. • **A la par** (B. Y BOLS.), término utilizado para expresar que el valor del mercado de un título equivale a su valor nominal. || **Par de una moneda,** valoración de dicha moneda en términos de otra, teniendo en cuenta su valor legal o su peso en metal. ◆ **pares** n. f. pl. **11.** ANAT. Placenta.

**PAR** n. m. Título de dignidad en algunos estados, variable según las épocas y lugares. **2.** Miembro de la cámara de los lores, en Gran Bretaña.

**PARA** prep. Denota la utilidad, fin o término a que se encamina una acción: *estudia para aprender.* **2.** Hacia: *salió para tu casa.* **3.** Señala el tiempo en que finaliza o se ejecuta una acción: *estará listo para el jueves.* **4.** Con relación a: *le pagan poco dinero para lo que trabaja.* **5.** Por, a fin de: *lo hice para complacerte.* **6.** Determina el uso o utilidad que se puede dar a una cosa: *esto es para hacer agujeros.* **7.** Se utiliza como elemento de relación con algunos adjetivos: *el tratado es conveniente para todos.* **8.** Significa el motivo o causa de una cosa: *¿para qué has venido?* **9.** Junto con los pronombres personales *mí, ti, ...,* y ciertos verbos denota la particularidad de la persona o una acción interior: *lee para sí.* **10.** Con la preposición *con,* en relación con, entre: *es amable para con todos sus amigos.* **11.** Con el verbo *estar,* indica la necesidad o conveniencia de algo: *el coche está para el desguace.* **12.** Expresa que algo está todavía sin realizar: *esta ropa está para lavar.*

**PARABA** n. f. *Bol.* Papagayo.

**PARABALAS** n. m. (pl. *parabalas*). Traje que protege de las balas.

**PARÁBASIS** n. f. (voz griega, *avance*). LIT. Parte de la comedia griega en la que el autor, por medio del corifeo, se dirige a los espectadores.

**PARABELLUM** n. f. Denominación de un tipo de cartucho del calibre 9 mm.

**PARABIÉN** n. m. Felicitación.

**PARABIOSIS** n. f. Unión de dos especies de hongos con una sola de algas para dar un liquen. **2.** Unión natural de dos seres vivos, o artificial en malformaciones embrionarias, con fines experimentales.

**PARÁBOLA** n. f. (lat. *parabolam*). Alegoría que sirve para explicar una verdad, una enseñanza. **2.** MAT. Lugar geométrico de los puntos M de un plano equidistantes de un punto fijo F, o foco, y de una recta fija, o directriz, D; es el resultado de la sección de un cono de revolución por un plano paralelo a un plano tangente.

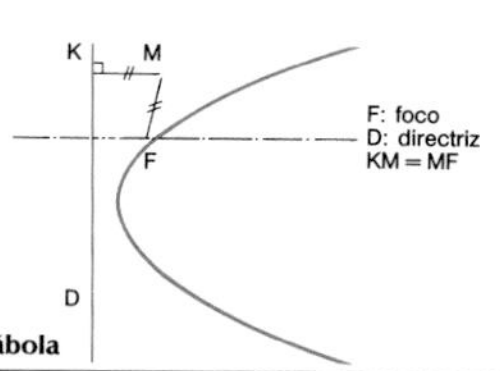

**parábola**

**PARABOLICIDAD** n. f. Forma parabólica.

**PARABÓLICO, A** adj. Relativo a la parábola. **2.** MAT. En forma de parábola: *superficie parabólica.* ◆ adj. y n. f. **3.** Se dice de la antena de televisión que tiene un receptor en forma de parábola, para captar señales a larga distancia a través de un satélite.

**PARABOLIZAR** v. intr. **[1g]**. Hablar o expresar algo con parábolas. ◆ v. tr. **2.** FÍS. Dar a algo forma parabólica.

**PARABOLOIDE** n. m. Cuádrica sin centro de simetría, que es simétrica respecto de dos planos y tiene eje común a ellos. • **Paraboloide de revolución,** superficie engendrada por una parábola que gira alrededor de su eje.

**PARABRISAS** n. m. (pl. *parabrisas*). Placa de cristal especial o de material transparente, situada en la parte delantera de un vehículo.

**PARACA** n. f. *Amér.* Viento muy fuerte del Pacífico.

**PARACAÍDAS** n. m. (pl. *paracaídas*). Dispositivo destinado a amortiguar el movimiento vertical u horizontal de un cuerpo en la atmósfera.

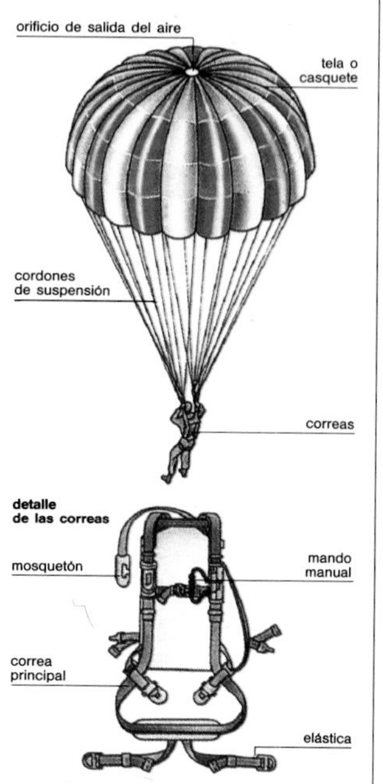

**paracaídas** y correas

**PARACAIDISMO** n. m. Técnica o deporte del salto con paracaídas.

**PARACAIDISTA** n. m. y f. Deportista o militar entrenado en el salto con paracaídas. • **Bandera de paracaidistas,** unidad del ejército de tierra español, de entidad similar a la del batallón, integrada por personal con el título de paracaidista.

**PARACASCOS** n. m. (pl. *paracascos*). MIL. Pared de tierra, ladrillos, sacos terreros, etc., que sirve para protegerse de los efectos de los cascos de metralla.

**PARACENTESIS** n. f. (gr. *parakentēsis*). CIR. Operación consistente en practicar una punción en una cavidad llena de líquido.

**PARACETAMOL** n. m. Medicamento químico utilizado por su actividad analgésica, antipirética y miorrelajante.

**PARACHISPAS** n. m. (pl. *parachispas*). Especie de pantalla metálica que se coloca en la boca de las estufas o chimeneas de calefacción para impedir la salida de las chispas.

**PARACHOQUES** n. m. (pl. *parachoques*). En los automóviles y otros vehículos, cada una de las piezas montadas respectivamente en la parte trasera y delantera para proteger la carrocería y ciertos accesorios contra los choques de poca importancia. **2.** F.C. Obstáculo artificial situado al extremo de una vía férrea terminal, para detener los vehículos que llegaran a topar con el mismo.

**PARÁCLITO** n. m. (gr. *parakletos*). TEOL. Nombre dado al Espíritu Santo.

**PARACRONISMO** n. m. Falta de cronología que consiste en situar un acontecimiento en época posterior a aquella en la que ha tenido lugar.

**PARACUSIA** n. f. Trastorno del sentido del oído.

**PARADA** n. f. Acción de pararse o detenerse. **2.** Sitio donde se para. **3.** Lugar donde se detienen los vehículos de transporte público. **4.** Lugar fijo donde están los vehículos de alquiler a disposición del público: *parada de taxis.* **5.** Cantidad de dinero que en el juego se expone a una sola suerte. **6.** Formación de tropas para pasarles revista o hacer alarde de ellas en una solemnidad. **7.** Suspensión o pausa en una obra musical. **8.** DEP. Acción de detener el ataque de un adversario, sujetando o desviando el arma, la bola o el balón. • **Comportamiento de parada** (ETOL.), conjunto de actos ritualizados dependiente del comportamiento reproductor que se desarrolla antes de la cópula. ‖ **Hacer la parada** *(Méx.),* hacer una seña a un vehículo de pasajeros para que se detenga. ‖ **Parada de sementales,** lugar destinado a la cubrición de las vacas, yeguas u otras hembras de animales domésticos. ‖ **Parada en firme** (EQUIT.), detención brusca de un caballo en la doma.

**PARADERO** n. m. Sitio donde se está o se va a parar. **2.** *Fig.* Fin o estado a que se llega. **3.** *Amér. Merid.* y *Méx.* Apeadero de ferrocarril o parada de autobuses.

**PARADIÁSTOLE** n. f. Figura retórica de sentencia, por medio de la cual se distinguen cosas semejantes.

**PARADIGMA** n. m. (gr. *paradeigma*). Ejemplo que sirve de norma. **2.** FILOS. En la filosofía platónica, el mundo de las Ideas, prototipo del mundo sensible en que vivimos. **3.** LING. Conjunto de formas que sirven de modelo en los diversos tipos de flexión: *paradigma verbal.*

**PARADIGMÁTICO, A** adj. Relativo al paradigma. **2.** Ejemplar.

**PARADISÍACO, A** o **PARADISIACO, A** adj. Relativo al paraíso.

**PARADO, A** adj. Calmoso, remiso en palabras, acciones o movimientos. **2.** Vacilante, desconcertado: *lo que me contó me dejó parado.* **3.** Con verbos de resultado, y acompañado de *bien, mal, mejor, peor,* etc., beneficiado o perjudicado: *salir mal parado de un negocio.* **4.** *Amér.* De pie, en posición vertical. **5.** *Chile, Perú* y *P. Rico.* Orgulloso, engreído. ◆ adj. y n. **6.** Dícese del trabajador que está sin empleo.

**PARADOJA** n. f. (gr. *paradoxa*). Idea extraña, opuesta a lo que se considera verdadero o a la opinión general. **2.** Expresión lógica en la que hay una incompatibilidad aparente. **3.** Coexistencia ilógica de cosas.

**PARADÓJICO, A** adj. Que incluye paradoja o que usa de ella.

**PARADOR** n. m. Establecimiento, situado generalmente en la carretera, donde se hospedan los viajeros. • **Parador nacional,** hotel creado por los organismos destinados a desarrollar el turismo en España.

**PARAESTATAL** adj. Dícese de los organismos que cooperan a los fines del estado, por delegación de éste, pero sin formar parte de la administración pública.

**PARAFANGO** n. m. Guardabarros.

**PARAFASIA** n. f. Trastorno de lenguaje consistente en sustituir unas palabras por otras, a veces de sonido parecido, pero de significado dispar.

**PARAFÁSICO, A** adj. Relativo a la parafasia.

**PARAFERNALES** adj. **Bienes parafernales,** patrimonio privativo de la mujer, que aporta al matrimonio sin incluirlo en la dote, y bienes que adquiere después de constituida ésta sin agregarlos a ella.

**PARAFERNALIA** n. f. (ingl. *paraphernalia,* trastos). Aparato o conjunto de cosas generalmente ostentosas que rodean a una persona o cosa.

**PARAFIMOSIS** n. f. MED. Estrangulamiento del glande por el prepucio.

**PARAFINA** n. f. Mezcla de hidrocarburos saturados sólidos caracterizados por su poca afinidad con los agentes químicos. **2.** QUÍM. Alcano.

**PARAFINAR** v. tr. [**1**]. Adicionar con parafina. **2.** Untar, revestir, impregnar de parafina.

**PARAFINOSO, A** adj. Que contiene parafina: *petróleo parafinoso.*

**PARAFISCAL** adj. Relativo a la parafiscalidad: *tasa parafiscal.*

**PARAFISCALIDAD** n. f. Conjunto de exacciones exigidas por el estado, fuera del presupuesto, para un fin concreto y con ocasión de la gestión individualizada de servicios públicos.

**PARÁFISIS** n. f. BOT. En los hongos, hifa estéril que acompaña a los elementos productores de esporas.

**PARAFRASEAR** v. tr. [**1**]. Hacer una paráfrasis.

**PARÁFRASIS** n. f. Explicación o interpretación amplificativa de un texto. **2.** Traducción libre en verso de un texto.

**PARAFRÁSTICO, A** adj. Relativo a la paráfrasis.

**PARAFRENIA** n. f. SICOPATOL. Sicosis delirante crónica, caracterizada por la fantasía y exuberancia de los temas delirantes, mientras que, paradójicamente, se conserva la adaptación a la realidad.

**PARAGE** n. m. HIST. En la edad media, sistema utilizado por los soberanos y señores feudales para evitar la división de sus feudos, consistente en dividir el feudo entre los hijos del vasallo, aunque sólo el primogénito tenía los deberes y derechos que se desprendían de aquél.

**PARÁGLIFO** n. m. FOT. Imagen que da la sensación de relieve.

**PARAGOGE** n. f. (gr. *paragōge*). Adición de un fonema, etimológico o no, al final de una palabra.

**PARAGÓGICO, A** adj. Añadido por paragoge: *vocal paragógica.*

**PARAGOLPES** n. m. (pl. *paragolpes*). *Argent., Par.* y *Urug.* Pieza alargada que llevan los vehículos para protegerse de golpes, parachoques.

**PARÁGRAFO** n. m. Párrafo.

**PARAGUAS** n. m. (pl. *paraguas*). Utensilio portátil, compuesto de un mango y una cubierta circular de tela, que sirve para resguardarse de la lluvia.

**PARAGUAYA** n. f. Fruta de aspecto y sabor semejantes al melocotón mollar, pero de forma más aplanada.

**PARAGUAYO, A** adj. y n. De Paraguay. ◆ n. m. **2.** Modalidad lingüística adoptada por el español en Paraguay.

**PARAGÜERÍA** n. f. Tienda de paraguas.

**PARAGÜERO, A** n. Persona que tiene por oficio hacer, componer o vender paraguas. ◆ n. m. **2.** Mueble para colocar los paraguas y bastones.

**PARAHÚMOS** n. m. (pl. *parahúmos*). En las locomotoras de vapor, dispositivo destinado a canalizar el humo que sale de la chimenea.

**PARAHUSAR** v. tr. [**1w**]. Taladrar con el parahúso.

**PARAHÚSO** n. m. Especie de portabrocas para taladrar.

**PARAÍSO** n. m. (lat. *paradisum,* del gr. *paradeisos,* parque). Lugar en que, según el relato de la Biblia, colocó Dios a Adán y Eva. SIN.: *paraíso terrenal.* **2.** Cielo, lugar en que los bienaventurados gozan de la presencia de Dios. **3.** *Fig.* Lugar donde uno se encuentra muy a gusto, protegido o impune: *paraíso de los jugadores; paraíso de la delincuencia.* **4.** En algunos teatros, anfiteatro colocado en la parte más elevada, gallinero. • **Paraíso fiscal,** país donde la legislación fiscal es muy permisiva, en especial para los capitales extranjeros que pueden escapar al control legislativo de su país de origen.

**PARAJE** n. m. Lugar, principalmente el lejano o aislado.

**PARALÁCTICO, A** adj. Relativo a la paralaje.

**PARALAJE** n. f. (del gr. *parallaxis,* cambio). Ángulo bajo el cual se vería de forma normal, a partir de un astro, una longitud igual al radio terrestre, en el caso de los astros del sistema solar, o al semieje mayor de la órbita terrestre, en el caso de las estrellas. **2.** Desplazamiento de la posición aparente de un cuerpo, debido a un cambio de posición del observador. **3.** FOT. Ángulo formado por los ejes ópticos del objetivo y del visor de un aparato, orientados hacia un mismo objeto, y que falsea la mira a corta distancia. **4.** MIL. Ángulo bajo el cual se ve un objeto a una distancia determinada.

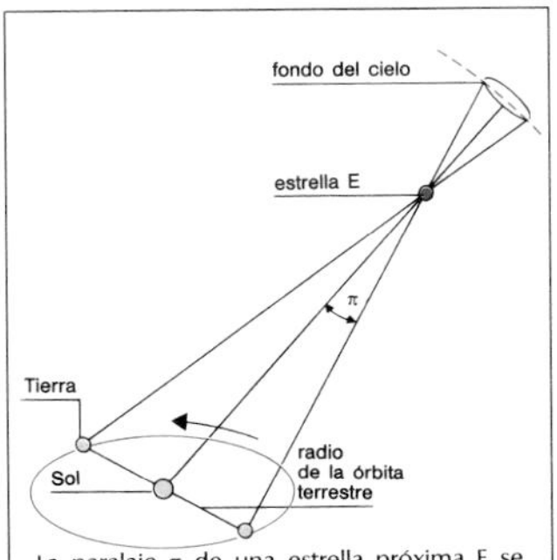


La paralaje π de una estrella próxima E se mide por el desplazamiento aparente de esta estrella en el cielo, visto desde la Tierra, a seis meses de intervalo.

**paralaje** de una estrella

**PARALALIA** n. f. Trastorno del lenguaje consistente en la dificultad para pronunciar determinados sonidos.

**PARALELA** n. f. Recta paralela a otra recta o a un plano. **2.** MIL. Trinchera o comunicación subterránea paralela al frente. ◆ **paralelas** n. f. pl. **3.** Barras paralelas para ejercicios gimnásticos. (Pueden ser *simétricas* o *asimétricas.*)

**PARALELEPÍPEDO** n. m. Poliedro de seis caras, todas paralelogramos, siendo las caras opuestas iguales y paralelas dos a dos. • **Paralelepípedo rectángulo,** paralelepípedo recto cuya base es un rectángulo. ‖ **Paralelepípedo recto,** paralelepípedo cuyas aristas son perpendiculares a los planos de base.

**PARALELISMO** n. m. Calidad de paralelo o circunstancia de ser dos cosas paralelas. **2.** LIT. Fórmula expresiva que consiste en la repetición reiterativa de una misma frase con leves variantes.

**PARALELO, A** adj. (lat. *parallelum,* del gr. *parallelos*). Dícese de dos o más rectas que, dos a dos, se encuentran en un mismo plano y no se cortan. **2.** Que se desarrolla en la misma dirección, parecido. • **Curvas** (o **superficies**) **paralelas,** curvas (o superficies) planas que admiten las mismas normales y que, como las porciones de normales comprendidas entre las dos curvas (o las dos superficies), tienen una longitud constante. ‖ **Planos paralelos,** planos que no tienen ningún punto común. ◆ n. m. **3.** Círculo imaginario de la Tierra o de un astro cualquiera, en un plano paralelo al del ecuador, que sirve para medir la latitud. **4.** Comparación entre dos personas o dos cosas para apreciar sus cualidades o sus defectos. **5.** MAT. Sección de una superficie de revolución por un plano perpendicular al eje. • **En paralelo** (ELECTR.), en derivación.

**PARALELOGRAMO** n. m. Cuadrilátero cuyos lados son paralelos dos a dos.

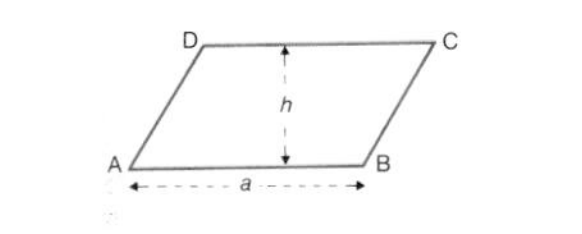


**paralelogramo**

**PARALÍMPICO, A** adj. Paraolímpico.

**PARÁLISIS** n. f. Pérdida total o disminución considerable de la función motriz. **2.** Imposibilidad de actuar. **3.** Paro completo: *el país se encuentra en una parálisis económica.*

■ Las principales causas de parálisis son: los traumatismos (fractura del raquis), los tumores y enfermedades del sistema nervioso, los trastornos circulares del cerebro (hemorragia cerebral), las intoxicaciones (setas venenosas, botulismo), y las infecciones víricas (poliomielitis). Determinadas parálisis son consecuencia de lesiones del tejido muscular (miopatía, miositis). La parálisis puede afectar a un solo lado del cuerpo (hemiplejía), a las dos extremidades inferiores (paraplejía), o a una sola extremidad (monoplejía). Cuando las cuatro extremidades se ven afectadas se trata de una cuadriplejía o tetraplejía. La *parálisis general* es un estado demencial de origen sifilítico, que desde la aparición de la penicilina es poco frecuente.

**PARALITERATURA** n. f. Literatura al margen de la cultura literaria establecida y que comprende géneros destinados al consumo de masas, como la novela policíaca, el cómic, etc.

**PARALÍTICO, A** adj. y n. Relativo a la parálisis; afecto de parálisis.

**PARALIZACIÓN** n. f. Acción y efecto de paralizar: *paralización de un miembro; paralización económica.*

**PARALIZADOR, RA** adj. Que paraliza.

**PARALIZAR** v. tr. y pron. (fr. *paralyser*) [**1g**]. Causar parálisis de un miembro u órgano del cuerpo. **2.** *Fig.* Detener una actividad o movimiento.

**PARALLAMAS** n. m. (pl. *parallamas*). Dispositivo que impide, durante un tiempo determinado, la propagación del calor en un incendio.

**PARALÓGICO, A** adj. Relativo al paralogismo.

**PARALOGISMO** n. m. Razonamiento falso.

**PARALOGIZAR** v. tr. y pron. **[1g]**. Intentar persuadir con engaño o sutileza.

**PARAMAGNÉTICO, A** adj. Dícese de una sustancia que se imanta en la misma dirección que el hierro, pero de forma mucho más débil.

**PARAMAGNETISMO** n. m. Propiedad de los cuerpos paramagnéticos.

**PARAMECIO** n. m. Protozoo del tipo ciliados, común en las aguas dulces estancadas y cuyo cuerpo puede alcanzar 1/5 mm de long.

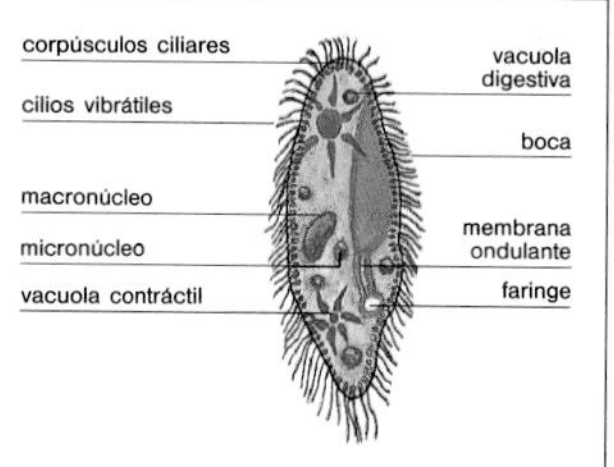


**paramecio:** anatomía

**PARAMÉDICO, A** adj. Dícese de la profesión médica, pero sin pertenecer propiamente a ella, o sea, que trata de las actividades relativas a la salud en el plano técnico o administrativo.

**PARAMENTAR** v. tr. **[1]**. Cubrir o adornar con paramentos.

**PARAMENTO** n. m. (lat. *paramentum*). Revestimiento de una cubierta, tejado, pared, muro, etc. **2.** Adorno con que se cubre una cosa. **3.** Primera cara desbastada y alisada de una pieza de madera de construcción. **4.** La cara que ha de quedar a la vista en una obra de carpintería o de ebanistería. **5.** Cualquiera de las dos caras de una pared, o de las seis caras de un sillar labrado. **6.** Apresto superficial que se aplica a ciertas urdimbres, particularmente de algodón, para dar cuerpo al tejido. ◆ **paramentos** n. m. pl. **7.** Adornos del altar. • **Paramentos sacerdotales,** vestiduras que usan los sacerdotes para celebrar misa y otros oficios divinos.

**PARAMERA** n. f. Región donde abundan los páramos.

**PARAMÉTRICO, A** adj. Relativo al parámetro. • **Amplificador paramétrico,** amplificador que posee un elemento reactivo capaz de variar en función de la amplitud instantánea de la señal.

**PARÁMETRO** n. m. Elemento constante en el planteamiento de una cuestión. **2.** ESTADÍST. Magnitud medible que permite presentar de forma más simple las características principales de un conjunto estadístico. **3.** INFORMÁT. Variable de la que no se precisan el valor, el nombre o la localización codificada hasta el momento de la ejecución del programa. **4.** MAT. Valor que se presenta como una constante en una expresión o ecuación, pero que puede ser fijado a voluntad. • **Parámetro de una parábola,** distancia de su foco a su directriz.

**PARAMILITAR** adj. Dícese de ciertas organizaciones civiles cuya estructura y disciplina son similares a las del ejército.

**PARAMNESIA** n. f. Trastorno de la memoria que afecta a la rememoración de los recuerdos y se manifiesta por fabulaciones, localización errónea en el tiempo e ilusión de lo ya visto.

**PÁRAMO** n. m. (lat. *paramum*). Superficie estructural o de erosión horizontal o subhorizontal, elevada y de suelo áspero, pedregoso, sin cultivo ni viviendas, y cubierta por una vegetación pobre. **2.** *Fig.* Lugar frío y desagradable. **3.** *Colomb.* y *Ecuad.* Llovizna.

**PARANEOPLÁSICO, A** adj. MED. Dícese del síndrome o de las manifestaciones patológicas que aparecen paralelamente al cáncer y desaparecen con su ablación.

**PARANGÓN** n. m. (ital. *paragone*). Comparación o símil.

**PARANGONACIÓN** n. f. Acción de parangonar.

**PARANGONAR** v. tr. **[1]**. Hacer una comparación entre dos cosas. **2.** ART. GRÁF. Juntar en una misma línea de composición caracteres de cuerpos diferentes, de modo que queden perfectamente alineados.

**PARANIENSE** o **PARANENSE** n. m. y adj. Piso del mioceno de Uruguay, que constituye la parte inferior de la formación patagónica.

**PARANIEVES** n. m. (pl. *paranieves*). Obra de defensa contra la nieve, para evitar la formación de aludes o la interceptación de las vías de comunicación, por acción de las ventiscas, constituida por plantaciones de árboles o por vallas de madera o metálicas.

**PARANINFO** n. m. (gr. *paranymphos,* padrino de bodas). En la antigua Grecia, joven amigo del esposo que, antes de la celebración del matrimonio, iba a buscar a la novia a casa de sus padres. **2.** En las universidades y otros centros de enseñanza, salón en que se celebran ciertos actos que revisten carácter solemne.

**PARANOIA** n. f. (voz griega). Sicosis crónica caracterizada por la organización lógica de los temas delirantes, que se forman por intuición o interpretación a partir de premisas falsas.

■ En la paranoia, los temas delirantes se construyen a partir de premisas falsas, esencialmente por intuición e interpretaciones, y se desarrollan insidiosamente, pues el delirio está arraigado en la personalidad misma del delirante. Ésta (personalidad paranoica) se caracteriza por la sobrestimación del yo, la desconfianza, el orgullo, la ausencia de autocrítica y la rigidez exagerada, pero puede existir sin que aparezca ningún delirio. El delirio paranoico presenta, al menos al comienzo, una relativa penetrabilidad y se conserva la lucidez en todo lo que no afecta al delirio. Se distinguen entre los delirios paranoicos, delirios pasionales y delirios de interpretación, cuya forma más clásica es el delirio de persecución.

**PARANOICO, A** adj. y n. Relativo a la paranoia; afecto de paranoia.

**PARANOIDE** adj. Semejante a la paranoia. • **Demencia paranoide** (SIQUIATR.), forma de locura de los adolescentes, con delirio sistematizado, que se desarrolla rápidamente y termina por un estado mental confuso.

**PARANOMASIA** n. f. Paronomasia.

**PARANORMAL** adj. Dícese de los fenómenos al margen de la normalidad, como los que estudia la parasicología.

**PARAO** n. m. Embarcación propia de los mares de China y de la India, parecida al junco en su aparejo.

**PARAOLÍMPICO, A** adj. Relativo a la competición universal de juegos atléticos inspirada en las olimpiadas y reservada a disminuidos físicos.

**PARAPENTE** n. m. Práctica deportiva que consiste en lanzarse en paracaídas desde una montaña o punto elevado, controlando el vuelo con el fin de prolongar su duración y decidir la trayectoria. **2.** Tipo de paracaídas rectangular, diseñado para practicar este deporte.

**parapente**

**PARAPETARSE** v. pron. **[1]**. Resguardarse tras un parapeto. **2.** *Fig.* Protegerse para evitar un riesgo.

**PARAPETO** n. m. (ital. *parapetto,* de *parare,* defender, y *petto,* pecho). CONSTR. Antepecho. **2.** FORT. Muro, terraplén o barricada que protege a los defensores de una fortificación y les permite disparar al abrigo de sus asaltantes.

**PARAPLEJÍA** o **PARAPLEJIA** n. f. Parálisis de las extremidades inferiores.

**PARAPLÉJICO, A** adj. y n. Relativo a la paraplejía; afecto de paraplejía.

**PARÁPODO** n. m. Expansión lateral de los anillos de los anélidos marinos que funcionan como una especie de remos en la natación y son los portadores de las numerosas quetas.

**PARAR** v. intr. y pron. (lat. *parare*) **[1]**. Cesar en el movimiento o en la acción. **2.** *Amér.* Estar o ponerse de pie. ◆ v. intr. **3.** Llegar, después de pasar por distintas vicisitudes, a determinada situación. **4.** Alojarse, hospedarse. • **No parar,** estar continuamente ocupado; estar o ser muy inquieto. ‖ **Parar mal,** llegar a una mala situación. ‖ **Sin parar,** continuamente, sin interrupción. ◆ v. tr. **5.** Detener o impedir un movimiento o acción: *parar un motor, el tráfico, el trabajo.* **6.** Preparar o disponer: *parar la mesa.* **7.** Apostar dinero en el juego. **8.** En esgrima, quitar con la espada el golpe del contrario. **9.** Frenar el torero la embestida alocada del toro, logrando que se detenga y se fije en los objetos antes de embestir. ◆ v. tr. y pron. **10.** Poner de pie o en posición vertical. ◆ **pararse** v. pron. **11.** Seguido de la prep. *a* y el infinitivo de un verbo de pensamiento, realizar lo que se expresa con detenimiento: *pararse a pensar.* **12.** Quedarse quieto el torero, sin variar la posición de los pies, durante la ejecución de la suerte. **13.** Quedarse quieto el toro y fijarse en lo que va a acometer. **14.** *Fig.* Detenerse o interrumpir la ejecución de un designio. **15.** *Méx.* Despertarse.

**PARARRAYOS** o **PARARRAYO** n. m. (pl. *pararrayos*). Instalación colocada en un edificio para protegerlo de los efectos de los rayos. **2.** Dispositivo que sirve para proteger los aparatos y líneas eléctricas de los efectos de los rayos.

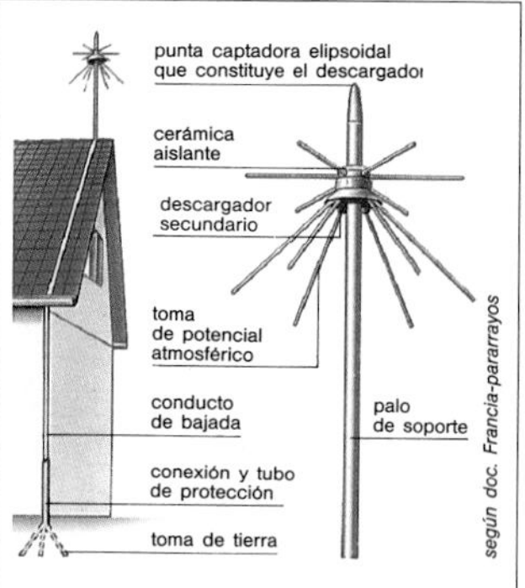


**pararrayos**

**PARASEXUALIDAD** n. f. BIOL. Conjunto de las modalidades primitivas de la sexualidad, sin meyosis ni fecundación propiamente dicha.

**PARASICOLOGÍA** n. f. Estudio de los fenómenos paranormales, esencialmente la percepción extrasensorial y la sicoquinesis. SIN.: *metasíquica.*

**PARASICOLÓGICO, A** adj. Relativo a la parasicología.

**PARASICÓLOGO, A** n. y adj. Persona especializada en parasicología.

**PARASIMPÁTICO, A** adj. y n. m. Dícese de uno de los dos sistemas nerviosos neurovegetativos, que aminora el ritmo cardíaco y acelera los movimientos del tubo digestivo. (Obra antagónicamente al simpático.)

**PARASIMPATICOLÍTICO, A** adj. y n. m. Dícese de una sustancia que se opone a la acción del parasimpático.

**PARASIMPATICOMIMÉTICO, A** adj. y n. m. Dícese de una sustancia que reproduce los efectos del parasimpático.

**PARASÍNTESIS** n. f. LING. Modo de formación de palabras en que se combinan la composición y la derivación.

**PARASINTÉTICO, A** adj. y n. m. LING. Dícese de una palabra compuesta por parasíntesis.

**PARASÍQUICO, A** adj. Metasíquico.

**PARASITAR** v. tr. [1]. Invadir un organismo animal o vegetal. **2.** Vivir a expensas de dicho organismo.

**PARASITARIO, A** o **PARASÍTICO, A** adj. Relativo a los parásitos. **2.** Provocado por la presencia de parásitos.

**PARASITICIDA** adj. y n. m. Que destruye los parásitos.

**PARASITISMO** n. m. Modo de vida de un parásito. **2.** BIOL. Asociación entre dos organismos animales o vegetales de distintas especies, que viven el uno a expensas del otro. **3.** SOCIOL. Estado social por el que un individuo o grupo vive a expensas de los otros, sin la correspondiente contribución al esfuerzo común.

**PARÁSITO, A** o **PARASITO, A** adj. y n. m. (lat. *parasitum,* del gr. *parasitos*). Dícese del ser vivo que obtiene su alimento de otro ser vivo llamado *huésped,* como la tenia, del hombre, y el mildiu, de la vid. **2.** Dícese de la persona que vive en la ociosidad, a expensas de otros o de la sociedad. ◆ **parásitos** n. m. pl. **3.** Perturbaciones, de origen atmosférico o industrial, que interfieren la recepción de las señales radioeléctricas.

**PARASITOLOGÍA** n. f. Estudio de los parásitos del hombre, de los animales y de las plantas.

**PARASITOSIS** n. f. Enfermedad causada por un parásito.

**PARASOL** n. m. Sombrilla, quitasol. **2.** Pieza accesoria, móvil u orientable, dispuesta en el interior de un vehículo, de modo que evita el deslumbramiento del conductor por los rayos solares o las luces.

**PARATAXIS** n. f. LING. Construcción sintáctica que consiste en yuxtaponer frases sin hacer explícita la relación que las une.

**PARATHORMONA** n. f. Hormona producida por las glándulas paratiroideas y cuya secreción regula el nivel del fósforo y del calcio en el medio interior.

**PARATÍFICO, A** adj. Relativo a la paratifoidea; afecto de paratifoidea.

**PARATIFOIDEA** n. f. y adj. Enfermedad infecciosa parecida al tifus, pero menos grave.

**PARATIROIDEO, A** adj. Relativo a las paratiroides.

**PARATIROIDES** n. f. Glándula endocrina situada a los lados del tiroides, dos a cada lado, que produce la parathormona.

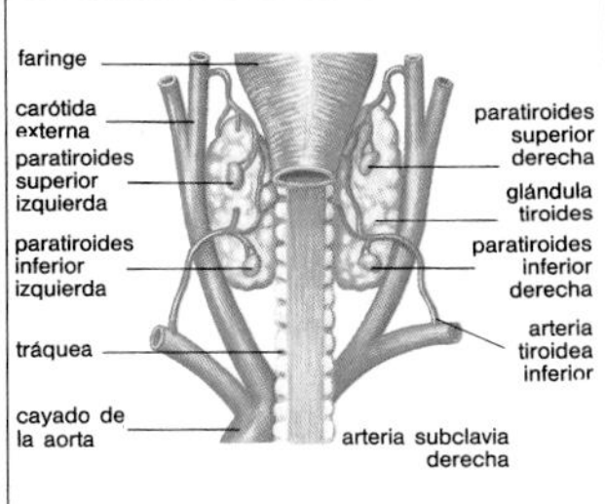


**paratiroides** (vista posterior)

**PARAULATA** n. f. *Venez.* Ave de color ceniciento que es similar al tordo.

**PARAVÁN** n. m. Dispositivo a base de flotadores especiales que, remolcado entre dos aguas, protege a los barcos contra las minas submarinas de contacto.

**PARAVIENTOS** n. m. (pl. *paravientos*). Especie de pantalla compuesta de paneles articulados, que sirve para dominar la fuerza del viento sin obstruir el paso del aire o del sonido.

**PARCA** n. f. (de *Parcas,* diosas infernales). *Poét.* La muerte.

**PARCELA** n. f. (fr. *parcelle*). Porción de terreno continuo que presenta uniformidad, bien por pertenecer a un único propietario, bien por estar ocupada por una única clase de cultivo, bien por constituir una unidad de explotación. **2.** Partícula, parte pequeña.

**PARCELACIÓN** n. f. Acción y efecto de parcelar.

**PARCELAR** v. tr. [1]. Dividir o medir un terreno en parcelas. **2.** *Fig.* Dividir algo en partes.

**PARCELARIO, A** adj. Relativo a las parcelas: *plan parcelario.*

**PARCHA** n. f. Diversas plantas pasifloráceas que crecen en América. • **Parcha granadilla,** planta trepadora, de flores muy grandes, olorosas, encarnadas por dentro, y fruto del tamaño de un melón con pulpa sabrosa y agridulce, que crece en América tropical. (Familia pasifloráceas.)

**PARCHAR** v. tr. [1]. *Méx.* Poner parches o algo.

**PARCHE** n. m. (del lat. *Parthica pellis,* cuero del país de los partos). Pedazo de cualquier material que se pega sobre una cosa, generalmente para tapar un agujero. **2.** Trozo de lienzo que contiene un preparado medicamentoso, que se adhiere sobre la piel de determinadas regiones del cuerpo. **3.** *Fig.* Cosa que se añade a otra de forma chapucera, especialmente retoque mal hecho en la pintura. **4.** *Fig.* y *fam.* Arreglo o solución transitoria a una situación o a un problema económico, social o político. **5.** MÚS. Cada una de las dos pieles del tambor. **6.** MÚS. Tambor.

**PARCHEAR** v. tr. [1]. *Fam.* Poner parches.

**PARCHÍS** n. m. Juego de origen indio, que consta de un tablero con cuatro salidas, en el que cada jugador debe intentar llegar el primero al centro con sus cuatro fichas, avanzando por casillas sucesivas, según el número de puntos que saca al tirar un dado.

**PARCIAL** adj. Que forma parte de un todo; que pertenece a una parte de un todo: *elecciones parciales.* **2.** Incompleto: *vista parcial; eclipse parcial.* • **Dividendo parcial,** uno de los restos sucesivos que se obtienen durante una división. ◆ adj. y n. m. y f. **3.** Que procede en favor o en contra de algo o alguien sin tener en cuenta la ecuanimidad o equidad: *una persona parcial.* ◆ n. m. y adj. **4.** Examen que forma parte del control continuado en la enseñanza. **5.** ACÚST. Cada uno de los sonidos que emite una fuente sonora cuando vibra por sus propios medios.

**PARCIALIDAD** n. f. Actitud del que no procede con ecuanimidad o equidad. **2.** Familiaridad en el trato. **3.** Grupo de personas que se separan de otro mayor.

**PARCO, A** adj. (lat. *parcum,* de *parcere,* ahorrar). Moderado, sobrio: *parco en el comer.* **2.** Escaso: *texto parco en ejemplos.*

**PARDAL** adj. Dícese del campesino, por ir vestido habitualmente de color pardo. ◆ n. m. **2.** *Fam.* Hombre astuto y pícaro. **3.** Leopardo. **4.** Gorrión. **5.** Pardillo. • **Camello pardal,** jirafa.

**PARDEAR** v. intr. [1]. Sobresalir o distinguirse el color pardo.

**PARDELA** n. f. Ave palmípeda marina, de unos 45 cm de long., algunas de cuyas especies llegan a la península Ibérica, e incluso nidifican en Baleares. (Orden procelariformes.)

**PARDETE** n. m. Pez teleósteo de carne comestible, aunque poco apreciada, que vive en el Atlántico y Mediterráneo. (Familia mugílidos.)

**¡PARDIEZ!** interj. *Fam.* ¡Caramba!

**PARDILLO, A** adj. y n. Pardal, campesino. **2.** *Fig.* Paleto. **3.** *Fig.* Incauto, falto de malicia. ◆ n. m. **4.** Ave paseriforme, de unos 15 cm de long., de plumaje pardo en el dorso y rojo en el pecho, granívora y canora. (Familia fringílidos.) SIN.: *pajarel.*

**PARDO, A** adj. (lat. *pardum,* del gr. *pardos,* leopardo). Dícese del color que resulta de una mezcla de tonos amarillentos, rojizos y negruzcos. **2.** Oscuro: *nubes pardas.* **3.** Poco claro o vibrante. • **Pólvora parda,** variedad de pólvora negra que se empleaba principalmente para cañones de gran calibre. ‖ **Tierra parda,** tipo de suelo evolucionado, con un perfil completamente descarbonatado, pero en el que la lixiviación de los coloides, nula o escasa, no produce ningún horizonte de acumulación visible. ◆ adj. y n. **4.** *Amér. Merid.* Mulato. **5.** HIST. Denominación dada a los indios y negros que se enfrentaron a la aristocracia criolla durante la lucha por la emancipación venezolana (1810-1823).

**PARDUSCO, A** o **PARDUZCO, A** adj. De color pardo.

**PAREADO, A** adj. y n. m. Dícese de la forma estrófica compuesta por dos versos que riman entre sí en asonante o en consonante y que pueden tener un número variable de sílabas. **2.** HERÁLD. Dícese de dos figuras iguales puestas de lado.

**PAREAR** v. tr. [1]. Juntar dos cosas, comparándolas entre sí. **2.** Formar una pareja con dos cosas. **3.** TAUROM. Clavar banderillas a pares.

**PARECER** n. m. Opinión que se tiene acerca de algo: *dar su parecer; ser del mismo parecer.* **2.** Apariencia exterior: *persona de buen parecer.*

**PARECER** v. intr. [2m]. Tener determinada apariencia: *parecer mayor; parece alto.* **2.** Opinar, creer, ser posible: *me parece que vendrá; parece que va a llover.* ◆ v. intr. y pron. **3.** Tener parecido con otra persona o cosa: *se parece a su madre; la casa parece una pocilga.* • **Al parecer** o **a lo que parece,** a juzgar por las apariencias, sin profundizar en la cuestión. ‖ **Parecer bien,** o **mal,** tener algo buen o mal aspecto; ser o no acertado.

**PARECIDO, A** adj. Con los adv. *bien* o *mal,* de aspecto físico agradable o desagradable. ◆ n. m. **2.** Semejanza, calidad de semejante: *tener cierto parecido.*

**PARED** n. f. (lat. *parietem*). Muro o tabique de fábrica que sostiene las techumbres o, en el interior de los edificios, separa las piezas contiguas. **2.** Superficie lateral, costado, cara interna o cualquier superficie que limita una cavidad: *las paredes de una caja.* **3.** *Fig.* Conjunto de cosas o personas estrechamente unidas: *una pared de libros.* **4.** En alpinismo, vertiente abrupta de una montaña. **5.** En pelota vasca, muro que se extiende a la izquierda del frontón, formando ángulo recto con éste. **6.** ANAT. Parte que limita una cavidad o que envuelve una estructura: *pared abdominal, craneana, torácica.* • **Darse contra,** o **por, las paredes** (*Fam.*), fatigarse por lograr algo que no se consigue alcanzar. ‖ **Entre cuatro paredes,** aislado del trato con la gente. ‖ **Pared en,** o **por medio,** denota contigüidad o cercanía de una cosa respecto a otra. ‖ **Subirse por,** o **darse contra,** o **por las paredes,** estar enfurecido.

**PAREDAÑO, A** adj. Con respecto a una habitación, casa o recinto, otro que está separado de él sólo por una pared: *tiendas paredañas.*

**PAREDÓN** n. m. Pared que queda en pie de un edificio en ruinas. **2.** Muro de defensa o contención. **3.** Pared junto a la que se fusila a los condenados. • **Llevar al paredón,** fusilar a alguien.

**PAREDRO, A** adj. MIT. Dícese de los dioses inferiores, cuyo culto estaba asociado al de las grandes divinidades.

**PAREGÓRICO, A** adj. **Elixir paregórico,** medicamento de la farmacopea antigua, utilizado como antidiarreico, y constituido por una mezcla de extracto de opio y ácido benzoico.

**PAREJA** n. f. Conjunto de dos personas o animales, especialmente si son macho y hembra de la misma especie: *una pareja de bueyes, de palomas mensajeras.* **2.** Con respecto a una persona o cosa, otra que forma par con ella: *la pareja de baile; perder la pareja de un guante; pareja de ases.* **3.** Conjunto de dos miembros del orden público o de la guardia civil: *fue detenido por una pareja de guardias.* ◆ **parejas** n. f. pl. **4.** En el juego de dados, las dos caras del mismo número que salen de una tirada. • **Correr parejas,** sobrevenir simultáneamente dos o más cosas; tener parecido dos o más cosas.

**PAREJO, A** adj. Igual o semejante. **2.** Liso, llano.

**PARELIO** o **PARHELIO** n. m. (gr. *parelios*). METEOROL. Fenómeno luminoso que, como el del halo, es producido por la reflexión de la luz sobre los pequeños cristales de hielo que se encuentran en suspensión en la atmósfera.

**PAREMIA** n. f. (gr. *paroimia*). Sentencia o refrán.

**PAREMIOLOGÍA** n. f. Tratado de los refranes.

**PAREMIÓLOGO, A** n. Persona que por profesión o estudio se dedica a la paremiología.

**PARÉNESIS** n. f. Exhortación o amonestación.

**PARÉNQUIMA** n. m. (gr. *parenkhyma, atos,* sustancia orgánica). ANAT. Tejido esponjoso fundamental del pulmón, hígado, riñón, etc. **2.** BOT. Tejido vegetal de las células vivas, limitadas por tabiques celulósicos delgados, que puede ejercer varias funciones: de nutrición, parénquima clorofílico, de relleno, médula, de reserva, etc.

**PARENQUIMÁTICO, A** adj. Relativo al parénquima.

**PARENQUIMATOSO, A** adj. BIOL. Propio del parénquima, parecido a él o constituido por él.

**PARENTALIAS** o **PARENTALES** n. f. pl. (lat. *pa-*

*rentalia,* de *parentes,* padres). ANT. ROM. Fiestas anuales dedicadas a los muertos.

**PARENTELA** n. f. Conjunto de los parientes de alguien.

**PARENTERAL** adj. Dícese de la vía de entrada de medicamentos, aparte de la vía digestiva (boca o recto).

**PARENTESCO** n. m. Vínculo que une a las personas que proceden una de la otra o que descienden de un autor común. **2.** *Fig.* Relación entre las cosas. **3.** ANTROP. Conjunto de relaciones que existen entre individuos unidos por lazos de consanguinidad real o ficticia, que son reconocidos por la sociedad de que se trata. • **Parentesco espiritual,** vínculo contraído por el bautismo entre los padrinos y el ahijado, y entre éste y el ministro del sacramento.

**PARÉNTESIS** n. m. Frase que se intercala en un período, con sentido independiente del mismo. **2.** Cada uno de los signos gráficos ( ) entre los cuales se encierran las palabras de un paréntesis. **3.** *Fig.* Interrupción o suspensión. **4.** MAT. Signo que aísla una expresión algebraica e indica que una operación se aplica a esta expresión por entero.

**PAREO** n. m. Acción y efecto de parear.

**PAREO** n. m. Prenda de tela que se enrolla alrededor del cuerpo, cubriendo, generalmente, desde la cintura hasta las pantorrillas, y es característica de las zonas de clima tropical.

**PARESIA** n. f. MED. Parálisis parcial o ligera, con disminución de la fuerza muscular.

**PARESTESIA** n. f. Sensación anormal debida a un trastorno del sistema nervioso.

**PARÉTICO, A** adj. Relativo a la paresia.

**PARGO** n. m. Pez marino parecido a la dorada, de carne apreciada y de unos 50 cm de long.

**PARHILERA** n. f. Pieza de armazón que, dispuesta debajo del caballete o lomo de una cubierta, contribuye al afianzamiento del conjunto. SIN.: *cumbrera.*

**PARIA** n. m. y f. (tamil *pareiyan,* tocador de bombo). Nombre dado en la India a todos los que no pertenecen a casta alguna. **2.** *Fig.* y *desp.* Persona excluida de las ventajas y trato de que gozan las demás, por considerarla inferior: *ser un paria de la sociedad.*

**PARIAS** n. f. pl. (lat. *parias,* igual). ANAT. Placenta. **2.** HIST. En la edad media, tributo anual que los reyes de la España cristiana percibían de los príncipes de otros estados vasallos.

**PARIDA** n. f. y adj. Hembra que acaba de parir. ◆ n. f. **2.** *Fam.* Hecho o dicho desafortunado.

**PARIDAD** n. f. Igualdad o semejanza. **2.** Comparación de una cosa con otra por ejemplo o símil. **3.** Relación existente entre una unidad monetaria y su equivalencia en peso de metal. **4.** FÍS. Magnitud que describe el comportamiento de la función de onda de una partícula elemental cuando sufre una operación de simetría especular. **5.** INFORMÁT. Técnica de control que permite la detección de errores producidos durante la transmisión de una información. • **Paridad de cambio,** equivalencia de intercambio monetario entre dos países.

**PARIDIGITADO, A** adj. y n. m. Artiodáctilo.

**PÁRIDO, A** adj. y n. m. Relativo a una familia de aves paseriformes, de cuerpo rechoncho y pico reducido, que no presentan dimorfismo sexual.

**PARIENTE, A** n. Respecto a una persona, otra de su familia. ◆ n. f. **2.** *Fam.* Mujer respecto del marido: *mi parienta trabaja igual que yo.*

**PARIETAL** adj. Relativo a la pared. • **Arte parietal,** arte rupestre. ‖ **Pintura parietal,** pintura mural. ◆ adj. y n. m. **2.** ANAT. Dícese de cada uno de los dos huesos que forman los lados y la parte media de la bóveda del cráneo. • **Lóbulo parietal** (ANAT.), lóbulo cerebral situado debajo del hueso parietal y limitado por delante por la hendidura de Rolando. ◆ adj. y n. f. **3.** BOT. Relativo a un orden de plantas con un tipo de placentación en la que los óvulos están fijados en el borde de los carpelos, que a su vez se encuentran soldados por sus bordes a un ovario de una sola celdilla.

**PARIETARIA** n. f. Planta herbácea de las regiones templadas y cálidas que crece cerca de las paredes. (Familia urticáceas.)

**PARIFICACIÓN** n. f. Acción y efecto de parificar.

**PARIFICAR** v. tr. [**1a**]. Apoyar con una paridad o ejemplo lo que se ha dicho o propuesto.

**PARIGUAL** adj. Igual o muy parecido.

**PARIHUELAS** n. f. pl. Utensilio para transportar cosas entre dos personas, formado por dos barras horizontales entre las que está fijada una plataforma o cajón. **2.** Camilla, cama portátil.

**PARIMA** n. f. *Argent.* Especie de garza de color violado.

**PARINA** n. f. Pequeño pájaro flamenco de América Meridional, de patas rojas, que frecuenta las lagunas altoandinas. (Familia fenicoptéridos.)

**PARIPÉ** n. m. (voz gitana). Presunción, ostentación. • **Hacer el paripé** *(Fam.),* mostrar afecto a una persona o tener atenciones con ella insinceramente; simular, fingir.

**PARIPINNADO, A** adj. BOT. Dícese de las hojas pinnadocompuestas sin folíolo terminal, como las del guisante o la arveja.

**PARIR** v. tr. e intr. [**3**]. Expeler las hembras de los animales mamíferos el hijo concebido. **2.** *Fig.* Realizar una obra, generalmente de creación. **3.** *Fig.* Salir a la luz, manifestarse lo que estaba oculto.

**PARISIENSE** o **PARISIÉN** adj. y n. m. y f. De París. SIN.: *parisino.*

**PARISÍLABO, A** o **PARISILÁBICO, A** adj. y n. m. Dícese de las palabras y versos que tienen un número par de sílabas, especialmente de las palabras latinas que, en su declinación, tienen el mismo número de sílabas en todos los casos del singular.

**PARISINO, A** adj. y n. Parisiense.

**PARITARIO, A** adj. Dícese de un organismo, una negociación, una comisión, etc., en los que las dos partes están representadas por un igual.

**PARKA** n. f. (voz esquimal). Prenda de abrigo que llega hasta la mitad del muslo y suele ser ligera y de aspecto informal y deportivo.

**PARKERIZACIÓN** n. f. Procedimiento de protección de los metales férricos por formación de una capa de óxido impermeable.

**PARKERIZAR** v. tr. [**1g**]. Realizar una parkerización.

**PARKING** n. m. (voz inglesa). Parque de estacionamiento; aparcamiento.

**PARKINSONIANO, A** adj. y n. Relativo a la enfermedad de Parkinson; afecto de esta enfermedad. (V. parte n. pr.)

**PARLA** n. f. Acción y efecto de parlar. **2.** Charla insustancial. **3.** Locuacidad.

**PARLAMENTAR** v. intr. [**1**]. Hablar o conversar. **2.** Entrar en negociaciones con el enemigo para conseguir la paz, la rendición, etc., o tratar sobre una diferencia.

**PARLAMENTARIO, A** adj. Relativo al parlamento: *usos parlamentarios.* ◆ n. **2.** Miembro de un parlamento. **3.** Persona autorizada para parlamentar.

**PARLAMENTARISMO** n. m. Sistema político en el que el gobierno es responsable ante el parlamento.

**PARLAMENTO** n. m. (fr. *parlement*). Acción de parlamentar. **2.** Recitación larga de un actor, en prosa o verso. **3.** Asamblea deliberativa que tiene por misión votar el presupuesto y las leyes y controlar la actividad de los ministros.

**PARLANCHÍN, NA** adj. y n. Muy hablador. **2.** Hablador indiscreto.

**PARLANTE** adj. Que habla: *máquina parlante.* • **Armas parlantes** (HERÁLD.), armas cuyas figuras se relacionan directamente con el apellido o país a que pertenecen, como las armas de León, que traen un león.

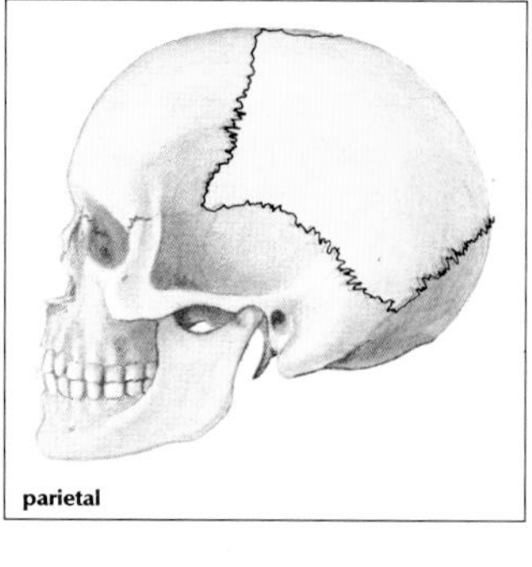
parietal

**PARLAR** v. intr. [**1**]. Hablar, charlar.

**PARLERO, A** adj. Dícese del sonido agradable que producen los pájaros o determinadas cosas.

**PARLOTEAR** v. intr. [**1**]. *Fam.* Hablar, generalmente de forma insustancial.

**PARLOTEO** n. m. *Fam.* Acción y efecto de parlotear.

**PARMESANO, A** adj. y n. De Parma. ◆ n. m. **2.** Queso italiano de leche de vaca y pasta dura.

**PARNASIANISMO** n. m. Movimiento poético francés de los parnasianos.

**PARNASIANO, A** adj. y n. Relativo a un movimiento poético francés que, a partir de 1850, reaccionó contra el lirismo romántico y propugnó una poesía culta e impersonal; poeta perteneciente a este movimiento.

**PARNASO** n. m. (de *Parnaso,* monte de Grecia). Conjunto de los poetas de una lengua, país, tiempo, etc. **2.** Colección de poesías.

**PARNÉ** n. m. (voz gitana). Dinero.

**PARO** n. m. Acción y efecto de parar. **2.** Situación del que se encuentra privado de trabajo. **3.** Huelga, cesación voluntaria en el trabajo por común acuerdo de obreros o empleados. **4.** Suspensión o finalización de la jornada laboral. • **Paro cardíaco,** cese de las contracciones del corazón que ocasiona el paro (o la ineficacia) de la circulación y la ausencia de presión arterial. ‖ **Paro encubierto,** situación que se produce cuando no se utiliza toda la capacidad productiva de la mano de obra empleada, esto es, cuando se podría lograr la misma producción con un volumen de empleo menor. ‖ **Paro estacional,** paro que se produce en una determinada profesión como consecuencia de ciertas condiciones atmosféricas o de condiciones técnicas inherentes a la actividad económica en cuestión. ‖ **Paro forzoso,** carencia de trabajo por causa independiente de la voluntad del obrero y de la del patrono. ‖ **Paro tecnológico,** paro imputable al progreso técnico, que conduce a la desaparición de ciertos empleos y profesiones. ‖ **Seguro de paro,** ayuda económica que se da a los parados, nacida por iniciativa del movimiento sindical e instituida por muchos gobiernos con carácter obligatorio.

**PARO** n. m. Ave paseriforme de cuerpo rechoncho, alas cortas, pico pequeño y plumaje suave. (Familia páridos.)

**PARODIA** n. f. (gr. *parōidia*). Imitación burlesca de una obra o del estilo de un escritor. **2.** Cualquier imitación burlesca de algo.

**PARODIAR** v. tr. [**1**]. Hacer una parodia. **2.** Imitar, remedar.

**PARÓDICO, A** adj. Relativo a la parodia.

**PARODISTA** n. m. y f. Autor de parodias.

**PARODONCIO** n. m. Conjunto de tejidos de sostén del diente, como el hueso alveolar, los ligamentos, las encías, etc.

**PARODONTOSIS** o **PARODONTÓLISIS** n. f. Conjunto de lesiones degenerativas del parodoncio que acarrean su destrucción.

**PARÓN** n. m. Paro brusco o prolongado. **2.** TAUROM. Lance efectuado parando de modo exagerado.

**PARONIMIA** n. f. Circunstancia de ser parónimos dos o más vocablos.

**PARONÍMICO, A** adj. Relativo a los parónimos o a la paronimia.

**PARÓNIMO, A** adj. y n. m. Dícese de los vocablos parecidos por su forma, ortografía o sonoridad.

**PARONOMASIA** o **PARANOMASIA** n. f. Semejanza fonética entre dos o más vocablos, por ej.: entre *roja* y *reja, tejo* y *tajo, espaldilla* y *espadilla.* **2.** Conjunto de vocablos que forman paronomasia. **3.** RET. Figura que consiste en la combinación de palabras fonéticamente semejantes.

**PARÓTIDA** n. f. ANAT. Glándula salival de la parte más lateral y posterior de la boca.

**PAROTÍDEO, A** adj. Relativo a la parótida.

**PAROTIDITIS** n. f. Enfermedad contagiosa debida a un virus, que ataca especialmente a los niños y se manifiesta por una hinchazón de las glándulas parótidas. SIN.: *paperas.*

**PAROXISMAL** o **PAROXÍSTICO, A** adj. Relativo al paroxismo.

**PAROXISMO** n. m. (gr. *paroxysmos*). Exacerbación o acceso violento de una enfermedad. **2.** *Fig.* Exaltación violenta de un afecto o pasión.

**PAROXÍTONO, A** adj. LING. Dícese del vocablo que lleva el acento tónico en la penúltima sílaba.

**PARPADEAR** v. intr. **[1]**. Mover los párpados. **2.** Oscilar o titilar una luz o un cuerpo luminoso.

**PARPADEO** n. m. Movimiento rápido y repetido, que consiste en el cierre y abertura sucesivos de los párpados. **2.** Acción de parpadear una luz o un cuerpo luminoso.

**PÁRPADO** n. m. Revestimiento cutáneo, móvil, que protege la parte anterior de los globos oculares.

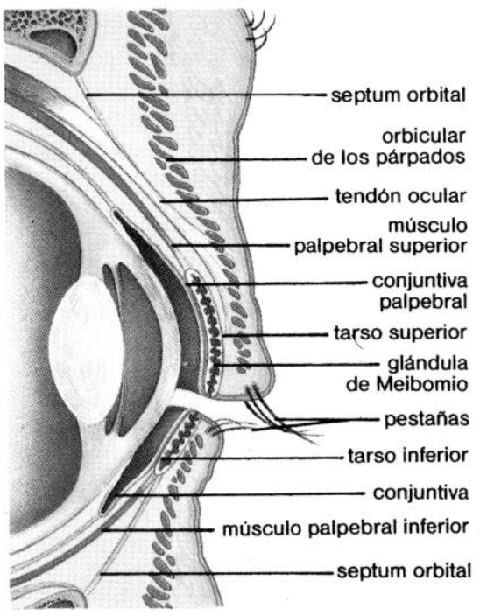


**párpado** (sección)

**PARPAR** v. intr. **[1]**. Emitir graznidos el pato.

**PARQUE** n. m. (fr. *parc*). Terreno cercado, con variedad de árboles y plantas, destinado a recreo. **2.** Conjunto de las máquinas, aparatos, vehículos, etc., pertenecientes a una empresa u organismo, o destinados a un servicio público: *parque de incendios.* **3.** Parte de una fábrica o factoría, generalmente al aire libre, donde se almacenan materias primas, lingotes, piezas de forja, etc.: *parque de chatarra.* **4.** Pequeño recinto protegido de diversas formas donde se coloca a los niños pequeños para que jueguen. **5.** MIL. Término que designaba, en el s. XIX, el lugar en que se colocaban la artillería, las municiones y los víveres. **6.** *Argent.* y *Méx.* Conjunto de municiones de que dispone un ejército o grupo de soldados. • **Parque de atracciones,** terreno cercado en el que hay varias atracciones. || **Parque de estacionamiento,** zona más o menos extensa destinada al estacionamiento de vehículos. || **Parque móvil,** conjunto de material rodante, propiedad del estado o de algún organismo. || **Parque nacional,** área donde se protegen estrictamente la flora y la fauna. || **Parque natural,** zona de interés general por su ecosistema y hábitat natural. || **Parque tecnológico,** recinto en el que se agrupan industrias y sociedades dedicadas a la investigación científica o tecnológica. || **Parque temático,** recinto en el que se reúnen atracciones de características similares, dedicadas a la diversión y al entretenimiento. || **Parque zoológico,** aquel en que se conservan, cuidan o crían fieras y animales no comunes.

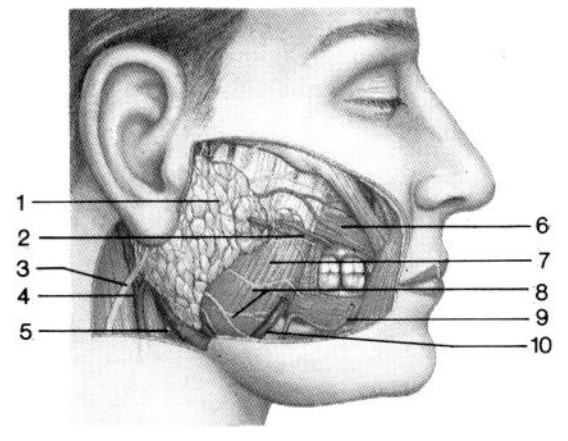


1 **parótida**
2 canal de Stenon
3 nervio auricular
4 vena yugular externa
5 vena yugular interna
6 buccinador
7 músculo masetero
8 rama del nervio facial
9 arteria facial
10 vena facial

**PARQUEADERO** n. m. *Colomb.* y *Pan.* Aparcamiento.

**PARQUEAR** v. tr. **[1]**. *Amér.* Aparcar.

**PARQUEDAD** n. f. Calidad de parco.

**PARQUEO** n. m. *Amér.* Acción y efecto de parquear.

**PARQUET** o **PARQUÉ** n. m. (pl. *parquets* o *parqués*). Entarimado formado con tablas estrechas y pulimentadas, dispuestas regularmente en composiciones geométricas. **2.** En el salón de contratación de la bolsa, recinto reservado a los agentes.

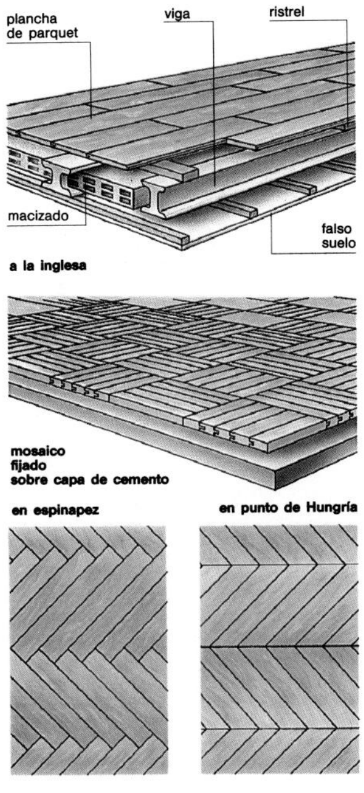


**parquets**

**PARQUETERÍA** n. f. Industria del parquet.

**PARQUÍMETRO** n. m. Aparato que en los aparcamientos marca el tiempo de permanencia de un vehículo a efectos del pago correspondiente.

**PARRA** n. f. Vid, especialmente la que está levantada artificialmente y extiende mucho sus vástagos. **2.** *Amér. Central.* Especie de bejuco que destila un agua que beben los caminantes. • **Subirse a la parra** *(Fam.)*, encolerizarse, insolentarse; *(Fam.)*, darse importancia, o tomarse atribuciones que no le corresponden.

**PARRAFADA** n. f. Párrafo largo en discurso, conversación, impresos, etc. **2.** *Fam.* Conversación larga y confidencial.

**PÁRRAFO** n. m. (lat. *paragraphum*). Cada una de las divisiones de un escrito señaladas por letra mayúscula al principio del renglón y punto y aparte al final del trozo de escritura. **2.** Signo ortográfico (§) con que se denota cada una de estas divisiones.

**PARRAL** n. m. Conjunto de parras sostenidas con una armazón adecuada. **2.** Sitio donde hay parras. **3.** Viña que ha quedado sin podar.

**PARRANDA** n. f. Juerga, especialmente la que se hace yendo de un sitio a otro.

**PARRANDEAR** v. intr. **[1]**. Ir de parranda.

**PARRANDERO, A** adj. y n. Dícese de la persona que va mucho de parranda.

**PARRICIDA** n. m. y f. Persona que comete parricidio.

**PARRICIDIO** n. m. DER. Delito que comete el que mata a su padre, madre o hijo, o a cualquier otro de sus ascendientes o descendientes legítimos o ilegítimos, o a su cónyuge.

**PARRILLA** n. f. Utensilio de hierro en forma de rejilla, que se coloca sobre el fuego para asar o tostar los alimentos. **2.** Establecimiento especializado en asar alimentos con este utensilio. **3.** Programación de las emisoras de televisión. **4.** DEP. Posición de salida a la que se hacen acreedores los pilotos en las competiciones automovilísticas de velocidad, en orden a los tiempos registrados en los entrenamientos previos. **5.** TECNOL. Armazón de barras de hierro que, en un hogar de combustible sólido, sirve de soporte a la lumbre, a la par que permite el paso de aire comburente y la evacuación de las cenizas. • **Parrilla costal** (MED.), conjunto óseo de la pared lateral del tórax.

**PARRILLADA** n. f. Plato compuesto por diversas clases de pescados, o carnes, asados a la parrilla. **2.** *Argent.* y *Chile.* Asado de carne e interiores de vacuno, preparado en una parrilla y servido generalmente al aire libre.

**PÁRROCO** n. m. y adj. Sacerdote encargado de una parroquia.

**PARROQUIA** n. f. Iglesia que tiene a su cargo la jurisdicción espiritual de determinado territorio, parte de una diócesis. **2.** Territorio de esta iglesia. **3.** Comunidad de fieles de dicha iglesia. **4.** *Fig.* Clientela. **5.** En Asturias y Galicia, división administrativa menor en la que se dividen los municipios. **6.** En el Distrito Federal de Venezuela, división administrativa equivalente al municipio. **7.** En Ecuador, división administrativa menor en que se subdivide el cantón. **8.** Célula elemental de la sociedad rural, constituida por un conjunto de aldeas colocadas bajo la advocación de una iglesia.

**PARROQUIAL** adj. Relativo a la parroquia: *iglesia parroquial.*

**PARROQUIANO, A** adj. y n. Relativo a determinada parroquia. ◆ n. **2.** Cliente de una tienda o establecimiento.

**PARSEC** n. m. (contracción de *paralaje* y *segundo*). Unidad de distancia usada en astronomía, que corresponde a la distancia a la Tierra de una estrella cuyo paralaje anual es igual a un segundo de grado, y que equivale a 3,26 años luz.

**PARSI** adj. y n. m. y f. Relativo a una comunidad de religión zoroástrica, que se estableció en la India. ◆ n. m. **2.** Sistema de transcripción en escritura persa de los textos pahlavī, utilizado en Persia en tiempos de los sasánidas.

**PARSIMONIA** n. f. Moderación, especialmente en los gastos. **2.** Calma, flema.

**PARSIMONIOSO, A** adj. Que actúa con parsimonia.

**PARSISMO** n. m. Religión de los parsis.

**PARTE** n. f. (lat. *partem*). Porción de un todo. **2.** Elemento que forma parte de un conjunto. **3.** Cantidad que corresponde a cada uno en cualquier distribución. **4.** Sitio o lugar. **5.** Cada una de las personas, equipos, ejércitos, etc., que dialogan, se oponen, luchan o contienden. **6.** Cada una de las personas o grupos que contratan o negocian algo. **7.** Cada división importante que comprende otras menores, y que suelen tener las obras literarias, científicas, etc. **8.** En una obra teatral, papel representado por cada actor. **9.** DER. Cada una de las personas que tienen participación o interés en un acto jurídico plural: *la parte contratante.* **10.** DER. Persona física o jurídica que ocupa el lugar de sujeto del proceso con la pretensión de obtener en él la tutela jurídica otorgada por el derecho positivo. **11.** MÚS. Fragmento diferenciado de una obra musical: *sonata en cuatro partes.* **12.** MÚS. Papel correspondiente a cada uno de los músicos que participan en la ejecución de un conjunto musical. • **Conjunto de las partes de un conjunto** (MAT.), conjunto constituido por todas las partes que pueden formarse con los elementos de un conjunto dado. || **Dar parte,** comunicar un aviso o noticia, particularmente a la autoridad; dar participación en un negocio. || **De,** o **por mi, tu,** etc., **parte,** por lo que a esta persona respecta, no siendo un asunto exclusivamente suyo. || **De parte a parte,** de un lado al extremo opuesto, o de una cara a la otra opuesta. || **De parte de** alguien o **de** algo, beneficiando a la persona que se expresa; entre los partidarios de alguien que se expresa; con ayuda de lo que se expresa; por encargo de quien se expresa. || **Formar parte de** cierta cosa, ser uno de los miembros o componentes de ella. || **Parte de fundador,** título especial emitido al constituirse una sociedad, que se entrega a los fundadores como remuneración de los servicios prestados. || **Parte de la oración,** en la gramática tradicional, cada una de las clases de palabras que integran el sistema de una lengua. || **Parte de un conjunto** (MAT.), subconjunto de un conjunto dado. || **Parte del mundo** (GEOGR.), cada uno de los seis grandes sectores en que se considera dividida la Tierra. || **Parte viril** (DER.), cada una de las porciones que corresponden a un heredero cuando la partición de una herencia se hace por partes iguales. || **Ponerse de parte de** uno, adherirse a su opinión. || **Por otra parte,** además. || **Por partes,** gradual y separadamente. || **Salva sea la parte,** dícese al señalar en el propio cuerpo dónde aconteció a otro lo que se está refiriendo; expresión con que se alude eufemísticamente a las nalgas. || **Tener** a uno **de su parte,** contar con su favor. || **Tomar parte en** algo, interesarse activamente en ello. ◆ n. m. **13.** Comunicación enviada o recibida, generalmente de tipo oficial: *parte de guerra; parte meteorológico.* **14.** Papel en que está consignada. ◆ **partes** n. f. pl. **15.** *Fam.* Órganos de la generación.

**PARTEHÚMOS** n. m. (pl. *partehúmos*). Tabique divisorio entre dos conductos de chimenea.

**PARTELUZ** n. m. Mainel.

**PARTENAIRE** n. m. y f. (voz francesa). Con relación a una persona, la que forma pareja con ella en el juego, teatro, cine, etc.

**PARTENCIA** n. f. Partida, acción de partir.

**PARTENOGÉNESIS** n. f. Reproducción a partir de un óvulo o de una oosfera no fecundados.

■ Existe partenogénesis (vegetal o animal) cada vez que un gameto femenino que no ha sido fecundado se desarrolla y origina un nuevo individuo. Se excluye de este concepto cualquier fenómeno de multiplicación vegetativa, por esquejes, etc., en el que participen células somáticas diploides, que son totalmente infecundables. Un caso extremo de partenogénesis es la *constante*, de las especies sin macho o con escasez de macho; la más frecuente es la *cíclica*, como por ejemplo, la de los pulgones, vivíparos en verano, pero que se diferencian sexualmente y se aparean en otoño para poner huevos, únicos elementos capaces de soportar el invierno.

**PARTENOGENÉTICO, A** adj. Relativo a la partenogénesis.

**PARTERRE** n. m. (voz francesa). Macizo o cuadro de jardín con césped y flores.

**PARTESANA** n. f. (ital. *partigiana*). Especie de alabarda de hoja larga, usada durante los ss. XV-XVII.

**PARTESOL** n. m. Saledizo de la fachada por delante de las ventanas o vidrieras, cuyas dimensiones están calculadas de forma que proyecte sombra en verano y deje paso libre al sol en invierno.

**PARTICELLA** n. f. (voz italiana). MÚS. Trozo de la partitura correspondiente a cada cantante.

**PARTICIÓN** n. f. Acción y efecto de partir o repartir. **2.** DER. Acto jurídico por el cual los copropietarios de un patrimonio o de un bien determinado ponen fin a la indivisión. **3.** HERÁLD. División de un escudo. • **Partición de un conjunto** (MAT.), familia de partes no vacías de dicho conjunto, disjuntas dos a dos y cuya reunión es igual al conjunto.

**PARTICIPACIÓN** n. f. Acción y efecto de participar. **2.** Parte que corresponde a cada uno de los que participan en una cosa. **3.** Parte que se juega en un décimo en la lotería y papel en que consta. **4.** Escrito en que se comunica un acontecimiento, especialmente una boda. • **Participación en los beneficios,** cláusula por la que un patrón concede a un obrero o empleado, además del salario, una parte de los beneficios.

**PARTICIPAR** v. tr. (lat. *participare*) [1]. Comunicar, informar. ◆ v. intr. **2.** Tomar parte, intervenir: *participar en un concurso.* **3.** Recibir una parte de algo. **4.** Compartir, tener en común una particular cualidad, carácter, opinión, etc.

**PARTÍCIPE** adj. y n. m. y f. Que tiene o participa en algo con otros. • **Hacer partícipe** a alguien de algo, hacérselo saber, compartir con él.

**PARTICIPIAL** adj. Relativo al participio.

**PARTICIPIO** n. m. (lat. *participium*, que participa). Forma nominal del verbo con carácter adjetival.

**PÁRTICO, A** adj. Relativo a los partos.

**PARTÍCULA** n. f. Parte pequeña. **2.** GRAM. Nombre genérico que se aplica a los elementos de relación o modificación invariables, cuya función en la frase es primordialmente sintáctica o pragmática y no semántica, y a elementos que entran en la formación de ciertas palabras. • **Partícula elemental,** o **fundamental** (FÍS.), constituyente fundamental del universo que aparece, en el estado actual de los conocimientos, como no capaz de descomponerse en otros elementos.

■ El concepto de «partícula» está en la base de la descripción física del universo, pues permite explicar tanto las propiedades de la materia como las fuerzas ejercidas entre sus diversos componentes. El átomo* está formado por un núcleo rodeado de una nube de *electrones*. El núcleo está constituido por protones y neutrones que, a su vez, están compuestos por *quarks*. Como el electrón, los quarks*, de los que se conocen seis variedades (o «sabores»), aparentemente carecen de estructura interna y no es posible aislarlos; forman conjuntos: los *hadrones*. Hay varios centenares de hadrones divididos en *bariones*, compuestos por tres quarks (como los nucleones), y en *mesones*, conjuntos quark-antiquark. También existen, además del electrón, dos partículas análogas, pero más pesadas e inestables: el *muón* y el *tauón*. A cada una de estas tres partículas se asocia un *neutrino*, eléctricamente neutro, que aparece en las radiaciones β. Estas seis partículas (electrón, muón, tauón y sus respectivos neutrinos), insensibles a la interacción nuclear llamada «fuerte», forman el grupo de los *leptones*.
Otra clasificación de las partículas se basa en el valor de su *spin*. La materia está formada por partículas de spin semientero: los *fermiones*. Los *bosones*, partículas de spin entero, desempeñan la función de intermediarios entre las partículas de materia: su intercambio entre los fermiones asegura la transmisión de las interacciones. A cada interacción fundamental se asocia un bosón específico. Aunque el *gravitón*, considerado vehículo de la interacción gravitacional, aún no se ha descubierto, ya se conoce el *fotón*, responsable de la fuerza electromagnética, los tres bosones, llamados «intermediarios» ($W^+$, $W^-$, $Z^0$), de la interacción débil y los ocho *gluones* portadores de la interacción fuerte.

**PARTICULAR** adj. Propio, peculiar de una persona o cosa. **2.** Raro, no corriente, no ordinario. **3.** Propio, poseído por una persona o un grupo reducido. **4.** Que tiene carácter privado, no oficial: *audiencia particular.* **5.** Concreto, determinado: *caso particular.* • **Clase particular,** clase que un profesor da y un estudiante recibe fuera del horario normal del curso. || **En particular,** especialmente. ◆ adj. y n. m. y f. **6.** Dícese de las personas sin títulos o cargo oficial. ◆ n. m. **7.** Asunto, materia de que se trata. • **Sin otro particular,** sin más que decir o añadir; con el exclusivo objeto de.

**PARTICULARIDAD** n. f. Carácter particular de una cosa. **2.** Detalle particular.

**PARTICULARISMO** n. m. Preferencia excesiva que se da a los intereses particulares sobre los generales. **2.** Individualismo exagerado, independencia de criterio. **3.** Tendencia en un territorio a defenderse de la absorción en otro mayor.

**PARTICULARISTA** adj. y n. m. y f. Relativo al particularismo; partidario de esta tendencia.

**PARTICULARIZAR** v. tr. [1g]. Expresar una cosa con todas sus particularidades. **2.** Mostrar preferencia por alguien determinado. ◆ v. tr. y pron. **3.** Distinguir, singularizar.

**PARTIDA** n. f. Acción de partir o marcharse. **2.** Cierta cantidad de una mercancía que se entrega o se manda de una vez: *una partida de azúcar.* **3.** Conjunto de personas reunidas para algún fin: *partida de facciosos.* **4.** Cada una de las cantidades parciales o apartados que contiene una cuenta o presupuesto. **5.** Registro o asiento de bautismo, confirmación, matrimonio o entierro que figura escrito en los libros de las parroquias o del registro civil, y copia certificada que se da de tales asientos. **6.** Cada una de las manos de un juego o el conjunto de las mismas. **7.** *Fig.* Muerte. **8.** MIL. Guerrilla, tropas de escasa importancia numérica o paisanos armados que operan libremente en tiempo de guerra, sin sujeción a un mando militar superior. • **Mala partida** (*Fig.*), acción injusta que se realiza en perjuicio de alguien. || **Partida de caza,** cacería.

**PARTIDARIO, A** adj. y n. Dícese del que, por concordar con algo o alguien, lo sigue, defiende y ayuda.

**PARTIDISMO** n. m. Celo exagerado a favor de un partido, tendencia u opinión. **2.** Parcialidad.

**PARTIDISTA** adj. y n. m. y f. Relativo al partidismo; que actúa con partidismo.

**PARTIDO** n. m. Cada uno de los grupos en que se divide una comunidad, en oposición de ideas y tendencias con otros: *partido político.* **2.** Persona casadera considerada respecto a las ventajas de su situación: *un buen partido.* **3.** Provecho, conveniencia. **4.** Competición deportiva. **5.** Organización de personas, con carácter estable, destinada a adquirir el poder para ejercer desde él un programa político general. **6.** En la provincia de Buenos Aires, división administrativa menor equivalente al departamento en el resto del país. • **Partido judicial,** unidad territorial que comprende varios pueblos, en los que, para la administración de justicia, ejerce jurisdicción un juez de primera instancia y cuya capitalidad recae en la población de mayor importancia. || **Sacar partido,** obtener provecho de algo. || **Tomar partido,** adoptar una decisión u opinión; decidirse a favor de una de las partes en la lucha.

**PARTIDO, A** adj. Generoso, liberal. **2.** BOT. Dícese de la hoja dividida en lóbulos que llegan por lo menos hasta la mitad de la distancia entre el margen y el nervio medio, pero que no alcanzan éste. **3.** CONSTR. Dícese de los postigos, persianas y hojas de puerta formadas por dos mitades articuladas por bisagras. **4.** HERÁLD. Dícese del escudo, pieza o figura dividida verticalmente en dos partes iguales.

**PARTIDOR, RA** adj. y n. Que divide o reparte una cosa. **2.** Que parte una cosa, generalmente rompiéndola. ◆ n. m. **3.** Instrumento con que se parte o rompe algo. **4.** Obra destinada a repartir, por medio de compuertas, las aguas de un canal de riego entre diversos usuarios.

**PARTIMENTO** o **PARTIMIENTO** n. m. Partición.

**PARTIQUINO, A** n. Cantante que, en las óperas, ejecuta una parte de muy escasa importancia.

**PARTIR** v. tr. [3]. Separar en partes. **2.** Repartir, distribuir. **3.** Compartir, dar parte de lo que se tiene. **4.** *Fig.* y *fam.* Causar a alguien un perjuicio o contrariedad. **5.** Romper las cáscaras o huesos de algunos frutos: *partir nueces.* **6.** MAT. Dividir, cuarta regla matemática. • **A partir de,** desde; tomando como base lo que se expresa a continuación. ◆ v. tr. y pron. **7.** Hender, rajar. ◆ v. intr. **8.** *Fig.* Tomar un antecedente cualquiera como base para un razonamiento, cálculo, etc. ◆ v. intr. y pron. **9.** Alejarse de un lugar, ponerse en camino: *partiremos al amanecer.* ◆ **partirse** v. pron. **10.** Dividirse en opiniones o parcialidades, desavenirse.

**PARTISANO, A** n. Miembro de un grupo de gente civil, organizado para la resistencia clandestina armada contra un ejército ocupante o la autoridad constituida.

**PARTITA** n. f. (voz italiana). MÚS. Término que puede designar una serie de variaciones, una suite de danzas o una sonata de cámara.

**PARTITIVO, A** adj. Que puede partirse o dividirse. ◆ adj. y n. m. **2.** Dícese de la partícula, complemento, caso o construcción gramatical que indica que se toma una parte del todo significado por otro elemento.

**PARTITURA** n. f. (voz italiana). Cuaderno o volumen de música en cuyas páginas se encuentran, superpuestas de manera que coincidan los compases, todas las partes vocales o instrumentales de una composición.

**PARTO** n. m. (lat. *partum*). Expulsión o extracción del claustro materno del feto viable y sus anexos. **2.** *Fig.* Creación de la mente humana, de la inteligencia, etc. • **El parto de los montes** (*Fig.*), cualquier cosa insignificante que se produce después de haber anunciado o esperado una grande, importante o trascendente. || **Exposición** u **ocultación del parto** (DER.), delito consistente en hacer desaparecer, en el estado civil, la prueba de la existencia de un hijo legítimo sin atentar contra su vida. || **Parto distócico,** parto anormal. || **Parto prematuro,** el que ocurre entre los 180 y 270 días del embarazo. || **Parto sin dolor,** método de profilaxis síquica que permite atenuar el dolor del parto. || **Suposición de parto** (DER.), delito que consiste en atribuir un niño a una mujer que no es su madre. || **Sustitución de parto** (DER.), sustitución de un recién nacido por otro.

■ El parto suele desarrollarse en tres períodos. El primero, que corresponde a la dilatación del cuello del útero, se inicia con la aparición de contracciones uterinas. Estas contracciones, involuntarias, son cada vez más frecuentes y largas y van acompañadas de dolor. El feto es impulsado hacia abajo hasta que franquea la pelvis. El segundo período es la fase de expulsión del feto, que se produce cuando la dilatación es total. En caso de necesidad, puede acortarse mediante una episiotomía (sección mínima de la vulva o del perineo) o por el uso del fórceps. El tercer período, o alumbramiento, corresponde a la expulsión de la placenta y de las membranas fetales.

**PARTO, A** adj. y n. Relativo a un antiguo pueblo emparentado con los escitas, que se estableció en

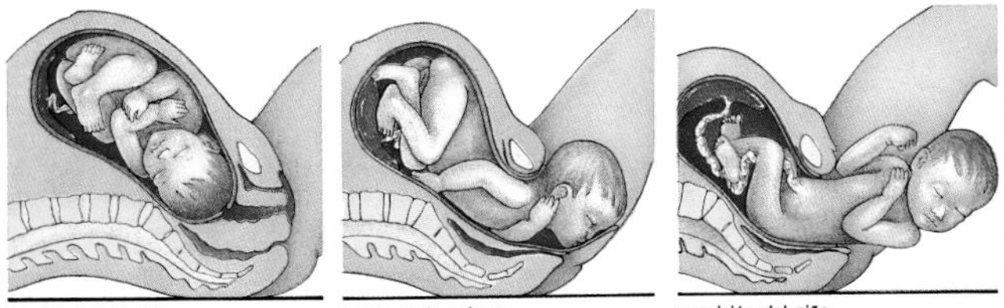

comienzo del parto

salida de la cabeza y de los hombros

expulsión del niño que está aún unido a su madre por el cordón umbilical

**parto**

el s. III a. J.C. en la región NE de Irán (act. Jurasān); individuo de este pueblo.
■ Su jefe Arsaces (*c.* 250), aprovechando la debilidad del imperio seléucida, constituyó un reino; a fines del s. II a. J.C. éste se extendía por Irán y una parte de Mesopotamia, y puso en jaque a los ejércitos romanos. La dinastía parta de los arsácidas fue derrotada por los sasánidas (224 d. J.C.).

**PARTURIENTA** n. f. y adj. Dícese de la mujer que está pariendo o acaba de parir.

**PARTY** n. m. (voz inglesa). Reunión o fiesta celebrada generalmente en una casa particular.

**PÁRULIS** n. m. MED. Pequeño absceso de las encías.

**PARUSÍA** n. f. (gr. *parusia*). TEOL. Retorno glorioso de Cristo, al final de los tiempos, para el juicio final.

**PARVA** n. f. Mies tendida en la era para trillarla, o después de trillada, antes de separar el grano. **2.** *Fig.* Montón, cantidad grande de una cosa.

**PARVADA** n. f. *Méx.* Bandada.

**PARVEDAD** n. f. Calidad de parvo.

**PARVO, A** adj. (lat. *parvum*). Pequeño. **2.** Escaso en cantidad o número.

**PARVULARIO** n. m. Centro de enseñanza preescolar.

**PÁRVULO, A** adj. y n. (lat. *parvulum*). Dícese del niño pequeño, de edad comprendida entre los tres y los seis años.

**P.A.S.** n. m. (de ácido *paraaminosalicílico*). Antibiótico antituberculoso.

**PASA** n. f. y adj. Uva seca, enjugada naturalmente en la vid, o artificialmente al sol o por otros procedimientos.

**PASABLE** adj. Mediano, intermedio. **2.** Aceptable.

**PASABOCAS** n. m. pl. *Colomb.* Pequeñas cantidades de comida que se toman generalmente acompañadas de alguna bebida, tapas.

**PASACALLE** n. m. Marcha popular, de compás muy vivo. **2.** Danza cortesana de compás ternario.

**PASADA** n. f. Acción de pasar o pasarse. **2.** Mano, cada operación que se hace de una vez en algún trabajo en que se realizan varias repetidas. **3.** *Fig.* y *fam.* Jugada, acción mal intencionada que perjudica a alguien: *le han jugado una mala pasada.* **4.** Puntada larga en el cosido. **5.** En las labores de punto, vuelta, fila de puntos que se hacen seguidos de un lado a otro. **6.** *Fam.* y *vulg.* Acción exagerada. **7.** TAUROM. Acción de pasarse el torero al toro con ayuda de la capa o muleta. **8.** TECNOL. En los tornos y otras máquinas y herramientas, trabajo ejecutado por la cuchilla o herramienta de corte en un solo ciclo mecánico: *pasada de desbaste; pasada de acabado.* **9.** TEXT. Hilo de trama. • **De pasada,** sin dedicarle mucha atención, superficialmente.

**PASADERA** n. f. Cualquier cosa colocada a modo de puente para atravesar una corriente de agua.

**PASADERO, A** adj. Que se puede pasar con facilidad. **2.** Pasable. ◆ n. m. **3.** Pasadera.

**PASADIZO** n. m. Cualquier paso estrecho, y generalmente corto, que sirve para pasar de un sitio a otro, atajando camino.

**PASADO, A** adj. Aplicado a un nombre de tiempo, el inmediatamente anterior: *el mes pasado.* **2.** Estropeado por no ser reciente. **3.** Falto de actualidad. **4.** TAUROM. Dícese del puyazo, par de banderillas o estocada un poco traseras. ◆ n. m. **5.** Tiempo ya transcurrido. **6.** Conjunto de hechos relativos a una persona o colectividad en tiempo anterior al presente: *renegar una persona de su pasado.* **7.** GRAM. Pretérito.

**PASADOR** n. m. Imperdible que se sujeta en el uniforme, y sirve para llevar condecoraciones y medallas. **2.** Alfiler o pinza utilizado para sujetar el pelo o como adorno de la cabeza. **3.** Especie de prendedor con el que se sujeta la corbata a la camisa. **4.** Barreta corrediza para asegurar una puerta. **5.** Utensilio de cocina, generalmente cónico, que sirve para colar. **6.** Pequeña clavija de metal que se introduce en el extremo de ciertas piezas para fijarlas y asegurarlas a otras que aquéllas atraviesan o en las que se encajan.

**PASAJE** n. m. Paso, acción de pasar. **2.** Sitio por donde se pasa. **3.** Billete para un viaje en barco o en avión. **4.** Conjunto de pasajeros de un mismo barco o avión. **5.** Fragmento con unidad de sentido de una obra literaria o musical. **6.** Calle estrecha y corta de paso entre dos calles. **7.** Callejón con una sola salida. **8.** Danza típica de Colombia.

**PASAJERO, A** adj. Que dura poco tiempo, que pasa pronto. **2.** Dícese del sitio o lugar por donde pasa continuamente mucha gente. ◆ n. **3.** Viajero que va en un vehículo público, en un barco o en un avión sin pertenecer a la tripulación. **4.** *Argent., Chile* y *Colomb.* Persona que está de tránsito y se aloja en un hotel.

**PASAJERO-KILÓMETRO** n. m. (pl. *pasajeros-kilómetro*). Unidad de medida, referida a una unidad de tiempo, utilizada para cuantificar el volumen de actividad de los distintos medios de transporte de pasajeros.

**PASAMANAR** v. tr. [1]. Adornar o guarnecer algo con trabajos de pasamanería o con pasamanos.

**PASAMANERÍA** n. f. Adorno consistente en galones, trencillas, etc., que sirve para guarnecer vestidos, cortinas, etc. **2.** Conjunto de estos adornos.

**PASAMANO** o **PASAMANOS** n. m. Barandal, listón que sujeta por encima los balaustres. **2.** Paso que hay en los buques junto a la borda, de popa a proa.

**PASAMONTAÑAS** n. m. (pl. *pasamontañas*). Prenda para abrigar la cabeza y que la cubre toda, excepto los ojos y la nariz.

**PASAMUROS** n. m. (pl. *pasamuros*). Aislador eléctrico que permite el paso de un conductor activo a través del muro de un edificio.

**PASANTE** n. m. Auxiliar que trabaja con un jurista para adquirir práctica en la profesión.

**PASANTÍA** n. f. Empleo o actividad de pasante. **2.** Tiempo que dura este ejercicio.

**PASAPORTAR** v. tr. [1]. Expedir pasaporte a una persona. **2.** *Fig.* Despedir a alguien, echarle de algún sitio.

**PASAPORTE** n. m. (fr. *passeport*). Documento extendido por la autoridad para permitir a una persona el paso de un estado a otro. **2.** *Fig.* Permiso para hacer algo. • **Dar pasaporte** a uno, despedirle, echarle de algún sitio; matarle.

**PASAPURÉS** n. m. (pl. *pasapurés*). Utensilio doméstico que sirve para prensar y colar patatas, verduras, legumbres, hortalizas, etc.

**PASAR** v. intr. [1]. Con relación a lo que está quieto, moverse, trasladarse de un lugar a otro: *ver pasar la gente.* **2.** Ir a un sitio sin detenerse en él mucho tiempo: *ayer pasó por casa.* **3.** Poder algo por sus dimensiones atravesar determinado espacio o abertura: *no pasar por una puerta.* **4.** Cambiar de actividad, estado o condición. **5.** Ser tenido en la opinión que se expresa. **6.** Cesar, acabarse una cosa. **7.** Suceder, ocurrir. **8.** Transcurrir el tiempo: *pasar los años.* **9.** Seguir viviendo, actuando, etc., aunque precariamente y con dificultades. **10.** Estar algo todavía en condiciones de ser utilizado. **11.** Ser admitido algo y poder seguir su curso. **12.** *Fam.* No preocuparse seriamente de algo, mantener una actitud indiferente: *pasar de los estudios.* **13.** En el dominó y ciertos juegos de naipes, no jugar por carecer de la ficha o carta requerida. **14.** En ciertos juegos de naipes, hacer más tantos de los requeridos para ganar, y, por tanto, perder la partida. **15.** No apostar. • **Pasar a mejor vida,** morir. || **Pasar de largo,** no entrar o detenerse. || **Pasar por encima,** superar alguien los obstáculos que se oponen a la realización de algo. ◆ v. tr. **16.** Trasladar una cosa de un sitio a otro próximo. **17.** Hacer cambiar de posición o correr sucesiva y ordenadamente cada uno de los elementos de una serie o conjunto. **18.** Alargar, coger algo y darlo a otro que está más lejos. **19.** Introducir, meter dentro. **20.** Mover o llevar una cosa por el lugar que se expresa. **21.** Tragar, ingerir. **22.** Colar, filtrar. **23.** Tolerar, perdonar. **24.** Sobrepasar, ir más allá de cierto punto o límite. **25.** Superar una prueba: *pasar un examen.* **26.** Padecer, soportar: *pasar penalidades.* **27.** Permanecer determinado tiempo en el lugar o de la manera que se expresa: *pasar unos días en el campo.* **28.** Recorrer, leyendo o estudiando, un libro o tratado: *me he pasado todos los libros que tratan del tema.* **29.** Leer o rezar sin atención: *pasar el rosario.* **30.** En ciertos deportes, entregar la pelota, bola, balón, etc., a un compañero. **31.** Proyectar una película cinematográfica. **32.** Introducir o extraer géneros de contrabando, o que adeudan derechos, sin registro. **33.** *Méx.* Ensayar parte o la totalidad de una obra teatral: *Vamos a pasar la primera escena.* • **Pasar por alto** algo, no tenerlo en cuenta, no mencionarlo. || **Pasar por las armas,** fusilar. ◆ v. tr. e intr. **34.** Atravesar, cruzar: *pasar el río a nado.* **35.** Transmitir o transferir algo de un sujeto a otro: *sus bienes pasarán a sus hijos.* ◆ v. tr. y pron. **36.** Exceder, aventajar. **37.** Hacer deslizar algo sobre una superficie: *pasar la mano por la frente.* ◆ v. intr. y pron. **38.** Cesar, tener fin. ◆ **pasarse** v. pron. **39.** Tomar un partido contrario al que antes se tenía, o ponerse de la parte opuesta: *pasarse al enemigo.* **40.** Olvidarse, borrarse de la memoria una cosa. **41.** Perder la sazón o empezarse a estropear las frutas, carnes, etc. **42.** Dejar alguien escapar una ocasión, una oportunidad. **43.** Excederse, exagerar.

**PASARELA** n. f. Puente estrecho y pequeño para salvar un espacio. **2.** Pasillo estrecho y algo elevado destinado al desfile de artistas, modelos, etc., para ser contemplados por el público.

**PASATIEMPO** n. m. Diversión, entretenimiento.

**PASAVANTE** n. m. Permiso de circulación o título de expedición que, en materia de aduanas y de contribuciones indirectas, autoriza el transporte de mercancías dentro de un país. **2.** Documento que da a un buque el jefe de las fuerzas navales enemigas para que no sea molestado en su navegación. **3.** Documento expedido por las autoridades marítimas en favor de un buque que debe efectuar una travesía y no tiene la documentación en regla. **4.** Documento que expiden los cónsules españoles a los buques mercantes adquiridos en el extranjero, hasta su matriculación definitiva en un puerto español.

**PASAVOLANTE** n. m. Acción hecha con precipitación o irreflexivamente. **2.** Durante el s. XVI, boca de fuego de pequeño calibre, montada en los buques; posteriormente, cañón simulado de madera que se mostraba en la cubierta de los navíos mercantes para atemorizar a los corsarios.

**PASAVOLEO** n. m. En el juego de pelota, lance que consiste en volver ésta por encima de la cuerda hasta más allá del saque.

**PASCAL** n. m. (de B. *Pascal*). Unidad de medida de presión (símbolo Pa), equivalente a la presión uniforme que, actuando en una superficie plana de 1 metro cuadrado, ejerce una fuerza total de 1 newton sobre dicha superficie.

**PASCAL** n. m. INFORMÁT. Lenguaje de programación definido a comienzos de los años setenta, particularmente adaptado al tratamiento estructurado de aplicaciones científicas.

**PASCANA** n. f. *Amér. Merid.* Jornada, etapa de un viaje. **2.** *Argent., Bol.* y *Perú.* Posada, mesón.

**PASCUA** n. f. (lat. *pascham*). Fiesta solemne celebrada por los judíos el día catorce de la primera luna de su año religioso, en memoria de su salida de Egipto. **2.** Fiesta solemne celebrada todos los años por los cristianos, en memoria de la resurrección de Cristo. (Con este significado suele escribirse con mayúscula.) SIN.: *Pascua de Resurrección, Pascua florida.* • **Hacer la pascua,** fastidiar a alguien. ‖ **Pascua de Pentecostés,** o **granada,** fiesta de Pentecostés. ◆ **pascuas** n. f. pl. **3.** Nombre que se da a las fiestas que se celebran con motivo de Navidad, Pascua y Pentecostés. • **Dar las pascuas,** felicitar con motivo de estas festividades. ‖ **De pascuas a ramos** *(Fam.),* con poca frecuencia, muy raramente. ‖ **Estar como unas pascuas** *(Fam.),* estar muy alegre.

**PASCUAL** adj. Relativo a la pascua: *tiempo pascual; cordero pascual; vigilia pascual.*

**PASCUERO, A** adj. *Chile.* Perteneciente o relativo a la pascua. • **Viejito pascuero** *(Chile),* Papá Noel, Santa Claus.

**PASE** n. m. Acción y efecto de pasar: *pase de modelos, de una película.* **2.** Lance o suerte de muleta en el que se mueve el toro de sitio mientras que el torero permanece parado. **3.** Lance de capa que ejecuta el torero. **4.** Licencia por escrito para pasar géneros de un lugar a otro, para transitar por algún sitio, para entrar en un lugar o para viajar gratuitamente. **5.** Permiso dado por quien tiene autoridad para que se use de un privilegio o favor especial. **6.** En esgrima, amago de golpe. **7.** En ciertos deportes y juegos, acción y efecto de pasar. **8.** Movimiento que hace con las manos el magnetizador o hipnotizador: *pases magnéticos.* • **Pase regio,** derecho que se atribuían los monarcas a retener y dar su aprobación a las bulas y demás disposiciones jurídico-eclesiásticas procedentes de la Santa Sede antes de ser publicadas en sus reinos.

**PASEADOR, RA** adj. Que pasea mucho.

**PASEANDERO, A** adj. y n. *Argent., Chile, Par., Perú* y *Urug.* Dícese de las personas a las que les gusta pasear o lo hacen con frecuencia.

**PASEANTE** adj. y n. m. y f. Que pasea o se pasea. **2.** Dícese de la persona desocupada.

**PASEAR** v. intr., tr. y pron. **[1].** Ir andando por placer o por hacer ejercicio, generalmente al aire libre y sin una meta precisa. **2.** Ir con el mismo fin, a caballo, en coche, etc. ◆ v. intr. y pron. **3.** Llevar al caballo de la mano, por las riendas y sin estar montado, antes de las carreras para presentarlo al público. ◆ v. tr. **4.** Hacer pasear: *pasear a un niño.* **5.** *Fig.* Llevar de una parte a otra, exhibir: *pasear la bandera por la calle.* ◆ **pasearse** v. pron. **6.** *Fig.* Tratar de una materia vagamente o pensar en algo sin profundizar en ello. **7.** *Fig.* Estar ocioso.

**PASEÍLLO** n. m. TAUROM. Paseo.

**PASEO** n. m. Acción y efecto de pasear: *dar un largo paseo.* **2.** Lugar a propósito para pasear: *paseo concurrido.* **3.** Distancia corta. **4.** TAUROM. Desfile que efectúan las cuadrillas y con el que da comienzo la corrida. SIN.: *paseíllo.* • **Dar el paseo,** durante la guerra civil española, acto consistente en detener a alguien y fusilarlo en las afueras de una población. ‖ **Echar,** o **enviar, a paseo** *(Fam.),* despedir con enfado; apartarse, desentenderse de alguien.

**PASERIFORME** adj. y n. m. Relativo a un orden de aves, generalmente de talla pequeña, arborícolas, cantoras, de vuelo ligero y constructoras de nidos, como la alondra, el mirlo o el ruiseñor.

**paseriformes**

**PASERO, A** adj. Relativo a las pasas.

**PASHTO** o **PAŠTŌ** n. m. Lengua indoeuropea del grupo iranio oriental, hablada en Afganistán, que se escribe con alfabeto árabe.

**PASHTO** o **PAṬHĀN,** pueblo que habita principalmente en Afganistán, y también en Pakistán. Los pashto son musulmanes, en su mayoría sunníes.

**PASIBILIDAD** n. f. Calidad de pasible.

**PASIBLE** adj. Capaz de padecer.

**PASICORTO, A** adj. Que anda con pasos cortos.

**PASIEGO, A** adj. y n. De Montes de Pas. ◆ adj. **2.** Dícese de una raza bovina característica por su pelaje de color avellana o castaño, piel flexible, grupa alta, cabeza pequeña, cuernos cortos y finos, perfil convexo y poca corpulencia.

**PASIFLORA** n. f. Planta herbácea o leñosa, de flores grandes, brillantes, de color rosado, rojo o purpúreo y agrupadas en pedúnculos unifloros, que se caracterizan por la concrescencia de la base del cáliz y de la corola, que forma una copa de cuyos bordes parten los pétalos. SIN.: *flor de la pasión, pasionaria.*

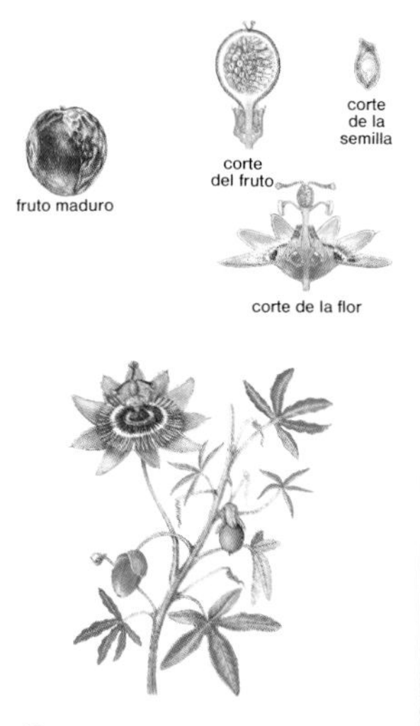

**pasiflora**

**PASIFLORÁCEO, A** adj. y n. f. Relativo a una familia de plantas, de ordinario trepadoras, con flores cuyo androceo posee una corona de origen axial, y todas ellas de las regiones tropicales.

**PASILARGO, A** adj. Que anda con pasos largos.

**PASILLO** n. m. Pieza de paso, estrecha y generalmente larga, del interior de un edificio o de una casa, que comunica unas habitaciones con otras. **2.** Paso que rodea los palcos, la orquesta y la platea en los teatros. **3.** Baile colombiano de carácter vivo y gracioso, que se danza también en Venezuela y en Ecuador.

**PASIÓN** n. f. (lat. *passionem*). Inclinación impetuosa de la persona hacia lo que desea. **2.** Emoción fuerte y continua que domina la razón y orienta toda la conducta. **3.** Objeto de este intenso sentimiento. **4.** Afición exagerada: *tener la pasión del juego.* **5.** MÚS. Oratorio basado en el tema de la Pasión de Cristo. **6.** REL. Conjunto de los acontecimientos de la vida de Jesucristo, desde su detención hasta su muerte. (Con este significado se escribe con mayúscula.) SIN.: *Pasión de Cristo.* • **Clavo de la Pasión** (HERÁLD.), figura que representa un clavo de forma triangular.

**PASIONAL** adj. Relativo a la pasión, especialmente amorosa: *arrebato pasional.*

**PASIONARIA** n. f. Nombre con que se designan también las pasifloras.

**PASIONISTA** n. m. y f. Miembro de una congregación religiosa fundada en 1720 por san Pablo de la Cruz y aprobada por Roma en 1741, cuya finalidad es la propagación de la devoción a la Pasión de Jesucristo a través de las misiones.

**PASITO** adv. m. Con mucho cuidado, en voz baja: *hablar pasito.*

**PASITROTE** n. m. Aire más rápido que el paso y más cómodo que el trote, que adoptan con frecuencia algunas caballerías.

**PASIVACIÓN** n. f. QUÍM. Modificación de la superficie de los metales por la que éstos se hacen menos sensibles a los agentes químicos.

**PASIVIDAD** n. f. Calidad de pasivo.

**PASIVO, A** adj. (lat. *passivum,* que soporta). Que recibe la acción, por oposición al sujeto o agente que la realiza: *una enseñanza pasiva.* **2.** Que permanece inactivo y deja obrar a los otros: *comportamiento pasivo.* **3.** DER. Dícese de los haberes o pensiones que se perciben por servicios prestados personalmente o por algún individuo de la familia ya fallecido: *cobrar clases pasivas.* **4.** ELECTR. Dícese de un dispositivo eléctrico sin ninguna fuente de energía. **5.** QUÍM. Dícese de ciertos metales oxidables que adquieren la propiedad de no ser atacados por los ácidos oxigenados. • **Órgano pasivo** (FONÉT.), órgano que permanece inmóvil en el momento en que se le acerca uno activo para formar el punto de articulación. ◆ adj. y n. f. **6.** LING. Dícese de las formas verbales compuestas por el auxiliar *ser,* el participio de pasado del verbo activo y, eventualmente, un complemento agente, que representa el sujeto de la frase activa correspondiente. **7.** LING. Dícese del conjunto de estas formas verbales: *verbo pasivo; voz, oración pasiva; la pasiva refleja.* ◆ n. m. **8.** Conjunto de deudas y obligaciones de una persona o de un sujeto económico: *el pasivo de una empresa.* **9.** DER. Conjunto de fondos propios, deudas y resultados que aparecen en un balance. • **Pasivo monetario de un sistema,** volumen de oferta monetaria en un momento determinado.

**PASMADO, A** adj. Alelado, absorto o distraído: *quedarse pasmado.* **2.** HERÁLD. Dícese del pez y del delfín con la boca abierta y sin lengua. • **Águila pasmada** (HERÁLD.), águila que tiene caídas las plumas de las alas o plegadas las alas.

**PASMAR** v. tr. y pron. **[1].** Enfriar mucho o bruscamente; helarse. **2.** Producir un pasmo o enfriamiento. **3.** Causar un desmayo. ◆ v. tr., intr. y pron. **4.** *Fig.* y *fam.* Asombrar mucho.

**PASMAROTA** o **PASMAROTADA** n. f. *Fam.* Aspavientos con que se muestra admiración o extrañeza por algo.

**PASMAROTE** n. m. y f. *Fam.* Persona embobada, que permanece parada sin hacer nada, y como sin entender lo que se le dice.

**PASMO** n. m. Enfriamiento, catarro con dolor de huesos y otras molestias. **2.** *Fig.* Admiración o asombro muy grande, que deja sin saber qué hacer o qué decir.

**PASMÓN, NA** adj. y n. Torpe, que parece estar siempre asombrado.

**PASMOSO, A** adj. Que produce pasmo o asombro: *tranquilidad pasmosa.*

**PASO** n. m. (lat. *passum*). Acción de pasar: *el paso de un río; el paso de las aves; el paso de la esperanza a la desesperación.* **2.** Movimiento de cada uno de los pies al andar. **3.** Espacio recorrido con este movimiento: *el salón mide diez pasos.* **4.** Marcha, forma o modo de andar: *ir a buen paso; salir con paso lento.* **5.** Pisada, señal dejada por los pies al andar: *descubrir pasos en la arena.* **6.** Sitio por donde se pasa o se puede pasar: *obstaculizar el paso; ¡apártate del paso!* **7.** Desfiladero, garganta entre dos elevaciones; estrecho. **8.** El más lento de los aires naturales del caballo: *pasar del trote al paso.* **9.** *Fig.* Diligencia, gestión que se realiza para la consecución de alguna cosa: *dar los pasos necesarios para conseguir un trabajo.* (Suele usarse en plural.) **10.** *Fig.* Progreso conseguido en cualquier cosa. **11.** *Fig.* Trance, situación crítica o difícil por la que se pasa. **12.** Cada uno de los avances que realiza un aparato contador. **13.** En las máquinas eléctricas, distancia entre varios elementos medida sobre la periferia del inducido. **14.** Cruce de dos vías de comunicación, en carreteras, caminos, ferrocarriles, etc. **15.** Distancia entre dos irregularidades consecutivas que se repiten periódicamente y que, en el caso de tornillos, hélices, etc., equivale al avance longitudinal al dar estos mecanismos un giro completo. **16.** ASTRON. Momento en que un astro se interpone entre el ojo de un observador y otro astro. **17.** B. ART. Escultura o grupo de esculturas que representan una escena de la Pasión de Cristo y que se sacan en procesión por semana santa. **18.** COREOGR. Movimiento que ejecuta el bailarín con los pies, en el suelo con o sin recorrido. **19.** COREOGR. Fragmento de un ballet interpretado por uno o varios bailarines: *paso a dos; paso a cuatro.* **20.** DER. Facultad de delegar o transferir dignidades, empleos o atribuciones. **21.** DER. Pase o exequatur. **22.** LIT. Obra dramática corta, de carácter cómico. **23.** MIL. Cada uno de los aires de marcha de las tropas. **24.** MÚS. Fragmento de escala musical que alterna con otras ornamentaciones ordinarias. • **A buen paso** o **a paso largo,** o **ligero,** aceleradamente, de prisa. || **A cada paso,** con mucha frecuencia, reiteradamente. || **A paso de tortuga,** con mucha lentitud. || **A pasos agigantados,** con gran rapidez. || **Abrir,** o **abrirse paso,** quitar los obstáculos que impiden pasar por un sitio; conseguir situarse en la vida; imponerse, triunfar. || **Al paso,** sin detenerse al pasar yendo de una parte a otra. || **Dar pasos,** gestionar. || **Dar un paso en falso,** realizar una gestión contraproducente en algún asunto. || **De paso,** al ir a otra parte, incidentalmente; al mismo tiempo. || **Llevar el paso,** seguirlo en una forma regular, acomodándolo a un compás y medida o al de otra persona. || **Paso a nivel,** lugar en que una vía férrea cruza con un camino o carretera al mismo nivel. || **Paso a paso,** con lentitud, despacio. || **Paso de armas,** u **honroso,** en la edad media, torneo o lance caballeresco que consistía en la defensa de un paso de tránsito obligado. || **Paso de camino,** o **de maniobra** (MIL.), paso normal que no está sujeto a cadencia, utilizado en las marchas. || **Paso de carga** (MIL.), paso muy rápido y sin detenerse. || **Paso de cebra,** lugar por el que los peatones pueden cruzar una calle, señalizado por franjas blancas paralelas. || **Paso de la hélice** (MAT.), distancia entre dos intersecciones consecutivas de la hélice con la misma generatriz. || **Paso de peatones,** zona señalada por donde los peatones deben cruzar una calle, avenida o plaza. || **Paso de un astro por el meridiano,** momento en que el astro parece atravesar exactamente el plano meridiano de un lugar. || **Paso de una hélice,** espacio que una hélice podría recorrer en cada revolución o giro, si actuara en una tuerca sólida y fija. || **Paso del caracol,** cada una de las vueltas de la ranura en espiral del caracol de un reloj. || **Paso oblicuo,** bóveda de cañón cuyo eje no es normal a los parámetros anterior y posterior de la misma. || **Salir al paso,** salir al encuentro de alguien para detenerle o interpelarle; contradecirle, atajarle en lo que dice o intenta. || **Salir del paso** *(Fam.),* librarse de cualquier manera de un asunto, compromiso, dificultad, etc. || **Seguir los pasos,** espiar o vigilar a alguien; imitarle en sus acciones. ◆ **pasos** n. m. pl. **25.** En baloncesto, falta en que incurre el jugador que da tres o más pasos consecutivos, mueve el pie pivot o se desliza, reteniendo la pelota.

**PASO** adv. m. Quedo, en voz baja: *hablar muy paso.*

**PASO, A** adj. Dícese de la fruta desecada por cualquier procedimiento: *ciruela pasa; uva pasa.*

**PASODOBLE** n. m. Música y danza de ritmo vivo, popularizada hacia 1926, escrita en compás de dos tiempos, que se utiliza indistintamente para desfiles militares y espectáculos taurinos.

**PASOTA** adj. y n. m. y f. *Fam.* Que muestra desinterés por lo establecido.

**PASOTISMO** n. m. *Fam.* Actitud de pasota.

**PASPADURA** n. f. *Argent., Par.* y *Urug.* Agrietamiento o excoriación de la piel.

**PASQUÍN** n. m. (de *Pasquino,* fragmento de un grupo escultórico). Escrito anónimo colocado en lugares públicos con carácter clandestino y con un contenido crítico contra el poder establecido o las instituciones.

**PASSE-PARTOUT** n. m. (voz francesa). Soporte de cartón, tela u otro material, que en un cuadro enmarca la lámina, grabado, etc.

**PASSING-SHOT** n. m. (voz inglesa). En tenis, uno de los sistemas para pasar al contrario, que consiste en un tiro potente y a muy poca altura sobre la red.

**PASTA** n. f. (bajo lat. *pasta*). Masa de harina trabajada con manteca o aceite y otros ingredientes, como azúcar, huevos, etc. **2.** Sustancia más o menos consistente para elaborar productos alimenticios, farmacéuticos, técnicos, etc.: *sopa de pasta; la pasta de los quesos; pasta dentífrica; pasta de madera, de cemento, de arcilla, de pegar.* **3.** Cualquiera de los productos elaborados con masa de harina de trigo y agua y dejados desecar, como fideos, macarrones, etc. SIN.: *pasta alimenticia.* **4.** Pieza pequeña de pastelería, como las que se toman en el aperitivo, con el té, etc. **5.** Encuadernación hecha con cartón forrado de tela o de piel: *cubiertas de pasta.* **6.** *Fig.* y *fam.* Dinero. **7.** *Fig.* y *fam.* Temperamento, talante, disposición natural. **8.** *Argent.* Talento o disposición natural, madera. (Úsase como n. m. en la loc. *tener pasta.*) **9.** PINT. Empaste, unión perfecta de los colores. • **Buena pasta** *(Fig.),* carácter apacible y bondadoso. || **Pasta de papel,** materia fibrosa obtenida a partir de maderas, papel viejo o de desecho, trapos, paja de cereales, esparto, etc., y destinada a la fabricación de papel.

**PASTAFLORA** n. f. Pasta muy delicada, hecha con harina, azúcar y huevo.

**PASTAR** v. intr. y tr. **[1]**. Pacer. ◆ v. tr. **2.** Llevar o conducir el ganado al pasto.

**PASTE** n. m. *C. Rica, Guat., Hond.* y *Nicar.* Planta cucurbitácea cuyo fruto contiene un tejido poroso que se emplea a modo de esponja. **2.** *Hond.* Cierto tipo de planta parásita.

**PASTEAR** v. tr. **[1]**. *Perú.* Espiar.

**PASTECA** n. f. MAR. Motón largo y liso, con una abertura en la parte superior de una de sus caras laterales.

**PASTEL** n. m. Masa de harina o fécula, manteca o mantequilla, huevos, azúcar, etc., que se adorna o rellena, generalmente, de nata, crema, chocolate, frutas, etc., y a veces de carne o pescado, y se cuece después al horno. **2.** *Fig.* y *fam.* Chanchullo, manejo. **3.** *Fig.* y *fam.* Chapucería. **4.** B. ART. Lápiz constituido básicamente por una pasta acuosa de carbonato de calcio, pigmentada con diversos colores. • **Descubrirse el pastel** *(Fam.),* hacerse manifiesto, quedar a la vista algo que se procuraba ocultar.

**PASTELEAR** v. intr. **[1]**. *Fam.* Contemporizar por conveniencia.

**PASTELEO** n. m. Acción y efecto de pastelear.

**PASTELERÍA** n. f. Arte de elaborar pasteles, tartas y toda clase de dulces. **2.** Comercio o lugar donde se preparan y venden estos productos. **3.** Conjunto de pasteles o tartas.

**PASTELERO, A** n. Persona que hace o vende pasteles. **2.** *Fig.* y *fam.* Persona que transige o contemporiza demasiado.

**PASTELILLO** n. m. Cierto pastel relleno de yema o de un dulce de fruta.

**PASTELISTA** n. m. y f. Persona que pinta al pastel.

**PASTELÓN** n. m. *Chile.* Loseta grande que se emplea para la pavimentación.

**PASTEURELOSIS** o **PASTEURELLOSIS** n. f. VET. Infección debida a cierta bacteria, que puede transmitirse al hombre.

**PASTEURIZACIÓN** o **PASTERIZACIÓN** n. f. Operación que consiste en calentar un líquido alimenticio a una temperatura inferior a su punto de ebullición, para destruir los gérmenes patógenos sin alterar demasiado el sabor y las vitaminas.

**PASTEURIZADOR, RA** o **PASTERIZADOR, RA** adj. y n. m. Que pasteuriza.

**PASTEURIZAR** o **PASTERIZAR** v. tr. **[1g]**. Efectuar la pasteurización.

**PASTICHE** n. m. (voz francesa). Imitación o falsificación que consiste en combinar cierto número de motivos tomados de obras de determinado artista, de modo que parezcan una creación independiente.

**PASTILLA** n. f. Pequeña porción de masa medicinal o aromática, obtenida por moldeo o por corte de las placas de masa: *pastillas para la tos; pastillas de menta.* **2.** Caramelo de café y leche. **3.** Pequeña porción de ciertas sustancias, generalmente de forma cuadrada, rectangular o redonda: *pastilla de chocolate, de jabón.* **4.** TECNOL. Pieza mecánica cilíndrica, de pequeña altura con relación a su diámetro. • **A toda pastilla** *(Fam.),* con gran rapidez.

**PASTILLADORA** n. f. Máquina para la fabricación de pastillas.

**PASTINA** n. f. *Argent.* Mezcla de albañilería para sellar grietas o realizar junturas de mampostería.

**PASTINACA** n. f. Pez rayiforme ovovivíparo, con un aguijón venenoso en la cola, que puede medir hasta 1,50 m de long.

**PASTIZAL** n. m. Terreno abundante en pastos.

**PASTO** n. m. (lat. *pastum;* de *pascere,* pacer). Acción de pastar. **2.** Hierba que pace el ganado, o cualquier alimento que le sirve para su sustento. **3.** Sitio en que pasta el ganado. (Suele usarse en plural.) **4.** *Fig.* Materia o cosa sobre la que se ejerce una actividad que la destruye o perjudica: *la casa fue pasto de las llamas.* **5.** *Argent., Chile, Méx.* y *Perú.* Césped. • **A pasto** o **a todo pasto,** mucho, sin restricciones.

**PASTO** o **COAIQUER,** pueblo amerindio de Colombia (Nariño) y Ecuador (Carchi), de lengua chibcha.

**PASTOR, RA** n. (lat. *pastorem*). Persona que guarda o lleva el ganado a los pastos. ◆ n. m. **2.** Ministro de una Iglesia, especialmente protestante. • **Pastor alemán,** perro de gran tamaño y fuerza y huesos bien proporcionados, caracterizado por su inteligencia y capacidad de aprendizaje.

**pastor** alemán

**PASTORAL** adj. Pastoril. **2.** REL. Propio de los ministros del culto y, en especial, de los obispos: *visita pastoral.* • **Carta pastoral** (REL.), escrito dirigido por un obispo a sus diocesanos, generalmente al comienzo de la cuaresma, que trata de un punto doctrinal o de disciplina. ◆ adj. y n. f. **3.** Dícese de la parte de la teología relativa al ministerio sacerdotal. ◆ n. f. **4.** Especie de drama bucólico, cuyos interlocutores son pastores y pastoras. **5.** Pieza musical basada en textos o melodías sacados de la vida pastoril. **6.** Ópera de ambiente campestre, cuyos personajes son pastores.

**PASTOREAR** v. tr. **[1]**. Cuidar el ganado y llevarlo a los pastos.

**PASTORELA** n. f. Género poético de origen provenzal (s. XII), que narra cómo un caballero encuentra a una pastora y la requiere de amores. **2.** Género de música y canto sencillos y alegres. **3.** *Méx.* Representación teatral en la que se escenifica el nacimiento del Niño Jesús.

**PASTOREO** n. m. Acción y efecto de pastorear. • **Pastoreo de montanera,** acción de llevar el ganado de cerda a los pastos de bellota o hayuco.

**PASTORIL** adj. Relativo a los pastores de ganado. **2.** Dícese de las obras líricas, épicas o dramáticas que se desarrollan dentro de un marco bucólico.

**PASTOSIDAD** n. f. Calidad de pastoso.

**PASTOSO, A** adj. De consistencia blanda y moldeable, semejante a la masa. **2.** Espeso, pegajoso. **3.** Suave, sin resonancia metálica: *voz pastosa.* **4.** *Amér.* Dícese del terreno que tiene muchos pastos.

**PASTUEÑO, A** adj. TAUROM. Dícese de la res dócil y que embiste suavemente.

**PASTURA** n. f. Pasto, hierba que come el ganado. **2.** Sitio donde pasta el ganado.

**PASUDO, A** adj. *Colomb., Méx.* y *Venez.* Se dice de la persona que tiene el pelo ensortijado como el de los negros. **2.** *Colomb., Méx.* y *Venez.* Dícese del pelo ensortijado.

**PATA** n. f. Pie y pierna de los animales, que sirven para andar, correr o trepar. **2.** *Fam.* Pie y pierna de las personas. **3.** Pieza que soporta un mueble o un

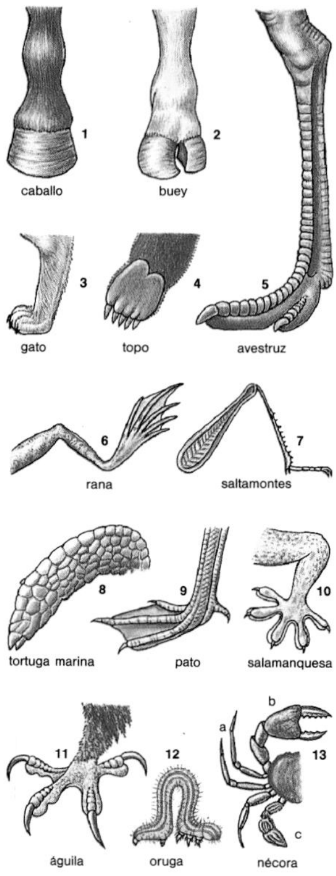


diferentes tipos de **patas** y sus funciones:
1, 2, 5 carrera; 3, 11 captura de presas;
4 excavadora; 6, 7 salto; 8, 9 natación;
10 adherencia; 12 desplazamiento;
13 a) marcha; b) captura de presas; c) natación

objeto; pie, base o apoyo de algo. **4.** Pato hembra. • **A cuatro patas** *(Fam.)*, con las manos y los pies o las rodillas en el suelo. || **A pata** *(Fam.)*, andando. || **De pata negra,** dícese de una variedad de jamón de gran calidad, de una raza de cerdo ibérico. || **Estirar la pata** *(Fam.)*, morirse. || **Hacer la pata** *(Chile)*, dar coba, adular. || **Hacer pata ancha,** o **la pata ancha** *(Argent. Fam.)*, enfrentar un peligro o dificultad. || **Mala pata** (*Fig.* y *fam.*), suerte adversa, mala suerte; falto de gracia o de oportunidad. || **Meter la pata** *(Fam.)*, intervenir en algo con inoportunidad o desacierto. || **Pata de gallo,** arruga o surco divergente que con los años se forma en el ángulo externo de cada ojo; planta herbácea, gramínea, con las cañas dobladas por la parte inferior, de unos 6 dm de alt. y flores en espigas que forman panoja; tela tejida con ligamento sarga y utilizando efectos idénticos de trama y urdimbre, que presenta dibujos que recuerdan las huellas de las patas de un gallo o gallina. || **Pata de ganso,** armazón o andamiaje que, visto en planta, tiene figura triangular; *(Argent.)*, hierba anual de la familia de las gramíneas de hasta 50 cm de alt., propia de las zonas templadas. || **Patas arriba,** al revés, desordenado. || **Poner de patitas en la calle** *(Fam.)*, despedir, echar a alguien de algún sitio. || **Verle las patas a la sota** *(Argent.)*, darse cuenta de un peligro o adivinar las intenciones de alguien.

**PATACA** n. f. Unidad monetaria de Macao.

**PATADA** n. f. Golpe dado con el pie o con la pata. • **A patadas** *(Fam.)*, con excesiva abundancia; con desconsideración, de modo violento. || **Dar cien patadas** *(Fam.)*, desagradar algo o alguien mucho. || **Dar la patada** *(Fam.)*, echar a alguien, despedirle de algún trabajo.

**PATAGIO** n. m. Membrana que comienza en el cuello, envuelve los brazos y los dedos, llega hasta los flancos y las patas, y se extiende hasta la cola, que permite a ciertos mamíferos y reptiles saltar de rama en rama, y capacita a otros para un vuelo potente.

**PATAGÓN, NA** adj. y n. De Patagonia. **2.** Relativo a unos pueblos amerindios pampeanos que habitaban en la Patagonia (tehuelche) y en Tierra del Fuego (ona); individuo de estos pueblos.

**PATAGÓNICO, A** adj. Relativo a Patagonia o a los patagones.

**PATAGUA** n. f. *Chile.* Planta filiácea de flores blancas cuya madera se usa en carpintería.

**PATALEAR** v. intr. **[1]**. Agitar las piernas o los pies. **2.** Golpear con los pies el suelo, violenta y repetidamente, en señal de enfado. **3.** *Fig.* Rabiar.

**PATALEO** n. m. Acción y efecto de patalear. **2.** Ruido hecho con las patas o con los pies. • **Derecho al pataleo** *(Fam.)*, recurso inútil que queda a quien, habiendo sido perjudicado por otros, sólo puede desahogarse protestando contra ellos.

**PATALETA** n. f. Manifestación violenta y poco duradera de un disgusto, producido generalmente por una contrariedad insignificante.

**PATÁN** n. m. y adj. *Fam.* Hombre rústico e ignorante. **2.** *Fig.* y *fam.* Hombre zafio y grosero.

**PATANERÍA** n. f. Calidad de patán.

**PATAO** n. m. *Cuba.* Pez de color plateado, con el lomo abultado, que es comestible.

**PATARINO** n. m. (voz italiana). HIST. En los ss. XII y XIII, hereje italiano, especialmente cátaro de Italia.

**PATARRÁEZ** n. m. MAR. Obenque supletorio que sirve para aligerar temporalmente a otro obenque sometido a un esfuerzo considerable.

**PATASCA** n. f. *Argent.* y *Chile.* Guiso de carne de cerdo cocida con maíz. **2.** *Pan.* Pendencia, disputa.

**PATATA** n. f. (cruce de *papa* y *batata*). Planta herbácea, originaria de América del Sur, de tubérculos comestibles, ricos en almidón, de la familia solanáceas. **2.** Tubérculo de esta planta. • **Patata de mar** (ZOOL.), denominación vulgar de una especie mediterránea de *Microcosmus,* comestible.

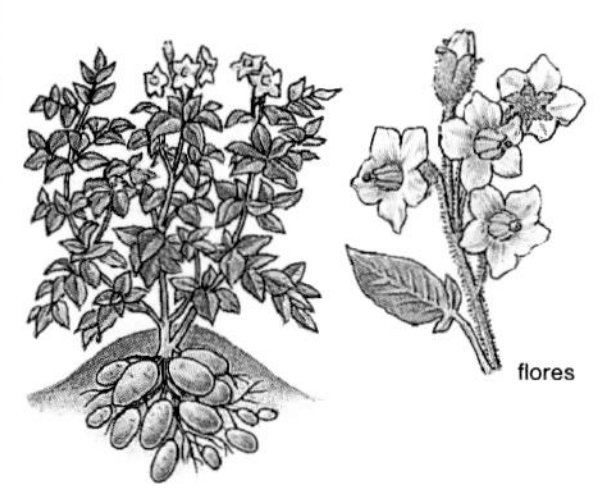


patata

**PATATAL** o **PATATAR** n. m. Terreno plantado de patatas.

**PATATERO, A** adj. y n. Relativo a la patata. **2.** Dícese de la persona a quien le gustan mucho las patatas. **3.** Vendedor o cultivador de patatas. **4.** *Fig.* y *fam.* Dícese del oficial del ejército que ha ascendido desde soldado raso.

**PATATÍN.** **Que patatín, que patatán** o **que si patatín, que si patatán,** se emplean para reproducir conceptos vagos e imprecisos.

**PATATÚS** n. m. (voz onomatopéyica). *Fam.* Desmayo, ataque de nervios. **2.** *Fam.* Impresión, susto.

**PATAY** n. m. *Amér. Merid.* Pasta seca hecha del fruto del algarrobo.

**PATCHWORK** n. m. (voz inglesa; de *patch,* trozo, y *work,* trabajo). Combinación de distintos retales de tela con fines decorativos.

**PATÉ** adj. HERÁLD. Dícese de la cruz cuyos extremos van ensanchándose.

**PATÉ** n. m. (voz francesa). Pasta hecha de carne o hígado picado, particularmente de cerdo o de aves.

**PATEADURA** n. f. Acción de patear. **2.** *Fig.* y *fam.* Represión o refutación violenta.

**PATEAMIENTO** n. m. Pateadura.

**PATEAR** v. tr. **[1]**. *Fam.* Dar golpes con los pies. **2.** Pisotear alguna cosa maltratándola. **3.** *Fig.* y *fam.* Tratar con desconsideración o malos tratos. ◆ v. intr. **4.** *Fam.* Dar patadas en el suelo en señal de enfado o disconformidad. **5.** *Fig.* y *fam.* Andar mucho, haciendo gestiones para conseguir algo. **6.** *Fig.* y *fam.* Estar muy encolerizado o enfadado. **7.** DEP. En golf, golpear la pelota para meterla en el hoyo.

**PATENA** n. f. (lat. *patenam;* del gr. *phatnē,* pesebre). LITURG. Recipiente de forma redonda y ligeramente cóncavo, en el que se deposita, durante la misa, el pan destinado a la consagración. • **Limpio como una patena** o **más limpio que una patena,** muy limpio.

**PATENTAR** v. tr. **[1]**. Conceder y expedir patentes. **2.** Obtener patente para un invento o una marca.

**PATENTE** adj. Manifiesto, visible, claro, evidente. • **Cartas patentes,** denominación dada en las cancillerías a las cartas abiertas o documentos reales. || **Letras patentes** (HIST.), edicto público, que se despachaba sellado con el sello principal, sobre una materia importante. ◆ n. f. **2.** Documento expedido por una autoridad en que se acredita un derecho y se da permiso para algo. **3.** Derecho que se concede a una persona para la explotación en exclusiva de un invento, con determinadas limitaciones. **4.** Cualquier testimonio que acredita una cualidad o méritos. **5.** *Amér. Merid.* Matrícula de un coche. • **Patente de introducción** (DER.), documento que otorga oficialmente la exclusiva para ejercer una industria nueva en el país. || **Patente de navegación** (MAR.), documento que autoriza a un buque para navegar, acredita su nacionalidad y le permite usar el correspondiente pabellón. || **Patente de sanidad,** documento que acredita el estado sanitario del puerto de donde procede o ha hecho escala un buque y de las condiciones sanitarias de éste. || **Patente industrial** (DER.), impuesto que deben pagar los industriales, comerciantes y personas que ejercen ciertas profesiones liberales.

**PATENTING** n. f. (voz inglesa). Tratamiento térmico a que se someten los alambres de acero para conferirles características particulares.

**PATENTIZAR** v. tr. **[1g]**. Hacer patente o manifiesta una cosa.

**PATEO** n. m. Acción y efecto de patear.

**PATERA** n. f. Barca de fondo muy plano para cazar patos en aguas poco profundas.

**PÁTERA** n. f. (lat. *pateram*). ANT. Plato poco profundo, sin pie, que se utilizaba para beber o efectuar libaciones, y que era atributo de Higía, diosa de la salud. **2.** ARQ. Ornamento de forma circular, que imita una pátera antigua. **3.** ART. DEC. Roseta de bronce o latón que se utiliza como adorno de muebles, puertas, etc.

**PATERFAMILIAS** n. m. (pl. *paterfamilias*). ANT. El cabeza de la familia romana.

**PATERNAL** adj. Propio de padre: *casa paternal.* **2.** Como de padre: *hablar en tono paternal.*

**PATERNALISMO** n. m. Carácter paternal. **2.** Actitud protectora de un superior respecto a sus subordinados. **3.** Doctrina según la cual las relaciones laborales y políticas entre jefes y subordinados deben regirse por las reglas de la vida familiar, caracterizada por el afecto recíproco, la autoridad y el respeto.

**PATERNALISTA** adj. y n. m. y f. Relativo al paternalismo; partidario del paternalismo.

**PATERNIDAD** n. f. Estado y cualidad de padre. **2.** Unión jurídica entre un padre y sus hijos. (Se distingue la *paternidad legítima,* cuando el hijo es fruto de una pareja casada; la *paternidad natural,* cuando los padres del hijo no están unidos por el matrimonio, y la *paternidad adoptiva,* cuando el hijo es adoptado.) **3.** Calidad de autor o de inventor: *reconocer la paternidad de una obra.*

**PATERNO, A** adj. Relativo al padre: *familia paterna.*

**PATERNÓSTER** n. m. (pl. *paternóster*). Padrenuestro.

**PATERO, A** adj. y n. *Chile. Fig.* y *fam.* Adulador, servil, soplón, rastrero.

**PATÉTICO, A** adj. (gr. *pathētikos*). Dícese del gesto, actitud, etc., que expresa padecimiento moral, angustia, pasión o un sentimiento intenso, o que emociona o conmueve.

**PATETISMO** n. m. Calidad de patético.

**PATHAÑ** → ***pashto.***

**PATHOS** n. m. (voz griega, *sufrimiento*). Empleo

de rasgos o temas destinados a emocionar fuertemente al lector o espectador.

**PATI** n. m. *Argent.* Pez de río, que alcanza los 7 kg, de color gris azulado con manchas oscuras y carne amarilla muy apreciada.

**PATIABIERTO, A** adj. *Fam.* Que tiene las piernas torcidas y separadas.

**PATIALBO, A** o **PATIBLANCO, A** adj. Dícese de los animales de patas blancas.

**PATIBULARIO, A** adj. Perteneciente al patíbulo. **2.** Que por su repugnante aspecto produce horror o espanto.

**PATÍBULO** n. m. (lat. *patibulum*). Tablado o lugar en que se ejecuta la pena de muerte. **2.** Horca.

**PATICOJO, A** adj. y n. *Fam.* Cojo.

**PATICORTO, A** adj. y n. Dícese de la persona o animal que tiene cortas las patas.

**PATIDIFUSO, A** adj. *Fam.* Patitieso, sorprendido por algo extraordinario.

**PATIESTEVADO, A** adj. y n. Estevado.

**PATIHENDIDO, A** adj. Dícese de los animales que tienen los pies hendidos o divididos en partes.

**PATILLA** n. f. Parte accesoria de distintas cosas que las sujeta o encaja en otras: *patillas de las gafas; patillas de un tablón.* **2.** Porción de pelo que crece por delante de las orejas. **3.** Cartera o portezuela en las prendas de vestir: *patilla del bolsillo.* **4.** *Colomb., Dom., P. Rico* y *Venez.* Sandía.

**PATILLUDO, A** adj. Que tiene patillas espesas y largas.

**PATÍN** n. m. (de *pato*). Albatros.

**PATÍN** n. m. Aparato que consiste en una plancha adaptable a la suela del zapato, provista de una especie de cuchilla o de cuatro ruedas, usado para patinar sobre el hielo o sobre una superficie dura, lisa y muy llana. **2.** Patinete. **3.** Aparato compuesto de dos flotadores paralelos unidos por dos o más travesaños, y movido a remo, por una vela o por un sistema de paletas accionado por pedales, usado para dar paseos en lagos, proximidades de la costa, etc. **4.** F.C. Base de un raíl que se apoya sobre las traviesas. **5.** TECNOL. Parte de un órgano de máquina o de un mecanismo, destinada a frotar sobre una superficie para servir de apoyo a un conjunto en movimiento o para absorber la potencia excedente. • **Patín de cola,** parte del tren de aterrizaje que soporta el peso de la parte trasera del avión cuando está en tierra. ‖ **Patín del diablo** *(Méx.)*, juguete que consiste en una plataforma con dos ruedas y una barra de dirección.

**PÁTINA** n. f. (lat. *patinam,* fuente). Sulfuración natural del bronce que, expuesto al aire, se recubre de una capa verde. **2.** Brillo y coloración artificiales que se da a ciertos objetos para protegerlos o decorarlos. **3.** Coloración que toman ciertos objetos con el tiempo. **4.** Película superficial y delgada que se forma sobre las rocas, generalmente de origen químico.

**PATINADOR, RA** adj. y n. Que patina. ◆ n. **2.** Persona diestra en patinar. **3.** Persona que practica el patinaje como deporte.

**PATINAJE** n. m. Acción y efecto de patinar. • **Patinaje artístico,** exhibición sobre hielo a base de figuras obligatorias o libres, saltos acrobáticos y danza, que se efectúa como espectáculo o en competición. ‖ **Patinaje de velocidad,** carrera sobre hielo, con patines.

figura de **patinaje** artístico

prueba de **patinaje** de velocidad

jugadores de **pato**

**pato** real

**pato** de Berbería
macho (a la derecha) y hembra

**PATINAR** v. intr. [**1**]. Deslizarse con patines. **2.** Resbalar o deslizarse por falta de adherencia. **3.** *Fig.* y *fam.* Hacer o decir algo con inoportunidad o desacierto.

**PATINAR** v. tr. [**1**]. Dar pátina artificial a un objeto.

**PATINAZO** n. m. Acción y efecto de patinar, especialmente de forma brusca, las ruedas de un vehículo. **2.** *Fig.* y *fam.* Torpeza o equivocación.

**PATINETA** n. f. *Argent., Chile, Méx.* y *Urug.* Patinete.

**PATINETE** n. m. (fr. *patinette*). Juguete compuesto de una plancha montada sobre dos o tres ruedas, armada por delante de una barra de dirección articulada en el bastidor y provista en su parte superior de un manillar. SIN.: *patín.*

**PATIO** n. m. Espacio cerrado por paredes o galerías que queda en el interior de un edificio, y que suele dejarse al descubierto. **2.** Portal o entrada de una casa. **3.** En las casas de campo, espacio que queda entre los edificios y que puede ser abierto o cerrado. **4.** En los teatros, planta baja que ocupan las butacas o lunetas. SIN.: *patio de butacas, platea.* • **Patio inglés,** pequeño patio al que dan las ventanas de un semisótano.

**PATIPERREAR** v. intr. [**1**]. *Chile.* Vagabundear.

**PATIQUEBRAR** v. tr. y pron. [**1**]. Romper alguna pata a un animal.

**PATITIESO, A** adj. *Fam.* Que se queda sin movimiento en las piernas o en los pies, bien por el frío, o a causa de cualquier otro motivo. **2.** *Fig.* y *fam.* Que se queda sorprendido por algo extraordinario o inesperado. **3.** *Fig.* y *fam.* Que por orgullo o afectación anda muy erguido y tieso.

**PATITUERTO, A** adj. Que tiene torcidas las piernas o patas. **2.** *Fig.* y *fam.* Mal hecho o torcido.

**PATIZAMBO, A** adj. Que tiene las piernas torcidas hacia afuera y junta mucho las rodillas.

**PATO** n. m. Ave palmípeda de la familia anátidos, de pico ancho y tarsos cortos, excelente voladora, migratoria en estado salvaje, que se alimenta de partículas vegetales o de pequeñas presas que encuentra en el agua. **2.** *Argent.* Competencia deportiva en la que dos equipos de cuatro jugadores cada uno intentan introducir en el aro una pelota, llamada *pato,* de seis asas. **3.** *Cuba, P. Rico* y *Venez. Fig.* Hombre afeminado. **4.** *Cuba* y *Méx.* Orinal de cama para varón. • **El pato de la boda** *(Argent. Fam.)*, persona a quien se le atribuyen culpas o responsabilidades ajenas. ‖ **Estar** o **andar pato** *(Argent., Chile* y *Urug.)*, estar o andar sin dinero. ‖ **Pagar el pato** *(Fam.)*, padecer un castigo no merecido, o sufrir las consecuencias de algo sin tener culpa. ‖ **Pato aguja,** ave zancuda de unos 90 cm de long., que vive, en grupos de pocos individuos, cerca de las corrientes y lagos de las selvas tropicales de América del Sur. ‖ **Pato cuchara,** pato de pico largo en forma de cuchara, que mide unos 51 cm de long. ‖ **Pato de Berbería,** o **almizclero,** pato suramericano, de unos 90 cm de long., de color negro y pico rodeado de unas excrecencias carnosas. ‖ **Pato real,** pato nadador europeo.

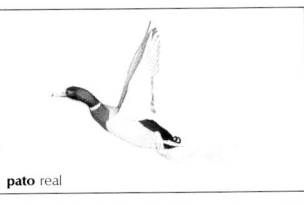

**PATOCHADA** n. f. Dicho o hecho inoportuno u ofensivo.

**PATOFOBIA** n. f. Fobia a contraer una enfermedad.

**PATOGENIA** n. f. Investigación y estudio de los mecanismos por los que un agente nocivo o patógeno desencadena las enfermedades.

**PATOGÉNICO, A** adj. Relativo a la patogenia.

**PATÓGENO, A** adj. Que produce las enfermedades: *virus patógeno.*

**PATOGNOMÓNICO, A** adj. Dícese del síntoma propio de una enfermedad y cuya constatación da un diagnóstico exacto.

**PATOJO, A** adj. Que tiene las piernas o pies torcidos o desproporcionados, y anda como los patos, moviendo el cuerpo de un lado a otro. ◆ n. **2.** *Colomb.* Niño, muchacho.

**PATOLOGÍA** n. f. Ciencia de las causas, síntomas y evolución de las enfermedades.

**PATOLÓGICO, A** adj. Relativo a la patología.

**PATÓLOGO, A** n. Especialista en patología.

**PATOSO, A** adj. Que pretende ser gracioso sin conseguirlo. **2.** Torpe, desmañado.

**PATOTA** n. f. *Amér. Merid.* Pandilla de jóvenes gamberros. • **En patota** *(Argent. Fam.)*, en grupo de amigos.

**PATOTEAR** v. tr. [**1**]. *Argent.* y *Urug.* Adoptar una actitud agresiva y provocativa.

**PATOTERO, A** n. *Amér. Merid.* Miembro de una

patota. ◆ adj. **2.** *Amér. Merid.* Que manifiesta o posee los caracteres propios de una patota.

**PATRAÑA** n. f. Mentira de pura invención.

**PATRAÑERO, A** adj. Que suele contar o inventar patrañas.

**PATRIA** n. f. Nación considerada como unidad histórica a la que sus naturales se sienten vinculados. **2.** Lugar, ciudad o país en que se ha nacido. SIN.: *patria chica.* • **Madre patria,** estado del que depende o ha dependido un país. (Dícese en Hispanoamérica respecto a España.) ‖ **Patria celestial,** el cielo o la gloria.

**PATRIADA** n. f. En Río de la Plata, movimiento político revolucionario arriesgado y, en especial, el que se hace invocando la necesidad de salvar la patria. **2.** Cualquier acción en la que se arriesga algo, en beneficio de los demás. **3.** *Argent., Par.* y *Urug.* Acción trabajosa y desinteresada.

**PATRIAR** v. tr. **[1]**. *Argent.* Cortar a un caballo la mitad de la oreja derecha para señalarlo como propiedad del estado, reyunar.

**PATRIARCA** n. m. (gr. *patriarkhēs*). Nombre dado a los primeros jefes de familia, en el Antiguo Testamento. **2.** *Fig.* Persona más respetada y con mayor autoridad de una familia o colectividad. **3.** Título honorífico dado antiguamente en la Iglesia latina a los obispos de las primeras sedes. **4.** En las Iglesias orientales, título dado a los obispos de una sede episcopal con autoridad sobre otras sedes secundarias. • **Patriarca ecuménico,** título de los patriarcas de Constantinopla.

**PATRIARCADO** n. m. Dignidad de patriarca y ejercicio de sus funciones. **2.** Territorio sometido a la jurisdicción de un patriarca. **3.** SOCIOL. Forma de familia y de sociedad de un grupo caracterizado por la preponderancia del padre sobre los demás miembros de la tribu o de la familia.

**PATRIARCAL** adj. Relativo al patriarca o al patriarcado. **2.** SOCIOL. Que se basa en el patriarcado.

**PATRICIADO** n. m. HIST. Dignidad de patricio; rango de las familias patricias.

**PATRICIAL** adj. HIST. Relativo a los patricios.

**PATRICIO, A** adj. (lat. *patricium*). Decíase del ciudadano romano perteneciente a la clase aristocrática. **2.** Noble: *rango patricio.* ◆ n. m. **3.** HIST. ROM. Alta dignidad otorgada por los emperadores del bajo imperio a la persona que ostentaba la autoridad suprema en una de las ramas de la administración.

**PATRILINAJE** n. m. ANTROP. Linaje o grupo de filiación unilineal, en el que todos los miembros se consideran descendientes por vía agnada de un antepasado común, que puede ser real o ficticio.

**PATRILINEAL** adj. ANTROP. Dícese de una forma de filiación para la que sólo cuenta el parentesco por línea paterna.

**PATRILOCAL** adj. ANTROP. Dícese de una forma de residencia de los nuevos cónyuges, por la que han de vivir con la familia del marido.

**PATRIMONIAL** adj. DER. Relativo al patrimonio.

**PATRIMONIO** n. m. (lat. *patrimonium*). Bien que una persona hereda de sus ascendientes o por cualquier otro procedimiento. **2.** Bienes propios que cada uno posee, sea cual sea el origen de su procedencia. **3.** Bien común de una colectividad o de un grupo de personas, considerado como una herencia transmitida por los ascendientes. **4.** DER. Conjunto de los bienes, derechos y cargas de una persona. • **Patrimonio del estado,** conjunto de los bienes que, siendo propiedad del estado, no se hallan afectos al uso general o a los servicios públicos. ‖ **Patrimonio hereditario,** genotipo. ‖ **Patrimonio histórico-artístico,** conjunto de bienes inmuebles y muebles que por su valor histórico, artístico o cultural están sujetos a un régimen especial. ‖ **Patrimonio nacional,** conjunto de bienes y derechos que, siendo propiedad del estado, se hallan afectos al uso y servicio del rey y de los miembros de la familia real, para el ejercicio de la alta representación que la constitución y las leyes les atribuyen.

**PATRIO, A** adj. Relativo a la patria. **2.** Relativo al padre. • **Patria potestad,** conjunto de derechos y deberes que corresponden a los padres sobre la persona y el patrimonio de cada uno de sus hijos no emancipados.

**PATRIOTA** adj. y n. m. y f. (gr. *patriōtēs,* compatriota). Que ama ardientemente a su patria y quiere serle útil.

**PATRIOTERÍA** n. f. *Fam.* Calidad de patriotero.

**PATRIOTERO, A** adj. y n. *Fam.* Que alardea excesivamente de patriotismo.

**PATRIÓTICO, A** adj. Relativo al patriota o al patriotismo.

**PATRIOTISMO** n. m. Calidad de patriota.

**PATRÍSTICA** n. f. Historia de la doctrina cristiana en tiempos de los padres de la Iglesia, ss. II-VII.

**PATRÍSTICO, A** adj. Relativo a la patrística.

**PATROCINADO** n. m. En la España visigoda, hombre libre que se sometía a un patrono o señor por vínculos de dependencia económica o personal.

**PATROCINADOR, RA** adj. y n. Que patrocina.

**PATROCINAR** v. tr. **[1]**. Favorecer o proteger una causa, empresa, candidatura, etc., quien tiene poder para ello. **2.** Sufragar una empresa o institución, generalmente con fines publicitarios, los gastos de un programa de radio o televisión, competición deportiva, concurso, etc.

**PATROCINIO** n. m. (lat. *patrocinium*). Vinculación por la que un hombre se encomendaba a la protección de otro, obligándose a prestarle fidelidad y determinados servicios. **2.** Ayuda o protección que alguien recibe de un patrono o de alguien con poder o influencia. **3.** Acción de patrocinar, sufragar una empresa algo con fines generalmente publicitarios. **4.** Mecenazgo.

**PATROLOGÍA** n. f. Estudio de la vida y obras de los padres de la Iglesia. **2.** Colección de sus escritos.

**PATRÓN, NA** n. (lat. *patronum*). Amo, señor, respecto de un criado, obrero, etc. **2.** Dueño de una casa de huéspedes, en relación a éstos o a la casa. **3.** REL. Santo o santa de quien se lleva el nombre, o bajo cuya advocación y protección se pone una iglesia, un país, una ciudad, una comunidad, una corporación, o un grupo de obras o de asociaciones piadosas. ◆ n. m. **4.** Tipo, lo que se toma como ejemplo o modelo para comparar o referirse a otra cosa de la misma especie. **5.** Árbol o arbusto sobre cuyo tronco se efectúa un injerto. **6.** Pieza de papel u otro material con la forma debida para cortar igual que ella las que se utilizan para hacer vestidos u otras cosas. **7.** Pliego impreso sobre el que se fija el arreglo de la tirada. **8.** Pliego numerado que sirve de modelo al cajista para hacer un casado. **9.** Persona que gobierna una embarcación menor. SIN.: *patrón de buque.* **10.** METROL. Valor tipo que sirve para definir una unidad. **11.** METROL. Modelo o tipo legal de los pesos y las medidas. **12.** PINT. Plantilla taladrada que sirve para pintar letras, números o adornos. **13.** TELEV. Generador de señales que produce sobre la pantalla sencillas imágenes geométricas, y que se utiliza para verificar y poner a punto los aparatos receptores. • **Cortador de patrones,** especialista en sacar el primer patrón que ha de servir para obtener las diferentes tallas o medidas de las prendas de confección; persona que hace los modelos o plantillas de las piezas constitutivas del calzado. ‖ **Cortados por el mismo patrón** *(Fam.),* semejantes en su totalidad. ‖ **Patrón cultural** (ANTROP. y SOCIOL.), forma característica de los diferentes elementos constitutivos de una cultura o una sociedad y las actitudes que observan sus miembros, definiendo la forma específica de vida de un grupo. ‖ **Patrón dólar,** sistema monetario basado en el dólar de E.U.A. como numerario de financiamiento en el mercado internacional y como activo de reserva oficial. ‖ **Patrón monetario,** conjunto de relaciones que ligan el dinero patrón a los restantes tipos de dinero del país. ‖ **Patrón monetario internacional,** conjunto de relaciones que ligan los patrones monetarios de diversos países entre sí o con activos de reserva internacional. ‖ **Patrón oro,** sistema monetario basado en la equivalencia establecida por ley, a tipo fijo, entre una moneda y una cantidad de oro de determinada calidad.

**PATRONAL** adj. Perteneciente al patrono o al patronato. ◆ adj. y n. f. **2.** Dícese de las relaciones, entidades, asociaciones, etc., entre patronos.

**PATRONATO** n. m. Derecho, poder o facultad del patrono. **2.** Corporación que forman los patronos. **3.** DER. Organismo autónomo, de carácter institucional, al que se adscriben fondos públicos y privados para el cumplimiento de fines específicos del ente que los crea. **4.** REL. Fundación de una obra pía. **5.** REL. Cargo de cumplir algunas obras pías, designado por el fundador. • **Patronato real** (HIST.), derecho que tenían los reyes de España de proveer obispados, prelacías seculares y regulares, dignidades y prebendas en las catedrales o colegiatas, y otros beneficios.

**PATRONEAR** v. tr. **[1]**. Ejercer el cargo de patrón en una embarcación.

**PATRONÍMICO, A** adj. (gr. *patrōnymikos;* de *patēr,* padre, y *onoma,* nombre). Dícese de un sustantivo derivado de un nombre propio, común a los descendientes de un mismo personaje. • **Nombre patronímico,** el apellido familiar.

**PATRONO, A** n. Patrón, amo, señor. **2.** Patrón, santo. **3.** DER. Individuo o persona jurídica, bajo cuya dependencia y por cuya cuenta se ejecuta el trabajo o se presta el servicio que ha sido materia del contrato celebrado con el trabajador. **4.** HIST. El que tiene derecho o cargo de patronato. **5.** HIST. En Roma, ciudadano al que se encontraban vinculadas personas libres.

**PATRULLA** n. f. (fr. *patrouille*). Conjunto de gente armada, policías, soldados, etc., que rondan para mantener el orden y la seguridad. **2.** Grupo de buques o aviones que prestan servicio en una costa, paraje de mar, campo minado, etc., para la defensa o para observaciones meteorológicas o de vigilancia. **3.** Grupo de personas que tienen un determinado fin: *una patrulla de vecinos le salvó.* **4.** Servicio del que patrulla: *estar de patrulla.* **5.** *Méx.* automóvil en que patrullan los policías.

**PATRULLAR** v. intr. y tr. **[1]**. Ir de patrulla.

**PATRULLERO, A** adj. y n. m. Dícese del buque ligero de guerra que puede desempeñar diversas misiones acompañando a buques de mayor porte o, también, otras de vigilancia marítima. **2.** Dícese del soldado, avión o buque que forma parte de una patrulla. **3.** *Argent., Cuba* y *Ecuad.* Patrulla, vehículo.

**PATUDO, A** adj. *Fam.* Que tiene grandes los pies o patas. **2.** *Chile. Fig., fam.* y *vulg.* Dícese de la persona entrometida y de modales toscos. **3.** *Chile.* Dícese de la persona desfachatada. ◆ n. m. **4.** Pez teleósteo comestible, de tamaño, forma y aspecto semejantes a los atunes, de los que se diferencia por presentar el cuerpo menos esbelto y las aletas pectorales mucho más largas.

**PATULEA** n. f. Despectivo que se dio a la gente armada que, durante la sublevación de noviembre y diciembre de 1842 y tras el bombardeo de Espartero, se adueñó de la ciudad de Barcelona. **2.** Soldadesca indisciplinada. **3.** *Fam.* Gente desbandada y maleante.

**PATULECO, A** adj. *Amér.* Dícese de la persona que tiene un defecto físico en las piernas o en los pies.

**PATURRO, A** adj. *Colomb.* Dícese de la persona chaparra y rechoncha.

**PAULATINO, A** adj. (lat. *paulatim*). Lento, gradual.

**PAULIANO, A** adj. DER. Dícese de una acción judicial por la que un acreedor demanda la revocación de un acto doloso o dañoso realizado por su deudor.

**PAULINO, A** adj. Relativo al apóstol san Pablo.

**PAULISTA** adj. y n. m. y f. De São Paulo.

**PAULISTA** adj. y n. m. y f. Relativo a una congregación católica misionera fundada en E.U.A. en 1858; miembro de dicha congregación.

**PAUPERISMO** n. m. Fenómeno social caracterizado por un estado de pobreza endémica de un grupo humano.

**PAUPERIZACIÓN** n. f. Empobrecimiento de una población o de una clase social.

**PAUPERIZAR** v. tr. **[1g]**. Empobrecer una población, una clase social.

**PAUPÉRRIMO, A** adj. Muy pobre: *país paupérrimo.*

**PAUSA** n. f. (lat. *pausam*). Interrupción momentánea de una acción, de un discurso, de un cantar, etc. **2.** Lentitud, tardanza: *hablar con pausa.* **3.** En la notación musical, signo que representa la interrupción del sonido. SIN.: *silencio.*

**PAUSADO, A** adj. Que se mueve con lentitud o que se produce con calma y sin precipitación.

**PAUTA** n. f. (lat. *pacta*). Instrumento para rayar el papel en blanco, para que, cuando se escriba en él, los renglones queden rectos. **2.** Raya o conjunto de rayas horizontales hechas con este instrumento. **3.** *Fig.* Guía, norma o regla que se tiene en cuenta para la ejecución de algo.

**PAUTADOR, RA** n. El que pauta o hace pautas.

**PAUTAR** v. tr. [**1**]. Rayar el papel con la pauta. **2.** *Fig.* Dar reglas o determinar el modo de ejecutar una acción.

**PAVA** n. f. Femenino de pavo. **2.** *Amér. Merid.* Recipiente de metal con asa en la parte superior, tapa y pico, que se usa para calentar agua y, especialmente, para cebar el mate. • **Pelar la pava** *(Fam.)*, cortejar los novios.

**PAVADA** n. f. Manada de pavos. **2.** *Fig.* y *fam.* Sosería. **3.** *Argent., Perú* y *Urug.* Tontería, estupidez.

**PAVANA** n. f. (voz italiana). Danza y composición musical noble y lenta de compás binario, que, en la antigua suite, iba seguida de la gallarda.

**PAVEAR** v. intr. [**1**]. *Argent.* Decir o hacer pavadas.

**PAVERO, A** adj. y n. *Fam.* Presumido, vanidoso. ◆ n. m. **2.** Sombrero andaluz de ala ancha y recta y copa de figura de cono truncado.

**PAVÉS** n. m. Escudo oblongo que cubría casi todo el cuerpo del combatiente. **2.** Pieza de vidrio moldeado, comúnmente cuadrada o circular, que, con estructuras de armadura, se emplea en la construcción de marquesinas, tabiques, etc.

**PAVESA** n. f. Partícula incandescente que se desprende de un cuerpo en combustión, reduciéndose a ceniza.

**PAVÍA** n. f. Variedad de melocotonero, cuyo fruto tiene la piel lisa y la carne jugosa y pegada al hueso. **2.** Fruto de este árbol.

**PAVIMENTACIÓN** n. f. Acción y efecto de pavimentar.

**PAVIMENTADO** n. m. Pavimentación.

**PAVIMENTAR** v. tr. [**1**]. Recubrir con un pavimento.

**PAVIMENTO** n. m. (lat. *pavimentum*). Revestimiento del suelo, destinado a darle firmeza, belleza y comodidad de tránsito.

**PAVIPOLLO** n. m. Pollo del pavo.

**PAVITO, A** n. *Venez. Fig.* Gamberro; adolescente.

**PAVLOVIANO, A** adj. Relativo a las ideas o experimentos de Pávlov.

**PAVO, A** n. (lat. *pavum*). Ave gallinácea, originaria de América del Norte, cuyo macho, que puede pesar hasta 19 kg, lleva en la cabeza verrugas y carúnculas coloreadas, y puede enderezar las plumas de la cola. **2.** *Amér. Central, Chile, Ecuad., Méx.* y *Perú.* Pasajero clandestino, polizón. • **Pavo real,** o **ruán,** ave gallinácea originaria de Asia, de magnífico plumaje, principalmente en el macho, cuyas plumas de la cola, moteadas de ocelos, pueden levantarse y extenderse en abanico. ‖ **Subírsele** a alguien **el pavo** *(Fam.)*, sonrojarse. ◆ adj. y n. **3.** *Fam.* Dícese de una persona sosa y parada.

**pavo** común

**pavo** real macho

**PAVÓN** n. m. Pavo real. **2.** Mariposa nocturna de la familia satúrnidos. **3.** METAL. Pavonado.

**PAVONADO, A** adj. De color azul oscuro. ◆ n. m. **2.** METAL. Delgada película de óxido de color azul, que se forma sobre la superficie del acero para preservarlo de la oxidación.

**PAVONAR** v. tr. [**1**]. Dar pavonado al hierro o al acero.

**PAVONEAR** v. intr. y pron. [**1**]. Presumir, hacer ostentación. ◆ v. intr. **2.** *Fig.* y *fam.* Entretener a alguien sin darle o hacerle alguna cosa que espera.

**PAVONEO** n. m. Acción de pavonear o pavonearse.

**PAVOR** n. m. (lat. *pavorem*). Temor, miedo muy grande.

**PAVOROSO, A** adj. Que causa o inspira pavor.

**PAVURA** n. f. Pavor.

**PAWNEE, PAUNI** o **PANI,** indios de la Praderas norteamericanas, que en 1876 pasaron a una reserva en Oklahoma.

**PAYACATE** n. m. *Méx.* Paliacate.

**PAYADA** n. f. *Argent., Chile* y *Urug.* Canto del payador. **2.** *Argent.* Competencia o contrapunto de dos o más payadores. • **Payada de contrapunto** (*Argent., Chile* y *Urug.*), competencia en la que, alternándose dos payadores, improvisan cantos sobre un mismo tema.

**PAYADOR** n. m. Ave de pequeño tamaño, arborícola, de pico curvado en la punta, que vive en América Meridional. (Familia corébidos.) **2.** Cantor popular de Argentina, Chile y Uruguay que, acompañándose con una guitarra y generalmente en contrapunto con otro, improvisa sobre temas variados.

**PAYAGUÁ,** pueblo amerindio de Argentina y Paraguay (curso alto del río Paraguay), de lengua guaicurú y cultura de los pueblos del Chaco.

**PAYANA** n. f. *Argent.* Juego en el que los niños arrojan al aire piedrecitas o carozos para recogerlos mientras dura su turno.

**PAYARA** n. f. Pez cinodóntido que vive en el Orinoco.

**PAYASADA** n. f. Acción o dicho de payaso. **2.** Acción ridícula o fuera de lugar. **3.** *Chile. Fig., fam.* y *desp.* Acción o cosa deleznable, indigna de consideración. **4.** *Chile.* Acción o manejo mal intencionado y turbio.

**PAYASO, A** n. (fr. *paillasse*). Personaje bufo que efectúa sus actuaciones en los espectáculos de circo. (Suelen actuar formando una pareja: el *clown*, con el rostro maquillado de blanco, y el *augusto*, de caracterización particularmente grotesca.) **2.** Persona que dice chistes, o que con sus gestos o bromas hace reír a los demás. **3.** Persona poco seria en su comportamiento.

**PAYÉ** n. m. *Argent., Par.* y *Urug.* Brujería, sortilegio, hechizo. **2.** *Argent., Par.* y *Urug.* Amuleto, talismán.

**PAYÉS, SA** n. (cat. *pagès*). Campesino de Cataluña o de las islas Baleares.

**PAYO, A** adj. y. n. m. Dícese del campesino ignorante y rudo.

**PAYO, A** n. (voz gitana). Entre los gitanos, persona no gitana.

**PAZ** n. f. Ausencia de guerra. **2.** Estado de concordia, de acuerdo entre los miembros de un grupo. **3.** Sosiego, estado de la persona no agitada. **4.** Calma, silencio, reposo. **5.** Cese de las hostilidades; tratado que pone fin al estado de guerra: *firmar la paz.* • **Dar la paz a** uno, darle un abrazo, beso, etc., en señal de fraternidad, como se hace en las misas. ‖ **Dejar en paz,** no molestar o importunar. ‖ **Descansar,** o **reposar en paz,** morirse. ‖ **Estar,** o **quedar, en paz,** dícese en el juego cuando se está igualado en tantos o no existen pérdidas o ganancias; dícese cuando entre dos o más personas han quedado saldadas las cuentas; dícese cuando se ha correspondido a un favor u ofensa con otros. ‖ **Hacer las paces,** reconciliarse. ‖ **Paz de Dios,** prohibición eclesiástica de todo acto hostil contra personas o bienes determinados.

**PAZGUATERÍA** n. f. Calidad de pazguato. **2.** Actitud o acción propia del pazguato.

**PAZGUATO, A** adj. y n. Simple, pasmado.

**PAZO** n. m. En Galicia, casa solariega, especialmente la edificada en el campo.

**pazo** (Padrón, La Coruña)

**Pb,** símbolo químico del *plomo.*

**pbro,** abrev. de *presbítero.*

**PC** n. m. (siglas de *personal computer*). Ordenador personal, de capacidad relativamente reducida.

**Pd,** símbolo químico del *paladio.*

**PD,** abrev. de *posdata.*

**PE** n. f. Nombre de la letra *p.* • **De pe a pa,** completamente, desde el principio al fin.

**PEAJE** n. m. Derecho que se paga por utilizar un puente, carretera, autopista, etc. **2.** Lugar donde se paga este derecho.

**PEÁN** n. m. (gr. *paian*). ANT. GR. Himno de guerra en honor de Apolo.

**PEANA** n. f. Basa o apoyo para colocar encima una figura u otro objeto. **2.** Tarima que hay delante del altar, arrimada a él.

**PEATÓN** n. m. (fr. *piéton*). Persona que va a pie.

**PEATONAL** adj. Relativo a los peatones; de uso exclusivo para peatones: *calle peatonal.*

**PEBETE, A** n. *Argent.* Pibe, muchacho. ◆ n. m. **2.** *Argent.* Pan de forma ovalada que se amasa con trigo candeal, de miga esponjosa y corteza fina y tostada.

**PEBETERO** n. m. Perfumador, vaso para quemar perfumes. **2.** Recipiente donde se mantiene la llama olímpica durante la celebración de los Juegos olímpicos.

**PEBRADA** n. f. Pebre.

**PEBRE** n. m. o f. Salsa compuesta de pimienta, ajo, perejil y vinagre.

**PEBRINA** n. f. Enfermedad de los gusanos de seda, que se caracteriza por unas manchas negras como granos de pimienta, que aparecen sobre la piel de las orugas.

**PECA** n. f. Lentigo.

**PECABILIDAD** n. f. TEOL. Estado de un ser que puede pecar.

**PECABLE** adj. Capaz de pecar. **2.** Dícese de la materia posible de pecado.

**PECADO** n. m. Transgresión de la ley divina. **2.** Cosa lamentable, falta.

**PECADOR, RA** adj. y n. Que peca. **2.** Inclinado al pecado o que puede cometerlo.

**PECADORA** n. f. Femenino de pecador. **2.** *Fam.* Prostituta.

**PECAMINOSIDAD** n. f. Calidad de pecaminoso.

**PECAMINOSO, A** adj. Relativo al pecado o a los pecadores. **2.** Inmoral, censurable.

**PECANA** n. f. *Argent.* Mortero propio para machacar granos y especialmente maíz.

**PECAR** v. intr. (lat. *peccare*) [**1a**]. Cometer un pecado. **2.** Faltar a una regla moral o a un deber social. **3.** Tener en exceso algo que se expresa: *pecar de prudente.*

**PECARÍ** n. m. Mamífero de América similar al jabalí, de pelaje espeso, provisto de una glándula dorsal que segrega una sustancia aceitosa. (Familia tayasuidos.)

pecarí

**PECBLENDA** o **PECHBLENDA** n. f. Uraninita.

**PECCATA MINUTA** loc. (voces latinas, *pecados pequeños*). Se usa en lenguaje familiar para designar un error o una falta de poca importancia.

**PECERA** n. f. Vasija de cristal llena de agua, donde se tienen peces vivos.

**PECETO** n. m. *Argent.* Corte de carne extraído del cuarto trasero de los vacunos.

**PECHAR** v. tr. (lat. *pactare*) **[1]**. Pagar pecho o tributo. **2.** *Amér.* Sablear, estafar. **3.** *Amér.* Empujar. ◆ v. tr. e intr. **4.** Asumir una responsabilidad u obligación que no es del agrado de uno: *pechar con las culpas.*

**PECHAZO** n. m. *Amér. Merid. Fam.* Sablazo.

**PECHBLENDA** n. f. Pecblenda.

**PECHE** adj. y n. m. y f. *Salv.* Débil, enclenque.

**PECHENEGOS,** pueblo turco que se estableció a fines del s. IX en las estepas entre el Dniéper y el Danubio. Fue aniquilado en 1091 por los bizantinos, con la ayuda de los cumanos.

**PECHERA** n. f. En algunas prendas de vestir, parte que cubre el pecho. **2.** *Fam.* Parte exterior del pecho, especialmente en las mujeres.

**PECHERÍA** n. f. Conjunto de pechos o tributos. **2.** Padrón o repartimiento de lo que deben pagar los pecheros.

**PECHERO** n. m. Babero que se pone a los niños. **2.** Pieza de un vestido que va sobrepuesta o suelta encima del pecho.

**PECHERO** n. m. En la península Ibérica, a partir de la baja edad media, súbdito que estaba obligado a pagar rentas o tributos al rey o señor.

**PECHICHE** n. m. Planta arbórea de América Meridional con cuya fruta madura se hace un dulce, y cuya madera es fina e incorruptible. (Familia verbenáceas.)

**PECHINA** n. f. Venera, concha que traían cosida a la esclavina los peregrinos de Santiago. **2.** ARQ. Cada uno de los cuatro triángulos curvilíneos que forman el anillo de la cúpula con los arcos torales sobre los que estriba. **3.** ARQ. Ornamento esculpido en forma de concha.

**PECHO** n. m. (lat. *pectum*). Parte del cuerpo entre el cuello y el abdomen, que contiene el corazón y los pulmones. **2.** Parte exterior y delantera de esta cavidad. **3.** Pulmones: *enfermo de pecho.* **4.** Senos de la mujer. **5.** *Fig.* El corazón como sede de los sentimientos: *la alegría no me cabe en el pecho.* **6.** *Fig.* Valor, entereza, paciencia. • **A pecho descubierto,** sin armas defensivas, sin resguardo; con sinceridad y nobleza. ‖ **Dar el pecho,** dar de mamar al niño; afrontar una responsabilidad o peligro. ‖ **Sacar pecho,** erguirse en actitud arrogante o de desafío. ‖ **Tomar,** o **echar, a pecho,** o **a pechos** una cosa, tomarla con mucho empeño e interés; ofenderse o molestarse por algo. ‖ **Tomar el pecho,** mamar el niño.

**PECHO** n. m. DER. Contribución o censo que se paga por obligación pública o privada. **2.** HIST. Gravamen o prestación que pagaban los habitantes, siervos o libres, de un dominio en reconocimiento de la potestad señorial.

**PECHUGA** n. f. Pecho del ave, que está como dividido en dos. **2.** *Fig.* y *fam.* Pecho de una persona.

**PECHUGONA** n. f. y adj. *Fam.* y *vulg.* Dícese de la mujer de senos prominentes.

**PECIO** n. m. (bajo lat. *pecium,* pedazo). Objeto abandonado o resto flotante a merced de las olas, a menudo entre dos aguas. **2.** ARQUEOL. Barco hundido o naufragado, principalmente de época clásica.

**PECIOLADO, A** adj. BOT. Provisto de pecíolo.

**PECÍOLO** o **PECIOLO** n. m. BOT. Rabillo de la hoja, que une la lámina con la base foliar o el tallo.

**PÉCORA** n. f. En la clasificación de Linneo, rumiante. **2.** *Fig.* y *fam.* Mujer astuta y maligna. **3.** *Fig.* y *fam.* Prostituta.

**PECOSO, A** adj. Que tiene pecas.

**PÉCTICO, A** adj. (gr. *pēktikos,* que puede ser fijado). Dícese de una sustancia orgánica contenida en la pectina.

**PECTINA** n. f. Sustancia orgánica contenida en las membranas celulares vegetales, utilizada en la elaboración de mermeladas y jaleas de frutas.

**PECTINADO, A** adj. Que tiene forma de peine.

**PECTÍNEO, A** adj. Pectinado. ◆ n. m. **2.** ANAT. Músculo abductor del muslo.

**PECTINIFORME** adj. Pectinado.

**PECTORAL** adj. (lat. *pectoralem*). Relativo al pecho: *músculos pectorales.* • **Aletas pectorales,** aletas pares anteriores de los peces. ‖ **Cruz pectoral,** insignia de la dignidad episcopal o abacial. ◆ adj. y n. m. **2.** Útil y provechoso para el pecho. ◆ n. m. **3.** Joya colgante trapezoidal, atributo de los faraones. **4.** Pieza de tela bordada que llevaba el sumo sacerdote de los hebreos. **5.** Joya en forma de placa cuadrangular, utilizada para sujetar la capa sobre el pecho.

**pectoral** egipcio en forma de pilono (Saqqāra, XIX dinastía) [Louvre, París]

**PECUARIO, A** adj. Relativo al ganado.

**PECUECA** n. f. *Amér.* Mal olor en los pies.

**PECULADO** n. m. (lat. *peculatum*). DER. Malversación de los fondos públicos.

**PECULIAR** adj. Privativo o propio de cada persona o cosa.

**PECULIARIDAD** n. f. Calidad de peculiar. **2.** Detalle peculiar.

**PECULIARISMO** n. m. Tendencia a acentuar lo peculiar.

**PECULIO** n. m. (lat. *peculium*). Patrimonio o caudal que el padre o señor confería al hijo de familia o al esclavo, en disfrute y administración. **2.** *Fig.* Dinero o bienes particulares que tiene cada persona.

**PECUNIA** n. f. (lat. *pecuniam*). Dinero.

**PECUNIARIO, A** adj. Perteneciente al dinero efectivo.

**PEDAGOGÍA** n. f. (gr. *paidagōgia*). Ciencia de la educación. **2.** Teoría educativa.

**PEDAGÓGICO, A** adj. Relativo a la pedagogía.

**PEDAGOGO, A** n. Maestro, educador. **2.** Experto en pedagogía.

**PEDAL** n. m. (lat. *pedalem,* de un pie de dimensión). Órgano de un mecanismo, de una máquina o de un vehículo que se acciona con el pie. **2.** MÚS. Nota sostenida y prolongada que no forma parte, obligatoriamente, de las notas constitutivas de un acorde. **3.** MÚS. Tecla que se acciona con el pie: *teclado de pedales.* **4.** MÚS. Palanca que se mueve por la acción del pie, y que en el arpa eleva las cuerdas, en el piano modifica la calidad de los sonidos y en el armonio mueve los fuelles.

**PEDALADA** n. f. Cada uno de los impulsos dados a un pedal con el pie.

**PEDALEAR** v. intr. **[1]**. Mover un pedal o los pedales, especialmente los de una bicicleta.

**PEDALEO** n. m. Acción y efecto de pedalear.

**PEDALERO** n. m. MÚS. Conjunto de teclas de madera, en la parte inferior del órgano, que se accionan con la punta o el tacón del pie y hacen sonar los tubos graves.

**PEDÁNEO** adj. y n. m. Dícese de las autoridades administrativas cuya jurisdicción se extiende a aldeas o pequeños núcleos de población: *alcalde pedáneo.*

**PEDANÍA** n. f. Lugar anejo a un municipio, que estaba regido por un alcalde pedáneo. **2.** Territorio bajo la jurisdicción de un juez pedáneo.

**PEDANTE** adj. y n. m. y f. Dícese de la persona engreída, que hace ostentación y alarde de su erudición.

**PEDANTEAR** v. intr. **[1]**. Actuar o hablar con pedantería.

**PEDANTERÍA** n. f. Calidad de pedante. **2.** Dicho o hecho pedante.

**PEDANTESCO, A** adj. Relativo a los pedantes o a su estilo o modo de hablar.

**PEDAZO** n. m. (lat. *pitaecium*). Parte o porción de una cosa. • **Caerse a pedazos** *(Fam.),* estar muy viejo; estar muy cansado. ‖ **Hacer pedazos** *(Fam.),* difamar, hacer daño moralmente. ‖ **Hacer,** o **hacerse, pedazos,** romper o romperse. ‖ **Saltar** algo **en pedazos,** o **en mil pedazos** *(Fam.),* explotar, estallar una cosa rompiéndose. ‖ **Ser** uno **un pedazo de pan** *(Fam.),* ser muy bueno y algo infeliz. ◆ **pedazos** n. m. pl. **2.** MIN. Fragmento de carbón de más de 80 mm.

**PEDERASTA** n. m. (gr. *paiderastēs*). Persona que practica la pederastia.

**PEDERASTIA** n. f. Homosexualidad practicada con los niños. **2.** Homosexualidad masculina.

**PEDERNAL** n. m. Variedad de sílex que al ser golpeada con el eslabón da chispas. **2.** *Fig.* Cualquier cosa de mucha dureza: *tener el corazón como un pedernal.*

**PEDERNALINO, A** adj. De pedernal, o que participa de sus propiedades.

**PEDESTAL** n. m. (it. *piedistallo*). Cuerpo macizo destinado a soportar una columna, una estatua, etc. **2.** *Fig.* Aquello de lo que se sirve o en lo que se apoya una persona o cosa para adquirir una situación ventajosa. • **Estar, poner, tener,** etc., a alguien **en un pedestal,** tenerle en muy buena opinión.

**PEDESTRE** adj. Que se hace a pie: *carrera pedestre.* **2.** *Fig.* Vulgar, ordinario: *lenguaje pedestre.*

**PEDESTRISMO** n. m. Calidad de pedestre. **2.** Prueba atlética a pie.

**PEDIATRA** o **PEDÍATRA** n. m. y f. Médico especializado en pediatría.

**PEDIATRÍA** n. f. Rama de la medicina que se ocupa de la infancia y de sus enfermedades.

**PEDIÁTRICO, A** adj. Relativo a la pediatría.

**PEDICELARIO** n. m. Pinza minúscula, provista de tres brazos, de las estrellas y erizos de mar.

**PEDICULAR** adj. Relativo al piojo. **2.** Relativo a un pedículo.

**PEDÍCULO** n. m. ANAT. Conjunto de elementos anatómicos que unen un órgano al resto del organismo. **2.** BIOL. Soporte o pie de un órgano cualquiera.

**PEDICULOSIS** n. f. Ptiriasis.

**PEDICURISTA** n. m. y f. *Méx.* Pedicuro.

**PEDICURO, A** n. Persona que se dedica al cuidado de los pies. SIN.: *callista, podólogo.*

**PEDIDA** n. f. Petición, especialmente petición de mano: *pulsera de pedida.*

**PEDIDO** n. m. Petición, acción de pedir. **2.** Encargo de géneros hecho a un fabricante o vendedor de ellos.

**PEDIGREE** o **PEDIGRÍ** n. m. Genealogía de un animal de raza. **2.** Documento en que consta.

**PEDIGÜEÑO, A** adj. Demasiado aficionado a pedir.

**PEDILLANURA** n. f. GEOMORFOL. Superficie de arrasamiento formada por pediplanación.

**PEDIMENTO** n. m. Petición, actuación de pedir.

**2.** DER. Escrito en que se pide algo a un juez o tribunal.

**PEDIMENTO** n. m. (ingl. *pediment,* frontón). En las regiones áridas, glacis de erosión desarrollado en una roca dura al pie de un relieve.

**PEDINCHE** adj. y n. m. y f. *Méx.* Pedigüeño.

**PEDIO, A** adj. y n. m. ANAT. Dícese de las estructuras relacionadas con el pie.

**PEDIPALPO** n. m. Apéndice par propio de los arácnidos, situado a continuación de los quelíceros, y que en los escorpiones se desarrolla en forma de pinzas.

**PEDIPLANACIÓN** n. f. GEOMORFOL. Formación de arrasamientos generalizados por el desarrollo de pedimentos y la eliminación de los montes isla cuyas vertientes están en retroceso.

**PEDIR** v. tr. **[30]**. Decir a alguien qué se desea obtener de él. **2.** Mendigar, pordiosear. **3.** Poner precio el vendedor a la mercancía. **4.** Querer, desear, apetecer. **5.** Hablar uno mismo o alguien en su nombre con los padres o parientes de su novia para que la concedan en matrimonio. **6.** *Fig.* Requerir una cosa algo como necesario o conveniente.

**PEDO** n. m. (lat. *peditum*). *Vulg.* Ventosidad que se expele por el ano. **2.** *Fam.* Borrachera. **3.** *Vulg.* En el lenguaje de la droga, estado similar al de la borrachera, producido por alguna droga.

**PEDOFILIA** n. f. Atracción sexual del adulto por los niños.

**PEDOLOGÍA** n. f. Paidología. **2.** Denominación incorrecta por edafología.

**PEDORRERA** n. f. *Vulg.* Acción de expeler ventosidades por el ano. **2.** *Vulg.* Serie de ventosidades expelidas del vientre por el ano.

**PEDORRERO, A** o **PEDORRO, A** adj. y n. *Vulg.* Que expele ventosidades del vientre con frecuencia o sin reparo.

**PEDORRETA** n. f. *Vulg.* Sonido hecho con la boca, imitando al pedo.

**PEDRADA** n. f. Acción de arrojar una piedra. **2.** Golpe dado con una piedra lanzada. **3.** Señal que deja.

**PEDREA** n. f. Acción de apedrear. **2.** Lucha hecha a pedradas. **3.** Pedrisco, granizada. **4.** Conjunto de los premios menores de la lotería nacional.

**PEDREGAL** o **PEDROCHE** n. m. Paraje o terreno cubierto por cantos o piedras sueltas.

**PEDREGOSO, A** adj. Dícese del terreno cubierto de piedras.

**PEDREGULLO** n. m. *Amér. Merid.* Conjunto de piedras pequeñas, trituradas, que se usan para afirmar caminos; gravilla.

**PEDRERA** n. f. Cantera, lugar o sitio de donde se sacan las piedras.

**PEDRERÍA** n. f. Conjunto de piedras preciosas trabajadas.

**PEDRISCO** n. m. Piedra o granizo grueso que cae de las nubes.

**PEDROCHE** n. m. Pedregal.

**PEDROJIMÉNEZ** n. m. Vino español muy dulce, que se elabora en las provincias de Málaga y Córdoba, a partir de la uva pasificada de la cepa homónima. SIN.: *Pedro Jiménez, Pedro Ximénez.*

**PEDRUSCO** n. m. *Fam.* Pedazo de piedra sin labrar.

**PEDUNCULADO, A** adj. BIOL. Provisto de un pedúnculo.

**PEDUNCULAR** adj. Relativo al pedúnculo. • **Síndrome peduncular,** conjunto de síntomas que ponen de manifiesto una afección de los pedúnculos cerebrales.

**PEDÚNCULO** n. m. (lat. *pedunculum*). BIOL. Pieza alargada o tallo que une un pequeño órgano terminal con el conjunto del cuerpo. **2.** BOT. Eje floral que sostiene las flores.

**PEELING** n. m. (voz inglesa). Tratamiento cosmético o quirúrgico que consiste en descamar la piel de la cara para alisarla.

**PEGA** n. f. Acción de pegar una cosa con otra. **2.** Sustancia que sirve para pegar. **3.** *Fig.* Obstáculo, contratiempo que se presenta o que alguien pone para la realización de algo. **4.** Pregunta capciosa, difícil de contestar. **5.** *Chile.* Lugar donde se trabaja. **6.** *Chile.* Edad del hombre en que culminan sus atractivos. **7.** *Chile, Colomb., Cuba* y *Perú. Fam.* Empleo, trabajo. **8.** *Cuba* y *P. Rico.* Liga para cazar pájaros. **9.** MIN. Acción de provocar la explosión de los barrenos haciendo detonar la carga. • **De pega,** falso, fingido.

**PEGADA** n. f. En algunos deportes, potencia que el deportista puede imprimir a sus puños, golpes, tiros, etc.

**PEGADIZO, A** adj. Pegajoso, que se pega. **2.** Contagioso. **3.** *Fig.* Que se graba con facilidad en la memoria: *música pegadiza.* ◆ adj. y n. **4.** Gorrón.

**PEGADO** n. m. Parche, trozo de lienzo que contiene un preparado medicamentoso.

**PEGADOR, RA** adj. y n. Que pega.

**PEGADURA** n. f. Acción de pegar una cosa con otra. **2.** Unión de dos cosas pegadas entre sí.

**PEGAJOSIDAD** n. f. Calidad o condición de pegajoso.

**PEGAJOSO, A** adj. Dícese de lo que se pega o adhiere de forma espontánea. **2.** Contagioso. **3.** *Fig.* y *fam.* Excesivamente cariñoso, suave, atractivo o meloso.

**PEGAMENTO** n. m. Sustancia que sirve para pegar.

**PEGAMIENTO** n. m. Acción de pegar o pegarse una cosa con otra.

**PEGAMOIDE** n. m. Tela recubierta con una mezcla de sustancias químicas, que imita el cuero.

**PEGAR** v. tr. (lat. *picare*) **[1b]**. Unir una cosa a otra por medio de una sustancia adherente o atándola o cosiéndola: *pegar un sello, un botón.* **2.** *Fig.* Aplicar una cosa a otra de modo que queden en contacto: *pegar el oído a la puerta.* **3.** Maltratar con golpes: *pegó a su hermano.* **4.** Con voces como *golpe, paliza, bofetada,* darlos. **5.** Con complementos como *voces, saltos, tiros,* etc., expresa la acción que éstos significan. • **Pegársela** a alguien, engañarle; *(Fam.),* faltar a la fidelidad conyugal. ◆ v. tr. y pron. **6.** Comunicar, contagiar: *le pegaron la gripe.* ◆ v. intr. **7.** Armonizar una cosa con otra. **8.** Estar una cosa próxima o contigua a otra. **9.** Dar, tropezar con fuerza o impulso. **10.** Prender, comunicar fuego a una cosa. ◆ v. intr. y pron. **11.** Asirse o unirse una cosa a otra por su naturaleza o por las circunstancias. ◆ **pegarse** v. pron. **12.** Adherirse los guisos al recipiente. **13.** Convertirse de manera pesada e insistente en acompañante asiduo de alguien.

**PEGATINA** n. f. Adhesivo.

**PEGMATITA** n. f. Roca granítica constituida por minerales de grano grueso, que generalmente forma filones y puede contener minerales variados como turmalina, berilo, topacio, etc.

**PEGO** n. m. Trampa que consiste en pegar dos naipes para que salgan como uno solo. • **Dar,** o **tirar, el pego,** ganar con baraja preparada para esta fullería; *(Fam.),* engañar a alguien aparentando ser mejor.

**PEGOTE** n. m. Cualquier cosa que está espesa y se pega al tacto. **2.** *Fig.* y *fam.* Cosa mal hecha, chapucería. **3.** Parche, cualquier cosa sobrepuesta a otra. • **Tirarse un pegote** *(Fam.),* echarse faroles, exagerar.

**PEGUJAL** o **PEGUJAR** n. m. Peculio, bienes. **2.** Terreno de labor muy pequeño y de poca importancia.

**PEGUJALERO, A** n. Labrador que tiene poca siembra o labor. **2.** Ganadero que tiene poco ganado.

**PEHLEVI** n. m. Pahlaví.

**PEHUÉN** n. m. *Argent.* y *Chile.* Planta araucariácea.

**PEINADA** n. f. Acción de peinar o peinarse.

**PEINADO** n. m. Cada una de las formas distintas de arreglarse el pelo o de peinarse. **2.** *Fam.* Operación sistemática de rastreo, realizada por funcionarios de inspección policial, fiscal, etc., para detectar un objetivo concreto. **3.** TEXT. Operación que tiene por objeto depurar y enderezar paralelamente las fibras textiles. **4.** TEXT. Cinta compuesta por fibras textiles que han sufrido esta operación. **5.** TEXT. Tejido elaborado con hilos peinados.

**PEINADOR, RA** adj. y n. Que peina. ◆ adj. y n. f. **2.** Dícese de una máquina empleada para el peinado de las materias textiles. ◆ n. m. **3.** Prenda que se pone sobre el vestido al peinarse.

**PEINAJE** n. m. (fr. *peignage*). TEXT. Peinado de las fibras textiles, especialmente en la hilatura del algodón y en la obtención de estambre.

**PEINAR** v. tr. y pron. (lat. *pectinare*) **[1]**. Desenredar, alisar o arreglar el pelo con el peine. ◆ v. tr. **2.** Desenredar o limpiar cualquier clase de pelo o lana. **3.** *Fam.* Efectuar un peinado, rastreo. **4.** TEXT. Realizar la operación del peinado.

**PEINE** n. m. (lat. *pectinem*). Utensilio de madera, marfil, concha u otra materia, que tiene muchos dientes espesos, con el cual se desenreda y arregla el pelo. **2.** Pieza mecánica con esta misma forma. **3.** Pieza dispuesta en el batán de los telares, consistente en una serie de alambres laminados, fijos por sus extremos en dos listones. **4.** Juego de lizos de un telar. **5.** Carda utilizada en el cardado a mano. **6.** Barra guarnecida de púas que en determinadas máquinas textiles sirve para peinar las fibras.

**peine** de marfil con doble hilera de púas; s. XV (catedral de Roda de Isábena, Huesca)

**PEINECILLO** n. m. Peineta pequeña.

**PEINETA** o **PEINA** n. f. Peine convexo que usan las mujeres como adorno o para sujetar el peinado. **2.** *Chile.* Peine. • **Peineta de teja,** peineta grande que se lleva para sostener la mantilla española.

**PEINILLA** n. f. *Colomb.* y *Ecuad.* Peine. **2.** *Colomb., Ecuad., Pan.* y *Venez.* Especie de machete.

**PEJE** n. m. Pez, animal acuático.

**PEJEGALLO** n. m. *Chile.* Pez sin escamas que tiene una cresta carnosa que le llega hasta la boca.

**PEJEPALO** n. m. Bacalao sin aplastar y curado al humo. SIN.: *estocafís.*

**PEJERREY** n. m. Pez de carne apreciada, que abunda en las costas y en las lagunas litorales de la península Ibérica. (Familia aterínidos.) **2.** *Argent.* Nombre de diversos peces marinos o de agua dulce, apreciados por su carne, que tienen una banda plateada a lo largo del flanco.

**PEJESAPO** n. m. Rape.

**PEJIGUERA** n. f. *Fam.* Cosa de poco provecho, que solamente presenta dificultades o molestias.

**PEKINÉS, SA** adj. y n. Pequinés.

**PELA** n. f. Peladura. **2.** *Fam.* Peseta. **3.** *Méx.* Azotaina, zurra.

**PELADA** n. f. *Amér.* Acción y efecto de cortar el pelo. **2.** *Argent.* y *Chile. Fig.* La muerte, representada por el esqueleto.

**PELADEZ** n. f. *Méx.* Acto o dicho grosero, insultante y falto de cortesía o buena educación.

**PELADILLA** n. f. Confite que consiste en una almendra recubierta con azúcar cocido, perfumado y, a veces, coloreado. **2.** Canto rodado pequeño.

**PELADILLO** n. m. Variedad de melocotonero y fruto del mismo.

**PELADO, A** adj. Desprovisto de lo que naturalmente suele adornarlo, cubrirlo, rodearlo, etc.: *un campo pelado.* **2.** *Fig.* Simple, escueto, sin añadido. **3.** *Argent., Chile* y *Ecuad.* Dícese de la persona que ha perdido parte del cabello, calvo. **4.** *Argent., Chile* y *Urug.* Dícese de la persona que tiene el cabello muy corto. ◆ adj. y n. **5.** Dícese de la persona pobre y sin dinero. **6.** *Méx.* Mal educado, grosero. **7.** *Méx.* Dícese del individuo de clase social baja y sin educación. ◆ n. m. **8.** Calvero. **9.** *Chile. Fig.* Soldado raso.

**PELADOR, RA** adj. y n. Que pela o sirve para pelar.

**PELADURA** n. f. Acción y efecto de pelar o descortezar una cosa. **2.** Mondadura, corteza.

**PELAGATOS** n. m. y f. (pl. *pelagatos*). *Fam.* Persona con escasos recursos económicos o de baja posición social.

**PELAGIANISMO** n. m. Doctrina de Pelagio, condenada en el concilio de Éfeso (431), que minimizaba la función de la gracia y exaltaba la primacía y la eficacia del esfuerzo personal en la práctica de la virtud.

**PELAGIANO, A** adj. y n. Relativo a Pelagio y a su doctrina; adepto de esta doctrina.

**PELÁGICO, A** adj. Relativo al piélago. • **Depósitos pelágicos,** depósitos de los mares profundos. || **Zona pelágica,** zona del mar que comprende su totalidad con excepción de las aguas que bañan el fondo y las orillas.

**PELAGRA** n. f. Enfermedad debida a una carencia de vitamina PP y que se manifiesta por lesiones cutáneas y trastornos digestivos y nerviosos.

**PELAGROSO, A** adj. y n. Relativo a la pelagra; afecto de pelagra.

**PELAJE** n. m. Conjunto de pelos de un animal. **2.** Naturaleza o calidad del pelo o de la lana de un animal. **3.** Gran cantidad de pelo. **4.** *Fig.* y *desp.* Aspecto exterior de una persona o cosa. **5.** *Fig.* y *desp.* Condición social, categoría de una persona.

**PELAMBRE** n. m. o f. Pelaje, gran cantidad de pelo. **2.** Conjunto de pelo, especialmente el arrancado o cortado. **3.** Lechada de cal en que se sumergen las pieles para que pierdan el pelo.

**PELAMBRERA** n. f. Pelo espeso y largo. **2.** Pelaje, pelambre. **3.** Lugar donde se apelambran las pieles.

**PELAMEN** n. m. *Fam.* Pelambre.

**PELANAS** n. m. (pl. *pelanas*). *Fam.* Persona inútil y despreciable.

**PELANDUSCA** n. f. *Fam.* Prostituta.

**PELAR** v. tr. y pron. **[1]**. Cortar el pelo: *pelar al rape.* **2.** Levantar parte de la epidermis o ser causa de que se levante: *el sol le peló la espalda.* • **Hacer un frío que pela,** o **pelarse** uno **de frío,** hacer o tener mucho frío. ◆ v. tr. **3.** Quitar la piel al animal o quitar las plumas al ave. **4.** Quitar la piel o corteza a una cosa. **5.** *Fig.* y *fam.* Robar, quitar a uno sus bienes. **6.** *Fig.* y *fam.* En el juego, ganar a un jugador todo el dinero. **7.** *Argent.* Desenvainar un arma. **8.** *Argent. Por ext.* y *fam.* Sacar, exhibir algo. **9.** *Méx. Fam.* Hacer caso a alguien, prestarle atención. • **Duro de pelar** *(Fam.),* dícese de las cosas difíciles de conseguir o de hacer y de las personas difíciles de convencer. ◆ **pelarse** v. pron. **10.** Perder el pelo por enfermedad u otro accidente. • **Pelárselas** *(Fam.),* expresa que uno desea o hace una cosa con mucha actividad o eficacia: *corría que se las pelaba.*

**PELÁSGICO, A** adj. Relativo a los pelasgos.

**PELASGO, A** adj. y n. Relativo a unos primitivos habitantes de Grecia antes de la llegada de los indoeuropeos, según la tradición griega; individuo de este grupo.

**PELAYA** n. f. Platija.

**PELAZGA** o **PELAZA** n. f. *Fam.* Riña, disputa.

**PELDAÑO** n. m. Cada uno de los elementos de una escalera en que se apoya el pie al subir o bajar por la misma.

**PELEA** n. f. Acción y efecto de pelear o pelearse.

**PELEADOR, RA** adj. Que pelea.

**PELEANO, A** adj. Dícese de uno de los tipos de erupción volcánica, caracterizado por la emisión de lavas muy viscosas, que se solidifican rápidamente formando cúpulas, y por explosiones muy violentas que forman nubes ardientes.

**PELEAR** v. intr. y pron. **[1]**. Batallar, combatir con sus fuerzas o sus armas dos personas, animales o grupos. **2.** Estar en oposición las cosas unas a otras. **3.** *Fig.* Resistir y luchar contra las pasiones y apetitos. **4.** *Fig.* Afanarse, trabajar por conseguir algo. ◆ **pelearse** v. pron. **5.** Enfadarse, enemistarse.

**PELECANIFORME** o **PELICANIFORME** adj. y n. m. Relativo a un orden de aves con las patas provistas de cuatro dedos unidos por una membrana, como el pelícano y el cormorán. SIN.: *esteganópodo.*

**PELELE** n. m. Muñeco de figura humana, hecho de paja o trapos. **2.** *Fig.* Persona de poco carácter y que se deja dominar por los demás. **3.** Traje de punto de una sola pieza, que se pone a los niños.

**PELENDONES,** pueblo celtíbero de la península Ibérica que habitaba al N de la actual provincia de Soria, y cuyas principales ciudades fueron Numancia y Oria (Soria).

**PELEÓN, NA** adj. Peleador. **2.** *Fam.* Dícese del vino muy ordinario.

**PELEONERO, A** adj. *Méx.* Peleón, pendenciero.

**PELETERÍA** n. f. Arte de adobar y preparar las pieles con su pelo y de hacer con ellas prendas de abrigo o de adorno. **2.** Conjunto o surtido de pieles finas. **3.** Establecimiento o tienda donde se venden o actividad a ellas dedicada. **4.** *Cuba.* Zapatería, tienda de zapatos.

**PELETERO, A** n. Persona que tiene por oficio trabajar en pieles finas o venderlas.

**PELIAGUDO, A** adj. *Fam.* Dícese del negocio o asunto difícil de resolver.

**PELIBLANCO, A** adj. De pelo blanco.

**PELÍCANO** o **PELICANO** n. m. (lat. *pelicanum*). Ave palmípeda de pico recto, fuerte y largo, con una membrana de piel dilatable en la mandíbula inferior, que forma una especie de bolsa, donde guarda los peces destinados a la alimentación de las crías. (Familia pelecánidos.)

**pelícanos**

**PELICANO, A** adj. Que tiene cano el pelo.

**PELICORTO, A** adj. De pelo corto.

**PELÍCULA** n. f. Piel tenue, o membrana muy fina. **2.** Telilla o capa delgada, sólida o líquida, que se forma sobre cualquier cosa, o sobre la superficie de ciertos líquidos. **3.** Cinta perforada de acetilcelulosa, sobre la que se extiende una emulsión gelatinosa de bromuro de plata, empleada en fotografía y en cinematografía. **4.** Obra cinematográfica. • **De película** *(Fam.),* dícese de las cosas insólitas, sorprendentes y fantasiosas que recuerdan lo que pasa en el cine; *(fam.),* muy bien, excelentemente: *estuvo de película.* || **Película lavender** (CIN.), película positiva de coloración azul que permite obtener dobles negativos.

**PELICULERO, A** adj. Relativo a la cinematografía. ◆ n. **2.** *Fam.* Cineasta. **3.** *Fam.* Actor de cine. **4.** *Fam.* Persona que trabaja en el rodaje de una película.

**PELICULÓN** n. m. *Fam.* Película cinematográfica larga y aburrida. **2.** Película muy buena.

**PELIGRAR** v. intr. **[1]**. Estar en peligro.

**PELIGRO** n. m. (lat. *periculum*). Situación de la que puede derivar un daño para una persona o cosa. **2.** Aquello que puede ocasionar un daño o mal. • **Correr peligro** o **estar en peligro,** estar expuesto a él.

**PELIGROSIDAD** n. f. Calidad de peligroso. **2.** DER. PEN. Supuesta tendencia existente en una persona de cometer un delito, fundada generalmente en su conducta antisocial.

**PELIGROSO, A** adj. Que implica peligro. **2.** *Fig.* Que puede dañar.

**PELILARGO, A** adj. De pelo largo.

**PELILLO** n. m. *Fam.* Causa o motivo muy leve de disgusto. • **Echar pelillos a la mar** *(Fam.),* reconciliarse dos o más personas, olvidando el motivo de su enfado o disputa.

**PELILLOSO, A** adj. *Fam.* Quisquilloso, susceptible.

**PELINEGRO, A** adj. De pelo negro.

**PELIRROJO, A** adj. De pelo rojo.

**PELIRRUBIO, A** adj. De pelo rubio.

**PELITRE** n. m. Planta herbácea de África que se ha usado en medicina y, reducida a polvo, como insecticida. (Familia compuestas.)

**PELLA** n. f. Masa de cualquier material, de forma redondeada. **2.** Manteca del cerdo tal como se saca de él.

**PELLADA** n. f. Masa más o menos voluminosa de pasta cerámica. **2.** Pella, masa.

**PELLEJA** n. f. Pellejo, piel de un animal. **2.** Cuero de oveja o carnero, curtido de modo que conserva la lana.

**PELLEJERÍAS** n. f. pl. *Chile.* Escasez, miseria, contratiempos causados por la pobreza.

**PELLEJO** n. m. Piel de un animal, generalmente separada del cuerpo. **2.** *Fam.* Piel del hombre. **3.** Odre para contener líquidos. **4.** Piel de algunos frutos. **5.** *Fig.* y *fam.* Persona borracha. • **Estar,** o **hallarse,** uno **en el pellejo de otro** *(Fam.),* encontrarse en las mismas circunstancias. || **Jugarse el pellejo** *(Fam.),* arriesgar la vida. || **No caber** uno **en el pellejo** *(Fam.),* estar muy gordo; estar muy contento, satisfecho. || **Quitar a** uno **el pellejo** *(Fam.),* matarle; *(Fam.),* criticarle; *(Fam.),* robarle. || **Salvar** uno **el pellejo** *(Fam.),* librarse de la muerte.

**PELLET** n. m. (voz inglesa) [pl. *pellets*]. FARM. Forma especial de presentación de un comprimido sólido, que se implanta en el tejido subcutáneo y es absorbido lentamente por el organismo. **2.** FARM. Denominación de un tipo de comprimidos protegidos por una cubierta que impide que sean atacados en el estómago. **3.** METAL. Bola de mineral de hierro aglomerado, de pequeño tamaño, para enriquecer en hierro un mineral y facilitar su ulterior elaboración en un alto horno. **4.** MINER. Inclusión de pequeños glóbulos calcáreos en otro tipo de roca.

**PELLETIERINA** n. f. QUÍM. Alcaloide extraído de la raíz del granado.

**PELLETIZACIÓN** n. f. METAL. Técnica que consiste en disponer el mineral pulverulento en pellets.

**PELLICA** n. f. Cubierta de cama hecha de pellejos finos. **2.** Pellico hecho de pieles finas.

**PELLICO** n. m. Zamarra de pastor. **2.** Abrigo de pieles parecido a la zamarra.

**PELLÍN** n. m. *Chile.* Especie de haya cuya madera es muy dura e incorruptible. **2.** *Chile.* Corazón de este árbol. **3.** *Chile. Fig.* Persona o cosa muy fuerte y de gran resistencia.

**PELLIZA** n. f. Prenda de abrigo hecha o forrada de piel o de otra tela.

**PELLIZCAR** v. tr. y pron. **[1a]**. Coger entre los dedos un poco de piel o carne y apretar, a veces retorciendo. ◆ v. tr. **2.** Asir o herir leve o sutilmente una cosa: *al cerrarse, la puerta le pellizcó los dedos.* **3.** Tomar o quitar pequeña cantidad de una cosa.

**PELLIZCO** n. m. Acción de pellizcar. **2.** Pequeña cantidad de algo que se coge entre los dedos: *un pellizco de sal.* **3.** Señal que queda en el cuerpo al pellizcarlo. **4.** Cantidad insignificante de algo. **5.** Cantidad de dinero: *se ha llevado un buen pellizco en la lotería.*

**PELLÓN** n. m. *Amér. Merid.* Pelleja curtida que forma parte del recado de montar.

**PELLUZGÓN** n. m. Porción de pelo, lana, estopa, etc., que se coge de una vez con los dedos. **2.** Porción de pelos, hebras o hilos separada de un conjunto de la misma clase.

**PELMA** n. m. y f. *Fam.* Persona pesada y fastidiosa.

**PELMAZO, A** n. Pelma.

**PELMEZ** n. f. Calidad de pelma.

**PELO** n. m. (lat. *pilum*). Formación filiforme de la epidermis, que cubre la piel de ciertos animales y, en determinados lugares, el cuerpo humano. **2.** Plumón de las aves. **3.** Cualquier hebra delgada o filamento muy fino y corto. **4.** Pelaje de las caballerías. **5.** Cantidad mínima o insignificante de algo: *por un pelo no ganó la carrera.* **6.** Defecto que tienen algunas gemas y que les resta pureza. **7.** Superficie velluda del terciopelo. • **Al,** o **a, pelo** *(Fam.),* muy bien, muy oportunamente. || **Caérsele** a alguien **el pelo** *(Fam.),* quedar muy mal una persona si se descubre que ha hecho una cosa determinada; recibir una reprimenda, sanción o castigo. || **De medio pelo** *(Fam.),* dícese de la persona de poca categoría social; dícese de las cosas de mediana calidad. || **De pelo en pecho** *(Fam.),* dícese de la persona fuerte y valiente. || **No tener** uno **pelos en la lengua** *(Fam.),* no tener reparo en decir lo que piensa. || **No tener** uno **un pelo de tonto** *(Fam.),* ser listo y avisado. || **No ver el pelo,** o **no**

**vérsele el pelo** a uno (*Fig.* y *fam.*), denota la ausencia de una persona en los lugares donde debía o solía acudir. || **Pelo de la dehesa** (*Fig.* y *fam.*), rusticidad o tosquedad. || **Pelos y señales** (*Fig.* y *fam.*), detalles y circunstancias de una cosa. || **Ponérsele** a uno **los pelos de punta** (*Fam.*), erizársele el cabello por efecto del miedo; sufrir mucho miedo. || **Soltarse** uno **el pelo** (*Fam.*), decidirse a hablar, obrar, o vivir, sin miramientos. || **Tomar el pelo** a uno (*Fam.*), burlarse de él con disimulo o ironía.

**PELÓN, NA** adj. y n. Que no tiene pelo en la cabeza. **2.** *Fig.* Pobre, de escasos recursos económicos.

**PELOPONENSE** adj. y n. m. y f. Del Peloponeso.

**PELOPONÉSICO, A** adj. y n. Peloponense.

**PELOTA** n. f. Bola u objeto de forma esférica, formado generalmente por una materia blanda, y especialmente aquel con que se practican diversos deportes. **2.** Juego que se hace con ella, especialmente aquellos en que dos o más participantes compiten impulsándola con la mano o con ciertos instrumentos. **3.** Giro hecho por un librador a cargo de otra persona, sin existir ningún tipo de negocio entre ellos. **4.** *Fam.* Cabeza. • **Devolver pelota** a alguien, actuar con respecto a alguien con la misma malicia con que éste actuó anteriormente. || **Echarse,** o **tirarse, la pelota,** pasarse la responsabilidad de algo de unas personas a otras. || **En pelotas** o **en pelota** (*Vulg.*), desnudo. || **Estar la pelota en el tejado,** ser todavía dudoso el éxito de un negocio cualquiera. || **Hacer,** o **gastar, la pelota** a alguien (*Fam.*), adularle por algún interés. || **Pelota base,** béisbol. || **Pelota vasca,** deporte en el que el jugador lanza una pelota contra un frontón o trinquete, impulsándola con la mano o con ciertos instrumentos, como la pala y la cesta. ◆ **pelotas** n. f. pl. **5.** *Vulg.* Testículos.

**pelota** vasca: partido de cesta punta

**PELOTA** n. m. y f. Persona que adula.

**PELOTARI** n. m. y f. Jugador de pelota vasca.

**PELOTAZO** n. m. Golpe dado con la pelota. **2.** *Vulg.* Copa de bebida alcohólica. • **Dar,** o **pegar, un pelotazo** (*Fam.*), enriquecerse rápidamente mediante procedimientos ilícitos.

**PELOTE** n. m. Pelo de cabra.

**PELOTEAR** v. intr. **[1]**. Jugar a la pelota como entrenamiento. **2.** *Fig.* Arrojar una cosa de una parte a otra. **3.** *Fig.* Reñir dos o más personas entre sí. ◆ v. tr. **4.** Repasar y señalar las partidas de una cuenta, y cotejarlas con sus justificantes. **5.** *Argent. Fig.* y *fam.* Tener a alguien a mal traer. **6.** *Argent. Fig.* y *fam.* Demorar o trabar deliberadamente un asunto.

**PELOTEO** n. m. Acción de pelotear. **2.** ECON. Procedimiento fraudulento para crear un crédito artificial.

**PELOTERA** n. f. *Fam.* Riña, pelea.

**PELOTERO, A** n. Persona que recoge las pelotas en el juego. **2.** *Amér.* Jugador de pelota, especialmente el de fútbol y el de béisbol.

**PELOTILLA** n. f. Bolita de cera, armada de puntas de vidrio, que usaban los disciplinantes para mortificarse.

**PELOTILLERO, A** adj. y n. Pelota, adulador.

**PELOTÓN** n. m. Conjunto de alguna cosa apretada y enredada, especialmente de pelos e hilos. **2.** En ciclismo, grupo numeroso de corredores que marchan juntos en el transcurso de una prueba. **3.** Pequeña unidad de soldados, menor que la sección, que es mandada por un sargento o cabo primero.

**PELOTUDO, A** adj. y n. *Argent., Par.* y *Urug. Vulg.* Estúpido, imbécil.

**PELTA** n. f. (gr. *peltē*). ANT. GR. Pequeño escudo de mimbre o madera, forrado de cuero, en forma de media luna.

**PELTADO, A** adj. BOT. Dícese de una hoja cuyo pecíolo está fijado en el centro de la cara inferior del limbo.

**PELTASTA** n. m. (gr. *peltastēs*). ANT. GR. Soldado de infantería ligera provisto de una pelta.

**PELTRE** n. m. Aleación de estaño, plomo y cinc. **2.** Cinc comercial.

**PELUCA** n. f. Cabellera postiza. **2.** Pelucona.

**PELUCHE** n. m. Felpa. **2.** Muñeco o juguete hecho con este material.

**PELUCONA** n. f. Nombre que se daba a las onzas de oro españolas del s. XVIII, a causa de la peluca que figuraba en el busto del rey.

**PELUDEAR** v. intr. **[1]**. *Argent. Fam.* Emprender una tarea difícil.

**PELUDO, A** adj. y n. Que tiene mucho pelo. ◆ n. m. **2.** Ruedo de estera afelpado, de espartos largos y majados. **3.** *Argent.* y *Urug.* Borrachera. **4.** ZOOL. Armadillo velludo de Argentina y Uruguay. (Familia dasipódidos.) • **Caer como peludo de regalo** (*Argent.* y *Urug.*), llegar inoportunamente.

**PELUQUEAR** v. tr. y pron. **[1]**. *Amér. Merid., C. Rica* y *Méx.* Cortar o arreglar el cabello a una persona.

**PELUQUERÍA** n. f. Establecimiento u oficio del peluquero.

**PELUQUERO, A** n. Persona que tiene por oficio el cuidado y arreglo del cabello.

**PELUQUÍN** n. m. Peluca pequeña. **2.** Peluca con bucles y coleta del s. XVIII.

**PELUSA** n. f. Vello muy tenue. **2.** Pelo menudo que se desprende de las telas. **3.** *Fig.* y *fam.* Envidia o celos propios de los niños. **4.** BOT. Vello que cubre algunas frutas y determinadas partes de algunas plantas.

**PELVIANO, A** adj. ANAT. Relativo a la pelvis. • **Aletas pelvianas,** aletas abdominales de los peces, que pueden estar insertas en la parte delantera o trasera de la zona ventral, según las especies. || **Cintura pelviana,** en los mamíferos, estructura anatómica formada por la unión de tres pares de huesos: *ilion, isquion* y *pubis.*

**PELVIS** n. f. Cinturón óseo de los vertebrados, situado en el extremo posterior o inferior del tronco, y que se articula, por una parte, con la columna vertebral y, por otra, con las extremidades posteriores o inferiores.

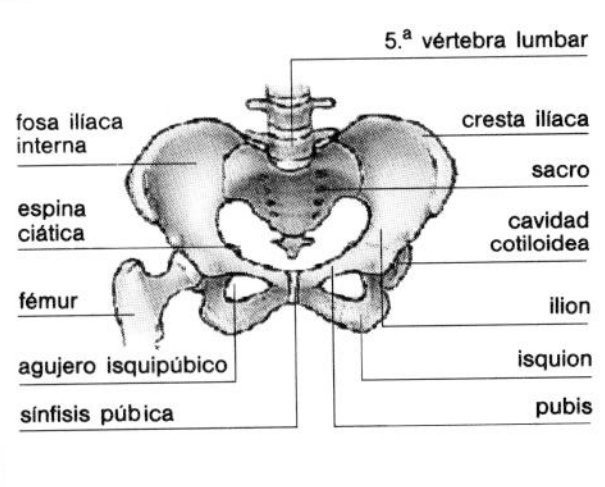


**pelvis**

**PENA** n. f. Cualquier castigo. **2.** Sentimiento de tristeza producido por algo desagradable: *su muerte produjo honda pena.* **3.** Aquello que produce dicho sentimiento: *su vida está jalonada de penas y desgracias.* **4.** Dolor, padecimiento físico. **5.** Lástima: *da pena tirar tanta comida.* **6.** Dificultad, trabajo: *con muchas penas logra llegar a fin de mes.* **7.** *Amér. Central, Colomb., Méx.* y *Venez.* Vergüenza, cortedad. **8.** DER. PEN. Sufrimiento impuesto por el estado, en ejecución de una sentencia, al culpable de una infracción penal. **9.** TEOL. Castigo reservado al pecador: *las penas del infierno.* • **A duras, graves,** o **malas, penas,** con gran dificultad o trabajo. || **A penas,** apenas. || **Pena de muerte,** o **capital,** condena a ser ejecutado que se impone a un reo. || **Sin pena ni gloria,** sin sobresalir, ni muy bien ni muy mal. || **Valer,** o **merecer, la pena** una cosa, ser de mucha importancia o digna de lo que se expresa a continuación.

**PENABLE** adj. Que puede recibir pena o ser penado.

**PENACHO** n. m. (ital. *pennacchio*). Adorno de plumas que sobresale en los cascos, en el tocado de las mujeres, en la cabeza de las caballerías engalanadas, etc. **2.** *Fig.* Cualquier adorno parecido al anterior. **3.** Grupo de plumas que tienen algunas aves en la parte superior de la cabeza.

**PENADO, A** n. Delincuente, condenado a una pena.

**PENAL** adj. Relativo a los delitos y faltas y a las penas que se les asignan: *leyes penales.* • **Código penal,** conjunto estructurado de disposiciones que definen los delitos y faltas, y sus penas. ◆ n. m. **2.** Lugar donde se cumplen las penas privativas de libertad. **3.** DEP. Penalty.

**PENALIDAD** n. f. Dificultad que comporta trabajo y sufrimiento. (Suele usarse en plural.) **2.** DER. Sanción prevista por la ley penal.

**PENALISTA** n. m. y f. Especialista en derecho penal.

**PENALIZACIÓN** n. m. Acción y efecto de penalizar.

**PENALIZAR** v. tr. **[1g]**. Imponer una sanción o castigo.

**PENALTY** n. m. (voz inglesa). En diversos deportes de equipo, como el fútbol y el balonmano, falta grave cometida por un equipo dentro de su área. **2.** Castigo de esta falta, consistente en disparar una vez a puerta el equipo atacante desde un lugar predeterminado, con la única protección del portero del otro equipo.

lanzamiento de un **penalty**

**PENAR** v. intr. **[1]**. Padecer, sufrir un dolor o una pena. ◆ v. tr. **2.** Castigar al autor de una falta o delito con una pena. **3.** Señalar la ley una pena para un acto u omisión. • **Penar** uno **por** una cosa, desearla con ansia.

**PENATES** n. m. pl. (voz latina). MIT. ROM. Dioses del hogar. **2.** MIT. ROM. Estatuas de estos dioses.

**PENCA** n. f. Hoja carnosa y aplanada, o parte de ella que presenta estas características. **2.** Tallo de ciertas hortalizas.

**PENCO** n. m. *Fam.* Jamelgo. **2.** *Fam.* Persona torpe, holgazana o inútil. **3.** *Amér.* Penca.

**PENDEJEAR** v. intr. **[1]**. *Colomb. Fam.* Hacer o decir necedades o tonterías.

**PENDEJO** n. m. Pelo del pubis y las ingles. **2.** *Fig.* Hombre cobarde. **3.** *Fig.* y *fam.* Pendón, persona de vida irregular y desordenada.

**PENDENCIA** n. f. Acción de reñir dos o más personas con palabras o acciones.

**PENDENCIERO, A** adj. Propenso a riñas o pendencias.

**PENDENTIF** n. m. (voz francesa). Joya o adorno que se lleva pendiente del cuello.

**PENDER** v. intr. (lat. *pendere*) **[2]**. Estar colgada alguna cosa. **2.** Depender. **3.** *Fig.* Estar por resolverse un asunto.

**PENDIENTE** adj. Que pende. **2.** *Fig.* Que está por resolverse o terminarse: *asunto pendiente.* ◆ n. m. **3.** Joya o adorno atravesado o prendido en el lóbulo de la oreja. **4.** *Méx.* Preocupación: *estoy con pendiente porque ya es muy tarde y mi hijo no ha llegado.* ◆ n. f. **5.** Declive, inclinación de un terreno o superficie: *una pendiente del 3 % representa una diferencia de nivel de 3 m por cada 100 m de distancia horizontal.* SIN.: *cuesta.* **6.** Inclinación que tienen los planos de los tejados para facilitar el desagüe. **7.** Cada uno de dichos planos. • **Línea de máxima pendiente de un plano** (MAT.), recta que forma el mayor ángulo con un plano horizontal. || **Línea de máxima pendiente sobre una superficie** (MAT.), curva cuya tangente en cada punto es la línea de máxima pendiente del plano tangente en este mismo punto. || **Pendiente de agua,** construcción que permite a las embarcaciones salvar desniveles en un curso de agua. || **Pendiente de un plano** (MAT.), pendiente de la línea de máxima pendiente del plano. || **Pendiente de una recta,** tangente del ángulo que forma esta recta con el plano horizontal. || **Pendiente límite** (GEOMORFOL.), valor de la inclinación por debajo de la cual dejan de actuar los procesos de modelado de las vertientes. || **Rotura de pendiente** (GEOMORFOL.), punto de una vertiente caracterizado por un cambio notable del valor de la pendiente.

**PENDOLISTA** n. m. y f. Persona que escribe con muy buena letra. **2.** Memorialista. **3.** *Fam.* Escritor.

**PENDÓN** n. m. Bandera o estandarte. **2.** *Fig.* y *fam.* Persona de vida irregular y desordenada. **3.** *Fig.* y *fam.* Mujer de vida licenciosa. **4.** BOT. Vástago que sale del tronco principal del árbol. **5.** HIST. Insignia a modo de bandera más larga que ancha, utilizada como distintivo desde la edad media.

**PENDONEAR** v. intr. **[1]**. Callejear.

**PENDULAR** adj. Relativo al péndulo: *movimiento pendular.* **2.** En un proceso de fabricación en serie, dícese de la máquina o del ciclo automático dotado de dos posiciones idénticas, en cada una de las cuales trabaja alternativamente, mientras la otra se prepara para la operación siguiente. • **Coche pendular** (F.C.), coche cuya caja puede inclinarse alrededor de unos ejes longitudinales dispuestos en los bogies, y cuyo centro de inercia se halla por debajo de dichos ejes con objeto de favorecer el equilibrio estable.

**PÉNDULO, A** adj. Pendiente, colgante. ◆ n. m. **2.** Cuerpo suspendido en un punto fijo y que oscila por acción de su peso. **3.** Todo sólido animado de un movimiento de esta naturaleza.

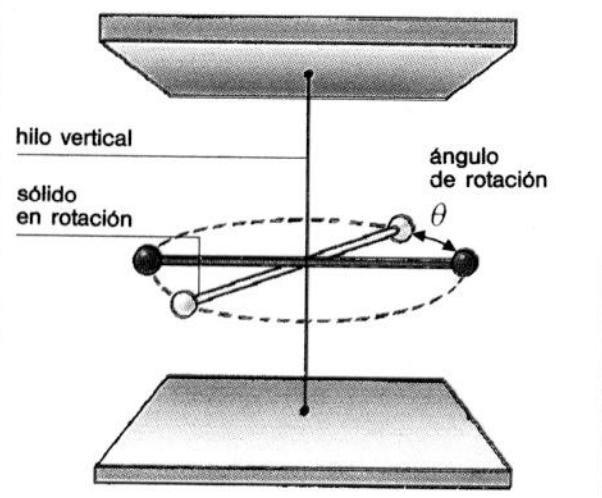


El momento del par de torsión que se ejerce en un sólido suspendido de un hilo de torsión es proporcional al ángulo θ.

principio del **péndulo** de torsión

**PENE** n. m. (lat. *penem*). ANAT. Órgano masculino de la copulación.

**PENEANO, A** adj. Relativo al pene.

**PENENE** n. m. y f. (de *profesor no numerario*). Profesor que no es funcionario en un centro de enseñanza del estado.

**PENETRABILIDAD** n. f. Calidad de penetrable.

**PENETRACIÓN** n. f. Acción y efecto de penetrar. **2.** Perspicacia, agudeza. • **Ayudas a la penetración** (ARM.), conjunto de sistemas colocados en la cabeza de un misil para contrarrestar el efecto de los medios antimisiles enemigos. || **Test de penetración,** test utilizado, en caso de esterilidad conyugal, que consiste en poner en contacto in vitro el esperma del hombre y el moco cervical de la mujer. || **Vuelo de penetración** (MIL.), vuelo a baja altitud de un avión encargado de atacar objetivos alejados que se encuentran en territorio enemigo.

**PENETRANTE** adj. Profundo, que penetra mucho. **2.** *Fig.* Agudo, sagaz, incisivo.

**PENETRAR** v. intr. y tr. **[1]**. Pasar desde el exterior al interior. **2.** Introducir un cuerpo en otro por sus poros, huecos, etc. **3.** *Fig.* Hacerse sentir con intensidad el frío, los gritos, etc. ◆ v. tr. **4.** *Fig.* Afectar profundamente el dolor u otro sentimiento. ◆ v. tr. y pron. **5.** *Fig.* Comprender bien, profundizar.

**PENETRÓMETRO** n. m. Instrumento que permite medir la resistencia de una materia bituminosa a ser penetrada.

**PÉNFIGO** n. m. Enfermedad de la piel que se manifiesta por la existencia de vesículas, con posteriores alteraciones pigmentarias.

**PENIBÉTICO, A** adj. Relativo a la cordillera Penibética.

**PENICHE** n. m. (voz francesa). Barcaza grande y pesada para el transporte fluvial.

**PENICILINA** n. f. Antibiótico aislado del *Penicillium notatum* y cuyas propiedades fueron descubiertas por Alexander Fleming en 1929.

**PENICILINASA** n. f. Enzima que hidroliza la penicilina.

**PENICILINORRESISTENTE** adj. Dícese de los gérmenes resistentes a la penicilina.

**PENICILIO** n. m. Hongo que se desarrolla sobre el queso, en las frutas almacenadas, etc., y de una de cuyas especies se extrae la penicilina.

**PENILLANURA** n. f. GEOGR. En la teoría del ciclo de erosión, fase final del relieve que se caracteriza por sus formas suaves y valles anchos.

**PENÍNSULA** n. f. (lat. *paeninsulam*). Porción de tierra rodeada de agua por todas partes excepto por una, llamada *istmo,* mediante la cual se comunica con otra tierra de mayor extensión.

**PENINSULAR** adj. y n. m. y f. Relativo a una península; habitante u originario de ella. **2.** Relativo a la península Ibérica; habitante u originario de ella. (Suele emplearse en oposición a lo relativo a las islas.)

**PENIQUE** n. m. (ingl. *penny*). Moneda inglesa que, hasta 1971, equivalía a la doceava parte de un chelín y que equivale a la centésima parte de la libra.

**PENITENCIA** n. f. (lat. *paenitentiam*). Mortificación que uno se impone a sí mismo para expiar sus pecados. **2.** *Fam.* Algo desagradable que hay que sufrir de grado o por fuerza. **3.** HIST. Castigo público que imponía el tribunal de la Inquisición a algunos reos. **4.** REL. Uno de los siete sacramentos de la Iglesia católica. **5.** REL. Pena que impone el confesor al penitente.

**PENITENCIAL** adj. Relativo a la penitencia.

**PENITENCIARÍA** n. f. Establecimiento donde se recluye a los condenados a penas privativas de libertad. **2.** REL. Función de penitenciario. • **Penitenciaría apostólica** o **Sagrada penitenciaría,** tribunal eclesiástico de la Santa Sede encargado de la concesión de indulgencias.

**PENITENCIARIO, A** adj. y n. m. Dícese del presbítero que tiene la obligación de confesar en una iglesia determinada. ◆ adj. **2.** Relativo a la penitenciaría: *establecimiento penitenciario.* ◆ n. m. **3.** Sacerdote vinculado a las basílicas romanas de San Pedro, San Juan de Letrán, Santa María la Mayor y a la de Loreto, cuya misión es dar a los fieles que se confiesan la absolución de los casos reservados.

**PENITENTE** n. m. y f. Persona que confiesa sus pecados al sacerdote. **2.** Persona que va en una procesión para hacer penitencia, con cierto traje establecido para este uso. ◆ n. m. **3.** Planta herbácea con racimos de pequeñas flores de color violeta. (Familia liliáceas.)

**PENNA** n. f. Pluma larga del ala *(remera)* o de la cola *(rectriz)* de las aves.

**PENOL** n. m. MAR. Extremo de la verga, percha de los palos de un buque de vela.

**PENOLOGÍA** n. f. Estudio científico de los diversos medios de represión y prevención de los delitos con miras a reducir la reincidencia.

**PENOSO, A** adj. Que causa pena, o penas, trabajoso. **2.** *Méx.* Que es muy tímido o se avergüenza con facilidad.

**PENSADO, A** adj. y n. Precedido del adverbio *mal,* dícese de quien interpreta desfavorablemente las palabras, actitudes o acciones de los demás.

**PENSADOR, RA** adj. Que piensa, especialmente que lo hace con intensidad y eficacia. ◆ n. **2.** Filósofo.

**PENSAMIENTO** n. m. Facultad de pensar. **2.** Acto de esta facultad, cosa pensada. **3.** Idea principal, manera de opinar de un individuo o de un determinado ambiente. **4.** Máxima, sentencia: *los pensamientos de Marco Aurelio.* **5.** Planta herbácea de flores muy variables, con los pétalos laterales muy cerca de los superiores. **6.** Flor de esta planta. • **En un pensamiento,** con suma brevedad. || **No pasarle** a uno algo **por el pensamiento,** no ocurrírsele, no pensar en ello. || **Pensamiento débil** (FILOS.), tendencia que critica la rigidez de la razón ilustrada de la modernidad, y propugna aventurar la razón por otros temas de conocimiento menos seguros.

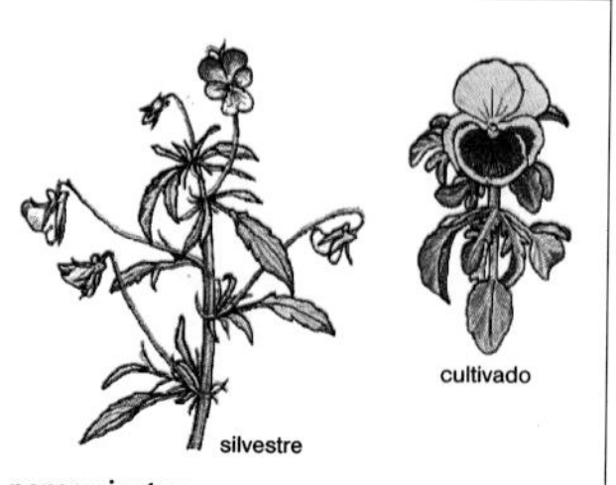


**pensamientos**

**PENSANTE** adj. y n. m. y f. Que piensa.

**PENSAR** v. tr. **[1j]**. Formar y ordenar en la conciencia ideas y conceptos: *pienso, luego existo.* **2.** Meditar, reflexionar. **3.** Hacer proyectos para poner en práctica alguna cosa. **4.** Tener determinada opinión. **5.** Imaginar, suponer: *¡quién lo iba a pensar!* • **¡Ni pensarlo!,** dícese para rechazar algo. || **Sin pensar,** improvisadamente.

**PENSATIVO, A** adj. Que está absorto en sus pensamientos.

**PENSIL** o **PÉNSIL** n. m. Jardín delicioso.

**PENSIÓN** n. f. (lat. *pensionem,* pago). Prestación en metálico entregada periódicamente a alguien: *pensión de jubilación, de invalidez, de orfandad, de viudedad.* **2.** Casa particular en la que se alojan huéspedes mediante pago. **3.** Precio que se paga por este alojamiento. **4.** Establecimiento hotelero de categoría inferior al hotel. • **Media pensión,** situación de los colegiales que reciben en el colegio la comida de mediodía además de la enseñanza; régimen de hospedaje que incluye habitación y una comida diaria. || **Pensión completa,** régimen de hospedaje que incluye habitación y comida.

**PENSIONADO, A** adj. y n. Que tiene o cobra una pensión. ◆ n. m. **2.** Colegio, casa o establecimiento para alumnos pensionistas.

**PENSIONAR** v. tr. **[1]**. Conceder una pensión a una persona o a un establecimiento.

**PENSIONARIO, A** n. Persona que paga una pensión.

**PENSIONISTA** n. m. y f. Persona que recibe una pensión. **2.** Persona que paga una pensión para la manutención y el alojamiento. **3.** Alumno hospedado, alimentado e instruido en un centro de enseñanza.

**PENTACORDIO** n. m. ANT. Instrumento musical de cinco cuerdas, parecido a la lira.

**PENTADÁCTILO, A** adj. BIOL. Que tiene cinco dedos.

**PENTAEDRO** n. m. MAT. Sólido de cinco caras.

**PENTAGONAL** adj. Relativo al pentágono. **2.** De figura semejante o igual a la del pentágono. **3.** Dícese de los sólidos cuya base es un pentágono: *prisma pentagonal.*

**PENTÁGONO** n. m. MAT. Polígono de cinco ángulos y, por lo tanto, de cinco lados.

**PENTAGRAMA** o **PENTÁGRAMA** n. m. MÚS. Sistema de cinco líneas horizontales, equidistantes y paralelas, sobre las cuales o entre las cuales se escriben las notas musicales.

**PENTÁMERO, A** adj. BIOL. Que está formado por cinco partes o miembros. **2.** Dícese de los coleópteros cuyo tarso está dividido en cinco partes.

**PENTÁMETRO, A** adj. MÉTRIC. CLÁS. Que se compone de cinco pies.

**PENTANO** n. m. QUÍM. Hidrocarburo saturado de fórmula $C_5H_{12}$.

**PENTÁPOLIS** n. f. En la antigüedad y en la edad media, unión política o alianza de cinco ciudades.

**PENTARQUÍA** n. f. Gobierno formado por cinco personas. **2.** Nombre dado a la agrupación constituida por Austria, Prusia, Francia, Gran Bretaña y

Rusia, que ejerció, de hecho, la supremacía en Europa de 1815 a 1860.

**PENTASÍLABO, A** adj. y n. m. Dícese del verso de cinco sílabas.

**PENTATHLON** o **PENTATLÓN** n. m. En atletismo, conjunto de cinco pruebas, los 200 m, 1 500 m, lanzamiento de jabalina, lanzamiento de disco y salto de longitud. **2.** ANT. GR. Conjunto de cinco ejercicios de los atletas, lucha, carrera, salto, disco y jabalina. • **Pentathlon moderno,** competición olímpica que comprende pruebas de atletismo, equitación, natación, esgrima y tiro.

**PENTAVALENTE** adj. QUÍM. Que tiene valencia 5.

**PENTECOSTAL** adj. Dícese de algunas comunidades protestantes surgidas en E.U.A. a principios del s. XX, que conceden gran importancia a los carismas y a la acción del Espíritu Santo.

**PENTECOSTÉS** n. m. (gr. *pentekostē,* quincuagésimo [día]). Fiesta judía, celebrada cincuenta días después de Pascua, que conmemora la entrega de las tablas de la ley a Moisés en el Sinaí. (Suele escribirse con mayúscula.) **2.** Fiesta cristiana, celebrada cincuenta días después de Pascua, que conmemora el descenso del Espíritu Santo sobre los apóstoles. (Suele escribirse con mayúscula.)

**PENTEDECAGONO** o **PENTADECÁGONO** n. m. Polígono de quince ángulos y, por lo tanto, de quince lados.

**PENTOBARBITAL** n. m. Hipnótico barbitúrico utilizado por vía intravenosa para la anestesia general de corta duración.

**PENTODO** n. m. y adj. Tubo electrónico de cinco electrodos.

**PENTOSA** n. f. QUÍM. Osa de cinco átomos de carbono.

**PENTOTAL** n. m. (marca registrada). Droga cuyo origen es el ácido barbitúrico, empleada, por vía intravenosa, en operaciones quirúrgicas.

**PENTRITA** n. f. Explosivo constituido por un éster nítrico cristalizado, muy potente y sensible.

**PENÚLTIMO, A** adj. y n. Inmediatamente antes de lo último.

**PENUMBRA** n. f. Estado de una superficie incompletamente iluminada por un cuerpo luminoso no puntual cuando un cuerpo opaco intercepta parte de los rayos. **2.** Sombra débil o poco oscura.

**PENURIA** n. f. (lat. *paenuriam*). Insuficiencia, falta de algo, especialmente de aquello que se necesita para vivir.

**PENUTIA,** familia lingüística de América del Norte (California, Oregón, Columbia Británica) que agrupa diversas lenguas, en su mayoría extinguidas.

**PEÑA** n. f. (lat. *pinnam*). Roca de gran tamaño que constituye un relieve topográfico, generalmente de naturaleza pedregosa. **2.** *Fig.* Grupo de amigos o compañeros que se reúnen habitualmente con algún fin artístico, cultural o recreativo. **3.** *Fig.* Nombre que toman algunos círculos de recreo.

**PEÑASCAL** n. m. Terreno cubierto de peñascos.

**PEÑASCAZO** n. m. *Chile.* Pedrada.

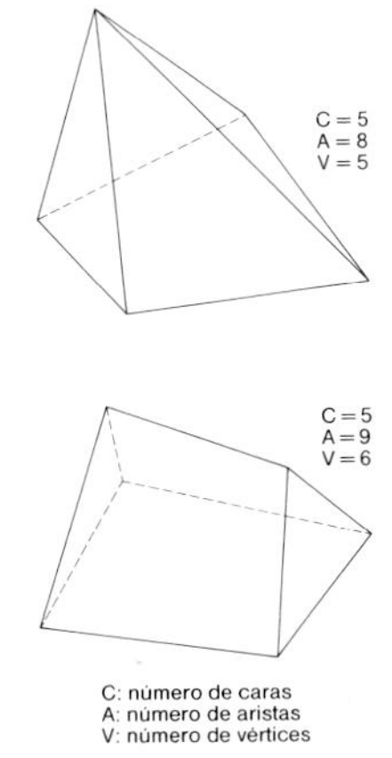


dos configuraciones del **pentaedro**

**PEÑASCO** n. m. Peña grande y elevada. **2.** Molusco gasterópodo marino, de color pardo, con el interior anaranjado. (Familia murícidos.) **3.** ANAT. Región del hueso temporal, en la que se alojan el oído medio y el oído interno.

**PEÑASCOSO, A** adj. Dícese del lugar donde hay muchos peñascos.

**PEÑAZO** adj. y n. m. *Fam.* Dícese de la persona o cosa pesada y molesta.

**PÉÑOLA** n. f. Pluma de ave para escribir.

**PEÑÓN** n. m. Monte peñascoso.

**PEÓN** n. m. Obrero no especializado, que suele ocupar el grado más bajo en la escala socioprofesional. **2.** En América latina, bracero agrícola. **3.** Juguete de madera, de forma cónica y terminado en una púa metálica, al cual se arrolla una cuerda para lanzarlo y hacerlo bailar. **4.** Cada una de las piezas que se emplean en el juego de damas y en otros de tablero; en especial, cualquiera de las ocho iguales, blancas o negras, del ajedrez. **5.** Nombre dado en la edad media a los infantes, y también a los criados de los caballeros, a quienes acompañaban a pie. **6.** TAUROM. Torero a pie, auxiliar del matador. • **Peón caminero,** obrero que trabaja en la conservación y reparación de las carreteras y caminos públicos. ‖ **Peón de albañil,** o **de mano,** obrero que ayuda al oficial de albañilería.

**PEONADA** n. f. Obra o trabajo que un peón o jornalero hace en un día. **2.** Peonaje.

**PEONAJE** n. m. Conjunto de peones que trabajan en una obra.

**PEONIA** o **PEONÍA** n. f. (lat. *paeoniam*). Planta bulbosa, de la que se cultivan, por sus grandes flores rojas, rosas o blancas, especies procedentes de Extremo oriente. (Familia ranunculáceas.) **2.** Flor de esta planta. **3.** *Amér. Merid.* y *Cuba.* Planta arbustiva trepadora, de pequeñas flores blancas o rojas y semillas gruesas y duras. (Familia papilionáceas.)

**peonia**

**PEONÍA** n. f. Porción de tierra que, en un país conquistado, se solía asignar a cada soldado a pie. **2.** En las Indias, lo que se podía labrar en un día.

**PEONZA** n. f. Juguete de madera, semejante al peón, pero sin punta metálica. **2.** *Fig.* y *fam.* Persona pequeña y bulliciosa.

**PEOR** adj. (lat. *peiorem*). Que es más malo que aquello con lo que se compara: *es peor estudiante que su hermano.* ◆ adv. m. **2.** Más malo que aquello con lo que se compara: *hoy ha dormido peor que ayer.* • **Tanto peor,** peor todavía.

**PEPA** n. f. *Amér.* Pepita, semilla.

**PEPA** *(La),* (Denominación popular de la constitución española de 1812, llamada así por haber sido promulgada el día de San José.) Se usa en la exclamación *¡Viva la Pepa!,* que se aplica a toda situación de regocijo y despreocupación.

**PEPE** n. m. *Bol.* y *Venez.* Petimetre, lechuguino.

**PEPENADOR, RA** n. *Méx.* Persona que vive de recoger desechos de papel, metal, etc., que todavía se pueden aprovechar para venderlos.

**PEPENAR** v. tr. [**1**]. *Amér.* Recoger cosas del suelo. **2.** *Amér.* Rebuscar, escoger.

**PEPERINA** n. f. *Argent.* Subarbusto muy ramificado, de flores blancas y cuyas hojas, aromáticas, se utilizan en infusión. (Familia labiadas.)

**PEPINAR** n. m. Terreno sembrado de pepinos.

**PEPINILLO** n. m. Cohombro pequeño en adobo.

**PEPINO** n. m. Hortaliza de la familia cucurbitáceas, de frutos alargados, que se consumen como verdura o ensalada; fruto de esta planta. • **Importarle,** o **no importarle** a uno **un pepino** una cosa *(Fam.),* no importarle nada.

**PEPITA** n. f. (lat. *pituitam*). Semilla de ciertos frutos. **2.** Trozo rodado de oro o de otros metales nativos, que suele hallarse entre arenas en el cauce de ciertos ríos. **3.** Enfermedad de las aves, caracterizada por una dificultad respiratoria que obliga a tener el pico entreabierto. **4.** *Méx.* Semilla de calabaza que se come tostada y salada.

**PEPITO** n. m. *Fam.* Bocadillo de pan y carne.

**PEPITORIA** n. f. Guiso de gallina troceada, cuya salsa tiene yema de huevo. **2.** *Fig.* Conjunto de cosas diversas y desordenadas.

**PEPITOSO, A** adj. Abundante en pepitas. **2.** Dícese de las aves que padecen pepita.

**PEPLO** n. m. (gr. *peplon*). Entre los antiguos griegos, túnica de mujer sin mangas y abrochada en el hombro.

**PEPLUM** n. m. (pl. *peplums*). CIN. *Irón.* Nombre dado a las películas históricas o mitológicas de gran espectáculo.

**PEPONA** n. f. Muñeca grande de cartón.

**PEPÓNIDE** n. m. Fruto de las cucurbitáceas.

**PEPPERMINT** n. m. (voz inglesa). Pipermint.

**PÉPSICO, A** o **PÉPTICO, A** adj. Relativo a la digestión o a la acción de la pepsina.

**PEPSINA** n. f. (gr. *pepsis,* cocción). Enzima del jugo gástrico, que inicia la digestión de las proteínas.

**PÉPTIDO, A** adj. y n. m. Dícese de unos compuestos cuya molécula está formada por la unión de unas pocas moléculas de aminoácidos.

**PEPTONA** n. f. Sustancia soluble resultante de la acción de la pepsina sobre las proteínas.

**PEQUE** adj. y n. m. y f. *Fam.* Forma apocopada de pequeño, niño.

**PEQUÉN** n. m. *Chile.* Ave rapaz diurna similar a la lechuza.

**PEQUEÑEZ** n. f. Calidad de pequeño. **2.** Nimiedad, cosa sin importancia. **3.** Mezquindad, poca nobleza en los sentimientos o acciones.

**PEQUEÑO, A** adj. Dícese de las cosas que tienen poco o menor tamaño que otras de su misma especie. **2.** De dimensión o cantidad inferior a lo necesario o conveniente. **3.** Nimio, insignificante o de poca importancia. **4.** *Fig.* Humilde o de poca categoría. ◆ adj. y n. **5.** De poca edad, niño. ◆ n. **6.** Entre dos o varios hermanos, el de menor edad.

**PEQUEÑOBURGUÉS, SA** adj. y n. Que pertenece a la pequeña burguesía. **2.** *Desp.* Que tiene prejuicios.

**PEQUINÉS, SA** adj. y n. De Pekín. ◆ adj. y n. m. **2.** Dícese de una raza de perros de pequeño tamaño, de morro muy corto y orejas lacias, con largos flecos.

**PER CÁPITA** loc. Se usa en la terminología estadística con el significado de *por habitante: renta per cápita; producción per cápita.*

**PER SAECULA SAECULORUM** loc. (voces lat., *por los siglos de los siglos*). Para siempre.

**PER SE** loc. (voces lat., *por sí*). Por sí mismo.

**PERA** n. f. Fruto del peral. **2.** *Fig.* Perilla, clase de barba. **3.** Instrumento de goma, en forma de pera, que, provisto de una cánula, permite inyectar líquido o aire en un lugar determinado. **4.** Interruptor eléctrico de pulsador, en forma de pera. • **Partir peras con** uno *(Fam.),* tratarle con familiaridad y llaneza; enfadarse, romper la amistad. ‖ **Pedir peras al olmo** *(Fam.),* pretender algo imposible. ‖ **Poner** a uno **las peras a cuarto,** o **a ocho** *(Fam.),* reprenderle, pedir a alguien cuentas, obligándole a hacer lo que no quería. ◆ adj. **5.** *Fam.* Dícese de la persona muy elegante y refinada, que raya en lo cursi.

**PERÁCIDO** n. m. QUÍM. Nombre de los ácidos derivados del agua oxigenada, cuya molécula con-

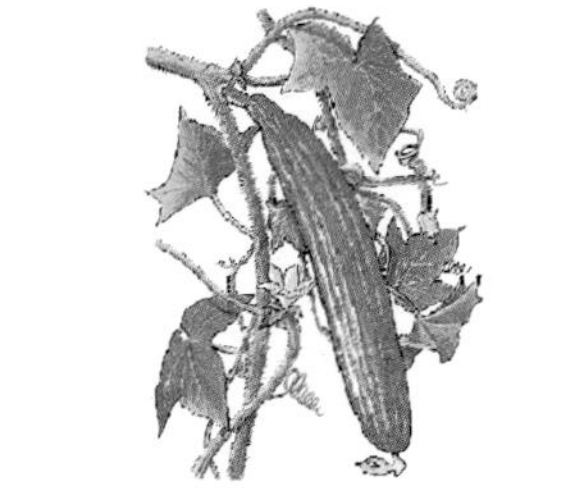

**pepino**

tiene uno o más pares de átomos de oxígeno unidos directamente. **2.** Nombre de los ácidos en los cuales el no metal, que tiene cuatro valencias distintas, actúa con la mayor de ellas.

**PERAL** n. m. Árbol frutal de la familia rosáceas, cuyo fruto, la pera, es una drupa de endocarpio delgado y forma oblonga.

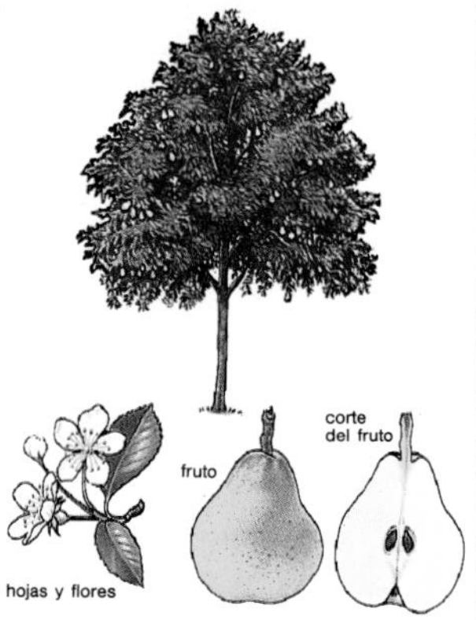

**peral**

**PERALEDA** n. f. Terreno poblado de perales.

**PERALEJO** n. m. Variedad de álamo.

**PERALTADO, A** adj. Que forma peralte. • **Arco peraltado,** el que prolonga su perfil en sentido de dos rectas paralelas hasta la línea de impostas. || **Bóveda peraltada,** bóveda en la cual la distancia entre el plano de arranque y su punto más elevado es mayor que la mitad de la distancia entre los dos estribos.

**PERALTAR** v. tr. **[1]**. Levantar la curva de un arco, bóveda, cercha, de modo que la montea exceda del semicírculo o medio punto. **2.** OBR. PÚBL. Dar peralte.

**PERALTE** n. m. Lo que en la altura de un arco, bóveda o armadura excede del semicírculo. **2.** Pendiente transversal que existe entre los dos carriles de una curva de la vía o entre los bordes de una curva de carretera.

**PERALTO** n. m. Altura de una cosa desde su base. **2.** Posición o dirección de una pieza colocada verticalmente.

**PERBORATO** n. m. Sal del ácido bórico, oxidante, que se utiliza como detergente.

**PERCA** n. f. Pez dulceacuícola, de hasta 50 cm de long., con dos aletas dorsales, la primera espinosa, voraz y de carne muy apreciada. • **Perca negra,** pez teleósteo introducido en diversos países por su valor deportivo. || **Perca trepadora,** pez anfibio del litoral del SE asiático, que trepa a los matorrales para comerse los insectos.

**perca**

**PERCAL** n. m. Tela de algodón, tejida con ligamento tafetán. **2.** TAUROM. *Fig.* Muleta.

**PERCALINA** n. f. Tejido sencillo, ligero y de mucho brillo, más fino que el percal, empleado para entretelas y forros. SIN.: *lustrina.*

**PERCANCE** n. m. Contratiempo, perjuicio que entorpece o detiene el curso de algo.

**PERCATACIÓN** n. f. Acción y efecto de percatar.

**PERCATAR** v. intr. y pron. **[1]**. Advertir, darse cuenta.

**PERCEBE** n. m. Crustáceo con seis pares de apéndices y un pedúnculo carnoso comestible. (Familia pollicípidos.) **2.** *Fig.* y *fam.* Tonto, ignorante.

**PERCENTILA** n. f. ESTADÍST. Valor del elemento que divide una serie de datos en cien grupos de igual valor o en intervalos iguales.

**PERCEPCIÓN** n. f. (lat. *perceptionem*). Acción de percibir. **2.** Idea. **3.** Acto de recaudar: *la percepción del impuesto.* **4.** SICOL. Proceso de recogida y tratamiento de la información sensorial. • **Percepción extrasensorial,** capacidad paranormal de percepción de un objeto, un suceso o de un estado mental de un tercero sin el estímulo de los sentidos actualmente conocidos y fuera de toda deducción posible.

**PERCEPTIBILIDAD** n. f. Calidad de perceptible.

**PERCEPTIBLE** adj. Que se puede percibir.

**PERCEPTIVO, A** adj. Relativo a la percepción.

**PERCEPTOR, RA** adj. y n. Que percibe.

**PERCHA** n. f. Madero o estaca larga y delgada, colocados de forma que sirven para sostener algo. **2.** Mueble de madera, metal o plástico en que van dispuestos varios colgadores. **3.** Colgador. **4.** MAR. Cada uno de los troncos enterizos o maderos de que va provisto el barco para remplazar las piezas de arboladura, palos, vergas, etc. **5.** TEXT. Máquina utilizada en la industria lanera para el perchado de las telas.

**PERCHADO** n. m. TEXT. Operación que tiene por objeto dar a las telas de lana y algodón un aspecto felposo, obtenido por raspado.

**PERCHAR** v. tr. **[1]**. TEXT. Efectuar la operación del perchado.

**PERCHERO** n. m. Mueble con perchas para colgar en ellas abrigos, sombreros, etc.

**PERCHERÓN, NA** adj. y n. m. Dícese de una raza de caballos de tiro originaria de Perche (Francia).

**percherón**

**PERCIBIR** v. tr. (lat. *percipere*) **[3]**. Cobrar, recibir una cantidad a la que uno tiene derecho. **2.** Recibir impresiones, apreciar algo por medio de los sentidos o por la inteligencia.

**PERCIBO** n. m. Acción y efecto de percibir, cobrar: *el percibo de haberes.*

**PERCIFORME** o **PERCOMORFO, A** adj. y n. m. Dícese de unos peces que pertenecen a un amplio grupo de familias cuyo tipo es la perca.

**PERCLORATO** n. m. Sal del ácido perclórico.

**PERCLÓRICO, A** adj. Dícese del más oxigenado de los ácidos del cloro, de fórmula $HClO_4$.

**PERCOCHO** n. m. *Hond.* Traje o tela muy sucio.

**PERCOLACIÓN** n. f. GEOGR. Penetración lenta de las aguas meteóricas en el suelo. **2.** PETRÓL. Refino del petróleo por filtración del mismo a través de un lecho de arcilla absorbente granulada.

**PERCUDIR** v. tr. (lat. *percutere*) **[3]**. Ajar, quitar el aspecto de nuevo. **2.** Penetrar en alguna prenda la suciedad.

**PERCUSIÓN** n. f. Acción y efecto de percutir. **2.** Operación elemental del funcionamiento de un arma de fuego, en el curso de la cual el percutor golpea la cápsula fulminante y provoca el disparo. **3.** MED. Método de examen clínico que permite detectar por el sonido el estado de repleción o de vacuidad de un órgano. • **Instrumentos de percusión,** nombre genérico de los instrumentos musicales de los que se obtiene el sonido golpeándolos con las manos, bastones o mazos.

**PERCUSIONISTA** n. m. y f. Músico que toca un instrumento de percusión.

**PERCUSOR, RA** adj. y n. Que percute. ◆ n. m. **2.** ARM. Percutor.

**PERCUTÁNEO, A** adj. Dícese de la absorción de los medicamentos a través de la piel.

**PERCUTIR** v. tr. (lat. *percutere*) **[3]**. Golpear. **2.** MED. Explorar mediante la percusión.

**PERCUTOR** o **PERCUSOR** n. m. ARM. Vástago metálico cuyo extremo golpea el estopín o cápsula fulminante del cartucho y provoca la percusión.

**PERDEDOR, RA** adj. y n. Que pierde.

**PERDER** v. tr. (lat. *perdere*) **[2d]**. Estar privado de una cosa que se poseía: *perder un anillo.* **2.** Estar privado de una parte de sí, de una facultad, de una ventaja física o moral: *perder el conocimiento.* **3.** Verse privado de alguien a causa de su muerte: *perdió a su padre.* **4.** Desperdiciar, emplear algo mal o inútilmente: *perdió tres horas esperando.* **5.** Dejar escapar, no aprovechar una oportunidad: *perdimos aquella ocasión.* **6.** Ocasionar algún grave perjuicio a alguien: *le perdieron las malas compañías.* **7.** Disminuir o empeorar con respecto a un estado anterior: *hemos perdido con el cambio.* ◆ v. tr. e intr. **8.** Quedar vencido en una competición, apuesta, lucha, etc., no consiguiendo lo que se disputaba: *perder el partido.* **9.** Dejar escapar poco a poco su contenido un recipiente: *el depósito pierde.* ◆ v. intr. **10.** Desteñirse, decolorarse las telas. ◆ **perderse** v. pron. **11.** Extraviarse, ir a parar algo a un lugar que se desconoce: *se me han perdido los guantes.* **12.** Equivocar el camino o dirección que se quería seguir, no llegando a donde se pretendía: *los excursionistas se perdieron.* **13.** *Fig.* Distraerse, perder la continuidad en un relato, acción, etc.: *los alumnos se perdieron y no entendieron nada.* **14.** Aturdirse, turbarse: *me perdí en aquel mar de papeles.* **15.** *Fig.* Dejar de percibirse una cosa por los sentidos: *la nave se perdió en el horizonte.* **16.** *Fig.* Estar muy enamorado de una persona o anhelar mucho una cosa: *se pierde por aquella chica.* **17.** No ser útil algo que podía serlo, desaprovecharlo: *esta fruta se va a perder.*

**PERDICIÓN** n. f. Acción y efecto de perderse una persona a causa de una pasión, delito, etc. **2.** Causa, motivo o persona que hacen que alguien se pierda.

**PÉRDIDA** n. f. Acción de perder algo o de perderse. **2.** Cantidad o cosa perdida. **3.** Daño que se recibe en alguna cosa. **4.** Escape, fuga, cantidad de un fluido que se pierde por filtraciones o contactos. **5.** MIL. Baja de personal o de material a consecuencia de una acción enemiga o por cualquier otra causa. • **Pérdida a tierra,** corriente eléctrica que pasa a tierra a consecuencia de un aislamiento imperfecto. || **Pérdida de carga,** disminución de la presión de un fluido que circula por una tubería. || **Pérdida de velocidad,** situación en que se halla un avión en vuelo cuando su velocidad llega a ser inferior a la necesaria para su sustentación. || **Pérdidas y ganancias** (CONTAB.), cuenta diferencial en la que se reflejan los valores de aquellas cuentas que implican un beneficio o una pérdida. ◆ **pérdidas** n. f. pl. **6.** MED. Pérdida de sangre o flujo procedente de la matriz.

**PERDIDAMENTE** adv. m. Mucho, excesivamente: *está perdidamente enamorado.*

**PERDIDO, A** adj. Que no tiene o no lleva destino determinado. **2.** Con ciertos sustantivos, da un sentido aumentativo al sustantivo de que se trata: *tonto perdido; borracho perdido.* • **Estar perdido por** alguien o algo, estar muy enamorado de alguien o muy aficionado a algo. ◆ n. **3.** Persona viciosa y de costumbres libertinas. ◆ n. m. **4.** ART. GRÁF. Número de ejemplares que se tiran de más en cada pliego, para suplir los que se inutilicen en la tirada.

**PERDIGAR** v. tr. **[1b]**. Asar ligeramente la perdiz u otra ave, para conservarla. **2.** Guisar la carne con alguna grasa para que esté más sustanciosa.

**PERDIGÓN** n. m. Pollo de la perdiz. **2.** Proyectil esférico, de plomo, cuyo diámetro no excede los 8 mm. **3.** TEXT. Efecto que presentan las telas cuya trama y urdimbre son de diferente color.

**PERDIGONADA** n. f. Tiro de perdigones. **2.** Herida que produce.

**PERDIGUERO** adj. y n. m. Dícese de la variedad de perro muy apreciado para la caza, con orejas grandes y caídas, patas altas y nervudas y color blanco con manchas negras.

**PERDIMIENTO** n. m. Perdición o pérdida.

**PERDITANCIA** n. f. Conductancia total de las resistencias de aislamiento, en una instalación eléctrica.

**PERDIZ** n. f. Ave galliforme, de cuerpo grueso, que anida en los huecos del suelo y cuya carne es muy estimada. (La *perdiz común,* o *roja,* vive en la península Ibérica y parte de Francia, Italia y Gran Bretaña; la *perdiz pardilla* se encuentra en la mayor parte de Europa; la *perdiz de la cordillera,* de color gris, con alas y cola negra manchadas de blanco, vive en América del Sur.)

perdices

**PERDÓN** n. m. Acción de perdonar. • **Con perdón,** dícese para excusarse por decir o hacer algo que molesta a otro.

**PERDONABLE** adj. Que puede ser perdonado o merece perdón.

**PERDONADOR, RA** adj. y n. Que perdona.

**PERDONAR** v. tr. **[1]**. Renunciar a obtener satisfacción o venganza de una ofensa recibida, no guardando resentimiento ni rencor: *perdonó el daño que le habían hecho.* **2.** Conceder la absolución de una pena: *le han perdonado dos años de cárcel por buena conducta.* **3.** Eximir a alguien de una obligación. **4.** Excusar: *perdone, pero disiento de lo que usted dice.* **5.** Seguido de voces como *medio, ocasión, esfuerzo,* etc., y en frases negativas, aprovecharlos, utilizarlos o no omitirlos, o no transigir con ellos: *no perdona ocasión de criticarme.*

**PERDONAVIDAS** n. m. y f. (pl. *perdonavidas*). Fanfarrón, persona que presume de valiente.

**PERDULARIO, A** adj. y n. Que es muy descuidado con su persona o con sus bienes. **2.** Dícese de las personas viciosas o disipadas.

**PERDURABILIDAD** n. f. Calidad de perdurable.

**PERDURABLE** adj. Perpetuo, que dura siempre. **2.** Que dura mucho tiempo.

**PERDURACIÓN** n. f. Acción y efecto de perdurar.

**PERDURAR** v. intr. **[1]**. Durar largo tiempo: *perdurará el tiempo seco.* **2.** Persistir, mantenerse firme en una actitud, opinión, etc.: *perdura en sus ideas.*

**PERECEDERO, A** adj. Temporal, destinado a perecer o acabarse.

**PERECER** v. intr. **[2m]**. Morir de accidente, de muerte violenta: *pereció en el incendio.* **2.** *Fig.* Dejar de existir, terminar, extinguirse: *perecieron muchos ideales tras el fracaso de la revolución.*

**PEREGRINACIÓN** n. f. Acción y efecto de peregrinar.

**PEREGRINAJE** n. m. Peregrinación.

**PEREGRINAR** v. intr. **[1]**. Andar, viajar de un lugar a otro, por tierras extrañas o que no se suelen frecuentar. **2.** *Fam.* Ir de un sitio a otro, haciendo gestiones para conseguir algo, o en busca de algo. **3.** Ir a un santuario o lugar santo, por devoción o por voto.

**PEREGRINO, A** adj. (lat. *peregrinum*). Que anda por tierras extrañas. **2.** Dícese de las aves de paso. **3.** *Fig.* Singular, extravagante, extraño: *respuesta peregrina.* **4.** *Fig.* Extraordinario, excelente: *belleza peregrina.* ◆ adj. y n. **5.** Dícese de la persona que, por devoción o voto, va a visitar un santuario o lugar santo. ◆ n. m. DER. Hombre libre que no era ciudadano latino.

**PEREJIL** n. m. (provenz. *peiressil*). Planta herbácea aromática, utilizada como condimento. (Familia umbelíferas.) **2.** *Fig.* y *fam.* Adornos excesivos en un vestido o en una persona. (Suele usarse en plural.) • **Perejil de monte,** oreoselino. ‖ **Poner** a alguien **como hoja de perejil,** criticarle duramente. ◆ **perejiles** n. m. pl. **3.** *Fig.* y *fam.* Títulos y dignidades que añadidos a otro principal, daban mayor categoría a una persona.

**PERENCIÓN** n. f. DER. Caducidad de la instancia.

**PERENDENGUE** n. m. Cualquier adorno de poco valor.

**PERENGANO, A** n. Una persona cualquiera: *fulano, mengano, zutano y perengano.*

**PERENNE** adj. (lat. *perennem*). Perpetuo, que dura indefinidamente, o durante un tiempo muy largo. **2.** Continuo, incesante, sin pausa ni interrupción. **3.** Dícese del vegetal que vive más de tres años. **4.** Dícese de la parte de la planta que permanece viva durante el invierno. **5.** GEOGR. Dícese de un río o de un manantial cuyo flujo es permanente. • **Hoja perenne** (BOT.), hoja que se mantiene más de dos años.

**PERENNIDAD** n. f. Calidad de perenne.

**PERENNIZAR** v. tr. **[1g]**. Hacer perenne.

**PERENTORIEDAD** n. f. Calidad de perentorio.

**PERENTORIO, A** adj. (lat. *peremptorium*). Urgente, apremiante. **2.** DER. Dícese del último plazo que se concede o de la resolución final que se toma en un asunto. **3.** DER. Relativo a la perención.

**PERESTROIKA** n. f. (voz rusa que significa *reorganización*). Política reformista llevada a cabo en la antigua U.R.S.S. tras la llegada al poder de M. Gorbachov.

**PEREZA** n. f. (lat. *pigritiam*). Falta de ganas de hacer algo. **2.** Lentitud o descuido en las acciones o movimientos.

**PEREZOSA** n. f. Femenino de perezoso. **2.** *Argent., Perú* y *Urug.* Tumbona, silla articulada y extensible con asiento y respaldo de lona.

**PEREZOSO, A** adj. Que tiene pereza. **2.** MED. Dícese del órgano que tiene un funcionamiento lento. ◆ n. m. **3.** Mamífero arborícola, de 60 cm de long., de América del Sur, de movimientos muy lentos. (Orden desdentados.)

perezoso

**PERFECCIÓN** n. f. (lat. *perfectionem*). Calidad de perfecto. **2.** Cosa perfecta. • **Estado de perfección** (TEOL.), estado de la vida religiosa basado en la práctica de los consejos evangélicos: pobreza, continencia y obediencia.

**PERFECCIONADOR, RA** adj. Que perfecciona o da perfección a una cosa.

**PERFECCIONAMIENTO** n. m. Acción y efecto de perfeccionar o perfeccionarse.

**PERFECCIONAR** v. tr. y pron. **[1]**. Acabar completamente una obra, con la mayor perfección posible. **2.** Mejorar algo haciéndolo más perfecto. ◆ **perfeccionarse** v. pron. **3.** DER. Completar los requisitos para que un acto civil, especialmente un contrato, tenga plena fuerza jurídica.

**PERFECCIONISMO** n. m. Búsqueda excesiva de la perfección en todo.

**PERFECCIONISTA** adj. y n. m. y f. Dícese de la persona que tiende al perfeccionismo.

**PERFECTIBILIDAD** n. f. Calidad de perfectible.

**PERFECTIBLE** adj. Capaz de perfeccionarse o de ser perfeccionado.

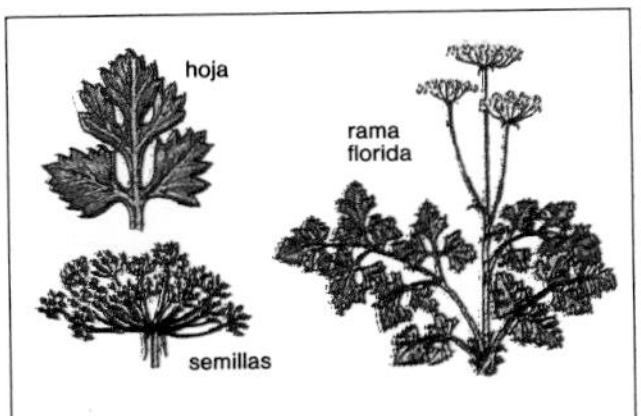


perejil

**PERFECTIVO, A** adj. Que da o puede dar perfección. ◆ adj. y n. m. **2.** LING. Dícese de un aspecto verbal que expresa un estado presente que resulta de una acción pasada o que indica una acción considerada en su terminación.

**PERFECTO, A** adj. (lat. *perfectum*). Que tiene todas las cualidades, sin defectos. **2.** Que posee en grado máximo una determinada cualidad o defecto: *un perfecto caballero; un perfecto imbécil.* • **Número perfecto,** número igual a la suma de todos sus divisores, con exclusión de él mismo. ◆ n. m. **3.** GRAM. Conjunto de formas verbales que indican un estado resultante de una acción pasada. **4.** HIST. Entre los cátaros, creyente entregado a la renuncia total.

**PERFIDIA** n. f. (lat. *perfidiam*). Calidad de pérfido.

**PÉRFIDO, A** adj. y n. Desleal, traidor, que falta a su palabra.

**PERFIL** n. m. (voz provenzal, *dobladillo*). Contorno, línea que limita cualquier cuerpo. **2.** Contorno de alguna cosa no vista de frente. **3.** Características o rasgos que denotan un determinado estilo. **4.** Trazo delicado, delgado, que se hace con la pluma escribiendo o dibujando. **5.** Dibujo que representa un corte perpendicular de un objeto. **6.** Conjunto de los rasgos sicológicos sobresalientes que definen el tipo de persona adecuada para ejercer una función o desempeñar una tarea o una ocupación: *el perfil profesional para un encargado de ventas.* **7.** Conjunto de características que definen fundamentalmente un tipo de cosa; configuración de algo en un momento dado: *el perfil de ventas de un producto.* **8.** ARQ. Adorno delicado, especialmente el que se pone al borde, canto o extremo de algo. **9.** EDAFOL. Aspecto del suelo tal como se presenta en el frente de un corte. **10.** METAL. Producto metalúrgico, con perfil especial de sección constante, obtenido por laminación u otro procedimiento. • **De perfil,** de lado. ‖ **Medio perfil,** postura o figura del cuerpo que no está enteramente ladeado. ‖ **Perfil de equilibrio** (GEOGR.), perfil longitudinal de una corriente cuando la pendiente es suficiente para la evacuación del caudal y carga sólida sin que el río excave ni deposite. ‖ **Perfil longitudinal,** curva que representa la línea que une los puntos bajos de un valle. ‖ **Perfil sicológico,** representación obtenida considerando los resultados de diversos tests efectuados a una persona. ‖ **Perfil transversal,** corte topográfico según una línea perpendicular al eje de un valle.

**PERFILADO, A** adj. Dícese del rostro delgado y largo. **2.** Aplícase a la nariz bien formada.

**PERFILADOR, RA** adj. y n. Que perfila.

**PERFILAR** v. tr. **[1]**. Precisar el contorno o perfil de una cosa. **2.** *Fig.* Afinar, completar con esmero algo, para dejarlo perfecto. ◆ **perfilarse** v. pron. **3.** *Fig.* Empezar a verse algo con aspecto definido.

**PERFOLIADO, A** adj. BOT. Dícese de las hojas que abrazan el tallo de forma que parecen estar atravesadas por él.

**PERFORABLE** adj. Que puede perforarse.

**PERFORACIÓN** n. f. Acción y efecto de perforar. **2.** Pozo excavado mecánicamente en el subsuelo y destinado al reconocimiento y a la explotación de un yacimiento de hidrocarburo: *perforación petrolera.* **3.** MED. Abertura patológica del intestino, el estómago, etc. (*V. ilustración pág. 780.*)

**PERFORADOR, RA** adj. Que perfora u horada: *máquina perforadora.* ◆ adj. y n. **2.** Especialista en trabajos de perforación o sondeo: *ingeniero perforador.*

**PERFORADORA** n. f. TECNOL. Máquina para perforar.

**PERFORANTE** adj. Que perfora.

**PERFORAR** v. tr. (lat. *perforare*) **[1]**. Horadar, hacer un agujero que atraviese algo de un lado a otro. **2.** Abrir un agujero en el terreno con una herramienta adecuada.

**PERFORISTA** n. m. y f. Persona que maneja una máquina de perforar tarjetas o fichas.

**PERFORMANCE** n. f. (voz inglesa). *Amér.* Rendimiento o actuación de una persona en determinado puesto, actividad o profesión. **2.** *Méx.* Espectáculo en el que se combinan la música, la danza, el teatro y las artes plásticas. **3.** ART. Acción. **4.** ECON. Operación económica. **5.** ECON. Rendimiento que se obtiene de esta operación. • **Test de performance,** prueba no verbal destinada a apreciar las

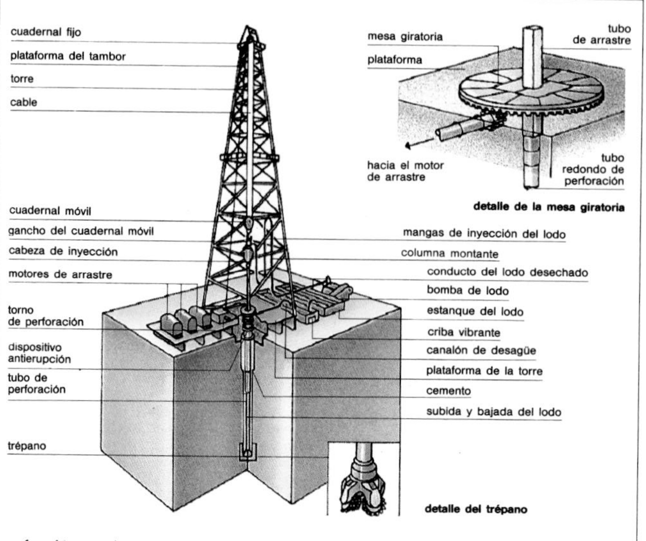


**perforación** petrolera: principio de perforación rotary en tierra firme

funciones intelectuales. ◆ **performances** n. f. pl. **6.** Conjunto de números que dan las posibilidades de un vehículo, como la aceleración, la velocidad, el consumo, el radio de acción, etc.

**PERFORMATIVO, A** adj. LING. Dícese de un verbo cuya enunciación realiza la acción que significa o de un enunciado que implica la realización simultánea por el hablante de la acción evocada: *yo juro.*

**PERFUMADOR** o **PERFUMADERO** n. m. Utensilio para pulverizar y esparcir perfume.

**PERFUMAR** v. tr. y pron. **[1]**. Dar o comunicar perfume. ◆ v. tr. **2.** Exhalar perfume.

**PERFUME** n. m. Solución líquida que contiene alguna sustancia intensamente odorante. **2.** *Fig.* Cualquier olor agradable.

**PERFUMERÍA** n. f. Tienda donde se venden perfumes y demás productos de tocador. **2.** Arte de fabricar perfumes. **3.** Conjunto de productos y materias de esta industria.

**PERFUMISTA** n. m. y f. Persona que vende, elabora o fabrica perfumes.

**PERFUSIÓN** n. f. (lat. *perfusionem*). Baño, untura. **2.** Introducción lenta y continuada de una sustancia medicamentosa o de sangre en un organismo u órgano. (Se practican perfusiones intravenosas, subcutáneas, rectales, a menudo con dispositivos llamados *gota a gota.*)

**PERGAMINO** n. m. (lat. *pergaminum*). Piel de carnero preparada para la escritura, encuadernación, etc. **2.** Título o documento escrito en pergamino. **3.** Papel sin encolar que, sometido a un tratamiento químico especial, adquiere la apariencia del pergamino. ◆ **pergaminos** n. m. pl. **4.** Títulos de nobleza, diplomas.

**PERGELISOL** n. m. Permafrost.

**PERGENIO** n. m. *Chile.* Entrometido. **2.** *Chile. Fam.* Persona chica y de mala traza.

**PERGEÑAR** v. tr. **[1]**. Ejecutar una cosa con poca habilidad.

**PÉRGOLA** n. f. (voz italiana). Galería formada por pilastras o columnas que sostienen un enrejado, por donde trepan plantas ornamentales.

**PERIANTIO** o **PERIANTO** n. m. BOT. Conjunto de las envolturas florales, cáliz y corola, que rodean los estambres y el pistilo. SIN.: *perigonio.*

**PERIARTRITIS** n. f. Inflamación de los tejidos situados alrededor de una articulación.

**PERIASTRO** n. m. Punto de la órbita de un satélite o de un planeta situado a la mínima distancia del cuerpo alrededor del cual gravitan.

**PERICÁRDICO, A** adj. Relativo al pericardio.

**PERICARDIO** n. m. ANAT. Membrana serosa que envuelve el corazón, formada por dos hojas.

**PERICARDITIS** n. f. Inflamación del pericardio.

**PERICÁRPICO, A** adj. Relativo al pericarpio.

**PERICARPIO** o **PERICARPO** n. m. BOT. Conjunto de tejidos que constituyen el fruto y envuelven la semilla. (Se distinguen el *epicarpio,* el *mesocarpio* y el *endocarpio.*)

**PERICIA** n. f. (lat. *peritiam*). Habilidad, cualidad del que es experto en alguna cosa.

**PERICIAL** adj. Relativo al perito y al peritaje.

**PERICICLO** n. m. BOT. Zona más externa del cilindro del tallo y de la raíz.

**PERICLITAR** v. intr. **[1]**. Declinar, decaer.

**PERICO** n. m. Nombre que se da a diferentes especies de loro. **2.** *Fig.* Abanico grande. **3.** Espárrago de gran tamaño. **4.** *Fig.* Orinal. **5.** *Fam.* En el lenguaje de la droga, cocaína. **6.** MAR. Vela que se larga en el palo de mesana.

**PERICÓN** n. m. Abanico muy grande. **2.** *Argent.* y *Urug.* Baile tradicional con carácter de danza nacional cuyas variadas figuras dirige un bastonero y ejecutan parejas, que utilizan pañuelos blancos y celestes con los que forman la bandera, y que en determinados momentos se detienen para intercambiar relaciones.

**PERICONA** n. f. En Chile, baile zapateado parecido al pericón uruguayo y argentino.

**PERICONDRIO** n. m. ANAT. Membrana que envuelve los cartílagos no articulados.

**PERICOTE** n. m. Rata crepuscular o nocturna, de costumbres arborícolas, que vive en América. (Familia cricétidos.) **2.** Baile popular asturiano.

**PERICRÁNEO** n. m. ANAT. Periostio de la superficie exterior del cráneo.

**PERIDÍNEO, A** adj. y n. m. Relativo a una clase de flagelados provistos de dos flagelos y con pigmentos amarillos o pardos.

**PERIDOTITA** n. f. Roca ultrabásica, constituida principalmente por olivino y que puede contener piroxenos, granates, etc.

**PERIDOTO** n. m. Olivino.

**PERIDURAL** adj. Dícese de la anestesia obtenida por introducción de un anestésico local en el espacio situado entre el canal óseo raquídeo y la duramadre. **2.** Dícese de la inyección que introduce un producto medicamentoso en el espacio epidural de la región sacra. SIN.: *epidural.*

**PERIECO, A** adj. y n. (gr. *perioikos*). Dícese del morador de la Tierra con relación a otro que ocupa un punto del mismo paralelo que el primero y diametralmente opuesto a él.

**PERIFERIA** n. f. (gr. *periphereia*). Espacio que rodea un núcleo cualquiera. **2.** ECON. Sector de países que, en el sistema de la economía mundial, se encuentran en una situación de estancamiento social por la dependencia de sus economías respecto de la del grupo de países industriales capitalistas, que constituyen el centro del sistema.

**PERIFÉRICO, A** adj. Relativo a la periferia. ◆ n. m. **2.** INFORMÁT. Elemento de un sistema de tratamiento de la información distinto de la unidad central, que sirve para memorizar datos o comunicar con el exterior.

**PERIFLEBITIS** n. f. Inflamación alrededor de una vena.

**PERIFOLLO** n. m. Planta aromática que se utiliza como condimento. (Familia umbelíferas.) ◆ **perifollos** n. m. pl. **2.** *Fam.* Adornos superfluos y generalmente de mal gusto en el traje o en el peinado.

**PERIFRASEAR** v. intr. **[1]**. Usar de perífrasis.

**PERÍFRASIS** n. f. (pl. *perífrasis*). RET. Tropo de sentencia que consiste en expresar por medio de un rodeo un concepto único.

**PERIFRÁSTICO, A** adj. Relativo a la perífrasis. • **Conjugación perifrástica,** la que se forma con un auxiliar y el infinitivo, gerundio o participio de otro verbo, para conseguir matices verbales; en sentido estricto, conjugación formada por los auxiliares *haber* o *tener* seguidos de *de* o *que,* respectivamente, y un infinitivo.

**PERIGALLO** n. m. (port. *perigalho*). Pliegue de la piel que pende debajo de la barbilla. **2.** *Fig.* y *fam.* Persona alta y delgada. **3.** MAR. Cabo de poca mena con que se mantiene suspendida una cosa de poco peso.

**PERIGEO** n. m. (gr. *perigeios*). Punto de la órbita de un astro o de un satélite artificial más próximo a la Tierra. CONTR.: *apogeo.*

**PERIGLACIAR** adj. GEOMORFOL. Dícese del tipo de modelado del relieve característico de las regiones de clima frío, con temperaturas invernales inferiores a 0 °C.

**PERIGONIO** n. m. Periantio.

**PERIHELIO** n. m. Punto más cercano al Sol en la órbita de un planeta. CONTR.: *afelio.*

**PERILLA** n. f. Barba formada por los pelos que crecen en la barbilla. **2.** Extremo del cigarro puro, por donde se fuma. • **De perilla** o **de perillas** (*Fig.* y *fam.*), muy bien, en el momento oportuno.

**PERILLÁN, NA** adj. y n. Granuja, persona que engaña.

**PERIMÉTRICO, A** adj. Relativo al perímetro.

**PERÍMETRO** n. m. Ámbito. **2.** GEOMETR. Medida de un contorno.

**PERIMIR** v. tr. **[27]**. *Argent.* y *Colomb.* Caducar el procedimiento por haber transcurrido el término fijado por la ley sin que lo hayan impulsado las partes.

**PERINATAL** adj. Relativo a las circunstancias que rodean el nacimiento de un ser.

**PERINATALOGÍA** n. f. Especialidad médica que se ocupa del feto y del recién nacido antes, durante y después del nacimiento.

**PERINDINGUÍN** n. m. (voz lunfarda). Baile. **2.** Local de diversión de mala fama.

**PERINÉ** o **PERINEO** n. m. (gr. *perineos*). Región anatómica de forma romboidal, entre el ano y los órganos genitales.

**PERINEAL** adj. Relativo al periné.

**PERINEORRAFIA** n. f. Sutura quirúrgica del periné, en la mujer, en caso de prolapso uterino o de lesiones debidas al parto.

**PERINOLA** n. f. Peonza pequeña con un manguillo en la parte superior.

**PERIODICIDAD** n. f. Calidad de periódico.

**PERIÓDICO, A** adj. Dícese de lo que sucede o se hace con regularidad o frecuencia. **2.** *Fig.* Dícese del fenómeno cuyas características se repiten a intervalos regulares de tiempo. **3.** QUÍM. Dícese de una clasificación de los elementos químicos según el orden creciente de sus números atómicos, en la cual elementos distintos situados a intervalos dados poseen propiedades físicas o químicas parecidas. • **Fracción periódica** (MAT.), fracción en cuyo desarrollo decimal se repiten indefinidamente una serie de cifras, a partir de la coma *(periódica pura)* o de cierto decimal *(periódica mixta).* ‖ **Función periódica** (MAT.), función de una variable que vuelve a tomar el mismo valor cuando la variable sufre un incremento igual a cualquier múltiplo de una cantidad fija llamada *período.* ◆ n. m. **4.** Publicación impresa de periodicidad regular.

**PERIODISMO** n. m. Profesión de los que escriben en periódicos o revistas o participan en la redacción de programas informativos radiados o televisados. **2.** Estudios o carrera de periodista.

**PERIODISTA** n. m. y f. Persona que ejerce el periodismo.

**PERIODÍSTICO, A** adj. Relativo a periódicos y periodistas.

**PERÍODO** o **PERIODO** n. m. (gr. *periodos,* revolución de los astros). Espacio de tiempo, época. **2.** Tiempo que una cosa tarda en volver al estado o posición que tenía al principio. **3.** Serie de varios años que sirve para el cómputo del tiempo. **4.** *Fig.* Intervalo de tiempo constante que separa dos pasos sucesivos de algunas magnitudes variables por el mismo valor, con el mismo sentido de la variación. **5.** GEOL. Cada una de las subdivisiones de las eras geológicas. **6.** GRAM. Conjunto de varias oraciones relacionadas por elementos de coordinación o de subordinación. **7.** MED. En ginecología, ciclo menstrual. **8.** PATOL. Fase de una enfermedad. **9.** QUÍM. Conjunto de los elementos que, en la clasificación periódica de los elementos, figuran entre dos gases nobles sucesivos. • **Período de revolución de un astro,** intervalo de tiempo transcurrido entre dos pasos consecutivos de dicho astro por un punto cualquiera de su órbita. || **Período de semidesintegración,** tiempo después del cual la mitad de la masa de un elemento radiactivo se ha desintegrado. || **Período de una fracción periódica** (MAT.), cifras que, en el desarrollo decimal de esta fracción, se reproducen indefinidamente, a partir de una coma o a partir de cierto decimal. || **Período de una función periódica** (MAT.), la menor cantidad fija en que debe incrementarse la variable para que la función tome el mismo valor. || **Período sospechoso** (DER. MERC.), período que precede inmediatamente a la declaración de quiebra, durante el cual los actos del quebrado son nulos o anulables.

**PERIOSTIO** n. m. Membrana conjuntiva que rodea los huesos y se encarga de su crecimiento en espesor.

**PERIOSTITIS** n. f. Inflamación del periostio.

**PERIPATÉTICO, A** adj. Relativo al peripatetismo; seguidor de esta doctrina. **2.** *Fig.* y *fam.* Ridículo en sus afirmaciones o máximas.

**PERIPATETISMO** n. m. Filosofía de Aristóteles y de sus discípulos.

**PERIPATO, A** adj. y n. m. Relativo a una clase de animales, de características intermedias entre los anélidos y los artrópodos, que viven en lugares húmedos y se desplazan como las sanguijuelas. SIN.: *onicóforo.*

**PERIPECIA** n. f. (gr. *peripeteia*). Suceso imprevisto que cambia el estado de las cosas, que rompe la monotonía.

**PERIPLO** n. m. (gr. *periplos*). Circunnavegación.

**PERÍPTERO, A** adj. y n. m. ARQ. Dícese del edificio cuyo contorno exterior tiene en todos sus frentes una hilera de columnas: *templo períptero.*

**PERIPUESTO, A** adj. *Fam.* Acicalado, excesivamente arreglado.

**PERIQUETE. En un periquete,** en un momento, en un tiempo muy breve.

**PERIQUITO** n. m. Ave de pequeño tamaño y plumaje con listas onduladas, que, por su viveza y fácil domesticación, es objeto de activo comercio como ave de adorno. (Familia sitácidos.)

**PERIQUITO, A** adj. y n. Relativo al Real Club Deportivo Español.

**PERISCÓPICO, A** adj. Relativo al periscopio. **2.** Dícese del cristal óptico que da una mayor amplitud al campo visual.

**PERISCOPIO** n. m. Instrumento óptico formado por un sistema de lentes y prismas de reflexión total, que permite ver por encima de un obstáculo. **2.** Tubo equipado con un sistema óptico que permite a un submarino en inmersión observar la superficie.

**PERISELENIO** n. m. Punto de la órbita de un cuerpo que gravita alrededor de la Luna en el que la distancia entre este cuerpo y la Luna es mínima.

**PERISODÁCTILO, A** adj. y n. m. Relativo a un suborden de mamíferos ungulados con un número impar de dedos de los cuales el tercero es el más desarrollado, como el rinoceronte y el caballo.

**PERISPERMA** n. m. BOT. Tejido de reserva de algunas semillas.

**PERISTA** n. m. y f. Persona que comercia con objetos robados.

**PERISTÁLTICO, A** adj. FISIOL. Que tiene la capacidad de contraerse. • **Movimiento peristáltico,** contracción anular que se propaga de arriba hacia abajo por el tubo digestivo.

**PERISTALTISMO** n. m. Actividad peristáltica del tubo digestivo.

**PERISTILO** n. m. (gr. *peristylos*). Galería de columnas, alrededor de un edificio o de un patio. **2.** Conjunto de columnas que decoran una fachada.

**PERÍSTOLE** n. f. Contracción tónica del estómago.

**PERISTOMA** n. m. Conjunto de apéndices que rodean el orificio de la cápsula de un musgo. **2.** Borde de la abertura de la concha de los moluscos gasterópodos. **3.** Hendidura en la superficie de algunos protozoos, como el paramecio, en el fondo de la cual se encuentra la boca.

**PERITACIÓN** n. f. Trabajo o estudio de un perito.

**PERITAJE** n. m. Peritación. **2.** Antigua denominación de los actuales estudios de ingeniería técnica. • **Peritaje mercantil,** grado obtenido al terminar los estudios en las escuelas de comercio.

**PERITAR** v. tr. [**1**]. Evaluar en calidad de perito.

**PERITECIO** n. m. Cuerpo productor de ascas.

**PERITO, A** adj. y n. (lat. *peritum*). Experto, entendido en una ciencia o arte. ◆ n. m. **2.** Persona que, por sus especiales conocimientos, es llamada al proceso para informar sobre hechos cuya apreciación se relaciona con su especial saber o experiencia. **3.** Antigua denominación de los actuales ingenieros técnicos. • **Perito mercantil,** persona que ha cursado los estudios de peritaje mercantil.

**PERITONEAL** adj. ANAT. Relativo al peritoneo.

**PERITONEO** n. m. Membrana serosa que tapiza interiormente la cavidad del abdomen *(peritoneo parietal)* y los órganos que contiene *(peritoneo visceral).*

**PERITONITIS** n. f. Inflamación del peritoneo.

**PERIURBANO, A** adj. Situado en la periferia de una ciudad.

**PERJUDICAR** v. tr. y pron. [**1a**]. Causar o producir un daño material o moral.

**PERJUDICIAL** adj. Que perjudica o puede perjudicar.

**PERJUICIO** n. m. Acción y efecto de perjudicar. **2.** DER. Ganancia lícita que se deja de obtener o gastos que ocasiona una acción u omisión ajena culpable o dolosa, que da lugar a indemnización de orden civil o penal. • **Sin perjuicio de,** dejando a salvo.

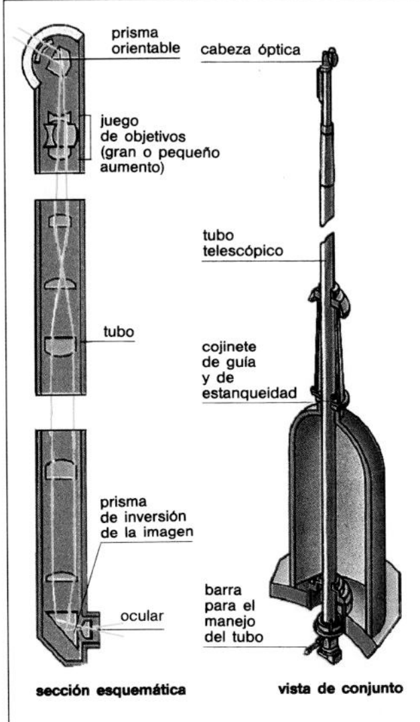

**periscopio** de submarino

**PERJURAR** v. intr. [**1**]. Jurar mucho o por vicio. ◆ v. intr. y pron. **2.** Jurar en falso. **3.** Incumplir un juramento.

**PERJURIO** n. m. Acción de perjurar. **2.** DER. Delito de jurar en falso.

**PERJURO, A** adj. y n. Que jura en falso o quebranta un juramento.

**PERLA** n. f. (ital. *perla*). Concreción esférica que se forma alrededor de cuerpos extraños, entre el manto y la concha de determinados moluscos bivalvos. **2.** *Fig.* Persona o cosa excelente y muy valiosa: *esta secretaria es una perla.* **3.** ARQ. Pequeña cuenta esférica de bajo relieve, cuya profusión a lo largo de una moldura forma un adorno. • **De perlas,** perfectamente, muy bien.

■ Las perlas están formadas por capas concéntricas de cristales de carbono cálcico unidas por materia orgánica. Las perlas naturales provienen de las ostras perlíferas del Índico y del Pacífico. Las perlas cultivadas se obtienen mediante la inserción de una bola de nácar, alrededor de la cual la ostra segrega capas perlíferas.

**PERLA** n. f. Insecto parecido a la cachipolla, que vive cerca del agua en la que se desarrolla su larva.

**PERLADO, A** adj. De color perla. **2.** Que tiene la forma y el brillo de perla: *dientes perlados.* **3.** Lleno de gotas: *frente perlada de sudor.*

**PERLECHE** n. m. (voz francesa). MED. Inflamación de la comisura de los labios.

**PERLERO, A** adj. Relativo a la perla.

**PERLÍFERO, A** adj. Que lleva o produce perlas: *ostras perlíferas.*

**PERLINO, A** adj. De color perla.

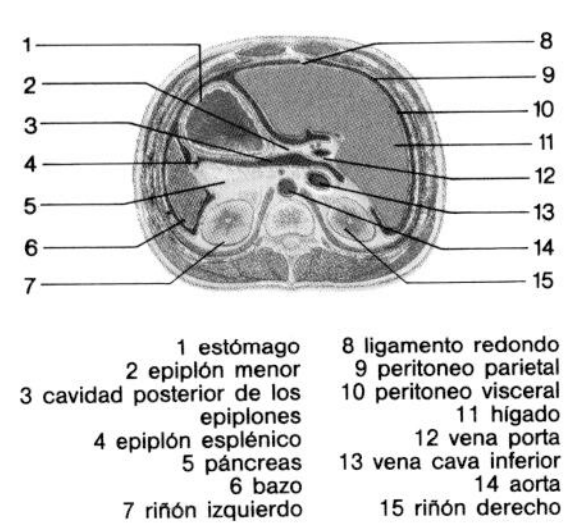

**peritoneo** (corte transversal)

**PERLITA** n. f. Constituyente microscópico de las aleaciones férricas, formado por ferrita y cementita.

**PERLÓN** n. m. (marca registrada). Nombre comercial de una fibra sintética parecida al nylon, de gran elasticidad, solidez y resistencia al desgaste.

**PERLONGAR** v. intr. [**1b**]. MAR. Navegar a lo largo de la costa. **2.** MAR. Extender un cabo para que se pueda tirar de él.

**PERMAFROST** n. m. En las regiones frías, parte profunda del suelo permanentemente helada.

**PERMANÁ** n. m. *Bol.* Chicha de gran calidad.

**PERMANECER** v. intr. [**2m**]. Seguir estando en un lugar durante un tiempo determinado. **2.** No cambiar el estado, situación o calidad en que una persona o cosa se encuentra.

**PERMANENCIA** n. f. Calidad de permanente. **2.** Acción de permanecer en cierto lugar o en cierto estado. **3.** Período de tiempo retribuido que un profesor dedica a actividades docentes, fuera del horario escolar. (Suele usarse en plural.)

**PERMANENTE** adj. Que permanece, que dura. ◆ n. f. y adj. **2.** Ondulación duradera artificial obtenida por la reacción química de un líquido en mechones de cabellos enrollados en bigudíes.

**PERMANGANATO** n. m. Sal del ácido permangánico.

**PERMANGÁNICO, A** adj. Dícese del anhídrido $Mn_2O_7$ y del ácido correspondiente $HMnO_4$.

**PERMEABILIDAD** n. f. Calidad de permeable. **2.** Propiedad física que poseen ciertos terrenos y rocas de dejar filtrar a través de ellos líquidos o gases. • **Permeabilidad magnética,** relación entre la inducción magnética creada en una sustancia y el campo magnético inductor.

**PERMEABLE** adj. (del lat. *permeare,* pasar a través). Dícese del cuerpo que puede ser atravesado por fluidos, radiaciones o líneas de fuerza de un campo magnético: *el papel secante es permeable al agua.* **2.** Que se deja influir por un consejo o una sugerencia.

**PÉRMICO** n. m. y adj. (de *Perm,* c. de Rusia). Último período de la era primaria, que sucede al carbonífero, con una duración aproximada de 30 millones de años.

**PERMISIBLE** adj. Que se puede permitir.

**PERMISIÓN** n. f. Acción de permitir. **2.** Permiso.

**PERMISIVIDAD** n. f. Condición de permisivo.

**PERMISIVO, A** adj. Que manifiesta gran tolerancia ante comportamientos no conformistas: *sociedad permisiva.*

**PERMISO** n. m. Facultad que se da a una persona para que pueda hacer o decir una cosa: *dar permiso para fumar.* **2.** Autorización de cesar temporalmente el trabajo, estudios u otras obligaciones, especialmente las militares: *permiso de caza; permiso para conducir; estar de permiso.*

**PERMITIR** v. tr. y pron. (lat. *permittere*) **[3]**. Autorizar para que se pueda hacer o decir algo. **2.** No impedir algo, teniendo la posibilidad de hacerlo. ◆ v. tr. **3.** Hacer posible, dar la ocasión o el medio: *el puente permite atravesar el río; si mis ocupaciones me lo permiten.* ◆ **permitirse** v. pron. **4.** Tomarse con audacia o atrevimiento la libertad de hacer o decir cierta cosa.

**PERMITIVIDAD** n. f. Magnitud característica de un dieléctrico que define el incremento de la capacidad de un condensador cuando se llena con este dieléctrico el espacio comprendido entre sus armaduras.

**PERMUTA** n. f. Acción y efecto de permutar. **2.** DER. Contrato consensual por el que dos personas se obligan recíprocamente a dar una cosa por otra. • **Permuta mercantil,** permuta de cosas muebles para revenderlas, con ánimo de lucro.

**PERMUTABILIDAD** n. f. Calidad de permutable.

**PERMUTABLE** adj. Que se puede permutar.

**PERMUTACIÓN** n. f. Acción y efecto de permutar. **2.** Cambio de un empleo o destino por otro. **3.** Trasposición recíproca de dos cosas. **4.** MAT. Paso de un orden de sucesión determinado de *m* elementos a otro orden de sucesión de los mismos elementos. • **Permutación de** m **elementos,** conjunto formado por estos *m* elementos clasificados en un orden determinado.

**PERMUTAR** v. tr. **[1]**. Cambiar una cosa por otra, sustituir, trasponer, remplazar. **2.** Variar la disposición u orden. **3.** DER. Realizar una permuta.

**PERNA** n. f. Molusco lamelibranquio de los mares cálidos. (Familia inocerámidos.)

**PERNADA** n. f. Golpe dado con la pierna, o movimiento violento hecho con ella. • **Derecho de pernada** (FEUD.), derecho, atribuido a los señores feudales de la edad media, de pasar con la esposa de un siervo la primera noche después de la boda, real o simbólicamente.

**PERNEAR** v. intr. **[1]**. Mover violentamente las piernas.

**PERNERA** n. f. Cada una de las dos partes del pantalón que cubren la pierna.

**PERNICIOSO, A** adj. Peligroso y perjudicial para la salud, la vida o la moral. • **Anemia perniciosa,** anemia por carencia de vitamina B12 o de ácido fólico.

**PERNIGÓN** n. m. Especie de ciruela en dulce.

**PERNIL** n. m. Anca y muslo del animal, especialmente los de cerdo para su consumo.

**PERNIO** n. m. Gozne cuyas dos piezas metálicas presentan varios agujeros, por donde pasan los tornillos que lo fijan a la madera.

**PERNO** n. m. (cat. *pern*). Pieza metálica que por un extremo termina en una cabeza, y en el otro tiene una rosca en que se atornilla una tuerca. • **Perno de anclaje** (OBR. PÚBL.), dispositivo de sostenimiento constituido por una barra de acero de algunos metros de longitud asegurada en la roca, ya sea por su extremidad o en toda su longitud, en un orificio perforado a tal efecto. SIN.: *tirante.*

**PERNOCTAR** v. intr. **[1]**. Pasar la noche en algún lugar, fuera del propio domicilio, y especialmente cuando se viaja.

**PERO** n. m. Variedad de manzano, cuyo fruto es más largo que grueso. **2.** Fruto de este árbol.

**PERO** conj. advers. Expresa contraposición u oposición: *este chico es inteligente pero vago; la idea es buena, pero muy peligrosa.* **2.** Puede tener valor concesivo: *un hogar sencillo, pero limpio;* o valor restrictivo: *puedes irte, pero entonces no vuelvas; habla, pero poco.* **3.** Se usa como partícula enfática, encabezando alguna frase: *pero ¿cómo es posible?;* o expresando objeción o desaprobación: *pero ¿quieres callarte?* ◆ n. m. **4.** Defecto, objeción: *poner peros a todo lo que se dice.*

**PEROGRULLADA** n. f. (de *Perogrullo*). Verdad que, por sabida, es tontería y simpleza decirla.

**PEROGRULLESCO, A** adj. Tan evidente y natural que es tonto decirlo.

**PEROL** n. m. Vasija semiesférica de metal, que sirve para guisar. **2.** *Venez.* Cosa, asunto.

**PEROLA** n. f. Perol pequeño.

**PERONÉ** n. m. (fr. *péroné*). Hueso largo y delgado de la parte externa de la pierna.

**PERONEO, A** adj. y n. m. Dícese de tres músculos que se unen a la parte superior del peroné y a la inferior de los metatarsianos.

**PERONISMO** n. m. Movimiento político de carácter populista, surgido en Argentina en 1945, tras la subida al poder de Perón.

■ De ideología nacionalista y antiliberal, el peronismo se configuró como un movimiento tendente a aglutinar un frente nacional formado por trabajadores, apoyándose en los sindicatos y el ejército. Su política económica, en lucha contra la oligarquía terrateniente y el poder exterior, se centró en el fomento de la industria y una redistribución, con ciertos límites, del ingreso nacional en favor de las clases trabajadoras. La crisis económica de los años cincuenta puso en crisis el modelo y provocó la caída del régimen (1955). En 1973-1976 se intentó prolongar la experiencia con un segundo gobierno peronista, que fracasó principalmente por los enfrentamientos internos (agudizados con la muerte de Perón). En 1984 el Partido justicialista, órgano del peronismo, se escindió entre oficialistas y renovadores; el candidato de los primeros, C. Menem, se convirtió en el presidente del país (1989).

**PERONISTA** adj. y n. m. y f. Relativo al peronismo; partidario del peronismo.

**PERONOSPORÁCEO, A** adj. y n. f. Relativo a una familia de hongos inferiores, parásitos de las plantas (patata, vid), sobre las que produce el mildiu.

**PEROPERATORIO, A** adj. Dícese del período durante el cual, en el curso de una intervención quirúrgica, el anestesista reanimador debe garantizar, bajo su responsabilidad, la anestesia al enfermo, la vigilancia de los parámetros vitales, la compensación de las pérdidas electrolíticas y sanguíneas y el tratamiento de las posibles complicaciones. **2.** Que se realiza en el curso de este período: *biopsia peroperatoria.*

**PERORACIÓN** n. f. Acción y efecto de perorar.

**PERORAR** v. intr. (lat. *perorare*) **[1]**. Pronunciar un discurso. **2.** Hablar con énfasis y afectación.

**PERORATA** n. f. Discurso o razonamiento extenso y pesado, molesto o inoportuno.

**PEROXIÁCIDO** n. m. QUÍM. Nombre genérico de los oxiácidos cuyo grupo OH es remplazado por el grupo O—OH.

**PEROXIDACIÓN** n. f. Reacción química que consiste en llevar un átomo o una molécula al más alto grado de oxidación posible. **2.** Reacción química que forma un peróxido en sentido estricto, es decir, un derivado del agua oxigenada.

**PEROXIDAR** v. tr. **[1]**. Transformar en peróxido.

**PEROXIDASA** n. f. BIOL. Enzima que cataliza las reacciones de oxidación.

**PERÓXIDO** n. m. Óxido que contiene más oxígeno que el óxido normal. **2.** Nombre genérico de los derivados disustituidos del agua oxigenada.

**PEROXISOMA** n. m. BIOL. Partícula citoplasmática, rica en enzimas oxidativos, que forma parte de la familia de los microcuerpos.

**PERPENDICULAR** adj. Que forma un ángulo recto con una recta o plano: *trazar una línea perpendicular a otra.* SIN.: *normal.* • **Estilo perpendicular,** variedad de estilo gótico creado en Inglaterra en el s. XIV, en el que las líneas rectas paralelas sustituyen a las curvas y contracurvas del gótico flamígero. || **Planos perpendiculares,** planos que se cortan formando diedros rectos. || **Recta perpendicular a un plano,** recta perpendicular a todas las rectas de este plano. || **Rectas perpendiculares,** rectas que forman ángulo recto. ◆ n. f. **2.** Recta perpendicular. SIN.: *normal.*

**PERPENDICULARIDAD** n. f. Calidad de perpendicular.

**PERPETRACIÓN** n. f. Acción y efecto de perpetrar un crimen, un atentado, etc.

**PERPETRADOR, RA** adj. y n. Que perpetra.

**PERPETRAR** v. tr. **[1]**. Cometer, consumar un crimen, un atentado, etc.

**PERPETUA** n. f. Planta herbácea cuyas flores se conservan durante mucho tiempo. **2.** Flor de esta planta.

**PERPETUACIÓN** n. f. Acción de perpetuar o perpetuarse.

**PERPETUAR** v. tr. y pron. **[1s]**. Hacer que algo sea perpetuo o quedar como perpetuo.

**PERPETUIDAD** n. f. Calidad de perpetuo. • **A perpetuidad,** para siempre; para toda la vida.

**PERPETUO, A** adj. (lat. *perpetuum;* de *petere*). Que dura siempre o un tiempo ilimitado: *tener problemas económicos perpetuos.* **2.** Que dura toda la vida: *cadena perpetua.*

**PERPIAÑO, A** adj. (fr. *parpaing*). Resaltado a manera de cincho: *arco perpiaño.* ◆ n. m. **2.** Sillar o piedra a tizón que atraviesa toda la pared u ocupa todo el espesor del muro, y tiene, por consiguiente, dos caras exteriores.

**PERPLEJIDAD** n. f. Estado de perplejo.

**PERPLEJO, A** adj. (lat. *perplexum,* embrollado). Indeciso, confuso.

**PERRA** n. f. Femenino de perro. **2.** *Fam.* Rabieta, berrinche. **3.** *Fam.* Tema o idea fija, obstinación caprichosa. **4.** *Fig.* Borrachera. **5.** *Fig.* y *fam.* Moneda de cobre que con el valor de diez céntimos se denominaba perra gorda o grande, y con el valor de cinco céntimos perra chica. **6.** Dinero en general: *estar sin una perra; ahorrar unas perras.*

**PERRADA** n. f. Conjunto de perros. **2.** *Fig.* y *fam.* Perrería.

**PERRERA** n. f. Sitio donde se guardan o encierran los perros. **2.** Coche destinado a la recogida de perros vagabundos. **3.** Departamento de los trenes destinado a llevar los perros.

**PERRERÍA** o **PERRADA** n. f. Mala jugada.

**PERRERO, A** n. Obrero municipal encargado de recoger los perros vagabundos. **2.** El que tiene a su cargo los perros de caza. **3.** Aficionado a tener o criar perros.

**PERRO, A** n. Mamífero doméstico carnicero del que existen gran número de razas, criadas como perros guardianes, de pastor, de tiro, de caza y de lujo. (Familia cánidos.) [Voz: el perro *ladra*.] **2.** *Fig.* Persona muy fiel. **3.** *Fig.* Persona perseverante. **4.** *Fig.* Persona ruin y malvada. • **A cara de perro** (*Fig.* y *fam.*), sin concesiones, sin perdonar nada. || **Como el perro y el gato** (*Fig.* y *fam.*), mal avenidos. || **De perros** (*Fam.*), muy malo: *tiempo de perros.* || **Perro faldero,** el que por ser pequeño puede estar en las faldas de las mujeres. || **Perro lobo,** nombre dado a algunas razas de perros domésticos parecidos al lobo. || **Perro pastor,** perro procedente de diversas razas, apto para proteger o dirigir los rebaños. ◆ adj. **5.** Muy malo: *una perra vida.* ◆ n. m. **6. Perro caliente,** bocadillo de salchichas, generalmente de Frankfurt, hecho a la parrilla.

**PERRUNO, A** adj. Relativo al perro.

**PERSA** adj. y n. m. y f. De Persia. **2.** Relativo a un pueblo de lengua aria del SO de Irán; individuo de este pueblo. (Constituyó la base de dos imperios, el de los aqueménidas [ss. VI-IV a. J.C.] y el de los sasánidas [ss. III-VII d. J.C.], que impusieron su cultura a todo el conjunto iranio.) ◆ adj. **3.** Dícese de una raza de gatos de angora. ◆ n. m. **4.** Conjunto de lenguas del grupo iranio, de las que deriva el persa moderno, hablado en Irán y Afganistán.

**PERSAL** n. f. Sal derivada de un peróxido que, en contacto con el agua, da agua oxigenada.

**PERSECUCIÓN** n. f. Acción de perseguir. **2.** Medidas represivas arbitrarias de la autoridad contra un grupo religioso, político, étnico, etc. • **Delirio de persecución,** delirio en el que el enfermo está convencido de ser objeto de ataques por personas reales o imaginarias. SIN.: *manía persecutoria.*

**PERSECUTORIO, A** o **PERSECUTOR, RA** adj. Que persigue. **2.** Relativo a la persecución: *manía persecutoria.*

**PERSEGUIBLE** adj. DER. Que debe, o puede, ser perseguido judicialmente: *delito perseguible de oficio.*

**PERSEGUIMIENTO** n. m. Persecución, acción de perseguir.

**PERSEGUIR** v. tr. (lat. *persequi*) [**30a**]. Seguir al que huye o se esconde para cogerle. **2.** Tratar de obtener, de alcanzar: *perseguir un fin, un objetivo.* **3.** Infligir penas a una creencia, opinión, etc., o a sus adeptos: *perseguir el cristianismo, perseguir a los anarquistas.* **4.** Repetirse en una persona una desgracia, molestia o daño. **5.** DER. Proceder judicialmente contra uno.

**PERSEVERACIÓN** n. f. MED. Tendencia observada en algunos apráxicos o afásicos a repetir un gesto o una palabra tras la desaparición de aquello que lo ha motivado.

**PERSEVERANCIA** n. f. Acción de perseverar. **2.** Constancia en la fe, en la virtud.

**PERSEVERANTE** adj. Que tiene perseverancia.

**PERSEVERAR** v. intr. (lat. *perseverare*) [**1**]. Persistir, mantenerse firme en una actitud, opinión, etc.

**PERSIANA** n. f. Especie de contraventana, formada por tablillas unidas entre sí, que sirve para graduar la entrada del aire y de la luz en una habitación, e impedir la visión desde el exterior.

**PÉRSICO, A** adj. y n. Persa. ◆ n. m. **2.** Melocotonero. **3.** Melocotón.

**PERSIGNAR** v. tr. y pron. [**1**]. Signar, hacer la señal de la cruz. **2.** Signar y santiguar a continuación. ◆ **persignarse** v. pron. **3.** *Fig.* y *fam.* Asombrarse.

**PERSISTENCIA** n. f. Acción y efecto de persistir. **2.** Cualidad de lo que persiste, duración: *la persistencia del frío, de la fiebre.*

**PERSISTENTE** adj. Que persiste, que dura, tenaz: *idea persistente; dolor persistente.* **2.** BOT. Dícese de las hojas que perduran durante todas las estaciones.

**PERSISTIR** v. intr. (lat. *persistire*) [**3**]. Mantenerse firme en la manera de pensar, de opinar, de actuar, etc., perseverar: *persistir en una idea, en una decisión.* **2.** Seguir durando: *dolor que persiste; el calor persiste.*

**PERSONA** n. f. (lat. *personam*, máscara de actor). Individuo de la especie humana. **2.** Hombre o mujer indeterminados, cuyo nombre se omite o desconoce: *¿quiénes son estas personas?* **3.** Apelativo que se aplica a quien es de buen trato y tiene cualidades morales. **4.** DER. Todo ser capaz de derechos y obligaciones, es decir, de ser sujeto activo o pasivo de relaciones jurídicas. **5.** LING. Categoría gramatical, propia del verbo y del pronombre, que hace referencia a la relación de los hablantes respecto al discurso. **6.** TEOL. Cada uno de los componentes de la Trinidad. • **De persona a persona,** sin intervención de un tercero. ‖ **En persona** o **por su persona,** por uno mismo o estando presente; real, materialmente. ‖ **Persona física** (DER.), cualquier individuo de la especie humana. ‖ **Persona jurídica** (DER.), sociedad, agrupación de individuos.

**PERSONAJE** n. m. Persona importante: *es todo un personaje.* **2.** Cada uno de los seres humanos, sobrenaturales o simbólicos que toman parte en la acción de una obra literaria, película, etc.

**PERSONAL** adj. Perteneciente a la persona o propio de ella. **2.** Relativo a una sola persona. **3.** Subjetivo: *una opinión muy personal.* • **Modo personal,** modo del verbo que tiene desinencia propia para indicar las diversas personas gramaticales y son el indicativo, potencial, subjuntivo e imperativo. ‖ **Pronombre personal,** pronombre que lleva o es indicador de persona gramatical. ◆ n. m. **4.** Conjunto de las personas que trabajan en un mismo organismo, empresa, etc. **5.** *Fam.* Gente o público: *asistió mucho personal.* ◆ n. f. y adj. **6.** En baloncesto, falta que comete un jugador sobre otro del equipo contrario.

**PERSONALIDAD** n. f. Conjunto de los componentes que constituyen la individualidad de una persona. **2.** Energía, originalidad que constituye el carácter de alguien: *un hombre con personalidad.* **3.** Persona destacada en el campo social: *asistieron al acto destacadas personalidades.* **4.** Circunstancia de ser determinada persona: *documentos que acreditan su personalidad.* **5.** DER. Aptitud legal para ser sujeto de derechos y obligaciones. **6.** SICOL. Modelo teórico que permite explicar y prever el comportamiento del individuo. • **Personalidad básica,** o **de base** (ANTROP.), conjunto de comportamientos unidos a la educación específica de una etnia, sociedad, grupo, etc. ‖ **Test de personalidad,** test proyectivo.

**PERSONALISMO** n. m. Trato favorable que se da a determinadas personas según las propias inclinaciones personales. **2.** Doctrina filosófica que se funda en la consideración de la persona como valor absoluto.

**PERSONALISTA** adj. y n. m. y f. Relativo al personalismo; partidario del personalismo.

**PERSONALIZAR** v. tr. [**1g**]. Referirse a una persona determinada: *no personalices para no herir susceptibilidades.* **2.** Dar carácter personal a algo. **3.** Incurrir en personalismos.

**PERSONARSE** v. pron. [**1**]. Presentarse en cierto sitio: *deberá personarse en estas oficinas mañana.* **2.** DER. Comparecer en juicio.

**PERSONERÍA** n. f. Funciones o cargos de personero. **2.** DER. Personalidad, capacidad y representación legal.

**PERSONERO** n. m. En derecho antiguo, procurador en las cortes castellanas. **2.** *Amér.* Representante de asuntos ajenos.

**PERSONIFICACIÓN** n. f. Acción y efecto de personificar. **2.** Persona o cosa que personifica algo que se expresa. **3.** RET. Prosopopeya.

**PERSONIFICAR** v. tr. [**1a**]. Atribuir acciones o cualidades propias de una persona a las cosas inanimadas, abstractas o animales. **2.** Representar una persona o cosa cierta acción, movimiento, opinión, etc. ◆ v. tr. y pron. **3.** Referirse a personas determinadas con alusiones o nombres supuestos.

**PERSONILLA** n. f. *Desp.* Persona pequeña de cuerpo o de mala condición. **2.** Apelativo cariñoso que se emplea para nombrar a un niño o a una persona querida.

**PERSPECTIVA** n. f. Forma de representar por medio del dibujo, en un plano, los objetos tal y como se ven a cierta distancia y en una posición dada. **2.** Aspecto que presentan, en relación al lugar desde donde se miran, los objetos vistos a distancia o considerados como un todo. **3.** Representación convencional, en un plano, del relieve de los objetos: *dibujo en perspectiva.* **4.** Esperanza o temor de sucesos considerados como probables, aunque alejados en el tiempo: *tener una buena perspectiva para la vejez; haber malas perspectivas económicas.* **5.** *Fig.* Apariencia o representación engañosa de las cosas. **6.** Gran avenida en línea recta. • **En perspectiva,** en un futuro: *tener un buen plan en perspectiva.* ‖ **Obra en perspectiva** (ARQ.), disposición particular de una obra, de forma que produzca el efecto de un espacio más amplio de lo que es en realidad. ‖ **Perspectiva aérea** (PINT.), la que valora la luminosidad y el aire ambiental por encima de las cualidades y las pinturas. ‖ **Perspectiva caballera,** perspectiva establecida desde un punto de vista alejado al infinito.

**PERSPECTIVISMO** n. m. Doctrina según la cual todo conocimiento es relativo a un punto de vista determinado.

**PERSPECTIVO, A** adj. Que representa un objeto en perspectiva: *un dibujo perspectivo.*

**PERSPICACIA** n. f. Calidad de perspicaz.

**PERSPICAZ** adj. (lat. *perspicacem*). Que percibe a largas distancias: *vista, mirada perspicaz.* **2.** *Fig.* Dícese de la persona aguda y sagaz, que se percata de las cosas aunque éstas no estén claras: *persona muy perspicaz.*

**PERSPICUO, A** adj. Claro, transparente y terso. **2.** *Fig.* Dícese del lenguaje claro e inteligible. **3.** *Fig.* Dícese de la persona que se expresa de este modo.

**PERSUADIR** v. tr. y pron. (lat. *persuadere*) [**3**]. Convencer para que alguien crea, haga o quiera cierta cosa.

**PERSUASIBLE** adj. Que puede hacerse creer o puede creerse en fuerza de las razones o fundamentos que lo apoyan.

**PERSUASIÓN** n. f. Acción y efecto de persuadir. **2.** Estado del que está persuadido: *tener dotes de persuasión.*

**PERSUASIVO, A** adj. Hábil y eficaz para persuadir: *argumentos persuasivos.*

**PERSULFATO** n. m. QUÍM. Persal obtenida por electrólisis de un sulfato.

**PERSULFURO** n. m. Compuesto que contiene más azufre que el sulfuro normal.

**PERTENECER** v. intr. [**2m**]. Ser una cosa propiedad de uno: *este libro me pertenece.* **2.** Formar parte una cosa de otra: *esta silla pertenece al comedor.* **3.** Corresponder, tener la obligación de hacer cierta cosa.

**PERTENECIENTE** adj. Que pertenece.

**PERTENENCIA** n. f. Acción de pertenecer: *pertenencia a un partido político.* **2.** DER. Acción o derecho que uno tiene a la propiedad de una cosa. **3.** MAT. Propiedad que tienen ciertos objetos de ser elementos de un conjunto (relación de pertenencia). ◆ **pertenencias** n. f. pl. **4.** DER. Cosas muebles físicas independientes que son propiedad de alguien.

**PÉRTIGA** n. f. (lat. *perticam*). Vara larga. **2.** En atletismo, vara larga y flexible que se emplea en cierta prueba de salto. • **Pértiga de enganche,** dispositivo articulado que permite enganchar o desenganchar los vagones de un tren sin tener que introducirse entre los topes. ‖ **Pértiga del trole,** tubo o varilla articulada en el techo de un tranvía o un trolebús, para captar la corriente del cable conductor mediante un contacto deslizante o una polea que lleva en su extremo.

**PÉRTIGO** n. m. Lanza del carro.

**PERTINACIA** n. f. Calidad de pertinaz.

**PERTINAZ** adj. (lat. *pertinacem*). Duradero, persistente: *dolor pertinaz.* **2.** Obstinado, terco.

**PERTINENCIA** n. f. Calidad de pertinente.

**PERTINENTE** adj. Oportuno, adecuado: *observaciones pertinentes.* **2.** Referente, relativo: *esta decisión no es pertinente a mi cargo.* **3.** DER. Conducente o concerniente al pleito. **4.** LING. Que tiene

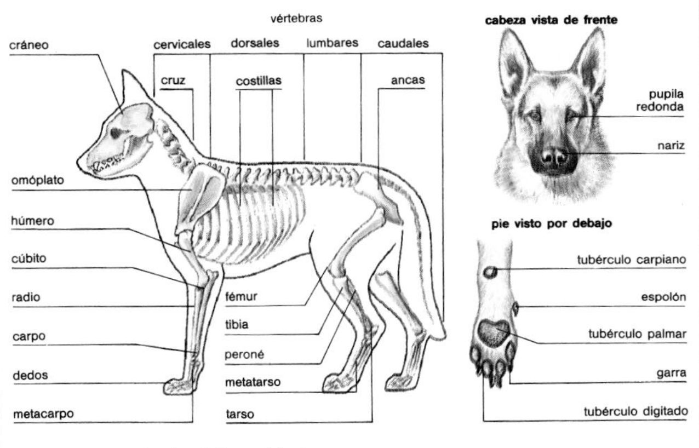


**perro:** esqueleto y detalles de la morfología

un valor lingüístico establecido por las condiciones de estructura de una lengua.

**PERTRECHAR** v. tr. [1]. Abastecer de pertrechos. ◆ v. tr. y pron. 2. *Fig.* Disponer lo necesario para la ejecución de una cosa.

**PERTRECHO** n. m. Utensilio, especialmente todo tipo de municiones y armas necesarios para las tropas y para su defensa. (Suele usarse en plural.)

**PERTURBACIÓN** n. f. Acción y efecto de perturbar. **2.** Estado de la atmósfera, caracterizado por vientos fuertes y precipitaciones, que corresponde a una depresión ciclónica. **3.** ASTRON. Efecto producido en el movimiento de un cuerpo celeste que gira alrededor de otro por toda fuerza que se añade a la atracción del cuerpo principal.

**PERTURBADO, A** adj. Alterado, inquieto, desordenado. ◆ adj. y n. **2.** Enfermo mental.

**PERTURBAR** v. tr. y pron. [1]. Producir desorden, alteración, inquietud o intranquilidad: *perturbar el orden público.*

**PERÚ. Valer un perú** *(Fam.)*, ser muy apreciado o estimado.

**PERUANISMO** n. m. Vocablo, giro o modo de hablar propio de los peruanos.

**PERUANO, A** adj. y n. De Perú. ◆ n. m. **2.** Modalidad adoptada por el español en Perú.

**PERVERSIDAD** n. f. Calidad de perverso.

**PERVERSIÓN** n. f. Acción y efecto de pervertir. **2.** SIQUIATR. Desviación de los instintos, que induce a realizar actos contrarios a los habituales: *perversiones sexuales.*

**PERVERSO, A** adj. y n. Que por placer realiza actos crueles o inmorales.

**PERVERTIDOR, RA** adj. y n. Que pervierte.

**PERVERTIR** v. tr. y pron. [22]. Volver malo o vicioso.

**PERVIBRACIÓN** n. f. Tratamiento del hormigón, consistente en provocar vibraciones en su masa.

**PERVIBRADOR** n. m. Instrumento vibrador utilizado para el tratamiento de pervibración del hormigón.

**PERVIBRAR** v. tr. [1]. Someter a la pervibración.

**PERVINCA** n. f. Planta herbácea que crece en lugares umbríos, de flores azules o malvas y pétalos curvos. (Familia apocináceas.)

**PERVIVIR** v. tr. [3]. Seguir viviendo.

**PESA** n. f. Masa tipo que sirve para hallar, por comparación efectuada con la balanza, el valor de otra masa. **2.** Contrapeso. **3.** Pieza pesada que, pendiente de una cuerda o cadena, sirve para dar movimiento a determinados relojes, o de contrapeso en algunas suspensiones o mecanismos. **4.** *Colomb., C. Rica, Méx., Nicar.* y *Venez.* Carnicería, tienda. **5.** DEP. Haltera.

**PESABEBÉS** n. m. (pl. *pesabebés*). Balanza para pesar a lactantes y niños pequeños.

**PESACARTAS** n. m. (pl. *pesacartas*). Aparato para determinar el peso de las cartas.

**PESADA** n. f. Acción y efecto de pesar. **2.** Cantidad que se pesa de una vez.

**PESADEZ** n. f. Calidad de pesado. **2.** PATOL. Molestia difusa, localizada principalmente en el estómago, secundaria a un trastorno de la digestión gástrica.

**PESADILLA** n. f. Ensueño angustioso y tenaz, que causa terror. **2.** *Fig.* Disgusto o preocupación intensa y continua.

**PESADO, A** adj. Que pesa mucho. **2.** *Fig.* Muy lento en sus movimientos. **3.** Duro, dícese de los mecanismos que cuesta mucho esfuerzo mover. **4.** *Fig.* Dícese del sueño del que es difícil despertar. **5.** Dícese del tiempo atmosférico caluroso y cargado de humedad. **6.** *Fig.* Dícese de algunos órganos cuando se siente en ellos cargazón: *sentir la cabeza pesada.* **7.** *Fig.* Duro, que cuesta esfuerzo realizarlo o soportarlo: *trabajo pesado.* **8.** *Fig.* Aburrido, carente de interés: *conversación pesada.* **9.** *Fig.* Molesto, fastidioso: *no te pongas pesado.* **10.** En varios deportes individuales, como el boxeo, dícese de una categoría de peso. **11.** QUÍM. Dícese de los elementos de peso atómico elevado. • **Agua pesada,** óxido de deuterio ($D_2O$), líquido análogo al agua corriente y utilizado como moderador en determinados reactores nucleares.

**PESADUMBRE** n. f. Disgusto, padecimiento moral, y su causa.

**PESAJE** n. m. Acción de pesar o manera de hacerlo. **2.** DEP. Lugar donde se pesan los coches que han de participar en una carrera o los competidores que han de intervenir en una prueba deportiva.

**PESALECHES** n. m. (pl. *pesaleches*). Lactodensímetro.

**PÉSAME** n. m. Manifestación de sentimiento por el fallecimiento de alguien.

**PESAMOSTOS** n. m. (pl. *pesamostos*). Glucómetro.

**PESANTE** adj. Que pesa. **2.** Pesaroso.

**PESANTEZ** n. f. FÍS. Gravedad.

**PESAR** n. m. Sentimiento de dolor que abate el ánimo. **2.** Arrepentimiento. • **A pesar de,** sin que lo que se expresa a continuación constituya obstáculo o impedimento para la cosa de que se trata.

**PESAR** v. intr. [1]. Tener un peso determinado, o un peso notable: *un litro de agua pesa un kilo; la maleta pesa demasiado.* **2.** *Fig.* Valer, tener gran influencia o importancia. **3.** *Fig.* Ser una cosa molesta o penosa de soportar: *me pesan tantas responsabilidades.* **4.** *Fig.* Arrepentirse: *le pesó no haber dicho la verdad.* ◆ v. tr. **5.** Determinar, por comparación con la unidad de masa, la masa de un objeto. **6.** Medir un peso. **7.** Examinar atentamente, valorar: *pesar los pros y los contras.* • **Mal que le pese,** aunque no quiera. ‖ **Pese a quien pese,** a pesar de los obstáculos que se opongan.

**PESARIO** n. m. (lat. *pessarium*). MED. Aparato que sirve para mantener el útero en su sitio, en caso de prolapso. **2.** Supositorio vaginal. • **Pesario anticonceptivo,** instrumento que se coloca en la vagina para impedir el paso de espermatozoides al cuello uterino.

**PESAROSO, A** adj. Preocupado, con pesadumbre.

**PESCA** n. f. Acción y efecto de pescar. **2.** Aquello que se pesca. **3.** Arte de pescar.

**PESCADERÍA** n. f. Sitio donde se vende pescado.

**PESCADERO, A** n. Persona que vende pescado.

**PESCADILLA** n. f. Cría de la merluza.

**PESCADO** n. m. Pez u otro animal comestible sacado del agua donde vive.

**PESCADOR, RA** adj. y n. Dícese de la persona que pesca o se dedica a pescar.

**PESCADORA** n. f. Camisa abrochada por delante con cordones.

**PESCANTE** n. m. En los carruajes, asiento exterior desde donde el conductor dirige el vehículo. **2.** Pieza saliente, de hierro o de madera, sujeta a un muro o a un poste, que sirve para sostener o colgar de ella alguna cosa. **3.** Brazo de una grúa. **4.** MAR. Viga recta o curva, de madera o de hierro, que, a bordo de los buques, sirve para suspender pesos, amarrar ciertos cabos, etc.

**pescante** en un cablero

**PESCAR** v. tr. (lat. *piscare*) [1a]. Coger peces u otros animales acuáticos. **2.** Sacar alguna cosa del fondo del mar u otro líquido. **3.** *Fig.* y *fam.* Contraer, caer en una enfermedad, costumbre, vicio, etc.: *pescar un resfriado.* **4.** *Fig.* y *fam.* Conseguir aquello que se pretendía: *pescar novio.* **5.** *Fig.* y *fam.* Sorprender, descubrir a alguien por sorpresa: *pesqué al ladrón.* **6.** *Fig.* y *fam.* Entender o percatarse de algo con rapidez y agudeza.

**PESCOZÓN** n. m. Golpe dado con la mano en el pescuezo o en la cabeza. SIN.: *pescozada.*

**PESCUEZO** n. m. Parte del cuerpo de los animales desde la nuca hasta el tronco. **2.** *Fam.* Cuello de las personas. • **Apretar, estirar, torcer,** o **retorcer** a uno, **el pescuezo** *(Fam.)*, matarle. ‖ **Torcer** uno **el pescuezo** *(Fam.)*, morir.

**PESEBRE** n. m. (lat. *praesepem*). Especie de cajón o artesa donde comen los animales. **2.** Instalación destinada a recibir las raciones de forraje, etc., para el consumo inmediato de los animales. **3.** Nacimiento, belén.

**PESEBRERA** n. f. Conjunto de los pesebres en una cuadra o caballeriza.

**PESETA** n. f. Unidad monetaria de España y de Andorra, sustituida en 2002 por el euro. • **Cambiar la peseta** *(Fam.)*, vomitar. ◆ **pesetas** n. f. pl. **2.** *Fam.* Dinero: *cuestión de pesetas.*

**PESETERO, A** adj. y n. *Fam.* Dícese de la persona aficionada al dinero, o que sólo busca la ganancia.

**PESIMISMO** n. m. Disposición o propensión a ver y esperar las cosas en su aspecto más desfavorable. CONTR.: *optimismo.*

**PESIMISTA** adj. y n. m. y f. Que tiene o implica pesimismo.

**PÉSIMO, A** adj. (lat. *pessimum*). Muy malo.

**PESO** n. m. Fuerza resultante de la acción de la gravedad sobre un cuerpo. **2.** Valor de esta fuerza. **3.** *Fig.* Valor, eficacia o importancia de algo. **4.** *Fig.* Sensación de cansancio o molestia: *sentir un peso en el estómago.* **5.** *Fig.* Aquello que causa preocupación, angustia o padecimiento. **6.** *Fig.* Carga u obligación que uno tiene a su cuidado. **7.** Pesa. **8.** Balanza para pesar. **9.** Unidad monetaria principal de Argentina, Bolivia, Chile, Colombia, Cuba, Filipinas, Guinea-Bissau, México, República Dominicana y Uruguay. **10.** DEP. Esfera metálica de 7,257 kg (4 kg para las concursantes femeninas) que se lanza con una sola mano tan lejos como sea posible. **11.** DEP. Categoría en que se encuadran los boxeadores en atención a su peso. **12.** NUMISM. Nombre dado en Nueva España, y luego en todas las Indias, al real de a ocho. • **De peso** *(Fig.)*, dícese de la persona juiciosa, sensata e influyente; dícese de una razón o un motivo de valor decisivo o poderoso. ‖ **Peso adherente,** peso transmitido a la vía por el conjunto de los ejes motores de una locomotora. ‖ **Peso específico de un cuerpo,** cociente entre el peso de un cuerpo y su volumen. ‖ **Peso molecular de un cuerpo,** peso de una molécula-gramo de ese cuerpo. ‖ **Peso muerto,** peso de los órganos de un mecanismo que, absorbiendo potencia, reduce el trabajo útil.

lanzamiento de **peso**

**PÉSOL** n. m. BOT. Guisante.

**PESPUNTAR** o **PESPUNTEAR** v. tr. [1]. Hacer pespuntes en una tela.

**PESPUNTE** n. m. Costura que se hace generalmente con la máquina de coser.

**PESQUERÍA** n. f. Conjunto de actividades relacionadas con la pesca. **2.** Establecimiento de pesca.

**PESQUERO, A** adj. Relativo a la pesca: *industria pesquera.* ◆ n. m. y adj. **2.** Embarcación o barco de pesca.

**PESQUIS** n. m. *Fam.* Perspicacia, inteligencia.

**PESQUISA** n. f. Indagación que se hace de una cosa para averiguarla. ◆ n. m. **2.** *Argent.* Investigador de la policía.

**PESTAÑA** n. f. Cada uno de los pelos del borde de los párpados. **2.** Saliente que sobresale en cualquier cosa. • **Quemarse** uno **las pestañas** *(Fam.)*, realizar un trabajo en el que se debe forzar la vista a causa de la poca luz.

**PESTAÑEAR** v. intr. [**1**]. Parpadear. • **No,** o **sin, pestañear,** prestar mucha atención a algo; afrontar algo con serenidad o sumisión.

**PESTAÑEO** n. m. Acción de pestañear.

**PESTE** n. f. (lat. *pestem*). Enfermedad infecciosa y contagiosa producida por el bacilo de Yersin, que la rata transmite al hombre mediante mordedura o a través de las pulgas, en la actualidad prácticamente desaparecida de occidente. **2.** Mal olor. **3.** *Fig.* y *fam.* Abundancia excesiva de una cosa molesta o nociva. **4.** *Fig.* Aquello que produce molestia. **5.** VET. Nombre de diversas enfermedades infecciosas que afectan a determinados animales domésticos: *peste aviar; peste equina.* • **Decir, echar, hablar,** etc., **pestes,** expresión de crítica o enfado contra algo o alguien.

**PESTICIDA** adj. y n. m. Dícese del producto destinado a luchar contra los parásitos animales y vegetales de los cultivos. SIN.: *plaguicida.*

**PESTÍFERO, A** adj. Pestilente.

**PESTILENCIA** n. f. Peste, mal olor.

**PESTILENTE** adj. Que huele mal. **2.** Muy malo.

**PESTILLO** n. m. Pasador con que se asegura una puerta, corriéndolo a modo de cerrojo. **2.** Pieza prismática que sale de la cerradura, por la acción de la llave, y entra en el cerradero. **3.** *P. Rico.* Novio. • **Pestillo de golpe,** pestillo cuya parte cortada en bisel, que sobresale de la cabecera de la caja de la cerradura por la acción de un muelle, se eclipsa al cerrar la puerta y entra automáticamente en el cerradero.

**PESTIÑO** n. m. Golosina elaborada con masa de harina y huevos, que se fríe en porciones y luego se baña en miel.

**PESTO** n. m. Salsa hecha a base de albahaca y ajo que se liga con aceite. **2.** *Argent. Fig.* y *fam.* Paliza.

**PESUÑO** n. m. Cada una de las formaciones córneas de los dedos de los animales artiodáctilos.

**PETA,** prefijo (símbolo P) que, colocado delante de una unidad, la multiplica por $10^{15}$.

**PETACA** n. f. (azteca *petlacalli*). Estuche para tabaco. **2.** Caja de cuero, madera o mimbre, cubierta de cuero, usada principalmente en América, para colocar la carga a cada lado de la caballería. **3.** Botella pequeña y plana para llevar licor. **4.** *Méx.* Maleta, especialmente la pequeña y con tirante. • **Hacer la petaca,** gastar una broma que consiste en colocar la sábana de encima de la cama de forma que parezca que ésta está hecha, pero doblada de forma que sea imposible meterse en ella. ◆ **petacas** n. f. pl. **5.** *Méx.* Nalgas.

**PETACÓN, NA** adj. *Colomb.* y *Méx.* Dícese de la persona que tiene las nalgas muy grandes.

**PÉTALO** n. m. (gr. *petalon,* hoja). Pieza floral formada por un limbo plano y coloreado que se inserta por medio de una uña sobre el receptáculo floral, en el interior del cáliz. (El conjunto de pétalos forma la *corola.*)

**PETANCA** n. f. Juego de bochas originario de Provenza.

**PETAR** v. intr. [**1**]. *Fam.* Agradar, gustar.

**PETARDEAR** v. tr. [**1**]. Disparar petardos.

**PETARDO** n. m. Canuto que se llena de pólvora u otro explosivo y que provoca detonaciones. **2.** *Fig.* y *fam.* Engaño, estafa, sablazo. **3.** *Fig.* y *fam.* Persona o cosa muy fea o de escasas cualidades. **4.** ARM. Morterete afirmado sobre una plancha de madera o bronce, que se utiliza, provocando su explosión, para derribar obstáculos.

**PETASO** n. m. (gr. *petasos*). ANT. GR. y ROM. Sombrero de ala ancha.

**PETATE** n. m. (náhuatl *petlatl,* estera). Lío de ropa de los marineros, soldados, presos o de las personas que viajan en barco. **2.** Esterilla de palma que se usa en los países cálidos para dormir sobre ella. **3.** *Fig.* y *fam.* Hombre despreciable. • **Liar** uno **el petate** *(Fam.)*, marcharse de un sitio, especialmente cuando es despedido; morir.

**PETENERA** n. f. Aire popular, parecido a la malagueña, con que se cantan coplas de cuatro versos octosílabos. • **Salir por peteneras** *(Fam.)*, hacer o decir algo inoportuno.

**PETICIÓN** n. f. (lat. *petitionem*). Acción de pedir. **2.** Cláusula o palabras con que se pide. **3.** DER. Pedimento escrito, mediante el cual una persona o un grupo de personas formulan una querella o una demanda ante un juez o tribunal. • **Derecho de petición** (DER.), derecho tradicionalmente reconocido a toda persona de dirigir una petición a las asambleas, al gobierno o al jefe del estado. ‖ **Petición de herencia** (DER.), acción de que dispone un heredero para reivindicar la sucesión contra cualquier otra persona que se pretenda heredera. ‖ **Petición de principio,** razonamiento vicioso que consiste en dar como cierto lo mismo que se trata de probar.

**PETICIONARIO, A** adj. y n. Que pide o solicita cierta cosa.

**PETIMETRE, A** n. Presumido, persona excesivamente preocupada por su aspecto físico.

**PETIRROJO** n. m. Ave paseriforme de unos 15 cm de long. y plumaje marrón, con el cuello y el pecho rojos, que reside en toda Europa hasta el círculo polar, y emigra hacia el N de África y Asia. (Familia túrdidos.)

**petirrojo**

**PETITGRÍS** o **PETIGRÍS** n. m. Variedad de ardilla de Rusia y de Siberia, de piel muy apreciada. (Familia esciúridos.) **2.** Piel de este animal.

**PETITORIO, A** adj. Relativo a la petición: *mesa petitoria.* **2.** DER. Dícese de una demanda hecha en juicio, para que se reconozca un derecho real sobre un inmueble.

**PETIZO, A** o **PETISO, A** adj. *Amér. Merid.* Que es de baja estatura. ◆ n. m. **2.** *Amér. Merid.* Caballo de poca alzada. ◆ n. m. y f. **3.** *Amér. Merid.* Persona de baja estatura.

**PETO** n. m. (lat. *pectum*). Pieza del vestido que se coloca sobre el pecho. **2.** Armadura defensiva que servía para cubrir el pecho. **3.** Parte opuesta a la pala y en el otro lado del ojo, afilada o sin afilar, que tienen algunas herramientas. **4.** Porción ventral del caparazón de los quelonios. **5.** *Cuba.* Pez de gran tamaño, comestible, con el lomo azul y el vientre pálido. **6.** DEP. Pieza de caucho, acolchada, que sirve para proteger el pecho en determinados deportes, como béisbol, esgrima, etc.

**PETRAL** n. m. Parte del arnés que ciñe y rodea el pecho del caballo.

**PETRARQUESCO, A** adj. Propio y característico de Petrarca o de sus obras.

**PETRARQUISMO** n. m. Imitación de la escritura poética de Petrarca.

**PETRARQUISTA** adj. y n. m. y f. Relativo al petrarquismo. **2.** Seguidor de esta tendencia poética.

**PETREL** n. m. Ave palmípeda, de unos 20 cm de long., que vive en alta mar, en las zonas frías, y sólo acude a tierra para reproducirse.

**PÉTREO, A** adj. Relativo a la piedra o que tiene sus características. **2.** Pedregoso, cubierto de piedra.

**PETRIFICACIÓN** n. f. Acción y efecto de petrificar.

**PETRIFICANTE** adj. Que petrifica.

**PETRIFICAR** v. tr. y pron. [**1a**]. Convertir algo en piedra. **2.** *Fig.* Dejar a alguien paralizado por el asombro o el terror.

**PETRODÓLAR** n. m. Dólar que resulta de las ventas de petróleo de los países exportadores, fijado por la intervención del sistema bancario internacional.

**PETROGÉNESIS** n. f. Acción y efecto de formarse una roca. **2.** Parte de la petrología que estudia el origen y formación de las rocas, especialmente las ígneas.

**PETROGLIFO** n. m. Piedra sobre la que se han grabado diseños de tipo simbólico.

**PETROGRAFÍA** n. f. Parte de la petrología que tiene por objeto la descripción de las rocas y su clasificación sistemática.

**PETROGRÁFICO, A** adj. Perteneciente o relativo a la petrografía.

**PETRÓGRAFO, A** n. Especialista en petrografía.

**PETRÓLEO** n. m. (bajo lat. *petroleus,* del lat. *petram,* piedra, y *oleum,* aceite). Roca que se presenta bajo la forma de un aceite mineral más o menos fluido, viscoso, combustible, compuesto principalmente de hidrocarburos, de color claro a muy oscuro y de una densidad que varía de 0,8 a 0,95. • **Equivalente petróleo,** masa de petróleo que proporcionaría la misma cantidad de energía que la producida por otra fuente (carbón, nuclear, etc.) o la consumida por un usuario o un conjunto de usuarios (calefacción, transportes, etc.).

■ El petróleo es el resultado de la lenta degradación bacteriológica de organismos acuáticos ve-

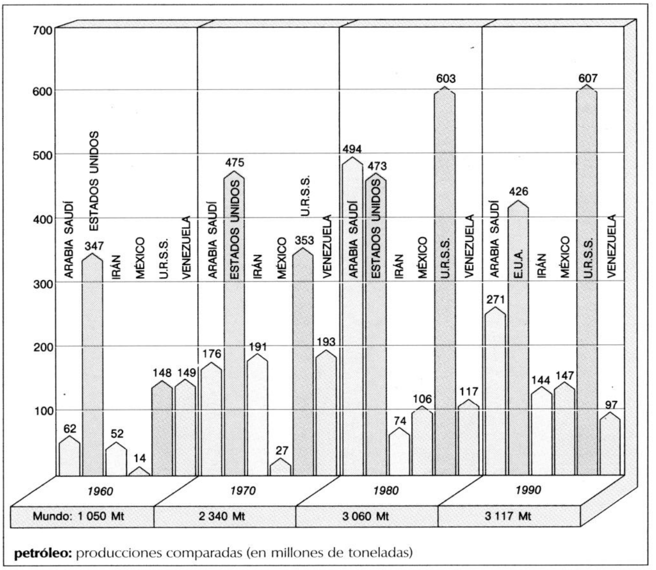


**petróleo:** producciones comparadas (en millones de toneladas)

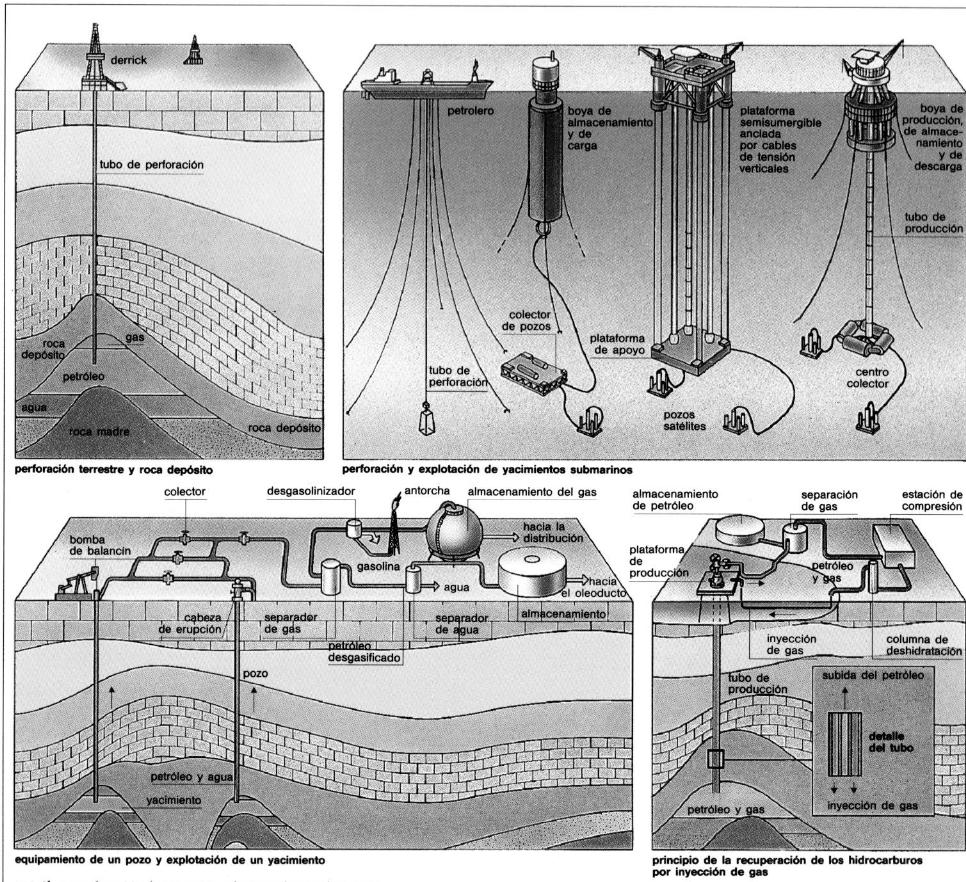

**petróleo:** perforación (terrestre o submarina) y explotación

getales y animales que hace decenas, en ocasiones centenas, de millones de años proliferaron en los mares y se acumularon en capas sedimentarias. El conjunto de productos surgidos de esta degradación, hidrocarburos y compuestos volátiles, mezclado con los sedimentos y residuos orgánicos, se halla en la *roca madre*; de ésta, el petróleo, expulsado por efecto de la compactación provocada por la sedimentación, migra e impregna arena o rocas más porosas y permeables, como las areniscas o las calcáreas. Los yacimientos siempre se localizan en un punto singular o en una anomalía natural de estas rocas, que reciben el nombre de *roca almacén*. Una capa impermeable (de marga o arcilla, por ej.) forma una trampa que permite la acumulación de hidrocarburos e impide que éstos escapen. Generalmente el petróleo se presenta con una capa superior de hidrocarburos gaseosos, y se sitúa encima de una capa de agua salada, más densa que él. El espesor de un yacimiento varía entre unos metros y varios centenares de metros. Su longitud puede alcanzar varias decenas de kilómetros en Oriente Medio. Además de los principales tipos de hidrocarburos (parafinas, olefinas y aromáticos, principalmente), que se hallan en proporciones muy variables de un yacimiento a otro, el petróleo contiene diversas sustancias (azufre, agua salada, restos de metales, etc.) que lo hacen prácticamente inutilizable en estado bruto. El refino es el conjunto de operaciones industriales llevadas a cabo para tratar y transformar el petróleo bruto en carburantes, gasolinas especiales, combustibles y productos diversos. El petróleo constituye la principal fuente de energía en el mundo.

**PETROLERO, A** adj. Relativo al petróleo. ◆ adj. y n. m. **2.** Dícese del buque cisterna construido para el transporte, sin envase previo, de hidrocarburos líquidos. ◆ n. **3.** Persona que vende petróleo al por menor.

**PETROLÍFERO, A** adj. Que contiene petróleo.

**PETROLOGÍA** n. f. Parte de la geología que estudia las rocas.

**PETROLÓGICO, A** adj. Relativo a la petrología.

**PETRÓLOGO, A** n. Especialista en petrología.

**PETROQUÍMICA** n. f. Ciencia, técnica e industria de los productos químicos derivados del petróleo.

**PETROQUÍMICO, A** adj. Relativo a la petroquímica.

**PETROSO, A** adj. Dícese del lugar donde hay muchas piedras. **2.** ANAT. Relativo al peñasco del hueso temporal.

**PETULANCIA** n. f. Calidad de petulante.

**PETULANTE** adj. y n. m. y f. (lat. *petulantem*). Pedante, engreído. **2.** Insolente, atrevido.

**PETUNIA** n. f. Planta herbácea de hojas alternas enteras y flores axiales solitarias, de color blanco o violáceo que se cultiva como ornamental. (Familia solanáceas.) **2.** Flor de esta planta.

**PEUCÉDANO** n. m. Servato, planta.

**PEUCO** n. m. *Chile.* Especie de gavilán que se alimenta de pajarillos y lagartijas.

**PEÚCO** n. f. Especie de calcetín que se pone a los niños que todavía no andan. **2.** Calcetín corto que se emplea especialmente para dormir.

**PEUL** o **PUL** n. m. Lengua sudanesa que se habla desde Senegal hasta Camerún.

**PEUL** → *fulbé.*

**PEUMO** n. m. *Chile.* Planta arbórea de propiedades medicinales. (Familia lauráceas.)

**PEYORATIVO, A** adj. LING. Que expresa una idea desfavorable: *los sufijos -aco y -ote son peroyativos.*

**PEYOTE** n. m. (voz azteca). Cactácea de México y de Texas, no espinosa, de pequeño tamaño, cubierta de pelos sedosos, y que contiene numerosos alcaloides, entre ellos la mescalina que produce alucinaciones. (Género *Echinocactus.*)

**PEZ** n. f. (lat. *picem*). Materia blanda y pegajosa, de color oscuro, insoluble en agua, que se obtiene como residuo en la destilación de la trementina, los alquitranes y las maderas resinosas. **2.** Nombre dado con frecuencia a los betunes.

**PEZ** n. m. (lat. *piscem*). Vertebrado acuático, generalmente ovíparo y de respiración branquial, de cuerpo casi siempre fusiforme, que nada con ayuda de aletas pares (pectorales y pelvianas), e impares (dorsales, caudal y anal) y cuya piel está cubierta de escamas. **2.** *Fig.* Persona astuta y poco escrupulosa. • **Como pez en el agua,** cómodo, sa-

petunias

tisfecho, dichoso. || **Estar pez,** no saber nada de algún asunto o materia. || **Pez aguja,** aguja. || **Pez de arena,** lagarto de las regiones desérticas del Viejo mundo. || **Pez de colores,** o **dorado,** pez de agua dulce, de hasta 25 cm de long., de color pardo verdoso. (Familia ciprínidos.) || **Pez de cuatro ojos,** pez de las aguas cenagosas de los ríos de América intertropical, cuyos ojos están divididos en dos partes, la superior para la visión en el aire, y la inferior para la visión en el agua. || **Pez de plata,** pez del Mediterráneo, de cuerpo alargado y comprimido, aleta dorsal dividida en dos partes, y color pardusco con manchas largas y plateadas. (Familia clínidos.) || **Pez de san Pedro,** pez de cuerpo alto y comprimido, de 30 a 50 cm de long., comestible, común en los mares templados. || **Pez del paraíso,** pez de colores brillantes, originario del SE de Asia, de 7 cm de long., con frecuencia criado en acuarios. || **Pez espada,** pez de los mares cálidos y templados, que alcanza 4 m de long., y cuya mandíbula superior se alarga en forma puntiaguda, como la hoja de una espada. (Orden perciformes.) || **Pez gato,** pez de agua dulce, con ocho largas barbillas, originario de Norteamérica. SIN.: *siluro.* || **Pez gordo,** persona importante. || **Pez luna,** pez de los mares tropicales, de hasta 3 m de long., de cabeza grande y cuerpo casi discoidal. || **Pez martillo,** martillo. || **Pez sierra,** pez marino de rostro en forma de sierra y con doble hilera de dientes implantados en los alvéolos. (Familia prístidos.) || **Pez volador,** pez de los mares cálidos, con las aletas pectorales muy desarrolladas, que le permiten planear sobre la superficie del mar distancias de 200 o 300 m.

■ La diversidad de la fauna piscícola está comprendida en sólo dos grupos realmente importantes: los *seláceos* (tiburones y rayas) y los *teleósteos* (99 % de las especies de peces óseos). La mayoría de los peces se mantienen en el agua gracias a una vejiga gaseosa que les permite igualar la densidad del medio líquido en que viven. Con ligeros movimientos de las aletas pectorales pueden mantener un equilibrio estático. La aleta caudal desempeña el principal papel de hélice motriz. Existen diferencias en cuanto a la respiración. En los teleósteos el agua entra por la boca y sale por las agallas, y en los seláceos entra directamente por las hendiduras branquiales. En ambos casos el oxígeno disuelto en el agua es fijado por la sangre en las branquias. Algunas especies (anguila, salmón) efectúan migraciones de gran amplitud a través de los mares y ríos. Los peces practican regímenes alimenticios diversos: vegetarianos (algas), comedores de plancton, buscadores de lodo, necrófagos y cazadores (tiburones, pirañas).

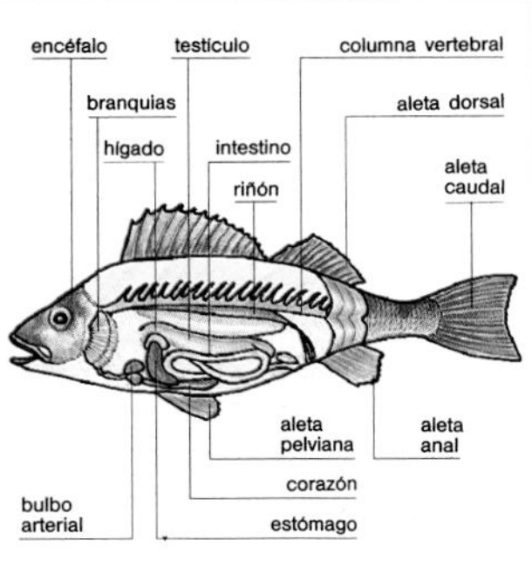


**pez:** anatomía de la perca

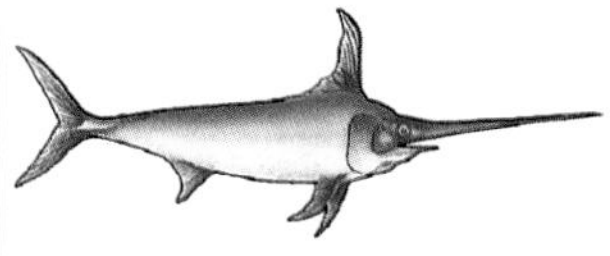

**pez** espada

**PEZÓN** n. m. (bajo lat. *pecciolus,* piececito). Parte central, eréctil y más prominente de la glándula mamaria. **2.** *Fig.* Cualquier saliente por donde se agarra algo o que tiene forma de pezón: *el pezón del eje de una rueda.* **3.** Rabillo que sostiene la hoja, la flor o el fruto de las plantas: *el pezón del limón.*

**PEZPITA** n. f. Aguzanieves, pájaro.

**PEZPÍTALO** n. m. Pezpita.

**PEZUÑA** n. f. (lat. *pedis ungulam,* uña del pie). En los animales de pata hendida, pesuño o conjunto de los pesuños de una misma pata.

**PFENNIG** n. m. Unidad monetaria divisionaria alemana, igual a la centésima parte del marco.

**pH** n. m. (de *p,* potencial, y *H,* hidrógeno). Coeficiente que caracteriza la acidez o la basicidad de una solución acuosa. (Una solución es ácida si su pH es inferior a 7, y básica si es superior a 7.)

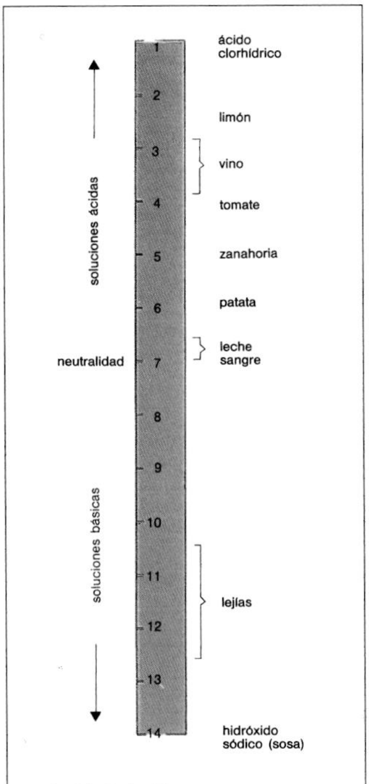


escala del **pH** de diferentes cuerpos

**PHOT** o **FOT** n. m. En la nomenclatura internacional, unidad de iluminación (símbolo ph) que equivale a 1 lumen por $cm^2$, o sea 10 000 lux.

**PHYLUM** n. m. (voz latina). Serie evolutiva de las formas animales o vegetales.

**PI** n. f. Letra del alfabeto griego ($\pi$) equivalente a la *p.* **2.** MAT. Símbolo que representa la relación constante entre el diámetro de una circunferencia y su longitud, y que vale aproximadamente 3,1416.

**PIADA** n. f. Acción o modo de piar.

**PIADOSO, A** adj. Devoto, religioso. **2.** Inclinado a sentir piedad y compasión. **3.** Relativo a la piedad.

**PIAFAR** v. tr. (fr. *piaffer,* contonearse) **[1]**. Dar patadas el caballo con las patas delanteras rascando el suelo, cuando está inquieto.

**PIAMADRE** n. f. ANAT. La más interna de las membranas meníngeas.

**PIAMONTÉS, SA** adj. y n. Del Piamonte.

**PIÁN** n. m. Enfermedad tropical infecciosa y contagiosa, producida por un treponema, que provoca lesiones cutáneas.

**PIANISSIMO** adv. m. (voz italiana). MÚS. De muy débil intensidad de sonido.

**PIANISTA** n. m. y f. Persona que toca o que tiene como profesión tocar el piano.

**PIANÍSTICO, A** adj. Relativo al piano. **2.** Dícese de una obra musical que se adapta bien a las posibilidades del piano.

**PIANO** n. m. (abrev. del ital. *pianoforte*). Instrumento musical de cuerdas percutidas mediante pequeños martillos accionados por unas teclas. SIN.: *pianoforte.* • **Piano de cola,** el que tiene las cuerdas y la caja de resonancia en posición horizontal. || **Piano electroacústico,** piano, provisto de una mecánica tradicional, cuyo sonido está amplificado por un equipo electrónico. || **Piano electrónico,** instrumento que produce el sonido de las cuerdas percutidas característico del piano mediante un conjunto de osciladores electrónicos. || **Piano vertical,** el que tiene las cuerdas y caja de resonancia en posición vertical.

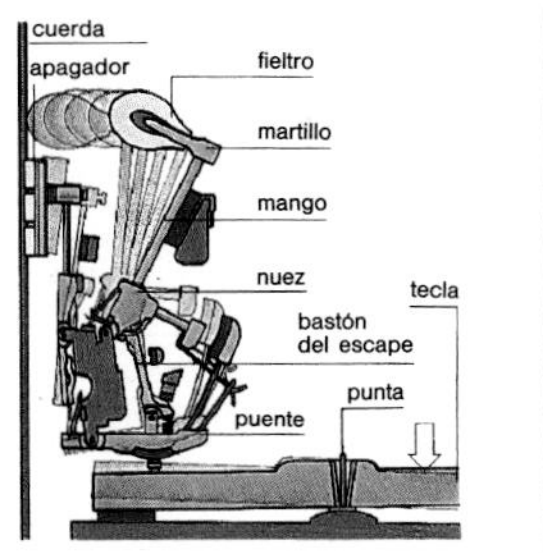


**piano** vertical: mecanismo de percusión

**piano** electrónico

**PIANO** adv. m. (voz italiana). MÚS. De débil intensidad de sonido.

**PIANOFORTE** n. m. (voz italiana). Piano.

**PIANOLA** n. f. Piano que puede tocarse mecánicamente, por pedales o por medio de corriente eléctrica. **2.** Aparato unido al piano para ejecutar mecánicamente las piezas musicales.

**PIAPOCO** n. m. *Venez.* Tucán.

**PIAR** v. intr. **[1t]**. Emitir su sonido onomatopéyico las aves.

**PIARA** n. f. Manada de cerdos.

**PIASTRA** n. f. (voz italiana, *lámina de metal*). En numerosos países, unidad monetaria principal o divisionaria.

**P.I.B.,** abrev. de producto interior bruto.

**PIBE, A** n. *Argent.* y *Urug.* Muchacho. **2.** *Argent.* Fórmula de tratamiento afectuosa. • **Estar hecho un pibe** *(Argent. Fam.),* conservarse joven un adulto.

**PICA** n. f. HIST. Especie de lanza larga, formada por un asta que termina en un hierro pequeño y agudo. **2.** Soldado armado con este arma. **3.** TAUROM. Vara para picar toros que tiene en el extremo una punta de acero. **4.** TAUROM. Golpe dado con esta vara. • **Poner una pica en Flandes** *(Fam.),* conseguir una cosa muy difícil. ◆ **picas** n. f. pl. **5.** Uno de los cuatro palos de la baraja francesa. • **Tercio de picas** (TAUROM.), primer tercio de la lidia destinado a quebrantar la fortaleza del toro por medio de las heridas que se le infieren con la pica.

**PICABUEYES** n. m. (pl. *picabueyes*). Ave paseriforme de pequeño tamaño, que suele posarse sobre los bueyes y búfalos para cazar las larvas parásitas de su piel.

**PICACHO** n. m. Pico agudo de algunos montes y riscos.

**PICADA** n. f. Picotazo. **2.** Picadura, mordedura o punzada. **3.** *Amér.* Senda que se abre en un bosque o en un monte espeso. **4.** *Amér. Central, Argent., Bol., Par.* y *Urug.* Carrera ilegal de automotores que se realiza en la vía pública y perturba la normal circulación. **5.** *Argent.* Tapa, acompañamiento de una bebida, por lo común alcohólica. **6.** *Colomb. Fam.* Punzada, dolor agudo.

**PICADERA** n. f. Labiérnago.

**PICADERO** n. m. Recinto donde los picadores adiestran los caballos. **2.** Escuela de equitación. **3.** *Fam.* Lugar destinado a la reunión de personas con fines sexuales: *alquilaron un piso para usarlo como picadero donde llevar a sus conquistas.* **4.** *Argent.* Pista o arena de circo. **5.** *Colomb.* Matadero.

**PICADILLO** n. m. Guiso a base de carne, tocino y ajos picados, revueltos con huevos y sazonados con especias. **2.** Conjunto de alimentos picados.

**PICADO, A** adj. Que está labrado o adornado con picaduras o minúsculos agujeritos. **2.** Que tiene en la piel cicatrices de pústulas variolosas: *picado de viruela.* **3.** Dícese de los vinos que se avinagran debido a bacterias acéticas. **4.** Dícese del negativo fotográfico en el que se observan numerosos puntos transparentes. **5.** *Fig.* y *fam.* Resentido u ofendido por algo. **6.** *Amér.* Algo embriagado. **7.** HERÁLD. Dícese del ave cuyo pico es de esmalte distinto al resto de su cuerpo. • **Nota picada** (MÚS.), nota coronada por un punto, atacada de forma incisiva y con vivacidad, y separada completamente de la que le sigue. ◆ n. m. **8.** Descenso de un avión con el morro muy inclinado hacia abajo, con o sin empuje. **9.** Ángulo de una cámara cinematográfica que dirige el eje óptico desde arriba hacia abajo. **10.** Picadillo. **11.** Avinagramiento de los vinos, debido a bacterias acéticas. **12.** COREOGR. Movimiento de danza que consiste en apoyar el peso del cuerpo sobre un pie, plano y en el suelo, mientras se marca con la punta del otro pie hacia adelante, hacia atrás o hacia un lado. • **En picado,** vuelo descendente de un avión en posición casi vertical y a gran velocidad; *(Fig.),* caída o descenso brusco de una actividad: *las ventas cayeron en picado.*

**PICADOR, RA** n. Persona encargada de domar y adiestrar los caballos. **2.** Torero de a caballo que pica con garrocha a los toros. SIN.: *lancero.* **3.** MIN. Persona que tiene por oficio arrancar el mineral por medio del pico.

**PICADORA** n. f. Aparato o máquina que sirve para picar carnes, verduras u otros alimentos.

**PICADURA** n. f. Acción de picar o picarse. **2.** Punzada o mordedura de ciertos insectos, aves o reptiles. **3.** Herida de superficie pequeña y de profundidad variable. **4.** Principio de caries en la dentadura. **5.** Agujero como de alfiler en la hoja o pliego de papel. **6.** Tabaco picado para fumar. **7.** Mancha rojiza producida por la humedad en un grabado, una página, etc.

**PICAFLOR** n. m. Colibrí. **2.** *Amér. Fig.* Hombre enamoradizo y galanteador. **3.** *Amér.* Colibrí.

**PICAJOSO, A** adj. y n. Que se pica u ofende con facilidad.

**PICANA** n. f. *Amér. Merid.* y *Méx.* Aguijada, vara para aguijar los bueyes.

**PICANTE** adj. Que pica al paladar: *salsa picante.* **2.** *Fig.* y *fam.* Libre, sin llegar a ser obsceno: *chiste picante.* ◆ n. m. **3.** Sustancia o especia que tiene un sabor fuerte que excita o pica al paladar.

**PICAPEDRERO, A** n. Cantero, persona que labra las piedras.

**PICAPICA** n. m. Pelo o pelusilla de origen vegetal que, aplicado sobre la piel de las personas, causa gran comezón. **2.** *Fam.* Picoteo, comida consistente en tomar raciones pequeñas de diversos alimentos ligeros.

**PICAPLEITOS** n. m. y f. (pl. *picapleitos*). *Desp.* Abogado.

**PICAPORTE** n. m. Aldaba, pieza de las puertas para llamar. **2.** Dispositivo para cerrar de golpe una puerta.

**PICAR** v. tr. (voz de creación expresiva) [**1a**]. Punzar o morder las aves, los insectos y ciertos reptiles. **2.** Herir levemente con un instrumento punzante. **3.** Tomar las aves la comida con el pico. **4.** Morder los peces el cebo quedando enganchados en el anzuelo. **5.** Cortar o dividir una cosa en trozos muy menudos, desmenuzarla: *picar carne.* **6.** Recortar o agujerear, haciendo dibujos: *picar papel, tela.* **7.** *Fig.* Estimular, incitar: *picar la curiosidad, el amor propio.* **8.** Espolear al caballo. **9.** Herir al toro con una pica desde el caballo. **10.** Comenzar a soplar el viento en el mar. **11.** Levantar el viento olas en el mar. **12.** En diversos deportes de pelota, golpear a ésta con potencia para que la rapidez de su trayectoria dificulte al contrario su devolución. **13.** En el billar, herir la bola con el taco para imprimirle un determinado movimiento. • **Picar una nota** (MÚS.), ejecutarla de manera muy clara, de un golpe seco. ◆ v. tr. e intr. **14.** Sentir o causar comezón en alguna parte del cuerpo: *esta lana pica mucho; me pica la nariz.* **15.** Enardecer el paladar ciertas cosas de sabor fuerte: *la pimienta y la mostaza pican.* **16.** Coger de una en una cosas pequeñas para comerlas. **17.** Coger de cuando en cuando trozos pequeños de un alimento. **18.** *Fig.* Dejarse atraer, coger o engañar. ◆ v. intr. **19.** Calentar mucho el sol. **20.** Llamar a la puerta. **21.** AERON. Efectuar un descenso siguiendo una trayectoria casi vertical. **22.** *Argent. Fam.* Acelerar un automotor. • **Picar más alto,** o **muy alto,** pretender algo que está por encima de las posibilidades. ◆ **picarse** v. pron. **23.** Agujerearse, estropearse: *estas sábanas se han picado; picarse un diente.* **24.** Empezar a descomponerse algunos alimentos o bebidas: *picarse el vino.* **25.** *Fig.* Resentirse, ofenderse: *siempre se pica por tonterías.* **26.** *Fig.* Sentirse estimulado por amor propio o emular lo que hacen otros. **27.** *Fam.* Inyectarse una droga. **28.** MAR. Formarse olas pequeñas en el mar por la acción del viento. • **Picárselas** (*Argent.* y *Perú. Fam.*), irse, abandonar un lugar o una situación repentinamente.

**PICARDEAR** v. tr. y pron. [**1**]. Hacer adquirir o adquirir malicia o picardía, o vicios o malas costumbres.

**PICARDÍA** n. f. Calidad de pícaro. **2.** Manera de obrar hábil y con cierto engaño o simulación. **3.** Dicho en el que hay malicia o intención picaresca. ◆ n. m. **4.** Conjunto de camisón muy corto y bragas.

**PICARDO, A** adj. y n. De Picardía. ◆ n. m. **2.** Dialecto de la lengua de oíl, hablado en Picardía.

**PICARESCA** n. f. Profesión o modo de vivir de un pícaro.

**PICARESCO, A** adj. Relativo a los pícaros. • **Novela picaresca,** modalidad de novela narrativa nacida y popularizada en el siglo de oro español.

■ El género de la novela picaresca se inició de forma aislada con el *Lazarillo de Tormes* (1554) y alcanzó sus caracteres más definidos con el *Guzmán de Alfarache* (1599) de Mateo Alemán. El tipo humano del pícaro no corresponde exactamente a la noción real de un niño o mozo, sin oficio y de aspecto miserable que subvenía a sus necesidades mediante algún trabajo ocasional, sino que se entremezcla con otro tipo, el del criado. Este género se define también por un rasgo formal inalterable: el recurso de la simulación autobiográfica. El personaje describe diversos ambientes de una realidad socialmente mezquina. El mensaje de ejemplaridad moral, que responde al motivo ideológico del «desengaño» barroco, en unos casos se deduce del mismo relato (*Lazarillo,* el *Buscón* de Quevedo, el *Diablo cojuelo* de Vélez de Guevara, el *Estebanillo González*), mientras que en otros la narración se interrumpe para dar paso a las disertaciones morales (el *Guzmán,* el *Marcos de Obregón* de V. Espinel, *La pícara Justina* de López de Úbeda). La novela picaresca constituyó un eslabón fundamental en el desarrollo ulterior del realismo europeo. En Hispanoamérica la picaresca tuvo su máxima representación con *El lazarillo de ciegos caminantes* de Concolorcorvo, libro irónico y regocijado, viva imagen de la América de mediados del s. XVIII, y con *El periquillo Sarniento* de J. Fernández de Lizardi, el gran iniciador de la novela americana (s. XIX).

**PÍCARO, A** adj. y n. Dícese de la persona, no exenta de simpatía, que comete engaños en provecho propio, con habilidad y destreza. **2.** Dícese del protagonista de las novelas picarescas. ◆ adj. **3.** *Fig.* Malicioso, picante.

**PICATOSTE** n. m. Trozo pequeño de pan, tostado con manteca o frito.

**PICAZÓN** n. f. Picor, sensación producida por algo que pica. **2.** *Fig.* Enfado, enojo. **3.** *Fig.* Inquietud, desasosiego por un temor, aprensión, etc.

**PICCOLO** n. m. (voz italiana, *pequeño*). Flautín.

**PICEA** n. f. (lat. *piceam,* falso abeto). Planta arbórea parecida al abeto, pero mucho más común, de tronco rojizo, agujas verdes y piñas o conos colgantes, que se explota por su resina y su madera.

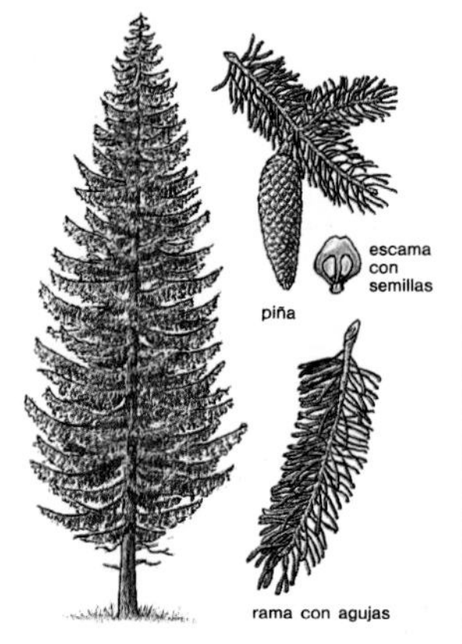
escama
con
semillas
piña
rama con agujas

**picea**

**PICHANGA** n. f. *Argent.* Vino que no ha terminado de fermentar. • **Engaña pichanga** *(Argent.),* engañapichanga, engañabobos.

**PICHI** n. m. Prenda de vestir femenina consistente en un vestido sin mangas y escotado, que se lleva con una blusa o jersey.

**PICHÍ** n. m. *Argent.* y *Chile.* Orina, pipí, en el lenguaje de los niños.

**PICHICATO, A** adj. *Amér.* Mezquino, ruin.

**PICHICHI** n. m. Máximo goleador en la liga española de fútbol.

LA VIDA
DE LAZARILLO
DE TORMES.
Y de sus fortunas y aduersidades.
En Milan, Ad instancia de Antoño de Antoni
M. D. LXXXVII.

portada del *Lazarillo de Tormes* (ed. Milán; 1587) [biblioteca de Cataluña, Barcelona]

grabado del *Guzmán de Alfarache* (ed. Amberes; 1681)

la **novela picaresca**

**PICHINCHA** n. f. *Amér. Merid.* Precio muy bajo, ganga. **2.** *Argent.* Ganga, ocasión, oportunidad.

**PICHIRUCHE** adj. *Chile* y *Perú.* Dícese de la persona insignificante.

**PICHÓN, NA** n. Palomo joven. **2.** *Fig.* y *fam.* Apelativo cariñoso.

**PICHULEAR** v. tr. [**1**]. *Argent.* y *Urug.* Hacer negocios de poca importancia. **2.** *Chile.* Engañar.

**PICHULERO, A** n. *Argent. Fam.* Persona que pichulea.

**PICNIC** n. m. (voz inglesa). Merienda campestre.

**PÍCNICO, A** adj. y n. Dícese de un tipo morfológico caracterizado por su corpulencia y tendencia a la obesidad.

**PICNOGÓNIDO, A** adj. y n. m. Relativo a una clase de animales marinos parecidos a una araña, pero que sólo tienen cuatro o seis patas.

**PICNÓMETRO** n. m. Pequeño recipiente para determinar la densidad de un sólido o de un líquido.

**PICO,** prefijo (símbolo p) que, colocado delante de una unidad, la multiplica por $10^{-12}$.

**PICO** n. m. (celta *beccus*). Órgano de las aves formado por las dos mandíbulas y las piezas córneas que las recubren. **2.** Órgano bucal de los insectos hemípteros y de la cabeza de algunos coleópteros. **3.** Cúspide aguda de una montaña. **4.** Montaña de cumbre puntiaguda. **5.** Herramienta de mano compuesta de una pieza puntiaguda de acero templado, enastada en un mango de madera. **6.** Instrumento formado por una barra de hierro o acero, ligeramente encorvada, aguda por un extremo y con un ojo en el otro para enastarla en el mango con que se maneja. **7.** Parte puntiaguda que sobresale en la superficie o en el borde de alguna cosa. **8.** Punta acanalada que tienen en el borde algunas vasijas. **9.** Parte pequeña de una cantidad que excede de un número redondo: *cien y pico.* **10.** Cantidad grande que cuesta algo: *el piso vale un buen pico.* **11.** *Fig.* y *fam.* Boca: *mejor será que no abras el pico.* **12.** *Fig.* y *fam.* Elocuencia, labia. **13.** *Fam.* Dosis de droga que se inyecta. **14.** MAR. Vértice del ángulo de una pieza de madera curva. • **Andar,** o **irse, de picos pardos** *(Fam.),* divertirse, ir de juerga. || **Pico de oro** *(Fig.),* facultad de hablar muy bien y persona que posee esta facultad.

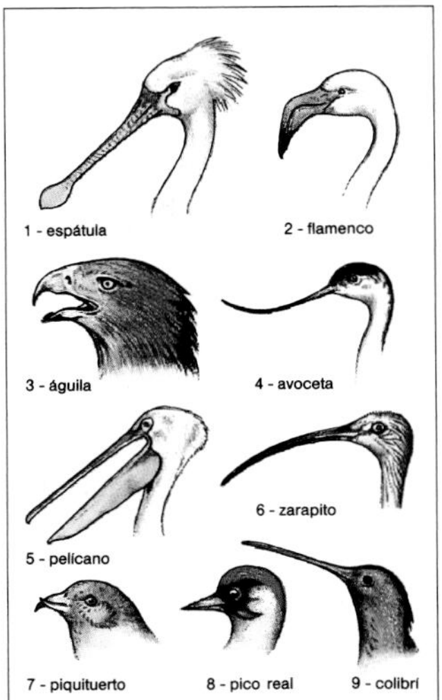


algunos tipos de **pico** y su función: 1 hurgar en el fango y retener los gusanos; 2 en posición arriba-abajo para hurgar en el fango; 3 desgarrar las presas; 4 rebuscar las presas escondidas en el fango; 5 en forma de bolsa para almacenar los peces; 6 atrapar los gusanos; 7 romper los huesos de los frutos; 8 perforar la corteza de los árboles; 9 aspirar el néctar de las flores

**PICO** n. m. Pájaro insectívoro que vive en los troncos de los árboles, de plumaje muy variado blanco

**pico** real macho

o negro, oscuro o verde más o menos manchado de rojo o amarillo. (Familia pícidos.) SIN.: *pájaro carpintero, picamaderos.*

**PICÓN, NA** adj. Dícese del caballo, mulo o asno cuyos dientes incisivos superiores sobresalen de los inferiores. ◆ n. m. **2.** Especie de carbón muy menudo que se emplea para los braseros. **3.** *Méx. Fam.* Hecho o dicho irónico que se hace o dice para provocar celos, resentimientos o enojo a alguien.

**PICOR** n. m. Sensación en alguna parte del cuerpo, producida por algo que pica. **2.** Escozor que se siente en el paladar y la lengua por haber comido alguna cosa picante.

**PICOTA** n. f. Rollo o columna de piedra donde se exhibían las cabezas de los ajusticiados y se exponía a los reos a la vergüenza pública. **2.** *Fig.* Parte superior puntiaguda de una torre o montaña muy alta. **3.** Variedad de cereza, de consistencia carnosa y escasa adherencia al pedúnculo. • **Poner en la picota,** exponer públicamente los defectos o faltas de alguien.

un ujier prevaricador en la **picota** en el s. XVIII (grabado de la época) [biblioteca nacional, París]

**PICOTADA** n. f. Picotazo.

**PICOTAZO** n. m. Golpe que da al picar un ave, insecto o reptil. **2.** Señal que deja dicho golpe.

**PICOTEAR** v. tr. [**1**]. Picar algo las aves. ◆ v. intr. **2.** Picar, coger cosas pequeñas o trozos pequeños de algo para comerlos. **3.** *Fig.* y *fam.* Hablar mucho de cosas inútiles o triviales.

**PICRATO** n. m. Sal del ácido pícrico.

**PÍCRICO, A** adj. QUÍM. Dícese de un ácido obtenido por la acción del ácido nítrico sobre el fenol, que se utilizó en medicina para calmar el dolor de las quemaduras; industrialmente, sirve para teñir la seda y la lana en color amarillo.

**PICTO, A** adj. y n. Relativo a un ant. pueblo de Escocia, que formó un reino unificado en la alta edad media; individuo de este pueblo.

**PICTOGRAFÍA** n. f. Tipo elemental de escritura en el que los conceptos se representan mediante escenas figuradas o por símbolos complejos.

**PICTOGRÁFICO, A** adj. Relativo a la pictografía. • **Escritura pictográfica,** pictografía.

**PICTOGRAMA** n. m. Dibujo o signo de una escritura pictográfica.

**PICTÓRICO, A** adj. Relativo a la pintura. **2.** Que posee cualidades propias de la pintura. **3.** Que tiene cualidades aptas para inspirar a la pintura.

**PICUDILLA** n. f. *Cuba, P. Rico* y *Venez.* Pez teleósteo de carne muy estimada.

**PICUDO, A** adj. Que tiene pico.

**PICUNCHE,** pueblo amerindio, del grupo araucano, que vive en la costa N de Chile.

**PICURÉ** n. m. *Venez.* Agutí, roedor.

**PIDGIN** n. m. Lengua de relación, nacida del contacto entre el inglés y diversas lenguas de Extremo oriente.

**PIE** n. m. (lat. *pedem*). Parte de la extremidad de la pierna que sirve al hombre y a los animales para sostenerse y andar. (El esqueleto del pie comprende el *tarso* [astrágalo, calcáneo, escafoides, cuboides, cuneiformes], el *metatarso* [metatarsiano] y las *falanges* [dedos].) **2.** Órgano muscular de los moluscos, sobre el que pueden arrastrarse. **3.** Unidad de medida de longitud anglosajona que vale 12 pulgadas y equivale a 30,48 cm. **4.** Antigua medida de longitud de aproximadamente 33 cm. **5.** Base o parte en que se apoya un objeto: *los pies de una mesa; el pie de una estatua.* **6.** En los calcetines, zapatos, etc., parte que cubre el pie. **7.** Lugar contiguo al comienzo de cualquier cosa, generalmente alta: *quedarse al pie de la escalera.* **8.** Parte final de un escrito y espacio en blanco que queda en la parte inferior del papel: *anotar algo a pie de página.* **9.** En algunas cosas, parte opuesta a la cabecera: *estaba a los pies de la cama.* (Suele usarse en plural.) **10.** Modo de estar o de hacer cierta cosa: *estar en pie de guerra.* **11.** Tronco de los árboles y de las plantas en general. **12.** En métrica clásica, elemento rítmico más pequeño del verso, integrado por dos, tres o cuatro sílabas. **13.** Leyenda de una fotografía, ilustración, grabado, etc. **14.** Palabra con que termina lo que dice un personaje en una representación dramática, cada vez que le toca hablar a otro. **15.** *Chile.* Señal o cantidad de dinero que se da como garantía de lo que se ha comprado. **16.** MAT. Punto en el que la per-

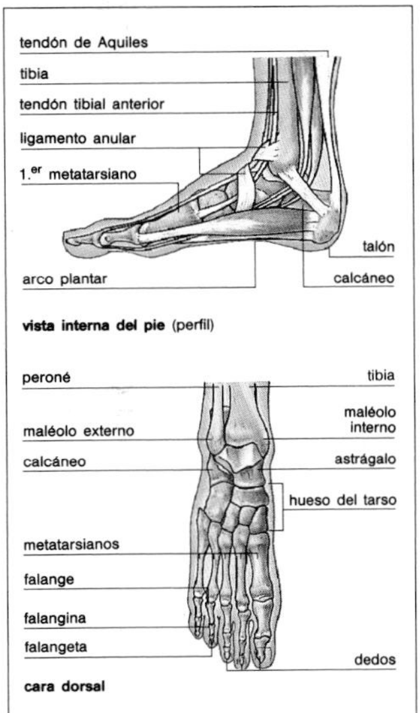


**pie**

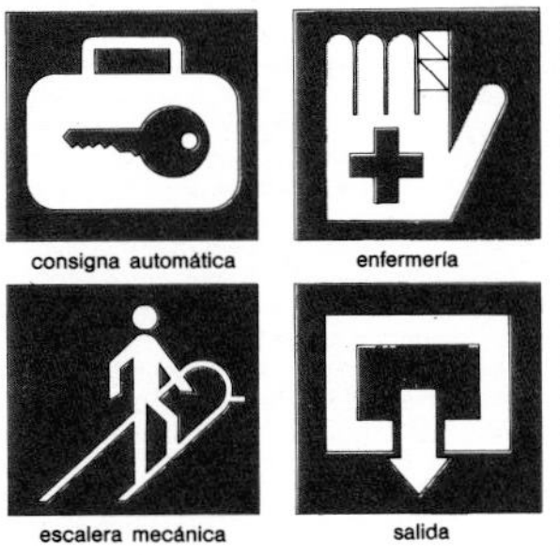


ejemplos de **pictogramas**

pendicular corta a la línea o a la superficie sobre la que se traza. • **A pie,** o **por su pie,** andando. || **A pie,** o **pies, juntillas,** sin asomo de duda. || **Al pie de la letra,** literal, textualmente; con exactitud, sin variación. || **Buscar cinco,** o **tres, pies al gato** *(Fam.),* ver complicaciones en un asunto que de por sí no las tiene. || **Con buen pie** o **con el pie derecho,** con buena suerte y acierto. || **Con mal pie,** con mala suerte y desacierto. || **Con pie,** o **pies, de plomo** *(Fam.),* con mucha cautela. || **Dar pie,** ofrecer ocasión o motivo para una cosa. || **De pie, de pies** o **en pie,** erguido o en posición vertical. || **En pie,** pendiente de decisión o solución; constante y firmemente. || **Hacer algo con los pies,** hacerlo mal. || **Hacer pie,** llegar con los pies al suelo dentro del agua; estabilizarse, afirmarse en un intento. || **Irse,** o **salir, por pies** *(Fam.),* huir, escapar corriendo. || **Nacer de pie,** o **de pies** *(Fam.),* tener buena suerte. || **No dar pie con bola** *(Fam.),* equivocarse muchas veces seguidas. || **No tener** una cosa **pies ni cabeza** o **sin pies ni cabeza** *(Fam.),* ser completamente absurdo. || **Pararle los pies** a uno, contenerle en algún intento impertinente o impedirle proseguir algo. || **Perder pie,** no encontrar el fondo con el pie cuando se está de pie en el agua; no hallar salida en un asunto. || **Pie de imprenta,** mención del taller o establecimiento tipográfico, lugar y año de la impresión, que suele constar en los libros. || **Pie de monte** (GEOGR.), llanura de acumulación aluvial, que forma un *glacis* al pie de una cadena de montañas o de un macizo elevado. SIN.: *piedemonte, piedmont.* || **Pie de rey,** instrumento que sirve para medir el diámetro, longitud y espesor de diferentes objetos. || **Poner pies en polvorosa,** huir. || **Sacar** a uno **con los pies adelante** *(Fam.),* llevarle a enterrar.

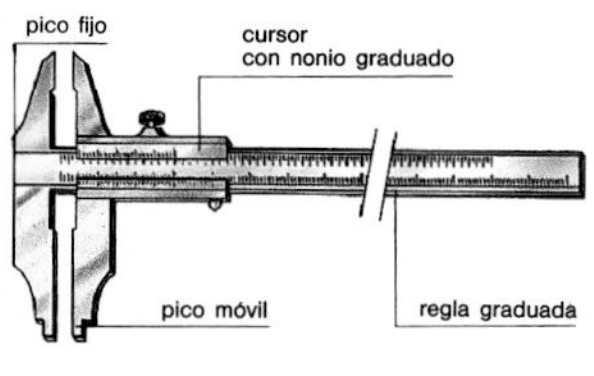

**pie** de rey

**PIEDAD** n. f. (lat. *pietatem*). Virtud que inclina hacia los actos del culto divino. **2.** Compasión ante una persona desgraciada o que sufre. **3.** Representación de la Virgen con el cuerpo inerte de Cristo, recostado en su regazo.

**PIEDEMONTE** o **PIEDMONT** n. m. GEOGR. Pie de monte.

**PIED-NOIR** n. m. y f. (voz francesa). Nombre con que se conoce a la población argelina de origen europeo.

**PIEDRA** n. f. Materia mineral dura y sólida, que se emplea en construcción. **2.** Trozo de dicha materia, tallado o no. **3.** Muela, piedra para moler. **4.** Granizo grueso. **5.** PATOL. Cálculo. • **De piedra,** paralizado por el asombro. || **Edad de la piedra,** período de la prehistoria en que se utilizó la piedra como materia básica del utillaje. || **Mal de piedra** (MED.), litiasis, principalmente renal y vesical. || **Piedra angular,** la que forma esquina en los edificios. || **Piedra artificial,** todo material semejante a la piedra, obtenido artificialmente. || **Piedra blanda,** caliza de construcción, de débil densidad y poca resistencia a la compresión. || **Piedra de afilar,** asperón que sirve para afilar. || **Piedra de cal,** piedra caliza químicamente bastante pura y fragmentada en trozos pequeños. || **Piedra de,** o **del escándalo** *(Fig.),* persona, hecho o palabra que es motivo de escándalo. || **Piedra de toque,** variedad de jaspe negro, que sirve para ensayar el oro con el parragón; *(Fig.),* lo que sirve para conocer una cualidad, un sentimiento o el valor de una persona o cosa. || **Piedra dura,** toda piedra de la naturaleza del pedernal. || **Piedra filosofal,** materia que buscaban los alquimistas para fabricar el oro artificial. || **Piedra fina,** gema que sin ser de las más valiosas puede utilizarse, por su belleza y dureza, en joyería. || **Piedra miliar,** mojón de señalar distancias; *(Fig.),* suceso que representa el punto de partida para comenzar una nueva fase en la vida de alguien o en alguna cosa. || **Piedra pómez,** pómez. || **Piedra preciosa,** piedra fina y rara que, tallada, se usa como adorno. || **Primera piedra,** piedra de fundación, generalmente angular, colocada solemnemente. || **Tirar la primera piedra,** ser el primero en lanzar una acusación.

**PIEL** n. f. (lat. *pellem*). Parte diferenciada del organismo que recubre externamente casi todo el cuerpo. **2.** Parte exterior que cubre la pulpa de ciertas frutas. **3.** *Fig.* Con verbos como *dejar, jugar,* etc., vida, existencia. **4.** Cuero curtido: *bolso de piel de cocodrilo.* **5.** Cuero curtido de modo que conserve por fuera su pelo natural: *abrigo de piel de visón.* ◆ n. m. y f. **6. Piel roja,** indio indígena de América del Norte.

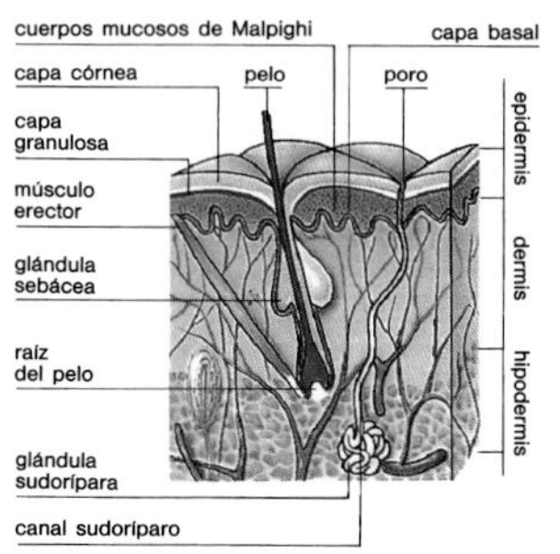

**piel:** corte histológico

**PIÉLAGO** n. m. (lat. *pelagum*). Parte del mar muy alejada de la costa. **2.** *Fig.* Gran cantidad de algo.

**PIELITIS** n. f. Inflamación de la membrana mucosa que tapiza la pelvis y los cálices renales.

**PIELONEFRITIS** n. f. Infección del riñón y de la pelvis renal.

**PIENSO** n. m. (lat. *pensum*). Ración de alimento seco que se da a los animales estabulados o semiestabulados. • **Pienso compuesto,** mezcla homogénea de distintas materias primas y correctores con adición de otras sustancias alimenticias, empleada en la alimentación del ganado.

**PIER** n. m. *Amér.* Muelle perpendicular al eje de un río o de un estuario.

**PIERCING** n. m. (voz inglesa). Práctica que consiste en perforarse el ombligo, la nariz, la lengua, el pezón u otra parte del cuerpo para introducirse un pendiente, un adorno, etc.

**PIERNA** n. f. (lat. *pernam*). Extremidad inferior en el hombre. **2.** Parte de esa extremidad comprendida entre la articulación de la rodilla y la del tobillo. **3.** En los cuadrúpedos y aves, muslo. **4.** *Argent. Fam.* Persona dispuesta a prestar compañía. • **A pierna suelta,** o **tendida** *(Fam.),* con tranquilidad, con completa despreocupación. || **Estirar,** o **extender, las piernas,** pasear una persona para desentumecerse, después de permanecer durante bastante tiempo quieta. || **Hacer pierna** *(Argent. Fam.),* colaborar, ayudar.

**PIERNAS** n. m. y f. (pl. *piernas*). *Fam.* Persona de poca importancia y de poca formalidad, o que actúa sin personalidad propia.

**PIES NEGROS** o **BLACKFOOT,** pueblo amerindio de lengua algonquina, actualmente en reservas en Montana y Alberta.

**PIETISMO** n. m. Movimiento religioso nacido en el seno de la Iglesia luterana alemana en el s. XVII, caracterizado por la importancia que otorga a la experiencia religiosa personal, en reacción frente al dogmatismo de la Iglesia oficial.

**PIETISTA** adj. y n. m. y f. Relativo al pietismo; partidario de este movimiento.

**PIEZA** n. f. Cada parte, cada elemento de un todo: *la biela es una pieza del motor; vestía un traje de tres piezas.* **2.** Trozo que se adapta a una cosa para repararla: *coser una pieza a los pantalones.* **3.** Tira de papel o de tela, plegada o arrollada sobre sí misma, tal como sale de la fábrica. **4.** Cada unidad de un género de cosas de una colección: *una cristalería de setenta y dos piezas.* **5.** Cada habitación de una casa. **6.** Moneda: *pagó con dos piezas de un duro.* **7.** Animal, como objeto de caza o pesca: *se cobró tres piezas.* **8.** Porción de espacio o tiempo. **9.** Objeto, cosa cualquiera. **10.** Cada una de las fichas o figuras que sirven para jugar a las damas, al ajedrez y a otros juegos. **11.** Obra dramática, y particularmente la que no tiene más que un acto. **12.** Composición suelta de música vocal o instrumental. **13.** HERÁLD. Elemento decorativo interior del escudo, que no representa ningún objeto. SIN.: *mueble.* **14.** METROL. Unidad de presión (símbolo pz), que corresponde a la presión uniforme que ejerce sobre una superficie plana de 1 $m^2$ una fuerza normal de 1 esteno. • **Quedarse,** o **dejar,** a alguien **de una pieza,** quedarse o dejar a alguien paralizado por el asombro.

**PIEZOELECTRICIDAD** n. f. Aparición de cargas eléctricas en la superficie de ciertos cuerpos cuando se someten a una contracción o, inversamente, variación de las dimensiones de estos cuerpos cuando se les aplica una tensión eléctrica.

**PIEZOELÉCTRICO, A** adj. Que está dotado de piezoelectricidad: *cuarzo piezoeléctrico.* **2.** Relativo a la piezoelectricidad.

**PIEZÓMETRO** n. m. Instrumento para medir la compresibilidad de los líquidos.

**PÍFANO** n. m. Flautín de tono muy agudo, usado

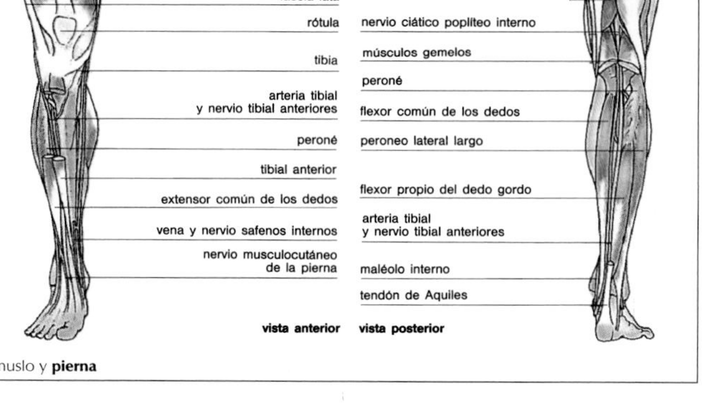

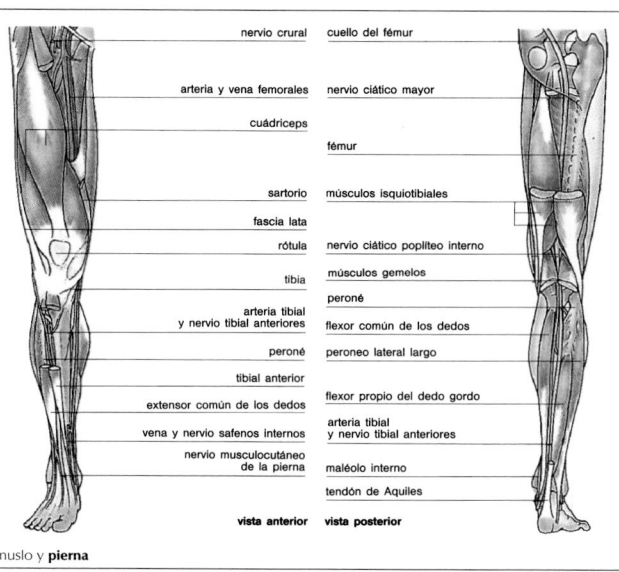

muslo y **pierna**

en las bandas militares. **2.** Persona que toca este instrumento.

**PIFIA** n. f. Golpe en falso que se da con el taco en la bola de billar. **2.** *Fig.* y *fam.* Desacierto, dicho o hecho indiscreto o inoportuno.

**PIFIAR** v. tr. e intr. **[1]**. Cometer una pifia.

**PIGARGO** n. m. Ave falconiforme de cola blanca, que alcanza 2,50 m de envergadura. (Familia accipítridos.)

**PIGMENTACIÓN** n. f. Formación y acumulación de pigmento en los tejidos, especialmente en la piel.

**PIGMENTAR** v. tr. **[1]**. Dar color con un pigmento. ◆ v. tr. y pron. **2.** Producir coloración anormal y prolongada en la piel y otros tejidos.

**PIGMENTARIO, A** adj. Relativo al pigmento.

**PIGMENTO** n. m. (lat. *pigmentum*). Sustancia coloreada producida por un ser vivo. **2.** Sustancia finamente pulverizada, componente de la pintura, que se agrega al soporte para conferirle su color o para hacerlo opaco.

**PIGMEO, A** adj. y n. Relativo a unos grupos humanos africanos de corta estatura, que viven en la selva ecuatorial y que comprenden a los mbuti, los towa y los binga (República Centroafricana, Gabón, Camerún); individuo de estos pueblos. ◆ adj. **2.** *Fig.* Muy pequeño.

**PIGNORACIÓN** n. f. Acción y efecto de pignorar. **2.** ECON. Operación consistente en depositar valores mobiliarios, efectos comerciales o monedas como garantía de un préstamo o de un crédito.

**PIGNORAR** v. tr. **[1]**. Empeñar, dar en prenda.

**PIGNORATICIO, A** adj. Relativo a la pignoración. **2.** DER. Relativo al contrato de prenda.

**PIGRE** adj. Perezoso, holgazán.

**PIGRICIA** n. f. (lat. *pigritiam*). Calidad de pigre.

**PIJADA, PIJERÍA** o **PIJEZ** n. f. Acción o dicho propio de una persona pija. **2.** Tontería, menudencia.

**PIJAMA** n. m. (ingl. *payjamas*). Conjunto de chaqueta y pantalón que se usa para dormir. (En algunos países de América suele usarse en femenino.) **2.** Postre compuesto por helado, flan, nata y diversas frutas.

**PIJAO,** pueblo amerindio de lengua chibcha, aniquilado en el s. XVII, que habitaba en la región andina cercana al río Magdalena (Colombia).

**PIJE** n. m. *Chile* y *Perú.* Cursi.

**PIJITE** n. m. *Amér.* Ave palmípeda acuática, parecida al pato, pero de patas largas y color rojizo oscuro, cuya carne es muy apreciada.

**PIJO, A** adj. y n. Dícese de la persona, generalmente joven, que ostenta una buena posición social y económica. ◆ n. m. **2.** Cosa insignificante. **3.** *Vulg.* Pene.

**PIJOTERÍA** n. f. Dicho, pretensión o menudencia desagradable o que molesta.

**PIJOTERO, A** adj. Dícese de la persona que molesta o fastidia.

**PILA** n. f. (lat. *pilam,* columna, pilar). Conjunto de cosas colocadas unas sobre otras: *una pila de leña.* **2.** *Fig.* y *fam.* Montón, gran cantidad. **3.** Aparato que transforma directamente en energía eléctrica la energía desarrollada en una reacción química. **4.** Macizo de fábrica que constituye un apoyo intermedio de un puente. **5.** INFORMÁT. Estructura ordenada de información en forma de lista lineal en la cual todas las inserciones y eliminaciones deben realizarse por un solo extremo. • **Pila atómica,** reactor nuclear. ‖ **Pila solar,** dispositivo que transforma directamente una radiación electromagnética en corriente eléctrica.

**PILA** n. f. (lat. *pilam,* mortero). Recipiente hondo donde cae o se echa el agua: *pila bautismal, de agua bendita.* • **Nombre de pila,** el del bautismo.

**PILADA** n. f. Pila, montón.

**PILAGÁ,** pueblo del NE de Argentina, de lengua guaicurú, uno de los subgrupos toba.

**PILANCÓN** n. m. Marmita de gigante.

**PILAR** adj. Relativo a los pelos.

**PILAR** n. m. Soporte vertical, distinto de la columna, pues no es necesariamente cilíndrico ni ha de seguir las proporciones de un orden. **2.** Mojón, señal que se pone en los caminos. **3.** *Fig.* Persona o cosa que sirve de amparo, apoyo o protección. **4.** Serie de puntos que forman como una barrita en las labores de ganchillo. **5.** ANAT. Nombre que se da a diversas estructuras anatómicas en relación con su función o disposición: *pilares del diafragma.* • **Pilar abandonado** (MIN.), macizo de mineral que se deja en el centro de una explotación para impedir los derrumbamientos.

**PILASTRA** n. f. (ital. *pilastro*). Pilar adosado a una pared.

**PILCA** n. f. *Amér. Merid.* Pirca.

**PILCHA** n. f. *Amér. Merid.* Prenda de vestir pobre o en mal estado. (Suele usarse en plural.) **2.** *Argent.* Prenda de vestir, particularmente si es elegante y cara. (Suele usarse en plural.) **3.** *Argent., Chile* y *Urug.* Prenda del recado de montar.

**PILCHE** n. m. *Amér. Merid.* Vasija de madera o de la corteza seca de un fruto.

**PÍLDORA** n. f. (lat. *pillulam*). Medicamento en forma de bolita que se administra por vía oral. **2.** Cualquiera de los anovulatorios con esta presentación. • **Dorar la píldora** *(Fam.),* decir una mala noticia o cosa desagradable, pero suavizándola. ‖ **Tragarse** uno **la píldora,** creerse una mentira.

**PILETA** n. f. *Argent., Par.* y *Urug.* Pila de cocina o de lavar. **2.** *Argent.* y *Urug.* Abrevadero. **3.** *R. de la Plata.* Piscina. • **Tirarse a la pileta** *(Argent. Fam.),* emprender una acción de resultado incierto.

**PILILO** n. m. *Argent.* y *Chile.* Persona sucia y andrajosa.

**PILÍFERO, A** adj. BIOL. Que tiene pelos.

**PILLADA** n. f. Pillería.

**PILLAJE** n. m. Robo, rapiña.

**PILLALLI** n. m. (voz náhuatl). Uno de los cinco tipos de propiedad nobiliaria de la tierra en el Imperio azteca.

**PILLAR** v. tr. (ital. *pigliare,* coger) **[1]**. Robar, tomar por fuerza una cosa. **2.** Alcanzar a alguien o algo que se persigue. **3.** Atropellar, alcanzar y derribar a alguien una caballería o un vehículo. **4.** *Fam.* Coger, adquirir o contraer: *pillar un resfriado.* **5.** *Fig.* Encontrar, sorprender: *le pillé con las manos en la masa.* ◆ v. tr. y pron. **6.** Aprisionar por accidente una cosa a otra al moverse: *pillarse el dedo con la puerta.* ◆ v. intr. **7.** Hallarse, estar situado: *la casa pilla muy lejos.*

**PILLASTRE** n. m. y f. *Fam.* Pillo.

**PILLEAR** v. intr. **[1]**. *Fam.* Hacer vida de pillo, o proceder como tal.

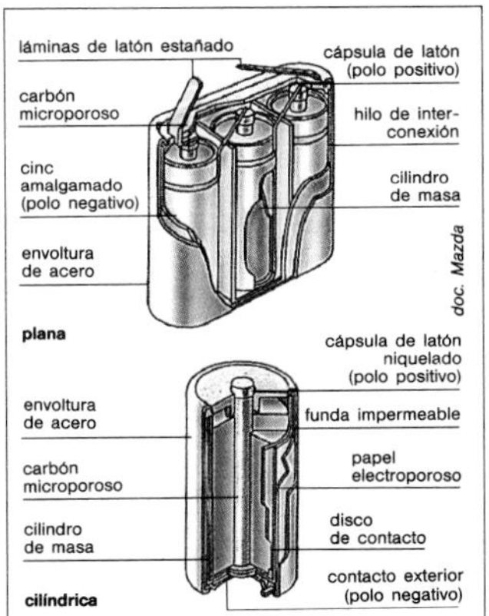


**pilas** eléctricas

**PILLERÍA** n. f. *Fam.* Acción propia de un pillo. **2.** *Fam.* Conjunto de pillos.

**PILLI** n. m. (voz náhuatl). Una de las dos categorías especiales de la clase alta del Imperio azteca, que se mantuvo durante el dominio español.

**PILLO, A** adj. y n. Dícese de la persona, especialmente del niño, que comete pequeños engaños en provecho propio, sin intención de daño. **2.** Granuja, persona falta de escrúpulos. **3.** *Fam.* Sagaz, astuto. ◆ n. **4.** Niño vagabundo o callejero que comete pequeños delitos.

**PILLOW LAVA** n. f. (voces inglesas, que significan *lava almohadillada*). Elipsoide de lava basáltica de eje mayor de 1 m aprox., de superficie vidriosa, resultante de la emisión de lava en fusión bajo el mar.

**PILMAMA** n. f. *Méx.* Nodriza, niñera.

**PILME** n. m. *Chile.* Coleóptero negro que produce grandes daños en las huertas.

**PILOCARPINA** n. f. Alcaloide extraído del jaborandi.

**PILÓN** n. m. Receptáculo que en las fuentes sirve de abrevadero, lavadero, etc. **2.** Mortero para majar granos u otras cosas.

**PILÓN** n. m. Pilar, columna, poste. **2.** Pan de azúcar refinado, de figura cónica. **3.** Pesa móvil que se coloca en el brazo mayor de la romana. **3.** *Méx.* Cantidad extra de una mercancía que el comerciante da como regalo al cliente. • **De pilón** *(Méx.),* por añadidura, por si fuera poco: *nos perdimos y de pilón llovía.*

**PILONCILLO** n. m. *Méx.* Pieza en forma de cono truncado de azúcar moreno.

**PILONGA** n. f. Castaña avellanada, secada al humo, que se guarda todo el año.

**PILÓNICO, A** adj. Relativo a los pilones: *forma pilónica.*

**PILONO** n. m. (gr. *pylōn,* gran puerta). Puerta monumental situada en la entrada de los templos egipcios.

**PILÓRICO, A** adj. Relativo al píloro.

**PÍLORO** n. m. ANAT. Orificio que pone en comunicación el estómago con el duodeno.

**PILOSIDAD** n. f. ANAT. Revestimiento piloso del tegumento.

**PILOSO, A** adj. Relativo al pelo. **2.** Cubierto de pelos.

**PILOTAJE** n. m. OBR. PÚBL. Conjunto de pilotes de una obra.

**PILOTAJE** n. m. Acción de pilotar un vehículo. • **Pilotaje sin visibilidad (PSV),** pilotaje de un avión sin visión directa del suelo.

**PILOTAR** v. tr. **[1]**. Conducir como piloto un vehículo.

**PILOTE** n. m. Pieza larga, cilíndrica o prismática, hincada en el suelo para soportar una carga o para comprimir las capas de tierra.

**PILOTO** n. m. Persona que gobierna y dirige una embarcación o una aeronave. **2.** Persona que conduce un vehículo en una competición automovilística o motociclística. **3.** Lo destinado a servir de modelo o como prueba: *escuela piloto.* **4.** Pequeña lámpara eléctrica de advertencia de diversos aparatos, cuadros de mandos, etc. • **Nombre piloto,** denominación de los distintos tipos de madera adoptada por acuerdo internacional con objeto de obviar las dificultades de las diferentes denominaciones locales. ‖ **Pez piloto,** pez pelágico de los mares cálidos, de 20 a 30 cm de long., que suele acompañar a los grandes escualos y a los barcos de marcha lenta y se nutre de desperdicios. ‖ **Piloto automático,** dispositivo, generalmente giroscópico, que permite la conducción de un avión sin que intervenga la tripulación; dispositivo mecánico o electrónico que mantiene el rumbo de una embarcación sin intervención humana. ‖ **Piloto de pruebas,** profesional encargado de la comprobación de las características y resistencia de un nuevo vehículo; profesional encargado de hacer pruebas deportivas con un vehículo.

**PILPIL** n. m. Planta arbustiva de fruto comestible, que crece en Chile. (Familia lardizabaláceas.)

**PILSEN** adj. y n. f. Dícese de un tipo de cerveza suave y de color pálido.

**PILTRA** n. f. *Fam.* Cama, lecho.

**PILTRAFA** n. f. Residuos o trozos inaprovechables, especialmente de carne. **2.** *Fig.* Persona de poca consistencia física o moral.

**PILUCHO, A** adj. *Chile.* Desnudo.

**PILUM** n. m. (voz latina). ANT. ROM. Jabalina utilizada por la infantería romana.

**PIMA,** pueblo amerindio de lengua uto-azteca de América del Norte (S de Arizona y N de Sonora).

**PIMENTERO** n. m. Planta leñosa de las regiones cálidas, que proporciona la pimienta. (Familia piperáceas.) **2.** Vasija en que se pone la pimienta en la mesa.

**PIMENTÓN** n. m. Polvo de pimientos encarnados secos, que se utiliza como condimento.

**PIMIENTA** n. f. (lat. *pigmenta*). Fruto del pimentero, que se emplea como condimento. • **Pimienta blanca,** sin corteza y de un sabor más suave que la negra. || **Pimienta negra,** la que conserva su corteza.

**PIMIENTO** n. m. Solanácea cultivada, de la que existen numerosas variedades, que se distinguen por sus frutos: encarnado largo, pajizo, guindilla, dulce, morrón, choricero, cerecilla, etc. **2.** Fruto de esta planta. **3.** Pimentero. (En América se cultivan preferentemente las variedades picantes, llamadas chiles o ajís.) • **Importar** a uno **un pimiento** algo (*Fig.* y *fam.*), serle indiferente. || **No valer un pimiento** (*Fig.* y *fam.*), no valer nada.

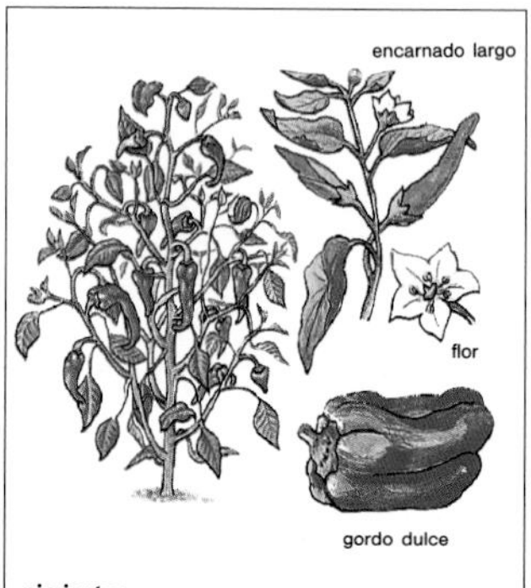

**pimientos**

**PIMPAMPUM** n. m. (voz onomatopéyica). Juego en que se procura derribar a pelotazos muñecos en fila.

**PIMPANTE** adj. Flamante, satisfecho. **2.** Vistoso, garboso.

**PIMPINA** n. f. *Venez.* Botijo de cuerpo esférico y cuello largo.

**PIMPINELA** n. f. Planta herbácea vivaz, de tallos erguidos y flores terminales en densas panículas, empleada como tónica. (Familia rosáceas.) **2.** Flor de esta planta.

**PIMPLAR** v. tr. y pron. (voz onomatopéyica) [**1**]. *Fam.* Beber, especialmente con exceso.

**PIMPOLLO** n. m. Vástago o tallo nuevo de las plantas. **2.** Capullo de rosa. **3.** *Fig.* y *fam.* Persona joven y de aspecto atractivo.

**PIMPÓN** n. m. Deporte parecido al tenis, que se practica en una mesa rectangular.

**PIN** n. m. (voz inglesa) [pl. *pins*]. Pequeño broche decorativo, a menudo publicitario, de metal, que se prende en la ropa.

**PINABETE** n. m. Abeto.

**PINACATE** n. m. Coleóptero de color negruzco, hediondo, que suele criarse en lugares húmedos de América Central. (Familia tenebriónidos.)

**PINÁCEO, A** adj. y n. f. Abietáceo.

**PINACLE** n. m. Cierto juego de naipes, que consiste fundamentalmente en agrupar cartas correlativas de un mismo palo.

**PINACOTECA** n. f. Museo de pintura.

**PINÁCULO** n. m. Terminación apuntada de un capitel o una construcción arquitectónica. **2.** Pequeña pirámide terminal de un contrafuerte o muro, frecuentemente adornada con motivos vegetales. **3.** *Fig.* Apogeo, auge, momento más alto de una cosa inmaterial.

**PINAR** n. m. Bosque de pinos.

**PINASTRO** n. m. Pino rodeno.

**PINAZA** n. f. Pinocha o aguja del pino, especialmente cuando cubre el suelo. **2.** MAR. Embarcación de quilla plana, mixta de vela y remo, de tres palos, larga, estrecha y ligera.

**PINCEL** n. m. (lat. *penicillum*). Utensilio compuesto por un mechón de cerdas o fibras sujeto al extremo de una varilla y que sirve para pintar, engomar, etc. **2.** *Fig.* Modo de pintar. • **Pincel electrónico,** en los tubos de rayos catódicos, haz de electrones que, sometido a la acción de campos eléctricos y magnéticos, barre la pantalla fluorescente.

**PINCELADA** n. f. Cada una de las aplicaciones que se dan con el pincel al pintar. **2.** *Fig.* Frase o conjunto de frases con que se define o describe sucintamente algo.

**PINCHADISCOS** n. m. y f. (pl. *pinchadiscos*). *Fam.* Disc-jockey.

**PINCHAQUE** n. m. Mamífero perisodáctilo de tamaño inferior al tapir americano, que habita las zonas muy altas de los Andes. (Familia tapíridos.)

**PINCHAR** v. tr. y pron. [**1**]. Introducir una punta en un cuerpo poroso: *pinchar una aceituna.* **2.** *Fig.* Incitar a alguien para que haga cierta cosa. **3.** *Fig.* Hacer enfadar a alguien. **4.** Poner un disco un pinchadiscos. **5.** Manipular un sistema de comunicación telefónica para realizar escuchas: *le han pinchado el teléfono.* **6.** *Fam.* Poner inyecciones. ◆ v. intr. **7.** Sufrir alguien un pinchazo en una rueda de un vehículo en el que transita. **8.** *Fig.* y *fam.* Fallar. ◆ **pincharse** v. pron. **9.** *Fam.* Inyectarse habitualmente heroína u otra droga dura.

**PINCHAZO** n. m. Acción y efecto de pinchar. **2.** Huella que queda al pincharse algo. **3.** Punzadura en un neumático que le produce pérdida de aire.

**PINCHE** n. m. y f. Ayudante de cocina. **2.** *Chile. Fam.* Hombre o mujer con quien se forma pareja en una relación amorosa informal y de corta duración. ◆ n. m. **3.** *Chile. Fig.* y *fam.* Trabajo ocasional. ◆ adj. y n. m. y f. **4.** *Méx. Vulg.* Dícese de lo sumamente desagradable, despreciable o de pésima calidad: *¡pinches abusivos!; ¡qué pinches frío hace!; estos pantalones están pinches.*

**PINCHITO** n. m. Manjar de poco volumen que se toma como aperitivo, generalmente pinchándolo con un palillo.

**PINCHO** n. m. Punta aguda de cualquier cosa. **2.** Varilla con punta aguda. **3.** Pinchito. • **Pincho moruno,** comida que consiste en trozos de carne insertados en un largo pincho metálico, con el que se sirven una vez asados.

**PINCHUDO, A** adj. Que tiene pinchos o púas.

**PINDONGA** n. f. *Fam.* Mujer callejera.

**PINDONGUEAR** v. intr. [**1**]. *Fam.* Callejear.

**PINEAL** adj. Relativo a la epífisis. • **Glándula pineal,** epífisis.

**PINEDA** n. f. Pinar.

**PINEDO** n. m. *Amér. Merid.* Pinar.

**PINENO** n. m. Hidrocarburo terpénico, principal componente de la esencia de trementina.

**PINGAJO** n. m. Trozo desgarrado que cuelga de algo.

**PINGO** n. m. Pingajo. **2.** *Fig.* Vestido de poca calidad. **3.** *Fig.* y *fam.* Prostituta. **4.** *Argent., Chile* y *Urug.* Caballo. **5.** *Méx.* Muchacho travieso.

**PINGONEAR** v. intr. [**1**]. *Fam.* Callejear.

**PINGOROTA** n. f. Parte más alta de una cosa.

**PING-PONG** n. m. Pimpón.

**PINGÜE** adj. Graso, mantecoso. **2.** *Fig.* Abundante, cuantioso: *pingües beneficios.*

**PINGÜINERA** n. f. *Argent.* Lugar de la costa donde se agrupan los pingüinos en época de nidificación y cría.

**PINGÜINO** n. m. (fr. *pingouin*). Ave caradriforme extinguida, piscívora, que vivía en acantilados del Atlántico septentrional. (Familia álcidos.) • **Pingüino antártico,** pájaro bobo.

**PINGULLO** n. m. Nombre indígena de la flauta usada por los aborígenes de Ecuador, Perú y Bolivia.

**PINITO** n. m. Primeros pasos del niño. **2.** Primeros progresos de un convaleciente o primeras veces que se hace algo.

**PINNADO, A** adj. BOT. Dícese de las hojas y de los folíolos dispuestos a uno y otro lado de un peciolo común, como las barbas de una pluma.

**PINNÍPEDO, A** adj. y n. m. Relativo a un orden de mamíferos carnívoros adaptados al desplazamiento en el agua, con cuerpo fusiforme y extremidades convertidas en aletas. (La *foca,* la *morsa* y el *otario* pertenecen a dicho orden.)

**PÍNNULA** n. f. Folíolo de un helecho.

**PINO** n. m. (lat. *pinum*). Conífera de follaje persistente y hojas en forma de agujas, dispuestas generalmente en número de 2, 3 o 5, y cuya madera se emplea en carpintería o construcción. (Familia abietáceas.) • **En el quinto pino** (*Fig.* y *fam.*), muy lejos. || **Hacer el pino** (*Fig.*), situarse en posición vertical, con los pies hacia arriba, apoyando las manos en el suelo. || **Pino araucaria, brasileño, misionero,** o **Paraná,** planta arbórea de crecimiento rápido, que crece en algunas zonas de Brasil y Argentina. (Familia araucariáceas.) || **Pino chileno,** conífera de unos 40 m de alt., de madera apreciada y piñones comestibles. (Familia araucariáceas.)

■ El fruto del pino es un cono cuyas escamas se lignifican cuando está maduro (piña); cada escama lleva dos semillas en su parte superior. Los pinos autóctonos de la península Ibérica son: el *pino carrasco, blanco* o *de Alepo*; el *pino piñonero, doncel, manso* o *real*; el *pino rodeno* o *marítimo,* llamado también *pinastro*; el *pino negral, cascalbo, pudio, salgareño* o *de Cuenca*; el *pino albar, silvestre, blanquillo* o *rojo,* y el *pino negro.* En las islas Canarias crece el *pino canario.* Entre los principales pinos americanos se encuentran: el *pino de Monterrey* y el *pino del azúcar,* del N de México; el *pino de Moctezuma* y el *pino ayalcahuite,* de México y Guatemala; el *pino de sierra Maestra,* de las islas del Caribe, y el *pino colorado de Guatemala,* el más meridional de los pinos americanos que crece desde México hasta el S de Nicaragua.

**PINO** n. m. *Chile.* Relleno de la empanada de horno, compuesto de carne picada mezclada con huevo duro, cebolla, pasas y aceitunas.

**PINO, A** adj. Muy empinado o erguido.

**PINOCHA** n. f. Aguja del pino.

**PINOCITOSIS** n. f. BIOL. Inclusión, en una célula, de una gota de líquido tomada del medio ambiente y que, englobada por una película de citoplasma, se convierte en una vacuola.

**PINOL** o **PINOLE** n. m. *Amér. Central* y *Méx.* Harina de maíz tostada, que suele mezclarse con ca-

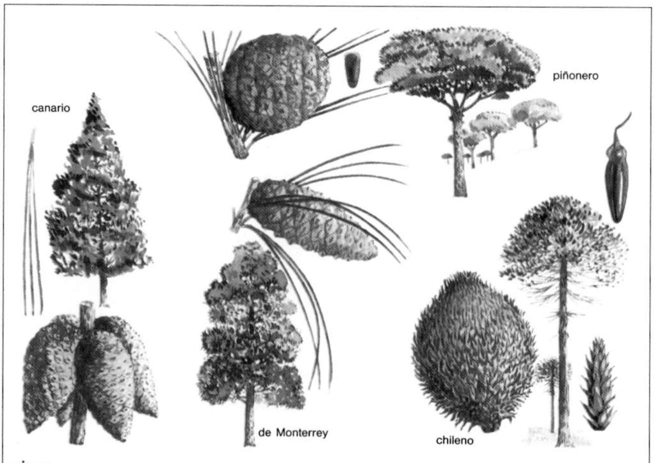

**pinos**

cao, azúcar y canela para preparar una bebida refrescante.

**PINOLILLO** n. m. *Hond.* Bebida refrescante compuesta por pinol, azúcar, cacao y canela. **2.** *Méx.* Insecto ácaro muy pequeño y de color rojo, cuya picadura es muy irritante y molesta.

**PINSAPO** n. m. Planta arbórea, de corteza blanquecina, hojas aciculares y piñas derechas, más gruesas que las del abeto. (Familia abietáceas.)

**PINSCHER** n. m. (voz alemana). **Pinscher enano,** raza de perros de compañía, forma enana del doberman.

**PINTA** n. f. Mota, lunar. **2.** *Fig.* Aspecto de una persona o cosa por el que se conoce su calidad. ◆ n. m. y f. **3.** *Fam.* Pícaro, sinvergüenza. • **Irse de pinta** *(Méx.)*, faltar uno a la escuela o al trabajo para ir a divertirse.

**PINTA** n. f. Antigua unidad de medida de capacidad, cuyo valor varía según los países.

**PINTADA** n. f. Acción de pintar en las paredes, vallas, etc., letreros o murales de contenido político o social. **2.** Letrero o mural de este carácter. **3.** Gallinácea, originaria de África, aclimatada en el mundo entero.

**pintada** gris

**PINTADO, A** adj. Dícese de lo que está matizado en diversos colores. **2.** Que tiene pintas, lunares. • **El más pintado** *(Fam.)*, el más experto, hábil.

**PINTALABIOS** n. m. Cosmético para colorear los labios.

**PINTAMONAS** n. m. y f. (pl. *pintamonas*). *Desp.* Pintor poco hábil.

**PINTAR** v. tr. **[1]**. Representar algo mediante líneas y colores: *pintar un paisaje.* **2.** Cubrir de pintura la superficie de algo: *pintar la puerta.* **3.** *Fig.* Describir, representar por la palabra o la escritura algo. ◆ v. intr. **4.** Señalar un palo de la baraja que éste es el triunfo en el juego: *pintan bastos.* ◆ v. intr. y pron. **5.** Empezar a verse la calidad de algo: *este asunto pinta bien.* **6.** Tener alguien importancia, significación, en determinada situación o asunto: *no pintas nada en esa empresa.* ◆ **pintarse** v. pron. **7.** Ponerse maquillaje en el rostro. **8.** Manifestarse cierta expresión en el rostro: *la angustia se pintó en su cara.* • **Pintarse** uno **solo para** una cosa *(Fam.)*, tener habilidad para ello.

**PINTARRAJEAR** v. tr. y pron. **[1]**. *Fam.* Pintar de cualquier forma o excesivamente.

**PINTARRAJO** n. m. *Fam.* Pintura mal hecha.

**PINTARROJA** n. f. Escualo de pequeño tamaño y piel rasposa, que vive en las costas atlánticas y mediterráneas. SIN.: *lija.*

**pintarroja**

**PINTIPARADO, A** adj. Que es adecuado, a propósito.

**PINTIPARAR** v. tr. **[1]**. *Fam.* Comparar.

**PINTO, A** adj. Pintado, coloreado: *caballo pinto.*

**PINTOR, RA** n. Artista que se dedica a la pintura. **2.** Persona que tiene por oficio pintar paredes, puertas, ventanas, etc.

**PINTORESCO, A** adj. (ital. *pittoresco*). Que llama la atención por su belleza, por su variedad, etc. **2.** Interesante por su tipismo. **3.** *Fig.* Original, extravagante.

**PINTURA** n. f. Arte de pintar. **2.** Conjunto de colores dispuestos sobre una superficie según un cierto orden y con una finalidad representativa, expresiva o decorativa. **3.** Materia colorante. **4.** Revestimiento de una superficie con dicha materia colorante. • **No poder ver ni en pintura** a algo o a alguien *(Fam.)*, tenerle antipatía o aversión.

**PINTURERO, A** adj. y n. Dícese de la persona que cuida exageradamente su vestido y arreglo.

**PÍNULA** n. f. Placa de metal que se eleva perpendicularmente a cada extremo de una alidada y que, provista de un orificio, sirve para dirigir visuales.

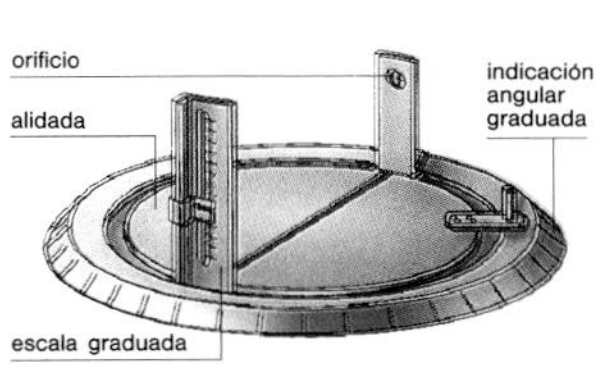


**pínula**

**PINYIN** n. m. Sistema de notación fonética de los ideogramas chinos, adoptado oficialmente en China en 1958.

**PINZA** n. f. (fr. *pince*). Instrumento que, por presión de las extremidades de sus dos brazos, permite coger objetos o sujetarlos. (Suele usarse en plural.) **2.** Pliegue de forma triangular que, recogiendo el exceso de vuelo, hace que la prenda se adapte mejor a la figura. **3.** ZOOL. Cualquiera de las piezas móviles, opuestas, dispuestas simétricamente y con función prensora, que poseen algunos animales.

**PINZAMIENTO** n. m. Compresión de un órgano o de una parte interna del cuerpo entre dos superficies.

**PINZAR** v. tr. **[1g]**. Sujetar con pinza. **2.** Tomar una cosa con los dedos en forma de pinza.

**PINZÓN** n. m. Ave seriforme canora, que vive en Europa occidental, de plumaje azul y verde con zonas negras y el cuello rojo. (Familia fringílidos.)

**pinzón**

**PIÑA** n. f. (lat. *pineam*). Estróbilo de diversas plantas, pero comúnmente del pino, de figura aovada más o menos aguda, que se compone de varias piezas triangulares leñosas. **2.** Ananás. **3.** *Fig.* Conjunto de personas o cosas unidas estrechamente. **4.** *Argent.* y *Urug. Fam.* Trompada, puñetazo.

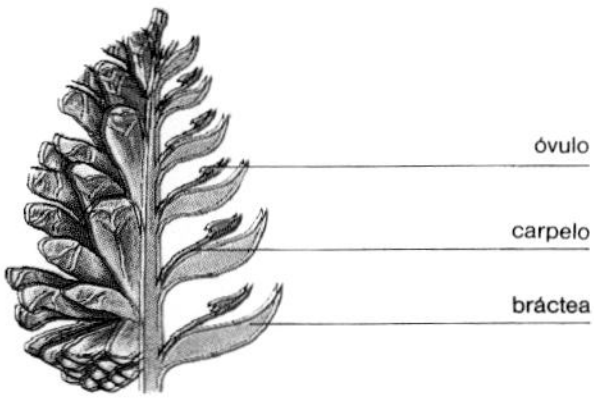


**piña** femenina del pino

**PIÑADA** n. f. *Vulg.* Dentadura.

**PIÑATA** n. f. (ital. *pignatta*). Olla o cosa semejante llena de dulces, que se rompe con un palo, llevando los ojos vendados. **2.** Reunión, fiesta, en que se practica este pasatiempo.

**PIÑÓN** n. m. Semilla de la piña o estróbilo del pino, que es comestible. • **Estar** uno **a partir un piñón con** otro (*Fig.* y *fam.*), existir una gran conexión e intimidad entre ambos.

**PIÑÓN** n. m. (fr. *pignon*). Pequeña rueda dentada de un sistema de transmisión de movimiento, en la que engrana una cadena de eslabones soldados o articulados: *piñón de bicicleta.* **2.** La menor de las ruedas dentadas de un engranaje.

**PIÑONERO, A** adj. Dícese del pino que da piñones comestibles.

**PIÑUELA** n. f. Gálbula del ciprés.

**PÍO** n. m. Voz onomatopéyica con que se representa el sonido de las aves. • **No decir ni pío** *(Fam.)*, guardar silencio absoluto.

**PÍO, A** adj. (lat. *pium*). Devoto, piadoso.

**PÍO, A** adj. (fr. *pie*). Dícese del caballo o de la vaca de capa blanca con manchas negras, alazanas o castañas de gran tamaño.

**PIOCHA** n. f. (fr. *pioche*). Especie de pico o zapapico que sirve para varios usos. **2.** *Méx.* Barba terminada en punta que cubre únicamente la barbilla.

**PIODERMITIS** o **PIODERMATITIS** n. f. MED. Lesión cutánea infecciosa con formación de pus y costras.

**PIÓGENO, A** adj. PATOL. Que es capaz de originar pus.

**PIOJILLO** n. m. Nombre de diversos artrópodos de pequeño tamaño.

**PIOJO** n. m. Insecto sin alas de 2 mm de long., parásito externo de los mamíferos, cuya sangre chupa. • **Piojo de mar,** crustáceo de 3 a 4 cm de long., que vive como parásito de las ballenas y de otros grandes mamíferos marinos.

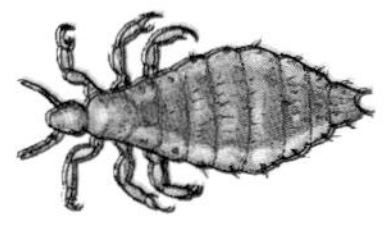

**piojo**

**PIOJOSO, A** adj. y n. Que tiene piojos. **2.** *Fig.* Miserable, mezquino. **3.** Sucio, harapiento.

**PIOJUELO** n. m. Pulgón.

**PIOLA** n. f. *Amér.* Soga, cuerda. **2.** *Argent., Chile* y *Perú.* Bramante. ◆ adj. **3.** *Argent.* Astuto, pícaro. **4.** *Argent.* y *Urug. Fam.* Agradable, simpático.

**PIOLET** n. m. (voz francesa). Bastón de alpinista que se usa para asegurar sus movimientos sobre el hielo.

**PIOLÍN** n. m. *Amér.* Cordel delgado de cáñamo, algodón u otra fibra.

**PIÓN** n. m. Partícula elemental ($\pi$) que posee una carga eléctrica positiva o negativa igual a la del electrón, o eléctricamente neutra, y cuya masa equivale a 273 veces la del electrón.

**PIONERO, A** n. (fr. *pionnier*). Explorador o colonizador de tierras incultas: *los pioneros americanos.* **2.** Persona que inicia una actividad nueva, preparando el camino a los que vendrán después. **3.** Miembro de una organización juvenil con fines políticos y educativos, dirigida por el Partido comunista, en la antigua U.R.S.S.

**PIONIA** n. f. Semilla del bucare, semejante a una alubia, que se emplea, sobre todo en Venezuela, para confeccionar collares y pulseras.

**PIORNO** n. m. Nombre dado a diversas plantas papilionáceas, como el piorno azul, el piorno amarillo, el piorno fino y el piorno serrano.

**PIORREA** n. f. MED. Flujo de pus, especialmente en las encías.

**PIPA** n. f. (del lat. *pipare*, piar). Tonel de madera para guardar líquidos, especialmente aceite y vino. **2.** Utensilio formado por una cazoleta y una boquilla que se emplea para fumar. **3.** Cantidad de tabaco contenido en este utensilio. **4.** Tubo, conducto: *pipa de alimentación.* **5.** *Vulg.* Pistola. **6.** *Méx.* Camión que lleva un depósito muy grande para transportar líquidos: *una pipa de gasolina.* • **Pasárselo pipa** *(Fam.)*, pasárselo muy bien.

**PIPA** n. f. Pepita, simiente. **2.** Simiente de girasol, que se come generalmente tostada. (Suele usarse en plural.) **3.** *C. Rica.* Fruto completo del cocotero con su corteza exterior e interior. **4.** *C. Rica. Fig.* y *fam.* Cabeza.

**PIPE-LINE** n. m. (voz inglesa, *tubo línea*). Canalización para el transporte a grandes distancias de gas (gasoducto), líquidos (petróleo) [oleoducto] o sólidos pulverizados.

**PIPERÁCEO, A** adj. y n. f. Relativo a una familia de plantas dicotiledóneas apétalas, cuyo fruto es una baya seca o carnosa, como el pimentero.

**PIPERÍA** n. f. Conjunto de pipas, toneles.

**PIPERINA** n. f. Alcaloide extraído de la pimienta.

**PIPERMINT** o **PIPERMÍN** n. m. (ingl. *peppermint*). Licor de menta.

**PIPERONAL** n. m. Heliotropina.

**PIPETA** n. f. Tubo de cristal abierto por ambos extremos, que sirve para transvasar pequeñas cantidades de líquido en los laboratorios.

**PIPÍ** n. m. En lenguaje infantil, orina.

**PIPIÁN** n. m. *Méx.* Salsa hecha con pepitas de calabaza tostadas y molidas o maíz con achiote, que se usa para adobar carnes: *pollo en pipián.*

**PIPIL,** pueblo amerindio del grupo nahua, familia lingüística uto-azteca (El Salvador y Guatemala).

**PIPILLA** n. f. *Méx.* Pava, hembra del guajalote.

**PIPIOL** n. m. *Méx.* Dulce de harina en forma de hojuela.

**PIPIOLO, A** n. *Fam.* Persona joven e inexperta.

**PIPIOLO, A** adj. y n. Relativo a un grupo político chileno creado en 1823; miembro de este grupo. (Demócratas liberales, mantuvieron una pugna constante con los pelucones, conservadores, y los estanqueros, moderados.)

**PIPIRIGALLO** n. m. Planta herbácea de flores rosadas, considerada como una de las mejores plantas para prados de pasto. (Familia papilionáceas.)

**PIPIRITAÑA** o **PIPITAÑA** n. f. Flautilla hecha de caña de un cereal.

**PIPÓN, NA** adj. *Amér.* Barrigudo. **2.** *Argent.* y *Urug.* Harto de comida.

**PIPUDO, A** adj. *Vulg.* Excelente, inmejorable.

**PIQUE** n. m. Resentimiento, disgusto. **2.** Sentimiento de emulación o de rivalidad. **3.** *Argent.* En competencias y refiriéndose a animales y automotores, aceleración. **4.** *Argent., Nicar.* y *Par.* Camino estrecho que se abre en un bosque. **5.** *Chile.* Juego infantil. **6.** *Chile* y *Hond.* Socavón que, con fines mineros, se hace en un monte. • **A los piques** *(Argent. Fam.)*, apresuradamente. ‖ **Echar a pique,** hacer que se hunda un buque; hacer fracasar una cosa. ‖ **Irse a pique,** hundirse en el agua una embarcación; fracasar o acabarse algo.

**PIQUÉ** n. m. (voz francesa). Tejido de algodón que presenta dibujos, cordoncillos o relieves, obtenidos en doble tela.

**PIQUERA** n. f. Agujero o puertecita que se hace en las colmenas para que las abejas puedan entrar o salir. **2.** Agujero que en los hornos altos da salida al metal fundido.

**PIQUETA** n. f. Herramienta de albañil, con mango de madera y dos bocas opuestas, una plana y otra afilada.

**PIQUETE** n. m. Estaquilla puntiaguda que se clava en tierra para diversos usos. **2.** Grupo reducido de activistas dedicados a la agitación política y social, y especialmente el que intenta imponer o mantener una huelga. **3.** *Méx.* Porción de licor que se agrega al café y a otras bebidas. **4.** MIL. Pequeña fuerza armada que se emplea en determinados servicios extraordinarios: *piquete de ejecución.*

**PIQUILLÍN** n. m. Planta arbórea de América Meridional, de cuyo fruto se hace arrope y aguardiente. (Familia ramnáceas.)

**PIQUITUERTO** n. m. Paseriforme granívoro, de unos 18 cm de long. y pico grande, que vive en los bosques de coníferas de las montañas del hemisferio norte.

**PIRA** n. f. (gr. *pyra*). Hoguera en la que se quemaba antiguamente a las víctimas de los sacrificios y los cadáveres. **2.** *Fig.* Hoguera. **3.** HERÁLD. Pieza triangular cuya base, de dos tercios de la anchura del escudo, está en la punta, y el vértice opuesto en el centro del jefe. SIN.: *punta.*

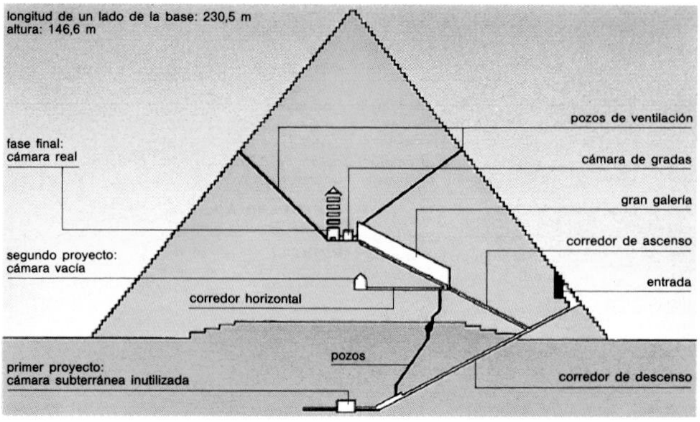


**pirámide:** sección de la pirámide de Keops en Gizeh (Egipto)

**PIRA** n. f. (voz gitana). Fuga, huida. • **Ir de pira** *(Fam.)*, hacer novillos, no asistir a clase.

**PIRAGUA** n. f. (voz caribe). Embarcación ligera, larga, estrecha y de fondo plano, movida por remos o a vela. **2.** Planta trepadora de hojas grandes lanceoladas, que crece en América Meridional. (Familia aráceas.)

**PIRAGÜISMO** n. m. Deporte que se practica con la piragua.

**PIRAGÜISTA** n. m. y f. Persona que practica el piragüismo.

**PIRAL** n. m. Pirausta. • **Piral de la vid,** insecto lepidóptero cuya oruga ataca la vid.

**PIRAMIDAL** adj. Que tiene forma de pirámide. • **Haz piramidal** (ANAT.), haz de fibras nerviosas motoras que van desde la corteza cerebral hasta la médula espinal.

**PIRÁMIDE** n. f. (lat. *pyramidem*). Monumento funerario del Egipto faraónico. **2.** Elevación que sostiene el templo precolombino. **3.** MAT. Poliedro limitado por un polígono plano *(base)*, en el que todas las demás caras *(caras laterales)* son triángulos que tienen respectivamente como base los diferentes lados del polígono y un vértice común *(vértice)*. • **Pirámide de edades,** o **de población,** medio de representación gráfica de la distribución por edades y sexos de una determinada población en una fecha dada. ‖ **Pirámide de Malpighi** (ANAT.), estructura cónica que forma la sustancia medular del riñón. ‖ **Pirámide regular,** pirámide que tiene por base un polígono regular y cuyas caras son triángulos isósceles iguales.

■ La pirámide egipcia, tumba faraónica, era el centro de un complejo funerario que comprendía, además, dos templos unidos por una calzada. De dimensiones gigantescas (146,60 m de altura, la de Keops) y perfectamente orientada, simbolizaba la escalera que llevaba al faraón hacia Ra, dios del sol. Son célebres las de Gizeh (Keops, Kefrén y Mikerinos). Las civilizaciones precolombinas construyeron, entre los ss. IV y XVI, un tipo de pirámide escalonada, sobre la que se alzaba un templo, que servía de nexo entre la divinidad y el hombre.

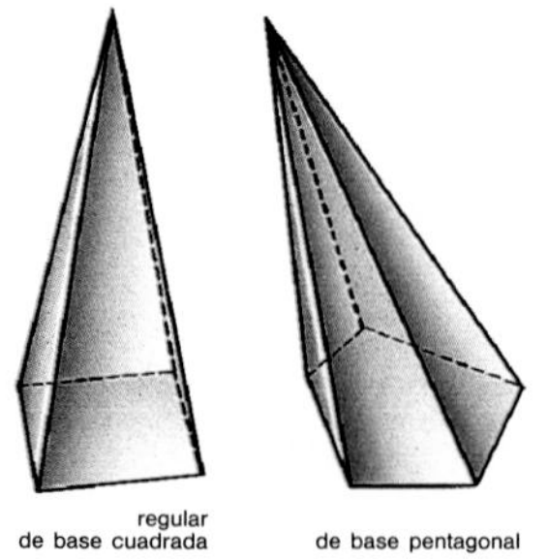


**pirámides**

**PIRANO** n. m. Compuesto heterocíclico cuya fórmula hexagonal comporta un átomo de oxígeno.

**PIRAÑA** n. f. Caribe, pez.

**PIRAR** v. intr. y pron. (voz gitana) [**1**]. Largarse, irse: *ipírate ya!* • **Pirárselas** *(Fam.)*, irse, fugarse.

**PIRATA** adj. (lat. *piratam*). Relativo a la piratería. **2.** Clandestino, no autorizado: *radio, emisora pirata; edición pirata.* ◆ n. m. y f. **3.** Persona que comete piratería. **4.** *Fig.* y *fam.* Persona que saca provecho del trabajo de los demás, que se apropia de obras ajenas. • **Pirata informático,** persona que copia ilegalmente software comercial; persona que, burlando los dispositivos informáticos de seguridad, accede a un sistema para cuyo uso no está autorizado.

**PIRATEAR** v. intr. [**1**]. Cometer piraterías. **2.** Cometer delitos contra la propiedad intelectual.

**PIRATERÍA** n. f. Actos de depredación o violencia cometidos en el mar contra un buque, su tripulación o su cargamento. **2.** Robo o destrucción de los bienes ajenos. • **Piratería aérea,** desvío ilícito de un avión, llevado a cabo por una o varias personas que viajan a bordo del mismo.

**PIRÁTICO, A** adj. Relativo al pirata o a la piratería.

**PIRAUSTA** n. f. Insecto lepidóptero, una de cuyas especies es perjudicial para las plantas forrajeras. (Familia pirálidos.) SIN.: *piral.*

**PIRCA** n. f. *Amér. Merid.* Tapia de piedras sin tallar que en el campo suele acotar propiedades.

**PIRCO** n. m. *Chile.* Guiso a base de porotos, choclo y zapallo.

**PIRENAICO, A** adj. y n. De los Pirineos.

**PIRENOMICETAL** adj. y n. m. Relativo a un orden de hongos ascomicetes con peritecios en forma de masa bien definida.

**PIRÉTICO, A** adj. Relativo a la fiebre.

**PIREXIA** n. f. MED. Fiebre elevada.

**PIRGÜÍN** n. m. Gusano parásito del hígado de numerosos mamíferos y del hombre. **2.** Enfermedad producida por este parásito. **3.** *Chile.* Sanguijuela que vive en los remansos de los ríos y que una vez penetra en el intestino de los animales, suele causarles la muerte.

**PIRIDINA** n. f. Compuesto heterocíclico de fórmula hexagonal, $C_5H_5N$, presente en el alquitrán de hulla.

**PIRIDOXINA** n. f. Vitamina B6.

**PIRIFORME** adj. Que tiene forma de pera.

**PIRIMÍDICO, A** adj. Dícese de una base nitrogenada derivada de una pirimidina, y que entra en la composición de los ácidos nucleicos.

**PIRIMIDINA** n. f. Compuesto heterocíclico $C_4H_4N_2$ de fórmula hexagonal, que entra en la composición de las bases pirimídicas.

**PIRINCHO, A** adj. *Argent.* Dícese del pelo levantado y tieso. ◆ n. m. **2.** *Argent., Par.* y *Urug.* Ave trepadora de plumaje pardusco acanelado, desordenadamente erguido en el cuello y la cabeza.

**PIRINOLA** n. f. *Méx.* Perinola.

**PIRIPI** adj. *Fam.* Achispado, bebido.

**PIRITA** n. f. Diversos sulfuros metálicos naturales y en especial el sulfuro de hierro, $FeS_2$.

**PIROBO** n. m. (voz lunfarda). Coito.

**PIROCLÁSTICO, A** adj. Dícese de las rocas formadas por acumulación de productos fragmentados y sueltos, de origen volcánico.

**PIROELECTRICIDAD** n. f. Modificación de la polarización eléctrica de ciertos materiales, bajo la acción de cambios de temperatura.

**PIRÓFITA** n. f. Especie vegetal resistente a los incendios o que incluso saca provecho de ellos.

**PIROFÓRICO, A** adj. QUÍM. Que se inflama espontáneamente en el aire.

**PIRÓFORO** n. m. Sustancia que se inflama espontáneamente en contacto con el aire.

**PIROFOSFÓRICO, A** adj. QUÍM. Dícese del ácido $H_4P_2O_7$, que se obtiene calentando el ácido fosfórico normal.

**PIROGÁLICO, A** adj. **Ácido pirogálico,** nombre dado impropiamente al *pirogalol.*

**PIROGALOL** n. m. Compuesto que posee tres funciones fenol, empleado como revelador fotográfico.

**PIROGENACIÓN** n. f. Reacción química producida por la acción del calor.

**PIRÓGENO, A** adj. MED. Que provoca fiebre.

**PIROGRABADO** n. m. Grabado en madera, cuero o vidrio, realizado con una punta metálica incandescente. SIN.: *pirografía.*

**PIROGRABADOR, RA** n. Artista en pirograbado.

**PIROGRABAR** v. tr. [**1**]. Adornar con pirograbado.

**PIRÓGRAFO** n. m. Aparato eléctrico utilizado en pirograbado para trabajar diversos materiales (madera, cobre, marfil, hueso, etc.).

**PIROLEÑOSO, A** adj. QUÍM. Dícese de un ácido o una mezcla ácida obtenida por destilación de la madera.

**PIRÓLISIS** n. f. Descomposición química obtenida por calentamiento sin catalizador.

**PIROLUSITA** n. f. Bióxido natural de manganeso, $MnO_2$.

**PIROMANCIA** o **PIROMANCÍA** n. f. Adivinación supersticiosa por el color, chasquido y disposición de la llama.

**PIROMANÍA** n. f. Tendencia patológica a provocar incendios.

**PIRÓMANO, A** n. Persona afecta de piromanía.

**PIROMETRÍA** n. f. Medida de las altas temperaturas.

**PIRÓMETRO** n. m. Instrumento para medir temperaturas muy elevadas.

**PIROMUSICAL** adj. Dícese del espectáculo que combina la pirotecnia con la música.

**PIROPEAR** v. tr. [**1**]. Decir piropos.

**PIROPO** n. m. (lat. *pyropum*; del gr. *pyrōpos*). Lisonja, alabanza dicha a una persona, especialmente cumplido halagador dirigido a una mujer.

**PIROSIS** n. f. Sensación de ardor que sube a lo largo del esófago, desde el epigastrio hasta la faringe.

**PIROSULFÚRICO, A** adj. Dícese del ácido $H_2S_2O_7$, que se obtiene calentando el ácido sulfúrico.

**PIROTECNIA** n. f. Ciencia de las materias explosivas. **2.** Arte de preparar explosivos y fuegos de artificio.

**PIROTÉCNICO, A** adj. Relativo a la pirotecnia. • **Composiciones pirotécnicas,** mezclas que sirven para producir fuegos artificiales. ◆ n. **2.** Especialista en pirotecnia.

**PIROXENO** n. m. Silicato de hierro, magnesio, calcio y a veces aluminio, presente en las rocas eruptivas y metamórficas.

**PIROXILADO, A** adj. Dícese de los explosivos a base de nitrocelulosa.

**PIROXILO** n. m. Producto resultante de la acción del ácido nítrico en una materia celulósica (madera, papel, etc.).

**PIRQUÉN. Trabajar al pirquén** *(Chile),* trabajar tal como el operario quiera, pagando lo convenido al dueño de la mina.

**PIRQUINERO, A** n. *Chile.* Individuo que trabaja al pirquén.

**PIRRARSE** v. pron. [**1**]. *Fam.* Gustar mucho: *pirrarse por los dulces.*

**PÍRRICO, A** adj. (gr. *pyrrikos*). Dícese del triunfo obtenido con más daño del vencedor que del vencido.

**PIRROL** n. m. Compuesto heterocíclico $C_4H_5N$, con ciclo pentagonal, extraído del alquitrán de hulla.

**PIRRÓLICO, A** adj. Relativo al pirrol.

**PIRRÓNICO, A** o **PIRRONIANO, A** adj. y n. Relativo al pirronismo; escéptico.

**PIRRONISMO** n. m. Doctrina del filósofo Pirrón, escepticismo.

**PIRROTINA** n. f. (del gr. *pyrrhos*, rojo). Sulfuro natural de hierro FeS, ferromagnético.

**PIRÚ** o **PIRUL** n. m. *Méx.* Árbol de tronco tortuoso, ramillas colgantes, flores pequeñas y amarillas, y fruto globoso, pequeño con una semilla de sabor parecido al de la pimienta. (Familia anacardiáceas.)

**PIRUETA** n. f. (fr. *pirouette*). Vuelta entera que se da sobre la punta o el talón de un solo pie. **2.** *Fig.* Salida airosa de una situación difícil, incómoda o comprometida. **3.** COREOGR. Vuelta entera que el bailarín efectúa sobre sí mismo, tomando como eje la pierna en la que se apoya y dándose el empuje necesario para este movimiento y su repetición con los brazos, la cabeza y la otra pierna. • **Pirueta al aire** (COREOGR.), salto en cuyo transcurso el bailarín efectúa una, dos o tres vueltas completas sobre sí mismo.

**PIRUETEAR** v. intr. [**1**]. Hacer piruetas.

**PIRUJA** n. f. *Argent.* Mujer de clase media que pretende aparentar refinamiento. **2.** *Méx.* Prostituta.

**PIRUJO, A** adj. *Guat.* Hereje, incrédulo.

**PIRULÍ** n. m. Caramelo atravesado por un palito que sirve de mango.

**PIS** n. m. *Fam.* Orina.

**PISA** n. f. Acción de pisar. **2.** Porción de aceituna o uva que se estruja de una vez en el lagar para aceite o vino. **3.** Pisado. **4.** *Cuba.* En los ingenios azucareros, lugar destinado a que el buey pise y prepare el barro para purificar el azúcar. **5.** *Cuba.* El barro mismo así preparado.

**PISADA** n. f. Acción de pisar al andar. **2.** Huella dejada por el pie en el suelo al pisar.

**PISADERO** n. m. *Argent.* Lugar donde se pisa el barro para la fabricación de adobe.

**PISADO** n. m. Operación consistente en aplastar y romper los granos de uva antes de la fermentación (vino tinto) o del prensado (vino blanco). SIN.: *pisa.*

**PISANO, A** adj. y n. De Pisa.

**PISAPAPELES** n. m. (pl. *pisapapeles*). Utensilio pesado que se pone sobre los papeles para que no se muevan.

**PISAR** v. tr. [**1**]. Poner un pie sobre alguna cosa o sobre el pie de otra persona. **2.** Poner alternativamente los pies en el suelo al andar. **3.** Apretar o estrujar algo con los pies o con algún instrumento adecuado: *pisar las uvas.* **4.** En las aves, especialmente en las palomas, cubrir el macho a la hembra. **5.** *Fig.* Entrar en un lugar, estar en él. **6.** *Fig.* Estar una cosa cubriendo parte de otra. **7.** *Fig.* Anticiparse a obtener o realizar lo que otro pretendía: *me ha pisado la colocación.* **8.** *Fig.* Humillar con desprecio o desconsideración: *no se deja pisar por nadie.*

**PISAVERDE** n. m. *Fam.* Lechuguino, hombre presumido y afeminado que busca aventuras amorosas constantemente.

**PISCARDO** n. m. Pez de agua dulce, de pequeño tamaño, común en acuarios y peceras. (Familia ciprínidos.)

**PISCÍCOLA** adj. Relativo a la piscicultura.

**PISCICULTOR, RA** n. Especialista en piscicultura.

**PISCICULTURA** n. f. Arte de criar y multiplicar peces en un río, estanque o lago.

**PISCIFORME** adj. Que tiene forma de pez.

**PISCINA** n. f. Estanque para bañarse o nadar.

**PISCÍVORO, A** adj. Que se alimenta de peces.

**PISCO** n. m. *Bol., Chile* y *Perú.* Aguardiente de uva fabricado originariamente en Pisco, ciudad de Perú. **2.** *Colomb.* y *Venez.* Pavo, ave. • **Pisco sauer** (*Bol., Chile* y *Perú*), cóctel de pisco, jugo de limón, azúcar y hielo picado.

**PISCOLABIS** n. m. *Fam.* Refrigerio o aperitivo que se hace entre las comidas principales. **2.** *Amér.* Trago de aguardiente que suele tomarse como aperitivo.

**PISIFORME** n. m. ANAT. Uno de los huesos del carpo.

**PISO** n. m. Suelo, pavimento. **2.** Cada una de las plantas de un edificio situadas en diferentes planos. **3.** Cada vivienda independiente en una planta. **4.** Suela del calzado. **5.** Capa de cosas superpuestas. **6.** GEOL. Cada una de las divisiones estratigráficas fundamentales constituidas por formaciones o capas correspondientes a una misma edad geológica.

**PISOLITA** n. f. GEOL. Concreción del tamaño de un guisante.

**PISOLÍTICO, A** adj. Que contiene pisolitas.

**PISÓN** n. m. En las fundiciones, instrumento manual que tiene una extremidad ancha y plana, con el que se apisona o aprieta la arena en la parte exterior del molde. **2.** Instrumento pesado y grueso que sirve para apretar o apisonar tierra, asfalto, piedras, capas de hormigón y para asentar adoquines.

**PISOTEAR** v. tr. [**1**]. Pisar algo repetidamente, estropeándolo o destrozándolo. **2.** *Fig.* Humillar, tratar injustamente o con desconsideración. **3.** *Fig.* Infringir o desobedecer alguna ley o precepto.

**PISOTEO** n. m. Acción de pisotear.

**PISOTÓN** n. m. Pisada fuerte, especialmente sobre el pie de alguien.

**PISPAR** v. tr. [**1**]. *Argent. Fam.* Pispear.

**PISPEAR** o **PISPIAR** v. tr. [**1**]. *Amér. Merid.* Espiar.

**PISTA** n. f. Rastro dejado por una persona o un animal. **2.** *Fig.* Todo indicio o señal que sirve de guía u orientación para descubrir algo o averiguar un hecho. **3.** Extensión de terreno de un aeropuerto en el que los aviones despegan y aterrizan. **4.** Parte despejada en una estación de servicio, a la que tienen acceso directo los vehículos automóviles que han de abastecerse de gasolina o ser revisados. **5.** Superficie, generalmente circular, que se utiliza como escenario en un circo o como espacio para bailar. **6.** En las regiones intertropicales, vía de circulación realizada prácticamente sin materiales ajenos al terreno natural. **7.** Recorrido de una carrera deportiva, convenientemente preparado y señalizado para su celebración. **8.** Lugar donde se celebra una prueba deportiva. **9.** ELECTRÓN. Cada uno de los espacios paralelos de una cinta magnética en que se registran grabaciones independientes que se pueden oír luego por separado o conjuntamente. • **Seguir la pista** *(Fam.),* vigilar, espiar.

**PISTACHE** n. m. *Méx.* Pistacho.

**PISTACHERO** n. m. Planta arbórea que se cultiva por su fruto, el pistacho. (Familia anacardiáceas.)

**pistachero**

**PISTACHO** n. m. (ital. *pistacchio*). Fruto del pistachero, cuya semilla se utiliza en pastelería y en cocina. **2.** *Méx.* Cacahuete.

**PISTERO, A** adj. y n. *Amér. Central.* Muy aficionado al dinero. ◆ n. m. **2.** *Colomb. Fig.* Hematoma alrededor del ojo, producido por un puñetazo.

**PISTILO** n. m. (lat. *pistillum,* mano de almirez). Conjunto de los elementos femeninos de una flor, resultante de la soldadura de varios carpelos, en el que se distingue el ovario, el estilo y el estigma.

**PISTO** n. m. (lat. *pistum;* de *pinsere,* machacar). Guiso de pimientos, tomates, cebolla, calabacín, berenjena, etc., troceados y fritos. **2.** *Fig.* Mezcla confusa de cosas heterogéneas. **3.** *Amér. Central* y *Perú.* Dinero. • **Darse pisto** *(Fam.),* presumir de algo o de alguien.

**PISTOLA** n. f. (alem. *Pistole*). Arma de fuego individual ligera, de cañón corto, que se dispara con una sola mano. **2.** Pulverizador para pintar, que tiene la forma semejante a la de una pistola. • **Pistola ametralladora,** arma automática individual, que dispara por ráfagas y que se utiliza en el combate a poca distancia.

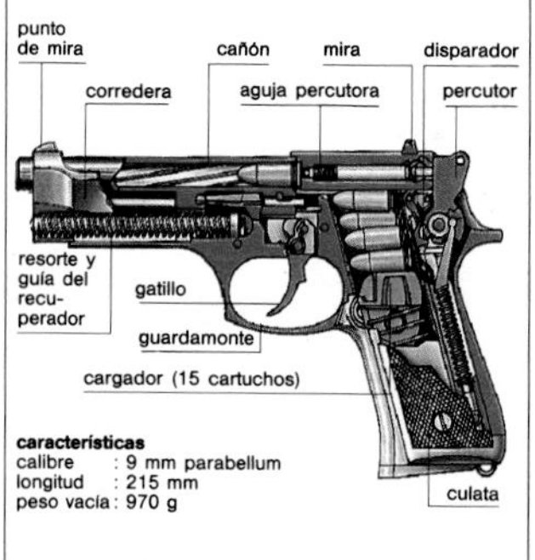

**pistola** automática Beretta

**PISTOLERA** n. f. Funda, generalmente de cuero, en la que se guarda una pistola.

**PISTOLERISMO** n. m. Conjunto de actividades y modo de actuar de los pistoleros.

**PISTOLERO** n. m. Persona que utiliza de ordinario la pistola para atracar, asaltar o realizar atentados personales.

**PISTOLETAZO** n. m. Tiro de pistola. **2.** Ruido originado por un tiro.

**PISTOLETE** n. m. Arma de fuego más corta que la pistola.

**PISTÓN** n. m. Émbolo. **2.** Pieza central de la cápsula de las armas de fuego, en que está colocado el fulminante. **3.** Mecanismo de los instrumentos músicos de viento del grupo del metal, por el cual el instrumentista puede emitir con precisión todas las notas de la escala cromática, alargando a voluntad el tubo del instrumento.

**PISTONUDO, A** adj. *Fam.* Muy bueno, estupendo.

**PITA** n. f. Agave. **2.** Hilo que se hace de las hojas de esta planta.

**PITA** n. f. Pitada.

**PITA** n. f. Voz que se usa repetida para llamar a las gallinas.

**PITADA** n. f. Pitido. **2.** Acción y efecto de pitar en señal de desagrado. **3.** *Fig.* Salida de tono, dicho inoportuno o extravagante. **4.** *Amér. Merid.* Acción de inhalar y exhalar el humo de un cigarro, calada.

**PITAGÓRICO, A** adj. y n. Relativo al pitagorismo; partidario del pitagorismo.

**PITAGORISMO** n. m. Doctrina de Pitágoras.

**PITAHAYA** n. f. Planta trepadora de América Meridional, de hermosas flores coloradas o blancas, alguna de cuyas especies da frutos comestibles. (Familia cactáceas.)

**PITAJAÑA** n. f. Planta crasa de América Meridional, con tallos serpenteantes que se ciñen a otras plantas, sin hojas y con flores. (Familia cactáceas.)

**PITANGA** n. f. *Argent.* Planta arbórea de hojas olorosas y fruto comestible. (Familia mirtáceas.)

**PITANZA** n. f. Ración de comida que se distribuye a los pobres o a los que viven en comunidad. **2.** *Fam.* Alimento cotidiano.

**PITAR** v. tr. e intr. [1]. Tocar o hacer sonar el pito. **2.** Silbar o tocar pitos, en señal de descontento o desagrado: *pitar la faena de un torero.* **3.** *Fig.* y *fam.* Dar el rendimiento que se esperaba: *este coche pita bien.* ◆ v. tr. **4.** *Amér. Merid.* Fumar, aspirar el humo. • **Ir, marchar,** o **salir, pitando** *(Fam.),* ir, marchar o salir rápida y precipitadamente.

**PITAZO** n. m. *Méx.* Aviso velado que se da a alguien sobre algo que le puede ser de utilidad, o para advertirle de algún peligro, soplo.

**PITCHER** n. m. y f. (voz inglesa). Jugador lanzador que inicia cada jugada en béisbol.

**PITECANTROPO** o **PITECÁNTROPO** n. m. Fósil humano perteneciente a la especie *Homo erectus,* uno de los más antiguos representantes del género *Homo.*

**PITIA** n. f. (gr. *pythia*). ANT. GR. Profetisa que emitía oráculos en nombre de Apolo, en Delfos.

**PITIÁTICO, A** adj. y n. Relativo al pitiatismo; afecto de pitiatismo.

**PITIATISMO** n. m. Conjunto de trastornos originados por mecanismo sugestivo, y curables por el mismo mecanismo.

**PÍTICO, A** adj. Relativo a Delfos. **2.** Sobrenombre de Apolo. • **Juegos píticos** (ANT. GR.), juegos panhelénicos que se celebraban cada cuatro años en Delfos, en honor de Apolo.

**PITIDO** n. m. Sonido que se emite con un pito. **2.** Silbido de los pájaros.

**PITIHUÉ** n. m. *Chile.* Ave pécida que se alimenta de insectos.

**PITILLERA** n. f. Estuche para cigarrillos.

**PITILLO** n. m. Cigarrillo.

**PÍTIMA** n. f. Cataplasma que se aplica sobre el corazón. **2.** *Fig.* y *fam.* Borrachera.

**PITIMINÍ** adj. y n. m. Dícese de una variedad de rosal de flores pequeñas. • **De pitiminí,** de escaso tamaño o importancia.

**PITIRIASIS** n. f. Dermatosis caracterizada por una descamación en finas costras.

**PITO** n. m. (voz onomatopéyica). Pequeño instrumento que produce al soplar un sonido agudo. **2.** Mecanismo que produce un sonido semejante al del pito, como el de los trenes. **3.** Cigarrillo, pitillo. **4.** *Fam.* Pene. • **No importar,** o **dársele, un pito** una cosa *(Fam.),* despreciar o no dar ningún valor a algo o a alguien. ‖ **No valer un pito** *(Fam.),* tener muy poco valor; tener muy poca salud. ‖ **Por pitos o por flautas** *(Fam.),* por un motivo u otro. ‖ **Tomar por el pito del sereno** *(Fam.),* abusar de la buena fe de alguien.

**PITÓN** n. m. Serpiente de Asia y África, no venenosa, que asfixia a sus presas enrollándose alrededor de ellas. (El pitón reticulado es actualmente la mayor serpiente conocida.)

**pitón** reticulado

**PITÓN** n. m. Tubo recto o curvo que arranca de la parte inferior del cuello en los botijos y porrones, y sirve para moderar la salida del líquido que en ellos se contiene. **2.** *Fig.* Bulto pequeño que sobresale en la superficie de algo. **3.** Especie de clavo o pico, utilizado en alpinismo. **4.** Pico, punto elevado de una montaña, particularmente en las Antillas o en las Mascareñas. **5.** Montaña submarina en forma de cono. **6.** *Chile, Ecuad.* y *Hond.* Boquilla metálica que remata la manguera. **7.** TAUROM. Extremo superior del asta. **8.** TAUROM. Asta del toro. **9.** ZOOL. Cuerno que empieza a salir a los animales.

**PITONISA** n. f. En la antigüedad griega, mujer dotada del don de la profecía. **2.** Adivinadora.

**PITORA** o **PITORÁ** n. f. *Colomb.* Serpiente muy venenosa.

**PITORREARSE** v. pron. [1]. *Fam.* Guasearse o burlarse de otro.

**PITORREO** n. m. *Fam.* Acción y efecto de pitorrearse.

**PITORRO** n. m. Parte de los botijos, porrones, etc., que tiene un agujero por donde sale el líquido para beber. ◆ n. m. y adj. **2.** Carnero con cuernos fuertes y largos.

**PITOTE** n. m. *Fam.* Bulla, barullo, pendencia.

**PITPIT** n. m. ORNITOL. Bisbita.

**PITUCO, A** adj. y n. *Argent.* Dícese de la persona elegantemente vestida. **2.** *Argent., Chile, Par., Perú* y *Urug.* Petimetre.

**PITUITA** n. f. (lat. *pituitam*). Mucosa nasal rica en terminaciones nerviosas olfativas. **2.** Vómito glutinoso que sufren por las mañanas las personas afectas de gastritis, especialmente los alcohólicos o los fumadores.

**PITUITARIO, A** adj. y n. f. Relativo a la pituita.

**PITUSO, A** adj. y n. Dícese del niño pequeño, gracioso.

**PIU** adv. (voz italiana). MÚS. Más: *piu lento.*

**PIULAR** v. intr. [1]. Piar.

**PIUNE** n. f. Planta arbórea que crece en América Meridional, de hojas grandes y cubiertas de un vello color de orín por el envés, que se usa como medicamento. (Familia proteáceas.)

**PIUQUÉN** n. m. Avutarda de colores claros, excepto la cabeza que es cenicienta, y vive en América Meridional.

**PIURE** n. m. *Chile.* Animal piúrico, en forma de saco, con dos aberturas, la boca y el ano. Su carne es muy estimada.

**PIURIA** n. f. Presencia de pus en la orina.

**PÍVOT** o **PIVOT** n. m. y f. En baloncesto, jugador en torno al cual gira el juego de su equipo, cuando éste ataca. **2.** En balonmano, jugador de ataque.

**PIVOTANTE** adj. Que pivota. **2.** BOT. Aplícase a la raíz que se hunde verticalmente, como prolongación del tronco.

**PIVOTAR** o **PIVOTEAR** v. intr. (fr. *pivoter*) [1]. Girar sobre un pivote o como sobre un pivote.

**PIVOTE** n. m. Extremo de un eje giratorio. **2.** *Fig.* Base, punto de apoyo, elemento principal. **3.** Pieza cilíndrica que gira sobre una parte fija que le sirve de soporte. **4.** Cada uno de los espigones o puntas de los ejes sobre los que se mueven las ruedas de un reloj. **5.** MEC. Soporte de eje vertical, capaz de recibir una carga en sentido axial.

**PIXEL** n. m. (abrev. fonética de la expresión inglesa *picture element*). FOT., TELECOM. y TELEV. El menor de los elementos de una imagen al que se puede aplicar individualmente un color o una intensidad o que se puede diferenciar de los otros mediante un determinado procedimiento, como la fotografía, la telecopia o la televisión.

**PÍXIDE** n. f. (gr. *pyxis,* caja). ARQUEOL. Pequeño cofre, más o menos esférico, para guardar joyas. **2.** LITURG. Caja pequeña que servía para contener la eucaristía, y que dio origen al copón actual. **3.** LITURG. Pequeño recipiente de metal en el que se lleva la comunión a los enfermos.

**PIXIDIO** n. m. BOT. Fruto capsular cuya parte superior se levanta a modo de tapa y deja descubierta la parte inferior.

**PIYAMA** n. m. o f. *Amér.* Pijama.

**PIZARRA** n. f. Roca sedimentaria de grano muy fino, color gris o azulado y que se divide fácilmente en lajas. **2.** Trozo de dicha roca en forma de loseta delgada, preparado especialmente para escribir sobre él o para techar. **3.** Encerado o tablero para escribir o dibujar en él con tiza.

**PIZARRAL** n. m. Lugar o sitio en que abundan las pizarras.

**PIZARRERO** n. m. *Colomb.* y *P. Rico.* Barra para escribir en la pizarra.

**PIZARRÍN** n. m. Barrita cilíndrica de lápiz o de pizarra blanda, con que se escribe o dibuja en las pizarras.

**PIZARRÓN** n. m. *Amér.* Pizarra, encerado.

**PIZARROSO, A** adj. Dícese del terreno en el que abunda la pizarra. **2.** De la misma naturaleza que la pizarra.

**PIZCA** n. f. *Fam.* Porción mínima o muy pequeña. **2.** *Méx.* Recolección, cosecha. • **Ni pizca** o **ni una pizca,** nada.

**PIZCAR** v. tr. **[1a]**. *Méx.* Recoger, cosechar, principalmente el maíz o el algodón.

**PIZPIRETA** adj. *Fam.* Dícese de la mujer vivaracha o coqueta.

**PIZPITA** n. f. Aguzanieves, pájaro. SIN.: *pizpitillo.*

**PIZZA** n. f. (voz italiana). Torta italiana de masa de pan, guarnecida con tomate, queso, anchoas, olivas, etc.

**PIZZERÍA** n. f. (voz italiana). Restaurante italiano donde se sirven pizzas y también otros platos.

**PIZZICATO** n. m. (voz italiana). Procedimiento de ejecución musical, que consiste en hacer vibrar las cuerdas con los dedos, en vez de hacerlo con el arco. **2.** Fragmento musical interpretado con este procedimiento.

**pK** n. m. Constante que caracteriza, a una temperatura dada, el grado de disociación iónica de un electrólito.

**PLACA** n. f. (fr. *plaque*). Lámina, hoja u objeto de una materia rígida que forma una superficie de poco espesor. **2.** Pieza de metal con inscripciones. **3.** Insignia de ciertas profesiones, de ciertos grados: *placa de policía.* **4.** Capa delgada y poco extensa de alguna cosa. **5.** Fogón circular de una cocina eléctrica. **6.** ELECTRÓN. Uno de los electrodos de un diodo, destinado a recoger los electrones emitidos por el cátodo. **7.** ENCUAD. Hoja de metal grabada que se estampa en la prensa de dorar para decorar la cubierta de un libro encuadernado. **8.** FOT. Lámina de vidrio recubierta de una emulsión sensible a la luz. **9.** GEOL. Elemento rígido, de 100 a 200 km de espesor, que, según la teoría de las placas, forma con otros elementos comparables la capa esférica superficial de la Tierra. **10.** MED. Superficie cubierta de excoriaciones o de granos. **11.** MED. Mancha coloreada que se forma en la piel. • **Placa de acumulador,** cada uno de los electrodos de un acumulador, constituido por una lámina de metal inerte que sirve de soporte a una sustancia de materia activa. ‖ **Placa de matrícula,** chapa en que figura el número de matrícula de un vehículo. ‖ **Placa dental,** sustancia viscosa y pegajosa que se forma en la superficie de los dientes y que llega a ocasionar la caries. ‖ **Placa giratoria,** disco móvil provisto de carriles que sirve para efectuar cambios de vía o de dirección en las estaciones de ferrocarril. ‖ **Placa motora** (ANAT.), punto de unión entre el nervio y el músculo, donde el influjo nervioso libera un agente químico que provoca la contracción del músculo.

**PLACAJE** n. m. En rugby, acción y efecto de placar.

**PLACA-MODELO** n. f. METAL. En moldeo de fundición, placa utilizada para la construcción del molde.

**PLACAR** v. tr. **[1a]**. En rugby, detener un ataque, sujetando con las manos al contrario y forzándole a abandonar el balón.

**PLACARD** n. m. *Argent.* y *Urug.* Armario empotrado.

**PLACEADO, A** adj. TAUROM. Dícese de la res ya corrida o lidiada en otras plazas.

**PLACEBO** n. m. Sustancia inactiva que se administra en lugar de un medicamento para estudiar la acción sicológica y la acción farmacológica de este último.

**PLÁCEME** n. m. Felicitación. (Suele usarse en plural.)

**PLACENTA** n. f. En los mamíferos, órgano que relaciona el embrión con el útero materno durante la gestación. **2.** BOT. Región del carpelo en la que se fijan los óvulos.

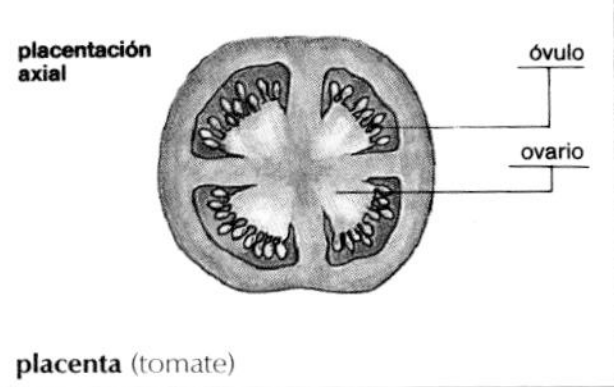

**placenta** (tomate)

**PLACENTACIÓN** n. f. Formación de la placenta. **2.** Disposición de los óvulos en el ovario de los vegetales.

**PLACENTARIO, A** adj. Relativo a la placenta. ◆ adj. y n. m. **2.** Relativo a una subclase de mamíferos provistos de placenta, que comprende la mayoría de los mamíferos. SIN.: *euterio.*

**PLACENTERO, A** adj. Agradable, apacible.

**PLACER** n. m. (cat. *placer*). GEOL. Depósito de arenas que contiene minerales explotables. SIN.: *placel.* **2.** PESC. Pesquería de perlas en las costas de América.

**PLACER** n. m. Sensación o sentimiento agradables, satisfacción. **2.** Aquello que gusta y divierte, que da satisfacción: *los placeres de la vida.* **3.** Gusto, satisfacción: *ha sido un placer conocerle.* • **A placer,** con completa satisfacción, sin impedimento alguno. ‖ **Principio de placer** (SICOANÁL.), principio que, junto con el de realidad, rige el funcionamiento mental en la medida en que tiende a la satisfacción inmediata de las pulsiones sin tener en cuenta las consecuencias posteriores.

**PLACER** v. tr. **[17]**. Agradar o dar gusto.

**PLACERO, A** adj. Relativo a la plaza. ◆ adj. y n. **2.** Dícese de la persona que vende en el mercado.

**PLACET** n. m. (voz latina, *place*). Aprobación, por parte del gobierno de un país, de la designación de cierta persona como representante en él de otro país. **2.** Fórmula de adhesión empleada en los concilios.

**PLACIDEZ** n. f. Calidad de plácido.

**PLÁCIDO, A** adj. Agradable, tranquilo.

**PLACODERMO, A** adj. y n. m. Relativo a una subclase de peces de fines de la era primaria, provistos de una armadura torácica, parecidos a los actuales tiburones.

**PLAFÓN** n. m. (fr. *plafond*). Tablero o superficie adornada que se aplica a techos, paredes, focos luminosos, etc.

**PLAGA** n. f. Desgracia pública, calamidad. **2.** Organismo animal o vegetal que perjudica a la agricultura. **3.** *Fig.* Abundancia de una cosa, especialmente si es nociva o molesta. • **Plagas de Egipto,** serie de azotes que, según la Biblia, Dios envió a Egipto para persuadir al rey de este país a que dejara marchar a los israelitas.

**PLAGAL** adj. Dícese de un modo musical medieval que empieza una cuarta por debajo del modo principal. • **Cadencia plagal,** cadencia que se caracteriza por el enlace del acorde de cuarto grado con el de tónica.

**PLAGAR** v. tr. y pron. **[1b]**. Llenar o cubrir con excesiva abundancia de algo.

**PLAGIAR** v. tr. (lat. *plagiare*) **[1]**. Copiar o imitar voluntariamente una obra ajena, especialmente literaria o artística. **2.** *Amér.* Secuestrar, robar.

**PLAGIARIO, A** adj. y n. Que plagia.

**PLAGIO** n. m. (lat. *plagium*). Acción y efecto de plagiar. **2.** Cosa plagiada. **3.** *Amér.* Secuestro.

**PLAGIOCLASA** n. f. Nombre dado a los feldespatos que contienen calcio y sodio.

**PLAGUICIDA** adj. y n. m. Pesticida.

**PLAN** n. m. Proyecto, intención de realizar algo. **2.** Programa o disposición detallada de una obra o acción y del modo de realizarlas: *plan de desarrollo.* **3.** Tratamiento médico prescrito a un enfermo. **4.** *Fig.* Forma o manera de pasar bien, o según se exprese, cierto espacio de tiempo: *¡Menudo plan, tener que estudiar!* **5.** *Fig.* y *fam.* Persona con quien se mantienen relaciones sexuales informales o ilícitas durante un tiempo. **6.** *Fig.* y *fam.* Mujer fácil. • **En plan de,** en condición de, en actitud de: *salir en plan de amigos.* ‖ **No ser plan** una cosa *(Fam.),* no ser conveniente, útil, agradable, etc. ‖ **Plan de estudios,** conjunto de asignaturas, trabajos y prácticas que han de cursarse para cumplir un ciclo determinado de estudios u obtener un título. ‖ **Plan de vuelo,** documento cumplimentado por un piloto antes de emprender viaje, que comprende indicaciones sobre el itinerario, la altitud, el número de personas a bordo, etc.

**PLANA** n. f. (lat. *planam*). Cada una de las caras de una hoja de papel, especialmente las escritas o impresas. **2.** Porción llana y extensa de un país. • **Corregir,** o **enmendar, la plana** a alguien, descubrirle algún defecto en lo que ha hecho; superar, mejorar lo hecho por otro. ‖ **Plana mayor** (MIL.), órgano de trabajo que auxilia al jefe de una unidad, tanto en las funciones de mando como en las administrativas; *(Fig.),* conjunto de las personas más importantes de un determinado sitio.

**PLANA** n. f. (lat. *planam*). Instrumento cortante, con dos mangos, usado por los carpinteros. **2.** Llana, herramienta de albañil. **3.** Martillo de boca cuadrangular, ancha y llana, utilizado por herreros y caldereros.

**PLANCHA** n. f. (fr. *planche*). Pieza, especialmente de metal, delgada y de grosor homogéneo. **2.** *Fig.* y *fam.* Desacierto, indiscreción o error que alguien comete. **3.** Placa de hierro, de cobre, etc., que se usa para asar o tostar ciertos alimentos. **4.** Utensilio dotado de una superficie metálica calentada que se usa para alisar y desarrugar las prendas de ropa. **5.** Conjunto de la ropa planchada o por planchar. **6.** Operación de planchar la ropa. **7.** En artes gráficas, reproducción estereotípica o galvanoplástica preparada para la impresión. **8.** Plantillazo. **9.** En gimnasia, postura horizontal del cuerpo en el aire, sin más apoyo que el de las manos asidas a un punto. **10.** Ejercicio de natación que consiste en mantenerse boca arriba inmóvil sobre el agua. **11.** MAR. Tablón con travesaños que se usa como puente entre la tierra y una embarcación, o entre dos embarcaciones.

**PLANCHADO** n. m. Acción y efecto de planchar.

**PLANCHADOR, RA** n. Persona que plancha o tiene por oficio planchar.

**PLANCHAR** v. tr. **[1]**. Alisar y desarrugar las prendas de ropa con una plancha. ◆ v. intr. **2.** *Argent., Chile* y *Urug.* No bailar una mujer ninguna pieza en una reunión porque nadie la invita a ello.

**PLANCHAZO** n. m. *Fam.* Desacierto o error.

**PLANCHETA** n. f. Tablero para el levantamiento de planos.

**PLANCHISTA** n. m. y f. Operario que ejecuta trabajos de planchistería.

**PLANCHISTERÍA** n. f. Industria dedicada al trabajo de las planchas metálicas.

**PLANCTON** n. m. (gr. *plagktos,* errante). Conjunto de los seres de pequeñas dimensiones que están en suspensión en el mar o en el agua dulce. (Según exista o no clorofila en las células, se distingue el *fitoplancton* y el *zooplancton.*)

**PLANCTÓNICO, A** adj. Relativo al plancton.

**PLANEACIÓN** n. f. *Méx.* Planificación, acción y efecto de planificar.

**PLANEADO** n. m. Operación que tiene por objeto igualar y allanar una de las superficies o planos de las tablas o maderos de sierra.

**PLANEADO, A** adj. Dícese del vuelo que efectúa un planeador o un avión que desciende sin la acción del motor.

**PLANEADOR** n. m. Avión sin motor que evoluciona por los aires utilizando las corrientes atmosféricas. *(V. ilustración pág. 798.)*

**PLANEAMIENTO** o **PLANEO** n. m. Acción y efecto de planear, hacer planes.

**PLANEAR** v. tr. **[1]**. Trazar o formar el plan de una obra. **2.** Hacer o forjar planes.

**PLANEAR** v. intr. **[1]**. Evolucionar en el aire un planeador o un avión con los motores parados.

**PLANETA** n. m. (lat. *planetam*). Cuerpo celeste sin luz propia, que gira alrededor del Sol o de una estrella. • **Planeta exterior,** o **superior,** planeta más alejado del Sol que la Tierra (Marte, Júpiter, Saturno, Urano, Neptuno y Plutón). ‖ **Planeta interior,** o **inferior,** planeta más cercano al Sol que la Tierra (Mercurio y Venus).

■ Se conocen nueve planetas principales que giran alrededor del Sol y que, del más cercano al más lejano, son: Mercurio, Venus, Tierra, Marte, Júpiter, Saturno, Urano, Neptuno y Plutón. Se dividen en dos tipos: por una parte tenemos los *rocosos* o *telúricos* (de Mercurio a Marte), que se caracterizan por ser pequeños, densos, poseer una corteza sólida y haber evolucionado mucho desde su formación; por el otro, están los planetas *gigantes* (de Júpiter a Neptuno), constituidos sobre todo por gases, con un volumen y una masa mayores que los telúricos, pero son menos densos y con una atmósfera, constituida por hidrógeno y helio, que ha conservado una composición muy parecida a la de la nebulosa que les dio origen. Plutón, aún poco conocido, al parecer se halla emparentado

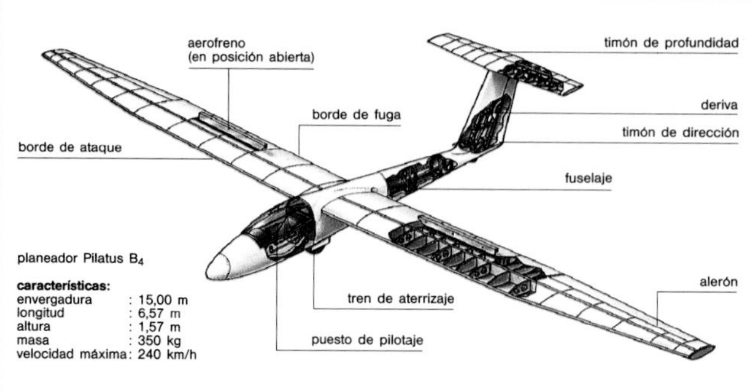


**planeador:** elementos constitutivos

con los planetas telúricos por sus dimensiones y con los gigantes por su densidad. En el sistema solar se encuentran también multitud de asteroides. Se ha detectado que otras estrellas poseen sistemas planetarios, pero sólo han sido detectados por métodos indirectos.

**PLANETARIO, A** adj. Relativo a los planetas. • **Sistema planetario,** conjunto de planetas que gravitan alrededor de una estrella y, en particular, del Sol. ◆ n. m. **2.** Instalación que permite representar sobre una bóveda hemisférica, mediante proyecciones luminosas, los aspectos del cielo y los movimientos de los astros. SIN.: *planetarium.* **3.** Edificio en que se instala. SIN.: *planetarium.*

**PLANETOIDE** n. m. Asteroide. • **Planetoide artificial,** ingenio procedente de la Tierra, que gravita alrededor del Sol.

**PLANÈZE** n. f. (voz francesa). Meseta basáltica poco inclinada, resultante de la erosión de una colada en la ladera de un volcán.

**PLANGA** n. f. Ave rapaz diurna con plumaje de color blanco negruzco y algunas manchas blancas redondeadas.

**PLANICIE** n. f. Llanura muy extensa.

**PLANIFICACIÓN** n. f. Acción y efecto de planificar. **2.** Técnica que trata de coordinar *ex ante* los comportamientos de las diversas unidades económicas que participan en el sistema económico, con objeto de alcanzar objetivos predeterminados. • **Planificación familiar,** empleo de los mecanismos de control de la natalidad para limitar la prole o para espaciar la concepción de los hijos.

**PLANIFICADOR, RA** adj. Relativo a la planificación. ◆ n. **2.** Técnico en planificación.

**PLANIFICAR** v. tr. **[1a]**. Hacer planes o realizar una planificación.

**PLANILLA** n. f. *Amér.* Liquidación, estado de cuentas. **2.** *Méx.* Cada uno de los grupos que contienden en un proceso electoral, principalmente dentro de un sindicato: *vota por la planilla azul.* **3.** *Méx.* Boleta para ser llenada por cupones.

**PLANIMETRÍA** n. f. Parte de la topografía que enseña a representar en una superficie plana una porción de la terrestre. **2.** Parte de la geometría que trata de las superficies planas.

**PLANIMÉTRICO, A** adj. Relativo a la planimetría.

**PLANÍMETRO** n. m. Instrumento para medir áreas de superficies planas.

**PLANIPENNE** adj. y n. m. Relativo a un orden de insectos de alas finamente nervadas y plegadas por encima del cuerpo cuando están en reposo, cuya larva es carnívora y cuya ninfa forma capullo, como la hormiga león.

**PLANISFERIO** n. m. Mapa en el que la esfera celeste o la terrestre están representadas sobre un plano.

**PLANNING** n. m. (voz inglesa). Plan de trabajo detallado. **2.** Conjunto de técnicas para conseguir la utilización óptima de los medios de producción de que dispone una empresa.

**PLANO, A** adj. (lat. *planum*). Dícese de una superficie sin relieves. • **Ángulo plano, figura plana,** ángulo, figura trazados sobre un plano. ‖ **Dar de plano,** dar con el ancho de un instrumento cortante o con la mano abierta. ‖ **De plano,** clara y manifiestamente. ‖ **Electroencefalograma plano,** trazado encefalográfico en el que no pueden individualizarse ondas y que constituye el signo de la muerte. ‖ **Geometría plana,** parte de la geometría que estudia las figuras planas. ◆ n. m. **2.** Disposición general de una obra. **3.** Superficie formada por puntos situados a un mismo nivel. **4.** *Fig.* Posición social de las personas. **5.** *Fig.* Aspectos diversos de una cosa, asunto, etc.: *veía el problema desde un plano teórico.* **6.** Representación gráfica, en proyección horizontal o según una sección horizontal, de las diferentes partes de una ciudad, de un edificio, de una máquina, etc.: *dibujar los planos de una casa.* **7.** CIN. En una película cinematográfica, serie de fotogramas impresionados con continuidad de tiempo. (Atendiendo al encuadre se denomina *primer plano* cuando encuadra un detalle, *plano medio* si se corta al personaje a la altura de la cintura, *plano tres cuartos,* o *americano,* cuando abarca hasta las rodillas, y *plano general* cuando encuadra la figura entera.) **8.** MAT. Superficie ilimitada que contiene la totalidad de la recta que une dos de sus puntos. SIN.: *superficie plana.* • **Plano inclinado** (FÍS.), máquina simple constituida por una superficie plana inclinada, por medio de la cual se facilita la elevación o el descenso de cuerpos pesados.

**PLANTA** n. f. (lat. *plantam*). Superficie inferior del pie, que se apoya en el suelo. **2.** Denominación dada a todo vegetal. **3.** Cada uno de los pisos de una casa. **4.** Plano de la distribución de los locales de un edificio. • **Buena planta** (*Fam.*), buena presencia: *tener buena planta.* ‖ **De nueva planta,** de nueva construcción. ‖ **De planta** (*Argent.* y *Méx.*), con carácter permanente, fijo: *un profesor de planta.* ‖ **Planta baja,** en un edificio, el piso bajo, al nivel del terreno o suelo; edificio de una sola planta. ‖ **Planta industrial,** unidad física o edificio en que se realizan los procesos de producción de una empresa.

**PLANTACIÓN** n. f. Acción de plantar. **2.** Gran explotación agrícola o cultivo extensivo de ciertas plantas industriales: *plantación de café, de algodón, de plátanos.*

**PLANTADO, A** adj. Bien plantado, de buena presencia. • **Dejar plantado** a alguien (*Fig.* y *fam.*), no acudir a una cita; (*Fig.* y *fam.*), romper bruscamente una relación amorosa.

**PLANTADOR, RA** adj. y n. Que planta. ◆ n. **2.** Dueño de una plantación.

**PLANTAR** adj. Relativo a la planta del pie.

**PLANTAR** v. tr. (lat. *plantare*) **[1]**. Meter en tierra una planta o un vástago o esqueje: *plantó un rosal en el jardín.* **2.** Poblar de plantas un terreno: *ha plantado el solar de árboles frutales.* **3.** *Fig.* Hincar algo en tierra para que se sostenga verticalmente: *plantaron un palo en mitad de la era.* **4.** *Fig.* Colocar una cosa en el lugar que le corresponde o donde debe ser utilizada. **5.** *Fig.* y *fam.* Dar golpes, pegar: *le plantó dos bofetadas.* **6.** *Fig.* y *fam.* Poner a alguien o algo en una parte contra su voluntad o con fuerza: *le plantaron en la calle.* **7.** *Fig.* y *fam.* Decir algo a alguien con brusquedad: *le plantó cuatro frescas.* **8.** *Fig.* y *fam.* Abandonar, dejar, especialmente romper el noviazgo con alguien: *plantó a su novia el día de la boda.* **9.** *Fig.* y *fam.* Dejar a alguien esperando por no acudir a una cita: *íbamos a comer juntos pero me plantó.* ◆ v. intr. y pron. **10.** En algunos juegos de cartas, no querer más de las que se tienen. ◆ **plantarse** v. pron. **11.** *Fig.* y *fam.* Ponerse o quedarse firme de pie en un sitio: *se plantó en la puerta y no dejaba pasar a nadie.* **12.** *Fig.* y *fam.* Llegar a un lugar en menos tiempo del que se considera normal. **13.** *Fig.* y *fam.* Pararse un animal negándose a seguir adelante. **14.** *Fig.* y *fam.* Mantenerse firme en una actitud. **15.** *Fig.* y *fam.* Ponerse una prenda de vestir, adorno, etc.

**PLANTARIO** n. m. Almáciga, semillero.

**PLANTE** n. m. Acción de plantarse. **2.** Actitud de varias personas que se encuentran en una misma situación y que se niegan a actuar de determinada manera, para exigir o rechazar algo.

**PLANTEAMIENTO** n. m. Acción y efecto de plantear.

**PLANTEAR** v. tr. **[1]**. Suscitar y poner en condiciones de resolver un problema, asunto, etc.

**PLANTEL** n. m. Criadero, lugar para la cría de plantas. **2.** *Fig.* Institución o lugar donde se forman personas hábiles o capaces para cierta cosa. **3.** Personas hábiles o capaces. **4.** Planta joven antes de su plantación definitiva. **5.** Conjunto de plantas, arbustos, etc., plantados en el mismo terreno: *un plantel de espárragos.* **6.** Este mismo terreno. **7.** *Argent.* Conjunto de animales que pertenecen a un establecimiento ganadero. **8.** *Argent.* Personal de una institución. **9.** *Argent.* Integrantes de un equipo deportivo.

**PLANTEO** n. m. Planteamiento. **2.** *Argent.* Protesta colectiva o individual.

**PLANTIFICACIÓN** n. f. Acción y efecto de plantificar.

**PLANTIFICAR** v. tr. **[1a]**. *Fam.* Plantar una bofetada, una insolencia, etc. **2.** *Fam.* Plantar, colocar a

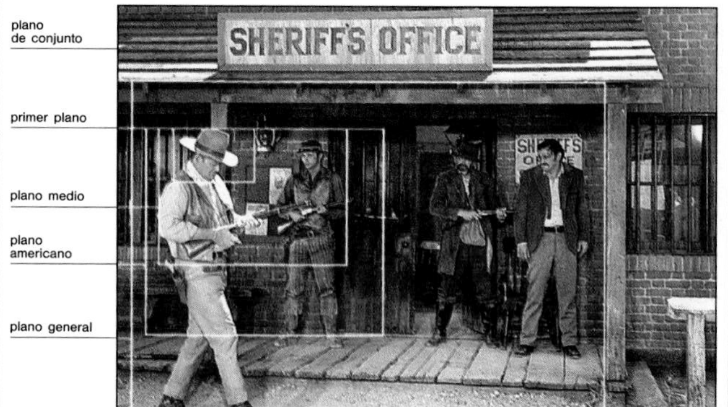


escala de **planos:**
diferentes encuadres posibles de una escena de una película (*Río Lobo,* H. Hawks, 1970)

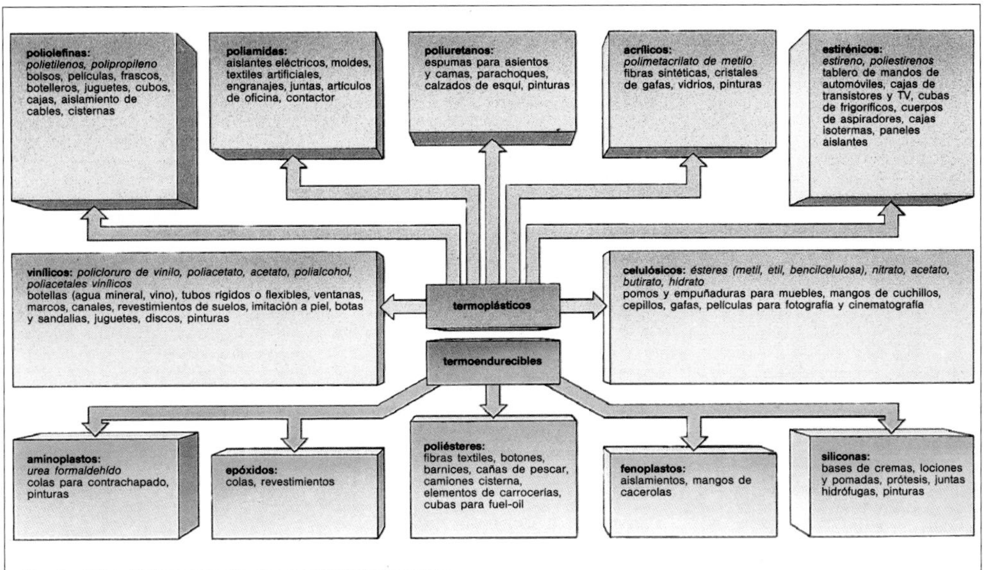


utilización de los **plásticos** en función de sus propiedades mecánicas

alguien en un sitio con violencia o contra su voluntad. ◆ v. tr. y pron. **3.** *Fam.* Plantar, colocar en un sitio. **4.** Ponerse alguien una cosa inadecuada o ridícula. ◆ **plantificarse** v. pron. **5.** *Fam.* Plantarse, llegar a un lugar en menos tiempo del que se considera necesario.

**PLANTÍGRADO, A** adj. ZOOL. Que anda sobre la totalidad de la planta de los pies y no sólo sobre los dedos.

**PLANTILLA** n. f. Tabla o plancha cortada con los mismos ángulos, figuras y tamaños que ha de tener la superficie de una pieza, y utilizada en varios oficios para marcarla, cortarla, labrarla o moldearla. **2.** Instrumento usado por los delineantes para dibujar curvas que no sean arcos circulares. **3.** Conjunto del personal fijo de una empresa. **4.** Conjunto de jugadores de un equipo deportivo. **5.** Suela sobre la cual los zapateros arman el calzado. **6.** Pieza de badana, tela, corcho, palma, etc., con que interiormente se cubre la planta del calzado.

**PLANTILLAZO** n. m. En el fútbol, acción punible de quien adelanta la suela de la bota, generalmente en alto, con riesgo de lesionar a un contrario.

**PLANTÍO** n. m. Lugar plantado recientemente de vegetales. **2.** Conjunto de estos vegetales.

**PLANTO** n. m. Texto literario, en verso o prosa, oral o escrito, de tono elegíaco, que narra la lamentación por la pérdida de algo querido.

**PLANTÓN** n. m. Arbolito nuevo que puede ser plantado. **2.** *Méx.* Grupo de personas que se congrega y permanece cierto tiempo en un lugar público, con el propósito de protestar por algo o para exigir ciertas demandas: *hay un plantón frente al palacio de gobierno.* **3.** MIL. Soldado destinado a guardar algún almacén u otra dependencia sin que se le releve. • **Dar un plantón,** hacer esperar mucho tiempo a alguien, sin acudir a la cita o acudiendo con mucho retraso.

**PLÁNTULA** n. f. Planta joven germinada, que se alimenta todavía de las reservas de la semilla o de los cotiledones.

**PLAÑIDERA** n. f. Mujer a la que se pagaba para asistir a los funerales y llorar al muerto.

**PLAÑIDERO, A** adj. Dícese de la persona que llora y gime, y de las voces, ademanes, etc., con que lo hace.

**PLAÑIDO** n. m. Queja y llanto.

**PLAÑIR** v. intr., tr. y pron. [**3h**]. Llorar y gemir.

**PLAQUÉ** n. m. (fr. *plaqué*). Chapa muy delgada de oro o plata con que se recubre otro metal.

**PLAQUETA** n. f. Elemento de la sangre, que interviene en su coagulación. SIN.: *trombocito.*

**PLASMA** n. m. Parte líquida de la sangre antes de la coagulación. **2.** Sustancia orgánica fundamental de la célula y los tejidos. **3.** FÍS. Gas fuertemente ionizado.

**PLASMAFÉRESIS** n. f. Acción de separar el plasma de los glóbulos de la sangre.

**PLASMAR** v. tr. (lat. *plasmare*) [**1**]. Trabajar una materia y moldearla para darle determinada forma. **2.** *Fig.* Formar, modificar. ◆ **plasmarse** v. pron. **3.** Manifestarse una cosa en determinada forma.

**PLASMÁTICO, A** adj. Relativo al plasma celular.

**PLÁSMIDO** n. m. BIOL. Acúmulo de A.D.N. que se replica en el citoplasma bacteriano independiente de la replicación del cromosoma e interfiriendo en el código genético de éste.

**PLASMODIO** n. m. Masa citoplásmica que encierra varios núcleos. **2.** Esporozoo parásito de animales de sangre fría y de sangre caliente, que en el hombre provoca la malaria.

**PLASMÓLISIS** n. f. Reacción (pérdida de agua, disminución de volumen) de una célula viva sumergida en una solución hipertónica.

**PLASTA** n. f. Cosa blanda o aplastada. **2.** Excremento del ganado. **3.** *Fig.* y *fam.* Cosa mal hecha, imperfecta o sin proporción. ◆ n. m. y f. **4.** Persona pesada, molesta y aburrida.

**PLASTELINA** → ***plastilina.***

**PLASTIA** n. f. Intervención quirúrgica que modifica las formas o las relaciones de los órganos.

**PLÁSTICA** n. f. Arte de plasmar o de modelar una materia blanda. **2.** Conjunto de las artes figurativas. **3.** Efecto estético de las formas consideradas en sí mismas.

**PLASTICIDAD** n. f. Calidad de plástico.

**PLÁSTICO, A** adj. (gr. *plastikos*). Relativo a la plástica: *artes plásticas.* **2.** Dúctil, blando, fácil de moldear. **3.** *Fig.* Dícese del estilo o descripción que da realce a las ideas. • **Cirugía plástica,** especialidad quirúrgica que se ocupa del tratamiento reconstructivo o estético, mediante la realización de injertos. ‖ **Cuadro plástico,** escenificación de un tema religioso, histórico, etc., realizado con personajes vivientes que permanecen inmóviles en el escenario. ◆ n. m. **4.** Sustancia sintética de estructura macromolecular, que puede ser conformada por efecto del calor y la presión. **5.** Explosivo constituido por pentrita o hexógeno y un plastificante, que tiene la consistencia de la masilla de vidriero.
■ Los plásticos, o materias plásticas, son polímeros formados por la repetición un número muy elevado de veces de un motivo de base A (homopolímeros) o por el encadenamiento de un motivo A-B (copolímeros). La estructura puede ser lineal (con la sucesión A-B alternada, en secuencia o aleatoriamente distribuida), bidimensional o tridimensional (si el monómero tiene al menos tres lugares reactivos para dar lugar al crecimiento en las tres dimensiones). Los plásticos pueden ser *termoplásticos* o *termoendurecibles,* transformándose los primeros en los segundos por introducción de un tercer polímero reticulable.

**PLASTICULTIVO** n. m. Utilización de materiales de plástico en la agricultura.

**PLASTIFICACIÓN** n. f. Acción de plastificar.

**PLASTIFICANTE** adj. Que plastifica. ◆ n. m. **2.** Producto que se añade a una materia para aumentar su plasticidad.

**PLASTIFICAR** v. tr. [**1a**]. Incorporar un plastificante. **2.** Revestir de plástico. **3.** En el lenguaje musical, grabar un disco.

**PLASTILINA** n. f. Pasta blanda moldeable, de diferentes colores, que utilizan los niños para formar figuras.

**PLASTISOL** n. m. Dispersión viscosa de una resina finamente pulverizada en un plastificante líquido.

**PLASTO** n. m. Orgánulo de las células vegetales que puede cargarse de diversas sustancias nutritivas (almidón) o de pigmentos (clorofila). SIN.: *leucito.*

**PLASTRÓN** n. m. (fr. *plastron*). Pechera de la camisa, particularmente la sobrepuesta. **2.** Corbata muy ancha que cubría el centro de la pechera de la camisa.

**PLASTURGIA** n. f. Ciencia y técnica de la transformación de plásticos con vistas a su aplicación.

**PLATA** n. f. Elemento químico (Ag), de número atómico 47 y de masa atómica 107,86, metal blanco, brillante e inalterable. **2.** Dinero en monedas de plata. **3.** *Fig.* Dinero en general, o riqueza. **4.** Conjunto de objetos de plata de una casa. **5.** *Amér.* Dinero, pasta. **6.** HERÁLD. Argén. • **En plata** *(Fam.),* brevemente, sin rodeos; *(Fam.),* en resolución, en resumen. ‖ **Plata de ley,** aquella cuya liga tiene la cantidad del fino que fijan las leyes.
■ La plata se encuentra muy raramente en estado puro en la naturaleza; suele hallarse combinada con azufre o antimonio. Es inoxidable en contacto con el oxígeno, ennegrece con el aire y se disuelve en el ácido nítrico. Después del oro, es el metal más dúctil y maleable; es el mejor conductor del calor y de la electricidad; funde a 960 °C. Su densidad es de 10,5; en aleación con el cobre adquiere mayor dureza.

**PLATABANDA** n. f. (fr. *platebande*). Arriate. **2.** Moldura lisa o adorno en forma de banda.

**PLATAFORMA** n. f. (fr. *plate-forme*). Superficie llana horizontal más elevada que lo que le rodea. **2.** *Fig.* Causa o ideología cuya defensa o propaganda toma una persona para algún fin, generalmente interesado. **3.** Parte de un tranvía, un autobús o ferrocarril, en que los viajeros van de pie. **4.** En una vía férrea, superficie superior del terraplén sobre la que se dispone el balasto. **5.** Vagón de ferrocarril, descubierto y con bordes de poca altura. **6.** Especie de tablero metálico o de madera utilizado como elemento receptor de carga (bultos, objetos, mercancías, etc.). **7.** Conjunto de ideas en las que se apoya una organización o movimiento político, o unas negociaciones. **8.** La propia organización o movimiento. **9.** *Argent.* Andén de una estación de ferrocarril. **10.** GEOGR. Tipo de estructura caracterizada por repliegues de gran radio de curvatura y, por tanto, con escasa pendiente. **11.** PETRÓL. Instalación para la perforación de pozos submarinos. • **Plataforma continental,** prolongación del continente bajo el mar, a una profundidad generalmente inferior a los 200 m, limitada por el talud continental. ‖ **Plataforma de carga,** dispositivo móvil sobre cuyo piso puede reunirse una cierta cantidad de mercancías para formar una «unidad de carga». ‖ **Plataforma de lanzamiento,** construcción en la que se montan los elementos de un cohete espacial y desde la que éste se dispara. ‖ **Plataforma estructural,** superficie correspondiente al desprendimiento, por erosión, de una capa geológica dura.

**PLATANAR** o **PLATANAL** n. m. Lugar poblado de plátanos.

**PLATANERO, A** n. Cultivador o vendedor de plátanos. ◆ n. m. **2.** Plátano.

**PLÁTANO** n. m. Planta herbácea de gran porte, y fruto comestible, que crece en las regiones cálidas. (Familia musáceas.) **2.** Fruto de esta planta. • **Plátano de sombra,** o **de los paseos,** árbol, de hasta 3 o 4 m de alt., y gran longevidad (de 500 a 2 000 años), cuya corteza se desprende por placas, de fruto en nuececilla, que se utiliza como árbol de adorno en plazas y paseos. ‖ **Plátano falso,** árbol de corteza lisa, con hojas de color verde oscuro por el haz y amarillo azulado por el envés.

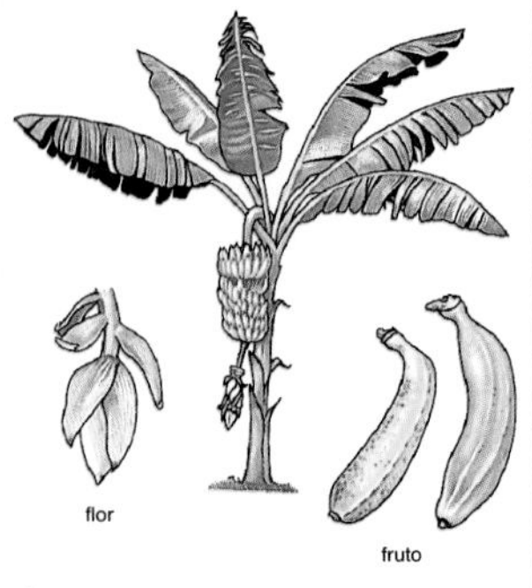

**plátano**

**plátano** de sombra

**PLATEA** n. f. Patio, parte baja de los teatros.

**PLATEADO, A** adj. Que tiene un baño de plata. **2.** De color de plata o semejante a ella. ◆ n. m. **3.** Acción y efecto de platear.

**PLATEAR** v. tr. [**1**]. Revestir o cubrir de plata un objeto. ◆ v. intr. **2.** En las plantaciones, tomar las hojas del tabaco un color verde oscuro por encima y claro por el envés.

**PLATELMINTO, A** adj. y n. m. Relativo a un tipo de gusanos, de cuerpo aplanado, que se divide en tres clases: turbelarios, trematodos y cestodos.

**PLATENSE** adj. y n. m. y f. De La Plata. **2.** Rioplatense.

**PLATERESCO, A** adj. y n. m. Dícese del estilo arquitectónico, eminentemente decorativista, desarrollado en España durante el primer tercio del s. XVI, y que representa la introducción de las formas ornamentales renacentistas (provenientes en su mayoría de Lombardía) en la arquitectura hispana. ■ El estilo plateresco cifra sus principales recursos en sobreponer a edificios civiles y religiosos, de estructura gótica, un entramado decorativo de variado repertorio. Las dos Castillas y en menor medida Andalucía son las zonas de difusión por excelencia del plateresco (colegio de Santa Cruz de Valladolid, hospital de la Santa Cruz de Toledo, ayuntamiento de Sevilla). También a Hispanoamérica llegaron los reflejos del plateresco aplicado sobre la base gótico-mudéjar de la primera arquitectura colonial (fachada de la catedral de Santo Domingo, portada de la iglesia de Acolman, en México).

**PLATERÍA** n. f. Arte y oficio de platero. **2.** Taller o tienda del platero. **3.** Calle o barrio en que estaban los talleres de los plateros.

**PLATERO, A** adj. y n. Dícese de la caballería de pelaje blanquecino o ligeramente agrisado. ◆ n. **2.** Artífice que labra la plata. **3.** Persona que vende objetos labrados de plata u oro, o joyas con pedrería.

**PLÁTICA** n. f. Conversación entre dos o más personas. **2.** Sermón breve.

**PLATICAR** v. tr. e intr. [**1a**]. Decir una plática, sermón. **2.** Conversar dos o más personas entre sí.

**PLATIJA** n. f. (lat. *platissam*). Pez plano de unos 40 cm de long. y carne apreciada, común en el Atlántico, que a veces remonta los estuarios. (Familia pleuronéctidos.) SIN.: *pelaya.*

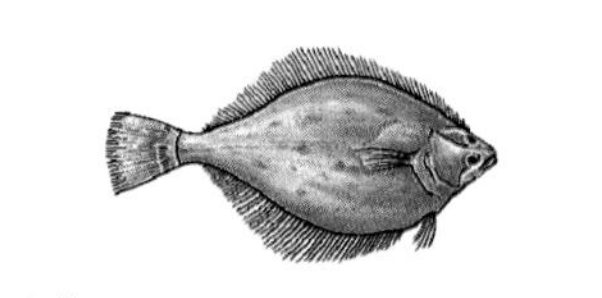
**platija**

**PLATILLO** n. m. Cualquiera de las dos piezas que, en figura de disco o plato, tiene la balanza. **2.** Címbalo. **3.** Cierto guiso de carne y verduras picadas. **4.** *Méx.* Plato, comida que se sirve en un plato. • **Platillo volante,** aeronave en forma lenticular.

**PLATINA** n. f. Plataforma del microscopio en que se coloca el portaobjetos. **2.** Disco de vidrio deslustrado o de metal y perfectamente plano, para que ajuste en su superficie el borde del recipiente de una máquina neumática. **3.** Plato de un tocadiscos. **4.** IMPR. Mesa de la prensa o máquina de imprimir, sobre la que se apoya o fija la forma. **5.** IMPR. Mesa revestida de una plancha metálica, que sirve para ajustar, imponer y acuñar las formas o moldes. SIN.: *mármol.* **6.** TECNOL. Especie de arandela plana o plato anular de unión para tubos de hierro u otro metal.

**PLATINADO** n. m. Acción y efecto de platinar.

**PLATINAR** v. tr. [**1**]. Cubrir un objeto con una capa de platino.

**PLATINÍFERO, A** adj. Que contiene platino.

**PLATINITA** n. f. Aleación de hierro y níquel que posee el mismo coeficiente de dilatación que el platino y el vidrio.

**PLATINO** n. m. (fr. *platine*). Metal precioso de color blanco grisáceo, cuyo símbolo químico es Pt, su número atómico, 78, y su masa atómica, 195,09. • **Espuma de platino,** masa gris, esponjosa, que se obtiene durante la preparación del platino. ‖ **Platino iridiado,** aleación de un 90 % de platino y un 10 % de iridio. ◆ **platinos** n. m. pl. **2.** Cada una de las placas de contacto, hechas de volframio, de los dispositivos de encendido en los automóviles. ■ Es un sólido maleable y tenaz. Su densidad es de 21,4 y funde a 1 755 °C. Es inoxidable a cualquier temperatura y en caliente se combina con el cloro, el azufre y los metales fundibles. Inatacable por los ácidos, el platino puede ser divalente (compuestos platinosos) o tetravalente (compuestos platínicos).

**PLATIRRINO, A** adj. y n. m. Relativo a un grupo de primates que tienen los orificios nasales separados, cuentan con 36 dientes y viven en América, como el tití y el mono araña.

**PLATO** n. m. Pieza de vajilla con el centro más o menos hondo, y el borde generalmente inclinado, que se emplea para poner en él la comida. **2.** Comida que se sirve en un plato: *un plato de lentejas.* **3.** Guiso, alimentos preparados para ser comidos: *la pasta es un típico plato italiano.* **4.** Cada uno de los guisos que se sirven separados en una comida: *de primer plato comimos sopa.* **5.** Rueda dentada situada en el eje de los pedales de una bicicleta y que sirve para transmitir, a través de una cadena, el movimiento a la rueda posterior. **6.** Disco de arcilla que sirve para ejercitarse en el tiro al plato o tiro al vuelo. **7.** Platillo de la balanza. **8.** Parte de un tocadiscos a la que un motor comunica un movimiento de rotación regular alrededor de un eje vertical, y que soporta el disco gramofónico que se graba o se escucha. ◆ adj. y n. m. **9.** *Argent.* y *Chile.* Dícese de la persona divertida, original y extravagante. • **No haber roto un plato** *(Fam.),* no haber cometido ninguna falta. ‖ **Pagar los platos rotos** *(Fam.),* ser acusado o castigado por algo que no se ha cometido. ‖ **Plato combinado,** comida preparada con diversos manjares y que se sirve en un mismo plato, a modo de comida completa. ‖ **Plato llano,** o **trinchero,** el menos hondo, en el que se come cualquier manjar que no sea la sopa ni los postres. ‖ **Plato sopero,** u **hondo,** el que sirve para la sopa. ‖ **Ser** uno **plato de segunda mesa** *(Fam.),* estar o sentirse postergado; ser sustituto de algo o de alguien.

**PLATÓ** n. m. (fr. *plateau*). En los estudios cinematográficos y de televisión, recinto acondicionado para servir de escenario.

**PLATÓNICO, A** adj. Relativo a la filosofía de Platón. **2.** Dícese de un amor puramente ideal sin que se manifieste en actos. ◆ n. **3.** Seguidor de la filosofía de Platón o miembro de su escuela.

**PLATONISMO** n. m. Sistema filosófico de Platón y sus discípulos. **2.** LÓG. Teoría según la cual los entes matemáticos tienen una existencia en sí mismos, fuera del mundo perceptible.

**PLATUDO, A** adj. *Amér.* Rico, acaudalado.

**PLAUSIBILIDAD** n. f. Calidad de plausible.

**PLAUSIBLE** adj. Digno de aplauso o de alabanza. **2.** Admisible, justificado: *justificación plausible.*

**PLAYA** n. f. Al borde del mar, de un lago o de un río, extensión casi plana, cubierta de arena, grava o guijarros. **2.** *Amér. Merid.* Lugar llano y espacioso, explanada: *playa de estacionamiento.*

**PLAY-BACK** n. m. (voz inglesa). Interpretación mímica de una grabación previa. SIN.: *presonorización.*

**PLAY-BOY** n. m. (voz inglesa). Hombre elegante, de físico atractivo, generalmente rico, que busca el éxito con las mujeres y la vida fácil.

**PLAYERA** n. f. Nombre de determinados cantes flamencos, actualmente en desuso, con que se designaron originariamente las más antiguas formas de *siguiriyas.* **2.** Zapatilla de lona, ligera y cómoda.

**PLAYERO, A** adj. Dícese de las prendas de vestir de la playa. ◆ n. m. **2.** *Argent.* Peón encargado de una playa de estacionamiento o de maniobras.

**PLAYO, A** adj. y n. m. *Argent., Par.* y *Urug.* Que tiene poco fondo.

**PLAZA** n. f. (lat. *plateam*). Espacio libre, de anchura considerable en proporción con su longitud, dentro de una población. **2.** Población o zona, consideradas desde el punto de vista comercial. **3.** Mercado, lugar donde se venden comestibles. **4.** Conjunto de comestibles comprados para el consumo diario. **5.** Espacio reservado a un viajero en un medio de transporte. **6.** En una institución, colegio, hospital, etc., puesto o lugar destinado a ser

La fachada de la universidad de Alcalá de Henares, obra de Rodrigo Gil de Hontañón (1541-1553).

Escalera del claustro del hospital de Santa Cruz de Toledo (1504-1514).

Detalle de la fachada de la universidad de Salamanca (*c.* 1520-1525).

La fachada de la iglesia del convento de San Esteban de Salamanca, diseñada por Juan de Álava (1524-1610).

El arte del renacimiento adquiere caracteres propios e hispánicos con la ornamentación plateresca, determinada, por una parte, por las fachadas «inconexas», portadas concebidas y realizadas con independencia de la construcción sobre la que se levantan —la escuela salmantina las creó magníficas en sus edificios universitarios y en el conventual de San Esteban— y por las puertas «colgadas», composiciones que recuadran la parte alta de la puerta de entrada a un edificio y decoradas con motivos diversos, y, por otra parte, también determinada por la arquitectura fecunda iniciada por Diego de Siloe, Rodrigo Gil de Hontañón y Juan de Álava.

el **arte plateresco**

ocupado por una persona. **7.** Empleo, puesto de trabajo. **8.** Lugar donde se llevan a cabo corridas de toros. **9.** MIL. Toda ciudad con guarnición. • **Pasar,** o **sentar, plaza de** algo, ser alguien considerado de una determinada manera que generalmente no coincide con la realidad. || **Plaza fuerte,** ciudad que cuenta con fortificaciones permanentes.

**PLAZO** n. m. Espacio de tiempo señalado para hacer cierta cosa. **2.** Cada parte de una cantidad pagadera en dos o más veces. • **A plazos,** forma de efectuar el pago de una mercancía, que consiste en concertar con el vendedor unas fechas futuras y unas cantidades que se han de pagar en cada una de estas fechas.

**PLAZOLETA** n. f. Plaza pequeña.

**PLEAMAR** o **PLENAMAR** n. f. Altura máxima alcanzada por la marea. **2.** Tiempo que dura esta altura.

**PLEBE** n. f. (lat. *plebem*). En la antigua Roma, clase de los ciudadanos que no eran patricios. **2.** *Desp.* El pueblo.

**PLEBEYEZ** n. f. Calidad de plebeyo.

**PLEBEYO, A** adj. y n. (lat. *plebeyum*). Relativo a la plebe. ◆ n. **2.** Persona de esta clase social de la antigua Roma. **3.** Persona del pueblo. ◆ adj. **4.** Vulgar, popular.

**PLEBISCITAR** v. tr. [**1**]. Ratificar mediante un plebiscito. **2.** Elegir con una gran mayoría.

**PLEBISCITARIO, A** adj. Relativo al plebiscito.

**PLEBISCITO** n. m. Modo de votación de democracia semidirecta que recurre directamente a todos los habitantes de un territorio para obtener la ratificación de la gestión de un gobernante, o para decidir sobre alguna cuestión de importancia. **2.** ANT. ROM. En la antigua Roma, ley votada por la asamblea de la plebe.

**PLECA** n. f. IMPR. Filete corto de una sola raya que suele ponerse al final de un capítulo o para separar dos titulares, dos artículos de diario, revista, etc.

**PLECÓPTERO, A** adj. y n. m. Relativo a un orden de insectos de cuerpo alargado, largas antenas y larva acuática.

**PLECTRO** n. m. (lat. *plectrum*). Lámina de madera, marfil, carey, etc., utilizada para pulsar las cuerdas de ciertos instrumentos musicales. SIN.: *púa.* **2.** *Fig.* En poesía, inspiración, estilo.

**PLEGADERA** n. f. Utensilio de madera, metal, marfil, etc., semejante a un cuchillo, que sirve para cortar o plegar papel. SIN.: *cortapapeles.*

**PLEGADIZO, A** adj. Que se pliega o se dobla con facilidad.

**PLEGADO** n. m. Acción y efecto de plegar. **2.** ART. GRÁF. Operación que consiste en doblar los pliegos impresos, a fin de darles la forma y tamaño que han de tener para formar el libro. **3.** MEC. Operación de modelado de chapas metálicas, que tiene por objeto doblar una parte de la chapa sobre la otra formando un ángulo determinado.

**PLEGADOR, RA** adj. Que pliega. ◆ n. m. **2.** Instrumento propio para plegar.

**PLEGADORA** n. f. ART. GRÁF. Máquina para plegar los pliegos impresos. **2.** MEC. Instrumento utilizado para el plegado de chapas.

**PLEGAMIENTO** n. m. Acción y efecto de plegar o plegarse. **2.** Deformación de las capas geológicas relacionada con la orogénesis; conjunto de pliegues que se forman.

**PLEGAR** v. tr. (lat. *plicare*) [**1d**]. Doblar, aplicar una sobre otra dos partes de una cosa flexible. ◆ v. tr. y pron. **2.** GEOL. Ondularse o doblarse un estrato o conjunto de ellos. ◆ **plegarse** v. pron. **3.** *Fig.* Ceder, someterse.

**PLEGARIA** n. f. Oración o súplica que se hace para pedir una cosa.

**PLEGUERÍA** n. f. Conjunto de pliegues, en especial en las obras de arte.

**PLEISTOCENO** n. m. y adj. Primer período de la era cuaternaria, correspondiente a la edad de la piedra tallada, o paleolítico.

**PLEITA** n. f. Tira o faja muy flexible, de esparto trenzado o de pita, rafia, etc., propia para trabajos de cestería, sombrerería, etc.

**PLEITEADOR, RA** adj. y n. Que gusta de pleitear.

**PLEITEANTE** adj. y n. m. y f. Que pleitea.

**PLEITEAR** v. tr. [**1**]. Litigar o contender judicialmente sobre una cosa.

**PLEITESÍA** n. f. Muestra reverente de acatamiento y cortesía.

**PLEITISTA** adj. y n. m. y f. Dícese de la persona aficionada a promover u ocasionar con ligero motivo contiendas y pleitos.

**PLEITO** n. m. Disputa, riña mantenida entre dos personas, o en una familia, o entre dos grupos de personas. **2.** DER. Litigio, contienda o controversia judicial entre partes.

**PLEMENTO** n. m. Conjunto de piedras o dovelas que rellenan los espacios entre los arcos de una bóveda gótica de crucería.

**PLENA** n. f. Baile cantado puertorriqueño.

**PLENAMAR** n. f. Pleamar.

**PLENARIO, A** adj. Completo, lleno, total. **2.** DER. Dícese de la parte del procedimiento penal que empieza cuando concluye el sumario. ◆ n. m. **3.** Pleno, reunión general.

**PLENILUNIO** n. m. Luna llena.

**PLENIPOTENCIA** n. f. Poder pleno que se concede a otro para ejecutar, concluir o resolver una cosa.

**PLENIPOTENCIARIO, A** adj. y n. Dícese del agente diplomático investido de plenos poderes.

**PLENITUD** n. f. Calidad o estado de pleno. **2.** *Fig.* Momento o situación de mayor intensidad o perfección de algo.

**PLENO, A** adj. (lat. *plenum*). Lleno, completo. **2.** Con toda su intensidad, del todo, en el centro: *en pleno invierno.* • **En pleno,** entero, con todos los miembros de la colectividad que se expresa: *el ayuntamiento en pleno.* ‖ **Pleno empleo,** situación que se produce cuando toda la mano de obra disponible en un país tiene la posibilidad de encontrar empleo. ‖ **Plenos poderes,** autorización para negociar definitivamente en nombre del país o de la persona que se representa. ◆ n. m. **3.** Reunión o junta general de una corporación. **4.** En el juego de la ruleta, apuesta a uno o varios números separadamente.

**PLEOCROICO, A** adj. Dotado de pleocroísmo.

**PLEOCROÍSMO** n. m. FÍS. Propiedad que poseen ciertas sustancias de presentar coloraciones diversas según la dirección en que se las observa.

**PLEONASMO** n. m. (lat. *pleonasmum*). Figura retórica que consiste en el uso de palabras innecesarias para dar más fuerza a la expresión: «*yo lo vi con mis ojos*», es un pleonasmo.

**PLEONÁSTICO, A** adj. Relativo al pleonasmo.

**PLEPA** n. f. Persona llena de achaques.

**PLEREMA** n. m. LING. En glosemática, constituyente del plano del contenido.

**PLESIOSAURO** n. m. Reptil marino fósil del secundario, que alcanzaba 5 m de long.

**PLETINA** n. f. Laminado de hierro u otro metal de sección rectangular y poco grosor. **2.** Elemento de un magnetófono o de una cadena de reproducción de sonido compuesto por un dispositivo de arranque de la cinta, los cabezales magnéticos y los mandos. SIN.: *platina.*

**PLÉTORA** n. f. (gr. *plēthorē*, plenitud). Exceso de sangre o de otros humores en el cuerpo humano. **2.** *Fig.* Gran abundancia de algo.

**PLETÓRICO, A** adj. *Fig.* Que tiene gran abundancia de algo. **2.** MED. Dícese de un tipo constitucional caracterizado por el buen aspecto físico, rojez de la cara, peso por encima del habitual y tensión sanguínea elevada.

**PLEURA** n. f. (gr. *pleura*, costado). Membrana serosa que tapiza el tórax y envuelve los pulmones.

**PLEURAL** adj. Relativo a la pleura.

**PLEURÍTICO, A** adj. y n. Relativo a la pleuritis; afecto de pleuritis.

**PLEURITIS** o **PLEURESÍA** n. f. Inflamación de la pleura.

■ Según la naturaleza del líquido derramado se distingue las pleuritis *serofibrinosas* (líquido claro, de origen tuberculoso o vírico, cardiovascular o tumoral), *hemorrágicas* (consecuencia de un tumor maligno del pulmón o de la pleura) o *purulentas* (debidas a una infección bacteriana). Las pleuritis se manifiestan por dolor torácico, dificultad para respirar y, en las formas agudas, por temblores y fiebre.

**PLEURODINIA** n. f. Dolor vivo en el tórax, relacionado con una pleuritis o una afección reumática.

**PLEURONÉCTIDO, A** adj. y n. m. Relativo a una familia de peces óseos, de cuerpo aplanado, que viven apoyados en uno de sus lados en tanto que el otro presenta los dos ojos, como el lenguado y el rodaballo.

**PLEUROTOMÍA** n. f. Incisión quirúrgica en la pleura.

**PLEXIGLÁS** n. m. (marca registrada). Materia plástica transparente y flexible, empleada como vidrio de seguridad y en otros usos.

**PLEXO** n. m. (lat. *plexum*). ANAT. Red de cordones vasculares o nerviosos anastomosados y entrelazados.

**PLÉYADE** n. f. Grupo de personas señaladas especialmente en las letras, que desarrollan su actividad en la misma época.

**PLICA** n. f. Sobre cerrado y sellado con un documento o noticia en su interior, que no debe conocerse o publicarse hasta una fecha u ocasión determinada.

**PLIEGO** n. m. Hoja de papel, especialmente la de forma cuadrangular y doblada por la mitad. **2.** Carta, oficio o documento de cualquier clase que se envía cerrado de una parte a otra. **3.** Conjunto de papeles contenidos en un mismo sobre o cubierta. **4.** ART. GRÁF. Conjunto de páginas que resultan de plegar una hoja impresa. • **Pliego de cargos** (DER.), escrito que contiene una exposición de las faltas e infracciones de que se acusa a un funcionario sometido a expediente administrativo. ‖ **Pliego de descargos** (DER.), documento en el que el funcionario sometido a expediente alega en su defensa. ‖ **Pliego suelto,** o **de cordel** (LIT.), cuadernitos de cuatro u ocho folios, difundidos a través de la imprenta desde principios del s. XVI o quizá antes.

**PLIEGUE** n. m. Doblez, señal que queda en la parte por donde se ha doblado una cosa. **2.** Ángulo que forma la piel en las articulaciones. **3.** Tela doblada sobre sí misma, cosida a su largo o sólo en sus extremos o simplemente marcada con plancha. **4.** GEOL. Ondulación de las capas de terreno, que puede ser hacia fuera *(anticlinal)* o hacia dentro *(sinclinal).* • **Eje de un pliegue** (GEOL.), dirección del pliegue.

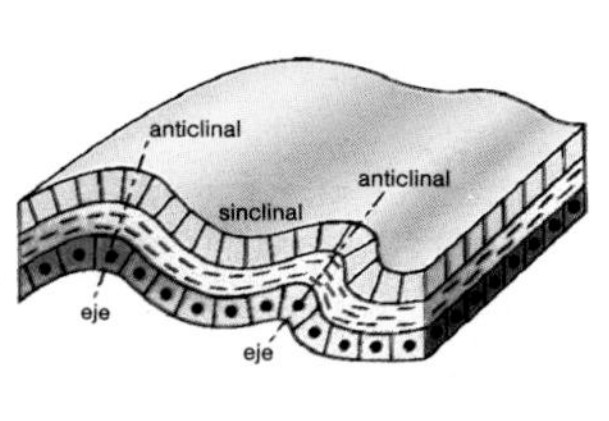

**pliegues** (y plegamiento)

**PLINTO** n. m. (lat. *plinthum;* del gr. *plinthos*, ladrillo). Elemento cuadrado que forma la parte inferior de la basa de una columna. **2.** Aparato gimnástico, consistente en varias secciones de madera que, colocadas unas sobre otras, permiten obtener diferentes alturas, y que suele usarse en pruebas de saltos.

**PLIOCENO** n. m. y adj. Quinto y último período de la era terciaria, que sucede al mioceno.

**PLISAR** v. tr. [**1**]. Marcar pliegues: *plisar una tela.*

**PLOCEIDO, A** adj. y n. m. Relativo a una familia de paseriformes que viven prácticamente en todos los continentes, de tamaño medio o pequeño, pico grande y duro, y voz fuerte, como el gorrión.

**PLOMADA** n. f. Pesa metálica, comúnmente de plomo, que cuelga del extremo de un cordel y sirve para comprobar la verticalidad de un elemento: *plomada de albañil, de carpintero.*

**PLOMBAGINA** o **PLUMBAGINA** n. f. Grafito con el que se hacen minas de lápiz.

**PLOMERÍA** n. f. Arte de fundir y trabajar el plomo. **2.** Oficio de plomero. **3.** Taller del plomero. **4.** Conjunto de piezas de plomo que entran en la construcción de un edificio. ◆ n. m. **5.** *Amér.* Fontanería.

**PLOMERO, A** n. Persona que instala y repara conducciones de agua o de gas, así como los aparatos y accesorios correspondientes. **2.** *Amér.* Fontanero.

**PLOMÍFERO, A** adj. Que contiene plomo.

**PLOMIZO, A** adj. Que tiene plomo, de color de plomo o semejante al plomo en alguna de sus cualidades.

**PLOMO** n. m. (lat. *plumbum*). Metal denso y pesado, de un color gris azulado, cuyo símbolo químico es Pb, su número atómico, 82, y su masa atómica, 207,21. **2.** Pieza o pedazo de este metal usados con cualquier utilidad, como las pesas, etc. **3.** *Fig.* Bala, proyectil. **4.** *Fig.* y *fam.* Persona o cosa pesada y molesta. **5.** ELECTR. Fusible de hilo de plomo. • **A plomo,** verticalmente; *(Fam.)*, pesadamente. ‖ **Con pies de plomo,** con mucha cautela. ◆ **plomos** n. m. pl. **6.** Trozos cóncavos de plomo que, en las máquinas de imprimir, limitan el espacio que ha de ocupar la tinta en el cilindro.

■ El plomo es dúctil, maleable, blando (se raya fácilmente), poco tenaz y fácilmente plegable. Su densidad es de 11,3 y funde a 327 °C. Resiste a los agentes químicos, pero se empaña en contacto con el aire por formación superficial de un carbonato básico. En general, el plomo es bivalente en sus sales, que son insolubles, excepto el nitrato y el acetato, y venenosas. Forma aleaciones con el antimonio, el estaño y el cobre (soldaduras, aleaciones fusibles). Se extrae de dos minerales: la *galena* (sulfuro de plomo) y la *cerusita* (carbonato de plomo). La intoxicación crónica por plomo (saturnismo) es una enfermedad profesional.

**PLOTTER** n. m. (voz inglesa). Unidad periférica de salida de un ordenador, que se usa para representar gráficos y dibujos por líneas.

**PLUMA** n. f. (lat. *plumam*). Órgano producido por la epidermis de las aves, formado por un tubo provisto de barbas y bárbulas, que les sirve para volar, proteger el cuerpo y mantener una temperatura constante. **2.** Conjunto de plumas. **3.** Pluma de ave cortada y afilada convenientemente, que se usaba para escribir. **4.** Instrumento de metal, en forma de pico y con un mango, que sirve para escribir o dibujar. **5.** Plumilla. **6.** Caligrafía de alguien. **7.** *Fig.* Actividad literaria en general o de un escritor determinado. **8.** *Fig.* Estilo, manera de escribir. **9.** *Fig.* Escritor. **10.** *Fig.* y *fam.* Persona o cosa muy ligera. **11.** *Fig.* y *fam.* Afeminamiento en los gestos y en la forma de hablar de un hombre. **12.** DEP. En boxeo, una de las categorías de peso. • **A vuela pluma,** sin detenerse mucho a pensar, a merced de la inspiración. ‖ **Sin plumas y cacareando** *(Fam.)*, expresión con que se critica el que alguien conserve todavía arrogancia después de haber sido derrotado en algo.

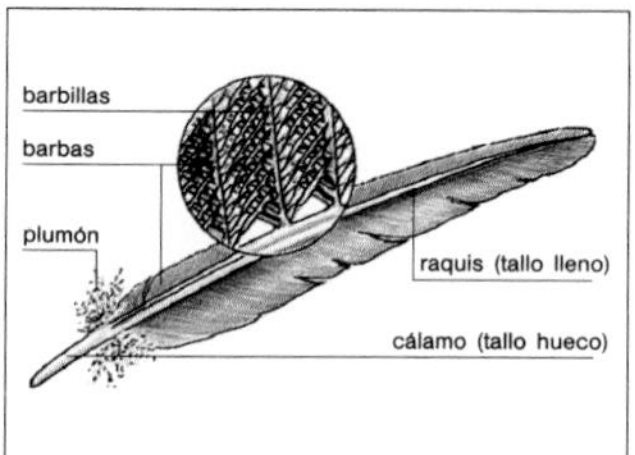

detalle de una **pluma** (de ganso)

**PLUMADO, A** adj. Que tiene plumas. **2.** HERÁLD. Dícese del escudo o pieza cubiertos de plumas. SIN.: *plumeteado.*

**PLUMAJE** n. m. Conjunto de plumas que cubren el cuerpo de un ave. **2.** Adorno de plumas que se pone en los sombreros, cascos, etc.

**PLUMARIO, A** adj. Dícese del arte de hacer mosaicos con plumas de aves.

**PLUMAZO** n. m. Trazo hecho con la pluma de una sola vez. • **De un plumazo** *(Fam.)*, dícese de la forma expeditiva de tomar una resolución.

**PLUMBAGINA** n. f. Plombagina.

**PLUMBAGINÁCEO, A** adj. y n. f. Relativo a una familia de plantas herbáceas dicotiledóneas, de hojas simples, flores de cáliz membranoso y fruto seco.

**PLÚMBEO, A** adj. De plomo. **2.** *Fig.* Pesado como el plomo.

**PLÚMBICO, A** adj. Relativo al plomo.

**PLUMBÍFERO, A** adj. Que contiene plomo.

**PLUM-CAKE** n. m. (voz inglesa, *pastel de ciruela*). Cierto pastel de pasas y frutas confitadas.

**PLUMERO** n. m. Utensilio para limpiar el polvo, compuesto de plumas o diversos filamentos sujetos a un mango. **2.** Caja o recipiente donde se guardan las plumas, lapiceros, etc. **3.** Plumaje, adorno de plumas. • **Vérsele** a alguien, o **enseñar, el plumero** *(Fam.)*, traslucirse los pensamientos o intenciones de una persona.

**PLUMETEADO, A** adj. HERÁLD. Dícese del escudo o pieza cubiertos de pequeños semicírculos montados entre sí en forma de escamas. **2.** Plumado.

**PLUMIER** n. m. (voz francesa). Caja o estuche donde los escolares guardan los lápices, plumas, gomas de borrar, etc.

**PLUMÍFERO, A** adj. Que tiene o lleva plumas. ◆ adj. y n. **2.** *Desp.* Dícese del periodista o escritor mediocre.

**PLUMILLA** n. f. Parte de la pluma de escribir o dibujar que, humedecida por la tinta, sirve para hacer trazos. SIN.: *pluma.*

**PLUMÓN** n. m. Cada una de las pequeñas plumas, de barbas libres, cuya reunión constituye la pelusa de las aves. **2.** Prenda de abrigo llena de esta pluma.

**PLUMOSO, A** adj. Que tiene plumas o es semejante a ellas.

**PLÚMULA** n. f. BOT. Gémula.

**PLURAL** adj. (lat. *pluralem*). Que expresa un número gramatical superior a uno. **2.** Múltiple: *una actividad plural.* ◆ n. m. **3.** LING. Carácter particular de la forma de una palabra, correspondiente a un número superior a la unidad.

**PLURALIDAD** n. f. (lat. *pluralitatem*). El hecho de ser más de uno. **2.** Multiplicidad, abundancia o el mayor número.

**PLURALISMO** n. m. Multiplicidad. **2.** Concepción social, política, económica, etc., que admite la pluralidad, la diversidad de opiniones, de tendencias, etc. **3.** FILOS. Doctrina que sólo admite en el mundo seres múltiples e individuales.

**PLURALISTA** adj. y n. m. y f. Relativo al pluralismo; partidario del pluralismo.

**PLURALIZAR** v. tr. [**1**]. Referir o atribuir a dos o más personas algo que es peculiar de una, pero sin generalizar. **2.** LING. Dar número plural a palabras que ordinariamente no lo tienen.

**PLURIANUAL** adj. Que dura varios años.

**PLURICELULAR** adj. BIOL. Que consta de muchas células. SIN.: *multicelular.*

**PLURIDIMENSIONAL** adj. Que tiene varias dimensiones.

**PLURIEMPLEO** n. m. Ejercicio o desempeño de varios empleos u ocupaciones por una persona.

**PLURIPARTIDISMO** n. m. Sistema político que admite la coexistencia de varios partidos.

**PLURIVALENTE** adj. Que tiene varios valores.

**PLUS** n. m. (voz latina, *más*). Cualquier gaje o cantidad suplementaria. • **Plus familiar,** prestación obligatoria de la seguridad social española, destinada a cubrir cargas familiares de los trabajadores.

**PLUSCUAMPERFECTO** n. m. LING. Tiempo del verbo que expresa una acción pasada que se ha producido antes que otra acción pasada.

**PLUSMARCA** n. f. Récord deportivo.

**PLUSMARQUISTA** n. m. y f. Deportista que ha establecido una plusmarca.

**PLUSVALÍA** n. f. Aumento del valor de un bien, por razones distintas al trabajo o actividad productiva de su propietario o poseedor. **2.** Aumento de valor de unos terrenos a causa de trabajos o

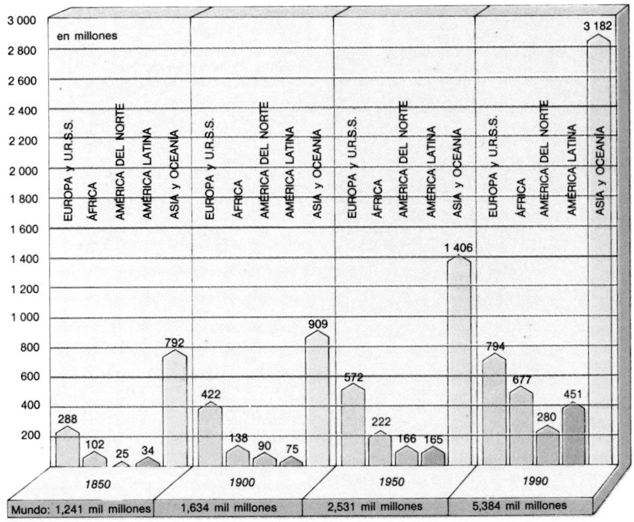

evolución de la **población** mundial por grandes regiones
(la población mundial alcanzó en 1997 los 5,849 mil millones)

inversiones realizadas por la administración. **3.** Incremento del valor corriente en venta de un terreno en la fecha en que termina el período de imposición con respecto a dicho valor al comienzo del período. **4.** Forma monetaria de la parte de producción realizada por el trabajador de la que se apropia sin compensación el propietario de los medios de producción.

**PLUTOCRACIA** n. f. Régimen político en que el gobierno del estado está mayoritariamente en manos de los ricos.

**PLUTÓCRATA** n. m. y f. Individuo de la plutocracia.

**PLUTOCRÁTICO, A** adj. Relativo a la plutocracia.

**PLUTÓN** n. m. GEOL. Masa de magma procedente de grandes profundidades, que se ha solidificado lentamente.

**PLUTÓNICO, A** adj. Relativo al plutonismo. **2.** GEOL. Dícese de las rocas eruptivas que se han producido en las profundidades de la Tierra por la acción de fuerzas internas, y que presentan una estructura granulosa, como el granito o el gabro.

**PLUTONIO** n. m. Metal (Pu), de número atómico 94, muy tóxico, que se obtiene en los reactores nucleares de uranio, puede ser sometido a fisión y se emplea en armas nucleares y en los superregeneradores.

**PLUTONISMO** n. m. Teoría que explica la formación de la corteza terrestre por la acción del fuego interior.

**PLUVIAL** adj. Que procede de la lluvia: *aguas pluviales.* • **Régimen pluvial,** régimen de los cursos de agua en los que predomina la alimentación por las lluvias.

**PLUVIAL** n. m. Ave zancuda de las orillas arenosas de los lagos y ríos de África tropical, que, según parece, limpia la boca de los cocodrilos de los restos de comida. (Familia glareólidos.)

**PLUVIOMETRÍA** o **PLUVIMETRÍA** n. f. Medida de la cantidad de lluvia con el pluviómetro.

**PLUVIOMÉTRICO, A** adj. Relativo al pluviómetro o a la pluviometría.

**PLUVIÓMETRO** o **PLUVÍMETRO** n. m. Instrumento que sirve para medir la cantidad de lluvia caída en un lugar durante un tiempo determinado.

**PLUVIOSIDAD** n. f. Cantidad de lluvia caída en un lugar determinado durante un tiempo dado.

**PLUVIOSO, A** adj. Lluvioso. ◆ n. m. **2.** Quinto mes del calendario republicano francés, del 20 de enero al 18 de febrero.

**Pm,** símbolo químico del *prometio.*

**p.m.,** abrev. de *post meridiem.*

**P.M.,** abrev. de *policía militar.*

**P.N.B.,** abrev. de *producto nacional bruto.*

**P.N.N.,** abrev. de *producto nacional neto.*

**Po,** símbolo químico del *polonio.*

**POBLACHO** n. m. *Desp.* Pueblo.

**POBLACIÓN** n. f. Acción y efecto de poblar. **2.** Ciudad, villa o lugar. **3.** Conjunto de los habitantes de un país o área geográfica. **4.** Conjunto de seres humanos que componen una categoría particular: *población rural.* **5.** Conjunto de especies animales o vegetales que viven en un espacio delimitado. **6.** Conjunto de elementos sometidos a un estudio estadístico. **7.** *Chile.* Barrio marginal de chabolas. • **Población estelar** (ASTRON.), conjunto de estrellas que, desde un punto de vista estadístico, poseen propiedades intrínsecas o cinemáticas comunes, como la edad, la composición química, etc.

**POBLACIONAL** adj. Relativo a la población.

**POBLADO** n. m. Forma de asentamiento de los pueblos. **2.** Grupo social nacido de la comunidad de habitación, que tuvo un papel importante en la formación de la sociedad política o estado.

**POBLADOR, RA** adj. y n. Habitante. **2.** Que establece poblaciones en un país, lugar, etc. ◆ n. **3.** *Chile.* Chabolista.

**POBLAMIENTO** n. m. Acción y efecto de poblar. **2.** Proceso de asentamiento de la población o de un grupo humano específico en un área determinada; formas de asentamiento resultantes de este proceso.

**POBLANO, A** adj. y n. De Puebla. **2.** *Amér.* Lugareño, campesino.

**POBLAR** v. tr. [**1r**]. Ocupar con gente un lugar para que habite o trabaje en él. **2.** Ocupar un lugar con cualquier clase de seres vivos: *poblar un monte.* **3.** Habitar, vivir en algún lugar. ◆ v. tr. e intr. **4.** Fundar uno o más pueblos o poblaciones. ◆ **poblarse** v. pron. **5.** Llenarse de una cosa, hallarse ésta en gran número o cantidad en algún sitio.

**POBO** n. m. Álamo, árbol.

**POBRE** n. m. y f. y adj. (lat. *pauperem*). Persona que no tiene lo necesario para vivir, o que lo tiene con mucha escasez. **2.** Mendigo. ◆ adj. **3.** Humilde, modesto. **4.** Escaso, insuficiente, mediocre. **5.** *Fig.* Infeliz, digno de compasión: *pobre hombre.* • **Arte pobre,** tendencia artística surgida hacia los años sesenta y caracterizada por su rechazo de las técnicas tradicionales y de los materiales nobles. ‖ **Mineral pobre,** mineral de bajo contenido de metal. ‖ **Teatro pobre,** tendencia teatral que propugna la utilización exclusiva de las facultades de los in-

el **arte pobre:** *Struttura che mangia* (*Estructura que come*, 1968), por Giovanni Anselmo. Granito, lechuga fresca, residuos. (Centro Georges-Pompidou, París.)

térpretes y que rechaza todo despliegue escenográfico y luminotécnico.

**POBRETERÍA** n. f. Conjunto de pobres. **2.** Escasez o miseria. **3.** Tacañería o excesivo cuidado con los gastos.

**POBRETÓN, NA** adj. y n. *Desp.* Pobre.

**POBREZA** n. f. Calidad o estado de pobre. **2.** *Fig.* Falta de carácter, de generosidad, etc.: *pobreza de espíritu.*

**POCERO, A** n. Persona que hace pozos o trabaja en los mismos. **2.** Persona que limpia los pozos negros o las cloacas.

**POCHA** n. f. Judía blanca temprana.

**POCHO, A** adj. Marchito, pasado. **2.** Pálido, descolorido. **3.** *Fig.* Triste, decaído, que no goza de buena salud. ◆ n. **4.** *Méx.* Persona de origen mexicano que vive en E.U.A. y ha adoptado las costumbres norteamericanas, especialmente aquella que habla el español con acento norteamericano.

**POCHOLO, A** adj. *Fam.* Bonito, gracioso.

**POCHOTE** n. m. *C. Rica, Hond.* y *Méx.* Planta arbórea silvestre, especie de ceiba, muy espinosa, cuyo fruto encierra una materia algodonosa, con que se rellenan almohadas. (Familia bombacáceas.)

**POCILGA** n. f. (del lat. *porcum*, cerdo). Especie de establo o cobertizo en que se aloja el ganado de cerda. **2.** *Fig.* y *fam.* Lugar sucio y maloliente.

**POCILLO** n. m. (lat. *pocillum*). Jícara, vasija pequeña.

**PÓCIMA** n. f. (lat. *apozemam;* del gr. *apozema*, cocimiento). Bebida medicinal, especialmente de materias vegetales. **2.** Cualquier bebida desagradable al gusto.

**POCIÓN** n. f. (lat. *potionem*, acción de beber). Líquido edulcorado que contiene productos medicinales en disolución. **2.** Cualquier líquido que se bebe.

**POCO** adv. c. Con escasez, en corto grado, insuficientemente. • **A poco,** pasado un breve espacio de tiempo. ‖ **A poco de,** breve tiempo después de ocurrir lo que se expresa. ‖ **Dentro de poco,** pronto. ‖ **Poco a poco,** gradual o lentamente; se usa para moderar o contener a alguien. ‖ **Poco más o menos,** aproximadamente. ‖ **Por poco,** se usa para dar a entender que estuvo a punto de suceder algo. ‖ **Tener en poco,** desestimar, considerar indigno o inmerecedor de aprecio y atención.

**POCO, A** adj. y pron. indef. (lat. *paucum*). Escaso; reducido en número o cantidad; menos de lo regular y preciso.

**POCOMAN,** pueblo amerindio del SE de Guatemala, del grupo lingüístico quiché.

**POCONCHI,** pueblo amerindio de Guatemala, del grupo lingüístico quiché.

**PODA** n. f. Acción y efecto de podar. **2.** Tiempo en que se realiza esta acción.

**PODADERA** n. f. Herramienta utilizada para podar o escamondar los árboles, arbustos, etc.

**PODADOR, RA** adj. y n. Que poda.

**PODAR** v. tr. (lat. *putare*) [**1**]. Cortar o quitar las ramas superfluas de los árboles y otras plantas. SIN.: *mondar.*

**PODARIA** n. f. MAT. Lugar geométrico de los pies de las perpendiculares, bajadas desde un punto fijo sobre las tangentes a una curva dada.

**PODENCO** n. m. Tipo de perro muy parecido al lebrel, aunque algo menor y más robusto, muy apreciado para la caza.

**podenco** ibicenco

**PODER** n. m. Facultad para hacer algo. **2.** Dominio o influencia que uno tiene sobre alguien o algo. **3.** Posesión actual o tenencia de algo. **4.** Fuerza, capacidad, eficacia. **5.** Gobierno de un estado. **6.** Fuerzas de un estado, en especial las militares. **7.** Facultad que una persona da a otra para que obre en su nombre y por su cuenta. **8.** Potencia de una máquina. **9.** FILOS. Conjunto de las relaciones de fuerza y de los procesos de jerarquización que, atravesando toda la estructura económica y política, somete a los individuos. • **Poder adquisitivo,** cantidad de bienes o de servicios que se pueden adquirir con una suma de dinero. ‖ **Poder calorífico,** cantidad de calor desprendido durante la combustión, en condiciones normales, de una cantidad dada de combustible. ‖ **Poder central,** el que, en un país, se manifiesta en la sede de los poderes públicos. ‖ **Poder constituyente,** poder encargado de elaborar la constitución de un país. ‖ **Poder disciplinario,** el que se ejerce por medio de sanciones, especialmente en la administración, en una empresa o en ciertas profesiones. ‖ **Poder espiritual,** autoridad eclesiástica en materia religiosa. ‖ **Poder reglamentario,** poder ejercido por una autoridad gubernativa o administrativa, que le permite legislar sobre materias que no entran en el campo de la ley o desarrollar las reglas dictadas por el parlamento para su aplicación. ‖ **Poder temporal,** gobierno civil de un estado. ◆ **poderes** n. m. pl. **10.** Facultades, autorización para hacer algo, dada por el que tiene autoridad para ello. • **Poderes públicos,** conjunto de las autoridades que ejercen el poder en el estado. ‖ **Separación de poderes,** principio de derecho público por el que los poderes legislativo, ejecutivo y judicial no deben interferirse entre sí.

**PODER** v. tr. [**6**]. Tener la facultad o potencia de hacer una cosa. **2.** Tener facilidad, tiempo o lugar de hacer una cosa. ◆ v. intr. **3.** Ser más fuerte que otro. **4.** Ser posible que suceda una cosa: *puede que llueva.* • **Poderlas** (*Méx.*), tener mucho poder o influencia. ‖ **Poderle** algo a uno (*Méx.*), producirle gran pena o tristeza: *me pudo mucho la noticia de su muerte.*

**PODERÍO** n. m. Poder, facultad de hacer o impedir algo. **2.** Dominio que se tiene sobre alguien o sobre algo. **3.** Hacienda, bienes, riquezas. **4.** Poder, fuerza, valor.

**PODEROSO, A** adj. y n. Que tiene mucho poder. **2.** Rico, influyente. ◆ adj. **3.** Activo, eficaz, que tiene virtud para una cosa: *remedio poderoso.* **4.** Grande, excelente o magnífico en su línea.

**PODESTÀ** n. m. (voz italiana). Primer magistrado de las ciudades del norte y centro de Italia en los ss. XIII y XIV.

**PODIO** o **PODIUM** n. m. (lat. *podium*). Plataforma sobre la que se coloca a una persona para ponerla en lugar preeminente por alguna razón, como un triunfo deportivo, la presidencia de un acto, etc. **2.** ANT. Grueso muro levantado alrededor de la arena de los anfiteatros, donde estaban los lugares de honor. **3.** ARQ. Plataforma de cierta altura, que sirve como basamento a un edificio.

**PODOLOGÍA** n. f. Rama de la medicina que tiene por objeto el tratamiento de la afecciones y deformidades de los pies.

**PODÓLOGO, A** n. y adj. Persona que practica la podología con el título oficial correspondiente.

**PODÓMETRO** n. m. Aparato que cuenta el número de pasos dados por un peatón e indica la distancia recorrida. SIN.: *odómetro.*

**PODÓN** n. m. Podadera grande y fuerte.

**PODREDUMBRE** n. f. Estado de aquello que está podrido. **2.** Cosa o parte de ella podrida. **3.** Asunto o ambiente inmoral.

**PODRIR** v. tr. [**3j**]. Pudrir. (Se usa sólo en infinitivo y participio.)

**PODSOL** n. m. (voz rusa). En las regiones húmedas con invierno frío, suelo desarrollado sobre una roca madre ácida, formado por un horizonte negro y rico en humus, situado por encima de un horizonte de textura cenicienta, de color gris blanquecino, que a su vez está situado sobre un horizonte inferior, negro, impermeable y rico en hierro.

**PODSÓLICO, A** adj. Relativo al podsol.

**PODSOLIZACIÓN** n. f. Transformación de un suelo en podsol.

**POEMA** n. m. (lat. *poemam*). Obra oral o escrita, compuesta en verso. **2.** *Fig.* Lo que llama la atención por fuera de lo común o por cómico: *su forma de actuar es todo un poema.* **3.** MÚS. Pieza musical para un solo instrumento o para un solista. • **Poema sinfónico,** composición orquestal inspirada en un dato poético o en un argumento literario.

**POEMARIO** n. m. Colección de poemas.

**POESÍA** n. f. (lat. *poesin*, del gr. *poiēsis*). Arte de evocar y sugerir sensaciones, emociones e ideas mediante un empleo particular del lenguaje sujeto a medidas, cadencias, ritmos e imágenes. **2.** Cada uno de los géneros poéticos: *poesía épica, lírica.* **3.** Conjunto de versos, poema de poca extensión: *recitar una poesía.* **4.** Carácter de lo que afecta a la sensibilidad: *la poesía de un paisaje.* **5.** Conjunto de la actividad poética y de los poetas: *la poesía del siglo de oro.*

**POETA** n. m. y f. (lat. *poetam*). Persona que compone poesía. **2.** Persona con temperamento poético.

**POÉTICA** n. f. Arte de componer obras poéticas. **2.** Obra o tratado sobre los principios y reglas de la poesía. **3.** Ciencia que se ocupa del lenguaje poético y, en general, del lenguaje literario.

**POÉTICO, A** adj. Relativo a la poesía. **2.** Propio de la poesía: *estilo poético, expresión poética.* **3.** Que contiene poesía, que afecta, que conmueve: *un relato muy poético.*

**POETISA** n. f. Mujer que compone poesía.

**POETIZAR** v. intr. [**1g**]. Componer poesía, escribir en verso. ◆ v. tr. **2.** Dar carácter poético: *poetizar un recuerdo.*

**POGONÓFORO, A** adj. y n. m. Relativo a un grupo de animales marinos filamentosos que viven a grandes profundidades y que carecen de boca, ano y tubo digestivo.

**POGROM** n. m. (voz rusa). Ataque, acompañado de pillaje y asesinato, dirigido contra la comunidad judía, durante el imperio ruso. **2.** Cualquier ataque dirigido contra una comunidad étnica o religiosa.

**POINTER** adj. y n. m. Dícese de una raza de perros de caza, de origen británico.

**POIQUILOTERMO, A** adj. y n. m. Dícese de los animales cuya temperatura varía según la del medio ambiente, como los reptiles, los peces, etc. SIN.: *heterotermo.* CONTR.: *homeotermo.*

**POISE** n. m. Unidad de medida de viscosidad dinámica (símbolo P), que vale $10^{-1}$ pascal-segundo.

**POKER** n. m. (voz inglesa). Póquer.

**POLACO, A** adj. y n. De Polonia. ◆ n. m. **2.** Lengua eslava hablada principalmente en Polonia.

**POLAINA** n. f. Especie de media calza, generalmente de cuero o de paño, que cubre la pierna hasta la rodilla.

**POLAQUIURIA** n. f. (del gr. *pollakis*, a menudo, y *ureō*, orinar). Trastorno de la evacuación vesical de la orina, consistente en micciones frecuentes y poco abundantes.

**POLAR** adj. Relativo a uno de los polos, o a las zonas próximas a los polos. **2.** ELECTR. Relativo a los polos de un imán o de un generador eléctrico. **3.** QUÍM. Dícese de una molécula asimilable a un dipolo eléctrico. • **Círculo polar,** círculo paralelo al ecuador, que marca el límite de las zonas polares, donde, durante los solsticios, el día o la noche duran veinticuatro horas. ‖ **Órbita polar** (ASTRONÁUT.), órbita de un satélite situado en un plano que contiene los polos del planeta en torno al cual gravita ese satélite. ◆ n. f. **4.** AERON. Curva que representa las variaciones del coeficiente de sustentación en función del coeficiente de arrastre de un ala o de un avión, cuando varía el ángulo de incidencia. • **Polar de un punto en relación a una cónica** (MAT.), conjunto de las conjugadas de ese punto en relación a la cónica.

**POLARIDAD** n. f. Cualidad que permite distinguir entre sí cada uno de los polos de un imán o de un generador eléctrico. **2.** *Fig.* Condición de lo que tiene propiedades o potencias opuestas, en partes o direcciones contrarias, como los polos.

**POLARIMETRÍA** n. f. Método de análisis químico, basado en el poder de ciertas sustancias en solución de hacer girar el plano de polarización de la luz.

**POLARÍMETRO** n. m. Aparato que sirve para medir la rotación del plano de polarización de la luz.

**POLARIZACIÓN** n. f. Acción y efecto de polarizar. **2.** Propiedad de las ondas electromagnéticas (y más especialmente de la luz) de presentar un reparto privilegiado de la orientación de las vibraciones que la componen. **3.** Propiedad de las partículas elementales y de los núcleos, de presentar una orientación privilegiada de su spin. **4.** ELECTR. Establecimiento de una diferencia de potencial entre dos conductores. • **Polarización de una pila,** disminución de la fuerza electromotriz de una pila como consecuencia de reacciones químicas internas. || **Polarización dieléctrica,** creación, mediante un campo eléctrico, de dipolos en un dieléctrico. || **Polarización electroquímica,** modificación del potencial de un electrodo, debido al paso de corriente eléctrica en una cuba electrónica.

**POLARIZADO, A** adj. Dícese de un aparato que presenta dos polos de distinta naturaleza. **2.** Que ha experimentado polarización: *luz polarizada.*

**POLARIZADOR, RA** adj. y n. m. ÓPT. Que polariza.

**POLARIZANTE** adj. ÓPT. Polarizador.

**POLARIZAR** v. tr. **[1g]**. Someter a polarización. **2.** Concentrar, reunir en uno o en dos puntos opuestos. ◆ v. tr. y pron. **3.** *Fig.* Concentrar la atención, las fuerzas, etc., en algo determinado.

**POLAROGRAFÍA** n. f. Método de análisis en solución que se basa en la observación de la curva de polarización de un electrodo.

**POLAROID** n. m. (marca registrada). Hoja transparente que polariza la luz. **2.** Aparato fotográfico que realiza el proceso fotográfico completo en pocos segundos.

**POLCA** n. f. (voz de origen eslavo). Danza de dos tiempos, de origen polaco, que se puso de moda hacia 1830, y que muy pronto se propagó por toda Europa. **2.** Música para bailar esta danza.

**PÓLDER** n. m. (voz neerlandesa) [pl. *pólders* o *pólderes*]. Región pantanosa rodeada de diques, a fin de evitar la inundación por las aguas marinas o fluviales, que después es avenada y cultivada.

**POLE POSITION** n. f. (voces inglesas). Primera posición para la salida en una carrera de coches o motos.

**POLEA** n. f. Rueda que puede girar libremente sobre un árbol o que va fijada a éste por un pasador, y con una llanta de forma apropiada para que pueda arrastrar o ser arrastrada por una correa, cuerda, cadena, etc. SIN.: *garrucha.* • **Polea Koepe** (MIN.), torno de extracción que utiliza la adherencia de un cable en una media vuelta de polea.

**POLEMARCA** n. m. ANT. GR. Magistrado que ejercía altas funciones militares y, a veces, políticas.

**POLÉMICA** n. f. (gr. *polemikos,* referente a la guerra). Controversia, discusión sobre cuestiones políticas, literarias, científicas, religiosas, etc.

**POLÉMICO, A** adj. Relativo a la polémica o al polemista.

**POLEMISTA** n. m. y f. Persona que polemiza o es aficionada a hacerlo.

**POLEMIZAR** v. intr. **[1g]**. Entablar o sostener una polémica.

**POLEMOLOGÍA** n. f. Estudio de la guerra considerada como fenómeno de orden social y sicológico.

**POLEMÓLOGO, A** n. Especialista en polemología.

**POLEMONIÁCEO, A** adj. y n. f. Relativo a una familia de plantas dicotiledóneas, en su mayoría americanas, de fruto en cápsula.

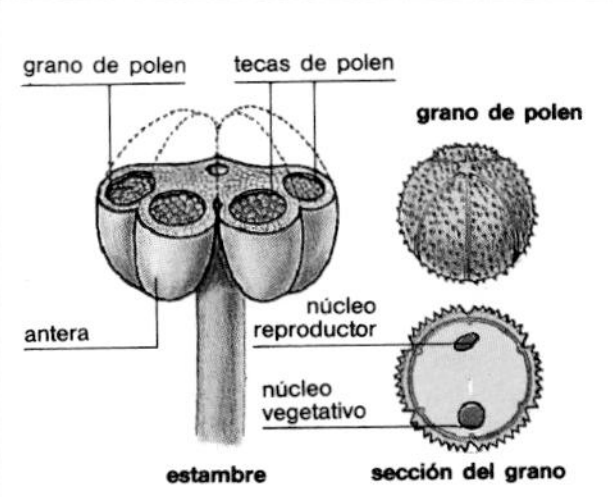


**polen:** estambre y polen de la menta

**POLEN** n. m. Conjunto de granos microscópicos producidos por los estambres y que forman los elementos masculinos de las plantas con flores.

**POLENTA** n. f. (voz italiana). En Italia, puches de harina de maíz.

**POLEO** n. m. Planta herbácea, de hojas ovales y flores de color azul pálido, que se ha usado como tónica y antiespasmódica. (Familia labiadas.)

**POLIÁCIDO, A** adj. y n. m. Dícese de un cuerpo que posee varias funciones ácidas.

**POLIADICIÓN** n. f. QUÍM. Reacción de la formación de polímeros sin eliminación de moléculas.

**POLIALCOHOL** n. m. Cuerpo que posee varias funciones alcohólicas. SIN.: *poliol.*

**POLIAMIDA** n. f. Copolímero que resulta de la policondensación de un diácido con una diamina o de aminoácidos.

**POLIANDRIA** n. f. Estado de una mujer poliandra. **2.** BOT. Estado de una planta poliandra.

**POLIANDRO, A** adj. Dícese de la mujer que tiene simultáneamente varios maridos. **2.** BOT. Dícese de la planta que tiene varios estambres.

**POLIARQUÍA** n. f. Sistema político de gobierno caracterizado por una pluralidad de centros de decisión y de poder.

**POLIARTRITIS** n. f. Forma de reumatismo en la que varias articulaciones están afectadas simultáneamente.

**POLIBUTADIENO** n. m. Polímero del butadieno, utilizado en la fabricación de caucho sintético.

**POLICÁRPICO, A** adj. Relativo al fruto policarpo. ◆ adj. y n. f. **2.** Ranal.

**POLICARPO** n. m. y adj. Tipo de fruto no abridero, monospermo o polispermo, formado por varios carpelos.

**POLICÉNTRICO, A** adj. Que posee varios centros de dirección.

**POLICENTRISMO** n. m. Sistema que admite varios centros de dirección o de decisión.

**POLICHINELA** n. m. Títere de madera, jorobado por delante y por detrás, que representa el papel de Polichinela* en el teatro de títeres. SIN.: *pulchinela.* **2.** Títere, marioneta.

**POLICÍA** n. f. (lat. *politiam;* del gr. *politeia,* administración de una ciudad). Conjunto de reglas impuestas al ciudadano para que reine el orden, la tranquilidad y la seguridad dentro de un cuerpo social. **2.** Fuerza pública encargada del cumplimiento de estas reglas. **3.** Conjunto de los agentes de esta fuerza pública. **4.** Cortesía y educación en el trato y costumbres. • **Policía autonómica,** cuerpo de policía dependiente de una comunidad autónoma, cuyas funciones están reguladas por la ley de fuerzas y cuerpos de seguridad del estado. || **Policía gubernativa,** cuerpo nacional de policía, cuyo ámbito de actuación es todo el territorio español, dependiente del gobierno de la nación para funciones de orden público. || **Policía judicial,** la que tiene por objeto la búsqueda y entrega a la justicia de los autores de infracciones. || **Policía militar,** unidad que desempeña misiones de seguridad y mantenimiento del orden y disciplina. || **Policía municipal,** cuerpo policial dependiente de las corporaciones locales, que realiza funciones de vigilancia y regulación de tráfico en los cascos urbanos, servicios de asistencia ciudadana, así como velar por el cumplimiento de las ordenanzas municipales. SIN.: *guardia municipal, guardia urbana.* || **Policía secreta,** aquella cuyos individuos no llevan uniforme a fin de pasar inadvertidos. ◆ n. m. y f. **5.** Agente de policía.

**POLICÍACO, A** o **POLICIACO, A** adj. Relativo a la policía. **2.** Dícese de las obras literarias, cinematográficas, teatrales o televisivas, cuyo tema es la búsqueda del culpable de un delito.

**POLICIAL** adj. Policíaco.

**POLICÍCLICO, A** adj. ELECTR. Relativo a varios fenómenos periódicos de frecuencias diferentes. **2.** QUÍM. Dícese del compuesto orgánico cuya molécula está formada por más de un anillo de átomos.

**POLICLÍNICA** n. f. Clínica en donde se atienden a enfermos de diversas especialidades.

**POLICONDENSACIÓN** n. f. Conjunto de las reacciones mediante las cuales diversas sustancias se unen para dar un cuerpo de elevada masa molecular.

**POLICONDENSADO** n. m. Compuesto químico obtenido por policondensación.

**POLICOPIA** n. f. Cualquier procedimiento que permite sacar varias copias de un escrito o dibujo.

**POLICOPIAR** v. tr. **[1]**. Reproducir por policopia.

**POLICOPISTA** adj. *Bol.* Multicopista.

**POLICROICO, A** adj. Que presenta policroísmo.

**POLICROÍSMO** n. m. Fenómeno que tiene lugar cuando un cuerpo transparente presenta colores diferentes según la dirección bajo la que la luz penetra en él.

**POLICROMAR** v. tr. **[1]**. Aplicar diversos colores a algo.

**POLICROMÍA** n. f. Estado de un cuerpo cuyas partes presentan colores diversos.

**POLICROMO, A** o **POLÍCROMO, A** adj. De varios colores.

**POLICULTIVO** n. m. Sistema de utilización del suelo que consiste en practicar cultivos diferentes en una explotación agrícola o en una región.

**POLIDACTILIA** n. f. Malformación caracterizada por la presencia de más dedos de los normales en una o varias extremidades.

**POLIDEPORTIVO, A** adj. y n. m. Dícese de los lugares, instalaciones, etc., destinados al ejercicio de varios deportes.

**POLIDIPSIA** n. f. MED. Necesidad imperiosa y urgente de ingerir grandes cantidades de líquido, de origen orgánico. SIN.: *potomanía.*

**POLIÉDRICO, A** adj. Relativo al poliedro.

**POLIEDRO** n. m. Sólido limitado por superficies planas llamadas *caras.* • **Poliedro convexo,** poliedro situado en el mismo lado del plano de una cualquiera de sus caras. || **Poliedro regular,** poliedro cuyas caras son polígonos regulares iguales.

**POLIEMBRIONÍA** n. f. BOT. Formación de dos o más embriones en una semilla. **2.** ZOOL. Formación de varios embriones a partir de un solo cigoto.

**POLIÉSTER** n. m. Copolímero termoendurecible, resultante de la condensación de poliácidos con alcoholes no saturados o con glicoles, utilizado para la fabricación de fibras artificiales y materiales textiles.

**POLIESTIRENO** n. m. Materia termoplástica obtenida por polimerización del estireno.

**POLIETILENO** n. m. Materia plástica resultante de la polimerización del etileno. SIN.: *politeno.*

**POLIFACÉTICO, A** adj. Que ofrece varias facetas o aspectos. **2.** Dícese de las personas de múltiples aptitudes o que se dedican a diversas cosas.

**POLIFAGIA** n. f. PATOL. Aumento exagerado de la sensación de hambre.

**POLIFÁSICO, A** adj. Que presenta varias fases. **2.** ELECTR. Dícese de la corriente eléctrica alterna, constituida por la combinación de varias corrientes monofásicas del mismo período, pero cuyas fases no concuerdan.

**POLIFONÍA** n. f. MÚS. Escritura musical en partes distintas, sobre todo en contrapunto y preferentemente cuando se trata casi exclusivamente de partes vocales.

■ Durante los ss. XII y XIII, los conductos de la escuela de Nuestra Señora de París, y después los motetes del *ars antiqua,* añadieron a las dos partes vocales ya independientes desde el s. XI una o dos voces suplementarias, cuyo encuentro se efectúa sobre apoyos rítmicos. En el s. XV, el apoyo se hizo sobre el bajo, con lo que se consigue una mayor homogeneidad rítmica y melódica (Josquin des Prés, G. Dufay, J. Ockeghem). Hacia 1600 este tipo de composición pasó al campo instrumental; sin embargo, la polifonía vocal siguió floreciendo en las obras de Bach, Mozart, Händel, Honegger, etc.

**POLIFÓNICO, A** o **POLÍFONO, A** adj. Relativo a la polifonía. CONTR.: *homófono.*

**POLÍGALA** n. f. Planta herbácea cuya raíz, perenne, se emplea como expectorante, diurético, purgante y vomitivo. (Familia poligaláceas.)

**POLIGAMIA** n. f. Forma de relación conyugal en la que es permitida por la colectividad la pluralidad simultánea de esposos o esposas. CONTR.: *monogamia.* **2.** ZOOL. Condición de los animales en los que un solo macho se acopla con varias hembras o una sola hembra con varios machos.

**POLIGÁMICO, A** adj. Relativo a la poligamia.

**POLÍGAMO, A** adj. y n. (gr. *polygamos*). Dícese de la persona que practica la poligamia. ◆ adj. **2.** BOT. Dícese de las plantas que poseen flores hermafroditas y flores unisexuales, masculinas y femeninas, en el mismo pie. **3.** ZOOL. Dícese de los animales que presentan poligamia.

**POLIGÉNICO, A** adj. Relativo al poligenismo. **2.** GEOL. Dícese de un relieve formado en condiciones sucesivas diferentes.

**POLIGENISMO** n. m. Doctrina que admite variedad de orígenes en la especie humana. CONTR.: *monogenismo.*

**POLIGINIA** n. f. ANTROP. Caso particular de poligamia según el cual el sistema social fija para cada hombre el número de esposas.

**POLIGÍNICO, A** adj. Relativo a la poliginia.

**POLIGLOBULIA** n. f. Afección caracterizada por un aumento de los glóbulos rojos en la sangre.

**POLÍGLOTO, A** o **POLIGLOTO, A** adj. Escrito en varias lenguas. ◆ adj. y n. **2.** Que habla varias lenguas.

**POLIGONÁCEO, A** adj. y n. f. Relativo a una familia de plantas sin pétalos, a menudo rojizas y ácidas, como la acedera y el ruibarbo.

**POLIGONACIÓN** n. f. Distribución de la superficie de un terreno a levantar en una red de líneas quebradas cuyos puntos de intersección servirán de trama a la topografía.

**POLIGONAL** adj. Relativo al polígono. **2.** Que tiene varios ángulos: *línea poligonal.*

**POLIGONIZACIÓN** n. f. METAL. Durante el calentamiento de un metal, formación de una red de campos de cristalización perfecta que forman un conjunto de figuras poligonales.

**POLÍGONO** n. m. Figura formada por una línea poligonal cerrada. **2.** Porción de plano limitada por dicha figura. **3.** ARQ. En la ordenación urbana de un territorio, sector destinado a una función concreta: *polígono industrial.* • **Polígono convexo** (o **cóncavo**) polígono situado (o no situado) por completo en el mismo lado de toda recta que pase por uno de sus lados. ‖ **Polígono de tiro** (MIL.), campo dotado de instalaciones para la experimentación de explosivos y proyectiles.

**POLIGRAFÍA** n. f. Actividad de escribir sobre diversas materias.

**POLIGRÁFICO, A** adj. Relativo a la poligrafía. **2.** Relativo a la industria del libro.

**POLÍGRAFO, A** n. Persona que se dedica a la poligrafía. **2.** *C. Rica.* Multicopista.

**POLIHOLÓSIDO** n. m. Poliósido.

**POLILLA** n. f. Denominación que se aplica a diversas especies de lepidópteros, cuyas larvas destruyen los tejidos, especialmente la lana. **2.** *Fig.* Lo que destruye lenta e insensiblemente algo. • **Polilla de la cera,** insecto lepidóptero que causa estragos en las colmenas. (Familia galéridos.)

**POLIMERASA** n. f. BIOL. Enzima que enlaza nucleótidos entre sí para formar cadenas polinucleótidas.

**POLIMERÍA** n. f. BIOL. Forma particular de herencia en que diversos genes alelos pueden sumar sus efectos para dar una gama de variantes en el grado de intensidad de un carácter hereditario determinado. **2.** QUÍM. Relación que existe entre dos moléculas, cuando una es polímero de la otra.

**POLIMERIZACIÓN** n. f. Reacción que, a partir de moléculas de escasa masa molecular, forma, por enlaces de éstas, compuestos de masa molecular elevada.

**POLIMERIZAR** v. tr. [**1g**]. Producir la polimerización.

**POLÍMERO** n. m. Compuesto químico de elevado peso molecular formado por polimerización.

**POLIMÓRFICO, A** adj. QUÍM. Dotado de polimorfismo.

**POLIMORFISMO** n. m. Propiedad de los cuerpos que pueden cambiar de formas sin variar su naturaleza. SIN.: *heteromorfismo.* **2.** Propiedad que poseen ciertas sustancias químicas de presentarse bajo vanas formas cristalinas diferentes. **3.** BIOL. Carácter de las especies cuyos individuos del mismo sexo pueden ser muy diferentes unos de otros, como en el caso de ciertos insectos sociales.

**POLIMORFO, A** adj. Que puede tener varias formas. SIN.: *heteromorfo.* **2.** Susceptible de polimorfismo.

**POLINÉSICO, A** o **POLINESIO, A** adj. De Polinesia. ◆ n. m. Lengua perteneciente al grupo oriental de las lenguas malayopolinesias.

**POLINEURITIS** n. f. Afección simultánea de varios nervios, debida a una intoxicación o a una infección.

**POLÍNICO, A** adj. Relativo al polen. • **Análisis polínico,** estudio de la flora de las épocas geológicas mediante el análisis del polen fosilizado en los sedimentos.

**POLINIO** n. m. Masa de granos de polen aglomerados, como en las orquídeas.

**POLINIZACIÓN** n. f. Transporte del polen desde los estambres hasta el estigma de una flor de la misma especie, con objeto de efectuar la fecundación.

**POLINIZADOR, RA** adj. Que poliniza.

**POLINIZAR** v. tr. [**1g**]. Llegar o hacer que llegue el polen al estigma o abertura micropilar.

**POLINÓMICO, A** adj. Relativo a los polinomios. • **Expresión polinómica,** expresión en la que únicamente figuran polinomios.

**POLINOMIO** n. m. MAT. Suma algebraica de monomios. • **Polinomio entero,** polinomio en el que todos los términos son enteros.

**POLINOSIS** n. f. Afección alérgica debida al polen.

**POLINUCLEAR** adj. Dícese de una célula que parece contener varios núcleos, como los leucocitos de la sangre.

**POLIO** n. f. Abrev. de poliomielitis.

**POLIOL** n. m. Polialcohol.

**POLIOMIELÍTICO, A** adj. y n. Relativo a la poliomielitis; afecto de esta enfermedad.

**POLIOMIELITIS** n. f. Enfermedad contagiosa producida por un virus que se fija en los centros nerviosos, particularmente en la médula espinal, y provoca parálisis graves.

**POLIORCÉTICA** n. f. Arte de asediar las plazas fuertes.

**POLIÓSIDO** o **POLIHOLÓSIDO** n. m. Glúcido formado por gran número de osas, como el almidón, la celulosa y el glucógeno. SIN.: *polisacárido.*

**POLIPASTO** o **POLISPASTO** n. m. MEC. Aparejo, sistema de poleas.

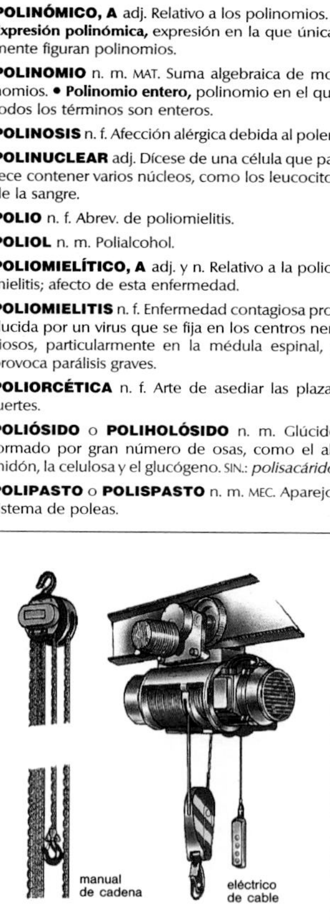

**polipastos**

**POLIPÉPTIDO** n. m. Molécula formada por la asociación de un número importante de moléculas de aminoácidos.

**POLÍPERO** n. m. Esqueleto calcáreo de las madréporas, secretado por cada pólipo y que separa a los individuos de una misma colonia.

**POLIPLOIDE** adj. y n. m. BIOL. Dícese del núcleo de una célula que posee un número de cromosomas que es múltiplo de la dotación cromosómica normal.

**POLIPLOIDIA** n. f. BIOL. Carácter del núcleo de la célula poliploide.

**POLIPNEA** n. f. Aceleración del ritmo respiratorio.

**PÓLIPO** n. m. Forma fija de los cnidarios, compuesta por un cuerpo cilíndrico con dos paredes entre las que se encuentra la cavidad digestiva. **2.** PATOL. Tumor benigno, blando, que se desarrolla en las cavidades de una mucosa.

**POLIPODIO** n. m. Helecho de hojas anchamente lobuladas, común en las peñas y muros húmedos.

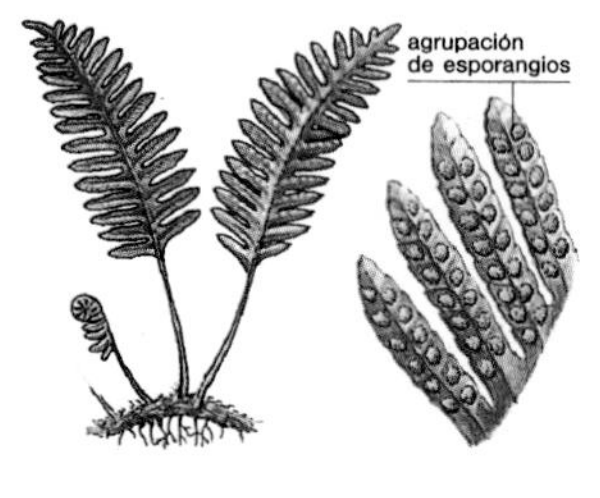

**polipodio**

**POLIPROPILENO** n. m. Fibra sintética obtenida por polimerización del propileno.

**POLÍPTICO** n. m. (gr. *polyptykhos*). B. ART. Conjunto de paneles pintados o esculpidos unidos entre sí, que comprenden generalmente unas hojas que pueden cerrarse sobre el panel central.

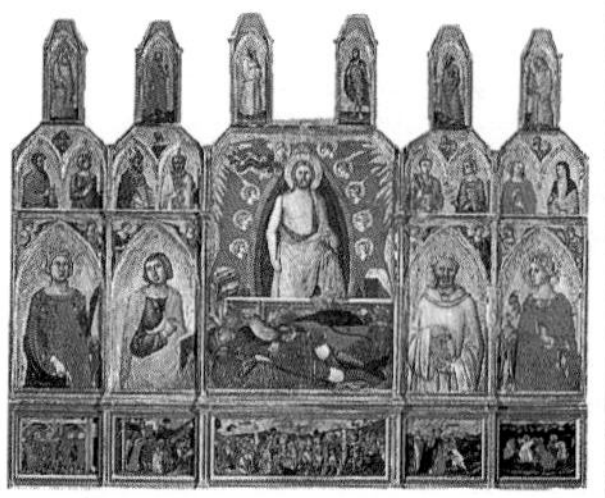
**políptico** de la Resurrección (escuela de Siena, S. XIV) [pinacoteca de Sansepolcro]

**POLIQUETO, A** adj. y n. m. Relativo a una clase de anélidos marinos provistos de parápodos y quetas.

**POLIRRADICULONEURITIS** n. f. Afección inflamatoria de varios troncos nerviosos espinales.

**POLIS** n. f. (voz griega, *ciudad estado*). En la antigüedad, comunidad política que se administraba por sí misma.

**POLISACÁRIDO** n. m. Poliósido.

**POLISARIO, A** adj. y n. Relativo al Frente Polisario, organización política saharauhi.

**POLISEMIA** n. f. Propiedad de una palabra que presenta diferentes sentidos.

**POLISÉMICO, A** adj. Relativo a la polisemia.

**POLISÍLABO, A** adj. y n. m. Dícese de una palabra, o de una raíz, compuesta de varias sílabas.

**POLISÍNDETON** n. m. Figura retórica que consiste en repetir las conjunciones que unen los términos de una enumeración.

**POLISÍNTESIS** n. f. LING. Uso característico de un gran número de lenguas amerindias, del esquimal y de la mayor parte de las lenguas paleoasiáticas, que presentan algunas palabras sumamente largas que comprenden morfemas unidos, y que pueden ser el equivalente de toda una oración.

**POLISINTÉTICO, A** adj. LING. Relativo a la polisíntesis.

**POLISÓN** n. m. Armazón o almohadilla que las mujeres se ajustaban en la cintura para aumentar por detrás el volumen de la falda.

**POLISPASTO** n. m. Polipasto.

**POLISTA** adj. y n. m. y f. Dícese del jugador de polo o de polo acuático.

**POLISTILO, A** adj. Dícese del pórtico compuesto de muchas columnas. **2.** BOT. Que tiene muchos estilos.

**POLISURCO, A** adj. y n. m. Dícese de un arado múltiple de dos, tres o cuatro cuerpos montados en un mismo bastidor.

**POLITBURÓ** n. m. Máximo órgano de gobierno del partido comunista de la antigua U.R.S.S.

**POLITÉCNICO, A** adj. Que abarca conocimientos de diversas ciencias o artes. • **Escuela politécnica,** escuela universitaria que imparte una serie de enseñanzas poliprofesionales técnicas con cierta conexión entre sí. ‖ **Instituto politécnico,** centro español de formación profesional que imparte enseñanzas de segundo grado y curso de acceso a éste. ‖ **Universidad politécnica,** universidad española que agrupa las enseñanzas técnicas.

**POLITEÍSMO** n. m. Forma de religión que admite una pluralidad de dioses.

**POLITEÍSTA** adj. y n. m. y f. Relativo al politeísmo; que profesa esta creencia.

**POLITENO** n. m. Polietileno.

**POLÍTICA** n. f. (gr. *politkē*). Conjunto de prácticas, hechos, instituciones y determinaciones del gobierno de un estado o de una sociedad. **2.** Modo de ejercer la autoridad en un estado o una sociedad: *política exterior; política de represión.* **3.** Conducta seguida en los asuntos particulares. **4.** Actividad del que participa directamente en la vida pública: *se dedica a la política.* **5.** Comportamiento prudente y hábil para conseguir un determinado fin: *actuar con política.*

**POLÍTICA FICCIÓN** n. f. Género literario relacionado al mismo tiempo con la utopía y la ciencia ficción, que pretende interpretar el presente a través de la fabulación del futuro.

**POLITICASTRO** n. m. *Desp.* Político.

**POLÍTICO, A** adj. (gr. *politikos*). Relativo a la política. **2.** Dícese de la persona que se muestra fría y reservada. **3.** Dícese de la persona que muestra habilidad y prudencia en el trato o en el manejo de un asunto. **4.** Dícese del parentesco que lo es por afinidad: *padre político.* • **Preso político,** persona encarcelada por motivos políticos. ◆ n. **5.** Persona que se dedica a la política.

**POLITICOLOGÍA** n. f. Ciencia que estudia el juego de las fuerzas políticas en la sociedad.

**POLITICÓLOGO, A** n. Especialista en problemas políticos.

**POLITIQUEAR** v. intr. [**1**]. *Desp.* Intervenir en política.

**POLITIQUEO** n. m. *Desp.* Acción y efecto de politiquear.

**POLITIQUERO, A** adj. y n. *Desp.* Que politiquea.

**POLITIZACIÓN** n. f. Acción y efecto de politizar.

**POLITIZAR** v. tr. y pron. [**1g**]. Dar una formación política a una persona o un matiz político a una cosa.

**POLITOLOGÍA** n. f. Ciencia que estudia la consecución, consolidación y distribución del poder político.

**POLITÓLOGO, A** n. Profesional especialista en politología.

**POLITONAL** adj. Relativo a la politonalidad.

**POLITONALIDAD** n. f. MÚS. Sistema musical basado en el uso simultáneo de diferentes tonalidades superpuestas.

**POLITRAUMATIZADO, A** adj. Dícese de la persona herida en un accidente que presenta varias lesiones.

**POLIURETANO** n. m. Materia plástica empleada en la industria de las pinturas y de los barnices y que sirve para fabricar espumas y elastómeros.

**POLIURIA** n. f. Emisión de una cantidad de orina superior a la normal.

**POLIÚRICO, A** adj. Relativo a la poliuria.

**POLIVALENCIA** n. f. Calidad de polivalente.

**POLIVALENTE** adj. Que es útil y eficaz en diversos aspectos. **2.** QUÍM. Que puede tener varias valencias. • **Lógica polivalente,** lógica que admite más de dos valores de verdad.

**POLIVINÍLICO, A** adj. Dícese de las resinas obtenidas por polimerización de monómeros derivados del vinilo.

**POLIVINILO** n. m. Polímero obtenido a partir del cloruro y del acetato de vinilo, que tiene numerosas aplicaciones.

**PÓLIZA** n. f. (ital. *polizza*). Sello suelto con que se satisface en determinados documentos el impuesto del timbre. **2.** DER. MERC. Instrumento formal del contrato de seguro, que acredita a efectos de prueba su existencia. **3.** IMPR. Lista de todas las letras que componen un surtido de caracteres de imprenta, con indicación de su proporción para un total determinado. **4.** IMPR. Conjunto de estos caracteres.

**POLIZÓN** n. m. (fr. *polisson*). Persona que se embarca clandestinamente en un buque o aeronave.

**POLIZONTE** n. m. *Desp.* Policía, agente.

**POLJÉ** n. m. (voz serbocroata, *llanura*). En las regiones cársicas, amplia depresión cerrada.

**POLLA** n. f. Gallina joven que no pone huevos o hace poco tiempo que ha empezado a poner. **2.** En ciertos juegos de naipes, puesta. **3.** Diversas aves ralliformes que reciben este nombre por su parecido a las gallinas, como la polla de agua. **4.** *Vulg.* Pene.

**polla** de agua

**POLLADA** n. f. Conjunto de pollos que de una vez sacan las gallinas u otras aves.

**POLLASTRE** n. m. *Fam.* Pollo. **2.** Joven que presume de hombre mayor.

**POLLEAR** v. intr. [**1**]. Empezar los jóvenes a presumir y galantear con personas del otro sexo.

**POLLERA** n. f. Sitio en que se crían los pollos. **2.** Cesto estrecho de boca y ancho de base que sirve para criar y tener pollos. **3.** Utensilio de mimbre, de forma de campana, en que se ponía a los niños que todavía no sabían andar. **4.** *Amér. Merid.* Falda de mujer.

**POLLERÍA** n. f. Tienda o sitio donde se venden pollos, gallinas y otras aves comestibles.

**POLLERO, A** n. Vendedor o criador de pollos.

**POLLINA** n. f. *P. Rico* y *Venez.* Flequillo.

**POLLINO, A** n. Asno joven.

**POLLITO, A** n. Polluelo. **2.** Pollo, persona joven.

**POLLO, A** n. (lat. *pullum*). Cría de las aves y particularmente de las gallinas. **2.** *Fig.* y *fam.* Persona joven.

**POLLUELA** n. f. Ave zancuda, de 20 cm de longitud, parecida al rascón, que anida entre la hierba a orillas de los cursos de agua y en terrenos pantanosos.

**POLLUELO, A** n. Pollo de pocos días.

**POLO** n. m. (gr. *polos,* eje). Cualquiera de los extremos del eje de rotación de una esfera o cuerpo redondeado dotado de este movimiento real o imaginario. **2.** *Fig.* Concepto en completa oposición con otro. **3.** *Fig.* Punto, persona o cosa donde convergen o hacia donde se dirigen la atención, interés, etc. **4.** Cada uno de los extremos o bornes de un generador de electricidad, que sirven para conectar los conductores exteriores. **5.** Cada una de las regiones de un imán o electroimán que ejercen una acción máxima sobre las sustancias paramagnéticas y ferromagnéticas. **6.** ANAT. Cada una de las partes extremas de algunos órganos. **7.** ASTRON. Cada uno de los dos puntos en los que el eje de rotación de un astro encuentra la superficie del mismo, a los que se llama *polo norte* o *boreal* y *polo sur* o *austral.* • **Polo celeste,** cada uno de los dos puntos donde el eje de rotación de la Tierra encuentra la esfera celeste. ‖ **Polo de desarrollo,** región industrial o sector de actividad que ejerce un papel impulsor en el desarrollo de la economía. ‖ **Polo de un círculo en la esfera,** cada uno de los extremos del diámetro de la esfera perpendicular al plano del círculo. ‖ **Polo magnético,** cada uno de los puntos del globo terrestre situados en las regiones polares, adonde se dirige naturalmente la aguja imantada.

jugada de un partido de **polo**

**POLO** n. m. Modalidad de cante flamenco procedente, al parecer, del trasplante de alguna imprecisa canción popular a la órbita expresiva de las soleares.

**POLO** n. m. (voz inglesa). Juego que se practica a caballo y que consiste en impulsar una pelota, con la ayuda de un mazo, hacia la meta. **2.** Jersey abrochado por delante hasta la altura del pecho y con cuello camisero.

**POLO** n. m. (marca registrada). Golosina consistente en un pequeño bloque de helado o de hielo perfumado con una esencia, sostenido en un palillo por el que se agarra para chuparlo.

**POLOLEAR** v. tr. [**1**]. *Amér.* Molestar, importunar. **2.** *Chile.* Requebrar, galantear. **3.** *Chile.* Tontear, bromear.

**POLOLO** n. m. *Chile.* Individuo que pretende a una mujer con fines amorosos. **2.** *Chile.* Insecto fitófago.

**POLOLOS** n. m. pl. Pantalones bombachos femeninos para gimnasia.

**POLONÉS, SA** adj. y n. Polaco.

**POLONESA** n. f. Femenino de polonés. **2.** Danza de tres tiempos que nació como danza cortesana y se reafirmó en Alemania en el s. XVIII. **3.** Música de esta danza.

**POLONIO** n. m. Metal radiactivo, que a menudo acompaña al radio, cuyo símbolo químico es Po y su número atómico, 84.

**POLTERGEIST** n. m. En parasicología, fenómeno físico paranormal espontáneo y repetitivo que se manifiesta por desplazamiento o levitación de objetos, por golpes sonoros o incluso por diversas manifestaciones físicas aparentemente inexplicables.

**POLTRÓN, NA** adj. (ital. *poltrone*). Holgazán, comodón.

**POLTRONA** n. f. Sillón particularmente confortable.

**POLTRONERÍA** n. f. Calidad de poltrón.

**POLUCIÓN** n. f. Derrame involuntario de semen. **2.** Contaminación.

**POLUCIONAR** v. tr. [**1**]. Contaminar.

**POLUTO, A** adj. Sucio, manchado.

**POLVAREDA** n. f. Gran cantidad de polvo levantada por el viento o por otra causa. **2.** *Fig.* y *fam.* Agitación que una noticia o suceso origina entre la gente.

**POLVERA** n. f. Estuche o cajita que sirve para contener los polvos faciales y la borla con que suelen aplicarse.

**POLVILLO** n. m. *Amér.* Nombre genérico de varios hongos que atacan a los cereales.

**POLVO** n. m. Tierra en pequeñísimas partículas, que con cualquier movimiento se levantan en el aire. **2.** Cualquier materia reducida a partes muy menudas: *polvo de talco.* **3.** Pellizco, cantidad pequeña de una cosa que se coge entre los dedos. • **Echar,** o **pegar, un polvo** *(Vulg.),* joder, practicar el coito. ‖ **Estar hecho polvo** *(Fam.),* sentirse cansado y abatido. ‖ **Hacer polvo** a alguien *(Fam.),* destrozarle, abatirle, causarle un gran perjuicio o daño. ‖ **Hacer polvo** algo, destruirlo. ‖ **Polvo interestelar,** componente sólido que en forma de granos de muy reducidas dimensiones y junto con las estrellas, el gas interestelar y las partículas de alta energía, constituye las galaxias. ◆ **polvos** n. m. pl. **4.** Cosmético en polvo que se aplica sobre el cutis. SIN.: *polvos de tocador.*

**PÓLVORA** n. f. (lat. *pulveram*). Materia explosiva sólida que sirve para disparar proyectiles o para la propulsión de ingenios o cohetes. **2.** Conjunto de fuegos artificiales que se queman en una ocasión o festejo. • **Gastar la pólvora en salvas,** emplear, para conseguir un fin, medios inútiles o ineficaces. ‖ **No haber inventado la pólvora,** ser corto de alcances, poco inteligente. ‖ **Pólvora negra,** mezcla de salitre, azufre y carbón vegetal. ‖ **Pólvora sin humo,** pólvora a base de nitrocelulosa.

**POLVORIENTO, A** adj. Lleno o cubierto de polvo.

**POLVORILLA** n. m. y f. Persona de genio vivo, que se enfada con facilidad.

**POLVORÍN** n. m. Instalación en la que se almacenan municiones, explosivos, pólvoras y otros artificios.

**POLVORÓN** n. m. Dulce de harina, manteca y azúcar, que al comerlo se deshace en polvo.

**POMA** n. f. Manzana, fruto. **2.** Cierta variedad de manzanas pequeñas y chatas.

**POMADA** n. f. Medicamento de uso tópico, constituido por una mezcla de grasas o vaselina, a la que se añaden excipientes y productos activos.

**POMAR** n. m. Sitio o huerta donde hay árboles frutales, especialmente manzanos.

**POMARROSA** n. f. Fruto del yambo.

**POMELO** n. m. (ingl. *pommelo*). Árbol parecido al naranjo, cultivado en los países cálidos, por sus frutos. **2.** Fruto comestible de este árbol, de sabor ligeramente amargo y ácido y tamaño mayor que las naranjas.

**pomelo**

**PÓMEZ** n. f. (lat. *pumicem*). **Piedra pómez,** roca volcánica, porosa, ligera y muy dura, que se utiliza para pulir.

**POMO** n. m. (lat. *pomum*). Pieza de metal, madera, etc., que sirve de remate de algunas cosas o como tirador en muebles, puertas, etc. **2.** Frasco o vaso pequeño, usado para contener licores y confecciones olorosas. **3.** Extremo de la guarnición de la espada, encima del puño, que la mantiene unida y firme con la hoja y sirve de contrapeso a ésta. **4.** *Argent.* Recipiente cilíndrico de material flexible en el que se expenden cosméticos, fármacos, pinturas, etc. **5.** *Argent.* Juguete, por lo común cilíndrico y flexible, con el que se arroja agua durante el carnaval. **6.** *Méx. Fam.* Botella de alguna bebida alcohólica. **7.** BOT. Fruto carnoso, de forma globosa, con pepitas, procedente de un ovario ínfero sincárpico.

**POMOLOGÍA** n. f. Parte de la arboricultura que trata de los frutos comestibles.

**POMPA** n. f. (lat. *pompam*). Ampolla formada por una película líquida llena de aire que se desprende de la masa líquida en que se ha formado. **2.** Ahuecamiento que se forma en la ropa, cuando se introduce aire. **3.** Acompañamiento suntuoso o cortejo solemne. **4.** Ostentación de grandeza, fausto, vanidad. **5.** *Méx. Fam.* Nalga: *se cayó de pompas.* • **Pompas fúnebres,** actividades funerarias.

**POMPEYANO, A** adj. y n. De Pompeya. **2.** Relativo a Pompeyo; partidario de este estadista.

**POMPIER** adj. (voz francesa, *bombero*). B. ART. Dícese de los artistas, y de las obras por ellos realizadas, caracterizados por su tendencia académica y la falta de talento creativo.

**POMPÍLIDO, A** adj. y n. m. Relativo a una familia de himenópteros provistos de aguijón, con el abdomen rojo y negro.

**POMPO, A** adj. *Colomb.* y *Ecuad.* Que no tiene filo, romo.

**POMPÓN** n. m. Borla que suele ponerse como adorno.

**POMPOSIDAD** n. f. Calidad de pomposo.

**POMPOSO, A** adj. Con pompa. **2.** Dícese del lenguaje, estilo, que se caracteriza por el empleo de recursos altisonantes y enfáticos.

**PÓMULO** n. m. Hueso par, corto y compacto, que está situado a ambos lados de la cara cerrando la cuenca del ojo en su parte inferior externa. SIN.: *malar.* **2.** Parte de la cara más prominente de la mejilla.

**PONCHADA** n. f. Cantidad de ponche preparado para varias personas. **2.** *Amér. Merid.* Cantidad importante de algo.

**PONCHARSE** v. pron. [1]. *Guat.* y *Méx.* Pincharse una rueda de un automóvil.

**PONCHAZO** n. m. **A los ponchazos** *(Argent.),* de la mejor manera posible y con esfuerzo; *(Argent.),* de cualquier manera, improvisadamente.

**PONCHE** n. m. (ingl. *punch*). Bebida hecha mezclando un licor con agua caliente, limón y azúcar, y, a veces, alguna especia.

**PONCHERA** n. f. Vasija en la cual se prepara y sirve el ponche.

**PONCHO** n. m. Manta cuadrada, con una abertura en el centro para pasar la cabeza, y que cae a lo largo del cuerpo. (De origen quechua, su uso está extendido en América de Sur.) • **Alzar el poncho** *(Argent.),* marcharse, irse. ‖ **Perder el poncho** *(Argent.),* enloquecer de amor.

**ponchos**

**PONDERABLE** adj. Que se puede pesar. **2.** Digno de ponderación.

**PONDERACIÓN** n. f. Acción y efecto de ponderar. **2.** Calidad de ponderado. **3.** Expresión con que se pondera. **4.** ESTADÍST. Procedimiento de elaboración de un índice que coloca a cada uno de los elementos considerados en un lugar proporcional a su importancia real.

**PONDERADO, A** adj. Que es resultado de ponderar. **2.** Bien equilibrado, que procede con mesura. **3.** ESTADÍST. Dícese de una magnitud cuyo valor ha sido modificado de acuerdo con determinadas reglas.

**PONDERADOR, RA** adj. y n. Que pondera.

**PONDERAL** adj. Relativo al peso.

**PONDERAR** v. tr. (lat. *ponderare*) [1]. Hablar de algo alabándolo mucho, encareciendo sus cualidades. **2.** Considerar con atención e imparcialidad un asunto. **3.** ESTADÍST. Realizar una ponderación.

**PONDERATIVO, A** adj. Que encierra ponderación. (Suele aplicarse a la conjunción *si.*)

**PONDO** n. m. *Ecuad.* Tinaja.

**PONEDERO, A** adj. Que se puede poner. **2.** ZOOTECN. Ponedor. ◆ n. m. **3.** Nidal.

**PONEDOR, RA** adj. Que pone. **2.** Dícese de la gallina y otras aves durante el período vital de puesta.

**PONENCIA** n. f. Comunicación sobre un tema concreto que se somete al examen y resolución de una asamblea. **2.** Cargo de ponente. **3.** Comisión designada para actuar de ponente.

**PONENTE** n. m. y f. Persona que presenta en una asamblea una propuesta a discutir. **2.** DER. En los tribunales colegiados, magistrado que examina las actuaciones y prepara la sentencia.

**PONER** v. tr. y pron. (lat. *ponere*) [5]. Asignar a un objeto un lugar o un modo de estar en el espacio: *poner el libro sobre la mesa.* **2.** Adquirir o hacer adquirir a una persona la condición o cualidad expresada por medio de un adjetivo o construcción adjetiva que se pospone al verbo: *sus palabras me pusieron de buen humor.* **3.** Emplear, colocar a alguien en un oficio o trabajo: *mis padres me pusieron a trabajar a los catorce años.* **4.** Vestir alguien una prenda determinada: *ponerse el abrigo.* **5.** Exponer algo o alguien a la acción de cierta cosa para que surta su efecto: *lo he puesto a secar.* • **Poner al corriente,** enterar, informar sobre algo. ◆ v. tr. **6.** Disponer, preparar algo para un fin determinado: *poner la mesa.* **7.** Establecer, instalar o montar: *poner un negocio.* **8.** Suponer, dar por sentada una cosa: *pongamos que él no viene, ¿qué hacemos?* **9.** Dejar un asunto a la resolución de otro: *pongo el caso en tus manos.* **10.** Establecer, determinar: *poner precio a algo.* **11.** Dar, imponer un nombre: *al niño le han puesto Juan.* **12.** Representar una obra teatral o proyectar una película: *¿qué ponen en el cine?* **13.** Contribuir con algo a un fin determinado: *pon algo de tu parte para arreglarlo.* **14.** Pagar a escote o contribuir en algún gasto: *vosotros ponéis el vino, nosotros la comida.* **15.** Enjuiciar: *Juan la critica; Pedro la pone bien.* **16.** Con la preposición *en* y algunos nombres, ejercer la acción de los verbos a que los nombres corresponden: *poner en claro.* **17.** Con la preposición *por* y algunos nombres, valerse o servirse de lo que el nombre significa para determinado fin: *poner por testigo.* **18.** Con ciertos nombres, causar lo que éstos significan: *poner fin.* **19.** Imponer o señalar cierta obligación: *me han puesto una multa.* **20.** Conectar determinados aparatos eléctricos: *poner el televisor.* **21.** Escribir o enviar una carta, comunicación, etc.: *poner un telegrama.* **22.** *Fam.* Estar escrito: *el periódico no lo pone.* **23.** Soltar o deponer el huevo las aves. • **Poner en claro,** averiguar o explicar con claridad alguna cosa confusa. ◆ **ponerse** v. pron. **24.** Con la preposición *a* seguida de infinitivo, comenzar una acción: *ponerse a llover.* **25.** Llenarse, mancharse o hartarse: *se puso de barro hasta el cuello.* **26.** Ocultarse los astros, especialmente el Sol, bajo el horizonte.

**PONEY** n. m. (ingl. *pony*) [pl. *poneys* o *ponis*]. Caballo de talla pequeña. SIN.: *poni.*

**poney**

**PÓNGIDO, A** adj. y n. m. Relativo a una familia de primates catarrinos de complexión robusta y extremidades anteriores más desarrolladas que las posteriores, como el chimpancé, el gorila y el orangután.

**PONGO** n. m. *Amér. Merid.* Indio que hace el oficio de criado. **2.** *Amér. Merid.* Indio que sirve en una finca a cambio del permiso del propietario para sembrar una porción de tierra. **3.** *Ecuad.* y *Perú.* Paso angosto y peligroso de un río. **4.** GEOGR. Cañón estrecho y profundo excavado por los ríos andinos al atravesar obstáculos montañosos en su camino hacia la selva de Amazonas.

**PONIENTE** n. m. Occidente, parte por donde se pone el Sol. **2.** Viento del oeste.

**PONTAZGO** o **PONTAJE** n. m. Derecho que se paga en algunos lugares por atravesar un río por un puente o sobre una barca.

**PONTEVEDRÉS, SA** adj. y n. De Pontevedra.

**PÓNTICO, A** adj. ANT. ROM. Relativo al Ponto Euxino, o a sus riberas.

**PONTIFICADO** n. m. Dignidad de pontífice. **2.** Tiempo en que cada uno de los pontífices ostenta esta dignidad.

**PONTIFICAL** adj. Relativo al pontífice. **2.** Dícese de una ceremonia celebrada solemnemente por un prelado revestido de la autoridad episcopal: *misa pontifical.* ◆ n. m. **3.** Conjunto de ornamentos que sirven al obispo para la celebración de los oficios divinos. (Suele usarse en plural.) **4.** Libro que contiene el orden de las ceremonias propias del papa y los obispos: *el pontifical romano.*

**PONTIFICAR** v. intr. **[1]**. Oficiar en calidad de pontífice. **2.** *Fig.* y *fam.* Actuar o hablar con tono dogmático y suficiente.

**PONTÍFICE** n. m. (lat. *pontificem*). Prelado supremo de la Iglesia católica romana: *sumo pontífice; romano pontífice.* **2.** Obispo de una diócesis. **3.** ANT. ROM. Magistrado sacerdotal que presidía los ritos y ceremonias religiosas.

**PONTIFICIO, A** adj. Relativo al pontífice.

**PONTO** n. m. *Poét.* Mar.

**PONTÓN** n. m. (lat. *pontonem*). Barcaza de fondo chato usada en puertos y ríos. **2.** Puente de maderos o de una sola tabla.

**PONTONERO** n. m. El que está empleado en la construcción o manejo de los pontones, especialmente el soldado que se dedica al tendido de puentes.

**PONZOÑA** n. f. Sustancia que tiene en sí cualidades nocivas a la salud o destructivas de la vida. **2.** *Fig.* Lo que es perjudicial para la salud física o espiritual.

**PONZOÑOSO, A** adj. Que contiene ponzoña. **2.** *Fig.* Dícese de escritos, palabras, etc., malintencionados. **3.** *Fig.* Perjudicial para la salud física o espiritual.

**POOL** n. m. (voz inglesa). ECON. Acuerdo temporal entre productores, realizado principalmente para regular los contingentes de producción con el fin de dominar el mercado del producto.

**POP** adj. (abrev. del ingl. *popular*). Dícese de lo relacionado con la cultura y la comunicación de masas, el consumismo, etc.: *cultura pop.* • **Música pop,** forma musical de origen anglonorteamericano, que deriva del rock and roll, del rhythm and blues y de la música folk; música que está de moda, que tiene éxito.

**POP ART** n. m. (voz inglesa, de *popular art*). Tendencia artística esencialmente anglonorteamericana, surgida alrededor de 1960, y que se propone evocar la civilización contemporánea por medio de imágenes extraídas del mundo de la publicidad, composiciones a base de objetos cotidianos, etc.

**POPA** n. f. (lat. *puppem*). Parte posterior de la nave, donde se coloca el timón y están las habitaciones principales. • **Viento en popa,** el que sopla hacia el mismo punto a que se dirige el buque.

**POPE** n. m. (ruso *pop*). Sacerdote de alguna de las Iglesias ortodoxas. **2.** Persona con mucha influencia y poder.

**POPELÍN** n. m. (fr. *popeline*). Tela que forma cordoncillos horizontales y que tiene menos hilos en la trama que en la urdimbre.

**POPLÍTEO, A** adj. Relativo a la región situada en la cara posterior de la rodilla: *músculo poplíteo.*

**POPOCHO** adj. *Colomb.* Repleto, harto.

**POPOLOCA,** pueblo amerindio de México (S del est. de Puebla), del grupo popoloca-mazateca.

**POPOLOCA DE MICHOACÁN** → ***cuitlateca.***

**POPOLOCA DE OAXACA** → ***chocho.***

*Dos hamburguesas* (1962) por Claes Oldenburg. Yeso pintado. (Museo de arte moderno, Nueva York.) El objeto está enormemente aumentado, y esta ampliación de una realidad trivial se proyecta como acto artístico. Este tipo de obra pretende, de esta manera, dar una respuesta irónica a la pintura gestual (Pollock, Kline, etc.) de los años cincuenta: una especie de realismo expresionista opuesto al expresionismo abstracto.

*Dos muchachos en una piscina* (1965), por David Hockney. (Galería Felicity Samuel, Londres.) Una frialdad impersonal y cierto esquematismo caracterizan a esta imagen, pero también un gusto por la anécdota y una búsqueda decorativa: de esto a una vuelta a las tradiciones de la pintura figurativa sólo hay un paso, que Hockney traspasa desde esta época en otras de sus obras.

**pop art**

**POPOLOCA-MAZATECA,** grupo de pueblos amerindios de México (popoloca, chocho, mazateca e ixcateca), de la familia lingüística otomangue.

**POPOTE** n. m. *Méx.* Tubito de papel o plástico para sorber líquidos.

**POPULACHERÍA** n. f. *Desp.* Popularidad.

**POPULACHERO, A** adj. Relativo al populacho. **2.** Propio para halagar al populacho. **3.** Dícese de la persona que procura halagar al populacho o busca ser comprendida o halagada por él.

**POPULACHO** n. m. Plebe, chusma.

**POPULAR** adj. Relativo al pueblo como colectividad. **2.** Propio del pueblo, en contraposición a culto: *lenguaje popular.* **3.** Que está al alcance de los menos dotados económicamente: *precios populares.* **4.** Muy conocido o extendido en una colectividad: *el fútbol es un deporte muy popular.*

**POPULARIDAD** n. f. Hecho de ser popular.

**POPULARISMO** n. m. Tendencia o afición a lo popular en formas de vida, arte, literatura, etc.

**POPULARISTA** adj. y n. m. y f. Relativo al popularismo; partidario de esta tendencia o afición.

**POPULARIZAR** v. tr. y pron. **[1g]**. Hacer popular.

**POPULISMO** n. m. Doctrina política que pretende defender los intereses y aspiraciones del pueblo. **2.** Movimiento ideológico ruso que tenía como objetivo luchar contra el zarismo apoyándose en el pueblo.

**POPULISTA** adj. Relativo al populismo; partidario del populismo.

**POPULOSO, A** adj. Dícese del lugar muy poblado.

**POPURRI** o **POPURRÍ** n. m. (fr. *pot-pourri*). Composición musical que consiste en una serie de fragmentos de obras diversas. **2.** Mezcolanza de cosas diversas.

**POPUSA** n. f. *Bol., Guat.* y *Salv.* Tortilla de maíz con queso o trocitos de carne.

**POQUEDAD** n. f. Calidad de poco. **2.** Timidez, apocamiento. **3.** Cosa insignificante.

**PÓQUER** o **POKER** n. m. Juego de cartas de origen norteamericano en el que cada jugador recibe cinco. **2.** En este juego, cuatro cartas del mismo valor. • **Póquer de dados,** juego de póquer que se juega con dados en lugar de cartas.

**POQUIL** n. m. *Chile.* Planta compuesta cuyas flores se usan en tintorería para dar color amarillo.

**POR** prep. Unida a un nombre de lugar, determina tránsito por ellos: *iremos por Madrid.* **2.** Unida a un nombre de tiempo, indica la fecha aproximada. **3.** Unida a un nombre de lugar, indica localización aproximada: *tu casa está por allí.* **4.** Indica parte o lugar concreto: *lo cogió por el asa.* **5.** Se usa para denotar la causa: *lo detuvieron por robo.* **6.** Se usa para indicar el modo de ejecutar una cosa: *preséntalo por escrito.* **7.** Indica el juicio u opinión que se tiene de alguien: *le tienen por santo.* **8.** Indica que se da o reparte con igualdad una cosa: *tocamos a tres por persona.* **9.** Indica idea de compensación: *lo uno por lo otro.* **10.** Denota multiplicación de números. **11.** Denota proporción: *al diez por ciento.* **12.** Con verbos en infinitivo, indica la acción futura que expresa el infinitivo: *está por pulir.* • **Por qué,** locución adverbial interrogativa que expresa por cuál razón, causa o motivo: *no acierto a saber el por qué de su enfado.* ‖ **Por si** o **por si acaso,** expresión en la que se juntan el significado final de *por* y el hipotético de *si*: *se lo di por si lo necesitaba.*

**PORCELANA** n. f. (ital. *porcellana*). Producto cerámico, generalmente de color blanco, traslúcido si es de poco espesor, impermeable y muy vitrificado. **2.** Objeto de este material. ◆ adj. y n. m. **3.** Dícese del color blanco mezclado con azul con que los plateros adornan las piezas de oro. *(V. ilustración pág. 810.)*

**PORCENTAJE** n. m. (ingl. *percentage*). Tanto por ciento, proporción de una cantidad respecto a otra, evaluada sobre la centena.

**PORCENTUAL** adj. Dícese de la composición o distribución calculada o expresada en tantos por ciento.

**PORCHE** n. m. (cat. *porxo*). Soportal, cobertizo. **2.** Entrada o galería adosada a un edificio, cubierta con un techo separado.

**PORCICULTURA** n. f. Arte de criar cerdos.

**PORCINO, A** adj. (lat. *porcinum*). Relativo al cerdo.

**PORCIÓN** n. f. (lat. *portionem*). Cantidad separada de otra mayor. **2.** Parte que corresponde a cada uno en un reparto. **3.** Cada una de las partes en que se dividen las tabletas de chocolate. **4.** *Fig.* y *fam.* Gran cantidad de lo que se expresa.

**PORCUNO, A** adj. Porcino.

**PORDIOSEAR** v. intr. **[1]**. Pedir limosna. **2.** *Fig.* Pedir alguien algo con insistencia y humillándose.

**PORDIOSEO** n. m. Acción de pordiosear. SIN.: *pordiosería.*

**PORDIOSERO, A** adj. y n. Dícese de la persona que pide limosna.

**PORFÍA** n. f. (lat. *perfidiam,* mala fe). Disputa o lucha mantenidas con obstinación. **2.** Actitud del que porfía e insiste a pesar de la resistencia. • **A porfía,** con emulación.

**PORFIADOR, RA** adj. y n. Que porfía.

**PORFIAR** v. intr. **[1t]**. Disputar o luchar con obstinación. **2.** Rogar inoportuna e insistentemente para conseguir algo.

**PORFÍDICO, A** adj. Relativo al pórfido. **2.** Que tiene la naturaleza o la textura del pórfido.

**PÓRFIDO** n. m. (gr. *porphyros,* de color de púrpura). Roca volcánica antigua, alterada, formada por fenocristales de feldespatos sobre un fondo uniforme de grano muy fino, utilizada en decoración.

**PORFIRIA** n. f. Alteración del metabolismo, que se caracteriza por la liberación masiva de porfirinas en el organismo.

**PORFIRIATO** n. m. Período de la historia de México caracterizado por la dictadura personal de Porfirio Díaz.

■ La primera fase del porfiriato terminó con la entrada de Yves Limantour en Hacienda (1893). Este período se caracterizó por el auge de las compa-

Gran vaso chino. (Museo Guimet, París.) A mediados del s. XIV, durante la dinastía Yuan, la blancura de la porcelana se resalta con una decoración reservada —aquí un dragón, sobre un fondo monocromo azul cobalto.

Pequeño instrumentista de gaita bretona, estatuilla de porcelana de Meissen, mediados del s. XVIII. (Museo Cognacq-Jay, París.) Denominada a menudo porcelana de Sajonia, la producción de Meissen tuvo un gran éxito, especialmente con estas pequeñas figuras típicas del estilo rococó de moda en esta época.

Baco, figura de porcelana de la fábrica del Buen Retiro, realizada por C. Schepers en 1775. (Museo arqueológico nacional, Madrid.) Materiales y personal de Capodimonte (Nápoles) fueron trasladados al palacio del Buen Retiro a fin de emular las porcelanas de Sajonia. Predominaron, entre otras realizaciones, las figuritas de tema religioso, mitológico o de género.

**porcelana**

ñías enajenadoras de terrenos comunales baldíos; la modificación de la constitución de 1857, que dio paso a la reelección presidencial, y la aprobación de la ley que otorgaba la gran explotación minera a los capitales de E.U.A. y Gran Bretaña. Limantour, tras la crisis de 1892, abrió el país a la inversión extranjera y promovió la creación de nuevas industrias. La corrupción, el fraude electoral y la represión fueron la respuesta de la administración Díaz a las tensiones sociales, nacidas del contraste entre una oligarquía poderosa que controlaba los resortes económicos y políticos frente a doce millones de personas ligadas a la tierra. La crisis de 1907 y las luchas en el seno del porfiriato favorecieron el inicio de la revolución mexicana, dirigida por Madero.

**PORFIRINA** n. f. Compuesto formado por cuatro núcleos de pirrol, que entra en la composición de la hemoglobina y la clorofila.

**PORFIROGÉNETA** adj. Decíase de los miembros de la familia imperial de oriente bizantina nacidos de un padre reinante en el momento de su venida al mundo.

**PORÍFERO, A** adj. y n. m. Relativo a un tipo de animales acuáticos, casi siempre marinos, muy primitivos, que viven fijos y cuyas paredes están perforadas por canales de circulación. (Los animales del tipo *poríferos* reciben la denominación de *esponjas*.)

**PORISMA** o **PORISMO** n. m. (voz griega). En la antigua geometría griega, conjunto de corolarios de una proposición.

**PORÍSTICO, A** adj. MAT. Relativo a un porisma. **2.** Que tiene la naturaleza de un porisma: *proposición porística.*

**PORMENOR** n. m. Detalle, circunstancia particular que completa un suceso. **2.** Circunstancia secundaria en un asunto.

**PORMENORIZAR** v. tr. **[1g]**. Describir o enumerar con pormenores.

**PORNO** adj. Apócope de *pornográfico*: *cine porno.*

**PORNOGRAFÍA** n. f. Representación complaciente de actos sexuales en obras literarias, artísticas o cinematográficas.

**PORNOGRÁFICO, A** adj. Relativo a la pornografía: *cine pornográfico.*

**PORNÓGRAFO, A** n. Autor de obras pornográficas.

**PORO** n. m. (lat. *porum*). Intersticio que hay entre las partículas de los sólidos de estructura discontinua. **2.** Cada una de las pequeñas aberturas del conducto excretor de una glándula en una superficie, principalmente de las glándulas de la piel. **3.** BOT. Orificio formado en las membranas celulares, que comunica dos células contiguas. **4.** BOT. Canal abierto que atraviesa la membrana de diversas algas.

**PORO** n. m. (voz quechua). *Argent.* y *Urug.* Calabaza en forma de pera, usada para cebar el mate.

**PORONGO** n. m. *Argent., Par.* y *Urug.* Calabaza, poro. **2.** *Bol., Chile, Pan., Par.* y *Urug.* Vasija de arcilla para guardar agua o chicha. **3.** *Perú.* Recipiente de hojalata en que se vende leche.

**PORONGUERO, A** n. *Perú.* Vendedor de leche.

**POROSIDAD** n. f. Calidad de poroso. ◆ **porosidades** n. f. pl. **2.** METAL. Pequeñas cavidades o minúsculas sopladuras que presentan ciertas piezas de fundición, debido a una oclusión gaseosa.

**POROSO, A** adj. Que tiene poros.

**POROTO** n. m. (quechua *purutu*). *Amér. Merid.* Diversas plantas papilionáceas muy próximas a la alubia. **2.** *Amér. Merid.* Guiso que se hace con este vegetal. **3.** *Amér. Merid. Fig.* Niño. **4.** *Amér. Merid. Fig.* Persona de poca importancia. • **Anotarse un poroto** *(Amér. Merid.)*, anotarse un tanto en el juego o un acierto en cualquier actividad.

**PORQUE** conj. causal. Por causa o razón de que: *no pudo asistir porque estaba enfermo.* ◆ conj. final. **2.** Para que: *hice cuanto pude por que no llegara este caso.*

**PORQUÉ** n. m. *Fam.* Causa, razón o motivo: *preguntarse el porqué de algo.*

**PORQUERÍA** n. f. Suciedad, inmundicia, basura. **2.** *Fam.* Acción sucia. **3.** *Fam.* Grosería, desatención. **4.** *Fam.* Cosa de poco valor. **5.** *Fam.* Cosa de comer, apetitosa pero poco nutritiva o indigesta.

**PORQUERIZA** n. f. Pocilga, establo de cerdos.

**PORQUERIZO, A** o **PORQUERO, A** n. Persona que cuida puercos.

**PORRA** n. f. Clava, palo o bastón nudoso, cuyo grueso aumenta desde la empuñadura al extremo opuesto. **2.** Cachiporra. **3.** Instrumento contundente consistente en un cilindro de caucho con alma de acero. **4.** Churro recto, corto y grueso. **5.** *Argent.* Maraña de cerda, tierra y abrojos que se forma en la cola y crines de los yeguarizos. **6.** *Argent. Fam.* Pelo abundante, enmarañado. **7.** *Méx.* Conjunto de frases fijas que se dicen con fuerza y ritmo para animar a alguien: *los aficionados no pararon de echar porras a su equipo.* **8.** *Méx.* Conjunto de seguidores de un equipo deportivo. • **Mandar, enviar,** etc., a alguien **a la porra** *(Fam.)*, echarle de su compañía, o apartarse o desentenderse del mismo.

**PORRADA** n. f. *Fam.* Abundancia de algo.

**PORRAZO** n. m. Golpe que se da con la porra o con cualquier cosa. **2.** *Fig.* Golpe fuerte que se recibe al caer o al topar con algo duro.

**PORRETA. En porreta** *(Fam.)*, completamente desnudo.

**PORRILLO. A porrillo** *(Fam.)*, en abundancia, copiosamente.

**PORRINO** n. m. Simiente de los puerros. **2.** Planta del puerro criada en sementero cuando está en disposición de trasplantarse.

**PORRISTA** n. m. y f. *Méx.* Miembro de una porra, conjunto de seguidores de un equipo deportivo.

**PORRO** n. m. *Fam.* Cigarrillo de hojas de marihuana, hachís, etc.

**PORRÓN** n. m. Vasija de vidrio de forma cónica, usada para beber vino a chorro por el pitón, que sale de cerca de la base.

**PORRÓN** n. m. Nombre que se da a diversos patos cuya característica común consiste en anidar en agujeros o en el suelo, excelentes buceadores, que acostumbran a chapotear la superficie del agua al levantar el vuelo: *porrón albeola, porrón de collar, porrón moñudo, porrón pardo.*

**PORRUDO** adj. y n. *Argent.* Dícese de la persona o animal que tiene porra, pelo enmarañado.

**PORTA** n. f. y adj. Vena que conduce la sangre procedente del intestino y el bazo al hígado.

**PORTAAERONAVES** o **PORTAERONAVES** n. m. (pl. *portaaeronaves* o *portaeronaves*). Término genérico que designa a cualquier buque de guerra acondicionado para recibir aeronaves.

**PORTAAGUJA** n. m. TECNOL. Pieza de diferentes máquinas a la que se fija la aguja. ◆ **portaagujas** n. m. pl. **2.** CIR. Especie de pinza de acero que sirve para sostener la aguja de suturar.

**PORTAAVIONES** o **PORTAVIONES** n. m. (pl. *portaaviones* o *portaviones*). Portaaeronaves cuyo armamento principal está formado por aviones.

el **portaaviones** norteamericano Theodore Roosevelt de propulsión nuclear (puesta en servicio: 1987; desplazamiento: 97 000 t; longitud: 333 m; anchura: 79 m; 85 aviones y helicópteros)

**PORTABROCAS** n. m. (pl. *portabrocas*). Parte de una herramienta o de una máquina-herramienta destinada a recibir una broca.

**PORTACARTAS** n. m. (pl. *portacartas*). Utensilio para colocar o llevar cartas.

**PORTADA** n. f. Obra de ornamentación con que se realza la puerta o fachada principal de un edificio. **2.** Una de las primeras páginas de un libro, en la que se pone el título con sus detalles complementarios. **3.** Primera página de un periódico o revista.

**PORTADILLA** n. f. Anteportada.

**PORTADOR, RA** adj. y n. Que lleva algo en sí o de una parte a otra. ◆ adj. **2.** F.C. Dícese del cable de la catenaria del que va suspendido el cable de contado. • **Corriente portadora, onda portadora,** corriente alterna u onda electromagnética empleada en telecomunicaciones para la transmisión de señales. ◆ n. m. **3.** DER. MERC. Tenedor de efectos públicos o valores comerciales que no son nominativos. • **Al portador,** mención inscrita en un efecto de comercio o en un cheque cuyo beneficiario no está designado nominalmente; dícese de los valores mobiliarios transmisibles de mano a mano, y cuyo poseedor es considerado propietario de los mismos. || **Portador de cargas** (FÍS.), partícula electrizada, como un ion o un electrón. || **Portador de gérmenes,** persona que vehicula los gérmenes causantes de una determinada enfermedad.

**PORTAEQUIPAJE** o **PORTAEQUIPAJES** n. m. (pl. *portaequipajes*). Soporte que se dispone sobre el techo de los automóviles para el transporte de bultos. **2.** Maletero de un coche.

**PORTAESCOBILLAS** n. m. (pl. *portaescobillas*). Pieza que sujeta las escobillas de una máquina eléctrica rotativa.

**PORTAESTANDARTE** n. m. Oficial que lleva el estandarte.

**PORTAFOLIO** o **PORTAFOLIOS** n. m. (pl. *portafolios*). Carpeta o cartera para llevar papeles, documentos, etcétera.

**PORTAFUSIL** n. m. Correa para llevar el fusil.

**PORTAGUIÓN** n. m. Oficial o suboficial que, en campaña o en una parada, lleva el guión distintivo de un oficial general.

**PORTAHELICÓPTEROS** n. m. (pl. *portahelicópteros*). Portaaeronaves cuyo principal armamento lo constituyen los helicópteros.

**PORTAHERRAMIENTAS** n. m. (pl. *portaherramientas*). Órgano de las máquinas-herramienta en que se fijan los útiles o herramientas que han de labrar las piezas.

**PORTAINJERTO** n. m. BOT. Individuo sobre el que se efectúa un trasplante o injerto.

**PORTAL** n. m. Zaguán o primera pieza de la casa, donde está la puerta principal. **2.** Arco que corona una entrada. **3.** En algunas partes, puerta de la ciudad.

**PORTALADA** n. f. Portada de uno o más huecos, comúnmente monumental, situada en el muro de cerramiento, y que da acceso al patio en que tienen su portal las casas señoriales.

**PORTALÁMPARA** o **PORTALÁMPARAS** n. m. (pl. *portalámparas*). Dispositivo en el que se inserta el casquillo de una lámpara de incandescencia o las espigas terminales del casquillo de un tubo electrónico. **2.** Pieza o aparato propio para sostener una lámpara.

**PORTALIBROS** n. m. (pl. *portalibros*). Utensilio en que los escolares llevan sus libros.

**PORTALIGAS** n. m. (pl. *portaligas*). Prenda interior femenina que, sujeta a la cintura, sirve para sostener las medias.

**PORTALLAVES** n. m. (pl. *portallaves*). *Venez.* Llavero, utensilio para guardar llaves.

**PORTALÓN** n. m. Portalada. **2.** MAR. Abertura de los costados de un barco para la entrada de personas y mercancías.

**PORTAMANTAS** n. m. (pl. *portamantas*). Utensilio formado por dos correas enlazadas por un asa, utilizado para llevar las mantas o abrigos para viaje.

**PORTAMINAS** n. m. (pl. *portaminas*). Especie de lapicero cuya mina de grafito va suelta y puede moverse, por acción de un botón o pulsador, en el interior de un estuche.

**PORTAMONEDAS** n. m. (pl. *portamonedas*). Bolsa o cartera para llevar dinero a mano.

**PORTANTE** adj. Que sostiene o sustenta, que ejerce un esfuerzo. **2.** Que asegura la sustentación. • **Cable portante,** en los transportadores funiculares bicables, o teleféricos de dos cables, el cable fijo del que van suspendidas las vagonetas, los pesos, etc. ◆ n. m. **3.** Paso de las caballerías en que mueven a la vez el pie y la mano del mismo lado. • **Dar el portante** *(Fam.)*, despedir a alguien. || **Tomar,** o **coger el portante** *(Fam.)*, irse, marcharse.

**PORTANTILLO** n. m. Paso menudo y apresurado de una caballería, y particularmente del pollino.

**PORTAÑUELA** n. f. Tira de tela con que se tapa la bragueta de los pantalones.

**PORTAOBJETIVO** n. m. Tubo frontal de una cámara fotográfica o de un proyector, en el cual se enroscan o encajan los objetivos.

**PORTAOBJETO** o **PORTAOBJETOS** n. m. Pequeña lámina de vidrio rectangular, donde se coloca el objeto para ser examinado en el microscopio.

**PORTAPLUMAS** n. m. (pl. *portaplumas*). Varilla en cuyo extremo se inserta una plumilla metálica que se moja en tinta para escribir o dibujar.

**PORTAR** v. tr. (lat. *portare*) **[1]**. Llevar o traer: *portar un paquete.* ◆ **portarse** v. pron. **2.** Actuar de cierta manera: *portarse bien, mal.* **3.** Salir airoso, causar buena impresión, actuar con libertad y franqueza.

**PORTARRETRATO** o **PORTARRETRATOS** n. m. (pl. *portarretratos*). Marco u objeto a manera de marco que se usa para poner retratos en él.

**PORTÁTIL** adj. Movible, fácil de ser llevado de una parte a otra: *radio portátil, órgano portátil.*

**PORTAVIENTO** n. m. En el teclado del órgano, tubo conductor del aire. **2.** Saco de aire de la gaita. **3.** Conducto que lleva el aire caliente a las toberas de soplado de un alto horno.

**PORTAVOZ** n. m. y f. Persona o publicación que, con carácter oficioso, es la encargada de transmitir la opinión de las autoridades, de un grupo, partido, etc.

**PORTAZGO** n. m. Impuesto medieval indirecto de tránsito.

**PORTAZO** n. m. Golpe recio dado con una puerta al cerrarse o ser cerrada. **2.** Acción de cerrar la puerta violentamente para echar a alguien o para mostrar el enfado al marcharse de un sitio.

**PORTE** n. m. Acción de portear. **2.** Aspecto en cuanto a la propia figura, modo de vestirse, modales, etc.: *tener un porte distinguido; edificio de porte señorial.* **3.** Tamaño, dimensión o capacidad: *un baúl de gran porte.* ◆ **portes** n. m. pl. **4.** Gastos de transporte de mercancías, máquinas o bienes materiales.

**PORTEADOR, RA** adj. y n. Que portea o tiene por oficio portear.

**PORTEAR** v. tr. **[1]**. Llevar de una parte a otra una cosa por un precio convenido.

**PORTEAR** v. intr. **[1]**. Dar golpes las puertas o ventanas, o darlos con ellas.

**PORTENTO** n. m. (lat. *portentum,* presagio). Prodigio, acción o cosa que parece casi milagrosa. **2.** Persona o cosa que tiene dotes extraordinarias.

**PORTENTOSO, A** adj. Extraordinario, singular.

**PORTEÑO, A** adj. y n. Bonaerense.

**PORTEO** n. m. Acción y efecto de portear.

**PORTERÍA** n. f. Vivienda del portero. **2.** Habitación o garita en la entrada de un edificio, donde está el portero. **3.** Empleo u oficio de portero. **4.** En ciertos deportes de equipo, meta.

**PORTERIL** adj. Relativo al portero o a la portería.

**PORTERO, A** n. Persona que custodia la puerta de un edificio público o de una casa privada. **2.** En ciertos deportes de equipo, jugador que defiende la meta de su bando. SIN.: *guardameta.* ◆ n. m. **3. Portero automático,** o **electrónico,** mecanismo electrónico para abrir los portales en las casas desde el interior de las mismas.

**PORTEZUELA** n. f. Puerta de un coche.

**PÓRTICO** n. m. (lat. *porticum*). Espacio cubierto y con columnas, situado delante de los templos u otros edificios monumentales. **2.** Galería con arcadas o columnas a lo largo de una fachada, patio, etc. **3.** Estructura formada por dos pies derechos y un cabecero, rígidamente enlazados.

**PORTILLA** n. f. Paso para carros, ganado o peatones, entre fincas rústicas. **2.** Cada una de las ventanillas o aberturas circulares practicadas en los costados o en los mamparos del buque, para dar luz y ventilación a los camarotes y entrepuentes.

**PORTILLO** n. m. Abertura que hay en las murallas, paredes o tapias. **2.** Postigo o puerta pequeña hecha en otra mayor. **3.** *Fig.* Punto por donde puede fallar una cosa o sobrevenir algún daño, o por donde puede encontrarse la solución de algún problema. **4.** *Fig.* Mella que queda en una cosa quebrada, como plato, escudilla, etc. **5.** GEOGR. Camino angosto entre dos alturas.

**PORTLAND** n. m. **Cemento portland,** cemento artificial obtenido mediante molturación de su clinker y la cantidad adecuada de regulador del fraguado.

**PORTÓN** n. m. Puerta grande y tosca. **2.** TAUROM. Puerta del toril que da a la plaza.

**PORTOR** n. m. Acróbata que sostiene o recibe a sus compañeros en los equilibrios de tierra o en los ejercicios aéreos.

**PORTORRIQUEÑO, A** adj. y n. Puertorriqueño.

**PORTUARIO, A** adj. Relativo al puerto: *actividad portuaria.*

**PORTUGUÉS, SA** adj. y n. De Portugal. ◆ n. m. **2.** Lengua románica hablada en Portugal y en Brasil. ■ La independencia de Portugal favoreció desde el s. XII el distinto desarrollo del gallegoportugués al N y al S del río Miño. Como el gallego, el portugués es una lengua arcaizante en relación con otros romances del ámbito occidental (castellano, francés). La condición de lengua oficial y de cultura ha contribuido a establecer y mantener un patrón lingüístico por encima de las variantes dialectales. El dominio lingüístico portugués incluye, además de la antigua metrópoli continental, archipiélagos del Atlántico (Madeira, Azores), territorios de África (Guinea, Cabo Verde, Santo Tomé, Príncipe, Angola y Mozambique), Asia (Srī Lanka, Macao, Diu y Damão), América (Brasil) y Oceanía (Timor).

**PORTUGUESADA** n. f. Exageración.

**PORTUGUESISMO** n. m. Lusitanismo.

**PORTULANO** n. m. (ital. *portolano*). Colección de planos de varios puertos, encuadernada en forma de atlas.

**PORVENIR** n. m. El tiempo futuro. **2.** Situación futura.

**POS. En pos de,** detrás o después de.

**POSADA** n. f. Casa en que, mediante cierto precio, se da estancia y comida, o sólo alojamiento. **2.** Hospedaje. **3.** Precio del hospedaje. **4.** En México, fiesta popular navideña consistente en un recorrido por las casas, acompañando con velas y canciones unas figuras de san José y la Virgen, seguida de bailes, etc.

**POSADERAS** n. f. pl. Nalgas.

**POSADERO, A** n. Patrón o dueño de una posada.

**POSAR** v. intr. **[1]**. Alojarse u hospedarse en un sitio. **2.** Permanecer en una postura determinada, para servir de modelo a un pintor, escultor o fotógrafo. ◆ v. intr. y pron. **3.** Detenerse las aves, u otros animales que vuelan, o las aeronaves, en algún sitio después de haber volado. ◆ v. tr. **4.** Dejar la carga que se trae a cuestas, para descansar. ◆ v. tr. y pron. **5.** Poner, colocar suavemente. ◆ **posarse** v. pron. **6.** Depositarse en el fondo de un recipiente o en el suelo las partículas sólidas que están en suspensión en un líquido o en el aire.

**POSAVASOS** n. m. (pl. *posavasos*). Soporte de cualquier material, utilizado para que los vasos de bebida no dejen huellas en las mesas.

**POSBÉLICO, A** adj. Posterior a una guerra: *período posbélico.*

**POSCLÁSICO, A** adj. Que sucede a un período clásico.

**POSCOMBUSTIÓN** n. f. Combustión adicional efectuada en un turborreactor para aumentar su empuje. **2.** Dispositivo que garantiza esta combustión.

**POSDATA** n. f. Lo que se añade a una carta después de concluida y firmada.

**POSE** n. f. Postura del cuerpo intencionada. **2.** Actitud, manera afectada de comportarse o de hablar.

**POSEEDOR, RA** adj. y n. Que posee. ◆ n. **2.** DER. Persona que ostenta cualquier tipo de posesión.

**POSEER** v. tr. (lat. *possidere*) **[2i]**. Tener, ser el dueño: *poseer riquezas; poseer conocimientos de inglés.* **2.** Conocer bien una materia. **3.** Tener un hombre trato sexual con una mujer. **4.** DER. Gozar de hecho de una cosa o de un derecho con la intención de obrar por cuenta propia.

**POSEÍDO, A** adj. y n. Dominado por una idea o pasión: *poseído por el odio; poseído del deseo.* **2.** Poseso. **3.** Que está muy seguro de su superioridad.

**POSESIÓN** n. f. Acción de poseer, facultad de disponer de algo: *una posesión legítima.* **2.** Cosa poseída: *tiene muchas posesiones.* **3.** DER. Ejercicio de hecho de una situación jurídica que implica una facultad de apropiación sobre un bien. • **Dar posesión,** poner una cosa en manos de otro o a su disposición, o dar alguna señal o cosa como prueba o símbolo de la entrega. || **Delirio de posesión,** trastorno mental en que el enfermo cree hallarse en poder de fuerzas ocultas o sobrenaturales. || **Tomar posesión,** realizar algún acto que pruebe el ejercicio del derecho o disposición de la cosa que se empieza a poseer.

**POSESIONAR** v. tr. y pron. **[1]**. Dar o adquirir posesión de algo. ◆ **posesionarse** v. pron. **2.** Apoderarse de algo.

**POSESIVO, A** adj. y n. m. Dícese de las partículas lingüísticas que expresan posesión, pertenencia, dependencia: *adjetivo posesivo; los posesivos indican también interés.* ◆ adj. y n. **2.** Que denota posesión, que siente necesidad de posesión, de dominio: *una madre posesiva.*

**POSESO, A** adj. y n. Dícese de la persona a la que se atribuye la posesión de algún espíritu.

**POSESORIO, A** adj. DER. Relativo a la posesión: *capacidad posesoria.*

**POSGLACIAL** n. m. y adj. GEOL. Período o materiales que han seguido a la última glaciación cuaternaria.

**POSGRADO** n. m. Cualquiera de los estudios universitarios posteriores a la obtención de un título de licenciado.

**POSGUERRA** n. f. Período de tiempo inmediatamente posterior a una guerra.

**POSIBILIDAD** n. f. Calidad de posible. **2.** Hecho de ser posible una cosa. ◆ **posibilidades** n. f. pl. **3.** Medios, caudal o hacienda de uno: *es un hombre de posibilidades.*

**POSIBILISMO** n. m. Forma de actuación, especialmente en política, que renuncia a la coherencia de la propia postura ideológica para conseguir la posibilidad de un acuerdo con otros grupos a fin de obtener resultados prácticos.

**POSIBILITAR** v. tr. [**1**]. Facilitar y hacer posible una cosa.

**POSIBLE** adj. (lat. *possibilem*). Que puede ser o suceder, que se puede hacer. ◆ **posibles** n. m. pl. **2.** Facultad o medios para hacer una cosa, generalmente medios económicos.

**POSICIÓN** n. f. (lat. *positionem*). Postura, modo de estar puesta una cosa, o una persona. **2.** Emplazamiento, lugar que ocupa una persona o cosa. **3.** Acción de poner. **4.** Circunstancias en las que uno se encuentra. **5.** Situación, condición o categoría social: *disfrutar de una buena posición económica.* **6.** COREOGR. Cada una de las cinco diferentes maneras de posar los pies en el suelo y de colocar los brazos, unos en relación a los otros. **7.** MED. Situación del feto en el interior del útero, con respecto a la pelvis. **8.** MIL. Zona de terreno ocupada por una formación militar en combate o en previsión de operaciones. **9.** MIL. Postura adoptada por el soldado a la voz de mando: *posición de firmes, de descanso.* **10.** MÚS. Disposición relativa de los sonidos que forman un acorde.

**POSICIONAMIENTO** n. m. Acción y efecto de tomar o adoptar una determinada actitud o elegir una opción.

**POSICIONAR** v. intr. y pron. [**1**]. Tomar posición.

**POSITIVADO** n. m. FOT. Exposición de una imagen negativa sobre una emulsión sensible, y revelado subsiguiente.

**POSITIVADORA** n. f. FOT. Máquina para el positivado.

**POSITIVAR** v. tr. [**1**]. FOT. Realizar un positivado.

**POSITIVIDAD** n. f. Carácter de lo que es positivo.

**POSITIVISMO** n. m. Filosofía de Auguste Comte, que considera que la humanidad atraviesa por tres etapas: teológica, metafísica y positiva. **2.** Filosofía que admite sin crítica el valor de la ciencia como tal. • **Positivismo jurídico,** doctrina según la cual el derecho positivo es el único que posee fuerza jurídica, rechazando la idea del derecho natural. || **Positivismo lógico,** empirismo lógico.

■ En el *estadio positivo,* la mente humana halla la explicación última de los fenómenos elaborando las leyes que los unen entre sí. Mediante el positivismo, Auguste Comte proyectó fundar una nueva disciplina, la *física social* (que posteriormente se denominaría sociología), cuyo objeto es el estudio de los fenómenos sociales. La misión de esta nueva disciplina era, según Comte, completar el conjunto del sistema de las ciencias, inaugurar así el reinado de la filosofía positiva, y alcanzar al mismo tiempo la felicidad de la humanidad.

**POSITIVISTA** adj. y n. m. y f. Relativo al positivismo; partidario del positivismo.

**POSITIVO, A** adj. (lat. *positivum*). Que se basa en los hechos, la experiencia, etc. **2.** Cierto, constante: *hecho positivo.* **3.** Que afirma: *respuesta positiva.* **4.** Que da pruebas de realismo, que tiene sentido práctico. **5.** Lo que es racional, provechoso. • **Electricidad positiva,** electricidad que puede obtenerse frotando vidrio con una gamuza, y que se señala con el signo +. || **Estado positivo** (FILOS.), positivismo. || **Magnitud positiva** (MAT.), magnitud superior a cero. ◆ adj. y n. m. **6.** LING. Dícese del grado de significación del adjetivo o del adverbio empleado sin idea de comparación. ◆ n. m. **7.** Pequeño órgano de cámara o de iglesia. **8.** FOT. Prueba obtenida de un negativo, por contacto o ampliación, y que constituye la imagen definitiva del objeto reproducido. SIN.: *prueba positiva.*

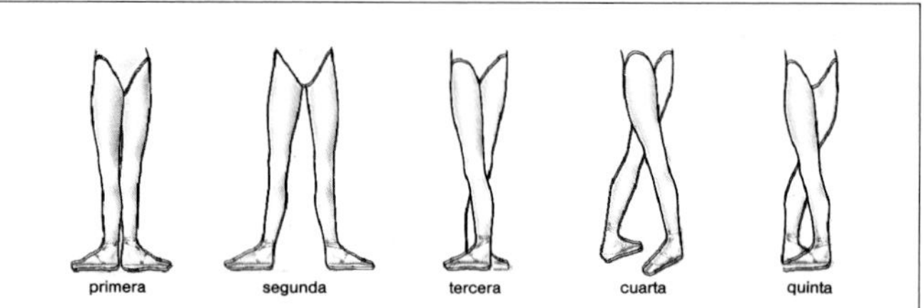

las cinco **posiciones** del ballet clásico

**PÓSITO** n. m. Institución municipal, destinada a almacenar granos y a prestarlos a los vecinos en épocas de escasez. **2.** Edificio donde se guardan dichos granos. **3.** Asociación de carácter mutuo o cooperativo: *pósito de pescadores.*

**POSITÓN** o **POSITRÓN** n. m. Antipartícula del electrón que posee la misma masa que éste y una carga igual y de signo contrario, es decir, positiva.

**POSITURA** n. f. Postura, colocación. **2.** Estado o disposición de una cosa.

**POSMA** n. f. *Fam.* Pesadez, flema, cachaza. ◆ n. m. y f. y adj. **2.** *Fig.* y *fam.* Persona lenta y pesada.

**POSMODERNIDAD** n. f. Término usado para designar el carácter adquirido por la cultura occidental a partir de sus transformaciones y críticas, que han afectado notablemente la ciencia, la literatura y el arte del s. XX.

**POSMODERNISMO** n. m. ARQ. Movimiento contemporáneo que se replantea las teorías de la arquitectura moderna y la influencia, durante medio siglo, del estilo internacional.

**POSMODERNO, A** adj. y n. Relativo o perteneciente a la posmodernidad o al posmodernismo; partidario de la posmodernidad o del posmodernismo.

**POSO** n. m. Sedimento del líquido contenido en una vasija. **2.** *Fig.* Señal, huella que queda en el espíritu de alguna cosa pasada: *le queda un poso de amargura.*

**POSOLOGÍA** n. f. (gr. *poson,* manto, y el elemento *logía*). Estudio de las dosis y de las vías de administración de los medicamentos, en relación con la edad, peso, sexo y estado del paciente.

**POSPONER** v. tr. [**5**]. Poner o colocar una persona o cosa después de otra, especialmente en cuanto a juicio y estimación. **2.** Colocar a alguien en lugar inferior al que tenía o le corresponde. **3.** Diferir. **4.** LING. Colocar después.

**POSPOSICIÓN** n. f. Acción de posponer. **2.** LING. Colocación de una partícula a continuación de la palabra con que se relaciona.

**POSPOSITIVO, A** adj. LING. Que se pone después de la palabra que rige: *preposición pospositiva.*

**POSPRETÉRITO** n. m. LING. En la nomenclatura de los tiempos verbales de Bello, potencial simple.

**POST MERIDIEM** loc. (voces latinas, *después del mediodía*). Indica las horas del día desde el mediodía hasta media noche. (Se utiliza principalmente en los países anglosajones. Suele abreviarse *p. m.*)

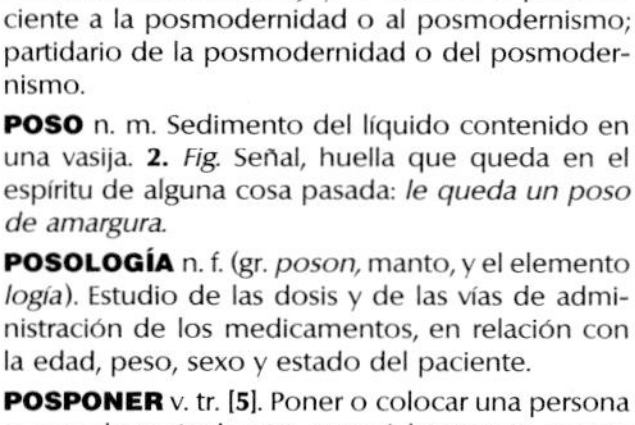
**positivo** construido por Ravani Lucca (1651) [museo instrumental del conservatorio nacional de música, París]

**POST SCRIPTUM** loc. (voces latinas, *después del escrito*). Posdata. (Suele abreviarse P.S.)

**POSTA** n. f. (voz italiana). Conjunto de caballerías que se apostaban en los caminos a distancias regulares para renovar las del correo, diligencias, etc. **2.** Casa o lugar donde estaban apostadas. **3.** Distancia que hay de una posta a otra. **4.** Bala pequeña de plomo. • **A posta** *(Fam.),* adrede.

**POSTAL** adj. Relativo al correo. ◆ adj. y n. f. **2.** Cartulina que lleva en una de las caras la reproducción de un paisaje, grabado o dibujo, y que se envía por correo sin sobre.

**POSTE** n. m. (lat. *postem*). Madero, piedra o columna que se coloca verticalmente para servir de apoyo, señal, o para cualquier otro fin. **2.** Cada uno de los dos palos verticales de la portería del fútbol y de otros deportes.

**POSTEMA** n. f. Absceso supurado.

**POSTER** o **PÓSTER** n. m. (ingl. *poster*). Cartel o fotografía de formato grande y papel ligero, destinado a la decoración.

**POSTERGACIÓN** n. f. Acción y efecto de postergar.

**POSTERGAR** v. tr. [**1b**]. Hacer sufrir un retraso a una cosa. **2.** Colocar en lugar inferior al que tenía o al que le corresponde.

**POSTERIDAD** n. f. (lat. *posteritatem*). Descendencia o generación venidera. **2.** El tiempo futuro. **3.** Fama póstuma: *pasar a la posteridad.*

**POSTERIOR** adj. (lat. *posteriorem*). Que sigue en el orden del tiempo. **2.** Que sigue en la colocación a otra cosa: *una fila posterior a ésta.* **3.** Que está detrás o en la parte de atrás de algo: *parte posterior de la cabeza.* **4.** LING. Dícese del sonido cuyo punto de articulación se sitúa en la parte posterior del canal bucal.

**POSTERIORIDAD** n. f. Calidad o situación de posterior: *me lo contó con posterioridad.*

**POSTHIPÓFISIS** n. f. ANAT. Parte posterior de la hipófisis, que segrega hormonas reguladoras del metabolismo del agua y de las contracciones de los músculos lisos.

**POSTIGO** n. m. (lat. *posticum*). Puerta pequeña abierta en otra mayor. **2.** Puerta falsa o excusada de una casa. **3.** Puerta de una sola hoja que cubre una ventana, cerrando el paso de la luz.

**POSTILLA** n. f. Escama que se forma en las llagas o granos cuando se van secando.

**POSTILLÓN** n. m. Mozo que iba a caballo guiando los que corrían la posta. **2.** Mozo que iba montado en uno de los caballos delanteros del tiro de un carruaje o de una diligencia.

**POSTIMPRESIONISMO** n. m. Movimiento artístico que, entre 1885 y 1905 aproximadamente, disintió del impresionismo o se opuso a él.

**POSTIMPRESIONISTA** adj. y n. m. y f. Relativo al postimpresionismo; seguidor de este movimiento.

**POSTÍN** n. m. (voz gitana). *Fam.* Presunción, vanidad. • **Darse,** o **gastar, postín** *(Fam.),* presumir de algo, atribuirse importancia. || **De postín** *(Fam.),* de lujo.

**POSTINERO, A** adj. *Fam.* Presumido, farolero.

**POSTIZA** n. f. Castañuela para acompañar el baile, y, por lo común, la más fina y pequeña de las regulares. (Suele usarse en plural.)

**POSTIZO, A** adj. Que suple una falta o escasez natural: *dientes postizos.* **2.** Que está añadido, sobrepuesto: *puño, cuello postizo.* **3.** *Fig.* Falso, ficticio: *nombre postizo.* **4.** *Fig.* Que está en desacuerdo con el resto. ◆ n. m. **5.** Añadido de pelo que se hace a un peinado o que suple una escasez o falta.

**POSTÓNICO, A** adj. y n. Dícese de una sílaba o de un fonema colocados después de la tónica.

**POSTOPERATORIO, A** adj. y n. m. MED. Que se produce o sucede a continuación de una intervención quirúrgica.

**POSTOR** n. m. (lat. *positorem*). Licitador. • **Mayor,** o **mejor postor,** licitador que hace la mejor postura en una subasta.

**POSTPARTUM** n. m. (voz latina). MED. Período que sigue al parto.

**POSTRACIÓN** n. f. Acción y efecto de postrar o postrarse. **2.** Estado de gran abatimiento, con disminución de la energía física y síquica.

**POSTRADO, A** adj. Abatido, debilitado. **2.** Dícese de las plantas y de los tallos débiles que están caídos y sólo tienen erguidas las extremidades.

**POSTRAR** v. tr. **[1]**. Derribar o inclinar hasta el suelo. ◆ v. tr. y pron. **2.** Debilitar física o moralmente: *la enfermedad le postró.* ◆ **postrarse** v. pron. **3.** Arrodillarse humillándose en señal de respeto, veneración, etc.: *postrarse ante el altar; se postró a sus pies.*

**POSTRE** n. m. Fruta, plato dulce, etc., que se toma al final de las comidas. • **A la,** o **al, postre,** al final.

**POSTREMO, A** adj. Postrero, último.

**POSTRER** adj. Apócope de *postrero,* usado antepuesto al sustantivo: *el postrer día.*

**POSTRERO, A** adj. y n. Que se encuentra el último en una serie de cosas. **2.** Que está, se queda o viene detrás.

**POSTRIMERÍAS** n. f. pl. Último período en la duración de algo o de un tiempo determinado: *las postrimerías del siglo.* **2.** Últimos momentos de la vida de una persona. **3.** TEOL. Lo que aguarda al hombre al término de su vida: la muerte, el juicio, el infierno o la gloria.

**POSTULACIÓN** n. f. Acción y efecto de postular.

**POSTULADO** n. m. (lat. *postulatum,* pedido). Principio primero, indemostrable o no demostrado, cuya admisión es necesaria para establecer una demostración.

**POSTULANTE, A** n. Persona que postula.

**POSTULAR** v. tr. (lat. *postulare*) **[1]**. Pedir, especialmente por la calle, en una colecta. **2.** Pedir que se tome una determinada resolución. **3.** Predicar. **4.** FILOS. Proponer una proposición como postulado.

**PÓSTUMO, A** adj. (lat. *postumum*). Que nace después de la muerte del padre: *hijo póstumo.* **2.** Que aparece después de la muerte del autor: *obra póstuma.*

**POSTURA** n. f. (lat. *posituram*). Manera de estar las personas o animales según la posición relativa de sus miembros. **2.** *Fig.* Actitud que se toma con respecto a un asunto, ideología, etc. **3.** Cantidad que ofrece el postor en una puja o subasta. • **Hacer postura,** tomar parte como licitador en una puja o subasta.

**POSVENTA** n. f. Período de tiempo que sigue a la venta de un artículo. • **Servicio posventa,** conjunto de operaciones que se realizan tras una venta, para garantizar el mantenimiento y reparación del artículo vendido; servicio encargado de proporcionar esta asistencia.

**POTABILIDAD** n. f. Calidad de potable.

**POTABILIZADOR, RA** adj. y n. Que potabiliza.

**POTABILIZAR** v. tr. **[1g]**. Hacer potable.

**POTABLE** adj. (lat. *potabilem*). Que se puede beber sin que dañe: *agua potable.* **2.** *Fig.* y *fam.* Aceptable: *un argumento potable.*

**POTAJE** n. m. (fr. *potage;* de *pot,* puchero). Caldo de olla. **2.** Guiso hecho a base de legumbres secas, verduras y otros ingredientes. **3.** Legumbres secas. **4.** Bebida o brebaje en que entran muchos ingredientes. **5.** *Fig.* Conjunto de varias cosas mezcladas y confusas.

**POTAMOLOGÍA** n. f. Estudio de los ríos. (Se distinguen dos grandes partes: la *hidrología fluvial* y la *dinámica fluvial.*)

**POTASA** n. f. (fr. *potasse*). Nombre común de varios derivados potásicos: el hidróxido de potasio *(potasa cáustica)* y los carbonatos de potasio *(potasas carbonatadas).* **2.** Cualquier variedad de carbonato de potasio impuro.

**POTÁSICO, A** adj. Relativo al potasio. **2.** Que deriva del potasio. **3.** Que contiene compuestos de potasio.

**POTASIO** n. m. Metal alcalino ligero, de símbolo químico K, número atómico 19 y masa atómica 39,1.

**POTE** n. m. (cat. *pot*). Vasija cilíndrica, de barro, porcelana, metal, etc.

**POTENCIA** n. f. (lat. *potentiam*). Capacidad para realizar alguna cosa o producir un efecto. **2.** Fuerza, poder, vigor. **3.** Capacidad de mandar, dominar, imponer o influir. **4.** Estado soberano: *las potencias aliadas.* **5.** Persona, grupo o entidad poderosa, importante o influyente. **6.** FILOS. Carácter, virtualidad, posibilidad: *la potencia y el acto.* **7.** FÍS. Cociente entre el trabajo realizado por una máquina y el tiempo empleado en realizarlo. **8.** GEOGR. Poder de transporte y de erosión de una corriente de agua. **9.** GEOL. Espesor de una capa o filón. **10.** MAT. Producto que resulta de multiplicar una cantidad por sí misma tantas veces como indica un número llamado *exponente* o *grado.* • **En potencia,** de manera virtual, que puede producirse o ser producido. ‖ **Potencia de un conjunto** (LÓG.), número cardinal de este conjunto. ‖ **Potencia de un punto respecto a una circunferencia, a una esfera,** producto de las distancias de este punto a las intersecciones de la circunferencia o de la esfera con una secante que pasa por este punto. ‖ **Potencia de una lupa, de un microscopio,** cociente del ángulo bajo el que se ve un objeto a través del instrumento por la longitud de este objeto. ‖ **Potencia fiscal,** potencia de un motor de automóvil o de motocicleta, calculada para servir de base a la imposición fiscal.

**POTENCIACIÓN** n. f. Acción y efecto de potenciar. **2.** MAT. Elevación de un número a un exponente para obtener la potencia correspondiente.

**POTENCIAL** adj. Relativo a la potencia. **2.** Que sólo existe en potencia. • **Energía potencial** (FÍS.), energía que posee un cuerpo o un sistema físico, por el hecho de su posición, de su estado. ◆ adj. y n. m. **3.** LING. Dícese de una forma verbal que indica la posibilidad de una acción en el presente o futuro (*potencial simple* o *pospretérito*) o pasado (*potencial compuesto* o *antepospretérito*). SIN.: *condicional.* ◆ n. m. **4.** Fuerza, potencia de la que se puede disponer: *el potencial militar, industrial.* **5.** Cantidad de energía liberable que tiene almacenada un cuerpo. **6.** ELECTR. Magnitud definida por una constante aproximada que caracteriza a los cuerpos electrificados y a las zonas del espacio en las que domina un campo eléctrico, y relacionada con el trabajo producido por el campo eléctrico.

**POTENCIALIDAD** n. f. FILOS. Mera capacidad de la potencia. **2.** FILOS. Equivalencia de una cosa respecto de otra en virtud y eficacia.

**POTENCIALIZACIÓN** n. f. Fenómeno por el que algunos medicamentos aumentan su acción si se administran conjuntamente con otros.

**POTENCIAR** v. tr. **[1]**. Facilitar, fomentar, impulsar.

**POTENCIOMETRÍA** n. f. QUÍM. Técnica de análisis electroquímico basada en la medida del potencial de una solución.

**POTENCIÓMETRO** n. m. ELECTR. Aparato de medida que sirve para comparar una diferencia de potencial con la fuerza electromotriz de una pila patrón. **2.** ELECTR. Resistencia graduable que sirve de divisor de tensión.

**POTENTADO, A** n. Persona poderosa y opulenta.

**POTENTE** adj. (lat. *potentem*). Que tiene potencia. **2.** Poderoso, fuerte. **3.** Capaz de engendrar.

**POTENTILA** n. f. Planta herbácea trepadora de los parajes silvestres y de las zonas montañosas. (Familia rosáceas.)

**POTERNA** n. f. (lat. *posterulam*). FORT. Puerta menor que da al foso o al extremo de una rampa.

**POTESTAD** n. f. (lat. *potestatem*). Dominio, poder, jurisdicción o facultad que se tiene sobre una persona o cosa. ◆ **potestades** n. f. pl. **2.** REL. Espíritus bienaventurados que forman el cuarto coro.

**POTESTATIVO, A** adj. Voluntario, no obligatorio.

**POTETÓMETRO** o **POTÓMETRO** n. m. Aparato que sirve para determinar la cantidad de agua absorbida por una planta durante un tiempo dado.

**POTINGUE** n. m. *Fam.* Cualquier bebida de farmacia o de aspecto o sabor desagradable. **2.** Crema o producto cosmético.

**POTO** n. m. *Argent., Chile* y *Perú.* Nalgas. **2.** *Perú.* Vasija pequeña de barro.

**POTOMANÍA** n. f. Polidipsia.

**POTOSÍ** n. m. Riqueza extraordinaria. • **Valer un potosí** *(Fam.),* valer mucho.

**POTOSINO, A** adj. y n. De Potosí o de San Luis Potosí.

**POTRA.** **Tener potra,** tener suerte.

**POTRADA** n. f. Conjunto de potros de una yeguada o de un dueño.

**POTRANCO, A** n. Potro de menos de tres años.

**POTREAR** v. tr. **[1]**. *Fam.* Molestar, mortificar.

**POTREREAR** v. tr. **[1]**. *Argent. Fam.* Jugar los niños libremente, como en un potrero, terreno baldío.

**POTRERO, A** n. Persona que cuida de los potros cuando están en la dehesa. ◆ n. m. **2.** Lugar destinado a la cría y pasto de ganado caballar. **3.** *Amér.* Porción de terreno de buena pastura, acotado y destinado al sostenimiento de ganados, especialmente de engorde. **4.** *Argent.* Parcela en que se divide la estancia ganadera. **5.** *Argent.* y *Perú.* Terreno sin edificar donde suelen jugar los niños.

**POTRO, A** n. Caballo o yegua desde que nace hasta la muda de dentición de leche. ◆ n. m. **2.** Aparato gimnástico que consiste en una armazón de madera, recubierta de crin y cuero y montada sobre patas. **3.** Antiguo instrumento de tortura.

figura ejecutada en el **potro** con arcos

**POTTO** n. m. Lemúrido de África tropical, nocturno y arborícola.

**POUJADISMO** o **PUJADISMO** n. m. Movimiento político creado en la década de los años cincuenta en torno a Pierre Poujade para la defensa de las «clases medias», antiparlamentario, antieuropeo y nacionalista. **2.** Movimiento político y social que comparte tales características.

**POYATO** n. m. Especie de terreno llano, dispuesto en forma de escalón en la pendiente de una montaña y preparado para el cultivo.

**POYO** n. m. (lat. *podium*). Banco de piedra o de fábrica, que suele construirse junto a las paredes en las casas de campo.

**POZA** n. f. Charca, charco. **2.** Pozo de un río, paraje donde éste es más profundo.

**POZAL** n. m. Cubo con que se saca el agua del pozo, o que se emplea en cualquier otro menester.

**POZO** n. m. Hoyo que se hace en la tierra ahondándolo hasta encontrar una vena de agua. **2.** Hoyo profundo, aunque esté seco. **3.** *Fig.* Persona que tiene en alto grado la cualidad o defecto que se expresa: *un pozo de ciencia.* **4.** *Argent., Par.* y *Urug.* Socavón, hoyo que se hace en el pavimento de las calles o caminos. **5.** *Colomb.* Parte de un río apropiada para bañarse. **6.** GEOGR. Depresión en el fondo del mar, cerca de las orillas o los bajos, que los buques buscan para fondear. **7.** GEOGR. Sitio o paraje donde los ríos tienen más profundidad. **8.** MIN. Perforación vertical o ligeramente inclinada, de sección constante, para extraer los minerales o el carbón de una mina, o para otros fines propios de la explotación (ventilación, acceso, etc.). **9.** PETRÓL. Perforación vertical, cilíndrica y profunda para localizar o explotar un yacimiento petrolífero. • **Pozo negro** o **ciego,** en áreas no urbanizadas, depósito impermeable excavado junto a las casas para la recogida de las aguas residuales. ‖ **Pozo sin fondo** *(Fig.),* persona o cosa insaciable.

**POZOLE** n. m. *Guat.* Triturado utilizado para alimentar a las aves de corral. **2.** *Méx.* Guiso que consiste en un caldo muy condimentado, cuyos ingredientes principales son granos de maíz tierno, chile y carne de cerdo o pollo. **3.** *Méx.* Bebida refrescante de agua y harina de maíz batida.

**PRACRITO** o **PRÁCRITO** n. m. Nombre dado a las lenguas vulgares, surgidas del sánscrito, utilizadas en la antigua India.

**PRÁCTICA** n. f. Acción de ejercer o realizar un trabajo, facultad, habilidad: *la práctica del deporte fortalece el organismo.* **2.** Destreza o habilidad que se adquiere con la repetición o continuidad de este ejercicio: *tiene mucha práctica en hacer este trabajo.* **3.** Uso, costumbre, manera que se tiene de hacer una cosa: *la circuncisión es una práctica normal entre los judíos.* **4.** Aplicación de los conocimientos adquiridos, especialmente la que hacen los estudiantes bajo la dirección de un profesor en un ejercicio o clase: *realizar prácticas de química.* • **En la práctica,** en la realidad, realmente. || **Llevar a la,** o **poner en, práctica,** realizar proyectos, ideas, etc.

**PRACTICABLE** adj. Que se puede practicar. **2.** Que se puede pasar. **3.** Que se puede abrir y cerrar: *puerta practicable.*

**PRÁCTICAMENTE** adv. m. Casi.

**PRACTICANTE** adj. y n. m. y f. Que practica. **2.** Dícese de la persona que profesa y practica su religión: *católico practicante.* ◆ n. m. y f. **3.** Profesional sanitario que pone inyecciones y realiza otras curas de asistencia médica.

**PRACTICAR** v. tr. **[1a]**. Realizar, ejercer una actividad, trabajo, acto, etc. **2.** Ejercitar, hacer una cosa con cierta asiduidad o frecuencia: *practica varios deportes.* **3.** Hacer, ejecutar: *practicar un agujero en la pared.* **4.** Ejercer o aplicar unos conocimientos o una profesión bajo la dirección de un profesor o jefe experto en la materia.

**PRÁCTICO, A** adj. (lat. *practicem*). Que produce un provecho o utilidad material. **2.** Diestro, experimentado, hábil para hacer algo. **3.** En oposición a teórico, dícese de lo que tiende a la realización o aplicación de determinados conocimientos. **4.** FILOS. Dícese de las facultades que enseñan el modo de obrar o actuar. ◆ n. m. **5.** Persona que dirige las entradas y salidas de los barcos en un puerto.

**PRADERA** n. f. Conjunto de prados. **2.** Prado grande. **3.** BOT. Formación herbácea integrada principalmente por diversas gramíneas que se agosta más o menos en verano. • **Perro,** o **perrito, de las praderas,** mamífero roedor, excelente zapador y muy prolífico, que habita en América del Norte, incluido México. (Familia esciúridos.)

**PRADIAL** n. m. Noveno mes del año republicano francés, del 20 de mayo al 18 de junio.

**PRADO** n. m. (lat. *pratum*). Terreno muy húmedo o de regadío, en el que se deja crecer o se siembra la hierba para pasto del ganado. **2.** Lugar entre árboles y césped que sirve de paseo en algunas poblaciones.

**PRAGMÁTICA** n. f. Procedimiento empleado en el s. XV por los reyes castellanos para dictar disposiciones de carácter general por sí solos, es decir, sin el concurso de las cortes. **2.** LING. Enfoque lingüístico que se propone integrar en el estudio del lenguaje la función que desempeñan los usuarios y las situaciones en las cuales se utiliza. • **Pragmática sanción,** disposición legislativa de un soberano sobre una materia fundamental (sucesión, relaciones entre Iglesia y estado).

**PRAGMÁTICO, A** adj. y n. Relativo a la acción y no a la especulación, práctico. **2.** DER. Dícese del autor jurista que interpreta o glosa las leyes nacionales. **3.** FILOS. Pragmatista.

**PRAGMATISMO** n. m. (ingl. *pragmatism*). Doctrina que toma como criterio de verdad el valor práctico. **2.** En política, actitud basada en la eficacia, que consiste en ocuparse de los hechos y oportunidades rechazando el apriorismo dogmático o ideológico. SIN.: *realismo político.*

**PRAGMATISTA** adj. y n. m. y f. Relativo al pragmatismo; partidario de esta doctrina.

**PRALINÉ** n. m. (voz francesa). Especie de guirlache.

**PRANDIAL** adj. MED. Relativo a la ingestión de alimentos.

**PRANGANA** adj. m. y f. *Méx. Fam.* Que es pobre en extremo.

**PRASEODIMIO** n. m. Metal del grupo de las tierras raras, cuyo símbolo químico es Pr, su número atómico 59 y su masa atómica 140,90.

**PRATENSE** adj. Relativo a los prados.

**PRATICULTURA** n. f. Parte de la agricultura que trata del cultivo de prados.

**PRAXIS** n. f. (voz griega, *acción*). En la filosofía marxista, acción o conjunto de acciones tendentes a transformar el mundo. **2.** Práctica, acción.

**PREADAPTACIÓN** n. f. BIOL. Situación de un ser que, viviendo en un medio determinado, posee órganos o funciones que le serían más útiles en otro medio.

**PREALPINO, A** adj. Relativo a los Prealpes.

**PREÁMBULO** n. m. Introducción, prefacio, aquello que se escribe o dice como preparación o explicación de lo que se va a tratar. **2.** Rodeo o digresión antes de entrar en materia o de empezar a decir una cosa claramente.

**PREAMPLIFICADOR** n. m. Amplificador de tensión de la señal que sale de un detector o de una cabeza de lectura, antes de su entrada en un amplificador de potencia.

**PREAVISO** n. m. DER. Comunicación que ha de realizar una parte a otra para poner fin al contrato antes del plazo previsto.

**PREBENDA** n. f. Renta aneja a una canonjía u otro oficio eclesiástico. **2.** Cualquiera de los beneficios eclesiásticos superiores de las iglesias catedrales y colegiatas. **3.** *Fig.* y *fam.* Oficio o empleo lucrativo y de poco trabajo.

**PREBENDADO** n. m. Dignidad, canónigo o racionero que disfruta de una prebenda catedralicia o colegial.

**PREBOSTAZGO** n. m. Oficio, cargo y jurisdicción del preboste. **2.** MIL. Destacamento de policía asignado en tiempo de guerra a una unidad.

**PREBOSTE** n. m. (cat. *prebost*). Persona que es cabeza o jefe de una comunidad. **2.** HIST. Oficial público elegido por el rey o por un señor para la administración económica y judicial de los dominios reales y señoríos.

**PRECALENTAMIENTO** n. m. Acción de precalentar.

**PRECALENTAR** v. tr. **[1j]**. Calentar previamente.

**PRECÁMBRICO, A** adj. y n. m. Dícese de la primera era de la historia de la Tierra, cuya duración se calcula en 4 000 millones de años, en la que aparecen las primeras formas de vida.

**PRECAPITALISMO** n. m. Conjunto de relaciones económicas anteriores al capitalismo.

**PRECAPITALISTA** adj. Relativo al precapitalismo. • **Modos de producción precapitalistas,** modos de producción propios del comunismo primitivo, del esclavismo antiguo y del feudalismo.

**PRECARIO, A** adj. (lat. *precarium*). Inestable, inseguro o escaso. • **A precario** (DER.), que se tiene sin título, por tolerancia o inadvertencia del dueño. ◆ n. m. **2.** DER. Cesión del uso de una cosa, revocable a voluntad del dueño de la misma.

**PRECAUCIÓN** n. f. Medida que se toma para evitar un mal. (Suele usarse en plural.) **2.** Actitud de prudencia por la existencia o temor de un peligro.

**PRECAUTORIO, A** adj. Preventivo.

**PRECAVER** v. tr. y pron. (lat. *praecavere*) **[2]**. Prevenir, tomar las medidas necesarias para evitar o remediar un mal.

**PRECEDENCIA** n. f. Antelación, prioridad de una cosa respecto a otra en el tiempo o en el espacio. **2.** Primacía, superioridad, importancia de una cosa sobre otra. **3.** Preferencia en el lugar y asiento y en algunos actos honoríficos.

**PRECEDENTE** adj. y n. m. y f. Que precede. ◆ n. m. **2.** Antecedente, acción, dicho o circunstancia que sirve para justificar hechos posteriores. • **Sentar precedente,** hacer algo que influya o sirva de modelo en casos o circunstancias semejantes.

**PRECEDER** v. tr. e intr. (lat. *praecedere*) **[2]**. Ir, ocurrir o estar algo o alguien delante de aquello que se expresa, en tiempo, orden o lugar. ◆ v. tr. **2.** *Fig.* Estar una persona en posición o cargo de más importancia o categoría que otra determinada.

**PRECEPTISTA** adj. y n. m. y f. Que da o enseña preceptos y reglas o que se atiene a ellos.

**PRECEPTIVA** n. f. Conjunto de preceptos aplicables a determinada materia. • **Preceptiva literaria,** tratado didáctico que tiene por objeto exponer los preceptos y reglas de la composición literaria.

**PRECEPTIVO, A** adj. Dícese de lo que a cuyo cumplimiento se está obligado.

**PRECEPTO** n. m. (lat. *praeceptum*). Orden o mandato dado por una autoridad competente. **2.** Norma o regla que se da para el ejercicio de una actividad. **3.** REL. CATÓL. Mandamiento de la ley de Dios o de la Iglesia. • **Fiesta de precepto** (REL. CATÓL.), fiesta cuya observancia es obligatoria. || **Precepto pascual** (REL. CATÓL.), obligación que tienen los católicos de comulgar en tiempo de Pascua.

**PRECEPTOR, RA** n. Maestro, persona que convive con una familia y está encargada de la instrucción y educación de los niños.

**PRECEPTUAR** v. tr. **[1s]**. Establecer o prescribir un precepto.

**PRECES** n. f. pl. Ruegos, súplicas.

**PRECESIÓN** n. f. Desplazamiento del eje de giro de un cuerpo rígido giratorio, producido por la acción de pares de fuerza externos. • **Precesión de los equinoccios** (ASTRON.), movimiento rotatorio retrógrado del eje de la Tierra alrededor del polo de la eclíptica, que produce un movimiento gradual de los equinoccios hacia el O.

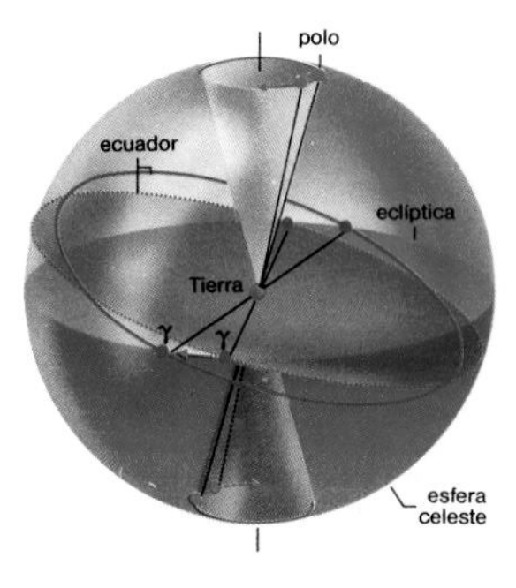

**precesión** de los equinoccios

**PRECIADO, A** adj. Valioso, excelente, digno de estimación.

**PRECIARSE** v. pron. **[1]**. Vanagloriarse, presumir de algo.

**PRECINTADO** n. m. Acción y efecto de precintar.

**PRECINTAR** v. tr. **[1]**. Poner precinto: *precintar una puerta.*

**PRECINTO** n. m. (lat. *praecimetum*). Ligadura y sello que mantiene cerrado algo de manera que no pueda abrirse sin romper dicha ligadura: *precinto de garantía.*

**PRECIO** n. m. (lat. *praetium*). Valor atribuido en el mercado a una cosa, expresado en dinero. **2.** *Fig.* Esfuerzo o dificultad que sirve de medio para obtener alguna cosa. • **No tener precio** una cosa, ser de gran valor. || **Precio de coste,** valor pecuniario resultante de un proceso de fabricación o de prestación de un servicio. || **Precio fijo,** el fijado por adelantado por el comerciante y que el comprador no puede debatir.

**PRECIOSIDAD** n. f. Calidad de precioso. **2.** Persona o cosa preciosa.

**PRECIOSISMO** n. m. LIT. Tendencia al refinamiento de los sentimientos, de las maneras y de la expresión literaria, que se manifestó en Francia, en determinados salones, a principios del s. XVII.

**PRECIOSISTA** adj. y n. m. y f. LIT. Relativo al preciosismo; seguidor de esta tendencia.

**PRECIOSO, A** adj. Que tiene mucho valor. **2.** Que sobresale en importancia, utilidad o calidad. **3.** *Fig.* y *fam.* Hermoso, muy bonito.

**PRECIOSURA** n. f. *Amér.* Preciosidad, persona o cosa preciosa.

**PRECIPICIO** n. m. (lat. *praecipitium*). Abismo, cavidad o declive alto y profundo en un terreno escarpado. **2.** *Fig.* Ruina, pérdida material o espiritual.

**PRECIPITABLE** adj. QUÍM. Que puede ser precipitado.

**PRECIPITACIÓN** n. f. Acción y efecto de precipitar o precipitarse. **2.** Cantidad total de agua líquida o sólida precipitada por la atmósfera. **3.** MED. Una de las técnicas de evidenciación de la reacción antígeno anticuerpo, y de demostración de la existencia de éstos en el suero. **4.** QUÍM. Fenómeno que se opera cuando un cuerpo en disolución se separa del disolvente y se deposita en el fondo del recipiente.

**PRECIPITADO, A** adj. y n. m. QUÍM. Dícese de la sustancia que en el curso de una reacción química se separa de su disolvente y se deposita en el fondo del recipiente.

**PRECIPITAR** v. tr. y pron. (lat. *praecipitare*) **[1]**. Arrojar a una persona o cosa desde un lugar alto o un precipicio. **2.** *Fig.* Acelerar o hacer que una cosa se desarrolle u ocurra antes del tiempo adecuado. **3.** QUÍM. Provocar o producirse una precipitación. ◆ v. tr. **4.** *Fig.* Exponer a alguien a un peligro material o espiritual u ocasionarle una desgracia. ◆ **precipitarse** v. pron. **5.** Acudir de prisa a un lugar. **6.** *Fig.* Proceder con irreflexión y apresuramiento.

**PRECISAR** v. tr. **[1]**. Tener necesidad de alguien o de alguna cosa. **2.** Determinar o expresar algo con detalle y exactitud.

**PRECISIÓN** n. f. Calidad de preciso, necesario. **2.** Exactitud o explicación detallada de algo. **3.** Concisión y exactitud rigurosa del lenguaje, estilo, etc. • **Aparato de precisión,** instrumento de medida destinado a usos que requieren una gran precisión. ‖ **Precisión de tiro,** capacidad de agrupación de los disparos de un arma hechos con los mismos datos. ‖ **Precisión de un instrumento de medida,** cualidad global de un instrumento que le permite dar indicaciones que coinciden, con mucha aproximación, con el valor verdadero de la magnitud que debe medirse.

**PRECISO, A** adj. (lat. *praecisum*). Necesario, indispensable para un fin. **2.** Determinado con exactitud. **3.** Claro, distinto. **4.** Dícese del lenguaje, estilo, etc., conciso y rigurosamente exacto.

**PRECITADO, A** adj. Citado anteriormente.

**PRECLARO, A** adj. Esclarecido, ilustre, digno de admiración.

**PRECLÁSICO, A** adj. Inmediatamente anterior a lo clásico.

**PRECOCIDAD** n. f. Calidad de precoz.

**PRECOCINADO, A** adj. y n. m. Dícese de un alimento que, antes de aplicársele una técnica de conservación, es sometido a una serie de manipulaciones culinarias que reducen el tiempo de preparación en el momento del consumo.

**PRECOGNICIÓN** n. f. Conocimiento anterior.

**PRECOLOMBINO, A** adj. Relativo a las culturas y al arte desarrollados por los pueblos de América con anterioridad a la llegada de Cristóbal Colón. SIN.: *prehispánico.*

■ En el continente americano se desarrollaron altas culturas repartidas en tres grandes áreas:

*Área mesoamericana.* Del período paleoamerindio (9000-7000 a. J.C.) se conservan muy pocos vestigios. Las culturas preclásicas erigieron la primera pirámide, la pirámide de Cuicuilco. Los *olmecas* alcanzaron una gran importancia en el panorama del arte precolombino mexicano (Tres Zapotes, Las Ventas). La *cultura totonaca* (ss. V-XI d. J.C.) estableció su centro en El Tajín. Al norte de los totonacas se desarrolló la *cultura huaxteca,* de arte muy refinado, y en el Valle de México se encontraba la *cultura de Teotihuacán,* civilización teocrática con un arte de gran excelencia. Teotihuacán fue destruida por los *toltecas,* que fueron derrotados a su vez por los *aztecas,* instalados en el lago Texcoco (1267), que fundaron en 1325 la metrópoli de Tenochtitlan. En la península de Yucatán y altas tierras de Guatemala se desarrolló la *civilización maya,* que sobresalió en arquitectura, escultura y pintura, con una secuencia cultural que va desde el período formativo (2000 a. J.C.) hasta el período clásico (900 d. J.C.) y una etapa posclásica de ocupación tolteca (950-1500). La zona de la *cultura zapoteca* (Monte Albán) fue ocupada posteriormente por los *mixteca* (s. XV).

*Área circuncaribe.* En la costa atlántica colombiana se desarrolló la *cultura Tairona,* y en las Antillas los principales vestigios pertenecen a los *taínos.*

*Área andina.* En esta zona se han encontrado restos muy antiguos. La cultura formativa de Colombia fue la de *San Agustín,* que dejó más de trescientos monolitos esculpidos. Las altas culturas colombianas, *chibcha y quimbayá,* destacaron por su orfebrería. En la costa norte peruana sobresalieron las culturas del horizonte *Chavín* y la *cultura mochica,* notable por su cerámica. Sus herederos culturales fueron los *chimú* (1000-1400 d. J.C.). En la costa sur los restos más antiguos pertenecen a las *culturas Paracas* (necrópolis y Cavernas). La *cultura Nazca,* contemporánea de la mochica, destacó por su cerámica. La civilización más importante de la Sierra es la de los *incas,* establecidos en Cuzco en la primera mitad del s. XIII, que extendieron su imperio desde Colombia hasta Chile. En Bolivia la cultura más importante es la de *Tiahuanaco.* En el nordeste argentino la *cultura chacosantiagueña* produjo una cerámica de decoración estilizada. *(V. mapa e ilustración págs. 816 y 817.)*

**PRECOMBUSTIÓN** n. f. Fase de funcionamiento de un motor diesel, que precede a la inflamación del combustible.

**PRECONCEBIR** v. tr. **[30]**. Pensar o proyectar una cosa de antemano.

**PRECONIZACIÓN** n. f. Acción y efecto de preconizar. **2.** REL. Acto solemne por el cual el papa nombra un nuevo obispo.

**PRECONIZADOR, RA** adj. y n. Que preconiza.

**PRECONIZAR** v. tr. **[1]**. Recomendar o aconsejar con intensidad alguna cosa de interés general. **2.** REL. Designar el papa un nuevo obispo.

**PRECONTRATO** n. m. DER. Acuerdo entre dos o más personas por el que se comprometen a concluir en el futuro un determinado contrato que actualmente no pueden o no quieren realizar.

**PRECORDIAL** adj. MED. Referente a la región anterior del tórax, correspondiente al corazón.

**PRECOZ** adj. (lat. *praecocem*). Que se produce, desarrolla o madura antes de tiempo. **2.** Dícese del niño que tiene un desarrollo físico, intelectual o moral superior al que le corresponde por su edad.

**PRECURSOR, RA** adj. y n. (lat. *praecursorem*). Que precede o va delante. **2.** *Fig.* Que anuncia, empieza o divulga algo que tendrá su desarrollo o culminación posteriormente. ◆ n. m. **3. El precursor** *(por antonom.),* san Juan Bautista.

**PREDADOR, RA** adj. y n. ZOOL. Depredador.

**PREDAR** v. tr. **[1]**. Saquear, robar.

**PREDATORIO, A** adj. Propio del robo o saqueo. **2.** ZOOL. Relativo al acto de hacer presa: *instinto predatorio.*

**PREDECESOR, RA** n. Ser que precede a otro en tiempo, orden o lugar. **2.** Antecesor, antepasado.

**PREDECIBLE** adj. Que se puede predecir.

**PREDECIR** v. tr. **[19]**. Anunciar por adivinación, suposición, revelación, etc., algo que ha de suceder en el futuro.

**PREDELA** n. f. (ital. *predella,* gradilla). B. ART. Parte inferior o banco de un retablo o de un políptico, subdividido por lo general en pequeños compartimientos.

**PREDESTINACIÓN** n. f. Acción y efecto de predestinar.

**PREDESTINADO, A** adj. y n. Que fatalmente tiene que acabar de modo determinado.

**PREDESTINAR** v. tr. **[1]**. Destinar anticipadamente una cosa para un fin. **2.** TEOL. Destinar y elegir Dios a los que por medio de su gracia han de lograr la gloria.

**PREDETERMINACIÓN** n. f. Acción y efecto de predeterminar.

**PREDETERMINAR** v. tr. **[1]**. Determinar o decidir anticipadamente una cosa.

**PRÉDICA** n. f. *Desp.* Sermón o discurso.

**PREDICABLE** adj. Dícese de los asuntos dignos de ser predicados en un sermón. **2.** GRAM. y LÓG. Que se puede afirmar o decir de un sujeto.

**PREDICACIÓN** n. f. Acción de predicar. **2.** REL. Doctrina que se predica o enseñanza que se da con ella.

**PREDICADERAS** n. f. pl. *Fam.* Cualidades o dotes para predicar.

**PREDICADO** n. m. (lat. *praedicatum*). LING. Miembro de la oración funcionalmente complementario del sujeto y que está ligado al mismo por una relación de implicación mutua. **2.** LÓG. Lo que se afirma o niega del sujeto de una proposición. • **Cálculo de los predicados** (LÓG.), parte de la lógica que trata de las propiedades generales de las proposiciones analizadas en predicados.

**PREDICADOR, RA** adj. y n. Que predica. ◆ n. m. **2.** Orador evangélico que predica la palabra de Dios. • **Orden de predicadores,** nombre oficial de la orden de los dominicos, consagrados a la predicación.

**PREDICAMENTO** n. m. Prestigio, fama de que goza una persona o cosa e influencia que tiene a causa de ello.

**PREDICAR** v. tr. **[1a]**. Publicar, hacer clara y patente una cosa. **2.** Pronunciar un sermón. **3.** Aconsejar o publicar algo en un sermón: *predicar la caridad.* **4.** LING. y LÓG. Decir algo de un sujeto.

**PREDICATIVO, A** adj. LING. y LÓG. Relativo al predicado.

**PREDICCIÓN** n. f. Acción y efecto de predecir. **2.** Cosa que se predice.

**PREDICTIVO, A** adj. Relativo a la predicción.

**PREDIGERIDO, A** adj. Dícese de un alimento que ha sido sometido a una digestión química previa.

**PREDILECCIÓN** n. f. Cariño o preferencia con que se distingue a una persona o cosa entre otras.

**PREDILECTO, A** adj. Preferido, favorito.

**PREDIO** n. m. (lat. *praedium*). Finca, heredad, hacienda, tierra o posesión inmueble.

**PREDISPONER** v. tr. y pron. **[5]**. Disponer anticipadamente a alguien para alguna cosa, especialmente una enfermedad. **2.** Influir en el ánimo de una persona a favor o en contra de alguien o de algo.

**PREDISPOSICIÓN** n. f. Acción y efecto de predisponer.

**PREDOMINANCIA** n. f. Acción y efecto de predominar.

**PREDOMINANTE** adj. Que predomina, que prevalece o ejerce la principal influencia.

**PREDOMINAR** v. tr. e intr. **[1]**. Ser una cosa la más importante, estar en más cantidad, tener una cualidad en mayor grado, etc.

**PREDOMINIO** n. m. Hecho de tener más calidad, superioridad, dominio o difusión una cosa que otra.

**PREELEGIR** v. tr. **[30b]**. Elegir anticipadamente algo o a alguien.

**PREEMINENCIA** n. f. Primacía, privilegio o ventaja que alguien o algo tiene sobre otros por razón de sus méritos, calidad o categoría.

**PREEMINENTE** adj. Que es superior, que sobresale en algo o que tiene más importancia que otros.

**PREESCOLAR** adj. Que precede a lo escolar. • **Educación preescolar,** primer nivel educativo que precede a la escolarización obligatoria.

**PREESTABLECER** v. tr. **[2c]**. Establecer de antemano.

**PREESTABLECIDO, A** adj. Establecido de antemano.

**PREESTRENO** n. m. Exhibición de una película cinematográfica inmediatamente anterior a su estreno.

**PREEXISTENCIA** n. f. Existencia anterior a la presente.

**PREEXISTENTE** adj. y n. m. y f. Que preexiste.

**PREEXISTIR** v. intr. **[3]**. Existir antes, o realmente, o con antelación de naturaleza u origen.

**PREFABRICACIÓN** n. f. Sistema de fabricación que permite realizar un conjunto (casa, buque, etc.) por medio de elementos estandarizados fabricados de antemano, y cuyo montaje se realiza según un plano preestablecido.

**PREFABRICADO** n. m. Material de construcción compuesto de varios elementos y preparado en fábrica.

**PREFABRICAR** v. tr. **[1a]**. Construir por el sistema de prefabricación.

**PREFACIO** n. m. Introducción, preámbulo, prólogo. **2.** LITURG. CATÓL. Solemne introducción a la misa, que canta o recita el celebrante.

**PREFECTO** n. m. (lat. *praefectum*). Representante del gobierno en cada departamento francés. **2.** DER. CAN. Presidente del tribunal, junta o comunidad eclesiástica. **3.** ENSEÑ. Persona encargada en una co-

YACIMIENTOS ARQUEOLÓGICOS
DE AMÉRICA CENTRAL

ESTATUA MONOLÍTICA
DE TIAHUANACO

YACIMIENTOS ARQUEOLÓGICOS
DE AMÉRICA DEL SUR

Perspectiva axonométrica del centro arqueológico de Teotihuacán, México.

Luchador, estatua de basalto procedente de Santa María Uxpanaga, México, arte olmeca (1500-850 a. J.C.). (Museo nacional de antropología, México.)

Desde *c.* 2500 a. J.C. hasta el descubrimiento se desarrollaron en el continente americano una serie de culturas creadoras de estilos artísticos, cuya expresión se articula siempre en torno al conjunto de mitos y ritos, y cuyos objetos, dejando aparte los estrictamente utilitarios, están insertos en un entramado simbólico-religioso. Las grandes culturas americanas se centran en un territorio que comprende México, América Central, Las Antillas y el sistema andino de América del Sur, desde Colombia hasta el norte de Chile. Así, por un lado, las culturas como las de Teotihuacán, de los olmecas, zapotecas y toltecas, de los aztecas y los mayas, y por otro las de Chavín, los nazca, mochicas, Tiahuanaco, incas, quimbayás y otras, alcanzaron altas cotas de perfección y originalidad estéticas tanto en la arquitectura y escultura como en la pintura, cerámica, tejido, orfebrería y arte plumaria.

Colgante antropomorfo de oro, arte quimbayá, Colombia (100-400).

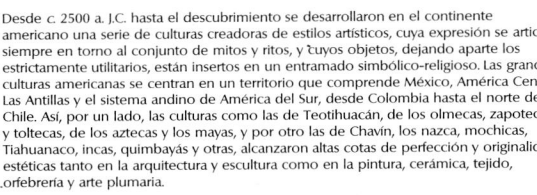

Cabeza de caballero águila, arte azteca. (Museo nacional de antropología, México.)

La pirámide del Adivino en Uxmal, México, fin del maya clásico (600-900).

Mesita B y estatuas del templo Noreste; en primer término, el dios Sol, del yacimiento de San Agustín, Colombia (1-500 d. J.C.).

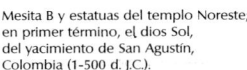

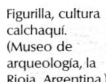

Quero incaico con escena agrícola. (Museo de América, Madrid.)

Figurilla, cultura calchaquí. (Museo de arqueología, la Rioja, Argentina.)

lectividad de vigilar el desarrollo de ciertas funciones: *prefecto de estudios.* **4.** HIST. Alto funcionario romano que ejercía un cargo en el ejército o en la administración. • **Prefecto apostólico,** prelado, no obispo, situado al frente de una circunscripción territorial en países de misión. || **Prefecto de la Sagrada Congregación,** cardenal delegado por el papa para presidir una de estas juntas.

**PREFECTURA** n. f. Dignidad, cargo y funciones de un prefecto. **2.** Edificio u oficina en que ejerce su poder. **3.** En Francia, circunscripción administrativa de un prefecto, que corresponde a un departamento. **4.** En Francia, ciudad en que reside un prefecto. **5.** HIST. Cada una de las grandes divisiones territoriales del Imperio romano.

**PREFERENCIA** n. f. Tendencia o inclinación favorable hacia una persona o cosa que predispone a su elección. **2.** Primacía, ventaja. **3.** En un espectáculo público, asiento o localidad que se considera el mejor. • **De preferencia,** de manera preferente.

**PREFERENTE** adj. y n. m. y f. Que prefiere o se prefiere. ◆ adj. **2.** Que establece una preferencia a favor de alguien: *clase preferente.* • **Voto preferente,** sistema electoral en el cual el elector puede modificar el orden de candidatos de una lista.

**PREFERIBLE** adj. Digno de preferirse.

**PREFERIR** v. tr. y pron. (lat. *praeferre,* llevar delante) **[22]**. Gustar más una persona o cosa que otras.

**PREFIGURACIÓN** n. f. Acción y efecto de prefigurar.

**PREFIGURAR** v. tr. **[1]**. Representar o describir una cosa anticipadamente.

**PREFIJACIÓN** n. f. LING. Medio morfológico que consiste en añadir un prefijo a una palabra para formar una nueva unidad léxica.

**PREFIJAR** v. tr. **[1]**. Determinar o señalar anticipadamente los detalles de una cosa. **2.** LING. Proveer de un prefijo.

**PREFIJO, A** adj. (lat. *praefixum*). Que queda prefijado. ◆ n. m. **2.** En telefonía, señal que precede a otra de servicio o funcional. **3.** LING. Morfema de la clase de los afijos que se antepone a una palabra para constituir un derivado.

**PREFINANCIACIÓN** n. f. Crédito que se concede a un industrial para financiar nuevas inversiones en capital fijo.

**PREFLORACIÓN** n. f. BOT. Disposición de las piezas florales, particulamente del periantio, en el capullo.

**PREFOLIACIÓN** n. f. Vernación.

**PREGLACIAL** adj. y n. m. GEOL. Que ha precedido a la primera época glacial, o a los primeros depósitos glaciares de un lugar.

**PREGÓN** n. m. Promulgación o divulgación que se hace en alta voz y en un lugar público de una noticia, aviso, o hecho que conviene hacer saber a todos. **2.** Propaganda o anuncio de algún producto o mercancía que se suele hacer a voces por la calle. **3.** Discurso literario que se pronuncia en público con ocasión de alguna festividad o celebración. **4.** Antigua forma de cante flamenco de motivo religioso, que solía interpretarse el jueves santo en algunas localidades andaluzas.

**PREGONAR** v. tr. **[1]**. Difundir, divulgar una noticia o un hecho mediante un pregón. **2.** *Fig.* Publicar o difundir algo que debía callarse o permanecer oculto. **3.** *Fig.* Alabar públicamente las cualidades de una persona.

**PREGONERO, A** adj. y n. Que pregona. ◆ n. m. **2.** Oficial público que publica los pregones.

**PREGRABADO, A** adj. Grabado con anterioridad a su difusión.

**PREGUNTA** n. f. Acción de preguntar y palabras con que se pregunta. **2.** Interrogatorio, serie de preguntas formuladas a alguien. (Suele usarse en plural.) **3.** Forma de control parlamentario que permite a los miembros de las cámaras obtener del gobierno informaciones sobre determinada materia. • **Andar, estar** o **quedar** alguien **a la cuarta,** o **a la última, pregunta** *(Fam.),* no tener dinero o tener muy poco.

**PREGUNTADOR, RA** adj. y n. Que pregunta.

**PREGUNTANTE** adj. y n. m. y f. Que pregunta.

**PREGUNTAR** v. tr. y pron. (lat. *percontari*) **[1]**. Pedir una persona información sobre algo que desea saber o que le satisfaga cierta duda. ◆ **preguntarse** v. pron. **2.** No saber con seguridad cierta cosa o plantearse algo sobre lo que se duda.

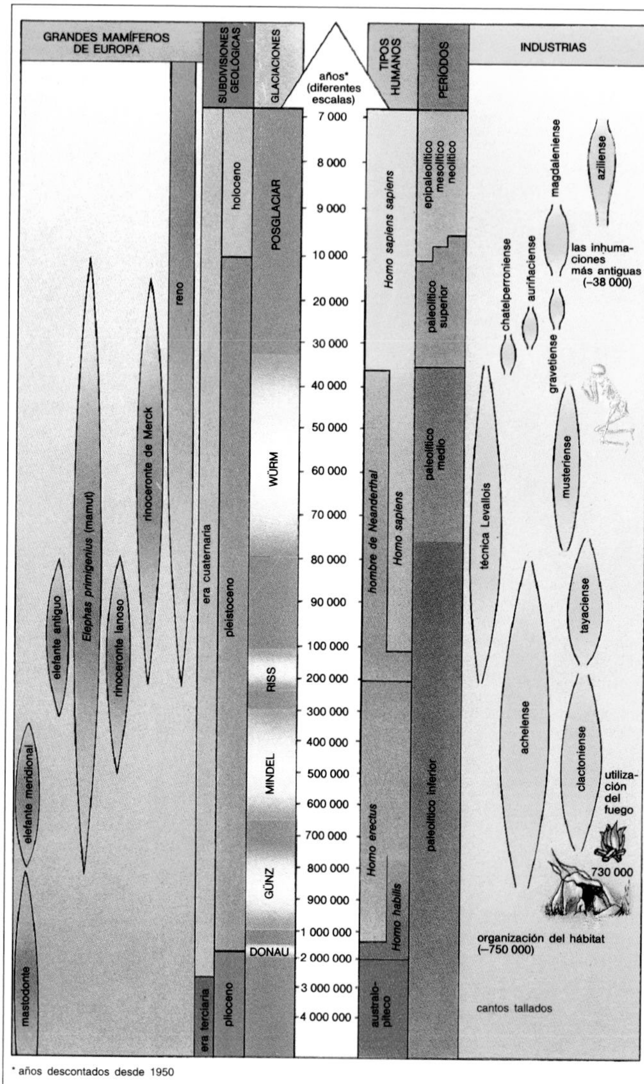


* años descontados desde 1950

**prehistoria:** cuadro sinóptico

**PREGUNTÓN, NA** adj. y n. *Fam.* Que pregunta demasiado o que es indiscreto al preguntar.

**PREHELÉNICO, A** adj. Relativo a las civilizaciones de principios del II milenio a. J.C. que se desarrollaron en el Mediterráneo oriental antes de la llegada de los primeros aqueos.

**PREHISPÁNICO, A** adj. Precolombino.

**PREHISTORIA** n. f. Historia de las sociedades humanas desde la aparición del hombre hasta los primeros textos escritos. **2.** Período cronológico que precede a la historia. **3.** Fase inicial en el proceso de evolución de un fenómeno o una ciencia o período en que se gesta un movimiento de tipo social.

■ A partir del material empleado para la construcción de los utensilios, la prehistoria se divide en edad de piedra y edad de los metales. La primera comprende el paleolítico inferior, medio y superior, epipaleolítico, mesolítico y neolítico. La edad de los metales se inicia con un período de transición (eneolítico o calcolítico) seguido de las edades del bronce y del hierro. Para algunos autores la edad de los metales es ya protohistoria.

**PREHISTORIADOR, RA** n. Especialista en prehistoria.

**PREHISTÓRICO, A** adj. Relativo a la prehistoria. **2.** *Fig.* Anticuado, viejo.

**PREHOMÍNIDO** n. m. Primate fósil próximo a la línea filética humana, junto a cuyos restos no se han encontrado vestigios de cultura.

**PREINDUSTRIAL** adj. Anterior a la revolución industrial de fines del s. XVIII.

**PREINSCRIPCIÓN** n. f. Inscripción previa.

**PREJUDICIAL** adj. DER. Que debe preceder al juicio.

**PREJUICIO** n. m. Acción y efecto de prejuzgar. **2.** SOCIOL. Actitud de ordinario afectiva, adquirida antes de toda prueba y experiencia adecuadas, y que se manifiesta en forma de simpatía o antipatía frente a individuos, grupos, razas, nacionalidades o ideas, pautas e instituciones.

**PREJUZGAR** v. tr. **[1b]**. Juzgar las cosas antes de conocerlas o sin tener todos los elementos necesarios.

**PRELACIÓN** n. f. Preferencia o antelación de una cosa respecto de otra.

**PRELADO** n. m. Clérigo, secular o religioso, a quien se ha conferido cualquier cargo o dignidad superior dentro de la Iglesia.

**PRELATURA** n. f. Dignidad de prelado y territorio en el que ejerce su jurisdicción. • **Prelatura personal,** jurisdicción gobernada por un prelado como ordinario propio, erigida por la Santa Sede para la realización de determinadas actividades pastorales.

**PRELIMINAR** adj. Que sirve de preámbulo o introducción a una materia que se ha de tratar. • **Diligencias preliminares** (DER.), trámites procesales previos a la iniciación de la causa, encaminados a determinar con toda seguridad la legitimación del demandado o la existencia del objeto o título litigioso. ◆ adj. y n. m. **2.** *Fig.* Que antecede o se antepone a algo, particularmente en un escrito.

**PRELUDIAR** v. intr. y tr. **[1]**. MÚS. Probar, ensayar un instrumento o la voz, improvisar con el piano, con el órgano, etc. ◆ v. tr. **2.** *Fig.* Iniciar o preparar una cosa.

**PRELUDIO** n. m. (lat. *praeludium*). Lo que precede o anuncia. **2.** Lo que se toca o canta para ensayar la voz, probar los instrumentos o fijar el tono, antes de comenzar la ejecución de una obra musical. **3.** Pieza musical escrita o improvisada, ejecutada antes de una obra, al iniciarse un culto, una representación o una ceremonia. **4.** Obertura o sinfonía.

**PREMATRIMONIAL** adj. Dícese de lo que se realiza antes del matrimonio o sirve como preparación a él.

**PREMATURIDAD** n. f. Calidad de prematuro.

**PREMATURO, A** adj. Que no está maduro. **2.** Que ocurre antes de tiempo. ◆ adj. y n. **3.** MED. Nacido antes del término pero viable, es decir, nacido entre los días 180 y 270 del embarazo.

**PREMEDITACIÓN** n. f. Acción de premeditar. **2.** DER. PEN. Voluntad de ejecutar un delito de modo reflexivo y deliberado, que implica una mayor perversidad y frialdad de ánimo en el delincuente.

**PREMEDITAR** v. tr. **[1]**. Reflexionar prolongadamente sobre algo antes de realizarlo.

**PREMENSTRUAL** adj. MED. Relativo al período que precede a la menstruación.

**PREMIADOR, RA** adj. y n. Que premia.

**PREMIAR** v. tr. **[1]**. Dar un premio.

**PREMIER** n. m. y f. (voz inglesa). En Gran Bretaña y otros países con regímenes derivados del británico, jefe del gobierno, primer ministro.

**PREMIO** n. m. (lat. *praemium*). Aquello que se da a alguien en reconocimiento o recompensa de un acto meritorio o para gratificarle un servicio prestado. **2.** Denominación que se da a algunas competiciones deportivas, concursos literarios, etc. **3.** El ganador de una de estas competiciones o concursos. **4.** Cada uno de los lotes sorteados en la lotería nacional. • **Premio gordo** (*Fig.* y *fam.*), el mayor de la lotería pública, y especialmente el correspondiente a la de Navidad.

**PREMIOSIDAD** n. f. Calidad o situación de premioso.

**PREMIOSO, A** adj. Que apremia. **2.** Gravoso, molesto. **3.** *Fig.* Dícese de la persona torpe o lenta para actuar o expresarse o que lo hace con dificultad. **4.** *Fig.* Dícese del lenguaje o estilo que carece de espontaneidad y soltura.

**PREMISA** n. f. LÓG. Cada una de las proposiciones de un silogismo. **2.** LÓG. Supuesto material, no necesariamente válido lógicamente, a partir del cual se infiere una conclusión.

**PREMOLAR** n. m. y adj. Pieza dentaria situada entre los caninos y los molares.

**PREMONICIÓN** n. f. Sensación o percepción síquica, sin base real conocida, que informa de un hecho que ocurrirá posteriormente. **2.** *Por ext.* Presentimiento. **3.** Advertencia moral.

**PREMONITORIO, A** adj. Que anuncia o presagia algo.

**PREMONSTRATENSE** o **PREMOSTRATENSE** adj. y n. m. y f. Dícese de los miembros de una orden de canónigos regulares fundada en 1120 por san Norberto, en Prémontré, cerca de Laon (Francia).

**PREMURA** n. f. Apremio, prisa, urgencia. **2.** Escasez, falta de una cosa.

**PRENATAL** adj. Que precede al nacimiento.

**PRENDA** n. f. Cualquier pieza de vestido o de calzado o cualquiera de las de tela o material semejante que componen el equipo doméstico. **2.** Lo que se da o hace como garantía, prueba o demostración de algo o para un fin determinado. **3.** *Fig.* Cada una de las buenas cualidades de una persona. **4.** Apelativo cariñoso. • **En prenda** o **en prendas,** en prueba de garantía o fianza. || **Soltar prenda** uno (*Fam.*), decir alguien una cosa que le puede comprometer. (Suele usarse en forma negativa.) ◆ **prendas** n. f. pl. **5.** En ciertos juegos de sociedad, objeto que el jugador que pierde o se equivoca entrega, o acción que realiza como castigo por su falta. • **No dolerle prendas** a uno, cumplir fielmente sus obligaciones; no escatimar gastos, concesiones, etc., para lograr algo; reconocer la superioridad de otro o admitir un error propio.

**PRENDAR** v. tr. **[1]**. Gustar mucho o impresionar favorablemente. ◆ **prendarse** v. pron. **2.** Enamorarse o entusiasmarse.

**PRENDEDOR** n. m. Broche, alfiler, etc., que sirve para prender o asir algo.

**PRENDER** v. tr. (lat. *prehendere*) **[2]**. Agarrar, asir. **2.** Arrestar, detener o poner preso. **3.** *Amér.* Conectar la luz o cualquier aparato eléctrico. ◆ v. tr. y pron. **4.** Sujetar o enredarse una cosa en otra de modo que no pueda moverse. ◆ v. intr. **5.** Arraigar la planta en la tierra. ◆ v. intr. y tr. **6.** Encender, hacer brotar luz o fuego. **7.** *Fig.* Extender o propagar algo.

**PRENDERÍA** n. f. Tienda en que se compran y venden ropas, muebles y otras cosas usadas.

**PRENDERO, A** n. Persona que tiene una prendería o que comercia en las mismas cosas que estas tiendas.

**PRENDIDO** n. m. Adorno de un tocado o un vestido.

**PRENDIMIENTO** n. m. Acción de prender. **2.** Detención de Jesucristo en el huerto de los Olivos, y la obra de arte que lo representa.

**PRENOCIÓN** n. f. (lat. *praenotionem*). FILOS. Noción general anterior a toda reflexión y extraída de la experiencia. **2.** FILOS. Idea innata, o *a priori,* que, según ciertos filósofos, existe en el espíritu anterior a toda experiencia sensible.

**PRENSA** n. f. (cat. *premsa*). Máquina compuesta por dos elementos que pueden acercarse uno al otro por efecto de un mando, para comprimir o cerrar lo que se ha colocado entre ellos, o para hacer una impronta: *prensa tipográfica; prensa de estampar.* **2.** Conjunto de publicaciones diarias y periódicas. **3.** Actividad de los periodistas. **4.** Personas dedicadas a esta actividad. **5.** Máquina de imprimir; imprenta. • **Agencia de prensa,** o **de información,** empresa que se encarga de facilitar noticias, reportajes, artículos, fotografías, etc., a los diarios y otras publicaciones periódicas. || **En prensa,** en curso de impresión. || **Libertad de prensa,** libertad de publicar las opiniones a través de un periódico o de un libro. || **Prensa del corazón,** prensa dedicada a temas sentimentales acerca de personas famosas. || **Prensa forrajera,** máquina agrícola que sirve para comprimir el heno, la paja, etc., en balas regulares. || **Prensa hidráulica,** prensa accionada por un émbolo sumergido en un cilindro lleno de líquido. || **Tener buena,** o **mala, prensa,** gozar de buena o mala fama.

**PRENSADO** n. m. Acción de prensar. **2.** Operación que tiene por objeto extraer de la pulpa de la uva el mosto que contiene. SIN.: *prensadura.*

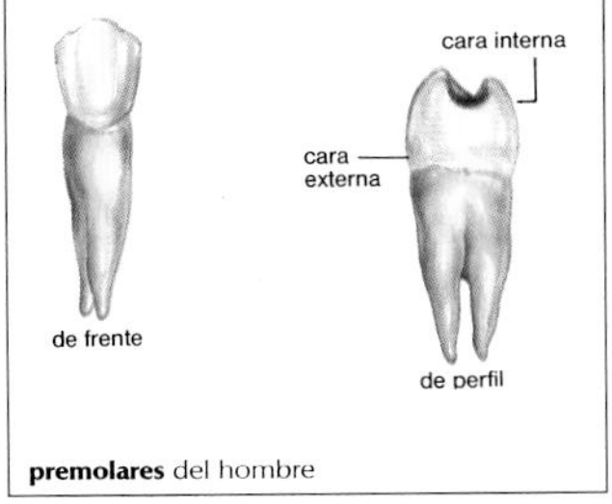

**premolares** del hombre

**PRENSAR** v. tr. **[1]**. Apretar en la prensa una cosa. **2.** Apretar algo con cualquier otro procedimiento: *prensar las aceitunas.*

**PRENSIL** adj. Que sirve para asir o coger: *cola prensil.*

**PRENSISTA** n. m. y f. Persona que en las imprentas o talleres tipográficos trabaja en la prensa.

**PREÑADO, A** adj. Lleno o cargado de cierta cosa. **2.** *Fig.* Que oculta en sí cierta cosa. ◆ adj. y n. **3.** Dícese de la hembra que ha concebido y tiene el feto en el vientre.

**PREÑAR** v. tr. **[1]**. Fecundar a una hembra. **2.** *Fig.* Llenar, henchir.

**PREÑEZ** n. f. Gravidez.

**PREOCUPACIÓN** n. f. Pensamiento o idea que preocupa. **2.** Prejuicio. **3.** Escrúpulo, aprensión.

**PREOCUPANTE** adj. Que causa preocupación.

**PREOCUPAR** v. tr. y pron. **[1]**. Ocupar predominante e insistentemente el pensamiento alguna cosa que causa inquietud. ◆ **preocuparse** v. pron. **2.** Encargarse, tomar alguien algo a su cuidado.

**PREOPERATORIO, A** adj. y n. m. MED. Que precede a una intervención quirúrgica.

**PREPARACIÓN** n. f. Acción y efecto de preparar o prepararse. **2.** Conocimientos que se tienen sobre alguna materia: *examinarse sin la debida preparación.* • **Preparación microscópica,** producto que resulta de la aplicación de un conjunto de técnicas especiales y que permite observar al microscopio, con detalle suficiente, células, tejidos, etc.

**PREPARADO** n. m. Medicamento.

**PREPARADOR, RA** n. Persona que prepara algo. **2.** Entrenador deportivo.

**PREPARAR** v. tr. (lat. *praeparare*) **[1]**. Poner en condiciones de ser usado, de cumplir o realizar su fin, de servir a un efecto: *preparar la comida, las maletas.* **2.** Adquirir conocimientos de alguna materia para sufrir un examen o prueba: *preparar oposiciones.* **3.** QUÍM. Fabricar, aislar para obtener una sustancia. ◆ v. tr. y pron. **4.** Poner a alguien en condiciones de realizar una acción o de superar una prueba, un examen o una dificultad: *preparar a los alumnos para el examen; prepararse para cualquier eventualidad.* ◆ **prepararse** v. pron. **5.** Darse las condiciones necesarias para que ocurra cierta cosa: *se prepara una tormenta.* **6.** Estar las cosas en vías de ocurrir de cierta manera: *se nos prepara un buen viaje.*

**PREPARATIVOS** n. m. pl. Lo que se hace para preparar algo: *los preparativos de un viaje.*

**PREPARATORIO, A** adj. Que prepara o sirve para preparar.

**PREPONDERANCIA** n. f. Calidad de preponderante.

**PREPONDERANTE** adj. y n. m. y f. Que prepondera: *opinión preponderante sobre las demás.*

**PREPONDERAR** v. intr. **[1]**. Prevalecer, dominar o tener más fuerza.

**PREPOSICIÓN** n. f. Partícula invariable que une dos palabras estableciendo una relación de dependencia entre ellas.

**PREPOSICIONAL** adj. Relativo a la preposición. **2.** Que tiene el valor de una preposición. **3.** Introducido por una preposición.

**PREPOSITIVO, A** adj. LING. Que tiene los caracteres o hace las funciones de una preposición.

**PREPÓSITO** n. m. Presidente, jefe o superior de una junta o comunidad.

**PREPOTENCIA** n. f. Calidad de prepotente. **2.** Abuso o alarde de poder.

**PREPOTENTE** adj. y n. m. y f. Más poderoso que otros o muy poderoso. **2.** Que abusa de su poder o hace alarde de él.

**PREPUCIO** n. m. (lat. *praeputium*). Repliegue de la piel que recubre el glande del pene.

**PRERRAFAELISMO** n. m. Doctrina de un grupo de pintores británicos de la época victoriana que, bajo la influencia de Ruskin, adoptaron como modelos ideales las obras de los predecesores de Rafael. (*V. ilustración pág. 820.*)

**PRERRAFAELISTA** o **PRERRAFAELITA** adj. y n. m. y f. Relativo al prerrafaelismo; partidario del prerrafaelismo.

**PRERREFLEXIVO, A** adj. FILOS. En la fenomenología, dícese de una modalidad de la conciencia a

**prerrafaelismo:**
*La rueda de la fortuna,* pintura de Edward Burne-Jones (museo de Orsay, París)

lo largo de la cual ésta no se refleja a sí misma, pero existe plena y positivamente.

**PRERROGATIVA** n. f. (lat. *praerogativam*). Privilegio o ventaja ligado a ciertas funciones, cargos, títulos, etc. **2.** Facultad de alguno de los poderes del estado en orden a su ejercicio o relación con los demás poderes.

**PRERROMÁNICO, A** adj. Dícese del arte que precede al románico.

**PRERROMANO, A** adj. Anterior a lo romano.

**PRERROMANTICISMO** n. m. Período que precedió al romanticismo.

**PRERROMÁNTICO, A** adj. Que precede y anuncia el romanticismo.

**PRESA** n. f. (cat. *presa*). Acción de prender, coger o apresar: *hacer presa.* **2.** Cosa apresada: *una presa de caza; las presas de un botín.* **3.** ALP. Aspereza o saliente que el alpinista o escalador utiliza para trepar o descender por las rocas. **4.** DEP. En la lucha, judo, etc., presión o sujeción que se ejerce sobre cualquier parte del cuerpo del adversario para dominarle. **5.** OBR. PÚBL. Obstáculo artificial para detener una corriente o curso de agua, a fin de regularizar vías navegables, abastecer de agua a ciudades, irrigar campos o producir energía eléctrica. • **Ave de presa,** ave que se alimenta de otros animales. || **Presa de bóveda** o **presa-bóveda,** la de curvatura convexa en la que la mayor parte del empuje del agua revierte a las laderas del embalse por efecto del arco. || **Presa de contrafuerte,** la formada por un sistema de contrafuertes que sostienen el muro de aguas arriba o cortina de estanqueidad. || **Presa de gravedad,** la de perfil triangular que resiste el empuje del agua por el solo peso del muro. || **Presa de piedra,** la que consiste en un macizo trapezoidal formado por mampostería concertada o por empedramiento a granel. || **Presa de tierra,** dique de contención, que se impermeabiliza por medio de una cortina estanca autorreparable y que comprende un núcleo central absolutamente estable.

**PRESAGIAR** v. tr. **[1]**. Anunciar o prever por señales o signos algo que va a ocurrir: *las nubes presagiaban tormenta.*

**PRESAGIO** n. m. (lat. *praesagium*). Señal que indica y anuncia algún suceso. **2.** Conjetura derivada de esta señal.

**PRESBICIA** n. f. Disminución del poder de acomodación del cristalino, que impide ver los objetos cercanos.

**PRÉSBITA** o **PRÉSBITE** n. m. y f. Afecto de presbicia. SIN.: *vista cansada.*

**PRESBITERIANISMO** n. m. Sistema eclesiástico preconizado por Calvino que confiere el gobierno de la Iglesia a un cuerpo mixto (pastores y laicos) llamado *presbyterium.*

**PRESBITERIANO, A** adj. y n. Relativo al presbiterianismo; miembro de este sistema eclesiástico.

**PRESBITERIO** n. m. (lat. *presbyterium*). Parte de la iglesia, al fondo de la nave central, donde está el altar mayor.

**PRESBÍTERO** n. m. (lat. *presbyterem;* del gr. *presbyteros,* más viejo). Sacerdote, eclesiástico.

**PRESBÍTICO, A** adj. y n. Relativo a la presbicia; afecto de presbicia.

**PRESCIENCIA** n. f. Conocimiento que Dios tiene de todo lo que ha de suceder, incluso de los actos libres.

**PRESCINDIBLE** adj. Dícese de aquello de que se puede prescindir.

**PRESCINDIR** v. intr. (lat. *praescindere,* separar) **[3]**. Renunciar a, poder pasar sin alguien o algo. **2.** Pasar por alto, omitir.

**PRESCRIBIR** v. tr. (lat. *praescribere*) **[3n]**. Determinar, mandar o indicar: *prescribir un régimen, reposo; según prescriben las ordenanzas.* **2.** Recetar. ◆ v. intr. **3.** Extinguirse, caducar un derecho o la responsabilidad penal por el transcurso del tiempo, en las condiciones previstas por la ley.

**PRESCRIPCIÓN** n. f. Acción y efecto de prescribir: *prescripción moral, de una ley.* **2.** Tratamiento ordenado por el médico, receta: *prescripción facultativa.* **3.** DER. Medio legal de adquirir la propiedad mediante una posesión no interrumpida *(prescripción adquisitiva),* o de liberarse de una carga cuando su ejecución no es exigida por el acreedor *(prescripción extintiva).* **4.** DER. Plazo a cuya expiración queda extinguida la acción pública contra el criminal o el delincuente, o al término de la cual se prescribe al condenado de la ejecución de la pena.

**PRESCRIPTIBLE** adj. Que puede prescribir o prescribirse. **2.** DER. Que está sujeto a prescripción.

**PRESCRITO, A** o **PRESCRIPTO, A** adj. Determinado, ordenado, indicado. **2.** Extinguido, liberado.

**PRESEA** n. f. (lat. *praesidia;* de *praesidium,* protección). Joya u objeto precioso.

**PRESELECCIÓN** n. f. Selección previa. **2.** TECNOL. Operación preliminar que, en ciertos aparatos (cajas de velocidades, receptores de radio, cámaras fotográficas), permite determinar una combinación elegida de antemano.

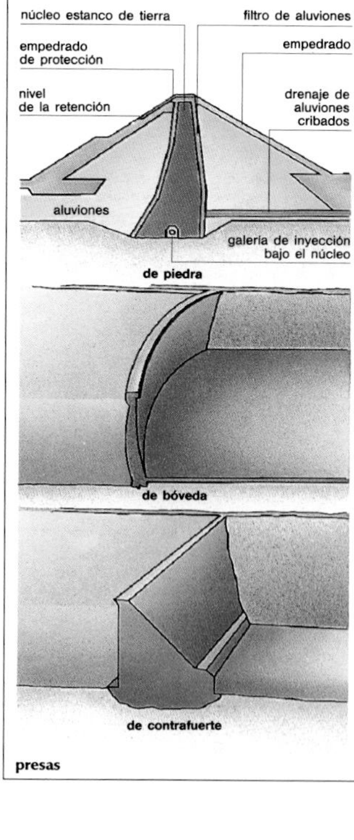


**presas**

**PRESELECCIONAR** v. tr. **[1]**. Efectuar una preselección.

**PRESELECTOR** n. m. Dispositivo que permite realizar una preselección.

**PRESENCIA** n. f. Hecho de estar o encontrarse una persona o cosa en un lugar determinado. **2.** Aspecto exterior de una persona: *tener buena o mala presencia.* • **A,** o **en, presencia,** delante de. || **Presencia de ánimo,** serenidad, imperturbabilidad. || **Presencia real** (TEOL.), existencia de la realidad del cuerpo y la sangre de Jesucristo en la eucaristía, bajo las especies del pan y del vino.

**PRESENCIAL** adj. Relativo a la presencia.

**PRESENCIAR** v. tr. **[1]**. Estar presente o asistir a cierto acontecimiento, espectáculo, etc.

**PRESENIL** adj. Dícese de los estados o fenómenos de apariencia senil detectados antes de la senectud. • **Demencia presenil,** estado demencial que sobreviene antes de los 70 años.

**PRESENILIDAD** n. f. Vejez prematura.

**PRESENTABLE** adj. Que está en estado o en condiciones de presentarse o ser presentado: *aspecto presentable.*

**PRESENTACIÓN** n. f. Acción y efecto de presentar o presentarse. **2.** Aspecto exterior de algo: *un plato de inmejorable presentación.* **3.** MED. Parte del feto que aparece en primer lugar, en el momento del parto.

**PRESENTADOR, RA** n. Persona que tiene por oficio presentar y comentar un espectáculo, espacio o programa en la radio o en la televisión.

**PRESENTAR** v. tr. **[1]**. Poner algo delante de alguien para que lo vea, juzgue, coja, etc. **2.** Mostrar algo determinadas características o apariencia. **3.** Dar, ofrecer: *presentar excusas, respetos.* **4.** Hacer que el público conozca un espectáculo, programa, libro, etc. **5.** Colocar algo en un sitio provisionalmente para comprobar el efecto que produciría. • **Presentar batalla,** aprestarse a entrar en combate. || **Presentar las armas,** ejecutar un movimiento reglamentario del manejo del arma para rendir honores militares. ◆ v. tr. y pron. **6.** Mostrar alguien una persona a otra para que la conozca, dando su nombre: *presentar a unos amigos; presentarse al nuevo director.* **7.** Mostrar, dar a conocer algo atribuyéndole un determinado carácter. ◆ **presentarse** v. pron. **8.** Aparecer en un lugar o en un momento inesperado. **9.** Comparecer ante un jefe o autoridad. **10.** Hablando de una enfermedad o de complicaciones en su curso, surgir, aparecer: *se le ha presentado una pulmonía.* • **Presentarse en sociedad,** asistir una joven a su primer baile en sociedad.

**PRESENTE** adj. (lat. *praesentem*). Que está delante o en presencia del que habla, en el mismo lugar que él o en el instante en que está ocurriendo algo. ◆ adj. y n. m. **2.** Dícese del tiempo en que actualmente está el que habla, o de los acontecimientos que ocurren en él. **3.** LING. Dícese del tiempo que indica que la acción expresada por el verbo se realiza actualmente. ◆ n. m. **4.** Regalo, obsequio. ◆ interj. **5.** Fórmula con que se contesta al pasar lista.

**PRESENTIMIENTO** n. m. Sentimiento vago, instintivo, que hace prever lo que va a suceder. **2.** Cosa que se presiente.

**PRESENTIR** v. tr. (lat. *praesentire*) **[22]**. Tener una sensación vaga o intuitiva de que va a ocurrir algo. **2.** Adivinar algo que va a suceder por algunos indicios o señales.

**PRESERIE** n. f. Fabricación industrial de pequeñas cantidades de un artículo o producto antes de emprender la producción a gran escala.

**PRESERVACIÓN** n. f. Acción y efecto de preservar.

**PRESERVAR** v. tr. y pron. **[1]**. Proteger, defender o resguardar anticipadamente de un daño o peligro.

**PRESERVATIVO, A** adj. y n. m. Que sirve o tiene eficacia para preservar. ◆ n. m. **2.** Anticonceptivo masculino consistente en una funda de goma que sirve para cubrir el pene durante el coito.

**PRESIDENCIA** n. f. Dignidad, empleo o cargo de presidente. **2.** Tiempo que dura el cargo. **3.** Acción de presidir. **4.** Lugar, oficina o despacho que ocupa un presidente.

**PRESIDENCIAL** adj. Relativo a la presidencia o al presidente: *tribuna presidencial.*

**PRESIDENCIALISMO** n. m. Régimen político en el que el poder ejecutivo pertenece al presidente de la república, que ostenta simultáneamente las funciones de jefe del estado y jefe del gobierno.

**PRESIDENCIALISTA** adj. y n. m. y f. Relativo al presidencialismo; partidario de este régimen político.

**PRESIDENTE, A** n. Cabeza o superior de un consejo, tribunal, junta o sociedad. • **Presidente de la república,** jefe del estado en un régimen republicano. || **Presidente del gobierno,** persona que dirige las funciones del gobierno.

**PRESIDIARIO, A** n. Persona condenada penalmente que cumple en presidio su condena.

**PRESIDIO** n. m. (lat. *praesidium,* protección). Establecimiento penitenciario donde se cumplen penas por delitos. **2.** Conjunto de presidiarios de un mismo lugar. **3.** Denominación que se da en algunos países a penas graves de privación de libertad.

**PRESIDIR** v. tr. (lat. *praesidere;* de *sedere,* estar sentado) **[3]**. Tener u ocupar el puesto o lugar más importante o el de más autoridad en una asamblea, reunión, empresa, etc.; ser presidente. **2.** *Fig.* Estar algo presente como elemento dominante, que influye en los demás: *la bondad preside sus actos.*

**PRESILLA** n. f. Cordoncillo o tirilla de tela cuyos extremos se cosen al borde de una prenda de modo que formen una especie de anilla que sirve para abrochar o como adorno. **2.** Costurilla de puntos unidos que se pone en los ojales y otras partes para que la tela no se abra.

**PRESINTONÍA** n. f. Sintonía memorizada en un receptor de radio o televisión.

**PRESIÓN** n. f. (lat. *pressionem*). Acción y efecto de apretar u oprimir. **2.** *Fig.* Fuerza o coacción que se ejerce sobre una persona o colectividad. **3.** DEP. Pressing. **4.** FÍS. Cociente entre la fuerza ejercida por un fluido sobre una superficie y el valor de esta superficie. • **Grupo de presión,** asociación de personas con intereses económicos o políticos comunes, que reúnen medios con objeto de emprender una acción simultánea sobre la opinión pública, los partidos políticos, la administración y los gobernantes. SIN.: *lobby.* || **Presión arterial,** tensión arterial. || **Presión atmosférica,** presión que ejerce el aire en un lugar determinado y que se mide en milímetros de mercurio o en milibares, con ayuda de un barómetro. || **Presión fiscal,** suma de impuestos directos e indirectos más cotizaciones sociales en relación al producto interior bruto.

**PRESIONAR** v. tr. **[1]**. Ejercer presión. **2.** DEP. Efectuar el pressing.

**PRESO, A** n. Persona que está en prisión. SIN.: *prisionero.*

**PRESONORIZACIÓN** n. f. CIN. y TELEV. Play-back.

**PRESOR** n. m. Elemento de una herramienta de embutición o de punzonado que sujeta el contorno de la chapa o plancha durante la operación de formado o corte.

**PRESOSTATO** n. m. Aparato conectado a un generador, a un depósito o a un conducto que contienen un fluido comprimido, que sirve para mantener constante la presión de éste.

**PRESSING** n. m. (voz inglesa). DEP. Acoso o presión insistente de los jugadores de un equipo sobre el contrario.

**PRESSPAN** o **PRESSPÁN** n. m. Material a base de celulosa impregnada de aceite o barniz, utilizado como aislante en electrotecnia.

**PRESTACIÓN** n. f. Acción y efecto de prestar un servicio, ayuda, etc. **2.** Servicio exigido por una autoridad. **3.** Objeto o contenido de la obligación, constituido por la conducta del obligado de dar, hacer o no hacer algo. **4.** Objeto o contenido de la relación del seguro social. • **Prestación de alimentos,** obligación impuesta por la ley a ciertos parientes de una o varias personas, a las que han de proporcionar todo lo necesario para su subsistencia. || **Prestación de servicio,** contrato por el que una de las partes se obliga a prestar a la otra un servicio a cambio de ser retribuida por un precio cierto. || **Prestación social,** cada uno de los servicios que el estado, instituciones públicas o empresas privadas deben dar a sus empleados. ◆ **prestaciones** n. f. pl. **5.** Servicios que ofrece una máquina, una industria, un ente administrativo, etc.

**PRESTADO, A** adj. Dícese de lo que se ha dejado a alguien por algún tiempo con el fin de restituirlo después. • **De prestado,** con cosas prestadas o por préstamo de alguien; manera de estar en un cargo o situación sin plena seguridad y derecho.

**PRESTADOR, RA** n. Persona que entrega algo a otra en un contrato.

**PRESTAMISTA** n. m. y f. Persona que presta dinero con interés. **2.** Persona que actúa como mediador en la contratación de obreros del ramo de la construcción.

**PRÉSTAMO** n. m. Acción de prestar. **2.** Lo que se presta: *devolver un préstamo.* **3.** DER. Contrato por el que una persona *(prestador)* entrega una cosa a otra persona *(prestatario)* para que se sirva de ella, obligándose esta última a restituir dicha cosa después de haberla utilizado. **4.** LING. Elemento que una lengua toma de otra. • **Casa de préstamo,** establecimiento autorizado a prestar dinero bajo fianza. ◆ **préstamos** n. m. pl. **5.** Cuenta de Activo representativa de los derechos adquiridos por la concesión de un préstamo. **6.** Cuenta de Pasivo representativa de las obligaciones de la empresa frente a otra entidad a consecuencia de la concesión de un préstamo a corto plazo.

**PRESTANCIA** n. f. Excelencia, calidad superior entre los de su clase. **2.** Aspecto de distinción.

**PRESTAR** v. tr. (lat. *praestare*) **[1]**. Ceder por un tiempo algo para que después sea restituido. **2.** Ayudar, contribuir al logro de una cosa. **3.** Dar, comunicar, transmitir. **4.** Con determinados nombres, tener u observar lo que éstos significan: *prestar atención, paciencia, silencio.* • **Prestar declaración** (DER.), declarar. ◆ v. intr. **5.** Dar de sí, extenderse, estirarse: *las prendas de punto prestan.* ◆ **prestarse** v. pron. **6.** Ofrecerse por amabilidad a hacer lo que se expresa: *prestarse a ayudar.* **7.** Avenirse, acceder a algo. **8.** Dar motivo, ser propio para algo: *palabras que se prestan a error.*

**PRESTATARIO, A** n. Persona que toma dinero a préstamo.

**PRESTE** n. m. Sacerdote que celebra la misa cantada asistido del diácono y el subdiácono, o el que con capa pluvial preside en función pública los oficios divinos.

**PRESTEZA** n. f. Prontitud, diligencia en hacer o decir algo.

**PRESTIDIGITACIÓN** n. f. Arte de producir ciertos efectos por medio de las manos o por procedimientos ópticos y mecánicos.

**PRESTIDIGITADOR, RA** n. Persona que practica la prestidigitación.

**PRESTIGIAR** v. tr. **[1]**. Dar prestigio, acreditar o realizar algo.

**PRESTIGIO** n. m. Buena fama, ascendiente de que goza una persona o cosa: *el prestigio de un gran nombre, de una marca.*

**PRESTIGIOSO, A** adj. Que tiene o causa prestigio.

**PRESTISSIMO** adv. m. (voz italiana). MÚS. Muy rápido.

**PRESTO** adv. m. (voz italiana). MÚS. Rápido.

**PRESTO** adv. t. Pronto, en seguida.

**PRESTO, A** adj. Dispuesto para hacer alguna cosa que se expresa. **2.** Pronto, diligente, ligero o rápido en la ejecución de algo.

**PRESUMIBLE** adj. Posible, probable.

**PRESUMIDO, A** adj. y n. Que presume.

**PRESUMIR** v. tr. (lat. *praesumere*) **[3]**. Conjeturar, creer por indicios o señales que algo ocurre o va a ocurrir. ◆ v. intr. **2.** Vanagloriarse de poseer una cualidad, de sí mismo, etc., especialmente de la propia belleza. **3.** Atender alguien excesivamente su arreglo personal para parecer atractivo.

**PRESUNCIÓN** n. f. Suposición, conjetura o hipótesis fundada en indicios o señales. **2.** Calidad de presumido. **3.** DER. Consecuencia que extrae el juez o magistrado de un hecho conocido para averiguar la verdad de otro desconocido.

**PRESUNTO, A** adj. y n. Que se cree o supone que es lo que se expresa: *el presunto culpable.*

**PRESUNTUOSIDAD** n. f. Calidad de presuntuoso.

**PRESUNTUOSO, A** adj. y n. Vanidoso, presumido, que alardea excesivamente de sus cualidades. ◆ adj. **2.** Con muchas pretensiones: *fiesta presuntuosa.*

**PRESUPONER** v. tr. **[5]**. Suponer o admitir la existencia o realidad de algo como base para tratar otra cosa, o para actuar de cierta manera. **2.** ECON. Formar el cómputo de los gastos o ingresos, o de unos y otros, que ha de resultar en un negocio de interés público o privado.

**PRESUPOSICIÓN** n. f. Suposición, supuesto. **2.** Presupuesto, motivo. **3.** Suposición previa, necesaria para la validez lógica de una aserción. **4.** Proposición implícita ligada a la estructura interna de un enunciado.

**PRESUPUESTACIÓN** n. f. Inscripción en el presupuesto.

**PRESUPUESTAR** v. tr. **[1]**. Hacer un presupuesto. **2.** Inscribir en el presupuesto.

**PRESUPUESTARIO, A** adj. Relativo al presupuesto, especialmente a los del estado.

**PRESUPUESTO, A** adj. Que se ha supuesto o admitido de antemano. ◆ n. m. **2.** Motivo, pretexto. **3.** Suposición, supuesto. **4.** Documento contable que presenta la estimación anticipada de los ingresos y gastos relativos a una determinada actividad u organismo, por cierto período de tiempo.

**PRESURA** n. f. Sistema de repoblación que consistía en la libre ocupación de las tierras yermas y abandonadas.

**PRESURIZACIÓN** n. f. Acción de presurizar.

**PRESURIZAR** v. tr. **[1g]**. Mantener una presión normal en el interior de un avión que vuela a grandes alturas o de una nave espacial.

**PRESUROSO, A** adj. Con prisa, con rapidez.

**PRÊT-À-PORTER** n. m. (voz francesa). Conjunto de vestidos confeccionados en serie, cuyo diseño es obra de un creador de la moda, que son presentados cada temporada. **2.** Fabricación de estos vestidos.

**PRETENCIOSO, A** adj. Presuntuoso.

**PRETENDER** v. tr. (lat. *praetendere*) **[2]**. Pedir, tratar de conseguir algo a lo que uno aspira o cree tener derecho, poniendo los medios necesarios para obtenerlo. **2.** Procurar, tratar de, intentar. **3.** Afirmar, dar por cierto algo de cuya realidad se duda. **4.** Solicitar un empleo. **5.** Cortejar un hombre a una mujer: *la pretenden varios jóvenes.*

**PRETENDIDO, A** adj. Supuesto, imaginado.

**PRETENDIENTE, A** adj. y n. Que pretende o solicita una cosa. ◆ n. m. **2.** Hombre que pretende a una mujer. **3.** Príncipe que reivindica un trono al que pretende tener derecho.

**PRETENSADO** n. m. Técnica particular que consiste en someter un material a un sistema de compresiones permanentes, por lo general de sentido opuesto a las que producirán las cargas que se apliquen ulteriormente.

**PRETENSAR** v. tr. **[1]**. Someter al pretensado.

**PRETENSIÓN** n. f. Acción y efecto de pretender. **2.** Derecho que se cree tener sobre algo. **3.** Aspiración. (Suele usarse en plural.) **4.** Aspiración ambiciosa o vanidosa y exigencia excesiva o impertinente. (Suele usarse en plural.)

**PRETERICIÓN** n. f. Acción y efecto de preterir. **2.** Figura retórica por la que se finge no querer hablar de una cosa de la que precisamente se está hablando.

**PRETERIR** v. tr. **[22]**. Omitir, prescindir de una persona o cosa.

**PRETÉRITO, A** adj. Transcurrido, pasado: *época pretérita; tiempos pretéritos.* ◆ n. m. **2.** LING. Sistema temporal de formas verbales que presentan el proceso o la cualidad designada por el verbo como realizada o realizándose en un tiempo anterior al actual o a un momento determinado. **3.** LING. En la nomenclatura de los tiempos verbales de Bello, pretérito indefinido. • **Pretérito anterior,** tiempo que expresa un hecho pasado anterior a otro hecho también pasado. SIN.: *antepretérito.* || **Pretérito imperfecto,** tiempo que expresa un hecho pasado no acabado, simultáneo a otro hecho pasado y acabado. SIN.: *copretérito.* || **Pretérito indefinido,** tiempo que expresa un hecho completamente acabado en el momento en que se habla. SIN.: *pretérito, pretérito perfecto simple.* || **Pretérito perfecto,** tiempo que expresa un hecho acabado en un período de tiempo que todavía no ha terminado. SIN.: *antepresente, pretérito perfecto compuesto.*

**PRETEXTA** n. f. y adj. Toga bordada de púrpura, que en Roma usaban los magistrados y los adolescentes.

**PRETEXTAR** v. tr. [**1**]. Alegar como pretexto.

**PRETEXTO** n. m. (lat. *praetextum*). Razón fingida que se alega para ocultar el motivo verdadero.

**PRETIL** n. m. Barrera o barandilla que se pone a los lados del puente y otros parajes para preservar de caídas. **2.** Paseo a lo largo de esta barrera.

**PRETINA** n. f. Tira de tela de una prenda de vestir que ciñe la cintura.

**PRETOR** n. m. Magistrado que administraba justicia en Roma o que gobernaba una provincia.

**PRETORIAL** adj. Relativo al pretor.

**PRETORIANISMO** n. m. Influencia política ejercida por algún grupo militar.

**PRETORIANO, A** adj. Relativo al pretor. ◆ adj. y n. m. **2.** Decíase de los soldados de la guardia del pretor y, posteriormente, del emperador.

**PRETORIO** n. m. ANT. ROM. Emplazamiento donde se encontraba la tienda del general, en un campamento romano. **2.** ANT. ROM. Palacio del gobernador en las provincias.

**PRETURA** o **PRETORÍA** n. f. (lat. *praeturam*). Dignidad o cargo del pretor romano.

**PREUNIVERSITARIO, A** adj. y n. m. En España, decíase del curso de enseñanza media que precedía al ingreso a la universidad.

**PREVALECER** v. intr. (lat. *praevalere*) [**2m**]. Imponerse o triunfar entre varias cosas, ideas, opiniones, etc., o personas, una determinada de ellas. **2.** Continuar vigente o existiendo.

**PREVALECIENTE** adj. Que prevalece.

**PREVALER** v. intr. [**9**]. Prevalecer. ◆ **prevalerse** v. pron. **2.** Aprovecharse, valerse o servirse de algo.

**PREVARICACIÓN** n. f. Acción y efecto de prevaricar. **2.** DER. Delito cometido por un funcionario público en el ejercicio de sus funciones.

**PREVARICADOR, RA** adj. y n. Que prevarica.

**PREVARICAR** v. intr. [**1a**]. Faltar voluntariamente a la obligación de la autoridad o cargo que se desempeña, quebrantando la fe, palabra, religión o juramento. **2.** Cometer cualquier otra falta análoga, aunque menos grave, en el cargo que se desempeña.

**PREVENCIÓN** n. f. Acción y efecto de prevenir. **2.** Opinión o idea generalmente desfavorable, formada con fundamento o sin él. **3.** Conjunto de medidas tomadas para evitar accidentes de carretera *(prevención de accidentes de carretera)*, accidentes de trabajo o enfermedades profesionales *(prevención de accidentes laborales, medicina laboral)*, el desarrollo de epidemias o el agravamiento de los estados sanitarios individuales *(medicina preventiva)*. **4.** Estado de una persona contra la que existe una acusación de delito o de crimen. **5.** Tiempo que un acusado pasa en prisión antes de ser juzgado. **6.** Puesto de policía o vigilancia destinado a la custodia y seguridad de los detenidos como presuntos autores o cómplices de un delito o falta.

**PREVENIDO, A** adj. Advertido, cuidadoso. **2.** Dispuesto, preparado para una cosa.

**PREVENIR** v. tr. y pron. (lat. *praevenire*) [**21**]. Proveer, preparar con anticipación las cosas para determinado fin: *prevenir el armamento para la guerra.* **2.** Tomar las medidas precisas para evitar o remediar un mal: *prevenir una infección.* **3.** Predisponer, influir en el ánimo o voluntad de alguien a favor o en contra de alguien o de algo: *me previno contra él.* ◆ v. tr. **4.** Avisar o informar a alguien de algo, especialmente si es de un daño o peligro que le amenaza: *te prevengo de que te están difamando.* **5.** Prever, conocer con anticipación un daño o peligro. **6.** Salir al encuentro de un inconveniente, dificultad u objeción.

**PREVENTIVO, A** adj. Que previene o evita: *medicina preventiva; medidas preventivas.*

**PREVENTORIO** n. m. Establecimiento sanitario en el que se atiende preventivamente a determinados enfermos, en particular personas afectas de tuberculosis no contagiosa y de enfermedades mentales.

**PREVER** v. tr. (lat. *praevidere*) [**2j**]. Ver con anticipación, conjeturar algo que va a ocurrir. **2.** Tomar por adelantado las medidas o precauciones necesarias para hacer frente a algo.

**PREVIO, A** adj. (lat. *praevium*). Que precede o sirve de preparación a algo. ◆ n. m. **2.** Grabación del sonido realizada antes de impresionar la imagen.

**PREVISIBILIDAD** n. f. Carácter de lo que es previsible.

**PREVISIBLE** adj. Que puede ser previsto, que es fácil deducir que va a ocurrir debido a ciertos acontecimientos o señales.

**PREVISIÓN** n. f. Acción y efecto de prever o precaver: *previsión del tiempo.*

**PREVISOR, RA** adj. y n. Que prevé o previene las cosas.

**PREVISTO, A** adj. Que se sabe o se prevé por anticipado: *tiempo previsto.*

**PREZ** n. m. o f. (provenz. *pretz*, valor). Honor u honra que se adquiere con una acción meritoria. **2.** Buena opinión o buena fama de que goza alguien.

**PRIAPISMO** n. m. Erección involuntaria y dolorosa del pene, sintomática de diversas afecciones.

**PRIETO, A** adj. Dícese del color muy oscuro y que casi no se distingue del negro. **2.** Apretado, tenso. ◆ adj. y n. **3.** *Méx.* Muy moreno.

**PRIMA** n. f. Premio, generalmente dinero, que se da como incentivo o recompensa del logro de algo considerado especial.

**PRIMA** n. f. Femenino de primo. **2.** Primera de las cuatro partes iguales en que dividían los romanos el día artificial. **3.** Primera de las horas canónicas, u horas menores, que debía decirse al salir el sol, suprimida en 1964. **4.** En algunos instrumentos musicales de cuerda, la que es primera en orden y la más delgada de todas, que produce un sonido muy agudo.

**PRIMA DONNA** n. f. (voces ital., *primera dama*). Primera cantante de una ópera.

**PRIMACÍA** n. f. Calidad o hecho de ser el primero. **2.** Prioridad que se concede a alguien o algo sobre otro u otros. **3.** Dignidad u oficio de primado.

**PRIMADA** n. f. *Fam.* Acción de persona poco cauta, que se deja engañar fácilmente.

**PRIMADO** n. m. Prelado eclesiástico con jurisdicción o precedencia especial sobre los arzobispos u obispos de una región o de un país.

**PRIMAR** v. intr. [**1**]. Sobresalir, aventajar: *hoy en día lo que prima es la técnica.* ◆ v. tr. **2.** Dar una prima o un premio, como incentivo o recompensa: *primar a los vencedores.*

**PRIMARIO, A** adj. Principal o primero en orden de grado o importancia. **2.** *Fig.* Primitivo, sin civilizar. • **Árbol primario,** en una caja de velocidades o en un transformador de par, y, más generalmente, en una transmisión de potencia, el eje que recibe en primer lugar el movimiento del motor. || **Colores primarios,** colores rojo, amarillo y azul. || **Sector primario,** parte de la actividad económica que comprende la agricultura, extracción minera, ganadería, bosques, pesca y caza. ◆ n. m. y adj. **3.** ELECTR. Circuito que recibe la corriente de la fuente de energía en un transformador o una bobina de inducción. **4.** GEOL. Período geológico de, aproximadamente, 370 millones de años de duración, y dividido en seis períodos: *cámbrico, ordovícico, silúrico, devónico, carbonífero* y *pérmico.* SIN.: *era primaria, paleozoico.*

**PRIMATE** adj. y n. m. Relativo a un orden de mamíferos trepadores, de uñas planas y cerebro muy desarrollado, al que pertenecen los lemúridos y los simios. ◆ n. m. **2.** Persona importante, prócer. (Suele usarse en plural.) **3.** HIST. En el reino hispanogodo, noble de origen palatino y burocrático.

**PRIMATOLOGÍA** n. f. Ciencia que estudia los primates.

**PRIMAVERA** n. f. (bajo lat. *prima vera*). La primera de las cuatro estaciones del año (del 20 o 21 de marzo al 21 o 22 de junio, en el hemisferio norte). **2.** *Fig.* Época durante la cual alguien o algo alcanza y mantiene el completo vigor o desarrollo: *estar en la primavera de la vida.* **3.** Con respecto a la edad de una persona joven, año: *tener quince primaveras.* **4.** Planta herbácea de flores solitarias o agrupadas en umbelas, cultivada en jardinería. (Familia primuláceas.) SIN.: *prímula.* **5.** Madera suministrada por diversas plantas de América tropical, que se emplea en ebanistería y contraplacado y para hacer hélices de aviones. ◆ adj. y n. m. y f. **6.** *Fam.* Poco cauto, que se deja engañar fácilmente.

**PRIMAVERAL** adj. Relativo a la primavera: *tiempo primaveral.*

**PRIME TIME** n. m. (voces inglesas). TELEV. Franja horaria de mayor audiencia, la más apreciada por los anunciantes.

**PRIMER** adj. Apócope de primero, cuando va antepuesto al nombre en singular: *el primer lugar; el primer día.*

**PRIMERA** n. f. En alpinismo, primera ascensión o primer recorrido de un nuevo itinerario. **2.** La primera de las velocidades del cambio de marchas de un vehículo. **3.** COREOGR. La primera de las cinco posiciones fundamentales de la danza clásica.

**PRIMERIZA** n. f. y adj. Primípara.

**PRIMERIZO, A** adj. y n. Principiante en cualquier actividad u oficio.

**PRIMERO** adv. t. Ante todo, en primer lugar: *primero debo terminar este trabajo.* **2.** Antes, más bien, con más o mayor gusto: *primero pasaría hambre que robar.*

**PRIMERO, A** adj. y n. (lat. *primarium*). Que precede a todos los demás componentes de una serie: *piso primero; la primera página; llegar el primero; los primeros pasos.* **2.** Que predomina en notoriedad, en valor, en importancia: *viajar en primera clase; las primeras necesidades vitales; ser el primero de la clase; las primeras autoridades.* • **De primera,** muy bien o muy bueno. || **Primera mano,** capa de material que se aplica como base a los enlucidos y revoques. || **Primera necesidad,** calificación de determinada clase de bienes indispensables para la vida humana.

**PRIMICIA** n. f. (lat. *primitiam*). Fruto primero de cualquier cosa. **2.** *Fig.* Noticia hecha pública por primera vez. **3.** *Fig.* Producto lanzado al mercado por primera vez. **4.** HIST. Frutos primeros de la tierra, e hijos primogénitos del hombre y de los animales para destinarlos a ser ofrecidos a la divinidad. (Suele usarse en plural.) **5.** HIST. Prestación debida a la Iglesia, de los productos sujetos a diezmo. (Suele usarse en plural.)

**PRIMIGENIO, A** adj. Primitivo, originario.

**PRIMÍPARA** n. f. y adj. Hembra que pare por primera vez. SIN.: *primeriza.*

**PRIMIPILO** n. m. En la legión romana, el centurión de grado más elevado.

**PRIMITIVISMO** n. m. Condición o actitud propia de los pueblos primitivos. **2.** Carácter peculiar del arte o literatura primitivos. **3.** *Fig.* Tosquedad, rudeza. **4.** Ingenuidad fingida. **5.** B. ART. Imitación de lo primitivo.

**PRIMITIVO, A** adj. (lat. *primitivum*). De los primeros tiempos, del primer período, inicial, originario: *los muros primitivos de un edificio.* **2.** *Fig.* Salvaje, sin civilizar: *instintos primitivos.* • **Colores primitivos,** colores principales convencionales del espectro solar (violeta, índigo, azul, verde, amarillo, anaranjado y rojo). || **Función primitiva de otra función** (MAT.), función cuya derivada es esta última. ◆ adj. y n. **3.** ANTROP. Dícese de las sociedades humanas (y de los hombres que las componen) que se han mantenido apartadas de las sociedades industriales, y que han conservado su lengua y sus estructuras socioeconómicas propias. **4.** B. ART. Dícese de los pintores o escultores que precedieron a los maestros del renacimiento.

**PRIMO, A** adj. (lat. *primum*). Primero. **2.** Primoroso, excelente. **3.** En un grupo de varias letras iguales empleadas en una figura geométrica, o en una expresión algebraica, dícese de aquellas que están marcadas por un acento: b′ *se lee* b *prima.*

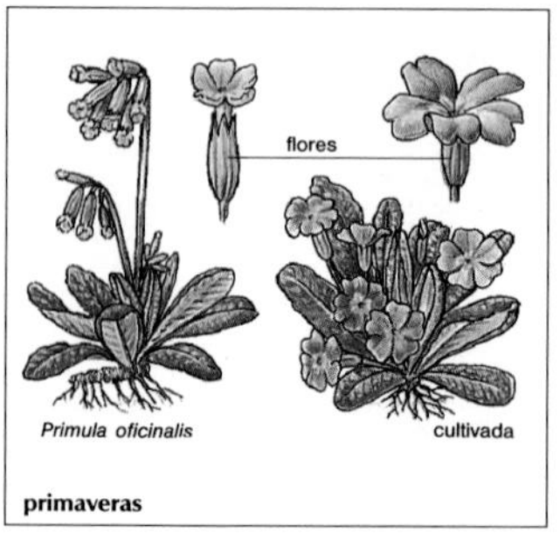


**primaveras**

• **Número primo,** número entero que sólo es divisible por sí mismo y por la unidad. ‖ **Números primos entre sí,** números que sólo tienen como divisor común la unidad. ◆ n. **4.** Con respecto a una persona, un hijo de un tío suyo. **5.** *Fam.* Persona poco cauta, que se deja engañar fácilmente. **6.** HIST. Tratamiento que daba el rey a los grandes de España en cartas privadas y documentos oficiales. • **Hacer el primo** *(Fam.)*, dejarse engañar fácilmente.

**PRIMOGÉNITO, A** adj. y n. Dícese del hijo que nace el primero.

**PRIMOGENITURA** n. f. Condición de primogénito. **2.** Conjunto de derechos atribuidos al primogénito. • **Derecho de primogenitura,** derecho por el cual correspondían al hermano mayor más bienes que a los otros hermanos en la sucesión de los padres.

**PRIMOINFECCIÓN** n. f. Primera agresión que sufre un organismo por un germen determinado.

**PRIMOR** n. m. (lat. *primores*). Delicadeza y esmero con que se hace una cosa. **2.** Cosa hecha de esta manera.

**PRIMORDIAL** adj. Que es necesario, básico, esencial.

**PRIMOROSO, A** adj. Que está hecho con primor. **2.** Diestro, experimentado, que hace las cosas con primor.

**PRÍMULA** n. f. Primavera, planta.

**PRIMULÁCEO, A** adj. y n. f. Relativo a una familia de plantas herbáceas gamopétalas, de corola regular y fruto en cápsula, que se abre longitudinalmente. (La *primavera* y el *ciclamen* pertenecen a dicha familia.)

**PRINCEPS** adj. (voz latina, *primero, principal*). Dícese de la primera edición de una obra. SIN.: *príncipe.*

**PRINCESA** n. f. (fr. *princesse*). Mujer que pertenece a la realeza y especialmente la primogénita del rey, heredera de la corona. **2.** Esposa o hija de un príncipe.

**PRINCIPADO** n. m. Título o dignidad de príncipe. **2.** Territorio sujeto a la potestad de un príncipe: *erigir un ducado en principado.* **3.** Pequeño estado independiente, cuyo jefe tiene el título de príncipe. ◆ **principados** n. m. pl. **4.** Nombre dado al primer grado de la tercera jerarquía de los ángeles.

**PRINCIPAL** adj. De más importancia o valor con respecto a otros: *entrada principal; desempeñar el papel principal.* **2.** Ilustre, noble: *un caballero principal.* **3.** Esencial o fundamental, por oposición a accesorio: *explicar el motivo principal de una visita.* • **Ideal principal** (MAT.), ideal de un anillo engendrado por un solo elemento. ‖ **Oración principal** (LING.), aquella que, sin depender de ninguna otra, tiene bajo su dependencia una o varias oraciones subordinadas. ‖ **Planos principales** (ÓPT.), planos conjugados, en un sistema óptico centrado, a los cuales corresponde un aumento lineal de +1. ‖ **Puntos principales** (ÓPT.), puntos del eje de un sistema óptico que tienen un aumento lineal unidad. ◆ adj. y n. m. **4.** Dícese del piso que está sobre la planta baja o sobre el entresuelo. ◆ n. m. **5.** Jefe, persona que tiene otras a sus órdenes.

**PRÍNCIPE** n. m. (lat. *principem*). Título dado a un miembro de la realeza, especialmente al primogénito del rey, heredero de la corona. **2.** Título nobiliario que tiene su origen en casas principescas. **3.** El primero y más excelente, superior o aventajado en algo: *el príncipe de los ingenios.* • **Príncipe de Asturias,** título del heredero al trono español. ‖ **Príncipe de Gales,** tejido, generalmente de lana, que presenta efectos a cuadros obtenidos mediante el empleo de iguales combinaciones de color en la urdimbre y la trama. ‖ **Príncipes de la Iglesia,** cardenales y obispos.

**PRINCIPESCO, A** adj. Que es o parece propio de un príncipe.

**PRINCIPIANTE, A** adj. y n. Que principia, o que comienza a ejercer un arte, trabajo, etc.

**PRINCIPIAR** v. tr., intr. y pron. [**1**]. Empezar, comenzar. ◆ v. intr. **2.** Tener una cosa su comienzo en la forma, tiempo o lugar que se expresa. ◆ v. tr. **3.** Ser el comienzo de alguna cosa o acción.

**PRINCIPIO** n. m. (lat. *principium*). Acción de principiar. **2.** Primera parte de una cosa; primera fase de una acción, de un período: *contar una historia desde el principio.* **3.** Causa, origen. **4.** Concepto, idea fundamental que sirve de base a un orden determinado de conocimientos o sobre la que se apoya un razonamiento. **5.** Norma o idea fundamental que rige el pensamiento o la conducta. (Suele usarse en plural.) **6.** Plato que se sirve en la comida entre el primero y los postres. **7.** Proposición que sirve de fundamento a una deducción. **8.** FILOS. Aquello de que, de alguna manera, una cosa procede en cuanto al ser, al acontecer o al conocer. **9.** FÍS. Ley de carácter general que regula un conjunto de fenómenos físicos y que se justifica por la exactitud de sus consecuencias. **10.** QUÍM. Cada uno de los componentes de una sustancia. • **Al principio,** en el primer momento, inicialmente. ‖ **Dar principio,** realizar el primer acto de una acción. ‖ **En principio,** dícese de lo que se acepta o acoge en esencia, sin que haya entera conformidad en la forma o los detalles. ◆ **principios** n. m. pl. **11.** Nociones primeras de una ciencia o arte. • **A principios,** en los primeros días de la semana, mes, etc., que se expresan. ‖ **De principios,** conscientemente sometido a los principios morales; bien educado. ‖ **Sin principios,** dícese de la persona mal educada.

**PRINGAR** v. tr. [**1b**]. Mojar el pan en la pringue u otra salsa. ◆ v. tr. y pron. **2.** Manchar con pringue o con algo grasiento o pegajoso. **3.** Comprometer o hacer participar a alguien en un determinado asunto. ◆ v. intr. **4.** *Fig.* y *fam.* Participar en un negocio o asunto. ◆ **pringarse** v. pron. **5.** *Fig.* y *fam.* Malversar o apropiarse alguien indebidamente del caudal de un negocio en que interviene. **6.** Participar en un negocio sucio. • **Pringarla** *(Fam.)*, morirse; malograr un negocio, asunto, etc.

**PRINGOSO, A** adj. Muy sucio de grasa o pringue, o de una cosa pegajosa.

**PRINGUE** n. m. o f. Grasa que suelta el tocino o cualquier parte grasa de un animal cuando se fríe o se asa. **2.** Suciedad, grasa o porquería que se pega a la ropa o a otra cosa.

**PRIÓN** n. m. Partícula infecciosa constituida exclusivamente por proteínas, que se considera como agente infeccioso de la encefalopatía espongiforme bovina.

**PRIOR, RA** n. (lat. *priorem,* primero). En algunas órdenes, superior o prelado ordinario del convento; en otras, segundo prelado después del abad.

**PRIORAL** adj. Relativo al prior o al priorato.

**PRIORATO** n. m. Cargo de prior. **2.** Ejercicio de este cargo. **3.** Territorio a que se extiende la jurisdicción de un prior.

**PRIORATO** n. m. Vino español que se elabora en la comarca homónima, que se añeja fácilmente y produce vinos de postre.

**PRIORIDAD** n. f. Anterioridad de una cosa respecto de otra, en el tiempo y en el espacio: *prioridad de edad, de fecha.* **2.** Anterioridad o precedencia de una cosa sobre otra que procede o depende de ella. **3.** Anterioridad en importancia, urgencia, valor, superioridad, etc.: *dar prioridad a los vehículos que vienen por la derecha.*

**PRIORITARIO, A** adj. Que goza de prioridad: *sector prioritario; industria prioritaria.*

**PRIORIZAR** v. tr. [**1g**]. Dar prioridad o preferencia a una cosa.

**PRISA** n. f. (lat. *pressam,* aprieto). Prontitud y rapidez con que sucede o se hace una cosa: *trabajar con prisa.* **2.** Necesidad o deseo de apresurarse: *tener prisa.* • **A prisa,** con rapidez o prontitud. ‖ **Correr,** o **dar, prisa** una cosa, ser urgente. ‖ **Dar,** o **meter, prisa,** instar a alguien y obligarle a que haga algo rápidamente; acometer al contrario con ímpetu, obligándole a huir. ‖ **Darse prisa** *(Fam.)*, apresurarse. ‖ **De prisa,** con prontitud, aceleradamente. ‖ **De prisa y corriendo,** con precipitación, atropelladamente.

**PRISCILIANISMO** n. m. Doctrina del obispo Prisciliano, basada en un ascetismo y un profetismo excesivos, y mezclada con tendencias agnósticas.

**PRISIÓN** n. f. (lat. *prehensionem*). Establecimiento penitenciario donde se encuentran los privados de libertad, ya sea como detenidos, como procesados o como condenados. **2.** Estado del que está preso o prisionero. **3.** *Fig.* Cualquier cosa que ata o estorba físicamente.

**PRISIONERO, A** n. Persona que en campaña cae en poder del enemigo. **2.** Preso. ◆ n. m. **3.** Órgano de acoplamiento fijado de manera indesmontable en un elemento de máquina.

**PRISMA** n. m. Poliedro limitado por dos polígonos iguales y paralelos y por los paralelogramos que unen dos a dos sus lados correspondientes. **2.** FÍS. Sistema óptico en forma de prisma triangular, de vidrio blanco o de cristal, que sirve para desviar, reflejar, polarizar o descomponer los rayos luminosos.

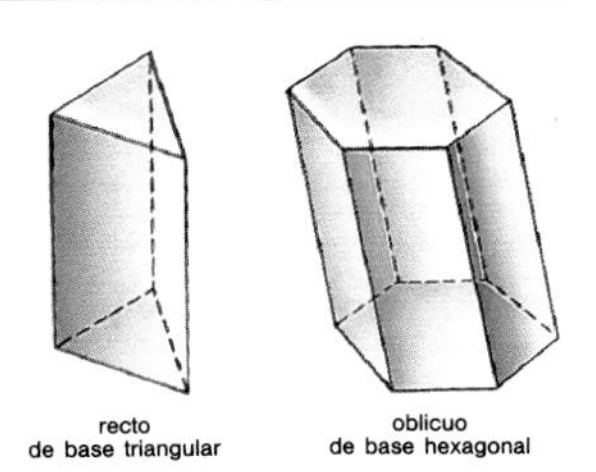

**prismas** (geometría)

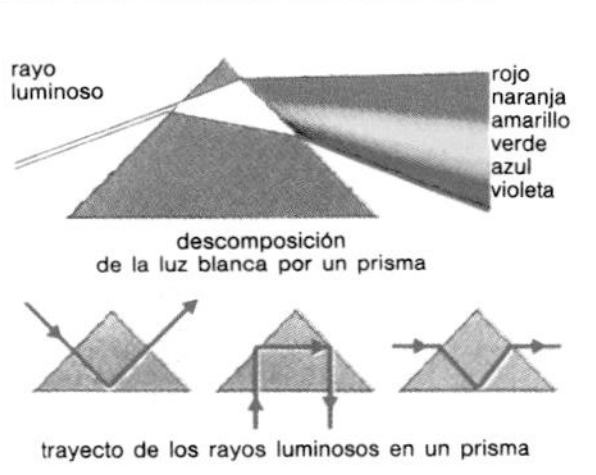

**prisma** (física)

**PRISMÁTICO, A** adj. Que tiene forma de prisma. **2.** Que contiene uno o varios prismas: *anteojos prismáticos.* • **Colores prismáticos,** colores producidos por el prisma. ‖ **Superficie prismática** (MAT.), superficie engendrada por una recta de dirección fija que se desplaza apoyándose constantemente en el contorno de un polígono plano. ◆ **prismáticos** adj. y n. m. pl. **3.** Dícese de los anteojos, instrumento óptico.

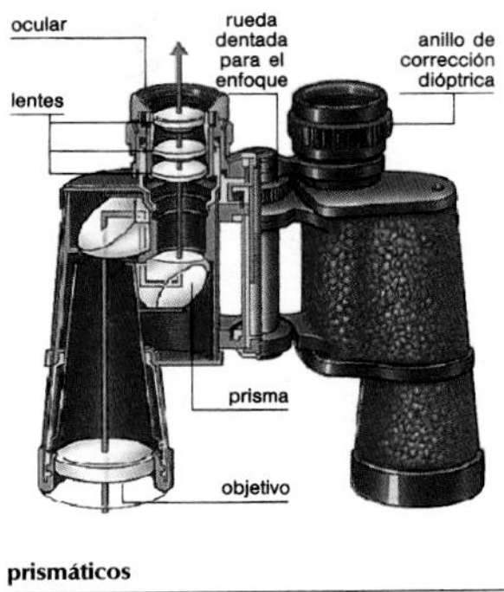

**prismáticos**

**PRÍSTINO, A** adj. Primitivo, originario.

**PRITANEO** n. m. (gr. *prytaneion*). Edificio público donde se mantenía el fuego sagrado de las ciudades griegas.

**PRÍTANO** o **PRÍTANIS** n. m. (gr. *prytanis*). ANT. GR. Primer magistrado de la ciudad. **2.** ANT. GR. En Atenas, miembro del consejo de los Quinientos.

**PRIVACIDAD** n. f. Derecho de los individuos a salvaguardar su intimidad, especialmente sobre los datos relativos a sus personas de que disponen las entidades públicas o privadas.

**PRIVACIÓN** n. f. Acción y efecto de privar o privarse. **2.** Carencia o falta de una cosa necesaria, que hace padecer.

**PRIVADO, A** adj. Que no pertenece a la colectividad sino a un particular: *camino privado.* **2.** Que es estrictamente personal y no interesa a los demás, íntimo: *vida privada.* **3.** Que pertenece a un particular y no al estado. ◆ n. m. **4.** Valido. **5.** *Méx.* Reservado, local o compartimento donde se puede estar a solas.

**PRIVANZA** n. f. Primer lugar en la gracia y confianza de un monarca, alto personaje u otra persona.

**PRIVAR** v. tr. (lat. *privare*) **[1]**. Dejar a alguien o a algo sin alguna cosa. **2.** Prohibir o vedar. **3.** Complacer o gustar extraordinariamente. ◆ v. tr. y pron. **4.** *Fam.* Beber, en especial bebidas alcohólicas. **5.** Dejar o quedar sin sentido. ◆ v. intr. **6.** Tener general aceptación una persona o cosa. **7.** Gustar mucho. ◆ **privarse** v. pron. **8.** Renunciar a una cosa.

**PRIVATIVO, A** adj. Propio y especial de una cosa o persona, y no de otras. **2.** LING. Dícese de los prefijos que indican ausencia, privación, como *in* en *inexacto.*

**PRIVATIZACIÓN** n. f. Acción de hacer que recaiga en el campo de la empresa privada lo que era competencia del estado.

**PRIVATIZAR** v. tr. **[1g]**. Proceder a la privatización.

**PRIVILEGIADO, A** adj. y n. Que goza de un privilegio: *clases privilegiadas.* **2.** Extraordinariamente bien dotado, superior: *una mente privilegiada.*

**PRIVILEGIAR** v. tr. **[1]**. Conceder privilegio.

**PRIVILEGIO** n. m. (lat. *privilegium*). Ventaja o exención especial o exclusiva que se concede a alguien. **2.** DER. Nombre que tomaba en el derecho antiguo una ley cuando no atendía al interés general, sino al de un particular, como un nombramiento, o al de una localidad. **3.** DER. Documento en que consta la concesión de un privilegio.

**PRO** n. m. o f. Provecho. • **El pro y el contra,** expresión con que se alude a lo favorable y desfavorable de una cuestión. ‖ **Hombre de pro,** el que es honrado. ◆ prep. **2.** En favor de: *asociación pro ciegos.* • **En pro de,** en favor de.

**PRO DOMO** loc. adv. (voces lat., *para su casa*). Dícese de una persona que es abogado de su propia causa.

**PRO FORMA. Factura pro forma,** factura provisional que permite al comprador de un bien de equipamiento obtener un crédito o una autorización.

**PROA** n. f. (lat. *proram*). Parte delantera de una embarcación o de una aeronave.

**PROBABILIDAD** n. f. Calidad de probable. • **Cálculo de probabilidades,** conjunto de reglas que permiten determinar el porcentaje de posibilidades de que un suceso se realice.

**PROBABILISMO** n. m. Doctrina filosófica según la cual la acción depende de opiniones que jamás son ni totalmente falsas ni totalmente ciertas.

**PROBABLE** adj. (lat. *probabilem*). Que se puede probar. **2.** Que tiene muchas probabilidades de producirse, de ser verdad. SIN.: *verosímil.*

**PROBADO, A** adj. Acreditado por la experiencia. **2.** DER. Aceptado por el juez como verdad en los hechos controvertidos de una causa.

**PROBADOR** n. m. En las tiendas y los talleres de modistas o sastres, habitación destinada a probar las prendas de vestir.

**PROBAR** v. tr. (lat. *probare*) **[1r]**. Examinar las cualidades de una persona o cosa. **2.** Poner a prueba. **3.** Examinar, reconocer si una cosa se adapta al uso al cual ha sido destinada. **4.** Demostrar, evidenciar la verdad de cierta cosa. **5.** Indicar, servir para hacer saber o conocer cierta cosa. **6.** Tomar una pequeña cantidad de alguna sustancia para apreciar su sabor. **7.** Comer o beber algo: *no probar bocado.* ◆ v. tr. y pron. **8.** Poner a alguien algo, especialmente una prenda de vestir, para ver si le sienta bien. ◆ v. intr. **9.** Intentar dar principio a una acción: *probó a levantarse, pero no pudo.* **10.** Ser una cosa buena o mala para cierto fin.

**PROBATORIO, A** adj. Que sirve para probar la verdad de una cosa.

**PROBATURA** n. f. *Fam.* Prueba.

**PROBETA** n. f. Recipiente de cristal, alargado, en forma de tubo, generalmente graduado, con un pie soporte, que se utiliza en análisis químico. • **Probeta de ensayo,** pieza de determinada forma, sometida a una prueba física o mecánica, que sirve para determinar las características de un material.

**PROBIDAD** n. f. Calidad de probo.

**PROBLEMA** n. m. (lat. *problemam*). Cuestión en que hay algo que averiguar o que provoca preocupación. **2.** Situación difícil que debe ser resuelta. **3.** MAT. Proposición dirigida a averiguar un resultado cuando ciertos datos son conocidos.

**PROBLEMÁTICA** n. f. Conjunto de problemas pertenecientes a una ciencia o actividad determinadas.

**PROBLEMÁTICO, A** adj. Dudoso, de solución incierta o difícil, que implica problema.

**PROBLEMATIZAR** v. tr. **[1g]**. Poner un asunto en cuestión para analizarlo profundamente.

**PROBO, A** adj. Honesto, honrado, recto.

**PROBÓSCIDE** n. f. Porción nasal o bucal de diversos animales, prolongada en forma de tubo, con diversas finalidades. SIN.: *trompa.*

**PROBOSCIDIO, A** o **PROBOSCÍDEO, A** adj. y n. m. Relativo a un orden de mamíferos ungulados provistos de una trompa prensil formada por la prolongación de la nariz unida al labio superior. (El *elefante* pertenece a dicho orden.)

**PROCACIDAD** n. f. Dicho o hecho procaz.

**PROCAÍNA** n. f. Anestésico local de síntesis.

**PROCARIOTA** n. m. Organismo con organización celular procariótica.

**PROCARIÓTICO, A** adj. **Célula procariótica,** organización celular, en la que el núcleo no está completamente separado del citoplasma, propia de las bacterias y de las esquizofíceas.

**PROCAZ** adj. Desvergonzado, insolente.

**PROCEDENCIA** n. f. Origen de donde procede alguien o algo. **2.** Punto de donde procede un barco, un tren, una persona, etc. **3.** Conformidad con la moral o el derecho.

**PROCEDENTE** adj. Que procede de un lugar, persona, cosa, etc. **2.** Oportuno, necesario, conforme a unas normas.

**PROCEDER** n. m. Manera de actuar alguien.

**PROCEDER** v. intr. (lat. *procedere,* adelantar) **[2]**. Tener una cosa su principio en lo que se expresa u obtenerse de ello. **2.** Tener su origen, provenir de un determinado lugar. **3.** Actuar, comportarse de una forma determinada: *proceder irreflexivamente.* **4.** Iniciar una acción después de algunos preparativos: *se procedió al reparto.* **5.** Ser oportuno, necesario, conforme a unas normas de derecho, mandato o conveniencia en general. **6.** Iniciar o seguir procedimiento criminal contra alguien: *la justicia procedió contra el demandado.*

**PROCEDIMIENTO** n. m. Acción de proceder. **2.** Método, operación o serie de operaciones con que se pretende obtener un resultado. **3.** DER. Actuación por trámites judiciales o administrativos.

**PROCELARIFORME** adj. y n. m. Relativo a un orden de aves marinas con el pico formado por varias piezas córneas yuxtapuestas, como el albatros y el petrel.

**PROCELOSO, A** adj. *Poét.* Borrascoso, tormentoso: *el proceloso mar.*

**PRÓCER** adj. Alto, elevado, majestuoso. ◆ n. m. y f. **2.** Persona importante, noble y de elevada posición social.

**PROCESADO, A** adj. y n. DER. Dícese de la persona que es tratada y declarada como presunto reo en un proceso criminal.

**PROCESADOR, RA** adj. Que procesa. ◆ n. m. **2.** INFORMÁT. Órgano capaz de efectuar el tratamiento completo de una serie de informaciones. **3.** INFORMÁT. Programa general de un sistema operativo que ejecuta una función compleja homogénea.

**PROCESAL** adj. Relativo al proceso. • **Derecho procesal,** conjunto de normas que ordenan el desenvolvimiento del proceso o tienen relación inmediata con los actos derivados de él.

**PROCESAMIENTO** n. m. Acción y efecto de procesar.

**PROCESAR** v. tr. **[1]**. DER. Formar autos, instruir procesos. **2.** DER. Declarar y tratar a una persona como presunto culpable de delito. **3.** INFORMÁT. Desarrollar un proceso de datos. **4.** TECNOL. Someter a un proceso de elaboración, transformación, etc.

**PROCESIÓN** n. f. (lat. *processionem,* acción de adelantarse). Acción o circunstancia de ir unas cosas tras otras en serie. **2.** Sucesión de personas que avanzan lentamente una tras otra, llevando pasos, imágenes de santos o cualquier otro signo religioso. **3.** Sucesión de personas o animales que avanzan uno tras otro en fila. • **Andar,** o **ir, la procesión por dentro** *(Fam.),* dícese cuando alguien aparenta estar tranquilo y, sin embargo, se encuentra apenado, enfadado, inquieto, etc.

**PROCESIONAL** adj. Relativo a la procesión. **2.** Ordenado en forma de procesión.

**PROCESIONARIA** n. f. Oruga que se alimenta de las hojas del pino, roble y encina, a los que causa grandes estragos, y que tiene la costumbre de avanzar en largas filas, con la cabeza de una tocando la parte posterior de la anterior.

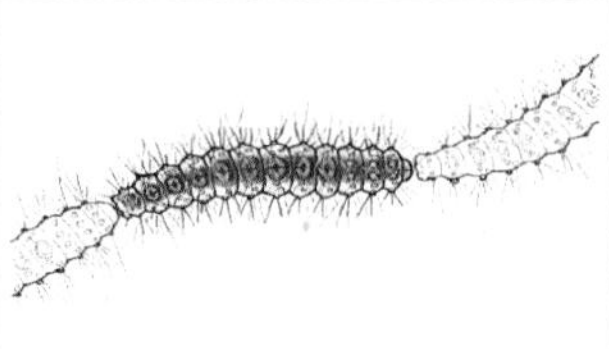

**procesionaria**

**PROCESO** n. m. (lat. *processum*). Desarrollo, evolución de las fases sucesivas de un fenómeno. **2.** Método, sistema adoptado para llegar a un determinado fin: *proceso químico; proceso industrial.* **3.** Transcurso de un determinado tiempo. **4.** DER. Institución mediante la cual el estado cumple a través de sus órganos de justicia su misión de defensa del orden juridicosocial, otorgando a los individuos que elevan una pretensión a los tribunales la oportunidad de satisfacerla. **5.** Causa criminal. **6.** LING. Noción general que comprende todos los sentidos del verbo (estado, acción, devenir). **7.** PATOL. Término que se emplea ocasionalmente como sinónimo de enfermedad: *proceso gripal.* • **Proceso de datos** (INFORMÁT.), preparación adecuada de datos o elementos básicos de información y tratamiento de los mismos mediante reglas y procedimientos que ejecutan distintas operaciones (clasificaciones, cálculos, etc.).

**PROCIDENCIA** n. f. MED. Salida al exterior de alguna estructura interna del organismo. **2.** MED. Salida previa de alguna estructura del feto o anexos por delante de la presentación.

**PROCLAMA** n. f. Alocución política o militar de viva voz o por escrito. **2.** REL. CATÓL. Notificación en la iglesia de las amonestaciones para los que quieren contraer matrimonio u ordenarse.

**PROCLAMACIÓN** n. f. Acción de proclamar. **2.** Actos públicos y ceremonias con que se declara e inaugura un nuevo reinado, principado, etc. • **Proclamación de candidatos,** acto en virtud del cual son dados a conocer públicamente los candidatos electorales de un partido político.

**PROCLAMAR** v. tr. (lat. *proclamare*) **[1]**. Hacer saber una cosa pública y solemnemente. **2.** Otorgar por voz común un título o dignidad: *fue proclamada la mejor actriz.* **3.** Manifestar mediante ciertas señales un hecho, un estado físico o moral, un sentimiento, etc.: *su modo de vestir proclamaba su pobreza.* ◆ **proclamarse** v. pron. **4.** Declararse alguien en posesión de un título, cargo, dignidad o condición: *se proclamó jefe de la banda.*

**PROCLÍTICO, A** adj. y n. m. LING. Dícese de una palabra privada de acento, que se apoya en la palabra siguiente: *en español el artículo es proclítico.*

**PROCLIVE** adj. Inclinado, propenso a cierta cosa, especialmente a algo reprobable.

**PROCLIVIDAD** n. f. Calidad de proclive.

**PROCOMÚN** o **PROCOMUNAL** n. m. Utilidad pública.

**PROCÓNSUL** n. m. ANT. ROM. Cónsul saliente cuyos poderes se prorrogaban para llevar a término una campaña que hubiera emprendido o para gobernar una provincia.

**PROCONSULADO** n. m. Dignidad, función del procónsul. **2.** Duración de su función.

**PROCONSULAR** adj. Relativo al procónsul.

**PROCORDADO, A** adj. y n. m. Relativo a un tipo de animales próximo a los vertebrados inferiores, que carecen de encéfalo y tienen el sistema nervioso central reducido a un cordón.

**PROCREACIÓN** n. f. Acción y efecto de procrear.

**PROCREADOR, RA** adj. y n. Que procrea.

**PROCREAR** v. tr. (lat. *procreare*) [**1**]. Engendrar, reproducirse una especie.

**PROCTALGIA** n. f. MED. Dolor en el ano.

**PROCTOLOGÍA** n. f. Especialidad médica que trata de las enfermedades del ano y del recto.

**PROCTOLÓGICO, A** adj. Relativo a la proctología.

**PROCTÓLOGO, A** n. Especialista en proctología.

**PROCURA** n. f. Procuración, poder dado a una persona. • **En procura** (*Méx.*), con la intención de procurarse algo.

**PROCURACIÓN** n. f. Cuidado o diligencia en la realización de los negocios. **2.** Poder que uno da a otro para que en su nombre ejecute algo. **3.** Procuraduría, oficina. **4.** DER. Cargo o función del procurador.

**PROCURADOR, RA** n. Persona que, con poder de otra, ejecuta algo en su nombre. **2.** Persona, con aptitudes legalmente reconocidas, que representa a una parte, bien ante los órganos de justicia, en cuyo caso es parte integrante de la defensa, bien en negocios meramente civiles, para ejecutar actos en nombre de su representado. ◆ n. m. **3.** ANT. ROM. Funcionario del orden ecuestre situado al frente de un servicio importante o de una provincia menor, en el Imperio romano. **4.** REL. Religioso encargado de los intereses temporales de una comunidad. • **Procurador del Común,** defensor del pueblo de Castilla y León. || **Procurador en cortes,** miembro de las cortes franquistas.

**PROCURADURÍA** n. f. Oficio o cargo de procurador. **2.** Oficina o despacho del mismo.

**PROCURAR** v. tr. y pron. (lat. *procurare*) [**1**]. Hacer diligencias, esfuerzos, etc., para conseguir lo que se expresa. ◆ v. tr. **2.** Proporcionar o facilitar a alguien una cosa o intervenir para que la tenga: *me procuró una colocación.*

**PRODIGALIDAD** n. f. Calidad o comportamiento del pródigo.

**PRODIGAR** v. tr. y pron. [**16**]. Dar mucho de algo. ◆ v. tr. **2.** Derrochar, malgastar. ◆ **prodigarse** v. pron. **3.** Esforzarse en ser útil y agradable a los demás. **4.** Excederse en la exhibición personal.

**PRODIGIO** n. m. (lat. *prodigium*). Suceso extraño que excede los límites regulares de la naturaleza. **2.** Persona, cosa o hecho que manifiesta caracteres excepcionales. **3.** Milagro.

**PRODIGIOSIDAD** n. f. Calidad de prodigioso.

**PRODIGIOSO, A** adj. Que constituye un prodigio. **2.** Maravilloso, extraordinario, fuera de lo común.

**PRÓDIGO, A** adj. y n. (lat. *prodigum*). Que gasta sin prudencia. ◆ adj. **2.** Generoso. **3.** Que produce o da en abundancia.

**PRODRÓMICO, A** adj. Relativo al pródromo.

**PRÓDROMO** n. m. Fase inicial en la evolución de una enfermedad.

**PRODUCCIÓN** n. f. Acción de producir. **2.** Cosa producida. **3.** CIN. y TELEV. Etapa de la preparación de una película o programa. **4.** CIN. y TELEV. Película o programa ya realizado. **5.** ECON. Actividad mediante la cual determinados bienes se transforman en otros de mayor utilidad. **6.** ECON. Conjunto de productos agrícolas e industriales. • **Medios de producción,** en la teoría marxista, conjunto de los medios de trabajo (máquinas, etc.) y de los objetos (materias, etc.) a los cuales se aplican. || **Modo de producción,** en la teoría marxista, conjunto constituido por las fuerzas productivas y las relaciones sociales de producción e intercambio, que define un período en la historia de una sociedad. || **Relaciones sociales de producción,** conjunto de relaciones que se establecen entre los hombres en el proceso de producción económica.

**PRODUCIBLE** o **PRODUCTIBLE** adj. Que se puede producir.

**PRODUCIR** v. tr. [**20**]. Hacer una cosa natural salir otra de sí misma: *los árboles producen frutos.* **2.** Fabricar, transformar materias primas en manufacturadas: *esta factoría produce automóviles.* **3.** Dar provecho o ganancias: *quiero invertir en algo que produzca.* **4.** Causar, originar: *su muerte me produjo un gran dolor.* **5.** Crear obras literarias o artísticas. **6.** CIN. y TELEV. Realizar una producción. ◆ **producirse** v. pron. **7.** Tener lugar, ocurrir.

**PRODUCTIVIDAD** n. f. Calidad de productivo. **2.** Relación mensurable entre una producción dada y el conjunto de factores empleados (productividad global) o uno solo de estos factores (productividad de este factor). **3.** BIOL. Cantidad anual de productos que se pueden obtener de un medio natural sin agotarlo.

**PRODUCTIVO, A** adj. Que produce, capaz de producir: *terreno productivo.* **2.** Que produce utilidad, ganancia: *empresa productiva.*

**PRODUCTO** n. m. Cosa producida por la naturaleza o por la actividad humana: *productos agrícolas; producto de belleza.* **2.** El resultado de alguna cosa: *el incidente fue producto de un malentendido.* **3.** QUÍM. Resultado de una operación: *los productos de la destilación del petróleo.* **4.** MAT. Resultado de la multiplicación de un número (multiplicando) por otro (multiplicador). **5.** MAT. Resultado de aplicar una ley de composición a dos elementos. • **Producto directo de dos conjuntos** (MAT.), conjunto de los pares formados al asociar un elemento cualquiera del primer conjunto a un elemento cualquiera del segundo. || **Producto escalar de dos vectores,** producto de sus módulos por el coseno del ángulo que forman. || **Producto interior,** suma de todos los bienes y servicios producidos en un país durante un período de tiempo, generalmente un año. || **Producto interior bruto (P.I.B.),** producto interior al que se le ha añadido las amortizaciones habidas en el período. || **Producto lógico** (LÓG.), multiplicación de conceptos, proposiciones o relaciones. || **Producto manufacturado,** mercancía obtenida por el cambio o transformación de una materia prima. || **Producto nacional,** producto interior deduciéndole la parte que se debe a los factores productivos extranjeros, y sumándole el producto que corresponda (de los obtenidos en otros países) de los factores nacionales. || **Producto semimanufacturado,** mercancía resultante de una transformación parcial y que aún no es apropiada para el consumo. || **Producto vectorial de dos vectores,** vector perpendicular al plano de estos vectores, que tiene como longitud el valor del área del paralelogramo que subtienden y que forma con ellos un triedro orientado positivamente.

**PRODUCTOR, RA** adj. y n. Que produce. ◆ n. **2.** Persona que emplea su fuerza de trabajo en la fabricación de bienes o en la prestación de servicios. **3.** Empresario o entidad que financia la producción de películas o programas y emisiones de radio o televisión.

**PROEMIO** n. m. (gr. *prooimion,* entrada). Preludio de un canto, o introducción o prólogo de un discurso o libro.

**PROEZA** n. f. Hazaña, acción valerosa o heroica.

**PROFANACIÓN** n. f. Acción y efecto de profanar.

**PROFANADOR, RA** adj. y n. Que profana.

**PROFANAR** v. tr. (lat. *profanare*) [**1**]. Tratar una cosa sagrada sin el debido respeto. **2.** Tratar sin el debido respeto a alguien o algo o hacer uso indigno de cosas respetables: *profanar una tumba.*

**PROFANO, A** adj. (lat. *profanum,* lo que está fuera del templo). Que no es sagrado ni sirve para usos sagrados: *música profana.* **2.** Irreverente, con carácter antirreligioso. ◆ adj. y n. **3.** No entendido o inexperto en determinada materia.

**PROFASE** n. f. BIOL. Primera fase de la mitosis celular, durante la cual los cromosomas se individualizan en filamentos hendidos longitudinalmente.

**PROFECÍA** n. f. (gr. *prophēteia*). Don sobrenatural que consiste en conocer las cosas distantes o futuras por inspiración divina. **2.** Oráculo de un profeta. **3.** Predicción de un hecho futuro.

**PROFERIR** v. tr. [**22**]. Emitir palabras o sonidos.

**PROFESANTE** adj. y n. m. y f. Que profesa.

**PROFESAR** v. tr. [**1**]. Ser adepto a ciertos principios, doctrinas, etc. **2.** Sentir, tener un afecto, sentimiento, etc. **3.** Ejercer una profesión. **4.** Enseñar, especialmente en una universidad. **5.** REL. Obligarse en una orden religiosa a cumplir los votos propios de su instituto.

**PROFESIÓN** n. f. (lat. *professionem*). Acción y efecto de profesar. **2.** Actividad permanente que sirve de medio de vida y que determina el ingreso en un grupo profesional determinado. • **Hacer profesión** de una costumbre, habilidad, etc., jactarse de ella.

**PROFESIONAL** adj. Relativo a la profesión. ◆ adj. y n. m. y f. **2.** Que ejerce especialmente una profesión u oficio, por oposición al aficionado. **3.** Que vive de una determinada actividad.

**PROFESIONALIDAD** n. f. Calidad de profesional. **2.** Eficacia en la propia profesión.

**PROFESIONALISMO** n. m. Cultivo o utilización de una actividad como medio de lucro.

**PROFESIONALIZAR** v. tr. [**1n**]. Ejercer habitual y remuneradamente una determinada actividad intelectual o manual. **2.** Convertir en profesión lucrativa una actividad intelectual o manual.

**PROFESO, A** adj. y n. Dícese del religioso que ha profesado.

**PROFESOR, RA** n. Persona que enseña o ejerce una ciencia o arte. • **Profesor mercantil,** título de grado superior de las antiguas escuelas profesionales de comercio.

**PROFESORADO** n. m. Conjunto de los profesionales de la enseñanza. **2.** Cargo de profesor.

**PROFETA** n. m. (lat. *prophetam*). Persona a través de la cual se manifiesta la voluntad divina, tanto para el presente como para el futuro. **2.** Persona que anuncia un acontecimiento futuro.

**profetas**
(relieve de la puerta Santa de la catedral de Santiago de Compostela; s. XII)

**PROFÉTICO, A** adj. Relativo a la profecía o al profeta.

**PROFETISA** n. f. Mujer que posee el don de la profecía.

**PROFETISMO** n. m. Tendencia a profetizar. **2.** Presencia de dones proféticos en un pueblo, en una comunidad religiosa o en una secta. **3.** Conjunto de las enseñanzas y predicciones de los profetas.

**PROFETIZADOR, RA** adj. y n. Que profetiza.

**PROFETIZAR** v. tr. [**1g**]. Hacer profecías.

**PROFILÁCTICO, A** adj. Relativo a la profilaxis. ◆ n. m. **2.** Preservativo.

**PROFILAXIS** n. f. Conjunto de medidas destinadas a impedir la aparición o la propagación de enfermedades. **2.** Conjunto de medidas que se toman para evitar algo.

**PRÓFUGO, A** adj. Fugitivo que huye de la justicia u otra autoridad. ◆ n. m. **2.** Mozo que se ausenta u oculta para eludir el servicio militar.

**PROFUNDIDAD** n. f. Calidad de profundo. **2.** Hondura. **3.** Dimensión de los cuerpos perpendicular a una superficie dada.

**PROFUNDIZACIÓN** n. f. Acción y efecto de profundizar.

**PROFUNDIZAR** v. tr. [**1g**]. Hacer más profundo. ◆ v. tr. e intr. **2.** *Fig.* Examinar o analizar algo a fondo.

**PROFUNDO, A** adj. (lat. *profundum*). Que tiene el fondo muy distante de la superficie: *pozo profundo.* **2.** Que penetra muy adentro: *herida profunda.* **3.** *Fig.* Intenso, no superficial: *dolor profundo.* **4.** *Fig.* Extremo, total, completo: *silencio profundo.* **5.** *Fig.* Notable, acusado: *existe entre ambos una profunda diferencia.* **6.** *Fig.* Difícil de penetrar o comprender: *es un discurso muy profundo para determinadas mentes.* **7.** *Fig.* Dícese de la voz, sonido, etc., que resuenan bajos. • **Sicología profunda,** sicoanálisis.

**PROFUSIÓN** n. f. Abundancia excesiva: *ilustrado con profusión de grabados.*

**PROFUSO, A** adj. (lat. *profusum*). Abundante.

**PROGENIE** n. f. *Fam.* Descendencia, conjunto de hijos.

**PROGENITOR, RA** n. Pariente en línea recta ascendente de una persona. ◆ **progenitores** n. m. pl. **2.** Padre y madre de una persona.

**PROGESTERONA** n. f. Hormona producida por el cuerpo amarillo del ovario durante la segunda parte del ciclo menstrual y durante el embarazo. SIN.: *luteína.*

**PROGLOTIS** n. m. Cada uno de los anillos de un gusano cestodo (tenia).

**PROGNATISMO** n. m. ANTROPOL. Inclinación hacia adelante del perfil de la cara.

**PROGNATO, A** adj. y n. Que tiene prognatismo.

**PROGNOSIS** n. f. Conocimiento anticipado de algún suceso.

**PROGRAMA** n. m. (gr. *programma*). Exposición general de las intenciones o proyectos de una persona, partido, etc. **2.** Proyecto, plan. **3.** Lista de las distintas partes o detalles de un trabajo, espectáculo, ceremonia, etc. **4.** Folleto o impreso que contiene dicha lista. **5.** Sesión de cine, teatro, etc., o emisión de televisión, radio, etc. **6.** Conjunto de instrucciones, datos o expresiones registrados en un soporte, que permite ejecutar una serie de operaciones determinadas, solicitadas a un ordenador, a un aparato automático o a una máquina-herramienta. **7.** *Argent.* y *Urug.* Amorío que no se toma en serio. **8.** *Argent.* y *Urug.* Amante ocasional.

**PROGRAMACIÓN** n. f. Acción y efecto de programar.

**PROGRAMADOR, RA** adj. y n. Que programa. ◆ n. **2.** Especialista encargado de la preparación de programas de ordenador. ◆ n. m. **3.** Aparato cuyas señales de salida gobiernan la ejecución de una serie de operaciones que corresponden a un programa. **4.** Dispositivo integrado en ciertos aparatos electrodomésticos, que gobierna automáticamente la ejecución de las diversas operaciones a realizar.

**PROGRAMAR** v. tr. **[1]**. Establecer un programa o fijar las diversas partes o elementos de una determinada acción. **2.** INFORMÁT. Fraccionar un problema que debe resolver un ordenador en instrucciones codificadas aceptables por la máquina.

**PROGRAMÁTICO, A** adj. Relativo al programa, exposición general de intenciones o proyectos.

**PROGRE** n. m. y f. Persona de ideas progresistas y modo de vida más o menos anticonvencional.

**PROGRESAR** v. intr. **[1]**. Hacer progresos.

**PROGRESIÓN** n. f. Acción de progresar. **2.** MAT. Sucesión de números cada uno de los cuales engendra el siguiente según una ley constante. • **Progresión aritmética** (MAT.), sucesión de números tal que la diferencia entre cada uno de ellos y el que le precede inmediatamente es una cantidad constante, llamada *razón* o *diferencia.* ‖ **Progresión geométrica,** sucesión de números en la cual el cociente entre cada término y el término que le precede es una cantidad constante, llamada *razón.*

**PROGRESISMO** n. m. Ideas y doctrinas partidarias del progreso en todos los órdenes y, especialmente, en el político-social.

**PROGRESISTA** adj. y n. m. y f. Partidario del progreso. **2.** Dícese de la persona, partido o movimiento político con ideas o programas de tipo político y social avanzados.

**PROGRESIVIDAD** n. f. Carácter de lo que es progresivo o gradual. • **Progresividad del impuesto,** sistema en el que el tipo impositivo aumenta al mismo tiempo que la base imponible ostentada por el contribuyente.

**PROGRESIVO, A** adj. Que progresa o favorece el progreso. **2.** Dícese del impuesto cuyo tipo es mayor a medida que aumenta la base imponible.

**PROGRESO** n. m. (lat. *progressum*). Acción de ir hacia adelante. **2.** Cambio gradual de algo tendiendo a aumentar o a mejorar. **3.** Desarrollo de la civilización.

**PROHIBICIÓN** n. f. Acción y efecto de prohibir. **2.** Denominación dada a ciertas legislaciones que prohíben o restringen considerablemente la venta y consumición de bebidas alcohólicas.

**PROHIBICIONISMO** n. m. Política favorable a la prohibición.

**PROHIBICIONISTA** adj. y n. m. y f. Relativo a la prohibición; partidario del prohibicionismo.

**PROHIBIR** v. tr. (lat. *prohibere*) **[3q]**. Vedar o impedir el uso o ejecución de algo.

**PROHIBITIVO, A** adj. Prohibitorio. **2.** Dícese del precio de las cosas que no están al alcance de alguien o de la mayoría de la gente.

**PROHIBITORIO, A** adj. Que sirve para prohibir.

**PROHIJADOR, RA** adj. y n. Que prohíja.

**PROHIJAMIENTO** n. m. Acto jurídico por el que una persona recibe como hijo adoptivo a un expósito o niño abandonado por sus padres y recogido en un establecimiento de beneficencia pública. SIN.: *prohijación.*

**PROHIJAR** v. tr. **[1u]**. Recibir a alguien como hijo por prohijamiento. **2.** *Fig.* Adoptar y defender como propias opiniones, doctrinas o ideas ajenas.

**PROHOMBRE** n. m. Hombre ilustre, que goza de especial consideración entre los de su clase.

**PROINDIVISIÓN** n. f. DER. CIV. Situación de una masa de bienes o de una cosa que no ha sido partida o dividida entre sus varios propietarios.

**PROINDIVISO, A** adj. Dícese de todo bien afectado por una proindivisión.

**PRÓJIMA** n. f. *Fam.* Prostituta.

**PRÓJIMO** n. m. (lat. *proximum*). Cualquier persona con respecto a otra. **2.** *Desp.* Individuo, tipo.

**PROLACTINA** n. f. Hormona hipofisaria responsable de la secreción láctea del postpartum e implicada en la inhibición de la fertilidad materna que se observa en dicho período.

**PROLAMINA** n. f. Holoproteína vegetal, rica en ácido glutámico.

**PROLAN** n. m. Sustancia producida por la placenta, que tiene la misma acción que las gonadotropinas hipofisarias.

**PROLAPSO** n. m. MED. Caída de un órgano fuera o hacia adelante de su emplazamiento normal.

**PROLE** n. f. (lat. *prolem*). Descendencia de alguien, especialmente los hijos.

**PROLEGÓMENO** n. m. Tratado que precede a una obra o escrito, para establecer los fundamentos generales de la materia que se ha de tratar en los mismos. (Suele usarse en plural.)

**PROLEPSIS** n. f. (gr. *prolēpsis,* anticipación). BIOL. Desarrollo anticipado de cualquier órgano por causas naturales o artificiales. **2.** LING. Procedimiento que consiste en colocar una palabra en la oración que precede a aquella en que debería estar.

**PROLÉPTICO, A** adj. Relativo a la prolepsis.

**PROLETARIADO** n. m. Dentro del modo de producción capitalista, clase social cuyos miembros, productores no propietarios de los medios de producción, venden su fuerza de trabajo por un salario.

**PROLETARIO, A** adj. y n. (lat. *proletarium*). Relativo al proletariado; miembro de dicha clase social. ◆ adj. **2.** *Fig.* Plebeyo, vulgar. ◆ n. m. **3.** ANT. ROM. Ciudadano de la última clase, que sólo era considerado útil al estado por su descendencia.

**PROLETARIZACIÓN** n. f. Acción de reducir una categoría de productores independientes (explotadores agrícolas, artesanos, comerciantes) al estado de proletarios.

**PROLETARIZAR** v. tr. **[1g]**. Dar carácter proletario.

**PROLIFERACIÓN** n. f. Multiplicación del número de células por división. **2.** *Fig.* Multiplicación rápida.

**PROLIFERAR** v. intr. **[1]**. Multiplicarse por proliferación.

**PROLÍFICO, A** adj. Capaz de reproducirse.

**PROLIJIDAD** n. f. Calidad de prolijo.

**PROLIJO, A** adj. (lat. *prolixum*). Excesivamente extenso y detallado. **2.** Cuidadoso, esmerado. **3.** Impertinente, pesado, molesto.

**PROLOGAL** adj. Relativo al prólogo.

**PROLOGAR** v. tr. **[1b]**. Escribir el prólogo de una obra.

**PRÓLOGO** n. m. (gr. *prologos*). Texto, generalmente en prosa, que precede el cuerpo de una obra. **2.** *Fig.* Cualquier cosa que precede a otra, a la que sirve de preparación. **3.** ANT. Parte de una obra de teatro que precedía la entrada del coro y que estaba dedicada a la exposición del tema.

**PROLOGUISTA** n. m. y f. Autor de un prólogo.

**PROLONGABLE** adj. Que se puede prolongar.

**PROLONGACIÓN** n. f. Acción y efecto de prolongar. **2.** Parte prolongada de una cosa.

**PROLONGAMIENTO** n. m. Prolongación.

**PROLONGAR** v. tr. y pron. (lat. *prolongare*) **[1b]**. Aumentar la longitud o duración de algo.

**PROMANAR** v. intr. **[1]**. Provenir.

**PROMECIO** n. m. Prometio.

**PROMEDIAR** v. tr. **[1]**. Calcular el promedio de algo. **2.** Igualar aproximadamente dos partes de algo o repartirlo en dos partes aproximadamente iguales. ◆ v. intr. **3.** Llegar aproximadamente a su mitad un espacio de tiempo determinado: *antes de promediar el mes de junio.*

**PROMEDIO** n. m. (lat. *pro medio,* como término medio). Cantidad o valor medio que resulta de repartir entre varios casos la suma de todos los valores correspondientes a cada uno.

**PROMESA** n. f. (lat. *promissa*). Acción de prometer. **2.** Cosa prometida. **3.** Persona o cosa que promete: *es una promesa del fútbol.* **4.** *Fig.* Indicio o señal que promete algo. **5.** DER. Compromiso para realizar un acto o contraer una obligación: *promesa de compra.* **6.** REL. Ofrecimiento hecho a Dios o a sus santos de ejecutar una obra piadosa.

**PROMESANTE** n. m. y f. *Argent.* y *Chile.* Persona que cumple una promesa piadosa, generalmente en procesión.

**PROMETACINA** n. f. Antihistamínico derivado de la fenotiacina, ligeramente hipnótico.

**PROMETEDOR, RA** adj. y n. Que promete.

**PROMETER** v. tr. (lat. *promittere*) **[2]**. Decir alguien que se obliga a hacer o dar algo. **2.** Augurar por indicios, señales, etc., un futuro generalmente favorable. **3.** Afirmar la certeza de lo que se dice. ◆ v. intr. **4.** Dar muestras de una capacidad potencial. ◆ **prometerse** v. pron. **5.** Confiar en el logro o realización de una cosa. **6.** Darse palabra de matrimonio. **7.** REL. Ofrecerse uno, por devoción o agradecimiento, al servicio o culto de Dios o de sus santos.

**PROMETIDO, A** n. Con respecto a una persona, otra con la que se ha concertado promesa de matrimonio.

**PROMETIO** o **PROMECIO** n. m. Metal del grupo de las tierras raras, cuyo símbolo químico es Pm, su número atómico 61 y su masa atómica 147.

**PROMINENCIA** n. f. Calidad de prominente. **2.** Abultamiento o elevación en cualquier cosa. **3.** ANAT. Formación saliente de algunos huesos o estructuras del organismo.

**PROMINENTE** adj. Que sobresale de la cosa de que forma parte, o que sobresale más de lo que se considera normal. **2.** *Fig.* Dícese de la persona ilustre, destacada.

**PROMISCUACIÓN** n. f. Acción de promiscuar.

**PROMISCUAR** v. intr. **[1c]**. Comer, en días de cuaresma y otros en que la Iglesia lo prohibía, carne y pescado en una misma comida. **2.** *Fig.* Participar indistintamente en cosas heterogéneas u opuestas.

**PROMISCUIDAD** n. f. Calidad de promiscuo.

**PROMISCUO, A** adj. (lat. *promiscuum*). Mezclado confusa o indiferentemente. **2.** Que tiene relaciones sexuales con varias personas.

**PROMISIÓN** n. f. Promesa, acción de prometer: *tierra de promisión.*

**PROMITENTE** adj. y n. m. y f. Que promete.

**PROMOCIÓN** n. f. Acción de promocionar o promover. **2.** Conjunto de individuos que han obtenido al mismo tiempo un grado, empleo o título. **3.** DEP. Torneo en que se enfrentan deportistas o equipos, a fin de determinar cuáles pertenecerán, en la temporada siguiente, a la categoría superior. • **Promoción de ventas,** técnica destinada a aumentar la cifra de negocios de una empresa mediante la acción propia de la red de distribución.

**PROMOCIONAR** v. tr. **[1]**. Hacer que alguien mejore en su situación, cargo o categoría. **2.** Dar impulso a una determinada acción, y especialmente a una empresa, producto comercial, etc.

**PROMONTORIO** n. m. (lat. *promontorium*, cabo). Elevación en el terreno, o monte de poca altura. **2.** Altura de tierra que avanza dentro del mar. **3.** *Fig.* Bulto, elevación. **4.** ANAT. Nombre que se da a ciertas estructuras del organismo, discretamente sobreelevadas: *promontorio sacro; promontorio del tímpano.*

**PROMOTOR, RA** adj. y n. Que promueve. ◆ n. m. **2.** QUÍM. Sustancia que aumenta la actividad de un catalizador. • **Promotor de la fe,** miembro de la congregación de ritos que investiga las faltas en las causas de beatificación y canonización.

**PROMOVER** v. tr. [**2e**]. Iniciar o activar cierta acción. **2.** Ascender a una persona a un grado superior al que tenía. **3.** Producir algo que lleve en sí agitación, movimiento, etc.

**PROMULGACIÓN** n. f. Acción y efecto de promulgar.

**PROMULGADOR, RA** adj. y n. Que promulga.

**PROMULGAR** v. tr. (lat. *promulgare*) [**1b**]. Publicar algo solemnemente u oficialmente, en especial una ley.

**PRONACIÓN** n. f. Movimiento del antebrazo que tiene por efecto hacer ejecutar a la mano una rotación de fuera hacia dentro.

**PRONADOR, RA** adj. y n. m. ANAT. Que realiza un movimiento de pronación: *músculo pronador.*

**PRONAOS** n. m. (voz griega). ARQ. Parte delantera de un templo antiguo.

**PRONO, A** adj. (lat. *pronum*). Muy propenso o inclinado a una cosa. **2.** Tumbado sobre el vientre.

**PRONOMBRE** n. m. Categoría lingüística que se caracteriza por su capacidad de funcionar como sustantivo, adjetivo o adverbio y cuyas formas carecen de relación denotativa fija. (En español existen pronombres personales, demostrativos, posesivos, relativos, interrogativos e indefinidos.)

**PRONOMINADO, A** adj. GRAM. Dícese del verbo que tiene por complemento un pronombre.

**PRONOMINAL** adj. (lat. *pronominalem*). GRAM. Relativo al pronombre. • **Adjetivo pronominal,** adjetivo posesivo, demostrativo, relativo, interrogativo e indefinido que tiene la forma del pronombre correspondiente. ‖ **Adverbio pronominal,** adverbio que puede ejercer el oficio de pronombre (*cuándo, dónde,* etc.). ‖ **Verbo pronominal,** verbo que se conjuga con dos pronombres de la misma persona.

**PRONOSTICADOR, RA** adj. y n. Que pronostica.

**PRONOSTICAR** v. tr. [**1a**]. Conocer o prever, por algunos indicios o señales, el futuro. **2.** Predecir lo que ha de suceder.

**PRONÓSTICO** n. m. (lat. *prognosticum*). Acción y efecto de pronosticar. **2.** Señal por la que se adivina o conjetura una cosa futura. **3.** Calendario en que se incluye el anuncio de los fenómenos astronómicos y meteorológicos. **4.** Juicio del médico acerca de la gravedad y evolución de una enfermedad o lesiones.

**PRONTITUD** n. f. Rapidez o diligencia en hacer una cosa.

**PRONTO** adv. t. En seguida, en un breve espacio de tiempo. • **Al pronto,** en el primer momento. ‖ **De pronto,** apresuradamente, sin reflexión; repentinamente, improvisadamente. ‖ **Por de pronto,** provisionalmente, por el momento, además de otras cosas. ‖ **Tan pronto como,** en el mismo instante que, en seguida de.

**PRONTO, A** adj. Rápido, inmediato: *le deseó una pronta mejoría.* **2.** Dispuesto, preparado para obrar: *siempre está pronto para salir.* ◆ n. m. **3.** *Fam.* Arrebato, decisión o impulso repentino.

**PRONTUARIO** n. m. Resumen breve. **2.** Manual, compendio de las reglas de una ciencia o arte.

**PRONUNCIABLE** adj. Que se pronuncia fácilmente.

**PRONUNCIACIÓN** n. f. Acción de pronunciar. **2.** Modo de pronunciar las palabras de una lengua: *tener una pronunciación correcta.*

**PRONUNCIAMIENTO** n. m. Alzamiento militar destinado a derribar un gobierno o a presionar sobre él. **2.** DER. Cada una de las declaraciones, condenas o mandatos del juzgador.

**PRONUNCIAR** v. tr. (lat. *pronuntiare*) [**1**]. Emitir y articular sonidos para hablar. **2.** DER. Publicar una sentencia, auto u otra resolución judicial. ◆ v. tr. y pron. **3.** Acentuar, realzar, resaltar: *las diferencias entre ellos se pronuncian cada vez más.* ◆ **pronunciarse** v. pron. **4.** Declararse o mostrarse a favor o en contra de alguien o de algo: *no quiero pronunciarme sobre este asunto.* **5.** Sublevarse: *los militares se pronunciaron.*

**propileos** (fachada E de la Acrópolis de Atenas)

**PRONUNCIO** n. m. Eclesiástico investido transitoriamente de las funciones del nuncio pontificio.

**PROPADIENO** n. m. Aleno.

**PROPAGACIÓN** n. f. Acción y efecto de propagar. **2.** FÍS. Modo de transmisión de las ondas sonoras, luminosas, hertzianas, de las radiaciones X, etc.

**PROPAGANDA** n. f. Publicidad desarrollada para propagar o difundir un producto, una materia, un espectáculo, etc. **2.** Material o trabajo que se emplea para este fin.

**PROPAGANDISTA** adj. y n. m. y f. Dícese de la persona que hace propaganda, especialmente en materia política.

**PROPAGANDÍSTICO, A** adj. Relativo a la propaganda.

**PROPAGAR** v. tr. y pron. (lat. *propagare*) [**1b**]. Multiplicar por generación u otro medio de reproducción: *propagar la especie humana.* **2.** *Fig.* Extender, difundir o aumentar una cosa: *el fuego se propagó rápidamente.* **3.** *Fig.* Extender el conocimiento de una idea, opinión, doctrina, etc.

**PROPÁGULO** n. m. BOT. Órgano o parte de un vegetal.

**PROPALAR** v. tr. [**1**]. Divulgar o extender algo que debía permanecer oculto.

**PROPANERO, A** adj. y n. m. Dícese del buque utilizado para el transporte de propano en estado licuado.

**PROPANO** n. m. Hidrocarburo saturado gaseoso ($C_3H_8$), empleado como combustible.

**PROPAROXÍTONO, A** adj. y n. f. Dícese de la palabra que tiene el acento en la antepenúltima sílaba.

**PROPASAR** v. tr. y pron. [**1**]. Pasar más adelante de lo debido. ◆ **propasarse** v. pron. **2.** Excederse, faltar al respeto o cometer un atrevimiento, particularmente un hombre con una mujer. **3.** Excederse de lo razonable en lo que se hace o dice.

**PROPEDÉUTICA** n. f. Enseñanza preparatoria para el estudio de una disciplina.

**PROPEDÉUTICO, A** adj. Relativo a la propedéutica.

**PROPELENTE** n. m. Compuesto químico que se emplea para producir propulsión.

**PROPENDER** v. intr. [**2**] Tender por naturaleza, por condición o por otras causas a ser o estar de determinada manera o a hacer alguna cosa.

**PROPENO** n. m. Propileno.

**PROPENSIÓN** n. f. Tendencia, inclinación a hacer algo.

**PROPENSO, A** adj. Que tiene propensión.

**PROPERGOL** n. m. Mezcla de sustancias cuya reacción química, en la que no interviene el oxígeno del aire, da origen a un gran volumen de gases calientes, cuya eyección sirve para la propulsión de cohetes por reacción.

**PROPICIACIÓN** n. f. REL. Acción agradable a Dios, con que se le mueve a piedad y misericordia. **2.** REL. Sacrificio que se ofrecía en la ley antigua para aplacar la justicia divina y tener a Dios propicio.

**PROPICIAR** v. tr. (lat. *propitiare*) [**1**]. Hacer o volver propicio.

**PROPICIATORIO, A** adj. Que sirve para propiciar.

**PROPICIO, A** adj. (lat. *propitium*). Benigno, inclinado a hacer un bien. **2.** Favorable, adecuado.

**PROPIEDAD** n. f. Derecho de usar y disponer de un bien de forma exclusiva y absoluta, sin más limitaciones que las contenidas en la ley. **2.** Cosa poseída, especialmente si es inmueble. **3.** Atributo o cualidad característica o esencial de una persona o cosa: *las propiedades químicas de una sustancia.* **4.** Adecuación de la expresión oral con la idea a expresar: *hablar con propiedad.* **5.** *Fig.* Semejanza perfecta entre una cosa y su representación. • **En propiedad,** como propiedad; se aplica a la manera de poseer un cargo o empleo cuando no es como interino o sustituto. ‖ **Propiedad horizontal,** en los inmuebles sujetos a comunidad de propietarios, dominio de cada uno de los diferentes pisos o locales por personas distintas y copropiedad conjunta de los elementos comunes. ‖ **Propiedad industrial,** derecho exclusivo de utilizar un nombre comercial, una marca, una patente, un diseño, etc. ‖ **Propiedad intelectual,** conjunto de derechos que el autor de una obra intelectual tiene sobre ésta y que hacen referencia a su publicación y reproducción.

**PROPIETARIO, A** adj. y n. Que tiene derecho de propiedad sobre una cosa, especialmente sobre bienes inmuebles. **2.** Que tiene un cargo o empleo que le pertenece, a diferencia del que sólo transitoriamente desempeña las funciones inherentes a él.

**PROPILENO** n. m. Hidrocarburo etilénico $CH_3CH{=}CH_2$, homólogo superior del etileno. SIN.: *propeno.*

**PROPILEO** n. m. (gr. *propylaion*). Entrada monumental de una ciudadela o de un templo griegos, que comprende un pórtico con columnas.

**PROPINA** n. f. Dinero dado por un cliente a título de gratificación.

**PROPINACIÓN** n. f. Acción y efecto de propinar.

**PROPINAR** v. tr. (lat. *propinare*) [**1**]. Dar, administrar: *le propinó una bofetada.*

**PROPINCUO, A** adj. (lat. *propinquum*). Cercano, próximo.

**PROPIO, A** adj. (lat. *proprium*). Que pertenece en propiedad a una persona: *vive en casa propia.* **2.** Característico o particular de una persona o cosa determinada: *diversiones propias de la juventud.* **3.** Apropiado, indicado para lo que se expresa: *se viste con atuendos poco propios para su edad.* **4.** Natural, no adquirido o artificial: *el color de su pelo no es el propio, sino teñido.* **5.** El mismo: *el propio autor presentó la obra.* • **Movimiento propio** (ASTRON.), movimiento real de un astro, por oposición a su *movimiento aparente.* ‖ **Nombre propio,** nombre que sólo puede aplicarse a un solo ser, a un solo objeto o a una sola categoría de seres o de objetos, por oposición a *nombre común*. || **Sentido propio,** sentido primero, real, de una palabra. ◆ adj. y n. m. **6.** LÓG. Que se sigue necesariamente o es inseparable de la esencia de las cosas. ◆ n. m. **7.** Enviado, mensajero. **8.** REL. Serie de oficios especiales para las diferentes partes del año litúrgico. ◆ **propios** n. m. pl. **9.** Parte de las tierras comunales que pertenecían al municipio y cuyos beneficios se destinaban a cubrir los gastos de éste.

**PROPIOCEPTIVO, A** adj. Dícese de las sensaciones procedentes de los músculos y de sus anexos y de los canales semicirculares que informan sobre la altitud, los movimientos y el equilibrio.

**PROPIOCEPTOR** n. m. Estructura nerviosa periférica que proporciona sensibilidad a los huesos, músculos, tendones y articulaciones.

**PROPONENTE** adj. y n. m. y f. Que propone.

**PROPONER** v. tr. (lat. *proponere*) **[5]**. Exponer un plan, proyecto, negocio, idea, etc., a alguien con intención de que sea aceptado. **2.** Recomendar o presentar a una persona como idónea para un empleo o cargo o como merecedora de un premio. ◆ v. tr. y pron. **3.** Tomar la decisión o formar el proyecto de hacer o conseguir una cosa.

**PROPORCIÓN** n. f. (lat. *proportionem*). Relación en cuanto a magnitud, cantidad o grado, de una cosa con otra o de una parte con el todo: *la anchura de esta mesa no guarda proporción con su longitud.* **2.** Tamaño, medida o dimensión. **3.** Importancia o intensidad de un hecho o acción: *el incendio adquirió proporciones alarmantes.* **4.** Ocasión u oportunidad para obrar. **5.** MAT. Igualdad entre dos razones. • **A proporción,** según, conforme a.

**PROPORCIONABLE** adj. Que puede proporcionarse.

**PROPORCIONADO, A** adj. Que tiene la justa y debida proporción o tamaño. **2.** Conveniente o adecuado para algo.

**PROPORCIONAL** adj. Relativo a la proporción, o que la incluye en sí. **2.** MAT. Que está relacionado por una proporción. • **Magnitudes,** o **cantidades, directamente proporcionales,** magnitudes que varían de tal manera que los números que las miden permanecen en una relación constante. || **Magnitudes,** o **cantidades, inversamente proporcionales,** magnitudes que varían de tal manera que el producto de los números que las miden permanece constante. || **Representación proporcional,** sistema electoral que concede a los diversos partidos un número de representantes proporcional al número de sufragios obtenidos.

**PROPORCIONALIDAD** n. f. Proporción. **2.** Carácter de las cantidades proporcionales entre sí. • **Proporcionalidad del impuesto,** sistema de cálculo del impuesto en el que el tipo impositivo es fijo cualquiera que sea el importe de la base imponible.

**PROPORCIONAR** v. tr. **[1]**. Establecer o hacer que una cosa tenga la debida proporción con otra. ◆ v. tr. y pron. **2.** Hacer lo necesario para que una persona tenga algo que necesita, facilitándoselo o dándoselo.

**PROPOSICIÓN** n. f. Acción y efecto de proponer. **2.** Cosa propuesta. **3.** Palabras con que se propone. **4.** Unidad lingüística de estructura oracional. **5.** Oración gramatical. **6.** LÓG. Enunciado susceptible de ser verdadero o falso. • **Cálculo de proposiciones,** o **proposicional** (LÓG.), parte de la lógica que estudia las propiedades generales de las proposiciones y de los operadores proposicionales, sin referencia al sentido de estas proposiciones, de las que sólo se considera la veracidad o la falsedad. || **Proposición de ley,** texto redactado por uno o varios parlamentarios y depositado en la mesa de la cámara de que forman parte, para que sea tramitado como ley. SIN.: *propuesta de ley.* || **Proposición no de ley,** petición formulada por uno o varios parlamentarios para que la cámara de la que forman parte redacte un texto legal sobre una materia determinada.

**PROPOSICIONAL** adj. LÓG. Relativo a la proposición.

**PROPÓSITO** n. m. Aquello que uno se propone hacer. **2.** Objeto, finalidad. **3.** Asunto, materia de que se trata. • **A propósito,** expresa que una cosa es oportuna o adecuada para lo que se desea o para el fin a que se destina; voluntaria o deliberadamente. || **A propósito de,** en relación a. || **Fuera de propósito,** inoportunamente, sin venir al caso.

**PROPRETOR** n. m. ANT. ROM. Alto funcionario, generalmente un antiguo pretor, al que se legaba el gobierno de una provincia.

**PROPRETURA** n. f. Dignidad, función de propretor. **2.** Duración de esta función.

**PROPUESTA** n. f. Proposición o idea que se manifiesta o expone a alguien con un fin determinado. **2.** Recomendación o indicación de cierta persona hecha a la autoridad para un empleo o cargo. **3.** Consulta de un asunto o negocio que se presenta a la junta o consejo que lo ha de aprobar o desestimar.

**PROPUGNAR** v. tr. (lat. *propugnare*) **[1]**. Defender, apoyar especialmente una postura o idea que se considera conveniente.

**PROPULSAR** v. tr. (lat. *propulsare*) **[1]**. Impulsar, impeler hacia adelante. **2.** *Fig.* Aumentar la actividad o el desarrollo de algo.

**PROPULSIÓN** n. f. Acción de propulsar o impeler.

**PROPULSOR, RA** adj. y n. Que propulsa. ◆ n. m. **2.** Órgano o máquina destinado a imprimir un movimiento de propulsión. **3.** Materia combustible para la propulsión por cohete.

**PRORRATA** n. f. Cuota o porción que debe pagar o percibir cada uno en un reparto, hecha la cuenta proporcionada que le corresponde. • **A prorrata,** mediante prorrateo.

**PRORRATEAR** v. tr. **[1]**. Repartir una cantidad entre varios según la parte que proporcionalmente toca pagar a cada uno.

**PRORRATEO** n. m. Acción y efecto de prorratear.

**PRÓRROGA** n. f. Acción de prorrogar. **2.** Plazo de tiempo durante el cual se prorroga algo. **3.** MIL. En España, beneficio que se concede a determinados mozos para aplazar temporalmente su incorporación a filas.

**PRORROGABLE** adj. Que se puede prorrogar.

**PRORROGAR** v. tr. (lat. *prorogare*) **[1b]**. Continuar o prolongar algo haciendo que dure más tiempo. **2.** Aplazar, retardar la ejecución o realización de algo.

**PRORROGATIVO, A** adj. Que prorroga.

**PRORRUMPIR** v. tr. (lat. *prorumpere*) **[3]**. Salir con ímpetu. **2.** *Fig.* Proferir o emitir repentina y bruscamente un grito, suspiro, lamento, risa, etc.: *prorrumpir en llanto.*

**PROSA** n. f. (lat. *prosam,* que anda en línea recta). Forma ordinaria del lenguaje hablado o escrito, que no está sujeta a las reglas de ritmo y de cadencia propias de la poesía. **2.** *Fig.* Aspecto o parte vulgar o corriente de una cosa.

**PROSAICO, A** adj. Relativo a la prosa. **2.** *Fig.* Vulgar, anodino, falto de elevación o interés.

**PROSAÍSMO** n. m. Cualidad de prosaico.

**PROSAPIA** n. f. (lat. *prosapiam*). Alcurnia, linaje, ascendencia de una persona.

**PROSCENIO** n. m. (gr. *proskēnion*). Parte del escenario comprendida entre el borde del mismo y el primer orden de bastidores.

**PROSCRIBIR** v. tr. (lat. *proscribere*) **[3n]**. Expulsar a una persona del territorio nacional, generalmente por causa política. **2.** *Fig.* Prohibir una costumbre o uso.

**PROSCRIPCIÓN** n. f. Acción y efecto de proscribir. • **Proscripción de los bienes,** partición o venta de los bienes de un deudor en fuga, en beneficio de los acreedores.

**PROSCRITO, A** adj. y n. Dícese de quien ha sido desterrado.

**PROSECTOR, RA** n. Persona que prepara las disecciones para un curso de anatomía.

**PROSECUCIÓN** n. f. Acción de proseguir. **2.** Seguimiento, persecución.

**PROSEGUIBLE** adj. Que se puede proseguir.

**PROSEGUIMIENTO** n. m. Prosecución.

**PROSEGUIR** v. tr. (lat. *prosequi*) **[30a]**. Continuar lo que se había empezado a hacer o decir, o seguir en un mismo estado o actitud.

**PROSELITISMO** n. m. Celo exagerado por hacer prosélitos.

**PROSELITISTA** adj. y n. m. y f. Que practica o es partidario del proselitismo.

**PROSÉLITO** n. m. (lat. *proselytum*). Persona ganada para una opinión, una doctrina, un partido, etc.

**PROSÉNQUIMA** n. m. Tejido fibroso de los animales y de las plantas.

**PROSIFICACIÓN** n. f. Acción y efecto de prosificar.

**PROSIFICADOR, RA** n. Que prosifica.

**PROSIFICAR** v. tr. **[1a]**. Poner en prosa una composición poética.

**PROSIMIO, A** adj. y n. m. Lemuroideo.

**PROSISTA** n. m. y f. Escritor de obras en prosa literaria.

**PROSÍSTICO, A** adj. Relativo a la prosa literaria.

**PROSOBRANQUIO, A** adj. y n. m. Relativo a una subclase de moluscos gasterópodos de branquias situadas hacia adelante, como el bígaro y la lapa.

**PROSODIA** n. f. (gr. *prosoidia*). Parte de la gramática que enseña la recta pronunciación y acentuación de las letras, sílabas y palabras. **2.** Estudio de los rasgos fónicos que afectan a la métrica, especialmente a los acentos, y a la cantidad. **3.** Parte de la fonología que estudia los rasgos fónicos de una secuencia. • **Prosodia musical,** concordancia entre la música (duraciones, intervalos) y los acentos del texto.

**PROSÓDICO, A** adj. Relativo a la prosodia.

**PROSOMA** n. m. Porción anterior del cuerpo de algunos animales.

**PROSOPOPEYA** n. f. (gr. *prosōpopoiia*). Tropo de sentencia por semejanza, que consiste en atribuir cualidades de los seres animados a los inanimados y abstractos. **2.** *Fam.* Afectación en la manera de ser o de hablar.

**PROSPECCIÓN** n. f. Exploración de los yacimientos minerales de un terreno. **2.** ECON. y SOCIOL. Utilización de medios y datos para conseguir unos resultados propuestos como probables.

**PROSPECTAR** v. tr. (ingl. *to prospect,* del lat. *prospectum*) **[1]**. Realizar prospecciones.

**PROSPECTIVA** n. f. Ciencia que tiene por objeto el estudio de las causas técnicas, científicas, económicas y sociales que aceleran la evolución del mundo moderno, y la previsión de las situaciones que podrían derivarse de sus influencias conjugadas.

**PROSPECTIVO, A** adj. Relativo a la prospección o a la prospectiva.

**PROSPECTO** n. m. (lat. *prospectum*). Impreso de pequeño tamaño en que se presenta una obra, espectáculo, mercancía, etc. **2.** Impreso que acompaña a un medicamento, mercancía, máquina, etc., dando instrucciones sobre su empleo.

**PROSPERAR** v. tr. (lat. *prosperare*) **[1]**. Dar u ocasionar prosperidad. ◆ v. intr. **2.** Ganar prosperidad. **3.** *Fig.* Prevalecer o imponerse una opinión, idea, etc., poniéndose en práctica o aceptándose.

**PROSPERIDAD** n. f. Bienestar material o mejora de la situación económica. **2.** Curso favorable de las cosas, buena suerte o éxito en lo que se emprende.

**PRÓSPERO, A** adj. (lat. *prosperum*). Favorable, afortunado, venturoso. **2.** Que mejora y se enriquece progresivamente.

**PROSTAGLANDINA** n. f. Sustancia aislada en el líquido seminal y la próstata, así como en numerosos tejidos y órganos, y dotada de propiedades fisiológicas muy diversas.

**PRÓSTATA** n. f. (gr. *prostatēs,* que está delante). Cuerpo glandular, propio del sexo masculino, que rodea el cuello de la vejiga y parte de la uretra, y secreta gran parte del líquido espermático.

**PROSTATECTOMÍA** n. f. Ablación quirúrgica de la próstata.

**PROSTÁTICO, A** adj. y n. m. Relativo a la próstata; afecto de una enfermedad de la próstata.

**PROSTATITIS** n. f. Inflamación de la próstata.

**PROSTERNARSE** v. pron. (fr. *prosterner*) **[1]**. Postrarse, arrodillarse en señal de adoración o de respeto: *prosternarse ante el altar; se prosternó a mis pies.*

**PROSTÉTICO, A** adj. Relativo a la prótesis. • **Grupo prostético** (BIOL.), parte de la molécula de una heteroproteína que contiene su radical activo.

**PROSTIBULARIO, A** adj. Relativo al prostíbulo.

**PROSTÍBULO** n. m. (lat. *prostibulum*). Casa de prostitución.

**PRÓSTILO, A** adj. y n. m. ARQ. Dícese del templo

que presenta una hilera de columnas sólo en la fachada anterior.

**PROSTITUCIÓN** n. f. (lat. *prostitutionem*). Acto por el cual una persona admite relaciones sexuales a cambio de dinero. **2.** *Fig.* Envilecimiento, degradación.

**PROSTITUIR** v. tr. y pron. (lat. *prostituere,* exponer en público) [**29**]. Entregar o entregarse a la prostitución. **2.** *Fig.* Envilecer o degradar por interés o para obtener una ventaja: *prostituir su talento literario.*

**PROSTITUTA** n. f. (lat. *prostitutam*). Mujer que se dedica a la prostitución.

**PROSUDO, A** adj. *Chile, Ecuad.* y *Perú.* Dícese del orador pomposo. **2.** *Ecuad.* Que se da importancia o toma actitudes de superioridad.

**PROTACTINIO** n. m. Metal radiactivo, cuyo símbolo químico es Pa y su número atómico 91.

**PROTAGONISMO** n. m. Calidad de protagonista. **2.** Afán de mostrarse como la persona más calificada y necesaria para una actividad, independientemente de que se posean o no méritos que lo justifiquen.

**PROTAGONISTA** n. m. y f. (gr. *prōtos,* primero, y *agōnistēs,* actor). Personaje principal de una obra literaria, teatral, cinematográfica, etc. **2.** Persona o cosa que tiene la parte principal en un hecho o suceso cualquiera.

**PROTAGONIZAR** v. tr. [**1g**]. Actuar como protagonista.

**PROTALO** n. m. (de *pro,* y gr. *thallos,* rama). BOT. Pequeña lámina verde resultante de la germinación de las esporas de los helechos o plantas afines, en la que se hallan los anteridios y los arquegonios.

**PROTAMINA** n. f. Polipéptido utilizado en la fabricación de ciertas insulinas de efecto retardado y como antídoto de la heparina.

**PRÓTASIS** n. f. (pl. *prótasis*). Exposición, explicación de la acción al principio de un poema dramático. **2.** Proposición que, en una frase, constituye como un adelanto, un comienzo, con relación a una segunda, llamada *apódosis.*

**PROTEASA** n. f. Enzima que hidroliza los prótidos.

**PROTECCIÓN** n. f. Acción y efecto de proteger. **2.** Cosa que protege. • **Protección civil,** organización que reglamenta y coordina la protección de personas y bienes en caso de guerra o calamidades públicas, para evitar o aminorar los riesgos y los daños.

**PROTECCIONISMO** n. m. Sistema que consiste en proteger la agricultura, el comercio o la industria de un país frente a la competencia extranjera. CONTR.: *libre cambio.*

**PROTECCIONISTA** adj. y n. m. y f. Relativo al proteccionismo; partidario del proteccionismo.

**PROTECTOR, RA** adj. y n. Que protege: *crema protectora.* ◆ n. m. **2.** Cosa que protege: *un protector de la piel.* **3.** Aparato de protección que los boxeadores se colocan sobre los dientes para protegerlos. SIN.: *protegedientes.* **4.** En Gran Bretaña, título de regente. (Con este significado, suele escribirse con mayúscula.) **5.** Título dado a diversos próceres americanos. (Con este significado, suele escribirse con mayúscula.)

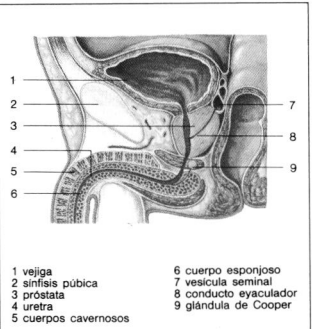

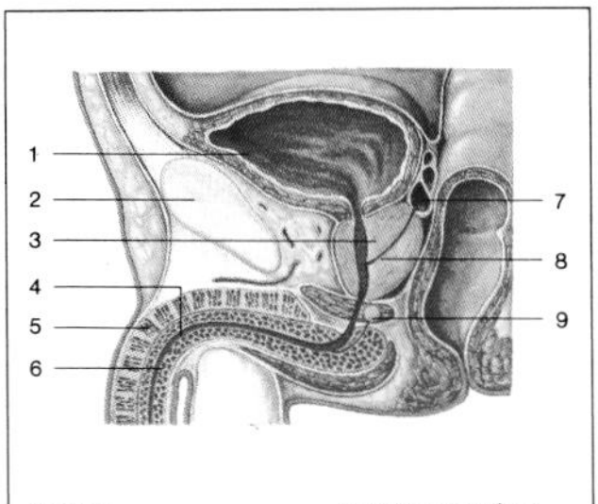

**próstata** (sección sagital)

**PROTECTORADO** n. m. Situación de un estado que está bajo la protección de otro estado, especialmente para todo aquello que concierne a relaciones exteriores y seguridad. **2.** Situación de un estado que está bajo la protección de otro.

**PROTEGEDIENTES** n. m. (pl. *protegedientes*). En boxeo, protector.

**PROTEGER** v. tr. (lat. *protegere*) [**2b**]. Resguardar a alguien o a algo de peligros, daños o incomodidades. **2.** Favorecer, apoyar: *proteger las artes y las letras; proteger una candidatura.* **3.** Defender el mercado nacional de los productos extranjeros.

**PROTEGIDO, A** n. Favorito, ahijado.

**PROTEICO, A** adj. (de *Proteo,* dios marino). Que cambia de formas, de ideas o de aspecto: *temperamento proteico.*

**PROTEICO, A** adj. (del gr. *prōtos,* primero). Relativo a las proteínas.

**PROTEIDO** n. m. Proteína.

**PROTEIFORME** adj. Que cambia frecuentemente de forma.

**PROTEÍNA** n. f. Macromolécula constituida por el encadenamiento de numerosos aminoácidos unidos por enlaces peptídicos, que forma parte de la materia fundamental de las células y de las sustancias vegetales y animales. SIN.: *proteido.*

■ Atendiendo a sus funciones y propiedades físico-químicas, las proteínas se pueden dosificar en *proteínas simples (holoproteidos),* que por hidrólisis dan sólo aminoácidos o sus derivados; *proteínas conjugadas (heteroproteidos),* que por hidrólisis dan aminoácidos acompañados de sustancias diversas, y *proteínas derivadas,* sustancias formadas por desnaturalización y desdoblamiento de las anteriores.

Las proteínas son indispensables para la vida, sobre todo por su función plástica (constituyen el 80 % del protoplasma deshidratado de toda célula), pero también por sus funciones biorreguladora (forman parte de los enzimas) y de defensa (los anticuerpos son proteínas).

**PROTEÍNICO, A** adj. Relativo a las proteínas y a los prótidos.

**PROTEINURIA** n. f. Presencia de proteínas en la orina.

**PROTEÓLISIS** n. f. Conjunto de reacciones que se dan en la desintegración de las sustancias protídicas complejas.

**PROTEOLÍTICO, A** adj. Relativo a la proteólisis.

**PROTEOSÍNTESIS** n. f. Elaboración de proteínas por células vivas.

**PROTERANDRIA** n. f. (gr. *proteros,* el primero, y *anēr, andros,* macho). BOT. Estado de una flor cuyos estambres maduran antes que el pistilo.

**PROTEROGINIA** o **PROTOGINIA** n. f. BOT. Estado de una flor cuyo pistilo madura antes que los estambres.

**PROTERVO, A** adj. y n. (lat. *protervum*). Malvado, perverso.

**PROTÉSICO, A** adj. Relativo a la prótesis. ◆ n. **2.** Ayudante del odontólogo encargado de preparar y ajustar prótesis dentales.

**PRÓTESIS** n. f. (gr. *prothesis,* adición). Adición artificial que tiene por objeto sustituir un órgano extraído en parte o en su totalidad. **2.** Pieza o aparato con que se verifica esta sustitución. **3.** LING. Adición de una letra no etimológica al principio de una palabra, como la *e* en *escala* (lat. *scala*).

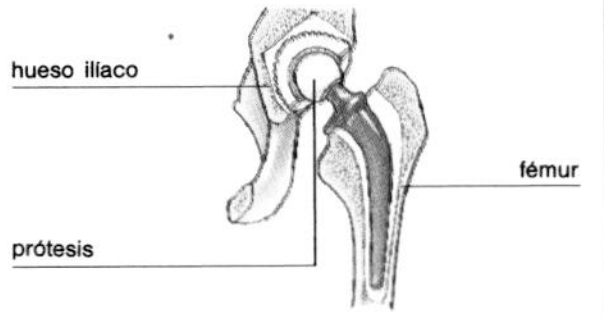

ejemplo de **prótesis** interna: sustitución de la cabeza del fémur

**PROTESTA** n. f. Acción y efecto de protestar. **2.** Documento o palabras con que se protesta. • **Canción de protesta** o **canción protesta** (ingl. *protest song*), canción pop de los años sesenta caracterizada por el mensaje de crítica social o de compromiso político que llevaba implícitos.

**PROTESTABLE** adj. DER. Que puede ser protestado.

**PROTESTANTE** adj. y n. m. y f. Relativo al protestantismo; que profesa el protestantismo. ◆ adj. **Iglesias protestantes,** conjunto de iglesias surgidas de la Reforma.

**PROTESTANTISMO** n. m. Conjunto de las iglesias y comunidades cristianas surgidas de la Reforma. **2.** Su doctrina.

■ El protestantismo reúne a diversas iglesias (luteranas, reformadas, anglicanas, etc.) cuya unidad se basa en tres afirmaciones fundamentales: 1, la autoridad soberana de la Biblia en materia de fe (todo lo que sólo es tradición humana es rechazado); 2, la salvación por la fe, que es un don de Dios (las buenas obras no son la causa de la salvación sino su consecuencia); 3, la fuerza del testimonio interno del Espíritu Santo, por la cual el creyente comprende el espíritu de la palabra de Dios que se expresa en los libros santos. El protestantismo no pretende ser un conjunto doctrinal, sino una actitud común del pensamiento y de la vida, que es la fidelidad al Evangelio.

**PROTESTAR** v. tr. (lat. *protestari*) [**1**]. Mostrar vehementemente disconformidad y oposición. **2.** DER. Realizar el protesto de una letra de cambio u otro documento ejecutivo, por falta de aceptación o pago, o por otra causa legal. ◆ v. intr. **3.** Afirmar con ímpetu un sentimiento, una actitud, una opinión.

**PROTESTO** n. m. Acta notarial, extendida a instancias del tenedor de la letra, en que consta que practicó las diligencias necesarias para su aceptación y pago por parte del librado, sin conseguirlo: *protesto por falta de pago; protesto por falta de aceptación.* • **Protesto del cheque,** acto por el que consta de forma fehaciente la falta de pago de un cheque.

**PROTÉTICO, A** adj. LING. Relativo a la prótesis.

**PROTÍDICO, A** adj. Relativo a los prótidos.

**PRÓTIDO** n. m. y adj. Proteína.

**PROTISTO** n. m. Ser vivo unicelular de núcleo diferenciado, como el *paramecio* y la *ameba.*

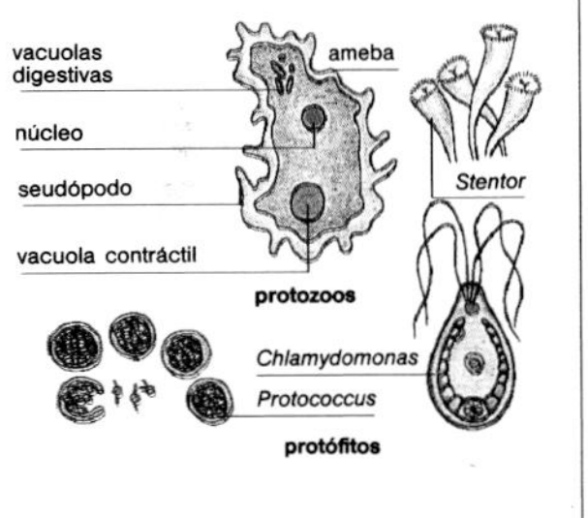

algunas especies de **protistos**

**PROTOCOCAL** adj. y n. f. Relativo a un orden de algas verdes unicelulares, que nunca forman filamentos de crecimiento terminal.

**PROTOCOLARIO, A** adj. Relativo o conforme al protocolo.

**PROTOCOLIZACIÓN** n. f. Acción y efecto de protocolizar.

**PROTOCOLIZAR** v. tr. [**1g**]. DER. Incorporar al protocolo una escritura matriz u otro documento que requiera esta formalidad.

**PROTOCOLO** n. m. Conjunto de reglas de cortesía y urbanidad establecidas para determinadas ceremonias. **2.** Regla ceremonial, diplomática o palatina, establecida por decreto o por costumbre. **3.** Serie ordenada de escrituras matrices y otros documentos que un notario o escribano autoriza y custodia con ciertas formalidades. **4.** Fórmulas con que se comienza y termina un documento. **5.** INFORMÁT. Conjunto de reglas que rigen el intercambio de informaciones entre dos equipos o entre dos sistemas conectados entre sí. **6.** MED. Conjunto de los diversos informes que se escriben inmediatamente después de realizada una intervención (acto quirúrgico, autopsia, etc.). • **Protocolo de ratificación** (DER. INTERN.), disposiciones adoptadas después de un trabajo para hacer constar ciertos hechos.

**PROTOESTRELLA** n. f. Materia interestelar en proceso de condensación para formar una nueva estrella.

**PROTÓFITO** n. m. Vegetal unicelular.

**PROTOGALAXIA** n. f. Galaxia en proceso de formación.

**PROTOGINA** n. f. (gr. *prōtogenēs*, nacido antes). Variedad de granito de los Alpes, de aspecto verdoso, que ha sufrido un ligero metamorfismo.

**PROTOGINIA** n. f. Proteroginia.

**PROTOHISTORIA** n. f. Período de la historia de la humanidad subsiguiente a la prehistoria.

**PROTOINDUSTRIALIZACIÓN** n. f. Fase previa a la revolución industrial.

**PROTOMÁRTIR** n. m. El primero de los mártires. (Dícese especialmente de san Esteban.)

**PRÓTOMO** n. m. (gr. *protomē*, corte anterior). ARQUEOL. Busto de hombre o de animal, que sirve de elemento decorativo.

**PROTÓN** n. m. Partícula elemental cargada de electricidad positiva, constituyente estable de la materia, que junto con el neutrón entra en la composición de los núcleos atómicos.

■ En el átomo, el número de protones, igual al de electrones planetarios, define el número atómico del elemento químico. El núcleo del hidrógeno está compuesto por un solo protón.

**PROTONEMA** n. m. BOT. Órgano filamentoso procedente de una espora de musgo, del que nacen los tallos.

**PROTÓNICO, A** adj. Relativo al protón.

**PROTONOTARIO** n. m. Dignidad más elevada entre los prelados de la corte romana que no son obispos.

**PROTOONCOGÉN** n. m. Oncogén primitivo o rudimentario.

**PROTOPLANETA** n. m. Planeta en proceso de formación.

**PROTOPLASMA** n. m. Conjunto del citoplasma, del núcleo y de los plastos.

**PROTÓPTERO** n. m. Pez de las lagunas de África tropical, de 60 cm de long., que respira por branquias y pulmones y pasa la estación seca en el lodo, en el interior de un capullo de moco seco. (Subclase dipnoos.)

**PROTÓRAX** n. m. Primer segmento del tórax de los insectos, llamado a veces *coselete*.

**PROTOSTOMA** adj. y n. m. Relativo a un grupo de metazoos celomados bilaterales, cuya abertura oral deriva del blastoporo directamente.

**PROTOTERIO, A** adj. y n. m. Monotrema.

**PROTOTIPO** n. m. Primer ejemplar, modelo. **2.** Primer ejemplar construido industrialmente de una máquina, aparato, vehículo, etc., y destinado a experimentar en funcionamiento sus cualidades y características, con vistas a la construcción en serie. **3.** *Fig.* Persona, individuo o cosa que reúne en sí las más acusadas características de una cualidad, acción, vicio, virtud, etc., o las representa en su máximo grado.

**PROTÓXIDO** n. m. QUÍM. Óxido menos oxigenado de un elemento: *protóxido de nitrógeno*.

**PROTOZOO** adj. y n. m. Dícese de los seres unicelulares de núcleo diferenciado, sin clorofila, generalmente dotados de una boca, como los ciliados *(paramecio)*, los flagelados *(tripanosoma)*, los rizópodos *(amebas, foraminíferos, radiolarios)* y el hematozoo del paludismo.

**PROTRÁCTIL** adj. Que puede estirarse hacia adelante.

**PROTROMBINA** n. f. Sustancia contenida en la sangre y que participa en su coagulación.

**PROTUBERANCIA** n. f. (del lat. *protuberare*, ser prominente). Prominencia más o menos redonda de la superficie de un hueso, de la piel, etc. **2.** ASTRON. Erupción de materia que se observa con frecuencia alrededor del disco solar. • **Protuberancia anular** (ANAT.), estructura del encéfalo, situada debajo del cerebelo, que constituye, con el bulbo raquídeo y los pedúnculos cerebrales, el tronco cerebral.

**PROTURO, A** adj. y n. m. Relativo a un orden de pequeños insectos muy primitivos, sin alas, sin ojos y sin antenas, que viven en ambientes húmedos (musgo, suelo, etc.).

**PROVECHO** n. m. (lat. *profectum*). Beneficio o utilidad que resulta de algo o que se proporciona a alguien. **2.** Efecto natural que produce al organismo una comida o bebida. **3.** Rendimiento o adelantamiento en alguna materia, arte o virtud.

**PROVECHOSO, A** adj. Que causa provecho o es de provecho o utilidad.

**PROVECTO, A** adj. (lat. *provectum*). Que ha adelantado o aprovechado mucho en un aprendizaje, en su desarrollo, etc. **2.** Maduro, entrado en años.

**PROVEEDOR, RA** n. Persona o empresa encargada de proveer, suministrar.

**PROVEER** v. tr. y pron. **[2ñ]**. Preparar, disponer o reunir las cosas necesarias para un fin: *proveer lo más indispensable para un viaje*. **2.** Suministrar o aprovisionar de lo necesario o conveniente para un fin: *proveer de víveres a los damnificados*. ◆ v. tr. **3.** Dar o conferir un empleo o cargo. **4.** Resolver, tramitar un asunto o negocio. **5.** DER. Dictar un juez o tribunal una resolución que no sea la sentencia definitiva.

**PROVEIMIENTO** n. m. Acción de proveer.

**PROVENIENTE** adj. Que proviene.

**PROVENIR** v. intr. (lat. *provenire*) **[21]**. Proceder, derivarse, tener su origen.

**PROVENZAL** adj. y n. m. y f. De Provenza. ◆ adj. **2.** Dícese de la literatura de los trovadores. ◆ n. m. **3.** Dialecto de la lengua de oc hablado en Provenza. **4.** Nombre dado a la lengua utilizada por los trovadores.

**PROVERBIAL** adj. Relativo al proverbio, o que lo incluye: *frase proverbial*. **2.** Muy conocido o sabido de todos: *su proverbial mal genio*.

**PROVERBIO** n. m. (lat. *proverbium*). Sentencia, adagio o refrán.

**PROVIDENCIA** n. f. Disposición anticipada de una cosa, medida o previsión que se toma al ir a realizar algo o para remediar un daño o peligro que puede suceder. **2.** DER. Resolución de un tribunal o juzgado con fines de ordenación e impulso del procedimiento. **3.** TEOL. Previsión y cuidado que Dios tiene de sus criaturas. **4.** TEOL. Dios mismo, considerado como gobernante del universo. (Con este significado se escribe con mayúscula.)

**PROVIDENCIAL** adj. Relativo a la providencia de Dios. **2.** *Fig.* Que libra de un peligro o una desgracia inminente: *su llegada fue providencial*.

**PROVIDENCIALISMO** n. m. Doctrina según la cual todo sucede por disposición de la Providencia.

**PROVIDENCIALISTA** adj. y n. m. y f. Relativo al providencialismo; partidario de esta doctrina.

**PROVIDENTE** adj. Prudente, previsor. **2.** Próvido, diligente.

**PRÓVIDO, A** adj. Prevenido y diligente para proveer lo que es necesario para un fin. **2.** Propicio, benévolo.

**PROVINCIA** n. f. (lat. *provinciam*). División territorial y administrativa de algunos países. **2.** ANT. ROM. País conquistado fuera de Italia, sujeto a las leyes romanas y administrado por un gobernador romano. • **Provincia religiosa,** conjunto de conventos unidos entre sí bajo un mismo superior, formando parte de la misma orden religiosa. ◆ **provincias** n. f. pl. **3.** Por oposición a capital, el resto del territorio del país: *vivir en provincias*.

**PROVINCIAL** adj. Relativo a una provincia. ◆ n. m. y adj. **2.** Superior religioso de una provincia.

**PROVINCIALA** n. f. Superiora religiosa que, en ciertas órdenes, gobierna las casas religiosas de una provincia.

**PROVINCIALATO** n. m. Dignidad, oficio o empleo de provincial o provinciala. **2.** Tiempo que dura ésta dignidad.

**PROVINCIALISMO** n. m. Voz, giro o locución particular de una provincia o comarca.

**PROVINCIANISMO** n. m. Condición de provinciano.

**PROVINCIANO, A** adj. Relativo a una provincia. ◆ adj. y n. **2.** Habitante u originario de una provincia, en oposición al de la capital. **3.** Poco habituado a la vida y costumbres de la capital.

**PROVISIÓN** n. f. Acción y efecto de proveer. **2.** Conjunto de cosas necesarias o útiles para el mantenimiento, especialmente víveres. (Suele usarse en plural.) **3.** *Argent.* y *Urug.* Tienda de comestibles en la que también se venden frutas y verduras.

**PROVISIONAL** adj. No definitivo, que se hace, se tiene o está en espera de lo definitivo: *cargo provisional*.

**PROVISOR** n. m. Juez eclesiástico, delegado del obispo para ejercer en su nombre la jurisdicción contenciosa.

**PROVISORATO** n. m. Cargo de provisor. SIN.: *provisoría*.

**PROVITAMINA** n. f. Sustancia inactiva que existe en los alimentos y que el organismo transforma en vitamina activa.

**PROVOCACIÓN** n. f. Acción y efecto de provocar. **2.** DER. Acción de incitar a una o varias personas a cometer un delito o falta. **3.** DER. Acción ofensiva para otra persona, que puede inducirla a la agresión.

**PROVOCADOR, RA** adj. y n. Que provoca o es inclinado a provocar.

**PROVOCANTE** adj. Que provoca.

**PROVOCAR** v. tr. (lat. *provocare*) **[1a]**. Incitar o desafiar a alguien a que haga una cosa. **2.** Irritar a alguien o estimularle con palabras, gestos o acciones para que se irrite. **3.** Excitar o tratar de despertar deseo sexual en alguien, por medio de gestos, actitudes, modos de vestir, etc. **4.** Ocasionar, causar, mover a algo: *provocar la risa*. **5.** *Colomb., Perú* y *Venez. Fam.* Apetecer.

**PROVOCATIVO, A** adj. Que provoca, irrita o excita.

**PROXENETA** n. m. y f. (gr. *proxenētes*). Persona que procura o facilita la prostitución de otra y comparte las ganancias. SIN.: *alcahuete*.

**PROXENETISMO** n. m. Actividad u oficio de proxeneta.

**PROXIMIDAD** n. f. Calidad de próximo. **2.** Cercanía, contorno, afueras de un lugar. (Suele usarse en plural.)

**PRÓXIMO, A** adj. (lat. *proximum*). Que dista muy poco en el espacio o en el tiempo, que está muy cerca. **2.** Que está o sigue inmediatamente después al lugar o momento que se expresa.

**PROYECCIÓN** n. f. Acción y efecto de proyectar, lanzar: *proyección de piedras, de agua, de gases*. **2.** Acción de proyectar imágenes sobre una pantalla. **3.** Imagen luminosa formada sobre una pantalla. **4.** Técnica de aplicación de materiales de construcción (mortero, hormigón), consistente en proyectarlos a presión sobre el soporte que deben revestir. **5.** Operación cartográfica que permite representar el elipsoide terrestre sobre una superficie plana, llamada *plano de proyección*, según ciertas reglas geométricas. **6.** MAT. Operación que a un punto o a un vector de un espacio vectorial hace corresponder un punto o un vector de un subespacio. **7.** SICOANÁL. Mecanismo de defensa muy general, por el que el sujeto proyecta sobre otro lo que le es propio pero que no acepta como suyo. • **Planos de proyección,** en geometría descriptiva, plano horizontal y plano frontal sobre los que se proyectan ortogonalmente las figuras del espacio. ‖ **Proyección volcánica,** materia proyec-

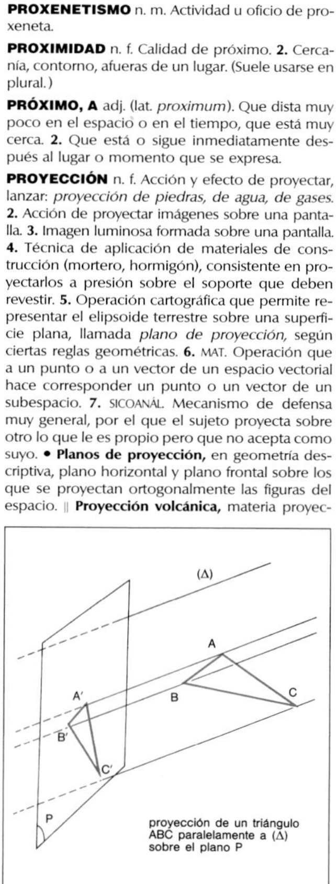


**proyección** (matemáticas)

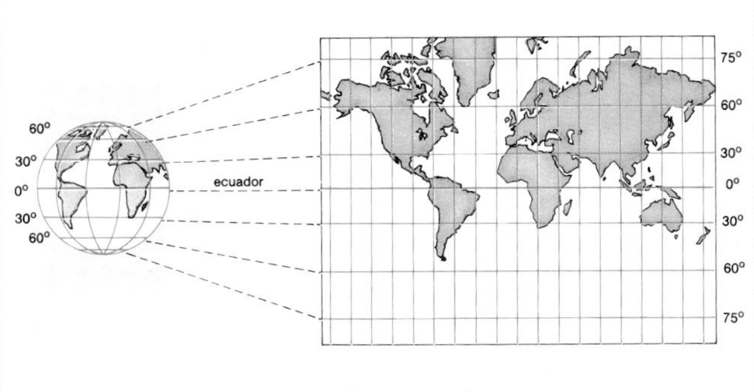


**proyección** cartográfica: principio del sistema de proyección de Mercator

tada por un volcán en erupción, que cae a tierra (bombas, lapilli, cenizas, etc.).

**PROYECTAR** v. tr. (lat. *proiectare*) [1]. Lanzar, dirigir hacia adelante o arrojar a distancia: *proyectar piedras.* **2.** Hacer planes o preparativos sobre cierta cosa que se desea o piensa hacer: *proyectar un viaje.* **3.** Hacer un proyecto de arquitectura o de ingeniería. **4.** MAT. Efectuar una proyección. **5.** ÓPT. Formar sobre una pantalla la imagen óptica ampliada de diapositivas, películas u objetos opacos. ◆ v. tr. y pron. **6.** Hacer visible por medio de la luz, sobre un cuerpo o una superficie plana, una figura o una sombra.

**PROYECTIL** n. m. Cualquier cuerpo que es lanzado contra un objetivo para producir efectos destructivos (bala, bomba, cohete, granada, misil, obús, etc.).

**PROYECTISMO** n. m. Conjunto de actividades, escritos y tendencias de las personas que proponen proyectos para aumentar o mejorar la hacienda pública.

**PROYECTISTA** n. m. y f. Persona que hace o dibuja proyectos de arquitectura, ingeniería, etc. **2.** Persona aficionada a preparar o a idear planes o proyectos, particularmente con relación a la hacienda pública.

**PROYECTIVO, A** adj. MAT. Dícese de las propiedades que conservan las figuras cuando se las proyecta sobre un plano. • **Geometría proyectiva,** geometría que estudia las propiedades proyectivas de las figuras. ‖ **Técnica proyectiva** o **test proyectivo** (SICOL.), método de estudio de la personalidad de un individuo, que le enfrenta a una situación estandarizada lo más ambigua posible y a la cual responde según el sentido que esta situación reviste para él. ‖ **Transformación proyectiva,** aplicación de un espacio lineal en otro, tal que cuatro puntos en línea recta se transforman en otros cuatro puntos también en línea recta con la misma relación anarmónica que los primeros.

**PROYECTO** n. m. Intención de hacer algo o plan que se idea para poderlo realizar. **2.** Redacción o disposición provisional de un escrito, un tratado, un reglamento, etc. **3.** Conjunto de planos y documentos de una obra o edificio, instalación, máquina, etc., que se han de construir o fabricar.

**PROYECTOR** n. m. Aparato que concentra y dirige en una dirección determinada la luz procedente de un foco de gran intensidad. **2.** Aparato que sirve para proyectar imágenes sobre una pantalla.

**PRUDENCIA** n. f. Moderación, cautela en la manera de ser o de actuar. **2.** Sensatez, buen juicio.

**PRUDENCIAL** adj. Relativo a la prudencia. **2.** Dícese del cálculo de una cosa hecho con aproximación. **3.** Dícese de la cantidad de una cosa suficiente, no excesiva.

**PRUDENTE** adj. (lat. *prudentem*). Que implica prudencia o actúa con prudencia: *un consejo prudente; persona muy prudente.*

**PRUEBA** n. f. Acción y efecto de probar: *período de prueba.* **2.** Ensayo que se hace de una cosa: *hacer una prueba a un motor, a un coche.* **3.** Señal, muestra o indicio que permite demostrar una cosa: *presentar pruebas fidedignas.* **4.** Examen para demostrar determinadas cualidades o habilidades: *pruebas teóricas.* **5.** Competición deportiva. **6.** Primera muestra de una composición tipográfica, que se saca para corregirla. **7.** DER. Justificación de la verdad de los hechos controvertidos en un juicio, hecha por los medios que autoriza y reconoce por eficaces la ley. **8.** DER. Actividad realizada por las partes y el tribunal para determinar la verdad o falsedad de una afirmación a efectos del curso del proceso y la justicia de la sentencia. **9.** FOT. Imagen obtenida por tiraje de un fotograbado. **10.** MAT. Operación mediante la cual se controla la exactitud de un cálculo y la veracidad de la solución de un problema. • **A prueba,** que se puede probar antes de aceptarlo o comprarlo. ‖ **A prueba de,** capaz de resistir la cosa que se expresa. ‖ **A prueba de agua, de bomba,** etc., o **a toda prueba,** dícese de las cosas hechas muy fuerte y sólidamente. ‖ **En prueba de,** como muestra o señal de lo que se expresa. ‖ **Poner a prueba,** hacer realizar a alguien ciertas acciones o someter algo a algunas verificaciones que permitan conocer sus cualidades o aptitudes. ‖ **Prueba positiva** (FOT.), positivo.

**PRUINA** n. f. Revestimiento céreo que, en forma de capa tenue, recubre numerosos frutos, hojas y tallos.

**PRURIGINOSO, A** adj. MED. Que causa picor; de la naturaleza del prurigo.

**PRURIGO** n. m. MED. Nombre de diversas afecciones cutáneas caracterizadas por intensos picores.

**PRURITO** n. m. Picazón, comezón. **2.** *Fig.* Deseo vehemente o empeño en hacer una cosa por amor propio.

**PRUSIANO, A** adj. y n. De Prusia.

**PRUSIATO** n. m. Cianuro.

**PRÚSICO, A** adj. **Ácido prúsico,** ácido cianhídrico.

**PSI** n. f. Vigesimotercera letra del alfabeto griego, que corresponde a *ps.*

**PSIC (O)** → *sic(o).*

**Pt,** símbolo químico del *platino.*

**pta., ptas.** abreviaturas de *peseta(s).*

**PTERIDÓFITO, A** adj. y n. m. Relativo a una subdivisión de plantas que comprende los helechos y plantas próximas.

**PTERIGÓGENO, A** adj. y n. m. Relativo a una subclase de insectos típicamente alados, que presenta metamorfosis completa o incompleta.

**PTERIGOIDEO, A** adj. Relativo a la pterigoides. • ◆ adj. y n. m. **2. Hueso pterigoideo,** hueso de los vertebrados originado a partir de la fragmentación de un cartílago.

**PTERIGOIDES** adj. y n. f. ANAT. Dícese de unas apófisis óseas de la parte inferior del esfenoides.

**PTEROBRANQUIO, A** adj. y n. m. Relativo a una clase de animales acuáticos que viven fijos y en colonias, próximos a los antepasados de los vertebrados.

**PTERÓPODO, A** adj. y n. m. Relativo a un orden de gasterópodos marinos, nadadores, de concha muy ligera.

**PTEROSAURIO, A** adj. y n. m. Relativo a un orden de reptiles del secundario, adaptados al vuelo gracias a una amplia membrana sostenida por el quinto dedo de la mano, muy alargado.

**PTIALINA** n. f. Enzima de la saliva, que inicia la digestión del almidón.

**PTIALISMO** n. m. MED. Salivación abundante.

**PTOMAÍNA** n. f. Tomaína.

**PTOSIS** n. f. (gr. *ptōsis,* caída). MED. Descenso de un órgano, debido a la relajación de los músculos o los ligamentos que lo sostienen. • **Ptosis palpebral,** descenso del párpado superior por parálisis del músculo elevador.

**Pu,** símbolo químico del *plutonio.*

**PÚA** n. f. Cuerpo rígido y delgado acabado en punta afilada. **2.** Diente de un peine. **3.** Hierro del trompo. **4.** Cada uno de los pinchos del puerco espín, erizo, etc. **5.** MÚS. Plectro.

**PUB** n. m. (voz inglesa). Establecimiento, originariamente británico, donde se puede tomar bebidas alcohólicas.

**PÚBER** adj. y n. m. y f. Que está en la pubertad.

**PUBERTAD** n. f. (lat. *pubertatem*). Período de la vida caracterizado por el inicio de la actividad de las glándulas reproductoras y la manifestación de los caracteres sexuales secundarios (en el hombre:

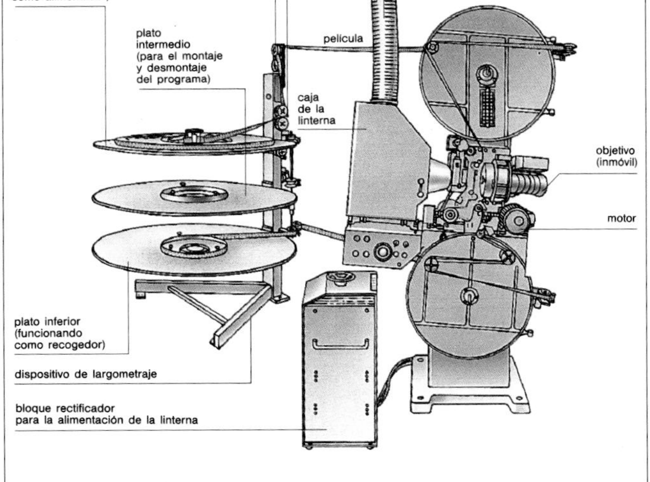


**proyector** cinematográfico

vellosidad, cambio de voz; en la mujer: desarrollo de la vellosidad y de los senos, menstruación).

**PUBESCENCIA** n. f. BOT. Estado de una superficie cubierta de vello, pelo fino y suave.

**PUBESCENTE** adj. BOT. Que presenta pubescencia.

**PUBIANO, A** adj. Relativo al pubis.

**PUBIS** n. m. (lat. *pubem*, bajo vientre). Parte inferior del vientre, que forma una eminencia triangular y se cubre de vello en la pubertad. • **Hueso pubis,** parte media o anterior del hueso coxal.

**PUBLICABLE** adj. Que se puede publicar, apto para ser publicado.

**PUBLICACIÓN** n. f. Acción y efecto de publicar. **2.** Obra publicada.

**PUBLICANO** n. m. (lat. *publicanum*). ANT. ROM. Adjudicatario de un servicio público (obras, aduanas, etc.) y, en particular, recaudador de impuestos.

**PUBLICAR** v. tr. (lat. *publicare*) **[1a]**. Difundir una cosa para ponerla en conocimiento de todos, hacerla notoria. **2.** Imprimir o editar una obra. **3.** Escribir y hacer imprimir una obra.

**PUBLICIDAD** n. f. Condición o carácter de público que se da a una cosa para que sea conocida de todos. **2.** Conjunto de medios y técnicas que permiten la divulgación de las ideas o de los objetos y que tienden a provocar comportamientos o actitudes en los individuos que reciben sus mensajes. **3.** DER. Circunstancia agravante de algunos delitos, en particular de los delitos contra el honor, y los de opinión, políticos, sociales y religiosos. • **Dar publicidad a una cosa,** hacer que la gente se entere de ella.

**PUBLICISTA** n. m. y f. Profesional de la publicidad. **2.** Autor que escribe para el público, especialmente en publicaciones periódicas. **3.** DER. Autor que escribe sobre derecho público, o persona muy versada en esta ciencia.

**PUBLICITARIO, A** adj. Relativo a la publicidad. **2.** Publicista, profesional de la publicidad.

**PÚBLICO, A** adj. (lat. *publicum*). Relativo a la comunidad: *el bien público.* **2.** Que puede ser usado o frecuentado por todos: *parque público.* **3.** Notorio, conocido por todos: *la noticia se hizo pública ayer.* **4.** Que se dedica a una actividad por la cual es conocido por todos. • **Derecho público,** conjunto de reglas jurídicas relativas a la organización del estado y a sus relaciones con sus súbditos o con otros estados. ‖ **Mujer pública,** prostituta. ◆ n. m. **5.** Conjunto indefinido de personas que forman una colectividad. **6.** Clientela, número determinado de personas que asisten o frecuentan un lugar, espectáculo, etc., o que participan de unas determinadas aficiones. • **Gran público,** la mayoría de la gente; la mayoría no especializada en el tema de que se trata.

**PUBLIRREPORTAJE** n. m. Publicidad insertada en un periódico, revista, etc., bajo la forma de artículo o reportaje.

**PUCARA** o **PUCARÁ** n. m. (voz quechua). En Perú y Bolivia, fortaleza precolombina, construida generalmente con gruesos muros de pirca.

**PUCELANO, A** adj. y n. De Valladolid.

**¡PUCHA!** interj. *Amér.* Se emplea para expresar enfado, contrariedad o sorpresa.

**PUCHERAZO** n. m. Fraude o falsificación electoral consistente en computar votos no emitidos en la elección.

**PUCHERO** n. m. (lat. *pultarium*). Vasija de guisar, alta, algo abombada y con asas. **2.** Olla, cocido. **3.** *Fig.* y *fam.* El alimento diario necesario para mantenerse. **4.** *Fig.* y *fam.* Gesto facial que precede al llanto. (Suele usarse en plural.)

**PUCHES** n. m. pl. Gachas, harina cocida de algún cereal.

**PUCHO** n. m. *Amér. Merid.* Colilla de cigarro. **2.** *Amér. Merid.* Resto, residuo, pequeña cantidad sobrante de alguna cosa. • **A puchos** *(Amér. Merid.),* en pequeñas cantidades, poco a poco. ‖ **No valer un pucho** *(Amér. Merid.),* no valer nada. ‖ **Sobre el pucho** *(Amér. Merid.),* inmediatamente, enseguida.

**PUCHUNCAY** adj. *Ecuad.* Dícese del último hijo, nacido bastantes años después que el que le precede.

**PUCHUSCO, A** n. *Chile.* Hijo menor de una familia.

**PUDELACIÓN** n. f. Procedimiento metalúrgico utilizado antiguamente para obtener hierro o acero de bajo contenido en carbono, por contacto de una masa de arrabio con una escoria oxidante en un horno de reverbero. SIN.: *pudelano, pudelaje.*

**PUDELAR** v. tr. (ingl. *to puddle*) **[1]**. Elaborar hierro o acero por pudelación.

**PUDENDO, A** adj. (lat. *pudendum*). Vergonzoso. **2.** ANAT. Dícese de algunas estructuras de la región hipogástrica, en relación con los órganos genitales y el periné: *arteria pudenda; nervio pudendo.* • **Partes pudendas,** órganos de la generación.

**PUDIBUNDEZ** n. f. Calidad de pudibundo.

**PUDIBUNDO, A** adj. (lat. *pudibundum*). Mojigato, pudoroso con afectación o exageración.

**PÚDICO, A** adj. Que tiene o revela pudor.

**PUDIENTE** adj. y n. m. y f. Rico, influyente.

**PUDÍN** n. m. (ingl. *pudding*). Budín.

**PUDINGA** n. f. Variedad de conglomerado formado por cantos rodados unidos por un cemento natural.

**PUDOR** n. m. (lat. *pudorem*). Sentimiento de reserva hacia lo que puede tener relación con el sexo. **2.** Vergüenza, timidez, embarazo.

**PUDOROSO, A** adj. Que tiene o revela pudor.

**PUDRIDERO** n. m. Lugar en que se arrojan los desperdicios para que se pudran. **2.** Cámara de los cementerios donde se guardan los cadáveres antes de ser colocados en el panteón.

**PUDRIMIENTO** n. m. Acción y efecto de pudrir.

**PUDRIR** v. tr. y pron. (lat. *putrere*) **[3j]**. Corromper, alterar una materia orgánica. **2.** *Fig.* Causar impaciencia, molestar, fastidiar a alguien.

**PUDÚ** n. m. Pequeño ciervo de las faldas de la cordillera andina. (Familia cérvidos.)

**PUEBLADA** n. f. *Amér. Merid.* Revuelta popular.

**PUEBLERINO, A** adj. y n. Que es propio de pueblo o de la persona que ha nacido o vive en un pueblo. **2.** *Fig.* y *desp.* Tosco, que no sabe desenvolverse en sociedad, o que se asombra o escandaliza de lo moderno.

**PUEBLERO, A** adj. *Argent.* y *Urug.* Relativo a una ciudad o pueblo. **2.** *Argent.* y *Urug.* Habitante u originario de una ciudad o pueblo, en oposición a campesino.

**PUEBLO** n. m. (lat. *populum*). Conjunto de personas que forman una comunidad. **2.** Conjunto de individuos que tienen la misma nacionalidad, o que pertenecen a distintas nacionalidades pero que están agrupados en el mismo estado: *el pueblo español.* **3.** Conjunto de hombres que no habitan en un mismo país, pero que están unidos por su origen, por su religión o por cualquier otro vínculo: *el pueblo judío.* **4.** Conjunto de los pertenecientes a las clases sociales que menos tienen, en contraposición a los pudientes: *la explotación del pueblo por la oligarquía dominante.* **5.** Conjunto de los ciudadanos de un país en relación con los gobernantes: *el rey se dirigió al pueblo a través de la radio.* **6.** Población pequeña: *nací en un pueblo de la sierra.* **7.** ETNOL. Etnia.

**PUEBLO** o **PUEBLOS,** grupo de amerindios del SO de Estados Unidos (Arizona y Nuevo México). Los principales son los hopi, los tano y los zuñi. Se les denomina *indios pueblo* por la construcción de grandes agrupaciones de casas de piedras. La época floreciente de su cultura fue de 900 a 1300.

**PUEBLOS DEL CHACO,** conjunto de pueblos amerindios diversos que viven en esta región de América del S. Comprende las familias lingüísticas guaicurú, mascoi, lulevillela, mataco-macá y zamuco, así como pueblos de lengua arawak, tupíguaraní y otras. La economía de estos pueblos se basa en una vida seminómada, que se mantiene sólo en los grupos de los extremos N y O del Chaco, mientras que los indios del Chaco argentino viven en reducciones y en invierno trabajan en las plantaciones de caña. La estructuras social está fundada en la banda, compuesta por varias familias extendidas que obedecen a un jefe.

**PUEBLOS DEL MAR** o **BÁRBAROS DEL NORTE,** nombre dado por los egipcios a invasores indoeuropeos procedentes de la zona del mar Egeo, que llegaron a Oriente medio en los ss. XIII-XII a. J.C. Todos los estados sufrieron la invasión, y algunos fueron destruidos (imperio hitita, Ugarit). Los egipcios los rechazaron en dos ocasiones.

**PUELCHE** adj. y n. m. y f. Relativo a un pueblo amerindio de Argentina, del grupo pampeano, actualmente casi extinguido; individuo de este pueblo. (Su lengua, el het o chechehet, dejó de hablarse en el s. XVIII.) ◆ n. m. **2.** *Chile.* Viento que sopla de la cordillera de los Andes en dirección a poniente.

**PUENTE** n. m. o f. (lat. *pontem*). Estructura capaz de soportar cargas dinámicas, construida sobre un obstáculo para cruzarlo. **2.** Día o días laborables que se consideran como festivos por estar entre dos que son realmente festivos. **3.** AUTOM. Conjunto formado por los elementos que transmiten a las ruedas el movimiento del árbol de transmisión y el peso del vehículo. **4.** DEP. Ejercicio gimnástico en el que el cuerpo, arqueado hacia atrás, descansa en los pies y en las manos. **5.** ELECTR. Co-

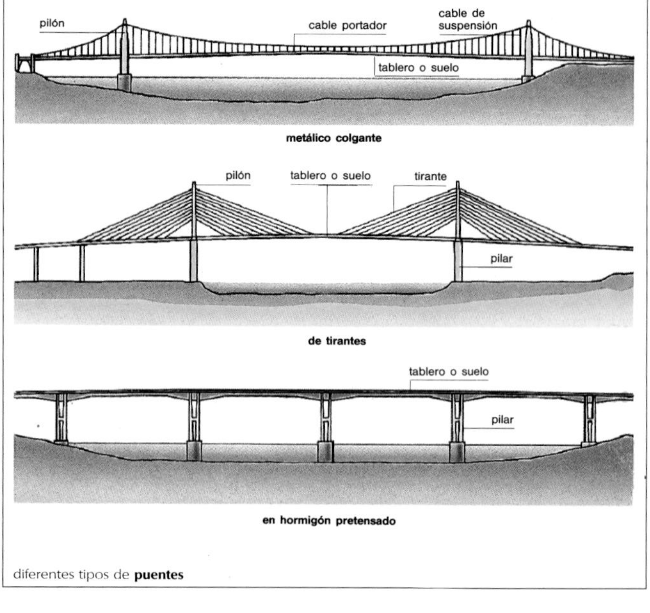

diferentes tipos de **puentes**

nexión que se realiza para permitir el paso de la electricidad entre dos cables. **6.** ELECTR. Dispositivo formado por cuatro ramales provistos de elementos diferentes (resistencias, capacidades, etc.) colocados formando un cuadrilátero en el que una de las diagonales está ocupada por un generador de energía eléctrica y la otra por un aparato de medida. **7.** HERÁLD. Figura artificial que se pinta mazonada indicando el número de arcadas. **8.** MAR. Superestructura más elevada de un buque en el sentido de la manga, donde se halla el puesto de mando. **9.** MED. Mecanismo que permite la fijación de una o varias piezas dentarias artificiales mediante su unión mecánica con piezas naturales que aún persisten o con alguna estructura del maxilar. **10.** MÚS. Pasaje que señala la transición del primero al segundo tema en un allegro de sonata. **11.** MÚS. Pieza de madera dura sobre la cual se apoyan las cuerdas en los instrumentos de cuerdas frotadas o pulsadas. • **Puente aéreo,** transporte de viajeros entre dos ciudades, en vuelos frecuentes y periódicos; (MIL.), transporte por vía aérea de efectivos humanos o de abastecimiento a una zona a la que no podrían llegar por otro medio. ‖ **Puente cantilever,** el que consta de dos voladizos simétricos que salen de dos pilas contiguas y se unen en el centro mediante unas vigas. ‖ **Puente colgante,** aquel cuyo tablero está suspendido en el aire por dos grandes cables que forman sendas catenarias. ‖ **Puente de unión** (BIOL.), estructura que realiza la unión entre células vecinas. ‖ **Puente del volante,** platina desmontable que soporta uno de los pivotes del volante del reloj. ‖ **Puente giratorio** (F.C.), plataforma giratoria que se usa para girar locomotoras y vagones. ‖ **Puente grúa,** dispositivo elevador y transportador utilizado en manutención. ‖ **Puente levadizo,** el que se emplea en los castillos para atravesar el foso, y que se levantaba mediante poleas, cuerdas o cadenas. ‖ **Tender un puente,** hacer una persona lo posible para que cese la frialdad o tirantez en sus relaciones con otra persona.

**PUENTING** n. m. Deporte de aventura consistente en lanzarse al vacío desde un puente o lugar elevado con la sujeción de cuerdas.

**PUERCADA** n. f. *Amér. Central* y *Méx.* Porquería, acción indigna, injusticia.

**PUERCO, A** n. y adj. Cerdo. **2.** *Amér.* Coendú. • **Puerco espín,** mamífero roedor cuyo cuerpo está cubierto de pinchos, y que vive en el sur de Europa, en Asia y en África; es inofensivo, nocturno y se alimenta de raíces y frutos. ‖ **Puerco montés,** o **salvaje,** jabalí.

**puerco** espín

**PUERICIA** n. f. Infancia.

**PUERICULTOR, RA** n. Persona que se dedica a la puericultura.

**PUERICULTURA** n. f. Estudio de la salud y cuidados que deben darse a los niños durante los primeros años.

**PUERIL** adj. Relativo a la puericia, a la infancia. **2.** Iluso, ingenuo, infundado.

**PUERILIDAD** n. f. Calidad de pueril. **2.** Dicho o hecho propio de niño. **3.** *Fig.* Cosa sin importancia o fundamento.

**PUERILIZAR** v. tr. y pron. [**1g**]. Convertir algo en una cosa propia de niños.

**PUÉRPERA** n. f. Mujer recién parida, que acaba de parir.

**PUERPERAL** adj. Relativo al puerperio. • **Fiebre puerperal,** infección que puede declararse después del parto. ‖ **Sicosis puerperal,** episodio sicótico agudo que puede presentarse en las semanas que siguen al parto.

**PUERPERIO** n. m. Período transcurrido desde el momento del parto hasta que los órganos genitales, sus funciones y el estado general de la mujer vuelven a su estado ordinario anterior al parto.

**puenting**

**PUERRO** n. m. (lat. *porrum*). Planta hortícola de hojas anchas y planas y bulbo comestible. (Familia liliáceas.)

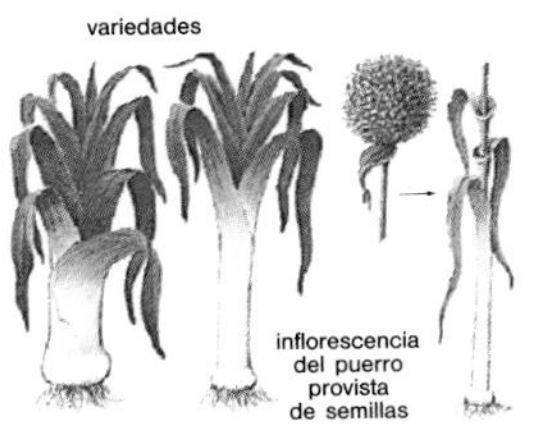


**puerros**

**PUERTA** n. f. (lat. *portam*). Abertura de comunicación cerrada por uno o más batientes. **2.** Lo que cierra esta abertura. **3.** Lugar en que se encontraba en otro tiempo una abertura practicada en la muralla de una población. **4.** *Fig.* Medio, posibilidad, camino para alcanzar algo. **5.** DEP. Portería, meta. **6.** DEP. Espacio señalizado por dos postes, que los esquiadores deben franquear durante las pruebas del slalom. **7.** GEOGR. Garganta, desfiladero: *las puertas del Cáucaso.* • **A las puertas,** inminente, inmediato. ‖ **A puerta cerrada,** secretamente, de manera no pública. ‖ **Cerrársele** a uno **todas las puertas,** ser rechazado por aquellos a quienes se acude en demanda de auxilio. ‖ **Coger,** o **tomar la puerta,** marcharse de un sitio bruscamente. ‖ **En puertas,** o **estar,** o **llamar a la puerta** algo, estar muy próximo a suceder. ‖ **Enseñarle** a alguien, o **poner** a alguien **en la puerta de la calle** *(Fam.),* despedirle, echarle de un sitio. ‖ **Franquear las puertas** a alguien, acogerle. ‖ **Llamar a las puertas** de alguien, pedirle ayuda. ‖ **Por la puerta grande** *(Fam.),* con privilegio, honor.

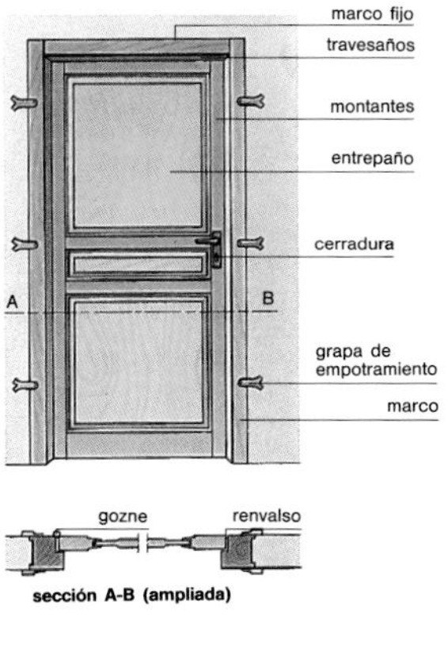


**puerta:** elementos constitutivos

**PUERTO** n. m. (lat. *portum*). Abrigo natural o artificial para embarcaciones, provisto de las instalaciones necesarias para embarcar y desembarcar carga y pasajeros. **2.** *Fig.* Situación, persona o lugar en que se encuentra amparo, defensa. **3.** Punto de paso entre montañas, por donde se atraviesa una cordillera. **4.** INFORMÁT. Punto de un equipo electrónico en el que se inserta una línea que lo conecta con sistemas exteriores. • **Puerto artificial,** el construido por medio de obras hidráulicas. ‖ **Puerto de mar,** población o ciudad que posee un puerto de este género.

**PUERTORRIQUEÑISMO** n. m. Vocablo o giro privativo de Puerto Rico.

**PUERTORRIQUEÑO, A** o **PORTORRIQUEÑO, A** adj. y n. De Puerto Rico. ◆ n. m. **2.** Modalidad adoptada por el español en Puerto Rico.

**PUES** conj. Expresa una relación de causa, consecuencia o ilación: *no insistas, pues ya lo tengo decidido.* **2.** Introduce expresiones exclamativas: *¡pues será caradura el tipo ese!*

**PUESTA** n. f. Acción y efecto de poner o ponerse. **2.** Período de la producción de huevos por las aves. **3.** Cantidad de huevos puestos por un ave de corral en un tiempo determinado. **4.** En los juegos de azar, cantidad que arriesga cada jugador. **5.** Acción de un astro que desciende bajo el horizonte. **6.** Momento en que este astro se pone. **7.** Aspecto que da al cielo en este momento. • **Puesta a punto,** operación consistente en preparar un mecanismo o dispositivo de modo que esté listo para entrar en funcionamiento. ‖ **Puesta en escena,** realización escénica o cinematográfica de un texto teatral o de un guión de cine. ‖ **Puesta en marcha,** acción de poner algo en funcionamiento.

**PUESTERO, A** n. *Amér.* Persona que tiene un puesto de venta en un mercado. **2.** *Argent., Chile, Par.* y *Urug.* Persona que tiene a su cargo un puesto de estancia.

**PUESTO, A** adj. Con los adverbios *bien* y *mal,* bien o mal vestido, ataviado o arreglado. **2.** Con el adverbio *muy,* peripuesto, acicalado. **3.** Resuelto, empeñado, determinado. (Va acompañado de la prep. *en.*) • **Puesto que,** expresión que introduce una oración con sentido continuativo o causal: *puesto que no te gusta, no comas; no hace falta que lo hagas, puesto que ya lo hice yo.* ◆ n. m. **4.** Lugar que ocupa una cosa. **5.** Sitio determinado para la ejecución de una cosa. **6.** Tiendecilla, por lo general ambulante, quiosco, instalación desmontable donde se vende al por menor. **7.** Cargo, empleo. **8.** Resguardo que sirve para acechar la caza. **9.** Destacamento permanente de guardia civil o de carabineros. **10.** *Argent., Chile* y *Urug.* Cada una de las partes en que se divide una estancia para criar animales, y la vivienda que allí tiene su responsable. • **Estar en su puesto, mantener,** o **guardar,** alguien **su puesto,** estar en la actitud que le corresponde, sin rebajarse ni tratar de igualarse con los que están en posición superior. ‖ **Puesto de combate** (MIL.), situación del combatiente en el marco de la unidad a que pertenece. ‖ **Puesto de guardia** (MIL.), cuerpo de guardia. ‖ **Puesto de incendio,** instalación consistente en una cañería de agua, provista de espita y mangueras, para el auxilio inmediato en caso de incendio. ‖ **Puesto de mando,** emplazamiento en el que se sitúa un jefe para ejercer su mando. ‖ **Puesto de maniobra** o **de enclavamientos** (F.C.), cabina de mando de las señales y cambios de vía de una estación. ‖ **Puesto de socorro,** local donde se encuentran médicos o enfermeros para socorrer a los heridos. ‖ **Puesto de trabajo,** lugar donde se efectúa una de las fases de ejecución de un trabajo; centro de actividad que comprende todo lo necesario para la ejecución de un trabajo determinado.

**PUF** n. m. *Galic.* Especie de taburete bajo relleno de materia esponjosa o blanda.

**¡PUF!** interj. Indica asco, repugnancia o desprecio.

**PUFO** n. m. *Fam.* Estafa, engaño, petardo: *dar el pufo.*

**PÚGIL** n. m. (lat. *pugilem*). Boxeador.

**PUGILATO** n. m. (lat. *pugilatum*). Lucha de púgiles. **2.** *Fig.* Lucha, discusión.

**PUGILISMO** n. m. Boxeo.

**PUGILÍSTICO, A** adj. Relativo al boxeo.

**PUGNA** n. f. Batalla, pelea. **2.** Oposición entre personas, naciones, partidos, etc.

**PUGNACIDAD** n. f. Calidad de pugnaz.

**PUGNANTE** adj. y n. m. y f. Que pugna. **2.** Contrario, opuesto, enemigo.

**PUGNAR** v. intr. (lat. *pugnare*) **[1]**. Combatir, luchar, especialmente con armas no materiales. **2.** Procurar, hacer grandes esfuerzos para conseguir cierta cosa.

**PUGNAZ** adj. y n. m. y f. Agresivo o belicoso.

**PUJA** n. f. Acción de pujar, hacer esfuerzos. **2.** DER. Sucesión de ofertas, hechas en subasta o remate público, para la adquisición o arriendo de alguna cosa mediante las cuales el precio aumenta. **3.** DER. Cantidad que ofrece un licitador.

**PUJADISMO** n. m. Poujadismo.

**PUJADISTA** adj. y n. m. y f. Poujadista.

**PUJADOR, RA** n. Persona que hace puja en las subastas.

**PUJANTE** adj. (fr. *puissant*). Que crece o se desarrolla con mucha fuerza o impulso.

**PUJANZA** n. f. (fr. *puissance*). Vigor, fuerza con que crece o se desarrolla algo.

**PUJAR** v. tr. (lat. *pulsare*) **[1]**. Hacer esfuerzos por pasar adelante o por proseguir una acción.

**PUJAR** v. tr. e intr. (cat. *pujar*) **[1]**. Aumentar los licitadores o pretendientes el precio puesto a una cosa que se vende o arrienda.

**PUJO** n. m. Falsa necesidad de evacuación intestinal, con dolor o prurito intenso en la región anal. **2.** *Fig.* y *fam.* Conato, aspiraciones o pretensiones. **3.** *Fig.* Gana incontenible de prorrumpir en un afecto exterior, como risa o llanto.

**PULARDA** n. f. (fr. *poularde*). Gallina especialmente engordada.

**PULCHINELA** n. m. Polichinela.

**PULCRITUD** n. f. (lat. *pulchritudinem*). Calidad de pulcro.

**PULCRO, A** adj. (lat. *pulchrum*). Aseado, de aspecto cuidado, esmerado y limpio. **2.** Delicado, esmerado en la conducta, el habla, etc.

**PULGA** n. f. (lat. *pulicem*). Insecto sin alas y de patas posteriores saltadoras, que se alimenta de sangre extraída por picadura en la piel de los ma-

**pulga**

**pulga** de mar

míferos; pertenece a un orden próximo a los dípteros y mide como máximo 4 mm de long. • **Pulga de agua,** pequeño crustáceo de agua dulce, de 5 mm de long. máxima, que nada a saltos. (Subclase branquiópodos.) ‖ **Pulga de mar,** pequeño crustáceo saltador, de 2 cm de long., que pulula en la arena de las playas. (Orden anfípodos.) ‖ **Sacudirse las pulgas** *(Fam.),* evadir las responsabilidades. ‖ **Tener malas pulgas** *(Fam.),* tener mal genio.

**PULGADA** n. f. Unidad de medida de longitud, usada antiguamente y aún en la actualidad en diversos países. (En Gran Bretaña y E.U.A. equivale a 2,54 cm.)

**PULGAR** n. m. y adj. Dedo primero y más grueso de los de la mano.

**PULGARADA** n. f. Porción de algo en forma de polvo o granos que puede cogerse entre las yemas del pulgar y otro dedo.

**PULGÓN** n. m. Nombre genérico que se da a unos pequeños insectos, de 1 mm de long. media, que a menudo pululan en los vegetales, cuya savia extraen, causando a veces graves daños. (Orden homópteros.) SIN.: *piojuelo.*

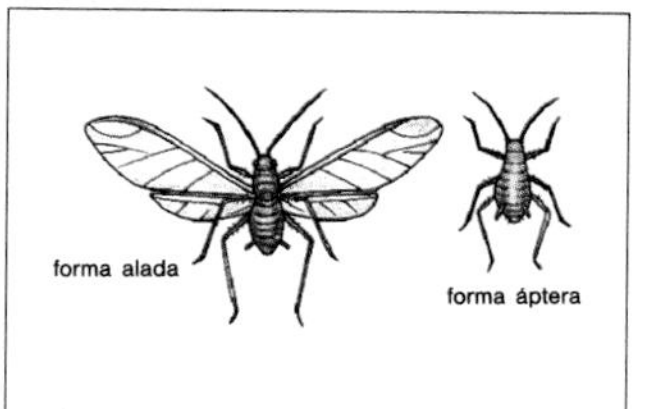


**pulgones**

**PULGOSO, A** o **PULGUERO, A** adj. Que tiene pulgas.

**PULGUERA** n. f. Lugar donde hay muchas pulgas.

**PULGUIENTO, A** adj. *Amér.* Que tiene pulgas, pulgoso.

**PULGUILLAS** n. m. y f. (pl. *pulguillas*). *Fam.* Persona susceptible e irritable.

**PULIDO, A** adj. Arreglado con mucho cuidado y esmero. ◆ n. m. **2.** Pulimento.

**PULIDOR, RA** adj. y n. Que pule, compone o adorna algo. ◆ n. m. **2.** Instrumento para pulir.

**PULIDORA** n. f. Máquina para pulir superficies, dejándolas lisas y brillantes.

**PULIMENTAR** v. tr. **[1]**. Dar pulimento.

**PULIMENTO** n. m. Acción y efecto de pulir. **2.** Operación de acabado a que se someten los objetos y superficies a fin de eliminar sus irregularidades y asperezas. **3.** Sustancia que da lustre. **4.** GEOGR. Aspecto liso y brillante que adquieren las rocas por la acción del viento *(pulimento desértico)* o de los glaciares *(pulimento glaciar).*

**PULIR** v. tr. (lat. *polire*) **[3]**. Suavizar la superficie de un objeto dándole tersura y lustre por medio de frotación. **2.** *Fig.* Perfeccionar, corregir algo revisándolo cuidadosamente. ◆ v. tr. y pron. **3.** Arreglar, dar buen aspecto a algo. **4.** *Fig.* Quitar la tosquedad a una persona. ◆ **pulirse** v. pron. **5.** *Fam.* Gastarse los bienes, generalmente malvendiéndolos o perdiéndolos despreocupadamente.

**PULLA** n. f. Dicho con que indirectamente se zahiere a alguien. **2.** Broma, burla.

**PULLMAN** n. m. (de G. *Pullman,* industrial norteamericano). Coche de lujo en ciertas líneas de ferrocarril. **2.** Autocar equipado con elementos de confort.

**PULMÓN** n. m. (lat. *pulmonem*). Víscera par, situada en el tórax y rodeada por la pleura, que es el órgano principal del aparato respiratorio. **2.** Órgano de la respiración de ciertas arañas y algunos moluscos terrestres, parecido en su estructura a las branquias. • **Pulmón de acero,** o **artificial,** aparato que mediante cambios muy precisos de la presión en su interior facilita la respiración de las personas cuyo tórax es sometido a su acción.

■ Cada pulmón está dividido en lóbulos (dos el izquierdo y tres el derecho). El aire llega a los pulmones a través de los bronquios y la sangre cargada de gas carbónico penetra en ellos por la arteria pulmonar. La sangre se enriquece en oxígeno en los alvéolos, en los que finalizan los bronquiolos, ramificaciones de los bronquios. En los dos pulmones hay más de 700 millones de alvéolos, que representan una superficie respiratoria de 200 $m^2$. La sangre oxigenada sale del pulmón por las venas pulmonares. La transformación de la sangre venosa en arterial constituye el fenómeno de la hematosis.

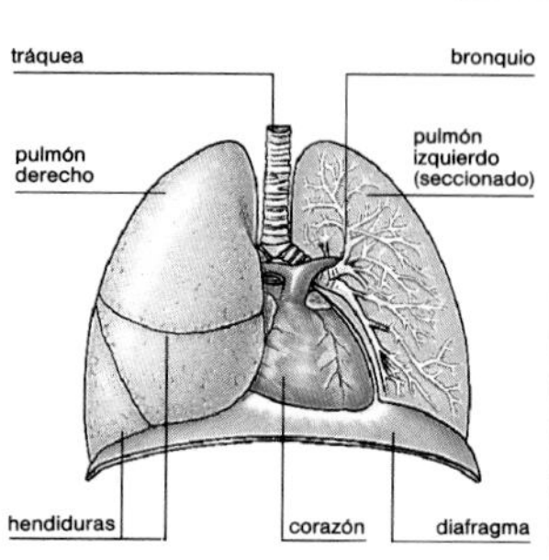


los **pulmones** del hombre

**PULMONADO, A** adj. y n. m. Relativo a una subclase de moluscos gasterópodos que respiran por medio de un pulmón, como la babosa y el caracol.

**PULMONAR** adj. Relativo al pulmón.

**PULMONARIA** n. f. Planta herbácea, empleada contra las enfermedades pulmonares. (Familia borragináceas.) **2.** Liquen coriáceo, de color pardo y superficie con ampollas, que crece sobre los troncos de diversos árboles. (Familia parmeliáceas.)

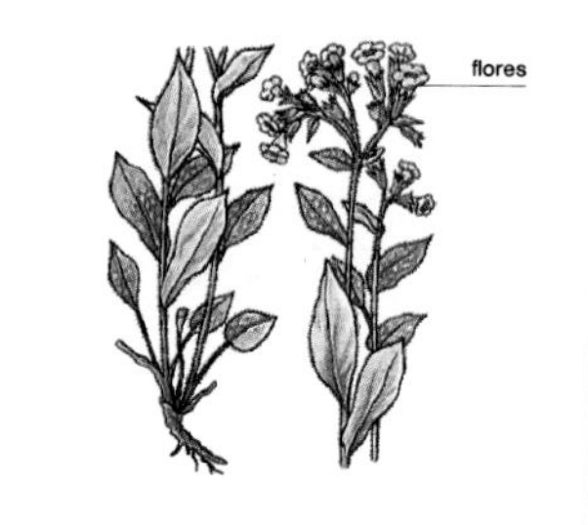


**pulmonaria**

**PULMONÍA** n. f. Neumonía.

**PULÓVER** o **PULLOVER** n. m. Jersey con o sin mangas, que se mete por la cabeza.

**PULPA** n. f. Parte mollar de las carnes, o carne sin huesos ni ternilla. **2.** Residuo de las fábricas que utilizan como materias primas productos agrícolas, en especial de las fábricas de azúcar. **3.** Nombre que se da a ciertos tejidos blandos de los animales (pulpa dentaria) o de los vegetales (pulpa azucarada de los frutos carnosos).

**PULPEJO** n. m. Parte carnosa y mollar de un miembro pequeño del cuerpo humano, y más comúnmente, parte de la palma de la mano de donde sale el dedo pulgar.

**PULPERÍA** n. f. *Amér.* Tienda donde se venden bebidas, comestibles, mercería y otros géneros muy variados.

**PULPERO** n. m. Utensilio para desmenuzar vegetales y obtener pulpas.

**PULPERO, A** n. *Amér.* Persona que tiene una pulpería.

**PULPITIS** n. f. Inflamación muy dolorosa de la pulpa dentaria.

**PÚLPITO** n. m. Plataforma con antepecho y tornavoz, que hay en las iglesias para predicar desde ella, cantar la epístola, el evangelio, etc. **2.** *Fig.* En las órdenes religiosas, cargo de predicador.

**PULPO** n. m. Molusco cefalópodo con ocho brazos provistos de ventosas, que vive en las oquedades de las rocas, cerca de las costas, y se alimenta de crustáceos y moluscos.

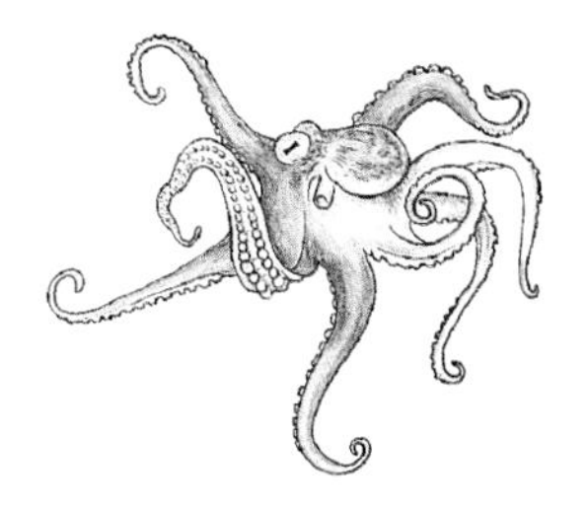

**pulpo**

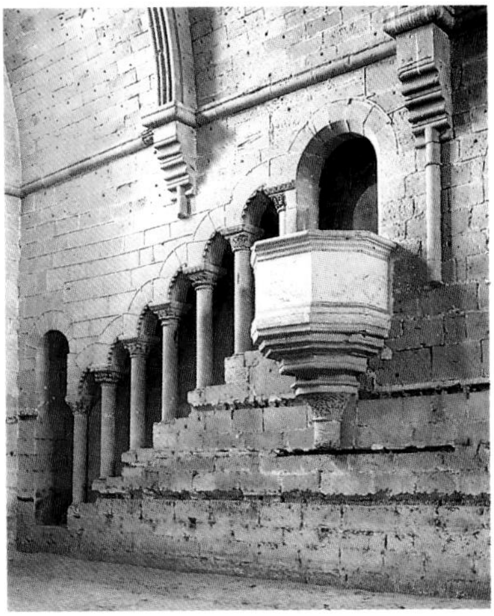

**púlpito** (monasterio de Rueda de Escatrón, Zaragoza)

**PULPOSO, A** adj. Que tiene pulpa.

**PULQUE** n. m. Bebida espirituosa de origen americano, que se obtiene haciendo fermentar el aguamiel, o jugo que dan los bohordos de las pitas cortados antes de florecer. (Suele mezclarse con jugos de frutas.)

**PULQUERÍA** n. f. En América latina, taberna donde se venden pulque y comidas populares.

**PULQUÉRRIMO, A** adj. Muy pulcro.

**PULSACIÓN** n. f. Acción de pulsar. **2.** Cada uno de los golpes perceptibles en el organismo por efecto de los impulsos comunicados a la sangre por los latidos del corazón. **3.** Cada uno de los golpes o toques que se dan sobre un teclado de una máquina de escribir. **4.** Cada impulso en un movimiento periódico de un fluido.

**PULSADOR, RA** adj. y n. Que pulsa. ◆ n. m. **2.** Dispositivo accionador de un aparato eléctrico que ha de ser oprimido o presionado para provocar el funcionamiento.

**PULSAR** v. tr. **[1]**. Tocar, golpear o palpar algo con la yema de los dedos. **2.** Mover las teclas de la máquina de escribir. **3.** *Fig.* Tantear un asunto para conocer el modo de tratarlo, la opinión de alguien, etc. **4.** MÚS. Hacer sonar las cuerdas de un instrumento tocando las teclas o las mismas cuerdas.

**PÚLSAR** n. m. (del inglés *pulsating star,* estrella pulsante). ASTRON. Fuente de radiación radioeléctrica, luminosa, X o gamma, cuyas emisiones son muy breves (alrededor de 50 ms) y se repiten a intervalos extremadamente regulares (de algunas centésimas de segundo a unos cuantos segundos). ■ Según la hipótesis más aceptada, los púlsares son estrellas de neutrones en rotación rápida, dotadas de un campo magnético dipolar muy intenso. Su radiación procedería de partículas cargadas, aceleradas por el campo magnético hasta velocidades relativistas. Confinada en un estrecho haz y arrastrada por la rotación de la estrella, la radiación barrería el espacio a la manera de un faro giratorio.

**PULSÁTIL** adj. (lat. *pulsatilem*). Dícese de lo que pulsa o golpea.

**PULSÁTILA** n. f. Planta perenne, de raíz leñosa y flores solitarias, que se emplea en medicina. (Familia ranunculáceas.)

**PULSEAR** v. intr. **[1]**. Probar una persona con otra, asiéndose mutuamente las manos derechas, cuál de las dos tiene más fuerza y logra derribar el brazo de la otra.

**PULSEADA** n. f. *Argent., Par., Perú* y *Urug.* Acción y efecto de pulsear.

**PULSERA** n. f. Aro que, como adorno, se lleva alrededor de la muñeca o en el brazo.

**PULSIÓN** n. f. SICOANÁL. Fuerza en el límite entre lo orgánico y lo síquico que empuja al sujeto a llevar a cabo una acción con el fin de resolver una tensión procedente del organismo, por medio de un objeto, y cuyo prototipo es la pulsión sexual.

**PULSO** n. m. (lat. *pulsum*). Latido intermitente de las arterias que se percibe especialmente en cierto punto de la muñeca. **2.** Firmeza en la mano para hacer o realizar con acierto un trabajo delicado. **3.** *Fig.* Habilidad y prudencia con un asunto, negocio, etc. • **A pulso,** haciendo fuerza con la muñeca y la mano sin apoyar el brazo en ninguna parte; sin ayuda de nadie, por su propio esfuerzo. ‖ **Echar un pulso,** pulsear. ‖ **Tomar el pulso,** reconocer la frecuencia, ritmo de las pulsaciones de alguien; tantear un asunto, una opinión, etc.

**PULSORREACTOR** n. m. AERON. Motor de reacción constituido por una sola tobera, cuya entrada está gobernada por unas válvulas-persiana.

**PULULACIÓN** n. f. Acción y efecto de pulular.

**PULULANTE** adj. Que pulula.

**PULULAR** v. intr. (lat. *pullulare*) **[1]**. Empezar a brotar y echar renuevos o vástagos un vegetal. **2.** Abundar, reproducirse en un sitio con rapidez y abundancia insectos, sabandijas, etc. **3.** *Fig.* Bullir, abundar y moverse en un sitio personas o cosas.

**PULVERIZABLE** adj. Que se puede pulverizar.

**PULVERIZACIÓN** n. f. Acción y efecto de pulverizar. • **Pulverización catódica,** ionoplastia.

**PULVERIZADOR, RA** adj. Que pulveriza. ◆ n. m. **2.** Instrumento que sirve para proyectar un líquido en finísimas gotas.

**PULVERIZAR** v. tr. y pron. **[1g]**. Reducir a polvo una cosa. ◆ v. tr. **2.** Esparcir, derramar un líquido, dispersarlo en distintas direcciones en gotas menudísimas. **3.** *Fig.* y *fam.* Destruir, aniquilar.

**PULVERULENTO, A** adj. En forma de polvo.

**PUMA** n. m. Mamífero carnívoro, que puede alcanzar hasta 2 m de long. y 100 kg de peso, de formas esbeltas y musculosas, con la cabeza corta y ancha, las orejas redondas, más bien pequeñas, y la cola larga y gruesa, que vive en las zonas frías de América. (Familia félidos.) SIN.: *león americano.*

**puma**

**PUMITA** n. f. Piedra pómez.

**PUNA** n. f. (voz quechua, *sensación penosa*). Piso andino que corresponde a las partes elevadas de la cordillera y a las altiplanicies ubicadas entre 3 000 y 4 000 m. **2.** *Amér.* Páramo. **3.** *Amér.* Soroche.

**PUNCH** n. m. (voz inglesa). Calidad del boxeador, cuyos golpes son decisivos. **2.** Reserva de potencia física que permite a un atleta hacer un esfuerzo decisivo en un momento dado.

**PUNCHING-BALL** n. m. (voz inglesa). Balón sostenido verticalmente por medio de cuerdas elásticas, que sirve para entrenarse en el boxeo.

**PUNCIÓN** n. f. (lat. *punctionem*). Introducción en el interior del organismo de un instrumento punzante, de centro hueco, cuya luz permite el paso de líquido o la obtención de muestras de tejidos.

**PUNCIONAR** v. tr. **[1]**. Hacer una punción.

**PUNDONOR** n. m. (cat. *punt d'honor*). Amor propio.

**PUNDONOROSO, A** adj. y n. Que tiene pundonor.

**PUNDOS** n. m. Forma de elefantiasis que afecta principalmente a los pies, propia de algunos países centroamericanos.

**PUNGENTE** adj. Que causa dolor físico o moral.

**PUNIBILIDAD** n. f. Calidad de punible.

**PUNIBLE** adj. Que merece castigo.

**PÚNICO, A** adj. y n. De Cartago. ◆ n. m. **2.** Dialecto fenicio propio de Cartago.

**PUNITIVO, A** adj. Relativo al castigo.

**PUNK** o **PUNKI** adj. Dícese de un movimiento musical y cultural aparecido en Gran Bretaña hacia 1975, cuyos seguidores pregonan una actitud de provocación y de burla con respecto a una sociedad a la que consideran incapaz de aportar algún tipo de esperanza para la juventud. ◆ n. m. y f. **2.** Individuo que sigue dicho movimiento.

**PUNTA** n. f. Extremo agudo y punzante de algo. **2.** Extremo de un objeto alargado: *se pilló la punta de los dedos en la puerta.* **3.** Colilla de cigarro. **4.** Pequeña cantidad de algo, especialmente de alguna cualidad moral o intelectual: *tiene una punta de loco.* **5.** Lengua de tierra, generalmente baja y de poca extensión, que penetra en el mar. **6.** Clavo, pieza de hierro puntiaguda. **7.** Extremo de cualquier madero, opuesto al raigal. **8.** Instrumento de acero utilizado por el grabador al agua fuerte para dibujar sobre el barniz que recubre la plancha. **9.** HERÁLD. Tercio inferior del campo del escudo. **10.** HERÁLD. Pira. • **De punta,** pisando sólo con la punta de los pies. ‖ **De punta a punta,** de un extremo a otro de algo. ‖ **De punta en blanco,** muy acicalado y con los mejores vestidos. ‖ **Estar,** o **ponerse, de punta** uno **con** otro, enemistarse. ‖ **Punta roma,** extremidad cónica o redondeada de un tornillo, para facilitar la inserción de éste. ‖ **Punta seca,**

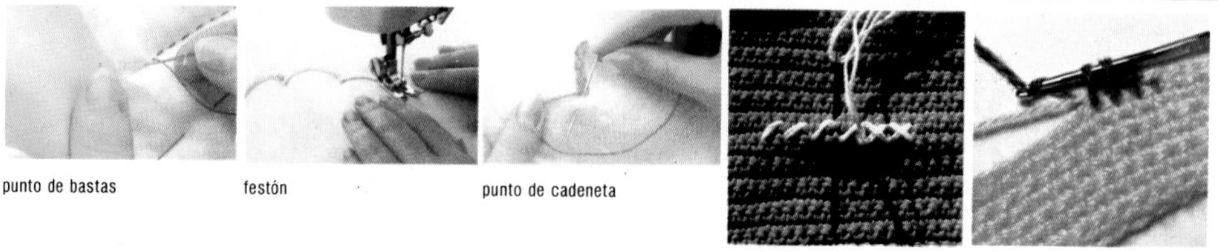

punto de bastas · festón · punto de cadeneta · punto de cruz · media brida o medio punto bajo

diversas formas de **puntos** de costura

aguja o buril empleado por los grabadores para hacer trazos finos sobre el cobre; grabado que se obtiene de esta forma. || **Sacar punta** a una cosa *(Fam.)*, atribuirle malicia o un significado que no tiene; aprovecharla mucho o emplearla para un fin distinto del que le corresponde. || **Una punta de** (*Amér.*), expresión con la que se pondera la abundancia de algo. ◆ **puntas** n. f. pl. **11.** Puntillas. **12.** Actitud de la bailarina que se alza sobre las puntas de los dedos del pie y ejecuta pasos sin que el talón o cualquier otra parte del pie toque el suelo.

**PUNTADA** n. f. Cada uno de los agujeros hechos al coser. **2.** Espacio entre dos de estos agujeros próximos entre sí. **3.** Porción de hilo que ocupa este espacio. **4.** *Fig.* y *fam.* Indirecta o alusión que se dice en una conversación para insinuar algo.

**PUNTAL** n. m. Madero sólido que sirve para sostener un muro, techo, edificio, etc. **2.** *Fig.* Persona o cosa que es el apoyo de otra. **3.** *Amér.* Tentempié, refrigerio. **4.** *Venez. Fig.* Merienda ligera. **5.** MAR. Cada una de las piezas verticales de madera o metálicas que sostienen las cubiertas. **6.** MAR. Cada uno de los maderos que sostienen el buque en cala o dique. **7.** MAR. Altura del casco de un buque. **8.** MIN. Cualquier elemento de sostén dispuesto en una mina perpendicularmente a los hastiales.

**PUNTANO, A** adj. y n. De San Luis (Argentina).

**PUNTAPIÉ** n. m. Golpe dado con la punta del pie. • **A puntapiés** *(Fam.)*, con desconsideración, de modo violento.

**PUNTAZO** n. m. Herida hecha con la punta de un arma o de otro instrumento punzante. **2.** *Fig.* Pulla, indirecta.

**PUNTEADO, A** adj. Dícese de la línea formada por una sucesión de puntos regularmente espaciados. ◆ n. m. **2.** Acción y efecto de puntear. **3.** B. ART. Manera de pintar, dibujar o grabar mediante puntos; obra ejecutada mediante esta técnica.

**PUNTEAR** v. tr. **[1]**. Señalar con puntos u otros signos un escrito, relación o cuenta, al ser comprobadas sus distintas partes. **2.** Dibujar, pintar o grabar con puntos. **3.** *Argent., Chile* y *Urug.* Remover con la punta de la pala la capa superior de la tierra. **4.** MÚS. Tocar la guitarra u otro instrumento semejante hiriendo cada cuerda con un solo dedo o con una púa. ◆ v. intr. **5.** *Amér. Merid.* Marchar a la cabeza de un grupo de personas o animales. **6.** *Méx.* Ocupar el primer lugar en una competición o torneo deportivo.

**PUNTEO** n. m. Acción y efecto de puntear.

**PUNTERA** n. f. Parte del calzado, de la media o del calcetín que cubre la punta del pie. **2.** *Fam.* Puntapié.

**PUNTERÍA** n. f. Acción de disponer un arma de modo que su proyectil alcance el objetivo. **2.** Destreza del tirador para acertar un blanco. **3.** Dirección en que se apunta.

**PUNTERO, A** adj. y n. Dícese de la persona que sobresale en alguna actividad. **2.** *Argent.* y *Urug.* Dícese de la persona o animal que va delante de los demás componentes de un grupo. ◆ n. m. **3.** Palo terminado en punta que se usa para señalar los encerados, mapas, etcétera. **4.** Cincel de boca puntiaguda y cabeza plana. **5.** INFORMÁT. Variable cuyo valor es el nombre o la dirección de otra variable. **6.** INFORMÁT. Registro de memoria que contiene la dirección de una información, o de un conjunto de informaciones, a la cual está ligada la información consecutiva. ◆ adj. **7.** Dícese de lo más avanzado o destacado dentro de su mismo género o especie: *industria puntera; investigación puntera.* **8.** *Amér. Merid.* En algunos deportes, el que juega en primera fila, delantero. **9.** *Argent.* En el fútbol, delantero que juega en los laterales. **10.** *Argent.* El que se halla en primer puesto en las competencias de velocidad.

**PUNTIAGUDO, A** adj. Que acaba en punta, que tiene la punta aguda.

**PUNTILLA** n. f. Encaje estrecho con el borde en forma de puntas u ondas. **2.** Cachetero, puñal empleado para matar reses, principalmente en las corridas para rematar al toro. • **Dar la puntilla,** clavar el cachetero; *(Fam.)*, rematar un daño grave causado a alguien o a algo. || **De puntillas,** pisando sólo con la punta de los pies, levantando los talones.

**PUNTILLADO, A** adj. ARQUEOL. Dícese de la cerámica decorada con puntos. **2.** HERÁLD. Dícese de la superficie sembrada de puntos para indicar el metal oro.

**PUNTILLAZO** n. m. *Fam.* Puntapié.

**PUNTILLERO, A** n. Persona que en las corridas remata al toro, clavándole la puntilla.

**PUNTILLISMO** n. m. Técnica de los pintores neoimpresionistas, que yuxtaponían las pinceladas de color sobre la tela en lugar de mezclar los colores en la paleta. SIN.: *divisionismo.*

**PUNTILLISTA** adj. y n. m. y f. Relativo al puntillismo; seguidor del puntillismo.

**PUNTILLO** n. m. Orgullo exagerado que hace que uno se sienta ofendido por cualquier nimiedad. **2.** MÚS. Signo que consiste en un punto que se coloca a la derecha de una nota y aumenta en la mitad su duración y valor.

**PUNTILLOSO, A** adj. Que tiene mucho puntillo.

**PUNTO** n. m. (lat. *punctum*). Dibujo o relieve redondeado y muy pequeño: *en vez de puntos pone redondeles sobre las íes.* **2.** Parte extremadamente pequeña del espacio: *el punto de intersección de dos líneas.* **3.** Lugar determinado: *punto de reunión.* **4.** Parada, lugar donde se sitúan los coches para esperar que los alquilen. **5.** Momento, instante: *llegó al punto de las seis.* **6.** Estado, situación en que se encuentra algo. **7.** Grado o intensidad de algo: *su insolencia ha llegado a un punto insoportable.* **8.** Cada una de las distintas partes de un escrito, discusión, argumento, cuestión: *estamos de acuerdo en todos los puntos.* **9.** Apartado, cláusula de un escrito, discurso, etc. **10.** Núcleo o meollo de un asunto o cuestión: *ése es el punto de todo el problema.* **11.** Fin o intento de cualquier acción: *siempre llego al punto que me marco.* **12.** Cada una de las unidades que constituyen la puntuación o el elemento de valoración en un juego, concurso, en las notas escolares, etc. **13.** *Fig.* y *fam.* Persona capaz de engañar, estafar, etc. **14.** Pundonor. **15.** Cada una de las puntadas que se dan sobre la tela para hacer una labor. **16.** Cada clase de puntada que se da cosiendo o bordando. **17.** Cada una de las diversas maneras de pasar y trabar el hilo en los tejidos de punto. **18.** ARQ. Ligera curvatura hacia arriba que se da a las vigas y arquitrabes para corregir el efecto óptico que les hace aparecer como combados. **19.** ARQ. Relación entre la flecha y la luz de un arco. **20.** FÍS. Cuerpo de dimensiones despreciables: *punto material.* **21.** GRAM. Signo de puntuación (El *punto* [·] indica una pausa amplia y se emplea al final de una frase; el *punto y coma* [;] indica una pausa media y se utiliza para separar entre sí las partes semejantes de una misma frase; los *dos puntos* [:] se emplean antes de una cita, de una frase que desarrolla lo que antecede o antes de una enumeración; los *puntos suspensivos* [...] se utilizan cuando la frase queda inacabada.) **22.** IMPR. Unidad de medida que sirve para designar el cuerpo de la letra. **23.** MAT. Figura geométrica sin dimensiones. **24.** MED. Puntada que da el cirujano pasando la aguja por los labios de la herida. **25.** MÚS. Signo colocado a la derecha de una nota o de un silencio para aumentar en su mitad la duración de esta nota o silencio. **26.** TECNOL. Pieza cónica terminada en punta, que sirve para la sujeción de las piezas que se trabajan en las máquinas-herramientas. **27.** TEXT. Tejido hecho de lazadillas trabadas entre sí. **28.** TEXT. Cada una de estas lazadillas. • **A punto,** preparado; a tiempo, oportunamente. || **A punto fijo,** con certeza. || **Al punto,** en seguida. || **De todo punto,** enteramente. || **En punto,** exactamente. || **En,** o **a, punto de caramelo** *(Fam.)*, dícese de algo perfectamente dispuesto para un fin. || **Estar a,** o **en, punto de,** expresan la inminencia de que ocurra algo o el peligro que ha habido de que ocurriera. || **Estar en su punto** una cosa, estar en el momento o de la manera que mejor puede estar. || **Hasta cierto punto,** en alguna manera, no del todo. || **Perder puntos,** o **muchos puntos,** desmerecer, disminuir en prestigio o estimación. || **Punto ciego,** localización del fondo del ojo insensible a la luz, que corresponde a la entrada del nervio óptico. || **Punto culminante,** punto más importante, de mayor intensidad, esplendor, etc., de una cosa. || **Punto de apoyo** *(Fig.)*, aquello que sirve de apoyo; lugar fijo sobre el que estriba una palanca. || **Punto de contacto** *(Fig.)*, afinidad en algún aspecto entre dos o más personas o cosas; (MAT.), punto en que dos curvas tienen la misma tangente. || **Punto de ebullición, de fusión, de congelación,** temperatura a la cual un cuerpo hierve, funde o se congela. || **Punto de partida,** o **de arranque,** sitio o situación donde tiene principio algo. || **Punto de referencia,** hecho, acontecimiento o, en general, dato importante en el desarrollo o para el conocimiento de algo. || **Punto de vista,** criterio, manera de juzgar o considerar algo. || **Punto débil,** o **flaco** *(Fig.)*, parte o aspecto más vulnerable física o moralmente de alguien o algo. || **Punto en boca,** úsase para prevenir a uno que calle o para ordenarle que no conteste o replique. || **Punto material,** o **físico** (FÍS. ), masa que se supone aglomerada en un punto geométrico. || **Punto muerto** *(Fig.)*, en cualquier cosa que sufre un proceso o desarrollo, momento en que ya no se realiza ningún progreso; volumen de producción de una empresa para el que la cifra de ingresos coincide con la de costes totales; punto del recorrido de un órgano mecánico en el que no recibe impulso por parte del motor; posición del mando del dispositivo de cambio de velocidades de un automóvil, tal que el árbol primario no está acoplado con el secundario. || **Punto negro** *(Fig.)*, lugar que por sus características resulta especialmente peligroso. || **Punto neurálgico** *(Fig.)*, parte de un asunto especialmente delicada y difícil. || **Punto por punto,** detalladamente. || **Punto y aparte,** el que se pone cuando termina párrafo y el texto continúa en otro renglón. || **Punto y seguido,** el que se pone cuando termina un período y el texto continúa inmediatamente después del punto en el mismo renglón.

**PUNTUABLE** adj. En juegos, deportes, exámenes, etc., que es o puede ser calificado con puntos o unidades de puntuación.

**PUNTUACIÓN** n. f. Acción y efecto de puntuar. • **Signos de puntuación,** signos gráficos que sirven para señalar las pausas entre frases o elementos de frases y las relaciones sintácticas, como el *punto,* la *coma,* las *comillas,* los *guiones,* etc.

**PUNTUAL** adj. Relativo al punto. **2.** Dícese de las personas que llegan a los sitios exactamente a las horas convenidas o que hacen las cosas al tiempo prometido. **3.** Exacto, detallado, cierto.

**PUNTUALIDAD** n. f. Calidad de puntual.

**PUNTUALIZAR** v. tr. **[1g]**. Especificar, referir con exactitud cada detalle de algo precisando las características esenciales.

**PUNTUAR** v. tr. **[1s]**. Ganar u obtener puntos, unidad de tanteo en algunos juegos. **2.** Poner en la escritura los signos ortográficos necesarios. **3.** Calificar con puntos una prueba. **4.** MÚS. Señalar las pausas, separar las frases al componer. ◆ v. intr. **5.** Entrar en el cómputo de los puntos el resultado de una prueba o competición.

**PUNZADA** n. f. Pinchazo. **2.** *Fig.* Sentimiento de aflicción producido por un hecho, palabra, etc. **3.** Dolor intenso, agudo, brusco, que da la sensación de instrumento agudo que se clava.

**PUNZANTE** adj. Que punza. **2.** *Fig.* Dícese de las palabras, estilo, humor, etc., que llevan en sí una ironía aguda.

**PUNZAR** v. tr. **[1g]**. Pinchar. **2.** *Fig.* Causar dolor o aflicción.

**PUNZÓN** n. m. Instrumento de acero templado que puede servir, cuando es puntiagudo, para abrir orificios, y, si es cilíndrico o cónico y en combinación con una matriz, para cortar o embutir chapa, estampar o matrizar, en frío o en caliente, piezas metálicas. **2.** Buril. **3.** En la fabricación de monedas y medallas, instrumento de acero que en la boca tiene en realce una figura, la cual, por presión o percusión, queda grabada en el troquel. **4.** Instrumento utilizado para marcar las piezas de metales nobles. **5.** Marca obtenida mediante este instrumento.

**PUNZONAR** v. tr. **[1]**. Marcar o taladrar con punzón. **2.** Cizallar, con un punzón que presenta el contorno del agujero que se ha de obtener, una porción de metal en una chapa, bajo la acción de una fuerte presión. **3.** Imprimir o grabar la marca de un punzón sobre un objeto de metal precioso.

**PUÑADA** n. f. *Fam.* Puñetazo.

**PUÑADO** n. m. Porción de cualquier cosa o cantidad de cosas que caben dentro del puño o de la mano cerrada. **2.** *Fig.* Número restringido de personas o cosas. • **A puñados,** con abundancia y prodigalidad.

**PUÑAL** n. m. Arma ofensiva de acero, de hoja corta y puntiaguda.

**PUÑALADA** n. f. Golpe dado con el puñal, u otra arma semejante. **2.** Herida que produce este golpe. **3.** *Fig.* Disgusto o pena muy grande causada a una persona. • **Coser a puñaladas** a uno *(Fam.)*, darle muchas. || **Puñalada trapera,** herida grande que se hace con un puñal, cuchillo, etc.; *(Fig.)*, traición, acción realizada con engaño y mala intención.

**PUÑALERO, A** n. Persona que hace o vende puñales.

**PUÑETA** n. f. Bocamanga de algunas togas adornada con bordados o puntillas. **2.** *Fam.* Tontería, cosa nimia. • **Hacer la puñeta a** alguien *(Fam.)*, fastidiarle, molestarle. || **Mandar** a alguien **a hacer puñetas** *(Fam.)*, despedirle o contestarle desconsideradamente.

**¡PUÑETA!** interj. *Vulg.* Denota enfado.

**PUÑETAZO** n. m. Golpe dado con el puño.

**PUÑETERÍA** n. f. *Fam.* Calidad de puñetero.

**PUÑETERO, A** adj. y n. *Fam.* Que fastidia, molesta o causa un perjuicio.

**PUÑO** n. m. (lat. *pugnum*). La mano cerrada. **2.** Parte de la espada, bastón, etc., por donde se agarran y que suele estar adornada de una pieza de materia diferente. **3.** Mango. **4.** *Fig.* y *fam.* Cualquier cosa demasiado pequeña: *un puño de casa.* **5.** Pieza que se pone en la parte inferior de la manga de la camisa y otras prendas de vestir, generalmente para recoger el vuelo de la manga. • **Comerse los puños** *(Fam.)*, estar hambriento. || **De puño y letra,** escrito a mano por la misma persona de que se trata. || **Meter en un puño** a uno *(Fam.)*, oprimirle, intimidarle. ◆ **puños** n. m. pl. **6.** *Fig.* y *fam.* Fuerza, energía, dominio físico.

**PUPA** n. f. Erupción en los labios. **2.** Voz infantil usada para expresar dolor, daño, etc. **3.** Cualquier lesión cutánea bien circunscrita.

**PUPA** n. f. (lat. *pupam,* muñeca). Ninfa, y en particular la de los dípteros. **2.** Envoltura quitinosa de donde sale el insecto.

**PUPILA** n. f. (lat. *pupillam*). Abertura central del iris en la parte anterior del ojo. **2.** *Fig.* y *fam.* Perspicacia, ingenio.

**PUPILA** n. f. (lat. *pupillam*). Prostituta.

**PUPILAJE** n. m. Calidad de pupilo. **2.** Reserva de plaza de aparcamiento de forma permanente en un garaje y cuota que se paga.

**PUPILAR** adj. Relativo al pupilo o a la minoría de edad.

**PUPILAR** adj. ANAT. Relativo a la pupila.

**PUPILERO, A** n. Persona que recibe pupilos en su casa.

**PUPILO, A** n. (lat. *pupillum*). Persona que se hospeda en una casa particular por precio convenido, o huésped de una pensión. **2.** DER. CIV. Huérfano que se encuentra bajo la custodia de un tutor.

**PUPÍPARO, A** adj. y n. m. Dícese de ciertos insectos dípteros cuyas larvas se desarrollan en las vías genitales de la hembra y hacen eclosión listas para transformarse en pupas.

**PUPITRE** n. m. (fr. *pupitre*). Mueble con tapa generalmente en forma de plano inclinado para escribir sobre él, usado especialmente en las escuelas. **2.** Mueble de bodega constituido por dos tableros inclinados y con agujeros para introducir el cuello de las botellas, empleado en el proceso de elaboración del champaña. **3.** TECNOL. Tablero inclinado en el que se agrupan los mandos e instrumentos de control de una central eléctrica, fábrica, calculadora, emisora u otra instalación automática.

**PUPO** n. m. *Argent., Bol.* y *Chile.* Ombligo.

**PUPOSO, A** adj. Que tiene pupas.

**PUQUÍO** n. m. *Amér. Merid.* Manantial, fuente.

**PURAMENTE** adv. m. Solamente.

**PURASANGRE** n. m. Caballo de una raza de carreras, caracterizada por una extraordinaria consanguinidad de origen y una gran aptitud para la velocidad.

**purasangre**

**PURÉ** n. m. (fr. *purée*). Plato que se hace de legumbres, verduras, patatas, etc., cocidas y trituradas de modo que se obtenga una pasta. • **Estar hecho puré** *(Fam.)*, estar maltrecho o destrozado.

**PUREPECHA** → ***tarasco.***

**PUREZA** n. f. Calidad de puro.

**PURGA** n. f. Medicina purgante. **2.** Acción de purgar o purgarse. **3.** Depuración, eliminación en una administración, empresa, partido, etc., de una o de varias personas por razones generalmente políticas. **4.** TECNOL. Eliminación de gases, líquidos o residuos indeseables de un recipiente o de un recinto cerrado.

**PURGACIÓN** n. f. Blenorragia. (Suele usarse en plural.)

**PURGADOR** n. m. Aparato que permite eliminar de una tubería o de una instalación un fluido que, por su presencia o exceso, perturbaría el funcionamiento.

**PURGANTE** adj. Que purga. SIN.: *purgativo.* ◆ n. m. **2.** Sustancia que, administrada por vía oral, facilita o acelera la evacuación del contenido intestinal.

**PURGAR** v. tr. y pron. (lat. *purgare,* purificar) **[1b]**. Administrar un purgante. ◆ v. tr. **2.** Limpiar, purificar algo eliminando lo que no conviene. **3.** Expiar, padecer un castigo como satisfacción de una culpa anterior o un delito. **4.** Hablando de una tubería, canalización o recipiente, evacuar un fluido que tendería a acumularse en ellos, o cuya presencia impediría su normal funcionamiento. **5.** DER. Desvanecer los indicios, sospechas o cargos que hay contra una persona. ◆ **purgarse** v. pron. **6.** *Fig.* Liberarse de cualquier cosa no material que causa perjuicio o gravamen.

**PURGATIVO, A** adj. Que purga.

**PURGATORIO** n. m. En la religión católica, estado o lugar en el que las almas de los justos, purificadas de forma incompleta, acaban de purgar sus faltas. **2.** *Fig.* Lugar donde se padecen o se pasan sufrimientos y penalidades. **3.** *Fig.* Estos mismos sufrimientos.

**PÚRICO, A** adj. Dícese de las bases nitrogenadas derivadas de la purina y que entran en la composición de los ácidos nucleicos (A.D.N. y A.R.N.) y de sus metabolitos.

**PURIDAD. En puridad,** claramente, sin rodeos.

**PURIFICACIÓN** n. f. Acción y efecto de purificar. **2.** REL. CATÓL. Fiesta en honor de la Virgen, llamada también Candelaria y Presentación del Señor. (Con este significado suele escribirse con mayúscula.)

**PURIFICADOR, RA** adj. y n. Purificante. ◆ n. m. **2.** LITURG. Lienzo de que se sirve el sacerdote en la misa. **3.** QUÍM. y TECNOL. Aparato o dispositivo para purificar.

**PURIFICANTE** adj. y n. m. y f. Que purifica.

**PURIFICAR** v. tr. y pron. (lat. *purificare*) **[1a]**. Hacer puro o quitar las impurezas. **2.** Limpiar de toda imperfección una cosa no material. **3.** Borrar la profanación de cosas sagradas por medio de determinadas ceremonias.

**PURIFICATORIO, A** adj. Que sirve para purificar.

**PURÍN** n. m. Líquido formado por la orina de los animales, por las aguas de lluvia y por el sobrante de los líquidos de los estercoleros.

**PURINA** n. f. Compuesto químico de fórmula $C_5H_4N_4$, formado por dos compuestos heterocíclicos unidos, que entra en la composición de las bases púricas.

**PURÍSIMA** n. f. REL. Nombre antonomástico de la Virgen María en el misterio de su Inmaculada Concepción.

**PURISMO** n. m. Preocupación exagerada por la pureza del lenguaje, caracterizada por el deseo de fijar una lengua en una fase de su evolución considerada ideal. **2.** Voluntad de adaptarse a un modelo ideal, que se manifiesta por una preocupación exagerada por la perfección. **3.** Tendencia artística surgida del cubismo, que cultivó la sencillez geométrica de los contornos, a los que dio una limpieza de diseño generadora de efectos monumentales.

**PURISTA** adj. y n. m. y f. Propio del purismo; partidario del purismo.

**PURITANISMO** n. m. Doctrina de los puritanos. **2.** Rigorismo moral o político.

**PURITANO, A** adj. y n. (ingl. *puritan*). Miembro de unas comunidades inglesas, de inspiración calvinista, que, a mediados del s. XVI, quisieron volver a la pureza del cristianismo primitivo como reacción contra los compromisos de la Iglesia anglicana. **2.** Que profesa los principios de una moral rigurosa.

**PURO, A** adj. (lat. *purum*). Sin mezcla, que no contiene ningún elemento extraño: *oro puro.* **2.** Que no está alterado ni viciado: *aire puro.* **3.** Límpido, transparente: *cielo puro.* **4.** Casto. **5.** Íntegro, persona de recto proceder, difícil de corromper por interés. **6.** Dícese de la raza cuya descendencia no está mestizada con aportaciones de estirpes distintas. **7.** *Fig.* Mero, que es sólo y exclusivamente lo que se expresa: *la pura verdad.* **8.** *Fig.* Bello, perfecto: *perfil puro.* **9.** *Fig.* Dícese del estilo o lenguaje correcto, exento de barbarismos. • **De puro,** que tiene mucho de lo que se expresa: *de puro valiente es temerario.* ◆ n. m. **10.** Cigarro. • **Meter un puro** (MIL.), arrestar; imponer un castigo.

**PÚRPURA** n. f. (lat. *purpura*). Molusco gasterópodo que segrega un colorante rojo. (Familia murícidos.) **2.** *Fig.* Color rojo violáceo. **3.** PATOL. Pequeñas hemorragias debidas a la rotura de capilares en el espesor de la dermis, que provocan la aparición de manchas rojizas en la piel. • **Púrpura cardenalicia** o **sagrada púrpura** (REL. CATÓL.), dignidad de cardenal, por alusión al hábito rojo de los cardenales.

**PURPURADO** n. m. Cardenal, prelado.

**PURPÚREO, A** adj. Relativo a la púrpura. **2.** De color púrpura.

**PURPURINA** n. f. Polvo finísimo de bronce o de metal blanco que, aplicado a los barnices o pinturas al aceite, sirve para dorarlos o platearlos.

**PURRIA** n. f. Lo que queda después de haber elegido lo mejor. **2.** *Fam.* Gente despreciable.

**PURULENCIA** n. f. PATOL. Estado purulento de un tejido o lesión.

**PURULENTO, A** adj. PATOL. Que tiene aspecto semejante al pus o lo contiene.

**PUS** n. m. (lat. *pus*). Líquido amarillento que se forma en los focos de infección y que está constituido por los residuos de leucocitos y bacterias.

**PUSEYSMO** n. m. Movimiento ritualista, llamado también *movimiento de Oxford,* que llevó hacia el catolicismo o hacia una renovación espiritual eclesial a una fracción de la Iglesia anglicana.

**PUSH-PULL** n. m. y adj. ELECTR. Montaje amplificador constituido por dos tubos electrónicos o transistores que funcionan en oposición.

**PUSILÁNIME** adj. (lat. *pusillanimem*). Falto de ánimos y de audacia.

**PUSILANIMIDAD** n. f. Calidad de pusilánime.

**PÚSTULA** n. f. (lat. *pustulam*). Vesícula que contiene pus. • **Pústula maligna,** pústula de color negruzco, determinada en el hombre por el bacilo del carbunco.

**PUSTULOSO, A** adj. Relativo a la pústula.

**PUTA** n. f. *Fam.* Prostituta.

**PUTADA** n. f. *Vulg.* Mala pasada, acción malintencionada que perjudica a alguien.

**PUTATIVO, A** adj. (lat. *putativum*). Reputado o tenido por padre, hermano, etc., no siéndolo. **2.** DER. Que se supone tiene una existencia legal, aun sin ser cierta. • **Matrimonio putativo,** el efectuado entre personas que ignoran la existencia de impedimentos que existen para contraerlo, hasta después de haberlo celebrado. ‖ **Padre putativo,** aquel al que la ley considera progenitor sin serlo o existiendo dudas de que lo sea.

**PUTEADA** n. f. *Argent., Par.* y *Urug. Vulg.* Insulto grosero.

**PUTEAR** v. intr. [**1**]. Frecuentar el trato con prostitutas. **2.** *Amér. Vulg.* Insultar groseramente. ◆ v. tr. **3.** Convertir en prostituta. **4.** *Vulg.* Fastidiar, perjudicar a alguien. **5.** *Méx. Vulg.* Golpear, reprender fuertemente a alguien: *le asaltaron y también le putearon.* **6.** *Méx. Vulg.* Vencer de forma apabullante: *putearon al equipo de fútbol de la escuela.*

**PUTERÍA** n. f. Vida, profesión de prostituta. **2.** Reunión de prostitutas. **3.** Casa de prostitución. **4.** *Fig.* y *fam.* Estratagemas o zalamerías.

**PUTERO, A** adj. y n. Que frecuenta habitualmente prostitutas.

**PUTICLUB** n. m. *Vulg.* Bar de alterne.

**PUTIDOIL** n. f. Bacteria capaz de destruir las manchas de petróleo.

**PUTIZA** n. f. *Méx. Vulg.* Paliza, golpiza.

**PUTO** n. m. Hombre homosexual. **2.** Hombre que se dedica a la prostitución.

**PUTONGHUA** n. m. Nombre dado en China a la lengua común oficial.

**PUTREFACCIÓN** n. f. Acción y efecto de pudrir o pudrirse.

**PUTREFACTIVO, A** adj. Que causa putrefacción.

**PUTREFACTO, A** adj. Podrido, corrompido.

**PUTRESCENTE** adj. BIOL. Que se halla en vías de putrefacción.

**PUTRIDEZ** n. f. Calidad de pútrido.

**PÚTRIDO, A** adj. Podrido.

**PUTSCH** n. m. (voz alemana). Golpe de estado o levantamiento organizado por un grupo armado con el fin de hacerse con el poder.

**PUTTO** n. m. (voz italiana). B. ART. Niño desnudo, amorcillo, angelote.

**PUTUTO** o **PUTUTU** n. m. (voz aymara). *Bol.* y *Perú.* Cuerno de buey utilizado como instrumento musical.

**PUY** n. m. (voz francesa). Montaña volcánica en el macizo Central francés.

**PUYA** n. f. *Chile.* Planta bromeliácea de propiedades medicinales. **2.** TAUROM. Punta acerada que en un extremo tienen las varas o garrochas de los picadores y vaqueros, con la cual estimulan o castigan a las reses.

**PUYAZO** n. m. Herida hecha con la puya o garrocha.

**PUYO, A** adj. *Argent.* Dícese del poncho más corto de lo ordinario.

**PUZOL** n. m. Puzolana.

**PUZOLANA** n. f. Roca volcánica muy fragmentada y de composición basáltica.

**PUZZLE** n. m. (voz inglesa). Rompecabezas, juego.

**PVC** n. m. (siglas de *poly vinyl chloride*). Cloruro de polivinilo.

**PYME** n. m. (de *pequeña y mediana empresa*). Empresa de pequeño o mediano tamaño.

**PYREX** n. m. (marca registrada). Vidrio especialmente resistente al fuego.

**pz,** símbolo de *pieza,* unidad de medida de presión.

# Q

**Q** n. f. Decimoctava letra del alfabeto español y decimocuarta de las consonantes. (Representa un sonido oclusivo velar sordo.) **2.** $\mathbb{Q}$, conjunto de los números racionales, es decir, de las fracciones, los enteros (positivos y negativos) y el cero. **3.** $\mathbb{Q}^*$, conjunto de los números racionales privados de cero. **4.** Símbolo del *quintal métrico.*

**QAṢBA** n. f. (voz árabe). Alcazaba. SIN.: *casba.* **2.** Barrio moro de algunas ciudades norteafricanas. SIN.: *casba.*

**QAYSÍES,** tribu árabe, nómada en tiempo de Mahoma, que integró en gran número el ejército de Mūsà ibn Nuṣayr, conquistador de la península Ibérica, donde los qaysíes ocuparon puestos clave en la administración cordobesa.

**QUANTO** n. m. (lat. *quantum*) [pl. *quanta*]. FÍS. Cuanto.

**QUARK** n. m. (voz inglesa, tomada de una obra de James Joyce). FÍS. Constituyente elemental de los hadrones, caracterizado fundamentalmente por un color y un sabor.

**QUÁSAR** n. m. (abrev. del ingl. *quasi stellar astronomical radiosource*). Astro de apariencia estelar y gran luminosidad, cuyo espectro presenta un fuerte desplazamiento hacia el rojo.

■ Los quásar fueron descubiertos en 1960. Interpretado como un efecto Doppler-Fizeau, en el marco de la expansión del universo, el desplazamiento al rojo de su espectro supone que se hallan a grandes distancias. Se prueba así que estos astros son mucho más pequeños que las galaxias (con un diámetro unas 100 veces menor) pero mucho más luminosos (de 100 a 1 000 veces más). Al parecer, los quásar forman el núcleo visible de galaxias activas muy lejanas. Debido a ese gran alejamiento, los quásar representan una fuente preciosa de información sobre el pasado remoto del universo. El origen de su fantástica energía se atribuye a la radiación emitida por el gas que cae en un agujero negro de gran masa (unos 100 millones de veces la del Sol) situado en su centro. Algunos quásar muestran chorros de materia que se mueven a velocidades en apariencia superiores a la de la luz, fenómeno explicable a partir de ciertas consideraciones de tipo geométrico.
Se conocen diversos ejemplos de quásar en los que se observan varias imágenes distintas *(espejismo gravitatorio),* pues su luz se curva debido al campo gravitacional de galaxias más próximas situadas en la misma dirección, de acuerdo con lo previsto por la teoría de la relatividad de Einstein.

**QUATTROCENTO** n. m. (voz ital., *cuatrocientos*). El s. XV italiano. SIN.: *cuatrocientos.*

**QUE** conj. Sirve para unir una oración principal a una subordinada completiva de sujeto, atributo u objeto: *quiero que vengan todos.* **2.** Enlaza oraciones entre las que no existe relación de subordinación, expresando cierto matiz adversativo: *justicia pido, que no gracia.* **3.** Enlaza oraciones o partes de una oración entre las que se establece una comparación: *prefiero pasear que ir al cine.* **4.** Puede depender de expresiones que manifiestan deseo o afirmación: *¡lástima que no llegara a tiempo!* **5.** Inicia oraciones interrogativas o exclamativas sin precedentes, que pueden expresar duda, extrañeza o queja: *¡que espere un momento!; ¡que no llegue tarde!; ¿que quieres irte?; ¡que seamos tan desdichados!; ¿que no quiere trabajar?* **6.** Se usa como equivalente de *lo mismo si... que si... tanto si... como si, ya... ya,* o: *que llueva, que no llueva, iremos; quieras que no, lo harás.* **7.** Expresa relaciones causales, ilativas y finales: *no subas, que no está en casa.* **8.** Aparece en expresiones reiterativas: *charla que charla, se pasó toda la tarde.* **9.** Forma parte de auxiliares verbales: *tengo que irme.* **10.** En el lenguaje coloquial, se usa para expresar una hipótesis y equivale, en cierta manera, a *si: que no vienes..., me avisas.* ◆ pron. **11.** Se emplea para representar a una persona o una cosa nombradas en una oración completada por un nombre o un pronombre, llamados antecedente: *el hombre que vino; la lección que estudio.*

**QUÉ** pron. Se usa en frases exclamativas o interrogativas, o sustituye a sustantivos y adjetivos que se omiten: *¡qué tarde es!; ¿qué dices?; dime qué quieres; piensa qué color prefieres.*

**QUEBRACHAL** n. m. *Amér. Merid.* Lugar poblado de quebrachos.

**QUEBRACHO** n. m. Nombre piloto de dos maderas muy ricas en taninos (*quebracho blanco* y *quebracho colorado*), propias de América Meridional. **2.** *Amér. Merid.* Árbol de gran altura del que se extrae el tanino y que proporciona una madera dura usada en construcción.

**QUEBRADA** n. f. Abertura estrecha y áspera entre montañas. **2.** Quiebra, depresión en el terreno. **3.** *Amér.* Arroyo que corre por una zona montañosa encajonado entre valles.

**QUEBRADERO** n. m. **Quebradero de cabeza** *(Fam.),* preocupación; objeto del cuidado amoroso.

**QUEBRADIZO, A** adj. Fácil de quebrarse: *mineral quebradizo.* **2.** *Fig.* Enfermizo, delicado de salud. **3.** *Fig.* Dícese de la voz ágil para hacer quiebros en el canto. **4.** *Fig.* Débil, de poca entereza moral.

**QUEBRADO, A** adj. Desigual y tortuoso: *terreno quebrado.* **2.** Pálido: *color quebrado.* **3.** *Méx.* Dícese del cabello ondulado. • **Pie quebrado,** el verso más corto que los demás de la misma estrofa. ◆ adj. y n. **4.** Que ha hecho bancarrota o quiebra. ◆ n. m. y adj. **5.** MAT. Fracción.

**QUEBRADURA** n. f. Grieta. **2.** Hernia.

**QUEBRANTABLE** adj. Susceptible de ser quebrantado.

**QUEBRANTADOR, RA** adj. y n. Que quebranta.

**QUEBRANTAHUESOS** n. m. (pl. *quebrantahuesos*). Ave falconiforme de gran tamaño, de plumaje negrogrisáceo y cabeza blancuzca, que vive en Europa meridional. (Familia accipítridos.)

**QUEBRANTAMIENTO** o **QUEBRAMIENTO** n. m. Acción y efecto de quebrantar o quebrantarse.

**QUEBRANTAR** v. tr. [1]. Romper, separar con violencia las partes de un todo. **2.** Machacar algo sin llegar a deshacerlo. **3.** Traspasar, violar una ley, palabra u obligación: *quebrantar las normas establecidas.* **4.** *Fig.* Hacer perder o debilitar el vigor, la fuerza o la resistencia: *quebrantar la moral, la salud.* **5.** *Fig.* Causar pesadumbre, lástima o piedad. **6.** Abrir algo, violentando lo que lo mantiene cerrado. **7.** *Fig.* Forzar, vencer un obstáculo o dificul-

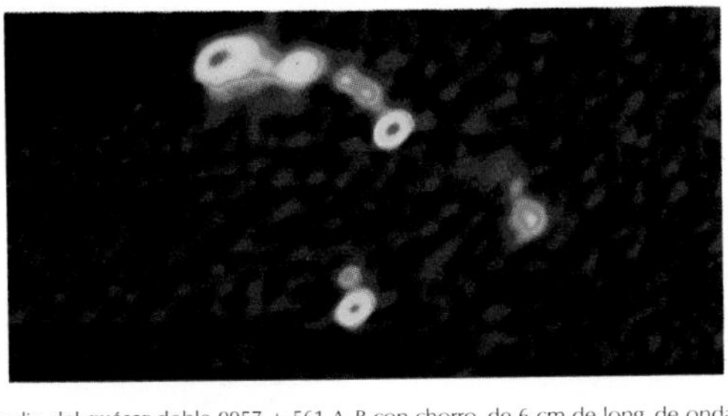

estructura radio del **quásar** doble 0957 + 561 A, B con chorro, de 6 cm de long. de onda (imagen codificada en falso color para que las zonas de igual intensidad de radiación aparezcan iguales) tad. ◆ v. tr. y pron. **8.** Cascar o hender algo, sin separar totalmente sus partes. ◆ **quebrantarse** v. pron. **9.** *Fig.* Resentirse, experimentar daño o malestar a consecuencia de un golpe, la edad, una enfermedad, etc.

**QUEBRANTO** n. m. Acción y efecto de quebrantar o quebrantarse. **2.** *Fig.* Debilidad, desaliento. **3.** *Fig.* Lástima, conmiseración. **4.** *Fig.* Pérdida o daño en salud, fortuna, etc.: *un quebranto económico.*

**QUEBRAR** v. tr. (lat. *crepare,* crujir) **[1j]**. Quebrantar, romper con violencia. **2.** *Fig.* Estorbar la continuación, o cambiar la dirección de algo. **3.** *Fig.* Vencer una dificultad o limitación. **4.** *Fig.* Templar, suavizar o moderar la fuerza y el rigor de una cosa. **5.** *Méx. Fam.* Matar. **6.** DER. Cesar en una actividad comercial o industrial por no poder hacer frente a las obligaciones al no alcanzar el activo a cubrir el pasivo. **7.** DER. Traspasar, violar una ley u obligación. ◆ v. tr. y pron. **8.** Doblar o torcer el cuerpo, generalmente por la cintura. **9.** *Fig.* Ajar el color de la cara. ◆ v. intr. **10.** *Fig.* Romper la amistad con uno. **11.** *Fig.* Ceder, flaquear. ◆ **quebrarse** v. pron. **12.** Agudizarse la voz de modo que se emita un chillido. **13.** Interrumpirse la continuidad de una cordillera o terreno. **14.** Herniarse. **15.** *Argent. Fig.* Dicho de un testigo, vencerse su resistencia a hablar.

**QUEBRAZA** n. f. Grieta, hendedura de la piel.

**QUEBRAZÓN** n. f. *Amér. Central, Chile, Colomb.* y *Méx.* Destrozo grande de objetos de vidrio o loza.

**QUECHE** n. m. (ingl. *ketch*). Embarcación de vela de dos palos, estando situado el de mesana a la proa de la cabeza del eje del timón. SIN.: *ketch.*

**queche**

**QUECHEMARÍN** n. m. Embarcación pequeña, de dos palos y, por lo general, con cubierta, de construcción muy sólida, que se usa en las costas de Bretaña y en las del N de España.

**QUECHUA** o **QUICHUA** adj. y n. m. y f. Relativo a unos pueblos del área andina que hablan una lengua propia y que fueron los creadores del imperio incaico; individuo de estos pueblos. ◆ n. m. **2.** Lengua de civilización de América del Sur, de la época precolombina, hablada aún en la actualidad en Perú y Bolivia, y en algunas zonas de Ecuador, Colombia y Argentina.

■ Los quechua viven de la agricultura y la ganadería; los métodos de cultivo son similares a los de la época incaica (terrazas, uso de la taclla). Mantienen su artesanía (cerámica, calabazas decoradas por pirograbado, joyas de oro, plata y cobre, talla de madera) y algunos de sus antiguos ritos religiosos, aunque adoptaron el catolicismo. La lengua quechua, originaria del alto Apurímac y del Urubamba, sustituyó en muchas regiones al aymará y otras lenguas, y se extendió con el imperio inca por los Andes y la costa del Pacífico, imponiendo una lengua y una cultura común a pueblos de orígenes distintos. Con la conquista prosiguió su expansión, ya que fue la lengua utilizada por los misioneros para la evangelización. Los dialectos no están muy diferenciados. Se distinguen los septentrionales, o del Chinchasuyu, a los que se suma el lamano o lamista, y los meridionales, o del Tahuantinsuyu.

**QUECHUISMO** n. m. Palabra o giro propio del quechua.

**QUEDA** n. f. Hora de la noche, a menudo anunciada con toque de campana, señalada para que los vecinos se recogieran, especialmente en plazas fuertes. **2.** Campana destinada a este fin. • **Toque de queda,** llamada a silencio de la tropa en un cuartel o campamento, en tiempo de guerra o en estado de sitio; aviso que en determinadas circunstancias se da a la población para que se retire a sus hogares a una hora fijada por la autoridad.

**QUEDADA** n. f. *Méx.* Solterona.

**QUEDADO, A** adj. *Argent.* y *Chile.* Inactivo, flojo, tardo, indolente.

**QUEDAR** v. intr. y pron. (lat. *quietare*) **[1]**. Permanecer en cierto lugar o estado: *quedar a la espera; quedarse quieto.* **2.** Con la prep. *en,* resultar definitivamente de una cosa algo que se expresa y se considera comparativamente insignificante: *el proyecto quedó en nada; quedarse en chupatintas.* ◆ v. intr. **3.** Subsistir, restar, permanecer: *quedan sólo dos botellas.* **4.** Haber todavía de cierta cosa, o estar cierta cosa disponible: *aún quedan unos días de vacaciones.* **5.** Resultar en cierta situación o estado: *quedar en ridículo; quedar viudo.* **6.** Pasar de un estado a otro, llegar a cierto estado: *quedar en la miseria.* **7.** Con los adv. *bien, mal,* o con *como,* dar lugar a ser juzgado como se expresa: *le gusta quedar bien; quedar como un señor.* **8.** Acordar, convenir en lo que se expresa: *quedó en venir; quedaron para mañana.* **9.** *Fam.* Caer, estar situado aproximadamente: *la oficina queda lejos de aquí.* **10.** Faltar lo que se expresa para alcanzar un punto o situación determinada: *quedan aún cien kilómetros.* **11.** Con la prep. *por* y un infinitivo, faltar hacer la diligencia que se expresa para terminar un asunto: *queda por limpiar este despacho.* ◆ **quedarse** v. pron. **12.** Apoderarse, adquirir, conservar en su poder: *se quedó con todos los bienes; quedarse un recuerdo.* **13.** Morirse. **14.** *Méx.* Refiriéndose a las mujeres, permanecer soltera. • **Quedarse con** uno *(Fam.),* engañarle o abusar de su credulidad.

**QUEDO** adv. m. Con voz baja o que apenas se oye: *hablar quedo.*

mujer **quechua** tejiendo

**QUEDO, A** adj. (lat. *quietum*). Suave, silencioso: *hablar en voz queda.*

**QUEHACER** n. m. Ocupación, negocio. (Suele usarse en plural.) **2.** Conjunto de las labores domésticas. (Suele usarse en plural.)

**QUEILITIS** n. f. (pl. *queilitis*). Inflamación de los labios.

**QUEJA** n. f. Expresión de dolor, pena o sentimiento: *las quejas de un enfermo.* **2.** Manifestación de disconformidad, disgusto o descontento: *exponer quejas a la dirección.* **3.** Motivo de quejarse. **4.** DER. Recurso interponible por la parte interesada contra las resoluciones de la magistratura de trabajo que no admitiese un recurso de casación o suplicación y desestimase el recurso de reposición interpuesto. **5.** DER. Querella.

**QUEJARSE** v. pron. **[1]**. Expresar con palabras o gritos el dolor o la pena que se siente: *quejarse de una desgracia.* **2.** Manifestar resentimiento, disgusto o disconformidad: *quejarse del mal tiempo.* **3.** Querellarse.

**QUEJICA** adj. y n. m. y f. *Fam.* Que se queja mucho y con escasos motivos.

**QUEJICOSO, A** adj. y n. *Fam.* Quejica.

**QUEJIDO** n. m. Exclamación lastimosa.

**QUEJIGO** n. m. Planta arbórea de tronco grueso, copa recogida y fruto en bellota parecida a la del roble, que crece en casi toda la península Ibérica.

**QUEJOSO, A** adj. Que tiene queja de algo o de alguien: *quejoso de su mala suerte.* **2.** *Argent., Colomb., Méx., Par.* y *Urug.* Quejumbroso.

**QUEJUMBRE** n. f. Queja continuada.

**QUEJUMBROSO, A** adj. Que expresa queja: *voz quejumbrosa.*

**QUELA** n. f. Pinza en que terminan algunos órganos y apéndices de los artrópodos.

**QUELACIÓN** n. f. MED. Tratamiento de una intoxicación o de un exceso de un determinado ión metálico mediante un quelante. **2.** QUÍM. Complejado de un ión o de un átomo metálico por un ligando, que conduce a la formación de un quelato.

**QUELANTE** adj. y n. m. FARM. Dícese del producto químico que tiene la propiedad de combinarse con los iones positivos bivalentes y trivalentes, formando complejos estables, desprovistos de toxicidad y eliminables a través de la orina.

**QUELATO** n. m. Compuesto en el que un átomo metálico queda situado entre átomos electronegativos ligados a un radical orgánico.

**QUELDÓN** n. m. *Chile.* Maqui.

**QUELÍCERO** n. m. Apéndice situado en la cabeza de los arácnidos.

**QUELITE** n. m. *Méx.* Nombre de ciertas hierbas silvestres tiernas y comestibles.

**QUELMAHUE** n. m. *Chile.* Mejillón pequeño de color negro o marrón oscuro.

**QUELOIDE** n. m. Hinchazón de la piel, fibrosa y alargada, que aparece sobre todo en las cicatrices.

**QUELONIO, A** adj. y n. m. Relativo a un orden de reptiles de cuerpo comprimido y protegido por un caparazón duro, como la tortuga y el carey.

**QUELTEHUE** n. m. *Chile.* Ave zancuda que se domestica y se tiene en los jardines para que destruya los insectos nocivos.

**QUELTRO** n. m. *Chile.* Suelo preparado para la siembra.

**QUEMA** n. f. Acción y efecto de quemar o quemarse. **2.** Incendio, fuego, combustión. **3.** *Argent.* Lugar donde se queman basuras, residuos, desperdicios, etc. • **Huir de la quema,** apartarse de un peligro o compromiso.

**QUEMADA** n. f. Parte del monte quemado. **2.** *Argent.* y *Mex.* Acción que pone en ridículo. **3.** *Méx.* Quemadura, acción y efecto de quemar.

**QUEMADERO** n. m. Lugar destinado a quemar algo.

**QUEMADO, A** adj. *Argent., Chile, Méx.* y *Urug.* Que tiene la piel morena por haber tomado el sol, moreno. **2.** *Méx. Fam.* Desacreditado. ◆ n. m. **3.** Cosa quemada o que se quema o hecho de estar quemándose algo.

**QUEMADOR, RA** adj. y n. Que quema. ◆ n. m. **2.** Dispositivo que mezcla íntimamente un combustible fluido o pulverulento con un comburente gaseoso (aire u oxígeno), y a cuya salida se efectúa la combustión. **3.** Mechero.

**QUEMADURA** n. f. Descomposición de un tejido orgánico, producida por el calor o por una sustancia cáustica o corrosiva. **2.** Herida, señal o destrozo causado por el fuego o algo que quema.

**QUEMAR** v. tr. y pron. **[1]**. Consumir o destruir por el fuego: *quemar papeles; se quemó la casa.* **2.** Estropear la comida por demasiado fuego: *se ha quemado el arroz.* **3.** *Fig.* Gastar o desgastar una persona, generalmente la frecuencia o intensidad de una actividad. **4.** Secar una planta el excesivo calor o frío. **5.** Destruir por la acción de una corriente eléctrica o de una tensión de valor excesivo. ◆ v. tr. **6.** Pigmentar la piel el sol. **7.** *Fig.* Malbaratar, vender a precio demasiado bajo o derrochar: *quemar la fortuna.* **8.** *Méx. Fam.* Denunciar, calumniar a alguien. **9.** *Méx.* Estafar, engañar. • **Quemar etapas,** avanzar rápidamente, sin detenerse en los lugares previstos; realizar algo en menos tiempo del normal. ◆ v. tr., intr. y pron. **10.** Causar dolor o lesión algo muy caliente: *quemarse con una cerilla.* **11.** *Fig.* Producir sensación de ardor un alimento picante o fuerte. **12.** *Fig.* Destruir objetos o tejidos orgánicos una sustancia corrosiva o cáustica, el frío, etc.: *la lejía quema.* ◆ v. intr. **13.** Estar una cosa muy caliente: *esta sopa quema.* ◆ v. intr. y pron. **14.** Enfadar, soliviantar a alguien. ◆ **quemarse** v. pron. **15.** *Fig.* Sufrir por una pasión o afecto fuerte. **16.** *Fig.* Estar cerca de hallar o de acertar algo.

**QUEMARROPA. A quemarropa,** desde muy cerca del blanco; bruscamente, sin rodeos.

**QUEMAZÓN** n. f. Acción y efecto de quemar o quemarse. **2.** *Fig.* Sensación de ardor o picor.

**QUEMO** n. m. *Argent.* Quemada, acción que pone en ridículo.

**QUEMÓN** n. m. *Méx.* Quemada, ridículo. • **Darse un quemón** *(Méx. Fam.),* conocer algo.

**QUENA** n. f. Flauta o caramillo de que se sirven algunos pueblos amerindios de tradición musical incaica (Ecuador, Perú, Bolivia y NO argentino).

**QUENOPODIÁCEO, A** adj. y n. f. Relativo a una familia de plantas herbáceas dicotiledóneas, apétalas, tales como el quenopodio, la espinaca, la remolacha, etc. SIN.: *salsoláceo.*

**QUENOPODIO** n. m. Anserina.

**QUEPIS** o **KEPIS** n. m. (alem. *Kaeppi*). Gorra con visera, de copa ligeramente troncocónica, utilizada como prenda de uniforme por los ejércitos de diversos países.

**QUEQUE** n. m. *Amér. Central* y *Chile.* Bizcocho hecho de harina, huevos, leche, levadura y azúcar.

**QUERATINA** n. f. Sustancia de naturaleza proteica, que interviene en la constitución de las uñas, pelos, plumas, etc.

**QUERATITIS** n. f. Inflamación de la córnea.

**QUERATOCONO** n. m. MED. Deformación de la córnea en forma de cono.

**QUERATOMÍA** n. f. Operación quirúrgica que consiste en practicar varios cortes en la córnea para corregir su curvatura.

**QUERATOPLASTIA** n. f. Injerto corneal o corrección de una lesión de la córnea.

**QUERATOSIS** n. f. Afección que forma un engrosamiento de la capa córnea de la piel.

**QUERCITRÍN** n. m. Quercitrina.

**QUERCITRINA** n. f. Principio colorante que se extrae del quercitrón.

**QUERCITRÓN** n. m. Roble tintóreo de América del Norte, de cuya corteza se extrae una materia colorante amarilla.

**QUERELLA** n. f. (lat. *querelam*). Discordia, pendencia, discusión. **2.** DER. Acusación presentada ante un juez o tribunal. SIN.: *queja.*

**QUERELLANTE** n. m. y f. Persona que presenta una querella.

**QUERELLARSE** v. pron. **[1]**. Presentar querella judicial. **2.** Manifestar resentimiento contra uno.

**QUERENCIA** n. f. Inclinación afectiva hacia alguien o algo, principalmente tendencia de las personas y los animales a volver al lugar en que se criaron. **2.** Este mismo lugar. **3.** TAUROM. Inclinación o preferencia que el toro siente por un determinado lugar de la plaza. **4.** TAUROM. Este mismo lugar.

**QUERENCIOSO, A** adj. Que tiene mucha querencia. **2.** Dícese del lugar que inspira querencia.

**QUERENDÓN, NA** adj. y n. *Amér.* Dícese de la persona muy cariñosa.

**QUERER** v. tr. (lat. *quarere*) **[7]**. Desear, tener la intención de poseer o lograr algo: *querer una fortuna; quiero que me escuches; si quieres, puedes irte.* **2.** Desearle algo a uno: *todos le quieren felicidad.* **3.** Decidir, tomar una determinación. **4.** Pedir o exigir cierto precio: *¿cuánto quiere por esta joya?* **5.** Desear, necesitar: *si no llueve, no quiero el paraguas.* **6.** Tener amor o cariño. **7.** *Fig.* Dar motivo con obras o dichos a que ocurra algo que va en perjuicio propio: *éste quiere que le rompan la cara.* **8.** Pretender, intentar: *quiere hacérnoslo creer.* **9.** Aceptar uno hacer o recibir cierta cosa a instancias de otro: *le invitamos pero no quiso venir.* **10.** *Fam.* Requerir algo de alguien, pedírselo o preguntárselo. **11.** Estar próximo a ser o verificarse algo, haber indicios de que va a ocurrir: *parece que quiere llover.* • **Querer bien,** amar, apreciar. ‖ **Querer decir,** significar; dar a entender una cosa, ser indicio o indicar. ‖ **Querer mal,** tener antipatía o mala voluntad hacia alguien o algo. ‖ **Sin querer,** involuntariamente.

**QUERER** n. m. Cariño, amor.

**QUERIDO, A** n. Amante, persona que mantiene relaciones sexuales con otra, con la que no está casada. **2.** Apelativo cariñoso.

**QUERMES** n. m. Insecto parecido a la cochinilla, que vive sobre la encina y la coscoja.

**QUERMÉS** o **QUERMESE** n. f. Kermesse.

**QUERMESITA** o **KERMESITA** n. f. Oxisulfuro de antimonio $S_2Sb_2O$, monoclínico, de color rojo cereza, que se halla en agrupaciones ramosas y radiadas sobre antimonita, de cuya transformación procede.

**QUERO** o **KERO** n. m. (voz quechua). Vaso ceremonial incaico de madera tallada, pintado con escenas de la vida incaica, y laqueado.

**QUEROSENO, QUEROSENE** o **QUEROSÉN** n. m. Líquido incoloro o ligeramente amarillento, que destila entre 150 y 300 °C, obtenido como producto intermedio entre la gasolina y el gas-oil a partir del petróleo crudo.

**QUERUBE** n. m. *Poét.* Querubín.

**QUERUBÍN** n. m. Nombre dado en la tradición cristiana a una categoría de ángeles. **2.** *Fig.* Persona de gran belleza. **3.** B. ART. Cabeza o busto de niño con dos alas.

**QUERULANTE** adj. SIQUIATR. Dícese del delirio de la persona cuya actividad está orientada a la reparación de las injusticias o perjuicios que, de manera injustificada, cree haber sufrido.

**QUERULENCIA** n. f. SIQUIATR. Característica síquica de las personas que sufren delirio querulante.

**QUERUSCO, A** adj. y n. Relativo a un antiguo pueblo de Germania, cuyo jefe, Arminio, venció a los romanos (9 d. J.C.) antes de ser derrotado por Germánico (16); individuo de este pueblo.

**QUESADILLA** n. f. Cierto pastel de queso y masa, que se hacía por carnaval. **2.** Pastelillo relleno de almíbar, dulce de fruta, etc. **3.** *Ecuad.* y *Hond.* Pan de maíz, relleno de queso y azúcar, que se fríe en manteca. **4.** *Méx.* Tortilla de maíz rellena de diversos ingredientes que se asa o fríe en el comal doblada por la mitad y se le añade salsa de chile a la hora de comerse.

**QUESERA** n. f. Utensilio con una cubierta en forma de campana, generalmente de cristal o plástico, donde se guarda y se sirve el queso.

**QUESERÍA** n. f. Establecimiento dedicado a la venta o a la fabricación de quesos.

**QUESERO, A** adj. Relativo al queso: *industria quesera.* ◆ n. **2.** Persona que hace o vende quesos.

**QUESO** n. m. Alimento elaborado a partir de la cuajada obtenida por coagulación de la leche. • **Darla con queso** *(Fam.),* engañar o estafar.

**QUETRO** n. m. *Chile.* Pato grande que tiene alas sin plumas y no vuela.

**QUETZAL** n. m. (voz náhuatl). Ave de los bosques centroamericanos y mexicanos, de plumaje verde tornasolado y rojo escarlata y un copete de plumas desflecadas desde el pico a la cerviz. **2.** Unidad monetaria principal de Guatemala.

**QUEVEDESCO, A** adj. Propio de Quevedo, o que tiene relación o semejanza con su obra.

**QUEVEDOS** n. m. pl. Anteojos que se sujetan solamente en la nariz.

**¡QUIA!** interj. *Fam.* Denota incredulidad o negación.

**QUIACA** n. f. *Chile.* Planta arbórea de flores blancas y pequeñas.

**QUIANTI** n. m. Chianti.

**QUIASMA** n. m. (gr. *khiasma,* cruce). ANAT. Entrecruzamiento en X de las fibras provenientes de las cintas ópticas.

**QUIASMÁTICO, A** adj. Relativo al quiasma.

**QUIAUITL** n. m. (voz náhuatl, *lluvia*). Decimosexto de los veinte días del mes azteca.

**QUIBEY** n. m. Planta herbácea de las Antillas, que contiene un jugo lechoso, acre y cáustico. (Familia lobeliáceas.)

**QUICHÉ,** grupo de pueblos amerindios de Guatemala, de lengua de la familia maya-zoque. En época precolombina ocupaban también Yucatán y llegaban hasta el Pacífico, y la capital era Utatlán. En los ss. IX-XVI los quichés conocieron su esplendor político y cultural. En el s. XVI redactaron el libro sagrado *Popol-Vuh,* fuente histórica de la civilización maya. En 1524 fueron sometidos por Pedro de Alvarado.

**QUICHUA** adj. y n. m. y f. Quechua.

**QUICIAL** n. m. Madero que asegura las puertas y ventanas por medio de goznes y bisagras. **2.** Quicio.

**QUICIO** n. m. Larguero del marco de una puerta o ventana en que se articula el quicial. SIN.: *quicial.* **2.** Parte de las puertas o ventanas en que entra y juega el espigón del quicial. • **Fuera de quicio,** fuera de orden o estado regular. ‖ **Sacar de quicio,** desviar una cosa de su natural curso y orden; exagerar su importancia; exasperar a alguien, hacerle perder la serenidad.

**QUID** n. m. (voz latina). Razón, esencia, punto más delicado o importante. • **Dar en el quid,** acertar en algo.

**QUÍDAM** n. m. *Fam.* Persona indeterminada. **2.** *Fam.* y *desp.* Persona insignificante o despreciable.

**QUIEBRA** n. f. Acción de quebrar. **2.** Rotura o abertura de algo. **3.** Fracaso, posibilidad de fallar o fracasar.

**QUIEBRO** n. m. Gesto que se hace con el cuerpo doblándolo por la cintura. **2.** Gorgorito hecho con la voz. **3.** TAUROM. Lance o suerte con que el torero hurta el cuerpo con rápido movimiento de la cintura, al embestirle el toro.

**QUIEN** pron. relativo (lat. *quem*). Equivale a *el/la cual, aquel/lla que,* y se refiere a personas concordando en número con el antecedente: *Ernesto, quien asistió a la reunión...; ésta es la mujer de quien te hablé.* ◆ pron. indef. **2.** Equivale a *el/la que,* y carece de antecedente expreso: *cásate con quien quieras; que levante la mano quien esté de acuerdo.*

**QUIÉN** pron. interrog. Equivale a *cuál,* pero a di-

**quetzal**

ferencia de éste no puede adquirir valor adjetivo: *¿quién llama?; dime con quién hablabas.* **2.** Introduce frases exclamativas: *¡quién lo hubiera dicho!* **• No ser quién para,** no tener autoridad para.

**QUIENQUIERA** pron. indef. (pl. *quienesquiera*). Cualquiera, persona indeterminada: *quienquiera que sea dile que no estoy.*

**QUIESCENCIA** n. f. Calidad de quiescente.

**QUIESCENTE** adj. Que está en reposo.

**QUIETISMO** n. m. Doctrina mística que, apoyándose en la obra del sacerdote español Miguel de Molinos († 1696), basa la perfección cristiana en el amor a Dios y en la pasividad confiada del alma. SIN.: *molinosismo.* **2.** Inacción, quietud, inercia.

**QUIETISTA** adj. y n. m. y f. Relativo al quietismo; partidario de esta doctrina. SIN.: *molinosista.*

**QUIETO, A** adj. (lat. *quietum*). Que no se mueve ni traslada de lugar: *estar, permanecer quieto.* **2.** *Fig.* Parado, que no avanza en su desarrollo: *dejar un asunto quieto.* **3.** *Fig.* Pacífico, tranquilo: *llevar una vida quieta; el mar está quieto.*

**QUIETUD** n. f. Falta de movimiento. **2.** *Fig.* Sosiego, reposo.

**QUIJADA** n. f. Cada uno de los dos huesos del cráneo de los mamíferos en que están encajados los dientes y muelas.

**QUIJONES** n. m. (pl. *quijones*). Planta herbácea aromática, de flores blancas y fruto seco, que abunda en la península Ibérica. (Familia umbelíferas.)

**QUIJONGO** n. m. Instrumento de percusión, típico de Colombia, que consiste en un tronco ahuecado y recubierto de piel en un extremo.

**QUIJOTADA** n. f. *Desp.* Acción propia de quijote.

**QUIJOTE** n. m. (cat. *cuixot;* de *cuixa,* muslo). Parte superior de las ancas de las caballerías. **2.** ARM. Muslera.

**QUIJOTE** n. m. y f. (de *don Quijote de la Mancha*). Persona que interviene en asuntos que no siempre le atañen, en defensa de la justicia.

**QUIJOTERÍA** n. f. Calidad de quijote. **2.** Quijotada.

**QUIJOTESCO, A** adj. Que obra con quijotería. **2.** Que se ejecuta con quijotería.

**QUIJOTISMO** n. m. Carácter, condición o actitud de quijote.

**QUILA** n. f. *Amér. Merid.* Planta parecida al bambú, pero más fuerte. (Familia gramíneas.)

**QUILATE** n. m. (ár. *qīrāt;* del gr. *keration,* unidad de peso). Unidad de masa utilizada para pesar perlas y piedras preciosas, que vale 200 mg. SIN.: *quilate métrico.* **2.** Cantidad de oro puro contenido en una aleación de este metal, expresada en veinticuatro partes de la masa total. **3.** *Fig.* Valor atribuido a alguien o algo.

**QUILCO** n. m. *Chile.* Canasta grande.

**QUILICO** n. m. *Ecuad.* Ave rapaz de plumaje rojizo.

**QUILÍFERO, A** adj. y n. m. Dícese de los vasos linfáticos que conducen el quilo desde el intestino hasta la cisterna de Pecquet, que actúa de colector. ◆ adj. **2. Estómago quilífero,** estómago glandular de los insectos.

**QUILIFICACIÓN** n. f. Proceso de formación del quilo, por absorción de sustancias por el intestino delgado durante la digestión.

**QUILIFICAR** v. tr. y pron. **[1a]**. Convertir el alimento en quilo.

**QUILLA** n. f. (fr. *quille*). En las embarcaciones, pieza longitudinal que va de proa a popa, formando el canto o arista inferior del casco, y que constituye el eje del barco y la base de la armazón. **2.** Esternón de las aves, o parte saliente del mismo. **3.** BOT. Pétalo inferior de la flor de las papilionáceas. SIN.: *carena.*

**QUILLANGO** n. m. *Argent., Chile* y *Urug.* Manta hecha con retazos de pieles que usaban algunos pueblos indígenas. **2.** *Argent., Chile* y *Urug.* Cobertor realizado con pieles, principalmente de guanaco.

**QUILLAY** n. m. *Argent.* y *Chile.* Arbusto espinoso, de hasta 2 m de alt., con flores de color blanco amarillento. **2.** *Argent.* y *Chile.* Árbol de gran tamaño cuyo tronco, recto y alto, está recubierto por una gruesa corteza rica en saponina, que en me-

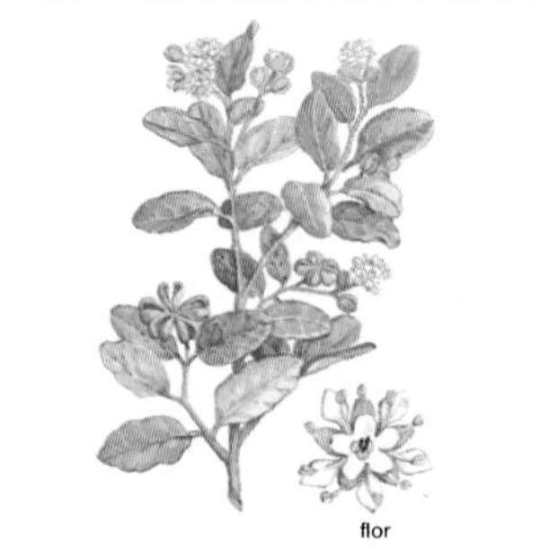

**quillay**

dios rurales se emplea como jabón para lavar. (Familia rosáceas.)

**QUILMAY** n. m. *Chile.* Planta trepadora de hermosas flores, generalmente blancas. (Familia apocináceas.)

**QUILO** n. m. Planta arbustiva de tallos trepadores y fruto azucarado, que crece en Chile y del cual se hace una chicha. (Familia poligonáceas.) **2.** Fruto de esta planta.

**QUILO** n. m. Líquido blanquecino contenido en el intestino delgado, que constituye el resultado de la digestión.

**QUILO** n. m. Abreviatura de *quilogramo.*

**QUILOGRAMO** n. m. Kilogramo.

**QUILOMBO** n. m. En Brasil, comunidad de negros cimarrones. **2.** *Argent. Fig.* y *vulg.* Lío, barullo, gresca, desorden. **3.** *Chile* y *R. de la Plata.* Lupanar, casa de mujeres públicas. **4.** *Venez.* Choza, cabaña campestre.

**QUILÓMETRO** n. m. Kilómetro.

**QUILQUIL** n. m. Helecho arbóreo de rizoma comestible, que crece en Chile. (Familia polipodiáceas.)

**QUILTRO** n. m. *Chile.* Perro ordinario. ◆ adj. y n. **2.** *Chile. Fig.* y *fam.* Dícese de la persona despreciable y sin ninguna importancia.

**QUILURIA** n. f. MED. Presencia de grasas emulsionadas en la orina, que le dan aspecto lechoso.

**QUIMBA** n. f. *Amér.* Garbo, contoneo. **2.** *Colomb., Ecuad.* y *Venez.* Calzado rústico.

**QUIMBAMBAS** n. f. pl. *Fam.* Lugar indeterminado y muy lejano.

**QUIMBAYÁ,** pueblo amerindio de la familia lingüística caribe, act. extinguido, que en época precolombina se extendía por el valle central del Cauca (dep. de Caldas y Antioquia, Colombia). Se han hallado restos de tumbas con objetos de cerámica y, sobre todo, orfebrería (joyas de oro, máscaras), de gran calidad artística y técnica.

**QUIMBO** n. m. *Cuba.* Machete.

**QUIMBOMBÓ** n. m. Quingombó.

**QUIMERA** n. f. (gr. *khimaira*). En heráldica, animal fantástico con el busto de mujer y el cuerpo de cabra. **2.** *Fig.* Creación de la mente, que se toma como algo real o posible. **3.** *Fig.* y *fam.* Aprensión, sospecha infundada de algo desagradable. **4.** BOT.

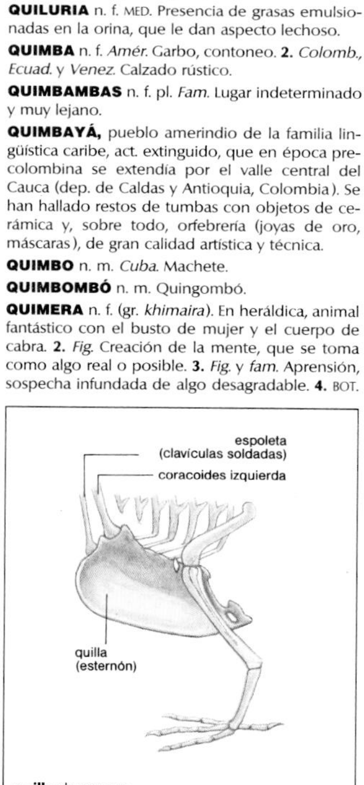

**quilla** de un ave

Organismo mixto, formado por vía vegetativa a expensas de otros dos concrescentes por injerto. **5.** ZOOL. Pez holocéfalo de cabeza muy grande, ojos enormes y cola larguísima y delgada que termina en una punta filiforme. (Familia quiméridos.)

**QUIMÉRICO, A** adj. Fabuloso, irreal. **2.** Sin fundamento, ilusorio o imposible.

**QUIMERIZAR** v. intr. **[1g]**. Forjar quimeras, ilusiones.

**QUÍMICA** n. f. Ciencia que estudia las propiedades y la composición de los cuerpos así como sus transformaciones. **• Química analítica,** rama de la química que utiliza procedimientos analíticos, en particular para determinar la composición cualitativa y cuantitativa de las sustancias complejas. || **Química biológica,** bioquímica. || **Química general,** la que trata de los principios y de las leyes generales. || **Química industrial,** la que trata de las operaciones que interesan especialmente a la industria. || **Química mineral,** o **inorgánica,** rama de la química que estudia los no metales, los metales y sus combinaciones. || **Química orgánica,** rama de la química que comprende el estudio de los compuestos del carbono.

**QUÍMICO, A** adj. Relativo a la química. **• Arma química,** arma que utiliza sustancias químicas con efectos tóxicos sobre el hombre, los animales o las plantas. ◆ n. **2.** Especialista en química.

**QUIMIFICACIÓN** n. f. Transformación en quimo de los alimentos ingeridos.

**QUIMIFICAR** v. tr. y pron. **[1a]**. Convertir el alimento en quimo.

**QUIMILUMINISCENCIA** o **QUIMIOLUMINISCENCIA** n. f. Luminiscencia provocada por un aporte de energía química.

**QUIMIORRECEPCIÓN** o **QUIMIOCEPCIÓN** n. f. Capacidad de un organismo para captar modificaciones en la composición química del medio interno, reaccionando en consecuencia.

**QUIMIORRECEPTOR, RA** adj. y n. m. Dícese de un receptor sensible a los estímulos químicos.

**QUIMIOSÍNTESIS** n. f. BIOL. Síntesis de materiales orgánicos, cuando la fuente de energía es de tipo químico y en especial reacciones de oxidación.

**QUIMIOSORCIÓN** n. f. QUÍM. Fenómeno de adsorción cuyo mecanismo se interpreta por interacciones químicas.

**QUIMIOTERAPIA** n. f. MED. Tratamiento mediante sustancias químicas.

**QUIMIOTROPISMO** n. m. BIOL. Orientación de un órgano o de un organismo bajo la influencia de un agente químico presente en el entorno.

**QUIMO** n. m. (gr. *khymos,* humor). Líquido contenido en el estómago, que resulta de la digestión gástrica de los alimentos.

**QUIMONO** o **KIMONO** n. m. (jap. *kimono*). Túnica japonesa muy amplia, de una sola pieza que se cruza por delante y se sujeta con un ancho cinturón.

**QUIMURGIA** n. f. Rama de la química industrial que utiliza productos agrícolas como materia prima.

**QUINA** n. f. Acierto de cinco números en el juego de la lotería.

**QUINA** n. f. Planta arbórea cuya corteza, amarga, llamada también *quinquina,* tiene propiedades tónicas astringentes y antipiréticas. (Se dividen en tres grandes grupos: *amarillas, grises* y *rojas.* Familia rubiáceas.) **2.** Corteza de esta planta. **3.** Bebida que se prepara con dicha corteza. **• Tragar quina** (*Fam.*), soportar o sobrellevar algo a disgusto, sin manifestarlo externamente.

**QUINADO, A** adj. Dícese del vino o líquido preparado con quina y usado como medicamento.

**QUINARIO, A** adj. MAT. Que tiene por base el número cinco.

**QUINCALLA** n. f. Artículo de metal, de poco precio o escaso valor.

**QUINCALLERÍA** n. f. Fábrica, tienda o comercio de quincalla. **2.** Mercancías de quincalla.

**QUINCALLERO, A** n. Persona que fabrica o vende quincalla.

**QUINCE** adj. num. cardin. y n. m. (lat. *quindecim*). Diez y cinco. ◆ adj. num. ordin. y n. m. **2.** Decimoquinto. ◆ n. m. **3.** En el tenis, primer punto de un juego. **4.** En el juego de la pelota vasca, ventaja de quince puntos que un jugador concede a otro. **5.** Equipo de rugby.

**QUINCEAVO, A** adj. y n. m. Quinzavo.

**QUINCENA** n. f. Serie de quince días consecutivos. **2.** Paga que se recibe cada quince días.

**QUINCENAL** adj. Que se sucede o repite cada quincena. **2.** Que dura una quincena.

**QUINCENO, A** adj. Decimoquinto.

**QUINCHA** n. f. (quechua, *kincha*). *Amér. Merid.* Tejido o trama de junco con que se afianza un techo o pared de paja, totora, caña, etc. **2.** *Argent., Chile* y *Perú.* Pared hecha de cañas o juncos recubiertos de barro, que se suele emplear para construir cercas, corrales y chozas; cañizo, enramado.

**QUINCHAMALÍ** n. m. Planta anual, que crece en América Meridional, de cuyas flores se extrae un brebaje utilizado para curar contusiones. (Familia santaláceas.)

**QUINCHAR** v. tr. **[1]**. *Amér. Merid.* Cercar o cubrir con quinchas. ◆ v. intr. **2.** *Amér. Merid.* Hacer quinchas.

**QUINCHIHUE** n. m. Planta herbácea americana, olorosa y de usos medicinales. (Familia compuestas.)

**QUINCHO** n. m. *Argent.* Cobertizo consistente en un techo de paja sostenido por columnas de madera, que se utiliza como resguardo en comidas al aire libre.

**QUINCHONCHO** n. m. Planta arbustiva de semillas comestibles, originaria de la India y cultivada en América. (Familia papilionáceas.)

**quina** amarilla

**QUINCUAGENARIO, A** adj. y n. Cincuentón.

**QUINCUAGÉSIMA** n. f. REL. CAT. Domingo que precede al primer domingo de cuaresma y que corresponde al día cincuenta antes de Pascua.

**QUINCUAGÉSIMO, A** adj. num. ordin. (lat. *quinquagesimum*). Que ocupa el último lugar en una serie ordenada de cincuenta. ◆ adj. y n. m. **2.** Dícese de cada una de las cincuenta partes iguales en que se divide un todo.

**QUINDE** n. m. *Colomb., Ecuad.* y *Perú.* Colibrí.

**QUINDECENVIRO** n. m. ANT. ROM. Cada uno de los quince magistrados encargados de guardar e interpretar los libros sibilinos, así como de controlar los cultos extranjeros.

**QUINDÉCIMO, A** adj. y n. Quinzavo.

**QUINDENIO** n. m. Espacio de quince años.

**QUINESIOTERAPIA** o **QUINESITERAPIA** n. f. Método para el tratamiento de algunas enfermedades del aparato locomotor mediante movimientos activos o pasivos.

**QUINGENTÉSIMO, A** adj. num. ordin. Que ocupa el último lugar en una serie ordenada de quinientos. ◆ adj. y n. m. **2.** Dícese de cada una de las quinientas partes iguales en que se divide un todo.

**QUINGOMBÓ** o **QUIMBOMBÓ** n. m. Planta herbácea originaria de África y cultivada en América por sus frutos. (Familia malváceas.)

**QUINGOS** n. m. *Amér.* Zigzag.

**QUINIDINA** n. f. Uno de los alcaloides de la quina.

**QUINIELA** n. f. Sistema reglamentado de apuestas, hecho sobre las predicciones del resultado de unos determinados partidos de fútbol, carreras de caballos, galgos, etc. **2.** Papel impreso en que se escriben dichas predicciones. **3.** *Argent., Dom., Par.* y *Urug.* Juego que consiste en apostar a la última o a las últimas cifras de los premios mayores de la lotería. **4.** *Argent., Dom., Par.* y *Urug.* Capitalista u organizador de quinielas. **5.** *Argent., Dom., Par.* y *Urug.* Persona que recibe o realiza apuestas de quinielas.

**QUINIELISTA** n. m. y f. Persona que hace quinielas.

**QUINIENTOS, AS** adj. num. card. y n. m. Cinco veces cien. ◆ adj. num. ordin. y n. m. **2.** Quingentésimo. ◆ n. m. **3.** Cinquecento.

**QUININA** n. f. Principal alcaloide de la quina, que se emplea como febrífugo.

**QUINOA** o **QUINUA** n. f. (voz quechua). Planta anual, originaria de Perú, que crece en casi toda América, cuyas semillas se comen cocidas o se usan en forma de harina, y cuyas hojas se consumen como verdura. (Familia quenopodiáceas.)

**QUINOLEÍNA** n. f. Compuesto heterocíclico $C_9H_7N$, que comprende un anillo bencénico unido a un anillo piridico, producido por síntesis y que tiene importantes derivados en farmacia.

**QUINONA** n. f. Nombre genérico de los derivados bencénicos que poseen dos funciones cetona.

**QUINÓNICO, A** adj. Relativo a las quinonas.

**QUINOTO** n. m. *Argent.* Arbusto de flores y pequeños frutos de color naranja, que se usan para preparar dulces y licores. (Familia rutáceas.) **2.** *Argent.* Fruto de este arbusto.

**QUINQUÉ** n. m. Lámpara provista de un depósito de aceite o petróleo, cuya llama se halla resguardada por un tubo de cristal.

**QUINQUENAL** adj. Que sucede o se repite cada quinquenio o que dura un quinquenio: *plan quinquenal.*

**QUINQUENIO** n. m. Período de cinco años. **2.** Complemento que incrementa un sueldo al cumplirse cinco años de antigüedad en un puesto de trabajo.

**QUINQUI** n. m. y f. Miembro de una etnia radicada en España y que habita en Castilla, valle del Ebro y Extremadura, y cuyos orígenes parecen situarse en la India. SIN.: *merchero.*

**QUINQUINA** n. f. Corteza de la quina.

**QUINTA** n. f. Acción de quintar. **2.** Finca en el campo como casa de recreo. **3.** Remplazo anual para prestar el servicio militar obligatorio. **4.** Sorteo de mozos para el servicio militar. **5.** MÚS. En la escala diatónica, intervalo de cinco grados. • **Entrar en quintas,** ser llamado para hacer el servicio militar. ‖ **Quinta del biberón,** reclutamiento de los mozos de 17 y 18 años que efectuó la Segunda república española en 1938.

**QUINTACOLUMNISTA** adj. y n. m. y f. Relativo a la quinta columna; individuo de este grupo.

**QUINTAESENCIA** n. f. Última esencia o extracto de algo. **2.** *Fig.* Lo más puro, intenso y acendrado de algo.

**QUINTAESENCIAR** v. tr. **[1]**. Extraer la quintaesencia. **2.** *Fig.* Purificar, depurar.

**QUINTAL** n. m. Antigua unidad de peso, cuyo valor varía según las regiones. • **Quintal métrico,** unidad de peso del sistema métrico decimal, que vale 100 kg (símbolo q).

**QUINTALERO, A** adj. Que tiene el peso de un quintal.

**QUINTAR** v. tr. **[1]**. Sortear el destino de los mozos que han de hacer el servicio militar. **2.** Sacar por sorteo una cosa de cada cinco de un conjunto de ellas.

**QUINTETO** n. m. Estrofa de cinco versos de arte mayor. **2.** MÚS. Composición a cinco voces o instrumentos. **3.** MÚS. Conjunto vocal o instrumental de cinco ejecutantes.

**QUINTILLA** n. f. Estrofa compuesta por cinco versos de arte menor, generalmente octosílabos, con dos rimas. **2.** Combinación de cinco versos de cualquier medida, con dos distintas consonancias.

**QUINTILLIZO, A** adj. y n. Cada uno de los cinco hermanos nacidos en un parto quíntuple.

**QUINTILLÓN** n. m. Un millón de cuatrillones ($10^{30}$).

**QUINTO, A** adj. num. ordin. Que ocupa el último lugar en una serie ordenada de cinco. ◆ adj. y n. m. **2.** Dícese de cada una de las cinco partes iguales en que se divide un todo. ◆ n. m. **3.** Denominación tradicional dada al recluta. **4.** *Fam.* Botella pequeña de cerveza. **5.** *Méx. Vulg.* Virgen. **6.** HIST. Derecho que sobre la venta o concesión de algo percibía el señor de la tierra o el monarca del reino, y que consistía en un quinto del valor. • **Quinto real,** tributo que la corona española percibía sobre la explotación de las minas de sus dominios.

**QUINTRAL** n. m. *Chile.* Muérdago de flores rojas, de cuyo fruto se extrae liga, y sirve para teñir. **2.** *Chile.* Cierta enfermedad que sufren las sandías y los porotos.

**QUINTRIL** n. m. *Chile.* Fruto del algarrobo.

**QUINTUPLICACIÓN** n. f. Acción y efecto de quintuplicar.

**QUINTUPLICAR** v. tr. y pron. **[1a]**. Ser o hacer cinco veces mayor.

**QUÍNTUPLO, A** o **QUÍNTUPLE** adj. y n. m. Que contiene un número cinco veces exactamente.

**QUINUA** n. f. Quinoa.

**QUINZAVO** adj. y n. m. Dícese de cada una de las quince partes iguales en que se divide un todo.

**QUIÑAZO** n. m. *Chile, Colomb., Ecuad., Pan.* y *Perú.* Empujón, encontronazo.

**QUIÑÓN** n. m. (lat. *quinionem,* grupo de cinco). Porción de tierras de cultivo repartidas en usufructo entre los vecinos de un pueblo por un período determinado. **2.** Porción de terreno labrantío, de dimensiones variables según los usos locales.

**QUIOSCO** o **KIOSCO** n. m. (fr. *kiosque*). Pabellón abierto por todos los lados que decora terrazas y jardines. **2.** Pabellón pequeño instalado en la vía pública, destinado a la venta de periódicos, flores, etcétera.

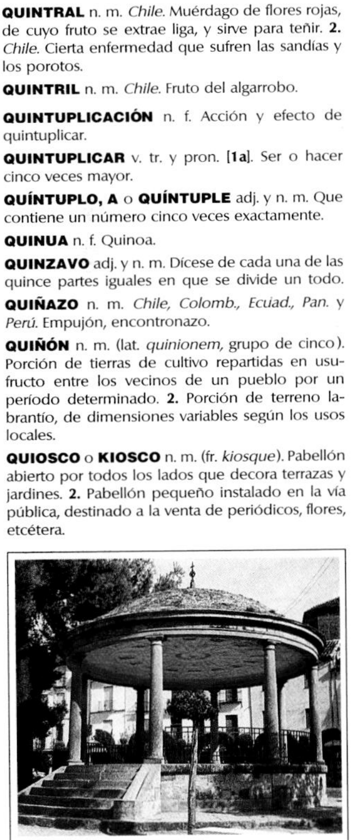

**quiosco** de música
(plaza de Baeza, Jaén)

**QUIOSQUERO, A** adj. y n. Dícese de la persona que atiende un quiosco.

**QUIPE** n. m. *Perú.* Bulto que se lleva a la espalda.

**QUIPU** n. m. (voz quechua, *nudo*). Serie de cuerdecillas anudadas, que se utilizaban en el Perú precolombino con fines nemotécnicos, para realizar cálculos numéricos o recoger historias o noticias.

**quipu** inca
(museo nacional de antropología y arqueología, Lima)

**QUIQUE** n. m. *Amér. Merid.* Especie de comadreja. • **Ser como un quique** *(Chile),* ser vivo, rápido y pronto.

**QUIQUIRIQUÍ** n. m. y f. Voz onomatopéyica del canto del gallo. **2.** *Fig.* y *fam.* Tupé, mechón de pelo hueco sobre la cabeza.

**QUIRALIDAD** n. f. QUÍM. Propiedad de una molécula según la cual ésta puede existir bajo dos variedades inversas ópticamente.

**QUIRIDIO** n. m. Extremidad pentadáctila de los vertebrados y sus diversas modificaciones.

**QUIRITE** n. m. ANT. ROM. Ciudadano de Roma.

**QUIRÓFANO** n. m. Departamento de un centro médico donde se realizan operaciones quirúrgicas.

**QUIROMANCIA** o **QUIROMANCÍA** n. f. Procedimiento de adivinación fundado en el estudio de la mano (forma, líneas, etc.).

**QUIROMÁNTICO, A** adj. y n. Relativo a la quiromancia; persona que la profesa.

**QUIROMASAJE** n. m. Masaje practicado con las manos.

**QUIROMASAJISTA** n. m. y f. Persona especializada en quiromasaje.

**QUIROPRACTOR, RA** n. Persona que practica la quiropraxia.

**QUIROPRAXIA** o **QUIROPRÁCTICA** n. f. Tratamiento de ciertas enfermedades por manipulación de las vértebras.

**QUIRÓPTERO, A** adj. y n. m. Relativo a un orden de mamíferos que, como el murciélago, están caracterizados por su adaptación al vuelo, para el que cuentan con extremidades anteriores transformadas en alas; son en general animales nocturnos e insectívoros, aunque algunos son frugívoros.

**QUIRQUE** n. m. *Chile.* Lagartija.

**QUIRQUINCHO** n. m. *Amér. Merid.* Nombre de varias familias de mamíferos adentados, cavadores, que se suelen alimentar de invertebrados y vegetales, y con cuyo caparazón, con abundantes pelos cerdosos, se fabrican charangos.

**QUIRÚRGICO, A** adj. Relativo a la cirugía.

**QUISA** n. f. *Bol.* Plátano maduro y tostado. **2.** *Perú.* Ortiga, planta urticácea.

**QUISCA** n. f. *Chile.* Espina grande, especialmente de las cactáceas. **2.** *Chile.* Quisco. **3.** *Chile.* En coa, cuchillo.

**QUISCO** n. m. *Chile.* Cacto espinoso con aspecto de cirio, cuyas espinas alcanzan hasta 30 cm. (Familia cactáceas.)

**QUISICOSA** n. f. *Fam.* Acertijo que debe adivinarse partiendo de unos datos que se dan en forma indirecta, y a veces en verso. **2.** Cosa extraña.

**QUISQUE. Cada quisque,** cada cual.

**QUISQUEYANO, A** adj. y n. Dominicano, de la República Dominicana.

**QUISQUILLA** n. f. Camarón.

**QUISQUILLOSO, A** adj. y n. Que da demasiada importancia a problemas insignificantes. **2.** Muy susceptible.

**QUISTE** n. m. (gr. *kystis,* vejiga). Formación patológica con contenido líquido, y a veces con elementos sólidos, limitada por una pared. **2.** ZOOL. Forma de resistencia y de diseminación de numerosos protozoos, de pared gruesa y protectora.

**QUISTECTOMÍA** n. f. Extirpación quirúrgica de un quiste.

**QUÍSTICO, A** adj. Relativo a los quistes.

**QUITA** n. f. DER. Remisión o liberación que de la deuda o parte de ella hace el acreedor al deudor.

**QUITAIPÓN** n. m. Juego de dos cosas que se sustituyen recíprocamente.

**QUITAMANCHAS** n. m. (pl. *quitamanchas*). Producto que sirve para quitar manchas de la ropa.

**QUITANIEVES** n. m. (pl. *quitanieves*). Máquina que sirve para remover y quitar la nieve que obstruye una vía de comunicación.

**QUITANZA** n. f. Finiquito, liberación o carta de pago que se da al deudor cuando paga.

**QUITAR** v. tr. y pron. **[1]**. Separar una cosa de otra con la que está unida, de la que forma parte o a la que cubre, o apartarla del lugar donde estaba: *mandó quitar el cartel que había en la puerta; se quitó el abrigo.* ◆ v. tr. **2.** Despojar o privar de una cosa. **3.** Hurtar. **4.** Impedir, obstar: *lo cortés no quita lo valiente.* **5.** Exceptuar, prescindir: *quitando el postre, el resto de la comida estuvo bien.* ◆ **quitarse** v. pron. **6.** Apartarse, separarse de un lugar: *quítate de ahí, que estorbas.* **7.** Dejar una cosa, apartarse de ella no en sentido espacial: *voy a quitarme del tabaco.* **8.** Evitar ciertas cosas insustanciales o innecesarias: *¡quítate de monsergas!*

**QUITASOL** n. m. Sombrilla de gran tamaño.

**QUITASOLILLO** n. m. *Cuba.* Planta umbelífera de raíz picante y aromática.

**QUITE** n. m. Movimiento con que se evita un golpe o un ataque. **2.** TAUROM. Suerte que efectúa el torero para apartar el toro de otro torero o del caballo. • **Estar al quite,** o **a los quites,** estar preparado para defender a alguno.

**QUITEÑO, A** adj. y n. De Quito.

**QUITILIPE** o **QUITILIPI** n. m. *Argent.* Ñacurutu, ave.

**QUITINA** n. f. Sustancia orgánica nitrogenada que forma parte de la cutícula de los insectos y otros artrópodos.

**QUITO, A** adj. Libre, exento.

**QUITRÍN** n. m. Carruaje abierto, de dos ruedas, con una sola fila de asientos y cubierta de fuelle, usado en Cuba.

**QUIULLA** n. f. *Chile.* Gaviota serrana.

**QUIVI** n. m. Kiwi.

**QUIZÁ** o **QUIZÁS** adv. d. Expresa posibilidad o duda.

**QUIZARRÁ** n. f. *C. Rica.* Planta arbórea de la familia de las lauráceas.

**QUÓRUM** n. m. Número de miembros que una asamblea debe reunir para que sea válida una deliberación.

**QURAYŠ,** tribu árabe a la que pertenecía Mahoma. En al-Andalus, sus miembros *(qurayšíes)* pertenecían a la nobleza de sangre y estaban emparentados en diversos grados con el califa.

# R

**R** n. f. Decimonona letra del alfabeto español y decimoquinta de las consonantes. (Representa un sonido alveolar vibrante sonoro.) **2.** R, símbolo de la resistencia óhmica de los conductores eléctricos. **3.** $\mathbb{R}$, conjunto de los números reales, es decir, de los números racionales y de los números irracionales. **4.** $\mathbb{R}^*$, conjunto de los números reales con exclusión del cero. **5.** Símbolo del *roentgen.*

**Ra,** símbolo químico del *radio.*

**RABADÁN** n. m. Mayoral que cuida todos los hatos de ganado en una cabaña y manda a los pastores. **2.** Pastor a las órdenes del mayoral, que gobierna uno o más hatos de ganado.

**RABADILLA** n. f. ANAT. Punta o extremidad de la columna vertebral, formada por la última pieza del hueso sacro y por todas las del cóccix. **2.** CARN. Parte de la carne del buey correspondiente a la región de las ancas.

**RABANITO** n. m. Variedad de rábano de raíz pequeña.

**RABANIZA** n. f. Simiente de rábano. **2.** Planta herbácea anual, de tallo ramoso, hojas partidas en lóbulos agudos, flores blancas y fruto seco. (Familia crucíferas.)

**RÁBANO** n. m. (lat. *raphanum*). Planta hortícola comestible, con raíz de tipo tubérculo, de la familia crucíferas. **2.** Raíz de esta planta. • **Importar** algo **un rábano** *(Fam.),* no importar nada. ‖ **Tomar el rábano por las hojas** *(Fam.),* interpretar equivocadamente una cosa.

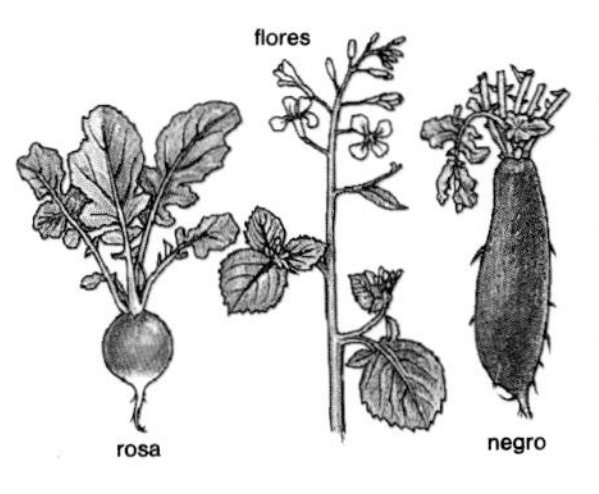


**rábanos**

**RABASSA MORTA** n. f. DER. CIV. Contrato de cultivo catalán por el que el propietario cede al cultivador o *rabassaire* el dominio útil de la finca para que plante viñas y cultive la tierra hasta la muerte de las cepas, a cambio de una parte alícuota de la cosecha o una pensión.

**RABASSAIRE** n. m. y f. (voz catalana). Arrendatario sometido al contrato de *rabassa morta.*

**RABDOMANCIA** o **RABDOMANCÍA** n. f. Búsqueda de objetos ocultos, por medio de objetos dotados de supuestas propiedades detectoras.

**RABDOMÁNTICO, A** n. Persona que practica la rabdomancia.

**RABEL** n. m. (ár. *rabēb*). Instrumento musical medieval de cuerdas frotadas, que cayó en desuso en el s. XVII. **2.** Instrumento musical infantil, que consiste en una caña y una cuerda, entre las cuales se coloca una bolsa llena de aire.

**RABÍ** n. m. (voz hebrea que significa *mi superior*). Rabino.

**RABIA** n. f. (lat. *rabiem*). Enfermedad causada por un virus, transmitida por la mordedura de determinados animales al hombre y que se caracteriza por fenómenos de excitación y parálisis. **2.** *Fig.* Ira, enfado, cólera violenta. • **Coger, tener,** o **tomar, rabia** *(Fam.),* sentir antipatía o aversión hacia una persona o cosa. ‖ **Dar rabia** (*Fam.*), enfadar, disgustar.

**RABIACANA** n. f. Planta herbácea de flores blancas y rojizas, que crece en la península Ibérica. (Familia aráceas.)

**RABIAR** v. intr. [**1**]. Padecer intensamente del dolor que se expresa: *rabiar de dolor de muelas.* **2.** *Fig.* Desear mucho una cosa: *rabiar por comer.* **3.** *Fig.* Irritarse, enfadarse. **4.** *Fig.* Exceder en mucho a lo normal y ordinario. • **A rabiar** *(Fam.),* mucho, con exceso. ‖ **Estar a rabiar con** alguien *(Fam.),* estar muy enfadado con él. ‖ **Hacer rabiar a** alguien *(Fam.),* hacerle enfadar, mortificarle.

**RÁBICO, A** adj. Relativo a la enfermedad de la rabia.

**RABICORTO, A** adj. Dícese del animal que tiene corto el rabo.

**RÁBIDA** n. f. Rábita.

**RABIETA** n. f. *Fam.* Enfado o llanto muy violento y de poca duración, causado generalmente por motivos insignificantes.

**RABIETAS** n. m. y f. (pl. *rabietas*). Persona que se irrita fácilmente.

**RABIHORCADO** n. m. Ave palmípeda de los mares tropicales, de plumaje oscuro y vuelo poderoso y rápido. (Orden pelicaniformes.) SIN.: *fragata.* **2.** *Colomb.* Planta cuyas hojas, parecidas a las de la platanera, se usan para techar. (Familia cidantáceas.)

**RABIJUNCO** n. m. Ave de unos 40 cm de long., con largas timoneras centrales terminadas en una fina punta. (Familia faetónidos.)

**RABILARGO** n. m. Ave de cabeza y nuca de color negro aterciopelado, alas y cola de un color azul grisáceo y región ventral de color gris leonado. (Familia córvidos.)

**RABILLO** n. m. (dim. de *rabo*). Pecíolo. **2.** Pedúnculo. **3.** Tira de tela que sirve para apretar o aflojar la cintura de pantalones, chalecos, etc. • **Mirar con el rabillo del ojo,** o **de rabillo de ojo,** mirar hacia un lado sin volver la cabeza, disimuladamente; tener prevención, querer mal. ‖ **Rabillo del ojo,** ángulo externo del ojo.

**RABÍNICO, A** adj. Relativo a los rabinos o al rabinismo.

**RABINISMO** n. m. Actividad religiosa y literaria del judaísmo, después de la destrucción del templo (70 d. J.C.) y la dispersión del pueblo judío. (El s. XVIII cerró el período rabínico.)

**RABINISTA** n. m. y f. Persona que se somete a la tradición de los rabinos.

**RABINO** n. m. Doctor de la Ley judío. **2.** Jefe espiritual de una comunidad judía.

**RABIOSO, A** adj. Encolerizado, furioso. **2.** *Fig.* Muy violento o intenso. ◆ adj. y n. **3.** Que padece rabia.

**RÁBITA, RÁBIDA** o **RÁPITA** n. f. (ár. *rabita*). Fortaleza militar y religiosa musulmana, ubicada en la frontera con los reinos hispanocristianos.

**RABIZA** n. f. Prostituta.

**RABO** n. m. (lat. *rapum*). Cola, especialmente la de los cuadrúpedos. **2.** *Fig.* y *fam.* Apéndice, parte de una cosa parecida, por su forma, posición, etc., a la cola de un animal. **3.** BOT. Pecíolo, pedúnculo. • **Con el rabo entre las piernas** *(Fam.),* vencido, humillado o avergonzado.

**RABÓN, NA** adj. Dícese del animal que no tiene rabo o que lo tiene más corto que lo ordinario en su especie. **2.** *Argent.* y *Méx. Fam.* Dícese de la prenda de vestir que queda corta.

**RABONA** n. f. *Amér.* Mujer que suele acompañar a los soldados en las marchas y en campaña.

**RABOTADA** n. f. Expresión brusca, injuriosa o grosera. SIN.: *rabotazo.*

**RACAMENTO** n. m. MAR. Especie de collar que sirve para unir las vergas a sus palos o masteleros. SIN.: *racamenta.*

**RACANEAR** v. tr. [**1**]. Actuar como un rácano.

**RÁCANO, A** adj. y n. *Fam.* Tacaño.

**RACCORD** n. m. (voz francesa). CIN. Correcta continuidad espacial o temporal entre dos planos consecutivos.

**RACÉMICO, A** adj. y n. m. Dícese de una mezcla de dos isómeros ópticos que no desvía el plano de polarización de la luz.

**RACER** n. m. MAR. Canoa automóvil rápida. **2.** MAR. Yate de motor o de vela especialmente diseñado para regatas.

**RACHA** n. f. Ráfaga de viento. **2.** *Fig.* y *fam.* Afluencia de muchas cosas de la misma clase, que se dan de manera repentina y en un período breve de tiempo.

**RACHEADO, A** adj. Dícese del viento que sopla por rachas.

**RACIAL** adj. Relativo a la raza.

**RACIMO** n. m. Infrutescencia de la vid, compuesta por varias uvas. **2.** *Fig.* Conjunto de cosas dispuestas en forma de racimo. **3.** BOT. Inflorescencia en la que las flores están fijadas a un eje principal por medio de pedicelos de desigual longitud, como en el grosellero, la vid, las lilas, etc.

**RACIOCINACIÓN** n. f. Acción y efecto de raciocinar.

**RACIOCINAR** v. intr. [**1**]. Hacer funcionar la inteligencia para obtener unas ideas de otras.

**RACIOCINIO** n. m. Facultad de raciocinar. **2.** Raciocinación. **3.** Discurso, pensamiento, razonamiento.

**RACIÓN** n. f. (lat. *rationem*). Cantidad de cualquier cosa, especialmente de comida, que se da o asigna a cada individuo. **2.** Cantidad de cualquier cosa, especialmente de comida, que se considera suficiente para una persona o se vende a un determinado precio: *una ración de langostinos.*

**RACIONAL** adj. Relativo a la razón: *animal racional.* **2.** Ajustado a la razón: *motivo racional.* **3.** Fundado en la razón: *método racional.* **4.** MAT. Dícese de una expresión algebraica que no contiene ningún radical. • **Número racional,** cada uno de los números que resultan de la ampliación de los números enteros. ◆ adj. y n. m. y f. **5.** Dotado de razón.

**RACIONALIDAD** n. f. Calidad de racional.

**RACIONALISMO** n. m. FILOS. Filosofía del conocimiento basada en la razón, por oposición a las que se basan en la revelación o en la experiencia.

**RACIONALISTA** adj. y n. m. y f. Relativo al racionalismo; partidario del mismo.

**RACIONALIZACIÓN** n. f. Acción y efecto de racionalizar. **2.** SICOL. Justificación lógica y consciente de un comportamiento que revela otras motivaciones inconscientes o no conformes a la moral. • **Racionalización industrial,** perfeccionamiento de la organización técnica de una empresa con el fin de disminuir los precios, aumentar la cantidad o mejorar la calidad del producto.

**RACIONALIZADO, A** adj. Dícese de las fórmulas de electrostática y electromagnetismo empleadas habitualmente con el sistema de unidades MKSA.

**RACIONALIZAR** v. tr. [**1g**]. Reducir a normas o conceptos racionales. **2.** Determinar, organizar según cálculos y razonamientos: *racionalizar la alimentación.* **3.** Hacer más eficaz y menos costoso un proceso de producción. **4.** Normalizar.

**RACIONAMIENTO** n. m. Acción y efecto de racionar.

**RACIONAR** v. tr. [**1**]. Distribuir una cosa en raciones. **2.** Reducir el consumo repartiendo algo en cantidades limitadas.

**RACISMO** n. m. Ideología que afirma la superioridad de un grupo racial respecto a los demás y que preconiza, en particular, la separación de estos grupos dentro de un país, por segregación racial, e incluso su eliminación.

**RACISTA** adj. y n. m. y f. Relativo al racismo; partidario del mismo.

**RACOR** n. m. Pieza metálica que sirve para unir tubos y otros perfiles cilíndricos.

**RAD** n. m. Unidad de medida de cantidad absorbida de radiaciones ionizantes (símbolo rd), equivalente a la cantidad de radiación absorbida por un elemento de materia de 1 kg de masa al que las radiaciones ionizantes comunican de manera uniforme una energía de 0,01 julios.

**rad,** símbolo del *radián.*

**RADA** n. f. (fr. *rade*). Bahía o ensenada que constituye un puerto natural.

**RADAL** n. m. Planta arbórea de madera muy dura y de color pardo utilizada en ebanistería, que crece en América Meridional. (Familia proteáceas.)

**RADAR** n. m. (de la expresión inglesa *radio detection and ranging,* detección y situación por radio). Dispositivo que permite determinar la posición y la distancia de un obstáculo por emisión de ondas radioeléctricas y por la detección de ondas reflejadas en su superficie.

■ El principio del radar se basa en la emisión, por impulsos de corta duración, de estrechos haces de ondas radioeléctricas que, tras reflejarse sobre un obstáculo, se dirigen hacia un receptor. La dirección del trayecto de ida y retorno de estas ondas,

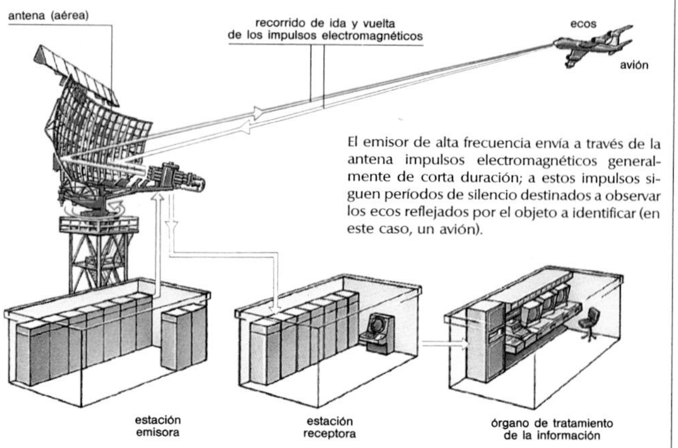


El emisor de alta frecuencia envía a través de la antena impulsos electromagnéticos generalmente de corta duración; a estos impulsos siguen períodos de silencio destinados a observar los ecos reflejados por el objeto a identificar (en este caso, un avión).

Los ecos captados por la antena son tratados sucesivamente por el receptor y por los órganos de tratamiento de la información, con el fin de determinar, a partir de los instantes de recepción (en relación con los instantes de emisión), la distancia y la dirección del objeto a identificar.

**radar:** principio de funcionamiento

**radar** de vigilancia en tierra (centro de control de defensa aérea norteamericana)

que se propagan a la velocidad de la luz (300 km/s) permite determinar la distancia a que se halla el obstáculo. La dirección viene indicada por la orientación de la antena, utilizada primero para la emisión y después para la recepción. Un radar se compone, por tanto, de un *generador de impulsos,* una *antena directriz,* un *receptor* (que emplea la misma antena) y un *indicador,* en el que se leen los resultados.

A partir de la batalla de Inglaterra (1940) el radar sustituyó a todos los sistemas de detección aérea. Además de su función esencial en los tres ejércitos en el campo de la defensa aérea, el empleo militar del radar experimentó una gran diversificación a partir de 1945: *radares de a bordo* de los aviones y *radares de autoguiado* de los misiles en las fuerzas aéreas; *radares de vigilancia terrestres* en el ejército de tierra, y *radares de tiro* en las fuerzas navales.

**RADARASTRONOMÍA** n. f. Técnica del radar aplicada al estudio de los astros.

**RADÁRICO, A** adj. Relativo al radar.

**RADARISTA** adj. y n. m. y f. Especialista en el funcionamiento, conservación y reparación de los radares.

**RADIACIÓN** n. f. Acción y efecto de radiar. **2.** FÍS. Emisión y propagación de energía bajo forma de ondas o de partículas. **3.** FÍS. Conjunto de los elementos constitutivos de una onda que se propaga en el espacio: *radiación infrarroja.* • **Presión de radiación,** presión ejercida por las ondas electromagnéticas o acústicas sobre los cuerpos con que tropiezan. ‖ **Radiación solar,** energía emitida por el Sol. ‖ **Radiaciones ionizantes,** rayos X y rayos $\alpha$, $\beta$ y $\gamma$ emitidos por los cuerpos radiactivos.

■ Las *radiaciones electromagnéticas* son ondas que se propagan en el vacío en línea recta con la misma velocidad, de aproximadamente $c$ = *300 000 km/s.* Su longitud de onda $\lambda$ está vinculada a su frecuencia $\nu$ por la relación $c = \lambda\nu$. Forman una banda ininterrumpida que, de menor a mayor longitud de onda, va de los rayos $\gamma$ ($\lambda$ = 1/1 000 Å, por ejemplo) hasta las ondas radioeléctricas ($\lambda$ = 1 km, por ejemplo), pasando por los rayos X, ultravioleta, luz visible ($0,4 < \lambda < 0,8$) y los rayos infrarrojos. Las radiaciones corpusculares son debidas a partículas animadas de gran velocidad, aunque variable (electrones, protones, neutrones, etc.). La mecánica cuántica ha realizado una síntesis de estos dos tipos de radiaciones, haciendo corresponder partículas puntuales (fotones) a las ondas electromagnéticas y, a la inversa, ondas a las radiaciones corpusculares.

**RADIACTIVIDAD** n. f. Desintegración espontánea de un núcleo atómico, con emisión de partículas o de radiación electromagnética.

**RADIACTIVO, A** adj. Relativo a la radiactividad, dotado de radiactividad.

**RADIADO, A** adj. Formado por rayos divergentes. ◆ adj. y n. m. **2.** Relativo a una antigua división del reino animal, que comprendía los equinodermos y los celentéreos.

**RADIADOR** n. m. Aparato de calefacción que transmite al espacio que lo rodea el calor que recibe o que genera. **2.** TECNOL. Dispositivo en que se enfría el líquido de refrigeración de un motor de automóvil, y otros motores de explosión.

**RADIAL** adj. Relativo a un radio. **2.** Dícese de la disposición análoga a la de los rayos de una rueda. **3.** ANAT. Relativo al radio: *nervio radial.*

**RADIÁN** n. m. Unidad de medida de ángulos (símbolo rad), equivalente al ángulo que, teniendo su vértice en el centro de un círculo, intercepta en la circunferencia de este círculo un arco de longitud igual a la del radio. • **Radián por segundo,** unidad de medida de velocidad angular (símbolo rad/s), equivalente a la velocidad angular de un cuerpo que, animado por una rotación uniforme alrededor de un eje fijo, gira 1 radián cada segundo. ‖ **Radián por segundo al cuadrado,** unidad de medida de aceleración angular (símbolo rad/s$^2$), equivalente a la aceleración angular de un cuerpo animado por una rotación uniformemente variada alrededor de un eje fijo y cuya velocidad angular varía en 1 radián por segundo cada segundo.

**RADIANTE** adj. Que radia. **2.** *Fig.* Resplandeciente, muy brillante. **3.** *Fig.* Que denota intensa alegría o felicidad. **4.** HERÁLD. Dícese de las figuras, como el sol, las estrellas, etc., que despiden rayos. SIN.: *rayonante.* • **Gótico radiante,** estilo intermedio entre el *gótico primitivo* y el *gótico flamígero,* caracterizado por la forma radial de las tracerías de los ventanales. || **Punto radiante,** punto del cielo de donde parecen emanar las trayectorias de los meteoritos.

**RADIAR** v. tr. **[1]**. FÍS. Emitir radiaciones.

**RADIAR** v. tr. **[1]**. Difundir algo o transmitir por radio.

**RADIATIVO, A** adj. FÍS. Relativo a las radiaciones.

**RADICACIÓN** n. f. Acción y efecto de radicar o radicarse. **2.** *Fig.* Hecho de estar arraigada una cosa inmaterial. **3.** BOT. Disposición de las raíces.

**RADICAL** adj. (lat. *radicalem*). Relativo a la raíz. **2.** *Fig.* Que afecta al origen mismo de una cosa, o que se produce de manera completa: *cambio radical.* **3.** Relativo al radicalismo. **4.** BOT. Propio de la raíz. **5.** LING. Concerniente a las raíces de las palabras. ◆ adj. y n. m. y f. **6.** Miembro de un partido radical. **7.** *Fig.* Extremoso, tajante, intransigente. ◆ n. m. **8.** LING. Parte esencial de una palabra, que expresa su sentido principal. **9.** MAT. Signo de la operación de la extracción de raíces ($\sqrt{\ }$). $\sqrt{\ }$ **10.** MAT. Expresión que contiene un radical. **11.** QUÍM. Parte de un compuesto molecular que puede existir en estado no combinado (radical libre), o que no cambia en una reacción (radical orgánico). • **Índice de un radical** (MAT.), cifra que se sitúa entre las ramas de un radical para indicar el grado de la raíz.

**RADICALARIO, A** adj. QUÍM. Dícese de una reacción en el curso de la cual intervienen radicales libres.

**RADICALISMO** n. m. Doctrina y actitud de los que postulan la eficacia de las medidas drásticas para conseguir el mejoramiento de las condiciones sociales. **2.** Actitud radical. • **Radicalismo filosófico,** doctrina filosófica y política de Bentham y Stuart Mill, cuyas principales características eran el liberalismo económico, el racionalismo, el utilitarismo y el individualismo.

**RADICALIZACIÓN** n. f. Acción y efecto de radicalizar.

**RADICALIZAR** v. tr. y pron. **[1g]**. Hacer radical, sin términos medios.

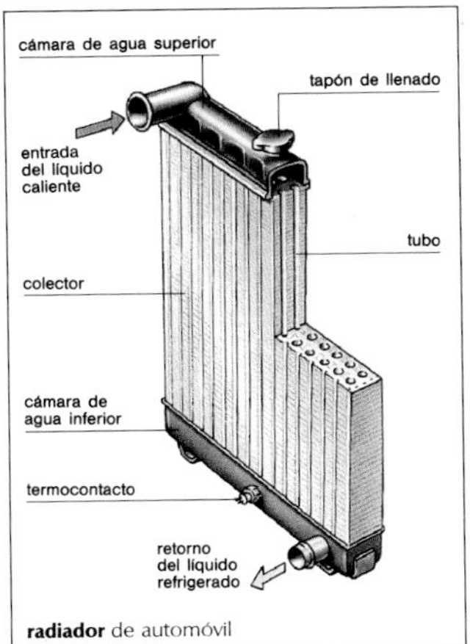

**radiador** de automóvil

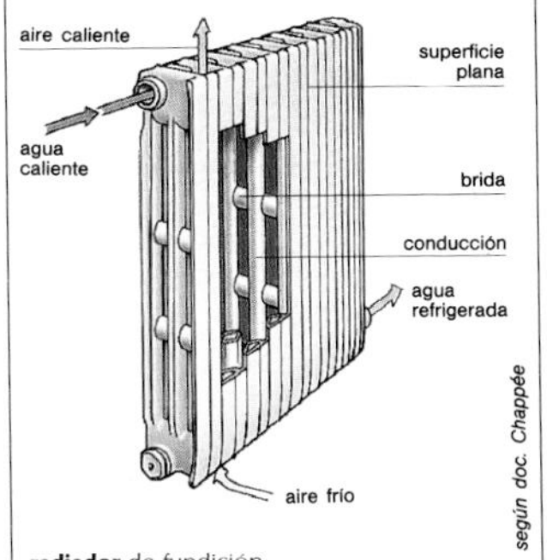

**radiador** de fundición
para circulación de agua caliente

**RADICANDO** n. m. MAT. Número o expresión algebraica de que se extrae la raíz.

**RADICANTE** adj. BOT. Dícese de las plantas cuyos tallos emiten raíces en diferentes puntos de su longitud.

**RADICAR** v. intr. y pron. **[1a]**. Arraigar. ◆ v. intr. **2.** Estar o encontrarse ciertas cosas en determinado lugar. **3.** *Fig.* Estribar. ◆ **radicarse** v. pron. **4.** Establecerse, fijar la residencia.

**RADICELA** n. f. BOT. Raíz secundaria, muy pequeña, ramificación de la raíz principal.

**RADICOTOMÍA** n. f. CIR. Sección quirúrgica de una raíz nerviosa raquídea, en general sensitiva, para suprimir un dolor.

**RADÍCULA** n. f. BOT. Parte de la plántula que dará lugar a la raíz.

**RADICULAR** adj. BOT. Relativo a la radícula. **2.** MED. Relativo a las raíces, en especial a las de los nervios raquídeos y a las dentarias. • **Parálisis radicular,** tipo de parálisis secundaria a la lesión de las raíces de los nervios raquídeos.

**RADICULITIS** n. f. Inflamación de la raíz de un nervio raquídeo.

**RADIER** n. m. *Chile.* Losa de concreto sin armar, de una proporción baja de cemento, que se usa en la construcción.

**RADIESTESIA** n. f. Método por el cual ciertos sujetos sensibles a las oscilaciones de un péndulo o de una varita adivinarían a distancia la existencia de manantiales, yacimientos, etc.

**RADIESTESISTA** n. m. y f. Persona que practica la radiestesia.

**RADIO** n. m. (lat. *radium*). Recta que une un punto de una circunferencia con su centro. **2.** Distancia determinada a partir de un centro o de un punto de origen en todas direcciones. **3.** Cada una de las varillas metálicas de pequeño diámetro que, en las ruedas de las bicicletas y motocicletas, unen la llanta con el cubo. **4.** ANAT. El más corto de los dos huesos del antebrazo, que se articula con el *cúbito,* permitiendo los movimientos de pronación y supinación. **5.** ZOOL. Cada una de las piezas de armazón de las aletas natatorias de los peces. • **Radio de acción,** máxima distancia que puede alcanzar una aeronave, vehículo o buque sin reabastecimiento en ruta, contando con el regreso al punto de partida; zona de influencia.

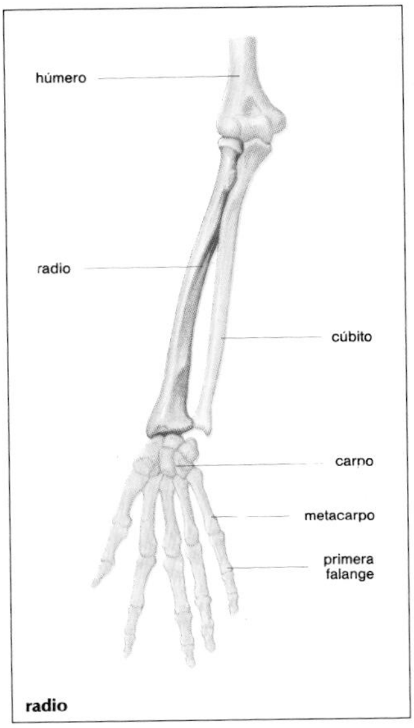

**radio**

**RADIO** n. m. Metal (Ra), número atómico 88 y de masa atómica 226,025, descubierto en 1898 por P. y M. Curie, que posee intensa radiactividad.

**RADIO** n. f. Apócope de *radiodifusión* y *radioemisora.* ◆ n. m. **2.** Apócope de *radiograma* o *radiotelegrama.* ◆ n. m. o f. **3.** Apócope de *radiorreceptor.*

**RADIOAFICIONADO, A** n. Persona que, por afición, se dedica a la radiotransmisión y radiorrecepción por ondas.

**RADIOALINEACIÓN** n. f. Dispositivo electromagnético que guía a un avión o a un buque a lo largo de un eje.

**RADIOALTÍMETRO** n. m. Altímetro basado en el principio del radar.

**RADIOASTRONOMÍA** n. f. Rama de la astronomía que tiene por objeto el estudio de la radiación radioeléctrica de los astros.

**RADIOASTRONÓMICO, A** adj. Relativo a la radioastronomía.

**RADIOBALIZA** n. f. Emisor de poca potencia modulado por una señal de identificación, para guiar a los buques en el mar o para indicar su posición a los aviones.

**RADIOBALIZAMIENTO** n. m. Señalización por medio de radiobalizas.

**RADIOBALIZAR** v. tr. **[1g]**. Señalizar con radiobalizas.

**RADIOBIOLOGÍA** n. f. Estudio de la acción biológica de la ionización producida por los rayos X, cuerpos radiactivos y neutrones.

**RADIOBRÚJULA** n. f. Radiocompás.

**RADIOCARBONO** n. m. Isótopo 14 del carbono.

**RADIOCASSETTE** o **RADIOCASETE** n. m. Aparato electrónico en que van unidos una radio y un casete.

**RADIOCOBALTO** n. m. Isótopo radiactivo del cobalto, utilizado en radioterapia. SIN.: *cobalto radiactivo, cobalto 60.*

**RADIOCOMPÁS** n. m. Radiogoniómetro que permite a un avión o a un buque mantener su dirección gracias a las indicaciones dadas por una emisora situada en tierra. SIN.: *radiobrújula.*

**RADIOCOMUNICACIÓN** n. f. Transmisión de mensajes y señales a distancia, efectuada por medio de ondas radioeléctricas que se propagan en la atmósfera.

**RADIOCONDUCTOR** n. m. Conductor cuya resistencia varía por acción de las ondas electromagnéticas.

**RADIOCRISTALOGRAFÍA** n. f. Estudio de la estructura de los cristales basado en la difracción que producen en los rayos X, los electrones, los neutrones, etc.

**RADIODERMITIS** n. f. Dermitis debida a los rayos X o a sustancias radiactivas.

**RADIODIAGNÓSTICO** n. m. Aplicación de las radiaciones ionizantes al diagnóstico médico.

**RADIODIFUNDIR** v. tr. **[3]**. Radiar, transmitir por radio.

**RADIODIFUSIÓN** n. f. Emisión, por ondas hertzianas, de noticias, programas literarios, científicos, artísticos, etc., para uso del público en general. **2.** Organismo que se ocupa de esta emisión. *(V. ilustración pág. 848.)*

**RADIODIFUSOR, RA** adj. Que radiodifunde.

**RADIODIFUSORA** n. f. *Argent.* Empresa que realiza emisiones radiofónicas destinadas al público.

**RADIODIRIGIR** v. tr. **[3b]**. Dirigir a distancia un móvil por ondas radioeléctricas.

**RADIOELECTRICIDAD** n. f. Técnica que permite la transmisión a distancia de mensajes y sonidos por medio de ondas electromagnéticas.

**RADIOELÉCTRICO, A** adj. Relativo a la radioelectricidad. **2.** Relativo a la radiación electromagnética de longitud de onda superior al milímetro.

**RADIOELEMENTO** n. m. Radioisótopo.

**RADIOEMISORA** n. f. Emisora.

**RADIOESCUCHA** n. m. y f. Persona que escucha las emisiones radiofónicas, radiotelefónicas o radiotelegráficas.

**RADIOFARO** n. m. Estación emisora de ondas radioeléctricas, que permite a un buque o un avión determinar su posición y seguir la ruta prevista.

**RADIOFONÍA** n. f. Sistema de transmisión de sonidos que utiliza las propiedades de las ondas radioeléctricas.

**RADIOFÓNICO, A** adj. Relativo a la radiofonía.

**RADIOFOTOGRAFÍA** n. f. Fotografía de la imagen obtenida en una pantalla durante una exploración radiológica.

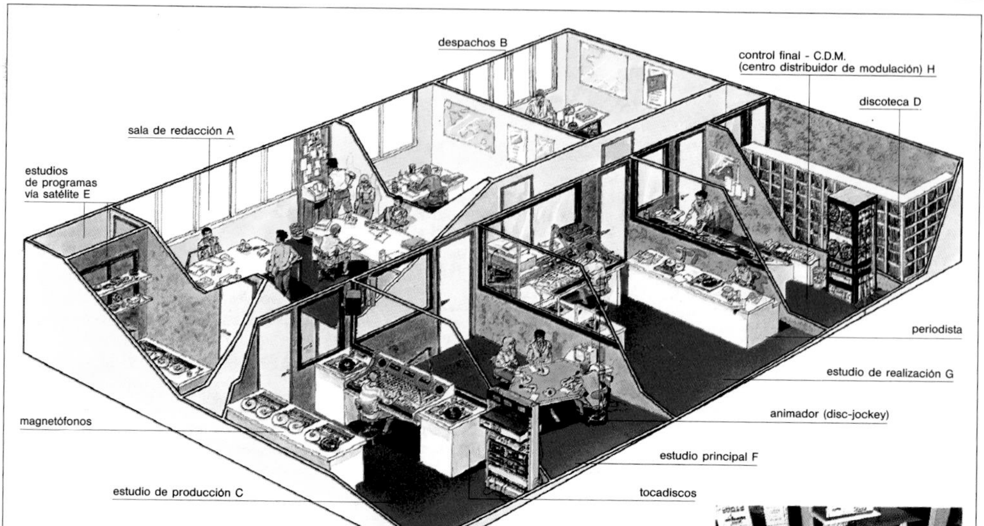


**vista general de la emisora de radio**

**esquema de funcionamiento**

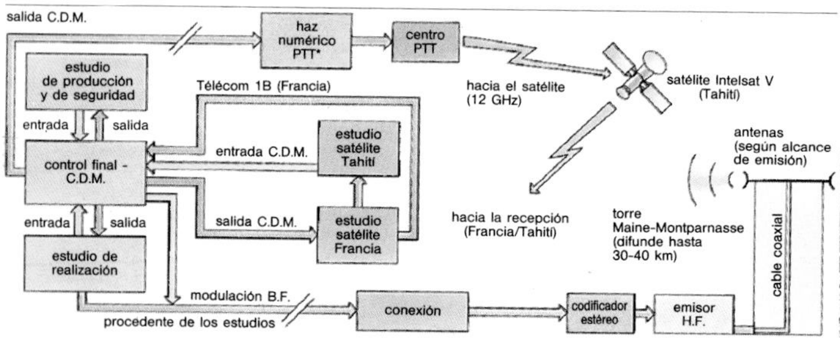

**estudio de realización**

**control final - C.D.M.**

Esta radio local privada parisina emite en modulación de frecuencia (FM) y en estereofonía las 24 horas del día. En la sala de redacción (A), los periodistas preparan la revista de prensa, y redactan los boletines y flashes informativos. Los despachos (B) están reservados para los administrativos de la emisora. En el estudio de producción (C) un técnico prepara bandas de música y de publicidad pregrabadas en su pupitre de mezclas con ayuda de tocadiscos y magnetófonos, utilizando los fondos de la discoteca de la emisora (D). En dos pequeños estudios contiguos (E), las instalaciones se encargan de la emisión de los programas por satélite. En el estudio principal (F), se graba un debate que será emitido posteriormente. Un disc-jockey en el estudio de realización (G) con los auriculares puestos pone las bandas musicales, las bandas publicitarias, organiza juegos y da paso, a intervalos regulares, al periodista encargado de los flashes informativos. Desde el control-C.D.M. (H), un técnico comprueba que la emisión se desarrolle correctamente (calidad de sonido). Si es preciso puede transmitir un programa de emergencia; el C.D.M. está unido por cable al emisor que se encuentra en un local técnico. El emisor está a su vez conectado a las antenas instaladas en lo alto de la torre Maine-Montparnasse. Finalmente un enlace especial mediante satélites asegura su emisión sobre Francia y Tahití.

* PTT (Postes et Télécommunications et Télédiffusion. Administración de Correos, Telecomunicaciones y Teledifusión de Francia)

*según doc. Kiss-FM*

**radiodifusión**

**RADIOFRECUENCIA** n. f. Gama de frecuencias de las ondas hertzianas utilizadas en radiocomunicaciones.

**RADIOFUENTE** n. f. Área del cielo emisora de radiación radioeléctrica.

**RADIOGALAXIA** n. f. Galaxia que emite una radiación radioeléctrica intensa.

**RADIOGONIOMETRÍA** n. f. Determinación de la dirección y la posición de un emisor radioeléctrico.

**RADIOGONIÓMETRO** n. m. Aparato que permite determinar la dirección de un emisor radioeléctrico y que, a bordo de los aviones y los barcos, sirve para conocer la dirección y la posición.

**RADIOGRAFÍA** n. f. Técnica fotográfica que utiliza las propiedades penetrantes de los rayos X y γ para el estudio de la estructura interna de los cuerpos. **2.** Imagen obtenida por este método.

**RADIOGRAFIAR** v. tr. **[1t]**. Obtener radiografías.

**RADIOGRÁFICO, A** adj. Relativo a la radiografía.

**RADIOGRAMA** n. m. Copia sobre papel de un negativo radiográfico. **2.** Radiotelegrama.

**RADIOGRAMOLA** n. f. Aparato consistente en un gramófono acoplado a un radiorreceptor. SIN.: *radiogramófono.*

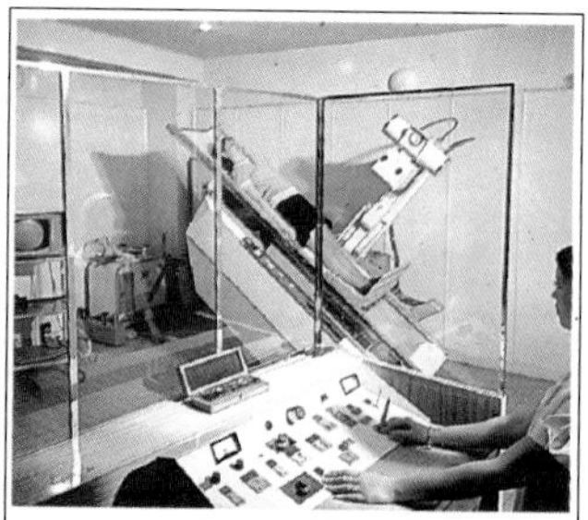

**radiografía:** instalación de radiagnóstico con mesa teledirigida, consola de mando a distancia y pantalla de radioscopia televisada

**RADIOGUÍA** n. f. Acción de radioguiar.

**RADIOGUIAR** v. tr. **[1t]**. Conducir o pilotar a distancia por medio de ondas hertzianas.

**RADIOINMUNIZACIÓN** n. f. Proceso de adaptación de un tejido de un ser vivo a las radiaciones ionizantes, por el que adquiere mayor resistencia, dejando de ser sensible a las mismas.

**RADIOINMUNOLOGÍA** n. f. Método de dosificación muy preciso de los antígenos consistente en poner en presencia del anticuerpo correspondiente, en unas proporciones conocidas, el líquido biológico que contiene el antígeno, el cual se marca con un isótopo radiactivo.

**RADIOISÓTOPO** n. m. Átomo de un elemento químico que emite radiaciones radiactivas. SIN.: *isótopo radiactivo, radioelemento.*

**RADIOLARIO, A** adj. y n. m. Relativo a una clase de protozoos de los mares cálidos, formados por un esqueleto silíceo del que emergen radialmente finos seudópodos.

**RADIOLARITA** n. f. Roca sedimentaria silícea, de origen marino, formada esencialmente por conchas de radiolarios.

**RADIOLOCALIZACIÓN** n. f. Método que permite determinar la posición de un objeto utilizando las sondas electromagnéticas.

**RADIOLOGÍA** n. f. Rama de la física que estudia los rayos X, el material que permite su producción y sus aplicaciones. **2.** Aplicación de los rayos X al diagnóstico y a la terapéutica.

**RADIOLÓGICO, A** adj. Relativo a la radiología.

**RADIÓLOGO, A** n. Especialista en radiología.

**RADIOMENSAJE** n. m. Mensaje radiado.

**RADIOMETALOGRAFÍA** n. f. Técnica de utilización de las radiaciones para el estudio no destructivo de los metales.

**RADIOMETRÍA** n. f. FÍS. Medida de la intensidad de una radiación.

**RADIÓMETRO** n. m. Aparato que sirve para medir el flujo de energía transportada por las ondas electromagnéticas o acústicas.

**RADIONAVEGACIÓN** n. f. Técnica de navegación basada en la utilización de procedimientos radioeléctricos.

**RADIONAVEGANTE** n. m. y f. Operador de radio que forma parte de la tripulación de un buque o un avión.

**RADIONECROSIS** n. f. MED. Destrucción de los tejidos causada por la acción de las radiaciones ionizantes.

**RADIONUCLEIDO** n. m. Núcleo atómico radiactivo.

**RADIOONDA** n. f. Onda electromagnética empleada en radiocomunicación.

**RADIOOPERADOR, RA** n. Operador de radiotelegrafía o radiotelefonía.

**RADIORRECEPTOR** n. m. Aparato receptor de radiocomunicaciones.

**RADIORRESISTENCIA** n. f. Estado de los tejidos y en particular de los tumores que, de forma espontánea o después de ser sometidos a radiación, han perdido la sensibilidad a las radiaciones ionizantes.

**RADIOSCOPIA** n. f. Examen de un objeto o de un órgano a través de su imagen proyectada sobre una superficie fluorescente por medio de rayos X.

**RADIOSENSIBILIDAD** n. f. Sensibilidad de los tejidos vivos a la acción de las radiaciones ionizantes.

**RADIOSONDA** n. f. Aparato que transmite de forma automática a un operador situado en tierra, las informaciones recogidas por los elementos de un equipo meteorológico instalado en un globo sonda.

**RADIOSONDEO** n. m. Exploración vertical de la atmósfera mediante radiosondas.

**RADIO-TAXI** n. m. Servicio de taxis conectados con la central por radiotelefonía.

**RADIOTEATRO** n. m. Programa radiofónico consistente en la emisión de piezas teatrales. **2.** *Argent.* Serial radiofónico.

**RADIOTECNIA** o **RADIOTÉCNICA** n. f. Conjunto de técnicas de utilización de las radiaciones radioeléctricas.

**RADIOTÉCNICO, A** adj. y n. Relativo a la radiotecnia; especialista en radiotecnia.

**RADIOTELEFONÍA** n. f. Sistema de enlace telefónico entre dos interlocutores por medio de ondas electromagnéticas.

**RADIOTELEFONISTA** n. m. y f. Especialista en radiotelefonía.

**RADIOTELÉFONO** n. m. Teléfono en el que la comunicación se establece por ondas.

**RADIOTELEGRAFÍA** n. f. Telegrafía sin hilos.

**RADIOTELEGRAMA** n. m. Telegrama cursado por radio.

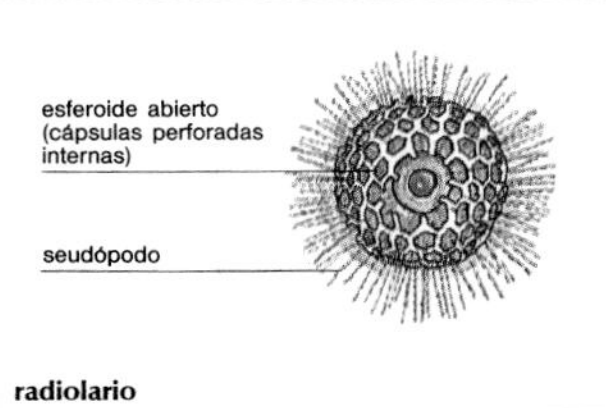


**radiolario**

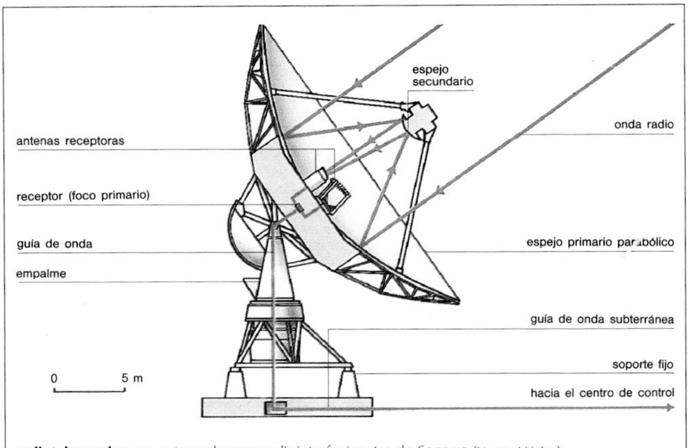


**radiotelescopio:** una antena de gran radiointerferómetro de Socorro (Nuevo México)

**RADIOTELESCOPIO** n. m. Aparato receptor utilizado en radioastronomía.

**RADIOTELEVISADO, A** adj. Transmitido al mismo tiempo por radio y televisión.

**RADIOTERAPIA** n. f. MED. Tratamiento por rayos X, rayos γ y radiaciones ionizantes. **2.** Empleo terapéutico del radio y de las sustancias radiactivas.

**RADIOTRANSMISIÓN** n. f. Emisión efectuada por medio de radioondas.

**RADIOYENTE** n. m. y f. Persona que escucha las emisiones de radio.

**RADÓN** n. m. Elemento gaseoso radiactivo (Rn), de número atómico 86.

**RAEDERA** n. f. Instrumento para raer.

**RAEDURA** n. f. Acción y efecto de raer. **2.** Parte menuda o desperdicio que se rae de una cosa.

**RAER** v. tr. [**16**]. Quitar algo que se encuentra adherido a una superficie, con un instrumento duro, áspero o cortante. **2.** Rasar, igualar con el rasero.

**RAFAELESCO, A** adj. B. ART. Que tiene las características del arte de Rafael o que lo recuerda.

**RÁFAGA** n. f. Viento que aumenta de velocidad súbitamente, aunque por poco espacio de tiempo. **2.** Golpe de luz vivo e instantáneo. **3.** Serie de disparos sucesivos que efectúa un arma automática. • **Ráfaga coronal,** estructura delgada elemental, brillante, de la corona solar, de extensión aproximadamente radial.

**RAFE** n. m. Reunión o sutura de fibras musculares aponeuróticas o nerviosas.

**RAFIA** n. f. Palmera que crece en África y América y proporciona una fibra textil muy sólida. **2.** Fibra de esta palmera.

**RAFTING** n. m. (voz inglesa). Descenso deportivo de cursos rápidos de agua, con balsas neumáticas.

**RĀGA** n. m. (voz sánscrita). Modo melódico hindú que expresa un estado de espíritu.

**RAGLÁN** o **RANGLÁN** adj. Dícese de la manga en que la pieza que la forma cubre el hombro hasta el cuello.

**RAGTIME** n. m. (voz anglonorteamericana). Estilo musical muy sincopado en boga a fines del s. XIX, surgido a la vez del folklore negroamericano y de los aires de danza típicos de los blancos, y que fue una de las fuentes del jazz.

**RAGÚ** n. m. (fr. *ragoût*). Guisado de carne con patatas, zanahorias, guisantes, etc.

**RAÏ** n. m. (ár. *ra'y,* juicio, opinión). Estilo musical de origen argelino, surgido hacia 1975, que se caracteriza por la fusión de la canción árabe tradicional, el blues y el rock, y por sus letras de contenido satírico y contestatario.

**RAICILLA** n. f. Filamento de la raíz de una planta.

**RAID** n. m. (voz inglesa). Incursión rápida y de duración limitada ejecutada en territorio desconocido o enemigo por una formación militar móvil a fin de desmoralizar al adversario, desorganizar su retaguardia, recoger información, etc.

**RAÍDO, A** adj. Dícese del vestido o cualquier otra tela muy gastados o deteriorados por el uso.

**RAIGAMBRE** n. f. Conjunto de raíces de los vegetales, unidas y trabadas entre sí. **2.** *Fig.* Conjunto de antecedentes, hábitos, afectos, etc., que ligan a alguien a un sitio. **3.** *Fig.* Tradición o antecedentes.

**RAIGÓN** n. m. Raíz de las muelas y los dientes.

**RAÍL** n. m. (ingl. *rail*). Carril de las vías férreas.

**RAIMI** n. m. Raymi.

**RAIS** n. m. (ár. *ra'īs,* jefe). Título de varios oficiales o dignatarios del Imperio otomano. **2.** Entre los berberiscos, capitán de corsarios. **3.** En Egipto, título del presidente de la república.

**RAÍZ** n. f. (lat. *radicem*). Órgano de los vegetales que fija la planta al suelo, de donde absorbe el agua y las sales minerales. **2.** Parte de una cosa por la cual se fija en otra. **3.** *Fig.* Causa u origen de algo. **4.** ANAT. Nombre que se da a diversas estructuras anatómicas, en relación con su disposición: *raíces dentarias; raíces nerviosas.* **5.** LING. Elemento de base, irreductible, común a todas las palabras de una misma familia, en una lengua o un grupo de lenguas. • **A raíz de,** inmediatamente, a consecuencia de. ‖ **Bien raíz,** bien inmueble. ‖ **De raíz,** enteramente. ‖ **Echar raíces,** establecerse en un sitio indefinidamente, afirmarse en algo. ‖ **Extraer una raíz** (MAT.), calcular su valor. ‖ **Raíz cuadrada, cúbica, cuarta..., n-ésima** (de un número o de una expresión algebraica) [MAT.], número o expresión algebraica que, elevado al cuadrado, al cubo, a la cuarta potencia..., a la potencia *n,* dan el número

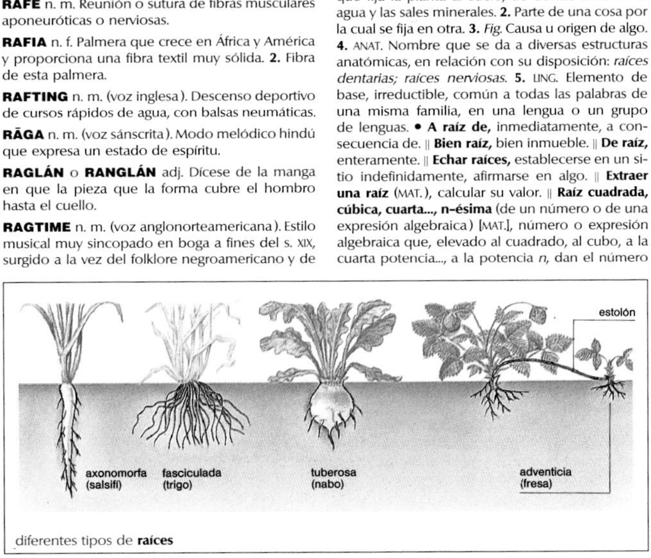


diferentes tipos de **raíces**

o la expresión inicial. || **Raíz de una ecuación,** valor real o complejo que satisface esta ecuación. || **Tener raíces en** algo, estar algo o alguien fuertemente arraigado en un sitio.

■ El sistema radicular se denomina *pivotante* cuando existe una raíz principal que penetra verticalmente en el suelo, y *fasciculado* cuando todas las raíces son iguales y exploran una zona casi esférica. Las raíces *tuberosas* son las que almacenan reservas (zanahoria); las raíces *adventicias* son las que nacen al lado del tallo (hiedra) o del rizoma (lirio).

**RAJA** n. f. Hendedura, abertura o quiebra de una cosa. **2.** Porción más o menos delgada y uniforme que se corta de algo, generalmente en forma de cuña. • **Sacar raja** en un asunto *(Fam.)*, lograr beneficios.

**RAJÁ** n. m. (voz sánscrita). Gran personaje de la India. • **Vivir como un rajá** *(Fam.)*, vivir con gran lujo.

**RAJABLE** adj. Que se puede rajar fácilmente.

**RAJADIABLO** o **RAJADIABLOS** adj. y n. m. *Chile.* Dícese de la persona aficionada a hacer picardías y travesuras.

**RAJADO, A** n. *Chile.* Persona que conduce a gran velocidad un automóvil. ◆ adj. **2.** *Chile. Fam.* Dícese del que ha sido suspendido en un examen. **3.** *Chile. Vulg.* Desinteresado, generoso.

**RAJAR** v. tr. **[1]**. Romper o partir algo en rajas o trozos. **2.** *Fig.* y *fam.* Hablar mucho. **3.** *Fig.* y *fam.* Fanfarronear. **4.** *Amér.* Desacreditar a alguien, hablar mal de él. **5.** *Chile. Fig.* y *fam.* Suspender a alguno en los exámenes. ◆ v. tr. y pron. **6.** Dividir una cosa sin que las partes se separen del todo. ◆ **rajarse** v. pron. **7.** *Fig.* y *fam.* Dejar de hacer algo que se tenía intención de hacer. **8.** *Amér. Central, Chile, Perú* y *P. Rico.* Dar con generosidad. **9.** *Chile.* Gastar mucho dinero en obsequios y fiestas. **10.** *Méx.* Acobardarse.

**RAJATABLA. A rajatabla,** con todo rigor, de manera absoluta.

**RĀJPŪTA,** pueblo del N de la India, que habita principalmente en Rājashthān, formado por hacendados que se consideran pertenecientes a la casta de los *kṣatriya* (guerreros).

**RALEA** n. f. Especie, clase: *un peral de mala ralea.* **2.** *Desp.* Raza, casta de una persona.

**RALEAR** v. intr. **[1]**. Hacerse rala una cosa, perdiendo la intensidad o solidez que tenía. **2.** VITIC. No granar enteramente los racimos de las vides.

**RALENTÍ** n. m. (fr. *ralenti*). El régimen más débil de un motor de automóvil. **2.** Disminución de energía, de intensidad. **3.** CIN. Cámara lenta.

**RALENTIZAR** v. tr. **[1g]**. Enlentecer.

**RALLADOR** n. m. Utensilio de cocina que sirve para rallar algunas sustancias.

**RALLADURA** n. f. Partícula que resulta al rallar alguna cosa.

**RALLAR** v. tr. **[1]**. Desmenuzar una cosa restregándola con el rallador.

**RÁLLIDO, A** adj. y n. m. Relativo a una familia de aves ralliformes, de tarsos bastante altos, con el dedo posterior muy breve, pico comprimido y cola muy corta. (El *rascón* pertenece a esta familia.)

**RALLIFORME** adj. y n. m. Relativo a un orden de aves zancudas, cuyas crías nacen cubiertas de plumón y abandonan el nido al momento de nacer. (Las *grullas,* los *rascones* y las *avutardas* pertenecen a este orden.)

**RALLO** n. m. (lat. *rallum;* de *radere,* raer). Rallador. **2.** Plancha con agujeros parecidos a los del rallador.

**RALLY** n. m. (voz inglesa). Competición, generalmente automovilística, en la que los concursantes deben llegar a un punto determinado después de superar unas pruebas.

**RALO, A** adj. Claro, poco poblado, más separado de lo normal.

**RAM** adj. y n. f. (abrev. del ingl. *ramdom acces memory*). INFORMÁT. Dícese de la memoria cuyo contenido puede ser leído, borrado o modificado a voluntad, a diferencia de la memoria *ROM.*

**RAMA** n. f. Cada una de las partes que nacen del tronco o del tallo de un árbol o de un arbusto. **2.** Cada una de las divisiones de un arte, facultad o ciencia, de una familia o de un sistema complejo. **3.** Cada una de las ramificaciones o divisiones de ciertos instrumentos o aparatos, de un órgano anatómico, de un objeto, etc., que divergen de un eje o a partir de un centro. • **Andarse,** o **irse, por las ramas,** detenerse en lo menos sustancial de un asunto, apartándose de lo más importante. || **En rama,** se aplica a algunos productos industriales a los que falta cierta elaboración o transformación. || **Rama de una curva** (MAT.), parte finita de una curva; parte de una curva que se aleja hacia el infinito.

**RAMA,** pueblo amerindio de Nicaragua, del grupo chibcha-arawak.

**RAMADA** n. f. *Amér.* Cobertizo hecho con ramas de árboles, enramada. **2.** *Chile.* Puesto de feria que está construido con este material.

**RAMADÁN** n. m. (ár. *ramaḍān*). Noveno mes del año musulmán, consagrado al ayuno y privaciones (abstención de alimento, bebida, perfumes, tabaco y relaciones sexuales, desde el amanecer hasta la puesta del sol).

**RAMADO, A** adj. HERÁLD. Dícese del animal cuyos cuernos son de diferente esmalte que el resto del cuerpo.

**RAMAJE** n. m. Conjunto de ramas de los árboles y otras plantas.

**RAMAL** n. m. Cada uno de los cabos de que se componen las cuerdas, sogas, pleitas y trenzas. **2.** Parte que arranca de la línea principal de una carretera, camino, acequia, mina, cordillera, etc. **3.** *Fig.* División que resulta de una cosa en relación y dependencia de ella, como rama suya.

**RAMALAZO** n. m. Acometida repentina y pasajera de un dolor, enfermedad, desgracia, daño, etc.: *un ramalazo de locura.* **2.** *Fig.* Destello, chispazo. **3.** MAR. Racha, ráfaga.

**RAMBLA** n. f. (ár. *ramla,* arenal). Río de lecho ancho que recoge las aguas pluviales, pero que la mayor parte del año lleva escasa agua superficial. **2.** En Cataluña, Valencia y Baleares, avenida o calle ancha con árboles.

**RAMEADO, A** adj. Dícese del dibujo o pintura que representa ramos, especialmente en tejidos, papeles, etc.

**RAMERA** n. f. Prostituta.

**RAMIFICACIÓN** n. f. Acción y efecto de ramificarse. **2.** Rama, parte derivada de otra principal o central. **3.** Consecuencia o derivación de un hecho. **4.** División en varias ramas del tronco de un árbol, una carretera, una vía férrea, un conducto, etc. **5.** División de las arterias, venas y nervios en partes más pequeñas. **6.** Bifurcación de un arroyo, río, etc., en ramales o brazos.

**RAMIFICARSE** v. pron. **[1a]**. Dividirse en ramas.

**RAMILLETE** n. m. Ramo pequeño de flores o plantas. **2.** *Fig.* Conjunto de cosas selectas, útiles o bonitas.

**RAMILLETERO, A** n. Persona que hace o vende ramilletes.

**RAMIO** n. m. Planta herbácea de la familia urticáceas, de la que, en Extremo Oriente, se extrae una fibra textil.

**RAMIRENSE** adj. Dícese de la fase de plena madurez del arte asturiano.

**RAMIRO** n. m. Remigio.

**RAMNÁCEO, A** adj. y n. f. Relativo a una familia de plantas arbóreas o arbustivas, de hojas simples y flores generalmente hermafroditas, que comprende unas 500 especies de los países templados e intertropicales.

**RAMO** n. m. (lat. *ramum*). Rama de segundo o tercer orden, de las que nacen directamente del tronco o tallo. **2.** Rama cortada del árbol. **3.** Conjunto natural o artificial de flores, ramas o hierbas. **4.** Ristra de ajos, cebollas, etc. **5.** *Fig.* Cada una de las partes en que se divide una ciencia, industria o actividad: *el ramo de la construcción.* **6.** *Fig.* Indicios de una enfermedad incipiente o no completamente declarada: *ramos de locura.* (Suele usarse en plural.) • **Domingo de Ramos,** último domingo de cuaresma y el que da comienzo a la semana santa.

**RAMONEAR** v. intr. **[1]**. Pacer los animales las hojas y las puntas de las ramas de los árboles.

**RAMONEO** n. m. Acción de ramonear. **2.** Temporada en que se ramonea.

**RAMOSO, A** adj. Que tiene muchos ramos o ramas.

**RAMPA** n. f. (fr. *rampe*). Plano inclinado que une dos superficies y que sirve, principalmente, para subir o bajar cargas disminuyendo los esfuerzos. **2.** Terreno en pendiente. • **Rampa de erosión** (GEOGR.), glacis. || **Rampa de lanzamiento** (ARM.), estructura en plano inclinado utilizada para el lanzamiento de algunos tipos de misiles.

**RAMPA** n. f. Calambre.

**RAMPANTE** adj. HERÁLD. Dícese de los cuadrúpedos levantados sobre sus patas traseras. • **Arco rampante,** arco por tranquil.

**RAMPLA** n. f. *Chile.* Carrito de mano, consistente en una plataforma de madera apoyada en un eje con dos ruedas grandes, que se utiliza para transportar mercaderías o muebles. **2.** *Chile.* Acoplado de un camión.

**RAMPLÓN, NA** adj. Vulgar, chabacano.

**RAMPLONERÍA** n. f. Calidad de ramplón. **2.** Cosa ramplona.

**RAMRAM** n. m. *Perú.* Planta betulácea.

**RANA** n. f. (lat. *ranam*). Anfibio saltador y nadador, de piel lisa, verde o rojiza, que vive junto a estanques y lagunas, cuya larva, el renacuajo, vive en el agua. (Orden anuros.) [Voz: la rana *croa.*] **2.** Juego que consiste en introducir desde cierta distancia chapas o monedas por la boca de una figura de rana. ◆ adj. **3.** *Argent.* y *Urug. Fam.* Astuto, pícaro. • **Salir rana** *(Fam.)*, defraudar.

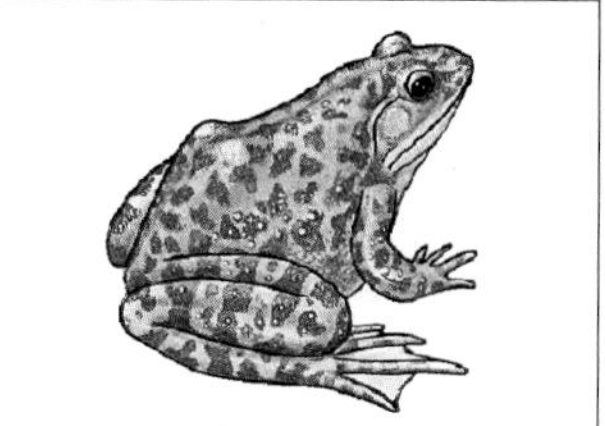

**rana**

**RANAL** adj. y n. f. Relativo a un orden de plantas dicotiledóneas de tipo primitivo, de flores helicoidales o cíclicas, con carpelos más o menos separados.

**RANCHERÍA** n. f. *Méx.* Pueblo pequeño.

**RANCHERO, A** n. Persona que guisa el rancho o cuida de él. **2.** Persona que gobierna un rancho o trabaja en él. ◆ adj. y n. f. **3.** Dícese de un tipo de canción mexicana que adquirió gran popularidad en el s. XX, a partir de la revolución. • **No cantar mal las rancheras** *(Méx. Fam.)*, no hacer alguna actividad mal.

**RANCHITO** n. m. *Venez.* Barraca mal construida que se levanta en las afueras de las poblaciones.

**RANCHO** n. m. Comida que los soldados hacen en común. **2.** Comida que se hace de una vez para muchos y que generalmente se compone de un solo guiso. **3.** En E.U.A., granja ganadera dedicada a la cría extensiva de ganado mayor. **4.** *Antillas* y *Méx.* Granja donde se crían caballos y otros cuadrúpedos. **5.** *Argent.* y *R. de la Plata.* Vivienda popular campesina. **6.** *Venez.* Chabola. • **Hacer,** o **formar, rancho aparte** *(Fam.)*, separarse de los demás en actos o asuntos que pueden ser comunes a todos.

**RANCIAR** v. tr. y pron. **[1]**. Enranciar.

**RANCIEDAD** n. f. Calidad de rancio. **2.** Cosa anticuada.

**RANCIO, A** adj. (lat. *racidum*). Dícese del vino y de los comestibles grasientos que con el tiempo adquieren sabor y olor más fuerte, mejorándose o echándose a perder. **2.** *Fig.* Dícese de las cosas o costumbres antiguas, y de las personas que las observan: *familia de rancio abolengo.* **3.** *Fig.* Anticuado, pasado de moda. ◆ n. m. **4.** Ranciedad. **5.** Tocino rancio.

**RAND** n. m. Unidad monetaria principal de la República de Sudáfrica.

**RANDA** n. m. *Fam.* Ratero, granuja. ◆ n. f. **2.** Encaje.

**RANGER** n. m. (voz inglesa, *batidor*). Cuerpo especial del ejército americano, destinado a combatir guerrillas. **2.** Individuo perteneciente a dicho cuerpo.

**RANGLÁN** adj. Raglán.

**RANGO** n. m. (fr. *rang*). Categoría social, que viene dada por el grado de prestigio, honor, derecho o privilegio de que se disfruta. **2.** Clase, índole, categoría. **3.** Lugar que ocupa un político o un funcionario en el orden de jerarquía o protocolo. • **Rango de una matriz** (MAT.), orden máximo de los determinantes no nulos que pueden formarse con los elementos de la matriz suprimiendo filas o columnas.

**RANGOSO, A** adj. *Amér. Central, Chile* y *Cuba.* Rumboso, generoso.

**RANÍ** n. f. Reina o princesa de la India. **2.** Mujer de un rajá.

**RÁNIDO, A** adj. y n. m. Relativo a una familia de anfibios anuros, que carecen de falanges intercalares cartilaginosas, y son de tonos apagados o de vivos colores.

**RANILLA** n. f. Parte del casco de las caballerías más blanca y flexible que el resto.

**RANITA** n. f. Denominación común de diversas especies pequeñas de anfibios anuros. • **Ranita brasileña,** anfibio que vive en América Meridional y anida en huecos de troncos. || **Ranita de san Antón,** único anfibio arborícola europeo, que vive en los árboles, cerca del agua. || **Ranita marsupial,** anfibio de América tropical, que lleva los huevos en una bolsa dorsal hasta la salida de los renacuajos.

**ranita** de san Antón

**RANKING** n. m. (voz inglesa, *puesto en orden*). Clasificación en que se valora la importancia de cada uno de los elementos por el orden decreciente en que aparece.

**RANQUEL,** pueblo amerindio del NO de la Pampa argentina, del grupo araucano, act. extinguido.

**RÁNULA** n. f. VET. Tumor que se forma debajo de la lengua del ganado caballar y vacuno.

**RANUNCULÁCEO, A** adj. y n. f. Relativo a una familia de plantas ranales, de flores helicoidales o cíclicas, hermafroditas, y fruto en folículo, baya o aquenio.

**RANÚNCULO** n. m. Planta herbácea de la que existen numerosas especies con flores amarillas *(botón de oro)* y otras con flores blancas o rojas. (Familia ranunculáceas.)

**ranúnculo**

**RANURA** n. f. Hendidura o canal estrecho de un objeto.

**RANURAR** v. tr. [**1**]. Hacer una o varias ranuras en una cosa.

**RAP** n. m. Estilo musical expresivo nacido a mitad de los años setenta en los barrios deprimidos de Nueva York, combinación de la música disco, el break dancing y los slogans de los graffiti callejeros.

**RAPABARBAS** n. m. y f. (pl. *rapabarbas*). *Fam.* Barbero.

**RAPACIDAD** o **RAPACERÍA** n. f. Calidad de rapaz. **2.** Inclinación al robo.

**RAPADURA** n. f. Acción y efecto de rapar.

**RAPAPOLVO** n. m. *Fam.* Reprensión severa: *echar un rapapolvo.*

**RAPAR** v. tr. y pron. [**1**]. Afeitar. **2.** Cortar el pelo al rape.

**RAPAZ** adj. (lat. *rapacem*). Inclinado al robo o a la rapiña. ◆ adj. y n. f. **2.** Relativo a un orden de aves carnívoras, de pico curvado y garras fuertes y encorvadas. (Las especies de este orden son cazadoras diurnas [*águila, halcón, buitre*] y nocturnas [*búho, lechuza*].)

**RAPAZ, ZA** n. Muchacho, chico.

**RAPE** n. m. Pez comestible, que puede medir hasta 2 m de long., común en las costas mediterráneas y atlánticas, de cabeza enorme, cubierto de apéndices y espinas. (Familia lófidos.) SIN.: *pejesapo.*

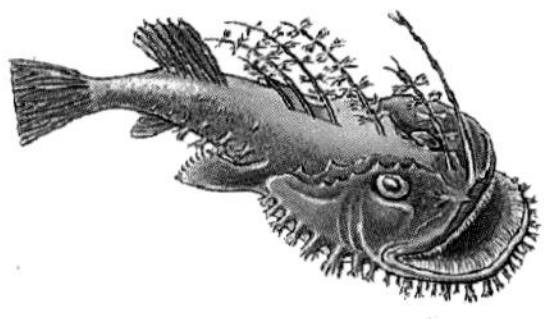

**rape**

**RAPE. Al rape,** casi a raíz.

**RAPÉ** adj. y n. m. (fr. *rapé*, tabaco rallado). Dícese del tabaco reducido a polvo, especialmente preparado para ser tomado por la nariz.

**RAPIDEZ** n. f. Calidad de rápido.

**RÁPIDO, A** adj. (lat. *rapidum*; de *rapere*, arrebatar). Que actúa, evoluciona, se mueve o se hace en poco espacio de tiempo, de prisa: *efecto rápido; comida rápida.* **2.** *Fig.* Hecho a la ligera, sin profundidad: *una lectura rápida.* ◆ adj. y n. m. **3.** Dícese del tren que únicamente se detiene en algunas estaciones importantes. ◆ n. m. **4.** Corriente impetuosa de los ríos, especialmente en los puntos donde hay algún obstáculo que el río debe salvar.

**RAPINGACHO** n. m. *Perú.* Tortilla de queso.

**RAPIÑA** n. f. (lat. *rapinam*; de *rapere*, arrebatar). Acción de apoderarse de las cosas ajenas valiéndose del propio poder o de la violencia. • **Ave de rapiña,** ave rapaz.

**RAPIÑAR** v. tr. [**1**]. *Fam.* Robar o quitar, a escondidas, algo de poca importancia.

**RÁPITA** n. f. Rábita.

**RAPÓNCHIGO** n. m. Planta herbácea de flores azules, fruto en cápsula, y raíz comestible, que crece en las zonas montañosas de la península Ibérica. (Familia campanuláceas.)

**RAPOSA** n. f. Zorra. **2.** *Fig.* y *fam.* Persona astuta.

**RAPOSO** n. m. Zorro, macho de la zorra.

**RAPPEL** n. m. Práctica comercial usual que consiste en un descuento suplementario o bonificación que concede una firma a sus clientes, en una cuantía que se relaciona con su cifra de compras. **2.** ALP. Técnica de descenso de una pared vertical con la ayuda de una cuerda doble, recuperable una vez se ha efectuado el descenso.

**RAPPORT** n. m. (voz francesa). Informe, reseña, reportaje.

**RAPSODA** n. m. y f. (gr. *rhapsōidos*). En la antigua Grecia, persona que recorría los lugares recitando y cantando poemas épicos. **2.** Poeta, vate. **3.** Recitador de versos.

**RAPSODIA** n. f. (gr. *rhapsōidia*). Fragmento de un poema épico, especialmente homérico. **2.** Obra musical que utiliza temas y efectos instrumentales procedentes de músicas nacionales o regionales determinadas.

**RAPSÓDICO, A** adj. Relativo a la rapsodia o a los rapsodas.

**RAPTAR** v. tr. (lat. *raptare*) [**1**]. Llevarse a una persona consigo utilizando el engaño o la violencia, con fines sexuales. **2.** Secuestrar a una persona, generalmente para obtener rescate.

**RAPTO** n. m. (lat. *raptum*). Acción y efecto de raptar. **2.** Impulso súbito y violento, arrebato: *un rapto de enajenación mental.*

**RAPTOR, RA** adj. y n. Que rapta.

**RAQUETA** n. f. (fr. *raquette*). Bastidor ovalado provisto de una red de tripa o nylon y terminado en un mango, utilizado para jugar al tenis y en otros juegos de pelota. **2.** Marco de madera que encierra una rejilla hecha con tiras de cuero u otro material, que se sujeta a la suela del calzado para andar sobre la nieve blanda. **3.** Utensilio en forma de rastrillo sin púas, que se usa en las mesas de juego. **4.** Aguja que sirve para regular el reloj, adelantándolo o atrasándolo. SIN.: *roseta.*

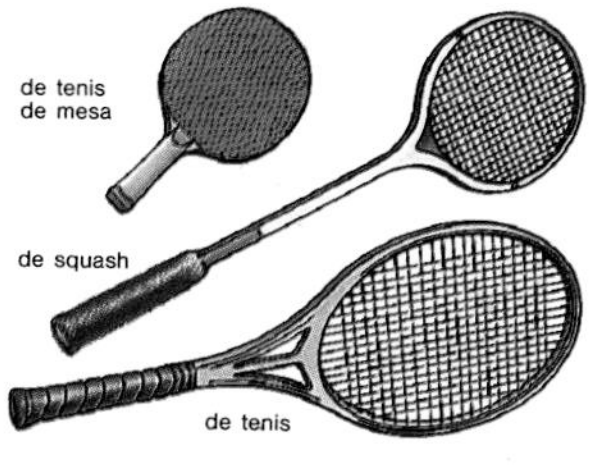


**raquetas**

**RAQUIANESTESIA** n. f. Anestesia de las extremidades inferiores y del abdomen mediante inyección de sustancias que inhiben la sensibilidad y motilidad, en el conducto raquídeo.

**RAQUÍDEO, A** adj. Relativo a la columna vertebral o raquis: *bulbo raquídeo.* • **Conducto raquídeo,** conducto formado por las vértebras, que contiene la médula espinal. || **Nervios raquídeos,** los que nacen de la médula espinal. (El hombre tiene 31 pares de estos nervios.)

**RAQUIS** n. m. ANAT. Columna vertebral. **2.** BOT. Eje de cualquier inflorescencia. **3.** ZOOL. Eje córneo de las plumas de las aves.

**RAQUÍTICO, A** adj. y n. Que padece raquitismo. ◆ adj. **2.** *Fig.* Exiguo, débil, mezquino.

**RAQUITISMO** n. m. Enfermedad propia de la infancia, que se caracteriza por la existencia de al-

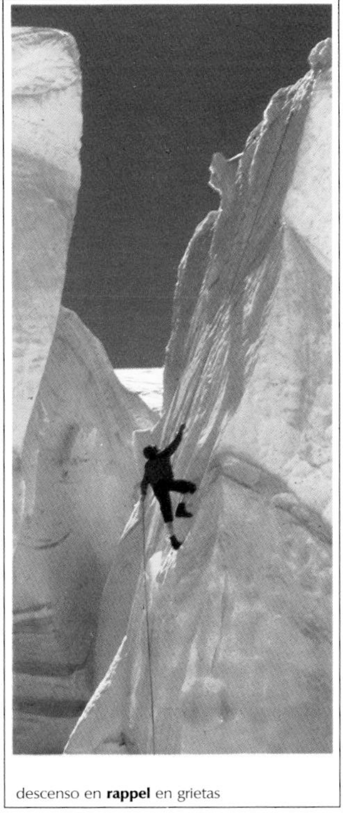

descenso en **rappel** en grietas

teraciones en los tejidos de sostén, secundaria a un trastorno complejo del metabolismo del fósforo y del calcio, y que se trata específicamente con la vitamina D. **2.** Desarrollo deficiente de la vid y otras plantas.

**RAREFACCIÓN** n. f. Acción y efecto de rarefacer.

**RAREFACER** v. tr. y pron. **[11]**. Enrarecer.

**RAREZA** n. f. Calidad de raro. **2.** Cosa o acción rara. **3.** Hecho de ocurrir raras veces algo.

**RARIFICAR** v. tr. **[1a]**. Enrarecer.

**RARÍFICO, A** adj. *Chile.* Raro, extravagante.

**RARO, A** adj. (lat. *rarum*). Escaso en su clase o especie. **2.** Especial, extraordinario por lo poco frecuente. ◆ adj. y n. **3.** Extravagante, singular.

**RAS** n. m. Plano del nivel que alcanza una cosa: *rebasar el ras de un recipiente.* • **A ras de** o **al ras de,** más o menos al mismo nivel de otra cosa, casi rozándola.

**RASANTE** adj. Que pasa rozando el suelo u otra superficie: *vuelo rasante.* **2.** MIL. Que tiene la trayectoria tensa, próxima a una línea recta entre arma y objetivo: *tiro rasante.* ◆ n. f. **3.** Inclinación de la línea del perfil longitudinal de una calle respecto al plano horizontal. • **Cambio de rasante,** punto en que varía el valor o el sentido de la pendiente de un terreno.

**RASAR** v. tr. y pron. **[1]**. Igualar con el rasero. **2.** Pasar rozando ligeramente un cuerpo con otro. **3.** Arrasar.

**RASCA** n. f. *Amér.* Borrachera, embriaguez. ◆ adj. **2.** *Chile.* Ordinario.

**RASCACIELOS** n. m. (pl. *rascacielos*). Edificio en forma de torre y con gran número de pisos.

**RASCADO** n. m. Acción y efecto de rascar.

**RASCADOR** n. m. Instrumento que sirve para rascar.

**RASCADURA** n. f. Rascado.

**RASCAR** v. tr. y pron. **[1a]**. Restregar la piel con algo agudo o áspero, especialmente con las uñas. **2.** Restregar la superficie de algo con un instrumento agudo o raspante. ◆ v. tr. **3.** Arañar, hacer arañazos. **4.** *Fig.* y *fam.* Tocar mal un instrumento de cuerda.

**RASCATRIPAS** n. m. y f. (pl. *rascatripas*). *Desp.* Persona que toca sin habilidad un instrumento de arco.

**RASCÓN** n. m. Ave de pico largo, encarnado, flancos listados y parte inferior de la cola de color blanco, que vive a orillas de los pantanos, lagos y ríos.

**RASCUACHE** adj. *Méx.* Pobre, miserable, escaso. **2.** *Méx. Fam.* De baja calidad.

**RASERA** n. f. Paleta formada por un disco de metal con agujeros y un mango largo, para dar vuelta a las cosas que se fríen, sacarlas de la sartén, etc.

**RASERO** n. m. Palo cilíndrico con que se rasan las medidas de capacidad para áridos, como cebada, trigo, etc. • **Medir,** o **llenar, por el mismo,** o **por un, rasero** *(Fam.),* dar a diversas personas el mismo trato sin hacer diferencias.

**RASGADO, A** adj. Dícese de los ojos que tienen muy prolongada la comisura de los párpados. **2.** Dícese de las ventanas más anchas que altas. ◆ n. m. **3.** Rasgón.

**RASGADURA** n. f. Acción y efecto de rasgar. **2.** Rasgón.

**RASGAR** v. tr. y pron. **[1b]**. Romper o hacer pedazos alguna cosa de poca consistencia, tirando de una parte de ella o de dos partes en direcciones opuestas: *rasgar papel, tela.* ◆ v. tr. **2.** Rasguear.

**RASGO** n. m. Línea o trazo, especialmente el de adorno, que se hace sobre el papel de escribir. **2.** Facción, línea, característica del rostro de una persona: *tener rasgos muy pronunciados.* **3.** *Fig.* Aspecto distinto en la manera de ser o de actuar de alguien: *un rasgo de personalidad.* **4.** *Fig.* Acción de carácter notable y digna de alabanza: *un rasgo de confianza.* **5.** HERÁLD. Línea que cuartela el escudo. ◆ **rasgos** n. m. pl. **6.** Carácter de letra: *escritura de rasgos claros.* • **A grandes rasgos,** sin detalles, superficialmente.

**RASGÓN** n. m. Rotura que se hace al rasgar una tela, papel, etc.

**RASGUEAR** v. tr. **[1]**. Tocar la guitarra o la vihuela rozando las cuerdas con las puntas de los dedos. SIN.: *rasgar.* ◆ v. intr. **2.** Hacer rasgos con la pluma. **3.** *Fig.* Escribir.

**RASGUEO** o **RASGUEADO** n. m. Acción y efecto de rasguear.

**RASGUÑADA** n. f. *Méx.* Rasguño.

**RASGUÑAR** v. tr. **[1]**. Arañar o rascar con las uñas o con algo agudo y cortante.

**RASGUÑO** n. m. Arañazo, raspadura.

**RASILLA** n. f. Ladrillo fino, hueco y delgado.

**RASMILLARSE** v. pron. **[1]**. *Chile.* Rasguñarse la piel ligeramente.

**RASMILLÓN** n. m. *Amér.* Rasguño.

**RASO** n. m. (de *paño de Ras*). TEXT. Uno de los tres ligamentos fundamentales. **2.** TEXT. Tela de seda, de superficie muy lustrosa. SIN.: *satén.*

**RASO, A** adj. Llano, liso, sin desniveles: *terreno raso.* **2.** Despejado, sin nubes o nieblas: *cielo raso.* **3.** Que pasa rozando o se mueve a poca altura del suelo: *vuelo raso.* **4.** Lleno de lo que se expresa, pero sin rebasar los bordes: *una taza rasa de harina.* • **Al raso,** al aire libre, sin techo donde guarecerse. || **Soldado raso,** el que carece de títulos o funciones que le distingan.

**RASPA** n. f. Filamento áspero de la cáscara del grano de trigo y otros cereales. **2.** Núcleo de la espiga del maíz. **3.** Espina dorsal de un pescado. **4.** *Fig.* y *fam.* Persona irritable, brusca o falta de amabilidad. **5.** *Amér.* Reprimenda, regañina. **6.** *Méx.* Vulgo, pueblo.

**RASPADERA** n. f. Cuchilla de acero para el raspado de los cortes de los libros antes de aplicarles el dorado.

**RASPADILLA** n. f. *Méx.* y *Perú.* Raspado, hielo raspado y endulzado con jarabe.

**RASPADO** n. m. Acción y efecto de raspar. **2.** Legrado.

**RASPADO, A** adj. *C. Rica.* Desvergonzado. ◆ n. m. **2.** *Méx.* Hielo raspado al que se añade jarabe de frutas y se come como helado.

**RASPADOR** n. m. Instrumento que sirve para raspar.

**RASPADURA** n. f. Acción y efecto de raspar. **2.** Lo que se saca al raspar una superficie. **3.** Señal que se deja después de raspar.

**RASPAJO** n. m. BOT. Escobajo de uvas.

**RASPALLÓN** n. m. Teleósteo marino, semejante al sargo, de unos 20 cm, que vive en el litoral del Mediterráneo y del Atlántico. (Familia espáridos.)

**RASPAR** v. tr. **[1]**. Frotar o rascar una superficie con un instrumento agudo y cortante. **2.** Alisar o suavizar una cosa por este procedimiento. **3.** Ser una cosa áspera, o que pueda causar daño al rozar. **4.** Rasar, rozar ligeramente. ◆ v. intr. **5.** *Venez.* Salir apresuradamente.

**RASPILLA** n. f. Planta herbácea, de tallos tendidos y flores azules, que crece en la península Ibérica. (Familia borragináceas.)

**RASPÓN** n. m. *Colomb.* Sombrero de paja que usan los campesinos.

**RASPONAZO** n. m. Señal producida por un cuerpo que raspa.

**RASPOSO, A** adj. Que tiene abundantes raspas. **2.** *Fig.* Áspero al tacto: *manos rasposas.* **3.** *Fig.* De trato desapacible. **4.** *Argent.* y *Urug.* Dícese de la prenda de vestir raída y del que la lleva. ◆ adj. y n. **5.** *Argent.* y *Urug.* Mezquino, tacaño.

**RASQUETA** n. f. Plancha delgada de hierro con un mango de madera, que se emplea para rascar superficies.

**RASQUETEAR** v. tr. *Amér. Merid.* Pasar un cepillo por el pelo de un caballo para limpiarlo.

**RASQUIÑA** n. f. *Amér. Central.* Picor, escozor.

**RASTA** o **RASTAFARI** n. m. y f. Persona en general de origen jamaicano, que pertenece a un movimiento que lucha por la libertad de las personas de origen africano, es seguidor de la música reggae y defiende el consumo de la marihuana.

**RASTRA** n. f. Rastrillo para allanar la tierra. **2.** Rastro, indicio, vestigio. **3.** Cualquier cosa que se lleva colgando y arrastrando. **4.** Cualquier cosa que sirve para arrastrar, puestos sobre ella, objetos de peso. **5.** Ristra, sarta de frutos secos. **6.** Cable o red fuerte que se arrastra por el fondo del mar, para buscar y recoger objetos sumergidos o muestras del fondo. **7.** *Argent.* y *Urug.* Pieza para sujetar el tirador del gancho, hecha de plata labrada, que lleva una chapa central y monedas o botones unidos a ésta por cadenas.

**RASTREADOR, RA** adj. y n. Que rastrea.

**RASTREAR** v. tr. **[1]**. Perseguir o buscar siguiendo el rastro: *rastrear una presa.* **2.** *Fig.* Inquirir, hacer indagaciones: *rastrear la desaparición de alguien.* **3.** Llevar arrastrando por el fondo del mar una rastra. ◆ v. intr. **4.** Hacer alguna labor con el rastro. **5.** Seguir el rastro de una pieza de caza.

**RASTREO** n. m. Acción de rastrear.

**RASTRERO, A** adj. Que va arrastrando. **2.** Dícese de lo que va por el aire casi rozando el suelo. **3.** *Fig.* Mezquino, innoble, despreciable: *una actitud rastrera.* **4.** BOT. Dícese de los tallos que están extendidos sobre el suelo y de los rizomas que corren en posición horizontal.

**RASTRILLADA** n. f. *Argent.* y *Urug.* Surco o huellas que dejan las manadas de animales sobre el pasto o en tierra.

**RASTRILLADO** n. m. Acción de rastrillar.

**RASTRILLADOR, RA** adj. y n. Que rastrilla.

**RASTRILLAJE** n. m. *Argent.* Acción y efecto de rastrillar, batir.

**RASTRILLAR** v. tr. **[1]**. Pasar la rastra por los sembrados. **2.** Recoger o limpiar con el rastrillo la hierba de los parques, jardines, etc. **3.** *Argent.* En operaciones militares o policiales, batir áreas urbanas o despobladas para registrarlas. **4.** TEXT. Limpiar el lino o cáñamo de la pajilla y estopa, pasándolo entre las púas o dientes del rastrillo.

**RASTRILLO** n. m. Instrumento agrícola armado de dientes o púas, que se emplea para desterronar, arrancar las hierbas, recubrir las semillas, etc. **2.** Azada de dientes que sirve para varios usos. **3.** *Méx.* Instrumento para afeitar.

**RASTRO** n. m. (lat. *rastrum*). Indicio, pista que se deja en un sitio. **2.** Señal o vestigio que queda en un sitio de algo que ha existido u ocurrido: *los rastros de una muralla.* **3.** Instrumento agrícola propio para recoger hierba, paja, etc. **4.** Especie de azada que en vez de pala tiene dientes.

**RASTROJAR** v. tr. **[1]**. Arrancar el rastrojo en un campo.

**RASTROJERA** n. f. Conjunto de tierras que han quedado en rastrojo. **2.** Temporada en que los ganados pastan los rastrojos. **3.** Estos pastos.

**RASTROJO** n. m. Parte de las cañas de la mies que quedan en la tierra después de segar. **2.** Campo o tierra después de segada la mies y antes de recibir nueva labor. ◆ **rastrojos** n. m. pl. **3.** *Fam.* Cualquier residuo que queda de algo.

**RASURA** o **RASURACIÓN** n. f. Acción y efecto de rasurar.

**RASURADA** n. f. *Méx.* Afeitado.

**RASURADO** n. m. Afeitado.

**RASURAR** v. tr. y pron. **[1]**. Afeitar, raer la barba con la navaja o maquinilla.

**RATA** n. f. Mamífero roedor, muy nocivo, originario de Asia, con patas cortas, cabeza pequeña y cuerpo grueso, y hocico puntiagudo; es muy fecundo, destructivo y voraz. **2.** Pez óseo de 25 cm de long., que vive en los fondos arenosos, donde se entierra dejando sólo al descubierto los ojos. • **Hacer la rata** *(Argent. Fam.),* faltar a clase, hacer novillos. || **Más pobre que las ratas,** o **que una rata**

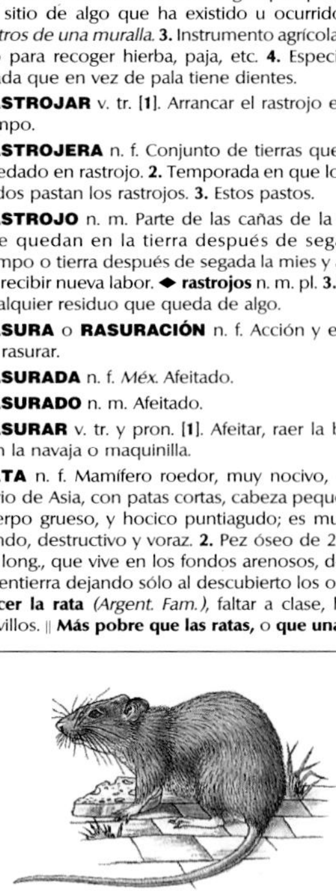

**rata** común

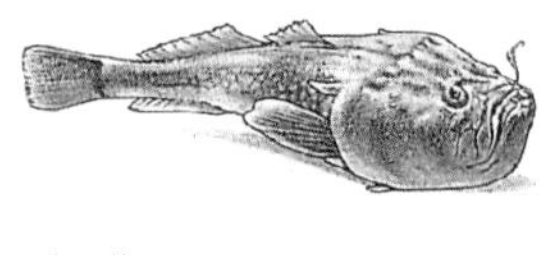

**rata** (ictiol.)

*(Fam.)*, muy pobre. || **Rata almizclada,** mamífero roedor de América del Norte, de 60 cm de long., cuya piel, de color pardo rojizo, es muy apreciada en peletería. || **Rata de agua,** roedor silvestre omnívoro de Asia y Europa, que constituye un serio peligro para los campos sembrados por las galerías que excava en los mismos. ◆ n. m. **3.** *Fam.* Ratero, ladrón que roba cosas de poco valor. ◆ n. m. y f. **4.** *Fam.* Persona tacaña.

**RATAFÍA** n. f. Licor compuesto de aguardiente, canela, azúcar y zumo de ciertas frutas.

**RATANIA** n. f. Planta arbustiva de América Meridional, de unos 30 cm de alt., cuya raíz se emplea como astringente. (Familia cesalpiniáceas.)

**RATAPLÁN** n. m. Voz onomatopéyica con que se imita el sonido del tambor.

**RATEAR** v. intr. [1]. Hurtar con destreza cosas de poco valor.

**RATEAR** v. tr. [1]. Disminuir o rebajar la proporción de algo. **2.** Distribuir, repartir proporcionalmente algo. ◆ **ratearse** v. pron. **3.** *Argent. Fam.* Hacerse la rata.

**RATERÍA** n. f. Hurto de cosas de poco valor.

**RATERO, A** adj. y n. Dícese del ladrón que hurta cosas de poco valor.

**RATICIDA** n. m. Producto que destruye las ratas.

**RATIFICACIÓN** n. f. Acción y efecto de ratificar. **2.** Aprobación y confirmación que hace un estado de un tratado o acuerdo internacional ya negociado y firmado por sus representantes.

**RATIFICAR** v. tr. y pron. [1a]. Confirmar la validez o verdad de algo dicho anteriormente, de una promesa, de un contrato, de un tratado, etc.

**RATIFICATORIO, A** adj. Que ratifica o denota ratificación.

**RATING** n. m. (voz ingl.). DEP. Cifra expresada en dimensiones lineales (metros o pies), que sirve de criterio para clasificar los veleros en distintas clases o series.

**RATIO** n. m. Cada una de las relaciones existentes entre las diversas magnitudes constantes de una empresa.

**RATO** n. m. Espacio de tiempo, especialmente cuando es corto. • **A cada rato,** con mucha frecuencia. || **A ratos** o **de rato en rato,** con intervalos de tiempo, en algunos momentos. || **A ratos perdidos,** dícese con referencia a aquello que se hace en el tiempo libre de ocupaciones regulares u obligatorias. || **Para rato,** expresa que cierta cosa o la espera de cierta cosa va a durar mucho todavía. || **Pasar el rato** *(Fam.)*, pasar el tiempo con algún entretenimiento o diversión. || **Un rato** o **un rato largo** *(Fam.)*, mucho, muy.

**RATÓN** n. m. Pequeño mamífero roedor de pelaje gris, muy prolífico y dañino, semejante a la rata pero de menor tamaño. **2.** INFORMÁT. Dispositivo explorador de la pantalla de un ordenador, que simplifica y agiliza considerablemente su manejo sin usar el teclado. • **Ratón de biblioteca** (*Fig.* y *desp.*), persona erudita que con asiduidad escudriña muchos libros o que trabaja mucho entre libros y en archivos. || **Ratón de monte,** o **silvestre,** pequeño ratón gris leonado de los bosques y campos, perjudicial para la agricultura.

**ratón** común

**RATONA** n. f. *Argent.* Pájaro de plumaje pardusco, parecido al de los ratones de campo, de al menos 10 cm de long., muy inquieto, que se alimenta de insectos y anida en huecos de paredes y cornisas.

**RATONAR** v. tr. [1]. Morder o roer los ratones una cosa.

**RATONERA** n. f. Trampa para cazar ratones. **2.** Madriguera de ratones. **3.** Agujero que hace el ratón en paredes, muebles, etc. **4.** *Fig.* Trampa preparada para coger o engañar a alguien.

**RATONERO** n. m. Ave rapaz diurna, que puede medir de 50 a 60 cm de long., de formas pesadas y de dedos frágiles, que se nutre de roedores, reptiles, pájaros pequeños, etc. (Familia falcónidos.)

**ratonero**

**RATONIL** adj. Relativo a los ratones.

**RAUCO, A** adj. *Poét.* Ronco: *voz rauca.*

**RAUDAL** n. m. Afluencia de agua que corre con fuerza y precipitadamente. **2.** *Fig.* Abundancia de una o varias cosas que surgen de repente: *un raudal de lágrimas.* • **A raudales,** en abundancia.

**RAUDO, A** adj. Rápido, veloz.

**RAULÍ** n. m. Planta arbórea de América Meridional, que alcanza hasta 50 m de alt., cuya madera es muy empleada en carpintería. (Familia fagáceas.)

**RAVE** n. f. (del ingl. *to rave,* delirar, extasiarse). Concentración festiva de aficionados al house o al techno, que generalmente se celebra sin autorización en un edificio abandonado o al aire libre.

**RAVIOLI, RAVIOLIS** o **RAVIOLES** n. m. pl. (voz italiana). Emparedados de masa con carne picada que se sirven cocidos con salsa y queso rallado.

**RAYA** n. f. Línea o señal larga y estrecha que se marca en un cuerpo o superficie cualquiera. **2.** Línea que queda en el peinado al separar los cabellos, unos hacia un lado y otros hacia el lado opuesto. **3.** Guión largo que se usa para separar oraciones incidentales o indicar el diálogo en los escritos. **4.** *Fig.* Límite que se señala a algún hecho, acción, etc.: *sobrepasar la raya de las leyes.* **5.** En el lenguaje de la droga, dosis de cocaína u otra droga en polvo. **6.** *Méx.* Salario de obrero o campesino. • **A rayas,** con dibujo de rayas. || **Pasar de la raya,** o **de raya** *(Fam.)*, propasar el límite de lo tolerable. || **Poner,** o **tener, a raya,** no dejar que alguien se propase o exceda, contenerle.

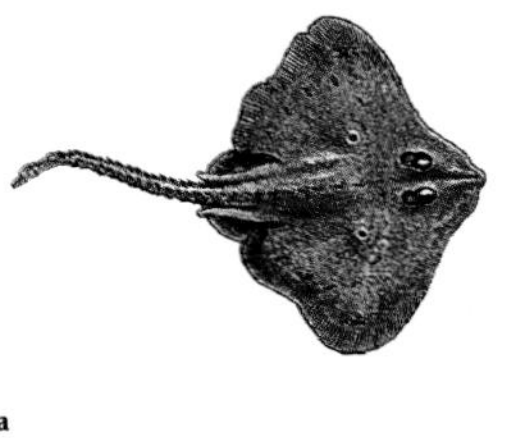

**raya**

**RAYA** n. f. (lat. *rajam*). Pez cartilaginoso, de cuerpo plano y aletas pectorales triangulares muy desarrolladas y unidas a la cabeza.

**RAYADILLO** n. m. Tela de algodón rayada.

**RAYADITO** n. m. Pájaro frecuente en bosques de Patagonia y Tierra del Fuego, de cabeza negra, con una larga ceja ocrácea. (Familia furnáridos.)

**RAYADO** n. m. Acción y efecto de rayar. **2.** Conjunto de rayas, listas o estrías de una cosa.

**RAYADOR** n. m. *Amér. Merid.* Ave palmípeda parecida a las golondrinas de mar, de color blanco y negruzco y pico rojo, con la mandíbula superior mucho más corta que la inferior. (Familia rincópidos.)

**RAYANO, A** adj. Que confina o linda con algo. **2.** *Fig.* Que es casi la cosa que se expresa, o se asemeja a ella: *persona vulgar, rayana en ordinaria.*

**RAYAR** v. tr. [1]. Hacer o trazar rayas sobre una superficie. **2.** Tachar lo escrito o impreso con rayas. **3.** Subrayar. **4.** *Méx.* Pagar la raya. • **Rayar el alba, el día, la luz, el sol,** etc., empezar a amanecer. ◆ v. tr. y pron. **5.** Estropear o deteriorar una superficie con rayas o incisiones: *se ha rayado el disco.* ◆ v. intr. **6.** Confinar, lindar: *dos parcelas que rayan.* **7.** *Fig.* Ser casi la cosa que se expresa, o asemejarse a ella: *palabras que rayan en el insulto.* **8.** *Fig.* Sobresalir en algo, distinguirse de las demás personas o cosas. **9.** *Méx.* Cobrar la raya.

**RAY-GRASS** n. m. (voz inglesa). Ballico.

**RAYMI** o **RAIMI** n. m. (voz quechua, *danza*). Nombre que los incas daban a sus principales fiestas religiosas, especialmente a la fiesta del Sol, que se celebraba en Cuzco durante el solsticio de invierno (21 de junio), y que duraba nueve días.

**RAYO** n. m. (lat. *radium*). Descarga disruptiva acompañada de explosión (trueno) y de luz (relámpago) entre dos nubes o entre una nube y la Tierra. **2.** Cada una de las líneas que parten del punto en que se produce una determinada forma de energía y señalan la dirección en que ésta es transmitida: *un haz de rayos luminosos.* **3.** Haz de corpúsculos o radiación electromagnética que transporta dicha energía: *rayos X; rayos gamma.* **4.** *Fig.* Aquello que tiene mucha fuerza o eficacia en su acción. **5.** *Fig.* Persona de carácter muy vivo, o muy rápida en sus acciones. **6.** *Fig.* Desgracia o castigo repentino e imprevisto. • **Echar rayos** o **estar que echa rayos** alguien *(Fam.)*, estar muy enojado e indignado y manifestarlo con palabras y acciones.

**RAYÓN** n. m. Fibra textil artificial fabricada a base de celulosa, siguiendo diversos procedimientos. **2.** Tejido elaborado con dicha fibra.

**RAYONANTE** adj. HERÁLD. Radiante.

**RAYONISMO** n. m. Corriente pictórica rusa de principios del s. XX creada por Lariónov y Goncharova.

**RAYOSO, A** adj. Que tiene rayas.

**RAYUELA** n. f. Juego que consiste en tirar monedas o tejos a una raya hecha en el suelo, y en el que gana el que toca o se acerca más a ella. **2.** *Amér.* Infernáculo.

**RAZA** n. f. Agrupación natural de seres humanos que presentan un conjunto de rasgos físicos comunes y hereditarios. **2.** Grupo en que se subdividen algunas especies botánicas y zoológicas, cuyos caracteres diferenciales se perpetúan por herencia. **3.** *Fig.* Calidad del origen o linaje. **4.** *Fig.* Calidad de algunas cosas, especialmente la que contraen en su formación. **5.** *Méx. Fam.* Grupo de gente. **6.** *Méx. Fam.* Plebe. **7.** *Perú.* Descaro. • **De raza,** dícese de los animales, especialmente perros y caballos, que pertenecen a una raza seleccionada.

■ La diversidad humana condujo a una clasificación racial fundada sobre los criterios de semejanza más evidentes: leucodérmicos (blancos), melanodérmicos (negros), xantodermos (amarillos). Esta clasificación prevaleció con diversas modificaciones debidas a la influencia de las ideas de Linneo, a lo largo de todo el s. XIX. La evolución de la genética ha llevado en la actualidad a rechazar cualquier intento de clasificación racial.

**RAZÓN** n. f. (lat. *rationem*). Facultad de pensar. **2.** Palabras o frases con que se expresa el discurso. **3.** Argumento que tiende a justificar o a probar una cosa: *aduce razones que no vienen al caso.* **4.** Causa o motivo: *no conozco la razón de su negativa.* **5.** Aquello que es conforme al derecho, a la justicia, al deber: *la razón está de su parte.* **6.** Noticia, aviso, información: *me mandó razón de que fuera a verle.* **7.** FILOS. Facultad por la que la persona conoce, ordena sus experiencias, tendencias y conducta en su relación con la totalidad de lo real. **8.** MAT. Cociente entre dos cantidades. • **A razón de,** correspondiendo la cantidad que se expresa a cada una de las cosas de que se trata. || **Asistir la razón** a uno, tenerla de su parte. || **Dar la razón,** reconocer que uno ha dicho la verdad o ha obrado justamente. || **Dar razón,** informar. || **En razón a,** o **de,** por lo que pertenece o atañe a alguna cosa y en relación a ella. || **En razón directa** (o **inversa**) [MAT.], directamente (o inversamente) proporcional. || **Entrar en razón,** darse cuenta de lo que es razonable y de lo que no lo es. || **Meter,** o **hacer entrar, en razón** a alguien, obligarle a obrar razonablemente. || **Perder la razón,** volverse loco; cometer insensateces. || **Razón de una progresión,** diferencia constante entre cada dos términos consecutivos de una progresión aritmética o cociente constante entre cada dos términos consecutivos de una progresión geométrica. || **Razón social,** denominación de las compañías o sociedades colectivas o comanditarias. || **Tener razón,** estar en lo cierto.

**RAZONABLE** adj. Conforme a la razón. **2.** Prudente, sensato, que obra con buen juicio. **3.** Justo, equitativo, suficiente en cantidad o calidad: *un precio razonable.*

**RAZONADOR, RA** adj. y n. Que explica y razona.

**RAZONAMIENTO** n. m. Acción y efecto de razonar. **2.** Serie de conceptos encaminados a demostrar algo.

**RAZONAR** v. intr. **[1]**. Pensar, ordenando ideas en la mente, para llegar a deducir una consecuencia o conclusión. **2.** Dar las razones o motivos de algo. ◆ v. tr. **3.** Exponer, aducir las razones en que se apoyan unas cuentas, dictámenes, etc.

**RAZZIA** o **RAZIA** n. f. Incursión realizada en territorio enemigo con objeto de saquear o destruir. **2.** Acción de explorar una zona buscando a alguien o algo.

**Rb,** símbolo químico del *rubidio.*

**rd,** símbolo del *rad.*

**RE** n. m. Nota musical, segundo grado de la gama de *do.*

**Re,** símbolo químico del *renio.*

**REABRIR** v. tr. y pron. **[3m]**. Volver a abrir.

**REABSORBER** v. tr. **[2]**. Absorber de nuevo.

**REACCIÓN** n. f. Acción provocada por otra y de efectos contrarios a ésta. **2.** Respuesta a un estímulo. **3.** Tendencia tradicionalista en lo político opuesta a las innovaciones. **4.** Conjunto de los partidarios de esta tendencia. **5.** CIB. Acción de retorno, retroacción. SIN.: *realimentación.* **6.** FÍS. Fuerza que un cuerpo, sujeto a la acción de otro, ejerce sobre él en dirección opuesta. **7.** QUÍM. Fenómeno que se produce entre cuerpos químicos en contacto y que da lugar a nuevas sustancias. **8.** SICOL. Comportamiento de un ser vivo, que se manifiesta en presencia de un estímulo. SIN.: *respuesta.* • **Reacción nuclear,** fenómeno que se produce al bombardear el núcleo de un átomo con una partícula elemental, otro núcleo, etc., y que da lugar a nuevos núcleos.

**REACCIONAR** v. intr. **[1]**. Producirse una reacción por efecto de determinado estímulo. **2.** Volver a recobrar actividad. **3.** Defenderse o rechazar un ataque o agresión. **4.** Oponerse fuertemente a algo que se cree inadmisible. **5.** QUÍM. Entrar en reacción.

**REACCIONARIO, A** adj. y n. Que está en contra de las innovaciones de tipo progresista en el terreno ideológico, político, etc. **2.** Que tiende a restablecer lo abolido.

**REACIO, A** adj. Que muestra resistencia a hacer algo o a dejar que se ejerza una acción sobre él.

**REACTANCIA** n. f. Componente de la impedancia de un circuito de corriente eléctrica alterna debido a la existencia de una autoinducción o una capacidad.

**REACTIVACIÓN** n. f. Acción y efecto de reactivar. **2.** Resurgimiento económico.

**REACTIVAR** v. tr. **[1]**. Activar de nuevo, dar más actividad. **2.** QUÍM. Regenerar.

**REACTIVIDAD** n. f. BIOL. Capacidad o modo especial de reaccionar un ser vivo frente a un hecho concreto. **2.** QUÍM. Aptitud para reaccionar presentada por un cuerpo.

**REACTIVO, A** adj. Que produce reacción. ◆ n. m. **2.** QUÍM. Sustancia empleada para reconocer la naturaleza de los cuerpos, según las reacciones que produce.

**REACTOR** n. m. Propulsor aéreo que utiliza el aire ambiente como comburente y que funciona por reacción directa sin accionar hélice alguna. **2.** Avión provisto de motor de reacción. **3.** Instalación industrial donde se efectúa una reacción química en presencia de un catalizador. • **Reactor nuclear,** parte de una central nuclear en la que la energía se libera por fisión del combustible. (Durante la fisión de un núcleo de uranio o de plutonio se libera gran cantidad de energía, a la vez que se emiten varios neutrones que provocan otras fisiones. Para evitar que las reacciones en cadena se produzcan con excesiva rapidez, el reactor tiene elementos que las controlan [placas de cadmio que absorben los neutrones de forma controlable].) SIN.: *pila atómica.* || **Reactor catalítico,** aparato integrado en el sistema de escape de un vehículo automóvil, que permite asegurar la poscombustión de las sustancias nocivas contenidas en los gases de escape.

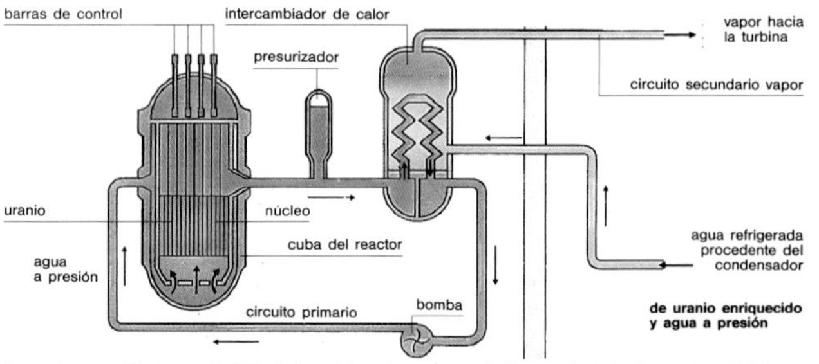


Los neutrones originados por la fisión de los núcleos de uranio se ralentizan mediante las barras de control, lo que limita el calor desprendido en el núcleo del reactor y permite su evacuación por medio de agua a presión.

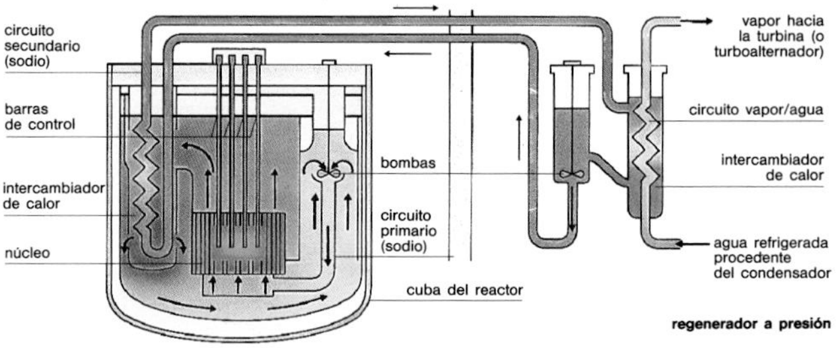


Los neutrones responsables de la reacción nuclear no se ralentizan; la energía producida es mayor y debe evacuarse mediante un circuito primario que contiene sodio fundido.

**reactores:** dos tipos de reactores nucleares

**READAPTACIÓN** n. f. Acción y efecto de readaptar.

**READAPTAR** v. tr. **[1]**. Adaptar de nuevo. **2.** Hacer que alguien se habitúe de nuevo a las condiciones normales de vida.

**READMISIÓN** n. f. Acción y efecto de readmitir.

**READMITIR** v. tr. **[3]**. Admitir de nuevo.

**REAFIRMAR** v. tr. y pron. **[1]**. Afirmar de nuevo y de forma más categórica.

**REAGRUPAR** v. tr. y pron. **[1]**. Agrupar de nuevo.

**REAJUSTAR** v. tr. **[1]**. Volver a ajustar. **2.** Hablando de salarios, impuestos, precios, aumentar o disminuir su cuantía.

**REAJUSTE** n. m. Acción y efecto de reajustar.

**REAL** adj. Relativo al rey o a la realeza: *corona real.* **2.** *Fig.* y *fam.* Muy bueno, excelente: *una real moza.* • **Alteza real,** título dado a determinados príncipes y princesas. || **Príncipe real,** presunto heredero de la corona. ◆ n. m. **3.** Moneda equivalente a veinticinco céntimos de peseta. **4.** Unidad monetaria principal de Brasil.

**REAL** adj. Que tiene existencia verdadera y efectiva. **2.** ASTRON. Dícese de la medida de tiempo basada en la marcha real del Sol. **3.** ÓPT. Dícese de la imagen que se forma en la intersección de rayos convergentes. CONTR.: *virtual.* • **Números reales,** conjunto de los números racionales e irracionales por oposición a los números imaginarios. || **Recta, punto, plano real,** en geometría analítica, recta, punto o plano cuyas coordenadas son números reales.

**REAL** n. m. (ár. *raḥ al,* campamento). Campamento de un ejército y especialmente el lugar donde está la tienda del rey o del comandante en jefe.

**REALCE** n. m. Acción y efecto de realzar. **2.** *Fig.* Importancia, lustre, grandeza. • **Bordado de realce,** bordado que consiste en rellenar los motivos con una serie de puntadas sobre las cuales se dan, perpendicularmente, otras que forman el verdadero bordado. || **Poner de realce,** realzar, destacar algo.

**REALENGO, A** adj. Dícese de los pueblos que no eran de un señorío ni de una orden. **2.** Dícese de los terrenos pertenecientes al estado. ◆ n. m. **3.** En la España medieval, señoríos reales.

**REALEZA** n. f. Dignidad o soberanía real. **2.** Magnificencia como la que rodea a un rey.

**REALIDAD** n. f. Calidad de real. **2.** Cosa o hecho real. **3.** Lo efectivo o que tiene valor práctico. **4.** Verdad, lo que ocurre verdaderamente: *la realidad es que no están casados.* • **En realidad,** realmente.

**REALIMENTACIÓN** n. f. CIB. Reacción.

**REALISMO** n. m. Calidad de realista. **2.** Tendencia literaria y artística que pretende representar la naturaleza tal como es, sin tratar de idealizarla. **3.** Escuela literaria de mediados del s. XIX, que pretende la reproducción íntegra de la realidad y que constituye el origen del naturalismo. **4.** Escuela artística de la misma época. **5.** Doctrina filosófica que afirma que el ser existe independientemente del espíritu que lo percibe (por oposición a idealismo). • **Realismo mágico,** corriente literaria latinoamericana que, frente al documentalismo del realismo tradicional, postula una profundización de la realidad a través de lo que de mágico hay en ella. || **Realismo socialista,** doctrina definida en los estatutos de la Unión de escritores soviéticos (1934) y que imponía al artista una *tarea de transformación ideológica y de educación de los trabajadores en el espíritu del socialismo.* || **Realismo sucio** *(dirty realism),* tendencia de la narrativa norteamericana surgida en los años setenta y ochenta, que se caracteriza por una descripción de los ambientes urbanos sin escatimar los aspectos humanos más sórdidos.

■ B. ART. El realismo en arte puede definirse por una voluntad de objetividad. Históricamente, el término realismo designa una corriente que se inició a mediados del s. XIX en Francia, con Courbet, Millet y Daumier. La corriente se extendió por diversos países de Europa: la escuela de paisajistas de La Haya, el escultor belga Constantin Meunier, los italianos Signorini, Fattori y Lega, y el ruso Repin. En el s. XX el realismo resurgió bajo formas renovadas, llegando a incluir objetos reales en la obra (*nuevo realismo:* Y. Klein, J. Tinguely, Arnau, Christo, César, etc.) o caracterizándose por una exactitud fotográfica sorprendente (*hiperrealismo,* anunciado desde los años treinta por E. Hopper).

— LIT. En literatura el realismo corresponde a una reacción contra el romanticismo y los excesos de lirismo. En Francia, Stendhal y Balzac sentaron las bases prácticas del realismo, que halló su expresión en el positivismo de Auguste Comte y el determinismo de Taine, y se encarnó en la literatura

*La rue Transnonain* (*c.* 1834; detalle), litografía de Honoré Daumier. (Biblioteca nacional, París.) En plena época romántica, la actualidad política (represión sangrienta a la insurrección como consecuencia del arresto de los miembros de la Sociedad de los derechos del hombre, en abril de 1834) lleva al joven artista a la constatación de una realidad dramática, ajena a toda búsqueda de evasión.

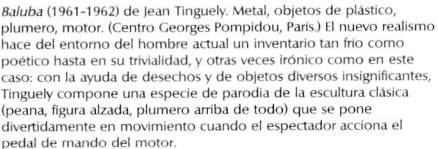

*La siesta* (*c.* 1860-1870), óleo por Ramón Martí Alsina. (Museo de arte moderno, Barcelona.) Admirador de Courbet, fue el introductor del realismo en la pintura catalana, en contraposición al arte romántico y purista imperante en su época. Con un estilo formal muy característico, sustituye el pasado por la realidad más próxima y la observación exacta.

*Señoritas a orillas del Sena* (1856), pintura de Gustave Courbet. (Museo del Petit palais, París.) La vulgaridad fuente de esplendor pictórico, la modernidad social elevada al nivel de gran arte: el cuadro escandalizó en el salón de 1857, el impudor de estas señoritas (la del primer plano ligera de ropa: en camisa, corsé y amplias enaguas) indignó a la crítica moralista.

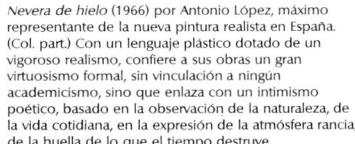

*Baluba* (1961-1962) de Jean Tinguely. Metal, objetos de plástico, plumero, motor. (Centro Georges Pompidou, París.) El nuevo realismo hace del entorno del hombre actual un inventario tan frío como poético hasta en su trivialidad, y otras veces irónico como en este caso: con la ayuda de desechos y de objetos diversos insignificantes, Tinguely compone una especie de parodia de la escultura clásica (peana, figura alzada, plumero arriba de todo) que se pone divertidamente en movimiento cuando el espectador acciona el pedal de mando del motor.

*Nevera de hielo* (1966) por Antonio López, máximo representante de la nueva pintura realista en España. (Col. part.) Con un lenguaje plástico dotado de un vigoroso realismo, confiere a sus obras un gran virtuosismo formal, sin vinculación a ningún academicismo, sino que enlaza con un intimismo poético, basado en la observación de la naturaleza, de la vida cotidiana, en la expresión de la atmósfera rancia, de la huella de lo que el tiempo destruye.

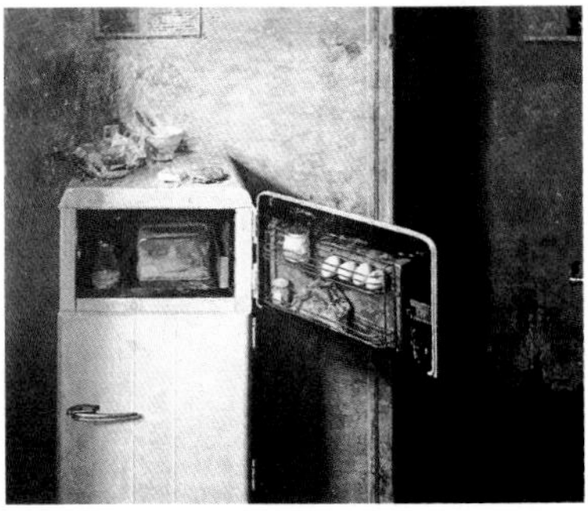

*Tipos gallegos* (*c.* 1932, detalle), dibujo por A. Rodríguez Castelao. (Museo de Pontevedra, Pontevedra.) De gran dominio técnico, sus pinturas y dibujos mantienen la misma posición de realismo crítico, incisivo y de denuncia social que sus escritos.

con Flaubert, Maupassant, los Goncourt y Zola. En España, el realismo se inició tardíamente, ligado al regionalismo costumbrista de Fernán Caballero, y predomina con las *novelas contemporáneas* de Pérez Galdós y con la narrativa de autores como Pereda, Palacio Valdés, Pardo Bazán y Clarín. En Hispanoamérica destacan el argentino E. Cambacérès y el mexicano F. Gamboa.

**REALISMO** n. m. Doctrina u opinión favorable a la monarquía. (En España se aplicó especialmente al absolutismo.)

**REALISTA** adj. y n. m. y f. Relativo al realismo; partidario de estas doctrinas filosófica y estética. **2.** Que tiene sentido de la realidad o que obra con sentido práctico.

**REALISTA** adj. y n. m. y f. Relativo al realismo; partidario de esta doctrina política.

**REALITY SHOW** n. m. (voces inglesas). Programa de televisión que muestra como espectáculo algún aspecto de la vida real de sus protagonistas.

**REALIZABLE** adj. Que se puede realizar.

**REALIZACIÓN** n. f. Acción y efecto de realizar o realizarse. **2.** Obra realizada por alguien.

**REALIZADOR, RA** adj. y n. Que realiza. ◆ n. **2.** Director cinematográfico. **3.** Director de una emisión de televisión.

**REALIZAR** v. tr. y pron. [**1g**]. Hacer real, efectivo, algo. ◆ v. tr. **2.** Ejecutar, llevar a cabo una acción. **3.** Dirigir una película o una emisión de televisión. ◆ **realizarse** v. pron. **4.** Hacer realidad las propias aspiraciones.

**REALMENTE** adv. m. De manera real. (Suele tener un significado intensivo.)

**REALQUILADO, A** adj. y n. Dícese de la persona que vive en habitaciones alquiladas en la vivienda de otra persona.

**REALQUILAR** v. tr. [**1**]. Alquilar a otra persona una casa, local, etc., alguien que lo tenía ya en alquiler.

**REALZADO, A** adj. ARQ. Dícese de un arco o de una bóveda que tienen una altura mayor que la mitad de su luz. CONTR.: *rebajado.*

**REALZAR** v. tr. y pron. [**1g**]. Destacar, hacer que algo o alguien parezca mayor, mejor o más importante.

**REANIMACIÓN** n. f. MED. Procedimiento manual o mecánico y medicamentoso para restablecer las funciones vitales del organismo.

**REANIMAR** v. tr. y pron. [**1**]. Confortar, restablecer las energías físicas. **2.** Someter a reanimación. **3.** *Fig.* Infundir valor y ánimo a alguien que está abatido.

**REANUDACIÓN** n. f. Acción y efecto de reanudar.

**REANUDAR** v. tr. y pron. [**1**]. Continuar algo que ha sido interrumpido.

**REAPARECER** v. intr. [**2m**]. Aparecer de nuevo un artista, una publicación, etc.

**REAPARICIÓN** n. f. Acción de reaparecer.

**REARMAR** v. tr. [**1**]. Proceder al rearme.

**REARME** n. m. Proceso de reforzamiento de la capacidad militar de un estado que anteriormente había sido obligado a desarmarse.

**REASEGURO** n. m. Contrato por el cual una compañía de seguros, después de asegurar a un cliente, se cubre de todo o una parte del riesgo haciéndose asegurar a su vez por una o varias compañías.

**REASUMIR** v. tr. [**3**]. Asumir de nuevo.

**REATA** n. f. Cuerda o correa que ata dos o más caballerías para que vayan en hilera. **2.** Hilera de caballerías que van atadas.

**REAVIVACIÓN** n. f. Acción y efecto de reavivar. SIN.: *reavivamiento.*

**REAVIVAR** v. tr. [**1**]. Excitar o avivar de nuevo. ◆ **reavivarse** v. pron. **2.** Renovarse (un dolor, una pena, etc).

**REBABA** n. f. Resalto que sobresale irregularmente en los bordes de un objeto cualquiera.

**REBAJA** n. f. Acción de rebajar. **2.** Cantidad que se rebaja de un precio. ◆ **rebajas** n. f. pl. **3.** Acción de vender a bajo precio, durante un período de tiempo, en un establecimiento comercial.

**REBAJADO, A** adj. ARQ. Dícese de un arco o de una bóveda cuya altura es menor que la mitad de su luz. SIN.: *realzado.* ◆ adj. y n. m. **2.** MIL. Dícese del soldado dispensado de algún servicio.

**REBAJADOR** n. m. FOT. Producto que sirve para disminuir la opacidad de las imágenes fotográficas.

**REBAJAR** v. tr. [**1**]. Hacer más bajo el nivel, altura de algo. **2.** Disminuir el precio de algo o deducir una parte de una cantidad. **3.** Reducir los grados del alcohol por adición de agua. **4.** PINT. Apagar los colores. ◆ v. tr. y pron. **5.** Humillar a alguien. **6.** Dispensar o excluir a alguien de un servicio, obligación, etc., especialmente en la milicia.

**REBAJO** o **REBAJE** n. m. Corte o disminución hecho en el borde de una pieza, generalmente de madera, para ajustarla con otra.

**REBALSAR** v. tr., intr. y pron. [**1**]. Detener y recoger el agua u otro líquido de modo que forme una balsa. ◆ v. intr. **2.** *Argent., Chile* y *Urug.* Rebosar.

**REBANADA** n. f. Porción delgada que se saca de una cosa, especialmente del pan, cortándola en toda su anchura.

**REBANAR** v. tr. [**1**]. Hacer rebanadas de algo. **2.** Cortar algo de parte a parte de una sola vez.

**REBAÑADERA** n. f. Instrumento de hierro con que se saca fácilmente lo que se cayó en un pozo.

**REBAÑAR** v. tr. [**1**]. Recoger o apoderarse de algo sin dejar nada. **2.** Apurar el contenido de un plato o vasija.

**REBAÑEGO, A** adj. Relativo al rebaño.

**REBAÑO** n. m. Hato grande de ganado, especialmente lanar.

**REBASADERO** n. m. MAR. Lugar o paraje por donde un buque puede rebasar o remontar un peligro o estorbo.

**REBASAR** v. tr. [**1**]. Pasar o exceder de un límite o señal. **2.** Dejar algo atrás en una marcha, camino, etc.

**REBATIBLE** adj. Que se puede rebatir o refutar.

**REBATINGA** n. f. *Méx.* Rebatiña.

**REBATIR** v. tr. [**3**]. Refutar con argumentos o razones lo aducido por otro.

**REBATO** n. m. Llamamiento o convocación hecho a la gente por medio de campana, tambor, etc., cuando sobreviene un peligro o siniestro. • **Tocar a rebato,** dar la señal de alarma ante cualquier peligro.

**REBECA** n. f. Cierto tipo de jersey abrochado por delante.

**REBECO** n. m. ZOOL. Gamuza.

**REBELARSE** v. pron. [**1**]. Negarse a obedecer a la autoridad legítima. **2.** Oponer resistencia a algo o alguien.

**REBELDE** adj. y n. m. y f. Que se rebela, subleva o forma parte de una rebelión. **2.** DER. Dícese de la persona que es declarada en rebeldía por el juez. ◆ adj. **3.** Dícese de la persona o animal difícil de gobernar o educar: *un niño rebelde; un caballo rebelde.* **4.** Dícese de las cosas difíciles de dominar: *un cabello rebelde; una tos rebelde.*

**REBELDÍA** n. f. Calidad de rebelde. **2.** Acción o situación de rebelde. **3.** DER. Situación del demandado, imputado o procesado que no comparece en la vista en los juicios o no se persona en los autos a requerimiento del juez.

**REBELIÓN** n. f. Acción y efecto de rebelarse. **2.** DER. Delito de naturaleza política, que cometen quienes se levantan en armas, o incitan a ello, contra un régimen establecido.

**REBENCAZO** n. m. *Amér. Merid.* Golpe dado con un rebenque.

**REBENQUE** n. m. Látigo de cuero o cáñamo embreado con el cual se castigaba a los galeotes. **2.** *Amér. Merid.* Látigo recio de jinete. **3.** MAR. Cabo corto y embreado.

**REBLANDECER** v. tr. y pron. [**2m**]. Ablandar, poner tierno.

**REBLANDECIMIENTO** n. m. Acción y efecto de reblandecer.

**REBOBINADO** n. m. Acción y efecto de rebobinar.

**REBOBINAR** v. tr. [**1**]. Arrollar hacia atrás un rollo de película fotográfica o cinematográfica, una cinta magnética, etc., con objeto de que queden dispuestos en la forma en que estaban antes de su utilización. **2.** ELECTR. Cambiar los arrollamientos del inducido o del inductor de un motor eléctrico.

**REBOLLO** n. m. Planta arbórea, con tronco grueso, copa ancha y hojas oblongas, que crece en Aragón y Galicia. (Familia fagáceas.)

**REBORDE** n. m. Borde saliente de algo: *el reborde de una mesa.* **2.** Borde vuelto o curvado: *el reborde de una vasija.* **3.** Orla.

**REBORUJAR** v. tr. [**1**]. *Méx.* Desordenar.

**REBOSADERO** n. m. Sitio por donde rebosa un líquido.

**REBOSAR** v. intr. y pron. [**1**]. Salirse un líquido por los bordes del recipiente o depósito que lo contenía. ◆ v. intr. y tr. **2.** Estar un lugar muy lleno de lo que se expresa. **3.** *Fig.* Sobreabundar, generalmente algo bueno o provechoso: *rebosar alegría; rebosar salud.* **4.** *Fig.* Manifestarse por signos externos una cualidad o sentimiento.

**REBOTADO, A** adj. y n. *Fam.* Dícese de la persona que ha abandonado un estado religioso o una actividad profesional: *fraile rebotado.*

**REBOTAR** v. intr. [**1**]. Botar repetidamente un cuerpo elástico, bien sobre el terreno, bien chocando con otros cuerpos. **2.** Botar cualquier objeto al chocar en algún sitio. ◆ v. tr. **3.** Rechazar una cosa a otra que choca con ella. **4.** *Argent.* y *Méx.* Rechazar el banco un cheque por falta de fondos. **5.** Enturbiar el agua. ◆ v. tr. y pron. **6.** Enfadar o enfurecer a una persona: *se rebota por una simple broma.*

**REBOTE** n. m. Acción y efecto de rebotar un cuerpo al chocar con otro. **2.** Cada uno de los botes que después del primero da el cuerpo que rebota. **3.** *Fam.* Enfado: *agarrarse un rebote.* **4.** En baloncesto, acción de capturar el balón tras rebotar éste en el aro o en el tablero. • **De rebote** *(Fam.)*, de rechazo, de resultas.

**REBOTICA** n. f. Habitación auxiliar que está detrás de la botica. **2.** Trastienda, habitación.

**REBOZAR** v. tr. y pron. [**1g**]. Embozar, cubrir casi todo el rostro con una prenda. ◆ v. tr. **2.** Pasar un alimento por huevo batido, harina, pan rallado, etc.

**REBOZO** n. m. Prenda o parte de una prenda con la que se cubre la parte inferior del rostro. **2.** *Fig.* Simulación, pretexto. **3.** *Amér. Central* y *Méx.* Manto cuadrangular, amplio, que usan las mujeres a modo de abrigo.

**REBROTAR** v. tr. [**1**]. Volver a brotar.

**REBROTE** n. m. Acción y efecto de rebrotar. **2.** BOT. Retoño.

**REBUJAR** v. tr. y pron. [**1**]. Arrebujar.

**REBUJO** n. m. Envoltorio hecho con desaliño: *hizo un rebujo con la ropa.* **2.** Maraña de papeles, hilos, pelo, etc.

**REBULLIR** v. intr. y pron. [**3h**]. Empezar a moverse lo que estaba quieto.

**REBUSCA** n. f. Acción y efecto de rebuscar.

**REBUSCADO, A** adj. Dícese del estilo, lenguaje, maneras, etc., que pecan de afectación y de las personas que los usan.

**REBUSCAMIENTO** n. m. Acción y efecto de rebuscar. **2.** Cualidad de rebuscado.

**REBUSCAR** v. tr. [**1a**]. Escudriñar, buscar algo con minuciosidad. • **Rebuscárselas** (*Argent., Chile, Colomb.* y *Perú. Fam.*), ingeniarse para sortear las dificultades cotidianas.

**REBUSQUE** n. m. *Argent.* y *Par. Fam.* Acción y efecto de rebuscársela. **2.** *Argent.* y *Par. Fam.* Solución ingeniosa con que se sortean las dificultades cotidianas.

**REBUTIR** v. tr. [**3**]. Embutir, rellenar.

**REBUZNAR** v. intr. [**1**]. Dar rebuznos.

**REBUZNO** n. m. Voz del asno.

**RECABAR** v. tr. [**1**]. Conseguir con instancias y súplicas lo que se desea. **2.** Reclamar alguien para sí derechos, libertades, etc., que cree le corresponden. **3.** Pedir, solicitar: *recabar información.*

**RECADERO, A** n. Persona que tiene por oficio llevar recados o paquetes.

**RECADO** n. m. Mensaje o respuesta que de palabra se da o envía a otro. **2.** Escrito u objeto que una persona envía a otra. **3.** Conjunto de útiles necesarios para hacer algo: *recado de escribir.* **4.** Diligencia, compra, visita u otro quehacer que requiere que una persona salga a la calle: *salir a hacer unos recados.* **5.** *Amér.* Apero de montar. **6.** *Nicar.* Picadillo con que se rellenan las empanadas. • **Coger,** o **tomar, un recado,** tomar nota de un mensaje para alguien.

**RECAER** v. intr. [**16**]. Caer nuevamente enfermo el que estaba convaleciendo o había recobrado ya la salud. **2.** *Fig.* Reincidir en vicios, errores, etc. **3.** Ir a parar sobre alguien cierta cosa: *recaer la responsabilidad del negocio en una persona.* **4.** Estar situada una ventana, balcón, etc., en la dirección o lugar que se expresa.

**RECAÍDA** n. f. Acción y efecto de recaer.

**RECALADA** n. f. Acción de recalar un buque.

**RECALAR** v. tr. y pron. **[1]**. Penetrar un líquido en un cuerpo seco, dejándolo húmedo o mojado. ◆ v. intr. **2.** *Fig.* Aparecer por algún sitio una persona. **3.** MAR. Llegar un buque a la vista de un punto de la costa.

**RECALCADO** n. m. Operación que tiene por objeto comprimir sobre sí mismo, por martillado, un cuerpo metálico de forma cilíndrica.

**RECALCADORA** n. f. Herramienta para recalcar o formar las cabezas de los pernos.

**RECALCAR** v. tr. **[1a]**. Apretar mucho una cosa contra otra. **2.** *Fig.* Decir algo acentuándolo con una inflexión de la voz o con énfasis. **3.** TECNOL. Someter a la operación de recalcado.

**RECALCIFICACIÓN** n. f. MED. Acción de aumentar la calcemia y promover la fijación de calcio en el organismo.

**RECALCIFICAR** v. tr. **[1a]**. MED. Enriquecer en calcio.

**RECALCITRANTE** adj. Que insiste en sus opiniones o errores.

**RECALENTADO** n. m. *Méx. Fam.* Guiso que queda de una fiesta y se come al día siguiente.

**RECALENTAMIENTO** n. m. Acción y efecto de recalentar o recalentarse. **2.** Estado de una pieza de rodamiento o de fricción cuya temperatura se eleva por falta de engrase o de refrigeración.

**RECALENTAR** v. tr. **[1j]**. Calentar de nuevo o demasiado.

**RECALIFICAR** v. tr. **[1a]**. Cambiar la calificación urbanística de un terreno para modificar su valor o su uso.

**RECALZAR** v. tr. **[1g]**. Hacer un recalzo. **2.** AGRIC. Arrimar tierra al pie de los árboles y plantas.

**RECALZO** n. m. Obra de consolidación, reparación o reconstrucción que se hace en los cimientos de un muro o de un edificio, o por debajo de la cimentación existente, sin perjudicar la superestructura.

**RECAMADO** n. m. Bordado de realce.

**RECAMAR** v. tr. **[1]**. Bordar en realce.

**RECÁMARA** n. f. Habitación contigua a otra más importante, destinada a servicios auxiliares. **2.** *Fig.* y *fam.* Cautela, segunda intención. **3.** Parte del arma de fuego situada en la zona posterior de la boca, donde se coloca la carga de proyección. **4.** *Amér. Central, Colomb.* y *Méx.* Alcoba, dormitorio.

**RECAMARERA** n. f. *Méx.* Criada.

**RECAMBIAR** v. tr. **[1]**. Sustituir una cosa por otra de la misma clase.

**RECAMBIO** n. m. Acción y efecto de recambiar. **2.** Pieza de repuesto.

**RECANCAMUSA** n. f. *Fam.* Cancamusa.

**RECANCANILLA** n. f. *Fam.* Manera de andar cojeando, como hacen los niños jugando. **2.** *Fig.* y *fam.* Retintín al hablar.

**RECAPACITAR** v. tr. e intr. **[1]**. Pensar detenidamente una cosa.

**RECAPITULACIÓN** n. f. Acción y efecto de recapitular.

**RECAPITULAR** v. tr. **[1]**. Resumir breve y ordenadamente algo dicho o escrito anteriormente con más extensión.

**RECARGAR** v. tr. **[1b]**. Cargar demasiado o aumentar la carga a alguien o algo. **2.** Aumentar una cantidad a pagar. **3.** Poner mucha cantidad de algo en algún sitio. **4.** *Fig.* Obligar a alguien a realizar mucho trabajo de cierta clase. **5.** Volver a cargar. ◆ v. tr. y pron. **6.** *Fig.* Adornar con exceso.

**RECARGO** n. m. Acción de recargar. **2.** Cantidad o tanto por ciento que se recarga a algo, especialmente por retraso en el pago.

**RECATADO, A** adj. Que actúa con modestia o recato.

**RECATAR** v. tr. y pron. **[1]**. Encubrir u ocultar lo que no se quiere que se vea o sepa, u obrar procurando no ser visto o de forma discreta.

**RECATO** n. m. Honestidad, pudor. **2.** Cautela, reserva.

**RECAUCHAJE** n. m. *Chile.* Recauchutado.

**RECAUCHUTADO** n. m. Acción y efecto de recauchutar.

**RECAUCHUTAR** v. tr. **[1]**. Reparar el desgaste de un neumático, cubierta, etc., recubriéndolo con una disolución de caucho.

**RECAUDACIÓN** n. f. Acción de recaudar. **2.** Cantidad recaudada. **3.** Oficina donde se recauda.

**RECAUDADOR, RA** adj. y n. Que recauda.

**RECAUDAR** v. tr. **[1]**. Cobrar o percibir dinero por cualquier concepto. **2.** Reunir cierta cantidad en cobros diversos. **3.** DER. FISC. Cobrar contribuciones, impuestos y otras rentas públicas.

**RECAUDERÍA** n. f. *Méx.* Tienda en la que se venden especias, especiería.

**RECAUDO** n. m. Precaución, cuidado. **2.** DER. Caución, seguridad. • **A buen recaudo** o **a recaudo,** bien guardado o custodiado.

**RECAZO** n. m. Guarnición o parte intermedia, comprendida entre la hoja y la empuñadura de la espada y de otras armas blancas. **2.** Parte del cuchillo opuesta al filo.

**RECCIÓN** n. f. LING. Propiedad que tiene un verbo o una preposición de ser acompañados por un complemento cuyo modo o caso se determina gramaticalmente.

**RECELAR** v. tr. y pron. **[1]**. Temer, desconfiar.

**RECELO** n. m. Acción y efecto de recelar.

**RECELOSO, A** adj. Que tiene recelo.

**RECENSIÓN** n. f. Crítica o comentario de algún libro, publicado en un periódico o revista.

**RECENTAL** adj. y n. m. Dícese de las reses de ganado ovino y bovino de poca edad.

**RECEPCIÓN** n. f. Acción y efecto de recibir. **2.** Ceremonia en que desfilan ante un rey, jefe de estado u otro personaje principal, representantes diplomáticos o dignatarios. **3.** Reunión, con carácter de fiesta, que se celebra en alguna casa particular. **4.** Servicio de un hotel, empresa, etc., encargado de recibir y atender a los clientes. **5.** Lugar donde está instalado este servicio. **6.** Acción de captar las ondas radioeléctricas por un receptor.

**RECEPCIONAR** v. tr. **[1]**. Recibir mercancías y verificar su estado.

**RECEPCIONISTA** n. m. y f. Persona empleada en un servicio de recepción, encargada de recibir a los clientes o huéspedes: *recepcionista de hotel.*

**RECEPTÁCULO** n. m. Cualquier recipiente o cavidad en que puede contenerse algo. **2.** BOT. Parte axial de la flor, sobre la que descansan los diversos verticilos de la misma. **3.** BOT. Extremo del pedúnculo, asiento de las flores de un capítulo.

**RECEPTIVIDAD** n. f. Calidad de receptivo. **2.** MED. Aptitud para contraer determinadas enfermedades, en especial las infecciosas. **3.** RADIOTECN. Cualidad de un receptor capaz de captar ondas de longitudes muy diversas.

**RECEPTIVO, A** adj. Que recibe o tiene aptitudes para recibir. **2.** BIOL. Dícese del organismo especialmente sensible a la acción de un agente químico, físico u orgánico.

**RECEPTOR, RA** adj. y n. (lat. *receptorem*). Que recibe. ◆ n. m. **2.** ELECTR. Conductor en el que la energía eléctrica produce un efecto, mecánico o químico, distinto del efecto Joule. **3.** MED. Persona que recibe un órgano, tejido o sangre de un donante. **4.** RADIOTECN. Aparato que recibe una señal de telecomunicación o de radiodifusión, transformándola en sonidos: *receptor telefónico; receptor de radio.* **5.** ZOOL. Órgano de sensibilidad. • **Receptor universal,** individuo del grupo sanguíneo AB, que puede recibir sangre de todos los grupos, pero que sólo puede dar a los individuos de su propio grupo.

**RECESAR** v. intr. **[1]**. *Bol., Cuba, Méx., Nicar.* y *Perú.* Cesar temporalmente en sus actividades una corporación. ◆ v. tr. **2.** *Perú.* Clausurar una cámara legislativa, una universidad, etc.

**RECESIÓN** n. f. Disminución de la actividad económica de un país.

**RECESIVIDAD** n. f. Calidad de recesivo.

**RECESIVO, A** adj. Que tiende a la recesión o la provoca. **2.** BIOL. Dícese del gen o carácter hereditario que no se manifiesta en el fenotipo del individuo que lo posee, pero que puede aparecer en la descendencia de éste.

**RECESO** n. m. Separación, desvío. **2.** *Amér.* Suspensión temporal de actividades en los cuerpos colegiados, asambleas, etc. **3.** *Amér.* Tiempo que dura esta suspensión.

**RECETA** n. f. Fórmula que indica los distintos componentes que entran en un preparado y el

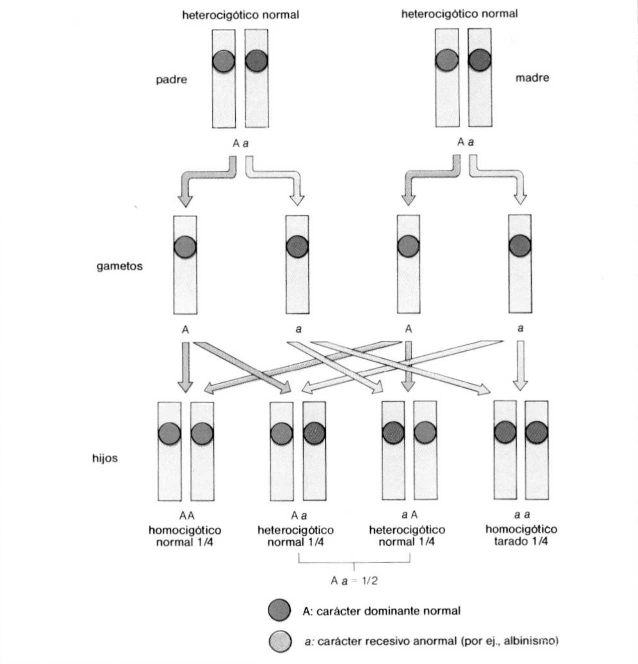


herencia del tipo autosómico **recesivo**

modo de preparación. **2.** Escrito que contiene una prescripción médica. **3.** *Fig.* y *fam.* Procedimiento conveniente para hacer o conseguir algo.

**RECETAR** v. tr. **[1]**. Prescribir un medicamento o un tratamiento.

**RECETARIO** n. m. Conjunto de recetas o fórmulas de determinada clase de cosas: *un recetario de cocina.* **2.** Anotación de todo lo que el médico ordena que se suministre al enfermo. **3.** Farmacopea.

**RECHAZAR** v. tr. **[1g]**. Separar de sí algo o alguien a otra cosa o persona, obligándola a retroceder en su curso o movimiento. **2.** *Fig.* Contradecir lo que otro expresa o no admitir lo que propone u ofrece. **3.** *Fig.* Resistir al enemigo obligándole a ceder. **4.** *Fig.* Denegar una petición, instancia, etc.

**RECHAZO** n. m. Acción y efecto de rechazar. SIN.: *rechazamiento.* **2.** Retroceso o vuelta de un cuerpo al encontrarse con alguna resistencia. **3.** MED. Reacción del organismo ante la agresión de un cuerpo extraño.

**RECHIFLA** n. f. Acción de rechiflar. **2.** *Fam.* Burla con que se acogen las palabras o la actuación de alguien.

**RECHIFLAR** v. tr. **[1]**. Silbar con insistencia. ◆ **rechiflarse** v. pron. **2.** *Fam.* Burlarse.

**RECHINAMIENTO** n. m. Acción y efecto de rechinar.

**RECHINANTE** adj. Que rechina.

**RECHINAR** v. intr. **[1]**. Hacer o causar algo un ruido o sonido desapacible, por frotación o al ponerse en movimiento: *la puerta rechinó al abrirse.* **2.** Producir ruido los dientes al frotar los de una mandíbula con los de la otra. **3.** *Fig.* Hacer o aceptar una cosa con disgusto.

**RECHISTAR** v. intr. **[1]**. Chistar. (Úsase en frases negativas.)

**RECHONCHO, A** adj. *Fam.* Grueso y de poca altura.

**RECHUPETE. De rechupete** *(Fam.)*, muy bueno, agradable o muy bien.

**RECIBÍ** n. m. Expresión con que en los recibos u otros documentos se declara haber recibido aquello de que se trata.

**RECIBIDO, A** adj. *Amér.* Que ha terminado un ciclo de estudios.

**RECIBIDOR, RA** adj. y n. Que recibe. ◆ n. m. **2.** Antesala, vestíbulo.

**RECIBIMIENTO** n. m. Acción y manera de recibir, de acoger a alguien. **2.** Recibidor, antesala, vestíbulo.

**RECIBIR** v. tr. (lat. *recipere*) **[3]**. Tomar, aceptar aquello que se nos presenta o da, o llegar a alguien algo que se le ha enviado o transmitido: *recibir un regalo; recibir una carta.* **2.** Tomar una cosa dentro de sí a otra: *este río recibe muchos afluentes.* **3.** Padecer uno el daño que otro le hace o casualmente le sucede: *recibir una bofetada.* **4.** Acoger, tratar de una determinada manera a alguien que llega, o una opinión o propuesta: *le recibieron muy fríamente; recibió la noticia con alegría.* **5.** Esperar, salir al encuentro de alguien que llega: *fue a recibirla a la estación.* **6.** Admitir, acoger una persona a otra en su casa, compañía o comunidad: *le reciben en las mejores casas.* **7.** Esperar o hacer frente al que acomete, para resistirle o rechazarle: *el torero recibió al toro de rodillas.* ◆ v. tr. e intr. **8.** Admitir, atender alguien en su casa, despacho, etc., visitas: *sólo recibe los lunes.* ◆ **recibirse** v. pron. **9.** Tomar uno la investidura o el título conveniente para ejercer una facultad o profesión. **10.** *Amér.* Terminar un ciclo de estudios, graduarse.

**RECIBO** n. m. Acción y efecto de recibir. **2.** Documento en que el acreedor reconoce expresamente haber recibido del deudor dinero u otra cosa a efectos del pago o cumplimiento de la obligación. • **Acusar recibo** de una cosa, comunicar a quien la envía que se ha recibido.

**RECICLADO, A** adj. Se aplica al material que ha sido fabricado a partir de desechos y desperdicios: *papel reciclado.* ◆ n. m. **2.** Reciclaje, conjunto de técnicas destinadas a la reintroducción de desechos en el ciclo de producción: *reciclado del vidrio.*

**RECICLAJE** n. m. Formación, generalmente complementaria, que reciben los cuadros técnicos, docentes, etc., con objeto de adaptarse a los progresos industriales, científicos, etc. **2.** Conjunto de técnicas que tienen por objeto recuperar desechos y reintroducirlos en el ciclo de producción del que provienen. **3.** TECNOL. Acción de someter repetidamente una materia a un mismo ciclo para incrementar los efectos de éste.

**RECICLAR** v. tr. (fr. *recycler*) **[1]**. Proceder a un reciclaje.

**RECIDIVA** n. f. Acción y efecto de recidivar.

**RECIDIVAR** v. tr. **[1]**. Reaparecer una enfermedad que parecía ya curada.

**RECIEDUMBRE** n. f. Calidad de recio. SIN.: *reciura.*

**RECIÉN** adv. t. Sucedido poco antes. (En España se usa antepuesto a participios pasivos: *recién llegado*; en América se emplea con todos los tiempos verbales, indicando que la acción expresada por el verbo se acaba de realizar: *recién llegamos.*)

**RECIENTE** adj. Que ha sucedido poco antes. **2.** Fresco, acabado de hacer.

**RECINTO** n. m. Espacio cerrado y comprendido dentro de ciertos límites. **2.** Zona interior de un castillo o de una plaza fortificada: *recinto amurallado.*

**RECIO** adv. m. Fuertemente, con vigor y violencia: *luchar recio.*

**RECIO, A** adj. Fuerte, robusto, vigoroso. **2.** Grueso, gordo. **3.** Fuerte, duro, violento: *viento recio.*

**RECIPIENDARIO, A** n. El que es recibido solemnemente en una corporación para formar parte de ella.

**RECIPIENTE** n. m. Utensilio cóncavo que puede contener algo.

**RECIPROCIDAD** n. f. Circunstancia de ser recíproco.

**RECÍPROCO, A** adj. Que tiene lugar entre dos o más personas o cosas, de forma que la acción realizada por ellas es equivalente a la recibida. **2.** LING. Dícese del verbo pronominal que expresa la acción mutua de varios sujetos. **3.** MAT. Dícese de una transformación tal que si *b* es el transformado del elemento *a*, éste es, a su vez, el transformado de *b*.

**RECITADO** n. m. Acción de recitar. SIN.: *recitación.* **2.** MÚS. Composición musical para una sola voz, que se declama libremente.

**RECITAL** n. m. Audición de un solista. **2.** Sesión artística dada por un solo intérprete, o dedicada a un solo género.

**RECITAR** v. tr. **[1]**. Decir de memoria, en voz alta y con expresividad, párrafos literarios, versos, etc. **2.** Pronunciar o referir en voz alta un discurso u oración.

**RECITATIVO** n. m. MÚS. En la ópera, el oratorio y la cantata, fragmento narrativo cuya declamación cantada se asemeja al lenguaje hablado, y que se acompaña con uno o varios instrumentos.

**RECLAMACIÓN** n. f. Acción y efecto de reclamar. **2.** Oposición o impugnación que se hace a una cosa. • **Libro de reclamaciones,** cuaderno que deben poner a disposición del público determinados establecimientos y organismos para que éste pueda anotar quejas, deficiencias, etc.

**RECLAMANTE** adj. y n. m. y f. Que reclama.

**RECLAMAR** v. intr. (lat. *reclamare*) **[1]**. Pedir que sea revocado un acuerdo, fallo, etc.: *reclamar contra una multa.* ◆ v. tr. **2.** Pedir o exigir con derecho o con instancia una cosa: *reclamar una herencia.* **3.** Llamar la autoridad a un prófugo. **4.** Exigir, mostrar necesidad: *reclamar la atención.*

**RECLAMO** n. m. Voz con que un ave llama a otra. **2.** *Fig.* Cualquier cosa con que se atrae la atención sobre otra. **3.** Silbato o instrumento de viento con que se imita el canto de las aves para atraerlas. • **Acudir** uno **al reclamo** *(Fam.)*, ir a donde hay algo que le conviene.

**RECLINACIÓN** n. f. Acción y efecto de reclinar.

**RECLINAR** v. tr. y pron. **[1]**. Inclinar una cosa apoyándola en otra. **2.** Inclinar o apoyar el cuerpo, o parte de él, sobre algo.

**RECLINATORIO** n. m. Mueble en forma de silla, dispuesto para arrodillarse sobre la parte correspondiente al asiento y reclinarse sobre la correspondiente al respaldo.

**RECLUIR** v. tr. y pron. **[29]**. Encerrar o retener a alguien en un lugar.

**RECLUSIÓN** n. f. Encierro o prisión voluntaria o forzada. **2.** Lugar en que uno está recluso. **3.** DER. PEN. Condena a pena privativa de libertad. • **Reclusión mayor,** pena privativa de libertad cuya duración se extiende de veinte años y un día a treinta años. ‖ **Reclusión menor,** pena privativa de libertad, cuya duración es de doce años y un día a veinte años.

**RECLUSO, A** adj. y n. Preso.

**RECLUTA** n. m. El que voluntariamente se alista para remplazar o completar los efectivos de un cuerpo de tropas. **2.** Mozo alistado para el servicio militar obligatorio. **3.** Soldado nuevo e inexperto.

**RECLUTAMIENTO** n. m. Acción de reclutar soldados, técnicos, funcionarios, etc.

**RECLUTAR** v. tr. **[1]**. Alistar reclutas. **2.** Reunir personas para alguna obra o fin.

**RECOBRAR** v. tr. **[1]**. Recuperar, volver a tomar o adquirir lo que antes se tenía o poseía: *recobrar la voz, la salud.* ◆ **recobrarse** v. pron. **2.** Desquitarse, reintegrarse de lo perdido. **3.** Restablecerse después de un daño, de una enajenación del ánimo o de los sentidos o de un accidente o enfermedad.

**RECOCER** v. tr. y pron. **[2f]**. Volver a cocer o cocer mucho. ◆ v. tr. **2.** METAL. Mejorar las características o cualidades de un metal mediante el tratamiento térmico de recocido.

**RECOCHINEO** n. m. *Fam.* Burla o ensañamiento que se añade a una acción que molesta o perjudica a alguien.

**RECOCIDO** n. m. Acción de recocer. **2.** METAL. Tratamiento térmico consistente en calentar un producto metalúrgico a temperatura suficiente para asegurar su equilibrio físico-químico y estructural, y dejar después que se enfríe lentamente.

**RECOCINA** n. f. Cuarto contiguo a la cocina, destinado a servicios auxiliares.

**RECODO** n. m. Ángulo o curva muy marcada que forman las calles, caminos, ríos, etc.

**RECOGEDOR, RA** adj. Que recoge. ◆ n. m. **2.** Utensilio para recoger la basura que se amontona al barrer.

**RECOGER** v. tr. (lat. *recolligere*) **[2b]**. Coger alguna cosa que se ha caído. **2.** Buscar y reunir cosas de distintos sitios. **3.** Ir juntando y guardando poco a poco alguna cosa, especialmente dinero. **4.** Ir a buscar a alguien o algo en el sitio donde se ha dejado o en un lugar prefijado o convenido: *te recogeré a las siete.* **5.** Coger los frutos de la tierra. **6.** *Fig.* Recibir, obtener o sufrir las consecuencias, buenas o malas, de algo que se ha hecho: *recoger el fruto de tantos sacrificios.* **7.** Volver a enrollar o replegar alguna cosa. **8.** Reunir ordenadamente los utensilios al terminar el trabajo. **9.** Albergar, dar asilo. **10.** Ceñirse o peinarse la cabellera de modo que se reduzca su longitud o su volumen. **11.** Tomar en cuenta lo que otro ha dicho o escrito para aceptarlo, rebatirlo o transmitirlo. • **Recoger vela** (MAR.), aferrarla. ◆ v. tr. y pron. **12.** Arremangar, doblar o arrollar hacia arriba alguna cosa, especialmente la extremidad de una tela o de una prenda de vestir: *recogerse los pantalones.* **13.** Estrechar o fruncir una tela, papel, etc., para reducir su longitud. ◆ **recogerse** v. pron. **14.** Retirarse a su casa, redil, etc., las personas o animales. **15.** Abstraerse, generalmente retirándose a un sitio adecuado para meditar, rezar, etc.

**RECOGIDA** n. f. Acción y efecto de recoger. **2.** Recolección.

**RECOGIDO, A** adj. Que vive retirado del trato y comunicación con la gente. ◆ adj. y n. f. **2.** Dícese de la mujer que vivía retirada en un convento.

**RECOGIMIENTO** n. m. Acción y efecto de recoger o recogerse.

**RECOLECCIÓN** n. f. Acción y efecto de recolectar. **2.** Momento en que se cosecha. **3.** Recopilación, resumen o compendio de una materia.

**RECOLECTAR** v. tr. **[1]**. Recoger los frutos de la tierra, especialmente la cosecha: *recolectar el trigo.* **2.** Reunir: *recolectar dinero.*

**RECOLETO, A** adj. Dícese de la persona que lleva una vida retirada y austera. **2.** Dícese del lugar apartado y solitario.

**RECOMBINACIÓN** n. f. Reconstitución de una molécula o de un átomo previamente disociados. • **Recombinación génica,** proceso por el que se produce una nueva asociación de caracteres en un individuo descendiente de padres que los portaban por separado.

**RECOMENDABLE** adj. Digno de recomendación, aprecio o estimación.

**RECOMENDACIÓN** n. f. Acción y efecto de recomendar. **2.** Alabanza en favor de alguien para interceder cerca de otro. **3.** Escrito en que se recomienda.

**RECOMENDANTE** adj. y n. m. y f. Que recomienda.

**RECOMENDAR** v. tr. **[1j]**. Aconsejar a alguien cierta cosa para bien suyo. **2.** Encargar, pedir a uno que cuide o se ocupe de cierta persona o cosa. **3.** Interceder o hablar en favor de una persona a otra.

**RECOMENDATORIO, A** adj. Dícese de lo que recomienda.

**RECOMENZAR** v. tr. **[1e]**. Comenzar de nuevo.

**RECOMERSE** v. pron. **[2]**. Reconcomerse.

**RECOMPENSA** n. f. Acción de recompensar. **2.** Cosa que se da para recompensar. **3.** DER. CIV. Remuneración o gratificación a quien ha realizado un servicio o favor no exigible.

**RECOMPENSABLE** adj. Que se puede recompensar. **2.** Digno de recompensa.

**RECOMPENSAR** v. tr. **[1]**. Retribuir o remunerar un servicio. **2.** Premiar.

**RECOMPONER** v. tr. **[5]**. Componer de nuevo, reparar.

**RECOMPOSICIÓN** n. f. Acción y efecto de recomponer.

**RECONCENTRAMIENTO** n. m. Acción y efecto de reconcentrar o reconcentrarse. SIN.: *reconcentración.*

**RECONCENTRAR** v. tr. y pron. **[1]**. Concentrar. ◆ **reconcentrarse** v. pron. **2.** *Fig.* Abstraerse, ensimismarse.

**RECONCILIACIÓN** n. f. Acción y efecto de reconciliar.

**RECONCILIADOR, RA** adj. y n. Que reconcilia.

**RECONCILIAR** v. tr. y pron. **[1]**. Hacer que se pongan de acuerdo, que vuelvan a ser amigas dos o más personas que habían dejado de estarlo o serlo. **2.** REL. Hacer que vuelva al seno de la Iglesia alguien que se había apartado de ella.

**RECONCOMERSE** v. pron. **[2]**. Estar intensamente descontento y no demostrarlo, por envidia, celos, etc.

**RECONCOMIO** n. m. Acción de reconcomerse.

**RECONDITEZ** n. f. Cualidad de recóndito.

**RECÓNDITO, A** adj. Muy escondido, reservado y oculto. **2.** Íntimo.

**RECONDUCCIÓN** n. f. Acción y efecto de reconducir.

**RECONDUCIR** v. tr. **[20]**. Llevar de nuevo una cosa a donde estaba.

**RECONFORTADOR, RA** o **RECONFORTANTE** adj. Que reconforta.

**RECONFORTAR** v. tr. **[1]**. Confortar física o espiritualmente a alguien.

**RECONOCEDOR, RA** adj. y n. Que reconoce, revisa o examina.

**RECONOCER** v. tr. **[2m]**. Darse cuenta de que una persona o cosa era ya conocida o que es una determinada. **2.** Admitir que alguien o algo es lo que expresa. **3.** Declarar que se considera legítimo un nuevo gobierno o un nuevo estado de cosas establecido en un país de forma anormal. **4.** Examinar o registrar a una persona o cosa para conocer su estado, identidad, condiciones o contenido: *reconocer un terreno.* **5.** Admitir, aceptar como verdadera una cosa. **6.** Mostrarse agradecido por cierto beneficio recibido. ◆ **reconocerse** v. pron. **7.** Ser reconocible algo como lo que es. **8.** Acusarse o declararse culpable de un error, falta, etc.

**RECONOCIDO, A** adj. Agradecido.

**RECONOCIMIENTO** n. m. Acción y efecto de reconocer o reconocerse. **2.** Gratitud, agradecimiento. **3.** MIL. Operación que tiene por objeto entrar en contacto con el enemigo para recoger y transmitir informes sobre el terreno, la situación y los movimientos del mismo. • **Reconocimiento de caracteres** (INFORMÁT.), aplicación de los métodos de reconocimiento de formas a la lectura automática de los caracteres alfanuméricos impresos. ‖ **Reconocimiento y síntesis del habla** (INFORMÁT.), conjunto de técnicas gracias a las cuales un ordenador es capaz de reconocer las palabras pronunciadas por un usuario y de producir los sonidos correspondientes a la pronunciación de las palabras que debe emitir.

**RECONQUISTA** n. f. Acción y efecto de reconquistar. **2.** Denominación que se da a la conquista por parte de los reinos cristianos del territorio de la península Ibérica invadido por los musulmanes. (V. parte n. pr.)

**RECONQUISTAR** v. tr. **[1]**. Volver a conquistar. **2.** Conquistar en la guerra plazas, tierras, etc., que se habían perdido. **3.** *Fig.* Recuperar la opinión, el afecto, la confianza, etc.

**RECONSIDERAR** v. tr. **[1]**. Volver a tener en cuenta, volver a pensarlo.

**RECONSTITUCIÓN** n. f. Acción y efecto de reconstituir.

**RECONSTITUIR** v. tr. y pron. **[29]**. Volver a constituir, rehacer.

**RECONSTITUYENTE** adj. Que reconstituye. ◆ n. m. y adj. **2.** Denominación genérica de ciertos medicamentos destinados a mejorar la vitalidad general del organismo.

**RECONSTRUCCIÓN** n. f. Acción y efecto de reconstruir.

**RECONSTRUCTIVO, A** adj. Relativo a la reconstrucción.

**RECONSTRUIR** v. tr. **[29]**. Construir de nuevo: *reconstruir una casa.* **2.** Volver a formar algo que se ha deshecho o roto. **3.** Volver a componer el desarrollo de un hecho, suceso pasado, etc., usando elementos conocidos y llenando con hipótesis las eventuales lagunas.

**RECONTAR** v. tr. **[1r]**. Contar de nuevo. **2.** Calcular o contar algo atentamente para saber con seguridad su valor o cantidad.

**RECONVENCIÓN** n. f. Acción de reconvenir. **2.** Cargo o argumento con que se reconviene.

**RECONVENIR** v. tr. **[21]**. Censurar, reprender a alguien por sus actos o palabras.

**RECONVERSIÓN** n. f. Acción y efecto de reconvertir. **2.** ECON. Proceso por el cual la economía de un país o un factor de producción se adapta a nuevas condiciones técnicas, políticas o sociales.

**recolección** de lavanda

**RECONVERTIR** v. tr. **[22]**. Hacer que vuelva a su ser, estado o creencia lo que había sufrido un cambio. **2.** ECON. Realizar una reconversión.

**RECOPILACIÓN** n. f. Acción de recopilar. **2.** Compendio, resumen de una obra o discurso. **3.** Tratado o texto que resulta de reunir varios. ◆ **recopilaciones** n. f. pl. **4.** Nombre dado a las distintas compilaciones del derecho realizadas en época moderna.

**RECOPILADOR, RA** n. Persona que recopila.

**RECOPILAR** v. tr. **[1]**. Juntar en compendio, recoger o unir diversas cosas, dando unidad al conjunto, particularmente, reunir varios textos literarios.

**RÉCORD** n. m. (ingl. *record*). [pl. *récords*]. Marca deportiva constatada oficialmente y que supera las anteriores en el mismo género y en idénticas condiciones. **2.** Cualquier cosa que supera una realización precedente: *récord de producción.* **3.** *Méx.* Expediente, historial. • **En un tiempo récord,** en poco tiempo.

**RECORDABLE** adj. Que se puede recordar.

**RECORDACIÓN** n. f. Acción de recordar.

**RECORDAR** v. tr. e intr. (lat. *recordari*) **[1r]**. Tener o traer algo a la memoria. **2.** Hacer que alguien tenga presente o no olvide algo. **3.** Nombrar, mencionar. ◆ v. tr. y pron. **4.** Parecerse a alguien o algo, o sugerir cierta cosa algo o alguien por algunas afinidades, o por repetirse determinadas características. ◆ v. intr. y pron. **5.** *Méx.* En las zonas rurales, despertar.

**RECORDATORIO** n. m. Aviso, advertencia, comunicación, etc., para hacer recordar algo a alguien. **2.** Estampa religiosa impresa con motivo de una primera comunión, fallecimiento o aniversario.

**RECORDMAN** n. m. Deportista masculino que ostenta un récord.

**RECORDWOMAN** n. f. Deportista femenina que ostenta un récord.

**RECORRER** v. tr. (lat. *recurrere*) **[2]**. Atravesar un lugar en toda su extensión o longitud: *recorrer un camino.* **2.** Efectuar un trayecto: *ha recorrido la distancia en pocos minutos.* **3.** Examinar rápidamente con la mirada. **4.** Repasar, leer por encima un libro, escrito, etc.: *recorrer un escrito.* **5.** IMPR. Justificar la composición pasando letras de una línea a otra.

**RECORRIDO** n. m. Acción y efecto de recorrer. **2.** Camino o conjunto de lugares que se recorren, itinerario. **3.** *Fam.* Represión que abarca varios puntos. **4.** ESTADÍST. Medida de dispersión, cuyo valor es la diferencia entre los valores extremos de una variable. **5.** MAT. Conjunto de los valores que toma una función. **6.** MEC. Carrera del émbolo o pistón de una máquina o motor. • **Recorrido libre medio** (FÍS.), distancia media recorrida por una molécula de un gas, entre dos choques consecutivos.

**RECORTABLE** adj. Que se puede recortar. ◆ n. m. **2.** Pliego u hoja de papel con figuras para recortar.

**RECORTADO, A** adj. Dícese de las cosas cuyo borde o contorno tiene muchas desigualdades, entrantes y salientes, y también del borde de esta forma. **2.** *Méx.* Falto de dinero: *con las compras de navidad, este mes ando muy recortado.*

**RECORTADURA** n. f. Acción y efecto de recortar. ◆ **recortaduras** n. f. pl. **2.** Recortes, partes sobrantes recortadas.

**RECORTAR** v. tr. **[1]**. Cortar o cercenar lo que sobra de una cosa. **2.** Cortar figuras separándolas de un material cortable. **3.** *Fig.* Disminuir o empequeñecer una cosa material o inmaterial: *recortar los presupuestos.* ◆ **recortarse** v. pron. **4.** Perfilarse, dibujarse el perfil de una cosa sobre otra.

**RECORTE** n. m. Acción y efecto de recortar. **2.** Suelto o noticia breve de un periódico. **3.** TAUROM. Suerte en que el diestro, para burlar al toro, se sale del viaje recto que lleva para tomar otra dirección. ◆ **recortes** n. m. pl. **4.** Porciones o cortaduras excedentes de cualquier materia recortada.

**RECOSER** v. tr. **[2]**. Volver a coser. **2.** Arreglar con unas puntadas la ropa rota o descosida.

**RECOSIDO** n. m. Acción y efecto de recoser.

**RECOSTAR** v. tr. y pron. **[1r]**. Reclinar, apoyar algo como el cuerpo, o parte de él, en posición inclinada en algún sitio.

**RECOVA** n. f. Comercio de huevos, gallinas y otras aves. **2.** *Argent., Par.* y *Urug.* Soportal.

**RECOVECO** n. m. Curva, ángulo o revuelta en el curso de una calle, un pasillo, un arroyo, etc. **2.** Rincón, sitio escondido. **3.** *Fig.* Fingimiento, rodeo o manera complicada de hablar o de ser de una persona.

**RECREACIÓN** n. f. Acción y efecto de recrear. **2.** Recreo.

**RECREAR** v. tr. **[1]**. Crear o producir de nuevo: *la novela recrea el ambiente de fines de siglo.* ◆ v. tr. y pron. **2.** Divertir, deleitar, alegrar.

**RECREATIVO, A** adj. Que recrea, divierte: *salón recreativo.*

**RECREO** n. m. Acción y efecto de recrear, divertir: *mi recreo es la lectura.* **2.** En lenguaje escolar, intervalo entre clase y clase, en que los niños juegan o descansan.

**RECRÍA** n. f. Acción y efecto de recriar.

**RECRIADOR, RA** n. El que recría.

**RECRIAR** v. tr. **[1t]**. Cebar y engordar animales.

**RECRIMINACIÓN** n. f. Acción y efecto de recriminar.

**RECRIMINADOR, RA** adj. y n. Que recrimina.

**RECRIMINAR** v. tr. y pron. **[1]**. Reprochar, censurar a alguien por sus acciones o sentimientos.

**RECRISTALIZACIÓN** n. f. Nueva cristalización de una sustancia cuyos cristales habían sido disueltos. **2.** GEOL. Transformación de las rocas que se produce cuando determinados minerales que las constituyen son destruidos y remplazados por otros. **3.** METAL. Nueva cristalización que tiene lugar en un metal o una aleación en estado sólido, durante el proceso de recocido.

**RECRISTALIZAR** v. tr. e intr. **[1t]**. Producirse una recristalización.

**RECRUDECER** v. intr. y pron. **[2m]**. Tomar nuevo incremento algo malo o desagradable que ya había empezado a disminuir o ceder.

**RECRUDECIMIENTO** n. m. Acción y efecto de recrudecer.

**RECTA** n. f. MAT. Línea recta.

**RECTAL** adj. ANAT. Relativo al recto.

**RECTANGULAR** adj. Relativo al ángulo recto o al rectángulo. **2.** Que tiene uno o más ángulos rectos. **3.** Que contiene uno o más rectángulos. • **Sistema de coordenadas rectangulares,** sistema de coordenadas en el que cada punto está referido a dos ejes fijos rectangulares.

**RECTÁNGULO, A** adj. Rectangular, que tiene ángulos rectos. • **Trapecio rectángulo,** trapecio que tiene dos ángulos rectos. ‖ **Triángulo rectángulo,** triángulo que tiene un ángulo recto. ◆ n. m. **2.** Paralelogramo que tiene los cuatro ángulos rectos y los lados contiguos desiguales.

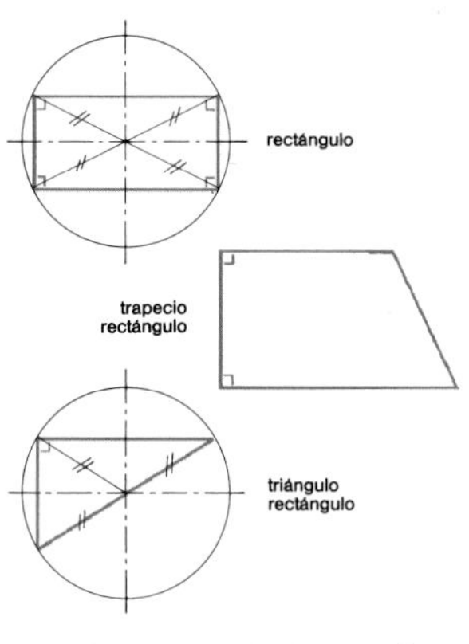


**rectángulo,** trapecio **rectángulo** y triángulo **rectángulo**

**RECTIFICABLE** adj. Que puede ser rectificado: *un error rectificable.*

**RECTIFICACIÓN** n. f. Acción y efecto de rectificar. **2.** Palabra o escrito con que se rectifica. **3.** ELECTR. Conversión de una corriente alterna en continua. **4.** QUÍM. Destilación fraccionada de un líquido para separar sus elementos constitutivos o para purificarlo. • **Rectificación de una curva,** o **de un arco de curva** (MAT.), cálculo de su longitud.

**RECTIFICADO** n. m. MEC. Acción y efecto de rectificar.

**RECTIFICADOR, RA** adj. y n. Que rectifica. ◆ n. m. **2.** Aparato que convierte la corriente alterna en continua. **3.** QUÍM. Aparato destilatorio para purificar líquidos.

**RECTIFICADORA** n. f. Máquina-herramienta provista de una muela o de útiles abrasivos para efectuar trabajos de rectificado de piezas.

**RECTIFICAR** v. tr. **[1a]**. Poner o hacer recto. **2.** Quitar imperfecciones, errores o defectos: *rectificar el asfaltado.* **3.** ELECTR. Transformar una corriente alterna en continua. **4.** MEC. Acabar la superficie de una pieza mecanizada alisándola con la muela. **5.** QUÍM. Purificar los líquidos. • **Rectificar un arco de curva** (MAT.), determinar su longitud. ◆ v. tr. y pron. **6.** Enmendar los actos, palabras o proceder.

**RECTILÍNEO, A** adj. En forma de línea recta o que se compone de líneas rectas: *figura rectilínea.* **2.** *Fig.* Dícese del carácter o comportamiento de las personas exageradamente rectas, justas.

**RECTITIS** n. f. Inflamación del recto.

**RECTITUD** n. f. Calidad de recto. **2.** *Fig.* Recta razón o conocimiento práctico de lo que se debe hacer o decir. **3.** *Fig.* Exactitud o justificación en las operaciones.

**RECTO, A** adj. Que tiene forma lineal, sin ángulos ni curvas: *un camino recto.* **2.** Que va sin desviarse al punto donde se dirige: *ir recto a la puerta.* **3.** *Fig.* Justo, severo, firme, en sus resoluciones: *tiene un padre muy recto.* **4.** Dícese del sentido primitivo y literal de las palabras. **5.** *Fig.* Dícese del sentido verdadero, justo, conveniente, de una obra o acción: *no supo dar una recta interpretación a mis palabras.* **6.** MAT. Dícese de la línea más corta que se puede imaginar entre dos puntos. **7.** MAT. Dícese de uno cualquiera de los ángulos formados por dos líneas rectas, cuando estos ángulos son todos iguales. ◆ n. m. **8.** ANAT. Segmento terminal del tubo digestivo, que aboca al ano.

**RECTOCOLITIS** n. f. Inflamación simultánea del recto y el colon.

**RECTOR, RA** adj. y n. Que gobierna o señala la dirección u orientación de algo. ◆ n. **2.** Persona que rige una universidad o centro de estudios superiores. ◆ n. m. **3.** Cura párroco.

**RECTORADO** n. m. Oficio, cargo y oficina del rector. **2.** Tiempo durante el cual se ejerce el cargo de rector.

**RECTORAL** adj. Relativo al rector: *sala rectoral.*

**RECTORÍA** n. f. Oficio o jurisdicción del rector. **2.** Oficina o casa del rector, cura párroco.

**RECTOSCOPIA** n. f. Examen del recto mediante un rectoscopio.

**RECTOSCOPIO** n. m. Endoscopio especial para el examen óptico del recto.

**RECUA** n. f. Grupo de caballerías que van juntas, particularmente las que llevan los trajinantes. **2.** *Fig.* y *fam.* Conjunto de cosas que van o siguen unas detrás de otras.

**RECUADRO** n. m. Parte de una superficie limitada por una línea en forma de cuadrado o rectángulo. **2.** Esta misma línea.

**RECUBRIMIENTO** n. m. Acción y efecto de recubrir. **2.** Sustancia o material que recubre o sirve para recubrir: *un recubrimiento de oro; un recubrimiento de pintura plástica.* **3.** CONSTR. Parte de una pizarra, teja, etc., que queda cubierta por otra.

**RECUBRIR** v. tr. **[3m]**. Cubrir la superficie de una cosa con otra.

**RECUELO** n. m. Café hecho con el poso que queda después de un primer cocimiento.

**RECUENTO** n. m. Acción y efecto de recontar.

**RECUERDO** n. m. Acción y efecto de recordar. **2.** Presencia en la mente de algo percibido con anterioridad. **3.** *Fig.* Objeto que sirve para recordar a quien lo posee una persona, cosa, situación o lugar determinados. • **Recuerdos,** o **recuerdos a,** fórmula de cortesía con que se ruega a un intermediario que transmita a otra persona el sentimiento de su afecto, respeto, simpatía, etc.

**RECULAR** v. intr. **[1]**. Cejar o retroceder, andar hacia atrás. **2.** *Fig.* y *fam.* Flaquear, ceder en una actitud u opinión.

**RECULÓN, NA** adj. TAUROM. Dícese de la res que, ante el desafío del diestro, anda hacia atrás. • **A reculones** *(Fam.),* andando hacia atrás a sacudidas.

**RECUPERABLE** adj. Que puede o debe recuperarse: *un envase recuperable.*

**RECUPERACIÓN** n. f. Acción y efecto de recuperar o recuperarse. **2.** MED. Conjunto de medidas dirigidas a conseguir que vuelva a la normalidad el funcionamiento del aparato locomotor.

**RECUPERADOR** n. m. INDUSTR. Aparato para la recuperación de calor o de energía.

**RECUPERAR** v. tr. **[1]**. Volver a tener algo que, habiéndolo poseído antes, se había perdido: *recuperar las joyas robadas.* **2.** Trabajar un determinado tiempo para remplazar el que se ha perdido por una causa cualquiera: *recuperar una jornada laboral.* **3.** Volver a poner en servicio lo que ya estaba inservible. **4.** Aprobar un examen después de haberlo suspendido en la primera convocatoria. ◆ **recuperarse** v. pron. **5.** Volver a la normalidad física o espiritual después de una crisis. **6.** Recobrar el conocimiento después de un desmayo.

**RECUPERO** n. m. *Argent.* Acción y efecto de recuperar o recuperarse.

**RECURRENCIA** n. f. BOT. Fenómeno de aparición de formas relacionadas con las otras especies, más o menos afines o congéneres, alejadas en el tiempo o en el espacio. **2.** MAT. Propiedad de una secuencia en la que cualquier término se puede calcular conociendo los precedentes. • **Demostración por recurrencia** (MAT. y LÓG.), demostración por la que se extiende a una serie de términos homogéneos la verdad de una propiedad de por lo menos dos de estos fenómenos.

**RECURRENTE** adj. y n. m. y f. Que recurre. ◆ adj. **2.** ANAT. Que vuelve hacia atrás: *nervios recurrentes.* • **Fiebre recurrente,** enfermedad infectocontagiosa endémica, que se manifiesta por la existencia de una fiebre recidivante. ‖ **Imagen recurrente,** imagen que persiste después de que el ojo haya sido impresionado por un objeto muy iluminado. ‖ **Serie,** o **sucesión, recurrente** (MAT.), serie o sucesión en la que cada término se calcula en función de un número finito de términos que le preceden de forma inmediata. ◆ n. m. y f. **3.** DER. Persona que tiene entablado un recurso.

**RECURRIBLE** adj. DER. Dícese del acto de la administración susceptible de ser impugnado con un recurso.

**RECURRIDO, A** adj. DER. En la casación, dícese de la parte que sostiene o a quien favorece la sentencia de que se recurre.

**RECURRIR** v. intr. **[3]**. Buscar en alguien o en algo ayuda en una necesidad. **2.** Volver una cosa al lugar de donde salió. **3.** DER. Acudir a un juez o autoridad con una demanda o petición. **4.** DER. Entablar recurso contra una resolución.

**RECURSIVIDAD** n. f. Calidad de recursivo. **2.** LÓG. Noción que corresponde a la idea intuitiva de calculabilidad efectiva por aproximaciones sucesivas.

**RECURSIVO, A** adj. INFORMÁT. Dícese de un programa organizado de tal forma que puede llamarse a sí mismo, o sea, pedir su propia ejecución en el curso de su desarrollo. **2.** LING. En gramática generativa, dícese del elemento lingüístico susceptible de ser incluido como constituyente de un elemento de la misma naturaleza un número indefinido de veces.

**RECURSO** n. m. Acción y efecto de recurrir. **2.** Medio al que se recurre o se puede recurrir para lograr algo. **3.** DER. Medio de impugnación que persigue un nuevo examen de una resolución judicial. ◆ **recursos** n. m. pl. **4.** ECON. Medios materiales de que se puede disponer para ser utilizados para un determinado proceso económico. • **Recursos humanos,** conjunto del personal de una empresa.

**RECUSABLE** adj. Que se puede recusar.

**RECUSACIÓN** n. f. Acción y efecto de recusar.

**RECUSAR** v. tr. (lat. *recusare*) **[1]**. Rechazar, negarse a admitir algo. **2.** Rechazar a alguien por inepto y parcial. **3.** DER. Rechazar justificadamente el que ha de ser juzgado a un juez o juzgador.

**RED** n. f. (lat. *retem*). Aparejo hecho con hilos, cuerdas o alambres trabados en forma de mallas, que sirve para pescar, cazar, cercar, sujetar, etc. **2.** Conjunto de tuberías, líneas de conducción, de tráfico, etc., que se entrecruzan: *red de carreteras.* **3.** *Fig.* Organización con ramificaciones en varios lugares y con comunicación entre ellos: *una red*

**redes** de pesca de arrastre

*de supermercados.* **4.** Conjunto de personas que están en relación entre ellas para una acción común: *red de espionaje.* **5.** *Fig.* Ardid o engaño con que se atrae a una persona. **6.** En tenis u otros deportes, malla de hilo tensa que se coloca en el centro de la pista por encima de la cual debe pasar la pelota. **7.** En gimnasios y circos, malla de cuerda tensa que se coloca horizontalmente debajo de los aparatos gimnásticos como anillas, trapecio, etc., cuando el ejercicio puede ser peligroso. **8.** En fútbol, malla que recubre la portería. **9.** Conjunto de ordenadores interconectados para llevar a cabo el tratamiento de datos o el intercambio de información. • **Red cristalina,** disposición regular de los átomos en el seno de un cristal. ‖ **Red de teleproceso** (INFORMÁT.), conjunto de elementos capaces de tratar información, conectados entre sí por líneas telefónicas. ‖ **Red estrellada** (INFORMÁT.), red en la que todos los ordenadores están conectados por separado a un ordenador central. ‖ **Red hidrográfica,** conjunto de ríos que riegan una región. ‖ **Red local** (INFORMÁT.), red que establece la conexión entre varios equipos informáticos sin recurrir a los enlaces telefónicos de la red pública. ‖ **Red pública** (INFORMÁT.), soporte de telecomunicaciones informáticas, generalmente instalado por una empresa pública.

**REDACCIÓN** n. f. (lat. *redactionem*). Acción y efecto de redactar. **2.** Escrito que se ha redactado. **3.** Ejercicio escolar que consiste en un relato escrito sobre un tema determinado. **4.** Lugar u oficina donde se redacta. **5.** Conjunto de redactores de un periódico, editorial, etc.

**REDACTAR** v. tr. [1]. Poner por escrito cosas sucedidas, acordadas o pensadas.

**REDACTOR, RA** n. Persona que redacta un texto, que participa en la redacción de un periódico, libro, etc.

**REDADA** n. f. Acción de lanzar la red. **2.** Conjunto de animales que se capturan de una vez con la red. **3.** Operación policíaca que consiste en apresar de una vez a un conjunto de personas. **4.** Conjunto de personas apresadas.

**REDAÑO** n. m. Mesenterio. ◆ **redaños** n. m. pl. **2.** *Fig.* Fuerzas, brío, valor: *persona de muchos redaños.*

**REDECILLA** n. f. Pequeña pieza de malla, usada para recoger o adornar el pelo. **2.** ZOOL. Segunda de las cuatro cavidades que componen el estómago de los rumiantes.

**REDEDOR. Al,** o **en, rededor,** alrededor.

**REDENCIÓN** n. f. Acción y efecto de redimir. **2.** TEOL. Acción de redimir Jesucristo al género humano por medio de su pasión y muerte.

**REDENTOR, RA** adj. y n. Que redime. ◆ n. m. **2.** Jesucristo. (En esta acepción se escribe con mayúscula.)

**REDENTORISTA** adj. y n. m. y f. Relativo a los miembros de una congregación religiosa clerical misionera, fundada en Nápoles por san Alfonso María de Ligorio.

**REDICHO, A** adj. Que habla con afectada corrección, usando palabras escogidas y conceptos pedantes.

**REDIL** n. m. Aprisco rodeado con un vallado.

**REDILAS** n. f. pl. *Méx.* Armazón de tablas alrededor de la plataforma de un camión: *camión de redilas.*

**REDIMIBLE** adj. Que se puede redimir.

**REDIMIR** v. tr. y pron. [3]. Rescatar al cautivo o sacarle de la esclavitud mediante el pago de un precio. **2.** Librar de una obligación extinguiéndola: *redimir del ayuno.* **3.** Poner fin a una vejación, penuria, dolor, etc. **4.** DER. Dejar libre una cosa de hipoteca, prenda u otro gravamen; liberar de culpa o gravamen. ◆ v. tr. **5.** Comprar de nuevo una cosa que se había poseído y vendido.

**REDINGOTE** n. m. Especie de capote con mangas.

**REDISTRIBUCIÓN** n. f. Cambio que se opera en la estructura distributiva de los bienes o rentas. **2.** Modificación en la distribución que proviene de una intervención estatal deliberada con una finalidad social.

**REDISTRIBUIR** v. tr. [29]. Efectuar una redistribución.

**RÉDITO** n. m. (lat. *reditum*; de *redire,* regresar). Cantidad de dinero que produce, durante un período de tiempo, un bien de capital, como consecuencia de su inversión en una actividad lucrativa. **2.** Interés producido por 100 unidades en un año. SIN.: *tanto por ciento.*

**REDITUABLE** adj. Que reditúa.

**REDITUAR** v. tr. [1g]. Rendir, producir utilidad o rédito.

**REDIVIVO, A** adj. Vuelto a la vida, resucitado.

**REDOBLADO, A** adj. Que es más grueso o resistente que de ordinario.

**REDOBLAMIENTO** n. m. Acción y efecto de redoblar.

**REDOBLANTE** n. m. Tambor alargado con caja de madera, cuyo sonido es más alto que el del tambor corriente.

**REDOBLAR** v. tr. [1]. Hacer que una cosa, especialmente un clavo, se doble sobre sí mismo. ◆ v. tr. y pron. **2.** Aumentar, intensificar algo otro tanto o el doble de lo que antes era: *redoblar la vigilancia.* ◆ v. intr. **3.** Tocar redobles en el tambor.

**REDOBLE** n. m. Redoblamiento. **2.** Toque vivo y sostenido que se produce tocando rápidamente el tambor con los palillos.

**REDOBLÓN, NA** adj. y n. Dícese del clavo que ha de redoblarse.

**REDOMA** n. f. Recipiente de laboratorio ancho de base y estrecho de cuello.

**REDOMADO, A** adj. Muy cauteloso y astuto. **2.** Consumado, experto.

**REDOMÓN, NA** adj. *Amér. Merid.* Dícese de la caballería no domada por completo.

**REDONDA** n. f. Comarca: *el labrador más rico de la redonda.* **2.** MÚS. Figura de nota musical, que está considerada como medida fundamental del tiempo, o sea, como unidad básica de la métrica musical. • **A la redonda,** alrededor. ◆ n. f. y adj. **3.** Tipo de letra común, de forma circular y derecha. **4.** Redondilla.

**REDONDEADO, A** adj. De forma aproximadamente redonda.

**REDONDEAR** v. tr. y pron. [1]. Hacer redondo o más redondo. **2.** *Fig.* Completar algo de modo satisfactorio: *redondear un negocio, una conversación.* ◆ v. tr. **3.** Hablando de cantidades, prescindir de fracciones para completar unidades de cierto orden: *redondear el precio.* ◆ **redondearse** v. pron. **4.** *Fig.* Incrementar o tener alguien bastantes bienes o rentas para poder vivir.

**REDONDEL** n. m. *Fam.* Círculo o circunferencia. **2.** TAUROM. Ruedo.

**REDONDELA** n. f. *Argent.* y *Chile.* Cualquier objeto circular. **2.** *Chile. Fam.* Círculo.

**REDONDEO** n. m. Acción y efecto de redondear.

**REDONDEZ** n. f. Calidad de redondo. **2.** Superficie de un cuerpo redondo: *la redondez de la Tierra.*

**REDONDILLA** n. f. y adj. Carácter de escritura derecha y circular, con los trazos rectos y la parte central de las curvas más gruesa que en la escritura ordinaria. SIN.: *redonda.* ◆ n. f. **2.** MÉTRIC. Estrofa formada por cuatro versos octosílabos que riman aconsonantadamente, el primero con el cuarto y el segundo con el tercero.

**REDONDO, A** adj. (lat. *rotundum*). Dícese de un cuerpo o una figura que se pueden obtener por revolución de una superficie o de una línea alrededor de un eje: *la esfera, el cilindro y el cono son cuerpos redondos.* **2.** Dícese del perfil de sección circular o aproximadamente circular: *mesa de cantos redondos.* **3.** *Fig.* Perfecto, acabado, que no presenta fallos: *un negocio redondo.* **4.** *Fig.* Categórico, claro, sin rodeos: *su respuesta fue un* no *redondo.* **5.** *Fig.* Dícese de la cantidad o del número de cuya parte fraccionaria o más pequeña se prescinde. • **Caer redondo,** o **en redondo,** caer desplomado, de un golpe, repentinamente. ‖ **En redondo,** dando la vuelta completa; de manera categórica, terminante. ‖ **Pase redondo,** o **en redondo** (TAUROM.), pase natural en que se saca la muleta por delante de la cara del toro, para empalmar con otro pase. ◆ n. m. **6.** En el despiece de la carne bovina, nombre del trozo de forma relativamente cilíndrica situado junto a la contratapa.

**REDOVA** n. f. *Méx.* Trozo pequeño de madera hueco que se toca a manera de tambor de madera, característico de la música del N de México. **2.** *Méx.* Grupo musical que toca composiciones típicas del N del país.

**REDUCCIÓN** n. f. Acción y efecto de reducir o reducirse: *reducción de impuestos; reducción de la jornada laboral.* **2.** Disminución de precio. **3.** Operación a que se someten los resultados de las observaciones para corregirlos de los factores que alteran la exactitud de las medidas, tales como aberraciones, perturbaciones, etc. **4.** CIR. Acción de colocar en su lugar los huesos dislocados o fracturados. **5.** MAT. Operación por la que se remplaza una figura por otra semejante, pero más pequeña. **6.** Transformación que remplaza una expresión algebraica por otra equivalente, pero más simple o más manejable. **7.** MÚS. Arreglo de una partitura para que pueda ser interpretada por una formación instrumental o vocal de menos efectivos: *reducción para piano de una obra sinfónica.* **8.** QUÍM. Reacción en la que se extrae el oxígeno de un cuerpo que lo contiene o, más generalmente, en la que un átomo o un ion ganan electrones. • **Reducción a la unidad,** procedimiento para resolver la regla de tres. ‖ **Reducción al estado laical,** para un clérigo, cesación del estado clerical y retorno al estado laical. ‖ **Reducción cromática,** o **cromosómica,** disminución de la mitad del número de cromosomas de una célula que tiene lugar durante una de las divisiones previas a la formación de las células reproductoras. ‖ **Reducción directa** (METAL.), reducción de un mineral a una temperatura inferior a la temperatura de fusión de los metales que contiene. ‖ **Reducción fenomenológica** (FILOS.), primera fase del método fenomenológico de Husserl, consistente en la suspensión de juicio sobre la existencia de las cosas.

**REDUCCIONISMO** n. m. FILOS. Tendencia a simplificar los enunciados o fenómenos complejos, exponiéndolos en proposiciones sencillas.

**REDUCIBLE** adj. Que se puede reducir. • **Ecuación reducible,** ecuación cuyo grado puede disminuirse. ‖ **Fracción,** o **quebrado, reducible,** fracción o quebrado que pueden simplificarse.

**REDUCIDO, A** adj. Estrecho, pequeño, limitado: *un espacio reducido.* ◆ adj. y n. f. **2.** MAT. Dícese del resultado de ciertas reducciones.

**REDUCIDOR, RA** n. *Argent., Chile, Colomb.* y

*Perú.* Perista, persona que comercia con objetos robados.

**REDUCIR** v. tr. y pron. (lat. *reducere*) [**20**]. Disminuir, limitar algo de tamaño, extensión, intensidad o importancia: *reducir gastos; reducir una figura.* **2.** Cambiar una cosa en otra de características distintas y generalmente dividiéndola en partes menudas: *reducir a trizas, a cenizas.* **3.** Obligar a alguien a aceptar u obedecer cierta situación o a realizar una acción involuntaria: *reducir al enemigo.* **4.** Resumir, explicar o describir algo, manifestando sólo sus rasgos más representativos. **5.** Concentrar por ebullición: *reducir una salsa.* ◆ v. tr. **6.** AUTOM. Pasar de una marcha a otra más corta, para disminuir la velocidad del vehículo. **7.** CIR. Efectuar una reducción. **8.** MAT. Transformar, simplificar: *reducir dos fracciones al mismo denominador.* **9.** QUÍM. Extraer el oxígeno de un cuerpo y, más generalmente, hacer que un átomo o un ion ganen electrones. ◆ **reducirse** v. pron. **10.** Moderarse, ceñirse o amoldarse a ciertas circunstancias: *reducirse a vivir sin tanto lujo.*

**REDUCTIBLE** adj. Reducible. **2.** CIR. Que puede ponerse de nuevo en su lugar.

**REDUCTO** n. m. (ital. *ridotto*). Lugar que presenta condiciones para encerrarse o defenderse. **2.** Obra fortificada aislada y cerrada. **3.** *Fig.* Lugar que se considera posesión exclusiva de un determinado grupo, ideología, etc.

**REDUCTOR, RA** adj. Que reduce o sirve para reducir. ◆ adj. y n. m. **2.** MEC. Dícese de un mecanismo que disminuye la velocidad de rotación de un eje. **3.** QUÍM. Dícese del cuerpo que tiene la propiedad de reducir: *el carbono es un reductor.*

**REDUNDANCIA** n. f. Empleo de palabras innecesarias por estar ya dicho lo que ellas expresan en la frase.

**REDUNDANTE** adj. Que presenta redundancia.

**REDUNDAR** v. intr. (lat. *redundare*) [**1**]. Resultar, venir a ser o a parar una cosa en beneficio de alguien o algo: *es bueno todo lo que redunda en favor de la especie.*

**REDUPLICACIÓN** n. f. Acción y efecto de reduplicar. **2.** Figura retórica que consiste en la repetición de una letra, una sílaba o una palabra.

**REDUPLICAR** v. tr. [**1a**]. Redoblar, aumentar o intensificar mucho una cosa: *reduplicar el interés, los esfuerzos.*

**REEDICIÓN** n. f. Acción de reeditar. **2.** Nueva edición.

**REEDITAR** v. tr. [**1**]. Hacer una nueva edición.

**REEDUCACIÓN** n. f. Conjunto de métodos que tienen como objetivo desarrollar las funciones sanas en un niño o un adulto disminuido, para compensar sus deficiencias y reintegrarlo en un ambiente normal.

**REEDUCAR** v. tr. [**1a**]. Someter a los métodos de reeducación.

**REELECCIÓN** n. f. Acción de reelegir.

**REELEGIR** v. tr. [**30b**]. Elegir de nuevo para el mismo cargo a la persona que lo ocupaba por una elección anterior.

**REEMBARCAR** v. tr. y pron. [**1a**]. Volver a embarcar, inmediatamente después de haber desembarcado. ◆ **reembarcarse** v. pron. **2.** *Fig.* Meterse de nuevo en un asunto, negocio, etc.

**REEMBARQUE** n. m. Acción y efecto de reembarcar.

**REEMBOLSABLE** adj. Rembolsable.

**REEMBOLSAR** v. tr. [**1**]. Rembolsar.

**REEMBOLSO** n. m. Rembolso.

**REEMISOR** n. m. Repetidor.

**REEMPLAZABLE** adj. Remplazable.

**REEMPLAZAR** v. tr. [**1g**]. Remplazar.

**REEMPLAZO** n. m. Remplazo.

**REEMPRENDER** v. tr. [**2**]. Reanudar algo que se había interrumpido: *reemprender la marcha tras un corto descanso.*

**REENCARNACIÓN** n. f. Encarnación de un alma en un nuevo cuerpo, tras separarse, por la muerte, de otro.

**REENCARNAR** v. tr. y pron. [**1**]. Efectuar una reencarnación.

**REENCAUCHADORA** n. f. *Colomb.* y *Perú.* Instalación para reencauchar llantas o cubiertas de los vehículos.

**REENCAUCHAR** v. tr. [**1**]. *Colomb.* y *Perú.* Recauchutar.

**REENCONTRAR** v. tr. y pron. [**1**]. Encontrar de nuevo, dar de nuevo con una persona o cosa.

**REENCUENTRO** n. m. Situación de volverse a encontrar dos o más personas.

**REENGANCHAR** v. tr. y pron. [**1**]. Continuar en el servicio militar.

**REENGANCHE** n. m. Acción y efecto de reengancharr o reengancharse.

**REENVIAR** v. tr. [**1t**]. Reexpedir.

**REENVÍO** n. m. Reexpedición.

**REESCRIBIR** v. tr. [**3n**]. Volver a redactar un texto introduciendo modificaciones.

**REESTRENAR** v. tr. [**1**]. Volver a estrenar, especialmente películas u obras teatrales al cabo de algún tiempo de su estreno.

**REESTRENO** n. m. Acción y efecto de reestrenar.

**REESTRUCTURACIÓN** n. f. Acción y efecto de reestructurar.

**REESTRUCTURAR** v. tr. [**1**]. Modificar la estructura de una obra, disposición, empresa, proyecto, etc.: *reestructurar la industria textil.*

**REEXPEDICIÓN** n. f. Acción y efecto de reexpedir.

**REEXPEDIR** v. tr. [**30**]. Enviar algo recibido previamente al lugar de donde procede o a otro sitio.

**REEXPORTACIÓN** n. f. Acción y efecto de reexportar.

**REEXPORTAR** v. tr. [**1**]. Exportar lo que se había importado.

**REFACCIÓN** n. f. Comida ligera que se toma para reparar fuerzas. **2.** Compostura o reparación de lo estropeado. **3.** *Méx.* Pieza de repuesto para cualquier aparato mecánico.

**REFACCIONAR** v. tr. [**1**]. *Amér.* Restaurar o reparar, especialmente hablando de edificios.

**REFACCIONARIA** n. f. *Méx.* Tienda de refacciones para aparatos mecánicos.

**REFAJO** n. m. Falda de tela gruesa que usaban las mujeres como prenda interior de abrigo o como falda.

**REFALOSA** n. f. *Argent.* y *Chile.* Baile popular. **2.** *Argent.* y *Chile.* Pancutra.

**REFECTORIO** n. m. Comedor común de un colegio o convento.

**REFERENCIA** n. f. Acción y efecto de establecer relación entre una cosa y otra, o de aludir a algo: *hacer referencia a hechos pasados.* **2.** Nota con la que en un texto se remite a otro o a otra parte del mismo. **3.** Noticia, información: *las referencias de la guerra.* **4.** Informe que se da o se tiene sobre las cualidades, aptitudes o solvencia de alguien o algo: *dar buenas referencias.* (Suele usarse en plural.) • **Relación de referencia** (LING. y LÓG.), relación entre un signo lingüístico y un objeto específico denotado por aquél. ‖ **Sistema de referencia** (MAT.), sistema de elementos que sirven para fijar la posición de un elemento variable.

**REFERENCIAL** n. m. Conjunto de elementos que forman un sistema de referencia. **2.** Conjunto de los elementos unidos a este sistema. **3.** MAT. Conjunto general en el que los conjuntos estudiados constituyen subconjuntos.

**REFERÉNDUM** n. m. Procedimiento jurídico por el que se somete al voto popular una medida constitucional o legislativa.

**REFERENTE** adj. Que se refiere a la cosa que se expresa: *declaraciones referentes a la economía.*

**REFERÍ** n. m. *Amér.* Juez de una competición deportiva, árbitro.

**RÉFERI** n. m. *Méx.* Referí.

**REFERIR** v. tr. (lat. *referre*) [**22**]. Dar a conocer, narrar algo real o ficticio: *referir una anécdota.* **2.** Remitir, enviar al lector de un texto a otro lugar del mismo o a otro texto. **3.** Atribuir algo a un motivo, origen, época, etc. **4.** Reducir o dar la equivalencia de una cantidad en otro tipo de unidades o monedas: *referir una suma a números redondos.* ◆ v. tr. y pron. **5.** Establecer una relación: *referir a alguien varias cualidades.* **6.** Aludir, mencionar explícita o implícitamente: *se refería a ti.*

**REFILAR** v. intr. [**1**]. *Chile.* Pasar tocando ligeramente una cosa.

**REFILÓN. De refilón**, se aplica a la forma oblicua o ladeada de incidir una cosa en otra; *(Fam.)*, superficialmente, sin dedicarle mucha atención.

**REFINACIÓN** n. f. Acción y efecto de refinar.

**REFINADO, A** adj. Exquisito, muy cuidado en todos sus detalles y libre de tosquedad o vulgaridad: *persona refinada; modales refinados.* **2.** *Fig.* Perfecto, consumado en alguna cualidad o defecto: *una crueldad refinada.* **3.** INDUSTR. Libre de impurezas: *aceite refinado.* ◆ n. m. **4.** Refinación. **5.** PETRÓL. Producto de refino.

**REFINADOR, RA** adj. Que refina: *pila refinadora.* ◆ n. **2.** Persona que explota o posee una refinería. ◆ n. m. **3.** El que se dedica al afinado de metales. **4.** Técnico o industrial especializado en el refino de petróleo. **5.** Aparato utilizado para refinar o purificar la pasta de papel.

**REFINAMIENTO** n. m. Esmero, buen gusto, manera cuidada, refinada: *refinamiento del lenguaje; refinamiento en el vestir.* **2.** Ensañamiento en el proceder de personas astutas o maliciosas: *herir con cruel refinamiento.* **3.** Detalle de perfección: *una casa con todos los refinamientos modernos.*

**REFINAR** v. tr. [**1**]. Hacer más fina o más pura una cosa, separando cualquier impureza o materia heterogénea. **2.** *Fig.* Perfeccionar una cosa, cuidando sus últimos detalles y adecuándola a un fin determinado: *refinar los modales.* **3.** Efectuar la refinación del azúcar, aceite, pasta de papel, etc.

**REFINERÍA** n. f. Instalación industrial donde se refinan determinados productos, como azúcar, petróleo, etc.

**REFINO** n. m. Transformación del petróleo crudo en productos acabados. **2.** Tratamiento a que se somete un producto derivado del petróleo para transformarlo, fraccionarlo y purificarlo.

**REFITOLERO, A** adj. y n. Que cuida del refectorio. **2.** *Fig.* y *fam.* Entrometido. **3.** *Fig.* y *fam.* Acicalado, pulido.

**REFLECTAR** v. intr. [**1**]. Reflejar la luz, el calor, etc.

**REFLECTOR, RA** adj. Que refleja: *espejo reflector.* ◆ n. m. **2.** Aparato de superficie bruñida que refleja los rayos luminosos, el calor u otra radiación. **3.** Aparato que lanza la luz de un foco luminoso en determinada dirección.

**REFLEJAR** v. intr. [**1**]. Hacer retroceder o cambiar la dirección de la luz, el calor, el sonido o algún cuerpo elástico, oponiéndoles una superficie lisa. ◆ v. tr. **2.** *Fig.* Manifestar, hacer patente o perceptible una cosa. ◆ v. tr. y pron. **3.** Devolver una superficie brillante la imagen de un objeto.

**REFLEJO, A** adj. (lat. *reflexum,* retroceso). Que ha sido reflejado: *onda refleja.* **2.** Que tiene lugar por reflexión: *visión refleja.* **3.** Dícese de un efecto que siendo producido en un sitio se reproduce espontáneamente en otro: *dolor reflejo.* **4.** Dícese de las acciones que obedecen a motivaciones inconscientes: *acto reflejo.* ◆ n. m. **5.** Destello, luz reflejada por un objeto. **6.** Imagen, representación de algo o alguien o cosa que manifiesta otra. **7.** Reacción rápida ante un acontecimiento repentino: *tener buenos, malos reflejos.* **8.** FILOS. Para los materialistas, imagen de la realidad exterior que se forma en la conciencia humana, y que la constituye. **9.** FISIOL. Conjunto de una excitación sensorial transmitida a un centro por vía nerviosa y de la respuesta motriz o glandular, siempre involuntaria, que provoca. • **Reflejo condicional,** o **condicionado,** unión establecida entre un estímulo condicional y una respuesta particular del ser vivo, adquirida durante un aprendizaje. ‖ **Reflejo incondicional,** o **innato,** el que el ser vivo posee de forma natural.

**REFLEX** adj. y n. f. (voz inglesa). Dícese de la cámara dotada de un visor que permite la observación de la imagen en condiciones idénticas a como va a ser captada por la película. **2.** Dícese de un montaje que permite utilizar el mismo elemento amplificador para amplificar señales de alta y de baja frecuencia.

**REFLEXIÓN** n. f. (lat. *reflexionem*). Acción y efecto de reflejar. **2.** Acción y efecto de reflexionar. **3.** *Fig.* Advertencia, consideración, consejo. **4.** Cambio de dirección de un cuerpo que ha chocado con otro. **5.** Cambio de dirección de las ondas electromagnéticas o sonoras que inciden sobre una superficie reflectante. • **Ángulo de reflexión,** ángulo formado por el rayo reflejado y la perpendicular a la superficie reflectante en el punto de incidencia. (El ángulo de reflexión es igual al ángulo de incidencia.)

■ La reflexión de un rayo luminoso en la superficie de separación entre dos medios obedece a las siguientes leyes: 1.° El rayo incidente, el rayo reflejado y la normal a la superficie en el punto de incidencia se encuentran en el mismo plano. 2.° El ángulo de incidencia *i* es igual al ángulo de reflexión *î*.

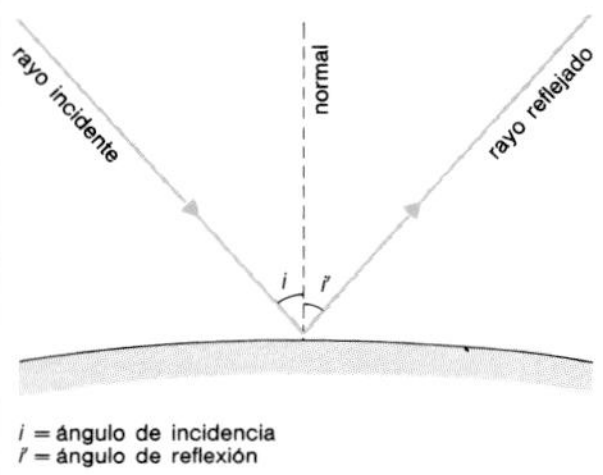


**reflexión** de un rayo luminoso

**REFLEXIONAR** v. tr. **[1]**. Centrar el pensamiento en algo, considerar con atención.

**REFLEXIVIDAD** n. f. MAT. y LÓG. Propiedad de la relación reflexiva.

**REFLEXIVO, A** adj. Que refleja o reflecta. **2.** Que habla o actúa con reflexión. **3.** FILOS. Que concierne a la conciencia considerándose a sí misma como objeto. **4.** LÓG. y MAT. Dícese de una relación verificada para todo par de elementos idénticos. • **Pronombre reflexivo,** pronombre personal átono que designa la misma persona o la misma cosa que el sujeto. ‖ **Verbo reflexivo,** aquel cuyo complemento es un pronombre reflexivo.

**REFLEXOGRAMA** n. m. Registro gráfico de un reflejo.

**REFLEXOLOGÍA** n. f. Estudio científico de los reflejos.

**REFLEXOTERAPIA** n. f. Método terapéutico mediante masajes en las zonas reflejas de las manos y los pies.

**REFLOTAR** v. tr. **[1]**. Volver a poner una embarcación a flote. **2.** Intentar que una empresa o negocio vuelva a dar beneficios.

**REFLUIR** v. intr. **[29]**. Volver hacia atrás una corriente líquida. **2.** *Fig.* Redundar, venir a parar una cosa en otra.

**REFLUJO** n. m. Movimiento de descenso de la marea. **2.** Parte de la fracción vaporizada que es condensada y reintroducida en estado líquido en el aparato de destilación. **3.** MED. Flujo de un líquido en sentido inverso al normal.

**REFOCILACIÓN** n. f. Acción y efecto de refocilar. SIN.: *refocilamiento.*

**REFOCILAR** v. tr. y pron. **[1]**. Divertir de forma grosera o causar alegría maligna.

**REFORESTACIÓN** n. f. Reconstitución de un bosque. **2.** Repoblación artificial de un bosque.

**REFORMA** n. f. Acción y efecto de reformar. **2.** Innovación o mejora que se propone, proyecta o ejecuta en alguna cosa. • **Reforma agraria,** proceso político de carácter masivo que tiene como objetivo fundamental un cambio rápido y radical en el régimen de propiedad y explotación de la tierra y que da nacimiento a un nuevo tipo de relaciones sociales.

**REFORMADO, A** adj. y n. Partidario de la religión reformada, protestante. **2.** Religioso de una orden reformada. ◆ adj. **3. Religión reformada,** religión protestante, protestantismo. ◆ n. m. **4.** Gasolina cuyo índice de octano ha sido mejorado mediante reforming.

**REFORMADOR, RA** adj. y n. Que reforma o pone en debida forma una cosa.

**REFORMAR** v. tr. (lat. *reformare*) **[1]**. Modificar con el fin de mejorar, dar un nuevo aspecto: *reformar los métodos de enseñanza; reformar el piso.* **2.** Efectuar el proceso de reforming. ◆ **reformarse** v. pron. **3.** Cambiarse, corregirse.

**REFORMATORIO, A** adj. Que reforma o arregla. ◆ n. m. **2.** Establecimiento penitenciario para el tratamiento correccional, preferentemente de los delincuentes menores de edad, a fin de readaptarlos a la vida social.

**REFORMING** n. m. (voz inglesa). Procedimiento de refino que modifica la composición de una bencina pesada, bajo el efecto de la temperatura y la presión, en presencia de un catalizador.

**REFORMISMO** n. m. Doctrina orientada a la transformación, por vías legales de las estructuras políticas, económicas y sociales. **2.** Denominación dada por algunos historiadores al despotismo ilustrado en España.

**REFORMISTA** adj. y n. m. y f. Relativo al reformismo; partidario de esta doctrina.

**REFORZADO, A** adj. Que está construido muy sólidamente o que tiene refuerzo: *arma, maquinaria reforzada.* **2.** Dícese de la unidad militar a la que se agregan otros elementos, necesarios para cumplir la primera misión asignada.

**REFORZADOR, RA** adj. Que refuerza o sirve para reforzar. ◆ n. m. **2.** FOT. Baño que sirve para reforzar un cliché fotográfico.

**REFORZANTE** n. m. Tónico.

**REFORZAR** v. tr. **[1n]**. Aumentar o añadir nuevas fuerzas a algo: *reforzar la guardia.* **2.** Fortalecer o reparar: *reforzar los muros, un mueble.* ◆ v. tr. y pron. **3.** *Fig.* Alentar, animar, fortalecer: *reforzar los ánimos.*

**REFRACCIÓN** n. f. Acción y efecto de refractar o refractarse. **2.** FÍS. Cambio de dirección de una onda al pasar de un medio a otro.

■ La refracción de un rayo luminoso al pasar de un medio A a un medio B obedece a dos leyes: 1.°, el rayo incidente IO, el rayo refractado OR y la normal NON' a la superficie de separación están en un mismo plano. 2.°, la relación entre el seno del ángulo de incidencia *i* y el seno del ángulo de refracción *r* es constante y se denomina *índice de refracción* del medio B respecto del medio A.

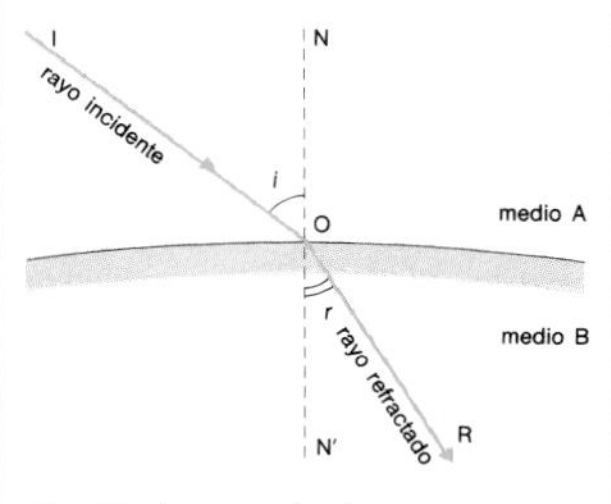


**refracción** de un rayo luminoso

**REFRACTADO, A** adj. FÍS. Que ha sufrido una refracción.

**REFRACTAR** v. tr. y pron. **[1]**. Producir la refracción: *el prisma refracta la luz.*

**REFRACTARIO, A** adj. Opuesto, rebelde a aceptar o recibir una idea, enseñanza, opinión o costumbre. **2.** Inmune a alguna enfermedad. • **Período refractario,** disminución o anulación pasajera de la excitabilidad de un receptor sensorial o de una fibra nerviosa tras un período de actividad. ◆ adj. y n. m. **3.** Que resiste a ciertas influencias físicas o químicas. **4.** Que resiste a muy altas temperaturas: *arcilla refractaria.* **5.** BIOL. Que resiste a una infección microbiana. **6.** HIST. Dícese de los sacerdotes que, durante la Revolución francesa, se negaron a prestar juramento a la constitución civil del clero.

**REFRACTÓMETRO** n. m. Aparato para medir los índices de refracción.

**REFRACTOR** n. m. Anteojo formado únicamente de lentes.

**REFRÁN** n. m. Sentencia que consta de pocas palabras y es de carácter popular y didáctico.

**REFRANERO** n. m. Colección de refranes.

**REFRANESCO, A** adj. Relativo al refrán.

**REFRANGIBILIDAD** n. f. Propiedad de lo que es refrangible.

**REFRANGIBLE** adj. Susceptible de refracción.

**REFREGADURA** n. f. Refregamiento. **2.** Señal que queda de haber o haberse refregado alguna cosa.

**REFREGAMIENTO** n. m. Acción y efecto de refregar.

**REFREGAR** v. tr. y pron. **[1d]**. Frotar una cosa contra otra repetidamente. **2.** *Fig.* y *fam.* Decir, mostrar o recordar insistentemente algo que ofende, humilla, avergüenza o mortifica.

**REFREGÓN** n. m. *Fam.* Refregadura.

**REFRENABLE** adj. Que se puede refrenar.

**REFRENAMIENTO** n. m. Acción y efecto de refrenar.

**REFRENAR** v. tr. (lat. *refrenare;* de *frenare,* frenar) **[1]**. Sujetar o reducir el jinete al caballo con el freno. ◆ v. tr. y pron. **2.** *Fig.* Contener, reprimir, aminorar, evitar que se manifieste violentamente un impulso o pasión: *refrenar la cólera.*

**REFRENDACIÓN** n. f. Acción y efecto de refrendar.

**REFRENDAR** v. tr. **[1]**. Autorizar un despacho u otro documento por medio de la firma de persona hábil para ello. **2.** *Fig.* Corroborar, aceptar confirmándola la cualidad o forma de ser que se exprese de algo o alguien.

**REFRENDARIO, A** n. Funcionario público con autoridad, después del superior, para legalizar con su firma un despacho o documento.

**REFRENDO** n. m. Refrendación. **2.** Acto por el que el ministro competente se responsabiliza, con su firma, de un decreto o mandato suscrito por el jefe del estado y le da fuerza coercitiva. **3.** Firma del refrendario.

**REFRESCAR** v. tr. y pron. **[1a]**. Atemperar, disminuir la temperatura o el calor. **2.** *Fig.* Hacer que se recuerden cosas olvidadas o volver a hacer actuar algo: *refrescar la memoria.* ◆ v. intr. **3.** Disminuir su temperatura el tiempo en general, el ambiente o el calor del aire. ◆ v. intr. y pron. **4.** *Fig.* Tomar fuerzas, vigor o aliento, o recuperarlas después de una pérdida o disminución de los mismos. **5.** Tomar alguna bebida. **6.** *Fam.* Tomar el fresco.

**REFRESCO** n. m. Bebida fría o atemperada, sin alcohol, que se toma para quitar la sed. **2.** Refrigerio, alimento moderado y ligero que se suele tomar en un descanso del trabajo. **3.** Pequeña fiesta o agasajo en que se toman cosas apetitosas de comer y beber. • **De refresco,** de nuevo.

**REFRIEGA** n. f. Combate inferior, en importancia y participación de fuerzas, a una batalla. **2.** Riña o disputa violenta.

**REFRIGERACIÓN** n. f. Operación que tiene por objeto hacer descender la temperatura, eliminar calor o producir frío.

**REFRIGERADO, A** adj. Que ha sufrido el proceso de refrigeración: *carne refrigerada.*

**REFRIGERADOR, RA** adj. Que refrigera: *aparato refrigerador; instalación refrigeradora.* ◆ n. m. **2.** Aparato de producción de frío. **3.** Nevera, frigorífico.

**REFRIGERADORA** n. f. *Perú.* Nevera, frigorífico.

**REFRIGERANTE** adj. Que refrigera. ◆ n. m. **2.** Aparato, instalación o sustancia para enfriar. **3.** Intercambiador de calor utilizado para enfriar un líquido o un gas mediante un fluido más frío: *refrigerante atmosférico.*

**REFRIGERAR** v. tr. y pron. (lat. *refrigerare*) **[1]**. Enfriar, someter a la refrigeración.

**REFRIGERIO** n. m. Comida ligera que se toma, generalmente entre las principales, para reparar fuerzas. **2.** *Fig.* Alivio o consuelo en cualquier incomodidad o pena.

**REFRINGENCIA** n. f. FÍS. Propiedad de refractar la luz.

**REFRINGENTE** adj. (del lat. *refringens,* que quiebra). FÍS. Que refracta la luz: *medio refringente.*

**REFRINGIR** v. tr. y pron. **[3b]**. Refractar.

**REFRITO, A** adj. Recalentado con la sartén o muy frito. ◆ n. m. **2.** Comida o condimento formados por trozos pequeños y fritos de algo: *un refrito de cebolla y tomate.* **3.** *Fig.* y *fam.* Cosa rehecha o recompuesta, especialmente un escrito u obra literaria, o compuesta por fragmentos de otra.

**REFUCILAR** v. intr. **[1]**. *Amér.* Relampaguear.

**REFUCILO** n. m. *Amér.* Relámpago.

**REFUERZO** n. m. Acción y efecto de reforzar. **2.** Cualquier cosa con que se refuerza o repara algo, fortaleciéndolo. **3.** *Fig.* Ayuda que se presta o recibe en alguna necesidad. **4.** ARM. Grueso adicional que se añade a los cañones de las armas de fuego. **5.** FOT. Aumento de los contrastes de un fototipo o cliché fotográfico débil. **6.** MIL. Ayuda que se presta a una tropa para acrecentar su número y potencia. **7.** TECNOL. Pieza que se une o junta con otra para fortalecerla y aumentar su resistencia, o para evitar que se desgaste. **8.** TEXT. En una pieza o prenda de punto, parte más gruesa o tejida con hilo más resistente. ◆ **refuerzos** n. m. pl. **9.** Tropas que se suman a otras para aumentar su fuerza o eficacia.

**REFUGIADO, A** n. Persona que, a consecuencia de guerras, revoluciones, persecuciones, etc., vive fuera de su país.

**REFUGIARSE** v. pron. **[1]**. Retirarse o ir a un lugar para encontrar seguridad o tranquilidad.

**REFUGIO** n. m. Lugar o construcción que sirve para resguardar de las inclemencias del tiempo. **2.** Asilo, acogida o amparo. **3.** Zona situada dentro de la calzada, reservada para los peatones y convenientemente protegida del tránsito rodado. **4.** Zanja, trinchera o construcción subterránea habilitada para preservarse de los bombardeos. **5.** Edificio construido en determinados lugares de las montañas para acoger o resguardar a viajeros y excursionistas, habilitado normalmente para ello.

**REFULGENCIA** n. f. Cualidad de refulgente.

**REFULGENTE** adj. Que emite resplandor.

**REFULGIR** v. intr. (lat. *refulgere*) **[3b]**. Resplandecer, brillar, emitir fulgor.

**REFUNDICIÓN** n. f. Acción y efecto de refundir. **2.** Obra refundida.

**REFUNDIDOR, RA** adj. y n. Que refunde.

**REFUNDIR** v. tr. (lat. *refundere*) **[3]**. Volver a fundir: *refundir un metal.* **2.** *Fig.* Dar nueva forma y disposición a una obra. ◆ v. tr. y pron. **3.** Fundir, reunir.

**EFUNFUÑADOR, RA** adj. Que refunfuña.

**REFUNFUÑAR** v. intr. (voz onomatopéyica) **[1]**. Emitir voces confusas o palabras mal articuladas en señal de enojo o desagrado.

**REFUNFUÑO** n. m. Acción y efecto de refunfuñar.

**REFUNFUÑÓN, NA** adj. y n. Que refunfuña. **2.** Inclinado a refunfuñar, que tiene por costumbre quejarse de todo.

**REFUTABLE** adj. Que puede refutarse.

**REFUTACIÓN** n. f. Acción y efecto de refutar. **2.** Argumento o prueba cuyo objeto es destruir las razones del contrario.

**REFUTAR** v. tr. (lat. *refutare*) **[1]**. Impugnar con argumentos o razones lo que otros dicen: *refutar una opinión.*

**REFUTATORIO, A** adj. Que sirve para refutar: *argumento refutatorio.*

**REG** n. m. (voz árabe). GEOGR. En los desiertos, vasto espacio constituido por un empedrado de deflación.

**REGADERA** n. f. Vasija portátil, a propósito para regar. **2.** *Méx.* Ducha. • **Estar como una regadera** *(Fam.)*, estar chiflado.

**REGADERAZO** n. m. *Méx.* Baño ligero que se toma con una regadera.

**REGADÍO, A** adj. y n. m. Dícese del terreno que se puede regar. ◆ n. m. **2.** Terreno dedicado a cultivos que se fertilizan con el riego.

**REGALADO, A** adj. Agradable, con muchas comodidades o placeres: *una vida regalada.* **2.** *Fig.* y *fam.* Muy barato: *comprar a un precio regalado.*

**REGALADOR, RA** adj. y n. Que regala o es aficionado a regalar.

**REGALAR** v. tr. **[1]**. Dar sin recibir nada a cambio, generalmente como muestra de afecto o agradecimiento. **2.** Halagar, dar muestras de afecto o admiración. ◆ v. tr. y pron. **3.** Deleitar, recrear: *aquella melodía regalaba los oídos.* ◆ **regalarse** v. pron. **4.** Procurarse cosas que proporcionan comodidad, agrado, placer, etc.

**REGALÍA** n. f. Derecho exclusivo del soberano. **2.** *Fig.* Privilegio o excepción de cualquier clase. **3.** ECON. Participación en los ingresos o cantidad fija que se paga al propietario de un derecho a cambio del permiso para ejercerlo. **4.** HIST. En Gran Bretaña, insignias reales empleadas en la ceremonia de coronación de los soberanos, como coronas, cetros, espadas, etc. **5.** MÚS. Instrumento de viento, con depósito de aire y lengüetas batientes.

**REGALISMO** n. m. Doctrina y política de los defensores de las regalías de la corona sobre la Iglesia.

**REGALISTA** adj. y n. m. y f. Relativo al regalismo; partidario de esta doctrina.

**REGALIZ** n. m. Planta arbustiva de la familia papilionáceas, cuyas raíces se utilizan en la fabricación de ciertas bebidas refrescantes. **2.** Trozo seco de la raíz de esta planta. **3.** Pasta elaborada con el jugo de la raíz de dicha planta y que en forma de barrita o pastilla se toma como golosina.

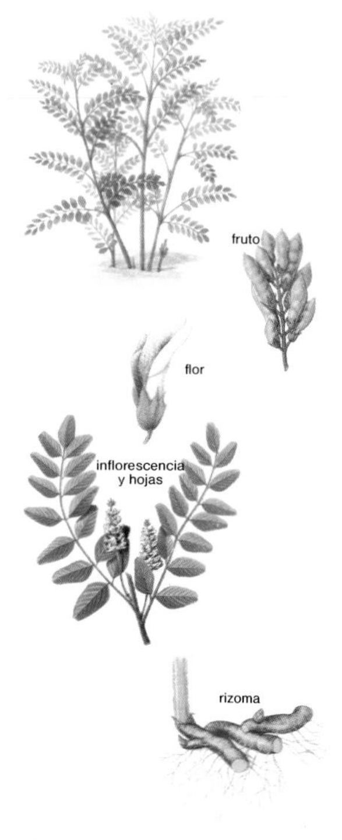

**regaliz**

**REGALO** n. m. Aquello que se regala. **2.** Placer o gusto que una cosa proporciona, especialmente una comida o bebida. **3.** Comodidades y placeres con que se vive: *llevar una vida llena de regalo.*

**REGALÓN, NA** adj. y n. *Fam.* Que vive con mucho regalo.

**REGALONEAR** v. tr. **[1]**. *Argent.* y *Chile.* Tratar con excesivo regalo, mimar. ◆ v. intr. **2.** *Chile.* Dejarse mimar.

**REGANTE** adj. Que riega. ◆ n. m. y f. **2.** Persona que tiene derecho de regar con agua comprada o repartida para ello. **3.** Obrero encargado del riego de los campos.

**REGAÑADIENTES. A regañadientes,** de mala gana, refunfuñando.

**REGAÑAR** v. intr. **[1]**. Refunfuñar, dar muestras de enfado con palabras y gestos. **2.** *Fam.* Reñir, disputar dos o más personas. ◆ v. tr. **3.** *Fam.* Reprender a una persona por haber hecho mal una cosa o por haberla dejado de hacer.

**REGAÑINA** n. f. Regaño, reprensión. **2.** Riña, disputa.

**REGAÑO** n. m. Palabras y gestos con que se regaña. **2.** *Fam.* Reprensión.

**REGAÑÓN, NA** adj. y n. *Fam.* Que suele regañar mucho o por cualquier motivo.

**REGAR** v. tr. (lat. *rigare*) **[1d]**. Esparcir o derramar agua sobre la tierra, las plantas, etc., para beneficiarla, limpiarla o refrescarla. **2.** Atravesar un río, afluente o canal una comarca o territorio. • **Regarla** *(Méx. Fam.)*, cometer un gran desatino, hacer o decir algo sumamente inconveniente. ◆ v. tr. y pron. **3.** *Fig.* Esparcir, derramar: *regar el suelo de papeles.*

**REGATA** n. f. Competición entre varias embarcaciones. **2.** Reguera pequeña o surco por donde se conduce el agua a las eras en las huertas y jardines.

**REGATE** n. m. Ademán o movimiento rápido que se hace con el cuerpo, hurtándolo para evitar un golpe, choque o caída. **2.** *Fig.* y *fam.* Recurso o salida con que se elude hábilmente una dificultad, una obligación, un compromiso, etc. **3.** DEP. Acción de driblar.

**REGATEAR** v. tr. **[1]**. Debatir el comprador y el vendedor el precio de una mercancía, especialmente el primero para poder obtenerla más barata. **2.** Vender al por menor los comestibles que se han comprado al por mayor. **3.** *Fig.* y *fam.* Escatimar, ahorrar. ◆ v. intr. **4.** Hacer regates, ademanes. ◆ v. tr. e intr. **5.** Driblar.

**REGATEO** n. m. Acción y efecto de regatear.

**REGATISTA** n. m. y f. Deportista de regatas.

**REGATO** n. m. Arroyo muy pequeño.

**REGATÓN, NA** adj. y n. Que acostumbra regatear.

**REGAZO** n. m. Cavidad que forma una falda entre la cintura y la rodilla, cuando la persona está sentada. **2.** Parte del cuerpo comprendida entre la cintura y las rodillas, cuando la persona está sentada. **3.** *Fig.* Aquello que da y proporciona amparo y refugio.

**REGENCIA** n. f. Gobierno establecido durante la minoridad, la ausencia o la incapacidad de un rey. • **Consejo de regencia,** organismo español, creado por la ley de sucesión de 1947 y suprimido al promulgarse la constitución de 1978. ‖ **Estilo regencia,** estilo artístico de transición entre Luis XIV y Luis XV.

**REGENERACIÓN** n. f. Acción o efecto de regenerar. **2.** BIOL. Capacidad natural de un órgano para sustituir tejidos u órganos lesionados o perdidos. **3.** QUÍM. Operación que consiste en renovar la actividad de un catalizador gastado.

**REGENERACIONISMO** n. m. Movimiento ideológico español que, principalmente como consecuencia del desastre de 1898, proponía una serie de reformas políticas, económicas y sociales para la regeneración del país.

**REGENERACIONISTA** adj. y n. m. y f. Relativo al regeneracionismo; partidario de este movimiento.

**REGENERADO, A** adj. Dícese de los productos industriales a los que se ha suprimido las impurezas y han quedado como nuevos.

**REGENERADOR, RA** adj. Que regenera: *un sistema regenerador; horno regenerador.* ◆ n. m. **2.** Aparato para regenerar un catalizador. **3.** Apilamiento o enrejado de ladrillos refractarios en el que se acumula periódicamente el calor sensible de los humos y lo cede al aire o al gas de calefacción.

**REGENERAR** v. tr. y pron. (lat. *regenerare*) **[1]**. Volver a poner en buen estado, o mejorar una cosa degenerada o gastada. **2.** *Fig.* Corregir, hacer que una persona cambie de vida apartándose del vicio. **3.** Tratar materias gastadas para que puedan servir de nuevo: *regenerar el caucho.* **4.** QUÍM. Restablecer la actividad de un catalizador. SIN.: *reactivar.*

**REGENTA** n. f. Mujer del regente. **2.** En algunos centros de enseñanza, profesora.

**REGENTAR** v. tr. **[1]**. Desempeñar temporalmente cierto cargo o empleo como sustituto. **2.** Ejercer u ocupar un cargo honorífico o de autoridad. **3.** Dirigir un negocio: *regentar un hotel.*

**REGENTE** adj. y n. m. y f. Que rige o gobierna: *normas regentes; ser el regente del pueblo.* ◆ n. m. **2.** En las órdenes religiosas, el que gobierna y rige los estudios. **3.** En España, magistrado que presidía una audiencia territorial. **4.** En los Países Bajos, director de ciertas fundaciones caritativas, como orfanatos y hospitales. **5.** Magistrado que ejercía la autoridad en las ciudades neerlandesas. ◆ n. m. y f. **6.** Jefe del gobierno durante la minoría de edad, la ausencia o la enfermedad de un soberano. **7.** Persona que, sin ser el dueño, dirige o lleva el mando de un negocio.

**REGGAE** n. m. Estilo musical de origen jamaicano, caracterizado por un ritmo binario extrañamente sincopado.

**REGICIDA** adj. y n. m. y f. Asesino de un rey.

**REGICIDIO** n. m. Acto y crimen del regicida.

**REGIDOR, RA** adj. Que rige o gobierna. ◆ n. **2.** Concejal. **3.** En un teatro o en una producción cinematográfica o televisiva, persona que se encarga de hacer cumplir las órdenes del director, y que tiene la responsabilidad del desarrollo del espectáculo. ◆ n. m. **4.** HIST. Durante la baja edad media en Castilla, miembro del regimiento municipal, y en época moderna, del cabildo de Indias.

**REGIDORÍA** o **REGIDURÍA** n. f. Oficio de regidor.

**RÉGIMEN** n. m. (lat. *regimen*) [pl. *regímenes*]. Conjunto de normas que rigen una cosa o modo con que se rigen: *régimen penitenciario.* **2.** Serie de condiciones regulares y habituales que provocan y acompañan una sucesión de fenómenos determinados: *régimen de lluvias de un país.* **3.** Regla observada en el modo de vida, y especialmente en las comidas y en las bebidas. **4.** Forma de funcionamiento de la organización política, social o económica de un estado: *régimen parlamentario.* **5.** Denominación dada en España a la dictadura franquista, y en América, a los gobiernos dictatoriales. **6.** Forma de funcionamiento normal de una máquina. **7.** Velocidad de rotación de un motor. **8.** Conjunto de variaciones experimentadas por el caudal de un curso de agua: *regímenes fluviales.* **9.** Forma en que se mueve un fluido: *régimen turbulento.* **10.** LING. Dependencia que entre sí tienen las partes en la oración. **11.** Preposición que pide un determinado verbo. • **Antiguo régimen,** nombre dado a la subformación político-económico-social que tiene como punto final las revoluciones liberal burguesas y la revolución industrial, y cuya superestructura política dominante es el absolutismo. (Abarca desde el renacimiento hasta la Revolución francesa; en España se sitúa entre el reinado de los Reyes Católicos y la guerra de la Independencia.) ‖ **Régimen de crucero,** régimen de una máquina, de un motor, etc., que ofrece simultáneamente un rendimiento elevado, un consumo débil y un desgaste tolerable.

**REGIMENTAL** adj. Relativo al regimiento: *unidades regimentales.*

**REGIMENTAR** v. tr. **[1j]**. Organizar varias compañías o partidas sueltas en regimientos.

**REGIMIENTO** n. m. MIL. Unidad orgánica de una misma arma, cuyo jefe es un coronel.

**REGIO, A** adj. (lat. *regium*). Relativo al rey. **2.** *Fig.* Suntuoso, magnífico: *mansión regia.* **3.** *Argent., Chile* y *Urug. Fam.* Excelente, magnífico. • **Agua regia,** mezcla de ácido nítrico y de ácido clorhídrico, que disuelve el oro y el platino.

**REGIOMONTANO, A** adj. y n. De Monterrey o de Königsberg.

**REGIÓN** n. f. (lat. *regionem*). Territorio o zona que debe su unidad a causas físicas, como clima, vegetación, relieve o humanas como población, economía, estructuras políticas, o administrativas, etc. **2.** *Fig.* Espacio o lugar que se imagina de gran amplitud: *las regiones remotas del universo.* **3.** *Fig.* Parte, sitio, lugar: *la región del inconsciente.* **4.** Nombre de algunas áreas administrativas mayores de ciertos países. **5.** ANAT. Nombre que se da a algunas zonas amplias y delimitadas del organismo. **6.** DER. ADM. Comunidad autónoma que, junto con la nacionalidad, y según el régimen constitucional español, integra la nación y puede acceder al autogobierno. • **Región militar** (MIL.), división territorial del ejército que está al mando de un teniente general, quien ostenta la categoría de capitán general de la región.

**REGIONAL** adj. Relativo a una región.

**REGIONALISMO** n. m. Doctrina política y social cuyo principio consiste en favorecer las agrupaciones regionales. **2.** Tendencia a sólo considerar los intereses particulares de la región en que se habita. **3.** Tendencia a otorgar autonomía a las regiones. **4.** Palabra, giro o locución propios de una región.

**REGIONALISTA** adj. y n. m. y f. Relativo al regionalismo: *ideas regionalistas.* **2.** Que es partidario del regionalismo político.

**REGIONALIZACIÓN** n. f. Transferencia a las regiones de las competencias que pertenecían al poder central. **2.** División del mundo en grandes regiones.

**REGIONALIZAR** v. tr. **[1g]**. Efectuar una regionalización.

**REGIR** v. tr. (lat. *regere,* gobernar) **[30b]**. Dirigir, mandar con autoridad. **2.** Guiar, conducir. **3.** LING. Tener una palabra bajo su dependencia otra palabra de la misma oración. ◆ v. intr. **4.** Estar vigente, tener validez una ley, disposición, etc. **5.** Evacuar normalmente el intestino. **6.** *Fam.* Estar una persona cuerda, en su juicio.

**REGISTRADO, A** adj. Dícese de un modelo o marca que se somete a la formalidad del registro, para protegerlo contra las falsificaciones.

**REGISTRADOR, RA** adj. Que registra. ◆ adj. y n. m. **2.** TECNOL. Dícese del aparato que deja anotados automáticamente el resultado de ciertos fenómenos. ◆ n. **3.** Funcionario que tiene a su cargo algún registro público: *registrador de la propiedad.*

**REGISTRAR** v. tr. **[1]**. Mirar, examinar una cosa con cuidado y minuciosidad para encontrar algo que puede estar oculto. **2.** Anotar, inscribir, o incluir algo en un libro, registro, periódico, etc. **3.** Inscribir un movimiento de valores o una operación contable de cualquier tipo en un libro contable. **4.** Manifestar o declarar mercancías, géneros o bienes para que sean examinados o anotados. **5.** Transcribir literalmente o extractar, en las oficinas y libros de un registro público, los actos o contratos de los particulares y las resoluciones de las autoridades administrativas o judiciales. **6.** Grabar sonidos o imágenes en un disco, cinta, etc., de manera que puedan reproducirse. ◆ **registrarse** v. pron. **7.** Inscribirse, matricularse. **8.** Observar, comprobar. **9.** Producirse un suceso, fenómeno, etc., que puede señalarse o anotarse mediante instrumentos apropiados.

**REGISTRO** n. m. Acción de registrar. **2.** Libro o cuaderno donde se anotan ciertas cosas para que consten permanentemente. **3.** Asiento, anotación o apuntamiento que queda de lo que se registra. **4.** Lugar y oficina donde se registra: *registro mercantil.* **5.** Departamento de la administración pública donde se entrega, anota y registra la documentación referente a dicha dependencia. **6.** Abertura con su tapa o cubierta que se hace en el suelo para poder examinar, limpiar o reparar lo que está empotrado o subterráneo. **7.** Conjunto de técnicas que permiten fijar, conservar y eventualmente reproducir sonidos e imágenes. **8.** ART. GRÁF. Correspondencia exacta de los diversos elementos de un trabajo de superposición. **9.** INFORMÁT. Dispositivo para el almacenamiento temporal de una o más posiciones de memoria del ordenador, destinado a facilitar diversas operaciones. **10.** LING. Nivel o modalidad expresiva que adopta el hablante según la situación o el contexto comunicativo: *registro coloquial; registro familiar.* **11.** MÚS. Cada una de las tres grandes partes en que se puede dividir la escala musical. **12.** MÚS. En el órgano y en el clave, nombre dado a las tablillas o botones que se maniobran en la consola y que sirven para variar la sonoridad y el timbre.

■ En el *registro por grabación mecánica* las señales se conservan gracias a la deformación dada a un material; en el *registro óptico,* por la variación de transparencia de un soporte dotado de una capa fotosensible; en el *registro magnético* se conservan por la imantación variable de una capa magnética. En el procedimiento de *registro mecánico* más moderno, la información (sonidos, imágenes, datos) se registra, una vez digitalizada la señal, en una serie de alvéolos microscópicos en una cara del disco. La lectura se efectúa por un sistema óptico que utiliza un rayo láser. La cantidad de informaciones registradas es altísima. En el campo de lo sonoro, los discos compactos estereofónicos brindan una reproducción musical de calidad excepcional. En informática, el disco óptico digital guarda archivos, bancos de datos e imágenes.

**REGLA** n. f. (lat. *regulum*). Instrumento largo, con aristas vivas y rectilíneas, que se usa para trazar líneas o efectuar mediciones. **2.** Pauta, utensilio para rayar el papel. **3.** Principio o fórmula sobre cómo se debe hacer o está establecido que se haga cierta cosa: *la regla del juego.* **4.** Ley o constancia en la producción de los hechos. **5.** Menstruación. **6.** REL. Conjunto de principios por los que se rige la vida de los religiosos de una orden monástica o de una congregación. • **En regla,** según las prescripciones legales, en la forma debida: *su documentación está en regla.* ‖ **Las cuatro reglas,** las cuatro operaciones fundamentales de la aritmética: sumar, restar, multiplicar y dividir. ‖ **Poner en regla,** ordenar, normalizar. ‖ **Por regla general,** casi siempre, en la mayoría de los casos. ‖ **Regla de cálculo,** instrumento utilizado para los cálculos rápidos, basado en el empleo de logaritmos, formado por una regla graduada móvil que se desplaza sobre otra regla provista de otras graduaciones. ‖ **Regla de tres,** cálculo de una magnitud desconocida a partir de otras tres conocidas, dos de las cuales varían en proporción directa o en proporción inversa.

**REGLADO, A** adj. Sujeto a un precepto o regla. • **Superficie reglada** (MAT.), superficie engendrada por una recta móvil dependiente de un parámetro.

**REGLAJE** n. m. MEC. Reajuste, corrección o regulación de las piezas de un mecanismo o aparato: *reglaje de un motor; reglaje de frenos.*

**REGLAMENTACIÓN** n. f. Acción y efecto de reglamentar. **2.** Conjunto de reglas.

**REGLAMENTAR** v. tr. **[1]**. Sujetar una actividad u otra cosa a un reglamento: *hay que reglamentar los turnos y los horarios.*

**REGLAMENTARIAMENTE** Según el reglamento o conforme a él: *los jugadores han de vestir reglamentariamente.*

**REGLAMENTARIO, A** adj. Relativo al reglamento. **2.** Conforme al reglamento.

**REGLAMENTISTA** adj. Dícese de la persona que cumple o hace cumplir con rigor los reglamentos.

**REGLAMENTO** n. m. Conjunto de reglas o normas que regulan la aplicación de una ley, el régimen de una corporación, la actividad de un deporte, etc. **2.** Acto normativo dictado por la administración del estado en virtud de su competencia propia.

**REGLAR** adj. Relativo a una regla o instituto religioso: *canónigo reglar.*

**REGLAR** v. tr. **[1]**. Regular, someter a reglas o normas una cosa.

**REGLETA** n. f. ART. GRÁF. Lámina de metal que sirve para espaciar la composición.

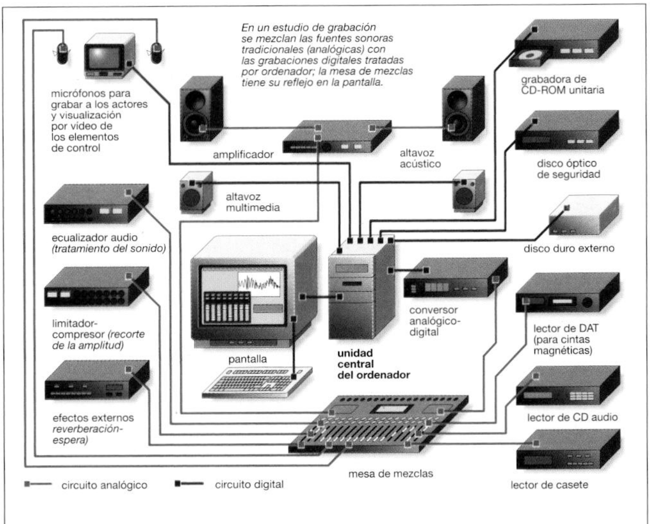

Las constituyentes de un estudio de **registro** del sonido

**REGLETEAR** v. tr. [**1**]. ART. GRÁF. Espaciar la composición intercalando regletas.

**REGLÓN** n. m. Listón de madera, grueso y largo, usado por albañiles y soladores.

**REGNÍCOLA** adj. y n. m. y f. Natural del reino de que se trata.

**REGOCIJAR** v. tr. y pron. [**1**]. Alegrar, causar regocijo.

**REGOCIJO** n. m. Alegría, sentimiento intenso de contento y placer que se manifiesta, por lo general, con signos exteriores.

**REGODEARSE** v. pron. [**1**]. Alegrarse malignamente con un daño, percance o mala situación de otro. **2.** Deleitarse, complacerse con algo. **3.** *Argent., Chile* y *Colomb.* Tardar una persona en decidirse por algo, manifestando duda en la elección y haciéndose rogar.

**REGODEO** n. m. Acción y efecto de regodearse. **2.** *Fam.* Diversión, entretenimiento.

**REGODEÓN, NA** adj. *Chile* y *Colomb. Fam.* Exigente, descontento.

**REGOLDAR** v. intr. [**1r**]. Eructar.

**REGOLDO** n. m. Castaño silvestre.

**REGOLFAR** v. intr. y pron. [**1**]. Formar una corriente de agua un remanso. **2.** Cambiar la dirección del viento por el choque con algún obstáculo.

**REGOLFO** n. m. Vuelta o retroceso del agua o del viento contra su curso. **2.** Entrante o cala del mar, entre dos cabos o puntas de tierra.

**REGOLITO** n. m. GEOL. Manto superficial de productos resultantes de la fragmentación de las rocas subyacentes.

**REGORDETE, A** adj. *Fam.* Pequeño y grueso: *manos regordetas.*

**REGRESAR** v. intr. [**1**]. Volver de nuevo al lugar de donde se ha salido: *regresar de un viaje.* ◆ v. intr. y pron. **2.** *Amér.* Volver: *nos regresamos hoy mismo.* ◆ v. tr. **3.** *Amér.* Devolver o restituir algo a su poseedor.

**REGRESIÓN** n. f. Retroceso, acción de volver hacia atrás. **2.** BIOL. Disminución del rendimiento funcional y atrofia hística de un órgano o tejido. **3.** ESTADÍST. Método de investigación de una relación entre una variable llamada dependiente y una o varias variables llamadas independientes. **4.** SICOANÁL. Retroceso hacia una fase anterior del desarrollo libidinoso, que se manifiesta por la búsqueda de satisfacciones pulsionales que ignoran los cambios históricos producidos en la vida del sujeto.

**REGRESIVO, A** adj. Dícese de lo que hace retroceder o implica retroceso.

**REGRESO** n. m. Acción de regresar.

**REGÜELDO** n. m. Acción y efecto de regoldar.

**REGUERA** n. f. Especie de canalillo o surco que se hace en un jardín, huerta o campo para conducir el agua.

**REGUERO** n. m. Hilo, corriente o chorro muy delgado de un líquido que se desliza sobre una superficie. **2.** Huella o señal que queda de un líquido u otra cosa que se ha ido vertiendo. **3.** Reguera.

**REGULABLE** adj. Que se puede regular.

**REGULACIÓN** n. f. Acción y efecto de regular. **2.** Operación que consiste en ajustar o corregir el funcionamiento de un aparato o de un mecanismo: *la regulación de un reloj.* **3.** BIOL. Conjunto de mecanismos que aseguran la constancia de una característica física o química del medio interior de un animal. **4.** CIB. Modo de funcionamiento que, por comparación entre los valores simultáneos de la magnitud que se regula y otra magnitud de referencia, hace que el valor de la primera sea igual al exigido o prefijado. • **Regulación automática** (CIB.), ajuste gobernado o mantenido mediante un dispositivo asociado a un control automático. || **Regulación de empleo,** acción de ajustar o reducir el número de empleados de una empresa según las necesidades de ésta, en un momento determinado. || **Regulación de torrentes** (OBR. PÚBL.), conjunto de obras que tienen por objeto proporcionar una defensa contra la impetuosidad de la corriente y disminuir la erosión y el acarreo de materiales aguas abajo.

**REGULADOR, RA** adj. Que regula. ◆ n. m. **2.** Aparato capaz de mantener o de hacer variar según unas leyes precisas un elemento de funcionamiento de una máquina: corriente, tensión, frecuencia, presión, velocidad, potencia, etc.

**REGULAR** adj. (lat. *regularem*). Sujeto y conforme a una regla. **2.** Comedido, moderado en las acciones y modo de vivir. **3.** Mediano, de calidad o tamaño intermedio: *estatura regular.* **4.** BOT. Dícese de una corola o de un cáliz cuyos elementos son iguales. • **Poliedro regular** (MAT.), poliedro que tiene todas las caras iguales y todos los ángulos diedros iguales. || **Polígono regular** (MAT.), polígono que tiene todos sus ángulos y sus lados iguales. || **Por lo regular,** común o regularmente. || **Verbos regulares,** verbos que se atienen a las conjugaciones dadas como tipo. ◆ n. m. **5.** MIL. Soldado español encuadrado en el grupo de regulares en las plazas de Ceuta y Melilla.

**REGULAR** v. tr. (lat. *regulare*) [**1**]. Ajustar, poner en orden una cosa o hacer que se produzca según unas reglas: *regular un caudal de agua.* **2.** Señalar las reglas o normas a que debe ajustarse una persona o cosa. **3.** Ajustar el funcionamiento de un sistema a determinados fines: *regular la plantilla de empleados.*

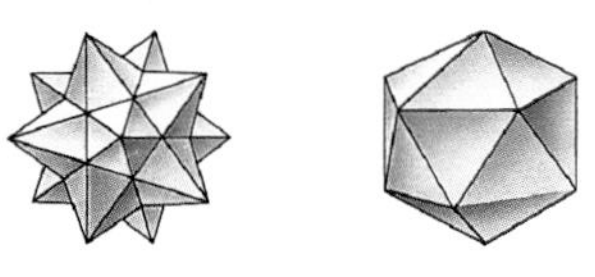

poliedros **regulares**

**REGULARIDAD** n. f. Calidad de regular.

**REGULARIZACIÓN** n. f. Acción y efecto de regularizar. **2.** Obras que tienen por objeto dar a un curso de agua un lecho único y bien delimitado. **3.** GEOGR. Disminución de las irregularidades de una forma de relieve.

**REGULARIZADOR, RA** adj. y n. Que regulariza.

**REGULARIZAR** v. tr. [**1g**]. Regular.

**REGULATIVO, A** adj. y n. Que regula.

**RÉGULO** n. m. Rey o señor de un pequeño dominio o estado.

**REGURGITACIÓN** n. f. Acción y efecto de regurgitar.

**REGURGITAR** v. tr. [**1**]. FISIOL. Retornar o refluir una sustancia en un conducto o cavidad.

**REGUSTO** n. m. Sabor secundario o difícil de determinar y que queda después de ingerir algo: *tiene un regusto amargo.* **2.** *Fig.* Sensación o evocación imprecisa, placentera o dolorosa, que queda después de una acción. **3.** *Fig.* Impresión de analogía, semejanza, etc., que evocan algunas cosas: *una pintura con regusto romántico.*

**REHABILITACIÓN** n. f. Acción y efecto de rehabilitar. **2.** Restauración y remodelación de edificios, zonas urbanizadas, etc. **3.** DER. PEN. Reintegración legal del crédito, la honra y la capacidad para el ejercicio de los cargos, derechos, dignidades o profesiones de que fue privado el penado como consecuencia de una condena impuesta. **4.** Recuperación progresiva de la actividad después de una enfermedad, accidente o herida. SIN.: *readaptación.*

**REHABILITAR** v. tr. y pron. [**1**]. Habilitar de nuevo o restituir una persona o cosa a su antiguo estado.

**REHACER** v. tr. [**11b**]. Volver a hacer lo que se había hecho, deshecho o hecho mal. ◆ v. tr. y pron. **2.** Reponer, reparar lo deteriorado. ◆ **rehacerse** v. pron. **3.** Recuperarse, recobrar la salud, las fuerzas, la serenidad, etc.

**REHÉN** n. m. Persona que queda en poder del enemigo como garantía o fianza, mientras se tramita la paz, un acuerdo, un tratado, etc. **2.** Fortaleza, castillo, ciudad, etc., que queda como garantía o fianza.

**REHENCHIMIENTO** n. m. Acción y efecto de rehenchir.

**REHENCHIR** v. tr. [**24**]. Rellenar de plumas, lana, cerda, etc., una cosa blanda, como un colchón, almohada, mueble de tapicería, etc.

**REHIELO** n. m. FÍS. Fenómeno por el cual dos masas de hielo que experimentan un principio de fusión se sueldan cuando se ponen en contacto.

**REHILAMIENTO** n. m. Vibración que acompaña la articulación de ciertas consonantes sonoras, como la *s* de *rasgo,* la *v* labiodental o la [ž] andaluza y argentina correspondiente a la grafía *y, ll* de la lengua literaria.

**REHILAR** v. intr. [**1u**]. Zumbar por el aire ciertas armas arrojadizas. ◆ v. intr. y tr. **2.** Pronunciar con rehilamiento ciertas consonantes sonoras.

**REHILETE** n. m. Flechilla con púa en un extremo y papel o plumas en el otro, que, como diversión, se lanza para clavarla en un blanco. **2.** Volante para el juego de raqueta. **3.** TAUROM. Banderilla. **4.** *Méx.* Juguete de niños consistente en una varilla en cuya punta hay una estrella de papel, que gira movida por el viento. **5.** *Méx.* Aparato mecánico que reparte el agua en círculos y se usa para regar el pasto.

**REHILETERO** n. m. TAUROM. Banderillero.

**REHOGAR** v. tr. [**1b**]. Guisar un alimento en manteca o aceite, a fuego lento, sin agua.

**REHUIR** v. tr., intr. y pron. [**29a**]. Evitar o eludir hacer o decir algo. ◆ v. tr. **2.** Rehusar admitir algo.

**REHUNDIDO** n. m. Vaciado, fondo en el suelo del pedestal.

**REHUNDIR** v. tr. y pron. [**3r**]. Hundir o sumergir una cosa a lo más hondo de otra. **2.** Ahondar, hacer más honda una cavidad.

**REHUSAR** v. tr. [**1w**]. Rechazar o no aceptar una cosa.

**REIDOR, RA** adj. y n. Que ríe con frecuencia.

**REIMPLANTACIÓN** n. f. Acción de reimplantar.

**REIMPLANTAR** v. tr. [**1**]. Volver a implantar. **2.** CIR. Colocar de nuevo un órgano seccionado, desprendido o extirpado en su lugar.

**REIMPORTACIÓN** n. f. Acción y efecto de reimportar.

**REIMPORTAR** v. tr. [**1**]. Importar de nuevo lo que se había exportado.

**REIMPRESIÓN** n. f. Acción y efecto de reimprimir.

**REIMPRIMIR** v. tr. [**3k**]. Imprimir de nuevo una obra.

**REINA** n. f. (lat. *reginam*). Mujer titular de un reino o princesa soberana del mismo. **2.** Esposa del rey. **3.** Mujer, animal o cosa del género femenino que por su excelencia sobresale entre las demás de su clase o especie: *reina de la belleza.* **4.** Pieza del juego de ajedrez, la más importante después del rey. SIN.: *dama.* **5.** En la baraja francesa, undécima carta de cada palo. SIN.: *dama.* • **Reina Margarita,** planta parecida a la margarita, originaria de Asia, cultivada por sus capítulos, de color azul, rojo o blanco. || **Reina mora** *(Argent.),* pájaro, de unos 15 cm de long., de plumaje azul brillante y canto melodioso, fácilmente domesticable. ◆ n. f. y adj. **6.** Individuo hembra fértil, con función eminentemente reproductora en una colonia de insectos sociales: *abeja reina.*

**REINADO** n. m. Ejercicio de la dignidad real por un rey determinado. **2.** Tiempo que dura. **3.** *Fig.* Predominio con popularidad de una persona o cosa.

**REINANTE** adj. Que reina.

**REINAR** v. intr. [**1**]. Regir o ejercer su poder un rey, reina o príncipe de estado. **2.** *Fig.* Predominar una o varias personas o cosas sobre otras. **3.** *Fig.* Prevalecer, permanecer con carácter general una cosa durante cierto tiempo: *reina un frío glacial.*

**REINCIDENCIA** n. f. Acción de reincidir. **2.** DER. PEN. Circunstancia agravante de la culpabilidad penal en que incurre el que reincide en un delito.

**REINCIDENTE** adj. y n. m. y f. Que reincide.

**REINCIDIR** v. intr. [**3**]. Volver a incurrir en un error, falta o delito.

**REINCORPORACIÓN** n. f. Acción y efecto de reincorporar.

**REINCORPORAR** v. tr. y pron. [**1**]. Volver a unir a algo lo que se había separado. **2.** Incorporar de nuevo una persona a un empleo o servicio.

**REINETA** n. f. Variedad de manzana, de color dorado y muy olorosa.

**REINGRESAR** v. intr. [**1**]. Entrar de nuevo o formar parte de una corporación.

**REINGRESO** n. m. Acción y efecto de reingresar.

**REINICIALIZAR** v. tr. [**1g**]. INFORMÁT. Volver a iniciar un proceso.

**REINO** n. m. (lat. *regnum*). Territorio o estado sujetos al gobierno de un rey. **2.** *Fig.* Ámbito, campo, espacio real o imaginario que ocupa una cosa o que abarca un asunto o materia: *el reino del amor.* **3.** Diputados o procuradores que con poderes del reino lo representaban o hablaban en su nombre. **4.** HIST. En el Antiguo régimen y en España, nombre dado a los diversos territorios del estado que en la edad media estaban sometidos a un rey: *reino de Murcia.* **5.** HIST. NAT. Cada uno de los tres grandes grupos objeto de estudio de la historia natural: *reino mineral, reino vegetal y reino animal.* • **Reino de los cielos,** o **Reino de Dios** (REL.), el paraíso.

**REINSERCIÓN** n. f. Acción y efecto de reinsertar.

**REINSERTAR** v. tr. **[1]**. Efectuar las acciones que permitan a alguien reintegrarse en un grupo o en la sociedad: *reinsertar a un ex presidiario.*

**REINSTAURAR** v. tr. **[1]**. Instaurar de nuevo lo que había sido derrocado: *reinstaurar la monarquía.*

**REINTEGRABLE** adj. Que se puede o se debe reintegrar.

**REINTEGRACIÓN** n. f. Acción y efecto de reintegrar o reintegrarse.

**REINTEGRAR** v. tr. y pron. **[1]**. Reincorporar a alguien a un trabajo, grupo, etc., o restituirle en su anterior posición, derechos, etc. ◆ v. tr. **2.** Devolver o pagar a una persona una cosa. **3.** Poner a un documento la póliza correspondiente. ◆ **reintegrarse** v. pron. **4.** Recobrarse enteramente de lo que se había perdido o dejado de poseer.

**REINTEGRO** n. m. Reintegración. **2.** Pólizas que se ponen en un documento. **3.** En la lotería, premio consistente en la devolución de la misma cantidad jugada.

**REÍR** v. intr. y pron. (lat. *ridere*) **[25]**. Expresar alegría o regocijo con cierta expresión de la cara y ciertos movimientos y sonidos provocados por contracciones espasmódicas del diafragma. ◆ v. tr. **2.** Celebrar con risas aquello que dice o hace una persona: *rieron el chiste.* ◆ v. intr. **3.** *Fig.* Tener una expresión alegre, festiva: *sus ojos ríen; el campo ríe.* ◆ **reírse** v. pron. **4.** Burlarse, menospreciar o no hacer caso: *reírse de su aspecto.* **5.** *Fig.* y *fam.* Estar roto.

**RÉITER** n. m. Pesa en forma de U invertida que cabalga sobre la cruz de determinados tipos de balanza de precisión.

**REITERACIÓN** n. f. Acción y efecto de reiterar.

**REITERAR** v. tr. y pron. **[1]**. Repetir, volver a hacer o decir una cosa o insistir sobre ella.

**REITERATIVO, A** adj. Que tiene la propiedad de reiterarse. **2.** Que denota reiteración.

**REITRE** n. m. Soldado alemán de caballería que servía como mercenario (ss. XVI-XVII).

**REIVINDICABLE** adj. Que puede o debe reivindicarse.

**REIVINDICACIÓN** n. f. Acción y efecto de reivindicar.

**REIVINDICAR** v. tr. **[1a]**. Reclamar, exigir o defender alguien aquello a que tiene derecho. **2.** Rehabilitar la fama o el buen nombre de alguien. **3.** Reclamar algo como propio, o la autoría de una acción: *reivindicar un atentado.*

**REIVINDICATORIO, A** adj. Que sirve para reivindicar o atañe a la reivindicación.

**REJA** n. f. (lat. *regulam,* barra de metal o de madera). Pieza del arado destinada a abrir el surco en la tierra. **2.** Labor o vuelta que se da a la tierra con el arado.

**REJA** n. f. Red formada de barras de hierro que se pone en las ventanas y otras aberturas para seguridad y adorno.

**REJADO** n. m. Verja.

**REJALGAR** n. m. (ár. *rahŷ al-gar,* polvo de caverna). Sulfuro natural de arsénico $AsS$, de color rojo.

**REJEGO, A** adj. *Méx. Fam.* Terco, rebelde.

**REJERÍA** n. f. Arte de construir y ornamentar rejas y verjas, realizadas en su mayoría en hierro o bronce. **2.** Conjunto de obras de este arte.

**REJERO, A** n. Persona que tiene por oficio hacer rejas.

**REJILLA** n. f. Enrejado de madera, alambre, tela metálica, etc., que se pone en algunos sitios para poder ver sin ser visto, obstruir el paso, dividir una superficie, etc. **2.** Tejido en forma de red, colocado en los coches de trenes, autocares, etc., para depositar el equipaje de mano. **3.** Labor realizada entretejiendo tiras de tallos flexibles de ciertas plantas, y que sirve como respaldo y asiento de sillas. **4.** ELECTRÓN. Electrodo en forma de reja colocado entre el cátodo y el ánodo de algunos tubos electrónicos. • **Rejilla de hogar,** parrilla. || **Rejilla pantalla,** pantalla.

**REJO** n. m. Punta o aguijón de hierro. **2.** *Amér.* Azote, látigo. **3.** *Cuba* y *Venez.* Soga o pedazo de cuero que sirve para atar animales. **4.** *Ecuad.* Ordeño, acción de ordeñar. **5.** *Ecuad.* Conjunto de vacas de ordeño.

**REJÓN** n. m. Barra de hierro cortante que remata en punta. **2.** Especie de puñal. **3.** TAUROM. Asta de madera con una punta de hierro y una muesca cerca de ella, y que sirve para rejonear.

**REJONAZO** n. m. Golpe y herida de rejón.

**REJONCILLO** n. m. TAUROM. Rejón.

**REJONEADOR, RA** n. TAUROM. Persona que practica el rejoneo.

**REJONEAR** v. tr. **[1]**. TAUROM. Torear al rejoneo.

**REJONEO** n. m. TAUROM. Arte de torear a caballo.

**REJUVENECER** v. tr., intr. y pron. **[2m]**. Dar a alguien fortaleza o energías propias de la juventud o aspecto de joven. ◆ v. tr. **2.** Dar un aspecto más nuevo o más moderno a una cosa.

**REJUVENECIMIENTO** n. m. Acción y efecto de rejuvenecer.

**RELACIÓN** n. f. (lat. *relationem,* lo que hace referencia). Situación que se da entre dos cosas, ideas o hechos cuando por alguna circunstancia están unidos de manera real o imaginaria. **2.** Correspondencia, trato o comunicación: *nuestras relaciones son puramente comerciales.* **3.** Persona con la que se mantiene amistad o trato social: *tiene muy buenas relaciones en el ministerio.* (Suele usarse en plural.) **4.** Narración de un hecho,

**rejoneo**

**rejalgar**

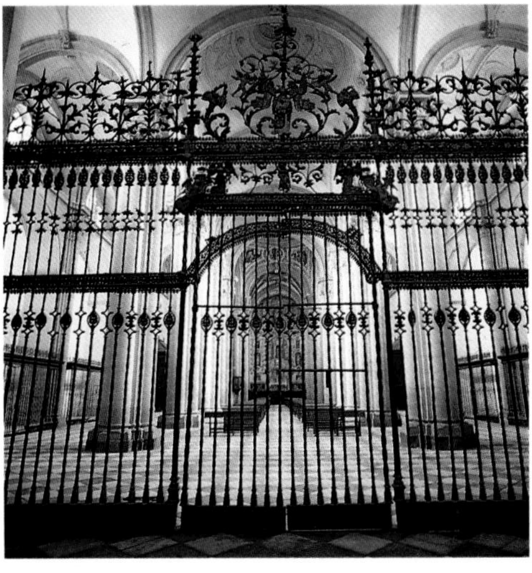

**rejería:** reja de la catedral de Baeza, Jaén (obra del maestro Bartolomé; s. XVI) de una situación. **5.** Lista, enumeración: *relación de alumnos matriculados; relación de mercancías.* **6.** MAT. Condición a la que satisfacen dos o varias magnitudes. **7.** En un conjunto, correspondencia existente entre determinados pares de elementos. **8.** *Argent.* Copla que intercambian los integrantes de las parejas en algunos bailes folklóricos. • **Funciones de relación** (SICOL.), conjunto de funciones orgánicas que aseguran la relación con el medio exterior (motricidad, sensibilidad), por oposición a las funciones de nutrición y de reproducción. || **Relación giromagnética** (FÍS.), relación entre el momento magnético de una partícula y su momento cinético. || **Relaciones diplomáticas,** reconocimiento mutuo de los gobiernos de dos estados y trato oficial para los asuntos que interesan a ambos países mediante el establecimiento de representantes. || **Relaciones internacionales,** parte del derecho internacional público que estudia las relaciones entre los gobiernos y las naciones. || **Relaciones laborales,** conjunto de los vínculos jurídicos, administrativos y de trabajo entre un asalariado y la empresa. || **Relaciones públicas,** conjunto de actividades profesionales cuyo objeto es informar sobre las realizaciones de colectividades de todo tipo. ◆ **relaciones** n. f. pl. **9.** Noviazgo.

**RELACIONAR** v. tr. **[1]**. Establecer relación entre dos o más cosas, ideas o hechos. **2.** Hacer relación de un hecho. ◆ **relacionarse** v. pron. **3.** Tener relación. **4.** Mantener relaciones sociales con mucha gente o con personas importantes: *se relaciona mucho.*

**RELAIS** n. m. (voz francesa). Relé.

**RELAJACIÓN** n. f. Acción y efecto de relajar o relajarse. **2.** Inmoralidad en las costumbres. **3.** FÍS. Proceso de retorno progresivo al equilibrio de un sistema, después del cese de las acciones exteriores que sufría.

**RELAJADO, A** adj. *Argent.* y *Urug.* Vicioso, desvergonzado. **2.** *Pan.* Que acostumbra a tomar las cosas en broma.

**RELAJADOR, RA** adj. y n. Que relaja.

**RELAJAMIENTO** n. m. Relajación. **2.** FISIOL. y SICOL. Disminución del tono muscular, voluntaria o involuntariamente.

**RELAJANTE** adj. Que relaja. ◆ adj. y n. m. **2.** Dícese del medicamento que tiene la virtud de relajar. **3.** *Argent.* y *Chile.* Dícese de los alimentos y bebidas muy azucarados, empalagosos.

**RELAJAR** v. tr. y pron. **[1]**. Aflojar, ablandar, poner flojo o menos tenso. **2.** *Fig.* Distraer el ánimo con algún descanso. **3.** *Fig.* Hacer menos severas o rigurosas algunas costumbres, reglas, leyes, etc. **4.** FISIOL. Disminuir el estado de tono normal de una estructura, principalmente la muscular. ◆ **relajarse** v. pron. **5.** *Fig.* Viciarse, incurrir en malas costumbres.

**RELAJO** n. m. Alboroto, desorden, falta de seriedad. **2.** Holganza, laxitud en el cumplimiento de algo. **3.** Degradación de costumbres. **4.** *Argent., Chile, Méx.* y *Urug.* Acción inmoral o deshonesta. **5.** *Cuba* y *P. Rico.* Escarnio que se hace de una persona o cosa.

**RELAMER** v. tr. **[2]**. Lamer algo insistentemente. ◆ **relamerse** v. pron. **2.** Lamerse los labios. **3.** *Fig.* Saborear, encontrar satisfacción en una cosa.

**RELAMIDO, A** adj. Muy arreglado o pulcro.

**RELÁMPAGO** n. m. Descarga eléctrica en forma de chispa que se produce entre dos nubes cargadas de electricidad o entre una nube y la tierra. **2.** *Fig.* Cualquier fuego o resplandor repentino. **3.** *Fig.* Cualquier cosa muy veloz o fugaz.

**RELAMPAGUEANTE** adj. Que relampaguea.

**RELAMPAGUEAR** v. intr. **[1]**. Haber relámpagos. **2.** *Fig.* Arrojar destellos, o brillar mucho algo, especialmente los ojos, por la alegría o la ira.

**RELAMPAGUEO** n. m. Acción de relampaguear.

**RELAPSO, A** adj. y n. REL. Que reincide en un pecado del que ya había hecho penitencia, o en una herejía de la que ya había abjurado.

**RELATADOR, RA** adj. y n. o **RELATANTE** adj. y n. m. y f. Que relata.

**RELATAR** v. tr. **[1]**. Contar, narrar, hacer la relación de un suceso o hecho.

**RELATIVIDAD** n. f. Calidad de lo que es relativo: *la relatividad del conocimiento.* • **Teorías de la relatividad,** (FÍS.), conjunto de teorías según las cuales todo o parte de las leyes de la física son invariantes por cambio en el interior de una clase dada de sistemas de referencia.

■ Hay que distinguir entre principio y teoría de la relatividad. Un *principio de relatividad* es un *principio de invariancia,* es decir, un enunciado muy general que impone ciertas restricciones a la forma que pueden adquirir las leyes de la física. En este caso, estipula que dichas leyes deben guardar la misma forma en dos sistemas de referencia distintos, uno de los cuales está en movimiento con respecto al otro. Lo que resulta invariante no son las magnitudes físicas (que son relativas al sistema en relación con el que las percibe), sino las relaciones que mantienen entre ellas. Según si el movimiento del segundo sistema de referencia en relación con el primero es de traslación uniforme o cualquier otro, se habla de *principio de relatividad restringida* o de *principio de relatividad general.* La *relatividad galileo-newtoniana* es una teoría del movimiento (y sólo del movimiento) que satisface el principio de relatividad restringida.
En general, una teoría relativista es una teoría que satisface un principio de relatividad (restringida o general). Se reserva el nombre de *teoría de la relatividad* a la parte de la física que determina la estructura que deben tener el espacio y el tiempo —marco general de toda teoría— de manera que el principio de relatividad considerado sea satisfecho.

**RELATIVISMO** n. m. Cualidad de relativo. **2.** FILOS. Doctrina según la cual todo conocimiento es relativo, en la medida en que depende de otro conocimiento o está ligado al punto de vista del sujeto. **3.** Doctrina según la cual los valores morales, estéticos, etc. dependen de las épocas, las sociedades, los individuos, sin llegar a erigirse en normas universales.

**RELATIVISTA** adj. Relativo al relativismo. **2.** Concerniente a la teoría de la relatividad restringida. ◆ n. **3.** Partidario del relativismo. • **Velocidad relativista,** velocidad cuyo orden de magnitud es comparable al de la velocidad de la luz. || **Partícula relativista,** partícula que se mueve a una velocidad relativista.

**RELATIVIZAR** v. tr. **[1g]**. Hacer perder el carácter absoluto.

**RELATIVO, A** adj. Que concierne o hace referencia a una persona o cosa. **2.** Que no tiene nada de absoluto, que depende de otra cosa. **3.** Poco, en poca cantidad o intensidad. **4.** MÚS. Dícese de la relación existente entre dos escalas o dos tonalidades a las que corresponde la misma armadura en la clave, pero de las cuales una es mayor y otra menor, y cuyas tónicas están separadas por una tercera menor. ◆ adj. y n. m. **5.** GRAM. Dícese de un elemento, que refiriéndose a un antecedente, actúa como nexo entre oraciones, ejerciendo además una función gramatical en el seno de la oración que introduce: *pronombre relativo.* • **Oración de relativo,** oración subordinada introducida por un pronombre relativo.

**RELATO** n. m. Acción y efecto de relatar. **2.** LIT. Obra narrativa de ficción en prosa, menos extensa que la novela.

**RELATOR, RA** adj. y n. Que relata. ◆ n. **2.** Persona que, en un congreso o asamblea, hace relación de los asuntos tratados. **3.** DER. Letrado encargado de hacer relación de los autos o expedientes en los tribunales superiores.

**RELATORÍA** n. f. Empleo u oficina de relator.

**RELAX** n. m. Relajamiento. **2.** Bienestar que con ello se consigue.

**RELÉ** n. m. (fr. *relais*). ELECTR. Aparato destinado a producir una acción en un circuito, cuando en él se han provocado unas condiciones previas. • **Relé hertziano,** emisor de débil potencia cuya radiación está dirigida hacia el receptor siguiendo un haz lo más estrecho posible.

**RELEASING FACTOR** n. m. MED. Factor de liberación.

**RELEER** v. tr. **[2i]**. Leer de nuevo.

**RELEGACIÓN** n. f. Acción y efecto de relegar.

**RELEGAR** v. tr. **[1b]**. Apartar, no hacer caso a una persona o cosa: *relegar al olvido.*

**RELENTE** n. m. Humedad que en las noches serenas se nota en la atmósfera.

**RELEVACIÓN** n. f. Acción y efecto de relevar. **2.** DER. Extinción de una obligación o gravamen: *relevación de fianza.*

**RELEVANCIA** n. f. Calidad de relevante.

**RELEVANTE** adj. Sobresaliente, excelente. **2.** Importante o significativo.

**RELEVAR** v. tr. **[1]**. Eximir a alguien de una obligación. **2.** Destituir a alguien de un cargo. ◆ v. tr. y pron. **3.** Sustituir una persona por otra. **4.** MIL. Mudar un centinela o cuerpo de tropa que da una guardia o guarnece un puesto.

**RELEVO** n. m. Acción de relevar. **2.** Persona o animal que releva a otra. **3.** MIL. Cambio de guardia. **4.** MIL. Soldado o guardia que releva a otro. • **Carrera de relevos,** prueba en que los competidores de un mismo equipo se relevan, realizando cada uno de ellos una parte del recorrido.

**RELICARIO** n. m. Lugar donde se guardan reliquias. **2.** Caja, cofre o estuche donde se guardan recuerdos.

arqueta **relicario** de Santa Ana (cobre esmaltado, Limoges; fines s. XII)
[catedral de Apt, Francia]

**RELICTO, A** adj. Dícese de los bienes dejados por una persona a su fallecimiento.

**RELIEVE** n. m. (ital. *rilievo*). Lo que sobresale de una superficie. **2.** Elevación o espesor de dicha parte. **3.** *Fig.* Importancia, renombre de una persona. **4.** GEOGR. Conjunto de formas y accidentes de la corteza terrestre. • **Alto relieve,** altorrelieve. || **Bajo relieve,** bajorrelieve. || **Dar relieve** a algo, darle importancia. || **Poner de relieve** una cosa, mostrar su importancia, hacer que sobresalga. || **Sonido en relieve,** sonido estereofónico.

**RELIGIÓN** n. f. Conjunto de creencias y dogmas que definen las relaciones entre el hombre y la divinidad. **2.** Conjunto de prácticas y ritos específicos propios de cada una de dichas creencias. **3.** Estado de las personas que se obligan con voto a cumplir unas de las reglas autorizadas por la Iglesia.

**RELIGIOSAMENTE** adv. m. Con puntualidad y exactitud: *pagó religiosamente.*

**RELIGIOSIDAD** n. f. Calidad de religioso. **2.** Observancia de los preceptos y prácticas religiosas. **3.** Exactitud escrupulosa en hacer, observar o cumplir una cosa.

**RELIGIOSO, A** adj. Relativo a la religión. **2.** Que tiene creencias religiosas o que observa las reglas de la religión. **3.** *Fig.* Escrupuloso en el cumplimiento del deber. ◆ n. **4.** REL. CATÓL. Miembro de una orden, congregación o instituto religioso.

**RELIMPIO, A** adj. *Fam.* Muy limpio.

**RELINCHADOR, RA** adj. Que relincha, o que relincha mucho.

**RELINCHAR** v. intr. **[1]**. Dar relinchos.

**RELINCHO** n. m. Voz del caballo. **2.** *Fig.* y *fam.* Grito de alegría o satisfacción.

**RELINGA** n. f. MAR. Cabo que se cose en los bordes o cantos de las velas para reforzarlos e impedir que se desgarren cuando se izan éstas. **2.** MAR. Cabo que se cose a las orillas de las redes o artes de pesca.

**RELIQUIA** n. f. Residuo que queda de un todo. **2.** *Fig.* Huella o vestigio de cosas pasadas. **3.** REL. Resto de algún santo o de cosas que han estado en contacto con su cuerpo.

**RELLANO** n. m. Descansillo. **2.** GEOGR. Llano que interrumpe la pendiente de un terreno.

**RELLENA** n. f. *Méx.* Morcilla, moronga.

**RELLENAR** v. tr. **[1]**. Volver a llenar, o llenar enteramente una cosa. **2.** Escribir en un impreso determinados datos, en espacios destinados a ello. ◆ v. tr. y pron. **3.** *Fig.* y *fam.* Hartar de comida o bebida a alguien. **4.** Meter en el interior de aves, pescados, tartas, etc., un relleno.

**RELLENO, A** adj. Muy lleno. **2.** Dícese de las aves, pescados, tartas, etc., que llevan dentro un preparado de diversas sustancias, adecuadas en cada caso. ◆ n. m. **3.** Acción de rellenar. **4.** Material con que se rellena algo. **5.** *Fig.* Parte superflua de algunas cosas, especialmente de un discurso o escrito.

**RELOJ** n. m. Instrumento, aparato o máquina que sirve para medir el tiempo y señalar la hora. **2.** Lo que hace perceptible el paso del tiempo, cualquier fenómeno periódico que permite dividirlo en unidades: *las estrellas son el reloj de los pastores.* **3.** INFORMÁT. Órgano alimentado por un generador de impulsos periódicos, que asegura la sincronización del funcionamiento de los diversos elementos de la unidad central de un ordenador. • **Contra reloj,** en un plazo de tiempo perentorio o demasiado corto; se aplica a la prueba deportiva que consiste en cubrir una determinada distancia en el menor tiempo posible. ‖ **Reloj astronómico,** reloj que da la lectura de tiempos sidéreos. ‖ **Reloj atómico,** reloj cuyo circuito oscilante es alimentado y estrictamente controlado por los fenómenos de transición que presentan los átomos de determinados cuerpos. ‖ **Reloj automático,** reloj que funciona mediante la energía suministrada por la aceleración de la gravedad a una masa oscilante. ‖ **Reloj de agua,** clepsidra. ‖ **Reloj de arena,** aparato compuesto de dos ampollas unidas por el cuello, y que sirve para medir cortos espacios de tiempo mediante el paso de una determinada cantidad de arena que va fluyendo lentamente de uno a otro receptáculo. ‖ **Reloj de cuarzo,** reloj eléctrico cuyas oscilaciones son mantenidas mediante las vibraciones de un cristal de cuarzo. ‖ **Reloj de péndulo,** el que utiliza como regulador un péndulo que se mueve por la acción de la gravedad. ‖ **Reloj de pesas,** reloj movido por el lento descenso de unas pesas. ‖ **Reloj de sol,** artificio para saber la hora diurna, basado en la proyección de la sombra de un estilo o varilla. ‖ **Reloj digital,** reloj sin agujas ni cuadrante, en el que la hora se lee mediante cifras que aparecen en una pantalla. ‖ **Reloj eléctrico,** reloj cuyo movimiento pendular es producido, mantenido y regulado por una corriente eléctrica. ‖ **Reloj electrónico,** reloj construido con circuitos integrados, sin ninguna parte móvil.

**RELOJERÍA** n. f. Arte de hacer relojes. **2.** Taller donde se hacen o componen. **3.** Tienda donde se venden.

**RELOJERO, A** n. Persona que fabrica, compone o vende relojes.

**RELUCIENTE** adj. Que reluce.

**RELUCIR** v. intr. **[3g]**. Lucir o resplandecer mucho. **2.** *Fig.* Lucir o sobresalir en alguna actividad, virtud, etc. • **Sacar,** o **salir, a relucir** una cosa *(Fam.)*, decirla o revelarla de una manera inesperada o inoportunamente.

**RELUCTANCIA** n. f. Cociente entre la fuerza magnetomotriz de un circuito magnético y el flujo de inducción que lo atraviesa.

**RELUCTANTE** adj. Reacio, opuesto.

**RELUMBRANTE** adj. Que relumbra.

**RELUMBRAR** v. intr. **[1]**. Resplandecer.

**RELUMBRE** n. m. Brillo, destello, luz muy viva.

**RELUMBRÓN** n. m. Destello. **2.** Oropel, cosa de poco valor. • **De relumbrón,** más aparente que verdadero, o de mejor apariencia que realidad.

**REM** n. m. (de *Roentgen Equivalent Man*). Unidad utilizada para evaluar el efecto biológico de una radiación radiactiva, igual a la dosis de radiación que produce los mismos efectos biológicos en el hombre que 1 rad de rayos X de 250 keV (rem).

**REMACHADO** n. m. MEC. Operación de remachar.

**REMACHADOR, RA** adj. Que remacha. ◆ n. **2.** Obrero que remacha.

**REMACHAR** v. tr. **[1]**. Golpear la punta o la cabeza del clavo ya clavado. **2.** *Fig.* Recalcar, insistir mucho en algo que se dice. **3.** MEC. Abrir chapas o piezas semejantes con remaches o doblones.

**REMACHE** n. m. Acción y efecto de remachar. **2.** MEC. Elemento de unión permanente entre piezas de poco espesor, consistente en un vástago cilíndrico que presenta en uno de sus extremos un ensanchamiento en forma de cabeza cónica o esférica.

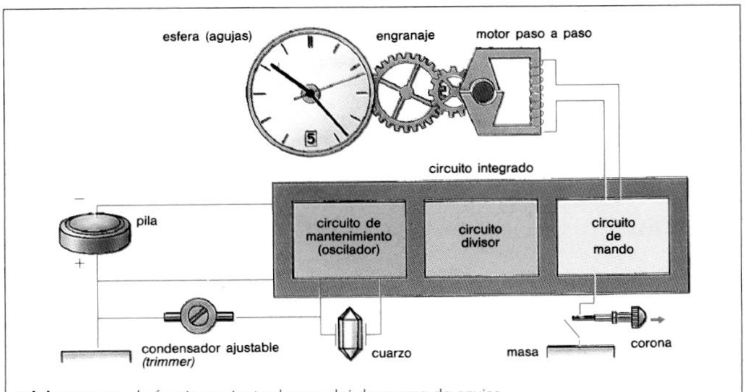


**reloj:** esquema de funcionamiento de un reloj de cuarzo de agujas

**REMAKE** n. m. (voz inglesa). Nueva versión de una película, de una obra, de un tema.

**REMANENCIA** n. f. FÍS. Persistencia de la imanación en una barra de acero que ha estado sometida a la acción de un campo magnético.

**REMANENTE** adj. y n. m. Dícese de la parte que queda o se reserva de algo.

**REMANGAR** v. tr. y pron. **[1b]**. Arremangar.

**REMANSARSE** v. pron. **[1]**. Formar un remanso.

**REMANSO** n. m. Detención o suspensión de una corriente de agua. **2.** Lugar donde se produce dicha detención. **3.** Lentitud, flema. • **Remanso de paz,** lugar tranquilo.

**REMAR** v. intr. **[1]**. Mover el remo o los remos para impulsar una embarcación en el agua.

**REMARCABLE** adj. Notable, sobresaliente.

**REMARCAR** v. tr. **[1a]**. Volver a marcar una cosa. **2.** Hacer notar algo de manera especial.

**REMATADAMENTE** adv. m. Total o absolutamente: *rematadamente mal.*

**REMATADO, A** adj. Sin remedio, por completo: *un loco rematado.*

**REMATADOR, RA** n. *Argent.* Persona a cargo de una subasta pública.

**REMATANTE** n. m. y f. Persona a quien se adjudica la cosa subastada.

**REMATAR** v. tr. **[1]**. Acabar, finalizar o terminar una cosa. **2.** Acabar de matar a una persona o a un animal. **3.** *Fig.* Agotar, consumir, gastar del todo. **4.** Asegurar el extremo de una costura para que no se deshaga. **5.** DEP. En el fútbol y otros deportes, dar término a una jugada o serie de jugadas lanzando el balón hacia la meta contraria. **6.** *Amér. Merid.* y *Méx.* Comprar o vender en subasta pública. ◆ v. intr. **7.** Terminar o fenecer.

**REMATE** n. m. Acción de rematar. **2.** Fin, extremidad o conclusión de una cosa. **3.** *Amér. Merid.* y *Méx.* Subasta. **4.** ARQ. Adorno que recubre el caballete de un tejado o que corona un pináculo, aguja, etc. **5.** TAUROM. Terminación de una suerte. **6.** TAUROM. Final de la acometida del toro. • **Dar remate** a una cosa, terminarla. ‖ **De remate,** absolutamente, sin remedio: *loco de remate.*

**REMBOLSABLE** o **REEMBOLSABLE** adj. Que puede o debe rembolsarse.

**REMBOLSAR** o **REEMBOLSAR** v. tr. **[1]**. Devolver a alguien una cantidad desembolsada.

**REMBOLSO** o **REEMBOLSO** n. m. Acción de rembolsar. **2.** Cantidad rembolsada. **3.** Pago de una cantidad debida. • **Contra rembolso,** forma de pago al contado que realiza el comprador en su domicilio al serle librada una mercancía.

**REMEDADOR, RA** adj. y n. Que remeda.

**REMEDAR** v. tr. **[1]**. Imitar, copiar, especialmente por burla o broma.

**REMEDIABLE** adj. Que se puede remediar.

**REMEDIAR** v. tr. y pron. **[1]**. Poner remedio. ◆ v. tr. **2.** Evitar que se produzca o que continúe un daño o molestia.

**REMEDIO** n. m. Medio que se toma para reparar o evitar un daño. **2.** Cualquier cosa, especialmente una medicina, que produce un cambio favorable. **3.** Ayuda, auxilio: *buscar remedio en su desgracia.* **4.** Enmienda o corrección. • **Remedio casero,** procedimiento curativo que se hace con conocimientos vulgares, sin recurrir a la farmacia. ‖ **Sin remedio,** inevitablemente.

**REMEDO** n. m. Acción de remedar. **2.** Cosa que remeda.

**REMEMBRANZA** n. f. Recuerdo.

**REMEMORACIÓN** n. f. Acción y efecto de rememorar.

**REMEMORAR** v. tr. **[1]**. Recordar, traer a la memoria: *rememorar días pasados.*

**REMENDAR** v. tr. **[1j]**. Componer o reparar un objeto roto. **2.** Coser a una prenda de ropa o vestido un trozo de tela, para sustituir o reforzar la parte rota o gastada de los mismos.

**REMENDÓN, NA** adj. y n. Que arregla prendas usadas en lugar de hacerlas nuevas: *zapatero remendón.*

**REMENSA** n. m. En Cataluña, durante la edad media, campesino adscrito a un dominio señorial, que sólo podía abandonar mediante el pago de una redención. ◆ n. f. **2.** Esta misma redención.

**REMERA** n. f. y adj. Cada una de las plumas grandes del ala de un ave. ◆ n. f. **2.** *Argent.* Camiseta de manga corta.

**REMERO, A** n. Persona que rema en una embarcación.

**REMESA** n. f. Acción de remitir, enviar. **2.** Conjunto de cosas, especialmente mercancías, que se remiten de una vez. • **Remesa de emigrantes,** cuenta de la balanza de pagos que registra las transferencias que los emigrantes realizan, en moneda del país en que trabajan, hacia su país de origen. ‖ **Remesas de Indias,** envíos de metales preciosos desde las Indias occidentales a España.

**REMESAR** v. tr. **[1]**. Hacer remesas con dinero o mercancías.

**REMETER** v. tr. **[2]**. Meter de nuevo lo que se ha salido. **2.** Empujar algo para meterlo en un lugar.

**REMEZÓN** n. m. *Amér.* Temblor de tierra de poca intensidad.

**REMIENDO** n. m. Acción y efecto de remendar. **2.** *Fig.* Arreglo o reparación. **3.** *Fig.* Obra de poca importancia que se hace para añadir un complemento a otra: *completar un escrito con un remiendo.* **4.** Pedazo de tela que se cose a una prenda vieja o rota.

**REMIGIO** n. m. Cierto juego de naipes, variante del rumy. SIN.: *ramiro.*

**REMILGADO, A** adj. Que hace o gasta remilgos.

**REMILGO** n. m. Porte, gesto o acción que muestra delicadeza exagerada o afectada.

**REMILGOSO, A** n. *Méx.* Remilgado.

**REMINISCENCIA** n. f. Recuerdo vago o incompleto. **2.** Recuerdo inconsciente. **3.** Cosa que en una obra artística recuerda un pasaje anterior, otra obra, etc., o tiene influencia de ellos: *novela llena de reminiscencias románticas.*

**REMIRADO, A** adj. Cauto, circunspecto, reflexivo. **2.** Melindroso, mojigato.

**REMIRAR** v. tr. **[1]**. Volver a mirar o mirar insistentemente. ◆ **remirarse** v. pron. **2.** Esmerarse o poner mucho cuidado en lo que se hace o dice.

**REMÍS** o **REMISE** n. m. *Argent.* Automóvil con chófer, cuyo servicio, efectuado por horas o kilómetros de recorrido, se contrata en una agencia.

**REMISERÍA** n. f. *Argent.* Agencia de remises.

**REMISIBLE** adj. Que se puede remitir o perdonar.

**REMISIÓN** n. f. Acción y efecto de remitir o remitirse. **2.** Envío. **3.** Indicación en un escrito del lugar del mismo, o de otro escrito, a que se remite al lector. **4.** Perdón: *remisión de los pecados.* **5.** Condonación de toda o parte de una deuda. **6.** MED. Disminución o desaparición de un síntoma en el curso de una enfermedad. • **Sin remisión,** sin indulgencia, sin remedio.

**REMISO, A** adj. Reacio, irresoluto.

**REMITE** o **REMITENTE** n. m. Nota escrita en los sobres, paquetes, etc., que se mandan por correo, con el nombre y señas de la persona que lo envía.

**REMITENCIA** n. f. MED. Remisión de un signo o síntoma.

**REMITENTE** adj. y n. m. y f. Que remite, especialmente una carta. ◆ adj. **2.** MED. Que disminuye de intensidad a intervalos: *fiebre remitente.*

**REMITIDO** n. m. Artículo o noticia que se inserta en un periódico mediante pago.

**REMITIR** v. tr. (lat. *remittere*) **[3]**. Hacer que algo llegue a un determinado sitio o a una determinada persona: *remitir un impreso.* **2.** Enviar en un escrito a otro lugar del mismo texto o de otro: *remitir de un capítulo a otro.* **3.** Diferir o retrasar. **4.** DER. Perdonar una pena, eximir o liberar. ◆ v. tr., intr. y pron. **5.** MED. Perder la fiebre parte de su intensidad. ◆ v. tr. y pron. **6.** Dejar a juicio o dictamen de otro la resolución de una cosa. ◆ **remitirse** v. pron. **7.** Atenerse a lo dicho o hecho: *a las pruebas me remito.*

**REMO** n. m. (lat. *remum*). Instrumento de madera, alargado y terminado en una pala, que sirve para impulsar una barca. **2.** Deporte que se practica en embarcaciones movidas a remo. **3.** Ala de las aves. **4.** *Fam.* Brazo o pierna en el hombre y en los cuadrúpedos. (Suele usarse en plural.) • **A remo,** remando.

**REMOCIÓN** n. f. Acción y efecto de remover. **2.** DER. Privación de cargo o empleo.

**REMODELACIÓN** n. f. Reestructuración, especialmente en arquitectura y urbanismo.

**REMODELAR** v. tr. **[1]**. Efectuar una remodelación.

**REMOJAR** v. tr. y pron. **[1]**. Mojar, especialmente sumergiendo en agua: *remojar la ropa.* ◆ v. tr. **2.** *Fig.* y *fam.* Celebrar algún suceso feliz bebiendo.

**REMOJO** n. m. Acción de remojar. **2.** Inmersión en agua de algunos alimentos, como legumbres secas, bacalao, pasas, etc. **3.** *Cuba* y *Pan.* Propina, gratificación. **4.** *Méx.* Acto de vestir por primera vez alguna prenda, estreno. • **A,** o **en, remojo,** dentro del agua.

**REMOJÓN** n. m. Mojadura causada por accidente, como la lluvia o la caída en un sitio con agua.

**REMOLACHA** n. f. Planta bianual, que el primer año da una raíz carnosa y azucarada, de forma y volumen variable, y el segundo año produce la semilla, y de la que existen una variedad silvestre, de raíz delgada y dura, y una forma cultivada, de raíz gruesa, con diferentes variedades: *remolacha azucarera, roja, forrajera.* (Familia quenopodiáceas.) **2.** Raíz de esta planta.

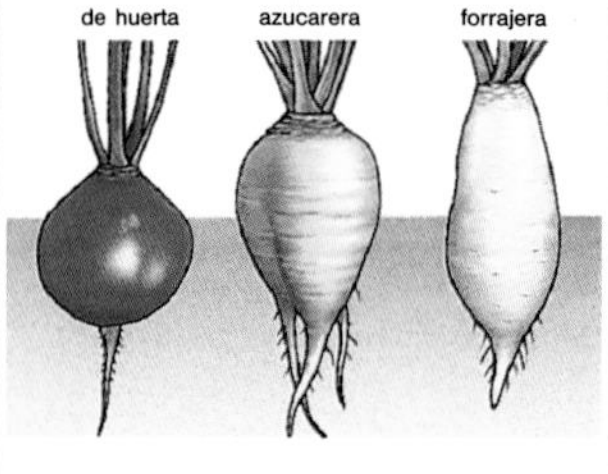

**remolachas**

**REMOLACHERO, A** adj. Relativo a la remolacha.

**REMOLCADOR, RA** adj. y n. Que remolca o sirve para remolcar. ◆ n. m. **2.** Buque especialmente concebido para el remolque.

**REMOLCAR** v. tr. **[1a]**. Arrastrar un vehículo a otro tirando de él. **2.** *Fig.* Arrastrar a alguien a hacer algo por lo que no está muy decidido.

**REMOLER** v. intr. **[2]**. *Chile* y *Perú.* Ir de juerga, divertirse. **2.** *Guat.* y *Perú.* Incomodar, fastidiar.

**REMOLIENDA** n. f. *Chile* y *Perú.* Juerga, jarana.

**REMOLINO** n. m. Movimiento giratorio y rápido del aire, agua, polvo, humo, etc. **2.** Mechón de pelos que sale en dirección distinta del resto. **3.** *Fig.* Amontonamiento desordenado de gente en movimiento. **4.** *Fig.* Disturbio, confusión. **5.** Torbellino.

**REMOLÓN, NA** adj. y n. Que se resiste a trabajar o hacer cierta cosa.

**REMOLONEAR** v. intr. y pron. **[1]**. Hacerse el remolón.

**REMOLQUE** n. m. Acción y efecto de remolcar. **2.** Vehículo sin motor remolcado por otro. • **A remolque,** remolcando; sin entusiasmo, por excitación o impulso de otra persona.

**REMONTA** n. f. Remonte. **2.** MIL. Servicio que comprende la compra, reproducción, cría y cuidado de las caballerías. **3.** MIL. Establecimiento dedicado a este servicio.

**REMONTAR** v. tr. **[1]**. Subir una cosa. **2.** En los juegos de cartas, jugar una carta superior a las que han sido anteriormente jugadas. **3.** Proveer de caballos una formación militar o plaza montada. ◆ v. tr. y pron. **4.** *Fig.* Elevar, encumbrar. **5.** Superar algún obstáculo o dificultad: *remontar una desgracia.* ◆ v. intr. **6.** Subir por el sitio que se expresa: *remontar un río.* **7.** Rebasar un punto contra la corriente o marea. ◆ **remontarse** v. pron. **8.** Subir o volar muy alto las aves, los aviones, etc. **9.** *Fig.* Llegar retrospectivamente a una determinada época: *remontarse a la prehistoria.* **10.** *Fig.* Pertenecer a una época muy lejana.

**REMONTE** n. m. Acción y efecto de remontar. • **Remonte mecánico,** en las estaciones de esquí, instalación para el transporte de los esquiadores en las pistas.

**REMOQUETE** n. m. Apodo.

**RÉMORA** n. f. Pez marino que no supera los 40 cm de long. y que posee en la cabeza un disco en forma de ventosa, con el que se adhiere a otros peces, cetáceos e incluso embarcaciones, para ser transportado por ellos. **2.** *Fig.* Cualquier cosa que se opone al progreso o realización de algo.

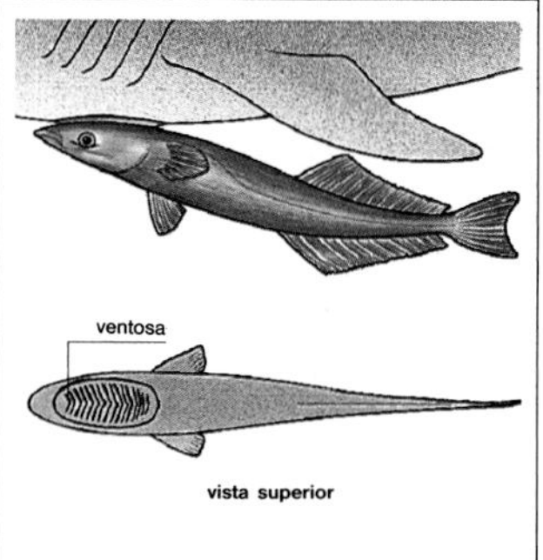

**rémora**

**REMORDER** v. tr. **[2e]**. Inquietar, desasosegar interiormente una acción que se ha cometido: *una acción que remuerde.* ◆ **remorderse** v. pron. **2.** Tener algún sentimiento interior reprimido de celos, rabia, etc.

**REMORDIMIENTO** n. m. Dolor moral causado por la conciencia de haber hecho una mala acción.

**REMOTAMENTE** adv. m. Confusamente, vagamente: *lo recuerdo remotamente.*

**REMOTO, A** adj. Muy lejos en el tiempo y en el espacio: *época remota; un lugar remoto.* **2.** *Fig.* Poco verosímil o probable: *no tener la más remota esperanza.*

**REMOVER** v. tr. y pron. **[2e]**. Mover, especialmente cosas que están juntas o partes de una cosa, para que cambien de situación y posición: *remover la tierra; removerse de inquietud.* **2.** Resolver, investigar: *remover un asunto.* **3.** *Fig.* Activar algo que está detenido o abandonado. ◆ v. tr. **4.** Quitar, apartar algún inconveniente u obstáculo. **5.** Deponer, destituir a alguien de su cargo o empleo.

**REMOZAMIENTO** n. m. Acción y efecto de remozar.

**REMOZAR** v. tr. **[1g]**. Dar aspecto más nuevo o moderno: *remozar la fachada de un edificio.* ◆ v. tr. y pron. **2.** Dar o tener energías propias de la juventud o aspecto de joven.

**REMPLAZABLE** o **REEMPLAZABLE** adj. Que puede ser remplazado.

**REMPLAZAR** o **REEMPLAZAR** v. tr. **[1g]**. Ocupar el lugar dejado por alguien o algo.

**REMPLAZO** o **REEMPLAZO** n. m. Acción y efecto de remplazar. **2.** MIL. Conjunto de mozos que han alcanzado la edad de cumplir el servicio militar.

**REMPUJAR** v. tr. **[1]**. *Fam.* Empujar.

**REMPUJÓN** n. m. *Fam.* Empujón.

**REMUDA** n. f. Muda.

**REMUDAR** v. tr. y pron. **[1]**. Mudar.

**REMUNERACIÓN** n. f. Acción y efecto de remunerar. **2.** Lo que se da o sirve para remunerar.

**REMUNERADOR, RA** adj. y n. Que remunera: *esfuerzo remunerador.*

**REMUNERAR** v. tr. **[1]**. Pagar o recompensar: *remunerar por un servicio prestado.*

**REMUNERATIVO, A** adj. Remunerador: *trabajo remunerativo.*

**REMUNERATORIO, A** adj. Que se hace o se da como remuneración.

**RENACENTISTA** adj. y n. m. y f. Relativo al renacimiento; que participa de las actitudes y realizaciones propias del renacimiento.

**RENACER** v. intr. **[2m]**. Volver a nacer, crecer de nuevo: *las flores renacen en primavera.* **2.** *Fig.* Tomar nuevas energías y fuerzas: *una esperanza renació en él; me siento renacer.*

**RENACIMIENTO** n. m. Acción de renacer. **2.** Renovación, retorno: *el renacimiento de las artes, de las letras, de las costumbres.* **3.** Movimiento literario, artístico y científico que tuvo lugar en Europa en los ss. XV y XVI, basado en gran parte en la imitación de la antigüedad.

■ B. ART. En las artes fue en Florencia, a partir de la primera mitad del *quattrocento,* donde el retorno a las fuentes antiguas comenzó a traducirse en la elaboración de un sistema coherente de arquitectura y decoración y en la adopción de un repertorio nuevo de temas mitológicos y alegóricos, donde el desnudo ocupó un lugar importante. Este *primer renacimiento* estuvo representado por Brunelleschi, Donatello, Masaccio y L. B. Alberti. En 1494 Roma recogió la antorcha del modernismo. Fue el *segundo renacimiento,* obra de artistas de orígenes diversos, reunidos por los papas: Bramante, Rafael, Miguel Ángel y Leonardo da Vinci. A este apogeo clásico del renacimiento contribuyeron Correggio, Tiziano y Palladio. Esta época vio el comienzo de la difusión del nuevo arte en Europa: Durero se impregnó del primer renacimiento veneciano (Bellini), y el viaje de Gosart (1508) a Roma abriría a la pintura de los Países Bajos la vía del romanicismo. En España, esta primera arquitectura se denominaría *plateresca.* De hecho, no iba a ser hasta el segundo tercio del s. XVI cuando se adoptase racionalmente la concepción espacial del renacimiento. En pintura destacó Luis de Vargas, y en escultura, Bartolomé Ordóñez, Alonso Berruguete y Juan de Juni. Hispanoamérica se aprestó a ser receptáculo del renacimiento español, de la mano de los propios colonizadores que le infundieron una inequívoca impronta religiosa. Cabe señalar las catedrales de Guadalajara (México), Lima y Cuzco (Perú). En el segundo tercio del s. XVI aproximadamente se sitúa la fase *manierista* del renacimiento, que llevó a la exasperación las adquisiciones anteriores. Sin embargo, con la conclusión del concilio de Trento (1563), la Reforma se llevó al primer plano con la vuelta a un clasicismo de tendencia purista en arquitectura (Vignola; y en España El Escorial, obra de Juan de Herrera), en tanto que en la pintura afloraban artistas como el Greco.
— LIT. → ***humanismo.***
— MÚS. En el renacimiento musical, es más apropiado hablar de tránsito que de cambio, ya que en el s. XVI se utilizaron las mismas técnicas que en siglos anteriores y éstas alcanzaron su culminación, apogeo y perfeccionamiento. En polifonía sacra las grandes formas son la misa y el motete (en la liturgia católica), el coral luterano y el himno anglicano; se distinguen compositores como Palestrina

San Pedro y san Juan distribuyendo limosnas. Detalle de un fresco de Masaccio (1426-1427) en la capilla Brancacci de Santa María del Carmen en Florencia. Masaccio culmina su deseo de conquista de la realidad, iniciada por Giotto un siglo antes y consuma la ruptura del quatrocento con las convenciones medievales de la representación. Los puntos importantes de esta conquista: el realismo expresivo de las figuras y, sobre todo, una recuperación del espacio conseguido a través de la perspectiva, la unificación del colorido y el modelado de las formas mediante la luz y la sombra.

*Adoración de los reyes* (1527-1532) detalle del retablo mayor del convento de san Benito en Valladolid, obra de Alonso Berruguete. (Museo nacional de escultura, Valladolid.) Respetuoso con las concepciones de la belleza características del renacimiento italianizante, pero sin romper del todo con la tradición gótica y atento a los expresionismos más desaforados, representa la independencia creadora, sacrificados los cánones y la realidad. Este retablo dorado, de gran fastuosidad, con un impresionante fondo poblado de esculturas, relieves y pinturas, en un ejemplo precursor del barroco.

Detalle de la decoración en bronce dorado, por Lorenzo Ghiberti, de la puerta este —llamada puerta del Paraíso (1425-1452)— del baptisterio de Florencia (representación, en su totalidad, de diez episodios del Antiguo testamento). Concepción de conjunto muy ordenada de los dos batientes de la puerta, cada uno contiene superpuestas cinco escenas cuadrangulares cuyo tratamiento va del altorrelieve a una simple vibración de la superficie del metal colado y cincelado. Excelente calidad de los diez relieves narrativos, que conservan trazos medievales (por ejemplo, el escalonamiento convencional del paisaje en *Noé y el diluvio universal* [panel de arriba]) o que reafirman su modernismo (refinamiento del uso de la perspectiva en *La historia de Esaú y Jacob* [panel de abajo]).

Detalle de la fachada del palacio Nobili-Tarugi en Montepulciano, obra de Antonio da Sangallo el Viejo (*c.* 1520). Carácter macizo y fuerza, que recuerdan la antigua Roma, caracterizan a esta arquitectura del segundo renacimiento iniciada por L. B. Alberti y Bramante: potencia de las columnas jónicas adosadas, con fuste liso, y los marcos de las ventanas con frontón y antepecho muy salientes.

*Dánae recibiendo la lluvia de oro.* Elemento decorativo de la galería de Francisco I en el palacio de Fontainebleau (*c.* 1535-1540). La armonía de los frescos alegóricos y de los estucos con una rara fuerza ornamental caracteriza la decoración de la galería de Francisco I, uno de los mejores conjuntos del manierismo europeo realizados para los Valois en Fontainebleau por artistas italianos y sus ayudantes. La galería en su conjunto se debe a Rosso Fiorentino; el fresco de Dánae se atribuye a Primaticcio, de estilo más elegante y menos caprichoso que el de su compatriota y antecesor.

Bóveda de la capilla mayor de la catedral de Granada, realizada a partir de 1528, obra de Diego de Siloe. La capilla es de planta redonda y de gran altura por sus elevados pedestales y vibrante de luz. Sobre el entablamiento arranca la cúpula de amplios huecos semicirculares y de gran belleza cromática por los que traspasa la luz que se difumina hasta la semipenumbra de la parte baja. En el piso inferior del orden alto, unos tabernáculos ciegos lucen una serie pictórica de Alonso Cano.

*La ninfa y el pastor* (*c.* 1570-1576), pintura por Tiziano. (Museo de historia del arte, Viena.) El sentimiento de la naturaleza particularmente fuerte en la escuela veneciana desde Giorgione, evolucionó paralelamente a las innovaciones de la técnica pictórica. Aquí, en el final de la carrera de Tiziano, la intensidad lírica va unida a una extraordinaria delicadeza en la ejecución (pincelada libre y vibrante, fusión cromática): está muy lejos de la estilización formal y de los colores puros de los maestros del s. XV —Mantegna, Lippi, Botticelli, etc.—, y también del arte más avanzado de Rafael, de Leonardo da Vinci o de il Correggio.

(1525-1594), Des Prés (1440-1521), Gabrielli (1553-1612), Lasso (1532-1594), Morales (1500-1553), Guerrero (1528-1599) y Victoria (1548-1611). En polifonía profana (madrigales, frottolas, villanelas, canzonetas, arias) destacan Vicentino (1511-1576), Gesualdo (1560-1613), Marenzio (1553-1599), Jannequin (1485-1528), Escobar († *c.* 1514) y Juan del Encina (1469-1529). Antonio de Cabezón (1510-1566) es el máximo representante español de la música instrumental nacida de la polifónica.

**RENACUAJO** n. m. Larva de los anfibios, acuática, de respiración branquial, con la cabeza unida al tronco por una masa globulosa. **2.** *Desp.* Persona pequeña o raquítica. **3.** Niño pequeño.

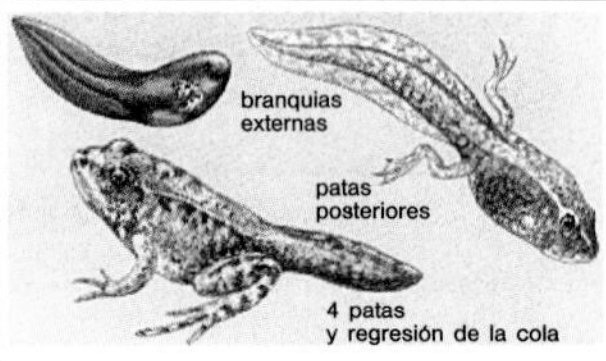

**renacuajo** de la rana

**RENAL** adj. Relativo al riñón.

**RENANO, A** adj. y n. Relativo a los territorios situados en las orillas del río Rin.

**RENARD** n. f. (voz francesa, *zorro*). Piel de zorro: *renard argenté.*

**RENCA** n. f. *Chile.* Planta compuesta.

**RENCHIDO, A** adj. *Méx.* Muy apretado.

**RENCILLA** n. f. Riña leve, especialmente estado de hostilidad entre dos o más personas. (Suele usarse en plural.)

**RENCO, A** adj. y n. Cojo por lesión de las caderas.

**RENCOR** n. m. Sentimiento persistente de animosidad o de resentimiento: *no le guardo rencor.*

**RENCOROSO, A** adj. Propenso a sentir rencor: *ser rencoroso.* **2.** Dominado por el rencor: *estar rencoroso.*

**RENDICIÓN** n. f. Acción y efecto de rendir o rendirse. **2.** Acto por el cual una tropa cercada o una fortaleza asediada deponen las armas, conforme a una capitulación que puede ser acordada con el enemigo. • **Rendición de cuentas,** presentación a conocimiento de quien corresponda, para su examen y verificación, de la relación minuciosa justificada de los gastos e ingresos de una administración o gestión.

**RENDIDO, A** adj. Sumiso, obsequioso, galante: *un rendido admirador.* **2.** Muy cansado, fatigado.

**RENDIJA** n. f. Abertura estrecha y larga que atraviesa un cuerpo o separa dos cosas muy juntas: *las rendijas de una persiana, de una puerta.*

**RENDIMIENTO** n. m. Producto o utilidad que da una persona o cosa en relación con lo que gasta, cuesta, trabaja, etc.: *el rendimiento en el trabajo.* **2.** Sumisión, subordinación, humildad. **3.** Amabilidad en el trato, procurando servir o complacer. **4.** ECON. Capacidad de transformar los bienes de forma que aumente su cantidad o su utilidad. **5.** Relación entre la cantidad de un producto y la de los factores utilizados para su producción. **6.** INDUSTR. Relación entre el trabajo útil obtenido y la cantidad de energía consumida. **7.** QUÍM. En la preparación de un cuerpo, relación de la masa obtenida con la que habría proporcionado una reacción total.

**RENDIR** v. tr. **[30]**. Vencer, obligar a alguien a que se entregue o someter a alguien o a algo al dominio de uno. **2.** Cansar, fatigar mucho sin dejar fuerzas. **3.** Dar u ofrendar lo que ciertos nombres significan: *rendir homenaje, tributo, culto.* **4.** Dar cuentas de algo: *rendir un informe.* **5.** Obligar a la entrega de tropas, plazas o embarcaciones enemigas: *rendir la plaza.* **6.** Realizar actos de sumisión y respeto con enseñas o instrumentos: *rendir armas.* ◆ v. tr. e intr. **7.** Producir utilidad o provecho: *acciones que rinden; rendir una empresa; los trabajadores rinden.* ◆ **rendirse** v. pron. **8.** Dejar de oponer resistencia: *rendirse a la evidencia.*

**RENDZINA** n. f. (voz polaca). Suelo poco lixivado que se desarrolla sobre una roca madre calcárea y que contiene fragmentos rocosos en una matriz arcillosa rojiza.

**RENEGADO, A** adj. y n. Que ha abandonado su religión o creencias. **2.** Muladí.

**RENEGAR** v. tr. **[1d]**. Negar insistentemente algo. ◆ v. intr. **2.** Apostatar, abandonar una religión o creencias. **3.** Abandonar un lazo de parentesco o de amistad. **4.** Blasfemar. **5.** Detestar, abominar. **6.** *Fam.* Hablar mal, quejarse: *renegar del frío.* **7.** *Fam.* Refunfuñar, protestar en voz baja.

**RENEGÓN, NA** adj. y n. *Fam.* Que reniega o refunfuña con frecuencia.

**RENEGRIDO, A** adj. Ennegrecido por el humo, la suciedad, etc. **2.** Dícese de la piel muy oscura.

**RENGÍFERO** n. m. Reno.

**RENGLÓN** n. m. Serie de palabras o caracteres escritos o impresos en línea recta. **2.** *Fig.* Determinado concepto en el presupuesto, renta o beneficios de uno. • **A renglón seguido** *(Fam.),* inmediatamente. ◆ **renglones** n. m. pl. **3.** *Fig.* y *fam.* Cualquier escrito o impreso. • **Leer entre renglones,** adivinar, suponer la intención del que escribe.

**RENGO, A** adj. y n. Renco.

**RENGUERA** n. f. *Méx.* Cojera.

**RENIEGO** n. m. Blasfemia. **2.** *Fig.* y *fam.* Dicho injurioso. **3.** Cosas que se dicen refunfuñando. (Suele usarse en plural.)

**RENIO** n. m. Metal blanco (Re), de gran resistividad, de número atómico 75 y de masa atómica 186,2, análogo al manganeso.

**RENITENTE** adj. MED. Que ofrece una cierta resistencia a la presión.

**RENO** n. m. (fr. *renne*). Mamífero rumiante, de hasta 1,50 m de talla, parecido al ciervo, de astas muy ramosas y pelaje espeso, que vive en Siberia, Escandinavia, Groenlandia y Canadá. (Familia cérvidos.)

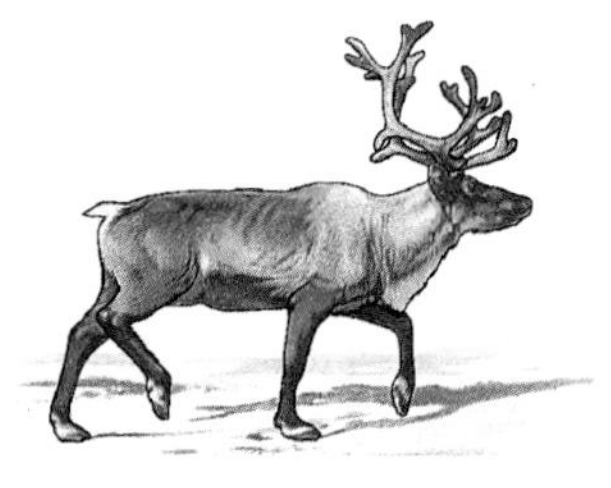
**reno**

**RENOMBRADO, A** adj. Célebre, famoso.

**RENOMBRE** n. m. Celebridad, fama. • **De renombre,** célebre, famoso.

**RENOVABLE** adj. Que puede renovarse.

**RENOVACIÓN** n. f. Acción y efecto de renovar.

**RENOVADOR, RA** adj. y n. Que renueva.

**RENOVAR** v. tr. y pron. **[1r]**. Dar nueva fuerza, actividad, intensidad, validez, a algo. **2.** Cambiar una cosa por otra nueva: *renovar la vajilla.*

**RENQUEAR** v. intr. **[1]**. Cojear, andar como renco. **2.** *Fig.* Vivir, actuar o funcionar con dificultad o trabajosamente.

**RENTA** n. f. Utilidad o beneficio que rinde anualmente una cosa, o lo que de ella se cobra. **2.** Lo que paga en dinero o en frutos un arrendatario. **3.** Deuda pública o títulos que la representan. **4.** Cantidad de riqueza que normal y periódicamente afluye al propietario de ciertos factores productivos, como consecuencia de que éstos se encuentran disponibles o se ponen a disposición de los demás en cantidades limitadas. **5.** Ingreso anual de una persona cualquiera que sea su origen. **6.** *Chile* y *Méx.* Alquiler. • **Impuesto sobre la renta,** impuesto calculado según los ingresos anuales de los contribuyentes. ‖ **Política de rentas,** intervención de los poderes públicos con vistas a repartir entre las categorías sociales los ingresos procedentes de la actividad económica. ‖ **Renta nacional,** suma de todas las rentas percibidas por los residentes habituales de un país, con inclusión del gobierno, corporaciones y sociedades y que sean remuneraciones de servicios prestados por factores de producción. ‖ **Renta perpetua,** título de deuda pública emitido por el estado, en el que la fecha de amortización no es fija. ‖ **Renta por habitante,** o **per cápita,** la obtenida al dividir la renta nacional por la cifra de población. ‖ **Renta vitalicia,** contrato aleatorio en que una parte cede a otra una suma o capital, con la obligación de pagar una pensión al cedente o a una tercera persona durante la vida del beneficiario.

**RENTABILIDAD** n. f. Calidad de rentable.

**RENTABILIZAR** v. tr. **[1g]**. Hacer que una cosa sea rentable, beneficiosa o ventajosa.

**RENTABLE** adj. Que produce una renta, un beneficio. **2.** Provechoso.

**RENTAR** v. tr. **[1]**. Producir renta, utilidad o beneficio.

**RENTERO, A** n. Colono que tiene en arrendamiento una finca rural.

**RENTISTA** n. m. y f. Persona que vive de sus rentas.

**RENTÍSTICO, A** adj. Relativo a las rentas públicas.

**RENUENCIA** n. f. Calidad de renuente.

**RENUENTE** adj. Reacio, remiso.

**RENUEVO** n. m. Vástago que echa el árbol después de podado o cortado. **2.** Brote de una planta.

**RENUNCIA** n. f. Acción y efecto de renunciar. **2.** Documento que contiene una renuncia.

**RENUNCIACIÓN** n. f. Renuncia, especialmente la que supone un sacrificio.

**RENUNCIANTE** adj. y n. m. y f. Que renuncia.

**RENUNCIAR** v. intr. y tr. **[1]**. Desprenderse voluntariamente de algo, ceder algún bien o derecho: *renunciar a una herencia.* **2.** Dejar de hacer algo que se tenía la posibilidad de hacer: *renunciar a sus proyectos.* **3.** Abstenerse de algo.

**RENUNCIATARIO, A** n. DER. Persona beneficiada con una renuncia.

**RENUNCIO** n. m. *Fig.* y *fam.* Mentira o contradicción: *coger en renuncio.*

**REÑIDO, A** adj. Que está enemistado con otro. **2.** Dícese de las oposiciones, elecciones, carreras, etc., especialmente disputadas. **3.** *Méx.* Opuesto. • **Estar reñido,** ser incompatible u opuesto.

**REÑIR** v. intr. **[24]**. Disputar de obra o de palabra. **2.** Pelear, batallar. **3.** Desavenirse, enemistarse. ◆ v. tr. **4.** Reprender a alguien con rigor. **5.** Con complementos como *batalla, desafío, pelea,* etc., ejecutar, llevar a cabo.

**REO** n. m. Variedad de trucha, de coloración similar a la de los salmones, que habita en las desembocaduras de los ríos. (Familia salmónidos.)

**REO, A** n. DER. Durante el proceso penal, el acusado o presunto autor o responsable. **2.** DER. El condenado después de la sentencia.

**REOBASE** n. f. FISIOL. Intensidad mínima de corriente eléctrica que, aplicada durante un tiempo suficiente a un nervio o a un músculo, provoca su excitación.

**REOCA. Ser la reoca** *(Fam.),* ser extraordinario, fuera de lo común.

**REÓFILO, A** adj. BOT. Dícese de las plantas que crecen en corrientes de agua impetuosas.

**REOJO. Mirar,** o **ver, de reojo,** mirar disimuladamente, sin volver la cabeza o por encima del hombro; tener prevención contra alguien.

**REOLOGÍA** n. f. Rama de la física que estudia la viscosidad, la plasticidad, la elasticidad y el derrame de la materia.

**REÓMETRO** n. m. Instrumento para medir la velocidad de la corriente de un fluido.

**REORDENACIÓN** n. f. **Reordenación cromosómica** (GENÉT.), cambio de estructura de uno o más cromosomas, que lleva aparejado la adquisición, la pérdida o el desplazamiento de segmentos cromosómicos.

**REORGANIZACIÓN** n. f. Acción y efecto de reorganizar.

**REORGANIZAR** v. tr. y pron. **[1g]**. Organizar de manera distinta y más eficientemente.

**REÓSTATO** n. m. ELÉCTR. Resistencia variable que, colocada en un circuito, permite modificar la intensidad de la corriente.

**REPANOCHA. Ser la repanocha** *(Fam.),* expresión con que se juzga a alguien o algo extraordinario por bueno o por malo, absurdo, etc.

**REPANTIGARSE** o **REPANCHIGARSE** v. pron. **[1b]**. Arrellanarse en el asiento para mayor comodidad.

**REPARABLE** adj. Que se puede reparar, remediar.

**REPARACIÓN** n. f. Acción y efecto de reparar. **2.** Desagravio, satisfacción de una ofensa o daño. **3.** DER. Obligación que corresponde al responsable del daño de restablecer el equilibrio patrimonial perturbado por aquél. **4.** DER. INTERN. Prestaciones debidas por los estados vencidos a los estados vencedores, a consecuencia de los daños materiales de la guerra.

**REPARADOR, RA** adj. y n. Que repara, arregla o mejora algo, y especialmente que restablece las fuerzas. **2.** Dícese de la persona que desagravia o satisface una culpa, o de aquello que sirve para reparar una ofensa o daño. **3.** Dícese de la persona que propende a encontrar defectos en todo.

**REPARAR** v. tr. **[1]**. Arreglar lo que estaba roto o estropeado: *reparar una radio.* **2.** Reanimar, restablecer las fuerzas. **3.** Remediar un daño o falta. **4.** Considerar, reflexionar antes de hacer algo: *no reparar en gastos.* **5.** Fijarse, advertir, darse cuenta: *reparar en un detalle.*

**REPARO** n. m. Observación que se hace a algo, especialmente si señala una falta o defecto. **2.** Dificultad, inconveniente que se encuentra para hacer algo.

**REPARÓN, NA** adj. y n. *Desp.* Reparador, que propende a encontrar defectos.

**REPARTIBLE** adj. Que se puede o se debe repartir.

**REPARTICIÓN** n. f. Acción y efecto de repartir. **2.** *Amér.* Cada una de las dependencias que, en una organización administrativa, están destinadas a despachar determinadas clases de asuntos.

**REPARTIDOR, RA** adj. y n. Que reparte, distribuye, especialmente el que lleva a domicilio alguna cosa: *repartidor de periódicos, de la leche.*

**REPARTIJA** n. f. *Argent.* y *Chile. Desp.* Reparto desordenado.

**REPARTIMIENTO** n. m. Acción y efecto de repartir. **2.** HIST. Sistema de repoblación utilizado en la península Ibérica, que consistía en la distribución de tierras entre los conquistadores. • **Repartimiento de indios** (HIST.), encomienda, asignación de mano de obra indígena a los colonos españoles. ‖ **Repartimiento proporcional,** o **en partes proporcionales,** regla matemática que tiene por objeto repartir una cantidad determinada en partes proporcionales a unos números dados.

**REPARTIR** v. tr. y pron. **[3]**. Asignar un destinatario, colocación, fin o destino a cada una de las partes de algo. ◆ v. tr. **2.** Asignar a cada uno su parte en una contribución o gravamen. **3.** Clasificar, ordenar. **4.** Entregar las cosas que distintas personas han encargado o deben recibir. **5.** Extender o distribuir una materia sobre una superficie.

**REPARTO** n. m. Acción de repartir, especialmente a domicilio: *reparto de correspondencia.* **2.** Relación de los personajes de una obra y de los actores que los representan.

**REPASADOR** n. m. *Argent., Perú* y *Urug.* Paño de cocina que se emplea para secar la vajilla.

**REPASAR** v. tr. e intr. **[1]**. Volver a pasar por un mismo sitio. ◆ v. tr. **2.** Volver a mirar algo. **3.** Volver a examinar algo para corregir las imperfecciones. **4.** Volver a estudiar una lección para acabar de aprenderla. **5.** Leer algo por encima. **6.** Coser la ropa rota o descosida.

**reóstato** lineal

**REPASO** n. m. Acción y efecto de repasar. **2.** *Fam.* Reprimenda. • **Dar un repaso** a alguien *(Fam.)*, demostrarle gran superioridad.

**REPATRIACIÓN** n. f. Acción y efecto de repatriar. **2.** Regreso espontáneo a la patria. **3.** DER. INTERN. Devolución o canje de un extranjero al país de origen.

**REPATRIADO, A** adj. y n. Dícese del expatriado que regresa a su patria.

**REPATRIAR** v. tr., intr. y pron. **[1]**. Hacer que alguien que está expatriado regrese a su patria.

**REPE** n. m. *Ecuad.* Manjar preparado con plátano verde triturado, mezclado con queso y cocido con leche.

**REPECHAR** v. intr. **[1]**. *Argent.* y *Urug.* Reponerse lentamente de una enfermedad.

**REPECHO** n. m. Cuesta bastante empinada y corta.

**REPELAR** v. tr. **[1]**. Pelar completamente. **2.** Cercenar, disminuir. **3.** *Méx.* Protestar airadamente, rezongar.

**REPELENTE** adj. Que repele o produce repulsión. ◆ adj. y n. m. y f. **2.** *Fam.* Dícese de la persona, generalmente joven, redicha o sabidilla.

**REPELER** v. tr. **[2]**. Rechazar, echar de sí alguien o algo a otra persona o cosa que se le acerca, la ataca o choca con ella, y obligarla a retroceder. **2.** No admitir un material o elemento a otro en su masa o composición. **3.** *Fig.* Rechazar, contradecir una idea, actitud, etc. **4.** *Fig.* Causar aversión o repugnancia.

**REPELO** n. m. Brizna, pelo, etc., que se levanta de algo, especialmente trozo de piel levantado alrededor de las uñas.

**REPELÓN, NA** adj. *Méx.* Rezongón. ◆ n. m. **2.** Tirón que se da al pelo. **3.** *Fig.* Pequeña porción que se coge con brusquedad o se arranca de una cosa.

**REPELÚS** o **REPELUZNO** n. m. *Fam.* Escalofrío. **2.** *Fam.* Miedo o repugnancia.

**REPENSAR** v. tr. **[1j]**. Volver a pensar algo con detenimiento.

**REPENTE** n. m. *Fam.* Movimiento súbito de personas o animales. • **De repente,** de manera repentina.

**REPENTINO, A** adj. Que se produce de manera imprevista.

**REPENTIZAR** v. intr. **[1g]**. Improvisar.

**REPERCUSIÓN** n. f. Acción y efecto de repercutir; resonancia.

**REPERCUTIR** v. intr. **[3]**. Retroceder, o cambiar de dirección un cuerpo al chocar con otro. **2.** Producir eco el sonido. **3.** *Fig.* Trascender, causar efecto una cosa en otra.

**REPERTORIO** n. m. Índice o registro en que las noticias, informaciones, etc., están ordenados de manera que puedan encontrarse fácilmente. **2.** Conjunto de noticias o textos de una misma clase. **3.** TEATR. y MÚS. Conjunto de obras de un teatro o piezas musicales ya interpretadas y aptas para ser repuestas. **4.** TEATR. y MÚS. Conjunto de papeles aprendidos o representados por un actor, intérprete, etc. **5.** TEATR. y MÚS. Colección de obras de un autor dramático o compositor.

**REPESCA** n. f. *Fam.* Acción y efecto de repescar.

**REPESCAR** v. tr. **[1a]**. *Fam.* Admitir nuevamente a alguien o algo que ha sido excluido, especialmente de un examen.

**REPETICIÓN** n. f. Acción y efecto de repetir. **2.** RET. Figura de dicción que consiste en comenzar siempre con una misma palabra. • **Arma de repetición,** arma de fuego con un depósito de varios cartuchos para cuyo disparo es preciso accionar un mecanismo, como un cerrojo, una palanca, etc.

**REPETIDAMENTE** adv. m. Varias veces: *negar repetidamente una acusación.*

**REPETIDOR, RA** adj. Que repite. ◆ adj. y n. **2.** Dícese del estudiante que repite un curso o asignatura por haber suspendido en los exámenes. ◆ n. m. **3.** El que repasa o toma a otro la lección. **4.** TECNOL. Dispositivo que reproduce un fenómeno. **5.** TELECOM. Conjunto de órganos que permiten la amplificación de las corrientes telefónicas en ambos sentidos de la transmisión. **6.** TELEV. Emisor de débil potencia, que retransmite los programas difundidos por una estación principal. SIN.: *reemisor.*

**REPETIR** v. tr. y pron. **[30]**. Volver a hacer o decir lo que se había hecho o dicho. ◆ v. tr. **2.** Volver a servirse de una misma comida. ◆ v. intr. **3.** Venir a la boca el sabor de lo que se ha comido o bebido. ◆ v. intr. y pron. **4.** Darse, suceder varias veces una misma cosa.

**REPETITIVO** adj. Que se produce de forma monótona, que se repite sin cesar; iterativo: *carácter repetitivo de una tarea.*

**REPICAR** v. tr. **[1a]**. Tañer repetidamente las campanas en señal de fiesta.

**REPINTAR** v. tr. **[1]**. Pintar nuevamente. ◆ **repintarse** v. pron. **2.** Maquillarse de forma exagerada.

**REPIPI** adj. y n. m. y f. *Fam.* Dícese de la persona, generalmente joven, muy redicha y sabidilla.

**REPIQUE** n. m. Acción y efecto de repicar.

**REPIQUETE** n. m. Repique vivo y rápido de campanas u otro instrumento sonoro.

**REPIQUETEAR** v. tr. e intr. **[1]**. Repicar con viveza las campanas u otro instrumento sonoro. **2.** Golpear repetidamente sobre algo.

**REPIQUETEO** n. m. Acción y efecto de repiquetear.

**REPISA** n. f. Estante, anaquel. **2.** ARQ. Elemento a modo de ménsula.

**REPISAR** v. tr. **[1]**. Volver a pisar, o pisar insistentemente.

**REPLANTACIÓN** n. f. Acción y efecto de replantar.

**REPLANTAR** v. tr. **[1]**. Volver a plantar. **2.** Plantar un terreno de algo distinto de lo que estaba plantado anteriormente en él. **3.** Trasplantar una planta.

**REPLANTEAMIENTO** o **REPLANTEO** n. m. Acción y efecto de replantear.

**REPLANTEAR** v. tr. **[1]**. Plantear de nuevo un asunto sobre nuevas bases.

**REPLAY** n. m. (voz inglesa). En las transmisiones televisivas, repetición inmediata de determinados fragmentos. **2.** Aparato con el que se obtienen dichas repeticiones.

**REPLECIÓN** n. m. ASTRON. Heterogeneidad de un astro, que se traduce en un aumento local de su campo de gravitación. **2.** MED. Estado de un órgano que está lleno: *repleción gástrica.*

**REPLEGAR** v. tr. **[1d]**. Plegar o doblar muchas veces una cosa. **2.** Meter dentro de algo. ◆ **replegarse** v. pron. **3.** Retirarse ordenada y progresivamente las tropas en combate.

**REPLETO, A** adj. Muy lleno. **2.** Dícese de la persona muy llena de comida.

**RÉPLICA** n. f. Acción de replicar. **2.** Palabras o escrito, gesto, etc., con que se replica. **3.** B. ART. Copia de una obra de arte, ejecutada por el mismo autor o supervisada por él. **4.** DER. Alegación del juicio ordinario de mayor cuantía, que tiende a fijar con carácter definitivo los términos en que se plantea el litigio. • **Dar la réplica a un actor,** tomar parte en el diálogo en el que este actor tiene el papel principal. ‖ **Derecho de réplica,** derecho de los particulares a insertar en los periódicos respuestas o aclaraciones sobre noticias o informaciones aparecidas en ellos, que puedan afectar a sus personas.

**REPLICACIÓN** n. f. Mecanismo mediante el cual las moléculas de A.D.N. o de A.R.N. en ciertos virus, se dividen para formar nuevas moléculas idénticas a las originales.

**REPLICAR** v. intr. **[1a]**. Contestar a una respuesta o argumento. ◆ v. intr. y tr. **2.** Poner objeciones a lo que se dice o manda. **3.** DER. Presentar el escrito de réplica en una causa.

**REPLICATO** n. m. Réplica con que uno se opone a lo que otro dice o manda.

**REPLICÓN, NA** adj. y n. *Fam.* Respondón.

**REPLIEGUE** n. m. Pliegue doble. **2.** GEOL. Pliegue secundario. **3.** MIL. Acción por la cual una tropa en combate se retira ordenadamente.

**REPOBLACIÓN** n. f. Acción y efecto de repoblar. • **Repoblación forestal,** conjunto de labores que tienen por objeto la regeneración de los montes explotados o de las zonas en que los árboles han sido destruidos o cortados.

**REPOBLADOR, RA** adj. y n. Que repuebla.

**REPOBLAR** v. tr. y pron. **[1r]**. Volver a poblar un lugar con habitantes, plantas, etc.

**REPODRIR** v. tr. y pron. **[3j]**. Repudrir.

**REPOLLO** n. m. Yema, generalmente apical, de volumen considerable, constituida por numerosas hojas apiñadas en torno al punto vegetativo. **2.** Col lombarda.

**REPOLLUDO, A** adj. De figura de repollo. **2.** *Fig.* Dícese de la persona gruesa y baja.

**REPONER** v. tr. **[5]**. Volver a poner, asignar de nuevo a una persona o cosa el empleo, lugar o estado que antes tenía. **2.** Remplazar, sustituir aquello que falta o ha sido sacado, roto, etc., de un determinado lugar. **3.** Replicar, oponer, responder a un argumento. **4.** Poner de nuevo en escena o proyectar una obra ya estrenada anteriormente. ◆ **reponerse** v. pron. **5.** Recobrar la salud o la fuerza. **6.** Serenarse, tranquilizarse.

**REPORT** n. m. (voz inglesa). Informe, relación o resumen escrito.

**REPORTAJE** n. m. Género periodístico consistente en el relato de unos hechos con el testimonio lo más directo posible de los mismos. **2.** Película o emisión radiodifundida o televisada de escenas documentales. • **Reportaje gráfico,** secuencia fotográfica de un suceso, tema, etc., en una publicación periódica.

**REPORTAR** v. tr. y pron. **[1]**. Refrenar, contener o moderar un impulso, pasión, etc. ◆ v. tr. **2.** Obtener algún provecho o satisfacción. **3.** Producir algún beneficio o ventaja.

**REPÓRTER** n. m. y f. (voz inglesa). Reportero.

**REPORTERIL** adj. Relativo al reportero o a los reportajes.

**REPORTERISMO** n. m. Oficio de reportero.

**REPORTERO, A** n. y adj. Periodista especializado en la elaboración de reportajes. • **Reportero gráfico,** el que se ocupa del testimonio fotográfico de los acontecimientos.

**REPOS** n. m. Operación financiera en la que se ceden activos estableciendo al mismo tiempo un pacto de recompra.

**REPOSACABEZAS** n. m. (pl. *reposacabezas*). AUTOM. Accesorio interior de los vehículos de pasajeros, colocado en la parte superior de los respaldos por medio de un sistema de ajuste, que desempeña un papel de protección en caso de choque frontal.

**REPOSADO, A** adj. Tranquilo, pausado, sosegado.

**REPOSAPIÉS** n. m. (pl. *reposapiés*). Especie de estribos cubiertos de caucho y adosados al cuadro de una motocicleta, para apoyar los pies el conductor y el pasajero.

**REPOSAR** v. intr. **[1]**. Dejar de trabajar o de realizar algún esfuerzo. ◆ v. intr. y pron. **2.** Permanecer sin realizar una actividad. **3.** Dormir, generalmente durante poco tiempo. **4.** Yacer, estar enterrado. **5.** Posarse, depositarse las partículas sólidas que están en suspensión en un líquido.

**REPOSERA** n. f. *Argent.* y *Par.* Tumbona, silla de tijera con asiento y respaldo de lona.

**REPOSICIÓN** n. f. Acción y efecto de reponer o reponerse. **2.** Cosa que se repone, especialmente una película.

**REPOSO** n. m. Acción de reposar. **2.** Tranquilidad, ausencia de inquietud, de turbación. **3.** Estado de una cosa que está en inactividad.

**REPOSTAR** v. tr. y pron. **[1]**. Reponer provisiones, combustible, etc.

**REPOSTERÍA** n. f. Oficio y arte de hacer pasteles, dulces y fiambres. **2.** Tienda donde se hacen y venden estos productos.

**REPOSTERO, A** n. Persona que tiene por oficio hacer dulces de repostería. ◆ n. m. **2.** En la España medieval, oficial palatino encargado del depósito donde se guardaban los objetos de uso personal del monarca que éste le confiaba. **3.** *Chile* y *Perú.* Despensa.

**REPRENDER** o **REPREHENDER** v. tr. **[2]**. Amonestar o censurar a alguien.

**REPRENSIBLE** adj. Que debe reprenderse.

**REPRENSIÓN** n. f. Acción de reprender. **2.** Expresión o palabras con que se reprende. **3.** DER. PEN. Pena que se ejecuta amonestando al reo.

**REPRESA** n. f. OBR. PÚBL. Estanque, contención del agua mediante un muro, obstáculo o barrera. **2.** OBR. PÚBL. Presa.

**REPRESALIA** n. f. Daño causado por alguien como réplica a otro recibido, o medida tomada para llevar a término dicha réplica.

**REPRESAR** v. tr. y pron. **[1]**. Detener o estancar un curso de agua para formar un embalse o una presa. **2.** *Fig.* Contener, reprimir.

**REPRESENTABLE** adj. Que se puede representar o es susceptible de ser representado.

**REPRESENTACIÓN** n. f. Acción de representar, especialmente una obra de teatro. **2.** Hecho de representar a otra persona o colectividad: *tiene la representación del gobierno.* **3.** Persona o conjunto de personas que representan a una colectividad, entidad, etc. **4.** Cosa que representa a otra. **5.** Imagen de algo que se tiene en la mente. **6.** Súplica o petición que se dirige a un superior. **7.** Autoridad, importancia o categoría de una persona en un medio social. **8.** Sistema de expresión de la voluntad popular por el que los súbditos o ciudadanos de un país, comunidad, etc., delegan en unos candidatos representativos de un programa y política determinados, el ejercicio de las funciones y las decisiones inherentes al poder político. **9.** MAT. Correspondencia de los elementos de un conjunto con los elementos de otro conjunto. • **En representación de,** representando a la persona, entidad o corporación que expresa.

**REPRESENTANTE** adj. y n. m. y f. Dícese de la persona o cosa que representa a otra. ◆ n. m. y f. **2.** Agente que representa a una casa comercial y realiza la venta de sus productos. **3.** Persona que gestiona los contratos y asuntos profesionales a toreros, artistas, etc. **4.** Actor o actriz. • **Cámara de representantes,** denominación de la cámara baja en el congreso de los E.U.A. ‖ **Representante del pueblo,** diputado.

**REPRESENTAR** v. tr. **[1]**. Ser imagen, imitación o símbolo de algo. **2.** Significar, implicar, suponer. **3.** Actuar en nombre o por cuenta de otro, hacer las veces de otra persona o colectividad: *representar al presidente de la junta.* **4.** Ejecutar una obra de teatro. **5.** Hacer un determinado papel en una obra de teatro o cinematográfica. **6.** Aparentar una persona determinada edad, sentimientos o características: *no representar cincuenta años.* ◆ v. tr. y pron. **7.** Evocar, hacer presente a alguien o algo en la imaginación: *representarse una situación vivida.*

**REPRESENTATIVIDAD** n. f. Carácter de representativo.

**REPRESENTATIVO, A** adj. Que se puede tomar como representación de otra persona o cosa. **2.** Característico, ejemplar, modélico. • **Régimen representativo,** forma de gobierno en la cual el pueblo delega en un parlamento el ejercicio del poder legislativo.

**REPRESIÓN** n. f. Acción y efecto de reprimir. **2.** Acto, o conjunto de actos, ordinariamente desde el poder, para contener o castigar con violencia actuaciones políticas o sociales. **3.** SICOL. Acción de impedir el paso a la superficie de la conciencia de un acto o tendencia síquica.

**REPRESIVO, A** adj. Que reprime: *medidas represivas.*

**REPRESOR, RA** adj. y n. Dícese de la persona que reprime.

**REPRIMENDA** n. f. Reprensión, acción de reprender a alguien o palabras con que se reprende.

**REPRIMIR** v. tr. y pron. **[3]**. Impedir que se manifieste un impulso, que se produzca o se desarrolle una acción: *reprimir un grito; reprimir un levantamiento político.*

**REPRISE** n. f. (voz francesa). Reposición, especialmente de una obra teatral o cinematográfica. **2.** AUTOM. Paso rápido de un régimen bajo de motor a un régimen superior.

**REPRIVATIZACIÓN** n. f. Proceso a través del cual se devuelve a la iniciativa privada una empresa o actividad productiva que había sido asumida por el sector público.

**REPRIVATIZAR** v. tr. **[1g]**. Proceder a una reprivatización.

**REPROBABLE** adj. Que puede reprobarse. **2.** Digno de reprobación.

**REPROBACIÓN** n. f. Acción y efecto de reprobar.

**REPROBAR** v. tr. **[1r]**. Censurar o desaprobar una cosa o la conducta de una persona. **2.** *Argent., Chile* y *Méx.* No aprobar un curso o examen.

**REPROBATORIO, A** adj. Que reprueba o sirve para reprobar.

**RÉPROBO, A** adj. y n. Condenado al infierno.

**REPROCHABLE** adj. Que puede reprocharse, digno de reproche.

**REPROCHAR** v. tr. y pron. **[1]**. Reconvenir, quejarse a alguien por sus actos o palabras.

**REPROCHE** n. m. Acción de reprochar. **2.** Expresión con que se reprocha.

**REPRODUCCIÓN** n. f. Acción y efecto de reproducir. **2.** Copia o imitación, especialmente de una obra literaria o artística. **3.** Función mediante la cual los seres vivos perpetúan su especie. • **Derechos de reproducción,** derechos que posee el autor o el propietario de una obra literaria o artística a autorizar la difusión de la misma o a sacar beneficio de ella. ‖ **Reproducción asistida** (MED.), utilización de técnicas como la inseminación artificial, fecundación in vitro, etc., para paliar las dificultades o incapacidad de la pareja para la fecundación. SIN.: *procreación asistida.*

■ La capacidad para reproducirse es una de las características básicas que definen la materia viva, por oposición a las estructuras inertes. Las células se reproducen por simple división (escisiparidad: bacterias) o mediante el proceso complejo de la mitosis (células eucarióticas). La sexualidad, forma superior de la reproducción, se caracteriza por la existencia de gametos, células reproductoras especializadas equipadas sólo con un cromosoma de cada par (células *haploides*). La fusión de dos gametos da lugar a una única célula con dotación cromosómica completa *(diploide)*, el cigoto o huevo fecundado. La reproducción puede realizarla un solo individuo cuando éste es bisexuado; en la mayoría de los casos, sin embargo, la reproducción es biparental, con fecundación externa (algas, erizos de mar, numerosos peces) o interna (con acoplamiento, en el caso de los animales terrestres, o polinización, en el de las plantas terrestres). El producto expulsado por el organismo materno puede ser una semilla, un huevo o un individuo diferenciado.

**REPRODUCIBLE** adj. Que puede ser reproducido.

**REPRODUCIR** v. tr. y pron. **[20]**. Volver a producir, o producir de nuevo. **2.** Procrear, propagarse las especies. ◆ v. tr. **3.** Repetir, volver a decir lo que se había dicho antes. **4.** Sacar copia, en uno o muchos ejemplares, de una obra de arte, objeto arqueológico, etc., por diversos procedimientos. **5.** TECNOL. Trabajar un material a fin de obtener un objeto de formas complejas, utilizando plantillas

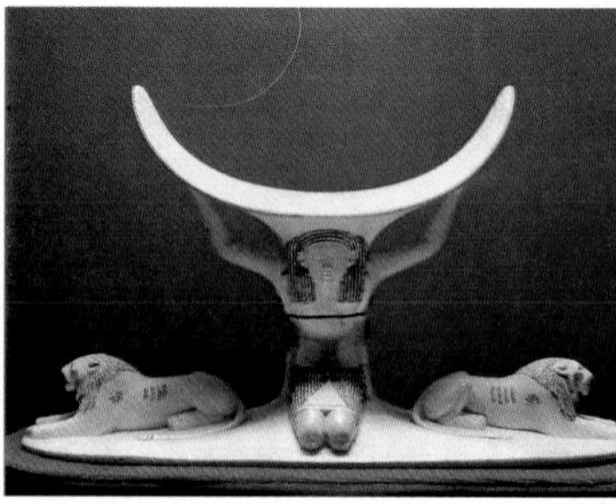

**reposacabezas** egipcio de marfil (tesoro de Tut Anj Amon; Imperio nuevo, dinastía XVIII)
[museo egipcio, El Cairo]

de reproducción o copia para guiar la herramienta. • **Máquina de reproducir,** máquina que permite ejecutar una pieza similar a un modelo dado con un coeficiente de ampliación o de reducción diferente de la unidad.

**REPRODUCTIVO, A** adj. Que produce mucho provecho o beneficio.

**REPRODUCTOR, RA** adj. Relativo a la reproducción: *aparato reproductor.* **2.** Que reproduce. **3.** Dícese del reactor nuclear de neutrones rápidos, caracterizado por la producción en su núcleo de una cantidad de combustible mayor que la que se consume. ◆ n. m. **4.** Altavoz. **5.** Animal destinado a reproducirse, seleccionado de ordinario para mejorar la raza.

**REPRODUCTORA** n. f. Máquina que efectúa la reproducción automática de tarjetas o cintas perforadas.

**REPROGRAFÍA** n. f. Conjunto de técnicas que permiten reproducir un documento.

**REPS** n. m. Tejido acanalado de algodón, seda o lana, usado en tapicería.

**REPTACIÓN** n. f. Modo de locomoción animal, en que el cuerpo avanza sobre una superficie sin la ayuda de las extremidades.

**REPTANTE** adj. Que repta.

**REPTAR** v. intr. **[1]**. Andar arrastrándose, como lo hacen los reptiles y otros animales.

**REPTIL** o **RÉPTIL** adj. y n. m. Relativo a una clase de vertebrados, poiquilotermos, con el cuerpo cubierto de escamas córneas, la piel desprovista prácticamente de glándulas y, en general, con las extremidades pentadáctilas terminadas en garras, como la serpiente, el lagarto, etc.

■ Los reptiles son animales generalmente ovíparos, con respiración aérea desde su eclosión. Su piel está reforzada con resistentes láminas dérmicas (caparazón de las tortugas, de los grandes lacertilios). En el caso de las serpientes, este revestimiento se renueva en cada muda. En los reptiles puede darse ausencia de patas (serpientes) o por el contrario su presencia puede permitirles una gran movilidad (lagartos). Los reptiles se distribuyen por todo el globo. Entre ellos se han clasificado numerosas formas fósiles, algunas de las cuales miden hasta 30 m de longitud. Entre los reptiles actuales, se distinguen cuatro grandes grupos: *lacertilios* (lagartos), *ofidios* (serpientes), *quelonios* (tortugas) y *crocodilianos* (cocodrilos).

**REPÚBLICA** n. f. Forma de gobierno en la que el pueblo ejerce la soberanía directamente o por medio de delegados elegidos.

**REPUBLICANISMO** n. m. Cualidad de republicano.

**REPUBLICANO, A** adj. Relativo a la república: *régimen republicano.* ◆ adj. y n. **2.** Ciudadano de una república. **3.** Partidario de la república.

**REPUDIAR** v. tr. **[1]**. Rechazar algo, no aceptarlo: *repudiar una herencia.* **2.** Repulsar lo que se considera repugnante o condenable: *repudiar la violencia.* **3.** Rechazar legalmente el marido a la mujer propia.

**REPUDIO** n. m. Acción y efecto de repudiar el marido a la mujer.

**REPUDRIR** v. tr. y pron. **[3j]**. Pudrir. ◆ **repudrirse** v. pron. **2.** *Fam.* Consumirse interiormente, a causa de una pena o disgusto que no se exterioriza.

**REPUESTO** n. m. Provisión, conjunto de cosas guardadas para usarlas en determinada ocasión. **2.** Recambio, pieza de un mecanismo que sirve para sustituir a otra que se ha averiado: *repuestos para el automóvil.* • **De repuesto,** dícese de las cosas preparadas para sustituir a las que se estropean: *rueda de repuesto.*

**REPUGNANCIA** n. f. Sensación física muy desagradable, provocada por una repulsión ante algo. **2.** Sentimiento que inclina a rechazar una persona o cosa o a oponer resistencia a hacer o admitir algo.

**REPUGNANTE** adj. Que repugna o causa repugnancia.

**REPUGNAR** v. intr. **[1]**. Sentir repugnancia. ◆ v. tr. **2.** Contradecir o negar una cosa. **3.** Rehusar, admitir con dificultad o hacer de mala gana una cosa. ◆ v. tr. y pron. **4.** Ser opuesta una cosa a otra.

**REPUJADO** n. m. Procedimiento de decoración que utiliza el cuero o el metal, trabajado en hueco y en relieve con ayuda de un buril o punzón especial. **2.** Obra así realizada. **3.** TECNOL. Operación de modelado o conformación en frío de piezas metálicas huecas, de pared delgada, y cuya superficie tiene un eje de revolución.

**repujado:** reloj de bolsillo de plata repujada y esmaltes (s. XVIII) [col. part.]

**REPUJAR** v. tr. **[1]**. Efectuar un repujado.

**REPULGAR** v. tr. **[1b]**. Hacer repulgos.

**REPULGO** n. m. Dobladillo o costura estrecho hecho en la ropa. **2.** Punto muy menudo y espeso que sirve para coser. **3.** Adorno hecho en las empanadillas doblando el borde. ◆ **repulgos** n. m. pl. **4.** *Fig.* y *fam.* Cosas insignificantes, o escrúpulos ridículos.

**REPULSA** n. f. Condenación enérgica de algo o de alguien. **2.** Reprimenda.

**REPULSIÓN** n. f. Acción y efecto de repeler.

**REPULSIVO, A** adj. Que causa repulsión. **2.** Que repulsa.

**REPUNTAR** v. intr. **[1]**. *Argent.* y *Urug.* Reunir el ganado que está disperso. ◆ v. intr. **2.** *Argent.* y *Urug.* Volver a cobrar impulso un hecho o fenómeno cuya intensidad había disminuido. **3.** *Argent.* y *Urug. Por ext.* Recuperar alguien o algo una posición favorable.

**REPUNTE** n. m. ECON. Subida de las cotizaciones de la bolsa de valores.

**REPUTACIÓN** n. f. Fama, opinión que se tiene sobre alguien o algo, generalmente con respecto al prestigio o moralidad.

**REPUTAR** v. tr. y pron. **[1]**. Estimar, juzgar de cierta manera. **2.** Apreciar, reconocer y estimar un mérito.

**REQUEBRAR** v. tr. **[1j]**. Lisonjear a alguien, principalmente a una mujer, alabando sus atractivos.

**REQUEMAR** v. tr. y pron. **[1]**. Quemar ligeramente. **2.** Causar ardor en la boca alguna sustancia. ◆ v. tr. **3.** Privar de jugo a las plantas, haciéndoles perder su verdor. ◆ **requemarse** v. pron. **4.** Tener resentimientos sin exteriorizarlos.

**REQUERIMIENTO** n. m. Acción y efecto de requerir. **2.** DER. Comunicación de un juez o tribunal por la que se intima a una persona para que, en cumplimiento de una resolución, ejecute, o se abstenga de hacerlo, un acto ordenado en ella. **3.** DER. Aviso, manifestación o pregunta que se hace, generalmente bajo fe notarial, a alguna persona para que declare su actitud o dé su respuesta. **4.** HIST. Durante la conquista española de las Indias, documento leído a los indígenas antes de emprender una expedición, por el que se les exhortaba a aceptar a su nuevo soberano y adoptar el cristianismo.

**REQUERIR** v. tr. **[22]**. Intimar a alguien a hacer algo o persuadirle para que lo haga. **2.** Solicitar el amor de una mujer. ◆ v. tr. y pron. **3.** Necesitar: *esto requiere un análisis detallado.*

**REQUESÓN** n. m. Masa blanca y mantecosa que se obtiene cuajando la leche y quitando el suero. **2.** Cuajada que se obtiene de los residuos de la leche que quedan después de hecho el queso.

**REQUETÉ** n. m. Cuerpo armado de voluntarios del carlismo. **2.** Individuo afiliado a este cuerpo.

**REQUETEBIÉN** adv. m. *Fam.* Bien en sentido intensivo.

**REQUIEBRO** n. m. Acción y efecto de requebrar. **2.** Expresión con que se requiebra.

**RÉQUIEM** o **REQUIEM** n. m. Plegaria de la Iglesia católica por los muertos. **2.** Música compuesta sobre este texto.

**REQUILORIO** n. m. *Fam.* Rodeo innecesario para decir algo. **2.** Adorno o complemento innecesario o excesivo.

**REQUINTO** n. m. HIST. Servicio extraordinario impuesto a los indios en Perú y en otras provincias americanas, durante el reinado de Felipe II, que consistía en la quinta parte de sus contribuciones ordinarias. **2.** MÚS. Clarinete pequeño y de tono agudo, que se usa en las bandas de música. **3.** MÚS. Instrumento de cuerda típico de Colombia y Venezuela.

**REQUIRENTE** adj. y n. m. y f. Que requiere.

**REQUISA** n. f. Revista o inspección de las personas o de las dependencias de un establecimiento. **2.** Acción de requisar.

**REQUISAR** v. tr. **[1]**. Expropiar una autoridad competente ciertos bienes, generalmente a cambio de una indemnización.

**REQUISITO** n. m. Condición o circunstancia necesaria para una cosa.

**REQUISITORIA** n. f. DER. Requerimiento judicial que expide el juez instructor para citar o emplazar al reo o acusado de un delito.

**REQUISITORIO, A** adj. y n. f. Dícese del despacho con que un juez requiere a otro para que ejecute un mandato expedido por el requirente.

**RES** n. f. Animal cuadrúpedo de cualquiera de las especies domésticas de ganado vacuno, lanar, etc., o salvajes, como jabalíes, venados, etc.

**RESABIAR** v. tr. y pron. **[1]**. Hacer tomar a alguien un vicio o mala costumbre.

**RESABIDO, A** adj. y n. Dícese de la persona redicha y pedante.

**RESABIO** n. m. Sabor desagradable que deja una cosa después de tomarla. **2.** Vicio o mala costumbre que alguien tiene o adquiere.

**RESACA** n. f. Movimiento de retroceso de las olas. **2.** Reflujo. **3.** Malestar que se siente al día siguiente de haber bebido con exceso.

**RESALADO, A** adj. *Fam.* Que tiene mucha gracia o donaire.

**RESALTADO, A** adj. HERÁLD. Dícese de la pieza o figura que carga sobre otra, sin encerrarse en ella.

**RESALTADOR** n. m. *Argent.* Marcador de fibra, de punta gruesa cortada transversalmente, usado para señalar con colores traslúcidos diversas partes de un texto.

**RESALTAR** v. intr. **[1]**. Sobresalir una cosa o parte de ella más que el resto o lo que está a su lado. **2.** *Fig.* Distinguirse o destacar una cosa entre otras.

**RESALTE** n. m. Resalto, saliente.

**RESALTO** n. m. Acción y efecto de resaltar. **2.** Parte que sobresale de una superficie: *resalto de una pared.*

**RESARCIBLE** adj. Que se puede o debe resarcir.

**RESARCIMIENTO** n. m. Acción y efecto de resarcir.

**RESARCIR** v. tr. y pron. **[3a]**. Indemnizar o compensar a una persona por un gasto realizado, o una pérdida o agravio causados.

**RESBALADILLA** n. f. *Méx.* Resbalín.

**RESBALADIZO, A** adj. Que se resbala o se escurre fácilmente. **2.** Dícese del lugar en que es fácil resbalar. **3.** *Fig.* Dícese de lo que expone o se presta a incurrir en algún desacierto, equivocación o torpeza.

**RESBALADURA** n. f. Señal o huella que queda después de haber resbalado.

**RESBALAR** v. intr. y pron. **[1]**. Perder el equilibrio al andar o correr sobre una superficie lisa, húmeda, helada, etc. **2.** Moverse lenta o suavemente una cosa deslizándose sobre una superficie: *las gotas resbalan por el cristal.* **3.** *Fig.* Incurrir en un desliz o error. **4.** *Fig.* No interesarle o no importarle algo a alguien: *me resbala este asunto.* **5.** Patinar un automóvil.

**RESBALÍN** n. m. *Chile.* Tobogán pequeño para los niños.

**RESBALÓN** n. m. Acción de resbalar. **2.** Movimiento que se hace al resbalar. **3.** *Fig.* Desacierto, falta o equivocación que alguien comete. **4.** Tipo de cerradura cuyo pestillo penetra en el cerrajero y queda encajado por la presión de un resorte.

**RESCATAR** v. tr. **[1]**. Recuperar, por un precio convenido o mediante la fuerza, a alguien o algo que estaba en poder de otro. ◆ v. tr. y pron. **2.** *Fig.*

Liberar a algo o alguien del peligro, trabajo u opresión en que se hallaba.

**RESCATE** n. m. Acción y efecto de rescatar. **2.** Precio que se paga para rescatar a alguien.

**RESCINDIR** v. tr. [**3**]. Dejar sin efecto un contrato o una obligación por decisión de una o ambas partes.

**RESCISIÓN** n. f. Acción y efecto de rescindir.

**RESCISORIO, A** adj. Que rescinde o sirve para rescindir.

**RESCOLDO** n. m. Brasa resguardada por la ceniza. **2.** *Fig.* Resentimiento, recelo o escrúpulo.

**RESECAR** v. tr. [**1a**]. CIR. Efectuar la resección de un órgano.

**RESECCIÓN** n. f. CIR. Extirpación total o parcial de un órgano o tejido.

**RESECO, A** adj. Demasiado seco. **2.** Flaco, enjuto. ◆ n. m. **3.** Sensación de sequedad o molestia en la boca.

**RESEDA** n. f. Planta herbácea de flores pequeñas agrupadas en espigas o racimos. (Familia resedáceas.) **2.** Flor de esta planta.

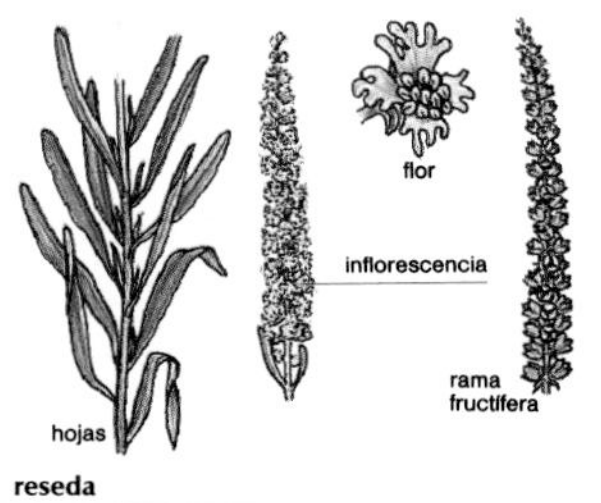

reseda

**RESELLAR** v. tr. [**1**]. Volver a sellar una cosa.

**RESELLO** n. m. Acción y efecto de resellar.

**RESENTIDO, A** adj. y n. Que tiene resentimiento.

**RESENTIMIENTO** n. m. Acción y efecto de resentirse. **2.** Sentimiento penoso y contenido del que se cree maltratado y hostilidad hacia los autores del mal trato.

**RESENTIRSE** v. pron. [**22**]. Verse afectado el buen estado, funcionamiento, etc., de una cosa, por acción de otra. **2.** Sentir dolor o molestia a consecuencia de alguna enfermedad pasada: *todavía se resiente del estómago.* **3.** *Fig.* Sentir disgusto o pena por algo.

**RESEÑA** n. f. Acción y efecto de reseñar. **2.** Información crítica o comentario sobre una obra literaria, científica, etc. **3.** Artículo o escrito breve de un periódico en que se describe algo o se da noticia sobre ello.

**RESEÑAR** v. tr. [**1**]. Describir a una persona o animal con sus señas características. **2.** Describir algo brevemente por escrito. **3.** Hacer una reseña literaria.

**RESERO** n. m. *Argent.* y *Urug.* Arreador de reses, destinadas al consumo de la población y aprovechamiento industrial.

**RESERPINA** n. f. Alcaloide extraído de una planta de la familia apocináceas, utilizado por sus propiedades hipotensoras.

**RESERVA** n. f. Acción de reservar. **2.** Documento o anotación que acredita que uno puede disponer de cierta cosa o cierto derecho: *el revisor le pidió, además del billete, la reserva.* **3.** Conjunto de cosas que se tienen guardadas para cuando sean necesarias: *reserva de víveres.* **4.** Acción de callar alguna cosa por discreción o prudencia. **5.** Actitud de no aceptar completamente una cosa o de no manifestar abierta o totalmente una idea, afecto, estado de ánimo, etc. **6.** Excepción que se hace o condición que se pone a un trato o promesa: *aceptar algo con reserva.* **7.** DER. Cláusula contractual que permite a alguna de las partes determinadas facultades, incluso el desistimiento del contrato. **8.** LITURG. Acción de reservar el Santísimo Sacramento. **9.** MIL. Situación de los individuos sujetos a las obligaciones militares legales, que empieza al término de la situación de actividad. **10.** MIL. Situación a la que pasan los generales al término de la actividad y que equivale al retiro en los empleos inferiores. **11.** PINT. y ART. GRÁF. Parte que se deja en blanco, en algunos procedimientos de pintura, de dibujo y grabado. **12.** TECNOL. Porción de superficie que se protege con un agente cubridor, para preservarla momentáneamente de la acción de un tratamiento, operación, etc., que se efectúa en las partes circundantes. • **Reserva alcalina** (FISIOL.), cantidad de bicarbonatos alcalinos existentes en la sangre y que se expresa por el volumen porcentual de gas carbónico que puede liberarse en un volumen determinado de plasma. ‖ **Reserva de indios,** territorio reservado a los indios en E.U.A. y Canadá, y que está sometido a un régimen especial. ‖ **Reserva mental** (DER.), acto por el que la manifestación de voluntad en un negocio jurídico está condicionada o anulada en la mente del agente por el propósito de no aceptar la obligación que se contrae. ‖ **Reserva natural,** territorio delimitado y protegido jurídicamente para preservar ciertas especies animales o vegetales amenazadas de desaparición, a las que alberga de manera permanente o temporal. ◆ n. m. y f. **13.** Suplente. ◆ **reservas** n. f. pl. **14.** Cantidad de petróleo recuperable en un yacimiento. • **Reservas monetarias,** conjunto de medios de pago internacionales de que dispone un país. ‖ **Reservas nutritivas,** sustancias dotadas de valor calórico, que se acumulan en determinadas regiones del organismo, para facilitar la nutrición en caso de posible déficit alimenticio. ‖ **Sin reservas,** abierta o incondicionalmente.

**RESERVACIÓN** n. f. *Amér.* Reserva de billetes, habitaciones, etc.

**RESERVADO, A** adj. Que se reserva o debe reservarse. **2.** Cauteloso, callado. ◆ n. m. **3.** Compartimiento destinado exclusivamente a determinadas personas o usos.

**RESERVAR** v. tr. y pron. [**1**]. Apartar o guardar una cosa para alguien o para otro momento u ocasión. **2.** Dejar de decir o hacer cierta cosa en el momento que se podía o debía: *reservar la opinión.* ◆ v. tr. **3.** Encargar con anticipación billetes, entradas, habitaciones, etc. **4.** LITURG. Ocultar el Santísimo Sacramento que estaba expuesto. ◆ **reservarse** v. pron. **5.** Conservarse o irse deteniendo para mejor ocasión.

**RESERVISTA** n. m. Individuo en situación de reserva dentro del servicio militar.

**RESERVÓN, NA** adj. *Fam.* Dícese de las personas excesivamente reservadas. **2.** TAUROM. Dícese del toro cauteloso y que no acude a las suertes.

**RESERVORIO** n. m. HIDROL. Embalse donde se almacena el agua para su utilización posterior.

**RESFRIADO** n. m. Afección aguda de las vías respiratorias altas.

**RESFRIAR** v. tr. y pron. [**1t**]. Causar o coger un resfriado.

**RESFRÍO** n. m. Resfriado.

**RESGUARDAR** v. tr. y pron. [**1**]. Defender o proteger.

**RESGUARDO** n. m. Acción de resguardar. **2.** Lo que sirve para proteger o amparar. **3.** Documento que garantiza y acredita haber realizado determinada gestión, pago o entrega: *resguardo de matrícula.* **4.** HIST. En Perú, territorio que los españoles entregaban a los indios y en el que éstos se regían por sus propios cabildos y alcaldes.

**RESIDENCIA** n. f. Acción y efecto de residir. **2.** Lugar en que se reside: *fijó su residencia en Madrid.* **3.** Casa, domicilio, especialmente el lujoso y que ocupa un edificio entero. **4.** Casa en la que conviven personas afines por sexo, estado, edad, y que tienen una reglamentación: *residencia de estudiantes.* **5.** Conjunto de viviendas familiares independientes para personas de una misma profesión, o afines por algún concepto: *residencia de profesores.* **6.** Establecimiento público donde se alojan viajeros o estables en régimen de pensión, mediante el pago de cierta cantidad. **7.** Centro hospitalario en el que hay enfermos internados.

**RESIDENCIAL** adj. Dícese del barrio de una ciudad destinado a residencias, generalmente lujosas.

**RESIDENCIAR** v. tr. [**1**]. Tomar cuenta un juez a otro, o a otra persona que ha ejercido cargo público de la conducta que en su desempeño ha observado. **2.** Pedir cuentas a alguien sobre el cargo que ejerce.

**RESIDENTE** adj. y n. m. y f. Que reside en determinado lugar. ◆ n. m. **2.** HIST. Denominación de diferentes cargos coloniales en los ss. XIX y XX. **3.** INFORMÁT. Conjunto de rutinas del sistema operativo que permanecen siempre en memoria central.

**RESIDIR** v. intr. [**3**]. Vivir habitualmente en un lugar. **2.** *Fig.* Estar, radicar, estribar: *no sé dónde reside el secreto de su éxito.*

**RESIDUAL** adj. Relativo al residuo. **2.** GEOL. Dícese del residuo de una roca o de un terreno preexistente, del que una parte de la materia ha sido separada por disolución o por otro medio: *arcilla residual; grava residual.* • **Relieve residual** (GEOGR.), en una región de penillanura, relieve que ha sido preservado de la erosión.

**RESIDUO** n. m. Lo que queda de un todo después de haber quitado una o más partes. **2.** Material que queda como inservible después de haber realizado algún trabajo u operación. (Suele usarse en plural.) **3.** MAT. Resto de una división o de la extracción de una raíz. • **Método de residuo,** uno de los métodos de investigación preconizados por J. Stuart Mill, que consiste en excluir de un fenómeno las partes cuyas causas se conocen, a fin de encontrar, por eliminación, las causas de las partes restantes. ‖ **Residuos radiactivos,** radioelementos inutilizables que se acumulan en un reactor nuclear.

**RESIGNA** n. f. DER. CAN. Renuncia a un beneficio eclesiástico.

**RESIGNACIÓN** n. f. Acción de resignar o resignarse. **2.** Paciencia o conformidad en las dificultades o adversidades.

**RESIGNANTE** adj. y n. m. y f. Que resigna.

**RESIGNAR** v. tr. [**1**]. Entregar la autoridad saliente el mando a la que la releva o sucede. **2.** Renunciar a un beneficio eclesiástico, o hacer dimisión de él, a favor de un sujeto determinado. ◆ **resignarse** v. pron. **3.** Conformarse ante un acontecimiento que no puede remediarse, generalmente una desgracia, contrariedad, etc.

**RESIGNATARIO** n. m. Persona en quien se resigna.

**RESILIENCIA** n. f. MEC. Índice de resistencia al choque de un material.

**RESINA** n. f. (lat. *resinam*). Sustancia insoluble en el agua, soluble en alcohol, combustible, producida por determinados vegetales, como las coníferas y las terebintáceas. • **Resina sintética,** producto artificial dotado de propiedades análogas a las de la resina natural.

**RESINACIÓN** n. f. Extracción de la resina o miera de los pinos, mediante incisiones hechas en el tronco.

**RESINAR** v. tr. [**1**]. Practicar la resinación.

**RESINERO, A** adj. Relativo a la resina: *industria resinera.* ◆ n. **2.** Persona que resina los pinos.

**RESINÍFERO, A** adj. Que produce resina.

**RESINOSO, A** adj. Que tiene resina o se parece a ella: *madera resinosa.*

**RESISTENCIA** n. f. Acción y efecto de resistir. **2.** Capacidad para resistir. **3.** ELECTR. Cociente entre la diferencia de potencial aplicada a las extremidades de un conductor y la intensidad de corriente que produce, cuando el conductor no es la sede de una fuerza electromotriz. **4.** ELECTR. Conductor en el que toda la energía de la corriente eléctrica se transforma en calor por el efecto Joule y no comprende ninguna fuerza electromotriz. **5.** MEC. Fuerza que se opone al movimiento. **6.** Fuerza que en una palanca se opone a la potencia. • **Resistencia de materiales,** ciencia que tiene como fin determinar las dimensiones de los elementos de una construcción a fin de permitirles resistir los esfuerzos que tendrán que soportar. ‖ **Resistencia del aire,** fuerza que el aire opone al desplazamiento de un cuerpo. ‖ **Resistencia pasiva,** método de oposición al régimen establecido, consistente en la desobediencia a determinadas normas cuya conculcación, en principio, no representa un grave delito, pero que, realizada por grandes masas, dificulta el normal funcionamiento de la vida cotidiana. ‖ **Resistencia pura,** o **muerta,** conductor en el que toda la energía de la corriente eléctrica se transforma en calor por efecto Joule, sin producir fuerza electromotriz. ‖ **Sólido de igual resistencia,** forma bajo la cual un cuerpo sometido a una acción exterior soporta esfuerzos iguales en todas sus partes.

**RESISTENTE** adj. Que resiste o se resiste. **2.** Fuerte, duro. ◆ n. m. y f. **3.** Miembro de la Resistencia.

**RESISTIBLE** adj. Que puede resistirse.

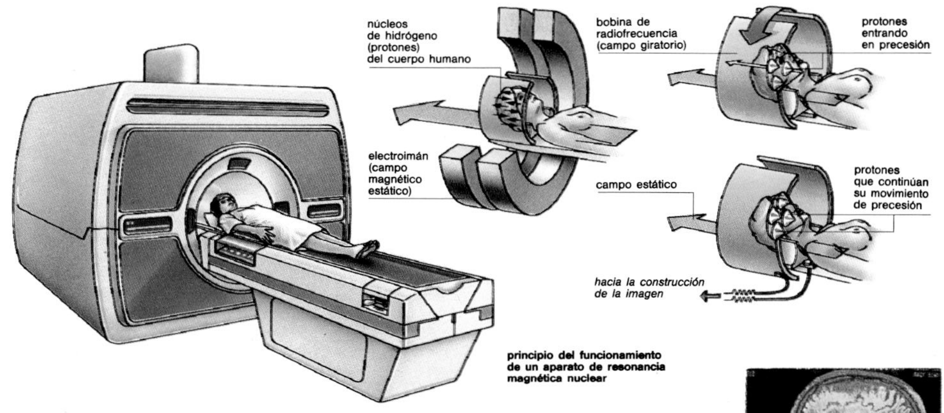


**principio del funcionamiento de un aparato de resonancia magnética nuclear**

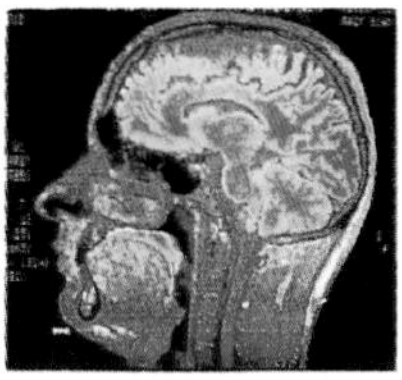

**corte sagital del cráneo** (anatomía normal)

La resonancia magnética nuclear (R.M.N.) se sirve de la propiedad que tienen algunos núcleos atómicos situados en un campo magnético y estimulados por una onda radiológica de reemitir una parte de la energía absorbida bajo forma de señal radiológica. La intensidad de la resonancia es proporcional a la cantidad de hidrógeno que se encuentra en el volumen excitado y muestra la diferencia de concentración en agua de los tejidos.

**resonancia** magnética

**RESISTIR** v. intr., tr. y pron. [**3**]. Oponer un cuerpo una fuerza a la acción de otra que tiende a moverlo, deformarlo, etc.: *el dique resistió la riada.* **2.** Oponerse, no ceder a la voluntad de otro, a un impulso, deseo, etc. ◆ v. tr. **3.** Aguantar, soportar.

**RESISTIVIDAD** n. f. ELECTR. Característica de una sustancia conductora, numéricamente igual a la resistencia de un cilindro de esta sustancia de longitud y de sección iguales a la unidad.

**RESMA** n. f. Conjunto de veinte manos de papel (500 pliegos).

**RESMILLA** n. f. Paquete de 20 cuadernillos de papel de cartas.

**RESOBRINO, A** n. Hijo de sobrino carnal.

**RESOL** n. m. Reverberación del sol.

**RESOLANA** n. f. *Amér.* Luz y calor producidos por la reverberación del sol, resol.

**RESOLLAR** v. intr. [**1r**]. Respirar. **2.** Resoplar, respirar fuertemente y haciendo ruido. **3.** *Fig.* y *fam.* Hablar. (Úsase en frases negativas.)

**RESOLUBLE** adj. Que puede ser resuelto.

**RESOLUCIÓN** n. f. Acción y efecto de resolver o resolverse. **2.** Solución de un problema. **3.** Decisión, cosa que resulta o que se decide. **4.** Prontitud, viveza. **5.** Firmeza de carácter, valor. **6.** Calidad de imagen que ofrece una pantalla según el número de columnas de puntos de luz que presenta. **7.** MED. Curación de una enfermedad, en especial de un estado inflamatorio, sin que haya supuración. • **Poder,** o **límite, de resolución,** el menor intervalo entre dos elementos, tal que éstos se puedan separar por un instrumento de observación. ‖ **Resolución de un acorde** (MÚS.), forma satisfactoria para el oído de encadenar un acorde disonante con el que le sigue. ‖ **Resolución de un triángulo** (MAT.), cálculo de los elementos de un triángulo a partir de tres de dichos elementos. ‖ **Resolución de una ecuación** (MAT.), determinación de las raíces de esta ecuación. ‖ **Resolución judicial,** decisión o providencia que pronuncia un juez o tribunal en una causa.

**RESOLUTIVO, A** adj. Útil para resolver algo. ◆ adj. y n. m. **2.** FARM. Dícese de los medicamentos que influyen de modo directo y rápido en la resolución de un proceso patológico.

**RESOLUTORIO, A** adj. Que motiva o denota resolución.

**RESOLVER** v. tr. y pron. [**2n**]. Encontrar la solución a un problema, duda o dificultad. **2.** Tomar una resolución, decidir: *resolvieron volver a casa.* ◆ v. tr. **3.** Resumir, recapitular. **4.** Deshacer, disgregar. **5.** MED. Curar una enfermedad o hacer desaparecer sus síntomas. ◆ **resolverse** v. pron. **6.** Reducirse, cambiarse una cosa en otra.

**RESONADOR, RA** adj. Que resuena. ◆ n. m. **2.** FÍS. Aparato que vibra por resonancia.

**RESONANCIA** n. f. Sonido producido por repercusión de otro. **2.** Prolongación del sonido que se va reproduciendo por grados. **3.** *Fig.* Gran divulgación que adquiere algo, especialmente un hecho, una noticia, etc. **4.** FÍS. Aumento elevado de la amplitud de una oscilación bajo la influencia de una acción periódica de una frecuencia próxima. **5.** FÍS. Estado inestable de un sistema de partículas elementales en interacción. **6.** QUÍM. Teoría según la cual determinadas moléculas orgánicas sólo pueden ser representadas por un conjunto de estructuras que sólo difieren por la localización de los electrones. • **Resonancia eléctrica,** fenómeno de resonancia que se produce en un circuito oscilante cuando está alimentado por una tensión alterna de frecuencia próxima a su propia frecuencia. ‖ **Resonancia magnética,** método de análisis espectroscópico basado en las transiciones inducidas entre los niveles de energía magnética de un átomo, de un ion o de una molécula.

**RESONANTE** adj. Que resuena. **2.** FÍS. Susceptible de entrar en resonancia.

**RESONAR** v. intr. [**1r**]. Producir resonancia. **2.** *Fig.* Tener resonancia una noticia, suceso, etc.

**RESOPLAR** v. intr. [**1**]. Respirar violentamente o con ruido.

**RESOPLIDO** n. m. Acción y efecto de resoplar. **2.** *Fig.* y *fam.* Respuesta brusca.

**RESORCINA** n. f. Difenol derivado del benceno.

**RESORTE** n. m. Pieza elástica que, después de haber sido doblada, estirada o comprimida, recobra su posición natural, desarrollando una fuerza utilizable. **2.** Fuerza elástica de una cosa. **3.** *Fig.* Medio de que uno se vale para conseguir algo.

**RESORTERA** n. f. *Méx.* Tirachinas.

**RESPALDAR** n. m. Respaldo.

**RESPALDAR** v. tr. y pron. [**1**]. Servir de garantía, ayudar. ◆ v. tr. **2.** Poner una nota en el respaldo de un escrito, documento, etc. ◆ **respaldarse** v. pron. **3.** Apoyarse en el respaldo de un asiento.

**RESPALDO** n. m. Parte de un asiento en que se apoya la espalda. **2.** Vuelta o parte posterior de un papel escrito en que se anota alguna cosa; lo que allí se escribe. **3.** Acción de respaldar: *no lo conseguirás sin el respaldo del partido.*

**RESPECTAR** v. tr. [**1**]. Atañer, concernir.

**RESPECTIVO, A** adj. Dícese de los elementos de una serie o conjunto que corresponden cada uno a otro de otro conjunto: *estaban situados en sus respectivos asientos.*

**RESPECTO** n. m. (lat. *respectum*). Relación. • **Al respecto,** en relación con el asunto o cosa de que se trata. ‖ **Con respecto a, respecto a,** o **respecto de,** en relación con, por lo que corresponde a.

**RÉSPED** n. m. Lengua de la culebra o de la víbora. **2.** Aguijón de la abeja o de la avispa. **3.** *Fig.* Intención malévola en lo que se dice.

**RESPETABILIDAD** n. f. Calidad de respetable.

**RESPETABLE** adj. Digno de respeto. **2.** Dícese con carácter ponderativo de ciertas cosas medibles: *distancia respetable.* ◆ n. m. **3. El respetable** *(Fam.),* público de los espectáculos.

**RESPETAR** v. tr. [**1**]. Tener respeto. **2.** Reconocer, no violar los derechos, la dignidad, etc., de otro: *respetar sus opiniones.* **3.** Cumplir leyes, normas, etc. **4.** No destruir cierta cosa, conservarla.

**RESPETO** n. m. (lat. *respectum*). Sentimiento o actitud deferente o sumisa con que se trata algo o a alguien, en razón de su autoridad, edad, mérito, etc. **2.** Sentimiento que lleva a reconocer los derechos, la dignidad, decoro de una persona o cosa y a abstenerse de ofenderlos. **3.** *Fam.* Miedo. • **Campar** uno **por sus respetos,** obrar uno a su antojo. ‖ **Presentar respetos** a alguien, transmitir manifestaciones de cortesía. ‖ **Respeto humano,** miramiento excesivo y temeroso de la opinión de los demás que impide actuar según las propias convicciones.

**RESPETUOSO, A** adj. Que observa respeto hacia otro.

**RÉSPICE** n. m. *Fam.* Contestación seca y desabrida. **2.** *Fam.* Reprensión breve, pero fuerte.

**RESPINGAR** v. intr. [**1b**]. Sacudirse la bestia y gruñir. ◆ v. intr. y pron. **2.** *Fam.* Levantarse el borde de una falda, chaqueta, etc., por estar mal hecha o mal colocada.

**RESPINGO** n. m. Acción y efecto de respingar. **2.** Sacudida violenta del cuerpo a causa de un sobresalto, sorpresa, etc. **3.** Acortamiento indebido de una prenda, especialmente de vestir, por algún sitio. **4.** *Fam.* Contestación seca y desabrida. **5.** *Fam.* Reprensión breve, pero fuerte. **6.** *Chile.* Frunce, arruga. **7.** TAUROM. Huida muy brusca del toro.

**RESPINGÓN, NA** adj. Dícese de la nariz que tiene la punta algo hacia arriba.

**RESPIRABLE** adj. Que puede respirarse.

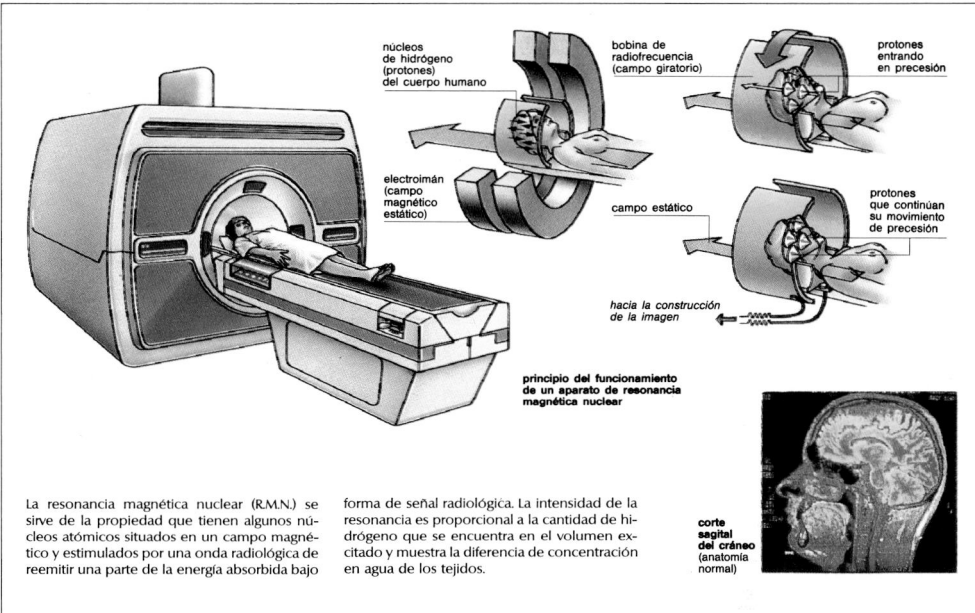

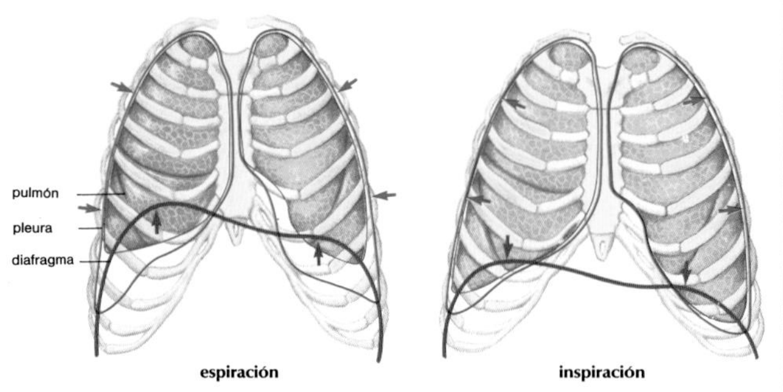


los dos movimientos de la **respiración**

**RESPIRACIÓN** n. f. Función mediante la cual las células vivas oxidan sustancias orgánicas, que se manifiesta por intercambios gaseosos, como absorción de oxígeno y expulsión de gas carbónico. **2.** Ventilación directa: *cuarto sin respiración.* • **Respiración artificial,** método de tratamiento de la asfixia y de las parálisis respiratorias, como electrocución, poliomielitis, etc., consistente en provocar manualmente o con aparatos (pulmón de acero, respirador, etc.) las contracciones de la caja torácica y restablecer así la circulación del aire en los pulmones. ‖ **Sin respiración,** muy impresionado, asustado, etc.

■ Según la forma como se intercambia los gases con el exterior, en los animales se distinguen cuatro tipos de respiración: la *respiración cutánea* (lombriz, rana), en la que los intercambios se realizan a través de la piel; la *respiración pulmonar* (aves, mamíferos), en la que el intercambio entre aire y sangre se realiza a través de los pulmones; la *respiración branquial* (peces, crustáceos), en la que el intercambio entre el agua y el medio interior se realiza a través de las branquias, y la *respiración traqueal* (insectos), en la que el aire es conducido en estado gaseoso por las tráqueas hasta los órganos que lo utilizarán. En el hombre, la absorción (oxígeno) y la eliminación de los gases (gas carbónico) están garantizadas por la *ventilación pulmonar.* Ésta se realiza mediante fenómenos mecánicos de expansión y contracción de la caja torácica que provocan la entrada (inspiración) y la salida (espiración) del aire por la tráquea. Los movimientos respiratorios se obtienen gracias a las contracciones del diafragma y de los músculos costales, y el ritmo respiratorio está regulado por el centro respiratorio, situado en el bulbo raquídeo (normalmente, 16 inspiraciones por minuto). Los *intercambios gaseosos* se realizan entre el aire alveolar y la sangre de los capilares pulmonares, de modo que el oxígeno se difunde hacia la sangre y el anhídrido carbónico hacia el alvéolo.

**RESPIRADERO** n. m. Abertura o conducto por donde entra el aire o por donde salen humos y gases nocivos para la ventilación. **2.** CONSTR. Lumbrera, tronera.

**RESPIRADOR, RA** adj. ANAT. Dícese de los músculos que sirven para la respiración. ◆ n. m. **2.** Aparato para realizar la respiración artificial.

**RESPIRAR** v. intr. (lat. *respirare*) **[1]**. Absorber el aire y expelerlo sucesivamente para mantener las funciones vitales de la sangre. **2.** Realizar el organismo la absorción del oxígeno propia de la respiración. **3.** *Fig.* Sentirse aliviado, liberado. **4.** *Fig.* y *fam.* Hablar, articular palabras. **5.** *Fig.* y *fam.* Dar noticia de sí una persona ausente. **6.** *Fig.* Exhalar, despedir. **7.** *Fig.* Tener un recinto comunicación con el aire libre. **8.** *Fig.* Animarse, cobrar ánimo. ◆ v. tr. **9.** *Fig.* Tener aquello que se expresa en alto grado: *respirar felicidad; la noche respira paz.* • **Sin respirar,** sin descanso, sin detenerse un momento.

**RESPIRATORIO, A** adj. Relativo a la respiración. **2.** Que sirve para la respiración o la facilita.

**RESPIRO** n. m. Descanso en el trabajo. **2.** *Fig.* Alivio en una preocupación, dolor, pena, etc. **3.** *Fig.* Prórroga que se concede a alguien al expirar el plazo convenido para pagar una deuda o cumplir una obligación.

**RESPLANDECER** v. intr. (lat. *resplendere*) **[2m]**. Despedir rayos de luz propia o reflejada: *las estrellas resplandecen en el firmamento.* **2.** *Fig.* Sobresalir en algo: *resplandecer de hermosura.* **3.** *Fig.* Reflejar gran satisfacción o alegría: *resplandecer de gozo.*

**RESPLANDECIENTE** adj. Que resplandece.

**RESPLANDOR** n. m. Luz muy clara que sale de algún sitio: *el resplandor del sol, del fuego.* **2.** *Fig.* Brillo de algunas cosas: *ojos llenos de resplandor.* **3.** *Fig.* Esplendor, lustre. ◆ **resplandores** n. m. pl. **4.** HERÁLD. Cada uno de los rayos del sol o las estrellas.

**RESPONDER** v. tr. e intr. (lat. *respondere*) **[2]**. Decir o escribir algo para satisfacer una pregunta o proposición. **2.** Manifestar o expresar que se ha recibido una llamada: *nadie responde en la casa.* ◆ v. intr. **3.** Reaccionar a un estímulo, impulso, móvil, etc., o producir su efecto: *el público respondió con su asistencia.* **4.** Estar en relación de conformidad, corresponder una cosa a otra: *responder a un ideal formado.* **5.** Corresponder con una acción a la realizada por otro: *el enemigo respondió a tiros.* **6.** Corresponder, mostrarse agradecido: *responder a un favor.* **7.** Hacerse responsable de alguien o algo: *responder de un amigo.* **8.** Replicar, poner objeciones. **9.** Rendir, dar producto o utilidad: *esta tierra no responde.* **10.** Repetir el eco un sonido o voz. • **Responder** alguien o algo **al nombre de,** llamarse, tener dicho nombre.

**RESPONDÓN, NA** adj. y n. Que replica mucho.

**RESPONSABILIDAD** n. f. Calidad de responsable. **2.** Obligación moral que se tiene a consecuencia de haber o haberse cometido una falta. • **De responsabilidad,** dícese de la persona o de la entidad digna de crédito. ‖ **Responsabilidad civil,** obligación de reparar los daños y perjuicios causados a otro por el incumplimiento de un contrato, o toda acción perjudicial cometida por uno mismo, por una persona que depende de otra o por algo que se tiene bajo custodia. ‖ **Responsabilidad jurídica,** la que supone la existencia de un daño, que alcanza a la sociedad en general, a una persona determinada o a ambas a la vez. ‖ **Responsabilidad ministerial,** necesidad que tiene un ministerio de abandonar sus funciones cuando el parlamento rechaza su confianza. ‖ **Responsabilidad moral,** imputabilidad de un acto moralmente bueno o malo a su autor, considerado como su causa libre de haberlo querido y realizado. ‖ **Responsabilidad penal,** deber jurídico de responder de los hechos realizados, susceptibles de constituir delito, y de sufrir sus consecuencias jurídicas.

**RESPONSABILIZAR** v. tr. y pron. **[1g]**. Hacer o hacerse responsable de algo o alguien.

**RESPONSABLE** adj. Que debe responder, rendir cuentas de sus actos o de los de los otros: *gobierno responsable.* **2.** Consciente y formal en sus palabras, decisiones o actos: *trabajador responsable.* ◆ adj. y n. m. y f. **3.** Culpable de algo. ◆ n. m. y f. **4.** Persona que tiene autoridad, capacidad para tomar decisiones, dirigir una actividad, el trabajo de un grupo, etc.

**RESPONSO** n. m. Rezo por los difuntos.

**RESPONSORIAL** adj. Dícese del salmo litúrgico cantado después de las lecturas de la misa o del oficio.

**RESPONSORIO** n. m. (lat. *responsorium*). Canto ejecutado alternativamente por el pueblo o el coro y un solista, que tiene lugar después de las lecturas de la misa y de las horas del oficio divino. **2.** Responso.

**RESPUESTA** n. f. Acción de responder. **2.** Aquello que se responde, palabras o escrito con que se responde. **3.** Refutación. **4.** Reacción de un ser vivo a un estímulo. **5.** CIB. Evolución de un sistema como consecuencia de una excitación.

**RESQUEBRAJADIZO, A** adj. Con tendencia a resquebrajarse.

**RESQUEBRAJADURA** n. f. Hendidura, grieta.

**RESQUEBRAJAR** v. tr. y pron. **[1]**. Producir o producirse grietas en algo.

**RESQUEMOR** n. m. Sentimiento no exteriorizado que causa inquietud, pesadumbre, desasosiego, etc.

**RESQUICIO** n. m. Abertura que queda entre el quicio y la puerta. **2.** Abertura pequeña por donde pasa o puede pasar algo. **3.** *Fig.* Ocasión, oportunidad favorable.

**RESTA** n. f. Operación de restar, de hallar la diferencia entre dos cantidades. **2.** Residuo.

**RESTABLECER** v. tr. **[2m]**. Volver a establecer: *restablecer el orden.* ◆ **restablecerse** v. pron. **2.** Recuperarse, volver a tener salud o reponerse moralmente: *restablecerse de una enfermedad, de un susto.*

**RESTABLECIMIENTO** n. m. Acción y efecto de restablecer o restablecerse.

**RESTALLAR** v. intr. **[1]**. Chasquear, producir un sonido agudo y seco, como el del látigo o la honda cuando se sacuden en el aire con violencia. **2.** Producir un ruido parecido con la lengua.

**RESTANTE** adj. Que resta: *los restantes años de su vida; dejar lo restante para otro día.*

**RESTAÑADURA** n. f. Acción y efecto de restañar.

**RESTAÑAR** v. tr. **[1]**. Volver a estañar de nuevo.

**RESTAÑAR** v. tr., intr. y pron. **[1]**. Detener el curso de un líquido: *restañar la sangre que mana de una herida.*

**RESTAR** v. tr. **[1]**. Quitar parte de alguna cosa, generalmente inmaterial. **2.** MAT. Hallar la diferencia entre dos cantidades. **3.** MAT. Sacar el residuo de una cosa rebajando una parte del todo. ◆ v. intr. **4.** Quedar algo de cierta cosa: *esto es todo lo que resta de su fortuna.* **5.** Faltar algo por hacer, o tener aún que suceder alguna cosa o pasar algún tiempo antes de que llegue cierto momento o que suceda cierta cosa.

**RESTAURACIÓN** n. f. Acción y efecto de restaurar: *la restauración de un monumento.* **2.** Reposición en el trono de un rey destronado o del representante de una dinastía derrocada.

**RESTAURACIÓN** n. f. Rama de la hostelería que abarca el ámbito de comidas y restaurantes.

**RESTAURADOR, RA** adj. y n. Que restaura, especialmente obras de arte.

**RESTAURADOR, RA** n. Persona que tiene o dirige un restaurante.

**RESTAURANTE, RESTAURÁN** o **RESTORÁN** n. m. Establecimiento público donde se sirven comidas pagando.

**RESTAURAR** v. tr. (lat. *restaurare*) **[1]**. Restablecer, volver a poner algo o a alguien en el estado que antes tenía. **2.** Reparar un deterioro, dejar en buen estado: *restaurar un cuadro, una estatua.* **3.** Recuperar, recobrar: *restaurar las fuerzas.*

**RESTIRADOR** n. m. *Méx.* Mesa de tablero movible que usan los dibujantes.

**RESTITUCIÓN** n. f. Acción y efecto de restituir.

**RESTITUIBLE** adj. Que se puede restituir.

**RESTITUIR** v. tr. (lat. *restituere*) **[29]**. Dar lo que otro tenía antes de quitárselo, haberlo perdido o prestado: *restituir lo robado; restituir el bienestar en la familia.* **2.** Restablecer, volver a poner algo en el estado que antes tenía: *restituir un texto, el buen aspecto de un edificio.* ◆ **restituirse** v. pron. **3.** Regresar al lugar de donde se había salido, o volver a la ocupación o actividad que se había dejado: *restituirse a su empresa.*

**RESTITUTORIO, A** adj. DER. Que restituye, o se da o se recibe por vía de restitución.

**RESTO** n. m. Residuo, parte que queda de una cosa, de un todo. **2.** *Galic.* Lo demás, lo restante: *ya te escribiré el resto.* **3.** En tenis y pelota vasca, acción de devolver la pelota que proviene de un saque. **4.** En los juegos de envite, cantidad que se señala para envidar. **5.** MAT. Resultado de una sustracción. **6.** MAT. Exceso del dividendo sobre el producto del divisor por el cociente, en una división. **7.** MAT. Número que es preciso añadir al cuadrado de la raíz cuadrada de un número para encontrar dicho número. • **Echar el resto** *(Fam.)*, hacer todo lo posible para conseguir algo. ◆ **restos** n. m. pl. **8.** Residuos, sobras de comida. **9.** Cuerpo o parte del cuerpo de una persona después de muerta: *aquí reposan los restos de un gran hombre.* **10.** Vestigios.

**RESTREGADURA** n. f. Acción y efecto de restregar. **2.** Refregadura.

**RESTREGAMIENTO** n. m. Restregadura.

**RESTREGAR** v. tr. y pron. **[1d]**. Refregar, estregar, pasar con fuerza y aspereza una cosa sobre otra.

**RESTREGÓN** n. m. Restregadura enérgica.

**RESTREÑIMIENTO** n. m. Estreñimiento.

**RESTRICCIÓN** n. f. Acción y efecto de restringir. ◆ **restricciones** n. f. pl. **2.** Medidas de reducción impuestas en el suministro de productos de consumo, debido a su escasez, a política económica, etc.

**RESTRICTIVO, A** adj. Que restringe o sirve para restringir: *medidas restrictivas.*

**RESTRINGIBLE** adj. Que se puede restringir o ser restringido.

**RESTRINGIR** v. tr. (lat. *restringere*) **[3b]**. Reducir, limitar generalmente cosas materiales expresadas en abstracto, como gastos, bienes, etc.: *restringir un crédito; restringir gastos.*

**RESUCITADOR, RA** adj. y n. Que hace resucitar o que reanima.

**RESUCITAR** v. tr. (lat. *resuscitare*) **[1]**. Devolver de la muerte a la vida. **2.** *Fig.* y *fam.* Poner de nuevo en uso, en vigor, algo que había decaído o desaparecido: *resucitar viejas costumbres.* **3.** *Fig.* y *fam.* Reanimar, devolver la energía física o infundir ánimo: *un trago nos resucitará.* ◆ v. intr. **4.** Volver a la vida.

**RESUDACIÓN** n. f. Acción de resudar.

**RESUDAR** v. intr. (lat. *resudare*) **[1]**. Sudar ligeramente. **2.** Rezumar. **3.** Separar una fase líquida durante el calentamiento de una aleación metálica, permaneciendo el resto de la masa en estado sólido.

**RESUELLO** n. m. Acción y efecto de resollar.

**RESUELTO, A** adj. Solucionado, decidido: *asunto resuelto.* **2.** Que actúa con determinación, firmeza y seguridad: *persona resuelta.* **3.** Pronto, diligente: *reaccionar de forma resuelta.*

**RESULTADO** n. m. Lo que resulta, la consecuencia, el efecto de una acción, de un hecho, de una operación matemática: *el resultado de una negociación, de una suma.* ◆ **resultados** n. m. pl. **2.** Realizaciones concretas: *exigir resultados.*

**RESULTANDO** n. m. Cada uno de los fundamentos de hecho enumerados en una sentencia u otra resolución judicial o administrativa.

**RESULTANTE** adj. Que resulta. ◆ n. f. **2.** Resultado de la composición de todos los elementos de un sistema. **3.** MAT. Vector único (si existe) equivalente a un sistema de vectores deslizantes. • **Resultante de transformaciones (de operaciones)**, transformación (operación) equivalente al conjunto de dichas transformaciones (operaciones) efectuadas sucesivamente.

**RESULTAR** v. intr. **[1]**. Derivarse, producirse algo como efecto o consecuencia de una causa. **2.** Llegar a ser o ser algo lo que se expresa o de la manera que se expresa. **3.** Ocurrir, suceder, producirse algo. **4.** Parecer, producir una cosa el efecto que se expresa. **5.** Tener una cosa un resultado, generalmente bueno. **6.** Costar cierta cantidad: *resulta a más de lo que puedo pagar.*

**RESULTAS. De resultas de,** como consecuencia, por efecto, como resultado de lo que se expresa.

**RESUMEN** n. m. Acción y efecto de resumir o resumirse. **2.** Exposición resumida de un asunto o materia: *el resumen de un discurso.* • **En resumen,** de manera resumida.

**RESUMIDERO** n. m. *Amér.* Conducto por el que desaguan las aguas residuales o de lluvia, sumidero.

**RESUMIR** v. tr. y pron. (lat. *resumere,* tomar de nuevo, repasar) **[3]**. Exponer en menos palabras algo que ha sido dicho, escrito o representado más extensamente: *resumir un libro, una película.* ◆ **resumirse** v. pron. **2.** Reducirse.

**RESURGENCIA** n. f. Reaparición al aire libre, bajo forma de gran fuente, del agua absorbida en las cavidades subterráneas.

**RESURGENTE** adj. Que reaparece a la superficie: *aguas resurgentes.*

**RESURGIMIENTO** n. m. Acción y efecto de resurgir.

**RESURGIR** v. intr. (lat. *resurgere*) **[3b]**. Aparecer, surgir de nuevo. **2.** Reanimarse, volver de nuevo las energías físicas o el ánimo.

**RESURRECCIÓN** n. f. Acción y efecto de resucitar. **2.** Retorno a la vida de Jesucristo, al tercer día después de su muerte. (Con este significado suele escribirse con mayúscula.) **3.** Cuadro que representa este hecho.

**RETABLO** n. m. En las iglesias, construcción vertical pintada o esculpida, situada detrás del altar. **2.** Serie de figuras pintadas o de talla que representan un suceso, especialmente de la historia sagrada. **3.** Representación teatral de un episodio de la historia sagrada.

**RETACAR** v. tr. **[1a]**. Apretar el contenido de un recipiente para que quepa más.

**RETACEAR** v. tr. **[1]**. *Argent., Par., Perú* y *Urug. Fig.* Escatimar lo que se da a otro, material o moralmente.

**RETACO** n. m. Escopeta corta, muy reforzada en la recámara. **2.** En los juegos de trucos y billar, taco más corto que los regulares. **3.** *Fig.* Persona baja y rechoncha.

**RETACÓN, NA** adj. *Amér. Fam.* Retaco, persona baja y rechoncha.

**RETADOR, RA** adj. y n. Que reta o desafía.

**RETAGUARDIA** n. f. Tropas últimas de una marcha. **2.** Fuerzas e instalaciones bélicas situadas detrás de la línea de fuego. **3.** Zona de una nación en guerra apartada del combate. • **A retaguardia** o **en la retaguardia** *(Fam.)*, rezagado, postergado.

**RETAHÍLA** n. f. Serie de cosas que se suceden unas a otras de manera monótona o excesiva.

**RETAL** n. m. (cat. *retall*). Pedazo sobrante de piel, tela, chapa, papel, etc.

**RETAMA** n. f. (ár. *ratam*). Diversos arbustos de flores amarillas, comunes en algunas landas, pertenecientes a numerosas especies, a veces espinosas. (Familia papilionáceas.) SIN.: *hiniesta.*

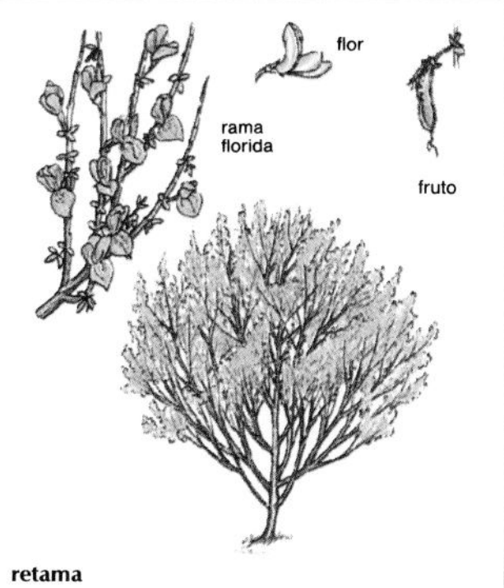

retama

**RETAMAL** o **RETAMAR** n. m. Matorral poblado de retamas, o en que éstas dominan.

**RETAR** v. tr. **[1]**. Desafiar a un duelo, pelea o a competir en cualquier terreno. **2.** *Amér. Merid.* Regañar.

**RETARDADO, A** adj. MEC. Dícese del movimiento cuya velocidad disminuye. • **Apertura retardada,** abertura del paracaídas gobernada por el paracaidista, al cabo de cierto tiempo de caída libre. ‖ **De efecto retardado,** dícese de las medicaciones que se basan en la fijación del producto activo a una sustancia que lo libera lentamente, con lo que se consigue un aporte continuo durante cierto tiempo; dícese de los artificios o artefactos dispuestos de manera que media cierto intervalo entre la excitación y la explosión.

**RETARDADOR, RA** adj. Que retarda. ◆ n. m. **2.** Dispositivo que sirve para reducir o moderar la velocidad.

**RETARDAR** v. tr. y pron. (lat. *retardare*) **[1]**. Retrasar, diferir, frenar.

**RETARDATARIO, A** adj. Que tiende a producir retardo en la ejecución de algo.

**RETARDO** n. m. Acción y efecto de retardar: *ha llegado con retardo.* **2.** MÚS. Prolongación de una nota extraña a un acorde, perteneciente a otro sobre el acorde siguiente.

**RETASA** o **RETASACIÓN** n. f. Acción y efecto de retasar.

**RETASAR** v. tr. **[1]**. Volver a tasar una cosa. **2.** Rebajar el precio asignado de las cosas puestas en subasta y no rematadas.

**RETAZAR** v. tr. **[1g]**. Hacer piezas o pedazos de una cosa.

**RETAZO** n. m. Retal de una tela. **2.** Fragmento o trozo de un discurso, escrito, libro, etc. **3.** *Méx.* Pedazo de carne de res.

**RETEJAR** v. tr. **[1]**. Reparar un tejado.

**RETEJO** n. m. Acción y efecto de retejar.

**RETEL** n. m. Instrumento de pesca que consiste en un aro con una red que forma bolsa y se utiliza para pescar cangrejos en los ríos.

**RETEMBLAR** v. tr. **[1]**. Temblar.

**RETÉN** n. m. Provisión que se tiene de una cosa. **2.** Grupo de gente armada dispuesta para caso de necesidad. **3.** *Chile.* Pequeño cuartel de carabineros, ubicado en campos, caminos o en la periferia de las ciudades.

**RETENCIÓN** n. f. Acción y efecto de retener. **2.** Parte o totalidad retenida de un haber. **3.** Detención o marcha muy lenta de los vehículos provocada por su aglomeración o por obstáculos que impiden o dificultan su circulación normal. (Suele usarse en plural.) **4.** GEOGR. Inmovilización del agua en forma de nieve *(retención nívea)* o de hielo *(retención glaciar).* **5.** MED. Dificultad para evacuar un conducto o cavidad, y que obliga a que el contenido permanezca en ella un tiempo superior al normal. **6.** SICOL. Período durante el cual lo que ha sido memorizado se conserva de forma latente.

**RETENER** v. tr. (lat. *retinere*) **[8]**. Hacer que alguien o algo no se separe de otro, o que permanezca en el lugar donde estaba, conservarlo para sí: *tratar de retener a alguien; ya nada me retiene aquí.* ◆ v. tr. y pron. **2.** Reprimir, contener. **3.** Conservar en la memoria, recordar: *retener fechas.* **4.** Imponer prisión preventiva, arrestar: *le retuvieron en la comisaría.* **5.** Dejar de dar algo o parte de ello para destinarlo a otro fin: *retener un tanto por ciento del sueldo.*

**RETENTAR** v. tr. **[1j]**. Reproducirse o volver a amenazar una enfermedad o dolor ya padecidos.

**RETENTIVA** n. f. Memoria, facultad de recordar.

**RETENTIVO, A** adj. y n. Que tiene virtud de retener.

**RETICENCIA** n. f. Acción y efecto de decir una cosa sólo en parte o de decirla de manera indirecta y con malicia: *hablar sin reticencias.* **2.** RET. Figura que consiste en dejar incompleta una frase, para que se entienda más de lo que al parecer se calla.

**RETICENTE** adj. Que usa reticencias. **2.** Que incluye reticencias.

**RÉTICO, A** adj. y n. m. De Retia.

**RETÍCULA** n. f. Retículo.

**RETICULACIÓN** n. f. Formación de enlaces químicos según las diferentes direcciones del espacio a lo largo de una polimerización, de una policondensación o de una poliadición, y que origina una red sólida.

**RETICULADO, A** adj. Reticular, en forma de red. ◆ adj. y n. m. **2.** Dícese de un tipo de aparejo arquitectónico constituido por sillares rectangulares dispuestos de manera que sus juntas forman un conjunto de rombos.

**RETICULAR** adj. De figura de red o retículo. **2.** Relativo a una red cristalina. • **Sustancia reticular** (ANAT.), sistema formado por un conjunto de neuronas del tronco cerebral, que tiene una función muy importante en la regulación de la actividad de la corteza cerebral. ‖ **Teoría reticular,** teoría según la cual los cristales se estructuran formando una red de átomos.

**RETÍCULO** n. m. (lat. *reticulum*). Tejido en forma

de red. **2.** BIOL. Red formada por las fibras de determinados tejidos o las anastomosis de pequeños vasos. **3.** ÓPT. Disco agujereado con una abertura cortada por dos hilos muy finos que se cruzan en ángulo recto, y que sirve para graduar los anteojos astronómicos y terrestres.

**RETICULOCITO** n. m. BIOL. Hematíe joven, de estructura granulosa y filamentosa.

**RETICULOENDOTELIAL** adj. Dícese de un tejido formado por células endoteliales dispuestas en forma de red, que constituye la trama del bazo, de la médula ósea y de los ganglios linfáticos.

**RETICULOSIS, RETICULOENDOTELIOSIS** o **RETICULOPATÍA** n. f. Enfermedad del tejido reticuloendotelial.

**RETINA** n. f. (del lat. *retem*, red). Membrana sensible del globo ocular, situada en el interior de la coroides y formada por una expansión del nervio óptico.

■ La retina contiene dos tipos de células visuales fotosensibles: los *conos*, que se utilizan en una intensidad luminosa bastante fuerte y sensible a las radiaciones coloreadas, y los *bastoncillos*, que sólo funcionan en intensidades luminosas débiles. Sólo la *mácula lútea*, zona de la retina que ocupa la parte posterior del ojo, permite la percepción neta de las imágenes.

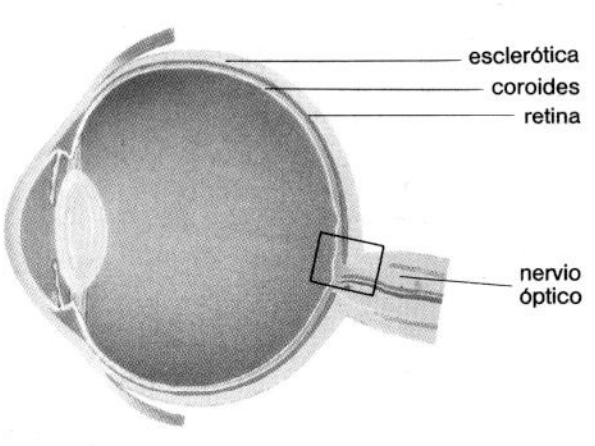

disposición de la **retina**

**RETINIANO, A** adj. Relativo a la retina.

**RETINITIS** n. f. Inflamación de la retina.

**RETINOL** n. m. Preparación farmacéutica de vitamina A.

**RETINTÍN** n. m. Sensación que persiste en el oído del sonido de una campana u otro cuerpo sonoro. **2.** *Fig.* y *fam.* Entonación y modo de hablar reticente que se utiliza para ofender a alguien.

**RETINTO, A** adj. Dícese de ciertos animales que son de color castaño oscuro. **2.** TAUROM. Dícese del toro colorado, pero poco uniforme, con cabos más oscuros o negros.

**RETIRACIÓN** n. f. Impresión de los pliegos por la cara opuesta a la impresa. • **Prensa de retiración,** prensa que imprime sucesivamente las dos caras del papel en una sola pasada de la hoja.

**RETIRADA** n. f. Acción y efecto de retirar o retirarse, especialmente hacerlo ordenadamente en la guerra. **2.** Toque militar que indica esta acción.

**RETIRADO, A** adj. Alejado, distante: *un lugar retirado.* ◆ adj. y n. **2.** Dícese de la persona, especialmente los militares, que ha dejado toda actividad profesional, conservando algunos derechos.

**RETIRAR** v. tr. y pron. **[1]**. Apartar, quitar, separar. **2.** Dejar de prestar servicio activo en una profesión. ◆ v. tr. **3.** Dejar de utilizar una cosa o quitarla del lugar donde estaba. **4.** *Fam.* Apartar de la vida pública un hombre a una prostituta para vivir con ella. • **Retirar lo dicho,** retractarse, desdecirse. ◆ **retirarse** v. pron. **5.** Apartarse o separarse del trato con la gente o de la amistad con una persona. **6.** Recogerse al final de la jornada para acostarse o descansar: *retirarse de madrugada.* **7.** Abandonar el lugar de la lucha: *retirarse el enemigo.*

**RETIRO** n. m. Acción de retirar o retirarse. **2.** Lugar distante y tranquilo. **3.** Situación del militar o empleado retirado. **4.** Sueldo o pensión que cobra. **5.** En la religión católica, alejamiento de las ocupaciones cotidianas durante uno o varios días, para dedicarse a ejercicios de piedad.

**RETO** n. m. Acción de retar. **2.** Palabras con que se reta. **3.** Amenaza, dicho o hecho con que se amenaza. **4.** *Bol.* y *Chile.* Insulto, injuria.

**RETOBADO, A** adj. *Amér. Central, Cuba* y *Ecuad.* Indómito, obstinado. **2.** *Amér. Central, Ecuad.* y *Méx.* Respondón, rebelde. **3.** *Argent., Méx.* y *Urug.* Enojado, airado.

**RETOBAR** v. tr. **[1]**. *Argent.* y *Urug.* Forrar o cubrir con cuero ciertos objetos como las boleadoras, el cabo del rebenque, etc. **2.** *Chile.* Envolver o forrar los fardos de cuero o arpillera. **3.** *Méx.* Rezongar, responder. ◆ **retobarse** v. pron. **4.** *Argent.* Rebelarse, enojarse. **5.** *Argent.* y *Urug.* Ponerse displicente y en actitud de reserva excesiva.

**RETOCAR** v. tr. **[1a]**. Volver a tocar, o tocar repetidamente una cosa. **2.** Dar a una cosa, particularmente un dibujo, pintura o fotografía, ciertos toques, rasgos o detalles para perfeccionarla o restaurarla. **3.** *Fig.* Dar la última mano a cualquier obra.

**RETOÑAR** v. intr. **[1]**. Volver a echar vástagos la planta. **2.** *Fig.* Reproducirse de nuevo una cosa.

**RETOÑO** n. m. Vástago o tallo que echa de nuevo la planta. **2.** *Fig.* y *fam.* Hijo de corta edad.

**RETOQUE** n. m. Acción y efecto de retocar.

**RETOR** n. m. Tela de algodón fuerte, fabricada con urdimbre y trama muy torcidas, a dos cabos.

**RETORCER** v. tr. y pron. **[2f]**. Hacer que una cosa dé vueltas cogiéndola de uno de sus extremos mientras el otro permanece fijo, o por los dos extremos de manera que éstos giren en sentido contrario: *retorcer la ropa lavada.* **2.** *Fig.* Dirigir un argumento contra el mismo que lo ha esgrimido antes. **3.** *Fig.* Tergiversar, interpretar erróneamente: *retorcer el sentido de una frase.* **4.** Efectuar el retorcido de los hilos. ◆ **retorcerse** v. pron. **5.** Enrollarse o liarse una cosa alrededor de otra. **6.** *Fig.* Contraerse el cuerpo violentamente por alguna causa: *retorcerse de dolor, de risa.*

**RETORCIDO, A** adj. Dícese del lenguaje o estilo complicado y de la persona que lo emplea. **2.** Que habla u obra disimulando sus verdaderos sentimientos o intenciones, generalmente malignos. ◆ n. m. **3.** Acción de torcer conjuntamente dos o más hilos sencillos en el sentido contrario al de su propia torsión, para obtener hilos más resistentes.

**RETORCIJÓN** n. m. *Argent., Chile, Colomb.* y *Guat.* Retortijón.

**RETORCIMIENTO** n. m. Acción y efecto de retorcer o retorcerse. SIN.: *retorcedura.*

**RETÓRICA** n. f. (lat. *rhetoricam*). Conjunto de procedimientos y técnicas que permiten expresarse correctamente con elocuencia. **2.** Tratado de este arte. ◆ **retóricas** n. f. pl. **3.** *Fam.* Palabrería, abundancia de palabras sin contenido o sin utilidad: *déjese de retóricas y diga la verdad.*

■ En las figuras retóricas se distinguen: *figuras de pensamiento,* que consisten en matices del pensamiento, independientes de la expresión (*antítesis, apóstrofe, interrogación, litote, prosopopeya, hipérbole,* etc.); *figuras de dicción,* en las que la palabra conserva su significado (*paronomasia, comparación* o *imagen, onomatopeya, aliteración, juego de palabras,* etc.), y *tropos* o figuras en las que cambia el sentido de una palabra (*sinécdoque, metonimia, metáfora, alegoría,* etc.).

**RETÓRICO, A** adj. Relativo a la retórica. • **Figura retórica,** aspecto o giro en el estilo que hace más viva la expresión del pensamiento. ◆ adj. y n. **2.** Versado en retórica.

**RETORNAR** v. intr. y pron. **[1]**. Regresar, volver al lugar o a la situación en que antes se estuvo. ◆ v. tr. **2.** Volver a poner una cosa en la situación o en el lugar donde estaba. **3.** Devolver o restituir algo a una persona.

**RETORNO** n. m. Acción y efecto de retornar: *el retorno al hogar.* **2.** ELECTR. Línea o conductor por el que la corriente vuelve al origen en un circuito eléctrico. **3.** TEXT. Orden de pasado de los hilos de urdimbre en el telar. • **Eterno retorno** (FILOS.), teoría de los estoicos según la cual los fenómenos cósmicos, terrestres, etc., vuelven idénticamente, de forma cíclica; para Nietzsche, objetivo de toda voluntad afirmativa que desea el retorno de lo que está en el orden de la naturaleza y en el orden eterno de los valores morales superiores.

**RETORROMANO, A** o **RETORROMÁNICO, A** adj. y n. m. Dícese del grupo de dialectos románicos hablados en la Suiza oriental (antigua Retia), el Tirol y el Friul. SIN.: *rético.*

**RETORSIÓN** n. f. Acción y efecto de retorcer. **2.** *Fig.* Acción de devolver o inferir a uno el mismo daño o agravio que de él se ha recibido.

**RETORTA** n. f. QUÍM. Vasija de cuello largo, estrecho y curvado, que sirve para la destilación. **2.** QUÍM. Horno industrial que sirve para el mismo uso.

**RETORTERO. Llevar,** o **traer, al retortero** (*Fam.*), hacer ir de un lado a otro; no dejar descansar, dar mucho trabajo.

**RETORTIJÓN** n. m. Acción de retorcer una cosa. **2.** Denominación popular del dolor de tipo cólico localizado en el abdomen.

**RETOZAR** v. intr. **[1g]**. Juguetear los niños o los animales jóvenes, saltando, brincando o persiguiéndose unos a otros. ◆ v. intr. y tr. **2.** Entregarse a juegos amorosos.

**RETOZO** n. m. Acción y efecto de retozar.

**RETOZÓN, NA** o **RETOZADOR, RA** adj. Inclinado a retozar, o que retoza con frecuencia.

**RETRACCIÓN** n. f. Acción y efecto de retraer. **2.** MED. Acortamiento o deformidad de ciertos tejidos u órganos.

**RETRACTACIÓN** n. f. Acción de retractarse.

**RETRACTAR** v. tr. y pron. (lat. *retractare*, retocar) **[1]**. Volverse atrás de una cosa que se ha dicho o de una actitud que se ha mantenido.

**RETRÁCTIL** adj. Dícese de ciertas estructuras orgánicas que pueden reducir parcialmente sus dimensiones.

**RETRACTILAR** v. tr. **[1]**. Empaquetar un producto envolviéndolo en una película transparente que se ajusta a su forma.

**RETRACTILIDAD** n. f. Calidad de retráctil.

**RETRACTIVO, A** adj. Que produce una retracción.

**RETRACTO** n. m. DER. Derecho que compete a una persona para adquirir una cosa una vez que ésta haya sido transmitida a otra.

**RETRAER** v. tr. **[10]**. Reproducir una cosa en la imaginación. **2.** DER. Ejercer un derecho de retracto. ◆ v. tr. y pron. **3.** Retirar, retroceder. **4.** Apartar o disuadir a alguien de un intento. ◆ **retraerse** v. pron. **5.** Acogerse, refugiarse en algún sitio. **6.** Aislarse, retirarse del trato con la gente. **7.** Retirarse temporalmente de una actividad.

**RETRAÍDO, A** adj. y n. Que gusta de la soledad y se aparta del trato con la gente. **2.** *Fig.* Poco comunicativo, tímido.

**RETRAIMIENTO** n. m. Acción y efecto de retraerse. **2.** Reserva, timidez, introversión.

**RETRANCA** n. f. *Colomb.* y *Cuba.* Freno de cualquier vehículo o máquina.

**RETRANQUEAR** v. tr. **[1]**. Bornear una columna. **2.** Remeter el muro de fachada en la planta o plantas superiores de un edificio.

**RETRANQUEO** n. m. Acción y efecto de retranquear.

**RETRANSMISIÓN** n. f. Acción y efecto de retransmitir. **2.** Difusión de emisiones radiofónicas o televisivas procedentes de otra estación, o transmisión de acontecimientos desde el punto en que tienen lugar.

**RETRANSMITIR** v. tr. **[3]**. Volver a transmitir. **2.** Efectuar una retransmisión.

**RETRASADO, A** adj. Que actúa, sucede o tiene lugar más tarde de lo previsto: *reloj, tren retrasado.* ◆ n. **2. Retrasado mental** (SIQUIATR.), persona afecta de retraso mental.

**RETRASAR** v. tr. y pron. **[1]**. Aplazar, diferir la realización de algo: *retrasar la fecha de la boda.* ◆ v. tr. **2.** Atrasar, retroceder las agujas del reloj. ◆ v. intr. y pron. **3.** Señalar el reloj una hora anterior a la que realmente es o no marchar con la debida velocidad. **4.** Rezagarse, quedarse atrás: *retrasarse en una carrera.*

**RETRASO** n. m. Acción y efecto de retrasar o retrasarse: *llegar con retraso.* • **Retraso mental,** todo estado de deficiencia intelectual congénita, definido por un coeficiente intelectual inferior a 80 en el test de Binet y Simon.

■ Según el valor del coeficiente intelectual se distinguen tres grados de retraso mental: debilidad, imbecilidad e idiocia. Sin embargo, la capacidad para utilizar un determinado potencial intelectual depende de múltiples factores, de orden sobre todo afectivo, pedagógico y socioeconómico, así como de la presencia de problemas orgánicos (ceguera, sordera, mutismo, epilepsia, deficiencia motriz).

**RETRATAR** v. tr. **[1]**. Hacer el retrato de una persona o cosa por medio del dibujo, pintura, escultura o fotografía. ◆ v. tr. y pron. **2.** Describir exactamente con palabras a una persona o cosa.

**RETRATISTA** n. m. y f. Persona que tiene por oficio hacer retratos. **2.** *Fam.* Fotógrafo profesional.

**RETRATO** n. m. Representación del rostro o de la figura entera de una persona mediante el dibujo, la fotografía, la pintura o la escultura. **2.** *Fig.* Descripción de una persona o cosa. **3.** *Fig.* Persona o cosa que se asemeja a otra: *este niño es el retrato de su padre.* **4.** Fotografía: *enseñar los retratos de la boda.* • **Retrato robot,** dibujo de la cara de un individuo, efectuado según la descripción hecha por varios testigos.

**RETRECHERÍA** n. f. *Fam.* Calidad de retrechero. **2.** *Fam.* Acción propia de retrechero.

**RETRECHERO, A** adj. *Fam.* Que elude hacer o decir algo. **2.** *Fam.* Simpático y con mucho atractivo.

**RETREPARSE** v. pron. **[1]**. Echar hacia atrás la parte superior del cuerpo. **2.** Recostarse en el asiento, echándolo hacia atrás al apoyarse en el respaldo.

**RETRETA** n. f. Toque que se da en los cuarteles y campamentos militares, por la noche, para señalar el momento en que la tropa debe estar de regreso en los mismos.

**RETRETE** n. m. Habitación dispuesta para evacuar las necesidades. **2.** Recipiente utilizado para ello.

**RETRIBUCIÓN** n. f. Acción de retribuir. **2.** Recompensa o pago de una cosa.

**RETRIBUIR** v. tr. (lat. *retribuere*) **[29]**. Pagar un servicio o trabajo recibido. **2.** *Argent.* Corresponder al obsequio o favor que uno recibe.

**RETRIBUTIVO, A** adj. Que produce retribución o ganancia.

**RETRIEVER** adj. y n. m. (voz inglesa). Dícese de una raza inglesa de perros de caza, cuya especialidad es cobrar la pieza.

**RETRO** adj. *Fam.* Dícese de un estilo, de una moda inspirados en los de la primera mitad del s. XX, o de alguien que sigue este estilo, esta moda. **2.** Dícese de todo lo que señala un retorno hacia una época pasada.

**RETROACCIÓN** n. f. Regresión, retroceso. **2.** En cibernética, acción de retorno de las correcciones y regulaciones de un sistema de informaciones sobre el centro de mando del sistema. SIN.: *feed-back.*

**RETROACTIVIDAD** n. f. Calidad de retroactivo.

**RETROACTIVO, A** adj. Que tiene aplicación, efectividad o fuerza sobre lo pasado.

**RETROALIMENTACIÓN** n. f. Método consistente en mantener la acción o eficacia de un sistema mediante la continua revisión de los elementos del proceso y de sus resultados, con el fin de realizar las modificaciones que sean necesarias.

**RETROCEDER** v. intr. **[2]**. Volver hacia atrás. **2.** Detenerse ante un obstáculo o peligro.

**RETROCESO** n. m. Acción y efecto de retroceder. **2.** Recrudecimiento de una enfermedad. **3.** Movimiento hacia atrás que imprime al cañón de un arma de fuego la expansión de los gases de la recámara en el momento del disparo. **4.** MAT. Cambio de dirección de una curva, una de cuyas ramas va en sentido contrario a la otra, tangencialmente a ella.

**RETROCOHETE** n. m. Cohete de frenado, utilizado en astronáutica.

**RETRÓGRADO, A** adj. MEC. y ASTRON. Dícese del sentido del movimiento de las agujas del reloj. • **Amnesia retrógrada,** forma de amnesia que consiste en el olvido de los sucesos ocurridos antes de la enfermedad. ◆ adj. y n. **2.** Opuesto al progreso, partidario de lo anticuado y reaccionario: *ideas retrógradas.*

**RETRONAR** v. intr. **[1r]**. Retumbar.

**RETROPIÉ** n. m. ANAT. Parte posterior del pie, formada por el astrágalo y el calcáneo.

**RETROPROPULSIÓN** n. f. Frenado de un vehículo espacial mediante un cohete.

**RETROSPECCIÓN** n. f. Mirada o examen retrospectivo.

**RETROSPECTIVO, A** adj. Que se refiere a tiempo pasado. ◆ n. f. **2.** Exposición que muestra obras pertenecientes a distintos momentos de la producción de un artista, escuela o época.

**RETROTRAER** v. tr. y pron. **[10]**. Retroceder con la memoria a un tiempo o época pasada.

**RETROVENDER** v. tr. **[2]**. DER. Volver el comprador una cosa al mismo de quien la compró, devolviéndole éste el precio.

**RETROVENTA** n. f. Acción de retrovender. **2.** DER. Cláusula por la que el vendedor se reserva la facultad de recuperar la cosa vendida abonando al comprador el precio más los gastos de adquisición.

**RETROVERSIÓN** n. f. MED. Desviación hacia atrás de algún órgano del cuerpo.

**RETROVIRUS** n. m. Virus que contiene una molécula de ARN, como el virus V.I.H.

**RETROVISOR** n. m. y adj. Espejo pequeño que llevan los vehículos en la parte superior del parabrisas o lateralmente, que permite al conductor ver detrás de sí.

**RETRUCAR** v. intr. **[1a]**. En los juegos de billar y de trucos, pegar la bola impulsada por otra en la banda y devolverle el golpe a ésta al retroceder. **2.** Dirigir contra una persona un argumento esgrimido por ella misma. **3.** *Argent., Perú* y *Urug. Fam.* Replicar prontamente con acierto y energía.

**RETRUÉCANO** n. m. Figura de sentencia que consiste en invertir los términos de una proposición en otra subsiguiente para que el sentido de esta última forme contraste o antítesis con el de la anterior. Por ej.: *conviene comer para vivir, no vivir para comer.* SIN.: *conmutación.*

**RETRUQUE** o **RETRUCO** n. m. En los juegos de billar y de trucos, golpe que la bola herida, dando en la banda, vuelve a dar en la bola que hirió. • **De retruque,** como consecuencia o resultado de una cosa.

**RETUMBANTE** adj. Que retumba. **2.** *Fig.* Ostentoso, aparatoso.

**RETUMBAR** v. intr. **[1]**. Resonar, hacer mucho ruido una cosa o repercutir el sonido.

**REUMA** o **REÚMA** n. m. o f. Reumatismo.

**REUMÁTICO, A** adj. y n. Relativo al reumatismo; afecto de reumatismo.

**REUMATISMO** n. m. Enfermedad caracterizada por una afección inflamatoria en una o varias articulaciones. SIN.: *reuma, reúma.* • **Reumatismo articular agudo,** afección febril debida a la acción de las toxinas de un estreptococo, que afecta a las estructuras del aparato locomotor y que a veces comporta una afección cardíaca. ‖ **Reumatismo infeccioso,** afección debida a la acción directa de gérmenes diversos en las articulaciones.

**REUMATOIDE** adj. Dícese de un dolor análogo al de los reumatismos. • **Factor reumatoide,** globulina anormal presente en el suero de los sujetos afectados de poliartritis reumatoide. ‖ **Poliartritis reumatoide,** inflamación crónica que afecta a varias articulaciones, simultánea o sucesivamente, y que provoca deformaciones e impotencia. SIN.: *poliartritis crónica evolutiva.*

**REUMATOLOGÍA** n. f. Parte de la medicina que trata de las afecciones óseas articulares, reumáticas y degenerativas.

**REUMATOLÓGICO, A** adj. Relativo a la reumatología.

**REUMATÓLOGO, A** n. Médico especialista en reumatología.

**REUNIÓN** n. f. Acción y efecto de reunir o reunirse. **2.** Conjunto de personas reunidas: *una reunión política, selecta.* • **Derecho de reunión** (DER.), derecho público de los ciudadanos a asociarse libremente, transitoria y espontáneamente, o de manera organizada, por tiempo ilimitado y con fines preestablecidos. ‖ **Reunión de dos conjuntos** (MAT.), conjunto formado por los elementos que pertenecen por lo menos a uno de los dos conjuntos.

**REUNIR** v. tr. y pron. **[3r]**. Volver a unir. **2.** Juntar, congregar: *reunir a los miembros de una sociedad.* ◆ v. tr. **3.** Recoger, ir juntando o guardando cosas, especialmente dinero: *reunir un pequeño capital.* **4.** Poseer determinadas cualidades o requisitos: *reunir las condiciones necesarias.*

**REVÁLIDA** n. f. Acción y efecto de revalidarse. **2.** Examen que se hace al finalizar ciertos estudios.

**REVALIDACIÓN** n. f. Acción y efecto de revalidar.

**REVALIDAR** v. tr. **[1]**. Dar validez de nuevo a algo. ◆ v. tr. y pron. **2.** Realizar un examen general al finalizar determinados estudios.

**REVALORIZACIÓN** n. f. Acción y efecto de revalorizar.

**REVALORIZAR** v. tr. **[1g]**. Dar a algo o a alguien su antiguo valor o darle un valor mayor.

**REVALUACIÓN** n. f. Aumento de valor de la moneda de un país en relación con las monedas extranjeras.

**REVALUAR** v. tr. **[1s]**. Volver a evaluar. ◆ v. tr. y pron. **2.** Producir una revaluación.

**REVANCHA** n. f. (fr. *revanche*). Desquite, venganza, represalia.

**REVANCHISMO** n. m. Actitud política agresiva, inspirada en el deseo de revancha.

**REVANCHISTA** adj. y n. m. y f. Relativo al revanchismo; que presenta esta actitud política.

**REVELACIÓN** n. f. Acción y efecto de revelar o revelarse; aquello que se revela: *la revelación de un secreto; hacer revelaciones.* **2.** Persona que manifiesta de golpe un gran talento. **3.** REL. Manifestación de un misterio o desvelamiento de una verdad por Dios o por un inspirado por Dios.

**REVELADO** n. m. Conjunto de operaciones que tienen por objeto transformar una imagen impresionada latente en imagen fotográfica visible y estable.

**REVELADOR, RA** adj. y n. Que revela. ◆ n. m. **2.** Baño que actúa sobre la emulsión fotográfica impresionada para conseguir el revelado.

**REVELAR** v. tr. (lat. *revelare,* quitar el velo) **[1]**. Descubrir, manifestar lo que se mantenía secreto u oculto: *revelar un secreto.* **2.** Manifestar, mostrar, dar a conocer algo o ser causa de que se conozca: *revelar una gran bondad.* **3.** FOT. Efectuar un revelado. **4.** REL. Hacer una revelación. ◆ **revelarse** v. pron. **5.** Manifestarse como se expresa: *se reveló como un gran músico.*

**REVENIDO** n. m. Tratamiento térmico que se aplica a los metales ligeros y, principalmente, a los aceros, para disminuir su dureza y aumentar su resistencia.

**REVENIMIENTO** n. m. Acción y efecto de revenir o revenirse.

**REVENIR** v. intr. **[21]**. Volver algo a su estado propio. ◆ **revenirse** v. pron. **2.** Despedir humedad algunas cosas. **3.** Alterarse las cualidades de algo, poniéndose correoso por la humedad o el calor.

**REVENTA** n. f. Establecimiento que vende con recargo sobre su precio original entradas y localidades para espectáculos públicos.

**REVENTADERO** n. m. *Chile.* Lugar donde las olas del mar revientan. **2.** *Méx.* Manantial, hervidero.

**REVENTADO, A** adj. y n. *Argent. Fam.* Dícese de la persona de carácter sinuoso, malintencionada e intratable.

**REVENTAR** v. tr., intr. y pron. **[1j]**. Abrir o abrirse por impulso interior: *se ha reventado una tubería.* ◆ v. tr. **2.** Deshacer o romper aplastando con violencia: *reventar una puerta.* **3.** *Fig.* y *fam.* Molestar, fastidiar mucho: *me revientan los ruidos.* **4.** *Fig.* y *fam.* Causar un daño grave: *la crisis ha reventado a muchos.* • **Reventar los precios,** o **el mercado,** ofrecer una mercancía a un precio muy inferior al marcado por la competencia del mercado, de forma que a ésta le es difícil neutralizar dicha oferta. ◆ v. intr. **5.** Romperse las olas del mar deshaciéndose en espuma. **6.** *Fig.* Estar lleno de cierta cualidad o estado de ánimo: *reventar de satisfacción.* **7.** *Fig.* Tener deseos incontenibles de algo: *revienta por hablar.* ◆ v. tr. y pron. **8.** Hacer enfermar o matar a un caballo al someterlo a un esfuerzo excesivo. **9.** Cansar o cansarse, sometiendo a un trabajo excesivo: *reventarse fregando.* ◆ v. intr. y pron. **10.** *Fam.* Morir violentamente.

**REVENTÓN** adj. Dícese de ciertas cosas que revientan o parece que van a reventar: *clavel reventón.* ◆ n. m. **2.** Acción y efecto de reventar o reventarse. **3.** *Méx. Fam.* Fiesta. **4.** AUTOM. Desgarramiento o rotura brusca de la cubierta y de la cámara de aire del neumático.

**REVER** v. tr. **[2j]**. Volver a ver, o examinar detenidamente. **2.** DER. Fallar un tribunal un caso ya visto por otra sala del mismo.

**REVERBERACIÓN** n. f. Reflexión de la luz o del calor. **2.** Persistencia de las sensaciones auditivas en un recinto o local, después de haber cesado la emisión del sonido.

**REVERBERANTE** adj. Que reverbera.

**REVERBERAR** v. intr. **[1]**. Producir reverberación.

**REVERBERO** n. m. Reverberación. • **Horno de reverbero,** horno en el que las materias que deben ser tratadas se calientan indirectamente por medio de la bóveda que, mantenida a alta temperatura por las llamas y los gases calientes, proyecta una fuerte radiación sobre la solera.

**REVERDECER** v. intr. y tr. [**2m**]. Recobrar el verdor los campos. **2.** *Fig.* Renovarse o tomar nuevo vigor.

**REVERDECIMIENTO** n. m. Acción y efecto de reverdecer.

**REVERENCIA** n. f. Respeto o admiración que se siente y muestra hacia alguien o algo, especialmente hacia las cosas sagradas. **2.** Inclinación del cuerpo o flexión de las piernas en señal de respeto o cortesía. **3.** Tratamiento dado a algunos religiosos. **4.** COREOGR. Movimiento de danza que se ejecuta para saludar.

**REVERENCIABLE** adj. Digno de reverencia.

**REVERENCIAL** adj. Que incluye reverencia.

**REVERENCIAR** v. tr. [**1**]. Respetar o venerar.

**REVERENDÍSIMO, A** adj. y n. Tratamiento que se da a los cardenales, arzobispos, obispos y otras dignidades eclesiásticas.

**REVERENDO, A** adj. y n. Tratamiento que se da a sacerdotes y religiosos.

**REVERENTE** adj. Que muestra reverencia.

**REVERSA** n. f. *Chile, Colomb.* y *Méx.* Velocidad o marcha atrás en los vehículos de motor.

**REVERSIBILIDAD** n. f. Calidad de reversible.

**REVERSIBLE** adj. Que puede o debe revertir: *un proceso reversible.* **2.** Dícese de las prendas que pueden usarse por el derecho y por el revés. **3.** FÍS. y QUÍM. Dícese de una transformación que puede cambiar de sentido en cualquier momento, bajo la influencia de una modificación infinitesimal en las condiciones de producción del fenómeno. • **Hélice reversible,** o **de paso reversible** (AERON.), hélice cuyo paso puede hacerse cambiar mediante rotación de las palas alrededor de su eje.

**REVERSIÓN** n. f. Vuelta de una cosa al estado que tenía anteriormente. **2.** Acción y efecto de revertir.

**REVERSO** n. m. Revés de algo. **2.** Cara de una moneda o de una medalla opuesta a la efigie o elemento principal. • **El reverso de la medalla** (*Fig.*), persona o cosa que es la antítesis de otra con que se compara.

**REVERTIR** v. intr. [**22**]. Volver una cosa al estado o condición que tuvo antes. **2.** Redundar, derivar de una cosa el efecto o resultado que se expresa: *esfuerzos que revierten en un beneficio.* **3.** DER. Volver una cosa a la propiedad del dueño que antes tuvo.

**REVÉS** n. m. (lat. *reversum;* de *revertere,* volver). Lado o parte posterior u opuesta al que se considera como cara o principal en una tela, papel, etc. **2.** Golpe que se da con el dorso de la mano o con esta vuelta. **3.** *Fig.* Desgracia, daño imprevisto, contratiempo. **4.** *Fig.* Cambio brusco en el trato o carácter de alguien. **5.** En algunos deportes de pelota, golpe dado a la pelota con el dorso de la pala o raqueta. **6.** En esgrima, golpe dado con la espada diagonalmente, y de izquierda a derecha. • **Al revés,** en sentido inverso, o de manera opuesta o contraria.

**REVESINO** n. m. Juego de naipes que se juega entre cuatro jugadores y que gana el que se lleva todas las bazas o el que se lleva menos.

**REVESTIMIENTO** n. m. Capa o cubierta con que se resguarda o adorna algo.

**REVESTIR** v. tr. y pron. [**30**]. Vestir una determinada ropa sobre otra, especialmente los sacerdotes al oficiar. **2.** *Fig.* Presentar determinado aspecto, cualidad o carácter: *el acto revistió gran solemnidad.* ◆ v. tr. **3.** Recubrir con una capa, envoltura, etc. **4.** *Fig.* Adornar con palabras retóricas o complementarias: *revestir una frase, un discurso.* **5.** *Fig.* Disfrazar, desfigurar representando algo distinto de lo que es: *revestir la ignorancia con discreción.*

**REVIEJO, A** adj. Muy viejo.

**REVISABLE** adj. Que se puede revisar.

**REVISADA** n. f. *Amér.* Revisión, acción de revisar.

**REVISAR** v. tr. [**1**]. Examinar una cosa para comprobar si está bien o completa.

**REVISIÓN** n. f. Acción de revisar. • **Revisión médica** (MED.), reconocimiento médico que suele practicarse periódicamente con fines preventivos.

**REVISIONISMO** n. m. Actitud de quienes ponen en tela de juicio las bases de una doctrina o de un sistema económico, político, etc.

**REVISIONISTA** adj. y n. m. y f. Relativo al revisionismo; seguidor de esta corriente.

**REVISOR, RA** adj. Que revisa o examina con cuidado una cosa. ◆ n. **2.** Persona que revisa, especialmente la que revisa los billetes en un transporte público.

**REVISTA** n. f. Inspección, acción de revisar a las personas o cosas que están bajo la autoridad o cuidado de uno. **2.** Exposición o crítica que se hace y se publica de producciones literarias, teatrales, funciones, etc. **3.** Presentación de tropas, locales o armas, para que un superior las inspeccione. **4.** Publicación periódica. **5.** Espectáculo teatral, relacionado con el music-hall, consistente en una serie de números de canto, baile y humor. • **Pasar revista,** ejercer un jefe las funciones de inspección que le corresponden; examinar con cuidado o detenidamente una serie de cosas.

**REVISTAR** v. tr. [**1**]. Pasar revista a las tropas.

**REVISTERO, A** n. Persona encargada de escribir revistas o reseñas en un periódico. ◆ n. m. **2.** Mueble auxiliar para guardar revistas.

**REVITALIZAR** v. tr. [**1g**]. Dar fuerza o vitalidad a una persona o cosa: *el ejercicio revitaliza los músculos.*

**REVIVAL** n. m. (voz inglesa, *retorno a la vida*). Retorno o reactualización de un estilo, de elementos o de temas artísticos del pasado, o de modas consumistas de un pasado reciente. **2.** REL. Nombre dado a una serie de movimientos religiosos colectivos que jalonan la renovación espiritual del protestantismo en los ss. XVIII y XIX.

**REVIVIFICACIÓN** n. f. Acción y efecto de revivificar.

**REVIVIFICAR** v. tr. [**1a**]. Vivificar, reavivar.

**REVIVIR** v. intr. [**3**]. Volver a la vida, resucitar. **2.** Volver en sí el que parecía muerto. **3.** *Fig.* Renovarse, recobrar actividad o fuerza una cosa pasada, olvidada, etc. **4.** *Fig.* Evocar, traer a la memoria o a la imaginación.

**REVIVISCENCIA** n. f. Propiedad de determinados animales o plantas que, después de haber estado latentes largo tiempo, pueden revivir y recuperar su actividad normal.

**REVIVISCENTE** adj. Dotado de reviviscencia.

**REVOCABILIDAD** n. f. Calidad de revocable.

**REVOCABLE** adj. Que se puede o debe revocar.

**REVOCACIÓN** n. f. Acción y efecto de revocar. **2.** Anulación de una orden, mandato, decreto, etc.: *revocación de un testamento.*

**REVOCADOR, RA** adj. Que revoca. ◆ n. **2.** Obrero que revoca paredes.

**REVOCADURA** n. f. Revoque, acción de revocar. SIN.: *revoco.*

**REVOCAR** v. tr. [**1a**]. Anular una concesión, un mandato, una norma legal o una resolución: *revocar una sentencia.* **2.** Disuadir de un propósito o una intención. **3.** Enlucir o pintar de nuevo las paredes exteriores de un edificio. ◆ v. tr. e intr. **4.** Hacer retroceder ciertas cosas: *esta chimenea revoca el humo.*

**REVOCATORIO, A** adj. Que revoca o invalida. ◆ n. f. **2.** *Argent.* Revocación.

**REVOLCADO** n. m. *Guat.* Guiso de pan tostado, tomate, chile y otros condimentos.

**REVOLCAR** v. tr. [**1f**]. Derribar a alguien y darle vueltas en el suelo maltratándole: *el toro revolcó al torero.* **2.** *Fig.* y *fam.* Vencer o confundir a un adversario en una discusión, competición, etc. **3.** *Fig.* y *fam.* Suspender a alguien en un examen. ◆ **revolcarse** v. pron. **4.** Echarse al suelo o sobre algo refregándose o dando vueltas sobre ello: *un animal que se revuelca en el lodo.*

**REVOLCÓN** n. m. *Fam.* Acción de revolcar. **2.** *Fig.* y *fam.* Acto sexual.

**REVOLEAR** v. tr. [**1**]. *Argent.* y *Urug.* Hacer girar a rodeabrazo correas, lazos, etc., o ejecutar molinetes con cualquier objeto.

**REVOLOTEAR** v. intr. [**1**]. Volar dando vueltas y giros en poco espacio o alrededor de algo. **2.** Moverse una cosa ligera por el aire dando vueltas.

**REVOLOTEO** n. m. Acción y efecto de revolotear.

**REVOLTIJO** o **REVOLTILLO** n. m. Conjunto de muchas cosas desordenadas. **2.** *Fig.* Confusión o enredo. **3.** Guisado a manera de pisto.

**REVOLTOSO, A** adj. Travieso, enredador. **2.** Que promueve disturbios, alborotos, etc.

**REVOLTURA** n. f. *Méx. Fam.* Desorden, mezcla confusa.

**REVOLUCIÓN** n. f. (lat. *revolutionem*). Movimiento orbital periódico de un cuerpo móvil en torno a un cuerpo central: *la revolución de un planeta.* **2.** Tiempo empleado por este móvil para efectuar este movimiento. **3.** Movimiento, alrededor de un eje, de una figura de forma invariable. **4.** Cambio brusco y violento en la estructura social o política de un estado, generalmente de origen popular: *la revolución de 1868.* **5.** *Fig.* Cambio total y radical, transformación completa. • **Revolución por minuto,** unidad de medida de velocidad angular (símbolo rpm) que equivale a $2\pi$ rd/mn. ‖ **Revolución por segundo,** unidad de medida de velocidad angular (símbolo rps) que equivale a $2\pi$ rd/s. ‖ **Superficie de revolución,** superficie obtenida por la rotación de una línea de forma invariable, denominada generatriz, alrededor de un eje.

**REVOLUCIONAR** v. tr. [**1**]. Perturbar el orden, alterar la tranquilidad o normalidad de un país, entidad o persona. **2.** Producir un cambio o alteración en cualquier cosa: *el turismo revolucionó las costumbres.* **3.** MEC. Imprimir más o menos revoluciones en un tiempo determinado a un cuerpo que gira o al mecanismo que produce el movimiento.

**REVOLUCIONARIO, A** adj. y n. Relativo a la revolución; partidario de la revolución.

**REVOLUTO, A** adj. BOT. Dícese de la hoja adulta con los bordes enrollados sobre el envés.

**REVOLVEDORA** n. f. *Méx.* Máquina en forma de torno para mezclar los materiales de construcción.

**REVOLVER** v. tr. [**2n**]. Hacer que una cosa dé vueltas de modo que sus elementos o componentes cambien de orden, posición o se mezclen. **2.** Alborotar, enredar, mover lo ordenado. **3.** Indignar, inquietar, confundir. **4.** Meditar, reflexionar. ◆ v. tr. y pron. **5.** Hacer que alguien o algo gire o dé una vuelta entera. ◆ **revolverse** v. pron. **6.** Moverse de un lado para otro. **7.** Cambiarse el tiempo, poniéndose borrascoso. **8.** Enfrentarse a alguien o a algo atacándolo o contradiciéndolo.

**REVÓLVER** n. m. (ingl. *revolver*). Arma de fuego individual, de repetición, cuyo cargador está formado por un tambor.

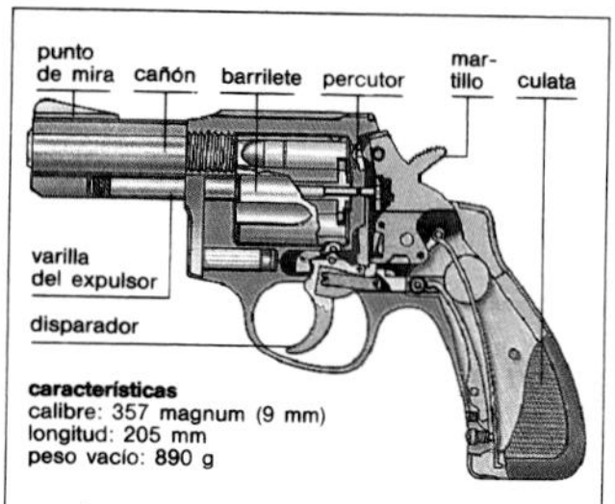


**revólver** MR73

**REVOQUE** n. m. Acción y efecto de revocar, enlucir. **2.** Capa delgada de mortero u otro material aplicada sobre los paramentos de una obra de fábrica. **3.** Pasta o arcilla que se aplica sobre las piezas de cerámica para ocultar su color natural.

**REVUELCO** n. m. Acción y efecto de revolcar o revolcarse.

**REVUELO** n. m. Segundo vuelo que dan las aves. **2.** Revoloteo. **3.** *Fig.* Agitación de cosas semejantes al movimiento de las alas. **4.** *Fig.* Agitación o turbación producida por algún acontecimiento.

**REVUELTA** n. f. Disturbio, alteración del orden público. **2.** Riña, disputa entre varias personas. **3.** Punto en que una cosa se desvía, cambiando de dirección; este mismo cambio de dirección. **4.** Vuelta o mudanza de un estado o parecer a otro.

**REVUELTO, A** adj. Travieso, revoltoso. **2.** Difícil de entender, intrincado. **3.** Dícese del mar cuando está agitado o del tiempo inseguro, variable. ◆ n. m. **4.** Plato que consiste en una mezcla de huevos batidos y otros ingredientes menudamente cortados, que se sofríe sin adquirir forma definida.

**REVUELVEPIEDRAS** n. m. (pl. *revuelvepiedras*). Vuelvepiedras.

**REVULSIÓN** n. f. MED. Irritación local provocada para hacer cesar un estado congestivo o inflamatorio.

**REVULSIVO, A** adj. y n. m. Dícese del agente capaz de provocar una revulsión. **2.** *Fig.* Dícese de las cosas que produciendo padecimiento son saludables y beneficiosas por la reacción que producen.

**REX** n. m. (voz latina, *rey*). En la España prerromana, magistrado supremo de una comunidad política con una organización monárquica. • **Rex Hispaniae,** título que usaron los reyes de León.

**REXISMO** n. m. Movimiento antiparlamentario belga, autoritario y corporativo, fundado en 1935 por Léon Degrelle y que desapareció en 1944.

**REXISTA** adj. y n. m. y f. Relativo al rexismo; partidario de este movimiento.

**REXISTASIA** n. f. GEOMORFOL. Fase de gran actividad erosiva provocada por la ausencia o escasez de cobertura vegetal.

**REY** n. m. Monarca o príncipe soberano de un reino. **2.** *Fig.* Persona, animal, planta o cosa del género masculino que sobresale entre las demás de su especie o en determinado campo. **3.** Pieza principal del juego de ajedrez. **4.** Carta de la baraja que tiene pintada la figura de un rey. • **Gran rey,** título del rey de Persia, según los autores griegos. || **Rey católico,** en época moderna, título dado a los reyes de España. || **Rey cristianísimo,** título oficial del rey de Francia en los ss. XVII y XVIII. || **Rey de reyes,** título dado a los reyes partos y persas. || **Rey de romanos,** en el antiguo Imperio germánico, título que llevaba desde el s. XII el emperador antes de su coronación, y luego, a partir de 1508, el sucesor designado del emperador reinante; *(Fig.)*, persona que se supone ha de suceder a otra en algún cargo. || **Reyes católicos,** Isabel I, reina de Castilla, y Fernando II, rey de Aragón.

**REYERTA** n. f. Contienda, disputa, riña.

**REYEZUELO** n. m. Nombre dado al príncipe o señor de los distritos hispanomusulmanes que se habían constituido en taifas independientes. **2.** Paseriforme de pequeño tamaño, insectívoro, que se caracteriza por su copete naranja o amarillo.

**reyezuelo** hembra

**REYUNO, A** adj. y n. *Argent.* Decíase del caballo que pertenecía al estado y que como señal llevaba cortada la mitad de la oreja derecha. **2.** *Chile.* Decíase de la moneda que tenía el sello del rey de España.

**REZADO, A** adj. Dícese de la misa, oficio o rezo recitado, en contraposición a cantado.

**REZADOR, RA** adj. y n. Que reza mucho.

**REZADORA** n. f. *Urug.* Mujer que se encarga de rezar en los velatorios.

**REZAGARSE** v. pron. **[1b]**. Quedarse atrás.

**REZAR** v. intr. **[1g]**. Dirigir a Dios o a los santos, oral o mentalmente, alabanzas o súplicas. **2.** *Fig.* y *fam.* Gruñir, refunfuñar. ◆ v. tr. **3.** Decir una oración. **4.** Leer o decir con atención las oraciones del oficio divino o las horas canónicas. **5.** *Fam.* Decir o decirse algo en un escrito. • **Rezar** una cosa **con** alguien o algo *(Fam.)*, referirse o ser aplicable a ellos.

**REZNO** n. m. Garrapata. **2.** Ricino. **3.** Larva que se desarrolla en las paredes del estómago de los rumiantes.

**REZO** n. m. Acción de rezar. **2.** Oración, aquello que se reza. **3.** Oficio eclesiástico que se reza diariamente. **4.** Conjunto de los oficios particulares de cada festividad.

**REZONGADOR, RA** adj. y n. Que rezonga.

**REZONGAR** v. intr. **[1b]**. Gruñir o refunfuñar.

**REZUMAR** v. intr. y pron. **[1]**. Salir un líquido a través de los poros del recipiente que lo contiene. ◆ v. tr. **2.** *Fig.* Tener una persona alguna cualidad en alto grado. ◆ **rezumarse** v. pron. **3.** *Fam.* Traslucirse o divulgarse un hecho, situación, etc.

**rH,** índice análogo al pH, que representa cuantitativamente el valor del poder oxidante o reductor de un medio.

**Rh,** abrev. de *factor Rhesus.*

**Rh,** símbolo químico del *rodio.*

**RHESUS** n. m. Primate de unos 60 cm de long. y 25 cm de cola. (Familia cercopitécidos.) • **Sistema Rhesus,** conjunto de grupos sanguíneos eritrocitarios cuyo antígeno principal (*antígeno D* o factor Rhesus) es común al hombre y al mono *Macacus rhesus.*

■ Los individuos portadores del antígeno D se llaman Rhesus positivos ($Rh^+$), y los que carecen de él, Rhesus negativos ($Rh^-$). Se producen anticuerpos anti-D en madres $Rh^-$ que llevan fetos $Rh^+$, así como en transfusiones de sangre $Rh^+$ a personas $Rh^-$. Como consecuencia, se producen, respectivamente, eritroblastosis fetales y reacciones secundarias a la transfusión.

**rH-METRO** n. m. QUÍM. Aparato con que se mide el potencial de oxidorreducción de un medio.

**RHO** o **RO** n. f. Letra del alfabeto griego (ρ), correspondiente a la *r.*

**RHODESIANO, A** adj. y n. Rodesiano.

**RHYTHM AND BLUES** n. m. (voces inglesas, *ritmo y blues*). Música popular negra americana surgida del blues, el gospel y el jazz.

**RÍA** n. f. Valle fluvial encajado, invadido por el mar, y que queda influido por la penetración de las mareas. **2.** En atletismo e hípica, obstáculo consistente en un espacio de agua colocado tras una valla fija.

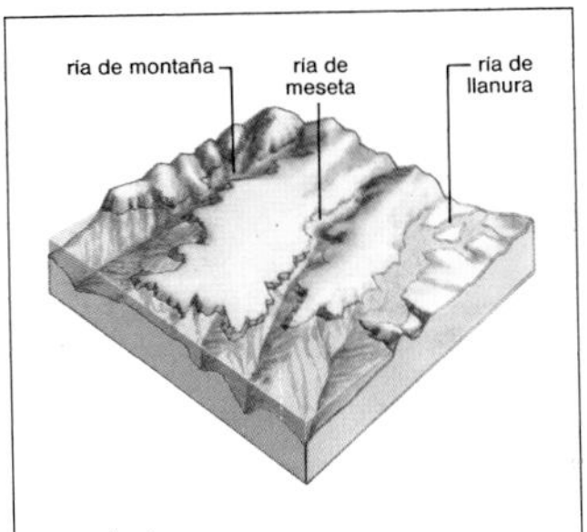


tipos de **rías**

**¡RIÁ!,** voz que usan los carreteros para hacer torcer las caballerías hacia la izquierda.

**RIACHUELO** n. m. Río pequeño y de poco caudal.

**RIADA** n. f. Crecida del caudal de un río. **2.** Inundación que provoca.

**RIAL** n. m. Unidad monetaria de Irán, dividida en 100 dinares.

**RIBADOQUÍN** n. m. Arma de los ss. XIV y XV, formada por varias picas o bocas de fuego montadas sobre un carro.

**RIBAGORZANO, A** adj. y n. De Ribagorza. ◆ n. m. **2.** Subdialecto catalán, que se extiende en una franja extrema ponentina.

**RIBALDO** n. m. HIST. Soldado de ciertos cuerpos antiguos de infantería de Francia y de otros países.

**RIBAZO** n. m. Terreno en declive pronunciado que se encuentra especialmente a los lados de un río o de una carretera. **2.** Talud entre dos fincas que están a distinto nivel.

**RIBEIRO** n. m. Vino español que se produce en una zona de la provincia de Orense que tiene como centro Ribadavia.

**RIBERA** n. f. Margen y orilla del mar o río. **2.** Tierra cercana a los ríos, aunque no esté a su margen.

**RIBERANO** adj. y n. *Amér.* Ribereño.

**RIBEREÑO, A** adj. Perteneciente a la ribera o propio de ella. ◆ adj. y n. **2.** Dícese del dueño o habitante de un predio contiguo al río. ◆ n. m. **3.** Vino español, que se elabora en la comarca burgalesa de La Ribera, en las localidades de Aranda y Roa de Duero.

**RIBERIEGO, A** adj. Dícese del ganado que no es trashumante.

**RIBESIÁCEO, A** adj. y n. f. Relativo a una familia de plantas parecidas a las rosáceas, como el grosellero.

**RIBETE** n. m. Cinta, galón o trencilla con que se guarnece o refuerza la orilla de una prenda de ropa, del calzado, etc. **2.** *Fig.* Añadidura que se pone en una cosa como complemento o adorno. **3.** *Fig.* Detalle que se añade en una conversación o escrito para darle amenidad. ◆ **ribetes** n. m. pl. **4.** *Fig.* Asomos, indicios de la cosa que se expresa.

**RIBETEADO, A** adj. Dícese de los ojos cuando los párpados están irritados. ◆ n. m. **2.** Acción y efecto de ribetear.

**RIBETEAR** v. tr. **[1]**. Poner ribetes.

**RIBOFLAVINA** n. f. Vitamina $B_2$.

**RIBONUCLEASA** n. f. Enzima pancreática que cataliza la hidrólisis de los ácidos ribonucleicos.

**RIBONUCLEICO, A** adj. Dícese de un grupo de ácidos nucleicos localizados en el citoplasma y el nucléolo, y que desempeñan un importante papel en la síntesis de las proteínas.

**RIBOSA** n. f. Aldosa $C_5H_{10}O_5$ constituida por numerosos nucleótidos.

**RIBOSOMA** n. m. Partícula citoplasmática de las células vivas, que asegura la síntesis de las proteínas.

**RICACHÓN, NA** adj. *Fam.* y *desp.* Muy rico.

**RICAHEMBRA** n. f. (pl. *ricashembras*). Antigua mujer de la nobleza.

**RICAHOMBRÍA** n. f. Título que se daba en la baja edad media a la nobleza seglar de primera categoría.

**RICAMENTE** adv. m. Muy bien, cómodamente.

**RICERCARE** n. m. (voz italiana). Término con que se designaron en Italia, desde fines del s. XVI, primero, las composiciones de forma libre improvisadas por los tañedores de laúd sobre una melodía determinada, y después, las construcciones polifónicas, en varias partes, debidas principalmente a los organistas.

**RICICULTURA** n. f. Cultivo del arroz.

**RICINO** n. m. Planta de cuyas semillas, tóxicas, se extrae un aceite utilizado como purgante o como lubricante. (Familia euforbiáceas.)

**ricino**

**RICKETTSIA** n. f. Microorganismo intermedio entre los virus y las bacterias, agente de determinadas infecciones contagiosas (tifus).

**RICKETTSIOSIS** n. f. Nombre genérico de las enfermedades ocasionadas por rickettsias (tifus exantemático, tifus murino, fiebre exantemática de las montañas Rocosas, fiebre de las trincheras, etc.).

**RICKSHAW** n. m. En Extremo oriente, pequeño vehículo ligero de dos ruedas, tirado por un hombre (culi), para el transporte de personas.

**RICO, A** adj. y n. Que posee grandes bienes o una gran fortuna. **2.** Decíase de la persona noble de nacimiento o de conocida y estimable reputación. • **Nuevo rico,** persona enriquecida en poco tiempo y que hace ostentación de sus bienes y dinero. ◆ adj. **3.** Que posee en abundancia la cosa que se expresa: *alimento rico en azúcar.* **4.** Dícese del alimento muy sabroso y agradable al paladar. **5.** Dícese del terreno fértil: *las tierras de regadío son muy ricas.* **6.** Magnífico, suntuoso, excelente en su línea: *el suelo estaba cubierto por ricas alfombras.* **7.** *Fig.* Mono, agradable, simpático.

**RICOHOMBRE** n. m. (pl. *ricoshombres*). En los

reinos hispanocristianos, durante la baja edad media, noble de elevada categoría y poder económico-social.

**RICOTA** n. f. *Argent.* Pasta cremosa que se obtiene del cuajo de la leche o del suero del queso, requesón.

**RICTUS** n. m. Contracción de la boca que da al rostro una expresión de risa forzada, dolor, miedo, etc.

**RICURA** n. f. Calidad de rico. **2.** Apelativo cariñoso aplicado a los niños.

**RIDICULEZ** n. f. Dicho o hecho ridículo. **2.** Cosa excesivamente pequeña, insignificante o sin importancia.

**RIDICULIZAR** v. tr. [**1g**]. Poner en ridículo.

**RIDÍCULO, A** adj. Que mueve a risa o burla. **2.** Insignificante, escaso: *cobra una pensión ridícula.* **3.** Extraño, irregular. ◆ n. m. **4.** Situación desairada del que queda menospreciado o burlado.

**RIEGO** n. m. Acción y efecto de regar. **2.** Agua disponible para regar. • **Riego sanguíneo,** circulación de la sangre.

**RIEL** n. m. Barra pequeña de metal en bruto. **2.** Carril de una vía férrea.

**RIEL** n. m. Unidad monetaria principal de Camboya.

**RIELAR** v. intr. [**1**]. Brillar trémulamente la luz por reflejarse en un cuerpo transparente, generalmente el agua.

**RIENDA** n. f. Cada una de las dos correas que, sujetas al freno de las caballerías, sirven para conducirlas. (Suele usarse en plural.) • **A rienda suelta,** con violencia o celeridad; sin freno ni regla: *reír a rienda suelta.* ‖ **Aflojar las riendas,** aliviar o disminuir el trabajo, la severidad o la sujeción en algo. ‖ **Dar rienda suelta** o **soltar las riendas,** dar entera libertad a alguien o libre curso a una manifestación, estado de ánimo, etc. ◆ **riendas** n. f. pl. **2.** *Fig.* Dirección o gobierno: *llevar las riendas de la nación.*

**RIENTE** adj. Que ríe; alegre.

**RIESGO** n. m. Peligro o inconveniente posible. • **A riesgo de,** exponiéndose a la desgracia o contratiempo que se expresa, o afrontándolos. ‖ **Correr el riesgo de,** estar expuesto a la desgracia o contratiempo que se expresa.

**RIESGOSO, A** adj. *Amér.* Arriesgado, peligroso.

**RIESLING** n. m. Variedad de cepa blanca que constituye la base de los viñedos de Alsacia y Renania. **2.** Vino producido con esta cepa.

**RIFA** n. f. Juego u operación que consiste en dar o vender cierto número de billetes y sacar a suerte un número, correspondiendo un premio al que tiene en su billete el número igual al sacado.

**RIFAR** v. tr. [**1**]. Sortear, adjudicar algo mediante una rifa. ◆ **rifarse** v. pron. **2.** *Fig.* y *fam.* Disputarse una cosa o defenderla con obstinación dos o más personas. • **Rifásela** *(Méx. Fam.),* arriesgar la vida.

**RIFEÑO, A** adj. y n. Del Rif.

**RIFF** n. m. (voz inglesa). En jazz y rock, corto fragmento melódico que se repite rítmicamente a lo largo de una pieza.

**RIFIRRAFE** n. m. *Fam.* Contienda o bulla ligera.

**RIFLE** n. m. (ingl. *rifle,* fusil con estrías). Tipo de fusil rayado y de repetición.

**RIFLERO** n. m. *Amér.* Soldado provisto de rifle. **2.** *Argent.* y *Chile.* Persona que hace negocios ocasionales y generalmente deshonestos o ilícitos.

**RIFT** n. m. (voz inglesa) [pl. *rifts*]. GEOL. Fosa tectónica, especialmente la alargada en relación con fenómenos de distensión de la corteza terrestre y hundimientos de bóvedas de pliegues de gran radio de curvatura.

**RIGIDEZ** n. f. Calidad de rígido. **2.** ECON. Inflexibilidad de una magnitud económica para reaccionar ante variaciones de otras. **3.** ELECTR. Propiedad de un dieléctrico de oponerse al paso de la chispa.

**RÍGIDO, A** adj. Muy difícil de torcerse o doblarse. **2.** *Fig.* Riguroso, severo. **3.** *Fig.* Dícese de la persona de cara inexpresiva. **4.** *Fig.* Que carece de flexibilidad para adaptarse a las circunstancias.

**RIGODÓN** n. m. (fr. *rigodon*). Danza francesa, de origen provenzal, de compás binario, ritmo moderado y carácter alegre.

**RIGOR** n. m. Severidad, dureza. **2.** Grado de mayor intensidad de la temperatura. **3.** Gran exactitud y precisión. **4.** Actitud o aspereza de carácter. **5.** Extremo o último término a que pueden llegar las cosas. **6.** MED. Rigidez. • **De rigor,** obligado, indispensable. ‖ **En rigor,** realmente, estrictamente.

**RIGOR MORTIS** loc. (voces lat., *rigidez de la muerte*). Estado de rigidez que adquiere un cadáver pocas horas después de la muerte.

**RIGORISMO** n. m. Exceso de severidad en la moral o en la disciplina.

**RIGORISTA** adj. y n. m. y f. Extremadamente severo.

**RIGÜE** n. m. *Hond.* Tortilla de maíz.

**RIGUROSIDAD** n. f. Rigor.

**RIGUROSO, A** adj. Muy severo, inexorable. **2.** Exacto, preciso. **3.** Dícese del tiempo y de las temperaturas extremadas. **4.** De carácter áspero y desabrido.

**RIJA** n. f. (ár. *rīša,* barra). Fístula del conducto lacrimal.

**RIJA** n. f. Pendencia o alboroto.

**RIJOSIDAD** n. f. Calidad de rijoso.

**RIJOSO, A** adj. Pendenciero. **2.** Lujurioso, sensual. **3.** Dícese del animal que se alborota y excita ante la presencia de la hembra.

**RIMA** n. f. Repetición de sonidos en dos o más versos a partir de la última vocal acentuada. • **Rima asonante,** o **vocálica,** si se repiten los sonidos vocálicos. ‖ **Rima consonante,** o **perfecta,** si la repetición de sonidos afecta a vocales y consonantes. ◆ **rimas** n. f. pl. **2.** Composición poética.

**RIMADOR, RA** adj. y n. Que rima. **2.** Dícese del poeta malo.

**RIMAR** v. intr. [**1**]. Componer versos. **2.** Ser una palabra asonante o consonante de otra, o ser dos palabras o dos versos asonantes o consonantes. ◆ v. tr. **3.** Usar una palabra como asonante o consonante de otra.

**RIMAYA** n. f. Grieta profunda que en los glaciares separa el hielo de la capa de nieve, o los costados del hielo de las paredes rocosas.

**RIMBOMBANCIA** n. f. Calidad de rimbombante.

**RIMBOMBANTE** adj. *Fam.* Muy aparatoso y ostentoso; enfático y grandilocuente.

**RIMERO** n. m. Pila o conjunto de cosas amontonadas unas sobre otras: *un rimero de platos.*

**RIMMEL** n. m. (de *Rimmel,* empresa que lanzó el producto). Nombre comercial de una pasta cosmética que se aplica a las pestañas.

**RIMÚ** n. m. *Chile.* Planta oxalidácea de flores amarillas.

**RIN** n. m. *Méx.* Aro metálico de la rueda del automóvil, al cual se ajusta la llanta.

**RINANTO** n. m. Planta herbácea de flores solitarias o en racimos terminales, parásita de otras plantas a través de sus raíces. (Familia escrofulariáceas.)

**RINCÓN** n. m. Ángulo entrante que resulta del encuentro de dos superficies que se cortan. **2.** Lugar o paraje alejado o retirado. **3.** Espacio o lugar pequeño y oculto. **4.** *Fig.* y *fam.* Casa o habitación usada como retiro por alguien. **5.** *Fig.* y *fam.* Resto de algo que queda apartado o almacenado. **6.** *Argent.* y *Colomb.* Rinconada. **7.** DEP. Ángulo del ring donde el boxeador descansa entre los asaltos.

**RINCONADA** n. f. Ángulo entrante que se forma en la unión de dos edificios, calles, caminos, etc. **2.** *Argent.* y *Colomb.* Porción de un terreno, con límites naturales o artificiales, destinado a ciertos usos de la hacienda.

**RINCONERA** n. f. Mueble pequeño, de forma adecuada para colocar en un rincón.

**RINCOTE** adj. y n. m. Hemipteroideo.

**RINDE** n. m. *Argent.* Provecho o rendimiento que da una cosa.

**RINENCÉFALO** n. m. Conjunto de formaciones nerviosas situadas en la cara interna e inferior de cada hemisferio cerebral. (En conexión con el hipotálamo, interviene en el control de la vida vegetativa, en el olfato y en el gusto.)

**RINFORZANDO** adv. (voz italiana). MÚS. Reforzando, pasando del piano al forte. (Se indica de forma abreviada *rinf.* o <.)

**RING** n. m. (voz inglesa). Cuadrilátero, lugar donde se disputan los combates de boxeo o de lucha.

**RINGLERA** o **RINGLA** n. f. Fila o hilera de personas o cosas puestas unas detrás de otras.

**RINGLERO** n. m. Cada una de las líneas de papel pautado para aprender a escribir.

**RINGLETEAR** v. intr. [**1**]. *Chile.* Corretear, callejear.

**RINGORRANGO** n. m. *Fam.* Rasgo o trazo exagerado o inútil en la escritura. **2.** *Fig.* y *fam.* Cualquier adorno superfluo y extravagante.

**RINITIS** n. f. Proceso inflamatorio de la mucosa de las fosas nasales.

**RINOCERONTE** n. m. Mamífero perisodáctilo de las regiones cálidas, caracterizado por la presencia de uno o dos cuernos sobre la nariz. (Voz: el rinoceronte *barrita.*)

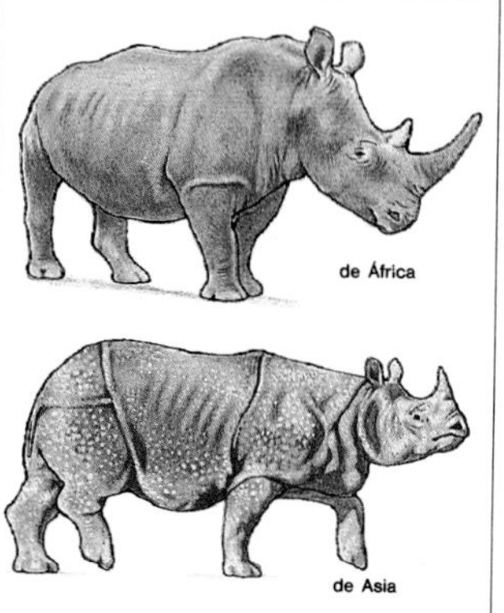


rinocerontes

**RINOFARINGE** n. f. Parte superior de la faringe, en comunicación inmediata con las fosas nasales.

**RINOFARÍNGEO, A** adj. Relativo a la rinofaringe.

**RINOFARINGITIS** n. f. Inflamación de la rinofaringe.

**RINOLOGÍA** n. f. Estudio de las afecciones nasales.

**RINOPLASTIA** n. f. Operación quirúrgica que tiene como finalidad reconstruir o remodelar la nariz en el caso de malformación o de accidente.

**RINOSCOPIA** n f. Examen ocular de las fosas nasales.

**RIÑA** n. f. Acción de reñir. • **Riñas de gallos,** juegos muy populares en América del Sur, México, Filipinas y las Antillas, que consisten en hacer pelear dos gallos, con espolones armados de espuelas de acero.

**RIÑÓN** n. m. Órgano par, que segrega la orina. **2.** *Fig.* Parte central o principal de un lugar, asunto, etc. • **Costar** algo **un riñón** *(Fam.),* costar muy caro. ‖ **Riñón artificial,** conjunto de aparatos que permiten purificar la sangre en los casos de insuficiencia renal. ‖ **Riñón flotante,** anormalidad consistente en un aumento de la movilidad del órgano. ‖ **Tener cubierto el riñón** *(Fam.),* disponer de una buena situación económica. ◆ **riñones** n. m. pl. **3.** ANAT. Parte del cuerpo que corresponde a la pelvis. ■ Los riñones son de un color rojo oscuro y tienen forma de judía. El riñón humano está compuesto por un conjunto de cerca de un millón de tubos excretores, o *nefrones,* cada uno de los cuales representa un riñón en miniatura y permite la eliminación de excrementos (urea, ácido úrico, etc.) en la orina. Ésta pasa de las papilas a los cálices menores, luego a los cálices mayores, a la pelvis y al uréter. El riñón desempeña también diversas funciones endocrinas (regulación de la presión ar-

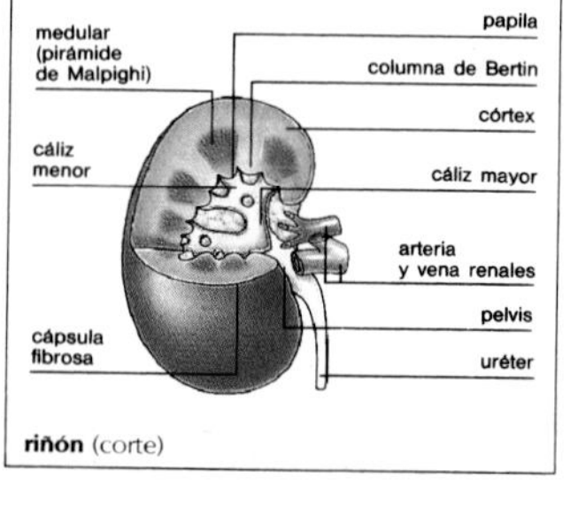


riñón (corte)

terial, metabolismo fosfocalcáreo, eritropoyesis). La ablación de un riñón no acarrea ningún trastorno dado que el otro riñón experimenta una hipertrofia compensadora, lo que permite recurrir a donantes vivos para practicar trasplantes renales.

**RIÑONADA** n. f. Tejido adiposo que envuelve los riñones. **2.** Lugar del cuerpo en que están los riñones.

**RIÑONERA** n. f. Bolsa de pequeño tamaño que se ata a la cintura y se adapta a la forma de la espalda. **2.** Tipo de faja que protege la zona lumbar, utilizada especialmente para la práctica de algunos deportes.

**RÍO** n. m. (lat. *rivum*). Curso de agua que desemboca en el mar. **2.** *Fig.* Gran abundancia de una cosa: *un río de dinero.*

**los mayores ríos del mundo**

| *río* | *superficie de la cuenca* ($km^2$) | *caudal medio* ($m^3/s$) |
|---|---|---|
| Amazonas | 6 150 000 | 190 000 |
| Zaire (o Congo) | 3 800 000 | 42 000 |
| Mississippi | 3 222 000 | 18 000 |
| Nilo | 3 000 000 | 2 500 |
| Ob | 2 990 000 | 12 500 |
| Yeniséi | 2 600 000 | 19 800 |
| Liena | 2 425 000 | 15 500 |
| Paraná | 2 343 000 | 16 000 |
| Yangzi Jiang | 1 960 000 | 34 500 |
| Amur | 1 845 000 | 11 000 |
| Mackenzie | 1 805 000 | 7 200 |
| Volga | 1 385 000 | 8 000 |
| Zambeze | 1 330 000 | 3 500 |
| Níger | 1 100 000 | 7 000 |
| Orinoco | 1 085 000 | 31 000 |
| Ganges | 1 075 000 | 16 000 |

**RIOJA** n. m. Vino español producido y elaborado en una zona que abarca parte de la comarca de La Rioja.

**RIOJANO, A** adj. y n. De La Rioja.

**RIOLITA** n. f. Roca volcánica ácida, compuesta esencialmente de cuarzo y feldespato alcalino.

**RIOPLATENSE** adj. y n. m. y f. Del Río de la Plata.

**RIPIENO** n. m. (voz italiana). En la música orquestal de los ss. XVII y XVIII, grupo de instrumentos que doblan una melodía o la acompañan.

**RIPIO** n. m. Residuo o desperdicio de alguna cosa. **2.** Palabras de relleno en un discurso o escrito. **3.** Cascotes o fragmentos de piedra, ladrillos y otros materiales de desecho, utilizados en construcción para rellenar juntas, huecos, etc., y para pavimentar. • **No perder ripio** *(Fam.)*, no perder detalle.

**RIPIOSO, A** adj. Abundante en ripios.

**RIPPLE-MARK** n. m. (voz inglesa). Pequeña ondulación ocasionada en la arena por el agua (en la playa) o por el viento (en los desiertos).

**RIQUEZA** n. f. Abundancia de bienes, fortuna. **2.** *Fig.* Conjunto de cualidades que tiene una persona. **3.** Cualidad de rico. **4.** Lujo, suntuosidad. **5.** Abundancia relativa de cualquier cosa: *riqueza de vocabulario.*

**RISA** n. f. Acción de reír, de manifestar alegría y regocijo. • **Estar muerto de risa** *(Fam.)*, reírse mucho; *(Fam.)*, permanecer inactivo sin resolver algo, o estar abandonado y olvidado por los demás.

**RISCO** n. m. Peñasco alto y escarpado.

**RISCOSO, A** adj. Peñascoso.

**RISIBILIDAD** n. f. Cualidad de risible.

**RISIBLE** adj. Que causa risa, ridículo.

**RISORIO, A** adj. y n. m. Dícese de un pequeño músculo superficial de la cara que está unido a las comisuras de los labios y contribuye a la expresión de la risa.

**RISOTADA** n. f. Carcajada, risa impetuosa o ruidosa.

**RÍSPIDO, A** adj. Áspero, rudo.

**RISS** n. m. GEOL. Tercera de las grandes glaciaciones de la era cuaternaria en Europa.

**RISTRA** n. f. Conjunto de ajos o cebollas atados uno a continuación de otro. **2.** Conjunto de otros frutos o de cualquier otra cosa atados de igual forma: *una ristra de pimientos.* **3.** *Fig.* Serie de cosas inmateriales que van o se suceden una tras otra.

**RISTRE** n. m. ARM. Pieza que se fijaba en la parte derecha del peto de la armadura, para encajar en él el cabo de la manija de la lanza en el momento de acometer: *lanza en ristre.* • **En ristre** *(Fam.)*, dícese de algunos objetos que se esgrimen: *paraguas en ristre.*

**RISUEÑO, A** adj. Que tiene la cara alegre o sonriente o es propenso a reír. **2.** *Fig.* De aspecto alegre, placentero. **3.** *Fig.* Próspero, favorable: *un porvenir risueño.*

**RITARDANDO** adv. (voz italiana, *retardando*). MÚS. Reteniendo el movimiento. (Suele abreviarse *rit.* o *ritard.)*

**RITIDOMA** n. m. BOT. Conjunto de tejidos muertos que recubren los troncos, ramas y raíces de árboles y arbustos.

**RITINA** n. f. Mamífero sirénido de las costas siberianas, exterminado por el hombre entre 1741 y 1768.

**RÍTMICO, A** adj. Sujeto a un ritmo o compás. **2.** MÉTRIC. Dícese del acento que determina y sostiene el ritmo en una expresión lingüística.

**RITMO** n. m. (lat. *rhythmum*). Repetición a intervalos regulares de los tiempos fuertes y de los tiempos débiles de un verso, una frase musical, etc. **2.** *Fig.* Marcha o curso acompasado en la sucesión o acaecimiento de una cosa. **3.** MÚS. Uno de los elementos de la música, junto con la melodía y la armonía.

**RITO** n. m. (lat. *ritum*). Acto, generalmente religioso, repetido invariablemente con arreglo a normas prescritas. **2.** Conjunto de normas prescritas para la realización de una ceremonia o del culto religioso. **3.** Costumbre, acto repetido de una manera invariable. **4.** *Fig.* Manera de hacer alguna cosa ceremoniosamente y como siguiendo un orden prescrito. **5.** ANTROP. Acto, ceremonia, con frecuencia de carácter repetitivo, que tiene por objeto orientar una fuerza oculta hacia una acción determinada. **6.** REL. Liturgia: *rito bizantino; rito mozárabe.* **7.** REL. Ceremonia prescrita por la liturgia: *el rito del bautismo.*

**RITÓN** n. m. (gr. *rhyton*). ARQUEOL. Vasija para beber, en forma de cuerno o de cabeza de animal.

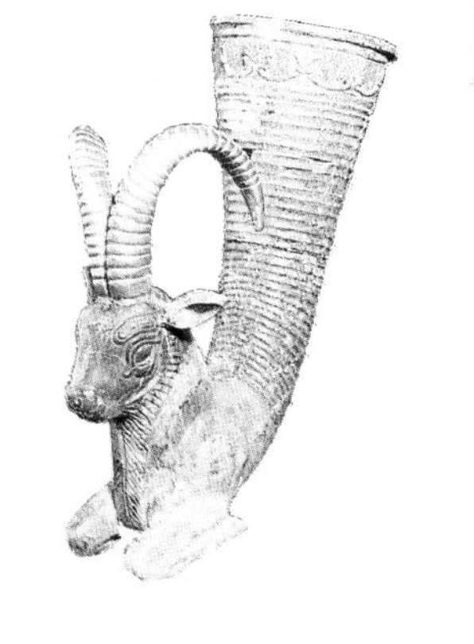

**ritón** con cabeza de cabra en lapislázuli (cuernos de oro); arte aqueménida s. V a. J.C. (col. part.)

**RITORNELO** o **RETORNELO** n. m. (ital. *ritornello*). MÚS. Fragmento musical corto que precede o sigue a un fragmento cantado. **2.** MÚS. Repetición, estribillo.

**RITUAL** adj. Relativo al rito. ◆ n. m. **2.** Rito, conjunto de normas prescritas para la realización de una ceremonia, especialmente religiosa. **3.** Libro litúrgico que contiene el orden y la forma de las ceremonias religiosas, con las oraciones que deben acompañarlas. **4.** SIQUIATR. Acción o conjunto de acciones que, repetidas de manera estereotipada, constituyen un síntoma característico de la neurosis obsesiva. • **De ritual,** según la costumbre; según indica el ritual.

**RITUALIDAD** n. f. Observancia de los ritos o de las formalidades prescritas para hacer una cosa.

**RITUALISMO** n. m. Tendencia a acentuar o aumentar la importancia del rito y liturgias en el culto. **2.** *Fig.* Exagerada observancia o sujeción a las formalidades, trámites o normas establecidos en alguna cosa, especialmente en los actos jurídicos u oficiales. **3.** Nombre dado, en el s. XIX, a un movimiento que tendía a restaurar en la Iglesia anglicana las ceremonias y las prácticas de la Iglesia romana.

**RITUALISTA** adj. y n. m. y f. Relativo al ritualismo; partidario de este movimiento.

**RITUALIZACIÓN** n. f. Acción y efecto de ritualizar.

**RITUALIZAR** v. tr. **[1g]**. Instaurar ritos; codificar por medio de ritos.

**RIVAL** n. m. y f. Competidor, el que contiende con otro, o aspira a conseguir lo que él.

**RIVALIDAD** n. f. Calidad de rival. **2.** Enemistad producida por emulación o competencia muy vivas.

**RIVALIZAR** v. intr. **[1g]**. Intentar igualar o sobrepasar a alguien, luchar.

**RIXDALE** n. f. (neerlandés *rijksdaalder*). Antigua moneda de plata de diferentes valores, acuñada en los Países Bajos, Europa central y diversos países nórdicos.

**RIYAL** n. m. Unidad monetaria de Arabia Saudí, Omán, Qatar y la República del Yemen.

**RIZADO** n. m. Acción y efecto de rizar.

**RIZAR** v. tr. y pron. **[1g]**. Formar rizos en el pelo. **2.** Formarlos en cualquier otra cosa. **3.** Formar el viento olas pequeñas en el agua. ◆ v. tr. **4.** Hacer en las telas, papel, etc., pliegues o dobleces muy pequeños.

**RIZO** n. m. Mechón de pelo en forma de onda, bucle, sortija, etc. **2.** AERON. Figura o acrobacia aérea. **3.** DEP. Salto del patinaje artístico en el que se hace, al menos, un giro completo en el aire. **4.** TEXT. Tela utilizada para la confección de artículos de tocador y baño. • **Rizar el rizo** *(Fam.)*, realizar felizmente o poner de manifiesto algo que contiene más dificultades que otra cosa del mismo estilo.

**RIZOIDE** n. m. Filamento unicelular, fijador y absorbente, de las plantas no vasculares, como las algas y los líquenes, y de los protalos de los helechos.

**RIZOMA** n. m. Tallo subterráneo, con frecuencia alargado y horizontal, que posee yemas, echa vástagos y suele producir también raíces.

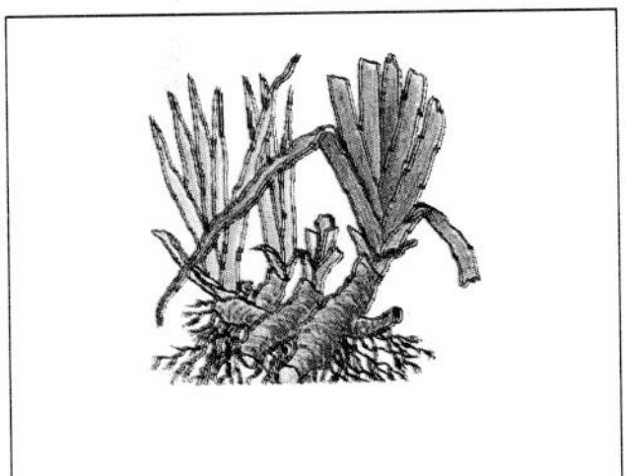

**rizoma** de *Iris*

**RIZOMATOSO, A** adj. Dícese de las plantas con rizoma.

**RIZÓPODO, A** adj. y n. m. Relativo a un subtipo de protozoos dotados de seudópodos, como las amebas.

**RIZOSTOMA** n. m. Medusa de color blanco o cremoso de hasta 60 cm de diámetro, con brazos anaranjados y festoneados, que abunda en los mares de Europa occidental. (Clase acalefos.)

**Rn,** símbolo químico del *radón.*

**ROAD MOVIE** n. m. (voces inglesas). Película cinematográfica en la que la acción se desarrolla a lo largo de un viaje por carretera.

**ROANÉS, SA** adj. y n. De Ruán.

**ROANO, A** o **RUANO, A** adj. Dícese de la caballería en cuya capa se mezclan el blanco, el gris y el bayo.

**ROAST-BEEF** n. m. Rosbif.

**RÓBALO** o **ROBALO** n. m. Lubina.

**ROBAR** v. tr. [1] Cometer un robo. **2.** Raptar a una persona. **3.** Llevarse los ríos y corrientes parte de la tierra por donde pasan. **4.** *Fig.* Quitar cualquier cosa no material. **5.** *Fig.* Atraer o captar la voluntad o el afecto, embelesar. **6.** En ciertos juegos de cartas y en el dominó, tomar naipes o fichas.

**ROBELLÓN** n. m. Especie de hongo comestible.

**ROBÍN** n. m. Herrumbre de los metales.

**ROBINIA** n. f. Planta arbórea o arbustiva, de hojas compuestas, con estípulas espinosas e inflorescencias en racimos, con flores blancas, rosadas o purpúreas, una de cuyas especies es la acacia falsa. (Familia papilionáceas.)

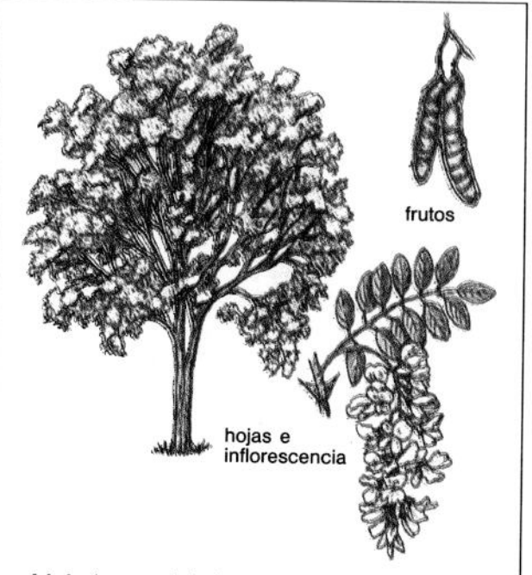

**robinia** (acacia falsa)

**ROBINSÓN** n. m. (de *Robinsón* Crusoe). Hombre que en la soledad y sin ayuda ajena llega a bastarse a sí mismo.

**ROBINSONIANO, A** adj. Relativo al héroe novelesco Robinsón Crusoe. **2.** Relativo a un robinsón o propio de él.

**ROBLE** n. m. (lat. *robur*). Árbol de gran tamaño y copa ancha, muy longevo (hasta mil años), caducifolio y con fruto en glande (bellota), común en los bosques de Europa, que crece en climas más fríos y húmedos que las especies de hoja perenne del mismo género. (Familia fagáceas.) **2.** Madera de este árbol. **3.** *Fig.* Persona o cosa de gran resistencia y fortaleza.

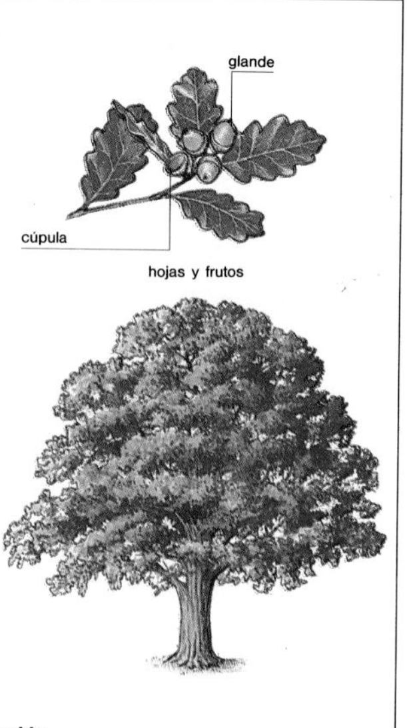

**roble**

**ROBLEDAL** o **ROBLEDO** n. m. Lugar poblado de robles.

**ROBLÓN** n. m. Clavo especial destinado a ser remachado.

**ROBLONAR** v. tr. [1]. Sujetar con roblones.

**ROBO** n. m. Delito cometido contra la propiedad privada por el que toma con violencia lo que no le pertenece: *cometer un robo.* **2.** Producto del robo. **3.** Cartas, o fichas en el dominó, que se toman del mazo de descartes o bien del monte o baceta.

**ROBOT** n. m. (pl. *robots*). Aparato electrónico capaz de actuar de forma automática para una función determinada. **2.** Máquina de aspecto humano. **3.** *Fig.* Persona que actúa como un autómata. • **Robot industrial,** aparato automático capaz de manipular objetos o ejecutar una o varias operaciones según un programa establecido, modificable o adaptable.

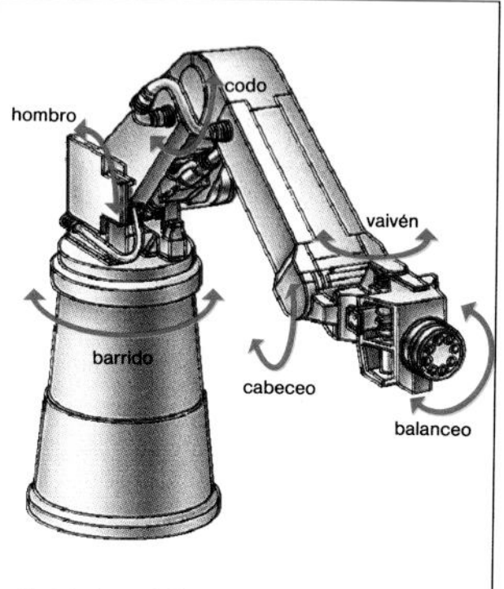

**robot** industrial de seis ejes (su desplazamiento se debe a una combinación de movimientos alrededor de seis ejes diferentes)

**ROBÓTICA** n. f. Conjunto de técnicas utilizadas para el diseño y construcción de robots industriales y la puesta en práctica de sus aplicaciones.

**ROBUSTECER** v. tr. y pron. [2m]. Hacer más fuerte o vigoroso.

**ROBUSTECIMIENTO** n. m. Acción y efecto de robustecer.

**ROBUSTEZ** n. f. Calidad de robusto.

**ROBUSTO, A** adj. Fuerte, vigoroso, de gran resistencia. **2.** Dícese de la persona de buena salud y fuertes miembros.

**ROCA** n. f. Material constitutivo de la corteza terrestre, formado por un agregado de minerales y que presenta una homogeneidad de composición, de estructura y de modo de formación. **2.** *Fig.* Cosa o persona muy firme, dura y estable. • **Mecánica de rocas,** aplicación de las leyes generales de la mecánica de los sólidos deformables al comportamiento de las rocas. || **Roca almacén,** o **depósito,** roca permeable, impregnada de petróleo o de gas natural de los que constituye el yacimiento, y recubierta por una capa impermeable que impide la migración de los hidrocarburos.

■ Las rocas se dividen, según su origen, en tres grupos: *rocas sedimentarias,* o *exógenas* (formadas en la superficie, por diagénesis de un sedimento); *rocas eruptivas,* o *magmáticas,* que proceden de la cristalización de un magma, en profundidad (rocas *plutónicas*) o en superficie (rocas *volcánicas*); *rocas metamórficas,* que resultan de la transformación mediante metamorfismo de rocas preexistentes. Las rocas eruptivas y las metamórficas, que se forman u originan en profundidad, se denominan, en ocasiones, *endógenas.*

**ROCADERO** n. m. Armazón de la rueca, que sirve para poner el copo que se ha de hilar.

**ROCALLA** n. f. Conjunto de fragmentos de roca desprendidos o tallados. **2.** Jardín formado por piedras, en el que se plantan vegetales resistentes a la sequedad. **3.** B. ART. Elemento decorativo de carácter asimétrico, que imita formas naturales como conchas, rocas, vegetales, etc., cuyos orígenes parecen hallarse en las grutas de los jardines renacentistas y que alcanzó gran difusión a lo largo del s. XVIII, especialmente en Francia.

**ROCAMBOLA** n. f. Planta herbácea de tallo erguido y enroscado en forma de anillo cerca de la inflorescencia, que se cultiva como condimento, en sustitución del ajo. (Familia liliáceas.)

**ROCAMBOLESCO, A** adj. Lleno de peripecias inverosímiles o extraordinarias.

**ROCE** n. m. Acción de rozar o rozarse. **2.** Señal que queda en alguna cosa de haber sufrido la acción o contacto de otra. **3.** *Fig.* y *fam.* Trato frecuente con algunas personas. **4.** *Fig.* y *fam.* Enfado, desacuerdo o tensión en las relaciones entre personas.

**ROCHAR** v. tr. [1]. *Chile.* Sorprender a alguien en alguna cosa ilícita.

**ROCHELA** n. f. *Colomb.* y *Venez.* Bullicio, tumulto, alboroto.

**ROCIADA** n. f. Acción y efecto de rociar. **2.** Rocío. **3.** *Fig.* Acción y efecto de arrojar o caer cosas esparcidas: *una rociada de balas.* **4.** *Fig.* Reprensión áspera.

**ROCIADOR** n. m. Instrumento o dispositivo para rociar o pulverizar.

**ROCIAR** v. tr. [1t]. Esparcir en menudas gotas un líquido. **2.** *Fig.* Arrojar algunas cosas de modo que caigan diseminadas. **3.** *Fig.* Acompañar una comida con alguna bebida. **4.** Humedecer con jugo, grasa, salsa, etc., una carne asada. ◆ v. intr. **5.** Caer rocío o lluvia menuda.

**ROCIERO, A** n. Persona que acude a la romería del Rocío, en Huelva.

**ROCÍN** n. m. Caballo de mala traza y de poca alzada. **2.** *Fig.* Hombre tosco e ignorante.

**ROCÍO** n. m. Vapor que, con la frialdad de la noche, se condensa en la atmósfera en gotas muy menudas. **2.** Las mismas gotas, perceptibles a la vista. **3.** Lluvia ligera y pasajera. **4.** *Fig.* Gotas menudas esparcidas sobre una cosa para humedecerla. • **Punto de rocío,** temperatura a la cual el vapor de agua, en unas condiciones dadas y constantes, forma con el aire una solución saturada.

**ROCK** n. m. (abrev. de *rock and roll*). Conjunto de los estilos musicales derivados del rock and roll de los años cincuenta. **2.** Rock and roll. • **Rock duro,** corriente del rock, surgida en los años setenta, que se caracteriza por la simplicidad del ritmo, la rapidez de ejecución y la potencia sonora. SIN.: *heavy metal.* ◆ adj. **3.** Perteneciente o relativo al rock: *cantante rock; ópera rock.*

**ROCK AND ROLL** n. m. (voces inglesas). Danza en dos o cuatro tiempos, con un ritmo muy acentuado. **2.** Estilo musical, creado en la década de los cincuenta y derivado del jazz, el rhythm and blues negro y diversos elementos folklóricos, que da prioridad al ritmo con relación a la improvisación melódica.

**ROCKER** n. m. y f. Cantante de rock and roll. **2.** Fanático del rock and roll.

**ROCKERO, A** n. Rocker.

**ROCOCÓ** n. m. y adj. Estilo artístico desarrollado en Europa durante buena parte del s. XVIII, que coexistió con el barroco tardío y con los inicios del neoclasicismo. ◆ adj. **2.** Dícese de lo recargado y amanerado en los adornos.

**ROCÓDROMO** n. m. Estructura artificial que simula la pared rocosa de una montaña, que se utiliza para entrenarse en escalada y para hacer competiciones.

**ROCOSO, A** adj. Abundante en rocas.

**ROCOTO** n. m. (voz quechua). *Amér. Merid.* Planta y fruto de una especie de ají grande. (Familia solanáceas.)

**RODA** n. f. Pieza, de madera o de hierro, que limita al buque por la proa.

**RODABALLO** n. m. Pez marino, de hasta 80 cm de long., de carne muy apreciada, con el cuerpo comprimido de manera que el flanco derecho es plano y el izquierdo convexo.

**RODADA** n. f. Señal que deja impresa la rueda en el suelo al pasar.

**RODADO, A** adj. Dícese del tránsito o movimiento efectuado por vehículos de ruedas y del transporte realizado por medio de los mismos. **2.** Dícese de la caballería que tiene manchas más oscuras que el color general de su pelo. • **Canto rodado** (GEOL.), canto desprendido de una roca o veta que, arrastrado por su propio peso, es desgastado por el agua, el hielo o el viento. || **Venir** algo **rodado** *(Fam.),* presentarse la oportunidad de hacer algo sin buscarla. ◆ n. m. **3.** *Argent.* Cualquier vehículo con ruedas.

**RODADOR, RA** adj. Que rueda o cae rodando. ◆ n. m. **2.** Cierta especie de mosquito americano. **3.** Llaneador, corredor en terreno llano.

**RODADURA** n. f. Acción de rodar. **2.** FÍS. Desplazamiento de un cuerpo que permanece en contacto, sin resbalar, sobre otro cuerpo. **3.** METAL. Operación de conformado de los metales por deformación plástica en caliente o en frío.

**RODAJA** n. f. Rueda, loncha o tajada redonda.

**RODAJE** n. m. CIN. Operación específica en la realización de una película que consiste en la toma de vistas. SIN.: *filmación.* **2.** MEC. Funcionamiento controlado de un motor nuevo hasta conseguir que las superficies de fricción se pulan y se ajusten los huelgos; período de tiempo durante el cual se mantiene este funcionamiento.

**RODAL** n. m. Lugar o espacio más o menos grande y redondeado que, por alguna circunstancia, se distingue de lo que le rodea.

**RODAMIENTO** n. m. MEC. Pieza interpuesta entre los cojinetes y los árboles giratorios de las máquinas, y que sustituye el rozamiento de deslizamiento entre las superficies del eje y del cojinete por un rozamiento de rodadura: *rodamiento de bolas; rodamiento de rodillos.*

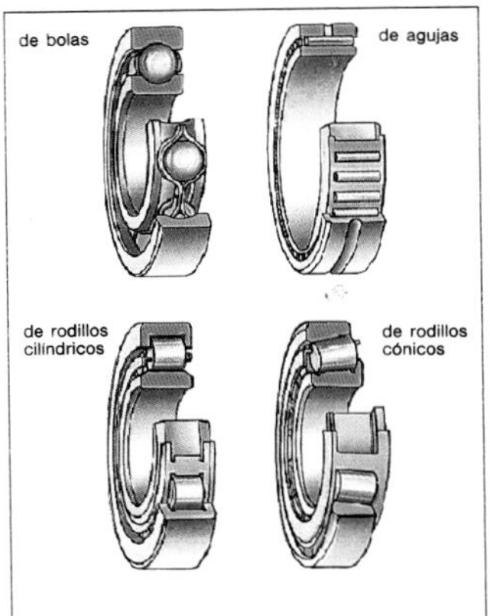

diferentes tipos de **rodamientos** mecánicos

**RODAMINA** n. f. Nombre genérico de las materias colorantes rojas, de constitución análoga a la de las fluoresceínas.

**RODANTE** adj. Que rueda o puede rodar.

**RODAPIÉ** n. m. Paramento de madera o de otro material que se pone alrededor de los pies de las camas, mesas y otros muebles.

**RODAR** v. intr. **[1r]**. Dar vueltas un cuerpo alrededor de su eje. **2.** Dar vueltas un cuerpo sobre una superficie, trasladándose de lugar. **3.** Moverse por medio de ruedas. **4.** Caer dando vueltas. **5.** *Fig.* Ir algo o alguien de un sitio a otro sin quedar en ninguno de manera estable. **6.** *Fig.* Suceder en el tiempo unas cosas a otras: *ruedan los acontecimientos.* **7.** *Fig.* Abundar: *en aquella casa rueda el dinero.* **8.** *Fig.* Existir: *vuelven a rodar modas que ya conocí en mi juventud.* • **Echar** algo **a rodar,** malograr, frustrar algún proyecto, asunto o situación. ◆ v. tr. **9.** Hacer que un cuerpo dé vueltas alrededor de su eje: *rodar un aro.* **10.** MEC. Proceder al rodaje de un automóvil. ◆ v. tr. e intr. **11.** Proceder al rodaje de una película cinematográfica.

**RODEAR** v. tr. **[1]** Estar o poner una cosa alrededor de alguien o algo: *una valla rodea el huerto.* **2.** Estar o colocarse varias personas o animales alrededor de alguien o algo. **3.** Andar alrededor. **4.** Hacer dar vueltas a una cosa. **5.** *Argent., Chile, Colomb., Cuba, Nicar.* y *Perú.* Reunir el ganado mayor en un sitio determinado, arreándolo desde los distintos lugares donde pace. ◆ v. intr. **6.** Ir por camino más largo que el ordinario. **7.** *Fig.* Decir algo o hablar de manera indirecta, sin claridad o eludiendo la verdad. ◆ **rodearse** v. pron. **8.** Procurarse alguien ciertas cosas a su alrededor, o tener a determinadas personas formando parte de su ambiente: *rodearse de comodidades, de amigos.*

**RODELA** n. f. (ital. *rotella*). Escudo redondo, utilizado hasta fines del s. XVI. **2.** Disco amarillo utilizado como distintivo por los judíos. **3.** *Chile.* Roncha, rodeja. **4.** HERÁLD. Escudo ovalado.

**RODEO** n. m. Acción y efecto de rodear. **2.** Camino más largo o desviación del camino derecho. **3.** Vuelta que se da para despistar a un perseguidor. **4.** *Fig.* Manera indirecta de hacer o conseguir algo a fin de eludir dificultades. **5.** *Fig.* Manera de decir algo sin la claridad necesaria, o eludiendo decir la verdad. **6.** En algunas partes de América, fiesta o competición consistente en la exhibición de ciertos ejercicios o lances: acoso de reses bravas, lanzamiento de lazo, doma de caballos salvajes, etc., y en la que los jinetes demuestran su destreza ecuestre. **7.** *Argent., Chile* y *Urug.* Acción de contar o separar el ganado de distintos dueños o el que está destinado a la venta. • **Sin rodeos,** directa o claramente.

**RODEO** n. m. Pez de agua dulce, de unos 8 cm de long., que pone sus huevos en el interior de moluscos bivalvos acuáticos. (Familia ciprínidos.)

**RODERA** n. f. Carril, surco que queda marcado en el camino por las ruedas de un vehículo. **2.** En el campo, camino abierto por el paso de carros.

**RODERICENSE** adj. y n. m. y f. De Ciudad Rodrigo.

**RODESIANO, A** o **RHODESIANO, A** adj. y n. De Rhodesia.

**RODETE** n. m. Objeto en forma de rosca o rueda. **2.** Rosca de lienzo o paño que, colocada en la cabeza, sirve para llevar un peso sobre ella. **3.** Moño hecho con las trenzas del pelo, colocadas en forma de rosca sobre la cabeza.

**RODILLA** n. f. Parte del cuerpo humano en que la pierna se articula con el muslo. **2.** En los cuadrúpedos, articulación de los huesos carpianos y metacarpianos con el radio. • **De rodillas,** con las rodillas dobladas y apoyadas en el suelo; en tono suplicante y con insistencia. ‖ **Doblar,** o **hincar, la rodilla,** poner una rodilla en tierra, generalmente en señal de acatamiento; someterse, humillarse.

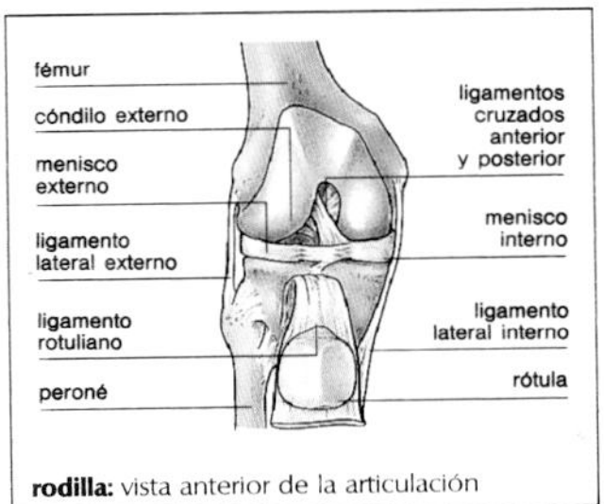

**rodilla:** vista anterior de la articulación

**RODILLAZO** n. m. Golpe dado con la rodilla o recibido en ella.

**RODILLERA** n. f. Tricot flexible que se coloca en las rodillas. **2.** Remiendo o pieza en la parte de los pantalones correspondiente a la rodilla. **3.** Convexidad que se forma por el uso en la parte de los pantalones correspondiente a la rodilla. **4.** Pieza de la armadura que protegía la rodilla. **5.** Articulación de algunos mecanismos.

**RODILLO** n. m. Cilindro de madera, piedra u otro material utilizado en diversos usos o que forma parte de diversas máquinas o aparatos: *rodillo para pintar, para amasar, para allanar; rodillo de una máquina de escribir, de imprimir.*

**RODILLUDO, A** adj. Que tiene abultadas o grandes las rodillas.

**RODIO** n. m. Metal (Rh) de número atómico 45, de masa atómica 102,90 y densidad 12,4, que funde hacia 2 000 °C, análogo al cromo y al cobalto.

**RODIO, A** adj. y n. De Rodas.

**RODODENDRO** n. m. Arbusto de montaña, cultivado por sus flores ornamentales. (Familia ericáceas.) **2.** Flor de esta planta.

**RODOFÍCEO, A** adj. y n. f. Relativo a una clase de algas con clorofila coloreadas por un pigmento rojo, generalmente marinas, que se caracterizan por un ciclo reproductor complejo y que a veces están revestidas por un caparazón calcáreo. SIN.: *rodófito.*

**RODOPSINA** n. f. Pigmento de la retina, indispensable para la visión.

**RODRIGÓN** n. m. Estaca o vara que hincada en tierra al lado de un árbol o un arbusto le sirve de arrimo. **2.** *Fig.* y *fam.* Criado anciano que acompañaba a las señoras.

**RODRÍGUEZ** n. m. *Fam.* Hombre que permanece solo en la ciudad, trabajando, mientras los demás componentes de la familia ya se han trasladado al lugar de veraneo.

**ROEDOR, RA** adj. Que roe. **2.** *Fig.* Que conmueve o agita el ánimo. ◆ adj. y n. m. **3.** Relativo a un orden de mamíferos, vegetarianos u omnívoros, con frecuencia perjudiciales para los cultivos, que poseen largos incisivos aptos para roer, como la ardilla, el ratón y la rata.

**ROEDURA** n. f. Acción de roer. **2.** Señal que queda en una cosa royéndola. **3.** Porción que se corta royendo.

**ROEL** n. m. HERÁLD. Pieza de forma circular y siempre de color.

**ROENTGEN** o **RÖNTGEN** n. m. (de W. C. *Roentgen,* físico alemán). Unidad de medida de exposición (símbolo R) equivalente a una exposición tal que la carga de todos los iones de un mismo signo producidos en el aire, cuando los electrones, negativos y positivos, liberados por los fotones de manera uniforme en una masa de aire igual a 1 kilogramo están completamente parados en el aire, es igual en valor absoluto a $2,58 \times 10^{-4}$ culombios.

**ROER** v. tr. **[2i]**. Raspar con los dientes una cosa, arrancando algo de ella. **2.** *Fig.* Ir gastando poco a poco una cosa. **3.** *Fig.* Producir un malestar o atormentar íntima y persistentemente una cosa.

**ROGAR** v. tr. **[1m]**. Pedir a alguien como gracia o favor alguna cosa. **2.** Instar o pedir insistentemente y con súplicas. • **Hacerse de rogar,** resistirse alguien a algo por el gusto de que se lo pidan insistentemente.

**ROGATIVAS** n. f. pl. REL. CATÓL. Plegarias públicas que se realizan para pedir a Dios por los frutos de la tierra y por diversas necesidades.

**ROGATORIO, A** adj. Que implica ruego: *comisión rogatoria.*

**ROGÓN, NA** n. *Méx. Fam.* Persona que ruega mucho.

**ROÍDO, A** adj. Carcomido.

**ROJEAR** v. tr. **[1]**. Dar a algo color rojo. ◆ v. intr. **2.** Mostrar una cosa su color rojo. **3.** Tender algo a color rojo.

**ROJEZ** n. f. Calidad de rojo. **2.** Zona de piel enrojecida.

**ROJIZO, A** adj. Que tiende a color rojo.

**ROJO, A** adj. y n. m. (lat. *russeum*). Dícese del color simple correspondiente a las radiaciones de mayor longitud de onda del espectro visible. • **Al rojo** o **al rojo vivo,** incandescente; en estado de gran excitación. ◆ adj. **2.** De color rojo. **3.** Rubio. **4.** Pelirrojo. • **Ponerse rojo,** avergonzarse. ◆ adj. y n. **5.** Dícese de los partidarios de la acción revolucionaria y de los grupos políticos de izquierda en general. **6.** Comunista. **7.** En la guerra de España, denominación dada por los nacionales a los republicanos. • **Guardia rojo,** miembro del movimiento de las juventudes comunistas chinas. ◆ n. m. **8.** Nombre de diversos colorantes de uso industrial o empleados para tinciones de células y tejidos: *rojo de cromo; rojo de anilina.*

**ROL** n. m. Lista de nombres, nómina o catálogo. **2.** *Galic.* Papel, carácter, cometido o función que desempeña una persona en una acción o representación o en un grupo social. **3.** SOCIOL. Conjunto, difuso o explícito, de los derechos y obligaciones de un individuo en un grupo social, en

**rododendros**

relación con su estatus jurídico o su función en este grupo.

**ROLAR** v. intr. **[1]**. MAR. Dar vueltas en círculo. **2.** MAR. Ir variando de dirección el viento.

**ROLDANA** n. f. Rueda de una polea.

**ROLL ON-ROLL OFF** n. m. MAR. Sistema de manutención de mercancías por traslado horizontal entre tierra firme y el bordo de un buque.

**ROLLISTA** adj. y n. m. y f. *Fam.* Pesado, que endosa rollos.

**ROLLIZO, A** adj. Redondo, en forma cilíndrica o de rollo. **2.** *Fig.* Robusto, grueso o gordo. ◆ n. m. **3.** Madero redondo descortezado. SIN.: *rollo.*

**ROLLO** n. m. Cilindro que se forma al rodar o doblarse dando vueltas sobre sí misma una hoja o tira de papel, tela o cualquier otra materia: *rollo de alambre; rollo de papel.* **2.** Rollizo. **3.** *Fig.* Masa de carne o grasa superflua que forma una arruga alrededor del cuerpo o de algún miembro. **4.** *Fig.* Monserga, pesadez: *esta película es un rollo.* **5.** Longitud tipo de la película fotográfica suministrada en bobinas. **6.** Columna de piedra, generalmente rematada por una cruz, que, antiguamente, servía de señal de límite entre dos términos municipales y, a veces, de picota. **7.** *Fam.* Actividad, asunto o ambiente en el que alguien anda metido. **8.** *Fam.* Tema, materia o asunto del que se trata.

**ROM** adj. y n. f. (abrev. del ingl. *read only memory*). INFORMÁT. Dícese de la memoria cuya información no puede ser modificada una vez introducida, es decir, que, a diferencia del RAM, sólo es accesible para su lectura.

**ROMADIZO** n. m. Coriza.

**ROMANA** n. f. y adj. Tipo de balanza de brazos desiguales, en la que se desliza un peso a través del brazo más largo, que está graduado, para equilibrar el objeto suspendido en el brazo corto.

**ROMANCE** adj. Románico. ◆ n. m. **2.** Nombre con que se designaba la lengua vulgar hablada en los países de la Romania. **3.** Combinación métrica que consiste en repetir al final de todos los versos pares una misma asonancia y en no dar a los impares rima de ninguna especie. **4.** *Anglic.* Aventura amorosa pasajera. ◆ **romances** n. m. pl. **5.** *Fig.* Excusas, monsergas.

■ El romance deriva del cantar de gesta, al desgajarse del conjunto los fragmentos de mayor interés hasta alcanzar vida propia. Su estructura métrica es una serie de versos octosílabos con rima asonante en los pares y los impares libres. Los romances se desarrollaron alrededor de varios temas: los *noticieros* surgieron en torno al asunto de la guerra civil de los Trastámara; los *fronterizos* se centran en las luchas sostenidas en las fronteras con al-Andalus; los *moriscos*, cuando se adopta el punto de vista árabe. Ya en el s. XV se crearon romances sobre nuevos temas, que suscitaban el interés de escritores cultos. A fines del s. XVI, en *silvas* y *flores* de romances y, sobre todo, en el *Romancero general* de 1600, se creó el llamado *romancero nuevo.* Paralelamente el romance pasó al teatro y a la poesía, donde pervivió, transformado, hasta el s. XX.

**ROMANCEAR** v. tr. **[1]**. Traducir un texto al romance.

**ROMANCERESCO, A** adj. Novelesco.

**ROMANCERO, A** n. Persona que canta o recita romances. ◆ n. m. **2.** Colección de romances.

**ROMANCHE** n. m. y adj. Lengua retorrománica hablada en los Grisones y que, en 1938, se convirtió en la cuarta lengua nacional de la Confederación Helvética.

**ROMANÍ** n. m. Lengua indoeuropea hablada por los gitanos.

**ROMÁNICO, A** adj. Dícese de las lenguas derivadas del latín, como el español, el catalán, el francés, etc. ◆ adj. y n. m. **2.** Dícese del arte que se desarrolló en Europa desde fines del s. X hasta principios del s. XIII.

■ El arte románico se puede calificar de funcional en la medida en que, en arquitectura, sustituyó las techumbres de madera por diferentes sistemas de bóvedas de piedra, reforzó mediante la escultura los puntos vitales del edificio, sometió cada dispositivo del trazado y del mobiliario a las intenciones litúrgicas y respetó la belleza propia de cada material. No obstante, el arte románico es en primer lugar simbólico: el alzado de las naves es un medio de guiar el espíritu hacia lo divino. El románico heredó múltiples elementos de la civilizaciones con las que se halló en contacto: aportaciones galorromanas, del oriente cristiano, del islam, de los pueblos bárbaros, de los monjes irlandeses. La alta edad media, más allá del renacimiento carolingio, preparó la eclosión, en torno al año mil, del *primer arte románico*, cuyas pequeñas iglesias se ven especialmente en las regiones montañosas, desde Cataluña a los Grisones. El norte de Francia brilló con la abadía de Cluny II (segunda mitad del s. X). En el s. XI el estilo románico alcanzó su plenitud. En los reinos cristianos de la península Ibérica, a la primigenia experiencia dada en Cataluña (monasterio de Ripoll, San Vicente de Cardona, San Pedro de Caserras), se unió la importante corriente que, a través del camino de Santiago, extendió por Aragón, Navarra, Castilla y León los modelos franceses (cripta del monasterio de Leyre, panteón de San Isidoro de León). El florecimiento de fines del s. XI y de la primera mitad del s. XII, en Francia (Saint-Sernin de Toulouse), en España (Santiago de Compostela, catedral de Jaca, San Martín de Frómista) o en Inglaterra (Ely, Durham), no es más que el desarrollo de los programas iconográficos: esculpidos (puerta de las Platerías en la catedral de Santiago de Compostela, y, en todas partes, capiteles de coros y claustros [Santo Domingo de Silos]) o pintados (San Isidoro de León; San Clemente y Santa María de Tahull, en Cataluña). En España se construyeron en esta época las catedrales de Zamora, Tarragona, Seo de Urgel, Lérida, etc.

**ROMANISTA** adj. y n. m. y f. Especialista en lenguas o literaturas románicas. **2.** DER. Especialista en derecho romano.

**ROMANIZACIÓN** n. f. Acción y efecto de romanizar o romanizarse; se aplica especialmente al proceso de asimilación de la civilización romana por los pobladores de Iberia, tras la conquista de ésta por Roma.

**ROMANIZAR** v. tr. y pron. **[1g]**. Difundir o adoptar la civilización romana.

**ROMANO, A** adj. y n. De Roma o del Imperio romano. ◆ adj. **2.** Relativo a la Iglesia católica: *Iglesia romana.* • **Cifras,** o **números, romanos,** letras I, V, X, L, C, D y M, que valen respectivamente 1, 5, 10, 50, 100, 500 y 1 000 y que, combinadas de formas diversas, eran utilizadas por los romanos para formar todos los números.

**ROMANTICISMO** n. m. Conjunto de movimientos intelectuales y artísticos que, desde fines del s. XVIII, hicieron prevalecer los principios de libertad y de subjetividad contra las reglas clásicas y el racionalismo filosófico. **2.** Calidad de romántico.

■ LIT. El romanticismo es un movimiento europeo que se manifestó en las artes y en las letras desde fines del s. XVIII en Gran Bretaña (Blake, Wordsworth, Coleridge) y en Alemania (Goethe, Schiller, Hölderlin), y posteriormente en Italia (Manzoni, Leopardi), Francia (Lamartine, Chateaubriand, Hugo) y España. Fue, en sus comienzos, el movimiento típico de una época revolucionaria, que postuló la libre expresión de la sensibilidad y afirmó los derechos del individuo. La generación romántica es la generación de las «ilusiones perdidas», la «escuela del desencanto», y concede gran importancia a la expresión estética, especialmente al lirismo y al drama. En España, el romanticismo surgió tardíamente, hacia 1833. Larra constituye la única aportación realmente valiosa. La poesía de Espronceda y los dramas del duque de Rivas *(Don Álvaro o la fuerza de sino)* y Zorrilla *(Don Juan Tenorio)* marcan, hacia 1840, la plenitud del movimiento, que dio lugar a un nuevo género, el costumbrismo. Más tarde, en plena época del realismo se sitúa el gran logro de la poesía romántica: las *Rimas* de Gustavo Adolfo Bécquer.

■ B. ART. España participó del romanticismo artístico europeo en forma bastante desigual. Así, mientras que la arquitectura se sumergía en el eclecticismo medievalista, abarcando campos tan diversos como el de los cementerios o el de los jardines (el Retiro de Madrid, Horta en Barcelona), en pintura, aparte de Goya, que dominó el panorama del primer cuarto del s. XIX y superó ampliamente los límites del romanticismo, se diversificó en diferentes géneros tales como el cuadro de historia (F. Madrazo y C. Lorenzale), el retrato (F. Madrazo y J. Espalter), la pintura costumbrista (L. Alenza, V. Domínguez Bécquer), el paisaje (J. Pérez Villaamil y J. Parcerisas), etc. La escultura estuvo menos influida por las nuevas premisas plásticas (A. y V. Vallmitjana; J. Suñol; J. Grafera).

En Hispanoamérica la pintura y la escultura fueron fomentadas desde las Academias, como la de San Carlos de México y la de Chile, sobresaliendo pintores como J. Ramírez (México), J. M. Rugendas (Chile), B. Franklin Rawson (Argentina), I. Merino (Perú), y escultores como F. Sojo, M. Soriano (México), N. Plaza (Chile).

— MÚS. Se considera a Beethoven (1770-1827) como el puente entre el clasicismo y el romanticismo; su obra influyó en casi toda la producción instrumental del s. XIX, siglo de la ópera y del sinfonismo por antonomasia, en el que a Rossini *(El barbero de Sevilla, Guillermo Tell)* se le considera el continuador de la tradición mozartiana, y a Verdi *(La traviata, Rigoletto, La fuerza del destino, Aida)*, el más grande de los operistas italianos. En Alemania, Wagner *(El anillo del nibelungo, El oro del Rin, La valquiria, Sigfrido, El crepúsculo de los dioses, Parsifal)* reaccionó contra el italianismo operístico, con escenas sin corte entre aria y recitativo, introduciendo el leitmotiv como elemento conector a lo largo de la obra. En música instrumental se desarrollaron la sinfonía, el concierto para piano, el lied, los preludios, nocturnos e impromptus y las sonatas para piano, instrumento que alcanzó su máximo desarrollo en el s. XIX y fue el preferido por todos los cultivadores de las formas musicales románticas (Chopin, Schumann, Mendelssohn, Brahms, Liszt). *(V. ilustración pág. 890.)*

**ROMÁNTICO, A** adj. y n. Relativo al romanticismo; partidario de este movimiento. **2.** Que manifiesta un predominio de idealismo y sentimiento; que afecta a la sensibilidad y a la imaginación predisponiendo a la emoción.

**ROMANZA** n. f. (voz italiana). Aria, generalmente de carácter sencillo y tierno. **2.** Composición musical del mismo carácter y meramente instrumental.

**ROMAZA** n. f. Planta herbácea, de raíz gruesa, tallo nudoso y rojizo y fruto seco, con una semilla dura y triangular. (Familia poligonáceas.)

**ROMBAL** adj. De figura de rombo o en forma de rombo.

**RÓMBICO, A** adj. Que tiene forma de rombo. **2.** Dícese del sistema cristalino cuyas formas holoédricas se caracterizan por tener tres ejes binarios rectangulares y no equivalentes, tres planos de simetría y centro. SIN.: *ortorrómbico.*

**ROMBO** n. m. Cuadrilátero cuyos cuatro lados son iguales, y dos de sus ángulos, mayores que los otros dos.

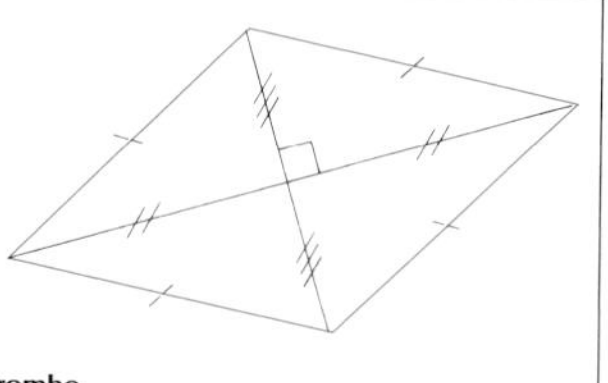

rombo

**ROMBOÉDRICO, A** adj. Dícese del sistema cristalino cuya forma tipo es el romboedro.

**ROMBOEDRO** n. m. Paralelepípedo cuyas seis caras son rombos iguales.

**ROMBOENCÉFALO** n. m. EMBRIOL. Estructura nerviosa del embrión, situada alrededor del cuarto ventrículo, a partir de la cual se diferencia el metencéfalo y el mielencéfalo.

**ROMBOIDAL** adj. De figura de romboide.

**ROMBOIDE** n. m. Paralelogramo cuyos lados, iguales dos a dos, no son perpendiculares.

**ROMBOIDES** n. m. ANAT. Músculo ancho y delgado de la región dorsal que tiene la forma de un rombo.

**ROMERA** n. f. Modalidad de cante flamenco.

**ROMERAL** n. m. Terreno poblado de romeros.

**ROMERÍA** n. f. Viaje o peregrinación que se hace, generalmente por devoción, a un santuario. **2.** Fiesta popular que se celebra en las inmediaciones de una ermita o santuario y en la que los actos religiosos se acompañan de meriendas, bailes, etc. **3.** *Fig.* Gran número de personas que afluyen a un lugar.

**ROMERITO** n. m. *Méx.* Planta herbácea con la

La iglesia de Santa Maria di Portonovo, alrededores de Ancona (Italia), antigua abadía benedictina de la primera mitad del s. XI. Influida por la arquitectura de Lombardía, esta basílica, adornada exteriormente con bandas lombardas y arquerías, pertenece aún al primer arte románico a pesar de su cuidadoso labrado de la piedra de sillería.

La torre del campanario de la iglesia de San Esteban de Segovia (s. XII). En su última fase la arquitectura románica castellana presentó singulares características sobre todo en las áreas segovianas y sorianas, en las que pórticos abiertos, como en este caso, suelen rodear parte de las iglesias. Enteramente de piedra, de planta cuadrada y sobre un basamento macizo que alcanza la altura de la nave mayor, se eleva el cuerpo de la torre de cinco pisos: cada uno de ellos provisto en los cuatro frentes de ventanas dobles, excepto el último que las tiene triples.

La Virgen con el Niño en majestad rodeada de los Reyes Magos (*c.* 1123), detalle del fresco procedente de la iglesia de Santa María de Tahull, Lérida. (Museo de arte de Cataluña, Barcelona.) Los frescos de esta iglesia junto con los de San Clemente de Tahull y que componían la decoración de sus ábsides, son obras anónimas y capitales del románico catalán del s. XII.

Fachada occidental de Notre-Dame-la-Grande en Poitiers (primera mitad del s. XII). Una de las características del arte de Poitiers y de Santonge del s. XII es la proliferación de la decoración escultórica tanto figurativa como ornamental en las fachadas. En Notre-Dame-la-Grande los temas iconográficos han tratado a los profetas, a la Encarnación, al Antiguo y Nuevo testamento, etc.

El panteón de los reyes en la iglesia de San Isidoro de León (fines del s. XI-principios del s. XII). Este pórtico monumental, con varios tramos cubiertos de bóvedas de aristas, fue concebido como lugar de sepultura de los reyes de León y al mismo tiempo como pórtico de entrada a la colegiata de San Isidoro. Sus capiteles se relacionan con el arte de fines del s. XI de la escuela tolosana y compostelana. Los notables frescos de las bóvedas, del s. XII, parecen recordar los modelos del oeste de Francia y, por otra parte, a los carolingios: tienen por temas la vida de la Virgen y la de Jesús, el Apocalipsis, Cristo en majestad rodeado de los evangelistas y un calendario con los trabajos de los meses.

Figura del profeta Jeremías (detalle) en la parte derecha del parteluz (alrededor de 1130) de la portada de la abadía de Moissac (Tarn-et-Garonne). En posición de atlante, rodeado de animales (leones), la figura pensativa del profeta, con elegantes arabescos, es testimonio de la maestría adquirida durante las primeras décadas del s. XII por los talleres románicos de escultura, especialmente los de Languedoc (Toulouse) y de Gascuña (sin olvidar los de Borgoña en Autun y en Vézelay).

Nave (fines del s. XI-primer tercio del s. XII) de la catedral de Ely (Gran Bretaña), antigua abadía benedictina. La elevación de tres pisos (grandes arcadas, tribunas, altas ventanas en las cuales un hueco en el muro conduce a un pasaje) recuerda la abadía de los Hombres en Caen. Transepto y coro (al fondo) fueron reconstruidos en la época gótica. En la nave aparece un techo de madera pintada reconstruido en el s. XIX (cuando la catedral, de la misma época que la de Durham, estaba cubierta por bóvedas ojivales primitivas, anunciadoras del arte gótico).

*Mujeres de Argel* (1834) por Delacroix. (Louvre, París.) De la misma manera que la nostalgia por el pasado nacional demanda el gusto romántico por la edad media, la nostalgia por otros horizontes y por otras ideas suscita la corriente, muy importante en el s. XIX, del *orientalismo*. Después de un viaje al norte de África, Delacroix pintó esta escena brillante y animada (cuya paleta y técnicas pictóricas influyeron enormemente en los impresionistas) en oposición al oriente ideal de las odaliscas de Ingres, en el que domina la pureza lineal.

*El árbol de los cuervos* (1822) por Caspar David Friedrich. (Louvre, París.) Los pintores románticos buscan en la naturaleza un reflejo de sus estados de ánimo y de sus sentimientos íntimos. En Friedrich, hombre del norte, domina la melancolía e incluso la angustia, que expresa la desolación solitaria de esta tela.

*Sátira del suicidio romántico* (segundo cuarto del s. XIX), óleo sobre lienzo por Leonardo Alenza. (Museo romántico, Madrid.) Se hace patente la visión irónica e incluso satírica de este artista sobre la realidad popular de su época, sus dotes excepcionales de observador y su maestría técnica que hacen de él la figura pictórica sobresaliente del romanticismo costumbrista español.

el **romanticismo** en el arte

que se prepara un platillo del mismo nombre con papas, ajonjolí, tortas de camarones y salsa de chile rojo, muy popular en épocas de abstinencia.

**ROMERO** n. m. Arbusto aromático, de flores liliáceas o blanquecinas, empleado en perfumería.

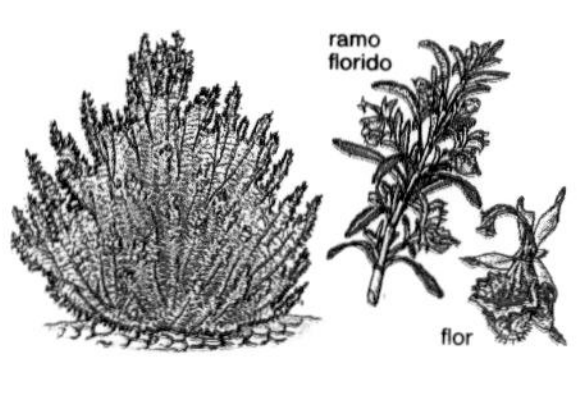


romero

**ROMERO, A** adj. y n. Que va en romería: *los romeros del Rocío.* **2.** Peregrino.

**ROMO, A** adj. Obtuso y sin punta. **2.** *Fig.* Torpe, tonto. **3.** De nariz pequeña y poco puntiaguda.

**ROMPECABEZAS** n. m. (pl. *rompecabezas*). Juego que consiste en componer determinada figura combinando cierto número de pedacitos, en cada uno de los cuales hay una parte de la figura. **2.** *Fig.* y *fam.* Cualquier cosa que entraña dificultad en su entendimiento o resolución.

**ROMPEDOR, RA** adj. y n. Que rompe.

**ROMPEHIELOS** n. m. (pl. *rompehielos*). Espolón situado frente a los pilares de un puente para protegerlo contra los hielos flotantes. **2.** Buque construido especialmente para romper los hielos que obstruyen un canal, y mantener un paso libre.

**ROMPEHUELGAS** n. m. y f. (pl. *rompehuelgas*). Persona que no se suma a una huelga o que se presta a ocupar el puesto de trabajo de un huelguista.

**ROMPEOLAS** n. m. (pl. *rompeolas*). Obra levantada a la entrada de una rada o de un puerto, para protegerlos contra el mar abierto.

**ROMPER** v. tr. y pron. **[2p]**. Hacer trozos o fragmentos algo. **2.** Hacer en una cosa, especialmente en una prenda de vestir, un agujero o abertura. ◆ v. tr. **3.** *Fig.* Dividir o separar la unión o continuidad de un cuerpo: *el buque rompe las olas.* **4.** *Fig.* Interrumpir cierto estado, proceso, desarrollo, etc. **5.** *Fig.* Quebrantar la observancia de la ley, precepto, contrato u otra obligación. • **De rompe y rasga,** dícese de la persona resuelta y de gran desembarazo. ‖ **Romper el servicio** (DEP.), en tenis, ganar el juego en el que no se tiene el saque. ‖ **Romper filas,** separarse y disgregarse la tropa al final de un ejercicio de orden cerrado. ◆ v. intr. **6.** Deshacerse las olas en espuma por influencia del viento o en las proximidades de la costa. **7.** *Fig.* Empezar y tener principio aquello que se expresa: *romper a llorar; romper el día.* **8.** *Fig.* Abrirse paso por algún sitio o entre alguna cosa: *la policía rompió entre la multitud.* **9.** *Fig.* Abrirse las flores. **10.** *Fig.* Interrumpir una amistad, relación, noviazgo, etc.: *se iban a casar pero rompieron dos días antes de la boda.*

**ROMPIBLE** adj. Que se puede romper.

**ROMPIENTE** n. m. Escollo que constituye un obstáculo para la ola, y sobre el que ésta rompe.

**ROMPIMIENTO** n. m. Ruptura de la amistad o buenas relaciones entre personas, países, etc.

**ROMPOPE** n. m. *Amér. Central, Ecuad.* y *Méx.* Bebida hecha con aguardiente, huevos, leche, azúcar y canela.

**RON** n. m. (ingl. *rum*). Aguardiente obtenido por fermentación y destilación del jugo de caña de azúcar, o de las melazas y subproductos de la fabricación del azúcar de caña.

**RONCA** n. f. Grito que da el gamo cuando está en celo.

**RONCADOR, RA** adj. y n. Que ronca.

**RONCAL** n. m. Queso duro, cocido, prensado y salado, elaborado con leche de oveja, originario del valle del Roncal, Navarra.

**RONCAR** v. intr. **[1a]**. Producir un sonido ronco al respirar, mientras se duerme. **2.** Llamar el gamo a la hembra cuando está en celo.

**RONCEAR** v. tr. **[1]**. *Argent., Chile* y *Méx.* Mover una cosa de un lado a otro, ladeándola con las manos o por medio de palancas.

**RONCHA** n. f. Pápula. **2.** Cardenal, equimosis. **3.** Rebanada, loncha.

**RONCO, A** adj. Que tiene o padece ronquera. **2.** Dícese de la voz o sonido áspero y bronco. SIN.: *rauco.*

**RONCÓN, NA** adj. *Colomb.* y *Venez.* Fanfarrón.

**RONDA** n. f. Recorrido efectuado, generalmente de noche, para impedir posibles desórdenes e inspeccionar a guardias o centinelas. **2.** Grupo de personas que andan rondando. **3.** Acción de ir los jóvenes tocando y cantando por las calles, principalmente delante de las casas de las jóvenes.

**4.** Cada uno de los paseos o calles cuyo conjunto rodea totalmente o en gran parte a una población. **5.** *Fam.* Cada serie de consumiciones que toman distintas personas reunidas en grupo: *esta ronda la pago yo.* **6.** En varios juegos de naipes, vuelta o suerte de todos los jugadores. **7.** Serie de etapas que se desarrollan de manera sucesiva y ordenada: *ronda de conversaciones; ronda eliminatoria.* **8.** COREOGR. Baile colectivo cuyos participantes se cogen de la mano formando un círculo que gira alrededor de su centro, imaginario o indicado por un árbol, una piedra sagrada o un bailarín.

**RONDADOR, RA** adj. y n. Que ronda o va de ronda. ◆ n. m. **2.** Instrumento musical popular ecuatoriano a modo de flauta recta o siringa.

**RONDALLA** n. f. Cuento, conseja. **2.** Ronda, conjunto de hombres que van tocando y cantando por la calle.

**RONDAR** v. intr. y tr. [**1**]. Hacer una ronda de vigilancia. **2.** Salir los jóvenes de ronda. **3.** Andar de noche paseando por las calles. ◆ v. tr. **4.** Dar vueltas alrededor de una cosa. **5.** *Fig.* y *fam.* Ir detrás de uno importunándole para conseguir algo de él. **6.** *Fig.* y *fam.* Cortejar a una moza. **7.** *Fig.* y *fam.* Estar el sueño, una enfermedad, etc., a punto de apoderarse de alguien.

**RONDEAU** n. m. (voz francesa). Género lírico de la poesía francesa. SIN.: *rondel.*

**RONDEÑA** n. f. Modalidad de cante flamenco.

**RONDEÑO, A** adj. y n. De Ronda o de la serranía de Ronda.

**RONDÍN** n. m. *Bol.* y *Chile.* Individuo que vigila o ronda de noche.

**RONDÓ** n. m. MÚS. Forma instrumental o vocal caracterizada por la alternancia de un estribillo y de estrofas en número variable.

**RONDÓN. De rondón** *(Fam.)*, sin llamar, sin pedir permiso.

**RONDÓN** n. m. *Amér. Central, Colomb.* y *Venez.* Planta maderable de propiedades medicinales. (Familia anacardiáceas.) **2.** *Hond.* Especie de escarabajo pelotero.

**RONQUEAR** v. intr. [**1**]. Estar ronco.

**RONQUEDAD** n. f. Calidad de ronco.

**RONQUERA** n. f. Afección de la laringe que provoca alteración del timbre de la voz haciéndolo bronco y poco sonoro.

**RONQUIDO** n. m. Ruido que se hace al roncar. **2.** *Fig.* Ruido o sonido bronco.

**RONRONEAR** v. intr. [**1**]. Emitir el gato cierto sonido ronco y continuado en señal de satisfacción. **2.** Producir un ruido similar un motor.

**RONRONEO** n. m. Acción y efecto de ronronear.

**RÖNTGEN** n. m. Roentgen.

**RONZAL** n. m. Ramal o cabestro de una caballería.

**RONZAL** n. m. MAR. Palanca, palanquín.

**RONZAR** v. tr. [**1g**]. Comer una cosa dura haciendo ruido al masticarla.

**RONZAR** v. tr. (fr. *roncer*) [**1g**]. MAR. Mover una cosa pesada por medio de palancas.

**ROÑA** n. f. Sarna. **2.** Porquería, suciedad que se pega fuertemente. **3.** *Fig.* y *fam.* Roñería, mezquindad. **4.** *Fig.* y *fam.* Farsa, astucia, sagacidad. **5.** Moho de los metales. **6.** Enfermedad que afecta a diversas plantas, producida por hongos que se caracteriza por la aparición de manchas en las hojas y en los frutos en crecimiento. **7.** *Colomb.* Aspereza, rugosidad. ◆ n. m. y f. **8.** *Fam.* Persona roñosa, tacaña.

**ROÑERÍA** n. f. *Fam.* Tacañería.

**ROÑOSO, A** adj. Que tiene o produce roña. **2.** Sucio, puerco. **3.** Oxidado. **4.** *Fig.* y *fam.* Tacaño. SIN.: *roñica.* **5.** *Ecuad.* y *Méx.* Sin pulimento, áspero.

**ROPA** n. f. Denominación dada a cualquier prenda de tela. **2.** Prenda de vestir. • **A quema ropa,** a quemarropa. ‖ **Ropa blanca,** ropa de uso doméstico y ropa interior. ‖ **Ropa interior,** conjunto de las prendas que se llevan debajo del vestido o traje exterior. ‖ **Ropa vieja,** guisado de la carne que ha sobrado de la olla o que antes se aprovechó para obtener caldo o jugo.

**ROPAJE** n. m. Vestido o adorno exterior del cuerpo y especialmente vestido suntuoso usado en ceremonias solemnes. **2.** Conjunto de ropas.

**ROPAVEJERÍA** n. f. Tienda de ropavejero.

**ROPAVEJERO, A** n. Persona que tiene por oficio vender ropas, baratijas y otras cosas usadas.

**ROPERO** n. m. y adj. Armario o cuarto donde se guarda la ropa. ◆ n. m. **2.** Asociación benéfica que reparte ropa entre los necesitados. **3.** *Amér.* Persona muy corpulenta, mastodonte.

**ROPÓN** n. m. Prenda de vestir larga y amplia que generalmente se ponía sobre los demás vestidos.

**ROQUE** n. m. (ár. *ruj,* carro). Torre del ajedrez.

**ROQUE** n. m. GEOMORFOL. Edificio volcánico, en forma de pitón, que corresponde a un cilindro de extrusión puesto en resalte por la erosión diferencial.

**ROQUE** adj. **Estar,** o **quedarse roque** *(Fam.)*, estar o quedarse dormido.

**ROQUEDAL** n. m. Peñascal.

**ROQUEFORT** n. m. Queso fabricado en Francia, en la región de Roquefort-sur-Soulzon, con leche de oveja y en el que se desarrollan esporas de un moho especial.

**ROQUEÑO, A** adj. Rocoso.

**ROQUERO, A** adj. Relativo a las rocas o edificado sobre ellas.

**ROQUERO, A** n. Rocker.

**ROQUETE** n. m. LITURG. Sobrepelliz, y en especial la de mangas estrechas que visten los obispos y ciertos dignatarios eclesiásticos.

**RORCUAL** n. f. Mamífero marino semejante a la ballena pero con la cara ventral estriada y con aleta dorsal, cuya mayor especie alcanza los 25 m de long.

**RORRO** n. m. *Fam.* Niño de pecho.

**ROS** n. m. Gorro militar duro, más alto por delante que por detrás, y con visera.

**ROSA** n. f. Flor del rosal. **2.** Cualquier cosa que por su forma se asemeja a ella. **3.** *Amér.* Rosal, planta. • **Rosa de China,** planta arbustiva de grandes flores púrpuras solitarias. (Familia malváceas.) ‖ **Rosa de Jericó,** crucífera de Asia Menor, cuyas ramas se contraen en forma de bola en tiempo seco y se enderezan por efecto de la humedad. ‖ **Rosa de los vientos, de la aguja,** o **náutica,** figura circular adaptada al cuadrante de la aguja náutica dividida en treinta y dos secciones que marcan los rumbos en que se divide el horizonte. ‖ **Rosa de Navidad,** planta herbácea de la familia ranunculáceas, que vive en lugares húmedos y florece en invierno. ‖ **Rosa del azafrán,** flor del azafrán. ◆ adj. y n. m. **4.** Dícese del color rojo claro parecido al de la rosa común. ◆ adj. **5. Novela rosa,** género novelesco basado en personajes y ambientes convencionales, donde el amor triunfa siempre sobre la adversidad. ◆ **rosas** n. f. pl. **6.** Rosetas de maíz. **7.** Antigua forma de canción bailable popular, procedente de la tradición folklórica gaditana.

**rosas**

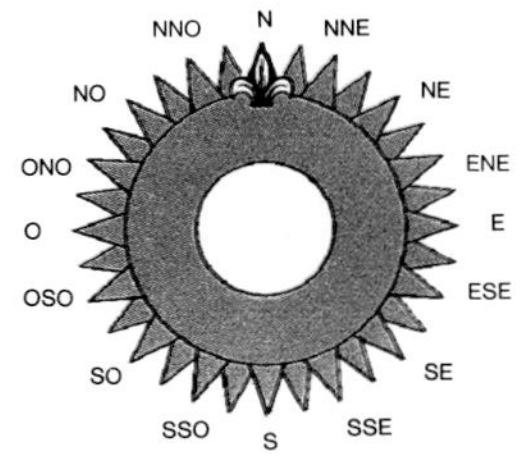


**rosa** de los vientos

**ROSÁCEO, A** adj. De color algo rosado. ◆ adj. y n. f. **2.** Relativo a una familia de plantas dialipétalas con numerosos estambres, provista frecuentemente de un doble cáliz. (El *rosal,* el *ciruelo,* el *melocotonero,* el *cerezo* y el *peral* pertenecen a dicha familia.)

**ROSACRUZ** adj. y n. m. y f. Relativo a la Rosacruz; miembro de dicha fraternidad.

**ROSADA** n. f. Escarcha.

**ROSADO, A** adj. Dícese del color rosa. ◆ adj. y n. **2.** *Argent., Colomb.* y *Chile.* Dícese del caballo cuya capa presenta manchas rosadas y blancas, ya por transparencia de la piel, ya porque posee pelos de estos colores. ◆ adj. y n. m. **3.** Dícese del vino joven de color rosa procedente de uvas negras o de mezcla de uvas negras y blancas.

**ROSAL** n. m. Arbusto espinoso de la familia rosáceas, cultivado por sus magníficas flores con frecuencia olorosas *(rosas)*, y del que se conocen numerosas variedades.

**ROSALEDA** o **ROSALERA** n. f. Sitio plantado de rosales.

**ROSANILINA** n. f. Base nitrogenada cuyos derivados son colorantes que tiñen directamente la fibra animal.

**ROSARIO** n. m. Rezo de la Iglesia católica en que se conmemoran los quince misterios de la vida de la Virgen, recitando después de cada uno un padrenuestro, diez avemarías y un gloriapatri. **2.** Sarta de cuentas que se pasan entre los dedos para hacer este rezo. **3.** *Fig.* Serie o sucesión de cosas. **4.** *Fig.* y *fam.* Espinazo, espina dorsal. • **Como el rosario de la aurora** *(Fam.)*, mal.

**ROSBIF** n. m. (ingl. *roast-beef*). Trozo de carne de buey o de vaca asado de modo que el interior quede algo crudo.

**ROSCA** n. f. Porción de cualquier materia de forma más o menos cilíndrica y doblada formando un aro. **2.** Bollo o torta que tiene esta forma. **3.** Cada vuelta de una espiral o el conjunto de ellas. **4.** Carnosidad que sobresale en alguna parte del cuerpo. **5.** *Chile.* Rodete para llevar pesos en la cabeza. **6.** TECNOL. Filete en espiral de un tornillo. • **Hacer la rosca** a uno *(Fam.)*, adularle, halagarle para obtener algún provecho. ‖ **Pasarse de rosca** *(Fam.)*, excederse.

**ROSCADO, A** adj. En forma o figura de rosca. ◆ n. m. **2.** Acción y efecto de roscar. **3.** TECNOL. Fileteado.

**ROSCADORA** n. f. y adj. Máquina-herramienta para roscar cualquier clase de piezas mecánicamente.

**ROSCAR** v. tr. [**1a**]. Hacer la rosca en un tornillo.

**ROSCO** n. m. Rosca de pan o de bollo. • **No comerse un rosco** *(Fam.)*, no conseguir alguien algo que pretendía, especialmente en el terreno amoroso.

**ROSCÓN** n. m. Bollo en forma de rosca grande.

**ROSEDAL** n. m. *Argent.* y *Urug.* Sitio plantado de rosales, rosaleda.

**ROSELA** n. f. Planta que vive en terrenos pantanosos y turberas de las regiones cálidas y templadas, con hojas de limbo redondeado cubierto por pelos glandulares irritables que capturan los insectos que se posan sobre ellos.

**ROSELLONÉS, SA** adj. y n. Del Rosellón. ◆ n. m. **2.** Dialecto catalán del grupo oriental que se habla en la Cataluña francesa y en una franja septentrional de la provincia de Gerona.

**RÓSEO, A** adj. De color de rosa.

**ROSÉOLA** n. f. MED. Erupción de manchas rosáceas característica de determinadas enfermedades o de la intolerancia a determinados medicamentos.

**ROSETA** n. f. Mancha que aparece en las mejillas. **2.** ARQ. Motivo ornamental en forma de rosa abierta. **3.** ARQ. Rosetón pequeño. **4.** EQUIT. Parte móvil de la espuela, en forma de rueda estrellada. **5.** TECNOL. Raqueta. • **En roseta** (BOT.), dícese de las hojas que en la base del tallo o en las ramas se disponen muy juntas, formando una especie de rosa. ◆ **rosetas** n. f. pl. **6.** Granos de maíz que al tostarse se abren en forma de flor.

**ROSETÓN** n. m. Cualquier adorno parecido a una flor, de forma redondeada. **2.** ARQ. Gran ventana circular, cerrada por vidrieras, característica de las iglesias góticas.

**ROSILLO, A** adj. Rojo claro. ◆ adj. y n. m. **2.** Ruano.

**ROSOLI** o **ROSOLÍ** n. m. Licor compuesto de aguardiente, canela, azúcar, anís y otros ingredientes aromáticos.

**ROSOLÍ** n. m. Rosela.

**ROSQUILLA** n. f. Golosina en forma de rosca pequeña.

**ROSTICERÍA** n. f. *Chile, Méx.* y *Nicar.* Establecimiento donde se asan y se venden pollos.

**ROSTRADO, A** adj. Que remata en punta semejante al pico del pájaro o al espolón de un barco.

**ROSTRAL** adj. **Columna rostral** (ANT. ROM.), columna adornada con espolones de navíos, erigida en recuerdo de una victoria naval.

**ROSTRO** n. m. (lat. *rostrum*, pico, hocico). Cara, semblante humano. **2.** Pico del ave. **3.** ZOOL. Aparato bucal alargado y picador de determinados insectos, como las chinches y los pulgones. **4.** ZOOL. Órgano prominente anterior de diversos animales.

**ROSTRUM** n. m. (voz latina). ANT. ROM. Espolón de un navío de guerra.

**ROTA** n. f. Planta de tallo delgado, sarmentoso y fuerte, utilizado en la construcción de muebles, respaldos de rejilla, etc. (Familia palmáceas.)

**ROTACIÓN** n. f. Acción y efecto de rodar o girar. **2.** Movimiento de un cuerpo alrededor de un eje fijo. **3.** Alternancia de una serie de personas o cosas en el cargo, actividad, función, etc.: *rotación de la presidencia; rotación de exposiciones.* **4.** AGRIC. Orden de sucesión de cultivos en un terreno. **5.** MAT. Desplazamiento que conserva las distancias y los ángulos y que transforma un punto M en un punto M′ tal que OM = OM′ y (OM, OM′) = θ dado, siendo O un punto fijo (en el plano) o la proyección ortogonal del punto M sobre un eje fijo Δ (en el espacio). • **Rotación de existencias,** transformación en cifras de negocios de las existencias de una empresa. ‖ **Rotación de personal,** porcentaje de personal remplazado, durante un año, en una empresa, con relación al efectivo medio.

**ROTACISMO** n. m. LING. Cambio de articulación de una consonante que de su forma primera pasa a la de *r* alveolar.

**ROTARIO, A** n. Miembro de una sociedad filantrópica internacional llamada Rotary club.

**ROTARY** n. m. y adj. (voz inglesa, *rotatorio*). Aparato de perforación que actúa por rotación. **2.** Sistema de conmutación telefónica automático en el que determinados órganos están animados por un movimiento de rotación continuo.

**ROTATIVISTA** n. m. y f. Obrero que maneja la rotativa.

**ROTATIVO, A** adj. Que da vueltas. **2.** Que procede por rotación. ◆ adj. y n. f. **3.** IMPR. Dícese de una máquina de imprimir con formas cilíndricas, cuyo movimiento rotatorio continuo permite una gran velocidad de impresión. ◆ adj. y n. m. **4.** Dícese del periódico impreso con estas máquinas.

**ROTATORIO, A** adj. Que tiene movimiento circular. • **Poder rotatorio** (ÓPT.), propiedad que poseen determinadas sustancias de hacer girar el plano de polarización de la luz que las atraviesa.

**ROTERÍA** n. f. *Chile.* Acción desagradable y desleal. **2.** *Chile.* Dicho que denota falta de cortesía o de educación.

**ROTERÍO** n. m. *Chile. Fam.* Clase de los rotos, plebe.

**ROTICERÍA** n. f. *Argent.* y *Chile.* Fiambrería.

**ROTÍFERO, A** adj. y n. m. Relativo a un tipo de animales invertebrados microscópicos abundantes en las aguas dulces, que poseen dos coronas de cilios en torno a la boca.

**ROTO, A** adj. y n. Andrajoso. **2.** *Chile.* Dícese del individuo de la clase más baja del pueblo. **3.** *Chile.* Incivil, mal educado. **4.** *Méx.* Dícese del petimetre del pueblo. **5.** *Perú. Fam.* Apodo dado a los chilenos. ◆ adj. **6.** Dícese del color que presenta reflejos de otro color. ◆ n. m. **7.** Desgarrón en la ropa.

**ROTOGRABADO** n. m. Procedimiento de heliograbado.

**ROTONDA** n. f. (voz italiana). Edificio, sala o cenador de planta circular o semicircular. **2.** Plaza circular.

**rosetón** gótico (colegiata de Talavera de la Reina, Toledo)

**ROTOR** n. m. (voz inglesa). Conjunto de las aspas y planos rotativos que aseguran la sustentación de los giraviones, su árbol de giro y los dispositivos que regulan su posición. **2.** Conjunto de partes giratorias, en determinadas construcciones mecánicas y electromecánicas.

**ROTOSO, A** adj. *Amér. Merid.* Desharrapado, harapiento. ◆ n. **2.** *Chile. Fig.* Persona de baja condición cultural o social.

**ROTSÉ** → ***lozi.***

**RÓTULA** n. f. Hueso aplanado y móvil, situado en la cara anterior de la rodilla. **2.** MEC. Unión entre dos piezas o barras articuladas que permite el movimiento giratorio de las mismas en todos los sentidos.

**ROTULACIÓN** n. f. Acción y efecto de rotular. SIN.: *rotulado.*

**ROTULADOR, RA** adj. y n. Que rotula o sirve para rotular. ◆ n. m. **2.** Instrumento para escribir o dibujar, cuyo cuerpo encierra un depósito poroso impregnado de tinta unido a una punta de material sintético.

**ROTULAR** o **ROTULIANO, A** adj. Relativo a la rótula.

**ROTULAR** v. tr. [**1**]. Poner un rótulo. **2.** Poner títulos o inscripciones en un mapa o en un plano.

**RÓTULO** n. m. Cartel anunciador o indicador. **2.** Título de un escrito o de una parte del mismo.

**ROTUNDIDAD** n. f. Calidad de rotundo.

**ROTUNDO, A** adj. (lat. *rotundum*). Redondo. **2.** *Fig.* Dícese del lenguaje preciso, expresivo. **3.** *Fig.* Completo, terminante, categórico.

**ROTURA** n. f. Acción y efecto de romper o romperse algo. **2.** *Fig.* Acción de interrumpirse alguna cosa: *rotura de relaciones diplomáticas.*

**ROTURACIÓN** n. f. Acción y efecto de roturar.

**ROTURADOR, RA** adj. Que rotura. ◆ n. m. **2.** Arado de reja muy cortante, para efectuar las roturaciones.

**ROTURAR** v. tr. [**1**]. Arar por primera vez las tierras incultas.

**ROUGE** n. m. (voz francesa). Lápiz de labios. **2.** *Chile.* Colorete.

**ROULOTTE** n. f. (voz francesa). Caravana, remolque.

**ROUND** n. m. (voz inglesa). DEP. En boxeo, asalto.

**ROYA** n. f. BOT. Enfermedad criptogámica provocada por hongos uredinales, que afecta sobre todo a los cereales y se manifiesta por manchas pardas o amarillas en los tallos y en las hojas.

**ROYALTY** n. m. (voz inglesa). Compensación monetaria por el uso de una patente, marca, derechos de autor, etc., que el usuario está obligado a entregar al titular de la propiedad.

**ROZA** n. f. AGRIC. Método de cultivo consistente en roturar parcelas de terreno en sectores de selva o bosque, que, una vez agotadas, son abandonadas, procediéndose a roturar nuevos campos.

**ROZADO** n. m. *Argent.* Roza.

**ROZADURA** n. f. Acción y efecto de rozar una cosa con otra, y señal que deja. **2.** Herida superficial de la piel.

**ROZAGANTE** adj. Vistoso, de mucha apariencia. **2.** *Fig.* Satisfecho, ufano.

**ROZAMIENTO** n. m. Roce, acción y efecto de rozar o rozarse. **2.** *Fig.* Disensión o enfado leve entre dos personas. **3.** *Fig.* Resistencia que se opone a la rotación o al deslizamiento de un cuerpo sobre otro. • **Coeficiente de rozamiento,** fracción de la presión normal que hay que aplicar tangencialmente para vencer el rozamiento. ‖ **Rozamiento interno,** fenómeno físico-químico responsable del amortiguamiento de las vibraciones en un material. ‖ **Rozamiento por deslizamiento,** rozamiento de un cuerpo que se desliza simplemente sobre otro. ‖ **Rozamiento por rodadura,** rozamiento de un cuerpo que se desplaza rodando sobre otro.

**ROZAR** v. intr., tr. y pron. [**1g**]. Pasar una cosa tocando ligeramente la superficie de otra. **2.** *Fig.* Tener una cosa relación o conexión con otra: *mi trabajo roza con el suyo.* ◆ v. tr. **3.** Raspar una cosa a otra: *no roces la pared con la silla.* ◆ v. tr. y pron. **4.** Ajar o manchar alguna cosa con el uso o al tocarla ligeramente con otra: *se me han rozado los puños de la camisa.* ◆ **rozarse** v. pron. **5.** Sufrir una rozadura. **6.** Herirse o tropezarse un pie con otro. **7.** *Fig.* Tener trato o relación con alguien.

**r.p.m.,** abrev. de *revolución por minuto.*

**Ru,** símbolo químico del *rutenio.*

**RU 486** n. f. (marca registrada). Píldora abortiva.

**RÚA** n. f. Calle.

**RUANA** n. f. *Amér. Merid.* Especie de poncho.

**RUANO, A** adj. Roano. ◆ adj. y n. m. **2.** *Argent.*

Dícese del caballo con crin y cola blancas, en particular del alazán.

**RUBATO** adv. (voz italiana). MÚS. Indica que se ha de ejecutar un pasaje con una gran libertad de ritmo.

**RUBEFACCIÓN** n. f. Enrojecimiento de la superficie de la piel producido por un proceso inflamatorio o irritativo. **2.** En las regiones tropicales, coloración roja del suelo, debida a la impregnación de óxidos férricos.

**RUBENIANO, A** adj. Que recuerda el estilo de Rubens.

**RUBÉOLA** o **RUBEOLA** n. f. Enfermedad viral eruptiva, contagiosa y epidémica producida por un virus ultrafiltrable.

**RUBEÓLICO, A** adj. y n. Relativo a la rubéola; afecto de rubéola.

**RUBÍ** n. m. Piedra preciosa, variedad del corindón, transparente y de color rojo vivo con matices rosados o purpúreos. **2.** Piedra dura que sirve de soporte a un eje de una rueda en un reloj.

**rubí**

**RUBIA** n. f. Femenino de rubio. **2.** Automóvil con la carrocería total o parcialmente de madera. **3.** Planta trepadora de la familia rubiáceas, de cuya raíz se extrae la alizarina, sustancia tintórea utilizada antiguamente para el tinte de las indianas.

**RUBIÁCEO, A** adj. y n. f. Relativo a una familia de plantas gamopétalas de distribución mundial, como la gardenia.

**RUBIALES** n. m. y f. y adj. (pl. *rubiales*). *Fam.* Persona rubia.

**RUBICUNDEZ** n. f. Calidad de rubicundo.

**RUBICUNDO, A** adj. (lat. *rubicundum*). Rubio rojizo. **2.** Dícese de la persona de buen color y aspecto saludable. **3.** Dícese del pelo que tira a rojo.

**RUBIDIO** n. m. Metal alcalino (Rb) número atómico 37, de masa atómica 85,46 y densidad 1,52, que funde a 39 °C, análogo al potasio, pero mucho menos frecuente.

**RUBIO, A** adj. (lat. *rubeum*, rojizo). Del color del oro o del trigo maduro. **2.** Dícese del cabello de este color o algo más oscuro o rojizo. ◆ adj. y n. **3.** Dícese de la persona que tiene el pelo de este color. ◆ adj. y n. m. **4.** Dícese de cierto tipo de tabaco cuya fermentación ha sido detenida en la fase en que las hojas se vuelven amarillas. ◆ n. m. **5.** Pez marino que vive en los fondos cenagosos de la plataforma continental, de hocico prominente, que llega a alcanzar 60 cm de long. (Grupo teleósteos, género *Trigla*.)

**RUBLO** n. m. Unidad monetaria principal de Rusia y de otras repúblicas de la antigua U.R.S.S.

**RUBOR** n. m. (lat. *ruborem*). Color rojo muy vivo. **2.** Color que sube al rostro causado por un sentimiento de vergüenza. **3.** *Fig.* Vergüenza.

**RUBORIZAR** v. tr. y pron. [**1g**]. Causar rubor.

**RUBOROSO, A** adj. Que tiene rubor o es propenso a ruborizarse.

**RÚBRICA** n. f. (lat. *rubricam*, tierra roja). Rasgo o rasgos de figura generalmente invariable que, como parte de la firma, se suele añadir al nombre. **2.** Epígrafe, título, frase, sentencia que precede a un escrito. **3.** *Fig.* Final, conclusión. **4.** ECON. Asiento, partida.

**RUBRICAR** v. tr. [**1a**]. Poner uno su rúbrica en un documento o escrito con o sin la firma. **2.** Firmar un despacho o papel y ponerle el sello o escudo

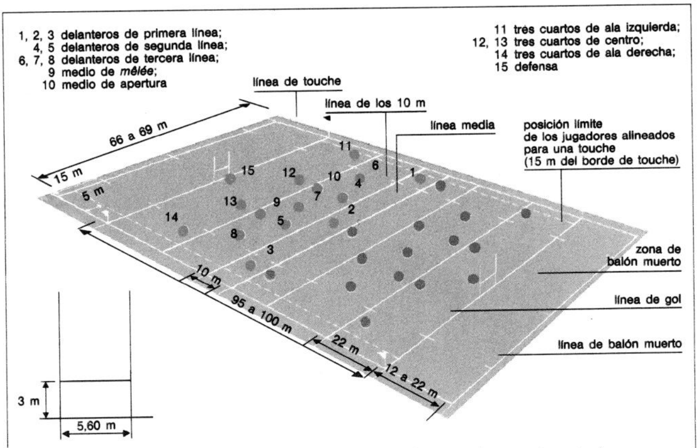


**rugby:** plano de un campo (con la disposición de los jugadores en el saque de centro)

de armas. **3.** *Fig.* Suscribir o dar testimonio de una cosa.

**RUBRO** n. m. *Amér.* Título o rótulo. **2.** *Amér. Merid.* Conjunto de artículos de consumo de un mismo tipo o relacionados con determinada actividad; asiento, partida.

**RUCA** n. f. *Argent.* y *Chile.* Choza, cabaña.

**RUCIO, A** adj. Dícese de los animales de color pardo claro, blanquecino o canoso. **2.** *Chile.* Rubio. ◆ n. m. **3.** Asno, pollino.

**RUCO, A** adj. *Amér. Central.* Viejo, inútil. (Se aplica especialmente a las caballerías.) ◆ n. **2.** *Méx. Fam.* Viejo, anciano.

**RUDA** n. f. (lat. *rutam*). Planta herbácea de flores amarillas verdosas, de cuyas hojas se extrae un producto utilizado en perfumería y medicina. (Familia rutáceas.)

**RUDEZA** n. f. Calidad de rudo.

**RUDIMENTARIO, A** adj. Relativo a los rudimentos. **2.** Elemental, poco desarrollado: *conocimientos rudimentarios; órganos rudimentarios.*

**RUDIMENTOS** n. m. pl. Primeros conocimientos de una ciencia o profesión.

**RUDISTA** adj. y n. m. Relativo a una familia de moluscos bivalvos, fósiles del secundario, que formaban arrecifes.

**RUDO, A** adj. (lat. *rudem*). Tosco, áspero, sin pulimento. **2.** Descortés, grosero, sin educación ni delicadeza natural. **3.** Torpe, que comprende o aprende con dificultad. **4.** Riguroso, violento.

**RUECA** n. f. Utensilio con una rueda movida mediante pedal que sirve para hilar.

**RUEDA** n. f. (lat. *rotam*). Pieza de forma circular que gira alrededor de un eje. **2.** Corro, círculo. **3.** Rodaja de algunas frutas, carnes o pescados. **4.** Suplicio que consistía en romper los miembros del condenado, y atarlo después sobre una rueda de carroza apoyada sobre un poste. **5.** *Argent.* ECON. Jornada de operaciones en los mercados de valores, hacienda, etc. • **Comulgar con ruedas de molino** *(Fam.)*, creer las cosas más inverosímiles. ‖ **Chupar rueda,** en ciclismo, colocarse un corredor inmediatamente detrás de otro para utilizarlo como pantalla frente a la resistencia del aire; aprovecharse del trabajo de otro. ‖ **Hacer la rueda,** desplegar ciertas aves, como el pavo real, las plumas de la cola en círculo. ‖ **Rueda de fricción,** mecanismo de transmisión en el que la tracción de las ruedas se realiza mediante la simple acción del rozamiento. ‖ **Rueda de la fortuna,** alegoría de la incertidumbre del destino humano. ‖ **Rueda de molino,** muela. ‖ **Rueda de prensa,** entrevista periodística que sostienen varios informadores con una persona. ‖ **Rueda de recambio,** o **de repuesto,** rueda destinada a sustituir una rueda cuyo neumático se ha pinchado. ‖ **Rueda del timón** (MAR.), rueda guarnecida en su circunferencia con cabillas, que sirve para maniobrar el servomotor del timón. ‖ **Rueda hidráulica,** o **de agua,** máquina que transforma en energía mecánica la energía disponible de un pequeño salto de agua. ‖ **Rueda libre,** dispositivo que permite a un motor impulsar un mecanismo sin estar arrastrado por él. ‖ **Rueda motriz** (AUTOM.), rueda movida por el motor y que asegura la tracción del vehículo.

**RUEDO** n. m. Contorno o borde de una cosa redonda. **2.** Cualquier cosa colocada alrededor de otra adornando su borde. **3.** Estera de esparto, generalmente redonda. **4.** *Fig.* Corro, cerco de personas. **5.** TAUROM. Espacio destinado a la lidia en las plazas de toros. SIN.: *redondel.*

**RUEGO** n. m. Súplica, petición. **2.** Práctica parlamentaria para formular peticiones o preguntas a la mesa del congreso o del senado. • **Ruegos y preguntas,** apartado que en todo órgano colegiado mercantil, civil, etc., se introduce en el orden del día, al final de los asuntos de obligado tratamiento, para que los asistentes puedan interpelar a la presidencia sobre cuestiones que consideren interesantes.

**RUFIÁN** n. m. El que trafica con prostitutas. **2.** Hombre vil y despreciable, que engaña y estafa.

**RUFIANESCA** n. f. Conjunto de los rufianes y su mundo.

**RUFIANESCO, A** adj. Relativo a los rufianes.

**RUFO, A** adj. Chulo o fanfarrón. **2.** Ufano, satisfecho.

**RUGBY** n. m. (voz inglesa). Deporte que se practica con un balón ovoide impulsado por manos y pies, y en el que se enfrentan dos equipos de 15 jugadores, que intentan colocar el balón detrás de la línea de portería contraria (ensayo), o hacerlo pasar por encima de la barra transversal situada entre los postes de la portería.

**RUGIDO** n. m. Acción de rugir. **2.** Bramido que se emite al rugir.

**RUGIENTE** adj. Que ruge: *un león rugiente.*

**RUGIR** v. intr. [**3b**]. Producir un sonido ronco y fuerte el león, el tigre u otros animales. **2.** Emitir alguien, por estar enfurecido o sentir dolor, grandes gritos y voces. **3.** Bramar el viento, el mar, etc., con ruido fuerte y gran estruendo.

**RUGOSIDAD** n. f. Calidad de rugoso. **2.** Arruga.

**RUGOSO, A** adj. Que tiene arrugas o asperezas.

**RUIBARBO** n. m. Planta herbácea de 1 a 2 m de alt., hojas grandes ásperas por el haz y vellosas por el envés y flores amarillas o verdes, en espigas, que se usa como purgante. (Familia poligonáceas.) *(V. ilustración pág. 894.)*

**RUIDO** n. m. (lat. *rugitum*). Sonido o fenómeno acústico más o menos irregular, confuso y no armonioso. **2.** *Fig.* Importancia exagerada que se da a ciertas cosas; gran interés, comentarios, discusiones que suscita algo.

**RUIDOSO, A** adj. Que causa mucho ruido. **2.** *Fig.* Dícese del asunto, suceso, acción, etc., de que se habla mucho.

**RUIN** adj. Vil, despreciable. **2.** Avaro, tacaño. **3.** Pequeño, poco desarrollado.

**RUINA** n. f. (lat. *ruinam*). Acción de caer o hundirse una construcción. **2.** Acción de destruirse una cosa material o inmaterial. **3.** *Fig.* Hecho de quedarse alguien sin sus bienes. **4.** *Fig.* Persona que se

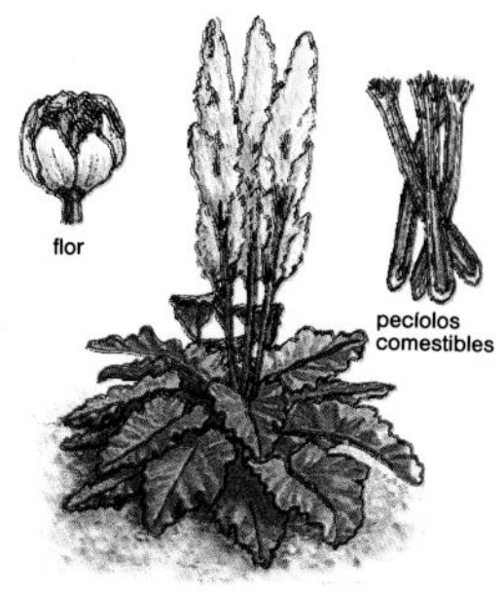

**ruibarbo**

encuentra en estado de completa decadencia. ◆ **ruinas** n. f. pl. **5.** Restos de una construcción hundida.

**RUINDAD** n. f. Calidad de ruin. **2.** Acción ruin.

**RUINIFORME** adj. GEOL. Dícese de una roca (caliza dolomítica, gres) o de un relieve a los que la erosión ha dado un aspecto de ruina.

**RUINOSO, A** adj. Que amenaza ruina, o está derruido en parte. **2.** Que causa o produce ruina o pérdida: *negocio ruinoso.*

**RUISEÑOR** n. m. Ave paseriforme, de 15 cm de long., de plumaje marrón claro, cuyo macho es un cantor notable. (Familia túrdidos.)

**ruiseñor**

**RULEMÁN** n. m. *Argent.* y *Urug.* Pieza que funciona como cojinete, rodamiento.

**RULENCO, A** adj. *Chile.* Dícese de la persona o animal enclenque y raquítico.

**RULERO** n. m. *Amér. Merid.* Rulo, cilindro para rizar el cabello.

**RULETA** n. f. (fr. *roulette*). Juego de azar en el que el ganador es designado por la detención de una bola en determinado número de un plato giratorio. • **Ruleta rusa,** juego de azar que consiste en poner una sola bala en el tambor de un revólver y disparar apuntándose a la sien.

**RULETEAR** v. intr. [**1**]. *Amér. Central* y *Méx. Fam.* Conducir un taxi.

**RULETERO** n. m. *Amér. Central* y *Méx. Fam.* Taxista.

**RULO** n. m. Bola gruesa u otra cosa redonda que rueda fácilmente. **2.** Rodillo para allanar la tierra. **3.** Rizo de pelo. **4.** *Fam.* Objeto de forma cilíndrica, de diversos materiales, que sirve para ondular y dar forma al cabello. **5.** *Argent.* y *Chile.* Rizo del cabello. **6.** *Chile.* Tierra de secano o sin riego.

**RUMA** n. f. *Amér. Merid.* Montón de cosas.

**RUMANO, A** adj. y n. De Rumania. ◆ n. m. **2.** Lengua románica hablada en Rumania.

**RUMBA** n. f. Baile popular cubano de origen africano, de compás binario, para el que se suelen utilizar instrumentos de percusión que acentúan las abundantes síncopas. **2.** Música de dicho baile.

**RUMBEAR** v. intr. [**1**]. Bailar la rumba.

**RUMBEAR** v. intr. (de *rumbo*) [**1**]. *Amér.* Orientarse. **2.** *Amér.* Tomar un rumbo determinado. **3.** *Nicar.* Hacer remiendos.

**RUMBERO, A** adj. y n. Relativo a la rumba; aficionado a la rumba o experto en ella.

**RUMBO** n. m. En la representación del horizonte por un círculo, cada una de las 32 direcciones o vientos en que se divide. **2.** Dirección de la proa de una embarcación o de una aeronave. **3.** Dirección, camino, derrotero. **4.** Comportamiento o actitud que uno sigue o se propone seguir en lo que intenta o procura. **5.** *Fig.* y *fam.* Generosidad, esplendidez: *da con rumbo, que Dios te lo agradecerá.* **6.** *Fig.* y *fam.* Mucho gasto o lujo en una cosa: *vive con mucho rumbo.*

**RUMBOSO, A** adj. *Fam.* Que gasta con esplendidez; que se hace con esplendidez.

**RUMÍ** n. m. y f. Nombre dado por los moros a los cristianos.

**RUMIA** o **RUMIACIÓN** n. f. Tipo de digestión particular de los rumiantes, que almacenan en la panza la hierba no masticada, la regurgitan a continuación a la boca para que sufra una trituración antes de descender de nuevo al libro y al cuajar, donde tiene lugar la digestión gástrica.

**RUMIANTE** adj. y n. m. Relativo a un suborden de mamíferos ungulados provistos de un estómago dividido en tres o cuatro cavidades y que practican la rumia. (El suborden *rumiantes* comprende los *bóvidos* [buey, cordero, cabra, etc.], los *jiráfidos* [jirafa, okapi, etc.], los *cérvidos* [ciervo, gamo, reno, etc.] y los *camélidos* [camello, dromedario, llama, etc.].)

**RUMIAR** v. tr. (lat. *rumigare*) [**1**]. Efectuar la rumia. **2.** *Fig.* y *fam.* Cavilar mucho sobre una cosa.

**RUMOR** n. m. Noticia vaga u oficiosa. **2.** Ruido confuso, sordo e insistente.

**RUMOREARSE** v. impers. [**1**]. Circular un rumor, transmitirse de unos a otros.

**RUMOROSO, A** adj. Que causa rumor.

**RUMY** n. m. Juego de naipes en el que pueden jugar de dos a seis personas con baraja de 52 cartas.

**RUNA** n. f. Cada uno de los caracteres de la escritura rúnica.

**RUNA** n. f. *Argent.* y *Bol.* Papa pequeña de cocción lenta.

**RUNABOUT** n. m. (voz inglesa). Pequeña canoa de carreras o de recreo cuyo motor, de gran potencia, se aloja en el interior del casco.

**RUNCHO** n. m. Marsupial parecido a la zarigüeya común, que vive en América Meridional. (Familia didélfidos.)

**RUNDÚN** n. m. *Argent.* Pájaro mosca. **2.** *Argent.* Juguete parecido a la bramadera.

**RUNGES** n. m. pl. *Chile.* Troncos sin hojas.

**RÚNICO, A** adj. Dícese de una antigua escritura germánica del norte de Europa formada con signos especiales llamados runas.

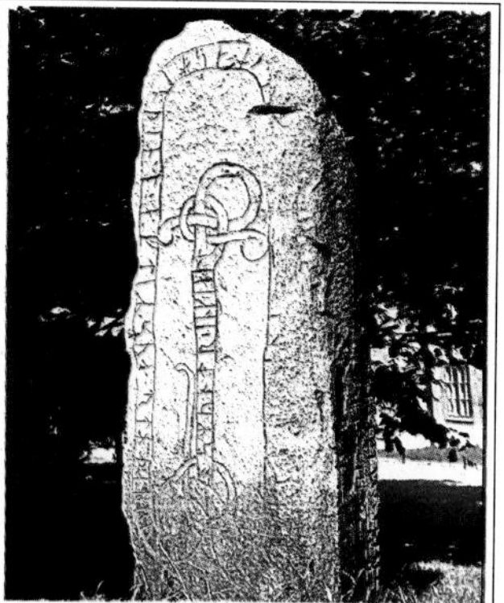
piedra con inscripciones **rúnicas** (Uppsala, Suecia)

**RUNRÚN** n. m. *Fam.* Rumor, ruido confuso. **2.** *Argent., Chile* y *Perú.* Juguete que se hace girar para producir un zumbido. **3.** *Chile.* Ave de plumaje negro, con remeras blancas, que vive a orillas de los ríos y se alimenta de insectos.

**RUNRUNEAR** v. intr. [**1**]. Rumorear.

**RUNRUNEO** n. m. Acción de runrunear. **2.** Runrún.

**RUOLZ** n. m. Aleación de cobre, níquel y plata, de color parecido al de esta última, usada en orfebrería.

**RUPESTRE** adj. (lat. *rupestrem*). Relativo a las rocas. • **Arte rupestre** (B. ART.), pinturas, grabados y relieves realizados sobre las rocas.

**RUPIA** n. f. Unidad monetaria principal de diversos países asiáticos (India, Indonesia, Maldivas, Nepal, Pakistán, Srī Lanka) y africanos (Mauricio, Seychelles).

**RUPTOR** n. m. Interruptor de una bobina de inducción. **2.** Dispositivo de un automóvil, destinado a interrumpir la corriente en el sistema de encendido eléctrico para producir la chispa en la bujía.

**RUPTURA** n. f. Rompimiento, acción y efecto de romper o romperse, especialmente las relaciones entre personas.

**RURAL** adj. Relativo al campo.

**RURALES** n. m. pl. Nombre que recibía en México la policía del campo durante el mandato de Porfirio Díaz.

**RUSCO** n. m. Brusco, planta.

**RUSIENTE** adj. Rojo o candente por la acción del calor.

**RUSIFICACIÓN** n. f. Acción de rusificar.

**RUSIFICAR** v. tr. y pron. [**1a**]. Hacer adoptar las instituciones o la lengua rusas.

**RUSO, A** adj. y n. De Rusia. ◆ adj. **2. Bistec ruso,** hamburguesa. || **Ensalada rusa,** ensaladilla. ◆ n. m. **3.** Lengua eslava que se habla en Rusia. **4.** Gabán de paño grueso.

**RUSTICIDAD** n. f. Calidad de rústico.

**RÚSTICO, A** adj. (lat. *rusticum*). Relativo al campo, o propio de las gentes del campo. **2.** *Fig.* Tosco, inculto, grosero. • **A la,** o **en, rústica,** tratándose de encuadernaciones de libros, con cubierta de papel o cartulina. ◆ n. **3.** Persona del campo.

**RUSTRO** n. m. HERÁLD. Pieza consistente en un losange que trae un círculo en su interior.

**RUTA** n. f. (fr. *route*). Camino por donde se pasa para ir de un lugar a otro. **2.** Camino establecido para un viaje, expedición, etc. **3.** *Fig.* Conducta, comportamiento.

**RUTABAGA** n. f. Especie de col con raíz muy gruesa, cultivada para alimento del ganado. (Familia crucíferas.)

**RUTÁCEO, A** adj. y n. f. Relativo a una familia de plantas dicotiledóneas dialipétalas con fruto en drupa o en baya, como el limonero y el naranjo.

**RUTENIO** n. m. Metal (Ru), número atómico 44, perteneciente al grupo de platino, de masa atómica 101,07 y densidad 12,3, que funde hacia 2 500 °C.

**RUTENO, A** adj. y n. De Rutenia. ◆ adj. **2. Iglesia rutena,** iglesia dependiente de la antigua metrópolis de Kíev, que suscribió el acta de unión con Roma en 1595, de donde su denominación de *Iglesia uniata.*

**RUTHERFORD** n. m. FÍS. Unidad de radiactividad (símbolo Rd) equivalente a la radiactividad de una sustancia radiactiva en la que se producen un millón de desintegraciones cada segundo.

**RUTHERFORDIO** n. m. QUÍM. Elemento químico n.º 104. SIN.: *kurchatovio.*

**RUTIDO** n. m. *Méx.* Ruido lejano de agua.

**RUTILANTE** adj. Que rutila.

**RUTILAR** v. intr. (lat. *rutilare*) [**1**]. *Poét.* Brillar mucho, resplandecer.

**RUTILISMO** n. m. Estado que se caracteriza por la pigmentación roja del cabello y del vello, causada por un pigmento, la eritromelanina.

**RUTILO** n. m. Óxido natural de titanio, de fórmula $TiO_2$.

**RUTINA** n. f. Costumbre, o manera de hacer algo de forma mecánica y usual. **2.** INFORMÁT. Parte de un programa que realiza una determinada función típica, reutilizable en otros programas distintos.

**RUTINARIO, A** adj. Que se hace o practica de rutina. ◆ adj. y n. **2.** Que obra por rutina.

**RUTÓSIDO** n. m. Glucósido que se extrae de numerosos vegetales, como la ruda y el tomate, dotado de actividad vitamínica P. SIN.: *rutina.*

**RÚTULO, A** adj. y n. Relativo a un ant. pueblo del Lacio, absorbido por los romanos desde el s. V a. J.C.; individuo de este pueblo.

**RUZ** n. m. GEOMORFOL. En el relieve de tipo jurásico, valle excavado en el flanco de un anticlinal.

# S

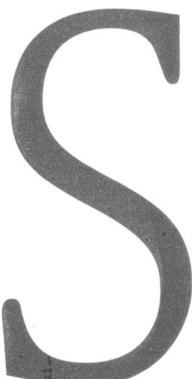

**S** n. f. Vigésima letra del alfabeto español y decimosexta de las consonantes. (Es una consonante sibilante, normalmente sorda aunque, eventualmente, se puede sonorizar por la vecindad de una consonante sonora.) **2.** Abreviatura de *sur.* **3.** Símbolo químico del *azufre.* **4.** Símbolo del *segundo,* unidad de tiempo. **5.** Abreviatura de *siglo.* **6.** Abreviatura de *san,* o *santo.* **7.** ELECTR. Símbolo del *siemens.*

**S.A.,** siglas de *sociedad anónima.*

**S.A.,** abrev. de *su alteza.*

**SABADELLENSE** adj. y n. m. y f. De Sabadell. SIN.: *sabadellés.*

**SÁBADO** n. m. (lat. *sabbatum,* del hebreo *sabath,* descansar). Séptimo y último día de la semana. • **Hacer sábado,** hacer la limpieza extraordinaria de la casa. || **Sábado santo,** último día de la semana santa, vigilia de Pascua.

**SABALETA** n. f. *Bol.* y *Colomb.* Diversos peces similares al sábalo, pero de menor tamaño.

**SÁBALO** n. m. Pez teleósteo de la familia clupeidos.

**SABANA** n. f. Formación herbácea característica de las regiones tropicales con prolongada estación seca, en la que pueden aparecer algunos árboles aislados.

**SÁBANA** n. f. (lat. *sabanam*). Cada una de las dos piezas de lienzo que se usan como ropa de cama: *sábana bajera, encimera.* • **Pegársele** a uno **las sábanas** *(Fam.),* levantarse de la cama más tarde de lo acostumbrado. || **Sábana santa,** santo sudario.

**SABANDIJA** n. f. Cualquier reptil pequeño o insecto. **2.** *Fig.* Persona despreciable.

**SABANEAR** v. intr. [**1**]. *Amér. Central, Colomb.* y *Venez.* Recorrer la sabana para vigilar el ganado o reunirlo.

**SABANERA** n. f. Culebra de vientre amarillo y lomo salpicado de negro, verde y pardo, propia de la sabana.

**SABANILLA** n. f. Cualquier pieza pequeña de lienzo. **2.** LITURG. Lienzo exterior con que se cubre la mesa del altar.

**SABAÑÓN** n. m. Lesión inflamatoria producida por el frío, pero cuyas causas profundas son múltiples: trastornos circulatorios, endocrinos o neurovegetativos, o carencias alimenticias.

**SABÁTICO. Año sabático,** en la ley mosaica, decíase de un año de cada siete, durante el cual las tierras debían permanecer en barbecho y sus productos naturales ser donados a los pobres. **2.** Dícese del año en que, principalmente en los países anglosajones, los profesores están exentos de la docencia para dedicarse a la investigación o a otros estudios.

**SABATINA** n. f. Oficio religioso propio del sábado. **2.** *Chile.* Zurra, felpa.

**SABATINO, A** adj. Relativo al sábado.

**SABBAT** n. m. Reunión nocturna de brujos y brujas que, según la tradición popular, se celebraba el sábado a medianoche bajo la presidencia de Satán.

**ŠABBAT** n. m. En la ley mosaica, día de descanso semanal, desde el viernes noche al sábado noche, consagrado a Dios, que obliga a los judíos de una manera estricta.

**SABEDOR, RA** adj. Conocedor, enterado de cierta cosa.

**SABEÍSMO** n. m. Religión de los sabeos.

**SABELA** n. f. Gusano anélido poliqueto marino de hasta 25 cm de long., que vive en un tubo hundido en el limo y que tiene dos lóbulos de branquias filamentosas.

**SABELIANISMO** n. m. Doctrina de Sabelio.

**SABELOTODO** n. m. y f. (pl. *sabelotodo*). *Fam.* Sabiondo.

**SABEO, A** adj. y n. Del reino de Saba. ◆ n. **2.** Miembro de algunas de las sectas religiosas de la época antigua del islam.

**SABER** n. m. Sabiduría, conocimientos.

**SABER** v. tr. (lat. *sapere*) [**12**]. Conocer una ciencia, arte, etc. **2.** Tener conocimientos o habilidad para hacer algo: *saber inglés; saber nadar; saber defenderse.* • **No sé qué,** expresión con la que se sustituye un nombre que no se recuerda o no se acierta a explicar: *me llamó no sé qué y se fue muy enfadado.* ◆ v. tr. e intr. **3.** Tener noticias de alguien o algo: *saber un secreto; supe de él hace unos días.* ◆ v. intr. **4.** Tener determinado sabor: *este jarabe sabe a miel.* **5.** Tener una cosa semejanza o apariencia de otra, parecerse a ella. **6.** Ser capaz de adaptarse a algo o de comportarse de la manera que se expresa: *saber vivir; saber callar.* **7.** Con los verbos *ir, andar, venir,* etc., conocer el ca-

la **sabana** africana durante las estaciones húmeda y seca

mino, conocer por donde hay que ir. **8.** Ser sagaz y astuto. **9.** *Argent., Ecuad., Guat.* y *Perú.* Soler, acostumbrar. • **A saber,** anuncia la explicación de lo que precede. || **Hacer saber,** comunicar, avisar. || **Saber mal** una cosa a alguien, disgustarle, enfadarle.

**SABICHOSO, A** adj. *Cuba* y *P. Rico.* Entendido, sabiondo.

**SABICÚ** n. m. *Cuba.* Planta arbórea, de madera dura, de flores blancas y amarillas. (Familia papilionáceas.)

**SABIDILLO, A** adj. y n. *Desp.* Sabiondo.

**SABIDO, A** adj. Dícese del que luce y presume de sus conocimientos.

**SABIDURÍA** n. f. Posesión de profundos conocimientos sobre determinadas materias. **2.** Capacidad de pensar o juzgar con prudencia y equidad: *gobernar con sabiduría.*

**SABIENDAS. A sabiendas,** con conocimiento e intencionadamente: *lo hizo mal a sabiendas.*

**SABIHONDEZ** n. f. *Fam.* Sabiondez.

**SABIHONDO, A** adj. y n. *Fam.* Sabiondo.

**SABINA** n. f. Planta arbustiva de Europa meridional, cuyas hojas tienen propiedades medicinales.

**SABINO, A** adj. y n. Relativo a un ant. pueblo de Italia central; individuo de este pueblo.

■ Según la leyenda, después de la fundación de Roma, Rómulo ordenó el rapto de las sabinas, lo que desencadenó la guerra entre sabinos y romanos, y a partir de entonces se fundieron los dos pueblos en uno solo, los quirites; después de la fusión, Tacio, rey sabino, compartió el poder con Rómulo y los sabinos vivieron en el Capitolio. Después de Rómulo, dos reyes sabinos gobernaron en Roma: Numa Pompilio (*c.* 715-672) y Anco Marcio (*c.* 640-616 a. J.C.).

**SABIO, A** adj. y n. (lat. *sapidum*). Que domina alguna ciencia o que posee grandes conocimientos. **2.** Dotado de buen sentido, equilibrado, sensato. ◆ adj. **3.** Que instruye o que contiene sabiduría: *un sabio consejo.* **4.** Dícese de los animales que tienen muchas habilidades: *un perro sabio.*

**SABIONDEZ** n. f. *Fam.* Calidad de sabiondo. SIN.: *sabihondez.*

**SABIONDO, A** adj. y n. *Fam.* Dícese de la persona que presume de saber mucho y que asume tono de persona culta. SIN.: *sabihondo.*

**SABIR** n. m. LING. Lengua compuesta reducida a algunas reglas de combinación y a un vocabulario con un campo léxico determinado.

**SABLAZO** n. m. Golpe dado con el sable; herida hecha con él. **2.** *Fig.* y *fam.* Acción de obtener dinero de alguien con habilidad o descaro.

**SABLE** n. m. (alem. *Säbel*). Arma blanca, algo curva, comúnmente de un solo corte. **2.** *Cuba.* Pez plateado brillante, de cuerpo delgado y aplastado. **3.** DEP. En esgrima, arma ligera de unos 500 g con una concha prolongada hasta el pomo para proteger la parte superior de la mano.

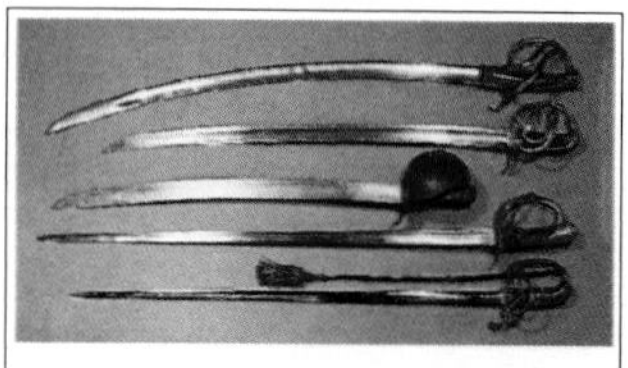

**sables:** *de arriba abajo,* de lancero (1814), de granadero (época Luis XV), de abordaje (1815), de guardia a caballo (1882), de oficial de infantería (1882) [museo del ejército, París]

**SABLE** n. m. (voz francesa). HERÁLD. Esmalte heráldico de color negro.

**SABLEADOR, RA** n. Sablista.

**SABLEAR** v. intr. [**1**]. *Fam.* Dar sablazos, sacar dinero a alguien.

**SABLERO, A** adj. y n. *Chile. Fam.* Sablista.

**SABLISTA** adj. y n. m. y f. Persona que sablea.

**SABOGA** n. f. Pez parecido al sábalo, que vive en el litoral de la península Ibérica. (Familia clupeidos.)

**SABOR** n. m. (lat. *saporem*). Sensación que ciertas cosas producen en el sentido del gusto: *el sabor de los alimentos.* **2.** Cualidad que tienen muchas cosas de producir dicha sensación: *sabor dulce; sabor a fresa.* **3.** *Fig.* Placer o deleite que producen las cosas que gustan: *un espectáculo que deja un agradable sabor.* **4.** *Fig.* Semejanza que una cosa presenta respecto a otra, a la que recuerda de algún modo.

**SABOREAR** v. tr. y pron. [**1**]. Paladear detenidamente y con deleite lo que se come o se bebe: *saborear un manjar.* **2.** *Fig.* Deleitarse o recrearse en algo: *saborear la belleza de un paisaje.*

**SABOREO** n. m. Acción y efecto de saborear.

**SABOTAJE** n. m. (fr. *sabotage*). Deterioro voluntario de utillajes industriales o comerciales de un negocio, de una instalación militar, etc., como método de lucha contra los patronos, el estado, las fuerzas de ocupación, etc. **2.** *Fig.* Oposición u obstrucción disimulada contra proyectos, órdenes, ideas, etc.

**SABOTEAR** v. tr. (fr. *saboter*) [**1**]. Hacer sabotajes.

**SABOYANA** n. f. Pastel hecho de bizcocho empapado en almíbar y rociado con ron, al que se prende fuego en el momento de servirlo.

**SABOYANO, A** adj. y n. De Saboya.

**SABROSO, A** adj. Agradable al sentido del gusto. **2.** *Fig.* Sustancioso. **3.** *Fig.* Malicioso, picante, gracioso: *un sabroso comentario.*

**SABUCO** n. m. Saúco.

**SABUESO, A** adj. y n. m. Dícese de una variedad de perro podenco, algo mayor que el común y de olfato muy fino. ◆ n. m. **2.** *Fig.* Policía, detective. **3.** *Por ext.* Persona hábil para investigar y descubrir las cosas.

**SABUGO** n. m. Saúco.

**SABURRA** n. f. (lat. *saburram*). Gruesa capa blanquecina, constituida por células epiteliales descamadas, que cubre el dorso de la lengua y que aparece principalmente en las alteraciones del tubo digestivo.

**SABURROSO, A** adj. Que indica la existencia de saburra: *lengua saburrosa.*

**SACA** n. f. Acción de sacar los estanqueros de los depósitos los efectos que después venden al público.

**SACA** n. f. Costal muy grande, de tela fuerte, más largo que ancho.

**SACABOCADO** o **SACABOCADOS** n. m. (pl. *sacabocados*). Punzón de boca hueca y contorno cortante, para taladrar chapa metálica, láminas de cuero, corcho, cartón, etc. **2.** Tenaza provista de una boca similar, utilizada para los mismos fines.

**SACACORCHOS** n. m. (pl. *sacacorchos*). Instrumento formado por un tornillo de metal, provisto de un mango, para retirar el tapón de una botella.

**SACACUARTOS** n. m. (pl. *sacacuartos*). *Fam.* Espectáculo o alhajuela de poco valor, pero de buena vista, que atrae a la gente incauta. ◆ n. m. y f. **2.** Persona que tiene arte para sacar dinero al público con cualquier engañifa.

**SACADOR** n. m. Tablero de la máquina de imprimir, en el que se pone el papel que va saliendo impreso.

**SACADURA** n. f. *Chile.* Acción y efecto de sacar.

**SACALECHES** n. m. (pl. *sacaleches*). Instrumento que, aplicado al pezón, permite extraer por aspiración la leche de la glándula mamaria.

**SACAMANCHAS** n. m. (pl. *sacamanchas*). Quitamanchas.

**SACAMANTECAS** n. m. y f. (pl. *sacamantecas*). *Fam.* Criminal que destripa a sus víctimas.

**SACAMUELAS** n. m. y f. (pl. *sacamuelas*). Persona que tenía por oficio sacar muelas. **2.** *Fig.* y *fam.* Charlatán.

**SACAPUNTAS** n. m. (pl. *sacapuntas*). Afilalápices.

**SACAR** v. tr. [**1a**]. Hacer salir algo o a alguien fuera del lugar donde estaba encerrado, retenido o puesto. **2.** Hacer salir a alguien de la condición o situación en que se encuentra: *sacar de una dificultad.* **3.** Conseguir, obtener: *sacar beneficios.* **4.** Desenvainar un arma. **5.** Sonsacar: *sacar detalles de lo ocurrido.* **6.** Ganar algo por suerte: *sacar un premio de la lotería.* **7.** Hacer sobresalir una parte del cuerpo. **8.** Alargar el dobladillo o ensanchar las costuras de una prenda de vestir. **9.** Separar, extraer de una cosa alguna de sus partes o componentes: *sacar aceite de la soja.* **10.** Producir, fabricar: *sacar mil coches al día.* **11.** Inventar o divulgar un producto, moda, canción, etc.: *sacar modelos para la primavera.* **12.** Aplicar o atribuir a alguien apodos, defectos, etc. **13.** Exteriorizar, manifestar: *sacar el genio.* **14.** Resolver un problema, cuenta, etc.: *sacar una suma.* **15.** Deducir, hallar, descubrir: *sacar un misterio.* **16.** Elegir por sorteo o votación: *sacar alcalde.* **17.** Citar, nombrar: *sacar todo cuanto se sabe.* **18.** Extraer citas, notas, etc., de un libro o texto. **19.** Comprar entradas, billetes, etc. **20.** *Fam.* Hacer una fotografía. **21.** En numerosos juegos, especialmente de pelota, iniciar una jugada al principio del juego o después de una interrupción, de una falta, etc. **22.** Aventajar una persona, animal o cosa a otro u otra en lo que se expresa: *le saca un palmo de altura; le sacó más de un minuto.* • **Sacar a bailar,** invitar una persona a otra a bailar con ella. || **Sacar adelante,** criar, mantener, ayudar, etc., a alguien hasta que pueda valerse por sí mismo; poner en marcha un negocio, asunto, etc., o salvarlo de la crisis. || **Sacar de la nada,** elevar de posición o promocionar a alguien económicamente débil. || **Sacar de sí,** enfurecer, indignar. || **Sacar en claro, en limpio,** etc., lograr aclarar algo. || **Sacarle a** algo *(Méx. Fam.),* tener miedo de ello: *le sacó a ir sola.*

**SACARASA** n. f. Invertasa.

**SACARATO** n. m. Denominación impropia de la combinación de los álcalis con el azúcar.

**SACARÍFERO, A** adj. Que produce o contiene azúcar.

**SACARIFICACIÓN** n. f. Acción y efecto de sacarificar.

**SACARIFICAR** v. tr. [**1a**]. Convertir en azúcar.

**SACARIMETRÍA** n. f. Conjunto de procedimientos que sirven para medir la cantidad de azúcar en disolución que existe en un líquido.

**SACARIMÉTRICO, A** adj. Relativo a la sacarimetría.

**SACARÍMETRO** n. m. Instrumento que se emplea en la operación de sacarimetría.

**SACARINA** n. f. Sustancia blanca, derivada del tolueno, por tanto químicamente sin relación con los azúcares, que da un sabor azucarado y se utiliza como sucedáneo del azúcar.

**SACARINO, A** adj. Que tiene azúcar; de la naturaleza del azúcar; que se asemeja al azúcar.

**SACAROIDEO, A** adj. Que tiene la apariencia del azúcar: *yeso sacaroideo.*

**SACAROMICETÁCEO, A** adj. y n. f. Blastomicete.

**SACAROSA** n. f. Glúcido del grupo de los ósidos que, por hidrólisis, se desdobla en glucosa y en fructosa, y constituye el azúcar de caña y el de remolacha.

**SACARURO** n. m. FARM. Granulado.

**SACASEBO** n. m. Planta gramínea silvestre que sirve de pasto al ganado.

**SACATESTIGOS** n. m. (pl. *sacatestigos*). Instrumento especial que permite cortar y extraer muestras de terrenos.

**SACATINTA** n. f. Planta arbustiva de América Central, de 1 m de alt. aprox., de cuyas hojas se extrae un tinte azul violeta. (Familia acantáceas.)

**SACAVUELTAS** n. m. y f. (pl. *sacavueltas*). *Chile. Fig., fam.* y *desp.* Persona que rehúye una obligación, responsabilidad o trabajo.

**SACERDOCIO** n. m. (lat. *sacerdotium*). Función y estado del sacerdote. **2.** *Fig.* Toda función que presenta un carácter particularmente respetable por razón de la abnegación que exige.

**SACERDOTAL** adj. Relativo al sacerdocio o a los sacerdotes.

**SACERDOTE** n. m. (lat. *sacerdotem*). Ministro de una religión. **2.** En la Iglesia católica, el que ha sido ordenado de presbítero o de obispo. • **Sumo sacerdote,** entre los hebreos, nombre dado al jefe de los sacerdotes del templo de Jerusalén.

**SACERDOTISA** n. f. Mujer consagrada al culto de una divinidad.

**SACHACABRA** n. m. *Argent.* Mamífero rumiante similar al corzo.

**SACHAGUASCA** n. f. *Argent.* Planta enredadera con propiedades medicinales. (Familia bignoniáceas.)

**SACHÉ** o **SACHET** n. m. *Argent.* Envase sellado de plástico flexible o celofán para contener líquidos.

**SACHO** n. m. *Chile.* Instrumento consistente en

un armazón de madera con una piedra, que se utiliza como ancla.

**SACIAR** v. tr. y pron. (lat. *satiare*) **[1]**. Satisfacer el hambre o la sed, o hacer que alguien coma o beba hasta no poder más. **2.** *Fig.* Satisfacer plenamente ambiciones, deseos, intenciones, etc.

**SACIEDAD** n. f. Estado de satisfecho o de harto. • **Hasta la saciedad,** plenamente, hasta el máximo.

**SACO** n. m. (lat. *saccum*). Receptáculo de tela, papel, cuero u otra materia flexible, generalmente de forma rectangular, abierto por arriba; lo contenido en él. **2.** *Fig.* y *fam.* Persona que tiene, en alto grado, la cualidad o defecto que se expresa: *ser un saco de malicia, de bondad.* **3.** Abrigo no ajustado. **4.** *Amér.* Chaqueta. **5.** *Amér.* Chaqueta de hombre, americana. **6.** ANAT. Estructura del organismo, cubierta por una membrana. **7.** MIL. Petate. • **Carrera de sacos,** diversión que consiste en efectuar una carrera entre personas metidas hasta la cintura en un saco, que sostienen con las manos. || **No echar en saco roto** *(Fam.),* no olvidar algo, tenerlo en cuenta para poder sacar algún provecho. || **Saco de dormir,** especie de saco almohadillado o forrado, que los excursionistas emplean para dormir. || **Saco embrionario** (BOT.), en las plantas con flores, masa central del óvulo que contiene la oosfera.

**SACO** n. m. (ital. *sacco*). Saqueo: *el saco de Roma.* • **Entrar,** o **meter, a saco,** saquear.

**SACÓN, NA** adj. *Méx. Fam.* Miedoso, cobarde: *no seas sacón, no te va a morder el perro.*

**SACRALIZACIÓN** n. f. Acción de sacralizar. **2.** MED. Anomalía de la quinta vértebra lumbar al unirse a la primera sacra formando una masa única y sólida.

**SACRALIZAR** v. tr. **[1g]**. Conferir carácter sagrado.

**SACRAMENTAL** adj. Relativo a los sacramentos. ◆ n. m. **2.** REL. Rito sagrado instituido por la Iglesia católica para obtener un efecto espiritual.

**SACRAMENTAR** v. tr. y pron. **[1]**. Administrar a un enfermo el viático y la extremaunción.

**SACRAMENTO** n. m. (lat. *sacramentum;* de *sacrare,* consagrar). Acto religioso destinado a la santificación de aquel que lo recibe. (La Iglesia católica y las Iglesias orientales reconocen siete sacramentos: bautismo, confirmación, eucaristía, penitencia, extremaunción, orden y matrimonio.) **2.** TEOL. Signo sagrado instituido por Jesucristo que significa y da, o aumenta, la gracia. • **Con todos los sacramentos** *(Fig.),* con todos los requisitos necesarios. || **El santísimo,** o **santo, sacramento,** la eucaristía. || **Los últimos sacramentos,** penitencia, eucaristía y, eventualmente, extremaunción.

**SACRIFICADOR, RA** adj. y n. Que sacrifica, especialmente decíase del sacerdote o sacerdotisa que ofrecía sacrificios.

**SACRIFICAR** v. tr. (lat. *sacrificare*) **[1a]**. Hacer sacrificios, ofrecer algo a una divinidad en señal de reconocimiento. **2.** Matar reses para el consumo. **3.** *Fig.* Exponer a un riesgo o trabajo para obtener algún beneficio: *sacrificar a la humanidad en una guerra.* ◆ **sacrificarse** v. pron. **4.** Dedicarse, ofrecerse a Dios. **5.** *Fig.* Renunciar a algo o imponerse privaciones, trabajos, etc.: *sacrificarse por los hijos.*

**SACRIFICIO** n. m. (lat. *sacrificium*). Ofrenda hecha a una divinidad en señal de adoración, expiación, etc. **2.** *Fig.* Renuncia voluntaria a algo o privación que uno mismo se impone o acepta. • **Sacrificio cruento,** aquel en que se inmolaban animales. || **Sacrificio de la cruz,** muerte voluntaria de Jesús en la cruz, en expiación de los pecados de los hombres. || **Sacrificio del altar** o **santo sacrificio,** la misa.

**SACRILEGIO** n. m. (lat. *sacrilegium*). Profanación de una cosa, persona o lugar sagrados.

**SACRÍLEGO, A** adj. Que contiene o implica sacrilegio: *acción, intención sacrílega.* ◆ adj. y n. **2.** Que comete sacrilegio.

**SACRISTÁN** n. m. El que en las iglesias ayuda al sacerdote en el servicio del altar y cuida de los ornamentos y del aseo de la iglesia y sacristía.

**SACRISTANA** n. f. Mujer encargada en su convento del cuidado de la sacristía.

**SACRISTANÍA** n. f. Cargo de sacristán.

**SACRISTÍA** n. f. En las iglesias, lugar donde se guardan los ornamentos y se revisten los sacerdotes.

**SACRO, A** adj. (lat. *sacrum*). Sagrado: *arte sacro.* **2.** ANAT. Relativo al hueso sacro. ◆ adj. y n. m. **3.**

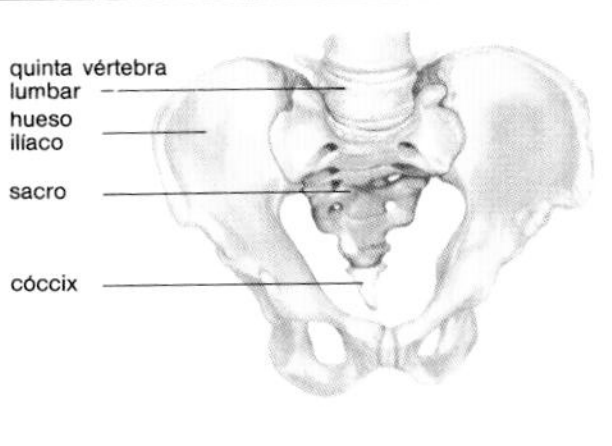

sacro

Dícese del hueso formado por la soldadura de cinco vértebras, situado entre los dos ilíacos o coxales con los que forma la pelvis, y que sirve de soporte básico a la columna vertebral.

**SACROILÍACO, A** adj. Dícese de la articulación del sacro con los dos huesos ilíacos.

**SACROSANTO, A** adj. Que reúne las cualidades de sagrado y santo.

**SACUDIDA** n. f. Acción y efecto de sacudir: *sacudida sísmica.*

**SACUDIDOR, RA** adj. y n. Que sacude. ◆ n. m. **2.** Instrumento con que se sacude y limpia.

**SACUDIDURA** n. f. Acción de sacudir, especialmente para quitar el polvo.

**SACUDIMIENTO** n. m. Acción y efecto de sacudir.

**SACUDIR** v. tr. (lat. *succutere*) **[3]**. Agitar violentamente: *el viento sacudía los árboles.* **2.** Golpear una cosa o agitarla en el aire con violencia para quitarle el polvo, ahuecarla, etc.: *sacudir las alfombras.* **3.** *Fam.* Golpear, pegar a alguien. ◆ v. tr. y pron. **4.** Arrojar una cosa o quitársela de encima con movimientos del cuerpo o con las manos: *sacudirse la arena, los mosquitos.* ◆ **sacudirse** v. pron. **5.** *Fig.* y *fam.* Desembarazarse de alguien o de algo: *sacudirse una responsabilidad.*

**SACUDÓN** n. m. *Amér.* Sacudida rápida y violenta.

**SÁCULO** n. m. (lat. *sacculum,* saco pequeño). Pequeña cavidad del oído interno, que contiene los receptores sensibles del sentido del equilibrio.

**SÁDICO, A** adj. y n. Que siente placer viendo sufrir a los otros. **2.** Que tiene el carácter del sadismo.

**SÁDICO-ANAL** adj. **Estadio sádico-anal** (SICOANÁL.), segundo estadio del desarrollo libidinal, entre los dos y los cuatro años, centrado alrededor de la zona anal, que se convierte en zona erógena dominante.

**SADISMO** n. m. (del marqués de *Sade*). Placer en ver sufrir a los demás; crueldad. **2.** Perversión en la que la satisfacción sexual sólo se puede obtener infligiendo sufrimientos morales o físicos a otra persona.

**SADOMASOQUISMO** n. m. SICOANÁL. Asociación o alternancia de tendencias sádicas y masoquistas.

**SADOMASOQUISTA** adj. y n. m. y f. SICOANÁL. Que presenta sadomasoquismo.

**SADUCEO, A** adj. y n. Relativo a una secta judía opuesta a la de los fariseos; miembro de la misma.

**S.A.E.** (*clasificación*), clasificación de los aceites para motores según su viscosidad establecida por la Society of automotive engineers.

**SAETA** n. f. (lat. *sagittam*). Arma arrojadiza disparada con arco, que consiste en un asta delgada y ligera, con punta afilada, comúnmente de hierro, en uno de sus extremos, y, a veces, algunas plumas cortas en el opuesto. **2.** Modalidad de cante flamenco, de motivo religioso, que generalmente se canta en las procesiones de semana santa. **3.** Manecilla de reloj.

**SAETERA** n. f. Especie de aspillera, en forma de ranura alta y estrecha, que en los antiguos castillos servía para disparar saetas a cubierto. **2.** Ventanilla estrecha de una escalera, desván, etc.

**SAFARI** n. m. (voz inglesa). Expedición de caza mayor a África; excursión similar efectuada en otros territorios. **2.** Parque zoológico en el que habitan animales salvajes libremente. • **Safari fotográfico,** tipo de safari en el cual en lugar de cazar se fotografía a los animales salvajes.

**SAFENA** n. f. y adj. (ár. *sāfin*). ANAT. Denominación dada a dos venas de las extremidades inferiores.

**SÁFICO, A** adj. Relativo a Safo o al safismo.

**SAFIO** n. m. *Cuba.* Pez similar al congrio. (Familia anguílidos.)

**SAFISMO** n. m. (de *Safo,* poetisa griega). Homosexualidad femenina.

**SAGA** n. f. Denominación dada a las narraciones épico-legendarias propias de la antigua literatura nórdica. **2.** Especie de epopeya familiar que se extiende a varias generaciones y que se describe en una novela, película, serie de televisión, etc.

**SAGACIDAD** n. f. Calidad de sagaz.

**SAGAZ** adj. (lat. *sagacem,* de *sagire,* oler la pista). Agudo, astuto, sutil para descubrir lo oculto de las cosas: *detective sagaz; ojos sagaces.* **2.** Dícese de los animales, especialmente del perro hábil para barruntar la caza.

**SAGITA** n. f. (lat. *sagittam,* flecha). Porción de recta comprendida entre el punto medio de un arco de círculo y el de su cuerda.

**SAGITADO, A** adj. (del lat. *sagittam,* flecha). BOT. Que tiene forma de flecha.

**SAGITAL** adj. De figura de saeta. **2.** Que está dispuesto siguiendo el plano de simetría: *corte sagital.* • **Sutura sagital** (ANAT.), sutura articular que une los dos parietales.

**SAGITARIA** n. f. Planta herbácea acuática o de zonas pantanosas, con hojas aéreas en forma de punta de flecha. (Familia alismáceas.)

sagitaria

**SAGRADO, A** adj. (lat. *sacratum,* de *sacrare,* consagrar). Dícese de las cosas que reciben culto religioso y de las dedicadas al culto divino. **2.** Venerable por estar relacionado con lo divino. **3.** *Fig.* Que debe inspirar un respeto absoluto, inviolable. • **Libros sagrados,** la Biblia. || **Sagrado corazón de Jesús,** corazón de Jesús al que la Iglesia tributa culto de latría. ◆ n. m **4.** En la interpretación de los fenómenos religiosos, carácter de lo que trasciende a lo humano, por oposición a profano. **5.** Lugar en que los que habían cometido un delito podían refugiarse y en el que no podían ser apresados.

**SAGRARIO** n. m. Parte interior del templo, en que se reservan o guardan las cosas sagradas. **2.** Lugar donde se guarda y deposita a Cristo sacramentado. **3.** En algunas iglesias catedrales, capilla que sirve de parroquia.

**SAGÚ** n. m. Palmera tropical, de hasta 5 m de alt., cuyo tronco posee una médula abundante en fécula, y cuyo palmito es comestible.

**SAGUAIPÉ** n. m. *Argent.* Sanguijuela. **2.** *Argent., Par.* y *Urug.* Duela, gusano.

**SAHARAUI** adj. y n. m. y f. Del Sahara Occidental. **2.** Sahariano.

**SAHARIANA** n. f. Chaqueta de tela delgada y ligera con bolsillos sobrepuestos y cinturón.

**SAHARIANO, A** adj. y n. Del Sahara.

**SAHEL** n. m. En el N de África, relieve formado por colinas litorales arenosas o de areniscas.

**SAHELIANO, A** adj. Relativo al sahel o al Sahel.

**SĀHIB** n. m. (voz angloindia). En la India, en la época colonial, tratamiento dado por los indígenas a los blancos.

**SAHUÍ** n. m. Pequeño mono platirrino que vive en la selva virgen de Brasil y Venezuela.

**SAHUMAR** v. tr. y pron. **[1w]**. Dar humo aromático a una cosa.

**SAHUMERIO** n. m. Acción y efecto de sahumar. **2.** Humo que despide la sustancia aromática con que se sahúma. **3.** Esta misma sustancia.

**SAÍ** n. m. Caí.

**SAIGA** n. f. Artiodáctilo de hocico protráctil en forma de trompa y cuernos de color ámbar, que vive en las estepas asiáticas.

**SAÍN** n. m. (bajo lat. *saginum,* gordura). Grasa de los animales.

**SAINETE** n. m. Lo que realza la gracia o el mérito de otra cosa, adorno especial en los vestidos u otras cosas. **2.** Pieza dramática jocosa y de carácter popular. **3.** *Fig.* y *fam.* Acontecimiento grotesco o ridículo.

**SAINETERO, A** n. o **SAINETISTA** n. m. y f. Escritor de sainetes.

**SAINETESCO, A** adj. Relativo al sainete, o propio de él.

**SAÍNO** n. m. Mamífero artiodáctilo americano de unos 50 cm de alt. y aspecto de jabalí, desprovisto de cola y con el pelaje relativamente corto, de un color rojo grisáceo con un collar blanco alrededor del cuello. (Familia suidos.)

**SAÍTA** adj. De Sais.

**SAJADURA** n. f. Incisión o corte hecho en la carne.

**SAJAR** v. tr. [1]. Hacer sajaduras.

**SAJÓN, NA** adj. y n. Relativo a un pueblo germánico que habitaba en Frisia y en los países de la desembocadura del Elba; individuo de este pueblo. **2.** *Por ext.* Por oposición al latín, relativo a los países en que se hablan lenguas derivadas del germánico occidental. **3.** De Sajonia. ◆ n. m. **4.** Conjunto de dialectos germánicos.

■ En el s. V, los sajones emprendieron la colonización del S de la isla de Britania. En Germania, llegaron hasta el Saale. Carlomagno los sometió (772-804) y les impuso el cristianismo.

**SAJÚ** n. m. Sapajú.

**SAJURIANA** n. f. Danza antigua de Argentina y Chile, en que los danzarines hacen resbalar el pie escobillando el suelo, y la pareja traza un ocho en el suelo.

**SAKALAVA** o **SAKALAVE,** pueblo del O de Madagascar que habla una lengua malayo-polinesia.

**SAKE** o **SAKI** n. m. Bebida alcohólica japonesa, fabricada por medio de la fermentación artificial del arroz.

**SAKI** n. m. **Saki de cabeza blanca,** mono de unos 80 cm de long., de pelambre espesa, que vive en América Meridional.

**ŚAKTISMO** n. m. Doctrina religiosa de la India, propia de ciertas corrientes (visnuismo, śivaísmo, tāntrismo), que otorga a la energía creadora femenina, llamada *śakti,* un papel importante en la liberación del ciclo de renovación y en la historia del universo.

**SAL** n. f. (lat. *sal*). Sustancia incolora, cristalizada, desmenuzable, soluble y de gusto acre, empleada como condimento. **2.** *Fig.* Gracia, agudeza, ingenio, garbo, viveza, desenvoltura en gestos y ademanes. **3.** QUÍM. Compuesto formado por la sustitución del hidrógeno de un ácido por un metal. • **Echarle la sal** a algo o a alguien *(Méx. Fam.),* comunicarle la mala suerte. ‖ **Sal de Glauber,** sulfato sódico monoclínico. ‖ **Sal de Inglaterra, de Sedlitz, de Epsom,** o **de magnesia,** sulfato magnésico. ‖ **Sal de Saturno,** acetato de plomo cristalizado. ‖ **Sal de Vichy,** bicarbonato sódico. ‖ **Sal diurética,** diurético cuya acción sobre el riñón produce una fuerte eliminación de cloruros de sodio y de potasio. ‖ **Sal gema,** mineral que tiene la composición del cloruro sódico; roca sedimentaria constituida por este mineral. ‖ **Sal marina,** cloruro sódico extraído del agua del mar. ◆ **sales** n. f. pl. **4.** Sustancia que se da a respirar para reanimar. • **Sales de baño,** sustancia cristaloide, perfumada, que se mezcla con el agua del baño.

**sal** gema

**SALA** n. f. (germ. *sal*). Pieza principal de la casa, donde se reciben las visitas. **2.** Mobiliario de dicha pieza. **3.** Aposento de amplias dimensiones, destinado a ciertas finalidades: *sala de conferencias, de espectáculos.* **4.** Público que llena una sala: *toda la sala aplaudió.* **5.** Pieza donde se reúne un tribunal de justicia para celebrar audiencias. **6.** Cada una de las secciones administrativas o jurisdiccionales en que se dividen los tribunales colegiados. **7.** Conjunto de magistrados que integran cada una de las divisiones de los tribunales colegiados. • **Sala de fiestas,** salón de baile o cabaret. ‖ **Sala de gobierno,** órgano gubernativo de los tribunales colegiados, audiencias y tribunal supremo. ‖ **Sala de justicia,** órgano jurisdiccional del tribunal, que conoce y resuelve los procesos de su competencia. ‖ **Sala de operaciones,** quirófano.

**SALABARDO** o **SALABRE** n. m. Especie de saco o manga de red, que se emplea para extraer la pesca de las redes grandes. **2.** En las rías altas gallegas, arte de pesca de arrastre propia para la captura de peces pequeños.

**SALACIDAD** n. f. Calidad de salaz.

**SALACOT** n. m. (voz filipina) [pl. *salacots*]. Sombrero ligero, redondeado en su parte superior, que se usa en países cálidos.

**SALADERÍA** n. f. Industria de salar carnes.

**SALADERO** n. m. Lugar destinado para salar carnes o pescados.

**SALADILLA** n. f. Planta arbustiva ramosa, de hojas pequeñas y ovales, que crece en la península Ibérica. (Familia quenopodiáceas.)

**SALADILLO, A** adj. Dícese de algunos frutos secos y semillas salados, como almendras y cacahuetes.

**SALADO, A** adj. Que contiene sal o sales en disolución: *el agua del mar es salada.* **2.** Que tiene exceso de sal: *la comida está salada.* **3.** *Fig.* Gracioso, agudo: *una persona muy salada.* **4.** *Argent., Chile* y *Urug. Fig.* y *fam.* Caro, costoso. **5.** *C. Rica, Cuba, Ecuad., Guat., Méx., Perú* y *P. Rico.* Dícese del que tiene mala suerte, poco afortunado, desgraciado.

**SALADURA** n. f. Acción y efecto de salar.

**SALAMANCA** n. f. *Argent.* Salamandra de cabeza chata que se encuentra en las cuevas y que los indios consideran espíritu del mal. **2.** *Argent., Chile* y *Urug.* Cueva natural que hay en algunos cerros.

**SALAMANDRA** n. f. (lat. *salamandram,* del gr. *salamandra*). Anfibio urodelo de piel lisa, de color negro con manchas amarillas, que tiene la forma de un lagarto. **2.** Estufa de carbón, de combustión lenta.

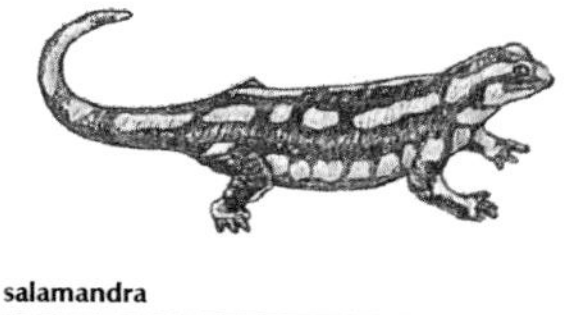

salamandra

**SALAMANQUESA** n. f. Saurio mediterráneo de hasta unos 16 cm de long., la mitad de los cuales pertenecen a la cola, y de patas cortas. (Familia gecónidos.)

**SALAME** n. m. (voz italiana). Embutido hecho con carne vacuna y carne y grasa de cerdo, picadas y curadas, que se come crudo. ◆ adj. y n. m. y f. **2.** *Argent., Par.* y *Urug.* Tonto, ingenuo.

**SALAMI** n. m. (voz italiana, pl. de *salame*). Salame, embutido.

**SALAMÍN, NA** adj. y n. m. y f. *Argent. Fig.* y *fam.* Salame, tonto, ingenuo. ◆ n. m. **2.** *Argent., Par.* y *Urug.* Variedad de salame en forma de chorizo.

**SALANGANA** n. f. Ave apodiforme de Asia y Oceanía, cuyos nidos, construidos con algas aglomeradas, se conocen con el nombre de *nidos de golondrina* y son muy apreciados por los gastrónomos.

**SALAR** v. tr. [1]. Poner en sal carnes, pescados y otras sustancias, para que se conserven. **2.** Sazonar con sal. **3.** Echar más sal de la necesaria. ◆ v. tr. y pron. **4.** *Argent.* y *C. Rica.* Dar o causar mala suerte. **5.** *C. Rica, Guat., Nicar., Perú* y *P. Rico.* Desgraciar, echar a perder. **6.** *Cuba, Hond.* y *Perú.* Manchar, deshonrar. **7.** *Méx.* Comunicar mala suerte.

**SALAR** n. m. Cuenca endorreica en la que a menudo se forma una laguna temporal que, al desecarse en la estación calurosa, deposita costras salinas, frecuente en las cuencas altas de las grandes cordilleras, especialmente de la de los Andes.

**SALARIADO** n. m. Proletariado.

**SALARIAL** adj. Relativo al salario. • **Masa salarial,** suma de remuneraciones, directas o indirectas, percibidas por un conjunto de trabajadores asalariados.

**SALARIAR** v. tr. [1]. Asalariar.

**SALARIO** n. m. (lat. *salarium*). Remuneración del trabajo efectuado por una persona por cuenta de otra, en virtud de un contrato de trabajo. • **Hoja de salario,** documento justificativo del pago del salario que el empresario debe entregar al asalariado en el momento de efectuar el pago. ‖ **Salario base,** suma mensual utilizada para el cálculo de las prestaciones familiares, y calculada siguiendo unos puntos cuyo valor está determinado por acuerdos fijados, llegado el caso, por las convenciones colectivas. ‖ **Salario bruto,** sueldo de un asalariado antes de hacer las retenciones o de sumar las primas, por oposición a *salario neto.* ‖ **Salario mínimo interprofesional,** salario mínimo, fijado anualmente por el gobierno, para todo tipo de profesiones y categorías, por debajo del cual está prohibido remunerar a un trabajador. ‖ **Salario real,** el que expresa el poder adquisitivo real en función del coste de la vida.

**SALAZ** adj. Lujurioso.

**SALAZÓN** n. f. Acción y efecto de salar o curar con sal ciertos alimentos para su conservación. **2.** Productos alimenticios así conservados. **3.** Industria y tráfico derivados de estas conservas. **4.** *Amér. Central, Cuba* y *Méx.* Desgracia, mala suerte.

**SALBANDA** n. f. (alem. *Salband,* orillo). MIN. Capa untuosa que se encuentra en la separación de un filón o una falla en contacto con sus paredes hastiales.

**SALCE** n. m. Sauce.

**SALCEDA** n. f. Terreno poblado de sauces. SIN.: *salcedo, saucedal, saucedo.*

**SALCHICHA** n. f. (ital. *salciccia*). Embutido de carne de cerdo en tripa delgada, que se consume generalmente fresca.

**SALCHICHERÍA** n. f. Tienda donde se venden salchichas y embutidos en general.

**SALCHICHERO, A** n. Persona que tiene por oficio hacer o vender embutidos y otros productos de cerdo.

**SALCHICHÓN** n. m. Embutido en tripa gruesa, hecho a base de jamón y tocino mezclado con pimienta en grano, que se come crudo.

**SALCOCHAR** v. tr. [1]. Cocer carnes u otros alimentos sólo con agua y sal.

**SALCOCHO** n. m. *Amér.* Cocción de un alimento en agua y sal para después condimentarlo. **2.** *Cuba.* Restos de las comidas que se destinan al engorde de los cerdos.

**SALDAR** v. tr. (ital. *saldare*) [1]. Pagar una deuda, liquidar una cuenta. **2.** Vender mercancías a bajo precio. **3.** *Fig.* Poner fin a alguna cosa o situación: *saldar diferencias.*

**SALDO** n. m. (ital. *saldo,* entero). Diferencia entre los totales del debe y el haber de una cuenta. **2.** Pago o liquidación de una deuda u obligación. **3.** Resultado final en favor o en contra de algo o alguien después de considerar, comparar o compensar diversas cosas en pro o en contra. **4.** Mercancía vendida a bajo precio. **5.** *Fig.* Cosa que se considera de poco valor.

**SALEDIZO, A** adj. Saliente, que sobresale. ◆ n. m. **2.** ARQ. y CONSTR. Parte del edificio que sobresale de la pared maestra de la fábrica.

**SALERO** n. m. Recipiente donde se tiene la sal para su uso en la cocina o en la mesa. **2.** *Fig.* y *fam.* Gracia, donaire: *andar con salero.*

**SALEROSO, A** adj. *Fam.* Que tiene salero, gracia y simpatía.

**SALESA** n. f. y adj. Religiosa de la congregación de la Visitación de María.

**SALESIANO, A** adj. y n. Dícese de los miembros de la congregación de religiosos (sociedad de padres de san Francisco de Sales) fundada en 1859 por san Juan Bosco, en Turín, y de la congregación de religiosas (hijas de María Auxiliadora) fundada también por el mismo en Turín, en 1872, dedicados a la educación de la juventud.

**SÁLIBA** → ***sáliva.***

**SALICÁCEO, A** adj. y n. f. Relativo a una familia de plantas arbóreas con flores sin pétalos, como el sauce y el álamo.

**SALICARIA** n. f. Planta que vive en lugares húmedos, empleada antiguamente en medicina por sus propiedades astringentes. (Familia litráceas.)

**SALICILADO, A** adj. Relativo al ácido salicílico o a sus sales.

**SALICILATO** n. m. Sal o éster del ácido salicílico.

**SALICÍLICO, A** adj. Dícese de un ácido que posee propiedades antisépticas y antiinflamatorias.

**SÁLICO, A** adj. Relativo a los francos salios. **2.** HIST. **Ley sálica,** disposición que excluía del trono de Francia a las mujeres y sus descendientes, y que, con diversas modificaciones, fue introducida en España por Felipe V (1712), y posteriormente en Suecia (1810, derogada en 1979) y Bélgica (derogada en 1991, tras estar vigente más de sesenta años).

**SALICULTURA** n. f. Explotación de las salinas. **2.** Industria salinera.

**SALIDA** n. f. Acción y efecto de salir. **2.** Viaje, excursión o paseo. **3.** Parte por donde se sale de un lugar: *esta casa tiene dos salidas.* **4.** Mayor o menor posibilidad de venta de los géneros: *remesa con poca salida.* **5.** Partida de data o de descargo en una cuenta. **6.** *Fig.* Medio o recurso con que se vence un argumento, dificultad o peligro, o se puede solucionar una situación apurada. **7.** *Fig.* Pretexto, escapatoria con que se elude algo: *buscar una salida para no trabajar.* **8.** *Fig.* y *fam.* Ocurrencia, cosa graciosa, oportuna o sorprendente: *contestar con una buena salida.* **9.** En numerosos juegos, acción de salir o derecho de un jugador a iniciar el juego o la partida. **10.** Momento de comenzar una carrera o competición de velocidad. **11.** Lugar donde se sitúan los participantes para comenzar una carrera. **12.** En gimnasia, movimiento que se realiza en las barras asimétricas o en la barra fija, en el que el cuerpo, tras apoyarse en la barra, se proyecta fuera de ésta para continuar o terminar el ejercicio. **13.** INFORMÁT. Operación de transferencia de información tratada y de resultados desde la unidad de tratamiento del ordenador a soportes de información externos. • **Salida de baño,** albornoz para ponerse después del baño. ‖ **Salida de emergencia,** medio para permitir el acceso al exterior de un local, edificio, vehículo, etc., en caso de siniestro. ‖ **Salida de tono,** o **de pie de banco** *(Fig.)*, despropósito, disparate o dicho inconveniente.

**SALIDO, A** adj. Saliente. **2.** Dícese de las hembras de los mamíferos cuando están en celo. **3.** *Fam.* Dícese de la persona urgida por el apetito venéreo.

saledizos

**SALIDOR, RA** adj. *Amér.* Andariego, callejero.

**SALIENTE** adj. y n. m. Que sobresale materialmente o en importancia. ◆ adj. **2. Ángulo saliente,** ángulo cuya medida es inferior a 180°. CONTR.: *entrante.* ◆ n. m. **3.** Oriente, levante.

**SALÍFERO, A** adj. Salino, que contiene sal.

**SALIFICABLE** adj. QUÍM. Que puede proporcionar una sal.

**SALIFICACIÓN** n. f. QUÍM. Acción y efecto de salificar.

**SALIFICAR** v. tr. [**1a**]. QUÍM. Transformar en sal.

**SALINA** n. f. Mina de sal. **2.** Yacimiento de sal gema. **3.** Establecimiento industrial donde se obtiene sal a partir de la sal gema o de una salmuera, mediante calor artificial. **4.** Explotación donde se beneficia la sal obtenida por evaporación de las aguas del mar o de los lagos salinos por la acción del sol y del viento. (Suele usarse en plural.)

**SALINERO, A** adj. Relativo a las salinas. **2.** Dícese del toro que tiene el pelo jaspeado de colorado y blanco.

**SALINIDAD** n. f. Contenido cuantitativo de sal que el agua lleva en disolución.

**SALINO, A** adj. Relativo a la sal: *sabor salino.* **2.** Que contiene sal. **3.** QUÍM. Que tiene las características de una sal. • **Rocas salinas,** rocas sedimentarias solubles en el agua, que provienen de la evaporización del agua del mar en las lagunas (yeso, sal gema, etc.).

**SALIO, A** adj. y n. Relativo a una de las facciones de los pueblos francos; individuo de estas facciones.

**SALIR** v. intr. y pron. [**28**]. Ir fuera de un lugar: *salir de casa.* **2.** Cesar en un oficio o cargo o dejar de pertenecer a una asociación, partido, etc.: *salirse de un club.* **3.** Con la prep. *con* y algunos nombres, conseguir, lograr algún propósito, pretensión, etc.: *salirse con la suya.* **4.** Apartarse de lo regular o debido: *salirse de las normas.* ◆ v. intr. **5.** Partir, marcharse de un sitio: *el avión sale a las tres.* **6.** Mantener un trato frecuente con otra persona: *sale con él desde hace un año.* **7.** Librarse, desembarazarse de algún peligro o situación difícil o molesta: *salir de un percance.* **8.** Aparecer, mostrarse, manifestarse: *su foto salió en el periódico.* **9.** Nacer, brotar: *empieza a salir el trigo.* **10.** Aparecer, encontrar lo que se había perdido: *ya salieron las llaves.* **11.** Desaparecer las manchas al limpiarlas. **12.** Sobresalir, estar algo más alto o más afuera que otra cosa. **13.** Tener algo su causa, origen o procedencia en otra cosa: *de la leche sale el queso.* **14.** Resultar de una determinada manera: *salir muy listo.* **15.** Dar una operación, problema, etc., el resultado debido. **16.** Resultar algo a un determinado precio. **17.** Resultar una cantidad para cada uno en un reparto. **18.** Parecerse a otra persona: *el hijo sale a su padre.* **19.** Presentarse una ocasión, oportunidad, etc.: *le ha salido un empleo.* **20.** Resultar elegido por sorteo o votación: *salió presidente por mayoría.* **21.** Ir a parar, desembocar. **22.** Responder de algo o por alguien: *salir por un amigo.* **23.** Decir o hacer algo intempestivo o inesperado: *salir con una inconveniencia.* **24.** En ciertos juegos, ser uno el primero que interviene. • **Salir adelante,** superar una dificultad o circunstancia adversa; llegar a feliz término en un propósito o empresa. ‖ **Salir caro,** ocasionar algo mucho perjuicio o daño. ◆ **salirse** v. pron. **25.** Rebosar o derramarse un líquido del recipiente que lo contiene. **26.** En algunos juegos, hacer los tantos o las jugadas necesarias para ganar.

**SALISH,** familia lingüística amerindia de la costa NO de Canadá y E.U.A. De la cultura de los pueblos salish destaca la talla de la madera (canoas, tótems, utensilios).

**SALITRE** n. m. (cat. *salnitre*). Nombre usual del *nitrato de potasio.* **2.** Cualquier sustancia salina, especialmente la que aflora en tierras y paredes. **3.** *Chile.* Nitrato de Chile, abono nitrogenado natural extraído del caliche.

**SALITRERA** n. f. Sitio donde existe salitre. **2.** *Chile.* Centro de explotación del salitre.

**SALITRERO, A** adj. Relativo al salitre. **2.** *Chile.* Relativo al nitrato de Chile.

**SALITROSO, A** adj. Que tiene salitre.

**SALIVA** n. f. (lat. *salivam*). Líquido claro producido por la secreción de las glándulas de la mucosa bucal, que lo vierten en la boca. • **Gastar saliva** *(Fam.)*, hablar inútilmente, en general tratando de convencer a alguien. ‖ **Tragar saliva** *(Fam.)*, contener un enfado o indignación, sin exteriorizarlo, o soportar sin protesta algo que ofende y disgusta; turbarse, no acertar a hablar.

**SÁLIVA** o **SÁLIBA,** familia lingüística amerindia que incluye los pueblos *sáliva, piaroa* y *macú,* que viven junto a los ríos Vichada, Guaviare y Meta, afl. del Orinoco.

**SALIVACIÓN** n. f. Secreción de la saliva.

**SALIVADERA** n. f. *Amér. Merid.* Escupidera, recipiente para echar la saliva.

**SALIVAL** adj. Relativo a la saliva. • **Glándulas salivales** (ANAT.), glándulas que segregan la saliva. (Existen tres pares en el hombre: *parótidas, submaxilares* y *sublinguales.*)

**SALIVAR** v. intr. [**1**]. Segregar saliva.

**SALIVAZO** n. m. Porción de saliva que se escupe de una vez.

**SALIVERA** n. f. Cuenta que se pone en el freno del caballo para que se refresque la boca. (Suele usarse en plural.)

**SALMANTINO, A** adj. y n. De Salamanca. SIN.: *salmanticense.*

**SALMER** n. m. ARQ. Piedra del muro, cortada en plano inclinado, de donde arranca un arco adintelado o escarzano.

salmer

**SALMISTA** n. m. Autor o cantor de salmos.

**SALMO** n. m. Canto litúrgico de la religión de Israel, presente en la liturgia cristiana.

**SALMODIA** n. f. (gr. *psalmoidia*). Manera de cantar o de recitar los salmos. **2.** *Fig.* y *fam.* Canturreo, canto monótono, sin inflexiones de voz.

**SALMODIAR** v. intr. [**1**]. Rezar o cantar salmos. ◆ v. tr. **2.** Cantar algo con cadencia monótona.

**SALMÓN** n. m. Pez parecido a la trucha, de carne muy apreciada, que alcanza los 2 m de long. (Familia salmónidos.) **2.** Color rosa algo mezclado con ocre.

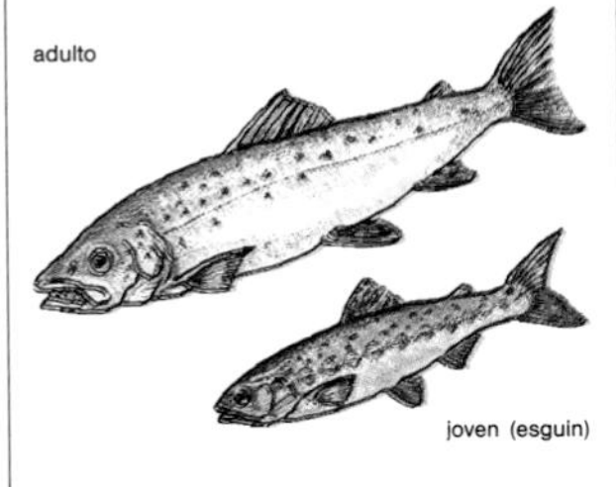


salmones

**SALMONADO, A** adj. Dícese del pescado de carne de color rosa anaranjado, como la del salmón: *trucha salmonada.* **2.** De color salmón: *tonos salmonados.*

**SALMONELLA** n. f. Género bacteriano en forma de bacilos negativos, que se multiplica en el organismo tras su ingestión, y que produce salmonelosis.

**SALMONELOSIS** o **SALMONELLOSIS** n. f. MED. Nombre genérico de las enfermedades causadas por especies del género *Salmonella* (fiebres tifoidea y paratifoidea; gastroenteritis).

**SALMONETE** n. m. Denominación dada a dos especies de peces marinos, de color rojo y muy apreciados por su carne: el *salmonete de roca,* o

**salmonete** de roca

*rayado*, y el *salmonete de fango*, o *común*. (Familia múlidos.)

**SALMONICULTURA** n. f. Cultivo o reproducción de los salmones.

**SALMÓNIDO, A** adj. y n. m. Relativo a una familia de peces óseos con dos aletas dorsales, la segunda adiposa, que viven en aguas dulces, frías y oxigenadas, como la trucha y el salmón.

**SALMOREJO** n. m. Salsa picante, compuesta de agua, vinagre, aceite, sal y pimienta.

**SALMUERA** n. f. Preparación líquida muy salada, en la que se conservan carnes, pescados, legumbres, aceitunas, etc. **2.** Agua salada concentrada que se evapora para extraer la sal. **3.** Agua que a medida que pasa el tiempo sueltan las cosas saladas.

**SALOBRE** adj. Que por su naturaleza tiene sabor de sal, o que la contiene. **2.** Dícese de las aguas que tienen cierta salinidad, generalmente menor que la del mar. **3.** Dícese de la fauna y de la flora que vive en dichas aguas.

**SALOBREÑO, A** adj. y n. m. Dícese de la tierra que es salobre o contiene alguna sal.

**SALOBRIDAD** n. f. Calidad de salobre.

**SALOL** n. m. Salicilato de fenilo usado como antiséptico.

**SALOMA** n. f. Canto cadencioso con que acompañan los marineros u otros operarios su trabajo, para hacer simultáneo el esfuerzo de todos.

**SALOMAR** v. tr. [**1**]. Acompañar un trabajo o esfuerzo con una saloma.

**SALOMÓN** n. m. (de *Salomón*, rey de Israel). Hombre de gran sabiduría.

**SALOMÓNICO, A** adj. Relativo a Salomón. • **Columna salomónica** (ARQ.), la que tiene el fuste en forma helicoidal.

**SALÓN** n. m. Sala, pieza principal de la casa. **2.** En una residencia o edificio público, pieza de grandes dimensiones destinada a la recepción o a la celebración de fiestas, juntas o actos. **3.** Conjunto de muebles de estas piezas. **4.** Exposición periódica de obras de artistas. **5.** Exposición anual de distintas industrias: *el salón del automóvil*. **6.** Denominación de determinados establecimientos públicos: *salón de té*. **7.** En los buques de pasaje, nombre que suele darse al comedor. **8.** *Méx.* Aula: *los niños entraron en el salón con la maestra*. **9.** LIT. En los ss. XVII y XVIII, reunión de hombres de mundo, escritores, artistas, políticos alrededor de una mujer distinguida. • **De salón**, propio de un ambiente frívolo y mundano.

**SALOON** n. m. (voz inglesa). Bar del Far West americano.

**SALPICADA** n. f. *Méx.* Salpicadura.

**SALPICADERA** n. f. *Méx.* Guardabarros.

**SALPICADERO** n. m. Tablero de los automóviles en que se hallan algunos mandos y que está situado delante del asiento del conductor. **2.** Tablero que, dispuesto en la parte anterior del pescante de ciertos carruajes, sirve para preservar de salpicaduras de lodo al conductor del mismo.

**SALPICADURA** n. f. Acción y efecto de salpicar. ◆ **salpicaduras** n. f. pl. **2.** Conjunto de manchas con que está salpicado algo. **3.** *Fig.* Consecuencias indirectas de algún suceso: *las salpicaduras de un complot*.

**SALPICAR** v. tr. e intr. [**1a**]. Rociar, esparcir en gotas pequeñas o partículas un líquido o una sustancia pastosa. ◆ v. tr. y pron. **2.** Mojar o ensuciar las gotas que se desprenden de algún líquido o sustancia pastosa. ◆ v. tr. **3.** *Fig.* Diseminar, poner una cosa esparcida en otra: *salpicar de anécdotas una disertación*.

**SALPICÓN** n. m. Salpicadura, acción y efecto de salpicar. **2.** Picadillo de diversas clases de carne o pescado, champiñones, etc., cocido y aderezado con sal, aceite, vinagre, pimienta y cebolla. **3.** *Ecuad.* Bebida refrescante hecha con zumo de frutas. • **Salpicón de frutas** *(Colomb.)*, ensalada de frutas.

**SALPIMENTAR** v. tr. [**1j**]. Adobar con sal y pimienta. **2.** *Fig.* Amenizar una conversación, discurso, actividad, etc., con gracias, picardías, agudezas, etc.

**SALPIMIENTA** n. f. Mezcla de sal y pimienta.

**SALPINGITIS** n. f. MED. Inflamación de las trompas uterinas.

**SALPRESO, A** adj. Que ha sido salado para su conservación: *jamón salpreso*.

**SALPULLIDO** n. m. Urticaria.

**SALSA** n. f. (lat. *salsam*, salada). Mezcla de varias sustancias, de consistencia líquida o pastosa, base de algunos guisos y que puede servirse aparte, acompañando a ciertos platos. **2.** *Fig.* Cualidad o circunstancia que da gracia o amenidad a quien o a aquello que la posee: *la salsa de una novela, de una película*. **3.** Género musical que resulta de la fusión de varios tipos de ritmos caribeños de raíces africanas, cuya principal característica es el predominio de una amplia gama de instrumentos de percusión, especialmente tambores, acompañados por otros de viento y cuerda. • **Dar la salsa** *(Argent. Fam.)*, dar una paliza; *(Argent.)*, vencer. ‖ **En su propia salsa**, en situación o circunstancias favorables para una persona, de forma que ésta puede desenvolverse con toda libertad.

**SALSAMENTERÍA** n. f. *Colomb.* Tienda donde se venden embutidos y carnes asadas.

**SALSERA** n. f. Recipiente en que se sirve la salsa.

**SALSERO, A** adj. Relativo a la salsa.

**SALSIFÍ** n. m. Planta de la familia compuestas, de raíces comestibles. • **Salsifí negro**, escorzonera.

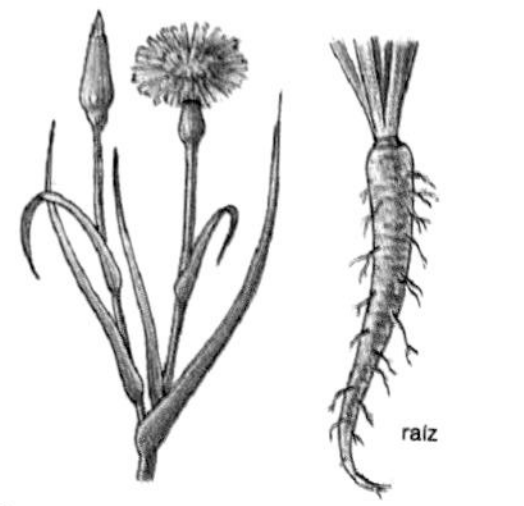

**salsifí**

**SALSOLÁCEO, A** adj. y n. f. Quenopodiáceo.

**SALTADO, A** adj. *Amér. Merid.* Dícese del alimento ligeramente frito.

**SALTADOR, RA** adj. y n. Que salta: *animal saltador*. ◆ adj. y n. m. **2.** Dícese del ortóptero que tiene las patas posteriores apropiadas para el salto. ◆ n. m. **3.** Comba, cuerda para jugar a saltar.

**SALTAGATOS** n. m. (pl. *saltagatos*). *Colomb.* Saltamontes, insecto ortóptero.

**SALTAMONTES** n. m. (pl. *saltamontes*). Insecto de coloración verde o amarillenta, con patas posteriores saltadoras, cuyas hembras poseen un oviscapto.

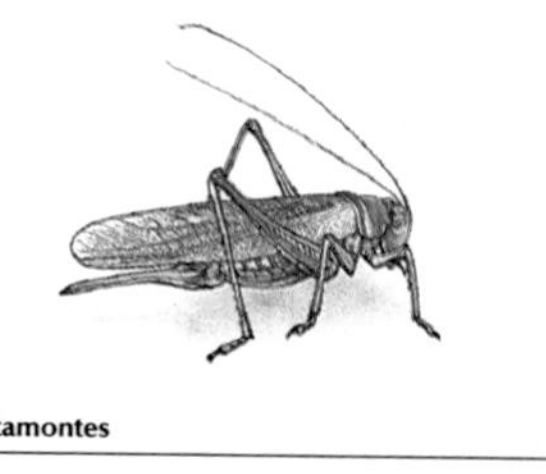
**saltamontes**

**SALTANEJOSO, A** adj. *Cuba* y *Méx.* Dícese del terreno ligeramente ondulado.

**SALTAOJOS** n. m. (pl. *saltaojos*). Planta herbácea de flores de color rojo o amarillo pálido, que crece en el centro, E y S de la península Ibérica. (Familia ranunculáceas.)

**SALTAPERICO** n. m. *Cuba.* Planta herbácea silvestre de flores azuladas, que crece en terrenos húmedos. (Familia acantáceas.) **2.** *Perú.* Planta de la familia de las proteáceas.

**SALTAR** v. intr. (lat. *saltare*) [**1**]. Levantarse alguien o algo del suelo o del sitio donde está con impulso, quedando suspendido por un momento, para volver a caer en el mismo sitio o en otro. **2.** Arrojarse desde una altura para caer de pie: *saltar de la ventana al suelo*. **3.** Salir un líquido hacia arriba con fuerza. **4.** Romperse o resquebrajarse algo por excesiva tirantez, dilatación u otras causas; estallar: *el vaso saltó por el calor*. **5.** *Fig.* Ofrecerse repentinamente algo a la imaginación o a la memoria. **6.** *Fig.* Manifestar bruscamente enfado o irritación; decir algo intempestiva o inesperadamente. **7.** *Fig.* Ser destituido: *ha saltado del ministerio*. **8.** *Fig.* Hacerse notar o sobresalir algo. ◆ v. tr. **9.** Atravesar, pasar por encima de algo con un salto: *saltar una zanja*. **10.** Pasar bruscamente de una cosa a otra. **11.** En ciertos cuadrúpedos, cubrir el macho a la hembra. ◆ v. intr. y pron. **12.** Soltarse o desprenderse una cosa de otra: *saltar un botón de la camisa*. ◆ v. tr. y pron. **13.** Omitir parte de algo, especialmente de un escrito: *saltarse una línea*. **14.** Ascender a un puesto superior sin haber pasado por los intermedios.

**SALTARÍN, NA** adj. y n. Inquieto, que salta y se mueve mucho. **2.** *Fig.* Inestable, aturdido y de poco juicio. ◆ n. m. **3.** Pez teleósteo perciforme de unos 20 cm de long., color castaño verdoso y aletas abdominales muy desarrolladas, con las que puede andar e incluso saltar, que vive en las áreas fangosas de las zonas tropicales. (Familia góbidos.)

**SALTEADOR, RA** n. Ladrón que roba en los despoblados o caminos.

**SALTEAR** v. tr. [**1**]. Asaltar a los viajeros para robarles. **2.** Hacer una cosa sin continuidad, dejando parte de ella sin hacer o haciéndola sin orden. **3.** Cocer a fuego vivo, con mantequilla, aceite o grasa.

**SALTEÑO, A** adj. y n. De Salta o de Salto.

**SALTERIO** n. m. (lat. *psalterium*, del gr. *psalterion*). Antiguo instrumento musical de cuerdas frotadas o pulsadas con los dedos, de forma trapezoidal. **2.** Reunión de 150 salmos llamados «de David», y que constituye uno de los libros del canon de la Biblia. **3.** Libro de coro que contiene los salmos.

**SALTIMBANQUI** n. m. y f. (ital. *saltimbanco*). *Fam.* Titiritero.

**SALTO** n. m. Acción de saltar; movimiento hecho saltando: *dar un salto de alegría; los saltos de una pulga*. **2.** Distancia que se salta. **3.** Despeñadero muy profundo. **4.** *Fam.* Palpitación violenta del corazón. **5.** *Fig.* Cambio brusco y rápido, variación imprevista: *un salto económico*. **6.** *Fig.* Diferencia notable en cantidad, intensidad, etc., entre dos cosas. **7.** *Fig.* Omisión de una parte de un escrito, leyéndolo o copiándolo: *hay un salto de dos líneas*. **8.** Acción de arrojarse o lanzarse en paracaídas de un avión en vuelo. **9.** Prueba atlética que consiste en saltar determinada altura o longitud. **10.** En natación, acción de lanzarse al agua desde determinada altura. **11.** Cascada de agua. **12.** Masa de agua que cae de cierta altura, en una instalación industrial. SIN.: *salto de agua*. **13.** INFORMÁT. Instrucción que provoca una modificación de la secuencia normal de instrucciones de un programa de ordenador. • **A salto de mata**, huyendo de un peligro; sin previsión u orden. ‖ **Salto con pértiga**, salto de altura en que el atleta se ayuda con una pértiga. ‖ **Salto de altura**, prueba de atletismo que consiste en saltar por encima de una barra sin derribarla. ‖ **Salto de cama**, bata usada al levantarse de la cama para estar por casa. ‖ **Salto de esquí**, prueba masculina de esquí nórdico, que consiste en un salto desde un trampolín de 70 a 90 m, que se puntúa según la longitud del salto y el estilo. ‖ **Salto de longitud**, prueba de atletismo que consiste en saltar la mayor longitud posible. ‖ **Salto mortal**, salto de acrobacia que se efectúa lanzándose de cabeza y dando una o varias vueltas completas en el aire. ‖ **Triple salto**, prueba de salto de longitud en que el competidor debe salvar la mayor distancia posible con tres saltos encadenados.

**SALTÓN, NA** adj. Prominente: *ojos saltones*. **2.** *Colomb.* y *Chile.* Dícese de los alimentos ligeramente fritos. **3.** *Chile.* Suspicaz, receloso. ◆ n. m. **4.** Nombre de diversas especies de pulgones de las plantas. **5.** Saltamontes. **6.** Pez de color verdoso y azulado, con bandas oscuras en los flancos, y con un larguísimo apéndice en la mandíbula inferior, que vive en el Mediterráneo y el Atlántico. (Familia hemirránfidos.)

**SALUBRE** adj. (lat. *salubrem*). Saludable, sano.

**SALUBRIDAD** n. f. Calidad de salubre. **2.** Estado general de la salud pública en cierto sitio, por lo común expresado en una estadística. **3.** Grado en que una cosa es buena o perjudicial para la salud.

**SALUD** n. f. (lat. *salutem*). Estado de un ser orgánico exento de enfermedades: *rebosar salud.* **2.** Condiciones físicas de un organismo en un determinado momento: *salud delicada; gozar de excelente salud.* **3.** Estado de una colectividad o ente abstracto: *la salud económica; la salud de una nación.* • **Curarse en salud,** prevenirse por anticipado contra algo. ‖ **¡Salud!,** expresión con que se saluda a alguien o se le desea un bien; fórmula para brindar.

**SALUDA** n. m. Impreso que envía una persona que ocupa un cargo a alguien, con una comunicación formularia y sin firma.

**SALUDABLE** adj. Que conserva, aumenta o restablece la salud: *clima saludable.* **2.** De aspecto sano o de buena salud: *rostro de tono saludable.* **3.** *Fig.* Provechoso para un fin: *medidas económicas saludables.*

**SALUDAR** v. tr. (lat. *salutare*) **[1]**. Dirigir palabras de cortesía, gestos o cualquier acto de atención a otra persona: *saludar a un conocido.* **2.** Recibir, acoger de una determinada manera: *saludar con esperanza una nueva ley.* **3.** MIL. Honrar con el signo de subordinación y de atención ordenado por los reglamentos. ◆ v. tr. y pron. **4.** Con negación, estar enemistado con alguien: *hace años que no se saludan.*

**SALUDO** n. m. Acción de saludar. **2.** Palabras o gestos con los que se saluda: *negar el saludo; un amable saludo.* **3.** MAR. Señal de cortesía que intercambian los navíos de guerra o buques mercantes cuando se encuentran, así como la batería de costa y los navíos extranjeros que llegan a puerto. **4.** MIL. Signo externo de subordinación y de atención que tiene carácter obligatorio para el personal militar y de los cuerpos armados que utilizan divisas.

**salto** con pértiga

**salto** de altura (estilo fosbury flop)

**salto** de longitud

**SALUTACIÓN** n. f. Saludo: *fórmulas de salutación.* **2.** Fórmula protocolaria de saludo que aparece al comienzo o al final de los documentos. • **Salutación angélica** (REL.), la que hizo el arcángel san Gabriel a la Virgen y que forma la primera parte del avemaría; esta misma oración.

**SALUTÍFERO, A** adj. Saludable.

**SALVA** n. f. Conjunto de disparos de cañón que se hacen durante el combate o en honor de alguna autoridad en las celebraciones. • **Salva de aplausos,** aplausos nutridos de aprobación.

**SALVABARROS** n. m. (pl. *salvabarros*). Guardabarros.

**SALVACIÓN** n. f. Acción y efecto de salvar o salvarse. **2.** TEOL. Consecución de la gloria y bienaventuranza eternas. SIN.: *salvación eterna.*

**SALVADO** n. m. Cáscara del grano de los cereales desmenuzada por la molienda.

**SALVADOR, RA** adj. y n. Que salva: *una acción salvadora.* ◆ n. m. **2. El Salvador,** Jesucristo. (Suele escribirse con mayúscula.)

**SALVADOREÑO, A** adj. y n. De El Salvador. ◆ n. m. **2.** Modalidad adoptada por el español en El Salvador.

**SALVAGUARDAR** v. tr. **[1]**. Servir de salvaguardia, defender: *salvaguardar el honor.*

**SALVAGUARDIA** o **SALVAGUARDA** n. f. Acción de asegurar o garantizar. **2.** Documento u otra cosa que sirve para ello. **3.** INFORMÁT. Procedimiento de protección de todas las informaciones (programas, datos, etc.) contenidos en un sistema informático, por copia periódica de estas informaciones en soportes permanentes de memoria que se conservan al abrigo de modificaciones e incidentes.

**SALVAJADA** n. f. Dicho o hecho propio de un salvaje. **2.** Acción cruel, atrocidad.

**SALVAJE** adj. (provenz. *salvatge*). Que crece de forma natural, sin cultivar: *plantas salvajes.* **2.** Que no está domesticado: *animales salvajes.* **3.** Terreno no cultivado, generalmente abrupto y escabroso: *tierra salvaje.* **4.** *Fig.* Encendido, violento, irrefrenable: *ira salvaje.* ◆ adj. y n. m. y f. **5.** Que vive en estado primitivo, sin civilización. **6.** Necio, inculto. **7.** *Fig.* Cruel, bárbaro, inhumano: *comportamiento salvaje.*

**SALVAJISMO** n. m. Modo de ser o de obrar propio de los salvajes. **2.** Calidad de salvaje.

**SALVAMANTELES** n. m. (pl. *salvamanteles*). Pieza que se pone debajo de las fuentes para resguardar el mantel.

**SALVAMENTO** n. m. Acción y efecto de salvar o salvarse, especialmente la organizada para salvar de un siniestro.

**SALVAR** v. tr. y pron. (bajo lat. *salvare*) **[1]**. Librar de un peligro, riesgo o daño: *salvar la vida de un accidente; salvarse de un incendio.* ◆ v. tr. **2.** Soslayar, evitar un inconveniente, dificultad, etc.: *ausentarse para salvar la reprimenda.* **3.** Exceptuar, excluir. **4.** Vencer un obstáculo pasando por encima o a través de él: *salvar un desnivel de la carretera.* **5.** Recorrer una distancia en un tiempo menor que el normal. **6.** DER. Exculpar o probar la inocencia de alguien. **7.** REL. Librar Dios a alguien de la condenación eterna. ◆ **salvarse** v. pron. **8.** REL. Alcanzar la gloria eterna.

**SALVAVIDAS** n. m. (pl. *salvavidas*). Objeto que sirve para aprender a nadar o como medio de salvamento.

**SALVE** interj. Voz latina empleada para saludar. ◆ n. f. **2.** Oración dedicada a la Virgen.

**SALVEDAD** n. f. Razonamiento que limita o excusa, distinción, excepción: *aceptar algo con algunas salvedades; incluir a todos sin salvedad.*

**SALVIA** n. f. Planta herbácea o arbustiva, de flores violáceas, blancas o amarillas, de la que existen numerosas variedades que se cultivan por sus propiedades tónicas o como plantas ornamentales. (Familia labiadas.) **2.** *Argent.* Planta olorosa cuyas hojas se utilizan para infusiones estomacales. (Familia verbenáceas.)

**SALVILLA** n. f. *Chile.* Vinagreras.

**SALVILORA** n. f. *Argent.* Arbusto propio de las regiones áridas del O de Argentina.

**SALVO** adv. m. Excepto: *nadie lo sabe, salvo tú y yo.*

**SALVO, A** adj. Ileso, librado de un peligro o sin haber sufrido daño: *salir sano y salvo de un accidente.* • **A salvo,** fuera de peligro.

**SALVOCONDUCTO** n. m. Documento expedido por una autoridad para poder transitar libremente por determinada zona o territorio.

**SAMÁN** n. m. Planta arbórea, muy corpulenta y robusta, que crece en América tropical. (Familia mimosáceas.)

**SÁMARA** n. f. (lat. *samaram*). BOT. Fruto seco indehiscente, de una sola semilla, que presentan el arce, el olmo y el fresno.

**SAMARIO** n. m. Metal del grupo de las tierras raras, cuyo símbolo químico es Sm, su número atómico, 62 y su masa atómica, 150,43.

**SAMARITANO, A** adj. y n. De Samaria. **2.** Relativo a una secta religiosa judía que existió en Samaria; adepto de esta secta. ◆ n. **3.** Persona que ayuda a los demás.

**SAMBA** n. f. (voz brasileña). Baile popular y ritmo de origen brasileño, parecido a la rumba, pero de ritmo más vivo.

**SAMBENITO** n. m. Especie de capote de lana amarilla, con la cruz de san Andrés y llamas de fuego, que utilizaban los inquisidores para vestir a los reos condenados por el tribunal de la Inquisición, incluso a los reconciliados. **2.** Letrero que se ponía en las iglesias con el nombre y castigo de los penitenciados. **3.** *Fig.* Mala nota, descrédito que pesa sobre alguien. • **Colgar,** o **poner, el sambenito,** difamar o desacreditar.

**SAMBUMBIA** n. f. *Colomb. Fig.* Cosa deshecha en trozos muy pequeños. **2.** *Cuba.* Bebida hecha con miel de caña, azúcar y ají. **3.** *Méx.* Bebida hecha con piña, agua y azúcar.

**SAMNITA** adj. y n. m. y f. Relativo a un pueblo itálico establecido en Samnio; individuo de este pueblo.

■ Los samnitas fueron sometidos por Roma en el s. III a. J.C., después de tres largas guerras (343-290); en el transcurso de estas luchas los romanos sufrieron la humillante derrota de las *horcas Caudinas* (321 a. J.C.).

**SAMOANO, A** adj. y n. De las islas Samoa.

**SAMOTANA** n. f. *C. Rica, Hond.* y *Nicar.* Algazara, jaleo, bulla.

**SAMOVAR** n. m. (voz rusa). Aparato que sirve para obtener y conservar el agua hirviendo, especialmente para la preparación del té.

**samovar** de plata (principios del s. XX)
[col. part.]

**SAMOYEDO, A** adj. y n. Relativo a un pueblo de lengua ugrofinesa que habita en las regiones del curso inferior del Ob y del Yeniséi; individuo de este pueblo. • adj. **2. Perro samoyedo,** raza de perros utilizada para el tiro de trineos en las regiones boreales. ◆ n. m. **3.** Conjunto de lenguas habladas por los samoyedos.

**SAMPA** n. f. Planta arbustiva, muy ramosa y copuda, de hojas de color verde claro, que crece en lugares salitrosos de América Meridional.

**SAMPÁN** n. m. Pequeña embarcación china o japonesa que, en algunas poblaciones, se utiliza como vivienda familiar. *(V. ilustración pág. 902.)*

**sampán** en el Huang He, China

**SAMPLER** n. m. (voz inglesa). Aparato electrónico que se utiliza para extraer fragmentos de obras musicales e insertarlos en una nueva composición.

**SAMSĀRA** n. m. Término sánscrito que designa la transmigración de los seres.

**SAMUCO** → *zamuco.*

**SAMURAI** n. m. (voz japonesa). Miembro de la clase de los guerreros, en el antiguo sistema feudal del Japón, antes de 1868.

**samurai** (escuela japonesa del s. XVI)
[col. part., Tōkyō]

**SAMURO** n. m. *Colomb.* y *Venez.* Ave rapaz diurna.

**SAN** adj. Apócope de *santo.*

**SANABLE** adj. Que puede ser sanado.

**SANAR** v. intr. (lat. *sanare*) [**1**]. Recobrar la salud. ◆ v. tr. **2.** Hacer que alguien recobre la salud.

**SANATORIAL** adj. Relativo a un sanatorio.

**SANATORIO** n. m. (lat. *sanatorium,* que cura). Establecimiento destinado a la cura o convalecencia de un tipo determinado de enfermos.

**SANCIÓN** n. f. (lat. *sanctionem*). Aprobación o legitimación dada a cualquier acto, uso o costumbre. **2.** Castigo que emana o procede de una acción mal hecha. **3.** DER. Recompensa que dimana del cumplimiento de una norma, o pena establecida para el que la infringe. **4.** DER. Confirmación solemne de una ley por el jefe del estado.

**SANCIONABLE** adj. Que merece sanción o castigo.

**SANCIONAR** v. tr. [**1**]. Aprobar cualquier acto, uso o costumbre. **2.** Aplicar una sanción o castigo. **3.** DER. Conceder fuerza de ley a una disposición.

**SANCO** n. m. *Argent.* Guiso a base de harina, que se cocina con cebolla sancochada, ajo y grasa. **2.** *Chile.* Barro espeso. **3.** *Chile.* Gachas preparadas con harina tostada de maíz o de trigo, con agua, sal, grasa, además de otros condimentos.

**SANCOCHO** n. m. *Amér.* Cocido a base de carne, yuca, plátano y otros ingredientes.

**SANCTASANCTÓRUM** n. m. Parte interior y más sagrada del tabernáculo de los hebreos. **2.** *Fig.* Lugar muy reservado y respetado. **3.** *Fig.* Aquello que para una persona es de más valor o estimación.

**SANCTUS** n. m. (voz latina, *santo*). En la misa, oración de alabanza posterior al prefacio y anterior al canon. **2.** Parte de la misa en que se canta dicha oración.

**SANDALIA** n. f. (lat. *sandalia,* del gr. *sandalon*). Calzado compuesto de una suela que se sujeta al pie mediante tiras, cintas o cordones.

**SÁNDALO** n. m. (gr. *santalon*). Planta arbórea de Asia, que constituye el tipo de la familia santaláceas (dicotiledóneas apétalas), cuya madera, de excelente olor, se utiliza en ebanistería, perfumería, etc. **2.** Madera de este árbol y esencia que se extrae de ella.

**SANDÁRACA** n. f. (lat. *sandaracam,* del gr. *sandarakē*). Resina obtenida de una especie de tuya que se emplea para la fabricación de barnices, el glaseado del papel, etc.

**SANDEZ** n. f. Calidad de sandio: *persona de una gran sandez.* **2.** Necedad, tontería, simpleza: *decir sandeces.*

**SANDÍA** n. f. Planta herbácea que se cultiva en los países mediterráneos por su fruto de pulpa roja y refrescante. (Familia cucurbitáceas.) **2.** Fruto de esta planta, casi esférico y de gran tamaño.

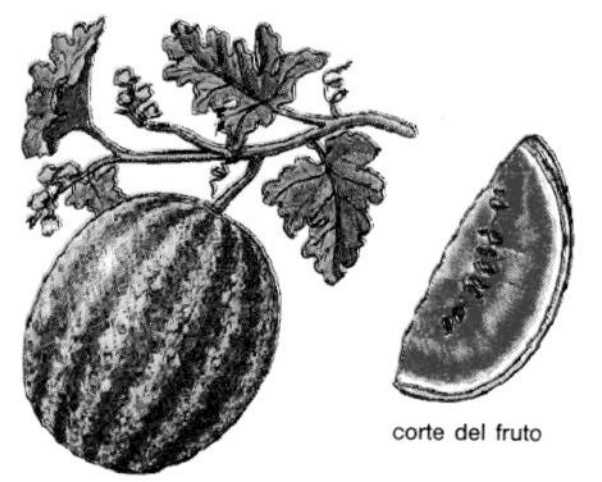


**sandía**

**SANDIAL** o **SANDIAR** n. m. Terreno sembrado de sandías.

**SANDIEGO** n. m. Planta herbácea de jardín, de flores moradas y blancas, que crece en Cuba. (Familia amarantáceas.)

**SANDINISMO** n. m. Movimiento político nicaragüense de carácter populista, surgido en 1927, partidario de las ideas de A. C. Sandino y actualmente articulado en torno al Frente sandinista de liberación nacional.

**SANDINISTA** adj. y n. m. y f. Relativo al sandinismo; partidario de este movimiento.

**SANDIO, A** adj. y n. Tonto, majadero.

**SANDUNGA** n. f. Danza y canción popular mexicana, originaria de Chiapas y típica de la región de Tehuantepec y de Oaxaca. **2.** *Fam.* Salero, gracia natural. **3.** *Colomb., Chile, Méx., Perú* y *P. Rico.* Jolgorio, parranda.

**SANDUNGUERO, A** adj. *Fam.* Que tiene sandunga, gracia.

**SANDWICH** n. m. (voz inglesa). Bocadillo.

**SANEADO, A** adj. Libre de cargas o descuentos, boyante: *bienes saneados.*

**SANEAMIENTO** n. m. Acción y efecto de sanear. **2.** Procedimiento para eliminar el exceso de agua de los terrenos húmedos. **3.** Acción de mejorar, en el aspecto higiénico, un barrio, una ciudad, etc.

**SANEAR** v. tr. [**1**]. Dar condiciones de salubridad. **2.** Remediar, reparar, equilibrar: *sanear la crisis económica.*

**SANEDRÍN** n. m. (arameo *sanhedrin,* del gr. *synedrion,* reunión, tribunal). Antiguo consejo supremo del judaísmo, con sede en Jerusalén, presidido por el gran sacerdote.

**SANFORIZACIÓN** n. f. (de *Sanford* L. Cluett, su inventor). Tratamiento que da a los tejidos de algodón una estabilización dimensional para evitar que encojan en el lavado.

**SANGACHO** n. m. Faja oscura situada longitudinalmente en el cuerpo del atún, producida por sangre coagulada.

**SANGRADO** n. m. IMPR. Sangría.

**SANGRADURA** n. f. Corte hecho en una vena para sangrar.

**SANGRANTE** adj. Que sangra.

**SANGRAR** v. intr. [**1**]. Perder sangre por un orificio natural o por una herida: *sangrar la nariz.* **2.** *Fig.* Sufrir los efectos de un desengaño, disgusto, etc.: *sangrar de dolor.* ◆ v. tr. **3.** Extraer sangre con fines terapéuticos. **4.** *Fig.* y *fam.* Hurtar, sisar: *sangrar a los contribuyentes.* **5.** IMPR. Comenzar una línea más adentro que las otras de la plana. **6.** SILVIC. Hacer incisiones en el tronco de los árboles, para extraer látex o resina. **7.** TECNOL. Dar salida al líquido contenido en algún sitio: *sangrar una tubería.*

**SANGRE** n. f. (lat. *sanguinem*). Líquido rojo que circula por las venas, las arterias, el corazón y los capilares, y transporta los elementos nutritivos y los residuos de todas las células del organismo. **2.** Linaje, familia: *ser de sangre ilustre; defender a los de su sangre.* • **A sangre,** en un libro, revista, etc., disposición de un grabado uno o varios de cuyos lados están delimitados por los cortes o por el lomo. ‖ **A sangre fría,** con premeditación, sin estar alterado por la cólera o un arrebato momentáneo. ‖ **A sangre y fuego,** sin consideración para el enemigo; con violencia, sin ceder en nada. ‖ **Bullirle la sangre** a alguien *(Fam.),* tener el vigor y entusiasmo de la juventud. ‖ **Chupar la sangre** a alguien *(Fam.),* explotarlo o arruinarlo poco a poco. ‖ **De sangre,** animal: *tiro de sangre.* ‖ **Lavar con sangre,** derramar la del enemigo en venganza de algún agravio. ‖ **Llevar** algo **en la sangre,** ser innato o hereditario. ‖ **Mala sangre** (*Fig.* y *fam.*), carácter perverso. ‖ **No llegar la sangre al río** *(Fam.),* no tener algo consecuencias graves. ‖ **Sangre azul** *(Fig.),* linaje noble. ‖ **Sangre de drago,** resina de color rojo que se extrae del tronco del drago y de otros árboles tropicales. ‖ **Sangre fría,** serenidad, entereza de ánimo; capacidad para cometer una crueldad. ‖ **Subírsele la sangre a la cabeza** a alguien, perder la serenidad, irritarse. ‖ **Sudar sangre,** pasar muchos trabajos y penalidades. ‖ **Tener sangre de horchata,** ser calmoso y no alterarse por nada.

■ La sangre es una suspensión de células, o glóbulos, en el plasma. El plasma está formado por agua, sales minerales, moléculas orgánicas (glúcidos, lípidos, prótidos), hormonas y gas disuelto. La parte globular de la sangre está constituida por: glóbulos rojos, o *hematíes;* glóbulos blancos, o *leucocitos,* y plaquetas sanguíneas, o *trombocitos.* Por término medio, el número de glóbulos rojos está comprendido entre 4,5 y 5,5 millones por $mm^3$; el de glóbulos blancos, entre 5 000 y 8 000 por $mm^3$, y el de plaquetas, entre 200 000 y

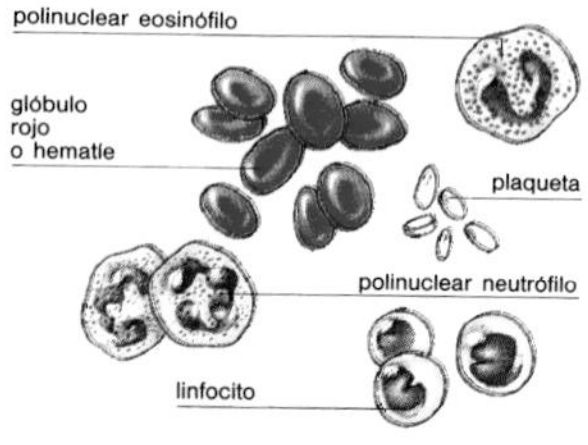


**sangre:** representación de los elementos de la sangre humana

400 000 por $mm^3$. La centrifugación de la sangre separa la parte globular (sólida) de la parte plasmática (líquida); la parte globular de una muestra sanguínea centrifugada representa el 45% de su volumen total: esta tasa constituye el hematocrito.

**SANGRÍA** n. f. Acción y efecto de sangrar, de extraer sangre de un organismo vivo, con fines terapéuticos. **2.** Parte de la articulación del brazo opuesta al codo. **3.** Bebida refrescante compuesta de vino tinto, agua carbónica, azúcar, limón y, a veces, otras frutas y especias. **4.** Salida que se da a las aguas de un río, canal, etc. **5.** Incisión o corte que se hace en un árbol para que fluya la resina, provocar la exudación del látex, etc. **6.** En metalurgia, chorro de metal en fusión que sale del horno. **7.** Operación que consiste en dejar correr el metal líquido desde el horno al caldero de colada. **8.** *Fig.* Gasto o pérdida que se produce en una cosa por extracciones sucesivas. **9.** IMPR. Acción y efecto de sangrar. SIN.: *sangrado.* **10.** IMPR. Blanco puesto antes del texto en ciertas líneas. • **Tiempo de sangría,** tiempo durante el cual sangra una pequeña escarificación hecha en el lóbulo de la oreja, que constituye una prueba en el estudio sobre la defensa del organismo contra las hemorragias.

**SANGRIENTO, A** adj. Que causa derramamiento de sangre: *batalla, lucha sangrienta.* **2.** Sanguinario: *un rey sangriento.* **3.** *Fig.* Cruel, que ofende gravemente: *crítica sangrienta.*

**SANGRILIGERO, A** adj. *Amér. Central.* Simpático.

**SANGRIPESADO, A** adj. *Amér. Central.* Antipático.

**SANGRÓN, NA** adj. *Méx. Fam.* Antipático, odioso: *su novio es un sangrón, no lo soporto.*

**SANGUARAÑA** n. f. *Ecuad.* y *Perú.* Circunloquio, rodeo para decir una cosa. (Suele usarse en plural.) **2.** *Perú.* Baile popular.

**SANGUIJUELA** n. f. (lat. *sanguisugiolam*). Gusano del tipo anélidos, clase hirudíneos, que vive en las aguas dulces y cuyo cuerpo termina por una ventosa en cada extremo. (Se alimenta de la sangre de los vertebrados). **2.** *Fig.* y *fam.* Persona ávida de dinero que poco a poco va apoderándose de los bienes de otro.

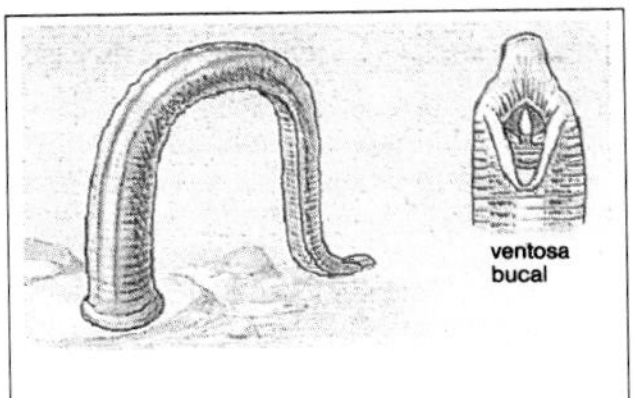

**sanguijuela**

**SANGUINA** n. f. Hematites roja. **2.** Lápiz rojo oscuro, fabricado con hematites. **3.** Dibujo realizado con este tipo de lápiz.

**SANGUINARIA** n. f. Piedra semejante al ágata, de color de sangre. • **Sanguinaria menor,** planta herbácea de la península Ibérica, de tallos tendidos y flores en glomérulos. (Familia paroniquiáceas.)

**SANGUINARIO, A** adj. (lat. *sanguinarium*). Cruel, feroz, que tiene tendencia a matar o herir.

**SANGUÍNEO, A** adj. Relativo a la sangre. **2.** Que tiene sangre. **3.** De color de sangre: *rojo sanguíneo.* **4.** De aspecto pletórico, por lo general hipertenso, fácilmente irritable. • **Vasos sanguíneos,** conductos que sirven para la circulación de la sangre.

**SANGUINO, A** adj. Sanguíneo. ◆ adj. y n. f. **2.** Dícese de una variedad de naranja cuya pulpa es de color rojizo. ◆ n. m. **3.** Aladierno. **4.** Cornejo.

**SANGUINOLENCIA** n. f. Calidad de sanguinolento.

**SANGUINOLENTO, A** adj. Que echa sangre; manchado o inyectado de sangre: *carne sanguinolenta; ojos sanguinolentos.*

**SANGUIS** n. m. (voz latina, *sangre*). REL. CATÓL. Sangre de Cristo bajo los accidentes del vino en la eucaristía.

**SANGUISORBA** n. m. Planta herbácea de las regiones templadas del hemisferio norte, de flores verduscas, purpúreas o blanquecinas. (Familia rosáceas.)

**SANHĀŶA** adj. y n. m. y f. Relativo a un importante grupo beréber del N de África; individuo de este grupo. (Enemigos de los zanāta y de los omeyas, llegaron a combatir en la península Ibérica; instalaron el centro de su territorio en Granada en época de Sulaymān al-Musta'in.)

**SANÍCULA** n. f. Planta herbácea vivaz que crece en lugares frescos. (Familia umbelíferas.)

**SANIDAD** n. f. Calidad de sano: *la sanidad de las costumbres.* **2.** Salubridad: *la sanidad de un local.* **3.** Conjunto de servicios administrativos que se refieren a la salud pública: *departamento de sanidad.* • **Patente de sanidad,** documento expedido a un buque en el puerto de procedencia, y que acredita el estado sanitario de éste o también el de a bordo.

**SANITARIO, A** adj. Relativo a la conservación de la salud y la higiene: *centro sanitario; política sanitaria.* ◆ n. **2.** Empleado de los servicios de sanidad. ◆ **sanitarios** n. m. pl. y adj. **3.** Retrete. **4.** Conjunto de aparatos de limpieza e higiene instalados en retretes, cuartos de baño, etc.

**SANO, A** adj. y n. (lat. *sanum*). Que goza de buena salud, exento de daño o de enfermedad: *cuerpo sano; persona sana.* ◆ adj. **2.** Saludable, bueno para la salud: *clima, aire sano.* **3.** Que está en buen estado, que no está gastado, roto o alterado: *alimentación sana; dientes sanos.* **4.** *Fig.* Que tiene buenos principios, exento de vicios, malicia, etc.; conforme al equilibrio intelectual o moral: *diversión sana; negocio sano; crítica sana.* • **Cortar por lo sano,** acabar con lo que preocupa o molesta por el procedimiento más expeditivo. ‖ **Sano y salvo,** sin daño.

**SANSCRITISMO** n. m. Conjunto de ciencias que tienen por objeto el conocimiento del sánscrito.

**SANSCRITISTA** n. m. y f. Especialista en sánscrito.

**SÁNSCRITO, A** adj. y n. m. Dícese de la lengua sagrada y literaria de la civilización brahmánica, perteneciente al grupo de lenguas indoeuropeas, y de los libros escritos en esta lengua.

**SANS-CULOTTE** n. m. (voz francesa, *sin calzones*) [pl. *sans-culottes*]. Nombre con el que, durante la Revolución francesa, se designaba a los revolucionarios pertenecientes a las clases sociales más populares.

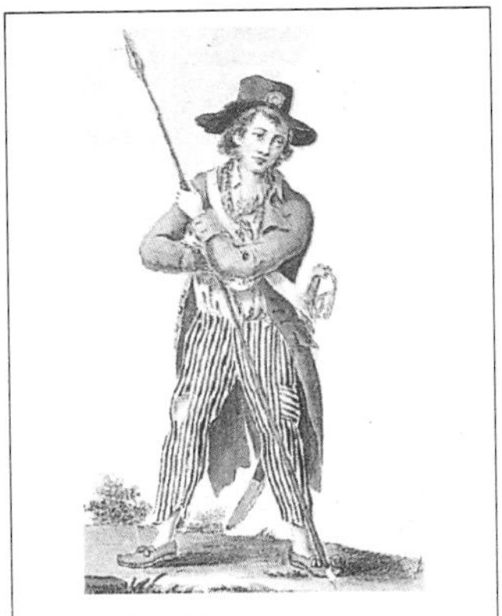
**sans-culotte** parisiense
(acuarela de la época) [museo Carnavalet, París]

**SANSEACABÓ. Y sanseacabó,** expresión con que se da por acabado un asunto o discusión.

**SANSIMONIANO, A** adj. y n. Relativo al sansimonismo.

**SANSIMONISMO** n. m. Doctrina del conde de Saint-Simon y de sus discípulos, especialmente Enfantin y Bazard.

**SANSÓN** n. m. (de *Sansón*, juez de Israel). Hombre muy forzudo.

**SANTABÁRBARA** n. f. Pañol destinado en los barcos antiguos para guardar la pólvora.

**SANTACRUCEÑO, A** adj. y n. De Santa Cruz y de Santa Cruz de Tenerife.

**SANTAFEREÑO, A** adj. y n. De Santa Fe de Bogotá.

**SANTAFESINO, A** o **SANTAFECINO, A** adj. y n. De Santa Fe.

**SANTALUCIENSE** n. m. y adj. Piso del mioceno de Uruguay, a orillas del río Santa Lucía.

**SANTANDERINO, A** adj. y n. De Santander.

**SANTATERESA** n. f. Insecto de unos 5 cm de long., con patas anteriores prensoras, que le permiten atrapar las presas. (Orden ortópteros.)

**santateresa**

**SANTERÍA** n. f. *Argent.* Tienda de objetos religiosos. **2.** *Cuba.* Brujería.

**SANTERO, A** adj. Que rinde culto supersticioso o exagerado a los santos. ◆ n. **2.** Persona que cuida de un santuario o ermita. **3.** Persona que pinta o esculpe santos, y también la que los vende. **4.** Curandero que pretendidamente sana ayudado por los santos.

**SANTIAGUEÑO, A** adj. y n. De Santiago del Estero.

**SANTIAGUERO, A** adj. y n. De Santiago de Cuba.

**SANTIAGUÉS, SA** adj. y n. De Santiago de Compostela.

**SANTIAGUINO, A** adj. y n. De Santiago de Chile.

**SANTIAGUISTA** adj. y n. m. Relativo a la orden militar de Santiago; miembro de dicha orden.

**SANTIAMÉN. En un santiamén** *(Fam.)*, en un instante, rápidamente.

**SANTIDAD** n. f. Calidad de santo. • **Su santidad,** tratamiento dado al papa.

**SANTIFICACIÓN** n. f. Acción y efecto de santificar.

**SANTIFICADOR, RA** adj. y n. Que santifica.

**SANTIFICAR** v. tr. [**1a**]. Hacer santo a alguien por medio de la gracia. **2.** Convertir una cosa en santa, purificarla: *santificar un lugar.* **3.** Rendir culto a los santos o a las cosas santas: *santificar a los mártires.* **4.** Consagrar a Dios una cosa. **5.** Transcurrir las fiestas religiosas según los preceptos de la Iglesia católica, absteniéndose de trabajar y asistiendo a misa: *santificar los domingos.*

**SANTIFICATIVO, A** adj. Capaz de santificar.

**SANTIGUADA** n. f. Acción y efecto de santiguar o santiguarse.

**SANTIGUAR** v. tr. y pron. [**1c**]. Hacer sobre sí o sobre otra persona la señal de la cruz. ◆ **santiguarse** v. pron. **2.** *Fig.* y *fam.* Demostrar admiración, asombro o extrañeza, haciendo generalmente la señal de la cruz.

**SANTÍSIMO, A** adj. Tratamiento aplicado a la Virgen, a la Trinidad y al papa. ◆ n. m. **2.** En la religión católica, Cristo en la eucaristía. (Suele escribirse con mayúscula.) SIN.: *santísimo sacramento.*

**SANTO, A** adj. (lat. *sanctum*). Absolutamente perfecto. **2.** Sagrado, inviolable. **3.** Que produce un efecto bueno y saludable, o un provecho especial: *un santo consejo.* **4.** Con ciertos nombres da un énfasis especial a su significado: *esperar todo el santo día; hacer su santa voluntad.* **5.** Relativo a la religión: *templo santo.* **6.** Conforme a la ley moral: *vida santa.* **7.** Dícese de cada uno de los días de la semana que precede al domingo de Pascua de Resurrección y de esa semana: *lunes santo; semana santa.* • **A santo de qué,** expresión con que se comenta la inoportunidad o inconveniencia de algo. ‖ **Año santo,** año jubilar de la Iglesia católica, celebrado ordinariamente cada veinticinco años. ‖ **Írsele** a alguien **el santo al cielo** *(Fam.)*, olvidársele lo que iba a decir o a hacer. ‖ **No ser santo de la devoción** de alguien, no tener simpatía a alguien, inspirarle desconfianza. ‖ **Quedarse para vestir santos,** quedarse una mujer soltera. ‖ **Santa iglesia,** Iglesia cristiana. ◆ adj. y n. **8.** Virtuoso, muy resignado: *es una santa mujer.* **9.** REL. CATÓL. Dícese de la persona cuya vida ejemplar ha sido juzgada digna de recibir, previa la canonización, culto universal. ◆ n. **10.** Imagen de un santo. ◆ n. m. **11.** Viñeta, grabado, estampa que ilustran una publicación. **12.** Respecto de una persona, festividad o celebración del santo cuyo nombre lleva: *hoy es su santo.* • **Santo de los santos,** sanctasanctórum. ‖ **Santo y seña,** contraseña que sirve a los centinelas para identificar a las rondas o personas que se acercan al puesto de guardia.

**SANTOLINA** n. f. Planta herbácea o subfrutescente. (Familia compuestas.)

**SANTÓN** n. m. Anacoreta de alguna religión no cristiana, principalmente de la musulmana. **2.** *Fig.* y *fam.* Persona muy autorizada e influyente en una colectividad determinada.

**SANTÓNICO** n. m. Planta de la península Ibérica, de hojas blancas y flores agrupadas en cabezuelas pequeñas. (Familia compuestas.) **2.** Cabezuelas sin abrir de las plantas compuestas.

**SANTONINA** n. f. Sustancia vermífuga obtenida de las cabezuelas de diversas plantas del género *Artemisia.*

**SANTORAL** n. m. Libro que contiene vidas de santos. **2.** Lista de los santos cuya festividad se conmemora en cada uno de los días del año. **3.** Parte de los libros litúrgicos que contiene los oficios de los santos.

**SANTUARIO** n. m. Lugar de carácter sagrado en que se venera a una divinidad, o a un espíritu de los antepasados o de la naturaleza. **2.** En el cristianismo, templo en que se venera una imagen o las reliquias de un santo. **3.** Sanctasanctórum del templo de Jerusalén. **4.** *Fig.* Lugar íntimo o reservado. **5.** Territorio donde una organización política o guerrillera goza de impunidad y refugio, generalmente en regiones fronterizas, limítrofes a las que actúan. **6.** ECOL. Paraje que conserva intactas las asociaciones de la flora y de la fauna, por no haber sido afectadas por la intervención humana.

**SANTURRÓN, NA** adj. y n. Beato, exagerado o afectado en los actos de devoción.

**SANTURRONERÍA** n. f. Calidad de santurrón.

**SANŶAQ** n. m. (voz turca, *estandarte*). HIST. Subdivisión de una provincia en el antiguo Imperio otomano.

**SAÑA** n. f. Insistencia cruel en el daño que se causa: *criticar con saña.* **2.** Furor, rabia con que se ataca: *golpear con saña.*

**SAÑUDO, A** o **SAÑOSO, A** adj. Propenso a la saña, o que tiene saña.

**SAO** n. m. *Cuba.* Pradera con partes de arbolado y algunos matorrales o maleza.

**SAO,** antiguo pueblo africano no musulmán, constituido por grupos diferenciados por su lengua y su modo de vida, que, a partir del s. I, se estableció al S del lago Chad, y en cuyos túmulos se han encontrado estatuillas de arcilla y bronce.

**SAPAJÚ** o **SAJÚ** n. m. Mono de América tropical, que posee una larga cola.

**SAPANECO, A** adj. *Hond.* Bajo, rechoncho.

**SAPENCO** n. m. Caracol terrestre, de 2,5 cm de long., con rayas pardas transversales en la concha. (Familia helícidos.)

**SAPIDEZ** n. f. Calidad de sápido.

**SÁPIDO, A** adj. Que tiene sabor.

**SAPIENCIA** n. f. (lat. *sapientiam*). Sabiduría.

**SAPIENCIAL** adj. Relativo a la sabiduría. • **Libros sapienciales,** grupo de cinco libros bíblicos (*Proverbios, Job, Eclesiastés, Eclesiástico* y *Sabiduría*), colección de máximas, sentencias y poemas morales de la sabiduría oriental.

**SAPIENTE** adj. y n. m. y f. Sabio.

**SAPINDÁCEO, A** adj. y n. f. Relativo a una familia de plantas dicotiledóneas tropicales, como el jaboncillo.

**SAPINO** n. m. Abeto.

**SAPO** n. m. Batracio insectívoro de la subclase anuros, de forma rechoncha, piel verrugosa y ojos saltones. **2.** *Fam.* Cualquier animal semejante, cuyo nombre se ignora. **3.** *Argent., Bol., Chile, Par., Perú* y *Urug.* Juego de la rana. **4.** *Cuba.* Pez pequeño de cabeza grande y boca hendida, que habita, generalmente, en las desembocaduras de los ríos. **5.** *Chile.* Mancha o tara en el interior de las piedras preciosas. **6.** *Chile.* Acto casual, chiripa. • **Echar,** o **soltar, por la boca sapos y culebras** *(Fam.),* decir maldiciones y reniegos. ‖ **Sapo partero,** batracio terrestre, de 5 cm de long., cuya denominación procede del hecho de que el macho transporta hasta su eclosión los huevos puestos por la hembra. (Subclase anuros.) ‖ **Ser sapo de otro pozo** *(Argent. Fam.),* indica que alguien pertenece a otra clase, medio social o esfera laboral. ‖ **Tragarse un sapo** *(Argent.),* verse obligada una persona a aceptar una situación desagradable.

**sarcófago** romano-cristiano (procedente de Ampurias) [museo arqueológico, Barcelona]

**sapo**

**SAPO, A** adj. *Chile. Fig.* Disimulado, astuto.

**SAPONÁCEO, A** adj. Jabonoso, de la naturaleza del jabón.

**SAPONARIA** n. f. **Saponaria de la Mancha,** planta de hojas carnosas, que crece en las estepas de la península Ibérica. (Familia cariofiláceas.)

**SAPONIFICABLE** adj. Que puede ser saponificado.

**SAPONIFICACIÓN** n. f. Transformación de las materias grasas en jabón, tras su desdoblamiento por la acción de una base en sal de ácido graso y en glicerina. **2.** QUÍM. Acción de saponificar.

**SAPONIFICAR** v. tr. **[1a]**. Transformar en jabón: *saponificar aceites.* **2.** QUÍM. Descomponer un éster por la acción de una base.

**SAPONINA** n. f. Glucósido contenido en la jabonera y en otras plantas, que forma espuma con el agua.

**SAPONITA** n. f. Silicato hidratado natural de magnesio y de aluminio, blanquecino y untuoso, que se usa en la fabricación de porcelana.

**SAPOTÁCEO, A** adj. y n. f. Relativo a una familia de plantas dicotiledóneas gamopétalas, tropicales. (Algunas especies de la familia *sapotáceas* proporcionan la goma de chicle, la gutapercha, etc.)

**SAPRÓFAGO, A** adj. y n. m. ZOOL. Que se alimenta de materias orgánicas en descomposición.

**SAPROFITISMO** n. m. Modo de vida de los saprofitos.

**SAPROFITO, A** adj. y n. m. Dícese del vegetal que extrae su alimento de sustancias orgánicas en descomposición. ◆ adj. **2. Microbio saprofito,** germen que vive sobre un ser vivo o huésped sin provocarle enfermedades, por oposición a *patógeno.*

**SAPROPEL** n. m. Depósito en el que predomina la materia orgánica formada por la muerte masiva de organismos. (Constituye una roca madre potencial para los hidrocarburos.)

**SAQUE** n. m. DEP. Acción de poner en juego la pelota o balón, al empezar el juego, o cuando la pelota o el balón salen fuera de los límites del campo. • **Tener buen saque** *(Fam.),* ser capaz de comer mucho.

**SAQUEAR** v. tr. (ital. *sacchegiare*) **[1]**. Apoderarse los soldados al entrar en un lugar, ciudad, etc., de todo lo que encuentran, causando destrucción y devastación. **2.** Robar en gran cantidad, apoderarse de cuanto se encuentra en un lugar.

**SAQUEO** o **SAQUEAMIENTO** n. m. Acción y efecto de saquear.

**SAQUERÍA** n. f. Fabricación de sacos. **2.** Conjunto de ellos.

**SAQUERO, A** n. Persona que tiene por oficio hacer o vender sacos.

**SARAKOLÉ** → ***soninké.***

**SARAMPIÓN** n. m. Enfermedad infecciosa y contagiosa, producida por un virus filtrable y caracterizada por catarro de las vías respiratorias altas, seguido de una erupción de manchas rojas en la piel, que afecta especialmente a la infancia.

**SARANDÍ** n. m. *Argent.* Planta arbustiva, de hasta 4 m de alt., que crece en las márgenes de arroyos y ríos.

**SARAO** n. m. (gall. *serao,* anochecer). Reunión o fiesta de sociedad, generalmente nocturna, en la que hay baile o música.

**SARAPE** n. m. *Guat.* y *Méx.* Especie de manta de lana o algodón, generalmente con franjas de colores vivos y a veces con una abertura en el centro para la cabeza, y que cae a lo largo del cuerpo.

**SARAPIA** n. f. Planta arbórea, de unos 20 m de alt. y uno de diámetro, cuya madera se utiliza en carpintería y su semilla en perfumería. (Familia papilionáceas.) **2.** Fruto de este árbol.

**SARASA** n. m. *Fam.* Hombre homosexual.

**SARAVIADO, A** adj. *Colomb.* y *Venez.* Dícese de las aves moteadas.

**SARAZO, A** adj. *Colomb., Cuba, Méx.* y *Venez.* Dícese del fruto que empieza a madurar, especialmente del maíz. **2.** *P. Rico.* Relativo al coco maduro o a su agua.

**SARCASMO** n. m. (lat. *sarcasmum*). Ironía hiriente y mordaz con que se insulta, humilla u ofende.

**SARCÁSTICO, A** adj. Que denota o implica sarcasmo o concerniente a él: *palabra, risa sarcástica.*

**SARCÓFAGO** n. m. (lat. *sarcophagum;* del gr. *sarkophagos*). ARQUEOL. Tumba en la que los antiguos colocaban los cuerpos que no iban a ser quemados; sepulcro. **2.** ARQUEOL. Féretro o representación de un féretro.

**SARCOIDE** adj. y n. m. Dícese de un pequeño tumor cutáneo, en general múltiple, que se parece al sarcoma, pero de naturaleza benigna.

**SARCOMA** n. m. Tumor maligno originado a partir de tejido conjuntivo.

**SARCOMATOSO, A** adj. Relativo al sarcoma.

**SARDANA** n. f. (voz catalana). Danza tradicional catalana bailada en forma de círculo. **2.** Música de esta danza.

**SARDINA** n. f. (lat. *sardinam*). Pez parecido al arenque, de unos 20 cm de long., dorso azulverdoso y vientre plateado, común en el Mediterráneo y en el Atlántico. (Familia clupeidos.)

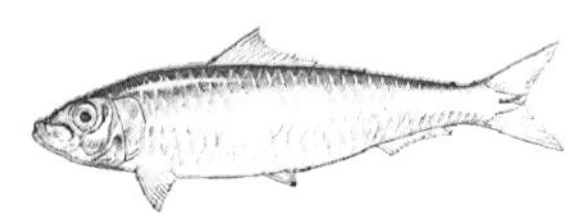
**sardina**

**SARDINAL** n. m. Arte de pesca de deriva, formado por redes rectangulares de malla, apropiada para enmallar sardinas y peces de tamaño similar.

**SARDINEL** n. m. Obra de ladrillos sentados de

canto y de modo que se toquen sus caras mayores. **2.** *Colomb.* y *Perú.* Escalón que forma el borde externo de la acera.

**SARDINERA** n. f. Arte de cerco que se emplea para la pesca de la sardina, el jurel, la caballa y la anchoa.

**SARDINERO, A** adj. Relativo a las sardinas. **2.** Dícese de la embarcación destinada a la pesca de la sardina. ◆ n. **3.** Persona que vende sardinas.

**SARDINETA** n. f. Insignia formada por dos galones apareados y terminando en punta, utilizada, según el color y colocación, como divisa de algunos empleos militares o como distintivo de cuerpos y unidades.

**SARDO** n. m. *Méx. Vulg.* Soldado.

**SARDO, A** adj. y n. De Cerdeña. ◆ n. m. **2.** Conjunto de dialectos neolatinos hablados en Cerdeña.

**SARDONIA** n. f. Planta herbácea de la península Ibérica, de unos 20 a 70 cm, cuyo jugo, muy venenoso, produce en los músculos de la cara una contracción que imita la risa. (Familia ranunculáceas.)

**SARDÓNICA** o **SARDÓNICE** n. f. (lat. *sardonycem;* del gr. *sardonyx*). Variedad de calcedonia, de color pardo con traslucidez roja.

**SARDÓNICO, A** adj. (gr. *sardonikos*). Afectado, maligno, irónico: *risa sardónica.*

**SARGA** n. f. Tela cuyo tejido forma unas líneas diagonales. **2.** Uno de los tres ligamentos fundamentales con que se fabrica esta tela. **3.** Tela pintada para adornar o decorar las paredes.

**SARGA** n. f. Planta arbórea de la península Ibérica, de hojas verdosas por el haz y tomentosas por el envés, o verdes por ambas caras. (Familia salicáceas.)

**SARGADILLA** n. f. Planta herbácea, de 60 a 80 cm de alt., que crece en el S y SE de la península Ibérica. (Familia quenopodiáceas.)

**SARGAZO** n. m. Alga de color pardo que flota en el agua, cuya acumulación forma, a lo largo de las costas de Florida *(mar de los Sargazos),* una verdadera pradera donde ponen los huevos las anguilas.

**SARGENTO** n. m. (fr. *sergent;* del lat. *serviens*). Suboficial que cuida del orden, administración y disciplina de una compañía, y que ejerce el mando de un pelotón. **2.** *Fig.* y *fam.* Persona autoritaria y brusca. • **Sargento furriel** (ANT.), furriel. ‖ **Sargento primero,** suboficial con grado superior al de sargento e inferior al de brigada.

**SARGO** n. m. (lat. *sargum*). Pez de carne apreciada, de hasta 40 cm de long. y 2 kg de peso, de color gris metálico oscuro en el dorso y plateado hacia los flancos y vientre, que suele vivir a escasa profundidad y preferentemente en zonas rocosas. (Familia espáridos.)

sargo

**SARI** n. m. En la India, vestido femenino constituido por una pieza de tela de algodón o de seda, drapeada y ajustada sin costuras ni alfileres.

**SARÍA** n. f. Ley canónica de la religión islámica, consistente en el conjunto de los mandamientos de Alá relativos a todas las acciones humanas.

**SARIAMA** n. f. *Argent.* Ave zancuda de color rojo que posee un pequeño copete.

**SARIGA** n. f. *Bol.* y *Perú.* Zarigüeya.

**SARISA** n. f. (voz griega). ANT. GR. Lanza larga de la falange macedónica.

**SÁRMATA** adj. y n. m. y f. Relativo a un pueblo nómada de origen iranio, que ocupó los países de los escitas y llegó hasta el Danubio (s. I d. J.C.); individuo de este pueblo. (Posteriormente se integraron en la oleada de migraciones germánicas.)

**SARMENTERA** n. f. Lugar donde se guardan los sarmientos.

**SARMENTOSO, A** adj. Dícese de las plantas cuyo tallo es largo, flexible y trepador como el sarmiento. **2.** De las características del sarmiento: *dedos sarmentosos.*

**SARMIENTO** n. m. (lat. *sarmentum*). Tallo joven de la vid. **2.** Tallo o rama leñosa trepadora.

**SARNA** n. f. Enfermedad contagiosa de la piel, ocasionada por la hembra de un ácaro que excava surcos en la epidermis, en los que deposita sus huevos, provocando así la erupción de vesículas acompañada de un vivo escozor. **2.** Enfermedad de numerosas plantas, que produce unas pústulas en la superficie de los tejidos externos. **3.** Enfermedad parasitaria y contagiosa de la piel de algunos animales. • **Más viejo que la sarna** *(Fam.),* muy viejo o antiguo.

**SARNOSO, A** adj. y n. Que tiene sarna.

**SAROS** n. m. Período de 18 años y 11 días, que comprende 223 lunaciones y regula aproximadamente los períodos de los eclipses, y durante el cual hay una media de 84 eclipses, de los que 42 son de Sol y 42 de Luna.

**SARPULLIDO** n. m. Urticaria.

**SARRACENO, A** adj. y n. Perteneciente o relativo a una tribu del N de Arabia, que opuso una viva resistencia a los emperadores bizantinos, y posteriormente se convirtió al islam; individuo de esta tribu. (El término fue utilizado posteriormente por los occidentales para designar en general a *árabes, musulmanes* y *moros,* especialmente a los piratas que actuaron en el Mediterráneo occidental durante la alta edad media.) ◆ n. m. **Sarraceno de Tartaria,** planta originaria de oriente, que se cultiva por sus semillas alimenticias. (Familia poligonáceas.)

**SARRO** n. m. Sedimento que dejan en los recipientes algunos líquidos que llevan sustancias en suspensión o disueltas. **2.** Capa blanquecina que cubre la lengua. **3.** Sustancia que se deposita encima del esmalte o del cemento de las piezas dentarias.

**SARROSO, A** adj. Que tiene sarro.

**SARTA** n. f. Serie de cosas pasadas o sujetas una tras otra en un hilo, cuerda, etc.: *sarta de perlas.* **2.** *Fig.* Serie de sucesos o cosas no materiales que van o suceden una tras otra: *sarta de mentiras.*

**SARTÉN** n. f. (lat. *sartaginem*). Utensilio de cocina poco profundo, de base ancha y mango largo, que sirve para freír y saltear. • **Tener la sartén por el mango** *(Fam.),* estar en situación de poder decidir.

**SARTENEJA** n. f. *Ecuad.* y *Méx.* Grieta formada por la sequía en un terreno. **2.** *Ecuad.* y *Méx.* Huella del ganado en terrenos lodosos.

**SARTENEJAL** n. m. *Ecuad.* Zona de la sabana donde se forman sartenejas.

**SARTORIO** n. m. Músculo de la parte anterior del muslo.

**SASAFRÁS** n. m. Planta arbórea, que crece en América del Norte y China y cuyas hojas se usan como condimento. (Familia lauráceas.)

**SASÁNIDA** adj. y n. m. y f. Relativo a los Sasánidas, dinastía persa. (V. parte n. pr.)

**SASTRE, A** n. Artesano que confecciona trajes, especialmente de hombre. • **Traje sastre,** traje de mujer compuesto de chaqueta y falda.

**SASTRERÍA** n. f. Oficio y taller de sastre.

**SATÁNICO, A** adj. Relativo a Satanás. **2.** *Fig.* Extremadamente perverso: *sonrisa, intención satánica.*

**SATANISMO** n. m. Carácter de lo que es satánico. **2.** Culto dedicado a Satanás y al mal.

**SATÉLITE** n. m. ASTRON. Cuerpo que gravita alrededor de un planeta. **2.** ASTRON. Astro que gravita alrededor de otro principal. **3.** MEC. Piñón de engranaje que gira entre la rueda que lo arrastra y la corona periférica. • **Satélite artificial,** ingenio lanzado por un cohete, que pasa a describir una órbita alrededor de la Tierra o de otro astro. ◆ adj. y n. m. **4.** Que depende de otro en el plano político, militar o económico: *país satélite.*

**SATELIZACIÓN** n. f. Acción de satelizar.

**SATELIZAR** v. tr. **[1g]**. Poner un móvil sobre una órbita cerrada alrededor de la Tierra o de un astro. **2.** Poner un país bajo la estrecha dependencia de otro.

**SATÉN** n. m. (fr. *satin*). Tejido parecido al raso.

**SATÍN** o **SATINÉ** n. m. Planta arbórea de América tropical, cuya madera se utiliza en placaje, tornería y ebanistería. (Familia moráceas.)

**SATINADO, A** adj. Semejante al satén. **2.** Que presenta un brillo notable. • **Piedra satinada,** piedra fina tallada de manera que parezca muy límpida y clara. ◆ n. m. **3.** Acción y efecto de satinar.

**SATINADOR, RA** adj. y n. Que satina telas, papel, etc.

**SATINAR** v. tr. (fr. *satiner*) **[1]**. Dar a una tela, papel, metal, etc., aspecto satinado.

**SATINETA** n. f. (fr. *satinette*). Tela de algodón, o de algodón y seda, de aspecto parecido al raso.

**SÁTIRA** n. f. (lat. *satiram*). Panfleto, discurso, escrito, dibujo, etc., que censura las costumbres públicas o privadas, o que ridiculiza a alguien o algo. **2.** LIT. Obra en verso que mezcla los ritmos y los tonos, y en la que el autor censura y ridiculiza los vicios de su tiempo.

**SATIRIASIS** n. f. SICOL. Estado permanente de excitación sexual en el hombre.

**SATÍRICO, A** adj. y n. Inclinado a la maledicencia, a la burla, que usa de la sátira: *espíritu satírico; canción satírica; dibujo satírico.* **2.** Dícese del escritor que cultiva la sátira. ◆ adj. **3.** LIT. Relativo a la sátira.

**SATÍRICO, A** adj. MIT. Relativo a los sátiros.

**SATIRIÓN** n. m. Planta herbácea de la península Ibérica, cuyos tubérculos son comestibles. (Familia orquídeas.)

**SATIRIZANTE** adj. Que satiriza.

**SATIRIZAR** v. intr. **[1g]**. Escribir sátiras. ◆ v. tr. **2.** Hacer objeto de sátiras.

**SÁTIRO** n. m. (lat. *satyrum;* del gr. *satyros*). En la mitología griega, semidiós rústico que solía representarse con cuernecillos, patas y rabo de macho cabrío. **2.** *Fig.* Hombre lascivo.

**SATISFACCIÓN** n. f. Acción de satisfacer una necesidad, un deseo, un apetito, etc. **2.** Aquello que satisface. **3.** Estado del que está satisfecho: *la satisfacción del deber cumplido.* **4.** Acto por el cual se repara o desagravia un daño, ofensa o injusticia: *exigir una satisfacción.* • **Satisfacción sacramental** (REL.), penitencia.

**SATISFACER** v. tr. (lat. *satisfacere*) **[11]**. Complacer o realizar completamente un deseo, apetito, etc.: *satisfacer caprichos.* **2.** Pagar lo que se debe: *satisfacer una deuda.* **3.** Agradar, gustar: *su comportamiento me satisface.* **4.** Solucionar, resolver: *satisfacer una dificultad, una duda, una pregunta.* **5.** Premiar o recompensar los méritos realizados. **6.** Desagraviar, reparar un agravio o perjuicio. ◆ **satisfacerse** v. pron. **7.** Vengarse de un agravio o perjuicio. **8.** Contentarse o conformarse con lo que se dice o se hace.

**SATISFACTORIO, A** adj. Que satisface: *respuesta satisfactoria.* **2.** Grato, bueno, próspero.

**SATISFECHO, A** adj. Complacido, contento.

**SATO** n. m. *Cuba* y *P. Rico.* Perro pequeño, ladrador y vagabundo.

**SÁTRAPA** n. m. (gr. *satrapēs*). En el Imperio persa, gobernador de una provincia. ◆ n. m. y adj. **2.** Personaje que lleva una vida fastuosa o que ejerce una autoridad despótica.

**SATRAPÍA** n. f. Dignidad de sátrapa. **2.** Provincia gobernada por un sátrapa.

**SATSUMA** n. m. Variedad de naranja muy apreciada por su contenido en azúcar. **2.** Tipo de porcelana japonesa con decoración dorada.

**SATURABILIDAD** n. f. QUÍM. Cualidad de lo que puede ser saturado.

**SATURABLE** adj. QUÍM. Que puede ser saturado.

**SATURACIÓN** n. f. Acción de saturar. **2.** Estado de un líquido saturado. **3.** Saciedad, acumulación: *saturación del mercado.* **4.** INFORMÁT. Estado de una memoria o de una vía de transmisión de informaciones que funcionan en el límite máximo de sus posibilidades. **5.** LÓG. Carácter de un sistema axiomático en el que no se puede añadir un nuevo axioma sin que dé como resultado una teoría contradictoria. **6.** QUÍM. Transformación en enlaces simples de los enlaces múltiples de un compuesto orgánico.

**SATURADO, A** adj. Completamente saciado. **2.** Dícese de la solución que no puede disolver una cantidad suplementaria de la sustancia disuelta. **3.** LÓG. Dícese de un sistema axiomático caracterizado por una saturación. **4.** QUÍM. Dícese de un compuesto orgánico que no posee enlaces múltiples.

**SATURADOR** n. m. Dispositivo que sirve para aumentar la proporción de vapor de agua de la atmósfera, en un local, una habitación, etc. **2.** Aparato que sirve para disolver un gas en un líquido hasta saturarlo.

**SATURANTE** adj. Que satura. • **Vapor saturante,** vapor de un líquido, en equilibrio con este último.

**SATURAR** v. tr. y pron. (lat. *saturare*) [**1**]. Llenar completamente: *el mercado está saturado de productos.* ◆ v. tr. **2.** Hacer que una solución contenga la mayor cantidad posible de cuerpos disueltos. **3.** QUÍM. Transformar los enlaces múltiples de un compuesto en enlaces simples.

**SATURNAL** adj. Relativo a Saturno. ◆ n. f. **2.** Orgía, bacanal. ◆ **saturnales** n. f. pl. **3.** Fiestas que se celebraban en la antigua Roma en honor de Saturno, durante las que reinaba una gran libertad.

**SATURNINO, A** adj. Relativo al plomo. **2.** Producido por el plomo.

**SATURNISMO** n. m. Intoxicación crónica por las sales de plomo.

**SATURNO** n. m. Nombre dado al plomo por los alquimistas.

**SAUCE** n. m. (lat. *salicem*). Árbol o arbusto de hojas lanceoladas, que crece junto al agua. (Familia salicáceas.) SIN.: *salce.* • **Sauce blanco** o **cabruno,** sauce de hojas elípticas. ‖ **Sauce común,** sauce con ramas flexibles y largas y hojas dentadas. ‖ **Sauce llorón,** sauce con ramas muy largas, flexibles y colgantes.

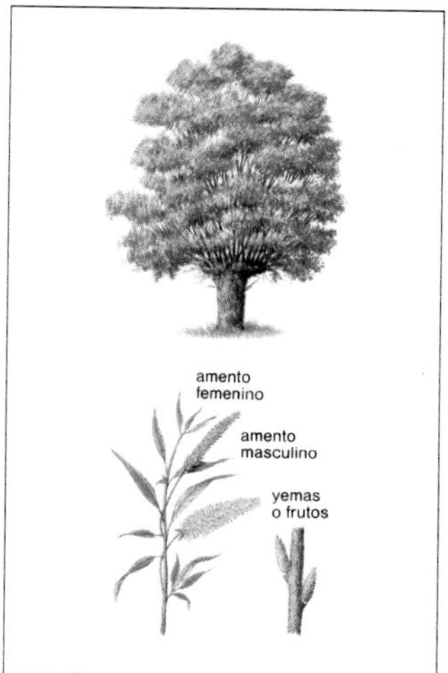

**sauce** blanco

**SAUCEDAL** o **SAUCEDO** n. m. Salcedo.

**SAÚCO** n. m. (lat. *sabucum*). Planta arbórea de flores blancas y frutos ácidos, que alcanza los 10 m de alt. y vive hasta 100 años. (Familia caprifoliáceas.) SIN.: *sabuco, sabugo.* • **Saúco falso** *(Chile),* árbol de unos 5 m de alt.

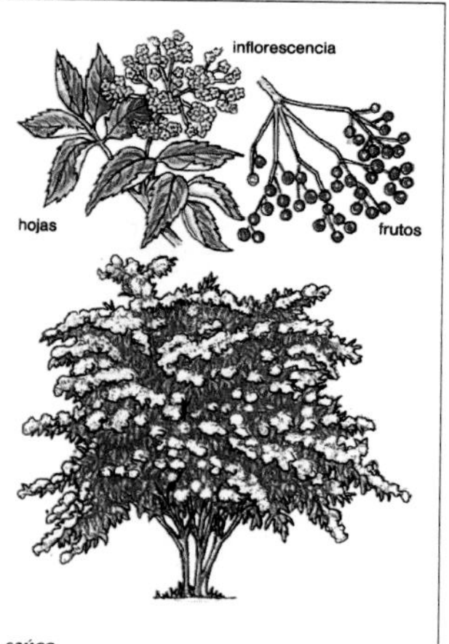

**saúco**

**SAUDADE** n. f. (voz gallegoportuguesa). Añoranza, nostalgia.

**SAUDÍ** o **SAUDITA** adj. y n. m. y f. Relativo al estado de Arabia fundado por Ibn Sa'ūd en 1932.

**SAUNA** n. f. (voz finlandesa). Tipo especial de baño de vapor propio de los países escandinavos, en particular de Finlandia. **2.** Establecimiento donde se toman estos baños.

**SAURIO, A** adj. y n. m. Lacertilio.

**SAURÓPSIDO, A** adj. y n. m. Relativo a un grupo de vertebrados, caracterizados por poseer algunos rasgos anatómicos de los reptiles, que abarca la mayoría de reptiles actuales y fósiles y las aves.

**SAUTERNES** n. m. Vino blanco elaborado con la uva de la región de Sauternes (Francia).

**SAUZGATILLO** n. m. Planta arbórea del litoral mediterráneo, con largos racimos de flores violáceas. (Familia verbenáceas.)

**SAVART** n. m. (de F. *Savart,* físico francés). Unidad práctica de intervalo musical.

**SAVIA** n. f. (lat. *sapam,* mosto). Líquido que circula por las diversas partes de los vegetales. • **Savia ascendente,** o **bruta,** la que sube desde las raíces hacia las hojas. ‖ **Savia descendente,** o **elaborada,** la producida por las hojas a partir de la savia bruta. **2.** *Fig.* Aquello que da vida o infunde energía.

**ŠAWIYYA,** población beréber del E de Argelia.

**SAXÍCOLA** adj. BOT. Que vive sobre o entre las rocas.

**SAXÍFRAGA** n. f. Planta herbácea que crece entre las piedras, utilizada como ornamental.

**SAXIFRAGÁCEO, A** adj. y n. f. Relativo a una familia de plantas herbáceas o leñosas, con flores cíclicas y hermafroditas, como las hortensias.

**SAXO** n. m. Apócope de *saxófono* y de *saxofonista.*

**SAXOFÓN** n. m. Saxófono.

**SAXOFONISTA** n. m. y f. Músico que toca el saxófono. (Apócope: *saxo.*)

**SAXÓFONO** n. m. (de *Sax,* nombre del inventor, y gr. *phōnē,* sonido). Familia de instrumentos musicales de viento, hechos de cobre o de latón, con embocadura simple y provista de una boquilla de clarinete y de un mecanismo de llaves. (Apócope: *saxo.*)

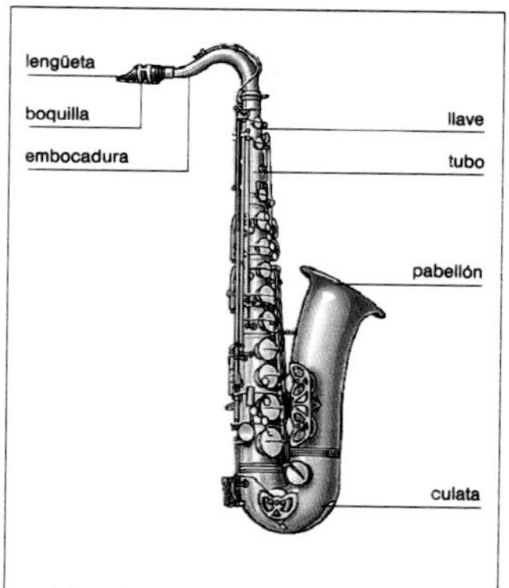

**saxófono** tenor

**SAYA** n. f. Falda, refajo o enagua. **2.** Vestidura talar.

**SAYA** n. f. En la organización administrativa de los incas, parte de una provincia.

**SAYAGUÉS** n. m. Lengua convencional con base del dialecto aragonés, que se utilizó en el primitivo teatro español (Juan el Encina) para recalcar la rusticidad de ciertos personajes.

**SAYAL** n. m. Tela de lana muy basta.

**SAYO** n. m. (lat. *sagum*). Casaca de guerra que usaron los galos, los romanos y los nobles de la edad media. **2.** *Fam.* Cualquier vestido amplio y de hechura simple. • **Cortar un sayo** *(Fam.),* criticar a alguien, murmurar en su ausencia.

**SAYÓN** n. m. Verdugo. **2.** Persona que maltrata a alguien por orden de otro. **3.** *Fig.* y *fam.* Hombre de aspecto feroz. **4.** HIST. En la alta edad media, oficial subalterno encargado de hacer cumplir las órdenes del rey y de los señores. **5.** REL. Cofrade que va en las procesiones de semana santa vestido con una túnica larga.

**SAYÓN** n. m. Planta subarbustiva, con porte de mata tendida, que crece en las costas de la península Ibérica.

**SAZÓN** n. f. (lat. *sationem,* tiempo de siembra). Estado de madurez o perfección de una cosa: *fruta en sazón.* **2.** Sabor que se da a los alimentos. • **A la sazón,** en el momento de que se trata.

**SAZONAR** v. tr. [**1**]. Dar sazón.

**Sb,** símbolo químico del *antimonio* (en lat. *stibium*).

**SBITEN** n. m. Bebida rusa, compuesta de miel y jengibre.

**Sc,** símbolo químico del *escandio.*

**SCALEXTRIC** n. m. Denominación popular de un sistema de entrelazado de vías públicas que evita a los automovilistas los cruces a nivel.

**SCANNER** n. m. (voz inglesa). Aparato de teledetección capaz de captar, gracias a un dispositivo que opera por exploración, las radiaciones electromagnéticas emitidas por superficies extensas. **2.** ART. GRÁF. Aparato que sirve para digitalizar un documento (texto o imagen). **3.** MED. Aparato de radiodiagnóstico compuesto por un sistema de tomografía y un ordenador que analiza los datos para reconstruir imágenes de las diversas partes del organismo en finas capas.

**SCAT** n. m. (voz norteamericana). Estilo de improvisación vocal, en el que las palabras son remplazadas por onomatopeyas, popularizado por grandes compositores de jazz.

**SCHERZANDO** adv. m. (voz italiana). MÚS. Viva y alegremente.

**SCHERZO** n. m. (voz italiana) [pl. *scherzi*]. MÚS. Composición musical de compás ternario, de estilo ligero y brillante, que puede remplazar al minué en la sonata y la sinfonía, o constituir una composición independiente.

**SCHILLING** n. m. Unidad monetaria principal de Austria.

**SCHLAG** n. m. (voz alemana). Pena disciplinaria militar usada durante mucho tiempo en Alemania, que consistía en la aplicación de golpes de vara.

**SCHNORKEL** n. m. Dispositivo que permite a un submarino con motores diesel navegar sumergido, gracias a un tubo periscópico que asegura la entrada de aire y la evacuación de gases.

**SCHOONER** n. m. (voz inglesa). MAR. Embarcación de dos palos, con aparejo de goleta.

**SCHORRE** n. m. (voz neerlandesa). GEOGR. Parte alta de las marismas litorales, generalmente cubierta de pastos (prados salados).

**SCHUSS** n. m. (alem. *Schuss,* disparo). En esquí, descenso directo de cara a la pendiente más pronunciada.

**SCOOTER** n. m. Vehículo de dos ruedas, de cuadro abierto y con motor protegido por un capó, en el que el conductor va sentado, en lugar de ir montado a horcajadas.

**SCORE** n. m. (voz inglesa). En ciertos deportes y juegos, tanteo.

**SCOTCH** n. m. (voz inglesa, *escocés*). Whisky escocés.

**SCRABBLE** n. m. (marca registrada). Juego de origen norteamericano que consiste en formar palabras y colocarlas en un lugar determinado.

**SCRIPT** n. m. y f. (voz norteamericana). Colaborador del realizador de una película o de una emisión de televisión, que anota los detalles relativos a la toma de vistas y que es responsable de la continuidad de la realización.

**SCRUBBER** n. m. (voz inglesa). Torre lavadora en la que se depura un gas por medio de un chorro de agua finamente pulverizada que arrastra las partículas sólidas que lleva en suspensión.

**SCULL** n. m. (voz inglesa) [pl. *sculls*]. Embarcación muy ligera, movida por dos hombres mediante remos cortos. **2.** Remo usado en este tipo de embarcación.

**SE** pron. pers. reflexivo de tercera persona. Puede funcionar como complemento directo: *los dos se aman.* **2.** Puede funcionar como complemento indirecto: *el niño se lava las manos.* **3.** Indica intransitividad: *el barco se hundió.* **4.** Marca la voz pasiva: *el periódico se agotó en seguida.* **5.** Marca impersonalidad o indeterminación: *se ruega no fumar.*

**SE** pron. pers. Forma variante de dativo del pronombre personal de tercera persona. (Se usa siempre precediendo a las formas pronominales *lo, la, los, las*: *se las dio.*)

**SE,** abrev. de *sureste.*

**Se,** símbolo químico del *selenio.*

**S.E.** abrev. de *su excelencia.*

**SEBÁCEO, A** adj. Relativo al sebo. • **Glándula sebácea,** glándula cutánea anexa a los folículos pilosos, que segrega una grasa que lubrifica el pelo en la superficie de la piel.

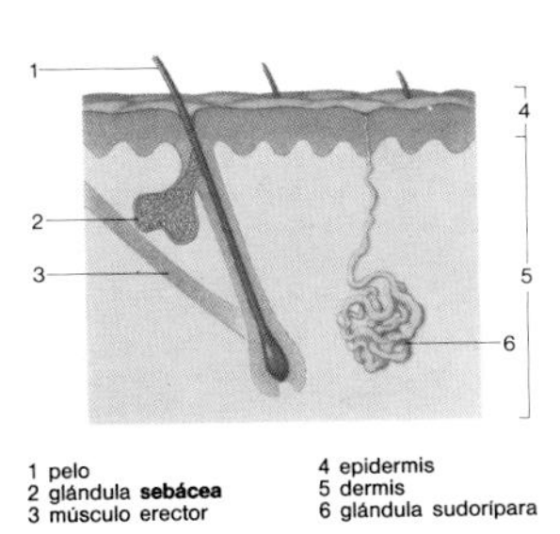


glándula **sebácea**

**SEBESTÉN** n. m. Planta arbórea de unos 2 a 3 m de alt., de cuyo fruto se obtiene un mucílago que se ha empleado como emoliente y pectoral. **2.** Fruto de este árbol.

**SEBO** n. m. (lat. *sebum*). Grasa sólida y dura, que se obtiene de los animales herbívoros y que, derretida, se utiliza en la fabricación de velas, jabones, etc. **2.** Producto de la secreción de las glándulas sebáceas de los animales superiores. **3.** Aceite o grasa ennegrecidos por la frotación de los ejes de un vehículo o de los órganos de una máquina. **4.** *Fam.* Gordura o exceso de grasa en las personas. **5.** *Fam.* Mugre, suciedad grasienta. • **Hacer sebo** *(Argent. Fam.),* vaguear, simular que se trabaja.

**SEBORREA** o **SEBORRAGIA** n. f. Aumento patológico de la secreción de las glándulas sebáceas de la piel.

**SEBORREICO, A** adj. Relativo a la seborrea.

**SEBOSO, A** adj. Que tiene sebo. **2.** Untado de sebo. **3.** *Fam.* Mugriento, sucio de grasa.

**SEBUCÁN** n. m. *Colomb., Cuba* y *Venez.* Talega de tela basta utilizada para exprimir la yuca rallada y hacer el cazabe, cibucán.

**SECA** n. f. Nombre con que se conocen diversas enfermedades fíticas, parasitarias o no, que se manifiestan por desecación total o parcial de la planta.

**SECADERO** n. m. Recinto o local dispuesto para secar natural o artificialmente ciertos productos: *secadero de tabaco.*

**SECADO** n. m. Acción y efecto de secar. **2.** Operación industrial que tiene por objeto eliminar total o parcialmente el agua de una materia húmeda o el solvente contenido en ella.

**SECADOR, RA** adj. Que seca. ◆ n. m. **2.** Aparato que se utiliza para secar. **3.** *Nicar.* y *Salv.* Paño de cocina para secar platos, vasos, etc. **4.** *Perú* y *Urug.* Enjuagador de ropa.

**SECADORA** n. f. Máquina que se emplea para secar la ropa por medio de circulación de aire caliente.

**SECAM** → ***televisión.***

**SECANO** n. m. Tierra de labor que carece de riego y sólo se beneficia del agua de lluvia.

**SECANTE** adj. (lat. *secantem*). Que seca. **2.** MAT. Dícese de las líneas o superficies que cortan a otras líneas o superficies. ◆ adj. y n. m. **3.** Dícese de un papel poroso, que posee la propiedad de absorber los líquidos y, por consiguiente, de secar la tinta fresca. ◆ n. m. **4.** Preparación a base de compuestos metálicos que se añade a los aceites, pinturas, barnices y recubrimientos grasos, para acelerar el secado. ◆ n. f. **5.** En geometría, recta que corta a una figura dada. **6.** En trigonometría, una de las seis líneas trigonométricas de un ángulo.

**SECAR** v. tr. y pron. (lat. *siccare*) **[1a]**. Eliminar la humedad de un cuerpo, dejar o quedar seca una cosa. **2.** Limpiar las lágrimas, el sudor, la sangre, etc. ◆ **secarse** v. pron. **3.** Quedarse sin agua: *secarse un río, una fuente.* **4.** Perder una planta su verdor o lozanía, morirse: *estas flores se han secado.* **5.** *Fig.* y *fam.* Enflaquecer, debilitarse mucho. **6.** *Fig.* y *fam.* Embotarse, perder agudeza o eficacia: *secarse el entendimiento, la sensibilidad.*

**SECCIÓN** n. f. (lat. *sectionem*). Corte o hendidura hecha en un cuerpo con un instrumento cortante. **2.** Cada una de las partes en que se divide un todo continuo o un conjunto de cosas. **3.** Parte de una empresa, en que se realiza un tipo de actividad homogénea, dentro del proceso productivo total. **4.** Agrupación de dos patrullas de un escuadrón en una formación aérea militar. **5.** BIOL. Unidad intermedia entre el género y la especie. **6.** MAT. Conjunto de puntos comunes a dos superficies. **7.** MAT. Superficie que resulta de la intersección de un sólido y un plano, o de dos sólidos. **8.** MIL. Pequeña unidad en que se divide una compañía, escuadrón o batería, y que está al mando de un oficial. **9.** MIL. Cada uno de los departamentos de un estado mayor. **10.** TECNOL. Dibujo del perfil o figura que resultaría del supuesto corte de un terreno, edificio, máquina, etc., por un plano. • **Sección eficaz** (FÍS.), sección de la zona situada alrededor de un núcleo atómico dentro del cual éste reacciona con partículas elementales. ‖ **Sección mojada,** sección transversal de un canal que sirve para medir su caudal. ‖ **Sección recta de un prisma,** o **de un cilindro,** sección de este prisma o de este cilindro por un plano perpendicular a las aristas o a la generatriz. ‖ **Sección rítmica,** en jazz, conjunto de los instrumentos que marcan la línea armónica y el compás de un tema.

**SECCIONADOR** n. m. Aparato destinado a interrumpir la continuidad de un circuito eléctrico, especialmente por motivos de seguridad.

**SECCIONAMIENTO** n. m. Acción y efecto de seccionar. **2.** F.C. Dispositivo de señalización destinado a evitar colisiones entre trenes que circulan o maniobran en una misma vía.

**SECCIONAR** v. tr. [1]. Fraccionar, cortar, dividir en secciones.

**SECESIÓN** n. f. (lat. *secessionem;* de *seccedere,* separarse). Acción de separarse de un grupo al que se pertenecía, especialmente población que se separa de una colectividad nacional.

**SECESIONISMO** n. m. Tendencia u opinión favorable a la secesión política.

**SECESIONISTA** adj. y n. m. y f. Relativo a la secesión; partidario de ésta.

**SECO, A** adj. (lat. *siccum*). Que carece de humedad, no mojado: *terreno seco; tiempo seco; ropa seca.* **2.** Que tiene muy poca agua o que carece de ella: *río, manantial seco.* **3.** Dícese de las plantas sin vida: *flores secas.* **4.** Dícese de las frutas de cáscara dura, como avellanas, nueces, etc., y de aquellas a las que se extrae la humedad para que se conserven, como higos, pasas, etc. **5.** Dícese del país o del clima cuya característica principal es la falta de lluvia o humedad. **6.** Flaco, de pocas carnes. **7.** *Fig.* Tajante, desabrido en el trato, falto de amabilidad o suavidad: *respuesta seca.* **8.** Riguroso, estricto: *una justicia seca.* **9.** *Fig.* Dícese de la bebida pura o sin restos de azúcar: *vino seco; jerez seco; champán seco.* **10.** *Fig.* Ronco, áspero y sin resonancia: *golpe seco; sonido seco.* **11.** *Fig.* Árido, inexpresivo, falto de amenidad: *carácter seco; expresión seca.* **12.** *Fig.* Escueto, sin adornos. • **A secas,** solamente, sin otra cosa alguna. ‖ **Calor seco,** aplicación de calor en que se utiliza terapéuticamente sólo la acción del mismo, evitando la acción maceradora de los tejidos de las compresas húmedas. ‖ **Dejar,** o **quedar, seco** *(Fam.),* dejar o quedar muerto en el acto; dejar o quedar sorprendido, confuso. ‖ **Dique seco,** dique de carena. ‖ **En seco,** fuera del agua o de un lugar húmedo; de repente, bruscamente; sin causa ni motivo; sin medios o sin lo necesario para realizar algo. ‖ **Madera seca,** madera curada, libre de savia; madera cuyo contenido de humedad es de un 15 %. ‖ **Navegar a palo seco,** navegar un velero sin servirse de las velas, dejándose impulsar sólo por la fuerza del viento sobre el casco y la arboladura. ‖ **Tos seca,** la que no se acompaña de expectoración. ‖ **Vapor seco** (FÍS.), vapor no saturante. ◆ n. m. **13.** *Chile.* Puñetazo, coscorrón.

**SECOYA** n. f. Secuoya.

**SECRECIÓN** n. f. (lat. *secretionem*). Acción de segregar. **2.** Producto o sustancia segregada. **3.** Función por la que una célula especializada del organismo elabora una sustancia que interviene después en la fisiología de este organismo. **4.** La misma sustancia. **5.** Producto del metabolismo vegetal, sin empleo ulterior en los procesos vitales. **6.** Proceso de eliminación de estos productos.

**SECRETA** n. f. LITURG. Cada una de las oraciones que se dicen en la misa después del ofertorio y antes del prefacio.

**SECRETAR** v. tr. **[1]**. Producir las glándulas, membranas y células su secreción.

**SECRETARIA** n. f. Femenino de secretario. **2.** Mujer del secretario.

**SECRETARÍA** n. f. En un organismo, empresa, etc., oficina donde los secretarios llevan los asuntos de administración. **2.** Conjunto de los funcionarios o empleados de esta oficina. **3.** Cargo de secretario. **4.** Nombre que en algunos países reciben los diversos departamentos ministeriales. **5.** HIST. En España, durante el Antiguo régimen, organismo encargado de la organización administrativa y ejecutiva de los asuntos de gobierno. • **Secretaría de estado,** en la administración eclesiástica, organismo administrativo que dirige el cardenal secretario de estado; en España, órgano superior de la administración del estado, dependiente de un ministerio; en algunos estados, cargo de ministro.

**SECRETARIADO** n. m. Cargo o empleo de secretario. **2.** Carrera o profesión de secretario. **3.** Secretaría, oficina donde trabaja el secretario. **4.** Cuerpo o conjunto de secretarios. **5.** Organismo central de un movimiento artístico, cultural, social, etc., que coordina y dirige la acción de las diversas entidades que dependen de él.

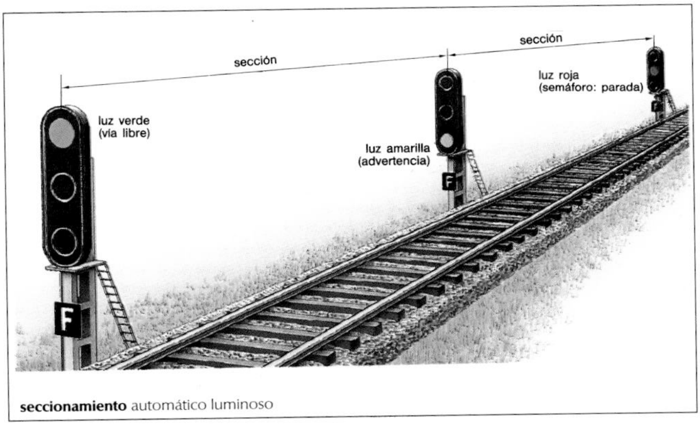


**seccionamiento** automático luminoso

**SECRETARIO, A** n. Persona encargada de la administración en un organismo, empresa, etc., y cuyas funciones principales son tramitar los asuntos de la entidad, correspondencia, archivo de documentos, etc. **2.** Persona al servicio de otra y que se ocupa de los asuntos de administración y correspondencia de la misma. **3.** Funcionario público, encargado básicamente de dar fe de las actuaciones y diligencias del tribunal al que está adscrito. **4.** HIST. En época moderna, persona que gozaba de la confianza del soberano, a quien ayudaba en el despacho de los asuntos de gobierno. • **Secretario de ayuntamiento,** funcionario de la administración local encargado de la secretaría de la corporación municipal. ‖ **Secretario de estado,** jefe de un departamento ministerial, que tiene o no categoría de ministro; título del ministro de Asuntos Exteriores de E.U.A.; cardenal presidente de la secretaría de estado. ‖ **Secretario de redacción,** periodista que tiene a su cargo la compaginación. ‖ **Secretario general,** persona que ocupa, de hecho, la jefatura en determinados partidos políticos. ◆ n. m. **5.** Ave rapaz de África, que se alimenta de reptiles y que presenta en la cabeza una serie de plumas eréctiles.

secretario

**SECRETEAR** v. intr. [**1**]. *Fam.* Hablar en voz baja o secretamente una persona a otra.

**SECRETEO** n. m. *Fam.* Acción de secretear.

**SECRETER** n. m. (fr. *secrétaire*). Mueble con cajones y departamentos, provisto de un tablero para escribir, escamoteable o no.

**SECRETINA** n. f. Hormona segregada por la mucosa duodenal, y que estimula la secreción del páncreas e indirectamente el flujo de bilis.

**SECRETO, A** adj. (lat. *secretum*). Oculto, escondido: *puerta secreta; lugar secreto.* **2.** Reservado, confidencial: *comentario secreto.* **3.** Que se realiza o actúa sin ser conocido por los demás: *matrimonio secreto; misión secreta; agente secreto.* ◆ n. m. **4.** Aquello que debe esconderse, que no debe decirse: *guardar un secreto.* **5.** Método, sistema o medio desconocido por la mayoría que sirve para alcanzar un resultado: *secreto de fabricación.* **6.** Reserva, sigilo. **7.** Misterio, cosa arcana. • **En secreto,** de manera secreta. ‖ **Secreto de confesión,** lo que un sacerdote sabe por haberle sido dicho en confesión, y que, por tanto, no puede comunicar a otros. ‖ **Secreto de estado,** el que obliga bajo delito a los funcionarios públicos.

**SECRETOR, RA** adj. FISIOL. Que secreta.

**SECTA** n. f. (lat. *sectam;* de *sequi,* seguir). Conjunto de seguidores de una ideología doctrinaria. **2.** Sociedad secreta, especialmente política. **3.** Doctrina, confesión religiosa. **4.** REL. Grupo disidente minoritario en las religiones o Iglesias constituidas.

**SECTARIO, A** adj. y n. Partidario de una doctrina o secta. **2.** Intolerante, fanático de un partido o de una idea: *espíritu sectario.*

**SECTARISMO** n. m. Calidad o actitud de sectario.

**SECTOR** n. m. Parte, zona de un todo delimitada de algún modo. **2.** *Fig.* Ramo, campo, ámbito en el que se desarrolla una determinada actividad: *el sector de la construcción, de las finanzas.* **3.** Subdivisión de una red de distribución eléctrica. **4.** MAT. Superficie plana limitada por dos segmentos rectilíneos y un arco de curva. **5.** MIL. Territorio confiado a una división. • **Sector aéreo** (AERON. MIL.), parte de la región aérea que cuenta con organismos del ejército del aire bajo el mando de un jefe de sector. ‖ **Sector circular,** porción de círculo limitado por dos radios y el arco de circunferencia interceptado por ellos. ‖ **Sector económico,** cada una de las partes en que, para su estudio y según criterios diversos, se divide la economía. ‖ **Sector esférico,** sólido engendrado por un sector circular al girar alrededor de un diámetro que no lo atraviese. ‖ **Sector naval** (MAR. MIL.), parte de un departamento marítimo bajo el mando de un contralmirante jefe de sector.

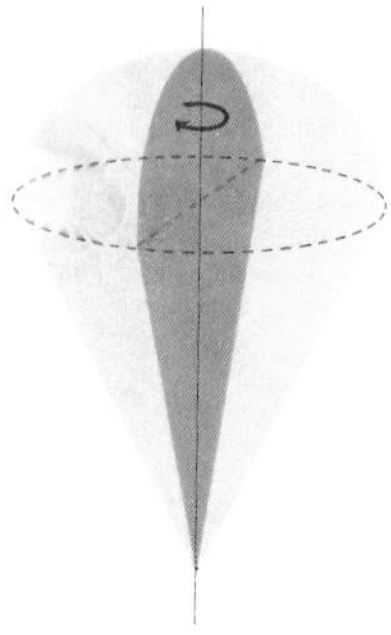

**sector** esférico

**SECTORIAL** adj. Relativo a un sector o sección de una colectividad con caracteres peculiares.

**SECUANO, A** adj. y n. Relativo a un pueblo de la Galia que vivía en el país avenado por el Saona; individuo de este pueblo.

**SECUAZ** adj. y n. m. y f. *Desp.* Con respecto a alguien, persona que sigue su partido, opinión, etc.

**SECUELA** n. f. (lat. *sequellam*). Consecuencia o resultado de una cosa: *las secuelas de una guerra.* **2.** *Chile.* Curso que sigue un pleito, juicio o causa. **3.** MED. Trastorno funcional o lesión que persiste tras la curación de un traumatismo o enfermedad.

**SECUENCIA** n. f. (lat. *sequentiam*). Serie ordenada de cosas que guardan entre sí cierta relación. **2.** CIN. Sucesión no interrumpida de imágenes o escenas que forman un conjunto y que se refieren a una misma parte o aspecto del argumento. **3.** INFORMÁT. Sucesión de fases operatorias de un automatismo secuencial. **4.** LITURG. Poema rítmico que en algunas misas se canta o se recita después del gradual. **5.** MÚS. Reproducción de un motivo melódico o rítmico en distintos grados de la escala.

**SECUENCIAL** adj. Relativo a la secuencia. • **Memoria secuencial** (INFORMÁT.), memoria en la que las informaciones se desplazan físicamente ante las cabezas de lectura-escritura para ser leídas consecutivamente, por oposición a las memorias de acceso aleatorio.

**SECUENCIAR** v. tr. [**1**]. Establecer una sucesión ordenada de cosas que guardan entre sí relación.

**SECUESTRADOR, RA** adj. y n. Que secuestra.

**SECUESTRAR** v. tr. (lat. *sequestrare*) [**1**]. Raptar a una persona, exigiendo dinero o alguna condición determinada por su rescate. **2.** Apoderarse por la violencia del mando de una nave, avión, etc. **3.** DER. Depositar de forma provisional una cosa litigiosa en poder de un tercero, o un impreso en poder de la administración. **4.** DER. Embargar judicialmente algún bien.

**SECUESTRO** n. m. (lat. *sequestrum*). Acción y efecto de secuestrar. **2.** CIR. Fragmento de hueso necrosado que queda libre en el interior de una lesión inflamatoria o tumoral del hueso, después de una fractura o infección.

**SECULAR** adj. Seglar. **2.** Que sucede o se repite cada siglo. **3.** Que dura un siglo o que existe desde hace siglos. ◆ adj. y n. m. y f. **4.** Dícese del clero o sacerdote que no vive sujeto a votos religiosos o monásticos.

**SECULARIZAR** v. tr. y pron. [**1g**]. Autorizar a un clérigo, o pasar éste, al estado de laico o al clero secular. **2.** Transferir bienes o funciones eclesiásticas a particulares o al estado. **3.** Dar a una cosa carácter secular.

**SECUNDAR** v. tr. [**1**]. Apoyar, ayudar a alguien en sus deseos o propósitos, o colaborar con él.

**SECUNDARIO, A** adj. (lat. *secundarium*). Que ocupa el segundo lugar en un orden establecido. **2.** No principal, no primordial: *un motivo secundario.* **3.** De menor importancia que otra cosa: *un cargo secundario.* **4.** BOT. Dícese de la estructura presentada por una raíz o un tallo antiguo cuando funcionan las zonas generatrices, que aseguran el crecimiento en espesor. **5.** BOT. Dícese de los tejidos producidos por las células meristemáticas. **6.** MED. Dícese de toda manifestación patológica que es consecuencia de otra. **7.** QUÍM. Dícese de un átomo de carbono unido a otros dos átomos de carbono. **8.** SICOL. En caracterología, dícese de la persona cuyas reacciones son lentas, duraderas y profundas. • **Sector secundario,** parte de la actividad económica que comprende las actividades mineras, la producción de energía, las industrias y la construcción. ◆ adj. y n. m. **9.** Dícese de la era geológica comprendida entre el pérmico (último período de la era primaria) y el paleoceno (primer período de la era terciaria). **10.** ELECTR. En un transformador o bobina de inducción, dícese del arrollamiento en que la corriente que pasa por el primario crea fuerzas electromotrices y con cuyos terminales se conecta el circuito de utilización.

**SECUOYA** o **SECOYA** n. f. Conífera que alcanza 140 m de alt. y puede vivir más de 2 000 años. (Familia taxodiáceas.) **2.** Madera de este árbol.

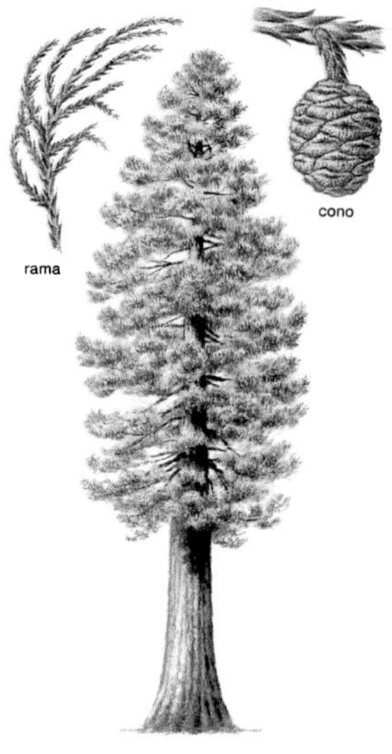


secuoya

**SED** n. f. (lat. *sitim*). Sensación subjetiva que produce la carencia de agua en el organismo. **2.** *Fig.* Necesidad de agua o de humedad que tienen las plantas, el campo, etc. **3.** *Fig.* Anhelo, ansia o deseo vehemente: *sed de venganza, de justicia.* • **Apagar,** o **matar, la sed,** aplacarla bebiendo.

**SEDA** n. f. Sustancia en forma de filamento brillante, segregada por las arañas y las larvas de ciertos lepidópteros, particularmente el llamado *gusano de seda.* **2.** Hilo formado por varias de estas fibras convenientemente preparadas. **3.** Tejido fabricado con este hilo. • **Como una seda** *(Fam.)*, muy dócil y sumiso; con mucha facilidad y sin obstáculo alguno. ‖ **Papel de seda,** papel muy fino y

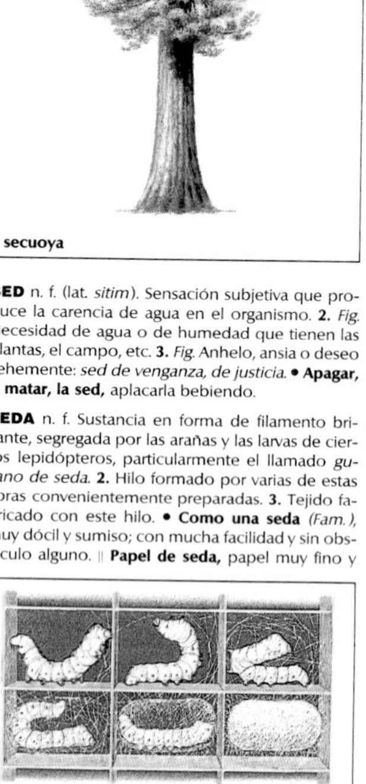

fabricación del capullo por gusanos de **seda**

traslúcido. ‖ **Seda artificial,** hilo de fibras textiles artificiales que imita el aspecto y propiedades de la seda. ‖ **Seda vegetal,** pelos largos y sedosos que envuelven las semillas de ciertas plantas.

**SEDACIÓN** n. f. Acción y efecto de sedar.

**SEDAL** n. m. Hilo de la caña de pescar. **2.** Fragmento de hilo, plástico, metal, etc., que se hace pasar por el interior de una herida con orificio de entrada y salida para facilitar el drenaje. • **Herida en sedal,** herida producida generalmente por una bala que entra y sale pasando simplemente bajo la piel y sin afectar ninguna parte del organismo. ‖ **Sedal de zapatero,** hilo de cáñamo encerado que los zapateros emplean para coser.

**SEDALINA** n. f. Algodón mercerizado. **2.** Hilo fino y brillante, poco retorcido, semejante a la seda.

**SEDÁN** n. m. Modelo de automóvil de carrocería cerrada.

**SEDANTE** adj. y n. m. Que calma el dolor o disminuye los estados de excitación nerviosa. **2.** *Fig.* Que calma o sosiega el ánimo.

**SEDAR** v. tr. (lat. *sedare*) **[1]**. Apaciguar, sosegar.

**SEDATIVO, A** adj. Sedante.

**SEDE** n. f. (lat. *sedem*). Lugar donde tiene su residencia una entidad política, económica, literaria, deportiva, etc. **2.** Asiento o trono de un prelado que ejerce jurisdicción. **3.** Capital de una diócesis. **4.** Diócesis. • **Santa Sede** o **Sede apostólica,** sede de la cabeza visible de la Iglesia católica; gobierno pontificio. (→ ***Santa Sede,*** parte n. pr.)

**SEDENTARIO, A** adj. Dícese del oficio o vida de poco movimiento y de la persona que lo ejerce o practica. **2.** ZOOL. Dícese del animal que tiene un hábitat fijo o que permanece fijo sobre un sustrato. ◆ adj. y n. **3.** ANTROP. Dícese de las poblaciones que permanecen en su país de origen. CONTR.: *nómada.*

**SEDENTARISMO** n. m. Modo de vida sedentaria.

**SEDENTARIZACIÓN** n. f. ANTROP. Proceso por el cual pueblos nómadas adoptan formas de vida sedentarias.

**SEDENTARIZAR** v. tr. **[1g]**. Volver sedentario.

**SEDENTE** adj. Que está sentado.

**SEDERÍA** n. f. Tienda donde se venden géneros de seda. **2.** Conjunto de géneros de esta clase. **3.** Comercio o elaboración de dichos géneros.

**SEDERO, A** adj. Relativo a la seda: *industria sedera.* ◆ n. **2.** Persona que labra la seda o trata en ella.

**SEDICENTE** o **SEDICIENTE** adj. Pretendido, supuesto, imaginado.

**SEDICIÓN** n. f. (lat. *seditionem*). Levantamiento contra la autoridad legal, de carácter menos grave que la rebelión. • **Sedición militar,** ataque colectivo a la disciplina militar.

**SEDICIOSO, A** adj. y n. Que promueve una sedición o interviene en ella. ◆ adj. **2.** Dícese de los actos o palabras de la persona sediciosa.

**SEDIENTES** adj. DER. Dícese de los bienes raíces.

**SEDIENTO, A** adj. y n. Que tiene sed. ◆ adj. **2.** *Fig.* Dícese de las plantas o tierras que necesitan riego. **3.** *Fig.* Que tiene ansia o deseo vehemente de una cosa: *sediento de venganza.*

**SEDIMENTACIÓN** n. f. Acción y efecto de sedimentar. • **Velocidad de sedimentación** (MED.), velocidad de caída de los hematíes en un tubo lleno de sangre a la que se ha añadido un anticoagulante.

**SEDIMENTAR** v. tr. **[1]**. Depositar sedimento un líquido. ◆ v. tr. y pron. **2.** *Fig.* Tranquilizar, sosegar el ánimo. ◆ **sedimentarse** v. pron. **3.** Depositarse, formando sedimento, las materias suspendidas en un líquido. **4.** *Fig.* Afianzarse cosas no materiales, como los conocimientos, los sentimientos, etc.

**SEDIMENTARIO, A** adj. Relativo al sedimento. **2.** De la naturaleza del sedimento. • **Rocas sedimentarias,** rocas formadas en la superficie de la Tierra por diagénesis de sedimentos de origen detrítico o clástico (residuos sólidos que resultan de la destrucción del relieve), o químico u orgánico (residuos que resultan de la acción de los seres vivos).

**SEDIMENTO** n. m. Depósito que se forma en un líquido en el que existen sustancias en suspensión. **2.** Depósito móvil dejado por las aguas, el viento y otros agentes de erosión. **3.** Lodo seco o pastoso que se encuentra en suspensión en ciertos petróleos brutos, y que se posa en los tanques de depósito. **4.** *Fig.* Huella o señal que queda en el ánimo: *sedimento de amargura.* ◆ **sedimentos** n. m. pl. **5.** En los sondeos y perforación de pozos, detritos o ripio de perforación.

**SEDIMENTOLOGÍA** n. f. GEOL. Estudio de la génesis de los sedimentos y de las rocas sedimentarias.

**SEDOSO, A** adj. Parecido a la seda o suave como la seda: *cabello sedoso.*

**SEDUCCIÓN** n. f. Acción y efecto de seducir.

**SEDUCIR** v. tr. (lat. *seducere*) **[20]**. Persuadir, incitar con promesas o engaños a que se haga algo, particularmente inducir a alguien a tener relaciones sexuales. **2.** Atraer, fascinar, ejercer gran influencia: *la idea me seduce; su porte me ha seducido.*

**SEDUCTIVO, A** adj. Que seduce.

**SEDUCTOR, RA** adj. y n. Que seduce: *un joven seductor; idea seductora.*

**SEFARDÍ** o **SEFARDITA** adj. y n. m. y f. Relativo a los judíos que habitaron la península Ibérica y, en especial, a sus descendientes, desde la expulsión de 1492 hasta la actualidad; individuo de esta comunidad judía.

■ El gentilicio sefardí o sefaradí procede de Sefarad, nombre bíblico de España. Asentados desde la época del Bajo imperio romano, participaron activamente en la vida política y cultural del país. El decreto de expulsión de los Reyes Católicos (1492) obligó a los que no quisieron abrazar el cristianismo a abandonar Castilla y Aragón. La mayoría de los expulsados se dirigieron a Portugal, de donde los que no se quisieron convertir también fueron expulsados (1496-1497), y se dispersaron. En sus países de adopción se organizaron en comunidades y conservaron la lengua castellana. (→ ***judeoespañol.***)

**SEGABLE** adj. Que está en sazón para ser segado.

**SEGADOR, RA** adj. y n. Que siega. ◆ n. **2.** Persona que tiene por oficio segar. ◆ n. m. **3.** Pequeño arácnido de vientre redondeado y patas muy largas. (Familia falángidos.)

**SEGADORA** n. f. Femenino de segador. **2.** Máquina de segar.

**SEGAR** v. tr. (lat. *secare*) **[1d]**. Cortar la mies o la hierba con la hoz, la guadaña o con una segadora. **2.** *Fig.* Cortar la parte más alta de algo o cualquier cosa que sobresale entre las demás. **3.** *Fig.* Cortar o impedir bruscamente el desarrollo de algo: *segar la vida, las esperanzas.*

**SEGLAR** adj. y n. m. y f. Laico, que no es eclesiástico ni religioso.

**SEGMENTACIÓN** n. f. División en segmentos. **2.** BIOL. Conjunto de las primeras divisiones del huevo tras la fecundación. **3.** INFORMÁT. Método de programación que recurre a la descomposición de los programas en segmentos.

**SEGMENTAR** v. tr. y pron. **[1]**. Cortar, dividir en segmentos.

**SEGMENTO** n. m. (lat. *segmentum*). Porción o parte cortada o separada de una cosa o de un todo. **2.** INFORMÁT. Conjunto de instrucciones consecutivas de un programa que pueden ejecutarse sin necesidad de cargar el programa entero en la memoria central del ordenador. **3.** ZOOL. Artejo. • **Segmento circular, elíptico,** etc., superficie limitada por un arco de curva y la cuerda que le subtiende. ‖ **Segmento de compresión,** aro elástico cortado siguiendo una hélice, utilizado en el mecanismo pistón-cilindro para asegurar la estanqueidad entre los dos medios separados por el pistón. ‖ **Segmento de freno,** pieza en forma de media luna, que se oprime contra la superficie interna del tambor y que lleva, en su periferia, una zapata que constituye la superficie de fricción. ‖ **Segmento dirigido,** segmento de recta dotado de un sentido. ‖ **Segmento lineal,** o **rectilíneo,** porción de recta limitada por dos puntos.

**SEGOVIANO, A** adj. y n. De Segovia.

**SEGREGABILIDAD** n. f. Tendencia de los elementos más gruesos de una mezcla heterogénea a separarse del conglomerado en el sentido de la pesantez.

**SEGREGACIÓN** n. f. Acción de separar de un todo, de apartar. **2.** INDUSTR. Separación parcial de diversas partes homogéneas de una mezcla durante su licuefacción. • **Segregación racial,** forma de racismo consistente en la separación, en el interior de una comunidad, de las personas de una o más etnias.

**SEGREGACIONISMO** n. m. Política de segregación racial.

**SEGREGACIONISTA** adj. y n. m. y f. Relativo a la segregación racial; partidario de la misma.

**SEGREGAR** v. tr. (lat. *segregare*) **[1b]**. Separar o apartar una cosa de otra o a alguien de algo. **2.** Producir y despedir de sí una estructura orgánica, una sustancia líquida o viscosa.

**SEGUIDA** n. f. Marcha normal de una actividad. • **En seguida,** a continuación, inmediatamente después.

**SEGUIDILLA** n. f. Estrofa formada generalmente por dos pentasílabos y dos heptasílabos, con rima asonante los pares. **2.** Antigua canción y danza española, de movimiento rápido y compás ternario. **3.** *Argent.* Sucesión rápida de hechos.

**SEGUIDO** adv. m. A continuación, inmediatamente después.

**SEGUIDO, A** adj. Continuo, sucesivo, sin intervalos de tiempo o lugar: *un año seguido.* **2.** Recto, sin desviarse de un camino o dirección.

**SEGUIDOR, RA** adj. y n. Que sigue a una persona o cosa o es partidario de ella. ◆ n. **2.** Discípulo.

**SEGUIMIENTO** n. m. Acción y efecto de seguir. **2.** ASTRONÁUT. Determinación a distancia, instantánea y continuada, de las características del movimiento de un ingenio espacial. • **En seguimiento de,** en persecución de lo que se expresa.

**SEGUIR** v. tr. e intr. (lat. *sequi*) **[30a]**. Ir después o detrás de alguien o algo: *tú ve delante, yo te seguiré.* ◆ v. tr. **2.** Acompañar, ir con alguien: *le sigue a todas partes.* **3.** Dirigir la vista hacia alguien o algo que se mueve y mantener la visión en él: *seguir con la mirada.* **4.** Ir en una determinada dirección o estar a continuación de algo. **5.** *Fig.* Tener como modelo, imitar: *seguir el ejemplo del padre; seguir un estilo.* **6.** *Fig.* Ser del dictamen o partidario de alguien o algo. **7.** *Fig.* Actuar según un criterio, instinto, opinión, etc.: *seguir los propios instintos.* **8.** Estudiar o cursar una carrera o estudios: *seguir un curso de humanidades.* **9.** Ir en busca de alguien o algo, caminar hacia él: *seguir una pista.* **10.** Perseguir, acosar, importunar. **11.** Tratar o manejar un negocio o pleito, haciendo las diligencias necesarias. ◆ v. tr. y pron. **12.** Ir después de una sucesión o ser efecto o consecuencia de otra cosa: *a la explosión siguió un grito.* ◆ v. intr. **13.** Continuar haciendo lo que se expresa o proseguir un estado o actitud: *sigue enfermo.* • **Seguir adelante,** perseverar en algo.

**SEGUIRIYA** n. f. Siguiriya.

**SEGÚN** prep. (lat. *secundum*). Conforme o con arreglo a: *actuó según la ley.* **2.** Precediendo inmediatamente a nombres o pronombres personales, significa con arreglo o conforme a lo que opinan o dicen las personas de que se trate. ◆ adv. **3.** Como, tal como: *ocurrió según estaba previsto.* **4.** A juzgar por la manera como. **5.** Así como. **6.** Progresión simultánea de dos acciones: *según hablaba, iba emocionándose.* **7.** Denota eventualidad respecto a cierto acontecimiento: *según el trabajo que tenga, iré o no.* • **Según cómo** o **según y cómo,** expresa eventualidad.

**SEGUNDA** n. f. Femenino de segundo. **2.** MÚS. Intervalo comprendido entre dos notas consecutivas de la escala.

**SEGUNDERO** n. m. Manecilla del reloj que señala los segundos.

**SEGUNDILLA** n. f. *Colomb.* Refrigerio, alimento ligero.

**SEGUNDINO** n. m. *Chile.* Mezcla de aguardiente y yema de huevo.

**SEGUNDO, A** adj. y n. (lat. *secundum*). Que corresponde en orden al número dos: *el segundo lugar; ser el segundo en la lista.* ◆ adj. **2.** Que se añade a otro: *una segunda juventud.* **3.** Que viene después en orden de valor, de rango, etc.: *viajar en segunda clase; representar un segundo papel.* • **Con segundas,** con intención doble o solapada. ◆ n. **4.** Persona que en un empleo, institución, etc., sigue en importancia al principal: *el segundo de a bordo en un barco.* ◆ n. m. **5.** Cada una de las 60 partes iguales en que se divide el minuto de tiempo o el de circunferencia. **6.** Período de tiempo muy corto, momento: *espera un segundo.*

**SEGUNDOGÉNITO, A** adj. y n. Dícese del hijo que nace después del primogénito.

**SEGUNDÓN** n. m. Hijo segundo en las familias en que hay mayorazgo. **2.** Cualquier hijo no primogénito.

**SEGUR** n. f. Hoz o guadaña para segar. **2.** Hacha grande.

**SEGURAMENTE** adv. m. Probablemente, acaso.

**SEGURIDAD** n. f. Calidad de seguro: *contestó con seguridad.* **2.** Fianza o garantía de indemnidad a favor de alguien. **3.** DER. Garantía que una persona suministra a otra como prueba de que cumplirá lo pactado, prometido o mandado. **4.** MIL. Conjunto de las disposiciones que permiten evitar la sorpresa y proporcionan al mando la libertad de acción indispensable para la conducción de la batalla. • **Cuerpos y fuerzas de seguridad del estado,** conjunto de organismos y funcionarios de la administración pública cuyo fin es velar por la seguridad de los ciudadanos, defender las libertades públicas y garantizar el cumplimiento de las leyes. ‖ **De seguridad,** dícese de ciertos mecanismos que aseguran el buen funcionamiento de una cosa. ‖ **Delitos contra la seguridad del estado,** conjunto de delitos que lesionan la seguridad externa o la personalidad internacional del estado o que atacan sus bases políticas y sociales. ‖ **Dispositivo de seguridad,** mecanismo anejo a un aparato o máquina, para evitar un accidente en caso de funcionamiento anómalo. ‖ **Seguridad individual,** garantía que la ley otorga a los ciudadanos contra los arrestos, detenciones y penas arbitrarias. ‖ **Seguridad social,** conjunto de leyes y organismos que las aplican que tienen por objeto proteger a los individuos y a las familias contra ciertos riesgos sociales.

■ Todos los países industrializados disponen de un sistema de seguridad social, cuyos grandes ejes están constituidos por un seguro contra el paro, un seguro contra los accidentes de trabajo y las enfermedades profesionales, seguros sociales y prestaciones familiares. Los sistemas de seguridad social están regidos generalmente por legislaciones estatales, aunque en algunos países se yuxtaponen regímenes obligatorios legales, regímenes obligatorios profesionales y regímenes facultativos. Atendiendo al aspecto técnico de su financiación, los sistemas de seguridad social se clasifican en *sistemas de ahorro y capitalización* (en los que las prestaciones son función de la capitalización de la prima asignada al beneficiario) y *sistemas de reparto* (en los que las sumas necesarias para cubrir las prestaciones se recaudan por medio de un impuesto y se reparten con criterios de política social).

**SEGURO** adv. m. Con seguridad.

**SEGURO, A** adj. (lat. *securum*). Libre y exento de todo daño, peligro o riesgo: *lugar seguro.* **2.** Infalible, cierto, que no admite duda o error: *una prueba segura.* **3.** Firme, estable: *tiempo seguro; un suelo seguro.* **4.** Que ofrece confianza, incapaz de engañar o fallar. **5.** Confiado, convencido, persuadido de algo: *seguro de su amistad.* **6.** Que tiene fe en sí mismo, que tiene conciencia de su valor o de sus posibilidades: *seguro de sí mismo.* ◆ n. m. **7.** Contrato por el que, mediante el pago de una prima, los aseguradores se comprometen a indemnizar de un eventual peligro o accidente: *seguro contra incendios.* **8.** Pieza o aparato destinado a impedir, a voluntad, el funcionamiento de una máquina, mecanismo, etc., a fin de precaver un accidente, robo, etc. **9.** *Méx.* Imperdible, alfiler de seguridad. • **A buen seguro** o **al seguro,** probablemente. ‖ **De seguro,** ciertamente, con seguridad. ‖ **Sobre seguro,** sin aventurarse a sufrir ningún daño, riesgo o equivocación.

**SEIS** adj. num. cardin. y n. m. (lat. *sex*). Cinco y uno. ◆ adj. num. ordin. **2.** Sexto. ◆ n. m. **3.** Naipe, dado o ficha del dominó que representa seis puntos: *el seis de espadas.* **4.** MÚS. Danza popular puertorriqueña que se presenta en numerosas versiones. • **Seis por cuatro,** compás de dos tiempos que tiene la blanca con puntillo como unidad de tiempo. ‖ **Seis por ocho,** compás de dos tiempos que tiene la negra con puntillo (o tres corcheas) como unidad de tiempo.

**SEISAVO, A** adj. y n. m. Dícese de cada una de las seis partes iguales en que se divide un todo.

**SEISCIENTOS, AS** adj. num. cardin. y n. m. Seis veces ciento. ◆ n. m. **2.** Denominación que se aplica al arte, la literatura y, en general, la historia y la cultura del s. XVII.

**SEISE** n. m. Cada uno de los niños de coro que cantan en las catedrales en ciertas festividades.

**SEISILLO** n. m. MÚS. Figura rítmica compuesta de seis notas iguales, que se deben ejecutar en el tiempo correspondiente a cuatro de su mismo valor, en un compás simple.

**SEÍSMO** n. m. Sismo.

**SELÁCEO, A** adj. y n. m. Relativo a una subclase de peces marinos de esqueleto cartilaginoso, con branquias en forma de hendidura y piel áspera sin escamas, como el tiburón o la raya.

**SELECCIÓN** n. f. Acción de seleccionar. **2.** Conjunto de personas o cosas seleccionadas. **3.** Elección, natural o artificial, de animales o plantas en vistas a la reproducción. **4.** DEP. Equipo que se forma con atletas o jugadores de distintos clubles para disputar un encuentro o participar en una competición, principalmente de carácter internacional. • **Selección natural,** supervivencia de los animales o vegetales mejor adaptados a las condiciones consideradas, a expensas de los menos aptos. ‖ **Selección profesional,** elección de los candidatos a una profesión, según las cualidades adecuadas.

**SELECCIONADO** n. m. *Argent.* y *Urug.* DEP. Selección.

**SELECCIONADOR, RA** n. En las agrupaciones deportivas, persona encargada de seleccionar a los jugadores que han de formar parte de un equipo.

**SELECCIONAR** v. tr. [1]. Escoger o elegir entre varias personas o cosas las que se consideran mejores o más adecuadas para un fin.

**SELECTIVIDAD** n. f. Calidad de selectivo. **2.** Conjunto de condiciones y pruebas a que se someten los alumnos para acceder a ciertos niveles del sistema educativo. **3.** Propiedad de un aparato receptor de radiodifusión selectivo.

**SELECTIVO, A** adj. Que sirve para efectuar una selección: *método selectivo.* **2.** Que implica una selección. **3.** Dícese del aparato receptor de radiodifusión dotado de una buena separación de ondas de frecuencia cercanas. ◆ adj. y n. m. **4.** Dícese del curso previo o primer curso de ciertas carreras.

**SELECTO, A** adj. Dícese de lo mejor entre otros de su especie o clase: *vinos selectos.*

**SELECTOR, RA** adj. Que selecciona o escoge. ◆ n. m. **2.** Dispositivo compuesto de un relevador electromagnético de dos posiciones, que permite efectuar una operación de selección. **3.** Pedal para accionar el cambio de velocidades de una motocicleta o un ciclomotor. **4.** Conmutador de varias direcciones, operado mediante señales de mando.

**SELENHÍDRICO, A** adj. Dícese del ácido $H_2Se$, llamado también *hidrógeno seleniado.*

**SELENIATO** n. m. Sal del ácido selénico.

**SELÉNICO, A** adj. Dícese del anhídrido $SeO_3$ y del ácido correspondiente. **2.** ASTRON. Referente a la Luna o a sus movimientos.

**SELENIO** n. m. Elemento químico no metálico de símbolo Se, número atómico 34 y masa atómica 78,96, sólido, de densidad 4,8, fusible a 217 °C, análogo al azufre, y cuya conductividad eléctrica aumenta con la luz que recibe.

**SELENIOSO, A** adj. Dícese del anhídrido $SeO_2$ y del ácido correspondiente.

**SELENITA** n. m. y f. Supuesto habitante de la Luna.

**SELENOGRAFÍA** n. f. Descripción de la superficie de la Luna.

**SELENOGRÁFICO, A** adj. Relativo a la selenografía.

**SELENOLOGÍA** n. f. Estudio de la Luna.

**SELÉUCIDA** adj. y n. m. y f. Relativo a los Seléucidas, dinastía helenística. (V. parte n. pr.)

**SELFACTINA** n. f. (ing. *self-acting*). Máquina de hilar con carro. • **Selfactina de hilar,** máquina de hilar automática.

**SELF-GOVERNMENT** n. m. (voz inglesa). Sistema de administración de los dominios británicos y de los antiguos territorios coloniales que obtuvieron su autonomía.

**SELFINDUCCIÓN** n. f. Autoinducción.

**SELFINDUCTANCIA** n. f. Autoinductancia.

**SELF-MADE MAN** n. m. (voces inglesas). Persona que ha alcanzado su posición material y social por sus propios medios, que no debe su éxito más que a sí mismo.

**SELF-SERVICE** n. m. (voz inglesa). Restaurante en donde el cliente se sirve él mismo.

**SELF-TRIMMER** n. m. (voz inglesa). MAR. Tipo de buque de carga en el que la parte inferior de las paredes laterales de las bodegas está construida en plano inclinado, lo que permite el self-trimming.

**SELF-TRIMMING** n. m. (voz inglesa). MAR. Estiba automática de una carga pulverulenta a granel en un barco.

**SELLADOR, RA** adj. y n. Que sella o pone el sello en los documentos. **2.** PINT. Dícese de un revestimiento que permite cegar las irregularidades del soporte, con el fin de facilitar la formación de una superficie llana y lisa para que le sea aplicada la mano de pintura.

**SELLAR** v. tr. (lat. *sigillare*) [1]. Imprimir el sello a una cosa: *sellar una carta.* **2.** *Fig.* Estampar, imprimir o dejar la huella o señal de una cosa en otra. **3.** *Fig.* Corroborar la conclusión de una cosa, especialmente de un acuerdo: *sellar un pacto.* **4.** *Fig.* Cerrar, cubrir, tapar: *sellar los labios.* **5.** TECNOL. Cerrar herméticamente: *sellar el extremo de un tubo.*

**SELLO** n. m. (lat. *sigillum*). Utensilio que sirve para estampar sobre una carta, documento, etc., la estampilla de una empresa, entidad, organismo oficial, etc. **2.** Lo que queda estampado, impreso y señalado con el mismo sello. **3.** *Fig.* Carácter distintivo y peculiar de una persona o cosa: *un sello de distinción.* **4.** Viñeta o estampita de un valor convencional, emitida por una administración postal para franquear los envíos confiados al servicio de correos. SIN.: *sello de correos.* **5.** Matriz en que están grabadas en hueco la figura, las armas o la marca simbólica de un estado, de un soberano, de una comunidad o de un particular. **6.** Disco de metal o de cera que se ponía pendiente en documentos de importancia para garantizar su destino a una persona determinada. **7.** Conjunto de dos obleas entre las que se encierra un medicamento para poderlo tragar sin percibir su sabor. SIN.: *oblea.* **8.** Sortija con una placa en la que se graban las iniciales de una persona o el escudo de un apellido. **9.** *Colomb., Chile* y *Perú.* Reverso de las monedas, cruz.

**ŠELŪH,** grupo de tribus bereberes que poblaron el Alto Atlas marroquí, el Anti Atlas y el Bajo Atlas.

**SELVA** n. f. (lat. *silvam*). Bosque extenso, inculto y muy poblado de árboles. **2.** *Fig.* Abundancia extraordinaria, confusa y desordenada de una cosa. • **Selva virgen,** bosque no alterado por la manipulación del hombre.

**SELVÁTICO, A** adj. Relativo a la selva. **2.** *Fig.* Rústico, inculto, tosco.

**SELYÚCIDA** adj y n. m. y f. Relativo a los Selyúcidas, familia principesca de origen turco. (V. parte n. pr.)

**SEMA** n. m. LING. Unidad mínima de significación no susceptible de realización independiente.

**SEMÁFORO** n. m. Dispositivo de señalización luminosa para la regulación del tráfico urbano. **2.** F.C. Señal óptica para la seguridad del tráfico, en los sistemas de seccionamiento. **3.** MAR. Telégrafo aéreo establecido en las costas para anunciar los buques que vienen de alta mar o navegan a la vista, y comunicarse con ellos.

**SEMANA** n. f. (lat. *septimanam*). Serie de siete días naturales consecutivos empezando por el domingo y acabando por el sábado. **2.** Espacio de tiempo que media entre cualquier día de la semana y el igual de la siguiente. **3.** Salario ganado en una semana. • **Entre semana,** en cualquier día de ella, menos el primero y el último. ‖ **Semana santa,** la última de la cuaresma, desde el domingo de Ramos hasta el de Resurrección.

**SEMANAL** adj. Que dura una semana, o sucede, se hace o se repite cada semana.

**SEMANARIO** n. m. Publicación periódica semanal. **2.** Juego de algunas cosas, formado por siete unidades: *un semanario de pulseras.*

**SEMANEO** n. m. En bolsa, acción de recuperar el dinero invertido a los pocos días de la inversión.

**SEMANG,** pueblo negrito de la península malaya.

**SEMANTEMA** n. m. LING. Unidad léxica provista de significación, por oposición a morfema y fonema.

**SEMÁNTICA** n. f. LING. Estudio de los significados de las palabras y de sus variaciones, y de los problemas relacionados con el significado. **2.** LÓG. Es-

Gran Bretaña, 1840:
el *one penny* negro, primer sello emitido en el mundo.

Cabo de Buena Esperanza, 1861. Los errores de color (4 peniques [a la izquierda] en el color de 1 penique, 1 penique en el color de 4 peniques) confieren su valor a estos ejemplares rarísimos.

España, 1875-1885.
Alfonso XII.

150 aniversario del nacimiento de Pierre Larousse. Sello con su efigie con matasellos del primer día (11 mayo 1968).

Primer viaje al continente americano de S.S.M.M. Juan Carlos y Sofía, junio 1976.

XXV aniversario del tratado de cooperación franco-alemana. Efigies de K. Adenauer y Ch. de Gaulle. Francia, 1988.

**sellos**

tudio de las proposiciones de una teoría deductiva desde el punto de vista de su verdad o de su falsedad.

**SEMÁNTICO, A** adj. Relativo al sentido, al significado: *el contenido semántico de una palabra.* **2.** LÓG. Relativo a la interpretación de un sistema formal.

**SEMANTISTA** n. m. y f. Especialista en semántica.

**SEMASIOLOGÍA** n. f. LING. Estudio de los significados, partiendo de la palabra para estudiar el sentido.

**SEMBLANTE** n. m. (cat. *semblant*). Cara, rostro, en cuanto exterioriza en las facciones los diversos estados del ánimo. **2.** Cara, rostro. **3.** *Fig.* Apariencia o aspecto favorable o desfavorable de una cosa.

**SEMBLANTEAR** v. tr. e intr. **[1]**. *Argent., Chile, Méx., Nicar., Par., Salv.* y *Urug.* Mirar a alguien a la cara para adivinar sus intenciones y pensamientos.

**SEMBLANZA** n. f. (cat. *semblança,* parecido). Descripción física o moral de una persona.

**SEMBRADERO** n. m. *Colomb.* Porción de tierra labrantía o de sembradura.

**SEMBRADÍO, A** adj. Dícese del terreno destinado a sembrar.

**SEMBRADO, A** adj. Cubierto de cosas esparcidas. **2.** HERÁLD. Dícese del escudo, pieza o figura llena de pequeñas figuras o piezas en cantidad indeterminada. ◆ n. m. **3.** Tierra sembrada, hayan o no germinado y crecido las semillas.

**SEMBRADOR, RA** adj. y n. Que siembra.

**SEMBRADORA** n. f. Máquina para sembrar cereales y semillas. SIN.: *máquina de sembrar.*

**SEMBRAR** v. tr. (lat. *seminare*) **[1j]**. Esparcir las semillas en la tierra preparada para que germinen. **2.** *Fig.* Esparcir, desparramar algo sobre una superficie: *sembrar una calle de flores.* **3.** *Fig.* Dar motivo u origen a algo: *sembrar el pánico.* **4.** *Fig.* Hacer algo o prepararlo para que produzca provecho, fruto, bien, etc.: *sembrar bienestar.*

**SEMEJANTE** adj. Que tiene aspectos o características iguales o similares a otra persona o cosa con la que se compara. **2.** Tal, de esta especie: *no es honesto valerse de semejantes medios.* **3.** MAT. Dícese de dos figuras que pueden ser transformadas la una en la otra por una semejanza. ◆ n. m. **4.** Prójimo, cualquier persona con respecto a otra. (Suele usarse en plural.)

**SEMEJANZA** n. f. Calidad de semejante. **2.** FÍS. Correspondencia entre los comportamientos de dos objetos dimensionales distintos. **3.** GEOMETR. Transformación geométrica que conserva la alineación y los ángulos alterando la distancia según un factor de proporcionalidad. **4.** LIT. Símil.

**SEMEJAR** v. intr. y pron. **[1]**. Parecer o tener semejanza o parecido con una persona o cosa.

**SEMEMA** n. m. LING. Unidad compuesta por un grupo de semas, y que corresponde a un lexema.

**SEMEN** n. m. (lat. *semen,* semilla). BIOL. Esperma. **2.** BOT. Semilla.

**SEMENCONTRA** n. f. FARM. Medicamento que se obtiene a partir de las cabezas de varias plantas del género *Artemisa,* que contienen un principio activo contra las parasitaciones intestinales.

**SEMENTAL** adj. Relativo a la siembra o sementera. ◆ adj. y n. m. **2.** Dícese del animal macho que se destina a la reproducción.

**SEMENTERA** n. f. Acción y efecto de sembrar. **2.** Tierra sembrada. **3.** Cosa sembrada. **4.** Tiempo a propósito para sembrar. **5.** *Fig.* Cosa de la que se originan y propagan otras desagradables.

**SEMESTRAL** adj. Que sucede o se repite cada semestre: *reunión semestral.* **2.** Que dura un semestre: *cursos semestrales.*

**SEMESTRE** n. m. Período de seis meses. **2.** Renta o sueldo que se cobra o paga cada semestre.

**SEMIÁRIDO, A** adj. Dícese de las regiones y del clima de las zonas próximas a los desiertos. SIN.: *subdesértico.*

**SEMIAUTOMÁTICO, A** adj. Dícese de un conjunto mecánico cuyo funcionamiento automático implica una ayuda manual. • **Arma semiautomática** (ARM.), arma automática en la que, para hacer fuego, el tirador debe accionar cada vez el disparador.

**SEMICILÍNDRICO, A** adj. Relativo al semicilindro. **2.** Que tiene forma de semicilindro o es semejante a él.

**SEMICILINDRO** n. m. Cada una de las dos mitades del cilindro separadas por un plano que pasa por el eje.

**SEMICIRCULAR** adj. Relativo al semicírculo. **2.** Que tiene forma de semicírculo o es semejante a él. • **Conductos semicirculares,** pequeños conductos del oído interno, cuyas terminaciones nerviosas perciben las variaciones de posición del individuo, base del sentido del equilibrio.

**SEMICÍRCULO** n. m. Cada una de las dos mitades del círculo separadas por un diámetro.

**SEMICIRCUNFERENCIA** n. f. Cada una de las dos mitades de la circunferencia.

**SÉMICO, A** adj. LING. Relativo al sema.

**SEMICONDUCTOR, RA** adj. y n. m. ELECTR. Dícese del cuerpo cuya resistividad eléctrica, superior a la de los metales e inferior a la de los aislantes, varía dentro de amplios límites, bajo la influencia de determinados factores, como son la temperatura, la luz, la tensión o la adición de ciertas impurezas.

**SEMICONSERVA** n. f. Conserva alimentaria cuya duración es limitada y que debe guardarse en frío.

**SEMICONSONANTE** n. f. y adj. Fonema que se forma por la articulación explosiva agrupada con la consonante anterior. (En español la *i* de *pie* y la *u* de *bueno* son semiconsonantes.)

**SEMICONVERGENTE** adj. MAT. Dícese de una serie convergente que se convierte en divergente cuando se remplazan sus términos por sus valores absolutos.

**SEMICORCHEA** n. m. Nota musical cuyo valor representa la dieciseisava parte de la redonda.

**SEMIDIESEL** n. m. Motor diesel que funciona con menor grado de compresión y que necesita por ello un encendido eléctrico.

**SEMIDIÓS, SA** n. MIT. GR. y ROM. Hijo de un dios y de una mortal o de un mortal y de una diosa. **2.** Divinidad secundaria, como el fauno o la ninfa. **3.** Persona excepcional por su genio, por su gloria o por los honores que se le rinden.

**SEMIDORMIDO, A** adj. Medio o casi dormido.

**SEMIEJE** n. m. Cada una de las dos partes de un eje separadas por un punto.

**SEMIESFERA** n. f. Hemisferio.

**SEMIESFÉRICO, A** adj. Hemisférico.

**SEMIFINAL** n. f. Prueba deportiva que precede a la final.

**SEMIFINALISTA** adj. y n. m. y f. Que contiende o participa en una semifinal.

**SEMIFONDO** n. m. Carrera de media distancia.

**SEMIFUSA** n. f. Figura de nota musical que representa la dieciseisava parte de una negra y la sesenta y cuatroava parte de una redonda.

**SEMIGAE** → *záparo.*

**SEMILIBERTAD** n. f. HIST. Condición de semilibre.

**SEMILIBRE** n. m. y f. HIST. Persona que gozaba de cierta libertad, pero sometida al dominio señorial.

**SEMILLA** n. f. (lat. *seminia*). Embrión en estado latente encerrado en un fruto y que, tras la dispersión y germinación, da una nueva planta. **2.** *Fig.* Aquello que es causa u origen de una cosa, hecho, suceso, etc. ◆ **semillas** n. f. pl. **3.** Granos que se siembran, exceptuando el trigo y la cebada.

**SEMILLERO** n. m. Lugar donde se siembran las plantas que después se han de trasplantar. **2.** Lugar donde se conservan para estudio colecciones de diversas semillas. **3.** *Fig.* Aquello que es causa y origen de que suceda o se realice algo: *un semillero de discordias.*

**SEMILUNAR** adj. ANAT. Que tiene forma de media luna.

**SEMINAL** adj. Relativo al semen. **2.** Relativo a la semilla.

**SEMINARIO** n. m. Establecimiento religioso donde se forma a los que aspiran al sacerdocio. **2.** Serie de conferencias sobre un tema determinado. **3.** Grupo de trabajo.

**SEMINARISTA** n. m. Alumno de un seminario.

**SEMINÍFERO, A** adj. ANAT. Que produce o contiene semen.

**SEMINÍVORO, A** adj. y n. Que se alimenta de semillas.

**SEMINOLA,** pueblo amerindio del grupo muscogi que vivía en Florida, act. en reservas en Oklahoma.

**SEMINOMA** n. m. MED. Variedad de tumor maligno del testículo.

**SEMINOMADISMO** n. m. Género de vida que combina la agricultura ocasional y la ganadería nómada, normalmente en las proximidades de los desiertos.

**SEMIOLOGÍA** n. f. Semiótica. **2.** Sintomatología.

**SEMIOLÓGICO, A** adj. Relativo a la semiología.

**SEMIÓLOGO, A** n. Especialista en semiología.

**SEMIORUGA** n. m. Vehículo blindado equipado con ruedas en el eje delantero y con cadenas en los ejes traseros. SIN.: *half-track.*

**SEMIÓTICA** n. f. Ciencia de los modos de producción, de funcionamiento y recepción de los diferentes sistemas de signos de comunicación en los individuos o colectividades. SIN.: *semiología.*

**SEMIÓTICO, A** adj. Relativo a la semiótica.

**SEMIPAUSA** n. f. MÚS. Silencio de duración igual a una blanca. **2.** MÚS. Signo que lo indica y que se coloca sobre la tercera línea del pautado.

**SEMIPERMEABLE** adj. Dícese de una membrana o de un tabique que, separando dos soluciones, deja pasar las moléculas de disolvente pero detiene las de los cuerpos disueltos.

**SEMIPESADO, A** adj. y n. m. En ciertos deportes, como boxeo, lucha o halterofilia, categoría de pesos intermedia entre los pesos medios y los pesos pesados.

**SEMIPILA** n. f. Conjunto formado por un solo electrodo y una solución electrolítica que lo envuelve.

**SEMIPLANO** n. m. MAT. Porción de plano limitado por una recta trazada en este plano.

**SEMIPOLAR** adj. Dícese del enlace químico entre dos átomos, uno de los cuales proporciona al otro los electrones de valencia.

**SEMIPRODUCTO** n. m. Materia prima que ha sufrido una primera transformación.

**SEMIRRECTA** n. f. MAT. Cada una de las dos partes en que queda dividida una recta por cualquiera de sus puntos.

**SEMIRRELIEVE** n. m. ESCULT. Relieve en el que las figuras o los objetos representados sobresalen aproximadamente la mitad de su volumen real.

**SEMIRREMOLQUE** n. m. Conjunto formado por un vehículo tractor y un remolque que puede ser separado del primero.

**SEMIRRÍGIDO, A** adj. Dícese de un dirigible con quilla rígida, pero con cubierta exterior flexible.

**SEMITA** adj. y n. m. y f. Relativo a una importante familia de pueblos asiáticos; individuo de estos pueblos. (Los pueblos semitas, antiguos o modernos, más importantes son: los acadios, los amorritas, los arameos, los fenicios, los árabes, los hebreos y los etíopes.) ◆ adj. **2.** Semítico. ◆ n. f. **3.** *Argent., Bol.* y *Ecuad.* Especie de bollo o galleta, cemita.

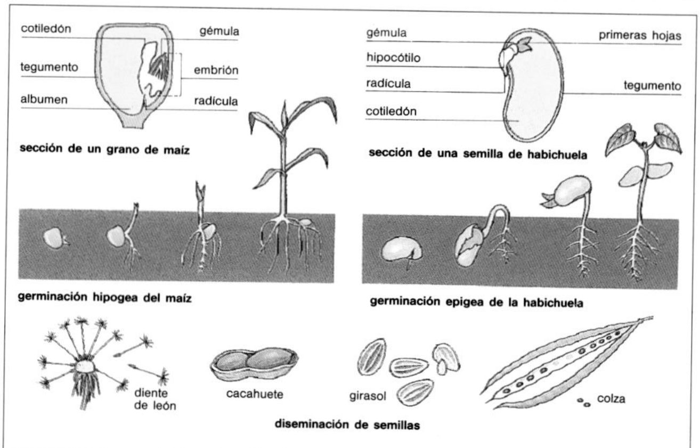


**semillas** de algunas plantas y ejemplos de germinación

**SEMÍTICO, A** adj. Relativo a los semitas. • **Lenguas semíticas,** grupo de lenguas de la familia camitosemítica habladas en un vasto dominio desde Asia suroccidental hasta el N de África (árabe, hebreo).

**SEMITISMO** n. m. Carácter semítico.

**SEMITISTA** n. m. y f. Especialista en estudios semíticos.

**SEMITONO** n. m. MÚS. Dícese de cada una de las dos partes desiguales en que se divide el intervalo de un tono.

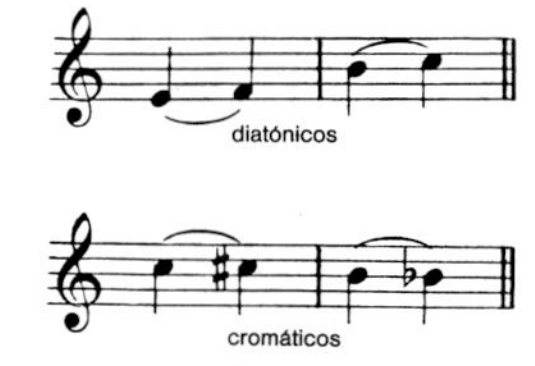


semitonos

**SEMITRANSPARENTE** adj. Casi transparente.

**SEMIUNCIAL** adj. Dícese de una escritura formada por un conjunto de unciales y minúsculas, desarrollada del s. IV al X.

**SEMIVOCAL** n. f. y adj. Fonema que se inicia con una abertura vocálica y termina con la estrechez de una fricativa. (En español, son semivocales la *i* y la *u* de *aire, peine, aura, causa,* etc.)

**SÉMOLA** n. f. (lat. *similam,* flor de harina). Pasta hecha de harina de trigo, arroz u otro cereal, reducida a granos muy menudos.

**SEMOVIENTE** adj. Dícese de los bienes que pueden trasladarse por sí mismos de un lugar a otro.

**SEMPERVIRENTE** adj. Dícese de la planta cuyas hojas están verdes todo el año.

**SEMPITERNO, A** adj. (lat. *sempiternum*). Eterno.

**SEN** n. m. Planta arbustiva semejante a la casia, con cuyas hojas se prepara una infusión empleada como purgante. SIN.: *sena.*

**SEN** n. m. Unidad monetaria fraccionaria utilizada en diversos países de Extremo oriente.

**SENADO** n. m. (lat. *senatum*). En la antigua Roma, asamblea política que, durante la república, fue la más alta autoridad del estado. **2.** En algunos países, una de las asambleas parlamentarias. **3.** Edificio donde se reúne esta asamblea.

**SENADOCONSULTO** n. m. (lat. *senatus consultum*). Decisión del senado romano.

**SENADOR, RA** n. Miembro de un senado.

**SENADURÍA** n. f. Dignidad o cargo de senador.

**SENATORIAL** adj. Relativo al senado o al senador.

**SENCILLEZ** n. f. Calidad de sencillo.

**SENCILLO, A** adj. Simple, sin composición. **2.** Sin lujo, que carece de adorno u ostentación: *vestido sencillo.* **3.** Sin complicación, fácil de comprender, de hacer, etc.: *examen sencillo.* **4.** Exento de artificio o afectación: *estilo sencillo.* **5.** *Fig.* De carácter natural y espontáneo: *un hombre sencillo.* **6.** Que tiene menos cuerpo o volumen que otras cosas de su especie: *tafetán sencillo.*

**SENDA** n. f. Camino más estrecho que la vereda, formado por el paso de personas y animales. **2.** *Fig.* Camino, medio, método. SIN.: *sendero.*

**SENDERISMO** n. m. Práctica deportiva consistente en recorrer a pie senderos o rutas campestres.

**SENDERISTA** adj. y n. m. y f. Relativo al movimiento revolucionario peruano Sendero Luminoso; miembro de Sendero Luminoso.

**SENDOS, AS** adj. pl. (lat. *singulos*). Dícese de aquellas cosas de las que corresponde una para cada una de otras dos o más personas o cosas.

**SÉNECA** n. m. (de *Séneca,* filósofo latino). *Fig.* Hombre con mucha sabiduría sobre la vida.

**SENECTUD** n. f. Ancianidad, último período de la vida humana.

**SENEGALÉS, SA** adj. y n. De Senegal.

**SENEQUISMO** n. m. Doctrina moral de Séneca; aplicación de la misma en la conducta y en la literatura.

**SENESCAL** n. m. Gran oficial de palacio. **2.** Oficial real con atribuciones de justicia en grado subalterno. **3.** Principal oficial de un señor, que atendía en todos los grados de justicia.

**SENESCALADO** n. m. Territorio sujeto a la jurisdicción de un senescal. **2.** Senescalía.

**SENESCALÍA** n. f. Cargo o dignidad de senescal. **2.** Lugar donde se reunía el tribunal del senescal. **3.** Este mismo tribunal.

**SENESCENCIA** n. f. BIOL. y MED. Involución inherente al envejecimiento de los seres vivos.

**SENESCENTE** adj. y n. m. y f. Relativo a la senescencia; afecto de senescencia.

**SENEVOL** n. m. Nombre genérico de los ésteres de fórmula S=C=N−R, donde R es un radical carbonado.

**SENIL** adj. Relativo a los viejos o a la vejez. **2.** Que da muestras de senilidad.

**SENILIDAD** n. f. Debilitamiento físico e intelectual producido por la vejez.

**SENIOR** adj. y n. m. (lat. *senior,* más viejo). Dícese de la persona de más edad respecto a otra que lleva el mismo nombre. **2.** DEP. Dícese de los participantes que han pasado de la edad límite para los juniors y que todavía no son veteranos.

**SENO** n. m. (lat. *sinum*). Concavidad o hueco. **2.** Concavidad que forma una cosa curva. **3.** Espacio hueco que queda entre el vestido y el pecho. **4.** Mama, en la mujer. **5.** Útero. SIN.: *seno materno.* **6.** *Fig.* Regazo, amparo, refugio. **7.** *Fig.* Parte interna de algo material o inmaterial: *el seno del mar; el seno de una familia.* **8.** ANAT. Cavidad existente en el espesor de un hueso o entre las articulaciones de dos o más huesos: *seno frontal; seno maxilar.* **9.** Conducto venoso dentro de la cavidad craneal. **10.** MAT. Relación entre la perpendicular MP trazada desde uno de los extremos M de un arco de círculo AM sobre el diámetro que pasa por el otro extremo de arco, y el radio OA.

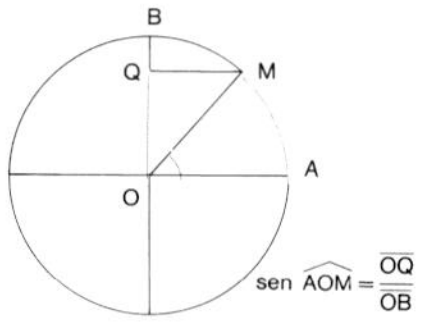


**seno**

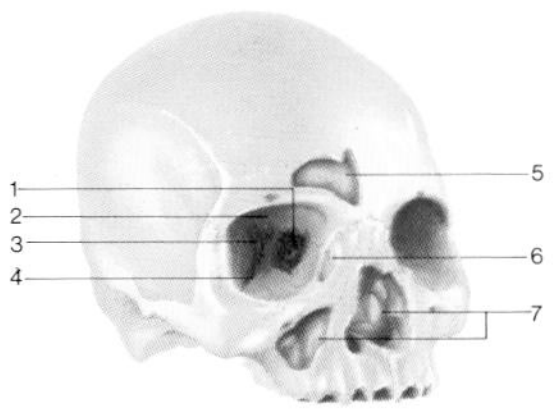

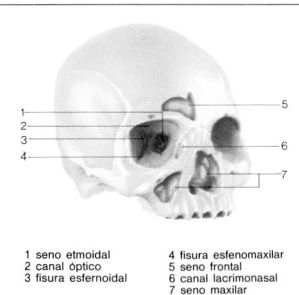

1 seno etmoidal
2 canal óptico
3 fisura esfernoidal
4 fisura esfenomaxilar
5 seno frontal
6 canal lacrimonasal
7 seno maxilar

**senos** óseos

**SENONES,** pueblo de la Galia establecido en la cuenca superior del Yonne, que participó junto a Vercingetórix en la ofensiva contra César. Su c. pral. era la act. Sens.

**SENSACIÓN** n. f. Información recibida por el sistema nervioso central, cuando uno de los órganos de los sentidos reacciona ante un estímulo externo. **2.** Impresión de estupor, sorpresa o admiración de un hecho, noticia, suceso, etc.: *su llegada causó sensación.* **3.** Acción o circunstancia de sentir algo o de sentirse de una determinada manera: *tengo la sensación de que no vendrá.*

**SENSACIONAL** adj. Que causa gran sensación, impresión, interés, etc. **2.** Que gusta extraordinariamente.

**SENSACIONALISMO** n. m. Tendencia a causar sensación, a difundir noticias sensacionales.

**SENSACIONALISTA** adj. y n. m. y f. Que implica o denota sensacionalismo: *prensa sensacionalista.*

**SENSATEZ** n. f. Calidad de sensato.

**SENSATO, A** adj. (lat. *sensatum*). Que piensa y actúa con buen juicio y moderación, o lo denota.

**SENSIBILIDAD** n. f. Facultad de los seres animados de percibir o experimentar, por medio de los sentidos, sensaciones, impresiones, manifestaciones del medio físico, externo o interno. **2.** Capacidad para sentir afectos y emociones. **3.** Capacidad de sentir determinadas manifestaciones: *sensibilidad para la música.* **4.** Calidad de las cosas sensibles. **5.** Rapidez con que una emulsión fotográfica puede proporcionar una imagen latente o una imagen visible. **6.** Cualidad de un instrumento de medida, por la que basta una pequeña variación de la magnitud a medir para modificar la posición del dispositivo indicador. **7.** Grado de reacción de un explosivo por efecto de una excitación provocada por un choque, fricción, elevación de temperatura, etc. **8.** Aptitud de un receptor radioeléctrico, especialmente de un receptor de radiodifusión o de televisión, para captar señales más o menos débiles.

**SENSIBILIZACIÓN** n. f. Acción de sensibilizar. **2.** MED. Estado de un organismo que, después de haber estado en contacto con ciertas sustancias extrañas que actúan como antígenos, adquiere propiedades de reacción, útiles o no, unidas a la producción de anticuerpos.

**SENSIBILIZADOR, RA** adj. y n. m. Que hace sensibles ciertas materias a la acción de la luz o de otro agente. **2.** Dícese de la sustancia que desencadena la aparición de fenómenos de hipersensibilidad a través de un mecanismo antígeno-anticuerpo.

**SENSIBILIZAR** v. tr. **[1g]**. Hacer sensible o aumentar la sensibilidad: *la música sensibiliza el oído.* **2.** FOT. Hacer sensible a la acción de la luz. **3.** MED. Provocar una sensibilización.

**SENSIBLE** adj. (lat. *sensibilem*). Que goza de sensibilidad: *los animales son seres sensibles.* **2.** Que recibe o capta una impresión externa: *ser muy sensible al frío.* **3.** Que siente o se impresiona ante los placeres estéticos. **4.** Dícese de la persona que se deja llevar fácilmente por el sentimiento. **5.** Perceptible por los sentidos: *el mundo sensible.* **6.** Muy perceptible y manifiesto: *experimentar una sensible mejoría.* **7.** Lamentable, que causa disgusto, contrariedad o pena: *una sensible pérdida.* **8.** *Fig.* Que indica las más ligeras variaciones: *un termómetro muy sensible.* **9.** FOT. Dícese de la cualidad de una capa impresionada bajo la acción de la luz. ◆ n. f. **10.** Séptimo grado de la escala diatónica, situado un semitono por debajo de la tónica. SIN.: *nota sensible.*

**SENSIBLERÍA** n. f. Sentimentalismo exagerado o afectado.

**SENSIBLERO, A** adj. Que denota sensiblería.

**SENSILIO** n. m. Órgano sensorial de los insectos, constituido por células con pelos o sedas, sensible a diversos tipos de vibraciones.

**SENSISMO** n. m. Sensualismo.

**SENSITIVA** n. f. Planta arbustiva o herbácea de las regiones cálidas, cuyas hojas se repliegan al menor contacto. (Familia mimosáceas.)

**SENSITIVO, A** adj. Relativo a los sentidos corporales. **2.** Que conduce el influjo nervioso de un órgano sensorial a un centro: *nervio sensitivo.* ◆ adj. y n. **3.** De una sensibilidad excesiva. **4.** SIQUIATR. Dícese de las personas que sienten vivamente las reacciones ajenas a ellas.

**SENSITIVOMOTOR, RA** o **SENSORIMOTOR, RA** adj. Relativo a la vez a los fenómenos sensoriales y a la actividad motora: *nervio sensitivomotor; trastornos sensitivomotores.*

**SENSITOMETRÍA** n. f. FOT. Estudio de las propiedades de las superficies sensibles a la luz.

**SENSITÓMETRO** n. m. Instrumento que sirve para realizar exposiciones escalonadas de una superficie sensible a la luz, a fin de estudiar sus propiedades.

**SENSOR** n. m. Término genérico que designa cualquier equipo que permite adquirir una información. **2.** Órgano del sistema de estabilización activa de un satélite artificial, que permite definir la orientación real del ingenio y elaborar una señal de error en función de la diferencia entre esta orientación y la deseada.

**SENSORIAL** adj. Relativo a las sensaciones en tanto que son fenómenos sicofísicos.

**SENSORIMÉTRICO, A** adj. Relativo a la medida de las sensaciones.

**SENSORIO, A** adj. Relativo a los sentidos o a la sensibilidad. ◆ n. m. **2.** Nombre que se da a la función de integración general de todas las sensaciones. SIN.: *sensorio común.*

**SENSUAL** adj. Que proporciona satisfacción o placer a los sentidos. **2.** Inclinado a estos placeres: *labios sensuales; persona sensual.* **3.** Relativo al deseo sexual: *apetitos sensuales.* **4.** Sensitivo, relativo a los sentidos corporales.

**SENSUALIDAD** n. f. Calidad de sensual. **2.** Propensión o tendencia exagerada a los placeres de los sentidos.

**SENSUALISMO** n. m. Filosofía según la cual todas las ideas proceden de las sensaciones.

**SENSUALISTA** adj. y n. m. y f. Relativo al sensualismo; partidario de esta doctrina.

**SENTADA** n. f. Tiempo durante el cual alguien permanece sentado. **2.** Manifestación no violenta que consiste en sentarse en un lugar público. • **De una sentada** *(Fam.)*, de una vez, sin parar.

**SENTADO, A** adj. Sensato, juicioso: *hablar con palabras sentadas.* • **Dar por sentado,** considerar algo como fuera de duda o discusión.

**SENTADOR, RA** adj. *Argent.* y *Chile.* Dícese de la prenda de vestir que sienta bien.

**SENTAR** v. tr. y pron. **[1j]**. Colocar o colocarse en algún sitio de manera que uno quede apoyado y descansando sobre las nalgas. ◆ v. tr. **2.** Asentar, poner o colocar algo de modo que permanezca firme. **3.** Aplanar, alisar. **4.** *Fig.* Fundamentar algo en un razonamiento, exposición, etc.: *sentar una idea; sentar las bases.* **5.** *Argent., Chile, Ecuad., Perú* y *Urug.* Sofrenar bruscamente el caballo haciendo que levante las manos y se apoye sobre los cuartos traseros. • **Sentar plaza,** alistarse en un cuerpo armado. ‖ **Sentar una cuenta,** en contabilidad, realizar una anotación en una cuenta. ◆ v. intr. **6.** *Fig.* y *fam.* Digerir bien o mal un alimento, ser algo provechoso o perjudicial para el organismo: *la comida me sentó mal; un paseo te sentará bien.* **7.** *Fig.* Ir, caer bien o mal una cosa a alguien: *el color moreno te sienta bien.* **8.** *Fig.* y *fam.* Agradar, gustar, producir buena o mala impresión en el ánimo: *le sentó mal que no vinieras.* • **Sentar como un tiro** *(Fam.)*, molestar algo. ◆ **sentarse** v. pron. **9.** Posarse un líquido.

**SENTENCIA** n. f. (lat. *sententiam*). Dicho o frase corta que encierra o contiene un principio moral o un consejo de sabiduría popular. **2.** Dictamen, parecer. **3.** Resolución judicial en que se decide definitivamente en un juicio o en un proceso; sentencia de muerte. **4.** Proposición, enunciado.

**SENTENCIAR** v. tr. **[1]**. Dar o pronunciar una sentencia. **2.** Condenar, dictar sentencia en materia penal. **3.** *Fig.* y *fam.* Destinar o aplicar una cosa para un fin: *sentenciar un libro a la hoguera.*

**SENTENCIOSO, A** adj. Que contiene una sentencia. **2.** Con afectada gravedad.

**SENTIDO, A** adj. Que contiene o expresa sentimiento: *una frase muy sentida.* **2.** Muy sensible a una desconsideración, reprimenda, falta de cariño, etc.: *un niño muy sentido.* ◆ n. m. **3.** Órgano especializado capaz de recibir y transmitir las impresiones externas. **4.** Función sicofisiológica por la que un organismo recibe información sobre ciertos elementos del medio exterior, tanto de naturaleza física (vista, oído, tacto) como química (gusto, olfato). **5.** Facultad para entender, juzgar, apreciar o sentir preocupación por las cosas, o para actuar: *el sentido del deber.* **6.** Razón de ser, finalidad: *su reacción carece de sentido.* **7.** Significación, manera como se ha de entender algo: *no entiendo el sentido de estos versos.* **8.** *Fig.* Expresión, entonación: *recitar con mucho sentido.* **9.** *Fam.* Dirección: *ir en sentido contrario.* **10.** *Amér.* Sien. **11.** LING. y LOG. Conjunto de representaciones que sugiere una palabra, un enunciado. • **Doble sentido,** equívoco. ‖ **Los cinco sentidos,** la vista, el oído, el olfato, el gusto y el tacto. ‖ **Perder el sentido,** desmayarse. ‖ **Sentido común,** capacidad de distinguir lo verdadero de lo falso, de actuar razonablemente. ‖ **Sentido del humor,** capacidad para expresar o admitir lo humorístico. ‖ **Sentido directo, sentido trigonométrico, sentido positivo** (MAT.), sentido de rotación inverso del movimiento de las agujas de un reloj. ‖ **Sentido retrógrado,** o **inverso,** sentido de rotación inverso del sentido directo. ‖ **Sexto sentido,** intuición. ‖ **Sin sentido,** insensato; sin justificación, ilógico.

**SENTIMENTAL** adj. Relativo al sentimiento. ◆ adj. y n. m. y f. **2.** Que tiene o denota una sensibilidad algo romántica o exagerada: *novela sentimental; ser un sentimental.*

**SENTIMENTALISMO** n. m. Calidad de sentimental.

**SENTIMIENTO** n. m. Acción de sentir. **2.** Estado afectivo del ánimo, de la clase que se expresa: *sentimiento de alegría.* **3.** Parte afectiva del ser humano, por oposición a razón: *persona sin sentimiento.* **4.** Afecto, amor: *declarar sus sentimientos.* **5.** Aflicción, dolor que se siente por algún hecho o suceso ocurrido: *acompañar en el sentimiento.*

**SENTINA** n. f. Parte baja de la bodega de un buque donde se acumulan las aguas. **2.** Albañal, cloaca. **3.** *Fig.* Lugar de gran vicio o corrupción.

**SENTIR** v. tr. (lat. *sentire*) **[22]**. Percibir alguna sensación por medio de los sentidos, excepto el de la vista. **2.** Experimentar determinada sensación física o moral: *sentir hambre, pena.* **3.** Lamentar algún suceso triste o doloroso: *siento mucho lo ocurrido.* **4.** Tener la impresión, creer, opinar: *no siente lo que dice.* **5.** Tener determinada disposición o capacidad de experimentar ciertas sensaciones o emociones: *sentir el arte.* **6.** Presentir, barruntar. • **Sin sentir,** inadvertidamente, sin darse cuenta de ello; rápidamente. ◆ v. tr. y pron. **7.**

Ser consciente de algún hecho subjetivo, darse cuenta: *sentía que no lo lograría; sentirse morir.* ◆ **sentirse** v. pron. **8.** Encontrarse en determinada situación o estado físico o moral: *sentirse contento.* **9** Considerarse, reconocerse de cierta manera: *sentirse importante.* **10.** Tener un dolor o molestia en alguna parte del cuerpo. **11.** *Méx.* Ofenderse, sentirse herido o triste por lo dicho o hecho por alguien: *se sintió cuando le pedí que me pagara.*

**SENTIR** n. m. Sentimiento. **2.** Opinión, parecer: *exponer el sentir sobre una idea.*

**SENTÓN** n. m. *Méx.* Golpe que se da uno en las nalgas al caer.

**SENUFO,** pueblo negroafricano de Costa de Marfil, Malí y Burkina Faso.

**SENYERA** n. f. (voz catalana). Bandera catalana.

**SEÑA** n. f. (lat. *signa*). Detalle o particularidad de una cosa, por la que se la reconoce o diferencia. **2.** Gesto o ademán que sirve para atraer la atención o comunicarse con alguien: *hacer señas para llamar a alguien.* **3.** Aquello que se acuerda o conviene de antemano para entenderse entre sí dos o más personas. ◆ **señas** n. f. pl. **4.** Indicación del paradero y domicilio de una persona. **5.** Rasgos característicos de una persona, que permiten distinguirla o identificarla.

**SEÑAL** n. f. Lo que muestra o indica la existencia de algo. **2.** Signo conocido para advertir, anunciar, dar una orden, etc.: *dar la señal de ataque.* **3.** Detalle o particularidad que distingue una cosa de las demás. **4.** Mojón que se pone para marcar un límite o lindero. **5.** Imagen o representación de algo: *la bandera a media asta es señal de duelo.* **6.** Huella, vestigio: *señales de pisadas.* **7.** Cantidad de dinero que se entrega antes de saldar el precio total como garantía de lo que se ha encargado o comprado. **8.** Cicatriz: *señales de quemaduras.* **9.** En teoría de la comunicación, variación de una magnitud de cualquier naturaleza portadora de información. **10.** Marca del ganado que consiste en hacerle algunas cisuras en las orejas. **11.** Sonido que da un aparato telefónico: *señal de comunicar.* • **Código internacional de señales,** código adoptado en 1965 por la Organización intergubernamental consultiva de la navegación marítima, consistente en señales convencionales. || **En señal,** en prueba o como muestra de algo. || **Ni señal,** nada; que no se encuentra o ha desaparecido. || **Señal de tráfico,** cualquiera de las indicaciones que se ponen en las carreteras, calles, etc., para regular el tráfico.

**SEÑALADA** n. f. *Argent.* Acción de señalar el ganado. **2.** *Argent.* Ceremonia campesina que consiste en señalar el ganado.

**SEÑALADO, A** adj. Insigne, famoso: *un autor señalado.* **2.** Notable, extraordinario, especialmente referido a fechas o días: *un día señalado; un señalado favor.*

**SEÑALAMIENTO** n. m. Acción de señalar. **2.** Designación de día para un juicio oral o una vista.

**SEÑALAR** v. tr. **[1]**. Ser la señal de algo que se manifiesta o va a ocurrir: *la caída de las hojas señala la llegada del otoño.* **2.** Hacer o poner señales. **3.** Indicar, referir algo: *señalar la importancia del hecho.* **4.** Llamar la atención, hacia alguien o algo, con la mano, con un gesto o de otro modo: *señaló con el dedo lo que quería.* **5.** Determinar el tiempo, el lugar, el precio, etc., para cierto fin: *señalar una fecha, una cantidad.* **6.** Hacer la señal convenida para dar a conocer la existencia de algo. **7.** Producir heridas o cicatrices en el cuerpo, particularmente en el rostro. ◆ **señalarse** v. pron. **8.** Distinguirse o sobresalir en alguna cosa o en algún sitio.

**SEÑALERO** n. m. *Argent.* Ferroviario responsable de una cabina de señalización.

**SEÑALIZACIÓN** n. f. Acción y efecto de señalizar. **2.** Utilización e instalación de señales para dar a distancia informaciones o datos. **3.** Conjunto de señales.

**SEÑALIZAR** v. tr. **[1g]**. Instalar o utilizar señales en una carretera, calle, vía férrea, puerto, etc.

**SEÑERO, A** adj. Único, notorio, importante. **2.** Aislado, solitario.

**SEÑOR, RA** adj. y n. (lat. *seniorem,* más viejo). Dueño de una cosa o que tiene dominio sobre alguien o algo. **2.** Amo respecto a los criados. **3.** Tratamiento, generalmente de respeto, que se antepone a un apellido, a un título profesional, etc. **4.** Dotado de importancia, autoridad y distinción natural: *ser todo un señor.* ◆ adj. **5.** Que denota nobleza o distinción. **6.** Antepuesto a un nombre, encarece el significado del mismo: *dar un señor disgusto.* ◆ n. m. **7.** Dios, y especialmente Jesucristo en la eucaristía. (Con este significado suele escribirse con mayúscula.) **8.** Hombre en contraposición a mujer. **9.** FEUD. Poseedor de un feudo. **10.** HIST. Título nobiliario.

**SEÑORA** n. f. y adj. Femenino de señor. **2.** Mujer casada, en oposición a señorita, mujer soltera. ◆ n. f. **3.** Mujer, esposa. **4.** Mujer en contraposición a hombre. • **Nuestra Señora,** la Virgen María.

**SEÑOREAR** v. tr. **[1]**. Dominar o mandar en algo, especialmente como señor. **2.** Dominar, ser algo más alto que lo que lo rodea: *el campanario señorea el pueblo.* **3.** *Fig.* Dominar las propias pasiones.

**SEÑORÍA** n. f. Tratamiento dado a personas con determinada dignidad. **2.** Persona que recibe este tratamiento. **3.** HIST. Soberanía de ciertos estados italianos que se gobernaban como repúblicas: *la señoría de Venecia.*

**SEÑORIAL** adj. Relativo al señorío. **2.** Majestuoso, noble: *una casa señorial.*

**SEÑORÍO** n. m. Dominio o mando sobre algo. **2.** *Fig.* Distinción, elegancia. **3.** FEUD. Derecho, poder, autoridad de un señor. **4.** FEUD. Territorio sobre el que se extendía esta autoridad.

**SEÑORITA** n. f. y adj. Tratamiento dado a las mujeres solteras. **2.** Tratamiento dado a las maestras. ◆ n. f. **3.** Cierto cigarro filipino, de cortas dimensiones. **4.** Cigarro puro corto y delgado.

**SEÑORITINGO, A** n. *Desp.* Señorito.

**SEÑORITISMO** n. m. *Desp.* Cualidad o actitud de señorito.

**SEÑORITO, A** adj. y n. *Fam.* Tratamiento que dan a las personas jóvenes de una casa los criados o subalternos. ◆ n. **2.** Persona joven, de familia acomodada, que hace ostentación de su riqueza y lleva una vida frívola.

**SEÑORÓN, NA** adj. y n. Señor rico o importante, o que afecta serlo.

**SEÑUELO** n. m. Figura de ave en que se pone carne como cebo para atraer al halcón remontado. **2.** Cualquier cosa que sirve para atraer a otras aves. **3.** *Fig.* Lo que sirve para atraer o inducir con engaño. **4.** *Argent.* y *Bol.* Grupo de cabestros o mansos utilizados para atraer el resto del ganado.

**SEO** n. f. (cat. *seu*). Catedral.

**SÉPALO** n. m. BOT. Pieza floral, generalmente verde, situada debajo de la corola y que envuelve el botón floral antes de abrirse. (El conjunto de los sépalos forma el *cáliz.*)

**SEPALOIDE** adj. BOT. Que tiene forma de sépalo.

**SEPARABLE** adj. Capaz de separarse o de ser separado.

**SEPARACIÓN** n. f. Acción de separar o separarse. **2.** Espacio medible entre dos cosas separadas. **3.** Objeto que separa (muro, tabique, etc.). **4.** QUÍM. Operación de extracción destinada a aislar uno o varios constituyentes de una mezcla. • **Separación conyugal,** suspensión de la vida conyugal sin rotura del vínculo. || **Separación de bienes,** régimen matrimonial en que cada cónyuge conserva la propiedad y la administración de sus bienes. || **Separación de las Iglesias y el estado,** sistema de organización de las relaciones entre las Iglesias y el estado en el que las primeras se consideran como agrupaciones de derecho privado. || **Separación isotópica,** operación que consiste en aislar los diferentes isótopos constituyentes de un elemento natural.

**SEPARADOR, RA** adj. Que separa. • **Poder separador,** cualidad del ojo o de un instrumento óptico que permite distinguir dos puntos muy cercanos uno de otro. ◆ n. m. **2.** Aparato, utensilio o dispositivo que sirve para separar. **3.** Instrumento quirúrgico que sirve para separar los labios de una herida, las mandíbulas, los párpados, etc., o para dilatar. **4.** Lámina delgada, aislante y perforada, colocada entre las placas de un acumulador.

**SEPARAR** v. tr. y pron. (lat. *separare*) **[1]**. Poner fuera de contacto o proximidad a personas, animales o cosas que estaban uno al lado de otro, reunidos o mezclados: *separar la cabeza del cuerpo.* ◆ v. tr. **2.** Sujetar a dos o más personas que se pelean o interponerse entre ellas. **3.** Coger parte de una cosa o ponerla en otro sitio: *separar un trozo del pastel.* **4.** Distinguir unas cosas de otras: *separar los distintos aspectos de un asunto.* **5.** Destituir, deponer: *separar de un empleo a alguien.* ◆ **separarse** v. pron. **6.** Romper profesional o ideológicamente con alguien, un grupo, entidad, etc.: *mi socio y yo nos hemos separado.* **7.** Realizar la separación conyugal.

**SEPARATA** n. f. Ejemplar o conjunto de ejemplares impresos por separado de algún libro, artículo o revista.

**SEPARATISMO** n. m. Tendencia de los habitantes de un territorio a separarlo del estado del que forma parte.

**SEPARATISTA** adj. y n. m. y f. Relativo al separatismo; partidario del separatismo.

**SEPARO** n. m. *Méx.* Lugar donde se encierra temporalmente a los presuntos responsables de un delito en las delegaciones de policía.

**SEPE** n. m. *Bol.* Termes.

**SEPELIO** n. m. Acción de enterrar los cadáveres con la ceremonia religiosa correspondiente.

**SEPIA** n. f. (lat. *sepiam*). Molusco de concha interna, cabeza provista de diez tentáculos con ventosas, que vive cerca de las costas, y que al ser atacado proyecta un líquido negro. (Clase cefalópodos.) **2.** Materia colorante de color pardo rojizo oscuro obtenida de este molusco, que se utiliza en la pintura a la aguada. **3.** Color parecido a esta materia.

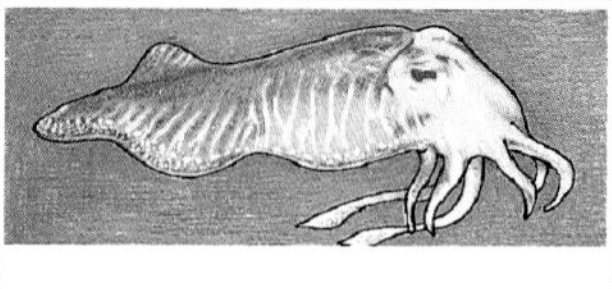

**sepia**

**SEPIOLITA** n. f. Silicato hidratado natural de magnesio. SIN.: *espuma de mar.*

**SEPTAL** adj. Relativo al septum.

**SEPTENAL** adj. Que dura siete años o que se repite cada siete años.

**SEPTENARIO, A** adj. Que consta de siete elementos, unidades o guarismos. ◆ n. m. **2.** Tiempo de siete días. **3.** Período de siete días dedicados al culto de Dios, de la Virgen o de sus santos: *septenario del Espíritu Santo.*

**SEPTENIO** n. m. (lat. *septennium*). Período de siete años.

**SEPTENTRIÓN** n. m. Norte.

**SEPTENTRIONAL** adj. y n. m. y f. De la parte del norte.

**SEPTETO** n. m. MÚS. Composición vocal o instrumental para siete ejecutantes.

**SEPTICEMIA** o **SEPSIS** n. f. Enfermedad causada por la proliferación en la sangre de bacterias patógenas.

**SEPTICÉMICO, A** adj. Relativo a la septicemia.

**SEPTICIDAD** n. f. Calidad de séptico.

**SÉPTICO, A** adj. (gr. *sēptikos;* de *sēpeyō,* corromper). Que causa una infección: *microbios sépticos.* **2.** Causado por microbios. **3.** Contaminado por microbios. • **Fosa séptica,** fosa destinada a la recepción de materias fecales, en la que éstas experimentan una fermentación rápida que las licua.

**SEPTICOPIOHEMIA** n. f. Forma de septicemia caracterizada por la aparición de uno o varios abscesos, superficiales o viscerales.

**SEPTIEMBRE** n. m. Setiembre.

**SÉPTIMA** n. f. Femenino de séptimo. **2.** MÚS. Intervalo que comprende siete grados.

**SÉPTIMO, A** adj. num. ordin. (lat. *septimum*). Que corresponde en orden al número siete. ◆ adj. y n. m. **2.** Dícese de cada una de las siete partes iguales en que se divide un todo. • **Séptimo arte,** el cine. || **Séptimo cielo,** en la astronomía de los antiguos, cielo de Saturno, el más lejano de los planetas conocidos entonces; región de la felicidad perfecta.

**SEPTO** n. m. Septum.

**SEPTUAGENARIO, A** adj. y n. De edad comprendida entre los setenta y los ochenta años.

**SEPTUAGÉSIMA** n. f. Domínica que celebra la Iglesia tres semanas antes de la primera cuaresma.

**SEPTUAGÉSIMO, A** adj. num. ordin. Que corresponde en orden al número setenta. ◆ adj. y n. m. **2.** Setentavo.

**SEPTUM** n. m. (voz latina, *tabique*). ANAT. Tabique que separa dos cavidades. SIN.: *septo.*

**SEPTUPLICACIÓN** n. f. Acción y efecto de septuplicar.

**SEPTUPLICAR** v. tr. y pron. **[1a]**. Ser o hacer algo siete veces mayor.

**SÉPTUPLO, A** adj. y n. m. (lat. *septuplum*). Que contiene un número siete veces exactamente.

**SEPULCRAL** adj. Relativo al sepulcro o que tiene sus características.

**SEPULCRO** n. m. (lat. *sepulcrum*). Obra que se construye generalmente levantada sobre el suelo, y donde quedan encerrados los restos de una o varias personas. **2.** Hueco del altar donde están depositadas las reliquias. **3.** Urna o andas cerradas con una imagen de Jesucristo difunto. • **Santo sepulcro,** aquel en que estuvo Jesucristo.

**SEPULTAR** v. tr. **[1]**. Poner en la sepultura a un muerto. **2.** *Fig.* Ocultar, cubrir de modo que desaparezca totalmente: *las aguas sepultaron los campos.* **3.** *Fig.* Esconder u ocultar algo inmaterial: *sepultar un recuerdo.*

**SEPULTURA** n. f. (lat. *sepulturam*). Acción y efecto de sepultar. **2.** Hoyo hecho en la tierra, o cualquier otro lugar donde se entierra uno o más cadáveres. • **Dar sepultura,** enterrar.

**SEPULTURERO, A** n. Persona que sepulta a los muertos en los cementerios.

**SEQUEDAD** n. f. Calidad de seco. **2.** *Fig.* Trato áspero y brusco.

**SEQUEDAL** o **SEQUERAL** n. m. Terreno muy seco.

**SEQUÍA** n. f. Falta de lluvias durante un largo período de tiempo.

**SÉQUITO** n. m. (ital. *seguito*). Grupo de gente que acompaña a una persona ilustre o célebre. **2.** Conjunto de los seguidores o partidarios de un personaje, una idea, doctrina, etc. **3.** *Fig.* Efecto o consecuencia de un hecho precedente: *séquito de desgracias.*

**SER** v. (lat. *esse*) **[15]**. Verbo auxiliar que sirve para la conjugación de todos los verbos en la voz pasiva. **2.** Verbo sustantivo que afirma del sujeto lo que significa el atributo. ◆ v. intr. **3.** Haber o existir: *eso no es de este mundo.* **4.** Servir para una cosa: *Juan no es para esto; este cuchillo es para el pan.* **5.** Suceder, ocurrir: *el eclipse fue ayer.* **6.** Valer, costar: *a cómo es el pescado.* **7.** Pertenecer a uno: *esta casa es mía.* **8.** Constituir: *el robo es delito.* **9.** Expresa causa: *esto fue mi ruina.* **10.** Consistir en, depender de: *la cuestión es decidirse.* **11.** Se usa para afirmar o negar lo que se dice o pretende: *eso es.* **12.** Junto con sustantivos, adjetivos o participios, tener los empleos, propiedades, condiciones, etc., que se expresan: *es médico.* **13.** Seguido de una oración precedida de *que,* expresa causa o excusa: *es que se me hace tarde.* **14.** Introduce expresiones adverbiales de tiempo: *es muy tarde.* **15.** Seguido de la prep. *de* más infinitivo, expresa conveniencia, posibilidad, previsión: *es de desear que no te suceda nada malo.* **16.** Con el imperfecto se expresa la ficción en los juegos: *él es el rey y yo la princesa.* • **A no ser que,** expresión con que se introduce una salvedad: *iremos de excursión a no ser que llueva.* ‖ **Érase una vez,** encabezamiento de los cuentos infantiles. ‖ **Es más,** expresión con la que se añade una razón que refuerza o confirma lo dicho. ‖ **Lo que sea de cada quién** (*Méx.*), hablando con franqueza, para ser sincero: *no es muy inteligente pero, lo que sea de cada quién, hace bien su trabajo.* ‖ **No ser para menos,** expresión enfática con que se encarece el valor de algo. ‖ **Ser de lo que no hay,** expresa lo extraordinario de cierta cosa o persona, tanto en sentido peyorativo como admirativo. ‖ **Ser** alguien **muy suyo,** tener un carácter muy especial, ser muy reservado o independiente.

**SER** n. m. Principio activo y radical constitutivo de las cosas. **2.** Ente. **3.** FILOS. Existencia. **4.** FILOS. Esencia. **5.** FILOS. Lo que no se identifica con la nada y es apto para existir. • **El Ser supremo,** Dios.

**SERA** n. f. Espuerta grande, generalmente sin asas.

**SERAC** n. m. (voz saboyana) [pl. *seracs*]. Bloque caótico de hielo que se acumula en los lugares donde la pendiente del lecho glaciar se acentúa o donde la adherencia del glaciar disminuye.

**SERÁFICO, A** adj. Relativo a los serafines. **2.** *Fig.* Plácido, bondadoso: *un semblante seráfico.*

**SERAFÍN** n. m. REL. Nombre dado a una categoría de ángeles. **2.** *Fig.* Persona, especialmente niño, de extraordinaria hermosura.

**SERAPEUM** n. m. Necrópolis de los bueyes Apis en Egipto. **2.** Templo de Serapis en Grecia.

**SERBA** n. f. Fruto del serbal, parecido a la pera, de color amarillo rojizo, comestible y de sabor agradable.

**SERBAL** n. m. Planta arbórea de tronco recto, hojas lobuladas, flores blancas y fruto comestible. (Familia rosáceas.)

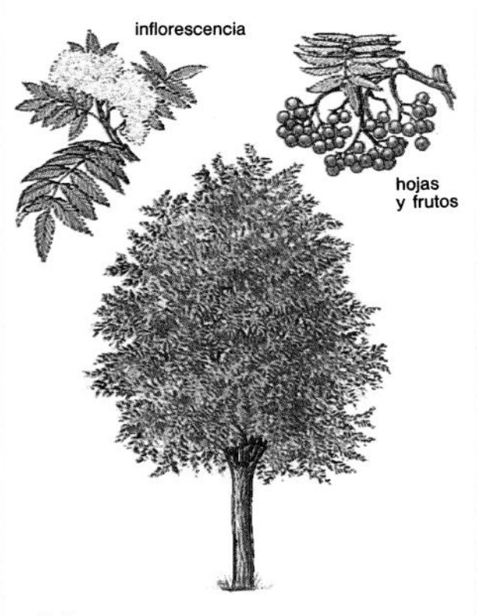

serbal

**SERBIO, A** o **SERVIO, A** adj. y n. De Serbia.

**SERBOBOSNIO, A** adj. y n. Relativo a los serbios de Bosnia-Herzegovina.

**SERBOCROATA** o **SERVIOCROATA** n. m. Lengua eslava meridional que se habla como lengua materna en Serbia, Croacia, Bosnia-Herzegovina y Montenegro, y como lengua secundaria en Macedonia y Eslovenia.

**SERENA** n. f. *Fam.* Sereno, humedad de la atmósfera durante la noche. **2.** LIT. Composición poética o musical de los trovadores que solía cantarse de noche.

**SERENAR** v. tr., intr. y pron. **[1]**. Poner tranquilo o quieto: *serenar los ánimos; serenarse el día.*

**SERENATA** n. f. Concierto de voces e instrumentos, o de instrumentos solos, que se da por la noche debajo de las ventanas de alguien, para festejarlo.

**SERENIDAD** n. f. Calidad o estado de sereno.

**SERENÍSIMO, A** adj. **Alteza serenísima,** tratamiento que se daba en España a los príncipes hijos de reyes. ◆ adj. y n. f. **2.** HIST. En los ss. XV-XVI, título dado a la república de Venecia.

**SERENO, A** adj. Claro, sin nubes o niebla: *tiempo, día sereno.* **2.** *Fig.* Tranquilo, ecuánime, exento de toda agitación o perturbación: *mar serena; mirada serena.* • **Gota serena** (MED.), amaurosis. ◆ n. m. **3.** Humedad de la atmósfera durante la noche. **4.** Vigilante nocturno encargado de rondar las calles para seguridad del vecindario. • **Al sereno,** a la intemperie, durante la noche.

**SERERE,** pueblo de Senegal que habla una lengua nigeriano-congoleña.

**SERGAS** n. f. pl. Hazañas, proezas.

**SERIACIÓN** n. f. Acción y efecto de seriar.

**SERIAL** n. m. Emisión dramática radiofónica o televisiva que se difunde en forma de episodios sucesivos. **2.** Artículos periodísticos que forman una serie. **3.** Película de aventuras en varios episodios. ◆ adj. **4.** Relativo a una serie. • **Música serial,** serialismo.

**SERIALISMO** n. m. Técnica de composición musical basada en la utilización de la serie, de la cual generaliza sus principios al aplicarlos a otros parámetros distintos de la altura de los sonidos. (Sin. MÚSICA SERIAL.)

**SERIAR** v. tr. **[1]**. Formar una serie.

**SERICÍCOLA** adj. Relativo a la sericicultura.

**SERICICULTOR, RA** o **SERICULTOR, RA** n. Persona que se dedica a la sericicultura.

**SERICICULTURA** o **SERICULTURA** n. f. Industria agrícola que tiene por objeto la cría de los gusanos de seda y la obtención de la misma.

**sericicultura:** cría de gusanos de seda sobre hojas de morera

**SERICÍGENO, A** adj. Que produce seda.

**SERICINA** n. f. Proteína gelatinosa de la seda, que une los filamentos de fibroína y que se disuelve por acción del agua hirviendo a presión. SIN.: *gres.*

**SÉRICO, A** adj. Relativo al suero sanguíneo.

**SERIE** n. f. (lat. *seriem*). Conjunto de cosas relacionadas entre sí y que se suceden unas a otras. **2.** *Fam.* Gran número de ciertas cosas: *tiene una serie de libros para leer.* **3.** Disposición biológica según el orden natural de sus afinidades: *serie zoológica.* **4.** Serial televisivo. **5.** DEP. Prueba preliminar. **6.** ECOL. Sucesión de comunidades que se sustituyen unas a otras en un área determinada, como desarrollo de la comunidad a partir de etapas precursoras que van siendo reemplazadas por otras más maduras. **7.** MAR. Conjunto de yates con características suficientemente comparables como para que puedan competir juntos. **8.** MAT. Suma infinita cuyos términos son los de una sucesión ($u_n$) de términos reales o complejos. **9.** QUÍM. Grupo de compuestos orgánicos que presentan numerosas analogías y se distinguen por una diferencia constante en ciertos radicales. • **Desarrollo de una función en serie** (MAT.), formación de una serie cuya suma representa esta función en un intervalo dado. ‖ **En serie,** dícese de los objetos que se fabrican todos iguales; (ELECTR.), dícese de varios conductores, generadores o receptores eléctricos acoplados de manera que el polo positivo del primero está unido al polo negativo del segundo, y así sucesivamente, y con la misma intensidad de corriente. ‖ **Fuera de serie,** que no es de fabricación corriente; que no es habitual, notable.

**SERIEDAD** n. f. Calidad de serio. **2.** Actitud o comportamiento serios.

**SERIGRAFÍA** n. f. Procedimiento de impresión mediante una pantalla o tamiz, semejante al estarcido.

**SERINA** n. f. BIOL. Aminoácido de función alcohol, constituyente de las proteínas. SIN.: *seroalbúmina.*

**SERINGA** n. f. *Amér.* Goma elástica. **2.** *Perú.* Planta de la familia de las euforbiáceas.

**SERINGAL** n. m. En la cuenca del Amazonas, asociación de plantas cauchíferas.

**SERIO, A** adj. (lat. *serium*). Responsable, sensato, que obra con reflexión. **2.** Que expresa preocupación, disgusto, contrariedad, etc. **3.** Que no es alegre, que no ríe o que ríe con poca frecuencia. **4.** Importante, grave, digno de consideración: *motivo serio.* **5.** Austero, no llamativo, no jocoso. **6.** Que se hace dignamente o de acuerdo con ciertos convencionalismos. • **En serio,** con seriedad, sin engaño ni burla.

**SERMÓN** n. m. (lat. *sermonem*). Discurso religioso pronunciado en público por un sacerdote. **2.** *Fam.* Amonestación, reprensión.

**SERMONARIO** n. m. Libro que contiene sermones.

**SERMONEAR** v. tr. **[1]**. *Fam.* Reprender repetida e insistentemente.

**SERMONEO** n. m. *Fam.* Acción de sermonear.

**SEROALBÚMINA** n. f. BIOL. Serina.

**SERODIAGNOSIS** n. f. Examen del suero que permite confirmar el diagnóstico de una enfermedad infecciosa mediante la identificación de los anticuerpos específicos del germen en cuestión, que representa el antígeno.

**SEROLOGÍA** n. f. Estudio de los sueros, de sus propiedades y de sus aplicaciones.

**SEROLÓGICO, A** adj. Relativo a la serología.

**SERÓN** n. m. Especie de sera más larga que ancha.

**SERONEGATIVO, A** adj. y n. Que no es seropositivo.

**SEROPOSITIVO, A** adj. y n. Dícese de la persona que presenta en su suero anticuerpos dirigidos contra un agente infeccioso. (Se aplica especialmente a los pacientes contaminados por el V.I.H. del sida y en cuyo suero se han detectado anticuerpos específicos contra este virus.)

**SEROSIDAD** n. f. Líquido análogo a la linfa, contenido en las serosas y secretado por ellas.

**SEROSO, A** adj. MED. Que tiene las características de la serosidad. ◆ adj. y n. f. **2.** Dícese de la membrana que tapiza ciertos órganos móviles, formada por dos hojas que delimitan una cavidad virtual, que puede llenarse de líquido.

**SEROTERAPIA** n. f. Método de tratamiento de ciertas enfermedades infecciosas por medio de sueros.

**SEROTONINA** n. f. Sustancia del grupo de las catecolaminas, que ejerce la función de intermediario químico a nivel de ciertas sinapsis del sistema nervioso central.

**SEROVACUNACIÓN** n. f. Vacunación simultánea de sueros y vacunas.

**SERPENTEAR** o **SERPEAR** v. intr. [**1**]. Moverse o extenderse formando vueltas y ondulaciones: *un río que serpentea.*

**SERPENTEO** n. m. Acción y efecto de serpentear.

**SERPENTÍN** n. m. Antigua pieza de artillería. SIN.: *serpentina.* **2.** Tubo en línea espiral, helicoidal o acodado cierto número de veces, que cabe en un recipiente o recinto de dimensiones limitadas.

**SERPENTINA** n. f. Tira de papel, larga y estrecha, enrollada, que se desenrolla al lanzarla reteniéndola por uno de sus extremos. **2.** Venablo antiguo cuyo hierro forma ondas. **3.** Mineral constituido por silicato de magnesio hidratado. **4.** Roca de color verde oscuro, resultante del metamorfismo de rocas ultrabásicas y constituida principalmente por serpentina. (Se utiliza en decoración.) **5.** Serpentín, antigua pieza de artillería. **6.** TAUROM. Suerte de capa en que se hace girar ésta alrededor del cuerpo del torero.

**SERPIENTE** n. f. (lat. *serpentem;* de *serpere,* arrastrarse). Reptil que carece de extremidades y se desplaza por reptación. (Voz: la serpiente *silba.*) [Existen serpientes venenosas: *cobra, serpiente de cascabel, víbora,* y no venenosas: *culebra, boa, anaconda*] **2.** ECON. Figura en forma de serpiente que indica los límites superior e inferior que no deben rebasar los valores de diversas monedas vinculadas por un acuerdo que limita sus fluctuaciones. SIN.: *serpiente monetaria.* • **Serpiente de mar,** animal fantástico de grandes dimensiones; en el Mediterráneo y Atlántico se aplica este nombre a diversos seres, entre ellos algún elasmobranquio.

**SERPIGINOSO, A** adj. MED. Dícese de las afecciones cutáneas de contornos sinuosos.

**SERPOL** o **SERPILO** n. m. Planta aromática parecida al tomillo. (Familia labiadas.)

**SERRADIZO, A** adj. Aserradizo.

**SERRADURAS** n. f. pl. Serrín.

**SERRALLO** n. m. (ital. *serraglio*). En los países de civilización turca, palacio real, especialmente el del sultán otomano. **2.** Harén de este palacio. **3.** Conjunto de mujeres del harén.

**SERRANA** n. f. Composición poética parecida a la serranilla. **2.** Modalidad de cante flamenco, probablemente originaria de la serranía de Ronda, y que en un principio debió de ser una canción de procedencia folklórica campesina.

**SERRANÍA** n. f. Conjunto de montañas o sierras, de altura en general moderada pero de gran extensión superficial: *la serranía de Ronda.* **2.** Terreno montañoso, por contraposición al llano o campiña.

**SERRÁNIDO, A** adj. y n. m. Relativo a una familia de peces marinos de fondos rocosos, como el mero y el serrano.

**SERRANILLA** n. f. Composición lírica de tema rústico, en versos cortos, que generalmente describe el encuentro entre un caballero y una pastora.

**SERRANO** n. m. Pez de las costas rocosas, afín al mero, que alcanza como máximo 30 cm de long. (Familia serránidos.)

**SERRANO, A** adj. y n. De la sierra.

**SERRAR** v. tr. [**1j**]. Cortar madera u otras materias con la sierra.

**SERRATO** n. m. ANAT. Nombre dado a diversos músculos del tronco, cuyas inserciones presentan aspecto dentado. • **Serrato mayor,** músculo depresor del omóplato.

**SERRERÍA** n. f. Aserradero.

**SERRETA** n. f. Semicírculo de hierro que se coloca sobre la nariz de los caballos para guiarlos. **2.** Pato piscívoro, de pico fino y aserrado y cuerpo grácil, generalmente con moño. **3.** HERÁLD. Figura que consiste en dos ramas de hierro dentadas unidas entre sí por una charnela en uno de sus extremos.

**SERRÍN** n. m. Conjunto de partículas de madera, corcho, etc., que se desprenden de éstos al serrarlos.

**SERRUCHAR** v. tr. [**1**]. *Argent., Chile* y *P. Rico.* Aserrar con el serrucho. • **Serruchar el piso** *(Argent. Fam.),* hacer peligrar intencional y solapadamente la situación laboral de otro.

**SERRUCHO** n. m. Sierra de mano, de hoja ancha y prolongada por una manija. **2.** *Chile.* Persona que tiene el hábito de aserruchar el piso, es decir, de tratar de hacer perder a alguien su situación laboral. **3.** *Chile. Fig.* Inspector de locomoción colectiva que revisa y corta los billetes.

**SERTÃO** n. m. (voz brasileña). En Brasil, región poco poblada, en la que la ganadería extensiva predomina sobre una agricultura de subsistencia. **2.** Denominación dada a las zonas semiáridas del NE del país.

**SERVAL** n. m. Carnívoro africano de piel amarillenta con manchas negras, muy apreciada. (Familia félidos.)

serval

**SERVATO** n. m. Planta herbácea común en la península Ibérica, cuyos frutos se han usado como carminativos. (Familia umbelíferas.) SIN.: *peucédano.*

**SERVENTESIO** n. m. (provenz. *sirventés*). En métrica castellana, cuarteto en que riman el primer verso con el tercero y el segundo con el cuarto. **2.** Sirventés.

**SERVIBLE** adj. Que puede servir.

**SERVICIAL** adj. Que sirve con cuidado y diligencia. **2.** Pronto a prestar ayuda o a hacer favores. ◆ n. m. **3.** *Bol.* Sirviente, criado.

**SERVICIO** n. m. (lat. *servitium*). Acción de servir: *realizar importantes servicios.* **2.** Actividad que consiste en servir: *trabajar al servicio del estado.* **3.** Persona o personas empleadas en los trabajos domésticos de una casa privada. SIN.: *servicio doméstico.* **4.** Estado de alguien o algo que está sirviendo en aquello a que está destinado u obligado: *hoy está de servicio.* **5.** Conjunto de objetos o utensilios que se utilizan para aquello que se expresa: *servicio de té, de tocador.* **6.** Acción desinteresada, cortés o útil: *prestar un gran servicio.* **7.** Retrete. **8.** Orinal. **9.** Conjunto de enseres que se ponen en la mesa para cada comensal. **10.** En algunos deportes, saque. **11.** Conjunto de las comunicaciones y enlaces ferroviarios garantizados de acuerdo con un horario establecido. **12.** Organización y personal destinados a cuidar intereses o satisfacer necesidades del público o de alguna entidad oficial o privada: *servicio de mensajería.* **13.** Función o prestación desempeñada por dicha organización: *se suspende el servicio de transporte.* **14.** ECON. Producto de la actividad del hombre destinado a la satisfacción de sus necesidades, que no se presenta bajo la forma de un bien material. **15.** HIST. Recurso extraordinario otorgado por las cortes al soberano para contribuir a los gastos excepcionales del erario o para cubrir su déficit. **16.** MIL. Carrera o profesión militar. • **Escalera de servicio,** escalera destinada a los componentes del servicio de una casa, a los proveedores, etc. ‖ **Servicio militar,** conjunto de obligaciones militares legales impuestas a los ciudadanos, a partir de determinada edad y durante un tiempo prefijado, para contribuir en la defensa de su país por medio de las armas. ‖ **Servicio público,** actividad de interés general realizada por los poderes públicos. ‖ **Servicio secreto,** cuerpo de agentes que a las órdenes de un gobierno se dedica al espionaje con fines políticos o militares; actividades de este cuerpo. ◆ **servicios** n. m. pl. **17.** Cocina y demás dependencias del trabajo doméstico y habitaciones de la servidumbre. **18.** Habitaciones donde se encuentran los aparatos higiénicos sanitarios. **19.** Cuerpos y actividades de la organización militar para atender a cuanto precisan las tropas para vivir y combatir. • **Servicios generales,** actividades accesorias e instalaciones auxiliares de los talleres de fabricación de una planta industrial. ‖ **Servicios religiosos,** celebración de actos de culto religioso.

**SERVIDOR, RA** n. Con respecto a una persona, otra que le sirve. **2.** Persona al servicio del estado o de una entidad. **3.** La persona que habla o escribe refiriéndose a sí misma con humildad. (Úsase también *un servidor.*) ◆ n. m. **4.** DEP. En el tenis y en el juego de la pelota, el que pone la pelota en juego. **5.** INFORMÁT. Ordenador que tiene como misión, dentro de una red, ofrecer uno o varios servicios específicos.

**SERVIDUMBRE** n. f. Conjunto de criados que sirve en una casa. **2.** *Fig.* Sujeción rigurosa a las pasiones, vicios, afectos, etc. **3.** *Fig.* Sujeción excesiva o dependencia por la que se ve sometida una persona a otra, o a un trabajo u obligación. **4.** Estado o condición de siervo.

**SERVIL** adj. (lat. *servilem*). Perteneciente a los siervos y criados. **2.** Que muestra excesiva sumisión, que sirve o adula por interés, ambición, etc. ◆ adj. y n. m. y f. **3.** Durante el reinado de Fernando VII, partidario del absolutismo.

**SERVILISMO** n. m. Calidad de servil.

**SERVILLETA** n. f. (fr. *serviette*). Pieza de tela o papel que usa cada comensal para limpiarse la boca, manos, etc., y para proteger el vestido.

**SERVILLETERO** n. m. Aro en que se pone la servilleta enrollada. **2.** Bolsa o utensilio para guardar la servilleta.

**SERVIO, A** adj. y n. Serbio.

**SERVIOCROATA** n. m. Serbocroata.

**SERVIR** v. tr. e intr. (lat. *servire*) [**30**]. Trabajar para alguien, especialmente en tareas domésticas. **2.** Prestar ayuda o hacer un favor: *¿puedo servirle en algo?* **3.** Asistir a la mesa trayendo los manjares o las bebidas. • **Para servirle** o **para servir a usted,** expresión de cortesía con que alguien se pone a disposición de otra persona y que se emplea como contestación a determinadas frases. ◆ v. intr. **4.** Valer, ser útil para determinado fin o para realizar determinada función. **5.** DEP. Sacar, poner la pelota en juego. **6.** MIL. Hacer el servicio militar: *servir en infantería.* ◆ v. tr. **7.** Suministrar determinada mercancía a un cliente. **8.** Atender a los clientes en un establecimiento comercial: *¿ya le sirven, señora?* ◆ v. tr. y pron. **9.** Poner comida o bebida en el plato o vaso de alguien. **10.** En el juego, dar cartas a cada jugador. ◆ **servirse** v. pron. **11.** Seguido de la prep. *de,* emplear, utilizar para determinado fin: *servirse de un bastón.* **12.** Tener a bien hacer algo, o hacerlo por amabilidad, cortesía o condescendencia: *sírvase cerrar la puerta.*

**SERVOCONTROL** n. m. Mecanismo para reforzar o sustituir el esfuerzo del piloto en el manejo de los mandos de un avión.

**SERVODIRECCIÓN** n. f. Servomando destinado a facilitar el funcionamiento de la dirección de un vehículo automóvil.

**SERVOFRENO** n. m. Servomando para mejorar el funcionamiento de los frenos.

**SERVOMANDO** n. m. Mecanismo auxiliar que tiene por objeto suplir la fuerza muscular del hombre, asegurando automáticamente, por amplificación, la fuerza necesaria para el funcionamiento de un conjunto.

**SERVOMECANISMO** n. m. Mecanismo concebido para realizar por sí mismo cierto programa de acción, gracias a la comparación permanente entre las órdenes que se le dan y el trabajo que ejecuta.

**SERVOMOTOR** n. m. Mecanismo de mando cuya energía de maniobra es suministrada por una fuente exterior, a fin de reducir los esfuerzos que deben realizarse o de facilitar el mando a distancia.

**SERVOSISTEMA** n. m. TECNOL. Sistema de mando a distancia y control automático de aparatos y vehículos, cuyo funcionamiento tiende a anular la desviación entre una magnitud dirigida y la magnitud que dirige: *los servomecanismos son servosistemas.*

**SERVOVÁLVULA** n. f. Válvula hidráulica equipada con un dispositivo de mando automático que permite el control asistido de su apertura.

**SESADA** n. f. Seso de un animal. **2.** Fritada de sesos.

**SÉSAMO** n. m. Ajonjolí.

**SESAMOIDEO, A** adj. y n. m. Dícese de unos huesos supernumerarios, pequeños y redondeados, de constitución fibrosa, que se desarrollan cerca de las articulaciones falángicas del pulgar del pie.

**SESEAR** v. intr. [**1**]. Pronunciar la *z* o la *c* con seseo.

**SESENTA** adj. num. cardin. y n. m. (lat. *sexaginta*). Seis veces diez. ◆ adj. num. ordin. y n. m. **2.** Sexagésimo. **3.** Dícese de la década que empieza en el año sesenta y termina en el setenta.

**SESENTAVO, A** adj. y n. m. Dícese de cada una de las sesenta partes iguales en que se divide un todo.

**SESENTENA** n. f. Conjunto de sesenta unidades, o su aproximación.

**SESENTÓN, NA** adj. y n. *Fam.* Que ha cumplido sesenta años y no llega a los setenta.

**SESEO** n. m. Modificación de la pronunciación que hace que se emita con un sonido silbante *s* el sonido que normalmente debe sonar *ce* (θ). [Se produce en una franja irregular y discontinua de Andalucía, en Canarias y en casi la totalidad de América latina.]

**SESERA** n. m. Parte de la cabeza del animal en que están los sesos. **2.** *Fam.* Seso, masa encefálica. **3.** *Fig.* y *fam.* Inteligencia.

**SESGA** n. f. Nesga de la tela.

**SESGADURA** n. f. Acción y efecto de sesgar.

**SESGAR** v. tr. [**1b**]. Cortar o colocar una tela al bies. **2.** Torcer a un lado o atravesar una cosa hacia un lado.

**SESGO, A** adj. Oblicuo. **2.** *Fig.* Grave, serio en el semblante. ◆ n. m. **3.** Oblicuidad o torcimiento en la dirección o posición de una cosa. **4.** *Fig.* Curso o rumbo que toma un asunto. **5.** ESTADÍST. Distorsión en la representatividad de un resultado, bien en el proceso de estimación, bien en la selección o en el examen de la muestra. • **Al sesgo,** oblicuamente.

**SESI** n. m. *Cuba* y *P. Rico.* Pez similar al pargo, con aletas pectorales negras y cola amarilla. (Familia hitiánidos.)

**SÉSIL** adj. (lat. *sessilem;* de *sedere,* estar sentado). BOT. Dícese de todo órgano inserto directamente sobre el eje y desprovisto de pedúnculo: *hoja sésil.*

**SESIÓN** n. f. (lat. *sessionem*). Reunión de una asamblea, junta, tribunal, etc. **2.** Duración de esta reunión. **3.** Acto, representación, proyección, etc., en que se exhibe un espectáculo íntegro y repetible: *sesión de cine.* **4.** Espacio de tiempo que se emplea en una ocupación ininterrumpida, en un trabajo con otras personas: *sesión de radioterapia; hacer un retrato en tres sesiones; sesión de trabajo.* • **Abrir la sesión,** comenzar a tratar los asuntos para los cuales se celebra. || **Levantar la sesión,** concluirla. || **Sesión continua,** aquella en que se proyecta repetidamente el mismo programa de cine. || **Sesión parlamentaria,** denominaciones que recibe cada una de las reuniones de un parlamento.

**SESO** n. m. (lat. *sensum*). Masa encefálica. **2.** *Fig.* Sensatez, buen juicio. • **Beber,** o **beberse, el seso,** o **los sesos,** volverse loco, trastornarse. || **Calentarse,** o **devanarse, los sesos,** meditar, estudiar o cavilar mucho. || **Tener sorbido el seso** (*Fam.*), ejercer sobre alguien mucha influencia; tenerle muy enamorado.

**SESTEAR** v. intr. [**1**]. Pasar la siesta durmiendo o descansando. **2.** Recogerse el ganado en las horas de calor, a la sombra.

**SESTERCIO** n. m. (lat. *sestertium*). ANT. ROM. Moneda romana de plata o de bronce.

**SESUDO, A** adj. Sensato. **2.** Inteligente.

**SET** n. m. (voz inglesa). En tenis, tenis de mesa y balonvolea, cada una de las partes en que se divide un partido. **2.** Escenario o plató donde se efectúan las tomas de vista en un rodaje cinematográfico.

**SETA** n. f. Cualquier especie de hongo en que el aparato esporífero tiene forma de sombrero, sostenido por un pedículo.

**SETA** o **ZETA** n. f. Sexta letra del alfabeto griego (ε).

**SETECIENTOS, AS** adj. num. cardin. y n. m. Siete veces ciento. ◆ n. m. **2.** Denominación que se aplica al arte, la literatura y, en general, la historia y la cultura del s. XVIII.

**SETENTA** adj. num. cardin. y n. m. (lat. *septuaginta*). Siete veces diez. ◆ adj. num. ordin. y n. m. **2.** Septuagésimo. **3.** Dícese de la década que empieza en el año setenta y termina en el ochenta.

**SETENTAVO, A** adj. y n. m. Dícese de cada una de las setenta partes iguales en que se divide un todo.

**SETENTÓN, NA** adj. y n. *Fam.* Que ha cumplido setenta años y no llega a los ochenta.

**SETIEMBRE** o **SEPTIEMBRE** n. m. Noveno mes del año, que tiene treinta días.

**SETO** n. m. Cercado hecho con palos o varas entretejidos. **2.** División formada con plantas de adorno podadas de modo que simulen una pared.

**SETSWANA** → ***tswana.***

**SETTER** adj. y n. m. Dícese de una raza de perros de muestra ingleses, de pelo largo, sedoso y ondulado.

**setter** irlandés

**SEUDOALEACIÓN** n. f. Producto metálico constituido por varios metales fuertemente mezclados, pero no aleados entre sí.

**SEUDOARTROSIS** n. f. CIR. Articulación anormal que se forma al nivel de una fractura cuya consolidación no puede realizarse.

**SEUDÓNIMO** n. m. Nombre ficticio que toma una persona que quiere disimular su identidad.

**SEUDÓPODO** n. m. Prolongación del protoplasma que sirve de aparato locomotor o prensor a ciertos protozoos y a los leucocitos.

**SEVERIDAD** n. f. Calidad de severo. **2.** Actitud severa.

**SEVERO, A** adj. (lat. *severum*). Falto de indulgencia, muy exigente. **2.** Muy estricto, exacto en el cumplimiento de una ley, norma, precepto, etc. **3.** Sobrio, austero: *un decorado severo.* **4.** Serio, grave: *semblante severo.* **5.** Aplicado al tiempo, expresa que el frío, calor, etc., son muy extremados.

**SEVICHE** n. m. *Amér. Merid.* Cebiche.

**SEVICIA** n. f. (lat. *saevitiam*). Crueldad excesiva. ◆ **sevicias** n. f. pl. **2.** DER. Crueldad o malos tratos de que se hace víctima a una persona sobre quien se tiene potestad o autoridad legítima.

**SEVILLANA** n. f. Femenino de sevillano. ◆ **sevillanas** n. f. pl. **2.** Forma andaluza de la seguidilla tradicional castellana y, más concretamente, de la manchega.

**SEVILLANO, A** adj. y n. De Sevilla.

**SEXAGENARIO, A** adj. y n. (lat. *sexa-genarium*). De edad comprendida entre los sesenta y los setenta años.

**SEXAGÉSIMA** n. f. REL. CATÓL. Denominación dada, antes del concilio Vaticano II, al segundo domingo antes de cuaresma.

**SEXAGESIMAL** adj. Que tiene por base el número sesenta.

**SEXAGÉSIMO, A** adj. num. ordin. y n. m. Que corresponde en orden al número sesenta. ◆ adj. y n. m. **2.** Dícese de cada una de las sesenta partes iguales en que se divide un todo.

**SEXAJE** n. m. Operación cuya finalidad es el conocimiento del sexo de los animales jóvenes desde el momento de su nacimiento.

**SEX-APPEAL** n. m. (voz inglesa). Atractivo físico y sexual.

**SEXENIO** n. m. Período de seis años.

**SEXISMO** n. m. Actitud discriminatoria y despreciativa a causa del sexo.

**SEXISTA** adj. y n. m. y f. Relativo al sexismo; partidario del sexismo.

**SEXO** n. m. (lat. *sexum*). Condición orgánica que distingue el macho de la hembra en los organismos heterogaméticos. **2.** Conjunto de individuos que tienen el mismo sexo: *sexo femenino; sexo masculino.* **3.** Conjunto de los órganos sexuales externos masculinos y femeninos. **4.** Sexualidad: *represión del sexo.* • **Sexo débil** o **bello sexo,** las mujeres. || **Sexo fuerte,** los hombres.

**SEXOLOGÍA** n. f. Estudio de los problemas relativos a la sexualidad y a sus trastornos.

**SEXÓLOGO, A** n. Especialista en sexología.

**SEXPARTITO, A** adj. Dícese de un tipo de bóveda gótica que se apoya en cuatro pilares maestros, entre los que se elevan dos pilares intermedios.

**SEX-SHOP** n. m. (voz inglesa) [pl. *sex-shops*]. Tienda especializada en la venta de objetos, libros y revistas eróticas o pornográficas, productos afrodisíacos, etc.

**SEX-SYMBOL** n. m. y f. (voz inglesa) [pl. *sex-symbols*]. Personaje público, que simboliza el ideal masculino o femenino en el aspecto de la sensualidad y de la sexualidad.

**SEXTA** n. f. Hora menor del oficio divino, que se suele rezar a la sexta hora del día (mediodía). **2.** MÚS. Intervalo de seis grados diatónicos.

**SEXTANTE** n. m. (lat. *sextantem,* seisavo). Instrumento de reflexión en el que el limbo graduado abarca 60°, y que permite medir la altura de los astros desde una embarcación o una aeronave.

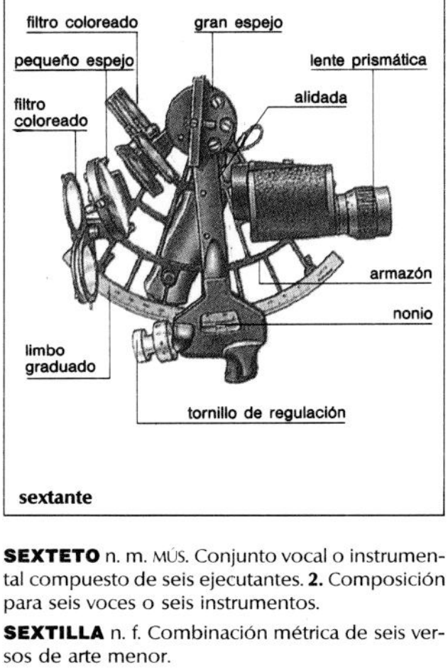


**sextante**

**SEXTETO** n. m. MÚS. Conjunto vocal o instrumental compuesto de seis ejecutantes. **2.** Composición para seis voces o seis instrumentos.

**SEXTILLA** n. f. Combinación métrica de seis versos de arte menor.

**SEXTILLÓN** n. m. MAT. Un millón de quintillones ($10^{36}$).

**SEXTINA** n. f. LIT. Composición poética formada por seis estrofas de seis versos y por una de tres, todos endecasílabos. **2.** Estrofa de seis versos endecasílabos.

**SEXTO, A** adj. num. ordin. y n. m. (lat. *sex-tum*). Que corresponde en orden al número seis. ◆ adj. y n. m. **2.** Dícese de cada una de las seis partes iguales en que se divide un todo.

**SEXTUPLICACIÓN** n. f. Acción y efecto de sextuplicar.

**SEXTUPLICAR** v. tr. y pron. [**1a**]. Ser o hacer una cosa seis veces mayor, o multiplicar por seis una cantidad.

**SÉXTUPLO, A** adj. y n. m. (lat. *sextuplum*). Que incluye en sí seis veces una cantidad.

**SEXUADO, A** adj. Que posee sexo. • **Reproducción sexuada,** la que se realiza mediante la intervención de células especializadas, los gametos masculinos y femeninos.

**SEXUAL** adj. Relativo al sexo. **2.** Relativo a la sexualidad: *educación sexual.* • **Acto sexual,** coito. || **Caracteres sexuales,** conjunto de manifestaciones anatómicas y fisiológicas determinadas por el sexo. (Se distinguen unos caracteres *sexuales primarios* [órganos genitales] y unos caracteres *sexuales secundarios* [pilosidad, adiposidad, voz, etc.], especiales de cada sexo.) || **Órganos sexuales,** órganos que intervienen en la generación o reproducción.

**SEXUALIDAD** n. f. Conjunto de caracteres especiales, externos o internos, que presentan los individuos, y que son determinados por su sexo. **2.** Conjunto de fenómenos relativos al instinto sexual y a su satisfacción. **3.** SICOANÁL. Conjunto de manifestaciones que abarcan el placer ligado al funcionamiento del aparato genital y los placeres ligados al ejercicio de una función vital, acompañados del apoyo de un placer inmediatamente sexual.

**SEXUALIZAR** v. tr. [**1g**]. Introducir la sexualidad en un dominio cualquiera. **2.** Conferir carácter sexual.

**SEXY** adj. (voz inglesa). Dícese de la persona dotada de atractivo físico y de las cosas que ponen de relieve este atractivo. ◆ n. m. **2.** Sex-appeal.

**SHA** n. m. (voz persa, *rey*). Título ostentado por los soberanos de Irán.

**SHAM, CHAM** o **TIAM,** pueblo de Camboya y de Vietnam, cuyos individuos son los últimos supervivientes del imperio de Shampa*.

**SHAMÁN** n. m. Chamán.

**SHAN** n. m. (voz birmana). Lengua thai hablada en Birmania.

**SHANTUNG** n. m. Tela de seda que presenta un grano muy pronunciado. **2.** Tela de algodón o rayón de análogas características.

**SHARE** n. m. (voz inglesa). ESTADÍST. Cuota de pantalla.

**SHARÍA** n. f. Saría.

**SHARPIE** n. m. (voz inglesa). Pequeño velero de fondo plano, con el pantoque de ángulos vivos y provisto de orza.

**SHED** n. m. (voz inglesa, *hangar*). Cubierta en diente de sierra que tiene una vertiente acristalada de mucha pendiente, expuesta al norte.

**SHEIK** n. m. Cheik.

**SHERARDIZACIÓN** n. f. Procedimiento termoquímico de protección del acero por difusión superficial de cinc.

**SHERIF** n. m. (ingl. *sheriff*). En Gran Bretaña, oficial administrativo que representa a la corona en cada condado. **2.** En E.U.A., oficial administrativo electo, con un poder judicial limitado.

**SHERPA,** pueblo montañés de Nepal.

**SHERRY** n. m. Nombre inglés de los vinos de Jerez.

**SHETLAND** n. m. Paño fabricado con la lana de los carneros de Escocia.

**SHIATSU** n. m. Método curativo consistente en presionar con los dedos sobre ciertos puntos del cuerpo.

**SHIDO** n. m. En judo, advertencia que sanciona una infracción ligera del reglamento.

**SHILLING** n. m. (voz inglesa). Chelín. **2.** Unidad monetaria principal de Kenya, Somalia, Tanzania y Uganda.

**SHILLUK,** pueblo de Sudán meridional, perteneciente a una rama nilótica de lengua sudanesa.

**SHIMMY** n. m. (voz inglesa). Baile de origen norteamericano, muy en boga en los años inmediatamente posteriores a la primera guerra mundial. **2.** Fenómeno caracterizado por la oscilación repetida de las ruedas directrices de un automóvil alrededor de su eje de articulación.

**SHIRIANA** → ***waica.***

**SHOCK** n. m. (voz inglesa). Conmoción, impresión violenta e imprevista que trastorna o perturba. SIN.: *choque.* **2.** Estado de abatimiento físico consecutivo a un traumatismo *(shock traumático),* a una operación quirúrgica *(shock operatorio),* a la anestesia *(shock anestésico)* o a la presencia en el organismo de proteínas extrañas *(shock anafiláctico).* • **Shock emocional,** conjunto de reacciones síquicas y orgánicas producidas por una emoción o sentimiento de gran intensidad y en corto lapso de tiempo. || **Tratamiento de shock,** método terapéutico, utilizado a veces en siquiatría, que consiste en crear una brusca perturbación biológica en un enfermo.

**SHŌGUN** n. m. Nombre dado a los dictadores militares de Japón de 1192 a 1867.

**SHORT TON** n. f. Tonelada corta.

**SHORTHORN** adj. y n. m. Durham.

**SHORTS** n. m. pl. (voz inglesa). Pantalón corto.

**SHOSHÓN,** pueblo amerindio de América del Norte (Idaho, Nevada, Utah), de lengua uto-azteca.

**SHOW** n. m. (voz inglesa). Espectáculo centrado en un actor, un cantante o un animador. **2.** Exhibición, ostentación de determinada cualidad o capacidad. • **Show business** o **show biz,** conjunto de actividades comerciales implicadas en la producción de espectáculos públicos. (Equivale a *industria del espectáculo.*)

**SHOWMAN, SHOWOMAN** n. (voz inglesa). Persona que actúa en un show, del que es la primera estrella, el presentador y el animador.

**SHRAPNEL** o **SHRAPNELL** n. m. (de H. *Shrapnel,* general británico). Obús relleno de balines.

**SHUNT** n. m. (voz inglesa). ELECTR. Resistencia conectada en derivación en un circuito, de modo que sólo deje pasar una fracción de la corriente por este circuito. **2.** MED. Derivación de la corriente sanguínea, patológica o a causa de una intervención quirúrgica.

**SHUNTAR** v. tr. [**1**]. Proveer de un shunt.

**SI** conj. condicional (lat. *si*). Expresa condición que puede ser real o irreal: *si llueve, no iré; si necesitas algo, dímelo.* **2.** Introduce oraciones interrogativas indirectas: *no sé si es cierto.* **3.** Adquiere valor concesivo en determinados usos, equivaliendo a *aunque.* **4.** Puede tener valor concesivo-distributivo: *si no ganamos, por lo menos hicimos buen papel.* **5.** Adquiere un matiz causal: *si ayer lo aseguraste, ¿cómo lo niegas hoy?* **6.** Se emplea en expresiones de protesta, sorpresa, negación o ponderación: *si yo no quería; mira si es amable que me invitó.*

**SI** n. m. Séptima nota musical de la escala de do. **2.** Signo que representa esta nota.

**Si,** símbolo químico del *silicio.*

**S.I.,** siglas de *sistema internacional de unidades.*

**SÍ** pron. pers. (lat. *sibi*). Forma tónica del pronombre reflexivo de 3.ª persona. (Se usa siempre precedido de preposición: *no están seguros de sí mismos;* si la preposición es *con,* el conjunto adopta la forma *consigo.*) • **Por sí solo,** espontáneamente; sin ayuda ajena.

**SÍ** adv. afirm. (lat. *sic,* así). Se usa, generalmente, para responder afirmativamente a una pregunta. **2.** Se usa enfáticamente en enunciados afirmativos e imperativos: *me voy, sí, y no trates de impedirlo.* ◆ n. m. **3.** Consentimiento o permiso: *contestó con un sí.* • **Dar el sí,** aceptar una proposición.

**SIAL** n. m. Nombre dado a la zona externa del globo terrestre, compuesta principalmente de silicatos de aluminio, y que corresponde a la corteza continental.

**SIALAGOGO, A** adj. y n. m. MED. Dícese de la sustancia que estimula la secreción de saliva.

**SIALORREA** n. f. Secreción excesiva de saliva.

**SIAMANG** n. m. Primate catarrino de las montañas de Indonesia, que alcanza 1 m de long.

**SIAMÉS, SA** adj. y n. Del antiguo reino de Siam. **2.** Dícese de una raza de gatos. • **Hermanos siameses** y **hermanas siamesas** (del nombre de dos gemelos siameses [1811-1874]), gemelos unidos uno al otro por dos partes homólogas de sus cuerpos. ◆ n. m. **3.** Lengua thai hablada en Tailandia.

gato **siamés**

**SIBARITA** adj. y n. m. y f. Aficionado a los placeres refinados.

**SIBARÍTICO, A** adj. Relativo al sibarita.

**SIBARITISMO** n. m. Género de vida del sibarita.

**SIBERIANO, A** adj. y n. De Siberia.

**SIBIL** n. m. Pequeña despensa subterránea. **2.** Concavidad subterránea.

**SIBILA** n. f. (gr. *sibylla*). En la antigüedad, mujer que transmitía los oráculos de los dioses. **2.** Adivinadora.

**SIBILANTE** adj. MED. Que tiene el carácter de un silbido: *respiración sibilante.* ◆ adj. y n. f. **2.** Dícese de una consonante fricativa o africada caracterizada por la producción de una especie de silbido en su emisión (s y z *son sibilantes*).

**SIBILINO, A** adj. Relativo a las sibilas: *oráculo sibilino.* **2.** *Fig.* Oscuro, incomprensible, ambiguo: *palabras sibilinas.*

**SIBONEY** → ***ciboney.***

**SIBUCAO** n. m. Planta arbórea que se cultiva en Asia tropical por su madera, muy dura y tintórea.

**SIC** adv. m. (voz latina, *así*). Colocado entre paréntesis detrás de una palabra o una expresión, indica que es una cita textual por rara o incorrecta que parezca.

**SICALIPSIS** n. f. Escabrosidad, malicia sexual.

**SICALÍPTICO, A** adj. Escabroso, sexualmente malicioso.

**SICAMBRIO, A** adj. y n. Relativo a un pueblo germánico establecido en la cuenca del Ruhr; individuo de este pueblo. (Una parte de ellos se instaló en la Galia, donde, a partir del s. III, se mezclaron con los francos.)

**SICAMOR** n. m. Ciclamor.

**SICANO, A** adj. y n. Relativo a un pueblo primitivo de Sicilia occidental, desde el III milenio a. J.C.; individuo de este pueblo.

**SICARIO** n. m. (lat. *sicarium*). Asesino asalariado.

**SICASTENIA** n. f. Síndrome neurótico caracterizado por abulia, astenia, duda, escrúpulo y meticulosidad.

**SICASTÉNICO, A** adj. y n. Relativo a la sicastenia; afecto de sicastenia.

**SICIGIA** n. f. ASTRON. Conjunción u oposición de la Luna con el Sol (novilunio y plenilunio).

**SICILIANA** n. f. Femenino de siciliano. **2.** MÚS. Fragmento instrumental, probablemente inspirado en una danza siciliana, de carácter pastoral.

**SICILIANO, A** adj. y n. De Sicilia. ◆ n. m. **2.** Dialecto de la Italia meridional, hablado en Sicilia.

**SICOAMINA** n. f. Sustancia aminada parecida a la anfetamina, perteneciente al grupo de los sicotónicos.

**SICOANALÉPTICO, A** adj. y n. m. Sicotónico.

**SICOANÁLISIS** n. m. Método de investigación sicológica que tiene por objeto dilucidar el significado inconsciente de la conducta y cuyo fundamento se encuentra en la teoría de la vida síquica formulada por Freud. **2.** Técnica sicoterápica basada en esta investigación. SIN.: *sicología profunda.* ■ El sicoanálisis nació a fines del s. XIX, a partir de los trabajos de S. Freud. Según él, la personalidad se forma a partir del rechazo en el subconsciente de situaciones vividas en la infancia como fuentes de angustia y de culpabilidad. El rechazo del recuerdo de estas situaciones traumáticas es debido al papel determinante que desempeña la figura del padre en el triángulo padre-madre-niño y al momento en que aparece el *complejo de Edipo.*

Freud demostró la importancia de los actos fallidos, de los sueños, donde aparecen de nuevo algunos de los elementos rechazados. Elaboró dos modelos teóricos de representación del funcionamiento síquico *(tópicas)*. La segunda tópica describe a la persona humana como formada por tres instancias: el inconsciente, es decir, las pulsiones latentes (el *ello*), lo consciente, o *yo*, y el *superyó*, modelo social, conjunto de reglas morales.
El sicoanálisis es, sobre todo, una terapéutica: el síntoma que presenta el sujeto es el sustituto de un proceso síquico reprimido: el conocimiento por parte del sujeto del proceso reprimido debe provocar la desaparición del síntoma. En el proceso de curación, la regla fundamental es que el sujeto deje aflorar libremente todas las asociaciones de ideas que acudan a su mente. Esta regla estructura la relación entre el sujeto y el analista: surge la resistencia y la transferencia. Resistencia (al inconsciente) y transferencia (de los sentimientos de amor y odio hacia el analista) condicionan la reviviscencia por el sujeto de situaciones conflictivas antiguas y reprimidas, base de la neurosis.
Los discípulos de Freud, más o menos continuadores de su obra (algunos, como Adler, Jung y Reich, se apartaron de sus teorías), se agruparon en la Internacional psychoanalytical association. Formaron parte de ella, entre otros: K. Abraham, S. Ferenczi, Melanie Klein, D. V. Winnicott y J. Lacan.

**SICOANALISTA** n. m. y f. Facultativo que practica el sicoanálisis.

**SICOANALÍTICO, A** adj. Relativo al sicoanálisis.

**SICOANALIZAR** v. tr. y pron. **[1g]**. Someter a sicoanálisis.

**SICOCINESIA** n. f. Sicoquinesia.

**SICOCIRUGÍA** n. f. Conjunto de intervenciones quirúrgicas que se practican en el encéfalo, destinadas a hacer desaparecer ciertos síntomas de enfermedad mental.

**SICOCRÍTICA** n. f. Método de crítica literaria inspirado por el sicoanálisis, que estudia la frecuencia y la estructura de los temas privilegiados de una obra.

**SICOCRÍTICO, A** adj. Relativo a la sicocrítica. ◆ n. **2.** Crítico literario que utiliza la sicocrítica.

**SICODÉLICO, A** adj. Relativo al sicodelismo. **2.** Causante de esta manifestación o estimulación: *drogas sicodélicas.* **3.** Que recuerda el efecto de los alucinógenos: *música sicodélica, pintura sicodélica.*

**SICODELISMO** n. m. Estado de soñar despierto, provocado por ciertos alucinógenos.

**SICODISLÉPTICO, A** adj. y n. m. Dícese de la sustancia sicótropa que provoca trastornos semejantes a los de las sicosis.

**SICODRAMA** n. m. Técnica sicoterápica de grupo que se funda en la catarsis y en la que los pacientes son invitados a escenificar sus problemas.

**SICODRAMÁTICO, A** adj. Relativo al sicodrama.

**SICOFANTA** o **SICOFANTE** n. m. (gr. *sykophantēs*). En la antigua Grecia, delator profesional. **2.** Calumniador.

**SICOFÁRMACO** n. m. Medicamento susceptible de modificar el siquismo.

**SICOFARMACOLOGÍA** n. f. Estudio de las repercusiones de los sicótropos en el sistema nervioso y en las funciones síquicas.

**SICOFISIOLOGÍA** n. f. Estudio científico de las relaciones entre los hechos síquicos y los hechos fisiológicos.

**SICOFISIOLÓGICO, A** adj. Relativo a la sicofisiología.

**SICOGÉNESIS** n. f. Estudio de las causas de orden síquico susceptibles de explicar un comportamiento, una modificación orgánica o un trastorno siquiátrico.

**SICÓGENO, A** adj. Dícese de los fenómenos cuyo origen hay que buscarlo en el funcionamiento mental.

**SICOKINESIA** n. f. Sicoquinesia.

**SICOLÉPTICO, A** adj. y n. m. Dícese de las sustancias que tienen una acción moderadora o calmante sobre las funciones síquicas.

**SICOLINGÜISTA** n. m. y f. Especialista en sicología del lenguaje.

**SICOLINGÜÍSTICA** n. f. Estudio científico de los comportamientos verbales en sus aspectos sicológicos.

**SICOLINGÜÍSTICO, A** adj. Relativo a la sicolingüística.

**SICOLOGÍA** n. f. Ciencia que estudia la actividad síquica. **2.** Carácter: *el refrán expresa la sicología popular.* **3.** Capacidad, perspicacia: *carecer de sicología.*

■ La sicología, considerada hasta fines del s. XIX como una rama de la filosofía, se confirmó como ciencia específica recurriendo al método experimental, a las estadísticas y a los modelos matemáticos. La *sicología experimental*, cuya finalidad es el descubrimiento de leyes que regulen el comportamiento humano, se divide en diversos campos según el objeto estudiado: el estudio de reacciones fisiológicas *(sicofisiología)*, el del desarrollo del niño *(sicología genética)*, el estudio de los comportamientos individuales en relación con el sistema nervioso, especialmente del lenguaje *(sicolingüística, neurolingüística)*, el estudio de las cualidades individuales comparadas *(sicología diferencial)*, el estudio de los comportamientos en grupo *(sicología social)*. Se distingue de la *sicología clínica*, cuyo objeto es la investigación en profundidad de la persona considerada como una singularidad y cuyo modelo teórico es el sicoanálisis.

**SICOLÓGICO, A** adj. Relativo a la sicología. • **Momento,** o **instante, sicológico,** momento oportuno para actuar.

**SICOLOGISMO** n. m. Tendencia a reducir la teoría del conocimiento, la epistemología, al estudio de los estados de consciencia del sujeto.

**SICÓLOGO, A** n. Especialista en sicología. **2.** Persona dotada de especial penetración para el conocimiento de las personas.

**SICOMETRÍA** n. f. Conjunto de métodos de medida de los fenómenos sicológicos, especialmente los tests.

**SICOMÉTRICO, A** adj. Relativo a la sicometría.

**SICÓMORO** n. m. Planta arbórea de hojas similares a las del moral, fruto pequeño blanquecino, y madera incorruptible. (Familia moráceas.) **2.** Plátano falso.

**SICOMOTOR, RA** adj. Dícese del comportamiento del niño en relación con la adquisición de reflejos (maduración). **2.** Dícese de trastornos de la realización motora sin soporte orgánico. • **Reeducación sicomotora,** terapéutica no verbal cuyo objeto es reequilibrar las relaciones entre un sujeto y su cuerpo.

**SICOMOTRICIDAD** n. f. Integración de las funciones motoras y mentales por efecto de la maduración del sistema nervioso.

**SICOMOTRIZ** adj. f. Sicomotora.

**SICONEUROSIS** n. f. SICOANÁL. Conjunto de afecciones síquicas cuyos síntomas son la expresión simbólica de conflictos entre el yo y el ello, que tienen sus orígenes en la infancia.

**SICÓPATA** n. m. y f. Todo enfermo mental. **2.** SIQUIATR. Enfermo afecto de sicopatía.

**SICOPATÍA** n. f. SIQUIATR. Trastorno de la personalidad que se manifiesta principalmente por comportamientos antisociales (paso a la acción) sin culpabilidad aparente. SIN.: *desequilibrio mental.*

**SICOPATOLOGÍA** n. f. Rama de la sicología que tiene por objeto el estudio comparado de los procesos normales y patológicos de la vida síquica.

**SICOPEDAGOGÍA** n. f. Pedagogía fundada en el estudio científico del desarrollo del niño.

**SICOPEDAGÓGICO, A** adj. Relativo a la sicopedagogía.

**SICOPROFILAXIS** n. f. Preparación sicológica tendente a prevenir las reacciones no deseadas que pueden entorpecer el buen funcionamiento del organismo.

**SICOQUINESIA** n. f. En parasicología, término que designa la acción directa de la mente sobre la materia. SIN.: *sicocinesia, sicokinesia.*

**SICORRIGIDEZ** n. f. Rasgo de carácter que se manifiesta por una ausencia de flexibilidad de los procesos intelectuales e incapacidad de adaptación a situaciones nuevas.

**SICORRÍGIDO, A** adj. y n. Que manifiesta sicorrigidez.

**SICOSENSORIAL** adj. Que concierne a las relaciones entre los estímulos sensoriales y la actividad síquica.

**SICOSIS** n. f. Término genérico que designa las enfermedades mentales caracterizadas por una alteración global de la personalidad que subvierte las relaciones del sujeto con la realidad. **2.** Obsesión colectiva provocada por un traumatismo de origen social o político.

■ La siquiatría clasifica entre las sicosis crónicas, los delirios (esquizofrenia) y las sicosis maníaco-depresivas. Los estudios de sicosis se basan principalmente en J. Lacan y M. Klein. Para los sicoanalistas la posición del sicótico respecto a la vida se caracteriza por la escisión: procesos síquicos totalmente separados coexisten sin encontrarse. Para Lacan, su origen se basaría en una experiencia vital del complejo de Edipo, gravemente desestructurante para el sujeto. El sicótico intenta inventarse un padre, un niño, una imagen del cuerpo, etc., a partir de los elementos fragmentarios que ha conseguido reunir. Para los kleinianos, el sicótico está dominado por un odio violento a la realidad interna y externa, y el predominio de impulsos destructivos que atacan todo aquello que le permitiría tomar conciencia de la realidad y del pensamiento.

**SICOSIS** n. f. (gr. *sykōsis*, tumor en forma de higo). Infección de la piel localizada en los folículos pilosos, por lo general debida a estafilococos.

**SICOSOCIAL** adj. Relativo a la sicología individual y a la vida social.

**SICOSOCIOLOGÍA** n. f. Estudio sicológico de los hechos sociales.

**SICOSOCIOLÓGICO, A** adj. Relativo a la sicosociología.

**SICOSOCIÓLOGO, A** n. Especialista en sicosociología.

**SICOSOMÁTICO, A** adj. Relativo a la vez al cuerpo y a la mente. • **Medicina sicosomática,** rama de la medicina que estudia los trastornos sicosomáticos. ‖ **Trastorno sicosomático,** enfermedad orgánica cuyos determinismo y evolución se encuentran sometidos de manera prioritaria a factores de orden síquico o conflictivo, aunque no aparecen síntomas de enfermedad mental.

**SICOTE** n. m. *Ecuad., Par.* y *Perú.* Suciedad entremezclada con sudor que se acumula en el cuerpo, particularmente en los pies.

**SICOTECNIA** n. f. Conjunto de tests que permiten apreciar las reacciones sicológicas y fisiológicas (motoras) de los individuos.

**SICOTÉCNICO, A** adj. Relativo a la sicotecnia.

**SICOTERAPEUTA** n. m. y f. Especialista en sicoterapia.

**SICOTERAPIA** n. f. Conjunto de medios terapéuticos basados en la relación interpersonal (terapeuta-paciente) y que, a través del diálogo, la escucha y las intervenciones del terapeuta, posibilitan al paciente un proceso de análisis, comprensión y superación del conflicto síquico.

■ La sicoterapia se caracteriza por el hecho de recurrir exclusivamente a medios sicológicos, por oposición a las formas terapéuticas de los trastornos síquicos basadas en la química o en otros medios. No todas las enfermedades mentales son accesibles a la sicoterapia, sólo aquellas que están determinadas por la resonancia emocional y por actitudes vinculadas a conflictos síquicos permanentes. Se conoce con el nombre de *sicoterapia de grupo* el empleo de técnicas de sicoterapia aplicadas a una comunidad de individuos síquicamente homogénea (sicodrama, grupos de actividad, etc.). Los fundamentos teóricos de la sicoterapia son múltiples (sicoanálisis, *art therapy*, expresión corporal, sicoterapia no directiva de Rogers, etc.).

**SICOTERÁPICO, A** o **SICOTERAPÉUTICO, A** adj. Relativo a la sicoterapia.

**SICÓTICO, A** adj. y n. Relativo a la sicosis; afecto de sicosis.

**SICOTÓNICO, A** adj. y n. m. Clase de sicótropos que incrementan el nivel de vigilancia (anfetaminas, cafeína) o el estado de ánimo (antidepresivos). SIN.: *sicoanaléptico.*

**SICÓTROPO, A** adj. y n. m. Dícese de las sustancias medicamentosas que actúan sobre el siquismo.

**SICROMETRÍA** n. f. Determinación del estado higrométrico del aire por medio del sicrómetro.

**SICROMÉTRICO, A** adj. Relativo a la sicrometría.

**SICRÓMETRO** n. m. Aparato que sirve para determinar el estado higrométrico del aire.

**SICU** n. m. *Argent.* Instrumento de viento compuesto por una doble hilera de tubos de longitud decreciente, siringa.

**SÍCULO, A** adj. y n. Siciliano. **2.** Relativo a un pueblo primitivo del E de Sicilia, que dio su nombre a la isla; individuo de este pueblo.

**SICURI** n. m. *Argent.* Tañedor de sicu. **2.** *Argent.* Sicu.

**SIDA** n. m. (abrev. de *síndrome de inmunodeficiencia adquirida*). Afección grave de origen vírico, transmitida por vía sexual o sanguínea, que provoca una profunda alteración del estado vital debido a la ausencia de reacciones inmunitarias.
■ El virus causante del sida produce una afectación de los linfocitos (sobre todo los T4) que impide al organismo defenderse de cualquier infección. Actualmente, dentro de la denominación genérica de «virus de inmunodeficiencia humana» (V.I.H.), se distinguen los virus HTLV III y HTLV IV. La enfermedad produce una disminución drástica de las defensas del organismo, por lo que sobrevienen afecciones por gérmenes oportunistas, ya sean virus, bacterias, hongos o protozoos. La transmisión se produce exclusivamente por contacto sexual o por la exposición de la sangre u otros líquidos orgánicos de una persona sana con los de una persona infectada; también a través de la placenta de la madre infectada al feto. El hecho de compartir jeringuillas entre personas sanas e infectadas, o la transfusión de sangre contaminada, actúan como transmisores de la enfermedad. Entre los infectados por el V.I.H. los hay que tienen en su sangre anticuerpos contra el virus (seropositivos) aunque no presentan síntomas de la enfermedad, mientras que otros han desarrollado la enfermedad con todas sus manifestaciones. Entre ambos extremos hay un espectro de diversos grados de afectación clínica.

**SIDECAR** n. m. (voz inglesa). Vehículo de una sola rueda y provisto de un asiento, que se acopla lateralmente a las motocicletas.

**SIDERACIÓN** n. f. SIQUIATR. Suspensión repentina de las reacciones emocionales y motoras, bajo el efecto de un shock emocional intenso.

**SIDERAL** o **SIDÉREO, A** adj. (lat. *sideralem*). Relativo a los astros.

**SIDERAR** v. tr. (lat. *siderari*) **[1]**. Destruir súbitamente la actividad vital por un proceso de sideración.

**SIDERITA** n. f. Carbonato de hierro $FeCO_3$, que contiene en general una pequeña cantidad de carbonato de manganeso y carbonatos alcalinotérreos. SIN.: *siderosa.*

**SIDEROLÍTICO, A** adj. y n. m. GEOL. Dícese de unas formaciones terciarias ricas en menas de hierro, en pequeñas capas o en bolsas dentro de las calizas.

**SIDEROLITO** n. m. Variedad de meteorito constituida por metales (hierro, níquel) y silicatos, en proporciones similares.

**SIDEROSA** n. f. Siderita.

**SIDEROSIS** n. f. MED. Neumoconiosis debida a la inhalación de óxido de hierro, observada en fundidores, afiladores y soldadores.

**SIDEROSTATO** n. m. Aparato dotado de un espejo móvil que permite reflejar la imagen de un astro en una dirección fija.

**SIDERURGIA** n. f. (gr. *sidēros,* hierro, y *ergon,* obra). Metalurgia del hierro.

**SIDERÚRGICO, A** adj. Relativo a la siderurgia. ◆ n. **2.** Obrero o industrial de la siderurgia.

**SIDRA** n. f. Bebida alcohólica que se obtiene, principalmente, por fermentación del zumo de manzanas.

**SIDRERÍA** n. f. Establecimiento en el que se vende sidra. **2.** Factoría o lugar en que se fabrica sidra. **3.** Conjunto de las técnicas utilizadas para la fabricación de sidra.

**SIEGA** n. f. Acción de segar, de cortar mieses, plantas o hierbas. **2.** Tiempo en que se siegan las mieses. **3.** Mieses segadas.

**SIEMBRA** n. f. Acción y efecto de sembrar. **2.** Época en que se siembra. **3.** Sembrado, tierra sembrada.

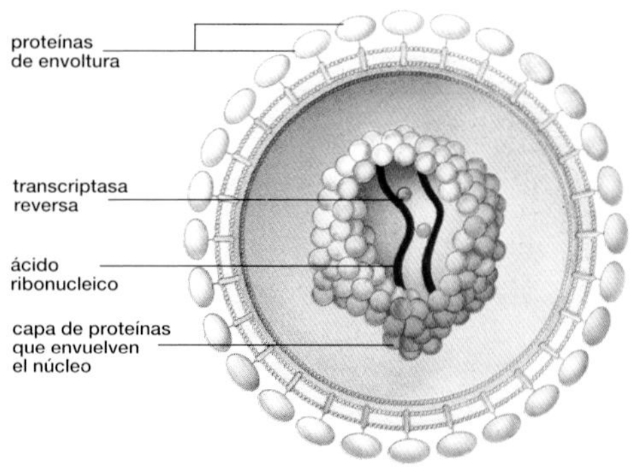


virus del **sida**

**SIEMENS** n. m. Unidad de medida de la conductancia eléctrica (símbolo S), equivalente a la conductancia eléctrica de un conductor que presenta una resistencia eléctrica de 1 ohm.

**SIEMPRE** adv. t. (lat. *semper*). En todo tiempo. **2.** Que se produce cada vez que concurre una situación determinada: *antes de entrar siempre llama.* **3.** En todo caso, cuando menos: *siempre podrá decir que lo intentó.* **4.** Se usa para enfatizar una afirmación: *siempre será más divertido.* **5.** *Méx.* A fin de cuentas, definitiva o finalmente: *siempre no te voy a acompañar.* • **De siempre,** acostumbrado o corriente. ‖ **De siempre** o **desde siempre,** desde que se recuerda. ‖ **Siempre que,** cada vez que. ‖ **Siempre que** o **siempre y cuando,** con tal que.

**SIEMPREVIVA** n. f. Planta herbácea indígena de Australia, de flores ornamentales. (Familia compuestas.) **2.** Flor de esta planta.

**SIEN** n. f. Región alta y lateral de la cabeza, por encima del arco cigomático, delante de la región temporal.

**SIENÉS, SA** adj. y n. De Siena.

**SIENITA** n. f. Roca plutónica, sin cuarzo, constituida principalmente por feldespato alcalino y anfíbol.

**SIERPE** n. f. Serpiente.

**SIERRA** n. f. (lat. *serram*). Hoja de acero con el borde dentado que, animada de un movimiento de vaivén, sirve para cortar madera, piedra, metal, plásticos, aglomerados, etc. **2.** Herramienta que contiene esta hoja. **3.** Herramienta compuesta de piezas articuladas con dientes cortantes, o consistente en un disco dentado, que efectúa un trabajo análogo al de la sierra propiamente dicha. **4.** GEOGR. Unidad de relieve, en general de forma más alargada que ancha, que destaca por su altura sobre los relieves circundantes. **5.** GEOGR. Terreno montañoso, por contraposición al llano o campiña. • **En diente de sierra,** que presenta puntas, picos o salientes regularmente dispuestos.

**SIERVO, A** n. (lat. *servum*). Esclavo. **2.** FEUD. Persona ligada a la gleba y dependiente de un señor. **3.** REL. Denominación dada a los miembros de algunas órdenes o congregaciones religiosas.

**SIESTA** n. f. Tiempo después del mediodía en que el calor es más fuerte. **2.** Rato que se destina a dormir o descansar después de la comida. **3.** Sueño que se echa después de comer. • **Dormir la siesta,** echarse a dormir después de comer.

**siempreviva**

**SIETE** adj. num. cardin. y n. m. (lat. *septem*). Seis y uno. ◆ adj. num. ordin. y n. m. **2.** Séptimo. ◆ n. m. **3.** *Fam.* Rasgón o rotura en forma de ángulo que se hace en trajes, telas, etc. **4.** *Argent., Colomb.* y *Nicar. Vulg.* Ano. • **Siete y medio,** o **y media,** juego de naipes en el que gana el jugador que obtiene la puntuación justa de siete y medio o el que más se aproxima a ese número pero no lo supera.

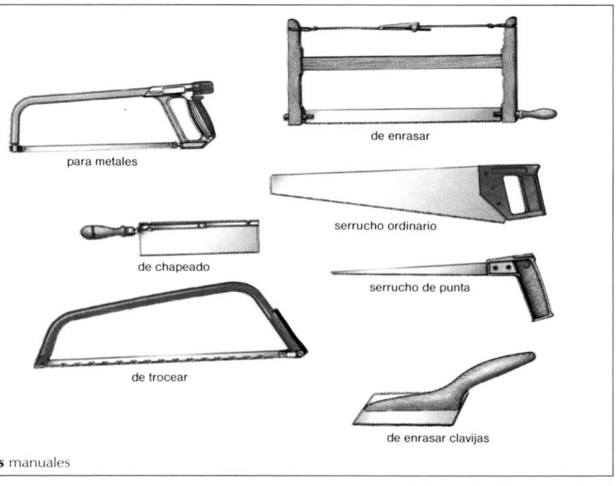


**sierras** manuales

**SIETECOLORES** n. m. (pl. *sietecolores*). *Argent., Chile, Ecuad.* y *Perú.* Pájaro pequeño de patas, pico, cola y alas negras, plumaje de varios colores y un moño rojo vivo en la cabeza, que construye su nido sobre las plantas de las lagunas, donde vive.

**SIETECUEROS** n. m. (pl. *sietecueros*). *Chile, Colomb., Ecuad.* y *Hond.* Callo que se forma en el talón del pie. **2.** *C. Rica, Cuba, Nicar.* y *Venez.* Panadizo de los dedos.

**SIETEMESINO, A** adj. y n. Dícese de la criatura que nace a los siete meses de engendrada. **2.** *Fig.* y *fam.* Jovencito que presume de persona mayor. **3.** *Fig.* y *fam.* Raquítico, enclenque.

**SIFÍLIDE** n. f. Lesión cutánea sifilítica, que se manifiesta en forma de manchas, granos, etc.

**SÍFILIS** n. f. Enfermedad venérea infectocontagiosa, provocada por la espiroqueta *Treponema pallidum,* que se manifiesta por un chancro y por lesiones viscerales y encefálicas a largo plazo. SIN.: *luetismo.*

■ La sífilis primaria se caracteriza por la aparición del chancro unos 20 días después del contagio. El chancro del glande, el más típico, produce una erosión roja, limpia e indolora. En este estadio, la sífilis se cura por tratamiento con penicilina. La sífilis secundaria precoz aparece dos meses después del contagio y se manifiesta por una roséola (máculas rosadas diseminadas), placas mucosas (boca y vagina), alopecia, fiebre ligera y pequeños ganglios diseminados; la sífilis secundaria tardía aparece de 4 a 12 meses después del contagio y se caracteriza por lesiones cutáneo-mucosas difusas, infiltradas. En el período terciario, varios años después, aparecen lesiones cutáneas y mucosas gomosas, óseas, cardiovasculares (aorta) y nerviosas con dolores y parálisis general que trae aparejada la demencia. En el tratamiento, además de la penicilina, se usan las sales de bismuto.

**SIFILÍTICO, A** adj. y n. Relativo a la sífilis; afecto de sífilis.

**SIFOMICETE** adj. y n. m. Relativo a una clase de hongos inferiores, de talo continuo, no tabicado, caracterizados por su micelio en forma de filamentos continuos, sin tabiques celulares.

**SIFÓN** n. m. (lat. *siphonem*). Tubo en forma de U invertida, para trasvasar líquidos de un nivel a otro más bajo, elevándolos primero a un nivel situado por encima del nivel más alto. **2.** Tubo de doble curvatura, que sirve para evacuar las aguas residuales a la vez que impide la salida de malos olores. **3.** Aparato empleado para permitir que las aguas de alimentación o de evacuación salven un obstáculo. **4.** Recipiente de vidrio grueso, cerrado con un casquete accionado por una palanca, que permite la salida de un líquido a presión. **5.** Órgano tubular de ciertos moluscos bivalvos, que les permite la renovación del agua que respiran. **6.** En espeleología, conducto natural anegado por el agua.

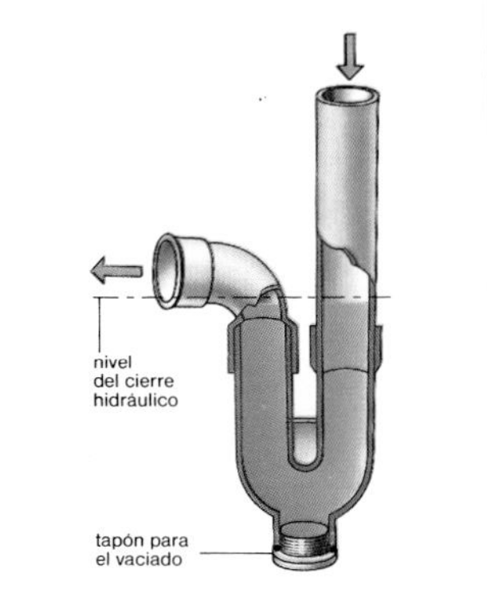


**sifón** de un aparato sanitario

**SIFONÁPTERO, A** adj. y n. m. Relativo a un orden de insectos sin alas, afín a los dípteros, como la pulga.

**SIFONERO** n. m. *Argent.* Sodero, persona que reparte soda.

**SIFONÓFORO, A** adj. y n. m. Relativo a un orden de hidrozoos que constituyen colonias pelágicas, con polimorfismo, formadas por individuos especializados.

**SIFONOGAMIA** n. f. Modo normal de fecundación de las plantas superiores, por medio de un tubo polínico.

**SIFOSIS** n. f. Joroba.

**SIGA** • **A la siga de** *(Chile.),* en pos de, tras de.

**SIGILAR** v. tr. [**1**]. Sellar, estampar el sello a una cosa. **2.** Mantener en secreto u ocultar algo.

**SIGILLATA** adj. y n. f. Dícese de la cerámica de uso corriente en la época del Imperio romano, de color rojizo y cubierta de barniz brillante.

**SIGILO** n. m. (lat. *sigillum*). Secreto que se guarda de una cosa o noticia. **2.** Silencio o disimulo para pasar inadvertido.

**SIGILOGRAFÍA** n. f. Estudio de los sellos.

**SIGILOGRÁFICO, A** adj. Relativo a la sigilografía.

**SIGILOSO, A** adj. Que guarda sigilo.

**SIGLA** n. f. Cada una de las letras iniciales de un grupo de palabras, que se usan convencionalmente unidas en lugar de la expresión entera. **2.** Cualquier signo que sirve para abreviar la escritura.

**SIGLO** n. m. (lat. *saeculum*). Espacio de tiempo de cien años. **2.** Cada uno de los períodos de cien años en que puede ser dividida una era, especialmente la cristiana. **3.** Época que se ha hecho célebre por un personaje, un descubrimiento, acontecimiento, etc.: *el siglo de Pericles, del átomo.* **4.** Mucho tiempo: *hace un siglo que no lo veo.* **5.** REL. Vida o actividades profanas, por oposición a las actividades espirituales. • **En,** o **por, los siglos de los siglos,** por la eternidad. ‖ **Siglo de las luces,** denominación dada al s. XVIII en relación con el movimiento de la Ilustración que se produjo a lo largo de todo su transcurso. ‖ **Siglo de oro,** o **dorado** *(Fig.),* época de paz, felicidad, prosperidad y de gran esplendor cultural; en la literatura española, los ss. XVI y XVII.

**SIGMA** n. f. Letra del alfabeto griego (σ, ξ, Σ), que corresponde a la *s.*

**SIGMOIDE** adj. Dícese de la parte final del colon, que describe una S antes del recto.

**SIGMOIDEO, A** adj. (gr. *sigmoidēs*). Dícese de la cavidad articular de ciertos huesos (cúbito, húmero, radio). • **Válvulas sigmoideas,** válvulas situadas en el inicio de la aorta y de la arteria pulmonar.

**SIGMOIDITIS** n. f. MED. Inflamación crónica del colon sigmoide.

**SIGNADO, A** adj. Marcado, llevado por el destino.

**SIGNAR** v. tr. [**1**]. Poner o imprimir el signo. **2.** Firmar. ◆ v. tr. y pron. **3.** Hacer la señal de la cruz.

**SIGNATARIO, A** adj. y n. Firmante.

**SIGNATURA** n. f. Acción de signar. **2.** Señal, especialmente la de números y letras puestas a un libro o documento para indicar su colocación dentro de una biblioteca o archivo. **3.** IMPR. Cifra o marca particular que se pone al pie de la primera plana de cada pliego correspondiente a una obra impresa, para indicar su emplazamiento; pliego.

**SIGNIFICACIÓN** n. f. Acción y efecto de significar algo. **2.** Cosa u objeto significado o representado: *la significación de un cuadro.* **3.** Trascendencia, importancia, influencia. **4.** En lógica, contenido del juicio.

**SIGNIFICADO, A** adj. Conocido, importante, reputado. ◆ n. m. **2.** LING. Sentido, contenido semántico de un signo. **3.** LING. Sentido de una palabra.

**SIGNIFICANTE** n. m. LING. Imagen acústica o manifestación fonética del signo lingüístico.

**SIGNIFICAR** v. tr. (lat. *significare*) [**1a**]. Ser una cosa signo o representación de otra. **2.** Ser una palabra o frase expresión de una idea o de una cosa material. **3.** Equivaler a cierta cosa o suponerla. ◆ v. intr. **4.** Representar, valer, tener importancia: *el dinero no significa nada para él.* ◆ **significarse** v. pron. **5.** Hacerse notar, distinguirse. **6.** Mostrarse como persona de ciertas ideas.

**SIGNIFICATIVO, A** adj. Que expresa un significado particular, o que tiene un especial valor expresivo: *un gesto significativo.*

**SIGNO** n. m. (lat. *signum*). Cualquier cosa que evoca o representa la idea de otra. **2.** Cualquiera de los caracteres usados en la escritura o imprenta. **3.** Dibujo que es símbolo, señal o representación convencional de algo: *la cruz es un signo del cristianismo.* **4.** Destino de la persona, ligado al influjo de los astros: *tener un signo trágico.* **5.** Asociación arbitraria de un significado, o contenido semántico, y de un significante, o expresión. **6.** MAT. Símbolo que representa una operación o caracteriza a una magnitud. **7.** MED. Manifestación elemental de una enfermedad. **8.** MÚS. Convención gráfica con que se representan las características de los sonidos musicales (altura, duración e intensidad). • **Signo del Zodíaco,** cada una de las 12 secciones iguales en que está dividido el Zodíaco.

**SIGUIENTE** adj. Que sigue. **2.** Ulterior, posterior.

**SIGUIRIYA** o **SEGUIRIYA** n. f. Una de las tres formas fundamentales —junto a la *toná* y la *soleá*— del cante flamenco, o, más propiamente, de los cantos gitanoandaluces.

**SIKH** adj. y n. m. y f. (sánscr. *śisya,* discípulo). Relativo a una secta de la India, fundada por Nānak Dev (1469-1538); miembro de esta secta.

**SIKU** n. m. Instrumento musical de viento, típico del Altiplano andino.

**SÍLABA** n. f. (lat. *syllabam*). Fonema o conjunto de fonemas que se pronuncian con una sola emisión de voz: *«Madrid» tiene dos sílabas.*

**SILABACIÓN** n. f. LING. División de las palabras en sílabas, atendiendo a los límites silábicos.

**SILABARIO** n. m. Libro elemental para enseñanza de los niños.

**SILABEAR** v. intr. y tr. [**1**]. Pronunciar separando las sílabas.

**SILABEMA** n. m. Fonema que puede funcionar como centro de sílaba.

**SILABEO** n. m. Acción y efecto de silabear.

**SILÁBICO, A** adj. Relativo a las sílabas o que se compone de sílabas. • **Canto silábico,** canto en el que a cada nota corresponde una sílaba. ‖ **Escritura silábica,** escritura en la que cada sílaba es representada por un solo carácter.

**SILANO** n. m. Nombre genérico de los compuestos hidrogenados del silicio, análogos a los hidrocarburos.

**SILBA** n. f. Acción de silbar en señal de protesta.

**SILBANTE** adj. Que silba. **2.** Sibilante.

**SILBAR** v. intr. y tr. (lat. *sibilare*) [**1**]. Dar o producir silbidos. **2.** *Fig.* Manifestar agrado o desagrado el público con silbidos. ◆ v. intr. **3.** Producir el aire un sonido muy agudo, similar al silbido: *silbar el viento.* **4.** Producir este sonido un objeto al rozar con el aire: *silbar un proyectil.*

**SILBATINA** n. f. *Argent., Chile, Ecuad.* y *Perú.* Silba, rechifla prolongada.

**SILBATO** n. m. Instrumento pequeño y hueco, que produce un silbido al soplar en él. **2.** Pequeña rotura por donde pasa el aire o un líquido. **3.** Aparato de señalización sonora accionado por vapor o aire comprimido.

**SILBIDO** o **SILBO** n. m. Sonido agudo que produce el aire. **2.** Sonido agudo que se produce al hacer pasar con fuerza el aire por la boca, con los labios o con los dedos colocados en ella de cierta forma. **3.** Sonido de igual clase que se hace soplando con fuerza en un silbato, llave, etc. **4.** Voz aguda y penetrante de algunos animales. **5.** En un circuito telefónico, oscilación continua de frecuencia acústica que se produce a causa de los fenómenos de reacción en el circuito de un repetidor.

**SILENBLOC** n. m. (marca registrada). Bloque elástico de caucho especial, comprimido e interpuesto entre dos piezas para absorber las vibraciones y los ruidos.

**SILENCIADOR** n. m. Dispositivo, distinto de una envoltura aislante, que se utiliza para amortiguar el ruido del funcionamiento de un motor, de la detonación de un arma de fuego, etc.

**SILENCIAR** v. tr. [**1**]. Guardar silencio sobre algo.

**SILENCIO** n. m. (lat. *silentium*). Ausencia de todo ruido o sonido: *el silencio de la noche.* **2.** Hecho de estar callado o de abstenerse de hablar: *guardar silencio.* **3.** Circunstancia de no hablar de cierta cosa: *obligar al silencio a los periodistas.* **4.** Interrupción de la correspondencia, falta de noticias. **5.** MÚS. Interrupción del sonido. **6.** MÚS. Signo que indica esta interrupción. • **En silencio,** sin protestar, sin quejarse. *(V. ilustración pág. 922.)*

**SILENCIOSO, A** adj. Que calla o tiene costumbre de callar. **2.** Dícese del lugar o tiempo en que hay

diferentes signos de **silencio** en música

o se guarda silencio: *un local silencioso.* **3.** Que no hace ruido o que es poco ruidoso: *risa silenciosa.*

**SILEPSIS** n. f. (gr. *syllēpsis*). LING. Concordancia de las palabras en la frase según el sentido y no según las reglas gramaticales. (Ej.: *la multitud de jóvenes lo aclamaban con entusiasmo.*)

**SILESIO, A** adj. y n. De Silesia.

**SÍLEX** n. m. Roca silícea muy dura, compuesta de calcedonia y ópalo y de color variable, que forma parte de ciertas rocas calcáreas. **2.** Útil prehistórico hecho con esta roca.

**SÍLFIDE** n. f. Ninfa del aire. **2.** *Fig.* Mujer bella y esbelta.

**SÍLFIDO, A** adj. y n. m. Relativo a una familia de insectos coleópteros, de 1 cm de long., una de cuyas especies es perjudicial para la remolacha.

**SILFO** n. m. Genio del aire de las mitologías celta y germánica.

**SILGADO, A** adj. *Ecuad.* Enjuto, delgado.

**SILICATO** n. m. Mineral que se considera constituido por un agrupamiento de tetraedros casi regulares, cuyos centros se encuentran ocupados por iones calcio o aluminio y los vértices por iones oxígeno. (Los silicatos forman la casi totalidad de la corteza terrestre.)

**SÍLICE** n. f. (lat. *silicem*). Dióxido de silicio, $SiO_2$. (Existen diversas variedades naturales de sílice: el cuarzo cristalizado, la calcedonia, de estructura fibrosa, y el ópalo, amorfo.) • **Sílice fundida** o **vidrio de sílice,** forma vítrea de la sílice, que puede resistir importantes y bruscos cambios de temperatura.

**SILÍCEO, A** adj. De sílice, semejante a ella o que la contiene en cantidad. • **Rocas silíceas,** familia de rocas sedimentarias duras, ricas en sílice, como la arena, la arenisca, el sílex y el pedernal.

**SILÍCICO, A** adj. Dícese de unos hipotéticos ácidos derivados de la sílice.

**SILICÍCOLA** adj. BOT. Dícese de la planta que crece en suelos silíceos (castaño, brezo, etc.).

**SILICIO** n. m. Elemento químico no metálico, de símbolo químico Si, de número atómico 14, de densidad 2,33, de masa atómica 28,085 5 y que funde a 1 410 °C; en estado amorfo presenta color pardo y en estado cristalizado, gris-negro con un brillo metálico.

■ Presente en la naturaleza en forma de compuestos sólidos (*sílice* y *silicatos*), el silicio representa cerca del 28 % de la corteza terrestre, lo que lo convierte en el segundo elemento tras el oxígeno. Cuerpo muy duro, sólo se disuelve en ciertos metales (plomo, plata, cinc). Arde con el oxígeno para dar lugar a la sílice ($SiO_2$) y forma con el carbono, en el horno eléctrico, *carburo de silicio* o *carborundo* (SiC), un material de gran dureza. Como el carbono, el silicio puede dar hidruros, en particular los *silanos*. Los derivados de $R_2SiO$ ($R$ = alquilo o fenilo) son las *siliconas*, importantes polímeros sintéticos. El silicio se emplea para preparar el ferrosilicio, elemento de aleación para las fundiciones y los aceros. Muy puro (99,999 %) y en forma de monocristales excitados con boro o arsénico, constituye el principal material de base para la electrónica. Se emplea en los circuitos integrados *(efecto transistor)* y en las fotopilas *(efecto fotovoltaico)*.

**SILICIURO** n. m. Compuesto formado por un metal y silicio.

**SILICONA** n. f. Nombre genérico de unas sustancias análogas a los compuestos orgánicos, en las cuales el silicio sustituye al carbono. (Las siliconas líquidas se emplean en la fabricación de cremas, lociones y pomadas. En estética se usan inyecciones de silicona y prótesis de silicona.)

**SILICOSIS** n. f. Enfermedad, por lo general profesional, debida a la inhalación de polvo de sílice que se caracteriza por una transformación fibrosa del tejido pulmonar.

**SILICOTERMIA** n. f. Procedimiento metalúrgico de preparación de metales y aleaciones refractarias, por reacción del silicio con un compuesto metálico.

**SILICÓTICO, A** adj. y n. Relativo a la silicosis; afecto de esta enfermedad.

**SILICUA** n. f. BOT. Fruto seco que se abre por cuatro hendiduras, como el del alhelí.

**SILÍCULA** n. f. Variedad de silicua corta.

**SILIONNE** n. m. (marca registrada). Hilo de vidrio formado de fibras elementales textiles continuas, de un diámetro inferior a 6 μ.

**SILLA** n. f. (lat. *sellam*). Asiento individual con respaldo y patas. **2.** Sede del papa o de otros prelados. • **Silla de la reina,** asiento hecho entre dos personas cogiéndose cada una con una de sus manos una muñeca y con la otra una muñeca del otro. ‖ **Silla de manos,** vehículo con asiento para una persona, transportado por medio de dos largas varas. ‖ **Silla de montar,** guarnición que se coloca encima del caballo y que sirve de asiento al jinete. ‖ **Silla de posta,** antiguo carruaje para viajeros y para el servicio de correos. ‖ **Silla eléctrica,** en algunos estados de E.U.A., silla en que se coloca a los condenados a muerte para ejecutarlos por electrocución. ‖ **Silla gestatoria,** silla portátil usada por los papas en actos de gran ceremonia.

**SILLAR** n. m. Piedra labrada que se emplea en construcción.

**SILLERÍA** n. f. Juego de sillas, o de sillas, sillones y sofá, con que se amuebla una habitación. **2.** Conjunto de asientos situados en el coro de las iglesias. SIN.: *sillería de coro.* **3.** Obra de fábrica hecha de sillares asentados unos sobre otros y en hiladas de juntas finas. **4.** Conjunto de estos sillares o piedras labradas.

**SILLÍN** n. m. Asiento de bicicleta, motocicleta y otros vehículos análogos.

**SILLITA. Sillita de oro** *(Argent.)*, silla de la reina.

**SILLÓN** n. m. Asiento de brazos, generalmente mullido y amplio.

**SILO** n. m. Fosa o cavidad subterránea para guardar grano, tubérculos, forrajes, etc. **2.** *Fig.* Cualquier lugar subterráneo, profundo y oscuro. **3.** Depósito cilíndrico o prismático, de altura considerable, que se carga por arriba y se vacía por abajo, destinado al almacenamiento de ciertos productos agrícolas.

**SILOGISMO** n. m. Razonamiento que contiene tres proposiciones (mayor, menor y conclusión), tal que la conclusión es deducida de la mayor por medio de la menor. (Ej.: *todos los hombres son mortales* [mayor]; *todos los griegos son hombres* [menor]; *luego todos los griegos son mortales* [conclusión].) **2.** Todo razonamiento deductivo riguroso.

**SILOGÍSTICA** n. f. Ciencia de los silogismos.

**SILOGIZAR** v. intr. **[1g]**. Argumentar con silogismos.

**SILT** n. m. (voz inglesa, *limo*). Material detrítico de dimensiones intermedias entre la arena y la arcilla.

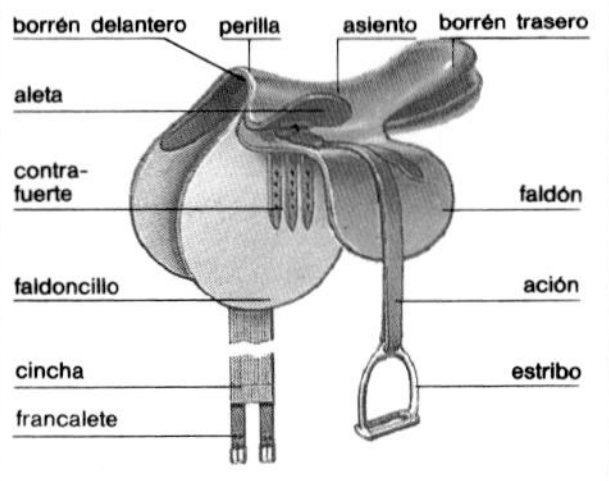

**silla** de montar

**SILUETA** n. f. (fr. *silhouette*). Dibujo, representación de sólo los trazos del contorno de un rostro, figura u objeto. **2.** Contorno de un objeto al proyectarse sobre un fondo más claro. **3.** Línea del contorno del cuerpo humano.

**SILUETEAR** v. tr. y pron. **[1]**. Dibujar, recorrer, etc., algo siguiendo su silueta.

**SILÚRICO, A** adj. y n. m. Dícese del tercer período de la era primaria, situado entre el ordovícico y el devónico.

**SILURO** n. m. Pez de agua dulce que presenta seis

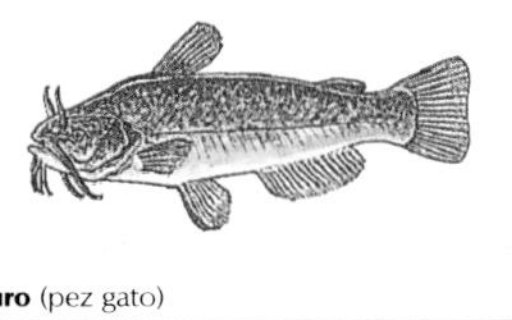
**siluro** (pez gato)

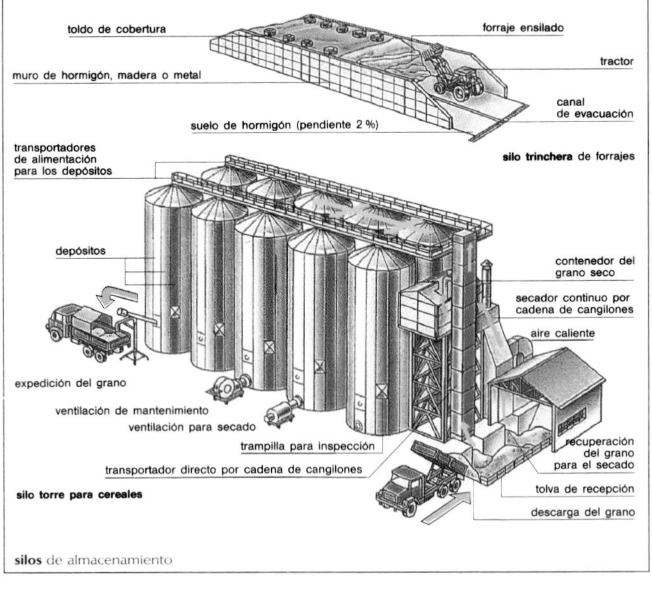

**silos** de almacenamiento

*La Esperanza* (c. 1872), por Pierre Puvis de Chavannes. (Louvre, París.) Sobre un fondo de ruinas y de muerte (colinas salpicadas de cruces), el artista personifica la alegoría, en la actitud de confianza, casi imperiosa, de una joven portadora de un ramo verde. En esta versión (existe otra vestida) la Esperanza aparece desnuda como la verdad.

*La isla de los muertos* (1885-1886), por Arnold Böcklin. (Museo de bellas artes, Leipzig.) Conducida por un sombrío barquero, una figura humana revestida de la blancura de un sudario aproxima el misterio, siniestro y grandioso, del más allá. La misma aparición sobrecogedora de la isla fatídica caracteriza las múltiples versiones sobre este tema realizadas por el pintor suizo.

*El amor en la fuente de la vida* (1896), por Giovanni Segantini. (Galería de arte moderno, Milán.) La senda por la que avanzan los enamorados «es estrecha y está flanqueada por rododendros [...], ellos van vestidos de blanco (representación pictórica de las azucenas). "Amor eterno", dicen los rododendros rojos, "eterna esperanza", responden las alheñas siempre verdes. Un ángel [...] místico y receloso extiende su gran ala sobre la fuente misteriosa de la vida. El agua brota de la roca desnuda, ambos símbolos de eternidad. El sol inunda la escena [...]» (G. Segantini).

*La máscara blanca* (1907), por Fernand Khnopff. Lápiz de color sobre cartón. (Galería de arte moderno, Venecia.) Un enigma silencioso y hierático como fuera del tiempo, frío reflejo de los ojos y de las perlas y una discreción refinada en el colorido, resaltan en este dibujo del maestro belga.

el **simbolismo** en el arte

largas barbillas alrededor de la boca, como el pez gato.

**SILVA** n. f. (lat. *silvam,* bosque). Colección de escritos sin relación entre sí. **2.** LIT. Serie de versos endecasílabos, o endecasílabos y heptasílabos, dispuestos sin orden ni número fijo y que riman a gusto del poeta.

**SILVESTRE** adj. Que crece o se cría espontáneamente, sin cultivo, en bosques o campos. **2.** Inculto, rústico.

**SILVICULTOR, RA** n. Persona con especiales conocimientos de silvicultura.

**SILVICULTURA** n. f. Cultivo y explotación racional de los bosques.

**SILVINA** n. f. Cloruro potásico KCl natural, utilizado como abono.

**SIMA** n. f. Hendidura natural profunda en una región calcárea.

**SIMA** n. m. (abreviatura de *si*[*licio*] y *ma*[*gnesio*]). GEOL. Capa hipotética y semiprofunda de la corteza terrestre, y en la que dominarían la sílice y la magnesia, así como los óxidos de hierro.

**SIMARUBA** o **SIMARRUBA** n. f. Árbol de América tropical, cuya corteza tiene propiedades tónicas.

**SIMARUBÁCEO, A** adj. y n. f. Relativo a una familia de plantas dicotiledóneas dialipétalas de las regiones tropicales, como la simaruba.

**SIMBIONTE** adj. y n. m. BIOL. Dícese de cada uno de los seres asociados en simbiosis.

**SIMBIOSIS** n. f. BIOL. Asociación de forma equilibrada de dos o más organismos de distinta especie, que les permite obtener ciertos provechos y beneficios. **2.** *Fig.* Asociación entre personas o entidades que se apoyan o ayudan mutuamente.

**SIMBIÓTICO, A** adj. Relativo a la simbiosis.

**SIMBOL** n. m. *Argent.* Planta gramínea de tallos largos y flexibles, que sirve de pasto natural para el ganado y cuyas cañas se usan en cestería.

**SIMBÓLICO, A** adj. Relativo al símbolo, o expresado por medio de él: *lenguaje simbólico.* **2.** Que no tiene valor o eficacia por sí mismo: *un gesto puramente simbólico.*

**SIMBOLISMO** n. m. Calidad de simbólico. **2.** Sistema de símbolos que expresan unas creencias. **3.** Sistema de signos escritos cuya disposición responde a unas reglas, y que traduce visualmente la formulación de un razonamiento. SIN.: *simbología.* **4.** Movimiento literario y artístico aparecido en la segunda mitad del s. XIX como reacción contra el naturalismo y el formalismo parnasiano.

■ Surgido en Francia, el simbolismo se vinculó al misterio y a la esencia espiritual de los objetos y de los seres, y trataba de dar unos equivalentes plásticos de la naturaleza y del pensamiento. En literatura se tradujo en un verso flexible, musical y «portador de significaciones indefinidas». Encontró su iniciador en Baudelaire, y sus grandes seguidores fueron Mallarmé, Verlaine, Maeterlinck, Oscar Wilde y Rubén Darío. En la literatura española influyó sobre el modernismo.

• *El simbolismo en el arte.* La inquietud que muchos experimentaban a fines del s. XIX ante las consecuencias de la civilización industrial fue formulada por el simbolismo por medio de un idealismo que recuperaba ciertas aspiraciones esenciales del romanticismo. La proclamada primacía de la idea sobre la forma explica la variedad estilística de los pintores simbolistas: en Gran Bretaña, G. F. Watts, Burne-Jones; en Francia, G. Moreau, Puvis de Chavannes, Gauguin, Lévy-Dhurmer; en Bélgica, F.

Khnopff, Ensor; en los países germánicos, Böcklin, Max Klinger, Klimt; en Italia, Segantini y A. Martini; en España el simbolismo estuvo ligado al período modernista: los Llimona, S. Rusiñol, F. Álvarez de Sotomayor, M. de Santamaría y R. de Egurquiza participaron en alguna etapa de su producción artística.

**SIMBOLISTA** adj. y n. m. y f. Relativo al simbolismo; adepto del simbolismo.

**SIMBOLIZACIÓN** n. f. Acción y efecto de simbolizar.

**SIMBOLIZAR** v. tr. **[1g]**. Servir una cosa como símbolo de otra. **2.** Representar algo mediante un símbolo: *la paloma simboliza la paz.*

**SÍMBOLO** n. m. (lat. *symbolum*). Signo figurativo, ser animado o inanimado, que representa algo abstracto, que es la imagen de una cosa: *la balanza es el símbolo de la justicia.* **2.** Todo signo convencional que indica una abreviatura. **3.** Signo figurativo de una magnitud, de un número, de una operación o de entidad matemática o lógica de cualquier naturaleza. **4.** QUÍM. Letra o grupo de letras adoptadas para designar un elemento. **5.** REL. Formulario de los principales artículos de fe de una religión. **6.** REL. Profesión de fe cristiana. • **Símbolo de la fe,** o **de los apóstoles,** credo.

**SIMBOLOGÍA** n. f. Estudio de los símbolos. **2.** Simbolismo.

**SIMETRÍA** n. f. (lat. *symmetriam*). Armonía resultante de ciertas posiciones de los elementos que constituyen un conjunto. **2.** BIOL. Repetición de un órgano o de una parte orgánica de los seres vivos, en relación con una línea o un plano. **3.** *Fig.* Propiedad de las ecuaciones que describen un sistema físico de permanecer invariantes para un grupo de transformaciones. **4.** MAT. Transformación que, a un punto M, hace corresponder un punto M′ tal que el segmento MM′ posee un punto fijo como centro (simetría con respecto a un punto), una recta o un eje fijos como mediatriz (simetría con respecto a una recta o un eje), o también un plano fijo como plano mediano (simetría con respecto a un plano). **5.** MAT. Propiedad de una figura que permanece invariante para esta transformación.

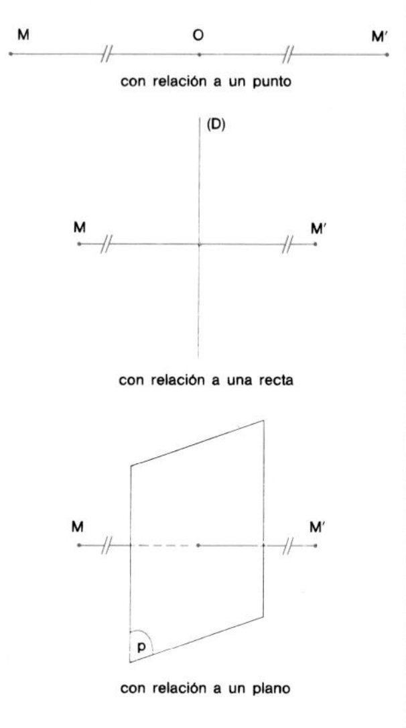

simetría

**SIMÉTRICA** n. f. Todo elemento simétrico de otro.

**SIMÉTRICO, A** adj. Relativo a la simetría. **2.** Que tiene simetría. **3.** Dícese de dos cosas semejantes y opuestas: *las dos mitades del rostro son simétricas.* **4.** Dícese de una de estas dos cosas respecto a la otra. • **Función simétrica,** función de diversas variables que no se modifica si éstas se permutan. || **Relación simétrica** (MAT.), relación que, si es cierta para *a* y *b*, tomadas en este orden, lo es también para *b* y *a* tomadas en este orden.

**SIMIENTE** n. f. (lat. *sementem*, siembra). Semilla. **2.** Semen.

**SIMIESCO, A** adj. Que se asemeja al simio o es propio de él.

**SÍMIL** n. m. Comparación, expresión de la semejanza o de la igualdad entre dos cosas. **2.** Figura retórica que consiste en comparar dos términos de diferente categoría y naturaleza que guardan entre sí una semejanza metafórica.

**SIMILAR** adj. Semejante, análogo, parecido.

**SIMILITUD** n. f. (lat. *similitudinem*). Semejanza, parecido.

**SIMILIZADO** n. m. INDUSTR. Tratamiento del algodón con un álcali, de modo que las fibras se vuelven más delgadas, duras y brillantes.

**SIMILOR** n. m. Aleación de cobre, estaño y cinc que imita el oro. SIN.: *crisocalco.*

**SIMIO, A** adj. y n. m. (lat. *simium*). Relativo a un suborden de primates, casi todos de vida arborícola, de rostro desnudo, y manos y pies prensiles, cuyos dedos terminan en uñas.

**SIMÓN** n. m. y adj. En Madrid, antiguo coche de caballos de alquiler y cochero que lo guiaba.

**SIMONÍA** n. f. (de *Simón* el Mago, personaje bíblico). REL. Acción de negociar con objetos sagrados, bienes espirituales o cargos eclesiásticos.

**SIMONÍACO, A** o **SIMONIACO, A** adj. Relativo a la simonía. ◆ adj. y n. **2.** Que comete simonía.

**SIMPA** n. f. *Argent.* y *Perú.* Trenza.

**SIMPATECTOMÍA** n. f. CIR. Ablación de ganglios o de filetes nerviosos del sistema simpático.

**SIMPATÍA** n. f. (gr. *synpatheia*). Inclinación afectiva motivada muchas veces por sentimientos análogos. **2.** Carácter de una persona que la hace atractiva y agradable. **3.** Participación en la alegría o dolor de otro. **4.** MED. Mecanismo de lesión de una estructura orgánica cuando la simétrica se halla afectada. • **Explosión por simpatía,** en determinados explosivos, la que puede producirse cuando tiene lugar otra a poca distancia.

**SIMPÁTICO, A** adj. Que inspira simpatía. ◆ n. m. y adj. **2.** ANAT. Una de las dos partes del sistema nervioso, regulador de la vida vegetativa (el otro es el *parasimpático*). • **Reacciones simpáticas** (PATOL.), afecciones de localización diferente, pero tan ligadas entre sí que la aparición de una determina la aparición de la otra.

■ La excitación del simpático acelera el corazón, aumenta la tensión arterial, dilata los bronquios y ralentiza las contracciones del tubo digestivo. El parasimpático tiene una acción inversa; del equilibrio entre los dos resulta el funcionamiento normal del organismo.

**SIMPATICOLÍTICO, A** adj. y n. m. Dícese de la sustancia que suprime los efectos de la excitación del sistema nervioso simpático.

**SIMPATICOMIMÉTICO, A** adj. y n. m. Dícese de la sustancia que reproduce los efectos provocados por el estímulo de los nervios simpáticos.

**SIMPATIZANTE** adj. y n. m. y f. Que se siente atraído por un partido, doctrina, opinión, etc., sin adherirse totalmente a él.

**SIMPATIZAR** v. intr. **[1g]**. Sentir simpatía hacia alguien o algo.

**SIMPATOBLASTOMA** n. m. Tumor maligno cuyos elementos constitutivos son análogos a los de los esbozos embrionarios del sistema simpático.

**SIMPLE** adj. Dícese de un cuerpo formado por átomos idénticos: *el oro y el oxígeno son cuerpos simples.* **2.** Sencillo, poco complicado, sin refuerzos: *reducir a la más simple expresión; mecanismo simple.* **3.** Dícese de la palabra que no se compone de otras de la misma lengua. **4.** QUÍM. Dícese del enlace entre dos átomos formado por un par de electrones. (Se representa por el signo – situado entre los símbolos de los átomos.) **5.** ZOOL. Dícese de los órganos que no presentan ni apéndices, ni divisiones, ni accidentes importantes. • **Tiempos simples,** tiempos del verbo que se conjugan sin verbo auxiliar. ◆ adj. y n. m. y f. **6.** *Fig.* Cándido, apacible, incauto: *simple como un niño.* **7.** *Fig.* Falto de listeza, tonto: *simple de entendederas.* ◆ n. m. **8.** En tenis, ping-pong y badminton, partido disputado por dos jugadores, uno contra otro.

**SIMPLEMENTE** adv. m. Solamente; con sólo lo que se expresa.

**SIMPLEX** n. m. MAT. Conjunto formado por las partes de un conjunto.

**SIMPLEZA** n. f. Cualidad de simple, ingenuo o tonto. **2.** Tontería, necedad: *decir simplezas.* **3.** *Fam.* Insignificancia, nimiedad: *pelearse por una simpleza.*

**SIMPLICIDAD** n. f. Calidad de simple. **2.** Sencillez.

**SIMPLIFICABLE** adj. Susceptible de simplificación.

**SIMPLIFICACIÓN** n. f. Acción y efecto de simplificar.

**SIMPLIFICADOR, RA** adj. Que simplifica.

**SIMPLIFICAR** v. tr. **[1a]**. Hacer más sencillo o más fácil: *simplificar un problema.* **2.** MAT. Convertir una expresión, ecuación, etc., en otra equivalente pero más breve y menos compleja.

**SIMPLISMO** n. m. Tendencia a simplificar excesivamente.

**SIMPLISTA** adj. y n. m. y f. Que ve las cosas con pocas complicaciones y las resuelve sin considerar aspectos importantes de las mismas.

**SIMPLÓN, NA** adj. y n. Tonto; sencillo, ingenuo.

**SIMPOSIO** o **SIMPOSIUM** n. m. Reunión, congreso científico.

**SIMULACIÓN** n. f. Acción de simular. **2.** Representación del comportamiento de un proceso por medio de un modelo material cuyos parámetros y cuyas variables son la reproducción de los del proceso estudiado.

**SIMULACRO** n. m. (lat. *simulacrum*). Acción por la que se finge realizar una cosa; apariencia: *simulacro de combate.*

**SIMULADOR, RA** adj. y n. Que simula. ◆ n. m. **2.** Aparato capaz de reproducir el comportamiento de otro cuyo funcionamiento se quiere estudiar o cuya utilización se quiere enseñar, o bien de un cuerpo cuya evolución se desea seguir. **3.** INFORMÁT. Programa realizado para representar el funcionamiento de una máquina, de un sistema o de un fenómeno antes de su construcción o utilización.

ejemplo de **simulador** de vuelo (de un Airbus A-310)

**SIMULAR** v. tr. (lat. *simulare*) **[1]**. Hacer aparecer como real algo que no lo es: *simular una enfermedad, un combate.* **2.** Utilizar un ordenador para el estudio de la evolución de un fenómeno físico, económico, etc., del cual se ha procedido previamente a su modelización.

**SIMULTANEAR** v. tr. **[1]**. Realizar dos o más cosas al mismo tiempo.

**SIMULTANEIDAD** n. f. Calidad de simultáneo.

**SIMULTÁNEO, A** adj. Que se hace u ocurre al mismo tiempo que otra cosa.

**SIMÚN** n. m. (ár. *samūm*). Viento cálido, seco y brusco del desierto.

**SIN** prep. (lat. *sine*). Denota privación o carencia: *estar sin trabajo.* **2.** Con un infinitivo, expresa la negación de un hecho simultáneo o anterior al del verbo principal: *me fui sin comer.* **3.** Además de: *llevo tanto en dinero, sin las alhajas.*

**SINAGOGA** n. f. (gr. *synagōgē*). Asamblea de los fieles bajo la antigua ley judía. **2.** Casa de reunión y de oración de las comunidades judías.

**SINALAGMÁTICO, A** adj. (gr. *synallagma-tikos*). Dícese del contrato que produce obligaciones recíprocas.

**SINALEFA** n. f. (lat. *synaleopham*). Fusión de la vocal o vocales finales de una palabra con la vocal o vocales iniciales de la palabra siguiente.

**SINALGIA** n. f. Dolor que se siente en un punto lejano al de la lesión que lo produce.

**SINANTÉREO, A** adj. BOT. Que tiene las anteras concrescentes, unidas íntimamente en un solo cuerpo.

**SINANTROPO** n. m. Tipo de arcantropo encontrado cerca de Pekín (China).

**SINAPISMO** n. m. (lat. *sinapismum*). Medicamento a base de polvo de mostaza.

**SINAPIZADO, A** adj. MED. Elaborado con polvo de mostaza.

**SINAPSIS** n. f. (gr. *synapsis*, unión). NEUROL. Región de contacto entre dos neuronas.

**SINÁPTICO, A** adj. Relativo a la sinapsis.

**SINARQUÍA** n. f. Gobierno ejercido por un grupo de personas.

**SINARQUISMO** n. m. Movimiento político derechista mexicano, fundado en León (1937), que surgió como respuesta al gobierno de Lázaro Cárdenas (1934-1940).

**SINARTROSIS** n. f. ANAT. Articulación fija entre dos huesos.

**SINCERARSE** v. pron. [1]. Explicar alguna cosa de la que uno se cree culpable, o supone que otros lo creen. • **Sincerarse con** alguien, contarle con sinceridad algo íntimo.

**SINCERIDAD** n. f. Cualidad de sincero, franqueza.

**SINCERO, A** adj. (lat. *sincerum*). Que se expresa o actúa tal como piensa o siente, libre de fingimientos: *respuesta sincera.*

**SINCINESIA** n. f. Trastorno de la motilidad, en que la persona afecta, al realizar un movimiento, realiza obligatoriamente otros con la extremidad simétrica.

**SINCIPITAL** adj. Relativo al sincipucio.

**SINCIPUCIO** n. m. ANAT. Parte superior y anterior de la cabeza. CONTR.: *occipucio.*

**SINCITIO** n. m. Masa de citoplasma que comprende varios núcleos.

**SINCLINAL** adj. y n. m. GEOL. Dícese de la parte deprimida de un pliegue simple. CONTR.: *anticlinal.*

**SÍNCOPA** n. f. (lat. *syncopam*). Supresión de un fonema o grupo de fonemas en el interior de una palabra. **2.** MÚS. Elemento rítmico que consiste en un sonido articulado sobre un tiempo débil y prolongado sobre el tiempo fuerte siguiente, o en un sonido articulado sobre la parte débil de un tiempo y prolongado sobre la parte fuerte del tiempo siguiente.

síncopa

**SINCOPADO, A** adj. Dícese de la nota musical que forma síncopa, o del ritmo o canto que tiene notas sincopadas.

**SINCOPAL** adj. Relativo al estado de síncope.

**SINCOPAR** v. tr. [1]. Suprimir un fonema en el interior de una palabra. **2.** *Fig.* Abreviar. **3.** MÚS. Unir por medio de una síncopa.

**SÍNCOPE** n. m. Pérdida momentánea de la sensibilidad y del movimiento, debida a un paro repentino y momentáneo de la actividad del corazón o a un paro respiratorio.

**SINCRÉTICO, A** adj. Relativo al sincretismo.

**SINCRETISMO** n. m. ANTROP. Fusión de diversos sistemas religiosos o de prácticas religiosas pertenecientes a diversas culturas. **2.** LING. Fenómeno por el que una forma desempeña distintas funciones gramaticales.

**SINCRETISTA** adj. y n. m. y f. Que pertenece al sincretismo.

**SINCROCICLOTRÓN** n. m. Acelerador de partículas, análogo al ciclotrón, pero en el cual se encuentra restablecido el sincronismo entre la frecuencia del campo acelerador y la frecuencia de rotación de las partículas.

**SINCRONÍA** n. f. Circunstancia de coincidir hechos o fenómenos en el tiempo. **2.** LING. Carácter de los fenómenos lingüísticos observados en un estadio de lengua dado, independientemente de su evolución en el tiempo. CONTR.: *diacronía.*

**SINCRÓNICO, A** adj. Dícese de lo que ocurre o se verifica al mismo tiempo. **2.** Dícese de los movimientos que se realizan al mismo tiempo. **3.** Dícese de una máquina eléctrica cuya velocidad angular es siempre igual a la pulsación de la corriente alterna que recibe o que genera, o bien es un submúltiplo o un múltiplo entero de esta pulsación. **4.** LING. Relativo a la sincronía.

**SINCRONISMO** n. m. Circunstancia de ocurrir o suceder dos o más cosas al mismo tiempo.

**SINCRONIZACIÓN** n. f. Acción y efecto de sincronizar. **2.** Operación de hacer simultáneos los movimientos de dos aparatos. **3.** CIN. Coincidencia de la imagen con el sonido. **4.** CIN. Coincidencia de los dos negativos de imagen y sonido.

**SINCRONIZADA** n. f. *Méx.* Guiso consistente en dos tortillas de maíz o de trigo con una rebanada de jamón y otra de queso entre ambas.

**SINCRONIZADOR** n. m. TECNOL. Dispositivo o aparato que permite llevar al mismo régimen dos engranajes antes de que entren en contacto.

**SINCRONIZAR** v. tr. [1g]. Hacer que dos o más cosas o fenómenos sean sincrónicos: *sincronizar dos movimientos; sincronizar varios emisores.*

**SINCROTRÓN** n. m. Acelerador de partículas de gran potencia, que puede ser considerado como una síntesis del ciclotrón y el betatrón. • **Radiación sincrotrón,** radiación electromagnética emitida por electrones relativistas que se desplazan en un campo magnético.

**SINDACTILIA** n. f. MED. Adherencia de los dedos.

**SINDÁCTILO, A** adj. y n. m. Que presenta sindactilia.

**SINDÉRESIS** n. f. (gr. *synterēsis*). Buen juicio, aptitud para juzgar rectamente y con acierto.

**SÍNDIC DE GREUGES** n. m. (voces catalanas). Defensor del pueblo en Cataluña o en la Comunidad Valenciana.

**SINDICACIÓN** n. f. Acción y efecto de sindicar o sindicarse.

**SINDICAL** adj. Relativo al síndico. **2.** Relativo al sindicato.

**SINDICALISMO** n. m. Movimiento organizado en sindicatos que tiene por objeto definir, defender y hacer triunfar las reivindicaciones económicas, políticas y sociales de sus miembros. **2.** Doctrina según la cual los problemas sociales deben resolverse fundamentalmente a través de la acción de los sindicatos.

■ Las principales corrientes del sindicalismo han sido las influidas por el socialismo, el anarquismo y el comunismo. Nacido con las primeras manifestaciones de la revolución industrial, su desarrollo ha estado marcado por el enfrentamiento entre las tesis de Marx y Bakunin. En Gran Bretaña alcanzó gran difusión, especialmente con las trade-unions (desde 1860); en Francia, hacia 1863 surgieron las cámaras sindicales obreras. La intensificación de los contactos francobritánicos llevó a la creación de la Asociación internacional de trabajadores (A.I.T.). En Rusia, desde 1883 nacieron organizaciones socialdemócratas y sindicales; en Alemania, Austria y Hungría, a partir de 1890, los sindicatos socialistas tendieron a la unificación; en España, en 1870 se celebró en Barcelona el I congreso obrero español y se fundó la federación regional española de la A.I.T. (anarquista), y en 1888 se fundó la Unión general de trabajadores, U.G.T. (marxista); en E.U.A. se constituyó en 1904 la Industrial workers of the world; y en América latina el movimiento se extendió a fines del s. XIX, al tiempo que se producía una división entre anarquistas y socialistas. La primera conferencia sindical internacional tuvo lugar en 1901, de la que surgió en 1913 la Federación sindical internacional (F.S.I.). En 1922 se formó una central anarcosindicalista, con el viejo nombre de la A.I.T., gracias al esfuerzo español (Confederación nacional del trabajo, C.N.T.), en la que estuvo bien representado el sindicalismo hispanoamericano (Argentina, Uruguay, México, etc.). Tras la crisis de 1929, se crearon importantes centrales en Brasil, Argentina, Chile, México, Cuba, etc., y en 1938 se creó la Confederación de trabajadores de América latina, con el apoyo comunista. En 1945 se organizó el que ha sido el principal centro del sindicalismo internacional: la Federación sindical mundial (F.S.M.), a la que se incorporó el Congress of industrial organizations de E.U.A. y en cuyo primer congreso estaban representados 70 millones de trabajadores. Existe también un sindicalismo cristiano, agrupado, desde 1920, en torno a la Confederación internacional de sindicatos cristianos (C.I.S.C.; desde 1968, Confederación mundial del trabajo).

**SINDICALISTA** adj. y n. m. y f. Relativo al sindicalismo; que milita en un sindicato.

**SINDICAR** v. tr. y pron. [1a]. Agrupar en un sindicato. ◆ **sindicarse** v. pron. **2.** Afiliarse a un sindicato.

**SINDICATO** n. m. Agrupación formada para la defensa de intereses profesionales comunes: *sindicato obrero.* • **Sindicato vertical,** sindicato mixto que en España agrupaba a todos los elementos de un determinado servicio o ramo de la producción, ordenado jerárquicamente bajo la dirección del estado. (Fue suprimido en 1977.)

**SÍNDICO** n. m. Persona encargada, en un concurso de acreedores o en una quiebra, de liquidar el activo y pasivo del concursado o quebrado, para satisfacer en lo posible los créditos contra él. **2.** En el Antiguo régimen, persona encargada de representar a una comunidad de habitantes.

**SÍNDROME** n. m. (gr. *syndromē*, concurso). Conjunto de síntomas que caracterizan una enfermedad o una afección. **2.** Conjunto de fenómenos que caracterizan una situación determinada. • **Síndrome de Estocolmo,** aceptación progresiva por la persona secuestrada de las ideas y puntos de vista del secuestrador.

**SINE DIE** loc. (voces lat.). DER. Sin fijar día.

**SINE QUA NON** loc. (voces lat., *sin lo cual no*). Dícese de una condición indispensable, necesaria.

**SINÉCDOQUE** n. f. Tropo de dicción que consiste en designar un objeto por alguna de sus partes (*cabeza* por *hombre*), una pluralidad por algo singular (*el hombre es mortal* por *los hombres son mortales*), el género por la especie (*los mortales* por *los hombres*), etc., y viceversa.

**SINECISMO** n. m. (gr. *synoikismos*). ANT. GR. Reunión de varias aldeas rurales alrededor de un centro urbano, origen de la ciudad griega, o *polis.*

**SINECURA** n. f. Cargo o empleo retribuido que ocasiona poco o ningún trabajo.

**SINEQUIA** n. f. MED. Adherencia patológica entre dos superficies.

**SINÉRESIS** n. f. Licencia poética que consiste en la fusión de dos vocales continuas en una sola sílaba. **2.** QUÍM. Separación del líquido de un gel.

**SINERGIA** n. f. Acción combinada de diversas acciones tendentes a lograr un efecto único con economía de medios: *aprovechar las sinergias entre dos empresas.* **2.** FISIOL. Asociación de varios órganos para realizar una función.

**SINÉRGICO, A** adj. Relativo a la sinergia.

**SINÉRGIDA** n. f. Célula vegetal afín a la oosfera que, muy excepcionalmente, puede ser fecundada.

**SINESTESIA** n. f. FISIOL. Sensación secundaria que se produce en una parte del cuerpo a consecuencia de un estímulo aplicado en otra. **2.** SICOL. Sensación subjetiva, propia de un sentido, determinada por otra sensación que afecta a un sentido diferente.

**SINFÍN** n. m. Infinidad, sinnúmero.

**SÍNFISIS** n. f. (gr. *symphysis*, unión). ANAT. Articulación poco móvil, formada por tejido conjuntivo elástico. **2.** PATOL. Adherencia anormal entre dos hojas serosas.

**SINFISITIS** n. f. Inflamación de la sínfisis pubiana.

**SINFONÍA** n. f. (gr. *symphonia*). Composición musical para orquesta, de tres a cuatro movimientos de notable extensión, de los cuales el primero por lo menos toma la forma de sonata. **2.** *Fig.* Conjunto armonioso de cosas que conjugan a la perfección, armonía: *una sinfonía de colores.*

**SINFÓNICO, A** adj. Relativo a la sinfonía. ◆ adj. y n. f. **2.** Dícese de algunas sociedades musicales y de determinadas sociedades de conciertos.

**SINFONISTA** adj. y n. m. y f. Dícese de la persona que compone o ejecuta sinfonías.

**SINGLADURA** n. f. Distancia recorrida por una nave en veinticuatro horas. **2.** Intervalo de veinticuatro horas, que empiezan generalmente a contarse desde mediodía. **3.** *Fig.* Rumbo, dirección.

**SINGLAR** v. intr. (fr. *cingler*) **[1b]**. MAR. Navegar con rumbo determinado.

**SINGLE** n. m. (voz inglesa). Disco grabado de 45 r.p.m., con un diámetro de 17 cm, y que reproduce en cada cara una sola pieza musical o canción.

**SINGLETÓN** n. m. MAT. Conjunto que sólo posee un elemento.

**SINGSPIEL** n. m. (voz alemana). Obra teatral alemana en la que alternan el recitado y el canto, las más de las veces de carácter ligero y popular.

**SINGULAR** adj. (lat. *singularem*). Único, solo. **2.** Extraordinario, raro o excelente. • **En singular,** particular o especialmente. ◆ adj. y n. m. **3.** LING. Dícese de la categoría gramatical del número que señala una sola persona, una sola cosa o un solo conjunto de personas o de cosas. CONTR.: *plural.*

**SINGULARIDAD** n. f. Calidad de singular: *la singularidad de un suceso.* **2.** Particularidad, distintivo: *es admirado por sus singularidades.* **3.** LING. Rasgo distintivo de la categoría del número que indica la representación de una única entidad aislable.

**SINGULARIZAR** v. tr. **[1g]**. Hacer que una cosa se distinga entre otras: *las costumbres que singularizan a los pueblos.* **2.** Referirse a alguien o algo en particular. ◆ **singularizarse** v. pron. **3.** Distinguirse por alguna particularidad o apartarse de lo común: *singularizarse por su inteligencia.*

**SINIESTRA** n. f. Mano izquierda. **2.** HERÁLD. Lado izquierdo del escudo.

**SINIESTRABILIDAD** n. f. Siniestralidad.

**SINIESTRADO, A** adj. Que ha sufrido un siniestro.

**SINIESTRALIDAD** n. f. Frecuencia o índice de siniestros.

**SINIESTRO, A** adj. Izquierdo: *mano siniestra.* **2.** *Fig.* Malintencionado, perverso: *ideas siniestras.* **3.** *Fig.* Infausto, funesto, desgraciado: *año siniestro.* ◆ n. m. **4.** Suceso catastrófico que lleva aparejadas pérdidas materiales y humanas. **5.** Hecho que causa daños a uno mismo o a terceros y que origina la intervención de un asegurador.

**SINISTROSIS** n. f. Estado mental patológico que reside en una idea delirante de perjuicio corporal, que se enraíza en la mente de ciertos accidentados.

**SINNÚMERO** n. m. Número incalculable.

**SINO** n. m. Destino, hado determinado por el influjo de los astros.

**SINO** conj. advers. Contrapone a un concepto afirmativo otro negativo: *no lo hizo Juan sino Pedro.* **2.** Denota idea de excepción: *nadie lo sabe sino tú.* **3.** Precedido de negación equivale a *solamente* o *tan sólo: no te pido sino que me oigas.* **4.** Precedido del adv. *no sólo,* denota adición de otro u otros miembros a la cláusula: *no sólo por entendido sino por afable merece ser estimado.*

**SINODAL** adj. Relativo al sínodo.

**SINÓDICO, A** adj. (gr. *synodikos*). Relativo al sínodo. • **Revolución sinódica,** tiempo que tarda un planeta en volver a estar en conjunción con el Sol.

**SÍNODO** n. m. (gr. *synodos*). En la Iglesia católica, asamblea de eclesiásticos convocada para tratar de asuntos de una diócesis o de la Iglesia universal. **2.** En la Iglesia reformada, asamblea de delegados (pastores o laicos) de los consistorios parroquiales o regionales. • **Santo sínodo,** consejo supremo de la Iglesia rusa de 1721 a 1917, que remplazó al patriarcado suprimido por Pedro el Grande.

**SINOLOGÍA** n. f. Ciencia de la historia, de la lengua y de la civilización de China.

**SINONIMIA** n. f. Circunstancia de ser sinónimos dos o más palabras. **2.** Circunstancia de existir sinónimos.

**SINONÍMICO, A** adj. Relativo a la sinonimia o a los sinónimos.

**SINÓNIMO, A** adj. y n. m. (lat. *synonymum*). Dícese de las palabras de la misma categoría que tienen un significado muy próximo.

**SINOPLE** o **SÍNOPLE** n. m. HERÁLD. Color verde.

**SINOPSIS** n. f. (gr. *synopsis*). Compendio o resumen de una ciencia o tratado, expuesto en forma sinóptica.

**SINÓPTICO, A** adj. Que puede ser abarcado de una vez con la vista. **2.** Que ofrece una visión general: *cuadro sinóptico.* ◆ **sinópticos** adj. y n. m.

**sintetizador**

pl. **3.** Dícese de los Evangelios de san Mateo, san Marcos y san Lucas, los cuales presentan grandes semejanzas entre sí.

**SINOSTOSIS** n. f. MED. Unión de los huesos por soldadura.

**SINOVECTOMÍA** n. f. Ablación quirúrgica de la membrana sinovial.

**SINOVIA** n. f. Líquido transparente y viscoso que lubrica las articulaciones.

**SINOVIAL** adj. Relativo a la sinovia. ◆ n. f. y adj. **2.** Serosa que segrega la sinovia. SIN.: *bolsa, membrana sinovial.*

**SINOVITIS** n. f. Inflamación de una membrana sinovial.

**SINRAZÓN** n. f. Acción injusta cometida con abuso de poder.

**SINSABOR** n. m. Disgusto, pesar.

**SINSENTIDO** n. m. Cosa ilógica y absurda.

**SINSONTE** n. m. Ave paseriforme, parecida al mirlo, que vive en América.

**sinsonte**

**SÍNSORAS** n. f. pl. *P. Rico.* Lugar lejano.

**SINSUSTANCIA** n. m. y f. *Fam.* Persona insustancial, necia.

**SINTÁCTICO, A** adj. (gr. *syntaktikos*). Relativo a la sintaxis.

**SINTAGMA** n. m. LING. Unidad sintáctica elemental de una frase.

**SINTAGMÁTICO, A** adj. LING. Relativo al sintagma. **2.** Dícese de las relaciones que se establecen entre las unidades de la oración.

**SINTAXIS** n. f. (gr. *syntaxis*). Parte de la gramática que estudia la estructura de la oración. **2.** Modo de ordenarse o enlazarse las palabras en una oración.

**SINTERIZACIÓN** n. f. Acción de sinterizar.

**SINTERIZAR** v. tr. **[1g]**. Realizar objetos sólidos mediante el prensado de la mezcla de polvos metálicos y materias plásticas no fusibles.

**SÍNTESIS** n. f. (gr. *synthesis*). Método de demostración que procede de los principios a las consecuencias, de las causas a los efectos: *la síntesis es la operación inversa del análisis.* **2.** Exposición de conjunto, apreciación global. **3.** Reunión de elementos en un todo. **4.** Resumen, compendio. **5.** QUÍM. Formación artificial de un cuerpo compuesto a partir de sus elementos. • **Síntesis aditiva,** principio de mezcla de los colores, observable por proyección sobre una pantalla de manchas, no coincidentes en parte, de luces roja, verde y azul. || **Síntesis del habla,** conjunto de técnicas que permiten a un ordenador producir sonidos reconocibles como palabras por el usuario. || **Síntesis sustractiva,** principio de mezcla de los colores observable superponiendo, en una posición en parte no coincidente y delante de un foco de luz blanca, filtros coloreados de amarillo, magenta y azul verdoso (cyan).

**SINTETASA** n. f. BIOL. Ligasa.

**SINTÉTICO, A** adj. Relativo a la síntesis: *método sintético.* **2.** Que resume o sintetiza. **3.** Obtenido por síntesis: *caucho sintético.*

**SINTETISMO** n. m. Tendencia pictórica francesa fundada en el uso de zonas de color aisladas y de contornos rigurosamente delimitados.

**SINTETIZABLE** adj. Que se puede sintetizar.

**SINTETIZADOR, RA** adj. Que sintetiza. ◆ n. m. **2.** Órgano electrónico utilizado en estudios de composición musical, capaz de producir un sonido a partir de sus constituyentes (frecuencias, intensidades, duraciones).

**SINTETIZAR** v. tr. **[1g]**. Reducir a síntesis; realizar una síntesis: *sintetizar una lección; sintetizar los hechos.* **2.** QUÍM. Fabricar o preparar por síntesis.

**SINTOÍSMO** o **SINTO** n. m. Religión nacional de Japón, anterior a la introducción del budismo, que rinde culto a los antepasados.

■ Aunque el sintoísmo nació como un conjunto de creencias y ritos de carácter animista, desde el s. XIV se convirtió en un movimiento nacionalista. En 1868, el gobierno de Meiji lo convirtió en una especie de religión de estado, caracterizado por la adoración al emperador Dios y la afirmación de la grandeza de la raza japonesa. Separado oficialmente del estado, tras el desastre de 1945, el sintoísmo volvió a sus creencias tradicionales y sigue ejerciendo una gran influencia en Japón.

**SINTOÍSTA** adj. y n. m. y f. Relativo al sintoísmo; adepto de esta religión.

**SÍNTOMA** n. m. (gr. *symptōma*). Fenómeno que revela un trastorno funcional o una lesión. **2.** Señal, indicio.

**SINTOMÁTICO, A** adj. Relativo a los síntomas de una enfermedad. **2.** *Fig.* Revelador de algo, que constituye un síntoma: *incidente sintomático.* • **Terapéutica sintomática,** tratamiento que combate los síntomas sin atacar la causa, por oposición al tratamiento fundado en la etiología.

**SINTOMATOLOGÍA** n. f. Estudio de los síntomas de las enfermedades. SIN.: *semiología.*

**SINTONÍA** n. f. Fragmento musical que, en lenguaje radiofónico, sirve para distinguir el comienzo o el fin de un programa. **2.** FÍS. Concordancia en resonancia de diversos circuitos eléctricos que oscilan en una misma frecuencia.

**SINTONIZACIÓN** n. f. Acción y efecto de sintonizar.

**SINTONIZADOR, RA** adj. Que sintoniza. ◆ n. m. **2.** Amplificador sintonizado de alta frecuencia en un receptor de radio o de televisión. **3.** Parte del radiorreceptor que posee los elementos resonantes de sintonía.

**SINTONIZAR** v. tr. **[1g]**. Regular el circuito oscilante de un radiorreceptor, para que su frecuencia propia coincida con la de la emisora que se desea captar. **2.** *Fig.* Adaptarse a las características de una persona, de un medio, etc.

**SINUOSIDAD** n. f. Calidad de sinuoso. **2.** Concavidad, parte sinuosa de algo.

**SINUOSO, A** adj. Que tiene ondulaciones o recodos: *un camino sinuoso.* **2.** *Fig.* Que oculta o disimula un propósito o una intención: *actuar de forma sinuosa.*

**SINUSAL** adj. Relativo al seno del corazón, o a un seno.

**SINUSITIS** n. f. Inflamación de los senos óseos de la cara.

**SINUSOIDAL** adj. MAT. De aspecto, forma o variación que recuerdan los de una sinusoide. **2.** Dícese de un fenómeno periódico cuya representación en función del tiempo es una sinusoide.

**SINUSOIDE** n. f. MAT. Curva plana que representa las variaciones del seno cuando el arco varía.

**sinusoide**

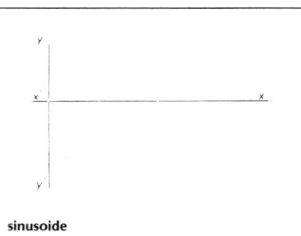

**SINVERGÜENCERÍA** n. f. *Fam.* Desfachatez, falta de vergüenza.

**SINVERGÜENZA** adj. y n. m. y f. Que comete actos reprochables o ilegales en provecho propio o que incurre en inmoralidades. **2.** Desvergonzado, granuja, tunante.

**SIONISMO** n. m. (de *Sión,* colina de Jerusalén). Doctrina y movimiento que tuvo por objeto el establecimiento de judíos en una comunidad nacional autónoma o independiente en Palestina.

**SIONISTA** adj. y n. m. y f. Relativo al sionismo; partidario de este movimiento.

**SIOUX** → *siux.*

**SIQUE** n. f. (gr. *psykhē,* alma). Conjunto de las funciones sensitivas, afectivas y mentales de un individuo.

**SIQUIATRA** n. m. y f. Médico especializado en enfermedades mentales. SIN.: *alienista.*

**SIQUIATRÍA** n. f. Disciplina médica cuyo objeto es el estudio y tratamiento de las enfermedades mentales. SIN.: *frenopatía.*

**SIQUIÁTRICO, A** adj. Relativo a la siquiatría. SIN.: *frenopático.*

**SÍQUICO, A** adj. (gr. *psykhikos*). Relativo a la sique o al siquismo.

**SIQUIERA** conj. Equivale a *bien que, aunque: ayúdame, siquiera por última vez.* **2.** Equivale a *o, ya* u otra semejante: *siquiera venga, siquiera no venga.* ◆ adv. **3.** Por lo menos, tan sólo: *déme usted media paga siquiera.*

**SIQUISMO** n. m. Conjunto de caracteres síquicos de un individuo determinado.

**SIR** n. m. (voz inglesa). Tratamiento honorífico empleado por los británicos.

**SIRE** n. m. (voz francesa). Título que se daba a los reyes en algunos países.

**SIRENA** n. f. Divinidad del mar, medio mujer y medio pájaro, temible por el canto de su voz. (La iconografía medieval la representó con busto de mujer y cola de pez.) **2.** Pitido que se oye a mucha distancia y que se emplea en los buques, automóviles y fábricas para dar señal de aviso.

**SIRENIO, A** adj. y n. m. Relativo a un orden de mamíferos herbívoros marinos y fluviales, dotados de aletas, como el manatí y el dugón.

**SÍRFIDO, A** adj. y n. m. Relativo a una familia de insectos dípteros, que viven sobre las flores.

**SIRGA** n. f. Maroma que sirve para tirar las redes, para llevar las embarcaciones desde tierra, principalmente en la navegación fluvial, y para otros usos. • **Camino de sirga,** camino destinado a la sirga a lo largo de un curso de agua.

**SIRGAR** v. tr. [**1b**]. Remolcar un barco desde tierra, con la ayuda de una sirga.

**SIRÍACO, A** adj. y n. m. Dícese de una lengua semítica derivada del arameo, que se ha conservado como lengua literaria y litúrgica de ciertas Iglesias orientales.

**SIRIMIRI** n. m. Lluvia muy fina, persistente y penetrante.

**SIRINGA** n. f. Flauta de Pan.

**SIRINGE** n. f. Órgano de fonación de las aves, situado en la bifurcación de los bronquios.

**SIRINGOMIELIA** n. f. Enfermedad del sistema nervioso central en la que la destrucción de la sustancia gris de la médula espinal acarrea la pérdida de la sensibilidad al dolor y a la temperatura.

**SIRIO, A** adj. y n. De Siria. ◆ n. m. **2.** Dialecto árabe hablado en Siria.

**SIRIONÓ,** pueblo amerindio del E de Bolivia, del grupo tupí-guaraní.

**SIRIPITA** n. f. *Bol.* Grillo. **2.** *Bol. Fig.* Persona entrometida y pequeña.

**SIRIRÍ** n. m. *Argent.* Yaguasa, nombre de diversos patos. **2.** *Argent.* Nombre vulgar de diversos pájaros como por ej. el benteveo.

**SIRKA** n. f. Semilla del ají, empleada como condimento en diversos países de América del Sur.

**SIRLE** n. m. Deyección del ganado lanar y cabrío.

**SIRLÍ** n. m. Ave paseriforme de alas muy desarrolladas, que vive en las zonas desérticas de África central y septentrional.

**SIROCO** n. m. Viento muy seco y cálido que sopla desde el Sahara hacia el litoral, cuando reinan bajas presiones en el Mediterráneo.

**SIROPE** n. m. Concentrado de azúcar o de jugo de fruta que se usa para endulzar bebidas refrescantes.

**SIRTAKI** n. m. (voz griega). Danza de origen griego, que se baila con las manos enlazadas.

**SIRTE** n. f. Bajo de arena, en el fondo del mar.

**SIRVENTÉS** n. m. (voz provenzal). Género poético provenzal de los ss. XII y XIII, que trata de la actualidad, en especial política, de una manera polémica y satírica.

**SIRVIENTE, A** n. Persona dedicada al servicio doméstico, criado.

**SISA** n. f. (fr. *assise*). Parte que se hurta de lo que se maneja por cuenta de otro, especialmente en cosas menudas. **2.** Corte hecho en la tela de las prendas de vestir para que ajusten al cuerpo, especialmente la escotadura donde debe asentarse la manga.

**SISADOR, RA** adj. y n. Que sisa, hurta.

**SISAL** n. m. Planta amarilidácea, de cuyas hojas se extraen unas fibras utilizadas en la fabricación de sacos y cuerdas. **2.** Fibra que se utiliza en la fabricación de sacos, cordelería, etc.

**SISAR** v. tr. [**1**]. Hurtar o sustraer, generalmente en pequeñas cantidades. **2.** Hacer sisas en las prendas de vestir. **3.** *Ecuad.* Pegar, principalmente pedazos de loza y cristal.

**SISEAR** v. intr. y tr. [**1**]. Emitir repetidamente el sonido inarticulado de *s* y *ch,* para llamar a alguien o para mostrar desagrado.

**SISEO** n. m. Acción y efecto de sisear.

**SISMICIDAD** n. f. Frecuencia de los sismos, que está en relación con las grandes líneas de fractura de la corteza terrestre.

**SÍSMICO, A** adj. Relativo a los sismos. • **Prospección sísmica,** método de prospección fundado en la propiedad que tienen las ondas sonoras, provocadas por una explosión en las proximidades de la superficie del suelo, de experimentar refracciones y reflexiones en las superficies de contacto de capas geológicas, que tienen velocidades de transmisión diferentes, según unas leyes análogas a las de óptica. ‖ **Reflexión sísmica,** método de estudio de la estructura interna de la Tierra, fundado en el registro de las ondas sísmicas, provocadas por una fuente artificial (explosivo, generador de vibraciones, etc.), después de su reflexión en el suelo. ‖ **Refracción sísmica,** método de estudio de la estructura interna de la Tierra, fundado en el registro de las ondas sísmicas provocadas por una fuente artificial después de que hayan recorrido un trayecto suficientemente largo en proyección horizontal por el subsuelo.

**SISMO** o **SEÍSMO** n. m. (gr. *seismos*). Sacudida más o menos violenta de la corteza terrestre, que se produce siempre a una cierta profundidad partiendo de un epicentro. SIN.: *terremoto.*

■ Los sismos se producen por una ruptura del equilibrio mecánico de la corteza terrestre a distintas profundidades. El origen de la perturbación (foco o hipocentro) puede estar situado en una zona de fricción entre placas (como a lo largo de la falla de San Andrés, en California) o en una zona todavía más profunda (penetración de una placa en el manto formando un ángulo de unos 45°). Los instantes de llegada de las ondas sísmicas a los distintos observatorios permiten determinar el epicentro del sismo (lugar de la superficie situado sobre el foco). El estudio de la distribución de los epicentros permite realizar mapas de sismicidad.

**SISMÓGRAFO** n. m. Aparato muy sensible destinado a registrar la hora, duración y amplitud de los sismos.

**SISMOGRAMA** n. m. Gráfico confeccionado por un sismógrafo.

**SISMOLOGÍA** n. f. Ciencia y tratado de los sismos.

**SISMOLÓGICO, A** adj. Relativo a la sismología.

**SISMÓLOGO, A** n. Especialista en sismología.

**SISMOMETRÍA** n. f. Conjunto de las técnicas de registro de las ondas sísmicas.

**SISÓN** n. m. Ave muy rápida en la carrera y en el vuelo, que vive en pequeñas bandadas en los pastizales y cultivos de Europa. (Familia otídidos.)

**SISONNE** o **SISSONNE** n. m. (voz francesa). COREOGR. Salto que se efectúa después de una flexión (plié) y un impulso de los dos pies, seguido de una caída sobre uno de ellos.

**SISTEMA** n. m. (gr. *systēma*). Conjunto ordenado de ideas científicas o filosóficas. **2.** Conjunto ordenado de normas y procedimientos acerca de determinada materia: *sistema de ventas; sistema educativo.* **3.** Conjunto de elementos interrelacionados, entre los que existe una cierta cohesión y unidad de propósito. **4.** Conjunto de diversos órganos de idéntica naturaleza. **5.** Medio, método o procedimiento empleado para realizar algo. **6.** Procedimiento ordenado para hacer algo. **7.** Conjunto de aparatos, conductores, instalaciones, etc., que intervienen en el transporte y distribución de energía eléctrica. **8.** Conjunto de términos definidos por las relaciones que existen entre ellos: *sistema lingüístico.* **9.** Modo de gobierno, de administración o de organización social: *sistema feudal.* **10.** HIST. NAT. Método de clasificación basado en el empleo de un solo carácter o de un pequeño número de ellos. • **Sistema de ecuaciones,** conjunto de dos o más ecuaciones que relacionan simultáneamente diversas incógnitas. ‖ **Sistema de referencia,** conjunto de cuerpos (considerados fijos para las necesidades de la demostración) en relación a los cuales se define el movimiento de otro cuerpo. ‖ **Sistema experto,** sistema informático capaz de resolver problemas por deducción y de mostrar el método empleado en la resolución, partiendo de una base de conocimiento y de un sistema de deducción. ‖ **Sistema informático,** conjunto del hardware y el software que controlan y gestionan un proceso informático. ‖ **Sistema internacional de unidades (SI),** sistema métrico decimal de medidas de siete unidades básicas (metro, kilogramo, segundo, amperio, grado Kelvin, mol y candela). ‖ **Sistema métrico decimal** → ***métrico.*** ‖ **Sistema monetario,** conjunto de unidades monetarias, con sus múltiplos y divisores, que circulan en un país. ‖ **Sistema operativo** (INFORMÁT.), programa o conjunto de programas que efectúan la gestión de los procesos básicos de un sistema informático, y permiten la normal ejecución del resto de los trabajos. ‖ **Sistema planetario,** o **solar,** conjunto formado por el Sol y todos los astros que gravitan alrededor de él.

**SISTEMÁTICA** n. f. Clasificación de los seres vivos según un sistema. **2.** Conjunto de datos erigido en sistema.

**SISTEMÁTICO, A** adj. Relativo a un sistema. **2.** Que sigue o se ajusta a un sistema: *estudio sistemático.* **3.** Que procede con sistema o método.

**SISTEMATIZACIÓN** n. f. Acción y efecto de sistematizar.

**SISTEMATIZADO, A** adj. **Delirio sistematizado** (SIQUIATR.), delirio en el que las ideas delirantes aparecen progresivamente organizadas y dan una impresión de coherencia y de lógica.

**SISTEMATIZAR** v. tr. [**1g**]. Estructurar, organizar con un sistema: *sistematizar la facturación.*

**SISTÉMICO, A** adj. Relativo a un sistema tomado en su conjunto o al análisis de sistemas. **2.** Dícese del planteamiento científico de los sistemas políticos, económicos, sociales, etc., que se opone al enfoque racionalista al abordar todo problema como un conjunto de unidades en interrelaciones mutuas. • **Enfermedad sistémica,** la que afecta de modo global a todos los órganos o estructuras de un sistema o aparato.

**SÍSTOLE** n. f. (gr. *systolē*). Movimiento de contracción del corazón y las arterias. CONTR.: *diástole.*

**SISTÓLICO, A** adj. Relativo a la sístole.

**SISTRO** n. m. (gr. *seistron*). Antiguo instrumento musical de percusión, cuyos elementos móviles golpean contra el marco cuando se sacude el instrumento.

**sistro** de piedra caliza
(arte egipcio, época saíta)
[museo de arqueología, Marsella]

**SITÁCIDO, A** adj. y n. m. Relativo a una familia de aves muy características, de pico muy curvo y lengua carnosa, densa y dura, que viven en las selvas de los países cálidos.

**SITACISMO** o **PSITACISMO** n. m. Alteración del lenguaje por desconocimiento del sentido de las palabras que se emiten.

**SITACOSIS** n. f. Enfermedad infecciosa de los loros, periquitos, canarios, etc., transmisible al hombre.

**SITAR** n. m. Instrumento musical indio, de cuerdas pulsadas.

**sitar**

**SITIADO, A** adj. y n. Que sufre un sitio o asedio: *ciudad sitiada.*

**SITIADOR, RA** adj. y n. Que sitia.

**SITIAL** n. m. Asiento de ceremonia.

**SITIAR** v. tr. [**1**]. Cercar una plaza o fortaleza para atacarla o apoderarse de ella: *sitiar la ciudad.* **2.** *Fig.* Poner en situación tal que forzosamente se deba acceder a lo que se pide o exige.

**SITIO** n. m. Porción determinada del espacio que es o puede ser ocupada. **2.** Paraje o lugar a propósito para alguna cosa: *buscar un sitio para dormir.* **3.** *Cuba* y *Méx.* Finca, menor que la hacienda, dedicada al cultivo y a la cría de animales domésticos. **4.** *Chile* y *Ecuad.* Terreno apto para la edificación. **5.** *Méx.* Lugar en la vía pública autorizado como base para coches de alquiler.

**SITIO** n. m. Acción y efecto de sitiar. **2.** Operación contra una plaza fuerte para apoderarse de ella. • **Estado de sitio,** situación excepcional y grave del ordenamiento político y jurídico de la nación, en el que la autoridad civil delega facultades extraordinarias en la autoridad militar, con la suspensión de determinados derechos y libertades constitucionales. || **Levantar el sitio,** abandonar el asedio de una plaza.

**SITO, A** adj. Situado: *finca sita en las afueras.*

**SITOGONIÓMETRO** n. m. Aparato que sirve para medir ángulos de situación, desvíos angulares, etc.

**SITUACIÓN** n. f. Acción y efecto de situar. **2.** Estado o condición de una persona o de una cosa: *tener una elevada situación; hallarse en una situación crítica; estar en buena situación de ánimo.* **3.** Estado de los asuntos políticos, financieros, etc., de una nación. **4.** Disposición geográfica de una cosa en relación al lugar que ocupa, principalmente una casa, una ciudad, etc. • **Ángulo de situación** (MIL.), ángulo formado por la línea de situación y el plano horizontal. || **Línea de situación** (MIL.), línea que une la pieza y el objetivo.

**SITUACIONISMO** n. m. Movimiento contestatario europeo de los años sesenta, desarrollado sobre todo en el medio universitario.

**SITUACIONISTA** adj. y n. m. y f. Relativo al situacionismo; seguidor de dicho movimiento.

**SITUADO, A** adj. Que tiene una situación estable, económica o social: *familia bien situada.*

**SITUAR** v. tr. y pron. [**1s**]. Poner en determinado lugar o situación: *situar en la estantería; situar a la familia.* ◆ **situarse** v. pron. **2.** Conseguir una buena posición económica o social: *es difícil situarse bien.*

**SÍTULA** n. f. (lat. *situlam*). ARQUEOL. Cubeta de bronce.

**SIÚTICO, A** adj. *Chile.* Cursi. **2.** *Chile.* Se aplica, también, a cierta apariencia de vestidos. **3.** *Chile. Fam.* Dícese de la persona que en sus modales, lenguaje o forma de vestir, presume de fina o imita a las clases más elevadas.

**SIUX** o **SIOUX,** conjunto de pueblos amerindios de América del Norte (cuervo, hidatsa, winnebago, iowa, omaha, osage, dakota, etc.), que hablan lenguas emparentadas y que habitaban en las llanuras entre Arkansas y las Rocosas, y que actualmente viven en reservas.

**SIVAÍSMO** n. m. Corriente religiosa surgida del hinduismo, que hace de Śiva un dios más importante que Viṣṇú y Brahma y que constituye el origen de diversas sectas.

**SKA** n. m. Estilo musical de origen jamaicano, con un ritmo más vivo que el reggae.

**SKAI** n. m. (marca registrada). Material sintético que imita el cuero.

**SKATE BOARD** n. m. (voces inglesas). Deporte que consiste en ejecutar figuras sobre una plancha dotada de cuatro ruedas, a la vez que se conserva el equilibrio. **2.** La plancha misma. SIN.: *monopatín.*

**SKEET** n. m. (voz inglesa). Prueba olímpica de tiro al plato.

**SKETCH** n. m. (voz inglesa, *apunte*). Obra dialogada breve, generalmente cómica, representada en el teatro, music-hall, radio, televisión o cine.

**SKIFF** n. m. (voz inglesa). Esquife, embarcación de regatas. **2.** Modalidad de competición en el deporte náutico del remo.

**SKINHEAD** o **SKIN** n. m. y f. y adj. (voces inglesas). Joven marginal, de cabeza rapada, que adopta un comportamiento de grupo agresivo, xenófobo y racista, y manifiesta su adhesión a ideologías militaristas.

**SKIP** n. m. (voz inglesa). Especie de carretilla que se desliza por una armazón vertical inclinada, que se utiliza para la alimentación de materiales. **2.** MIN. Gran recipiente que se vacía por vuelco o por apertura del fondo, y que remplaza la jaula de extracción en un pozo.

**SKIPPER** n. m. (voz inglesa). Comandante de un yate de crucero en regatas.

**S. L.,** siglas de *sociedad limitada.*

**SLALOM** n. m. En esquí, descenso por un recorrido sinuoso jalonado de obstáculos que hay que franquear, marcados por postes coronados de banderines.

prueba de **slalom** especial

**SLAM** n. m. (alem. *Schlamm*). Producto muy fino proveniente del machaqueo y trituración de minerales.

**SLANG** n. m. (voz inglesa). Argot del inglés.

**SLIKKE** n. f. (neerlandés *slijk*). GEOGR. Parte baja de los lodazales litorales, que queda cubierta por la marea.

**SLIP** n. m. (voz inglesa) [pl. *slips*]. Calzón corto o ajustado y sin pernera que sirve de ropa interior masculina, de bañador o para practicar deporte.

**SLIPWAY** n. m. (voz inglesa). MAR. Plano inclinado que permite la botadura o el transporte a tierra firme de los barcos.

**SLOGAN** n. m. Eslogan.

**SLOOP** n. m. (voz inglesa). Embarcación a vela de un mástil, con un solo foque a proa.

**SLOW** n. m. (voz inglesa, *lento*). Fox-trot lento.

**S.M.,** abrev. de *su majestad.*

**Sm,** símbolo químico del *samario.*

**SMASH** n. m. (voz inglesa). DEP. Golpe con el que se devuelve violentamente la pelota.

**SMOG** n. m. (voz inglesa). Mezcla de humo y niebla que se acumula a veces encima de concentraciones urbanas y, sobre todo, industriales.

**SMOKING** n. m. Esmoquin.

**Sn,** símbolo químico del *estaño.*

**SNACK-BAR** o **SNACK** n. m. (voz inglesa). Restaurante que sirve comidas rápidas a todas horas.

**SNIPE** n. m. (voz inglesa). Embarcación monotipo de regatas a vela para dos tripulantes.

**SNOB** adj. y n. m. y f. (voz inglesa). Esnob.

**SNORKEL** n. m. Schnorkel.

**SNOWBOARD** n. m. (voz inglesa). Modalidad de esquí que se practica con una tabla sobre la que se apoyan los dos pies.

**SO** prep. Bajo, debajo de: *so pena de...*

**¡SO!** interj. Se usa para hacer que se paren las caballerías.

**SO,** voz que se antepone a algunos insultos para reforzar la significación de los mismos: *so tonto; so idiota.*

**SO,** abrev. de *suroeste.*

**SOAS** n. m. (gr. *psoa,* lomos). Nombre de dos músculos pares insertos en las vértebras lumbares y en el trocánter menor del fémur, que contribuyen a la flexión del muslo sobre el tronco.

**SOASAR** v. tr. [**1**]. Asar ligeramente.

**SOBA** n. f. Sobadura. **2.** *Fig.* Paliza, zurra.

**SOBACO** n. m. Concavidad que forma el arranque del brazo con el cuerpo.

**SOBADO, A** adj. Manido, ajado, muy usado. ◆ n. m. **2.** Sobadura.

**SOBADURA** n. f. Acción y efecto de sobar.

**SOBAJAR** v. tr. [**1**]. *Méx.* Humillar, rebajar.

**SOBAJEAR** v. tr. [**1**]. Sobar, manosear.

**SOBAJEO** n. m. Acción y efecto de sobajear.

**SOBANDERO** n. m. *Colomb.* Curandero que se dedica a arreglar los huesos dislocados.

**SOBAQUERA** n. f. Abertura que se deja en algunos vestidos por la parte del sobaco. **2.** Pieza con que se refuerza un vestido por la parte del sobaco.

**SOBAQUINA** n. f. Sudor de los sobacos.

**SOBAR** v. tr. [**1**]. Tocar y oprimir una cosa repetidamente para que se ablande o para amasarla o doblarla: *sobar las pieles.* **2.** Manosear mucho una cosa ajándola o estropeándola. **3.** *Fig.* Tocar o manosear a alguien. **4.** *Fig.* Golpear, pegar. **5.** *Amér.* Curar una dislocación ósea. **6.** *Argent.* Fatigar al caballo. **7.** *Argent.* y *Méx.* Masajear, friccionar alguna parte del cuerpo para aliviar una tensión o dolor. • **Sobar el lomo** *(Argent. Fam.)*, adular, alagar, dar coba. ◆ v. intr. **8.** *Fam.* Dormir.

**SOBEO** n. m. Acción y efecto de sobar.

**SOBERADO** n. m. *Chile* y *Colomb.* Desván.

**SOBERANÍA** n. f. Calidad de soberano. **2.** Dignidad o autoridad suprema: *soberanía del pueblo.* **3.** Poder de que dispone el estado de mandar, prohibir y reprimir. **4.** Calidad del poder político de un estado o de un organismo que no está sometido al control de otro estado o de otro organismo.

**SOBERANO, A** adj. y n. Que ejerce o posee la autoridad suprema o independiente. ◆ adj. **2.** Supremo, elevado, excelente y no superado: *una soberana belleza.* **3.** *Fig.* Grande, enorme: *una soberana paliza.* **4.** HERÁLD. Dícese del escudo cortinado cuyos trazos están curvados. • **Estado soberano,** estado cuyo gobierno no está sometido al control o a la tutela de otro gobierno. ◆ n. **5.** Rey, reina o príncipe gobernante de un país. ◆ n. m. **6.** Moneda de oro inglesa, acuñada por primera vez en 1489 por Enrique VII.

**SOBERBIA** n. f. (lat. *superbiam*). Estimación excesiva de sí mismo en menosprecio de los demás. **2.** Exceso de magnificencia o suntuosidad. **3.** Cólera o ira expresadas de manera descompuesta.

**SOBERBIAR** v. tr. [**1**]. *Ecuad.* Rechazar algo por soberbia.

**SOBERBIO, A** adj. Que tiene soberbia o está dominado por ella. **2.** Que tiene altivez y arrogancia. **3.** *Fig.* Grandioso, magnífico: *un palacio soberbio.* **4.** Grande o de grandes proporciones: *un soberbio puñetazo.* **5.** *Fig.* Fogoso, violento.

**SOBÓN, NA** adj. y n. *Fam.* Que soba. **2.** *Fam.* Que por sus excesivas caricias y halagos se hace fastidioso.

**SOBORDO** n. m. Acción de confrontar la carga de un buque con la documentación. **2.** Libro o documento en que el capitán anota el cargamento.

**SOBORNABLE** adj. Que se deja sobornar.

**SOBORNADOR, RA** adj. y n. Que soborna.

**SOBORNAR** v. tr. (lat. *subornare*) [**1**]. Corromper con dádivas o conseguir por algún medio que una persona haga algo en favor de uno.

**SOBORNO** n. m. Acción y efecto de sobornar. **2.** Cosa con que se soborna.

**SOBRA** n. f. Exceso de cualquier cosa sobre su justo ser, peso o valor. • **De sobra,** sobrante, en abundancia, en cantidad más que suficiente. ◆ **sobras** n. m. pl. **2.** Restos, parte que queda de una cosa después de haber utilizado de ella lo necesario. **3.** Desperdicios, desechos.

**SOBRADO, A** adj. Abundante, en mucha cantidad o en cantidad o calidad mayor a lo necesario: *tener tiempo sobrado.* **2.** *Chile.* Enorme, colosal. **3.** *Chile. Desp.* Dícese de la persona arrogante que se muestra convencida de su propia valía. **4.** *Chile. Fig.* y *fam.* Que excede de cierto límite. ◆ adv. m. **5.** De manera abundante.

**SOBRADOR, RA** adj. y n. *Argent.* Dícese de la persona que acostumbra a sobrar a los otros.

**SOBRANTE** adj. y n. m. Que sobra: *comida sobrante.* ◆ adj. **2.** Excesivo, demasiado, sobrado: *tener dinero sobrante.*

**SOBRAR** v. intr. (lat. *superare*) [**1**]. Haber más de lo necesario o conveniente de algo. **2.** Estorbar, entorpecer, estar de más: *aquí hay gente que sobra.* **3.** Restar, quedar algo de una cosa: *aún sobra un poco de tela.* ◆ v. tr. **4.** *Argent.* Tratar a los demás con superioridad.

**SOBRASADA** n. f. Embutido típico de Baleares, de carne de cerdo muy picada y sazonada con sal, pimienta y pimentón molido.

**SOBRE** n. m. Bolsa de papel que sirve para contener cartas u otros escritos, y en la que se suelen consignar el nombre y dirección del destinatario.

**SOBRE** prep. (lat. *super*). Encima, por encima de: *volar sobre Madrid.* **2.** Acerca de: *un tema sobre arte.* **3.** Además de. **4.** Base o garantía de un préstamo: *prestar sobre joyas.* **5.** Con dominio y superioridad: *mandar sobre los demás.* **6.** Expresa aproximación en una cantidad o número: *vendré sobre las tres.* **7.** Orientación: *la casa da sobre el mar.* **8.** Se utiliza como elemento compositivo que aumenta la significación de la palabra con que se junta: *sobrecargar, sobrealimentación.*

**SOBREABUNDANCIA** n. f. Acción y efecto de sobreabundar.

**SOBREABUNDANTE** adj. Que sobreabunda.

**SOBREABUNDAR** v. intr. [**1**]. Abundar mucho, haber suficientemente y de sobra.

**SOBREALIMENTACIÓN** n. f. Acción y efecto de sobrealimentar. **2.** Aumento de la cantidad y calidad del alimento ingerido por un individuo o un animal. **3.** Alimentación de un motor de combustión interna con aire a una presión superior a la atmosférica.

**SOBREALIMENTAR** v. tr. y pron. [**1**]. Dar más alimento del normalmente necesario.

**SOBREÁTICO** n. m. Piso situado encima del ático.

**SOBREBOTA** n. f. *Amér. Central.* Polaina de cuero curtido.

**SOBRECALENTAMIENTO** n. m. Acción de sobrecalentar. **2.** Estado inestable de un líquido cuya temperatura es superior a su punto de ebullición. **3.** Elevación de la temperatura de un vapor que corresponde a su presión. **4.** Calentamiento intenso de un metal o de una aleación, sin que se produzca fusión ni siquiera parcialmente.

**SOBRECALENTAR** v. tr. [**1**]. Calentar una sustancia a una temperatura por encima de su punto de cambio de estado, sin que éste se produzca. **2.** Calentar un metal hasta el sobrecalentamiento.

**SOBRECAMA** n. f. *Ecuad.* Especie de boa.

**SOBRECARGA** n. f. Exceso de carga. **2.** *Fig.* Nuevo motivo de preocupación, sufrimiento, etc. **3.** Impresión tipográfica, de carácter oficial, que se estampa en un sello de correos para alterar su valor, modificar su empleo, conmemorar un acontecimiento, etc. **4.** Elevación o exceso de carga fiscal, expresado como relación entre los tributos pagados y la renta o ingresos del contribuyente. **5.** Forma de handicap reservada a las carreras de caballos a galope. • **Sobrecarga ponderal** (MED.), exceso de peso corporal.

**SOBRECARGAR** v. tr. [**1b**]. Cargar algo más de lo conveniente o más de lo que se carga normalmente.

**SOBRECARGO** n. m. Miembro superior de la tripulación que, en los buques mercantes, tiene a su cuidado la carga y las funciones administrativas que le encomienda el naviero o cargador. **2.** Ayudante de vuelo.

**SOBRECEJA** n. f. Parte de la frente inmediata a las cejas.

**SOBRECOGER** v. tr. [**2b**]. Coger desprevenido, sorprender. ◆ v. tr. y pron. **2.** Asustar, espantar, causar mucho miedo.

**SOBRECOGIMIENTO** n. m. Acción de sobrecoger.

**SOBRECOMPRESIÓN** n. f. Aumento de la compresión de un cuerpo, sea por reducción de volumen, sea por elevación de la presión a que se le somete. **2.** Método que consiste en realizar, en un motor de avión, una compresión variable con la altitud.

**SOBRECOMPRIMIDO, A** adj. Relativo a la sobrecompresión. • **Motor sobrecomprimido,** motor en el cual el grado de compresión de la mezcla detonante se lleva al máximo.

**SOBRECONGELACIÓN** n. f. Congelación rápida a muy baja temperatura.

**SOBRECONGELADO, A** adj. y n. m. Dícese de una sustancia alimenticia conservada por sobrecongelación.

**SOBRECONGELADOR** n. m. Aparato para sobrecongelar.

**SOBRECONGELAR** v. tr. [**1**]. Congelar rápidamente a temperatura muy baja.

**SOBRECUBIERTA** n. f. Cubierta que se pone sobre otra como protección. **2.** Cubierta, generalmente de papel y con alguna ilustración relativa al contenido del libro, que se coloca sobre la encuadernación. **3.** Cubierta de un barco situada encima de la principal.

**SOBRECUELLO** n. m. Segundo cuello sobrepuesto al de una prenda de vestir.

**SOBREDICHO, A** adj. Mencionado anteriormente en el mismo escrito o discurso.

**SOBREDIMENSIONAR** v. tr. [**1**]. Hacer que una cosa tenga o parezca tener un tamaño o una importancia superior a las reales: *la televisión sobredimensionó el problema.*

**SOBREDORAR** v. tr. [**1**]. Dorar los metales, especialmente la plata.

**SOBREDOSIS** n. f. Administración de una dosis excesiva de medicamento, en especial de estupefacientes.

**SOBREEDIFICAR** v. tr. [**1a**]. Construir una edificación sobre otra.

**SOBREENTENDER** v. tr. y pron. [**2d**]. Sobrentender.

**SOBREESDRÚJULO, A** adj. Sobresdrújulo.

**SOBREEXCITACIÓN** n. f. Acción y efecto de sobreexcitar.

**SOBREEXCITAR** v. tr. y pron. [**1**]. Aumentar en exceso o excitar mucho la energía vital o actividad de un órgano o de todo el organismo.

**SOBREEXPONER** v. tr. [**5**]. Sobrexponer.

**SOBREEXPOSICIÓN** n. f. Sobrexposición.

**SOBREFALDA** n. f. Falda corta que se coloca como adorno sobre otra.

**SOBREFAZ** n. f. Superficie o cara exterior de las cosas.

**SOBREFUNDIDO, A** adj. Que está en estado de sobrefusión.

**SOBREFUSIÓN** n. f. Estado de un cuerpo que permanece líquido a una temperatura inferior a su temperatura de fusión.

**SOBREGIRAR** v. tr. [**1**]. *Méx.* Sobrepasar el límite de crédito autorizado o los fondos de una cuenta bancaria.

**SOBREGIRO** n. m. Giro o libranza que excede de los fondos o créditos disponibles.

**SOBREHILADO** n. m. Basta o hilván de puntadas flojas y largas, que se hace en el borde u orilla de una tela para que no se deshilache. SIN.: *sobrehílo.*

**SOBREHILAR** v. tr. [**1u**]. Hacer un sobrehilado.

**SOBREHUMANO, A** adj. Superior a lo humano, que excede las posibilidades humanas: *esfuerzo sobrehumano.*

**SOBREIMPOSICIÓN** n. f. GEOGR. Fenómeno que ocasiona un curso de agua al cortar, debido a su hundimiento, estructuras geológicas diferentes de aquellas sobre las que se había instalado.

**SOBREIMPRESIÓN** n. f. FOT. Impresión de dos o más imágenes sobre una misma emulsión fotoquímica. • **Barniz,** o **esmalte, de sobreimpresión** (ART. GRÁF.), especie de barniz o esmalte que se aplica a una impresión para protegerla y darle un aspecto brillante. *(V. ilustración pág. 930.)*

**SOBRELLEVAR** v. tr. [**1**]. Aguantar, soportar: *sobrellevar una pena, una enfermedad.*

**SOBREMANERA** adv. m. Muy o mucho más de lo normal.

**SOBREMARCHA** n. f. Superdirecta.

**SOBREMESA** n. f. Tiempo durante el cual, después de haber comido, los comensales siguen reunidos. • **De sobremesa,** pensado a propósito para colocar sobre una mesa u otro mueble: *lámpara de sobremesa.*

**SOBREMOLDE** n. m. Molde obtenido a partir de un objeto moldeado.

**SOBREMOLDEAR** v. tr. [**1**]. Moldear una figura en un molde obtenido de un objeto moldeado.

**SOBRENADAR** v. intr. [**1**]. Mantenerse encima de un líquido sin hundirse o sin mezclarse con él.

**SOBRENATURAL** adj. Que excede a las leyes y fuerzas de la naturaleza: *poder sobrenatural.* **2.** Extraordinario, sobrecogedor: *una escena sobrenatural.* **3.** TEOL. Que no pertenece a la naturaleza ni es consecuencia o exigencia de la misma.

**SOBRENOMBRE** n. m. Nombre que se añade o que sustituye al nombre de alguien, y que suele aludir a un rasgo característico de su persona o de su vida. **2.** Apodo o cualquier nombre usado para designar a una persona en vez de hacerlo con su propio nombre.

sobreimpresión

**SOBRENTENDER** v. tr. y pron. [**2d**]. Entender algo que no está expreso en un discurso o escrito pero que está implícito en ellos.

**SOBRENTENDIDO** n. m. Lo que no está expresado y se da por supuesto en una conversación, discurso, etc.

**SOBREPAGA** n. f. Cantidad añadida a la paga ordinaria.

**SOBREPASAR** v. tr. [**1**]. Rebasar o exceder de cierta cosa, cantidad o límite: *sobrepasar los bordes de una vasija.* **2.** Superar, aventajar a otro en una actitud, evolución o progreso: *sobrepasar a alguien en estudios.*

**SOBREPASTADO, A** adj. Dícese de los prados excesivamente pastados por el ganado.

**SOBREPELLIZ** n. f. REL. Túnica corta de tela fina y blanca que se lleva por encima de la sotana.

**SOBREPESO** n. m. Exceso en una carga. **2.** Excesiva acumulación de grasa en el cuerpo.

**SOBREPONER** v. tr. [**5**]. Añadir o aplicar algo encima de otra cosa. **2.** Poner por encima de otras personas o cosas, en consideración, rango o autoridad: *sobreponer el deber a la diversión.* ◆ **sobreponerse** v. pron. **3.** *Fig.* Dominar los impulsos del ánimo o no dejarse abatir por las adversidades.

**SOBREPRECIO** n. m. Recargo en el precio ordinario.

**SOBREPRIMA** n. f. Prima que se paga en los seguros, además de la normal, para garantizar algunos riesgos excepcionales.

**SOBREPRODUCCIÓN** n. f. Producción excesiva de un producto o de una serie de productos, que rebasa la demanda o las necesidades de los consumidores. SIN.: *superproducción.*

**SOBREPUJAR** v. tr. [**1**]. Exceder, superar una persona o cosa a otra en la cualidad o línea que se expresa.

**SOBRERO, A** adj. Sobrante, que sobra. **2.** TAUROM. Dícese del toro de reserva que se tiene preparado por si no puede lidiarse alguno de los destinados a una corrida.

**SOBRESALIENTE** adj. y n. m. y f. Que sobresale: *ángulo sobresaliente.* ◆ n. m. **2.** Nota superior a la de notable en la calificación de exámenes. **3.** TAUROM. Diestro de reserva que se anuncia en algunas corridas para sustituir, llegado el caso, a alguno de los matadores. **4.** TAUROM. Subalterno de la cuadrilla del rejoneador que a menudo remata la res.

**SOBRESALIR** v. intr. [**28**]. Exceder en figura, tamaño, etc. **2.** *Fig.* Ser más importante o tener en mayor grado una cualidad o característica.

**SOBRESALTAR** v. tr. y pron. [**1**]. Asustar, provocar un temor.

**SOBRESALTO** n. m. Sorpresa, alteración del ánimo por un suceso repentino. **2.** Temor o susto repentino. **3.** Movimiento brusco, involuntario, consecutivo a un estímulo síquico intenso.

**SOBRESATURACIÓN** n. f. Acción de sobresaturar. **2.** Estado de una solución sobresaturada.

**SOBRESATURADO, A** adj. GEOL. Dícese de una roca magmática que contiene cuarzo.

**SOBRESATURAR** v. tr. [**1**]. Obtener una solución más concentrada que la solución saturada.

**SOBRESCRITO** n. m. Lo que se escribe en el sobre o en la parte exterior de un pliego o paquete para darle dirección. **2.** El mismo sobre con la dirección.

**SOBRESDRÚJULO, A** adj. LING. Dícese de la palabra acentuada en la sílaba anterior a la antepenúltima.

**SOBRESEER** v. tr. e intr. [**2i**]. DER. Suspender la tramitación de una causa por entender el tribunal que no hay motivo para proseguirla o por no existir suficientes pruebas.

**SOBRESEIMIENTO** n. m. DER. Acción y efecto de sobreseer.

**SOBRESTANTE** n. m. Persona que dirigiendo a un cierto número de obreros ejecuta determinadas obras bajo la dirección de un técnico.

**SOBRESTIMAR** v. tr. [**1**]. Estimar algo o a alguien por encima de su valor o merecimiento.

**SOBRESUELDO** n. m. Salario o consignación que se añade al sueldo fijo.

**SOBRETASA** n. f. Tasa suplementaria. • **Sobretasa postal,** tasa suplementaria que se aplica al destinatario de un envío insuficientemente franqueado; tasa suplementaria exigida para un envío más rápido.

**SOBRETASAR** v. tr. [**1**]. Gravar con una sobretasa.

**SOBRETENSIÓN** n. f. Tensión eléctrica superior al valor más elevado que puede existir, en régimen normal, en una línea o circuito eléctrico.

**SOBRETODO** n. m. Prenda de vestir que se pone encima del traje completo.

**SOBREVENIR** v. intr. [**21**]. Suceder un accidente o cualquier cosa improvisada o repentinamente. **2.** Suceder una cosa además o después de otra. **3.** Venir al tiempo, a la sazón.

**SOBREVIRADOR, RA** adj. Dícese de un vehículo automóvil que sobrevira.

**SOBREVIRAJE** n. m. Acción y efecto de sobrevirar.

**SOBREVIRAR** v. intr. [**1**]. Tender el puente trasero de un vehículo automóvil a patinar o deslizarse lateralmente hacia el exterior de la curva.

**SOBREVIVIENTE** adj. y n. m. y f. Superviviente.

**SOBREVIVIR** v. intr. [**3**]. Seguir viviendo después de la muerte de alguna persona, o después de determinada fecha o suceso ocurrido.

**SOBREVOLAR** v. tr. [**1r**]. Volar sobre un lugar, ciudad, territorio, etc.

**SOBREXPONER** v. tr. [**5**]. FOT. Someter a un tiempo de exposición excesivo.

**SOBREXPOSICIÓN** n. f. FOT. Exposición demasiado prolongada de una superficie sensible a la luz.

**SOBRIEDAD** n. f. Calidad de sobrio.

**SOBRINO, A** n. (lat. *sobrinum*). Con respecto a una persona, hijo o hija de un hermano o hermana y también hijo de un primo o prima.

**SOBRIO, A** adj. (lat. *sobrium*). Moderado, especialmente en el beber. **2.** Que denota moderación, no exagerado: *una cena sobria.* **3.** Sin adornos superfluos: *un traje sobrio.* ◆ adj. y n. **4.** Que no está borracho.

**SOCA** n. f. *Amér.* Último retoño de la caña de azúcar, que sirve para trasplantarla. **2.** *Bol.* Brote de la cosecha de arroz.

**SOCAIRE** n. m. Abrigo que ofrece una cosa por sotavento, o lado opuesto a aquel donde sopla el viento. • **Al socaire,** al abrigo o al amparo de algo.

**SOCALIÑA** n. f. Ardid o petición insistente con que se saca a alguien algo que no está obligado a dar.

**SOCAPA** n. f. Pretexto con que se encubre la verdadera intención de algo.

**SOCAPAR** v. tr. [**1**]. *Bol.* Encubrir faltas ajenas.

**SOCAR** v. tr. y pron. [**1a**]. *Amér. Central.* Embriagar, emborrachar.

**SOCARRAR** v. tr. y pron. [**1**]. Quemar o tostar superficialmente una cosa.

**SOCARRINA** n. f. *Fam.* Acción y efecto de socarrarse algo.

**SOCARRÓN, NA** adj. y n. Que con palabras aparentemente serias o ingenuas se burla disimuladamente.

**SOCARRONERÍA** n. f. Cualidad de socarrón.

**SOCAVACIÓN** n. f. GEOMORFOL. Remoción de materiales localizada por las corrientes de agua.

**SOCAVAR** v. tr. [**1**]. Excavar por debajo de algo, dejándolo sin apoyo y con riesgo de hundirse: *socavar los cimientos.* **2.** *Fig.* Debilitar algo física o moralmente: *socavar la fe en alguien.*

**SOCAVÓN** n. m. Cueva excavada en la ladera de un cerro o monte. **2.** Hundimiento que se produce en el suelo, principalmente por una corriente de agua subterránea.

**SOCCER** n. m. (voz inglesa). Variedad del juego del fútbol que se practica en E.U.A.

**SOCHE** n. m. *Colomb.* y *Ecuad.* Mamífero similar al ciervo.

**SOCIABILIDAD** n. f. Calidad de una persona sociable. **2.** Manera de agruparse las especies en el seno de una asociación. **3.** SOCIOL. Carácter de las relaciones entre las personas.

**SOCIABLE** adj. Que busca la compañía de sus semejantes. **2.** Que tiene facilidad para relacionarse con los demás y disfruta con ello.

**SOCIAL** adj. (lat. *socialem*). Que concierne a la sociedad, a una colectividad humana: *clases sociales.* **2.** Que vive en sociedad: *animal social.* **3.** Que concierne a una sociedad comercial: *razón social, firma social.* **4.** Que concierne al mejoramiento de la condición de los trabajadores: *una política social.* **5.** Que concierne a las relaciones entre grupos, entre clases de la sociedad: *clima social.* • **Ciencias sociales,** conjunto de ciencias (sociología, economía, etc.) que estudian los grupos humanos, su comportamiento, su evolución, etc. ‖ **Comportamiento social,** conjunto de relaciones interindividuales que se dan en diversas especies animales. ‖ **Legislación social,** conjunto de las disposiciones legislativas y reglamentarias que intervienen en favor de los individuos y de la familia para la solidaridad de la colectividad organizada. ‖ **Trabajadores sociales,** en una colectividad, establecimiento, etc., personas cuyo estatuto consiste en aportar una ayuda y prestar un servicio a los miembros de esta colectividad o establecimiento.

**SOCIALDEMOCRACIA** n. f. Denominación del partido socialista en ciertos países, especialmente en Alemania, Austria y los países escandinavos. **2.** Conjunto de las organizaciones y los políticos vinculados al socialismo parlamentario y reformista.

**SOCIALDEMÓCRATA** adj. y n. m. y f. Relativo a la socialdemocracia; partidario de la socialdemocracia.

**SOCIALISMO** n. m. Sistema de organización económica, social y política, que propugna la propiedad pública de los medios de producción e intercambio. **2.** Movimiento político que intenta establecer este sistema. • **Socialismo real,** denominación dada a la práctica económica, política y social de los regímenes llamados comunistas.
■ En la base del socialismo se halla la denuncia de las desigualdades sociales, que realizó el *socialismo utópico*. Los sansimonianos (Enfantin, Bazard) y los asociacionistas (Fourier, Owen) preconizaban la sustitución del régimen de propiedad privada por una socialización estatal o por un federalismo de asociaciones de productores, que se concretó en el movimiento cooperativista. Con Marx y Engels apareció el *socialismo científico* o *marxismo*, que declaró que la transformación de estructuras es consecuencia lógica de las contradicciones del sistema capitalista. El marxismo constituyó el fundamento teórico de muchos partidos socialistas. A partir de 1945, con el término *socialdemocracia* se designa a los partidos que, sin abdicar totalmente de los principios socialistas, se han convertido en partidos interclasistas.

**SOCIALISTA** adj. y n. m. y f. Relativo al socialismo; adepto de esta doctrina; miembro de un partido socialista.

**SOCIALIZACIÓN** n. f. Acción y efecto de socializar.

**SOCIALIZADOR, RA** adj. Que socializa.

**SOCIALIZAR** v. tr. **[1g]**. Transferir al estado las propiedades particulares, sean agrícolas, industriales o financieras, con el fin de que sus beneficios reviertan sobre toda la sociedad. **2.** Adaptar a un individuo a las exigencias de la vida social.

**SOCIEDAD** n. f. (lat. *societatem*). Reunión permanente de personas, pueblos o naciones, que conviven y se relacionan bajo unas leyes comunes. **2.** Agrupación de individuos con el fin de cumplir, mediante la mutua cooperación, todos o alguno de los fines de la vida: *las abejas viven en sociedad.* **3.** Reunión de personas con fines recreativos, culturales, deportivos o benéficos: *sociedad de amigos de los libros.* **4.** Trato o relación de unos seres con otros. **5.** Conjunto de personas que viven según unas determinadas formas de comportamiento: *la sociedad a que pertenece tiene sus exigencias.* **6.** DER. Agrupamiento de diversas personas que han puesto algo en común para compartir el beneficio que pueda resultar de ello, y al que la ley reconoce una personalidad moral, o jurídica, considerada como propietaria del patrimonio social. **7.** DER. Contrato que da origen a este agrupamiento. • **Alta,** o **buena, sociedad,** conjunto de personas que destacan por su condición social, por su fortuna, etc. ‖ **Entrar,** o **presentarse, en sociedad,** iniciar una muchacha de clase elevada su vida social asistiendo a un baile de gala. ‖ **Sociedad civil,** el cuerpo social, por oposición a la clase política. ‖ **Sociedad de consumo** → ***consumo.*** ‖ **Sociedad secreta** (HIST.), asociación cuyos miembros mantienen en secreto su calidad de tales.

**SOCIETARIO, A** adj. Que forma parte de un movimiento asociacionista obrero, especialmente de tipo sindical o mutualista. **2.** Relativo a una sociedad mercantil.

**SOCINIANISMO** n. m. Doctrina del reformador italiano Socino (1525-1562), opuesta a los dogmas de la divinidad de Jesucristo y de la Trinidad, a los que consideraba incompatibles con el monoteísmo.

**SOCIO, A** n. (lat. *socium,* compañero). Persona asociada con otra u otras para algún fin. **2.** Persona miembro de alguna asociación. **3.** *Fam.* Amigo, compañero, compinche.

**SOCIOBIOLOGÍA** n. f. Corriente de pensamiento de origen anglosajón que afirma que, en el análisis de los hechos biológicos, lo que es innato en el comportamiento humano puede servir de explicación científica para ciertos fenómenos sociales.

**SOCIOCENTRISMO** n. m. Tendencia a concentrar la atención en la sola dimensión social de los acontecimientos históricos, pasados o actuales.

**SOCIOCULTURAL** adj. Relativo a las estructuras sociales y a la cultura que contribuye a caracterizarlas.

**SOCIODRAMA** n. m. Forma de sicodrama dirigido a un grupo y que tiende a una catarsis colectiva.

**SOCIODRAMÁTICO, A** adj. Relativo al sociodrama.

**SOCIOECONÓMICO, A** adj. Que interesa a la sociedad definida en términos económicos.

**SOCIOEDUCATIVO, A** adj. Que interesa a la educación colectiva y a la difusión de la cultura.

**SOCIOLINGÜÍSTICA** n. f. Ciencia que estudia las relaciones entre el lenguaje, la cultura y la sociedad.

**SOCIOLOGÍA** n. f. Estudio de los fenómenos socioculturales que surgen de la interacción entre los individuos y entre los individuos y el medio. **2.** Estudio de los fenómenos religiosos, económicos, artísticos, etc., desde el punto de vista de las implantaciones sociales: *sociología de la religión; sociología del arte.*
■ Se considera que la sociología, en tanto que estudio de la formación y del funcionamiento de la sociedad, fue fundada por Auguste Comte, quien la llamó ciencia positiva. Karl Marx, sin ser teórico de la sociología, aportó una descripción de la economía de su tiempo que se reveló fecundísima para los sociólogos que le siguieron. Durkheim fue el primero, que en contra de Marx, abrió la vía al estudio concreto y metódico de los hechos sociales (*Las reglas del método sociológico,* 1894). Tras él, Max Weber (1864-1920), Paul Felix Lazarsfeld (1901-1976) y Talcott Parsons (1902-1979) contribuyeron a precisar los métodos y objetivos de la sociología.

**SOCIOLÓGICO, A** adj. Relativo a la sociología.

**SOCIOLOGISMO** n. m. Doctrina que afirma la primacía epistemológica de los hechos sociales y de la sociología que los estudia.

**SOCIÓLOGO, A** n. Especialista en sociología.

**SOCIOMETRÍA** n. f. Estudio de las relaciones interindividuales de los miembros de un mismo grupo, mediante métodos que permiten medir estas relaciones con ayuda de índices numéricos.

**SOCIOMÉTRICO, A** adj. Relativo a la sociometría.

**SOCIOPROFESIONAL** adj. Que caracteriza a un grupo humano por el sector económico y el nivel en la jerarquía social en el que se sitúa.

**SOCIOSICOANÁLISIS** n. m. Movimiento sociológico que pretende estudiar los fenómenos sociales con la ayuda de la teoría y los conceptos del sicoanálisis.

**SOCIOTERAPIA** n. f. SIQUIATR. Conjunto de medios que tienen por objeto la reducción de los trastornos mentales mediante la utilización de la interacción entre el individuo y su medio vital.

**SOCOLAR** v. tr. **[1r]**. *Colomb., Ecuad., Hond.* y *Nicar.* Rozar, limpiar de maleza un terreno.

**SOCOLLÓN** n. m. *Amér. Central* y *Cuba.* Sacudón, sacudida violenta.

**SOCONUSCO** n. m. Mezcla de polvos de vainilla y otras especias aromáticas, que se ponía en el chocolate para darle aroma y sabor. SIN.: *polvos de soconusco.* **2.** *Fam.* Chocolate cocido.

**SOCORRER** v. tr. **[2]**. Ayudar en una necesidad o salvar de un peligro apremiante: *socorrer a los pobres, a los damnificados.*

**SOCORRIDO, A** adj. Que fácilmente y con frecuencia sirve para resolver una dificultad: *tema socorrido; solución muy socorrida.* **2.** Acondicionado o provisto de las cosas útiles o necesarias para resolver o solucionar un problema o dificultad.

**SOCORRISMO** n. m. Conjunto de primeros auxilios, de índole práctica y terapéutica, para la ayuda inmediata de quienes se hallan en peligro.

**SOCORRISTA** n. m. y f. Persona especialmente adiestrada para prestar socorro en caso de accidente.

**SOCORRO** n. m. Ayuda o asistencia que se presta a alguien que se encuentra en un peligro o necesidad, generalmente grave o apremiante. **2.** Aquello con que se socorre. **3.** En términos militares, contingente que acude en ayuda de otro. **4.** Provisión de municiones que se lleva a un cuerpo o plaza. • **Centro de socorro,** lugar de estacionamiento o aparcamiento del material del cuerpo de bomberos. ‖ **Señales de socorro,** señales hechas por un buque para pedir auxilio. ‖ **¡Socorro!,** exclamación que sirve para pedir ayuda en algún peligro.

**SOCOYOTE** n. m. *Méx.* Hijo menor de una familia, benjamín. SIN.: *xocoyote.*

**SOCRÁTICO, A** adj. Relativo a Sócrates y a su filosofía.

**SOCUCHO** n. m. *Amér.* Cuchitril, sucuyo.

**SODA** n. f. (voz inglesa). Agua efervescente, obtenida por la adición de bicarbonato sódico y ácido tartárico.

**SODADO, A** adj. Que contiene sodio o sosa.

**SODAR** n. m. Aparato basado en el principio del radar traspuesto a las ondas acústicas, que sirve para medir a distancia los parámetros físicos de la baja atmósfera.

**SODERO** n. m. *Argent.* Persona que reparte soda.

**SÓDICO, A** adj. Que contiene sodio.

**SODIO** n. m. (de *sosa*). Metal de símbolo Na, número atómico 11, masa atómica 22,98 y densidad 0,97, blanco y blando, muy extendido en la naturaleza en estado de cloruro (sal marina y sal gema) y de nitrato.

**SODOKU** n. m. (voz japonesa). Enfermedad infecciosa debida a un espirilo, transmitida por la mordedura de la rata, típica de Extremo oriente y que se manifiesta por accesos febriles y erupción cutánea.

**SODOMÍA** n. f. (de *Sodoma*). Práctica del coito anal.

**SODOMITA** adj. y n. m. Que practica la sodomía.

**SODOMÍTICO, A** adj. Relativo a la sodomía.

**SODOMIZAR** v. tr. **[1g]**. Poseer sexualmente a alguien por sodomía.

**SOEZ** adj. Grosero, ofensivo, de mal gusto: *acción, palabra soez.*

**SOFÁ** n. m. (fr. *sofa*) [pl. *sofás*]. Asiento mullido, con respaldo y brazos, para dos o más personas.

**SOFÁ-CAMA** n. m. Sofá transformable en cama.

**SOFIÓN** n. m. Bufido, demostración de enfado. **2.** ARM. Trabuco.

**SOFISMA** n. m. Razonamiento que sólo es lógicamente correcto en apariencia, y que es concebido con la intención de inducir a error.

**SOFISTA** n. m. y f. (gr. *sophistēs*). Entre los antiguos griegos, filósofo retórico. **2.** Persona que usa sofismas o se vale de ellos.

**SOFÍSTICA** n. f. Movimiento intelectual desarrollado en Grecia, especialmente en Atenas, en la segunda mitad del s. V a. J.C., representado por los sofistas.

**SOFISTICACIÓN** n. f. Acción y efecto de sofisticar.

**SOFISTICADO, A** adj. Que carece de naturalidad por exceso de rebuscamiento. **2.** Dícese de un aparato o de una técnica muy perfeccionados, de una gran complejidad.

**SOFISTICAR** v. tr. **[1a]**. Falsear con sofismas un razonamiento. **2.** Falsificar, adulterar. **3.** *Fig.* Dar exceso de artificio o de refinamiento, quitando naturalidad. **4.** *Fig.* Perfeccionar al máximo.

**SOFÍSTICO, A** adj. Relativo al sofisma, o que incluye sofismas. **2.** Aparente, fingido con sutileza.

**SOFITO** n. m. (ital. *soffito*). ARQ. Plano inferior de un cuerpo voladizo, especialmente debajo de un goterón. **2.** Intradós de un arco.

**SOFLAMA** n. f. Llama tenue o reverberación del fuego. **2.** *Fig.* Expresión artificiosa con la que se intenta engañar. **3.** *Fig.* Arenga, discurso ardoroso con que se intenta arrastrar a una acción: *soflamas revolucionarias.*

**SOFLAMAR** v. tr. y pron. **[1]**. Tostar, requemar en la llama.

**SOFOCACIÓN** n. f. Acción y efecto de sofocar o sofocarse. **2.** MED. Nombre genérico de las asfixias por dificultad respiratoria; disnea. **3.** Sofoco.

**SOFOCANTE** o **SOFOCADOR, RA** adj. Que sofoca.

**SOFOCAR** v. tr. (lat. *suffocare*) **[1a]**. Producir sensación de ahogo, impedir la respiración: *el humo me ha sofocado.* **2.** Dominar, extinguir, impedir que siga desarrollándose una cosa: *sofocar la revolución, un incendio.* ◆ v. tr. y pron. **3.** *Fig.* Abochornar, sonrojar: *tantas alabanzas le han sofocado.* ◆ **sofocarse** v. pron. **4.** Sufrir una congestión. **5.** Padecer sensación de ahogo. **6.** *Fig.* y *fam.* Irritarse, disgustarse o excitarse por algo.

**SOFOCO** n. m. Acción y efecto de sofocar o sofocarse. **2.** MED. Oleada de calor, de naturaleza congestiva, que aparece por lo general en la cara, especialmente durante la menopausia. SIN.: *sofocación.*

**SOFOCÓN** n. m. *Fam.* Desazón, disgusto o enfado muy grande.

**SOFOQUINA** n. f. *Fam.* Bochorno, calor sofocante. **2.** *Fig.* Disgusto o enfado grande.

**SÓFORA** n. f. Planta arbórea ornamental, de 15 a 30 m de alt., originaria de Extremo oriente. (Familia papilionáceas.)

**SOFREÍR** v. tr. [**25a**]. Rehogar o freír ligeramente.

**SOFRENAR** v. tr. [**1**]. Reprimir el jinete a la caballería tirando violentamente de las riendas. **2.** *Fig.* Refrenar una pasión del ánimo.

**SOFRITO** n. m. Preparación culinaria, generalmente a base de tomate o cebolla fritos.

**SOFROLOGÍA** n. f. Método destinado a dominar las sensaciones dolorosas y el malestar síquico con técnicas de relajación parecidas al hipnotismo.

**SOFTWARE** n. m. (voz inglesa). INFORMÁT. Conjunto de programas, procesados y reglados, y eventualmente documentación, relativos al funcionamiento de un conjunto de tratamiento de información.

**SOGA** n. f. Cuerda gruesa de esparto, trenzada o retorcida. **2.** Parte de un sillar o ladrillo que queda descubierta en el paramento del muro. • **A soga,** manera de construir cuando la dimensión más larga de la piedra, ladrillo, etc., se coloca paralelamente a la dirección del muro. ‖ **Con la soga al cuello,** amenazado de un grave riesgo o en situación muy apurada.

**SOGUEARSE** v. pron. [**1**]. *Colomb.* Burlarse de alguien.

**SOGUERO, A** n. Persona que hace o vende sogas.

**SOGUILLA** n. f. Soga trenzada y delgada.

**SOGÚN** n. m. Shōgun.

**SOGUNAL** adj. Shōgunal.

**SOIRÉE** n. f. (voz francesa). Fiesta vespertina de sociedad.

**SOJA** o **SOYA** n. f. (jap. *soy*). Planta oleaginosa trepadora, de características parecidas a la judía, originaria de Asia, que da semillas de las que se obtiene aceite y harina, y tallos utilizados como hortaliza y como forraje.

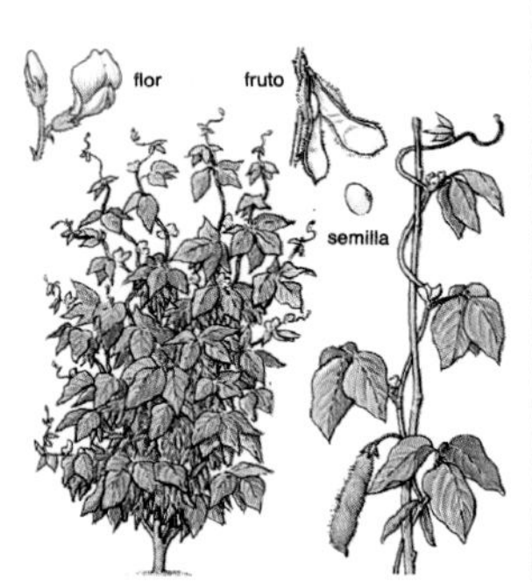

soja

**SOJUZGADOR, RA** adj. y n. Que sojuzga.

**SOJUZGAR** v. tr. (lat. *subiugare*) [**1b**]. Someter, dominar o mandar con violencia.

**SOL** n. m. (lat. *solem*). Estrella luminosa alrededor de la cual gravitan la Tierra y los demás planetas del sistema solar. (Con este significado suele escribirse con mayúscula.) **2.** Luz, radiación o influjo solar. **3.** Astro considerado como el centro de un sistema planetario: *cada galaxia contiene miles de soles.* **4.** Unidad monetaria principal de Perú. **5.** Porción de la plaza de toros en que da el sol al comenzar las corridas de tarde. **6.** *Fig.* Alabanza informal o apelativo cariñoso. **7.** BOT. Otro nombre del girasol. **8.** HERÁLD. Una de las figuras heráldicas. **9.** HERÁLD. En las armas reales, oro. • **Arrimarse al sol que más calienta,** servir, adular al más poderoso. ‖ **De sol a sol,** desde que sale el sol hasta que se pone. ‖ **No dejar ni a sol ni a sombra** (*Fam.*), seguir a todas horas y en todo lugar, generalmente con importunidad. ‖ **Salga el sol por Antequera,** expresión con que se indica la despreocupación de las consecuencias de una determinación o hecho. ‖ **Ser un sol** (*Fig.* y *fam.*), ser una persona de gran encanto, bondad o belleza. ‖ **Sol de justicia,** el muy fuerte y abrasador. ‖ **Tomar el sol,** ponerse en el lugar adecuado para gozar de él recibiendo sus radiaciones.

■ El Sol es una estrella cuya energía proviene de las reacciones termonucleares de fusión del hidrógeno en helio. Su temperatura media en la superficie se estima en 5 800 K. La superficie luminosa habitualmente visible, o fotosfera, presenta el aspecto de una red de mallas irregulares, formada por una multitud de células de convención, llamadas *gránulos,* en perfecta evolución. En esta capa, de unos 100 km de espesor, aparecen manchas oscuras de formas y extensiones muy diversas, que corresponden a zonas más frías asociadas a un campo magnético intenso. También se observan las fáculas brillantes, que son huellas en la fotosfera de estructuras situadas en una capa más elevada, la cromosfera, lugar de origen de las protuberancias. Más allá de la cromosfera, de un espesor de unos 5 000 km, la atmósfera solar se prolonga por la corona, que se extiende en el espacio hasta millones de kilómetros. El globo solar limitado por la fotosfera tiene un radio igual a 696 000 km, es decir, cerca de 109 veces el radio ecuatorial de la Tierra. Su densidad media es de 1,41, de suerte que su masa es sólo 333 000 veces la de la Tierra, por un volumen 1 300 000 veces mayor. La distancia media de la Tierra al Sol es de cerca de 150 millones de km: la radiación solar emplea unos 8 minutos en alcanzarnos.

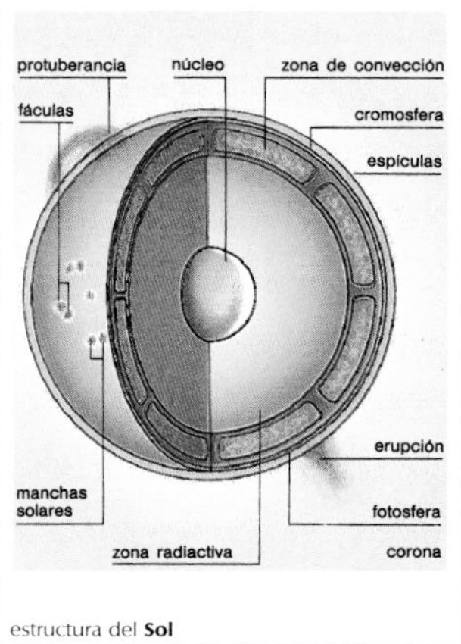

estructura del **Sol**

**SOL** n. m. MÚS. Quinto grado de la escala de do mayor. **2.** MÚS. Signo que representa esta nota.

**SOL** n. m. Dispersión coloidal de partículas en un gas (aerosol) o en un líquido.

**SOLADO** n. m. Acción y efecto de solar.

**SOLADOR, RA** n. Persona que tiene por oficio solar pisos.

**SOLADURA** n. f. Solado. **2.** Material que sirve para solar.

**SOLAMENTE** adv. m. Nada más, con exclusión de. **2.** Expresamente, con particular intento.

**SOLANA** n. f. Lugar donde da el sol de lleno. **2.** En una casa, galería donde da el sol. **3.** GEOGR. Vertiente de un valle expuesta al sol y opuesta a la umbría.

**SOLANÁCEO, A** adj. y n. f. Relativo a una familia de plantas gamopétalas, con flores de corola acampanada y bayas con muchas semillas, como la patata, el tomate, la belladona, el tabaco y la petunia.

**SOLANAR** n. m. Solana.

**SOLANO** n. m. Viento del este.

**SOLAPA** n. f. Cualquier cosa o parte de una cosa montada sobre otra, a la que cubre parcialmente. **2.** Extremo del reverso del sobre que sirve para cerrarlo. **3.** *Fig.* Ficción o apariencia para disimular una cosa. **4.** En la abertura delantera de una prenda de vestir, parte del borde que se dobla hacia afuera sobre el mismo delantero. **5.** Tapa de tela que cierra el bolsillo de algunas prendas de vestir. **6.** ENCUAD. Doblez de una sobrecubierta, o parte de la misma que da vuelta y pasa por el reverso de la tapa o cubierta de un libro.

**SOLAPAR** v. tr. [**1**]. Poner dos o más cosas de modo que cada una cubra parcialmente a la otra. **2.** Hacer solapas, o montar una parte de una prenda de vestir sobre otra. **3.** *Fig.* Disimular, ocultar algo por malicia o por cautela: *solapar las malas intenciones.* ◆ v. intr. **4.** Estar dos o más cosas de modo que cada una de ellas cubra parcialmente a la otra: *las tejas del tejado solapan.*

**SOLAR** adj. y n. m. Dícese de la casa más antigua y noble de una familia: *un caserón solar.* ◆ n. m. **2.** Suelo. **3.** Terreno en que está construido un edificio, o destinado a edificar sobre él. **4.** Linaje noble, descendencia, familia. **5.** *Cuba.* Casa de vecindad, inquilinato.

**SOLAR** adj. Relativo al Sol: *rayo, año solar.* **2.** Que protege de los rayos del Sol: *crema solar.* **3.** Relativo a la energía proporcionada por el Sol: *horno solar.* • **Célula solar,** célula fotovoltaica constituida por una unión de monocristales de semiconductor. ‖ **Central solar,** central de producción de energía eléctrica a partir de la energía solar. ‖ **Constante solar,** potencia de la radiación solar antes de su entrada en la atmósfera. ‖ **Horno solar,** aparato en el que se utiliza el calor irradiado por el Sol, para obtener temperaturas elevadas. ‖ **Panel solar,** panel utilizado en los sistemas de calefacción por energía solar como colector activo de energía. ‖ **Plexo solar** (ANAT.), plexo de los sistemas simpáticos, situado entre el estómago y la columna vertebral. ‖ **Sistema solar,** conjunto del Sol y de los astros que gravitan alrededor de él. ‖ **Viento solar,** flujo de partículas electrizadas emitido permanentemente por el Sol.

**SOLAR** v. tr. [**1r**]. Revestir el suelo con ladrillos, losas u otro material. **2.** Echar suelas al calzado.

**SOLARIEGO, A** adj. y n. De solar o linaje antiguo y noble: *hombre solariego.* ◆ adj. **2.** Antiguo y noble: *casa solariega.* ◆ n. m. **3.** En el Antiguo régimen, hombre de condición jurídica libre que, en virtud de un contrato, poblaba un dominio ajeno, recibía predios para su cultivo y quedaba sujeto al señor de la tierra.

**SOLARÍGRAFO** n. m. Aparato para medir la radiación solar.

**SOLÁRIUM** o **SOLARIO** n. m. Terraza o lugar análogo cuya orientación permite un máximo de insolación.

**SOLAZ** n. m. (provenz. *solatz*). Esparcimiento, descanso y recreo del cuerpo o del espíritu.

**SOLAZAR** v. tr. y pron. [**1g**]. Proporcionar solaz.

**SOLDABILIDAD** n. f. Propiedad que tienen ciertos materiales de soldarse.

**SOLDABLE** adj. Que puede soldarse.

**SOLDADA** n. f. Sueldo, salario o estipendio de un soldado o marinero.

**SOLDADERA** n. f. *Guat.* Mujer del soldado.

**SOLDADESCA** n. f. Ejercicio y profesión de soldado. **2.** Conjunto de soldados. **3.** Tropa indisciplinada.

**SOLDADESCO, A** adj. Relativo o propio de los soldados: *lenguaje soldadesco.*

**SOLDADO** n. m. El que sirve en la milicia. **2.** Militar sin graduación. **3.** *Fig.* Defensor, partidario de algo. **4.** En las sociedades de hormigas y de termites, individuo asexuado, destinado a la defensa de la comunidad. • **Soldado de primera,** el que puede desempeñar funciones de cabo en caso de necesidad. ‖ **Soldado desconocido,** símbolo del conjunto de soldados muertos de una nación durante las guerras. ‖ **Soldado raso,** el que carece de grado.

**SOLDADOR, RA** n. Persona que tiene por oficio soldar. ◆ n. m. **2.** Instrumento con que se suelda.

**SOLDADURA** n. f. Acción y efecto de soldar. **2.** Proceso de unión de dos piezas metálicas mediante la acción del calor. **3.** Lugar de unión de dos cosas soldadas. **4.** Material que sirve y está preparado para soldar.

**SOLDAR** v. tr. (lat. *solidare*) [**1r**]. Unir entre sí dos cosas o dos partes de una cosa. **2.** Efectuar una soldadura.

**SOLEÁ** n. f. (pl. *soleares*). Modalidad de cante flamenco. **2.** Danza que se baila con esta música. (Suele usarse en plural.)

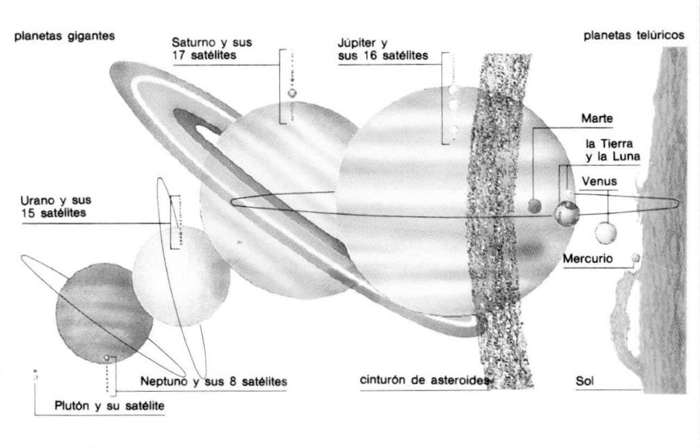


sistema **solar:** dimensiones comparadas de diferentes planetas

**SOLEAMIENTO** n. m. Acción de solear.

**SOLEAR** v. tr. y pron. [**1**]. Tener o poner al sol.

**SOLECISMO** n. m. Vicio de dicción consistente en emplear incorrectamente una expresión o en alterar la sintaxis normal de un idioma.

**SOLEDAD** n. f. Carencia de compañía, estado o circunstancia de estar solo. **2.** Lugar solitario, desierto o tierra no habitada. (Suele usarse en plural.)

**SOLEMNE** adj. (lat. *sollemnem*). Que se celebra con mucho ceremonial, esplendor y pompa: *acto solemne.* **2.** Pomposo, majestuoso, enfático: *promesa solemne; con tono solemne.* **3.** Aplicado a algunos nombres despectivos, intensifica el significado de los mismos: *una solemne tontería.*

**SOLEMNIDAD** n. f. Calidad de solemne. **2.** Acto o ceremonia solemne. **3.** Festividad solemne. **4.** Cada una de las formalidades de un acto solemne.

**SOLEMNIZAR** v. tr. [**1g**]. Celebrar, festejar de manera solemne. **2.** Engrandecer, encarecer una cosa.

**SOLENOIDAL** adj. Relativo al solenoide.

**SOLENOIDE** n. m. (gr. *sōlēn,* tubo, y *eidos,* forma). ELECTR. Hilo metálico enrollado en hélice sobre un cilindro que, cuando es recorrido por una corriente eléctrica, crea un campo magnético comparable al de un imán recto.

**SÓLEO** n. m. ANAT. Grueso músculo situado en la parte posterior de la pierna.

**SOLER** v. intr. (lat. *solere*) [**2e**]. Acostumbrar, hacer ordinariamente u ocurrir con frecuencia: *suele hablar mucho.*

**SOLERA** n. f. Madero puesto horizontalmente para que en él se ensamblen o se apoyen otros verticales, inclinados, etc. **2.** Muela del molino que está fija debajo de la volandera. **3.** *Fig.* Cualidad o conjunto de cualidades de una persona, una colectividad o una cosa, que imprime un carácter especial: *casa con solera; un actor de solera; vino de solera.* **4.** Superficie del fondo en canales y acequias. **5.** *Argent.* y *Chile.* Prenda de vestir ligera, con breteles, que usan las mujeres durante el verano. **6.** *Chile.* Encintado de las aceras. **7.** *Méx.* Baldosa, ladrillo. • **Solera de un horno,** suelo del horno o fondo refractario sobre el que se colocan las piezas para calentarlas.

**SOLETA** n. f. *Dom.* Sandalia rústica de cuero. **2.** *Méx.* Especie de galleta, de forma alargada, dulce y crujiente.

**SOLFA** n. f. Arte que enseña a leer y entonar las diversas voces de la música. **2.** Conjunto de signos con que se escribe la música. **3.** *Fig.* y *fam.* Música. **4.** *Fig.* y *fam.* Paliza, zurra. • **Poner en solfa** *(Fam.),* preparar, ordenar algo para que pueda cumplir su finalidad o pueda ser perfeccionado posteriormente.

**SOLFATARA** n. f. (ital. *solfatara,* azufral). Emanación volcánica en forma de vapor de agua, bióxido de carbono y anhídrido sulfhídrico, por cuya oxidación se forma azufre. **2.** Terreno donde se desprenden estas emanaciones.

**SOLFEADOR, RA** adj. y n. Que solfea.

**SOLFEAR** v. tr. [**1**]. Cantar un fragmento musical, pronunciando el nombre de las notas. **2.** *Fig.* y *fam.* Dar una paliza. **3.** *Fig.* y *fam.* Censurar, reprender.

**SOLFEO** n. m. (ital. *solfeggio*). Acción y efecto de solfear. **2.** Disciplina básica en la enseñanza musical tradicional.

**SOLICITACIÓN** n. f. Acción de solicitar.

**SOLICITADA** n. f. *Argent.* Artículo o noticia que un particular inserta en un periódico mediante pago.

**SOLICITADOR, RA** adj. y n. Solicitante.

**SOLICITANTE** adj. y n. m. y f. Que solicita.

**SOLICITAR** v. tr. (lat. *sollicitare*) [**1**]. Pedir o procurar obtener alguna cosa que se pretende, haciendo las diligencias necesarias. **2.** Requerir, tratar de conseguir la amistad, el amor, la compañía o la atención de alguien.

**SOLÍCITO, A** adj. Diligente, afanoso por servir, atender o ser agradable: *persona solícita y complaciente.*

**SOLICITUD** n. f. Calidad de solícito. **2.** Acción de pedir algo cuidadosa y diligentemente. **3.** Instancia, documento formal con que se solicita algo.

**SOLIDARIDAD** n. f. Entera comunidad de intereses y responsabilidades: *solidaridad entre los pueblos.* **2.** Actitud de adhesión circunstancial a la causa o empresa de otros: *muestra de solidaridad.*

**SOLIDARIO, A** adj. Que muestra o implica solidaridad. • **Obligación solidaria** (DER.), obligación al término de la cual uno de los acreedores puede reclamar la totalidad del crédito, o por la cual uno de los deudores puede verse demandado por la totalidad de la deuda.

**SOLIDARIZAR** v. tr. y pron. [**1g**]. Hacer que una persona se adhiera a la actitud o empresa de otra u otras y que esté dispuesta a sufrir las consecuencias.

**SOLIDEO** n. m. Casquete, generalmente de seda, que usan los eclesiásticos.

**SOLIDEZ** n. f. Calidad de sólido.

**SOLIDIFICACIÓN** n. f. Paso de un cuerpo del estado líquido al estado sólido.

**SOLIDIFICAR** v. tr. [**1a**]. Hacer pasar al estado sólido. ◆ **solidificarse** v. pron. **2.** Producirse una solidificación.

**SÓLIDO, A** adj. (lat. *solidum*). Que tiene una forma propia, una consistencia, por oposición a *fluido: cuerpo sólido.* **2.** Firme, fuerte, capaz de durar, de resistir: *una construcción sólida.* **3.** Que tiene un fundamento real, efectivo, durable: *razones sólidas.* **4.** Firme en sus opiniones o sentimientos: *carácter sólido.* **5.** FÍS. Dícese de un estado de la materia en el cual los átomos oscilan alrededor de posiciones fijas, con una distribución arbitraria (sólidos amorfos) u ordenada (cristales). ◆ n. m. **6.** Cuerpo en el que sus diferentes puntos se encuentran situados a distancias invariables, de manera que tienen una forma y un volumen determinados. **7.** MAT. Porción de espacio bien delimitada y considerada como un todo indeformable.

**SOLIDUS** n. m. Sobre un diagrama térmico, curva que da la temperatura final de solidificación de una mezcla, en función de su composición.

**SOLIFLUXIÓN** n. f. GEOGR. En una vertiente, desplazamiento lento y masivo de la parte superficial del suelo empapado en agua, que se produce sobre todo en las regiones frías por el deshielo.

**SOLILOQUIO** n. m. (lat. *soliloquium*). Monólogo, habla o recitado de una persona consigo misma, sin dirigirse a otro.

**SOLIO** n. m. (lat. *solium*). Trono, silla real con dosel. • **Solio pontificio,** papado.

**SOLÍPEDO, A** adj. y n. m. ZOOL. Dícese de los animales cuyo pie tiene un solo dedo terminado en una pezuña. **2.** Équido.

**SOLIPSISMO** n. m. FILOS. Doctrina idealista según la cual nada existe fuera del pensamiento individual y sólo existe el sujeto.

**SOLISTA** adj. y n. m. y f. Dícese del artista o instrumento que interpreta un solo o varios solos.

**SOLITARIA** n. f. Femenino de solitario. **2.** Tenia, gusano intestinal.

**SOLITARIO, A** adj. (lat. *solitarium*). Que está solo, sin compañía. **2.** No habitado o no concurrido: *casa, calle solitaria.* **3.** Dícese de las flores únicas no aisladas en la cima de un pedúnculo. ◆ adj. y n. **4.** Dícese de la persona afecta a la soledad: *carácter solitario.* ◆ n. m. **5.** Diamante grueso que se engasta solo en una joya. **6.** Juego de naipes que ejecuta una persona sola, a base de obtener determinadas combinaciones o resultados. **7.** Ave paseriforme de tamaño medio, que vive en América Meridional. (Familia rinocríptidos.)

**SOLIVIANTAR** v. tr. y pron. [**1**]. Inducir a que alguien tome una actitud rebelde: *soliviantar al pueblo.* **2.** Indignar, irritar o alterar. **3.** Hacer que alguien conciba deseos o ilusiones irrealizables o se envanezca.

**SOLLA** n. f. Pez teleósteo perciforme, comestible, de hasta 40 cm de long., que vive en el Atlántico. (Familia pleuronéctidos.)

**SOLLADO** n. m. MAR. Una de las cubiertas inferiores del buque.

**SOLLO** n. m. Esturión.

**SOLLOZAR** v. intr. [**1g**]. Llorar entrecortadamente con movimientos convulsivos.

**SOLLOZO** n. m. Acción y efecto de sollozar.

**SOLO, A** adj. (lat. *solum*). Que es único en su especie, que no hay otro en determinada circunstancia, lugar u ocasión: *un solo ejemplar.* **2.** Que no está con otros, que está sin compañía: *vivir, estar solo.* **3.** Sin añadir otra cosa: *come pan solo.* **4.** Sin familia, sin amigos, o sin nadie que le pueda ayudar: *se quedó solo a temprana edad.* • **A solas,** sin compañía o ayuda de otra persona. ‖ **Quedarse solo,** no tener competidores; en una conversación, hablar mucho, sin dejar intervenir a los demás. ◆ n. m. **5.** COREOGR. Paso de danza que se ejecuta sin pareja. **6.** MÚS. Aire tocado o cantado por un único ejecutante, con acompañamiento o sin él, dentro de un conjunto coral o instrumental.

**SÓLO** o **SOLO** adv. m. Solamente.

**SOLOMILLO** n. m. CARN. Capa muscular que se extiende por entre las costillas y el lomo.

**SOLSTICIAL** adj. Relativo a los solsticios.

**SOLSTICIO** n. m. (lat. *solstitium*). ASTRON. Cada uno de los dos puntos de la eclíptica más alejados del ecuador celeste. **2.** ASTRON. Época del año en la cual el Sol alcanza uno de estos puntos.

**SOLTAR** v. tr. y pron. [**1r**]. Desasir, desprender, hacer que lo que estaba sujeto o asido deje de estarlo: *soltar los cabellos; soltarse de la mano.* **2.** Dejar ir, dar salida o libertad: *soltar un pájaro, a un preso.* ◆ v. tr. **3.** Dar una paliza, patada, golpe, reprimenda, etc.: *soltar una bofetada.* **4.** Desprenderse de algo: *nunca suelta un duro.* **5.** Dejar salir de sí una manifestación fisiológica, una expresión o la demostración de un estado de ánimo: *soltar una carcajada.* **6.** *Fam.* Decir con violencia o franqueza algo que se tenía contenido o que debía callarse: *soltar una blasfemia.* **7.** MAR. Desasir aquello que mantiene sujetas determinadas piezas de a bordo: *soltar amarras.* ◆ **soltarse** v. pron. **8.** Perder la contención en el comportamiento o en el lenguaje. **9.** *Fig.* Adquirir habilidad y desenvoltura: *ya se suelta en el inglés.* **10.** *Fig.* Hacer una cosa por primera vez, o empezar a hacerla o a demostrar algún sentimiento con brusquedad o exageración: *soltarse a cantar, a andar.*

**SOLTERÍA** n. f. Estado de soltero.

**SOLTERO, A** adj. y n. Que no ha contraído matrimonio.

**SOLTERÓN, NA** adj. y n. Soltero ya entrado en años.

**SOLTURA** n. f. Agilidad, desenvoltura o facilidad con que se hace una cosa: *hablar con soltura el inglés.*

**SOLUBILIDAD** n. f. Cualidad de soluble.

**SOLUBLE** adj. Que se puede disolver o desleír: *el azúcar es soluble en el agua.* **2.** Que se puede resolver: *problema soluble.*

**SOLUCIÓN** n. f. (lat. *solutionem*). Acción y efecto de disolver. **2.** Manera de resolver una dificultad, negocio o proceso: *la solución a un problema.* **3.** Desenlace de un asunto, especialmente de una obra dramática. **4.** Mezcla homogénea, que tiene una sola fase, de dos o más cuerpos y, en particular, líquido que contiene un cuerpo disuelto: *una solución azucarada.* **5.** MAT. Sistema de valores de las incógnitas que satisfacen una ecuación o un sistema de ecuaciones. • **Solución de continuidad,** interrupción o falta de continuidad. || **Solución de Ringer,** solución salina, isotónica con relación al líquido celular, que permite el mantenimiento de las células y la supervivencia de los órganos aislados. || **Solución sólida,** mezcla homogénea de varios sólidos.

**SOLUCIONAR** v. tr. **[1]**. Resolver un asunto o hallar solución o término a un proceso: *solucionar un problema.*

**SOLUTO** n. m. QUÍM. Sustancia en disolución.

**SOLUTRENSE** adj. y n. m. (de *Solutré-Pouilly,* yacimiento francés en Saône-et-Loire). Dícese de una facies cultural del paleolítico superior, caracterizada por un retoque en forma de largas lascas planas en ambas caras del útil (hoja de laurel).

**SOLVATACIÓN** n. f. Combinación o asociación molecular de un cuerpo disuelto con el disolvente.

**SOLVATO** n. m. Combinación química de un cuerpo disuelto con su disolvente.

**SOLVENCIA** n. f. Acción y efecto de solventar. **2.** Calidad de solvente. **3.** Capacidad de las personas, naturales o jurídicas, para hacer frente a sus obligaciones económicas.

**SOLVENTAR** v. tr. **[1]**. Resolver, dar solución a una dificultad o asunto difícil: *solventar conflictos.* **2.** Pagar una deuda o cuenta.

**SOLVENTE** adj. Libre de deudas: *negocio solvente.* **2.** Que está en una situación económica capaz de satisfacer las deudas o compromisos adquiridos: *personas solventes.* **3.** Capaz de cumplir debidamente un cargo u obligación: *un director solvente.* ◆ n. m. **4.** Disolvente químico.

**SOMA** n. m. (gr. *sōma,* cuerpo). BIOL. Conjunto de células no reproductoras de los seres vivos.

**SOMACIÓN** n. f. BIOL. Variación que afecta sólo al soma de un organismo, por consiguiente, no transmisible por herencia.

**SOMALÍ** adj. y n. m. y f. De Somalia. **2.** Relativo a un pueblo que habla una lengua cusita y que vive en Somalia, Etiopía, Kenya y Djibouti; individuo de este pueblo.

**SOMANTA** n. f. *Fam.* Paliza, zurra.

**SOMATÉN** n. m. (cat. *sometent*). HIST. En Cataluña, movilización temporal de vecinos armados. **2.** HIST. Milicia paisana así constituida.

**SOMÁTICO, A** adj. Que concierne al cuerpo. **2.** BIOL. Relativo al soma.

**SOMATIZACIÓN** n. f. SICOL. Acción y efecto de somatizar.

**SOMATIZAR** v. tr. **[1g]**. SICOL. Dar origen un conflicto síquico a una afección somática.

**SOMATOLOGÍA** n. f. Estudio del cuerpo de los seres vivos.

**SOMATOTROPINA** n. f. Hormona somatótropa.

**SOMATÓTROPO, A** adj. Dícese de una de las hormonas de la hipófisis, que tiene acción directa sobre el crecimiento.

**SOMBRA** n. f. Oscuridad debida a la intercepción de los rayos de luz por un cuerpo opaco. **2.** Zona donde se produce dicha oscuridad. **3.** Parte no iluminada de un espacio que reproduce la silueta del cuerpo interpuesto entre el foco de luz y dicho espacio. **4.** Falta de luz, oscuridad: *las sombras de la noche.* (Suele usarse en plural.) **5.** *Fig.* Recuerdo vago. **6.** Espectro o aparición de una imagen. **7.** *Fig.* Protección, amparo. **8.** *Fig.* Cantidad muy pequeña. **9.** *Fig.* Ignorancia, falta de claridad en la comprensión. **10.** *Fig.* Causas de inquietud o pesimismo, preocupaciones. (Suele usarse en plural.) **11.** *Fig.* Clandestinidad, desconocimiento público. **12.** *Fig.* Mácula, defecto. **13.** *Fig.* y *fam.* Suerte: *la buena sombra le acompaña.* **14.** *Fig.* y *fam.* Gracia, oportunidad, donaire: *tener muy mala sombra.* **15.** *Fig.* y *fam.* Persona que sigue a otra por todas partes: *se ha convertido en mi sombra.* **16.** Pigmento de color entre gris y pardo, que se utiliza en pintura artística y decorativa. **17.** ANT. Espíritu de los muertos que conservaban en el más allá una inmaterial apariencia humana. **18.** B. ART. Parte sombreada de un dibujo o de una pintura. (Suele usarse en plural.) **19.** TAUROM. Porción de la plaza que está a la sombra al comenzar la corrida. • **A la sombra** *(Fam.),* en la cárcel. || **Hacer sombra,** impedir la luz; impedir que alguien o algo sobresalga o se distinga; favorecer, amparar. || **No ser** uno **ni sombra de lo que era,** haber degenerado o decaído en extremo. || **Punto de sombra,** punto de bordado hecho sobre una tela transparente, que por el derecho presenta un pespunte y por el revés se cruzan los hilos. || **Sombra de ojos,** producto cosmético que se aplica sobre el párpado. || **Sombras chinescas** o **teatro de sombras,** espectáculo en el que los personajes son siluetas negras, fuertemente iluminadas por detrás, y que aparecen en una pantalla transparente.

**SOMBREADO** n. m. Acción y efecto de sombrear un dibujo, pintura, croquis, etc. **2.** Gradación de color. **3.** Técnica que se emplea en microscopia electrónica para hacer visibles los objetos transparentes.

**SOMBREAR** v. tr. **[1]**. Dar o producir sombra. **2.** Poner sombra en una pintura o dibujo. ◆ v. tr. y pron. **3.** Maquillar con sombra de ojos los párpados.

**SOMBRERAZO** n. m. *Fam.* Saludo ampuloso hecho quitándose el sombrero.

**SOMBRERERA** n. f. Caja para guardar o transportar sombreros.

**SOMBRERERÍA** n. f. Oficio de hacer sombreros. **2.** Taller o tienda de sombreros.

**SOMBRERERO, A** n. Persona que hace o vende sombreros.

**SOMBRERETE** n. m. Caperuza de una chimenea.

**SOMBRERO** n. m. Prenda de vestir que sirve para cubrir la cabeza y consta de copa y ala. **2.** Tapaboca de los cañones, obuses y morteros. **3.** Porción de un hongo basidiomicete, que soporta los sacos esporíferos. • **Quitarse el sombrero,** expresión que significa el respeto y admiración que se siente por alguien o algo. || **Sombrero calañés,** o **de Calañas,** el de ala vuelta hacia arriba y copa comúnmente baja, de cono truncado. || **Sombrero chambergo,** el de copa más o menos acampanada y ala ancha, levantada por un lado. || **Sombrero cordobés,** el de fieltro, de ala ancha y plana, con copa baja cilíndrica. || **Sombrero de copa,** o **de copa alta,** el de ala estrecha y copa cilíndrica y plana por encima. || **Sombrero hongo,** el de fieltro duro y copa aovada.

**SOMBRILLA** n. f. Utensilio semejante a un paraguas, que sirve para resguardarse del sol.

**SOMBRÍO, A** adj. Muy oscuro o casi siempre con sombra: *camino sombrío.* **2.** *Fig.* Triste, tétrico, melancólico: *mirada sombría.*

**SOMERO, A** adj. Muy inmediato a la superficie. **2.** *Fig.* Superficial, poco detallado: *explicación somera.*

**SOMESTESIA** n. f. FISIOL. Campo de la sensibilidad general correspondiente a la percepción consciente de todas las modificaciones que afectan al revestimiento cutáneo mucoso, las vísceras y los sistemas muscular y osteoarticular. SIN.: *somatestesia.*

**SOMETER** v. tr. y pron. **[2]**. Poner, generalmente por la fuerza o por la violencia, bajo la autoridad o dominio de otro: *someter a los rebeldes.* **2.** Subordinar el juicio, decisión o afectos propios a los de otra u otras personas: *someter la voluntad.* **3.** Hacer que una persona o cosa reciba o experimente una acción sobre ella: *someter a una operación, a un interrogatorio.* ◆ v. tr. **4.** Exponer un proyecto, idea, plan, etc., para su aprobación o no. **5.** Encomendar la resolución de un negocio o litigio.

**SOMETIMIENTO** n. m. y f. Acción y efecto de someter.

**SOMIER** o **SOMMIER** n. m. (fr. *sommier*). Bastidor rectangular de las camas, de madera o metálico, provisto a su vez de muelles o tablas de madera flexibles o rígidas, que constituye un soporte elástico para el colchón.

**SOMITO** n. m. ZOOL. Metámero.

**SOMNÍFERO, A** adj. y n. m. Que favorece el sueño. **2.** Dícese del fármaco o droga que produce sueño.

**SOMNILOQUIA** n. f. Emisión de sonidos más o menos bien articulados durante el sueño.

**SOMNOLENCIA** n. f. Adormecimiento, pesadez física que causa el sueño; sopor, ganas de dormir.

**SOMNOLIENTO, A** adj. Que tiene somnolencia.

**SOMONTANO, A** adj. y n. Del Alto Aragón. ◆ adj. **2.** Dícese del terreno o región situados al pie de una montaña.

**SOMORMUJO** n. m. Ave palmípeda, de 30 cm de long., de dedos lobulados, que vive en aguas tranquilas, se alimenta de peces e insectos y construye nidos flotantes. (Familia podicipítidos.)

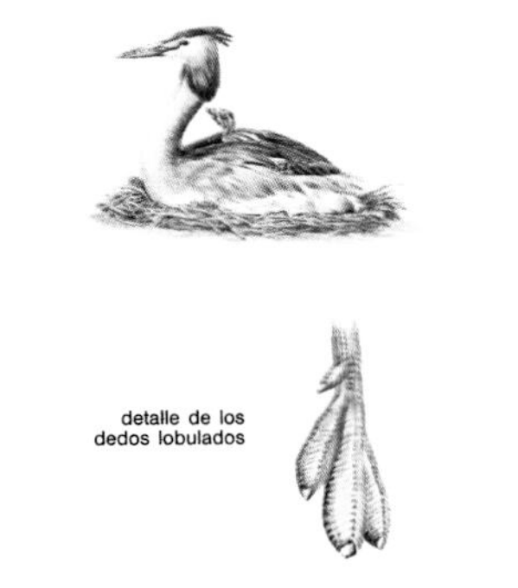

**somormujo**

**SOMPOPO** n. m. *Hond.* y *Nicar.* Variedad de hormiga amarilla. **2.** *Hond.* Guiso consistente en carne rehogada en manteca.

**SON** n. m. Sonido agradable, especialmente el musical. **2.** *Fig.* Estilo, modo de hacer una cosa. • **Al son de** un instrumento, con acompañamiento de dicho instrumento. || **Bailar** alguien **al son que le tocan** *(Fam.),* adoptar la opinión o actitud que toman los demás o acomodarse a las circunstancias del momento. || **En son de,** en actitud de, con ánimo de; del modo o manera que se expresa. || **Sin ton ni son** *(Fam.),* sin razón o sin fundamento.

**SONADO, A** adj. Que es muy nombrado, conocido o famoso. **2.** Dícese del boxeador que ha perdido facultades mentales como consecuencia de los golpes recibidos. • **Estar sonado** *(Fam.),* estar loco. || **Hacer una sonada,** o **que sea sonada,** promover un escándalo, dar mucho que hablar.

**SONAJA** n. f. En algunos juguetes o instrumentos musicales, par o pares de chapas de metal atravesadas por el centro de manera que se muevan al agitar el soporte en que están colocadas. (Suele usarse en plural.)

**SONAJERA** n. f. *Chile.* Sonajero.

**SONAJERO** n. m. Juguete consistente en un mango con sonajas o cascabeles, que sirve para entretener a los niños muy pequeños.

**SONAMBULISMO** n. m. Comportamiento motor automático más o menos adaptado que se produce durante el sueño.

**SONÁMBULO, A** adj. y n. Que ejecuta actos de sonambulismo.

**SONANTE** adj. Que suena; sonoro. ◆ n. f. **2.** Fonema que reúne a la vez la resonancia característica de la vocal y el ruido de espiración de la consonante.

**SONAR** v. intr. (lat. *sonare*) **[1r]**. Producir o emitir un sonido. **2.** Mencionarse, nombrarse: *sonar en el mundo de las finanzas.* **3.** Parecer, tener el aspecto o apariencia de aquello que se expresa: *sonar a paradoja.* **4.** Suscitarse en la memoria el recuerdo vago de algo: *una música, un nombre, una noticia que suena.* **5.** Tener una letra valor fónico: *en español, la letra ‹hache› no suena.* **6.** *Argent., Chile* y *Urug. Vulg.* Morir; padecer una enfermedad mental. **7.** *Argent., Chile* y *Par. Fam.* Fracasar, perder, tener mal fin algo o alguien. **8.** *Chile.* Sufrir las consecuencias de algún hecho o cambio. **9.** *Méx. Vulg.* Golpear a alguien fuertemente: *lo sonaron por mentiroso.* • **Hacer sonar** *(Chile),* castigar frecuentemente; ganar en una pelea, dejando al adversario fuera de combate. ◆ v. tr. **10.** Hacer que una cosa produzca o emita un sonido. ◆ v. tr. y pron. **11.** Limpiar las narices de mocos. • **Como suena, así como suena** o **tal como suena,** en el sentido estricto de las palabras. || **Sonar bien** o **mal** una expresión, producir buena o mala impresión en el ánimo del que la oye.

**SONAR** n. m. (de la expresión inglesa *sound navigation ranging*). Aparato de detección submarina por medio de ondas ultrasonoras, que permite la localización e identificación de los objetos sumergidos.

**SONATA** n. f. (voz italiana). Término que designa habitualmente, desde fines del s. XVII, una composición de música instrumental en tres o cuatro movimientos ejecutada por uno o dos instrumentos, y cuyo primer movimiento obedece, desde el s. XVIII, a un plan determinado. • **Forma sonata,** forma del primer movimiento, a veces de otro de los movimientos, de una sonata, de una sinfonía o de un cuarteto, constituido por la exposición, el desarrollo y la reexposición de dos temas.

**SONATINA** n. f. Pequeña sonata, por lo general bastante fácil.

**SONDA** n. f. (fr. *sonde*). Acción y efecto de sondar. **2.** Instrumento mecánico o eléctrico, para la exploración de zonas inaccesibles. **3.** Instrumento empleado para quitar o sacar la suciedad y residuos que obstruyen las tuberías. **4.** Cuerda con un peso de plomo que sirve para medir la profundidad de las aguas y explorar el fondo del mar. **5.** MED. Instrumento alargado y fino, que se introduce en un conducto o cavidad con fines terapéuticos o diagnósticos. **6.** MIN. Aparato de perforación que permite alcanzar profundidades medias y grandes, así como extraer muestras de terreno. • **Sonda espacial,** vehículo de exploración espacial, no tripulado, lanzado desde la Tierra y destinado a escapar del campo gravitatorio terrestre o a evolucionar en los límites de éste, para estudiar el medio interplanetario o ciertos astros del sistema solar.

**SONDABLE** adj. Que se puede sondar.

**SONDADOR** n. m. Aparato para sondar.

**SONDAR** v. tr. (fr. *sonder*) **[1]**. Examinar con una sonda la naturaleza del subsuelo, la profundidad y calidad del agua, etc. **2.** Introducir la sonda en una parte del cuerpo. **3.** Practicar un agujero de sonda.

**SONDEAR** v. tr. **[1]**. Sondar, examinar la naturaleza del subsuelo. **2.** *Fig.* Tantear o procurar averiguar con cautela la intención o manera de pensar de alguien o el estado de alguna cosa: *sondear la opinión.*

**SONDEO** n. m. Acción y efecto de sondar o sondear. **2.** Operación de medir la profundidad del mar. **3.** Método de exploración del fondo del mar. **4.** Exploración de la atmósfera libre con aparatos transportados por aviones o globos. **5.** ESTADÍST. Procedimiento de encuesta sobre ciertas características de una población, a partir de observaciones sobre una muestra limitada, considerada representativa de esta población. **6.** MED. Introducción en un canal natural de una sonda destinada a evacuar el contenido de la cavidad donde desemboca, o a estudiar el calibre, la profundidad y las eventuales lesiones del órgano considerado. **7.** MIN. Operación de perforar el terreno con la sonda. **8.** MIN. Perforación de pequeño diámetro y gran profundidad. • **Sondeo aerológico,** determinación, por medio de un globo sonda, de la dirección y la velocidad del viento a diversas altitudes.

**SONERÍA** n. f. Conjunto de todas las piezas que sirven para hacer sonar un reloj.

**SONETISTA** n. m. y f. Persona que compone o escribe sonetos.

**SONETO** n. m. (ital. *sonetto*). Composición poética de catorce versos, distribuidos en dos cuartetos y dos tercetos, y sometida a reglas fijas en cuanto a la disposición de la rima.

**SONGAY,** pueblo de Malí, que vive en ambas orillas del Níger, que habla una lengua nilosahariana y está fuertemente islamizado.

**SÓNICO, A** adj. Relativo a la velocidad del sonido. **2.** Que posee una velocidad igual a la del sonido.

**SONIDO** n. m. Efecto de las vibraciones rápidas de los cuerpos, que se propagan en los medios materiales y excitan el órgano de la audición: *sonido agudo; sonido grave.* **2.** Toda emisión de voz, simple o articulada. • **Espectáculo de luz y sonido,** espectáculo nocturno que utiliza iluminación y sonido estereofónico.

■ Emitido por los cuerpos animados de un movimiento vibratorio, el sonido se propaga en forma de ondas mecánicas capaces de sufrir reflexiones (fenómeno de eco), refracciones (transmisión a través de una pared) e interferencias (refuerzo o anulación de la intensidad sonora entre dos fuentes iguales que emiten en fase y a la misma frecuencia). Todos los medios materiales pueden transmitir el sonido, pero no puede hacerlo el vacío. La velocidad de propagación de los sonidos audibles para el hombre, de frecuencia comprendida entre 15 y 20 Hz *(sonido grave)* y 15 y 20 kHz *(sonido agudo),* es de unos 340 m/s en el aire, 1 430 m/s en el agua, 5 000 m/s en el acero. Un sonido se caracteriza por su *altura* (vinculada a su frecuencia), su *intensidad* (ligada a la amplitud de las vibraciones sonoras) y su *timbre,* que depende de las intensidades relativas de los diferentes armónicos que lo componen.

**SONINKÉ** o **SARAKOLÉ,** pueblo de etnia mandingo, que habita principalmente en Malí y también en Senegal y Mauritania.

**SONIQUETE** n. m. Sonsonete.

**SONÓMETRO** n. m. Aparato destinado a medir la intensidad de los sonidos. **2.** Aparato de cuerdas vibrantes, para comparar los sonidos.

**SONORIDAD** n. f. Calidad de sonoro.

**SONORIZACIÓN** n. f. Incorporación del sonido a una cinta cinematográfica. **2.** Paso de una consonante de sorda a sonora. **3.** Aumento de la potencia sonora de un manantial o foco emisor, mediante el empleo de amplificadores electrónicos y de altavoces.

**SONORIZAR** v. tr. **[1g]**. Efectuar o producir una sonorización.

**SONORO, A** adj. (lat. *sonorum*). Que suena o puede sonar. **2.** Que tiene un sonido armonioso, agradable o vibrante: *un instrumento sonoro; voz sonora.* **3.** Que refleja o emite bien el sonido: *bóveda sonora.* **4.** Relativo al sonido: *ondas sonoras.* **5.** Dícese del cine, película, etc., que tiene el sonido incorporado. ◆ adj. y n. f. **6.** FONÉT. Dícese del fonema para cuya articulación entran en vibración las cuerdas vocales. (En español son sonoras todas las vocales y las consonantes *b, d, g.*)

**SONOTONE** n. m. (marca registrada). Aparato que amplifica los sonidos, utilizado por las personas con deficiencias auditivas.

**SONREÍR** v. intr. y pron. **[25]**. Reír levemente, sin emitir ningún sonido, con un simple movimiento de labios. ◆ v. intr. **2.** *Fig.* Reír, tener una cosa inanimada una expresión alegre: *ojos que sonríen.* **3.** *Fig.* Ser favorable a alguien la fortuna, la vida, etc.

**SONRIENTE** adj. Que sonríe.

**SONRISA** n. f. Gesto de sonreír.

**SONROJAR** v. tr. y pron. **[1]**. Ruborizar, causar rubor o vergüenza.

**SONROJO** n. m. Acción y efecto de sonrojar.

**SONROSAR** v. tr. y pron. **[1]**. Dar color rosado.

**SONSACAR** v. tr. **[1a]**. Sacar furtivamente una cosa por debajo del sitio en que está. **2.** Conseguir o lograr cierta cosa con insistencia y astucia: *sonsacar dinero a alguien.* **3.** Averiguar, procurar con habilidad que alguien diga lo que sepa sobre algo que interesa.

**SONSERA** n. f. *Argent.* Zoncera.

**SONSONETE** n. m. Sonido repetido y monótono. **2.** *Fig.* Entonación monótona y desagradable al hablar, leer o recitar.

**SOÑACIÓN** n. f. Ensueño.

**SOÑADOR, RA** adj. Que sueña mucho. ◆ adj. y n. **2.** Que explica cosas que no existen o no han ocurrido como si fuesen verdaderas, o las cree fácilmente. **3.** *Fig.* Idealista, romántico.

**SOÑAR** v. tr. e intr. **[1r]**. Representarse en la imaginación escenas o sucesos durante el sueño. **2.** *Fig.* Fantasear, imaginar como verdaderas y reales cosas que no lo son. • **Ni soñarlo** *(Fam.),* expresa la seguridad que uno tiene de que no existe o no va a ocurrir cierta cosa. || **Soñar despierto,** discurrir fantásticamente y dar por cierto lo que no es. ◆ v. intr. **3.** *Fig.* Desear mucho algo: *soñar con un largo viaje.*

**SOÑARRERA** o **SOÑERA** n. f. *Fam.* Sueño o ganas de dormir muy fuertes. **2.** *Fam.* Sueño muy pesado.

**SOÑOLENCIA** n. f. Somnolencia.

**SOÑOLIENTO, A** adj. Somnoliento.

**SOPA** n. f. (germ. *suppa*). Pedazo de pan, empapado en cualquier líquido alimenticio. **2.** Plato consistente en rebanadas de pan bañadas o cocidas en cualquier líquido alimenticio. **3.** Plato hecho cociendo arroz, fécula, verduras, etc., en caldo. **4.** Cualquier sustancia, como pasta, fécula o verduras, preparada para hacer sopa. • **Hasta en la sopa** *(Fam.),* en todas partes. || **Hecho,** o **como, una sopa** *(Fam.),* muy mojado. || **Sopa boba** (HIST.), en España, durante el Antiguo régimen, forma de caridad practicada por las órdenes religiosas, que consistía en el reparto de una comida diaria entre los pobres; *(Fig.),* vida holgazana y a expensas de otro. || **Sopa de ajo,** la que se hace con rebanadas de pan cocidas en agua, y aceite frito con ajos y a veces pimentón. || **Sopa juliana,** la que se hace con distintas verduras cortadas a trozos. ◆ **sopas** n. f. pl. **5.** Rebanadas de pan que se cortan para echarlas en el caldo. • **Dar sopas con honda** *(Fam.),* tener o demostrar una gran superioridad sobre una persona o cosa.

**SOPAIPILLA** n. f. *Argent.* y *Chile.* Masa frita que se hace con harina, manteca, grasa o aceite y zapallo. • **Sopaipilla pesada** *(Chile),* la que se sirve empapada en chancaca, almíbar o miel.

**SOPAPEAR** v. tr. **[1]**. *Fam.* Pegar sopapos.

**SOPAPO** n. m. Golpe dado con los dedos o con el dorso de la mano, particularmente debajo de la barbilla. **2.** *Fam.* Bofetada, cachete.

**SOPE** n. m. *Méx.* Tortilla de maíz, gruesa y pequeña, con frijoles, salsa, queso y otros ingredientes.

**SOPERA** n. f. Recipiente hondo o ancho y con tapa en que se sirve la sopa.

**SOPERO, A** adj. y n. m. Dícese del plato hondo en que se suele comer la sopa. ◆ adj. **2.** Dícese de la cuchara grande que sirve para tomar la sopa. **3.** Dícese de la persona aficionada a la sopa.

**SOPESAR** v. tr. **[1]**. Levantar una cosa para tantear el peso que tiene. **2.** Calcular o considerar por anticipado las ventajas o inconvenientes de una cosa.

**SOPETÓN** n. m. Golpe fuerte y brusco dado con la mano. • **De sopetón,** brusca, improvisada o repentinamente.

**SOPICALDO** n. m. Caldo con pocas sopas.

**SOPLADO** n. m. Procedimiento para despellejar

**soplado** del vidrio

las reses en los mataderos. **2.** Procedimiento de moldeo para la fabricación de objetos huecos. **3.** Operación de afino metalúrgico, que consiste en inyectar una fuerte corriente gaseosa en un baño de metal en fusión. **4.** Procedimiento de elaboración de los objetos de vidrio hueco, de boca estrecha.

**SOPLADOR, RA** adj. y n. Que sopla. ◆ n. m. **2.** En las locomotoras de vapor, eyector de tiro o dispositivo instalado en la caja de humo de la máquina. SIN.: *soplador de vapor.* **3.** Oficial vidriero que sopla la masa en fusión.

**SOPLADORA** n. f. En la fabricación de sombreros, máquina para preparar el pelo ya cortado a fin de facilitar el fieltrado. **2.** Máquina soplante, como la empleada para la fabricación de vidrio soplado, la alimentación de las toberas de un horno, fragua, etc.

**SOPLADURA** n. f. Acción y efecto de soplar. **2.** INDUSTR. Cada una de las cavidades llenas de gases ocluidos durante la solidificación de una masa de metal fundido. **3.** INDUSTR. Huella dejada en el fondo de los recipientes de vidrio soplado.

**SOPLAMOCOS** n. m. (pl. *soplamocos*). *Fam.* Sopapo, cachete.

**SOPLANTE** adj. Que sopla. • **Máquina soplante,** máquina mediante la cual se hace circular gran cantidad de aire sobre combustible en ignición, para activar la combustión. ◆ n. f. **2.** Compresor empleado para abastecer de agua a un alto horno o a un convertidor.

**SOPLAR** v. intr. y tr. (lat. *sufflare*) **[1]**. Despedir aire con violencia por la boca, formando con los labios una abertura redondeada. ◆ v. intr. **2.** Hacer que los fuelles u otros instrumentos adecuados expulsen el aire que han recibido. **3.** Moverse el viento con cierta intensidad. **4.** *Fam.* Beber con exceso. ◆ v. tr. **5.** Apartar con un soplo una cosa: *soplar el polvo de la mesa.* **6.** Hurtar, quitar con habilidad y astucia: *soplar dinero.* **7.** *Fig.* Inspirar, sugerir: *la musa sopla sus versos.* **8.** *Fig.* Apuntar, decir a alguien con disimulo algo que no sabe y sobre lo que ha de hacer una exposición: *le sopló todo el examen.* **9.** *Fig.* Acusar, delatar, denunciar: *soplar un hecho a la policía.* **10.** Pegar un golpe, bofetada, etc.: *soplar un puñetazo.* **11.** En el juego de las damas y otros, quitar al contrario la pieza con que debió matar y no lo hizo. • **Soplar vidrio,** hacer objetos de vidrio por soplado. ◆ v. tr. y pron. **12.** Hinchar algo con aire. **13.** Efectuar el soplado de un metal o de una aleación. ◆ **soplarse** v. pron. **14.** Beber o comer en exceso algo: *se sopló dos litros de cerveza.* **15.** Fig. y *fam.* Engreírse, envanecerse.

**SOPLETE** n. m. Aparato que sirve para producir y proyectar una llama, utilizado en la industria y en los laboratorios.

**SOPLIDO** n. m. Soplo brusco y fuerte.

**SOPLILLO** n. m. Aventador para aventar el fuego y para otros usos.

**SOPLO** n. m. Acción y efecto de soplar. **2.** *Fig.* Instante o espacio brevísimo de tiempo: *llegar en un soplo.* **3.** MED. Sonido percibido por auscultación de un órgano.

**SOPLÓN, NA** adj. y n. *Fam.* Que acusa o denuncia en secreto o cautelosamente. ◆ n. m. **2.** *Amér. Central.* Apuntador de teatro.

**SOPONCIO** n. m. *Fam.* Desmayo, síncope.

**SOPOR** n. m. (lat. *soporem*). Estado de sueño profundo patológico. **2.** Adormecimiento, somnolencia.

**SOPORÍFERO, A** adj. y n. m. Que produce sueño: *medicamento soporífero.* ◆ adj. **2.** *Fig.* Que aburre mucho: *libro soporífero.*

**SOPORTABLE** adj. Que se puede soportar: *dolor soportable.*

**SOPORTAL** n. m. Espacio cubierto que en algunas casas precede a la entrada principal. **2.** Pórtico con arcadas o columnas que hay alrededor de algunas plazas, a lo largo de las fachadas de algunos edificios o delante de las puertas y tiendas que hay en ellas. (Suele usarse en plural.)

**SOPORTAR** v. tr. (lat. *supportare*) **[1]**. Sostener o resistir una carga o peso. **2.** *Fig.* Aguantar, tolerar, sufrir: *soportar un dolor, un contratiempo.*

**SOPORTE** n. m. Apoyo, sostén, lo que sirve para sostener algo. **2.** En fotografía, material sobre el que va extendida la emulsión fotosensible. **3.** HERÁLD. Animal que, colocado a ambos lados del escudo, parece sostenerlo. **4.** INFORMÁT. Medio material, tarjeta perforada, disco, cinta magnética, etc., capaz de recibir una información, transmitirla o conservarla y, después, restituirla a petición. **5.** MEC. En los aparatos o conjuntos mecánicos, pieza o dispositivo destinado a mantener un órgano en su posición de trabajo. • **Soporte de horquilla,** pequeño soporte replegable que sirve para mantener en equilibrio los vehículos de dos ruedas, cuando están estacionados. ‖ **Soporte de manillar,** tubo horizontal que sostiene el manillar de la bicicleta. ‖ **Soporte publicitario,** cualquier medio de comunicación, como la prensa, la televisión o la radio, considerado en su utilización para la publicidad.

**SOPRANO** n. m. (ital. *soprano*). La voz más aguda, propia de mujer o de niño. ◆ n. m. y f. **2.** Persona que tiene voz de soprano.

**SOQUETE** n. m. (fr. *socquette*). *Argent., Chile, Par.* y *Urug.* Calcetín corto.

**SOR** n. f. Tratamiento que se da a algunas religiosas.

**SORABOS** o **SERBIOS DE LUSACIA,** pueblo eslavo de Lusacia que, en el s. X, cayeron bajo la dominación de los alemanes, quienes los llamaron *wendos* o *vendos.* Se convirtieron al cristianismo y fueron reducidos a la servidumbre.

**SORBER** v. tr. (ital. *sorbere*) **[2]**. Beber aspirando. **2.** Atraer hacia sí o absorber una cosa. **3.** Empapar, absorber o recoger una cosa hueca o esponjosa, un líquido en su masa, o en su concavidad: *esta esponja sorbe mucha agua.* **4.** Escuchar algo muy atentamente: *sorbía las palabras del maestro.*

**SORBETE** n. m. (ital. *sorbetto*). Refresco helado y de consistencia pastosa, a base de zumo de frutas, agua o leche, yemas de huevo azucaradas, etc. **2.** *Amér.* Paja, tubo pequeño y delgado para sorber líquidos.

**SORBETERA** n. f. Vasija o aparato para preparar sorbetes.

**SORBITA** n. f. Polialcohol derivado de la glucosa y de la fructosa, que se encuentra en las bayas del serbal.

**SORBO** n. m. Acción de sorber. **2.** Cantidad de líquido que se sorbe de una vez. **3.** *Fig.* Cantidad pequeña de un líquido. • **A sorbos,** bebiendo poco a poco.

**SORDERA** n. f. Pérdida o disminución considerable del sentido del oído. • **Sordera verbal,** trastornos de los que padecen afasia, que oyen los sonidos y los ruidos pero han dejado de comprender el sentido del lenguaje.

**SORDIDEZ** n. f. Calidad de sórdido.

**SÓRDIDO, A** adj. (lat. *sordidum*). Sucio, pobre y miserable. **2.** *Fig.* Indecente, deshonesto. **3.** Avaro, mezquino.

**SORDINA** n. f. (voz italiana). Pieza especial que se coloca en los instrumentos musicales, para modificar y disminuir su sonoridad. **2.** Registro del órgano, del armonio y del piano. **3.** En los relojes de repetición, muelle que sirve para impedir que repique el timbre o campana.

**SORDO, A** adj. y n. (lat. *sordum*). Privado del sentido del oído, o que no oye bien. • **Hacerse el sordo,** no hacer caso o no prestar atención. ◆ adj. **2.** Silencioso, que no hace ruido: *andar con pasos sordos.* **3.** Que suena poco o con un sonido apagado o poco vibrante: *un golpe sordo; voz sorda.* **4.** *Fig.* Que no hace caso de lo que se le dice, insensible: *sordo a las súplicas.* **5.** Que no se manifiesta, que se contiene: *ira sorda; dolor sordo.* ◆ adj. y n. f. **6.** FONÉT. Dícese de un fonema cuya emisión se realiza sin vibración de las cuerdas vocales. (En español, las consonantes *p, t, c* son sordas.)

**SORDOMUDEZ** n. f. Estado de la persona sordomuda.

**SORDOMUDO, A** adj. y n. Que es sordo y mudo.

**SORGO** n. m. (ital. *sorgo*). Planta gramínea tropical, alimenticia y forrajera.

**SORIANO, A** adj. y n. De Soria.

**SORIASIS** n. f. Afección cutánea caracterizada por unas escamas blancas que cubren unas placas rojas.

**SORITES** n. m. (gr. *sōritēs;* de *sōros,* montón). LÓG. Argumento compuesto de una serie de proposiciones ligadas entre ellas de manera que el atributo de cada una pasa a ser el sujeto de la siguiente, y así sucesivamente hasta la conclusión, que tiene por sujeto el de la primera y por atributo el de la última proposición antes de la conclusión.

**SORNA** n. f. (provenz. *sorn*). Lentitud o calma con que se hace una cosa, generalmente con burla y deliberadamente. **2.** *Fig.* Ironía o tono burlón con que se dice una cosa.

**SORO** n. m. BOT. Conjunto de esporangios localizado en los helechos.

**SOROCHE** n. m. (quechua *suruchi*). *Amér. Merid.* Dificultad de respirar que, a causa de la rarefacción del aire, se siente en ciertos lugares elevados. **2.** *Bol.* y *Chile.* Galena argentífera.

**SORORATO** n. m. ANTROP. Sistema por el que un hombre remplaza a la esposa muerta por la hermana menor de ésta.

**SORPRENDENTE** adj. Que causa sorpresa. **2.** Extraordinario, raro, infrecuente.

**SORPRENDER** v. tr. y pron. (fr. *surprende*) **[2]**. Causar impresión, extrañeza o admiración algo que no se esperaba que sucediera o que se manifestara de esta manera. ◆ v. tr. **2.** Encontrar o coger desprevenido a alguien haciendo cierta cosa o en determinada forma o situación: *le sorprendieron robando.* **3.** Descubrir lo que alguien ocultaba o no quería revelar: *sorprendieron su secreto.*

**SORPRESA** n. f. Acción y efecto de sorprender. **2.** Aquello que da motivo para que alguien se sorprenda: *en este paquete hay una sorpresa.* **3.** Operación militar que obliga al enemigo a combatir en el lugar o en el momento para él inesperados, o contra medios y procedimientos por él desconocidos. • **De sorpresa** o **por sorpresa,** sin avisar, desprevenida o inesperadamente.

**SORPRESIVO, A** adj. *Amér.* Que sorprende o produce sorpresa.

**SORROSTRADA** n. f. Insolencia, descaro.

**SORTEABLE** adj. Que se puede o se debe sortear.

**SORTEAR** v. tr. **[1]**. Someter a la decisión de la suerte la adjudicación de alguna cosa. **2.** Lidiar, hacer suertes a un toro o esquivar su acometida. **3.** *Fig.* Esquivar, evitar con habilidad: *sortear un peligro, un obstáculo.*

**SORTEO** n. m. Acción y efecto de sortear. **2.** Operación de sortear los premios de la lotería. **3.** Operación de sortear los mozos en las quintas.

**SORTERO, A** n. Agorero, adivino.

**SORTIJA** n. f. Anillo, generalmente de metal, que se pone como adorno en los dedos de la mano. **2.** Rizo de cabello en forma de anillo.

**SORTILEGIO** n. m. Adivinación que se hace por suertes supersticiosas. **2.** Cualquier acción realizada por arte de magia. **3.** *Fig.* Atractivo irresistible que una persona o cosa ejerce sobre alguien.

**SOS** n. m. Señal radiotelegráfica de socorro, adoptada en 1906 por la conferencia de Berlín, que emiten los buques o aviones en peligro.

**SOSA** n. f. Planta crasa, fruticosa o herbácea, que crece en suelos salinos del litoral. (Familia quenopodiáceas.) **2.** Carbonato sódico $Na_2CO_3$, que se prepara a partir del cloruro sódico. SIN.: *natrón.* • **Sosa cáustica,** hidróxido de sodio NaOH, sólido blanco, que funde a 320 °C, y constituye una base fuerte.

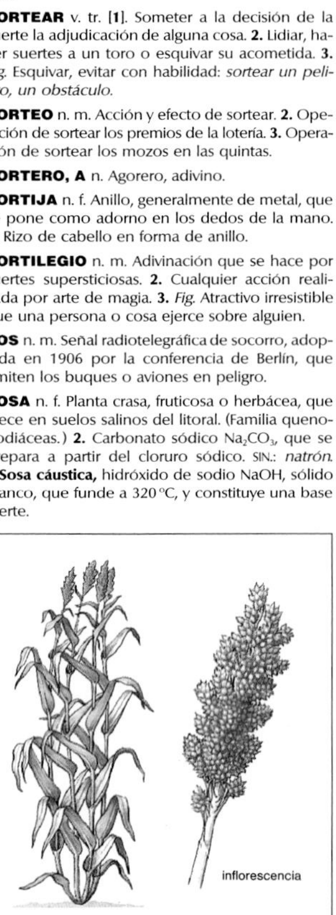

**sorgo**

**SOSAINA** adj. y n. m. y f. *Fam.* Dícese de la persona sosa.

**SOSEGADO, A** adj. Quieto, tranquilo, reposado: *carácter sosegado.*

**SOSEGADOR, RA** adj. y n. Que sosiega.

**SOSEGAR** v. tr. y pron. [**1d**]. Apaciguar, tranquilizar: *sosegar los nervios; sosegarse el mar.* **2.** *Fig.* Aplacar las pasiones o alteraciones del ánimo: *sosegar el espíritu.* ◆ v. intr. y pron. **3.** Descansar o reposar después de algún esfuerzo o actividad.

**SOSEGATE** n. m. **Dar,** o **pegar un sosegate** (*Argent.* y *Urug.*), dar una reprimenda de palabra u obra para corregir la conducta de alguien.

**SOSERA** o **SOSERÍA** n. f. Calidad de soso. **2.** Dicho o hecho insulso, falto de gracia.

**SOSERAS** adj. y n. m. y f. (pl. *soseras*). Soso, sin gracia.

**SOSIA** n. m. Persona que se parece tanto a otra que puede confundirse con ella.

**SOSIEGO** n. m. Tranquilidad, reposo, serenidad.

**SOSLAYAR** v. tr. [**1**]. Poner una cosa ladeada para que pueda pasar por un sitio estrecho. **2.** *Fig.* Eludir o esquivar alguna dificultad, obstáculo, compromiso, etc.: *soslayar una pregunta difícil.*

**SOSLAYO, A** adj. Oblicuo, ladeado. • **Al soslayo** o **de soslayo,** oblicuamente; poniendo la cosa que se expresa ladeada o de costado; *(Fig.),* eludiendo o dejando de lado alguna dificultad.

**SOSO, A** adj. (lat. *insulsum*). Falto o escaso de sal. **2.** Falto o escaso del sabor que debe tener. ◆ adj. y n. **3.** *Fig.* Que carece de gracia, de expresión o de viveza.

**SOSPECHA** n. f. Acción y efecto de sospechar.

**SOSPECHAR** v. tr. (lat. *suspectare*) [**1**]. Creer o imaginar que existe o ha ocurrido cierta cosa por algún indicio o apariencia: *sospecho que no vendrá.* ◆ v. intr. **2.** Desconfiar o recelar de alguien de quien se cree que ha cometido un delito o una mala acción: *sospechan de él.*

**SOSPECHOSO, A** adj. Que da motivo para sospechar: *conducta sospechosa.* **2.** Que sospecha. ◆ n. **3.** Persona de conducta o antecedentes que inspiran sospechas.

**SOSTÉN** n. m. Acción de sostener. **2.** Persona o cosa que sostiene: *él es el sostén de la familia.* **3.** *Fig.* Protección o apoyo moral. **4.** Alimento, sustento: *ganarse el sostén.* **5.** Prenda interior femenina que sirve para sujetar los senos. SIN.: *sujetador.*

**SOSTENEDOR, RA** adj. y n. Que sostiene.

**SOSTENER** v. tr. y pron. (lat. *sustinere*) [**8**]. Sujetar a alguien o algo para impedir que se caiga, se manche o se mueva: *las vigas sostienen el techo; sostener a un bebé.* **2.** *Fig.* Mantener o defender con seguridad y firmeza: *sostener una idea, una promesa.* **3.** Sustentar, costear las necesidades económicas: *sostener a toda la familia.* ◆ v. tr. **4.** *Fig.* Proteger, prestar ayuda o apoyo: *las influencias lo sostienen en el cargo.* **5.** Estar realizando cierta acción o seguir en determinada forma o actitud: *sostener una larga conversación.* ◆ **sostenerse** v. pron. **6.** Mantenerse un cuerpo en un medio, sin caer o haciéndolo muy lentamente.

**SOSTENIDO, A** adj. Dícese de la nota musical cuya entonación es un semitono más alta que la de su sonido natural. **2.** HERÁLD. Dícese de una pieza o figura situada debajo de la principal. ◆ n. m. **3.** Signo musical de alteración que indica que la nota a la que precede queda elevada un semitono cromático durante todo el compás en que se encuentra dicha nota. • **Doble sostenido,** signo musical que equivale al doble del sostenido simple, es decir, que aumenta en un tono la nota a la que afecta.

**sostenido** y doble **sostenido**

**SOSTENIMIENTO** n. m. Acción y efecto de sostener o sostenerse. **2.** Mantenimiento o sustento.

**SOSTENUTO** adv. m. (voz italiana). MÚS. Indica que una nota o pasaje deben interpretarse de modo uniforme y ligado.

**SOTA** n. f. Décima carta de cada palo de la baraja española.

**SOTABANCO** n. m. Ático, piso habitable colocado encima de la cornisa general de un edificio. **2.** Hilada que se coloca encima de la cornisa para levantar los arranques de un arco o bóveda.

**SOTABARBA** n. f. Papada, abultamiento carnoso o pliegue cutáneo que sobresale debajo de la barba. **2.** Barba que se deja crecer por debajo de la barbilla.

**SOTACURA** n. m. *Amér.* Coadjutor de una parroquia.

**SOTANA** n. f. (lat. *subtanam*). Vestidura talar, larga, en forma de hábito, que llevan los eclesiásticos. (Su uso tiende a desaparecer.)

**SÓTANO** n. m. En un edificio, pieza subterránea o piso situado bajo la rasante de la calle.

**SOTAVENTO** n. m. Costado de la nave opuesto al barlovento. **2.** Parte que cae hacia aquel lado.

**SOTE** n. m. *Colomb.* Insecto similar a la pulga, cuya hembra, una vez fecundada, deposita sus cuñas bajo la epidermis produciendo gran picazón.

**SOTECHADO** n. m. Cobertizo techado.

**SOTERRAMIENTO** n. m. Acción y efecto de soterrar.

**SOTERRAR** v. tr. [**1j**]. Enterrar, poner una cosa debajo de tierra. **2.** *Fig.* Esconder u ocultar una cosa de modo que no aparezca: *soterrar un recuerdo.*

**SOTHO** o **BASUTO,** conjunto de pueblos bantúes de África meridional, entre los que se encuentran los pedi o sotho del norte.

**SOTO** n. m. (lat. *saltum*). Bosque ribereño o de vega, cuya vegetación suele ser preclímax respecto a la de niveles superiores.

**SOTOBOSQUE** n. m. Vegetación que crece bajo los árboles de un bosque.

**SOTOL** n. m. *Méx.* Planta herbácea, de la familia liliáceas, de tallo corto, hojas arrosetadas con espinas en los bordes y una púa terminal. **2.** *Méx.* Bebida alcohólica que se obtiene por fermentación del tallo de esta planta.

**SOTTO VOCE** loc. (voces italianas, *en voz baja*). Se usan en música para indicar que un pasaje debe interpretarse dulcemente y a media voz. **2.** Se aplica a la manera de decir algo secreteando y no abiertamente.

**SOTUER** n. m. HERÁLD. Pieza formada por la reunión de la barra y de la banda.

**SOUFFLÉ** n. m. (voz francesa). Preparación gastronómica a base de claras de huevo batidas a punto de nieve, a las que se añaden distintos ingredientes, que en la cocción adquieren un aumento de volumen característico.

**SOUL MUSIC** n. f. (voces inglesas). Nombre dado a la música popular negra surgida del rhythm and blues. (Suele abreviarse *soul.*)

**SOUVENIR** n. m. (voz francesa). Objeto de recuerdo de un lugar determinado.

**SOVIET** n. m. (voz rusa). En la antigua U.R.S.S., consejo de delegados de los obreros, campesinos y soldados. • **Soviet supremo,** en la antigua U.R.S.S., órgano superior del poder del estado, compuesto de dos cámaras, el Soviet de la unión y el Soviet de las nacionalidades.

**SOVIÉTICO, A** adj. Relativo a los soviets y a la U.R.S.S.

**SOVIETIZAR** v. tr. [**1g**]. Someter a la Unión Soviética, a su influencia; organizar según su modelo.

**SOVJÓS** o **SOVJOZ** n. m. (de las voces rusas *sov[ietskoie] joz[iaistvo]*, economía soviética). En la antigua U.R.S.S., gran explotación agrícola, modelo del estado.

**SOYA** n. f. Soja, planta.

**SPANGLISH** n. m. (voz inglesa). Variedad lingüística formada a partir de elementos del español y del inglés, que hablan algunos sectores de la población hispana norteamericana.

**SPAR DECK** n. m. (voces inglesas). MAR. Cubierta ligera que se extiende sin interrupción de proa a popa de un buque, sin toldilla ni castilletes.

**SPARRING** n. m. (voz inglesa). Boxeador que entrena a otro antes de un combate.

**SPEAKER** n. m. (voz inglesa). Presidente de la cámara de los comunes del Reino Unido. ◆ n. m. y f. **2.** En radio y televisión, locutor o presentador.

**SPEECH** n. m. (voz inglesa). Discurso corto, generalmente de circunstancias.

**SPEED** n. m. (voz inglesa). Droga sintética que estimula el sistema nervioso central.

**SPEISS** n. m. (voz inglesa). METAL. Mineral de níquel que ha sufrido un primer proceso metalúrgico.

**SPENCER** n. m. (de lord John Charles *Spencer,* que puso de moda esta indumentaria). Frac sin faldones o chaqueta corta.

**SPIDER** n. m. (voz inglesa). Automóvil de capota plegable, como el cabriolé, pero de un solo asiento, como el cupé. **2.** Cavidad que hay en la parte trasera de ciertos automóviles, para poner equipajes, o en la que puede ir un pasajero.

**SPIEGEL** n. m. (voz alemana). Aleación de hierro, manganeso y carbón, utilizada en la fabricación de acero.

**SPIN** n. m. (voz inglesa). FÍS. Momento cinético propio de una partícula.

**SPINNAKER** n. m. (voz inglesa). Vela triangular de gran superficie, ligera y con mucho bolso, usada por los yates de regatas cuando navegan con viento en popa.

**spinnaker**

**SPOILER** n. m. (voz inglesa). Alerón que se coloca en algunos automóviles para mejorar su adherencia cuando circula a gran velocidad.

**SPONSOR** n. m. y f. (voz inglesa). Patrocinador que sufraga los gastos de una actividad cultural, deportiva, etc., a cambio de que aparezca su nombre.

**SPORT** n. m. (voz inglesa) [pl. *sports*]. Deporte. • **De sport,** denominación dada a un tipo de indumentaria que se parece a la deportiva.

**SPOT** n. m. (voz inglesa). Mancha luminiscente concentrada en una pantalla. **2.** Película publicitaria de corta duración.

**SPRAY** n. m. (voz inglesa, *niebla*). Aerosol obtenido con una bomba de líquido a presión (medicamento, laca, producto cosmético, etc.).

**SPRINGBOK** n. m. Antílope común en África del Sur.

**SPRINT** n. m. (voz inglesa). Esfuerzo máximo de un corredor, particularmente al aproximarse a la meta. **2.** Carrera disputada en una distancia corta.

**SPRINTER** n. m. y f. (voz inglesa). Corredor de velocidad en pequeñas distancias o capaz de máximas velocidades al final de una carrera larga.

**SPRUE** n. f. (voz inglesa). Enfermedad crónica del intestino que se manifiesta por diarrea y por una mala absorción.

**SQUASH** n. m. (voz inglesa). Juego parecido al frontón, practicado en un espacio cerrado y más reducido. *(V. ilustración pág. 938.)*

**SQUATTER** n. m. (del ingl. *to squat,* agazaparse). Persona sin albergue que ocupa ilegalmente una vivienda deshabitada. **2.** En E.U.A., pionero que se establecía en territorios desocupados.

**SQUAW** n. f. (voz amerindia). Entre los amerindios de América del Norte, mujer casada.

**SQUIRE** n. m. (voz inglesa). Esquire.

squash

**SR.,** abrev. de *señor.*

**sr,** símbolo del *estereorradián.*

**Sr,** símbolo químico del *estroncio.*

**SRA.,** abrev. de *señora.*

**SRTA.,** abrev. de *señorita.*

**st,** símbolo del *estéreo.*

**St,** símbolo del *stokes.*

**STACCATO** adv. y n. m. (voz italiana, *separado*). MÚS. Palabra que indica que, en una serie de notas rápidas, cada una de ellas ha de interpretarse netamente separada de las demás.

**STAFF** n. m. (voz inglesa). Grupo formado por la dirección y los cuadros superiores de una empresa o los dirigentes de una organización.

**STAGFLATION** (voz inglesa). Estanflación.

**STAJANOVISMO** n. m. Estajanovismo.

**STAJANOVISTA** adj. y n. m. y f. Estajanovista.

**STALAG** n. m. (voz alemana). Nombre dado en Alemania, durante la segunda guerra mundial, a los campos de prisioneros reservados a los suboficiales y soldados.

**STALINISMO** n. m. Estanilismo.

**STALINISTA** adj. y n. m. y f. Estalinista.

**STAND** n. m. (voz inglesa). Espacio reservado a los participantes en una exposición o feria.

**STAND BY** n. m. (voces inglesas). ECON. Crédito abierto por los bancos y empresas de un país en otros países.

**STANDARD** adj. y n. m. Estándar.

**STANDING** n. m. (voz inglesa). Posición social, rango de una persona en el mundo: *tener un alto standing.* **2.** Comodidad, lujo: *apartamento de gran standing.*

**STAR** n. f. (voz inglesa, *estrella*). Estrella de cine o de teatro.

**STAR** n. m. Embarcación monotipo de regatas a vela, para dos tripulantes.

**STARLET** n. f. (voz inglesa). Actriz joven y agraciada, que aún no es famosa.

**STAR-SYSTEM** n. m. (voz inglesa). En los espectáculos (cine, danza), sistema de producción y de distribución centrado en el prestigio de una estrella.

**STARTER** n. m. (voz inglesa). El que en las carreras o en un campo de aviación da la señal de partida. **2.** Dispositivo auxiliar del carburador que, al aumentar la riqueza en carburante de la mezcla gaseosa, facilita el arranque en frío de un motor de explosión.

**STARTING-BLOCK** n. m. (voz inglesa). Calce para facilitar la salida de los corredores en las carreras a pie.

**STARTING-GATE** n. f. (voz inglesa). En las carreras de caballos, barrera que se sitúa en la pista y cuyas puertas se abren automática y simultáneamente para la salida de los caballos.

**STATTHALTER** n. m. (alem. *Statthalter*). En determinados países germánicos, gobernador, y más particularmente gobernador de Alsacia-Lorena, de 1879 a 1918.

**STATU QUO** o **STATUS QUO** n. m. (voces lat., *en el mismo estado que* [antes]). Estado actual de las cosas.

**STATUS** n. m. (voz latina). Estatus.

**STEAMER** n. m. (voz inglesa). Buque de vapor.

**STEENBUCK** n. m. Pequeño antílope de África meridional, de orejas negras.

**STEEPLE-CHASE** n. m. (voz inglesa). Carrera a pie (3 000 m *steeple*) o a caballo cuyo recorrido está sembrado de obstáculos variados.

**STEMM** n. m. En esquí, viraje parecido al cristianía.

**STEPPAGE** n. m. (voz francesa). MED. Anomalía de la marcha, debida a una parálisis de los músculos elevadores del pie.

**STERILET** n. m. Dispositivo anticonceptivo intrauterino y permanente.

**STICK** n. m. (voz inglesa). Palo de golf y de hockey. **2.** Envase de un producto (desodorante, pegamento, etc.) solidificado en forma de barra.

**STILB** n. m. (del gr. *stilbō*, brillar). Antigua unidad de medida de luminancia (símbolo sb o $cd/cm^2$), equivalente a la iluminación de un foco que tiene una intensidad de una candela por centímetro cuadrado de superficie aparente.

**STOCK** n. m. (voz inglesa). Conjunto de las mercancías disponibles en un mercado, un almacén, etc. **2.** Conjunto de utillajes, materias primas, productos semiacabados y acabados, etc., que son propiedad de una empresa. **3.** Conjunto de cosas que se poseen y se guardan como reserva: *tener un stock de novelas para leer.*

starting-block
(corredor en posición de salida)

**STOCK-CAR** n. m. (voz inglesa). Vehículo automóvil preparado para carreras en las que las obstrucciones y las colisiones en cadena constituyen una norma.

**STOKER** n. m. (voz inglesa). Dispositivo de alimentación mecánica con carbón del hogar de una locomotora de vapor.

**STOKES** n. m. (de G. G. *Stokes,* matemático y físico irlandés). Unidad de medida de viscosidad cinemática (símbolo St), que equivale a $10^{-4}$ metros cuadrados por segundo.

**STOP** n. m. (voz inglesa). Término que sirve, en los telegramas, para separar perfectamente las frases. **2.** Señal de circulación que ordena una detención. **3.** Señal luminosa situada en la parte trasera de un vehículo, que se enciende al accionar el freno.

**STOP-AND-GO** n. m. (voz inglesa). ECON. Corrección de un desarreglo económico por medio de otro, en sentido inverso, y que compensa el primero.

**STORY BOARD** n. m. (voces inglesas). Conjunto de viñetas que representan la estructura de un anuncio publicitario antes de rodarse.

**STRADIVARIUS** n. m. Violín fabricado por Stradivarius, violero italiano que nació a mediados del s. XVII y murió el año 1737.

**STRASS** n. m. (de *Strass,* n. del inventor). Vidrio muy denso, coloreado con óxidos metálicos, para imitar piedras preciosas.

**STRESS** n. m. (voz inglesa). Estrés.

**STRIP-LINE** n. m. (voz inglesa). ELECTRÓN. Dispositivo de hiperfrecuencia realizado según una técnica análoga a los circuitos impresos.

**STRIPPER** n. m. MED. Instrumento que sirve para efectuar un stripping.

**STRIPPING** n. m. (voz inglesa). Separación de las fracciones ligeras y volátiles de un líquido. **2.** Técnica de corrección de una película mediante la sustitución de algunas de sus partes por un fragmento de otra película. **3.** MED. Método de ablación quirúrgica de las varices.

**STRIP-TEASE** n. m. (voz inglesa, de *to strip,* desnudar, y *to tease,* irritar). Espectáculo de variedades durante el cual uno o varios artistas se desnudan de una manera lenta y sugestiva.

**STUD-BOOK** n. m. (voz inglesa). Registro donde se inscriben la genealogía y las marcas de los caballos de pura sangre.

**STUKA** n. m. (alem. *Stuka*). Bombardero alemán de la segunda guerra mundial de ataque en picado.

**STŪPA** n. m. Monumento funerario de origen indio, generalmente búdico o jainí, con reliquias o simplemente conmemorativo.

**SU** adj. Apócope de *suyo,* que se utiliza cuando va antepuesto al nombre: *su padre; su casa.*

**SUABO, A,** adj. y n. De Suabia.

**SUACA** n. f. *Méx.* Paliza.

**SUAHILI** → ***swahili.***

salida de una carrera de caballos en la **starting-gate**

**SUARDA** n. f. Grasa que impregna la lana de los carneros y ovejas. **2.** Sustancia amarillenta obtenida por destilación de las grasas que sobrenadan en las aguas aciduladas residuales del lavado de los vellones.

**SUARISMO** n. m. Sistema escolástico contenido en las obras de Francisco Suárez.

**SUASORIO, A** adj. Perteneciente a la persuasión o propio para persuadir: *palabras suasorias.*

**SUAVE** adj. (lat. *suavem*). Liso y blando al tacto: *tez suave.* **2.** Libre de brusquedad, violencia o estridencia: *palabras suaves; clima suave; música suave.* **3.** *Fig.* Dócil, apacible: *temperamento suave.*

**SUAVIDAD** n. f. Calidad de suave.

**SUAVIZACIÓN** n. f. Acción y efecto de suavizar.

**SUAVIZADO** n. m. Operación que consiste en dar un aspecto pulimentado a una piedra dura o a un mármol. **2.** Alisado que se les da puliéndolos. **3.** TEXT. Tratamiento destinado a mejorar el tacto de las materias textiles o a facilitar determinadas operaciones de transformación textil.

**SUAVIZADOR, RA** adj. y n. m. Que suaviza.

**SUAVIZANTE** n. m. y adj. Producto que, utilizado al final del lavado de la ropa, mejora las características de suavidad de las materias.

**SUAVIZAR** v. tr. y pron. **[1g]**. Hacer suave: *suavizar asperezas.*

**SUB IUDICE** loc. lat. que significa *bajo la autoridad del juez,* con que se denota que una cuestión es opinable o está pendiente de una resolución.

**SUBA** n. f. *Argent.* y *Urug.* Alza, subida de precios.

**SUBACUÁTICO, A** adj. Que se realiza debajo del agua.

**SUBAFLUENTE** n. m. Curso de agua tributario de un afluente.

**SUBAGUDO, A** adj. MED. Dícese de un estado patológico menos acusado que el estado agudo.

**SUBALIMENTACIÓN** n. f. Alimentación insuficiente en cantidad o en calidad.

**SUBALPINO, A** adj. GEOGR. Dícese de las regiones situadas junto a los Alpes, Pirineos y demás montañas medioeuropeas.

**SUBALTERNO, A** adj. Inferior, o que está supeditado a otra persona: *personal subalterno.* ◆ n. m. **2.** Empleado u oficial de categoría inferior. **3.** TAUROM. Diestro de la cuadrilla que está a las órdenes del matador.

**SUBÁLVEO, A** adj. y n. m. Que está debajo del álveo de un río o arroyo.

**SUBARBUSTO** n. m. Sufrútice.

**SUBARRENDADOR, RA** n. Persona que da en subarriendo alguna cosa.

**SUBARRENDAR** v. tr. **[1j]**. Dar o tomar en arrendamiento una cosa del que ya la tiene arrendada.

**SUBARRENDATARIO, A** n. Persona que toma en subarriendo alguna cosa.

**SUBARRIENDO** n. m. Acción y efecto de subarrendar. **2.** Precio en que se subarrienda.

**SUBASTA** n. f. Sistema de venta que consiste en vender alguna cosa al que ofrece más por ella. **2.** Sistema de que se vale la administración para adjudicar los contratos administrativos a los particulares que ofrecen condiciones económicas más ventajosas. **3.** Venta pública de los bienes embargados de un deudor, adjudicados al mejor postor. **4.** En algunos juegos de naipes, suma que los jugadores pueden añadir sobre la apuesta para obtener alguna ventaja. **5.** En el bridge, petición superior a la del contrario.

**SUBASTADOR, RA** n. Persona que subasta.

**SUBASTAR** v. tr. (lat. *subhastare*) **[1]**. Vender efectos o contratar servicios, arriendos, etc., en pública subasta. **2.** En ciertos juegos de naipes, añadir una suma a la apuesta inicial para obtener determinadas ventajas.

**SUBATÓMICO, A** adj. Dícese de toda partícula constitutiva del átomo.

**SUBBÉTICO, A** adj. Relativo a la cordillera Subbética.

**SUBCALIBRADO, A** adj. Dícese de un proyectil de calibre inferior al del arma que lo dispara.

**SUBCAMPEÓN, NA** n. y adj. Persona, equipo o club que se clasifica en segundo lugar en un campeonato.

**SUBCARPÁTICO, A** adj. GEOGR. Situado al pie de los Cárpatos.

**SUBCLASE** n. f. BIOL. Subdivisión de una clase.

**SUBCLAVIO, A** adj. ANAT. Que está situado debajo de la clavícula.

**SUBCOMISIÓN** n. f. Grupo de personas de una comisión que tienen un cometido determinado.

**SUBCONJUNTO** n. m. MAT. Para un conjunto C, conjunto S formado exclusivamente de elementos pertenecientes a C.

**SUBCONSCIENCIA** n. f. Subconsciente.

**SUBCONSCIENTE** adj. Dícese del estado síquico del que el sujeto no tiene conciencia pero que influye en su comportamiento. **2.** Que no llega a ser consciente. ◆ n. m. **3.** Estado síquico subconsciente.

**SUBCONSUMO** n. m. Consumo en cantidad inferior a la ofrecida.

**SUBCONTRATACIÓN** n. f. Operación mediante la cual un empresario, bajo su responsabilidad y control, encarga a otra persona la ejecución total o parcial de trabajos que se encuentran a su cargo.

**SUBCUTÁNEO, A** adj. Que está situado por debajo de la piel: *tumor subcutáneo.* **2.** Que se realiza debajo de la piel: *inyección subcutánea.*

**SUBDELEGACIÓN** n. f. Acción y efecto de subdelegar. **2.** Distrito, oficina y empleo de subdelegado.

**SUBDELEGADO, A** adj. y n. Dícese de la persona a la que un delegado transmite sus funciones o atribuciones.

**SUBDELEGAR** v. tr. **[1b]**. Transmitir un delegado sus funciones o atribuciones.

**SUBDESARROLLADO, A** adj. Que no llega al nivel normal de desarrollo. **2.** Dícese del país o región cuyos habitantes tienen un nivel de vida bajo, generalmente a causa de una insuficiencia de producción agrícola y del débil desarrollo de la industria, factores con frecuencia agravados por el crecimiento demográfico, más rápido que la progresión de la renta nacional.

**SUBDESARROLLO** n. m. Conjunto de los caracteres y situaciones de un país subdesarrollado.

**SUBDESÉRTICO, A** adj. Semiárido.

**SUBDIACONADO** o **SUBDIACONATO** n. m. REL. Primera de las órdenes sagradas, que precedía al diaconado.

**SUBDIÁCONO** n. m. Clérigo que había recibido el subdiaconado.

**SUBDIRECCIÓN** n. f. Cargo y oficina del subdirector.

**SUBDIRECTOR, RA** n. Persona que sustituye o ayuda al director en sus funciones.

**SÚBDITO, A** adj. y n. (lat. *subditum*). Sujeto a la autoridad de un superior con obligación de obedecerle. ◆ n. **2.** Con respecto a un soberano, ciudadano del estado que gobierna. **3.** Nacional de un país en cuanto sujeto a las autoridades políticas de éste.

**SUBDIVIDIR** v. tr. y pron. **[3]**. Dividir las partes de un todo que ya ha sido dividido anteriormente.

**SUBDIVISIÓN** n. f. Acción y efecto de subdividir.

**SUBDOMINANTE** n. f. MÚS. Cuarto grado de la escala diatónica, por debajo de la dominante.

**SUBDUCCIÓN** n. f. GEOL. Buzamiento de una placa litosférica de naturaleza oceánica bajo una placa adyacente, generalmente de naturaleza continental.

**SUBECUATORIAL** adj. Próximo al ecuador.

**SUBEMPLEO** n. m. ECON. Empleo de una parte solamente de la mano de obra disponible. **2.** Empleo de sólo una parte del tiempo o de la capacidad profesional de un trabajador o grupo. **3.** Empleo con una remuneración anormalmente baja.

**SUBENFRIADO, A** adj. Dícese de una solución líquida en falso equilibrio a una temperatura en la que el disolvente debería cristalizar.

**SÚBER** n. m. (lat. *suber,* corcho). BOT. Tejido secundario de las plantas, cuya función es protectora.

**SUBERINA** n. f. Sustancia orgánica que entra en la composición del corcho.

**SUBEROSO, A** adj. Que contiene súber. **2.** Que tiene la naturaleza del corcho.

**SUBESPACIO** n. m. MAT. Subconjunto de un espacio, que posee las mismas propiedades o la misma estructura que el propio espacio.

**SUBESPECIE** n. f. BIOL. Subdivisión de la especie.

**SUBESTACIÓN** n. f. ELECTR. Conjunto de transformadores, convertidores, interruptores, etc., instalados en un edificio o al aire libre, y destinados a la alimentación de una red de distribución de energía eléctrica.

**SUBESTIMAR** v. tr. **[1]**. Atribuir a alguien o algo menos importancia de la que realmente tiene.

**SUBEXPONER** v. tr. **[5]**. FOT. Exponer insuficientemente una emulsión fotográfica.

**SUBEXPOSICIÓN** n. f. FOT. Exposición insuficiente.

**SUBFAMILIA** n. f. BIOL. Subdivisión de la familia. SIN.: *tribu.*

**SUBFUSIL** n. m. Arma portátil de tiro, automática, que dispara a ráfagas.

**SUBGÉNERO** n. m. BIOL. Subdivisión del género.

**SUBGLACIAR** adj. GEOGR. Relativo a la región donde el glaciar está en contacto con el lecho rocoso.

**SUBGRUPO** n. m. Subdivisión de un grupo. **2.** MAT. En un grupo, subconjunto que, para la ley de composición del grupo, posee a su vez la estructura de grupo.

**SUBIDA** n. f. Acción y efecto de subir: *la subida de precios.* **2.** Pendiente o camino por donde se sube. **3.** En el lenguaje de la droga, comienzo de los efectos de una dosis. • **Subida de la leche,** flujo de leche que aparece en las glándulas mamarias después del parto.

**SUBIDO, A** adj. Dícese del color o del olor muy intenso. **2.** Muy elevado, caro o que excede al término ordinario: *precio subido.*

**SUBÍNDICE** n. m. MAT. Índice que se coloca a la derecha de una letra para diferenciarla de otras semejantes.

**SUBINSPECTOR, RA** n. Persona que suple o ayuda al inspector en sus funciones.

**SUBINTENDENCIA** n. f. Cargo u oficina del subintendente.

**SUBINTENDENTE** n. m. y f. Persona que sustituye o ayuda al intendente en sus funciones.

**SUBINTRANTE** adj. MED. Dícese de una afección en la que comienza un acceso nuevo antes de terminar el anterior.

**SUBIR** v. intr. y pron. (lat. *subire*) **[3]**. Ir desde un lugar a otro que está más alto: *subir a la cima.* **2.** Entrar en un vehículo o montarse encima de él: *subir al tren.* ◆ v. intr. **3.** Aumentar en número, cantidad, intensidad o altura: *subir la fiebre; ha subido el río.* **4.** *Fig.* Mejorar en un empleo o cargo o alcanzar mejor posición económica o social: *subir de categoría.* **5.** Importar, llegar una cuenta, deuda, etc., a determinada cantidad. **6.** Ponerse las claras de huevo a punto de nieve al batirlas. **7.** MÚS. Elevar la voz o un sonido instrumental del grave al agudo. **8.** MÚS. Ir del grave al agudo por intervalos conjuntos y disjuntos: *subir hasta el «do».* ◆ v. tr. e intr. **9.** Aumentar el precio o el valor de algo: *las acciones han subido; subir la gasolina.* **10.** Hacer más alto algo o irlo aumentando hacia arriba: *subir una pared.* ◆ v. tr. **11.** Recorrer hacia arriba algo que está en pendiente: *subir las escaleras.* **12.** Poner o llevar a un sitio más alto: *subir trastos al desván.* **13.** Enderezar o poner vertical algo que estaba inclinado hacia abajo: *subir la cabeza.* **14.** MÚS. Subir el tono: *subir el «fa».* • **Subírsele** a uno *(Méx. Fam.),* sentir los efectos de una bebida alcohólica, emborracharse: *a la primera copa se le subió el tequila.*

**SÚBITO** adv. m. De forma súbita.

**SÚBITO, A** adj. (lat. *subitum*). Repentino, inesperado: *idea súbita; cambio súbito.* **2.** *Fam.* Impulsivo, violento, precipitado: *un carácter súbito.* (Úsase también *de súbito.*)

**SUBJETIVIDAD** n. f. Estado o carácter de subjetivo. **2.** Dominio subjetivo.

**SUBJETIVISMO** n. m. Actitud de quien juzga según sus opiniones personales y ve la realidad solamente a través de su afectividad. **2.** FILOS. Doctrina o actitud que sólo admite la realidad subjetiva.

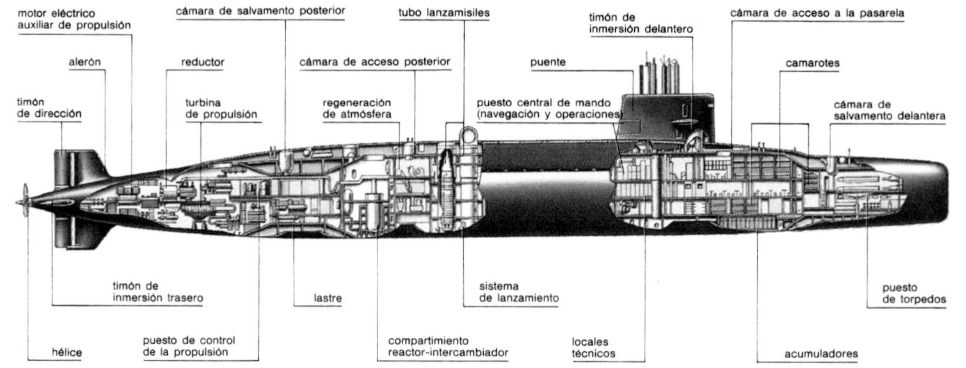

el **submarino** nuclear lanzamisiles francés *Le redoutable*

• **Subjetivismo jurídico,** doctrina que basa la obligación jurídica en la voluntad del sujeto.

**SUBJETIVISTA** adj. Relativo al subjetivismo. ◆ adj. y n. m. y f. **2.** Que profesa el subjetivismo.

**SUBJETIVIZACIÓN** n. f. Hecho de interpretar las cosas de manera afectiva, de transformar los fenómenos en personales y subjetivos.

**SUBJETIVO, A** adj. Que varía con el juicio, los sentimientos, las costumbres, etc., de cada uno: *crítica subjetiva.* **2.** FILOS. Que se refiere al sujeto pensante, a una consciencia individual. CONTR.: *objetivo.*

**SUBJUNTIVO, A** adj. y n. m. Dícese del modo del verbo que indica que una acción es concebida como subordinada a otra, o que la acción se considera simplemente en la mente.

**SUBLEVACIÓN** n. f. Acción y efecto de sublevar.

**SUBLEVAR** v. tr. y pron. (lat. *sublevare*) [**1**]. Alzar en rebeldía o motín: *sublevar al pueblo; sublevarse las tropas.* ◆ v. tr. **2.** *Fig.* Excitar, indignar, promover sentimientos de ira o protesta: *las injusticias sublevan.*

**SUBLIMACIÓN** n. f. Acción y efecto de sublimar. **2.** SICOANÁL. Mecanismo de defensa del yo por el que un impulso o un instinto se manifiestan en forma de otros considerados como más elevados.

**SUBLIMADO, A** adj. y n. m. QUÍM. Dícese del cuerpo volatilizado y recogido en estado sólido. • **Sublimado corrosivo,** cloruro mercúrico, $HgCl_2$, sustancia cáustica muy tóxica.

**SUBLIMAR** v. tr. y pron. [**1**]. Engrandecer, exaltar, enaltecer. ◆ v. tr. **2.** QUÍM. Hacer pasar directamente del estado sólido al gaseoso. **3.** SICOANÁL. Resolver mediante sublimación.

**SUBLIME** adj. (lat. *sublimem,* muy alto). Excelso, eminente, de gran valor moral, intelectual, etc.: *música sublime; un acto sublime.*

**SUBLIMIDAD** n. f. Calidad de sublime.

**SUBLIMINAL** adj. Dícese de la percepción de un estímulo por parte de un sujeto sin que éste tenga conciencia de él, cuando este estímulo está muy lejos, es de poca intensidad o es demasiado breve.

**SUBLINGUAL** adj. Situado por debajo de la lengua.

**SUBLUNAR** adj. ASTRON. Que está entre la Tierra y la órbita de la Luna.

**SUBMARINISMO** n. m. Conjunto de técnicas de inmersión y exploración subacuática, que se utilizan con fines científicos, deportivos o militares.

**SUBMARINISTA** adj. y n. m. y f. Relativo al submarinismo; que practica el submarinismo.

**SUBMARINO, A** adj. Que está bajo la superficie del mar: *volcán, relieve submarino.* **2.** Que se efectúa bajo la superficie del mar: *navegación submarina.* • **Pesca submarina,** deporte que consiste en aproximarse a nado al pez y dispararle con un fusil subacuático que lanza arpones. ◆ n. m. **3.** Buque de guerra concebido para navegar de manera prolongada y autónoma bajo el agua, y para combatir sumergido mediante el lanzamiento de torpedos. **4.** Toda embarcación capaz de sumergirse para llevar a cabo una misión de investigación o de salvamento.

**SUBMAXILAR** adj. ANAT. Situado debajo de la mandíbula inferior.

**SUBMÚLTIPLO** adj. y n. m. MAT. Dícese de un número o una magnitud contenidos un número entero de veces en otro número u otra magnitud.

**SUBNORMAL** adj. y n. m. y f. Que es inferior a lo normal, dícese especialmente de las personas cuya edad mental no alcanza la que les corresponde por su edad biológica. ◆ n. f. **2.** MAT. Proyección sobre un eje, y en especial sobre el eje de abscisas, del segmento de la normal, en un punto de una curva, comprendido entre este punto y el punto en el cual la normal corta el eje considerado.

**SUBOFICIAL** n. m. Categoría militar en la que se incluyen los grados comprendidos entre los de oficial y los de tropa, y que en España, en los ejércitos de tierra y del aire, abarca los grados de brigada, sargento primero y sargento.

**SUBORBITAL** adj. ASTRONÁUT. Dícese de las características del movimiento de un ingenio espacial antes de ser puesto en una órbita circunterrestre. • **Velocidad suborbital,** velocidad de inserción de un ingenio espacial en una órbita que no le permite dar una vuelta completa a la Tierra.

**SUBORBITAL** adj. ANAT. Que está debajo de la órbita.

**SUBORDEN** n. m. BIOL. Subdivisión de un orden.

**SUBORDINACIÓN** n. f. Dependencia, sumisión a la orden, mando o dominio de uno. **2.** LING. Relación de dependencia entre dos o más oraciones en el seno de una oración compuesta. **3.** LÓG. Relación de la especie al género.

**SUBORDINADO, A** adj. y n. Que está sujeto a otro o bajo su dependencia: *personal subordinado.* ◆ adj. y n. f. **2.** LING. Dícese de la oración que depende lógica y gramaticalmente de otra oración del mismo período, a la cual completa, y que tradicionalmente en español se divide en sustantiva, adjetiva y adverbial, según que equivalga a un sustantivo, a un adjetivo o a un adverbio, respectivamente.

**SUBORDINANTE** adj. Que expresa una subordinación o que introduce una oración subordinada.

**SUBORDINAR** v. tr. y pron. [**1**]. Poner bajo la dependencia de otro: *subordinarse a una autoridad.* **2.** Establecer un orden de dependencia, considerar o clasificar como inferior o accesorio: *subordinar los intereses particulares a los generales.*

**SUBPISO** n. m. Subdivisión de un piso, dividida a su vez en zonas. **2.** Vegetación que crece bajo los árboles de un monte.

**SUBPREFECTO** n. m. Persona que ayuda o sustituye al prefecto en sus funciones.

**SUBPREFECTURA** n. f. Función, cargo y oficina del subprefecto.

**SUBPRODUCCIÓN** n. f. Producción insuficiente.

**SUBPRODUCTO** n. m. Producto obtenido de manera accesoria en los procesos de elaboración y fabricación de otro producto, o como residuo de una extracción.

**SUBPROGRAMA** n. m. INFORMÁT. Secuencia de instrucciones que realiza una función particular, concebida para ser utilizada en diferentes programas.

**SUBPROLETARIADO** n. m. Lumpenproletariado.

**SUBPROLETARIO, A** adj. y n. Que forma parte del subproletariado.

**SUBRAYABLE** adj. Que puede o merece ser subrayado.

**SUBRAYAR** v. tr. [**1**]. Señalar por debajo con una raya alguna letra, palabra o frase escrita. **2.** *Fig.* Recalcar, hacer hincapié en algo.

**SUBREINO** n. m. Cada uno de los dos grupos taxonómicos en que se dividen los reinos animal y vegetal.

**SUBREPTICIO, A** adj. Que se hace o toma ocultamente y a escondidas.

**SUBROGACIÓN** n. f. DER. En una relación jurídica, sustitución de una persona (subrogación personal) o de una cosa (subrogación real).

**SUBROGADO, A** n. DER. Magistrado designado para remplazar a otro en una relación jurídica.

**SUBROGAR** v. tr. y pron. [**1m**]. DER. Sustituir a una persona o cosa en una relación jurídica.

**SUBROGATORIO, A** adj. DER. Dícese de la acción por la que el acreedor se subroga en los derechos o acciones del deudor ejecutado.

**SUBSANABLE** adj. Que se puede subsanar.

**SUBSANACIÓN** n. f. Acción y efecto de subsanar.

**SUBSANAR** v. tr. [**1**]. Disculpar, disimular: *subsanar un delito.* **2.** Reparar, remediar, resarcir un daño: *subsanar un defecto.*

**SUBSATURADO, A** adj. GEOL. Dícese de una roca magmática que contiene feldespatoides.

**SUBSCRIBIR** v. tr. y pron. [**3n**]. Suscribir.

**SUBSCRIPCIÓN** n. f. Suscripción.

**SUBSCRIPTOR, RA** o **SUBSCRITOR, RA** n. Suscriptor.

**SUBSECRETARÍA** n. f. Empleo u oficina del subsecretario. **2.** Conjunto de servicios y funciones de un ministerio dirigidos por un subsecretario.

**SUBSECRETARIO, A** n. Persona que suple o ayuda al secretario. **2.** En España, jefe superior de un departamento ministerial, después del ministro. • **Subsecretario de Estado,** en algunos países, miembro del gobierno, cuya situación es análoga a la de los secretarios de Estado, pero con una atribución de poder más restringida.

**SUBSECUENTE** adj. DER. Que sigue, que viene después. **2.** GEOGR. Dícese de un curso de agua o de una depresión que siguen el pie de un relieve monoclinal.

**SUBSIDENCIA** n. f. GEOL. Movimiento lento de hundimiento de una parte de la corteza terrestre bajo el peso de depósitos sedimentarios y por acción de deformaciones. **2.** METEOROL. Movimiento general de hundimiento que afecta a una masa de aire.

**SUBSIDIAR** v. tr. **[1]**. Conceder subsidio a alguna persona o entidad.

**SUBSIDIARIEDAD** n. f. Tendencia favorable a la participación subsidiaria del estado en apoyo de las actividades privadas o comunitarias. • **Principio de subsidiariedad** (DER.), principio de delegación vertical de los poderes, especialmente en las federaciones.

**SUBSIDIARIO, A** adj. Que se da como subsidio. **2.** Dícese de la empresa que es delegada en el extranjero de una multinacional. **3.** DER. Dícese de la acción o responsabilidad dispuestas para sustituir a otra principal en caso de fallar ésta.

**SUBSIDIO** n. m. (lat. *subsidium*). Ayuda de carácter oficial que se concede a una persona o entidad: *subsidio de desempleo, familiar.*

**SUBSIGUIENTE** adj. Que sigue inmediatamente. **2.** Después del siguiente.

**SUBSISTENCIA** n. f. Vida, acción de vivir. **2.** Conjunto de medios necesarios para el sustento de la vida humana: *escasez de subsistencias.* (Suele usarse en plural.) **3.** Permanencia, estabilidad y conservación de las cosas.

**SUBSISTENTE** adj. Que subsiste.

**SUBSISTIR** v. intr. (lat. *subsistere*) **[3]**. Permanecer, perdurar, conservarse: *subsistir restos de una civilización.* **2.** Vivir: *subsistir en cautiverio.*

**SUBSÓNICO, A** adj. Relativo a la velocidad inferior a la del sonido. CONTR.: *supersónico.*

**SUBSUELO** n. m. Terreno que está debajo de la capa laborable, o, en general, debajo de una capa de tierra. **2.** Parte profunda del terreno a la que no llegan los aprovechamientos superficiales de los predios.

**SUBTANGENTE** n. f. MAT. Proyección sobre un eje, y especialmente sobre un eje de coordenadas, del segmento de la tangente, en un punto de una curva comprendido entre el punto de contacto y el punto donde la tangente corta el eje considerado.

**SUBTE** n. m. *Argent.* Apócope de *subterráneo,* ferrocarril.

**SUBTENDER** v. tr. **[2d]**. MAT. Unir una línea recta los extremos de un arco de curva o de una línea quebrada.

**SUBTENIENTE** n. m. Empleo superior del cuerpo de suboficiales. **2.** Oficial de categoría inmediatamente inferior a la de teniente, que en España ya no existe.

**SUBTERFUGIO** n. m. Evasiva, escapatoria, pretexto.

**SUBTERRÁNEO, A** adj. Que está debajo de tierra: *cables subterráneos.* ◆ n. m. **2.** Espacio o recinto que está debajo de tierra. **3.** *Argent.* Ferrocarril metropolitano o metro.

**SUBTIPO** n. m. BIOL. Subdivisión de un tipo.

**SUBTITULADO, A** adj. Dícese de una película en versión original a la que se han puesto subtítulos.

**SUBTITULAR** v. tr. **[1]**. Poner subtítulo a una cosa.

**SUBTÍTULO** n. m. Título secundario que se añade a otro principal. **2.** CIN. Traducción del texto de una película en versión original, que aparece en la pantalla, en la parte inferior de la imagen. (Suele usarse en plural.)

**SUBTROPICAL** adj. Situado cerca de los trópicos, pero a una latitud más elevada. • **Clima subtropical,** clima cálido con una larga estación seca.

**SUBULADO, A** adj. HIST. NAT. Estrechado hasta el ápice en punta fina.

**SUBURBANO, A** adj. Que está muy próximo a la ciudad. **2.** Relativo al suburbio. • **Área,** o **zona suburbana**, territorio que rodea el casco urbano de una ciudad, con la que se encuentra en estrecha dependencia y diaria relación. ◆ adj. y n. m. **3.** Dícese del ferrocarril que comunica la ciudad con las zonas suburbanas.

**SUBURBIAL** adj. Relativo al suburbio.

**SUBURBIO** n. m. (lat. *suburbium*). Barrio periférico de una ciudad, especialmente el habitado por gente de débil condición económica.

**SUBUTILIZACIÓN** n. f. Aprovechamiento atenuado o disminuido de algo.

**SUBVALORAR** v. tr. **[1]**. Dar o atribuir a alguien o a algo menor valor o importancia de la que tiene.

**SUBVENCIÓN** n. f. Acción y efecto de subvenir. **2.** Cantidad con que se subviene. **3.** DER. Auxilio económico otorgado por la administración.

**SUBVENCIONAR** v. tr. **[1]**. Asignar una subvención.

**SUBVENIR** v. tr. **[21]**. Costear, sufragar el pago de cierta cosa. **2.** Venir en auxilio de alguien.

**SUBVERSIÓN** n. f. Acción y efecto de subvertir.

**SUBVERSIVO, A** adj. Capaz de subvertir o que tiende a ello. ◆ adj. y n. **2.** Que pretende subvertir el orden establecido: *política subversiva; movimiento subversivo.*

**SUBVERTIR** v. tr. **[22]**. Trastornar, perturbar, hacer que algo deje de estar o de marchar con normalidad: *subvertir el orden.*

**SUBVIRAR** v. intr. **[1]**. Tener tendencia un vehículo automóvil a que, en los virajes, sus ruedas delanteras desvíen su trayectoria lateralmente hacia el exterior de la curva.

**SUBYACENTE** adj. Que yace o está debajo de otra cosa.

**SUBYACER** v. tr. **[2g]**. Existir algo debajo de otra cosa o como trasfondo de ella.

**SUBYUGABLE** adj. Que se puede subyugar.

**SUBYUGACIÓN** n. f. Acción y efecto de subyugar.

**SUBYUGADOR, RA** adj. y n. Que subyuga.

**SUBYUGAR** v. tr. y pron. **[1b]**. Someter a alguien violenta o intensamente.

**SUCCÍNICO, A** adj. Dícese de un ácido descubierto en el succino.

**SUCCINO** n. m. Ámbar.

**SUCCIÓN** n. f. (lat. *suctionem*). Acción de absorber o chupar.

**SUCCIONAR** v. tr. **[1]**. Realizar una succión.

**SUCEDÁNEO, A** adj. y n. m. (lat. *succedaneum,* que remplaza). Dícese de la sustancia que puede remplazar o sustituir a otra, y que generalmente es de menor calidad.

**SUCEDER** v. intr. (lat. *succedere*) **[2]**. Producirse espontáneamente un hecho o suceso: *suceder un accidente.* **2.** Ocupar el lugar de alguien o algo, sustituir a alguien en un cargo, dirección, etc.: *suceder en la presidencia.* **3.** Venir después, seguir en un sentido espacial o temporal: *el otoño sucede al verano.* **4.** Descender, proceder, provenir.

**SUCEDIDO** n. m. Suceso, hecho. **2.** *Argent.* Relato comúnmente aleccionador de un hecho más o menos extraordinario.

**SUCESIÓN** n. f. (lat. *sucessionem*). Transmisión legal a personas vivas de bienes y obligaciones de personas difuntas. **2.** Circunstancia de estar una cosa detrás de otra en el tiempo o en el espacio. **3.** Conjunto de cosas que se siguen unas a otras: *una sucesión de ideas.* **4.** Descendencia de una persona. **5.** MAT. Conjunto de elementos clasificados en un orden determinado.

**SUCESIVO, A** adj. Que sucede o sigue a otra cosa. • **En lo sucesivo,** en el tiempo que ha de seguir al momento en que se está.

**SUCESO** n. m. (lat. *successum,* secuencia, sucesión). Cosa de algún interés que sucede. **2.** Éxito, resultado bueno de un asunto. **3.** Hecho delictivo o accidente que ocurre.

**SUCESOR, RA** adj. y n. Que sucede a otro, especialmente en un cargo o herencia. **2.** Dícese del que ha de heredar a otro.

**SUCESORIO, A** adj. Relativo a la sucesión o herencia.

**SUCHE** adj. *Chile.* Subalterno, empleado de última categoría. **2.** *Venez.* Agrio. ◆ n. m. **3.** *Ecuad.* y *Perú.* Árbol pequeño cuya madera se usa en construcción. (Familia apocináceas.)

**SUCIEDAD** n. f. Calidad de sucio. **2.** Inmundicia, porquería. **3.** *Fig.* Dicho o hecho deshonesto, innoble.

**SUCINTO, A** adj. (lat. *succinctum*). Breve, resumido, conciso: *una sucinta explicación.*

**SUCIO, A** adj. (lat. *succidum,* húmedo). Manchado, untado, impuro, con polvo: *manos sucias.* **2.** Que se ensucia fácilmente: *el blanco es un color sucio.* **3.** *Fig.* Dícese del color no puro, confuso, turbio. **4.** *Fig.* Sin escrúpulos, deshonesto, inmoral. **5.** *Fig.* Contrario a la justicia, a la moral, al honor: *negocio sucio.* **6.** *Fig.* Que ofende al pudor, indecente: *una acción sucia.* **7.** *Fig.* Tramposo: *juego sucio; jugador sucio.*

**SUCRE** n. m. Antigua unidad monetaria de Ecuador, sustituida por el dólar E.U.A..

**SÚCUBO** n. m. y adj. Demonio o espíritu con apariencia de mujer que, según la tradición, seduce a los hombres durante su sueño. CONTR.: *íncubo.*

**SUCUCHO** n. m. *Amér.* Habitación pequeña y precaria que sirve de vivienda, socucho.

**SUCULENTO, A** adj. (lat. *suculentum;* de *sucum,* jugo). Sabroso, nutritivo: *comida suculenta.* **2.** BOT. Dícese de la planta que posee órganos carnosos y ricos en agua.

**SUCUMBIR** v. tr. (lat. *succumbere;* de *cubare,* yacer) **[3]**. Ceder, rendirse, someterse: *sucumbir a la tentación.* **2.** Morir, perecer.

**SUCURSAL** adj. y n. f. (fr. *sucursale*). Dícese del establecimiento mercantil o industrial que depende de otro, cuyo nombre reproduce.

**SUCURSALISMO** n. m. *Desp.* Dependencia de partidos políticos españoles, cuyo ámbito es una nacionalidad o región, respecto del supuesto centralismo de los de ámbito estatal.

**SUCUSIÓN** n. f. MED. Exploración que consiste en mover al enfermo para provocar la movilización del líquido pleural o gástrico.

**SUDACA** n. m. y f. *Desp.* Suramericano.

**SUDACIÓN** n. f. Exudación. **2.** Exhalación de sudor.

**SUDADERA** n. f. Acción de sudar mucho: *darse una sudadera.* **2.** Manta pequeña que se pone a las cabalgaduras debajo de la silla. **3.** *Méx.* Camiseta de manga larga que se usa principalmente para hacer ejercicio o deporte.

**SUDAFRICANO, A** adj. y n. De África del Sur. **2.** De la República de Sudáfrica.

**SUDAMERICANO, A** adj. y n. Suramericano.

**SUDANÉS, SA** adj. y n. De Sudán. ◆ adj. **2. Lenguas sudanesas,** gran familia de lenguas negroafricanas, habladas en el Sudán occidental, en las regiones costeras del golfo de Guinea y en África central al N de la Rep. Dem. del Congo (ex Zaire).

**SUDAR** v. intr. y tr. (lat. *sudare*) **[1]**. Expeler sudor por los poros de la piel. **2.** Destilar las plantas algún líquido. ◆ v. intr. **3.** *Fig.* Destilar líquido a través de los poros un recipiente, una pared, etc. **4.** *Fig.* y *fam.* Trabajar mucho. ◆ v. tr. **5.** Mojar con el sudor: *sudar la camisa.* **6.** *Fig.* y *fam.* Obtener algo con gran esfuerzo: *sudó la victoria.* **7.** *Fig.* y *fam.* Dar algo a la fuerza.

**SUDARÁBIGO, A** adj. y n. m. Dícese de una lengua semítica afín al árabe.

**SUDARIO** n. m. Lienzo que se pone sobre el rostro de los difuntos o en que se envuelve el cadáver. • **Santo sudario,** lienzo que sirvió para amortajar el cuerpo de Jesucristo.

**SUDESTADA** n. f. *Argent.* Viento con lluvia persistente que viene del SE y generalmente provoca la crecida de los ríos.

**SUDESTE** n. m. Sureste.

**SUDISTA** adj. y n. m. y f. Partidario de los estados del sur, en la guerra de Secesión norteamericana (1861-1865).

**SUDOESTE** n. m. Suroeste.

**SUDOR** n. m. (lat. *sudorem*). Secreción acuosa, que contiene sales minerales y urea, segregada por las glándulas sudoríparas a través de los poros de la piel. **2.** *Fig.* Gotas que aparecen en la superficie de lo que despide humedad. **3.** *Fig.* Jugo o goma que segregan las plantas. **4.** *Fig.* Gran esfuerzo que es necesario o se emplea para hacer o conseguir algo. (Suele usarse en plural.)

**SUDORÍFICO, A** o **SUDORÍFERO, A** adj. y n. m. Que provoca sudor.

**SUDORÍPARO, A** adj. Que produce o segrega sudor.

**SUDOROSO, A** o **SUDORIENTO, A** adj. Que está sudando mucho: *llegar sudoroso.* **2.** Muy propenso a sudar.

**SUECO, A** adj. y n. De Suecia. • **Hacerse** uno **el sueco,** desentenderse de una cosa; fingir que no se entiende. ◆ n. m. **2.** Lengua nórdica hablada principalmente en Suecia.

**SUEGRO, A** n. Con respecto a un cónyuge, padre o madre del otro.

**SUELA** n. f. Parte del calzado que queda debajo del pie y es la que toca el suelo. **2.** Cuero vacuno

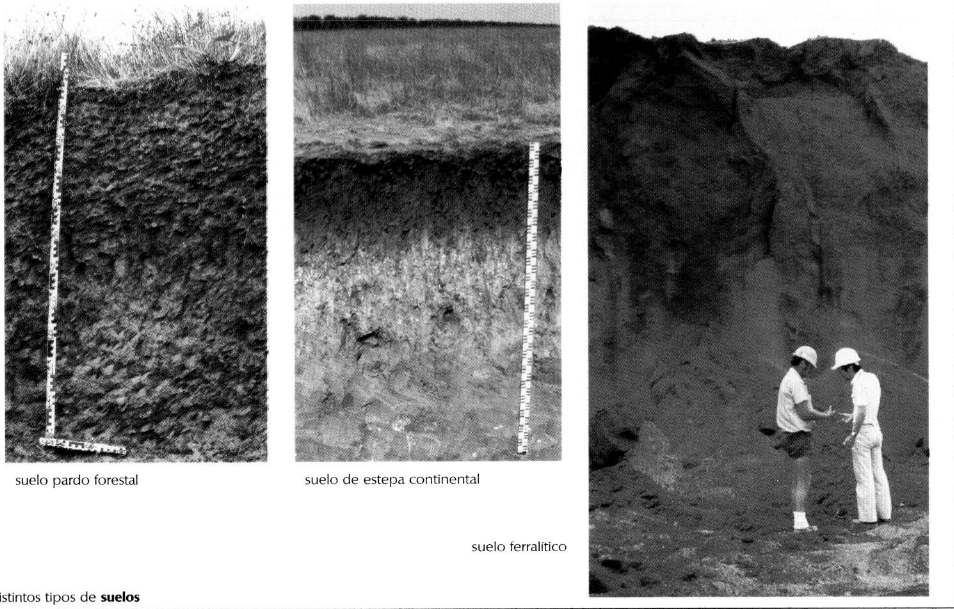

suelo pardo forestal

suelo de estepa continental

suelo ferralítico

distintos tipos de **suelos**

curtido que se emplea para fabricar esta parte del calzado. **3.** Pedazo de cuero o de goma que se coloca en el extremo inferior del taco de billar. • **De tres, de cuatro,** o **de siete suelas** *(Fam.)*, redomado: *pícaro de siete suelas.* ‖ **Media suela,** pieza de cuero con que se remienda el calzado y que cubre la planta desde el enfranque a la punta. ‖ **No llegarle** a alguien **ni a la suela del zapato,** ser muy inferior a él en alguna materia.

**SUELAZO** n. m. *Colomb., Chile, Ecuad.* y *Venez.* Batacazo, golpe fuerte que se da uno al caer.

**SUELDO** n. m. Remuneración asignada por un determinado cargo o empleo profesional. **2.** NUMISM. En los antiguos sistemas monetarios, pieza equivalente a 1/20 de libra. • **A sueldo,** con retribución fija.

**SUELO** n. m. (lat. *solum*). Superficie por la que se anda. **2.** Piso o pavimento: *suelo de terrazo.* **3.** Tierra, terreno: *la explotación del suelo.* **4.** *Fig.* Base, superficie inferior de algunas cosas: *el suelo de una vasija.* **5.** EDAFOL. Parte superficial de la corteza terrestre, en contacto con la atmósfera y sometida a la acción de la erosión (mecánica y química) de los animales y de las plantas, lo que produce la alteración y disgregación de las rocas. • **Arrastrar, poner,** o **tirar, por el suelo,** o **los suelos,** desacreditar. ‖ **Arrastrarse,** o **echarse, por el suelo,** o **los suelos** *(Fam.)*, humillarse. ‖ **Besar el suelo,** caerse de bruces. ‖ **Dar consigo en el suelo,** caerse en tierra. ‖ **Por el suelo,** o **los suelos,** denota la depreciación de algo. ‖ **Venir,** o **venirse, al suelo,** caer, arruinarse, destruirse.

**SUELTA** n. f. Acción y efecto de soltar. • **Dar suelta** a alguien, permitirle esparcirse, divertirse o que salga de su retiro.

**SUELTO, A** adj. Que no está sujeto: *hojas sueltas de un libro; llevar el pelo suelto.* **2.** Ligero, veloz. **3.** Poco compacto, disgregado, disperso. **4.** Expedito, hábil: *tener la mano suelta para dibujar.* **5.** No frenado, fácil, ágil: *ser suelto de lengua; lenguaje, estilo suelto.* **6.** Separado, aislado, que no hace juego o colección con otras cosas: *un calcetín suelto.* **7.** Flojo, holgado: *un vestido suelto.* **8.** Que padece diarrea. **9.** TAUROM. Dícese del toro que abandona la suerte sin hacer caso del engaño. ◆ adj. y n. m. **10.** Dícese del dinero en moneda fraccionaria. ◆ n. m. **11.** Escrito de poca extensión y sin firma, impreso en un periódico.

**SUEÑO** n. m. (lat. *somnum*). Estado funcional periódico del organismo, y especialmente del sistema nervioso, durante el cual el estado de vigilia se encuentra suspendido de una forma inmediatamente reversible: *estar sumido en el sueño.* **2.** Acción de imaginar escenas o sucesos mientras se duerme. **3.** Serie de escenas, imágenes o sucesos, más o menos incoherentes, que se presentan en la mente mientras se duerme: *tener sueños fantásticos.* **4.** Ganas, necesidad de dormir: *tener sueño.* **5.** *Fig.* Lo que carece de realidad o fundamento, proyecto, deseo, esperanza sin probabilidad de realizarse: *vivir de sueños; sueños de fama.* • **Caerse** uno **de sueño,** tener muchas ganas de dormir. ‖ **Conciliar el sueño,** conseguir dormir. ‖ **Cura de sueño** (SIQUIATR.), terapia de ciertos episodios agudos mediante un sueño más o menos profundo, provocado artificialmente por medio de sicótropos. ‖ **En sueños,** estando durmiendo. ‖ **Enfermedad del sueño,** enfermedad contagiosa producida por un tripanosoma y transmitida por la mosca tse-tse. ‖ **Ni en sueños,** expresión con la que se niega que algo haya podido o pueda suceder. ‖ **Quitar el sueño,** preocupar mucho alguna cosa. ‖ **Sueño dorado** *(Fig.)*, deseo vehemente, ilusión halagüeña. ‖ **Sueño eterno,** la muerte. ‖ **Sueño pesado** *(Fig.)*, el muy profundo.

**SUERO** n. m. (lat. *serum*). Parte líquida de un humor orgánico después de su coagulación, como la sangre, la leche (lactoserum) y la linfa. • **Suero antilinfocitario,** suero que disminuye o anula la actividad inmunitaria de los linfocitos. ‖ **Suero fisiológico,** solución salina de composición determinada e isotónica con el plasma sanguíneo.

**SUERTE** n. f. (lat. *sortem*). Fuerza, poder que determina ciertos acontecimientos independientemente de la voluntad del individuo: *suerte adversa; suerte favorable.* **2.** Circunstancia casual favorable o adversa, fortuna en general. **3.** Casualidad a que se fía la resolución de una cosa: *decídalo la suerte.* **4.** Situación, condición, estado en que alguien se encuentra: *estoy contento con mi suerte.* **5.** Lo que reserva el futuro: *no sé lo que me deparará la suerte.* **6.** Clase, género, especie: *había toda suerte de personas.* **7.** Manera de hacer algo: *tratar de tal suerte que...* **8.** *Argent.* En el juego de la taba, parte cóncava de ésta. **9.** TAUROM. Cada una de las figuras que el torero compone con el toro, ayudándose con la capa, banderillas, muleta, etc. • **Caer,** o **tocar, en suerte,** corresponder algo por sorteo; suceder algo a alguien por azar. ‖ **De suerte que,** expresa una consecuencia o resultado de lo que se ha dicho antes. ‖ **Desafiar a la suerte,** arriesgarse imprudentemente. ‖ **Echar,** o **tirar, a suerte,** o **a suertes,** decidir la suerte por medio de un sorteo o por otro procedimiento de resultado imprevisible. ‖ **Por suerte,** afortunadamente. ‖ **Probar suerte,** tomar parte en un sorteo, rifa, etc.; intentar conseguir algo confiando en la buena fortuna. ‖ **Tentar a la suerte,** afrontar un riesgo por conseguir algo.

**SUERTERO, A** adj. *Ecuad.* y *Hond.* Dichoso, feliz, afortunado. ◆ n. m. **2.** *Perú.* Vendedor de billetes de lotería.

**SUERTUDO, A** adj. *Amér. Merid.* Afortunado.

**SUÉTER** n. m. (ingl. *sweater*). Jersey.

**SUEVO, A** adj. Relativo a un conjunto de pueblos germánicos expulsados de la Galia por César; individuo de este conjunto de pueblos.
■ En el s. I a. J.C. se establecieron en Suabia (país de los suevos). A principios del s. V, junto con los alanos y los vándalos asdingos, atravesaron la Galia y se instalaron en la península Ibérica (409), donde, dirigidos por Hermerico, fundaron en la provincia romana de Gallaecia un reino *(Reino de los suevos)* que perduró hasta 585, año en que lo conquistó Leovigildo y quedó incorporado al estado visigodo.

**SUFETE** n. m. (lat. *suffetem*). Magistrado supremo de Cartago y de otras colonias fenicias.

**SUFÍ** adj. y n. m. y f. Relativo al sufismo; partidario del sufismo.

**SUFICIENCIA** n. f. Calidad de suficiente, bastante. **2.** Capacidad, aptitud, competencia: *suficiencia en un examen.* **3.** Actitud de la persona envanecida con su propia sabiduría: *tener aires de suficiencia.*

**SUFICIENTE** adj. (lat. *sufficientem*). Bastante para lo que se necesita: *tener lo suficiente para vivir.* **2.** Apto, idóneo. **3.** Pedante, presumido. ◆ n. m. **4.** Calificación que indica la suficiencia del alumno.

**SUFIJACIÓN** n. f. Procedimiento de formación de palabras con ayuda de sufijos.

**SUFIJO** n. m. LING. Elemento que se coloca al final de ciertas palabras, modificando su significado primario.

**SUFISMO** n. m. Doctrina mística del islam, que tuvo su origen en el s. VIII.

**SUFRAGÁNEO, A** adj. Que depende de otro. ◆ adj. y n. m. **2.** REL. Dícese del obispo que depende de un metropolitano.

**SUFRAGAR** v. tr. (lat. *suffragari*) [**1b**]. Costear, satisfacer: *sufragar gastos.* **2.** Ayudar, favorecer: *sufragar un proyecto.* ◆ v. intr. **3.** *Amér.* Votar a cierto candidato.

**SUFRAGIO** n. m. (lat. *suffragium*). Acto de carácter expreso, por el que una persona emite un voto en el seno de una colectividad de la que es miembro, a fin de decidir en una cuestión de interés público, generalmente de carácter político. **2.** Obra buena, oración que se aplica por los difuntos. • **Sufragio directo,** sistema en el que el elector vota directamente por el candidato a elegir. || **Sufragio indirecto,** sistema en el que el candidato a elegir es votado por los miembros de cuerpos elegidos o por delegados elegidos por el cuerpo electoral. || **Sufragio universal,** sistema en el que el cuerpo electoral está constituido por todos los ciudadanos que no hayan sido privados de sus derechos políticos a consecuencia de una condena de derecho común.

**SUFRAGISMO** n. m. Movimiento sufragista.

**SUFRAGISTA** adj. y n. m. y f. Partidario del voto femenino. ◆ n. f. **2.** Nombre con el que se designaba, en el s. XIX y primeros decenios del XX, a las militantes que reclamaban el derecho de votar para la mujer.

**SUFRIBLE** adj. Que se puede sufrir.

**SUFRIDO, A** adj. Que sufre con resignación, sin queja: *carácter muy sufrido.* **2.** Muy resistente a la suciedad y al uso: *color sufrido; tela sufrida.* ◆ adj. y n. m. **3.** Dícese del marido consentido.

**SUFRIMIENTO** n. m. Capacidad para sufrir o estado del que sufre.

**SUFRIR** v. tr. e intr. (lat. *suferre*) [**3**]. Tener o padecer un daño o dolor físico o moral. **2.** Padecer habitualmente de una enfermedad o de un trastorno físico: *sufrir del estómago.* ◆ v. tr. **3.** Experimentar algo desagradable, soportar condiciones no favorables, etc.: *sufrir hambre; sufrir vergüenza.* **4.** Sostener, resistir: *no puede sufrir comer sin sal.* **5.** Aguantar, tolerar: *sufrir las cosquillas.* **6.** Permitir, consentir: *sufrir humillaciones.* • **No poder sufrir,** detestar, no poder soportar.

**SUFRÚTICE** n. m. Planta intermedia entre el arbusto y la hierba. SIN.: *subarbusto.*

**SUFRUTICOSO, A** o **SUFRUTESCENTE** adj. BOT. Dícese de las plantas con porte de sufrútice.

**SUFUSIÓN** n. f. (lat. *suffusionem*). MED. Derrame de un líquido orgánico fuera de su estructura, principalmente de los vasos sanguíneos.

**SUGERENCIA** n. f. Acción de sugerir: *fui por sugerencia de mi madre.* **2.** Idea que se sugiere, inspiración, insinuación: *admitir una sugerencia.*

**SUGERENTE** o **SUGERIDOR, RA** adj. Que sugiere.

**SUGERIR** v. tr. (lat. *suggerere*) [**22**]. Provocar en alguien alguna idea: *palabras que sugieren otras.* **2.** Insinuar lo que se debe decir o hacer: *le sugirió que se fuera.* **3.** Evocar, traer a la memoria: *un paisaje que sugiere recuerdos.*

**SUGESTIBILIDAD** n. f. SICOL. Carácter sugestionable.

**SUGESTIÓN** n. f. Acción de sugestionar: *poder de sugestión.* **2.** Sugerencia: *aceptar una sugestión.* **3.** SICOL. Proceso síquico consistente en pensar o actuar bajo la influencia de otra persona.

**SUGESTIONABLE** adj. SICOL. Dícese del sujeto que se somete fácilmente a las sugestiones.

**SUGESTIONADOR, RA** adj. Que sugestiona.

**SUGESTIONAR** v. tr. [**1**]. Influir sobre alguien por medio de la sugestión. **2.** *Fig.* Fascinar, ejercer un dominio irresistible. ◆ **sugestionarse** v. pron. **3.** Dejarse llevar por la sugestión.

**SUGESTIVO, A** adj. Que sugiere. **2.** *Fig.* Que suscita una emoción, un encanto, una impresión: *un viaje sugestivo.*

**SUHL** n. m. (voz árabe, *sumisión*). Pacto de capitulación establecido por los musulmanes en los pueblos que conquistaron.

**SUI GENERIS** loc. (voces latinas, *de su género*). Singular, único, especial: *un olor sui generis.*

**SUICIDA** n. m. y f. Persona que comete suicidio. ◆ adj. **2.** Que daña o destruye al propio agente: *un conductor suicida; un acto suicida.*

**SUICIDARSE** v. pron. [**1**]. Cometer suicidio.

**SUICIDIO** n. m. Acción de quitarse voluntariamente la vida.

**SUIDO, A** adj. y n. m. Relativo a una familia de mamíferos ungulados con cuatro dedos en cada pata, y con fuertes y desarrollados caninos, como el *cerdo,* el *jabalí* y el *babirusa.*

**SUIMANGA** n. m. Pequeña ave paseriforme de los bosques tropicales de África, Asia y Australia, de pico muy delgado, puntiagudo y a menudo ganchudo. (Familia nectarínidos.)

**SUINDÁ** n. m. *Argent.* Ave de unos 40 cm de long., coloración pardusca, estriada, con manchas negras. (Familia estrígidas.)

**SUIRIRI** n. m. *Argent.* Nombre genérico de diversas especies de tiránidos.

**SUITE** n. f. (voz francesa). Serie de habitaciones de un hotel, comunicadas entre sí, que constituyen una unidad de alojamiento.

**SUITE** n. f. MÚS. Forma instrumental en varios tiempos constituida por una yuxtaposición de movimientos, originariamente de danza, cada uno de ellos con carácter propio y escritos en una única tonalidad. **2.** MÚS. Selección de fragmentos generalmente sinfónicos, extraídos de una obra de larga duración y destinados al concierto.

**SUIZO, A** adj. y n. De Suiza. ◆ adj. **2. Encaje suizo,** imitación de los antiguos encajes a aguja de mallas desiguales. || **Guardia pontificia suiza,** cuerpo de soldados reclutados en Suiza y encargados de la guardia personal de los pontífices que fue creado en 1506. ◆ n. m. **3.** Bollo de harina, huevo y azúcar, muy esponjoso y más o menos ovalado.

**SUJECIÓN** n. f. Acción de sujetar o estado de sujeto. **2.** Cosa o medio con que se sujeta algo.

**SUJETADOR, RA** adj. y n. m. Dícese de cualquier cosa que sirve para sujetar. ◆ n. m. **2.** Sostén, prenda interior. **3.** Pieza del biquini que sujeta el pecho.

**SUJETAPAPELES** n. m. (pl. *sujetapapeles*). Instrumento a modo de pinza o de cualquier otra forma que sirve para sujetar papeles.

**SUJETAR** v. tr. y pron. (lat. *subiectare*) [**1**]. Dominar o someter a alguien. ◆ v. tr. **2.** Agarrar, coger a alguien o algo con fuerza: *le sujetaron las manos y los pies.* **3.** Aplicar a alguna cosa un elemento que evita que caiga o se mueva.

**SUJETO, A** adj. Que ha sido bien sujetado. **2.** Expuesto o propenso a cierta cosa que se expresa: *el plan está sujeto a cambios de última hora.* ◆ n. m. **3.** Asunto o materia sobre que se habla o escribe. **4.** Individuo, persona innominada: *un sujeto estrafalario preguntaba por ti.* **5.** Ser del cual se predica o anuncia alguna cosa. **6.** FILOS. El espíritu humano considerado en oposición al mundo externo. **7.** GRAM. Función gramatical propia del término de la relación predicativa, al que se atribuye el predicado en un enunciado. • **Sujeto pasivo,** el que está obligado a contribuir en el impuesto sobre la renta.

**SULFAMIDA** n. f. Nombre genérico de una serie de compuestos orgánicos nitrogenados y sulfurados, que son la base de diversos grupos de medicamentos antiinfecciosos, antidiabéticos y diuréticos.

**SULFATADO** n. m. Aplicación sobre los vegetales de una solución de sulfato de cobre o de sulfato de hierro, para combatir las enfermedades criptogámicas. SIN.: *sulfatación.*

**SULFATADOR, RA** adj. y n. Que sulfata.

**SULFATADORA** n. f. Máquina o aparato para sulfatar.

**SULFATAR** v. tr. [**1**]. Efectuar el sulfatado.

**SULFATO** n. m. Sal o éster del ácido sulfúrico.

**SULFHÍDRICO, A** adj. Dícese de un ácido $H_2S$, formado por azufre e hidrógeno, que se presenta en estado gaseoso, incoloro, muy tóxico, con olor a huevos podridos, producido por la descomposición de materias orgánicas. SIN.: *hidrógeno sulfurado.*

**SULFHIDRILO** n. m. Radical univalente $-SH$ que se encuentra en los tioles.

**SULFINIZACIÓN** n. f. Cementación mediante azufre.

**SULFITACIÓN** n. f. Empleo del anhídrido sulfuroso como desinfectante, decolorante, antioxidante, etc.

**SULFITO** n. m. Sal del ácido sulfuroso.

**SULFONACIÓN** n. f. Reacción de sustitución de uno o varios átomos de hidrógeno de un compuesto orgánico por uno o varios grupos $SO_3H$.

**SULFONADO, A** adj. Dícese de los compuestos bencénicos (llamados también *ácidos sulfónicos*) que contienen el radical $SO_3H$ fijado en un átomo de carbono.

**SULFOVÍNICO, A** adj. Dícese de un ácido obtenido por acción del ácido sulfúrico sobre el etanol. SIN.: *etilsulfúrico.*

**SULFURACIÓN** n. f. AGRIC. y QUÍM. Acción de sulfurar. **2.** MED. Administración de azufre, bajo diferentes formas, en uso tópico.

**SULFURADO, A** adj. En estado de sulfuro. **2.** Combinado con el azufre. • **Hidrógeno sulfurado,** ácido sulfhídrico.

**SULFURAR** v. tr. [**1**]. Combinar con azufre. **2.** AGRIC. Introducir sulfuro de carbono en el suelo, para destruir los insectos. ◆ v. tr. y pron. **3.** *Fig.* Irritar o encolerizar a alguien.

**SULFÚRICO, A** adj. *Ecuad.* Se dice de la persona irascible. • **Ácido sulfúrico** (QUÍM.), ácido oxigenado ($H_2SO_4$) derivado del azufre, fuertemente corrosivo y que se utiliza en la fabricación de numerosos ácidos, sulfatos y alumbres, superfosfatos, glucosa, explosivos y colorantes, etc.

**SULFURO** n. m. QUÍM. Combinación de azufre y un elemento. **2.** QUÍM. Sal del ácido sulfhídrico.

**SULFUROSO, A** adj. QUÍM. De la naturaleza del azufre. **2.** Que contiene una combinación de azufre: *vapores sulfurosos; agua sulfurosa.* • **Ácido sulfuroso,** compuesto $H_2SO_3$, que sólo existe en disolución. || **Anhídrido sulfuroso,** compuesto oxigenado ($SO_2$) derivado del azufre, que es un gas incoloro, sofocante, empleado como decolorante y desinfectante.

**SULKY** n. m. (voz inglesa). Carruaje muy ligero, sin carrozar, con dos ruedas, utilizado en las carreras al trote.

sulkys

**SULLA** n. f. Planta herbácea de tallo hueco, flores purpúreas y fruto en silicua, que crece en los países cálidos. (Familia papilionáceas.)

**SULTÁN** n. m. En los países musulmanes, representante impersonal de la autoridad.

**SULTANA** n. f. Mujer del sultán, o que goza consideración de tal. **2.** Embarcación principal que usaban los turcos en la guerra.

**SULTANATO** n. m. Dignidad de sultán. **2.** Sultanía.

**SULTANÍA** n. f. Territorio que está bajo la jurisdicción de un sultán.

**SULUK** → ***tausug.***

**SUMA** n. f. (lat. *summa,* lo más alto, el total). Acción y efecto de sumar. **2.** Conjunto o reunión de varias cosas, especialmente cantidad de dinero: *perdió en el juego sumas importantes.* **3.** Resumen o recopilación de todas las partes de una ciencia o saber: *suma teológica.* **4.** MAT. Resultado de la adición. • **En suma,** resumiendo. || **Suma algebraica,** resultado de varias sumas y diferencias indicadas. || **Suma de una serie,** límite de la suma de los *n* primeros términos de dicha serie, cuando *n* tiende a infinito. || **Suma geométrica de varios vectores,** resultado de la composición de estos vectores.

**SUMABLE** adj. Susceptible de ser sumado.

**SUMACA** n. f. Embarcación pequeña de dos palos propia para navegar en poca agua, usada en América del Sur.

**SUMACIÓN** n. f. Sucesión eficaz de varias excitaciones semejantes que actúan sobre un músculo o un nervio, y que, aisladamente, serían ineficaces. **2.** Operación mediante la cual se realiza la adición de varias cantidades. (El signo de la sumación es Σ.)

**SUMADOR, RA** adj. y n. Que suma.

**SUMADORA** n. f. Máquina de calcular mecánica, capaz de efectuar operaciones de adición.

**SUMANDO** n. m. Cada una de las cantidades que han de añadirse unas a otras para formar la suma.

**SUMAR** v. tr. [1]. Reunir en una sola varias cantidades homogéneas. **2.** Componer varias cantidades un total: *tres y cinco suman ocho.* • **Suma y sigue** *(Fam.)*, expresa la repetición o continuación de una cosa. ◆ **sumarse** v. pron. **3.** *Fig.* Agregarse a un grupo, adherirse a una opinión, doctrina, etc.: *la mayoría se sumó a la idea.*

**SUMARIA** n. f. DER. Proceso escrito. **2.** En el procedimiento criminal militar, sumario.

**SUMARIAL** adj. Relativo al sumario o a la sumaria.

**SUMARIAR** v. tr. [1]. DER. Someter a uno a sumario.

**SUMARIO, A** adj. Breve, reducido a poca extensión: *una exposición sumaria de los hechos.* **2.** DER. Dícese de determinados juicios que se tramitan con mayor rapidez que los ordinarios. ◆ n. m. **3.** Resumen, compendio. **4.** DER. Fase del proceso destinada a fijar todos los materiales que pueden influir en la calificación legal del delito y a determinar la culpabilidad del imputado.

**SUMARÍSIMO, A** adj. DER. Dícese de un proceso o procedimiento, propio de la jurisdicción militar, en que los trámites se abrevian de tal manera que su sustanciación puede durar unas horas.

**SUMATORIO, A** adj. MAT. Que representa una suma.

**SUMERGIBLE** adj. Que se puede sumergir. ◆ adj. y n. m. **2.** Dícese de las embarcaciones capaces de navegar bajo el agua.

**SUMERGIR** v. tr. y pron. (lat. *submergere*) [**3b**]. Poner algo dentro del agua o de otro líquido de manera que quede cubierto por él. **2.** *Fig.* Abstraerse concentrando la atención en una cosa determinada: *sumergirse en el estudio.*

**SUMERIO, A** adj. y n. Relativo a un pueblo de origen mal conocido, que se estableció en el IV milenio en la baja Mesopotamia; individuo de este pueblo. ◆ n. m. **2.** Lengua antigua, hablada desde el S de Babilonia hasta el golfo Pérsico y escrita en caracteres cuneiformes.

■ Los sumerios fundaron las primeras ciudades estado (Lagash, Uruk, Ur, etc.), por las que se extendió la primera arquitectura religiosa, la estatuaria y la glíptica, y en las que se utilizó la escritura a fines del IV milenio. El establecimiento de los semitas en Mesopotamia (fines del III milenio) eliminó a los sumerios de la escena política; pero su cultura literaria y religiosa sobrevivió en todas las culturas del Próximo oriente.

**SUMERSIÓN** n. f. Acción y efecto de sumergir. **2.** GEOMORFOL. Desaparición progresiva de un relieve bajo sus propios derrubios.

**SUMIDERO** n. m. Agujero abierto en el suelo por el que evacúan las aguas de lluvia o residuales. **2.** Conducto o canal por donde se sumen las mismas.

**SUMILLER** n. m. En los hoteles y restaurantes, profesional encargado del servicio de vinos y licores.

**SUMINISTRABLE** adj. Que puede o debe suministrarse.

**SUMINISTRADOR, RA** adj. y n. Que suministra.

**SUMINISTRAR** v. tr. [1]. Proporcionar a alguien algo, vendiéndoselo o dándoselo.

**SUMINISTRO** n. m. Acción de suministrar. **2.** Provisión de algo que se suministra. (Suele usarse en plural.)

**SUMIR** v. tr. y pron. (lat. *sumere*) [**3**]. Hundir, meter una cosa bajo el agua o la tierra o en cualquier sitio que quede escondida. **2.** *Fig.* Abismar, hundir, hacer caer en cierto estado de reflexión, de desgracia, de inferioridad, etc.: *sumir en la miseria.* ◆ v. tr. **3.** Consumir el sacerdote el pan y el vino de la Eucaristía. **4.** *Méx.* Abollar alguna cosa: *le sumieron la puerta al coche de un golpe.*

**SUMISIÓN** n. f. Acción y efecto de someter. **2.** Comportamiento amable y servicial.

**SUMISO, A** adj. Obediente, dócil, fácil de dirigir o manejar por otros.

**SÚMMUM** n. m. (lat. *summum*). El máximo grado.

**SUMO** n. m. (voz japonesa). Modalidad de lucha japonesa.

**SUMO, A** adj. (lat. *summum*). Supremo, superior a todos: *la suma felicidad.* **2.** *Fig.* Muy grande, enorme: *con suma diligencia.* • **A lo sumo,** expresión con que se fija el límite máximo a que llega o se considera que puede llegar una cosa.

**SUMO** o **SUMU,** pueblo amerindio de las selvas del E de Nicaragua y S de Honduras.

**SÚMULAS** n. f. pl. Sumario que contiene los principios fundamentales de la lógica.

**SUNCHO** n. m. *Amér. Merid.* Planta compuesta, de flores amarillas.

**SUNCO, A** adj. y n. *Chile.* Manco.

**SUNDANÉS** n. m. Lengua indonesia, hablada en la parte occidental de Java.

**SUNLIGHT** n. m. (voz inglesa, *luz solar*). Proyector potente para la toma de vistas cinematográficas.

**SUNNA** n. f. (voz árabe, *tradición*). Conjunto de tradiciones *(hadiz)* sobre las palabras y acciones de Mahoma.

**SUNNÍ** n. m. y adj. (ár. *sunnī*, el que sigue los principios de la *sunna*). Denominación aplicada en el islamismo a los ortodoxos, por oposición a los chiitas.

**SUNTUARIO, A** adj. Relativo al lujo.

**SUNTUOSIDAD** n. f. Calidad de suntuoso.

**SUNTUOSO, A** adj. (lat. *sumptuosum*). Magnífico, con riqueza ostentosa. **2.** Elegante y majestuoso en su actitud o en su porte.

**SUPEDITACIÓN** n. f. Acción y efecto de supeditar.

**SUPEDITAR** v. tr. [1]. Subordinar una cosa a otra o a alguna condición: *supeditar los deseos a las obligaciones.* ◆ **supeditarse** v. pron. **2.** *Fig.* Someter alguien su opinión, parecer o decisión a alguien o algo: *no supeditarse a moral ninguna.*

**SÚPER** adj. *Fam.* Apócope de *superior,* muy bueno. ◆ n. m. **2.** Apócope de *supermercado.* ◆ adj. y n. f. **3.** Gasolina de calidad superior.

**SUPERABLE** adj. Que se puede superar.

**SUPERABUNDANCIA** n. f. Abundancia muy grande.

**SUPERABUNDAR** v. intr. [1]. Abundar mucho o rebosar.

**SUPERACABADO** n. m. MEC. Operación que consiste en hacer desaparecer de una superficie metálica la capa superficial de metal amorfo descarburado resultante de la acción de la herramienta.

**SUPERACIÓN** n. f. Acción y efecto de superar o superarse.

**SUPERAISLAMIENTO** n. m. Aislamiento que posee una conductividad térmica muy baja, utilizado principalmente en los procesos de producción de criotemperaturas.

**SUPERALEACIÓN** n. f. Aleación de composición compleja que presenta buen comportamiento a altas temperaturas, utilizada en la fabricación de piezas mecánicas refractarias.

**SUPERAR** v. tr. (lat. *superare*) [**1**]. Ser superior a alguien o algo: *te supera en inteligencia.* **2.** Vencer, dejar atrás, pasar. ◆ **superarse** v. pron. **3.** Hacer una cosa mejor que otras veces: *se ha superado en su nueva obra.*

**SUPERÁVIT** n. m. (pl. *superávit* o *superávits*). CONTAB. Exceso de los ingresos sobre los gastos.

**SUPERBOMBARDERO, A** adj. y n. m. Dícese del aparato de aviación de bombardeo de gran capacidad de carga y amplia autonomía.

**SUPERCARBURANTE** n. m. Gasolina de calidad superior, con un índice de octano que se aproxima y a veces es superior a 100.

**SUPERCEMENTO** n. m. Cemento portland artificial, con unas resistencias inicial y final muy altas.

**SUPERCHERÍA** n. f. Engaño realizado con algún fin.

**SUPERCILIAR** adj. Relativo a la región de las cejas y la inmediatamente superior: *arco superciliar.*

**SUPERCONDUCTIVIDAD** n. f. Fenómeno que presentan ciertos metales cuya resistividad eléctrica es prácticamente nula por debajo de cierta temperatura.

**SUPERCONDUCTOR, RA** adj. y n. m. Que presenta el fenómeno de la superconductividad.

**SUPERCRÍTICO, A** adj. Dícese del perfil de un ala de avión que, sin aumento importante de la resistencia al avance, permite volar a velocidades próximas a la del sonido.

**SUPERCÚMULO** n. m. ASTRON. Cúmulo formado por cúmulos de galaxias.

**SUPERDIRECTA** n. f. En ciertos mecanismos de cambio de velocidades, dispositivo formado por una combinación de engranajes que proporciona al eje de transmisión una velocidad de rotación superior a la del árbol motor.

**SUPERDOMINANTE** n. f. MÚS. Sexto grado de la escala diatónica, por encima de la dominante.

**SUPERDOTADO, A** adj. y n. Dícese de la persona que posee cualidades, especialmente intelectuales, que exceden de lo normal.

**SUPERESTRATO** n. m. LING. Conjunto de hechos que caracterizan una lengua que se habló en un territorio lingüístico determinado y que, después de su desaparición, dejó huellas más o menos importantes.

**SUPERESTRUCTURA** n. f. Todo lo que se sobrepone a algo que le sirve de base. **2.** Parte superior de una construcción, que sobresale del nivel del terreno o de la línea de apoyos. **3.** Conjunto del aparato estatal y de las formas jurídicas, políticas, ideológicas y culturales de una sociedad (por oposición a *infraestructura*). **4.** F.C. Vía propiamente dicha, constituida por los carriles, las traviesas y los accesorios correspondientes. **5.** MAR. Estructura situada sobre la cubierta principal de un buque y que forma un solo cuerpo con el casco.

**SUPERFEROLÍTICO, A** adj. Excesivamente fino o pulido, o afectadamente delicado.

**SUPERFICIAL** adj. Relativo a la superficie. **2.** Que existe, se da o permanece en la superficie: *herida superficial.* **3.** *Fig.* Falto de profundidad, sin fondo, frívolo: *cultura superficial.*

**SUPERFICIALIDAD** n. f. Calidad de superficial.

**SUPERFICIE** n. f. (lat. *superficiem*). Parte externa de un cuerpo, contorno que delimita el espacio ocupado por un cuerpo y lo separa del espacio circundante. **2.** *Fig.* Apariencia, aspecto exterior de las cosas. **3.** MAT. Figura geométrica definida por el conjunto de puntos del espacio cuyas coordenadas verifican una ecuación o se dan como funciones continuas de dos parámetros. (Aunque en el lenguaje corriente los términos *área* y *superficie* se identifican, en sentido estricto el área designa la medida de una superficie.) • **Gran superficie,** centro comercial de grandes dimensiones.

**SUPERFINO, A** adj. Muy fino.

**SUPERFLUIDAD** n. f. Calidad de superfluo. **2.** Cosa superflua.

**SUPERFLUIDEZ** n. f. Disminución considerable de la viscosidad del helio líquido, por debajo de 2,17 °K.

**SUPERFLUO, A** adj. (lat. *superfluum*). No necesario, inútil, sobrante: *gastos superfluos.*

**SUPERFORTALEZA** n. f. Fortaleza.

**SUPERFOSFATO** n. m. Producto obtenido por tratamiento del fosfato tricálcico mediante ácido sulfúrico, y utilizado como abono.

**SUPERGIGANTE** n. m. Competición de esquí alpino que consiste en un slalom realizado durante un largo y pronunciado descenso.

**SUPERHETERODINO** n. m. y adj. Receptor radioeléctrico en el cual las oscilaciones eléctricas generadas en la antena se superponen a las de un oscilador local para dar lugar a oscilaciones de una frecuencia constante, que pueden amplificarse y filtrarse con facilidad.

**SUPERHOMBRE** n. m. Hombre superiormente dotado. **2.** Hipótesis de un nuevo tipo de hombre, formulada por Nietzsche, para simbolizar nuevas maneras de sentir, de pensar.

**SUPERINTENDENCIA** n. f. Empleo, cargo y jurisdicción del superintendente. **2.** Oficina del superintendente.

**SUPERINTENDENTE** n. m. y f. Persona a cuyo cargo está la dirección superior de algo y que ejerce autoridad sobre los demás que trabajan en lo mismo. **2.** HIST. Autoridad que administraba la hacienda estatal y los establecimientos productivos de la corona.

**SUPERIOR** adj. (lat. *superiorem,* más alto). Situado más alto con respecto a otra cosa: *los pisos superiores de un edificio.* **2.** *Fig.* Que es más que otra persona o cosa en calidad, cantidad, rango, importancia, etc. **3.** *Fig.* Excelente, muy bueno: *paño de calidad superior.* **4.** *Fig.* Excepcional y digno de aprecio: *lo considero un ser superior.* **5.**

Dícese de la parte de un río más cercana a su nacimiento. **6.** HIST. NAT. Más avanzado en la evolución: *animales superiores.*

**SUPERIOR, RA** n. Persona que está al frente de una comunidad religiosa. **2.** Persona que dirige o manda: *espera órdenes de sus superiores.*

**SUPERIORIDAD** n. f. Calidad de superior. **2.** Ventaja que tiene una persona en una circunstancia o situación respecto de otra para hacer alguna cosa. **3.** Persona o conjunto de personas con superior autoridad: *recibir órdenes de la superioridad.*

**SUPERLATIVO, A** adj. Muy grande o excelente en su línea. ◆ adj. y n. m. **2.** LING. Dícese del grado de significación que expresa una cualidad llevada a un grado muy alto *(superlativo absoluto)* o a un grado más alto o menos alto *(superlativo relativo)* en comparación a un determinado grupo: *muy guapa; la más guapa; la menos guapa.*

**SUPERLIGERO, A** adj. Muy ligero. **2.** DEP. En boxeo, dícese de una categoría de peso.

**SUPERMERCADO** n. m. Establecimiento para la venta al por menor de artículos alimenticios y de uso doméstico, en el que el cliente se sirve por sí mismo y paga a la salida.

**SUPERNOVA** n. f. ASTRON. Estrella cuya luminosidad experimenta súbitamente una enorme elevación para después debilitarse gradualmente.

**SUPERNUMERARIO, A** adj. Que excede o está además del número ya existente o establecido dentro de una categoría. **2.** Dícese del funcionario que, a petición propia, deja temporalmente el servicio activo, aunque se le reserva la plaza. ◆ n. **3.** Empleado que trabaja en una oficina pública sin figurar en la plantilla.

**SÚPERO, A** adj. BOT. Dícese del ovario que está situado por encima del punto de inserción de los sépalos, pétalos y estambres, como en el tulipán y la amapola. CONTR.: *ínfero.*

**SUPERORDEN** n. m. BIOL. Nivel de clasificación de los seres vivos, que se sitúa entre la clase y el orden.

**SUPEROVÁRICO, A** adj. BOT. Dícese de la planta cuyo ovario es súpero.

**SUPERPETROLERO** n. m. Buque petrolero de gran capacidad.

**SUPERPOBLACIÓN** n. f. Estado de una región geográfica o ciudad cuya población es excesiva con respecto a su nivel de desarrollo o de equipamiento.

**SUPERPONER** v. tr. y pron. [**5**]. Sobreponer, añadir una cosa o ponerla encima de otra: *superponer imágenes.* **2.** Anteponer, dar más importancia a cierta cosa que a otra que se expresa: *superponer lo material a lo afectivo.*

**SUPERPONIBLE** adj. Que se puede superponer.

**SUPERPOSICIÓN** n. f. Acción y efecto de superponer. **2.** Situación de una cosa superpuesta.

**SUPERPOTENCIA** n. f. País dotado de una fuerte industria y un poderoso ejército, en especial con armamento atómico.

**SUPERPRODUCCIÓN** n. f. Sobreproducción. **2.** CIN. Película cinematográfica de gran espectacularidad y elevado presupuesto.

**SUPERSÓNICO, A** adj. Dícese de las velocidades mayores que la de propagación del sonido, y de lo que tiene relación con ellas. CONTR.: *subsónico.*

**SUPERSTAR** n. f. (voz inglesa). Estrella, vedette muy célebre.

**SUPERSTICIÓN** n. f. Tendencia, derivada del temor o de la ignorancia, a atribuir carácter sobrenatural, sagrado u oculto a determinados acontecimientos. **2.** Creencia en vanos presagios producidos por acontecimientos puramente fortuitos.

**SUPERSTICIOSO, A** adj. Relativo a la superstición. **2.** Que tiene superstición.

**SUPERVISAR** v. tr. [**1**]. Ejercer la vigilancia o inspección general o superior de una cosa.

**SUPERVISIÓN** n. f. Acción y efecto de supervisar.

**SUPERVISOR, RA** adj. y n. Dícese de la persona encargada de la supervisión de algo. ◆ adj. y n. m. **2.** INFORMÁT. En un sistema de explotación, dícese del programa encargado de controlar el encadenamiento y la gestión de los procesos.

**SUPERVIVENCIA** n. f. Acción y efecto de sobrevivir.

**SUPERVIVIENTE** adj. y n. m. y f. Que sobrevive a algo, generalmente a una catástrofe.

**SUPERYÓ** n. m. SICOANÁL. Una de las tres instancias del aparato síquico, descrita por Freud en la segunda tópica, y que tiene entre sus funciones la de conciencia moral, y se forma por interiorización de las exigencias parentales.

**SUPINACIÓN** n. f. Posición de una persona tendida sobre el dorso. **2.** Movimiento del antebrazo que coloca la mano con la palma hacia arriba y el pulgar hacia fuera. **3.** Posición de la mano después de este movimiento. CONTR.: *pronación.*

**SUPINADOR, RA** adj. y n. m. ANAT. Dícese de los músculos del antebrazo que determinan la supinación.

**SUPINO, A** adj. Que está tendido sobre el dorso. **2.** Relativo a la supinación. **3.** Necio, tonto. **4.** LING. Una de las formas nominales del verbo latino.

**SUPLANTABLE** adj. Que puede ser suplantado.

**SUPLANTACIÓN** n. f. Acción y efecto de suplantar.

**SUPLANTAR** v. tr. (lat. *suplantare*) [**1**]. Sustituir ilegalmente a otro, usurpar su personalidad o los derechos inherentes a ella. **2.** Falsear o falsificar un escrito con palabras o cláusulas que alteren el sentido que antes tenía.

**SUPLEMENTARIO, A** adj. Que sirve para suplir, complementar, aumentar o reforzar una cosa. **2.** Supletorio. • **Ángulo suplementario** (MAT.), ángulo que, añadido a otro, forma con él una suma igual a dos ángulos rectos.

**SUPLEMENTERO** adj. y n. m. *Chile.* Vendedor ambulante de periódicos.

**SUPLEMENTO** n. m. Acción y efecto de suplir. **2.** Aquello que se añade a una cosa para perfeccionarla o completarla. **3.** Hoja o cuaderno que publica un periódico o revista y cuyo texto es independiente del número ordinario: *suplemento dominical.* • **Suplemento de un ángulo** (MAT.), lo que le falta para valer 180°.

**SUPLENCIA** n. f. Actuación de suplente o sustituto y tiempo que dura esta actividad.

**SUPLENTE** adj. y n. m. y f. Que suple.

**SUPLETORIO, A** adj. Que sirve para suplir algo que falta. **2.** Que está destinado para complementar algo. ◆ adj. y n. m. **3.** Dícese del aparato telefónico conectado en derivación con un teléfono principal.

**SÚPLICA** n. f. Acción y efecto de suplicar. **2.** Escrito o palabras con que se suplica. **3.** DER. Cláusula final de un escrito dirigido a la autoridad administrativa o judicial en solicitud de una resolución. • **Recurso de súplica** (DER.), recurso que se interpone ante el mismo tribunal que ha dictado la resolución, con solicitud de modificación o de quedar sin efecto.

**SUPLICANTE** adj. y n. m. y f. Que suplica.

**SUPLICAR** v. tr. (lat. *supplicare*) [**1a**]. Pedir algo de modo humilde e insistente: *suplicar perdón.* **2.** DER. Recurrir contra el auto o sentencia de un tribunal superior y ante el mismo.

**SUPLICATORIA** n. f. DER. Carta, comunicación u oficio que pasa de un juez o tribunal a otro superior.

**SUPLICATORIO, A** adj. Que contiene súplica. ◆ n. m. **2.** DER. Instancia que un juez o tribunal dirige a las cortes, o al parlamento, pidiendo autorización para proceder contra alguno de sus miembros. **3.** Escrito que dirige un juez o tribunal inferior a otro superior jerárquicamente para que realice ciertas diligencias necesarias, que aquél no puede efectuar por caer fuera de su competencia territorial.

**SUPLICIO** n. m. (lat. *supplicium,* sacrificio). Padecimiento corporal, muy doloroso y duradero, ejecutado como castigo y que puede llegar a ocasionar la muerte. **2.** *Fig.* Lugar donde el reo padece este castigo. **3.** *Fig.* Padecimiento físico o moral. **4.** Cosa insoportable o enojosa.

**SUPLIDO** n. m. Anticipo que se hace por cuenta de otra persona, con ocasión de mandato o trabajo profesionales.

**SUPLIR** v. tr. (lat. *suplere,* suplementar) [**3**]. Añadir, completar lo que falta en una cosa, o remediar la carencia de ella: *suplir la sal de las comidas con especias vegetales.* **2.** Remplazar, sustituir provisionalmente a alguien o algo haciendo el quehacer o las funciones que tenía en un lugar o en una situación: *suple al jefe cuando está enfermo.*

**SUPONER** v. tr. (lat. *supponere,* poner debajo) [**5**]. Dar por cierta o existente una cosa que se toma como base o punto de partida en una argumentación o en la consideración de algo: *supongo que está a punto de llegar.* **2.** Implicar, traer consigo, significar: *los derechos suponen los deberes.* **3.** Conjeturar, calcular algo por señales o indicios: *le supongo cincuenta años largos.* **4.** Fingir algo: *supón que ha dicho la verdad, y todos contentos.* ◆ v. intr. **5.** Tener más o menos importancia o significación en un sitio: *su padre supone mucho en el mundo de las finanzas.*

**SUPOSICIÓN** n. f. Acción y efecto de suponer. **2.** Lo que se supone: *confirmar suposiciones.*

**SUPOSITORIO** n. m. Medicamento sólido que se administra por vía rectal o vaginal.

**SUPRAHEPÁTICO, A** adj. ANAT. Que está situado por encima del hígado. • **Vena suprahepática,** vena ancha y corta, colectora de la sangre del hígado, que aboca en la cava inferior, poco antes de entrar ésta en el corazón.

**SUPRAMAXILAR** adj. Situado encima del maxilar superior.

**SUPRANACIONAL** adj. Que está por encima de la nación: *acuerdos supranacionales.*

**SUPRARRENAL** adj. y n. f. Dícese de cada una de las dos glándulas endocrinas situadas por encima de los riñones. SIN.: *cápsula suprarrenal.*
■ Cada glándula suprarrenal pesa de 5 a 7 gramos y está formada por dos partes: una sustancia periférica o *corteza suprarrenal* que secreta las hormonas esteroides llamadas corticoides (como la cortisona) y cuya hipofuncionamiento provoca la enfermedad de Addison, y una sustancia central o *médula suprarrenal* que secreta la adrenalina y que actúa sobre la presión arterial.

**SUPRAYACENTE** adj. GEOL. Que se extiende justo por encima: *arenas suprayacentes.*

**SUPREMA** n. f. Rodaja de la parte más ancha de la merluza o del rape.

**SUPREMACÍA** n. f. (ingl. *supremacy*). Preeminencia, grado supremo que se alcanza en cualquier línea o jerarquía.

**SUPREMO, A** adj. (lat. *supremum*). Situado en la posición más alta o por encima de todos y de todo, que no tiene superior en su línea: *jefe supremo.* **2.** Que tiene el grado máximo de algo, o que posee en el sentido más elevado una cualidad: *esfuerzo supremo.* **3.** Último, que llega a su fin: *un hombre no engaña en la hora suprema.* • **Suerte suprema** (TAUROM.), suerte de matar.

**SUPRESIÓN** n. f. Acción y efecto de suprimir.

**SUPRESOR, RA** adj. Que suprime.

**SUPRIMIR** v. tr. (lat. *supprimere*) [**3**]. Hacer que desaparezca, cese, deje de hacerse o de existir algo: *suprimir un impuesto.* **2.** Omitir, pasar por alto.

**SUPUESTO, A** adj. Admitido por hipótesis, presunto, pretendido. ◆ n. m. **2.** Suposición sobre la que se basa lo que se dice. • **Por supuesto,** expresión de asentimiento. ‖ **Supuesto táctico** (MIL.), maniobra táctica que desarrolla un planteamiento estratégico establecido con anterioridad, para adiestramiento de la tropa, mandos, prueba de materiales, etc.

**SUPUNOMA** n. f. Ave de Nueva Guinea, cuya cabeza está adornada con seis plumas finas y largas.

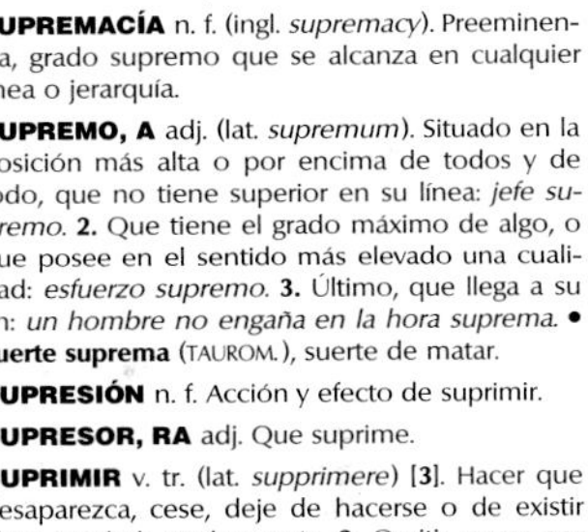

**supunoma**

**SUPURACIÓN** n. f. Acción y efecto de supurar.

**SUPURANTE** adj. Que supura o hace supurar.

**SUPURAR** v. intr. [**1**]. Formar o liberar pus una lesión orgánica.

**SUPURATIVO, A** adj. y n. Que tiene virtud de hacer supurar.

**SUR** n. m. Punto cardinal del horizonte diametralmente opuesto al norte. **2.** Lugar de la Tierra o de la esfera celeste que, respecto de otro, se halla situado en dirección a este punto cardinal. **3.** Parte de un todo que se encuentra en esta dirección. ◆ adj. y n. m. **4.** Dícese del viento que sopla del sur.

**SURÁ** o **SURAH** n. m. Tela de seda con ligamento de sarga, originaria de la India.

**SURAL** adj. ANAT. Dícese del músculo tríceps de la pantorrilla.

**SURAMERICANO, A** adj. y n. De América del Sur.

**SURCAR** v. tr. [**1a**]. Ir por el espacio volando, navegar por el mar: *surca la nave el mar, y el ave, el viento.*

**SURCO** n. m. (lat. *sulcum*). Hendidura que se hace en la tierra con el arado. **2.** Señal o hendidura que deja una cosa al pasar sobre otra. **3.** Arruga en el rostro u otra parte del cuerpo. **4.** Ranura que presenta la superficie de un disco fonográfico.

**SURECUATORIAL** adj. Que está al S del Ecuador. • **Corriente surecuatorial** (OCEANOGR.), deriva tropical lenta que fluye hacia el O, en las cercanías del ecuador, bajo la influencia del alisio del SE.

**SUREÑO, A** adj. Meridional. **2.** Relativo al sur.

**SURESTE** n. m. Punto del horizonte entre el sur y el este, a igual distancia de ambos (abrev. SE). **2.** Región o lugar situados en esta dirección. ◆ adj. y n. m. **3.** Dícese del viento que sopla de esta parte.

**SURF** o **SURFING** n. m. (voz inglesa). Deporte que consiste en mantenerse en equilibrio sobre una plancha y dejarse llevar sobre la cresta de una ola.

práctica de **surf**

## el **surrealismo** en el arte

*Vida del objeto.* Dibujo de Yves Tanguy aparecido en mayo de 1933 en el número 6 de la revista *Le surrealisme au service de la révolution.* (Biblioteca nacional, París.) Unos «objetos-esqueletos» imaginarios parecen desprenderse por erosión progresiva de una estructura telúrica en forma de colina. La colina está recorrida por un texto manuscrito, discurso seudocientífico de Raymond Roussel, que explica detalladamente cómo estos «objetos» según las modalidades, extraen el agua de las diferentes capas del suelo por sus raíces.

*L'oeuf de l'église* (1933). Fotomontaje de André Breton. (Col. part.) Poeta ensayista y teórico, Breton ejecutó también obra plástica con «los objetos con funcionamiento simbólico», así como con collages y fotomontajes, como el que aquí se muestra, muy próximo a ciertas producciones dadaístas.

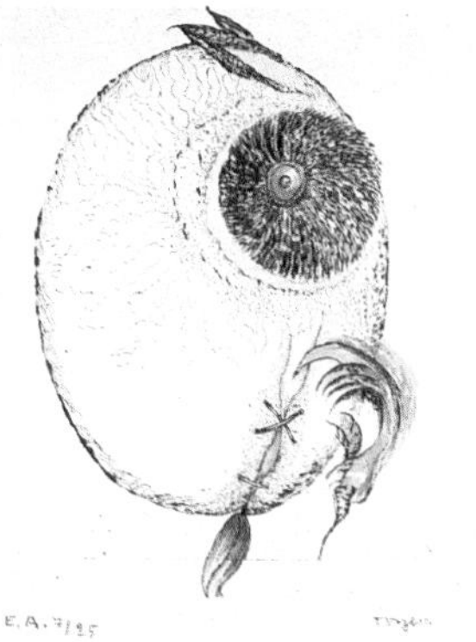

*Restos de sueños* (1967), por Maria Čermínová, llamada Toyen. Grabado realzado con colores. (Col. part.) Metamorfosis onírica del huevo, del ojo, del sexo, del plumaje, en una de las representantes checas del surrealismo, al que la artista se adhirió en 1934.

*Venus de Milo con cajones.* Escultura-objeto (1936) de Salvador Dalí. Yeso. (Col. part.) Este objeto surrealista da forma a un fantasma de desestructuración del cuerpo humano al tiempo que ataca las ideas exactas del arte clásico. Otras figuras con cajones, atormentadas y patéticas, fueron dibujadas o pintadas por Dalí en 1936-1937.

**SURFISTA** n. m. y f. Persona que practica el surf.

**SURGENTE** adj. Que surge.

**SURGIDERO** n. m. Sitio o paraje donde fondean las embarcaciones.

**SURGIR** v. intr. (lat. *surgere*) [**3b**]. Brotar agua u otro líquido. **2.** Alcanzar algo cierta altura destacando entre lo que le rodea: *los rascacielos surgen majestuosos entre las chozas de pescadores.* **3.** *Fig.* Salir, aparecer, manifestarse algo o alguien: *surgir un problema.*

**SURIPANTA** n. f. Corista de teatro. **2.** Prostituta.

**SURMENAGE** n. m. (voz francesa). Estado físico e intelectual resultante de una fatiga excesiva.

**SUROESTE** n. m. Punto del horizonte entre el sur y el oeste, a igual distancia de ambos (abrev. SO). **2.** Región o lugar situados en esta dirección. ◆ adj. y n. m. **3.** Dícese del viento que sopla de esta dirección.

**SURPLUS** n. m. ECON. Excedente. **2.** Cantidad de un bien producido por encima de las necesidades de la demanda.

**SURREALISMO** n. m. Movimiento literario y artístico, surgido después de la primera guerra mundial, que se alzó contra toda forma de orden y de convención lógica, moral y social, frente a las que, con la expresión de «funcionamiento real del pensamiento» opuso los valores del sueño, del instinto, del deseo y de la rebelión.

■ LIT. Definido por André Breton (*Manifiesto surrealista*), el surrealismo se dio a conocer por publicaciones (revistas *Littérature, La révolution surréaliste*) y por tomas de posición políticas. El grupo surrealista (Aragon, Breton, Eluard, Péret, Prévert, Queneau) evolucionó a merced del compromiso político, de las querellas y de los anatemas. Aunque fracasara en su intento de resolver la antinomia poesía-acción, el surrealismo hizo sentir su influencia sobre todas las formas artísticas. En el ámbito hispánico influyó sobre algunos poetas de la generación del 27 (Larrea, Cernuda, Aleixandre) y, más tarde, sobre escritores latinoamericanos como César Moro y Octavio Paz.

— B. ART. El surrealismo en arte dio origen a unas obras plásticas que se cuentan entre las más importantes del s. XX. Fue el medio predilecto de los surrealistas para escapar de cualquier descripción del mundo tal cual es. Los primeros grandes pintores surrealistas fueron Ernst, Masson, Miró, Arp, Tanguy y Magritte, y en un segundo período, Giacometti, Bellmer, Brauner, Óscar Domínguez y Salvador Dalí. En Hispanoamérica sobresalen el cubano Wilfredo Lam, el chileno Roberto Matta, los argentinos Leonor Fini y Miguel Caride, el mexicano Alberto Gironella, y los cubanos Agustín Cárdenas y Jorge Camacho.

**SURREALISTA** adj. y n. m. y f. Relativo al surrealismo; partidario de este movimiento.

**SURRECCIÓN** n. f. GEOL. Levantamiento de una porción de la corteza terrestre.

**SURTIDO, A** adj. Dícese de las cosas de uso y consumo que se ofrecen variadas dentro de su misma especie: *galletas surtidas.* ◆ n. m. **2.** Acción y efecto de surtir. **3.** Conjunto de cosas variadas dentro de la misma especie: *surtido de caramelos.*

**SURTIDOR** n. m. Chorro de agua que brota del suelo o de una fuente, en dirección hacia arriba. **2.** Bomba que extrae de un depósito subterráneo de gasolina la necesaria para repostar a los vehículos automóviles. **3.** Chicle. • **Colada en surtidor,** colada del metal fundido por un canal vertical que desemboca en la parte inferior del molde.

**SURTIR** v. tr. y pron. [**3**]. Proveer de alguna cosa. • **Surtir efecto,** resultar como se esperaba. ◆ v. intr. **2.** Salir agua de algún sitio, en particular hacia arriba.

**SURTO, A** adj. (lat. *surtum*). Tranquilo, en reposo, en silencio. **2.** MAR. Fondeado.

**SURUBÍ** o **SURUVÍ** n. m. *Argent.* Nombre genérico de diversas especies de peces grandes, de carne amarilla y compacta, que habitan la Cuenca del Plata, y cuya piel es de color generalmente pardusco con distintas tonalidades.

**SURUCUÁ** n. m. Ave de cola larga y blanca, que vive en las selvas subtropicales de América Meridional. (Familia trogónidos.)

**SURUCUCÚ** n. m. Ofidio de 2 a 2,5 m de long. y cabeza muy grande, deprimida y en forma de corazón, que vive en América Central y Meridional. (Familia crotálidos.)

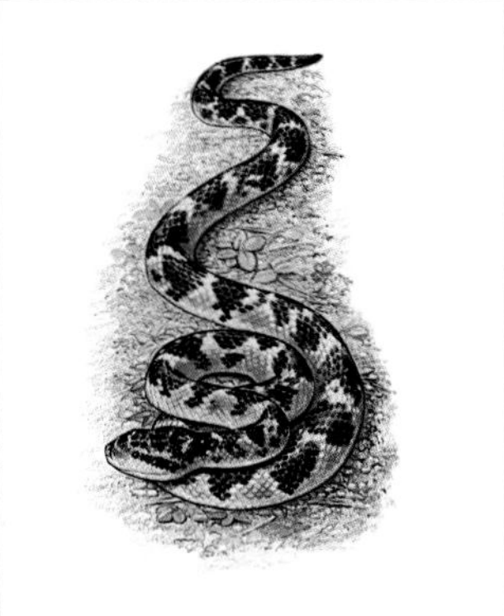

**surucucú**

**SURUMBO, A** adj. *Guat.* y *Hond.* Tonto, lelo, aturdido.

**SURUMPE** n. m. *Perú.* Oftalmía producida por la reverberación del sol en la nieve.

**¡SUS!** interj. Se usa para infundir ánimo. **2.** Se usa para ahuyentar a los animales.

**SUSCEPTIBILIDAD** n. f. Calidad de susceptible. • **Susceptibilidad magnética,** razón entre la polarización magnética producida en una sustancia y el campo magnético que la ha producido.

**SUSCEPTIBLE** adj. Capaz de recibir cierta modificación o impresión que se expresa: *documento susceptible de varias interpretaciones.* **2.** Que se ofende con facilidad, que tiene tendencia exagerada a sentirse ofendido.

**SUSCITACIÓN** n. f. Acción y efecto de suscitar.

**SUSCITAR** v. tr. (lat. *suscitare,* hacer levantar) **[1]**. Promover o provocar un sentimiento, una reacción, una actitud, etc.: *suscitar entusiasmo.*

**SUSCRIBIR** v. tr. (lat. *subscribere*) **[3n]**. Firmar al pie o al fin de un escrito. **2.** *Fig.* Adherirse al dictamen de uno, acceder a él. ◆ v. tr. y pron. **3.** Abonarse a una publicación periódica, a una asociación: *me he suscrito a esta revista.*

**SUSCRIPCIÓN** n. f. Acción y efecto de suscribir. • **Derecho de suscripción,** privilegio concedido a un accionista de una sociedad para participar prioritariamente en una ampliación de capital. ‖ **Suscripción de acciones,** acto por el que una persona declara su voluntad de ser socio de una sociedad mediante la adquisición de una o varias acciones.

**SUSCRIPTOR, RA** n. Persona que suscribe o que se ha suscrito a algo.

**SUSODICHO, A** adj. y n. Citado, mencionado anteriormente.

**SUSPENDER** v. tr. (lat. *suspendere*) **[2]**. Levantar o sostener una cosa en alto, tenerla en el aire de manera que cuelgue. **2.** *Fig.* Privar a alguien por algún tiempo de su cargo, empleo, funciones, etc., generalmente como castigo. **3.** *Fig.* Declarar a alguien no apto en un examen u oposición. ◆ v. tr. y pron. **4.** Parar, interrumpir, diferir una acción o suprimir temporal o provisionalmente una cosa. **5.** Embelesar, enajenar.

**SUSPENSE** n. m. (voz inglesa). Cualidad de una película o de una obra literaria en la que el clímax de la acción alcanza un nivel tal que la incertidumbre de su desenlace mantiene tenso el ánimo del espectador, auditor o lector. **2.** Este mismo estado de ánimo.

**SUSPENSIÓN** n. f. Acción y efecto de suspender. **2.** Conjunto de órganos que transmiten a los ejes el peso de un vehículo y sirven para amortiguar las sacudidas ocasionadas por las desigualdades del terreno. **3.** DER. Pena privativa de derechos públicos, que tiene normalmente carácter accesorio. **4.** FÍS. Estado de un sólido finamente dividido, mezclado en la masa de un líquido sin ser disuelto por éste. **5.** GEOGR. Modo de transporte de un material detrítico por un fluido (aire, agua), en el cual se mantiene por la acción de fuerzas ascensionales. • **Punto de suspensión,** punto fijo del que está suspendido un cuerpo y alrededor del cual puede moverse, sin separarse del mismo. ‖ **Suspensión de empleo y sueldo,** sanción laboral disciplinaria impuesta por el empresario al trabajador que ha cometido algún hecho tipificado como falta, que implica la paralización temporal de las prestaciones básicas de la relación laboral. ‖ **Suspensión de hostilidades,** o **de armas,** cese local y momentáneo de las hostilidades por acuerdo mutuo entre los beligerantes. ‖ **Suspensión de pagos,** estado del comerciante que sobresee transitoriamente en el pago de sus obligaciones.

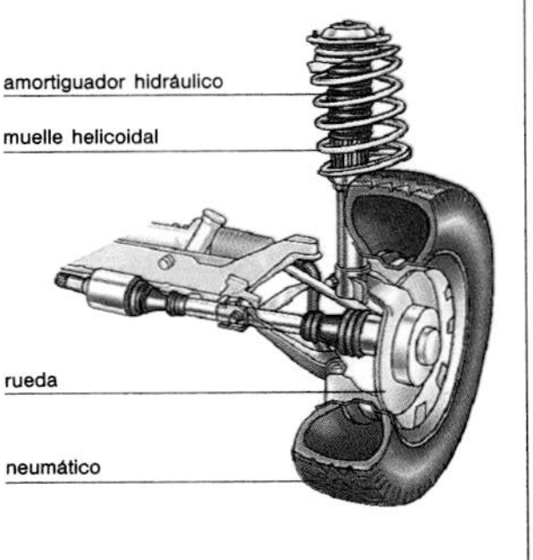


**suspensión:** sistema con muelle helicoidal y amortiguador hidráulico

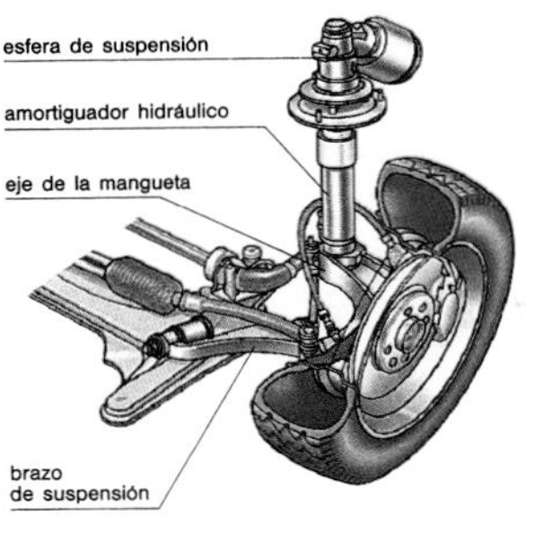


**suspensión:** sistema oleoneumático

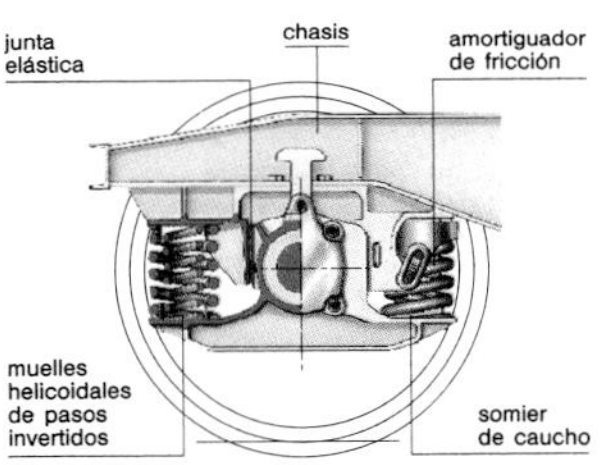


**suspensión:** de un vagón de mercancías (bogie)

**SUSPENSIVO, A** adj. Que tiene virtud o fuerza de suspender.

**SUSPENSO, A** adj. Perplejo, desconcertado: *el estruendo nos dejó suspensos.* **2.** Admirado, embelesado: *el auditorio estaba suspenso del verbo del orador.* **3.** Suspendido, calificado no apto en un examen u oposición. ◆ n. m. **4.** Calificación que, en un examen, indica la insuficiencia del candidato. **5.** *Amér.* Expectación impaciente o ansiosa por el desarrollo de un suceso, especialmente de un relato. • **En suspenso,** dícese de algo que se halla aplazado o interrumpido: *dejar en suspenso una decisión.*

**SUSPENSOR, RA** adj. **Filamento suspensor** (BOT.), filamento de las semillas en formación que empuja el embrión hacia los tejidos nutricios. ◆ **suspensores** n. m. pl. **2.** *Chile, Perú* y *P. Rico.* Tirantes para sujetar los pantalones.

**SUSPENSORIO, A** adj. ANAT. Que sostiene. ◆ n. m. **2.** Vendaje para sostener el escroto u otro miembro lesionado.

**SUSPICACIA** n. f. Calidad de suspicaz. **2.** Sospecha, desconfianza.

**SUSPICAZ** adj. Propenso a desconfiar o ver mala intención en las acciones o palabras ajenas.

**SUSPIRAR** v. intr. (lat. *suspirare*) **[1]**. Dar suspiros. • **Suspirar** alguien **por** algo, desearlo mucho. ‖ **Suspirar** alguien **por** una persona, estar enamorado de ella, gustarle o amarla mucho.

**SUSPIRO** n. m. Aspiración fuerte y prolongada seguida de una espiración, audible, que generalmente es expresión de pena, anhelo, fatiga, alivio, etc. **2.** *Fig.* Cosa imperceptible. **3.** Golosina que se hace con harina, azúcar y huevo. **4.** *Argent.* y *Chile.* Nombre de distintas especies de enredaderas que tienen hojas alternas y flores de distintos colores. **5.** *Chile.* Trinitaria. **6.** MÚS. Figura de silencio cuya duración equivale a una negra.

**SUSTANCIA** n. f. (lat. *substanciam*). Aquello que en cualquier cosa es lo esencial, que constituye la parte más importante. **2.** Materia en general: *sustancia pastosa; sustancia líquida.* **3.** Elemento que hace nutritivo un producto alimenticio. **4.** FILOS. Ente que existe en sí o por sí. **5.** FILOS. Lo que hay de permanente en las cosas que cambian. • **Sin sustancia** *(Fam.),* falta de juicio o madurez de una persona, o carencia de razón, fundamento u oportunidad de una cosa que se hace o dice.

**SUSTANCIACIÓN** n. f. Acción y efecto de sustanciar.

**SUSTANCIAL** adj. Relativo a la sustancia. **2.** Dícese de lo fundamental y más importante de una cosa.

**SUSTANCIAR** v. tr. **[1]**. Compendiar, extractar, resumir. **2.** DER. Tramitar un juicio hasta dejarlo en condiciones de dictar sentencia.

**SUSTANCIOSO, A** adj. Que tiene sustancia o que la tiene en abundancia.

**SUSTANTIVACIÓN** n. f. LING. Acción de sustantivar.

**SUSTANTIVAR** v. tr. y pron. **[1]**. LING. Dar a una palabra o a una locución el valor y la función de sustantivo.

**SUSTANTIVO, A** adj. Que existe por sí, independiente, individual. **2.** Dícese del colorante capaz de teñir el algodón sin la acción previa de un mordiente. ◆ n. m. y adj. **3.** LING. Nombre.

**SUSTENTABLE** adj. Que se puede sustentar o defender con razones.

**SUSTENTACIÓN** n. f. Acción y efecto de sustentar, sostener. **2.** AERON. Fuerza que mantiene en el aire un avión o un helicóptero. **3.** TECNOL. Estado de un cuerpo mantenido a poca distancia por encima de una superficie y sin tomar contacto con ella, por una fuerza vertical dirigida de abajo arriba que equilibra el peso del cuerpo. • **Plano de sustentación,** ala de un avión. ‖ **Polígono de sustentación,** línea cerrada, convexa, que contiene todos los puntos por los cuales un cuerpo se apoya sobre un plano.

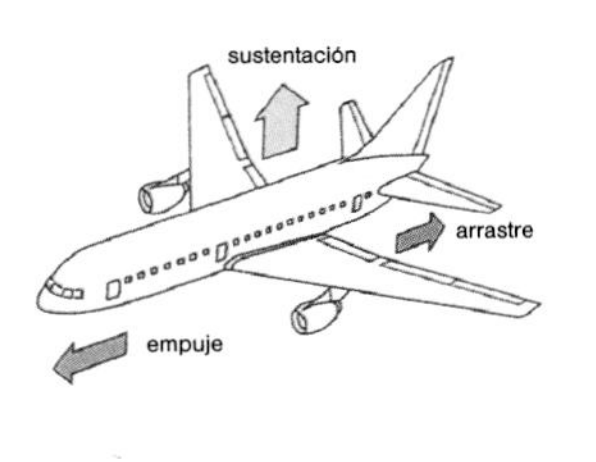


**sustentación,** empuje y arrastre de un avión

**SUSTENTÁCULO** n. m. Cosa que apoya o sostiene a otra.

**SUSTENTADOR, RA** adj. y n. Que sustenta.

**SUSTENTANTE** adj. Que sustenta. ◆ adj. y n. m. **2.** ARQ. y CONSTR. Dícese de los elementos o partes en que se apoya o sustenta un edificio.

**SUSTENTAR** v. tr. y pron. (lat. *sustentare*) **[1]**. Sostener, estar debajo de algo para que no se caiga: *los pilares sustentan la bóveda.* **2.** Costear las necesidades económicas, especialmente las de alimentación: *sustentar a los padres.* **3.** Mantener, defender: *sustentar una opinión, una idea.* **4.** Servir para que algo no decaiga, se extinga o que continúe en la forma que se expresa: *sustentar la moral, las esperanzas.*

**SUSTENTO** n. m. Mantenimiento, alimento, conjunto de cosas necesarias para vivir: *ganarse el sustento.* **2.** Lo que sirve para sustentar, sostener o apoyar: *tus palabras son el sustento en mi dolor.*

**SUSTITUCIÓN** n. f. Acción y efecto de sustituir. **2.** DER. Disposición testamentaria por la que se designa a una persona para que reciba la herencia o legado a falta, o después, del primer llamado. **3.** ECON. Introducción de una cantidad acrecentada de un factor de producción, para compensar o remplazar el empleo de otro. **4.** ECON. En las compras de los consumidores, introducción de unos bienes en sustitución de otros. **5.** MAT. Permutación efectuada sobre *n* elementos distintos. **6.** MAT. Cambio de variables en una función de diversas variables. **7.** MAT. Aplicación biunívoca de un conjunto finito sobre sí mismo. **8.** QUÍM. Reacción química en la que un átomo de un compuesto es remplazado por otro átomo o un grupo de átomos.

**SUSTITUIBLE** adj. Que se puede sustituir.

**SUSTITUIR** v. tr. (lat. *substituere*) **[29]**. Poner o ponerse una persona o cosa en lugar de otra: *sustituir una palabra por otra.* **2.** DER. Llamar a un heredero a la sucesión en defecto de otro heredero o después de la muerte de éste.

**SUSTITUTIVO, A** adj. y n. m. Que puede sustituir a otra cosa; sucedáneo.

**SUSTITUTO, A** n. Persona que hace las veces de otra en el desempeño de un empleo, cargo, etc.

**SUSTO** n. m. Impresión repentina causada en el ánimo por temor, sorpresa, etc.

**SUSTRACCIÓN** n. f. Acción y efecto de sustraer o sustraerse. **2.** DER. Delito de posesión de alguien o algo en contra de la voluntad del dueño legítimo. **3.** MAT. Para dos números *a* y *b*, operación indicada por el signo − (menos), inversa de la adición, que consiste en encontrar un número *c*, llamado diferencia, tal que $a = b + c$.

**SUSTRACTIVO, A** adj. MAT. Relativo a la sustracción.

**SUSTRAENDO** n. m. Cantidad que hay que restar de otra.

**SUSTRAER** v. tr. (lat. *substrahere*) **[10]**. Extraer o separar una parte de un todo o una cosa de un conjunto. **2.** Robar fraudulentamente. **3.** Efectuar una sustracción. ◆ **sustraerse** v. pron. **4.** Eludir el cumplimiento de una obligación, promesa, etc., o evitar algo que molesta o perjudica.

**SUSTRATO** n. m. BIOL. Lugar que sirve de asiento a una planta o un animal fijo. **2.** FILOS. Sustancia, lo que hay de permanente en las cosas que cambian. **3.** GEOL. Terreno situado debajo del que se considera. **4.** LING. Lengua indígena que cede su lugar a una lengua que se expande, dejando en ésta ciertas peculiaridades fonéticas, sintácticas o léxicas. **5.** TECNOL. Material en el que se realizan los elementos de un circuito integrado.

**SUSUNGÁ** n. f. *Colomb.* y *Ecuad.* Espumadera.

**SUSURRADOR, RA** adj. y n. Que susurra. SIN.: *susurrante.*

**SUSURRAR** v. intr. (lat. *susurrare*) **[1]**. Musitar, hablar en voz muy baja: *susurrar al oído.* **2.** *Fig.* Hacer un ruido suave y confuso el aire, el arroyo, etc.

**SUSURRO** n. m. Acción y efecto de susurrar.

**SUTÁS** n. m. (fr. *soutache*). Cordón de pasamanería con una hendidura a lo largo, que le da la apariencia de dos cordones unidos, que se emplea para adorno.

**SUTE** adj. *Colomb.* y *Venez.* Se dice de la persona enteca, débil. ◆ n. m. **2.** *Colomb.* Gorrino, lechón. **3.** *Hond.* Especie de aguacate.

**SUTIL** adj. (lat. *subtilem*). Muy delicado, delgado, tierno: *un sutil velo; dedos sutiles.* **2.** *Fig.* Suave, poco intenso pero penetrante: *un aroma sutil.* **3.** Ingenioso, agudo: *pregunta sutil.*

**SUTILEZA** n. f. Calidad de sutil. **2.** *Fig.* Dicho o concepto muy penetrante, agudo y falto de exactitud y profundidad.

**SUTILIZADOR, RA** adj. y n. Que sutiliza.

**SUTILIZAR** v. tr. **[1]**. Atenuar, adelgazar algo. **2.** *Fig.* Limar, perfeccionar algo no material. **3.** *Fig.* Discurrir, hablar o escribir con sutileza.

**SŪTRA** n. m. (voz sánscrita, *hilo conductor*). En el brahmanismo y el budismo, cada uno de los textos que reúnen, a veces en forma de aforismos cortos, las reglas del ritual y de la moral y las prescripciones relativas a la vida cotidiana.

**SUTURA** n. f. (lat. *suturam,* acción de coser). ANAT. Articulación dentada de dos huesos. **2.** BOT. Línea de unión entre los carpelos de un pistilo. **3.** CIR. Operación que consiste en coser los labios de una herida.

**SUTURAR** v. tr. **[1]**. Realizar una sutura en una herida.

**SUYO, A** adj. y pron. poses. de 3.ª pers. (lat. *suum*). Establece una relación de posesión o pertenencia: *el libro es suyo; el suyo es el mejor.* • **De suyo**, por sí mismo. || **Hacer** uno **de las suyas,** obrar de manera propia y personal. || **Hacer suyo,** adherirse, adoptar como propio. || **Hacerse** alguien **suyo** a otro, ganarse su voluntad. || **Ir** uno **a lo suyo,** actuar sin tener en cuenta otros intereses que los propios. || **Los suyos,** con respecto a alguien determinado, personas allegadas a él por lazos de parentesco, amistad, ideología, etc.

**SVÁSTICA, SVASTIKA** o **ESVÁSTICA** n. f. (voz sánscrita, *vida feliz*). Cruz gamada.

**SWAHILI** o **SUAHILI** n. m. Lengua bantú hablada en Kenya y Tanzania y utilizada como lengua franca en África oriental, que se escribe en caracteres árabes desde el s. XVI.

**SWAHILI** o **SUAHILI,** pueblo negroafricano de Kenya, Tanzania y Zambia, muy mestizado con árabes.

**SWAP** n. m. (voz inglesa). Operación de cambio de monedas, realizada entre dos bancos centrales.

**SWING** n. m. (voz inglesa). En boxeo, golpe dado lateralmente balanceando el brazo. **2.** En golf, movimiento del jugador al ir a golpear la pelota. **3.** Manera de ejecutar la música de jazz, consistente en una distribución típica de los acentos, que produce un balanceo rítmico, vivo y flexible.

**SYLI** n. m. Antigua unidad monetaria principal de Guinea.

**SYLLABUS** n. m. (voz latina, *sumario*). REL. Enumeración sumaria de errores doctrinales condenados por la autoridad eclesiástica.

**SZLACHTA** n. f. Nombre polaco que, a partir del s. XIII, designó a la pequeña nobleza polaca, la cual adquirió una enorme importancia con el debilitamiento del poder real.

# T

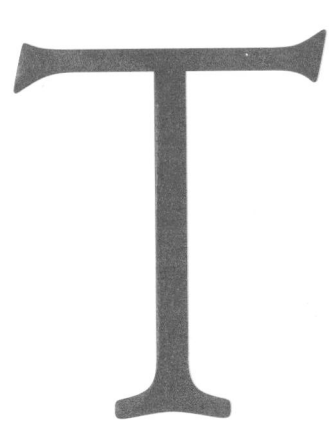

**T** n. f. Vigésima primera letra del alfabeto español y decimoséptima de las consonantes. (Es una oclusiva dental sorda.) **2.** Símbolo de *tera.* **3.** Símbolo de *tesla.* **4.** Símbolo de la *tonelada métrica.* • **En T,** que tiene la forma de la letra T.

**Ta,** símbolo químico del *tántalo.*

**TABA** n. f. Astrágalo, hueso del tarso. **2.** Juego que consiste en lanzar al aire una pieza mientras se hacen con otras ciertas combinaciones.

**TABACAL** n. m. Terreno sembrado de tabaco.

**TABACALERO, A** adj. Relativo al cultivo, fabricación y venta del tabaco. ◆ adj. y n. **2.** Que cultiva tabaco.

**TABACHÍN** n. m. Planta arbórea o arbustiva de tronco ramificado y flores muy vistosas y abundantes, de color rojo encendido o rojo y amarillo, que crece en México. (Familia leguminosas.)

**TABACO** n. m. Planta herbácea anual, o perenne, originaria de la isla de Tobago, cuyas hojas, preparadas convenientemente, se fuman, se aspiran o se mascan. **2.** Hojas de tabaco preparadas: *tabaco de pipa.* **3.** Rapé. **4.** Cigarro, cigarrillo. • **Tabaco de España,** insecto lepidóptero de unos 5 cm de envergadura, cuyas larvas atacan a diversas plantas. (Familia ninfálidos.) || **Tabaco de montaña,** planta herbácea que crece en Europa y se utiliza para la obtención de tintura alcohólica e infusiones. (Familia compuestas.) || **Tabaco indio,** planta de América del Norte, cultivada por sus flores coloreadas y por su acción contra la disnea. (Familia campanuláceas.)

■ El tabaco puede cultivarse entre las latitudes 40° S y 50° N. Sus hojas contienen, en cantidades variables que van del 0,2 al 5 % según las especies, las condiciones de cultivo y los tratamientos de desecación y fermentación, un alcaloide *(nicotina)* que excita el sistema nervioso vegetativo. Tras la recolección, las hojas de tabaco se someten a las operaciones de secado y elaboración, distintas para los tabacos negros y los rubios. Los principales productores mundiales de tabaco son China, E.U.A., Brasil, India, Turquía, Zimbabwe, Grecia e Italia. Los principales productores hispanoamericanos son Argentina, México, Cuba y Colombia.

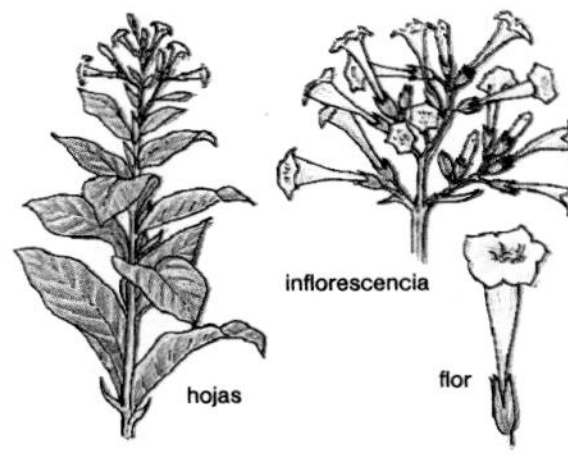

tabaco

**TABALEAR** v. intr. [1]. Golpear acompasada y ligeramente con los dedos sobre algo.

**TABALEO** n. m. Acción y efecto de tabalear.

**TÁBANO** n. m. (lat. *tabanum*). Díptero de cuerpo grueso, de entre 10 y 25 mm de long., y color brillante, que pica a los bóvidos y al hombre.

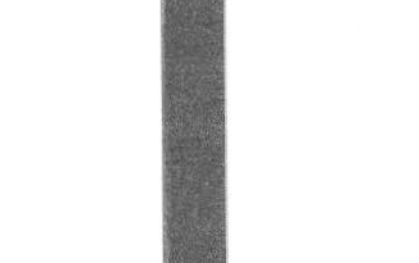
tábano

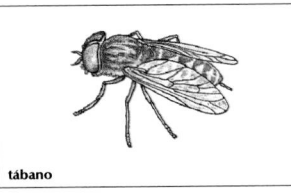

**TABAQUERA** n. f. Petaca de bolsillo.

**TABAQUERÍA** n. f. Tienda donde se vende tabaco. **2.** *Cuba* y *Méx.* Taller donde se elaboran los cigarros puros.

**TABAQUERO, A** adj. Relativo al tabaco. ◆ adj. y n. **2.** Que trabaja en la elaboración del tabaco. **3.** Que vende o comercia con tabaco.

**TABAQUISMO** n. m. Intoxicación crónica producida por el abuso del tabaco, que afecta a los aparatos digestivo, circulatorio y respiratorio, así como al sistema nervioso. SIN.: *nicotinismo, nicotismo.*

**TABARDILLO** n. m. Insolación. ◆ n. m. y f. **2.** *Fig.* y *fam.* Persona alocada y bulliciosa.

**TABARDO** n. m. Cierta prenda de abrigo de paño o piel.

**TABARRA** n. f. *Fam.* Persona o cosa pesada o molesta por su insistencia: *dar la tabarra.*

**TABASCO** n. m. Salsa muy picante elaborada a partir del fruto de una mirtácea *(pimienta de Tabasco).*

**TABERNA** n. f. (lat. *tabernam*). Local público en que se vende y consume vino y algunas veces también comidas.

**TABERNÁCULO** n. m. (lat. *tabernaculum*). REL. Sagrario donde se guarda el Santísimo Sacramento. **2.** REL. Santuario portátil donde se guardaba el arca de la alianza hasta la construcción del templo de Salomón (s. x a. J.C.). • **Fiesta de los tabernáculos,** fiesta litúrgica judía que se celebraba en otoño.

**TABERNARIO, A** adj. Propio de taberna o de las personas que la frecuentan: *lenguaje tabernario.*

**TABERNERO, A** n. Persona que vende vino o trabaja en una taberna.

**TABES** n. f. (voz latina). Atrofia progresiva. **2.** Ataxia locomotriz de origen medular, cuya forma más típica es la de origen luético, como manifestación tardía de la sífilis.

**TABÉTICO, A** adj. y n. Relativo a la tabes; afecto de tabes.

**TABICADO** n. m. Acción y efecto de tabicar. **2.** Conjunto de tabiques.

**TABICAR** v. tr. [1a]. Cerrar con tabiques. ◆ v. tr. y pron. **2.** Tapar u obstruir algo que debía estar abierto: *tabicar un agujero; tabicarse la nariz.*

**TABIQUE** n. m. (ár. *tāsbīk*). Pared delgada que generalmente separa las habitaciones de una casa. **2.** *Méx.* Ladrillo de caras cuadrangulares. **3.** ANAT. Parte del tejido que rodea o separa dos cavidades: *tabique nasal.* **4.** BOT. Laminilla que divide la cavidad de un fruto en dos o más compartimientos.

**TABLA** n. f. (lat. *tabulam*). Pieza de madera, plana, de caras paralelas, poco gruesa y mucho más larga que ancha, usada en construcción y en carpintería. **2.** Pieza plana y poco gruesa de ciertas materias rígidas, como metal, piedra, mármol, etc. **3.** Pintura sobre un soporte de madera. **4.** Índice que se pone en los libros, regularmente por orden alfabético. SIN.: *tabla de materias.* **5.** Cuadro, lista o catálogo en el que están dispuestas metódicamente ciertas materias: *tablas astronómicas; tablas de logaritmos.* **6.** En los vestidos, falda y otras prendas de vestir, parte de tela que sobresale por medio de un doble pliegue simétrico; este mismo doble pliegue liso. **7.** Porción de huerto destinado a un cultivo específico: *tabla de lechugas.* **8.** Terreno elevado y llano, frecuente entre los picos de los Andes. **9.** Nombre de diversos utensilios domésticos: *tabla para cortar el pan; tabla de planchar.* **10.** Conjunto ordenado de elementos de información colocados en memoria uno detrás de otro. **11.** En los instrumentos de cuerda, superficie superior o delantera sobre la que van las cuerdas tendidas o apoyadas. SIN.: *tabla de armonía.* **12.** Tambor indio compuesto de pequeños timbales que se percuten con los dedos. • **A raja tabla,** dícese de la manera de poner en práctica algo o de ejecutar una orden sin concesiones ni alteraciones. || **Hacer tabla rasa,** prescindir de algo o desentenderse de ello. || **Tabla a vela,** deporte náutico introducido como clase olímpica en los Juegos de 1984. || **Tabla de salvación** *(Fig.),* último recurso, medio de salir con bien en una situación apurada o angustiosa. ◆ **tablas** n. f. pl. **13.** En los juegos de ajedrez y de damas, situación en que nadie puede ganar la partida. **14.** Escenario de un teatro. **15.** *Fig.* Empate, estado de un asunto que queda indeciso. **16.** TAUROM. Valla que forma la barrera. **17.** TAUROM. Tercio del ruedo inmediato a la barrera. • **En tablas,** en el ajedrez o las damas, situación de las piezas en que la partida queda sin vía de continuidad. || **Tener tablas,** desenvolverse con soltura en un escenario o en cualquier actuación ante el público.

**TABLADA** n. f. *Argent.* Lugar, antiguamente próximo al matadero, donde se selecciona el ganado para el consumo.

**TABLADO** n. m. Suelo de tablas construido en alto sobre un armazón, para desfiles, fiestas, etc. **2.** Tarima o escenario que se utiliza para la actuación de un espectáculo flamenco. SIN.: *tablao.*

**TABLAJERÍA** n. f. Carnicería, puesto de venta de carne.

**TABLAJERO, A** n. Carnicero, vendedor de carne.

**TABLAO** n. m. Tablado.

**TABLATURA** n. f. Antigua notación musical, escrita en líneas y con signos, como letras y cifras.

**TABLAZÓN** n. f. Conjunto o compuesto de tablas con que se hacen las cubiertas y el forro de las embarcaciones de madera.

**TABLEADO, A** adj. Plegado con tablas. ◆ n. m. **2.** Acción y efecto de tablear.

**TABLEAR** v. tr. [**1**]. Dividir un madero en tablas. **2.** Hacer tablas en una tela. **3.** Dividir en tablas una huerta o un jardín.

**TABLERO** n. m. Plancha de material rígido. **2.** Tabla o conjunto de tablas unidas por el canto, con una superficie plana y alisada, y barrotes atravesados por la cara opuesta. **3.** Pizarra, encerado. **4.** Tabla cuadrada con cuadritos de dos colores, para jugar al ajedrez o a las damas, o, con otras figuras, para jugar a diversos juegos de mesa. • **Tablero de dibujo,** superficie de madera perfectamente plana, sobre la que el dibujante dispone el papel.

**TABLESTACA** n. f. Cada una de las tablas o elementos de acero laminado, que, hincados en tierra y unidos por sus cantos, se utilizan para formar una pared.

**TABLESTACADO** n. m. Pared de tablestacas.

**TABLETA** n. f. Placa de chocolate dividida en porciones. **2.** Comprimido, pastilla. **3.** *Argent.* Alfajor cuadrado o rectangular hecho con dos hojas de masa unidas entre sí por dulce y que se recubre con un baño de azúcar. **4.** *Argent.* Confitura aplanada y más larga que ancha.

**TABLETEAR** v. intr. [**1**]. Producir ruido con tabletas o tablas, o un ruido semejante con cualquier otra cosa: *se oía tabletear una ametralladora.* **2.** AUTOM. Producir un ruido sordo, rápido y seguido, por estar el cigüeñal y el árbol de levas mal equilibrados.

**TABLETEO** n. m. Acción y efecto de tabletear.

**TABLIER** n. m. (voz francesa). Salpicadero de los automóviles.

**TABLILLA** n. f. Tabla pequeña. ◆ **tablillas** n. f. pl. **2.** En la antigüedad, placas de arcilla, o de madera o marfil recubierto de cera, sobre las que se escribía con un punzón.

**TABLOIDE** n. m. y adj. Tipo de periódico cuyo formato es la mitad del habitual en estas publicaciones.

**TABLÓN** n. m. Tabla gruesa. **2.** *Fam.* Borrachera. **3.** *Amér.* Faja de tierra preparada para la siembra. • **Tablón de anuncios,** tablero donde se fijan y exponen noticias, avisos, listas, etc.

**TABOR** n. m. Unidad de tropa regular marroquí, que perteneció al ejército español.

**TABÚ** n. m. (voz polinésica). Interdicción convencional basada en ciertos prejuicios, conveniencias o actitudes sociales: *para muchas personas el sexo es un tema tabú.* **2.** ANTROP. Carácter de un objeto, de un ser o de una acción, al que hay que evitar debido a su carácter sagrado.

**TABUCO** n. m. Cuchitril, habitación pequeña y miserable.

**TABULACIÓN** n. f. Acción y efecto de tabular. **2.** INFORMÁT. Cálculo de un conjunto de valores formado por una función cuando sus variables toman valores que dividen un intervalo en subintervalos iguales. **3.** INFORMÁT. Posición predefinida en una línea donde puede ir a situarse el cabezal de impresión de una impresora o un cursor de una pantalla de visualización.

**TABULADO, A** adj. y n. m. Relativo a un grupo de cnidarios que se hallan en estado fósil en los terrenos primarios.

**TABULADOR** n. m. Dispositivo de la máquina de escribir, que fija los topes de inicio y final de las líneas.

**TABULADORA** n. f. Máquina que efectúa cálculos valiéndose de tarjetas perforadas.

**TABULAR** adj. Que tiene forma de tabla.

**TABULAR** v. tr. [**1**]. Expresar valores, magnitudes, conceptos, etc., por medio de tablas. ◆ v. intr. **2.** Accionar el tabulador de una máquina de escribir.

**TABURETE** n. m. Banqueta, mueble sin brazos ni respaldo, destinado a sentarse o a apoyar los pies.

**T.A.C.** → ***tomografía axial computerizada.***

**TACADA** n. f. Golpe dado con el taco a la bola de billar. **2.** Serie de carambolas seguidas sin soltar el taco.

**TACANA,** grupo de pueblos amerindios de la familia lingüística arawak, establecidos principalmente en el O de Bolivia, Perú y la Amazonia brasileña.

**TACAÑERÍA** n. f. Calidad de tacaño. **2.** Acción propia de tacaño.

**TACAÑO, A** adj. y n. Mezquino, avaro.

**TACAY** n. m. *Colomb.* Planta euforbiácea.

**TACAZO** n. m. Golpe dado con el taco.

**TACET** n. m. (voz lat., *calla*). MÚS. Prolongado silencio que ha de guardarse durante un fragmento musical.

**TACHA** n. f. (fr. *tache*). Falta o defecto. **2.** Clavo mayor que la tachuela común. **3.** *Amér.* Vasija, tacho.

**TACHADURA** n. f. Acción y efecto de tachar.

**TACHAR** v. tr. [**1**]. Atribuir a alguien o algo una falta o tacha: *le tachó de inepto.* **2.** Borrar o suprimir lo escrito haciendo rayas o un borrón.

**TACHE** n. m. *Méx.* Tachadura, falta.

**TACHERO, A** n. *Argent. Fam.* Taxista.

**TACHISMO** n. m. ART. Tendencia de la pintura abstracta e informal de los años cincuenta, que se caracteriza por la utilización espontánea de manchas y chorreaduras, y que está representada por Mathieu y Degottex en Francia, Tàpies en España, Burri en Italia, etc.

**TACHISTA** adj. y n. m. y f. Relativo al tachismo; artista que practica el tachismo.

**TACHO** n. m. *Amér.* Paila grande en que se acaba de cocer el melado y se le da el punto de azúcar. **2.** *Amér. Merid.* Recipiente para calentar agua y otros usos culinarios. **3.** *Amér. Merid.* Cubo de la basura. **4.** *Argent.* y *Chile.* Vasija de metal, de fondo redondeado, con asas, parecida a la paila. **5.** *Argent.* y *Chile. Por ext.* Cualquier recipiente de latón, hojalata, plástico, etc. **6.** *Urug.* Cubo para fregar los suelos. • **Ir al tacho** (*Argent.* y *Chile. Fig.* y *fam.*), derrumbarse, fracasar una persona o negocio; (*Argent.* y *Chile. Fig.* y *fam.*), morirse.

**TACHO** n. m. *Argent. Fam.* Taxista.

**TACHÓN** n. m. Tachuela grande, de cabeza dorada o plateada.

**TACHÓN** n. m. Raya con que se tacha lo escrito.

**TACHONAR** v. tr. [**1**]. Adornar o clavetear una cosa con tachones.

**TACHUELA** n. f. Clavo corto y de cabeza grande, cuya espiga va adelgazándose gradualmente hacia la punta.

**TACHUELA** n. f. *Colomb.* Especie de escudilla de metal que se usa para calentar algunas cosas. **2.** *Colomb.* y *Venez.* Taza de metal, a veces de plata y con adornos, que se tiene en el tinajero para beber agua.

**TÁCITO, A** adj. (lat. *tacitum*). Callado, silencioso. **2.** Que no se expresa formalmente porque se sobreentiende o se infiere: *acuerdo tácito.*

**TACITURNIDAD** n. f. Calidad de taciturno.

**TACITURNO, A** adj. (lat. *taciturnum*). Callado, silencioso.

**TACLLA** n. f. (voz quechua). Instrumento agrícola utilizado por los pueblos precolombinos del imperio incaico.

**TACLOBO** n. m. Molusco bivalvo gigante de los mares cálidos, cuyas valvas se utilizan como pilas de agua bendita.

**TACO** n. m. Pedazo de madera, metal u otra materia que se encaja en algún hueco, para sostener o equilibrar algo o para introducir un clavo. **2.** Bloc de calendario. **3.** Bloc de billetes de vehículos, entradas, etc., y, en especial, lo que queda de él una vez separadas las hojas de sus matrices. **4.** *Fig.* y *fam.* Lío, confusión. **5.** *Fig.* y *fam.* Palabrota, juramento: *soltar un taco.* **6.** Cada uno de los pedazos en que se cortan el jamón, el queso, etc., para los aperitivos. **7.** En el juego de billar, palo con uno de sus extremos revestido con un pedazo de cuero, con el que se impulsan las bolas. **8.** *Amér. Merid.* y *P. Rico.* Pieza que sobresale de la suela de un zapato para proteger y reforzar la parte del talón; tacón. **9.** *Argent.* En el juego de polo, maza de marfil con que se impulsa la bocha. **10.** *Méx.* Tortilla de maíz arrollada con algún ingrediente como carne de pollo, de res, papas, etc., en el centro. **11.** TEXT. Pequeña pieza en forma de paralelepípedo que transmite a la lanzadera del telar la percusión del mecanismo impulsor. • **Armarse,** o **hacerse,** alguien **un taco** (*Fam.*), embarullarse haciendo o diciendo algo.

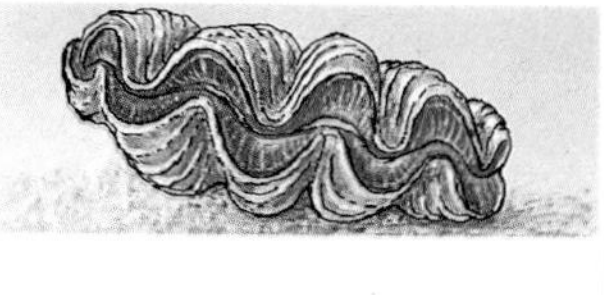

**taclobo**

**TACÓMETRO** n. m. Instrumento que indica la velocidad, generalmente en número de revoluciones por minuto, de la máquina a que va acoplado. SIN.: *taquímetro.*

**TACÓN** n. m. Pieza semicircular unida exteriormente a la suela del calzado en la parte correspondiente al talón. **2.** En las máquinas o prensas de imprimir, cada una de las guías o topes de metal a los que se ajusta el pliego al efectuar el marcado.

**TACONAZO** n. m. Golpe dado con el tacón contra algo, y especialmente con un tacón contra otro.

**TACONEAR** v. intr. [**1**]. Pisar causando ruido, haciendo fuerza con el tacón. **2.** Bailar taconeando.

**TACONEO** n. m. Acción y efecto de taconear.

**TACOPATLE** o **TACOPLASTLE** n. m. *Méx.* Planta de aplicaciones medicinales que se utiliza para curar mordeduras de víbora. (Familia aristoloquiáceas.)

**TACOTLI** n. m. Esclavo azteca, que a su vez podía tener familia, esclavos y bienes propios.

**TÁCTICA** n. f. (gr. *taktikē*). Conjunto de medios que se emplean para conseguir un resultado. **2.** MIL. Ciencia que estudia el modo de conducir un combate terrestre, naval o aéreo, combinando la actuación de los distintos medios disponibles, con el fin de obtener un resultado determinado. (La táctica es, junto con la logística, la parte ejecutiva de la estrategia.)

**TÁCTICO, A** adj. Relativo a la táctica. **2.** BIOL. Referente a la taxis: *fenómeno táctico.* ◆ adj. y n. **3.** Experto o especialista en táctica.

**TÁCTIL** adj. Relativo al tacto. • **Pantalla táctil** (INFORMÁT.), pantalla de visualización que reacciona al simple contacto del dedo y permite así un diálogo directo con el ordenador al que está conectada.

**TACTISMO** n. m. Taxis. **2.** ETOL. Atracción o repulsión provocada por ciertos factores del medio ambiente que ocasionan una toma de orientación y una reacción locomotora en las especies animales.

**TACTO** n. m. (lat. *tactum*). Sentido corporal, distribuido por todo el cuerpo, con el que se percibe la presión de los objetos y las cualidades de éstos. **2.** Acción de tocar, ejercitar este sentido. **3.** Manera que tiene un objeto de impresionar el sentido del

**taclla**

tacto: *una tela de tacto suave.* **4.** *Fig.* Sentimiento delicado de las conveniencias, de la medida, delicadeza: *falta de tacto.* **5.** MED. Método de exploración digital que se practica en la vagina o en el recto: *tacto vaginal; tacto rectal.*

**TACUACHE** n. m. *Amér.* Zarigüeya.

**TACUACÍN** n. m. *Méx.* Zarigüeya.

**TACUACO, A** adj. *Chile.* Retaco, rechoncho.

**TACUARA** n. f. *Argent., Par.* y *Urug.* Planta gramínea, especie de bambú de cañas muy resistentes.

**TACURÚ** n. m. *Argent.* y *Par.* Hormiga pequeña. **2.** *Argent.* y *Par.* Nido muy alto, en forma de montículo, que hacen las hormigas o las termitas con sus excrementos mezclados con tierra y saliva.

**TADZHIK** adj. y n. m. y f. Relativo a un pueblo musulmán de lengua irania que habita principalmente en Tadzhikistán; individuo de este pueblo. ◆ n. m. **2.** Lengua que se habla en Tadzhikistán.

**TAEKWONDO** n. m. Una de las artes marciales, que es una modalidad de lucha coreana, basada en golpes secos con los puños o los pies.

**TAEL** n. m. Antigua unidad monetaria china.

**TAF** n. m. Tren rápido formado por tres unidades, de las cuales las dos de los extremos son motoras.

**TAFETÁN** n. m. (persa *tāftah*). En la industria textil, uno de los tres ligamentos fundamentales. **2.** Tela, por lo común de seda, tejida con dicho ligamento. ◆ **tafetanes** n. m. pl. **3.** *Fig.* Galas de mujer.

**TAFIA** n. f. Aguardiente obtenido de las melazas y subproductos de fabricación del azúcar de caña.

**TAFILETE** n. m. Cuero fabricado con pieles de cabra tratadas con curtiente vegetal, teñido y acabado para su utilización en encuadernación y en la fabricación de carteras, guantes, bolsos, etc. **2.** Cuero fabricado con pieles de oveja y acabado de manera que forma un grano que imita al del tafilete propiamente dicho. • **Papel tafilete,** papel de color muy abrillantado, que imita al tafilete.

**TAFILETEAR** v. tr. **[1]**. Adornar o componer algo con tafilete.

**TAFILETERÍA** n. f. Arte de fabricar o adobar el tafilete. **2.** Conjunto de artículos u objetos hechos de tafilete. SIN.: *marroquinería.*

**TAFILETERO, A** n. Persona que elabora o vende artículos de tafilete. SIN.: *marroquinero.*

**TAG** n. m. (voz norteamericana). Graffiti trazado o pintado, que se caracteriza por un grafismo cercano a la escritura y constituye un signo de reconocimiento.

**TAGAL** n. m. Paja trenzada con fibra textil, originaria de Filipinas, usada para la confección de sombreros.

**TAGALO, A** adj. y n. Relativo a un pueblo de Filipinas, principal grupo de la isla de Luzón, que habla el tagalo; individuo de este pueblo. ◆ n. m. **2.** Lengua nacional de la República de Filipinas, perteneciente al grupo indonesio.

**TAGARINO, A** adj. y n. Dícese de los moriscos que vivían entre cristianos y usaban su lengua.

**TAGARNINA** n. f. Cardillo. **2.** *Fig.* y *fam.* Cigarro puro de mala calidad.

**TAHALÍ** n. m. (ár. *tahlīl*). Banda de cuero ancha que cae desde el hombro derecho hasta el lado izquierdo de la cintura y sostiene la espada, el sable o el tambor. **2.** Pieza de cuero que, pendiente del cinto, sostiene el machete o cuchillo bayoneta.

**TAHEÑO, A** adj. Dícese del pelo rojo.

**TAHONA** n. f. (ár. *tahūna*). Panadería.

**TAHONERO, A** n. Panadero.

**TAHÚR, RA** adj. y n. *Desp.* Que se dedica al juego como profesión o hace trampas en él.

**TAI-CHI** n. m. Práctica china de origen muy antiguo que consiste en un encadenamiento continuo, lento y preciso de movimientos corporales.

**TAIFA** n. f. (ár. *tā'ifa*). Cada uno de los reinos en que se dividió la España árabe al disolverse el califato. (→ parte n. pr. ***taifas*** [*reinos de*].) **2.** Facción.

**TAIGÁ** o **TAIGA** n. f. (voz rusa). Formación vegetal del N de Eurasia y de América, constituida por bosques de coníferas, que algunas veces aparecen asociadas a abedules, característica de las regiones frías de veranos cortos.

**TAILANDÉS, SA** adj. y n. De Tailandia.

**TAIMA** n. f. *Chile.* Emperramiento, obstinación.

**TAIMADO, A** adj. y n. (port. *taimado*). Astuto y maligno. **2.** *Chile.* Obstinado, emperrado.

**TAIMARSE** v. pron. **[1]**. *Chile.* Emperrarse, obstinarse.

**TAINO** o **TAÍNO** adj. y n. m. y f. Relativo a un pueblo amerindio de lengua arawak, act. extinguido, que en la época de la conquista vivía en La Española, Cuba, Puerto Rico y Jamaica; individuo de este pueblo.

el arte de los **taino:** cabeza de basalto negro (procedente de Puerto Rico)
[museo del hombre, París]

**TAIRONA,** pueblo amerindio de lengua independiente de la costa N de Colombia, act. extinguido, que en época precolombina desarrolló una importante cultura; se han hallado restos de poblados y objetos de piedra, cerámica y concha, así como joyas.

la cultura de los **tairona:** colgante en forma de ave (museo del oro, Bogotá)

**TAITA** n. m. *Argent., Chile, C. Rica* y *Ecuad. Fam.* En el lenguaje infantil, voz con que se alude al padre y a otras personas mayores que merecen respeto.

**TAJÁ** n. f. *Cuba.* Especie de pájaro carpintero.

**TAJADA** n. f. Porción cortada de una cosa, generalmente comestible: *una tajada de sandía.* **2.** *Fam.* Borrachera. • **Sacar tajada** *(Fam.),* obtener ventaja o provecho en un asunto.

**TAJADERA** n. f. Cuchilla de formas varias que sirve parar picar o cortar la carne u otros alimentos. **2.** Tajo pequeño, sobre el que se colocan la carne o los alimentos que se han de picar o cortar. **3.** Herramienta de forjador, que sirve para trabajar o allanar una superficie plana. **4.** Cortafrío.

**TAJADERO** n. m. Tajadera, tajo pequeño.

**TAJADO, A** adj. Dícese de la costa o roca cortada verticalmente. **2.** HERÁLD. Dícese del escudo dividido en dos partes iguales por una línea diagonal que va desde el cantón siniestro del jefe al cantón diestro de la punta.

**TAJADOR, RA** adj. y n. Que taja. ◆ n. m. **2.** Tajo usado para cortar o picar la carne.

**TAJADURA** n. f. Acción y efecto de tajar.

**TAJAMAR** n. m. Espolón. **2.** *Argent.* y *Ecuad.* Represa o dique pequeño. **3.** *Argent.* y *Perú.* Zanja en la ribera de los ríos para amenguar el efecto de las crecidas. **4.** *Chile, Ecuad.* y *Perú.* Malecón, dique. **5.** MAR. Pieza curva que va endentada en la parte exterior de la roda, y que sirve para hender el agua cuando el buque navega.

**TAJANTE** adj. Dícese de lo que taja o corta. **2.** *Fig.* Dícese de las palabras, entonación o gestos de alguien, que interrumpen cualquier réplica o insistencia por parte del que dice o suplica una cosa: *negativa tajante.*

**TAJAR** v. tr. **[1]**. Cortar, dividir algo en dos o más partes con un instrumento cortante.

**TAJEA** n. f. Especie de puentecillo de un solo arco, o pequeña obra de fábrica abovedada, cuya luz o abertura varía entre 1 y 8 m.

**TAJO** n. m. Corte hecho con un instrumento cortante. **2.** Tarea, trabajo que debe hacerse en un tiempo limitado. **3.** Filo o arista de un instrumento cortante. **4.** Pedazo o tronco de madera grueso, generalmente afirmado sobre tres pies, que sirve para partir y picar la carne. **5.** ESGR. Corte que se da con la espada llevando el brazo de derecha a izquierda.

**TAKE-OFF** n. m. (voz inglesa). ECON. Despegue.

**TAL** adj. y pron. dem. (lat. *talem*). Denota indeterminación del término al que se aplica: *un tal Juan.* **2.** Expresa un matiz ponderativo o despectivo: *no me trato con tales personas.* **3.** Puede usarse en los dos términos de una comparación: *de tal palo, tal astilla.* **4.** Igual, semejante: *nunca se ha visto tal cosa.* • **Con tal de,** o **que,** con la precisa condición de que. ‖ **Tal como,** o **tal cual,** como. ‖ **Tal para cual** *(Fam.),* úsase para expresar despectivamente la semejanza o igualdad de la manera de ser de dos personas. ◆ adv. m. **5.** Así, de esta manera: *tal estaba de distraído que no me saludó.*

**TALA** n. f. Acción y efecto de talar. **2.** Abatida. **3.** *Argent., Bol., Par.* y *Urug.* Planta ulmácea maderable, cuya raíz se usa para teñir. **4.** *Chile.* Acción de comer los animales la hierba que no puede ser cortada por la hoz.

**TALA** n. f. Cierto juego de muchachos. **2.** Palo pequeño y puntiagudo que se emplea en este juego.

**TALA** n. m. En Hispanoamérica, esclavo negro que se dedicaba a los trabajos del campo, a las órdenes de un mayoral.

**TALABARDO** n. m. Planta herbácea, de hojas lanceoladas, con mucrones verdes y corolas rojizas. (Familia ericáceas.)

**TALABARTE** n. m. (provenz. *talabart*). Cinturón que lleva pendientes los tiros de que cuelga la espada.

**TALABARTERÍA** n. f. Taller de artesanía donde se fabrican y reparan guarniciones para caballerías.

**TALABARTERO, A** n. Persona que hace o vende artículos de talabartería.

**TALACHA** n. f. *Méx.* Instrumento propio para labrar la tierra, parecido a la azada. **2.** *Méx.* Reparación, compostura, principalmente las que se realizan en las carrocerías de los automóviles: *llevar el coche para que le hagan talacha.* **3.** *Méx. Fam.* Trabajo o tarea pequeños, principalmente los que se relacionan con el cuidado o mantenimiento de algo: *estuve haciendo talacha todo el día en casa.*

**TALADOR, RA** adj. Que tala. ◆ n. m. **2.** Obrero que corta los árboles en los montes o bosques objeto de explotación forestal.

**TALADRADO** n. m. Acción y efecto de taladrar. **2.** Operación que tiene por objeto practicar un agujero cilíndrico valiéndose de una taladradora, barrena o taladro.

**TALADRADOR, RA** adj. y n. Que taladra.

**TALADRADORA** n. f. Máquina-herramienta que sirve para taladrar y para mandrilar agujeros previamente taladrados. • **Taladradora radial,** taladradora cuyo husillo puede deslizarse sobre un brazo horizontal, móvil a su vez alrededor de una columna vertical, lo que permite desplazar la máquina-herramienta vertical, horizontal y transversalmente. ‖ **Taladradora sensitiva,** taladradora en la que el husillo se mueve manualmente mediante una palanca. *(V. ilustración pág. 952.)*

**TALADRAR** v. tr. **[1]**. Horadar, agujerear una cosa con un taladro u otra herramienta. **2.** *Fig.* Herir los oídos un sonido fuerte y agudo.

**TALADRO** n. m. Herramienta giratoria, de filo cortante, que sirve para agujerear una materia dura. **2.** Agujero hecho con el taladro. **3.** Taladradora. **4.** Taladrado, acción y efecto de taladrar.

**TALAI-LAMA** n. m. Dalai-lama.

**TALAJE** n. m. *Chile.* Acción de pacer los ganados. **2.** *Chile.* Precio que se paga por esto.

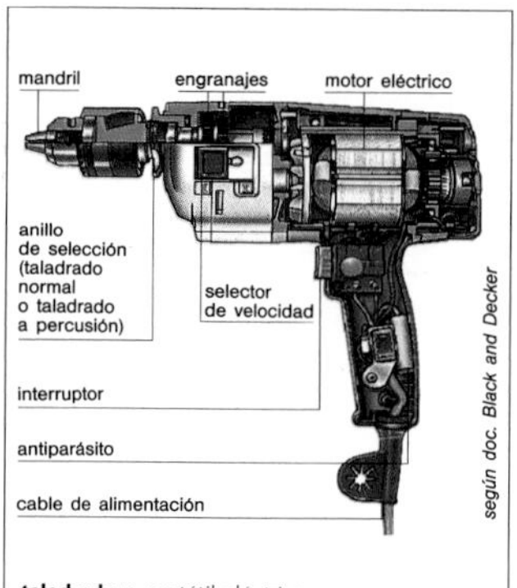


**taladradora** portátil eléctrica

**TALAMANCA,** grupo de pueblos de América Central, de lengua chibcha, muchos de ellos extinguidos.

**TALAMETE** n. m. MAR. Cubierta que alcanza sólo a la parte de proa.

**TALÁMICO, A** adj. Relativo al tálamo óptico.

**TÁLAMO** n. m. (lat. *thalamum*). Lecho conyugal. **2.** ANAT. Parte del encéfalo situada en la base del cerebro, que interviene en la regulación de las funciones vegetativas. SIN.: *tálamo óptico.* **3.** BOT. Receptáculo.

**TALAMOCO, A** adj. *Ecuad.* Falto de pigmentación, albino.

**TALANTE** n. m. Estado o disposición de ánimo, generalmente reflejado en el semblante, en que se encuentra una persona: *estar de mal talante.* **2.** Voluntad, deseo.

**TALAR** adj. (lat. *talarem*). Dícese de la vestidura, generalmente eclesiástica, que llega hasta los talones. ◆ adj. y n. m. **2.** Dícese de las alas que tenía el dios Mercurio en los talones. (Suele usarse en plural.)

**TALAR** v. tr. **[1]**. Cortar por el pie los árboles. **2.** Destruir, arrasar campos, casas, poblaciones, etc.

**TALASEMIA** n. f. MED. Hemoglobinopatía hereditaria, que se caracteriza por la persistencia de una hemoglobina de tipo fetal.

**TALASOCRACIA** n. f. Estado cuya potencia residía principalmente en el dominio de los mares.

**TALASOTERAPIA** n. f. Uso terapéutico de los baños de agua de mar y de los climas marítimos.

**TALAYOT** o **TALAYOTE** n. m. Tipo de monumento megalítico de Baleares, semejante a una torre de poca altura.

**TALCO** n. m. (ár. *talq*). Silicato natural de magnesio, suave y untuoso al tacto, con textura laminar, que se encuentra en los esquistos cristalinos. **2.** Polvo obtenido con esta materia, usado en la higiene personal y en farmacia.

**TALCUALILLO, A** adj. *Fam.* Mediano, regular, no muy bueno. **2.** *Fam.* Que va experimentando ligera mejoría en su enfermedad.

**TALED** n. m. Chal ritual con que se cubren los judíos para efectuar sus plegarias.

**TALEGA** n. f. Bolsa ancha y corta, generalmente de tela. **2.** *Fam.* Caudal o dinero de alguien.

**TALEGADA** n. f. Lo que cabe en una talega. **2.** Costalada, golpe dado al caer de espaldas.

**TALEGO** n. m. Bolsa larga y estrecha, de tela fuerte y basta. **2.** *Fig.* y *fam.* Persona gorda y ancha de cintura. **3.** *Vulg.* Cárcel. **4.** *Vulg.* Mil pesetas. **5.** *Vulg.* Porción de hachís.

**TALEGUILLA** n. f. TAUROM. Calzón del traje de torero.

**TALENTO** n. m. (lat. *talentum*). Antigua unidad ponderal del oriente mediterráneo. **2.** *Fig.* Inteligencia, capacidad intelectual de una persona. **3.** *Fig.* Aptitud o capacidad para el ejercicio de una ocupación.

**TALENTOSO, A** o **TALENTUDO, A** adj. Que tiene talento.

**TALERO** n. m. *Argent., Chile* y *Urug.* Látigo para azotar a las caballerías formado por un mango corto y una tira de cuero ancha.

**TALGÜEN** n. m. *Chile.* Planta arbustiva de madera fuerte e incorruptible, muy estimada en carpintería. (Familia romnáceas.)

**TALIDOMIDA** n. f. Tranquilizante actualmente prohibido a causa de su acción teratogénica.

**TALIO** n. m. Metal blanco (Tl), de número atómico 81, y de masa atómica 204,37, presente en determinadas piritas.

**TALIÓN** n. m. **Ley del talión,** castigo de la ofensa mediante una pena del mismo tipo.

**TALISMÁN** n. m. (gr. bizantino *telesma,* ceremonia religiosa). Objeto al que se supone dotado de un poder sobrenatural.

**TALLA** n. f. Acción de tallar. **2.** Estatura de una persona. **3.** *Fig.* Grado o capacidad moral o intelectual de una persona. **4.** Medida convencional usada en la fabricación y venta de prendas de vestir. **5.** Obra de escultura, especialmente en madera. **6.** Procedimiento de grabado a buril sobre plancha de cobre o de acero. **7.** Manera de tallar o labrar el vidrio, el cristal, las piedras preciosas, etc. **8.** *Chile.* Dicho oportuno, espontáneo. • **Dar la talla,** tener una estatura igual o superior al mínimo requerido para entrar en el ejército o ingresar en un cuerpo determinado; *(Fig.),* cumplir lo requerido para algo.

**TALLADO** n. m. Acción y efecto de tallar.

**TALLADOR** n. m. Grabador en hueco o de medallas. **2.** Hombre que talla a los quintos.

**TALLADOR, RA** n. *Argent., Chile, Guat., Méx.* y *Perú.* Persona que reparte las cartas o lleva las cuentas en una mesa de juego.

**TALLAR** n. m. Monte en renovación, en que los brotes de las nuevas plantas no han llegado al desarrollo necesario y pueden ser destruidos por el ganado. **2.** Bosque nuevo en que puede ya hacerse una corta.

el **talayot** de Trepucó, Menorca

**TALLAR** v. tr. (ital. *tagliare*) **[1]**. Cortar una piedra, madera, cristal, etc., para hacer adornos en bisel o para darle una determinada forma. **2.** Labrar una escultura cortando la madera, piedra o materia en que se trabaja. **3.** Grabar en hueco, dibujar con cortes en el metal. **4.** Realizar el dentado de una rueda de engranaje o de una fresa, alesnador, etc. **5.** Medir la estatura de alguien. ◆ v. intr. **6.** Llevar la parte importante de una conversación o discusión. **7.** *Chile.* Hablar de amores un hombre y una mujer.

**TALLARÍN** n. m. Tira estrecha de pasta, que se emplea para preparar diversos platos. (Suele usarse en plural.)

**TALLE** n. m. (fr. *taille*). Cintura, parte del cuerpo humano entre el tórax y las caderas. **2.** Figura, planta, conformación general del cuerpo. **3.** Parte del vestido que corresponde a la cintura. **4.** Medida tomada desde los hombros a la cintura.

**TALLER** n. m. (fr. *atelier*). Lugar donde se realiza un trabajo manual. **2.** Subdivisión de una industria en la que se desarrollan algunas operaciones bien determinadas del proceso de fabricación: *taller de acabado.* **3.** B. ART. Conjunto de alumnos o colaboradores que trabajan o han trabajado bajo la dirección de un mismo maestro. **4.** B. ART. Local dispuesto para la ejecución de trabajos artísticos. **5.** PREHIST. Afloración de rocas de grano fino que se encuentra en zonas montañosas, y que proporciona la piedra apropiada para fabricar hachas, y piezas de sílex para puntas de flecha.

**TALLISTA** n. m. y f. Persona que talla en madera.

**TALLO** n. m. (lat. *thallum*). Eje de una planta, que sostiene las hojas y finaliza en una yema. **2.** Cualquier parte análoga de los vegetales inferiores. **3.** Apéndice o pedúnculo de determinados equinodermos, mediante el cual se fijan al sustrato. **4.** *Colomb.* Variedad de frijol.

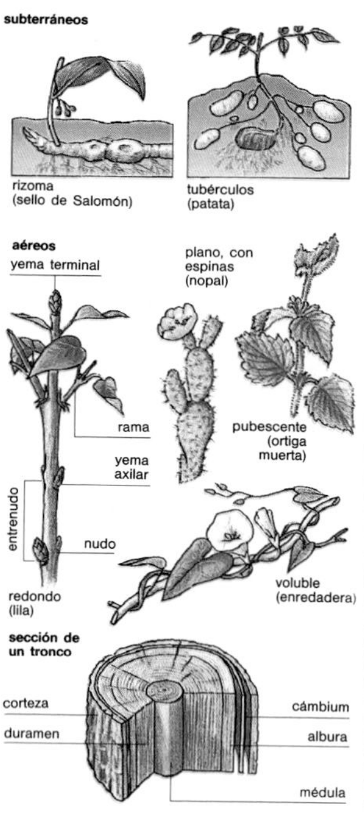


diferentes tipos de **tallos**

**TALLUDO, A** adj. Que tiene tallo grande o muchos tallos. **2.** Que ha dejado de ser joven.

**TALMÚDICO, A** adj. Relativo al Talmud.

**TALMUDISTA** n. m. Sabio judío versado en el estudio del Talmud.

**TALO** n. m. BOT. Cuerpo vegetativo de los vegetales inferiores, en el que no se diferencian raíz, tallo y hojas.

**TALOCHA** n. f. Tabla cuadrada provista de un mango perpendicular a una de sus caras, utilizada para alisar los paramentos de los muros.

**TALÓFITO, A** adj. y n. f. Relativo a un grupo de vegetales pluricelulares cuyo aparato vegetativo está constituido por un talo, y que está formado por las algas, los hongos y los líquenes.

**TALÓN** n. m. Parte posterior del pie, que comprende el hueso calcáneo y los tejidos blandos que lo rodean. **2.** Parte del zapato, calcetín o media que corresponde a esta parte. **3.** Documento que, acompañado de su matriz, está unido con otros iguales formando un cuadernillo, y que se separa de aquélla para darlo al interesado: *talón bancario.* **4.** Extremo anterior de la culata del fusil. **5.** ARQ. Motivo ornamental compuesto por dos cuartos de círculo, uno convexo y otro cóncavo, que enlazan entre sí. **6.** MAR. Extremidad de popa en la quilla de un buque. **7.** MAR. Corte oblicuo en el extremo posterior de la quilla, para ajustar la madre del timón. **8.** MEC. Saliente destinado a servir de apoyo o tope en una superficie. • **Bailar de talón** (COREOGR.), ejecutar un ejercicio apoyando un pie sobre el suelo, sin usar ni punta ni media punta. ‖ **Talón del codaste** (MAR.), en los buques de hélice, prolongación posterior de la rama horizontal inferior del codaste, sobre la que descansa la mecha del timón.

**TALONARIO** n. m. Libro o cuadernillo de talones.

**TALONEADOR** n. m. En rugby, jugador colocado en una melée entre los dos pilares y que está encargado de talonear el balón.

**TALONEAR** v. tr. [**1**]. En rugby, dar al balón con los talones para sacarlo de la melée. **2.** *Argent.* Incitar el jinete con los talones a la cabalgadura. **3.** *Méx. Vulg.* Pedir prestado o regalado algo, especialmente dinero. ◆ v. intr. **4.** *Méx.* Prostituirse una persona.

**TALONERA** n. f. Remiendo que se pone en el talón de las medias o calcetines. **2.** Refuerzo cosido en el bajo de los pantalones para evitar el desgaste. **3.** *Argent.* Tira de tela colocada en el interior de la botamanga para protegerla del roce. **4.** *Argent.* y *Chile.* Pieza de cuero que asegura la espuela al talón de la bota.

**TALPACK** n. m. Gorro llevado por los jenízaros y utilizado posteriormente por los cuerpos montados de cazadores franceses desde 1854 a 1870.

**TALPETATE** n. m. *Amér. Merid.* Capa estratificada del subsuelo, compuesta de barro amarillo y arena fina, usada para pavimentar carreteras.

**TALQUEZA** n. f. *C. Rica.* Hierba utilizada para recubrir las chozas.

**TALTUZA** n. f. *C. Rica.* Roedor similar a la rata.

**TALUD** n. m. (fr. *talus*). Inclinación o pendiente de un terreno o del paramento de un muro. • **Talud continental,** pendiente que une la plataforma continental con las profundidades marinas.

**TALUDÍN** n. m. *Guat.* Reptil similar al caimán.

**TALWEG** n. m. (voz alemana, *camino del valle*). GEOGR. Línea imaginaria que une los puntos más bajos de un valle.

**TAMAGÁ** o **TAMAGÁS** n. f. *Amér. Central.* Cierta serpiente venenosa.

**TAMAL** n. m. *Amér.* Masa de maíz con manteca cocida y envuelta en una hoja de plátano o maíz, de variadas formas, que suele rellenarse de carne, pollo, chile u otros ingredientes. **2.** *Amér. Fig.* Lío, embrollo, intriga.

**TAMALADA** n. f. *Méx.* Comida en la que se sirven principalmente tamales.

**TAMALEAR** v. tr. [**1**]. *Méx.* Comer tamales.

**TAMALERO, RA** adj. *Amér.* Dícese de la persona que hace o vende tamales.

**TAMANDUÁ** n. m. Animal parecido al oso hormiguero, pero de menor tamaño (50 cm de long. aprox.).

**TAMANGO** n. m. *Amér. Merid.* Calzado rústico de cuero.

**TAMAÑITO, A** adj. Achicado, confuso: *dejar, quedar tamañito.*

**TAMAÑO, A** adj. (lat. *tam magnus*). Semejante, tal: *nunca oí tamaña tontería.* **2.** Tan grande o pequeño como aquello a lo que se compara. ◆ n. m. **3.** Magnitud o volumen de una cosa.

**TÁMARA** n. f. (voz portuguesa y regional de Canarias). Palmera de dátiles de Canarias. ◆ **támaras** n. f. pl. **2.** Dátiles en racimo.

**TAMARINDO** n. m. (ár. vulg. *tamar hindi,* dátil de la India). Planta arbórea que se cultiva en las regiones tropicales, por su fruto. (Familia cesalpiniáceas.) **2.** Fruto de este árbol.

**TAMARISCO** n. m. Taray.

**TAMARUGAL** n. m. *Chile.* Terreno poblado de tamarugos.

**TAMARUGO** n. m. *Chile.* Planta mimosácea, especie de algarrobo.

**TAMAULIPECO, A** adj. y n. De Tamaulipas.

**TAMBA** n. f. *Ecuad.* Especie de manta usada a modo de abrigo, chiripá.

**TAMBACHE** n. m. *Méx. Fam.* Bulto o envoltorio grande, pila o montón de cosas: *tambache de ropa, de hojas de papel.*

**TAMBALEANTE** adj. Que se tambalea.

**TAMBALEARSE** v. pron. [**1**]. Moverse de un lado a otro por falta de equilibrio. **2.** *Fig.* Perder firmeza: *sus ideales se tambalean.*

**TAMBALEO** n. m. Acción de tambalear.

**TAMBARRIA** n. f. *Colomb., Ecuad., Hond.* y *Nicar.* Jolgorio, parranda.

**TAMBERO, A** adj. y n. f. *Argent.* Dícese del ganado manso, especialmente de las vacas lecheras. ◆ adj. **2.** *Amér. Merid.* Relativo al tambo. ◆ n. **3.** *Amér. Merid.* Persona que tiene un tambo o está encargada de él.

**TAMBIÉN** adv. m. Afirma la semejanza, comparación, conformidad o relación de una cosa con otra ya expresada.

**TAMBO** n. m. (voz quechua). Tipo de edificios construidos durante el imperio incaico, a lo largo de los caminos, que servía como lugar de descanso en los desplazamientos largos. **2.** *Argent.* Establecimiento ganadero destinado al ordeño de vacas y a la venta. **3.** *Argent.* Corral donde se ordeña. **4.** *Méx. Vulg.* Cárcel: *lo metieron al tambo.* **5.** *Perú.* Tienda rural pequeña.

**TAMBOCHA** n. f. *Colomb.* Hormiga muy venenosa que tiene la cabeza roja.

**TAMBOR** n. m. (persa *tabir*). Instrumento músico de percusión, formado por una caja cilíndrica cerrada por sus dos bases por una membrana cuya tensión puede regularse. **2.** Músico que toca el tambor. **3.** *Fam.* Recipiente cilíndrico que se emplea como envase: *un tambor de detergente.* **4.** Tímpano del oído. **5.** Cimborio. **6.** Pequeño bastidor redondo en el que se tensa la tela que se ha de bordar. **7.** Aparato que sirve para el arrollamiento de un cable y cuya rotación permite tirar del mismo. **8.** En las máquinas trilladoras segadoras, elemento giratorio que sirve para sujetar los tallos y empujarlos hacia la rosca de alimentación. **9.** Cabrestante con que se maneja el timón de una embarcación. **10.** Cilindro sobre el que se arrolla la cadena que produce el movimiento de ciertos relojes. **11.** Cilindro que contiene el resorte motor de un reloj y comunica el movimiento a las ruedas. **12.** El cilindro mayor de una carda. • **Tambor de freno** (TECNOL.), pieza circular, unida al buje de la rueda o al árbol que se ha de frenar, sobre la que actúa, por fricción, el segmento de freno. ‖ **Tambor lavador,** aparato o máquina en que se efectúa la hidratación, disgregación y lavado de rocas heterogéneas. ‖ **Tambor magnético,** dispositivo de almacenamiento de la información, constituido por un cilindro recubierto de sustancia magnética, en el que los datos se almacenan en serie mediante circunferencias de puntos magnéticos.

**tamanduá**

**TAMBORIL** n. m. Tambor cuya caja es más estrecha y alargada que la del tambor ordinario. **2.** Instrumento popular, muy ligero para que el ejecutante lo pueda llevar colgado del brazo izquierdo, mientras que lo golpea con un pequeño palillo con la mano derecha.

**TAMBORILEAR** v. intr. [**1**]. Tocar el tambor o el tamboril. **2.** Dar golpes repetidos y rítmicos: *tamborilear con los dedos sobre la mesa.*

**TAMBORILEO** n. m. Acción y efecto de tamborilear.

**TAMBORILERO, A** n. Músico que toca el tambor o el tamboril.

**TAMBORILETE** n. m. ART. GRÁF. Tablilla cuadrada de madera con la que se golpea para nivelar el molde o forma, a fin de que todas las letras queden a igual altura.

**TAMBORITO** n. m. Baile nacional de Panamá, de origen africano.

**TAMIL** adj. y n. m. y f. Relativo a un pueblo de la India meridional y de Srī Lanka, de religión hinduista, que habla una lengua dravídica; individuo de este pueblo. ◆ n. m. **2.** Lengua dravídica hablada en Tamil Nadu y Srī Lanka.

**TAMIZ** n. m. (fr. *tamis*). Cedazo de chapas perforadas, que sirve para pasar sustancias pulverulentas o líquidos turbios. • **Pasar por el tamiz,** examinar severa y concienzudamente. ‖ **Tamiz molecular,** zeolita, o tierra artificial adsorbente, para el refino de los gases y de los líquidos, especialmente en la industria petrolera.

**TAMIZADO** n. m. Acción y efecto de tamizar. **2.** F.C. Movimiento de oscilación lateral rápido de los vehículos de ferrocarril, que se produce en las vías estrechas.

**TAMIZADOR, RA** adj. y n. m. Que tamiza.

**TAMIZAR** v. tr. [**1g**]. Pasar por el tamiz: *tamizar harina.* **2.** *Fig.* Seleccionar o depurar.

**TAMO** n. m. Pelusa desprendida del lino, algodón o lana. **2.** Polvo o paja muy menuda de varias semillas trilladas. **3.** Pelusilla que se cría debajo de los muebles por falta de limpieza.

**TAMPICO** n. m. Variedad de agave de México, que proporciona una fibra vegetal. **2.** Fibra obtenida de esta planta.

**TAMPOCO** adv. neg. Incluye en una negación ya expresada otro elemento también afectado por dicha negación: *ayer no vino ni hoy tampoco; no lo sé, aunque tampoco me interesa.*

**TAMPÓN** n. m. Almohadilla para entintar sellos, estampillas, etc. **2.** Cilindro de material absorbente utilizado por las mujeres, con fines higiénicos, durante la menstruación. • **Estado tampón** (POL.), estado que, por su situación geográfica, se encuentra entre dos estados poderosos y antagónicos. ‖ **Memoria tampón** (INFORMÁT.), zona de memoria que almacena temporalmente información en tránsito de una parte a otra del ordenador. ‖ **Sistema tampón** (QUÍM.), solución cuya concentración en iones hidronio (pH) no se modifica sensiblemente al introducir una base o un ácido fuerte. ‖ **Tampón de boca,** tapón cilíndrico de madera, forrado de cuero o metal, que sirve para cerrar de modo estanco la boca de los cañones.

**TAM-TAM** n. m. (voz onomatopéyica). Instrumento de percusión parecido al tambor, de origen

**tam-tam** chino

africano, que se toca con las manos. **2.** Redoble prolongado de dicho instrumento, con el que en África se comunican ciertos acontecimientos. **3.** MÚS. Especie de gong de origen extremooriental.

**TAMUGA** n. f. *Amér. Central.* Talego, fardo.

**TAMUJO** n. m. Planta arbustiva, de hasta 1,50 m de alt., con cuyas ramas se hacen escobas. (Familia euforbiáceas.)

**TAN** n. m. Onomatopeya del tañido de la campana, del tambor o de otro instrumento semejante.

**TAN** adv. c. Apócope de *tanto,* cuando se antepone a un adjetivo o a otro adverbio: *es tan caro...; está tan lejos...* **2.** Denota idea de equivalencia o igualdad: *tan duro como el hierro.* • **Tan siquiera,** siquiera, por lo menos.

**TANACETO** n. m. Abrótano.

**TANAGRA** n. f. Estatuilla de terracota realizada en Tanagra, especialmente a partir del s. IV a. J.C.

**TANATE** n. m. *Amér. Central* y *Méx.* Cesto cilíndrico de palma o tule. **2.** *Amér. Central.* Lío, fardo. **3.** *Méx. Vulg.* Testículo. ◆ **tanates** n. m. pl. **4.** *Amér. Central.* Trastos, cachivaches.

**TANATOLOGÍA** n. f. Estudio científico de la muerte.

**TANATORIO** n. m. (del gr. *thanatos,* muerte). Edificio destinado a velatorios y servicios relacionados con ellos.

**TANDA** n. f. Cada grupo en que se divide la totalidad de un conjunto: *colocar una tanda de ladrillos; los opositores de la primera tanda.* **2.** Número indeterminado de ciertas cosas de un mismo género: *una tanda de inyecciones.* **3.** *Amér.* Sección o parte de una representación teatral. **4.** *Argent.* En televisión, sucesión de avisos publicitarios que se intercalan en un programa.

**TÁNDEM** n. m. (voz inglesa). Especie de cabriolé descubierto, tirado por dos caballos. **2.** Bicicleta acondicionada para ser accionada por dos personas situadas una detrás de la otra. **3.** *Fig.* Asociación de dos personas o de dos grupos que trabajan en una obra común.

**TANDERO, A** n. *Chile.* Chancero.

**TANELA** n. f. *C. Rica.* Pasta de hojaldre acompañada con miel.

**TANGA** n. m. Bañador, braga o calzoncillo de dimensiones muy reducidas.

**TANGALEAR** v. intr. **[1]**. *Colomb.* y *Hond.* Demorar el cumplimiento de una obligación intencionadamente.

**TANGÁN** n. m. *Ecuad.* Tablero colgado del techo, articulado con cuerdas, que se usa a modo de despensa.

**TANGARA** n. f. Ave paseriforme de América, de vivos colores.

**TANGEDOR** n. m. *Amér.* Serpiente de cascabel.

**TANGENCIA** n. f. MAT. Estado de tangente.

**TANGENCIAL** adj. Que es tangente, relativo a la tangencia o a las tangentes. **2.** Lateral, no importante. • **Aceleración tangencial,** proyección de la aceleración sobre la tangente a la trayectoria. ‖ **Brazo tangencial,** brazo de lectura de disco microsurco que efectúa un desplazamiento radial, pero permanece tangencial al surco. ‖ **Fuerza tangencial,** fuerza ejercida en la dirección de la tangente a una curva.

**TANGENTE** adj. (del lat. *tangere,* tocar). Que está en contacto por un solo punto: *recta tangente a un círculo.* • **Plano tangente a una superficie en un punto,** plano que contiene las tangentes a todas las curvas trazadas sobre una superficie y que pasan por este punto. ‖ **Superficies tangentes en un punto,** superficies que admiten el mismo plano tangente en dicho punto. ◆ n. f. **2.** Recta que toca en un solo punto a una curva o a una superficie sin cortarla. • **Salirse, irse,** etc., **por la tangente** *(Fam.),* utilizar una evasiva para eludir una respuesta comprometida. ‖ **Tangente a una superficie,** tangente a una curva cualquiera de dicha superficie. ‖ **Tangente de un ángulo,** o **de un arco,** cociente del seno por el coseno de dicho ángulo o de dicho arco (símbolo tg).

**TANGERINA** n. f. Variedad muy apreciada de mandarina.

**TANGIBLE** adj. Que es susceptible de ser percibido por el tacto: *objetos tangibles.* **2.** *Fig.* Real, comprobable: *pruebas tangibles.*

**TANGO** n. m. Baile argentino, danzado por una pareja enlazada que evoluciona en un espacio amplio. **2.** Música y letra de este baile. • **Tango flamenco,** o **gitano,** modalidad de cante flamenco.

**TANGRAM** n. m. Juego formado por un conjunto de piezas de formas poligonales que pueden acoplarse de diferentes maneras para construir figuras geométricas distintas.

**TANGUEAR** v. intr. **[1]**. *Argent.* y *Urug.* Tocar o cantar tangos.

**TANGUILLO** n. m. Variante folklórica de los tangos flamencos de Cádiz, que admite las más variadas incorporaciones.

**TANGUISTA** n. m. y f. Bailarín o bailarina profesional, contratados para que bailen con los clientes de un local de esparcimiento.

**TÁNICO, A** adj. Que contiene tanino.

**TANIFICACIÓN** n. f. Tratamiento de un cuerpo por tanino.

**TANINO** n. m. (fr. *tanin*). Sustancia contenida en algunos órganos vegetales, como la corteza del roble, del castaño, agallas del roble, etc., que se usa para curtir las pieles y para la fabricación de tintas.

**TANKA** n. m. (voz sánscrita). En el Tíbet y en Nepal, estandarte pintado que representa una imagen piadosa.

**TANKER** n. m. (voz inglesa). Buque cisterna.

**TANO, A** n. *Argent.* y *Urug. Desp.* Persona de origen italiano. **2.** *Argent.* y *Urug.* Persona grosera.

**TANO,** grupo de pueblos de la familia lingüística uto-azteca de Nuevo México (E.U.A.).

**TANORÍA** n. f. Servicio doméstico que los indígenas de Filipinas tenían la obligación de prestar a los españoles.

**TANQUE** n. m. Vehículo cisterna en que se transporta agua u otro líquido. **2.** Recipiente para productos petrolíferos. **3.** AERON. MIL. Avión cisterna. **4.** MIL. Carro de combate.

**TANQUETA** n. f. Carro de combate ligero.

**TANQUISTA** n. m. Soldado de una unidad de carros de combate.

**TÁNTALO** n. m. Metal (Ta) de número atómico 73, de masa atómica 180,947, muy duro, denso (densidad 16,6) y poco fusible, que se presenta habitualmente en forma de polvo negro brillante.

**TÁNTALO** n. m. Ave parecida a la cigüeña, que habita en América, África y Asia.

**TANTÁN** n. m. Gong, batintín.

**TANTEADOR, RA** n. Persona que tantea, especialmente en el juego. ◆ n. m. **2.** DEP. Tablero o panel en el que se marcan los tantos.

**TANTEAR** v. tr. **[1]**. Calcular aproximadamente el valor, peso, tamaño, cantidad, etc., de una cosa o magnitud: *tantear un bulto; tantear la media de accidentes.* **2.** Ensayar una operación antes de realizarla definitivamente: *tantear todas las posibilidades.* **3.** *Fig.* Explorar el ánimo de alguien antes de aventurarse a pedir, proponer, etc. **4.** *Hond.* Acechar a alguien para asaltarle. **5.** *Méx. Fam.* Tomar el pelo a alguien, burlarse de él. **6.** TAUROM. Hacer suertes al toro para juzgar su estado, temperamento e intenciones, al empezar una faena. ◆ v. tr. e intr. **7.** Señalar los tantos en el juego.

**TANTEO** n. m. Acción y efecto de tantear. **2.** En un juego o competición deportiva, proporción de tantos entre los distintos jugadores o competidores. **3.** DER. Derecho que por ley, costumbre o convenio se concede a una persona para adquirir algo con preferencia a otro y por el mismo precio. • **A,** o **por, tanteo,** aproximadamente.

**TANTO** adv. m. Así, de tal manera, en tal grado: *tanto hace quien tanto quiere.* ◆ adv. c. **2.** Hasta tal punto, tal cantidad: *llovió tanto que el terreno se anegó.* **3.** Seguido de *mejor, peor, mayor, menor, más* y *menos,* refuerza la comparación de desigualdad.

**TANTO, A** adj. (lat. *tantum*). En correlación con *como,* establece comparaciones de igualdad de cantidad: *tener tanta suerte como otro.* **2.** En correlación con *que,* tal cantidad, en tal cantidad: *tiene tantos libros que no los llega a leer.* **3.** Tan grande, muy grande: *¿a qué viene tanta risa?* **4.** Tiene un valor indeterminado cuando se refiere a un número o cantidad que no interesa o no se puede precisar: *a tantos de octubre.* ◆ pron. dem. **5.** Equivale a *eso,* incluyendo idea de calificación o ponderación: *no podré llegar a tanto.* ◆ n. m. **6.** Cantidad o número determinado de una cosa: *asignar un tanto para comida.* **7.** Unidad de cuenta en muchos juegos o competiciones deportivas: *ganó por tres tantos a cero.* • **Al tanto de,** enterado de la cosa que se expresa. ‖ **Apuntarse un tanto a su favor,** o **en contra** *(Fam.),* tener un acierto o gozar de una ventaja frente a otro o, por el contrario, un desacierto o desventaja. ‖ **En tanto, en tanto que** o **entre tanto,** mientras. ‖ **Ni tanto ni tan calvo** *(Fam.),* censura la exageración por exceso o por defecto. ‖ **Otro tanto,** se usa en forma comparativa para encarecer una cosa; lo mismo. ‖ **Por lo tanto** o **por tanto,** como consecuencia. ‖ **Tanto por ciento,** rédito.

**TANTRA** n. m. Colección de textos hindúes de tema sagrado.

**TÁNTRICO, A** adj. Relativo al tantrismo.

**TANTRISMO** n. m. Conjunto de creencias y ritos que provienen del hinduismo, del budismo tardío y de otros textos sagrados llamados *tāntra.*

**TANZANO, A** adj. y n. De Tanzania.

**TAÑEDOR, RA** n. Persona que tañe un instrumento musical.

**TAÑER** v. tr. (lat. *tangere*) **[2k]**. Tocar un instrumento musical de percusión o de cuerda. ◆ v. intr. **2.** Tamborilear con los dedos sobre algo.

**TAÑIDO** n. m. Sonido del instrumento que se tañe, particularmente de las campanas.

**TAO** adj. y n. m. y f. Dícese de la persona ordinaria, sencilla, analfabeta, de las islas Filipinas.

**TAO** n. m. (voz china, *vía*). En la antigua filosofía china, principio supremo e impersonal de orden y de unidad del universo.

**TAOÍSMO** n. m. Sistema filosófico y religioso chino, amalgama de culto a los espíritus de la naturaleza y de los antepasados, de las doctrinas de Laozi y de creencias diversas.

**TAOÍSTA** adj. y n. m. y f. Relativo al taoísmo; adepto del taoísmo.

**TAPA** n. f. Pieza que cierra por la parte superior una caja, baúl, vasija, etc. **2.** Cada una de las dos partes de la cubierta de un libro. **3.** Pequeña cantidad de comida que se sirve para acompañar a la bebida, generalmente en aperitivos. **4.** En las reses descuartizadas para el consumo, carne que corresponde al medio de la pata trasera. **5.** Vuelta que cubre el cuello de una a otra solapa en las chaquetas, abrigos, etc. **6.** Cubierta córnea que rodea el casco o uña de las caballerías. **7.** Capa de suela que lleva el tacón del calzado, en especial la que está en contacto con el suelo. **8.** *Chile.* En la camisa, pechera. • **Saltar,** o **levantar, la tapa de los sesos** *(Fam.),* matar de un tiro en la cabeza.

**TAPA** n. m. Tela realizada mediante el batanado de cortezas de árboles, especialmente la morera.

**TAPABOCA** n. m. Bufanda o manta pequeña. **2.** *Fig.* y *fam.* Razón, hecho o dicho con que se hace callar a alguien. **3.** En esgrima, golpe dado en la boca con el botón de la espada.

**TAPABOCAS** n. m. (pl. *tapabocas*). Tapaboca, bufanda. **2.** Taco con que se cierra el ánima de las piezas de artillería.

**TAPACETE** n. m. MAR. Cubierta o toldo con que se tapa la carroza o saliente de la escala de las cámaras de un buque.

**TAPACUBOS** n. m. (pl. *tapacubos*). Tapa metálica con que se cubre el buje de las ruedas de un automóvil.

**TAPACULO** n. m. Escaramujo.

**TAPADA** n. f. *Colomb.* Acción y efecto de tapar.

**TAPADERA** n. f. Pieza que sirve para cubrir una vasija. **2.** *Fig.* Persona o cosa utilizada para encubrir algo.

**TAPADILLO. De tapadillo** *(Fam.),* oculta o clandestinamente.

**TAPADO, A** adj. y n. *Amér.* Dícese del personaje o candidato político cuyo nombre se mantiene en secreto hasta el momento propicio. **2.** *Argent.* Dícese de la persona o animal cuya valía se mantiene oculta. **3.** *Argent.* y *Chile.* Dícese de la caballería sin mancha ni señal alguna en su capa. ◆ n. m. **4.** *Amér. Merid.* Abrigo o capa de señora o de niño. **5.** *Argent., Bol.* y *Perú.* Tesoro enterrado. **6.** *Colomb.* y *Hond.* Comida que preparan los indígenas con plátanos y carne, que se asan en un hoyo hecho en la tierra.

**TAPADURA** n. f. Acción y efecto de tapar.

**TAPANCO** n. m. Entarimado o piso de madera que se pone sobre vigas o columnas en habitaciones de gran altura para dividirlas a lo alto en dos espacios.

**TAPAR** v. tr. [**1**]. Cubrir o cerrar lo que está descubierto o abierto. **2.** Estar delante o encima de algo ocultándolo o protegiéndolo, poner una cosa de modo que oculte o proteja algo: *una cortina tapa la ventana.* **3.** *Fig.* Encubrir, ocultar: *tapar una mala acción.* ◆ v. tr. y pron. **4.** Abrigar o cubrir con ropa, especialmente la de cama.

**TAPARA** n. f. Fruto del taparo.

**TÁPARA** n. f. Alcaparra.

**TAPARO** n. m. Planta arbórea, semejante a la güira, pero de hoja más ancha, que crece en América Meridional. (Familia bignoniáceas.)

**TAPARRABO** o **TAPARRABOS** n. m. Trozo de tela o prenda muy sucintos que se utiliza para cubrirse los órganos sexuales.

**TAPAYAGUA** n. f. *Hond.* Llovizna.

**TAPE** n. m. *Argent.* y *Urug.* Persona aindiada.

**TAPEAR** v. intr. [**1**]. Tomar tapas en un bar.

**TAPEO** n. m. Acción de tapear.

**TAPETE** n. m. (lat. *tapetem*). Pieza o cubierta de tela, hule, plástico, etc., con que se cubren las mesas u otros muebles. • **Estar sobre el tapete** un asunto, estar discutiéndose o pendiente de resolución. ‖ **Poner sobre el tapete,** poner un asunto a discusión, sacarlo a relucir.

**TAPETÍ** n. m. Tapití.

**TAPIA** n. f. Trozo de pared que de una sola vez se hace de tierra amasada y apisonada en una horma. **2.** Pared formada de tapias. **3.** Muro de cerca. • **Más sordo que una tapia** o **sordo como una tapia** *(Fam.),* muy sordo.

**TAPIAL** n. m. Tapia, pared. **2.** Panel u horma de encofrado utilizado para la construcción de muros o tapias.

**TAPIALAR** v. tr. [**1**]. *Ecuad.* Tapiar.

**TAPIAR** v. tr. [**1**]. Cerrar o tapar un espacio o abertura con una tapia o tabique: *tapiar un solar, una puerta.*

**TAPICERÍA** n. f. Arte de hacer tapices. **2.** Técnica del tapicero. **3.** Establecimiento del tapicero. **4.** Conjunto de tapices. **5.** Tela para cortinas y tapizado de muebles, labor de pasamanería y, en general, todo el tejido que se emplea para decoración.

**TAPICERO, A** n. Persona que teje tapices. **2.** Persona que tiene por oficio guarnecer muebles, sillerías, sofás, etc., y poner alfombras, cortinajes y otros elementos de decoración, o que los vende.

**TAPIOCA** n. f. Fécula blanca y granulada, comestible, obtenida de la raíz de la mandioca.

**TAPIR** n. m. Mamífero paquidermo de unos 2 m de long., y 1 m de alt., con cabeza grande, trompa pequeña y orejas redondeadas, que vive en Asia tropical y en América. (Orden ungulados, suborden perisodáctilos.)

**tapir** de América

**TAPISCA** n. f. *Amér. Central* y *Méx.* Recolección del maíz.

**TAPITÍ** o **TAPETÍ** n. m. Mamífero roedor de América Central y del Sur, de talla mediana y coloración bayo pardusca con matices rojizos, que habita en bosques y selvas.

**TAPIZ** n. m. Tejido grueso ornamental, con carac-

*Bohemios a la puerta de un castillo.* Talleres de Tournai; lana y seda; fines del s. XV. (Galería de arte Currier, Manchester [E.U.A.].)
Uno de los momentos más interesantes de la historia de los tapices de lizo: con un notable compromiso, característico de fines de la edad media, entre la utilización de la perspectiva (amplio fondo de paisaje con una cacería de ciervos en un plano medio) y las exigencias de la decoración mural (la evidente presencia de cada elemento en el espacio en dimensiones del tejido); el encanto de un tema pintoresco de la vida profana, con gran detallismo y viveza de colorido (relativamente bien conservado).

*Dorotea disfrazada de pastor,* una de las piezas de la serie de *La historia de don Quijote* de Ch. A. Coypel.
Tapices de la manufactura de los Gobelinos; lana y seda; mediados del s. XVIII. (Museo de Versalles.)
A partir del renacimiento (y con técnicas del tapiz demasiado rígidas a la manera de Rafael) los tapices, desviándose de lo que parece ser su propia naturaleza, tienden a una imitación de todas las sutilezas de la pintura.
Este objetivo domina la producción de los Gobelinos en el s. XVIII con la introducción de una inmensa gama de tintes en las lanas, probablemente superficiales y que se revelarían demasiado frágiles a la luz.
Los tapices de *Don Quijote* según cartones de Coypel conservan un carácter decorativo, y no sólo pictórico, gracias a los *rebordes* en trompe-l'oeil y a los *contornos* que rodean el cuadro narrativo central.

*Sempre tornaràn* (1978) de Josep Grau-Garriga. (Col. part.) En los años 1930 y 1940, Lurçat, admirador de los tapices medievales, renovó el oficio tradicional simplificando los cartones, utilizando lanas más gruesas y una gama restringida de los colores.
Un cambio mucho más radical fue llevado a cabo en seguida por artistas de Europa central y de Escandinavia, diseñadores y tejedores a la vez: revalorizaron las técnicas y las materias de origen popular, rural, para componer expresivos tapices-esculturas exentos de pared.
El pintor catalán Grau-Garriga recurre a tejedores profesionales para componer por medio de franjas hirsutas, y de composiciones de fragmentos de colores contrastados, relieves emparentados con el expresionismo abstracto.

**tapices**

terísticas técnicas y figurativas particulares, que sirve para cubrir el suelo pero que generalmente se cuelga de las paredes. **2.** Revestimiento en forma de tapiz.

**TAPIZADO** n. m. Acción y efecto de tapizar. **2.** Materia empleada para tapizar.

**TAPIZAR** v. tr. **[1g]**. Cubrir las paredes o el suelo con tapices o algo similar. **2.** Mullir y forrar con tela sillas, butacas, divanes, etc. **3.** *Fig.* Cubrir una superficie con algo que se adapte a ello.

**TAPÓN** n. m. Pieza de corcho, metal, madera, etc., que tapa la boca de una vasija u otro orificio semejante. **2.** *Fig.* y *fam.* Persona baja y rechoncha. **3.** *Fig.* y *fam.* Entorpecimiento que retarda o dificulta el desarrollo normal de una actividad: *formarse un tapón en la circulación.* **4.** En baloncesto, acción y efecto de interceptar la trayectoria del balón lanzado al cesto por el contrario. **5.** En el moldeo por inyección, materia que ha llenado el canal de alimentación entre la punta del tubo inyector y la entrada en el molde. **6.** Masa de hilas o de algodón en rama con que se obstruye una herida o una cavidad del cuerpo. **7.** Acumulación de cerumen en el oído. **8.** Volumen líquido inyectado en un pozo de petróleo durante las operaciones de perforación, o cuerpo sólido destinado a obturar parcialmente un pozo. **9.** MIN. Obstrucción de una canalización de relleno neumático o hidráulico, provocada por los materiales mismos de relleno.

**TAPONADORA** n. f. Máquina de taponar botellas.

**TAPONAMIENTO** n. m. Acción y efecto de taponar. **2.** Obturación de un pozo mediante un tapón de cemento. **3.** MED. Introducción de compresas o de una masa en una cavidad natural. • **Taponamiento cardíaco,** accidente agudo de compresión del corazón, que sobreviene a consecuencia de derrames intrapericárdicos de instalación brusca.

**TAPONAR** v. tr. y pron. **[1]**. Cerrar un orificio con un tapón u otra cosa. **2.** En una tabla o tablero, listón, etc., sustituir un nudo por un tapón de madera sana. **3.** En baloncesto, interceptar el balón por medio de un tapón. **4.** MED. Efectuar un taponamiento.

**TAPONAZO** n. m. Ruido que se produce al destapar una botella de líquido espumoso. **2.** Golpe que da el tapón al salir despedido.

**TAPONERÍA** n. f. Conjunto de tapones. **2.** Establecimiento donde se fabrican o venden tapones. **3.** Industria taponera.

**TAPONERO, A** adj. Relativo a la fabricación de tapones.

**TAPSIA** n. f. Planta de cuya raíz se extrae una resina usada como revulsivo. (Familia umbelíferas.)

**TAPUJARSE** v. pron. **[1]**. *Fam.* Taparse mucho.

**TAPUJO** n. m. Disimulo, engaño o rodeo con que se obra o habla: *hablar sin tapujos.*

**TAQUÉ** n. m. (fr. *taquet*). Vástago que, en los motores de combustión interna, sirve para transmitir la acción del árbol de levas a las válvulas de admisión y escape.

**TAQUEAR** v. tr. **[1]**. *Argent.* y *Chile.* Taconear. ◆ v. intr. **2.** *Argent.* En el billar y el polo, golpear la bocha con el taco. **3.** *Argent.* Ejercitarse en el uso del taco.

**TAQUEO** n. m. *Argent.* En el juego del polo, dominio del palo.

**TAQUERA** n. f. Estante para los tacos del billar.

**TAQUERÍA** n. f. *Méx.* Restaurante o casa de comidas donde se venden tacos.

**TAQUIARRITMIA** n. f. MED. Forma de arritmia, acompañada de taquicardia.

**TAQUICARDIA** n. f. Ritmo cardíaco acelerado.

**TAQUIFEMIA** n. f. SIQUIATR. Trastorno de la emisión del lenguaje, caracterizado por la rapidez.

**TAQUIGRAFÍA** n. f. Sistema de escritura a base de abreviaturas y signos convencionales. SIN.: *estenografía.*

**TAQUIGRAFIAR** v. tr. **[1t]**. Escribir por medio de taquigrafía. SIN.: *estenografiar.*

**TAQUIGRÁFICO, A** adj. Relativo a la taquigrafía.

**TAQUÍGRAFO, A** n. Persona que se dedica a la taquigrafía. ◆ n. m. **2.** Aparato registrador de velocidad.

**TAQUILLA** n. f. Armario con casillas para clasificar papeles o documentos, y en especial para guardar los billetes de ferrocarril, entradas de espectáculos, etc. **2.** Despacho en que se expenden billetes, entradas de espectáculos, etc. **3.** Dinero que en dicho despacho se recauda. **4.** Armario pequeño o casilla en que se guarda ropa, herramientas, etc., en talleres, centros de enseñanza o deportivos, etc. **5.** *Amér. Central.* Taberna. **6.** *C. Rica, Chile* y *Ecuad.* Clavo pequeño.

**TAQUILLERO, A** adj. *Fam.* Que por su popularidad produce o garantiza beneficios considerables de taquilla: *película taquillera; actor taquillero.* ◆ n. **2.** Persona encargada de un despacho de billetes.

**TAQUIMECA** n. f. Apócope de *taquimecanógrafa.*

**TAQUIMECANOGRAFÍA** n. f. Arte de escribir a máquina y a taquigrafía. SIN.: *estenodactilografía.*

**TAQUIMECANÓGRAFO, A** n. Persona que practica la taquimecanografía.

**TAQUIMETRÍA** n. f. Conjunto de procedimientos empleados para el levantamiento de planos con el taquímetro.

**TAQUÍMETRO** n. m. Instrumento para medir al mismo tiempo distancias y ángulos horizontales y verticales. **2.** Tacómetro.

**TAQUIÓN** n. m. Nombre dado a unas partículas elementales hipotéticas dotadas de una velocidad superior a la de la luz en el vacío.

**TAQUIPNEA** n. f. Aumento del ritmo respiratorio.

**TAQUISIQUIA** n. f. SIQUIATR. Encadenamiento anormalmente rápido de las ideas.

**TAQUISTOSCÓPICO, A** adj. Relativo al taquistoscopio.

**TAQUISTOSCOPIO** n. m. Aparato que sirve para presentar a un sujeto imágenes luminosas durante un tiempo brevísimo, con el fin de experimentar y medir ciertas modalidades de la percepción.

**TARA** n. f. (ár. *ṭarah*). Parte del peso que se rebaja en los géneros por razón de la vasija, saco o envase en que están contenidos: *la tara añadida al peso neto constituye el peso bruto.* **2.** Peso de un vehículo destinado a transporte, vacío. **3.** Defecto que disminuye el valor de alguien o de algo. **4.** Peso que se coloca en el platillo de una balanza para equilibrar un cuerpo pesado colocado en el otro platillo.

**TARA** n. f. *Chile* y *Perú.* Planta arbustiva de cuya madera se extrae un tinte. (Familia cesalpiniáceas.) **2.** *Colomb.* Serpiente venenosa. **3.** *Venez.* Langosta de tierra de mayor tamaño que la común.

**TARABILLA** n. f. Manera de hablar de prisa y atropelladamente. **2.** Listón de madera dura que mantiene tirante, por torsión, la cuerda del bastidor de una sierra de carpintero. **3.** Ave paseriforme que vive en los matorrales y frondas de Europa y en las regiones más septentrionales de la península Ibérica. (Familia muscicápidos.) ◆ n. m. y f. **4.** *Fam.* Persona que habla mucho y de manera atropellada.

**tarabilla** común

**TARABITA** n. f. *Amér. Merid.* Maroma por la cual corre la cesta del andarivel. **2.** *Ecuad.* y *Perú.* Andarivel para pasar los ríos y hondonadas que no tienen puente.

**TARACEA** n. f. (ár. *tarsic*). Labor de incrustación hecha con madera, concha, nácar, etc., o con maderas de diversos colores formando un mosaico.

**TARACEADOR, RA** n. Persona que tiene por oficio hacer taraceas.

**TARACEAR** v. tr. **[1]**. Adornar con taracea.

**TARACOL** n. m. *Antillas.* Crustáceo similar al cangrejo.

**TARADO, A** adj. y n. Que tiene alguna tara física o síquica. **2.** *Fam.* Tonto, estúpido.

**TARAHUMARA,** pueblo amerindio de México (sierra Madre, est. Chihuahua), de la familia utoazteca, uno de los mayores grupos étnicos del país.

**TARAMBANA** o **TARAMBANAS** n. m. y f. y adj. *Fam.* Persona alocada, de poco juicio.

**TARANTA** n. f. Fandango oriundo del folklore de la zona oriental andaluza, adaptado a los estímulos formales del flamenco a partir de mediados del s. XIX. **2.** *C. Rica* y *Ecuad.* Arrebato pasajero. **3.** *Hond.* Desvanecimiento, aturdimiento.

**TARANTELA** n. f. Baile popular del S de Italia, de carácter alegre, y actualmente, danza folklórica típica de Capri y Sorrento. **2.** Música de esta danza.

**TARANTÍN** n. m. *Amér. Central, Cuba* y *P. Rico.* Cachivache, trasto. (Suele usarse en plural.) **2.** *Venez.* Tienda muy pobre, tenducha.

**TARÁNTULA** n. f. (ital. *tarantola*). Araña de tórax velloso y patas fuertes, que vive entre las piedras o en agujeros profundos que excava en el suelo y cuya picadura es peligrosa.

**TARAPECOSI** → ***chiquito.***

**TARAR** v. tr. **[1]**. Determinar qué parte de peso ha de rebajarse en los géneros transportados, por razón de la vasija, saco, embalaje, etc., en que están contenidos.

**TARAREAR** v. tr. **[1]**. Cantar una canción en voz baja y a menudo repitiendo sílabas como *ta* y *ra* en lugar de las palabras.

**TARAREO** n. m. Acción de tararear.

**TARARIRA** n. f. *Fam.* Juerga, bullicio. **2.** *Argent.* y *Urug.* Pez ictiófago, que vive en las grandes cuencas de América del Sur, rollizo, de cuerpo escamado y color pardo grisáceo. ◆ n. m. y f. **3.** *Fam.* Persona bulliciosa y de poca formalidad. ◆ interj. **4.** *Fam.* Denota incredulidad.

**TARASCA** n. f. Monstruo legendario domado por santa Marta y con el que libró a Tarascón (Francia). **2.** Figura monstruosa que se sacaba en algunas procesiones. **3.** *Fig.* y *fam.* Persona o cosa que destruye, gasta o derrocha algo. **4.** *Fig.* y *fam.* Mujer fea y desenvuelta. **5.** *C. Rica* y *Chile.* Boca grande.

**TARASCADA** n. f. Herida hecha con los dientes. **2.** *Fig.* y *fam.* Respuesta áspera o dicho desatento o injurioso. **3.** En los toros, derrote violento.

**TARASCO** n. m. Lengua amerindia sin parentesco conocido hablada por los tarasco.

**TARASCO** o **PUREPECHA,** pueblo amerindio de México, de lengua independiente, que en el s. XIV impuso su hegemonía en la región de Michoacán. En 1400-1450 establecieron una alianza de las principales ciudades (Tzintzuntzan, Pátzcuaro e Ihuatzio), y en 1450-1530 el imperio tarasco se extendió y presentó fuerte resistencia ante la expansión azteca. En 1532 Nuño de Guzmán ejecutó a su último rey, Tangaxoan II. Los tarasco ofrecían sacrificios humanos a Curicaheri, dios solar y del fuego. Dejaron un arte de influencia tolteca, con figuras de arcilla, cerámica y metalurgia (cobre).

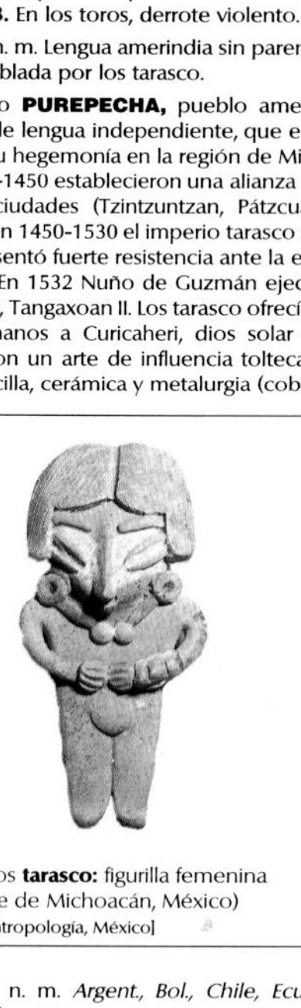

el arte de los **tarasco:** figurilla femenina (procedente de Michoacán, México)
[museo de antropología, México]

**TARASCÓN** n. m. *Argent., Bol., Chile, Ecuad.* y *Perú.* Mordedura.

**TARAY** n. m. Planta arbustiva de ramas delgadas

con corteza rojiza, hojas glaucas muy pequeñas y flores agrupadas en largas espigas laterales. (Familia tamaricáceas.) **2.** Fruto de esta planta.

**TARCO** n. m. Planta arbórea de América Meridional, de entre 8 y 10 m de alt., cuya madera se utiliza para la fabricación de muebles. (Familia saxifragáceas.) **2.** *Argent.* Jacarandá.

**TARDANZA** n. f. Acción y efecto de tardar.

**TARDAR** v. intr. **[1]**. Invertir un tiempo determinado en hacer algo. ◆ v. intr. y pron. **2.** Dejar pasar más tiempo del previsto, conveniente o necesario antes de hacer algo: *tarda demasiado en regresar.* • **A más tardar,** indica que el plazo máximo en que sucederá una cosa es el que se expresa.

**TARDE** adv. t. (lat. *tarde*). A hora avanzada del día o de la noche: *acostarse tarde.* **2.** Después del momento acostumbrado, debido, conveniente o necesario: *llegó tarde al concierto.* • **De tarde,** dícese de las prendas de vestir que se suelen llevar por la tarde, o de las sesiones de algunos espectáculos que se realizan por la tarde. ‖ **De tarde en tarde,** algunas veces; con intermisión de tiempo. ‖ **Más tarde o más temprano,** expresa el convencimiento de que lo que se expresa ha de ocurrir forzosa o inevitablemente. ◆ n. f. **3.** Tiempo que transcurre desde el mediodía hasta el anochecer. **4.** Atardecer, últimas horas del día. • **Buenas tardes,** saludo usual durante la tarde.

**TARDECER** v. intr. **[2m]**. Empezar a caer la tarde.

**TARDENOISIENSE** adj. y n. m. Dícese de una facies cultural epipaleolítica, cuya fase final es contemporánea de las primeras manifestaciones neolíticas en Europa.

**TARDÍGRADO, A** adj. y n. m. Relativo a una clase de animales de talla muy pequeña, que viven en el mar, en el agua dulce o en los musgos, y son capaces de revivir después de un largo período de desecación.

**TARDÍO, A** adj. Dícese de los frutos que tardan más en madurar: *melocotones tardíos.* **2.** Que llega tarde o aparece más tarde de lo acostumbrado, debido, oportuno, etc.: *ayuda tardía; perdón tardío.* **3.** LING. Dícese de una lengua en la última fase de su existencia: *latín tardío.*

**TARDO, A** adj. Pausado o calmoso en el movimiento o en la acción: *paso tardo.* **2.** Que habla, entiende o percibe con lentitud o dificultad: *ser tardo en reaccionar; mente tarda.*

**TARDÓN, NA** adj. y n. Que tarda mucho en hacer algo o se retrasa a menudo. **2.** *Fam.* Tardo, que entiende con dificultad.

**TAREA** n. f. Obra, trabajo: *las tareas del hogar; tareas agrícolas.* **2.** Trabajo que ha de hacerse en un tiempo limitado: *ya he acabado la tarea.*

**TARECO** n. m. *Cuba, Ecuad.* y *Venez.* Cachivache, trasto.

**TARENTINO, A** adj. y n. De Tarento.

**TARGET** n. m. (voz inglesa). Objetivo.

**TARGUM** n. m. (voz hebrea). Traducción o paráfrasis aramea del Antiguo Testamento, hecha para el uso de los judíos en las lecturas de la sinagoga cuando, a partir del s. V a. J.C., el hebreo fue sustituido por el arameo.

**TARIFA** n. f. (ár. *ta'rīfa*). Tabla de precios, derechos o impuestos. **2.** Precio unitario fijado por el estado de los servicios públicos realizados a su cargo.

**TARIFACIÓN** n. f. Acción y efecto de tarifar.

**TARIFAR** v. tr. **[1]**. Fijar o aplicar una tarifa.

**TARIMA** n. f. (ár. *tārima*). Plataforma de madera destinada a diversos usos, particularmente en los centros de enseñanza como estrado del profesor.

**TARJA** n. f. (fr. ant. *targe*). Chapa que sirve de contraseña. **2.** Escudo que cubría todo el cuerpo, usado durante la edad media. **3.** *Amér.* Tarjeta de visita. **4.** *Méx.* Parte cóncava del fregadero donde se ponen a lavar los platos y utensilios de cocina.

**TARJAR** v. tr. **[1]**. *Chile.* Tachar o marcar parte de un escrito.

**TARJETA** n. f. (fr. ant. *targette*). Cartulina en que va impreso el nombre, y a menudo también la dirección y la actividad de una persona o empresa. **2.** Cartulina que contiene una invitación, participación, etc. **3.** INFORMÁT. Soporte con los elementos electrónicos necesarios para la realización de una determinada función por el ordenador, como representaciones gráficas, reproducción de sonido o aceleración de la velocidad de ejecución, etc. • **Tarjeta de crédito,** o **de pago,** instrumento crediticio nominativo, que constituye un medio de pago, por la cual el titular dispone de un margen de crédito asegurado por una institución financiera. ‖ **Tarjeta madre** (INFORMÁT.), la que contiene el procesador principal del ordenador. SIN.: *placa base.* ‖ **Tarjeta postal,** postal.

**TARJETERO** n. m. Cartera para tarjetas de visita. SIN.: *tarjetera.*

**TARJETÓN** n. m. Cartulina grande en que va impresa una participación, invitación, etc., o en blanco para escribir sobre ella.

**TARLATANA** n. f. (fr. *tarlatane*). Muselina de algodón transparente y con mucho apresto.

**TARMACADAM** n. m. (voz inglesa). Material utilizado para la pavimentación de calzadas, constituido por piedra machacada revestida con una emulsión de alquitrán.

**TARO** n. m. Planta que se cultiva en las regiones tropicales por sus tubérculos comestibles. (Familia aráceas.)

**TAROT** o **TAROCO** n. m. Conjunto de setenta y ocho cartas, más largas y con figuras distintas de las cartas ordinarias, especialmente dedicadas a juegos de adivinación o cartomancia. **2.** Juego en el que se usan estas cartas.

**TARPÁN** n. m. Mamífero perisodáctilo de talla media, que vivía en las estepas de Rusia meridional. (Familia équidos.)

**TARPÓN** n. m. Pez de las regiones cálidas del Atlántico (Florida), de unos 2 m de long., que es objeto de pesca deportiva.

**TARRACONENSE** adj. y n. m. y f. De Tarragona.

**TARRASENSE** adj. y n. m. y f. De Tarrasa. SIN.: *egarense, terrasense.*

**TARREÑA** n. f. Cada una de las dos tejuelas que, haciéndolas batir entre sí, producen un ruido parecido al de las castañuelas. (Suele usarse en plural.)

**TARRO** n. m. Vasija cilíndrica, generalmente más alta que ancha. **2.** *Vulg.* Cabeza. ◆ n. m. **3.** Anseriforme con aspecto de pato, de plumaje multicolor, que vive en las costas de Europa occidental.

**TARSANA** n. f. *C. Rica, Ecuad.* y *Perú.* Corteza de un árbol sapindáceo, que se utiliza para lavar.

**TARSERO** n. m. Mamífero de Asia suroriental, nocturno, de unos 15 cm de long. sin la cola y con grandes ojos. (Familia társidos.)

tarsero

**TARSIANO, A** adj. Relativo al tarso.

**TARSO** n. m. (gr. *tarsos,* entramado, conjunto de varias piezas). Región posterior del esqueleto del pie, formada en el hombre por siete huesos. **2.** Última parte de las patas de los insectos, que comprende de dos a cinco artejos. • **Tarso palpebral,** lámina fibrosa que mantiene tensos los párpados.

**TARTA** n. f. (fr. *tarte*). Torta o pastel grande, hecho generalmente de masa de harina y relleno de dulce, frutas confitadas, crema, etc.

**TÁRTAGO** n. m. Planta herbácea, cuyas semillas se emplean como eméticas. (Familia euforbiáceas.)

**TARTAJA** adj. y n. m. y f. Tartajoso.

**TARTAJEAR** v. intr. **[1]**. Hablar con torpeza o defectuosamente, alterando el orden de las palabras o pronunciándolas mal.

**TARTAJEO** n. m. Acción y efecto de tartajear.

**TARTAJOSO, A** adj. y n. Que tartajea.

**TARTALETA** n. f. Pastelillo de hojaldre en forma de cazoleta, que se rellena con diversos ingredientes.

**TARTAMUDEAR** v. intr. **[1]**. Hablar con pronunciación entrecortada y repitiendo las sílabas o sonidos.

**TARTAMUDEO** n. m. Acción y efecto de tartamudear.

**TARTAMUDEZ** n. f. Trastorno de la fonación que se manifiesta por la repetición de ciertas sílabas o por bloqueos durante la emisión de la palabra.

**TARTAMUDO, A** adj. y n. Que tartamudea.

**TARTÁN** n. m. Tela de lana, con una especie de muestra a cuadros, originaria de Escocia.

**TARTANA** n. f. (provenz. *tartana, cernícalo*). Carruaje de dos ruedas, con cubierta abovedada y asientos laterales. **2.** Embarcación menor, de vela latina, usada en el Mediterráneo para la pesca y el cabotaje.

**TARTÁRICO, A** adj. Dícese de un ácido alcohol de fórmula $CO_2H-CHOH-CHOH-CO_2H$, descubierto en las heces del vino.

**TÁRTARO** n. m. Sarro de los dientes. **2.** Mezcla de tartrato ácido de potasio y tartrato cálcico, que forma costra en las vasijas donde fermenta el mosto.

**TÁRTARO, A** adj. y n. Relativo a un conjunto de pueblos de origen mongol o turco que invadieron el occidente europeo en el s. XIII; individuo de cualquiera de estos pueblos. ◆ adj. **2. Bistec tártaro,** carne servida cruda, triturada y aderezada con varios condimentos, especias, salsas y zumo de limón. ‖ **Salsa tártara,** mahonesa a la que se le añaden alcaparras, pepinillos, cebolla y huevo duro trinchados.

■ Los rusos dieron el nombre de tártaros a todos los pueblos que los dominaron del s. XIII a los ss. XV-XVI, y que serían posteriormente repelidos hacia el Volga medio y Crimea. Desde la revolución de 1917 se llama tártaros a grupos étnicos de musulmanes de lengua turca: los tártaros de Kazán o tártaros del Volga, que habitan principalmente en las repúblicas de Tatarstán y de Bashkortostán y los tártaros de Crimea.

**TARTERA** n. f. Especie de cazuela casi plana que se emplea para cocer o servir las tortas y tartas. **2.** Fiambrera, recipiente provisto de tapa.

**TARTESIO, A** adj. y n. Relativo a un pueblo protohistórico de la península Ibérica que habitaba en la cuenca baja del Guadalquivir hasta la desembocadura del Sado (Portugal); individuo de dicho pueblo.

■ Con influencia de la cultura megalítica mediterránea y mestizados con grupos indoeuropeos de la Meseta, los tartesios desarrollaron una floreciente cultura a fines de la edad de bronce (ciudades, navegación, comercio), y mantuvieron un activo intercambio cultural con fenicios y focenses. Poseían una escritura propia de tipo semisilábico. Tras la desaparición del reino de Tartessos (*c.* 500 a. J.C.) se les conocía como túrdulos (en el interior) y turdetanos (en el litoral).

**TARTRATO** n. m. Sal de ácido tartárico.

**TARTRECTOMÍA** n. f. MED. Eliminación del sarro de los dientes y las encías.

**TARUGA** n. f. Mamífero rumiante parecido al ciervo, que vive en los Andes de Perú, Bolivia y Ecuador. (Familia cérvidos.)

**TARUGO** n. m. Zoquete, trozo de madera o pan, generalmente grueso y corto. **2.** *Fig.* Persona inculta o torpe.

**TARUMBA. Volver tarumba** a alguien, confundirle, embarullarle, atolondrarle.

**TAS** n. m. (fr. *tas*). Yunque pequeño usado por plateros, hojalateros, plomeros y caldereros.

**TASA** n. f. Acción y efecto de tasar. **2.** Precio fijado oficialmente para un determinado artículo. **3.** *Fig.* Medida, regla: *comer sin tasa.* **4.** DER. Contraprestación económica que la administración exige de los particulares por el uso que éstos hacen de un servicio público. **5.** ECON. Relación en que varía una magnitud económica respecto a otra con que está relacionada: *tasa de plusvalía; tasa de beneficio.* • **Tasa horaria,** valor de los gastos producidos por el funcionamiento de una máquina o el trabajo de una sección de producción durante una hora.

**TASACIÓN** n. f. Acción y efecto de tasar. **2.** ECON. Valoración del activo, o parte del mismo, de una empresa.

**TASADOR, RA** adj. y n. Que tasa.

**TASAJO** n. m. Cecina, pedazo de carne salada y conservada seca. **2.** Trozo de carne.

**TASAR** v. tr. (lat. *taxare*) **[1]**. Fijar la autoridad competente el precio o el límite máximo o mínimo de éste en las mercancías. **2.** Valorar, evaluar: *tasar un cuadro.* **3.** *Fig.* Poner límite para evitar excesos, por prudencia o por tacañería.

**TASCA** n. f. Taberna. **2.** *Perú.* Corrientes encontradas y oleaje fuerte, que dificultan un desembarco. (Suele usarse en plural.)

**TASI** n. m. *Argent.* Enredadera silvestre.

**TASQUIL** n. m. Fragmento que salta de la piedra al labrarla.

**TASSILI** n. m. (voz beréber, *meseta*). En el Sahara, meseta de arenisca.

**TASTANA** n. f. Costra producida por la sequía en las tierras de cultivo. **2.** Membrana que separa los gajos de ciertas frutas, como la naranja.

**T.A.T.,** siglas de *thematic apperception test,* técnica proyectiva que consiste en hacer relatar al sujeto una historia a partir de una serie de imágenes que representan escenas de significado ambiguo.

**TATA** n. f. *Fam.* Nombre que se da a la niñera y, por extensión, a las muchachas de servicio. ◆ n. m. **2.** *Amér.* Padre, papá y ocasionalmente abuelo. **3.** *Méx.* En el lenguaje infantil, abuelo.

**TATABRO** n. m. *Colomb.* Pecarí.

**TATAGUA** n. f. *Cuba.* Mariposa nocturna, oscura y de gran tamaño. (Familia noctuidas.)

**TATAIBÁ** n. m. *Par.* Planta morácea de fruto áspero y amarillo.

**TATAMI** n. m. (voz japonesa). Estera gruesa que sirve como soporte para la práctica de las artes marciales, especialmente del judo.

**TATARABUELO, A** n. Respecto a una persona, el padre o la madre de su bisabuelo o su bisabuela.

**TATARANIETO, A** n. Respecto a una persona, hijo o hija de su biznieto o de su biznieta.

**TATARÉ** n. m. *Argent.* y *Par.* Árbol grande cuya madera, de color amarillo, se usa en ebanistería. (Familia leguminosas.)

**TATAREAR** v. tr. **[1]**. Tararear.

**¡TATE!** interj. Se usa para detener a alguien. **2.** Demuestra extrañeza, asombro, etc.

**TATEMAR** v. tr. **[1]** *Méx.* Quemar alguna cosa: *tatemar la mano con la parrilla.* **2.** *Méx.* Asar alimentos en el horno o en un hoyo de barbacoa.

**TATETÍ** n. m. *Argent.* Juego del tres en raya.

**TATO** n. m. Forma de llamar cariñosamente al padre, que se usa también como tratamiento de respeto hacia algunas personas.

**TATÚ** n. m. Mamífero desdentado provisto de un caparazón dorsal formado por placas yuxtapuestas, ordenadas por lo general en filas transversales, con cola bastante larga y extremidades cortas. SIN.: *armadillo, mulita.*

**tatú** y su cría

**TATUAJE** n. m. (fr. *tatouage*). Procedimiento de decorar el cuerpo humano, que consiste en insertar sustancias colorantes bajo la piel, para formar un dibujo. **2.** Resultado de esta operación.

**TATUAR** v. tr. y pron. **[1s]**. Hacer un tatuaje.

**TAU** n. f. Letra del alfabeto griego (τ) correspondiente a la *t* española. **2.** Figura heráldica en forma de T. **3.** Tauón.

**TAUCA** n. f. *Bol.* y *Ecuad.* Montón, gran cantidad de cosas. **2.** *Chile.* Talega grande donde se guarda el dinero.

**TAULA** n. f. (voz catalana). Tipo de monumento megalítico de Baleares, que consiste en una gran losa apoyada sobre otra, formando una simple construcción vertical en figura de T.

**TAUMATURGIA** n. f. Facultad de realizar prodigios o milagros.

**TAUMATÚRGICO, A** adj. Relativo a la taumaturgia.

**TAUMATURGO** n. m. Persona que obra prodigios o milagros.

**TAUÓN** n. m. (de *tau* y *electrón*). Partícula elemental (τ) de la familia de los leptones, cuya masa es 3 491 veces la del electrón. SIN.: *tau.*

**TAURINO, A** adj. Relativo a los toros o a las corridas de toros: *peña taurina.*

**TAUROBOLIO** n. m. ANT. Sacrificio en que el fiel se bañaba con la sangre de un toro inmolado. **2.** ANT. Altar en que se realizaba esta ceremonia.

**TAURÓFILO, A** adj. Aficionado a las corridas de toros.

**TAURÓMACO, A** adj. Tauromáquico. ◆ adj. y n. **2.** Dícese de la persona que entiende en corridas de toros.

**TAUROMAQUIA** n. f. Técnica y arte de torear.
■ Los antecedentes de la tauromaquia hay que buscarlos en los ritos y juegos de caza primitivos de los pueblos mediterráneos: la lucha con el toro está presente en la iconografía ibérica y en la cretense. En la alta edad media, el alancear toros fue festejo propio de las bodas, y a lo largo de los ss. XVI y XVII los testimonios documentales y artísticos sobre los festejos taurinos se hacen numerosísimos. El toreo a caballo o rejoneo dominó una fiesta que a menudo derivaba en el espectáculo cruel que retrató Goya en su *Tauromaquia.* Su carácter aristocrático (los caballeros solían ser de clase alta) fue cayendo paulatinamente, haciéndose más popular e imponiéndose, a mediados del s. XVIII, el toreo a pie. Joaquín Rodríguez *Costillares,* que dio los primeros pasos hacia la sistematización de las suertes; *Pepe-Hillo,* en cuyo toreo la falta de recursos técnicos se compensaba con la emoción (no obstante se le atribuye una *Tauromaquia* o *Arte de torear* [1796], escrita al parecer por J. de la Tixera, siguiendo sus indicaciones), y Pedro Romero, torero de la serenidad, el dominio, la técnica, revolucionaron el arte de torear, a fines del s. XVIII. Tras ellos, la fiesta entró en un período de decadencia hasta la aparición de Francisco Montes *Paquiro.* Por entonces ya se distinguieron dos escuelas en el arte de torear: la sevillana, la de la verónica y el volapié, bullanguera y efectista, representada por *Pepe-Hillo, Cúchares, Tato* y *Lagartijo,* y la rondeña, más técnica, aplomada y segura, representada por los Romero, Jerónimo José Cándido, *Chiclanero,* Domínguez y *Frascuelo.* Poco tiempo después irrumpieron en escena tres toreros de cualidades excepcionales: Luis Mazzantini, Manuel García *Espartero* y Rafael Guerra *Guerrita.* Con José Gómez *Joselito,* de toreo perfecto, seguro y elegante, a quien sólo pudo comparársele Belmonte, con sus faenas arriesgadas y dramáticas, el toreo alcanzó cotas insuperables. En los años cuarenta hay que destacar la figura legendaria de *Manolete,* que ejerció el estilismo más depurado, y la de Antonio Bienvenida; en las décadas de los cincuenta y sesenta, a Luis Miguel Dominguín, Curro Romero, Manuel Benítez *El Cordobés,* Santiago Martín *El Viti,* Rafael de Paula y Sebastián Palomo Linares. A partir de la década de los setenta destacan *Paquirri,* Jose Mari Manzanares, *Niño de la Capea, Espartaco,* Paco Ojeda, César Rincón, etc.

**TAUROMÁQUICO, A** adj. Relativo a la tauromaquia.

**TAUSUG** o **SULUK,** pueblo protomalayo de lengua indonesia que vive en Filipinas (archipiélago de Sulú).

**TAUTÓCRONO, A** adj. Que tiene lugar en tiempos iguales: *oscilaciones tautócronas.*

**TAUTOLOGÍA** n. f. Repetición de un mismo pensamiento expresado de distintas maneras, especialmente repetición inútil o viciosa. **2.** LÓG. Proposición que siempre es verdadera, sea cual sea el valor de verdad de sus componentes.

**TAUTOLÓGICO, A** adj. Relativo a la tautología.

**TAUTOMERÍA** n. f. QUÍM. Propiedad de las sustancias tautómeras.

**TAUTÓMERO, A** adj. QUÍM. Dícese de una sustancia que permanece en equilibrio bajo distintas formas.

**TAXÁCEO, A** adj. y n. f. Relativo a una familia de plantas gimnospermas del orden coníferas, como el tejo.

**TAXATIVO, A** adj. (lat. *taxativum*). Limitado y reducido al sentido estricto de la palabra o a determinadas circunstancias: *ley taxativa.*

**TAXI** n. m. (apócope de *taxímetro*). Automóvil de alquiler con chófer, provisto generalmente de taxímetro.

**TAXIARCA** n. m. (gr. *taxiarkhos*). ANT. GR. Comandante de uno de los diez batallones que formaban la infantería ateniense.

**TAXIDERMIA** n. f. Arte de disecar los animales muertos.

**TAXIDÉRMICO, A** adj. Relativo a la taxidermia.

**TAXIDERMISTA** n. m. y f. Persona que practica la taxidermia.

**TAXÍMETRO** n. m. Contador que llevan ciertos coches de alquiler, y que indica el precio de la carrera en función del tiempo invertido y de la distancia recorrida.

**TAXIS** o **TAXIA** n. f. Movimiento de un ser vivo orientado por un factor externo, independientemente del crecimiento. SIN.: *tactismo.*

**TAXISTA** n. m. y f. Conductor de taxi.

**TAXON** n. m. HIST. NAT. Unidad sistemática, como familia, género, especie, etc.

**TAXONOMÍA** n. f. Ciencia de la clasificación en historia natural.

**TAXONÓMICO, A** adj. Relativo a la taxonomía.

**TAXONOMISTA** n. m. y f. Especialista en taxonomía.

**TAYA** n. f. *Colomb.* Serpiente venenosa.

**TAYLORISMO** n. m. Sistema de organización del trabajo, de control de los tiempos de ejecución y de remuneración del obrero, establecido por Frederick Winslow Taylor.

**TAZA** n. f. (ár. *tassa*). Vasija profunda, de distintas formas y tamaños, con asa, en que se toman líquidos. **2.** El contenido de dicha vasija: *una taza de chocolate.* **3.** Pilón o receptáculo donde cae el agua de las fuentes. **4.** Receptáculo del retrete.

tercio de picas

suerte de matar (estocada)

**tauromaquia**

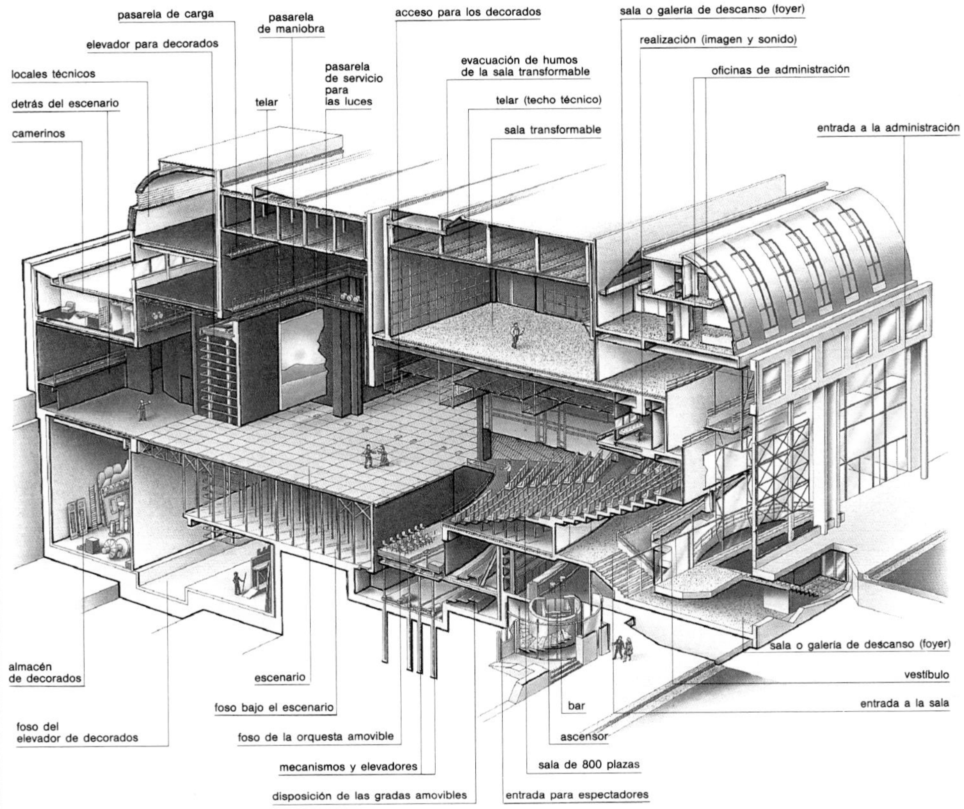


**teatro:** sección del Teatro nacional de la Colline, en París, con dos salas de 200 y 800 plazas (arquitectos: V. Fabre y J. Perrottet [con la colaboración de A. Cattani, N. Napo y M. Raffaelli])

**TAZAR** v. tr. y pron. **[1g]**. Rozar o romperse una cosa, generalmente la ropa, por el uso.

**TAZMÍA** n. f. En los reinos de Castilla y de León, durante la baja edad media, tributo consistente en las dos novenas partes, que percibía la hacienda real, del tercio del diezmo eclesiástico.

**TAZÓN** n. m. Vasija algo mayor que la taza y, generalmente, sin asa. **2.** El contenido de dicha vasija.

**Tb,** símbolo químico del *terbio.*

**Tc,** símbolo químico del *tecnecio.*

**TE** n. f. Nombre de la letra *t.* **2.** Nombre dado a diferentes objetos o accesorios en forma de T mayúscula, empleados en construcción, imprenta, dibujo, etc.

**TE** pron. pers. m. y f. sing. átono de 2.ª pers. Funciona como complemento directo e indirecto: *te vi en el cine; no te lo diré.* (Se usa siempre sin preposición y se antepone al verbo.)

**Te,** símbolo químico del *telurio.*

**TÉ** n. m. Planta arbórea originaria de China meridional, que se cultiva en todo el Sureste asiático por sus hojas, con las que se prepara una infusión. **2.** Hojas de esta planta, secadas después de su recolección (té verde), o tras haber sufrido una ligera fermentación (té negro). **3.** Infusión que se hace con estas hojas. **4.** Refrigerio tomado por la tarde, en el que se sirven té y pastas. **5.** Denominación aplicada a numerosas especies vegetales empleadas en medicina popular: *té de roca; té de Gredos.* • **Té de Paraguay, de los jesuitas** o **de las misiones,** yerba mate.

**TEA** n. f. (lat. *tedam*). Especie de antorcha, consistente en una astilla o raja de madera muy resinosa, que, encendida, sirve para alumbrar.

**TEATINO, A** adj. y n. m. Relativo a una congregación de clérigos regulares fundada en Roma, en 1524, por Gian Pietro Carafa, futuro Paulo IV, obispo de Chieti, con vistas a reformar las costumbres eclesiásticas; miembro de esta congregación.

**TEATRAL** adj. Relativo al teatro. **2.** Efectista, exagerado o que intenta llamar la atención: *gesto teatral.*

**TEATRALIDAD** n. f. Calidad de teatral.

**TEATRALIZAR** v. tr. e intr. **[1g]**. Dar carácter teatral.

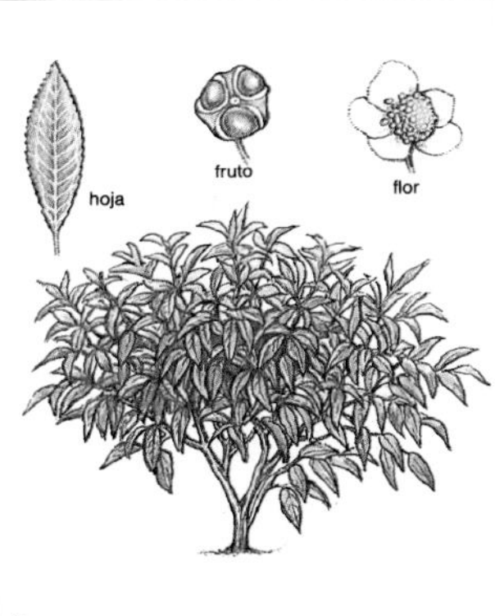


**té**

**TEATRO** n. m. (lat. *theatrum*). Edificio donde se representan obras dramáticas, musicales o de variedades. **2.** Público que asiste a una representación: *el teatro entero aplaudió la obra.* **3.** Literatura dramática: *el teatro de Brecht; el teatro medieval.* **4.** Arte de componer obras dramáticas o de representarlas. **5.** Conjunto de actividades relativas al mundo teatral: *la crisis del teatro.* **6.** *Fig.* Lugar en que ocurren o se desarrollan los sucesos o acontecimientos que se expresan. • **Hacer,** o **tener,** alguien **teatro,** actuar u obrar de manera efectista o exagerada. || **Teatro de cámara,** teatro de carácter experimental, dedicado especialmente a un público minoritario. || **Teatro de operaciones,** sector dotado de unidad geográfica o estratégica, en el que pueden desarrollarse operaciones militares.

**TEBAICO, A** adj. y n. De Tebas, antigua ciudad de Egipto. ◆ adj. **2.** Dícese de los compuestos en que interviene el opio: *extracto tebaico; jarabe tebaico.*

**TEBAÍNA** n. f. Alcaloide tóxico que se extrae del opio.

**TEBANO, A** adj. y n. De Tebas, ciudad de Grecia.

**TEBEO** n. m. En España, denominación de los cómics infantiles.

**TECA** n. f. (gr. *thēkē,* receptáculo). Cajita donde se guarda una reliquia. **2.** BOT. Cada una de las dos mitades de la antera completa, formada por dos sacos polínicos, y que al llegar a la madurez forman una sola cavidad, por desaparición del tabique divisorio.

**TECA** n. f. Árbol de Asia tropical, que suministra una madera dura e imputrescible. **2.** Madera de este árbol.

**TECHADO** n. m. Techo.

**TECHAR** v. tr. **[1]**. Poner el techo a un edificio.

**TECHNICOLOR** n. m. (marca registrada). Procedimiento de cine en color.

**TECHNO** o **TECNO** n. m. Estilo musical nacido en Detroit a mediados de los años ochenta como una prolongación del house, caracterizado por la utilización de sofisticados aparatos electrónicos (sintetizadores, samplers, etc.).

**TECHO** n. m. (lat. *tectum*). Parte interior de la cubierta de una habitación, edificio, etc. **2.** Tejado, cubierta de un edificio. **3.** Capacidad máxima de algo: *las reivindicaciones salariales sobrepasan el techo previsto por la patronal.* **4.** MIN. Terreno que se extiende por encima de una capa o vena mineral. • **Techo absoluto** (AERON.) máxima altitud que puede alcanzar una aeronave, un misil o un proyectil antiaéreo. ‖ **Techo de nubes,** base de las nubes bajas. ‖ **Techo solar,** mampara sobre el techo de un automóvil, que deja pasar la luz del sol y que puede abrirse para que entre el aire.

**TECHUMBRE** n. f. Techo, cubierta de un edificio.

**TECKEL** n. m. Perro basset, musculado, de pelo raso y duro o largo.

**teckel** de pelo largo

**TECLA** n. f. Cada una de las piezas de un instrumento musical o de cualquier mecanismo situadas en la parte exterior del mismo, y que, pulsadas con la presión de los dedos, hacen sonar el instrumento o funcionar el mecanismo: *tecla de piano; tecla de máquina de escribir.* • **Pulsar,** o **tocar,** alguna **tecla,** o **teclas** *(Fam.),* recurrir a alguien o a algo para conseguir cierta cosa; tener en cuenta muchos detalles para realizar o tratar algo.

**TECLADO** n. m. Conjunto ordenado de teclas de un instrumento o mecanismo.

**TECLEAR** v. intr. [1]. Pulsar o tocar las teclas. **2.** Tamborilear, golpear ligeramente con los dedos sobre alguna cosa.

**TECLEO** n. m. Acción y efecto de teclear.

**TECLISTA** n. m. y f. Músico que toca un instrumento con teclado. **2.** Persona que trabaja en los teclados de la linotipia, la monotipia o en la fotocomposición.

**TECNECIO** n. m. (gr. *tekhnetos,* artificial). Elemento químico (Tc), de número atómico 43 y de masa atómica 98,90, obtenido artificialmente.

**TÉCNICA** n. f. Conjunto de procedimientos y métodos de una ciencia, arte, oficio, industria: *la técnica de la pintura al óleo; la técnica literaria;* cada uno de dichos procedimientos: *la técnica del vaciado.* **2.** Habilidad en la utilización de dichos procedimientos: *futbolista con técnica.* **3.** Conjunto de medios tendentes a perfeccionar los sistemas de obtención o elaboración de productos: *los progresos de la técnica.* **4.** Conjunto de las aplicaciones prácticas de las ciencias. **5.** *Fig.* Medio, sistema para conseguir algo: *sabía muchas técnicas para ligar.*

**TECNICISMO** n. m. Calidad de técnico. **2.** Voz propia de cierta técnica.

**TÉCNICO, A** adj. (lat. *technicum*). Relativo a la aplicación de las ciencias y de las artes para la obtención de unos resultados prácticos: *una carrera técnica; procedimiento técnico.* **2.** Dícese de los términos o de las expresiones propias del lenguaje de un arte, una ciencia o un oficio. ◆ n. **3.** Persona que posee los conocimientos especiales de una técnica u oficio.

**TECNO** n. m. Techno.

**TECNOCRACIA** n. f. Gobierno de los tecnócratas.

**TECNÓCRATA** n. m. y f. y adj. Político o alto funcionario que hace prevalecer las consideraciones técnicas o económicas por encima de los factores humanos.

**TECNOCRÁTICO, A** adj. Relativo a la tecnocracia.

**TECNOESTRUCTURA** n. f. Grupo más o menos cerrado que comprende a los técnicos que en las sociedades modernas controlan y ejercen el poder en el seno de las grandes administraciones y las grandes empresas.

**TECNOLOGÍA** n. f. Estudio de los medios, de las técnicas y de los procesos empleados en las diferentes ramas de la industria. **2.** Técnica, conjunto de los instrumentos y procedimientos industriales de un determinado sector o producto. • **Tecnologías avanzadas,** medios materiales y organizaciones estructurales que sirven para aplicar los más recientes descubrimientos científicos.

**TECNOLÓGICO, A** adj. Relativo a la tecnología.

**TECNÓLOGO, A** n. Especialista en tecnología.

**TECO** → ***cuitlateca.***

**TECOL** n. m. *Méx.* Gusano lepidóptero que ataca el tallo del maguey, reduciéndolo a una sustancia pétrea.

**TECOLOTE** n. m. *Amér. Central* y *Méx.* Búho.

**TECOMATE** n. m. *Guat.* y *Méx.* Planta bignoniácea de aplicaciones medicinales, de fruto comestible. **2.** *Méx.* Vasija de barro de forma similar a la jícara.

**TECPANTLALLI** n. m. Tierras de la comunidad azteca.

**TÉCPATL** n. m. (voz náhuatl, *cuchillo de pedernal*). Duodécimo de los veinte días del mes azteca.

**TECTIBRANQUIO, A** adj. y n. m. Relativo a un orden de moluscos gasterópodos marinos que poseen una sola branquia lateral, protegida por un manto.

**TECTITA** n. f. Especie de vidrio natural, rico en sílice y en alúmina, probablemente de origen cósmico.

**TECTÓNICA** n. f. Parte de la geología que estudia las deformaciones de la corteza terrestre, por efecto de fuerzas internas, posteriores a su formación; conjunto de estas deformaciones: *tectónica de placas.*

**TECTÓNICO, A** adj. Relativo a la corteza terrestre.

**TECTRIZ** adj. y n. f. BOT. Que cubre o protege: *hojas tectrices.* **2.** ZOOL. Dícese de las plumas cuya función es recubrir las remeras, en las alas de las aves.

**TECUHTLALLI** n. m. Tierra de los nobles aztecas que, al parecer, era utilizada como establecimiento de refugiados extranjeros, quienes tributaban a su dueño por este usufructo.

**TECUHTLI** n. m. Indígena azteca que poseía cierto rango dentro de la jerarquía.

**TECUILHUITONTLI** n. m. (voz náhuatl, *fiesta chica de los señores*). Séptimo mes del calendario azteca de 365 días.

**TEDÉUM** n. m. Himno de alabanza y de acción de gracias de la Iglesia católica que empieza con las palabras *Te deum laudamus.*

**TEDIO** n. m. (lat. *taedium*). Aburrimiento, fastidio, estado de ánimo en que se siente hastío.

**TEDIOSO, A** adj. Que produce tedio.

**TEEN-AGER** n. m. y f. (voz inglesa) [pl. *teenagers*]. Joven de trece a diecinueve años.

**TEE-SHIRT** n. m. (voz inglesa). Camiseta de algodón, con mangas cortas, en forma de T.

**TEFE** n. m. *Colomb.* y *Ecuad.* Jirón de tela o piel. **2.** *Ecuad.* Cicatriz facial.

**TEFLÓN** n. m. (marca registrada). Materia plástica fluorada, resistente al calor y a la corrosión.

**TEFRITA** n. f. Roca volcánica caracterizada por la asociación de plagioclasa y un feldespatoide.

**TEGUMENTO** n. m. (lat. *tegumentum,* lo que cubre o envuelve). ANAT. Piel. **2.** BOT. Tejido que cubre algunas partes de las plantas.

**TEGUY** n. m. Ave paseriforme de plumaje pardo oliváceo, que vive en las selvas tropicales de América del Sur. (Familia formicáridos.)

**TEHUELCHE,** pueblo amerindio pampeano de Argentina, que con los ona constituye el grupo patagón. A mediados del s. XIX se refugiaron en las

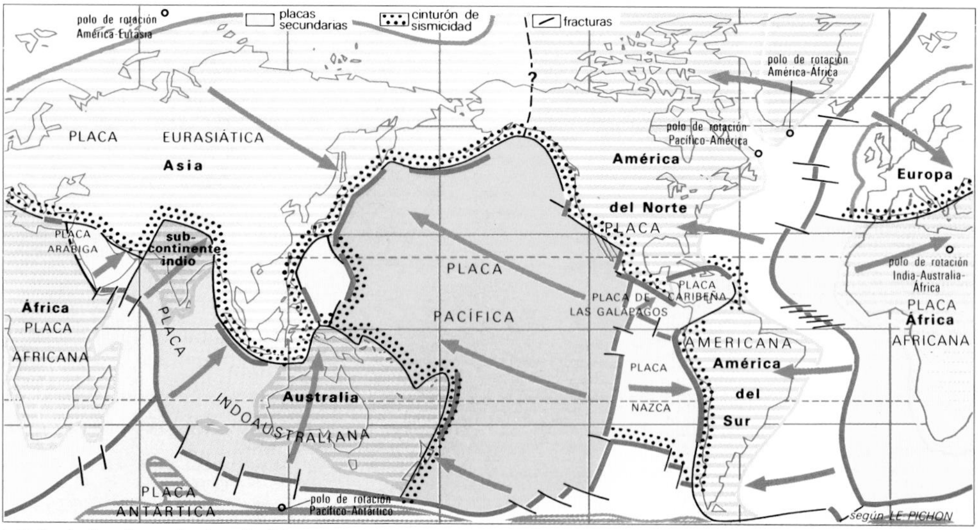


**tectónica** de placas: las grandes placas litosféricas

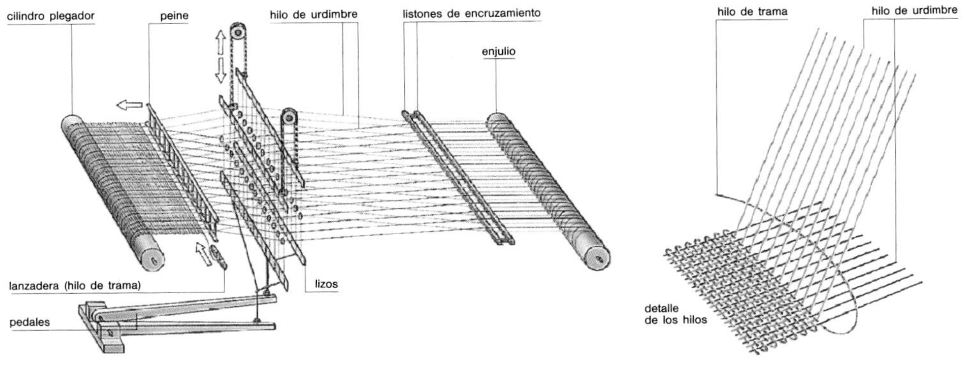


**tejido:** esquema de un telar artesanal, que muestra el funcionamiento de los lizos (separación de los hilos de urdimbre, lo que permite el paso de la lanzadera con el hilo de trama)

zonas más inhóspitas de Tierra del Fuego, y act. están prácticamente extinguidos.

**TEÍNA** n. f. Base púrica que se encuentra en el té, análoga a la cafeína del café.

**TEÍSMO** n. m. Doctrina que afirma la existencia personal y única de un Dios distinto del mundo.

**TEÍSTA** adj. y n. m. y f. Relativo al teísmo; partidario de esta doctrina.

**TEJA** n. f. (lat. *tegulam*). Pieza de barro cocido, generalmente en forma de canal, que se emplea para cubrir los tejados. **2.** Sombrero usado por los eclesiásticos. **3.** Pasta o galleta en forma de teja. • **A toca teja** *(Fam.)*, en cuestiones de pago, al contado o inmediatamente. ‖ **De tejas abajo** o **de tejas arriba** *(Fam.)*, en este mundo, en el mundo sobrenatural, respectivamente. ‖ **Teja de alero,** la más ancha que las ordinarias, para la construcción del extremo de un alero. ‖ **Teja de caballete,** la que se usa para cubrir el caballete o arista superior de los tejados y las limas tesas.

**TEJADILLO** n. m. Tejado de una sola vertiente, adosado a un edificio.

**TEJADO** n. m. Parte superior y exterior de un edificio, que suele estar recubierta por tejas o pizarras. **2.** Material colocado encima de la armazón de una cubierta y que forma la superficie de la misma. **3.** MIN. Afloramiento que forma la parte alta de los filones metalíferos.

**TEJAMANÍ, TEJAMANIL** o **TAJAMANIL** n. m. *Cuba, Méx.* y *P. Rico.* Tabla delgada que se coloca como teja en los techos de las casas.

**TEJANO, A** adj. y n. De Texas. ◆ adj. y n. m. **2.** Dícese del pantalón de tela muy resistente, generalmente de color azul, con costuras vistas y con bolsillos aplicados en la parte posterior.

**TEJAR** n. m. Fábrica de tejas, ladrillos y adobes.

**TEJAR** v. tr. **[1]**. Cubrir de tejas, poner las tejas en un edificio.

**TEJAVÁN** n. m. *Méx.* Construcción rústica y pobre, generalmente de techo de teja. SIN.: *tejavana.*

**TEJEDOR, RA** adj. Que teje: *máquina tejedora.* ◆ adj. y n. **2.** *Chile* y *Perú. Fig.* y *fam.* Intrigante, enredador. ◆ n. **3.** Persona que tiene por oficio tejer. ◆ n. m. **4.** Insecto que corre con mucha agilidad por la superficie del agua. **5.** Ave paseriforme de las regiones cálidas, que recibe este nombre por su habilidad para tejer su nido.

**TEJEDURÍA** n. f. Arte de tejer. **2.** Taller en que están los telares. **3.** Textura de una tela.

**TEJEMANEJE** n. m. *Fam.* Acción de desarrollar mucha actividad o movimiento al realizar algo. **2.** *Fig.* Intriga, actividad y manejos poco honestos o poco claros para conseguir algo.

**TEJER** v. tr. (lat. *texere*) **[2]**. Formar en el telar la tela con la trama y la urdimbre. **2.** Entrelazar hilos, esparto, etc., para formar trencillas, esteras, etc. **3.** Hacer labor, o una labor de punto, ganchillo, etc. **4.** Formar ciertos animales articulados sus telas, formaciones filamentosas y capullos. **5.** *Fig.* Preparar, elaborar una cosa, con cierto orden y poco a poco, a través de diversos razonamientos o actos. **6.** *Fig.* Maquinar, tramar, urdir. **7.** *Chile* y *Perú.* Intrigar. • **Tejer y destejer,** cambiar de resolución, haciendo y deshaciendo o adelantando y retrocediendo en una actividad o resolución.

**TEJIDO** n. m. Manufacturado textil, de estructura laminar flexible, obtenido por entrecruzamiento ordenado de hilos. (Los unos, dispuestos en sentido longitudinal, constituyen la *urdimbre;* los otros, en perpendicular, la *trama.*) **2.** Textura de una tela. **3.** *Fig.* Cosa formada al entrelazar varios elementos: *un tejido de historias entrelazadas.* **4.** HISTOL. Conjunto organizado de células que tienen la misma estructura y la misma función: *tejido óseo; tejido nervioso.* • **Tejido glial,** tejido conjuntivo íntimamente unido al tejido nervioso, cuya nutrición parece controlar. SIN.: *neuroglia.*

**TEJO** n. m. Plancha metálica gruesa, de figura circular. **2.** Disco hecho de teja, metal, etc., que se usa para lanzarlo en ciertos juegos.

**TEJO** n. m. Árbol gimnospermo de hasta 15 m de alt., con follaje persistente y bayas rojas, a menudo cultivado, pero que también crece espontáneamente en las montañas calcáreas.

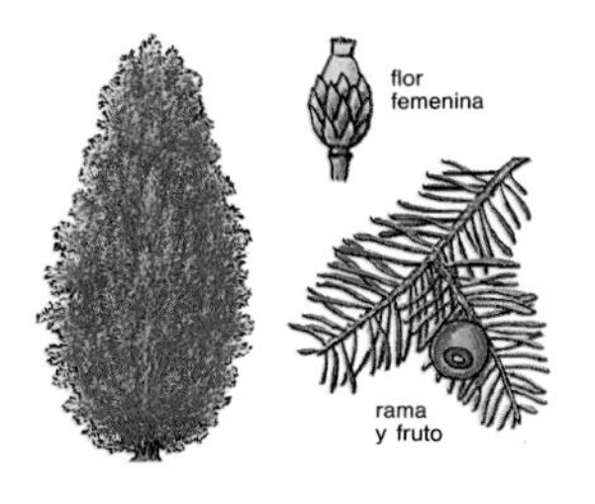


tejo

**TEJOCOTE** n. m. Planta arbustiva mexicana, cuyo fruto, de sabor agridulce y de color amarillo, es parecido a la ciruela y cuyas raíces se usan como diurético. (Familia rosáceas.) **2.** Fruto de esta planta.

**TEJÓN** n. m. Mamífero plantígrado, omnívoro, de unos 70 cm de long. y 20 kg de peso, común en los bosques de Europa occidental, donde excava sus madrigueras. (Orden carnívoros, familia mustélidos.)

tejón

**TEJONERA** n. f. Madriguera del tejón.

**TEJÚ** n. m. Nombre de diversos saurios americanos, de diferente tamaño. • **Tejú común,** tejú de coloración pardoazulada, con manchas amarillas y negras, que alcanza casi 1 m de long., incluida la cola. • **Tejú de mancha amarilla,** tejú de grandes dimensiones, que presenta dos pliegues característicos en la piel de la garganta.

**TEJUELA** n. f. Pieza de madera que forma cada uno de los fustes de la silla de montar.

**TEJUELO** n. m. Cuadrito de piel fina, o marbete de papel u otra materia, que se pega al lomo o en la tapa de un volumen encuadernado. **2.** El rótulo del mismo. **3.** MEC. Cojinete de soporte de un árbol o eje vertical, que sirve de guía para el movimiento de rotación y de tope para los esfuerzos transversales. **4.** VET. Hueso corto y resistente que sirve de base al casco de las caballerías.

**TEKÉ** o **BATEKÉ,** pueblo del oeste de la Rep. Dem. del Congo (ex Zaire), del sur del Congo y del sudeste de Gabón, de lengua bantú.

**TELA** n. f. (lat. *telam*). Tejido fabricado en un telar. **2.** Cualquier estructura delgada y flexible, especialmente la que se forma en la superficie de los líquidos: *la tela de la leche.* **3.** Lienzo o cuadro pintado. **4.** *Fig.* y *fam.* Materia, asunto por tratar, discutir o estudiar: *tenemos tela para rato.* **5.** MAR. Vela. **6.** TAUROM. Capote. • **Haber tela que cortar** *(Fam.)*, haber mucha materia por tratar, que ofrece dilaciones y dificultades; indica la prolija locuacidad de una persona. ‖ **Tela asfáltica,** lámina de material impermeabilizante que se coloca en pavimentos para evitar la filtración de humedad. ‖ **Tela de araña,** telaraña; (ELECTR.), tipo de bobina arrollada sobre un molde con radios. ‖ **Tela de cebolla,** película exterior de la cebolla; tela muy delgada y poco resistente.‖ **Tela de saco,** o **de embalaje,** arpillera, tela de estopa de lino, cáñamo o yute, muy basta. ‖ **Tela metálica,** malla o red de alambre.

**TELA** n. f. (lat. *tela,* empalizada). Valla que se construía en justas y torneos para evitar que topasen las monturas de los caballeros que contendían. • **Estar,** o **poner, en tela de juicio** algo, tener dudas acerca de su certeza o éxito; ponerlo bajo riguroso examen.

**TELAMÓN** n. m. ARQ. Atlante.

**TELANGIECTASIA** n. f. Dilatación de los vasos capilares, con formación de pequeñas manchas rojas en la piel.

**TELAR** n. m. Máquina para tejer. **2.** Parte del espesor del vano de una puerta o de una ventana, más próxima al paramento exterior del muro y que forma ángulo recto con él. **3.** Aparato o bastidor en que se disponen los pliegos de los libros para efectuar el cosido manual. **4.** Parte superior del escenario de un teatro, que queda fuera de la vista del público y desde donde se hacen bajar los telones y bambalinas.

**TELARAÑA** n. f. Tela que forma la araña con el

hilo que segrega, para cazar pequeños insectos, y cuya forma es característica de la especie. **2.** Nube muy ligera. **3.** *Fig.* Defecto en la vista que produce la sensación de tener una nubosidad delante del ojo. • **Mirar las telarañas** *(Fam.)*, estar distraído y no atender. || **Tener telarañas en los ojos** *(Fam.)*, ser incapaz de juzgar ecuánimemente un asunto, por tener el ánimo ofuscado.

**TELE** n. f. Abrev. de *televisión*.

**TELEARRASTRE** n. m. Telesquí.

**TELECABINA** n. f. Teleférico monocable acondicionado para el transporte de personas en pequeñas cabinas suspendidas de un cable que se desplaza a intervalos regulares.

**TELECINEMATÓGRAFO** o **TELECINEMA** n. f. Aparato para la transmisión televisiva de películas.

**TELECOMUNICACIÓN** n. f. Transmisión a distancia de mensajes hablados, sonidos, imágenes o señales convencionales. ◆ **telecomunicaciones** n. f. pl. **2.** Conjunto de medios de comunicación a distancia.

■ En menos de un siglo, los medios de telecomunicación se han diversificado mucho. Según el tipo de información transmitida, pueden distinguirse los procesos de telecomunicación del *sonido* (teléfono, radiodifusión), la *imagen* (videografía), la *imagen* y el *sonido* (televisión), *textos* (telégrafo, télex, telecopia, teletexto), *datos informáticos* (teleinformática), etc. Según el modo de su puesta a disposición de los usuarios, se puede distinguir entre los medios de telecomunicación de sentido único, de un emisor a un receptor (radiodifusión, televisión, radiomensajería...), y los que permiten un diálogo entre dos personas o dos grupos (teléfono), o bien entre, de un lado, una persona o un grupo y, del otro, una máquina que ofrece una batería de servicios (videotex).
El envío de informaciones se lleva a cabo a través de las redes de telecomunicaciones. Éstas pueden recurrir a diversos soportes físicos en función del tipo de información que transporten, la rapidez convenida de la transmisión y la distancia que hay que recorrer. La red telefónica, por ej., emplea a la vez cables, fibra óptica, ondas hertzianas y, para las comunicaciones intercontinentales, satélites.
Con la interconexión de las telecomunicaciones y la informática, así como con las técnicas digitales, se desarrollan redes multimedia que permiten la transmisión de sonidos, imágenes, textos y datos informáticos a velocidades muy rápidas (autopistas de la información).

**TELECONDUCCIÓN** n. f. Conducción a distancia de una instalación, en general múltiple, a partir de una base central hacia la cual convergen la información y las telemediciones y desde donde parten los telemandos hacia máquinas y aparatos.

**TELECONFERENCIA** n. f. TELECOM. Conferencia entre varias personas alejadas geográficamente entre sí, establecida mediante un sistema de telecomunicaciones.

**TELECOPIA** n. f. Forma de telecomunicación que tiene por objeto la reproducción a distancia de un documento gráfico con la forma de otro documento gráfico geométricamente similar al original. SIN.: *correo electrónico, telégrafo facsímil.*

**TELECOPIADORA** n. f. Aparato que permite transmitir un documento gráfico por medio del teléfono.

**TELEDETECCIÓN** n. f. Detección a distancia de informaciones sobre la superficie de la Tierra o de otro planeta, basada en el registro de la radiación electromagnética.

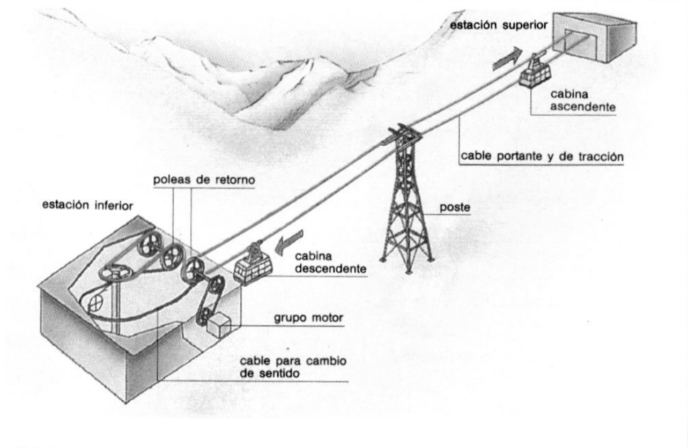


**teleférico** monocable de circuito cerrado

**TELEDIARIO** n. m. Diario de información general transmitido por televisión. SIN.: *informativo.*

**TELEDIFUSIÓN** n. f. Telecomunicación unilateral destinada a un gran número de receptores, efectuada a través de medios radioeléctricos o mediante una red de cables.

**TELEDIRECCIÓN** n. f. Mando a distancia de los movimientos de un ingenio dotado de autonomía cinética.

**TELEDIRIGIR** v. tr. [**3b**]. Conducir o mandar a distancia.

**TELEDISTRIBUCIÓN** n. f. Emisión de televisión distribuida por cable.

**TELEFACSÍMIL** n. m. Procedimiento de transmisión a distancia, mediante ondas de radio, de material escrito o ilustrado.

**TELEFAX** n. m. Servicio de telecopia entre abonados que emplea telecopiadoras normalizadas y los circuitos de la red telefónica pública. **2.** Documento recibido por este servicio. SIN.: *fax.*

**TELEFÉRICO** n. m. Medio de transporte formado por cables portantes, sobre los que se desplaza un carril del que van suspendidas cabinas de pasajeros o vagonetas de carga de materiales.

**TELEFILM** o **TELEFILME** n. m. Película realizada para la televisión.

**TELEFIO** n. m. Planta de tallo erguido, hojas carnosas, muy anchas, redondeadas y dentadas, y flores de pétalos blancos o rosados. (Familia crasuláceas.)

**TELEFONAZO** n. m. *Fam.* Llamada telefónica.

**TELEFONEAR** v. intr. [**1**]. Llamar por teléfono; hablar por teléfono. ◆ v. tr. **2.** Comunicar o transmitir por teléfono.

**TELEFONEMA** n. m. Despacho telefónico.

**TELEFONÍA** n. f. Sistema de telecomunicaciones establecido para transmitir la palabra. • **Telefonía celular,** o **móvil,** sistema de radiocomunicación que funciona en una zona dividida en células adyacentes, cada una de las cuales contiene una estación de transmisión-recepción radioeléctrica. || **Telefonía sin hilos,** radiotelefonía.

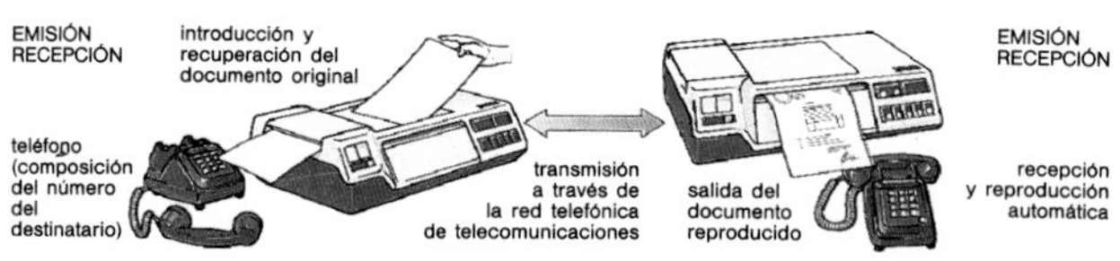


*Emisión:* tras la introducción del documento a reproducir en la telecopiadora conectada con la red telefónica, se marca el número de teléfono del destinatario y se pulsa la tecla de envío.

*Recepción:* la telecopiadora atiende la llamada y reproduce el documento emitido.

*según doc. France Télécom*

principio de la **telecopia**

**TELEFONISTA** n. m. y f. Persona que se ocupa de las comunicaciones telefónicas.

**TELÉFONO** n. m. Instalación que permite sostener una conversación entre personas situadas en lugares distantes entre sí. **2.** Aparato que permite establecer comunicación telefónica con otro aparato igual.

**TELEFONOMETRÍA** n. f. Técnica de mediciones electroacústicas objetivas y de mediciones subjetivas de la voz y el oído que sirven para evaluar la calidad de un sistema telefónico y para definir las condiciones aceptables de audición en una comunicación telefónica.

**TELEFOTOGRAFÍA** n. f. Arte de tomar fotografías de personas u objetos lejanos mediante el teleobjetivo. **2.** Fotografía así obtenida.

**TELEGÉNICO, A** adj. Que resulta favorecido al aparecer en televisión.

**TELEGRAFÍA** n. f. Sistema de telecomunicación que asegura la transmisión de mensajes escritos, mediante la utilización de un código de señales o por otros medios. • **Telegrafía sin hilos,** transmisión de mensajes utilizando las propiedades de las ondas electromagnéticas. SIN.: *radiotelegrafía.*

**TELEGRAFIAR** v. tr. [**1t**]. Comunicar mediante el telégrafo.

**TELEGRÁFICO, A** adj. Relativo al telégrafo o a la telegrafía.

**TELEGRAFISTA** n. m. y f. Persona que se ocupa de la transmisión y de la recepción de telegramas.

**TELÉGRAFO** n. m. Dispositivo que permite transmitir escritos con rapidez y a larga distancia. ◆ **telégrafos** n. m. pl. **2.** Administración de la que depende dicho sistema de comunicación. **3.** Edificio o local destinado a este servicio.

**TELEGRAMA** n. m. Comunicación, mensaje transmitido por telégrafo. **2.** Papel en que va escrito el comunicado telegráfico.

**TELEIMPRESOR** n. m. y adj. Aparato telegráfico que permite la impresión a distancia mediante un procedimiento cualquiera. SIN.: *teletipo.*

**TELEINFORMÁTICA** n. f. Informática que hace uso de los medios de telecomunicación.

**TELELE** n. m. *Fam.* Patatús, soponcio.

**TELEMANDO** n. m. Gobierno de un aparato o mecanismo a distancia. **2.** Sistema que permite dirigir a distancia una maniobra. **3.** Aparato o mecanismo para el mando automático a distancia.

**TELEMARKETING** n. m. Uso de los medios de telecomunicación al servicio del marketing.

**TELEMÁTICA** n. f. Conjunto de técnicas y servicios que asocian la telecomunicación y la informática.

**TELEMEDICIÓN** n. f. Transmisión a distancia de una señal portadora del resultado de una medición.

**TELEMETRÍA** n. f. Medición de distancias por procedimientos acústicos, ópticos o radioeléctricos, o por reflexión de un rayo láser.

**TELÉMETRO** n. m. Aparato de telemetría.

**TELENCÉFALO** n. m. Estructura nerviosa del em-

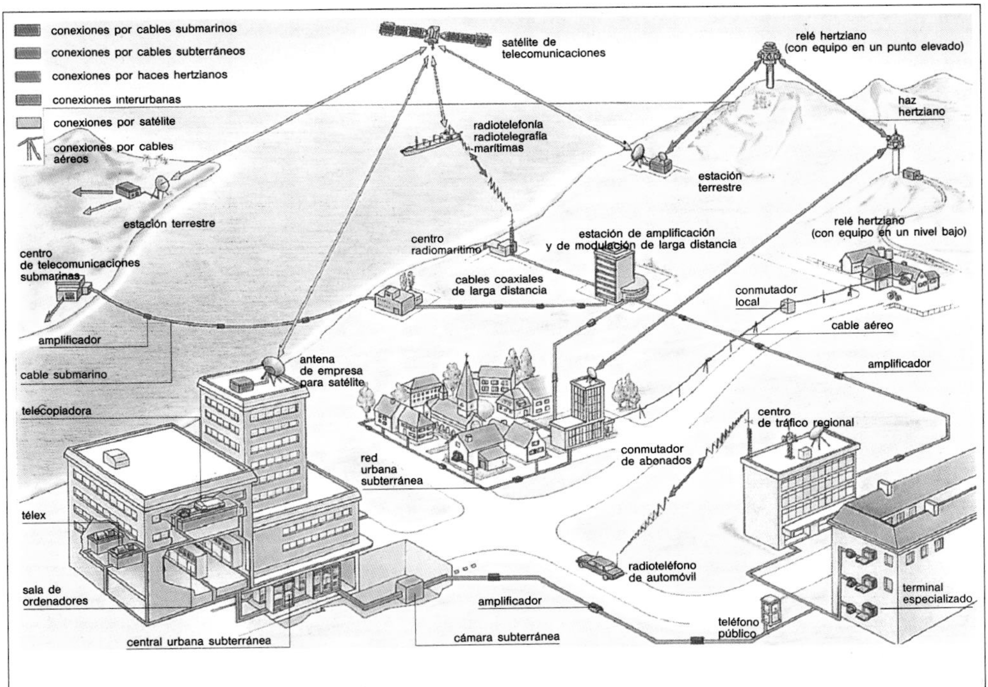


**telefonía:** representación esquemática de una red telefónica

brión, a partir de la cual se diferencian los hemisferios cerebrales.

**TELENOVELA** n. f. Novela filmada y grabada en videotape para ser retransmitida por televisión.

**TELENQUE** adj. *Chile.* Enteco y enfermizo.

**TELEOBJETIVO** n. m. Objetivo fotográfico de distancia focal larga, capaz de dar una imagen grande de un objeto lejano sin necesidad de ser muy amplia la distancia entre el objetivo y el plano de la película sensible.

**TELEOLOGÍA** n. f. FILOS. Conjunto de especulaciones relacionadas con la idea de la finalidad del mundo, del hombre, etc.

**TELEÓSTEO, A** adj. y n. m. Relativo a un superorden de peces óseos con boca terminal, branquias recubiertas por opérculos, escamas lisas y aleta caudal con dos lóbulos iguales o sin lóbulos, como la mayoría de peces óseos actuales.

**TELÉPATA** adj. y n. m. y f. Que practica la telepatía; médium.

**TELEPATÍA** n. f. Transmisión extrasensorial de sensaciones y pensamientos a gran distancia entre dos o más sujetos.

**TELEPÁTICO, A** adj. Relativo a la telepatía.

**TELEPOSTAL** adj. *Argent.* Perteneciente o relativo al correo.

**TELEPROCESO** n. m. INFORMÁT. Modo de explotación o de funcionamiento de un ordenador en el que los datos le son suministrados desde puntos alejados por vía telefónica, telegráfica, etc.

**TELEPROMPTER** n. m. Aparato que permite leer un texto frente a la cámara de televisión.

**TELEPUERTO** n. m. Centro de emisión y recepción de comunicaciones.

**TELEPUNTERÍA** n. f. Dispositivo que permite apuntar a distancia las piezas de artillería de un navío de guerra desde un puesto central de tiro.

**TELEQUINESIA** o **TELEKINESIA** n. f. En parasicología, movimiento espontáneo de objetos sin intervención de una fuerza o energía observables.

**TELERA** n. f. Pieza que hace de travesaño en algunos instrumentos o utensilios.

**TELERA** n. f. *Cuba.* Galleta cuadrilonga y delgada. **2.** *Méx.* Pan blanco, grande, de forma ovalada, con dos hendiduras paralelas a lo largo.

**TELERRADAR** n. m. Empleo combinado del radar y de la televisión.

**TELERRADIOGRAFÍA** n. f. Radiografía que se practica colocando la lámpara de rayos X lejos del sujeto (de 2 a 3 m), para suprimir la deformación cónica de la imagen.

**TELESCÓPICO, A** adj. Relativo al telescopio. **2.** Que sólo es visible en el telescopio: *estrellas telescópicas.* **3.** Hecho con auxilio del telescopio. **4.** Dícese de un sistema formado por dos tubos de diámetro distinto, de manera que el de diámetro menor puede introducirse en el interior del otro.

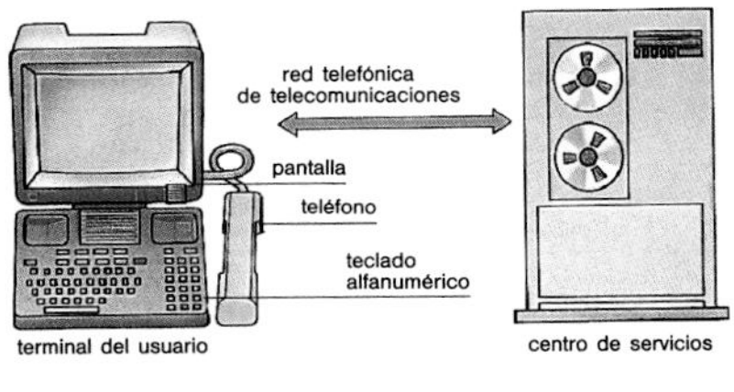


Los ordenadores, llamados centros de servicios, están conectados a las redes de telecomunicaciones. Estos centros de servicios ponen a disposición de los usuarios bancos de datos especializados o programas informáticos (mensajerías, juegos, programas profesionales). El acceso a estas redes se realiza mediante terminales: pantallas y teclados alfanuméricos.

**telemática**

**TELESCOPIO** n. m. Instrumento óptico astronómico, que permite la observación de cuerpos muy alejados. • **Telescopio electrónico,** cámara electrónica. ‖ **Telescopio espacial,** telescopio que opera en el espacio orbitando en torno a la Tierra. *(V. ilustración pág. 964.)*

**TELESILLA** n. m. Teleférico de cable portante y tractor provisto de unas sillas de metal ligero, distanciadas entre sí unos pocos metros.

**TELESPECTADOR, RA** n. Persona que mira la televisión. SIN.: *televidente.*

**TELESQUÍ** n. m. Teleférico que permite a los esquiadores subir hasta las pistas sobre sus esquís mediante un sistema de arrastre. SIN.: *telearrastre.*

**TELETAC** n. m. Sistema automático de pago del peaje en las autopistas por la lectura a distancia de una banda magnética.

**TELETECA** n. f. Lugar donde se conservan y clasifican los documentos de archivo de televisión. **2.** Colección constituida por dichos documentos.

**TELETEX** n. m. Servicio telemático para la transmisión de textos, que ofrece posibilidades suplementarias en relación al servicio télex, en particular las prestaciones características de las máquinas de escribir y las posibilidades del tratamiento de textos a distancia.

**TELETEXTO** n. m. Sistema de videografía en el que las informaciones se difunden empleando los medios de transmisión de la televisión destinada al público, y que permite al usuario recibir los mensajes y efectuar una selección.

**TELETIPO** n. m. (fr. *Télétype,* marca registrada). Teleimpresor.

**TELETOXIA** n. f. Intoxicación de determinados seres vivos por un producto tóxico difundido en el medio ambiente (agua, aire o suelo) a partir de un ser vivo de otra especie.

**TELETRABAJO** n. m. Trabajo que se realiza a través de un sistema de telecomunicación.

**TELEUTÓSPORA** n. f. Telióspora.

**TELEVENTA** n. f. Venta, por pedido telefónico, de artículos presentados en una emisión de televisión.

**TELEVISAR** v. tr. [1]. Transmitir por televisión.

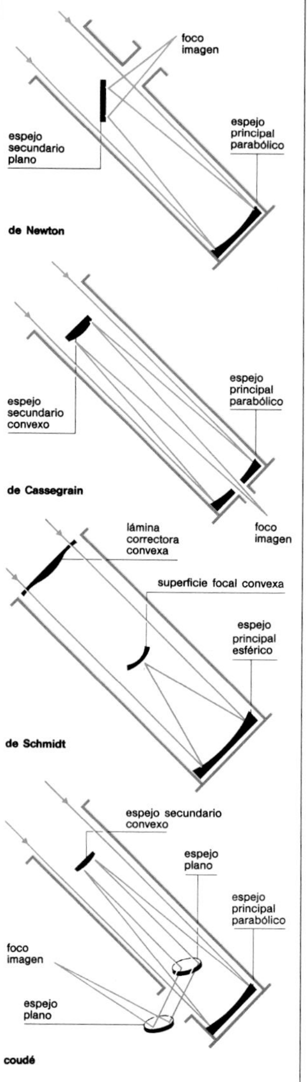

**telescopio:** constitución esquemática de los cuatro tipos principales de telescopios

**los mayores telescopios del mundo**

| *observatorio* | *altitud* | *diámetro útil del espejo principal (m)* | *año de entrada en servicio* | *nombre del telescopio (y propiedad, si no pertenece al país en que está instalado)* |
|---|---|---|---|---|
| observatorio del Mauna Kea (Hawai, E.U.A.) | 4 150 | 10,00 | 1992 | Keck telescope |
| observatorio Fred Whipple (monte Hopkins, Arizona, E.U.A.) | 2 600 | 6,50 | 1994 | Multiple mirror telescope |
| observatorio astrofísico especial de la Academia de ciencias de Rusia (Zelenchúkskaia, Cáucaso, Rusia) | 2 070 | 6,00 | 1976 | Bolshoi teleskop azimutalnii |
| observatorio del monte Palomar (California, E.U.A.) | 1 706 | 5,08 | 1948 | Hale |
| observatorio del Roque de los Muchachos (La Palma, Canarias, España) | 2 300 | 4,20 | 1987 | W. Herschel (telescopio británico) |
| observatorio interamericano de Cerro Tololo (Chile) | 2 400 | 4,00 | 1976 | (telescopio perteneciente a un conjunto de universidades de E.U.A.) |
| observatorio angloaustraliano (Siding Spring, Nueva Gales del Sur, Australia) | 1 164 | 3,89 | 1975 | (telescopio angloaustraliano) |
| observatorio nacional de Kitt Peak (Kitt Peak, Arizona, E.U.A.) | 2 064 | 3,81 | 1973 | Mayall |
| observatorio del Mauna Kea (Hawai, E.U.A.) | 4 194 | 3,80 | 1979 | United Kingdom infra red telescope (telescopio infrarrojo británico) |
| observatorio del Mauna Kea (Hawai, E.U.A.) | 4 200 | 3,60 | 1979 | C.F.H. (Canadá-Francia–Hawai) [telescopio franco-canadiense-hawaiano] |
| observatorio europeo austral (La Silla, Chile) | 2 400 | 3,57 | 1976 | (telescopio europeo) |
| observatorio de Calar Alto (Almería, España) | 2 160 | 3,50 | 1983 | (telescopio alemán) |
| observatorio Lick (monte Hamilton, California, E.U.A.) | 1 277 | 3,05 | 1959 | Shane |

**TELEVISIÓN** n. f. Transmisión, por cable o por ondas radioeléctricas, de imágenes que pueden ser reproducidas en una pantalla a medida de su recepción o grabadas para su posterior reproducción. **2.** Conjunto de servicios que aseguran la transmisión de emisiones, reportajes, etc. por televisión. **3.** Televisor. • **Televisión por cable,** teledistribución.

■ Para transmitir una imagen de televisión, ésta se convierte, en la emisión, en señales eléctricas proporcionales al brillo de cada uno de sus puntos. En la recepción, se lleva a cabo la conversión inversa. Las señales transmitidas, después de su amplificación y modulación, restablecen no sólo la variación de brillo de cada punto en función del tiempo (señal de vídeo) sino también la posición de cada uno de ellos en el plano de la imagen (sincronización). Los puntos se disponen en líneas sucesivas para formar la imagen gracias a las señales de sincronización. Para conseguir el movimiento, se transmiten 25 o 30 imágenes por segundo. A fin de evitar el parpadeo, cada imagen es producto del entrelazado de dos tramas, una correspondiente a las líneas pares y otra a las impares. El sonido correspondiente se transmite, en modulación de amplitud o de frecuencia, por un medio diferente al que asegura la transmisión de las imágenes. El número de puntos de una línea determina la *definición horizontal;* el número de líneas de una imagen (525 o 625, según el país) proporciona la *definición vertical.* En la televisión en color se transmite, para cada elemento de la imagen, tres señales correspondientes a los colores fundamentales (azul, rojo y verde). Las investigaciones para mejorar la calidad de las imágenes han llevado a la *televisión de alta definición*

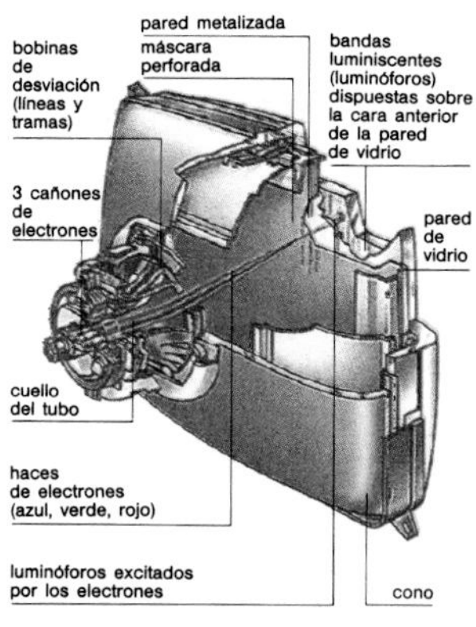

**televisor:** funcionamiento de un tubo de imagen en colores

(TVHD), en la que las imágenes se componen de más de 1 000 líneas y tienen un formato perfectamente adaptado a la difusión de films (relación anchura/altura de 16/9), al contrario de las de los sistemas clásicos (relación anchura/altura de 4/3).

**TELEVISOR** n. m. Aparato receptor de televisión.

**TELEVISUAL** adj. Relativo a la televisión.

**TÉLEX** n. m. (pl. *télex*). Servicio telegráfico con conexión directa entre los usuarios por medio de teleimpresores.

**TELILLA** n. f. Tela, nata de ciertos líquidos. **2.** Tela clara o poco tupida.

**TELIÓSPORA** n. f. Espora tardía, capaz de resistir un largo tiempo y de germinar sobre el suelo en el próximo período vegetativo. SIN.: *teleutóspora.*

**TELL** n. m. (ár. *tall*). ARQUEOL. En el Próximo oriente, colina artificial constituida por las ruinas superpuestas de una antigua ciudad. **2.** GEOGR. En Argelia y Tunicia, regiones costeras donde los cultivos son teóricamente posibles sin la ayuda del riego.

**TELOFASE** n. f. BIOL. Última fase de la mitosis celular, durante la cual se constituyen los núcleos de las células hijas y se forma una nueva membrana.

**TELOLECITO, A** adj. y n. m. BIOL. Dícese del huevo que tiene gran cantidad de vitelo nutritivo (cefalópodos, peces, reptiles, aves).

**TELÓN** n. m. Lienzo grande que se pone en el escenario de un teatro, de modo que pueda bajarse y subirse, para que forme parte principal de la decoración, o para ocultar al público la escena. • **Pase de telón,** en tauromaquia, pase por alto, dado con la muleta totalmente desplegada. ‖ **Telón de acero,** nombre con que se designó, a partir de los años de la guerra fría y hasta 1989, a las fronteras entre los países denominados occidentales y los países socialistas del E de Europa y U.R.S.S. ‖ **Telón de boca,** el que cierra la embocadura del escenario, y que está echado antes de que empiece una función y durante los entreactos o intermedios. ‖ **Telón de fondo,** o **de foro,** el que cierra la escena, formando el fondo de la decoración.

**TELONEO** n. m. HIST. Impuesto indirecto que gravaba el tránsito y venta de mercancías.

**TELONERO, A** adj. y n. En espectáculos, veladas de boxeo, actos públicos, etc., dícese del artista, boxeador, orador, etc., que interviene en primer lugar, como menos importante.

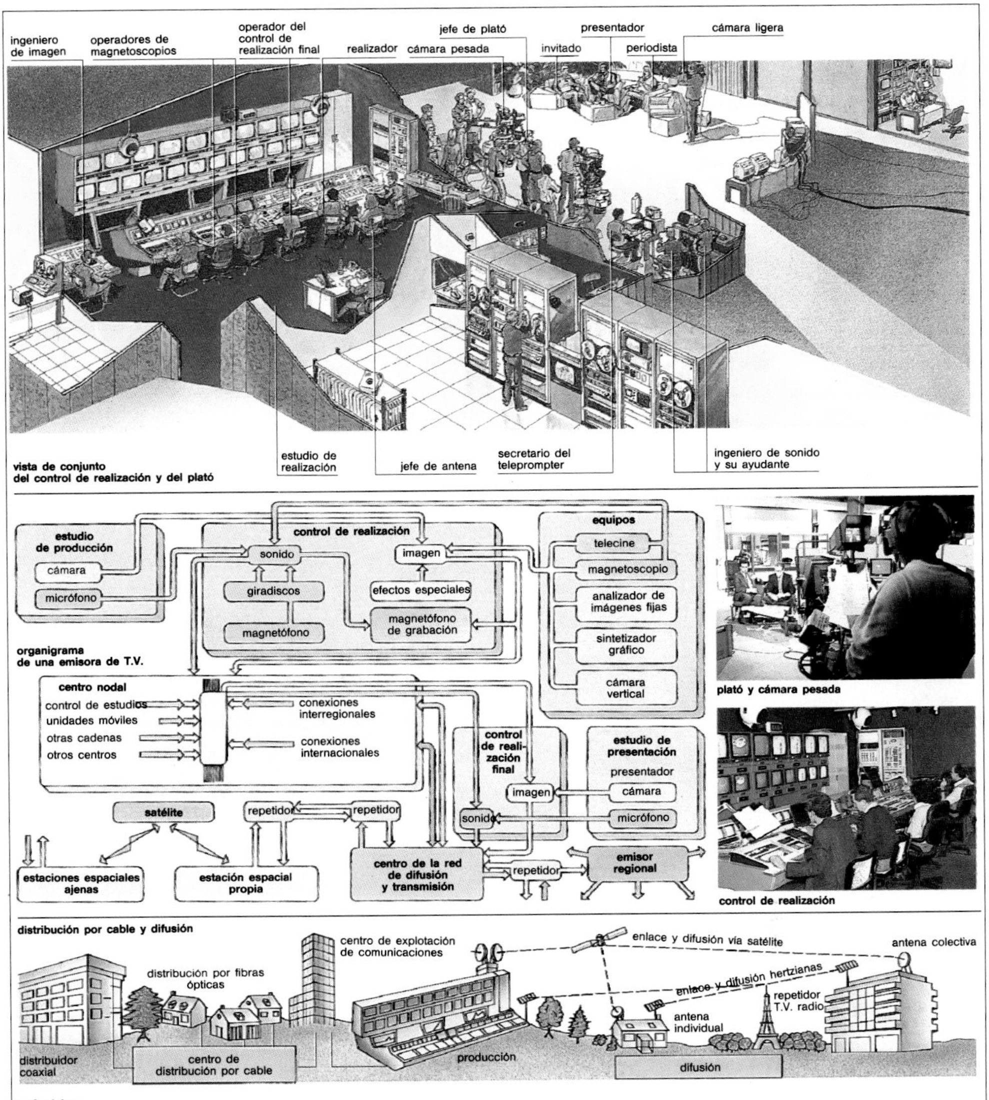


**televisión**

**TELPOCHCALLI** n. m. (voz náhuatl). Entre los aztecas del México prehispánico, local en que se reunía a los niños para instruirlos acerca de los dioses y sus genealogías y para recibir instrucción militar y cultural.

**TELSON** n. m. ZOOL. Último anillo del abdomen de los artrópodos.

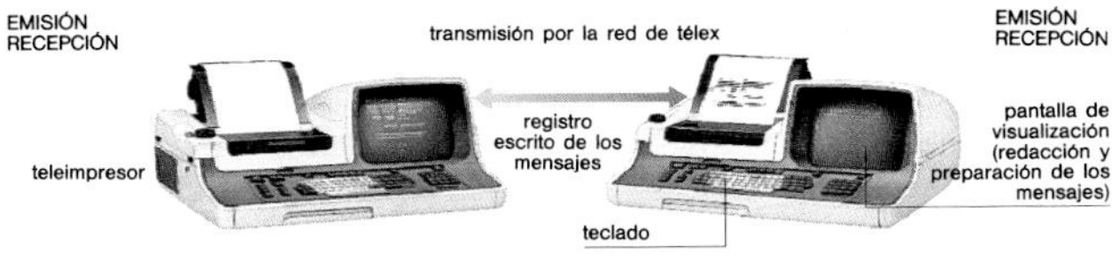


El mensaje se escribe con el teclado y se visualiza en la pantalla; una vez verificado y corregido se expide al destinatario; si éste se halla presente en el momento de la transmisión, podrá contestar directamente, y si está ausente el mensaje quedará registrado sobre papel.

principio del **télex**

**TELUGO** n. m. Lengua del grupo drávida, hablada en el estado indio de Andhra Pradesh por los telugus, pueblo melanohindú de la India oriental.

**TELURHÍDRICO, A** adj. Dícese del ácido $H_2Te$, gas incoloro y tóxico.

**TELÚRICO, A** adj. Relativo a la Tierra: *sacudida telúrica.* **2.** QUÍM. Dícese del anhídrido $TeO_3$ y del ácido correspondiente. • **Planeta telúrico,** planeta denso y de pequeño tamaño, de los que la Tierra es el prototipo, y entre los que también se encuentran Mercurio, Venus y Marte.

**TELURIO** o **TELURO** n. m. (del lat. *tellurem,* tierra). Cuerpo simple no metal (Te), de número atómico 52 y de masa atómica 127,60, sólido, de color blanco azulado, laminar y frágil, de densidad 6,2 y punto de fusión a 452 °C.

**TELURÓMETRO** n. m. Aparato radioeléctrico propio para calcular distancias entre puntos visibles de la Tierra.

**TELUROSO, A** adj. Dícese del anhídrido $TeO_2$ y del ácido correspondiente.

**TEMA** n. m. (gr. *thema*). Asunto, materia o desarrollo: *el tema de un libro.* **2.** Motivo argumental de una obra o de un conjunto de obras: *el tema de la guerra civil.* **3.** Manía, idea en que alguien se obstina: *cada loco con su tema.* **4.** HIST. Circunscripción militar y administrativa del Imperio bizantino. **5.** LING. Forma fundamental que sirve de base a una declinación o a una conjugación, constituida por la raíz y uno o varios determinativos. **6.** MÚS. Idea musical, formada por una melodía o fragmento melódico, que sirve de base a una composición musical. • **Tema celeste** (ASTRON.), figura celeste, representación de los astros en cierto momento.

**TEMALACATL** n. m. (voz náhuatl). En el México prehispánico, piedra redonda, con la imagen del Sol y otros símbolos celestes, sobre la que se sujetaba a la víctima en ciertos sacrificios.

**TEMARIO** n. m. Conjunto de temas propuestos para su estudio o discusión.

**TEMÁTICA** n. f. Conjunto de temas que se dan en una obra, movimiento literario, autor, etc.

**TEMÁTICO, A** adj. (gr. *thematikos*). Relativo a un tema literario, artístico, musical, etc. **2.** LING. Relativo al tema de las palabras. **3.** MÚS. Que tiene relación con temas musicales.

**TEMATIZAR** v. tr. **[1g]**. Convertir un asunto en tema central o principal.

**TEMAZCAL** n. m. (del náhuatl *temazcalli*). En el México prehispánico, construcción de piedra y argamasa en la que se tomaban baños de vapor, especialmente las mujeres embarazadas.

**TEMBLADERA** n. f. Acción de temblar. **2.** Tembleque, temblor intenso. **3.** Planta herbácea de hojas lampiñas y estrechas, con panoja terminal de la que cuelgan unas espigas aovadas. (Familia gramíneas.)

**TEMBLAR** v. intr. **[1j]**. Agitarse, moverse con sacudidas cortas, rápidas y reiteradas: *las hojas tiemblan en el árbol; temblar de frío.* **2.** *Fig.* Tener mucho miedo o estar asustado: *temblar por una amenaza.* **3.** *Méx.* Ocurrir un terremoto. • **Dejar, estar, quedar,** etc., **temblando** algo *(Fam.)*, gastar la mayor parte de ello o dejarlo casi acabado.

**TEMBLEQUE** n. m. Temblor.

**TEMBLEQUEAR** v. intr. **[1]**. *Fam.* Temblar; afectar temblor.

**TEMBLÓN, NA** adj. *Fam.* Que tiembla continua o fácilmente.

**TEMBLOR** n. m. Acción de temblar. **2.** Agitación motora involuntaria, continuada y repetida del cuerpo o de una de sus partes: *temblor de manos.* • **Temblor de tierra,** sismo.

**TEMBLOROSO, A** adj. Que tiembla. **2.** Entrecortado: *voz temblorosa.*

**TEMER** v. intr. **[2]**. Sentir temor. ◆ v. tr. **2.** Recelar de algo, sospechar: *temo que va a llover.*

**TEMERARIO, A** adj. (lat. *temerarium*). Atrevido, imprudente, expuesto a peligros. **2.** Que se dice, hace o piensa sin fundamento o conocimiento de causa: *juicio temerario.*

**TEMERIDAD** n. f. Cualidad o actitud de temerario. **2.** Acción temeraria.

**TEMEROSO, A** adj. Que se intimida fácilmente, medroso. **2.** Que recela algún daño o siente temor de algo en un momento determinado.

**TEMIBLE** adj. Capaz de causar temor.

**TEMNÉ** o **TIMNÉ,** pueblo de Sierra Leona, vinculado al grupo atlántico occidental.

**TEMOR** n. m. (lat. *timorem*). Miedo, sentimiento de inquietud, de incertidumbre. **2.** Recelo, sospecha, aprensión hacia algo. • **Temor de Dios,** miedo reverencial y respetuoso ante Dios.

**TÉMPANO** n. m. (lat. *tympanum*). Plancha flotante de hielo. • **Quedarse** alguien **como un témpano** *(Fam.)*, quedarse aterido de frío.

**TEMPATE** n. m. *C. Rica* y *Hond.* Piñón.

**TEMPERACIÓN** n. f. Acción y efecto de temperar.

**TEMPERADO, A** adj. Templado.

**TEMPERAMENTAL** adj. Relativo al temperamento. **2.** Que tiene reacciones intensas y frecuentes cambios de estado de ánimo o humor.

**TEMPERAMENTO** n. m. Conjunto de disposiciones físicas innatas de un individuo que determinan su carácter: *temperamento violento.* **2.** *Fig.* Vitalidad, vivacidad: *juventud llena de temperamento.* **3.** Capacidad expresiva vigorosa de un artista, autor, etc.: *un pianista con temperamento.* **4.** MÚS. Afinación practicada en determinados instrumentos, dividiendo la octava en doce semitonos iguales. **5.** MÚS. Sistema musical que divide la octava en un número determinado de notas *(temperamento desigual, temperamento igual).*

**TEMPERANCIA** n. f. Templanza.

**TEMPERANTE** adj. Que posee la virtud de la templanza. **2.** *Amér. Merid.* Abstemio.

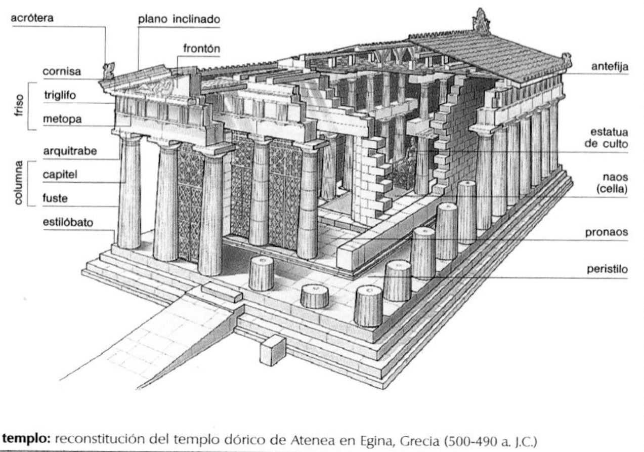


**templo:** reconstitución del templo dórico de Atenea en Egina, Grecia (500-490 a. J.C.)

**TEMPERAR** v. tr. y pron. **[1]**. Atemperar, templar. ◆ v. intr. **2.** *Amér. Central, Colomb., P. Rico* y *Venez.* Cambiar de clima una persona por razones de salud o de placer.

**TEMPERATURA** n. f. Magnitud física que caracteriza de manera objetiva la sensación subjetiva de calor o frío producida por el contacto de un cuerpo. **2.** Estado atmosférico del aire, desde el punto de vista de su acción sobre el organismo, grado de frío o de calor. **3.** Fiebre: *tener temperatura.* • **Temperatura absoluta,** magnitud definida por las consideraciones teóricas de la termodinámica o de la mecánica estadística, prácticamente igual a la temperatura centesimal aumentada en 273,15 grados.

**TEMPERO** n. m. Buen estado de humedad de la tierra para la siembra y las labores.

**TEMPESTAD** n. f. (lat. *tempestatem*). Fuerte perturbación de la atmósfera, acompañada de viento, lluvia, nieve o pedrisco y sobre todo relámpagos y truenos. **2.** Agitación violenta del agua del mar, causada por el ímpetu y fuerza del viento. **3.** *Fig.* Acción impetuosa, agitación súbita y violenta del ánimo. • **Tempestad magnética,** perturbación magnética acusada por oscilaciones irregulares y súbitas de las agujas imanadas, en una extensa zona.

**TEMPESTUOSO, A** adj. Dícese del tiempo que amenaza tempestad o en el que ya se producen tempestades. **2.** *Fig.* Tenso, que amenaza una situación violenta; agitado, violento: *ambiente tempestuoso; reunión tempestuosa.*

**TEMPLABILIDAD** n. f. Aptitud de una aleación para adquirir temple o endurecimiento más o menos profundo.

**TEMPLADO, A** adj. Moderado, que actúa con moderación. **2.** Sin extremos de frío ni de calor, que no está ni frío ni caliente: *clima templado.* **3.** *Fig.* y *fam.* Valiente, sereno o que tiene entereza: *un carácter muy templado.* ◆ n. m. **4.** Mezcla del azúcar con melaza, para hacer pasar a ésta las impurezas superficiales de los cristales de azúcar en suspensión. **5.** Mezcla de malta molida con agua caliente en la cuba mezcladora.

**TEMPLADOR, RA** adj. y n. Que templa. ◆ n. m. **2.** Llave para afinar instrumentos de cuerda. **3.** Instrumento para regular la tensión de alambres, cables, etc.

**TEMPLANZA** n. f. Moderación, sobriedad y continencia. **2.** Benignidad del clima o la temperatura. **3.** Armonía de los colores. **4.** REL. Virtud cardinal que consiste en moderar los apetitos y los placeres de los sentidos.

**TEMPLAR** v. tr. (lat. *temperare*) **[1]**. Moderar o suavizar la fuerza o violencia de algo. **2.** Enfriar bruscamente en un líquido un material calentado por encima de determinada temperatura: *templar el hierro fundido.* **3.** Apretar, atirantar: *templar un muelle.* **4.** *Fig.* Mezclar una cosa con otra para atenuar su fortaleza. **5.** *Fig.* Moderar, aplacar: *templar los ánimos.* **6.** MAR. Adaptar las velas a la fuerza del viento. **7.** MÚS. Afinar un instrumento. **8.** TAUROM. Adecuar el movimiento del capote o de la muleta a la violencia, velocidad, etc., de la embestida del toro. ◆ v. tr. y pron. **9.** Quitar el frío, calentar ligeramente: *templar la casa.* ◆ v. intr. **10.** Perder el frío algo, empezar a calentarse. ◆ **templarse** v. pron. **11.** *Fig.* Contenerse, moderarse en la comida, en un apetito, etc. **12.** *Amér. Merid.* Enamorarse.

**TEMPLARIO** n. m. Caballero de la orden militar del Temple.

**TEMPLE** n. m. Temperatura o estado de la atmósfera. **2.** Acción y efecto de templar los metales, el vidrio, etc. **3.** *Fig.* Humor, estado circunstancial o calidad del ánimo de alguien: *estar de buen* o *mal temple.* **4.** *Fig.* Fortaleza, valentía, serenidad para afrontar dificultades y riesgos: *persona de temple.* **5.** Tratamiento térmico para lograr, mediante el enfriamiento rápido de un producto metalúrgico, que éste mantenga, a la temperatura ambiente, la misma estructura cristalina que tenía en caliente o una estructura intermedia. **6.** Disposición y acuerdo armónico de los instrumentos musicales. **7.** Pintura para muros, bóvedas, etc., preparada mezclando el pigmento con cola u otra materia glutinosa caliente y agua. **8.** Obra pictórica realizada con esta pintura. **9.** TAUROM. Acción y efecto de templar.

**TEMPLETE** n. m. Construcción formada generalmente por un techo sostenido por columnas para cobijar una estatua, y que puede formar parte de un altar, mueble, etc.

**TEMPLO** n. m. (lat. *templum*). Edificio construido en honor de una divinidad para rendirle culto: *los templos griegos.* **2.** Iglesia. **3.** *Fig.* Lugar donde se rinde culto a algo espiritual: *templo de sabiduría.*

**TEMPO** n. m. (voz italiana). MÚS. Velocidad con que se ejecuta una composición. **2.** MÚS. Notación de los diferentes movimientos de un fragmento interpretado, cuando dichos movimientos han sufrido una aceleración o moderación de tipo accidental.

**TÉMPORA** n. f. (lat. *tempora*). REL. Tiempo de ayuno en el comienzo de cada una de las estaciones del año. (Suele usarse en plural.)

**TEMPORADA** n. f. Espacio de tiempo de varios días o meses que forman un conjunto: *la temporada de invierno.* **2.** Período durante el que se realiza una actividad, manifestación artística, deportiva, etc.: *temporada de ópera; temporada futbolística.* • **De temporada,** por espacio de cierto tiempo, de manera no permanente.

**TEMPORAL** adj. Que no es duradero ni permanente, que dura sólo cierto tiempo: *trabajo temporal.* **2.** Secular, profano, no religioso: *intereses, bienes temporales.* ◆ n. m. **3.** Mal tiempo persistente, tempestad de tierra, mar o aire; viento violento. • **Capear el temporal,** aguantar una nave o embarcación un temporal con maniobras adecuadas; *(Fam.)*, pasar de la mejor forma posible una situación crítica o difícil.

**TEMPORAL** adj. (lat. *temporalem*). Relativo a las

sienes. • **Lóbulo temporal del cerebro** (ANAT.), parte media e inferior de cada uno de los dos hemisferios cerebrales, que tiene una función importante en la integración de las sensaciones auditivas y en el lenguaje. ‖ **Síndrome temporal,** conjunto de síntomas que manifiestan una lesión del lóbulo temporal. ◆ adj. y n. m. **2.** Dícese del hueso del cráneo situado en la región de la sien.

**TEMPORALIDAD** n. f. Calidad de temporal. **2.** Carácter de lo que es en el tiempo. ◆ **temporalidades** n. f. pl. **3.** Beneficios o retribuciones que los eclesiásticos perciben por ejercer su función.

**TEMPORALIZAR** v. tr. [**1g**]. Convertir lo eterno o espiritual en temporal, o tratarlo como tal.

**TEMPORARIO, A** adj. Que dura algún tiempo.

**TEMPORERA** n. f. Canción popular andaluza, refundida dentro de ciertas fórmulas flamencas propias de los fandangos levantinos.

**TEMPORERO, A** adj. y n. Que ejerce un trabajo temporalmente.

**TEMPORIZACIÓN** n. f. Acción y efecto de temporizar. **2.** Técnica del control de los tiempos operatorios, o sea de la duración de las diversas operaciones industriales.

**TEMPORIZADOR** n. m. Aparato que permite hacer mediar un intervalo de tiempo entre el principio y el fin del funcionamiento de un dispositivo eléctrico.

**TEMPORIZAR** v. intr. [**1g**]. Contemporizar. **2.** Ocuparse en algo por mero pasatiempo.

**TEMPRANERO, A** adj. Que se produce antes del tiempo normal para ello: *fruto tempranero.* **2.** Que se levanta más pronto de lo acostumbrado o que hace las cosas anticipadamente.

**TEMPRANILLA** adj. y n. f. Dícese de la uva temprana.

**TEMPRANO, A** adj. Que ocurre, aparece o se da pronto, o es el primero en aparecer: *fruta temprana.* ◆ adv. t. **2.** En las primeras horas del día o de la noche. **3.** Pronto, antes de lo acostumbrado o de lo corriente: *acabar temprano un trabajo.*

**TEMU** n. m. *Chile.* Planta mirtácea.

**TEN. Ten con ten,** tacto o moderación al tratar a alguien o al llevar algún asunto.

**TENACIDAD** n. f. Calidad de tenaz. **2.** Resistencia a la tracción. **3.** Resistencia de un cuerpo, y principalmente de los metales, al alargamiento.

**TENACILLAS** n. f. pl. Nombre de diversos utensilios en forma de tenaza, que tienen diferentes usos.

**TENAR** adj. Dícese de la región de la base del pulgar de la mano. • **Eminencia tenar** (ANAT.), saliente del lado externo de la palma de la mano.

**TENAZ** adj. (lat. *tenacem*). Persistente, adherido con fuerza, difícil de quitar: *dolor tenaz.* **2.** *Fig.* Firme, perseverante: *hombre tenaz.* **3.** TECNOL. Que opone resistencia a romperse o deformarse: *metal tenaz.*

**TENAZA** n. f. Instrumento compuesto de dos piezas cruzadas, móviles y articuladas, que rematan en sendas mordazas que se pueden cerrar para coger o sujetar objetos. (Suele usarse en plural.) **2.** Instrumento de cirugía para fragmentar huesos. • **No poder sacarle ni con tenazas** algo a alguien, no conseguir que dé o diga algo. ‖ **No poderse coger ni con tenazas,** estar algo muy sucio o maltrecho. ‖ **Tenazas de fijación** (TECNOL.), portaherramientas para la sujeción de fresas con vástago cilíndrico. ‖ **Tenazas de fontanero,** especie de llave inglesa que se emplea para doblar cañerías. ‖ **Tenazas de suspensión,** accesorio de aparatos de elevación y transporte que permite izar y trasladar uno o varios objetos o materiales.

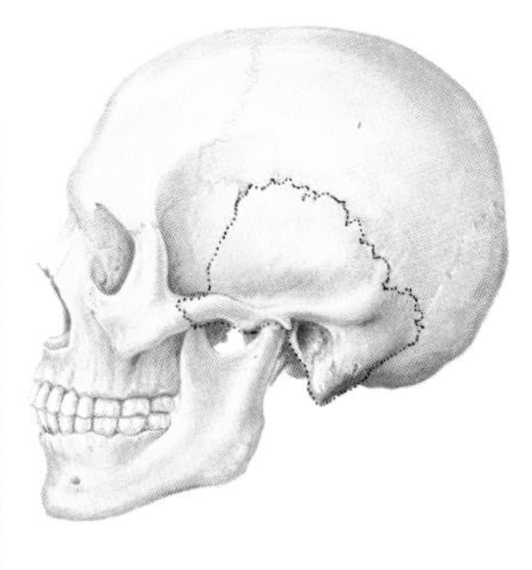

hueso **temporal**

**TENCA** n. f. Ciprínido de agua dulce, que vive en los fondos cenagosos y tranquilos con abundante vegetación. **2.** *Argent.* y *Chile.* Ave similar a la alondra. **3.** *Chile.* Mentira, engaño.

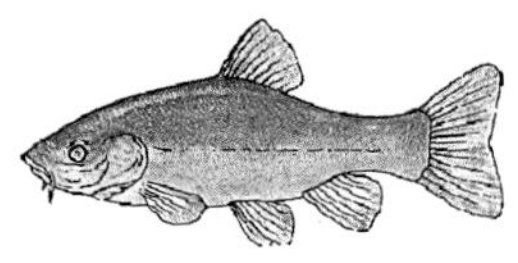

**tenca**

**TENDAJÓN** n. m. *Méx.* Tienda pequeña.

**TENDAL** n. m. *Amér.* Lugar soleado donde se coloca el café y otros granos para secarlos. **2.** *Argent., Chile* y *Urug.* Cuerpos o cosas en cantidad que, por causa violenta, han quedado tendidos. **3.** *Chile.* Tiendecilla ambulante, puesto. **4.** *Ecuad.* Barbacoa empleada en las haciendas para asolear el cacao.

**TENDALADA** n. f. *Amér.* Conjunto de cosas extendidas en desorden.

**TENDEDERO** o **TENDEDOR** n. m. Lugar o conjunto de cuerdas o alambres donde se tiende algo: *tendedero de ropa.*

**TENDENCIA** n. f. Acción, fuerza por la que un cuerpo se mueve hacia otro o hacia algo. **2.** Inclinación del hombre hacia ciertos fines: *tendencia a la misantropía.* **3.** Idea política, filosófica, religiosa o artística orientada en una dirección o finalidad. **4.** Fracción de características distintivas en un partido político, o ideología común a un grupo. **5.** Orientación que se deduce del examen de una serie de hechos: *tendencia al pesimismo.* **6.** ECON. Evolución a largo plazo de una determinada variable que permite apreciar su desplazamiento al alza o a la baja, subyacente a sus fluctuaciones cíclicas. **7.** SICOL. Disposición a responder por ciertos comportamientos a situaciones determinadas. • **Tendencia general** (ESTADÍST.), movimiento de larga duración, continuo y lento, que representa la evolución normal de un fenómeno.

**TENDENCIOSO, A** adj. No imparcial u objetivo, que presenta o manifiesta algo parcialmente.

**TENDENTE** adj. Que tiende a algún fin o a lo que se expresa.

**TENDER** v. tr. (lat. *tendere*) [**2d**]. Desdoblar, desplegar lo que estaba doblado, arrugado, etc.: *tender el mantel sobre la mesa.* **2.** Colgar o extender la ropa mojada para que se seque: *tender la colada.* **3.** Colocar, suspender algo, como una cuerda, un cable, etc., desde un lugar a otro: *tender una red telegráfica; tender un puente.* **4.** Alargar algo aproximándolo hacia alguien o algo: *tender la mano, un lápiz.* **5.** *Fig.* Tener una inclinación, tendencia física o espiritual hacia algo, una persona o un fin: *las plantas tienden hacia la luz; tendía a estar solo; la fiebre tiende a remitir.* **6.** Tener una cualidad o característica no bien definida pero sí aproximada a otra de la misma naturaleza: *color que tiende a rojo.* • **Tender la cama** (*Méx.*), arreglarla, poner las sábanas y las mantas. ‖ **Tender la mano,** pedir o dar ayuda a alguien en una dificultad o situación crítica. ‖ **Tender la mesa** (*Amér.*), poner las cosas necesarias en la mesa para comer, poner la mesa. ‖ **Tender un cable** (*Fam.*), ayudar a alguien. ◆ v. tr. y pron. **7.** Colocar a alguien o ponerse extendido horizontalmente: *le tendieron sobre la camilla; se tendió en la cama.*

**TÉNDER** n. m. (ingl. *tender*). Vehículo que, acoplado a la locomotora, lleva el combustible y el agua necesarios para la alimentación de la máquina.

**TENDERETE** n. m. Puesto de venta callejero donde se tiende la mercancía extendida y expuesta al público.

**TENDERO, A** n. Dueño o dependiente de una tienda, especialmente de comestibles.

**TENDIDO, A** adj. BOT. Que crece paralelamente al suelo. **2.** HERÁLD. Dícese del delfín cuya cabeza y cola se dirigen hacia la punta del escudo; echado. **3.** TAUROM. Dícese de la estocada cuya dirección es más horizontal de lo conveniente. • **A galope tendido,** muy de prisa, con mucha prisa. ‖ **Hablar largo y tendido,** hablar mucho y extensamente. ◆ n. m. **4.** Acción y efecto de tender un cable, alambre, línea de conducción, etc. **5.** Conjunto de cables, etc., que constituye una conducción eléctrica. **6.** Conjunto de ropa lavada que se tiende de una vez. **7.** TAUROM. Graderío descubierto de las plazas de toros. **8.** TAUROM. Asiento de esa localidad.

**TENDINITIS** n. f. MED. Inflamación de un tendón.

**TENDINOSO, A** adj. Relativo a los tendones. **2.** Que es de la naturaleza de los tendones. **3.** Que tiene tendones o está compuesto de ellos.

**TENDÓN** n. m. Estructura fibrosa, que realiza la inserción de una masa muscular en un hueso o en un músculo a otra estructura. • **Tendón de Aquiles,** tendón de inserción del tríceps sural, músculo de la pantorrilla, en el calcáneo, que permite la extensión del pie en la pierna; *(Fig.),* punto débil o vulnerable de alguien o algo.

**TENDUCHO** n. m. *Desp.* Tienda poco abastecida y de mal aspecto. SIN.: *tenducha.*

**TENEBRIÓNIDO, A** adj. y n. m. Relativo a una familia de coleópteros nocturnos que se esconden durante el día bajo las piedras y viven principalmente en los países cálidos.

**TENEBRISMO** n. m. Tendencia pictórica que acentúa el contraste entre las zonas iluminadas y las oscuras.

**TENEBRISTA** adj. y n. m. y f. Relativo al tenebrismo; artista que practica esta tendencia pictórica.

**TENEBROSIDAD** n. f. Calidad de tenebroso.

**TENEBROSO, A** adj. Oscuro, cubierto de tinieblas o de sombras. **2.** *Fig.* Turbio, misterioso, difícil de conocer o comprender.

**TENEDOR, RA** n. Persona que tiene o posee algo. **2.** Persona que posee legítimamente una letra de cambio u otro valor endosable. • **Tenedor de libros,** persona encargada de llevar los libros de contabilidad. ◆ n. m. **3.** Instrumento de mesa en forma de horca con dos o más púas, especialmente para comer alimentos sólidos. **4.** Signo con la forma de este instrumento que indica la categoría de un restaurante: *restaurante de dos tenedores.*

**TENEDURÍA** n. f. Cargo y oficina del tenedor de libros. • **Teneduría de libros,** acción de llevar la contabilidad de una empresa.

**TENENCIA** n. f. Acción de tener. **2.** Cargo, oficio y oficina de teniente. **3.** DER. Grado mínimo en el dominio de las cosas, constituido por el simple hecho de poseer. **4.** FEUD. Tierra concedida a un vasallo por el rey o señor, quien conservaba la propiedad y otorgaba al concesionario el simple disfrute de la tierra. • **Tenencia ilícita de armas,** delito en que incurre quien posee armas de fuego sin tener la guía y licencia oportunas o sin la guía de pertenencia.

**TENER** v. tr. (lat. *tenere*) [**8**]. Asir, sostener, sujetar, coger: *tener una cuerda tirante; ten el paquete con cuidado.* **2.** Poseer, disfrutar: *tener mucho dinero.* **3.** Dominar: *la bebida lo tiene.* **4.** Guardar, contener: *este bote tiene azúcar.* **5.** Mantener, cumplir: *tener la palabra.* **6.** Expresa una relación de contigüidad física, sicológica, intelectual, etc., entre el sujeto y el complemento: *tener miedo; tener arrugas; tiene veinte años; tener prisa.* **7.** Atribuye una cualidad, estado o circunstancia al complemento: *tiene los ojos azules; tener la comida hecha.* **8.** Expresa relación de similitud: *tiene algo de canallesco.* **9.** Expresa la participación o interés del sujeto en una acción o acto: *el sábado tendremos baile.* • **Tener a bien,** fórmula de cortesía con que se invita a aceptar o hacer algo. ‖ **Tener a mal,** desaprobar, recriminar. ‖ **Tener mucho gusto en,** o **de,** fórmula de cortesía que expresa complacencia en algo. ‖ **Tener presente,** conservar algo en la memoria y tomarlo en consideración cuando convenga. ◆ v. tr. y pron. **10.** Estimar, considerar, juzgar: *tener en poco, en mucho a alguien; le tienen por un ambicioso; ten por seguro que lloverá; tener a mucha honra.* **11.** Como verbo auxiliar, se une a un participio que concuerda en género y número con el complemento directo: *tiene ganadas las voluntades de todos; tengo pensado hacer un viaje.* **12.** Con *que* y un infinitivo, expresa obligación, necesidad o propósito: *tienes que ve-*

nir; tiene que ser así; tienen que hablar del asunto. ◆ **tenerse** v. pron. **13.** Sostenerse, mantenerse en determinada posición: *no poder tenerse en pie.* **14.** Dominarse, contenerse: *téngase el caballero.*

**TENERÍA** n. f. Curtiduría.

**TENESMO** n. m. (gr. *tenesmos*). Sensación dolorosa y escozor producido por la irritación de los esfínteres.

**TENIA** n. f. (lat. *taeniam*). Gusano plano y segmentado, parásito del intestino delgado de los mamíferos. (Orden cestodos.) SIN.: *solitaria.*

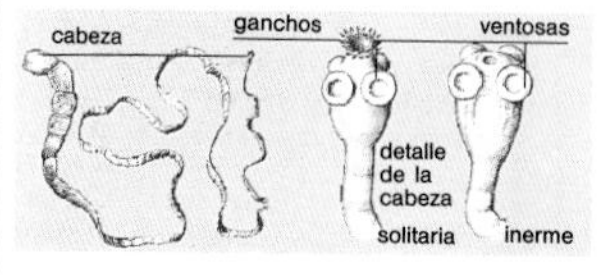

**tenia**

**TENIDA** n. f. *Chile.* Traje.

**TENIENTE** n. m. Grado militar de oficial inmediato inferior al de capitán. • **Teniente coronel,** grado de jefe inmediato inferior al de coronel. || **Teniente de alcalde,** concejal encargado de ciertas funciones de la alcaldía. || **Teniente de navío,** grado de oficial en el cuerpo general de la armada, que equivale al de capitán en los otros ejércitos y cuerpos. || **Teniente general,** grado de oficial general inmediato superior al de general de división.

**TENÍFUGO, A** adj. y n. m. Dícese del medicamento que provoca la expulsión de las tenias.

**TENIS** n. m. Deporte que se practica entre dos o cuatro jugadores provistos de raquetas, consistente en enviar una pelota, por encima de una red, dentro de los límites de un terreno de juego rectangular. SIN.: *lawn-tennis.* **2.** Zapato de lona, plástico o piel con suela gruesa de hule, especial para hacer ejercicio o practicar algún deporte. (Suele usarse en plural.) • **Tenis de mesa,** juego similar al tenis, que se practica sobre una mesa de medidas reglamentadas. SIN.: *ping-pong.*

**TENISTA** n. m. y f. Jugador de tenis.

**TENÍSTICO, A** adj. Relativo al tenis.

**TENOCHCA** adj. y n. m. y f. Azteca.

**TENOR** n. m. Contenido de un escrito. • **A este tenor,** de este modo, por el mismo estilo.

**TENOR** n. m. (ital. *tenore*). La más aguda de las voces masculinas. **2.** Cantante que posee este tipo de voz.

**TENORA** n. f. Instrumento de viento, de lengüeta doble como el oboe, con la campana o pabellón de metal.

**TENORINO** n. m. (voz italiana). Tenor muy ligero, que canta con voz de falsete.

**TENORIO** n. m. (de *Don Juan Tenorio*). Galanteador audaz y pendenciero, hombre con facilidad para conquistar mujeres.

**TENOTOMÍA** n. f. Sección quirúrgica de un tendón.

**TENREC** n. m. Mamífero insectívoro de Madagascar, de unos 35 cm de long., con el cuerpo cubierto de púas.

**TENSAR** v. tr. y pron. [**1**]. Poner tenso. **2.** MAR. Tesar.

**TENSÍMETRO** o **TENSIÓMETRO** n. m. Aparato que sirve para medir tensiones.

**TENSIÓN** n. f. (lat. *tensionem*). Acción de las fuerzas que, actuando sobre un cuerpo y manteniéndolo tirante, impiden que sus partes se separen unas de otras. **2.** Estado de un cuerpo sometido a la acción de estas fuerzas. **3.** *Fig.* Actitud y estado del que espera, vigila o tiende a algo con angustia, temor o en un fuerte estado emocional. **4.** *Fig.* Situación o estado conflictivo en las relaciones entre personas o comunidades que amenaza una ruptura violenta. **5.** ELECTR. Diferencia de potencial eléctrico. • **Tensión arterial,** presión ejercida por la sangre sobre las paredes de las arterias. || **Tensión de vapor de agua,** presión parcial del vapor de agua contenido en el aire. || **Tensión superficial,** magnitud igual a la relación entre la energía necesaria para aumentar la superficie libre de un líquido y el aumento del área de esta superficie.

**TENSO, A** adj. (lat. *tensum*). Estirado, sometido a tensión: *cable tenso.* **2.** *Fig.* En estado de tensión moral o espiritual. • **Tiro tenso,** el efectuado con un ángulo inferior a 45°.

**TENSOACTIVO, A** adj. Dícese de la sustancia que modifica la tensión superficial del líquido en el que se halla disuelta.

**TENSÓN** n. f. Composición poética provenzal, que consiste en una controversia entre dos o más poetas.

**TENSOR, RA** adj. y n. Que tensa o sirve para tensar. ◆ n. m. **2.** Muelle, resorte o cualquier otro mecanismo que sirva para tensar. **3.** Magnitud matemática de varios componentes que posee propiedades de invariancia formal por cambio de base.

**TENSORIAL** adj. MAT. Relativo a un tensor o conjunto de tensores.

**TENTACIÓN** n. f. (lat. *tentationem*). Impulso espontáneo o provocado exteriormente, que induce a hacer algo generalmente reprobable. **2.** Cosa, situación o persona que tienta. **3.** *Méx. Fam.* Curiosidad, inquietud: *tengo la tentación de saber como está.* • **Caer** alguien **en la tentación,** dejarse vencer por ella.

**TENTACULAR** adj. Relativo a los tentáculos.

**TENTÁCULO** n. m. Apéndice móvil de que están provistos numerosos animales, como los moluscos y anémonas de mar, utilizado como órgano sensorial y aprehensor. **2.** BOT. Vástago de rápido desarrollo, capaz de sostenerse erguido, cuyo ápice se mueve circularmente hasta dar con un apoyo adecuado.

**TENTADERO** n. m. TAUROM. Corral o cercado en que se hace la tienta de becerros.

**TENTADOR, RA** adj. y n. Que tienta o es apetecible.

**TENTAR** v. tr. y pron. (lat. *temptare*) [**1j**]. Palpar, tocar una cosa para reconocerla, percibirla o examinarla, por medio del tacto o de algún instrumento. **2.** Inducir a la tentación. **3.** Seducir, atraer, excitar a alguien a hacer algo, al mostrársele necesario, interesante o atractivo. **4.** TAUROM. Efectuar la tienta.

**TENTATIVA** n. f. Intento, acción de intentar, experimentar o tantear algo. **2.** DER. PEN. Principio de ejecución de un delito por actos externos que no llegan a ser suficientes para que se realice el hecho, sin que haya mediado desistimiento voluntario del culpable.

**TENTEMOZO** n. m. Puntal o apoyo que se aplica a una cosa expuesta a caerse. **2.** Cada uno de los palos que cuelgan de la lanza del carro y, puestos de punta contra el suelo, impiden que aquél se vuelque hacia delante.

**TENTEMPIÉ** n. m. *Fam.* Refrigerio, comida ligera entre las principales.

**TENTENELAIRE** n. m. Mestizo, hijo de cuarterón y mulata o de jíbaro y albarazada, o a la inversa. **2.** *Argent.* y *Perú.* Colibrí.

**TENTETIESO** n. m. Dominguillo.

**TENUE** adj. (lat. *tenuem*). Delgado, fino, de poco grosor. **2.** Delicado, sutil, débil, de poca consistencia o sustancia: *suspiro tenue.*

**TENUIDAD** n. f. Calidad de tenue. **2.** Insignificancia, cosa de poco valor, entidad o importancia.

**TENUIRROSTRO, A** adj. Referido a un ave, que tiene el pico fino y puntiagudo.

**TENUTO** adv. (voz italiana, *mantenido*). MÚS. Expresión que se coloca encima de algunos pasajes para indicar que los sonidos deben sostenerse durante toda su duración. (Suele abreviarse *ten.*)

**TEÑIBLE** adj. Susceptible de ser teñido.

**TEÑIDO** n. m. Operación que consiste en impregnar de materia tintórea una sustancia, para cambiar su color o para colorearla. SIN.: *teñidura.*

**TEÑIR** v. tr. y pron. (lat. *tingere*) [**24**]. Efectuar un teñido. **2.** *Fig.* Matizar, comunicar a algo un aspecto, tono o carácter determinado.

**TEOBROMINA** n. f. Alcaloide que se extrae del cacao y de las hojas del té.

**TEOCALI** o **TEOCALLI** n. m. (voz náhuatl, *casa de dios*). Entre los aztecas del México prehispánico, templo.

**TEOCOMITE** n. m. *Amér.* Biznaga. (Los aztecas usaban las grandes espinas de esta planta en sus ejercicios rituales.)

**TEOCRACIA** n. f. (gr. *theokratia*). Régimen político en el que el poder se considera procedente directamente de Dios, y es ejercido por los que están investidos de autoridad religiosa.

**TEOCRÁTICO, A** adj. Relativo a la teocracia.

**TEODICEA** n. f. Metafísica del conocimiento de Dios y de sus atributos únicamente a través de la razón. SIN.: *teología natural.*

**TEODOLITO** n. m. Instrumento utilizado en geodesia y topografía, que sirve para medir ángulos horizontales y verticales.

utilización de un **teodolito**

**TEOFILANTROPÍA** n. f. Secta deísta basada en la creencia en un Dios todopoderoso y bondadoso, que tuvo cierta vigencia a fines del s. XVIII, especialmente en Francia.

**TEOFILINA** n. f. Uno de los alcaloides de las hojas del té, empleado en medicina como diurético.

**TEOGONÍA** n. f. (gr. *theogonia*). Conjunto de divinidades de una determinada mitología. **2.** Doctrina referente al origen de los dioses, en una mitología determinada.

**TEOGÓNICO, A** adj. Relativo a la teogonía.

**TEOLOGAL** adj. Relativo a la teología. • **Virtudes teologales,** fe, esperanza y caridad.

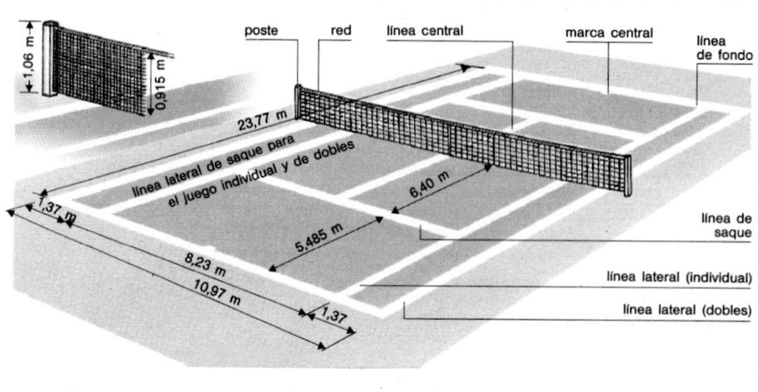

**tenis:** plano de una pista y detalle de la red

**TEOLOGÍA** n. f. Ciencia que trata de Dios y de sus atributos y perfecciones. • **Teología de la liberación,** movimiento teológico cristiano, surgido en Suramerica, que se distingue por su lucha contra la opresión y la explotación del hombre. ‖ **Teología natural,** teodicea.

**TEOLÓGICO, A** adj. Relativo a la teología.

**TEÓLOGO, A** n. Especialista en teología.

**TEORBA** n. f. Tiorba.

**TEOREMA** n. m. (gr. *theōrēma*). Proposición científica que puede demostrarse. **2.** MAT. y LÓG. Expresión de un sistema formal, demostrable en el interior de dicho sistema.

**TEORÉTICA** n. f. Estudio del conocimiento.

**TEORÉTICO, A** adj. Relativo a la teoría.

**TEORÍA** n. f. (gr. *theōria*). Conocimiento especulativo, ideal, independiente de toda aplicación. **2.** Conjunto de teoremas y de leyes organizadas sistemáticamente, sometidas a la verificación experimental, y que están encaminadas a establecer la veracidad de un sistema científico. **3.** Conjunto sistematizado de opiniones o ideas sobre un tema determinado. • **En teoría,** teóricamente, no comprobado prácticamente. ‖ **Teoría deductiva** (LÓG.), conjunto de proposiciones demostradas de forma puramente lógica a partir de axiomas, y que enuncian las propiedades correspondientes a un determinado campo de objetos. ‖ **Teoría del conocimiento** (FILOS.), sistema de explicación de las relaciones entre el pensamiento y los objetos.

**TEÓRICA** n. f. Teoría, conocimiento especulativo.

**TEÓRICO, A** adj. Relativo a la teoría. **2.** Que conoce las cosas sólo especulativamente, sin aplicación práctica. **3.** Que cultiva la parte teórica de una ciencia.

**TEORIZACIÓN** n. f. Acción de teorizar.

**TEORIZAR** v. tr. [**1g**]. Considerar de modo sistemático una actividad, o un conjunto de fenómenos, etc., formulando y estableciendo sus principios. ◆ v. intr. **2.** Formular una teoría o teorías.

**TEOSOFÍA** n. f. Doctrina religiosa que tiene por objeto el conocimiento de Dios, revelado por la naturaleza, y la elevación del espíritu hasta la unión con la divinidad.

**TEOSÓFICO, A** adj. Relativo a la teosofía.

**TEÓSOFO, A** n. Persona que profesa la teosofía.

**TEOTLECO** n. m. (voz náhuatl, *llega el dios*). Duodécimo mes del calendario azteca de 365 días.

**tep,** símbolo de la *tonelada de equivalente petróleo.*

**TEPACHE** n. m. *Méx.* Bebida fermentada que se prepara con el jugo y la cáscara de diversas frutas, principalmente, piña y azúcar.

**TEPALCATE** n. m. *Méx.* Pez de la familia de los pleuronéctidos. **2.** *Méx.* Trasto inútil, cacharro. ◆ **tepalcates** n. m. pl. **3.** *Méx.* Fragmentos de una vasija de barro quebrada.

**TÉPALO** n. m. BOT. Pieza del periantio de las flores de monocotiledóneas, pétalo y sépalo a la vez.

**TEPANECA** adj. y n. m. y f. Relativo a un pueblo amerindio de México, del grupo nahua, de lengua uto-azteca, que desde el s. XIII dominó la cuenca del lago Texcoco, donde se encontraba su capital, Azcapotzalco hasta principios del s. XV; individuo de este pueblo.

**TEPE** n. m. Pedazo de tierra muy trabado por las raíces del césped o hierba, que se emplea para hacer presas en los regueros, obtener césped ornamental para trasplantar, etc.

**TEPE** n. m. (voz turca). ARQUEOL. Colina artificial formada por restos de poblados desaparecidos.

**TEPEHUA,** pueblo amerindio de México de lengua maya.

**TEPEHUANO,** pueblo amerindio del grupo pima-nahua de la familia lingüística uto-azteca, que vive en México (est. de Durango, Nayarit y Chihuahua).

**TEPEILHUITL** n. m. (voz náhuatl, *fiesta de los montes*). Decimotercer mes del calendario azteca de 365 días.

**TEPETATE** n. m. *Méx.* Piedra amarillenta blanquecina, porosa, que cortada en bloques se usa en construcción.

**TEPETOMATE** n. m. *Méx.* Especie de madroño con raíces medicinales y fruto comestible, cuya madera se utiliza en ebanistería.

**TEPEZCUINTE** o **TEPEZCUINTLE** n. m. *C. Rica* y *Méx.* Mamífero roedor, del tamaño de un conejo, con el cuerpo grueso y la piel de color amarillo rojizo.

**TEPIDARIO** n. m. (lat. *tepidarium*). ANT. ROM. Habitación de las termas romanas donde se mantenía una temperatura templada.

**TEPOROCHO, A** n. *Méx.* Indigente que vaga por las calles, especialmente el que padece algún trastorno mental o está drogado.

**TEPOTZO** n. m. *Méx.* Nauyaca.

**TEPÚ** n. m. *Chile.* Planta arbórea que se emplea principalmente para leña. (Familia mirtáceas.)

**TEPUAL** n. m. *Chile.* Bosque de tepúes, en la desembocadura de los ríos.

**TEQUESQUITE** n. m. *Méx.* Sal natural que queda al desecarse los lagos salobres y que se emplea en la saponificación de las grasas y en medicina popular.

**TEQUIAR** v. tr. [**1**]. *Amér. Central.* Dañar, perjudicar.

**TEQUICHE** n. m. *Venez.* Plato a base de harina de maíz tostado, mantequilla y leche de coco.

**TEQUILA** n. m. Bebida alcohólica que se extrae de una especie de agave *(maguey tequilero)* que se cultiva especialmente en el altiplano mexicano.

**TEQUIO** n. m. (azteca *tequitl*, trabajo). Faena colectiva, de carácter temporal, en la que se unen los indios de un mismo linaje, clan o comunidad americana. **2.** *Amér. Central. Fig.* Molestia, daño.

**TEQUIOSO, A** adj. *Amér. Central.* Travieso, molesto.

**TERA,** prefijo (símbolo T) que, colocado delante de una unidad de medida, la multiplica por $10^{12}$.

**TERAPEUTA** n. m. y f. Médico especializado en los problemas de la terapéutica. • **Terapeuta ocupacional,** profesional de la terapia ocupacional.

**TERAPÉUTICA** n. f. Parte de la medicina que se ocupa del modo de tratar las enfermedades.

**TERAPÉUTICO, A** adj. Relativo a la terapéutica.

**TERAPIA** n. f. Tratamiento o curación. (Puede usarse como sufijo.) • **Terapia ocupacional,** tratamiento empleado en diversas enfermedades somáticas o síquicas para readaptar al paciente mediante acciones de la vida ordinaria o con determinadas ocupaciones laborales.

**TERATOGÉNESIS** n. f. Rama de la teratología que tiene como objeto la investigación de la causa de las malformaciones. **2.** Producción experimental de anomalías del desarrollo.

**TERATÓGENO, A** adj. MED. Que produce malformaciones congénitas.

**TERATOLOGÍA** n. f. Parte de la biología que estudia las malformaciones congénitas.

**TERATOLÓGICO, A** adj. Relativo a la teratología. **2.** Dícese de todo órgano de un ser vivo cuya morfología se aparta de la normalidad.

**TERBIO** n. m. Metal (Tb), de número atómico 65 y de masa atómica 158,92, del grupo de las tierras raras.

**TERCELETE** n. m. ARQ. Nervio suplementario de las bóvedas de crucería, que arranca del ábaco del capitel para terminar en las cadenas.

**TERCENA** n. f. *Ecuad.* Carnicería, tienda donde se vende carne.

**TERCER** adj. Apócope de *tercero.* • **Tercer estado,** en el Antiguo régimen, grupo social que no pertenecía a la nobleza ni al clero. ‖ **Tercer mundo,** conjunto de países poco desarrollados económicamente. ‖ **Tercer opositor** (DER.), el que, no habiendo sido parte en un litigio, pretende que la sentencia perjudica sus derechos y se opone a su ejecución.

**TERCERA** n. f. Intervalo musical melódico o armónico, que comprende dos tonos, o un tono y medio.

**TERCERÍA** n. f. Oficio o actividad de tercero, de mediador, de alcahuete.

**TERCERMUNDISMO** n. m. Doctrina o tendencia que privilegia el tema de la dependencia y del atraso del Tercer mundo sobre otras consideraciones. **2.** Doctrina o tendencia que pretende aplicar análisis y soluciones propias del Tercer mundo a países que no pertenecen propiamente a esta realidad, aunque tienen alguna de sus características (especialmente, el subdesarrollo y la dependencia).

**TERCERMUNDISTA** adj. y n. m. y f. Del Tercer mundo. **2.** Relativo al tercermundismo; partidario de esta doctrina. ◆ adj. **3.** *Por ext.* Atrasado, no moderno; poco desarrollado.

**TERCERO, A** adj. num. ordin. (lat. *tertiarium*). Que sigue inmediatamente en orden al segundo. ◆ adj. **2.** Dícese de cada una de las partes de una cantidad o cosa dividida en tres partes. • **Orden tercera,** asociación de religiosos *(órdenes terceras regulares)* o de laicos *(órdenes terceras seculares)* que están afiliados a una orden religiosa, como los franciscanos, los dominicos, los carmelitas y los benedictinos. ◆ adj. y n. **3.** Dícese de la persona o cosa que interviene o aparece en un asunto además de las dos que, en posiciones opuestas, figuran en él: *tercera solución.* ◆ n. **4.** Alcahuete, persona que ayuda a una pareja en sus amores ilícitos. • **Tercero en discordia,** el que media para zanjar una desavenencia.

**TERCEROLA** n. f. Arma de fuego de repetición, más corta que la carabina.

**TERCERÓN, NA** adj. y n. Nacido de blanco y mulata, o de mulato y blanca.

**TERCETO** n. m. Forma estrófica que consta de tres versos, normalmente endecasílabos. **2.** Conjunto de tres. **3.** MÚS. Composición breve para tres voces o tres instrumentos.

**TERCIA** n. f. LITURG. Parte del oficio monástico o del breviario que se reza en la hora tercera, o sea a las 9 de la mañana. ◆ **tercias** n. f. pl. **2. Tercias reales,** renta de la hacienda real castellana, que consistía en la percepción de dos novenos de los diezmos eclesiásticos.

**TERCIADO, A** adj. Atravesado o cruzado. **2.** Con un tercio ya gastado. **3.** Dícese del azúcar de segunda producción y de color amarillo o pardo. **4.** HERÁLD. Dícese del escudo dividido en tres partes iguales.

**TERCIADOR, RA** adj. y n. Que tercia o media.

**TERCIANA** n. f. Fiebre intermitente cuyos accesos se repiten cada tres días.

**TERCIAR** v. tr. [**1**]. Dividir una cosa en tres partes. **2.** Equilibrar la carga repartiéndola por igual a los dos lados de la acémila. **3.** Dar la tercera reja o labor a la tierra a fin de prepararla para el cultivo de los cereales. ◆ v. tr. y pron. **4.** Poner una cosa diagonalmente o al sesgo, ladearla. ◆ v. intr. **5.** Mediar entre dos personas o grupos de ellas para ponerlas de acuerdo, o interceder en favor de una frente a la otra. **6.** Intervenir en una acción, tomar parte en algo que están haciendo otros, particularmente en una conversación. **7.** Llegar algo a la tercera parte o al tercer punto de algo. ◆ **terciarse** v. pron. **8.** Presentarse casualmente una cosa o la oportunidad de hacer algo: *y si se tercia, iremos al concierto.* **9.** TAUROM. Atravesarse el toro en la suerte.

**TERCIARIO, A** adj. Tercero en orden o en grado. **2.** QUÍM. Dícese de un átomo de carbono unido a otros tres átomos de carbono. • **Sector terciario,** parte de la población activa empleada en los servicios, como administración, comercio, banca, enseñanza, ejército, etc. ◆ adj. y n. m. **3.** Dícese de la era geológica que precede a la era cuaternaria, de una duración de 65 millones de años, y que se caracteriza por el plegamiento alpino y la diversificación de los mamíferos. ◆ n. **4.** Miembro de una orden tercera.

**TERCIO, A** adj. (lat. *tertium*). Tercero, que sigue al segundo. ◆ n. m. **2.** Cada una de las tres partes iguales en que se divide un todo. **3.** Unidades del cuerpo de infantería de marina que prestan servicio en los tres departamentos marítimos y en Baleares. **4.** Unidad típica de la infantería española que equivalía al regimiento. **5.** Cada una de las frases musicales de que se componen algunos cantes flamencos. **6.** TAUROM. Espacio comprendido entre la barrera y una circunferencia trazada desde el centro del redondel. **7.** TAUROM. Cada una de las tres etapas en que se divide la lidia: *tercio de varas, de banderillas, de muerte.* • **Tercio de la Guardia civil,** unidad de dicho cuerpo que está al mando de un coronel. ◆ **tercios** n. m. pl. **8.** Miembros fuertes y robustos del hombre.

**TERCIOPELO** n. m. Tejido de superficie velluda, empleado para vestidos y tapicería.

**TERCO, A** adj. Obstinado, tenaz, que mantiene su

actitud a pesar de las dificultades y obstáculos. **2.** *Ecuad.* Desabrido, despegado.

**TEREBECO, A** adj. *C. Rica.* Trémulo, tembloroso.

**TEREBEQUEAR** v. intr. **[1]**. *C. Rica.* Temblar.

**TEREBINTÁCEO, A** adj. y n. f. Relativo a una familia de plantas leñosas con fruto en drupa, como el anacardo, el zumaque y el mango. SIN.: *anacardiáceo.*

**TEREBINTO** n. m. Cornicabra.

**TEREBRANTE** adj. Dícese de las lesiones ulceradas profundas, que parecen roer los tejidos. • **Dolor terebrante,** dolor muy vivo, que da la sensación de una perforación.

**TEREFTÁLICO, A** adj. Dícese de un ácido isómero del ácido ftálico, utilizado en la fabricación de fibras textiles.

**TEREQUE** n. m. *Ecuad., Nicar., P. Rico* y *Venez.* Trasto, cacharro.

**TERESIANO, A** adj. Relativo a santa Teresa de Jesús. ◆ adj. y n. f. **2.** Dícese de la hermana perteneciente a un instituto religioso que tiene por patrona a santa Teresa.

**TERGAL** n. m. (marca registrada). Hilo o fibra sintética de poliéster, de patente francesa.

**TERGIVERSABLE** adj. Que puede tergiversarse.

**TERGIVERSACIÓN** n. f. Acción y efecto de tergiversar.

**TERGIVERSADOR, RA** adj. y n. Que tergiversa.

**TERGIVERSAR** v. tr. (lat. *tergiversari*) **[1]**. Alterar, desfigurar los hechos, dando una interpretación errónea a palabras, acontecimientos, etc.

**TERGO** n. m. Parte dorsal de cada uno de los anillos de los artrópodos.

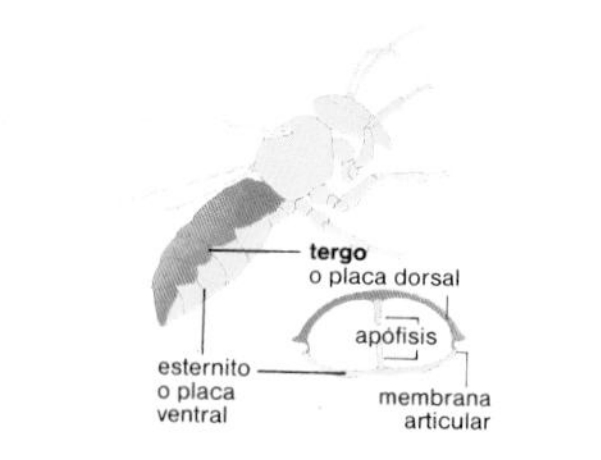


**tergos** de insecto

**TERMAL** adj. Dícese de las aguas de manantial calientes y de toda agua de fuente utilizada como tratamiento, así como de las instalaciones que permiten su empleo. • **Estación termal,** localidad dotada de uno o varios establecimientos especializados en el tratamiento de diversas afecciones, mediante la utilización de aguas de manantial, con características mineralógicas determinadas y constantes.

**TERMALISMO** n. m. Conjunto de medios médicos, higiénicos, hoteleros, hospitalarios y sociales al servicio de la utilización terapéutica de las aguas termales.

**TERMAS** n. f. pl. (lat. *termas*). Baños públicos de los antiguos romanos. **2.** Caldas, baños de agua mineral caliente.

**TERMES** n. m. Insecto de costumbres sociales, que forma colonias compuestas por una hembra dotada de un enorme abdomen, un macho, numerosas obreras que aseguran los trabajos de construcción y se encargan de aportar los alimentos, y numerosos soldados, encargados de la defensa. (Abundan especialmente en la regiones cálidas, donde construyen enormes termiteras. Causan grandes estragos en los edificios. Orden isópteros.) SIN.: *termita, térmite.*

**TERMIA** n. f. Unidad de medida de la cantidad de calor (símbolo th), que equivale a $10^6$ calorías.

**TÉRMICA** n. f. Parte de las ciencias físicas, y sobre todo de la física aplicada, que trata de la producción, la transmisión y la utilización del calor.

**TERMICIDAD** n. f. Acción por la que un sistema de cuerpos que sufren una transformación fisicoquímica intercambian calor con el medio exterior.

**TÉRMICO, A** adj. Relativo al calor y a la temperatura: *indicaciones térmicas.* **2.** Dícese de un instrumento o aparato de medida fundado en la dilatación que experimenta un hilo metálico cuando lo recorre una corriente que eleva su temperatura: *amperímetro, voltímetro térmico.* **3.** *Fig.* Dícese de los neutrones que poseen una energía cinética del orden de la de la agitación térmica y son capaces de provocar la fisión del uranio 235. • **Agitación térmica,** movimiento desordenado de las partículas que constituyen la materia, cuya velocidad aumenta con la temperatura. ‖ **Análisis térmico,** conjunto de procedimientos que permiten la medida, en función de la temperatura, de las magnitudes características de una propiedad de una muestra, sometida a aumentos y disminuciones de temperatura. ‖ **Central térmica,** factoría de producción de energía eléctrica a partir de la energía térmica de combustión. ‖ **Máquina térmica,** aparato que transforma el calor en trabajo mecánico.

**TERMIDOR** n. m. Undécimo mes del calendario republicano francés (del 19 o 20 de julio al 17 o 18 de agosto).

**TERMIDORIANO, A** adj. Relativo a los acontecimientos del 9 de termidor del año II, día de la caída de Robespierre.

**TERMINACIÓN** n. f. Acción y efecto de terminar. **2.** Conclusión, extremo, parte final de una cosa. **3.** Final de una palabra, sufijo o desinencia variable según las personas, números, tiempos, etc.

**TERMINAL** adj. Final, que pone término a una cosa. **2.** Dícese del último período y de las manifestaciones finales de las enfermedades que conducen a la muerte. ◆ adj. y n. f. **3.** Dícese del lugar de origen o final de una línea aérea, de ferrocarril, de autobús, etc. ◆ n. m. **4.** Conjunto de tanques de almacenamiento y bombas, o depósito, situado al final de un oleoducto: *terminal marítimo.* **5.** ELECTR. Borne. **6.** INFORMÁT. Órgano periférico de un ordenador, generalmente situado lejos de la máquina, al que pueden enviarse datos y preguntas y que proporciona resultados y respuestas.

**TERMINANTE** adj. Categórico, concluyente, preciso, contundente, rotundo: *pruebas terminantes.*

**TERMINAR** v. tr. (lat. *terminare*) **[1]**. Llevar a fin o dar término de una cosa: *terminar los estudios.* ◆ v. intr. y pron. **2.** Tener fin una cosa, llegar a su fin: *la calle termina aquí.*

**TERMINATIVO, A** adj. Relativo al término u objeto de una acción.

**TÉRMINO** n. m. (lat. *terminum*). Extremo, límite o último punto hasta donde llega algo. **2.** Porción de territorio sometido a la autoridad de un ayuntamiento. **3.** Fin último, momento o período de la existencia o duración de algo: *el término de la vida.* **4.** Límite de tiempo, plazo fijo: *debes pagar en el término de dos días.* **5.** Elemento de un conjunto; cada uno de los componentes que constituyen un todo: *considerar un asunto término por término.* **6.** Palabra, vocablo. **7.** LÓG. Sujeto o predicado en una premisa de un silogismo. **8.** MAT. Cada una de las cantidades que componen una suma, una expresión algebraica, una serie, una sucesión, una progresión, etc. • **Cruz de término,** cruz monumental, generalmente de piedra, con que solía señalarse el amojonamiento de un término municipal o su entrada en el mismo. ‖ **Dar término** a algo, terminarlo. ‖ **En último término,** si no queda otro medio o remedio. ‖ **Llevar a término** algo, ejecutarlo completamente. ‖ **Operación a término** (B. Y BOLS.), operación cuya efectividad sólo tendrá lugar en una fecha convenida. ◆ **términos** n. m. pl. **9.** Locución, expresión verbal: *términos precisos.* **10.** Condición o carácter de una situación. • **Estar en buenos** o **en malos términos** una persona con otra, estar en buenas relaciones o al contrario. ‖ **Invertir los términos,** cambiar completamente el planteamiento de una cuestión.

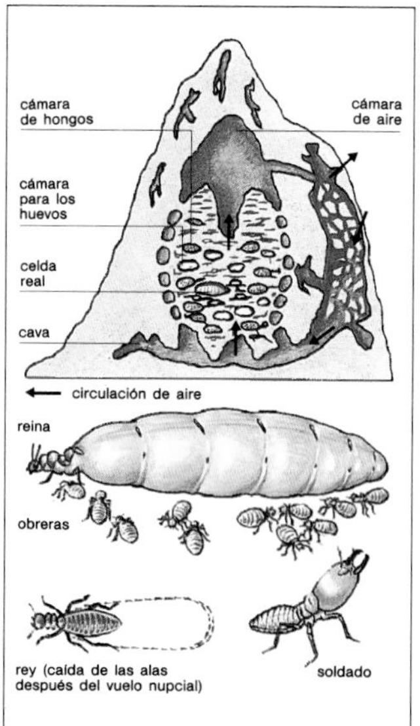


**termes** y **termitero**

**TERMINOLOGÍA** n. f. Conjunto de términos o vocablos propios de determinada profesión, ciencia o materia: *terminología literaria.*

**TERMINOLÓGICO, A** adj. Relativo a la terminología.

**TERMISTOR** n. m. Resistencia eléctrica de coeficiente de temperatura elevado y negativo.

**TERMITA** n. f. Mezcla de limaduras de aluminio y óxido de hierro, utilizada para soldar. • **Soldadura por termita,** uno de los tipos fundamentales de soldadura autógena.

**TERMITA** o **TÉRMITE** n. f. Termes.

**TERMITERO** n. m. Nido que los termes construyen, en los países tropicales, con los escombros de sus trabajos de excavación.

**TERMO** o **TERMOS** n. m. (pl. *termos*). Botella o vasija aislante, de doble pared, con vacío intermedio, provista de cierre hermético. **2.** Termosifón, calentador de agua.

**TERMOCAUTERIO** n. m. Cauterio de platino, que se mantiene incandescente por una corriente de aire carburado.

**TERMOCLINA** n. f. Capa de agua marítima, o lacustre, cuya temperatura disminuye rápidamente con la profundidad.

**TERMOCOPIA** n. f. Procedimiento de reprografía basado en el hecho de que las sustancias oscuras absorben más calor que las de color claro.

**TERMODINÁMICA** n. f. Parte de la física que trata de las relaciones entre los fenómenos mecánicos y caloríficos.

**TERMOELÁSTICO, A** adj. Que concierne a la comprensibilidad y a la dilatación.

**TERMOELECTRICIDAD** n. f. Conjunto de fenómenos reversibles de transformación directa de la energía térmica en energía eléctrica y viceversa. **2.** Electricidad producida por la combustión del carbón, del gas o del fuel pesado *(termoelectricidad clásica)* o del uranio o plutonio *(termoelectricidad nuclear).*

**TERMOELÉCTRICO, A** adj. Relativo a la termoelectricidad.

**TERMOENDURECIBLE** adj. Dícese de un polímero cuyas macromoléculas, por la acción del calor, se unen por enlace químico formando un material infusible e insoluble.

**TERMOGÉNESIS** n. f. FISIOL. Parte de la termorregulación que genera calor animal.

**TERMÓGENO, A** adj. Que produce calor.

**TERMOGRAFÍA** n. f. Técnica de registro gráfico de las temperaturas de los diferentes puntos del cuerpo. **2.** Procedimiento de impresión en relieve con una tinta que contiene una resina que se solidifica por calentamiento. **3.** Conjunto de procedimientos que proporcionan una imagen que caracteriza el poder emisivo de los cuerpos al infrarrojo.

**TERMOIÓNICO, A** adj. Dícese de la emisión de electrones por un conductor eléctrico calentado a temperatura elevada.

**TERMÓLISIS** n. f. Parte de la termorregulación que produce pérdida de calor animal.

**TERMOLOGÍA** n. f. Parte de la física que trata de los fenómenos en que interviene el calor o la temperatura.

**TERMOLUMINISCENCIA** n. f. Emisión de luz por ciertos cuerpos, provocada por un calentamiento notablemente inferior al que produciría la incandescencia.

**TERMOMETRÍA** n. f. Medida de la temperatura.

**TERMOMÉTRICO, A** adj. Relativo al termómetro o a la termometría.

**TERMÓMETRO** n. m. Instrumento que sirve para medir la temperatura. • **Termómetro centesimal,** termómetro que comprende 100 divisiones entre la división 0, correspondiente a la temperatura de fusión del hielo, y la división 100, que corresponde a la temperatura del vapor de agua en estado de ebullición a una presión atmosférica normal. || **Termómetro de máxima y mínima,** termómetro que registra las temperaturas máxima y mínima alcanzadas durante un determinado período de tiempo. || **Termómetro Fahrenheit,** termómetro que comprende 180 divisiones entre la división 32, correspondiente a la temperatura de fusión del hielo, y la división 212, que corresponde a la temperatura del agua en estado de ebullición.

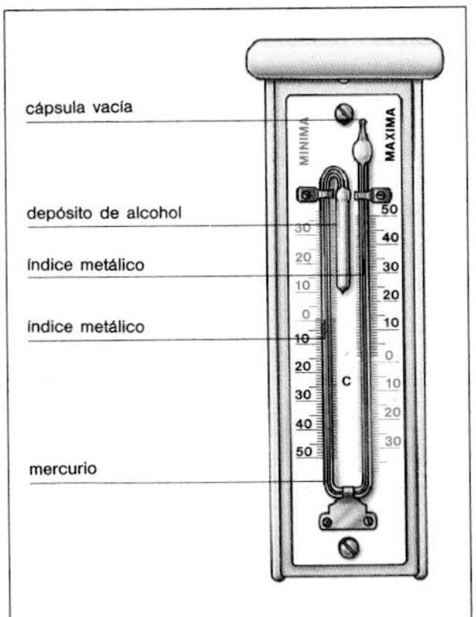


**termómetro** de máxima y mínima

**TERMONUCLEAR** adj. Dícese de las reacciones de fusión nuclear entre elementos ligeros, y de la energía que producen, logradas por el empleo de temperaturas muy elevadas. • **Bomba termonuclear, de hidrógeno,** o **H,** proyectil que produce, por la obtención de muy altas temperaturas, la fusión de núcleos de átomos ligeros con un desprendimiento considerable de energía. (Su potencia se expresa en megatones.)

**TERMOOXIDACIÓN** n. f. Conjunto de las transformaciones químicas (oxidación y polimerización) que sufre un cuerpo graso por la acción simultánea del oxígeno del aire y del calor.

**TERMOPAR** n. m. Circuito formado por dos metales diferentes entre cuyas soldaduras se ha establecido una diferencia de temperatura, y en el que aparece una fuerza electromotriz. SIN.: *par termoeléctrico.*

**TERMOPLÁSTICO, A** adj. y n. m. Que se ablanda por la acción del calor y se endurece al enfriarse, de forma reversible.

**TERMOPROPULSADO, A** adj. Que es propulsado según el principio de la termopropulsión.

**TERMOPROPULSIÓN** n. f. Principio de propulsión basado en la única reacción de la energía térmica.

**TERMOQUÍMICA** n. f. Parte de la química que estudia las cantidades de calor que acompañan a las reacciones químicas.

**TERMOQUÍMICO, A** adj. Relativo a la termoquímica.

**TERMORREGULACIÓN** n. f. Regulación automática de la temperatura. **2.** Mecanismo fisiológico que mantiene constante la temperatura interna en el hombre, los mamíferos y las aves.

**TERMORREGULADOR, RA** adj. Relativo a la termorregulación.

**TERMOSCOPIO** n. m. Especie de termómetro de aire, que sirve para estudiar las diferencias de temperatura entre dos medios.

**TERMOSFERA** n. f. Capa atmosférica superior a la mesosfera, en donde la temperatura aumenta regularmente con la altura.

**TERMOSIFÓN** n. m. Dispositivo en el que se genera una circulación de agua por variación de temperatura.

**TERMOSTATO** n. m. Dispositivo que sirve para mantener la temperatura constante.

**TERMOTACTISMO** n. m. Acción ejercida, por las diferencias de temperatura entre distintos puntos de un medio, sobre los animales, los cuales se desplazan en él hacia sus «preferencias» térmicas.

**TERMOTERAPIA** n. f. Empleo del calor en terapéutica.

**TERNA** n. f. (lat. *ternam*). Conjunto de tres personas propuestas para que se designe entre ellas la que ha de desempeñar cierto cargo o empleo. **2.** En la lotería, conjunto o serie de tres números. **3.** En el juego de dados, pareja de tres puntos. **4.** ELECTR. Conjunto de los tres cables de transporte de una red trifásica. **5.** TAUROM. Conjunto de tres diestros que alternan en una corrida.

**TERNADA** n. f. *Chile* y *Perú.* Terna de pantalón, chaleco y chaqueta.

**TERNARIO, A** adj. Compuesto de tres elementos: *número ternario.* **2.** MÚS. Dícese del tiempo divisible por tres, perteneciente a un compás ternario. **3.** QUÍM. Dícese de las sustancias orgánicas, como los glúcidos y los lípidos, compuestas de carbono, hidrógeno y oxígeno. • **Compás ternario** (MÚS.), el que está formado por tres tiempos o por tres unidades de tiempo. || **Fisión ternaria,** fisión nuclear de la cual resultan tres fragmentos pesados, en lugar de los dos como es habitual.

**TERNASCO** n. m. Cordero que todavía se alimenta de leche.

**TERNE** adj. *Fam.* Terco, obstinado: *terne que terne.*

**TERNEJO, A** adj. *Ecuad.* y *Perú.* Se dice de la persona fuerte, vigorosa y valiente.

**TERNERA** n. f. Femenino de ternero. **2.** Carne de este animal.

**TERNERO, A** n. Ejemplar de ganado vacuno con dentición de leche.

**ternero**

**TERNEZA** n. f. Ternura. **2.** Requiebro, dicho cariñoso. (Suele usarse en plural.)

**TERNILLA** n. f. Cartílago.

**TERNO** n. m. (lat. *ternum*). Conjunto de tres elementos o cosas de la misma especie. **2.** Traje de hombre compuesto de pantalón, chaleco y chaqueta. **3.** Juramento, blasfemia. **4.** *Cuba* y *P. Rico.* Adorno de joyas formado por pendientes, collar y alfiler.

**TERNURA** n. f. Actitud cariñosa y afable. **2.** Expresión de cariño, afecto y amistad. **3.** Calidad de tierno.

**TERO** n. m. *Argent.* Teruteru.

**TEROMORFO, A** adj. y n. m. Relativo a una subclase de reptiles fósiles de la era secundaria, probablemente emparentados con los mamíferos, que incluye formas terrestres y acuáticas de gran tamaño.

**TERPÉNICO, A** adj. Dícese de los terpenos y de sus derivados.

**TERPENO** n. m. Nombre genérico de los hidrocarburos de origen vegetal, de fórmula general $(C_5H_8)_n$.

**TERPINA** n. f. Hidrato de trementina del que se obtiene el terpineol por deshidratación (esencia de muguete), y que se emplea como expectorante.

**TERPINEOL** n. m. Compuesto con olor a muguete, que es derivado de la terpina.

**TERQUEDAD** n. f. Calidad de terco o actitud terca.

**TERRACERÍA** n. f. *Méx.* Tierra que se acumula en terraplenes o camellones en los caminos o carreteras en obra o construcción. • **Camino** o **carretera de terracería** (*Méx.*), el que no está asfaltado o revestido.

**TERRACOTA** n. f. (ital. *terra cotta*). Arcilla modelada y endurecida al horno. **2.** Objeto obtenido de esta forma.

**TERRADO** n. m. Cubierta plana de un edificio.

**TERRAJA** n. f. Tabla guarnecida con una chapa metálica, que sirve para hacer las molduras de yeso, mortero, mármol, etc. **2.** Herramienta para tallar roscas exteriores en pernos, varillas, etc. **3.** Aparato propio para el moldeo a terraja. • **Moldeo a terraja,** en fundición, método para ejecutar moldes o machos de piezas; en la industria de los aglomerados, utilización de moldes de cemento para reproducir la forma de la pieza que se quiere moldear.

**TERRAL** adj. y n. m. Dícese de la brisa de tierra. **2.** En la fachada mediterránea española, dícese del viento que sopla del O o del NO por las noches.

**TERRAMICINA** n. f. Antibiótico de la familia de las tetraciclinas, elaborado a partir del *Streptomyces rimosus.*

**TERRANOVA** n. m. Raza de perros de pelaje negro, largo y sedoso, y patas palmeadas, originaria de la isla de Terranova.

**terranova**

**TERRAPLÉN** n. m. Masa de tierra o de material excavado para elevar un terreno o rellenar un hueco. **2.** Cualquier desnivel en el terreno con una cierta pendiente.

**TERRAPLENAR** v. tr. [1]. Llenar de tierra un hueco. **2.** Acumular tierra para levantar un terraplén.

**TERRÁQUEO, A** adj. Que está compuesto de tierra y agua: *globo terráqueo.*

**TERRARIO** o **TERRARIUM** n. m. Instalación para la cría y cuidado de reptiles, anfibios, artrópodos, etc.

**TERRASENSE** adj. y n. m. y f. Tarrasense.

**TERRATENIENTE** n. m. y f. Propietario de tierras o fincas rurales.

**TERRAZA** n. f. Terrado, cubierta de un edificio. **2.** En un edificio, espacio descubierto o parcialmente cubierto, de nivel superior al del terreno. **3.** Espacio de terreno llano dispuesto en forma de escalón en la ladera de un terreno elevado. **4.** Terreno acotado delante de un café, restaurante, etc., para sentarse al aire libre. **5.** GEOGR. Resto de una capa aluvial recortada por la erosión. • **Cultivos en terrazas,** campos instalados sobre pendientes dispuestas a propósito en niveles superpuestos o bancales, utilizados para sistemas de cultivo muy variado.

**TERRAZGO** n. m. Pedazo de tierra para sembrar.

**TERRAZO** n. m. Pavimento o material de revestimiento con aspecto de granito, de mosaico o de mármol.

**TERREGAL** n. m. *Méx.* Tierra suelta, polvareda.

**TERREMOTO** n. m. Sismo.

**TERRENAL** adj. Relativo a la tierra: *mundo terrenal.*

**TERRENO, A** adj. (lat. *terrenum*). Terrestre. **2.** Terrenal. ◆ n. m. **3.** Espacio de tierra más o menos extenso, destinado a un uso concreto: *terreno edificable.* **4.** *Fig.* Campo o esfera de acción en que se ejerce un poder o influencia: *este asunto está fuera de mi terreno.* **5.** *Fig.* Conjunto de actividades, ideas o conocimientos de cierta clase: *el terreno de la ciencia.* **6.** En fútbol y en otros deportes, campo de juego. **7.** Porción más o menos considerable de la corteza terrestre de determinada edad, naturaleza u origen: *terreno devónico; terreno arcilloso.* **8.** MED. Conjunto de factores genéticos, fisiológicos, inmunológicos, etc., que condicionan la resistencia a una enfermedad. • **Estar,** o **encontrarse, en su propio terreno,** estar en situación ventajosa, discutir de algo que se conoce bien. || **Ganar terreno,** difundirse, imponerse, irse introduciendo para conseguir algún fin; progresar. || **Perder terreno,** ser aventajado, pasar a una posición o situación menos favorable. || **Preparar,** o **trabajar, el terreno,** predisponer algo de modo que se obtenga éxito o buen resultado. || **Sobre el terreno,** allí donde se ha de desarrollar o resolver lo que se trata; improvisando, sin plan previo. || **Terreno abonado** (*Fig.*), aquello en que se dan condiciones óptimas para que se produzca u ocurra algo determinado. || **Terreno del honor,** campo donde se lleva a cabo un duelo o desafío. || **Todo terreno,** dícese del vehículo capaz de rodar sobre cualquier clase de terreno.

**TÉRREO, A** adj. De tierra o parecido a ella: *color térreo.*

**TERRERO, A** adj. Relativo a la tierra. **2.** *Can.* y *P. Rico.* Dícese de la casa de un solo piso. ◆ adj. y n. f. **3.** Dícese de las cestas o espuertas que se emplean para llevar tierra. ◆ n. m. **4.** Depósito o acumulación de tierra, arena, etc., acumulados por el agua. **5.** Montón de desechos, roca estéril, sacados de una mina. **6.** *Hond.* y *P. Rico.* Lugar en que abunda el salitre. ◆ adj. y n. m. **7.** *Méx.* Polvareda.

**TERRESTRE** adj. Relativo a la Tierra: *la esfera terrestre.* **2.** Que vive, se desarrolla o se da en la tierra: *plantas, animales terrestres; transporte terrestre.* ◆ n. m. y f. **3.** Habitante de la Tierra.

**TERRIBLE** adj. (lat. *terribilem*). Que inspira o puede inspirar terror: *monstruo terrible.* **2.** Atroz, desmesurado, difícil de tolerar: *genio terrible; sueño terrible.*

**TERRÍCOLA** adj. y n. m. y f. Que vive y se desarrolla en la tierra, en oposición al que lo hace en el agua o en el aire: *animales, plantas terrícolas; marcianos* y *terrícolas.*

**TERRIER** n. m. y adj. Tipo de perro propio para la caza de animales de madriguera *(fox-terrier, bull-terrier, irish-terrier).*

irish-**terrier**

bull-**terrier**

**TERRÍFICO, A** adj. Terrorífico.

**TERRÍGENO, A** adj. Nacido de la tierra. • **Depósito terrígeno** (GEOL.), depósito de los fondos oceánicos, cuyo origen es continental.

**TERRINA** n. f. (fr. *terrine*). Vasija en forma de tronco de cono invertido destinado a conservar algunos alimentos.

**TERRITORIAL** adj. Perteneciente al territorio. • **Ejército territorial,** el formado por unidades que tienen a su cargo la misión específica de la defensa del territorio.

**TERRITORIALIDAD** n. f. Característica peculiar que adquieren en el derecho las cosas y hechos jurídicos en cuanto se encuentran en el territorio de un estado.

**TERRITORIO** n. m. (lat. *territorium*). Porción de tierra perteneciente a una nación, región, provincia, etc.; término que comprende una jurisdicción. **2.** En países de régimen federal como Argentina, Australia, Canadá, Venezuela, etc., entidad política que no goza de completa autonomía interior o que es administrada por el gobierno central. **3.** ETOL. Espacio delimitado elegido por un animal o grupo de animales para desarrollar sus actividades, y al que defienden frente a otros individuos. **4.** MED. Conjunto de estructuras anatómicas que dependen de un tronco arterial o filete nervioso. • **Ordenación del territorio,** ordenación territorial.

**TERRÓN** n. m. Masa pequeña y compacta de tierra: *destripar terrones.* **2.** Masa pequeña y apretada de una sustancia: *terrón de azúcar.* **3.** METAL. Mota.

**TERROR** n. m. (lat. *terrorem*). Miedo muy grande e intenso. **2.** Persona o cosa que provocan este sentimiento.

**TERRORÍFICO, A** adj. Que aterroriza o amedrenta: *amenaza, mirada terrorífica.*

**TERRORISMO** n. m. Dominación por el terror. **2.** Medio de lucha violenta practicada por una organización o grupo político frente al poder del estado y para la consecución de sus fines.

**TERRORISTA** adj. y n. m. y f. Relativo al terrorismo; partidario del terrorismo. ◆ n. m. y f. **2.** Persona que pertenece a una organización que practica el terrorismo.

**TERROSIDAD** n. f. Calidad de terroso.

**TERROSO, A** adj. Que participa de la naturaleza y propiedades de la tierra: *aspecto terroso.* **2.** Con mezcla de tierra: *aguas terrosas.* **3.** Del color de la tierra: *un gris terroso.*

**TERRUÑO** n. m. Comarca o tierra, especialmente el país natal. **2.** Tierra que se trabaja y de la que se vive.

**TERSAR** v. tr. [**1**]. Poner terso.

**TERSO, A** adj. (lat. *tersum*). Limpio, transparente: *agua tersa.* **2.** Liso, tirante, sin arrugas: *piel tersa.* **3.** *Fig.* Puro, limado, fluido: *lenguaje, estilo terso.*

**TERSURA** n. f. Calidad de terso.

**TERTULIA** n. f. Reunión habitual de personas que se juntan para conversar sobre cualquier tema. **2.** *Argent.* Plateas altas en un local de espectáculos.

**TERTULIANO, A** adj. y n. Dícese del que concurre a una tertulia.

**TERTULIAR** v. intr. [**1**]. *Amér.* Estar de tertulia.

**TERUTERU** n. m. Ave caradriforme de unos 30 cm de envergadura, que vive en América Meridional.

**TESÁLICO, A** adj. Tesalio.

**TESALIO, A** adj. y n. De Tesalia.

**TESALONICENSE** adj. y n. m. y f. De Tesalónica. SIN.: *tesalónico.*

**TESAR** v. tr. [**1**]. MAR. Extender, estirar, poner tirante o en tensión: *tesar un cable; tesar las velas.* SIN.: *tensar.*

**TESAURO** n. m. Diccionario, catálogo, antología.

**TESELA** n. f. (lat. *tesellam*). B. ART. Pequeña pieza, normalmente de forma cúbica, de piedra o de pasta de vidrio coloreada, con la que se realizan los mosaicos.

**TESELACIÓN** n. f. MAT. Composición de una o varias figuras planas que, repitiéndose con regularidad, pueden llenar el plano.

**TÉSERA** n. f. (lat. *tesseram*). ANT. ROM. Ficha de metal o de marfil que servía de billete de entrada, de bono, de boletín, etc.

**TESINA** n. f. Tesis de menor extensión e importancia que la doctoral, que hay que presentar en algunos casos para obtener el grado de licenciatura.

**TESIS** n. f. (gr. *thesis*). Proposición que se enuncia y se mantiene con argumentos. **2.** Trabajo de investigación que se presenta para la obtención del grado de doctor universitario. **3.** FILOS. En la lógica de Aristóteles, proposición no demostrada que se usa como premisa de un silogismo. **4.** FILOS. En las antinomias kantianas, proposición a la que se opone la *antítesis.* **5.** FILOS. En la filosofía dialéctica, primera fase del proceso dialéctico.

**TESITURA** n. f. (ital. *tessitura*). Actitud o disposición del ánimo. **2.** MÚS. Término que indica la extensión o registro de una voz o de un instrumento. **3.** MÚS. Conjunto de los sonidos que se repiten con mayor frecuencia en una pieza o pasaje musicales, y que constituyen un promedio de su altura.

**TESLA** n. m. (de *Tesla,* ingeniero yugoslavo). Unidad de medida de inducción magnética en el sistema SI (símbolo T), equivalente a la inducción magnética uniforme que, repartida normalmente sobre una superficie de un metro cuadrado, produce sobre dicha superficie un flujo magnético total de 1 weber.

**TESMOFORIAS** n. f. pl. (gr. *thesmophoria*). ANT. GR. Fiestas en honor de Deméter y Coré.

**TESMOTETES** o **TESMOTETO** n. m. (gr. *thesmothetēs*). ANT. GR. Magistrado ateniense encargado de redactar, guardar e interpretar las leyes y de organizar la justicia.

**TESÓN** n. m. Firmeza, constancia, perseverancia.

**TESORERÍA** n. f. Cargo u oficio de tesorero. **2.** Oficina o despacho del tesorero. **3.** Parte del activo de una empresa disponible en metálico o fácilmente realizable, para efectuar sus pagos. **4.** Finanzas del estado.

**TESORERO, A** n. Persona encargada de guardar y contabilizar los fondos de una dependencia pública o particular. ◆ n. m. **2.** Canónigo que custodia las reliquias y alhajas de una catedral. **3.** En el Antiguo régimen, oficial real que ejercía diversas funciones en la administración financiera del estado.

**TESORITO** n. m. Ave paseriforme que vive en América Meridional. (Familia cotíngidos.)

**TESORO** n. m. (lat. *thesaurum*). Cantidad de dinero, joyas, valores u objetos preciosos, reunida y guardada. **2.** Abundancia de caudal guardado. **3.** Erario de una nación. SIN.: *tesoro público.* **4.** Pequeño edificio en que se guardaban estatuas y exvotos, dentro del recinto de los santuarios panhelénicos. **5.** Depósito oculto e ignorado de dinero u objetos preciosos, cuya legítima pertenencia a un propietario no consta. **6.** *Fig.* Persona o cosa digna de estimación, de mucho valor. **7.** *Fig.* Nombre dado a ciertas obras científicas o literarias: *tesoro de la lengua castellana.* • **Tesoro público,** servicio del estado que efectúa las operaciones de caja y banca que comporta la gestión de la hacienda pública y que ejerce sobre el conjunto de actividades financieras los poderes de tutela conferidos al estado.

**TEST** n. m. (voz inglesa) [pl. *tests*]. Prueba que permite estudiar y valorar las aptitudes y los conocimientos de un sujeto, o explorar su personalidad. **2.** Prueba que permite juzgar algo en general. • **Test estadístico,** prueba que tiene por objeto, a partir de observaciones realizadas en una muestra, decidir la aceptación o el rechazo de una hipótesis relativa a la distribución de la variable observada en la población de la que proviene la muestra.

■ Los *tests de nivel,* como los de Binet-Simon, de Terman, o de Wechsler-Bellevue, incluyen pruebas verbales o prácticas, como razonamientos aritméticos, clasificación de imágenes, ensamblajes de objetos, etc. Dan informaciones sobre el coeficiente intelectual. Los *tests proyectivos* (Rorschach, T.A.T., M.M.P.I.) están destinados a explorar aspectos afectivos de la personalidad.

**TESTA** n. f. (lat. *testam*). Cabeza del hombre y de los animales. • **Testa coronada,** monarca o soberano de un estado.

**TESTÁCEO, A** adj. y n. m. ZOOL. Que tiene concha.

**TESTADO, A** adj. Que muere habiendo hecho testamento. **2.** Que está comprobado o controlado mediante un test: *champú dermatológicamente testado.*

**TESTADOR, RA** n. Persona que hace testamento.

**TESTAFERRO** n. m. (ital. *testa ferro*). Persona que presta su nombre en un contrato, pretensión o negocio que en realidad corresponde a otra persona.

**TESTAMENTARÍA** n. f. Conjunto de documentos, bienes o acciones relacionados con la ejecución de un testamento.

**TESTAMENTARIO, A** adj. Relativo al testamento. ◆ n. **2.** Persona encargada por el testador de cumplir su última voluntad.

**TESTAMENTO** n. m. Negocio jurídico consistente en una declaración de voluntad por la que una persona ordena el destino de sus intereses para después de su fallecimiento. **2.** Documento en que consta esta declaración. **3.** Alianza de Dios con su pueblo y la Iglesia. • **Antiguo Testamento,** nombre con el que se designan los libros bíblicos de la historia judía anteriores a la venida de Jesucristo. || **Nuevo Testamento,** colección de escritos de la Biblia concernientes a la vida y mensaje de Jesucristo: los Evangelios, los Hechos de los Apóstoles, las Epístolas y el Apocalipsis. || **Testamento político,** documento que algunos estadistas redactan antes de su muerte.

**TESTAR** v. intr. [1]. Hacer testamento. ◆ v. tr. **2.** Comprobar o controlar una cosa mediante un test.

**TESTARADA** n. f. Cabezazo, golpe dado con la cabeza.

**TESTARAZO** n. m. Testarada. **2.** Golpe, porrazo, encuentro violento.

**TESTARUDEZ** n. f. Calidad de testarudo. **2.** Acción propia del testarudo.

**TESTARUDO, A** adj. y n. Que se mantiene en una actitud u opinión a pesar de tener en contra razones convincentes para desistir.

**TESTE** n. m. *Argent.* Verruga pequeña que sale en los dedos de la mano.

**TESTERA** n. f. Parte frontal o delantera de un mueble o cosa semejante. **2.** Parte anterior y superior de la cabeza de un animal. **3.** Pieza de la armadura que protegía la cabeza del caballo. **4.** En la montura militar actual, correa que pasa por la parte superior de la cabeza del caballo.

**TESTERO** n. m. Testera. **2.** Cualquiera de las paredes de una habitación.

**TESTICULAR** adj. Relativo a los testículos.

**TESTÍCULO** n. m. (lat. *testiculum*). Glándula genital masculina par, que elabora los espermatozoides y segrega la hormona masculina.

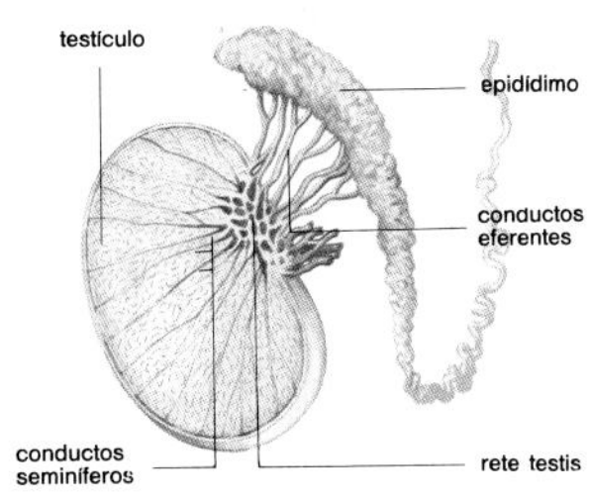

**testículo** (sección)

**TESTIFICACIÓN** n. f. Acción y efecto de testificar.

**TESTIFICAL** adj. Relativo a los testigos.

**TESTIFICANTE** adj. Que testifica o sirve para testificar.

**TESTIFICAR** v. tr. (lat. *testificare*) [1a]. Atestiguar, firmar o declarar como testigo. **2.** Probar algo con testigos o documentos auténticos. **3.** *Fig.* Indicar, ser muestra o señal de algo.

**TESTIFICATIVO, A** adj. Que declara con certeza y testimonio verdadero una cosa.

**TESTIGO** n. m. y f. Persona que emite declaraciones sobre datos procesales ante el juez. **2.** Persona que da testimonio de algo, o lo atestigua. **3.** Persona que presencia algo: *fue testigo ocular del suceso.* • **Testigo de cargo,** el que declara en contra del procesado. || **Testigo de descargo,** el que depone en favor del procesado. ◆ n. m. **4.** Lo que sirve para demostrar la verdad de un hecho, o para indicar o recordar algo: *el tiempo será testigo de su error.* **5.** Plaquita de yeso, puesta en la superficie de una fisura producida en una obra de mampostería o de fábrica, a fin de vigilar la evolución de su movimiento. **6.** Pequeño bastón que un corredor entrega a otro en una carrera de relevos. **7.** Trozo de papel que se deja sin cortar al pie de una hoja para indicar el tamaño original de los pliegos. **8.** Mojón de tierra que se deja de trecho en trecho en las excavaciones, para poder comprobar el volumen de tierra o materiales extraídos. **9.** MIN. Muestra cilíndrica de terreno que se extrae del suelo mediante un sacatestigos.

**TESTIMONIAL** adj. Que constituye testimonio o que sirve como testimonio: *prueba testimonial.*

**TESTIMONIAR** v. tr. [1]. Atestiguar, testificar. **2.** Dar muestras de algo: *testimonió su admiración.*

**TESTIMONIO** n. m. (lat. *testimonium*). Acción y efecto de testimoniar. **2.** Declaración y examen del testigo para provocar la convicción del órgano jurisdiccional.

**TESTING** n. m. (voz inglesa). MED. Método de chequeo muscular. (Úsase también *muscle testing.*)

**TESTÓN** n. m. (ital. *testone*). Nombre de diversas monedas europeas de plata, con la cabeza de un rey, que en Castilla se acuñó en tiempo de Felipe IV.

**TESTOSTERONA** n. f. Hormona producida por los testículos, que actúa sobre el desarrollo de los órganos genitales y de los caracteres sexuales secundarios masculinos.

**TESTUZ** n. m. o f. En algunos animales, frente, y en otros, nuca.

**TETA** n. f. Mama. **2.** Pezón. **3.** Queso gallego, de forma redonda y acabado en punta. • **Dar la teta,** dar de mamar. || **De teta,** que está en el período de la lactancia. || **Quitar la teta,** destetar.

**TETANIA** n. f. Tendencia patológica a la aparición de espasmos y contracturas musculares.

**TETÁNICO, A** adj. y n. Relativo al tétanos o a la tetania; afecto de tétanos.

**TETANIZACIÓN** n. f. Acción de tetanizar.

**TETANIZAR** v. tr. [1g]. Provocar mediante excitación eléctrica contracciones prolongadas de un músculo, parecidas a las que se dan en el tétanos.

**TÉTANOS** o **TÉTANO** n. m. PATOL. Enfermedad infecciosa grave, caracterizada por contracciones dolorosas que se extienden a todos los músculos del cuerpo, cuyo agente es un bacilo anaerobio que se desarrolla en las heridas sucias y que actúa por una toxina que ataca los centros nerviosos.

**TÊTE-À-TÊTE** n. m. (voz francesa). Conversación entre dos personas.

**TETERA** n. f. Vasija para la infusión y el servicio del té. **2.** *Amér. Central, Méx.* y *P. Rico.* Tetilla de biberón.

**TETERO** n. m. *Colomb.* Biberón.

**TÉTICO, A** adj. FILOS. Que concierne a una tesis. **2.** FILOS. En fenomenología, dícese de lo que expone la existencia de la conciencia, de lo que la afirma como tal.

**TETILLA** n. f. Teta de los animales mamíferos machos. **2.** Especie de pezón de goma u otro material que se pone al biberón para que el niño chupe por él.

**TETINA** n. f. Tetilla de biberón.

**TETÓN** n. m. Trozo o pie de una rama principal podada que queda unido al tronco. **2.** ARM. Saliente que sobresale de una superficie lisa.

**TETÓN, NA** adj. *Fam.* Tetudo.

**TETRAATÓMICO, A** adj. Formado de cuatro átomos.

**TETRABRIK** n. m. (pl. *tetrabriks*). Envase de cartón impermeabilizado, que se usa para contener alimentos líquidos.

**TETRACICLINA** n. f. Antibiótico fungicida, cuya molécula comprende cuatro ciclos, y que actúa sobre numerosas bacterias.

**TETRACLORURO** n. m. Combinación que contiene cuatro átomos de cloro. • **Tetracloruro de carbono,** líquido incoloro $CCl_4$, empleado como disolvente no inflamable.

**TETRACORDIO** n. m. Sucesión descendente de cuatro sonidos, que formaban la base de la estructura del sistema musical en la antigua Grecia.

**TÉTRADA** n. f. Conjunto de cuatro seres o cosas estrecha o especialmente vinculadas entre sí. **2.** BOT. Conjunto formado por los cuatro granos de polen que salen en la meyosis de la misma célula madre.

**TETRADINAMIA** n. f. BOT. Dícese de los estambres, como los de las crucíferas, cuyo número es de seis y de los que cuatro son más largos que los otros.

**TETRAEDRO** n. m. MAT. Poliedro de cuatro caras. **2.** MAT. Pirámide de base triangular. • **Tetraedro regular** (MAT.), tetraedro cuyas caras son cuatro triángulos equiláteros iguales.

**TETRÁGONO, A** adj. y n. m. Dícese del polígono de cuatro lados y cuatro ángulos. ◆ n. m. **2.** MAT. Cuadrilátero.

**TETRALOGÍA** n. f. Conjunto de cuatro obras, tres tragedias y un drama satírico, que los antiguos poetas trágicos presentaban a los concursos dramáticos. **2.** Conjunto de cuatro obras literarias o musicales, unidas por una misma inspiración.

**TETRÁMERO, A** adj. BIOL. Dividido en cuatro partes.

**TETRAPLEJÍA** n. f. Parálisis de cuatro miembros. SIN.: *cuatriplejía.*

**TETRAPLÉJICO, A** adj. y n. Relativo a la tetraplejía; afecto de tetraplejía.

**TETRAPLOIDE** adj. y n. m. y f. BIOL. Dícese de los individuos mutantes cuya dotación cromosómica es doble de la de sus progenitores.

**TETRAPLOIDIA** n. f. Estado de los tetraploides.

**TETRÁPODO, A** adj. y n. m. Relativo a un grupo de vertebrados de vida terrestre, que poseen cuatro extremidades excepto los que las han perdido secundariamente, como las serpientes. (El grupo *tetrápodos* incluye los anfibios, reptiles, aves y mamíferos.)

**TETRARCA** n. m. (gr. *tetrarkhēs*). Jefe gobernador de una tetrarquía. **2.** Cada uno de los cuatro emperadores de la tetrarquía de Diocleciano.

**TETRARCADO** n. m. Dignidad y función de un tetrarca.

**TETRARQUÍA** n. f. En la época grecorromana, división de un territorio repartido en cuatro partes. **2.** Funciones del gobernador de dicha división. **3.** Gobierno de cuatro.

**TETRASÍLABO, A** adj. y n. m. Cuatrisílabo.

**TETRÁSTILO, A** adj. y n. m. ARQ. Con cuatro columnas.

**TETRÁSTROFO, A** adj. De cuatro estrofas. • **Tetrástrofo monorrimo,** cuaderna vía.

**TETRAVALENTE** adj. Cuadrivalente.

**TÉTRICO, A** adj. (lat. *taetricum*). Triste, deprimente, lúgubre.

**TETRODO** n. m. Válvula de cuatro electrodos, un cátodo, dos rejillas y un ánodo.

**TETUANÍ** adj. y n. m. y f. De Tetuán. SIN.: *tetuán.*

**TETUDO, A** adj. Que tiene muy grandes las tetas.

**TEUCRO, A** adj. y n. Troyano.

**TEÚRGIA** n. f. Especie de magia mediante la que se pretende tener comunicación con las divinidades bienhechoras.

**TEÚRGICO, A** adj. Relativo a la teúrgia.

**TEÚRGO** n. m. Mago dedicado a la teúrgia.

**TEUTÓN, NA** adj. y n. Relativo a un pueblo de Germania que invadió la Galia con los cimbrios y fue derrotado por Mario cerca de Aix-en-Provence (102 a. J.C.); individuo de este pueblo. ◆ n. m. **2.** Alemán. ◆ n. m. **3.** Miembro de la orden Teutónica. **4.** En la alta edad media, lengua germánica.

**TEUTÓNICO, A** adj. Relativo a los teutones. ◆ adj. y n. **2.** Relativo a la orden Teutónica; miembro de dicha orden. ◆ n. m. **3.** Lengua de los teutones.

**TEX** n. m. Unidad de medida de la masa lineal (símbolo tex), empleada en el comercio de fibras e hilos, que vale $10^{-6}$ kilogramo por metro, o sea 1 gramo por kilómetro.

**TEXTIL** adj. (lat. *textilem*). Relativo a los tejidos: *industria textil.* ◆ adj. y n. m. **2.** Dícese de la materia que puede tejerse.

**TEXTO** n. m. (lat. *textum*). Conjunto de palabras que componen un documento, un escrito en general. **2.** Conjunto de palabras que componen la parte original de una obra en contraposición a las notas, comentarios, traducción, etc., adjuntos. **3.** Página impresa escrita (por oposición a *ilustración*). **4.** Obra escrita, libro. **5.** Pasaje citado de una obra literaria. **6.** Libro designado o que se utiliza como guía y auxiliar en un centro de enseñanza para la preparación de una asignatura o disciplina determinada. SIN.: *libro de texto.* **7.** Contenido exacto de una ley, acta, etc.

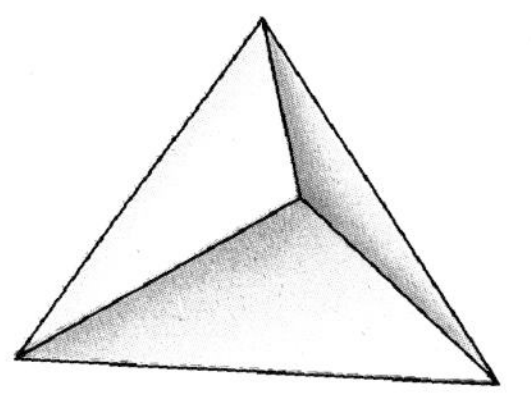
**tetraedro**

**TEXTUAL** adj. Relativo al texto. **2.** Exacto: *palabras textuales.*

**TEXTURA** n. f. (lat. *texturam*). Entrelazamiento, disposición y orden de los hilos en un tejido. **2.** Estado de una cosa tejida. **3.** *Fig.* Estructura, disposición de las partes de un cuerpo, de una obra, etc. **4.** METAL. Estructura peculiar de los agregados policristalinos de metales y aleaciones, deformados mecánicamente y que presentan por ello una orientación predominante de los cristales metálicos. **5.** PETROGR. Disposición y dimensiones relativas de los elementos constitutivos de una roca.

**TEXTURIZACIÓN** n. f. Operación que tiene por finalidad mejorar las propiedades físicas de las fibras textiles sintéticas.

**TEZ** n. f. Cutis, superficie de la piel del rostro.

**TEZONTLE** n. m. Piedra volcánica porosa, de color rojizo, muy usada por los aztecas en sus construcciones.

**T.G.V.,** siglas de *train à grande vitesse,* con que se designa la red ferroviaria francesa de alta velocidad.

**th,** símbolo de la *termia.*

**Th,** símbolo químico del *torio.*

**THAI** adj. y n. m. y f. Relativo a un grupo de pueblos del SE de Asia (S de China, Vietnam, Laos, Tailandia y Birmania); individuo de este pueblo. ◆ n. m. **2.** Familia de lenguas que se habla en el Sureste asiático.

**THALER** n. m. Antigua moneda prusiana de plata.

**THESAURUS** n. m. (voz latina, *tesoro*). Diccionario léxico de filología o arqueología, especialmente el exhaustivo.

**THETA** o **ZETA** n. f. Octava letra del alfabeto griego (θ), que corresponde a la *th* inglesa.

**THRILLER** n. m. (voz inglesa). Película o novela (policíaca o de terror) de suspense, que proporciona sensaciones fuertes.

**THUG** n. m. HIST. Miembro de una asociación religiosa de la India, en la que se practicaba el asesinato ritual.

**TI,** forma tónica del pron. pers. de la 2.ª pers. sing. (lat. *tibi*). Funciona como complemento con preposición: *sin ti no puedo vivir; te lo digo a ti.*

**Ti,** símbolo químico del *titanio.*

**TÍADA** n. f. En la antigüedad griega, mujer que celebraba el culto de Dioniso.

**TIAMINA** n. f. Aneurina.

**TIANGUIS** n. m. *Méx.* Mercado pequeño, principalmente el que se instala de manera periódica en la calle.

**TIARA** n. f. (lat. *tiaram*). Tocado que simbolizaba la soberanía en el antiguo oriente. **2.** Mitra alta ceñida por tres coronas, que lleva el papa en las ceremonias no litúrgicas. **3.** Dignidad papal.

**TIAZOL** n. m. Compuesto heterocíclico de cinco átomos, de los cuales uno es de azufre y otro de nitrógeno, y cuyo núcleo desempeña un importante papel en bioquímica.

**TIBERINO, A** adj. Relativo al río Tíber.

**TIBERIO** n. m. *Fam.* Ruido, jaleo, confusión.

**TIBETANO, A** adj. y n. Del Tíbet. ◆ n. m. **2.** Lengua hablada en el Tíbet, que se escribe con un alfabeto de origen hindú.

**TIBIA** n. f. (lat. *tibiam*). Hueso largo que forma la parte interna de la pierna. **2.** Hueso o división de las extremidades de ciertos animales.

**TIBIAL** adj. ANAT. Relativo a la tibia.

**TIBIEZA** n. f. Calidad de tibio.

**TIBIO, A** adj. (lat. *tepidum*). Templado, ni muy frío, ni muy caliente: *agua tibia.* **2.** *Fig.* Indiferente, poco vehemente o afectuoso: *tibio entusiasmo.* • **Poner tibio** a alguien *(Fam.),* censurarle o reprenderle con acritud; *(Fam.),* criticarle.

**TIBURÓN** n. m. Pez marino de gran tamaño, cuerpo esbelto y fusiforme, aletas pectorales grandes y morro puntiagudo, con la boca en posición inferior, provista de varias filas de dientes afilados. (Aunque algunos son carniceros, la mayoría son inofensivos y se alimentan de plancton.) **2.** *Fig.* Hombre de negocios implacable y sin escrúpulos.

**TIC** n. m. (pl. *tics*). Contracción brusca, rápida, por lo general involuntaria de ciertos músculos, especialmente de la cara.

**TICHOLO** n. m. *Argent.* Dulce de caña de azúcar o de guayaba, que se presenta en panes pequeños.

**TICKET** n. m. (voz inglesa). Billete, bono, boleto.

**TICO, A** adj. y n. *Amér. Central* y *Méx.* Denominación dada a los costarriqueños.

**TICTAC** n. m. Voz onomatopéyica con que se designa o imita el sonido del reloj.

**TIE-BREAK** n. m. (voz inglesa). Sistema para limitar la duración de los partidos de tenis, que consiste en un juego que decide el vencedor cuando existe igualdad a seis juegos. (El servicio, en ese juego decisivo, corresponde alternativamente a los dos adversarios.) SIN.: *muerte súbita.*

**TIEMPO** n. m. (lat. *tempus*). El devenir como sucesión continuada de momentos: *el tiempo transcurría lentamente.* **2.** El existir del mundo subordinado a un principio y un fin, en contraposición a la idea de eternidad: *existen ideas que están fuera del espacio y del tiempo.* **3.** Parte determinada del ser en relación al devenir continuo y sucesivo del mundo: *el tiempo presente.* **4.** Parte de la vida de un individuo comprendida entre límites más o menos indeterminados: *en mis tiempos las costumbres eran distintas.* **5.** Duración de una acción: *el tiempo de una carrera.* **6.** Período o espacio más o menos largo: *trabajo que requiere mucho tiempo.* **7.** Parte del día establecida o disponible para una determinada acción: *tiempo libre.* **8.** Momento oportuno, ocasión: *llegó antes de tiempo.* **9.** Período, época caracterizada por registrarse alguna cosa o por determinadas condiciones: *tiempo de paz; tiempo de vacaciones.* **10.** Edad, refiriéndose a niños: *¿qué tiempo tiene su hijo?* **11.** Parte de la historia importante por determinados acontecimientos; época histórica en general: *el tiempo de Augusto.* **12.** Cada una de las partes o cada uno de los movimientos que componen una acción más o menos compleja. **13.** Ciclo de funcionamiento de un mecanismo: *motor de cuatro tiempos.* **14.** Cada una de las partes en que se dividen algunas competiciones deportivas por equipos. **15.** Modificación de la forma del verbo, que sirve para expresar una relación de tiempo, presente, pretérito, futuro. **16.** Estado de la atmósfera en un momento dado: *hacer buen tiempo.* **17.** MÚS. Cada una de las partes de igual duración en que se divide el compás. • **A su tiempo,** en ocasión oportuna, cuando se requiere. ‖ **A tiempo,** en coyuntura, ocasión y oportunidad. ‖ **Al tiempo** *(Méx.),* dícese del refresco que está templado, ni frío ni caliente. ‖ **Ganar tiempo** *(Fam.),* hacer algo de modo que el tiempo que transcurra aproveche al intento de acelerar o retardar algún suceso o la ejecución de una cosa. ‖ **Tiempo atómico,** tiempo en el que la medida está fundamentada en la frecuencia de vibración de un átomo, en unas condiciones determinadas. ‖ **Tiempo civil** (ASTRON.), tiempo solar medio aumentado en doce horas: *el tiempo civil se cuenta de 0 a 24 horas a partir de medianoche.* ‖ **Tiempo compartido** (INFORMÁT.), técnica de utilización simultánea de un ordenador a partir de numerosas terminales, en la que se cede sucesivamente una porción de tiempo a cada usuario. ‖ **Tiempo de acceso** (INFORMÁT.), tiempo que transcurre entre el inicio de una operación de búsqueda en una memoria y la obtención de la primera información buscada. ‖ **Tiempo de efemérides (TE)** (ASTRON.), tiempo definido por el movimiento de traslación de la Tierra alrededor del Sol. ‖ **Tiempo muerto,** en baloncesto, interrupción del juego durante un minuto, que solicita un entrenador para dar instrucciones a sus jugadores. ‖ **Tiempo parcial,** dícese del trabajo que se efectúa con un horario inferior al normal. ‖ **Tiempo real** (INFORMÁT.), técnica de utilización de un ordenador en la que éste debe elaborar, a partir de informaciones adquiridas o recibidas del exterior, informaciones de mando, de control o de respuesta, en un tiempo breve, coherente con la evolución del proceso con el que está en relación. ‖ **Tiempo sideral de un lugar,** ángulo horario del punto vernal en este lugar. ‖ **Tiempo solar medio,** tiempo solar verdadero, sin sus inexactitudes seculares o periódicas: *el tiempo medio se cuenta de 0 a 24 horas a partir del mediodía.* ‖ **Tiempo solar verdadero en un lugar dado,** ángulo horario del centro del Sol en este lugar. ‖ **Tiempo universal (TU),** tiempo civil de Greenwich, en Gran Bretaña. ◆ **tiempos** n. m. pl. **18.** Cada una de las partes en que se dividen ciertos movimientos de la instrucción militar.

**TIENDA** n. f. Establecimiento comercial donde se venden artículos, generalmente al por menor. **2.** Pabellón portátil, desmontable, de lona, tela o piel, que se monta al aire libre. SIN.: *tienda de campaña.* • **Tienda de oxígeno** (MED.), recinto con paredes de plástico transparentes, destinado a aislar al sujeto de la atmósfera para someterlo a la acción de oxígeno puro.

**TIENTA** n. f. Prueba que se hace con las reses para comprobar su bravura. • **A tientas,** guiándose por el tacto, por no poder utilizar la vista.

**TIENTO** n. m. Acción y efecto de tocar, ejercitar el sentido del tacto. **2.** *Fig.* Tacto, habilidad para hablar u obrar con acierto. **3.** Palo que usan los ciegos para guiarse. **4.** Pieza instrumental imitada del motete, cultivada en España desde principios del s. XVI hasta el s. XVIII. **5.** *Argent., Chile* y *Urug.* Tira delgada de cuero sin curtir, empleada para hacer látigos, sogas, etc. ◆ **tientos** n. m. pl. **6.** Modalidad de cante flamenco, cuyo estilo básico es una consecuencia de los tangos.

**TIERNO, A** adj. (lat. *tenerum*). Que cede fácilmente a la presión, delicado, fácil de romper o partir. **2.** *Fig.* Reciente, de poco tiempo: *brotes tiernos.* **3.** *Fig.* Afectuoso, cariñoso.

**TIERRA** n. f. (lat. *terram*). Parte sólida del planeta Tierra, en contraposición al mar. **2.** Materia inorgánica desmenuzable, de que principalmente se compone el suelo natural. **3.** Parte considerable del globo terrestre, región, país: *las tierras australes.* **4.** Conjunto de los países habitados, conjunto de sus habitantes: *no hay en la tierra nada igual.* **5.** Patria. **6.** Superficie externa del planeta Tierra, suelo o piso. **7.** Terreno cultivado o cultivable: *ha vendido sus tierras.* **8.** *Fig.* La vida terrena, contingente, en oposición a la vida eterna o espiritual: *las vanidades de la tierra.* **9.** ELECTR. El suelo considerado como un conductor de poca impedancia. • **Cuerpo a tierra,** posición que adopta el soldado para protegerse del fuego enemigo y ejecutar el propio. ‖ **Echar por tierra** algo o a alguien, destruirlo, difamarlo, malograrlo. ‖ **Echarle tierra** a alguien *(Méx. Fam.),* decir cosas de él para perjudicarlo: *dice que es su amigo, pero siempre que puede le echa tierra.* ‖ **Tierra de alfareros,** arcilla grasa. ‖ **Tierra de labor,** tierra susceptible de laboreo y cultivo. ‖ **Tierra de promisión,** la que Dios prometió al pueblo de Israel. ‖ **Tierra virgen,** tierra que no ha sido nunca cultivada. ‖ **Tierras raras,** grupo de óxidos metálicos, y de los metales correspondientes, de los elementos de número atómico comprendido entre 57 y 71. ◆ **tierras** n. f. pl. **10.** Pigmentos naturales minerales, obtenidos por simples tratamientos físicos de tierras o minerales.

**TIERRA** n. f. Planeta del sistema solar habitado por el hombre.

■ En orden creciente de distancia al Sol, la Tierra es el tercer planeta principal del sistema solar. Está situada entre Venus y Marte. Gira sobre sí misma con un movimiento casi uniforme, alrededor de

algunos **tiburones** peligrosos para el hombre

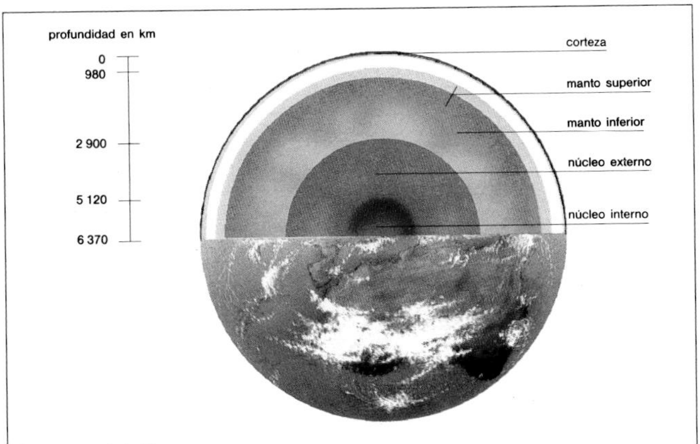

la estructura de la **Tierra**

un eje que pasa por su centro de gravedad, al mismo tiempo que describe una órbita elíptica alrededor del Sol. El semieje mayor de esta órbita mide unos 149 600 000 km. La revolución de la Tierra alrededor del Sol determina la duración del año, y su rotación sobre sí misma, la del día. La Tierra tiene forma de un elipsoide de revolución achatado. Su diámetro ecuatorial mide aproximadamente unos 12 756 km, y su diámetro polar, 12 713 km. Su superficie es de $510\,101 \cdot 10^3$ $km^2$, su volumen, de $1\,083\,320 \cdot 10^6$ $km^3$, y su masa, de $6 \cdot 10^{21}$ toneladas. Su densidad media es de 5,52. Los métodos de datación basados en la desintegración de radioelementos permiten estimar su edad en 4 600 millones de años.

**TIESO, A** adj. Erguido, firme: *andar muy tieso.* **2.** Poco flexible, rígido, que se dobla o rompe con dificultad. **3.** Engreído, soberbio. **4.** *Fig.* Que tiene un comportamiento grave, frío, circunspecto. • **Dejar tieso** a alguien *(Fam.)*, matarle.

**TIESTO** n. m. Maceta, vaso de barro para cultivar plantas. **2.** *Chile.* Cualquier clase de vasija.

**TIESURA** n. f. Calidad de tieso.

**TIFÁCEO, A** adj. y n. f. Relativo a una familia de plantas monocotiledóneas que crecen junto al agua, como la espadaña.

**TÍFICO, A** adj. y n. Relativo al tifus; afecto de esta enfermedad.

**TIFOIDEO, A** adj. y n. f. Dícese de una enfermedad infectocontagiosa provocada por alimentos que contienen el bacilo de Eberth, que se multiplican en el intestino y actúan por toxinas.

**TIFÓN** n. m. (chino *tafang*). Tipo de ciclón propio del mar de China.

**TIFOSI** n. m. pl. (voz italiana). Aficionados deportivos italianos, en especial los hinchas de algún equipo de fútbol.

**TIFOSIS** n. f. Enfermedad de las aves, microbiana y contagiosa.

**TIFUS** n. m. (gr. *typhos*). Denominación dada a diversas enfermedades contagiosas que cursan con un cuadro febril grave y estupor. • **Tifus exantemático,** enfermedad infecciosa debida a una *Rickettsia* y transmitida por el piojo, caracterizada por fiebre elevada, manchas rojas en la piel (exantemas) y estado de sopor. ‖ **Tifus murino,** enfermedad parecida al tifus exantemático, en la que la *Rickettsia* es transmitida por la pulga.

**TIGRE, ESA** n. Mamífero carnicero, de 2 m de long. y 200 kg de peso, que tiene la piel rayada. (Familia félidos.) **2.** *Amér.* Jaguar. ◆ n. m. **3.** *Ecuad.* Pájaro de mayor tamaño que una gallina, con el plumaje que se asemeja a la piel del tigre. ◆ n. f. **4.** Mujer atractiva y provocadora.

**TIGRILLO** n. m. Carnívoro de unos 60 cm de long., de pelaje amarillo con manchas oceladas, vientre claro y orejas negras con una mancha blanca, que vive desde Colombia y Venezuela hasta el N de Argentina. (Familia félidos.)

**TIGRÓN** o **TIGLÓN** n. m. Híbrido estéril de tigre y león.

**TIHUÉN** n. m. *Chile.* Planta laurácea.

**TIJA** n. f. (fr. *tige*, varilla). Parte por lo general cilíndrica, maciza o hueca, que media entre el paletón y el ojo de la llave.

**TIJERA** n. f. Instrumento de acero con dos brazos móviles que cortan por el interior. (Suele usarse en plural.) **2.** Aspa que sirve para apoyar un madero que se ha de aserrar o labrar. **3.** Conjunto de piezas del juego delantero de un coche hipomóvil, en las que se fijan las varas o la lanza. **4.** En lucha libre, presa especial que consiste en agarrar y sujetar al adversario cruzando las piernas a su alrededor. **5.** Cizalla. **6.** Lengua de la culebra. **7.** TAUROM. Suerte de capa que se ejecuta, citando por delante al toro, con los brazos cruzados y deshaciendo el cruce al verificarse el embroque. • **De tijera,** denominación dada a algunas cosas formadas por dos piezas cruzadas y articuladas: *silla de tijera.*

**TIJERAL** n. m. *Chile.* Armazón que sostiene el techo de una edificación.

**TIJERETA** n. f. Insecto de unos 3 cm de long., provisto de dos apéndices en forma de pinza al final de su abdomen, y que se encuentra frecuentemente bajo las piedras y en las frutas. **2.** *Amér.* Ave migratoria, del tamaño de una golondrina, con una cola que se parece a las hojas de una tijera.

**TIJERETAZO** n. m. Corte hecho de un golpe con las tijeras. SIN.: *tijeretada.*

**TIJERETEAR** v. tr. [**1**]. Dar varios cortes con las tijeras, generalmente estropeando lo que se corta.

**TIJERETEO** n. m. Acción y efecto de tijeretear. **2.** Ruido que hacen las tijeras movidas repetidamente.

**TIJERILLAS** n. f. (pl. *tijerillas*). Planta herbácea de tallo trepador y flores de tono amarillento, agrupadas en espigas. (Familia fumariáceas.)

**TILA** n. f. Tilo. **2.** Flor del tilo. **3.** Bebida o infusión de flores de tilo.

**TILACINO** n. m. Mamífero marsupial carnívoro, de Tasmania, prácticamente extinguido.

**TÍLBURI** n. m. (ingl. *tilbury*). Especie de cabriolé ligero y de dos plazas, tirado por una sola caballería.

**TILDAR** v. tr. [**1**]. Aplicar a alguien la falta o defecto que se expresa: *tildar de tacaño, de moderno.*

**TILDE** n. m. o f. Signo gráfico (por ejemplo, el acento o la raya sobre la *n* para formar la *ñ*) colocado sobre una letra. **2.** *Fig.* Tacha, falta o defecto. **3.** PALEOGR. Signo de abreviación. ◆ n. f. **4.** Cosa insignificante.

tigre

**TILIÁCEO, A** adj. y n. f. Relativo a una familia de plantas arbóreas, arbustivas o herbáceas que crecen en los países cálidos, como el tilo.

**TILICHE** n. m. *Amér. Central* y *Méx.* Baratija, cachivache.

**TILICHERO, A** n. *Amér. Central.* Vendedor de tiliches. ◆ adj. **2.** *Méx.* Dícese de la persona muy afecta a guardar tiliches o cachivaches. ◆ n. m. **3.** *Méx.* Lugar donde se guardan los cachivaches, o conjunto de éstos.

**TILICO, A** adj. *Bol.* Débil, apocado, cobarde. **2.** *Bol.* y *Méx.* Persona enclenque y flacucha.

**TILÍN** n. m. Voz onomatopéyica del sonido de la campanilla. • **Hacer tilín** *(Fam.)*, gustar mucho una persona o cosa.

**TILINGO, A** adj. *Argent., Perú* y *Urug.* Lelo, bobo, atolondrado.

**TILLA** n. f. MAR. Pequeño compartimiento que llevan las embarcaciones menores a proa y a popa, para guardar útiles, ropa y otros efectos.

**TILMA** n. f. (mexic. *tumatli*, capa). *Méx.* Manta de algodón que llevan los hombres del campo, a modo de capa, anudada sobre el hombro.

**TILO** n. m. Árbol cultivado como ornamental en parques y avenidas, de entre 25 a 30 m de alt., madera fácil de trabajar y flores, de color blanco amarillento, con las que se prepara una infusión de efectos tranquilizantes. (Familia tiliáceas.)

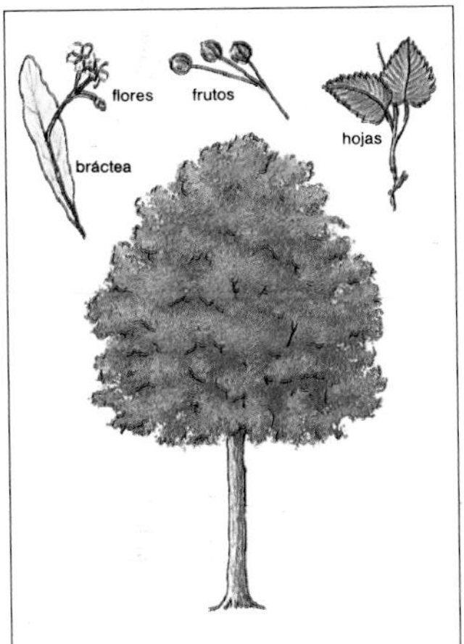

tilo

**TIMADOR, RA** n. Persona que tima.

**TÍMALO** n. m. Pez de agua dulce, que mide entre 25 y 40 cm, parecido al salmón, de carne apreciada.

**TIMAR** v. tr. [**1**]. Estafar, quitar o robar algo con engaño. **2.** *Fig.* y *fam.* Engañar a otro con promesas que luego no se cumplen. ◆ **timarse** v. pron. **3.** *Fam.* Intercambiar miradas o señas galanteadoras dos personas.

**TIMBA** n. f. *Fam.* Partida de un juego de azar. **2.** *Amér. Central* y *Méx.* Barriga.

**TIMBAL** n. m. Instrumento musical de percusión formado por una caja semiesférica de cobre, cerrada con una piel tensa que se golpea con unas mazas. **2.** Atabal, tamboril que suele tocarse en fiestas públicas. **3.** Empanada hecha con masa de harina, formando como una caja, rellena de carne, pescado u otros alimentos.

**TIMBALERO, A** n. Persona que toca los timbales.

**TIMBERO, A** n. *Argent.* y *Urug.* Jugador empedernido.

**TIMBÓ** n. m. *Argent.* y *Par.* Planta arbórea de gran altura, cuya madera, muy resistente al agua, se utiliza para la construcción de canoas. (Familia mimosáceas.)

**TIMBÓN, NA** adj. *Amér. Central* y *Méx.* Dícese de la persona barriguda.

**TIMBRADO, A** adj. Dícese de la voz que tiene

buen timbre: *voz bien timbrada.* **2.** HERÁLD. Dícese del escudo adornado de timbres.

**TIMBRADOR** n. m. Instrumento para timbrar.

**TIMBRAR** v. tr. [**1**]. Estampar un timbre, sello o membrete en un papel, documento, etc. **2.** HERÁLD. Poner el timbre en el escudo de armas.

**TIMBRAZO** n. m. Toque fuerte de un timbre.

**TIMBRE** n. m. (fr. *timbre*). Cualidad que distingue un sonido de otro, aunque tengan igual altura e intensidad, cuando son emitidos por dos instrumentos diferentes. **2.** Aparato para llamar o avisar, que suena movido por un resorte, electricidad, etc. **3.** Sonido característico de una voz: *timbre grave.* **4.** *Fig.* Acción, circunstancia o cualidad personal que ennoblece o da honor: *timbre de gloria.* **5.** Sello que se pega en determinados documentos y mercancías, con el que se justifica haber pagado el impuesto correspondiente. **6.** Sello que se estampa en un papel o documento. **7.** Renta del tesoro, constituida por el importe de los sellos, papel sellado y otras imposiciones que gravan ciertos documentos. **8.** *Méx.* Estampilla, sello postal. **9.** HERÁLD. Ornamento exterior del escudo. **10.** NUMISM. Moneda de oro de la Corona de Aragón, acuñada para competir con el florín (ss. XIV-XV).

**TÍMICO, A** adj. MED. Relativo al timo, glándula.

**TIMIDEZ** n. f. Calidad de tímido.

**TÍMIDO, A** adj. y n. (lat. *timidum*). Falto de seguridad, de confianza en uno mismo. ◆ adj. **2.** Dícese de la actitud, gesto, etc., que demuestra inseguridad, que no se manifiesta abiertamente: *tímida sonrisa.*

**TIMINA** n. f. Una de las cuatro bases nitrogenadas contenidas en los ácidos nucleicos y que intervienen en el código genético.

**TIMING** n. m. (voz inglesa). Constatación, fijación o previsión del tiempo correspondiente a diversas fases de ejecución de una tarea o acción.

**TIMO** n. m. *Fam.* Acción y efecto de timar.

**TIMO** n. m. (gr. *thymos*, lobanillo). Glándula situada delante de la tráquea, que sólo está desarrollada en los niños y en los animales jóvenes y que desempeña un importante papel en la resistencia a las infecciones.

**TIMOL** n. m. QUÍM. Fenol contenido en la esencia de tomillo, que tiene un olor aromático.

**TIMÓN** n. m. (lat. *temonem*). Aparato instalado en la parte de popa de las embarcaciones y que sirve para dirigirlas. SIN.: *gobernalle.* **2.** *Fig.* Dirección o gobierno de un negocio o asunto. **3.** Dispositivo que regula la progresión de una aeronave en dirección *(timón de dirección)* o en profundidad *(timón de profundidad).* **4.** Palo derecho que sale de la cama del arado y al que se fija el tiro. **5.** Instrumento que gobierna el movimiento de algunas máquinas. **6.** Parte que orienta una rueda eólica en la dirección del viento. **7.** *Colomb.* Volante del automóvil.

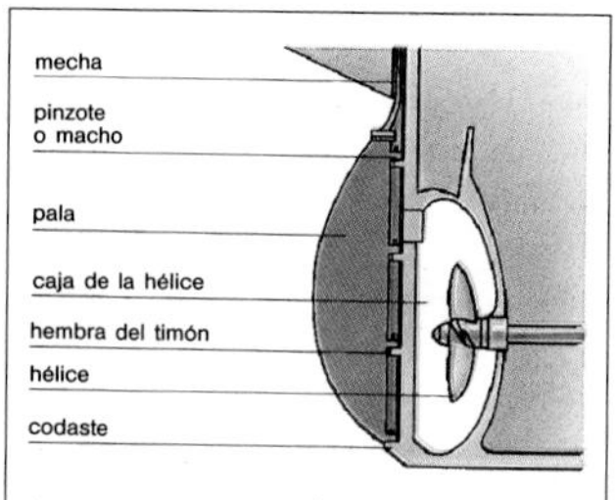

**timón** de buque

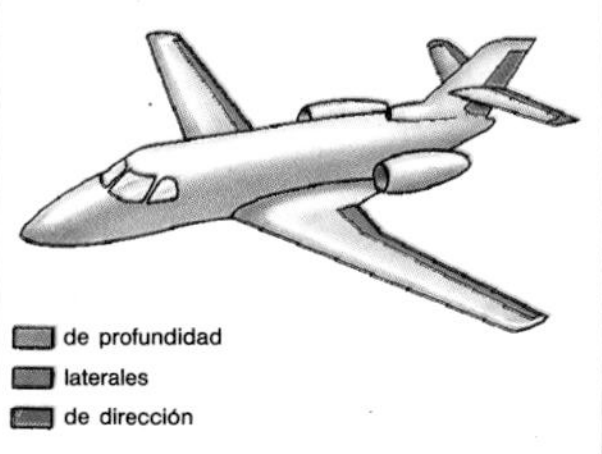

**timones** de un birreactor

**tímpano** del pórtico de la Gloria de la catedral de Santiago de Compostela (obra del maestro Mateo, s. XII)

**TIMONEAR** v. intr. [**1**]. Gobernar el timón.

**TIMONEL** n. m. Marinero que maneja el timón.

**TIMONERO, A** adj. Dícese del arado común o de timón. ◆ adj. y n. f. **2.** Dícese de las plumas de la cola de las aves que, en número de 10 a 20, están insertas en las últimas vértebras caudales. ◆ n. m. **3.** Timonel.

**TIMORATO, A** adj. Tímido, indeciso. **2.** Mojigato, de moralidad exagerada o que se escandaliza fácilmente.

**TIMPANAL** adj. ANAT. Dícese del hueso en forma de anillo sobre el que está tensada la membrana del tímpano.

**TIMPÁNICO, A** adj. Relativo al tímpano.

**TIMPANISMO** n. m. MED. Aumento de la sonoridad del tórax o del abdomen revelado por la percusión, principalmente en el caso de neumotórax o de oclusión intestinal.

**TÍMPANO** n. m. (lat. *tympanum*). Atabal, tamboril que suele tocarse en fiestas públicas. **2.** Término con que se denominan los instrumentos de la familia de las cítaras de cuerdas percutidas. **3.** ARQ. Espacio liso u ornamentado con esculturas, comprendido entre el dintel y las cornisas de un frontón o de un gablete. • **Caja del tímpano** o **tímpano** (ANAT.), cavidad del hueso temporal donde está alojado el oído medio. ‖ **Membrana del tímpano** o **tímpano** (ANAT.), membrana situada en el fondo del conducto auditivo, que transmite las vibraciones del aire a los huesecillos del oído medio.

**TINA** n. f. (lat. *tinam*). Vasija de madera de forma de media cuba. **2.** Recipiente de gran tamaño, en forma de caldera, que sirve para diversos usos industriales. **3.** Tinaja de barro. **4.** Bañera. **5.** *Chile.* Maceta para plantas de adorno.

**TINACO** n. m. *Amér. Central* y *Méx.* Depósito de agua situado en la azotea de la casa. **2.** *Ecuad.* Tinaja grande para depositar la chicha.

**TINAJA** n. f. Gran vasija de cerámica, de forma ventruda y boca muy ancha, que se utiliza para guardar aceite, vino, pescado y carne en salazón, etc.

**TINAJERO, A** n. Persona que hace o vende tinajas. ◆ n. m. **2.** Lugar donde se ponen las tinajas, cántaros u otras vasijas para el agua.

**TINAMÚ** n. m. Ave de tamaño comprendido entre el de una perdiz y una gallina, que vive en América del Sur, donde es objeto de activa caza.

**TINCANQUE** n. m. *Chile.* Capirotazo, golpe dado en la cabeza.

**TINCAR** v. tr. [**1a**]. *Argent.* y *Chile.* Dar un golpe a algo para lanzarlo con fuerza. ◆ v. intr. **2.** *Chile.* Tener un presentimiento, intuir algo.

**TINCAZO** n. m. *Argent.* y *Ecuad.* Capitorazo.

**TINCIÓN** n. f. Acción y efecto de teñir.

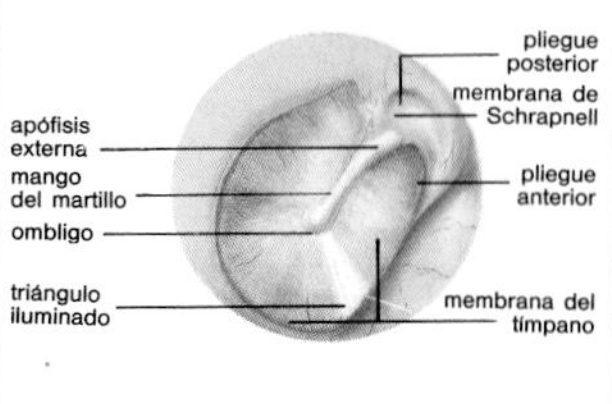

**tímpano**

**TINCUNACO** n. m. *Argent.* Topamiento.

**TINDALIZACIÓN** n. f. Esterilización de una sustancia alternando fases de calor, a una temperatura entre 60 °C y 80 °C, con fases de cultivo.

**TINDÍO** n. m. *Perú.* Ave acuática muy similar a la gaviota.

**TINERFEÑO, A** adj. y n. De Tenerife.

**TINGA** n. f. *Méx.* Guiso hecho a base de carne deshebrada de pollo o cerdo, chile, cebolla y especias.

**TINGLADO** n. m. Cobertizo. **2.** Tablado, armazón formada por un suelo de tablas construido a bastante altura. **3.** *Fam.* Enredo, intriga, maquinación.

**TINGO** n. m. **Del tingo al tango** *(Méx.),* de aquí para allá.

**TINIEBLA** n. f. (lat. *tenebram*). Oscuridad, falta o insuficiencia de luz en un lugar. ◆ **tinieblas** n. f. pl. **2.** *Fig.* Ignorancia que se tiene de algo. **3.** *Fig.* Oscuridad, ofuscamiento del entendimiento. • **Oficio de tinieblas,** antes de la reforma litúrgica de 1956, oficio nocturno del jueves y del viernes santos. ‖ **Príncipe,** o **Ángel, de las tinieblas,** el demonio.

**TINO** n. m. Acierto y destreza para dar en el blanco al disparar. **2.** *Fig.* Habilidad, destreza. **3.** *Fig.* Juicio, cordura. • **Sacar de tino** a alguien, enfadarle, irritarle, exasperarle.

**TINOSO, A** adj. *Colomb.* y *Venez.* Dícese de la persona hábil, diestra y segura.

**TINTA** n. f. Preparación coloreada, líquida o pastosa que se usa para escribir, dibujar o imprimir. **2.** Secreción producida en una glándula que se abre en el último tramo del intestino de los cefalópodos, que éstos usan con fines defensivos. • **Cargar,** o **recargar,** alguien **las tintas,** exagerar el alcance o significación en lo que dice o hace. ‖ **Medias tintas** (*Fig.* y *fam.*), dichos, hechos, respuestas, etc., vagos, que revelan precaución y recelo. ‖ **Saber de buena tinta** algo *(Fam.),* estar informado de ello por conducto digno de crédito. ‖ **Sudar tinta** *(Fam.),* costar a alguien mucho esfuerzo algo. ‖ **Tinta china,** la que se obtiene al desleír un polvo negro, generalmente negro de humo, en agua. ‖ **Tinta simpática,** composición líquida que tiene la propiedad de que no se conozca lo escrito con ella hasta que se le aplique el reactivo conveniente. ◆ **tintas** n. f. pl. **3.** Matices del color: *las tintas de la aurora.*

**TINTAR** v. tr. y pron. [**1**]. Teñir.

**TINTE** n. m. Acción y efecto de teñir. **2.** Color o sustancia con que se tiñe. **3.** Color dado a una tela al teñirla. **4.** *Fam.* Tintorería, establecimiento. **5.** *Fig.* Matiz, rasgo o aspecto que da a una cosa un carácter determinado: *el libro tiene cierto tinte político.* **6.** *Fig.* Barniz, cualidad o conocimiento que alguien tiene muy superficialmente.

**TINTERILLO** n. m. *Desp.* Oficinista, chupatintas. **2.** *Amér.* Picapleitos.

**TINTERO** n. m. Recipiente en que se pone la tinta de escribir. **2.** Depósito de tinta que alimenta al cilindro entintador en una máquina de imprimir. • **Dejar, dejarse,** o **quedarse, algo en el tintero** *(Fam.),* olvidarlo u omitirlo.

**TINTILLA** n. f. Variedad de uva, de granos pequeños, redondos y negros. **2.** Vino tinto dulce que se elabora con la variedad de uva tintilla.

**TINTILLO, A** adj. y n. m. Dícese del vino poco subido de color.

**TINTÍN** n. m. Sonido de la campanilla o de un timbre, o el que hacen al chocar los vasos, copas, etc.

**TINTINEAR** v. intr. [**1**]. Producir el sonido del tintín.

**TINTINEO** n. m. Acción y efecto de tintinear.

**TINTO, A** adj. Que está teñido. **2.** *Amér.* Rojo oscuro. • **Uva tinta,** uva que tiene negro el zumo y sirve para dar color a ciertos mostos. ◆ adj. y n. m. **3.** Dícese del vino de color oscuro tirando a negro.

**TINTÓREO, A** adj. (lat. *tinctorium*). Que sirve para teñir: *maderas tintóreas.*

**TINTORERA** n. m. Vino español que se elabora en determinadas localidades de la provincia de Valencia.

**TINTORERA** n. f. Pez seláceo de cuerpo fuerte y esbelto, de hasta 3 o 4 m de long., de color azulado o pizarroso en el dorso y flancos, con hocico alargado y subcónico, que vive en los mares tropicales y templados. (Familia carcarínidos.)

**TINTORERÍA** n. f. Oficio de tintorero. **2.** Establecimiento donde se tiñen y limpian las telas, vestidos, etc.

**TINTORERO, A** n. Persona que tiene por oficio teñir o limpiar las telas, vestidos, etc.

**TINTURA** n. f. Tinte, acción y efecto de teñir y sustancia con que se tiñe. **2.** Líquido en que se ha disuelto una sustancia que le comunica color. **3.** FARM. Alcohol o éter que contiene en disolución los principios activos de una sustancia vegetal, animal o mineral.

**TIÑA** n. f. (lat. *tineam*). Dermatosis parasitaria de tipo micótico, que afecta principalmente la epidermis y sus anexos. • **Más viejo que la tiña** *(Fam.),* muy viejo.

**TIÑOSO, A** adj. Que padece tiña. **2.** *Fig.* y *fam.* Miserable, tacaño.

**TÍO, A** n. Con respecto a una persona, hermano *(tío carnal)* o primo (*tío segundo, tercero,* etc.) de su padre o madre. **2.** En algunos lugares, tratamiento que se da a la persona casada, o de cierta edad, anteponiéndolo al nombre. **3.** *Fam.* Expresión con que se designa despectivamente a alguien, o por el contrario, se usa con significado de admiración: *el tío ese; ¡vaya tío!* **4.** *Fam.* Persona cuyo nombre y condición se ignoran o no se quieren decir. • **No hay tu tía** *(Fam.),* expresión con que se da a entender a alguien la imposibilidad de conseguir una cosa, o lo falso de sus esperanzas sobre ella. ‖ **Tío abuelo,** con respecto a una persona, hermano o hermana de uno de sus abuelos.

**TIOÁCIDO** n. m. Compuesto derivado de un oxácido por sustitución del oxígeno por azufre.

**TIOCARBONATO** n. m. Compuesto $M_2CS_3$ que resulta de la combinación del sulfuro de carbono $CS_2$ con un sulfuro metálico $M_2S$.

**TIOFENO** n. m. QUÍM. Heterociclo de cinco átomos, uno de los cuales es de azufre.

**TIOL** n. m. Mercaptano.

**TIÓNICO, A** adj. Dícese de una serie de ácidos oxigenados del azufre, de fórmula general $H_2S_nO_6$ donde *n* puede tener los valores 3, 4, 5 y 6.

**TIORBA** o **TEORBA** n. f. (ital. *tiorba*). Instrumento musical parecido al laúd, que se usó en los ss. XVI-XVIII.

**TIOSULFATO** n. m. Sal del ácido tiosulfúrico.

**TIOSULFÚRICO, A** adj. Dícese del ácido de fórmula $H_2S_2O_3$.

**TIOVIVO** n. m. Artefacto de feria consistente en una plataforma giratoria sobre la que hay caballitos de madera, cochecillos, barquillas, etc.

**TIP** n. m. *Méx.* Dato, pista que sirve para aclarar algún asunto, resolver un problema, etc.

**TIPA** n. f. Planta arbórea, de hasta 20 m de alt., que crece en América meridional, cuya madera, dura y amarillenta, es muy empleada en ebanistería. (Familia leguminosas.) **2.** Madera de este árbol. **3.** *Argent.* Cesto de varillas o de mimbre sin tapa.

**TIPARRACO, A** n. *Desp.* Persona ridícula y despreciable.

**TIPAZO** n. m. Buen tipo. **2.** Persona alta y apuesta.

**TIPEAR** v. intr. [**1**]. *Amér.* Mecanografiar, escribir a máquina.

**TIPEJO, A** n. *Desp.* Persona ridícula o despreciable.

**TIPI** n. m. Tienda de forma cónica que constituía la vivienda de los pueblos amerindios de las grandes praderas de E.U.A.

**TIPICIDAD** n. f. Calidad de típico.

**TÍPICO, A** adj. Peculiar o característico de la persona, cosa, país, situación, profesión, etc., de que se trata: *traje típico.*

**TIPIFICACIÓN** n. f. Acción y efecto de tipificar.

**TIPIFICAR** v. tr. [**1a**]. Adaptar algo a un tipo standard. **2.** Representar una persona o cosa, el tipo o modelo del género, especie, etc., a que pertenece.

**TIPISMO** n. m. Calidad de típico. **2.** Conjunto de características o rasgos peculiares de una región, época, etc.

**TIPLE** n. m. La más aguda de las voces humanas. ◆ n. m. y f. **2.** Persona que tiene esta voz.

**TIPO** n. m. (gr. *typos*). Modelo, ejemplar ideal que reúne en un alto grado los rasgos y los caracteres esenciales o peculiares de un género, especie, etc. **2.** Clase, categoría, modalidad: *no respondo a este tipo de preguntas.* **3.** Conjunto de los caracteres distintivos o característicos de una raza. **4.** Figura, silueta, configuración del cuerpo de una persona: *tener buen tipo.* **5.** Representación artística de una persona que pone en relieve caracteres muy relevantes o que pueden pertenecer a otros muchos individuos: *el tipo de la Trotaconventos procede de la tradición árabe.* **6.** *Fam.* Persona, individuo: *un tipo preguntaba por ti.* **7.** Cada una de las grandes agrupaciones de clases en que se dividen los reinos animal y vegetal. **8.** FILOS. Cada uno de los grupos, con caracteres definidos, que se establecen en intentos de clasificación de las personas con independencia de raza. **9.** IMPR. Pieza de metal, fundida en forma de paralelepípedo o prisma rectangular, que lleva en la parte superior una letra u otro signo en relieve para que pueda estamparse. **10.** IMPR. Cada una de las diversas variedades de letra de imprenta. • **Aguantar,** o **mantener, el tipo** *(Fam.),* actuar con valentía ante un peligro, dificultad, etc. ‖ **Jugarse** alguien **el tipo** *(Fam.),* arriesgarse, poner en peligro su vida. ‖ **Tipo de descuento,** porcentaje del valor de un efecto comercial o letra de cambio que el establecimiento bancario retiene como compensación del anticipo de dinero efectuado al descontar dicho efecto. ‖ **Tipo de interés** → ***interés.***

**TIPOGRAFÍA** n. f. Procedimiento de impresión con formas o moldes en relieve. **2.** Imprenta, lugar donde se imprime.

**TIPOGRÁFICO, A** adj. Relativo a la tipografía: *prensa tipográfica.*

**TIPÓGRAFO, A** n. Operario que compone o corrige textos destinados a la impresión.

**TIPOI** o **TIPOY** n. m. Especie de túnica larga y sin mangas, que visten las indias y campesinas guaraníes.

**TIPOLOGÍA** n. f. Estudio y clasificación de tipos que se practica en diversas ciencias. **2.** Estudio de los caracteres morfológicos del hombre, comunes a las diferentes razas. **3.** Biotipología.

**TIPOLÓGICO, A** adj. Relativo a la tipología.

**TIPÓMETRO** n. m. IMPR. Regla graduada en puntos tipográficos.

**TÍPULA** n. f. Mosquito de gran tamaño, inofensivo para el hombre. (Orden dípteros.)

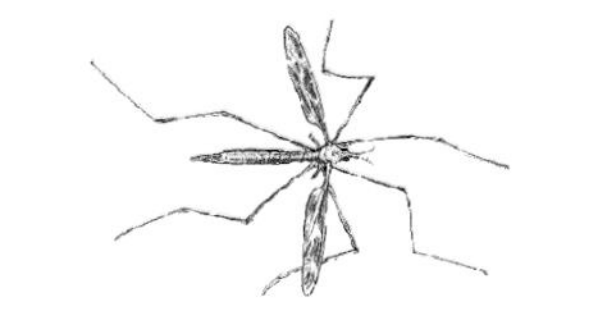

**típula**

**TIQUE** n. m. (ingl. *ticket*). Vale, bono, recibo.

**TIQUISMIQUIS** o **TIQUIS MIQUIS** n. m. y f. (pl. *tiquismiquis* o *tiquis miquis*). *Fam.* Persona maniática o muy aprensiva. ◆ **tiquismiquis** o **tiquis miquis** n. m. pl. **2.** Escrúpulos nimios y sin importancia. **3.** Enfados o discusiones frecuentes y sin motivo. **4.** *Fam.* Expresiones ridículas y afectadas.

**TIRA** n. f. (cat. *tira*). Pedazo largo, delgado y estrecho de tela, papel u otra materia. **2.** Serie de dibujos que aparece en periódicos y revistas y en los cuales se cuenta una historia o parte de ella. **3.** *Méx. Vulg.* Policía: *llegó la tira y los detuvieron.* • **La tira** *(Vulg.),* gran cantidad de una cosa.

**TIRABEQUE** n. m. (cat. *tirabec*). Variedad de guisante.

**TIRABUZÓN** n. m. (fr. *tirebouchon*). Sacacorchos. **2.** *Fig.* Rizo de pelo largo y en forma de espiral.

**TIRACHINOS** o **TIRACHINAS** n. m. (pl. *tirachinos* o *tirachinas*). Juguete consistente en una horquilla con mango, provista de dos gomas unidas por una badana, en la que se colocan piedrecillas, perdigones, etc., para dispararlos.

**TIRADA** n. f. Acción y efecto de tirar. **2.** Espacio largo de tiempo: *falta una tirada para las vacaciones.* **3.** Distancia grande que media entre dos lugares: *hay una tirada hasta ese pueblo.* **4.** Serie ininterrumpida de cosas que se dicen, suceden o se hacen. **5.** Número de ejemplares de que consta una edición. **6.** *Méx. Fam.* Objetivo, propósito. • **Tirada aparte,** separata.

**TIRADERA** n. f. Flecha de bejuco, con punta de asta de ciervo, usada por algunos indios americanos.

**TIRADERO** n. m. Puesto donde el cazador se coloca para disparar a la caza. **2.** *Méx.* Desorden, conjunto de cosas fuera de sitio: *tiene un tiradero en su cuarto.*

**TIRADO, A** adj. Que se vende muy barato por abundar en el mercado. **2.** *Fam.* Que es muy fácil de hacer: *examen tirado.* **3.** *Fam.* Dícese de la persona despreciable o que ha perdido la vergüenza. **4.** MAR. Dícese del buque de mucha eslora y poca altura de casco. ◆ n. m. **5.** Acción de estirar y reducir a hilo los metales, especialmente el oro y la plata, pasándolos por la hilera.

**TIRADOR, RA** n. Persona que tira, lanza o dispara. ◆ n. m. **2.** Instrumento con que se estira. **3.** Cordón o cadenilla del que se tira para hacer sonar una campanilla, un timbre, etc. **4.** Asidero del cual se tira para abrir o cerrar un cajón, una puerta, etc. **5.** Tirachinos. **6.** *Argent.* Cinturón de cuero curtido propio de la vestimenta del gaucho. **7.** *Argent.* y *Urug.* Tirante, cada una de las dos tiras que sostienen un pantalón. (Suele usarse en plural.)

**TIRAGOMAS** n. m. (pl. *tiragomas*). Tirachinos.

**TIRAJE** n. m. Acción y efecto de tirar, imprimir. **2.** Operación que tiene por objeto sacar copias fotográficas a partir de un negativo. **3.** *Amér.* Tiro de la chimenea.

**TIRALÍNEAS** n. m. (pl. *tiralíneas*). Instrumento de dibujo que sirve para trazar líneas.

**TIRAMISÚ** n. m. Postre elaborado con bizcocho empapado en café con licor, al que se añaden claras de huevo a punto de nieve mezcladas con un queso muy suave.

**TIRANÍA** n. f. En la antigua Grecia, poder absoluto. **2.** Gobierno despótico, injusto, cruel. **3.** *Fig.* Abuso excesivo de autoridad, fuerza o superioridad.

**TIRANICIDA** adj. y n. m. y f. (lat. *tirannicidam*). Que comete tiranicidio.

**TIRANICIDIO** n. m. Muerte dada a un tirano.

**TIRÁNICO, A** adj. Relativo a la tiranía. **2.** Tirano.

**TIRANIZACIÓN** n. f. Acción y efecto de tiranizar.

**TIRANIZAR** v. tr. [**1g**]. Gobernar un tirano un estado. **2.** *Fig.* Dominar o tratar con tiranía a alguien.

**TIRANO, A** adj. y n. (lat. *tyrannum*). En la antigüedad griega, decíase de la persona que ejercía el poder absoluto. **2.** Dícese del soberano despótico, injusto, cruel. **3.** *Fig.* Que abusa de su poder, fuerza o superioridad. ◆ adj. **4.** *Fig.* Dícese del afecto o pasión que ejerce un dominio excesivo sobre la voluntad de alguien.

**TIRANTE** adj. Tenso, estirado. **2.** *Fig.* Dícese de las relaciones de amistad frías y próximas a romperse o de las situaciones o actitudes embarazosas y violentas. ◆ n. m. **3.** Cada una de las dos tiras de tela o piel, generalmente elásticas, que sostienen desde los hombros un pantalón, delantal u otra prenda de vestir. **4.** Cuerda o correa que, asida a las guarniciones de las caballerías, sirve para tirar de un carruaje. **5.** En la espada y el sable, las correas o cordones que, pendientes del cinturón, sostienen la vaina por las anillas. **6.** CONSTR. Riostra y toda pieza que trabaja a tracción, fijada por los extremos en otras dos para evitar que se separen. **7.** CONSTR. Pieza o elemento horizontal de una armadura de cubierta, que constituye la base de los cuchillos. • **Falso tirante** (CONSTR.), pieza horizontal, paralela al tirante propiamente dicho, y situada a mayor altura que éste.

**TIRANTEZ** n. f. Calidad o estado de tirante. **2.** ARQ. Dirección de los planos de hilada de un arco o bóveda.

**TIRAR** v. tr. (lat. *tirare*) [**1**]. Lanzar, despedir una cosa de la mano. **2.** Arrojar, lanzar en dirección determinada: *tirar piedras al río.* **3.** Derribar, volcar, derramar una cosa: *tirar un jarrón.* **4.** Desechar algo, deshacerse de ello: *tirar los zapatos a la basura.* **5.** *Fig.* Derrochar, malgastar. **6.** Trazar, dibujar líneas, rayas, etc. **7.** Con voces expresivas de daño corporal, ejecutar la acción significada por estas palabras: *tirar una coz.* **8.** Imprimir, dejar en el papel u otra materia análoga, por medio de presión mecánica, la huella de un dibujo o texto. **9.** Publicar, editar, generalmente un periódico o una publicación periódica, el número de ejemplares que se expresa. **10.** Jugar las cartas, lanzar los dados, etc.: *te toca tirar a ti.* **11.** FOT. Reproducir en positivo un cliché fotográfico; sacar copias positivas de un negativo. ◆ v. tr. e intr. **12.** Disparar la carga de un arma de fuego, o un artificio de pólvora: *tirar un cañonazo; tirar al blanco.* ◆ v. intr. **13.** *Fig.* Atraer, gustar: *no le tira el estudio.* **14.** Hacer fuerza para traer hacia sí o para llevar tras sí: *tirar de una cuerda.* **15.** Seguido de la prep. *de* y de un nombre de arma, instrumento, objeto, etc., sacar o tomar éstos en la mano para emplearlos: *tirar de navaja.* **16.** Producir el tiro o corriente de aire de un hogar, o de otra cosa que arde: *la chimenea tira mucho.* **17.** *Fig.* y *fam.* Torcer, marchar en cierta dirección: *en la segunda bocacalle, tire a la derecha.* **18.** *Fig.* Tender, propender: *tiene los ojos azules tirando a verdes.* **19.** *Fig.* y *fam.* Parecerse, asemejarse: *la hija tira a su madre.* **20.** *Fig.* Estar en camino de ser cierta cosa: *tira para cura.* **21.** Apretar, ser demasiado estrecho o corto: *la chaqueta me tira de las mangas.* **22.** Durar o mantenerse con dificultad una persona o cosa: *parece que va tirando tras la operación.* **23.** Tener un motor, o algo semejante, cierta capacidad o potencia de tracción: *este coche no tira.* • **Tirarle a** algo (*Méx. Fam.*), tener el propósito de alcanzarlo o de conseguirlo: *le tira a ser director de escuela.* ◆ **tirarse** v. pron. **24.** Abalanzarse, arrojarse, dejarse caer: *tirarse a la piscina.* **25.** Echarse, tumbarse en el suelo o encima de algo. **26.** *Fam.* Pasar, transcurrir de cierta manera un tiempo que se expresa: *se ha tirado el día lloviendo.* **27.** *Vulg.* Tener trato sexual con alguien que se expresa. **28.** TAUROM. Lanzarse sobre el toro para darle la estocada.

**TIRAS** n. f. pl. *Chile.* Trapos, ropas de vestir.

**TIRASSE** n. f. (voz francesa). MÚS. Cada uno de los mecanismos de la consola del órgano que se acciona con los pies.

**TIRATA** n. f. (voz italiana). MÚS. Dibujo melódico de carácter ornamental.

**TIRATRÓN** n. m. Tubo termoiónico, lleno de gas inerte o de vapor de mercurio, empleado como rectificador o como regulador de corriente.

**TIRAVIRA** n. f. MAR. Cabo doble, fijado por dos de sus extremos en lo alto de un plano inclinado, con el que se arrían cuerpos cilíndricos.

**TIREOESTIMULINA** n. f. Hormona de la hipófisis

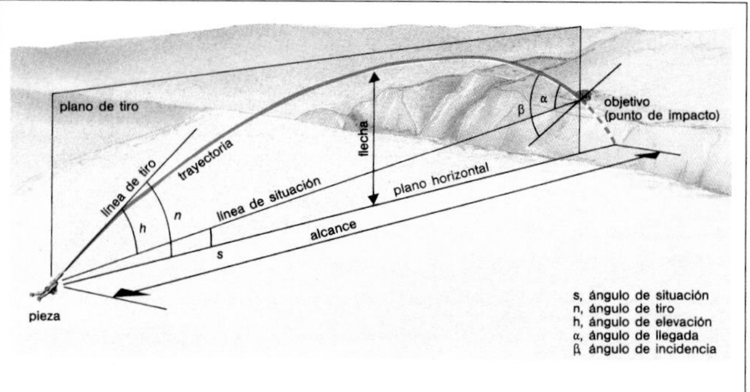


**tiro:** trayectoria de un proyectil clásico

que estimula la secreción del tiroides. SIN.: *hormona tireotropa.*

**TIRILLA** n. f. Lista o tira pequeña para diversos usos, especialmente la que se pone por el cuello en las camisas y suele servir para fijar en ella el cuello postizo.

**TIRIO, A** adj. y n. De Tiro. • **Tirios y troyanos** (*Fam.*), partidos o partidarios de opiniones o intereses opuestos.

**TIRISTOR** n. m. Rectificador que actúa por semiconducción.

**TIRITA** n. f. (marca registrada). Tira de adhesivo con un preparado medicinal con que se protegen las heridas.

**TIRITAR** v. intr. [**1**]. Temblar o estremecerse de frío o por efecto de la fiebre.

**TIRITÓN** n. m. Estremecimiento del que tirita.

**TIRITONA** o **TIRITERA** n. f. Acción y efecto de tiritar.

**TIRO** n. m. Acción y efecto de tirar: *ejercicios de tiro.* **2.** Disparo de un arma de fuego: *se cruzaron tiros entre la policía y los atracadores.* **3.** Estampido que éste produce: *oírse un tiro.* **4.** Señal, impresión o herida que hace lo que se tira: *fue curado de un tiro en la pierna.* **5.** Carga de un arma de fuego: *revólver de cinco tiros.* **6.** Lugar donde se tira al blanco. **7.** Conjunto de caballerías que tiran de un carruaje. **8.** *Fig.* Seguido de la prep. *de* y el nombre del arma disparada o del objeto arrojado, se usa como medida de distancia: *a un tiro de bala.* **9.** Dirección que se da al disparo de las armas de fuego: *tiro rasante.* **10.** En un pantalón, distancia desde la unión de las dos perneras por entre las piernas hasta la cintura. **11.** Corriente de aire que produce el fuego de un hogar. **12.** Diferencia de presión entre la entrada y la salida de un aparato por el que deben circular gases. **13.** Corriente de fluido provocada por dicha diferencia de presión. **14.** Chut. **15.** *Hond.* Senda por la que se arrastra la madera. • **A tiro,** dícese de lo que se halla al alcance o dentro de las posibilidades de alguien. ‖ **Al tiro** (*Chile, Colomb., C. Rica* y *Ecuad.*), en seguida, prontamente. ‖ **Ángulo de tiro,** el que forma la línea de tiro con el plano horizontal. ‖ **De tiros largos** (*Fig.* y *fam.*), vestido de gala. ‖ **Ni a tiros,** dícese refiriéndose a la imposibilidad de que alguien haga o diga algo. ‖ **Salir el tiro por la culata** (*Fam.*), dar una cosa resultado contrario del que se pretendía o deseaba. ‖ **Tiro al blanco,** denominación genérica del tiro con arma de fuego sobre un blanco. ‖ **Tiro al plato,** modalidad de tiro olímpico en que las aves se sustituyen por discos que son lanzados por una máquina automática. ‖ **Tiro de gracia,** el que remata al que está gravemente herido. ‖ **Tiro libre,** en baloncesto, sanción con que se castiga al equipo que comete una falta técnica o ciertas faltas personales.

**TIROIDEO, A** adj. Relativo a la glándula tiroides o al cartílago del mismo nombre.

**TIROIDES** n. m. (gr. *thyroeides,* en forma de puerta). Glándula endocrina situada delante de la tráquea, que produce la tiroxina y la calcitonina. • **Cartílago tiroides,** el más voluminoso de los cartílagos laríngeos, que forma en el hombre el relieve llamado *nuez* o *bocado de Adán.*

**TIROIDITIS** n. f. Inflamación del tiroides.

**TIROL** n. m. *Méx.* Recubrimiento de apariencia rugosa que se pone en los techos como adorno.

**TIROLÉS, SA** adj. y n. Del Tirol.

**TIRÓN** n. m. Estirón, acción y efecto de tirar brusca y violentamente de algo. **2.** En ciclismo, intento repentino de uno o varios corredores de separarse del resto. **3.** *Fam.* Robo consistente en apoderarse el ladrón de un bolso, u otro objeto, tirando violentamente de él y dándose a la fuga. • **De tirón** (TAUROM.), lance o pase en que se obliga al toro a embestir rectamente el engaño en dirección al diestro, sin dejar que pase. ‖ **De un tirón,** seguido, de una vez, en una sola acción.

**TIRONEAR** v. tr. [**1**]. Dar tirones.

**TIRONEO** n. m. Acción y efecto de tironear.

**TIRORIRO** n. m. *Fam.* Palabra con que se imita el sonido de los instrumentos músicos de boca.

**TIROSINA** n. f. Aminoácido cuya oxidación produce pigmentos negros o melanina.

**TIROSINASA** n. f. Enzima que provoca la oxidación de la tirosina.

**TIROTEAR** v. tr. y pron. [**1**]. Disparar repetidamente armas de fuego portátiles.

**TIROTEO** n. m. Acción y efecto de tirotear.

**TIROTRICINA** n. f. Antibiótico de uso externo.

**TIROXINA** n. f. Hormona secretada por el tiroides.

**TIRRIA** n. f. *Fam.* Ojeriza, antipatía injustificada o irracional hacia algo o alguien.

**TIRSO** n. m. (gr. *thyrsos*). ANT. GR. Emblema de Dioniso, consistente en un bastón con hojas de hiedra o de viña rematado por una piña. **2.** BOT. Inflorescencia en forma de pirámide, como la de las lilas y el castaño de Indias.

**TISANA** n. f. Infusión de hierbas medicinales que se toma como bebida.

**TISANÓPTERO, A** adj. y n. m. Relativo a un orden de insectos de pequeño tamaño, provistos de aparato bucal adaptado a la succión, con franjas en las alas.

**TISANURO, A** adj. y n. m. Relativo a un orden de insectos primitivos, sin alas, con tres apéndices filiformes al final del abdomen.

**TÍSICO, A** adj. y n. Relativo a la tisis; afecto de esta enfermedad.

**TISIOLOGÍA** n. f. Parte de la medicina que estudia la tuberculosis.

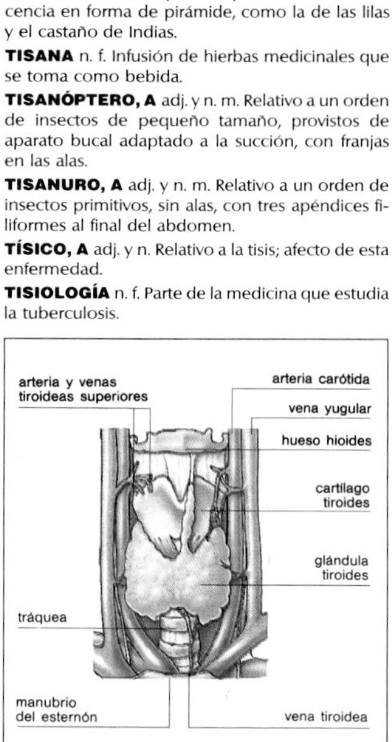


**tiroides**

**TISIOLÓGICO, A** adj. Relativo a la tisiología.

**TISIÓLOGO, A** n. Médico especialista en tisiología.

**TISIS** n. f. (gr. *phthisis*). Nombre clásico y común de la tuberculosis.

**TISTE** n. m. *Amér. Central.* Bebida refrescante a base de harina de maíz tostado, cacao, achiote y azúcar.

**TISÚ** n. m. (fr. *tissu*). Tela de seda, entretejida con hilos de oro y plata que pasan desde la haz al envés. **2.** Pañuelo de papel suave.

**TISULAR** adj. HISTOL. Relativo a los tejidos.

**TITÁN** n. m. Persona que descuella por ser excepcional en algún aspecto.

**TITÁNICO, A** adj. Relativo a los Titanes. **2.** *Fig.* Desmesurado, excesivo: *un esfuerzo titánico.*

**TITÁNICO, A** adj. Dícese del anhídrido $TiO_2$ y de sus ácidos correspondientes.

**TITANIO** n. m. (gr. *titanos,* cal, yeso). Metal (Ti), de número atómico 22, de masa atómica 47,9 y densidad 4,5, blanco, duro, que funde a 1 800 °C, parecido por sus propiedades al silicio y al estaño.

**TÍTERE** n. m. Marioneta, figurilla que se mueve por medio de hilos o con las manos. ◆ n. m. y f. **2.** *Fig.* y *fam.* Persona que cambia con facilidad de opinión o que actúa influida por los demás. ◆ **títeres** n. m. pl. **3.** *Fam.* Espectáculo público hecho con muñecos, o ejecutado por acróbatas circenses.

**TITÍ** n. m. Simio arborícola de América del Sur, cuyo cuerpo, que mide alrededor de 20 cm, se prolonga en una larga cola tupida. (Familia hapálidos.)

**tití**

**TITILACIÓN** n. f. Acción y efecto de titilar.

**TITILAR** v. intr. [1]. Agitarse con temblor alguna parte del cuerpo: *los párpados titilan.* **2.** Centellear u oscilar una luz o un cuerpo luminoso.

**TITILEO** n. m. Acción de titilar.

**TITIPUCHAL** n. m. *Méx. Fam.* Multitud, muchedumbre, desorden.

**TITIRITAR** v. intr. [1]. Tiritar.

**TITIRITERO, A** n. Persona que maneja los títeres. **2.** Acróbata o artista circense.

**TITUBEANTE** adj. Que titubea.

**TITUBEAR** v. intr. (lat. *titubare*) [1]. Oscilar, tambalearse una cosa, perder la estabilidad. **2.** Balbucir, hablar articulando las palabras de una manera vacilante y confusa. **3.** *Fig.* Estar en duda, mostrarse indeciso en algún asunto, materia, acción, etc.

**TITUBEO** n. m. Acción y efecto de titubear.

**TITULACIÓN** n. f. Acción y efecto de titular o titularse. **2.** En periodismo, expresión abreviada de lo más destacado de una noticia. • **Titulación de hilos** (TEXT.), operación que tiene por objeto indicar el título de los hilos.

**TITULADO, A** adj. y n. Dícese de la persona que tiene un título académico o nobiliario.

**TITULADORA** n. f. ART. GRÁF. Aparato de fotocomposición para títulos o textos cortos.

**TITULAR** adj. y n. m. y f. Dícese del que ocupa un cargo teniendo el título o nombramiento correspondiente. ◆ n. m. **2.** Encabezamiento de una información en cualquiera de los géneros periodísticos.

**TITULAR** v. tr. [1]. Poner título o nombre a algo. ◆ **titularse** v. pron. **2.** Llamarse, tener por título, por nombre. **3.** Obtener un título académico.

**TITULILLO** n. m. Renglón que se pone en la parte superior o cabeza de la página impresa, para indicar el tema o la materia de que se trata.

**TÍTULO** n. m. (lat. *titulum*). Nombre, frase que contiene una referencia más o menos explicativa de la materia o argumento de un texto, libro, etc.: *título de un libro; título de un cuadro.* **2.** Dignidad adquirida o heredada, que confiere un derecho u honor: *el título de duque.* **3.** Persona que goza de dicha dignidad. **4.** Lo que demuestra o acredita un derecho, especialmente la posesión de una hacienda, bienes, etc.: *título de propiedad.* **5.** Certificado representativo de un valor mobiliario (acción, obligación, etc.), que puede ser nominativo, al portador o a la orden. **6.** Apelativo que se da a alguien por un cargo, oficio o grado de estudios. **7.** Documento en que se acredita ese derecho. **8.** Cualidad, mérito que da derecho a alguna cosa: *la resistencia de la ciudad al asedio fue título de gloria para sus habitantes.* **9.** Cada una de las partes en que se dividen las leyes, reglamentos, etc. **10.** QUÍM. Concentración de una disolución. **11.** TEXT. Designación que indica el grueso de un hilo. SIN.: *número.* • **A título de,** con el pretexto, motivo o causa de lo que se expresa; con el carácter de.

**TIUQUE** n. m. *Chile.* Ave rapaz de plumaje oscuro y pico grande. **2.** *Chile. Fig.* Persona malintencionada y astuta.

**TIV,** pueblo del SE de Nigeria que habla una lengua bantú.

**TIXOTROPÍA** n. f. Transformación al estado de sol de ciertos geles muy viscosos, cuando se les agita, pero que retornan a su viscosidad primitiva después de reposar.

**TIZA** n. f. (azteca *ticatl*). Barrita de arcilla blanca que se usa para escribir en los encerados. **2.** Compuesto de yeso y greda que se usa en el juego del billar para untar la suela de los tacos.

**TIZATE** n. m. *Guat., Hond.* y *Nicar.* Yeso, tiza.

**TIZNA** n. f. Materia que puede tiznar.

**TIZNADO, A** adj. *Amér. Central.* Borracho, ebrio.

**TIZNADURA** n. f. Acción y efecto de tiznar o tiznarse. **2.** Alteración experimentada por una capa de pintura o de barniz, en contacto con materias mugrientas o sucias.

**TIZNAR** v. tr. y pron. [1]. Manchar con tizne, hollín u otra sustancia semejante.

**TIZNE** n. m. o f. Hollín, humo que se pega a las sartenes y otras vasijas que han sido puestas al fuego.

**TIZNÓN** n. m. Mancha de tizne o de otra sustancia semejante.

**TIZÓN** n. m. (lat. *titionem*). Palo o leño a medio quemar, que arde produciendo gran cantidad de humo. • **A tizón,** dícese de la forma de colocar los ladrillos o piedras en un muro de modo que la dimensión más larga es perpendicular al paramento.

**TL,** símbolo químico del *talio.*

**TLACATECUHTLI** n. m. (voz náhuatl). Entre los aztecas, título que se daba al soberano. **2.** Juez supremo en dicho pueblo.

**TLACHIQUE** n. m. *Méx.* Aguamiel.

**TLACONETE** n. m. *Méx.* Babosa, molusco gasterópodo.

**TLACUACHE** n. m. *Méx.* Zarigüeya.

**TLACUILO** n. m. Entre los aztecas, individuo que se dedicaba a dibujar los signos de su escritura.

**TLALAYOTE** o **TALAYOTE** n. m. *Méx.* Nombre que se da a diversas plantas asclepiadáceas. **2.** *Méx.* Talantuyo.

**TLALCOYOTE** n. m. *Méx.* Mamífero mustélido dañino que ataca los sembrados de maíz y los gallineros, parecido al coyote, pero mucho más pequeño, y que construye su madriguera en cuevas.

**TLAPALERÍA** n. f. *Méx.* Tienda donde se venden pinturas, artículos de ferretería, albañilería y material eléctrico.

**TLAPANECA,** pueblo amerindio que vive en las zonas más abruptas de la sierra Madre del Sur (est. de Guerrero, México).

**TLAXCALTECA** adj. y n. m. y f. Relativo a un pueblo amerindio de México, del grupo nahua, de lengua uto-azteca, actualmente extinguido; individuo de este pueblo.

■ Los tlaxcaltecas formaron en la meseta de Tlaxcala los señoríos federados de Ocotelulco, Tepeticpac, Quiahuiztlan y Tizatlan, enfrentados a los aztecas. Tras ser derrotados por Hernán Cortés en Cholula, se aliaron con los españoles y participaron en el sometimiento de los aztecas (Otumba, 1520).

**Tm,** abrev. de tonelada métrica.

**Tm,** símbolo químico del *tulio.*

**TMESIS** n. f. (gr. *tmēsis,* corte). Hipérbaton que consiste en intercalar una palabra entre los dos elementos de otra compuesta.

**T.N.T.,** siglas del *trinitrotolueno.*

**TOALLA** n. f. (germ. *thwahljo*). Pieza rectangular que se usa para secarse después de lavarse. **2.** Cubierta que se pone sobre las almohadas. **3.** Tejido de rizo del que suelen ser las toallas. • **Arrojar, lanzar,** o **tirar, la toalla,** en boxeo, lanzar la toalla al ring el preparador de un púgil en señal de abandono; abandonar una empresa ante una dificultad.

**TOALLERO** n. m. Utensilio o soporte para poner o colgar las toallas.

**TOBA** n. f. Piedra blanda, porosa y ligera que da un sonido apagado y sordo bajo el choque del metal. **2.** Ladrillo poroso.

**TOBA** adj. y n. m. y f. Relativo a un pueblo amerindio guaicurú del Chaco (Argentina, Bolivia y Paraguay), muy aculturado; individuo de este pueblo.

**TOBERA** n. f. Abertura tubular practicada en la parte inferior y lateral de un horno, para la entrada del aire que alimenta la combustión. **2.** Revestimiento metálico de esta abertura. **3.** Orificio graduable practicado en el casquete de un paracaídas para facilitar su manejabilidad. **4.** Conducto perfilado adecuadamente para que el fluido que circula por él aumente su velocidad o su presión.

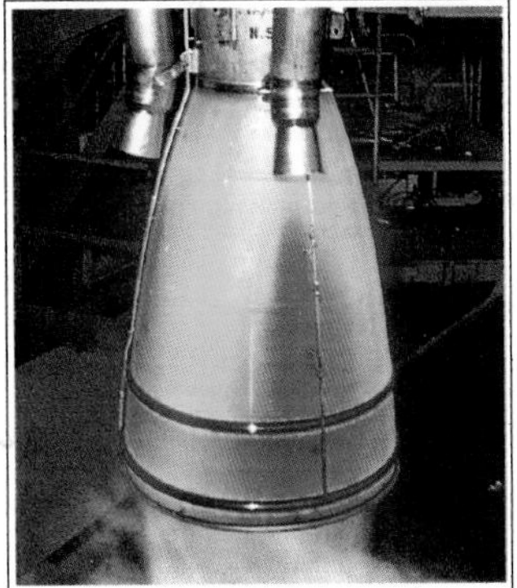

detalle de la **tobera** de un motor cohete Viking 5 (que equipa la primera etapa del cohete Ariane)

**TOBIANO, A** adj. *Argent.* Dícese del caballo overo cuyo pelaje presenta manchas blancas en la parte superior del cuerpo.

**TOBILLERA** n. f. Venda, generalmente elástica, con que se sujeta el tobillo en algunas lesiones o luxaciones. **2.** *Méx.* Calcetín corto.

**TOBILLERO, A** adj. Que llega hasta los tobillos.

**TOBILLO** n. m. Parte inferior de la pierna, junto a la garganta del pie, con dos eminencias óseas, una interna y otra externa, que se corresponden con los maléolos.

**TOBOGÁN** n. m. Pista deslizante, generalmente helicoidal, por la que las personas sentadas o tendidas se dejan resbalar. **2.** Especie de trineo bajo montado sobre dos patines largos y cubiertos con una tabla o plancha acolchada. **3.** Pista hecha en la nieve por la que se deslizan estos trineos especiales. **4.** Rampa o canalón recto o de forma helicoidal, que sirve para el transporte por gravedad de materias a granel, maderos, sacos, etc.

**TOCA** n. f. Prenda de tela con que se cubría la cabeza. **2.** Prenda de tela blanca que usan las monjas para cubrirse la cabeza.

**TOCABLE** adj. Que se puede tocar. **2.** Dícese de las obras musicales fáciles de interpretar.

**TOCADISCOS** n. m. (pl. *tocadiscos*). Aparato que reproduce los sonidos grabados en un disco. SIN.: *pick-up.*

**TOCADO** n. m. Cualquier prenda con que se cubre o adorna la cabeza. **2.** Arreglo personal, particularmente de las mujeres.

**TOCADO, A** adj. Que empieza a pudrirse: *fruta tocada.* **2.** Algo perturbado, medio loco. **3.** Afectado de lo que se expresa: *tocado de fervor, de herejía.*

**TOCADOR** n. m. Mueble provisto de espejo ante el cual se peinan y maquillan las mujeres. **2.** Habitación destinada a este fin.

**TOCADOR, RA** adj. y n. Que toca, especialmente un instrumento musical.

**TOCAMIENTO** n. m. Acción y efecto de tocar.

**TOCANTE** adj. Que toca. • **Tocante a,** referente a.

**TOCAR** v. tr. [**1a**]. Entrar en contacto una parte del cuerpo, especialmente la mano, con otra cosa: *tocar el agua; tocar los objetos.* **2.** Estar en contacto, mediante un objeto, con algo o con alguien: *le tocó con un bastón.* **3.** *Fam.* Manejar, revolver: *no toques mis papeles.* **4.** Aportar a algo una modificación, variación, etc. **5.** Hacer sonar un instrumento musical: *tocar el piano.* **6.** Interpretar una pieza musical: *la orquesta tocaba un vals.* **7.** *Fig.* Rayar, llegar algo a ser casi lo que se expresa. **8.** *Fig.* Sufrir las consecuencias o resultados de algo. **9.** *Fig.* Aludir, hacer mención: *tocó el tema de la crisis.* ◆ v. tr. e intr. **10.** Estar una cosa en contacto con otra: *la mesa toca la pared.* **11.** Hacer sonar la campana, sirena, etc., para avisar, llamar la atención, etc. **12.** *Fig.* Con voces como corazón, dignidad, etc., conmover, provocar un sentimiento o reacción espiritual. **13.** Llegar el tiempo o el momento oportuno de hacer lo que se expresa: *te toca jugar a ti.* ◆ v. intr. **14.** Corresponder, ser de la obligación o cargo de uno: *a ti te toca decidir.* **15.** Concernir, tener relación, referirse. **16.** *Fam.* Importar, ser de interés, conveniencia o provecho: *este asunto me toca muy de cerca.* **17.** *Fam.* Corresponder algo a alguien en un reparto. **18.** Caer en suerte: *nos ha tocado la lotería.*

**TOCARIO, A** adj. y n. Tokario.

**TOCARSE** v. pron. (de *toca*) [**1a**]. Cubrirse la cabeza con un sombrero, mantilla, pañuelo, etc.

**TOCATEJA. A tocateja,** al contado.

**TOCAYO, A** n. Respecto de una persona, otra que tiene su mismo nombre.

**TOCCATA** o **TOCATA** n. f. (ital. *toccata*). Forma de música instrumental, generalmente para instrumentos de teclado, libre, contrapuntada u obedeciendo a un movimiento continuo.

**TOCHO, A** adj. Tosco, tonto, inculto. ◆ n. m. **2.** Ladrillo ordinario y tosco, de 5 cm de grueso. **3.** Palo redondo, tranca. **4.** Lingote de hierro.

**TOCHTLI** n. m. (voz náhuatl). Décimo de los veinte días del mes azteca.

**TOCINERÍA** n. f. Tienda donde se vende carne y otros productos del cerdo.

**TOCINERO, A** n. Dueño de una tocinería o que trabaja en ella.

**TOCINETA** n. f. *Colomb.* y *P. Rico.* Tocino, panceta.

**TOCINO** n. m. Carne grasa del cerdo y especialmente la salada. • **Tocino de cielo,** dulce hecho con yema de huevo y almíbar bien cuajados.

**TOCO** n. m. *Perú.* Hornacina rectangular muy usada en la arquitectura incaica.

**TOCOFEROL** n. m. BIOL. Sustancia vitamínica de origen vegetal.

**TOCOLOGÍA** n. f. (gr. *tokos,* parto, y *logía*). Obstetricia.

**TOCÓLOGO, A** n. Médico especializado en tocología.

**TOCOMOCHO** n. m. Timo que consiste en ceder a alguien un billete de lotería, aparentemente premiado, por un precio inferior al valor del supuesto premio.

**TOCÓN** n. m. Parte del tronco de un árbol que queda unido a la raíz al cortarlo.

**TOCÓN, NA** adj. *Colomb.* Rabón.

**TOCOTOCO** n. m. *Venez.* Pelícano.

**TOCUYO** n. m. *Amér. Merid.* Tela burda de algodón.

**TODABUENA** o **TODASANA** n. f. Planta sufrutescente, de unos 40-60 cm, de cuyas hojas y flores se hace una infusión que se ha usado en medicina como vulneraria y vermífuga. (Familia hipericáceas.)

**TODAVÍA** adv. t. Expresa la duración de una acción, de un estado, hasta un momento determinado: *todavía estoy aquí.* ◆ adv. m. **2.** A pesar de ello, no obstante, sin embargo. **3.** Con *más, menos, mejor,* etc., expresa encarecimiento o ponderación: *ahora todavía llueve más que antes.*

**TODO** adv. m. Enteramente, exclusivamente compuesto de: *vino todo mojado.*

**TODO, A** adj. y pron. indef. Dícese de lo que está considerado en su integridad o en el conjunto de todas sus partes. • **Ante, por encima** o **sobre, todo,** primera o principalmente. ‖ **Del todo,** completamente. ‖ **Por todo lo alto,** con mucho lujo o de mucho valor. ◆ n. m. **2.** Cosa íntegra, o que consta de la suma y conjunto de sus partes integrantes: *tomar la parte por el todo.* ◆ **todos** n. m. pl. **3.** Conjunto de personas o cosas consideradas sin excluir ninguna: *todos aplaudieron.*

**TODOPODEROSO, A** adj. y n. Que todo lo puede. • **El Todopoderoso,** Dios.

**TODOTERRENO** adj. y n. Dícese del vehículo automóvil concebido para circular por terrenos accidentados.

**TOESA** n. f. Antigua medida francesa de longitud, que equivalía a 1,949 m.

**TOFE** n. m. Caramelo blando de café con leche o chocolate.

**TOFO** n. m. *Chile.* Arcilla blanca refractaria.

**TOGA** n. f. (lat. *togam*). Manto ancho y largo, que constituía la prenda principal del vestido de los ciudadanos romanos. **2.** Especie de traje talar usado por los magistrados y abogados, y por los profesores universitarios en ciertas ceremonias. **3.** Sistema de marcar el pelo que consiste en enrollarlo alrededor de la cabeza, para alisarlo.

**TOGADO, A** adj. y n. Que viste toga. **2.** Dícese de los magistrados adscritos a la administración de justicia.

**TOGOLÉS, SA** adj. y n. De Togo.

**TOILETTE** n. f. (voz francesa). Peinado, atavío, arreglo personal. **2.** Tocador, mueble. **3.** Lavabo, cuarto de aseo.

**TOISÓN** n. m. (fr. *toison*). Vellocino.

**TOJO** n. m. Planta arbustiva de hojas espinosas y flores amarillas, de 1 a 4 m de alt., que crece sobre suelos silíceos. (Familia papilionáceas.)

**TOJOLABAL,** pueblo amerindio de México (SE de Chiapas) y Guatemala, de la familia lingüística maya.

**TOJOSA** n. f. Ave columbiforme de unos 20 cm de long., que vive en América Central. (Familia colúmbidos.)

**TOKAMAK** n. m. Máquina empleada en las investigaciones sobre la energía termonuclear, destinada a obtener el confinamiento de plasma.

**TOKARIO, A** o **TOCARIO, A** adj. y n. Relativo a un pueblo de origen indoeuropeo establecido en Asia central hacia el s. V; individuo de este pueblo. ◆ n. m. **2.** Lengua indoeuropea hablada en el N del Turkestán chino entre los ss. V y X.

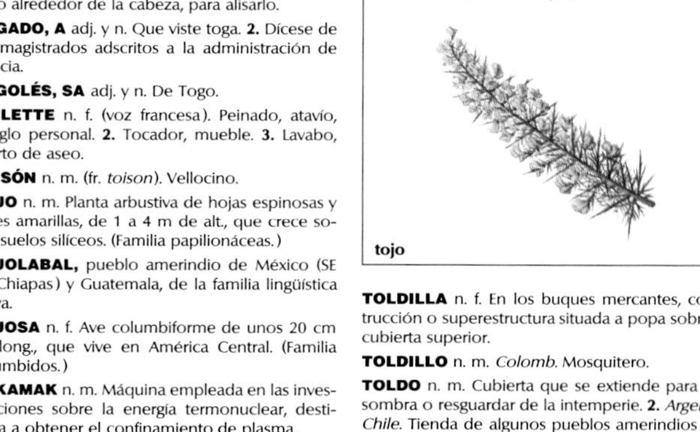

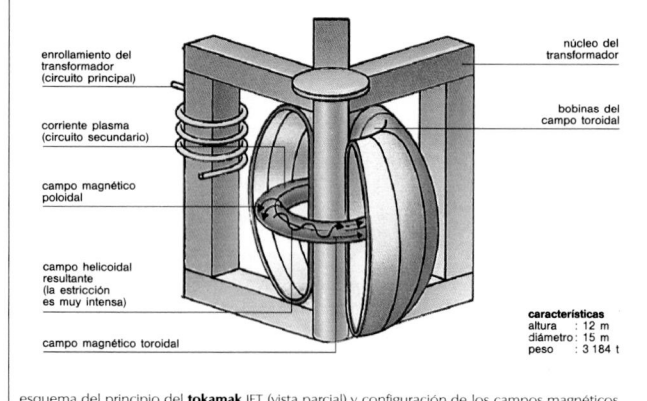


esquema del principio del **tokamak** JET (vista parcial) y configuración de los campos magnéticos

**TOKAY** n. m. Vino licoroso dulce, de color amarillo dorado, producido en la región húngara de Tokay.

**TOLA** n. f. *Amér. Merid.* Nombre de diferentes especies de arbustos de la familia de las compuestas, que crecen en las laderas de la cordillera.

**TOLA** n. f. (voz quechua). *Ecuad.* Tumba en forma de montículo, perteneciente a diversas culturas precolombinas.

**TOLAR** n. m. Unidad monetaria principal de Eslovenia.

**TOLBUTAMIDA** n. f. Sulfamida antidiabética activa por vía oral.

**TOLDA** n. f. *Amér.* Tela para hacer toldos. **2.** *Colomb.* Toldo de las embarcaciones menores. **3.** *P. Rico.* Saca que se utiliza para llevar granos. **4.** *P. Rico* y *Urug.* Cubierta de lona que se coloca en las carretas.

**TOLDERÍA** n. f. Campamento de algunos pueblos amerindios de Argentina, Bolivia y Chile, formado por toldos, chozas hechas de pieles y ramas.

**tojo**

**TOLDILLA** n. f. En los buques mercantes, construcción o superestructura situada a popa sobre la cubierta superior.

**TOLDILLO** n. m. *Colomb.* Mosquitero.

**TOLDO** n. m. Cubierta que se extiende para dar sombra o resguardar de la intemperie. **2.** *Argent.* y *Chile.* Tienda de algunos pueblos amerindios hecha con pieles y ramas.

**TOLE** n. m. (lat. *tolle*). *Fam.* Griterío y confusión en una reunión de gente. • **Tole tole** *(Fam.),* alboroto, pelea, tumulto.

**TOLEDANO, A** adj. y n. De Toledo.

**TOLEMAICO, A** adj. Relativo a los Tolomeos.

**TOLERABILIDAD** n. f. Calidad de tolerable.

**TOLERABLE** adj. Que se puede tolerar.

**TOLERANCIA** n. f. Acción y efecto de tolerar. **2.** Respeto a la libertad de los demás, a sus formas de pensar, de actuar, o a sus opiniones políticas o religiosas. **3.** Capacidad de ciertas especies arbóreas para desarrollarse en condiciones de luminosidad reducida. **4.** MED. Propiedad que posee el organismo de soportar, sin sufrir por ello, ciertos agentes físicos o químicos. **5.** TECNOL. Diferencia aceptable en ciertas magnitudes, como dimensión, masa, frecuencia, etc., relativas a fabricaciones mecánicas, componentes electrónicos, etc.

**TOLERANTE** adj. Que tolera o es propenso a la tolerancia.

**TOLERANTISMO** n. m. Opinión favorable a la tolerancia de cultos religiosos distintos del oficial del país de que se trata.

**TOLERAR** v. tr. (lat. *tolerare*) [**1**]. Soportar, sufrir: *tolerar un dolor.* **2.** Aceptar, soportar a alguien cuya presencia es molesta o desagradable. **3.** Permitir: *no tolero los malos modales.* **4.** Aguantar, admitir, resistir, sin recibir daño. **5.** *Fig.* Aceptar, admitir ideas u opiniones distintas de las propias.

**TOLETE** n. m. (fr. *tolet*). *Amér. Central, Colomb., Cuba* y *Venez.* Garrote corto. ◆ adj. y n. **2.** *Cuba.* Torpe, lerdo, tardo en entendimiento.

**TOLITA** n. f. Explosivo obtenido por nitración del tolueno.

**TOLLA** n. f. *Cuba* y *Chile.* Artesa que se utiliza para dar de beber al ganado.

**TOLOACHE** n. m. *Méx.* Planta herbácea de propiedades narcóticas, que se emplea en medicina tradicional, y que en dosis altas puede provocar graves alteraciones.

**TOLOLOCHE** n. m. *Méx.* Contrabajo.

**TOLONGUEAR** v. tr. [**1**]. *C. Rica.* Acariciar, mimar.

**TOLOS** n. m. (gr. *tholos*) [pl. *tolo*l]. Sepultura prehistórica, redonda y con cúpula. **2.** Tipo de templo de planta circular, cuyo diámetro oscilaba entre los cuatro y los diez metros.

**TOLTECA** adj. y n. m. y f. Relativo a un pueblo amerindio precolombino, del grupo nahua de la meseta de México; individuo de este pueblo.
■ En el s. VIII los toltecas fundaron un reino, convertido en imperio por Mixcoatl (935-947). La cap. era Tollan Xicocotitlán (Tula). Su soberano, Ce Acatl Tipiltzin Quetzalcóatl, se convirtió al culto de Teotihuacán y se instaló en la costa del golfo de México y Yucatán, donde dio nuevo impulso a la cultura maya. Tras la derrota ante los chichimecas, en 1168, los que se refugiaron en Culhuacán influyeron en la cultura azteca. Los toltecas crearon una estatuaria muy original, cuyos mejores ejemplos se hallan en Tula y Chichén Itzá.

**TOLUENO** n. m. Hidrocarburo aromático líquido $C_7H_8$ empleado como disolvente y secante, en la preparación de colorantes y medicamentos, y para la construcción de ciertos termómetros. SIN.: *metilbenceno.*

**TOLUIDINA** n. f. Anilina derivada del tolueno.

**TOLUOL** n. m. Tolueno impuro.

**TOLVA** n. f. Especie de artesón o depósito en forma de pirámide cuadrangular, truncada e invertida. **2.** Embudo grande para hormigonar, descargar grava de las clasificadoras, etc.

**TOLVANERA** n. f. Remolino de polvo.

**TOMA** n. f. Acción de tomar. **2.** Porción de una cosa tomada de una vez. **3.** Acción de obtener una muestra de material orgánico, como sangre, células y tejidos, para su análisis. **4.** Conquista u ocupación por las armas de una posición o punto fuerte del enemigo. **5.** Bifurcación, abertura por la que se desvía parte de la masa de un fluido: *toma de agua.* **6.** Acción de administrar una dosis de medicamento por vía oral. **7.** *Chile.* Muro para desviar el agua de su cauce, presa. **8.** *Colomb.* Cauce, acequia. **9.** CIN. Acción y efecto de fotografiar o filmar. • **Toma de aire,** abertura por la que se ventilan ciertos locales o aparatos. ‖ **Toma de corriente,** dispositivo eléctrico conectado a la línea de alimentación, propio para enchufar en él aparatos de utilización móviles. ‖ **Toma de datos** (INFORMÁT.), conjunto de procedimientos para sacar muestras en el universo real y registrar en un cartón o cinta perforada, banda o disco magnético, etc., los datos para su tratamiento en un sistema de informática. ‖ **Toma de posesión,** acto por el que se hace efectivo el nombramiento o designación de una persona para el ejercicio de un cargo, destino, etc. ‖ **Toma de sonido,** conjunto de las operaciones que permiten registrar un sonido. ‖ **Toma de tierra,** aterrizaje, conexión conductora entre una instalación eléctrica o radioeléctrica y el suelo. ‖ **Toma de vistas,** registro de la imagen en una película cinematográfica.

cabeza de hombre barbudo saliendo de las fauces de un coyote; terracota recubierta de mosaico de nácar procedente de Tula (900-1200) (museo nacional de antropología, México)

la piedra llamada de los cuatro glifos, sistema de calendario mesoamericano (museo nacional de antropología, México)

atlante con figura de guerrero (museo nacional de antropología, México)

el arte de los **toltecas**

**TOMACORRIENTE** n. m. *Argent.* y *Perú.* Enchufe eléctrico.

**TOMADO, A** adj. Dícese de la voz baja, sin sonoridad, por padecer afección en la garganta.

**TOMADOR, RA** adj. y n. Que toma. **2.** *Amér.* Aficionado a la bebida. ◆ n. **3.** Persona a cuya orden se gira una letra de cambio.

**TOMADURA** n. f. Toma, acción de tomar. • **Tomadura de pelo** (*Fig.* y *fam.*), burla, broma, abuso.

**TOMAHAWK** o **TOMAWAK** n. m. Hacha de guerra de los pueblos amerindios de América del Norte.

**TOMAÍNA** o **PTOMAÍNA** n. f. Producto tóxico que resulta de la descomposición de materias orgánicas.

**TOMAR** v. tr. [**1**]. Coger, asir. **2.** Recibir, aceptar, admitir. **3.** Servirse de un medio de transporte: *tomar el tren.* **4.** Percibir, recibir lo que se le da como pago, renta, servicio, etc. **5.** Conquistar, ocupar o adquirir por la fuerza: *tomar una ciudad.* **6.** Adoptar una decisión, emplear, poner por obra: *tomar serias medidas.* **7.** Adquirir mediante pago. **8.** Contraer, adquirir. **9.** Filmar, fotografiar. **10.** Calcular una media o magnitud con instrumentos adecuados: *tomar la temperatura.* **11.** Contratar a alguien para que preste un servicio: *tomar un profesor de inglés.* **12.** Alquilar. **13.** Entender, juzgar, interpretar en determinado sentido: *se lo tomó a risa.* **14.** Recibir los efectos de algo: *tomar un baño; tomar el sol.* **15.** Emprender una cosa, o encargarse de una dependencia o negocio. **16.** Elegir entre varias cosas. **17.** Construido con un nombre de instrumento, ponerse a ejecutar la acción o el trabajo para el cual sirve el instrumento: *tomar la pluma.* **18.** Junto a ciertos nombres, recibir o adquirir lo que éstos significan: *tomar aliento.* **19.** Seguido de *y* y un infinitivo, realizar súbitamente la acción que se expresa: *tomó y salió corriendo.* • **¡Toma!,** expresa asombro o sorpresa, o la poca novedad o importancia de algo. ‖ **Toma y daca,** expresa que hay un trueque simultáneo de cosas y servicios o se espera la reciprocidad de un favor. ‖ **Tomar a bien,** o **a mal,** interpretar en buen, o en mal, sentido algo. ‖ **Tomar las armas,** iniciar una acción bélica. ‖ **Tomar por,** creer equivocadamente que alguien o algo es de cierta manera. ‖ **Tomar sobre sí,** asumir. ‖ **Tomarla con alguien,** contradecirle y culparle en cuanto dice o hace. ◆ v. tr., intr. y pron. **20.** Comer, beber o ingerir: *tomar café; no tomes tanto.* ◆ v. intr. **21.** Encaminarse, empezar a seguir una dirección determinada: *tomar por un atajo.* **22.** Prender, arraigar las plantas en la tierra.

**TOMATAL** n. m. Plantación de tomateras.

**TOMATE** n. m. (azteca *tomatl*). Fruto de la tomatera. **2.** Tomatera. **3.** *Fig.* y *fam.* Agujero hecho en una prenda. • **Haber tomate,** o **mucho tomate** (*Fam.*), haber mucho lío, estar poco claro algo.

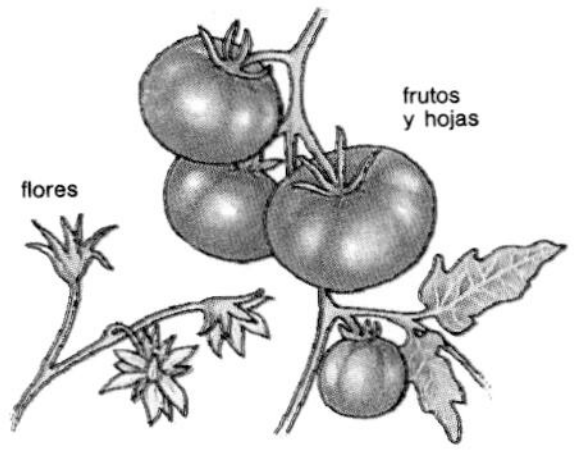


tomates

**TOMATERA** n. f. Planta herbácea de origen americano, cultivada por su fruto comestible, rojo y carnoso, de forma casi esférica y piel lisa y brillante. (Familia solanáceas.)

**TOMATICÁN** n. m. *Argent.* y *Chile.* Guiso a base de patatas, cebollas, tomates y otras verduras.

**TOMAVISTAS** n. m. (pl. *tomavistas*). Cámara cinematográfica, generalmente para uso no profesional.

**TÓMBOLA** n. f. (voz italiana). Especie de sorteo o rifa pública de objetos, generalmente organizada con fines benéficos.

**TÓMBOLO** n. m. (voz italiana). Istmo de arena que une una isla al continente.

**TOMENTO** n. m. (lat. *tomentum,* borra). BOT. Conjunto de pelos que cubren la superficie de los órganos de algunas plantas.

**TOMENTOSO, A** adj. BOT. Que presenta tomento.

**TOMILLO** n. m. Planta arbustiva, de flores blancas o rosadas, muy olorosa, utilizada en perfumería, cocina y farmacología. (Familia labiadas.)

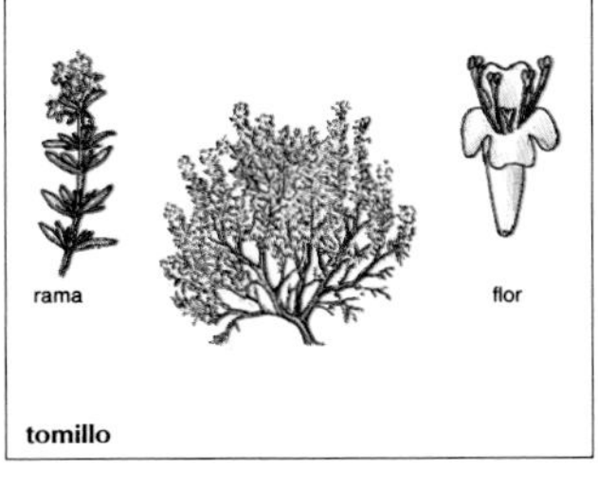


tomillo

**TOMÍN** n. m. Tercio de adarme.

**TOMISMO** n. m. Sistema de doctrinas teológicas y filosóficas de santo Tomás de Aquino. **2.** Corriente ideológica inspirada en él.

**TOMISTA** adj. y n. m. y f. Relativo al tomismo; partidario del tomismo.

**TOMO** n. m. División de una obra que generalmente corresponde a un volumen completo. **2.** Libro, volumen. • **De tomo y lomo** *(Fam.)*, de mucha consideración o importancia.

**TOMOGRAFÍA** n. f. Procedimiento de exploración radiológica, que permite obtener la imagen radiográfica de un plano interno del organismo de una forma nítida, mientras que los otros planos quedan difuminados. • **Tomografía axial computarizada (T.A.C.)**, técnica de exploración radiológica basada en la reconstrucción informática de la imagen de un plano interno del organismo a partir de una serie de análisis de densidad efectuados mediante barrido y/o rotación del conjunto formado por el tubo de rayos X y los detectores.

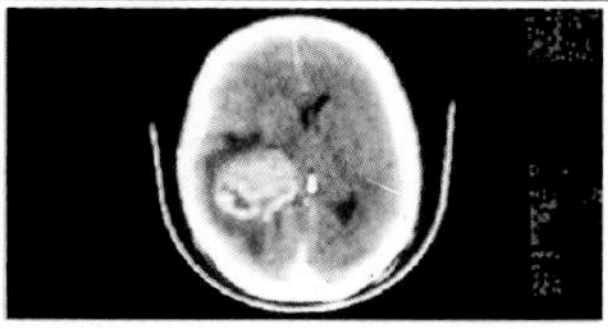

**tomografía** axial computarizada de un cerebro afectado por un tumor (visible abajo a la izquierda)

**TON** n. m. Apócope de *tono*. • **Sin ton ni son** *(Fam.)*, sin motivo o causa.

**TON** n. f. (voz inglesa). Unidad anglosajona de masa (símbolo t o ton).

**TONÁ** n. f. Modalidad de cante flamenco, cuyas formas constituyen la fundamental y más remota creación gitano-andaluza que se conserva.

**TONADA** n. f. Composición poética para ser cantada. **2.** Música de la misma. **3.** Canción; melodía de una canción. **4.** *Amér.* Tonillo, entonación, dejo. **5.** *Argent.* Nombre genérico de diversas manifestaciones del cancionero folklórico como la baguala y el estilo.

**TONADILLA** n. f. Tonada o canción ligera. **2.** Canción o pieza ligera cantada que se ejecuta en el teatro.

**TONADILLERO, A** n. Autor o cantor de tonadillas.

**TONAL** adj. Relativo al tono o a la tonalidad.

**TONALIDAD** n. f. Conjunto de fenómenos musicales estructurales derivados de una nota privilegiada, o *tónica*, como punto de referencia de los sonidos empleados. **2.** Relación entre los colores de una fotografía. **3.** Sistema de colores y tonos. **4.** Matiz. **5.** Calidad de reproducción de los receptores radioeléctricos.

**TONALPOHUALLI** n. m. (voz náhuatl). Entre los aztecas del México precolombino, calendario sagrado de 260 días, divididos en trece meses de veinte días cada uno.

**TONANTE** adj. *Poét.* Que truena.

**TONCO, A** adj. **Haba tonca,** semilla producida por un árbol de América del Sur, de la que se extrae cumarina.

**TONEL** n. m. (fr. ant. *tonel*). Recipiente de madera formado de duelas unidas y aseguradas con aros de hierro que las ciñen, provisto de dos tapas planas. **2.** Capacidad de este recipiente. **3.** Observatorio, en forma de tonel, que ciertos buques y embarcaciones llevan para instalar en él un vigía. **4.** Antigua unidad de medida usada en el arqueo de las embarcaciones, que valía 5/6 de tonelada. **5.** *Fig.* y *fam.* Persona muy gorda. **6.** AERON. Figura de acrobacia aérea, en la que el avión realiza una especie de barrena horizontal, efectuando un giro, de modo que hay un momento en que vuela de espaldas.

**TONELADA** n. f. Unidad de medida de masa (símbolo t) que vale $10^3$ kilogramos. **2.** Cantidad enorme. • **Tonelada de arqueo,** o **Moorson,** unidad internacional de capacidad o arqueo de las embarcaciones equivalente a 2,831,6 $m^3$. ‖ **Tonelada métrica de arqueo,** metro cúbico.

**TONELADA-KILÓMETRO** n. f. Unidad de medida para indicar la intensidad de circulación de mercancías, que equivale al transporte de una tonelada a lo largo de un kilómetro.

**TONELAJE** n. m. Cabida o capacidad total de un buque mercante o de un vehículo de transporte. **2.** Peso expresado en toneladas.

**TONELERÍA** n. f. Arte, oficio, local o taller del tonelero. **2.** Conjunto de toneles.

**TONELERO, A** n. Persona que hace o vende toneles.

**TONELETE** n. m. Pieza de la armadura en forma de faldetas aseguradas a la cintura y que llegaban hasta las rodillas.

**TONEMA** n. m. Particular inflexión final de la curva melódica de una frase.

**TÓNER** n. m. Tinta pulverulenta que utilizan para imprimir especialmente las fotocopiadoras y algunas impresoras.

**TONGA** n. f. *Cuba.* Pila de cosas alargadas, colocadas, unas sobre otras, debidamente.

**TONGADA** n. f. Conjunto de cosas de una misma clase: *tongada de bidones.*

**TONGO** n. m. Trampa realizada en competiciones deportivas, en que uno de los contendientes se deja ganar.

**TÓNICA** n. f. Tendencia general, tono, estilo: *marcar la tónica en el vestir.* **2.** Firmeza de los valores en bolsa. **3.** Bebida refrescante, gaseosa, que contiene esencias de naranjas amargas y extractos de quinquina. **4.** MÚS. Primer grado de la escala. **5.** MÚS. Nota que da su nombre a la tonalidad sobre la que se basa esta escala.

**TONICIDAD** n. f. Tono de una estructura o tejido, en especial del músculo.

**TÓNICO, A** adj. Que recibe el tono o acento: *sílaba tónica.* **2.** Que tiene un efecto estimulante en la moral. **3.** MED. Relativo al tono. • **Acento tónico,** acento de intensidad que recae sobre una de las sílabas de una palabra. ◆ n. m. **4.** Loción ligeramente astringente para el cuidado de la piel del rostro. **5.** Sustancia que sirve para mejorar una determinada función o el tono total del organismo. SIN.: *reforzante.* • **Tónico cardíaco,** sustancia que refuerza y regulariza las contracciones del corazón.

**TONIFICANTE** o **TONIFICADOR, RA** adj. Que tonifica.

**TONIFICAR** v. tr. [**1a**]. Entonar, dar fuerza y vigor al organismo o al sistema nervioso.

**TONILLO** n. m. Entonación monótona y desagradable al hablar, leer o recitar. **2.** Retintín, entonación despectiva e irónica.

**TONINA** n. f. Atún propio del Mediterráneo, que tiene una long. máxima de 1 m.

**TONO** n. m. (gr. *tonos*). Intensidad, grado de elevación de un sonido o de la voz humana. **2.** Inflexión, modulación, expresión particular de la voz. **3.** Manera particular de expresarse por escrito, estilo. **4.** Forma de conducta. **5.** Contracción parcial y permanente de ciertos músculos, que regula las actitudes del cuerpo en las diferentes posiciones. **6.** Energía, dinamismo. **7.** LING. Variación en la altura del sonido de la voz, que tiene un valor concreto en ciertas lenguas. **8.** MÚS. Gama en la que está compuesto un aire. **9.** MÚS. Intervalo de dos semitonos. **10.** PINT. Color considerado bajo el punto de vista de su valor y de su intensidad. • **A tono,** que no desentona. ‖ **Bajar el tono,** comedirse, hablar con más moderación. ‖ **Darse tono,** jactarse, engreírse. ‖ **De buen** o **mal tono,** propio de gente culta o elegante o, por el contrario, de gente vulgar. ‖ **Fuera de tono,** con importunidad, desacertadamente. ‖ **Salida de tono,** despropósito, cosa importuna. ‖ **Tono interrumpido,** el que participa de varios colores. ‖ **Tono local,** color propio de un objeto representado en pintura.

**TONÓGRAFO** n. m. Aparato que permite medir la presión intraocular en un tiempo determinado con ayuda de una sonda apoyada en la córnea y conectada a un sistema de registro gráfico.

**TONOMETRÍA** n. f. FÍS. Medida de la masa molecular de una sustancia por descenso de la presión de vapor de una solución diluida de esta sustancia. **2.** MED. Medida de la presión intraocular.

**TONQUINÉS, SA** adj. y n. De Tonkín.

**TONSURA** n. f. (lat. *tonsuram*). REL. Ceremonia litúrgica (suprimida en 1972) por la que se señalaba la entrada de un laico en el estado eclesiástico o religioso cortándole cinco mechones de cabello en forma de corona. **2.** REL. Coronilla que se rasuraba en la cabeza de los clérigos.

**TONSURAR** v. tr. [**1**]. Conferir a alguien la tonsura.

**TONTADA** n. f. Tontería, simpleza.

**TONTAINA** adj. y n. m. y f. Tonto.

**TONTEAR** v. intr. [**1**]. Decir o hacer tonterías. **2.** Bromear o galantear como preliminares de una relación erótica.

**TONTERA** n. f. Tontería, calidad de tonto. **2.** Acceso de tontería.

**TONTERÍA** n. f. Dicho o hecho que revela falta de inteligencia, sentido o discreción. **2.** *Fig.* Dicho o hecho de poco valor o importancia. **3.** Calidad de tonto. **4.** Melindre, zalamería.

**TONTINA** n. f. (de *Tonti*, banquero italiano). Operación lucrativa por la que un fondo económico aportado por varias personas es repartido, en una fecha fijada de antemano, solamente entre los socios supervivientes. **2.** Asociación formada para este fin.

**TONTO, A** adj. y n. De poca inteligencia o escaso entendimiento. **2.** Que obra con ingenuidad o sin malicia y que no se aprovecha de las ocasiones. **3.** *Fam.* Muy sentimental y fácilmente conmovible. **4.** *Fam.* Fastidioso por falta de discreción o de oportunidad, o por insistencia obsesiva en algún asunto: *ponerse tonto.* **5.** *Fam.* Engreído, muy presumido o vanidoso. • **A lo tonto** *(Fam.)*, inconscientemente, como quien no quiere la cosa. ‖ **A tontas y a locas** *(Fam.)*, sin discernimiento ni reflexión. ‖ **Hacer el tonto** *(Fam.)*, hacer o decir tonterías. ‖ **Hacerse el tonto** *(Fam.)*, aparentar ignorancia o distracción por conveniencia. ◆ adj. **6.** Falto de sentido, finalidad o sensatez: *un temor tonto.*

**TONTUNA** n. f. Tontería, dicho o hecho tonto.

**TOP** n. m. (pl. *tops*). Señal breve para indicar a un oyente que anote una indicación en un momento preciso. **2.** En televisión, impulso de corriente de corta duración, que sirve para la sincronización.

**TOP** n. m. (voz inglesa). Prenda femenina, generalmente corta, que se utiliza como corsé.

**TOP MODEL** n. f. (voces inglesas). Modelo de alta costura.

**TOPACIO** n. m. (gr. *topazion*). Silicato fluorado de aluminio, cristalizado, en forma de piedra fina, amarilla y transparente.

**topacio**

**TOPADA** n. f. Topetazo.

**TOPAMIENTO** n. m. *Argent.* Ceremonia del carnaval durante la cual varios hombres y mujeres se declaran compadres.

**TOPAR** v. tr. [**1**]. Chocar una cosa con otra. **2.** *Amér.* Echar a pelear los gallos para probarlos. ◆ v. tr., intr. y pron. **3.** Encontrar, hallar casualmente, hallar lo que se buscaba. ◆ v. intr. **4.** Topetar.

**TOPE** n. m. (del provenz. *top*). Límite, extremo o punto máximo a que se puede llegar o que se puede alcanzar o conseguir: *velocidad tope; mi paciencia ha llegado al tope.* • **A tope, al tope** o **hasta los topes,** muy lleno, excesivamente cargado.

**TOPE** n. m. Parte por donde una cosa puede topar o ponerse en contacto con otra. **2.** *Fig.* Obstáculo, limitación, impedimento. **3.** En una cerradura, placa metálica saliente que limita el juego de un pestillo o cerrojo. **4.** Pieza u órgano destinado a soportar un esfuerzo axial. **5.** Reborde que limita el movimiento de una pieza mecánica. **6.** Fiador de detención de la rueda de escape de un reloj. **7.** F.C. Especie de platillo metálico que sirve para amortiguar los choques violentos entre los vagones o coches de los trenes.

**TOPERA** n. f. Conjunto de galerías que constituyen la madriguera del topo. **2.** Pequeño montículo de tierra formado por el topo al excavar su madriguera.

**TOPETADA** n. f. Topetazo.

**TOPETAR** v. tr. e intr. [**1**]. Golpear con la cabeza, especialmente los carneros y otros animales cornudos. ◆ v. tr. **2.** Chocar una cosa con otra, golpear una cosa a otra.

**TOPETAZO** o **TOPETÓN** n. m. Golpe que dan con la cabeza los animales cornudos. **2.** *Fig.* y *fam.* Golpe dado al chocar dos cuerpos.

**TÓPICA** n. f. SICOANÁL. Teoría que describe el aparato síquico según diferentes planos, a partir de los cuales los fenómenos síquicos pueden ser analizados.

**TÓPICO, A** adj. (gr. *topikos*). Relativo a un lugar determinado o a un lugar común: *una observación tópica.* ◆ adj. y n. m. **2.** Dícese del medicamento de uso externo. ◆ n. m. **3.** Principio general que se aplica a todos los casos análogos y del que se saca la prueba para el argumento del discurso. **4.** Lugar común, asunto o tema de conversación muy utilizado. **5.** *Amér.* Tema de conversación. **6.** LING. En gramática generativa y transformacional, una de las relaciones fundamentales de la estructura superficial. **7.** LÓG. Doctrina de los lugares comunes.

**TOPINABIR** n. m. *Argent.* y *Bol.* Planta forrajera alimenticia, cuyos tubérculos son similares a la batata.

**TOPLESS** n. m. (voz inglesa). Atuendo femenino que deja el busto al descubierto.

**TOPO** n. m. (lat. *talpam*). Mamífero de patas anteriores anchas y robustas, que le permiten excavar galerías en el suelo, donde caza insectos y larvas. (Orden insectívoros.) **2.** Nombre dado a diversos mamíferos placentarios y marsupiales, de talla pequeña. **3.** Espía doble. **4.** Máquina perforadora rotatoria concebida para excavar en plena sección circular un túnel, una galería o un pozo. **5.** *Fig.* y *fam.* Persona con muy poca vista.

**TOPO** n. m. (voz caribe, *piedra redonda*). Lunar de una tela. **2.** Carácter de imprenta, empleado generalmente como ornamentación. **3.** *Argent., Chile* y *Perú.* Alfiler grande que remata en forma de cuchara con grabados regionales.

**TOPO** n. m. (voz quechua). Tupo.

**TOPOCHO, A** adj. *Venez.* Dícese de la persona rechoncha.

**TOPOGRAFÍA** n. f. Técnica de representación sobre un plano de las formas del terreno, con los detalles naturales o artificiales que tiene. **2.** Disposición, relieve de un terreno.

**TOPOGRÁFICO, A** adj. Relativo a la topografía. **2.** Dícese de una memoria particular de ciertos ordenadores que, en un sistema de paginación, registra a qué páginas virtuales de un programa se atribuyen las páginas reales de la memoria central.

**TOPÓGRAFO, A** n. Especialista en topografía.

**TOPOLOGÍA** n. f. Rama de las matemáticas basada en el estudio de las deformaciones continuas en geometría y en las relaciones entre la teoría de las superficies y el análisis matemático. **2.** Estructura definida en un conjunto C por la familia de partes de C llamados abiertos, que satisfacen ciertos axiomas.

**TOPOLÓGICO, A** adj. Relativo a la topología. • **Espacio topológico,** espacio provisto de una topología.

**TOPOMETRÍA** n. f. Conjunto de operaciones efectuadas sobre el terreno para la determinación métrica de los elementos de un mapa.

**TOPÓN** n. m. *Chile, Colomb.* y *Hond.* Topetazo. **2.** *Colomb.* Puñetazo.

**TOPONIMIA** n. f. Estudio lingüístico del origen y etimología de los nombres de lugar. **2.** Conjunto de los nombres de lugar de un país, época, etc.

**TOPONÍMICO, A** adj. Relativo a la toponimia o a los topónimos.

**TOPÓNIMO** n. m. Nombre propio de lugar.

**TOQUE** n. m. Acción de tocar momentánea o levemente. **2.** Pequeña aplicación medicinal. **3.** *Fig.* Determinado matiz o detalle: *un toque de distinción.* **4.** Sonido de las campanas u otro instrumento musical, para avisar o anunciar algo. **5.** *Fig.* Llamamiento, indicación, advertencia: *dar un toque de atención.* **6.** *Fig.* Quid, punto delicado, difícil o importante. **7.** Ensayo del oro o de la plata mediante la piedra de toque. **8.** Choque que da el pez al picar el anzuelo. **9.** En pintura, pincelada ligera. **10.** *Méx.* Calambre que se produce en el cuerpo al entrar en contacto con una corriente eléctrica. **11.** *Méx. Vulg.* Cigarrillo de marihuana. **12.** MIL. Conjunto de notas musicales emitidas por cornetas, trompetas, etc., con objeto de dar una orden. **13.** MÚS. Interpretación a la guitarra de los distintos cantes y bailes flamencos. • **A toque de campana,** con mucha disciplina y puntualidad. ‖ **Dar un toque** *(Fam.)*, avisar, llamar la atención; tantear a alguien respecto de algún asunto. ‖ **Darse un toque** *(Méx. Vulg.)*, aspirar el humo de un cigarrillo de marihuana. ‖ **Piedra de toque,** variedad de jaspe negro empleado por los orfebres para ensayar el metal; cosa o situación que sirve para probar o confirmar algo de alguien.

**TOQUETEAR** v. tr. [**1**]. Manosear, tocar reiteradamente.

**TOQUETEO** n. m. Acción de toquetear.

**TOQUI** n. m. *Chile.* Caudillo, cacique araucano.

**TOQUILLA** n. f. Pañuelo plegado en forma triangular, que las mujeres se ponen en la cabeza, anudado bajo el mentón, o en el cuello. **2.** Prenda de abrigo de punto de lana, generalmente en forma de capa, usada por las mujeres y los lactantes.

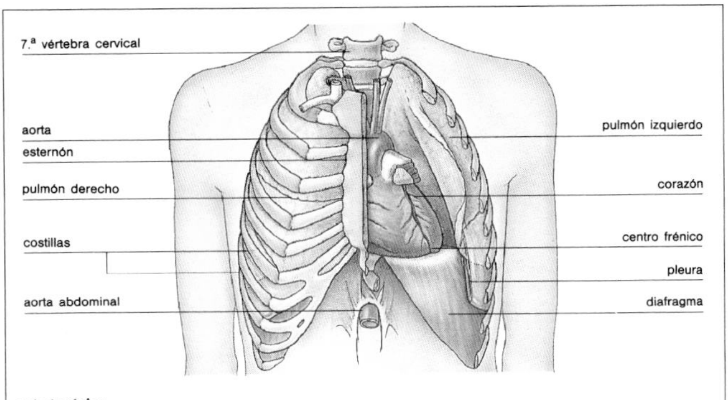

caja **torácica**

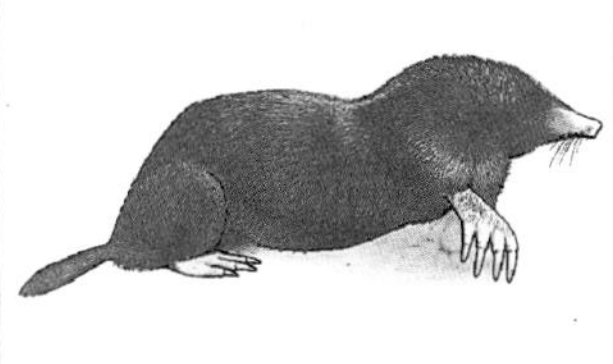
**topo**

**TORACENTESIS** n. f. Punción de la cavidad torácica para introducir o evacuar líquido.

**TORÁCICO, A** adj. Relativo al tórax: *cavidad torácica.* • **Caja torácica,** armazón óseo constituido principalmente por las costillas, unidas por detrás a la columna vertebral y por delante al esternón. (Está dotada de una cierta flexibilidad, debido a la laxitud de las articulaciones, que permite los movimientos respiratorios.) ‖ **Conducto torácico,** colector linfático que aboca la linfa a la vena subclavia izquierda.

**TORACOPLASTIA** n. f. CIR. Intervención que consiste en practicar una resección en varias costillas, para hundir una caverna tuberculosa subyacente.

**TORACOTOMÍA** n. f. CIR. Abertura quirúrgica del tórax.

**TORAL** adj. De más fuerza o importancia. • **Arco toral,** gran arco que forma la embocadura del ábside central de un templo; arco que limita el espacio del crucero; arco de la nave mayor perpendicular al eje de la misma.

**TORANA** n. m. (voz sánscrita). Pórtico levantado ante las puertas de las murallas, que adorna también las balaustradas de los stūpa.

**TÓRAX** n. m. (lat. *torax*). Cavidad del cuerpo de los vertebrados, limitada por las costillas, el esternón y el diafragma, que contiene los pulmones y el corazón. **2.** Segunda parte del cuerpo de los insectos, formada por tres anillos, en la que se insertan las patas y las alas. *(V. ilustración pág. 984.)*

**TORBELLINO** n. m. Remolino de viento o de polvo. **2.** Movimiento circular o helicoidal de las moléculas de agua en un curso fluvial. **3.** Movimiento de rotación del aire. **4.** Desplazamiento por movimiento de rotación de las partículas fluidas alrededor de un eje. SIN.: *remolino.* **5.** *Fig.* Con-

**topo** norteamericano Robbins (diámetro del escudo, 6,14 m; 43 discos de corte; peso, 308 t; potencia, 810 CV)

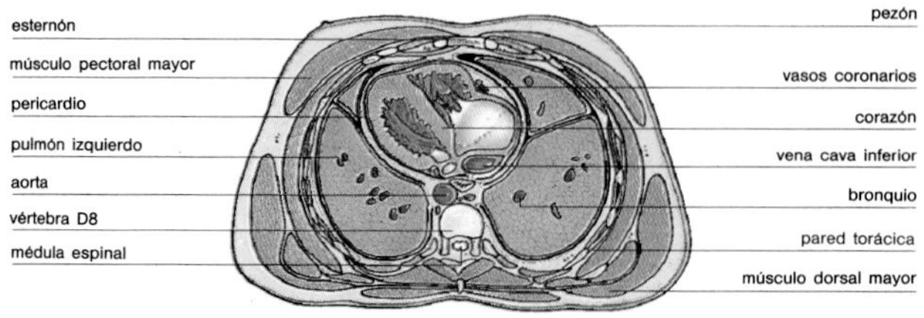


**tórax** humano (sección transversal)

currencia o coincidencia de muchas cosas a la vez: *torbellino de ideas, de papeles.* **6.** *Fig.* Persona vivaz, inquieta y muy activa.

**TORCAZ** adj. y n. f. Dícese de una variedad de paloma de cuello verdoso, cortado por un color incompleto muy blanco.

**TORCAZA** n. f. *Amér.* Paloma torcaz.

**TORCECUELLO** n. m. Ave que habita en jardines y huertos de Europa y África, de unos 16 cm de long., y se agarra a los troncos como el pájaro carpintero. (Familia pícidos.)

**TORCEDOR, RA** adj. y n. Que tuerce. ◆ n. m. **2.** Huso con que se tuerce la hilaza.

**TORCEDORA** n. f. Máquina con que se tuercen conjuntamente los hilos de acero, para formar cables.

**TORCEDURA** n. f. Acción y efecto de torcer. SIN.: *torcimiento.*

**TORCER** v. tr. y pron. (lat. *torquere*) **[2f]**. Encorvar o doblar una cosa recta. **2.** Inclinar una cosa o ponerla sesgada: *ese cuadro se ha torcido.* **3.** Retorcer, dar vueltas a una cosa. **4.** Obligar a un miembro a un movimiento violento; sufrir la dislocación de un miembro: *torcer un brazo; torcerse el pie.* **5.** Mudar, cambiar, desviar: *torcer un propósito.* **6.** *Fig.* Pervertir, apartar del recto proceder: *las malas compañías le han torcido.* ◆ v. tr. **7.** Desviar algo de su posición o dirección habitual. **8.** Con palabras como *gesto, semblante, rostro,* etc., expresar desagrado. **9.** *Fig.* Tergiversar, interpretar mal. **10.** TEXT. Arrollar los hilos uno a otro mediante torsión; enrollar entre sí dos madejas mediante torsión. ◆ v. intr. **11.** Girar, volver, cambiar de dirección: *torcer a la izquierda.* ◆ **torcerse** v. pron. **12.** *Fig.* Malograrse, frustrarse algo: *nuestros deseos se han torcido.* **13.** *Fig.* Desviarse del camino recto de la virtud y de la razón. **14.** TAUROM. Desviarse el torero del recto camino al entrar a matar.

**TORCIDO, A** adj. Que no es o no está recto: *piernas torcidas.* **2.** Que no obra con rectitud. **3.** Obtenido por torsión o cableado: *hilo, cable torcido.* **4.** *Amér.* Se dice de la persona desafortunada. **5.** TAUROM. Dícese de la estocada con tendencia a atravesarse. ◆ n. m. **6.** Acción de torcer. **7.** TEXT. Torsión de las fibras que integran los hilos. **8.** TEXT. Cordón de seda empleado en tapicería. **9.** TEXT. Hilo obtenido por torsión de varios hilos retorcidos. **10.** TEXT. Hilo de urdimbre de algodón, a dos o más cabos. **11.** TEXT. Hebra gruesa y fuerte de seda torcida.

**TORDO** n. m. Zorzal. **2.** Pez de vivos colores, de unos 15 cm de long., que vive en el Mediterráneo. **3.** Nombre de diversos pájaros de América del Sur.

**TORDO, A** o **TORDILLO, A** adj. y n. (lat. *turdum*). Dícese de la caballería que tiene el pelo mezclado de negro y blanco.

**TOREAR** v. tr. e intr. **[1]**. Incitar a un toro para que acometa y sortearlo o burlarlo cuando lo hace. **2.** Lidiar al toro en una plaza, y finalmente matarlo siguiendo las reglas del toreo. ◆ v. tr. **3.** *Fig.* y *fam.* Evitar. **4.** *Fig.* y *fam.* Saber llevar bien a alguien, conducir hábilmente un asunto difícil. **5.** *Argent.* y *Chile.* Provocar, dirigir insistentemente a alguien palabras que pueden molestarle o irritarle. ◆ v. intr. **6.** *Argent., Bol.* y *Par.* Ladrar un perro y amenazar con morder.

**TOREO** n. m. Acción de torear. **2.** Arte y técnica de torear. **3.** Estilo personal de un torero.

**TORERA** n. f. Chaquetilla corta y ceñida al cuerpo. • **Saltarse a la torera** *(Fam.),* hacer caso omiso de algo, no cumplirlo: *saltarse a la torera una señal de tráfico.*

**TORERÍA** n. f. Gremio o conjunto de toreros. **2.** Mundo de los toreros y todo lo relacionado con ellos.

**TORERO, A** adj. Relativo al toro, al toreo o al torero: *tener sangre torera.* ◆ n. **2.** Persona que se dedica a la lidia de los toros.

**TORÉUTICA** n. f. (gr. *toreutikē*). ARQUEOL. Arte de cincelar.

**TORIANITA** n. f. Óxido natural de uranio y torio, negro y cúbico.

**TÓRICO, A** adj. Que tiene la forma de un toro o superficie de revolución engendrada por una figura plana cerrada que gira alrededor de un eje que no la corta.

**TORII** n. m. Pórtico que en Japón precede la entrada de los templos sintoístas.

**TORIL** n. m. En las plazas de toros, lugar donde están encerradas las reses antes de ser lidiadas.

**TORILLO** n. m. Pez de carne insípida, de unos 20 cm de long., que vive en el Mediterráneo y el Atlántico. (Familia blénidos.) **2.** Ave de pequeñas dimensiones, hábil y buena corredora, de las familias turnícidos y pedionómidos.

**TORINA** n. f. Óxido del torio $ThO_2$.

**TORIO** n. m. Metal (Th), de número atómico 90, de masa atómica 232,03, blanco, cristalino, de densidad 12,1 y punto de fusión hacia 1 700 °C, que se extrae de la torita.

**TORITA** n. f. Silicato hidratado de torio $ThSiO_4$, tetragonal.

**TORITO** n. m. Ave de pequeño tamaño, de América Meridional, que presenta un gran copete de plumas erizadas y cola larga. (Familia tiránidos.) **2.** *Argent.* y *Perú.* Nombre de diversas especies de coleópteros de coloración entre el castaño y el negro y cuyo macho suele tener un cuerno encorvado en la frente. **3.** *Cuba.* Pez cofre con dos espinas a manera de cuernos. **4.** *Ecuad.* y *Nicar.* Especie de orquídea.

**TORMENTA** n. f. (lat. *tormenta*). Perturbación atmosférica violenta, acompañada de aparato eléctrico, ráfagas de aire y lluvia, nieve o pedrisco. **2.** *Fig.* Manifestación violenta e impetuosa del estado de ánimo: *una tormenta de celos.*

**TORMENTILA** n. f. Planta herbácea que crece en lugares montañosos de la península Ibérica, cuyo rizoma se usa como astringente. (Familia rosáceas.)

**TORMENTÍN** n. m. MAR. Pequeño foque muy resistente, para el mal tiempo.

**TORMENTO** n. m. (lat. *tormentum*). Aflicción, congoja, preocupación. **2.** *Fig.* Persona o cosa que atormenta. **3.** HIST. Práctica judicial que consistía en violentar físicamente al acusado para obtener de él la confesión.

**TORMENTOSO, A** adj. Que ocasiona o que implica tormenta: *borrasca tormentosa; tiempo tormentoso.* **2.** *Fig.* Borrascoso, agitado, violento: *sueño tormentoso.*

**TORNA** n. f. Pedazo de pan que se añade para completar el peso. • **Volver,** o **volverse, las tornas,** invertirse la marcha de un asunto, la suerte, etc.

**TORNABODA** n. f. Día siguiente al de la boda.

**TORNADIZO, A** adj. y n. Veleidoso, inconstante. ◆ n. m. **2.** En Castilla, a partir del s. XIV, judaizante.

**TORNADO** n. m. Torbellino de aire o huracán impetuoso y violento.

**TORNAR** v. intr. (lat. *tornare*) **[1]**. Regresar, volver. ◆ v. tr. **2.** Devolver, restituir. ◆ v. tr. y pron. **3.** Cambiar, transformar: *el cielo se tornó negro.*

**TORNASOL** n. m. Reflejo o viso que hace la luz en algunas telas o en otras materias muy tersas, haciéndolas cambiar de color. **2.** Planta monocárpica anual de la península Ibérica, que se emplea para preparar una tintura azul, llamada también *tornasol.* (Familia euforbiáceas.)

**TORNASOLADO, A** adj. Que tiene o hace visos y tornasoles: *aguas tornasoladas.* ◆ n. m. **2.** Visos o efectos conseguidos mediante un sistema de tintura de tejidos, que consiste en superponer diferentes tonalidades o matices de un mismo color.

**TORNAVOZ** n. m. Dispositivo o aparato para recoger, dirigir y amplificar el sonido, o hacer que se oiga mejor.

**TORNEADO, A** adj. Hecho a torno. **2.** *Fig.* De curvas suaves: *brazos torneados.* ◆ n. m. **3.** MEC. Operación que consiste en trabajar una pieza en el torno. **4.** MEC. Resultado de dicha operación.

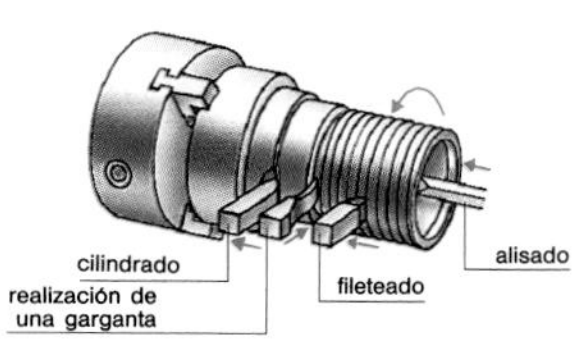


algunas operaciones de **torneado**

**TORNEADOR, RA** adj. y n. Que tornea.

**TORNEAR** v. tr. **[1]**. Labrar o dar forma a una cosa con el torno.

**TORNEO** n. m. Competición deportiva. **2.** HIST. Entretenimiento y espectáculo caballeresco (ss. XI-XVI).

**TORNERA** n. f. y adj. Monja que sirve en el torno de los conventos.

**TORNERÍA** n. f. Taller, tienda u oficio de tornero.

**TORNERO, A** n. Obrero que trabaja en el torno o que maneja un torno.

**TORNILLERÍA** n. f. Conjunto de tornillos y piezas tales como tuercas, pernos, etc. **2.** Fábrica de tornillos.

**TORNILLO** n. m. Pieza cilíndrica o cónica, por lo general metálica, con fileteado o resalto helicoidal. • **Apretarle los tornillos** a alguien *(Fam.),* apremiarle u obligarle a hacer algo. || **Faltarle un tornillo** a alguien o **tener flojos los tornillos** *(Fam.),* tener poca sensatez y cordura. || **Tornillo de banco,** o **de sujeción,** instrumento montado en un banco o en la plataforma de una máquina-herramienta, con que se mantienen sujetas las piezas que se están trabajando.

**TORNIQUETE** n. m. (fr. *tourniquet*). Aparato que consta de dos brazos iguales en cruz, giratorios alrededor de un eje vertical, para regular o impedir la entrada en un local, recinto, etc. **2.** Especie de pestillo para retener el bastidor de una vidriera. **3.** Palanca angular de hierro que comunica el movimiento del tirador a la campanilla. **4.** Pieza de hierro en forma de S alargada, para mantener abiertas las hojas de ventanas, persianas, etc. **5.** Aparato de física que adquiere un movimiento de rotación debido a una fuerza de reacción: *torniquete hidráulico, eléctrico.* **6.** CIR. Instrumento para contener las hemorragias de las extremidades.

**TORNISCÓN** n. m. *Fam.* Pellizco retorcido.

**TORNO** n. m. (lat. *tornum*). Aparato para la tracción o elevación de cargas por medio de una soga, cable o cadena que se enrolla en un cilindro horizontal. **2.** En conventos y monasterios, armario cilíndrico empotrado en el muro, que gira sobre un eje y permite introducir o extraer objetos sin ver el interior. **3.** MEC. Máquina-herramienta, que sirve para trabajar, por arranque de viruta mediante un útil que realiza el movimiento de avance, una pieza que se mantiene en rotación alrededor de un eje. **4.** TECNOL. Dispositivo o instrumento que, a modo de prensa o tenaza, se usa en diversos oficios para sujetar e inmovilizar las piezas que se van a trabajar. SIN.: *torno de sujeción.* • **En torno,** alrededor. || **Torno de alfarero,** disco que, por impulso manual o mecánico, gira horizontalmente y que lleva en su eje una pequeña mesa horizontal, sobre la que se coloca la pieza de arcilla que se ha de tornear. || **Torno de perforación,** torno de gran

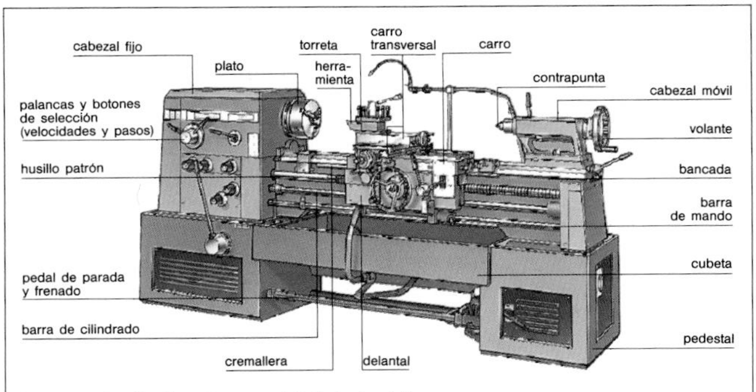


**torno:** constitución de un torno paralelo (u horizontal)

potencia, con varias velocidades de arrollamiento del cable, que permite izar el trépano desde el fondo de un pozo con gran rapidez.

**TORO** n. m. (lat. *taurum*). Artiodáctilo rumiante, macho adulto del ganado vacuno o bovino, de unos 2,5 m de long., sin contar la cola, y 1,5 m de alt. en la cruz, que presenta cabeza gruesa provista de cornamenta, piel dura y pelo corto. (Familia bóvidos.) **2.** *Fig.* Hombre muy fuerte y robusto. **3.** *Cuba.* Pez similar al cofre. • **Agarrar, coger,** o **tomar el toro por los cuernos,** o **por las astas** *(Fam.),* afrontar un asunto difícil con valor y decisión. || **Toro almizclado,** mamífero rumiante de las regiones boreales, con particularidades propias de los bovinos y de los ovinos. ◆ **toros** n. m. pl. **4.** Fiesta o corrida de toros.

**TORO** n. m. (lat. *torum*). Amplia moldura saliente, de figura semicilíndrica. **2.** MAT. Sólido engendrado por un círculo que gira alrededor de una recta situada en su plano, pero que no pasa por su centro.

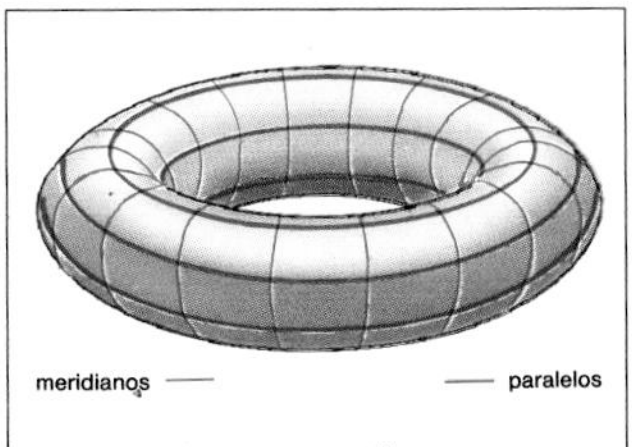


**toro:** representación espacial

**TOROIDAL** adj. GEOMETR. Que tiene forma de toro.

**TOROIDE** n. m. Superficie generada por una curva cerrada cualquiera al girar alrededor de un eje contenido en su plano y que no la corta. **2.** Sólido limitado por esta superficie. **3.** Bobina o transformador en forma de anillo cerrado.

**TORÓN** n. m. QUÍM. Emanación del torio, isótopo del radón.

**TORONJA** n. f. (ár. *turunŷa*). Variedad esférica del fruto del cidro. **2.** Fruto del pomelo.

**TORONJIL** n. m. Melisa. • **Toronjil silvestre,** planta herbácea de olor fuerte y flores blancas moteadas de rojo. (Familia labiadas.)

**TORONJO** n. m. Variedad de cidro que produce las toronjas.

**TORPE** adj. (lat. *turpem*). Difícil de mover o de moverse, lento en el movimiento. **2.** Falto de agilidad y destreza física y mental. **3.** Tardo en comprender o aprender.

**TORPEDEAMIENTO** o **TORPEDEO** n. m. Acción y efecto de torpedear.

**TORPEDEAR** v. tr. [**1**]. Lanzar torpedos contra un objetivo enemigo.

**TORPEDERO, A** adj. Dícese de la embarcación o del avión cuya arma principal es el torpedo: *lancha torpedera.* ◆ n. m. **2.** Embarcación rápida y de pequeño tonelaje, armada de torpedos.

**TORPEDISTA** adj. y n. m. y f. Encargado de las maniobras que se han de realizar con los torpedos.

**TORPEDO** n. m. Pez marino parecido a la raya, que puede alcanzar 1 m de long. y que posee a cada lado de la cabeza un órgano capaz de producir descargas eléctricas. **2.** Proyectil explosivo submarino, autodirigido y automóvil.

**torpedo**

**TORPEZA** n. f. Calidad de torpe. **2.** Acción o dicho torpe, desacertado.

**TÓRPIDO, A** adj. MED. Dícese de las lesiones crónicas y de difícil curación.

**TORPÓN, NA** adj. Algo torpe.

**TORQUE** n. m. (lat. *torques*). Collar céltico, metálico y rígido.

**TORR** n. m. (de *Torricelli*). Unidad de presión equivalente a la presión ejercida por una columna de mercurio de una altura de 1 mm.

**TORRE** n. f. (lat. *turrem*). Construcción o cuerpo de edificio más alto que ancho, de planta cuadrada, circular o poligonal. **2.** Pieza del juego de ajedrez situada en los cuatro ángulos del tablero y que tiene la forma de una torre almenada. **3.** Estructura metálica o de hormigón armado, que sirve de soporte a una construcción. **4.** En algunas zonas, chalet, casa con jardín. **5.** *Cuba* y *P. Rico.* Chimenea del ingenio de azúcar. **6.** INDUSTR. Columna de fraccionamiento, cámara de catálisis, reactor o cualquier aparato cilíndrico y vertical destinado a tratamientos de depuración, desecación de gases, absorción, destilación, combinaciones químicas, etc. • **Torre de aguas,** depósito elevado para la distribución de agua a presión. || **Torre de control,** en los aeropuertos, construcción elevada en la que se hallan las instalaciones para el control local del tránsito aéreo y el personal encargado de dicho servicio. || **Torre de extracción,** en las minas, armazón o estructura metálica o de hormigón en la que la máquina de extracción está situada en la parte superior. || **Torre de iglesia,** campanario. || **Torre de marfil** *(Fig.),* expresión con que se alude al aislamiento intelectual en el que alguien vive voluntariamente. || **Torre de sondeo,** o **de perforación,** derrick. || **Torre del homenaje,** o **maestra,** la dominante más fuerte de una fortaleza, donde habitaba el castellano o alcaide.

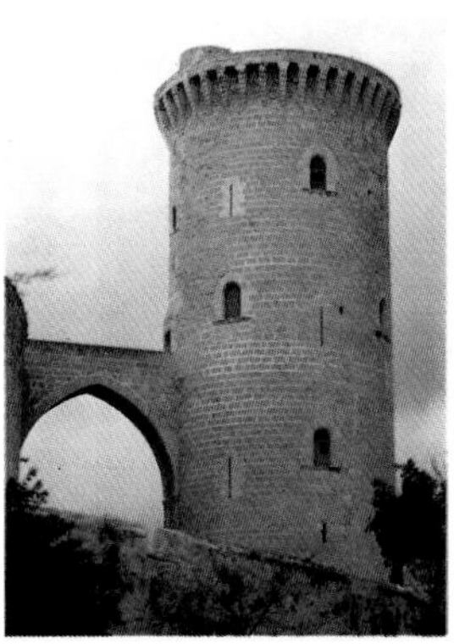

**torre** del homenaje (castillo de Bellver, Palma de Mallorca, s. XIV)

**TORRECILLA** n. f. Obra defensiva de pequeñas dimensiones.

**TORREFACCIÓN** n. f. Acción de torrefactar.

**TORREFACTAR** v. tr. (lat. *torrefacere*) [**1**]. Tostar, someter a un fuego vivo que produce una carbonización incompleta, especialmente el café y el cacao.

**TORREFACTO, A** adj. Tostado: *café torrefacto.*

**TORREJA** n. f. *Amér.* Torrija. **2.** *Chile.* Rodaja de fruta.

**TORRENCIAL** adj. Relativo a los torrentes: *aguas torrenciales.* **2.** Que cae en abundancia: *lluvias torrenciales.*

**TORRENTE** n. m. (lat. *torrentem*). Curso de agua de montaña, rápido e irregular, de escasa longitud, más o menos seco entre las violentas y bruscas crecidas. **2.** *Fig.* Abundancia, gran concurrencia: *torrente de lágrimas; torrente de gente.* • **Torrente de voz** *(Fig.),* voz potente y que sale sin esfuerzo al cantar.

**TORRENTERA** n. f. Cauce de un torrente.

**TORRENTOSO, A** adj. *Amér.* Dícese de los ríos y arroyos de corriente impetuosa.

**TORREÓN** n. m. Torre fortificada para la defensa de una plaza o castillo.

**TORRERO, A** n. Persona que cuida de una atalaya o faro.

**TORRETA** n. f. Cabina acristalada en la que, principalmente en los aviones de bombardeo, van instalados cañones y ametralladoras. **2.** Cúpula giratoria y blindada que en los carros de combate sirve de soporte al cañón y de cámara de combate en la que se alojan el jefe del carro y el tirador; modernamente, apéndice superior por el que puede asomarse al exterior el jefe del carro. **3.** En los submarinos, estructura central que se eleva sobre la cubierta. **4.** Especie de garita acristalada sobre la cubierta de un buque, para proteger de las salpicaduras de las olas, la lluvia, etc. **5.** En un torno semiautomático o automático, bloque portaherramientas que puede presentar sucesivamente todas las cuchillas o herramientas en posición de trabajo. **6.** Estructura metálica, situada en lo alto de una central telegráfica y destinada a permitir la concentración de los hilos de una red aérea.

**TORREZNO** n. m. Pedazo de tocino frito.

**TÓRRIDO, A** adj. (lat. *torridum*). Muy caliente, ardiente.

**TORRIJA** n. f. Rebanada de pan frito, empapada en leche o vino y endulzada con miel o azúcar.

**TORSIÓN** n. f. (lat. *torsionem*). Acción y efecto de torcer o torcerse. **2.** MEC. Deformación que experimenta un cuerpo por la acción de dos pares de fuerzas opuestos que actúan en planos paralelos, de modo que cada sección del mismo experimenta una rotación con relación a la precedente. **3.** TEXT. Número de vueltas por metro que se dan a un hilo. **4.** TEXT. Operación por la que se transforman las cintas, obtenidas en la fase de hilado previo del algodón, lana cardada, etc., en mechas redondas.

**TORSO** n. m. (ital. *torso*). Tronco del cuerpo humano.

**TORSOR** n. m. MAT. Conjunto de una fuerza y de un par de fuerzas cuyo momento está en la misma dirección que la fuerza.

**TORTA** n. f. Masa de harina, de forma redonda o alargada, que se cuece a fuego lento. **2.** *Fig.* y *fam.* Bofetada. **3.** *Fig.* y *fam.* Golpe, caída, accidente. **4.** *Argent., Chile* y *Urug.* Pastel grande, generalmente de forma circular, tarta. **5.** *Méx.* Emparedado hecho con pan de corteza dura: *torta de jamón, de queso.* • **Costar la torta un pan** *(Fam.),* tener que dar, hacer, etc., para conseguir una cosa otra que vale más.

**TORTADA** n. f. Torta grande rellena de carne, dulce, etc.

**TORTAZO** n. m. Bofetada. **2.** Golpe violento que recibe o se da alguien al chocar con algo o caerse.

**TORTÍCOLIS** n. m. o f. Afección del cuello caracterizada por dolor, limitación de movimiento e inclinación del cuello y, por consiguiente, de la cabeza.

**TORTILLA** n. f. Fritada de huevos batidos, a la que se da una forma determinada y a veces se le añade algún otro manjar. **2.** *Amér. Central, Antillas* y *Méx.* Pieza circular y delgada de masa de maíz cocida. **3.** *Argent.* y *Chile.* Panecillo en forma de disco, chato, por lo común salado, hecho con harina de trigo o maíz y cocido al rescoldo. • **Cambiar,** o **volverse, la tortilla** *(Fam.),* acontecer algo de modo opuesto al que se esperaba; trocarse la suerte favorable que alguien tenía. ‖ **Tortilla de harina** *(Méx.),* la que está hecha con harina de trigo.

**TORTILLERA** n. f. *Vulg.* Lesbiana.

**TORTILLERÍA** n. f. Establecimiento donde se hacen o venden tortillas.

**TÓRTOLA** n. f. Ave columbiforme, más pequeña que la paloma, con una cola larga en forma de abanico.

**TÓRTOLO** n. m. Macho de la tórtola. **2.** *Fig.* y *fam.* Hombre muy enamorado y amartelado. ◆ **tórtolos** n. m. pl. **3.** *Fig.* y *fam.* Pareja de enamorados en actitud muy cariñosa.

**TORTRÍCIDO, A** adj. y n. m. Relativo a una familia de lepidópteros cuyas larvas suelen constituir plagas forestales, que comprende unos ochenta géneros, con más de mil especies.

**TORTUGA** n. f. Denominación común a cualquier reptil quelonio de cuerpo corto, encerrado en un caparazón óseo y escamoso. (Existen tortugas de mar, de agua dulce y de tierra.) • **A paso de tortuga,** lentamente. ‖ **Tortuga laúd,** tortuga de los mares cálidos, que puede alcanzar 2,40 m de long. y pesar 600 kg, notable por no presentar caparazón, sino osículos en una piel oscura.

**tortuga** terrestre

**TORTUOSIDAD** n. f. Calidad de tortuoso.

**TORTUOSO, A** adj. Que da muchas vueltas y rodeos, sinuoso. **2.** *Fig.* Complicado, solapado, astuto: *mente tortuosa.*

**TORTURA** n. f. (lat. *torturam*). Suplicio físico o moral que se hace sufrir a alguien. **2.** *Fig.* Sufrimiento físico o moral, intenso y continuado. **3.** *Fig.* Cosa que lo produce.

**TORTURADOR, RA** adj. y n. Que tortura.

**TORTURAR** v. tr. y pron. **[1]**. Someter a tortura o causarla.

**TORVISCO** n. m. (lat. hispánico *turbiscus*). Planta arbustiva de flores amarillentas y olorosas y fruto en drupa de color rojo. (Familia timeleáceas.)

**TORVO, A** adj. (lat. *torvum*). De aspecto malvado: *mirada torva.*

**TORY** adj. y n. m. (pl. *tories*). HIST. Dícese del partido conservador de Gran Bretaña y de los miembros del mismo.

**TORZAL** n. m. Cordoncillo de seda para coser o bordar.

**TOS** n. f. (lat. *tussem*). Espiración brusca y enérgica, que abre violenta y ruidosamente la glotis ocluida, producida por un fenómeno irritativo en la faringe, laringe, tráquea o bronquios. • **Tos ferina,** enfermedad infectocontagiosa, frecuente en la infancia, caracterizada por accesos paroxísticos de tos.

**TOSCANO, A** adj. y n. De Toscana. ◆ adj. **2.** Dícese del orden de la arquitectura romana inspirado en el dórico griego, diferenciado fundamentalmente por el entablamento, sin ornamentos, y por la columna que se apoya en una basa. ◆ n. m. **3.** Dialecto italiano hablado en Toscana. **4.** Cierta clase de cigarro.

**TOSCO, A** adj. Sin pulimento, hecho con poca habilidad y cuidado o con materiales de poco valor: *mueble tosco.* **2.** *Fig.* Rústico, carente de cultura y educación: *persona tosca.* **3.** Dícese de la superficie o cara de los sillares o piedras de cantería sin labrar. **4.** Dícese del acabado basto que se da a los sillares, para que imiten la piedra natural.

**TOSEDERA** n. f. *Amér.* Tos persistente.

**TOSER** v. intr. **[2]**. Tener un acceso de tos. • **No haber quien le tosa** o **no toserle nadie** a alguien *(Fam.),* no poder competir con él; no consentir que le reprendan o censuren.

**TÓSIGO** n. m. (lat. *toxicum*). Ponzoña, veneno. **2.** *Fig.* Angustia, pena intensa.

**TOSQUEDAD** n. f. Calidad de tosco.

**TOSTACIÓN** n. f. Torrefacción. **2.** TECNOL. Operación de calentar un mineral en contacto con el aire.

**TOSTADA** n. f. Rebanada de pan tostada.

**TOSTADERO, A** adj. Que tuesta. ◆ n. m. **2.** Instalación industrial para la torrefacción del café en grano. **3.** *Fig.* Lugar donde hace excesivo calor.

**TOSTADO, A** adj. Que tiene color subido y oscuro. ◆ n. m. **2.** Torrefacción. **3.** Operación que consiste en someter ciertas piedras preciosas a una elevada temperatura.

**TOSTADOR, RA** adj. Que tuesta. ◆ n. m. **2.** Aparato para tostar café en grano.

**TOSTADORA** n. f. Aparato para hacer tostadas.

**TOSTAR** v. tr. y pron. **[1r]**. Exponer algo a la acción directa del fuego hasta que tome color dorado, sin llegar a quemarse. **2.** *Fig.* Calentar demasiado. **3.** *Fig.* Curtir el sol o el aire la piel del cuerpo. **4.** *Chile.* Vapulear, azotar, zurrar. **5.** TECNOL. Someter a tostación.

**TOSTÓN** n. m. Trozo de pan frito que suele añadirse a sopas, purés, etc. **2.** Cochinillo asado. **3.** *Fam.* Fastidio, pesadez. **4.** *Fam.* Persona o cosa molesta, pesada por insistente o falta de interés.

**TOTAL** adj. Completo, que comprende todo, entero, absoluto. ◆ n. m. **2.** Suma, resultado de una adición. **3.** Totalidad. ◆ adv. m. **4.** En suma, en conclusión.

**TOTALIDAD** n. f. Todo el total, el conjunto de todos los componentes.

**TOTALITARIO, A** adj. Que incluye o abarca la totalidad de las partes o atributos de algo sin merma ninguna. **2.** Dícese de los regímenes políticos no democráticos en los que los poderes ejecutivo, legislativo y judicial están concentrados en un reducido número de dirigentes, que subordinan los derechos de la persona humana a la razón de estado.

**TOTALITARISMO** n. m. Calidad de totalitario. **2.** Sistema de los regímenes totalitarios.

**TOTALIZADOR, RA** adj. Que totaliza: *mecanismo totalizador.* ◆ n. m. **2.** Aparato que da el total de una serie de operaciones. **3.** En las carreras de caballos y galgos, conjunto de aparatos indicadores y calculadores.

**TOTALIZAR** v. tr. **[1g]**. Sumar, hacer o determinar el total de varias cantidades o sumas. **2.** Hacer el total de algo.

**TÓTEM** n. m. (pl. *tótems*). Entidad natural, animal, vegetal, etc., que es objeto de culto por ciertos pueblos. **2.** Emblema tallado o pintado que lo representa.

**TOTÉMICO, A** adj. Relativo a un tótem o al totemismo. • **Poste totémico,** poste de madera de cedro esculpido y pintado erigido por los indios de la costa NO del Pacífico, de Vancouver a Alaska.

**TOTEMISMO** n. m. Conjunto de creencias y prácticas culturales que, en ciertas sociedades, implican una relación entre un individuo, o un grupo de individuos, por una parte, y un animal, un objeto, o un conjunto de seres vivos o de ciertos fenómenos, por otra.

**TOTIPOTENCIA** n. f. Carácter de las células totipotentes.

**TOTIPOTENTE** adj. Dícese de las células embrionarias aptas para formar los tejidos más diversos, según las acciones morfógenas que sufran.

**TOTONACA, TOTONACO** o **TOTONECA** adj. y n. m. y f. Relativo a un pueblo amerindio precolombino de México, de lengua maya-zoque, que habitaba en Veracruz (act. también en Puebla); individuo de dicho pueblo.

■ Los totonacas formaban una confederación de ciudades en el S, y en el N crearon un estado. Su economía era agrícola y comercial, y tuvieron dos grandes centros: de 300 a 1200 d. J.C. El Tajín, máximo exponente del esplendor de la cultura totonaca, con una gran pirámide, y de 900 a 1519, Cempoala. La cultura totonaca destaca por la cerámica, muy variada, la escultura en piedra, la arquitectura monumental y la avanzada concepción urbanística de las ciudades.

jarrón decorado con ciempiés
(museo nacional de antropología, México)

jugador de pelota
(museo nacional de antropología, México)

el arte de los **totonacas**

**TOTOPO** n. m. *Méx.* Trozo de tortilla de maíz tostado o frito.

**TOTOPOSTE** n. m. *Amér. Central.* Torta de harina de maíz, muy tostada.

**TOTORA** n. f. (quechua *totóra*). *Amér. Merid.* Especie de junco que crece a orillas de los lagos y junto al mar.

**TOTORAL** n. m. *Amér. Merid.* Paraje poblado de totoras.

**TOTOVÍA** n. f. Paseriforme semejante a la alondra, pero de menor tamaño, unos 15 cm de long. (Familia aláudidos.)

**TOTUMA** n. f. *Amér.* Fruto del totumo. **2.** *Amér.* Vasija hecha con este fruto.

**TOTUMO** n. m. *Amér.* Güira.

**TOUCHE** n. f. (voz francesa). En rugby, línea que delimita la anchura del terreno en las bandas. **2.**

puesta en juego de un balón en una **touche** en rugby

Puesta en juego de un balón que ha rebasado dicha línea. • **En touche,** se dice del balón que ha rebasado la línea de touche.

**TOUR** n. m. (voz francesa). Vuelta. **2.** Vuelta ciclista a Francia. **3.** Excursión, viaje turístico.

**TOUR OPERATOR** n. m. (voces inglesas). Operador turístico.

**TOURNEDOS** n. m. (voz francesa). Filete de solomillo de buey.

**TOURNÉE** n. f. (voz francesa). Viaje de placer por distintos lugares. **2.** Gira artística de una compañía de teatro, de una orquesta, de un cantante, etc.

**TOXCATL** n. m. Quinto mes del calendario azteca de 365 días.

**TOXEMIA** n. f. Conjunto de accidentes provocados por las toxinas transportadas por la sangre.

**TOXICIDAD** n. f. Carácter de tóxico: *la toxicidad del arsénico.* **2.** Relación de la cantidad de una sustancia necesaria para matar a un animal y la masa de este animal expresada en kilogramos.

**TÓXICO, A** adj. y n. m. Dícese de las sustancias nocivas para los organismos vivos.

**TOXICODEPENDENCIA** n. f. Condición sicofísica de dependencia del individuo respecto de la droga.

**TOXICODEPENDIENTE** adj. y n. m. y f. Dícese de la persona que sufre toxicodependencia.

**TOXICOLOGÍA** n. f. Ciencia que trata de la capacidad tóxica, teórica o real, de diversos productos.

**TOXICOLÓGICO, A** adj. Relativo a la toxicología.

**TOXICÓLOGO, A** n. Especialista en toxicología.

**TOXICOMANÍA** n. f. Tendencia patológica a ingerir sustancias tóxicas que engendran un estado de dependencia síquica o física.

**TOXICÓMANO, A** adj. y n. Afecto de toxicomanía, drogadicto.

**TOXICOSIS** n. f. Síndrome grave de aparición brusca, especialmente en lactantes, de causas múltiples y en el que predominan los trastornos digestivos y la deshidratación.

**TOXIDERMIA** n. f. Conjunto de lesiones cutáneas de origen tóxico.

**TOXIINFECCIÓN** n. f. Afección causada por una exotoxina que actúa a distancia del foco infeccioso del que ha salido, como la difteria y el tétanos.

**TOXIINFECCIOSO, A** adj. Relativo a una toxiinfección.

**TOXINA** n. f. Sustancia tóxica de naturaleza proteica, elaborada por un organismo vivo (bacteria, seta venenosa, insecto o serpiente venenosa), que tiene poder patógeno para el hombre o los animales infectados.

**TOXOPLASMOSIS** n. f. Enfermedad parasitaria debida a un protozoo, *Toxoplasma gondii.*

**TOYOTISMO** n. m. Sistema de organización del trabajo en el que el trabajador participa en la productividad de la empresa mejorando la calidad de la producción.

**TOZOZTONTLI** n. m. Tercer mes del calendario azteca de 365 días.

**TOZUDEZ** n. f. Calidad de tozudo.

**TOZUDO, A** adj. (cat. *tossut*). Obstinado, que sostiene una actitud u opinión, sin dejarse persuadir por razones ni por dificultades.

**TRABA** n. f. Cosa que une o sujeta a otras entre sí dándoles seguridad o impidiendo su movimiento. **2.** *Fig.* Lo que dificulta u obstaculiza la ejecución de algo o impide la libertad de alguien. **3.** Ligadura con que se atan las manos o pies de un animal para impedir que salte o su marcha. • **Poner trabas,** poner dificultades.

**TRABACUENTA** n. m. o f. Error o confusión en una cuenta.

**TRABADO, A** adj. Dícese de las caballerías que tienen blancas las dos manos, o la mano derecha y el pie izquierdo o viceversa. **2.** Dícese de una vocal situada en sílaba cerrada, es decir, acabada en consonante: *las dos vocales de «partir» son trabadas.*

**TRABAJADO, A** adj. Cansado a causa del trabajo. **2.** Elaborado con minuciosidad y gran cuidado: *una obra trabajada.*

**TRABAJADOR, RA** adj. Que trabaja. **2.** Que gusta del trabajo. ◆ n. **3.** Persona que trabaja por cuenta y bajo dependencia ajena. • **Trabajador social,** profesional diplomado de la asistencia social. ◆ n. m. **4.** Ave paseriforme de pequeño tamaño, sedentaria e insectívora, que vive en los juncales de las regiones llanas y abiertas de Argentina. (Familia furnáridos.)

**TRABAJAR** v. intr. [**1**]. Realizar un esfuerzo en una actividad. **2.** Tener una ocupación estable, ejercer un oficio o profesión: *trabaja en un hospital; trabaja de corrector.* **3.** Resistir una máquina, un buque, un edificio, etc., la acción de los esfuerzos a que se hallan sometidos: *esta viga trabaja a flexión.* **4.** Ejercer la propia actividad en un determinado comercio o industria: *sólo trabaja en tejidos.* **5.** Actuar en el teatro, cine o televisión. ◆ v. tr. **6.** Ejecutar, realizar o disponer algo con método y orden. **7.** Estudiar algo y ejercitarse en ello: *trabajar mucho el latín.* **8.** Cultivar la tierra: *trabajar los campos.* **9.** Gestionar. **10.** *Fig.* Intentar conseguir algo de alguien. **11.** Manipular sobre una materia, sustancia, etc., dándole la forma que se desea o amalgamando sus elementos: *trabajar la arcilla, el barro.*

**TRABAJO** n. m. Acción y efecto de trabajar: *trabajo manual; trabajo intelectual.* **2.** Ocupación retribuida: *vivir de su trabajo.* **3.** Obra, producto resultante de una actividad física o intelectual: *es un trabajo de artesanía.* **4.** *Fig.* Dificultad, molestia. **5.** ECON. Esfuerzo humano aplicado a la producción de riqueza; actividad del hombre encaminada a un fin. **6.** MEC. Producto de la intensidad de una fuerza por la proyección, en la dirección de esta fuerza, del desplazamiento de su punto de aplicación. • **Contrato de trabajo,** contrato por el que las personas se obligan a ejecutar una obra o prestar un determinado servicio mediante una remuneración. ‖ **De trabajo,** usado para trabajar. ‖ **Trabajo de campo,** método de investigación basado en la observación directa, intensiva y personal de un grupo social, población vegetal, especies de animales, terreno, etc. ‖ **Trabajo de la madera,** deformación que experimenta la madera por las variaciones de la humedad. ‖ **Trabajo social,** asistencia social. ◆ **trabajos** n. m. pl. **7.** Estrechez, miseria, dificultad, apuros: *pasar muchos trabajos.* • **Trabajos forzados,** los que se obligaba a hacer a los presos como parte de la pena impuesta por su delito.

**TRABAJOSO, A** adj. Que da o causa mucho trabajo o penalidades. **2.** *Colomb.* Se dice de la persona poco complaciente y muy exigente.

**TRABALENGUAS** n. m. (pl. *trabalenguas*). Palabra o frase difícil de pronunciar.

**TRABAMIENTO** n. m. Acción y efecto de trabar. SIN.: *trabadura.*

**TRABAR** v. tr. [**1**]. Juntar o unir una cosa con otra para afianzarlas o estabilizarlas. **2.** Poner trabas a un animal. **3.** *Fig.* Comenzar o iniciar algo: *trabar amistad; trabar conversación.* **4.** *Fig.* Impedir el desarrollo de algo o el desenvolvimiento de alguien: *trabar la marcha de una investigación.* **5.** Espesar o dar mayor consistencia a un líquido o a una masa: *trabar una salsa.* **6.** Ligar o ajustar entre sí las piedras, sillares o ladrillos con mortero o argamasa. ◆ **trabarse** v. pron. **7.** Entorpecérsele a uno la lengua al hablar.

**TRABAZÓN** n. f. Enlace o relación conveniente de dos o más cosas. **2.** *Fig.* Conexión, coherencia formando un conjunto: *trabazón social; trabazón de ideas.* **3.** Operación destinada a espesar las salsas y hacerlas untuosas, amalgamando los componentes del condimento. **4.** Materia diluida para esta operación.

**TRABILLA** n. f. Tira de tela o de cuero que pasa por debajo del pie para sujetar los bordes inferiores del pantalón, de la polaina, etc. **2.** Tira de tela que, por la espalda, ciñe a la cintura una prenda de vestir.

**TRABUCAR** v. tr. y pron. (cat. *trabucar*) [**1a**]. Trastornar, desordenar: *trabucar los papeles.* **2.** *Fig.* Trastocar, tergiversar: *trabucar ideas, datos, noticias.*

**TRABUCAZO** n. m. Disparo de trabuco. **2.** Herida y daño que produce el disparo del trabuco. **3.** *Fig.* Impresión desfavorable que causa una noticia o suceso inesperado y desagradable.

**TRABUCO** n. m. Arma de fuego de corto alcance, con el cañón ensanchado por la boca.

**TRACA** n. f. Artificio pirotécnico consistente en una serie de petardos enlazados por una cuerda y que van estallando sucesivamente.

**TRÁCALA** adj. y n. m. y f. *Méx.* Tracalero. ◆ n. m. **2.** *Méx.* y *P. Rico. Fam.* Trampa, engaño.

**TRACALADA** n. f. *Amér.* Gran cantidad de personas o cosas, montón, multitud. **2.** *Méx.* Trácala, trampa.

**TRACALERO, A** adj. y n. *Méx.* y *P. Rico.* Tramposo, embaucador.

**TRACCIÓN** n. f. (lat. *tractionem*). Acción de tirar de algo, de mover cuando la fuerza está colocada delante de la resistencia: *tracción de un vagón; tracción animal.* **2.** Acción de arrastrar un vehículo o de hacerle andar por cualquier procedimiento mecánico. **3.** ALP. Técnica de escalada para avanzar lateralmente por una pared lisa. **4.** MEC. Modo de trabajo de un cuerpo sometido a la acción de una fuerza que tiende a alargarlo. • **Vehículo de tracción delantera,** vehículo cuyas ruedas delanteras son motrices.

**TRACERÍA** n. f. Decoración pétrea formada por combinaciones de figuras geométricas, remedando formas vegetales, que constituye el relleno de la ojiva gótica.

**TRACOMA** n. m. (del gr. *trakhys,* áspero, rudo). Conjuntivitis granulosa debida a un virus específico, endémica en ciertos países cálidos.

**TRACTO** n. m. ANAT. Conjunto de fibras o de órganos en que predomina la longitud.

**TRACTOR, RA** adj. y n. Que efectúa la tracción o arrastre. ◆ n. m. **2.** Vehículo automotor cuyas ruedas están provistas de dispositivos de adherencia para terrenos blandos, utilizado principalmente para trabajos agrícolas.

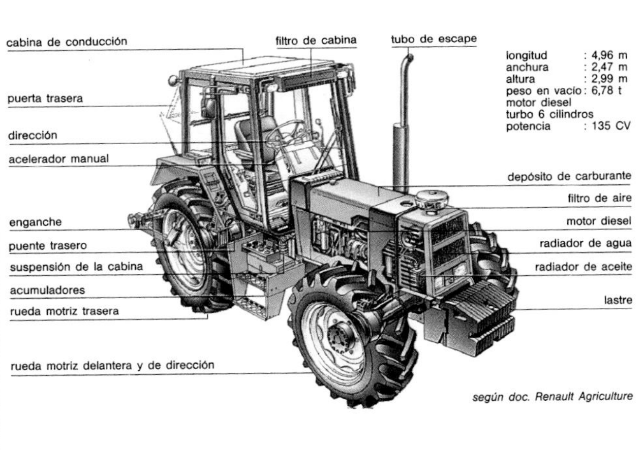


esquema de un **tractor** agrícola

**TRACTORISTA** n. m. y f. Conductor de un tractor.

**TRACTRIZ** adj. y n. f. Tractora.

**TRADE-UNION** o **TRADE UNION** n. f. (voz inglesa). Sindicato obrero en los países anglosajones.

**TRADICIÓN** n. f. (lat. *traditionem*). Transmisión hecha de generación en generación, de hechos históricos, doctrinas, leyes, costumbres, etc. **2.** Costumbre o norma transmitidas de esta manera. **3.** Costumbre, hábito establecido. **4.** DER. Transmisión del dominio de bienes en virtud de un contrato; entrega. **5.** REL. Fuente de la doctrina revelada, junto con la Sagrada Escritura.

**TRADICIONAL** adj. Relativo a la tradición. **2.** Que es de uso común, usual, acostumbrado.

**TRADICIONALISMO** n. m. Apego a las cosas tradicionales. **2.** Doctrina que se basa en las tradiciones institucionales, en especial de la monarquía absoluta y la religión.

**TRADICIONALISTA** adj. y n. m. y f. Relativo al tradicionalismo; partidario del tradicionalismo.

**TRADUCCIÓN** n. f. Acción y efecto de traducir. **2.** El texto traducido. **3.** Interpretación: *traducción del pensamiento de alguien.* **4.** BIOL. Síntesis de una proteína por la célula, a partir de la información codificada en una molécula de A.R.N. • **Traducción automática,** traducción de un texto por medio de máquinas electrónicas. ‖ **Traducción simultánea,** la que traduce el discurso de forma simultánea a su emisión.

**TRADUCIBLE** adj. Que se puede traducir.

**TRADUCIR** v. tr. (lat. *traducere*) **[20]**. Trasponer un texto de una lengua a otra. ◆ v. tr. y pron. **2.** Convertir, transformar: *el bullicio se tradujo en calma.* **3.** Expresar, representar de una forma determinada ideas, pensamientos, estados de ánimo, etc.: *su tono de voz traducía su inquietud.*

**TRADUCTOR, RA** adj. y n. Que traduce. ◆ n. **2.** Autor de una traducción. ◆ n. m. **3.** INFORMÁT. Programa que sirve para traducir un programa de un lenguaje de programación a otro lenguaje más asequible que el de la máquina.

**TRAER** v. tr. (lat. *trahere*, arrastrar) **[10]**. Trasladar, llevar algo desde un lugar a otro más próximo al que habla. **2.** Causar, ocasionar: *el ocio trae otros vicios.* **3.** Tener o ser causa de que alguien padezca cierta alteración de ánimo: *este asunto le trae preocupado.* **4.** Llevar, tener puesto, usar: *traía un abrigo nuevo.* **5.** *Fig.* Alegar o aducir razones, hechos, etc., en apoyo de algo que se dice. **6.** *Fig.* Aportar algo nuevo. **7.** *Fam.* Referido a escritos, en especial a periódicos, contener lo que se expresa. • **Traer a mal traer,** o **por la calle de la amargura** (*Fam.*), maltratar, molestar, poner dificultades a alguien. ‖ **Traer consigo,** causar, determinar, ir algo acompañado de lo que se expresa. ◆ v. tr. y pron. **8.** *Fig.* Estar planeando o llevando a cabo algo solapadamente y sin que se vea de forma muy clara la intención: *traerse muchos líos.*

**TRAFAGAR** v. intr. (cat. *trafegar*) **[1b]**. Traficar, comerciar. **2.** Trajinar, ajetrearse.

**TRÁFAGO** n. m. (cat. *tràfec*). Trajín, ajetreo.

**TRAFICANTE** adj. y n. m. y f. Que trafica o comercia, especialmente de forma ilegal.

**TRAFICAR** v. intr. (ital. *trafficare*) **[1a]**. Comerciar, negociar, especialmente de forma ilegal. **2.** Hacer indebidamente negocio de algo.

**TRÁFICO** n. m. Acción y efecto de traficar: *tráfico de drogas.* **2.** Circulación, concurrencia y movimiento de vehículos por calles, carreteras, estaciones, aeropuertos, etc.: *tráfico aéreo, ferroviario.* **3.** Técnica de dar curso a las llamadas en un sistema telefónico. • **Tráfico triangular,** itinerario comercial establecido en relación con la trata de negros por los comerciantes europeos, durante los ss. XVII y XVIII.

**TRAGABLE** adj. Que se puede tragar.

**TRAGACANTO** n. m. Planta arbustiva que crece en Asia Menor e Irán, de unos 2 m de alt., y que exuda una goma blanquecina, de uso farmacológico e industrial. (Familia papilionáceas.) **2.** Goma exudada por dicha planta.

**TRAGADERAS** n. f. pl. *Fam.* Credulidad, facilidad para creer algo. **2.** *Fig.* y *fam.* Poco escrúpulo, facilidad para aceptar, admitir o tolerar algo inconveniente.

**TRAGADERO** n. m. Agujero u orificio que traga o absorbe algo. **2.** Sumidero o canal de desagüe en las tierras de labor, en un estanque, embalse, etc.

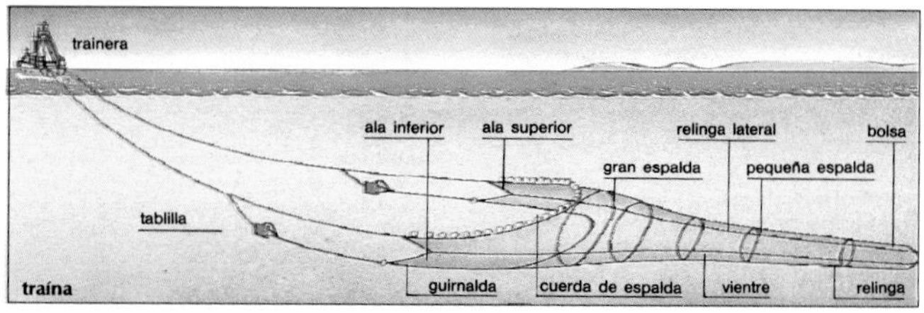


**TRAGADOR, RA** adj. y n. Que traga. **2.** Tragón.

**TRAGALDABAS** n. m. y f. (pl. *tragaldabas*). *Fam.* Persona muy tragona. **2.** *Fam.* Persona muy crédula o indulgente.

**TRAGALEGUAS** n. m. y f. (pl. *tragaleguas*). *Fam.* Persona muy andadora.

**TRAGALUZ** n. m. Claraboya.

**TRAGANTE** n. m. Orificio colector de líquidos que emboca una cañería de evacuación. **2.** En los hornos de reverbero, conducto por donde pasa la llama desde la entrada del horno a la chimenea. **3.** En los hornos altos o de cuba, boca superior.

**TRAGANTONA** n. f. *Fam.* Comilona y hartazgo.

**TRAGAPERRAS** n. m. o f. (pl. *tragaperras*). Máquina o aparato que funciona automáticamente mediante la introducción de una o varias monedas.

**TRAGAR** v. tr. y pron. **[1b]**. Hacer que algo pase de la boca al aparato digestivo. **2.** *Fig.* Comer mucho y con voracidad. **3.** *Fig.* Absorber, embeber un cuerpo a otro: *el mar se lo tragó.* **4.** *Fig.* Dar crédito a algo, generalmente engañoso: *se tragó la mentira.* **5.** Soportar o tolerar algo desagradable u ofensivo. **6.** Disimular, fingir: *tragarse una pena.* **7.** *Fig.* y *fam.* Consumir mucho: *este coche traga mucha gasolina.* • **No tragar** o **no poder tragar** a alguien (*Fam.*), sentir antipatía hacia él.

**TRAGASABLES** n. m. (pl. *tragasables*). Feriante que hace penetrar un sable por su garganta hasta el estómago.

**TRAGEDIA** n. f. (lat. *tragoediam*). Acontecimiento funesto y terrible. **2.** LIT. Obra dramática cuyo tema está tomado generalmente de la leyenda o la historia, que pone en escena personajes ilustres enfrentados a conflictos provocados por las pasiones humanas que desembocan en un desenlace fatal. **3.** LIT. Género trágico.

**TRÁGICO, A** adj. Relativo a la tragedia: *representación trágica.* **2.** *Fig.* Infausto, funesto, muy desgraciado: *una situación trágica.* ◆ adj. y n. **3.** Dícese del autor de tragedias: *los trágicos griegos.* **4.** Dícese del actor que se dedica a la tragedia.

**TRAGICOMEDIA** n. f. Suceso que entremezcla lo trágico y lo cómico. **2.** LIT. Género dramático en el que se alternan elementos trágicos con elementos cómicos. **3.** LIT. Obra de este género.

**TRAGICÓMICO, A** adj. Relativo a la tragicomedia.

**TRAGINA** n. f. (voz catalana). En Cataluña, durante la edad media, prestación personal que el campesino debía a su señor, obligándose a transportarle los frutos del campo u otro tipo de materiales.

**TRAGO** n. m. Porción de líquido que se bebe de una vez. **2.** Bebida alcohólica. **3.** *Fig.* y *fam.* Adversidad, disgusto, pena: *pasar un mal trago.*

**TRAGÓN, NA** adj. y n. *Fam.* Que come vorazmente y con exceso.

**TRAICIÓN** n. f. Violación de la lealtad y fidelidad debidas. **2.** Delito cometido por un civil o militar que atente contra la seguridad de la patria. • **A traición,** manera de hacer daño a alguien con engaño o de forma oculta y solapada. ‖ **Alta traición,** traición cometida contra el honor, la soberanía, la seguridad o la independencia de un estado.

**TRAICIONAR** v. tr. **[1]**. Hacer traición: *traicionar a un amigo; traicionar a la patria.* **2.** Ser algo causa de que se fracase en un intento: *los nervios le traicionaron.* **3.** *Fig.* Ser infiel en amor, cometer adulterio. ◆ v. tr. y pron. **4.** Delatar algo, o uno mismo involuntariamente, algo que se quiere ocultar: *tus palabras te han traicionado.*

**TRAICIONERO, A** adj. y n. Traidor: *mirada traicionera.*

**TRAÍDA** n. f. Acción y efecto de traer: *traída de aguas.*

**TRAÍDO, A** adj. Muy usado o gastado. • **Traído y llevado** (*Fam.*), manido, sobado.

**TRAIDOR, RA** adj. y n. Que traiciona. ◆ adj. **2.** *Fig.* y *fam.* Que delata algo que se quería mantener secreto. **3.** *Fig.* y *fam.* Que produce un efecto distinto del que se esperaba: *un vino traidor.*

**TRAIL** n. m. Modalidad de motociclismo que se practica en caminos agrestes.

**TRAILER** n. m. (voz inglesa). Camión sin caja, con apoyo sobre plataforma giratoria, a la que se engancha una caja o remolque de dimensiones mayores que las normales. **2.** Avance de una película cinematográfica.

**TRAÍLLA** n. f. Especie de grada o rastra que, tirada por una o dos caballerías, sirve para traillar la tierra. **2.** Correa con que se llevan atados los perros en una cacería. **3.** Pareja de perros o conjunto de parejas de perros atados con esta correa.

**TRAILLAR** v. tr. **[1u]**. Allanar o igualar la tierra con la traílla.

**TRAÍNA** n. f. Red de pesca en forma de una gran bolsa o embudo, cuya boca se mantiene abierta, que se remolca por el fondo o entre dos aguas. SIN.: *traíña.*

**TRAINERA** n. f. Especie de chalupa de muy poco calado, que remolca la traína para la pesca de sardinas, anchoas, arenques, merluza, etc. **2.** Embarcación a remo que se emplea en regatas, especialmente en el N de España.

**TRAINING** n. m. (voz inglesa). *Training autógeno,* método de relajación basado en la sugestión.

**TRAJE** n. m. (port. *traje*). Vestido exterior completo. **2.** Vestido de hombre compuesto de chaqueta, pantalón y, generalmente, chaleco. **3.** Vestido de mujer de una sola pieza. **4.** Vestido distintivo o peculiar de un grupo de personas, de una época determinada o de los naturales de un país: *traje típico andaluz; traje de romano; traje regional; traje de torero.* • **Traje corto,** el compuesto por unos pantalones muy altos y ceñidos de cadera y una chaqueta muy corta y ajustada, que llega sólo hasta la cintura, usado por bailadores de flamenco y toreros. ‖ **Traje de baño,** bañador. ‖ **Traje de chaqueta,** vestido femenino compuesto de chaqueta y falda. ‖ **Traje de luces,** el de seda, con bordados de oro, plata y lentejuelas, muy ceñido, que usan los toreros. ‖ **Traje de noche,** vestido femenino de ceremonia. ‖ **Traje pantalón,** vestido femenino compuesto de pantalón y chaqueta.

**TRAJEADO, A** adj. Arreglado en cuanto a su vestido: *bien, mal, muy trajeado.*

**TRAJEAR** v. tr. y pron. **[1]**. Proveer o proveerse de trajes.

**TRAJÍN** n. m. (cat. *tragí*). Acción de trajinar. **2.** Mucho movimiento en algún sitio o gran actividad de alguien.

**TRAJINAR** v. tr. (cat. *traginar*) **[1]**. Llevar, transportar de un lugar a otro. ◆ v. intr. **2.** Moverse de un sitio a otro trabajando, con ocupaciones o haciendo gestiones.

**TRAJINERA** n. f. *Méx.* Embarcación pequeña, por lo general adornada con flores, que se usa en los canales de Xochimilco.

**TRALLA** n. f. Trencilla de cuero que se coloca al extremo del látigo para que restalle. **2.** Látigo provisto de esta trencilla.

**TRALLAZO** n. m. Golpe dado con la tralla, latigazo. **2.** *Fig.* Reprensión áspera. **3.** En fútbol, chut muy fuerte.

**TRAMA** n. f. (lat. *tramam*). Intriga, confabulación para perjudicar a alguien. **2.** Disposición interna,

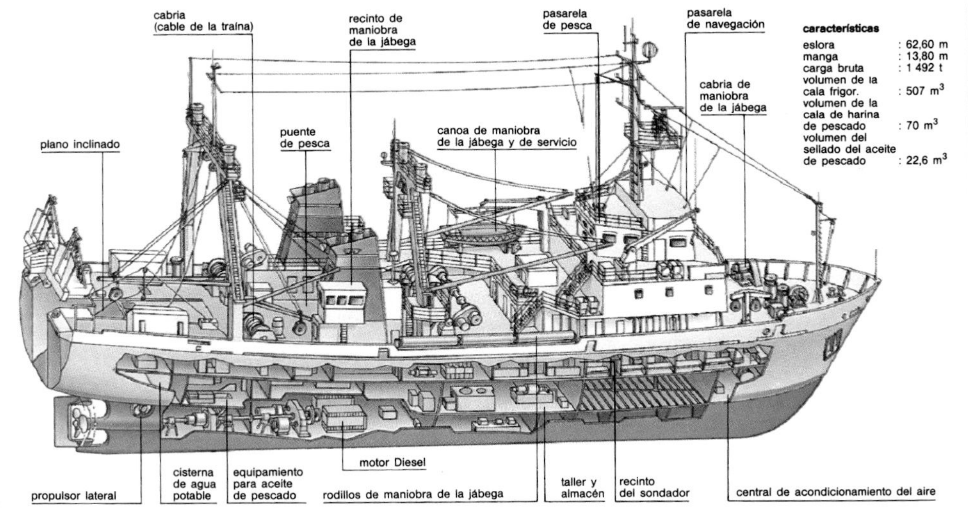


**trainera** congeladora

trabazón entre las partes de un asunto: *la trama de una novela.* **3.** Papel transparente y adhesivo, con puntos, líneas o pequeños dibujos, que se utiliza en ilustración y en diseño gráfico. **4.** ART. GRÁF. Especie de pantalla transparente que se coloca delante de la placa sensible, para descomponer la totalidad del original en una serie de puntos que darán la imagen impresora del cliché tramado o para fotograbado directo. **5.** TELEV. Conjunto de las líneas horizontales descritas en un barrido vertical único. **6.** TEXT. Conjunto de hilos cruzados con los de la urdimbre y colocados a lo ancho de un tejido. **7.** TEXT. Hilo de seda compuesto de dos o más hilos sencillos, destinado para la trama.

**TRAMADO** n. m. Retícula de puntos, líneas o sombreados que se da a los fotograbados plumas para darles variedad de tono.

**TRAMADOR, RA** adj. y n. Que trama.

**TRAMAR** v. tr. [**1**]. Preparar con sigilo, maquinar: *tramar una conspiración.* **2.** TEXT. Cruzar o atravesar las pasadas o hilos de la trama por entre los de la urdimbre.

**TRAMITACIÓN** n. f. Acción y efecto de tramitar. **2.** Serie de trámites para la resolución de un asunto.

**TRAMITAR** v. tr. y pron. [**1**]. Hacer pasar un asunto por los trámites prescritos para su resolución.

**TRÁMITE** n. m. Diligencia que hay que realizar para la resolución de un asunto.

**TRAMO** n. m. Parte en que está dividida una cosa que se desarrolla linealmente, como un camino, calle, etc. **2.** Cada parte de una escalera comprendida entre rellanos. **3.** Espacio comprendido entre dos puntos de apoyo principales de una edificación. **4.** En la profundización de pozos, altura o sección que se reviste de una vez. **5.** En las líneas telegráficas, distancia comprendida entre dos soportes.

**TRAMONTANA** n. f. Maestral, viento del norte.

**TRAMOYA** n. f. Maquinaria con la que se realizan los cambios de decorado y los efectos especiales en los escenarios de teatro. **2.** *Fig.* Intriga, trama, engaño.

**TRAMOYISTA** n. m. y f. Persona que idea, construye o maneja las tramoyas en el teatro.

**TRAMP** n. m. (voz inglesa, *vagabundo*). Buque de carga que se fleta según las ofertas del mercado.

**TRAMPA** n. f. Cualquier artificio de forma y funcionamiento diverso que sirve para capturar o matar animales. **2.** Puerta en el suelo, que pone en comunicación una parte de un edificio con otra inferior. **3.** Tablero horizontal movible, colocado en los mostradores de las tiendas, para poder entrar y salir. **4.** *Fig.* Estratagema o ardid para engañar a alguien con el fin de conseguir algo o colocar al engañado en una situación comprometida o difícil. **5.** *Fig.* Deuda cuyo pago se demora. **6.** *Fig.* Engaño para conseguir beneficios en el juego. **7.** GEOL. En un yacimiento petrolífero, disposición geológica que permite la concentración del petróleo, lo mantiene en las condiciones hidrodinámicas propicias e impide que escape a la superficie.

**TRAMPANTOJO** n. m. *Fam.* Ilusión con que se engaña a alguien haciéndole ver lo que no es.

**TRAMPEADOR, RA** adj. y n. *Fam.* Que trampea.

**TRAMPEAR** v. intr. [**1**]. *Fam.* Pedir prestado o fiado con ardides y engaños: *vive trampeando.* **2.** *Fam.* Ir viviendo soportando achaques y adversidades.

**TRAMPERO, A** n. Persona que caza con trampas o armadijos. ◆ n. m. **2.** *Amér.* Armadijo para cazar pájaros.

**TRAMPILLA** n. f. Abertura en el suelo de una habitación de un piso y que comunica con el que está debajo.

**TRAMPOLÍN** n. m. (ital. *trampolino*). Tabla inclinada y elástica o plancha muy flexible que permite a los nadadores y a los gimnastas aumentar la altura o la longitud de su salto. **2.** En esquí, y en esquí acuático, plataforma usada en competiciones de saltos. **3.** *Fig.* Aquello que ayuda a conseguir un cierto propósito o a ascender de posición.

**TRAMPOSO, A** adj. y n. Que hace trampas, particularmente en el juego.

**TRANCA** n. f. Palo grueso y fuerte que se emplea como bastón o como arma de ataque y defensa, o que se coloca atravesado detrás de una puerta o ventana cerrada, para mayor seguridad. **2.** *Fam.* Borrachera. **3.** *Méx.* Puerta tranquera. • **A trancas y barrancas** *(Fam.)*, con tropiezos, dificultades o interrupciones.

**TRANCARSE** v. pron. [**1**]. *Chile.* Estreñirse, astringirse.

**TRANCAZO** n. m. Golpe dado con una tranca. **2.** *Fig.* y *fam.* Gripe. **3.** *Cuba.* Trago largo de licor. **4.** *Méx.* Golpe muy fuerte: *me di un trancazo en la cabeza.*

**TRANCE** n. m. Ocasión o momento crítico, decisivo y difícil por el que pasa una persona. **2.** Entre los espiritistas, estado en que un médium manifiesta fenómenos paranormales. **3.** Estado del alma en unión mística. • **A todo trance,** expresa la resolución o necesidad de hacer algo sin reparar en riesgos. ‖ **Postrer,** o **último, trance** *(Fig.)*, último estado o tiempo de la vida próximo a la muerte.

**TRANCHETE** n. m. Herramienta de zapatero, que se emplea para cortar el cuero.

**TRANCO** n. m. Paso largo o salto que se da abriendo mucho las piernas. • **A trancos** *(Fam.)*, con precipitación. ‖ **Al tranco** (*Argent., Chile* y *Urug.*), hablando de caballerías y, por extensión, de personas, a paso largo.

**TRANQUERA** n. f. *Amér. Merid.* Puerta rústica de un alambrado hecha con maderos.

**TRANQUIL** n. m. ARQ. Línea vertical o del plomo. • **Arco por tranquil,** el que tiene sus arranques a distinta altura. SIN.: *arco rampante.*

**TRANQUILIDAD** n. f. Calidad de tranquilo.

**TRANQUILIZADOR, RA** adj. Que tranquiliza.

**TRANQUILIZANTE** adj. Que tranquiliza. ◆ adj. y n. m. **2.** Dícese de los medicamentos de acción sedante.

**TRANQUILIZAR** v. tr. y pron. [**1g**]. Poner tranquilo, calmar, sosegar.

**TRANQUILLO** n. m. *Fam.* Disposición o habilidad especial, lograda a fuerza de repetición, mediante la cual se hace con más rapidez o menos trabajo una cosa.

**TRANQUILO, A** adj. (lat. *tranquillum*). Que está en calma o privado de movimientos más o menos violentos: *mar tranquilo.* **2.** Privado de agitación, disturbios, ruidos molestos, etc.: *una calle tranquila.* **3.** Dícese de la conciencia libre de remordimientos. **4.** Pacífico, sosegado, que no se altera con facilidad. **5.** Libre de inquietudes y preocupaciones. ◆ adj. y n. **6.** Dícese de la persona despreocupada, a quien no importa quedar bien con los demás ni cumplir sus compromisos.

**TRANS** o **TRAS,** elemento procedente de la prep. lat. *trans,* que significa *más allá, a través de,* que aparece como prefijo en voces compuestas.

**TRANSA** n. f. *Argent.* Asunto, negocio sucio. **2.** *Méx.* Engaño, principalmente el que se hace para despojar a alguien de sus bienes.

**TRANSACCIÓN** n. f. Acción y efecto de transigir. **2.** DER. Contrato mediante el cual las partes, haciéndose mutuas concesiones, evitan la provocación de un litigio o ponen fin al ya comenzado.

**TRANSALPINO, A** adj. Trasalpino.

**TRANSAMINASA** n. f. Enzima que cataliza la transferencia del grupo $-NH_2$ de un aminoácido o un ácido cetónico. (La tasa sanguínea de las transaminasas aumenta considerablemente en los casos de hepatitis, cirrosis o infarto de miocardio.)

**TRANSANDINO** adj. Trasandino.

**TRANSAR** v. intr. y pron. [**1**]. *Amér.* Transigir, ceder. **2.** *Méx.* Despojar tramposamente a alguien de algo: *me transaron en la tienda, pues me cobraron dos veces.*

**TRANSBORDADOR, RA** adj. Que transborda. • **Puente transbordador,** plataforma móvil suspendida de una estructura elevada, para cruzar un río o una bahía. ◆ n. m. **2.** Barco grande y plano para el transporte de viajeros, mercancías, automóviles, etc., entre las dos orillas de un río, estrecho o canal. **3.** F.C. Aparato o mecanismo utilizado para el traslado de vagones y locomotoras de una vía a otra paralela, perpendicularmente a la dirección de éstas. • **Transbordador espacial,** lanzadera.

**TRANSBORDAR** v. tr. y pron. [**1**]. Trasladar cosas o personas de un barco a otro o de un vehículo a otro, especialmente de un tren a otro en un trayecto por ferrocarril.

**TRANSBORDO** n. m. Acción y efecto de transbordar.

**TRANSCONTINENTAL** adj. Que atraviesa un continente: *ferrocarril transcontinental.*

**TRANSCRIBIR** v. tr. (lat. *transcribere*) [**3n**]. Copiar un escrito con el mismo o distinto sistema de escritura: *transcribir un texto griego en caracteres latinos.* **2.** Poner por escrito una cosa que se oye. **3.** *Fig.* Expresar por escrito un sentimiento o impresión. **4.** MÚS. Escribir para un instrumento o para un conjunto de instrumentos una música que estaba destinada a otro instrumento o a otro conjunto instrumental.

**TRANSCRIPCIÓN** n. f. Acción y efecto de transcribir.

**TRANSCRIPTOR, RA** adj. y n. Que transcribe.

**TRANSCULTURACIÓN** n. f. Proceso de transición por el que una cultura va adoptando rasgos culturales de otra.

**TRANSCURRIR** v. intr. (lat. *transcurrere*) [**3**]. Pasar, correr el tiempo en un devenir sucesivo y continuo. **2.** Pasar, emplear un período de tiempo de cierta manera.

**TRANSCURSO** n. m. Acción de transcurrir cierto espacio de tiempo. **2.** Cierto espacio de tiempo que se especifica: *en el transcurso de un mes tuvo tres accidentes.*

**TRANSCUTÁNEO, A** adj. Dícese de una sustancia que puede penetrar la barrera cutánea. SIN.: *transdérmico.*

**TRANSDUCCIÓN** n. f. BIOL. Tipo particular de intercambio genético, que se realiza por mediación de un bacteriófago.

**TRANSDUCTOR** n. m. Dispositivo que transforma una magnitud física en otra magnitud física, función de la anterior.

**TRANSELEVADOR** n. m. Aparato utilizado para la manutención de cargas aisladas en almacenes que tienen calles de circulación rectilíneas.

**TRANSEPTO** n. m. (lat. *transseptum*). Cuerpo transversal de una iglesia, que separa la capilla mayor de la nave y forma los brazos de la cruz.

**TRANSEÚNTE** adj. y n. m. y f. (lat. *transeuntem*). Que transita o pasa por algún lugar. **2.** Que está de paso en un lugar, fijando su residencia allí sólo transitoriamente. ◆ adj. **3.** FILOS. Dícese de lo que se produce por el agente de tal suerte que el efecto se termina fuera del mismo.

**TRANSEXUAL** adj. y n. m. y f. Dícese de la persona que mediante determinado tratamiento hormonal e intervención quirúrgica adquiere los caracteres sexuales propios del sexo opuesto.

**TRANSEXUALISMO** n. m. SIQUIATR. Convicción que tiene un sujeto de pertenecer al otro sexo, lo que le conduce a hacer todo lo posible para que su anatomía y su forma de vida se adecuen al máximo a su convicción.

**TRANSFERASA** n. f. Enzima que cataliza la transferencia de grupos químicos de un compuesto a otro.

**TRANSFERENCIA** n. f. Acción y efecto de transferir. **2.** ECON. Movimiento de fondos que no tiene contraprestación en la adquisición de bienes o en la prestación de servicios. **3.** INFORMÁT. Desplazamiento de una información de un emplazamiento a otro, especialmente de una posición de memoria central a una unidad periférica de un ordenador o viceversa. **4.** SICOANÁL. Desplazamiento consciente o inconsciente sobre la persona del sicoanalista de los sentimientos experimentados anteriormente hacia las figuras paternas, efectuado en el curso de la cura. SIN.: *transfert.* • **Cadena, o línea, de transferencia,** en los talleres de fabricación en serie, instalación que comprende un sistema de máquinas de transferencia por las que pasan sucesiva y automáticamente las piezas que se han de mecanizar. ‖ **Máquina de transferencia,** máquina-herramienta con múltiples dispositivos de elaboración, en la que las piezas que se trabajan permanecen fijas durante cada una de las fases del mecanizado y después se desplazan mecánicamente de dispositivo en dispositivo durante las operaciones intermedias. ‖ **Transferencia bancaria,** operación por medio de la cual se realiza un traspaso de fondos entre las cuentas corrientes correspondientes a dos titulares distintos o al mismo titular, pero abiertas en distintos establecimientos bancarios.

**TRANSFERIBLE** adj. Que puede ser transferido a otro.

**TRANSFERIDOR, RA** adj. y n. Dícese de lo que se transfiere o del que transfiere.

**TRANSFERIR** v. tr. (lat. *transferre*) [**22**]. Ceder, traspasar a otro el derecho que se tiene sobre alguna cosa. **2.** Llevar, trasladar a alguien o algo de un lugar a otro.

**TRANSFIGURACIÓN** n. f. Acción y efecto de transfigurar. • **Transfiguración de Jesucristo,** estado glorioso en que Jesús se manifestó ante sus discípulos Pedro, Santiago y Juan. (Con este significado suele escribirse con mayúscula.)

**TRANSFIGURAR** v. tr. y pron. (lat. *transfigurare*) [**1**]. Hacer cambiar de figura o aspecto a una persona o cosa.

**TRANSFINITO, A** adj. MAT. Dícese del cardinal de un conjunto infinito.

**TRANSFORMABLE** adj. Que puede transformarse o ser transformado.

**TRANSFORMACIÓN** n. f. Acción y efecto de transformar. **2.** En rugby, conversión de un ensayo en gol. **3.** LING. Conversión de ciertos tipos de estructuras de la lengua en otras, por medio de reglas explícitas. **4.** MAT. Correspondencia que asocia a una figura F otra figura F'. • **Relación de transformación,** relación de las tensiones eficaces en los bornes del secundario y del primario de un transformador. ‖ **Transformación termodinámica,** modificación que experimenta un sistema a causa de sus intercambios de energía con el medio exterior.

**TRANSFORMACIONAL** adj. Relativo a la transformación o al transformacionalismo: *gramática transformacional.*

**TRANSFORMACIONALISMO** n. m. Corriente lingüística que considera desde el punto de vista sincrónico el aspecto dinámico y creativo del lenguaje.

**TRANSFORMADOR, RA** adj. Que transforma: *industria transformadora.* ◆ n. m. **2.** Aparato estático que funciona por inducción electromagnética y que transforma un sistema de corrientes variables en uno o varios sistemas de corrientes variables de la misma frecuencia, pero de intensidad y tensión diferentes.

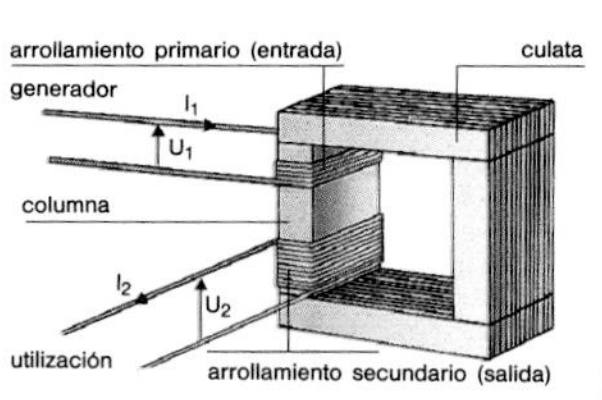


**transformador** monofásico (la relación de transformación $U_2/U_1$ es igual a $I_1/I_2$ y a la relación de los números de espiras de los dos arrollamientos $N_2/N_1$)

**TRANSFORMAR** v. tr. y pron. (lat. *transformare*) [**1**]. Hacer cambiar de forma, cualidad, etc. **2.** *Fig.* Cambiar de manera de ser, de hábitos o de costumbres a una persona. **3.** *Fig.* Cambiar en mejor, mejorar. **4.** Transmutar, convertir una cosa en otra. **5.** MAT. Realizar una transformación.

**TRANSFORMISMO** n. m. Teoría explicativa de la sucesión de las faunas y las floras a lo largo de las eras geológicas, basada en la transformación progresiva de las poblaciones, sea bajo la influencia del medio ambiente (Lamark), sea por mutación seguida de selección natural (Darwin, De Vries). [En este último sentido se habla también de *evolucionismo.*] **2.** Género de variedades en que un artista exhibe una serie de imitaciones y caracterizaciones, cambiando rápidamente de trajes.

**TRANSFORMISTA** adj. y n. m. y f. Relativo al transformismo; partidario de esta teoría biológica. ◆ n. m. y f. **2.** Artista de variedades que practica el transformismo.

**TRÁNSFUGA** n. m. y f. Persona que abandona un partido o ideología y pasa a otro. **2.** Soldado que, habiendo desertado de su ejército, pasa a incorporarse y a servir en el enemigo. SIN.: *tránsfugo.*

**TRANSFUNDIR** v. tr. (lat. *transfundere*) [**3**]. Hacer pasar poco a poco un líquido de un recipiente a otro.

**TRANSFUSIÓN** n. f. Acción y efecto de transfundir. **2.** Inyección, en una vena de un enfermo, de sangre extraída de un donante.

**TRANSFUSOR, RA** adj. y n. Que transfunde.

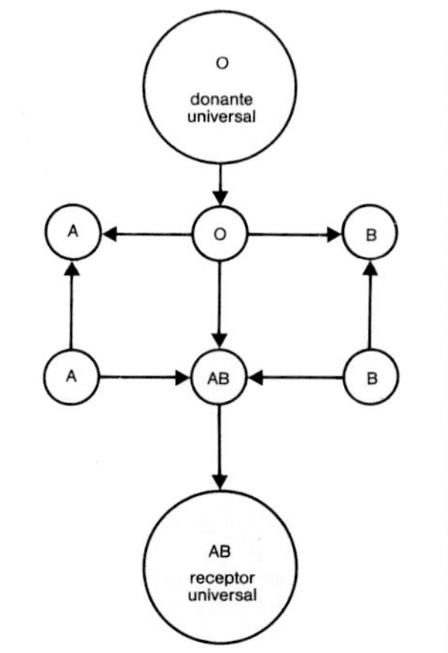


**transfusión:** compatibilidad de los grupos sanguíneos del sistema ABO

**TRANSGÉNICO, A** adj. Modificado genéticamente: *semillas transgénicas de soja.*

**TRANSGREDIR** v. tr. [**3ñ**]. Infringir, violar, desobedecer un precepto, una orden o una ley.

**TRANSGRESIÓN** n. f. Acción y efecto de transgredir. • **Transgresión marina,** sumersión bajo el mar de una parte del continente, como resultado de un descenso del continente o de una elevación del nivel del mar.

**TRANSGRESOR, RA** adj. y n. Que comete transgresión.

**TRANSICIÓN** n. f. Acción y efecto de pasar gradualmente de un estado a otro, de un asunto, idea, etc., a otro: *período de transición.* **2.** FÍS. Paso de un átomo, núcleo o molécula, de un nivel de energía a otro. **3.** HIST. Período histórico que se desarrolla entre el fin de un régimen político y la consolidación de otro. • **Elementos de transición** (QUÍM.), conjunto de los 56 elementos metálicos cuya penúltima capa electrónica está sólo parcialmente completa.

**TRANSIDO, A** adj. Afectado por un dolor físico o moral muy intenso.

**TRANSIGENCIA** n. f. Acción y efecto de transigir. **2.** Calidad y actitud de transigente.

**TRANSIGENTE** adj. Que transige.

**TRANSIGIR** v. tr. e intr. (lat. *transigere*) [**3b**]. Ceder a los deseos u opiniones de otra persona, en contra de los propios. **2.** Tolerar cierta cosa. ◆ v. intr. **3.** Llegar a un acuerdo en un litigio.

**TRANSISTOR** n. m. Dispositivo semiconductor que, al igual que un tubo electrónico, puede amplificar corrientes eléctricas, generar oscilaciones eléctricas y ejercer funciones de modulación y de detección. **2.** Receptor radiofónico portátil, equipado con estos dispositivos.

**TRANSITABLE** adj. Dícese del lugar por donde se puede transitar.

**TRANSITAR** v. intr. [**1**]. Ir por una vía pública.

**TRANSITIVIDAD** n. f. Calidad de transitivo.

**TRANSITIVO, A** adj. Dícese de los verbos que llevan complemento directo. **2.** MAT. y LÓG. Dícese de una relación binaria tal que, si se verifica para *a* y *b* y para *b* y un tercer elemento *c*, se verifica también para *a* y *c*. • **Oración transitiva,** oración construida con un verbo transitivo o usado con este valor.

**TRÁNSITO** n. m. (lat. *transitum*). Acción de transitar. **2.** Paso, movimiento, circulación de gente y vehículos por calles, carreteras, etc. **3.** Paso de un estado o empleo a otro. **4.** *Fig.* Muerte, paso de esta vida a la otra. **5.** MED. Procedimiento de exploración de la imagen y función del tubo digestivo. • **De tránsito,** que está sólo de paso para ir a otro sitio.

**TRANSITORIEDAD** n. f. Calidad de transitorio.

**TRANSITORIO, A** adj. Que pasa, que no es definitivo, destinado a no perdurar mucho tiempo, momentáneo.

**TRANSLITERACIÓN** n. f. LING. Transcripción que se efectúa trasponiendo las letras de un alfabeto por las de otro.

**TRANSLITERAR** v. tr. [**1**]. Realizar una transliteración.

**TRANSLOCACIÓN** n. f. Aberración cromosómica por la cual un segmento de cromosoma se separa y se fija sobre un cromosoma no homólogo.

**TRANSMIGRACIÓN** n. f. Acción y efecto de transmigrar. • **Transmigración de las almas,** metempsicosis.

**TRANSMIGRAR** v. intr. [**1**]. Emigrar, pasar a vivir a otro país, en especial todo un pueblo o la mayor parte de él. **2.** FILOS. Pasar un alma de un cuerpo a otro, según la teoría de la metempsicosis.

**TRANSMISIBILIDAD** n. f. Calidad de transmisible.

**TRANSMISIBLE** adj. Que se puede transmitir.

**TRANSMISIÓN** n. f. Acción y efecto de transmitir. **2.** Conjunto de los mecanismos interpuestos entre el motor y las ruedas motrices de un automóvil. **3.** Comunicación del movimiento de un órgano a otro por medio de engranajes, cables, correas, cadenas, etc. **4.** Operación consistente en transmitir un mensaje telegráfico o telefónico. ◆ **transmisiones** n. f. pl. **5.** Servicio que, dentro de los tres ejércitos, tiene a su cargo el mantenimiento del enlace entre los diversos escalones del mando a través de los distintos medios de comunicación.

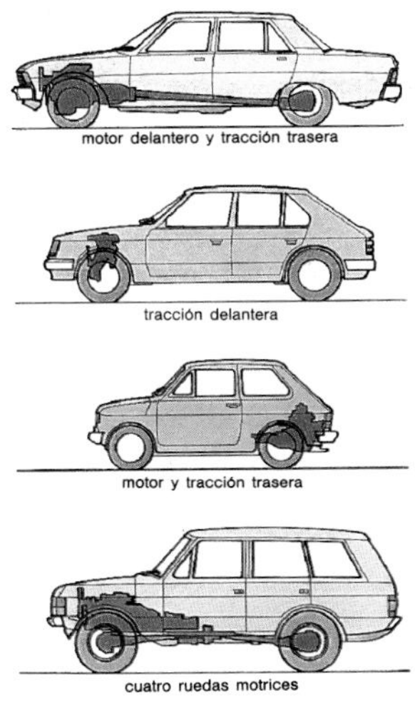


diferentes tipos de **transmisiones**

**TRANSMISOR, RA** adj. Que transmite o puede transmitir. ◆ n. m. **2.** Aparato emisor telegráfico o radiofónico.

**TRANSMITIR** v. tr. y pron. (lat. *transmittere*) [**3**]. Traspasar, transferir, hacer pasar de una persona a otra. **2.** Contagiar, inocular a alguien una enfermedad infecciosa, comunicar un estado de ánimo, sentimiento, etc. **3.** Propagar, ser el medio a través del cual se mueven el sonido, la luz, la electricidad, etc. ◆ v. tr. **4.** Imprimir un movimiento aplicando una fuerza. **5.** Hacer llegar, comunicar una noticia, mensaje, etc., por encargo de otro. **6.** Comunicar, difundir por medio de la radio, telégrafo, etc.

**TRANSMODULACIÓN** n. f. Deformación de una señal radioeléctrica, como consecuencia de la superposición de otra señal en un elemento de enlace o de amplificación no lineal.

**TRANSMUTABLE** adj. Que se puede transmutar.

**TRANSMUTACIÓN** n. f. Acción y efecto de transmutar.

**TRANSMUTAR** v. tr. y pron. [**1**]. Convertir en otra cosa. **2.** FÍS. Transformar un núcleo atómico en otro.

**TRANSNACIONAL** adj. y n. f. Multinacional.

**TRANSOCEÁNICO, A** adj. Que atraviesa un océano.

**TRANSÓNICO, A** adj. Dícese de las velocidades próximas a la del sonido (de Mach 0,8 a Mach 1,2). **2.** Dícese de los aparatos e instalaciones utilizados en el estudio experimental de estas velocidades.

**TRANSPALETA** n. m. Carretilla de manutención, motorizada o no, que se introduce debajo de una carga o una paleta para alzarlas ligeramente y desplazarlas en recorridos o trayectos cortos.

**TRANSPARENCIA** n. f. Cualidad de transparente. **2.** Procedimiento que consiste en proyectar una película sobre una pantalla que sirve de decorado, delante de la cual evolucionan los personajes reales, y que permite de este modo rodar en el estudio escenas de exteriores. **3.** Diapositiva. **4.** Lámina transparente con algo impreso que se puede proyectar sobre una superficie. **5.** *Fig.* Perfecta accesibilidad de la información en las áreas que competen a la opinión pública.

**TRANSPARENTAR** v. intr. y pron. [**1**]. Permitir un cuerpo que se deje ver la luz o cualquier otra cosa a través de él. **2.** Ser transparente un cuerpo: *vestido que se transparenta.* **3.** *Fig.* Insinuar, manifestar sentimientos, pensamientos, etc., más o menos claramente: *su rostro transparentaba felicidad.* ◆ **transparentarse** v. pron. **4.** *Fig.* y *fam.* Clarearse una prenda de vestir por estar desgastada.

**TRANSPARENTE** adj. Dícese del cuerpo que deja atravesar la luz y a través del cual pueden verse de forma clara los objetos: *agua transparente.* **2.** *Fig.* Comprensible, que se deja adivinar o vislumbrar: *alusión transparente.* ◆ n. m. **3.** Tela, papel, etc., que, colocado a modo de cortina delante de ventanas, balcones, etc., sirve para atenuar la luz. **4.** ARQ. Luz que se abre en el paramento de una iglesia para iluminar el fondo de un altar, una girola, etc.

**TRANSPIRABLE** adj. Que puede transpirar.

**TRANSPIRACIÓN** n. f. Salida del sudor por los poros de la piel. **2.** BOT. Emisión de vapor de agua, que se realiza principalmente por las hojas y que asegura la renovación del agua de la planta y su alimentación mineral.

**TRANSPIRAR** v. intr. [**1**]. Segregar un cuerpo a través de sus poros un líquido, humor, etc., en forma de vapor o de pequeñísimas gotas. **2.** Sudar.

**TRANSPONDOR** n. m. Receptor-emisor que responde automáticamente a una señal exterior procedente de un radar, de un sistema de localización, etc.

**TRANSPORTABLE** adj. Que se puede transportar.

**TRANSPORTADOR, RA** adj. y n. m. Que transporta. ◆ n. m. **2.** Semicírculo graduado, de metal, plástico, etc., que sirve para medir y trazar los ángulos de un dibujo geométrico, plano, etc.

**TRANSPORTAR** v. tr. (lat. *transportare*) [**1**]. Llevar de un lugar a otro, generalmente referido a vehículos, cosas, mercancías o personas. **2.** *Fig.* Hacer volver, dirigir la imaginación, la mente, etc., hacia lugares, sentimientos, etc., determinados. **3.** MÚS. Efectuar una transposición. ◆ **transportarse** v. pron. **4.** *Fig.* Extasiarse, embelesarse.

**TRANSPORTE** n. m. Acción y efecto de transportar: *transporte de mercancías.* **2.** Conjunto de medios y formas que se utilizan para trasladar personas o cosas de un lugar a otro. **3.** GEOL. Conjunto de materiales sólidos que un curso de agua puede arrastrar. **4.** MIL. Buque utilizado para transportar tropas o material de guerra. • **Aviación de transporte,** subdivisión del ejército del aire encargada de los transportes de personal y de material por avión o por helicóptero. ‖ **Transporte de energía eléctrica,** línea aérea eléctrica de alta tensión, para el transporte de energía eléctrica a larga distancia.

**TRANSPORTISTA** n. m. y f. Persona que tiene por oficio hacer transportes.

**TRANSURÁNICO, A** adj. y n. m. Dícese de los elementos químicos de número atómico superior al del uranio (92). [Los elementos transuránicos son inestables y no existen en estado libre.]

**TRANSUSTANCIACIÓN** o **TRANSUBSTANCIACIÓN** n. f. TEOL. Transformación de la sustancia del pan y del vino en la del cuerpo y la sangre de Jesucristo, en la eucaristía.

**TRANSVANGUARDIA** n. f. Tendencia artística que, a partir de un análisis del contexto social, político y moral de los años setenta, se definió como arte de la transición y buscó el equilibrio entre la tradición y la innovación.

**TRANSVASAR** v. tr. [**1**]. Pasar un líquido de un recipiente a otro.

**TRANSVASE** n. m. Acción y efecto de transvasar. **2.** Paso artificial de toda o parte del agua de la cuenca de un río a otra cuenca próxima, para solucionar problemas de descompensación hidrográfica.

**TRANSVERSAL** adj. Que está colocado a través, que atraviesa alguna cosa, línea, calle, etc., tomada como punto de referencia. **2.** GEOL. Perpendicular a la alineación de una cordillera o de un pliegue: *falla transversal.* **3.** MIN. Dícese de la explotación, galería, tajo o frente de trabajo cuya progresión se efectúa alejándose de las galerías principales. ◆ n. f. **4.** MAT. Recta que corta a un polígono o a una curva.

**TRANSVERSO, A** adj. (lat. *transversum*). Colocado o dirigido al través.

**TRANVÍA** n. m. (ingl. *tramway*). Vehículo público de superficie que circula sobre raíles dentro de una población o de sus cercanías.

**tranvía**

**TRANVIARIO, A** adj. Relativo a los tranvías. ◆ n. **2.** Empleado del servicio de tranvías.

**TRAPA** n. f. Gran vocerío, ruido de pies, o alboroto de gente. (Suele usarse repetido.)

**TRAPACEAR** v. intr. [**1**]. Usar de trapacerías.

**TRAPACERÍA** n. f. Fraude, engaño.

**TRAPACERO, A** adj. y n. Que usa o promueve trapacerías.

**TRAPAJOSO, A** adj. Dícese de la persona muy descuidada en el vestir y en su aspecto. **2.** Dícese del que pronuncia las palabras de manera confusa o indistinta.

**TRÁPALA** n. f. Ruido, movimiento o confusión de gente. **2.** *Fam.* Embuste, chisme, engaño.

**TRAPALEAR** v. intr. [**1**]. Meter mucho ruido con los pies, andando de un lado para otro. **2.** *Fam.* Usar de embustes o engaños.

**TRAPATIESTA** n. f. Ruido o confusión producida por personas que riñen o gritan.

**TRAPEADOR** n. m. *Chile* y *Méx.* Trapo, bayeta para limpiar el suelo.

**TRAPEAR** v. tr. [1]. *Amér.* Fregar el suelo con un trapo o bayeta.

**TRAPECIAL** adj. MAT. Relativo al trapecio. **2.** MAT. De figura de trapecio.

**TRAPECIO** n. m. (gr. *trapezion*). Cuadrilátero en el cual dos lados, llamados *bases,* son paralelos y desiguales. **2.** Aparato gimnástico o circense formado por dos cuerdas verticales, unidas en su base por una barra cilíndrica. **3.** ANAT. Músculo de la espalda, que une el omóplato con la columna vertebral. **4.** ANAT. Primer hueso de la segunda fila del carpo.

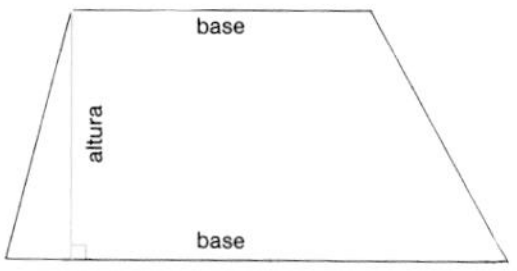

**trapecio**

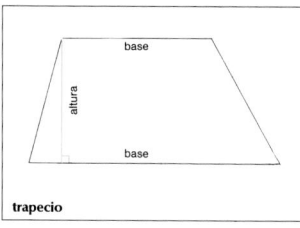

**TRAPECISTA** n. m. y f. Acróbata o equilibrista que hace ejercicios en el trapecio.

**TRAPENSE** adj. y n. m. y f. Relativo a la Trapa; religioso de esta orden.

**TRAPERÍA** n. f. Conjunto de trapos. **2.** Sitio, tienda donde se compran y se venden trapos, vestidos viejos u otros objetos usados.

**TRAPERO, A** n. Persona que se dedica al comercio de trapos, papeles viejos y otros objetos usados.

**TRAPEZOEDRO** n. m. Sólido formado por veinticuatro caras trapezoidales.

**TRAPEZOIDAL** adj. MAT. Relativo al trapezoide. **2.** MAT. De figura de trapezoide.

**TRAPEZOIDE** n. m. Cuadrilátero irregular que no tiene ningún lado paralelo a otro. **2.** ANAT. Segundo hueso de la segunda fila del carpo.

**TRAPICHE** n. m. Molino para extraer el jugo de algunos frutos o productos de la tierra, particularmente la caña de azúcar. **2.** *Argent., Chile* y *Méx.* Molino para reducir a polvo los minerales.

**TRAPICHEAR** v. intr. [1]. *Fam.* Buscar trazas, medios, no siempre lícitos, para lograr o alcanzar algo. **2.** *Amér.* Tener amoríos ocultos.

**TRAPICHEO** n. m. *Fam.* Acción y efecto de trapichear.

**TRAPILLO** n. m. Pequeño caudal que se tiene ahorrado y guardado. • **De trapillo,** dícese de la ropa que se lleva cuando no se pretende ir arreglado.

**TRAPÍO** n. m. Garbo, gracia de una mujer en sus movimientos. **2.** TAUROM. Conjunto de cualidades físicas que debe poseer el toro de lidia.

**TRAPISONDA** n. f. Discusión o riña violenta en que hay griterío y agitación. **2.** *Fam.* Embrollo, enredo.

**TRAPISONDEAR** v. intr. [1]. *Fam.* Armar trapisondas o intervenir en ellas.

**TRAPISONDISTA** n. m. y f. Persona que arma trapisondas, o que gusta de intervenir en ellas.

**TRAPO** n. m. (lat. *drappus*). Trozo de tela vieja, roto, o que se desperdicia y queda como retal, sin uso práctico, al cortar una pieza para hacer una prenda. **2.** Paño, bayeta para limpiar, secar, etc. **3.** *Chile.* Tejido, tela. **4.** MAR. Velamen de un buque o embarcación. **5.** TAUROM. Capa, muleta. • **A todo trapo,** con todas las velas largas. || **Poner** a alguien **como un trapo,** o **como un trapo sucio** *(Fam.),* insultarle o desacreditarle. || **Sacar,** o **salir, los trapos a relucir** *(Fam.),* decir a una persona todo lo malo que se piensa de ella o cuantas quejas se tienen contra ella. ◆ **trapos** n. m. pl. **6.** *Fam.* Prendas de vestir, especialmente femeninas.

**TRÁQUEA** n. f. ANAT. En el hombre y los vertebrados de respiración aérea, tubo formado por anillos cartilaginosos, que comienza en la laringe y conduce el aire hasta los bronquios y los pulmones. **2.** BOT. Uno de los tipos de vaso abierto, característico de las plantas leñosas. **3.** ZOOL. En los insectos y los arácnidos, tubo ramificado que conduce el aire de los estigmas a los órganos.

**TRAQUEAL** adj. Relativo a la tráquea.

**TRAQUEIDA** n. f. Vaso de la madera de las coníferas, de tipo primitivo, cortado por tabiques intercelulares, con punteaduras laterales areoladas.

**TRAQUEÍTIS** n. f. Inflamación de la tráquea.

**TRAQUEO** n. m. Traqueteo. **2.** Serie de detonaciones o traquidos. **3.** AUTOM. Ruido anormal de un motor, semejante a una detonación seca.

**TRAQUEOBRONQUITIS** n. f. Inflamación simultánea de la tráquea y de los bronquios.

**TRAQUEOTOMÍA** n. f. Operación quirúrgica que consiste en abrir la tráquea al nivel de la garganta con el fin de ponerla en comunicación con el exterior por medio de una cánula, cuando hay riesgo de asfixia.

**TRAQUETEAR** v. intr. [1]. Moverse repetidamente una cosa produciendo ruido o estrépito.

**TRAQUETEO** n. m. Acción y efecto de traquetear.

**TRAQUIDO** n. m. Ruido seco y fuerte ocasionado por el disparo de un arma de fuego. **2.** Chasquido.

**TRAQUITA** n. f. Roca volcánica constituida esencialmente por feldespato alcalino y algo de biotita.

**TRARO** n. m. *Argent.* y *Chile.* Carancho, ave rapaz.

**TRAS** prep. (lat. *trans*). Expresa posterioridad en el espacio o en el tiempo: *la casa está tras los árboles; tras un descanso, reanudó el trabajo.* **2.** Además de, encima de: *tras de cornudo, apaleado.* **3.** *Fig.* Con verbos como *ir, andar, estar,* perseguir, pretender: *anda tras un buen empleo.*

**TRAS** → ***trans.***

**TRASALPINO, A** adj. Que está más allá de los Alpes.

**TRASALTAR** n. m. Espacio situado detrás del altar en las iglesias.

**TRASANDINO, A** adj. y n. Relativo a las regiones situadas al otro lado de la cordillera de los Andes.

**TRASATLÁNTICO, A** adj. Dícese de las regiones situadas al otro lado del Atlántico. **2.** Que atraviesa el océano Atlántico. ◆ n. m. **3.** Embarcación de grandes dimensiones que hace el servicio entre Europa y América, o que efectúa la travesía de cualquier otro gran mar.

**TRASBOCAR** v. tr. [1a]. *Amér.* Vomitar.

**TRASCENDENCIA** n. f. Acción de trascender. **2.** Cualidad de trascendente.

**TRASCENDENTAL** adj. De gran importancia por sus probables consecuencias. **2.** FILOS. Que se refiere a las condiciones *a priori* del conocimiento, fuera de toda determinación empírica.

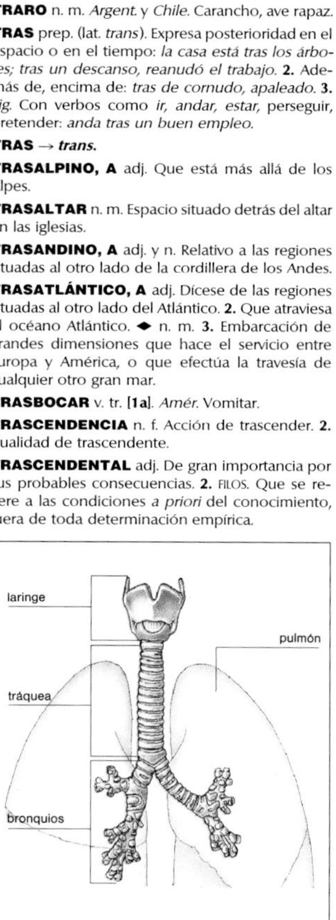

**tráquea** del hombre

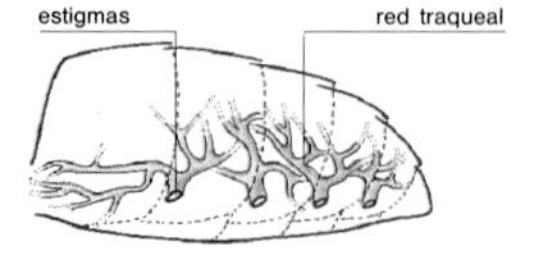

**tráquea** de insecto

**TRASCENDENTALISMO** n. m. Calidad de trascendental. **2.** FILOS. Escuela filosófica norteamericana, representada principalmente por Emerson, que se caracteriza por un misticismo de corte panteísta.

**TRASCENDENTE** adj. Que trasciende. **2.** Trascendental. **3.** FILOS. Fuera del alcance de la acción o del conocimiento. **4.** MAT. Dícese de todo número que no es raíz de ninguna ecuación algebraica de coeficientes enteros. ($\pi$ es un número trascendente.) • **Curva trascendente,** curva cuya ecuación no es algébrica.

**TRASCENDER** v. intr. (lat. *trascendere*) [2d]. Exhalar un olor tan penetrante que se percibe a distancia. **2.** Empezar a conocerse un hecho o noticia que estaba oculto. **3.** Extenderse los efectos de algo a otras cosas o a un medio distinto o más amplio: *su religiosidad trasciende a todos los actos de su vida.* **4.** Superar un determinado límite: *es un asunto que trasciende del ámbito profesional.*

**TRASCORDARSE** v. pron. [1r]. Perder la noción de algo por olvido o confusión con otra cosa.

**TRASCORO** n. m. ARQ. Estructura que en una iglesia separa el coro de las naves.

**TRASDÓS** n. m. Extradós de un arco o bóveda. **2.** Pilastra situada inmediatamente detrás de una columna.

**TRASEGADOR, RA** adj. y n. Que trasiega.

**TRASEGAR** v. tr. [1d]. Revolver, desordenar cosas. **2.** Mudar las cosas de un lugar a otro, especialmente cambiar de recipiente un líquido. **3.** *Fam.* Beber mucho alcohol.

**TRASERA** n. f. Parte posterior de una casa, un coche, etc.

**TRASERO, A** adj. Situado detrás: *puerta trasera.* ◆ n. m. **2.** *Fam.* Nalgas.

**TRASFONDO** n. m. Aquello que está o parece estar más allá del fondo. **2.** *Fig.* Lo que está o parece estar detrás de una intención o apariencia.

**TRASGO** n. m. Duende.

**TRASHOGUERO** n. m. CONSTR. Losa o plancha metálica que se coloca en la pared del fondo del hogar, para protegerla del fuego.

**TRASHUMANCIA** n. f. Migración estacional del ganado, con objeto de acceder a nuevos pastizales.

**TRASHUMANTE** adj. Que trashuma. **2.** Relativo a la trashumancia.

**TRASHUMAR** v. intr. [1]. Realizar la trashumancia.

**TRASIEGO** n. m. Acción y efecto de trasegar. **2.** Acción de trasegar el vino, sacándolo de las cubas donde se ha producido la fermentación principal.

**TRASLACIÓN** n. f. Acción y efecto de trasladar. **2.** Movimiento de la Tierra alrededor del Sol. **3.** FÍS. Movimiento de un cuerpo sólido cuyos puntos conservan una dirección constante. **4.** GRAM. Enálage. **5.** MAT. Transformación geométrica que hace corresponder a un punto M otro punto M', de forma que el vector MM' sea equipolente a un vector constante.

**TRASLADABLE** adj. Que puede ser trasladado. **2.** Dícese de un programa informático que puede ser introducido en un emplazamiento cualquiera de la memoria central de un ordenador, o desplazado dentro de dicha memoria durante su ejecución.

**TRASLADAR** v. tr. y pron. [1]. Cambiar de lugar: *trasladaron el armario a la otra habitación.* **2.** Hacer pasar a alguien de un puesto de empleo a otro de la misma categoría. **3.** Variar la fecha en que debía verificarse un acto, junta, etc. **4.** Traducir de una lengua a otra. **5.** *Fig.* Expresar una idea, estado de ánimo, etc.: *no consigo trasladar al papel mis emociones.*

**TRASLADO** n. m. Acción y efecto de trasladar.

**TRASLATICIO, A** adj. Dícese del sentido de una palabra cuyo significado es distinto al que normalmente tiene.

**TRASLATIVO, A** adj. Que transfiere.

**TRASLUCIDEZ** n. f. Calidad de traslúcido.

**TRASLÚCIDO, A** adj. Dícese del cuerpo a través del cual pasa la luz, y que permite ver confusamente lo que hay tras él.

**TRASLUCIR** v. tr. y pron. [3g]. Permitir algo que a través de ello se conozca cierta cosa: *su cara trasluce el desengaño sufrido.*

**TRASLUZ** n. m. Luz que pasa a través de un cuerpo traslúcido o que es reflejada lateralmente por un cuerpo. • **Al trasluz,** dícese de la manera de ver o mirar una cosa, estando ésta entre la luz directa y el ojo del que mira, de modo que se trasluzca o transparente.

**TRASMALLO** n. m. Arte de pesca formado por tres redes superpuestas.

**TRASMANO. A trasmano,** fuera del alcance o del manejo habitual o cómodo de la mano; apartado, en lugar poco frecuentado. SIN.: *a desmano.*

**TRASMUNDO** n. m. La otra vida. **2.** *Fig.* Mundo ilusorio de ensueños y fantasías.

**TRASNOCHADO, A** adj. Falto de actualidad, novedad u oportunidad.

**TRASNOCHADOR, RA** adj. y n. Que trasnocha.

**TRASNOCHAR** v. intr. **[1]**. Retirarse alguien tarde a dormir o pasar la noche o gran parte de ella sin dormir.

**TRASOJADO, A** adj. Dícese de la persona demacrada y con ojeras.

**TRASOVADO, A** adj. BOT. Dícese de los órganos laminares, foliáceos, etc., cuya parte más ancha se encuentra distalmente ubicada.

**TRASPACÍFICO, A** adj. Relativo a las regiones situadas al otro lado del Pacífico.

**TRASPAÍS** n. m. El interior de una región, por oposición al litoral y a un puerto.

**TRASPAPELAR** v. tr. y pron. **[1]**. Perder, extraviar un papel por colocarlo, entre otros, en lugar distinto del que le corresponde.

**TRASPASABLE** adj. Que se puede traspasar.

**TRASPASACIÓN** n. f. Acción y efecto de traspasar un derecho o dominio.

**TRASPASAR** v. tr. **[1]**. Atravesar, pasar de una parte a otra, pasar por o a través de. **2.** Volver a pasar por un sitio. **3.** Exceder de lo debido, contravenir a lo razonable: *traspasar los límites de la decencia.* **4.** *Fig.* Afectar profundamente, afligir, producir gran impresión. **5.** Ceder a otro el alquiler de una cosa, vender a otro un negocio en marcha. ◆ v. tr. y pron. **6.** Atravesar con un arma o un instrumento penetrante o punzante. **7.** DER. Ceder a favor de otro el derecho o dominio de una cosa.

**TRASPASO** n. m. Acción y efecto de traspasar. **2.** Cesión, por un cierto precio, de un local o establecimiento mercantil sin existencias, hecha por el arrendatario a un tercero que se subroga en los derechos y obligaciones del anterior inquilino. **3.** Precio por el que se traspasa.

**TRASPATIO** n. m. *Amér.* Patio interior de la casa, que se encuentra detrás del patio principal.

**TRASPIÉ** n. m. Resbalón o tropezón. **2.** *Fig.* Error o indiscreción.

**TRASPLANTABLE** adj. Que puede trasplantarse.

**TRASPLANTAR** v. tr. **[1]**. Trasladar una planta del lugar donde está plantada a otro. **2.** MED. Realizar un trasplante.

**TRASPLANTE** n. m. Acción y efecto de trasplantar. **2.** MED. Inserción de un órgano o fragmento de éste en una región del cuerpo distinta a la normal, o también en otro individuo, sea o no de la misma especie.

**TRASPONER** v. tr. y pron. **[5]**. Trasladar, cambiar, poner a una persona o cosa más allá o en lugar diferente del que ocupaba. **2.** Pasar una persona o cosa al otro lado de algo, generalmente un obstáculo. ◆ **trasponerse** v. pron. **3.** Quedarse una persona algo dormida.

**TRASPOSICIÓN** n. f. Acción y efecto de trasponer o trasponerse. **2.** LING. Metátesis. **3.** MAT. Inversión del orden de dos elementos en un determinado sistema ordenado. **4.** MAT. Transformación de una matriz en su traspuesta. **5.** MÚS. Cambio de un fragmento o de una obra musical de una tonalidad a otra sin variar los intervalos. **6.** QUÍM. Reacción en la que no se conserva el esqueleto fundamental del compuesto de partida. **7.** RET. Figura que consiste en alterar el orden normal de las voces de la oración.

**TRASPUESTO, A** adj. MAT. Dícese de la matriz que se obtiene a partir de una matriz A, al permutar filas por columnas: $^{t}A$.

**TRASPUNTE** n. m. y f. Persona que avisa a los actores cuando tienen que salir a escena.

**TRASPUNTÍN, TRASPONTÍN** o **TRASPORTÍN** n. m. (ital. *strapuntino*). Asiento fijo plegable.

**TRASQUILADO, A** adj. Malparado.

**TRASQUILADURA** n. f. Acción y efecto de trasquilar.

**TRASQUILAR** v. tr. y pron. **[1]**. Cortar mal el pelo a alguien, sin arte. ◆ v. tr. **2.** Esquilar: *trasquilar el ganado.*

**TRASQUILÓN** n. m. Desigualdad en el corte del pelo.

**TRASTABILLAR** v. intr. **[1]**. Trastrabillar.

**TRASTABILLÓN** n. m. *Amér.* Tropezón, traspié.

**TRASTADA** n. f. *Fam.* Jugada, acción mala e inesperada contra alguien. **2.** *Fam.* Travesura.

**TRASTAZO** n. m. Porrazo, golpe dado con cualquier cosa.

**TRASTE** n. m. *Amér.* Trasto. (Suele usarse en plural.) **2.** MÚS. Cada una de las pequeñas barras incrustadas en el mástil de una guitarra y otros instrumentos de cuerda, que indican el lugar donde debe apoyarse el dedo para obtener una determinada nota. • **Dar** alguien **al traste con** una cosa, destruirla, terminar con ella.

**TRASTEADO** n. m. Conjunto de trastes que hay en un instrumento musical.

**TRASTEAR** v. tr. **[1]**. Poner los trastes a la guitarra u otro instrumento. **2.** *Fig.* y *fam.* Manejar a alguien con habilidad para conseguir lo que se desea. **3.** TAUROM. Dar series de pases de muleta. ◆ v. intr. **4.** Revolver o mover cosas de un sitio para otro.

**TRASTEO** n. m. Acción y efecto de trastear.

**TRASTERO, A** adj. y n. m. Dícese de la habitación destinada a guardar los trastos que no se usan o inútiles. ◆ n. m. **2.** *Méx.* Mueble de cocina para guardar platos y vajillas.

**TRASTIENDA** n. f. Habitación o cuarto que está detrás de una tienda. **2.** *Fig.* y *fam.* Cautela, astucia o disimulo en el modo de proceder o de hacer las cosas.

**TRASTO** n. m. (cat. *trast*). Cualquiera de los muebles y utensilios de una casa. **2.** Mueble, objeto o utensilio roto o que se tiene arrinconado. **3.** *Fig.* y *fam.* Persona inútil o informal. • **Tirarse los trastos a la cabeza** *(Fam.)*, pelearse y reñir dos o más personas. ◆ **trastos** n. m. pl. **4.** *Fam.* Utensilios o herramientas propios de cualquier actividad. **5.** TAUROM. Instrumentos empleados en la suerte de matar: muleta y estoque.

**TRASTOCAR** v. tr. y pron. **[1a]**. Alterar, hacer que algo cambie o deje de marchar con el orden establecido o con normalidad. ◆ v. tr. **2.** Revolver o desordenar cosas. ◆ **trastocarse** v. pron. **3.** Trastornarse, sufrir un trastorno mental.

**TRASTORNABLE** adj. Que fácilmente se trastorna.

**TRASTORNADOR, RA** adj. y n. Que trastorna.

**TRASTORNAR** v. tr. **[1]**. Desordenar o revolver cosas. **2.** Alterar el orden regular de una cosa, producir un cambio perjudicial. **3.** *Fig.* Inquietar, intranquilizar, perturbar: *la noticia lo ha trastornado.* ◆ v. tr. y pron. **4.** Alterar el estado mental de una persona, volverla loca. **5.** *Fig.* y *fam.* Gustar mucho a alguien una cosa: *las pieles la trastornan.* **6.** *Fig.* y *fam.* Enamorar profundamente a alguien.

**TRASTORNO** n. m. Acción y efecto de trastornar o trastornarse. **2.** MED. Cualquier alteración no grave de la salud.

**TRASTRABADO, A** adj. Dícese de la caballería que tiene blancos la mano izquierda y el pie derecho, o viceversa.

**TRASTRABILLAR** v. intr. **[1]**. Dar traspiés o tropezones. **2.** Titubear, vacilar. **3.** Tartamudear, trabarse la lengua.

**TRASTROCAMIENTO** o **TRASTRUEQUE** n. m. Acción y efecto de trastrocar.

**TRASTROCAR** v. tr. y pron. **[1f]**. Cambiar el estado, orden, sentido de alguna cosa.

**TRASUDACIÓN** n. f. Acción y efecto de trasudar.

**TRASUDADO** n. m. MED. Líquido cuya composición es idéntica a la del plasma, excepto en las proteínas, y que aparece en una mucosa o una serosa como consecuencia de un obstáculo en la circulación de retorno al corazón.

**TRASUDAR** v. tr. **[1]**. Exhalar trasudor.

**TRASUDOR** n. m. Humectación discreta de la piel, por secreción sudoral mínima.

**TRASUNTAR** v. tr. **[1]**. Sacar una copia de un escrito. **2.** Compendiar, resumir o epilogar una cosa.

**TRASUNTO** n. m. (lat. *trassumptum*). Copia escrita de un original. **2.** Imitación exacta, imagen o representación de algo.

**TRASVASIJO** n. m. *Chile.* Trasiego de líquidos.

**TRATA** n. f. Tráfico o comercio con seres humanos. • **Trata de blancas,** tráfico y comercio de mujeres, para especular con ellas en centros y lugares de prostitución. || **Trata de negros,** tráfico de esclavos practicado por los europeos en las costas de África, del s. XVI al XIX.

**TRATABLE** adj. Que se puede tratar, llegar a un acuerdo, etc. **2.** Cortés y amable, de trato llano y fácil.

**TRATADISTA** n. m. y f. Autor de tratados.

**TRATADO** n. m. (lat. *tractatum*). Acuerdo, convenio, conclusión en un asunto o negocio. **2.** Escrito firmado por las partes contendientes en el que constan los acuerdos tomados. **3.** Obra que desarrolla completamente un argumento científico, histórico o literario, según determinados principios y siguiendo cierto método: *tratado de química.* **4.** DER. Declaración de voluntad bilateral o multilateral emanada de sujetos de derecho internacional.

**TRATAMIENTO** n. m. Modo de tratar o de ser tratado, manera de comportarse con una persona. **2.** Título honorífico de cortesía que se da a las personas por su autoridad, dignidad o cargo ostentado. **3.** Procedimiento empleado en una experiencia o en la elaboración de algún producto. **4.** MED. Conjunto de prescripciones que el médico ordena que siga el enfermo para su mejoría y curación. • **Apear el tratamiento,** no admitirlo el que lo tiene, o no dárselo al dirigirse a él. || **Tratamiento de la información** (INFORMÁT.), aplicación sistemática de un conjunto de operaciones sobre datos alfabéticos o numéricos, con objeto de explotar la información por ellos representada. || **Tratamiento de textos,** conjunto de procesos informáticos relativos a la creación y manipulación de textos con el ordenador. || **Tratamiento térmico,** operación o serie de operaciones en el transcurso de las cuales un material (metal, vidrio), en estado sólido, es sometido a ciclos térmicos apropiados con el fin de conferirle características óptimas de empleo.

**TRATANTE** n. m. y f. Persona que se dedica a la compra y venta de géneros: *tratante de ganado; tratante en granos.*

**TRATAR** v. tr. (lat. *tractare*) **[1]**. Proceder o comportarse con una persona de una determinada manera: *tratar con cariño.* **2.** Aplicar, dar a una persona un calificativo injurioso o despectivo: *tratar de ignorante.* **3.** Dar a una persona el tratamiento que se expresa: *tratar de usted.* **4.** Manejar una cosa, usar de ella materialmente: *en la fábrica trata todo el día con máquinas automáticas.* **5.** Someter a determinados tratamientos o reactivos: *tratar los tejidos con apresto.* **6.** Curar, someter a determinados cuidados médicos, de cosmética, etc.: *le trataron la enfermedad con sulfamidas.* ◆ v. tr. e intr. **7.** Tener conversaciones para llegar a una solución, acuerdo, etc.: *tratar sobre la paz.* **8.** Hablar, escribir o versar sobre cierta materia: *el libro trata un tema interesante.* ◆ v. tr., intr. y pron. **9.** Relacionarse, tener amistad o relaciones con alguien. ◆ v. intr. **10.** Con la prep. *de,* intentar o pretender algo: *trató de alcanzarle.* **11.** Comerciar con determinada mercancía: *tratar en antigüedades.* ◆ **tratarse** v. pron. **12.** Ser cierta cosa lo que constituye el objeto de lo que se habla, de lo que se intenta o de lo que se hace: *ahora se trata de hallar una solución.*

**TRATATIVA** n. f. *Argent.* y *Perú.* Etapa preliminar de una negociación. (Suele usarse en plural.)

**TRATO** n. m. Acción y efecto de tratar o tratarse. **2.** Tratamiento, título de cortesía o manera de dirigirse a una persona. **3.** Tratado, acuerdo, convenio. • **Cerrar el trato,** quedar de acuerdo, las dos partes interesadas en una compraventa determinada, en las condiciones y precios que se han estipulado. || **Trato de gentes,** experiencia y habilidad en la vida social para saber atraerse a las personas. || **¡Trato hecho!** *(Fam.),* expresión con que se da por definitivo un acuerdo o convenio.

**TRATTORIA** n. f. (voz italiana). En Italia, pequeño restaurante.

**TRAUMA** n. m. (gr. *trauma*). Traumatismo. **2.** *Fig.* Trastorno, perturbación emocional.

**TRAUMÁTICO, A** adj. (gr. *traumatikos*). Relativo al traumatismo. • **Shock traumático,** síndrome general de abatimiento como consecuencia de un traumatismo.

**TRAUMATISMO** n. m. MED. Conjunto de lesiones del revestimiento cutáneo que interesan un tejido, un órgano o un segmento de miembro, provocadas accidentalmente por un agente exterior. **2.** MED. Conjunto de trastornos resultantes de dichas lesiones. • **Traumatismo síquico** (SICOANÁL.), acontecimiento de gran impacto emocional en la vida de un individuo, que le produce trastornos síquicos duraderos como consecuencia de su incapacidad de respuesta adecuada.

**TRAUMATIZANTE** adj. Que provoca o puede provocar un trauma.

**TRAUMATIZAR** v. tr. [**1g**]. Causar un trauma.

**TRAUMATOLOGÍA** n. f. Parte de la medicina que se ocupa de los traumatismos.

**TRAUMATOLÓGICO, A** adj. Relativo a la traumatología.

**TRAUMATÓLOGO, A** n. Especialista en traumatología.

**TRAVELLER'S CHEQUE** o **TRAVELER'S CHECK** n. m. (voces inglesas). Cheque de viaje.

**TRAVELLING** n. m. (voz inglesa). CIN. Desplazamiento de la cámara tomavistas sobre el suelo, mediante ruedas, raíles u otro procedimiento. **2.** CIN. Aparato utilizado para procurar este desplazamiento.

**TRAVERTINO** n. m. (voz italiana). Roca calcárea de bella factura, que presenta cavidades tapizadas de cristales, empleada en construcción.

**TRAVÉS** n. m. (lat. *transversum*). Inclinación o desviación de una cosa hacia algún lado. • **A través** o **al través,** pasando de un lado a otro, o colocado al lado opuesto que se expresa. || **De través,** en dirección transversal.

**TRAVESAÑO** n. m. Pieza de madera, hierro u otro material que une dos partes opuestas de una cosa. **2.** En fútbol, palo horizontal de la portería.

**TRAVESERO, A** adj. Que se coloca de través.

**TRAVESÍA** n. f. Vía transversal entre otras dos más importantes. **2.** Parte de una carretera que atraviesa el casco de una población. **3.** Viaje por mar o aire. **4.** *Argent.* Región vasta y desértica. **5.** *Chile.* Viento oeste que sopla desde el mar. **6.** F.C. Unión de dos vías que se cruzan.

**TRAVESTÍ** adj. y n. m. y f. Persona que utiliza vestiduras del sexo contrario. **2.** SIQUIATR. Afecto de travestismo.

**TRAVESTIDO, A** adj. Disfrazado o encubierto. ◆ n. **2.** Travestí.

**TRAVESTIR** v. tr. y pron. [**30**]. Vestir a una persona con ropas propias del otro sexo.

**TRAVESTISMO** n. m. Adopción, por ciertos individuos afectos de inversión sexual, de ropas y hábitos sociales propios del sexo opuesto.

**TRAVESURA** n. f. Acción realizada particularmente por los niños, con afán de divertirse o de burlarse de alguien, sin que haya malicia en el hecho, aunque sí puede ocasionar algún trastorno o peligro.

**TRAVIESA** n. f. Madero horizontal ensamblado en los montantes de un bastidor. **2.** Cualquiera de los cuchillos de armadura que sirven para sostener un tejado. **3.** F.C. Cada una de las piezas de madera, metal u hormigón armado sobre las que se aferran los carriles. **4.** MIN. Galería transversal al filón, o la que enlaza otras dos.

**TRAVIESO, A** adj. Inquieto o revoltoso.

**TRAYECTO** n. m. (lat. *traiectum*). Espacio que dista de un punto a otro. **2.** Trecho, parte de un camino, de una línea de ferrocarril, etc. **3.** Ruta, camino que se recorre a pie o por un medio de transporte cualquiera.

**TRAYECTOGRAFÍA** n. f. Técnica del estudio de las trayectorias de los cohetes y vehículos espaciales.

**TRAYECTORIA** n. f. Línea descrita por un punto material en movimiento y especialmente por el centro de gravedad de un proyectil. **2.** *Fig.* Conducta u orientación en el hacer u obrar.

**TRAZA** n. f. Diseño, plano o proyecto de un edificio o cualquier obra de construcción. **2.** *Fig.* Aspecto, apariencia: *traza de maleante.* **3.** *Fig.* Habilidad para hacer algo: *tener traza para coser.* **4.** Eje o línea media de una carretera o de un ferrocarril. • **Darse traza,** o **trazas** *(Fam.),* mostrar habilidad para hacer algo. || **Llevar trazas de** cierta cosa, tener aspecto de ir a hacer esa cosa. || **Por las,** o **sus, trazas,** por el aspecto. || **Traza de un plano** (MAT.), intersección de un plano con otro plano de referencia o de proyección. || **Traza de una recta,** intersección de una recta con un plano tomado como plano de proyección.

**TRAZABLE** adj. Que puede trazarse.

**TRAZADO, A** adj. De buena o mala conformación o traza. **2.** HERÁLD. Dícese de la figura sin contorno preciso. ◆ n. m. **3.** Acción y efecto de trazar: *trazado de líneas.* **4.** Traza, diseño de una obra. **5.** Recorrido o dirección de un camino, carretera, canal, etc., sobre un terreno: *trazado de ferrocarril.* **6.** Conjunto de las técnicas y operaciones que culminan en la construcción de armazones o estructuras. **7.** Operación que consiste en marcar con precisión sobre una pieza en bruto las líneas de centros y otras señales dimensionales indicadas en el plano de la pieza acabada. **8.** Gráfica obtenida en un aparato registrador. • **Trazado de un plano,** operación que consiste en dibujar sobre el papel con arreglo a las notas de campo obtenidas por el topógrafo. || **Trazado geodésico,** unión geodésica precisa entre dos puntos mediante la medición de los elementos de una línea poligonal que une los dos puntos.

**TRAZADOR, RA** adj. y n. Que traza o idea una obra. ◆ adj. **2.** Dícese de un proyectil cuya trayectoria es visible y que se utiliza principalmente para poder corregir la puntería. ◆ n. m. **3.** Utensilio que sirve para trazar. **4.** Órgano de un aparato indicador que traza el diagrama correspondiente a los datos suministrados durante su funcionamiento. **5.** Puntilla de trazar usada por los ajustadores, carpinteros, etc. • **Trazador de ruta,** pequeño dispositivo provisto de un estilo o punta trazadora y que dibuja sobre un plano o mapa el recorrido ficticio de un avión. || **Trazador radiactivo,** isótopo radiactivo insertado en un medio cuya distribución o evolución quieren estudiarse.

**TRAZAR** v. tr. [**1g**]. Hacer trazos. **2.** Representar a grandes líneas, aproximadamente: *trazar un retrato.* **3** *Fig.* Describir sumariamente, representar en líneas esenciales: *trazar el carácter de alguien.* **4** *Fig.* Discurrir y disponer los medios oportunos para conseguir algo: *trazar un plan.* **5.** Delinear o diseñar la traza, plano, proyecto, etc., de una obra que se ha de construir. **6.** TECNOL. Transportar las medidas y formas del dibujo o plano a la pieza en bruto.

**TRAZO** n. m. (lat. *tractum*). Signo, línea trazada sobre una superficie. **2.** Líneas del rostro: *cara de trazos bien marcados.* **3.** En la escritura, cada una de las partes en que se considera dividida la letra. • **De trazo continuo** (ART. GRÁF.), dícese de un original o de un cliché cuyas tonalidades varían insensiblemente del blanco al negro. || **Dibujo,** o **grabado, al trazo** (B. ART.), dibujo o grabado en los que se indica el contorno de las formas, sin sombras ni modelado.

**TRÉBEDE** n. f. (lat. *tripedes*). Aro o triángulo de hierro que sirve para poner vasijas sobre el fuego. (Suele usarse en plural.)

**TREBEJO** n. m. Utensilio. (Suele usarse en plural.)

**TRÉBOL** n. m. (cat. *trèvol*). Planta herbácea de hojas trifolioladas y flores blancas, rosadas o púrpuras, de la que varias especies cultivadas constituyen excelentes forrajes. (Familia papilionáceas.) **2.** Uno de los cuatro palos de la baraja francesa, que representa un trébol. **3.** Parte acanalada extrema de un cilindro de laminador, que sirve para el acoplamiento del cilindro con el árbol motor. **4.** HERÁLD. Figura que representa una hoja de trébol y que tiene un pequeño tallo, lo que la distingue del trifolio. • **Trébol de cuatro hojas,** trébol que excepcionalmente tiene cuatro hojas y que, según la tradición popular, se considera portador de buena suerte.

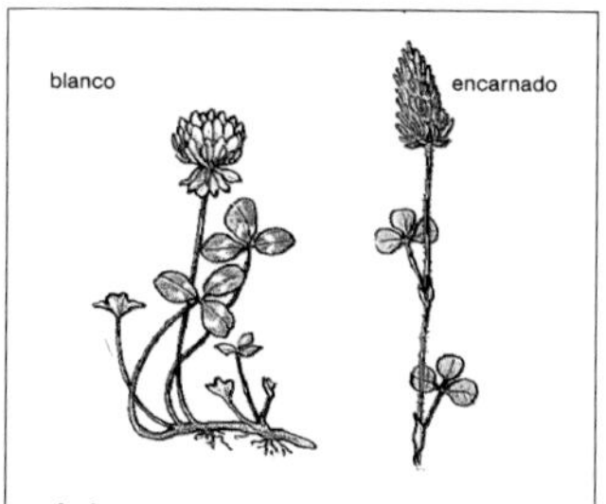


**trébol**

**TREBOLAR** n. m. *Amér. Merid.* Terreno poblado de trébol.

**TRECE** adj. num. cardin. y n. m. (lat. *tredecim*). Diez y tres. ◆ adj. num. ordin. y n. m. **2.** Decimotercero. • **Estarse, mantenerse,** o **seguir,** alguien en **sus trece,** persistir obstinadamente en una postura, afirmación o propósito.

**TRECEAVO, A** adj. y n. m. Dícese de cada una de las trece partes iguales en que se divide un todo.

**TRECENTO** n. m. Voz italiana con que se designa el arte, la literatura y, en general, la historia y la cultura italianas del s. XIV.

**TRECHO** n. m. (lat. *tractum*). Espacio o distancia indeterminada de tiempo o lugar: *andar un buen trecho.* • **A trechos,** con discontinuidad o intermisión. || **De trecho a trecho** o **de trecho en trecho,** con intervalos de lugar o tiempo.

**TRECHOR** n. m. HERÁLD. Pieza igual que la orla, pero la mitad más estrecha que ésta.

**TREFILADO** n. m. Acción de trefilar. SIN.: *trefilación.*

**TREFILADOR, RA** n. Persona que se ocupa en trabajos de trefilería; obrero que trefila.

**TREFILADORA** n. f. Máquina de trefilar. SIN.: *trefilador.*

**TREFILAR** v. tr. (fr. *tréfiler*) [**1**]. Convertir un metal en hilos de diverso grosor por estirado en frío.

**TREFILERÍA** n. f. Taller de fabricación de alambre trefilado. **2.** Arte de trefilar.

**TREGUA** n. f. (gót. *triggwa*). Cesación de hostilidades, por determinado tiempo, entre enemigos que están en guerra. **2.** *Fig.* Intermisión, descanso temporal en un trabajo o actividad. • **Dar tregua,** o **treguas,** interrumpirse a intervalos cierto dolor o cualquier otra cosa que mortifica; dar tiempo, no ser urgente. || **Tregua de Dios** (HIST.), durante la edad media, medida decretada por asambleas eclesiásticas, que prohibía las guerras feudales y todo tipo de violencias y venganzas privadas durante determinado período de tiempo.

**TREINTA** adj. num. cardin. y n. m. (lat. *triginta*). Tres veces diez. ◆ adj. num. ordin. y n. m. **2.** Trigésimo. ◆ adj. **3.** Dícese de la década que empieza en el año treinta y termina en el cuarenta. • **Las treinta y cuarenta,** juego de cartas.

**TREINTAVO, A** adj. Dícese de cada una de las treinta partes iguales en que se divide un todo.

**TREINTENA** n. f. Conjunto de treinta unidades.

**TREKKING** n. m. (voz inglesa). Modalidad de turismo deportivo consistente en recorrer a pie una región.

**TREMATODO, A** adj. y n. m. Relativo a una clase de gusanos planos no anillados, del tipo platelmintos, parásitos de los vertebrados, de evolución larvaria compleja, como la *duela* del hígado del cordero.

**TREMEBUNDO, A** adj. Terrible, que causa terror.

**TREMENDISMO** n. m. Corriente estética desarrollada en España durante el s. XX entre escritores y artistas plásticos, en cuyas obras exageran la expresión de los aspectos más crudos de la vida real. **2.** Calidad de tremendista, aficionado a contar noticias alarmantes.

**TREMENDISTA** adj. y n. m. y f. Dícese de la persona que practica el tremendismo, o de la obra en que se manifiesta esta estética. **2.** Dícese de la persona aficionada a contar o explicar noticias alarmantes.

**TREMENDO, A** adj. (lat. *tremendum*). Terrible y formidable, digno de ser temido. **2.** *Fig.* y *fam.* Muy grande o extraordinario. **3.** *Fig.* y *fam.* Que hace o dice cosas sorprendentes. **4.** *Fig.* y *fam.* Dícese del niño travieso. • **Echar por la tremenda** *(Fam.),* descomedirse, llevar algo a términos violentos. || **Tomarse las cosas a la tremenda** *(Fam.),* darles demasiada importancia.

**TREMENTINA** n. f. (lat. *terebinthinam*). Nombre dado a las resinas semilíquidas extraídas del lentisco (*trementina de Chío, o de Chipre*), del alerce *(trementina de Venecia),* del abeto *(trementina de Alsacia)* o del pino mediterráneo *(trementina de Burdeos).* • **Esencia de trementina,** esencia obtenida por destilación de las trementinas, que se uti-

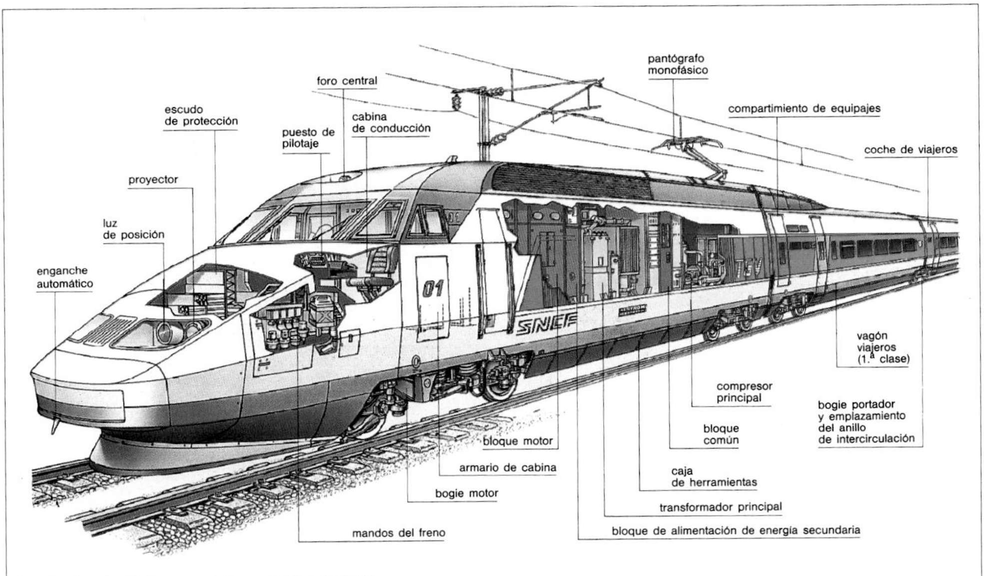


**tren** de alta velocidad: esquema de una unidad del T.G.V.

liza para disolver cuerpos grasos, fabricar barnices, diluir colores, etc.

**TREMOLAR** v. tr. [**1**]. Enarbolar y agitar en el aire los pendones, banderas, estandartes, etc.

**TREMOLINA** n. f. *Fam.* Bulla, confusión de voces o de gente que discute o riñe: *armarse la tremolina.*

**TREMOLITA** n. f. MINER. Silicato natural del género anfíbol.

**TRÉMOLO** n. m. (ital. *tremolo*). Repetición rápida de un mismo sonido. **2.** Temblor de la voz.

**TRÉMULO, A** adj. Tembloroso, que tiembla: *manos trémulas; voz trémula.* **2.** Que tiene un movimiento semejante al temblor: *luz trémula.*

**TREN** n. m. (fr. *train*). Conjunto de una locomotora y de los vagones arrastrados por ella. **2.** *Fig.* Marcha, velocidad en una carrera a pie: *todos marchaban al mismo tren.* **3.** Lujo, comodidades, etc., con que se vive: *llevar un buen tren de vida.* **4.** TECNOL. Conjunto de aparatos, máquinas o instrumentos necesarios en una industria para realizar una operación o servicio determinado: *tren de montaje; tren de embalaje.* • **A todo tren,** sin reparar en gastos, con lujo. ‖ **A tren,** en ciclismo, a ritmo vivo y sostenido. ‖ **Tren carreta,** el mixto, que marcha a poca velocidad y para en todas las estaciones. ‖ **Tren correo,** el rápido de pasajeros, que suele transportar la correspondencia y lleva un furgón postal. ‖ **Tren de alta velocidad,** línea férrea de trazado especial, por la que circulan trenes proyectados para alcanzar velocidades comerciales del orden de 200 km/h. (Entre las principales realizaciones en este campo figuran el Shinkansen japonés, el T.G.V. francés y el A.V.E español.) ‖ **Tren de aterrizaje,** dispositivo que permite a un avión despegar y aterrizar. ‖ **Tren de combate,** conjunto de vehículos que transportan los efectos necesarios a las tropas en el combate. ‖ **Tren de engranajes** (TECNOL.), conjunto de ruedas dentadas que se engranan unas con otras para transmitir o transformar un movimiento. ‖ **Tren de ondas** (FÍS.), grupo de ondas de duración limitada. ‖ **Tren de rodaje,** conjunto de elementos que sirven para el movimiento de un vehículo de cadenas. ‖ **Tren expreso,** expreso. ‖ **Tren mixto,** tren compuesto de coches para viajeros y de vagones para mercancías. ‖ **Tren rápido,** el que lleva mayor velocidad que el tren expreso. ‖ **Tren tranvía,** el de viajeros que realiza un trayecto corto y para en todas las estaciones.

**TRENA** n. f. *Fam.* Cárcel.

**TRENCA** n. f. Abrigo, impermeable o no, corto y con capucha.

**TRENCILLA** n. f. Cinta de seda, algodón o lana, que sirve para adorno.

**TREND** n. m. (voz inglesa). ECON. Variación de larga duración.

**TRENO** n. m. En la antigüedad griega, canto, lamentación fúnebre.

**TRENZA** n. f. Conjunto de tres o más ramales, de cualquier materia, entretejidos cruzándose. **2.** Peinado que se hace con los cabellos largos entretejidos y cruzados. **3.** Galoncillo de oro o plata colocado en el gorro, la gorra o las hombreras, de anchura variable según la categoría o grado militar. **4.** Cuerda de esparto para armar ciertas redes de pesca.

**TRENZADO** n. m. Acción y efecto de trenzar. **2.** COREOGR. Salto ligero cruzando los pies. **3.** EQUIT. Paso que da el caballo al piafar. ◆ **trenzados** n. m. pl. **4.** Ornamentación a base de filetes, fajas, junquillos, etc., en forma de trenza.

**TRENZADOR, RA** adj. y n. Que trenza.

**TRENZAR** v. tr. [**1g**]. Hacer trenzas. **2.** Retorcer y entrelazar los mimbres para hacer el esparto o la paja para cestas, esteras, etc. ◆ v. intr. **3.** Hacer trenzados danzando.

**TREONINA** n. f. Aminoácido indispensable para el hombre.

**TREPA** n. f. Acción y efecto de trepar. **2.** Acción y efecto de agujerear o taladrar una superficie. ◆ **3.** n. m. y f. Persona que intenta conseguir una mejor posición social y laboral valiéndose de procedimientos poco ortodoxos: *el trepa le quitó el puesto.*

**TREPADOR, RA** adj. Que trepa o es capaz de trepar: *animales trepadores.* **2.** Dícese de las plantas que crecen sujetándose a un soporte, ya sea por enroscamiento del tallo, como la enredadera, la judía, etc., o por órganos fijadores especiales, como las raíces adventicias de la hiedra, los zarcillos del guisante, etc. ◆ n. m. **3.** Ave paseriforme de los bosques de Europa occidental, de unos 15 cm de long., que trepa ágilmente por los troncos. **4.** TECNOL. Garfio con dientes interiores, sujetado con correas al pie, que sirve para subir a los árboles, a los postes de telégrafos, etc.

**TREPANACIÓN** n. f. Operación quirúrgica que consiste en horadar la cavidad craneal con la ayuda de un trépano.

**TREPANAR** v. tr. [**1**]. Realizar una trepanación.

**TREPANG** n. m. Holoturia comestible, muy apreciada en Extremo oriente.

**TRÉPANO** n. m. (gr. *trypanon*). CIR. Instrumento para realizar una trepanación. **2.** ESCULT. Utensilio para agujerear piedra o mármol. **3.** MIN. y OBR. PÚBL. Herramienta que, en los sondeos, ataca el terreno en la base o fondo del taladro. **4.** TECNOL. Herramienta utilizada en las perforadoras por percusión o martillos neumáticos.

**TREPAR** v. tr. e intr. [**1**]. Subir a un lugar alto o poco accesible, ayudándose de los pies y las manos. **2.** Subir o asirse ciertos animales a los árboles, rocas o paredes, mediante los órganos prensiles, como patas, garras, cola, cuerpo de las serpientes, ventosas, etc. ◆ v. intr. **3.** Crecer una planta adhiriéndose a otra, a una pared, etc. **4.** *Fig.* y *fam.* Elevarse en la escala social ambiciosamente y sin escrúpulos.

**TREPIDACIÓN** n. f. Acción de trepidar.

**TREPIDAR** v. intr. (lat. *trepidare*) [**1**]. Temblar, agitarse algo con movimientos rápidos y pequeños. **2.** Funcionar a sacudidas un acoplamiento o embrague. **3.** Realizar un trabajo irregular y brusco una herramienta que adolece de falta de ajuste. **4.** *Amér.* Titubear, dudar.

**TREPONEMATOSIS** n. f. Enfermedad causada por espiroquetales del género *Treponema.*

**TRES** adj. num. cardin. y n. m. (lat. *tres*). Dos y uno. ◆ adj. num. ordin. y n. m. **2.** Tercero. • **Como tres y dos son cinco** *(Fam.)*, expresa que lo que se afirma es cierto e indiscutible. ‖ **Ni a la de tres** *(Fam.)*, negativa radical o imposibilidad de hacer o admitir algo. ‖ **Tres cuartos,** prenda de vestir más larga que un chaquetón y más corta que un abrigo; en rugby, jugador de la línea de ataque; violín pequeño para niños. ‖ **Tres por cuatro** (MÚS.), compás de tres tiempos, cuya unidad de tiempo es la negra. ‖ **Tres por dos** (MÚS.), compás de tres tiempos, cuya unidad de tiempo es la blanca. ‖ **Tres por ocho** (MÚS.), compás de tres tiempos, cuya unidad de tiempo es la corchea.

**TRESBOLILLO. A,** o **al, tresbolillo,** indica la colocación de objetos dispuestos en grupos de a cinco, de modo que uno quede en el centro de los otros cuatro.

**TRESCIENTOS, AS** adj. num. cardin. y n. m. Tres veces ciento. ◆ adj. num. ordin. **2.** Tricentésimo. ◆ n. m. **3.** Denominación que se aplica al arte, la literatura y, en general, la historia y la cultura del s. XIV.

**TRESILLO** n. m. Juego de naipes entre tres personas, cada una de las cuales recibe nueve cartas, en el que gana la que hace mayor número de bazas. **2.** Conjunto de un sofá y dos butacas que hacen juego en diseño y tapizado. **3.** MÚS. Grupo de tres notas de igual valor, sobre las que se pone la cifra 3, que se ejecuta en el mismo tiempo que dos notas de igual duración.

**TRESQUILAR** v. tr. [**1**]. *Chile, C. Rica* y *Ecuad.* Trasquilar.

**TRETA** n. f. (fr. *traite*). Engaño hábil, sagaz y sutil para conseguir algo.

**TREVIRO, A** adj. y n. Relativo a un pueblo galo

que se estableció en el valle inferior del Mosela; individuo de este pueblo.

**TREZAVO, A** adj. y n. m. Treceavo.

**TRÍA** n. f. Acción y efecto de triar.

**TRIÁCIDO, A** adj. y n. m. Que posee tres funciones ácidas.

**TRÍADA** n. f. Grupo de tres unidades. **2.** REL. Grupo de tres divinidades asociadas a un mismo culto.

**TRIAL** n. m. Prueba motociclista de habilidad sobre terreno montañoso y con obstáculos preparados al efecto.

**TRIALSIN** n. m. Prueba ciclista de habilidad, con las mismas características que el trial y que se practica en sala o en terreno montañoso.

**TRIAMCINOLONA** n. f. Corticoide sintético.

**TRIANGULACIÓN** n. f. División de una superficie de terreno en una red de triángulos, para medir una línea geodésica o para levantar el mapa de una región.

**TRIANGULAR** adj. Que tiene la forma de un triángulo o que tiene tres ángulos: *figura triangular.* **2.** Que tiene como base un triángulo: *pirámide triangular.* **3.** ANAT. Dícese de diversos músculos que tienen la forma de un triángulo.

**TRIANGULAR** v. tr. [**1**]. Disponer en forma de triángulo. **2.** Hacer una triangulación.

**TRIÁNGULO** n. m. (lat. *triangulum*). Polígono de tres vértices, y por tanto, de tres lados. **2.** *Fig.* Coexistencia de marido, mujer y amante de uno de los cónyuges. **3.** MÚS. Instrumento de percusión formado por una varilla de acero doblada en triángulo. • **Elemento de un triángulo,** toda magnitud que se puede definir en un triángulo. (Los tres ángulos y los tres lados de un triángulo son los seis elementos principales; las tres alturas y las tres medianas son elementos secundarios.)

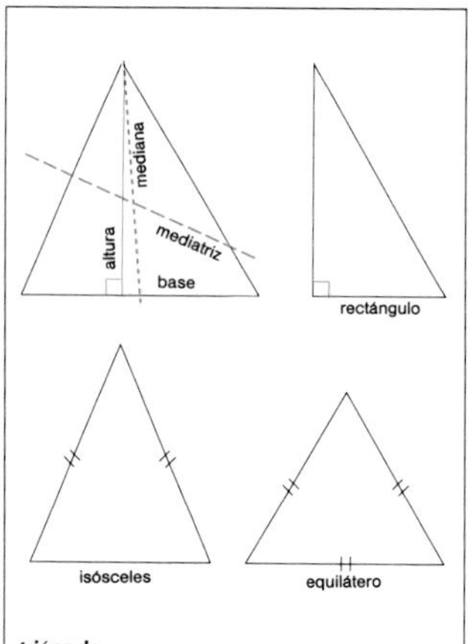


**triángulos**

**TRIAR** v. tr. [**1t**]. Escoger, separar, entresacar.

**TRIÁSICO** o **TRÍAS** n. m. y adj. Primer período de la era secundaria, de una duración aproximada de 35 millones de años, representada en Europa occidental por el depósito de tres facies características (areniscas abigarradas, calizas conchíferas y margas irisadas), que corresponden a tres fases sedimentarias.

**TRIATLÓN** n. m. Deporte que combina tres pruebas sucesivas: natación, ciclismo y una carrera atlética de fondo.

**TRIATÓMICO, A** adj. Dícese del cuerpo cuyas moléculas están formadas por tres átomos.

**TRIBAL** o **TRIBUAL** adj. Relativo a la tribu.

**TRIBALISMO** n. m. Organización de tipo tribal.

**TRIBOELECTRICIDAD** n. f. Electricidad estática producida por frotamiento.

**TRIBOLUMINISCENCIA** n. f. Luminiscencia provocada por un choque.

**TRIBOMETRÍA** n. f. Medición de las fuerzas de rozamiento.

**TRIBU** n. f. (lat. *tribum*). Agrupación homogénea de familias en los aspectos lingüístico, político, social y cultural, que algunos consideran como una subdivisión de una etnia, y otros como un simple equivalente de la etnia. **2.** *Fam.* Familia numerosa. **3.** ANT. Una de las divisiones del pueblo, en la antigüedad. **4.** ANT. Entre los judíos, posteridad de cada uno de los doce hijos de Jacob. **5.** HIST. NAT. Subfamilia.

**TRIBULACIÓN** n. f. Disgusto, pena, preocupación: *pasar muchas tribulaciones.*

**TRIBUNA** n. f. (bajo lat. *tribuna*). Plataforma o lugar elevado desde donde se habla al público. **2.** Plataforma elevada destinada a los asistentes a un acto o espectáculo, por lo general al aire libre. **3.** Oratoria, especialmente la política. **4.** Galería de fachada en voladizo, cerrada con cristales, y que puede abarcar de uno a varios pisos. **5.** En las pistas deportivas, estadios, etc., espacio, generalmente cubierto y distribuido en graderíos, que ocupan los espectadores. **6.** ARQ. En las iglesias, galería que corre sobre las naves laterales y abierta a la nave central. **7.** ARQ. Balcón que sostiene la caja de órganos. • **Tribuna libre,** sección de un periódico o emisión de radio o de televisión en la que una personalidad expone su opinión bajo su propia responsabilidad.

**TRIBUNADO** n. m. ANT. ROM. Cargo del tribuno de la plebe. **2.** ANT. ROM. Ejercicio o desempeño de este cargo.

**TRIBUNAL** n. m. Órgano del estado formado por uno o varios magistrados que juzgan conjuntamente. **2.** Conjunto de magistrados que componen el tribunal. **3.** Lugar donde actúan. **4.** Conjunto de personas preparadas en su materia, ante el cual se realizan exámenes, oposiciones, concursos u otros certámenes, para que juzguen la calidad o valía de los presentados. **5.** ARQ. Parte posterior de las basílicas, en forma de hemiciclo.

**TRIBUNICIO, A** adj. Relativo al cargo o dignidad del tribuno.

**TRIBUNO** n. m. (lat. *tribunum*). Orador popular. **2.** ANT. Magistrado romano que ejercía funciones políticas o militares. • **Tribuno de la plebe** (ANT. ROM.), magistrado encargado, en tiempos de la república, de defender los derechos e intereses de la plebe. || **Tribuno militar** (ANT. ROM.), oficial superior asistente del general en jefe.

**TRIBUTABLE** adj. Que puede dar tributo.

**TRIBUTACIÓN** n. f. Acción de tributar. **2.** Tributo. **3.** Régimen o sistema tributario.

**TRIBUTAR** v. tr. [**1**]. Pagar un tributo o cierta cantidad como tributo. **2.** *Fig.* Ofrecer un obsequio o manifestar respeto y veneración como demostración de admiración o gratitud.

**TRIBUTARIO, A** adj. Relativo al tributo: *derecho tributario.* **2.** GEOGR. Afluente. ◆ adj. y n. **3.** Que paga tributo.

**TRIBUTO** n. m. Contribución que una nación paga a otra en reconocimiento de sumisión. **2.** Impuesto, contribución u otra obligación fiscal. **3.** *Fig.* Carga u obligación que se impone a alguien por el disfrute de algo: *en tributo de amistad.*

**TRICÁLCICO, A** adj. Que contiene tres átomos de calcio: *fosfato tricálcico* $Ca_3(PO_4)_2$.

**TRICÉFALO, A** adj. Que tiene tres cabezas: *monstruo tricéfalo.*

**TRICENTENARIO, A** adj. Que tiene trescientos años o que dura desde hace trescientos años. ◆ n. m. **2.** Espacio de tiempo de trescientos años. **3.** Fecha en que se cumplen trescientos años de algún suceso.

**TRICENTÉSIMO, A** adj. num. ordin. y n. m. Que ocupa el último lugar en una serie ordenada de trescientos. ◆ adj. **2.** Dícese de cada una de las trescientas partes iguales en que se divide un todo.

**TRÍCEPS** adj. y n. m. Dícese de los músculos con tres cabezas o tendones en uno de sus extremos.

**TRICICLO** n. m. Velocípedo de tres ruedas. **2.** Motocarro.

**TRICLÍNICO, A** adj. Dícese de los cristales que no poseen ningún eje de simetría.

**TRICLINIO** n. m. (lat. *triclinium*). ANT. ROM. Habitación que se utilizaba como comedor. **2.** ANT. ROM. Cama de tres plazas en la que los romanos se tendían para comer.

**TRICLOROETILENO** n. m. Compuesto $CHCl=CCl_2$, líquido inflamable que se emplea como disolvente.

**TRICOCÉFALO** n. m. Gusano de la clase nematodos, que mide de 3 a 5 cm, parásito del intestino del hombre y de algunos mamíferos.

**TRICOLOR** adj. De tres colores. • **Bandera tricolor,** la formada por tres bandas de diversos colores.

**TRICOMA** n. m. MED. Masa de cabellos producida por acumulación de polvo, materia sebácea y parásitos.

**TRICÓPTERO, A** adj. y n. m. Relativo a un orden de insectos de metamorfosis completa, cuya larva es acuática y se fabrica una envoltura protectora.

**TRICORNIO** adj. y n. m. Dícese del sombrero con el ala dura y doblada formando tres picos, especialmente el de la Guardia civil española.

**TRICOT** n. m. *Galic.* Labor de punto ejecutada a mano. **2.** *Galic.* Género de punto.

**TRICOTA** n. f. *Argent.* Suéter, prenda de punto.

**TRICOTAR** v. tr. [**1**]. Tejer, hacer labores de punto.

**TRICOTOSA** n. f. y adj. (fr. *tricoteuse*). Máquina de hacer géneros de punto. **2.** Telar de punto.

**TRICROMÍA** n. f. Conjunto de procedimientos fotográficos y fotomecánicos en color, en los que todos los matices se obtienen con los tres colores primarios o los tres colores complementarios.

**TRICROMO, A** adj. Dícese de la imagen obtenida por tricromía.

**TRICÚSPIDE** adj. Que tiene tres cúspides o puntas. ◆ adj. y n. f. **2.** ANAT. Dícese de la válvula que, en el corazón, separa la aurícula y el ventrículo derechos.

**TRIDACIO** n. m. (gr. *thridax*, lechuga). Sustancia que se obtiene del tallo de la lechuga, usada como calmante.

**TRIDÁCTILO, A** adj. Dícese de los miembros de los vertebrados terminados en tres dedos.

**TRIDENTADO, A** adj. Que presenta tres dientes o espinas.

**TRIDENTE** n. m. Arma con tres puntas. **2.** Cetro con tres dientes, atributo de numerosas divinidades griegas y romanas marinas.

**TRIDENTINO, A** adj. Relativo a Trento: *disposiciones tridentinas.*

**TRIDIMENSIONAL** adj. Que tiene tres dimensiones.

**TRIDUO** n. m. Serie de tres días dedicados a un culto litúrgico.

**TRIEDRO, A** adj. (de *tri*, tres, y gr. *hedra*, base). MAT. Que tiene tres caras. ◆ n. m. **2.** Figura geométrica formada por tres semirrectas que parten del mismo origen SA, SB y SC, pero que no están situadas en un mismo plano, y limitada por los tres ángulos que tienen dichas semirrectas por lados.

**TRIENAL** adj. Que se repite cada tres años. **2.** Que dura o vive tres años.

**TRIENIO** n. m. Período de tres años. **2.** Complemento que incrementa un sueldo al cumplirse tres años de antigüedad en un puesto de trabajo.

**TRIERARCA** n. m. (gr. *trierarkhos*). ANT. GR. Comandante de una trirreme. **2.** ANT. GR. Rico ciudadano ateniense encargado de equipar una trirreme a sus expensas.

**TRIFÁSICO, A** adj. ELECTR. Dícese de un sistema de tres corrientes alternas monofásicas y desplazadas mutuamente de fase en 1/3 de período.

**TRIFENILMETANO** n. m. Compuesto derivado del metano, de gran importancia en la química de las materias colorantes.

**TRÍFIDO, A** adj. HIST. NAT. Hendido en tres divisiones.

**TRIFOLIADO, A** adj. De tres hojas.

**TRIFOLIO** n. m. HERÁLD. Figura que representa una hoja de tres pétalos, sin tallo.

**TRIFORIO** n. m. ARQ. Calado de la galería que corre sobre las naves laterales de una iglesia. **2.** ARQ. La misma galería.

**TRIFULCA** n. f. *Fam.* Disputa, pelea, riña con mucho alboroto.

**TRIGAL** n. m. Terreno sembrado de trigo.

**TRIGÉMINO** n. m. ANAT. Quinto par nervioso craneal, que se divide en tres ramas: oftálmica, maxilar superior y maxilar inferior.

**TRIGÉSIMO, A** adj. num. ordin. y n. m. Que ocupa el último lugar en una serie ordenada de treinta. ◆ adj. **2.** Dícese de cada una de las treinta partes iguales en que se divide un todo.

**TRIGLICÉRIDO** n. m. Lípido formado por la esterificación del glicerol por tres ácidos grasos.

**TRIGLIFO** o **TRÍGLIFO** n. m. (gr. *triglyphos*). ARQ. Motivo ornamental del friso dórico, formado por dos glifos y dos semiglifos.

**TRIGO** n. m. (lat. *triticum*). Planta herbácea anual, de la familia gramináceas (género *Triticum*), que produce el grano (cariópside) que da origen a la harina, utilizada principalmente en la elaboración del pan. **2.** Grano de esta planta. **3.** Conjunto de granos de esta planta. • **No ser trigo limpio** *(Fam.)*, no ser todo lo claro e intachable que pretende o parece ser; tener un grave defecto. || **Trigo candeal, chamorro, común** o **desrapado** → ***candeal***.

**TRÍGONO** n. m. Área o espacio triangular. • **Trígono cerebral** (ANAT.), lámina de sustancia blanca situada por debajo del cuerpo calloso, y que forma la bóveda del tercer ventrículo.

**TRIGONOMETRÍA** n. f. (del gr. *trigōnos*, triángulo). MAT. Estudio de las propiedades de las funciones circulares de los ángulos y de los arcos (senos, cosenos y tangentes). **2.** MAT. Cálculo de los elementos de un triángulo definido por datos numéricos. • **Trigonometría esférica,** estudio de las relaciones entre los elementos de los triángulos esféricos.

**TRIGONOMÉTRICO, A** adj. Relativo a la trigonometría. • **Relaciones trigonométricas,** seno, coseno, tangente.

**TRIGRAMA** n. m. Figura formada por la superposición de tres líneas, utilizada en la adivinación china.

**TRIGUEÑO, A** ad. Que tiene el color del trigo, moreno dorado tirando a rubio: *cabello trigueño*.

**TRIGUERO, A** adj. Relativo al trigo: *producción triguera*. **2.** Bueno para el cultivo de trigo: *terreno triguero*.

**TRILÁTERO, A** o **TRILATERAL** adj. Que tiene tres lados.

**TRILERO, A** n. Persona que se dedica a cierto juego de apuestas callejero y fraudulento.

**TRILINGÜE** adj. Escrito en tres lenguas. **2.** Que habla tres lenguas.

**TRILITA** n. f. Trinitrotolueno.

**TRILLA** n. f. Acción de trillar. **2.** Época o temporada en que se trilla.

**TRILLADO, A** adj. Muy conocido, sabido o falto de originalidad: *tema, asunto muy trillado*.

**TRILLADOR, RA** adj. y n. Que trilla. ◆ n. f. y adj. **2.** Máquina que sirve para desprender y separar el grano de la paja.

**TRILLAR** v. tr. (lat. *tribulare*) [**1**]. Triturar la mies y separar el grano de la paja.

**TRILLERA** n. f. Canción popular andaluza, de origen folklórico campesino, influida por algunos rasgos flamencos externos.

**TRILLIZO, A** adj. y n. Dícese de cada uno de los tres hermanos nacidos en un parto triple.

**TRILLO** n. m. (lat. *tribulum*). Instrumento para trillar. **2.** *Amér. Central* y *Antillas*. Senda, camino angosto, abierto comúnmente por el continuo tránsito de peatones.

**TRILLÓN** n. m. Un millón de billones, es decir $10^{18}$.

**TRILOBITES** adj. y n. m. Relativo a una clase de artrópodos marinos fósiles de la era primaria, cuyo cuerpo estaba dividido en tres partes.

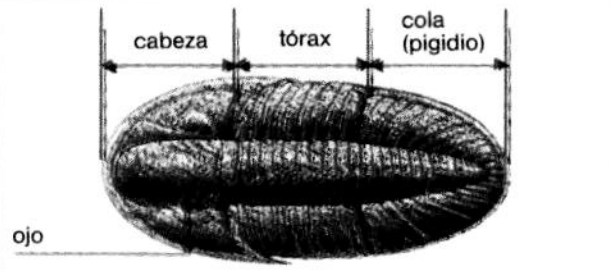

**trilobites**

**TRILOBULADO, A** adj. Que tiene tres lóbulos o está dividido en tres lóbulos. **2.** ARQ. Que tiene forma de trébol.

**TRILOCULAR** adj. ANAT. Dividido en tres partes.

**TRILOGÍA** n. f. (gr. *trilogia*). Conjunto de tres obras literarias de un autor que forman una unidad. **2.** LIT. En la antigua Grecia, conjunto de tres tragedias de un mismo autor, presentadas a concursos dramáticos.

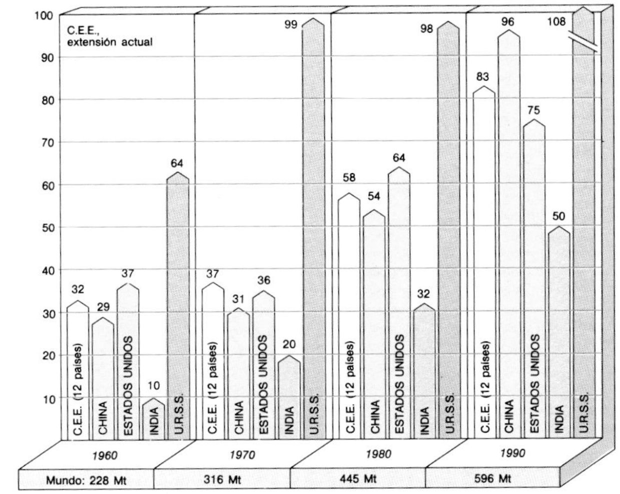

**trigo:** producciones comparadas (en millones de toneladas)

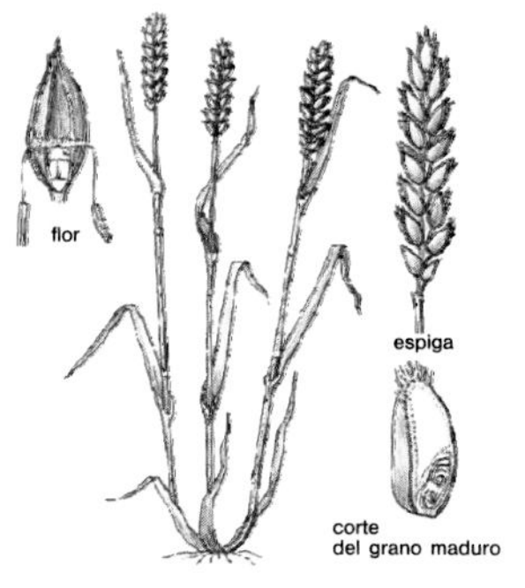

**trigo**

**TRIMARÁN** n. m. Embarcación constituida por tres cascos paralelos.

**TRÍMERO, A** adj. BOT. Que presenta una simetría axial de orden 3, repitiéndose cada forma tres veces alrededor del eje.

**TRIMESTRAL** adj. Relativo a un trimestre o que se repite cada trimestre. **2.** Que dura tres meses.

**TRIMESTRE** n. m. (lat. *trimestrem*). Período de tres meses. **2.** Cantidad que se cobra o se paga cada tres meses. **3.** Conjunto de cosas que corresponden a tres meses, como una publicación, etc.

**TRÍMETRO** n. m. y adj. MÉTRIC. Verso formado por tres metros.

**TRIMMER** n. m. (voz inglesa). RADIOTECN. Condensador ajustable de débil capacidad, que se utiliza para completar la sincronización de un condensador variable, de un circuito oscilante, en un receptor en el que varios circuitos han de estar rigurosamente alineados.

**TRIMORFISMO** n. m. BOT. Fenómeno que se presenta en las especies integradas por tres formas distintas.

**TRIMOTOR, RA** adj. Que tiene tres motores. ◆ n. m. **2.** Avión provisto de tres motores.

**TRINAR** v. intr. (voz onomatopéyica) [**1**]. Cantar las aves. **2.** *Fig.* y *fam.* Rabiar, estar muy enfadado: *está que trina*. **3.** Hacer trinos musicales.

**TRINCA** n. f. Conjunto de tres cosas de una misma clase. **2.** Conjunto de tres naipes de la baraja. **3.** Grupo o conjunto de tres personas. **4.** MAR. Cabo que sirve para trincar una cosa. **5.** MAR. Ligadura entre dos maderos, piezas, etc.

**TRINCAR** v. tr. [**1a**]. Atar fuertemente. **2.** *Fam.* Detener, encarcelar. **3.** *Fam.* Matar. **4.** *Amér.* Apretar, oprimir. **5.** MAR. Asegurar o sujetar fuertemente con trincas los efectos de a bordo.

**TRINCAR** v. tr. (alem. *trinken*) [**1a**]. Beber bebidas alcohólicas.

**TRINCHA** n. f. Ajustador que ciñe el chaleco, el pantalón u otras prendas. **2.** ARM. Cada uno de los tirantes de cuero o lona que, descansando en los hombros, sujetan el cinturón.

**TRINCHADOR, RA** adj. y n. Que trincha.

**TRINCHANTE** adj. Que trincha. ◆ n. m. **2.** Cuchillo para trinchar o tenedor con que se sujeta lo que se ha de trinchar. **3.** Escoda o especie de martillo empleado por los canteros. **4.** Trinchero.

**TRINCHAR** v. tr. (provenz. *trenchier*) [**1**]. Cortar, partir en trozos la comida, especialmente la carne.

**TRINCHE** n. m. *Colomb., Ecuad.* y *Méx.* Trinchante, tenedor. ◆ adj. **2.** *Chile* y *Ecuad.* Mueble donde se trincha.

**TRINCHERA** n. f. Gabardina, prenda de abrigo. **2.** MIL. Zanja que permite moverse y disparar a cubierto del enemigo y que constituye una posición defensiva. **3.** TAUROM. Pase de adorno cambiado por bajo, ejecutado con la mano derecha. • **Guerra de trincheras,** modalidad de combate defensivo en la que los contendientes se establecen sobre líneas continuas de trincheras.

**TRINCHERO** n. m. Mueble de comedor en donde se trinchan las comidas.

**TRINEO** n. m. (fr. *traineau*). Vehículo provisto de patines o esquís, que se desliza sobre la nieve y el hielo.

**TRINERVADO, A** adj. BOT. Que tiene tres nervios.

**TRINIDAD** n. f. (lat. *trinitatem*). *Desp.* Trío, unión de tres personas. **2.** REL. Unión de tres personas distintas que forman un solo Dios. (Con este significado se escribe con mayúscula.) SIN.: *Santísima Trinidad*. **3.** REL. Fiesta en honor de este misterio.

**TRINITARIA** n. f. BOT. Pensamiento. **2.** BOT. *Colomb., P. Rico* y *Venez.* Planta espinosa trepadora de flores moradas y rojas. (Familia nictagináceas.)

**TRINITARIO, A** adj. y n. Relativo a la orden religiosa de la Santísima Trinidad, fundada en 1198 por san Juan de Mata y san Félix de Valois para redimir a los cristianos cautivos en tierra musulmana; religioso de esta orden. (En la actualidad se dedican a las misiones.)

**TRINITRINA** n. f. Nitroglicerina que se emplea en los tratamientos de angina de pecho, asma, etc.

**TRINITROTOLUENO** n. m. Sólido cristalizado producido por nitración del tolueno, que constituye un explosivo especialmente potente llamado *tolita.* (Siglas T.N.T.) SIN.: *trilita.*

**TRINO** n. m. Gorjeo emitido por los pájaros. **2.** MÚS. Adorno que consiste en repetir varias veces y de manera rápida dos notas conjuntas separadas por una segunda diatónica, mayor o menor.

**TRINO, A** adj. (lat. *trinum*). Que contiene en sí tres cosas distintas o participa de ellas.

**TRINOMIO** n. m. y adj. MAT. Polinomio compuesto de tres términos.

**TRINQUETE** n. m. Aldabilla con que se sujetan las puertas. **2.** Pieza que permite retardar o acelerar la marcha de un reloj o cronómetro. **3.** *Méx.* Trampa, engaño para detener alguna cosa de forma ilícita. **4.** MEC. Mecanismo para asegurar el arrastre en un sentido, a la vez que impide el funcionamiento en el otro sentido, de un órgano de rotación.

**TRINQUETE** n. m. (fr. *triquet*). Frontón de pelota cerrado, con doble pared lateral. **2.** MAR. Palo de proa, en las embarcaciones de dos o más palos, sin contar el bauprés, que presenta a veces una leve inclinación.

**TRINQUETILLA** n. f. MAR. Foque más próximo al trinquete, que va de la cruceta baja a un punto de cubierta o a la roda.

**TRINQUIS** n. m. *Fam.* Trago de una bebida alcohólica.

**TRÍO** n. m. (ital. *trio*). Conjunto de tres personas o cosas. **2.** En ciertos juegos de naipes, conjunto de tres cartas iguales. **3.** MÚS. Obra o fragmento musical escritos para tres ejecutantes, aparte el posible bajo continuo o acompañamiento de orquesta. **4.** MÚS. Conjunto de tres voces o tres instrumentos.

**TRIODO** n. m. ELECTR. Válvula o lámpara termoiónica de tres electrodos.

**TRIPA** n. f. Intestino o vísceras completas. **2.** Vientre, parte donde se encuentran los intestinos. **3.** *Fam.* Embarazo, o vientre abultado por el embarazo. **4.** *Fig.* Parte abultada de algún objeto: *la tripa de una vasija.* **5.** Laminilla muy tenue que se encuentra en el interior del cañón de las plumas de las aves. (Suele usarse en plural.) **6.** Parte interior de un cigarro puro. **7.** *Colomb.* y *Venez.* Cámara de las ruedas del automóvil. • **Echar las tripas** *(Fam.)*, vomitar con violencia. ‖ **Echar tripa** *(Fam.)*, hacérsele a alguien el vientre voluminoso. ‖ **Hacer de tripas corazón** *(Fam.)*, esforzarse por disimular el miedo u otra impresión o sobreponerse para hacer algo que repugna o implica un esfuerzo. ‖ **Revolver las tripas** o **revolvérsele las tripas** a alguien *(Fam.)*, causar algo o sentir por ello repugnancia física o moral.

**TRIPALMITINA** n. f. Palmitina.

**TRIPANOSOMA** n. m. Protozoo flagelado, parásito de la sangre o de los tejidos de los vertebrados, transmitido generalmente por ciertos insectos, y causante de enfermedades infecciosas, como la del sueño.

**TRIPANOSOMIASIS** n. f. Afección parasitaria provocada por un tripanosoma.

**TRIPARTICIÓN** n. f. Acción y efecto de tripartir.

**TRIPARTIR** v. tr. [3]. Dividir en tres partes.

**TRIPARTITO, A** adj. (lat. *tripartitum*). Dividido en tres partes, órdenes o clases: *hoja tripartita.* **2.** Dícese del pacto, convenio o alianza de tres potencias o naciones: *acuerdo tripartito.*

**TRIPERÍA** n. f. Establecimiento o puesto donde se venden tripas, despojos, etc. **2.** Conjunto de tripas.

**TRIPERO, A** n. Persona que vende tripas.

**TRIPI** n. m. En el lenguaje de la droga, dosis de L.S.D.

**TRIPICALLOS** n. m. pl. Despojos de vaca o de otros animales que se comen guisados.

**TRIPITAS** n. f. pl. *Méx.* Comida a base de desperdicios o tripas.

**TRIPLANO, A** adj. y n. m. Dícese del aeroplano con tres planos o superficies de sustentación superpuestos.

**TRIPLAZA** n. m. Avión de tres plazas.

**TRIPLE** adj. y n. m. Que contiene tres veces una cosa. ◆ adj. **2.** Que consta de tres elementos, que se compone de tres partes. • **Punto triple,** temperatura que representa el equilibrio invariable de los estados sólido, líquido y gaseoso de un mismo cuerpo puro. ◆ n. m. **3.** En baloncesto, enceste que se consigue desde una distancia superior a los 6,25 m y que vale tres puntos.

**TRIPLETE** n. m. Objetivo fotográfico compuesto por tres lentes que corrigen por compensación las aberraciones.

**TRÍPLEX** n. m. Vivienda formada por tres pisos o plantas que se comunican entre sí.

**TRIPLICACIÓN** n. f. Acción y efecto de triplicar.

**TRIPLICAR** v. tr. y pron. [1a]. Multiplicar por tres. ◆ v. tr. **2.** Hacer tres veces una misma cosa.

**TRIPLICIDAD** n. f. Calidad de triple.

**TRIPLOBLÁSTICO, A** adj. Dícese de las especies animales en las que el embrión presenta tres hojas: ectodermo, endodermo y mesodermo.

**TRIPLOIDE** adj. y n. m. BIOL. Dícese del organismo cuyas células poseen tres dotaciones cromosómicas en lugar de dos.

**TRIPLOIDIA** n. f. BIOL. Carácter de triploide.

**TRÍPODE** n. m. o f. Mesa o banquillo de tres pies. **2.** Armazón de tres pies, para sostener ciertos instrumentos. • **Palo trípode** (MAR.), palo soportado por otros dos menores en vez de obenques.

**TRÍPOLI** n. m. Roca silícea sedimentaria de origen orgánico (diatomeas), utilizada especialmente como abrasivo y como absorbente. SIN.: *diatomita, kieselguhr, kieselgur.*

**TRIPOLITANO, A** adj. y n. De Trípoli.

**TRIPSINA** n. f. Enzima del jugo pancreático que transforma las proteínas en aminoácidos.

**TRÍPTICO** n. m. Composición pictórica o escultórica de tres cuerpos, en la que los dos exteriores se cierran sobre el central. **2.** Tratado o composición literaria que consta de tres partes.

**TRIPTÓFANO** n. m. Aminoácido indispensable para el organismo.

**TRIPTONGAR** v. tr. [1b]. Pronunciar tres vocales formando triptongo.

**TRIPTONGO** n. m. Sílaba compuesta por tres sonidos, que se pronuncia en una sola emisión de voz.

**TRIPUDO, A** adj. y n. Que tiene el vientre muy abultado. SIN.: *tripón.*

**TRIPULACIÓN** n. f. Conjunto de personas al servicio de una embarcación o una aeronave.

**TRIPULANTE** n. m. y f. Miembro de una tripulación.

**TRIPULAR** v. tr. (lat. *interpolare*) [1]. Conducir o prestar servicio en una embarcación o aeronave.

**TRIPULINA** n. f. *Chile.* Confusión, barullo.

**TRIQUINA** n. f. (gr. *trikhinē*). Gusano parásito de 2 a 4 mm de long., que en estado adulto vive en el intestino del hombre, del cerdo y de otros mamíferos, y en estado larvario en sus músculos. (Clase nematodos.)

**TRIQUINOSIS** n. f. Enfermedad parasitaria causada por la triquina.

**TRIQUINOSO, A** adj. Infestado de triquinas.

**TRIQUIÑUELA** n. f. Ardid, artimaña.

**TRIQUITRAQUE** n. m. *Fam.* Ruido como de golpes y movimiento de cosas, repetidos y desordenados. **2.** Estos golpes.

**TRIRRECTÁNGULO, A** adj. Que tiene tres ángulos rectos.

**TRIRREME** n. f. (lat. *triremem*). ANT. GR. Navío de guerra con tres hileras superpuestas de remeros.

**TRIS** n. m. (voz onomatopéyica). Leve sonido que hace una cosa delicada al quebrarse. • **Estar en un tris** *(Fam.)*, ser inminente que ocurra algo que se expresa. ‖ **Por un tris** *(Fam.)*, por poco.

**TRISAGIO** n. m. (gr. *trisagios*). Himno en honor a la Santísima Trinidad, en el que se repite tres veces la palabra «santo».

**TRISCAR** v. intr. [1a]. Saltar de un lugar a otro, como hacen las cabras. **2.** *Fig.* Mezclar, enredar.

**TRISECCIÓN** n. f. MAT. División en tres partes iguales.

**TRISECTOR, TRISECTRIZ** adj. Que da la trisección.

**TRISÍLABO, A** adj. y n. m. (gr. *trisyllabos*). Que tiene tres sílabas.

**TRISMO** o **TRISMUS** n. m. MED. Contractura de las mandíbulas debida a la contracción de los músculos masticadores.

**TRISOMÍA** n. f. BIOL. Anomalía caracterizada por la aparición de un cromosoma superfluo en un par. (El mongolismo se debe a una trisomía.)

**TRISTE** adj. (lat. *tristem*). Afligido, deprimido, apesadumbrado. **2.** Que muestra o expresa tristeza, dolor: *un rostro triste.* **3.** Que causa dolor, preocupaciones: *una triste noticia.* **4.** Que provoca un estado de ánimo de vaga tristeza, de melancolía. **5.** *Fig.* Insignificante, insuficiente, ineficaz: *una triste explicación.* **6.** *Fig.* y *fam.* Descolorido, pálido, mustio, sin vivacidad: *las flores estaban tristes.*

**TRISTE** n. m. *Amér. Merid.* Composición popular de tema amoroso que se canta al son de la guitarra.

**TRISTEZA** n. f. Estado de ánimo afligido. **2.** Calidad de triste. **3.** Motivo, hecho, suceso que provoca pena o sentimientos melancólicos.

**TRISTÓN, NA** adj. Algo triste o inclinado a estarlo.

**TRITIO** n. m. Isótopo radiactivo del hidrógeno, cuyo núcleo está formado por un protón y dos neutrones.

**TRITÓN** n. m. Anfibio de cola comprimida lateralmente, que vive en las charcas y estanques, y que mide de 10 a 20 cm, según las especies. (Subclase urodelos.) **2.** En la mitología griega, nombre de divinidades marinas descendientes del *dios Tritón* y representadas con cuerpo de hombre barbado y cola de pez, tirando del carro de los dioses del mar.

**tritón**

**TRÍTONO** n. m. MÚS. Intervalo formado por tres tonos enteros.

**TRITURABLE** adj. Que se puede triturar.

**TRITURACIÓN** n. f. Acción y efecto de triturar. **2.** TECNOL. Operación que consiste en reducir una materia a fragmentos de tamaño determinado, según su empleo, o para facilitar la separación de constituyentes heterogéneos.

**TRITURADOR, RA** adj. y n. Que tritura. ◆ n. m. **2.** Máquina para triturar. • **Triturador de basuras,** aparato eléctrico que reduce las basuras a polvo.

**TRITURADORA** n. f. Máquina para desmenuzar y reducir a fibras los materiales. • **Trituradora espadilladora,** máquina que efectúa, en una sola operación, el agramado y espadillado de fibras largas.

**TRITURAR** v. tr. (lat. *triturare*) [1]. Moler, reducir una materia sólida a trozos muy menudos sin llegar a convertirse en polvo. **2.** Mascar, desmenuzar la comida con los dientes. **3.** *Fig.* Maltratar física o moralmente a alguien. **4.** *Fig.* Rebatir, criticar con minuciosidad algo.

**TRIUNFADOR, RA** adj. y n. Que triunfa o ha triunfado.

**TRIUNFAL** adj. Relativo al triunfo: *acogida triunfal.* • **Arco triunfal,** gran arcada dispuesta a la entrada de la capilla mayor de las basílicas cristianas.

**TRIUNFALISMO** n. m. Actitud de los que dan muestra de confianza excesiva en ellos mismos y en sus teorías.

**TRIUNFALISTA** adj. y n. m. y f. Relativo al triunfalismo; que lo practica.

**TRIUNFANTE** adj. Que triunfa o sale victorioso.

**TRIUNFAR** v. intr. (lat. *triumphare*) [1]. Quedar victorioso. **2.** *Fig.* Tener éxito: *quiere triunfar en la vida.* **3.** ANT. ROM. Conseguir el triunfo.

**TRIUNFO** n. m. Victoria, acción de triunfar. **2.** *Fig.* Trofeo. **3.** *Fig.* Éxito en cualquier empeño. **4.** En ciertos juegos de naipes, palo de más valor; carta de dicho palo. **5.** *Argent.* y *Perú.* Baile popular. **6.** ANT. ROM. Entrada solemne de un general romano que ha conseguido una gran victoria.

**TRIUNVIRAL** adj. Relativo a los triunviros.

**TRIUNVIRATO** n. m. (lat. *triumviratum*). Magistratura, funciones de los triunviros; duración de éstas. **2.** Asociación de tres estadistas, con la finalidad de acaparar el poder. **3.** Grupo de tres personas que ejercen funciones directivas.

**TRIUNVIRO** n. m. (lat. *triumvirum*). ANT. ROM. Miembro de un colectivo de tres magistrados, especialmente los que compartían el gobierno.

**TRIVALENTE** adj. QUÍM. Que tiene tres valencias.

**TRIVIAL** adj. Que carece de toda importancia, trascendencia o interés: *hablar de temas triviales.*

**TRIVIALIDAD** n. f. Calidad de trivial. **2.** Dicho o cosa trivial.

**TRIVIALIZAR** v. tr. y pron. **[1g]**. Minimizar, quitar o no dar importancia a algo.

**TRIZA** n. f. Trozo pequeño de algo roto, partícula dividida de un cuerpo. • **Hacer,** o **hacerse, trizas** *(Fam.)*, destrozar o destrozarse algo completamente. || **Hacer trizas** a alguien *(Fam.)*, dejarlo maltrecho, cansado, lastimado, humillado, etc.

**TROCA** n. f. En la manufactura, devanado y empaquetado del algodón, cantidad de hilo igual a diez madejas.

**TROCABLE** adj. Que se puede trocar, susceptible de ser trocado.

**TROCADOR, RA** adj. y n. Que trueca.

**TROCAICO, A** adj. Relativo al troqueo. ◆ adj. y n. m. **2.** Dícese del verso cuyo pie fundamental es el troqueo.

**TROCÁNTER** n. m. (gr. *trokhos*, redondel). ANAT. Nombre de dos eminencias óseas del fémur, donde se unen los músculos que hacen girar el muslo.

**TROCAR** v. tr. **[1f]**. Cambiar una cosa por otra. **2.** Mudar, variar una cosa en otra distinta: *trocar la risa en llanto.* ◆ **trocarse** v. pron. **3.** Mudar, cambiar de vida, sentimientos o modo de actuar. **4.** Mudarse, cambiarse enteramente algo.

**TROCAR** n. m. CIR. Instrumento en forma de punzón, montado en un mango, que se emplea para realizar punciones.

**TROCEAR** v. tr. **[1]**. Dividir algo en trozos.

**TROCEO** n. m. Acción y efecto de trocear.

**TROCHA** n. f. Camino abierto en la maleza. **2.** Atajo. **3.** *Argent.* Ancho de la vía ferroviaria.

**TROCHE. A troche y moche,** sin orden ni medida.

**TRÓCLEA** n. f. ANAT. Articulación en la que un hueso gira en una superficie pulida que le presenta el hueso adyacente.

**TROCÓFORA** n. f. Larva en forma de trompo invertido, característica de los anélidos y moluscos.

**TROFALAXIA** n. f. Cambio mutuo de alimento entre ciertos insectos adultos y sus larvas.

**TROFEO** n. m. (lat. *trophaeum*). Objeto, recuerdo de un éxito o de una victoria: *trofeo de caza.* **2.** Premio que se entrega en una competición. **3.** ANT. Despojo obtenido en la guerra para acreditar el triunfo. **4.** B. ART. Motivo decorativo consistente en la figuración de un conjunto de armas, de los despojos del enemigo vencido, etc.

**TRÓFICO, A** adj. Relativo a la nutrición de un tejido vivo.

**TROFOBLÁSTICO, A** adj. Relativo al trofoblasto.

**TROFOBLASTO** n. m. EMBRIOL. Estrato celular que tiene función de nutrición y que rodea a los blastómeros.

**TROGLOBIO, A** adj. y n. m. BIOL. Que vive exclusivamente en las cavernas.

**TROGLODITA** adj. y n. m. y f. (gr. *trōglodytes*). Cavernícola. **2.** *Fig.* Bárbaro, rudo, grosero.

**TROGLODÍTICO, A** adj. Relativo a los trogloditas.

**TROIKA** n. f. En Rusia, vehículo, como el trineo, el landó, etc., que arrastran tres caballos enganchados uno al lado de otro. **2.** Grupo de tres personas que dirigen políticamente un país o que están al frente de un organismo, entidad, etc.

**TROJA** n. f. *Amér.* Troje.

**TROJE** o **TROJ** n. f. Especie de granero limitado por tabiques, donde se almacenan frutos o cereales.

**TROLA** n. f. *Fam.* Mentira, engaño.

**TROLE** n. m. (ingl. *trolley*). Trolebús. **2.** ELECTR. Dispositivo de toma de corriente que, en los vehículos de tracción eléctrica, transmite la corriente de la red aérea al electromotor del coche.

**TROLEBÚS** n. m. Vehículo de tracción eléctrica para el transporte público de viajeros, que toma la corriente de una línea aérea bifilar mediante un trole y cuyas ruedas van provistas de neumáticos.

**TROLERO, A** adj. y n. *Fam.* Mentiroso.

**TROLL** n. m. En la mitología escandinava, espíritu maléfico.

**TROMBA** n. f. (ital. *tromba*). Columna nubosa o líquida de diámetro muy pequeño, animada de un rápido movimiento de rotación. • **Tromba de agua,** lluvia abundante y brusca.

**TROMBINA** n. f. Enzima que interviene en la transformación del fibrinógeno en fibrina, en el curso de la coagulación de la sangre.

**TROMBO** n. m. (gr. *thrombos*). Coágulo sanguíneo que se forma dentro del aparato vascular, y que provoca la *trombosis.*

**TROMBOCINASA** o **TROMBOQUINASA** n. f. BIOL. Enzima que interviene en la coagulación de la sangre, transformando la protrombina en trombina.

**TROMBOCITO** n. m. Plaqueta.

**TROMBOELASTOGRAFÍA** n. f. Técnica de estudio de las diferentes fases de la coagulación sanguínea.

**TROMBOFLEBITIS** n. f. Inflamación de una vena con formación de un coágulo sanguíneo dentro de ella.

**TROMBÓN** n. m. (ital. *trombone*). Instrumento musical de viento, de la familia del metal, cuya característica es el uso de las varas correderas. **2.** Músico que toca este instrumento. **3.** Tipo de antena de media onda, muy empleada para la recepción de ondas de televisión y de modulación de frecuencia. • **Trombón de pistones,** trombón que en lugar de varas correderas está provisto de pistones.

**trombón**

**TROMBOSIS** n. f. Formación o desarrollo de un trombo en un vaso sanguíneo, en los seres vivos.

**TRÓMEL** n. m. (alem. *Trommel*, tambor). Criba cilíndrica o cónica, ligeramente inclinada sobre la horizontal, que sirve para clasificar por su grosor materiales fragmentados.

**TROMPA** n. f. Instrumento musical de viento, de la familia del metal, compuesto de una embocadura y de un largo tubo cónico arrollado sobre sí mismo y terminado por un pabellón muy ancho. **2.** Peonza. **3.** Probóscide. **4.** Aparato chupador de

**trompas**

algunos insectos. **5.** *Fig.* y *fam.* Borrachera. **6.** ARQ. Bóveda voladiza fuera del paramento de un muro, de forma cóncava, cónica, oblicua, reglada o de perfil recto. • **Trompa de Eustaquio,** conducto que comunica la rinofaringe con el oído medio. || **Trompa de Falopio,** parte de la estructura del aparato genital femenino que permite el paso del óvulo desde el ovario al útero. || **Trompa de vacío,** especie de máquina neumática hidráulica que sirve para hacer el vacío. ◆ n. m. y f. **7.** Persona que toca la trompa en una orquesta.

**TROMPADA** n. f. Golpe recio y violento que da o recibe una persona o cosa al chocar o al caerse. **2.** Puñetazo, golpazo. SIN.: *trompazo.*

**TROMPEAR** v. tr. **[1]**. *Amér.* Dar trompadas o puñetazos.

**TROMPE-L'OEIL** n. m. (voz francesa). Pintura que a distancia crea la ilusión de realidad, particularmente de relieve.

***Trompe-l'œil*** *con cuadernos de dibujos,* pintura de C. N. Gysbrechts (escuela flamenca, s. XVII; museo de bellas artes, Ruán)

**TROMPETA** n. f. (ital. *tromba*). Instrumento musical de viento, de la familia del metal, provisto de embocadura y de un tubo de perforación cilíndrico, ligeramente cónico en su extremo y terminado en un pabellón. **2.** AUTOM. Cada una de las dos cañoneras o tubos abocardados del puente trasero, en cuyo interior van dispuestos los respectivos semiejes o árboles de rueda. SIN.: *trompeta de puente.* **3.** HERÁLD. Denominación dada al cuerno de caza desprovisto de adornos. • **Trompeta de los muertos,** hongo basidiomicete en forma de trompeta que crece en la península Ibérica. ◆ n. m. y f. **4.** Persona que toca la trompeta.

**trompeta**

**TROMPETAZO** n. m. Sonido destemplado, estridente o excesivamente fuerte producido por la trompeta u otro instrumento de viento.

**TROMPETERO** n. m. Pez teleósteo del Mediterráneo y Atlántico, cuyo nombre procede de que tiene el hocico largo en forma de tubo.

**TROMPETILLA** n. f. Instrumento en forma de trompeta, empleado por los sordos para oír mejor aplicándoselo al oído. **2.** *Méx.* Gesto de burla que consiste en hacer ruido expulsando con fuerza el aire por la boca, teniendo la lengua entre los labios.

**TROMPETISTA** n. m. y f. Músico que toca la trompeta.

**TROMPICAR** v. intr. [**1a**]. Tropezar repetidamente.

**TROMPICÓN** n. m. Tropezón. • **A trompicones,** sin continuidad; con dificultades.

**TROMPIZA** n. f. *Amér. Merid.* Riña, pelea a puñetazos.

**TROMPO** n. m. Peón, juguete de madera de forma cónica, al que se le arrolla una cuerda para lanzarlo y hacerlo bailar. **2.** Peonza. **3.** Gasterópodo que posee tentáculos cónicos en la cabeza, pie corto y concha cónica, y que vive en las costas ibéricas. **4.** Instrumento de madera o de metal, de forma cónica, utilizado por los fontaneros para abocardar cañerías de plomo.

**TROMPUDO, A** adj. *Amér.* Dícese de la persona de labios prominentes.

**TRONA** n. f. Silla para bebés, que tiene las patas muy altas.

**TRONADA** n. f. Tempestad con gran cantidad de truenos.

**TRONADO, A** adj. Viejo y deteriorado por el uso. **2.** *Fam.* Arruinado, venido a menos.

**TRONADOR, RA** adj. Que truena.

**TRONAR** v. intr. (lat. *tonare*) [**1r**]. Producirse o sonar truenos. **2.** Producir, causar algo un ruido parecido al trueno. **3.** *Fig.* Resonar con fuerza la voz o algo semejante: *una exclamación tronó en la sala.* **4.** *Méx. Fam.* Suspender el curso un estudiante. **5.** *Méx. Fam.* Romper relaciones una pareja, separarse. • **Tronárselas** *(Méx. Vulg.),* fumar marihuana.

**TRONCHADO, A** adj. Dícese de los sillares o piedras de construcción de forma irregular y con marcas o huellas producidas por la introducción de las cuñas. **2.** HERÁLD. Dícese del escudo dividido en dos partes iguales por una línea que va del cantón diestro del jefe al siniestro de la punta.

**TRONCHANTE** adj. Que produce risa.

**TRONCHAR** v. tr. y pron. [**1**]. Partir, sin herramienta, el tronco, tallo o ramas de una planta, u otra cosa semejante. **2.** *Fig.* Truncar, impedir que llegue a desarrollarse completamente o realizarse algo: *tronchar las ilusiones.* ◆ **troncharse** v. pron. **3.** *Fam.* Reírse mucho, sin poder contenerse. **4.** *Colomb.* Dislocarse, luxarse.

**TRONCHO** n. m. Tallo de las hortalizas. **2.** *Colomb.* y *Nicar.* Porción, trozo, pedazo.

**TRONCO** n. m. (lat. *truncum*). Tallo principal de una planta arbórea, desde el tocón hasta el nacimiento de las ramas. **2.** *Fig.* Ascendiente o línea de ascendientes común de dos ramas o familias. **3.** Conducto o canal principal del que salen o al que concurren otros menores. **4.** Par de caballerías de tiro, enganchadas al juego delantero del carruaje. **5.** ANAT. Parte central del cuerpo, una de las tres grandes partes del organismo junto con la cabeza y las extremidades. **6.** ZOOL. Conjunto de estirpes muy grande, que pueden filogenéticamente considerarse entroncadas por continuidad de origen, en sentido general. • **Estar,** o **dormir, como un tronco** *(Fam.),* estar profundamente dormido. ‖ **Tronco de cono,** sólido comprendido entre la base de un cono y una sección que corta todas las generatrices de este cono. ‖ **Tronco de pirámide,** sólido comprendido entre la base de una pirámide y una sección plana que corta todas las aristas laterales de esta pirámide. ‖ **Tronco de prisma,** sólido limitado en una superficie de prisma por dos secciones planas no paralelas.

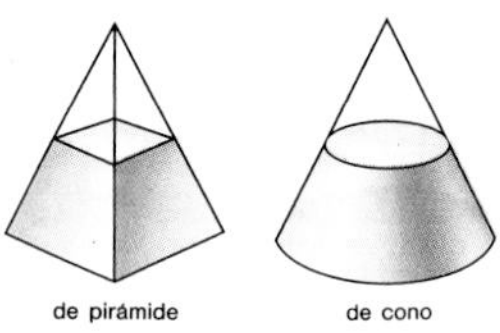


**troncos**

**TRONCOCÓNICO, A** adj. En forma de tronco de cono.

**TRONCULAR** adj. Relativo a un tronco nervioso o vascular.

**TRONERA** n. f. Ventana muy pequeña y angosta por donde entra escasamente la luz. **2.** Abertura en el costado de un buque o parapeto de una muralla por la que se disparaba. **3.** Agujero abierto en los cuatro rincones de la mesa y en medio de las bandas de un billar. **4.** Cada una de las aberturas o lumbreras practicadas en la parte inferior de un alto horno. ◆ n. m. y f. **5.** Persona viciosa y con poco juicio que lleva una vida disipada o libertina.

**TRONÍO** n. m. Rumbo y ostentación en el gasto de dinero.

**TRONO** n. m. (lat. *thronum*). Asiento con gradas y dosel en el que se sientan los monarcas y otras personas de alta dignidad. **2.** *Fig.* Dignidad de rey o soberano. • **Trono episcopal,** sede propia del obispo diocesano, erigida sobre tres gradas. ◆ **tronos** n. m. pl. **3.** REL. Tercer coro de la suprema jerarquía de los ángeles.

**TRONZADO** n. m. Operación que consiste en cortar barras, tubos metálicos o troncos, maderos, etc.

**TRONZADOR, RA** adj. Que tronza: *sierra tronzadora.* ◆ n. **2.** Obrero que maneja un tronzador. ◆ n. m. **3.** Sierra o máquina para cortar, partir o tronzar.

**TRONZAR** v. tr. [**1g**]. Dividir en trozos. **2.** Aserrar o cortar una barra o pieza metálica, tronco, rollo de madera, etc.

**TROPA** n. f. (fr. *troupe*). En la jerarquía militar, categoría formada por soldados, marinos y aviadores y sus graduaciones. **2.** Conjunto de todos los militares que no son oficiales ni suboficiales. **3.** Multitud o reunión de gran número de personas. **4.** Gente despreciable y de poca monta. **5.** *Amér. Merid.* Recua de ganado. **6.** *Argent.* y *Urug.* Manada de ganado que se lleva de un lugar a otro. • **Clase de tropa,** denominación genérica de los soldados, cabos y cabos primeros. ‖ **Tropa ligera,** la organizada para maniobrar y combatir en orden abierto e individualmente. ◆ **tropas** n. f. pl. **7.** Conjunto de cuerpos que componen un ejército, división, guarnición, etc.

**TROPEAR** v. intr. [**1**]. *Argent.* Conducir manadas de ganado.

**TROPEL** n. m. Muchedumbre de gente que se mueve con desorden y gran ruido. **2.** Manada de ganado en movimiento. **3.** Conjunto revuelto y desordenado de cosas. **4.** MIL. Partida o pequeño grupo separado de un ejército. • **De,** o **en, tropel,** de forma acelerada y confusa; yendo muchos juntos, sin orden y confusamente.

**TROPELÍA** n. f. Atropello, acto violento o ilegal cometido con abuso de autoridad o poder.

**TROPERO** n. m. *Argent.* y *Urug.* Conductor de tropas, de carretas o de ganado, especialmente vacuno.

**TROPEZAR** v. intr. [**1e**]. Topar en algún obstáculo al caminar, perdiendo el equilibrio: *tropezar en una piedra.* **2.** Encontrar un obstáculo o dificultad que impide avanzar o detiene en un intento: *tropezar con serias dificultades.* ◆ v. intr. y pron. **3.** *Fig.* y *fam.* Encontrar casualmente una persona a otra.

**TROPEZÓN** n. m. Acción y efecto de tropezar. **2.** Tropiezo, falta, yerro o equivocación. **3.** *Fig.* y *fam.* Pedazo pequeño de jamón, carne, etc., que se mezcla con la sopa o las legumbres. (Suele usarse en plural.) • **A tropezones,** con tardanza y de forma discontinua por dificultades.

**TROPICAL** adj. Relativo a los trópicos. **2.** Típico de la zona comprendida entre los trópicos: *fruto tropical.* • **Clima tropical,** clima típico de ciertas regiones tropicales, marcado por el claro contraste entre una larga estación seca, el invierno, y una estación de lluvias, el verano. ‖ **Países tropicales,** o **intertropicales,** regiones situadas aproximadamente entre los dos trópicos. (Se trata de regiones cálidas y sin contrastes térmicos violentos, pero con contrastes pluviométricos muy claros.)

**TROPICALIZACIÓN** n. f. Preparación de una sustancia o de un material para hacerlos insensibles o poco sensibles a la acción del clima tropical, y en particular al enmohecimiento o corrosión. **2.** METAL. Tratamiento de pasivación para piezas de acero previamente recubiertas de cinc o de cadmio.

**TRÓPICO, A** adj. (gr. *tropikos*). Que se refiere a la posición exacta del equinoccio, y como consecuencia al instante de los solsticios, donde el Sol, en su movimiento propio, atraviesa a uno u otro de los trópicos. **2.** Dícese de las plantas que abren y cierran diariamente sus flores a distinta hora, según cierta fotoperiodicidad. • **Año trópico,** intervalo de tiempo que transcurre entre dos pasos del Sol por el equinoccio de primavera. ◆ n. m. **3.** Cada uno de los círculos menores de la esfera terrestre de latitudes + y −23° 27′ que delimitan la zona en la que el Sol pasa dos veces por año por el cenit de cada lugar. (El del hemisferio norte es el *trópico de Cáncer* y el del hemisferio sur el *trópico de Capricornio.*) ◆ **trópicos** n. m. pl. **4.** Región intertropical.

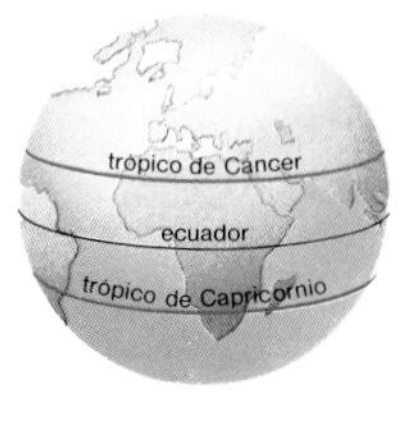


**trópicos**

**TROPIEZO** n. m. Estorbo o impedimento para realizar o lograr algo. **2.** *Fig.* Falta, equivocación, indiscreción. **3.** *Fig.* Desliz, falta cometida en materia de honestidad. **4.** Contratiempo.

**TROPILLA** n. f. *Argent.* Conjunto de yeguarizos guiados por una madrina.

**TROPISMO** n. m. BIOL. Orientación de crecimiento de plantas y animales sésiles, bajo la influencia de un estímulo exterior, como el fototropismo, el geotropismo, etc.

**TROPO** n. m. (gr. *tropos,* traslado). En la música medieval, amplificación de un canto litúrgico por medio de adiciones o sustituciones. **2.** RET. Figura que consiste en usar una palabra en un significado no habitual, como la metáfora, la metonimia y la sinécdoque.

**TROPOPAUSA** n. f. Superficie ideal que limita la troposfera y marca el principio de la estratosfera.

**TROPOSFERA** n. f. Capa atmosférica que se extiende desde la superficie del globo hasta la base de la estratosfera, sobre un espesor de 12 km como media.

**TROQUEL** n. m. Matriz o molde metálico empleado en las operaciones de acuñación o de estampado. **2.** Cuchilla para cortar, en una prensa adecuada, piezas de distintas formas, de cuero, cartón, chapa, etc.

**TROQUELADO** n. m. Acción y efecto de troquelar.

**TROQUELAR** v. tr. [**1**]. Dar forma con el troquel.

**TROQUEO** n. m. (lat. *trochaeum*). Pie de la métrica griega y latina, formado por una sílaba larga y una breve.

**TROQUÍLIDO, A** adj. y n. m. Relativo a una familia de aves diminutas, con pico y lengua adaptados para extraer el néctar de las flores.

**TROQUILLÓN** n. m. Elemento constitutivo de la madeja.

**TROQUÍN** n. m. ANAT. Tuberosidad menor de la epífisis superior del húmero.

**TROQUITER** n. m. ANAT. Gran tuberosidad de la epífisis superior del húmero.

**TROTACALLES** n. m. y f. (pl. *trotacalles*). *Fam.* Persona ociosa y callejera.

**TROTACONVENTOS** n. f. (pl. *trotaconventos*). *Fam.* Alcahueta.

**TROTADOR, RA** adj. Dícese de la caballería que trota bien o mucho.

**TROTAMUNDOS** adj. y n. m. y f. (pl. *trotamundos*). Aficionado a viajar y recorrer países.

**TROTAR** v. intr. [**1**]. Ir las caballerías al trote. **2.** Cabalgar sobre un caballo que va al trote. **3.** *Fig.* y *fam.* Andar mucho o con mucha prisa.

**TROTE** n. m. Aire saltado, entre el paso y el galope, del caballo y otros cuadrúpedos. **2.** *Fig.* Ocupación, trabajo o actividad muy intensa. • **Al,** o **a, trote** *(Fam.),* muy de prisa, de manera acelerada y sin descanso. ‖ **De mucho trote** *(Fam.),* muy fuerte, que resiste mucho. ‖ **Para todo trote** *(Fam.),* para uso diario y continuo.

**TROTÓN, NA** adj. Dícese de las caballerías cuyo paso ordinario es el trote. ◆ n. m. y adj. **2.** Caballo media sangre, seleccionado por su velocidad al trote.

**TROTSKISMO** n. m. Doctrina de los partidarios de Trotski.

**TROTSKISTA** adj. y n. m. y f. Relativo a Trotski o al trotskismo; partidario de esta doctrina.

**TROUPE** n. f. (voz francesa). Compañía ambulante de teatro o de circo.

**TROUSSEAU** n. m. (voz francesa). Ajuar o equipo de novia.

**TROVA** n. f. Verso. **2.** Composición métrica formada a imitación de otra, siguiendo su método, estilo o consonancia. **3.** Composición métrica escrita generalmente para canto. **4.** Canción amorosa compuesta o cantada por los trovadores.

**TROVADOR** n. m. Poeta lírico en lengua de oc de los ss. XII y XIII. **2.** En lenguaje literario y poético, poeta.

**TROVADORESCO, A** adj. Relativo a los trovadores.

**TROVAR** v. intr. (provenz. *trobar*) [**1**]. Hacer versos. **2.** Componer trovas.

**TROVERO** n. m. Poeta lírico en lengua de oíl.

**TROYANO, A** adj. y n. De Troya. ◆ adj. **2. Planeta troyano,** cada uno de los 15 asteroides que poseen unas duraciones de revolución muy poco diferentes a la de Júpiter y forman sensiblemente un triángulo equilátero con este gran planeta y el Sol.

**TROZA** n. f. Tronco aserrado por los extremos. **2.** MAR. Sistema de suspensión de las vergas, por el que éstas pueden girar alrededor de un plano horizontal y de un plano vertical.

**TROZAR** v. tr. [**1g**]. Aserrar los troncos para obtener trozas. **2.** MAR. Tesar la troza valiéndose de su aparejo.

**TROZO** n. m. Parte o porción de una cosa separada del todo: *un trozo de papel.*

**TRUCAJE** n. m. Artificio cinematográfico que por medios mecánicos, ópticos, etc., permite obtener un resultado distinto de las apariencias reales en el momento del rodaje. **2.** Acción y efecto de trucar.

**TRUCAR** v. tr. [**1a**]. Disponer, marcar las cartas para hacer trampas en los juegos de naipes, o hacer trucos en el juego de billar. **2.** Falsificar, modificar por fraude. **3.** Retocar el motor de un automóvil o una motocicleta para aumentar su potencia.

**TRUCHA** n. f. Pez predominantemente dulceacuícola, con dos aletas dorsales, de carne muy apreciada. (Destacan la *trucha común* y la *trucha arco iris.*)

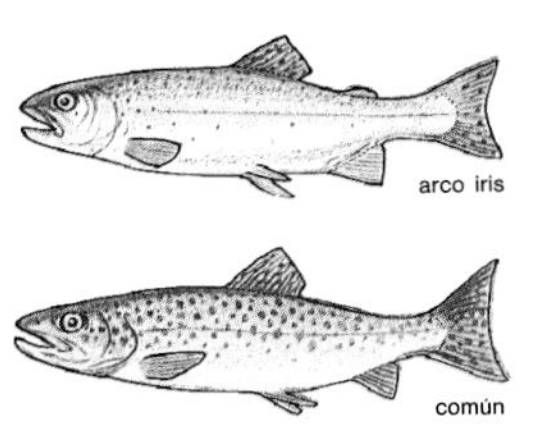

**truchas**

**TRUCHA** n. f. *Amér. Central.* Puesto o pequeña tienda, generalmente portátil, de mercería.

**TRUCHERO, A** adj. Relativo a las truchas. ◆ n. **2.** Persona que pesca o vende truchas.

**TRUCHO, A** adj. *Argent.* y *Urug. Fam.* Falso.

**TRUCHUELA** n. f. Bacalao curado más delgado que el común.

**TRUCO** n. m. Engaño o trampa hecha con gran habilidad. **2.** Ilusión, apariencia engañosa hecha con arte: *trucos de prestidigitación.* **3.** Lance del juego del billar que consiste en pegar con la bola propia la del contrario y lanzarla por una tronera o por encima de la barandilla. **4.** *Argent.* Juego de naipes, variedad de truque. • **Coger el truco,** descubrir la manera de hacer algo o adquirir la habilidad necesaria para hacerlo.

**TRUCULENCIA** n. f. Calidad de truculento.

**TRUCULENTO, A** adj. (lat. *truculentum*). Que exagera la crueldad o el dramatismo.

**TRUENO** n. m. Ruido del rayo, es decir de la descarga eléctrica de la que el relámpago es la manifestación luminosa. **2.** Ruido semejante al del rayo, pero producido por otra cosa: *el trueno de los cañones.* **3.** Petardo, cohete ruidoso.

**TRUEQUE** n. m. Cambio, acción y efecto de trocar. **2.** Intercambio directo de bienes y servicios sin mediar el dinero. • **A,** o **en, trueque,** a cambio de algo que se da o se hace.

**TRUFA** n. f. Hongo comestible y muy apreciado, que crece bajo tierra en los bosques de encinas y robles. (Clase ascomicetes; orden tuberales.) **2.** Golosina hecha con mantequilla y chocolate y espolvoreada con polvo de cacao, con forma de pequeña bola. • **Trufa de león,** trufa que puede alcanzar el tamaño de una naranja, común en el N de África y S de la península Ibérica. ‖ **Trufa de Périgord,** o **violeta,** trufa de color negro y rojizo, con verrugas poligonales, y olor y sabor de fresa, considerada como la más apreciada.

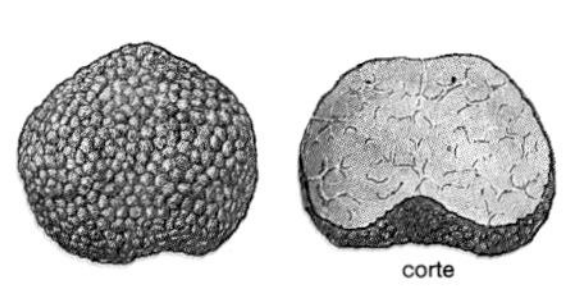

**trufa**

**TRUFAR** v. tr. [**1**]. Rellenar de trufas las aves o ponerlas en otros manjares.

**TRUFICULTURA** n. f. Cultivo de la trufa.

**TRUHÁN, NA** adj. y n. (fr. *truand*). Granuja, que vive de engaños y estafas. **2.** Que con bufonadas, bromas, gestos o cuentos divierte a otros.

**TRUHANERÍA** o **TRUHANADA** n. f. Acción propia del truhán.

**TRUJAMÁN, NA** n. Intérprete, persona que traduce o explica a otras, en una lengua que entienden, lo dicho en otra que les es desconocida.

**TRUMAO** n. m. *Chile.* Tierra arenisca muy fina procedente de rocas volcánicas.

**TRUNCADO, A** adj. Dícese del poliedro al que se ha sustituido una arista o un vértice por un plano. • **Cono truncado,** tronco de cono. ‖ **Pirámide truncada,** tronco de pirámide.

**TRUNCADURA** n. f. MINER. Sustitución de una arista o un vértice de un cristal por una cara.

**TRUNCAMIENTO** n. m. Acción y efecto de truncar.

**TRUNCAR** v. tr. (lat. *truncare*) [**1a**]. Cortar una parte de una cosa. **2.** *Fig.* Dejar incompleto el sentido de lo que se escribe o lee, u omitir frases o pasajes de un texto. **3.** *Fig.* Impedir que llegue a desarrollarse o realizarse completamente algo: *truncar las ilusiones.*

**TRUPIAL** n. m. Ave de América Central, América del Norte y las Antillas, de formas ágiles y plumaje de vivos colores. (Familia ictéridos.)

**TRUQUE** n. m. Juego de envite entre varios jugadores a los que se reparten tres cartas, que van jugando de una a una, y llevándose la baza el que echa la carta mayor.

**TRUSA** n. f. *Méx.* y *Perú.* Calzoncillos. (Se usa también en plural.) **2.** *Méx.* y *Perú.* Bragas. (Se usa también en plural.)

**TRUST** n. m. (ingl. *trustee*) [pl. *trusts* o *trustes*]. Combinación económica y financiera que reúne bajo un mismo control un grupo de empresas.

**TSE-TSE** n. f. Nombre indígena de las moscas africanas del género *Glossina,* que se alimentan exclusivamente de sangre y que intervienen como transmisoras de la enfermedad del sueño.

**TSH,** abrev. de *telegrafía sin hilos.*

**T-SHIRT** n. m. Tee-shirt.

**TSONGA** o **THONGA,** pueblo bantú de Mozambique.

**TSUTUHIL, ZUTUHIL** o **ATITECA,** pueblo amerindio maya de Guatemala.

**TSWANA** o **SETSWANA,** pueblo bantú de Botswana y la República de Sudáfrica.

**TU** adj. (pl. *tus*). Apócope de *tuyo,* cuando va antepuesto al nombre: *tu casa; tu libro.*

**Tu,** símbolo químico del *tungsteno* o *volframio.*

**TÚ** pron. pers. de 2.ª pers. del sing. m. y f. (lat. *tu*). [pl. *vosotros, vosotras*]. Funciona como sujeto o como predicado nominal: *tú lo has dicho; él es más alto que tú; ¡oye, tú!* • **Hablar,** o **tratar, de tú,** tutear a alguien.

**TUAREG** adj. y n. m. y f. Relativo a un pueblo nómada, de lengua beréber y de religión musulmana; individuo de este pueblo. ◆ n. m. **2.** Lengua beréber hablada por los tuareg.

■ Se dividen en dos grupos, los *tuareg saharianos* (S argelino) y los *tuareg sahelianos* (regiones septentrionales del Sahel de Malí y del Níger). Inventaron un alfabeto para transcribir su lengua, el tifinagh. Formaron confederaciones que se resistieron durante largo tiempo a la colonización, gracias a sus prácticas nómadas y guerreras (razzia).

**TUÁTARA** n. m. Reptil oceánico, único representante vivo de los rincocéfalos.

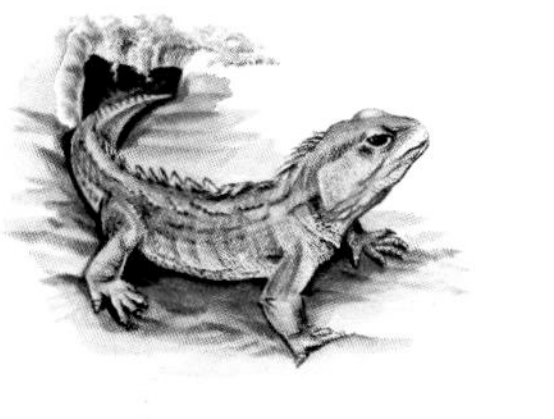
**tuátara**

**TUATUÁ** n. f. *Cuba* y *P. Rico.* Planta ornamental de propiedades medicinales. (Familia euforbiáceas.)

**TUBA** n. f. (voz latina). Instrumento musical de viento, de cobre, de la familia de los bombardinos.

**TUBERAL** adj. y n. m. Relativo a un orden de hongos ascomicetes, como la trufa.

**TUBERCULINA** n. f. Líquido obtenido a partir de cultivos del bacilo de Koch, y destinado al diagnóstico de la tuberculosis.

**TUBERCULÍNICO, A** adj. Relativo a la tuberculina: *reacción tuberculínica.*

**TUBERCULINIZACIÓN** n. f. Acción de inyectar tuberculina diluida a las personas, como medio de diagnóstico, o a los animales, en la búsqueda de sujetos afectos de tuberculosis.

**TUBERCULIZACIÓN** n. f. MED. Formación de un tubérculo en el curso de la tuberculosis.

**TUBÉRCULO** n. m. (lat. *tuberculum*). Porción engrosada de una parte cualquiera de una planta, especialmente de un tallo subterráneo, como la patata, la chufa, etc. **2.** ANAT. Superficie redondeada de los molares trituradores. **3.** PATOL. Pequeño tumor redondeado del interior de los tejidos, característico de la tuberculosis. • **Tubérculos bigéminos, cuadrigéminos,** eminencias de la cara dorsal del mesencéfalo.

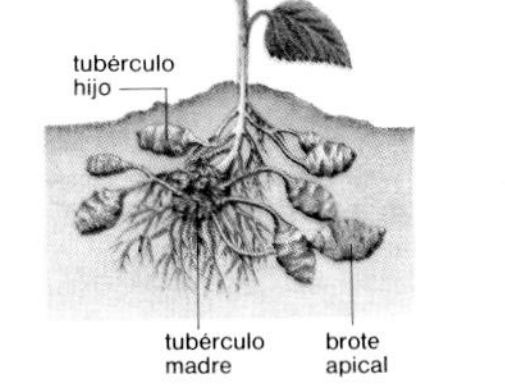

**tubérculo** de aguaturma

**TUBERCULOSIS** n. f. Enfermedad infectocontagiosa, producida por el bacilo de Koch y caracterizada por la formación de tubérculos en diversos órganos: pulmones, vértebras (mal de Pott), riñones, piel (lupus tuberculoso), meninges (meningitis tuberculosa) e intestinos.

■ La evolución de la tuberculosis es por lo general regresiva, pero en algunos casos, a partir del foco inicial, pueden desarrollarse con el tiempo lesiones tuberculosas generalizadas o localizadas. La tuberculosis pulmonar es la más frecuente de las localizaciones y se manifiesta con fiebre, fatiga, adelgazamiento, tos y hemoptisis. En las imágenes radiológicas se descubren nódulos, infiltraciones y cavernas. Todas las tuberculosis son tratadas actualmente con medicamentos tales como la estreptomicina, la isoniacida, la rifampicina, etc. La prevención de la tuberculosis se consigue con la vacuna B.C.G.

**TUBERCULOSO, A** adj. Relativo al tubérculo o a la tuberculosis. **2.** De forma o aspecto de tubérculo: *raíz tuberculosa.* ◆ adj. y n. **3.** Que padece tuberculosis.

**TUBERÍA** n. f. Serie o conjunto de tubos, canalizaciones o cañerías, que sirve para conducir un fluido o un producto pulverulento en una instalación.

**TUBERIZACIÓN** n. f. Transformación en tubérculos o en seudobulbos de la parte inferior del tallo o de los órganos radiculares de ciertos vegetales.

**TUBERIZADO, A** adj. BOT. Que forma un tubérculo.

**TUBEROSIDAD** n. f. ANAT. Protuberancia de un hueso para inserciones musculares o ligamentosas. **2.** ANAT. Cada una de las partes abultadas de las dos extremidades del estómago.

**TUBEROSO, A** adj. Que tiene tuberosidades.

**TUBÍCOLA** adj. ZOOL. Que vive en un tubo que él mismo construye.

**TUBO** n. m. (lat. *tubum*). Elemento de sección constante en una conducción, utilizado para la circulación de un fluido o de un producto pulverulento: *tubo de calefacción; tubo de desagüe.* **2.** Tallo hueco del trigo y de ciertas plantas. **3.** Recipiente alargado de forma cilíndrica hecho de una materia maleable: *tubo de pasta dentífrica.* **4.** Cañón de una boca de fuego. **5.** ANAT. Conducto natural: *tubo digestivo.* **6.** BOT. Parte inferior y tubular de los cálices o las corolas gamopétalas. • **Mandar a** alguien **por un tubo** *(Méx. Fam.)*, despedirlo de mala manera, apartase de él definitivamente y con enojo: *¡mándalo por un tubo! Es un grosero.* ‖ **Pegar con tubo** *(Méx. Fam.)*, tener mucho éxito: *pagó con tubo la obra de teatro.* ‖ **Tubo acústico,** tubo que produce un sonido cuando la columna de aire que encierra entra en vibración. ‖ **Tubo catódico,** o **de rayos catódicos,** tubo electrónico en forma de ampolla cerrada, una de cuyas caras es una pantalla fluorescente sobre la que incide un haz de electrones. ‖ **Tubo criboso** (BOT.), vaso por donde circula la savia elaborada. ‖ **Tubo de aletas,** elemento de una máquina constituido por un tubo metálico provisto de placas longitudinales o discos transversales. ‖ **Tubo de Crookes,** o **de descarga,** tubo lleno de un gas muy enrarecido, en el que se produce una descarga de electrones desde el cátodo al ánodo. ‖ **Tubo de ensayo,** tubo de cristal que sirve para efectuar

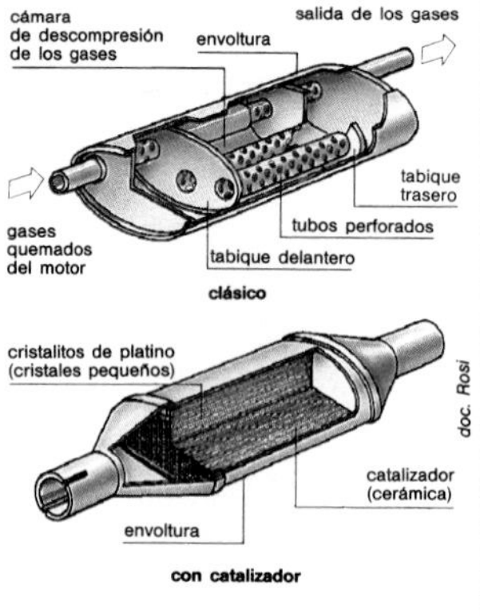


**tubos** de escape

reacciones químicas en pequeñas cantidades. ‖ **Tubo de escape,** tubo que sirve para evacuar los gases quemados y en el que va montado el silenciador. ‖ **Tubo de humos,** tubo dispuesto para el paso del humo al final de un cañón de chimenea. ‖ **Tubo de Malpighi,** órgano excretor de los insectos y miriápodos. ‖ **Tubo de ondas progresivas,** tubo electrónico que permite controlar y amplificar ondas de frecuencia muy elevada. ‖ **Tubo de Pitot,** o **de Darcy,** instrumento ideado por Pitot y perfeccionado por Darcy, que sirve para medir el caudal de las corrientes de agua. ‖ **Tubo de rayos X,** tubo de descarga que emite rayos X. ‖ **Tubo electrónico,** componente electrónico formado por una ampolla que contiene un vacío suficiente *(tubo de vacío)* o un gas ionizado *(tubo de gas)* y dos o varios electrodos que emiten y captan haces de electrones o modifican el movimiento. ‖ **Tubo lanzatorpedos,** tubo metálico que sirve para lanzar un torpedo en una dirección determinada.

**TUBU** o **TIBU,** grupo político y religioso, que agrupa elementos de varios pueblos musulmanes y que lleva una vida nómada en el Ayr y en el Tibesti principalmente.

**TUBULADO, A** adj. Provisto de uno o varios tubos. **2.** Tubular.

**TUBULADURA** n. f. Orificio practicado en una de las paredes de un depósito o conducción, que permite la salida de un fluido al exterior.

**TUBULAR** adj. Relativo al tubo; en forma de tubo. **2.** Relativo a los túbulos renales. **3.** Dícese de una caldera en la que la circulación del fluido o del agua se efectúa por tubos que ofrecen una extensa superficie de calefacción. ◆ adj. y n. m. **4.** Dícese de un neumático especial de bicicleta de carreras.

**TÚBULO** n. m. Tubo pequeño, especialmente los del riñón y los testículos.

**TUBULOSO, A** adj. Tubular, en forma de tubo.

**TUCÁN** n. m. (voz brasileña). Ave trepadora de América tropical, con el plumaje vivamente coloreado y pico voluminoso.

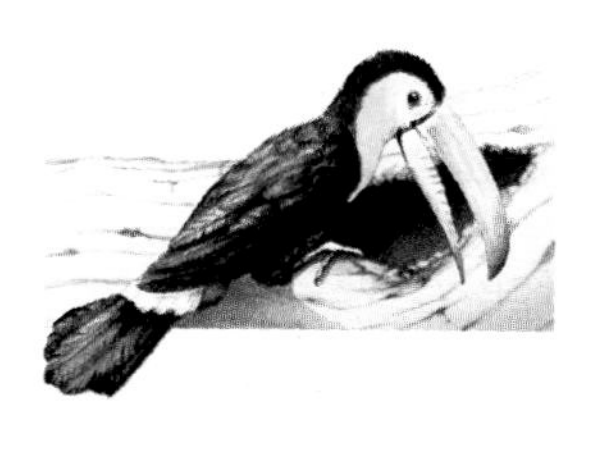

**tucán**

**TUCANO,** pueblo amerindio de la Amazonia, en la zona fronteriza entre Colombia, Perú y Brasil.

**TUCO** n. m. *Argent., Chile* y *Urug.* Salsa de tomate cocida con cebolla, orégano, perejil, ají, etc., con la que se acompañan diversos platos, especialmente pastas.

**TUCO, A** adj. *Bol., Ecuad.* y *P. Rico.* Manco. ◆ n. m. **2.** *Amér. Central, Ecuad.* y *P. Rico.* Muñón. **3.** *Argent.* Insecto parecido al cocuyo, con fosforescencia en el abdomen. **4.** *Perú.* Especie de búho.

**TUCOROR,** pueblo del valle del Senegal, islamizado desde el s. XI.

**TUCUIRICO** n. m. En las Indias castellanas, funcionario que nombraba a los alcaldes y regidores de indios.

**TUCUMÁ** n. m. Planta arbórea, palmera de la cuenca del Orinoco y del Amazonas, de la que se obtiene una fibra textil, y de cuyo fruto se extrae un aceite. (Familia palmáceas.)

**TUCUMANO, A** adj. y n. De Tucumán.

**TUCÚQUERE** n. m. *Chile.* Pájaro estrígido de gran tamaño, similar al búho.

**TUCUSO** n. m. *Venez.* Chupaflor, especie de colibrí.

**TUCUTUCO** n. m. Mamífero roedor, de unos 22 cm de long., de costumbres nocturnas, que vive en América del Sur desde Brasil al Cabo de Hornos.

**TUDESCO, A** adj. y n. Alemán. ◆ n. m. **2.** Durante la guerra de Sucesión de España (1700-1714), defensor de los derechos del archiduque Carlos de Austria al trono español.

**TUECO** n. m. Oquedad en las maderas, producida por la carcoma o insectos xilófagos.

**TUERCA** n. f. Pieza de metal, madera, etc., perforada con un agujero cilíndrico cuya superficie interna está labrada por un surco helicoidal para recibir el vástago fileteado de un perno o de un tornillo.

**TUERTO, A** adj. y n. Falto de un ojo o de la vista de un ojo. ◆ n. m. **2.** Agravio, injusticia, atropello.

**TUESTE** n. m. Torrefacción.

**TUÉTANO** n. m. Médula, sustancia blanda que ocupa los conductos medulares de los huesos. **2.** *Fig.* Meollo, fondo de algo: *llegar al tuétano de un asunto.* • **Hasta el tuétano,** o **los tuétanos** *(Fam.)*, hasta lo más íntimo o profundo de algo.

**TUFARADA** n. f. Racha de olor fuerte que se percibe.

**TUFILLAS** n. m. y f. (pl. *tufillas*). *Fam.* Persona que se atufa, enfada o enoja fácilmente.

**TUFO** n. m. (lat. *typhum*). Emanación gaseosa que se desprende de las fermentaciones y de las combustiones imperfectas. **2.** *Fam.* Olor desagradable que despide de sí alguien o algo. **3.** *Fig.* y *fam.* Vanidad, orgullo. (Suele usarse en plural.) **4.** Gas carbónico procedente de la fermentación vínica.

**TUFO** n. m. (fr. *touffe*). Mechón de pelo que cae por delante de las orejas o de la frente.

**TUFO** n. m. (fr. *tuf*). Toba, piedra caliza.

**TUGURIO** n. m. (lat. *tugurium*). Vivienda, habitación o establecimiento miserables.

**TUL** n. m. (fr. *tulle*). Tela delgada que forma malla, generalmente en octágonos, tejida con hilos muy finos de seda, algodón o lino.

**TULAREMIA** n. f. Enfermedad infecciosa debida a un microbio específico *(Pasteurella tularensis)*, epidémica en la liebre y transmisible al hombre.

**TULE** n. m. *Méx.* Nombre de diversas plantas herbáceas de la familia de las ciperáceas, o de las tifáceas, de tallos largos y erectos, que crecen a la orilla de ríos y lagos, y cuyas hojas se emplean para hacer petates.

**TULENCO, A** adj. *Amér. Central.* Cojo, lisiado.

**TULIO** n. m. Metal del grupo de las tierras raras, cuyo símbolo químico es Tm o Tu, su número atómico 69 y su masa atómica 168,93.

**TULIPA** n. f. (fr. *tulipe*). Tulipán pequeño. **2.** Pantalla de forma parecida a la de un tulipán, que se pone en algunas lámparas.

**TULIPÁN** n. m. (turco *tulipant*). Planta liliácea bulbosa, de bellas flores ornamentales, cuyo cultivo está muy extendido en Países Bajos. **2.** Flor de esta planta.

**tulipanes**

**TULLIDO, A** adj. y n. Paralítico o imposibilitado de mover algún miembro.

**TULLIR** v. tr. [3h]. Dejar tullido a alguien. **2.** *Fig.* Baldar, rendir de cansancio a alguien. ◆ **tullirse** v. pron. **3.** Perder el movimiento del cuerpo o de uno de sus miembros.

**TULPA** n. f. *Colomb., Ecuad.* y *Perú.* Cada una de las piedras que forman el fogón de las cocinas campesinas.

**TUMBA** n. f. (lat. *tumba*). Sepulcro, sepultura. **2.** *Fig.* Persona muy reservada. • **A tumba abierta,** en las pruebas de ciclismo en carretera, descenso de los corredores a grandes velocidades.

**TUMBA** n. f. Tumbo, sacudida violenta. **2.** Voltereta, vuelta dada en el aire. **3.** Danza típica de Colombia, considerada a mediados del s. XIX como la

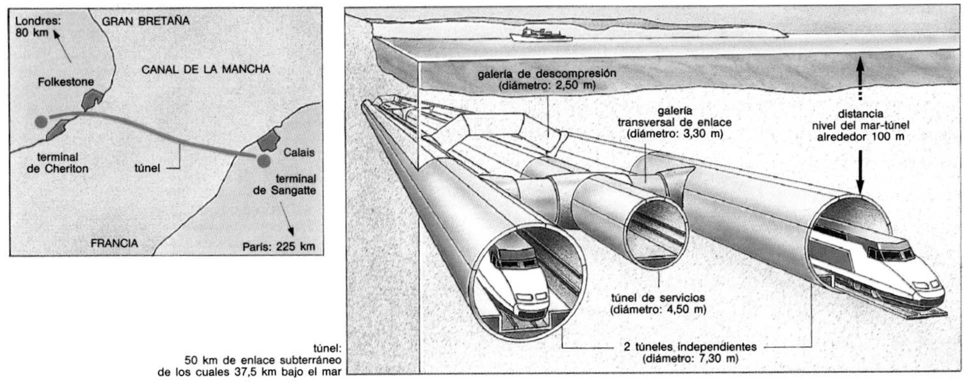


el **túnel** ferroviario bajo el canal de la Mancha

principal danza nacional. **4.** *Antillas* y *Colomb.* Operación de cortar o talar un monte o bosque.

**TUMBADO** n. m. *Colomb.* y *Ecuad.* En las habitaciones, cielo raso.

**TUMBAGA** n. f. (malayo *tembaga*, cobre). Aleación de oro y cobre, muy quebradiza, que se emplea en joyería. **2.** Aleación de cobre y cinc.

**TUMBAR** v. tr. **[1]**. Derribar, hacer caer a alguien o algo que estaba en pie de manera que quede tendido o en posición horizontal. **2.** *Fig.* y *fam.* Suspender a uno en un examen, prueba, ejercicio, etc. **3.** *Fig.* y *fam.* Perturbar o quitar el sentido algo que ha producido una impresión muy fuerte. **4.** MAR. Inclinar una embarcación para descubrir el costado hasta la quilla a fin de repararla. ◆ v. intr. **5.** Caer al suelo, desplomarse. ◆ **tumbarse** v. pron. **6.** *Fam.* Acostarse, tenderse.

**TUMBILLO** n. m. *Colomb.* Vasija hecha de calabaza.

**TUMBO** n. m. Sacudida o vaivén violento. **2.** TAUROM. Caída del caballo y el picador. • **Dando tumbos,** dando traspiés o tropezones; con obstáculos o dificultades.

**TUMBONA** n. f. Silla extensible y articulada, que puede disponerse en forma de canapé.

**TUMEFACCIÓN** n. f. MED. Aumento del tamaño de una estructura, sea cual sea su naturaleza.

**TUMEFACTO, A** adj. Hinchado.

**TUMESCENCIA** n. f. Estado de un órgano que se hincha en el transcurso de ciertas funciones fisiológicas. SIN.: *turgencia.*

**TUMESCENTE** adj. Dícese de un órgano en estado de tumescencia.

**TÚMIDO, A** adj. (lat. *tumidum*). Hinchado.

**TUMOR** n. m. (lat. *tumorem*). Aumento patológico del volumen de los tejidos o de un órgano, debido a una proliferación celular que forma un nuevo tejido (neoplasia).

**TUMORACIÓN** n. f. Tumor.

**TUMORAL** adj. Relativo a un tumor.

**TUMULARIO, A** adj. Relativo al túmulo: *piedras tumulares.*

**TÚMULO** n. m. (lat. *tumulum*, colina). Sepulcro o sepultura levantados sobre el suelo. **2.** Acumulación artificial de tierra o de piedras, generalmente de forma cónica, que se levanta sobre una tumba, típica de las edades del bronce y del hierro. **3.** Armazón recubierta de paños fúnebres, sobre la que se coloca el ataúd y que se erige para la celebración de las exequias de un difunto.

**TUMULTO** n. m. (lat. *tumultum*). Alboroto, disturbio o desorden de una multitud o grupo de personas. **2.** Agitación ruidosa y desordenada, vocerío, algarada.

**TUMULTUAR** v. tr. y pron. **[1s]**. Levantar o promover tumultos.

**TUMULTUOSO, A** o **TUMULTUARIO, A** adj. Que causa o promueve tumultos. **2.** Desordenado, confuso, alborotado.

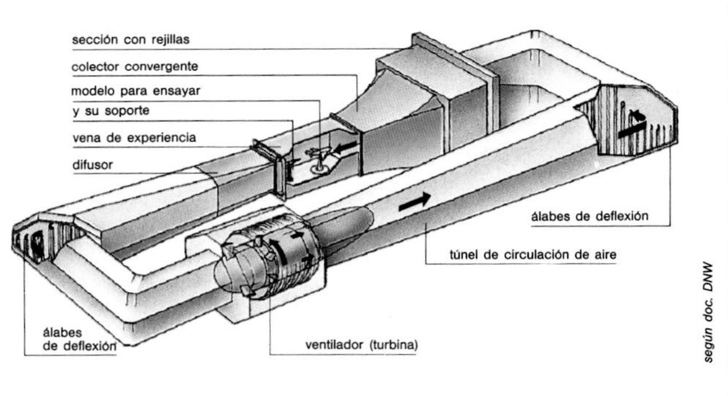


**túnel** aerodinámico de circuito cerrado

**TUN** n. m. Unidad del sistema vigesimal y calendárico maya.

**TUNA** n. f. (voz taino). Nopal, y su fruto.

**TUNA** n. f. Vida holgazana, libre y vagabunda. **2.** Estudiantina.

**TUNANTADA** n. f. Acción propia de tunante, granujada.

**TUNANTE, A** adj. y n. Granuja, pícaro, astuto.

**TUNANTEAR** v. intr. **[1]**. Tunear.

**TUNANTERÍA** n. f. Calidad de tunante. **2.** Tunantada.

**TUNAR** v. intr. **[1]**. Llevar una vida vagabunda, libre y holgazana.

**TUNCO, A** adj. *Guat., Hond.* y *Méx.* Dícese de la persona manca o lisiada. ◆ n. m. **2.** *Hond.* y *Méx.* Cerdo, puerco.

**TUNDA, TUNDICIÓN** o **TUNDIDURA** n. f. Tundido.

**TUNDA** n. f. *Fam.* Paliza, serie de golpes, azotes, etc. **2.** *Fig.* Esfuerzo que produce agotamiento.

**TUNDEAR** v. tr. **[1]**. Dar una tunda o paliza.

**TUNDIDO** n. m. Acción y efecto de tundir los paños y pieles.

**TUNDIDOR, RA** adj. y n. Que tunde.

**TUNDIDORA** n. f. Máquina para tundir paños o telas de lana y tejidos de algodón.

**TUNDIR** v. tr. **[3]**. Cortar o igualar el pelo de los paños y pieles.

**TUNDIR** v. tr. (lat. *tundere*) **[3]**. *Fam.* Dar golpes, azotes, etc.

**TUNDIZNO** n. m. Borra o pelo que se saca de los paños al tundirlos.

**TUNDRA** n. f. En las regiones de clima frío, formación vegetal discontinua, que comprende gramíneas, líquenes y algunos árboles enanos (abedules).

**TUNEAR** v. intr. **[1]**. Hacer cosas de tuno o pícaro o proceder como tal.

**TUNECÍ** adj. y n. m. y f. Tunecino.

**TUNECINO, NA** adj. y n. De Tunicia o de Túnez. ◆ n. m. **2.** Dialecto árabe mogrebí hablado en Tunicia.

**TÚNEL** n. m. (ingl. *tunnel*). Galería subterránea que se abre para dar paso a una vía de comunicación. • **Efecto túnel,** en mecánica cuántica, probabilidad no nula que tiene un cuerpo de sobrepasar una barrera de potencial aunque su energía cinética sea inferior a la altura máxima de la misma. || **Túnel aerodinámico,** dispositivo experimental que permite hacer circular el aire a gran velocidad alrededor de una maqueta, para estudiar su comportamiento.

**TUNERÍA** n. f. Calidad de tunante o pícaro.

**TUNGSTENO** n. m. Volframio.

**TUNGÚS** adj. y n. m. y f. Relativo a un pueblo del E de Asia, diseminado a través de toda Siberia oriental, del Yeniséi al Pacífico (Rusia y NE de China); individuo de este pueblo. ◆ n. m. **2.** Lengua emparentada con el turco y el mongol, hablada por los tungús.

**TÚNICA** n. f. (lat. *tunicam*). Vestidura en forma de camisa, bastante larga y generalmente sin mangas, usada por numerosos pueblos de la antigüedad. **2.** Vestidura de lana que usan los religiosos bajo el hábito. **3.** Vestido más o menos holgado y largo en general. **4.** ANAT. Nombre de diversas membranas que envuelven algunas partes del cuerpo. **5.** BOT. Envoltura adherente de un bulbo.

**TUNICADO, A** adj. y n. m. Relativo a un subtipo de animales marinos que tienen el cuerpo en forma de saco con dos sifones, uno para la entrada del agua y otro para la salida.

**TUNO, A** adj. y n. Tunante, pícaro, bribón. ◆ n. m. **2.** Estudiante que forma parte de una tuna.

**TUNTÚN.** **Al tuntún** o **al buen tuntún** *(Fam.)*, sin cálculo ni reflexión; sin conocimiento del asunto.

**TUNTUNITA** n. f. *Colomb.* Repetición molesta y fastidiosa.

**TUPA** n. f. Planta arbustiva o herbácea de América tropical, de gran tamaño, que segrega un jugo lechoso y tóxico, y se cultiva en jardinería. (Familia campanuláceas.)

**TUPÉ** n. m. (fr. *toupet*). Copete, mechón o rizo de cabello sobre la frente. **2.** *Fig.* y *fam.* Atrevimiento, desfachatez.

**TUPÍ** adj. y n. m. y f. Tupí-guaraní.

**TUPICIÓN** n. f. *Amér.* Confusión, turbación. **2.** *Bol.* Espesura, vegetación densa. **3.** *Chile.* Abundancia, gran cantidad de algo.

**TUPIDEZ** n. f. Calidad de tupido.

**TUPIDO, A** adj. Dícese del conjunto de cosas, elementos, etc., muy próximos unos a otros: *follaje tupido.* **2.** *Fig.* Obtuso, torpe: *olfato tupido; mente tupida.* **3.** *Argent., Méx.* y *Urug.* Abundante, copioso: *lluvia tupida.*

**TUPÍ-GUARANÍ** adj. y n. m. y f. Relativo a una familia lingüística y cultural amerindia, que comprende diversos grupos extendidos por Paraguay y Brasil, a lo largo de la costa atlántica y de la cuenca del Amazonas; individuo de esta familia.

■ En la familia tupí-guaraní se distinguen diversos grupos: a) *tupí de las Guayanas;* b) *tupí del alto Amazonas;* c) *grupo del Madeira al Tocantins;* d) *grupo del Tocantins;* e) *pueblos costeros* (tupinamba); f) *pueblos del Paraguay y del Chaco* (guaraníes). Los tupí emigraron desde el Paraguay y el Paraná hasta el Amazonas, y luego llegaron hasta las Guayanas, al parecer huyendo de los colonos europeos. Eran pueblos muy belicosos, y practicaban la antropofagia. Mantienen sus creencias animistas y sus ritos chamánicos, y viven de una agricultura muy primitiva, de la recolección, la caza y la pesca.

— LING. El área de influencia de la lengua tupí-guaraní se extiende del Amazonas a Uruguay y del Atlántico a los Andes. En el tupí antiguo pueden distinguirse dos dialectos: el guaraní, que se hablaba en el S y ha dado lugar al guaraní moderno, tal como se habla en Paraguay; y el tupí, al E, que se convirtió en el tupí moderno. El tupí-guaraní fue utilizado por conquistadores y misioneros como lengua de evangelización y de relación con los indios. El guaraní se convirtió en la lengua de las misiones jesuíticas de Paraguay, y tuvo un gran cultivo literario; de ahí el arraigo y desarrollo de dicha lengua en ese país. La familia tupí-guaraní comprende numerosos dialectos y subdialectos.

**TUPINAMBA,** grupo amerindio del litoral atlántico del bajo Amazonas (Brasil), act. extinguido.

**TUPIR** v. tr. y pron. **[3]**. Hacer o poner algo más tupido o espeso.

**TUPO** n. m. (voz quechua). Especie de alfiler de gran tamaño, generalmente de plata, usado por los pueblos amerindios andinos para sujetar los mantos y ponchos.

**TURANIO** n. m. Grupo hipotético de lenguas, constituido por el turco, el mongol y el tungús.

**TURBA** n. f. (fr. *tourbe*). Roca orgánica, especie de carbón fósil que se forma en las turberas por descomposición parcial de materias vegetales, que contiene un 60 % de carbono y resulta un combustible muy mediocre que, al quemar, desprende gran cantidad de humo.

**TURBA** n. f. (lat. *turbam*). Muchedumbre de gente que se manifiesta tumultuariamente.

**TURBACIÓN** n. f. Acción y efecto de turbar o turbarse.

**TURBADOR, RA** adj. y n. Que causa turbación.

**TURBAMIENTO** n. m. Turbación.

**TURBAMULTA** n. f. *Fam.* Multitud confusa y desordenada de personas o cosas.

**TURBANTE** n. m. (ital. *turbante*). Tocado oriental que consiste en una larga tira de tela que se arrolla a la cabeza. **2.** Tocado femenino, de tejido flexible, ceñido a la cabeza. **3.** HERÁLD. Figura heráldica, timbre de las dignidades del Imperio otomano.

**TURBAR** v. tr. y pron. (lat. *turbare*) **[1]**. Alterar, perturbar el orden o estado natural de algo, impedir el desarrollo regular de un hecho, situación, etc.: *el viento turbaba las aguas; sus propósitos se turbaron.* **2.** *Fig.* Poner en un estado de agitada emoción, alterar el ánimo causando rubor: *turbar el espíritu.* **3.** *Fig.* Interrumpir de manera molesta o violenta: *su llegada turbó mi tranquilidad.*

**TURBELARIO, A** adj. y n. m. Relativo a una clase de gusanos platelmintos aplanados, que viven libremente en el mar y en las aguas dulces.

**TURBERA** n. f. Yacimiento de turba. **2.** Lugar donde se deposita la turba extraída de los pantanos. **3.** Denominación dada a dos tipos de vegetación que sólo tienen en común el crecer en lugares encharcados.

**TURBIDEZ** n. f. Calidad de turbio. • **Corrientes de turbidez,** corrientes debidas a la gran densidad de las aguas fangosas que resbalan sobre el fondo de un manto de agua, y que se forman en el fondo de los océanos por deslizamiento de masas inestables de lodos que se mezclan con el agua. ◆ **turbideces** n. f. pl. **2.** HIDROGR. Conjunto de partículas finas arrastradas por un curso de agua.

**TURBIDÍMETRO** n. m. Instrumento que permite apreciar la turbidez de un líquido.

**TÚRBIDO, A** adj. (lat. *turbidum*). Turbio.

**TURBIEDAD** o **TURBIEZA** n. f. Calidad de turbio.

**TURBINA** n. f. (lat. *turbinem*, torbellino). Máquina motriz compuesta de una rueda móvil sobre la que se aplica la energía de un fluido propulsor (agua, vapor, gas, etc.).

**TURBINADO, A** adj. HIST. NAT. En forma de peonza: *concha turbinada.*

**TURBINTO** n. m. Planta arbórea de América meridional que suministra trementina y con cuyas bayas se elabora una agradable bebida. (Familia terebintáceas.)

**TURBIO, A** adj. (lat. *turbidum*). Sucio o revuelto con algo que quita la transparencia natural: *aguas turbias.* **2.** *Fig.* Revuelto, turbulento. **3.** *Fig.* Confuso, poco claro, deshonesto: *un negocio turbio.*

**TURBIÓN** n. m. Aguacero impetuoso, con viento y de poca duración. **2.** *Fig.* Aluvión de cosas o de acontecimientos.

**TURBIT** n. m. Planta trepadora cuyas raíces, largas y gruesas, se han usado como purgantes. (Familia convolvuláceas.) • **Turbit mineral,** sulfato mercurial, de propiedades purgantes.

**TURBO** n. m. Abrev. de *turbocompresor.* ◆ adj. y n. m. **2.** Dícese de un motor sobrealimentado por un turbocompresor. **3.** Dícese de un vehículo provisto de tal motor.

**TURBOALTERNADOR** n. m. Grupo generador de electricidad, compuesto de una turbina y un alternador montados sobre un mismo eje.

**TURBOBOMBA** n. f. Bomba centrífuga acoplada directamente a una turbina de vapor.

**TURBOCOMPRESOR** n. m. Compresor accionado por una turbina. • **Turbocompresor de sobrealimentación,** órgano anexo de un motor térmico de gasolina o diesel, que fuerza la mezcla *(motor de carburación)* o el aire *(motor de inyección)* en el colector de admisión y en la válvula de admisión. (Abrev. *turbo.*)

**TURBOFÁN** n. m. Turborreactor de doble flujo, que posee un índice de dilución elevado y cuyo flujo secundario se pone en movimiento por medio de un ventilador de gran diámetro.

**TURBOHÉLICE** n. f. Turbopropulsor.

**TURBOMÁQUINA** n. f. Nombre genérico de los aparatos generadores o receptores, que actúan dinámicamente sobre un fluido mediante una rueda provista de compartimientos, móvil alrededor de un eje fijo (turborreactores, turbomotores).

**TURBOMOTOR** n. m. Órgano de propulsión cuyo elemento esencial es una turbina de gas.

**TURBOPROPULSOR** n. m. Propulsor aeronáutico compuesto de una turbina de gas, que acciona una o varias hélices por medio de un reductor. SIN.: *turbohélice.*

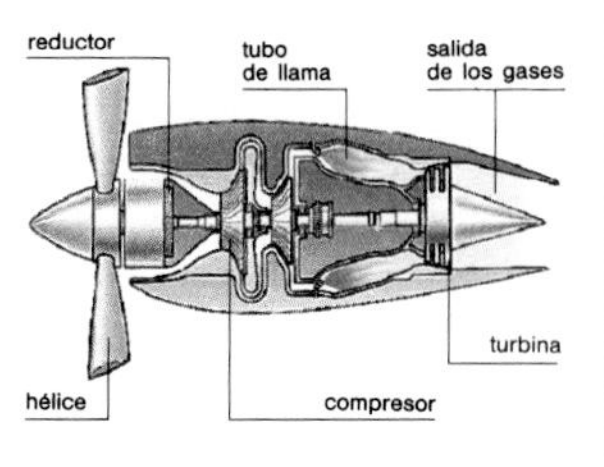


**turbopropulsor**

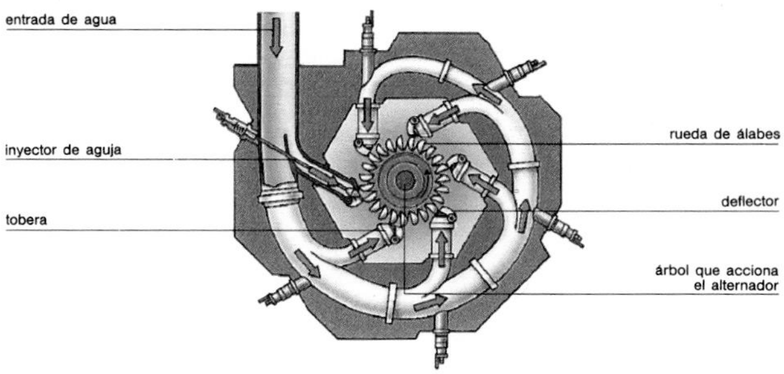


turbina hidráulica Pelton de eje vertical de la central hidroeléctrica de Middle Fork (E.U.A.)

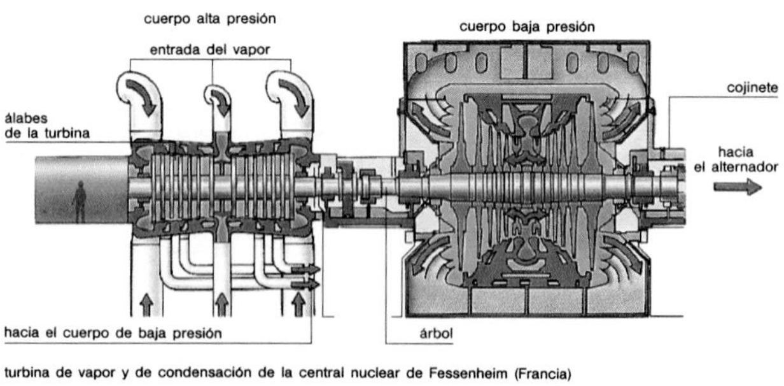


turbina de vapor y de condensación de la central nuclear de Fessenheim (Francia)

**turbinas**

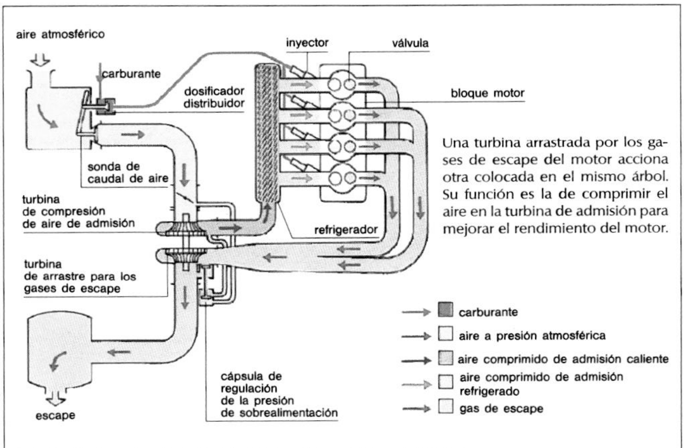


**turbocompresor** de sobrealimentación: principio de funcionamiento

**TURBORREACTOR** n. m. Turbina de gas utilizada en aeronáutica y que funciona por reacción directa en la atmósfera.

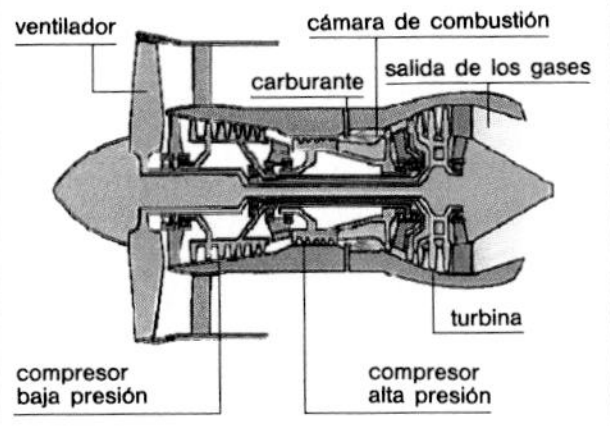


**turborreactor**

**TURBOSO, A** adj. Que contiene turba.

**TURBOSOPLANTE** adj. y n. f. Dícese de la máquina soplante dotada de gran velocidad de rotación, accionada por turbina de gas o de vapor.

**TURBOTRÉN** n. m. Tren automotor de tracción autónoma, propulsado por turbinas de gas aeronáuticas.

**TURBOVENTILADOR** n. m. Dispositivo formado por el acoplamiento de una turbina con un ventilador.

**TURBULENCIA** n. f. Calidad de turbio o turbulento. **2.** *Fig.* Confusión, alboroto. **3.** Agitación desordenada de un fluido en movimiento turbulento. • **Calle,** o **zona, de turbulencia** (AERON.), disposición de los remolinos en líneas paralelas, como los que salen de los extremos de las alas de un avión.

**TURBULENTO, A** adj. (lat. *turbulentum*). Turbio, mezclado. **2.** *Fig.* Agitado, alborotado: *aguas turbulentas.* **3.** *Fig.* Agitador, revoltoso, que promueve alborotos, disturbios, etc.: *persona turbulenta.* **4.** MEC. Dícese del movimiento de un fluido en que las partículas que constituyen las líneas de corriente no discurren siguiendo trayectorias paralelas, sino que se difunden y forman remolinos.

**TURCA** n. f. Femenino de turco. **2.** *Fam.* Borrachera.

**TURCO, A** adj. y n. Relativo a un conjunto de pueblos de Asia central y oriental y de los confines orientales de Europa que hablan lenguas de la misma familia y en su mayoría están islamizados. **2.** Dícese del individuo de dichos pueblos. **3.** De Turquía. **4.** *Amér.* Dícese de la persona de origen árabe, sirio o turco que reside en un país de América. ◆ n. m. **5.** Lengua hablada en Turquía.

■ Los turcos son originarios del Altái, y viven act. en Turquía, Azerbaiján, Turkmenistán, Uzbekistán, Kirguizistán y China (Xinjiang). En el pasado, los principales imperios turcos fueron los de los tujue (ss. VI-VIII), los uigures (*c.* 745-840), los selyúcidas (ss. XI-XIII) y los otomanos, que reinaron desde principios del s. XIV hasta 1922.

**TURCOMANO** o **TURKMENO** adj. y n. Relativo a un pueblo turco de lengua turcomana, que vive en Turkmenistán, Afganistán e Irán; individuo de este pueblo.

**TURDETANO, A** adj. y n. Relativo a un ant. pueblo de la península Ibérica, descendiente de los tartesios, uno de los más cultos y romanizados de la Bética, que desarrolló un activo comercio naval; individuo de dicho pueblo.

**TÚRDIDO, A** adj. y n. m. Relativo a una familia de aves paseriformes, como los *tordos,* los *mirlos* y los *zorzales.*

**TÚRDULO, A** adj. y n. Relativo a un pueblo de la península Ibérica, de origen ibérico, que compartía la Turdetania con los turdetanos, y cuya capital era *Munda;* individuo de dicho pueblo.

**TURF** n. m. (voz inglesa). Pista de un hipódromo.

**TURGENCIA** n. f. Calidad de turgente. **2.** BOT. Estado normal de rigidez de los tejidos vegetales vivos. **3.** MED. Tumescencia.

**TURGENTE** adj. (lat. *turgentem*). Hinchado, en estado de turgencia.

**TÚRGIDO, A** adj. (lat. *turgidum*). *Poét.* Turgente.

**TURIFERARIO** o **TURIBULARIO** n. m. (lat. *turiferarium*). LITURG. Clérigo encargado de llevar el incensario.

**TURIÓN** n. m. BOT. Vástago tierno, como el de los espárragos.

**TURISMO** n. m. (ingl. *tourism*). Acción de viajar por placer, deporte o instrucción. **2.** Conjunto de actividades humanas puestas en práctica para realizar este tipo de viajes. **3.** Industria que tiene por objeto satisfacer las necesidades del turista. **4.** Automóvil utilitario de uso particular.

**TURISTA** n. m. y f. (ingl. *tourist*). Persona que viaja por turismo. ◆ adj. **2. Clase turista,** tarifa reducida aplicada a ciertos servicios de transporte.

**TURÍSTICO, A** adj. Relativo al turismo.

**TURKMENO, A** adj. y n. Turcomano.

**TURMA** n. f. (lat. *turmam*). Testículo. **2.** Hongo ascomicete comestible, muy apreciado, que crece en la península Ibérica. (Familia tuberáceas.) **3.** *Colomb.* Planta apocinácea de aplicaciones medicinales.

**TURMALINA** n. f. (fr. *tourmaline*). Borosilicato natural de aluminio, de coloración variada, que forma prismas alargados y puede ser utilizado como polarizador y analizador. **2.** Piedra fina de color rojo, azul, verde, pardo, etc. SIN.: *esmeralda de Brasil.*

**TURMÓDIGOS,** pueblo de la península Ibérica, de origen céltico, que habitaba en el N de la prov. de Burgos, entre La Bureba y el río Odra.

**TURNAR** v. intr. y pron. (fr. *tourner*) [**1**]. Alternar o establecer un turno con otras personas en la realización de algo. ◆ v. tr. **2.** *Méx.* Remitir un asunto, expediente, etc., un funcionario o empleado gubernamental a otro.

**TURNO** n. m. Orden por el que se suceden las personas en una actividad o para recibir o ser objeto de cierta acción: *establecer un turno de trabajo.* **2.** Vez, momento, espacio de tiempo en el que corresponde actuar a cada uno: *esperar el turno de hablar.* **3.** División de la jornada de trabajo de veinticuatro horas en períodos de trabajo. **4.** Conjunto de los obreros o empleados que trabajan al mismo tiempo en una empresa. • **De turno,** dícese de la persona o establecimiento público asistencial a quien toca prestar servicio en un determinado momento.

**TUROLENSE** adj. y n. m. y f. De Teruel.

**TURÓN** n. m. Mamífero carnívoro, de 40 cm de long. sin la cola, que, al ser atacado, segrega un líquido hediondo, y cuya piel, de color pardo oscuro, es muy estimada. (Familia mustélidos.)

**turón**

**TURQUESA** n. f. Fosfato alumínico básico de cobre hidratado que constituye una piedra preciosa de color azul cielo o azul verde, opaca o transparente. ◆ adj. y n. m. **2.** Relativo al color azul verdoso.

**TURQUÍ** adj. y n. m. Relativo al color azul añil. ◆ adj. **2. Mármol turquí,** variedad de mármol azul, veteado de blanco.

**TURRO, A** adj. y n. (voz lunfarda). Dícese de la persona desvergonzada y de malas intenciones.

**TURRÓN** n. m. Dulce a base de almendras, piñones, avellanas o nueces, tostado y mezclado con miel o azúcar.

**TURRONERÍA** n. f. Establecimiento en donde se venden turrones.

**TURRONERO, A** n. Persona que fabrica o vende turrón.

**TURULATO, A** adj. *Fam.* Pasmado, estupefacto, alelado.

**TUSA** n. f. *Amér.* Gente insignificante o despreciable. **2.** *Argent.* Acción y efecto de tusar. **3.** *Argent.* y *Chile.* Crines del caballo. **4.** *Bol., Colomb.* y *Venez.* Mazorca de maíz desgranada. **5.** *Chile.* Barbas de la mazorca de maíz. **6.** *Colomb.* Marca de viruela. **7.** *Cuba.* Cigarrillo que se lía con hojas de maíz. **8.** *Cuba.* Mazorca de maíz. **9.** *Cuba. Fam.* Mujer despreciable.

**TUSAR** v. tr. [**1**]. *Amér.* Trasquilar. **2.** *Argent.* Cortar las crines del caballo.

**TUSÍGENO, A** adj. Que provoca la aparición de tos.

**TUSÍLAGO** n. m. Planta herbácea cuyas hojas y flores se emplean como pectorales.

**TUSO, A** adj. *Colomb.* y *P. Rico.* Se dice de la persona con el pelo cortado al ras, pelón. **2.** *Colomb.* y *Venez.* Dícese de la persona que está picada de viruelas. **3.** *P. Rico.* Dícese del animal que carece de rabo o que lo tiene corto.

**TUSOR** n. m. (hindī *tassar*). Tela de algodón con ligamento tafetán teñida, o teñida y mercerizada.

**TUTE** n. m. (ital. *tutti,* todos). Juego de naipes que se juega con baraja española y cuyo objetivo es llegar a reunir los cuatro reyes o los cuatro caballos de la baraja. **2.** *Fam.* Reunión de cuatro personas de la misma clase. • **Dar un tute** *(Fam.),* usar mucho algo, hasta el extremo de consumirlo, estropearlo, etc. ‖ **Darse un tute** *(Fam.),* hacer un esfuerzo extraordinario, trabajando intensamente.

**TUTEAR** v. tr. y pron. [**1**]. Tratar a una persona, al dirigirse a ella, empleando el pronombre *tú* en vez de *usted.*

**TUTELA** n. f. (lat. *tutelam*). Institución ordenada por la ley, que tiene por objeto la protección y asistencia de una persona que, por razón de edad o de incapacidad, no puede gobernarse por ella misma ni proveer a la administración de sus bienes. **2.** Autoridad protectora. **3.** Cargo de tutor. **4.**

**tutú** romántico

**tutú** a la italiana

*Fig.* Amparo, protección. • **Territorio bajo tutela,** país sometido a la tutela de la O.N.U., quien delega su administración a una potencia.

**TUTELAR** adj. Que guía, ampara o protege. **2.** DER. Que concierne a la tutela.

**TUTELAR** v. tr. [**1**]. Ejercer una tutela sobre alguien.

**TUTEO** n. m. Acción y efecto de tutear.

**TUTIPLÉ** o **TUTIPLÉN. A tutiplé** o **a tutiplén** *(Fam.)*, en abundancia, en gran cantidad.

**TUTOR, RA** n. Persona que representa al menor o incapacitado en los actos civiles, salvo aquellos que, por disposición expresa de la ley, pueden ejercitar por sí mismos. **2.** *Fig.* Defensor, guía, protector. **3.** Profesor privado que tiene a su cargo la educación general de un alumno. **4.** Persona encargada de orientar y aconsejar a los alumnos de un curso o una asignatura. ◆ n. m. **5.** Rodrigón, estaca. **6.** Armadura que se coloca alrededor de un árbol joven para protegerlo.

**TUTORÍA** n. f. Cargo de tutor.

**TUTSI** o **BATUTSI,** pueblo de Ruanda y Burundi.

**TUTTI** n. m. (voz italiana, *todos*). MÚS. Conjunto de los instrumentos de la orquesta, en oposición al solista.

**TUTTIFRUTTI** o **TUTTI FRUTTI** n. m. (voz italiana). Helado de frutas variadas.

**TUTÚ** n. m. (fr. *tutu*). Vestido típico de bailarina de danza clásica, consistente en una falda, generalmente corta, formada por varias capas superpuestas.

**TUTUMA** n. f. *Chile.* Chichón, bulto.

**TUYA** n. f. Planta arbustiva o arbórea originaria de Asia o América, cultivada en parques por su follaje ornamental. (Familia cupresáceas.)

**TUYO, A** adj. y pron. poses. de 2.ª pers. (lat. *tuum*). Establece relación de posesión o pertenencia: *tengo un libro tuyo; mi coche corre más que el tuyo; esto es tuyo.* • **Lo tuyo,** lo propio de la persona a quien se habla; lo que hace bien o es adecuado para ella. ◆ **tuyos** n. m. pl. **2. Los tuyos,** tus parientes, tus amigos, tus compañeros, etc.

**TUZA** n. f. *Méx.* Pequeño roedor, parecido al topo, que construye galerías subterráneas.

**TV,** abrev. de *televisión.*

**TWEED** n. m. (voz inglesa). Tejido de lana, estambre o algodón, generalmente en dos colores, con ligamento sarga y tacto áspero, que se utiliza para la confección de prendas de sport.

**TWIST** n. m. (voz inglesa). Baile con balanceo rítmico y torsiones del cuerpo, que se impuso a principios de los años sesenta.

**TXALAPARTA** n. f. (voz vasca). Instrumento musical popular vasco.

**TXISTU** n. m. (voz vasca). Chistu.

**TXISTULARI** n. m. y f. (voz vasca). Chistulari.

**TXOCO** n. m. (voz vasca). Sociedad gastronómica.

**TYPON** n. m. Positivo tramado, especial para copia sobre placa offset.

**TZELTAL o TZENDAL,** pueblo amerindio maya de México (Chiapas), en la frontera con Guatemala.

**TZOMPANTLI** n. m. (voz náhuatl, *empalizada de calaveras*). Tipo de construcción realizado por los toltecas y los aztecas del México prehispánico, que consistía en un zócalo de piedra, generalmente decorado con calaveras en relieve, sobre el que se levantaba un armazón de madera en el que se exponían las calaveras de las víctimas sacrificadas a los dioses en los templos de las principales ciudades.

**TZOTZIL** o **CHAMULA,** pueblo amerindio maya de México (est. de Chiapas). Su cultura destaca por la artesanía, la literatura oral y la música.

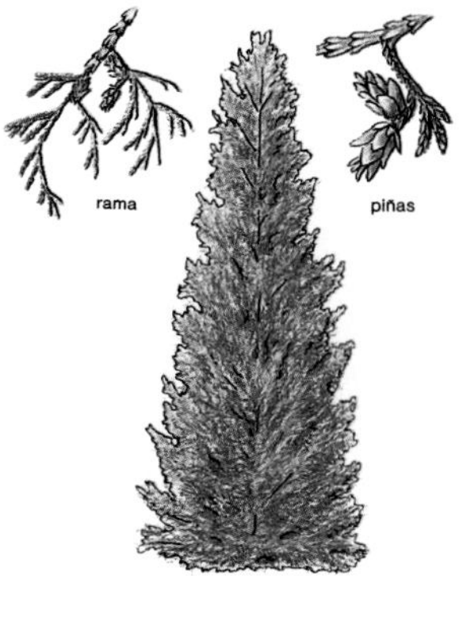


**tuya** (América)

# U

**U** n. f. Vigésima segunda letra del alfabeto español y la quinta de las vocales. **2.** Símbolo químico del *uranio*. **3.** Símbolo de la *unidad de masa atómica*.

**U** conj. disyunt. Se emplea en vez de *o* ante palabras que empiezan por *o* o por *ho: uno u otro.*

**UADI** n. m. Nombre dado a los ríos del N de África. **2.** *Por ext.* Curso de agua intermitente de las regiones áridas, alimentado por arroyada.

**UAPITÍ** n. m. Ciervo de gran tamaño que vive en Alaska y Siberia.

**uapití** de América del Norte

**UBAJAY** n. m. Planta arbórea de fruto comestible, que crece en Argentina. (Familia mirtáceas.) **2.** Fruto de esta planta.

**UBÉRRIMO, A** adj. superl. Muy abundante y fértil: *valle ubérrimo.*

**UBICACIÓN** n. f. Acción y efecto de ubicar.

**UBICAR** v. intr. y pron. **[1a]**. Estar o encontrarse en determinado lugar o espacio. ◆ v. tr. **2.** *Amér.* Situar o instalar en determinado espacio o lugar.

**UBICUIDAD** n. f. Calidad de ubicuo: *poseer el don de la ubicuidad.*

**UBICUO, A** adj. Que está o puede estar en todas partes. **2.** *Fig.* Dícese de la persona muy activa.

**UBIQUISTA** adj. BIOL. Dícese de las especies que se encuentran en medios ecológicos muy diferentes.

**UBRE** n. f. (lat. *uber*). Glándula mamaria.

**UCASE** o **UKAZ** n. m. Una de las categorías de leyes de la antigua Rusia (ss. XVIII-XIX). **2.** *Por ext.* Decisión autoritaria sin apelación.

**U.C.I.,** siglas de *unidad* de cuidados intensivos.*

**UCRANIANO, A** o **UCRANIO, A** adj. y n. De Ucrania. ◆ n. m. **2.** Lengua eslava hablada en Ucrania.

**UCRONÍA** n. f. Utopía aplicada a la historia. **2.** Historia reconstruida lógicamente de tal modo que habría podido ser y no ha sido.

**UD., UDS.,** abrev. de *usted, ustedes.*

**UDMURTO,** pueblo ugrofinés que habita, a orillas del Kama, en la República de Udmurtia (Rusia).

**¡UF!** interj. Expresa cansancio, fastidio, sofocación, repugnancia, etc.: *¡uf! ¡qué calor!*

**UFANARSE** v. pron. **[1]**. Engreírse, jactarse, gloriarse: *se ufana de su riqueza.*

**UFANÍA** n. f. Calidad de ufano.

**UFANO, A** adj. Engreído. **2.** Satisfecho, alegre. **3.** Lozano.

**U.F.O.,** siglas inglesas de *unidentified flying object (objeto volante no identificado),* con las que se designa al ovni.

**UFOLOGÍA** n. f. Ciencia que estudia los ovnis.

**UFÓLOGO, A** n. Especialista en ufología.

**UGETISTA** adj. y n. m. y f. Relativo a la U.G.T.; miembro de esta organización.

**UGROFINÉS, SA** adj. y n. m. Dícese de una familia de lenguas vinculadas al conjunto uraloaltaico, y que comprende el grupo fínico (finés, lapón, etc.) y el grupo ugro (húngaro, vogul, ostiako). SIN.: *finougro.*

**U.H.F.,** siglas de la expresión inglesa *ultra high frequency (frecuencia ultra elevada)* con que se designan las ondas radioeléctricas de frecuencias comprendidas entre 300 y 3 000 MHz.

**U.H.T.** n. f. (siglas de *ultra high temperature*). Uperización.

**UIGUR** adj y n. m. y f. Relativo a una tribu turca que dominó el imperio de Mongolia de *c.* 745 a 840; individuo de esta tribu. (Actualmente, constituyen la población mayoritaria del Xinjiang [China].) ◆ n. m. **2.** Lengua turca de Asia central.

**UITLANDER** n. m. (voz neerlandesa). Nombre que dieron los bóers a los emigrantes anglosajones atraídos, a partir de 1884, por los yacimientos de oro y diamantes del Transvaal y de Orange.

**UJIER** n. m. Portero de un palacio o de un tribunal. **2.** Empleado subalterno de algunos tribunales y cuerpos del estado, encargado de realizar ciertas diligencias en la tramitación de los asuntos. **3.** HIST. Criado de palacio que tenía ciertas funciones.

**¡ÚJULE!** interj. *Méx. Fam.* ¡Vaya! **2.** *Méx.* ¡Huy!

**UKELELE** n. m. Instrumento musical de cuerdas pulsadas, parecido a una guitarra de pequeño tamaño, procedente de Indonesia.

**ULALA** n. f. *Bol.* Tipo de cacto.

**ULANO** n. m. Lancero, en los antiguos ejércitos alemán, austríaco, polaco y ruso.

**ÚLCERA** n. f. (lat. *ulcera*). Pérdida de sustancia de un revestimiento epitelial, cutáneo o mucoso, que se acompaña de lesiones más o menos profundas en los tejidos subyacentes, y de difícil cicatrización. **2.** AGRIC. Descortezadura de los árboles.

**ULCERACIÓN** n. f. Formación de una úlcera. **2.** Úlcera superficial.

**ULCERAR** v. tr. y pron. **[1]**. Causar úlcera.

**ULCERATIVO, A** adj. Que produce ulceración.

**ULCEROSO, A** adj. y n. Relativo a una úlcera; afecto de esta enfermedad.

**ULCOATE** n. m. *Méx.* Víbora venenosa de coloración negruzca y pecho amarillo.

**ULEMA** n. m. (ár. *'ulmā'*). Doctor de la ley musulmana, jurista y teólogo.

**ULIGINOSO, A** adj. BOT. Que crece o vive en lugares húmedos.

**ULLUCO** n. m. BOT. Melloco.

**ULMÁCEO, A** adj. y n. f. Relativo a una familia de plantas arbóreas con flores desprovistas de pétalos, y fruto en nuez o drupa, frecuentemente alado, como el olmo.

**ULMO** n. m. *Chile.* Planta arbórea cuya corteza se emplea para curtir. (Familia eucrifiáceas.) **2.** *Chile.* Madera de esta planta.

**ULNAR** adj. Relativo al antebrazo, en especial al cúbito.

**ULPO** n. m. *Chile* y *Perú.* Especie de mazamorra hecha con harina tostada y agua.

**ULTERIOR** adj. (lat. *ulteriorem*). Que se dice, sucede o se ejecuta después de otra cosa: *noticia desmentida por otra ulterior.*

**ULTIMACIÓN** n. f. Acción y efecto de ultimar.

**ULTIMADAMENTE** adv. m. *Méx. Fam.* Finalmente, a todo esto, a fin de cuentas.

**ULTIMAR** v. tr. **[1]**. Terminar, concluir algo, finalizar una obra: *ultimar los preparativos.* **2.** Elaborar un acuerdo después de unas negociaciones: *ultimar los documentos de venta.* **3.** *Amér.* Matar, rematar.

**ULTIMÁTUM** n. m. (pl. *ultimátum* o *ultimátums*). Condiciones definitivas impuestas a un estado por otro y cuya no aceptación implica la guerra. **2.** Resolución o determinación definitiva.

**ÚLTIMO, A** adj. (lat. *ultimum*). Que en una serie viene después de todos los demás: *último día de la semana.* **2.** Que en orden al tiempo está después de los que le preceden, el más reciente: *según el último parte meteorológico.* **3.** Postrero: *fueron sus últimas palabras.* **4.** Que constituye la parte más remota, lejana o escondida de algo: *últimas estribaciones de una montaña.* **5.** Decisivo, definitivo, exclusivo: *es la última oferta.* **6.** Dícese de lo extremado en su línea. • **A la última** *(Fam.)*, a la última moda. || **Estar en las últimas** *(Fam.)*, estar muriéndose; *(Fam.)*, estar arruinado o muy apurado de dinero, provisiones, etc. || **Por último,** finalmente, después o detrás de todo.

**ULTRA** adj. Relativo a la política de extrema derecha y a la radicalización de las opiniones: *ideología ultra.* ◆ n. m. y f. **2.** Persona que tiene ideas políticas de extrema derecha.

**ULTRABÁSICO, A** adj. GEOL. Dícese de una roca eruptiva que contiene menos del 45 % de sílice y que está constituida esencialmente por silicatos ferromagnésicos que le proporcionan una coloración oscura.

**ULTRACENTRÍFUGA** n. f. Centrífuga con un régimen de rotación extremadamente elevado, del orden de 60 000 rev/minuto.

**ULTRACENTRIFUGACIÓN** n. f. Centrifugación por medio de ultracentrífuga.

**ULTRACORRECCIÓN** n. f. LING. Fenómeno por el que una forma correcta es considerada incorrecta, restituyéndose, por error, algo que se cree normal.

**ULTRACORTO, A** adj. FÍS. Dícese de ondas electromagnéticas cuya longitud es del orden de algunos centímetros.

**ULTRADERECHA** n. f. Conjunto de personas o partidos políticos con una ideología política que forma parte de la derecha radical.

**ULTRAFILTRO** n. m. Filtro cuyo rendimiento es al menos del 99,9 %, capaz de retener las partículas de 0,01 μm.

**ULTRAÍSMO** n. m. Movimiento poético español de la segunda década del s. XX, que se esforzó por incorporar a España a las corrientes europeas de vanguardia.

**ULTRAÍSTA** adj. y n. m. y f. Relativo al ultraísmo; partidario de este movimiento poético.

**ULTRAJANTE** o **ULTRAJOSO, A** adj. Que ultraja moralmente: *proposición ultrajante.*

**ULTRAJAR** v. tr. [**1**]. Cometer ultraje.

**ULTRAJE** n. m. Injuria, ofensa o desprecio de palabra o de obra.

**ULTRALIGERO, A** adj. Sumamente ligero. ◆ n. m. **2.** Pequeño avión de concepción simplificada, monoplaza o biplaza, de peso inferior a 170 kg, equipado con un pequeño motor. **3.** Modalidad de vuelo que se practica con este avión.

**ULTRALIVIANO, A** adj. Ultraligero.

**ULTRAMAR** n. m. Con respecto a un país o conjunto de países, especialmente los europeos, otro u otros que están situados al otro lado del mar, particularmente América. • **Azul de ultramar,** lapislázuli; color de este mineral.

**ULTRAMARINO, A** adj. Que está del otro lado del mar: *territorios ultramarinos.* ◆ **ultramarinos** n. m. pl. **2.** Víveres, en un principio los que se traían de ultramar, que se venden en tiendas de comestibles. **3.** Dichas tiendas.

**ULTRAMICROSCÓPICO, A** adj. Relativo al ultramicroscopio. **2.** Muy pequeño.

**ULTRAMICROSCOPIO** n. m. Instrumento que, gracias a su sistema de iluminación lateral, permite observar objetos invisibles con el microscopio ordinario.

**ULTRAMODERNO** adj. Muy moderno.

**ULTRAMONTANISMO** n. m. Denominación dada a diversas doctrinas referentes a las relaciones entre la Iglesia y el estado. **2.** Conjunto de ideas o doctrinas consideradas como conservadoras o reaccionarias.

**ULTRAMONTANO, A** adj. Que está más allá o de la otra parte de los montes. ◆ adj. y n. **2.** Partidario del ultramontanismo.

**ULTRANZA. A ultranza,** sin detenerse ante las dificultades, con resolución; sin concesiones ni paliativos.

**ULTRAPRESIÓN** n. f. Presión muy elevada, alcanzando varios miles de atmósferas.

**ULTRARREALISTA** n. y adj. Partidario extremista de la realeza y de las ideas monárquicas.

**ULTRARROJO, A** adj. Infrarrojo.

**ULTRASENSIBLE** adj. Extremadamente sensible.

**ULTRASONIDO** n. m. Vibración de la misma naturaleza que el sonido, pero de frecuencia muy elevada (desde 20 kHz a varios centenares de megahertzios), no audible por el oído humano.

**ultraligero**

**ULTRASONORO, A** o **ULTRASÓNICO, A** adj. Relativo a los ultrasonidos.

**ULTRATUMBA. De ultratumba,** que está más allá de la tumba y de la muerte.

**ULTRAVACÍO** n. m. Vacío que se produce a una presión muy baja.

**ULTRAVIOLETA** adj. y n. m. FÍS. Dícese de las radiaciones invisibles para el ojo humano situadas en el espectro luminoso más allá del violeta, de longitud de onda menor que la de este color y mayor que la de los rayos X.

**ULTRAVIRUS** n. m. Virus filtrante.

**ULÚA,** pueblo amerindio de Nicaragua, del grupo sumo.

**ULULAR** v. intr. [**1**]. Dar aullidos o alaridos los animales.

**ULULATO** n. m. Aullido, alarido.

**UMBELA** n. f. (lat. *umbellam,* sombrilla). BOT. Inflorescencia cuyos pedicelos parten todos de un mismo punto para elevarse al mismo nivel, como los radios de un parasol.

**UMBELADO, A** adj. BOT. Dispuesto en umbelas.

**UMBELÍFERO, A** adj. y n. f. Relativo a una familia de plantas con flores dispuestas en umbelas, algunas de las cuales son comestibles, como la zanahoria y el perejil, y otras venenosas, como la cicuta.

**UMBELIFLORO, A** adj. y n. f. Relativo a un orden de plantas que tienen las flores en umbelas.

**UMBÉLULA** n. f. Nombre dado a las umbelas parciales, cuyo conjunto forma la umbela general.

**UMBILICADO, A** adj. De figura de ombligo.

**UMBILICAL** adj. Relativo al ombligo.

**UMBÍLICO** n. m. MAT. Punto de una superficie curva en la que todas las secciones normales tienen la misma curvatura.

**UMBRÁCULO** n. m. Armazón cubierto de ramaje o follaje que permite el paso del aire pero resguarda a las plantas de la fuerza del sol. **2.** Sitio cubierto para resguardarse del sol.

**UMBRAL** n. m. Pieza o escalón que forma la parte inferior de una puerta. **2.** *Fig.* Comienzo, principio en cualquier proceso o actividad: *el umbral de la vejez.* **3.** *Fig.* Límite: *el umbral de lo increíble.* **4.** ARQ. Viga que se atraviesa en lo alto de un vano, para sostener el muro que hay encima. **5.** FISIOL. Límite a partir del cual se percibe una sensación o estímulo. **6.** GEOGR. Elevación del terreno que determina una línea divisoria de las aguas en el interior de una depresión. **7.** HIDROL. Parte poco profunda en el lecho de un curso de agua, situada entre dos sectores más profundos. **8.** OCEANOGR. Elevación ancha y alargada que se levanta suavemente desde el fondo de un océano, sin acercarse a su superficie, separando dos cuencas. • **Umbral absoluto,** intensidad mínima que debe alcanzar un estímulo cualquiera para que se perciba. || **Umbral de excitación,** intensidad mínima de un excitante para provocar una reacción. || **Umbral diferencial,** cantidad mínima en que hay que aumentar un estímulo para que se perciba el cambio.

**UMBRALADO** n. m. Vano asegurado por un umbral.

**UMBRALAR** v. tr. [**1**]. Poner umbral al vano de un muro.

**UMBRELA** n. f. ZOOL. Órgano de la medusa, en forma de campana, cuyas contracciones aseguran la natación del animal.

**UMBRÍA** n. f. Lugar que, por su orientación, está siempre en sombra.

**UMBRÍO, A** adj. Dícese del lugar donde da poco el sol: *calle umbría.*

**UMBRO, A** adj. y n. De Umbría.

**UMBROSO, A** adj. Que tiene o causa sombra: *árbol umbroso.*

**UMIAK** n. m. (voz esquimal). Embarcación de grandes dimensiones de los esquimales, hecha de pieles de foca cosidas.

**UN, UNA** art. indet. sing. Sirve para indicar una persona o cosa de un modo indeterminado: *conducía un coche deportivo.* **2.** Sirve para introducir una expresión temporal indeterminada: *llegará un día en que me darás la razón.* ◆ adj. **3.** Apócope de *uno,* número: *dale un caramelo.*

**UNÁNIME** adj. (lat. *unanimen*). Que tiene o expresa un mismo parecer, opinión, sentimiento, etcétera: *decisión unánime.*

**UNANIMIDAD** n. f. Calidad de unánime. • **Por unanimidad,** por acuerdo de todas las personas que forman un grupo, sin faltar ninguna.

**UNAU** n. m. Mamífero de América tropical, arborícola, de movimientos lentos. (Orden desdentados, familia bradipódidos.)

**UNCIAL** adj. y n. f. Dícese de una escritura compuesta de letras mayúsculas de tamaño cercano a la pulgada. **2.** Dícese de las letras usadas en esta escritura.

**UNCIFORME** adj. ANAT. y BOT. En forma de gancho.

**UNCIÓN** n. f. (lat. *unctionem*). Acción y efecto de ungir. **2.** Devoción y recogimiento con que el ánimo se entrega a un sentimiento religioso. **3.** Esta misma actitud aplicada a un sentimiento no religioso. **4.** Extremaunción.

**UNCIR** v. tr. [**3a**]. Atar o sujetar al yugo bueyes, mulas u otras bestias.

**UNDÉCIMA** n. f. MÚS. Intervalo formado por una octava y una cuarta. **2.** Redoblamiento a la octava de una cuarta.

**UNDÉCIMO, A** adj. num. ordin. Que corresponde en orden al número once. ◆ adj. **2.** Dícese de cada una de las once partes iguales en que se divide un todo.

**UNDERGROUND** adj. (voz inglesa, *subterráneo*). Dícese de espectáculos, obras literarias, revistas de vanguardia, realizados fuera de los circuitos comerciales ordinarios.

**UNE** *(normas),* conjunto de normas utilizadas en España, de acuerdo con una normalización internacional, para regular la producción industrial y su clasificación.

**UNGIDO** n. m. Persona que ha sido signada con

el óleo sagrado, como un sacerdote, un rey, etc. **2.** *Por antonom.* Cristo. (Se escribe con mayúscula.)

**UNGIMIENTO** n. m. Acción o efecto de ungir.

**UNGIR** v. tr. **[3b]**. Extender superficialmente, sobre una cosa, grasa, aceite o cualquier otra materia pingüe: *ungir el cabello con brillantina.* **2.** LITURG. Signar con óleo sagrado: *el sacerdote ungió al enfermo.*

**UNGÜENTO** n. m. Cualquier sustancia que sirve para ungir o untar, especialmente con fines curativos. **2.** *Fig.* Remedio con que se pretende arreglar una situación. (Suele usarse en plural.)

**UNGUICULADO, A** adj. y n. m. Dícese de los mamíferos cuyos dedos terminan en uñas.

**UNGUIS** n. m. (voz latina, *uña*). Pequeño hueso de la cara situado en el lado interno de la cavidad orbitaria.

**UNGULADO, A** adj. Dícese de los mamíferos cuyos dedos terminan en cascos o pezuñas. ◆ adj. y n. m. **2.** Relativo a un vasto y heterogéneo grupo de mamíferos ungulígrados, herbívoros u omnívoros, como el elefante, el caballo, el rinoceronte y los porcinos y rumiantes.

**UNGULAR** adj. Relativo a la uña.

**UNGULÍGRADO, A** adj. Dícese de los animales que andan apoyando la extremidad digital.

**UNIATA** adj. y n. m. y f. Decíase de los cristianos que reconocían la supremacía del papa, conservando al mismo tiempo el derecho de emplear su liturgia nacional.

**UNIÁXICO, A** adj. MINER. Dícese del cristal birrefringente que posee una dirección en la que un rayo luminoso se propaga sin desdoblarse.

**UNIBLE** adj. Que puede unirse o susceptible de ser unido.

**UNICELULAR** adj. BIOL. Formado por una sola célula, como los protistos.

**UNICIDAD** n. f. Calidad de único.

**ÚNICO, A** adj. (lat. *unicum*). Solo y sin otro de su especie: *hijo único.* **2.** *Fig.* Singular, excepcional, fuera de lo común o corriente: *es único en su profesión.* • **Vía única** (F.C.), línea que comprende una sola vía, por la que los trenes pueden circular en uno u otro sentido.

**UNICORNIO, A** adj. Que tiene un solo cuerno. ◆ n. m. **2.** Animal fabuloso, con cuerpo de caballo y un cuerno recto en mitad de la frente. **3.** Rinoceronte. • **Unicornio de mar,** narval.

**UNIDAD** n. f. (lat. *unitatem*). Cada cosa completa y diferenciada de otras que se encuentra en un conjunto contable: *sardinas envasadas en latas de seis unidades.* **2.** Conjunto de varias partes homogéneas o estrictamente unidas que forman un todo indivisible: *la unidad de la Iglesia.* **3.** Cualidad de una obra artística que tiene armónica correspondencia entre sus partes, unidas por una misma intención, inspiración, etc. **4.** Cada una de las partes, secciones, grupos que forman un determinado organismo: *la factoría consta de varias unidades especializadas.* **5.** *Fig.* Concordia, convergencia de pensamientos y sentimientos entre dos o más personas: *la unidad del partido en el tema económico era total.* **6.** FARM. Cantidad de una sustancia determinada, que corresponde a una cierta actividad farmacológica fija, que suele evaluarse por un método experimental, químico o biológico. **7.** MIL. Fracción del ejército, que puede obrar independientemente, bajo las órdenes de un solo jefe. **8.** MAT. El primer número de la serie ordinal, que se representa por la cifra 1. **9.** METROL. Magnitud tomada como término de comparación al medir otra magnitud de la misma especie. • **Gran unidad** (MIL.), la del tipo división o superior. ‖ **Pequeña unidad** (MIL.), la inferior a la brigada. ‖ **Principio de unidad de caja** (CONTAB.), principio presupuestario de carácter contable que exige que los ingresos y los pagos se centralicen en una dependencia única. ‖ **Sistema de unidades,** conjunto coherente de unidades elegidas de forma que simplifican ciertas fórmulas físicas que relacionan varias magnitudes. ‖ **Unidad aritmético-lógica** (INFORMÁT.), parte de un ordenador que efectúa sobre los datos recibidos las operaciones aritméticas o lógicas comandadas por la unidad de control. ‖ **Unidad astronómica,** unidad de longitud (símbolo UA) cuyo valor es 149 597 870 km. ‖ **Unidad central de proceso** (INFORMÁT.), parte de un ordenador que ejecuta el programa (comprende la unidad aritmético-lógica y la unidad de control). ‖ **Unidad de acción, de lugar y de tiempo,** en el teatro clásico del renacimiento y del barroco, reglas según las cuales una obra dramática debe tener una sola acción principal y desarrollarse en un único lugar en el transcurso de un determinado período de tiempo. ‖ **Unidad de combate** (MIL.), la que dispone de medios para tomar a su cargo ciertas misiones de combate. ‖ **Unidad de control** (INFORMÁT.), parte de un ordenador que dirige y coordina la ejecución de las operaciones requeridas por el programa. ‖ **Unidad de cuenta,** característica de las unidades monetarias que les permite cuantificar el precio de las mercancías; medio de pago internacional utilizado para fines contables, cuyo valor se establece por convención. ‖ **Unidad de cuidados intensivos (U.C.I.),** o **de vigilancia intensiva (U.V.I.),** servicio de un centro hospitalario especialmente equipado para ocuparse de los enfermos graves que exigen atención y control ininterrumpidos. ‖ **Unidad de entrada-salida** (INFORMÁT.), parte de un ordenador a través de la cual se efectúan los intercambios de información con el exterior. (*V. ilustraciones págs. 1010 y 1011.*)

**UNIDIMENSIONAL** adj. Que tiene una sola dimensión.

**UNIDIRECCIONAL** adj. Que sólo tiene un sentido de desplazamiento: *corriente unidireccional.* **2.** Dícese de la antena que transmite o recibe en una dirección perfectamente determinada.

**UNIDO, A** adj. Dícese de las personas que se avienen bien y se tienen mucho cariño: *familia muy unida.*

**UNIFAMILIAR** adj. Que corresponde a una sola familia: *vivienda unifamiliar.*

**UNIFICACIÓN** n. f. Acción y efecto de unificar.

**UNIFICADOR, RA** adj. Que unifica.

**UNIFICAR** v. tr. y pron. **[1a]**. Reunir, poner juntas varias cosas o las distintas partes de una cosa creando un todo homogéneo: *unificar esfuerzos.* **2.** Reducir a un mismo tipo: *unificar los planes de estudios.*

**UNIFILAR** adj. TECNOL. Que se compone de un solo hilo eléctrico.

**UNIFORMADOR, RA** adj. Que uniforma.

**UNIFORMAR** v. tr. y pron. **[1]**. Hacer uniforme una cosa o varias entre sí: *uniformar todas las solicitudes.* ◆ v. tr. **2.** Poner uniforme a alguien o hacer que lleve uniforme: *uniformar al servicio.*

**UNIFORME** adj. Dícese de lo que tiene un aspecto constantemente igual, que tiene siempre la misma forma. **2.** *Fig.* Privado de cambios, que procede de un modo constantemente igual. • **Movimiento uniforme,** movimiento de velocidad constante. ◆ n. m. **3.** Traje o vestido distintivo e igual para todos los que pertenecen a una determinada categoría, institución, etc.

**UNIFORMIDAD** n. f. Calidad de uniforme.

**UNIFORMIZAR** v. tr. **[1g]**. Hacer que un grupo de personas o cosas forme un conjunto uniforme.

**UNIGÉNITO, A** adj. Dícese del hijo único. (Se dice por antonomasia del Hijo de Dios.)

**UNILATERAL** adj. Relativo a una sola parte, a un solo lado: *decisión unilateral.* **2.** Que considera la cosa desde un solo punto de vista. **3.** Que considera una sola parte de una cuestión: *visión unilateral de un problema.* • **Contrato unilateral** (DER.), contrato que sólo crea obligaciones a una de las partes, aunque necesita el acuerdo del beneficiario.

**UNILOCULAR** adj. BOT. Que tiene una sola cavidad o un solo lóculo.

**UNIÓN** n. f. Acción y efecto de unir. **2.** Asociación de personas que tienen intereses, problemas o fines comunes: *unión de ganaderos.* **3.** Relación entre dos personas, y particularmente, matrimonio. **4.** DER. INTERN. Acto que une bajo un solo estado diversas provincias o estados. **5.** Provincias o estados así unidos: *la Unión norteamericana.* (Con este significado se escribe con mayúscula.) **6.** ELECTRÓN. Zona de un semiconductor en la que los modos de conducción se invierten. • **Unión nacional** (HIST.), denominación dada a los gobiernos formados con miembros de la mayoría de partidos en momentos de graves crisis.

**UNIONISMO** n. m. Doctrina que favorece y defiende la unión de partidos o naciones.

**UNIONISTA** adj. y n. m. y f. Relativo al unionismo; partidario de esta doctrina. **2.** Referido a E.U.A., nordista. ◆ adj. **3.** Dícese de la persona, partido, doctrina, etc., que mantiene o propaga cualquier idea de unión.

**UNIOVULADO, A** adj. BOT. Que sólo tiene un óvulo.

**UNÍPARO, A** adj. BOT. Que produce un solo cuerpo, miembro, flor, etc. **2.** ZOOL. Dícese de las especies de animales mamíferos que sólo tienen una cría en cada camada.

**UNIPERSONAL** adj. Que consta de una sola persona. **2.** Que corresponde o pertenece a una sola persona. **3.** LING. Dícese de los verbos impersonales.

**UNIPOLAR** adj. Que tiene un solo polo: *aparato unipolar.*

**UNIR** v. tr. **[3]**. Juntar estrechamente dos o más cosas de modo que formen una sola o que queden sujetas unas con otras: *unir todas las piezas de la máquina.* **2.** Mezclar cosas líquidas o pastosas de modo que formen una sola sustancia: *unir las yemas con las claras.* **3.** Trabar, hacer que un líquido o pasta se espese y forme liga: *unir la mahonesa.* **4.** Hacer que dos cosas que estaban más o menos lejanas entren en relación o comunicación: *el puente unirá las dos orillas del río.* **5.** *Fig.* Hacer que ciertas cosas o entidades vayan o actúen juntas: *unir esfuerzos.* **6.** *Fig.* Concordar las voluntades, sentimientos, ánimos o pareceres: *los une el amor.* • **Unir en matrimonio,** ratificar un sacerdote o funcionario el rito nupcial. ◆ **unirse** v. pron. **7.** Confederarse o convenirse varios para el logro de algún intento, entrar a formar parte de un grupo: *se unieron contra el tirano.* **8.** Juntarse, agregarse uno a la compañía de otro: *se unió al grupo.* **9.** Estar muy cerca, contigua o inmediata una cosa de otra. • **Unirse en matrimonio,** casarse.

**UNISEX** adj. Que es apropiado o idóneo tanto para hombres como para mujeres: *moda unisex.*

**UNISEXUADO, A** adj. Que tiene un solo sexo: *flor unisexuada.*

**UNISEXUAL** adj. Dícese de las especies en las que cada individuo presenta un solo sexo.

**UNISONAR** v. intr. **[1r]**. Sonar en una misma altura dos voces o instrumentos musicales.

**UNÍSONO, A** adj. Que tiene el mismo sonido o tono que otra cosa. **2.** Que suena en la misma altura: *conjunto de voces unísonas.* ◆ n. m. **3.** MÚS. Conjunto de voces o de instrumentos que cantan o tocan sonidos de la misma altura, pero en octavas diferentes. • **Al unísono,** sin discrepancia, de común acuerdo y con unanimidad; a la vez y al mismo tiempo.

**UNITARIO, A** adj. Relativo a la unidad. **2.** Que tiende a la unidad, que la defiende o desea lograrla: *política unitaria.* **3.** Compuesto por una sola unidad: *escuela unitaria.* • **Estado unitario,** aquel en el que existe una fuerte centralización de poderes. ◆ adj. y n. **4.** En Argentina, partidario del centralismo político bajo la capitalidad de Buenos Aires.

**UNIVALENTE** adj. Monovalente.

**UNIVALVO, A** adj. Dícese de los frutos capsulares de una sola valva y de los moluscos que sólo tienen una valva.

**UNIVERSAL** adj. Relativo al universo o espacio celeste: *gravitación universal.* **2.** General, que se extiende a todo el mundo, que se refiere a todos los hombres: *historia universal.* **3.** Que se refiere a un conjunto de cosas o personas en su totalidad, general: *opinión universal.* **4.** Que se extiende a todos los casos posibles: *principio que tiene validez universal.* **5.** LÓG. Que designa a todos los individuos de una especie. **6.** LÓG. Dícese de la proposición cuyo sujeto se toma en toda su extensión. • **Fresadora universal** (TECNOL.), la que puede realizar toda clase de trabajos, con cabezal de fresa móvil, con alimentación transversal longitudinal. ‖ **Motor universal** (ELECTR.), el bobinado en serie, capaz de funcionar a la misma velocidad y potencia tanto en corriente continua como alterna monofásica. ‖ **Radiorreceptor universal** (RADIOTECN.), el que puede funcionar indistintamente con corriente alterna o continua de igual tensión, sin necesidad de adaptaciones. ‖ **Transformador de salida universal,** el que, por las derivaciones de sus bobinados, puede usarse entre la última etapa de audiofrecuencia y cualquier tipo de altavoz. ◆ **universales** n. m. pl. **7.** FILOS. Nombre bajo el cual los escolásticos designaban las ideas o términos generales que servían para clasificar los seres y las ideas: *la cuestión de los universales.*

**tabla de unidades de medida**

las unidades fundamentales del sistema SI están escritas en **MAYÚSCULA NEGRITA**
las unidades derivadas del sistema SI están escritas en VERSALITAS
las unidades admitidas internacionalmente que no pertenecen al sistema SI están escritas en minúscula ordinaria

MÚLTIPLOS Y SUBMÚLTIPLOS DECIMALES

| | | | |
|---|---|---|---|
| exa | E | 1 000 000 000 000 000 000 | de unidades |
| peta | P | 1 000 000 000 000 000 | de unidades |
| tera | T | 1 000 000 000 000 | de unidades |
| giga | G | 1 000 000 000 | de unidades |
| mega | M | 1 000 000 | de unidades |
| kilo | k | 1 000 | unidades |
| hecto | h | 100 | unidades |
| deca | da | 10 | unidades |
| deci | d | 0,1 | unidades |
| centi | c | 0,01 | unidades |
| mili | m | 0,001 | unidades |
| micro | µ | 0,000 001 | unidades |
| nano | n | 0,000 000 001 | unidades |
| pico | p | 0,000 000 000 001 | unidades |
| femto | f | 0,000 000 000 000 001 | unidades |
| ato | a | 0,000 000 000 000 000 001 | unidades |

I. UNIDADES GEOMÉTRICAS

| | | |
|---|---|---|
| longitud | | |
| **METRO** | m | |
| milla | | 1 852 m |
| superficie | | |
| METRO CUADRADO | $m^2$ | |
| área | a | 100 $m^2$ |
| hectárea | ha | 10 000 $m^2$ |
| barn | b | $10^{-28}$ $m^2$ |
| volumen | | |
| METRO CÚBICO | $m^3$ | |
| litro | l | 0,001 $m^3$ |
| ángulo plano | | |
| RADIÁN | rad | |
| revolución | rev | 2 π rad |
| grado centesimal | gr | π/200 rad |
| grado sexagesimal | ° | π/180 rad |
| minuto | ′ | π/10 800 rad |
| segundo | ″ | π/648 000 rad |
| ángulo sólido | | |
| ESTEREORRADIÁN | sr | |

II. UNIDADES DE MASA

| | | |
|---|---|---|
| masa | | |
| **KILOGRAMO** | kg | |
| (los prefijos se asocian a la palabra *gramo*) | | |
| tonelada | t | 1 000 kg |
| GRAMO | g | 0,001 kg |
| quilate | | 0,0002 kg |
| unidad de masa atómica | uma | 1,660 57 · $10^{-27}$ kg |
| masa lineal | | |
| KILOGRAMO POR METRO | kg/m | |
| tex | tex | 0,000001 kg/m |
| masa por unidad de superficie | | |
| KILOGRAMO POR METRO CUADRADO | kg/$m^2$ | |
| masa volúmica, concentración | | |
| KILOGRAMO POR METRO CÚBICO | kg/$m^3$ | |
| volumen másico | | |
| METRO CÚBICO POR KILOGRAMO | $m^3$/kg | |

III. UNIDADES DE TIEMPO

| | | |
|---|---|---|
| tiempo | | |
| **SEGUNDO** | s | |
| minuto | mn | 60 s |
| hora | h | 3 600 s |
| día | d | 86 400 s |
| frecuencia | | |
| HERTZ | Hz | |

IV. UNIDADES MECÁNICAS

| | | |
|---|---|---|
| velocidad | | |
| METRO POR SEGUNDO | m/s | |
| kilómetro por hora | km/h | 1/3,6 m/s |
| nudo | | 1 852/3 600 m/s |
| velocidad angular | | |
| RADIÁN POR SEGUNDO | rad/s | |
| revolución por minuto | rev/mn | 2π/60 rad/s |
| revolución por segundo | rev/s | 2π/600 rad/s |
| aceleración | | |
| METRO POR SEGUNDO AL CUADRADO | m/$s^2$ | |
| gal | Gal | 0,01 m/$s^2$ |
| aceleración angular | | |
| RADIÁN POR SEGUNDO AL CUADRADO | rad/$s^2$ | |
| fuerza | | |
| NEWTON | N | |
| momento de una fuerza | | |
| NEWTON POR METRO | N · m | |
| tensión capilar | | |
| NEWTON POR METRO | N/m | |
| energía, trabajo, cantidad de calor | | |
| JOULE | J | |
| watt-hora | Wh | 3 600 J |
| electrón-volt | eV | 1,602 19 · $10^{-19}$ J |
| potencia | | |
| WATT | W | |
| presión | | |
| NEWTON POR METRO CUADRADO | N/$m^2$ | |
| bar | bar | 100 000 N/$m^2$ |
| milímetro de mercurio | | 133,322 N/$m^2$ |
| viscosidad dinámica | | |
| NEWTON POR SEGUNDO POR METRO CUADRADO | N · s/$m^2$ | |
| poise | p | 0,1 N · s/$m^2$ |
| viscosidad cinemática | | |
| METRO CUADRADO POR SEGUNDO | $m^2$/s | |
| stokes | St | 0,0001 $m^2$/s |

V. UNIDADES ELÉCTRICAS

| | | |
|---|---|---|
| intensidad de corriente | | |
| **AMPERE** | A | |
| fuerza electromotriz, diferencia de potencial (o tensión) | | |
| VOLT | V | |
| potencia aparente | | |
| WATT (o voltampere) | W (o VA) | |
| potencia reactiva | | |
| WATT (o var) | W (o var) | |
| resistencia | | |
| OHM | Ω | |
| conductancia | | |
| SIEMENS | S | |
| intensidad de campo eléctrico | | |
| VOLT POR METRO | V/m | |
| cantidad de electricidad, carga eléctrica | | |
| COULOMB | C | |
| ampere-hora | Ah | 3 600 C |
| capacidad | | |
| FARAD | F | |
| inductancia | | |
| HENRY | H | |
| flujo de inducción magnética | | |
| WEBER | Wb | |
| inducción magnética | | |
| TESLA | T | |
| intensidad de campo magnético | | |
| AMPERE POR METRO | A/m | |
| fuerza magnetomotriz | | |
| AMPERE | A | |

VI. UNIDADES TÉRMICAS

| | | |
|---|---|---|
| temperatura | | |
| **KELVIN** | K | |

## tabla de unidades de medida

| | | |
|---|---|---|
| **temperatura Celsius** | | |
| GRADO CELSIUS | °C | |
| **cantidad de calor** | | |
| ver unidades mecánicas (energía) | | |
| **flujo térmico** | | |
| WATT | W | |
| **capacidad calorífica, entropía** | | |
| JOULE POR KELVIN | J/K | |
| **calor específico** | | |
| JOULE POR KILOGRAMO Y KELVIN | J/(kg · K) | |
| **conductividad térmica** | | |
| WATT POR METRO Y KELVIN | W/(m · K) | |

### VII. UNIDADES ÓPTICAS

| | | |
|---|---|---|
| **intensidad luminosa** | | |
| **CANDELA** | cd | |
| **intensidad energética** | | |
| WATT POR ESTEREORRADIÁN | W/sr | |
| **flujo luminoso** | | |
| LUMEN | lm | |
| **flujo energético** | | |
| WATT | W | |
| **iluminación** | | |
| LUX | lx | |
| **luminancia** | | |
| CANDELA POR METRO CUADRADO | cd/m² | |
| **convergencia de un sistema óptico** | | |
| DIOPTRÍA | δ | |

### VIII. UNIDADES DE RADIACTIVIDAD

| | | |
|---|---|---|
| **actividad radionuclear** | | |
| BECQUEREL | Bq | |
| curie | ci | $3{,}7 \cdot 10^{10}$ Bq |
| **exposición de radiación X o γ** | | |
| COULOMB POR KILOGRAMO | C/kg | |
| roentgen | R | $2{,}58 \cdot 10^{-4}$ C/kg |
| **dosis absorbida, kerma** | | |
| GRAY | Gy | |
| rad | rd | 0,01 Gy |
| **equivalente de dosis** | | |
| SIEVERT | Sv | |
| rem | rem | 0,01 Sv |

### IX. CANTIDAD DE MATERIA

| | | |
|---|---|---|
| **MOL** | mol | |

## principales unidades de medida anglosajonas

| *nombre inglés* | *símbolo* | *nombre españolizado* | *valor* | *observaciones* |
|---|---|---|---|---|
| **LONGITUD** | | | | |
| inch | in (o ″) | pulgada | 25,4 mm | |
| foot | ft (o ′) | pie | 0,304 8 m | = 12 in |
| yard | yd | yarda | 0,914 4 m | = 3 ft |
| fathom | fm | braza | 1,828 8 m | = 2 yd |
| statute mile | m (o mile) | milla inglesa | 1,609 3 km | = 1 760 yd |
| nautical mile | | milla náutica | 1,853 2 km | = 6 080 ft |
| international nautical mile | | milla marina internacional | 1,852 km | |
| **MASA-AVOIRDUPOIS (COMERCIO)** | | | | |
| ounce | oz | onza | 28,349 g | |
| pound | lb | libra | 453,592 g | = 16 oz |
| **CAPACIDAD** | | | | |
| US liquid pint | liq pt | pinta americana | 0,47 l | |
| pint | UK pt | pinta británica | 0,568 l | |
| US gallon | US gal | galón americano | 3,785 l | = 8 liq pt |
| imperial gallon | UK gal | galón imperial | 4,546 l | = 8 UK pt |
| US bushel | US bu | | 35,239 l | |
| bushel | bu | | 36,369 l | = 8 UK gal |
| US barrel (petróleo) | US bbl | barril americano | 158,987 l | = 42 US gal |
| **FUERZA** | | | | |
| poundal | pdl | | 0,138 2 N | |
| **POTENCIA** | | | | |
| horse power | hp | caballo de vapor británico | 745,7 W | |
| **TEMPERATURA** | | | | |
| Fahrenheit degree | °F | grado Fahrenheit | una temperatura de $t$ grados Fahrenheit corresponde a 5/9 ($t$ - 32) grados Celsius<br>212 °F corresponden a 100 °C<br>32 °F corresponden a 0 °C | |
| **CALOR, ENERGÍA, TRABAJO** | | | | |
| british thermal unit | Btu | | 1 055,06 J | |

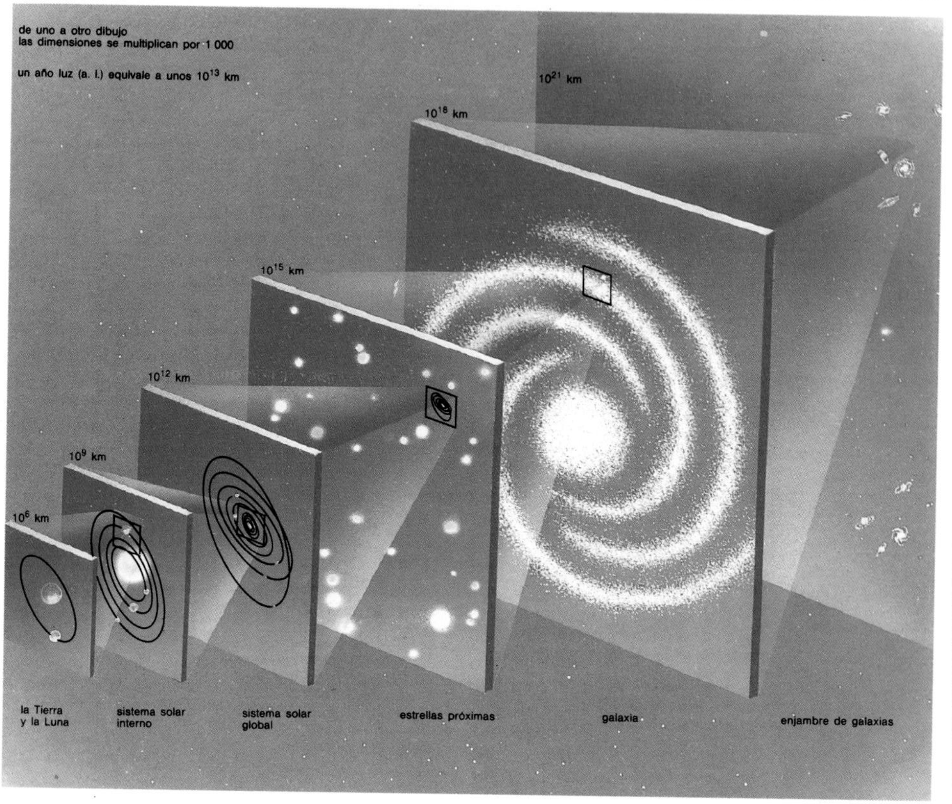


escala de las distancias en el **universo**

**UNIVERSALIDAD** n. f. Calidad de universal. **2.** DER. Totalidad. **3.** DER. Comprensión en la herencia de todos los bienes, acciones, obligaciones o responsabilidad del difunto.

**UNIVERSALÍSIMO, A** adj. FILOS. Dícese del género supremo que comprende otros géneros inferiores que también son universales.

**UNIVERSALISMO** n. m. Calidad de universal. **2.** Tendencia política favorable a la unificación de los diversos estados.

**UNIVERSALISTA** adj. y n. m. y f. Relativo al universalismo; partidario de esta tendencia.

**UNIVERSALIZACIÓN** n. f. Acción y efecto de universalizar.

**UNIVERSALIZAR** v. tr. **[1g]**. Generalizar, hacer universal.

**UNIVERSIADA** o **UNIVERSÍADA** n. f. Nombre con que se designan los juegos olímpicos estudiantiles, que se celebran cada dos años.

**UNIVERSIDAD** n. f. Institución formada por un grupo de centros de enseñanza, donde se imparte la enseñanza superior. **2.** Edificio donde se imparte este tipo de enseñanza. • **Universidad abierta,** tipo de universidad encuadrada en la educación permanente, cuya finalidad primordial es la formación de sectores sociales con dificultades de escolarización. ‖ **Universidad popular,** asociación de carácter local dedicada a la formación permanente de adultos y que actúa como centro de animación sociocultural.

**UNIVERSITARIO, A** adj. Relativo a la universidad. • **Curso de orientación universitaria (C.O.U.),** curso de las enseñanzas medias españolas, que al término de los estudios de bachillerato prepara para el acceso a la universidad. ‖ **Educación universitaria,** nivel educativo superior que en España comprende las enseñanzas que se imparten en las facultades universitarias y escuelas técnicas superiores, y en las escuelas, colegios e institutos universitarios. ◆ adj. y n. **2.** Que profesa, o que realiza o ha realizado estudios en la universidad.

**UNIVERSO** n. m. Mundo, conjunto de todo lo que existe. **2.** Conjunto de individuos o elementos que se someten a estudio estadístico. **3.** Conjunto unitario que forman ciertas cosas inmateriales: *el universo poético.*

**UNIVITELINO, A** adj. BIOL. Dícese de los gemelos originados a partir de un mismo óvulo.

**UNIVOCIDAD** n. f. Carácter de unívoco.

**UNÍVOCO, A** adj. (lat. *univocum*). Que sólo puede interpretarse en un sentido: *respuesta unívoca; comunicado unívoco.* **2.** Dícese de lo que tiene igual naturaleza o valor que otra cosa: *pareceres unívocos.* **3.** LÓG. Dícese del término que se predica de varios individuos con la misma significación. **4.** MAT. Dícese de la correspondencia entre un elemento del primer conjunto y un solo elemento del segundo.

**UNIVOLTINO, A** adj. BIOL. Dícese de los organismos cuyo ciclo vital dura un año. SIN. *monocíclico.*

**UNO, A** adj. (lat. *unum*). Indica el número que da inicio a la serie natural de los números. **2.** Único, sin ningún otro: *sólo tengo una copia.* **3.** Antepuesto a un número cardinal, poco más o menos: *vinieron unos veinte.* ◆ adj. num. ordin. y n. m. **4.** Primero, que precede a todos los demás componentes de una serie: *página uno; el uno es el primero de los números.* ◆ pron. indef. **5.** Indica una persona indeterminada: *llamó uno preguntando por ti.* **6.** En correlación con *otro,* indica contraposición: *uno estudia y otro trabaja.* • **A cada uno,** se usa en relación con un reparto. ‖ **A una,** a un tiempo, unidamente o juntamente. ‖ **De una,** de una vez. ‖ **De uno en uno, uno a uno** o **uno por uno,** con que se explica la separación o distinción por orden de personas y cosas. ‖ **Más de uno,** expresión enfática equivalente a algunos o muchos. ‖ **No dar, acertar, tocar,** etc., **una** *(Fam.),* estar poco acertado en la resolución de algo, estar un poco ido. ‖ **Ser todo uno, ser uno** o **ser uno y lo mismo,** ser las cosas de que se trata una misma, verificarse una inmediatamente, a continuación o al mismo tiempo que otra. ‖ **Una de dos,** contrapone en disyuntiva dos cosas o ideas. ‖ **Una de las tuyas, suyas,** etc., alude a una cosa, generalmente censurable, extravagante, etc., con que alguien muestra nuevamente cierta inclinación o particularidad suya. ‖ **Uno de tantos** *(Fam.),* una persona o cosa cualquiera, sin ninguna cualidad especial que la distinga. ‖ **Unos cuantos,** pocos, en número reducido.

**UNTADA** n. f. *Méx.* Acción y efecto de untar.

**UNTADO, A** adj. *Argent.* y *Chile.* Ebrio.

**UNTADOR, RA** adj. y n. Que unta.

**UNTADURA** o **UNTURA** n. f. Acción y efecto de untar. **2.** Materia o sustancia grasa con que se unta.

**UNTAMIENTO** n. m. Untadura, acción y efecto de untar.

**UNTAR** v. tr. **[1]**. Cubrir con materia grasa una superficie: *untar una tostada con mantequilla.* **2.** Empapar o mojar algo con una sustancia grasa o pastosa: *untar pan en una salsa.* **3.** *Fig.* y *fam.* Sobornar, corromper con dinero y regalos: *intentó untar a un funcionario.* **4.** TECNOL. Lubricar. ◆ v. tr. y pron. **5.** Manchar con una materia untuosa o sucia: *untarse las manos.* ◆ **untarse** v. pron. **6.** *Fig.* y *fam.* Quedarse fraudulentamente con parte de lo que se maneja o administra, en especial con el dinero.

**UNTO** n. m. (lat. *unctum*). Materia grasa que se emplea para untar o engrasar. **2.** Ungüento.

**UNTUOSIDAD** n. f. Calidad de untuoso. **2.** Poder lubricante o deslizante de una sustancia grasa o de una capa muy fina de aceite.

**UNTUOSO, A** adj. Craso, pingüe, pegajoso: *sustancia untuosa.* **2.** *Fig.* Excesivamente suave, meloso o empalagoso.

**UÑA** n. f. (lat. *ungulam*). Lámina córnea situada en el extremo distal del dorso de los dedos. **2.** Especie de costra dura que se forma sobre las mataduras de las caballerías. **3.** Parte de una hoja que sobresale del canal de un libro para poderlo abrir por una página determinada. **4.** Escotadura semicircular practicada en las páginas de un libro o de un cuaderno, para señalar un capítulo. **5.** Punta triangular que rematan los brazos del ancla. **6.** Diente o pestaña que permite el acoplamiento o embrague de dos piezas mecánicas. **7.** Punta corva de ciertos instrumentos metálicos. **8.** Muesca hecha en algunas piezas para poder moverlas con el dedo. **9.** Pequeño buril usado por los cerrajeros y los grabadores en metal. **10.** Pequeña muesca hecha en el borde de la hoja de un cuchillo, un cortaplumas o una navaja, en que se introduce la uña para abrirlos. **11.** Utensilio provisto de dientes, para marcar los puntos de una costura que se ha de ejecutar a mano. **12.** Casco o pezuña de los animales que no tiene dedos separados. **13.** Excrecencia de la carúncula lagrimal. **14.** BOT. Parte inferior y más estrecha de ciertos pétalos. **15.** ZOOL. Punta corva en que remata la cola del alacrán. • **A uña de caballo** *(Fam.),* haciendo correr el caballo a la máxima velocidad. ‖ **De uñas,** con enemistad y enfado, en actitud hostil. ‖ **Dejarse las uñas,** hacer un trabajo poniendo en él mucho esfuerzo. ‖ **Enseñar,** o **mostrar, las uñas** *(Fam.),* amenazar o dejar ver un carácter agresivo. ‖ **Hacer las uñas,** hacer la manicura. ‖ **Largo de uñas** *(Fam.),* inclinado al robo, ladrón, ratero. ‖ **No tener uñas para gaitero** (*Argent., Par.* y *Urug. Fam.*), carecer de cualidades para llevar a cabo una tarea. ‖ **Rascarse con sus propias uñas** *(Méx.),* valerse por sí mismo. ‖ **Ser uña y carne,** o **carne y uña,** dos o más personas *(Fam.),* estar muy avenidas, haber una estrecha amistad entre ellas. ‖ **Uña de caballo** (BOT.), planta herbácea de la familia compuestas cuyas hojas y flores son pectorales. ‖ **Uña de gata** (BOT.), planta herbácea de la familia crasuláceas, de tallo de color rojizo y flores verdes.

**UÑADA** n. f. Señal hecha con el filo de la uña. **2.** Arañazo, rasguño hecho con la uña.

**UÑERO** n. m. Inflamación de los tejidos que rodean la uña con formación de pus. **2.** Daño producido por una uña cuando, al crecer indebidamente, se introduce en la carne.

**UÑETA** n. f. Especie de plectro o dedal de carey que usan los tocadores de instrumentos de cuerda. **2.** Cincel pequeño que utilizan los canteros, marmolistas y escultores. **3.** Herramienta de que se sirven los guanteros para cortar las pieles.

**UOLOF** o **WOLOF,** pueblo de Senegal y de Gambia, que habla una lengua nigeriano-congoleña.

**UOMBAT** n. m. Marsupial excavador, parecido a un roedor.

**¡UPA!** interj. Se emplea para animar o estimular a hacer un esfuerzo. • **A upa,** en brazos, especialmente en lenguaje infantil.

**¡UPE!** interj. *C. Rica.* Se utiliza para llamar a los moradores de una casa, cuando se entra en ella.

**UPERIZACIÓN** o **UPERISACIÓN** n. f. Procedimiento de esterilización de la leche consistente en mantenerla a alta temperatura durante unos segundos.

**UPPERCUT** n. m. (voz inglesa). En boxeo, golpe de abajo arriba.

**URA** n. f. *Argent.* Larva de un díptero que excava bajo la piel ocasionando fuertes molestias.

**URALITA** n. f. (marca registrada). Nombre comercial del fibrocemento, obtenido por aglomeración de amianto y cemento.

**URALOALTAICO, A** adj. Relativo a la región comprendida entre los montes Urales y los montes Altái. ◆ n. m. **2.** Lengua que tuvo su origen en esta región y que forma parte de la mayoría de las lenguas aglutinantes de Europa y N de Asia.

**URANATO** n. m. Sal del ácido uránico.

**URÁNICO, A** adj. Dícese del anhídrido $UO_3$ y del ácido correspondiente. **2.** Relativo al uranio.

**URANILO** n. m. Radical bivalente $UO_2$.

**URANINITA** n. f. Óxido de uranio natural $UO_2$, el más importante de los minerales del uranio, del que se extrae también el radio. SIN. *pecblenda, pechblenda.*

**URANIO** n. m. Metal radiactivo, de símbolo químico U, número atómico 92, masa atómica 238,02 y densidad 18,7, que funde hacia los 1 800 °C.

■ Último elemento natural de la tabla periódica, el uranio natural es una mezcla de isótopos, de los cuales, los tres principales, radiactivos, se hallan en las siguientes proporciones: U 238, 99,28 %; U 235, 0,71 %; U 234, 0,006 %.

El isótopo U 235 es el único nucleido natural fisible. Se utiliza como combustible en los reactores nucleares en forma de óxido, de aleación metálica o incluso de carburo. Algunos reactores emplean uranio natural, pero la mayor parte utiliza uranio «enriquecido», en el que la proporción de U 235 se aumenta para que alcance, en el caso de los reactores moderados o refrigerados por agua ordinaria, que equipan más de dos tercios de las centrales nucleares, una proporción cercana al 3 %.

**URANISMO** n. m. (de *Urano,* dios griego). Homosexualidad masculina pasiva.

**URANITA** n. f. Fosfato hidratado natural de uranio.

**URANOSO, A** adj. Dícese de los derivados del uranio tetravalente.

**URAPE** n. m. Planta arbustiva de América Meridional, con flores blancas, que se usa para formar setos vivos. (Familia cesalpiniáceas.)

**URATO** n. m. Sal del ácido úrico. (Pueden precipitar en las articulaciones [gota] o en las vías urinarias [cálculos].)

**URBANIDAD** n. f. (lat. *urbanitatem*). Actitud, comportamiento en el trato social con el que se demuestra buena educación.

**URBANISMO** n. m. Ciencia que se refiere a la construcción y ordenación de aglomeraciones, ciudades y pueblos.

**URBANISTA** n. m. y f. Especialista en urbanismo. **2.** Técnico especializado en el arreglo y ordenación de las ciudades y aglomeraciones humanas y en lo que concierne a la planificación económica y social.

**URBANIZABLE** adj. Dícese de una zona que se puede urbanizar, en la que se puede construir.

**URBANIZACIÓN** n. f. Acción y efecto de urbanizar. **2.** Terreno delimitado para establecer en él un núcleo residencial urbanizado. **3.** Este mismo terreno una vez edificado.

**URBANIZAR** v. tr. [**1g**]. Acondicionar un terreno para desarrollar o crear una aglomeración urbana.

**URBANO, A** adj. Relativo a la ciudad: *un centro urbano.* • **Aglomeración urbana,** conjunto formado por el casco urbano de una ciudad y los núcleos próximos del área suburbana, unidos a él por un espacio con una elevada densidad de población. ◆ adj. y n. m. **2.** Dícese del guardia que se ocupa de regular el tráfico en el interior del casco urbano.

**URBE** n. f. (lat. *urbem*). Ciudad importante y grande.

**URBI ET ORBI** loc. (voces lat., *a la ciudad* [*Roma*] *y al orbe entero*). LITURG. Relativo a la bendición solemne del papa cuando va dirigida a los fieles de todo el mundo.

**URCHILLA** n. f. Liquen que vive en las rocas bañadas por el agua del mar.

**URDIDO** n. m. En la fabricación de tejidos, operación que consiste en formar la urdimbre disponiendo paralelamente entre sí los hilos de igual longitud.

**URDIDOR, RA** n. Operario que prepara las urdimbres para el telar. ◆ n. m. **2.** Máquina en la que se efectúa el urdido.

**URDIMBRE** n. f. Conjunto de los hilos paralelos, regularmente espaciados, que van dispuestos en sentido longitudinal en las piezas de tela.

**URDIR** v. tr. [**3**]. Preparar los hilos en el urdidor para pasarlos al telar. **2.** *Fig.* Maquinar, preparar de modo cauteloso algo contra alguien: *urdir una intriga.*

**URDU** n. m. Lengua indoeuropea del grupo indoiranio, que es el idioma oficial de Pakistán.

**UREA** n. f. Sustancia de fórmula $CO(NH_2)_2$, residuo de las materias nitrogenadas del organismo que éste fabrica a partir de ácidos aminados y de sales amoniacales, y que el riñón extrae de la sangre y la concentra en la orina.

**UREDINAL** adj. y n. f. Relativo a un orden de hongos basidiomicetes parásitos de las plantas, en las que produce la roya.

**UREDÓSPORA** n. f. Espora producida por la roya del trigo, y que propaga dicha enfermedad.

**UREICO, A** adj. Relativo a la urea.

**UREIDO** n. m. Nombre genérico de los compuestos derivados de la urea.

**UREMIA** n. f. Aumento patológico de la tasa de urea en la sangre.

**URENTE** adj. Que quema, ardiente.

**UREO** n. m. Representación simbólica de la serpiente naja, que se reproducía en el tocado de los faraones y de algunas divinidades egipcias.

**ureo** de la máscara funeraria de Tut Anj Amón (Imperio nuevo, XVIII dinastía) [museo de El Cairo]

**UREOPLASTO** n. m. Materia plástica termoendurecible obtenida a partir de la urea y del formol.

**URETANO** n. m. Nombre genérico de los compuestos $NH_2-CO-OC_2H_5$ (R radical carbonado), éter carbámico.

**URÉTER** n. m. Cada uno de los dos conductos que transportan la orina desde los riñones hasta la vejiga.

**URETERITIS** n. f. Inflamación de un uréter.

**URETEROTOMÍA** n. f. CIR. Abertura quirúrgica de un uréter.

**URETRA** n. f. Conducto que transporta la orina desde el cuello de la vejiga hasta el meato urinario.

**URETRAL** adj. Relativo a la uretra. SIN.: *urético.*

**URETRITIS** n. f. Inflamación de la uretra.

**URETROTOMÍA** n. f. CIR. Abertura quirúrgica de la uretra.

**URGENCIA** n. f. Calidad de urgente. **2.** Falta, necesidad apremiante de algo: *tener urgencia de dinero.* **3.** MED. Denominación genérica de las afecciones que precisan de un tratamiento adecuado, inmediato e ineludible. • **Procedimiento de urgencia,** procedimiento parlamentario excepcional, puesto en práctica con el fin de acelerar el estudio y votación de un proyecto de ley. ‖ **Servicio de urgencia,** aquel en que se atiende con carácter urgente a los enfermos accidentados.

**URGENTE** adj. Que urge: *solucionar un asunto urgente.* **2.** Que cursa con más rapidez que de ordinario: *carta urgente.*

**URGIR** v. intr. [**3b**]. Apremiar, exigir una rápida ejecución o remedio, ser necesario: *urge tomar una decisión.*

**URICEMIA** n. f. Presencia de ácido úrico en la sangre.

**ÚRICO, A** adj. Urinario, relativo a la orina. • **Ácido úrico,** ácido orgánico nitrogenado, presente en la sangre en pequeñas dosis, y en dosis más elevadas en la orina, que proviene de la degradación de los nucleoproteidos en el organismo.

**URINARIO, A** adj. Relativo a la orina. • **Aparato urinario,** conjunto de los riñones y las vías urinarias (uréteres, vejiga y uretra). ◆ n. m. **2.** Lugar para orinar, particularmente el dispuesto en lugares públicos. *(V. ilustración pág. 1014.)*

**URINÍFERO, A** adj. Que conduce la orina: *conducto urinífero.*

**URNA** n. f. (lat. *urnam*). Vasija utilizada especialmente para guardar las cenizas de los muertos. **2.** Caja de cristales planos para guardar objetos delicados, de modo que queden visibles pero protegidos. **3.** Caja que sirve para depositar las papeletas en las votaciones secretas. **4.** BOT. Esporangio de los musgos, en forma de urna, cubierto de un opérculo y una cofia.

**URO** n. m. Especie de buey salvaje de gran tamaño, casi extinguido en la actualidad.

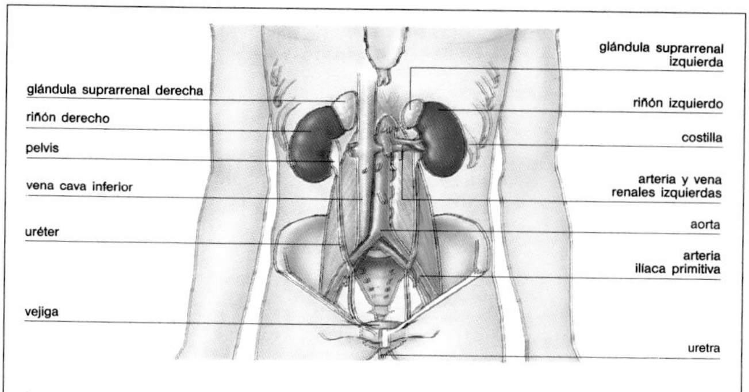

el aparato **urinario**

**UROBILINA** n. f. Pigmento biliar que constituye una de las materias colorantes de la orina.

**UROBILINURIA** n. f. MED. Presencia anormal de urobilina en la orina.

**UROCROMO** n. m. Sustancia nitrogenada amarilla, que constituye el pigmento más abundante en la orina.

**URODELO, A** adj. y n. m. Relativo a una subclase de anfibios que conservan la cola en la metamorfosis, como la salamandra o el tritón.

**UROGALLO** n. m. Ave gallinácea que vive en los bosques de Europa, que emite gritos parecidos a los del uro, y que es objeto de caza.

**urogallos**

**UROGENITAL** adj. Genitourinario.

**UROGRAFÍA** n. f. Radiografía de las vías urinarias tras la inyección intravenosa de una sustancia opaca a los rayos X, que, al eliminarse, presenta una imagen contrastada de las cavidades renales, los uréteres y la vejiga.

**UROLOGÍA** n. f. Estudio de las enfermedades de las vías urinarias de los dos sexos, y del aparato genital del hombre.

**URÓLOGO, A** n. Especialista en urología.

**UROPIGIO** n. m. **Glándula del uropigio,** glándula sebácea de la parte dorsal de la base de la cola, con cuya secreción las aves untan sus plumas.

**URÓPODO** n. m. Último apéndice abdominal de los crustáceos, generalmente aplanado y que sirve de aleta.

**URPILA** n. f. *Argent., Bol.* y *Ecuad.* Especie de paloma pequeña. (Familia colúmbidos.)

**URQUE** n. m. *Chile.* Patata de mala calidad.

**URRACA** n. f. Ave paseriforme, de 50 cm de long., con el plumaje negro y blanco y larga cola, que acostumbra adornar su nido con objetos brillantes. SIN.: *cotorra, picaraza, picaza.* **2.** *Fig.* y *fam.* Persona aficionada a recoger y guardar cosas. **3.** *Amér.* Ave de unos 40 cm de long., con el dorso de color pardo, larga cola parda con una raya negra y vientre blancuzco, que vive en el campo y frecuentemente en parques y jardines. (Familia cucúlidos.)

**urraca**

**ÚRSIDO, A** adj. y n. m. Relativo a una familia de mamíferos carnívoros plantígrados, omnívoros o herbívoros, como el oso.

**URSO, A** adj. (voz lunfarda). Corpulento.

**URSULINA** n. f. Religiosa de la orden de santa Úrsula fundada en 1537 por santa Ángela Merici. **2.** *Fam.* Mujer excesivamente recatada.

**URTICÁCEO, A** adj. y n. f. Relativo a una familia de plantas herbáceas dicotiledóneas, sin pétalos, como la ortiga y el ramio.

**URTICAL** adj. y n. f. Relativo a un orden de plantas herbáceas dicotiledóneas, con flores poco aparentes. (El orden *urticales* incluye cuatro familias principales: cannabináceas, moráceas, ulmáceas y urticáceas.)

**URTICANTE** adj. Que produce un picor semejante al que causan las ortigas.

**URTICARIA** n. f. Erupción cutánea caracterizada por la aparición de edemas en forma de pequeñas pápulas, y que generalmente se debe a una reacción alérgica a ciertos alimentos. SIN.: *salpullido, sarpullido.*

**URU** o **URO,** pueblo amerindio de lengua independiente *(puquina)* que habitaba en la región del lago Titicaca, de origen e historia desconocidos. Su forma de vida ha sido adoptada por los aymaras actuales.

**URÚ** n. m. *Argent.* Nombre de diversas aves propias de las zonas selváticas, de unos 25 cm de long., coloración pardusca y hábitos terrestres. (Familia fasiánidos.)

**URUBÚ** n. m. Zopilote.

**URUCÚ** n. m. *Argent.* Árbol de poca altura, flores rojas y fruto oval. (Familia bixáceas.)

**URUGUAYISMO** n. m. Vocablo o giro peculiar de Uruguay.

**URUGUAYO, A** adj. y n. De Uruguay. ◆ n. m. **2.** LING. Modalidad adoptada por el español en Uruguay.

**URUNDAY** o **URUNDEY** n. m. Planta arbórea de América Meridional, que alcanza más de 20 m de alt., cuya madera, resinosa y de color rojo, se emplea en construcción de casas, embarcaciones y muebles. (Familia terebintáceas.)

**URUTAÚ** n. m. *Argent., Par.* y *Urug.* Ave nocturna de plumaje pardo oscuro, muy similar a la lechuza.

**URZUELA** n. f. *Méx.* Condición del cabello que se abre en las puntas.

**USADO, A** adj. Deslucido o desgastado por el uso: *traje usado.*

**USANZA** n. f. Uso, costumbre, moda. • **A usanza,** según costumbre, gustos o tendencias del país, personas, etc., que se expresa.

**USAPUCA** n. f. *Argent.* Garrapata.

**USAR** v. tr. **[1]**. Utilizar, hacer servir una cosa para algo: *usar las herramientas.* **2.** Llevar una prenda de vestir o adorno personal o tener costumbre de emplear algo: *usar corbata.* ◆ v. intr. **3.** Utilizar, valerse de una cosa, sacar provecho de ella. ◆ v. intr. y pron. **4.** Llevarse, estar de moda: *el sombrero es una prenda que ya casi no se usa.*

**USÍA** n. m. y f. Vuestra señoría: *¿da usía su permiso?*

**USILLO** n. m. Achicoria silvestre.

**USINA** n. f. *Argent., Bol., Chile, Colomb., Nicar., Par.* y *Urug.* Instalación industrial, particularmente la destinada a producir gas, energía eléctrica, etc. • **Usina de rumores** *(Argent.),* medio que genera informaciones no confirmadas y por lo común tendenciosas.

**USLERO** n. m. *Chile.* Palo cilíndrico de madera que se utiliza en la cocina para extender la masa.

**USO** n. m. (lat. *usum*). Acción y efecto de usar. **2.** Posibilidad, capacidad para usar algo: *la enfermedad le impide el uso de las manos.* **3.** Modo de emplear, de utilizar algo: *instrucciones para el uso de una máquina.* **4.** Empleo continuado y habitual de una cosa: *se deterioró con el uso.* **5.** Costumbre, manera de obrar característica de una persona, grupo, país, época, etc.: *los usos funerarios de los pueblos primitivos.* **6.** DER. Forma del derecho consuetudinario inicial de la costumbre, menos solemne que ésta, y que suele convivir como supletorio con algunas leyes escritas. **7.** HIST. Durante la edad media, en los reinos hispanocristianos, cada una de las prestaciones a que estaban sujetos los siervos y colonos. • **Al uso,** según es costumbre en el momento actual o en el que se trata. ‖ **De uso externo,** dícese de los medicamentos que se aplican exteriormente, o que no se ingieren. ‖ **De uso personal,** destinado a ser usado por una persona en ella o para ella misma. ‖ **Derecho de uso** (DER.), derecho de servirse de una cosa ajena y de percibir la porción de frutos necesarios para las necesidades del usuario y de su familia. ‖ **En el uso de la palabra,** hablando, particularmente en una asamblea, en el turno correspondiente. ‖ **En uso,** utilizado corrientemente y no reservado. ‖ **En uso de su derecho,** dícese de la acción llevada a cabo con legítimo derecho. ‖ **Estar en buen uso** *(Fam.),* no estropeado o gastado, a pesar de haber sido ya usado. ‖ **Estar en uso** o **fuera de uso,** ser usual, regir, o al contrario. ‖ **Uso de razón,** discernimiento natural que se adquiere pasada la primera niñez.

**USTED** pron. pers. de 2.ª pers. m. y f. Se emplea como tratamiento de respeto y se usa con el verbo y formas pronominales en 3.ª persona: *¿quiere usted sentarse?* ◆ **ustedes** pl. **2.** En zonas de Andalucía, Canarias y América, equivale a vosotros.

**USTILAGINAL** adj. y n. f. Relativo a un orden de hongos basidiomicetes parásitos de los vegetales, en los cuales producen los llamados *carbones, caries* o *tizones.*

**USTORIO, A** adj. Que quema o es capaz de quemar.

**USUAL** adj. De uso frecuente, común o fácil.

**USUARIO, A** adj. y n. Que usa normal u ordinariamente alguna cosa: *usuario de los transportes públicos.* **2.** DER. Dícese del que tiene derecho de usar de una cosa ajena con cierta limitación. ◆ n. **3. Usuario final** (INFORMÁT.), persona que utiliza un ordenador o un sistema informático, pero que no es especialista en informática ni dispone de instrucciones específicas para su utilización.

**USUCAPIÓN** n. f. DER. CIV. Prescripción adquisitiva, y, particularmente, prescripción abreviada de los inmuebles de diez a veinte años.

**USUCAPIR** v. tr. **[3]**. Adquirir una cosa por usucapión. (Suele usarse en forma infinitiva.)

**USUFRUCTO** n. m. (lat. *usum fructus,* uso del fruto). Derecho de uso de un bien perteneciente a otro, comprendiendo el derecho de percibir los beneficios o intereses. **2.** Utilidades, frutos o provechos que se sacan de cualquier cosa.

**USUFRUCTUAR** v. tr. **[1s]**. Tener o gozar el usufructo de algo.

**USUFRUCTUARIO, A** adj. y n. Que posee y disfruta de algo, especialmente de un usufructo.

**USUPUCA** n. f. *Argent.* Usapuca.

**USURA** n. f. (lat. *usuram*). Infracción que se comete al prestar dinero a un interés excesivo o en condiciones leoninas, o al suponer recibida mayor cantidad de la realmente entregada. • **Pagar con usura** una cosa, corresponder a un beneficio o favor con otro mayor o excesivo.

**USURARIO, A** adj. Relativo a la usura. **2.** Dícese

de los negocios, tratos o contratos en que hay usura.

**USURERO, A** n. Persona que presta con usura.

**USURPACIÓN** n. f. Acción y efecto de usurpar. **2.** DER. Delito que se comete apoderándose con violencia o intimidación de inmuebles o derechos ajenos.

**USURPADOR, RA** adj. y n. Que usurpa. **2.** Que se apodera, por medios injustos, de la autoridad soberana.

**USURPAR** v. tr. [**1**]. Apoderarse, por la violencia o la astucia, de un derecho, de lo que pertenece a otro, de un poder, etc.

**USUTA** n. f. *Argent., Bol.* y *Perú.* Sandalia de cuero o fibra vegetal usada por los campesinos.

**UT** n. f. MÚS. Primera nota de la escala diatónica. (En la actualidad se conoce con el nombre de *do*, en la terminología española e italiana.)

**UTA** n. f. *Perú.* Enfermedad de úlceras faciales, muy común en las quebradas hondas de Perú.

**UTCUS** n. m. *Perú.* Planta de fruto comestible. (Familia verbenáceas.)

**UTE** o **YUTE,** pueblo amerindio de E.U.A., del grupo shoshón, de lengua uto-azteca, que vive en reservas en Utah, Colorado y Nuevo México.

**UTENSILIO** n. m. Objeto usado para trabajos manuales o labores domésticas. **2.** Herramienta o instrumento manual que se utiliza en algún oficio o arte para facilitar alguna operación mecánica.

**UTERINO, A** adj. ANAT. Relativo al útero: *arteria uterina.* **2.** DER. Nacido de la misma madre, pero de distinto padre: *hermanos uterinos.*

**ÚTERO** n. m. (lat. *uterum*). Órgano de la gestación en la mujer y en las hembras de los mamíferos. SIN.: *matriz.*

**ÚTIL** adj. (lat. *utilem*). Que produce provecho, beneficio, comodidad o interés, tanto en sentido material como inmaterial: *consejos útiles.* **2.** Que puede servir o aprovechar en alguna forma. **3.** DER. Dícese del tiempo o días hábiles de un término señalado por la ley o la costumbre. ◆ n. m. **4.** Utensilio o herramienta. (Suele usarse en plural.) ◆ **útiles** n. m. pl. **5.** *Méx.* Conjunto de libros, cuadernos, lápices y demás objetos que usan los escolares.

**UTILIDAD** n. f. Calidad de útil. **2.** Provecho o interés que se saca de una cosa. **3.** ECON. Capacidad de un bien para satisfacer cualquier tipo de necesidad del hombre. • **Programa de utilidad** (INFORMÁT.), programa perteneciente al sistema de explotación de un ordenador, que permite incrementar las posibilidades de base de la máquina.

**UTILITARIO, A** adj. Que antepone la utilidad a todo: *tener algo un carácter utilitario.* ◆ adj. y n. m. **2.** Dícese del vehículo automóvil pequeño, funcional y de menor consumo en comparación con los grandes modelos de lujo o deportivos.

**UTILITARISMO** n. m. Sistema moral que hace de la utilidad el principio y norma de toda acción.

**UTILITARISTA** adj. y n. m. y f. Relativo al utilitarismo; partidario de esta doctrina.

**UTILIZABLE** adj. Que puede o debe utilizarse.

**UTILIZAR** v. tr. y pron. [**1g**]. Valerse de alguien o algo para un fin determinado o para sacar provecho o utilidad.

**UTILLAJE** n. m. (fr. *outillage*). Conjunto de útiles, instrumentos, etc., necesarios para un trabajo, arte o profesión.

**U.T.M.** (abreviatura de *universal transverse Mercator*). Sistema de proyección derivado del de Mercator, pero en el cual el cilindro se enrolla siguiendo un meridiano. (En el sistema U.T.M., la Tierra está dividida en 60 husos de 6° de longitud cada uno; 3° a cada lado del meridiano de referencia constituyen el límite más allá del cual las deformaciones serían demasiado importantes.)

**UTO-AZTECA** n. m. Familia de lenguas amerindias, algunas ya desaparecidas, de América del Norte y América Central.

■ Sapir estableció una gran clasificación, *azteca-tano*, formada por el grupo *uto-azteca* (nahua, pima, shoshón) y el grupo *tano-kiowa* (tano, kiowa, zuñi). Otros autores distinguen siete grupos de lenguas: *shoshón de las Praderas* (bannock, snake, shoshón, comanche, ute); *shoshón del río Kern; shoshón de California meridional; hopi; pima; opata-cahita-tarahumara* (14 lenguas) y el grupo *aztecoide* (huichol, zacateca, nahua).

**UTOPÍA** n. f. (de *Utopía*, obra de Tomás Moro). Sistema o proyecto irrealizable. **2.** Concepción imaginaria. **3.** FILOS. Concepción de una sociedad ideal en la que las relaciones humanas se regulen mecánica o armoniosamente.

**UTÓPICO, A** adj. Relativo a la utopía. • **Socialismo utópico,** doctrina socialista sistemática y abstracta (por oposición a *socialismo científico*, denominación que K. Marx y F. Engels dieron a su propia doctrina).

**UTOPISTA** adj. y n. m. y f. Que forja utopías o es aficionado a ellas.

**UTRAQUISMO** n. m. Doctrina de los utraquistas.

**UTRAQUISTA** n. m. y f. Nombre dado a la fracción moderada de los husitas, opuesta a los taboritas.

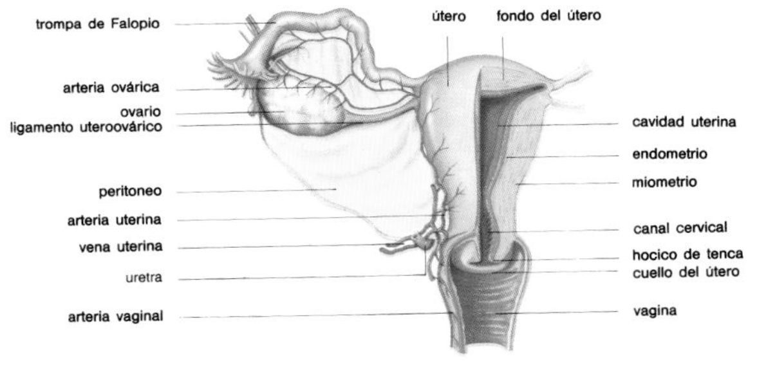

útero

**UTRERO, A** n. Novillo o ternera de dos a tres años.

**UTRÍCULO** n. m. ANAT. Cavidad del vestíbulo del oído interno, que contiene los elementos sensibles a la gravedad y a las aceleraciones. **2.** BOT. Pequeña vesícula formada por una hoja o un segmento foliar.

**U.V.,** abreviatura de *radiación ultravioleta.*

**UVA** n. f. (lat. *uvam*). Fruto de la vid, baya comestible, más o menos redonda y jugosa, que nace apiñada con otras formando racimos. **2.** Cada uno de los granos que produce el agracejo. **3.** Verruga pequeña que se forma en el párpado. • **De uvas a peras,** raramente, muy de tarde en tarde. ‖ **Estar de mala uva** *(Fam.)*, estar de mal humor. ‖ **Tener mala uva** *(Fam.)*, tener mal carácter o mala intención. ‖ **Uva de playa,** fruto del uvero, del tamaño de una cereza grande, muy jugoso y dulce. ‖ **Uva de raposa,** planta herbácea que produce una baya negra con propiedades narcóticas. (Familia liliáceas.) ‖ **Uva pasa,** la desecada, natural o artificialmente. ‖ **Uva tinta,** o **negra,** uva cuyo zumo es negro y sirve para dar color a ciertos mostos.

**UVAL** adj. Parecido o semejante a la uva: *de forma uval.*

**UVALA** n. f. (voz serbocroata). GEOMORFOL. En las regiones de relieve cársico, vasta depresión resultante de la coalescencia de varias dolinas.

**UVAYEMA** n. f. Especie de vid silvestre trepadora.

**UVE** n. f. Nombre de la letra *v.* • **Uve doble,** nombre de la letra *w.*

**ÚVEA** n. f. (lat. *uvam*, uva). ANAT. Capa pigmentada del iris. **2.** ANAT. Conjunto constituido por la coroides, el iris y el cuerpo ciliar.

**UVEÍTIS** n. f. Inflamación de la úvea.

**UVERAL** n. m. *Amér. Central.* Lugar en que abundan los uveros.

**UVERO** n. m. *Amér. Central* y *Antillas.* Árbol cuyo fruto es la uva de playa. (Familia poligonáceas.)

**U.V.I.,** siglas de *unidad de vigilancia intensiva*, sección de cuidados intensivos de un hospital.

**ÚVULA** n. f. ANAT. Pequeña masa carnosa prominente, situada en la mitad del borde posterior del paladar blando. SIN.: *campanilla.*

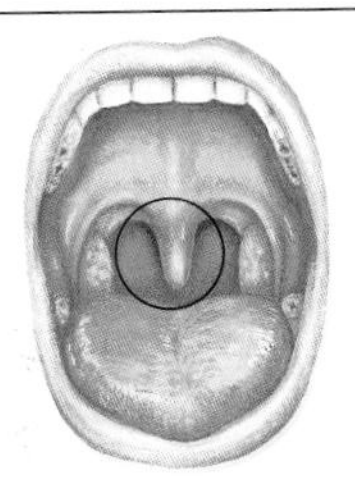
úvula

**UVULAR** adj. ANAT. Relativo a la úvula. **2.** FONÉT. Dícese de un fonema cuya emisión consiste en una vibración de la úvula sobre el posdorso de la lengua: *sonido uvular.*

**UXORICIDA** adj. y n. m. Que mata o ha matado a su mujer.

**UXORICIDIO** n. m. Delito que comete el que mata a su mujer.

**UYAMA** n. f. *Pan.* Planta cucurbitácea, auyama.

**UZBEKO, A** adj. y n. Relativo a un pueblo turco musulmán de Asia central, que habita principalmente en Uzbekistán y Afganistán; individuo de este pueblo. ◆ n. m. **2.** Lengua turca hablada en Uzbekistán, república del Asia central.

# V

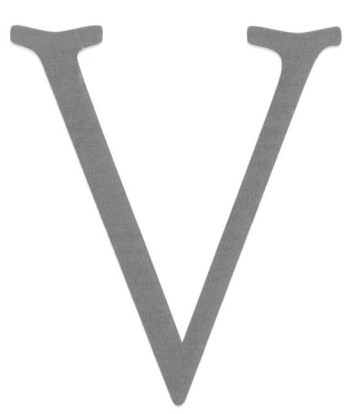

**V** n. f. Vigésima tercera letra del alfabeto español y decimoctava de las consonantes. (Es una bilabial oclusiva o fricativa sonora.) **2.** Cifra romana que vale cinco. **3.** Símbolo químico del *vanadio.* **4.** ELECTR. Símbolo del *voltio.*

**V1, V2** n. f. (abrev. del alem. *Vergeltungswaffe,* arma de represalia). Bomba autopropulsada, de gran radio de acción, empleada por los alemanes en 1944 y 1945.

**VA,** símbolo del *voltamperio.*

**VACA** n. f. (lat. *vaccam*). Hembra adulta del toro. **2.** *Ecuad.* Pulpa del coco. **3.** *Méx.* Dinero que queda de una apuesta en la que no hay ganador y se juega en una nueva apuesta. • **Vaca abierta,** vaca fecundada. || **Vaca lechera,** la destinada a la producción de leche. || **Vaca marina,** manatí; dugón. • **Enfermedad de las vacas locas** (MED.), encefalopatía espongiforme bovina, causada por determinadas partículas proteicas infecciosas y transmisible por la ingestión de carne contaminada.

**VACABUEY** n. m. Planta arbórea medicinal, que crece en zonas pantanosas de América Central. (Familia dileniáceas.)

**VACACIÓN** n. f. (lat. *vacationem*). Suspensión temporal del trabajo o estudios por descanso. **2.** Tiempo que dura esta suspensión. (Suele usarse en plural.)

**VACADA** n. f. Hato de ganado vacuno.

**VACANTE** adj. y n. m. y f. Dícese del espacio o sitio desocupado, vacío: *asiento vacante.* ◆ adj. y n. f. **2.** Dícese del cargo, empleo, dignidad o plaza que está sin proveer: *cargo vacante; haber una vacante en el ministerio.* • **Bienes vacantes** (DER.), los mostrencos. || **Sucesión vacante** (DER.), sucesión en la que no existe llamamiento testamentario ni persona que reclame la herencia.

**VACAR** v. intr. **[1a]**. Cesar temporalmente en el negocio, trabajo o estudios habituales. **2.** Quedar vacante un empleo, cargo o plaza por cesar la persona que lo desempeñaba o poseía.

**VACARAÍ** n. m. *Argent.* y *Par.* Ternero nonato, extraído del vientre de su madre al tiempo de matarla.

**VACARAY** n. m. *Argent.* y *Urug.* Vacaraí.

**VACARÍ** adj. De cuero de vaca, o cubierto de este cuero: *adarga vacarí.*

**VACCEOS,** pueblo de la península Ibérica, de origen celtibérico, que al parecer ocupó la parte central de la submeseta norte, y cuya capital era *Pallantia* (Palencia).

**VACCINÍFERO, A** adj. Dícese de la ternera a la que se ha inoculado una vacuna y cuyas pústulas proporcionan linfa para la vacunación.

**VACCINOSTILO** n. m. Pequeño instrumento de metal en forma de lanceta, que se emplea para vacunar.

**VACIADERO** n. m. Sitio o conducto por donde se vacía una cosa. **2.** Lugar en que se vacía una cosa.

**VACIADO, A** adj. *Méx. Fig.* y *fam.* Gracioso, simpático, chistoso. ◆ n. m. **2.** Acción de vaciar. **3.** Escotadura o hueco. **4.** Operación que consiste en eliminar o quitar parte de la materia de diversas piezas, para aligerarlas o facilitar el funcionamiento de un mecanismo. **5.** Operación para reproducir una obra plástica u otro objeto partiendo de un molde hueco, en el que se vierte la materia que ha de ser moldeada, para obtener el positivo. **6.** Extracción de datos sobre un determinado tema.

**VACIADOR** n. m. Instrumento para vaciar.

**VACIAMIENTO** n. m. Acción y efecto de vaciar o vaciarse. **2.** CIR. Extracción de las partes internas de un hueso enfermo sin dañar el periostio.

**VACIAR** v. tr. y pron. **[1t]**. Dejar vacío un espacio determinado, sacar o quitar el contenido de un recipiente o de otra cosa. ◆ v. tr. **2.** Formar un hueco en alguna cosa. **3.** *Fig.* Sacar, extraer de un libro, escrito, etc., los datos, pasajes, noticias, etc., que se necesitan. **4.** Sacar filo a un instrumento cortante. **5.** CIR. Practicar el vaciamiento quirúrgico de una región. **6.** TAUROM. Dar salida al toro con el engaño, especialmente con la muleta, en la suerte de matar. **7.** TECNOL. Reproducir una obra mediante el vaciado. **8.** TECNOL. Practicar una escotadura, hueco o cavidad en una pieza de metal o de madera; afinarla o rebajarla dándole forma adecuada. ◆ v. intr. **9.** Bajar o menguar la marea. **10.** Menguar el agua en los ríos. **11.** Desaguar en alguna parte los ríos o corrientes. ◆ **vaciarse** v. pron. **12.** *Fig.* y *fam.* Hablar una persona en exceso o decir lo que debería mantener secreto o callado. **13.** TAUROM. Salirse el toro de la suerte, de forma espontánea, sin llegar a su centro.

**VACIEDAD** n. f. Necedad, sandez, tontería.

**VACILACIÓN** n. f. Acción y efecto de vacilar. **2.** *Fig.* Duda, titubeo, indecisión: *tener un momento de vacilación.*

**VACILADA** n. f. *Méx. Fam.* Acción y efecto de vacilar, hablar en broma.

**VACILANTE** adj. Que vacila.

**VACILAR** v. intr. **[1]**. Oscilar, moverse una cosa alternativamente a un lado y a otro de su posición de equilibrio por falta de estabilidad: *al tropezar vaciló, pero no llegó a caer.* **2.** Estar poco firme o estable una cosa en su estado: *vacilar la fe de alguien.* **3.** *Fig.* Estar uno indeciso sobre su manera de pensar, sentir, obrar: *vacilar antes de decidirse por algo.* **4.** *Fig.* Oscilar o variar de intensidad, tamaño, valor, etc., una cosa dentro de determinados límites o formas: *vacilar la luz.* **5.** *Amér. Central* y *Méx.* Divertirse, estar de juerga, hablar en broma. ◆ v. tr. e intr. **6.** *Vulg.* Tomar el pelo: *no me vaciles.*

**VACILE** n. m. *Vulg.* Guasa, tomadura de pelo.

**VACILÓN, NA** adj. y n. *Vulg.* Burlón, guasón. **2.** *Amér. Central, Méx.* y *Venez.* Juerguista. ◆ n. m. **3.** *Amér. Central* y *Méx.* Juerga, fiesta, diversión.

**VACÍO, A** adj. Que no contiene nada: *botella vacía.* **2.** Que no está ocupado por nadie, sin gente o con muy poca gente: *silla vacía.* **3.** Vano, sin fruto, falto de lo que habitualmente lo llena: *almendra vacía.* **4.** Falto de la solidez correspondiente o de la perfección o de la calidad debida en su línea: *cabeza vacía.* **5.** *Fig.* Vacuo, falto de ideas, de interés, superficial: *frases vacías.* **6.** *Fig.* Frívolo, presumido, vanidoso: *hombre vacío.* **7.** MAT. Dícese del conjunto que no posee ningún elemento. (Su notación es ø.) • **Palabra vacía** (LING.), conjunción, adverbio, preposición o término desprovisto por sí solo de contenido semántico. ◆ n. m. **8.** Espacio en el que no existe ninguna materia. **9.** Abismo, precipicio: *perdió el equilibrio y se precipitó en el vacío.* **10.** Hueco o cavidad de cualquier cosa. **11.** Ijada, cada uno de los espacios huecos que quedan en el cuerpo, debajo de las costillas. **12.** Vacante de algún empleo, cargo, etc. **13.** *Fig.* Falta sensible o perceptible por la ausencia de una persona o cosa: *nadie podrá ocupar el vacío que dejó su muerte.* **14.** FÍS. Espacio donde las partículas materiales están fuertemente enrarecidas. **15.** FÍS. Atmósfera correspondiente a un estado cuya presión es inferior a la atmosférica. • **Caer en el vacío** palabras, consejos, proyectos, iniciativas, etc., no tener acogida, no tener consecuencia, no ser atendidos. || **De vacío,** sin carga, o sin la cosa que corresponde llevar o que se ha ido a buscar, sin haber conseguido lo que se pretendía. || **Hacer el vacío** a alguien (*Fam.*), aislarle, rehuirle o dificultarle el trato.

**VACUIDAD** n. f. Calidad de vacuo.

**VACUNA** n. f. Cultivo microbiano o toxina de virulencia atenuada que se inocula a un individuo o animal para inmunizarlo contra una enfermedad microbiana. **2.** VET. Enfermedad, de naturaleza vírásica, que afecta al ganado vacuno, y en menor escala al caballar, caracterizada por la erupción pustulosa en determinadas zonas de la piel.

■ Las vacunas introducidas en el organismo provocan la formación de anticuerpos capaces de oponerse a la infección causada por un determinado germen infeccioso. Pueden prepararse a partir de gérmenes vivos atenuados (vacuna antipoliomielítica de Sabin), gérmenes muertos (vacuna antipoliomielítica de Lépine y Salk), o toxinas a las que se ha liberado de su poder patógeno, pero que conservan el antigénico (vacunas antidiftérica, antitetánica). Algunas vacunas tienen un período de inmunización breve y obligan a efectuar revacunaciones. En ocasiones pueden provocar reacciones de intolerancia. La acción de las vacunas es, sobre todo, preventiva.

**VACUNABLE** adj. Que se puede vacunar.

**VACUNACIÓN** n. f. Acción y efecto de vacunar o vacunarse.

**VACUNADA** n. f. *Méx.* Vacunación.

**VACUNADOR, RA** adj. y n. Que vacuna.

**VACUNAR** v. tr. y pron. [1]. Inocular una vacuna a una persona o animal. **2.** *Fig.* Hacer pasar a una persona determinada experiencia para que quede preparada y prevenida contra una desgracia o dificultad: *vacunar a alguien contra las adversidades.*

**VACUNO, A** adj. Bovino: *ganado vacuno.* **2.** De cuero de vaca. ◆ n. m. **3.** Animal bovino.

**VACUNOTERAPIA** n. f. MED. Conjunto de medios terapéuticos y profilácticos relativos al empleo de las vacunas en medicina.

**VACUO, A** adj. (lat. *vacuum*). Vacío, falto de contenido: *discurso vacuo.* **2.** *Fig.* Frívolo, ligero, insustancial: *persona vacua.*

**VACUOLA** n. f. BIOL. Vacúolo. **2.** GEOL. Cavidad en la estructura de una roca.

**VACUOLAR** adj. Relativo al vacúolo.

**VACÚOLO** n. m. BIOL. Cavidad del citoplasma de las células, que encierra diversas sustancias en solución acuosa. SIN.: *vacuola.*

**VACUOMA** n. f. BIOL. Conjunto de vacúolos de una célula.

**VADE** n. m. Vademécum, cartapacio. **2.** Carpeta que se tiene sobre el escritorio para guardar papeles y escribir sobre ella. **3.** Mueble, especie de pupitre con tapa en forma de plano inclinado, para guardar en su interior papeles, documentos, etcétera, y escribir sobre él.

**VADEABLE** adj. Que se puede vadear.

**VADEAR** v. tr. [1]. Atravesar un río u otra corriente de agua por un sitio de fondo firme y poco profundo. **2.** *Fig.* Vencer o superar una dificultad.

**VADEMÉCUM** n. m. Tratado breve que contiene las nociones elementales de una ciencia o arte. **2.** Cartapacio, cartera para llevar libros y papeles.

**VADO** n. m. Lugar o paraje de un río o corriente de agua con fondo firme y poco profundo, por donde se puede pasar. **2.** En la vía pública, espacio modificado en la acera y bordillo que se destina al libre acceso de vehículos a locales o fincas situadas frente al mismo. **3.** MAR. Punto del mar o de un río donde pueden fondear las embarcaciones.

**VAGA** n. f. Hilo que queda flojo formando una lazada en un tejido o que queda suelto o sin coger en un tejido de punto. **2.** Hilo que por defecto o por exigirlo el dibujo del tejido pasa por más de uno de los otros hilos que van en dirección contraria.

**VAGABUNDEAJE** n. m. *Chile.* Vagancia, holgazanería.

**VAGABUNDEAR** v. intr. [1]. Llevar vida de vagabundo. **2.** Viajar de un lugar a otro sin un itinerario prefijado.

**VAGABUNDEO** n. m. Acción y efecto de vagabundear.

**VAGABUNDO, A** adj. (lat. *vagabundum*). Que anda o va errante: *perro vagabundo.* ◆ adj. y n. **2.** Dícese de la persona errante, que va de un lugar a otro, sin ocupación o destino fijo.

**VAGANCIA** n. f. Acción de vagar o de estar sin oficio u ocupación. **2.** Calidad de vago, poco o mal trabajador. **3.** *Fam.* Pereza, falta de ganas de hacer algo.

**VAGAR** n. m. Tiempo desocupado o libre para hacer una cosa. **2.** Lentitud, calma.

**VAGAR** v. intr. [1b]. Andar de una parte a otra sin detenerse en ninguna y sin un destino fijo: *vagar por la ciudad.* **2.** Andar por varios sitios sin encontrar lo que se busca. **3.** Andar libre una cosa, o sin el orden y disposición que regularmente debe tener.

**VAGIDO** n. m. (lat. *vagitum*). Llanto o gemido de un recién nacido.

**VAGINA** n. f. (lat. *vaginam*). Órgano genital interno de la mujer, formado por un canal de paredes musculares y revestimiento mucoso, que comunica el útero con la vulva.

**VAGINAL** adj. Relativo a la vagina: *infección vaginal.*

**VAGINISMO** n. m. Contracción dolorosa y espasmódica del músculo constrictor de la vagina, de origen síquico u orgánico.

**VAGINITIS** n. f. Inflamación de la mucosa de la vagina.

**VAGO, A** adj. y n. (lat. *vacuum*). Poco o nada trabajador. ◆ adj. y n. m. **2. Nervio vago** (ANAT.), décimo par de nervios craneales. SIN.: *nervio neumogástrico.*

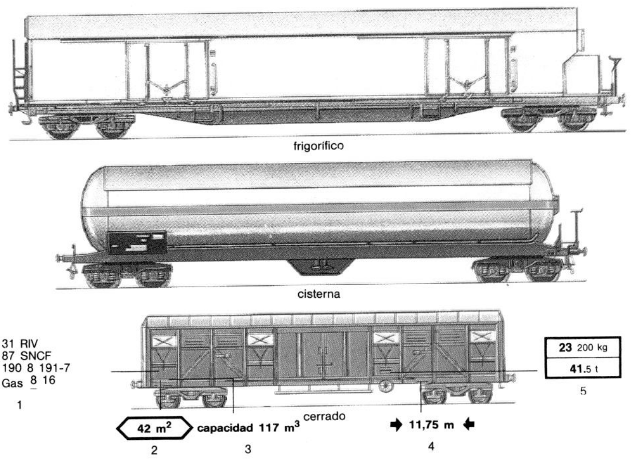


1. Tarjeta de identificación (régimen de cambio, administración propietaria, número de vagón). 2. Indicación de la superficie de la plataforma. 3. Indicación de la capacidad del vagón. 4. Separación de los ejes de los bogies. 5. Tara y peso-frenado.

algunos tipos de **vagones** y el significado de determinadas indicaciones

**VAGO, A** adj. (lat. *vagum*). Errante, que anda de una parte a otra sin detenerse en ninguna y sin una dirección fija. **2.** Indefinido, indeterminado, falto de precisión: *idea vaga.*

**VAGÓN** n. m. F.C. Denominación genérica de los vehículos de ferrocarril. (Se aplica preferentemente a los vehículos destinados al transporte de mercancías; para los vehículos de viajeros suele utilizarse la denominación *coche.*)

**VAGONETA** n. f. Vagón pequeño y descubierto, para transporte de mercancías.

**VAGOTOMÍA** n. f. Sección quirúrgica del nervio vago.

**VAGOTONÍA** n. f. Excitabilidad anormal del nervio vago.

**VAGOTÓNICO, A** adj. y n. Relativo a la vagotonía; afecto de vagotonía.

**VAGUADA** n. f. Parte baja entre montañas donde se reúnen y circulan las aguas de escorrentía, sin que necesariamente exista río ni arroyo.

**VAGUEAR** v. intr. [1]. Holgazanear, estar ocioso y sin querer trabajar.

**VAGUEDAD** n. f. Calidad de vago, impreciso. **2.** Expresión vaga o frase imprecisa.

**VAHARADA** n. f. Acción y efecto de echar el vaho o aliento por la boca. **2.** Afluencia súbita y momentánea de un olor.

**VAHEAR** o **VAHAR** v. intr. [1]. Expeler vaho o vapor.

**VAHÍDO** n. m. Desvanecimiento, desmayo, pérdida momentánea del conocimiento.

**VAHO** n. m. Vapor que despiden los cuerpos en determinadas condiciones. **2.** Aliento, aire espirado por la boca. ◆ **vahos** n. m. pl. **3.** Procedimiento curativo consistente en respirar vahos o vapores con alguna sustancia balsámica.

**VAÍDO, A** adj. **Bóveda vaída,** bóveda baída*.

**VAILAHUÉN** n. m. *Chile.* Nombre de diversas plantas aromáticas compuestas.

**VAINA** n. f. (lat. *vaginam*). Funda alargada de material flexible en que se guardan armas, herramientas y otros instrumentos de metal. **2.** Envoltura metálica, generalmente de latón, que contiene la carga de proyección de un disparo o de un cartucho de un arma de fuego. **3.** *Amér.* Contrariedad, molestia. **4.** ANAT. Envoltura de un órgano. **5.** BOT. Base de la hoja, más o menos ensanchada, que abraza parcial o totalmente a la ramita en que se inserta. **6.** BOT. Fruto con dos valvas de las plantas leguminosas. (Cada valva lleva consigo una hilera de semillas.) ◆ adj. y n. m. y f. **7.** *Fam.* Dícese de la persona despreciable, molesta, presumida, fatua.

**VAINAZAS** n. m. y f. (pl. *vainazas*). *Fam.* Persona descuidada o perezosa.

**VAINICA** n. f. Labor de costura que por adorno se hace junto al dobladillo de la tela, consistente en un previo deshilado de una parte del tejido y en la sujeción de los hilos que quedan descubiertos con puntadas que forman como un pequeño nudo.

**VAINILLA** n. f. Planta orquidácea trepadora de las regiones tropicales, oriunda de América, África y Asia, se cultiva por su fruto, que es una cápsula de 15 a 25 cm de long. y el grosor de un dedo meñique, utilizado en confitería, fabricación de chocolate y elaboración del coñac y del ron. **2.** Fruto de esta planta. *(V. ilustración pág. 1018.)*

**VAINILLINA** n. f. Principio oloroso de las vainas de vainilla, utilizado en perfumería y en pastelería, y que actualmente se prepara por síntesis.

**VAIVÉN** n. m. Movimiento alternativo de un cuerpo en una y otra dirección. **2.** Sacudida, movimiento brusco. **3.** *Fig.* Variedad, inconstancia o inestabilidad de las cosas: *un vaivén del destino.* **4.** MAR. Cabo delgado que sirve para entrañar y forrar otros más gruesos. • **Gozne,** o **bisagra, de vaivén,** gozne de puerta, de forma especial, que permite abrir ésta en ambos sentidos y la hace volver a su posición primitiva.

**vaina** de guisante

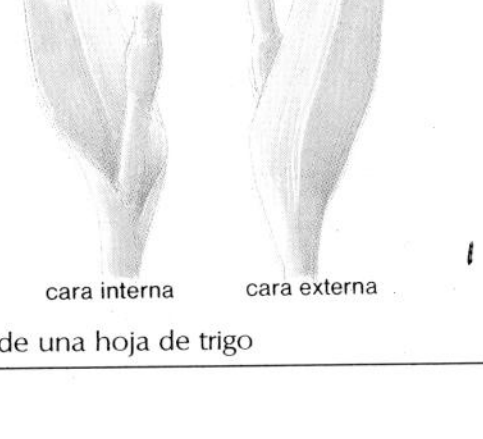


**vaina** de una hoja de trigo

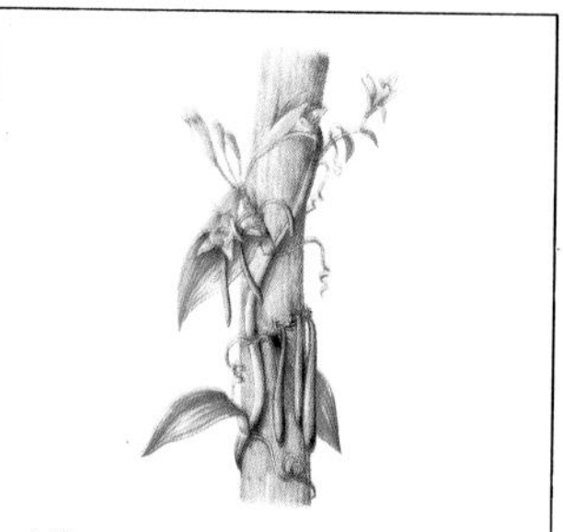
vainilla

**VAJEAR** v. tr. [1]. *C. Rica, Cuba* y *Guat.* Adormecer ciertos reptiles a sus víctimas, arrojándoles el vaho o el aliento. **2.** *C. Rica, Cuba* y *Guat.* Perturbar o aturdir a alguien con malas artes para conseguir algo de él.

**VAJILLA** n. f. (cat. *vaixella*). Conjunto de platos, fuentes, tazas, etc., que se emplean en el servicio de la mesa.

**VAL** n. m. Apócope de *valle.* (Suele usarse en composición de topónimos: *Valderrey.*) **2.** GEOGR. En las regiones de tipo jurásico, valle que corresponde a un sinclinal.

**VALACO, A** adj. y n. De Valaquia.

**VALBUENA** n. m. Vino español que se elabora en las localidades vallisoletanas de Rueda de Seca, Nava del Rey, Sardón y Peñafiel.

**VALDENSE** adj. y n. m. y f. Relativo a la secta fundada por P. Valdo en el s. XII, que rechazaba el culto a los santos, la misa y la confesión y predicaba la pobreza absoluta; miembro de dicha secta.

**VALDEPEÑAS** n. m. (pl. *valdepeñas*). Vino que se elabora en la provincia de Ciudad Real, con uva procedente fundamentalmente de los viñedos de Jancibel y Mantuo Lairen.

**VALDIVIANO** n. m. *Chile.* Guiso a base de charqui, cebollas, pimientos y ajos.

**VALE** n. m. Papel canjeable por cualquier cosa. **2.** Nota firmada, a modo de recibo, que se da en una entrega para acreditarla. **3.** Entrada gratuita para un espectáculo público. **4.** DER. Documento por el que el suscribiente contrae la obligación de pagar a una persona determinada, o a su orden, o al portador, cierta cantidad de dinero en el plazo que se fije. • **Vales reales** (HIST.), obligaciones del estado, con un interés del 4 % anual, creadas por Carlos III en 1780. ◆ n. **5.** *Amér. Fam.* Valedor, camarada.

**VALEDERO, A** adj. Que vale o es subsistente, o que es canjeable por algo: *certificado valedero por un año.*

**VALEDOR, RA** n. Protector, persona que favorece o protege a otra: *erigirse en valedor de alguien.* **2.** *Méx. Fam.* Camarada, compañero. • **Valedor do pobo galego,** defensor del pueblo en Galicia.

**VALEDURA** n. f. *Colomb.* y *Cuba.* En un juego, regalo que hace el ganador al que pierde o al que está mirando. **2.** *Méx.* Favor, ayuda.

**VALENCIA** n. f. Máximo número de átomos de hidrógeno que pueden combinarse con un átomo de otro elemento, o los que pueden sustituir a un átomo de dicho elemento. **2.** Poder de un anticuerpo para combinarse con uno o más antígenos. • **Valencia gramo de un elemento,** átomo-gramo de este elemento dividido por su valencia.

**VALENCIANA** n. f. Femenino de valenciano. **2.** *Méx.* Dobladillo del pantalón hacia afuera.

**VALENCIANISMO** n. m. Vocablo o giro propio del habla valenciana. **2.** Tendencia o doctrina que defiende los valores políticos, económicos y culturales de Valencia.

**VALENCIANO, A** adj. y n. De Valencia. ◆ n. m. **2.** Dialecto del catalán, hablado en la mayor parte de la Comunidad Valenciana.

**VALENTÍA** n. f. Calidad de valiente. **2.** Hecho o hazaña valiente o heroica. **3.** Valor para arrostrar peligros.

**VALENTINITA** n. f. Óxido natural del antimonio $Sb_2O_3$.

**VALENTÓN, NA** adj. y n. *Desp.* Fanfarrón, bravucón, que presume de valiente.

**VALENTONADA** n. f. Jactancia o exageración del propio valor.

**VALENTONERÍA** n. f. *Desp.* Calidad o actitud propia de valentón.

**VALER** v. tr. e intr. (lat. *valere*) [9]. Amparar, ayudar: *¡que Dios te valga!* **2.** Servir, ser útil, ser apto: *este traje aún vale; este argumento no vale.* **3.** Servir algo para conseguir otra cosa o eludir un mal: *más vale tarde que nunca.* **4.** Ser válido, estar permitido: *esta norma vale para todos.* **5.** Tener eficacia: *un carnet caducado no vale.* **6.** Tener valor económico, ser el precio de algo cierta cantidad de dinero. **7.** Tener ciertas cualidades: *este actor vale mucho; la película no vale nada.* **8.** Referido a números, cuentas, etc., sumar, importar: *¿cuánto vale el arreglo?* **9.** Equivaler: *en música, una blanca vale dos negras.* **10.** Producir, dar ganancias o interés: *su esfuerzo le valió un premio.* **11.** Tener poder, autoridad o fuerza: *tú vales más que yo con él.* **12.** Con la prep. *por,* incluir en sí equivalentemente las cantidades de otra cosa: *esta razón vale por muchas.* • **Hacer valer,** obtener el justo reconocimiento para sacar las oportunas ventajas de algo o alguien, imponer, hacer prevalecer. ‖ **Hacerse valer,** imponerse, obtener el reconocimiento de los propios derechos, méritos, etc. ‖ **No valer la pena,** no merecer que se dedique a alguien o a algo interés, tiempo, etc. ‖ **No valer para nada,** ser inútil. ‖ **¡Vale!,** expresa aprobación o asentimiento; denota deseo de que cese algo. ‖ **Valer lo que pesa** *(Fam.),* ser muy estimable, valer mucho. ◆ **valerse** v. pron. **13.** Servirse de alguien o de algo: *valerse de influencias.* **14.** *Fam.* No estar alguien del todo imposibilitado o achacoso, de modo que pueda andar o hacerse sus propias cosas: *aún se vale por sí mismo.*

**VALER** n. m. Valor, valía.

**VALERIANA** n. f. Planta herbácea de flores rosas o blancas, que crece preferentemente en lugares húmedos. (Con la *valeriana común, oficinal* o *menor,* también usada como antiespasmódico, se preparan el licor y el agua de valeriana.)

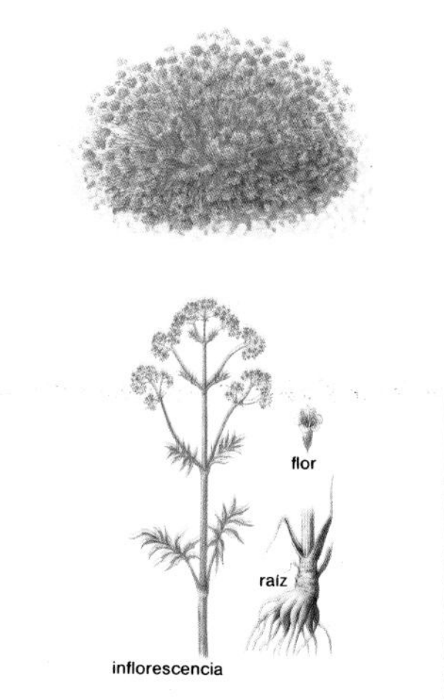

valeriana común

**VALERIANÁCEO, A** adj. y n. f. Relativo a una familia de plantas herbáceas, a la que pertenece la valeriana.

**VALEROSIDAD** n. f. Calidad de valeroso.

**VALEROSO, A** adj. Valiente, animoso: *soldado valeroso.*

**VALET** n. m. (voz francesa, *criado*). Carta de la baraja francesa que lleva la figura de un sirviente de armas y que es el equivalente de la sota de la baraja española.

**VALETUDINARIO, A** adj. y n. Enfermizo, delicado de salud.

**VALÍ** o **WALĪ** n. m. Gobernador de una provincia o de una parte de la misma, en diversos estados musulmanes.

**VALÍA** n. f. Valor, calidad de la persona o cosa que vale. • **Mayor valía** (ECON.), aumento del valor de una cosa por circunstancias extrañas.

**VALIDACIÓN** n. f. Acción y efecto de validar. **2.** Firmeza, constancia o validez de un acto.

**VALIDAR** v. tr. (lat. *validare*) [1]. Dar validez a una cosa: *validar una elección.*

**VALIDEZ** n. f. Calidad de válido: *la validez de un documento.*

**VALIDO** n. m. Persona que goza de la amistad del soberano o del gobernante, y en virtud de ella tiene acceso al ejercicio del poder.

**VÁLIDO, A** adj. (lat. *validum*). Que tiene valor y fuerza legal o eficacia para producir su efecto: *contrato válido; opinión válida.*

**VALIENTE** adj. y n. m. y f. Esforzado y animoso: *un valiente guerrero.* **2.** Valentón, bravucón: *dárselas de valiente.* ◆ adj. **3.** Fuerte y robusto en su línea. **4.** Grande, intenso, excesivo: *valiente granuja.*

**VALIJA** n. f. (ital. *valigia*). Maleta. **2.** Saco de cuero donde se lleva la correspondencia. **3.** Este mismo correo. • **Valija diplomática,** cartera cerrada y precintada, que contiene la correspondencia oficial entre un gobierno y sus agentes diplomáticos en el extranjero y que, por su importancia, no se confía al servicio de correos.

**VALIMIENTO** n. m. Privanza, primer lugar en la gracia y confianza de un monarca, alto personaje u otra persona.

**VALINA** n. f. Ácido aminado, cuya carencia en la nutrición ocasiona trastornos sensitivos y motores.

**VALIOSO, A** adj. Que vale mucho o tiene mucho valor: *una joya valiosa.*

**VALLA** n. f. (lat. *valla*). Estacada o vallado para defensa. **2.** Cerca hecha con estacas, madera u otro material, para delimitar un lugar o para cercarlo. **3.** *Fig.* Obstáculo, impedimento. **4.** DEP. Obstáculo artificial empleado en ciertas competiciones hípicas o atléticas. **5.** TAUROM. Barrera. • **Valla de seguridad,** viga metálica o de hormigón dispuesta horizontalmente por encima del suelo, al borde de una carretera o entre dos vías de autopista, con el fin de impedir que un vehículo pueda salirse de la calzada. ‖ **Valla publicitaria,** cartelera colocada en calles, carreteras, etc., con fines publicitarios.

carrera de 100 m **vallas**

**VALLADAR** n. m. Valla, cerca. **2.** *Fig.* Obstáculo, impedimento.

**VALLADO** n. m. Valla, cerca. **2.** Cerco de bardas y arbustos o de tierra apisonada.

**VALLAR** v. tr. [1]. Cercar o delimitar con vallas.

**VALLE** n. m. (lat. *vallem*). Depresión de terreno alargada, más o menos ancha, cruzada por un curso de agua o por un glaciar. **2.** Conjunto de lugares, caseríos o pueblos situados en esta depresión. • **Valle ciego,** en un relieve cársico, valle cuyas aguas penetran en el suelo y que está cerrado río abajo. ‖ **Valle de lágrimas,** este mundo, la vida terrenal. ‖ **Valle muerto,** valle que ya no es seguido por un curso de agua. ‖ **Valle suspendido,** valle secundario cuya confluencia con el valle principal está marcada por un desnivel brusco.

**VALLISOLETANO, A** adj. y n. De Valladolid.

**VALLISTO** adj. y n. *Argent.* De los valles calchaquíes de Argentina.

**VALÓN, NA** adj. y n. De Valonia. ◆ n. m. **2.** Dialecto del grupo de oïl hablado en parte de Bélgica y en el norte de Francia.

**VALONA** n. f. **Hacer** a uno **la valona** *(Méx. Fam.),* echarle una mano, cubrirle, hacerse cómplice con su silencio.

**VALOR** n. m. Cualidad física, intelectual o moral

de alguien: *persona de gran valor.* **2.** Calidad de algo digno de interés y estima, precio: *un cuadro de valor; libro de gran valor.* **3.** Cada una de las supuestas cualidades positivas, consideradas en abstracto: *escala de valores de una sociedad.* **4.** Alcance, significación, eficacia o importancia de algo: *una afirmación sin valor; quitar valor a una frase.* **5.** Calidad de valiente: *le faltó valor para afrontarlo.* **6.** Descaro, desvergüenza: *tuvo el valor de negarlo.* **7.** Precio de una cosa: *el valor de esta gema es incalculable.* **8.** *Fig.* Persona que posee, o a la que se atribuyen, cualidades positivas para aquello que se expresa: *un joven valor de la canción.* **9.** Certificado acreditativo de la obligación que una persona física o jurídica tiene hacia su tenedor. **10.** Rédito o producto de una cosa. **11.** Propiedad que caracteriza a los bienes económicos y constituye el fundamento de su intercambio. **12.** FILOS. Lo que una determinada moral establece como ideal o norma. **13.** LING. Participación de un elemento lingüístico en un sistema de relaciones entre significante y significado. **14.** MAT. Cada una de las posibles determinaciones de una magnitud o de una cantidad variables, o de una función. **15.** MÚS. Duración de una nota. **16.** PINT. Proporción de luz y sombra, de claro y oscuro, de una atmósfera dada de color. • **Armarse de valor,** prepararse para afrontar algo temible. || **Teoría del valor** (ECON.), explicación de lo que constituye el valor de los bienes. || **Valor añadido,** conjunto de retribuciones generadas en la realización de una actividad productiva y que constituyen, junto a lo correspondiente a los bienes incorporados en el producto final, el valor total de este producto. || **Valor mobiliario,** título negociable emitido por personas jurídicas públicas o privadas, y que representa una fracción de su capital social (acción) o de un préstamo a largo plazo que les es concedido (obligación). || **Valor numérico de una magnitud,** medida de esta magnitud. ◆ **valores** n. m. pl. **17.** Títulos representativos de participación de haberes de sociedades, de cantidades prestadas, de mercancías, de fondos pecuniarios o de servicios que son materias de operaciones mercantiles: *los valores están en alza.* • **Escala de valores,** jerarquía establecida entre los principios morales.

**VALORACIÓN** n. f. Acción y efecto de valorar o de evaluar. **2.** QUÍM. Método volumétrico de análisis cuantitativo para determinar la cantidad de sustancia contenida en una solución.

**VALORAR** v. tr. [**1**]. Establecer o señalar el valor económico o el precio de algo: *valorar una obra de arte.* **2.** Hacer que aumente el valor de algo. **3.** Apreciar y determinar el valor, cualidades y méritos de alguien o algo: *valorar el estilo de una obra.* **4.** Tener en cuenta, calcular, prever: *valorar las consecuencias de algo.*

**VALORIZACIÓN** n. f. Acción y efecto de valorizar. **2.** En materia de finanzas públicas, conjunto de medidas tomadas para contrarrestar la pérdida del valor de las rentas del estado, motivada por la caída del valor adquisitivo de la moneda.

**VALORIZAR** v. tr. [**1g**]. Valorar, evaluar. **2.** Aumentar el valor de algo.

**VALQUIRIA** n. f. Cada una de ciertas divinidades de la mitología escandinava que en los combates designaba los héroes que habían de morir y en el cielo servían de escanciadoras.

**VALS** n. m. (del alem. *walzen,* girar). Baile de origen alemán, de compás 3/4, que en su origen tenía un movimiento lento, pero que en la forma más moderna, el vals vienés, se ha convertido en una danza de ritmo vivo y rápido. **2.** Música de este baile.

**VALSAR** v. intr. [**1**]. Bailar el vals.

**VALUACIÓN** n. f. Valoración, evaluación.

**VALUAR** v. tr. [**1s**]. Valorar, evaluar.

**VALVA** n. f. Cada una de las dos partes de la concha de los moluscos y otros animales. **2.** BOT. Cada una de las partes de un fruto seco que se abre para dejar salir las semillas. **3.** CIR. Instrumento empleado para separar las partes blandas en una exploración o intervención quirúrgica.

**VALVAR** adj. Relativo a las valvas.

**VÁLVULA** n. f. (lat. *valvulam*). Obturador sometido a la presión de un resorte y cuyo movimiento sirve para regular el paso de un fluido. **2.** Placa metálica que sirve de obturador móvil, en el interior del tubo de una estufa, en el fondo de un depósito de agua, etc. **3.** Aparato que regula el movimiento de un fluido en una canalización. **4.** ANAT. Pequeño repliegue que se forma en la luz de algunos vasos para impedir el reflujo de sangre en sentido opuesto al de la corriente. **5.** ELECTR. Dispositivo que, intercalado en un circuito, sólo deja pasar la corriente en un sentido. • **Válvula de altitud,** la adaptada al carburador de los motores de aviación para corregir la concentración de la mezcla a medida que disminuye la densidad del aire con la altura. || **Válvula de escape,** obturador que da salida a los gases de una combustión; *(Fig.),* ocasión, motivo o cosa a la que se recurre para desahogarse de una tensión, trabajo excesivo o para salir de la monotonía diaria. || **Válvula de seguridad,** válvula que, montada en una conducción, una caldera, etc., bajo presión, se abre automáticamente cuando la presión interior rebasa cierto límite; la intercalada en los tubos de perforación para evitar las erupciones. || **Válvula en cabeza,** en un motor de explosión, la situada en la parte superior de la culata.

**VALVULAR** adj. Relativo a las válvulas. **2.** HIST. NAT. Dícese de los órganos que poseen válvulas.

**VALVULINA** n. f. Aceite lubricante que se utiliza en la caja de cambios de un automóvil.

**VAMPIRESA** o **VAMP** n. f. (del ingl. *vamp*). Mujer de gran atractivo físico, coqueta y casquivana.

**VAMPIRISMO** n. m. Creencia en los vampiros. **2.** *Fig.* Codicia excesiva. **3.** MED. Manifestación sádica consistente en la mutilación de cadáveres. **4.** MED. Necrofilia.

**VAMPIRO** n. m. (húngaro *vampir*). Cadáver que, según la superstición popular, sale de su tumba para chupar la sangre de los vivos. **2.** Persona que se enriquece del trabajo ajeno. **3.** Murciélago de América tropical, generalmente insectívoro, pero que puede morder a los animales domésticos e incluso al hombre y succionar su sangre.

vampiro

**VANÁDICO, A** adj. Dícese del anhídrido $V_2O_5$ y de los ácidos correspondientes.

**VANADINITA** n. f. Clorovanadato natural de plomo.

**VANADIO** n. m. Metal blanco de símbolo químico V, número atómico 23, masa atómica 50,94 y densidad 5,7, que se obtiene en forma de polvo gris y se usa para aumentar la resistencia del acero.

**VANAGLORIA** n. f. Presunción o jactancia de una cualidad que uno tiene o se atribuye.

**VANAGLORIARSE** v. pron. [**1**]. Jactarse, presumir, alabarse o mostrarse orgulloso de algo.

**VANAGLORIOSO, A** adj. y n. Inclinado a vanagloriarse.

**VANDALAJE** n. m. *Amér.* Vandalismo.

**VANDÁLICO, A** adj. Relativo a los vándalos o al vandalismo: *pueblo vandálico; acción vandálica.*

**VANDALISMO** n. m. (fr. *vandalisme*). Devastación o destrucción propia de los antiguos vándalos. **2.** *Fig.* Inclinación a destruir y devastar todo o a promover escándalos sin respeto ni consideración a los demás.

**VÁNDALO, A** adj. y n. Relativo a un pueblo bárbaro, de origen germánico oriental, procedente de Escandinavia; individuo de este pueblo. **2.** *Fig.* Salvaje, bárbaro.

■ Sus principales tribus, asdingos y silingos, unidas a suevos y alanos, tras invadir la Galia conquistaron la península Ibérica entre 409 y 411. Bajo el mando de Genserico (428-477), los vándalos pasaron al N de África y fundaron un reino que se extendió hasta Sicilia y las Baleares. Enfrentados con Bizancio, fueron derrotados en 533 y quedaron incorporados al Imperio.

**VANESA** n. f. Mariposa diurna de alas muy coloreadas, de vuelo rápido, propia de los países templados. (Familia ninfálidos.)

**VANGUARDIA** n. f. Parte de un ejército que va delante del cuerpo principal, como medida de seguridad. **2.** Aquello que se anticipa a su propio tiempo por su audacia. • **A, a la,** o **en, vanguardia,** el primero, delante de los demás. || **De vanguardia,** dícese de los movimientos, grupos, personas, etc., partidarios de la renovación, avance y exploración en el campo literario, artístico, político, ideológico, etcétera.

**VANGUARDISMO** n. m. Posición o tendencia de vanguardia.

**VANGUARDISTA** adj. y n. m. y f. Relativo al vanguardismo; partidario de esta posición o tendencia.

**VANIDAD** n. f. (lat. *vanitatem*). Calidad de vano. **2.** Orgullo inspirado en un alto concepto de las propias cualidades o méritos, con un deseo excesivo de ser bien considerado y alabado. **3.** Cosa muy ostentosa y fastuosa o que muestra mucho lujo y riqueza. **4.** B. ART. Naturaleza muerta que evoca la caducidad de la vida y, en el ámbito cristiano, las postrimerías del hombre.

**VANIDOSO, A** adj. y n. Que tiene y muestra vanidad.

**VANO, A** adj. (lat. *vanum*). Falto de realidad, sustancia o entidad: *proyectos vanos.* **2.** Que presenta un hueco en su interior. **3.** Presuntuoso, frívolo, insustancial: *persona vana.* **4.** Inútil, ineficaz, infructuoso: *esfuerzos vanos.* **5.** Sin fundamento, razón o prueba: *confianza vana.* • **En vano,** inútilmente, de manera ineficaz; sin necesidad, razón o justicia. ◆ n. m. **6.** Hueco de puerta, de ventana o de otra abertura en un muro o pared.

**VÁNOVA** n. f. Colcha o cubrecama de algodón, particularmente la de estilo vasco con franjas y dibujos de colores.

**VAPOR** n. m. (lat. *vaporem*). Gas que resulta de la vaporización de un líquido o de la sublicuación de un sólido. **2.** Vapor de agua empleado como fuerza motriz. **3.** MAR. Barco o buque movidos por una máquina de vapor. • **Al vapor,** dícese de los alimentos hervidos hasta obtener la total vaporización del agua. || **Al vapor** o **a todo vapor** *(Fam.),* rápidamente, con gran celeridad. || **Baño de vapor,** permanencia en un local cerrado, a alta temperatura, cuya atmósfera está saturada de vapor de agua. || **Máquina de vapor,** máquina movida por la fuerza del vapor de agua. || **Vapor saturado,** vapor cuya presión alcanza el máximo valor posible a una temperatura dada. || **Vapor seco,** vapor que no está en presencia del líquido del que proviene. || **Vapores del vino,** embriaguez.

**VAPORIZACIÓN** n. f. Acción y efecto de vaporizar.

**VAPORIZADO** n. m. Acción de someter los hilos o los tejidos a la acción del vapor para darles apresto, fijar los colores, etc.

**VAPORIZADOR** n. m. Recipiente en que se realiza la vaporización. **2.** Aparato que sirve para proyectar un líquido reducido a finísimas gotas.

**VAPORIZAR** v. tr. y pron. [**1g**]. Convertir un líquido en vapor por la acción del calor. **2.** Dispersar, proyectar en gotas finísimas.

**VAPOROSO, A** adj. Tenue, ligero, muy fino o transparente: *tejido vaporoso.* **2.** Vago, desvaído.

**VAPULEAR** v. tr. y pron. [**1**]. Azotar, golpear repetida y violentamente. **2.** *Fig.* Reprender, reñir o reprobar duramente.

**VAPULEO** n. m. Acción y efecto de vapulear.

**VAQUEAR** v. intr. [**1**]. *Argent.* Cazar ganado salvaje, en los primeros tiempos de la ganadería argentina.

**VAQUERÍA** n. f. Lugar donde se ordeñan las vacas o se vende su leche. **2.** *Amér.* Trabajos propios de la recolección de ganado. **3.** *Argent.* y *Urug.* Batida del campo para cazar el ganado salvaje, que se realizó hasta principios del s. XIX.

**VAQUERIZA** n. f. Corral o establo donde se recoge el ganado vacuno.

**VAQUERO, A** adj. Propio de los pastores de ganado bovino. ◆ adj. y n. m. **2.** Dícese del pantalón tejano. ◆ n. **3.** Pastor de ganado vacuno. ◆ n. m. **4.** Cow-boy.

**VAQUETA** n. f. Piel de ternera adobada y curtida.

**VAQUETÓN, NA** adj. y n. *Méx. Fam.* Flojo, vago, dejado.

**VAQUILLA** n. f. Res joven que se corre y es toreada por los aficionados en festejos populares. **2.** *Chile* y *Nicar.* Ternera entre el año y medio y los dos años. ◆ **vaquillas** n. f. pl. **3.** Festejo popular en que se corren y torean vaquillas.

**VAQUILLONA** n. f. *Argent., Chile, Nicar.* y *Perú.* Ternera de dos a tres años.

**VÁQUIRA** n. f. *Colomb.* y *Venez.* Pecarí. SIN.: *vaquiro.*

**VAR** n. m. (de *volt amperios reactivos*). ELECTR. Nombre especial del vatio utilizado para medir la potencia eléctrica reactiva (símbolo var).

**VARA** n. f. (lat. *varam,* travesaño). Rama delgada y larga de un árbol o arbusto, limpia de hojas. **2.** Palo largo y delgado. **3.** Bastón que, como insignia de autoridad y mando, llevan los alcaldes y que usaban antiguamente los ministros de justicia. **4.** Representación de esta autoridad o dignidad. **5.** Escapo con flores de algunas plantas. **6.** Cualquiera de las dos barras que arrancan de la parte delantera de un carro o un coche, a las que se engancha la caballería. **7.** Antigua medida de longitud de origen español, que valía 0,8356 m en España. **8.** HERÁLD. Palo disminuido en dos tercios de su espesor. SIN.: *vergeta.* **9.** TAUROM. Esqueleto del toro. **10.** Pica: *poner varas; suerte de varas.* • **Vara de Aarón,** o **de Jesé,** nardo. ‖ **Vara de oro,** o **de san José,** planta de flores amarillas, que se cultiva a menudo como ornamental. (Familia compuestas.)

**VARADA** n. f. Varadura. **2.** Conjunto de jornaleros que trabajan en las faenas del campo bajo la dirección de un capataz. **3.** Tiempo que duran estas faenas.

**VARADERA** n. f. Defensa o protección puesta al costado de un barco.

**VARADERO** n. m. Lugar apropiado para poner en seco embarcaciones, para limpiarlas, pintarlas o carenarlas.

**VARADURA** n. f. Acción y efecto de varar un barco.

**VARAL** n. m. Cada uno de los dos palos donde encajan las estacas de los costados de la caja de los carros. **2.** *Argent.* En los saladeros, armazón de cañas que sirve para tender al aire libre la carne del tasajo.

**VARANO** n. m. Reptil lacértido, carnívoro, que vive en África, Asia y Australia y mide de 2 a 3 m de long.

**varano** de Australia

**VARAPALO** n. m. Golpe dado con un palo o vara. **2.** Azotaina, zurra. **3.** *Fig.* y *fam.* Disgusto o contratiempo grande.

**VARAR** v. intr. [1]. Quedar detenida una embarcación en un banco de arena, en la playa, o entre piedras o rocas. ◆ v. tr. **2.** Sacar a la playa y poner en seco una embarcación.

**VARAYOC** n. m. Warayoc.

**VARAZÓN** n. f. *Chile.* Cardumen de peces.

**VAREADOR, RA** n. Persona que varea los árboles. ◆ n. m. **2.** *Argent.* Peón encargado de varear los caballos de competición.

**VAREAR** v. tr. [1]. Golpear, dar golpes con una vara o palo: *varear la lana.* **2.** Golpear las ramas de ciertos árboles con una vara para recolectar el fruto: *varear los olivos.* **3.** *Argent.* Ejercitar un caballo de competición para conservar su buen estado físico. **4.** TAUROM. Herir o picar a los toros con la vara o la garrocha.

**VAREC** n. m. (voz escandinava). Alga parda que se recoge para abonar las tierras arenosas, para extraer sodio y yodo, para hacer camas en establos, etcétera.

**VAREGO, A** adj. y n. Relativo a un pueblo de vikingos que, durante la segunda mitad del s. IX, penetró en Rusia y practicó un comercio activo entre el Báltico, el mar Negro y el Caspio; individuo de este pueblo.

**VAREJÓN** n. m. *Amér. Merid.* y *Nicar.* Verdasca. **2.** *Colomb.* Variedad de yuca.

**VARENGA** n. f. (sueco *wraenger*). En un buque, pieza curva, de dos ramas o brazos, que forma la parte inferior de la cuaderna.

**VAREO** n. m. Acción y efecto de varear ciertos árboles.

**VARETAZO** n. m. TAUROM. Golpe dado por el toro al torero con la pala del cuerno. SIN.: *palazo, paletazo.*

**VARETO** o **VARETÓN** n. m. Ciervo joven, de uno a dos años, cuya cornamenta está formada por dos troncos rectos y cortos, sin ramificaciones.

**VAR-HORA** n. m. ELECTR. Unidad de energía reactiva puesta en juego durante una hora por una potencia reactiva de 1 var.

**VARÍ** n. m. *Chile* y *Perú.* Ave rapaz diurna de plumaje grisáceo. (Familia falcónidas.)

**VARIABILIDAD** n. f. Calidad de variable.

**VARIABLE** adj. Que varía o es capaz de variar: *tiempo variable.* **2.** Inestable, inconstante: *carácter variable.* • **Palabra variable** (LING.), palabra susceptible de variación según el número, el género, la función, etc. ◆ n. f. **3.** MAT. y LÓG. Término indeterminado que, en una relación o una función, puede ser remplazado por diversos términos determinados que son los valores.

**VARIACIÓN** n. f. Acción y efecto de variar. **2.** Estado de lo que varía, cambio del valor de una cantidad o una magnitud, cambio de grado. **3.** BIOL. Modificación de un animal o de una planta en relación al tipo de su especie. (Se distinguen las *somaciones,* puramente individuales, y las *mutaciones,* transmisibles.) **4.** MÚS. Procedimiento de composición que consiste en utilizar un mismo tema transformándolo, adornándolo y dejándolo más o menos reconocible. ◆ **variaciones** n. f. pl. **5.** Forma musical que usa del procedimiento de variación. • **Cálculo de variaciones,** rama del análisis matemático cuya finalidad es determinar los máximos y los mínimos de una integral en determinadas condiciones. ‖ **Variaciones de** m **elementos tomados** p **a** p (MAT.), conjunto de los grupos que se pueden formar tomando *p* elementos entre los *m* dados, de forma que cada grupo difiere de los demás por la naturaleza o por el orden de los elementos que lo componen.

**VARIADO, A** adj. Que tiene variedad o diversidad: *fruta variada; paisaje variado.*

**VARIANCIA** n. f. Número máximo de los factores del equilibrio cuyo valor puede fijarse simultáneamente en un sistema en equilibrio físico-químico. **2.** ESTADÍST. Cuadrado de la desviación tipo.

**VARIANTE** n. f. Variedad o diferencia entre diversas clases o formas de una misma cosa. **2.** Desviación de un trecho de una carretera o camino. **3.** En quinielas de fútbol, signo distinto de uno. **4.** Texto o fragmento de un texto que difiere del que comúnmente es admitido, sea de correcciones voluntarias de un autor, o de alteraciones debidas a la copia o a la edición de una obra. **5.** LING. Pronunciación especial de un fonema determinado, en ciertos contextos (fonético, estilístico, social, etc.): *variante fonética.* **6.** MÚS. Forma en que se presenta una determinada melodía popular según la región donde se ejecuta. **7.** MÚS. Versión sencilla de un fragmento de virtuosismo o adaptación a instrumentos o voces distintos del original.

**VARIAR** v. tr. [1t]. Hacer diferente, cambiar en parte el modo de ser, la forma, etc.: *variar el estilo, la decoración.* **2.** Dar variedad: *variar la alimentación.* ◆ v. intr. **3.** Cambiar, transformarse, modificarse: *los gustos, los precios varían.* **4.** Ser diferente, distinto: *estas dos opiniones varían.* **5.** MAT. Cambiar de valor.

**VARICELA** n. f. Enfermedad infecciosa, contagiosa y epidémica no grave, debida a un virus herpes, que afecta especialmente a los niños y confiere inmunidad, caracterizada por una erupción de vesículas, que desaparecen en unos diez días.

**VARICOCELE** n. m. Dilatación varicosa de las venas del cordón espermático y del escroto.

**VARICOSO, A** adj. y n. Relativo a las varices; afecto de varices.

**VARIEDAD** n. f. Calidad de vario: *variedad de opiniones, de precios.* **2.** Cada una de las distintas clases de algo: *las variedades de un mismo modelo.* **3.** Inconstancia, inestabilidad. **4.** HIST. NAT. Subdivisión de la especie. • **De variedad** (*Méx. Fam.*), divertido, jocoso: *que Juan apareciera en la cena cayó de variedad y nos quitó lo aburrido.* ◆ **variedades** n. f. pl. **5.** Espectáculo compuesto por diversos números de atracciones, sin relación entre sí (canto, baile, etc.).

**VARIETÉS** n. f. pl. (voz francesa). Variedades.

**VARILLA** n. f. Barra, generalmente de metal, larga y delgada. **2.** Cada una de las tiras que forman la armazón de un abanico, paraguas, sombrilla, etc. **3.** Cada uno de los huesos largos que, en los mamíferos, forman la quijada. **4.** *Méx.* Barra larga y delgada de hierro que se usa en la construcción y que constituye el armazón de los cimientos y del edificio, una vez se cubre con hormigón.

**VARILLAJE** n. m. Conjunto de varillas de un mecanismo.

**VARIO, A** adj. (lat. *varium,* policromo). Diverso, diferente, variado, distinto: *historias varias; tela de varios colores.* **2.** Inconstante, inestable: *carácter vario.* ◆ **varios** adj. pl. **3.** Dícese de una cantidad imprecisa de lo que se expresa: *varios libros.*

**VARIÓLICO, A** adj. Relativo a la viruela.

**VARIOLIZACIÓN** n. f. Técnica de profilaxis de la viruela, practicada antes de la introducción de la vacuna por Jenner, que consistía en inocular polvo de costras desecadas.

**VARIÓMETRO** n. m. ELECTR. Aparato que sirve para medir inductancias.

**VARIOPINTO, A** adj. (voz italiana). Multiforme, mezclado, diverso, abigarrado: *multitud variopinta.*

**VARITA** n. f. **Varita mágica,** aquella de poderes mágicos con la que las hadas, magos, etc., de los cuentos realizan sus prodigios; la que usan los prestidigitadores.

**VARIZ, VARICE** o **VÁRICE** n. f. (lat. *varicem*) [pl. *varices*]. PATOL. Dilatación permanente de una vena, particularmente frecuente en las piernas.

**VARÓN** n. m. Persona del sexo masculino. • **Santo varón** (*Fig.*), hombre de gran bondad.

**VARONÍA** n. f. Descendencia por línea de varón.

**VARONIL** adj. Relativo al varón. **2.** Propio del hombre: *fuerza varonil.*

**VARSOVIANO, A** adj. y n. De Varsovia.

**VASALLAJE** n. m. Estado o condición del vasallo. **2.** *Fig.* Sumisión servil, obediencia incondicional.

**VASALLÁTICO, A** adj. Relativo al vasallo o al vasallaje.

**VASALLO, A** n. Persona libre que se ponía al servicio de otra más poderosa, rey o señor, que le protegía a cambio de prestarle determinados servicios. **2.** Súbdito de un soberano. **3.** En relación a un estado o país, otro sobre el que aquél tenía soberanía. **4.** *Fig.* Persona que depende estrechamente de otra, que está sujeta a la voluntad de otros.

**VASAR** n. m. Estante que en las despensas y cocinas sirve para poner la vajilla u otras cosas.

**VASCO, A** adj. y n. Del País Vasco. ◆ n. m. **2.** LING. Lengua hablada en el País Vasco. SIN.: *euskera, euskara, vascuence.*

■ El vasco es una de las lenguas prerromanas habladas en la península Ibérica y la única superviviente. Los estudiosos no han podido establecer su origen ni su parentesco con las demás lenguas. Partiendo de información escasa y no siempre fiable, se ha reconstruido el proceso de retracción del área lingüística del vasco a lo largo de la historia. El vasto dominio de la época romana (territorios comprendidos entre los ríos Garona, Segre y Ebro) se ha reducido hasta los límites actuales, que cierran un área de apenas 10 000 km²: del lado español, la provincia de Guipúzcoa, la parte central y oriental de la de Vizcaya, la franja norte de la de Álava y la zona más septentrional de Navarra; del lado francés, parte del departamento de Pyrénées-Atlantiques. La fuerte dialectalización del vasco ha favorecido la penetración del castellano, que ha ejercido desde su origen una intensa presión política y cultural. En 1968, la Academia de la lengua vasca inició una serie de estudios para la normalización de la ortografía, el léxico, la declinación y el verbo vasco, que dieron por fruto el vasco unificado *(euskara batua)*. En 1984 la Academia sentó las bases para la redacción de la gramática del euskara batua.

— LIT. Hasta el s. XV: literatura oral. S. XVI: Bernat Dechepare, Joannes Leizarraga. S. XVII: Joannes de Etcheberri de Ciboure, Joannes de Etcheberri de Sare, Pedro de Axular, Arnauld d'Oihenart. S. XVIII: Manuel de Larramendi, X. M. de Munive, P. I. Barrutia, J. I. Iztueta, J. A. Moguel. S. XIX: P. Topet «Etxahun», J. M. Iribarren, J. Manterola, J. M. Iparraguirre, J. B. Aguirre, P. A. Añibarro, Fray Bartolomé de Santa Teresa y el príncipe Luis Luciano Bonaparte. S. XX: Sabino Arana y Goiri, Domingo de Aguirre, J. M. de Aguirre «Lizardi», N. de Ormaechea «Orixe». *Tras la guerra civil:* T. Monzón, S. Onaindía, P. Lafitte, J. A. Azkotxa, P. Lartzabal, A. Zubikarai, J. Etxaide, G. Aresti; J. L. Álvarez Enparantza, J. M. Satrústegi, X. Guereño, M. Lasa, R. Saizarbitoria, X. Lete, J. Intxausti, A. Letxundi, P. Iztueta, X. Mendiguren, B. Atxaga, L. M. Muxika, J. A. Artze, A. Urretabizkaia, A. Lasa y M. Arregui.

**VASCÓN, NA** adj. y n. m. y f. Relativo a un pueblo primitivo de la península Ibérica, descendiente de la población franco-cántabro-pirenaica, con elementos célticos; individuo de dicho pueblo.

■ Según Plinio, el núcleo territorial de los vascones correspondía a la actual Navarra, pero ocupaban también parte de Huesca, La Rioja y Guipúzcoa. Su romanización fue sólo parcial, ya que se sublevaron contra el dominio romano (56 a. J.C.), al igual que, después, contra visigodos, árabes y carolingios. A fines del s. VIII crearon un territorio independiente en torno a Pamplona, mientras que al O quedaban en la zona de influencia asturiana; a principios del s. IX se formó un segundo núcleo vascón autónomo en Jaca.

**VASCONGADO, A** adj. y n. Vasco.

**VASCUENCE** n. m. LING. Vasco.

**VASCULAR** adj. Relativo a los vasos: *sistema vascular.* **2.** Dícese de las enfermedades que se derivan de un defecto de irrigación de los tejidos. • **Planta vascular** (BOT.), la que tiene vasos.

**VASCULARIZACIÓN** n. f. Disposición o producción de los vasos de una región del organismo, una estructura o un tejido.

**VASCULARIZADO, A** adj. Dícese de un órgano provisto de vasos.

**VASCULONERVIOSO, A** adj. Relativo a los vasos y a los nervios.

**VASECTOMÍA** n. f. Escisión quirúrgica de los conductos deferentes, que vuelve estéril al hombre sin modificar su comportamiento sexual.

**VASELINA** n. f. (ingl. *vaseline*). Grasa mineral, traslúcida, extraída de residuos de la destilación de los petróleos y utilizada en farmacia y en perfumería.

**VASIJA** n. f. Recipiente de forma y material diverso, destinado a contener algo o usado como adorno.

**VASILLO** n. m. Celdilla del panal.

**VASO** n. m. Vasija o recipiente cóncavo: *una colección de vasos griegos; un vaso para flores.* **2.** Recipiente de forma cilíndrica o de cono truncado, que sirve para beber. **3.** Cantidad de líquido que cabe en él. **4.** ANAT. Conducto por donde circula la sangre o la linfa. (Se distinguen tres clases de vasos: las *arterias,* los *capilares* y las *venas.*) **5.** BOT. Tubo que sirve para la conducción de la savia bruta. • **Ahogarse en un vaso de agua** *(Fam.)*, afligirse o preocuparse mucho por un motivo sin importancia. ‖ **Vasos comunicantes,** vasos que se comunican por un tubo y en los que un mismo líquido se eleva al mismo nivel, cualquiera que sea la forma de cada uno de ellos. ‖ **Vaso de noche,** orinal. ‖ **Vasos sagrados,** vasos destinados al culto.

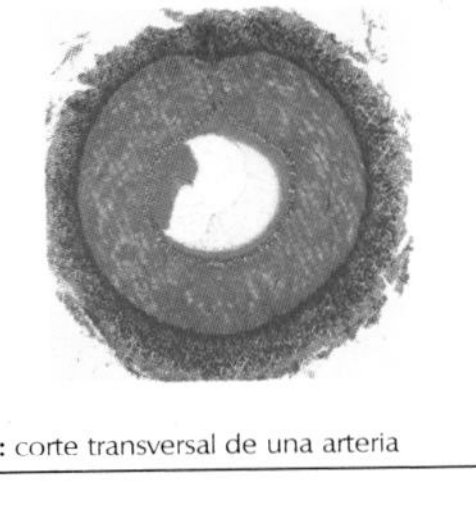

**vaso:** corte transversal de una arteria

**VASOCONSTRICCIÓN** n. f. Disminución del diámetro de la luz de los vasos sanguíneos.

**VASOCONSTRICTOR, RA** adj. y n. m. Que provoca vasoconstricción.

**VASODILATACIÓN** n. f. Aumento de la luz de los vasos sanguíneos.

**VASODILATADOR, RA** adj. Que provoca vasodilatación.

**VASOMOTOR, RA** adj. MED. Relativo al movimiento regulador de los vasos sanguíneos. • **Trastornos vasomotores,** trastornos circulatorios debidos a una relajación de los vasos (rojez) o a su constricción (palidez), relacionados con trastornos funcionales del sistema nervioso vegetativo o de los centros vasomotores del sistema nervioso central.

**VASOMOTRICIDAD** n. f. MED. Movimiento regulador de las arterias y las venas.

**VASOPRESINA** n. f. Hormona del lóbulo posterior de la hipófisis, que aumenta la tonicidad de los vasos y disminuye el volumen de la orina.

**VASQUISMO** n. m. Tendencia política y cultural que propugna una forma de autogobierno para el País Vasco y defiende sus valores históricos y culturales.

**VÁSTAGO** n. m. Brote que surge de un vegetal muy cerca del pie, del tallo o del cuello de la raíz. **2.** Con respecto a una persona o una familia, hijo o descendiente. **3.** Varilla metálica que sirve para articular o sostener otras piezas.

**VASTEDAD** n. f. Calidad de vasto.

**VASTO, A** adj. (lat. *vastum*). Muy amplio, dilatado o extenso.

**VATE** n. m. (lat. *vatem*). Adivino. **2.** Poeta.

**VÁTER** n. m. Wáter.

**VATICANO, A** adj. Relativo al Vaticano.

**VATICINADOR, RA** adj. y n. Que vaticina.

**VATICINAR** v. tr. **[1]**. Adivinar, predecir, pronosticar: *vaticinar el futuro.*

**VATICINIO** n. m. Acción y efecto de vaticinar.

**VATÍMETRO** n. m. ELECTR. Instrumento de medida de la potencia desarrollada en un circuito eléctrico.

**VATIO** n. m. Unidad de medida de potencia, de flujo energético y de flujo térmico (símbolo W), equivalente a la potencia de un sistema energético en el que se transfiere uniformemente una energía de 1 julio cada segundo. • **Vatio por metro-kelvin,** unidad de medida de conductividad térmica (símbolo W/(m · K)) equivalente a la conductividad térmica de un cuerpo homogéneo isótropo en el que una diferencia de temperatura de 1 kelvin produce entre dos planos paralelos, con un área de 1 metro cuadrado y situados a 1 metro de distancia, un flujo térmico de 1 vatio. ‖ **Vatio por estereorradián,** unidad de medida de intensidad energética (símbolo W/sr) equivalente a la intensidad energética de una fuente puntual uniforme que emite un flujo energético de 1 vatio en un ángulo sólido de 1 estereorradián con su vértice en dicha fuente.

**VATIO-HORA** n. m. Unidad de medida de trabajo, de energía y de cantidad de calor (símbolo Wh), equivalente a la energía producida en 1 hora por una potencia de 1 vatio y que vale 3 600 julios.

**VAURIEN** n. m. Velero monotipo de regatas, con orza y aparejo en sloop.

**VD., VDS.,** abrev. de *usted, ustedes.*

**VE** n. f. Nombre de la letra *v.*

**V. E.,** abrev. de *vuestra excelencia* o *vuecencia.*

**VECINAL** adj. Relativo al vecindario o a los vecinos de una población. **2.** Dícese del camino más estrecho que una carretera, construido y conservado por el municipio.

**VECINDAD** n. f. Calidad de vecino. **2.** Conjunto de personas que viven en un mismo edificio. **3.** Vecindario. **4.** Alrededores, cercanías de un sitio. **5.** *Méx.* Conjunto de viviendas populares con patio común, generalmente una antigua casa grande adaptada para tal efecto.

**VECINDARIO** n. m. Conjunto de los vecinos de una población o barrio.

**VECINO, A** adj. y n. (lat. *vicinum*). Con respecto a una persona, el que vive cerca, en la misma casa, en el mismo barrio, etc. **2.** Que tiene casa en una población y contribuye a las cargas o impuestos de ésta. ◆ adj. **3.** *Fig.* Cercano, próximo, inmediato: *países vecinos.* **4.** *Fig.* Que se asemeja, afín, parecido. ◆ n. **5.** Durante la edad media y el Antiguo régimen, nombre dado a los habitantes cabezas de familia de los núcleos urbanos que gozaban del estado de plena libertad o franquicia.

**VECTOR** n. m. (voz lat., *el que conduce*). En la terminología técnica, agente que transporta algo de un lugar a otro. **2.** MAT. Segmento de recta orientado en el que se distingue un origen y un extremo. **3.** MED. Artrópodo que transmite el germen de una enfermedad (bacteria, virus o protozoario) de un sujeto afectado a otro sano. **4.** MIL. Vehículo (bombardero, submarino, misil, etc.) portador de una carga explosiva, especialmente nuclear. • **Radio vector** (MAT.), segmento orientado que tiene como origen un punto fijo, y cuyo extremo puede desplazarse sobre una curva dada. ‖ **Sistema de vectores deslizantes,** conjunto compuesto de un número finito de vectores móviles sobre su línea de aplicación. ‖ **Vector energético,** forma intermediaria en la que se transforma la energía de una fuente primaria para su transporte o su almacenamiento, antes de su utilización. ‖ **Vector libre,** vector que puede ser remplazado por cualquier otro vector paralelo, del mismo sentido y la misma longitud. ‖ **Vector fijo,** vector cuya posición en el espacio está totalmente determinada.

**VECTORIAL** adj. Relativo a los vectores. • **Análisis,** o **cálculo, vectorial,** estudio de las funciones de una variable vectorial. ‖ **Espacio vectorial,** estructura de un conjunto cuyo modelo lo proporcionan las propiedades de los vectores libres del espacio euclídeo ordinario. ‖ **Magnitud vectorial,** magnitud física cuya definición exige un valor numérico, una dirección y un sentido.

**VEDA** n. f. Acción y efecto de vedar. **2.** Espacio de tiempo en que está prohibido cazar o pescar. • **Levantar la veda,** dar por terminada la prohibición de pescar o cazar en un lugar determinado.

**VEDADO, A** adj. y n. m. Acotado y cerrado por ley u ordenanza: *terreno vedado.*

**VEDAR** v. tr. (lat. *vetare*) **[1]**. Prohibir por ley, estatuto o mandato. **2.** Impedir, dificultar.

**VEDETTE** n. f. (voz francesa). Artista principal de un espectáculo de variedades, teatro, cine, etc.

**VÉDICO, A** adj. Relativo a los Veda. ◆ n. m. **2.** Lengua en la que están escritos los Veda, y que es una forma arcaica del sánscrito.

**VEDIJA** n. f. Mechón de lana o de pelo enredado.

**VEDISMO** n. m. Religión hindú que dio origen al brahmanismo.

**VEEDOR** n. m. En la edad media y durante el Antiguo régimen, inspector público. **2.** En el ejército, oficial que se ocupaba de la intendencia en la administración de las capitanías.

**VEEDURÍA** n. f. Cargo u oficio de veedor.

**VEGA** n. f. Terreno bajo, llano y fértil. **2.** Huerta, área de regadío que produce una sola cosecha.

**VEGETACIÓN** n. f. Conjunto de plantas o de vegetales de un área determinada: *vegetación tropical, de la región polar.* • **Vegetaciones adenoideas,** folículos linfoides hiperplásicos que se encuentran en los segmentos altos del aparato respiratorio, en particular la rinofaringe, y que pueden dificultar la respiración.

**VEGETAL** adj. Relativo a las plantas: *mundo vegetal.* ◆ n. m. **2.** Ser vivo caracterizado por la ausencia de boca, de sistema nervioso y de órganos locomotores, y por la presencia de redes celulósicas, generalmente de clorofila y de almidón, y la reproducción por esporas. (Bacterias, árboles, plantas y hongos son vegetales.)

**VEGETAR** v. intr. y pron. **[1]**. Germinar, crecer, desarrollarse y multiplicarse las plantas. ◆ v. intr. **2.** *Fig.* Vivir alguien sin ningún interés o inquietud de tipo moral o intelectual. **3.** *Fig.* Disfrutar voluntariamente de una vida tranquila y reposada, exenta de trabajo y preocupaciones.

**VEGETARIANISMO** o **VEGETARISMO** n. m. Régimen de alimentación que se basa en la ingestión casi exclusiva de productos de origen vegetal, proscribiéndose las carnes, y tolerándose únicamente como productos animales la leche, los huevos, la miel y sus derivados.

**VEGETARIANO, A** adj. y n. Relativo al vegetarianismo; partidario de este régimen alimenticio.

**VEGETATIVO, A** adj. Dícese del órgano u organismo que realiza funciones vitales cualesquiera, excepto las reproductoras propiamente dichas: *tejido vegetativo.* • **Aparato vegetativo,** raíces, tallo y hojas de las plantas superiores, y talo de las plantas inferiores, que aseguran la nutrición. ‖ **Crecimiento vegetativo,** diferencia entre el número de nacimientos y el número de defunciones en una población, en un período determinado. ‖ **Multiplicación vegetativa,** aquella que se realiza por medio de un elemento del aparato vegetativo (estolones, injertos, etc.). ‖ **Sistema nervioso vegetativo,** conjunto de los sistemas nerviosos simpático y parasimpático, que regulan el funcionamiento de las vísceras. ‖ **Vida vegetativa,** la puramente orgánica.

**VEGUER** n. m. (voz catalana). En Cataluña y Mallorca, durante la edad media y moderna, hasta el s. XVIII, oficial público de la administración territorial que tenía funciones gubernativas, judiciales y militares. **2.** En Andorra, magistrado encargado de la justicia criminal.

**VEGUERÍA** n. f. En Cataluña y Mallorca, durante la edad media y moderna, distrito administrativo, judicial y militar, regido por un veguer. **2.** Funciones de veguer.

**VEGUERO, A** adj. Relativo a la vega. ◆ n. **2.** Persona que trabaja en el arado y cultivo de una vega. **3.** Cultivador de una vega para la explotación del tabaco. ◆ n. m. **4.** Cigarro puro hecho de una sola hoja de tabaco enrollada.

**VEHEMENCIA** n. f. Calidad de vehemente.

**VEHEMENTE** adj. (lat. *vehementem*). Que tiene una fuerza impetuosa: *discurso vehemente.* **2.** Que obra de forma irreflexiva, dejándose llevar por los impulsos: *persona muy vehemente.* **3.** Ardiente y lleno de pasión.

**VEHICULAR** v. tr. [**1**]. Conducir, difundir, transmitir, comunicar.

**VEHICULADOR** n. m. Producto utilizado en el teñido de las fibras textiles formadas por poliéster, para acelerar la velocidad de difusión de los colorantes en la fibra.

**VEHÍCULO** n. m. (lat. *vehiculum*). Medio de transporte terrestre, aéreo o acuático: *vehículo de carga; vehículo industrial; vehículo espacial.* **2.** Lo que sirve de transmisor o conductor de algo: *el aire es el vehículo del sonido.* **3.** Excipiente farmacéutico. **4.** ÓPT. Prisma que endereza la imagen dada por un objetivo de anteojo.

**VEINTE** adj. num. cardin. y n. m. Dos veces diez: *tiene veinte años; cinco por cuatro son veinte.* ◆ adj. num. ordin. y n. m. **2.** Vigésimo, que corresponde en orden al número veinte: *página veinte; es el veinte de la lista.* ◆ adj. **3.** Dícese de la década que empieza en el año veinte y termina en el treinta.

**VEINTEAVO, A** o **VEINTAVO, A** adj. y n. m. Dícese de cada una de las veinte partes iguales en que se divide un todo: *cinco es la veinteava parte de cien; diez veintavos equivalen a una mitad.*

**VEINTENA** n. f. Conjunto o grupo de veinte unidades: *una veintena de libros.* **2.** Sucesión de veinte años o veinte días consecutivos: *la primera veintena de la vida.* **3.** Aproximadamente veinte: *habría una veintena de personas.*

**VEINTICINCO** adj. num. cardin. y n. m. Veinte y cinco. ◆ adj. num. ordin. y n. m. **2.** Vigésimo quinto.

**VEINTICUATRO** adj. num. cardin. y n. m. Veinte y cuatro. ◆ adj. num. ordin. y n. m. **2.** Vigésimo cuarto.

**VEINTIDÓS** adj. num. cardin. y n. m. Veinte y dos. ◆ adj. num. ordin. y n. m. **2.** Vigésimo segundo.

**VEINTINUEVE** adj. num. cardin. y n. m. Veinte y nueve. ◆ adj. num. ordin. y n. m. **2.** Vigésimo nono.

**VEINTIOCHO** adj. num. cardin. y n. m. Veinte y ocho. ◆ adj. num. ordin. y n. m. **2.** Vigésimo octavo.

**VEINTISÉIS** adj. num. cardin. y n. m. Veinte y seis. ◆ adj. num. ordin. y n. m. **2.** Vigésimo sexto.

**VEINTISIETE** adj. num. cardin. y n. m. Veinte y siete. ◆ adj. num. ordin. y n. m. **2.** Vigésimo séptimo.

**VEINTITRÉS** adj. num. cardin. y n. m. Veinte y tres. ◆ adj. num. ordin. y n. m. **2.** Vigésimo tercio o tercero.

**VEINTIÚN** adj. Apócope de *veintiuno.*

**VEINTIUNO, A** adj. num. cardin. y n. m. Veinte y uno. ◆ adj. num. ordin. y n. m. **2.** Vigésimo primero.

**VEJACIÓN** n. f. Acción y efecto de vejar.

**VEJADOR, RA** adj. y n. Que veja.

**VEJAMEN** n. m. Vejación.

**VEJAR** v. tr. (lat. *vexare*) [**1**]. Maltratar, molestar a alguien haciendo que se sienta humillado.

**VEJATORIO, A** adj. Que veja o es capaz de vejar.

**VEJESTORIO** n. m. *Desp.* Persona muy vieja.

**VEJETE** adj. y n. m. *Fam.* Viejo.

**VEJEZ** n. f. Calidad de viejo. **2.** Último período de la vida del hombre. **3.** Manías, actitudes o dichos propios de la vejez.

**VEJIGA** n. f. (lat. *vesicam*). Receptáculo abdominal en el que se acumula la orina que llega de los riñones a través de los uréteres, y que comunica con el exterior por el canal de la uretra. **2.** DERMATOL. Vesícula.

**VELA** n. f. Acción de velar, permanecer despierto sin dormir. **2.** Cilindro de cera u otra materia grasa, con pabilo para que pueda encenderse y dar luz. • **En vela,** sin dormir, o con falta de sueño. ‖ **No dar vela en,** o **para un entierro** *(Fam.),* no dar autoridad, motivo o pretexto para que se intervenga en algo. ‖ **Vela de armas** (FEUD.), una de las ceremonias necesarias para ser armado caballero. ◆ **velas** n. f. pl. **3.** *Fig.* y *fam.* Mocos que cuelgan de la nariz. **4.** TAUROM. Cuernos altos y levantados. • **A dos velas** *(Fam.),* con carencia o escasez de dinero.

**VELA** n. f. (lat. *vela*). Conjunto de piezas de lona, lienzo fuerte u otro tejido, cortados y cosidos entre sí formando una superficie capaz de recibir el viento, y que sirve para propulsar una embarcación. **2.** Práctica deportiva de la navegación de vela: *club de vela.* **3.** Velamen, conjunto de velas: *llevar mucha vela.* **4.** Barco de vela. • **A toda vela,** con todas las velas desplegadas; dedicándose uno completamente a la ejecución o consecución de algo. ‖ **Arriar,** o **recoger, velas,** reprimirse, contenerse, ir desistiendo de un propósito.

**VELADA** n. f. Reunión o tertulia nocturna para entretenimiento y diversión. **2.** Sesión musical, literaria o deportiva que se celebra por la noche.

**VELADO** n. m. PINT. En una superficie recién barnizada, defecto que consiste en una disminución del brillo y en la aparición de una película nebulosa.

**VELADOR, RA** adj. y n. Que vela o está sin dormir. ◆ n. **2.** *Méx.* Vigilante nocturno de oficinas o edificios en construcción. ◆ n. m. **3.** Mesa pequeña y redonda con un solo pie, que en su base se ramifica en tres. **4.** Lamparilla eléctrica de sobremesa. **5.** *Amér. Merid.* Mesa de noche. **6.** *Argent., Méx.* y *Urug.* Lámpara o luz portátil que suele colocarse en la mesita de noche. **7.** *Méx.* Veladora.

**VELADORA** n. f. *Méx.* Vela gruesa y corta, en forma de cono truncado o invertido que se prende por devoción ante la imagen de un santo.

**VELADURA** n. f. PINT. Preparación pictórica traslúcida y a veces transparente, muy fluida.

**VELAMEN** o **VELAJE** n. m. Conjunto de las velas de un barco o de uno de sus palos. **2.** Conjunto de las velas que lleva desplegadas la embarcación. **3.** BOT. Envoltura que recubre las raíces de orquídeas y aráceas epífitas. **4.** TAUROM. Cornamenta.

**VELAR** v. intr. [**1**]. Permanecer despierto voluntariamente el tiempo destinado a dormir. **2.** *Fig.* Cuidar solícitamente algo: *velar por su salud.* ◆ v. tr. **3.** Hacer el centinela guardia durante las horas nocturnas. **4.** Asistir de noche a un enfermo o pasarla con un difunto en señal de duelo o respeto. • **Velar las armas** (FEUD.), hacer una vela de armas. ◆ v. tr. e intr. **5.** REL. Asistir por horas o turnos delante del Santísimo Sacramento cuando está expuesto o en el monumento.

**VELAR** v. tr. y pron. [**1**]. Cubrir algo con un velo. ◆ v. tr. **2.** *Fig.* Ocultar, atenuar o disimular algo: *velar la realidad.* ◆ **velarse** v. pron. **3.** FOT. Borrarse la imagen en la placa o en el papel por la acción indebida de la luz.

**VELAR** adj. Relativo al velo del paladar: *región velar.* ◆ adj. y n. f. **2.** FONÉT. Dícese de un fonema cuyo punto de articulación está cerca del velo del paladar, como la *k* y la *g.* SIN.: *gutural.*

**VELARIUM** o **VELARIO** n. m. (voz latina). Tela con que se cubrían los circos, los teatros y los anfiteatros romanos para abrigar a los espectadores del sol y de la lluvia.

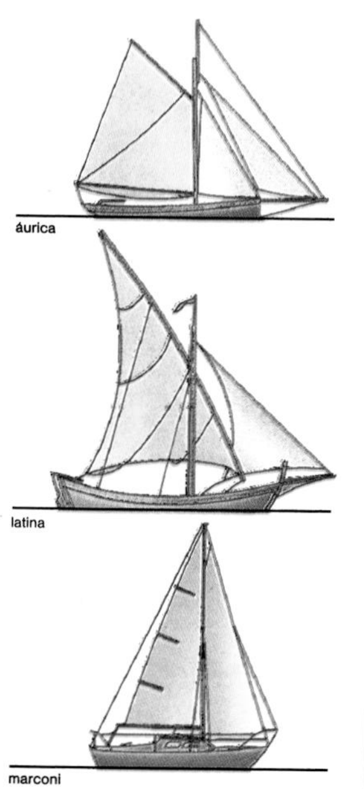


**velas**

Salida de la carrera crucero
La Baule-Dakar en octubre 1987.

*América II* (E.U.A.) y *French Kiss* (Francia)
durante las regatas eliminatorias
de la copa América en 1986 en Perth
(Australia).

**vela** de alta competición

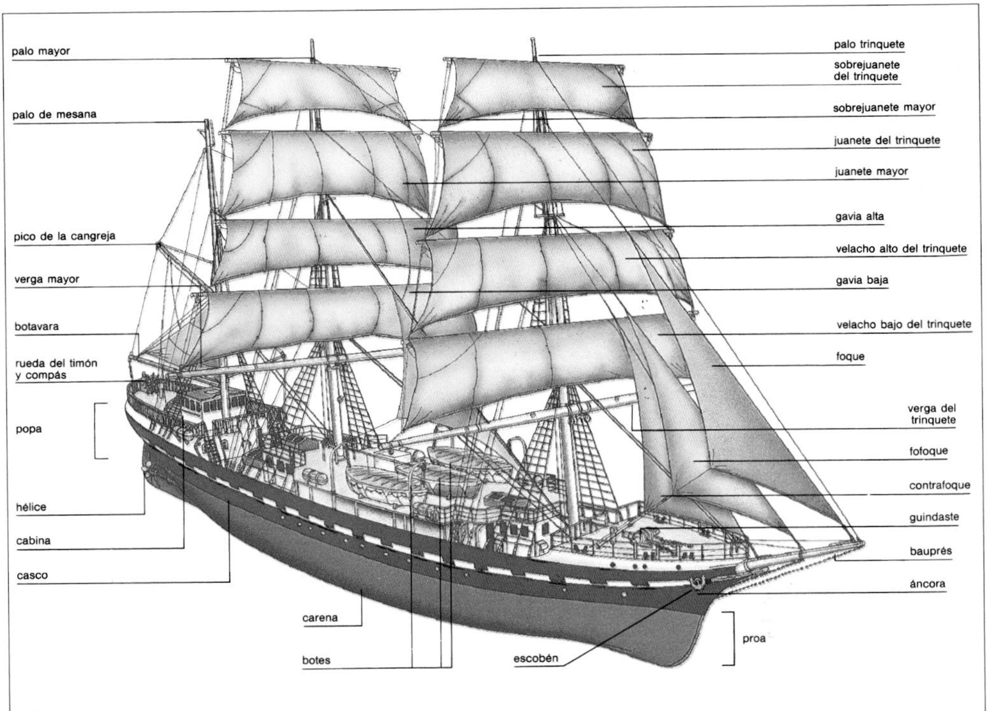

**velero**

**VELARIZACIÓN** n. f. Acción y efecto de velarizar.

**VELARIZAR** v. tr. y pron. **[1g]**. Dar sonido velar a una letra.

**VELATORIO** n. m. Acto de velar a un difunto. **2.** Grupo de personas que realizan este acto.

**VELAZQUEÑO, A** adj. Propio o característico de Velázquez o que tiene semejanza con el estilo de este pintor.

**VELCRO** n. m. (marca registrada). Sistema de cierre flexible consistente en dos fibras de tela, cada una de ellas con un tipo especial y distinto de urdimbre, que al unirse quedan adheridas entre sí.

**VELD** n. m. (voz neerlandesa, *campo*). GEOGR. Meseta cubierta de sabana o estepa de la República de Sudáfrica.

**VELEIDAD** n. f. Calidad de veleidoso. **2.** Capricho, mudanza de ánimo carente de fundamento.

**VELEIDOSO, A** adj. Dícese de la persona inconstante y mudable, y de sus actos.

**VELERÍA** n. f. Arte de hacer velas para las embarcaciones. **2.** Taller donde se fabrican velas y trabajos relacionados con el aparejo de los barcos.

**VELERO, A** adj. Dícese de la embarcación muy ligera o que navega mucho: *barco velero.* ◆ n. m. **2.** Buque de vela. **3.** Aparato proyectado para vuelos sin motor.

**VELETA** n. f. Placa móvil alrededor de un eje vertical, que se coloca en lo alto de un edificio para indicar la dirección del viento. **2.** AERON. Dispositivo de ciertos aviones ligeros que señala el momento en que el aparato va a entrar en pérdida de velocidad. ◆ n. m. y f. **3.** Persona que cambia a menudo de opinión.

**VELIZ** o **VELIS** n. m. *Méx.* Maleta de mano que puede ser de cuero o de metal.

**VELLO** n. m. (lat. *villum*). Conjunto de pelos más cortos y finos que los de la cabeza o la barba, que cubren algunas partes del cuerpo humano. **2.** Conjunto de pelillos que cubren algunas frutas y plantas.

**VELLOCINO** n. m. Vellón que resulta de esquilar las ovejas.

**VELLÓN** n. m. Toda la lana de un carnero u oveja, que sale junta al esquilarla. **2.** Piel curtida de oveja o carnero, con su lana.

**VELLÓN** n. m. (fr. *billon*, lingote). Aleación de lata y de cobre, con que se labró moneda. **2.** Moneda de cobre que se usó en lugar de la fabricada con liga de plata.

**VELLOSIDAD** n. f. Existencia de vello. • **Vellosidad intestinal** (ANAT.), pliegue de la pared del intestino que aumenta la superficie de éste y favorece los fenómenos de absorción.

**VELLOSILLA** n. f. Planta herbácea de flores amarillas, que crece en la península Ibérica. (Familia compuestas.)

**VELLOSO, A** adj. Provisto o cubierto de vello: *cuerpo velloso; hojas vellosas.*

**VELLUDO, A** adj. Que tiene mucho vello.

**VELO** n. m. (lat. *velum*). Tejido muy fino y transparente que se emplea para cubrir ligeramente algo. **2.** Prenda de tul, encaje, gasa, etc., usada por las mujeres para cubrirse la cabeza o el rostro en determinadas circunstancias. **3.** Manto con que cubren la cabeza y parte superior del cuerpo las religiosas. **4.** *Fig.* Cosa delgada, ligera o flotante que encubre más o menos la vista de otra. **5.** *Fig.* Lo que encubre o disimula la verdad o la falta de claridad en algo: *palabras con un velo de indulgencia.* **6.** BOT. Velamen, envoltura que rodea a algunos hongos jóvenes. **7.** FOT. Oscurecimiento accidental de un cliché por exceso de luz. • **Correr,** o **descorrer, el velo,** descubrir, dejar a la vista algo que se quería ocultar. ‖ **Correr,** o **echar, un tupido velo sobre algo,** no hablar más de ello u olvidarlo por no ser conveniente mencionarlo o recordarlo, o por ser censurable o poco agradable. ‖ **Velo del paladar** (ANAT.), conjunto que forma el techo de la cavidad bucal.

**VELOCIDAD** n. f. (lat. *velocitatem*). Magnitud física que representa el espacio recorrido en una unidad de tiempo. **2.** Gran rapidez en el movimiento. **3.** AUTOM. Cada una de las combinaciones o relaciones de engranaje de un motor de automóvil. • **Caja de velocidades,** caja de cambios. ‖ **Carrera de velocidad,** en atletismo y en ciclismo, carrera en pista, generalmente de corta distancia. ‖ **Velocidad angular,** derivada respecto al tiempo del ángulo descrito por el radio vector del móvil. ‖ **Velocidad de crucero,** media horaria que un vehículo es capaz de mantener durante un largo recorrido. ‖ **Velocidad inicial,** la que posee el proyectil en el origen de su trayectoria (abrev. $V_0$). ‖ **Velocidad instantánea,** límite de la velocidad media en un trayecto en que la longitud tiende a cero. ‖ **Velocidad media,** relación entre el camino recorrido y el tiempo empleado en recorrerlo. ‖ **Velocidad práctica de tiro,** número medio de disparos que un arma puede tirar sobre un objetivo en un minuto, teniendo en cuenta el tiempo necesario para su carga.

**VELOCÍMETRO** n. m. Indicador de velocidad del avión, con respecto al aire y no con relación a tierra. **2.** Cuentakilómetros.

**VELOCÍPEDO** n. m. Vehículo que constituyó el origen de la bicicleta. **2.** Bicicleta.

**VELOCISTA** n. m. y f. y adj. Atleta especializado en las carreras de velocidad.

**VELÓDROMO** n. m. Pista para determinadas carreras ciclistas.

**VELOMOTOR** n. m. Motocicleta ligera o bicicleta, provista de un motor auxiliar, cuya cilindrada no excede a 50 $cm^3$.

**VELÓN** n. m. Lámpara metálica de aceite, compuesta de un depósito con uno o varios picos por los que pasa la mecha, y provista de una pantalla de hojalata. **2.** *Chile* y *Perú.* Vela de sebo muy gruesa que suele ser corta.

**VELORIO** n. m. Fiesta nocturna que se celebra en las casas de algunos sitios con motivo de haber acabado alguna faena doméstica, como la matanza del cerdo. **2.** Acción de velar un cadáver, velatorio.

**VELOZ** adj. (lat. *velocem*). Que se mueve muy de prisa, con rapidez, que puede ir a mucha velocidad: *coche veloz.* **2.** Hecho o ejecutado a gran velocidad: *una veloz carrera.*

**VELVETÓN** n. m. Tela de algodón que imita el terciopelo.

**VENA** n. f. (lat. *venam*). Vaso que conduce la sangre o la linfa al corazón. **2.** Cada una de las listas onduladas, ramificadas y de distintos colores que presentan en su superficie algunas piedras y maderas. **3.** Conducto natural por donde circula el agua en las entrañas de la tierra. **4.** *Fig.* Inspiración poética, facilidad para componer versos. **5.** *Fig.* Disposición natural para alguna actividad determinada: *tener vena de músico.* **6.** BOT. Nervadura muy saliente de ciertas hojas. **7.** BOT. Fibra de la vaina de ciertas legumbres. **8.** MIN. Filón de roca o de una masa mineral encajado en una roca de distinta naturaleza. • **Coger,** o **hallar, de vena** a alguien *(Fam.),* encontrarle en disposición favorable para lograr o conseguir lo que se pretende de él. || **Darle** a alguien **la vena** *(Fam.),* sentir un impulso súbito o irrazonable. || **Estar en vena** *(Fam.),* estar inspirado para llevar a cabo una actividad, ocurrírsele con fecundidad ideas.

**VENABLO** n. m. (lat. *venabulum*). Dardo o lanza corta arrojadiza que en el s. XVI, en España, era el distintivo de alférez. • **Echar venablos,** prorrumpir en expresiones de cólera.

**VENADA** n. f. *Amér.* Cierra.

**VENADEAR** v. tr. **[1]**. *Méx. Fig.* Asesinar a alguien en el campo y a mansalva.

**VENADO** n. m. Ciervo.

**VENAL** adj. Relativo a las venas.

**VENAL** adj. (lat. *venalem*). Vendible, destinado a ser vendido o expuesto a la venta: *objetos venales.* **2.** *Fig.* Que se deja corromper o sobornar con dádivas: *justicia venal.*

**VENALIDAD** n. f. Calidad de venal.

**VENÁTICO, A** adj. y n. *Fam.* Que tiene vena de loco, o ideas extravagantes.

**VENATORIO, A** adj. Cinegético, relativo a la montería.

**VENCEDERO, A** adj. Sujeto a vencimiento en fecha o época determinada: *factura vencedera el próximo mes.*

**VENCEDOR, RA** adj. y n. Que vence o gana: *atleta vencedor; el podio de los vencedores.*

**VENCEJO** n. m. Lazo o ligadura con que se ata algo, especialmente las mieses.

**VENCEJO** n. m. ZOOL. Ave parecida a la golondrina, pero de alas más estrechas y cola más corta, que vive prácticamente en todo el mundo y caza insectos durante su rápido vuelo. (Orden apodiformes.)

**vencejo** común

**VENCER** v. tr. (lat. *vincere*) **[2a]**. Obligar a un enemigo a rendirse, derrotarle en un combate: *vencer en la batalla.* **2.** Resultar el primero en un concurso, competición, etc., ganar, resultar superior a otros: *vencer a los contrincantes.* **3.** Ser superior, aventajar en general: *lo vence en virtudes.* **4.** Prevalecer una cosa sobre otra: *la razón venció a la locura.* **5.** Afrontar y resolver con éxito una dificultad, problema, etc.: *vencer un obstáculo.* **6.** Inducir a alguien a que siga determinado parecer, hacerle cambiar de opinión: *venció mi resistencia.* **7.** Subir, coronar o superar la altura o aspereza de un lugar: *vencer una cumbre.* ◆ v. tr. y pron. **8.** Rendir a alguien las cosas físicas o morales que actúan sobre ella: *le venció el sueño, el hambre, el dolor.* **9.** Ladear, torcer, inclinar, hundir algo o a alguien el peso de algo: *el paquete le vencía.* ◆ v. intr. **10.** Terminar cierto plazo. **11.** Terminar o perder su fuerza obligatoria un contrato por cumplirse la condición o el plazo en él fijado. **12.** Hacerse exigible una deuda u otra obligación: *el recibo vence el día veinte.* ◆ v. tr., intr. y pron. **13.** Dominar, refrenar las pasiones, afectos, etc.: *vencer el miedo.*

**VENCETÓSIGO** n. m. Planta herbácea de raíces medicinales, con flores pequeñas y blancas y de

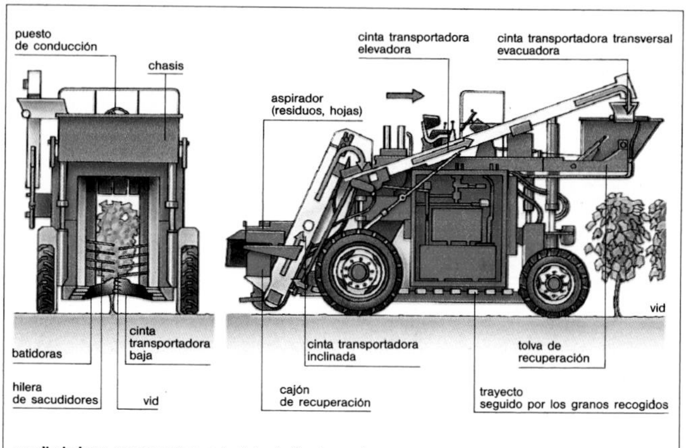


**vendimiadora:** constitución y principio de funcionamiento

olor parecido al del alcanfor. (Familia asclepiadáceas.)

**VENCIBLE** adj. Que puede vencerse.

**VENCIDO, A** adj. y n. Que ha sido derrotado: *un país vencido.* • **A la tercera va la vencida,** expresa que a la tercera tentativa se suele conseguir el fin deseado. || **Darse por vencido,** cesar en la oposición o rendirse ante el convencimiento de la inutilidad de un esfuerzo.

**VENCIMIENTO** n. m. Acción y efecto de vencer. **2.** *Fig.* Inclinación o torcimiento de algo material: *vencimiento de una estantería.* **3.** Momento en que se ha de cumplir una obligación o fecha en que se debe pagar una deuda.

**VENDA** n. f. Franja de tela o gasa para cubrir heridas o para sujetar la cura aplicada en ellas. • **Caérsele** a alguien **la venda de los ojos,** salir del estado de ofuscación en que estaba. || **Tener una venda en,** o **delante de, los ojos,** ignorar la verdad por ofuscación o por no quererla saber.

**VENDAJE** n. m. Acción de cubrir con vendas una parte determinada del organismo. **2.** Técnica terapéutica basada en el empleo de vendas. **3.** Conjunto de vendas.

**VENDAR** v. tr. **[1]**. Aplicar una venda o atar o cubrir con ella.

**VENDAVAL** n. m. Viento fuerte del sur, con tendencia a rolar al oeste. **2.** Viento duro, sin llegar a temporal declarado. **3.** MAR. En las costas orientales de América Central, viento del oeste que sopla en otoño. ◆ **vendavales** n. m. pl. **4.** Vientos utilizados para la travesía de regreso de las Indias Occidentales a España.

**VENDEDOR, RA** adj. y n. Que vende o tiene por oficio vender. ◆ n. **2.** DER. Persona que procede a una venta o que es parte en un contrato de compraventa.

**VENDER** v. tr. (lat. *vendere*) **[2]**. Ceder a otro algo a un determinado precio: *vender una casa.* **2.** Ejercer esta actividad comercial: *vender fruta en el mercado.* **3.** Exponer u ofrecer al público géneros o mercaderías. **4.** Sacrificar al interés algo que no tiene valor material: *vender la honra.* **5.** *Fig.* Faltar a la fe, confianza o amistad que se debe a otro. • **Estar,** o **ir, vendido,** no poder fiarse de las personas que tiene alrededor o de alguien o algo que se tiene que utilizar. || **Vender caro** algo a alguien, hacer que le cueste mucho trabajo o fatiga el conseguirlo. ◆ **venderse** v. pron. **6.** *Fig.* Dejarse sobornar o corromper: *venderse al mejor postor.* **7.** *Fig.* Decir o hacer inadvertidamente algo que descubre lo que se quiere tener oculto. **8.** *Fig.* Seguido de la prep. *por,* atribuirse uno condición o calidad que no tiene. • **Venderse caro,** prestarse con gran dificultad al trato o comunicación, ser solitario.

**VENDETTA** n. f. (voz italiana, *venganza*). Estado de enemistad producido por una muerte o una ofensa y que se transmite a toda la familia de la víctima. **2.** Venganza de un asesinato por medio de otro asesinato entre dos clanes.

**VENDIBLE** adj. Que se puede vender o está expuesto para venderse.

**VENDIMIA** n. f. (lat. *vindemiam*). Recolección de la uva. **2.** Tiempo o época en que se efectúa esta recolección. **3.** Uva que se recoge en la vendimia.

**VENDIMIADOR, RA** n. Persona que trabaja en una vendimia.

**VENDIMIADORA** n. f. Máquina para la recolección de la uva.

**VENDIMIAR** v. tr. **[1]**. Recoger la uva de las viñas.

**VENDIMIARIO** n. m. Primer mes del año republicano francés, que comenzaba en el equinoccio de otoño.

**VENDOS** → ***wendos.***

**VENECIANO, A** adj. y n. De Venecia.

**VENENCIA** n. f. Vasija o cacillo de metal, con mango en forma de varilla terminada en gancho, que sirve para sacar pequeñas cantidades de vino o mosto de una cuba, tonel, etc.

**VENENO** n. m. (lat. *venenum*). Sustancia que ocasiona la muerte o graves trastornos en el organismo. **2.** *Fig.* Cualquier cosa nociva para la salud. **3.** *Fig.* Lo que es capaz de pervertir o causar un daño moral. **4.** Malevolencia puesta en lo que se dice.

**VENENOSIDAD** n. f. Calidad de venenoso.

**VENENOSO, A** adj. Que contiene veneno, capaz de envenenar. **2.** *Fig.* Mal intencionado, que desacredita o deshonra.

**VENERA** n. f. (lat. *veneriam*). Concha semicircular de dos valvas de la vieira.

**VENERABLE** adj. Digno de veneración. ◆ n. m. **2.** Presidente de una logia masónica. **3.** REL. En la Iglesia católica, título dado a un siervo de Dios en vías de beatificación.

**VENERACIÓN** n. f. Acción y efecto de venerar.

**VENERAR** v. tr. (lat. *venerari*) **[1]**. Sentir o mostrar respeto en grado sumo a alguien. **2.** REL. Dar o rendir culto a Dios, a los santos y a las cosas sagradas.

**VENÉREO, A** adj. Relativo al placer o al trato sexual. • **Enfermedades venéreas,** enfermedades infecciosas contraídas principalmente por contacto sexual.

**VENERO** n. m. Manantial de agua. **2.** *Fig.* Aquello que origina o contiene en gran cantidad una cosa: *un venero de información.* **3.** Criadero de un mineral.

**VÉNETO, A** adj. y n. Relativo a unos pueblos indoeuropeos del N de Europa, que, en el I milenio a. J.C., se establecieron un grupo en el N de Italia (actual Véneto) y otro en la Galia, en Armórica (región de Vannes); individuo de estos pueblos.

**VENEZOLANISMO** n. m. Vocablo o giro privativo de Venezuela.

**VENEZOLANO, A** adj. y n. De Venezuela. ◆ n. m. **2.** Modalidad lingüística adoptada por el español en Venezuela.

**VENGABLE** adj. Que puede o debe ser vengado.

**VENGADOR, RA** adj. y n. Que venga o se venga.

**VENGANZA** n. f. Daño o agravio infligido a alguien como respuesta o satisfacción a otro recibido de él.

**VENGAR** v. tr. y pron. (lat. *vindicare*) **[1b]**. Tomar satisfacción o dar respuesta a un agravio o daño por medio de otro: *vengar una ofensa.*

**VENGATIVO, A** adj. Inclinado a la venganza.

**VENIA** n. f. (lat. *veniam*). Permiso, licencia para obrar.

**VENIAL** adj. (lat. *venialem*). Que de manera leve es contrario a la ley o precepto y que por tanto es de fácil perdón: *falta venial.* • **Pecado venial,** pecado leve (por oposición a *pecado mortal*).

**VENIALIDAD** n. f. Calidad de venial.

**VENIDA** n. f. Acción y efecto de venir. **2.** Creciente impetuosa de un río, avenida.

**VENIDERO, A** adj. Que está por venir o suceder, futuro: *años venideros.*

**VENILLA** n. f. Vena pequeña, vénula.

**VENIR** v. intr. (lat. *venire*) **[21]**. Moverse, trasladarse de allá para acá. **2.** Moverse hacia acá del modo que se expresa: *venir a pie.* **3.** Presentarse una persona ante otra: *hacer venir ante sí.* **4.** Acercarse o estar próximo en el tiempo: *el año que viene.* **5.** Seguir inmediatamente una cosa a otra que se expresa: *después del prólogo viene la introducción.* **6.** Suceder, acaecer: *vinieron grandes calamidades.* **7.** Proceder, tener su origen una cosa de otra: *ese carácter le viene de familia.* **8.** Ajustarse, acomodarse bien o mal o conformarse una cosa a otra o con otra: *el pantalón le viene estrecho.* **9.** Estar, hallarse: *la foto viene en la portada.* **10.** Acometer, aparecer en alguien cierta sensación, sentimiento, idea, etc.: *venir sueño, risa.* **11.** Volver a tratar del asunto después de una digresión: *pero vengamos al caso.* **12.** Pasar el dominio o uso de una cosa de unos a otros. **13.** Seguido de la preposición *en* y un sustantivo, toma la significación del verbo correspondiente a dicho sustantivo: *venir en conocimiento de algo.* **14.** Con la preposición *a* y ciertos nombres, estar pronto a hacer lo que estos nombres significan. **15.** Con la preposición *a* y verbos como *ser, tener, decir,* etc., expresa equivalencia aproximada: *viene a tener la misma anchura.* **16.** Con la preposición *sobre* significa caer. **17.** Seguido de la preposición *con,* aducir, traer a colación una cosa: *no me vengas con discursos.* ◆ v. auxiliar. **18.** Con gerundio intensifica la significación durativa de éste: *venían haciendo lo mismo.* **19.** Con la preposición *a* y un infinitivo, equivale a un verbo simple: *viene a decir lo mismo.* ◆ v. intr. y pron. **20.** Llegar al sitio donde está el que habla: *vinieron a verme.* **21.** Llegar alguien a transigir o avenirse: *se vino a mis razonamientos.* • **Venir a menos,** caer del estado que se gozaba, descender de posición económica o social. || **Venir a parar** una cosa en algo, terminar, finalizar en ella. || **Venir al pelo** *(Fam.),* ser provechoso o útil. || **Venir grande** algo a alguien *(Fam.),* ser excesivo para su capacidad o mérito. || **Venir bien,** corresponder una cosa a otra, ser, resultar adecuada o conveniente. || **Venir clavada** una cosa a otra *(Fam.),* serle adecuada o conveniente. || **Venir** a alguien **con algo,** acudir a él contando algo extraordinario o inesperado. || **Venir rodado** algo *(Fam.),* suceder casualmente en favor de lo que se intentaba o deseaba. || **Venirse abajo** algo, caer, arruinarse, destruirse.

**VENOSO, A** adj. Relativo a las venas. • **Sangre venosa,** sangre pobre en oxígeno y rica en gas carbónico, que circula por las venas y las arterias pulmonares.

**VENTA** n. f. Acción y efecto de vender. **2.** Cantidad de cosas que se venden. **3.** Parador o posada en los caminos o despoblados para hospedaje de viajeros. **4.** DER. Contrato consensual, bilateral y oneroso, por el cual una de las partes se obliga a entregar a la otra una cosa a cambio de un precio convenido. • **Venta a crédito,** la de una cosa cuya entrega precede al pago. || **Venta a plazos,** venta a crédito, en que el pago se efectúa en inversiones periódicas en un espacio de tiempo. || **Venta al contado,** aquella en la cual la entrega de la cosa y el pago se producen al mismo tiempo. || **Venta de oficios** (HIST.), práctica habitual en las monarquías del occidente europeo, desde fines de la edad media hasta los ss. XVIII y XIX, ya fuera referida al desempeño del oficio en sí o al derecho de su transmisión por vía hereditaria, así como a la variación de la duración del cargo.

**VENTADA** n. f. Golpe, ráfaga de viento.

**VENTAJA** n. f. Circunstancia o situación favorable o de superioridad. **2.** Hecho, circunstancia de ir o

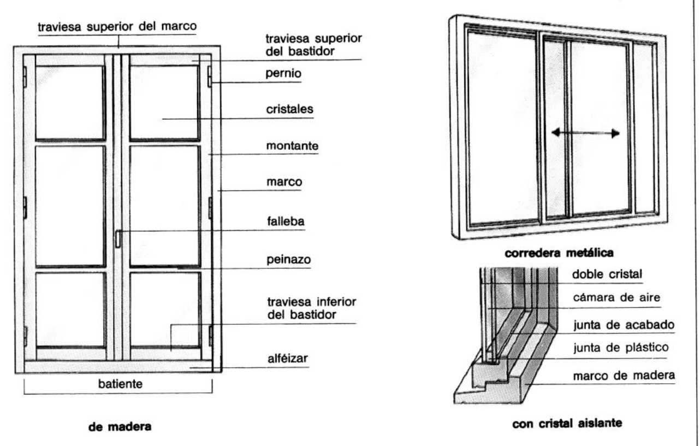

ventanas

estar delante de otro u otros en una actividad, competición, juego, etc.

**VENTAJEAR** v. tr. **[1]**. *Argent., Colomb., Guat.* y *Urug.* Sacar ventaja mediante procedimientos reprobables.

**VENTAJERO, A** adj. y n. *Dom., P. Rico* y *Urug.* Ventajista.

**VENTAJISTA** adj. y n. m. y f. Dícese de la persona que por cualquier medio, lícito o no, procura obtener ventaja en sus asuntos o tratos.

**VENTAJOSO, A** adj. Que reporta, ofrece o tiene ventajas.

**VENTANA** n. f. Abertura, generalmente rectangular, dejada o practicada, a una cierta distancia del suelo, en la pared de una construcción, para dar luz y ventilación. **2.** Cualquier abertura de forma semejante. **3.** Hoja u hojas, generalmente con cristales, con que se cierra una ventana. **4.** Cada uno de los dos orificios de la nariz. **5.** INFORMÁT. Área rectangular de la pantalla de un ordenador a través de la cual se pueden gestionar mensajes, tablas de datos, pantallas gráficas y movimientos del cursor. • **Arrojar, echar, tirar,** algo **por la ventana** *(Fam.),* malgastarlo, desperdiciarlo; dejar pasar, desaprovechar una oportunidad. || **Ventana oval** (ANAT.), orificio situado en la pared interna del oído medio. || **Ventana tectónica** (GEOL.), abertura realizada por la erosión en un manto de corrimiento.

**VENTANAJE** n. m. Conjunto de las ventanas de un edificio.

**VENTANAL** n. m. Ventana grande en los muros exteriores de un edificio.

**VENTANEAR** v. intr. **[1]**. *Fam.* Asomarse frecuentemente a la ventana o pasarse mucho tiempo asomado a ella.

**VENTANEO** n. m. *Fam.* Acción de ventanear.

**VENTANILLA** n. f. Abertura pequeña que hay en la pared o tabique de los despachos de billetes, bancos y otras oficinas, por la cual los empleados se comunican con el público que se halla fuera. **2.** Abertura rectangular de un sobre, tapada por un papel transparente, que permite ver la dirección del destinatario escrita en la misma carta que va dentro del sobre. **3.** Abertura cubierta con vidrio plano, que tienen los coches, vagones de tren y otros vehículos. **4.** Ventana de la nariz.

**VENTANILLO** n. m. Postiguillo de puerta o ventana. **2.** Pequeña abertura hecha en la puerta exterior de las casas y en general protegida con una rejilla, que permite ver a la persona que llama, sin necesidad de abrir la puerta.

**VENTANO** n. m. Ventana pequeña.

**VENTAR** v. intr. **[1j]**. Ventear.

**VENTARRÓN** n. m. Viento muy fuerte.

**VENTEAMIENTO** n. m. Alteración del vino por la acción del aire.

**VENTEAR** v. intr. **[1]**. Soplar viento o hacer fuerte aire. ◆ v. tr. **2.** Olfatear el aire los animales sirviéndoles de orientación. **3.** Sacar o arrojar una cosa al viento para enjugarla o limpiarla.

**VENTERIL** adj. Propio, peculiar de la venta o del ventero.

**VENTERO, A** n. Persona que es propietaria o tiene a su cuidado una venta.

**VENTILA** n. f. *Méx.* Ventanilla pequeña de un automóvil. **2.** *Méx.* Serie de ventanillas que abren y cierran horizontalmente para regular la entrada de aire en una habitación.

**VENTILACIÓN** n. f. Acción y efecto de ventilar. **2.** Corriente de aire que se establece al ventilar una habitación. • **Ventilación asistida** (MED.), asistencia respiratoria. || **Ventilación pulmonar** (FISIOL.), movimiento del aire en los pulmones.

**VENTILADOR** n. m. Aparato para renovar el aire de un lugar cerrado, o para poner en movimiento el aire de un sitio produciendo frescor.

**VENTILAR** v. tr. y pron. (lat. *ventilare*) **[1]**. Renovar el aire de un lugar. ◆ v. tr. **2.** Poner, sacar una cosa al aire y agitarla para que se le vaya la humedad o el polvo: *ventilar una manta.* **3.** *Fig.* Tratar, dilucidar, intentar resolver algo: *ventilar un asunto.* **4.** *Fig.* Hacer que trascienda al público en general un asunto privado o íntimo: *ventilar asuntos personales.* ◆ v. intr. **5.** Efectuarse completa y satisfactoriamente el proceso de llenado y vaciado del aire en el pulmón. ◆ **ventilarse** v. pron. **6.** *Fig.* Renovar alguien su aspecto, ideas o pensamientos que ha mantenido inalterables durante más tiempo del debido. • **Ventilarse a** alguien, matarlo, asesinarlo. || **Ventilarse** algo, terminar con algo: *se ventiló todas las galletas.*

**VENTISCA** n. f. Borrasca o tempestad de viento y nieve.

**VENTISCAR** v. intr. **[1a]**. Nevar con viento fuerte. **2.** Levantarse la nieve del suelo por la violencia del viento.

**VENTISCOSO, A** adj. Dícese del tiempo y del lugar en que son frecuentes y abundantes las ventiscas.

**VENTISQUEAR** v. intr. **[1]**. Ventiscar.

**VENTISQUERO** n. m. Parte del monte más alta y más expuesta a las ventiscas. **2.** En lo alto de los montes, lugar donde se conserva largo tiempo la nieve y el hielo. **3.** Masa de nieve o hielo que hay en este lugar.

**VENTOLA** n. f. MAR. Fuerza que hace el viento contra un obstáculo.

**VENTOLERA** n. f. Golpe o racha de viento fuerte pero poco duradero. • **Dar a** alguien **la ventolera de** algo *(Fam.),* metérsele en la cabeza una idea repentina que no tiene explicación lógica.

**VENTOLINA** n. f. MAR. Viento leve y variable que suele soplar antes y después de la calma.

**VENTORRERO** n. m. Sitio alto y despejado, muy combatido por los vientos.

**VENTORRO** n. m. *Desp.* Venta, posada. **2.** Venta pequeña.

**VENTOSA** n. f. Abertura que se practica en algunos sitios para dar paso y entrada al aire. **2.** Objeto consistente en una concavidad que, al hacerse el vacío, queda adherida por presión a una superficie.

**3.** MED. Ampolla de vidrio que se aplica sobre la piel para producir una revulsión local, enrareciendo el aire en su interior. **4.** ZOOL. Órgano de fijación de la sanguijuela, el pulpo y algunos otros animales.

**VENTOSEAR** v. intr. **[1]**. Expeler ventosidades.

**VENTOSIDAD** n. f. Calidad de ventoso o flatulento. **2.** Acúmulo de gases en el interior de la luz intestinal, especialmente cuando son expulsados por el ano.

**VENTOSO, A** adj. Dícese del día, del tiempo o del lugar en que hace un viento fuerte. ◆ n. m. **2.** Sexto mes del año en el calendario republicano francés (del 19 de febrero al 20 de marzo).

**VENTRAL** adj. Relativo al vientre. • **Cara ventral,** cara anterior o inferior del cuerpo del hombre y de los animales.

**VENTRICULAR** adj. Relativo al ventrículo.

**VENTRÍCULO** n. m. (lat. *ventriculum*). Cavidad del corazón, de paredes musculadas, cuyas contracciones envían la sangre a las arterias. **2.** Una de las cuatro cavidades del encéfalo, que contiene el líquido cefalorraquídeo.

**VENTRICULOGRAFÍA** n. f. MED. Técnica radiológica de estudio de los ventrículos cerebrales por opacificación de los mismos mediante un producto de contraste.

**VENTRÍLOCUO, A** adj. y n. Dícese de la persona que puede hablar emitiendo sonidos sin mover los labios y los músculos faciales, de manera que parezca que es otra persona la que habla.

**VENTRILOQUIA** n. f. Arte del ventrílocuo.

**VENTRUDO, A** adj. Que tiene mucho vientre o muy abultado.

**VENTURA** n. f. Felicidad, buena suerte, fortuna. **2.** Contingencia, casualidad. • **A la buena ventura** o **a la ventura,** sin dirección ni plan preconcebido, a lo que depare la suerte. || **Por ventura,** por suerte o casualidad; quizá.

**VENTURINA** n. f. Piedra fina, de ornamentación, constituida por cuarzo e inclusiones de mica.

**VENTUROSO, A** adj. Afortunado, dichoso, que causa felicidad o ventura.

**VÉNULA** n. f. ANAT. Vena pequeña.

**VENUS** n. f. (de *Venus*, diosa). Mujer de gran belleza. **2.** PREHIST. Denominación dada a unas estatuillas de mujer, características del período auriñaciense.

**VER** v. tr. (lat. *videre*) **[2j]**. Percibir con los ojos, percibir mediante el sentido de la vista: *desde aquí veo el mar.* **2.** *Fig.* Observar, examinar, considerar alguna cosa. **3.** Someterse a examen, a visita, a control de parte de un técnico, especialista, experto, etc.: *que le vea el médico.* **4.** *Fig.* Comprender, entender, darse cuenta de una realidad, de un hecho, de una situación: *no quiere ver los motivos de mi enfado.* **5.** *Fig.* Conocer, llegar a saber, estar enterado de alguna cosa por medio de una carta, libro o algo semejante. **6.** *Fig.* Adquirir conocimientos por experiencia directa. **7.** *Fig.* Conocer, ser testigo de un hecho, de un acontecimiento: *ifeliz quien jamás ha visto una guerra!* **8.** *Fig.* Prever, presentir, prevenir: *lo veo venir.* **9.** *Fig.* Juzgar, considerar apto, idóneo, posible: *cada cual ve las cosas a su manera.* **10.** *Fig.* Tener en cuenta: *sólo ve sus propios intereses.* **11.** *Fig.* Probar: *veremos si funciona.* **12.** *Fig.* Ser un lugar el escenario de algún acontecimiento, suceso, etc.: *es una llanura que ha visto muchas batallas.* **13.** *Fig.* Imaginar, fantasear: *ver fantasmas.* • **A más ver** o **hasta más ver** *(Fam.)*, se usa como saludo de despedida. || **A ver,** expresión en tono interrogativo con que se acompaña la acción de acercarse a mirar una cosa o se muestra interés por algo; expresa curiosidad o expectación; se usa para llamar la atención de alguien antes de darle una orden o de decirle algo. || **Dejarse ver,** no querer pasar inadvertido, salir, mostrarse para ser conocido. || **Echar de ver** una cosa, darse cuenta de ella, percibirla. || **Hacerle ver** a alguien una cosa, hacerle cambiar de opinión, darle prueba de su error. || **No poder ver** a una persona o **no poderse ver** dos o más personas *(Fam.)*, tenerle o tenerse antipatía. || **Ser de ver** una cosa, ser digna de admiración. || **Tener que ver,** tener alguna relación o algún interés común. || **Ver venir** a alguien *(Fam.)*, expresa que se adivina su intención. || **Verlas,** o **ver venir,** esperar para la resolución de algo la determinación o intención de otro, o el suceso futuro; ser muy astuto y percatarse con rapidez de lo que ocurre o se trama. || **Vérselas con** alguien *(Fam.)*, disputar, pelearse con él. ◆ v. tr. y pron. **14.** Frecuentar, visitar, encontrar a alguien: *iré a verle mañana.* ◆ v. intr. **15.** En el póquer, igualar la apuesta propuesta por el adversario, a fin de obligarle a mostrar el juego. ◆ **verse** v. pron. **16.** Estar en un sitio de manera visible: *sobre la mesa se ve un montón de libros.* **17.** Representarse la propia imagen reflejada: *verse en el agua del río.*

**VER** n. m. Sentido de la vista. **2.** Aspecto, apariencia: *estar de buen ver.*

**VERA** n. f. Orilla de un mar, río, etc. **2.** Lugar que está más cercano de la persona o cosa que se expresa: *siéntate a mi vera.*

**VERACIDAD** n. f. Calidad de veraz.

**VERANDA** n. f. Galería ligera que rodea una casa. **2.** Mirador o balcón acristalado.

**VERANEANTE** adj. y n. m. y f. Que veranea.

**VERANEAR** v. intr. **[1]**. Pasar el verano en algún lugar distinto del que habitualmente se reside.

**VERANEO** n. m. Acción y efecto de veranear.

**VERANIEGO, A** adj. Relativo al verano: *ropa veraniega.*

**VERANILLO** n. m. **Veranillo de san Martín,** tiempo breve a mediados de otoño en que vuelve a hacer calor.

**VERANO** n. m. Estación del año, comprendida entre la primavera y el otoño. **2.** En los trópicos, temporada de sequía, que dura unos seis meses.

**VERAS** n. f. pl. Realidad, verdad en aquello que se dice o hace. • **De a veras** *(Méx.)*, de verdad, no falso. || **De veras,** realmente, sinceramente, sin simulación; seriamente, no en broma. || **Ir de veras** algo, ser real lo que se hace o va a suceder.

**VERATRINA** n. f. Alcaloide tóxico producido por el eléboro blanco o veratro.

**VERAZ** adj. Que dice o usa siempre la verdad. **2.** Que corresponde enteramente a la verdad o realidad: *relato veraz.*

**VERBAL** adj. Que se hace o estipula de palabra y no por escrito: *comunicación verbal.* **2.** Dícese de lo que se refiere a la palabra: *expresión verbal.* **3.** LING. Relativo al verbo: *forma verbal.* • **Nota verbal,** nota escrita pero no firmada, remitida por un agente diplomático a un gobierno extranjero.

**VERBALISMO** n. m. Propensión a fundar el razonamiento más en las palabras que en los conceptos.

**VERBALISTA** adj. Relativo al verbalismo.

**VERBALIZAR** v. tr. **[1g]**. Expresar una cosa con palabras.

**VERBALMENTE** adv. m. Hablando, no por escrito.

**VERBENA** n. f. Fiesta popular con bailes callejeros, tenderetes de baratijas, bebidas, etc., que se celebra en las vísperas de ciertas festividades. **2.** Baile al aire libre.

**VERBENA** n. f. Planta arbustiva, subarbustiva o herbácea, una de cuyas especies, amarga y astringente, se usó como resolutiva, febrífuga y vulneraria. (Familia verbenáceas.)

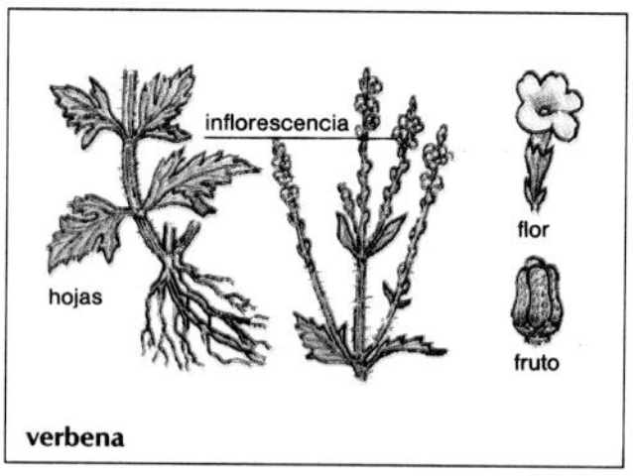

verbena

**VERBENÁCEO, A** adj. y n. f. Relativo a una familia de plantas herbáceas o leñosas que crecen en los países cálidos y templados del hemisferio austral, como la verbena o la hierba luisa.

**VERBENERO, A** adj. Relativo a las verbenas, fiestas populares: *traje verbenero.*

**VERBERACIÓN** n. f. Acción y efecto de verberar.

**VERBERAR** v. tr. **[1]**. Azotar, golpear el viento o el agua en algún sitio.

**VERBIGERACIÓN** n. f. SIQUIATR. Emisión automática de palabras o de frases enteras, incoherentes y sin continuidad, que se da especialmente en los estados demenciales.

**VERBIGRACIA** adv. m. Por ejemplo.

**VERBO** n. m. (lat. *verbum*). Lenguaje: *atrae al auditorio con su verbo fácil.* **2.** Palabra, representación oral de una idea. **3.** LING. Categoría gramatical que agrupa al conjunto de formas compuestas por una base léxica y un determinado número de afijos que constituyen las marcas de número, persona y tiempo, cuya función sintáctica es estructurar los términos del enunciado y cuyo papel semántico es expresar la acción que realiza o padece el sujeto, su existencia o estado, e incluso las modificaciones aportadas a éste por elementos incluidos en el predicado. **4.** TEOL. Segunda persona de la Santísima Trinidad, encarnada en Jesucristo. (Con este significado se escribe con mayúscula.)

**VERBORREA** o **VERBORRAGIA** n. f. *Fam.* Verbosidad o locuacidad excesiva.

**VERBOSIDAD** n. f. (lat. *verbositatem*). Tendencia o inclinación a emplear más palabras de las necesarias para expresarse.

**VERBOSO, A** adj. Que tiene tendencia a emplear excesiva cantidad de palabras para expresarse.

**VERDAD** n. f. (lat. *veritatem*). Conformidad de las cosas consigo mismas o de lo que se dice con lo que se siente o piensa: *juró contarnos la verdad.* **2.** Principio o juicio dado o aceptado como cierto: *verdad filosófica; verdad científica.* **3.** Conjunto de principios que son la base de la vida espiritual y de la vida universal: *el místico busca la verdad.* **4.** Realidad, existencia real de una cosa. **5.** Expresión o cosa que se le dice a una persona con crudeza y en general de manera impertinente, expresando un juicio desfavorable o una queja sobre ella: *decir las verdades a alguien.* (Suele usarse en plural.) • **A decir verdad** o **a la verdad,** con que se afirma la certeza y realidad de una cosa; se usa para rectificar o desvirtuar alguna idea expresada antes o consabida. || **De verdad,** expresión enfática con que se insiste en lo cierto de una afirmación; realmente, sinceramente, seriamente. || **En verdad,** verdaderamente. || **Faltar a la verdad,** mentir, decir lo contrario de lo que es o se sabe. || **La hora, el momento,** etc., **de la verdad,** el momento en el cual una intención, un propósito o algo semejante deben encontrar una verificación en la realidad o en el que se deben poner en práctica determinadas afirmaciones. || **Verdad de Perogrullo,** perogrullada.

**VERDADERAMENTE** adv. m. Con toda verdad, realmente.

**VERDADERO, A** adj. Que es conforme a la verdad, a la realidad: *la verdadera causa del problema.* **2.** Que tiene la cualidad propia a su naturaleza, que es realmente o plenamente lo que indica su nombre: *amor verdadero.* **3.** Real, efectivo, en contraposición a nominal, presunto: *no se sabe cuál es el verdadero padre de la criatura.* **4.** Sincero, veraz, que dice siempre la verdad.

**VERDAL** adj. BOT. Dícese de ciertas frutas que tienen color verde aun después de maduras: *aceituna verdal.* **2.** Dícese de los árboles que las producen.

**VERDASCA** n. f. Vara o ramo delgado y verde.

**VERDASCAL** n. m. Masa forestal o monte bravo cuyas ramas han crecido tanto que sirven para hacer varas.

**VERDE** adj. y n. m. (lat. *viridem*). Dícese del cuarto color del espectro solar comprendido entre el amarillo y el azul. • **Poner verde** a una persona *(Fam.)*, censurarle o reprenderle con acritud; *(Fam.)*, criticarle. ◆ adj. **2.** De color verde. **3.** Dícese de la leña recién cortada que todavía conserva la humedad propia del árbol vivo. **4.** Dícese de las legumbres o verduras que se consumen frescas conservando aún su color verde: *judías verdes.* **5.** Dícese de las frutas que todavía no están en sazón para ser comidas, en contraposición a maduro. **6.** *Fig.* Que está en sus principios y que le falta mucho para perfeccionarse: *el proyecto todavía está verde.* **7.** *Fig.* Dícese de los primeros años de la vida y de la juventud. **8.** *Fig.* Dícese de las personas mayores que tienen inclinaciones amorosas consideradas impropias de su edad: *viejo verde.* **9.** *Fig.* Dícese de los chistes, cuentos, imágenes, etc., obscenos, indecorosos o escabrosos y de las personas aficionadas a ellos: *chistes verdes.* **10.** Dícese de los movimientos ecologistas y de sus partidarios: *partido verde.* • **Zona verde,** espacios libres plantados de vegetación, emplazados dentro de la ciudad. ◆ n. m. **11.** Diversas hierbas que se siegan en verde y las consume el ganado sin dejarlas secar.

**VERDEAR** v. intr. y pron. **[1]**. Mostrar algo su color verde: *verdear el agua el lago.* **2.** Empezar a brotar plantas en los campos, o cubrirse de tallos y hojas los árboles. SIN.: *verdecer.*

**VERDECER** v. intr. **[2m]**. Cubrirse de verdor la tierra o los árboles.

**VERDECILLO** n. m. Ave paseriforme de forma rechoncha, pico corto y grueso y color amarillento listado. (Familia fringílidos.)

**VERDEGAL** n. m. Sitio en el campo que está verde.

**VERDEMAR** adj. y n. m. Dícese del color semejante al del mar.

**VERDEO** n. m. Recolección de las aceitunas antes de que maduren para consumirlas después de aderezadas o encurtidas.

**VERDERÓN** n. m. Ave paseriforme, de 15 cm de long., de plumaje verde oliva, que se alimenta de semillas y es muy frecuente en los bosques y jardines de Europa. (Familia fringílidos.)

verderón

**VERDIALES** n. m. pl. Fandango bailable de presunto origen morisco y que tomó el nombre de la región olivarera de los montes de Málaga en que se desarrolló.

**VERDÍN** n. m. Cardenillo. **2.** Mohos que se encuentran en las aguas dulces, paredes, lugares húmedos y en la corteza de los frutos cuando se pudren.

**VERDINEGRO, A** adj. De color verde oscuro.

**VERDISECO, A** adj. Medio seco.

**VERDOLAGA** n. f. Planta herbácea de hojas carnosas comestibles y flores amarillentas o, a veces, rojas. (Familia portulacáceas.)

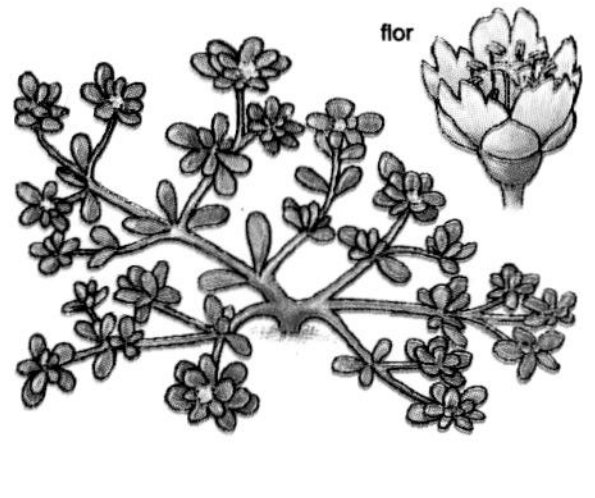


verdolaga

**VERDOR** n. m. Color verde vivo de las plantas. **2.** *Fig.* Vigor, lozanía de las plantas.

**VERDOSO, A** adj. De color que tira a verde o que tiene algo de verde.

**VERDUGADO** n. m. Prenda de vestir que usaban las mujeres debajo de las sayas o de las faldas para ahuecarlas.

**VERDUGAL** n. m. Monte bajo que, después de quemado o cortado, se cubre de verdugos.

**VERDUGO** n. m. Tallo verde o brote de un árbol. **2.** Estoque muy delgado. **3.** Funcionario de justicia que ejecuta las penas de muerte. **4.** *Fig.* Persona muy cruel o que castiga sin piedad. **5.** Prenda de lana que se ciñe a la cabeza y cuello, dejando sólo al descubierto los ojos, la nariz y la boca. **6.** CONSTR. Hilada de ladrillo que se pone horizontalmente en una fábrica de otro material. ◆ adj. y n. m. **7.** Dícese del toro que tiene las chorreras negras.

**VERDUGÓN** n. m. Verdugo, vástago nuevo de árbol. **2.** Roncha o señal que dejan en el cuerpo los azotes.

**VERDUGUILLO** n. m. Especie de roncha que suele levantarse en las hojas de algunas plantas. **2.** Espada de estoque, de dos clases: corta y muy cortante o de hoja muy larga y fina. **3.** TAUROM. Estoque que se emplea en el descabello.

**VERDULERÍA** n. f. Tienda o puesto donde se venden verduras, hortalizas, frutas, etc.

**VERDULERO, A** n. Persona que tiene por oficio vender verduras, hortalizas, etc. ◆ n. m. **2.** Mueble de cocina donde se guardan las verduras.

**VERDUNIZACIÓN** n. f. (de *Verdún,* c. de Francia). Procedimiento de depuración del agua por adición de pequeñas cantidades de cloro.

**VERDURA** n. f. Legumbres u hortalizas que se comen frescas, antes de que se sequen, conservando aún su color verde.

**VERDUZCO, A** o **VERDUSCO, A** adj. De color verde oscuro.

**VERECUNDIA** n. f. Vergüenza.

**VERECUNDO, A** adj. (lat. *verecundum*). Vergonzoso, que se avergüenza.

**VEREDA** n. f. Vía, senda o camino angosto, formado generalmente por el paso repetido de personas y ganado. **2.** *Amér. Merid.* y *Cuba.* Lugar de una calle reservado para la circulación de peatones, acera. • **Entrar en vereda** alguien *(Fam.),* regularizar su vida, sujetarla a una conducta regular. ‖ **Hacer entrar,** o **meter, por,** o **en, vereda** a alguien, obligarle al cumplimiento de sus deberes.

**VEREDICTO** n. m. (ingl. *veredict*). Fallo pronunciado por un jurado sobre un hecho sometido a su juicio. **2.** Parecer, dictamen o juicio emitido de forma reflexiva por alguien autorizado en la materia de que se trata.

**VERGA** n. f. Miembro genital de los mamíferos. **2.** MAR. Percha giratoria generalmente cilíndrica que, colocada por la parte de proa de un palo o mástil, sirve para asegurar la vela.

**VERGAJO** n. m. Verga del toro que, seca y retorcida, se usa como látigo, o cualquier otro tipo de azote flexible.

**VERGEL** n. m. (provenz. *vergier*). Huerto con gran cantidad de flores y árboles frutales.

**VERGENCIA** n. f. ÓPT. Inverso de la distancia focal de un sistema óptico centrado.

**VERGER** v. intr. **[2b]**. GEOMORFOL. Estar inclinado o dirigido en un sentido determinado.

**VERGETA** n. f. HERÁLD. Vara.

**VERGETADO, A** o **VERGETEADO, A** adj. HERÁLD. Dícese del escudo, pieza o partición cubiertos de varas o vergetas.

**VERGLÁS** n. m. (fr. *verglas*). Capa de hielo, fina y transparente, en la superficie del suelo o de los cuerpos sólidos.

**VERGONZANTE** adj. Que tiene vergüenza o que se encubre por vergüenza: *pobre vergonzante.*

**VERGONZOSO, A** adj. Que causa vergüenza: *espectáculo vergonzoso.* ◆ adj. y n. **2.** Propenso a avergonzarse, a sentir vergüenza: *adolescente vergonzosa.*

**VERGÜENZA** n. f. Sentimiento penoso de la propia indignidad, ocasionado por alguna falta cometida o por alguna acción o estado deshonroso o humillante. **2.** Timidez, embarazo, turbación del ánimo. **3.** Pundonor, estimación de la propia honra y dignidad. **4.** Deshonor, infamia, indignidad, escándalo. **5.** Cosa o persona que causa deshonor, infamia. **6.** HIST. Pena menor de la Inquisición española, consistente en exponer y hacer desfilar al reo con la espalda al aire, con una argolla al cuello y una capucha. • **Perder** alguien **la vergüenza,** abandonarse, desestimando el honor y la dignidad que le corresponde; descararse, insolentarse. ‖ **Vergüenza ajena,** la que se siente por las acciones de otros. ◆ **vergüenzas** n. f. pl. **7.** Los genitales.

**VERGUERO** o **VERGUER** n. m. HIST. En Aragón, alguacil de justicia mayor.

**VERICUETO** n. m. Lugar o paraje áspero, alto y escarpado, por donde sólo se puede pasar con dificultad. (Suele usarse en plural.)

**VERÍDICO, A** adj. Que dice o incluye verdad. **2.** Verosímil, creíble, que parece verdadero.

**VERIFICABLE** adj. Que puede ser verificado.

**VERIFICACIÓN** n. f. Acción y efecto de verificar o verificarse. **2.** Acto o proceso mediante el cual son comprobados los poderes de los diputados vencedores en unas elecciones, por el organismo designado por la constitución para tal fin. **3.** EPISTEMOL. Procedimiento que trata de confirmar las consecuencias de una ley o un teorema pertenecientes a una ciencia por medio de hechos construidos a partir de observaciones empíricas, de montajes técnicos, de conceptos y, a veces, de útiles matemáticos. **4.** TECNOL. Operación de comprobación o medición, mediante la que se garantiza la calidad de un determinado proceso o fabricación.

**VERIFICADOR, RA** adj. y n. Que verifica. ◆ n. **2.** Persona encargada del funcionamiento de una verificadora de tarjetas o cinta perforada. ◆ n. m. **3.** Instrumento que sirve para controlar.

**VERIFICADORA** n. f. Máquina que efectúa automáticamente la comparación de un paquete de tarjetas o de una cinta perforada con un paquete de tarjetas o una cinta de referencia.

**VERIFICAR** v. tr. **[1a]**. Probar que es verdadero algo de lo que se dudaba: *verificar una declaración.* **2.** Comprobar la exactitud o la verdad de algo que ya se sabía, o un resultado que ya se había obtenido. ◆ v. tr. y pron. **3.** Realizar, efectuar la cosa expresada por el complemento: *se ha verificado el inventario.* ◆ **verificarse** v. pron. **4.** Resultar cierto o verdadero lo que se pronosticó o se había previsto o anunciado: *se verificaron todos los pronósticos.*

**VERIFICATIVO, A** adj. Que sirve para verificar algo.

**VERIGÜETO** n. m. Molusco lamelibranquio comestible que vive en las costas ibéricas. (Familia venéridos.)

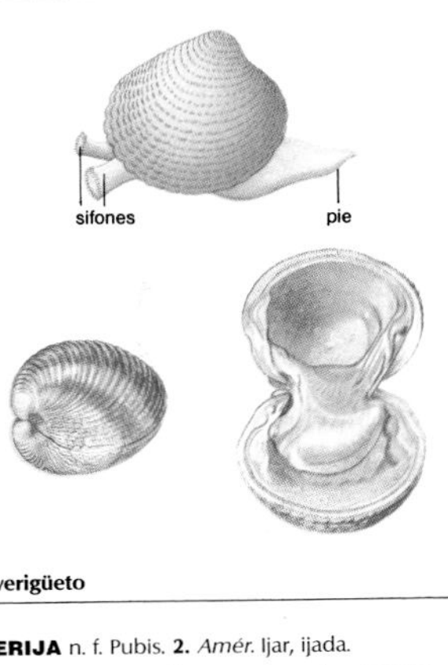


verigüeto

**VERIJA** n. f. Pubis. **2.** *Amér.* Ijar, ijada.

**VERIL** n. m. MAR. Línea que une los puntos de igual sonda.

**VERISMO** n. m. Nombre dado en Italia a la escuela literaria y musical que, a fines del s. XIX y principios del s. XX, reivindicó el derecho a representar la realidad sin idealización.

**VERISTA** adj. y n. m. y f. Relativo al verismo; partidario o seguidor de esta escuela.

**VERJA** n. f. (fr. *verge*). Enrejado o estructura de barras de hierro, de diversos tamaños y figuras, que se emplea como puerta, ventana o cerca.

**VERME** n. m. Gusano, en especial lombriz intestinal.

**VERMEJO** n. m. Vino español que se elabora en la provincia de León, en la zona de Valencia de Don Juan.

**VERMICIDA** adj. y n. m. Dícese del medicamento utilizado para combatir los parásitos intestinales.

**VERMICULADO, A** adj. ARQ. Que presenta ornamentos imitando las galerías que abren los gusanos en la madera.

**VERMICULAR** adj. Que se parece a los gusanos o participa de sus cualidades.

**VERMIFORME** adj. De forma de gusano.

**VERMÍFUGO, A** adj. y n. m. Vermicida.

**VERMINOSIS** n. f. Afección parasitaria debida a los gusanos.

**VERMINOSO, A** adj. Dícese de las úlceras que crían gusanos, y de las enfermedades acompañadas de producción de lombrices.

**VERMIS** n. m. (voz latina, *lombriz*). ANAT. Región media del cerebelo.

**VERMUT** o **VERMÚ** n. m. Licor aperitivo, compuesto de vino blanco, ajenjo y otras sustancias amargas y tónicas. **2.** Aperitivo, conjunto de bebidas y tapas que se toman antes de las comidas. ◆ n. m. **3.** *Argent., Colomb.* y *Chile.* Función de cine o teatro que se da por la tarde.

**VERNACIÓN** n. f. Disposición de las hojas en la yema. SIN.: *prefoliación.*

**VERNÁCULO, A** adj. Propio del país de que se trata: *lengua vernácula.*

**VERNAL** adj. Relativo a la primavera. • **Punto vernal,** punto de intersección de la eclíptica y el ecuador celeste, en el que el Sol franquea el equinoccio de primavera.

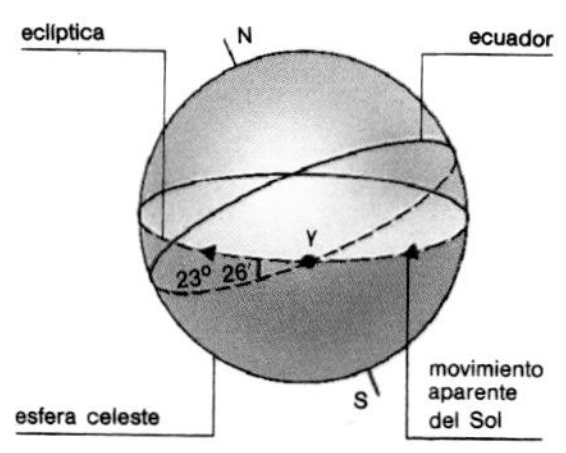


punto **vernal**

**VERNALIZACIÓN** n. f. Transformación, debida al frío, de las semillas o las plantas, que les confiere la aptitud para florecer. SIN.: *jarovización.*

**VERNISSAGE** n. m. (voz francesa). Ceremonia, acto de inauguración de una exposición de arte.

**VERNIX CASEOSA** n. m. (voces latinas). Sustancia sebácea blancuzca que recubre el cuerpo del feto al nacer.

**VERO** n. m. Piel de la marta cebellina, muy suave, propia para peletería. **2.** HERÁLD. Uno de los dos tipos de forros, consistente en una especie de campanillas o vasos de argén y azur, que encajan perfectamente unos con otros.

**VERONAL** n. m. Barbitúrico empleado como analgésico.

**VERONÉS, SA** adj. y n. m. y f. De Verona. SIN.: *veronense.*

**VERÓNICA** n. f. Planta herbácea común en bosques y prados, de flores azules o coloreadas de blanco o púrpura. (Familia escrofulariáceas.)

**VERÓNICA** n. f. TAUROM. Lance dado con la capa de frente y a dos manos.

**VEROSÍMIL** adj. Que tiene apariencia de verdadero, que puede ser verdadero, creíble, que no ofrece carácter o razón alguna de falsedad: *historia verosímil.*

**VEROSIMILITUD** n. f. Calidad de verosímil.

**VERRACO** n. m. Macho porcino reproductor. **2.** *Amér.* Pecarí.

**VERRAQUEAR** v. intr. [**1**]. *Fam.* Gruñir, dar señales de enfado y enojo. **2.** *Fig.* y *fam.* Berrear, llorar los niños con mucha fuerza y rabia.

**VERRAQUERA** n. f. *Fam.* Llorera muy fuerte y con rabia.

**VERRIONDEZ** n. f. Calidad de verriondo.

**VERRIONDO, A** adj. Dícese del cerdo y de otros animales cuando están en celo. **2.** Dícese de las verduras cuando están mal cocidas o duras.

**VERRUGA** n. f. (lat. *verrucam*). Pequeña excrecencia cutánea, dura y rugosa, que se localiza principalmente en la piel de las manos o del rostro.

**VERRUGATO** n. m. Pez marino de unos 60 cm de long., con los flancos surcados por bandas doradas bordeadas de azul, que presenta una barbilla reducida casi a una verruga. (Familia esciénidos.)

**VERRUGOSIDAD** n. f. Lesión cutánea de aspecto verrugoso.

**VERRUGOSO, A** adj. Relativo a las verrugas. **2.** Que tiene muchas verrugas. **3.** De aspecto de verruga.

**VERSADO, A** adj. Práctico, entendido, competente, dícese de la persona que conoce a fondo una materia determinada: *versado en filosofía.*

**VERSAL** adj. y n. f. IMPR. Dícese de las letras mayúsculas.

**VERSALITA** o **VERSALILLA** adj. y n. f. IMPR. Dícese de las letras mayúsculas de igual altura de ojo que las minúsculas del mismo cuerpo.

**VERSALLESCO, A** adj. Relativo a Versalles. **2.** Muy cortés o galante: *modales versallescos.*

**VERSAR** v. intr. [**1**]. Tener como asunto o tema la materia que se expresa: *la conferencia versa sobre historia.*

**VERSÁTIL** adj. Voluble e inconstante, que cambia con facilidad de gustos, opiniones o sentimientos. **2.** Que sirve para múltiples aplicaciones. **3.** Que se vuelve o se puede volver con facilidad. **4.** *Méx.* Dícese de la persona que presenta muchas facetas.

**VERSATILIDAD** n. f. Calidad de versátil.

**VERSICOLOR, RA** adj. BIOL. Que tiene varios colores o que muda de color.

**VERSÍCULO** n. m. (lat. *versiculum*). Cada una de las divisiones numeradas de un capítulo de la Biblia, del Corán y de otros libros sagrados. **2.** En el oficio y en la misa, breve frase salmódica seguida de una respuesta del coro. **3.** Cada uno de los versos de un poema escrito sin rima ni metro fijo y determinado, en especial cuando el verso constituye unidad de sentido.

**VERSIFICACIÓN** n. f. Acción y efecto de versificar.

**VERSIFICADOR, RA** adj. y n. Que versifica.

**VERSIFICAR** v. intr. [**1a**]. Hacer, escribir, componer versos: *versificar en octosílabos.* ◆ v. tr. **2.** Poner en verso, dar forma versificada.

**VERSIÓN** n. f. Traducción de un texto: *existen varias versiones castellanas de «Hamlet».* **2.** Aspecto particular, diverso, de una cosa, especialmente el que puede tomar un mismo texto: *la presente edición es considerada por el autor como la versión definitiva de su obra poética.* **3.** Interpretación particular de un hecho, asunto, tema, etc., basándose en la propia manera de verlo: *nos falta oír tu versión de lo sucedido.* **4.** MED. Desviación de la posición de un órgano. **5.** MED. Maniobra realizada para modificar la posición del feto en el interior del útero. • **En versión original,** dícese de la película que lleva incorporada la banda sonora original. (Abrev. *v. o.*)

**VERSO** n. m. Conjunto de palabras medidas según ciertas reglas (pausa, rima, etc.), provistas de un determinado ritmo, bien sea atendiendo a la cantidad de sílabas, como en latín y griego *(versos métricos),* a su acentuación, como en alemán o inglés *(versos rítmicos),* o a su número, como en las lenguas románicas *(versos silábicos).* **2.** Género literario de las obras compuestas en verso, en contraposición a las compuestas en prosa. **3.** *Fam.* Poesía o composición en verso. **4.** ARM. Determinada pieza de artillería antigua. • **Verso libre,** el que tiene una longitud desigual y rima variada, o bien el que no sigue ninguna regla prosódica.

**VERSO, A** adj. y n. m. Dícese de la segunda carilla o reverso de un folio.

**VERSOLARI** o **BERTSOLARI** n. m. (voz vasca). Bardo popular vasco que narra, de cara al público y en directo, alguna vivencia o hecho concreto mediante versos improvisados que se apoyan en melodías populares.

**VERSTA** n. f. Medida itineraria utilizada antiguamente en Rusia, que equivale a 1 067 m.

**VERSUS** prep. (voz latina). Por oposición a, frente a.

**VÉRTEBRA** n. f. Cada uno de los huesos que constituyen la columna vertebral. (En el hombre, el número de vértebras es 24: 7 cervicales, 12 dorsales y 5 lumbares. Cada vértebra está formada por un cuerpo, los pedículos, las apófisis articulares y las láminas que limitan el agujero vertebral, por donde pasa la médula espinal; las vértebras tienen apófisis laterales, llamadas transversales, y una apófisis posterior espinosa.) SIN: *espóndilo.*

**VERTEBRADO, A** adj. y n. m. Relativo a un tipo de animales provistos de columna vertebral y, en general, de dos pares de extremidades. (Comprende cinco clases: mamíferos, aves, reptiles, peces y anfibios.)

**VERTEBRAL** adj. Relativo a las vértebras: *columna vertebral.*

**VERTEBRAR** v. tr. [**1**]. Articular una cosa con otras, generalmente en un todo.

**VERTEDERA** n. f. Pieza del arado en forma de lámina que sirve para volver la tierra movida por la reja.

**VERTEDERO** n. m. Sitio a donde o por donde se vierte algo: *vertedero de basuras.* **2.** Sitio por donde se da salida a los excesos de agua en presas, redes de alcantarillado, cisternas, etc. • **Vertedero controlado,** lugar en que se vierten los desechos sólidos urbanos e industriales, procurando no afectar el equilibrio ambiental.

**VERTEDOR, RA** adj. y n. Que vierte. ◆ n. m. **2.** Conducto que da salida a un líquido.

**VERTELLO** n. m. MAR. Bolita de madera horadada que se emplea como guía y para resguardar los cabos del roce.

**VERTER** v. tr. y pron. (lat. *vertere,* girar) [**2d**]. Derramar, dejar caer o vaciar un líquido o cosas pequeñas o en polvo fuera del recipiente en que están contenidas. **2.** Inclinar una vasija o volverla boca abajo para vaciar su contenido. ◆ v. tr. **3.** Traducir, trasladar un texto a distinto idioma, escritura, etc. **4.** Decir o emitir máximas, conceptos, etc., con determinado propósito, generalmente siniestro o desagradable: *verter infundios sobre alguien.* ◆ v. intr. **5.** Desembocar una corriente de agua en otra más importante o en el mar.

**VÉRTEX** n. m. (voz latina, *cima*). Parte más alta del cráneo de los vertebrados y de los insectos.

**VERTIBLE** adj. Que puede verterse o ser vertido.

**VERTICAL** adj. (lat. *verticalem*). Perpendicular al horizonte. **2.** *Por ext.* Perpendicular a una línea que representa convencionalmente al horizonte. ◆ adj. y n. f. **3.** Dícese de la línea perpendicular al horizonte. • **Vertical de un lugar,** dirección del hilo de la plomada en dicho lugar. ◆ n. m. **4.** ASTRON. Círculo mayor de la esfera celeste, cuyo plano contiene la vertical del punto de observación.

**VERTICALIDAD** n. f. Calidad de vertical.

**VERTICALISMO** n. m. Denominación aplicada en España a la integración de empresarios y obreros en un único organismo sindical, durante la época franquista.

**VÉRTICE** n. m. (lat. *verticem*). Punto en que concurren los dos lados de un ángulo. **2.** Punto donde concurren tres o más planos. **3.** Parte más elevada de un monte, especialmente cuando termina en punta. **4.** Coronilla, parte más elevada de la cabeza humana. • **Vértice de un ángulo sólido, de un cono,** punto de donde parten todas las generatrices del ángulo, del cono. ‖ **Vértice de un poliedro,** punto de encuentro de por lo menos tres de sus caras. ‖ **Vértice de un polígono,** punto de encuentro de dos lados consecutivos. ‖ **Vértice de un triángulo,** vértice de uno de sus ángulos; vértice del ángulo opuesto al lado que se toma como base. ‖ **Vértice de una curva,** punto en el cual la curvatura es máxima o mínima.

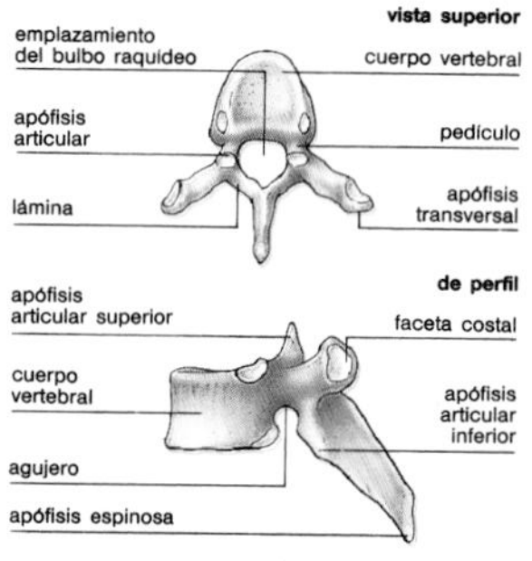


6.ª **vértebra** dorsal

**VERTICIDAD** n. f. FÍS. Facultad que tiene un cuerpo de dirigirse en una dirección con preferencia de las otras.

**VERTICILADO, A** adj. BOT. Dispuesto en verticilo.

**VERTICILO** n. m. (lat. *verticillum*). BOT. Conjunto de hojas, flores o piezas florales que parten a un mismo nivel del eje que las sostiene.

**VERTIDO** n. m. Acción y efecto de verter.

**VERTIENTE** n. m. o f. Pendiente o declive por donde corre o puede correr el agua. ◆ n. f. **2.** Aspecto, manera de aparecer o presentarse una persona o cosa a la vista. **3.** GEOMORFOL. En un valle, pendiente que une la vaguada a la línea de interfluvio.

**VERTIGINOSIDAD** n. f. Calidad de vertiginoso.

**VERTIGINOSO, A** adj. Relativo al vértigo: *altura vertiginosa.* **2.** Dícese del movimiento muy rápido o apresurado: *velocidad vertiginosa.*

**VÉRTIGO** n. m. (lat. *vertiginem*). Sensación de falta de equilibrio en el espacio. **2.** *Fig.* Asombro, estupor: *cifras de vértigo.* **3.** *Fig.* Arrebato, pérdida momentánea del juicio. **4.** *Fig.* Apresuramiento, actividad intensísima en que alguien o algo se sume o es arrastrado: *el vértigo de la gran ciudad.* • **De vértigo** *(Fam.)*, aplícase a lo que produce vértigo por muy rápido, activo, impresionante, etc.

**VERTISUELO** n. m. EDAFOL. Unidad de la clasificación de los suelos, que designa suelos de climas cálidos con fuertes alternancias estacionales y una estación seca muy acentuada. SIN.: *regur, vertisol.*

**VESANIA** n. f. (lat. *vesaniam*). Demencia, locura o furia muy intensa.

**VESÁNICO, A** adj. y n. Relativo a la vesania; afecto de dicha enfermedad.

**VESICACIÓN** n. f. MED. Efecto producido por un medicamento vesicante.

**VESICAL** adj. ANAT. Relativo a la vejiga.

**VESICANTE** adj. y n. m. MED. Que produce ampollas en la piel. SIN.: *vesicatorio.*

**VESÍCULA** n. f. ANAT. Denominación dada a diversos órganos vacíos y en forma de saco. **2.** BOT. Cavidad cerrada, que en determinadas plantas acuáticas actúa como flotador. **3.** PATOL. Pequeña prominencia de la epidermis que contiene un líquido seroso.

**VESICULAR** adj. En forma de vesícula. **2.** Relativo a las vesículas, en especial la biliar.

**VESICULOSO, A** adj. Lleno de vesículas o formado por vesículas.

**VESPA** n. f. (marca registrada). Scooter de la marca de este nombre.

**VESPASIANA** n. f. *Chile.* Urinario público.

**VESPERAL** n. m. REL. Libro litúrgico que contiene el oficio de la tarde.

**VESPERTINO, A** adj. Relativo a la tarde: *periódico vespertino.*

**VÉSPIDO, A** adj. y n. m. Relativo a una familia de insectos himenópteros provistos de aguijón, como la avispa.

**VESRE** n. m. *Argent.* Creación de palabras por inversión de sílabas que se usa jergalmente o con fines humorísticos (*gomia* por *amigo, vesre* por *revés*).

**VESTAL** adj. (lat. *vestalem*). Relativo a la diosa Vesta. ◆ adj. y n. f. **2.** Dícese de las doncellas romanas consagradas a la diosa Vesta. **3.** Dícese de la mujer casta.

**VESTIBULAR** adj. ANAT. Relativo al vestíbulo del oído.

**VESTÍBULO** n. m. (lat. *vestibulum*). Pieza de un edificio o vivienda que permite la comunicación con los restantes aposentos o con el exterior. **2.** ANAT. Cavidad del oído interno, que comunica con el oído medio a través de las ventanas redonda y oval, se prolonga por el caracol y es sede de los canales semicirculares.

**VESTIDO** n. m. Prenda de vestir, cualquier pieza de tela, piel, etc., que se pone sobre el cuerpo para cubrirlo. **2.** Conjunto de piezas que sirven para este uso. **3.** Prenda de vestir exterior completa de una persona: *se exige vestido de etiqueta.* **4.** Prenda de vestir exterior femenina de una sola pieza: *no sabía si ponerse el vestido rojo o la falda y la blusa verdes.* **5.** HERÁLD. Escudo que contiene un losange o un óvalo, cuyos ángulos o polos, respectivamente, tocan los bordes del escudo.

**VESTIDURA** n. f. Vestido. ◆ **vestiduras** n. f. pl. **2.** REL. Vestidos que, sobrepuestos al ordinario, usan los sacerdotes para el culto divino. • **Rasgarse las vestiduras,** escandalizarse excesiva o hipócritamente por algo que otros hacen o dicen.

**VESTIGIO** n. m. (lat. *vestigium*). Huella, señal que queda en un sitio por donde se ha pisado o estado. **2.** Señal, restos, noticia o memoria que queda de algo antiguo, pasado o destruido. **3.** Indicio, seña por donde se infiere la verdad de algo o se sigue su averiguación.

**VESTIGLO** n. m. Monstruo horrible y fantástico.

**VESTIMENTA** n. f. Conjunto de prendas de vestir de una persona.

**VESTIR** v. tr. y pron. (lat. *vestire*) **[30]**. Cubrir con un vestido, llevar puesto un vestido. ◆ v. tr. **2.** Proveer a alguien de vestido. **3.** Referido a un hábito que indica un particular estado o condición, entrar o estar en tal estado o condición: *vestir la toca monjil.* **4.** *Fig.* Encubrir, guarnecer, disimular una cosa con otra: *vistió las paredes con cuadros.* **5.** Tener un sastre o modista a alguien como cliente habitual: *viste a las damas más distinguidas de la ciudad.* **6.** *Fig.* Afectar una pasión o estado de ánimo demostrándolo exteriormente, en especial en el rostro: *vistió su cara de alegría.* ◆ v. intr. **7.** Estar vestido de un determinado modo, llevar vestidos de cierto tipo. **8.** Ser ciertos vestidos, telas, materiales, etc., a propósito para fiestas o ciertas ocasiones importantes. • **A medio vestir,** sin terminar de vestirse. ‖ **De vestir** o **de mucho vestir,** adecuado para fiestas u ocasiones solemnes. ‖ **El mismo que viste y calza** *(Fam.)*, con que se corrobora la identidad de la persona que habla o de quien se habla. ◆ v. intr. y pron. **9.** *Fig.* Cubrirse, revestirse: *los árboles se vistieron de verde.* ◆ **vestirse** v. pron. **10.** Levantarse de la cama después de haber estado enfermo. **11.** Cambiarse de vestido, poniéndose uno apropiado para determinada circunstancia: *preferiría cenar en un lugar informal, para no tener que vestirse.* **12.** Ser cliente de un determinado sastre o modista: *se viste en las mejores casas de alta costura.*

**VESTÓN** n. m. *Chile.* Americana, chaqueta.

**VESTUARIO** n. m. Conjunto de los vestidos de alguna persona, particularmente de los artistas de teatro. **2.** En ciertos establecimientos públicos y en los teatros, lugar para cambiarse de ropa: *el vestuario del polideportivo.*

**VETA** n. f. (lat. *vittam,* cinta). Vena, faja o lista que se observa en ciertas maderas y piedras. **2.** Vena, filón metalífero. **3.** *Fig.* Propensión a alguna cosa que se menciona: *tiene una veta de loco.*

**VETAR** v. tr. **[1]**. Poner el veto a una persona, ley, acuerdo, medida, etc.

**VETARRO, A** adj. y n. *Méx. Fam.* Viejo, envejecido.

**VETAZO** n. m. *Ecuad.* Latigazo.

**VETEADO, A** o **VETADO, A** adj. Que tiene o presenta vetas: *maderas veteadas.*

**VETEAR** v. tr. **[1]**. Señalar o pintar vetas en algo, imitando las naturales de la madera o del mármol.

**VETERANÍA** n. f. Calidad de veterano.

**VETERANO, A** adj. y n. (lat. *veteranum*). Dícese de los soldados que han cumplido un largo servicio en activo: *veterano de guerra.* **2.** *Fig.* Dícese de cualquier persona experimentada en cualquier actividad: *médico veterano.* **3.** DEP. Deportista que ha pasado el límite de edad para los senior. ◆ n. m. **4.** HIST. Soldado que había obtenido ya el retiro, o que, cumplido el tiempo de servicio, lo prolongaba voluntariamente.

**VETERINARIA** n. f. Ciencia y arte de curar las enfermedades de los animales.

**VETERINARIO, A** adj. Relativo a la veterinaria. ◆ n. **2.** Persona que por profesión o estudio se dedica a la veterinaria.

**VETIVER** n. m. Raíz olorosa que se emplea para perfumar la ropa y preservarla de la polilla.

**VETO** n. m. (lat. *veto,* yo prohíbo). Facultad que tiene una persona o corporación para vedar o impedir una cosa. **2.** Institución por la que una autoridad puede oponerse a la entrada en vigor de una ley o de una resolución. • **Poner el veto** a algo o a alguien, oponerse a lo que otros planean, aprueban o aceptan, o a determinada persona.

**VETONES,** pueblo primitivo de la península Ibérica, establecido en la zona occidental de la Meseta, al parecer entre el Guadiana y el Duero. Limitaban con los lusitanos, a los que apoyaron en su sublevación contra Roma.

**VETUSTEZ** n. f. Calidad de vetusto.

**VETUSTO, A** adj. Muy viejo, muy antiguo o de mucha edad: *edificio vetusto.*

**VEXILLUM** n. m. (voz latina). ANT. ROM. Estandarte de los ejércitos romanos.

**VEXILO** n. m. BOT. Estandarte. **2.** ZOOL. Cada uno de los dos lados de la pluma de un ave.

**VEZ** n. f. (lat. *vicem*). Cada uno de los actos o sucesos repetidos, realizados en momentos y circunstancias distintos: *repetir un ejercicio muchas veces.* **2.** Tiempo u ocasión en que ocurre algo o se ejecuta una acción. **3.** Alternación, turno: *ceder la vez.* **4.** Tiempo u ocasión de hacer una cosa por turno u orden: *le llegó la vez de entrar.* • **A la vez,** a un tiempo, simultáneamente. ‖ **A mi, tu,** etc., **vez,** expresa una correspondencia de acciones. ‖ **De una vez,** con una sola acción: *se bebió el vaso de vino de una vez;* seguido, con continuidad: *hizo todo el trabajo de una vez;* con una palabra o de un golpe: *dilo de una vez.* ‖ **En vez de,** en sustitución de: *en vez del alcalde, fue un edil;* al contrario, lejos de: *en vez de subir, bajo.* ‖ **Hacer las veces** de algo o alguien, sustituir. ‖ **Tal vez,** posiblemente, quizá. ‖ **Una vez** o **una vez que,** después que.

**V.H.F.,** siglas de la expresión inglesa *very high frequency,* frecuencia muy elevada con que se designan las ondas radioeléctricas de frecuencias comprendidas entre 30 y 300 MHz.

**V.H.S.,** siglas de *video home sistem,* norma de videocassette y magnetoscopio introducida en 1976 por la firma japonesa J.V.C.

**V.I.,** abrev. de *vuestra ilustrísima.*

**VÍA** n. f. (lat. *viam*). Camino, recorrido que conduce de un punto a otro sobre la tierra, agua o aire. **2.** Calle de un centro habitado o carretera de grandes comunicaciones. **3.** Recorrido, itinerario que conduce a un lugar determinado. **4.** En complementos sin preposición, punto o lugar de paso de un itinerario, o un medio de transmisión: *retransmisión vía satélite.* **5.** Modo, medio con el que se viaja, se transporta algo, se transmite una noticia, etc.: *vía aérea.* **6.** *Fig.* Procedimiento particular que se sigue para un determinado fin: *vía judicial.* **7.** Espacio que queda entre las dos roderas señaladas por los carros en los caminos. **8.** ANAT. Dícese de los numerosos conductos que forman un sistema: *vías urinarias.* **9.** F.C. Parte del suelo explanada de un ferrocarril, en el cual se asientan los carriles. **10.** F.C. Raíl del ferrocarril. **11.** REL. Entre los ascéticos, modo y orden de vida espiritual encaminada a la perfección de la virtud: *vía purgativa.* • **Ancho de la vía,** distancia entre las dos ruedas de un mismo eje de un automóvil. ‖ **Dar vía libre,** dejar libre el paso; dejar libertad de acción, no poner límites. ‖ **De vía estrecha** *(Desp.)*, dícese de la persona o cosa mediocre dentro de su clase, especie o categoría. ‖ **Dejar vía libre,** apartarse de algún asunto para que otra persona pueda emprenderlo. ‖ **En vías de,** que está pasando los trámites y cambios necesarios para llegar a su fin u objetivo. ‖ **Por vía de,** de forma, o manera y modo. ‖ **Por vía oral** (MED.), por la boca. ‖ **Vía de agua,** abertura, grieta, por la que el agua invade el interior de una embarcación. ‖ **Vía de apremio,** en el derecho español, fase del proceso ejecutivo en el que el acreedor insta al cumplimiento de los actos necesarios para la satisfacción de su crédito. ‖ **Vía de comunicación,** camino terrestre o ruta marítima o aérea establecida. ‖ **Vía ejecutiva,** procedimiento para hacer un pago judicialmente, procurando antes convertir en dinero los bienes de otra índole pertenecientes al obligado. ‖ **Vía férrea,** ferrocarril, línea férrea. ‖ **Vía gubernativa,** cauce legal para recurrir ante los actos de la administración considerados no legales o lesivos. ‖ **Vía húmeda,** empleo de disolventes líquidos en una operación química. ‖ **Vía muerta** (F.C.), vía que no tiene salida y

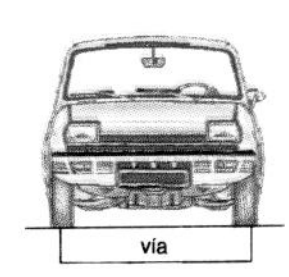

ancho de **vía** de automóvil

sirve para apartar de la circulación vagones y locomotoras. || **Vía ordinaria,** modo, o forma regular y común de hacer algo. || **Vía pública,** calle, plaza, camino, etc., por donde puede transitarse. || **Vía sacra,** vía procesional que unía Atenas y Eleusis; en Grecia, camino que conducía a un gran santuario; en Roma, vía triunfal que, a través del foro, conducía al capitolio. || **Vía seca,** operación química llevada a cabo mediante el calor, sin empleo de disolvente.

**VÍA CRUCIS** o **VIACRUCIS** n. m. (lat. *via crucis,* camino de la cruz) [pl. *vía crucis* o *viacrucis*]. Camino señalado con catorce estaciones que representan los pasos del Calvario y que se recorre rezando en cada una de ellas, en memoria de la pasión de Jesucristo. **2.** Ejercicio piadoso consistente en dichos rezos. **3.** *Fig.* Trabajo, aflicción o sufrimientos continuados que sufre una persona.

**VIABILIDAD** n. f. Calidad de viable. **2.** Buen estado de una carretera, que permite la circulación.

**VIABLE** adj. Que tiene probabilidades o es susceptible de llevarse a cabo, de realizarse: *proyecto viable.* **2.** MED. Capaz de vivir: *feto viable.*

**VIADUCTO** n. m. (ingl. *viaduct*). Puente de gran longitud, que consta generalmente de varios arcos.

**VIAGRA** n. f. (marca registrada). Fármaco contra la impotencia masculina.

**VIAJANTE** adj. Que viaja. ◆ n. m. y f. **2.** Representante de una casa comercial que hace viajes para negociar ventas o compras.

**VIAJAR** v. intr. [**1**]. Ir, desplazarse de un lugar a otro, generalmente con un medio de transporte: *viajar en tren.* **2.** Trasladarse de un lugar a otro con cierta frecuencia, especialmente para conocer diversos lugares: *viajar por el extranjero.* **3.** Recorrer un viajante su ruta para promocionar o vender mercancías: *viaja por el norte.* **4.** Efectuar un medio de transporte el trayecto establecido: *el autocar viaja todos los días.*

**VIAJE** n. m. Acción y efecto de viajar, desplazarse de un lugar a otro. **2.** Recorrido que se hace andando y volviendo de un lugar a otro. **3.** Cantidad de alguna cosa transportada de una sola vez de un lugar a otro. **4.** *Fig.* Paso de la vida a la muerte: *emprender el último viaje.* **5.** *Fam.* Estado alucinatorio provocado por el consumo de drogas. **6.** TAUROM. Dirección que toma el toro al embestir. • **Agarrar viaje** (*Argent., Perú y Urug. Fam.*), aceptar una propuesta. **¡Buen viaje!,** fórmula de cortesía usual para despedir a un viajero; úsase despectivamente para demostrar que no importa que alguien se vaya o que algo se pierda o malogre. || **Rendir viaje,** llegar al punto de destino un barco.

**VIAJERO, A** adj. Que viaja. ◆ n. **2.** Persona que realiza un viaje. **3.** Persona que viaja en un medio de transporte público.

**VIAL** adj. Relativo a la vía: *seguridad vial.* ◆ n. m. **2.** Calle o camino formado por dos filas paralelas de árboles.

**VIAL** n. m. Frasquito destinado a contener un medicamento inyectable o bebible, del cual se extraen las dosis convenientes.

**VIALIDAD** n. f. Conjunto de servicios pertenecientes a las vías públicas.

**VIANDA** n. f. (fr. *viande*). Alimento que sirve de sustento al hombre.

**VIANDANTE** n. m. y f. Persona que marcha a pie por un camino, calle, etc.

**VIARAZA** n. f. *Argent., Colomb., Guat.* y *Urug.* Acción inconsiderada y repentina.

**VIARIO, A** adj. Relativo a los caminos y carreteras: *red viaria.*

**VIATICAR** v. tr. [**1a**]. Administrar el viático.

**VIÁTICO** n. m. (lat. *viaticum*). Dinero o provisiones para hacer un viaje. **2.** LITURG. Sacramento de la eucaristía que se administra a un enfermo en peligro de muerte.

**VÍBORA** n. f. (lat. *viperam*). Serpiente venenosa, de 50 a 60 cm de long., con cabeza triangular, vivípara, que vive con preferencia en lugares pedregosos y soleados. **2.** *Fig.* Persona murmuradora y maldiciente.

**VIBOREAR** v. intr. [**1**]. *Argent.* y *Urug.* Serpentear, moverse ondulándose como las serpientes. **2.** *Méx.* Hablar mal de alguien a sus espaldas, inventar chismes.

**VIBOREZNO** n. m. Cría de la víbora.

**VIBRACIÓN** n. f. Acción y efecto de vibrar. **2.** FÍS. Movimiento periódico de un sistema material alrededor de su posición de equilibrio. • **Vibración del hormigón,** acción de someter al hormigón, durante su fraguado, a vibraciones que mejoran su homogeneidad y adherencia.

**viaducto** de la autopista del norte de Gran Canaria

**VIBRADOR** n. m. Aparato que produce vibraciones mecánicas.

**VIBRAFONISTA** n. m. y f. Tocador de vibráfono.

**VIBRÁFONO** n. m. Instrumento musical formado por láminas de acero de tubos de resonancia, que se golpean con macillas.

**VIBRANTE** adj. Que vibra. **2.** Emotivo, enérgico: *discurso, arenga, vibrante.* ◆ adj. y n. f. **3.** FONÉT. Dícese de una consonante fricativa cuya emisión va acompañada de una serie rápida de aberturas y cierres del canal bucal al paso del aire espirado, como la *r* y la *rr.*

**VIBRAR** v. tr. (lat. *vibrare,* blandir) [**1**]. Hacer moverse cualquier cosa larga y elástica con un movimiento trémulo. **2.** Temblar la voz u oscilar un sonido por emitirse intermitentemente o variando entre dos tonos. ◆ v. intr. **3.** Agitarse, estremecerse, sentir una sacudida nerviosa o una alteración del ánimo: *el público vibró de entusiasmo.*

**VIBRÁTIL** adj. Susceptible de vibrar. • **Cilio vibrátil,** órgano filamentoso, que permite el desplazamiento de ciertos protozoos (paramecio), la formación de la corriente de agua que nutre a los moluscos lamelibranquios, la expulsión de partículas sólidas en la tráquea del hombre, etc.

**VIBRATO** n. m. MÚS. Vibración obtenida en los instrumentos de cuerda por medio de un movimiento rápido de oscilación del dedo. **2.** Ligera ondulación en la emisión vocal de un sonido.

**VIBRATORIO, A** adj. Que vibra o puede vibrar: *movimiento vibratorio.*

**VIBRIÓN** n. m. Bacilo de cuerpo en forma de coma.

**VIBRISA** n. f. Pluma filiforme de las aves. **2.** Pelo táctil de determinados mamíferos.

**VIBRÓGRAFO** n. m. Aparato de control que mide por comparación las vibraciones en la marcha de los relojes, para poner de manifiesto la existencia de defectos en los engranajes, en los escapes, etc.

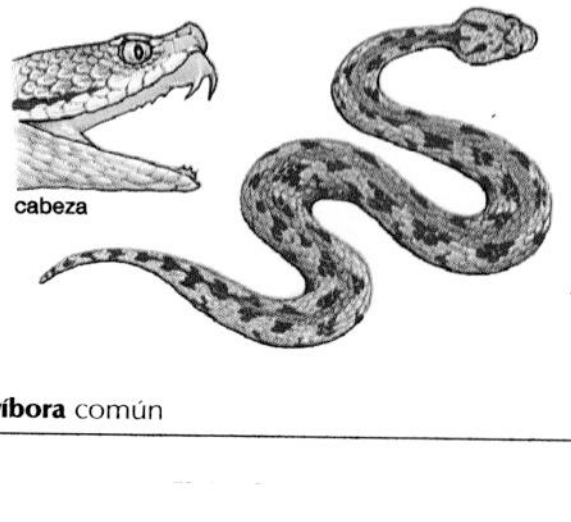


**víbora** común

**VIBROMASAJE** n. m. Masaje que se realiza con un aparato especial que transmite al cuerpo las vibraciones producidas por un motor eléctrico.

**VIBROSCOPIO** n. m. Instrumento que sirve para el estudio y observación de las vibraciones de los cuerpos.

**VIBURNO** n. m. Planta arbustiva de hojas ovales, flores blancas y olorosas, en corimbos terminales, y raíz rastrera que se extiende mucho. (Familia caprifoliáceas.)

**VICARÍA** n. f. Oficio o dignidad de vicario y territorio de su jurisdicción. **2.** Despacho o residencia del vicario. • **Pasar** alguien **por la vicaría** *(Fam.),* casarse.

**VICARIANTE** adj. Que remplaza o sustituye a otra cosa. **2.** Dícese del órgano capaz de suplir la insuficiencia de otro órgano. **3.** Dícese de la especie vegetal que puede remplazar a otra en una asociación.

**VICARIATO** n. m. Vicaría. **2.** Tiempo que dura el cargo de vicario.

**VICARIO, A** adj. y n. (lat. *vicarium*). Dícese de la persona que hace las veces de otra, sustituyéndola en sus funciones o ayudándola con el mismo poder y facultades. ◆ n. m. **2.** Sacerdote que ejerce su ministerio en una parroquia bajo la autoridad de un párroco. • **Vicario apostólico,** obispo encargado de la administración de un país de misión que todavía no ha sido erigido en diócesis. || **Vicario capitular,** sacerdote encargado de una diócesis mientras está vacante la sede. || **Vicario coadjutor,** sacerdote encargado de ayudar al párroco en sus funciones y de sustituirlo en caso de ausencia o de enfermedad. || **Vicario de Jesucristo,** el papa. || **Vicario general,** sacerdote que ayuda al obispo en la administración de una diócesis.

**VICEALMIRANTAZGO** n. m. Calidad o dignidad de vicealmirante.

**VICEALMIRANTE** n. m. Oficial de la armada, cuya graduación es inmediatamente inferior a la de almirante y que, actualmente, equivale a la de general de división del ejército de tierra.

**VICENAL** adj. Dícese de lo que sucede o se repite cada veinte años o que dura veinte años.

**VICEPRESIDENCIA** n. f. Cargo o funciones de vicepresidente.

**VICEPRESIDENTE, A** n. Persona que suple o está capacitada para suplir al presidente en ciertos casos, o en quien éste delega.

**VICETIPLE** n. f. Chica de conjunto que actúa en las revistas musicales o en teatros de variedades.

**VICEVERSA** adv. m. Invirtiendo el orden de los términos de una afirmación: *viaje Madrid-Londres y viceversa.*

**VICHAR** o **VICHEAR** v. tr. [**1**]. *Argent.* y *Urug.* Espiar, atisbar.

**VICHY** n. m. Tejido de algodón con ligamento de tafetán y combinaciones de colores vivos y sólidos. **2.** Agua mineral de Vichy.

**VICIAR** v. tr. y pron. **[1]**. Hacer tomar a alguien malos hábitos, dañándole o corrompiéndole física o moralmente. **2.** Hacer tomar a un animal un defecto de comportamiento. ◆ v. tr. **3.** DER. Anular o quitar el valor o validación de un acto. ◆ **viciarse** v. pron. **4.** Aficionarse con exceso a algo. **5.** Deformarse una cosa.

**VICIO** n. m. (lat. *vitium*). Disposición habitual al mal. **2.** Costumbre o apetito morboso, pero que produce placer. **3.** Mala costumbre o hábito contrario a las normas de la buena educación. **4.** Torcedura o desviación que presenta una cosa por haber estado sometida a una postura indebida. **5.** Mala costumbre o hábito adquirido por un animal. **6.** Mimo, por exceso de condescendencia en la educación del niño. **7.** Lozanía y frondosidad excesiva para el rendimiento vegetal. • **De vicio** *(Fam.)*, sin motivo o causa justificada. ‖ **Vicio de dicción,** incorrección, defecto o falta en el uso del idioma ya sea de pronunciación, de morfología, de léxico o de sintaxis. ‖ **Vicio de forma** (DER.), defecto que presenta el acto jurídico que adolece de la falta de una de las formalidades exteriores exigidas por la ley para su validez.

**VICIOSO, A** adj. Que está lleno de vicios o dominado por ellos. **2.** Vigoroso y fuerte, sobre todo para producir, especialmente dícese de las plantas abundantes y frondosas: *vegetación viciosa.* **3.** PATOL. Relativo a alguna malformación o curación defectuosa de una lesión.

**VICISITUD** n. f. Alternancia de sucesos opuestos. **2.** Suceso, accidente que suele provocar un cambio brusco y repentino en la marcha de algo.

**VICISITUDINARIO, A** adj. Que acontece por orden sucesivo o alternativo.

**VÍCTIMA** n. f. Persona o animal destinado al sacrificio para satisfacer a los dioses. **2.** *Fig.* Persona que sufre las consecuencias de una acción propia o de otros: *es víctima de sus propios errores.* **3.** *Fig.* Persona que muere o sufre un grave daño en un accidente, desastre, etc.: *víctimas de la inundación.*

**VICTIMARIO, A** n. Persona que por sus acciones o modo de actuar produce daño o perjuicio a otra, convirtiéndola en su víctima.

**VICTIMISMO** n. m. Actitud de la persona que asume continuamente el papel de víctima.

**VICTORIA** n. f. (lat. *victoriam*). Triunfo, superioridad o ventaja que se consigue sobre el contrario en disputa o lid. **2.** Coche hipomóvil de cuatro ruedas y con capota plegable. • **Cantar** alguien **victoria,** jactarse del triunfo; conseguir el triunfo o lo que se desea después de haber pasado por una serie de dificultades o vicisitudes. ◆ interj. **3.** Exclamación de júbilo por el triunfo conseguido.

**VICTORIANO, A** adj. Relativo a la reina Victoria I de Gran Bretaña y a su época.

**VICTORIOSO, A** adj. Que ha conseguido una victoria, éxito o cualquier cosa por la que había estado luchando: *ejército victorioso.* **2.** Dícese de las acciones con las cuales se consigue un triunfo o éxito: *batalla victoriosa.*

**VICUÑA** n. f. (quechua *nikúña*). Camélido andino parecido al guanaco, pero de menor tamaño, de color leonado, que habita en pequeños grupos en los páramos andinos en alturas superiores a los 3 000 m y es apreciado por su fina lana. (Es una especie protegida.) **2.** Pelo lanoso de este animal. **3.** Tejido fabricado con dicho pelo. **4.** Imitación de este tejido lograda con lana fina o con lana y algodón mezclados.

**vicuña** con su cría

**VID** n. f. (lat. *vitim*). Planta arbustiva, con frecuencia trepadora, cultivada desde la prehistoria por sus bayas azucaradas, o uva, cuyo jugo fermentado produce el vino.

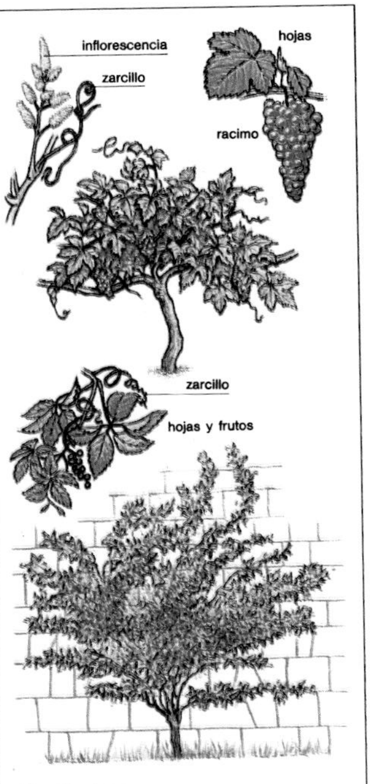


**vid** y **viña** virgen

**VIDA** n. f. (lat. *vitam*). Conjunto de las propiedades características de los animales y de los vegetales transmisible a la descendencia: *el objeto de la biología es el estudio de la vida.* **2.** El existir, el llegar a ser de un individuo. **3.** Tiempo en el que un organismo está en actividad. **4.** Período de tiempo entre el nacimiento y la muerte: *su vida fue muy breve.* **5.** Duración de las cosas: *construir con materiales resistentes y de vida larga.* **6.** Conjunto de todo lo que es necesario para vivir, particularmente el alimento, el sustento: *el coste de la vida ha subido.* **7.** Modo de vivir, en relación con una determinada actividad: *la vida de soltero.* **8.** Modo de conducir la propia existencia, modo de ser, de comportarse: *lleva una vida ociosa.* **9.** Lo que da valor, interés a la existencia: *la música es su vida.* **10.** Actividad, fuerza activa en un determinado campo: *la crisis ensombrece la vida nacional.* **11.** El existir de una cosa o de un conjunto de cosas. **12.** Conjunto de las manifestaciones, del desarrollo de algo: *el director ha dejado de interesarse por la vida del periódico.* **13.** Aquello que permite la subsistencia, el desarrollo de alguna cosa. **14.** Energía, capacidad de obrar, de hacer con vigor y entusiasmo: *una persona llena de vida.* **15.** Animación, vivacidad en general: *unos ojos llenos de vida.* **16.** Conjunto de los hechos, de los acontecimientos más importantes sucedidos a una persona en el curso de su existencia: *me contó su vida.* **17.** Biografía: *leía un libro de vidas de santos.* **18.** Persona o ser humano: *en la guerra se perdieron muchas vidas.* • **A vida** o **muerte,** aplícase a la decisión tomada o acto con pocas esperanzas de que el resultado sea bueno. ‖ **Buscarse la vida,** usar medios conducentes para ganarse el sustento. ‖ **Calidad de vida,** conjunto de factores o condiciones que caracterizan el bien general en una sociedad. ‖ **Con la vida pendiente de un hilo,** estar en mucho peligro. ‖ **Darse** uno **buena vida,** o **la gran vida,** o **la vida padre,** entregarse a los gustos y pasatiempos; buscar y disfrutar de comodidades. ‖ **De por vida,** perpetuamente, por todo el tiempo de la vida. ‖ **De toda la vida,** desde hace mucho tiempo. ‖ **En la vida,** o **en** mi, tu, su **vida,** nunca o en ningún tiempo. ‖ **Enterrarse** alguien **en vida,** apartarse del mundo. ‖ **Entre la vida y la muerte,** en peligro inminente de muerte. ‖ **Escapar, o salir,** alguien **con vida,** librarse de un grave peligro de muerte. ‖ **Esperanza de vida** (ESTADÍST.), años de vida para las personas comprendidas en un grupo de edad, en el supuesto de que permanezcan estabilizados los valores de las tablas de mortalidad o supervivencia. ‖ **Ganarse** alguien **la vida,** trabajar o buscar los medios de mantenerse. ‖ **Pasar a mejor vida,** morir. ‖ **Vida de perros,** la que se pasa con trabajos, molestias y desazones. ‖ **Vida eterna,** o **perdurable** (REL.), felicidad eterna de los elegidos. ‖ **Vida futura** u **otra vida** (REL.), existencia del alma después de la muerte. ‖ **Vida latente** (BIOL.), estado caracterizado por una intensa disminución de la actividad metabólica de un organismo vivo. ‖ **Vida privada,** la de familia de alguien, ajena a su actividad profesional o pública.

**VIDALITA** o **VIDALA** n. f. Canción criolla del N de Argentina de carácter tierno y triste, muy popular desde comienzos del s. XIX. **2.** Baguala. **3.** Aire popular andaluz, actualmente en desuso, procedente de la canción popular argentina homónima.

**VIDENTE** adj. y n. m. y f. (lat. *videntem*). Dícese de la persona capaz de adivinar el porvenir o cosas ocultas, o de prever lo que va a ocurrir.

**VÍDEO** n. m. (lat. *video, veo*). Técnica que permite registrar magnéticamente o mecánicamente la imagen y el sonido en un soporte, y reproducirlos en una pantalla. **2.** Sucesión de imágenes obtenidas con esta técnica grabadas en una cinta magnética. **3.** Magnetoscopio de uso doméstico. • **Señal vídeo,** señal que contiene los elementos necesarios para la transmisión de una imagen. ‖ **Sistema vídeo,** sistema que permite la transmisión de imágenes y sonido a distancia.

**VIDEOCÁMARA** n. f. Cámara de registro de imagen sobre soporte no fotográfico, generalmente magnética. SIN.: *cámara de vídeo.*

**VIDEOCASSETTE** n. f. Cassette que contiene una cinta magnética que permite el registro y la reproducción, a voluntad, de un programa televisivo o de una película vídeo. SIN.: *videocinta.*

**VIDEOCLIP** n. m. Pequeño cortometraje realizado en vídeo, que presenta una canción o un tema musical ilustrado con imágenes, a veces de carácter narrativo. (Úsase también *clip.*)

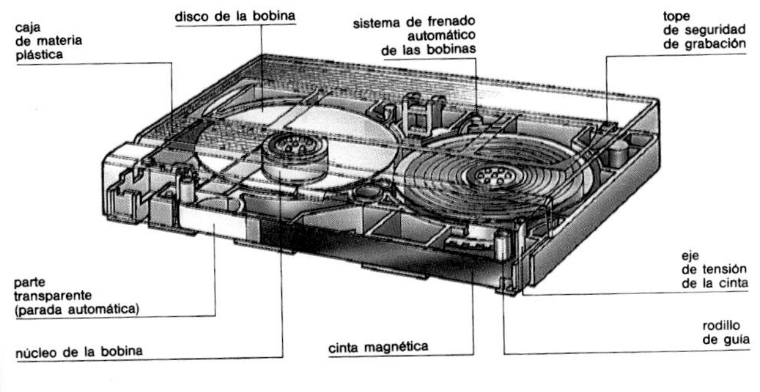


**videocassette**

Detalle de la vidriera (*c.* 1225) de santa María Egipcíaca: salida de María hacia Jerusalén (capilla absidal de la Santa Cruz, catedral de San Esteban, Bourges.) Las vidrieras dedicadas a las vidas de los santos en las capillas de Bourges se componen —como en los otros santuarios de la época— de pequeñas escenas narrativas, a menudo inscritas en medallones y destinadas a ser vistas de cerca por los fieles. Sus autores son, sin duda, pintores vidrieros procedentes de Chartres, hábiles en la composición de azules y rojos intensos.

*La Anunciación a san Joaquín* (detalle; *c.* 1340-1350). [Catedral de York.] Sobre un fondo rojo decorado con follajes, las figuras fueron moldeadas con un nuevo sentido del realismo, con la ayuda de la grisalla realzada con amarillo plateado. La catedral de York conserva unas 130 vidrieras medievales de los ss. XIII, XIV y XV.

Vidrieras del presbiterio de la catedral de León. Hacia mediados del s. XIII, la influencia del vidriado francés se extendió por España. El labrado de los muros en la época gótica transforma las vidrieras en paredes luminosas, a las que una coloración de tonos oscuros (rojo y azul con viraje al violeta) da una nueva intensidad.

## vidrieras

**VIDEOCLUB** n. m. Comercio dedicado a la venta, alquiler o intercambio de videocassettes grabadas con películas, espectáculos artísticos, etc.

**VIDEOCONFERENCIA** n. f. Conferencia realizada mediante el videoteléfono.

**VIDEOCONSOLA** n. f. Aparato para reproducir juegos electrónicos, provisto de mandos de control.

**VIDEODISCO** n. m. Disco donde se graban imágenes y sonidos para su posterior reproducción en televisión.

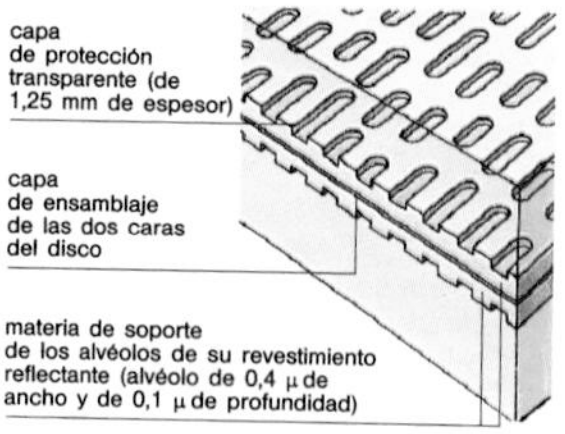


detalle de un **videodisco** de lectura láser

**VIDEOFRECUENCIA** n. f. Frecuencia de la señal suministrada por el tubo captador de imagen en la cadena de aparatos que constituyen un emisor de televisión.

**VIDEOGRAFÍA** n. f. Procedimiento de telecomunicación que permite la visualización de imágenes alfanuméricas y gráficas en una pantalla catódica. **2.** Edición de programas audiovisuales.

**VIDEOJUEGO** n. m. Juego que se desarrolla en una pantalla catódica entre uno o varios jugadores y las imágenes, previamente programadas, que aparecen en dicha pantalla.

**VIDEOPORTERO** n. m. Portero automático provisto de cámara y pantalla de televisión.

**VIDEOTECA** n. f. Colección de videocassettes. **2.** Mueble o lugar donde se guardan.

**VIDEOTELEFONÍA** n. f. Asociación de la telefonía y la televisión que permite que dos usuarios se vean durante una conversación telefónica.

**VIDEOTELÉFONO** n. m. Aparato que combina el teléfono y la televisión.

**VIDEOTEX** n. m. Sistema de videografía en el que la transmisión de las demandas de información de los usuarios y de los mensajes obtenidos como respuesta se realiza por medio de una red de telecomunicaciones, en especial la red telefónica.

**VIDICÓN** n. m. Tubo analizador de imágenes de televisión, cuyo principio se funda en la fotoconductividad.

**VIDIMUS** n. m. (voz latina, '*vimos*). DER. Acta encabezada por la fórmula *vidimus*, que contiene la transcripción de otra anterior.

**VIDORRA** n. f. *Fam.* Vida regalada y cómoda.

**VIDORRIA** n. f. *Colomb.* y *Venez.* Vida cargada de penalidades.

**VIDRIADO, A** adj. Dícese de una superficie barnizada o esmaltada. ◆ n. m. **2.** Barro o loza con barniz vítreo. **3.** Sustancia vítrea adherente que sirve de esmalte para metal.

**VIDRIAR** v. tr. [**1**]. Dar a las piezas de barro o loza un barniz que, fundido al horno, toma la transparencia y el lustre del vidrio. ◆ **vidriarse** v. pron. **2.** *Fig.* Ponerse vidrioso algo: *vidriarse los ojos.*

**VIDRIERA** n. f. Bastidor con vidrios con que se cierran puertas y ventanas. **2.** Decoración transparente de las ventanas, formada por vidrios de color o con dibujos coloreados, sujetos generalmente con tiras de plomo. **3.** Escaparate de una tienda.

**VIDRIERÍA** n. f. Taller donde se fabrica, labra y corta el vidrio. **2.** Tienda donde se venden vidrios.

**VIDRIERO, A** n. Persona que fabrica o vende vidrio. **2.** Persona que coloca vidrios en las ventanas.

**VIDRIO** n. m. Cuerpo sólido, mineral, no cristalino, generalmente frágil, que resulta de la solidificación progresiva de ciertas sustancias tras su fusión. *(V. ilustración pág. 1033.)* **2.** Pieza u objeto de este material. **3.** Placa de vidrio que se coloca en las ventanas, puertas, etc., para cerrar dejando pasar la luz. **4.** GEOL. Materia sólida no cristalizada que resulta del enfriamiento brusco de las lavas al contacto con el aire o el agua. • **Pagar los vidrios rotos** *(Fam.)*, cargar con todas las culpas no siendo el único o el culpable. ‖ **Papel de vidrio,** papel que se recubre con cola y se espolvorea con partículas muy finas de vidrio. ‖ **Vidrio armado,** vidrio obtenido incorporando a su masa un trenzado de hilos de hierro aprisionado entre dos hojas laminadas simultáneamente. ‖ **Vidrio laminado,** vidrio de seguridad constituido por varias hojas de vidrio separadas por una lámina de plástico. ‖ **Vidrio metálico,** sólido amorfo obtenido por temple ultrarrápido de una aleación metálica líquida. ‖ **Vidrio templado,** vidrio tratado térmicamente al objeto de aumentar su resistencia mecánica y la resistencia a las variaciones bruscas de temperatura.

**VIDRIOSIDAD** n. f. Calidad de vidrioso.

**VIDRIOSO, A** adj. Que tiene el aspecto del vidrio

o es semejante a él en lustre y transparencia: *material vidrioso.* **2.** Dícese del suelo resbaladizo por haber helado. **3.** *Fig.* Dícese del asunto difícil de tratar, que debe manejarse o tratarse con mucho cuidado o tiento: *un asunto vidrioso.* **4.** *Fig.* Susceptible, que fácilmente se enoja o desazona: *carácter vidrioso.* **5.** *Fig.* Dícese de la mirada o de los ojos que parecen no mirar a ningún punto determinado.

**VIEIRA** n. f. Molusco bivalvo comestible, de hasta 13 cm de long., que puede nadar en el mar cerrando bruscamente sus valvas. (Familia pectínidos.)

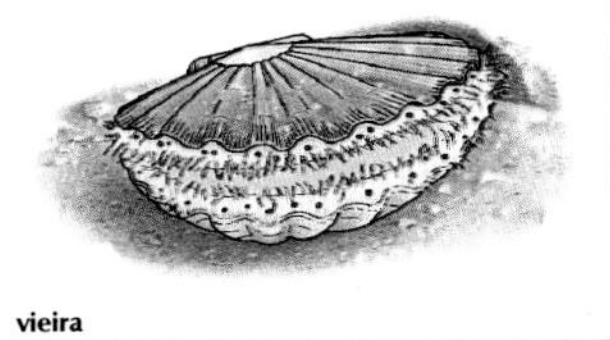

**vieira**

**VIEJA** n. f. Femenino de viejo. **2.** Pez gregario de carne muy apreciada, de unos 40 cm de long., que vive en bancos y frecuenta escollos y arrecifes. (Familia escáridos.)

**VIEJERA** n. f. *P. Rico.* Vejez. **2.** *P. Rico. Fig.* Cosa inservible y vieja.

**VIEJO, A** adj. y n. De mucha edad, que está en el último período de su existencia natural: *persona vieja; animal viejo.* ◆ n. **2.** *Amér.* Apelativo cariñoso que se aplica a los padres y también entre cónyuges y amigos. • **De viejo,** dícese del establecimiento donde se vende género de segunda mano, y de dicho género. || **Viejo verde** *(Vulg.),* viejo libidinoso. ◆ adj. **3.** Envejecido: *estar muy viejo.* **4.** Antiguo, no reciente: *viejas costumbres; ser viejos amigos.* **5.** No nuevo, deslucido, estropeado: *vestido viejo.* **6.** Dícese del vino añejo, que tiene muchos años de cava.

**VIEJORRÓN** n. m. *Méx.* Mujer muy guapa.

**VIENÉS, SA** adj. y n. De Viena.

**VIENTO** n. m. (lat. *ventum*). Movimiento del aire que se desplaza de una zona de altas presiones a una zona de bajas presiones. **2.** Cuerda o alambre con que se ata o se sujeta algo para mantenerlo en posición vertical o en forma conveniente. **3.** *Fig.* Vanidad, jactancia: *sus palabras están llenas de viento.* **4.** *Fam.* Ventosidad. **5.** CINEGÉT. y MONT. Olor que deja una pieza de caza en los lugares por donde ha pasado. • **A los cuatro vientos,** sin ninguna reserva, enterándose todo el mundo. || **Beber los vientos por,** desvivirse por algo, ansiarlo vehementemente; estar enamorado de alguien. || **Como el viento,** rápida y velozmente. || **Con viento fresco** *(Fam.),* forma de despedir o despedirse de mala manera o con enfado y desprecio. || **Contra viento y marea,** arrostrando inconvenientes y dificultades. || **Correr malos vientos,** ser las circunstancias adversas. || **Instrumento de viento** (MÚS.), instrumento musical en que el sonido se origina porque el aire que en él se insufla hace vibrar sus paredes. || **Llevarse el viento** algo, desaparecer por no ser estable o duradero. || **Viento blanco** *(Argent.),* borrasca de viento y nieve. || **Viento en popa** *(Fam.),* con buena suerte, dicha o prosperidad.

**VIENTRE** n. m. (lat. *ventrem*). Parte inferior y anterior del tronco humano que contiene principalmente los intestinos. SIN.: *abdomen.* **2.** Parte abultada de un objeto: *el vientre de una botella.* **3.** Fondos de una embarcación. **4.** Saco de una vela. **5.** FÍS. Punto de un cuerpo vibrante en que las oscilaciones alcanzan una amplitud máxima. • **Bajo vientre,** órganos genitales. || **Sacar el vientre de mal año,** o **de pena** *(Fam.),* saciar el hambre comiendo más o mejor de lo que se acostumbra.

**VIERNES** n. m. (del lat. *Veneris dies,* día de Venus). Sexto día de la semana. • **Viernes santo,** día en que la Iglesia católica conmemora la muerte de Jesucristo.

**VIERTEAGUAS** n. m. (pl. *vierteaguas*). Resguardo que se pone cubriendo los salientes de los paramentos, para que por su superficie inclinada resbale el agua de la lluvia.

**VIETNAMITA** adj. y n. m. y f. De Vietnam. ◆ n. m. **2.** Lengua monosilábica hablada en Vietnam.

**VIGA** n. f. (lat. *bigam*). Pieza horizontal de una construcción, destinada a soportar una carga. **2.** Prensa compuesta de un gran madero horizontal, que puede girar alrededor de un extremo, para exprimir la aceituna.

**VIGENCIA** n. f. Calidad o estado de vigente.

**VIGENTE** adj. Que está en vigor y observancia: *norma, ley, costumbre vigente.*

**VIGESIMAL** adj. Que tiene por base el número veinte.

**VIGÉSIMO, A** adj. num. ordin. y n. Que ocupa el último lugar en una serie ordenada de veinte. ◆ adj. **2.** Dícese de cada una de las veinte partes iguales en que se divide un todo.

**VIGÍA** n. f. Atalaya, torre. ◆ n. m. **2.** MAR. Marinero que está de centinela en la arboladura de un barco. **3.** MAR. Torre o atalaya en que suele colocarse ese marinero. ◆ n. m. y f. **4.** Persona que tiene a su cargo vigilar, generalmente desde una atalaya, la posible presencia de enemigos o de un peligro.

**VIGIL** n. m. (lat. *vigil*). En la antigua Roma, miembro de la milicia urbana encargado de la lucha contra incendios y de la guardia nocturna. **2.** Dícese del estado caracterizado por la falta de sueño.

**VIGILANCIA** n. f. Acción y efecto de vigilar. **2.** Servicio montado y dispuesto para vigilar.

**VIGILANTE** adj. Que está en vela, que vigila. ◆ n. m. y f. **2.** Persona encargada de vigilar, especialmente la que vigila por las noches las calles, puertas, obras en construcción, etc.

**VIGILAR** v. tr. e intr. (lat. *vigilare*) **[1]**. Estar atento, observar, velar sobre alguien o algo.

**VIGILIA** n. f. (lat. *vigiliam*). Acción de estar despierto o en vela. **2.** Falta de sueño o dificultad en dormirse. **3.** REL. Víspera de una festividad religiosa. **4.** Abstinencia y ayuno por precepto eclesiástico. **5.** Oficio litúrgico en la noche.

**VIGO** n. m. *Hond.* Parche, emplasto.

**VIGOR** n. m. (lat. *vigorem*). Fuerza física: *el vigor de la juventud.* **2.** Energía física o moral con la que se lleva a cabo algo: *actuar con vigor; discutir con vigor.* **3.** Plena eficacia, validez legal de leyes, decretos, etc.: *entrar en vigor nuevas normas.* **4.** Vitalidad, capacidad para crecer, desarrollarse y dar frutos o flores las plantas.

**VIGORIZADOR, RA** o **VIGORIZANTE** adj. Que da vigor: *medicamento vigorizador; sustancia vigorizante.*

**VIGORIZAR** v. tr. y pron. **[1g]**. Dar vigor: *vigorizar una planta con abono.* **2.** *Fig.* Animar, infundir ánimo o valor: *vigorizar el espíritu de un amigo.*

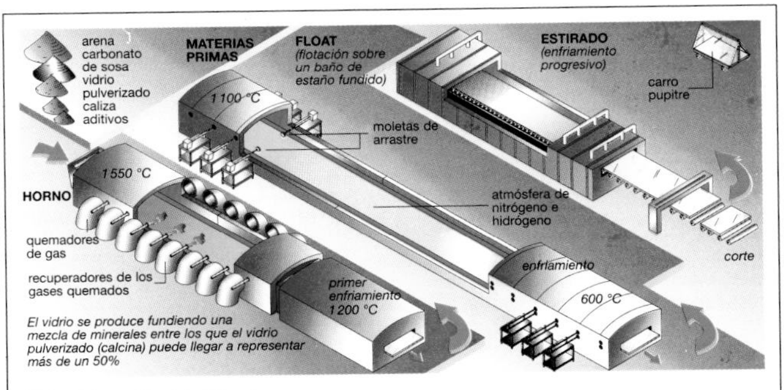


**vidrio:** elaboración del vidrio plano

**VIGOROSIDAD** n. f. Calidad de vigoroso.

**VIGOROSO, A** adj. Que tiene vigor físico o moral. **2.** Que denota o muestra resolución y firmeza: *acción vigorosa; palabras vigorosas.*

**VIGOTA** n. f. (ital. *bigotta*). MAR. Pieza de madera circular, oval o lenticular, con uno o varios orificios, por donde se pasa un cabo.

**VIGUERÍA** n. f. Conjunto de vigas de que consta una obra.

**VIGUÉS, SA** adj. y n. De Vigo.

**VIGUETA** n. f. Viga corta, sostenida por las vigas principales, o que sirve de unión entre las mismas.

**V.I.H.** n. m. (siglas de *virus de inmunodeficiencia humana*). Denominación del virus causante del sida.

**VIHUELA** n. f. Nombre genérico de diferentes instrumentos hispánicos de cuerda, sean tocados con arco, punteados con plectro o tañidos con los dedos.

**VIHUELISTA** n. m. y f. Compositor de música para vihuela. **2.** Intérprete de vihuela.

**VIKINGO, A** adj. y n. Relativo a un pueblo escandinavo de guerreros, navegantes y comerciantes, que emprendieron expediciones marítimas y fluviales de Rusia al Atlántico desde el s. VIII hasta principios del s. XI; individuo de este pueblo. (→ ***normando.***)

**VIL** adj. (lat. *vilem*). Innoble y digno de desprecio, que entraña maldad, servilismo, cobardía, falsedad, etcétera; infame: *persona vil; acción vil.*

**VILANO** n. m. BOT. Limbo del cáliz de una flor, que sirve de aparato de vuelo en la diseminación eólica. **2.** Penacho de diversas semillas que carece de homología.

**VILAYATO** n. m. Unidad administrativa de algunos países musulmanes.

**VILELA,** grupo de pueblos amerindios del N de Argentina, de lengua lule-vilela, act. extinguidos.

**VILEZA** n. f. Calidad de vil. **2.** Acción o expresión vil, infame.

**VILIPENDIADOR, RA** adj. y n. Que vilipendia.

**VILIPENDIAR** v. tr. **[1]**. Despreciar, insultar o tratar con desdén.

**VILIPENDIO** n. m. Humillación, deshonra o desprecio de que es objeto una persona o cosa.

**VILIPENDIOSO, A** adj. Que causa o implica vilipendio.

**VILLA** n. f. (lat. *villam*). Originariamente, edificio o conjunto de edificios aislados en el campo con características aptas para satisfacer, además de la exigencia de habitación, la de intendencia para la explotación agrícola. **2.** Denominación dada por motivos históricos a algunas poblaciones, ya sean grandes o pequeñas. **3.** Casa aislada de las demás, con jardín o huerta, generalmente unifamiliar y extraurbana. • **Villa miseria** (*Argent.* y *Urug.*), barrio marginal de chabolas.

**VILLADIEGO. Coger,** o **tomar, las de Villadiego** *(Fam.),* ausentarse repentina e impensadamente, en general huyendo de un riesgo o compromiso.

**VILLAMELÓN** n. m. *Méx. Fam.* Profano que habla con aire de suficiencia de lo que no entiende. (Dícese sobre todo del aficionado a los toros.)

**VILLANCICO** n. m. Composición poética musical, con texto vulgar y de estilo rústico, que evolucionó hasta llegar a la forma de cantata barroca. **2.** Canción popular de Navidad.

**VILLANESCO, A** adj. Relativo a los villanos.

**VILLANÍA** n. f. Condición de villano, no noble. **2.** *Fig.* Acción vil o ruin, o expresión indecorosa u obscena: *decir villanías.*

**VILLANO, A** adj. y n. Dícese de los vecinos de una villa o aldea, pertenecientes al estado llano, en contraposición al estado noble o hidalgo. **2.** *Fig.* Ruin, indigno, capaz de cometer villanías. ◆ adj. **3.** Rústico, no refinado. ◆ n. m. **4.** Música y baile españoles, comunes en los ss. XVI y XVII.

**VILLAR** n. m. Pueblo pequeño.

**VILLISTA** adj. y n. m. y f. Relativo a Pancho Villa; partidario del mismo.

**VILLORRIO** n. m. *Desp.* Población falta de comodidades y de lo necesario para vivir en ella agradablemente.

**VILO. En vilo,** suspendido, sin apoyo. **2.** Con indecisión y zozobra por conocer algo o por algo que se teme.

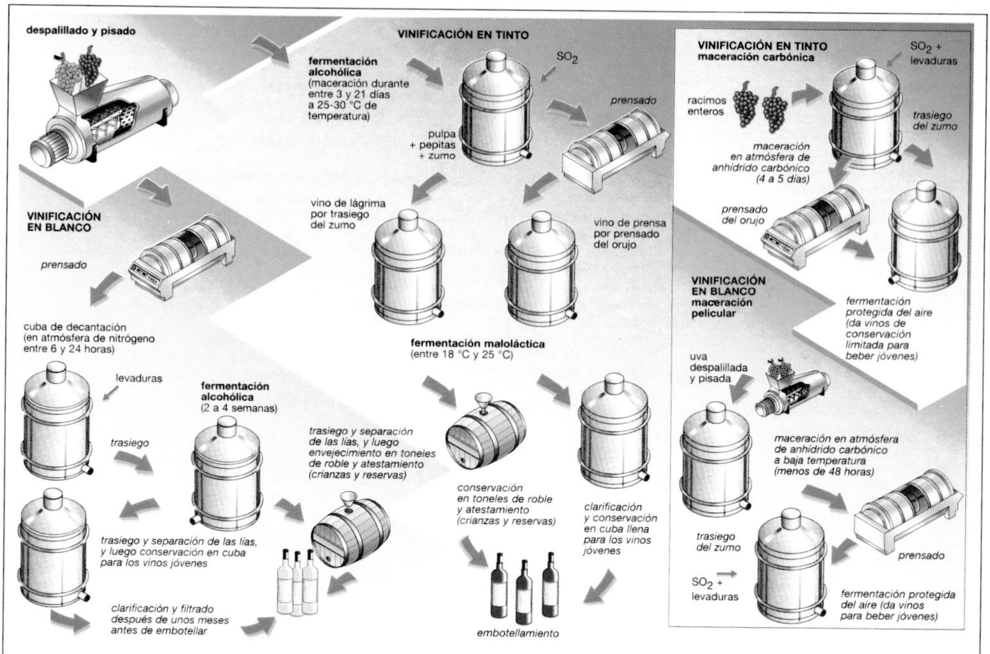


**vino:** esquema de la elaboración

**VILORTA** n. f. Varilla flexible que sirve para atar o sujetar algo. **2.** Abrazadera que sujeta al timón la cama del arado.

**VILOTE** adj. *Argent.* Dícese de la persona débil y cobarde.

**VIMĀNA** n. m. En la India medieval, torre santuario piramidal.

**VINA** n. f. Instrumento musical de la India, provisto de cuatro cuerdas.

**VINAGRE** n. m. Solución acuosa rica en ácido acético, resultante de la fermentación del vino o de otro líquido alcohólico, utilizada como condimento. **2.** *Fig.* Persona de genio áspero e irritable o que está siempre malhumorada.

**VINAGRERA** n. f. Vasija destinada a contener vinagre para el uso diario. **2.** *Amér. Merid.* Acidez de estómago. ◆ **vinagreras** n. f. pl. **3.** Utensilio para el servicio de mesa, compuesto de una vasija para el aceite y otra para el vinagre.

**VINAGRETA** n. f. Salsa fría compuesta de vinagre, aceite y sal, y algún que otro ingrediente, como cebolla, perejil, mostaza, etc.

**VINAJERA** n. f. Cada una de las dos jarritas que contienen el vino y el agua que se emplean en la misa. ◆ **vinajeras** n. f. pl. **2.** Conjunto de ambas jarritas y la bandeja o recipiente que las contiene.

**VINARIEGO, A** n. Cultivador de viñas o práctico en este cultivo.

**VINARIO, A** adj. (lat. *vinarium*). Relativo al vino.

**VINATERÍA** n. f. Tienda de vinos. **2.** Comercio con vino.

**VINATERO, A** adj. Relativo al vino. ◆ n. **2.** Persona que comercia con vino o lo transporta para venderlo.

**VINAZA** n. f. Producto acuoso de la destilación de sustancias orgánicas. **2.** Vino de baja calidad que se extrae de los posos y heces.

**VINAZO** n. m. Vino muy fuerte y espeso.

**VINCHA** n. f. *Amér. Merid.* Cinta o pañuelo que se ciñe a la cabeza para sujetar el pelo.

**VINCHUCA** n. f. *Argent., Chile* y *Perú.* Nombre de diversos insectos hematófagos alados, de tamaño mediano que, en general, representan un peligro para el hombre por transmitirle el mal de Chagas.

**VINCULABLE** adj. Que se puede vincular.

**VINCULACIÓN** n. f. Acción y efecto de vincular. **2.** Bien sujeto a tales reglas sucesorias o asignado a tal particular finalidad que queda sustraído a la circulación comercial e inmovilizado en manos de determinadas familias o instituciones.

**VINCULAR** v. tr. y pron. (lat. *vinculare*) [**1**]. Unir con vínculos una cosa a otra, hacer depender una cosa de otra determinada. ◆ v. tr. **2.** Sujetar ciertos bienes o propiedades por disposición de su dueño, generalmente en testamento, a determinada sucesión, uso o empleo.

**VINCULAR** adj. Relativo al vínculo.

**VÍNCULO** n. m. (lat. *vinculum*). Unión, ligazón o atadura que une una cosa a otra, generalmente inmateriales: *el vínculo del matrimonio.* **2.** DER. Unión o relación que existe entre una persona y otra. **3.** Unión y sujeción de una propiedad, renta, derecho, cargo, etc., al perpetuo dominio de un linaje o familia, con prohibición de partirlo o enajenarlo.

**VINDICACIÓN** n. f. Acción y efecto de vindicar.

**VINDICADOR, RA** adj. y n. Que vindica.

**VINDICAR** v. tr. y pron. [**1a**]. Vengar, tomar satisfacción de un agravio, ofensa o perjuicio. **2.** Defender, especialmente por escrito, a quien ha sido calumniado, atacado o censurado injustamente. **3.** DER. Reivindicar.

**VINDICATIVO, A** adj. Vengativo. **2.** Empleado para vindicar, para defender la buena fama de alguien a quien se ataca injustamente: *alegato vindicativo.*

**VINDICATORIO, A** adj. Que sirve para vindicar.

**VINDICTA** n. f. (lat. *vindictam*). Venganza, satisfacción que se toma del agravio o del perjuicio recibido. • **Vindicta pública** (DER.), satisfacción de los delitos, por la sola razón de justicia.

**VÍNICO, A** adj. Relativo al vino.

**VINÍCOLA** adj. Relativo a la elaboración del vino: *industria vinícola.*

**VINICULTOR, RA** n. Persona que se dedica a la vinicultura.

**VINICULTURA** n. f. Elaboración y crianza de los vinos.

**VINÍFERO, A** adj. Que produce vino.

**VINIFICACIÓN** n. f. Conjunto de procedimientos utilizados para transformar la uva en vino.

**VINÍLICO, A** adj. Dícese de los compuestos que contienen el radical vinilo y de las resinas obtenidas por su condensación.

**VINILLO** n. m. Vino muy flojo, de poca graduación.

**VINILO** n. m. Radical etilénico monovalente $CH_2{=}CH-$, que se utiliza en la fabricación de discos de microsurco, juguetes y prendas impermeables.

**VINILOGÍA** n. f. Relación existente entre dos moléculas que difieren por la intercalación de un doble enlace carbono-carbono. (Dos moléculas vinílogas presentan propiedades químicas análogas. Es el caso del etileno y del butadieno.)

**VINÍLOGO, A** adj. Relativo a la vinilogía.

**VINO** n. m. (lat. *vinum*). Bebida alcohólica que se hace del zumo de las uvas fermentado. • **Aguar, bautizar** o **cristianar el vino** *(Fam.),* echarle agua. ‖ **Dormir** alguien **el vino** *(Fam.),* dormir después de haberse emborrachado. ‖ **Tener** alguien **buen,** o **mal vino** *(Fam.),* comportarse pacíficamente cuando se emborracha, o por lo contrario, ser pendenciero y agresivo; *(Fam.),* tener buen o mal carácter. ‖ **Vino de agujas,** vino picante. ‖ **Vino de mesa,** o **de pasto,** el más común y ligero, que se suele beber en las comidas. ‖ **Vino de postre,** o **generoso,** el obtenido o partir del mosto de uvas frescas, mediante adición de alcohol. ‖ **Vino espumoso,** aquel cuya efervescencia resulta de una segunda fermentación alcohólica en recipiente cerrado, ya espontánea, ya obtenida por el método champañés. ‖ **Vino pardillo,** vino entre blanco y clarete, de baja calidad, más bien dulce que seco. ‖ **Vino peleón** *(Fam.),* el más ordinario. ‖ **Vino virgen,** el que fermenta sin casca.

■ Una vez recogida la uva, se somete a la operación de prensado para la obtención del mosto. La fermentación se inicia por la acción de levaduras y se produce normalmente en dos fases: una primera fermentación tumultuosa, seguida, después del trasiego, de una fermentación más lenta. El trasiego se efectúa para separar el vino de las lías o heces. Según las variedades de vino, se realizan a continuación diversos tratamientos: mezclas, clarificación, envejecimiento en toneles o en botellas, etc. Los vinos se clasifican según su color (blanco, clarete, rosado y tinto), su contenido en azúcar, que se aplica sobre todo a los vinos blancos (brut, seco, semiseco, dulce), y su contenido en alcohol, expresado en grados alcohólicos.

**VINOCOLORÍMETRO** n. m. Aparato que sirve para determinar la intensidad de la coloración del vino.

**VINOLENCIA** n. f. Destemplanza o exceso en el beber vino.

**VINOLENTO, A** adj. Que acostumbra excederse en beber vino.

**VINOSIDAD** n. f. Calidad de vinoso.

**VINOSO, A** adj. Que tiene la calidad, el color, fuerza, propiedad o apariencia del vino. **2.** Vinolento.

**VINOTE** n. m. Residuo líquido que queda en la caldera del alambique, una vez efectuada la destilación del vino, al fabricar el aguardiente.

**VIÑA** n. f. (lat. *vineam*). Terreno plantado de vides. • **Ser algo una viña** *(Fam.)*, producir muchos beneficios o utilidades. ‖ **Viña del Señor** *(Fig.)*, conjunto de los fieles cristianos: *de todo hay en la viña del Señor.*

**VIÑADOR, RA** n. Persona que trabaja en el cultivo de las viñas.

**VIÑAMARINO, A** adj. y n. De Viña del Mar.

**VIÑATERO, A** n. Propietario de viñas. **2.** *Argent.* y *Perú.* Viticultor.

**VIÑEDO** n. m. Terreno plantado de vides.

**VIÑERO, A** adj. Dícese de la máquina agrícola y, particularmente, del arado propio para el cultivo de la vid.

**VIÑETA** n. f. (fr. *vignette*). Dibujo que se pone como adorno al principio o al final de los libros o de sus capítulos. **2.** Dibujo, figura, escena estampada en un libro, publicación, etcétera, generalmente humorística y con texto o comentarios. **3.** Pequeño dibujo recortado en forma de etiqueta y colocado sobre diversos objetos, como cajas de cigarros, botellas, etc.

**VIOLA** n. f. (voz italiana). MÚS. Término genérico que, de los ss. XV al XVIII, indicaba una familia de instrumentos de arco de distintos tamaños y que se tocaban en diferentes posiciones. (Según estas posiciones, se clasifican en *violas da braccio* y *violas da gamba;* algunos tipos particulares de viola son la *viola de amor,* la *viola bastarda* y la *viola de bordón.*) **2.** MÚS. Instrumento musical de arco, de forma y construcción parecidas a las del violín. **3.** MÚS. Instrumento de cuerda típico de Brasil, de uso muy difundido en las zonas rurales. ◆ n. m. y f. **4.** Persona que toca la viola en una orquesta.

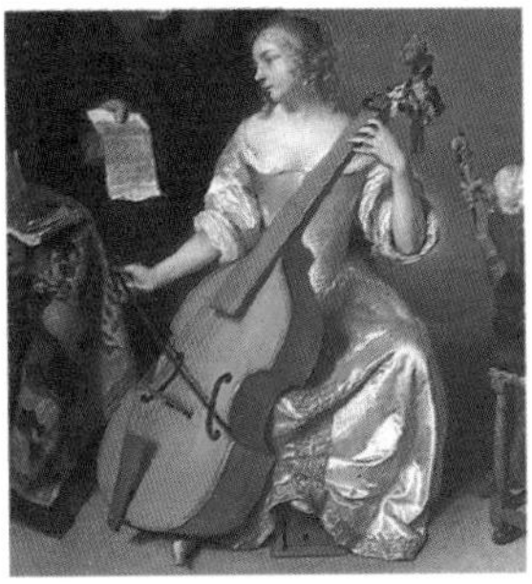

**viola** da gamba (detalle de una pintura de C. Netscher) [Louvre, París]

**VIOLA** n. f. Violeta. **2.** Alhelí.

**VIOLÁCEO, A** adj. y n. Violado: *azul violáceo.* ◆ adj. y n. f. **2.** Relativo a una familia de plantas de flores dialipétalas cigomorfas, como la violeta.

**VIOLACIÓN** n. f. Acción y efecto de violar. **2.** Relación sexual impuesta por coacción y que constituye un delito.

**VIOLADO, A** adj. y n. m. De color violeta.

**VIOLADOR, RA** adj. y n. Dícese del que viola, particularmente el que viola a una mujer.

**VIOLÃO** n. m. (voz portuguesa). Instrumento musical de cuerda típico de Brasil.

**VIOLAR** n. m. Sitio plantado de violetas.

**VIOLAR** v. tr. (lat. *violare*) [1]. Infringir, obrar en contra de una ley, precepto, etc. **2.** Cometer violación sexual. **3.** Profanar un lugar sagrado.

**VIOLENCIA** n. f. (lat. *violentiam*). Calidad de violento: *el temporal adquirió violencia.* **2.** Acción o efecto de violentarse. **3.** Manera de actuar contra el natural modo de proceder, haciendo uso excesivo de la fuerza. **4.** Acción injusta con que se ofende o perjudica a alguien. **5.** DER. Coacción física ejercida sobre una persona para viciar su voluntad y obligarla a ejecutar un acto determinado. • **Hacer violencia a,** o **sobre** alguien, obligarle por medio de la fuerza física o moral a hacer algo contra su voluntad. ‖ **No violencia,** forma de acción política que se caracteriza por el empleo de tácticas no violentas.

**VIOLENTAR** v. tr. [1]. Hacer que algo ceda, vencer su resistencia mediante la fuerza o la violencia: *violentar la cerradura.* **2.** *Fig.* Entrar en una casa o en otra parte por la fuerza, contra la voluntad de su dueño. **3.** Obligar a alguien a que haga una cosa contra su voluntad. **4.** Dar una interpretación forzada o falsa a un texto. ◆ **violentarse** v. pron. **5.** *Fig.* Vencer alguien su resistencia o repugnancia a hacer algo.

**VIOLENTO, A** adj. (lat. *violentum*). Que se hace o sucede con brusquedad, ímpetu, fuerza o intensidad excesiva: *sacudida violenta.* **2.** Dícese de la manera o medio para ejecutar algo que se sirve de la fuerza contra la razón y la justicia: *uso de medios violentos para hacer hablar.* **3.** Que está fuera de su natural estado, situación o modo: *una postura violenta del cuerpo.* **4.** Iracundo, irascible, irritable. **5.** Que se encuentra en una situación embarazosa o incómoda: *sentirse violento.* **6.** Dícese de lo que hace uno contra su gusto, por ciertos respetos o consideraciones. **7.** Dícese de la interpretación falsa o torcida que se da a un dicho, escrito, etc.

**VIOLERO, A** n. Vihuelista. **2.** Constructor de instrumentos de cuerda, pulsadas o frotadas.

**VIOLETA** adj. y n. m. (fr. *violette*). Dícese del color simple correspondiente a la radiación de menor longitud de onda del espectro solar. ◆ adj. **2.** De color morado claro. ◆ n. f. **3.** Planta herbácea muy apreciada en jardinería por sus flores. (Familia violáceas.) **4.** Flor de esta planta. • **Violeta de genciana,** sustancia colorante, derivada de la anilina, empleada como antiséptico.

**violeta**

**VIOLETERO, A** adj. y n. Dícese de la persona, generalmente mujer, que vende por las calles ramitos de violetas.

**VIOLÍN** n. m. (ital. *violino*). Instrumento musical de cuatro cuerdas afinadas por quintas (sol, re, la, mi), que se frotan con un arco. • **Violín de Ingres,** hobby, pasatiempo favorito. ‖ **Violín en bolsa** *(Argent. Fam.)*, expresión con que se indica la intención de eliminar a alguien de un asunto o de no opinar al respecto. ◆ n. m. y f. **2.** Violinista.

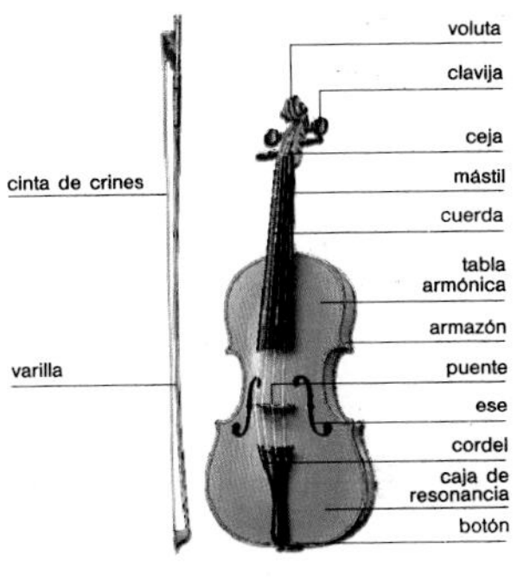


**violín** y arco

**VIOLINISTA** n. m. y f. Persona que toca el violín.

**VIOLÓN** n. m. (ital. *violone*). Instrumento musical de cuerda que se toca con arco y que representa el registro bajo dentro de la familia del violín. • **Tocar el violón** *(Fam.)*, quedar en ridículo o abochornado al intervenir en una conversación hablando fuera de propósito o dando muestras de no estar enterado de lo que se trata. ◆ n. m. y f. **2.** Persona que toca este instrumento en un conjunto instrumental.

**VIOLONCHELISTA** o **VIOLONCELISTA** n. m. y f. Persona que toca el violonchelo.

**VIOLONCHELO** o **VIOLONCELO** n. m. (ital. *violoncello*). Instrumento musical, de cuatro cuerdas afinadas por quintas (do, sol, re, la), que se frotan con un arco. **2.** Violonchelista.

**VIOÑ** n. m. Mamífero rumiante del tamaño de una liebre, que vive en las selvas tropicales de África. (Familia tragúlidos.)

**V.I.P.** n. m. y f. (siglas de las voces inglesas *very important person*). Persona muy importante.

**VIPÉRIDO, A** adj. y n. m. Relativo a una familia de serpientes venenosas que incluye las diferentes especies de víboras.

**VIPERINO, A** adj. y n. m. Relativo a la víbora. **2.** *Fig.* Que tiene sus características.

**VIRA** n. f. Especie de saeta, muy delgada y de punta muy aguda. **2.** Banda de cuero con que se refuerza el calzado.

**VIRA VIRA** n. f. *Argent., Chile, Perú* y *Venez.* Planta herbácea, cubierta de una pelusa blanca, que se emplea en infusión como pectoral. (Familia compuestas.)

**VIRACOCHA** n. m. Nombre que los incas daban a los conquistadores españoles, por creerlos hijos de los dioses.

**VIRADA** n. f. MAR. Acción y efecto de virar, cambiar de bordada o de rumbo. **2.** Punto donde se vira.

**VIRADOR** n. m. Líquido empleado en fotografía para virar. **2.** Mecanismo que permite modificar, cuando se para, la posición del eje de una máquina giratoria (turbina, alternador, etc.).

**VIRAGO** n. f. Mujer varonil.

**VIRAJE** n. m. Acción y efecto de virar. **2.** FOT. Tratamiento que transforma la plata reducida de la imagen fotográfica en otra sal que produce un tono determinado.

**VIRAL** adj. Vírico.

**VIRAPITÁ** n. m. *Argent.* Árbol que alcanza hasta 30 m de alt. (Familia leguminosas.)

**VIRAR** v. tr. [1]. FOT. Someter el papel impresionado a la operación o proceso de viraje: *virar una copia fotográfica.* ◆ v. tr. e intr. **2.** Dar vueltas al cabrestante de una embarcación para levar anclas, suspender cosas de peso, etc. **3.** Cambiar de bordada o de rumbo una embarcación. **4.** *Por ext.* Volverse cambiando de dirección o de orientación: *virar hacia la izquierda.* **5.** *Fig.* Evolucionar, cambiar de ideas, de orientación, de procedimientos, etc., en la manera de actuar.

**VIRARÓ** n. m. *Argent.* y *Urug.* Árbol de hojas lustrosas, que alcanza hasta los 20 m de alt. (Familia leguminosas.)

**VIRASIS, VIRIASIS** o **VIROSIS** n. f. Enfermedad causada por uno o varios virus.

**VIRESCENCIA** n. f. Metamorfosis de las partes coloreadas de las flores en hojas verdes.

**VIRGEN** adj. y n. m. y f. (lat. *virginem*). Dícese de la persona que no ha tenido unión sexual. ◆ adj. **2.** *Fig.* Que tiene intacta la pureza, que no ha sufrido contaminación, corrupción, etc. **3.** No tocado por el hombre, intacto: *nieve virgen; selva virgen.* **4.** No cultivado. **5.** Genuino, privado de sustancias extrañas: *cera virgen; lana virgen.* • **Aceite virgen,** aceite puro extraído de una sola especie vegetal por medios mecánicos. ‖ **Película virgen** (FOT.), la que no ha sido impresionada. ◆ n. f. **6.** Cada uno de los pies derechos que, en los lagares o alfarjes, guían el movimiento de la viga. **7.** Pintura o escultura que representa a María, madre de Jesús. **8.** REL. María, que fue madre de Jesús, sin perder su virginidad. (En esta acepción se escribe con mayúscula.) **9.** Santa que, no habiendo contraído matrimonio y habiendo guardado la castidad, es venerada por la Iglesia. **10.** Cristiana que se ha consagrado al servicio de Dios, renunciando al matrimonio. • **Ser** alguien **un viva la virgen** *(Fam.)*, ser una persona despreocupada e informal.

**VIRGINAL** adj. Relativo a la persona que es virgen. **2.** Relativo a la Virgen. **3.** *Fig.* Puro, intacto, inmaculado. ◆ n. m. **4.** MÚS. Especie de espineta utilizada en Inglaterra durante los ss. XVI y XVII.

**VIRGINIA** n. f. Tipo de tabaco procedente de Virginia, que en la actualidad se cultiva en otras partes del mundo.

**VIRGINIANO, A** adj. y n. De Virginia.

**VIRGINIDAD** n. f. Estado de virgen.

**VIRGO** adj. y n. m. y f. Virgen. ◆ n. m. **2.** Virginidad, estado de virgen. **3.** Himen.

**VIRGUERÍA** n. f. *Vulg.* Cualidad de virguero. **2.** *Vulg.* Acción o dicho propio de virguero.

**VIRGUERO, A** adj. y n. *Vulg.* Extraordinario, excelente en su línea.

**VÍRGULA** n. f. Vara delgada. **2.** Trazo o línea pequeña y delgada empleada en la escritura, como el acento, la coma, la cedilla, etc. **3.** Bacilo encorvado, agente del cólera morbo asiático.

**VIRIASIS** n. f. Virasis.

**VÍRICO, A** adj. Relativo a los virus.

**VIRIL** adj. (lat. *virilem*). Varonil, propio de hombre: *aspecto viril.* **2.** *Fig.* Fuerte, valiente, seguro: *se decidió con viril firmeza.* • **Edad viril,** edad adulta del hombre. ‖ **Miembro viril,** pene.

**VIRIL** n. m. Vidrio muy claro y transparente que se pone delante de algunas cosas para preservarlas pero sin ocultarlas. **2.** LITURG. Estuche de cristal en el que se coloca la hostia consagrada para su exposición en la custodia.

**VIRILIDAD** n. f. Calidad de viril. **2.** Edad adulta del hombre. **3.** Madurez sexual del macho. **4.** Potencia sexual del varón.

**VIRILISMO** n. m. MED. Aparición de caracteres masculinos en un sujeto de sexo femenino.

**VIRILIZAR** v. tr. y pron. **[1g]**. MED. Producir o adquirir virilismo. SIN.: *masculinizar.*

**VIRINGO, A** adj. *Colomb.* Desnudo.

**VIRIÓN** n. m. Unidad estructural de los virus. **2.** Partícula infectiva libre de los virus.

**VIRIPAUSIA** n. f. Andropausia.

**VIROLA** n. f. Anillo metálico que se coloca en el extremo de ciertos objetos para evitar que se abran. **2.** En la fabricación de monedas, anillo de acero en que se coloca el cospel y en el que éste recibe la acción de los cuños. **3.** Pieza circular ajustada en el eje de un volante de reloj y que lleva una hendidura para fijar la espiral.

**VIROLENTO, A** adj. y n. Que tiene viruelas. **2.** Marcado o señalado por las viruelas.

**VIROLOGÍA** n. f. Parte de la microbiología que estudia los virus.

**VIROLÓGICO, A** adj. Relativo a la virología.

**VIROSIS** n. f. Virasis.

**VIRREINA** n. f. Esposa del virrey. **2.** Mujer que gobierna como virrey.

**VIRREINAL** adj. Relativo al virrey o al virreinato.

**VIRREINATO** n. m. Cargo o dignidad de virrey. **2.** Territorio gobernado por un virrey.

■ El virreinato, como institucionalización de un reino o territorio equiparado, regido por un virrey, tiene su origen en la Corona de Aragón, donde el rey, a causa de la diversidad de territorios, se veía obligado al absentismo, que se agudizó al fijarse la residencia real en Castilla. Se crearon lugartenientes generales para cada reino de la corona. Entre los ss. XV y XVI, cuando se elevó el prestigio del virrey y se ampliaron sus funciones (sobre todo en Italia y Navarra), se equiparó este cargo al de lugarteniente. Desde el s. XVI fueron virreinatos, en Europa: Galicia (no permanentemente), Navarra, Aragón, Cataluña, Valencia, Mallorca, Nápoles, Sicilia y Cerdeña; en los Países Bajos y el Milanesado

mapa del virreinato
de Nueva Granada
(biblioteca nacional, Madrid)

virreinato del Río de la Plata:
la ciudad de Asunción en
1810 (detalle de un mosaico;
casa de la independencia,
Asunción)

mapa del virreinato
de Nueva España (1767)
[museo naval, Madrid]

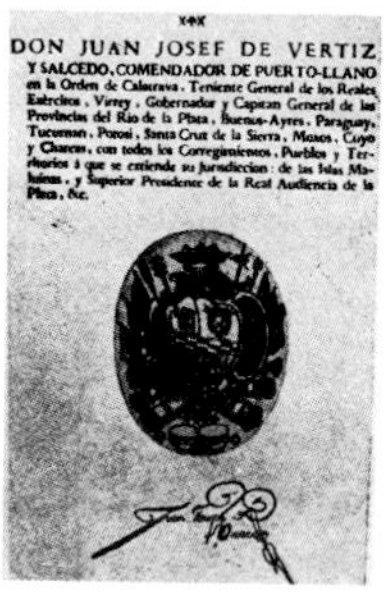


la firma y el escudo del
virrey del Río de la Plata,
Juan Jose de Vértiz

**virreinato**

había gobernadores con funciones de virrey. El virreinato se extendió a las Indias, donde se crearon los de Nueva España (1535) y Perú (1542), y de éste surgieron los de Nueva Granada (1719) y del Río de la Plata (1776). Los primeros suprimidos fueron los de la Corona de Aragón por los decretos de Nueva planta (1707), y los italianos y los de los Países Bajos, al perderse estos territorios. Los virreinatos indianos desaparecieron al finalizar el dominio español (a principios del s. XIX) y el de Navarra, al convertirse el reino en provincia (1841). El virrey representaba al monarca y era también capitán general. El diferente estatus del virreinato estaba en función de su distancia geográfica y del equilibrio entre el rey y los estamentos políticos de los diferentes territorios. El poder del virrey en los reinos españoles era más amplio, acaparando gobierno y justicia, pero las leyes les ceñían, mientras que en las Indias el virrey gobernaba más absolutamente, aunque la justicia estuviese en manos de la audiencia. El cargo era ostentado por nobles y, en algún caso, por eclesiásticos, y el mandato era indefinido o temporal (sexenal, quinquenal o trienal).

**VIRREY** n. m. El que con este título gobierna en nombre y con autoridad del rey.

**VIRTUAL** adj. Que tiene la posibilidad de ser, que es en potencia pero no en la realidad: *virtual candidato a la presidencia.* **2.** INFORMÁT. Dícese de los elementos (terminales, memoria, etc.) de un sistema informático a los que se considera poseedores de propiedades distintas de sus características físicas. • **Objeto, imagen virtual** (FÍS.), objeto o imagen cuyos puntos se encuentran en la prolongación de los rayos luminosos. || **Realidad virtual,** simulación audiovisual de un entorno real por medio de imágenes de síntesis tridimensionales.

**VIRTUALIDAD** n. f. Calidad de virtual.

**VIRTUALMENTE** adv. m. De manera virtual, en potencia. **2.** Casi, a punto de, en la práctica, en la realidad.

**VIRTUD** n. f. (lat. *virtutem*). Disposición constante a hacer el bien. **2.** Perfecta adhesión de la voluntad a las leyes de la moral vigente. **3.** Disposición particular a observar determinados deberes, a cumplir determinadas acciones; cualidad. **4.** Facultad, poder, capacidad de hacer algo. **5.** Eficacia para curar alguna enfermedad o desarreglo fisiológico: *hierbas con virtudes curativas.* **6.** TEOL. Cualidad permanente del espíritu que inclina a practicar el bien. • **En virtud de** o **por virtud de,** gracias a, por medio de.

**VIRTUOSISMO** n. m. Habilidad excepcional en un arte, en un ejercicio, etc., particularmente referida a la técnica de una ejecución musical.

**VIRTUOSO, A** adj. y n. Dotado de virtudes. ◆ n. **2.** Artista dotado de virtuosismo. **3.** Persona de gran talento en algo: *virtuoso de la palabra.*

**VIRUELA** n. f. (provenz. *variola*). Enfermedad infecciosa, inmunizante, muy contagiosa y epidémica, debida a un virus y caracterizada por una erupción de manchas rojas que se transforman en vesículas y más tarde en pústulas que, una vez curada la enfermedad, se secan dejando cicatrices indelebles.

**VIRULÉ. A la virulé,** estropeado, torcido o en mal estado: *llevaba el sombrero a la virulé.*

**VIRULENCIA** n. f. Calidad de virulento.

**VIRULENTO, A** adj. (lat. *virulentum*). Atacante, violento, mordaz o ponzoñoso: *discurso virulento.* **2.** MED. Ocasionado por un virus o que participa de su naturaleza. **3.** MED. Infectado, que tiene pus: *herida virulenta.*

**VIRUS** n. m. (voz lat., *ponzoña*). Microorganismo, invisible al microscopio óptico, que sólo contiene un ácido nucleico y que sólo puede desarrollarse en el interior de una célula viva. • **Virus filtrante,** germen patógeno que puede atravesar los filtros más finos y que sólo es perceptible con el microscopio electrónico. SIN.: *ultravirus.* || **Virus informático,** secuencia de instrucciones que se introduce en la memoria de un ordenador con objeto de que, al ser procesada, produzca un funcionamiento anómalo de la máquina.

■ Los virus son responsables de numerosas enfermedades de las plantas, los animales y el hombre. Las infecciones víricas pueden ser triviales (resfriado común, verrugas, algunas infecciones respiratorias) o graves (hepatitis, sida y, probablemente, algunos tipos de cáncer). Los principales medios utilizados por el organismo para combatir los virus son la fiebre y las reacciones inflamatorias, la formación de interferón y la producción de anticuerpos.

interior de la iglesia de San Pedro de la Nave

moneda de oro
(museo arqueológico, Madrid)

hebilla (s. VI)
[museo arqueológico, Barcelona]

el **arte visigodo**

**VIRUTA** n. f. Porción de madera, metal, etc., desprendida por la acción de una herramienta o útil. **2.** *C. Rica. Fig.* Mentira, embuste.

**VIS,** voz procedente del lat. *vis,* fuerza, y que aparece en la frase *vis cómica,* fuerza cómica, comicidad, facultad para producir efectos cómicos.

**VIS A VIS** loc. (loc. fr., *frente a frente*). En presencia uno del otro.

**VISA** n. f. *Amér.* Visado.

**VISADO** n. m. Acción de visar. **2.** Certificación firmada que da autenticidad y validez.

**VISAJE** n. m. (fr. *visage,* rostro). Mueca, movimiento exagerado o cómico del rostro.

**VISAR** v. tr. **[1]**. Reconocer o examinar un documento, certificación, etc., poniéndole el visto bueno. **2.** Dar la autoridad competente validez a un pasaporte u otro documento para determinado uso.

**VISAYA** o **BISAYA,** pueblo malayo de las Filipinas, que ha dado su nombre al *archipiélago de las Visayas* (entre Luzón y Mindanao).

**VISCACHA** n. f. *Amér.* Vizcacha.

**VÍSCERA** n. f. (lat. *viscera*). Órgano hueco inervado por los sistemas ortosimpático y parasimpático, como el corazón, el estómago y el útero.

**VISCERAL** adj. Relativo a las vísceras. **2.** Que proviene de lo más profundo del ser, inconsciente: *reacción, emoción, miedo, visceral.* • **Esqueleto visceral,** esqueleto que sirve de soporte a la boca y las branquias de ciertos vertebrados.

**VISCOELASTICIDAD** n. f. Característica de un sólido que es a la vez elástico y viscoso.

**VISCOELÁSTICO, A** adj. Dotado de viscoelasticidad.

**VISCOPLASTICIDAD** n. f. Característica de un sólido que es a la vez plástico y viscoso.

**VISCOPLÁSTICO, A** adj. Dotado de viscoplasticidad.

**VISCOSA** n. f. Celulosa sódica que se emplea en la manufactura del rayón.

**VISCOSIDAD** n. f. Calidad de viscoso. **2.** Materia viscosa. **3.** FÍS. Resistencia de un fluido a su derrame uniforme y sin turbulencia. (Se mide en poises.) **4.** PINT. Grado de espesamiento de una pintura o de un barniz. • **Viscosidad absoluta,** o **dinámica,** resistencia opuesta por un fluido para una velocidad de deformación dada. || **Viscosidad cinemática,** cociente de la viscosidad dinámica de un fluido por su masa de volumen. || **Viscosidad eléctrica,** resistencia que oponen los gases al paso de la chispa eléctrica, independiente de la densidad y viscosidad mecánica del gas.

**VISCOSILLA** n. f. Fibra textil química, de base celulósica.

**VISCOSÍMETRO** n. m. Aparato industrial que sirve para medir la viscosidad.

**VISCOSO, A** adj. De consistencia pastosa, ni líquido ni sólido, glutinoso, pegajoso: *saliva viscosa; piel viscosa.* **2.** FÍS. Que posee una viscosidad elevada.

**VISERA** n. f. Pieza del casco que protegía el rostro o parte de él. **2.** Ala pequeña de las gorras y otras prendas semejantes, para dar sombra a los ojos. **3.** Pieza suelta de cartón o de plástico que se coloca en la frente, sujeta con una goma, y sirve para resguardar la vista. **4.** En los automóviles, pieza movible que se puede abatir sobre el cristal delantero para proteger al chófer y acompañante de los rayos del sol.

**VISIBILIDAD** n. f. Calidad de visible. **2.** Mayor o menor distancia a que pueden reconocerse o verse los objetos con claridad, según las condiciones atmosféricas.

**VISIBILIZAR** v. tr. **[1g]**. Hacer visible artificialmente lo que no puede percibirse natural o exteriormente.

**VISIBLE** adj. (lat. *visibilem*). Que se puede ver. **2.** Que se manifiesta de manera evidente y fácilmente perceptible, por lo que no admite dudas: *una prueba visible; un visible descontento.*

**VISIGODO, A** adj. y n. Relativo a un pueblo germánico que constituyó uno de los dos grandes grupos de los godos; individuo de este pueblo.

■ En el s. II a. J.C., los visigodos se establecieron en Escitia, cerca del mar Negro. En 376, empujados por los hunos, atravesaron el Danubio y penetraron en el Imperio romano, actuando unas veces como aliados y otras como enemigos. Alarico I invadió Italia y saqueó Roma (410). El *foedus* de 418 les concedió toda la Aquitania II y parte de la Narbonense I, con capital en Tolosa, y en los años siguientes se desplazaron hacia el S. Teodorico I murió en la batalla de los campos Cataláunicos. Teodorico II impuso su dominio en Hispania, donde derrotó a los suevos (456). En 507, la derrota de Alarico II ante los francos obligó a los visigodos a replegarse a Hispania. Tras una etapa de dominio ostrogodo, con Leovigildo (572-586) el reino visigodo se centró en Toledo. Su hijo Recaredo abrazó el cristianismo (589), lo que determinó la unidad religiosa del reino. La unificación litúrgica impuesta en el IV concilio de Toledo fue acompañada de la unidad legislativa, compendiada en el *Liber iudiciorum* (c. 654), promulgado por Recesvinto. Rodrigo, último rey visigodo, fue derrotado por los musulmanes en la batalla de Guadalete (711). Los visigodos mantuvieron las instituciones del pueblo hispanorromano, sobre todo la Iglesia, que a través de los sucesivos concilios de Toledo influyó poderosamente en el estado. Su arquitectura alcanzó pleno desarrollo en el s. VII: iglesias de San Juan de Baños de Cerrato (Palencia),

San Pedro de la Mata (Toledo) y San Pedro de la Nave (Zamora). La escultura tuvo como única finalidad la decoración arquitectónica. Expertos orfebres y esmaltistas se organizaron en talleres que trabajaban para la corte, de donde proceden los grandes tesoros de Guarrazar y de Torredonjimeno, compuestos de cruces y coronas votivas.

**VISIGÓTICO, A** adj. Visigodo. • **Escritura visigótica,** escritura latina usada en los antiguos territorios del reino visigodo. || **Liturgia visigótica,** liturgia mozárabe.

**VISILLO** n. m. Cortina fina y transparente que se coloca en la parte interior de los cristales de una ventana o balcón. (Suele usarse en plural.)

**VISIÓN** n. f. (lat. *visionem*). Percepción por el órgano de la vista: *trastornos de la visión.* **2.** Hecho de ver o de representarse algo. **3.** Lo que se ve o aparece: *una visión insólita.* **4.** Percepción imaginaria de objetos irreales, alucinación: *tener visiones.* **5.** Aparición sobrenatural. **6.** *Fig.* Punto de vista particular sobre un asunto. • **Ver uno visiones** (*Fam.*), dejarse llevar mucho de la imaginación, creyendo lo que no hay. || **Visión beatífica** (TEOL.), acto de ver a Dios, en el cual consiste la bienaventuranza.

■ En el hombre la visión comprende cuatro funciones: la visión de las formas (que puede conseguirse con un solo ojo), la de las distancias (binocular), la de los colores y la del movimiento. La adaptación de la retina hace posible la visión con poca luz, y gracias a la acomodación del cristalino pueden observarse los objetos cercanos o lejanos. Las radiaciones ultravioleta e infrarroja son visibles para numerosas especies animales, mientras que otras no distinguen los colores.

**VISIONAR** v. tr. [1]. Ver una película cinematográfica o televisiva, generalmente fuera de los cauces de distribución.

**VISIONARIO, A** adj. y n. Que tiene visiones, revelaciones sobrenaturales, o ideas extravagantes o curiosas.

**VISIONUDO, A** n. *Méx. Fam.* Persona que se comporta o habla de manera extravagante para llamar la atención.

**VISIR** n. m. (ár. *wazīr*). En los países islámicos, jefe supremo de la administración. • **Gran visir,** primer ministro en el imperio otomano.

**VISIRATO** n. m. Cargo o dignidad de visir.

**VISITA** n. f. Acción de visitar: *ir de visita.* **2.** Acción de ir a ver algo con atención: *la visita a un museo.* **3.** Persona que visita: *charlar con las visitas.* **4.** Acto en el que el médico reconoce a un enfermo. **5.** HIST. Procedimiento empleado por la administración estatal castellana medieval y española durante el Antiguo régimen, para inspeccionar la gestión de los oficiales públicos por medio de determinados delegados del rey, en calidad de jueces. • **Devolver,** o **pagar, la visita** una persona a otra, corresponder con otra visita. || **Pasar visita,** visitar el médico a sus enfermos. || **Visita de médico** (*Fig.* y *fam.*), la de corta duración. || **Visita pastoral,** la que hace el obispo para inspeccionar las iglesias de su diócesis.

**VISITACIÓN** n. f. Visita que hizo la Virgen María a su prima santa Isabel y que conmemora la Iglesia. (Con este significado se escribe con mayúscula.) **2.** Representación de este encuentro.

**VISITADOR, RA** adj. y n. Que hace o es aficionado a hacer visitas. ◆ n. **2.** Persona encargada de hacer visitas de inspección o reconocimiento. **3.** Religioso, encargado de inspeccionar algunas casas de su orden o de dirigir a los religiosos de una provincia. **4.** Persona al servicio de un laboratorio farmacéutico que presenta a los médicos las novedades terapéuticas.

**VISITADORA** n. f. Femenino de visitador. **2.** *Dom., Hond., P. Rico* y *Venez.* Lavativa.

**VISITANTE** adj. y n. m. y f. Que visita.

**VISITAR** v. tr. (lat. *visitare*) [1]. Ir a ver a alguien al lugar donde se encuentra, estar con él cierto tiempo para hacerle compañía: *visitar a los amigos, a un enfermo.* **2.** Ir a un lugar, país, población, etc., para conocerlo o con fines turísticos: *visitar una ciudad.* **3.** Informarse personalmente de una cosa, yendo al lugar para su reconocimiento o inspección. **4.** Ir el médico a casa de un enfermo para examinarle. **5.** Examinar un médico a los enfermos. **6.** Ir a un templo o santuario por devoción o para ganar indulgencias.

**VISITEO** n. m. *Desp.* Acción de hacer o recibir muchas visitas.

**VISLUMBRAR** v. tr. (del lat. *vix*, apenas, y *luminare*, iluminar) [1]. Ver algo de una manera confusa o imprecisa, debido a la distancia o falta de luz. **2.** *Fig.* Tener indicios, conjeturas, o ver una pequeña posibilidad de algo: *vislumbrar la magnitud de un problema.*

**VISLUMBRE** n. f. Reflejo o débil resplandor de una luz. **2.** *Fig.* Apariencia, indicio o intuición de algo: *se aprecia vislumbre de mejoría en el tiempo.* **3.** *Fig.* Noticia, visión o percepción muy corta y leve de algo.

**VISNUISMO** n. m. Conjunto de las doctrinas y prácticas religiosas relativas a Viṣṇú.

**VISO** n. m. (lat. *visum*, acción de ver). Reflejo o brillo de algo que lo hace parecer de color distinto al suyo propio. **2.** Destello luminoso que despide algo al darle directamente una luz potente. (Suele usarse en plural.) **3.** *Fig.* Aspecto o apariencia de algo. (Suele usarse en plural.) **4.** Forro o prenda que usan las mujeres debajo de un vestido transparente.

**VISÓN** n. m. (fr. *vison*). Mamífero carnívoro del tamaño del turón, muy apreciado por su piel, que vive en Europa, Asia y América. **2.** Piel de este animal. **3.** Prenda hecha con la piel de este animal.

**visón** de Europa

**VISOR** n. m. Instrumento óptico con lentes de aumento, que permite examinar una película en curso de montaje, o diapositivas. **2.** Dispositivo montado en una cámara fotográfica o cinematográfica, que sirve para delimitar la imagen que se capta sobre la superficie sensible. • **Visor de tiro,** sistema de tiro que utilizan los pilotos de aeronaves para el ataque.

**VÍSPERA** n. f. (lat. *vesperam*). Día anterior a otro determinado. ◆ **vísperas** n. f. pl. **2.** En la liturgia católica, hora del oficio divino que se reza al atardecer. • **En vísperas,** en tiempo inmediatamente anterior.

**VISTA** n. f. Sentido corporal localizado en los ojos, mediante el cual es posible ver, percibir la luz, los colores, los objetos: *el órgano de la vista; perder la vista.* **2.** Acción de ver, de mirar, de examinar. **3.** Mirada: *ir con la vista baja.* **4.** Aspecto, apariencia. **5.** *Fig.* Acierto o sagacidad para percibir cosas que otros no perciben: *tener vista para los negocios.* **6.** Espacio, paisaje, panorama visible desde un punto determinado: *esta casa tiene una bella vista.* **7.** Representación de un paisaje, lugar, edificio, etc.: *una vista de Roma.* **8.** Parte visible de una prenda interior, como los puños, cuello y pechera de una camisa. (Suele usarse en plural.) **9.** Abertura, ventana o hueco por donde se da luz a un edificio, o por donde se ve el exterior. (Suele usarse en plural.) **10.** DER. Acto procesal, realizado en la sede del tribunal, en el que las partes exponen ante el juez o tribunal, directamente o por medio de otras personas, sus pretensiones fundadas o razonadas. • **A la vista,** al parecer, por lo que se puede apreciar viendo de lo que se trata; visible; evidente; en perspectiva previsible; dícese de la cláusula que se inserta en ciertos documentos de crédito y por la cual se entiende que debe pagarse su importe a la presentación de los mismos. || **A la vista de,** al parecer; estar o quedarse vigilando o cuidando lo que se expresa; en consideración o atención de algo. || **A primera,** o **a simple, vista,** sin fijarse mucho, sin detenimiento y sin profundizar mucho. || **A vista de pájaro,** desde lo alto, desde el aire; (*Fam.*), con un mirada superficial. || **Con vistas a,** con el propósito o la intención de. || **Conocer de vista** a alguien, conocerle por haberle visto alguna vez, sin haber tenido trato con él. || **Corto de vista,** que padece miopía; (*Fig.*), poco perspicaz. || **En vista de,** en consideración o atención a algo. || **Hacer la vista gorda** (*Fam.*), fingir con disimulo que no se ha visto algo. || **¡Hasta la vista!** (*Fam.*), expresión de despedida. || **Herir la vista algo,** deslumbrar. || **Írsele la vista a alguien,** desvanecerse, marearse. || **No perder de vista** a alguien o algo, estarlo observando sin apartarse de ello; seguir sin intermisión un intento; tenerlo en cuenta, pensar continuamente en ello. || **Perder de vista,** dejar de ver a alguien o algo; no saber de una persona, dejar de tener noticias de ella. || **Saltar a la vista,** ser evidente, notarse. || **Tener vista,** ser muy perspicaz. || **Vista cansada,** presbicia. || **Vista de águila** (*Fig.*), la que alcanza a mucha distancia. || **Vista de lince,** la muy aguda y penetrante. || **Volver la vista atrás,** recordar hechos pasados, meditar sobre ellos. ◆ n. m. **11.** Empleado de aduanas a cuyo cargo está el registro de géneros.

**VISTAZO** n. m. Ojeada, mirada rápida y superficial. **2.** Lectura hecha de esta misma manera.

**VISTO, A** adj. Usado ya, llevado por mucha gente, anticuado. **2.** Con *bien* o *mal*, considerado: *una acción mal vista.* • **Ni visto ni oído,** muy rápidamente. || **Nunca visto,** raro o extraordinario en su línea. || **Por lo visto,** al parecer. || **Visto que,** dado que. || **Visto y no visto,** con gran rapidez. ◆ n. m. **3.** Cada uno de los datos que preceden a los considerandos y que contribuyen a fundar un dictamen, acuerdo o fallo, citándose los preceptos y normas aplicables para la decisión. **4.** DER. Fórmula con que se significa que no procede dictar resolución respecto a un asunto. • **Dar,** o **conceder, el visto bueno,** aprobar, dar la conformidad.

**VISTOSIDAD** n. f. Calidad de vistoso.

**VISTOSO, A** adj. Que atrae la vista o la atención por su brillantez, viveza de colores, apariencia ostentosa, etc.

**VISU. De visu,** se usa para expresar que uno ve por sí mismo o con sus propios ojos una cosa.

**VISUAL** adj. Relativo a la visión. • **Memoria visual,** buena memoria de lo que se ha visto. ◆ n. f. **2.** Línea recta imaginaria que va desde el ojo del espectador al objeto observado. • **Línea de visual,** línea imaginaria que va del ojo del tirador al objetivo.

**VISUALIDAD** n. f. Efecto agradable que produce un conjunto de objetos vistosos.

**VISUALIZACIÓN** n. f. Acción y efecto de visualizar. **2.** Operación que consiste en hacer materialmente perceptible la acción y los efectos de un fenómeno. **3.** INFORMÁT. Representación de los resultados de un proceso de tratamiento de datos, bajo forma alfanumérica o gráfica, en una pantalla de rayos catódicos.

**VISUALIZAR** v. tr. [1g]. Visibilizar. **2.** Representar mediante imágenes ópticas fenómenos de otro carácter. **3.** Formar en la mente una imagen visual de un concepto abstracto.

**VITÁCEO, A** adj. y n. f. Ampelidáceo.

**VITAL** adj. Relativo a la vida, esencial para la vida: *las funciones vitales.* **2.** De tal importancia o trascendencia que no se puede prescindir de ello sin gran quebranto: *una cuestión vital.* **3.** Dotado de gran aptitud o impulso para vivir, desarrollarse o actuar: *persona vital.* • **Principio vital,** entidad no material postulada por ciertos biólogos para explicar la vida.

**VITALICIO, A** adj. Que dura desde que se obtiene hasta el fin de la vida: *cargo vitalicio; renta vitalicia.* **2.** Que disfruta de algún cargo de esta índole: *senador vitalicio.* ◆ n. m. **3.** Pensión que dura hasta el fin de la vida del beneficiario de ella. **4.** DER. Póliza de seguro sobre la vida.

**VITALIDAD** n. f. Calidad de vital o circunstancia de ser vital o trascendente una cosa. **2.** Energía, vivacidad: *la vitalidad propia de la juventud.* **3.** *Fig.* Fuerza expresiva de un escrito, texto o similar: *vitalidad de un estilo.*

**VITALISMO** n. m. Doctrina biológica que hace de un principio vital el principio explicativo de la vida o que afirma la irreductibilidad de la vida a toda materia.

**VITALISTA** adj. y n. m. y f. Relativo al vitalismo; partidario del vitalismo.

**VITALIZAR** v. tr. [1g]. Dar o infundir fuerza o vigor.

**VITAMINA** n. f. (del lat. *vita*, vida, y de *amina*). Sustancia orgánica indispensable en ínfima canti-

dad para el crecimiento y buen funcionamiento del organismo, que por sí mismo no puede efectuar su síntesis.
■ Se distingue las vitaminas liposolubles (A, D, E y K) y las vitaminas hidrosolubles (B, PP, C y P). Su ausencia o déficit acarrea enfermedades por carencia o avitaminosis (escorbuto, beriberi, pelagra, etc.). En dosis elevadas, algunas vitaminas se utilizan en el tratamiento de determinadas enfermedades distintas de las avitaminosis.

**VITAMINADO, A** adj. Que contiene vitaminas.

**VITAMÍNICO, A** adj. Relativo a las vitaminas. **2.** Que contiene vitaminas.

**VITAMINIZACIÓN** n. f. *Fam.* Adición de vitaminas a un alimento.

**VITAMINOLOGÍA** n. f. Ciencia que estudia las vitaminas.

**VITAMINOTERAPIA** n. f. Empleo de las vitaminas con fines terapéuticos.

**VITANDO, A** adj. Que debe ser evitado: *un tema vitando.* **2.** Odioso, abominable o execrable: *un crimen vitando.*

**VITELA** n. f. (lat. *vitellam*). Pergamino muy blanco, fino y flexible. • **Papel vitela,** o **de vitela,** papel de calidad superior, liso y sin grano, de gran transparencia.

**VITELINA** n. f. y adj. Membrana que envuelve el óvulo humano y el de algunos animales.

**VITELINO, A** adj. Relativo al vitelo.

**VITELO** n. m. BIOL. Conjunto de sustancias de reserva contenidas en el óvulo de los animales.

**VITÍCOLA** adj. Relativo a la viticultura. ◆ n. m. y f. **2.** Viticultor.

**VITICULTOR, RA** n. Persona que se dedica a la viticultura. **2.** Persona entendida o perita en viticultura.

**VITICULTURA** n. f. Cultivo de la vid.

**VITÍLIGO** n. m. (lat. *vitiligo,* mancha blanca). MED. Desaparición, por placas limitadas, de la pigmentación de la piel.

**VITIVINÍCOLA** adj. Relativo a la vitivinicultura. ◆ n. m. y f. **2.** Vitivinicultor.

**VITIVINICULTOR, RA** n. Persona que se dedica o que entiende en vitivinicultura.

**VITIVINICULTURA** n. f. Arte de cultivar la vid y elaborar el vino.

**VITO** n. m. Baile popular andaluz, en compás de seis por ocho. **2.** Música con que se acompaña este baile. **3.** Letra que se canta con este baile.

**VITOLA** n. f. Marca o medida con que se distinguen, según su tamaño, los cigarros puros. **2.** Faja o banda en forma de anillo que llevan como distintivo de fábrica los cigarros puros.

**VÍTOR** n. m. Aclamación, voces dadas en honor a una persona o una acción. (Suele usarse en plural.)

**VITOREAR** v. tr. [1]. Aplaudir o aclamar con vítores.

**VITORIANO, A** adj. y n. De Vitoria.

**VITRAL** n. m. Vidriera de colores.

**VÍTREO, A** adj. De vidrio o que tiene sus propiedades. **2.** Que es semejante o parecido al vidrio. **3.** GEOL. Que contiene vidrio. **4.** MINER. Dícese de la textura de ciertas rocas eruptivas constituidas por vidrio. • **Cuerpo,** o **humor, vítreo,** sustancia transparente y gelatinosa que llena el globo ocular, entre el cristalino y la retina.

**VITRIFICABLE** adj. Que se puede vitrificar.

**VITRIFICACIÓN** n. f. Acción de vitrificar. **2.** Método de acondicionamiento de los residuos radiactivos de alta actividad, consistente en envolver estos residuos, previamente calcinados, con una red vítrea por adición de frita de vidrio a alta temperatura.

**VITRIFICAR** v. tr. y pron. [1a]. Convertir en vidrio por fusión. **2.** Revestir con una materia plástica un entarimado o parquet para protegerlo. **3.** Hacer que una cosa adquiera un aspecto o consistencia vítreos.

**VITRINA** n. f. (fr. *vitrine*). Escaparate o armario con puertas y paredes de cristal para exponer objetos de valor o artículos de comercio.

**VITRIÓLICO, A** adj. Que es de la naturaleza del vitriolo.

**VITRIOLIZAR** v. tr. [1g]. Someter a la acción del ácido sulfúrico.

**VITRIOLO** n. m. (lat. *vitrolum*). Nombre dado por los químicos antiguos a los sulfatos. **2.** Ácido sulfúrico concentrado. SIN.: *aceite de vitriolo.*

**VITROCERÁMICA** n. f. Materia parecida a los productos cerámicos, formada por microcristales dispersos en una fase vítrea residual.

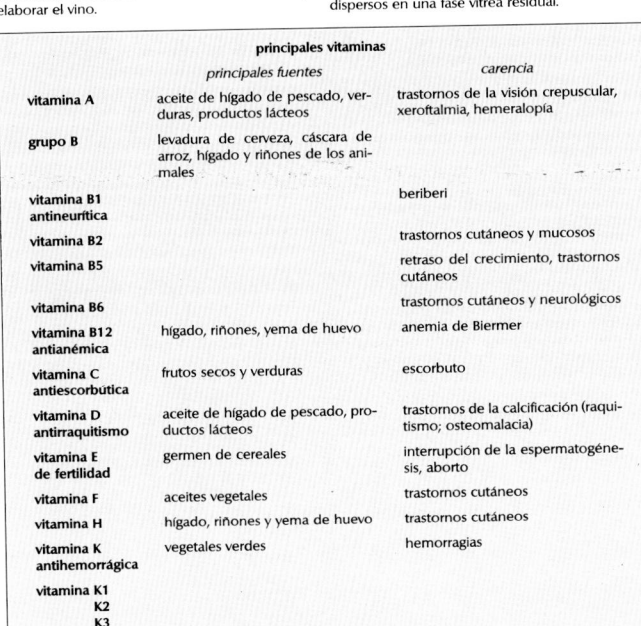

**principales vitaminas**

| | *principales fuentes* | *carencia* |
|---|---|---|
| **vitamina A** | aceite de hígado de pescado, verduras, productos lácteos | trastornos de la visión crepuscular, xeroftalmia, hemeralopía |
| **grupo B** | levadura de cerveza, cáscara de arroz, hígado y riñones de los animales | |
| **vitamina B1 antineurítica** | | beriberi |
| **vitamina B2** | | trastornos cutáneos y mucosos |
| **vitamina B5** | | retraso del crecimiento, trastornos cutáneos |
| **vitamina B6** | | trastornos cutáneos y neurológicos |
| **vitamina B12 antianémica** | hígado, riñones, yema de huevo | anemia de Biermer |
| **vitamina C antiescorbútica** | frutos secos y verduras | escorbuto |
| **vitamina D antirraquitismo** | aceite de hígado de pescado, productos lácteos | trastornos de la calcificación (raquitismo; osteomalacia) |
| **vitamina E de fertilidad** | germen de cereales | interrupción de la espermatogénesis, aborto |
| **vitamina F** | aceites vegetales | trastornos cutáneos |
| **vitamina H** | hígado, riñones y yema de huevo | trastornos cutáneos |
| **vitamina K antihemorrágica** | vegetales verdes | hemorragias |
| **vitamina K1 K2 K3** | | |
| **vitamina P** | frutas | trastornos capilares |
| **vitamina PP antipelagra** | levadura de cerveza, hígado de mamíferos | pelagra, trastornos nerviosos |

**VITROLA** n. f. *Amér.* Gramófono.

**VITUALLA** n. f. Víveres. (Suele usarse en plural.)

**VITUPERABLE** adj. Que merece vituperio o es digno de él.

**VITUPERACIÓN** n. f. Acción y efecto de vituperar.

**VITUPERADOR, RA** adj. y n. Que vitupera.

**VITUPERAR** v. tr. (lat. *vituperare*) [1]. Criticar, censurar o reprender duramente.

**VITUPERIO** n. m. (lat. *vituperium*). Baldón u oprobio que se dice a uno. **2.** Acción que causa afrenta o deshonra.

**VIUDA** n. f. Femenino de viudo. **2.** Planta herbácea, de 30 a 90 cm de alt., con flores de color purpúreo oscuro, que crece en la península Ibérica. (Familia dipsacáceas.) **3.** Flor de esta planta. • **Viuda paradisíaca,** ave paseriforme africana, de colores blanco y negro con rojo y dorado, que se alimenta de semillas e insectos. (Familia ploceidos.)

**viuda** paradisíaca

**VIUDEDAD** n. f. Viudez. **2.** DER. Pensión o renta que cobra el cónyuge sobreviviente por razón de viudez.

**VIUDEZ** n. f. Estado de viudo.

**VIUDITA** n. f. Ave paseriforme suramericana de pequeño tamaño, insectívora, que frecuenta terrenos arbustivos abiertos o juncales. (Familia tiránidos.)

**VIUDO, A** adj. y n. (lat. *viduum*). Dícese de la persona a quien se le ha muerto su cónyuge y no ha vuelto a casarse. ◆ adj. **2.** Dícese de los garbanzos, patatas o cualquier alimento que se sirve solo, sin acompañamiento de carne.

**VIURA** adj. y n. f. Relativo a una variedad de uva blanca muy utilizada en la elaboración de vinos de Rioja y Navarra.

**VIVA** n. m. Aclamación, voces dadas por entusiasmo, alegría, etc.: *pronunciar vivas subversivos.* ◆ interj. **2.** Úsase para aclamar a alguien, aprobar algo con entusiasmo o recibir algo que produce alegría.

**VIVAC** o **VIVAQUE** n. m. Campamento provisional de las tropas al raso. **2.** Campamento ligero que los montañeros instalan para pasar la noche. **3.** Abrigo de alta montaña.

**VIVACE** adv. m. (voz italiana). MÚS. Vivo, rápido, animado: *allegro vivace.*

**VIVACIDAD** n. f. Calidad de vivaz. **2.** Viveza, esplendor, intensidad: *vivacidad de colores.*

**VIVALES** n. m. y f. (pl. *vivales*). *Fam.* Persona lista en provecho propio.

**VIVAMENTE** adv. m. Con intensidad y energía: *siento vivamente molestarle.*

**VIVAQUEAR** v. intr. [1]. Pasar la noche las tropas acampadas al raso. **2.** Pasar la noche al raso una persona o grupo de ellas.

**VIVAR** n. m. Lugar donde se cría la caza menor, en especial, tipo de conejera móvil.

**VIVAR** v. tr. [1]. *Amér.* Vitorear, aclamar con vivas.

**VIVARACHO, A** adj. *Fam.* Dícese de la persona, generalmente joven, de carácter vivo y alegre.

**VIVAZ** adj. (lat. *vivacem*). Que vive mucho tiempo. **2.** Vigoroso, eficaz: *una fe vivaz.* **3.** Perspicaz, agudo, que muestra vivacidad: *ojos vivaces.* • **Plantas vivaces,** las que viven varios años y dan fruto varias veces durante su existencia, como árboles, hierbas rizomatosas, etc.

**VIVENCIA** n. f. Hecho o experiencia propios de cada persona, que contribuye a formar su carácter y personalidad. **2.** SICOL. Intensidad con que una imagen síquica aparece en la conciencia.

**VIVENCIAL** adj. Relativo a las vivencias.

**VÍVERES** n. m. pl. (fr. *vivres*). Alimentos, todo lo que sirve para alimentar: *aprovisionar de víveres.*

**VIVERO** n. m. (lat. *vivarium*). Terreno donde se transplantan desde la almáciga arbolillos u otras plantas, para trasponerlos, después de recriados, a su lugar definitivo. **2.** Lugar donde se crían o guardan vivos dentro del agua, generalmente en el mismo mar, río o lago, los peces, moluscos, etc. **3.** *Fig.* Semillero, causa u origen de algo.

**VIVÉRRIDO, A** adj. y n. m. Relativo a una familia de pequeños mamíferos carnívoros, como la jineta y la mangosta, que comprende especies predadoras.

**VIVEZA** n. f. Calidad de vivo, de estar lleno de vivacidad, de vigor: *la viveza de los niños; viveza de ingenio.* **2.** Rapidez expresiva: *la viveza de una descripción.* **3.** Intensidad luminosa: *la viveza de ciertos colores.*

**VIVIDO, A** adj. Dícese de lo que en la obra literaria parece producto de la propia vida y experiencias del autor.

**VÍVIDO, A** adj. *Poét.* Vivaz, que vivifica. **2.** *Fig.* Intenso, floreciente, vigoroso, lleno de vida: *realidad vívida.* **3.** *Fig.* Que tiene una luminosidad intensa: *la vívida luz del sol.*

**VIVIDOR, RA** adj. y n. Que vive. ◆ n. **2.** Persona que vive a expensas de los demás, buscando y logrando lo que le conviene, por medios poco escrupulosos.

**VIVIENDA** n. f. Refugio natural, o construido por la mano del hombre, en el que éste habita de modo temporal o permanente. **2.** Género de vida o modo de vivir.

**VIVIENTE** adj. y n. m. y f. Que vive: *seres vivientes.*

**VIVIFICACIÓN** n. f. Acción y efecto de vivificar.

**VIVIFICADOR, RA** o **VIVIFICANTE** adj. Que da vida o vivifica.

**VIVIFICAR** v. tr. (lat. *vivificare*) **[1a]**. Dar nueva vida, hacer vital. **2.** Reanimar, fortalecer, dar fuerza y vigor.

**VIVIFICATIVO, A** adj. Capaz de vivificar.

**VIVÍFICO, A** adj. Que incluye vida o nace de ella.

**VIVIPARISMO** n. m. Modo de reproducción de los animales vivíparos.

**VIVÍPARO, A** adj. y n. Dícese del animal cuyas crías nacen ya desarrolladas y sin envoltura. CONTR.: *ovíparo.*

**VIVIR** n. m. Vida. **2.** Conjunto de recursos o medios de vida y subsistencia. • **De mal vivir,** de dudosa moralidad.

**VIVIR** v. intr. (lat. *vivere*) **[3]**. Tener vida, estar vivo: *vivirá mucho tiempo.* **2.** Durar: *hacer vivir una ilusión.* **3.** *Fig.* Gozar de todas las posibilidades, ventajas, experiencias y realidades de la existencia: *ha muerto sin haber vivido realmente.* **4.** *Fig.* Conducir la propia existencia de una determinada manera: *vivir tranquilo; vivir solo.* **5.** *Fig.* Sobrevivir en el recuerdo después de la muerte: *su memoria aún vive en mi mente.* **6.** *Fig.* Permanecer en alguien cierto recuerdo: *la guerra vivirá siempre en él.* **7.** *Fig.* Hacer de algo el fin, el valor principal de la existencia: *sólo vive para la música.* **8.** Estar, ser en sentido genérico: *vivir en paz y armonía.* **9.** Mantenerse, obtener de algo los medios de subsistencia: *vive de su propio trabajo.* **10.** Basar la propia alimentación en algo: *vivir de la caza.* **11.** Habitar: *vivir en el campo.* **12.** Habitar junto con otra persona, cohabitar. **13.** Continuar siendo, existiendo, trabajando: *vivir entre grandes crisis económicas.* ◆ v. tr. **14.** Tener experiencia directa de algo, tomar parte en ciertos hechos o acontecimientos: *vivir momentos de angustia.* • **No dejar vivir** *(Fam.)*, molestar, no dejar en paz; ser motivo de pena, remordimiento, etc., cierta cosa. || **Saber vivir,** conocer las normas o costumbres que son la base de las relaciones humanas, tener habilidad para vivir bien y obtener beneficios.

**VIVISECCIÓN** n. f. Disección practicada, a título de experimentación, en un animal vivo.

**VIVO, A** adj. (lat. *vivum*). Que vive, que tiene vida: *los seres vivos.* **2.** Que continúa existiendo, que dura todavía: *antiguas costumbres aún vivas.* **3.** Intenso: *color vivo; fuego vivo.* **4.** *Fig.* Que sobrevive o persevera en la memoria después de la muerte, la destrucción o la desaparición: *conservar vivo su recuerdo.* **5.** *Fig.* Que muestra vivacidad: *ojos vivos.* **6.** Que revela una vida cultural muy intensa: *un centro cultural muy vivo.* **7.** *Fig.* Vivaz, inquieto: *un niño muy vivo.* **8.** *Fig.* Lleno de energía, de interés: *ejercer un vivo influjo.* **9.** *Fig.* Que se manifiesta con fuerza, con intensidad: *dolor vivo.* **10.** *Fig.* Que se altera con facilidad: *carácter, temperamento vivo.* **11.** Eficaz, persuasivo: *un relato vivo; prosa viva.* **12.** Agudo y bien determinado: *cantos vivos de una mesa.* • **A lo vivo,** con mucha actividad, energía o vehemencia; muy expresivamente, con mucho realismo. || **En vivo,** aplícase a la manera de vender, pesar, etc., a los animales, o de operar, experimentar, etc., con un organismo. || **Lo vivo,** lo más sensible o el punto más delicado. || **Vivo,** o **vivito, y coleando** *(Fam.)*, que está con vida después de haber estado al borde de la muerte. ◆ adj. y n. **13.** *Fig.* Avispado, listo: *ser más vivo que el hambre; son un par de vivos.* ◆ n. **14.** Persona que vive, que todavía no ha muerto: *el mundo de los vivos.* ◆ n. m. **15.** Raíz o parte principal de una cosa. **16.** Borde, canto u orilla de algo. **17.** Filete, cordoncillo o trencilla que se pone como remate en los bordes o en las costuras de las prendas de vestir.

**VIZCACHA** n. f. Roedor de unos 80 cm de long., de color gris oscuro, con el vientre blanco y la cara blanca y negra, de costumbres nocturnas y que habita en grandes madrigueras en América Meridional en grupos muy numerosos. (Familia chinchillidae.)

vizcacha

**VIZCACHERA** n. f. *Amér. Merid.* Madriguera de la vizcacha.

**VIZCAÍNO, A** adj. y n. De Vizcaya.

**VIZCONDADO** n. m. Título y dignidad de nobleza ligado a ciertas tierras cuyo propietario llevaba el título de vizconde. **2.** Zona en la que ejercía jurisdicción un vizconde.

**VIZCONDAL** adj. Relativo a un vizconde o a un vizcondado.

**VIZCONDE** n. m. (lat. *vicecomem*). Antiguamente, señor de un vizcondado. **2.** Título nobiliario inmediatamente inferior al de conde.

**VIZCONDESA** n. f. Mujer titular de un vizcondado. **2.** Mujer del vizconde.

**V.M.,** abrev. de *vuestra majestad.*

**VOCABLO** n. m. (lat. *vocabulum*). Palabra aislada, tomada fuera de un contexto y de toda relación gramatical o lógica, en su individualidad léxica.

**VOCABULARIO** n. m. Conjunto de palabras reunidas según cierto criterio y ordenadas alfabética o sintácticamente que hace referencia a una lengua, a una ciencia, a una técnica, a un arte, a un medio social o a un autor: *vocabulario jurídico, técnico, argentino.* **2.** Diccionario abreviado que se limita a lo esencial.

**VOCACIÓN** n. f. (lat. *vocationem*). Inclinación natural de una persona por un arte, una profesión o un determinado género de vida: *vocación por la música.* **2.** TEOL. Llamada al sacerdocio o a la vida religiosa.

**VOCACIONAL** adj. Relativo a la vocación.

**VOCAL** adj. Relativo a la voz: *las cuerdas vocales.* **2.** Que se expresa con la voz, verbalmente. • **Música vocal,** música escrita para ser cantada (por oposición a *música instrumental*). ◆ n. m. y f. **3.** Persona que en una junta, corporación o asociación tiene derecho de voz, y a veces de voto. ◆ n. f. **4.** Sonido del lenguaje producido por las vibraciones de la laringe y que varía según la forma de la boca, la separación de las mandíbulas y la posición de la lengua. **5.** Letra que representa este sonido: *en español, las vocales son cinco: a, e, i, o, u.*

**VOCÁLICO, A** adj. Relativo a las vocales.

**VOCALISMO** n. m. Sistema de vocales de una lengua determinada.

**VOCALISTA** n. m. y f. Cantante que forma parte de un conjunto musical, generalmente orquestal.

**VOCALIZACIÓN** n. f. Acción y efecto de vocalizar. **2.** Manera o acción de vocalizar. **3.** En una obra cantada, fórmula melódica amplificadora, escrita o improvisada, sobre una sílaba, y vinculada al arte del *bel canto.*

**VOCALIZADOR, RA** adj. y n. Que vocaliza.

**VOCALIZAR** v. intr. y tr. **[1g]**. Realizar ejercicios de canto, sin nombrar las notas ni pronunciar palabras, sobre una o varias sílabas. **2.** Articular con la debida distinción las vocales, consonantes y sílabas de una palabra. ◆ v. intr. y pron. **3.** FONÉT. Transformarse en vocal una consonante.

**VOCATIVO** n. m. LING. Uno de los casos de la declinación de nombres, pronombres y adjetivos, usado para expresar una invocación, mandato, llamamiento o súplica.

**VOCEADOR, RA** adj. y n. Que vocea. ◆ n. **2.** *Méx.* Persona que vende periódicos en la calle voceándolos.

**VOCEAR** v. intr. **[1]**. Dar voces o gritos. ◆ v. tr. **2.** Pregonar algo, anunciar en voz alta y por la calle algún producto o mercancía para venderlos. **3.** Llamar a alguien, gritando o dándole voces. **4.** Publicar o difundir algo que debía callarse o permanecer oculto. **5.** Aplaudir o aclamar con voces. **6.** *Fig.* Pregonar, ser cierta cosa inanimada una muestra clara de algo: *la sangre de Abel vocea el crimen de Caín.*

**VOCERAS** n. m. y f. (pl. *voceras*). *Fam.* Bocazas.

**VOCERÍO** n. m. Griterío, confusión de voces altas y desentonadas: *el vocerío del mercado.*

**VOCERO, A** n. Portavoz, persona que habla en nombre de otro u otros. **2.** *Amér.* Portavoz. ◆ n. m. **3.** En los tribunales castellanoleoneses de la edad media, individuo que actuaba en representación de un litigante.

**VOCIFERACIÓN** n. f. Acción y efecto de vociferar.

**VOCIFERADOR, RA** adj. y n. Que vocifera.

**VOCIFERANTE** adj. y n. m. y f. Vociferador.

**VOCIFERAR** v. intr. (lat. *vociferari*) **[1]**. Hablar a grandes voces o dando gritos.

**VOCINGLERÍA** n. f. Calidad de vocinglero. **2.** Ruido o confusión producidos por muchas voces.

**VOCINGLERO, A** adj. y n. Que grita o habla muy alto. **2.** Que habla mucho y vanamente. ◆ adj. **3.** Dícese de los pájaros que cantan.

**VOCODER** n. m. INFORMÁT. Dispositivo electrónico que permite la síntesis de respuestas vocales por un sistema informático.

**VODEVIL** n. m. (fr. *vaudeville*). LIT. Comedieta ligera de intriga vivaz y divertida.

**VODEVILESCO, A** adj. Relativo al vodevil.

**VODKA** o **VODCA** n. m. o f. (voz rusa). Aguardiente de cereales (centeno, maíz, cebada) que se consume principalmente en Rusia.

**VOGUL** adj. y n. m. y f. Relativo a un pueblo ugrofinés de Siberia occidental (región del Ob); individuo de este pueblo.

**VOIVODA** n. m. (del serviocroata *voi*, ejército, y *voditi*, conductor). En los países balcánicos y en Polonia, alto dignatario civil o militar.

**VOIVODATO** n. m. División administrativa de Polonia.

**VOLADA** n. f. Vuelo hecho de una vez.

**VOLADIZO, A** adj. Que sobresale de un plano vertical: *viga voladiza.* ◆ n. m. **2.** Parte de un edificio, construcción, estructura, etc., que no reposa directamente sobre su apoyo: *puente grúa con voladizos; construcción en voladizo.*

**VOLADO, A** adj. Dícese del tipo de imprenta de menor tamaño que se coloca en la parte superior del renglón. • **Estar volado** *(Fam.)*, estar inquieto, intranquilo, sobresaltado o sentirse inseguro. || **Salir uno volado** *(Méx. Fam.)*, salir a escape. ◆ n. m. **2.** *Argent.* En prendas de vestir, volante. **3.** *Méx.* Moneda lanzada al aire para decidir la suerte.

**VOLADOR, RA** adj. Que vuela: *águila voladora; máquina voladora.* • **Pez volador,** pez marino cuyas aletas pectorales están tan desarrolladas que le permiten dar saltos fuera del agua, como si volase. ◆ n. m. **2.** Planta arbórea americana, maderable, de copa ancha, flores en panojas terminales y fruto seco y redondo. **3.** Molusco cefalópodo comestible, semejante al calamar pero menos delicado. **4.** *Méx.* Práctica prehispánica que consistía en girar en el aire en un trapecio suspendido de una rueda giratoria asegurada a cierta altura, en el tope de un árbol cortado a cercén. (En la actualidad todavía se practica como espectáculo.) **5.** *P. Rico.* Molinete, juguete infantil.

**VOLADURA** n. f. Acción y efecto de volar algo con un explosivo.

**VOLANDAS. En volandas,** por el aire, levantado del suelo; rápidamente, en un instante.

**VOLANDERA** n. f. Arandela para evitar el roce entre dos piezas de una máquina.

**VOLANDERO, A** adj. Que está colgando u oscilante y se mueve fácilmente a impulsos del aire: *hoja volandera.* **2.** *Fig.* Accidental, casual, imprevisto: *un hecho volandero.* **3.** *Fig.* Fugaz, pasajero: *amores volanderos.*

**VOLANTE** adj. Que vuela: *un aparato volante.* **2.** Que va o se lleva de un sitio a otro: *escuadrón volante.* ◆ n. m. **3.** Rueda que transmite su movimiento a un mecanismo. **4.** Rueda de mano que sirve para accionar el mecanismo de dirección de un automóvil, y para guiarlo a voluntad. **5.** Deporte automovilístico: *un as del volante.* **6.** Hoja de papel que sirve para anotaciones sucintas o en que se manda una comunicación o aviso. **7.** Adorno de tela plegada, rizada o fruncida, que se pone en prendas de vestir, o en visillos, cortinas, etc. **8.** Anillo provisto de dos topes que detiene y deja libres alternativamente los dientes de la rueda de escape de un reloj. SIN.: *balancín.* **9.** MEC. Órgano giratorio de una máquina, constituido por un sólido con un gran momento de inercia en relación a su eje, y destinado a regularizar la marcha. • **Volante magnético,** en ciertos motores de explosión ligeros, dispositivo de encendido.

**VOLANTÍN** n. m. (cat. *volantí*). Cordel con varios anzuelos, sencillos o múltiples, que se emplea para pescar. **2.** Plomo de dicho aparejo. **3.** *Amér.* Voltereta. **4.** *Argent., Chile, Cuba* y *P. Rico.* Cometa pequeña de papel.

**VOLAPIÉ** n. m. Suerte de matar los toros que consiste en herir al animal cuando está parado, pasando el espada a su lado a la carrera.

**VOLAPÜK** n. m. (de los términos ingl. *world,* universo, y *speak,* hablar). Lengua internacional artificial inventada en 1879 por el alemán Johann Martin Schleyer.

**VOLAR** v. intr. (lat. *volare*) **[1r]**. Ir, moverse o mantenerse en el aire por medio de alas o de otro modo. **2.** Llevar a cabo, realizar un vuelo con un aparato aéreo o similar. **3.** *Fig.* Ir por el aire una cosa lanzada con violencia. **4.** *Fig.* Correr, andar, moverse muy de prisa: *voló a dar la noticia.* **5.** *Fig.* Transcurrir rápidamente el tiempo: *los años vuelan.* **6.** *Fig.* Hacer algo con mucha rapidez o muy pronto: *comer volando.* **7.** *Fig.* y *fam.* Huir de un sitio. **8.** *Fig.* y *fam.* Desaparecer inesperadamente una cosa o gastarse rápidamente: *el dinero voló en pocos días.* **9.** *Fig.* Propagarse, difundirse rápidamente: *las noticias vuelan.* **10.** *Fam.* Sentir los efectos de una droga. • **Echar a volar** *(Fam.),* difundir una noticia, calumnia, etc.; publicar. ‖ **Echarse a volar,** empezar a volar; independizarse los hijos de los padres. ◆ v. intr. y pron. **11.** *Fig.* Elevarse algo en el aire, ser transportado por el viento: *todos los papeles volaron.* ◆ v. tr. **12.** *Fig.* Hacer saltar con violencia o estallar en pedazos algo con una sustancia explosiva: *volar un edificio.* **13.** *Fig.* Irritar, enfadar a alguien: *aquellos insultos le volaron.* **14.** Hacer que el ave se levante y vuele para dispararle: *el perro voló la perdiz.* **15.** Levantar una letra o signo de imprenta, de modo que resulte volado. **16.** *Méx.* Sustraer, arrebatar, robar.

**VOLATERÍA** n. f. Conjunto de aves de diversas especies. **2.** Caza de aves que se hace con otras enseñadas a este efecto.

**VOLATERO, A** n. Cazador de volatería.

**VOLÁTIL** adj. y n. m. y f. Que vuela o puede volar. ◆ adj. **2.** Que se mueve ligeramente y por el aire: *átomos volátiles.* **3.** *Fig.* Voluble, inconstante, mudable: *persona volátil.* **4.** INFORMÁT. Dícese de la memoria cuyo contenido se borra al interrumpirse la alimentación eléctrica. **5.** QUÍM. Que tiene la propiedad de volatilizarse. ◆ n. m. **6.** Animal organizado para el vuelo, especialmente ave doméstica.

**VOLATILIDAD** n. f. Calidad de volátil. **2.** Aptitud de una gasolina para vaporizarse.

**VOLATILIZABLE** adj. Que puede volatilizarse.

**VOLATILIZACIÓN** n. f. Acción y efecto de volatilizar.

**VOLATILIZAR** v. tr. y pron. **[1g]**. Transformar un cuerpo sólido o líquido en gaseoso o en vapor. ◆

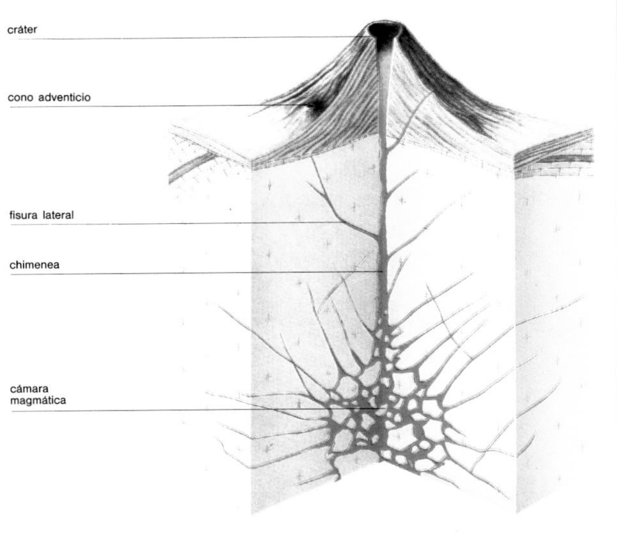

**volcán** (corte)

**volatilizarse** v. pron. **2.** *Fig.* y *fam.* Desaparecer inesperada o rápidamente una cosa: *el dinero se volatilizó en seguida.*

**VOLATÍN** n. m. Volatinero. **2.** Acrobacia.

**VOLATINERO, A** n. Acróbata.

**VOL-AU-VENT** n. m. (voz francesa). Molde de pasta de hojaldre que se rellena con picadillo de pescado, carne, trufas, aceitunas, etc.

**VOLCADO** n. m. Acción y efecto de volcar. **2.** INFORMÁT. Operación consistente en traspasar la información de un soporte a otro. **3.** INFORMÁT. Visualización, en pantalla o papel, de la totalidad o parte de la memoria del ordenador, generalmente para encontrar la causa de un error que se ha producido.

**VOLCÁN** n. m. (port. *volcão,* del lat. *Vulcanus,* dios del fuego). Relieve resultante de la emisión a la superficie de productos a alta temperatura que salen del interior de la tierra, suben por una fisura de la corteza *(chimenea)* y salen por una abertura de forma generalmente circular *(cráter).* **2.** *Fig.* Pasión ardiente o agitada. **3.** *Colomb.* Precipicio. **4.** *P. Rico.* Conjunto desordenado de cosas puestas unas sobre otras. • **Estar sobre un volcán,** estar en una situación peligrosa.

■ Se distinguen varios tipos de volcanes: el tipo *hawaiano,* o efusivo (Mauna Loa, Hawai), se caracteriza por lavas basálticas muy fluidas; en el tipo *vulcaniano,* o explosivo (Vulcano, Italia), dominan las proyecciones acompañadas de explosiones; el tipo *peleano,* o extrusivo (Montaña Pelada, Martinica), se caracteriza por la extrusión de lavas ácidas y viscosas, que se solidifican en seguida formando domos y agujas; en el tipo *estromboliano,* o mixto (Stromboli, Italia), las proyecciones alternan con coladas de lava; en el tipo *fisural* (Decán), la lava sale por fisuras longitudinales y forma vastas extensiones.

**VOLCANCITO** n. m. En algunos lugares de América latina, pequeños volcanes que emiten coladas de barro, y promontorios que éstas forman. SIN.: *macaluba.*

**VOLCÁNICO, A** adj. Relativo a los volcanes. **2.** *Fig.* Ardiente, apasionado. • **Rocas volcánicas** (GEOL.), rocas eruptivas que se forman en la superficie por enfriamiento brusco del magma de un volcán al contacto con el aire o el agua.

**VOLCANISMO** n. m. Vulcanismo.

**VOLCANOLOGÍA** n. f. Vulcanología.

**VOLCANOLÓGICO, A** adj. Vulcanológico.

**VOLCANÓLOGO, A** n. Vulcanólogo.

**VOLCAR** v. tr. y pron. **[1f]**. Tumbar o inclinar un recipiente u otra cosa de manera que pierda su posición normal, se caiga o vierta su contenido. ◆

**las grandes erupciones volcánicas**

| | |
|---|---|
| 1470 a. J.C. | Santorín (Grecia) |
| 79 | Vesubio (Italia) |
| 1815 | Tambora (Indonesia) |
| 1883 | Krakatoa (Indonesia) |
| 1902 | montaña Pelada (Martinica) |
| 1956 | Bezimianni (Kamchatka) |
| 1963 | Formación de la isla de Surtsey (Islandia) |
| 1979-1981 | Piton de la Fournaise (Reunión) |
| 1980 | Saint Helens (E.U.A.) |
| 1985 | Nevado del Ruiz (Colombia) |

v. tr., intr. y pron. **2.** Tumbarse, inclinarse o dar vuelta un vehículo o carruaje. **3.** INFORMÁT. Realizar un volcado. ◆ **volcarse** v. pron. **4.** *Fig.* y *fam.* Poner el máximo interés y esfuerzo en alguien o algo: *volcarse en el trabajo.* **5.** *Fig.* y *fam.* Ser muy amable con alguien.

**VOLEA** n. f. Voleo, golpe dado en el aire a algo. **2.** En el juego de pelota, acción de darle a ésta con el brazo levantado antes de que bote.

**VOLEAR** v. tr. **[1]**. Darle o golpear algo en el aire para impulsarlo.

**VOLEIBOL** n. m. Deporte que se disputa entre dos equipos de seis jugadores, lanzando un balón, que se golpea con la mano, por encima de una red. SIN.: *balonvolea.* *(V. ilustración pág. 1042.)*

**VOLEMIA** n. f. Volumen total de la sangre contenida en el compartimento intravascular del organismo.

**VOLÉMICO, A** adj. Relativo a la volemia.

**VOLEO** n. m. Golpe dado en el aire a algo antes de que caiga al suelo. **2.** Cierto movimiento rápido de la danza española, consistente en levantar un pie de frente lo más alto posible. **3.** *Fam.* Bofetón. • **A,** o **al, voleo,** dícese de la manera de sembrar, esparciendo la semilla en el aire a puñados; *(Fam.),* arbitrariamente, sin criterio. ‖ **Del primer,** o **de un, voleo** *(Fam.),* con rapidez, presteza, o de un golpe.

**VOLFRAMIO** o **WOLFRAMIO** n. m. (alem. *Wolfram*). QUÍM. Metal de símbolo químico W o Tu, número atómico 74, masa atómica 183,85 y densidad 19,2, que funde a 3 410 °C, tiene un color gris casi negro y se utiliza para fabricar los filamentos de las lámparas incandescentes. SIN.: *tungsteno.*

**VOLICIÓN** n. f. Acto de la voluntad que se manifiesta en la acción.

**VOLITIVO, A** adj. Relativo a la voluntad: *acto volitivo.*

**VOLOVÁN** n. m. Vol-au-vent.

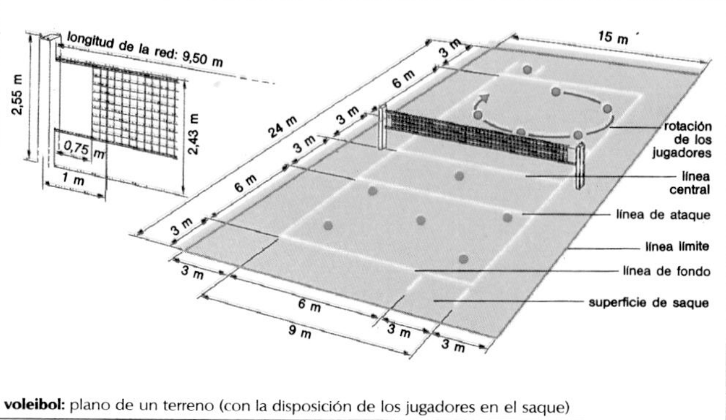

**voleibol:** plano de un terreno (con la disposición de los jugadores en el saque)

**VOLQUETE** n. m. Vehículo cuya caja se puede hacer bascular o girar sobre el eje, para volcarla y vaciar su contenido. **2.** Vagón de bordes altos para el transporte de mercancías a granel.

**VOLSCO, A** adj. y n. Relativo a un ant. pueblo de Italia (SE del Lacio), encarnizado enemigo de Roma, que no fue sometido hasta el s. IV a. J.C.; individuo de este pueblo.

**VOLT** n. m. En la nomenclatura internacional, voltio.

**VOLTAICO, A** adj. ELECTR. Dícese de la pila eléctrica de Volta. **2.** ELECTR. Dícese de la electricidad producida por las pilas.

**VOLTAJE** n. m. Tensión eléctrica.

**VOLTÁMETRO** n. m. ELECTR. Aparato en el que se produce una electrólisis.

**VOLTAMPERIO** n. m. Nombre especial del vatio utilizado para medir la potencia aparente de corriente eléctrica alterna. (Símbolo VA.)

**VOLTARIO, A** adj. *Chile.* Dadivoso, gastador. **2.** *Chile.* Obstinado, caprichoso.

**VOLTEADA** n. f. **Caer** en **la volteada** *(Argent. Fam.)*, verse alguien casualmente comprometido en una situación desagradable y ajena.

**VOLTEADO** n. m. *Méx. Fam.* Homosexual.

**VOLTEAR** v. tr. y pron. **[1]**. Dar vueltas a algo hasta ponerlo al revés de como estaba colocado. **2.** Hacer dar vueltas a las campanas para que suenen. **3.** Hacer dar vueltas en el aire a alguien. **4.** *Amér.* Derribar con violencia, volcar, derramar. **5.** *Amér.* Volver, cambiar la dirección o posición de algo. ◆ v. intr. **6.** Dar vueltas cayendo o rodando, o dar volteretas.

**VOLTEO** n. m. Acción y efecto de voltear.

**VOLTERETA** n. f. Vuelta dada en el aire.

**VOLTERIANISMO** n. m. Filosofía de Voltaire. **2.** Incredulidad y hostilidad a la influencia de la Iglesia.

**VOLTERIANO, A** adj. y n. Relativo a Voltaire y a su filosofía; partidario de éste o de esta filosofía.

**VOLTÍMETRO** n. m. ELECTR. Aparato que sirve para medir una diferencia de potencial en voltios.

**VOLTIO** n. m. (de A. *Volta,* físico italiano). ELECTR. Unidad de medida de fuerza electromotriz y de diferencia de potencial o tensión (símbolo V), equivalente a la diferencia de potencial existente entre dos puntos de un hilo conductor, recorrido por una corriente constante de 1 amperio, cuando la potencia perdida entre estos puntos es igual a 1 vatio. • **Voltio por metro,** unidad de medida de intensidad de campo eléctrico (símbolo V/m) equivalente a la intensidad de un campo eléctrico que ejerce una fuerza de 1 newton sobre un cuerpo cargado de una cantidad de electricidad de 1 culombio.

**VOLUBILIDAD** n. f. Calidad de voluble.

**VOLUBLE** adj. Inconstante, que cambia frecuentemente de actitud o manera de pensar: *carácter voluble.* **2.** BOT. Dícese del tallo y de la planta trepadora que crecen en espiral alrededor de un soporte.

**VOLUDEPRESIÓMETRO** n. m. Instrumento de medida del caudal de los gases comprimidos a partir de la caída de presión que se produce al pasar el gas por un orificio calibrado.

**VOLUMEN** n. m. (lat. *voluminem*). Libro, cada una de las partes separadas de una misma obra. **2.** Grosor de un objeto. **3.** Este mismo objeto en cuanto ocupa una porción de espacio. **4.** Medida del espacio en tres dimensiones ocupado por un cuerpo. **5.** Fuerza, intensidad de los sonidos o de la voz. **6.** *Fig.* Magnitud o importancia de un hecho, de un negocio o empresa. **7.** HIST. En la antigüedad, manuscrito enrollado alrededor de un bastoncillo. • **Volumen de negocio** (ECON.), total de transacciones comerciales efectuadas durante un ejercicio económico.

**VOLUMETRÍA** n. f. Medida de volúmenes.

**VOLÚMICO, A** adj. Dícese del cociente de una magnitud por el volumen correspondiente: *masa volúmica.*

**VOLUMINOSO, A** adj. De mucho volumen.

**VOLUNTAD** n. f. (lat. *voluntatem*). Facultad, capacidad de determinarse a hacer o no hacer algo. **2.** Energía, capacidad, firmeza con la que se ejerce esta facultad: *tener voluntad; voluntad inflexible.* **3.** Deseo, aquello que se quiere: *respetar la voluntad de alguien.* **4.** Consentimiento, asentimiento, aquiescencia: *contar con la voluntad de los padres.* **5.** Mandato de una persona. • **A voluntad,** según el libre albedrío, a su placer; en la cantidad que se quiera. || **Buena** o **mala voluntad,** intención real de hacer algo bien o mal; disposición de ánimo favorable o desfavorable hacia alguien. || **Ganar,** o **ganarse, la voluntad de** alguien, lograr su afecto o convencerle de lo que se desea, influirle en la manera de pensar. || **Última voluntad,** disposición testamentaria o la expresada en el momento de la muerte. || **Voluntad expresa,** la que consta de palabra o por escrito de forma clara y terminante.

**VOLUNTARIADO** n. m. Servicio militar que se cumple mediante compromiso voluntario. **2.** Conjunto de personas que se ofrecen voluntarias para una tarea común, generalmente altruista.

**VOLUNTARIEDAD** n. f. Calidad de voluntario.

**VOLUNTARIO, A** adj. Que nace de la propia voluntad: *acto voluntario.* **2.** Hecho por propia voluntad y no por obligación o deber: *ofrecimiento voluntario.* ◆ n. **3.** Persona que se presta a hacer o realizar algo por su propia voluntad. ◆ n. m. **4.** Soldado que ingresa en filas por propia voluntad, acogiéndose a una legislación especial.

ejemplo de tallo **voluble** (lúpulo)

**VOLUNTARIOSO, A** adj. Que pone o tiene voluntad, resolución o constancia. **2.** Obstinado, que quiere hacer siempre su propia voluntad.

**VOLUNTARISMO** n. m. Actitud del que cree poder modificar el futuro por la sola voluntad. **2.** FILOS. Doctrina o tesis que pone a la voluntad como fundamento del ser y da más valor a la acción que al conocimiento.

**VOLUNTARISTA** adj. y n. m. y f. Relativo al voluntarismo; partidario del voluntarismo.

**VOLUPTUOSIDAD** n. f. Placer de los sentidos, placer sexual. **2.** Placer, satisfacción intensa de orden moral o intelectual.

**VOLUPTUOSO, A** adj. y n. Inclinado a la voluptuosidad. ◆ adj. **2.** Que inspira o expresa placer.

**VOLUTA** n. f. (lat. *volutam*). Lo que tiene forma de espiral. **2.** ARQ. Adorno en figura de espiral que forma los ángulos de los capiteles jónicos y compuestos.

**VOLVA** n. f. BOT. Membrana gruesa que envuelve completamente el sombrero y el pie de ciertos hongos antes de madurar.

**VOLVEDOR** n. m. Aparato que sirve para hacer girar sobre sí mismo un macho de rosca.

**VOLVER** v. tr. (lat. *volvere*) **[2n]**. Invertir la posición de algo, dándole la vuelta, o cambiarlo de posición haciéndolo girar en cualquier sentido o en una dirección determinada: *volver la cabeza.* **2.** Hacer girar una puerta, ventana, etc., para cerrarla o entornarla. **3.** Pasar las hojas de un libro de un lado a otro: *volver la página.* **4.** Poner una prenda de modo que quede por fuera la parte interior o revés. **5.** Devolver. • **Volver atrás,** retroceder. || **Volver en sí,** recobrar el conocimiento después de un desmayo. ◆ v. tr. y pron. **6.** Cambiar o hacer que alguien o algo cambie su estado en otro o deje de ser como era y sea de la manera que se expresa: *la fama le ha vuelto orgulloso; el perro se ha vuelto rabioso.* **7.** Hacer que alguien cambie de opinión o de parecer. ◆ v. intr. **8.** Torcer, dejar el camino o línea recta, dirigiéndose en otro sentido: *al llegar a la esquina vuelva a la derecha.* **9.** Reanudar o continuar el relato o discurso que se había interrumpido. ◆ v. intr. y pron. **10.** Regresar, retornar, ir de nuevo a un lugar en que ya se ha estado o de donde uno se ha marchado: *volver a la ciudad; no ha vuelto por aquí.* **11.** Con la prep. *a* y un verbo en infinitivo, hacer otra vez lo que este verbo expresa: *volver a equivocarse.* ◆ **volverse** v. pron. **12.** Girar la cabeza o la mirada hacia algo o alguien.

**VOLVIBLE** adj. Que se puede volver.

**VÓLVULO** n. m. MED. Torsión de un órgano hueco alrededor de un punto fijo.

**VÓMER** n. m. (lat. *vomer,* reja de arado). ANAT. Hueso que forma la parte superior del tabique de las fosas nasales.

**VÓMICA** n. f. Expectoración de secreciones purulentas pulmonares, de procedencia respiratoria.

**VÓMICO, A** adj. Que causa o provoca vómito. • **Nuez vómica,** semilla de un árbol de Asia tropical que contiene estricnina.

**VOMITAR** v. tr. (lat. *vomitare*) **[1]**. Arrojar por la boca lo contenido en el estómago. **2.** *Fig.* Arrojar o lanzar violentamente de sí: *el volcán vomita lava.* **3.** *Fig.* Proferir maldiciones, insultos, etc.: *vomitar injurias.* **4.** *Fig.* y *fam.* Declarar o revelar lo que se mantenía en secreto y se resistía o negaba a descubrir.

**VOMITERA** n. f. Vómito grande o repetido.

**VOMITIVO, A** adj. y n. m. Dícese de la sustancia que provoca el vómito.

**VÓMITO** n. m. Acción y efecto de vomitar. **2.** Cosa vomitada.

**VOMITONA** n. f. *Fam.* Vomitera.

**VOMITORIO** n. m. En los anfiteatros romanos, corredor por donde entraba la muchedumbre.

**VORACIDAD** n. f. Calidad de voraz.

**VORÁGINE** n. f. (lat. *voraginem*). Remolino muy fuerte e impetuoso que forman las aguas del mar, de un río, etc. **2.** *Fig.* Pasión desenfrenada, mezcla de sentimientos y afectos muy intensos.

**VORAGINOSO, A** adj. Agitado, turbulento.

**VORAZ** adj. (lat. *voracem*). Que come mucho y con avidez. **2.** Dícese del hambre muy intensa y de la manera ávida de comer. **3.** *Fig.* Que destruye o consume rápidamente: *incendio voraz.*

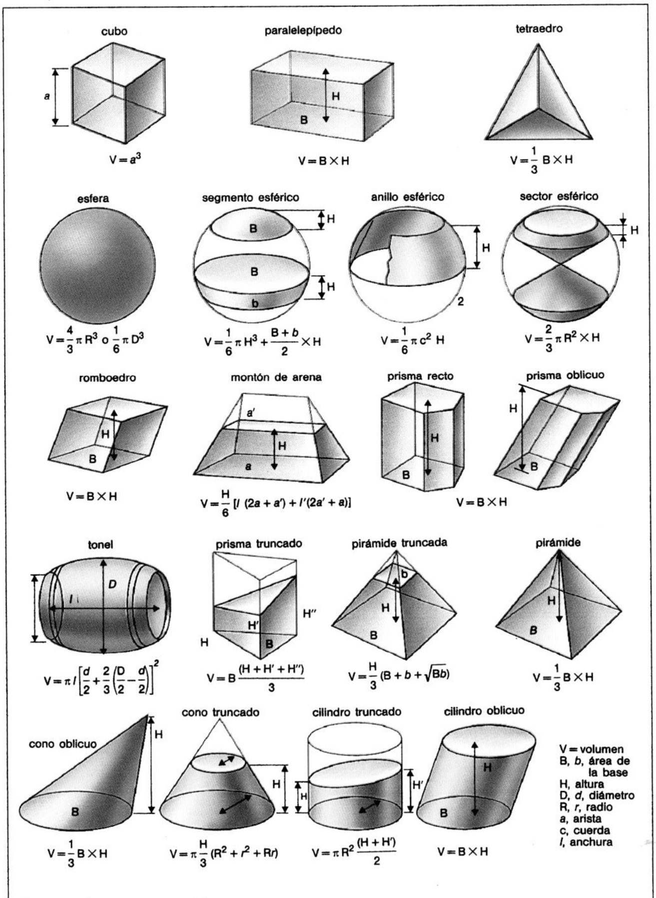

algunos **volúmenes** característicos

**VÓRTICE** n. m. Torbellino hueco que puede originarse en un fluido en movimiento. **2.** Centro de un ciclón.

**VOS** pron. pers. de 2.ª pers. m. y f. sing. Tratamiento de respeto usado en vez de usted. **2.** *Amér.* Tú.

**VOSEAR** v. tr. [**1**]. Dar a una persona tratamiento de vos.

**VOSEO** n. m. Uso del pronombre *vos* en lugar de *tú*.

■ El voseo es un fenómeno característico del español de América, aunque no se extiende a la totalidad del territorio. La práctica mayoritaria del voseo corresponde a Argentina, Paraguay, Uruguay y la mayor parte de América Central. Se manifiesta también, aunque con menor firmeza o sólo en parte del país, en Colombia, Venezuela, Ecuador, Bolivia, Chile y zonas adyacentes a su frontera septentrional. El uso de *vos* va acompañado con frecuencia (aunque con distribución geográfica irregular) de formas verbales peculiares, como los presentes de indicativo en plural y sin diptongo (*vos cantás* o *tenés*, por *cantáis* o *tenéis*).

**VOSOTROS, AS** pron. pers. de 2.ª pers. del plural. Funciona como sujeto o como complemento cuando va precedido de preposición.

**VOTACIÓN** n. f. Acción y efecto de votar. **2.** Sistema de emisión de votos: *votación secreta.* • **Votación de confianza,** resolución que se sigue, en los debates parlamentarios, al planteamiento de una cuestión de confianza o de una moción de censura. || **Votación secreta,** la hecha de manera que no se sabe quién ha emitido cada voto.

**VOTANTE** adj. y n. m. y f. Que vota. **2.** Que tiene el derecho de votar.

**VOTAR** v. intr. y tr. (lat. *votare*) [**1**]. Dar su voto o decir su dictamen en una elección o deliberación. • **¡Voto a!** *(Fam.)*, expresión de amenaza, sorpresa, admiración, etc.

**VOTIAK** adj. y n. m. y f. Relativo a un pueblo finés establecido entre el Viatka y el Kama, en la República de Udmurtia (Rusia); individuo de este pueblo.

**VOTIVO, A** adj. Ofrecido por voto o relativo a él: *lámparas votivas.* • **Misa votiva,** misa que se celebra por alguna causa particular.

**VOTO** n. m. (lat. *votum*). Promesa de carácter religioso, que envuelve un sacrificio, hecha a Dios, a los dioses, a la Virgen o a un santo. **2.** Cada una de las promesas de renunciamiento que se hacen al adoptar el estado religioso, y que son: pobreza, castidad y obediencia. **3.** Opinión o parecer de cada una de las personas llamadas a hacerlo en orden a una elección o a la decisión de algo sobre un asunto o materia. **4.** Persona que vota o tiene derecho a votar. **5.** Derecho a votar: *no tener ni voz ni voto.* **6.** Juramento, blasfemia o expresión irreverente. **7.** Deseo de aquello que se expresa: *desear votos de felicidad.* **8.** Acción y efecto por el que una persona ejerce su derecho de sufragio. **9.** Papeleta, bola, etc., con la que se practica dicho derecho. • **Hacer votos por,** manifestar deseos de lo que se expresa. || **Voto de censura,** acuerdo que toma una junta para censurar o desautorizar la opinión o actuación de uno de sus miembros; moción de censura. || **Voto de confianza,** autorización o facultad que se da a alguien para que actúe o decida libremente en cierto asunto; voto que emiten las cámaras o asambleas en aprobación de la actuación del gobierno o prestándole su apoyo en el futuro. || **Voto directo,** voto en que el elector designa a una persona determinada para ejercer el cargo a cubrir. || **Voto indirecto,** aquel en que el elector designa a un delegado, quien a su vez designa a la persona que debe ocupar el puesto a cubrir. || **Voto obligatorio,** aquel que, de no ejercerse, conlleva una sanción.

**VOX POPULI** loc. (voces latinas). Se usa para afirmar la veracidad de un juicio u opinión difundido entre la gente.

**VOYEUR** adj. y n. m. y f. Dícese de la persona afecta de voyeurismo.

**VOYEURISMO** n. m. (fr. *voyeurisme*). SIQUIATR. Desviación sexual en la que el placer se obtiene por la contemplación de escenas eróticas.

**¡VÓYTELAS!** interj. *Méx. Fam.* Exclamación de sorpresa.

**VOZ** n. f. (lat. *vocem*). Sonido emitido por el ser humano al hablar, cantar, etc. **2.** Calidad, timbre o intensidad de este sonido. **3.** Sonido emitido por un animal. **4.** Sonido producido por algo: *la voz del viento.* **5.** *Fig.* Cualquier manera de expresarse una colectividad o algo que no hable: *la voz de la conciencia.* **6.** Grito que se da en señal de enfado, para llamar a alguien o para pedir algo: *dar voces de auxilio.* **7.** *Fig.* Acción de expresar alguien su opinión en una asamblea o reunión, aunque no tenga voto en ella o derecho a hacerlo. **8.** Palabra, vocablo: *voces españolas de origen árabe.* **9.** *Fig.* Rumor, noticia vaga, indeterminada y genérica: *corre la voz de que está arruinado.* **10.** LING. Forma que toma el verbo según que la acción sea realizada o sufrida por el sujeto: *voz activa; voz pasiva.* **11.** MÚS. Parte vocal o instrumental de una composición. • **A media voz,** con voz baja o más baja de lo regular. || **A voces,** dando gritos o en voz alta. || **A voz en grito,** dando gritos. || **Alzar,** o **levantar, la voz** a alguien, hablarle descompuestamente o contestarle sin respeto. || **De viva voz,** hablando, en oposición a escribiendo; oyendo, en vez de leyendo. || **Llevar la voz cantante,** ser el que se impone a los demás en una reunión o el que dirige un negocio. || **Tomarse la voz** o **tener la voz tomada,** ponerse o estar ronco o afónico por una afección de garganta. || **Voz de mando** (MIL.), la que da a sus subordinados el que los manda.

■ Las voces humanas pueden clasificarse en dos categorías: las *voces de hombre*, que son las más graves, y las *voces de mujer*, cuyo registro es más elevado de una octava. Entre las voces de hombre se distinguen la de *tenor* (registro superior) y la de *bajo* (registro inferior); entre las voces de mujer, la de *soprano* y la de *contralto.* Soprano y tenor, contralto y bajo forman el cuarteto vocal. La voz de bajo se divide en bajo profundo y barítono, y la de soprano, en soprano y mezzosoprano. En el registro masculino hay que añadir la voz de contratenor (voz de tenor que, mediante técnica, domina el falsete).

**VOZARRÓN** n. m. Voz muy potente y gruesa.

**V.T.O.L.** n. m. (siglas de *vertical take off and landing*). Avión de despegue y aterrizaje verticales (en español A.D.A.V.).

**VUDÚ** n. m. Culto muy difundido entre los negros de las Antillas y de los estados del S de E.U.A. **2.** Divinidad venerada en dicho culto.

**VUECENCIA,** contracción de *vuestra excelencia.*

**VUELA PLUMA. A vuela pluma,** o **a vuelapluma,** manera de escribir sin pensar mucho y con rapidez.

**VUELCO** n. m. Acción y efecto de volcar. **2.** *Fig.* y *fam.* Alteración total, ruina, trastorno. • **Darle** a alguien **un vuelco el corazón,** sufrir una impresión muy fuerte o un susto.

**VUELILLO** n. m. Adorno de encaje u otro tejido ligero, que se pone en las bocamangas de algunos trajes.

**VUELO** n. m. Acción de volar. **2.** Desplazamiento activo en el aire de diversos animales (aves, murciélagos e insectos) por medio de alas. **3.** Espacio que de una vez se recorre volando. **4.** Amplitud de un vestido, desde la parte que no se ajusta al cuerpo, o de cualquier tejido fruncido; vuelillo. **5.** Desplazamiento en el aire de una aeronave o en el espacio de un ingenio espacial. **6.** Parte de una fábrica que sale fuera del paramento de la pared que la sostiene. • **Al,** o **a, vuelo,** dícese del modo de cazar o coger las aves o cualquier animal con alas mientras vuelan; entender algo o percatarse de ello por una indicación o señal. || **Alzar, emprender** o **levantar, el vuelo,** echarse a volar;

*(Fam.)*, marcharse de un sitio, generalmente para independizarse. || **Cortar los vuelos,** privar a alguien de la libertad para hacer su gusto, contenerle en sus pretensiones exageradas. || **De altos vuelos,** de mucha importancia o magnitud. || **Horas,** o **muchas horas, de vuelo** *(Fam.)*, mucha experiencia en algo. || **Vuelo a vela,** vuelo sin motor en el que el planeador se desplaza aprovechando las corrientes aéreas. || **Vuelo libre,** deporte de vuelo sin motor en que se utiliza un planeador triangular metálico recubierto de tela. || **Vuelo planeado,** vuelo sin motor, o con todos los motores parados, y que consiste en descender imprimiendo al aparato suficiente velocidad de sustentación.

**VUELTA** n. f. Movimiento circular completo de un cuerpo alrededor de un punto o sobre sí mismo: *la Tierra da vueltas en torno al Sol.* **2.** Acción de recorrer la periferia de un recinto, plaza, etc.: *dar una vuelta a la manzana.* **3.** Paseo: *salir a dar una vuelta.* **4.** Acción de volver o regresar: *la vuelta a casa.* **5.** Acción de girar o hacer girar la llave de una cerradura para abrir o cerrar. **6.** Curvatura de una línea, camino, cauce, etc.: *las vueltas de una carretera.* **7.** Movimiento o figura circular que se da o se hace dar a algo que se enrolla o está enrollado alrededor de otra cosa. **8.** Cada una de las veces que se repite una acción en la que hay una sucesión o turno: *la segunda vuelta de una competición.* **9.** Repaso que se da a una materia o texto: *dar una vuelta al inglés.* **10.** *Fig.* Trastorno o cambio repentino de un estado a otro: *su situación dio una gran vuelta.* **11.** Cambio total en la manera de pensar, de sentir, de actuar, etc.: *vuelta del carácter.* **12.** Dinero sobrante que se devuelve a quien al hacer un pago entrega una cantidad superior al importe de éste. **13.** Devolución de algo a quien lo tenía antes: *la vuelta de un préstamo.* **14.** En ciclismo y otros deportes, carrera en etapas en torno a una región, país, etc.: *vuelta ciclista a España.* **15.** Tela sobrepuesta en las solapas o en las mangas de ciertas prendas de vestir. **16.** En los juegos de cartas, número de golpes jugados, iguales al número de jugadores, de modo que cada uno es sucesivamente mano. **17.** TEXT. Cada una de las series paralelas de puntos que forman los géneros de punto. • **A la vuelta,** al volver, al regreso. || **A la vuelta de,** después de transcurrido el tiempo que se expresa. || **A la vuelta de la esquina,** indica la proximidad o cercanía de un lugar o la facilidad de conseguir o alcanzar algo. || **A vuelta de correo,** por el correo inmediato, sin perder día. || **Andar a vueltas con, para,** o **sobre,** algo, gestionar o trabajar algo que presenta dificultad, para averiguarlo o realizarlo. || **Buscar las vueltas a** alguien *(Fam.)*, procurar cogerle descuidado o en un error para perjudicarle. || **Dar cien vueltas** a alguien *(Fam.)*, superarle, sobre todo en inteligencia o conocimientos. || **Dar media vuelta** *(Fam.)*, marcharse de un sitio. || **Dar vueltas,** buscar algo en varios sitios sin encontrarlo; pensar o reflexionar mucho sobre algo. || **Dar vueltas a,** o **en, la cabeza,** pensar mucho para resolver algo. || **Dar vueltas la cabeza,** marearse. || **De vuelta** o **a la vuelta,** en el camino de regreso de algún sitio. || **Estar de vuelta** *(Fam.)*, estar alguien enterado de antemano de algo de que se le cree ignorante; conocer bien la cosa de que se trata y tener experiencia sobre ella. || **Media vuelta,** acción de volverse una persona, de modo que el cuerpo quede de frente en dirección opuesta a la que tenía antes. || **No tener vuelta de hoja** *(Fam.)*, ser algo claro y evidente. || **Poner de vuelta y media** *(Fam.)*, insultar, reprender duramente o hablar muy mal de alguien. || **Vuelta al ruedo** (TAUROM.), acción de dar un torero la vuelta a la arena para recoger los aplausos del público, en recompensa por una buena faena. || **Vuelta de campana,** la que se da con el cuerpo en el aire, volviendo a caer de pie; vuelta completa en el aire dada por un objeto.

**VUELTO, A** adj. Colocado con la cara o el frente en la dirección que se expresa: *vuelto hacia la pared.* **2.** Con la cara hacia un lado. **3.** Cambiado, en posición contraria a la normal: *llevar un guante vuelto.* **4.** Invertido: *poner los vasos vueltos sobre la mesa.* ◆ n. m. **5.** *Amér.* Cambio, vuelta, dinero sobrante de un pago.

**VUELVEPIEDRAS** n. m. (pl. *vuelvepiedras*). Ave caradriforme de 23 cm de long., que anida en las costas atlánticas rocosas del extremo N, y es migradora común en la península Ibérica. SIN.: *revuelvepiedras*

**VUESTRO, A** adj. y pron. poses. de 2.ª pers. Expresa la posesión o pertenencia atribuida a dos o más personas, incluida la que escucha: *vuestros padres; estos libros son vuestros.* • **La vuestra** *(Fam.)*, indica que ha llegado la ocasión favorable a las personas de que se trata. || **Los vuestros,** los parientes o los del mismo partido o grupo. ◆ adj. f. **2.** Tratamiento especial de segunda persona: *vuestra majestad.*

**VULCANIANO, A** adj. (de *Vulcano,* volcán de las islas Eolias). GEOL. Dícese de un tipo de erupción volcánica caracterizado por el gran predominio de explosiones sobre las emisiones de lava.

**VULCANISMO** o **VOLCANISMO** n. m. Conjunto de manifestaciones volcánicas.

**VULCANIZACIÓN** n. f. Operación que consiste en mejorar el caucho, tratándolo con azufre.

**VULCANIZADORA** n. f. *Méx.* Establecimiento donde se reparan llantas de coche.

**VULCANIZAR** v. tr. **[1g]**. Someter a vulcanización.

**VULCANOLOGÍA** o **VOLCANOLOGÍA** n. f. Estudio de los volcanes y de los fenómenos volcánicos.

**VULCANOLÓGICO, A** o **VOLCANOLÓGICO, A** adj. Relativo a la vulcanología.

**VULCANÓLOGO, A** o **VOLCANÓLOGO, A** n. Especialista en vulcanología.

**VULGAR** adj. Perteneciente al vulgo. **2.** Común o general, por contraposición a científico o técnico: *el nombre vulgar de una enfermedad, de una planta.* **3.** Ordinario, corriente, no refinado, que carece de distinción o novedad: *modales vulgares.* • **Latín vulgar,** latín hablado en el Imperio romano, en la época de su decadencia, y que dio origen a las diversas lenguas románicas.

**VULGARIDAD** n. f. Calidad de vulgar, falto de finura. **2.** Hecho, expresión, cosa, etc., que carece de distinción o refinamiento. **3.** Aquello que carece de novedad e importancia por ser ya sabido y conocido por la mayoría de la gente.

**VULGARISMO** n. m. Palabra o expresión propia de la lengua popular.

**VULGARIZACIÓN** n. f. Acción y efecto de vulgarizar.

**VULGARIZADOR, RA** adj. y n. Que vulgariza.

**VULGARIZAR** v. tr. y pron. **[1g]**. Hacer vulgar o común algo: *vulgarizar una costumbre.* ◆ v. tr. **2.** Hacer asequible al vulgo una ciencia o una técnica: *vulgarizar la música clásica.*

**VULGO** n. m. (lat. *vulgum*). Estrato inferior de la población considerado como menos culto y más ordinario o tosco. **2.** Conjunto de personas que no conocen más que la parte superficial de ciertas materias o actividades, sin tener conocimientos especiales de ellas.

**VULNERABILIDAD** n. f. Calidad de vulnerable.

**VULNERABLE** adj. Que puede recibir un daño o perjuicio física o moralmente, que es sensible a lo que se expresa o conmovido por ello.

**VULNERACIÓN** n. f. Acción y efecto de vulnerar.

**VULNERAR** v. tr. (lat. *vulnerare*) **[1]**. Causar daño o perjuicio a alguien física o moralmente. **2.** *Fig.* Quebrantar, infringir una ley, precepto, disposición, etc.

**VULNERARIA** n. f. Planta herbácea de flores amarillas, que se usó como resolutiva en cataplasmas. (Familia papilionáceas; género *Anthyllis.*)

**VULNERARIO, A** adj. y n. m. Dícese de los medicamentos que curan las llagas y heridas.

**VULPEJA** o **VULPÉCULA** n. f. Zorra.

**VULTUOSO, A** adj. MED. Dícese de la cara roja y congestionada.

**VULVA** n. f. (lat. *vulvam*). Conjunto de las partes genitales externas de la mujer y de las hembras de los animales superiores.

**VULVAR** adj. Relativo a la vulva.

**VULVARIA** n. f. Planta quenopodiácea cuyas hojas exhalan un olor fétido, que se usó en enemas como antihistérica y antihelmíntica.

**VULVITIS** n. f. Inflamación de la vulva.

# W

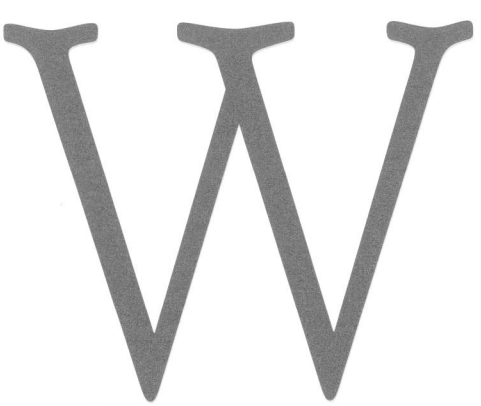

**W** n. f. Vigésima cuarta letra del alfabeto español y decimonona de sus consonantes. (Su nombre es uve doble. Suele usarse en nombres propios extranjeros y sus derivados.) **2.** Símbolo internacional de *oeste*. **3.** Símbolo del *vatio* o *wat*. **4.** Símbolo químico del *wolframio*.

**WAGNERIANO, A** adj. y n. Relativo a R. Wagner; partidario de R. Wagner.

**WAGON-LIT** n. m. Coche cama.

**WAHHĀBÍ** adj. y n. m. y f. Relativo al wahhābismo; partidario de este movimiento.

**WAHHĀBISMO** n. m. Movimiento político-religioso, de tendencia puritana, de los musulmanes de Arabia.

**WAICA, GUAICA, SHIRIANA** o **YANOMANO,** grupo amerindio de Venezuela (S y frontera con Brasil).

**WAKASH** n. m. Grupo de lenguas amerindias de América del Norte, habladas por los nootka y los kwakiutl.

**WALKIE-TALKIE** n. m. (voz ingl., de *walk,* paseo, y *talk,* conversación). Aparato emisor-receptor portátil, para comunicaciones a corta distancia.

**WALKMAN** n. m. (marca registrada). Casco con audífonos unido a un lector de cassettes o a un receptor de radio portátiles, que permite oír música y desplazarse al mismo tiempo.

**WAMPUM** n. m. (voz inglesa). Cinturón bordado con cuentas de vidrio de colores, que usaban algunos pueblos amerindios como adorno o como prenda de matrimonio, y posteriormente como moneda.

**WAPITÍ** n. m. Uapití.

**WARAYOC** o **VARAYOC** n. m. (voz quechua). En ciertas comunidades quechuas andinas, como en Perú, autoridad de origen inca, que tiene a su cargo la administración de justicia de las comunidades locales.

**WASP** n. m. y f. (acrónimo del ingl. *white anglo-saxon protestant*). En Estados Unidos, persona de origen anglosajón y de religión protestante.

**WAT** o **WATT** n. m. Nombre del vatio en la nomenclatura internacional.

**WATER, WATER-CLOSET** o **W.C.** n. m. (voz inglesa) [pl. *waters* o *wáteres*]. Retrete, excusado.

**WATERGANG** n. m. (del neerlandés *water,* agua, y *gang,* vía). En Países Bajos, zanja o canal que bordea un camino o un pólder.

**WATER-POLO** n. m. (voz inglesa). Deporte acuático que se practica entre dos equipos de siete jugadores y que consiste en introducir un balón en la portería contraria. SIN.: *polo acuático.*

**WAU** n. f. (voz griega). Digamma. **2.** Sonido de *u* de carácter semiconsonántico o semivocálico.

**WAZA-ARI** n. m. (voz japonesa). En judo, ventaja técnica que se obtiene al proyectar al adversario sobre la espalda, con una fuerza insuficiente para ganar, o al inmovilizarlo durante un mínimo de 25 segundos, pero menos de 30.

**Wb,** símbolo del *weber.*

**WEB** n. f. (abrev. de *world wide web*), sistema lógico de acceso y búsqueda de la información disponible en Internet, cuyas unidades informativas son las *páginas web,* documentos interconectados creados por un usuario de Internet y accesibles a todos los demás.

**WEBER** n. m. (de W. E. *Weber,* físico alemán). METROL. Unidad de medida de flujo de inducción magnética (símbolo Wb), equivalente al flujo de inducción magnética que, al atravesar un circuito de una sola espira, produce una fuerza electromotriz de 1 voltio, si se reduce a cero en 1 segundo por disminución uniforme.

**WEEK-END** n. m. (voz inglesa). Fin de semana.

**WELTER** n. m. **Peso welter,** categoría de boxeadores que pesan de 67 kg hasta menos de 71 kg para los amateurs, y de 66,678 kg hasta menos de 69,853 para los profesionales.

**WENDOS** o **VENDOS,** ant. nombre con que, en la edad media, los alemanes designaban a todos los eslavos entre el Odra y el Elba. (→ ***sorabos.***)

**WESTERN** n. m. (voz ingl., *del oeste*) [pl. *westerns*]. Película cinematográfica de acción, cuyo género fue creado en Norteamérica, y que narra las aventuras de los colonizadores y cowboys en el Oeste americano del s. XIX. **2.** Este género cinematográfico. *(V. ilustración pág. 1046.)*

**WESTFALIANO, A** adj. y n. De Westfalia, región histórica de Alemania. ◆ adj. **2.** Perteneciente o relativo a la paz de Westfalia (1648).

**Wh,** símbolo del *vatio-hora.*

**WHARF** n. m. (voz inglesa). MAR. Especie de muelle o espigón perpendicular a la orilla, donde los barcos pueden atracar a uno y otro lado.

**WHIG** n. m. y adj. (voz inglesa). En Inglaterra, miembro de un partido que se oponía al partido tory y que apareció hacia 1680.

**WHIPCORD** n. m. (voz ingl., *cordel de látigo*). Tela inglesa de algodón con mezcla de estambre, que presenta un efecto de diagonal o canutillo oblicuo bastante marcado.

**WHISKY** o **WHISKEY** n. m. (voz escocesa) [pl. *whiskies* o *whiskis*]. Aguardiente de cereales que se fabrica especialmente en Escocia y en E.U.A.

**WHIST** n. m. (voz inglesa) [pl. *whists*]. Juego de naipes, de origen británico, que se juega entre dos parejas y presenta ciertas analogías con el bridge.

**WHITE SPIRIT** n. m. (voces ingl., *esencia blanca*). Disolvente mineral intermedio entre la gaso-

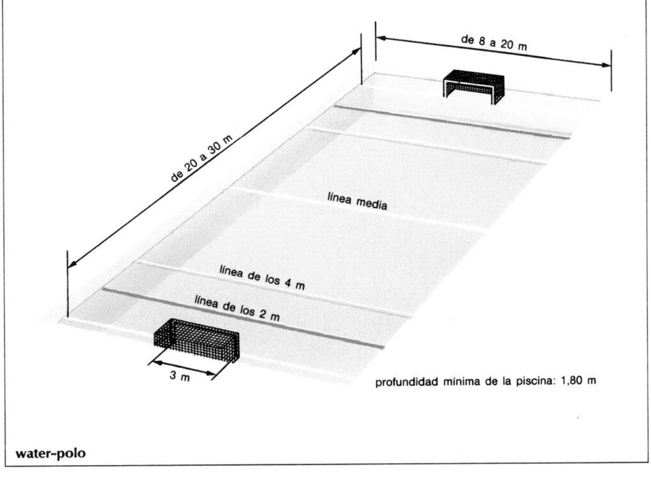


**water-polo**

**western:** escena de *La conquista del oeste* (1962) de Henry Hathaway

**windsurf**

lina y el queroseno, que ha sustituido a la esencia de trementina como disolvente de grasas y para diluir la pintura.

**WICHITA,** grupo de pueblos amerindios del NE de Texas (E.U.A.).

**WIGWAM** n. m. (voz algonquina). Tipo de tienda de forma cónica y planta elíptica o circular, utilizada por las tribus amerindias de los algonquinos orientales.

**WINCHESTER** n. m. (voz inglesa). Fusil de repetición norteamericano, de 10,7 mm de calibre, utilizado en la guerra de Secesión y en la guerra de 1870.

**WINDSURF** o **WINDSURFING** n. m. (voz inglesa). Modalidad de surf en la que la plancha es propulsada por el viento mediante una vela que maneja el deportista.

**WINTERGREEN** n. m. (voz inglesa). Planta arbustiva de América del Norte, de hojas aromáticas que proporcionan una esencia muy utilizada en perfumería. (Familia ericáceas.)

**WOLFRAMIO** n. m. Volframio.

**WOLOF** → *uolof.*

**WON** n. m. Unidad monetaria de ambas repúblicas de Corea.

**WOOFER** n. m. (voz inglesa). Altavoz de graves.

**WORLD WIDE WEB** (voces inglesas). → ***web.***

**WORMIANO, A** adj. (de O. *Worm,* médico danés). ANAT. Dícese de cada uno de los pequeños huesos, muy numerosos en la bóveda craneana, entre el occipital y los parietales.

**WÜRM** n. m. Última de las cuatro grandes glaciaciones del cuaternario.

**WURMIENSE** adj. y n. m. Relativo al würm.

**WWW** → ***web.***

**WYANDOTTE** n. f. y adj. Raza mixta norteamericana de gallinas, obtenida por diversos cruces.

# X

**X** n. f. Vigésima quinta letra del alfabeto español y vigésima de las consonantes, que corresponde a [ks] o a [gs]. **2.** Cifra romana que equivale a diez. **3.** En álgebra, representa la incógnita o una de las incógnitas. **4.** Sirve para designar a una persona o una cosa que no se quiere o no se puede mencionar expresamente: *señor X; un día X.* **5.** Cromosoma sexual (gonosoma), que se presenta en número de un ejemplar en el hombre y en número de dos en la mujer. **6.** Clasificación que se otorga a las películas pornográficas y a las salas donde se proyectan: *cine X; película X.* • **Rayos X,** radiaciones electromagnéticas de corta longitud de onda (comprendidas entre el ultravioleta y los rayos $\gamma$) que atraviesan con mayor o menor facilidad los cuerpos materiales.

**XANA** n. f. En la mitología popular asturiana, ninfa de las fuentes y de los montes.

**XANTELASMA** n. m. MED. Conjunto de manchas que aparecen en el ángulo interno del ojo, en el párpado superior, debidas a depósitos intradérmicos de colesterol.

**XÁNTICO, A** adj. Xantogénico.

**XANTODERMO, A** adj. **Raza xantoderma,** raza amarilla.

**XANTOFÍCEO, A** adj. y n. f. Relativo a una subclase de algas unicelulares cuya célula tiene dos flagelos desiguales.

**XANTOFILA** n. f. Pigmento amarillo de las células vegetales, que se encuentra en la clorofila formando parte de su estructura.

**XANTOGÉNICO, A** o **XÁNTICO, A** adj. Dícese de los ácidos poco estables, de fórmula general RO–CS–SH, que derivan del sulfuro de carbono.

**XANTOMA** n. m. Tumor benigno, cutáneo o subcutáneo, de coloración amarilla, que contiene esencialmente colesterol.

**Xe,** símbolo químico del *xenón.*

**XENOFILIA** n. f. Simpatía hacia los extranjeros.

**XENÓFILO, A** adj. y n. Que siente xenofilia.

**XENOFOBIA** n. f. Hostilidad hacia los extranjeros.

**XENÓFOBO, A** adj. y n. Que siente xenofobia.

**XENÓN** n. m. Gas inerte que se encuentra en el aire en proporciones ínfimas, cuyo símbolo químico es Xe, su número atómico 54 y su masa atómica 131,30.

**XERO** n. m. Roedor parecido a la ardilla, de 20 cm de long. sin la cola, que vive en África.

**XEROCOPIA** n. f. Copia obtenida por xerografía.

**XEROCOPIAR** v. tr. [1]. Reproducir en copia xerográfica.

**XERÓFILO, A** adj. BIOL. Dícese de las plantas o animales que viven en medios secos.

**XEROFÍTICO, A** adj. Dícese de las características propias de los xerófitos.

**XERÓFITO, A** adj. y n. m. Dícese de los vegetales adaptados a residencias ecológicas fisiológicamente secas o a climas secos, por reducción de alguna de sus partes, por la carnosidad de sus hojas, por una vida principalmente subterránea o por una vida vegetativa muy corta.

**XEROFTALMIA** n. f. Disminución de la transparencia de la córnea, provocada por la carencia de vitamina A.

**XEROGRAFÍA** n. f. Procedimiento de impresión sin contacto.

**XEROGRAFIAR** v. tr. [1t]. Reproducir textos o imágenes por xerografía.

**XEROGRÁFICO, A** adj. Relativo a la xerografía. **2.** Obtenido mediante la xerografía: *copia xerográfica.*

**XERORRADIOGRAFÍA** n. f. Técnica radiológica que permite estudiar, en clichés positivos, en el plano osteoarticular, los elementos periarticulares e intraarticulares y sus lesiones.

**XEROSUELO** n. m. EDAFOL. Suelo de las regiones subdesérticas en el que la evolución edafológica permanece muy limitada y en el que la vida biológica se reduce a algunos meses por año.

**XETO, A** adj. *Méx.* Se dice de la persona que tiene labio leporino.

**XI** n. f. Decimocuarta letra del alfabeto griego ($\xi$), correspondiente al grupo *ks.*

**XIFO** n. m. Pez de coloración variada, de 6 a 10 cm de long., originario de México, muy apreciado como pez de acuario.

**XIFOIDEO, A** adj. Relativo a la apófisis xifoides.

**XIFOIDES** adj. y n. m. ANAT. Dícese de la apófisis que constituye la parte inferior del esternón.

**XILEMA** n. m. En los hacecillos conductores, conjunto formado por los vasos leñosos, el parénquima leñoso y las fibras leñosas. **2.** Conjunto de todas las partes leñosas de las plantas.

**XILENO** n. m. Hidrocarburo bencénico $C_6H_4(CH_3)_2$, que se extrae del alquitrán de hulla y se obtiene especialmente a partir del petróleo.

**XILIDINA** n. f. Amina derivada del xileno, utilizada en la fabricación de colorantes.

**XILÓFAGO, A** adj. y n. m. Dícese de los insectos que se nutren de madera.

**XILÓFONO** o **XILOFÓN** n. m. Instrumento musical de percusión, compuesto de un número variable de láminas de madera o metal, que se golpean con dos baquetas.

**XILOGRAFÍA** n. f. Impresión o grabado obtenidos con ayuda de una plancha de madera grabada. **2.** Arte de grabar en madera.

**XILOGRÁFICO, A** adj. Relativo a la xilografía.

**XILÓGRAFO, A** n. Grabador en madera.

**XIPELLA** n. m. Subdialecto del catalán central, fronterizo entre el catalán occidental y el oriental.

**XIUHPOHUALLI** n. m. (voz náhuatl). Entre los aztecas del México prehispánico, calendario solar de 365 días, compuesto por 18 meses de 20 días cada uno, al que añadían 5 días al fin del año, que eran considerados aciagos.

**XÓCHITL** n. m. (voz náhuatl). Vigésimo de los veinte días del mes azteca.

**XOCOTLHUETZI** n. m. (voz náhuatl). Décimo mes del calendario azteca de 365 días, consagrado al dios del fuego Xiuhtecutli.

**XOCOYOTE** o **SOCOYOTE** n. m. *Méx.* Benjamín, último de los hijos de una familia.

**XOLA** n. f. *Méx.* Pipita, hembra del pavo.

**XOSA** o **XHOSA,** pueblo de África austral, que habla una lengua bantú (grupo khoisan).

**XOXALERO, A** n. *Méx.* Hechicero, brujo.

**XTABENTÚN** n. m. *Méx.* Enredadera de hermosas flores blancas, cuya semilla posee un fuerte narcótico que enloquece y emborracha. **2.** *Méx.* Bebida embriagante, muy aromática, con sabor parecido al anís, que se elabora con esta planta.

**XUETA** adj. y n. m. y f. (voz catalana). Denominación dada a los judíos mallorquines y a sus descendientes.

**XUMIL** n. m. Insecto comestible de origen americano.

**xilografía:** *Cristo en el huerto de los olivos* (*c.* 1450-1470), grabado sobre madera (Louvre, París)

# Y

**Y** n. f. Vigésima sexta letra del alfabeto español y la vigésima primera de las consonantes. (Se lee *i* griega y es una consonante palatal fricativa [o africada] sonora.) **2.** Símbolo químico del *itrio*. **3.** Cromosoma sexual (gonosoma) presente únicamente en el hombre, que posee un par celular.

**Y** conj. cop. (antes *e*; del lat. *et*). Indica la unión (adición, oposición, repetición, consecuencia) entre dos palabras o dos oraciones de la misma función. **2.** A principio de una frase, sirve para dar énfasis: *¡y, cállate ya!* **3.** Tiene valor de adverbio interrogativo al comienzo de frases interrogativas: *¿y tu trabajo?* (Delante de palabras que empiezan por *i*, se transforma en *e*: *mamíferos e insectos*.)

**YA** adv. t. (lat. *iam*). Expresa el tiempo pasado: *ya se ha hablado de esto*. **2.** Indica el tiempo presente pero con relación al pasado: *era rico, pero ya es pobre*. **3.** En tiempo u ocasión futura: *ya nos veremos*. **4.** Finalmente o últimamente: *ya es preciso decidirse*. **5.** Luego, inmediatamente: *ya voy*. ◆ adv. afirm. **6.** Expresa asentimiento: *¿sabes que te han despedido? — Ya*. ◆ conj. distributiva. **7.** Indica que cada una de varias alternativas conducen a la misma consecuencia: *ya con gozo, ya con dolor*. (Suele usarse repetida.) • **Ya que,** expresión causal o consecutiva.

**ŶABAL** n. m. Yébel.

**YABUNA** n. f. *Cuba*. Hierba gramínea muy abundante en las sabanas.

**YABUNAL** n. m. *Cuba*. Sitio donde crecen las yabunas.

**YACARÉ** n. m. Reptil similar al cocodrilo pero de tamaño algo más pequeño, de unos 2,5 m de long., que se alimenta de peces y vertebrados y cuya piel se utiliza en la industria de curtidos. (Vive en América del Sur. Familia aligatóridos.)

**YACENTE** adj. Que yace: *estatua yacente*. ◆ n. m. **2.** Escultura funeraria que representa un personaje echado, en oposición a *orante*, que representa una figura de rodillas.

**YACER** v. intr. (lat. *iacere*) **[2g]**. Estar echado o tendido: *yacer en la cama*. **2.** Estar algo extendido y fijo sobre el suelo: *un pueblo que yace a orillas de un río*. **3.** Estar enterrado en cierto sitio: *aquí yace toda la familia*. **4.** Existir o estar real o figuradamente en algún lugar: *una rosa yacía en sus manos*. **5.** Acostarse, cohabitar con alguien.

**YACHT** n. m. (voz inglesa). Yate.

**YACIFATE** n. m. *Venez*. Planta burserácea.

**YACIJA** n. f. Cama pobre o montón de paja, etc., sobre el que se está acostado.

**YACIMIENTO** n. m. Acumulación natural y local de una sustancia mineral, sólida, líquida o gaseosa, susceptible de ser explotada. **2.** ARQUEOL. Sitio en el que existen restos de valor arqueológico, generalmente bajo tierra, y para cuyo estudio es necesario realizar excavaciones. • **Yacimiento petrolífero** (PETRÓL.), acumulación de petróleo en una formación que favorece su conservación.

**YAGUA** n. f. *Colomb.* y *Venez.* Planta palmácea. **2.** *Cuba* y *P. Rico*. Tejido fibroso que envuelve la parte más tierna de la palma real.

**YAGUAL** n. m. *Amér. Central* y *Méx.* Rodete que se pone sobre la cabeza para llevar pesos.

**YAGUANÉ** adj. y n. m. *Amér.* Mofeta, zorriño. **2.** *Argent., Par.* y *Urug.* Dícese del ganado vacuno o caballar con el pescuezo y los costillares de distinto color al del resto del lomo, barriga y parte de las ancas.

**YAGUAR** o **JAGUAR** n. m. (tupí-guaraní *yaguará*). Mamífero carnívoro americano, parecido al leopardo, de 1,30 m de long. y color leonado con manchas negras.

yaguar

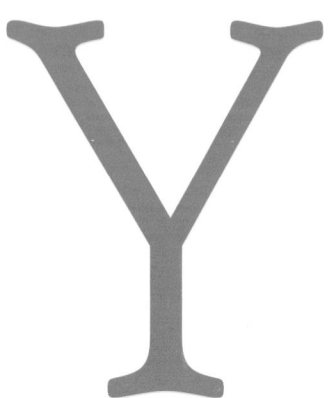

**YAGUARETÉ** n. m. *Argent., Par.* y *Urug.* Jaguar.

**YAGUASA** n. f. *Cuba* y *Hond.* Ave acuática similar al pato salvaje.

**YAGURÉ** n. m. *Amér.* Mofeta.

**YAHGÁN** o **YÁMANA,** pueblo paleoamerindio del grupo fueguino que vivía al S de la isla Grande de Tierra del Fuego.

**YAITÍ** n. m. *Cuba*. Planta cuya madera, que es muy dura, se emplea para hacer vigas y horcones.

**YAK** o **YAC** n. m. Rumiante de largo pelaje, que vive en el Tíbet a 5 000 m de alt., utilizado como animal de labor, montura y carga. (Familia bóvidos.)

**YAL** n. m. *Chile*. Pajarillo conirrostro que tiene el pico amarillo y el plumaje gris.

**ŶAMĀ'A** n. f. (voz árabe, *asamblea*). En el N de África, reunión de notables que representan un aduar.

**YÁMANA** → ***yahgán***.

**YÁMBICO, A** adj. Relativo al yambo. **2.** Compuesto de yambos.

**YAMBO** n. m. (lat. *iambum*). MÉTRIC. Pie de verso compuesto de una sílaba breve y otra larga acentuada. **2.** MÉTRIC. En la métrica española, verso formado por sílabas átonas y tónicas alternadas.

**YAMBO** n. m. Mirtácea de la India, cultivada por sus frutos refrescantes.

**YANACONA** n. m. y f. (del quechua *yanaquna*). Denominación dada a los servidores del inca y otras personalidades, y después a los indígenas que fueron entregados como servidores a los conquistadores españoles.

**YANACONAJE** n. m. Sistema de prestación de servicios propio de los yanaconas. **2.** En Perú, sistema de prestaciones laborales a cambio del usufructo de una parcela agrícola.

**YANG** n. m. (voz china). Fuerza cosmológica, indisoluble del yin y del tao, que se manifiesta especialmente por la pasividad.

**YANKEE** o **YANQUI** n. m. y f. y adj. Apodo dado por los ingleses a los colonos rebeldes de Nueva Inglaterra, posteriormente por los sudistas a los nordistas, y actualmente aplicado a los habitantes anglosajones de E.U.A.

**YANOMANO** → ***waica***.

**YANTAR** v. tr. **[1]**. *Poét.* Comer, especialmente al mediodía.

**YANTAR** n. m. Comida, vianda.

**YAPA** n. f. (voz quechua). *Amér.* Propina, añadidura.

**YAPAR** v. tr. **[1]**. *Amér.* Añadir el vendedor algo a lo comprado. **2.** *Argent.* Agregar un objeto a otro de la misma materia o que sirve para el mismo uso.

**YÁPIGOS** o **YAPIGIOS,** pueblo de origen ilirio que se estableció en el s. V a. J.C. en Apulia.

yak

**YAPÓ** n. m. Marsupial de escasas dimensiones, que vive en lugares con agua, ríos y arroyos de Venezuela, Paraguay y Brasil. (Familia didélfidos.)

**YAPÚ** n. m. (voz guaraní). *Argent.* Pájaro de las zonas boscosas y selváticas, de color negro mezclado con amarillo, que alcanza unos 40 cm de long. (Familia ictéridos.)

**YAQUI** adj. y n. m. y f. Relativo a un pueblo amerindio del grupo pima-nahua de la familia lingüística uto-azteca, que vive a orillas del río Yaqui (Sonora, México); individuo de este pueblo.
■ Se alzaron repetidamente contra los españoles para preservar su autonomía, hasta su derrota definitiva en 1832. Posteriormente lucharon en la guerra de Intervención (1861-1867) en el bando imperial, y se rebelaron contra el porfiriato desde 1875.

**YARARÁ** n. f. *Amér. Merid.* Ofidio venenoso, de unos 150 cm de long. y sección casi triangular, de color pardo claro con dibujos más oscuros, en forma de semicírculos y ángulos, y cuya mordedura puede ser mortal. (Familia vipéridos.)

**YARAVÍ** n. m. (voz quechua). Canto tradicional incaico, de carácter melancólico, de Ecuador, N de Argentina, Perú y Bolivia.

**YARDA** n. f. (ingl. *yard*). Unidad de medida de longitud anglosajona equivalente a 0,914 m.

**YARE** n. m. *Venez.* Jugo venenoso que se extrae de la yuca amarga. **2.** *Venez.* Masa de yuca dulce con la que se hace el cazabe.

**YARETA** n. f. *Amér. Merid.* Pequeña planta umbelífera que crece en los páramos andinos.

**YAREY** n. f. *Cuba.* Planta palmácea con cuyas fibras se hacen sombreros. (Familia palmáceas.)

**YARO,** pueblo amerindio originario de Brasil que en el s. XVI se estableció en Uruguay. Los yaro fueron exterminados en el momento de la conquista.

**YATAGÁN** n. m. (turco *yatağan*). Sable encorvado en dos sentidos opuestos, que fue utilizado por los turcos y los árabes.

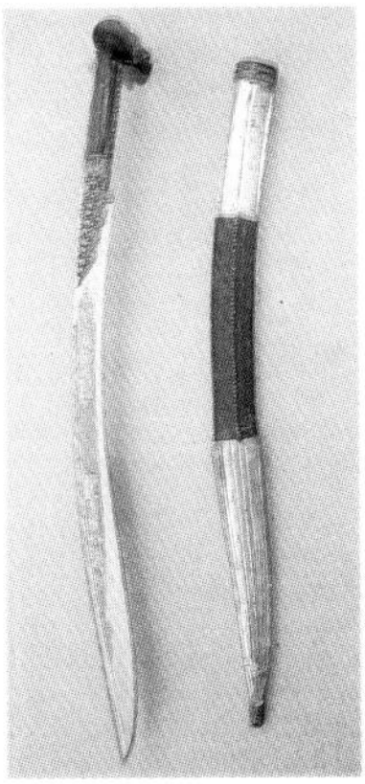

**yatagán** y su vaina (Turquía, ss. XVII y XVIII; museo del ejército, París)

**YATAÍ** o **YATAY** n. m. *Argent., Par.* y *Urug.* Planta con estípite de 8 a 10 m de alt. y hojas de 2,5 a 3 m de long., con cuyos frutos se elabora aguardiente y cuyas yemas terminales se utilizan como alimento para el ganado. (Familia palmáceas.)

**YATE** n. m. (ingl. *yacht*). MAR. Embarcación deportiva o de recreo, de vela o a motor.

**YAUTÍA** n. f. Planta herbácea de América tropical, de tubérculos comestibles. (Familia aráceas.)

**YAYA** n. f. *Cuba.* Planta mirtácea. **2.** *Perú.* Especie de ácaro.

**YAYO, A** n. *Fam.* Abuelo.

**YAZ** n. m. Jazz.

**Yb,** símbolo químico del *iterbio.*

**YE** n. f. Nombre de la letra *y.*

**YÉBEL** o **ŶABAL** n. m. (ár. *ŷabal*). Montaña en el N de África.

**YEDRA** n. f. Hiedra.

**YEGUA** n. f. (lat. *equam*). Hembra del caballo. **2.** *Amér. Central.* Colilla de cigarro. ◆ adj. **3.** *Amér. Central* y *P. Rico.* Estúpido, tonto.

**YEGUADA** n. f. Recua, rebaño de ganado caballar. **2.** *Amér. Central* y *P. Rico.* Tontería, disparate.

**YEGUARIZO, A** adj. y n. *Argent.* Caballar.

**YEÍSMO** n. m. Defecto de dicción que consiste en pronunciar la *ll* como *y.*
■ El *yeísmo,* fenómeno corriente en el habla de Castilla la Nueva, Extremadura, Andalucía y Canarias, se distribuye de forma irregular en el español de América. Son yeístas, en general, los hablantes de México y América Central, buena parte de los de Venezuela y Colombia y una pequeña parte de los de Ecuador y Perú; en el sur, son yeístas la inmensa mayoría de los argentinos y los habitantes del tercio central de Chile.

**YEÍSTA** adj. Relativo al yeísmo. ◆ adj. y n. m. y f. **2.** Que pronuncia la *ll* como *y.*

**YELDO** n. m. En el Cantábrico, plancton superficial visible a simple vista.

**YELMO** n. m. (germánico occ. *helm*). Gran casco de los caballeros y hombres de armas de la edad media. **2.** HERÁLD. Timbre del escudo en forma de casco.

**YEMA** n. f. Brote o renuevo en forma de botón escamoso, que aparece en el tallo de las plantas cuando las hojas todavía se hallan imbricadas o envueltas unas sobre otras. **2.** Parte central, de color amarillo, del huevo de los animales. **3.** Dulce compuesto de azúcar y yema de huevo. • **Yema del dedo,** parte del extremo del dedo, opuesto a la uña.

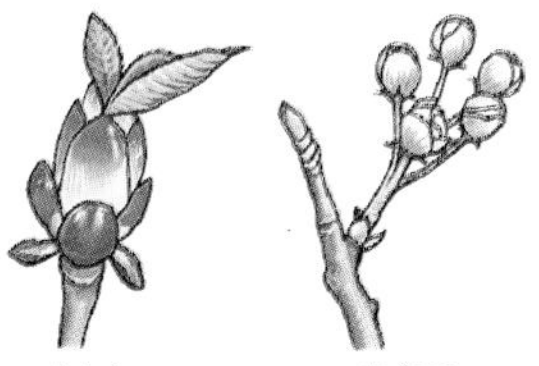


**yemas**

**YEMENÍ** adj. y n. m. y f. Del Yemen.

**YEMITA** n. f. *Méx.* Dulce a base de yema de huevo, azúcar y otros ingredientes.

**YEN** n. m. Unidad monetaria principal de Japón.

**YEOMAN** n. m. (pl. *yeomen*). HIST. En Inglaterra, pequeño propietario.

**YEOMANRY** n. f. Antigua formación territorial del ejército inglés.

**YERBA** n. f. Hierba. • **Yerba mate,** planta arbórea americana de hojas lampiñas, oblongas y aserradas en el borde, fruto en drupa y flores axilares blancas, con cuyas hojas se prepara una infusión (familia aquifoliáceas); producto industrializado de esta planta y que se emplea para hacer la infusión.

**yerba** mate

**YERBAL** n. m. *Argent.* y *Par.* Plantación de yerba mate. **2.** *Colomb.* Matorral.

**YERBATAL** n. m. *Argent.* Yerbal.

**YERBATERO, A** adj. y n. *Chile, Colomb., Ecuad., Méx., P. Rico* y *Venez.* Dícese del médico o curandero que cura con hierbas. ◆ adj. **2.** *R. de la Plata.* Relativo a la yerba mate o a su industria. ◆ n. **3.** *Chile, Colomb., Ecuad., Méx., P. Rico* y *Venez.* Vendedor de hierbas o de forraje. **4.** *R. de la Plata.* Persona que se dedica al cultivo, industrialización o venta de la yerba mate.

**YERBERA** n. f. *Argent.* y *Par.* Conjunto de dos recipientes, por lo común de madera, para la yerba y el azúcar con que se prepara el mate.

**YERBERO, A** n. *Méx.* Curandero.

**YERBILLA** n. f. *Guat.* Tela de algodón con cuadros de colores diferentes.

**YERMAR** v. tr. **[1]**. Despoblar o dejar yermo un terreno, campo, etc.

**YERMO, A** adj. Inhabitado, despoblado. ◆ adj. y n. m. **2.** Dícese del terreno o campo erial o no cultivado.

**YERNO** n. m. (lat. *gener*). Respecto de una persona, marido de su hija.

**YERO** n. m. Planta herbácea que crece en la península Ibérica y cuya harina se utiliza como pienso. (Familia papilionáceas.)

**YERRA** n. f. *R. de la Plata.* Acción y efecto de marcar con el hierro el ganado.

**YERRO** n. m. Falta o equivocación cometida por descuido, inadvertencia o ignorancia.

**YÉRSEY** o **YERSI** n. m. *Amér.* Jersey. **2.** *Amér.* Tejido fino de punto.

**YERTO, A** adj. Tieso, rígido, inerte por el frío, la muerte, el miedo u otro sentimiento.

**YESAR** n. m. Cantera de yeso.

**YESCA** n. f. (lat. *escam,* alimento). Materia esponjosa en la que prende fácilmente cualquier chispa. **2.** *Fig.* Materia que por estar muy seca está expuesta a encenderse o arder.

**YESERA** n. f. Yesar.

**YESERÍA** n. f. Fábrica o tienda de yeso. **2.** Elemento decorativo en yeso tallado, muy utilizado en la arquitectura hispanoárabe. **3.** Obra hecha de yeso.

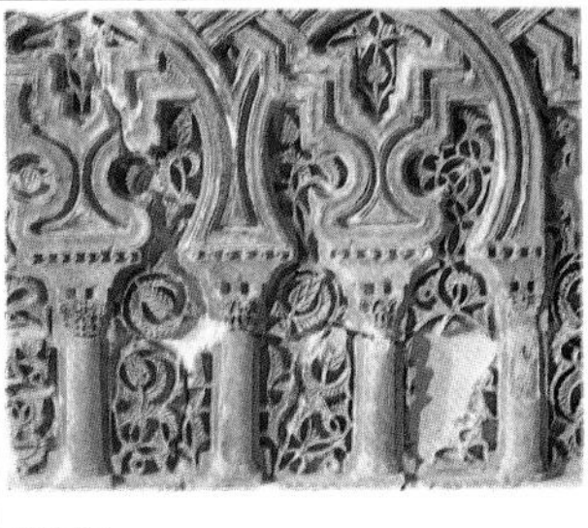

**yeserías**
(palacio de la Aljafería, Zaragoza)

**YESERO, A** adj. Relativo al yeso. ◆ n. **2.** Persona que tiene por oficio fabricar o vender yeso.

**YESO** n. m. (lat. *gypsum*). Roca sedimentaria formada por sulfato cálcico hidratado y cristalizado. **2.** Material que resulta de la deshidratación parcial del yeso natural o piedra de yeso, por calentamiento a temperaturas del orden de 150 °C, y de una molturación, y que, mezclado con agua, fragua formando una masa a la vez sólida y blanda que se utiliza para la reproducción de esculturas, la inmovilización de miembros fracturados, la construcción, etc. **3.** Obra vaciada en yeso. **4.** Vaciado de una estatua.

**YESOSO, A** adj. Que contiene yeso. **2.** De yeso o semejante a él.

**YESQUERO** n. m. Encendedor que utiliza la yesca como materia combustible. **2.** *P. Rico.* Mechero, encendedor.

**YETA** n. f. *Argent.* y *Urug.* Desgracia continua, mala suerte.

**YETI** n. m. Animal legendario que vive en la vertiente S del Himalaya y que en occidente se denomina «abominable hombre de las nieves».

**YEYUNO** n. m. Parte del intestino delgado que está a continuación del duodeno.

**YIDDISH** n. m. Lengua germánica hablada por las

comunidades judías de Europa central y oriental. SIN.: *judeoalemán.*

**YIELD** n. m. (voz inglesa). ECON. Rendimiento proporcional de los beneficios de una actividad económica.

**ŶIHĀD** n. m. (voz árabe, *esfuerzo*). Guerra santa que todos los musulmanes deben realizar contra los infieles.

**YIN** n. m. (voz china). Fuerza cosmológica, indisoluble del yang y del tao, que se manifiesta sobre todo por el movimiento.

**ŶINN** n. m. En las creencias musulmanas, espíritu benefactor o maléfico.

**YIRO** n. m. *Argent.* y *Urug. Vulg.* Prostituta.

**YO** pron. pers. de la primera persona del sing. de los dos géneros. Funciona como sujeto o predicado nominal. ◆ n. m. **2.** Lo que constituye la individualidad, la personalidad. **3.** FILOS. Sujeto pensante: *oposición entre el yo y el «no yo».* **4.** SICOANÁL. Entidad de la estructura síquica constituida por la parte del ello que se ha modificado al tomar contacto con el mundo exterior. SIN.: *ego.* • **Ideal del yo** (SICOANÁL.), posición del superyó que representa un ideal al que el sujeto trata de compararse por identificación con los modelos de los padres. ‖ **No yo** (FILOS.), conjunto de todo lo que es distinto del yo. ‖ **Yo ideal** (SICOANÁL.), posición del yo perteneciente al registro de lo imaginario y que representa el ideal infantil de omnipotencia heredado del narcisismo.

**YOD** n. f. Nombre dado en lingüística a la *i* semiconsonante o semivocal.

**YODACIÓN** o **IODACIÓN** n. f. Esterilización de las aguas de consumo por yodo.

**YODADO, A** o **IODADO, A** adj. Que contiene yodo.

**YODAR** o **IODAR** v. tr. [**1**]. Tratar con yodo.

**YODATO** o **IODATO** n. m. Sal del ácido yódico.

**YODHÍDRICO, A** o **IODHÍDRICO, A** adj. Dícese del ácido (HI) formado por combinación de yodo e hidrógeno.

**YÓDICO, A** o **IÓDICO, A** adj. Dícese del ácido ($HIO_3$) resultante de la oxidación del yodo.

**YODISMO** o **IODISMO** n. m. Intoxicación por yodo.

**YODO** o **IODO** n. m. (gr. *iōdēs*, violeta). Cuerpo simple no metal, de símbolo químico I, número atómico 53, masa atómica 126,90 y densidad 4,93, color gris negruzco con brillo metálico, que funde a 114 °C y desprende vapores de color violeta cuando se calienta.

**YODOFORMO** o **IODOFORMO** n. m. Denominación corriente del triyodometano, de fórmula $CH_3I$, que se emplea especialmente como antiséptico.

**YODURO** o **IODURO** n. m. Sal del ácido yodhídrico.

**YOGA** n. m. Disciplina espiritual y corporal, nacida de un sistema filosófico brahmánico, y destinada a liberar el espíritu de las tensiones del cuerpo por el dominio de su movimiento, de su ritmo y de la respiración.

**YOGUI** n. m. y f. (hindú *yogī*). Persona que practica yoga.

**YOGUR, YOGHOURT** o **YOGHURT** n. m. Leche cuajada preparada con la ayuda de fermentos lácticos acidificantes.

**YOHIMBINA** n. f. Alcaloide de la corteza de yoimboa, cuya acción se opone a los efectos del sistema simpático.

**YOIMBOA, YOHIMBÉ** o **YUMBEHOA** n. m. Planta arbórea, originaria de Camerún, cuya madera se emplea en trabajos de minas, traviesas y construcciones navales. (Familia apocináceas.)

**YOLA** n. f. (del ingl. *yawl*). MAR. Embarcación estrecha y muy ligera, movida a remo.

**YONQUI** n. m. y f. *Fam.* Persona que se inyecta droga habitualmente.

**YORUBA,** pueblo de África occidental (Nigeria principalmente, Togo y Benín), que habla una lengua del grupo kwa. Fundaron reinos (Ifé*, Benín*) a partir del s. XV.

**YO-YO** n. m. (marca registrada). Juguete de origen chino que consiste en un disco acanalado como una lanzadera, al que se hace subir y bajar a lo largo de un hilo atado a su eje.

**YUAN** n. m. Unidad monetaria principal de la República Popular de China.

**YUBARTA** n. f. Mamífero cetáceo de 15 m de long., de largas aletas, que vive en todos los mares.

**YUCA** n. f. Liliácea americana parecida al áloe, aclimatada en los países templados y con cuya raíz se elabora una harina alimenticia.

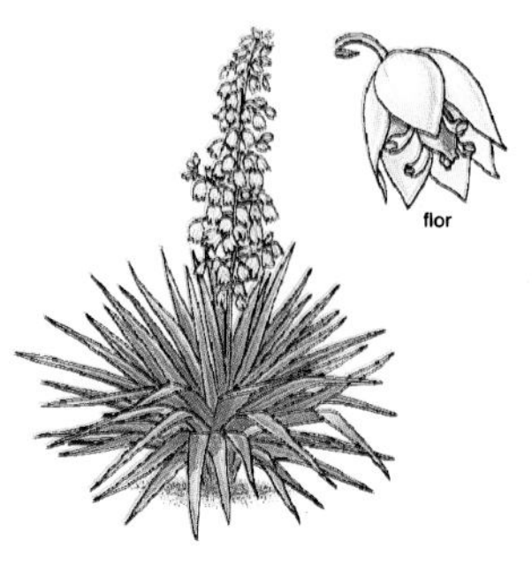


yuca

**YUCAL** n. m. Terreno plantado de yucas.

**YUCATECA** n. m. LING. Maya.

**YUCATECO, A** adj. y n. De Yucatán.

**YUDO** n. m. Judo.

**YUGO** n. m. (lat. *iugum*). Instrumento de madera que se fija a la cabeza o a la cruz de las mulas o bueyes, y al que va sujeta la lanza del carro, el timón del arado, etc. **2.** Armazón de madera de la que cuelga la campana. **3.** *Fig.* Ley o dominio despótico que somete y obliga a obedecer: *estar bajo el yugo de un tirano.* **4.** ANT. Lanza colocada horizontalmente sobre otras dos hincadas en tierra, y bajo la cual los romanos hacían pasar a los enemigos vencidos. **5.** HIST. Emblema que indica sumisión o mansedumbre y que simboliza el matrimonio.

**YUGOSLAVO, A** o **YUGOESLAVO, A** adj. y n. De Yugoslavia.

**YUGULAR** adj. ANAT. Relativo al cuello. ◆ n. f. y adj. **2.** Una de las grandes venas del cuello. **3.** En las antiguas armaduras, pieza compuesta de láminas metálicas que descendían a ambos lados del casco, para resguardar cara y cuello, y se ataban por debajo de la barba.

**YUGULAR** v. tr. [**1**]. Degollar, cortar la garganta o el cuello. **2.** *Fig.* Cortar brusca o repentinamente el desarrollo de algo.

**YUKO** n. m. En judo, ventaja técnica que se obtiene proyectando claramente al adversario sobre el lado del cuerpo, o inmovilizándolo en el suelo durante un mínimo de 20 segundos, pero menos de 25.

**YUMA,** pueblo amerindio de América del Norte, que se extiende de California y Arizona al N de México.

**YUNCARIRSH** → ***chiquito.***

**YUNGA** o **YUNCA,** adj. y n. m. y f. Relativo a un pueblo amerindio ya extinguido que vivía en la región costera de Perú; individuo de este pueblo.

**YUNQUE** n. m. Bloque de hierro acerado sobre el que se forjan los metales. **2.** ANAT. Segundo huesecillo del oído medio.

**YUNTA** n. f. (lat. *iunctam*). Par de bueyes, mulas u otros animales que se uncen juntos y sirven en las labores del campo o en los acarreos.

**YUNTAS** n. f. pl. *Venez.* Gemelos.

**YUPATÍ** n. m. Marsupial de unos 30 cm de long., que vive en los bosques de América, desde Costa Rica hasta el centro de Paraguay. (Familia didélfidos.)

**YUPPY** n. m. y f. (voz angloamericana). Joven profesional que adopta un sistema de valores conservador basado en el triunfo profesional y económico, pero que en su vida no profesional manifiesta actitudes formalmente progresistas.

**YUQUERÍ** n. m. *Argent.* Planta de fruto similar a la zarzamora. (Familia mimosáceas.)

**YUQUILLA** n. f. *Cuba.* Sagú.

**YURÉ** n. m. *C. Rica.* Especie de paloma pequeña.

**YURRO** n. m. *C. Rica.* Manantial, arroyuelo.

**YURUMA** n. f. *Venez.* Médula de una planta palmácea con la que se elabora una harina panificable.

**YURUMÍ** n. m. *Amér. Merid.* Tipo de oso hormiguero.

**YUTE** n. m. (ingl. *jute*). Tejido basto que sirve para hacer tela de saco, que se obtiene de los tallos de una planta de la familia tiliáceas, cultivada en la India, Bangla Desh y China. **2.** Planta que suministra dicho tejido.

**YUTE** → ***ute.***

**YUXTALINEAL** adj. Dícese de la traducción en la que el texto y el original se corresponden línea por línea en dos columnas contiguas.

**YUXTAPONER** v. tr. y pron. [**5**]. Poner una cosa junto a otra o poner dos cosas juntas.

**YUXTAPOSICIÓN** n. f. Acción y efecto de yuxtaponer.

**YUXTAPUESTO, A** adj. LING. Dícese de las palabras u oraciones que están en relación sin estar ligadas por ninguna preposición o conjunción.

**YUYAL** n. m. *Amér. Merid.* Paraje poblado de yuyos.

**YUYERO, A** adj. y n. *Argent.* Dícese de la persona aficionada a las hierbas medicinales. **2.** *Argent.* Dícese del curandero que receta principalmente hierbas. **3.** *Argent.* Dícese de la persona que vende hierbas.

**YUYO** n. m. *Amér. Merid.* Hierbajo. • **Yuyo colorado** (*Argent.*), carurú. ◆ **yuyos** n. m. pl. **2.** *Argent.* y *Perú.* Hierbas tiernas comestibles. **3.** *Colomb.* y *Ecuad.* Hierbas que sirven de condimento.

**YUYÚ** n. m. Pequeña embarcación china, corta, ancha y maniobrada a vela o a remo.

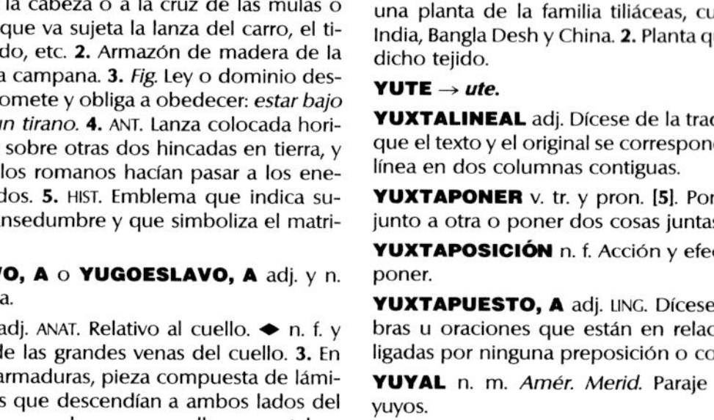

cultivos de *Corchorus* con cuya fibra se fabrica el **yute** (NE de Tailandia)

# Z

**Z** n. f. Vigésima séptima letra del alfabeto español y la vigésima segunda de las consonantes. (Es una fricativa interdental sorda [θ].) **2.** Conjunto de los números enteros relativos, es decir de los números positivos y negativos, y del cero ($\mathbb{Z}$). **3.** Conjunto de los números enteros relativos excepto el cero ($\mathbb{Z}^*$).

**ZABORDAMIENTO** o **ZABORDO** n. m. MAR. Acción y efecto de zabordar.

**ZABORDAR** v. intr. **[1]**. MAR. Varar un barco en tierra.

**ZACATAL** n. f. *Amér. Central* y *Méx.* Pastizal.

**ZACATE** n. m. (voz nahua). *Amér. Central* y *Méx.* Hierba, pasto, forraje. **2.** *Méx.* Estropajo.

**ZACATECA** adj. y n. m. y f. Relativo a un pueblo amerindio de México (Zacatecas, Durango), actualmente extinguido, nómada y de cultura bastante primitiva; individuo de este pueblo.

**ZACATECA** n. m. *Cuba.* Empleado de pompas fúnebres.

**ZACATÓN** n. m. *C. Rica.* y *Méx.* Hierba alta para pasto.

**ZACATÓN, NA** n. *Méx. Fam.* Persona miedosa, huidiza, cobarde.

**ZACUA** n. f. *Méx.* Pájaro ictérido dañino para los cultivos, cuyas plumas eran utilizadas por los aztecas como adorno.

**ZAFACOCA** n. f. *Amér.* Riña.

**ZAFACÓN** n. m. *Dom.* y *P. Rico.* Cubo de basura.

**ZAFADO, A** adj. y n. *Argent.* Atrevido, descarado, insolente. **2.** *Méx.* Loco chiflado.

**ZAFADURA** n. f. *Amér.* Dislocación, luxación.

**ZAFADURÍA** n. f. *Argent.* y *Urug.* Conducta o lenguaje atrevidos.

**ZAFAR** v. tr. **[1]**. Adornar, embellecer, cubrir algo.

**ZAFARRANCHO** n. [illegible] Acción y efecto de desembarazar una parte [illegible].a embarcación, para dejarla dispuesta a determinada faena. **2.** *Fig.* y *fam.* Destrozo, estrago, trastorno producido en algo. **3.** *Fig.* y *fam.* Riña o pendencia con gran alboroto y ruido. **4.** En un cuartel militar, limpieza general de los dormitorios y anexos. • **Zafarrancho de combate,** preparación de las armas y útiles de combate, de un barco, para desarrollar la máxima efectividad en una inmediata acción de guerra.

**ZAFARSE** v. pron. **[1]**. Escaparse, esconderse. **2.** *Fig.* Excusarse de hacer algo. **3.** *Fig.* Librarse de una molestia. **4.** *Amér.* Dislocarse, descoyuntarse un hueso.

**ZAFIEDAD** n. f. Calidad de zafio.

**ZAFIO, A** adj. Tosco, inculto o grosero en los modales o en el comportamiento.

**ZAFÍREO, A** o **ZAFIRINO, A** adj. De color azul, como el zafiro.

**ZAFIRO** n. m. (ár. *safir*). Piedra preciosa de color azul, variedad transparente de corindón. **2.** HERÁLD. En las armas reales, azur.

**zafiro**
(museo de mineralogía, escuela de minas, París)

**ZAFRA** n. f. Vasija de metal, grande, con tapadera, y generalmente con un grifo en su parte inferior, donde se coloca el aceite para almacenarlo.

**ZAFRA** n. f. (port. *safra*, cosecha). Cosecha o recolección de la caña de azúcar. **2.** Fabricación del azúcar de caña y del de remolacha, y tiempo que dura esta fabricación. **3.** *Can.* Cosecha.

**ZAFRE** n. m. Óxido de cobalto, de color azul.

**ZAGA** n. f. Parte de atrás o posterior de una cosa. • **A, a la,** o **en, zaga,** detrás o en la parte posterior. || **No ir, no irse,** o **no quedarse, en zaga** alguien o algo, no ser inferior en el asunto de que se trata.

**ZAGAL, LA** n. Muchacho que ha llegado a la adolescencia. **2.** Pastor joven que está a las órdenes del rabadán o mayoral.

**ZAGUÁN** n. m. Pieza o habitación cubierta inmediata a la entrada de un edificio y que sirve de vestíbulo.

**ZAGUERO, A** adj. y n. Que va, está situado o se coloca detrás. ◆ n. **2.** En diversos deportes de equipo, jugador que se coloca detrás.

**ZAHERIDOR, RA** adj. y n. Que zahiere o gusta de zaherir.

**ZAHERIMIENTO** n. m. Acción de zaherir.

**ZAHERIR** v. tr. **[22]**. Reprender, censurar con humillación o malos tratos.

**ZAHÍNA** n. f. Planta gramínea anual, originaria de la India, con flores en panoja colgante y granos mayores que los cañamones, los cuales sirven para hacer pan y de alimento a las aves. (Toda la planta se usa como pasto.)

**ZAHÓN** n. m. Prenda que llevan los cazadores y gente de campo para resguardar el traje. (Suele usarse en plural.)

**ZAHORÍ** n. m. y f. (ár. *zuharí*, geomántico). Persona a quien se atribuye la facultad de descubrir manantiales subterráneos, valiéndose de una varilla o de un péndulo. **2.** *Fig.* Persona perspicaz y escudriñadora.

**ZAHÚRDA** n. f. Pocilga. **2.** Tugurio, vivienda sucia y miserable.

**ZAINO, A** adj. Traidor, falso, poco digno de confianza. **2.** Dícese de la caballería falsa o con resabios. **3.** Dícese del caballo o de la yegua de pelaje castaño oscuro. **4.** Dícese de la res vacuna de color negro sin ningún pelo blanco.

**ZAIRE** n. m. Unidad monetaria de la Rep. Dem. del Congo (ex Zaire).

**ZALAMERÍA** n. f. Caricia, halago o demostración de cariño, afectada y empalagosa.

**ZALAMERO, A** adj. y n. Que hace o tiende a hacer zalamerías. **2.** Que denota zalamería.

**ZALEMA** n. f. (ár. *salem*, paz). Reverencia hecha como señal de sumisión. **2.** Zalamería.

**ZAMACUCO, A** n. Persona que, haciéndose la torpe o callando, hace siempre su voluntad.

**ZAMACUECA** n. f. Danza cantada típica de Chile, que apareció hacia 1825 procedente de Perú y se impuso en los medios urbanos y rurales. **2.** Música y canto de este baile.

**ZAMARRA** n. f. Prenda de vestir, en forma de chaleco, hecha de piel con su pelo. **2.** Chaqueta de mucho abrigo, hecha de piel u otro material.

**ZAMARREAR** v. tr. **[1]**. Sacudir el perro, el lobo u otra fiera la res o pieza que tiene asida por los dientes, para despedazarla o rematarla. **2.** *Fig.* y *fam.* Maltratar a uno zarandeándolo, golpeándolo o moviéndolo con violencia de un lado a otro. **3.** *Fig.* y *fam.* Acosar o apretar a alguien en una pendencia o disputa colocándole en situaciones apuradas.

**ZAMARRILLA** n. f. Planta leñosa aromática de la península Ibérica. (Familia labiadas.)

**ZAMARRO** n. m. Zamarra, prenda de vestir. ◆ **zamarros** n. m. pl. **2.** *Colomb.*, *Ecuad.* y *Venez.* Especie de zahones para montar.

**ZAMARRONEAR** v. tr. **[1]**. *Argent.*, *Chile* y *Ecuad.* Zamarrear.

**ZAMBA** n. f. *Amér. Merid.* Danza en compás de 6/8, que se baila en pareja suelta y con revoleo de pañuelos.

**ZAMBAPALO** n. m. Danza grotesca, originaria de América, que se practicó en España durante los ss. XVI y XVII. **2.** Música de esta danza.

**ZAMBO, A** adj. y n. Que tiene torcidas las piernas hacia afuera, desde las rodillas. **2.** *Amér.* Dícese del hijo de negro e india o viceversa. ◆ n. m. **3.** Mono de América, que tiene la cola prensil y casi tan larga como el cuerpo. (Familia cébidos.)

**ZAMBOMBA** n. f. Instrumento musical rústico, formado por un cilindro hueco, abierto por un extremo y cerrado por el otro con una piel muy tirante, que tiene en el centro una varilla que al ser frotada produce sonidos fuertes y ásperos. ◆ interj. **2.** *Fam.* Denota sorpresa o asombro.

**ZAMBOMBAZO** n. m. *Fam.* Estampido o explosión con mucho ruido y fuerza.

**ZAMBRA** n. f. (ár. *zamr*). Fiesta gitana con cante y baile, que deriva de una antigua danza ritual gitana originaria de una fiesta morisca homónima. **2.** *Fig.* y *fam.* Algarada, bulla o jaleo producido por un grupo grande de gente.

**ZAMBULLIDA** n. f. Acción y efecto de zambullir o zambullirse.

**ZAMBULLIR** v. tr. y pron. [**3h**]. Sumergir o sumergirse en el agua o cualquier otro líquido, de forma impetuosa y rápida. ◆ **zambullirse** v. pron. **2.** *Fig.* y *fam.* Meterse de lleno en alguna actividad o asunto: *zambullirse en el estudio.*

**ZAMBULLÓN** n.m. *Amér.* Zambullida.

**ZAMBUTIR** v. tr. [**3**]. *Méx. Fam.* Introducir, llenar, meter alguna cosa a la fuerza en un lugar estrecho.

**ZAMORANO, A** adj. y n. De Zamora.

**ZAMPABOLLOS** n. m. y f. (pl. *zampabollos*). *Fam.* Persona glotona.

**ZAMPAR** v. tr. [**1**]. Meter bruscamente una cosa en un líquido o en un sitio. **2.** Estampar, arrojar algo contra un sitio o dejarlo caer de modo que choque violentamente. ◆ v. intr. y pron. **3.** Comer de prisa, con avidez o con exageración. ◆ **zamparse** v. pron. **4.** *Fam.* Dejarse caer o meterse en algún sitio de golpe y sin mirar nada. **5.** *Desp.* Entrar en un sitio sin ser invitado, sin pedir permiso o sin llamar.

**ZAMPÓN, NA** adj. y n. *Fam.* Tragón, glotón.

**ZAMPOÑA** n. f. Instrumento musical rústico a modo de flauta, chirimía o gaita. **2.** *Fig.* y *fam.* Dicho trivial, superficial y sin sustancia.

**ZAMUCO** o **SAMUCO,** pueblo amerindio del N del Chaco (Chile y Argentina) y cultura de los pueblos del Chaco.

**ZAMURO** n. m. *Colomb.* y *Venez.* Zopilote.

**ZANAHORIA** n. f. Planta bianual que se cultiva por su raíz fusiforme, rica en azúcar y comestible. (Familia umbelíferas.) **2.** Raíz de esta planta.

**zanahorias** (cultivadas)

**ZANĀTA** adj. y n. m. y f. Relativo a un pueblo beréber del N de África; miembro de este pueblo. SIN.: *cenete.*

■ En la edad media, los zanāta constituyeron la fracción beréber más numerosa de la península Ibérica, como tropas mercenarias o aliadas de los califas omeyas. Al disgregarse el califato, varios taifas fueron dominados por dinastías zanāta.

**ZANATAL** n. m. *Méx.* Bandada de zanates.

**ZANATE** n. m. *C. Rica, Guat., Méx.* y *Nicar.* Pájaro de plumaje negro que se alimenta de semillas.

**ZANCA** n. f. Pierna de las aves desde el tarso hasta la junta del muslo, cuando es larga. **2.** *Fig.* y *fam.* Pierna del hombre o de cualquier animal cuando es larga y delgada. **3.** CONSTR. Viga o pieza de apoyo en pendiente, a la que se fijan las huellas y contrahuellas de una escalera y que limita a ésta por la parte del vano o hueco. SIN.: *limón, limonera.*

**ZANCADA** n. f. Paso más largo del normal: *dar zancadas.* • **De,** o **en, dos zancadas** *(Fam.),* con rapidez o facilidad para llegar a un sitio.

**ZANCADILLA** n. f. Acción de cruzar uno su pierna por entre las de otro para hacerle perder el equilibrio y caer. **2.** *Fig.* Ardid, estratagema o engaño para perjudicar a alguien.

**ZANCADILLEAR** v. tr. [**1**]. Poner o hacer la zancadilla a alguien.

**ZANCAJOSO, A** adj. Que tiene los pies torcidos hacia fuera.

**ZANCO** n. m. Cada uno de los dos palos altos, con soportes donde se apoyan los pies, sobre los que se anda, por juego o como ejercicio de destreza. (Suele usarse en plural.) **2.** CONSTR. Cualquiera de los maderos o puntales verticales que forman la base o parte principal de un andamio.

**ZANCÓN, NA** adj. *Fam.* Que tiene las zancas largas. **2.** *Colomb., Guat., Méx.* y *Venez.* Dícese del traje demasiado corto.

**ZANCUDO, A** adj. Que tiene las zancas largas. ◆ adj. y n. f. **2.** Relativo a un grupo de aves de largas patas que buscan su alimento en las aguas dulces poco profundas. ◆ n. m. **3.** *Amér.* Mosquito.

**ZANDÉ** o **AZANDE,** pueblo de Sudán y de la Rep. Dem. del Congo (ex Zaire).

**ZANGANEAR** v. intr. [**1**]. *Fam.* Holgazanear.

**ZÁNGANO** n. m. Abeja macho.

**ZÁNGANO** n. m. Fandango bailable, oriundo de Málaga, de procedencia folklórica y asimilado al flamenco a partir de la segunda mitad del s. XIX.

**ZÁNGANO, A** n. *Fam.* Persona holgazana que no trabaja ni hace nada de provecho. **2.** *Fig.* y *fam.* Persona sin gracia ni oportunidad.

**ZANGOLOTEAR** v. tr., intr. y pron. [**1**]. *Fam.* Mover o moverse continua y violentamente.

**ZANGOLOTEO** n. m. *Fam.* Acción de zangolotear.

**ZANGOLOTINO, A** adj. *Fam.* Dícese del muchacho que viste todavía, impropiamente, de niño o hace otras cosas propias de niño.

**ZANGUANGO, A** adj. y n. Indolente, perezoso. ◆ n. **2.** *Amér. Merid.* Persona generalmente corpulenta que se comporta de manera estúpida y torpe.

**ZANJA** n. f. Excavación larga y estrecha que se hace en la tierra. **2.** *Amér.* Surco que abre en la tierra la corriente de un arroyo.

**ZANJAR** v. tr. [**1**]. Abrir o excavar zanjas. **2.** *Fig.* Resolver las dificultades o inconvenientes, de modo expeditivo, para poner fin a un asunto: *zanjar una cuestión, una discusión.*

**ZANJÓN** n. m. *Chile.* Precipicio, despeñadero.

**ZANNI** o **ZANI** n. m. (del lombardo véneto *Zan,* Giovanni, Juan). Personaje bufón de la comedia italiana.

**ZANQUEAR** v. intr. [**1**]. Torcer las piernas al andar. **2.** Andar a grandes pasos o con prisa.

**ZAPA** n. f. (lat. *sappam*). Especie de pala que usan los zapadores. **2.** Trinchera o zanja abierta al pie de un muro, de una obra, etc., para destruir sus cimientos. **3.** Excavación de galería subterránea, o de trinchera o zanja al descubierto. **4.** GEOMORFOL. Destrucción de un relieve por la base. • **Trabajo,** o **labor, de zapa** *(Fig.),* actividad o labor clandestina de destrucción progresiva.

**ZAPA** n. f. Piel de raya, tiburón u otros escualos o seláceos, preparada y teñida de diversos colores, para encuadernaciones, estuches, etc.

**ZAPADOR** n. m. Antiguamente, soldado especializado en los trabajos de zapa. **2.** En la actualidad, militar perteneciente o encuadrado en unidades básicas del arma de ingenieros.

**ZAPALLO** n. m. *Amér. Merid.* Calabacera. **2.** *Amér. Merid.* Fruto de esta planta.

**ZAPALOTE** n. m. *Amér. Central.* Maíz que tiene granos de varios colores en la mazorca.

**ZAPANDO, A** adj. *Cuba* y *P. Rico.* Dícese del alimento que está correoso por falta de cocción.

**ZAPAPICO** n. m. Herramienta con mango de madera y dos bocas opuestas, terminada la una en punta y la otra en corte angosto.

**ZAPAR** v. tr. e intr. [**1**]. Hacer excavaciones.

**ZÁPARO,** pueblo amerindio amazónico de Ecuador y lengua propia, el záparo. Destaca el grupo semigae.

**ZAPATA** n. f. Calzado que llega a media pierna, parecido al coturno antiguo. **2.** Madero que calza un puntal. • **Zapata de freno** (TECNOL.), pieza metálica revestida periféricamente de un material especial y que, por rozamiento, retarda o detiene un movimiento.

**ZAPATEADO** n. m. Modalidad de baile flamenco considerada como el punto de partida de los restantes estilos bailables gitano-andaluces conocidos, caracterizada por el rítmico golpear de los pies. **2.** Música de este baile.

**ZAPATEAR** v. tr. [**1**]. Dar golpes en el suelo con los pies calzados. **2.** En el baile, dar golpes con los pies llevando un ritmo muy vivo. **3.** ESGR. Dar o señalar muchos golpes al contrario con el botón o zapatilla, sin recibir ninguno. ◆ v. intr. **4.** EQUIT. Moverse el caballo aceleradamente sin cambiar de sitio.

**ZAPATEO** n. m. Acción y efecto de zapatear.

**ZAPATERÍA** n. f. Taller donde se hacen zapatos. **2.** Tienda de zapatos. **3.** Oficio, actividad o arte de hacer zapatos.

**ZAPATERO, A** n. Persona que tiene por oficio hacer, componer o vender zapatos. • **Zapatero de viejo,** o **remendón,** el que tiene por oficio recomponer zapatos. ◆ adj. **2.** Dícese de las legumbres y otros alimentos cuando, por cocción defectuosa u otra causa, resultan duros y correosos. ◆ n. m. **3.** Teleósteo acantopterigio, de cabeza puntiaguda, que vive en los mares de América tropical. **4.** Mueble para guardar zapatos. **5.** Tejedor, insecto.

**ZAPATETA** n. f. Golpe dado con la mano en un zapato o haciendo chocar los dos zapatos uno contra el otro, brincando al mismo tiempo. **2.** Cabriola que se hace en la danza.

**ZAPATILLA** n. f. Zapato ligero, sin cordones ni ninguna clase de sujeción, que se emplea especialmente para estar en casa. **2.** Zapato plano usado en ballet, generalmente de seda, con la suela de cuero muy ligero. **3.** Nombre que se da a diferentes tipos de zapatos especiales para practicar determinados deportes: *zapatilla de tenis, de atletismo.* **4.** Suela del taco de billar.

**ZAPATISTA** adj. y n. m. y f. Relativo al movimiento agrarista revolucionario dirigido por E. Zapata, que se desarrolló en el S y centro de México durante la revolución mexicana; partidario de E. Zapata o de dicho movimiento. **2.** Relativo al Ejército Zapatista de Liberación que participó en la rebelión campesina indígena de Chiapas (1994); miembro o partidario de dicho ejército.

**ZAPATO** n. m. Calzado que cubre el pie hasta el tobillo, con la planta de suela, goma, etc., y el resto de piel, fieltro, paño, etc. • **No llegarle a la suela del zapato** a alguien *(Fam.),* ser muy inferior a él en general, o en la cualidad de que se trata. || **Saber dónde le aprieta el zapato** *(Fam.),* saber y conocer bien las circunstancias que le rodean, sus problemas o conveniencias y actuar de acuerdo con ellas.

**ZAPATUDO, A** adj. *Cuba* y *P. Rico.* Dícese del alimento que está correoso por falta de cocción.

**ZAPORÓZHETS** o **ZAPOROGOS,** cosacos establecidos más allá de los rápidos del Dniéper (ss. XVI-XVIII).

**ZAPOTAL** n. m. Terreno en que abundan los zapotes.

**ZAPOTAZO** n. m. *Méx. Fam.* Golpe que al caer se da uno contra el suelo.

**ZAPOTE** o **ZAPOTERO** n. m. (náhuatl *zapotl*). Planta arbórea, de distintas especies, tronco liso, madera blanca y fruto comestible de forma

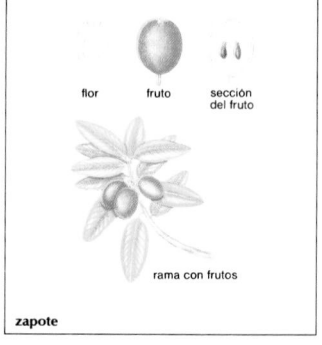

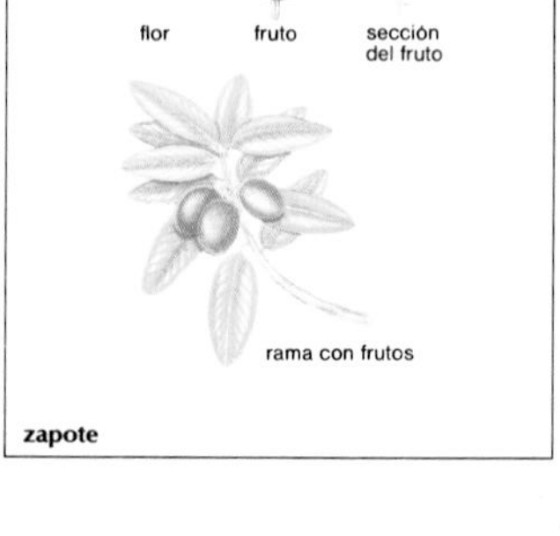

**zapote**

esférica, consistencia blanda y sabor muy dulce. (Crece en América y está aclimatada a la península Ibérica. Familia sapotáceas.) **2.** Fruto de este árbol.

**ZAPOTECA** adj. y n. m. y f. Relativo a un pueblo amerindio de México, del grupo olmeca, de lengua otomangue, que vive esencialmente en Oaxaca, pero también en Veracruz, Chiapas y Guerrero; individuo de dicho pueblo.
■ En el s. IX a. J.C. los zapotecas ocuparon Etla, la laguna Zope, Huamelulpan y Monte Albán. En 100-800 d. J.C. tuvieron un período de esplendor (Monte Albán). Hacia 1100 d. J.C., desplazados por los mixtecas, se establecieron en Zaachila y Mitla, y lograron subsistir pese a los ataques del azteca Ahuitzotl a principios del s. XVI. En 1551 fueron sometidos por los españoles. Realizaron complejas construcciones funerarias, pirámides y estelas, y practicaron la metalurgia (oro) y la cerámica.

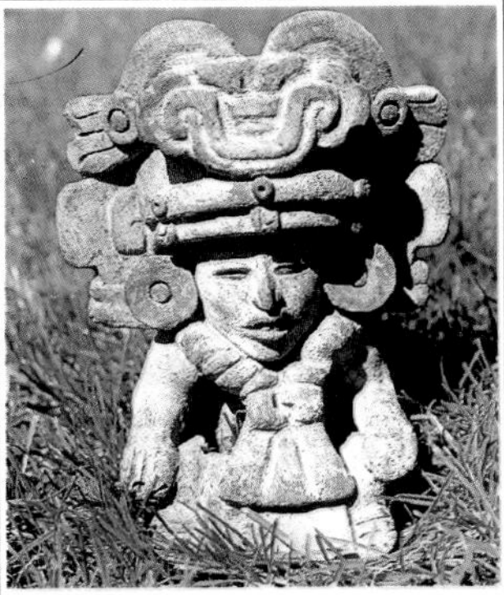

el arte de los **zapotecas:** urna funeraria de Monte Albán, que representa una divinidad. Terracota polícroma

**ZAPOYOLITO** n. m. *Amér.* Ave trepadora similar al perico.

**ZAPPING** n. m. (voz inglesa). Práctica del espectador de televisión que efectúa continuos cambios de canal mediante el mando a distancia.

**ZAR** o **CZAR** n. m. (eslavo *tsar;* del lat. *caesar*). Título que se daba al emperador de Rusia y a los soberanos de Bulgaria y Serbia.

**ZARA** n. f. Maíz.

**ZARABANDA** n. f. Danza popular española, de compás ternario. **2.** Música de esta danza. **3.** Copla que se cantaba con esta música. **4.** *Fig.* Jaleo, ruido, agitación, desorden.

**ZARAGATA** n. f. *Fam.* Alboroto o tumulto producido por personas que hablan y ríen o que se pelean y riñen.

**ZARAGATE** n. m. *Amér. Central* y *Venez.* Pícaro, persona despreciable.

**ZARAGATERO, A** adj. y n. *Fam.* Aficionado a las zaragatas o que las provoca.

**ZARAGATONA** n. f. Planta herbácea, con semillas que contienen mucílago, empleadas como emolientes. **2.** Semilla de esta planta.

**ZARAGOZANO, A** adj. y n. De Zaragoza.

**ZARAGÜELLES** n. m. pl. (ár. *sarāwil*). Especie de calzones anchos, con perneras formando pliegues, que se usaban antiguamente y que forman parte del traje regional valenciano y murciano. **2.** Calzoncillos blancos que asoman por debajo del calzón del traje regional aragonés.

**ZARAGUTEAR** v. intr. [1]. *Venez.* Holgazanear, vagabundear.

**ZARAMULLO** n. m. *Perú* y *Venez.* Bellaco, persona despreciable.

**ZARANDA** n. f. Criba, utensilio para separar de una mezcla las cosas finas de las gruesas. **2.** *Venez.* Trompo hueco que zumba al girar.

**ZARANDAJAS** n. f. pl. Insignificancia, cosas sin importancia de las que no vale la pena ocuparse.

**ZARANDAR** v. tr. [1]. Pasar algo por la zaranda.

**ZARANDEAR** v. tr. y pron. [1]. Mover o moverse de un lado a otro con ligereza, rapidez y energía. **2.** Mover, sacudir a alguien bruscamente, empujándolo de un lado para otro. ◆ **zarandearse** v. pron. **3.** *Perú, P. Rico* y *Venez.* Contonearse.

**ZARANDEO** n. m. Acción y efecto de zarandear. **2.** Acción y efecto de zarandar.

**ZARAPITO** n. m. Ave migratoria de pico largo y arqueado hacia abajo, que vive cerca de las extensiones de agua dulce o en las costas. (Familia caradridos.)

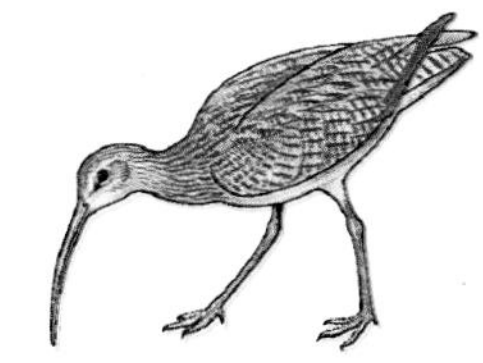

**zarapito**

**ZARATE** n. f. *Hond.* Sarna.

**ZARBO** n. m. Pez de río semejante al gobio.

**ZARCILLO** n. m. (lat. *circellum*). Pendiente en forma de aro. **2.** Órgano filamentoso de ciertas plantas (vid, guisante, etc.) que se enrolla alrededor de un soporte.

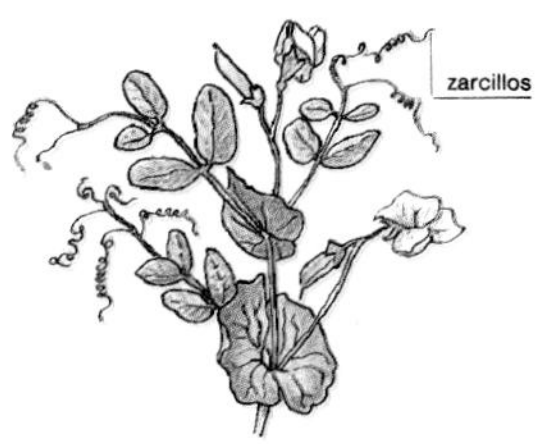


**zarcillos** del guisante

**ZARCO, A** adj. De color azul claro.

**ZAREVICH** o **ZAREVITZ** n. m. Primogénito del zar.

**ZARIGÜEYA** n. f. (voz tupí-guaraní). Mamífero americano de la subclase marsupiales, provisto de una larga cola prensil que sirve a la hembra para mantener a las crías sobre el dorso.

**zarigüeya** y su cría

**ZARINA** o **CZARINA** n. f. Título que se daba a la emperatriz de Rusia y a las soberanas de Bulgaria y Serbia. **2.** Esposa del zar.

**ZARISMO** n. m. Régimen político de Rusia en tiempos de los zares.

**ZARISTA** adj. y n. m. y f. Relativo al zar o al zarismo; partidario del zar.

**ZARPA** n. f. Mano con dedos y uñas afiladas de ciertos animales, como el león, el tigre, etc. **2.** *Fig.* y *vulg.* Mano humana. • **Echar la zarpa,** o **las zarpas** *(Fam.),* agarrar o asir a alguien con las manos o las uñas; *(Fam.),* apoderarse de algo con violencia o engaño.

**ZARPA** n. f. Acción y efecto de zarpar.

**ZARPAR** v. intr. [1]. Marcharse un barco del lugar en que está anclado. **2.** Partir, salir en barco. ◆ v. tr. **3.** Levar las anclas.

**ZARPAZO** n. m. Acción y efecto de clavar las zarpas o arañar con las uñas un animal.

**ZARRAPASTROSO, A** adj. y n. *Fam.* De aspecto sucio, roto y descuidado.

**ZARZA** n. f. Planta arbustiva espinosa, cuyos frutos están compuestos de pequeñas drupas. (Familia rosáceas.)

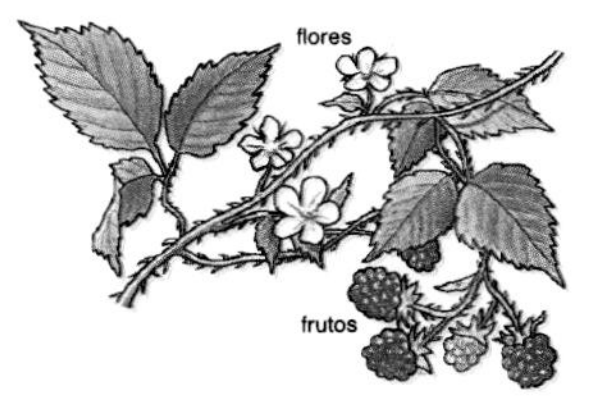


**zarza**

**ZARZAL** n. m. Matorral de zarzas o terreno cubierto de zarzas.

**ZARZAMORA** n. f. Fruto de la zarza. **2.** Zarza.

**ZARZAPARRILLA** n. f. Planta arbustiva, voluble, de rizomas depurativos, de la que se obtiene la bebida refrescante homónima. (Familia liliáceas.)

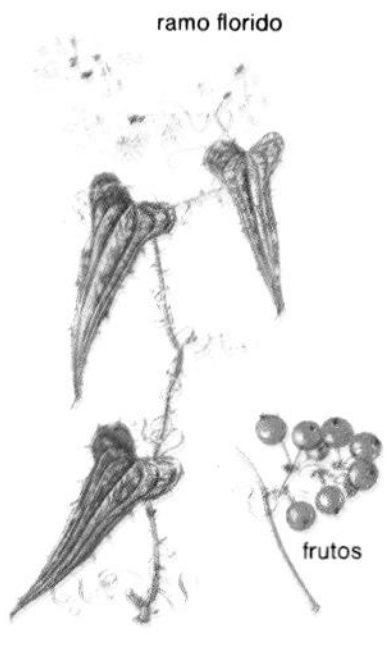


**zarzaparrilla**

**ZARZARROSA** n. f. Flor del escaramujo.

**ZARZO** n. m. Especie de tejido plano, hecho de varillas, juncos, cañas o mimbre, y que sirve para diversos usos.

**ZARZUELA** n. f. Composición dramática española, en la que alternan los fragmentos hablados y los cantados. **2.** Plato que consiste en varias clases de pescado condimentado con una salsa especial.
■ Su origen data de principios del s. XVII y su nombre proviene del pequeño palacio llamado de la Zarzuela (por la abundancia de zarzas que lo rodeaban), en el Real sitio del Pardo, donde se representaban obras declamadas y cantadas. Los cultivadores principales fueron Hidalgo, Peyró, Patiño, M. Romero, A. Solís, Juan de Navas, Durón y otros. Con la llegada de la ópera (s. XVIII), la zarzuela declinó para renacer con Rodríguez de Hita, Ramón de la Cruz, P. Esteve y Grimau, alcanzando su grado máximo a finales del s. XIX y principio del s. XX, con figuras como Barbieri (*El barberillo de Lavapiés,* 1874), Arrieta, Oudrid, Caballero, Chueca (*La Gran Vía,* 1886; *Agua, azucarillos y aguardiente,* 1897), Chapí (*El rey que rabió,* 1891; *La revoltosa,* 1897), Bretón (*La verbena de la Paloma,* 1884), Guerrero (*Los gavilanes,* 1923), Jerónimo Jiménez, Amadeo Vives (*Bohemios,* 1904; *Doña Francisquita,* 1923), Penella, Pablo Sorozábal (*La del manojo de rosas,* 1942; *La tabernera del puerto,* 1936), Moreno Torroba (*Luisa Fernanda,* 1932).

**ZARZUELERO, A** adj. Relativo a la zarzuela.

**ZARZUELISTA** n. m. y f. Persona que escribe o compone zarzuelas.

**¡ZAS!** interj. Expresa el sonido que produce un golpe, o la brusquedad con que se hace o sucede algo.

**ZASCANDIL** n. m. y f. *Fam.* Persona aturdida, informal y entremetida.

**ZASCANDILEAR** v. intr. [1]. Andar o portarse como un zascandil.

**ZASCANDILEO** n. m. Acción y efecto de zascandilear.

**ZĀWIYA** n. f. (voz árabe). Complejo de enseñanza religiosa (convento, oratorio, escuela), construido en ciertos lugares del mundo islámico, asociado a una mezquita y a un mausoleo con cúpula, donde está la tumba de un morabito.

**ZEDA, ZETA, CEDA** o **CETA** n. f. Nombre de la letra *z*.

**ZEGRÍ** adj. y n. m. y f. Relativo a los Zegríes, dinastía del reino nazarí de Granada. (V. parte n. pr.)

**ZÉJEL** n. m. Estrofa derivada de la moaxaja, utilizada en numerosas cantigas galaicoportuguesas y villancicos.

**ZELOTE** n. m. (gr. *zelōtēs*). Miembro de un partido nacionalista judío que desempeñó un papel muy activo en la revuelta de los años 66-70.

**ZEMI** n. m. Figura antropomorfa, provista de grandes genitales, venerada por los taino de las Antillas.

**ZEN** adj. y n. m. (voz japonesa). Dícese de una secta budista, originaria de China y extendida en Japón desde fines del s. XII.

**ZEOLITA** n. f. MINER. Silicato natural complejo de ciertas rocas volcánicas.

**ZEPELÍN** n. m. (de F. von *Zeppelin,* oficial alemán). Globo dirigible alemán, de estructura metálica rígida.

**ZETA** n. f. LING. Seta. **2.** LING. Theta. ◆ n. m. **3.** *Fam.* Coche patrulla de la policía.

**ZEUGMA** o **ZEUMA** n. m. (gr. *zeūgma,* enlace). LING. Figura que consiste en no repetir en dos o más enunciados un término expresado en uno de ellos: *era guapa y (era) delgada.*

**ZIDOVUDINA** n. f. Medicamento empleado para retardar la aparición de los síntomas del sida, también llamado *AZT.*

**ZIGOTO** n. m. Cigoto.

**ZIGURAT** n. m. (pl. *zigurats*). Torre escalonada, uno de los elementos del complejo sagrado en Mesopotamia, aparecido con los sumerios, que sostenía un templo.

**ZIGZAG** n. m. (pl. *zigzags* o *zigzagues*). Línea quebrada formada por segmentos lineales que forman alternativamente ángulos entrantes y salientes.

**ZIGZAGUEAR** v. intr. [1]. Moverse o extenderse formando una línea en zigzag.

**ZIGZAGUEO** n. m. Movimiento que describe una línea en zigzag.

**ZINC** n. m. Cinc.

**ZÍNGARO, A** adj. y n. Cíngaro.

**ZINJANTROPUS** n. m. Denominación dada por L. B. S. Leakey, en 1959, a un australopiteco descubierto en Olduvai, datado hace aproximadamente 1,5-1,9 millones de años, que posteriormente englobó en su hipótesis general del *Homo habilis.*

**ZÍPER** n. m. (ingl. *zipper*). *Méx.* Cremallera.

**ZIPIZAPE** n. m. *Fam.* Riña, discusión, jaleo de poca trascendencia.

**ZIRCÓN** n. m. Circón.

**ZIRCONIO** n. m. Circonio.

**ZIRÍ** adj. y n. m. y f. Relativo a los Ziríes, dinastía beréber ṣanhāŷī. (V. parte n. pr.)

**ZIRIANE** → ***komi.***

**ZLOTY** n. m. Unidad monetaria principal de Polonia.

**Zn,** símbolo químico del *cinc.*

**ZOC** n. m. *Méx.* Murciélago.

**ZÓCALO** n. m. (ital. *zoccolo,* zueco, basa). Cuerpo inferior del exterior de un edificio, que sirve para elevar los basamentos a un mismo nivel. **2.** Parte inferior del muro de una habitación, que se pinta de distinto color que el resto o que está protegida por un revestimiento. **3.** Friso. **4.** Parte inferior de un pedestal. **5.** *Méx.* Plaza mayor. **6.** GEOL. Conjunto de terrenos antiguos, a menudo metamórficos o cristalinos, que constituyen plataformas rígidas parcialmente recubiertas de depósitos sedimentarios más recientes.

**ZOCO** n. m. (ár. *suq*). En los países árabes, mercado generalmente cubierto.

**ZODIAC** n. f. (marca registrada). Embarcación de caucho que puede ir equipada con un motor fuera borda.

restos del **zigurat** de Tšoga Zanbil, construido en el s. XIII a. J.C. por Untas-Napirisa, rey de Elam

**ZODIACAL** adj. Relativo al zodíaco. ● **Luz zodiacal,** resplandor débil y difuso, concentrado alrededor del Sol, en el plano de la eclíptica, que puede verse antes de la aurora o después del crepúsculo.

**ZODÍACO** n. m. (gr. *zōdiakos*). ASTRON. Zona de la esfera celeste que se extiende 8,5° a uno y otro lado de la eclíptica y en la que se desplaza el Sol, la Luna y los principales planetas del sistema solar excepto Plutón. ● **Signo del zodíaco,** cada una de las doce partes que se distribuyen en 30° de longitud y en las que el zodíaco está dividido a partir del punto vernal. (Reciben los nombres de las constelaciones con las que coincidían hace unos 2000 años; a partir del punto vernal son: Aries, Tauro, Géminis, Cáncer, Leo, Virgo, Libra, Escorpión, Sagitario, Capricornio, Acuario y Piscis.)

**ZOEA** n. f. Forma larvaria de algunos crustáceos.

**ZOECIA** n. f. ZOOL. Celdilla que contiene un individuo, en una colonia de briozoos.

**ZOFRA** n. f. Especie de tapete o alfombra morisca.

**ZOILO** n. m. *Fig.* Crítico malintencionado, mordaz y parcial.

**ZOLCUATE** n. m. *Méx.* Serpiente venenosa que en su canto imita a la codorniz. (Familia crotálidos.)

**ZOLOTA** → ***chorotí.***

**ZOMBI** o **ZOMBIE** n. m. (voz africana). Término que, en el culto vudú, designa al dios serpiente y a su fuerza sobrenatural, que puede llegar a devolver la vida a un cadáver. **2.** Cadáver dotado de vida aparente. ● **Estar zombi** *(Fam.),* actuar una persona como un autómata; estar atontado.

**ZOMPOPO** n. m. *Amér. Central.* Hormiga de cabeza grande, que se alimenta de hojas. (Familia formícidos.)

**ZONA** n. f. (lat. *zonam;* del gr. *zōnē,* cinturón). Superficie cualquiera, porción de territorio, región: *zona fronteriza.* **2.** Espacio delimitado más o menos extenso: *la zona iluminada de una habitación; zona climática.* **3.** Cada una de las divisiones, subáreas o sectores con una función específica, en las que se subdivide una ciudad o área territorial mayor: *zona comercial, industrial, residencial.* **4.** Medio de acción de la actividad o de la influencia de alguien, o de una colectividad: *zona de acción, de influencia.* **5.** *Fig.* Parte de un todo. **6.** GEOGR. Espacio que se alarga sensiblemente en el sentido de los paralelos. **7.** GEOGR. Cada una de las divisiones de la Tierra determinadas por los polos, los círculos polares y los trópicos, que corresponden a los grandes tipos de clima: *zonas tropical, templada, polar.* **8.** MAT. Parte de la superficie de una esfera limitada por dos planos paralelos que la cortan. ● **Zona azul,** sector de una ciudad, generalmente en el centro, donde el aparcamiento de vehículos está limitado a un tiempo determinado durante el día. ‖ **Zona crepuscular** (ESTADÍST.), zona de indeterminación o margen de error en una estimación obtenida por sondeo. ‖ **Zona de influencia,** conjunto de estados o territorios reservados a la influencia política exclusiva de un estado determinado. ‖ **Zona de tiro,** en baloncesto, espacio de terreno de juego lindante con una cesta. ‖ **Zona erógena** (SICOL.), superficie cutánea o mucosa susceptible de originar una excitación sexual. ‖ **Zona franca,** zona en la que, además de ser depósito franco, se permite la instalación de algunas industrias que están eximidas del pago de derechos de aduanas de los productos recibidos y reexpedidos. ‖ **Zona húmeda** (ECOL.), zona recubierta permanente o regularmente por el agua con una profundidad relativamente escasa. ‖ **Zona marítima** (MIL.), división del territorio español a efectos de jurisdicción del mando y administración de la armada y con independencia de los aspectos operativos.

**ZONA** n. m. Afección viral debida a un herpes, caracterizada por erupciones vesiculosas de la piel localizadas a lo largo de los nervios sensitivos.

**ZONACIÓN** n. f. Distribución de la vegetación en zonas geográficas o bandas locales. **2.** Zonificación.

**ZONAL** adj. Relativo a las diferentes zonas de la Tierra. **2.** HIST. NAT. Que posee bandas transversales coloreadas.

**ZONALIDAD** n. f. Disposición de fenómenos diversos de acuerdo con las grandes zonas climáticas del globo.

**ZONCERA** n. f. *Amér.* Comportamiento tonto. **2.** *Argent.* Dicho, hecho u objeto de poco o ningún valor.

**ZONDA** n. m. *Argent.* Viento cálido y seco proveniente del O, que sopla en el área de la cordillera y alcanza particular intensidad en la región de Cuyo.

el **zócalo** de ciudad de México con la catedral y el palacio nacional (óleo por P. Gualdi; s. XIX)

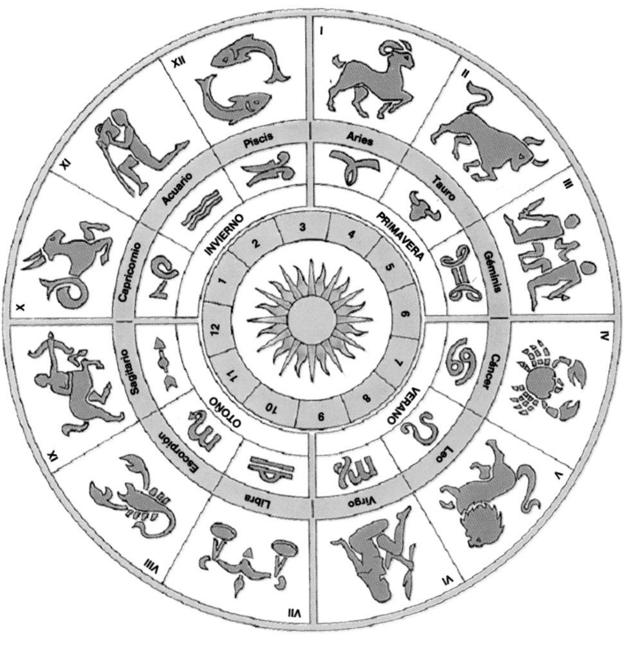


**zodíaco:** representaciones simbólicas de los signos astrológicos del zodíaco (la numeración en cifras romanas se aplica a los mismos signos, y las cifras árabes, a los meses del año)

**ZONGO, A** adj. Se dice de la persona esquiva y huraña.

**ZONIFICACIÓN** n. f. División de una ciudad o área territorial en subáreas o zonas caracterizadas por una función determinada. SIN.: *zonación.*

**ZONOTE** n. m. *Méx.* Manantial profundo, depósito natural de agua.

**ZONTO, A** adj. *Amér. Central.* Dícese del animal desorejado.

**ZONZO, A** adj. y n. Soso, insulso: *persona zonza.* ◆ adj. **2.** *Amér.* Tonto.

**ZOO** n. m. Apócope de *parque zoológico.*

**ZOOFAGIA** n. f. Calidad de zoófago.

**ZOÓFAGO, A** adj. y n. Que se alimenta de materias animales.

**ZOÓFITO, A** adj. y n. m. Relativo a un grupo que forma parte de una de las cuatro divisiones en que se dividía el reino animal. SIN.: *fitozoo.*

**ZOOFOBIA** n. f. Miedo morboso a los animales.

**ZOOGEOGRAFÍA** n. f. Estudio de la distribución de los animales en la superficie terrestre.

**ZOOGLEA** n. f. Masa de microbios aglutinados por una sustancia viscosa.

**ZOÓLATRA** adj. y n. m. y f. Que rinde culto o adora a los animales.

**ZOOLATRÍA** n. f. Adoración, culto a los animales.

**ZOOLOGÍA** n. f. Rama de las ciencias naturales que estudia los animales.

**ZOOLÓGICO, A** adj. Relativo a la zoología. ◆ adj. y n. m. **Parque zoológico,** establecimiento destinado a conservar vivos y aclimatar a nuevas condiciones ambientales los animales salvajes, exóticos o no, a fin de exponerlos al público o para destinarlos a la experimentación científica. (Suele apocoparse *zoo.*)

**ZOÓLOGO, A** n. Especialista en zoología.

**ZOOM** n. m. (voz inglesa). Objetivo de una cámara fotográfica, de cine o de televisión, cuya distancia focal puede variarse de una forma continua. **2.** Movimiento que se hace con este objetivo.

**ZOOMORFISMO** n. m. Acción de dar forma de un animal.

**ZOOMORFO, A** adj. Que tiene forma de animal.

**ZOONOSIS** n. f. Enfermedad microbiana o parasitaria que afecta a los animales y puede ser transmitida a las personas.

**ZOOPSIA** n. f. SIQUIATR. Alucinación visual constituida por animales.

**ZOÓSPORA** n. f. Espora que puede nadar por medio de cilios vibrátiles, que producen diversos hongos y algas.

**ZOOSPORANGIO** n. m. Esporangio que produce zoósporas.

**ZOOTECNIA** n. f. Ciencia de la producción y de la explotación de los animales domésticos.

**ZOOTÉCNICO, A** adj. Relativo a la zootecnia.

**ZOOTERAPÉUTICO, A** adj. Relativo a la terapéutica de los animales.

**ZOOTERAPIA** n. f. Terapéutica de los animales.

**ZOPAS** n. m. y f. (pl. *zopas*). *Fam.* Dícese de la persona que, al hablar, cecea mucho.

**ZOPENCO, A** adj. y n. *Fam.* Muy torpe, tonto, tosco, bruto.

**ZOPILOTE** n. m. (náhuatl *tzopilotl*). Especie de buitre del tamaño de un pavo, que vive en toda la América cálida, negro, con las patas rojizas y la cabeza y cuello rojoazulados. (Familia catártidos.) SIN.: *urubú.*

**zopilote**

**ZOPILOTEAR** v. tr. [1]. *Méx.* Comer con voracidad.

**ZOQUE,** pueblo amerindio del S de México (est. de Chiapas y Tabasco) y de lengua propia, el zoque.

**ZOQUETE** adj. y n. m. y f. *Fam.* Torpe, tardo para entender. ◆ n. m. **2.** Trozo o pedazo de madera que sobra al labrar un madero.

**ZOROÁSTRICO, A** adj. Relativo a Zaratustra (Zoroastro) o a su doctrina.

**ZOROASTRISMO** n. m. Doctrina de Zaratustra (Zoroastro).

**ZORONGO** n. m. Pañuelo doblado que los labradores de algunos lugares llevan arrollado a la cabeza. **2.** Moño ancho y aplastado con que las mujeres se recogen el pelo en la parte posterior de la cabeza. **3.** Baile y canción popular andaluces. **4.** Música de este baile.

**ZORRA** n. f. Mamífero carnívoro de la familia cánidos, de cola larga y tupida y hocico puntiagudo, que se alimenta de aves y de pequeños mamíferos. SIN.: *raposa.* **2.** *Fig.* y *fam.* Ramera, prostituta. **3.** *Fig.* y *fam.* Borrachera, embriaguez. **4.** *Argent.* Carro de cuatro ruedas que se desliza sobre rieles movido por medio de una palanca, vagoneta. **5.** *Chile. Fig.* y *vulg.* Vulva. • **No tener ni zorra** (idea) *(Fam.),* no tener ni la más remota idea. ‖ **Zorra ártica,** zorra de las regiones árticas, cuyo pelaje de color gris azulado se vuelve blanco en invierno. ‖ **Zorra de mar,** especie de tiburón, muy frecuente en las costas de la península Ibérica.

**zorra**

**ZORRERÍA** n. f. Acción realizada con astucia y disimulo.

**ZORRILLO** o **ZORRINO** n. m. Mamífero carnívoro de América del Sur, de pelaje negro y blanco muy apreciado. (Familia mustélidos.)

**zorrillo**

**ZORRO, A** adj. y n. *Fam.* Astuto, taimado. ◆ n. m. **2.** Macho de la zorra. **3.** Zorra. **4.** Piel de la zorra. • **Zorro orejudo,** mamífero carnicero de África del sur, de 60 cm de long. y de orejas muy desarrolladas. ◆ **zorros** n. m. pl. **5.** Utensilio para sacudir el polvo, formado de tiras de orillo, piel, colas de cordero, etc., sujetas en un mango. • **Hecho unos zorros** *(Fam.),* cansado y maltrecho.

**ZORRUNO, A** adj. Relativo al zorro.

**ZORTZIKO** o **ZORCICO** n. m. Danza folklórica vasca. **2.** Letra y música de esta danza.

**ZORZAL** n. m. Ave paseriforme de color grisáceo o marrón, de formas esbeltas y canto melodioso. (Familia túrdidos.) SIN.: *tordo.* • **Zorzal marino,** pez acantopterigio de unos 20 cm de long., abundante en los mares de la península Ibérica. (Familia lábri-

zorzal

dos.) || **Zorzal real,** ave paseriforme, de 27 cm de long., de cabeza y cuerpo gris. SIN.: *tordo.*

**ZORZAL, LA** adj. y n. *Chile. Fig.* y *vulg.* Papanatas, persona simple a la que es muy fácil engañar.

**ZORZALEAR** v. tr. [**1**]. *Chile.* Sacar dinero a una persona, sablear. **2.** *Chile.* Abusar de alguien con buena fe.

**ZÓSTER** o **ZOSTER** n. m. o f. Zona, afección viral.

**ZOTE** adj. y n. m. y f. Torpe e ignorante, que es muy tardo en aprender.

**ZOZOBRA** n. f. Acción y efecto de zozobrar. **2.** *Fig.* Inquietud, temor.

**ZOZOBRAR** v. intr. (cat. *sotsobrar*) [**1**]. Naufragar o irse a pique una embarcación. **2.** *Fig.* Fracasar o frustrarse un proyecto o empresa.

**Zr,** símbolo químico del *circonio.*

**ZUAVO** n. m. (de *zwawa,* nombre beréber). Soldado de un cuerpo de infantería francesa, creado en Argelia en 1831.

**ZUECA** n. f. *Chile.* Zueco.

**ZUECO** n. m. (lat. *soccum*). Zapato de madera de una sola pieza. **2.** Zapato de cuero con suela de madera o de corcho. **3.** Planta de 30 a 40 cm de alt., de tallo hojoso, hojas ovales y una o dos grandes flores de sépalos y pétalos oscuros, con labelo amarillo y venas rojizas. (Familia orquídeas.)

**ZULACAR** v. tr. [**1a**]. Tapar, cerrar o reparar con zulaque. SIN.: *zulaquear.*

**ZULAQUE** n. m. INDUSTR. Betún hecho con cal, aceite, estopa y escorias o vidrios molidos, para tapar las juntas de las cañerías de aguas, las costuras de los fondos de las embarcaciones y para obras hidráulicas.

**ZULO** n. m. (voz vasca). Escondite, guarida, generalmente subterráneo.

**ZULÚ** adj. y n. m. y f. Relativo a un pueblo de África austral del grupo ngoni, que habla una lengua bantú; individuo de este pueblo. (Poseían una organización social guerrera, elaborada desde el s. XVI y que fue aplicada a una gran confederación gobernada por Chaka [1818-1828].) **2.** *Fig.* Bárbaro, bruto. ◆ n. m. **3.** Lengua hablada por este pueblo.

**ZUMACAR** v. tr. [**1a**]. Adobar las pieles con zumaque.

**ZUMAQUE** n. m. Planta arbustiva de las regiones cálidas, de la que se obtienen barnices, lacas y taninos. (Familia anacardiáceas.)

**ZUMBA** n. f. Cencerro grande que lleva la caballería delantera de una recua, o el buey que hace de cabestro. **2.** *Fig.* Chanza, burla. **3.** *Amér.* Zurra, paliza. **4.** *Méx.* Borrachera.

**ZUMBADO, A** adj. y n. *Fam.* Loco, que ha perdido la razón.

**ZUMBADOR, RA** adj. Que zumba: *insecto zumbador.* ◆ n. m. **2.** Timbre que al sonar produce un zumbido.

**ZUMBAR** v. intr. (voz onomatopéyica) [**1**]. Producir un sonido continuado y bronco: *las abejas zumban.* **2.** *Guat.* Hablar mal de alguien. • **Salir zumbando** *(Fam.),* irse muy de prisa. || **Zumbar los oídos, las sienes** o **la cabeza,** tener la sensación de oír un sonido continuado y bronco, en realidad inexistente. ◆ v. tr. **3.** *Fam.* Dar golpes o una paliza a alguien. ◆ v. intr. y pron. **4.** *Fig.* y *fam.* Burlarse de alguien.

**ZUMBIDO** n. m. Acción y efecto de zumbar. **2.** Sonido producido por algo que zumba. **3.** Sensación sonora que percibe el oído, caracterizada por un sonido silbante y debida a irritación de terminaciones nerviosas y cocleares.

**ZUMBÓN, NA** adj. y n. *Fam.* Burlón.

**ZUMILLO** n. m. Planta de raíces gruesas y tallos de hasta 1 m de alt., que crece en la península Ibérica y cuyos frutos se emplean como comino. (Familia umbelíferas.)

**ZUMO** n. m. (gr. *zōmos*). Líquido que se extrae exprimiendo o majando legumbres, frutas, etc. **2.** *Fig.* Utilidad o provecho que se saca de algo.

**ZUNCHAR** v. tr. [**1**]. Reforzar por medio de zunchos.

**ZUNCHO** n. m. Abrazadera de hierro u otro metal resistente con que se refuerza algo.

**ZUNTECO** n. m. *Hond.* Avispa de color negro.

**ZUNZÚN** n. m. *Cuba.* Colibrí.

**ZUÑI,** pueblo amerindio de Estados Unidos, del grupo pueblo, que vive act. en reservas de Nuevo México y Arizona.

**ZURCIDO** n. m. Acción de zurcir. **2.** Cosido hecho en un roto de una tela al zurcir.

**ZURCIDOR, RA** adj. y n. Que zurce.

**ZURCIR** v. tr. (del lat. *sarcire*) [**3a**]. Coser la rotura o desgaste de una tela, recomponiendo la urdimbre y la trama del tejido o reforzándolo con pequeñas puntadas. • **¡Que te, le,** etc., **zurzan!** *(Fam.),* exclamación de enfado con que se expresa desinterés por lo que otro dice, pretende o hace.

**ZURDAZO** n. m. En fútbol, disparo con la pierna izquierda.

**ZURDEAR** v. tr. [**1**]. *Méx.* Acometer con la mano izquierda.

**ZURDO, A** adj. y n. Que usa la mano o el pie izquierdos para hacer lo que en general se hace con la derecha o el derecho. ◆ adj. **2.** Izquierdo: *el lado zurdo.* **3.** TAUROM. Dícese del toro que cornea tratando de herir con el pitón izquierdo. **4.** TAUROM. Dícese del toro que tiene un cuerno más corto que otro. ◆ adj. y n. f. **5.** Dícese de la mano izquierda.

**ZUREAR** v. intr. [**1**]. Hacer arrullos la paloma.

**ZUREO** n. m. Acción y efecto de zurear.

**ZURITO, A** o **ZURO, A** adj. Dícese de la paloma silvestre.

**ZURO** n. m. Corazón o raspa de la mazorca del maíz, después de desgranada.

**ZURRA** n. f. *Fam.* Paliza, serie de golpes.

**ZURRACAPOTE** n. m. Bebida popular que en varias regiones de España se hace con vino y otros ingredientes.

**ZURRADERA** n. f. Instrumento para zurrar las pieles.

**ZURRADOR, RA** adj. y n. Que zurra.

**ZURRAPA** n. f. Brizna o sedimento que se halla en los líquidos y que poco a poco se va asentando en el fondo formando el poso. (Suele usarse en plural.)

**ZURRAR** v. tr. [**1**]. Dar una zurra. **2.** TECNOL. Curtir y trabajar las pieles. • **Zurrar la badana** a alguien *(Fam.),* pegarle.

**ZURRIAGAR** v. tr. [**1b**]. Azotar, golpear con el zurriago.

**ZURRIAGAZO** n. m. Golpe dado con un zurriago o con una cosa flexible. **2.** *Fig.* Desgracia que sobreviene de forma inesperada y brusca. **3.** *Fam.* Trago de vino o de otro licor.

**ZURRIAGO** n. m. Látigo, tira de cuero o cuerda, que se emplea para golpear. SIN.: *zurriaga.*

**ZURRIAGO, A** adj. *Méx.* Se dice de la persona rematadamente tonta.

**ZURRÓN** n. m. Morral, talego para llevar la caza o provisiones.

**ZURRUMBANCO, A** adj. *C. Rica* y *Méx.* Se dice de la persona que está atolondrada por el alcohol.

**ZUTANO, A** n. *Fam.* Una persona cualquiera: *estaban fulano, mengano y zutano.*

**ZUTUHIL** → ***tsutuhil.***

# PREFACIO

De todos es sabido que la lengua es uno de los medios de transmisión de la sabiduría de un pueblo. Generalmente entendemos que las palabras son las unidades básicas de significado de esa lengua y que sus combinaciones pueden ser interpretadas a partir de la combinación de sus respectivos sentidos. Basándose en esta creencia, comúnmente aceptada, muchos diccionarios toman la palabra como punto de referencia y olvidan las unidades superiores formadas por la combinación de palabras (refranes, frases célebres, proverbios, etc.).

Con el fin de evitar ese olvido y para mantener viva esta rica parte de nuestro idioma, las siguientes páginas contienen una cuidada selección de **frases célebres** y **refranes**. Las frases célebres están acompañadas de breves anotaciones en las que se señala su origen, su autor, el contexto en el que fueron pronunciadas o la obra en la que aparecen escritas. Los refranes, por su parte, se presentan junto a una breve explicación que aclara su significado.

Las diferencias entre ambos tipos de frases son claras. Unas tienen autor conocido y las otras no; unas surgen de los más variados puntos del mundo occidental y las otras nacen en los pueblos de habla hispana; la aparición de unas puede datarse y la de las otras no... Pero a pesar de estas diferencias no hemos de olvidar que tanto las frases célebres como los refranes cumplen una misma función: transmitir la sabiduría de un pueblo plasmada en frases que sintetizan su cultura.

# FRASES CÉLEBRES

| | |
|---|---|
| **Abrazaos todos, hijos míos, como yo abrazo al general de los que fueron contrarios nuestros** | Últimas palabras de la arenga que el general Espartero pronunció en Vergara (31 ag. 1839), antes de abrazar al general carlista Maroto al concluir la primera guerra carlista. |
| **Apártate de mi sol** | Respuesta que dio Diógenes Laercio a Alejandro al preguntarle éste qué favor deseaba de él. |
| **Aplastemos lo infame** *(Ecrasons l'infâme)* | Palabras con que Voltaire terminaba la mayor parte de sus cartas a los enciclopedistas, y particularmente a D'Alembert. Voltaire entendía por «infame» todo lo que le parecía supersticioso. |
| **arte es largo y la vida breve (El)** *(Ars longa, vita brevis)* | Traducción latina del primer aforismo de Hipócrates. |
| **¡Averígüelo, Vargas!** | Frase que se usa para expresar que algunas cosas son difíciles de averiguar. Se cree que su origen se debe a que Carlos I encomendaba sus asuntos difíciles a Francisco de Vargas. Otras versiones la atribuyen a Isabel la Católica. |
| **Bajad el telón, la farsa ha terminado** *(Baissez le rideau, la farce est jouée)* | Frase de autenticidad dudosa, que se atribuye a Rabelais agonizante. |
| **Bienaventurados los pobres de espíritu** | Primer versículo de las bienaventuranzas (Mt. 5, 3), que promete el reino de los cielos a los que, conscientes de su propia insuficiencia, lo esperan todo de Dios y nada del mundo. |
| **Buscad y hallaréis** | Palabras del Sermón de la montaña (Mt. 7, 7), que se citan a veces para alentar a alguien en sus esfuerzos. |
| **Carpe diem** *(Aprovecha el día presente)* | Palabras de Horacio que exhorta, ya que la vida es breve, a gozarla en todo momento. |
| **Con este signo vencerás** *(In hoc signo vinces)* | La tradición cuenta que cuando Constantino luchaba contra Majencio apareció una cruz en el cielo con estas palabras: *In hoc signo vinces.* Hizo pintar este signo en su estandarte o lábaro, y venció. Se emplea para designar a aquello que, en una circunstancia cualquiera, nos hará superar una dificultad, o conseguir alguna ventaja. |
| **Con la Iglesia hemos dado, Sancho** | Frase que profiere don Quijote en el capítulo IX de la segunda parte de *El Quijote.* Se utiliza para significar que no es conveniente que en los asuntos de uno se interpongan la Iglesia o sus ministros, porque se saldrá perdiendo. |
| **Conócete a ti mismo** (en gr. *Gnothi seauton*) | Frase del oráculo de Apolo grabada en el frontón del templo de Delfos y convertida luego en la máxima favorita de Sócrates, para quien tiene el sentido de examen e indagación mental de lo que es la virtud. |
| **contrarios se curan con contrarios (Los)** *(Contraria contrariis curantur)* | Máxima de la medicina clásica, en oposición a la de la homeopatía: *Similia similibus curantur (Los iguales se curan con iguales).* |
| **corazón tiene razones que la razón no conoce (El)** *(Le cœur a ses raisons, que la raison ne connaît point)* | Frase de Pascal (*Pensamientos*, VI, 277): se usa para significar que los argumentos del corazón son distintos de los de la razón. |
| **¡Cuán gritan esos malditos!** | Verso inicial del *Don Juan Tenorio* de José Zorrilla. |
| **Cuando Augusto bebe, Polonia se emborracha** | Expresión empleada por Federico II de Prusia, en la *Epístola a mi hermano,* para significar que el ejemplo de los superiores lo siguen luego los inferiores. |
| **Cuando la construcción marcha, todo marcha** | Aforismo francés pronunciado por primera vez por Martin Nadaud (1849). Indica que cuando se edifica mucho es signo de que existe una prosperidad general. |
| **Cúmplase la voluntad nacional** | Frase repetida con frecuencia por Espartero, hasta convertirse en la muletilla con que le caracterizaban tanto sus amigos como sus enemigos. Esta fórmula encubrió su retirada ante acciones que no derivaban ciertamente de la voluntad nacional. |
| **Decíamos ayer** | Frase atribuida a fray Luis de León, al volver a su cátedra después de varios años de encarcelamiento. |
| **Dejad que los niños se acerquen a mí** | Palabras de Jesucristo, en el Evangelio (Lc. 18, 16; Mt. 19, 14), a sus discípulos, quienes «reprendían» a los niños que se acercaban a Él. |
| **Dejemos a los troyanos** | Verso de las *Coplas* de Jorge Manrique. A veces se usa, en lenguaje culto, con el mismo valor que la locución: *Dejémonos de historias.* |

| | |
|---|---|
| **del alba sería (La)** | Palabras iniciales del capítulo IV del *Quijote*, que se han tomado como elipsis, aunque en realidad son continuación de la última frase del capítulo anterior: «... le dejó ir a buena hora. La del alba sería...» |
| **Delenda Carthago**<br>*(Cartago debe ser destruida)* | Palabras con las que Catón el Viejo terminaba sus discursos, fuesen del tema que fuesen. Se emplea para expresar una idea fija que se tiene en la mente, cuya realización se persigue constantemente y a la que se retorna siempre. |
| **¡Después de mí el diluvio!**<br>*(Après nous, le déluge)* | Expresión atribuida a Luis XV, rey de Francia, y que indica su despreocupación por la alarmante situación del reino. Señala el completo desinterés del que la pronuncia por lo que sucederá después de él. |
| **Dios es Dios, y Mahoma su profeta** | Traducción corriente, pero inexacta, de una fórmula de la religión musulmana, cuyo sentido exacto es: «No hay dios sino Dios (Allah), y Mahoma es el enviado de Dios.» |
| **Dios, patria y rey** | Lema del carlismo, que en las provincias vasconavarras adopta con frecuencia la forma cuádruple Dios, patria, fueros, rey. |
| **Dios te absolverá en segunda instancia** | Palabras pronunciadas por Vargas, componente del tribunal de los tumultos, cuando se comprobó que un reo ya ejecutado era inocente. |
| **Dividir para reinar**<br>*(Divide ut regnes)* | Máxima política enunciada por Maquiavelo, utilizada ya por el senado romano. |
| **Dolce far niente**<br>*(Dulce no hacer nada)* | Locución italiana que se emplea para expresar indolencia, agradable ociosidad. |
| **En mis dominios no se pone el sol** | Frase de origen incierto, que se atribuye a Felipe II. |
| **Errar es de humanos**<br>*(Errare humanum est)* | Se emplea para explicar, paliar una falta, una equivocación. Se añade a veces: *perseverare diabolicum (perseverar es cosa del diablo).* |
| **«–¿Es una revuelta? –No, señor, es una revolución»** | Frases intercambiadas entre Luis XVI y el duque de La Rochefoucauld-Liancourt, cuando se supo en Versalles que la Bastilla había sido tomada (14 julio 1789). |
| **espíritu es diligente, pero la carne es flaca (El)**<br>*(Spiritus promptus est, caro autem infirma)* | Palabras de Jesús, para poner en guardia a sus discípulos contra la tentación, pese a las muestras de buena voluntad que le daban (Mt. 26, 41). |
| **espíritu espira donde quiere (El)**<br>*(Spiritus ubi vult spirat)* | Traducción literal del texto latino del Evangelio según san Juan (3, 8). De ordinario se cita para dar a entender la gratuidad imprevisible de los dones de Dios. |
| **estado soy yo (El)**<br>*(L'état c'est moi)* | Frase atribuida a Luis XIV y citada comúnmente como divisa del absolutismo. |
| **Faja o caja** | Frase pronunciada por el brigadier Juan Prim en Barcelona (set. 1843) para responder a los que le acusaban de ir tras el ascenso (faja). Con ella Prim afirmó que para ascender era preciso jugarse la vida (caja). |
| **Fiat lux** | «Hágase la luz.» Alusión a las palabras del Génesis (1, 3): *«Dios dijo: "Hágase la luz", y la luz fue hecha»*, que han venido a ser símbolo de toda creación. |
| **fortuna ayuda a los audaces (La)**<br>*(Audaces fortuna juvat)* | Locución imitada del hemistiquio de Virgilio (*Eneida*, X, 284): *Audentes fortuna juvat...* |
| **Fuera de la Iglesia no hay salvación** | Fórmula teológica de san Cipriano (*Epístolas*, 73, 12), cuyo significado es el de que no hay otra salvación que la predicada por la Iglesia de Cristo. |
| **He aquí el principio del fin**<br>*(C'est le commencement de la fin)* | Palabras de Talleyrand cuando los reveses de 1812 hacían presagiar el hundimiento del Imperio. |
| **historia me absolverá (La)** | Frase pronunciada por Fidel Castro y que dio título a su autodefensa en el juicio por el asalto al cuartel de Moncada (26 julio 1953). |
| **hombre propone y Dios dispone (El)** | Cita extraída de la *Imitación de Cristo* (I, cap. XIX), con la que se da a entender que los proyectos no siempre se realizan. |
| **hombres de buena voluntad (Los)** | Expresión del Evangelio según san Lucas (2, 14), con la que se designa a los hombres dispuestos a aceptar la ley del reino de Dios. |
| **In illo tempore**<br>*(En aquel tiempo)* | Se utiliza con el significado de: *otros tiempos* o *hace mucho tiempo.* |
| **individuo es inefable (El)** | Aforismo de la filosofía perenne, con que se expresa la peculiaridad distintiva e inexpresable adecuadamente que es propia de cada ser individual. |
| **Last but not least**<br>*(El último punto pero no el menos importante)* | Expresión inglesa que se utiliza en una argumentación para subrayar un argumento final o en una enumeración para valorar la importancia del último término. |
| **Lejos de nosotros la perniciosa novedad de discurrir** | Frase contenida en una exposición de la universidad de Cervera a Fernando VII. Representa la forma de pensar de determinados sectores sociales del Antiguo régimen. |
| **Lo bueno, si breve, dos veces bueno** | Frase que forma parte del comentario de Gracián a uno de sus aforismos del *Oráculo manual: No cansar.* La frase completa reza: *Lo bueno, si breve, dos veces bueno; y aun lo malo, si poco, no tan malo.* |
| **Lo que está escrito, escrito está**<br>*(Quod scripsi, scripsi)* | Respuesta de Pilato a los judíos, que reclamaban el cambio de la inscripción colocada en la cruz de Jesucristo (Jn. 19, 22). Estas palabras sirven para expresar una resolución inquebrantable. |
| **Manos blancas no ofenden** | Frase que se atribuye a Calomarde, tras haber sido abofeteado por la infanta Luisa Carlota en La Granja, a fines de setiembre de 1832. |
| **Matadlos a todos, Dios reconocerá a los suyos** | Frase atribuida a Arnau Amalric, abad del Cister, legado del papa en la cruzada contra los albigenses, al ser consultado sobre el medio de distinguir a los herejes de los verdaderos creyentes. |

| | |
|---|---|
| **Mens sana in corpore sano** *(Mente sana en cuerpo sano)* | Máxima de Juvenal (*Sátiras*, X, 356). El hombre verdaderamente inteligente, dice el poeta, sólo pide al cielo *la salud del espíritu con la salud del cuerpo*. En su aplicación estos versos han cambiado a menudo su sentido, para expresar que la salud del cuerpo es una condición importante para la salud de la mente. |
| **Mi reino no es de este mundo** | Respuesta de Jesús a Pilato (Jn. 18, 36), que indica el sentido trascendente de su misión. |
| **Mientras este abad nos mande, no haremos nada bueno** | Palabras pronunciadas por el general Cabrera en la expedición del pretendiente Carlos María Isidro contra Madrid (1837), cuando estaba dispuesto a asediar la ciudad, pero el pretendiente le obligó a retirarse. |
| **mies es mucha y los operarios son pocos (La)** | Palabras de Jesús a sus discípulos (Mt. 9, 37), indicando la buena disposición de las gentes y la escasez de predicadores de la buena nueva. Se usan para aludir a la falta de misioneros, predicadores, etc. |
| **Muchos son los llamados y pocos los escogidos** | Palabras del Evangelio (Mt. 20, 16; 22, 14), que se refieren a la vida futura, pero que, en la práctica, se utilizan en multitud de circunstancias. |
| **mujer de César no sólo debe ser honrada, sino parecerlo (La)** | Palabras con que César, según Plutarco, justificó el repudio de su mujer Pompeya. La frase se emplea para poner sobre aviso a alguien contra una actitud equívoca. |
| **naturaleza abomina del vacío (La)** *(Natura abhorret a vacuo)* | Aforismo de la física antigua, establecido para justificar algunos fenómenos que no podía explicar. Los experimentos de Torricelli sobre la gravedad atmosférica probaron su falsedad. |
| **Ni Dios, ni dueño** *(Ni Dieu, ni maître)* | Divisa de Auguste Blanqui, y título de su periódico de 1880; posteriormente lo fue de los anarquistas. |
| **Ni quito ni pongo rey, pero ayudo a mi señor** | Frase atribuida a Bertrand du Guesclin. Se dice que en la lucha cuerpo a cuerpo sostenida entre Pedro I y Enrique de Trastámara, éste consiguió la victoria gracias a la ayuda que le prestó el caballero francés, quien justificó su acción con la frase citada. |
| **Nihil (o nil) obstat** *(Nada se opone)* | Fórmula empleada por la censura eclesiástica para autorizar la impresión de una obra en la que no se ha encontrado ninguna objeción doctrinal: El *nihil obstat* precede al *imprimatur* (permiso de imprimir). |
| **No echéis margaritas a los cerdos** | Palabras del Evangelio (Mt. 7, 6); significa que no se debe hablar a un necio de cosas que es incapaz de apreciar. |
| **No escribo contra quien puede proscribir** | Respuesta de Polión a quienes le aconsejaban que replicara a los epigramas que le dedicaba Octavio. |
| **No pasarán** | Slogan utilizado en la zona republicana durante la guerra civil española, y que, nacido a raíz de la defensa de Madrid, significaba que el enemigo sería detenido en su avance. |
| **No ser digno de desatar las correas de las sandalias a alguno** | Serle muy inferior en mérito. Alusión a un pasaje del Evangelio (Mc. 1, 7; Lc. 3, 16; Jn. 1, 27), en el que Juan Bautista habla de cuán superior a él es el Mesías que anuncia. |
| **Nobleza obliga** *(Noblesse oblige)* | Máxima del duque de Lévis, que se usa para indicar que cada uno debe hacer honor a su rango y a su reputación. |
| **Non (o nec) plus ultra** *(No más allá)* | Inscripción que, según la mitología, grabó Hércules en los montes Calpe y Abila, que él separó para unir el Océano y el Mediterráneo; para los antiguos estos montes señalaban el fin del mundo. La frase se emplea sustantivada: *El no va más*. |
| **Nosotros somos los únicos conspiradores: Vuestra Merced por haber agobiado el país con exacciones insoportables, y yo por haber querido libertar al pueblo de semejante tiranía** | Frase que la tradición pone en boca de Túpac Amaru, en respuesta a las demandas del visitador general Areche, que le exigía que declarase quiénes habían sido sus cómplices. |
| **O tempora! o mores!** *(¡Qué tiempos!, ¡qué costumbres!)* | Exclamación con que Cicerón se lamenta de la perversidad de sus contemporáneos (*Catilinarias*, I, 1 y *Verrinas: De signis*, 25, 56). |
| **Padre, perdónalos porque no saben lo que se hacen** | Plegaria que Jesús crucificado dirigía a Dios en favor de sus verdugos (Lc. 23, 34). |
| **Pan y toros** | Frase utilizada durante el s. XIX, adaptando la frase de Juvenal *panem et circenses*, para indicar cómo se podía dar satisfacción a todas las necesidades de las clases populares españolas, evitando así su participación en política. |
| **Para todo sirven las bayonetas, menos para sentarse en ellas** | Palabras que Emilio Castelar dirigió a Prim en las cortes durante la discusión de la partida del presupuesto destinada al ministerio de la Guerra. Con ellas quiso significar que un gobierno no podía sostenerse por el mero apoyo de las fuerzas armadas. |
| **Peor es meneallo** | Frase de don Quijote en el capítulo XX de la primera parte de *El Quijote*, y que se usa para atajar una discusión que, si siguiera, pondría de manifiesto cosas que vale más no revelar. |
| **Poner el cascabel al gato** | En la fábula de La Fontaine *Junta de ratones*, éstos buscan un voluntario para que ponga un cascabel al gato que los está diezmando. Por alusión poner el cascabel al gato significa ser el primero en acometer una empresa ardua o en plantear un problema difícil. |
| **Prefiero ser el primero en este pueblo que el segundo en Roma** | Frase que Plutarco (*César*, XII), atribuye a Julio César al atravesar un miserable pueblo de los Alpes, y que indica la orgullosa ambición del personaje. |
| **Prefiero una injusticia, que un desorden** | Frase pronunciada por Goethe con ocasión de un incidente en la evacuación de Maguncia por los franceses (1793). La injusticia consistía en dejar libre a un culpable responsable del saqueo de una iglesia, y no en castigar a un inocente. La frase ha sido utilizada en muchas ocasiones en un sentido contrario al pensamiento de Goethe. |

**Primum vivere, deinde philosophari**
*(Antes es vivir que filosofar)*

Precepto de los antiguos, a través del que se burlan de los que sólo saben filosofar y discutir, y son incapaces de solucionarse la vida.

**Primus inter pares**
*(Primero entre sus iguales)*

Expresión que designa a quien se distingue por una superioridad cualquiera de sus compañeros de idéntico rango.

**Proletarios de todos los países, uníos**

Última frase del *Manifiesto comunista* de Marx y Engels, por la que se afirmaba la necesidad de organización y unidad entre todos los obreros del mundo.

**propiedad es un robo (La)**
*(La propiété, c'est le vol)*

Aforismo situado por Proudhon al principio de su obra *¿Qué es la propiedad?*, con el que pretendió poner en evidencia la injusticia de un régimen social basado en la propiedad.

**puertas del infierno no prevalecerán contra ella (la Iglesia) (Las)**

Palabras de Jesucristo en la promesa hecha al apóstol Pedro, al instituir la Iglesia, que ha de triunfar sobre las potencias de la muerte (Mt. 16, 18).

**Quisiera no saber escribir**
*(Vellem nescire litteras)*

Respuesta que daba Nerón, en los primeros tiempos de su reinado, cada vez que debía firmar una sentencia de muerte.

**Quosquem tandem**
*(¿Hasta cuándo abusarás, Catilina, de nuestra paciencia?)*

Primeras palabras del primer discurso de Cicerón contra Catilina. Se utiliza para significar la duración del aguante de una situación insostenible.

**Rara avis in terris**
*(Ave rara en la tierra)*

Hipérbole de Juvenal (*Sátiras*, VI, 165). Dícese por extensión de todo lo que es extraordinario. Normalmente, se usan sólo las dos primeras palabras: *Rara avis.*

**Recuerda, hombre, que eres polvo y polvo volverás a ser**
*(Memento, homo, quia pulvis est et in pulverem reverteris)*

Palabras que pronuncia el sacerdote cuando el miércoles de ceniza marca con ceniza la frente de los fieles en recuerdo de las palabras del Génesis (3, 19), dichas por Dios a Adán, después del pecado original.

**religión es el opio del pueblo (La)**

Frase de K. Marx, que implica que las doctrinas religiosas se utilizan para apartar a las clases sociales explotadas de sus problemas esenciales.

**rey ha muerto, viva el rey! (¡El)**

Palabras pronunciadas por el heraldo para anunciar al pueblo la muerte del rey y el advenimiento de su sucesor.

**rey reina, pero no gobierna (El)**

Fórmula atribuida a Thiers, que caracterizaba, en 1830, la ponderación de poderes en una monarquía constitucional.

**Salve César (o Emperador), los que van a morir te saludan**
*(Ave Caesar [o Imperator], morituri te salutant)*

Palabras que, según Suetonio (*Claudio*, 21), pronunciaban los gladiadores romanos cuando desfilaban, antes del combate, ante el emperador.

**¡Santiago y cierra España!** o **¡Santiago!**

Tradicionalmente, grito con que, al romper la batalla, los caballeros del reino de Castilla-León invocaban a su patrón. Con posterioridad siguió usándose, en algunas ocasiones hasta tiempos recientes.

**Se non è vero, è ben trovato**
*(Si no es verdad, está bien hallado)*

Proverbio italiano de fácil aplicación y frecuente uso.

**Si quieres la paz, prepara la guerra**
*(Si vis pacem, para bellum)*

Locución que significa que para evitar ser atacado, lo mejor es prepararse para defenderse. Vegecio (*Instit. rei milit.* III, Prol.) dice: *Qui desiderat pacem, praeparet bellum.*

**Sic transit gloria mundi**
*(Así pasa la gloria del mundo)*

Palabras (seguramente sacadas de *Imitación de Cristo*, I, 3, 6) que se dirigían a los soberanos pontificios cuando su coronación, para recordarle la fragilidad del poder humano.

**Siete llaves [o doble llave] al sepulcro del Cid**

Frase pronunciada por Joaquín Costa con la que, frente a los repetidos llamamientos a la tradición histórica y espíritu religioso, quiso afirmar la necesidad del progreso económico, social y político.

**Soldados, desde lo alto de estas pirámides, cuarenta siglos os contemplan**
*(Soldats, songez que du haut de ces pyramides quarante siècles vous contemplent)*

Frase que se supone pronunció Bonaparte antes de la batalla de las Pirámides (21 julio 1798).

**Soy hombre: nada humano me es ajeno**
*(Homo sum: humani nil a me alienum puto)*

Versos de Terencio (*Heautontimorumenos*, I, 1, 25) que expresan el sentimiento de la solidaridad humana.

**Subamos al Capitolio para dar gracias a los dioses**

Expresión oratoria por la que Escipión se sustrajo a una acusación de malversaciones: «Dejemos a este miserable mentiroso [su acusador] y subamos al Capitolio para dar gracias a los dioses.»

**suerte está echada (La)**
*(Alea iacta est)*

Frase pronunciada por César al cruzar el Rubicón.

**Tanto monta**

Frase que figura en el escudo de los Reyes Católicos. Aunque una interpretación tradicional pretende que se refiere a la igualdad entre ambos esposos («Tanto monta, monta tanto, Isabel como Fernando»), la verdad es que estas palabras aluden exclusivamente al emblema de Fernando (un yugo, con un nudo cortado), y a la frase pronunciada por Alejandro Magno al cortar el nudo gordiano: «Tanto monta, claro es, cortar que desatar.»

**The right man in the right place**
*(El hombre adecuado en el lugar adecuado)*

Expresión inglesa que se aplica al hombre que conviene a la perfección con el empleo a que ha sido destinado.

**tiempo es oro (El)**
*(Time is money)*

Proverbio inglés. Máxima de un pueblo práctico que sabe que el tiempo bien empleado es una ganancia.

**¿Tú también, Bruto, hijo mío?**
*(Tu quoque, Brute, fili mihi?)*

Supuestas palabras que César dirigió a Marco Junio Bruto, a quien estimaba profundamente, al reconocerle entre los que le daban muerte.

| | |
|---|---|
| **Túnica de Jesucristo** | Basada en una tradición de los *Apócrifos*, en que la túnica de Jesucristo, o de Cristo, le fue tejida cuando niño y crecía con la edad, la expresión se ha popularizado para aludir a una prenda que dura mucho tiempo o que se acomoda a las circunstancias. |
| **¡Un caballo! ¡Un caballo! ¡Mi reino por un caballo!** *(A horse! a horse! My Kingdom for a horse!)* | Exclamación de Ricardo III, rey de Inglaterra, en la batalla de Bosworth (1485), en la que fue vencido por Enrique Tudor y en la que murió. |
| **Un emperador debe morir de pie** | Frase del emperador Vespasiano, quien conservó la serenidad hasta el último momento de su vida, y, en el instante supremo, hizo un esfuerzo para levantarse. |
| **Vade retro, Satanás** *(Retrocede, Satanás)* | Palabras de Jesús, que se encuentran en los Evangelios bajo una forma un poco diferente (Mt. 4, 10; Mc. 8, 33). Se utilizan para rechazar a alguien cuyas proposiciones se rehúsan. |
| **Vanidad de vanidades y todo vanidad** *(Vanitas vanitatum, et omnia vanitas)* | Palabras con que empieza el libro del Eclesiastés (1, 2), y que resumen todo su contenido: todo lo que el hombre persigue, riqueza, placeres, trabajo, ciencia, «todo es vanidad, y perseguir el viento». |
| **Vender la primogenitura por un plato de lentejas** | Alusión a un episodio de la historia de Esaú y Jacob (Gén. 25, 30-34). Dícese del que malbarata su patrimonio o situación privilegiada a trueque de una satisfacción inmediata y sin valor. |
| **Veni, vidi, vici** *(Llegué, vi y vencí)* | Palabras con que César anunció al senado la rapidez de la victoria que acababa de llevar a cabo, cerca de Zela (47), contra Farnaces, rey del Ponto. Se usa familiarmente para expresar el pronto logro de cualquier éxito. |
| **¡Virtud, no eres más que un nombre!** | Exclamación atribuida a Bruto, en el momento en el que, vencido en la segunda batalla de Filipos, iba a atravesarse con su espada. |
| **¡Viva Cartagena!** | Locución usada para indicar una situación de desorden. Alude a la insurrección Cantonalista de Cartagena de 1873. |
| **Vox populi, vox Dei** *(Voz del pueblo, voz de Dios)* | Adagio según el cual se establece la verdad de un hecho, la justicia de algo, por la opinión más generalizada. |
| **Ya no hay Pirineos** | Frase atribuida erróneamente a Luis XIV cuando su nieto Felipe V fue coronado rey de España (1700). En realidad la idea fue expresada por el embajador español. |
| **Yo soy la voz del que clama en el desierto** | Palabras de Juan Bautista a los judíos, al preguntarle éstos si era él el Cristo, Elías o alguno de los profetas. |

# REFRANES

| | |
|---|---|
| **A boda ni bautizado, no vayas sin ser llamado** | Contra los entrometidos. |
| **A buen entendedor, pocas palabras bastan** | Expresa que la persona inteligente comprende fácilmente lo que se le quiere decir. |
| **A buena hambre no hay pan duro, ni falta salsa a ninguno** | Alude a que cuando una necesidad apremia no se repara en delicadezas. |
| **A caballo regalado, no hay que mirarle el diente [o no le mires el dentado]** | Recomienda admitir sin ningún reparo e inconveniente las cosas regaladas o que no cuestan nada, aunque tengan algún defecto o falta. |
| **A cada cerdo le llega su San Martín** | Se usa aludiendo peyorativamente a alguien que recibe su merecido por sus acciones o en el sentido de que todas las cosas tienen su plazo. |
| **A cuentas viejas, barajas nuevas** | Recomienda no retrasar el ajuste de cuentas, a fin de evitar disputas. |
| **A Dios rogando y con el mazo dando** | Recomienda hacer cada uno lo posible para conseguir lo que se desea sin esperar ayuda o que ocurran milagros. |
| **A enemigo que huye, puente de plata** | Aconseja facilitar la huida al enemigo, o el desistimiento de quien nos estorba. |
| **A falta de pan, buenas son tortas** | Recomienda conformarse con lo que se tiene, a falta de otra cosa mejor. |
| **A la ocasión la pintan calva** | Recomienda aprovechar las oportunidades. |
| **A la tercera, va la vencida** | Advierte que repitiendo los esfuerzos cada vez con mayor ahínco, a la tercera se suele conseguir el fin deseado. También significa que después de tres tentativas infructuosas, se debe desistir del intento. Otras veces se dice, en son de amenaza, a quien, habiendo cometido ya dos faltas, no se le quiere perdonar una más. |
| **A la vejez, viruelas** | Se dice cuando alguien de edad ya madura hace o le sucede algo impropio de su edad. |
| **A las diez, en la cama estés y si es antes, mejor que después** | Contra la costumbre de trasnochar. |
| **A lo hecho, pecho** | Aconseja tener fortaleza para hacer frente a las consecuencias de un error o falta cometidos que son irremediables. |
| **A mal tiempo, buena cara** | Contra el desánimo en las circunstancias adversas. |
| **A padre guardador, hijo gastador** | Advierte lo contrarios que suelen ser los pareceres de los padres y de los hijos. |
| **A pan duro, diente agudo** | Aconseja superar las dificultades poniendo actividad y diligencia. |
| **A quien cuece o amasa, no hurtes hogaza** | Advierte la dificultad que entraña el intentar engañar a alguien en algo en lo que está experimentado y práctico. |
| **A quien Dios no le dio hijos, el diablo le dio sobrinos** | Expresa que por causa ajena le sobrevienen cuidados y preocupaciones al que no los tiene por su propia situación. |
| **A quien Dios quiere bien, la perra le pare lechones** | Alude a que todo le sale bien a quien tiene buena suerte. |
| **A quien Dios se la diere, san Pedro [o san Antón] se la bendiga** | Explica la disposición que tiene uno a conformarse con el buen o mal éxito de sus pretensiones o deseos. |
| **A quien madruga, Dios le ayuda** | Contra la pereza. |
| **A rey muerto, rey puesto** | Expresa lo pronto que queda ocupado el puesto o el vacío afectivo dejado por una persona. |
| **A río revuelto, ganancia de pescadores** | Con que se indica que en las revueltas y desórdenes suelen sacar utilidad los que saben aprovecharlas. |
| **A ruin, ruin y medio** | Para negociar o tratar con una persona vil es necesaria otra de su calidad o peor. |
| **A su tiempo maduran las brevas [o las uvas]** | En pro de la paciencia para la consecución de un fin. |
| **Abril, aguas mil** | Alude a que este mes suele ser muy lluvioso. |
| **Agosto, frío en el rostro** | Alude a que en este mes suele empezar a sentirse el frío. |
| **Agua de por mayo, pan para todo el año** | Manifiesta lo convenientes que son en este mes las lluvias para fecundizar los campos. |
| **Agua de por San Juan, quita vino y no da pan** | Alude a que la lluvia por San Juan es dañosa a las vides y de ninguna utilidad a los trigos. |
| **Agua pasada no muele molino** | Expresa que una oportunidad o una situación pasadas ya no se pueden aprovechar o no tienen eficacia. |

| | |
|---|---|
| **Al buen callar llaman Sancho [o santo]** | Recomienda la prudente moderación en el hablar. |
| **Al buen día, métele en casa** | Aconseja aprovechar las ocasiones favorables. |
| **Al buen pagador no le duelen prendas** | Alude a que el que quiere cumplir con lo que debe, no se niega a dar cualquier seguridad que le exijan. |
| **Al cabo de cien años todos seremos calvos [o salvos]** | Sobre la brevedad de la vida. |
| **Al cabo de los años mil, vuelve el agua a su cubil** | Con el transcurso del tiempo vuelve a hacerse o a actualizarse lo que ya estaba en desuso. |
| **Al enfermo que es de vida, el agua le es medicina** | Encarece la robusta constitución o buena estrella de una persona. |
| **Al freír será el reír, y al pagar será el llorar** | Contra los incautos y los que obran sin precaución. |
| **Al gallo que canta, le aprietan la garganta** | Contra los indiscretos y los que no saben guardar un secreto. |
| **Al hijo de tu vecino límpiale el moco y métele en casa** | Advierte a los padres que, para casar a sus hijos, escojan personas cuyas cualidades les sean conocidas. |
| **Al pan, pan, y al vino, vino** | En pro de la sinceridad. |
| **Al que al cielo escupe, en la cara le cae** | Contra los engreídos. |
| **Al que [o A quien] de ajeno se viste, en la calle le desnudan** | Advierte de quien se atribuye prendas o cosas que no son suyas, se expone a verse despojado de ellas en cualquier parte o momento. |
| **Al que no está hecho a bragas, las costuras le hacen llagas** | Sobre la dificultad de hacer cosas a las que no está uno acostumbrado o enseñado. |
| **Al que va a la bodega, por vez se le cuenta, beba o no beba** | Advierte que se huya de lugares sospechosos, aunque se vaya con buen fin o intención. |
| **Alábate, cesto, que venderte quiero** | Advierte que el que desea conseguir alguna cosa, no ha de contentarse con el favor o protección de otro, sino que debe ayudarse con su propia diligencia. |
| **Albricias, madre, que pregonan a mi padre** | Contra los que se alegran de aquellas cosas que debían sentir. |
| **Algo tendrá el agua cuando la bendicen** | Da a entender que el encomiar a persona o cosa a quien nadie culpa, o cuando no viene al caso, es señal de haber en ella alguna malicia. |
| **Allá van leyes, do [o donde] quieren reyes** | Contra la arbitrariedad de los poderosos. |
| **Amigo reconciliado, enemigo doblado** | Advierte contra el amigo con quien se ha reñido alguna vez. |
| **Amistad de yerno, sol en invierno** | Sobre la tibieza o poca duración de las relaciones amistosas entre suegros y yernos. |
| **Amor con amor se paga** | Recomienda corresponder en la misma medida con que uno es favorecido, o tratado. (Suele usarse irónicamente.) |
| **Amor de niño, agua en cesto [o en cestillo]** | Sobre la fragilidad de los sentimientos de los niños. |
| **Amor loco, yo por vos, y vos por otro** | Señala el hecho frecuente de que una persona amada por uno ame a otro que no le corresponde. |
| **Amor trompetero, cuantas veo tantas quiero** | Sobre la facilidad con que se enamoran algunas personas. |
| **Ande yo caliente y ríase la gente** | Se aplica al que prefiere su gusto o su comodidad al bien parecer. |
| **Antes que te cases, mira lo que haces** | Advierte que se mediten bien los asuntos graves, antes de meterse en ellos. |
| **Año de brevas, nunca lo veas** | Expresa que el año en que hay abundancia de brevas suele ser estéril en granos y otros frutos. |
| **Año de nieves, año de bienes** | Expresa que el año en que nieva mucho suele ser abundante la cosecha de frutos. |
| **Aún no ensillamos, y ya cabalgamos** | Contra los que quieren llegar al fin antes de tiempo sin haber puesto los medios necesarios. |
| **Aunque la garza vuela muy alta, el halcón la mata** | Contra los engreídos. |
| **Aunque la mona se vista de seda, mona se queda** | Advierte contra el afán de disimular los defectos o de acicalarse en exceso. |
| **avaricia [o codicia] rompe el saco (La)** | Enseña que muchas veces se frustra el logro de una ganancia moderada por el ansia de aspirar a otra mayor. |
| **Bien está San Pedro en Roma** | Contra los cambios que se juzgan inconvenientes o innecesarios. |
| **Bien haya quien a los suyos se parece** | En favor de la tradición y el conservadurismo. |
| **bien no es conocido hasta que es perdido (El)** | Advierte el gran aprecio que debe hacerse de la buena suerte. |
| **Bien vengas, mal, si vienes solo** | Alude a que los males o desventuras suelen venir seguidos. |
| **buen paño en el arca se vende (El)** | Expresa que las cosas buenas no necesitan propaganda. |
| **buey suelto bien se lame (El)** | Sobre lo apreciable que es la libertad. |
| **caballo y la mujer, al ojo se han de tener (El)** | Expresa la asistencia que requieren uno y otra. |
| **Cada cosa en su tiempo, y los nabos en adviento** | Alude a cómo la oportunidad valoriza las cosas. |
| **Cada loco con su tema** | Advierte que cada cual presta más interés a lo que le afecta. |

| | |
|---|---|
| **Cada mochuelo a su olivo** | Indica que ya es la hora de recogerse o tiempo de que cada cual esté en su puesto cumpliendo con su deber. |
| **Cada oveja con su pareja** | Recomienda tratar cada uno con sus iguales. |
| **Cada palo aguante su vela** | Expresa que cada uno debe aguantar la parte que le corresponde en una responsabilidad o la consecuencia de sus propios actos. |
| **Cada uno cuenta [o habla] de la feria como le va en ella** | Expresa que cada cual habla de las cosas según el provecho o daño que ha sacado de ellas. |
| **Cada uno en su casa, y Dios en la de todos** | Sobre la conveniencia de que las familias vivan separadas, para evitar disensiones. |
| **Cada uno sabe dónde le aprieta el zapato** | Expresa que cada uno sabe bien lo que le conviene. |
| **Cada uno tiene su modo de matar pulgas** | Alude a la diversidad de caracteres de las personas. |
| **Calvo vendrá que calvo me hará [o que calvo vengará]** | Alude a la muerte. |
| **Callen barbas y hablen cartas** | Expresa lo ocioso que resulta probar con palabras lo que puede hacerse con hechos. |
| **Camisa y toca negra no sacan al ánima de pena** | Contra la manifestación exterior y poco sincera del luto. |
| **Cantarillo que muchas veces va la fuente, o deja el asa o la frente** | Sobre la temeridad del que a menudo se expone al peligro. |
| **cañas se vuelven lanzas (Las)** | Expresa que a veces las cosas que empiezan por juego se derivan en disgustos y peleas. |
| **caridad bien ordenada empieza por uno mismo (La)** | Advierte lo natural que es pensar en las necesidades propias antes que en las ajenas. |
| **Casa con dos puertas mala es de guardar** | Sólo se emplea en sentido recto. |
| **casado casa quiere (El)** | Sobre la conveniencia de vivir independientemente del resto de la familia una vez casados. |
| **Cenas, soles y Magdalenas tienen las sepulturas llenas** | Reprende los excesos dañosos para la salud. |
| **Cielo aborregado, suelo mojado** o **Cielo borreguero, vendaval o agua del cielo** | Expresa que las nubes aborregadas son indicio de lluvia. |
| **Clérigo viajero, ni mísero, ni misero** | Advierte que la persona que anda de un lado para otro, desatendiendo su trabajo, sólo tiene pérdidas. |
| **Cobra [o Coge] buena fama, y échate a dormir** | El que una vez adquiere buena fama, con poco trabajo la conserva. |
| **comer y el rascar, todo es empezar (El)** | Expresa la facilidad en continuar una acción una vez empezada. |
| **Comida hecha, compañía deshecha** | Reprende al que se aparta del amigo cuando ya no le es útil. |
| **Compañía de dos, compañía de Dios** | Expresa que se avienen mejor dos que muchos en cualquier negocio. |
| **Con la vara que midas, serás medido** | Según tratemos a los demás así seremos tratados. |
| **Con las glorias se olvidan las memorias** | Contra los que, habiendo alcanzado altos empleos o reputación, olvidan a los amigos y beneficios recibidos. |
| **Con pan y vino se anda el camino** | Señala que es necesario cuidar del sustento de los que trabajan, si se quiere cumplir bien con su obligación. |
| **Condición de buen amigo, condición de buen vino** | Porque uno y otro son mejores siendo viejos. |
| **consejo de la mujer es poco, y el que no lo toma, un loco (El)** | Expresa que las mujeres suelen acertar cuando aconsejan. |
| **Contra el vicio de pedir, hay la virtud de no dar** | Se usa para negarse a una petición. |
| **cornudo es el postrero [o el último] que lo sabe (El)** | Se usa cuando una persona ignora lo que le importaría saber antes que nadie. |
| **Cosa hallada no es hurtada** | Además de su significación recta, tiende a disculpar al que se vale de la ocasión para conseguir sus fines. |
| **costumbre hace ley (La)** | Sobre la fuerza de la costumbre. |
| **Costumbres y dineros, hacen los hijos caballeros** | Los buenos procederes y modales, junto con las riquezas, granjean la atención y aprecio de los demás. |
| **Cría cuervos y te sacarán los ojos** | Advierte que los beneficios hechos a quien no los merece son correspondidos con desagradecimiento. |
| **Criados, enemigos pagados** | Expresa la frecuente antipatía entre criados y señores. |
| **Cual es el rey, tal la grey** | Expresa que el ejemplo de quien gobierna influye en las costumbres de la comunidad. |
| **Cuando el río suena, agua lleva [o agua o piedra lleva]** | Expresa que todo rumor o hablilla tiene algún fundamento. |
| **Cuando el sol sale, para todos sale** | Expresa que hay muchos bienes y ocasiones de que disfrutan todos. |
| **Cuando las barbas de tu vecino vieres pelar, echa las tuyas a remojar** | Aconseja aprender de lo que sucede a otros a fin de escarmentar y precaverse. |
| **Cuando marzo mayea, mayo marcea** | Cuando en marzo hace buen tiempo, lo hace malo en mayo. |
| **Cuando una puerta se cierra, ciento se abren** | Expresa que tras un lance desdichado, suele venir otro feliz y favorable. |
| **Cuando uno no quiere, dos no barajan [o no riñen]** | Recomienda la serenidad de ánimo para evitar disensiones. |

| | |
|---|---|
| **Cuando viene el bien, mételo en tu casa** | Aconseja no despreciar la buena suerte. |
| **Cuenta y razón conserva [o sustenta] amistad** | Recomienda tener cuentas claras aun entre amigos. |
| **Cuidados ajenos, matan al asno** | Advierte contra los entrometidos. |
| **Da Dios almendras al que no tiene muelas** o **Da Dios habas a quien no tiene quijadas** | Expresa que las riquezas o bienes recaen a veces en quien no sabe disfrutarlas. |
| **Dádivas quebrantan peñas** | Expresa que con regalos y dinero todo se consigue. |
| **Dame pan y dime tonto** | Comenta la conducta de alguien que no se da por ofendido con los insultos o las desatenciones, si con ello obtiene una ventaja material. |
| **dar y tener, seso ha menester (El)** | Advierte en contra de los excesos. |
| **De aquellos polvos vienen estos lodos** | Sobre las consecuencias de un error. |
| **De casta le viene al galgo el ser rabilargo** | Sobre la herencia de ciertas costumbres. |
| **De desagradecidos está el infierno [o el mundo] lleno** | Contra los ingratos. |
| **De diestro a diestro, el más presto** | Expresa que entre dos igualmente hábiles, el más diligente lleva la ventaja. |
| **De dinero y bondad, quita siempre la mitad** | Comenta lo que suele exagerarse cuando se habla de la riqueza de alguien. |
| **De fuera vendrá quien de casa nos echará** | Contra los entrometidos. |
| **De [o Sobre] gustos no hay nada escrito** | Sobre la libertad y diversidad en cuestión de gustos. |
| **De hombre es errar; de bestias, perseverar en el error** | Contra la obstinación. |
| **De la mano a la boca se pierde la sopa** | Sobre la inseguridad de las más fundadas esperanzas. |
| **De lo poco, poco, y de lo mucho, nada** | Contra la avaricia de los enriquecidos. |
| **De los cuarenta para arriba no te mojes la barriga** | Contra los excesos en la edad madura. |
| **De los enemigos, los menos** | Se usa cuando se trata de deshacerse de los que causan perjuicio. |
| **De los escarmentados se hacen los avisados** | Señala que la experiencia enseña a evitar las ocasiones peligrosas. |
| **De paja o heno, el vientre lleno** | Aconseja satisfacer el apetito sea como sea a falta de lo que se apetece. |
| **De tal palo, tal astilla** | Sobre la semejanza de acciones, caracteres, o costumbres entre padres e hijos. |
| **Del agua mansa me libre Dios, que de la brava [o recia] me guardaré yo** | Advierte de las personas de genio apacible y manso al parecer, que cuando se enojan suelen ser las más impetuosas y terribles. |
| **Del árbol caído todos hacen leña** | Expresa el desprecio que se hace comúnmente de aquel a quien ha sido contraria la suerte y la utilidad que todos procuran sacar de su desgracia. |
| **Del dicho al hecho hay mucho trecho** | Señala la distancia que hay entre lo que se dice y lo que se hace, y aconseja no confiar enteramente en las promesas, pues suele ser mucho menos lo que se cumple que lo que se ofrece. |
| **Del mar, el mero; y de la tierra, el carnero** | Señala la calidad y exquisitez de la carne de estos animales. |
| **deseo hace hermoso lo feo (El)** | Expresa que el ansia o afán de poseer una cosa ofusca el entendimiento. |
| **Desnudo nací, desnudo me hallo; ni pierdo ni gano** | Afirma que el que no tiene ambición, se conforma fácilmente aunque pierda o deje de adquirir algunos bienes. |
| **Después de beber, cada uno dice su parecer** | Expresa que el exceso en el vino arriesga el secreto y expone a la indiscreción. |
| **diablo, harto de carne, se metió fraile (El)** | Moteja al que reforma sus costumbres relajadas cuando ya no tiene vigor para continuarlas. |
| **dicha de la fea, la hermosa la desea (La)** | Expresa que la mujer fea suele tener más suerte que la hermosa en el matrimonio. |
| **Dijo la sartén a la caldera: quítate [o tírate] allá, culinegra [u ojinegra]** o **Dijo la sartén al cazo: quítate allá, que me tiznas** | Contra los que vituperan en otros las menores faltas, sin advertir sus propios y mayores defectos. |
| **Dime con quien andas, y te diré quién eres** | Señala que por la compañía que buscan se conoce la manera de ser de las personas. |
| **Dinero llama dinero** | Sobre el poder del dinero. |
| **dineros del sacristán, cantando se vienen y cantando se van (Los)** | Expresa que el dinero ganado con poco esfuerzo suele gastarse con facilidad. |
| **Dios los cría y ellos se juntan** | Comenta que las personas suelen buscar sus amigos entre los de sus propias costumbres y maneras de pensar. |
| **Donde fueres, haz como [o lo que] vieres** | Sobre la conveniencia de acomodarse a los usos y estilos del país donde uno se halla. |
| **Donde hay patrón, no manda marinero** | Expresa que donde hay superior no puede mandar el inferior. |
| **Donde las dan, las toman** | Advierte que el que se porta mal con otro recibirá el mismo trato. |
| **Donde menos se piensa, salta la liebre** | Expresa la ocurrencia repentina de algo totalmente inesperado. |
| **Donde no hay harina, todo es mohína** | Expresa que la pobreza y la miseria suelen ocasionar disgustos en las familias. |
| **Dos dueños de una bolsa, el uno canta y el otro llora** | Señala que los bienes o negocios a medias con otros acarrean muchos disgustos. |

| | |
|---|---|
| **duelos con pan son buenos [o son menos] (Los)** | Afirma que los trabajos son más soportables habiendo bienes y conveniencias. |
| **El que la sigue la consigue** | Expresa que el que pone los medios necesarios consigue el fin que pretende. También se dice: *El que sigue la caza, ése la mata.* |
| **El que malas mañas ha, tarde [o nunca] las perderá** | Sobre la dificultad de librarse de las malas costumbres. |
| **El que menos corre, vuela** | Sobre el que obra con disimulo, afectando indiferencia al mismo tiempo que solicita las cosas con más eficacia. |
| **El que nace para ochavo, no puede llegar a cuarto** | Sobre la dificultad en que se ven los humildes para salir de su condición. |
| **El que no cojea, renquea** | Expresa que nadie es perfecto. |
| **El que no llora, no mama** | Aconseja para conseguir una cosa, pedirla con empeño. |
| **El que roba a un ladrón tiene cien años de perdón** | Disculpa a quien roba o engaña a alguien que lo ha hecho antes con otros. |
| **El que rompe, paga** | Advierte que el que hace un daño ha de atenerse a las consecuencias. |
| **El que tuvo, retuvo, y guardó para la vejez** | Alude a los que con los años no perdieron el vigor, la intrepidez, la belleza o alguna cualidad propia de su juventud. |
| **En boca cerrada no entra mosca [o no entran moscas]** | En pro de la discreción. |
| **En buenas manos está el pandero** o **En manos está el pandero que lo sabrán bien tañer** | Expresa que la persona que entiende en un negocio es muy apta para darle cima. |
| **En cada casa cuecen habas, y en la nuestra, a calderadas** | En todas partes hay dificultades y problemas, y cada uno tiene los suyos por mayores. |
| **En cada tierra, su uso, y en cada casa, su costumbre** | Aconseja amoldarse a los usos y costumbres del sitio donde se viva o de las personas con quienes se trata. |
| **En casa de mujer rica, ella manda y ella grita** | Sobre la soberbia de la mujer rica. |
| **En casa del herrero, cuchillo de palo** | Señala que donde hay los medios y la facilidad para conseguir una cosa, suele ser corriente su ausencia. |
| **En casa llena, presto se guisa la cena** | Expresa que donde hay abundancia de medios, se resuelven con facilidad todos los problemas. |
| **En esta vida caduca, el que no trabaja no manduca** | Sobre la necesidad de trabajar para subsistir. |
| **En los nidos de antaño no hay pájaros hogaño** | Alude a la inestabilidad de las cosas terrenas. |
| **En martes, ni te cases ni te embarques** | Sobre la superstición que considera el martes como día aciago. |
| **En nombrando al rey de Roma, luego asoma** | Se usa familiarmente cuando llega aquel de quien se estaba hablando. |
| **En salvo está el que repica** | Expresa la facilidad del que reprende a otro el modo de portarse en acciones peligrosas, estando él en seguro o fuera del lance. |
| **En tierra de ciegos [o En el país de los ciegos] el tuerto es rey** | Expresa que por poco que uno valga en cualquier aspecto sobresale entre los que valen menos. |
| **Entre col y col, lechuga** | Expresa que para evitar la monotonía se intercalan o alternan cosas de distinta naturaleza. |
| **Entre dos muelas cordales [o molares] nunca metas [o pongas] tus pulgares** | Aconseja no entrometerse en las peleas entre parientes muy cercanos. |
| **Entre hermanos, dos testigos y un notario** | Sobre la conveniencia de respetar la formalidad en los tratos, aun entre parientes o amigos cercanos. |
| **Entre padres y hermanos no metas tus manos** | Aconseja no entrometerse en las peleas entre parientes muy cercanos. |
| **Entre sastres no se pagan hechuras** | Sobre las buenas relaciones entre personas de un mismo empleo, profesión u oficio. |
| **Entre todos la mataron y ella sola se murió** | Censura el achacar a una sola persona o causa el daño ocasionado por muchas y que nadie remedia. |
| **Éramos pocos y parió mi abuela** | Con que se da a entender que aumenta de modo inoportuno la concurrencia de gente allí donde ya hay mucha. |
| **Ésa es [o no es] la madre del cordero** | Con que se indica ser, o no ser, una cosa la razón real de un hecho. |
| **Gallo que no canta, algo tiene en la garganta** | Expresa que cuando uno no interviene en conversaciones que le atañen, suele ser porque tiene algo que temer. |
| **gato maullador, nunca buen cazador (El)** | Dícese del que habla mucho y obra poco. |
| **Gloria vana, florece y no grana** | Advierte cuán poco suelen durar las satisfacciones. |
| **gozo en el pozo (El)** | Expresa que se ha malogrado una cosa con que se contaba. |
| **Guárdate de hombre que no habla y de can que no ladra** | Advierte que no debemos confiar en ellos porque de ordinario son traidores y dañan antes de ser sentidos. |
| **hábito no hace al monje (El)** | Expresa que las apariencias no siempre reflejan con sinceridad el interior de las personas. |
| **Habló el buey y dijo mu** | Dícese cuando alguien que de ordinario no habla nada, dice de pronto una tontería. |
| **Hacer un hoyo para tapar otro** | Contra aquellos que para evitar un daño o cubrir una trampa hacen otra. |
| **Hágase el milagro, y hágalo el diablo** | Expresa que lo importante y bueno no desmerece por oscuro e insignificante que sea quien lo haya hecho. También expresa que no se suele cuidar mucho de los medios, con tal de lograr los fines. |

| | |
|---|---|
| **Hasta los gatos quieren zapatos** | Contra los que tienen pretensiones superiores a su mérito y condición. |
| **Hay gustos que merecen palos** | Contra los gustos desacertados y reprobables. |
| **Haz bien y no mires [o no cates] a quién** | Aconseja hacer el bien desinteresadamente. |
| **Hidalgo honrado, antes roto que remendado** | Expresa que el hombre honrado prefiere la pobreza a remediarla por medios indignos. |
| **hombre es fuego; la mujer estopa: llega el diablo y sopla (El)** | Alude a la mutua atracción entre hombres y mujeres. |
| **Hombre prevenido vale por dos** | Advierte la gran ventaja que lleva en cualquier asunto el que obra con prevención. |
| **Honra y provecho no caben en un saco** | Expresa que generalmente los empleos de honor y distinción no son de mucho lucro. |
| **infierno está lleno de buenos deseos [o propósitos] y el cielo de buenas obras (El)** | Expresa que las buenas intenciones son vanas cuando no van acompañadas de obras. |
| **Ir por lana y volver trasquilado** | Expresa que uno ha sufrido perjuicio o pérdida en aquello en que creía ganar u obtener provecho. |
| **Juan Palomo; yo me lo guiso y yo me lo como** | Comenta el hecho de que alguien pretenda hacerse él mismo todas sus cosas, sin dar intervención a nadie. |
| **letra con sangre entra (La)** | Recomienda castigar para enseñar. |
| **Lo mejor de los dados es no jugarlos** | Aconseja evitar las ocasiones y los riesgos. |
| **Lo mejor es enemigo de lo bueno** | Expresa que muchas veces, por querer mejorar, se pierde el bien que se tiene o el que se puede conseguir. |
| **Lo poco agrada, y lo mucho enfada** | Señala que el exceso suele ser molesto aun en las cosas más gratas. |
| **Lo que abunda no daña** | Advierte que el exceso en las cosas útiles para algún fin no puede causar perjuicio. |
| **Lo que de noche se hace a la mañana parece** | Advierte del error de fiarse del sigilo para obrar mal. |
| **Lo que has de dar al rato, dáselo al gato** | Aconseja gastar de una vez con utilidad, y no exponerse al perjuicio ni al hurto. |
| **Lo que no acaece en un año, acaece en un rato** | Sobre la contingencia y variedad de los sucesos humanos. |
| **Lo que no has de comer, déjalo cocer** | Aconseja no inmiscuirse en asuntos ajenos. |
| **maestro ciruela que no sabe leer y pone escuela (El)** | Moteja al que habla magistralmente de algo que no entiende. |
| **mal cobrador hace mal pagador (El)** | Contra los que se descuidan en las cosas que son de su interés. |
| **Mal de muchos, consuelo de tontos** | Niega que sea más llevadera una desgracia cuando comprende a un crecido número de personas. Los que tienen contraria opinión dicen: *Mal de muchos, consuelo de todos.* |
| **Mal me quieren mis comadres, porque digo las verdades** | Indica que el decir la verdad suele traer enemistades. |
| **mal, para quien le fuere a buscar (El)** | Aconseja huir del peligro. |
| **Mala noche y parir hija** | Expresa haber tenido mal éxito en un negocio o pretensión, después de haber aplicado el mayor trabajo y cuidado para conseguirlos. |
| **Malo vendrá que bueno me hará** | Advierte que las personas o cosas que se tienen por malas, pueden luego estimarse de distinta manera, comparadas con otras peores. |
| **mandar no quiere par (El)** | Advierte que cuando son muchos los que gobiernan, se suele perder el acierto por disparidad de pareceres. |
| **Mano sobre mano, como mujer de escribano** | Contra la ociosidad. |
| **manos en la rueca, y los ojos en la puerta (Las)** | Reprenden a los que no tienen el pensamiento en lo que hacen. |
| **Marzo ventoso y abril lluvioso, hacen el año [o sacan a mayo] florido y hermoso** | Expresa cómo conviene que sea el tiempo en dichos meses. |
| **Más da el duro que el desnudo** | Expresa que del avaro cabe esperar más que del que no tiene nada. |
| **Más discurre un hambriento que cien letrados** | Señala que el hambre y las dificultades avivan el ingenio. |
| **Más hace el que quiere que no el que puede** | Sobre la fuerza de la voluntad. |
| **Más mató la cena, que sanó Avicena** | Previene de las cenas muy copiosas, perjudiciales para la salud. |
| **Más presto se coge al mentiroso que al cojo** | Sobre la facilidad con que suelen descubrirse las mentiras. |
| **Más puede Dios que el diablo** | Anima a proseguir un buen propósito a pesar de las dificultades. |
| **Más sabe el diablo por ser viejo que por ser diablo** | Encarece lo mucho que vale la larga experiencia. |
| **Más sabe el loco en su casa que el cuerdo en la ajena** | Recomienda no censurar o no aconsejar o intervenir en cosas de otro, que por equivocado que parezca conoce mejor que nadie. |
| **Más vale algo que nada** | Aconseja no despreciar las cosas por muy pequeñas o de poca calidad que sean. |
| **Más vale a quien Dios ayuda, que quien mucho madruga** | Contra los que confían excesivamente en sus propias diligencias. |

| | |
|---|---|
| **Más vale caer en gracia que ser gracioso** | Expresa que muchas veces puede más la fortuna y suerte de un sujeto que su propio mérito. |
| **Más vale fortuna en tierra que bonanza por la mar** | Encarece los riesgos de la navegación, y prefiere a éstos cualquier trabajo o adversidad en tierra firme. |
| **Más vale malo conocido que bueno por conocer** | Advierte los inconvenientes que pueden resultar de sustituir una persona o cosa ya experimentada por otra que no se conoce. |
| **Más vale maña que fuerza** | Expresa que generalmente se consiguen mejores resultados usando de la habilidad y suavidad que de la fuerza y la violencia. |
| **Más vale pájaro en mano que ciento [o buitre] volando** | Aconseja no dejar las cosas seguras, aunque sean pequeñas o escasas, por la esperanza de otras mayores pero inseguras. |
| **Más vale prevenir que curar** | Sobre la conveniencia de tomar las precauciones necesarias para evitar perjuicios de difícil remedio. |
| **Más vale ser cabeza de ratón que cola de león** | Expresa que es mejor ser el primero y mandar en una comunidad pequeña que ser el último en otra mayor. |
| **Más vale tarde que nunca** | Advierte que resulta más útil y estimable hacer algo, aunque tarde, que dejar de hacerlo. |
| **Más vale un «por si acaso» que un «quién pensara» o que un «iválgame Dios!»** | Señala que es mejor prevenir que tener que remediar. |
| **Más vale un «toma» que dos «te daré»** | Señala que el bien presente que se disfruta es preferible a las esperanzas y promesas, aunque sean más halagüeñas. |
| **Matrimonio y mortaja, del cielo baja** | Expresa cuán poco valen los propósitos humanos con relación al casamiento y la muerte. |
| **melón y el casamiento ha de ser acertamiento (El)** | Expresa que el acierto en estas dos cosas depende más de la casualidad que de la elección. |
| **Menea la cola el can, no por ti sino por el pan** | Expresa que generalmente los halagos y obsequios se hacen más por interés que por amor. |
| **miedo guarda la viña, El o Miedo guarda viña, que no viñadero** | Explica que el temor del castigo suele ser eficaz para evitar los delitos. |
| **misa, dígala el cura (La)** | Contra los entrometidos. |
| **Muchos pocos hacen un mucho** | Aconseja evitar los perjuicios y pérdidas pequeñas, porque, continuadas, acarrean grandes pérdidas o no perder, o subestimar las ganancias pequeñas, porque muchas hacen cúmulo. |
| **Muera Marta, y muera harta** | Contra los que no se detienen en hacer su gusto, por grave perjuicio que esto les haya de ocasionar. |
| **muerto al hoyo, y el vivo al bollo (El)** | Recomienda, a pesar del sentimiento de la muerte de las personas más amadas, alimentarse y volver a los afanes y goces de la vida. Úsase también para censurar a los que olvidan demasiado pronto al muerto. |
| **Muerto el perro, se acabó la rabia** | Expresa que cesando una causa cesan con ella sus efectos. |
| **mujer compuesta quita al marido de otra puerta (La)** | Recomienda a la mujer el aseo y arreglo moderados. |
| **mujer honrada, la pierna quebrada y en casa (La)** | En pro del recato y recogimiento que deben observar las mujeres. |
| **Mujer, viento y ventura, pronto se mudan** | Sobre la inestabilidad de estas tres cosas. |
| **Nadie diga [o Nadie puede decir] de esta agua no beberé** | Da a entender que nadie está libre de que le suceda lo que a otro, ni seguro de que no hará alguna cosa por mucho que le repugne. |
| **Ni bebas agua que no veas, ni firmes carta que no leas** | Aconseja procurar la seguridad propia, aunque sea a costa de cualquier trabajo o diligencia. |
| **Ni en burlas ni en veras, con tu amo no partas peras** | Recomienda no tener familiaridad con los superiores. |
| **Ni mesa sin pan, ni ejército sin capitán** | Aconseja no prescindir de lo principal. |
| **Ni pidas a quien pidió, ni sirvas a quien sirvió** | Expresa que la mudanza de fortuna suele cambiar los ánimos. |
| **Ni sábado sin sol, ni moza sin amor [o ni vieja sin arrebol (o sin dolor)]** | Aplícase a cualquier cosa que regular y frecuentemente sucede en determinados tiempos o personas. |
| **Ni tanto ni tan calvo que se le vean los sesos** | Contra las exageraciones. |
| **niños y los locos dicen las verdades (Los)** | Expresa que la verdad se halla frecuentemente en las personas que no son capaces de reflexión, ni disimulo. |
| **No con quien naces, sino con quien paces** | Indica que el trato y comunicación hacen más que la crianza y linaje en orden a las costumbres. |
| **No digáis mal del año hasta que sea pasado** | Recomienda no hacer juicios temerarios sin tener suficientes bases. |
| **No es lo mismo predicar que dar trigo** | Expresa que es más fácil aconsejar que practicar lo que se aconseja. |
| **No es mal sastre el que conoce el paño** | Dícese de la persona inteligente en asunto de su competencia. Aplícase también al que reconoce sus propias faltas. |
| **No es nada lo del ojo, y lo llevaba en la mano** | Expresa que alguno no da importancia a una cosa que la tiene. |
| **No es oro todo lo que reluce** | Aconseja no fiarse de las apariencias, porque no todo lo que parece bueno lo es en realidad. |
| **No es por el huevo, sino por el fuero** | Expresa que uno sigue con empeño un pleito o negocio, no tanto por la utilidad que le resulte, como porque prevalezca la razón que le asiste. |
| **No es tan bravo [o fiero] el león, como lo pintan** | Expresa que una persona no es tan áspera y terrible como se creía o que un negocio es menos arduo y difícil de lo que se pensaba. |

| | |
|---|---|
| **No es villano el de la villa, sino el que hace la villanía** | Expresa que en todos los sitios hay personas de buen y mal proceder. |
| **No hay atajo sin trabajo** | Expresa que sin trabajo no se puede conseguir en poco tiempo lo que se quiere. |
| **No hay bien ni mal que cien años dure** | Dícese para consolar al que padece. |
| **No hay mal que por bien no venga** | Expresa que un suceso infeliz suele ser inopinadamente ocasión de otro venturoso. |
| **No hay miel sin hiel** | Sobre la inconstancia y poca duración de los bienes humanos, pues tras un suceso próspero y feliz, viene regularmente otro triste y desgraciado. |
| **No hay palabra mal dicha si no fuese mal entendida** | Reprende a los maliciosos y malintencionados. |
| **No hay peor astilla [o cuña] que la de la misma madera [o del mismo palo]** | Expresa que no hay peor enemigo que el que ha sido amigo, compañero o del mismo oficio o familia, etc. |
| **No hay peor sordo que el que no quiere oír** | Expresa que son inútiles los medios para persuadir al que con tenacidad y malicia no quiere hacerse cargo de las razones de otro. |
| **No hay plazo que no llegue [o que no se cumpla] ni deuda que no se pague** | Reprende la imprudencia del que promete hacer una cosa de difícil ejecución, fiado sólo en lo largo del plazo que toma para ello. También se aplica al que, alentado con impunidad, persevera y se obstina en la depravación. |
| **No hay rosa sin espinas** | Comenta que no hay placer al cual no vaya anejo algún sinsabor. |
| **No por mucho madrugar amanece más temprano** | Advierte que no por hacer diligencias antes de tiempo se apresura el logro de una cosa. |
| **No se acuerda el cura de cuando fue sacristán** | Contra el que habiendo sido elevado a un empleo, se engríe o castiga y reprende con rigor los defectos que él cometía y debe disimular. |
| **No se hizo la miel para la boca del asno** | Contra los que, por ignorancia o mal gusto, desprecian o no aprovechan lo mejor entre lo que se les ofrece y en cambio toman o utilizan lo peor o despreciable. |
| **No se puede repicar y andar en la procesión** | Enseña que no se pueden hacer a un tiempo y con perfección dos cosas muy diferentes. |
| **No se quiebra por delgado, sino por gordo y mal hilado** | Advierte que la calidad de las cosas suele importar más que la cantidad. |
| **Nuestros padres, a pulgadas, y nosotros, a brazadas** | Expresa que los bienes obtenidos a costa de mucho trabajo y privaciones suelen los herederos disiparlos en breve tiempo. |
| **Nunca es tarde si la dicha es buena** | Alude a la llegada de un bien que se ha esperado mucho. |
| **Obra empezada, medio acabada** | Explica que la mayor dificultad en cualquier cosa está generalmente en comenzarla. |
| **Obras son amores, que no buenas razones** | Recomienda confirmar con hechos las buenas palabras ya que éstas solas no acreditan el cariño y la buena voluntad. |
| **ocasión hace al ladrón (La)** | Expresa que a veces se hacen cosas malas que no se habían pensado por haber oportunidad para ejecutarlas. |
| **ociosidad es la madre de todos los vicios (La)** | Enseña la conveniencia de vivir ocupado para no caer en el vicio y depravación. |
| **ojo del amo engorda al caballo (El)** | Sobre la conveniencia de que cada uno cuide de sus bienes. |
| **Ojos que no ven, corazón que no llora [o siente]** | Señala que las lástimas y penas que están lejos, se sienten menos que las que se tienen a la vista. |
| **Oros son triunfos** | Expresa la propensión harto frecuente a dejarse dominar por el interés. |
| **Oveja que bala, bocado que pierde** | Enseña que el que aparta o distrae la atención de algo de su interés, sale perjudicado. |
| **Ovejas bobas, por do va una van todas** | Sobre el poder del ejemplo y las malas compañías. |
| **Paciencia y barajar** | Tener paciencia, sin dejar de perseverar en un intento o propósito. |
| **Pájaro viejo no entra en jaula** | Enseña que a los experimentados o versados en una cosa, no es fácil engañarlos. |
| **Palabras y plumas el viento las lleva [o las tumba]** | Sobre la ligereza e inseguridad de la palabra dada por la facilidad con que se quiebra o no se cumple. |
| **Pan con pan, comida de tontos** | Expresa lo insulso o falto de interés que resulta algo que se hace entre cosas o personas iguales, particularmente una reunión sólo de personas del mismo sexo. |
| **Perrillo de muchas bodas, no come en ninguna por comer en todas** | Enseña que el que por codicia quiere abarcar muchas cosas suele perderlo todo. |
| **perro del hortelano, que no come las berzas ni las deja comer al amo (El)** | Contra el que ni se aprovecha de las cosas ni deja que los otros hagan uso de ellas. |
| **perro flaco todo es pulgas (El)** | Expresa que al pobre mísero y abatido suelen afligirle todas las adversidades. |
| **Perro ladrador, poco mordedor [o nunca buen mordedor]** | Comenta que generalmente los que hablan mucho hacen poco. |
| **Peso y medida quitan al hombre fatiga** | Aconseja el buen régimen que debe tenerse en las acciones de la vida humana. |
| **Piensa el ladrón que todos son de su condición** | Sobre la propensión a sospechar de otro lo que uno mismo hace. |
| **placeres son por onzas, y los males por arrobas (Los)** | Advierte que en la vida son más frecuentes los disgustos y pesares que los gustos y satisfacciones. |
| **Pobreza no es vileza** | Enseña que nadie se debe afrentar ni avergonzar de padecer necesidad, y reprende a los que desprecian a quien la padece. |

| | |
|---|---|
| **Poderoso caballero es don dinero** | Encarece el poder del dinero. |
| **Por dinero baila el perro, y por pan, si se lo dan** | Sobre el poder que tiene el dinero, que influye aun en aquellos a quienes no sirve ni aprovecha. |
| **Por el interés, lo más feo hermoso es** | Denota cuánto entorpece el interés la claridad del entendimiento y la rectitud de la voluntad. |
| **Por el hilo se saca el ovillo** | Expresa que por la muestra y por el principio de una cosa se conoce lo demás de ella. |
| **Por mucho trigo nunca es mal año** | Advierte que lo que abunda siendo bueno, no daña. |
| **Por todas partes se va a Roma** o **Todos los caminos llevan a Roma** | Explica la posibilidad de ir o llegar a un mismo objetivo o fin por diversos medios o caminos. |
| **Por un clavo se pierde una herradura** | Advierte que de descuidos pequeños pueden originarse grandes males. |
| **primera mujer, escoba, y la segunda, señora (La)** | Enseña que los que se casan dos veces suelen tratar mejor a la segunda mujer que a la primera. |
| **Primero es la obligación que la devoción** | Enseña no anteponer ninguna cosa al cumplimiento de los deberes. |
| **Primero son mis dientes que mis parientes** | Expresa que cada uno debe mirar antes por sí que por los otros, por muy allegados que sean. |
| **Puta la madre, puta la hija, puta la manta que las cobija** | Censura a la familia o grupos de personas donde todos incurren en un mismo defecto. |
| **Quien a buen árbol se arrima, buena sombra le cobija** | Sobre las ventajas de que goza el que tiene buenos protectores e influencias. |
| **Quien a hierro mata, a hierro muere** | Advierte que uno debe esperar el mismo trato que aplica a otros. |
| **Quien a los suyos se parece, honra merece** | Elogia al que no desluce con malas acciones la reputación de sus ascendientes. |
| **Quien adelante no mira, atrás se queda** | Advierte cuán conveniente es premeditar o prevenir las contingencias que pueden tener las cosas, antes de emprenderlas. |
| **Quien ama** [o **busca**] **el peligro, en él perece** | Contra los temerarios. |
| **Quien bien quiere a Beltrán, bien quiere a su can** | Expresa que el cariño que se tiene a una persona suele extenderse a todas las que le son allegadas o a las cosas que tienen relación con ella. |
| **Quien bien quiere, tarde olvida** | Expresa que el cariño o amor verdadero no lo alteran las contingencias del tiempo ni otras circunstancias, perdurando siempre, aun cuando parezca que se entibian. |
| **Quien bien siembra, bien coge** | Explica que el que acierta a emplear bien su liberalidad o servicios, fácilmente consigue lo que desea. |
| **Quien bien te quiere** [o **quiera**] **te hará llorar** | Enseña que el verdadero cariño consiste en advertir y corregir al amigo en lo que yerra. |
| **Quien busca, halla** | Aconseja para conseguir lo que se desea, afanarse en ello. |
| **Quien calla, otorga** | Expresa que quien no contradice en ocasión conveniente, da a entender que aprueba. |
| **Quien canta, sus males espanta** | Recomienda para aliviar los males o aflicciones buscar alguna diversión. |
| **Quien con niños se acuesta, meado se levanta** [o **cagado amanece**] | Expresa que quedará defraudado quien fía el manejo de sus negocios a personas ineptas. |
| **Quien da pan a perro ajeno, pierde el pan y pierde el perro** | Enseña que el que hace beneficios a personas desconocidas y con fin interesado, comúnmente los pierde. |
| **Quien da primero, da dos veces** | Alaba la prontitud del que da lo que se le pide. Indica también la ventaja del que se anticipa en cualquier acción. |
| **Quien desparte lleva la peor parte** | Advierte a los mediadores la prudencia con que deben proceder. |
| **Quien dice la verdad, ni peca ni miente** | Aconseja decir siempre la verdad por amarga que sea. |
| **Quien escucha, su mal oye** | Contra los curiosos y entrometidos en conversaciones ajenas. |
| **Quien espera, desespera** | Expresa el estado del que vive en una esperanza incierta de lograr lo que desea. |
| **Quien fue a Sevilla perdió su silla** | Advierte que la ausencia o negligencia suelen ocasionar pérdidas. También expresa que uno no tiene derecho a recobrar lo que voluntariamente dejó. |
| **Quien habla lo que no debe, oye lo que no quiere** | Advierte de los murmuradores. |
| **Quien lengua ha** [o **quien tiene lengua**] **a Roma va** | Aconseja al que duda o ignora preguntar para lograr el acierto. |
| **Quien mal anda, mal acaba** | Advierte que el que vive desordenadamente suele tener un final malo. |
| **Quien más mira, menos ve** | Expresa que la excesiva suspicacia induce muchas veces a error. |
| **Quien más tiene, más quiere** | Sobre la insaciabilidad de los codiciosos. |
| **Quien mucho abarca, poco aprieta** | Enseña que quien emprende o toma a su cargo muchos negocios a un tiempo, no suele desempeñar bien ninguno. |
| **Quien no arrisca, no aprisca** | Aconseja correr algún riesgo si se quieren conseguir unos objetivos. |
| **Quien no oye consejo, no llega a viejo** | Recomienda oír el parecer de personas prudentes. |
| **Quien no se aventura, no pasa la mar** | Aconseja correr algún riesgo si se quieren conseguir unos objetivos. |
| **Quien pregunta, no yerra** | Sobre la conveniencia de informarse con cuidado y aplicación de lo que se ignora. |
| **Quien quita la ocasión, quita el pecado** | Aconseja se huya de los peligros para evitar los daños. |
| **Quien se pica** [o **se quema**], **ajos come** [o **ajos ha comido**] | Expresa quien se resiente por lo que se dice o censura casualmente o en general da motivos para creer que se siente aludido. |

| | |
|---|---|
| **Quien siembra vientos, recoge tempestades** | Predice las funestas consecuencias que puede traerle a alguien el predicar malas doctrinas o suscitar enconos. |
| **Quien sirve al común, sirve a ningún** | Manifiesta que los servicios hechos a corporaciones o pueblos suelen ser por lo regular poco agradecidos. |
| **Quien te conoce [o conozca], ése te compre [o que te compre]** | Expresa haberse conocido el engaño o malicia de alguno. |
| **Quien tiene tejado de vidrio, no tire piedras al de su vecino** | Aconseja al que tuviere motivos o causas para reprochársele, no censure a los demás. |
| **Quien tiene vergüenza, ni come ni almuerza** | Advierte que el vergonzoso no suele medrar. |
| **Quien todo lo quiere, todo lo pierde** | Contra el ambicioso, que por deseo desmedido pierde aun lo que tiene seguro. |
| **ropa sucia se debe lavar en casa (La)** | Aconseja a las familias y amigos arreglar sus disensiones en la intimidad. |
| **saber no ocupa lugar (El)** | Da a entender que nunca estorba el saber. |
| **Sarna con gusto no pica** | Expresa que las molestias ocasionadas por cosas que placen no incomodan. |
| **Si el prior juega a los naipes, ¿qué harán los frailes?** | Contra los que predican con el mal ejemplo. |
| **Si la envidia tiña fuera, ¡qué de tiñosos hubiera!** | Reprende a los envidiosos. |
| **Sobre gusto [o gustos], no hay disputa o Sobre gustos no se ha escrito [o no hay nada escrito]** | De gustos no hay nada escrito. |
| **Sol que mucho madruga, poco dura** | Enseña que las cosas intempestivas o demasiado tempranas suelen malograrse. |
| **Tanto vales cuanto tienes** | Expresa que el poder y la estimación entre los hombres suele ser proporcional a la riqueza que poseen. |
| **tiempo cura al enfermo, que no el ungüento (El)** | Expresa que el tiempo es el remedio más eficaz. |
| **Tras cornudo, apaleado, y mándanle bailar** | Reprende la injusticia de los que quieren que quien recibe un mal tratamiento quede sin disgusto. |
| **Un clavo saca otro clavo** | Expresa que a veces un mal o un cuidado hace olvidar o no sentir otro que antes se tenía o preocupaba. |
| **Un grano no hace granero, pero ayuda a su compañero** | En pro del ahorro. |
| **Un loco hace ciento** | Sobre la influencia del mal ejemplo. |
| **Un padre para cien hijos, y no cien hijos para un padre** | Sobre el amor de los padres para con los hijos, y la ingratitud con que éstos suelen corresponderles. |
| **Una buena capa todo lo tapa** | Expresa que la apariencia suele encubrir muchas faltas. |
| **Una golondrina no hace verano** | Expresa que un ejemplo o caso no hace regla. |
| **Una mano lava la otra, y ambas la cara** | Sobre la dependencia que entre sí tienen los hombres y la recíproca ayuda que deben darse. |
| **Uno levanta la caza y otro la mata** | Expresa que los afortunados consiguen por casualidad y sin trabajo el fruto de los desvelos y fatigas de otros. |
| **Unos nacen con estrella, y otros nacen estrellados** | Expresa la distinta suerte que tienen las personas. |
| **Unos por otros y la casa por barrer** | Expresa que la obligación de muchos no se suele desempeñar. |
| **Unos tienen la fama y otros cardan la lana** | Señala que no siempre los que adquieren fama y alabanza son los que la merecen. |
| **Ver la paja en el ojo ajeno, y no la viga en el propio** | Contra los que reparan en los defectos ajenos y no en los propios, aunque sean mayores. |
| **verdades de Perogrullo, que a la mano cerrada llamaba puño (Las)** | Zahiere la mentecatez que entraña el decir perogrulladas. |
| **viuda rica, con un ojo llora y con otro repica (La)** | Contra los que anteponen el interés al afecto. |
| **Voz del pueblo, voz del cielo** | Expresa que el convenir comúnmente todos en un parecer es prueba de su certidumbre. |
| **Zapatero, a tus zapatos** | Aconseja que cada cual se limite a ocuparse de lo que es su actividad propia o a juzgar de lo que entiende. |

# A

**AACHEN** → ***Aquisgrán.***

**AAIÚN (El),** c. del Sahara Occidental; 20 500 hab. Antigua capital del Sahara Español.

**AALBORG** → ***Ålborg.***

**AALST,** en fr. **Alost,** c. de Bélgica (Flandes Oriental); 76 382 hab. Colegiata del s. XV.

**AALTO** (Alvar), arquitecto y diseñador finlandés (Kuortane 1898-Helsinki 1976). El más ilustre de los arquitectos nórdicos modernos, modificó la orientación del estilo internacional en un sentido orgánico. Se dedicó también al diseño industrial de muebles.

**AARE** o **AAR,** r. principal de Suiza, afl. del Rin (or. izq.); 295 km. Nace en los Alpes y pasa por Berna.

**AARGAU** → ***Argovia.***

**AARHUS** → ***Århus.***

**AARÓN,** hermano mayor de Moisés y primer sumo sacerdote de Israel.

**ABA,** c. del SE de Nigeria; 158 000 hab.

**ABAD** (Diego José), poeta y humanista mexicano (Jiquilpan, Michoacán, 1727-Bolonia 1779). Jesuita, escribió obras de carácter científico. Su *Cursus philosophicus* (1745) renovó la enseñanza de la filosofía en Nueva España.

**ABAD DE SANTILLÁN** (Sinesio **García Fernández,** llamado **Diego**), anarquista español (Burgos 1898-Barcelona 1983). Miembro de la F.A.I., residió muchos años en Argentina. Fue consejero de la Generalidad de Cataluña (1936-1937). Estudió el movimiento obrero español y argentino.

**ABAD Y QUEIPO** (Manuel), prelado español (Asturias 1751-† 1825). Obispo de Michoacán, participó en la independencia mexicana.

**ABADAL Y CALDERÓ** (Ramón **de**), político y abogado español (Vic 1862-Rupiá, Gerona, 1945). Senador y diputado de la Lliga regionalista, presidió la asamblea de parlamentarios en 1917. — Su sobrino, **Ramón de Abadal y de Vinyals,** historiador y político (Vic 1888-Barcelona 1970), fue un estudioso de la Cataluña carolingia.

**ĀBĀDĀN,** c. y puerto de Irán, junto a la desembocadura del Šaṭṭ al-'Arab, junto al golfo Pérsico; 296 000 hab. Aeropuerto. Oleoducto hasta Teherán.

**ABADÍA MÉNDEZ** (Miguel), político y escritor colombiano (Vega de los Padres, Tolima, 1867-Bogotá 1947). Miembro del Partido conservador, fue presidente de la república (1926-1930).

**ABADÍES, 'ABBĀDÍES** o **BANŪ 'ABBĀD,** dinastía de reyes de taifas de Sevilla (s. XI), destronada por los Almorávides (1091).

**ABAKÁN,** c. de Rusia, cap. de la República de Jakasia, en Siberia, en la confluencia del Abakán y el Yeniséi; 154 000 hab. Centro industrial.

**ABANCAY,** c. de Perú, cap. del dep. de Apurímac (Inca); 19 807 hab. Agricultura e industrias derivadas.

**ABANTO Y CIÉRVANA** o **ABANTO-ZIERBENA,** mun. de España (Vizcaya); 9 247 hab. Cap. *Gallarta-Abanto.*

**ABARÁN,** v. de España (Murcia); 11 810 hab. *(Abaraneros.)* Yacimiento de azufre. Conservas.

**ABARCA DE BOLEA** → ***Aranda*** (conde de).

**ABASCAL Y SOUSA** (José Fernando), militar español (Oviedo 1743-Madrid 1827). Virrey del Perú (1806-1816), llevó a cabo una política reformista, y se enfrentó al movimiento de emancipación.

**ABASÍES, 'ABBĀSÍES, ABASIDAS** o **ABÁSIDAS,** dinastía de 37 califas, fundada por Abu-l-'Abbās al-Saffāh, que sucedió a los Omeyas en 750. Su cap. fue Bagdad. Dominó sólo la parte oriental del imperio omeya, ya que España se independizó en 756, con 'Abd al-Rahmān I, y el N de África en 778. En 1258 fue derrocada por los Selyúcidas, aunque se mantuvo en Egipto hasta 1517.

**ABASOLO,** mun. de México (Guanajuato); 46 365 hab. Cereales; ganado porcino. Ópalos.

**ABASOLO** (Mariano), militar mexicano (Dolores, Guanajuato, *c.* 1783-Cádiz 1816). Tomó parte en la guerra de independencia mexicana y fue hecho prisionero por los realistas en 1811.

**ABATE** o **ABBATE** (Niccolò **dell'**), pintor italiano (Módena *c.* 1509-¿Fontainebleau 1571?). Llamado a Fontainebleau (1552), fue un brillante colaborador de Primaticcio (frescos; *El rapto de Proserpina,* Louvre; *Paisaje con trilladores,* Fontainebleau).

**ABBADO** (Claudio), director de orquesta italiano (Milán 1933). Director musical de la ópera de Viena (1986-1991), en 1989 fue nombrado director de la orquesta filarmónica de Berlín.

**'ABBĀS,** tío de Mahoma († *c.* 652 o 653).

**'ABBĀS I el Grande** (1571-Māzandarān 1629), sha safawí de Persia [1587-1629]. Conquistó territorios a los otomanos e hizo de Iṣfahān su capital.

**'ABBĀS** (Ferhat o Farḥāt), político argelino (Tahert 1899-Argel 1985), presidente del Gobierno provisional de la república de Argelia (1958-1961).

**'ABBĀS HILMĪ II** (Alejandría 1874-Ginebra 1944), jedive de Egipto [1892-1914]. Fue depuesto por los británicos.

**ABBE** (Ernst), industrial alemán (Eisenach 1840-Jena 1905). Perfeccionó los vidrios y aparatos de óptica, en particular el microscopio.

**ABC,** diario monárquico español fundado en Madrid (1905) por T. Luca de Tena, que se edita simultáneamente en varias capitales. Destaca su suplemento cultural de los viernes.

**ABC** (American broadcasting company), una de las tres grandes cadenas de televisión americanas (junto con la CBS y NBC), fundada en 1943. ABC News presenta un célebre telediario, «Good morning America».

**'ABD AL-'AZĪZ IBN AL-ḤASAN** (Marrakech 1878 o 1881-Tánger 1943), sultán de Marruecos [1894-1908], hijo y sucesor de Mūlāy Ḥasan, destronado por su hermano Mūlāy Ḥafīẓ.

**'ABD AL-'AZĪZ IBN MUSÀ IBN NUṢAYR,** primer emir de al-Andalus († Sevilla 716). Hijo de Muza, conquistó el S de la península Ibérica.

**'ABD AL-'AZĪZ III IBN SA'ŪD** (Riyāḍ 1887-*id.* 1953), rey de Arabia Saudí [1932-1953]. A partir de Naŷd conquistó los territorios que integraron el actual reino de Arabia Saudí, del que se convirtió en rey (1932) y lo modernizó.

**'ABD ALLĀH,** padre de Mahoma (La Meca 545 o 554-† *c.* 570).

**'ABD ALLĀH** (Córdoba 844-*id.* 912), emir omeya de Córdoba [888-912]. Se enfrentó a árabes y muladíes.

**'ABD AL-MALIK AL-MUẒAFFAR,** jefe amirí [975-1008], hijo de Almanzor, a quien sucedió en 1002 como jefe de al-Andalus.

Alvar **Aalto:** el auditorium de la escuela politécnica de Otaniemi, Finlandia (1955-1965)

**'ABD AL-MALIK IBN QATAN AL-FIHRĪ** († Córdoba 741), emir de al-Andalus [732-734 y 741]. Se enfrentó a la sublevación de los bereberes con el apoyo de los sirios, quienes lo derrocaron y asesinaron.

**'ABD AL-MU'MIN** († Salé 1163), fundador de la dinastía almohade. Conquistó Marruecos (1147) y el resto del N de África, y en España sometió a todos los reinos de taifas (1157).

**'ABD AL-RAḤMĀN I** (731-Córdoba 788), emir de Córdoba [756-788], el primero de la dinastía de los Omeyas. En 773 rompió las relaciones con Damasco, dando origen al emirato independiente de Córdoba. Sus enfrentamientos con Damasco permitieron el avance cristiano hacia el S.

**'ABD AL-RAḤMĀN II** (Toledo 792-Córdoba 852), emir de Córdoba [822-852], sufrió la sublevación de Toledo (834-837) y ataques normandos (844). Fue protector de las artes y las letras.

**'ABD AL-RAḤMĀN III** (891-Córdoba 961), primer califa de Córdoba [912-961]. Conquistó Torrox (928) y Toledo (932), rompió con Bagdad (929) y fortaleció la hegemonía musulmana en la península Ibérica. Hizo de Córdoba la ciudad más importante del occidente europeo, por sus construcciones y su esplendor cultural.

**'ABD AL-RAḤMĀN IBN 'ABD ALLAH AL-GAFIQĪ** († junto a Poitiers 732), emir de al-Andalus [721 y 730-732]. Carlos Martel lo derrotó en Poitiers.

**'ABD AL-RAḤMĀN IBN MARWĀN AL-ŶILLIQĪ**, jefe muladí († Badajoz 889). Actuó como soberano en Extremadura, independiente de los Omeyas.

**'ABD AL-WĀDÍES**, dinastía beréber de Tlemcén (1235-1550).

**ABD EL-KADER** o **'ABD AL- QĀDIR AL-ḤĀŶŶ**, emir de Argelia (cerca de Mascara 1808-Damasco 1883). Sultán desde 1832, dirigió sin éxito la lucha contra la conquista de Argelia por los franceses, que concluyó en 1843, y se refugió en Marruecos. Se entregó a los franceses y fue encarcelado (1847-1852). Posteriormente se retiró a Damasco. Sus restos fueron trasladados a Argelia (1966).

**ABD EL KRIM** o **'ABD AL-KARĪM**, caíd rifeño (Ajdir, Rif, 1882-El Cairo 1963). En 1921 levantó el Rif contra los españoles y obtuvo la victoria de Annual, que aumentó su poder y su influencia. Decidió entonces atacar la zona francesa de Marruecos y apoderarse de Fez, pero, tras el desembarco de Alhucemas por parte de las escuadras española y francesa, se rindió (mayo 1926). Fue deportado a la isla de La Reunión hasta 1947, en que huyó durante su traslado a Francia, y se refugió en El Cairo.

**ABDERA**, colonia fenicia en la costa de Almería (act. **Adra**).

**ABDERA**, c. de la ant. Tracia, junto al mar Egeo.

**ABDERRAMÁN** → ***'Abd al-Raḥmān.***

**'ABDUH** (Muḥammad), reformador musulmán (en Egipto 1849-Alejandría 1905). Muftí de Egipto (desde 1889). Preconizó la vuelta a las fuentes del islam y la necesidad de la educación.

**ABDUL RAHMAN**, político malayo (Alor Star 1903-Kuala Lumpur 1990). Negoció la independencia de Malaysia y fue primer ministro (1957-1970).

**ABDÜLAZIZ** (İstanbul 1830-*id.* 1876), sultán otomano [1861-1876]. Fue depuesto por un golpe de estado de la oposición liberal.

**ABDÜLHAMID I** (İstanbul 1725-*id.* 1789), sultán otomano [1774-1789]. — **Abdülhamid II** (İstanbul 1842-*id.* 1918), sultán otomano [1876-1909]. Fue depuesto por la revolución de los Jóvenes turcos.

**ABDULLAH** o **'ABD ALLĀH** (La Meca 1882-Jerusalén 1951), emir (1921) y rey (1946) de Transjordania, y rey de Jordania desde 1949, en que anexionó lo que quedaba de la Palestina árabe. Fue asesinado por los palestinos.

**ABDÜLMECIT I** (İstanbul 1823-*id.* 1861), sultán otomano [1839-1861]. Inauguró la era de las reformas: el Tanzimat (1839-1876).

**ABE KŌBŌ**, escritor japonés (Tōkyō 1924-*id.* 1993), poeta y novelista (*La mujer de la arena,* 1962).

**ABÉCHÉ**, c. de Chad, cap. del Ouadaï; 26 000 hab.

**ABEJORRAL**, mun. de Colombia (Antioquía); 25 335 hab. Cultivos tropicales.

**ABEL**, segundo hijo de Adán y Eva, a quien mató por celos su hermano Caín.

**ABEL** (Niels Henrik), matemático noruego (en la isla de Finnøy 1802-Arendal 1829). Creador de la teoría de las integrales elípticas, demostró la imposibilidad de resolver mediante radicales la ecuación algebraica general de 5.º grado.

**ABELARDO** (Pedro), en fr. **Pierre Abélard,** teólogo y filósofo francés (Le Pallet, cerca de Nantes, 1079-en el Priorato de Saint-Marcel, cerca de Chalon-sur-Saône, 1142). Escribió emotivas cartas de amor a Eloísa. Próximo al conceptualismo, fue uno de los fundadores del método escolástico, y defendió la limitación de la fe por la razón (*Dialéctica,* 1121), ideas condenadas por la Iglesia en 1121 y 1140.

**ABELL** (Kjeld), dramaturgo y poeta danés (Ribe, Jutlandia, 1901-Copenhague 1961), renovador de la técnica dramática (*La melodía perdida,* 1935; *Silkeborg,* 1946; *El grito,* 1961).

**ABÉN HUMEYA**, noble morisco andalusí (1520-Laujar, Almería, 1569). Fue elegido rey morisco durante la sublevación de las Alpujarras.

**ABENALARIF** (Abūl-'Abbas **Ibn al-'Arif,** conocido como), filósofo hispanoárabe (Almería 1088-Marrakech 1141). Neoplatónico, su obra muestra los caminos para llegar a la unión con Dios.

**ABENALCUTÍA** → ***Quṭiyya (al-).***

**ABENALJATIB** → ***Jaṭīb (al-).***

**ABENARABÍ** → ***'Arabī.***

**Abencerraje y la hermosa Jarifa** (*Historia del),* novela morisca, publicada en 1565, que narra los amores del moro Abindarráez y Jarifa.

**ABENCERRAJES**, en ár. **Banū Sirāŷ,** familia granadina de origen africano, que tuvo gran influencia en el reino de Granada (s. XV). Fue rival de los Zegríes. Destacó Yūsuf ibn Sarrāŷ.

**ABENEZRA** → ***'Ezra.***

**ABENHAYÁN** → ***Ḥayyān.***

**ABENHAZAN** → ***Ḥazm.***

**ABENJALDÚN** → ***Jaldūn.***

**ABENSAID** → ***Saīd al-Magribī.***

**ABENTOFAIL** (Abū Bakr Muhammad ibn 'Abd al-Mālik **ibn Tufayl al-Qaysi,** conocido como), médico y filósofo hispanoárabe (Guadix c. 1110-Marrakech 1185). Médico y consejero del sultán Abū Ya'qūb Yūsuf, su obra *El filósofo autodidacto* establece los nexos entre filosofía y religión.

**ABEOKUTA**, c. del SO de Nigeria, cap. del estado de Ogun; 226 000 hab.

**ABERDEEN**, c. y puerto de Gran Bretaña, al NO de Escocia, junto al mar del Norte; 216 000 hab. Petróleo. Pesca. Metalurgia. Catedral (s. XV).

**ABERDEEN** (George **Gordon,** *conde* **de**), político británico (Edimburgo 1784-Londres 1860). Primer ministro de 1852 a 1855, no pudo evitar la guerra de Crimea.

**ABGAR**, nombre de varios reyes de Edesa (132 a. J.C.-214 d. J.C.).

**ABIDJÁN**, c. pral. de Costa de Marfil, junto a la laguna Ebrié; 2,5 millones de hab. aprox. Universidad. Puerto. Aeropuerto internacional. Fue la capital del país desde 1934 hasta 1983.

**ABILA**, promontorio en la costa africana del estrecho de Gibraltar. Formaba las columnas de Hércules.

**ABISINIA**, ant. nombre del macizo etíope o, en general, de Etiopía.

**ABJASIA**, república autónoma de Georgia, junto al mar Negro; 8 700 km²; 537 000 hab. Cap. *Sujumi.* Los abjasios, pueblo caucasiano en parte musulmán, desarrollaron un movimiento secesionista del gobierno central georgiano (combates desde 1992; firma de la paz en 1994).

**ABNER**, general de Saúl y David, asesinado por Joab, quien veía en él un rival.

**ABOMEY**, c. de Benín; 41 000 hab. Ant. cap. del reino de Dahomey, creado en torno a ella en el s. XVII. Museo en los palacios reales del s. XIX.

**ABRABANEL** (Yehudá) → ***Hebreo*** (León).

**ABRAHAM**, patriarca bíblico (s. XIX a. J.C.). Originario de Ur, se estableció con su clan en Palestina, donde llevó una vida de pastor seminómada. Antepasado de los pueblos judío y árabe a través de sus hijos Isaac e Ismael, también los cristianos le consideran un patriarca.

**ABRAHAM** (Karl), sicoanalista y médico alemán (Bremen 1877-Berlín 1925). Se interesó sobre todo por los estadios pregenitales de la libido.

**ABRAHAMS** (Peter), escritor sudafricano en lengua inglesa (Johannesburgo 1919). Sus novelas se centran en los conflictos raciales (*No soy un hombre libre,* 1954; *Una corona para Udomo,* 1956).

**ABRAMOVITZ** o **ABROMOVITZ** (Šalom **Ya'aqob,** llamado **Mendele Mojer Sefarim**), escritor ruso en lenguas yiddish y hebrea (Kopyl', gob. de Minsk, 1835-Odessa 1917). Describió la vida en los ghettos de Europa oriental (*Andanzas de Benjamín III,* 1878).

**ABREGO**, ant. **La Cruz,** mun. de Colombia (Norte de Santander); 28 513 hab. Minas de plomo.

**ABREU GÓMEZ** (Ermilo), escritor mexicano (Mérida, Yucatán, 1894-México 1974), autor de teatro, relatos sobre leyendas indígenas (*Canek,* 1940), novelas (*Naufragio de indios,* 1951) y ensayos.

**ABREUS**, mun. de Cuba (Cienfuegos); 23 737 hab. Ganadería. Central azucarero.

**ABRIL** (Pedro Simón), humanista español (Alcaraz de la Mancha c. 1530-† c. 1595), autor de manuales de divulgación filosófica y de gramática latina y griega, y de un tratado sobre la enseñanza (*Apuntamientos,* 1589).

**ABRIL** (Victoria **Mérida Roja,** llamada **Victoria**), actriz española (Madrid 1959), de intensa carrera profesional (*Átame,* 1989, de P. Almodóvar; *Amantes,* 1991, de V. Aranda).

**ABRUZOS** *(los),* en ital. **Abruzzi,** región montañosa del centro de Italia, en los Apeninos, que culmina en el Gran Sasso (2 914 m) y está formada por las prov. de L'Aquila, Chieti, Pescara y Teramo; 10 794 km²; 1 243 690 hab. Cap. *L'Aquila.* Parque nacional.

**ABSALÓN** o **ABSALOM** (s. X a. J.C.), hijo de David. Conspiró contra su padre y fue vencido en combate. Huyó, pero su cabellera quedó enredada en las ramas de un árbol del que quedó colgando. Joab, que lo perseguía, lo mató.

**Abstraction-Création**, asociación internacional de artistas plásticos fundada en París (1931) por Vantongerloo y Herbin, entre otros. Continuadora del Cercle et carré de Torres García y Seuphor, reunió todas las sentencias abstractas y no figurativas.

**ABU 'ABD ALLĀH** → ***Boabdil.***

**ABŪ 'ABD ALLĀH MUḤAMMAD**, llamado **el Zagal,** rey de Granada (Muḥammad XII) [1485-1486]. Enfrentado a Boabdil, se alió con los Reyes Católicos.

Niels
**Abel**

**Abidján:**
el barrio del Plateau (centro de negocios)

**ABŪ BAKR** (*c.* 573-Medina 634), primer califa árabe [632-634], suegro y sucesor de Mahoma.

**ABŪ DABĪ** → *Abū Ẓabī.*

**ABŪ ḤANĪFA,** teólogo y legislador musulmán (¿Kūfa? *c.* 696-Bagdad 767), fundador de una de las escuelas del islam sunní, la de los *ḥanifíes.*

**ABŪ-L-'ABBĀS 'ABD ALLĀH,** llamado **al-Saffāḥ** (*el Sanguinario,* o *el Generoso*), primer califa abasí [750-754]. Mandó matar a los omeyas (750).

**ABŪ-L-'AFIYA** (Abraham), cabalista hebraicoespañol (Zaragoza 1240-† d. 1291). Vivió en Tudela. Es autor de un comentario cabalístico de la *Guía de los perplejos* de Maimónides.

**ABŪ-L-'AFIYA** (Ṭodros ben Yĕhudá ha-Leví), poeta hebraicoespañol (Toledo 1247-*id. c.* 1306), autor del diván *Jardín de los proverbios y de los enigmas.*

**ABŪ-L-'AFIYA** (Ṭodros ben Yosef), rabino hebraicoespañol († d. 1281), autor de comentarios bíblicos, talmúdicos y cabalísticos.

**ABŪ-L-'ATĀHIYA,** poeta árabe (Kūfa 748-Bagdad *c.* 826), con una visión pesimista del destino del hombre.

**ABŪ-L-ḤASAN 'ALĪ** († Mondújar, Granada, 1485), rey de Granada [*c.* 1463-1485], conocido como **Muley-Hacén.** Su hijo Boabdil se apoderó de Granada, y Abū-l-Ḥasan abdicó en su hermano Abū 'Abd Allāh.

**ABŪ NUWĀS,** poeta árabe (Al-Ahwāz, Persia, *c.* 762-Bagdad *c.* 815), creador del lirismo moderno en la literatura árabe.

**ABŪ SIMBEL,** yacimiento arqueológico del Alto Egipto, a 280 km al S de Asuán. Los dos templos rupestres, erigidos durante el reinado de Ramsés II, fueron desmontados como consecuencia de la construcción de la presa de Asuán, y reconstruidos, por encima del nivel del Nilo, adosados a un acantilado artificial.

**ABŪ TAMMĀM,** poeta árabe (Djāsim *c.* 804-Mosul 845). En reacción contra Abū Nuwās, recuperó los temas y las formas de la poesía beduina.

**ABŪ ẒABĪ** o **ABŪ DABĪ,** emirato de la Unión de Emiratos* Árabes, junto al golfo Pérsico; 74 000 km²; 670 000 hab. Cap. *Abū Ẓabī* (243 000 hab.), cap. también del estado federal. Petróleo.

**ABUJA,** c. y cap. federal de Nigeria, en el centro del país; 379 000 hab.

**Abukir** *(batallas de),* victoria en Egipto de Nelson sobre una escuadra francesa (1 ag. 1798); victoria de Napoleón sobre los turcos (25 julio 1799); victoria británica sobre Francia (8 marzo 1801).

**ABULCASIS** → *Zahrāwī.*

**Abwehr** (voz alemana que significa *defensa*), servicio de información del estado mayor alemán de 1925 a 1944.

**ABYDOS,** yacimiento arqueológico del Alto Egipto. La supuesta ubicación de la tumba de Osiris hacía de este lugar un importante centro de peregrinación. Necrópolis de las primeras dinastías faraónicas. Templos, entre ellos el de Seti I, uno de los más clásicos, donde se encontraron las *tablas de Abydos,* relación de los faraones desde Narmer hasta Seti.

**ACAB** → *Ajab.*

**ACACÍAS,** mun. de Colombia (Meta), avenado por el *río Acacías;* 26 144 hab. Colonia penal.

**ACAD** o **AKKAD,** c., estado y dinastía de la baja Mesopotamia (*c.* 2325-*c.* 2125 a. J.C.). Sargón el Grande fundó el imperio de Acad, que fue destruido por invasores bárbaros venidos del Zagros.

**Academia,** escuela filosófica fundada por Platón en los jardines próximos a Atenas (s. IV-s. I a. J.C.). — Con el nombre de *Academia,* a partir del renacimiento fueron apareciendo en Europa instituciones culturales, literarias, artísticas o científicas con el patrocinio oficial: primero en Italia (*Academia de la Crusca,* 1582), después en Francia y posteriormente en España, con el advenimiento de los Borbones, las reuniones de humanistas se convirtieron en instituciones oficiales (la *Real academia española* data de 1713); en Hispanoamérica se fundaron generalmente después de la independencia. Actualmente el Instituto* de España coordina las actividades de todas las Academias españolas. (V. anexo, ***Academias españolas e hispanoamericanas.***)

**ACADIA,** ant. prov. del Canadá francés, colonizada por Francia desde 1605 y cedida a Gran Bretaña por el tratado de Utrecht de 1713 (act. Nueva Escocia y parte de Nuevo Brunswick).

**ACAJETE,** mun. de México (Puebla), en la falda del volcán La Malinche; 33 975 hab.

**ACAMAPICHTLI,** primer soberano (tlatoani) de los aztecas [1376-*c.* 1396]. Se alió con los tepanecas.

**ACÁMBARO,** mun. de México (Guanajuato); 98 126 hab. Nudo ferroviario. Convento franciscano (1526) de estilo plateresco (notable claustro); casas de época virreinal; puente del s. XVIII.

**ACAMBAY,** mun. de México (México); 37 766 hab. Agricultura (maguey) y explotaciones forestales.

**ACAPETAGUA,** mun. de México (Chiapas), en la planicie costera de Tehuantepec; 18 277 hab.

**ACAPONETA,** mun. de México (Nayarit), avenado por el *río Acaponeta* (210 km); 35 866 hab. Agricultura e industrias derivadas.

**ACAPULCO** *(fosa de),* depresión submarina del Pacífico (5 700 m), junto a la costa S de México.

**ACAPULCO,** mun. de México (Guerrero), en la *bahía de Acapulco;* 592 187 hab. Cab. *Acapulco de Juárez* (515 374 hab.) Puerto, centro comercial y principal centro turístico del país. Aeropuerto. Industrias alimentarias, textiles y mecánicas. En la época virreinal fue el puerto comercial más importante del Pacífico (*nao de Acapulco* o galeón* de Manila en comercio con Oriente).

**ACARIGUA,** c. de Venezuela (Portuguesa); 116 551 hab. Centro comercial y de comunicaciones.

**ACARNANIA,** región de Grecia occidental, regada por el Aqueloo.

**ACATLÁN,** mun. de México (Puebla), avenado por el *río Acatlán* (150 km); 27 027 hab. Minas de carbón.

**ACATLÁN DE PÉREZ FIGUEROA,** mun. de México (Oaxaca); 32 818 hab. Cultivos subtropicales.

**ACATZINGO,** mun. de México (Puebla); 23 956 hab. Canteras de mármol. Convento del s. XVI.

**ACAXOCHITLÁN,** mun. de México (Hidalgo); 26 293 hab. Fruticultura. Industria de la madera.

**ACAY** *(nevado de),* cerro de los Andes argentinos (Salta); 5 950 m de alt.

**ACAYA,** región de la ant. Grecia, al N del Peloponeso. Núcleo de la liga Aquea (280 a. J.C.), fue una provincia tras la conquista romana (146 a. J.C.). Los cruzados crearon en 1205 el principado de Acaya o Morea, reconquistado por los bizantinos en 1432.

**ACAYUCAN,** mun. de México (Veracruz); 52 106 hab. Agricultura, ganadería e industrias derivadas.

**ACCIAIUOLI,** familia florentina que dirigió una poderosa compañía bancaria en el s. XIV.

**ACCIO** (Lucio), poeta romano (Pesaro 170-† *c.* 84 a. J.C.), el mejor representante de la tragedia latina.

**Acción católica,** conjunto de los organismos católicos laicos creados a partir de 1925 a petición del papado para colaborar en la acción apostólica. Su misión fue definida por Pío XI (1922-1926).

**Acción democrática (A.D.),** partido político venezolano socialdemócrata, fundado en 1941. Accedió al poder con las presidencias de R. Gallegos, R. Betancourt, R. Leoni, J. Lusinchi y C. A. Pérez.

**acción nacional** *(Partido)* **[P.A.N.],** partido político mexicano fundado en 1939, de orientación conservadora. Venció en las elecciones presidenciales de 2000.

**Acción popular** → *C.E.D.A.*

**Acción republicana,** partido político español, fundado en 1924 por M. Azaña. En 1934 constituyó con otros grupos Izquierda republicana.

**ACCRA,** c. y cap. de Ghana, puerto junto al golfo de Guinea; 800 000 hab. Refinería de petróleo.

**ACCURSIO** (Francesco), jurisconsulto italiano (Bagnolo *c.* 1185-Bolonia *c.* 1263). Renovador del derecho romano, es autor de la *Gran glosa.*

**acero** *(Pacto de)* [22 mayo 1939], pacto de asistencia militar germano-italiano firmado en Berlín por Ribbentrop y Ciano.

**ACERO DE LA CRUZ** (Antonio), pintor, arquitecto y poeta colombiano (Santa Fe de Bogotá, principios s. XVII-*id.* 1667). En Bogotá se conservan diversas obras suyas (*La Virgen del Rosario,* Las Aguas; *Inmaculada,* San Francisco).

**ACEVAL** (Emilio), político paraguayo (1854-1931). Presidente de la república desde 1898, fue derribado por un golpe militar en 1902.

**ACEVEDO,** mun. de Venezuela (Miranda); 61 415 hab.

**ACEVEDO** (Remigio), compositor y organista chileno (Rengo 1868-Santiago 1941), autor de música religiosa y de la ópera *Caupolicán* (1902).

**ACEVEDO BERNAL** (Ricardo), pintor colombiano (Bogotá 1867-Roma 1930). Practicó el costumbrismo, la pintura religiosa y el retrato. Fue director de la escuela de bellas artes de Bogotá.

**ACEVEDO DÍAZ** (Eduardo), escritor y político uruguayo (Montevideo 1851-Buenos Aires 1921), autor de una trilogía sobre la independencia y las guerras civiles (1888-1893) y de otras novelas. — Su hijo **Eduardo Acevedo Díaz,** escritor y jurisconsulto argentino (Dolores, Buenos Aires, 1882-Buenos Aires 1959), escribió novelas, libros de derecho y ensayos.

**ACEVEDO Y GÓMEZ** (José), patriota colombiano (Bogotá 1775-† 1817). Dirigió la lucha por la emancipación en 1810.

**ACHA** (Mariano), militar argentino (1801-1841). Enemigo de Rosas, fue encarcelado y decapitado.

**ACHÁ** (José María **de**), político y militar boliviano (1810-Cochabamba 1868). Presidente de la república en 1861, fue derrocado en 1864.

**ACHACACHI,** cantón de Bolivia (La Paz), junto al lago Titicaca; 29 935 hab.

**ACHARD** (Marcel), comediógrafo francés (Sainte-Foy-lés-Lyon 1899-París 1974), autor de comedias ligeras (*Juan de la Luna, Patata).*

**ACHEBE** (Chinua), escritor nigeriano en lengua inglesa (Ogidi 1930). Sus novelas describen la descomposición de las sociedades africanas tradicionales (*Todo se derrumba,* 1958; *Arrow of God,* 1964).

**ACHESON** (Dean Gooderham), político norteamericano (Middletown, Connecticut, 1893-Sandy Spring, Maryland, 1971). Sucesor del general Marshall como secretario de Estado (1949-1953), concluyó la Alianza atlántica y dirigió la política norteamericana durante la guerra de Corea.

**ACHÍ,** ant. **Majagual,** mun. de Colombia (Bolívar), junto al Cauca; 23 417 hab. Puerto fluvial.

**ACHINSK,** c. de Rusia, en Siberia central; 122 000 hab. Cemento. Aluminio.

**ACHÚCARRO** (Joaquín), pianista español (Bilbao 1937). Intérprete notable de Mozart, Schumann y Falla. (Premio nacional de música 1992.)

**ACHÚCARRO Y LUND** (Nicolás), médico español (Bilbao 1880-*id.* 1918). Colaborador de S. Ramón y Cajal, investigó sobre alcoholismo, rabia, corea, parálisis general y demencia senil, y descubrió técnicas de tinción del tejido nervioso.

**ACIREALE,** c. y puerto de Italia (Sicilia); 46 229 habitantes.

**ACIS,** pastor mitológico siciliano amado por Galatea. Fue convertido en río para escapar de Polifemo, quien, celoso, trató de aplastarlo con una roca.

**ACNUR,** siglas de Alto comisariado de las Naciones unidas para los refugiados, órgano subsidiario permanente de la O.N.U., creado en 1950. Tiene por objetivo garantizar la protección de los refugiados. (Premio Nobel de la paz 1954 y 1981.)

**AÇOKA** → *Aśoka.*

**ACOLMAN,** mun. de México (México); 32 316 hab. Agricultura. Convento de San Agustín (1560), con portada y claustro platerescos (frescos).

**ACONCAGUA,** pico de los Andes argentinos (Mendoza), junto a la frontera chilena; 6 959 m. Es el pico más alto del continente americano.

**ACONCAGUA,** r. de Chile (Valparaíso); 192 km. Nace en los Andes, al NO del Aconcagua, y desemboca en el Pacífico junto a Concón.

**ACONQUIJA** *(sierra del),* sierra del NO de Argentina, que forma parte de las sierras Pampeanas. Culmina en el cerro del Bolsón (5 550 m).

**ACORA,** mun. de Perú (Puno), a orillas del Titicaca; 25 296 hab. Minas de plata. Aguas termales.

**ACORANGO,** pico de los Andes bolivianos (Oruro); 6 530 m.

**acorazado Potemkín** *(El),* película soviética de S. M. Eisenstein (1925). El rigor de la construcción y la perfección formal de la reconstrucción del motín del Potemkín en Odessa (1905) la convierten en una de las obras maestras del cine.

**ACOSTA** (Cecilio), escritor y jurista venezolano (San Diego de los Altos 1818-Caracas 1881), poeta y autor de ensayos sobre temas poéticos, históricos, políticos y jurídicos (*Reseña histórica y prospecto del código de derecho penal,* 1865).

**ACOSTA** (José **de**), naturalista, historiador y jesuita español (Medina del Campo 1540-Salamanca 1600). Vivió en el virreinato del Perú y de Nueva España y escribió *Historia natural y moral de las Indias* (1590) y catecismos bilingües (aymara-español; quechua-español).

**ACOSTA** (Julio), político costarricense (1876-San José de Costa Rica 1954), presidente de la república (1920-1924).

**ACOSTA** (Santos), político, médico y militar colombiano (Miraflores, Boyacá, 1829-Bogotá 1901), presidente interino de la república (1867-1868).

**A.C.P.** → ***Lomé.***

**ACQUAVIVA,** familia napolitana que destacó en las armas, la Iglesia y las letras. Su miembro más notable, **Claudio** (Atri 1543-Roma 1615), fue prepósito general de los jesuitas desde 1581.

**ACRE,** r. fronterizo entre Brasil y Perú, afl. del Purús (or. der.); 800 km.

**ACRE,** estado del NO de Brasil, cedido por Bolivia en 1903; 153 000 km$^2$; 417 437 hab. Cap. *Rio Branco.*

**ACRE** o **AKKO,** en ár. **'Akkā,** c. y puerto de Israel, junto al Mediterráneo; 37 000 hab. Ant. fortaleza de los cruzados *(San Juan de Acre),* formó parte del reino de Jerusalén.

**Acrópolis,** ciudadela de la antigua Atenas, sobre una roca de 100 m de alt., lugar consagrado a Atenea en el período micénico. Fue saqueada por los persas durante las guerras médicas. En el s. V a. J.C., Pericles encargó a Fidias su renovación; se construyeron magníficos monumentos *(Partenón, Erecteion),* a los que se accedía por los Propileos. Rico museo.

**Acta sanctorum,** relatos referentes a la vida de los santos, en particular los redactados por Bolland y sus continuadores *(bolandistas).*

**Acta única europea,** tratado firmado en 1985 y ratificado en 1986 y 1987 por los estados miembros de la C.E., que entró en vigor el 1 de julio de 1987, y definía las modalidades de un «gran mercado interior», establecido el 1 de enero de 1993.

**ACTEÓN,** cazador mitológico que sorprendió a Artemisa en el baño y al que la diosa, irritada, metamorfoseó en ciervo; fue devorado por sus perros.

**Actium** *(batalla de)* [31 a. J.C.], victoria naval de Octavio y Agripa sobre Marco Antonio, a la entrada del golfo de Ambracia (act. de Arta), Grecia. Aseguró a Octavio, el futuro Augusto, el dominio sobre el mundo romano.

**ACTON** (*sir* John Francis Edward), estadista napolitano de origen británico (Besançon 1736-Palermo 1811). Primer ministro de Fernando IV de Nápoles (1785), dirigió la política antifrancesa de los Borbones de Nápoles.

**ACTOPAN,** mun. de México (Hidalgo), accidentado por los *Órganos de Actopan;* 34 622 hab. Convento agustino del s. XVI, con pinturas murales. Museos de arte colonial y de arte popular otomí. — Mun. de México (Veracruz), a orillas del golfo de México; 37 318 hab. Puerto pesquero. Turismo.

**Actor's studio,** escuela de arte dramático fundada en 1947 en Nueva York y dirigida de 1951 a 1982 por Lee Strasberg. Su método, inspirado en los principios de Stanislavski, se basa en la concentración y la búsqueda interior de las emociones.

**Actos de los Apóstoles** → ***Hechos de los apóstoles.***

**ACUARIO,** constelación zodiacal. — Decimoprimer signo del zodíaco que el Sol atraviesa del 20 enero al 19 febrero.

**ACULCO,** mun. de México (México); 24 231 hab. Primera derrota de las fuerzas independentistas mexicanas (7 nov. 1810).

**ACUÑA,** mun. de México (Coahuila); 41 918 hab. Cereales y caña de azúcar. Ganadería.

**ACUÑA** (Antonio **Osorio de**), prelado español († Simancas 1526). Obispo de Zamora, dirigió a los sublevados durante las Comunidades.

**ACUÑA** (Francisco **de**), entallador hispanoamericano, activo en Santa Fe de Bogotá en el s. XVII, autor del púlpito de la catedral.

**ACUÑA** (Hernando **de**), poeta español (Valladolid *c.* 1520-Granada 1580). Combatió en diversas guerras al servicio de Carlos Quinto. Petrarquista (*Poesías varias,* 1591), debe su fama al soneto «Al rey nuestro señor».

**ACUÑA** (Juan **de**), *marqués* **de Casafuerte,** virrey de México (Lima 1658-México 1734). Expulsó a los británicos de Honduras y sometió Nayarit.

**ACUÑA** (Manuel), poeta mexicano (Saltillo 1849-México 1873). Cofundador de la sociedad literaria Nezahualcóyotl, de su obra (*Poesías,* 1874) destacan *Nocturno a Rosario* y *Ante un cadáver.*

**ACUÑA DE FIGUEROA** (Francisco), poeta uruguayo (Montevideo 1790-*id.* 1862), autor de la letra del himno nacional uruguayo y de poemas *(La Malambrunada).*

**ACUTO** (Giovanni)→ ***Hawkwood.***

**AÇVIN** → ***Aśvin.***

**ACXOTECATL** (Cristóbal), protomártir cristiano de América († Atlihuetzia, México, 1527), hijo de un cacique que le mató por difundir el Evangelio.

**ADAJA,** r. de España, afl. del Duero (or. izq.); 194 km. Pasa por la c. de Ávila. Centrales hidroeléctricas.

**ADALGIS** o **ADALGISO,** hijo de Desiderio, rey de los lombardos († 788), desposeído del trono por su cuñado Carlomagno (755).

**ADAM** *(puente de)* o **PUENTE DE RĀMA,** cadena de arrecifes entre Srī Lanka y la India.

**ADAM** (Robert), arquitecto y decorador británico (Kirkcaldy, Escocia, 1728-Londres 1792); tuvo como colaborador a su hermano **James** (Kirkcaldy 1730-Londres 1794). Inspirándose en la antigüedad y apartándose de las formas palladianas, practicaron un estilo decorativo elegante *(estilo Adam).*

**ADAMAOUA, ADAMAWA** o **ADAMAUA,** altiplanicie de Camerún.

**ADAMELLO-PRESANELLA,** macizo de los Alpes italianos, en el Trentino; 3 554 m.

**ADAMOV** (Arthur), dramaturgo francés de origen armenio (Kislovodsk, Cáucaso, 1908-París 1970). Su teatro evolucionó del simbolismo trágico (*La parodia,* 1952) al realismo político (*Primavera del 71,* 1963).

**ADAMS,** familia norteamericana que desempeñó un papel importante en la historia de Estados Unidos. Sus miembros más conocidos son: **Samuel** (Boston 1722-*id.* 1803), pionero de la independencia norteamericana; — **John,** su primo (Braintree 1735-*id.* 1826), participó en la redacción de la constitución y fue el segundo presidente de E.U.A. (1797-1801); — **John Quincy** (Braintree 1767-Washington 1848), hijo de John, fue el sexto presidente de E.U.A. (1825-1829).

**ADAMS** (Ansel), fotógrafo norteamericano (San Francisco 1902-Monterrey 1984), uno de los fundadores del Grupo f. 64 (creado en 1932), de obra rigurosa y sensible.

**ADAMS** (John Couch), astrónomo británico (Laneast, Cornualles, 1819-Cambridge 1892). Predijo mediante el cálculo, independientemente de Le Verrier, la existencia del planeta Neptuno.

**ADÁN,** el primer hombre, según la Biblia. Dios, quien lo había creado y a quien desobedeció, lo expulsó, junto con Eva, del Paraíso terrenal.

**ADÁN** (Juan), escultor español (Tarazona 1741-Madrid 1816). Escultor de cámara de la corte, representó el neoclasicismo (*Piedad,* catedral de Lérida; *Hércules y Anteo,* jardines de Aranjuez).

**ADÁN** (Rafael **de la Fuente,** llamado **Martín**), escritor peruano (Lima 1908-*id.* 1985). Rigor formal y experimentalismo lingüístico definen su obra (*La casa de cartón,* 1928, novela breve; poesía: *Travesía de extramares,* 1950; *La mano desasida,* 1964).

**Adán Buenosayres,** novela de L. Marechal (1948)

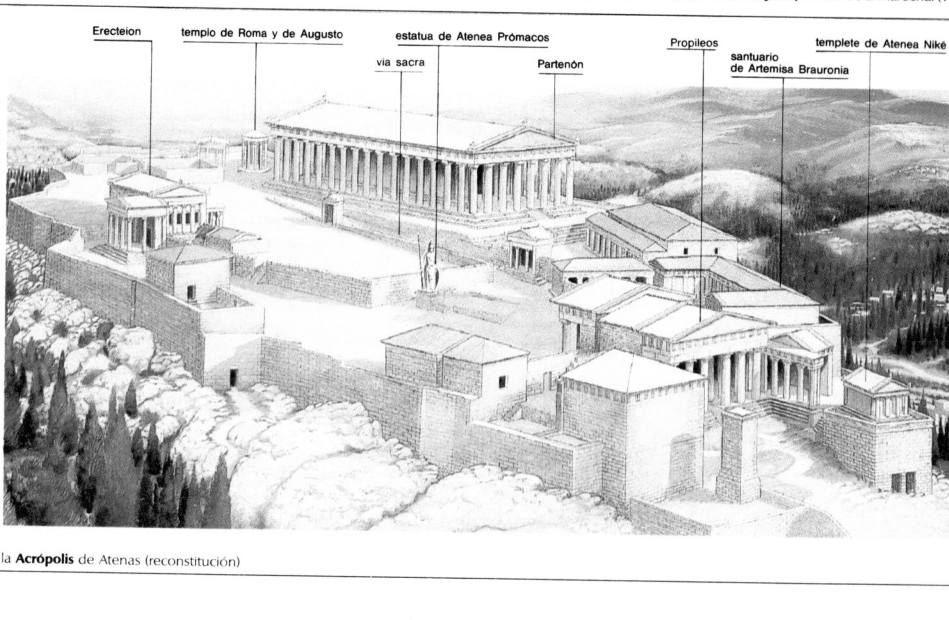


la **Acrópolis** de Atenas (reconstitución)

que, utilizando la técnica del monólogo interior, retrata la sociedad porteña.

**ADANA,** c. del S de Turquía, en la llanura de Cilicia; 916 150 hab. Universidad. Textil.

**ADAPAZARI,** c. del NO de Turquía; 159 116 hab.

**ADDA,** r. de Italia, afl. del Po (or. izq.); 313 km. Nace en los Alpes, avena la Valtelina y atraviesa el lago de Como. Centrales eléctricas.

**ADDINGTON** (Henry), *vizconde* **Sidmouth,** político británico (Londres 1757-*id.* 1844). Primer ministro (1801-1804), negoció el tratado de Amiens.

**ADDIS-ABEBA** o **ADDIS-ABABA,** c. y cap. de Etiopía, a 2 500 m de alt.; 1 250 000 hab. Sede de la Organización de la unidad africana. Museos.

**ADDISON** (Joseph), escritor y político inglés (Milston, Wiltshire, 1672-Kensington 1719). Sus artículos en *The spectator,* considerados modelos de ensayo, contribuyeron a formar el retrato del perfecto *gentleman.* Su tragedia *Catón* (1713) tuvo gran éxito. Desarrolló una breve carrera política en el partido whig (secretario de Estado, 1717).

**ADDISON** (Thomas), médico británico (Long Benton, cerca de Newcastle-upon-Tyne, 1793-Brighton 1860). Describió la insuficiencia de las glándulas suprarrenales *(enfermedad de Addison).*

**Addison-Biermer** *(enfermedad de),* anemia megalocitaria debida a una carencia de vitamina B12, que provoca trastornos digestivos y neurológicos.

**ADEJE,** v. de España (Santa Cruz de Tenerife), en Tenerife; 29 197 hab. *(Adejeros.)* Agricultura y pesca.

**ADELAIDA,** en ingl. **Adelaide,** c. de Australia, junto al océano Índico, cap. de Australia Meridional; 1 023 700 hab. Universidad. Metalurgia. Refinería de petróleo.

**ADELAIDA** *(santa)* [Orb, Suiza, *c.* 931-en el monasterio de Seltz 999], esposa del rey de Italia Lotario II, y luego del emperador Otón I.

**ADELIA** *(Tierra),* en fr. **Terre Adélie,** sector del continente antártico, a 2 500 km al S de Tasmania, descubierto por Dumont d'Urville en 1840; 350 000 km$^2$ aprox. Bases científicas francesas.

**ADÉN** *(golfo de),* parte NO del océano Índico, entre el S de Arabia y el NE de África.

**ADÉN** *(protectorado de),* antiguo protectorado británico en el golfo de Adén. Conquistado por los británicos en 1839, sus alrededores se convirtieron en colonia de la corona británica (1937). De 1959 a 1963 entró a formar parte de la Federación de Arabia del Sur.

**ADÉN,** c. y puerto de Yemen, junto al *golfo de Adén;* 285 000 hab. Fue capital de la República Democrática Popular del Yemen de 1970 a 1990.

**ADENA,** localidad de Estados Unidos (Ohio), lugar epónimo de una fase cultural prehistórica (1000 a. J.C.-700 d. J.C.) caracterizada por la presencia de vastos túmulos *(burial mounds).*

**ADENA,** acrónimo de la Asociación para la defensa de la naturaleza, en inglés W.W.F. (World wide fund for nature), asociación fundada en 1961, tiene como objetivo la preservación de la flora y la fauna a nivel mundial. Está presidida por el duque de Edimburgo. Sede: Ginebra.

**ADENAUER** (Konrad), político alemán (Colonia 1876-Rhöndorf 1967). Canciller de la República Federal de Alemania (1949-1963) y presidente de la Unión cristiana demócrata (C.D.U.), fue el artífice de la recuperación económica de Alemania, partidario de la creación de la Comunidad económica europea y de la reconciliación francoalemana.

**ADENET Li Rois** *(el rey),* juglar brabanzón (*c.* 1240-*c.* 1300). Aplicó a los cantares de gesta la técnica del relato novelesco (*Berta la del gran pie, c.* 1275; *Cléomadès*).

**ADER** (Clément), ingeniero francés (Muret 1841-Toulouse 1925), precursor de la aviación. Construyó varios aparatos, entre ellos el Eolo (1890).

**ADHERBAL,** general cartaginés que derrotó a Claudio Pulcher en Drepanum (Sicilia), en 249 a. J.C.

**ADHERBAL,** rey de Numidia [118-112 a. J.C.], hijo de Micipsa. Fue asediado y apresado en Cirta por Yugurta, quien lo asesinó.

**ADIGIO,** r. de Italia; 410 km. Nace en los Alpes, en la frontera entre Suiza y Austria, atraviesa el Trentino y el Véneto, pasa por Trento y Verona y desemboca en el Adriático.

**ADIGUESIA** o **ADIGUEI** *(República de),* república de la Federación de Rusia, en el Cáucaso; 7 600 km$^2$; 432 000 hab. Cap. *Maikop.*

**ADIRONDACKS** *(montes),* macizo del NE de Estados Unidos (Nueva York); 1 629 m.

**A.D.L.A.N.,** siglas del grupo *Amics de l'art nou* (Amigos del arte nuevo) [1932-1939], fundado por J. Prats y J. L. Sert en Barcelona, con centros en Madrid, Bilbao y Tenerife, para promover el arte contemporáneo.

**ADLER** (Alfred), sicólogo y médico austríaco (Viena 1870-Aberdeen 1917), autor de una teoría del funcionamiento síquico, que llamó *sicología individual,* basada en el sentimiento de inferioridad.

**ADLER** (Viktor), político austríaco (Praga 1852-Viena 1918), uno de los principales líderes del partido socialdemócrata austríaco.

**ADLERCREUTZ** (Karl Johan, *conde* **de**), general sueco (Kiala, Finlandia, 1757-Estocolmo 1815), uno de los jefes de la revolución de 1809.

**ADO-EKITI,** c. del SO de Nigeria; 333 400 hab.

**ADOLFO ALSINA,** dep. de Argentina (Río Negro); 44 582 hab. Cab. *Viedma*.* — Partido de Argentina (Buenos Aires); 18 045 hab. Nudo ferroviario. Balneario.

**ADOLFO DE NASSAU** (1248 o 1255-1298), emperador germánico [1292-1298], derrotado y muerto por Alberto de Habsburgo.

**ADOLFO FEDERICO** (Gottorp 1710-Estocolmo 1771), rey de Suecia [1751-1771]. Asistió impotente a la querella entre los Sombreros y los Gorros.

**ADONAY** (mi *señor*), título dado a Dios en el Antiguo testamento y en la Biblia hebrea.

**ADONIS,** dios fenicio de la vegetación, amante de Astarté, adorado en el mundo grecorromano. El tema de los amores de Venus y Adonis inspiró a numerosos artistas de la antigüedad.

**ADORNO,** familia italiana de comerciantes, que dio a Génova ocho dux de 1363 a 1528.

**ADORNO** (Theodor Wiesengrund), filósofo y musicólogo alemán (Frankfurt del Main 1903-Visp, Suiza, 1969). Su filosofía continuó el programa de la escuela de Frankfurt *(Teoría crítica de la sociedad),* y renovó la estética a partir del freudomarxismo (*La personalidad autoritaria,* 1950; *Teoría estética,* 1970, inacabada).

**ADOUM** (Jorge Enrique), escritor ecuatoriano (Ambato 1923). Tras *Los cuadernos de la tierra* (1952), su poesía adquirió un tono más hermético e intimista (*Dios trajo la sombra,* 1960; *Yo me fui con tu nombre por la tierra,* 1964). Ha publicado también crítica literaria, novela y teatro.

**ADOUR,** r. de Francia que nace en los Pirineos y desemboca en el Atlántico, junto a Bayona; 335 kilómetros.

**ADRA,** c. de España (Almería); 20 002 hab. *(Abderitanos.)* Centro comercial. Turismo. Pesca. Es la antigua *Abdera* fenicia (restos arqueológicos).

**ADRAR,** c. del Sahara argelino, en el Touat; 23 000 habitantes.

**ADRET** (Šĕlomó **ben**), rabino y talmudista hebraicoespañol (Barcelona *c.* 1235-*id. c.* 1310), autor de más de 3 000 *responsa,* fuente histórica sobre los judíos españoles, y de otros escritos talmúdicos.

**ADRIAN** (*sir* Edgar Douglas), médico británico (Londres 1889-Cambridge 1977), autor de trabajos sobre el sistema nervioso. (Premio Nobel de medicina 1932.)

**Adriana** *(villa),* residencia construida (117-138) por Adriano en Tibur (act. Tívoli), cerca de Roma. Sus restos muestran el eclecticismo arquitectónico de la época y el sincretismo del emperador.

**ADRIANO** (Itálica, Bética, 76-Bayas 138), emperador romano [117-138], sucesor de Trajano, que lo había adoptado. Convirtió el consejo del príncipe en un órgano de gobierno, tendió a unificar la legislación (*Edicto perpetuo,* 131) y defendió al Imperio de los bárbaros por medio de muros y fortificaciones. Príncipe instruido y gran viajero, construyó cerca de Roma la amplia villa que lleva su nombre. Su mausoleo es actualmente el castillo de Sant'Angelo, en Roma.

**ADRIANO** *(san),* mártir de Nicomedia (*c.* 303).

**ADRIANO I** († Roma 795), papa de 772 a 795, aliado de Carlomagno. — **Adriano IV** (Nicolas **Breakspear**) [Langley *c.* 1100-Anagni 1159], papa de 1154 a 1159. Se enfrentó a Arnaldo de Brescia, al rey normando de Sicilia, al emperador Federico Barbarroja, y a los gibelinos. — **Adriano VI** (Adriaan **Floriszoon**) [Utrecht 1459-Roma 1523], papa de 1522 a 1523. Preceptor de Carlos Quinto, fue inquisidor general y regente de Castilla, donde tuvo que hacer frente a la sublevación de las Comunidades (1520).

**ADRIANÓPOLIS,** ant. nombre de la ciudad turca de *Edirne*.* Conquistada por los turcos (1362), se convirtió en el s. XV en la sede de la corte otomana. El zar firmó en ella con los turcos un tratado que reconocía la independencia de Grecia (1829). Disputada a los turcos por los países balcánicos, fue anexionada a Turquía en 1923.

**ADRIÁTICO** *(mar),* mar anejo al Mediterráneo, entre Italia y la península balcánica. El Po es su principal tributario.

**ADRUMETA** o **HADRUMETA,** colonia fenicia de África. Ruinas cerca de Susa (Tunicia).

**Adua** o **Aduwa** *(batalla de)* [1896], victoria etíope sobre los italianos en el Tigré (Etiopía).

Manuel **Acuña** (poliforum cultural Siqueiros, México)

Konrad **Adenauer**

**Adriano** (museo de las Termas, Roma)

Robert **Adam:** el vestíbulo de Syon house, residencia de los alrededores de Londres (restaurada *c.* 1761)

**ADULIS,** ant. c. y puerto de Eritrea, junto al mar Rojo (act. *Zula*), centro del comercio del marfil y del oro en la antigüedad.

**ADŪNĪS** o **ADONIS** ('Alī Aḥmad **Sa'īd,** llamado), escritor libanés de origen sirio (Yabla 1930), poeta con inquietudes metafísicas.

**Aduwa** *(batalla de)* → ***Adua.***

**ADY** (Endre), poeta húngaro (Érmindszent 1877-Budapest 1919), autor de *Sangre y oro* (1907), *El carro de Elías* (1909), *A la cabeza de los muertos* (1918), etc. Inició el lirismo moderno en su país.

**ADZHARIA,** república autónoma de Georgia, junto al mar Negro; 2 900 km²; 393 000 hab. Cap. *Batumi.*

**AECIO,** general romano (nacido en Durostorum, Mesia-† 454). Defendió la Galia contra los francos y los burgundios, y contribuyó a la derrota de Atila en los campos Cataláunicos (451). Fue asesinado por Valentiniano III.

**AEG** (Allgemeine Elektrizitäts-Gesellschaft), empresa alemana de construcciones eléctricas (telecomunicaciones, electrodomésticos, componentes electrónicos), una de las principales de su sector, fundada en 1883; tras absorber Telefunken se denominó *AEG-Telefunken Aktiengesellschaft.*

**AEGATES** → ***Égates.***

**A.E.I.O.U.,** abrev. de la divisa de la casa de Austria, que puede leerse a la vez en latín (*Austriae est imperare orbi universo:* «corresponde a Austria reinar sobre todo el universo») y en alemán (*Alles Erdreich ist Österreich untertan:* «toda la Tierra está sometida a Austria»).

**AENOR** *(Asociación española de normalización),* agrupación creada en 1985 con el objeto de promover la calidad, competitividad y homogeneización industrial, adaptándolas a los criterios de la Comunidad europea.

**AEPINUS** (Franz Ulrich **Hoch,** llamado), físico y médico alemán (Rostock 1724-Dorpat 1802). Se le atribuye la invención del condensador eléctrico.

**Aerolíneas argentinas,** compañía aérea argentina fundada en 1950 como empresa pública y privatizada en 1990.

**Aerovías de México,** compañía aérea mexicana fundada en 1934 como *Aeronaves de México (Aeroméxico),* nacionalizada de 1959 a 1988.

**AERTSEN** (Pieter), pintor holandés (Amsterdam 1508-*id.* 1575), activo en Amberes y Amsterdam. Es autor de cuadros religiosos y de composiciones realistas y monumentales sobre temas populares, en los que predominan las naturalezas muertas.

**AFAR Y DE LOS ISSA** *(Territorio Francés de los),* denominación dada de 1967 a 1977 (antes de su independencia) a la república de Djibouti.

**AFGANISTÁN,** estado de Asia, entre Pakistán e Irán; 650 000 km²; 16 600 000 hab. *(Afganos.)* CAP. *Kabul.* LENGUAS: *pashto* y *dari* (persa moderno). MONEDA: *afghani.*

GEOGRAFÍA

En su mayor parte es un país montañoso (especialmente al N: Hindū Kūš) y árido (a menudo menos de 250 mm de pluviosidad), atravesado por valles (Amú Daryá al N, Helmand al S) y con una población diversificada, islamizada. Al pie de los relieves, parcialmente irrigados, se desarrollan los cultivos de cereales y frutales, y se localizan las principales ciudades (Kabul, Qandahār, Harāt). El resto del país es básicamente dominio del pastoreo nómada ovino. La ganadería y el gas natural son los principales recursos.

HISTORIA

***El Afganistán antiguo.*** La región, provincia del imperio iraní aqueménida (ss. VI-IV a. J.C.), helenizada tras la conquista de Alejandro Magno (329 a. J.C.), particularmente en Bactriana, formó parte del imperio Kuṣāna (s. I a. J.C.-s. V d. J.C.), influido por el budismo.

***Dentro del mundo musulmán.*** Ss. VII-XII: la islamización, iniciada con la conquista árabe de Harāt (651), avanzó con los gaznawíes. 1221-1222: el país fue arrasado por las invasiones de los mongoles. Ss. XVI-XVII: tras el renacimiento tīmūrí (s. XV), quedó dividido entre el Irán ṣafawī y la India mogol.

***El Afganistán moderno.*** 1838-1973: Afganistán fue gobernado por soberanos procedentes de un mismo clan pashto. La independencia, conseguida en 1747 con el establecimiento de un poder nacional, amenazada por el avance de los británicos en la India (guerras de 1839-1842 y 1878-1880) y por el de los rusos en Asia central, fue reconocida en 1921. Tras la instauración de la república (1973) y el golpe de estado comunista (1978), la U.R.S.S., comprometida políticamente desde 1955, intervino militarmente en favor del régimen (dic. 1979), enfrentándose a los mujahiddin. En 1988-1989 las tropas soviéticas se retiraron. En 1992, tras la caída del régimen comunista, se estableció un gobierno islámico. En 1996 la guerrilla integrista talibán tomó Kabul e implantó la ley islámica. Las luchas entre facciones continuaron.

**A.F.L.-C.I.O.,** siglas de American federation of labor-congress of industrial organizations, organización sindical de Estados Unidos fundada en 1886. Agrupa a la mayor parte de los sindicatos.

**AFORTUNADAS** o **BIENAVENTURADAS** *(islas),* antiguo nombre de las islas Canarias.

**ÁFRICA,** uno de los cinco continentes del mundo; 30 310 000 km²; 646 millones de hab.

GEOGRAFÍA

Atravesada casi en su mitad por el ecuador y comprendida en su mayor parte entre los trópicos, África es un continente cálido, donde los climas y los tipos de vegetación se individualizan más en función de las variaciones pluviométricas que térmicas. Aparte de los extremos N y S, de clima mediterráneo, el rasgo dominante es el clima cálido. La aparición de una estación seca y su prolongación, a medida que se aleja del ecuador, ocasionan el paso del clima ecuatorial y de la selva densa a los climas tropicales, que van acompañados de selvas claras, y luego de sabanas y estepas. El desierto aparece cerca de los trópicos (Sahara, Kalahari). Más de la mitad de África carece de salida hacia el mar, surcada por los grandes ríos (Nilo, Congo, Níger, Zambeze). El escaso poblamiento se debe a las condiciones climáticas y edafológicas, a menudo desfavorables para el hombre, y a la sangría, en el pasado, de la trata de esclavos. Pero la colonización europea, que combatió las epidemias y la elevada mortalidad infantil, fue la base de una recuperación demográfica iniciada a fines del s. XIX. Actualmente, la población crece con gran rapidez (aproximadamente un promedio del 3 % anual) y se caracteriza por su gran juventud (más de la mitad de los africanos tienen menos de 15 años), y por una urbanización rápida. La colonización es también responsable en gran parte de la estructura política actual (fragmentación en una multitud de estados) y de la naturaleza de la economía, por las formas que ha adquirido (colonias de explotación o de repoblación). Ello explica en gran medida la importancia de las plantaciones (cacao, café, aceite de palma, cacahuete), de la extracción minera (petróleo, cobre, manganeso, diamantes, metales raros y preciosos) y, en contrapartida, la frecuente insuficiencia de los cultivos de subsistencia y de las industrias de transformación. El acceso a la independencia sólo ha modificado esta situación de forma parcial y local.

PREHISTORIA Y ARQUEOLOGÍA

Son numerosos los hallazgos —Omo (Etiopía), Olduvai (Tanzania), lago Turkana (Kenya), Rift Valley (Etiopía)— que hacen de África la cuna de la humanidad, y de los australopitecos que vivían en ella hace unos 3,5 millones de años, los antepasados del hombre y los inventores del utillaje de piedra tallada. Los homínidos se fueron sucediendo: *Homo erectus* con la industria de tipo achelense (*c.* 1,5 millones de años en Olduvai); el hombre del tipo de Neanderthal con la industria musteriense (conocido sobre todo por un yacimiento marroquí al E de Safi); *Homo sapiens* de facies líticas diversificadas (ateriense, capsiense, etc.). A partir del neolítico, cazadores-ganaderos adornaron los abrigos y cuevas del Sahara y los peñascos de Nubia con pinturas y grabados rupestres. Durante el I milenio a. J.C. se desarrollaron la cultura de Nok en Nigeria, el reino de Meroé en Sudán y, con la era cristiana, el reino de Aksum que le sucedió, la cultura de los sao al S del lago Chad y, más tarde, el floreciente reino de Ifé (ss. X-XIV), que transmitió su técnica del arte del bronce al reino de Benín. En el E africano, Zimbabwe conoció entonces una arquitectura monumental en piedra.

HISTORIA

***El África precolonial.*** IV milenio a. J.C.: en el valle del Nilo nació la civilización egipcia. II milenio: la desecación del Sahara separó el Mogreb del África negra. 825-146 a. J.C.: Cartago estableció su imperio en el norte. *C.* 450 a. J.C.: Hannón exploró las costas atlánticas. S. I: el Mogreb se convirtió en provincia romana de África. S. V d. J.C.: los vándalos se apoderaron de ella. S. VI: fueron expulsados por Bizancio. S. VII: la conquista árabe estuvo acompañada de la islamización; ésta, a través de las caravanas, se extendió al África negra a partir del s. XI, a pesar de la resistencia, en particular, de los principados cristianos (Nubia y Etiopía). Mientras tanto, se formaron estados que llegaron a convertirse en verdaderos imperios. En la región del río Senegal y del Alto Níger, los principales fueron Ghāna (antiguo reino de Ouagadougou, apogeo en el s. XI), Mali (apogeo en el s. XIV) y Songay (apogeo en el s. XVI), islamizados, así como Bornu (apogeo en el s. XVI); en la costa guineana se formaron más tarde algunos reinos, entre los que destacó el de Benín, creado por los yoruba (apogeo en los ss. XV-XVI), y el de los mossi, hostiles al islam; por último, al sur del paralelo 5, los bantúes desarrollaron una civilización original basada en estados bien organizados, los principales de los cuales fueron el reino del Kongo (fundado a comienzos del s. XIV) y, en la parte central y oriental de África, el de Monomotapa (apogeo *c.* 1500).

***El período colonial.*** Los portugueses fueron los primeros en interesarse por África. 1488: Bartolo-

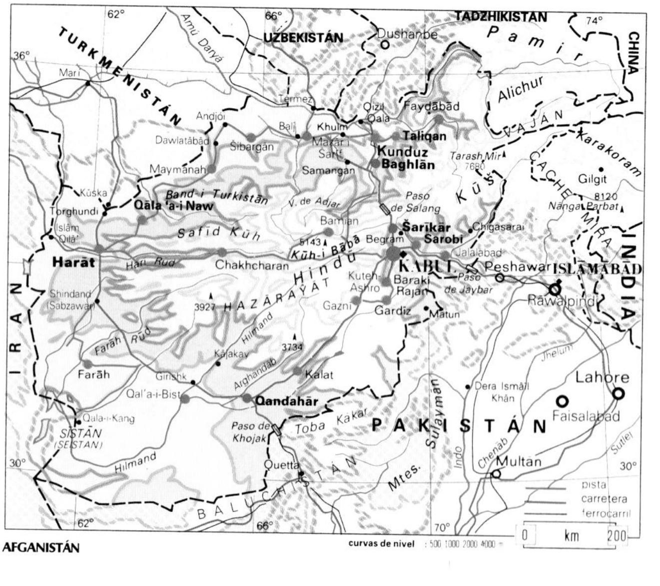

AFGANISTÁN

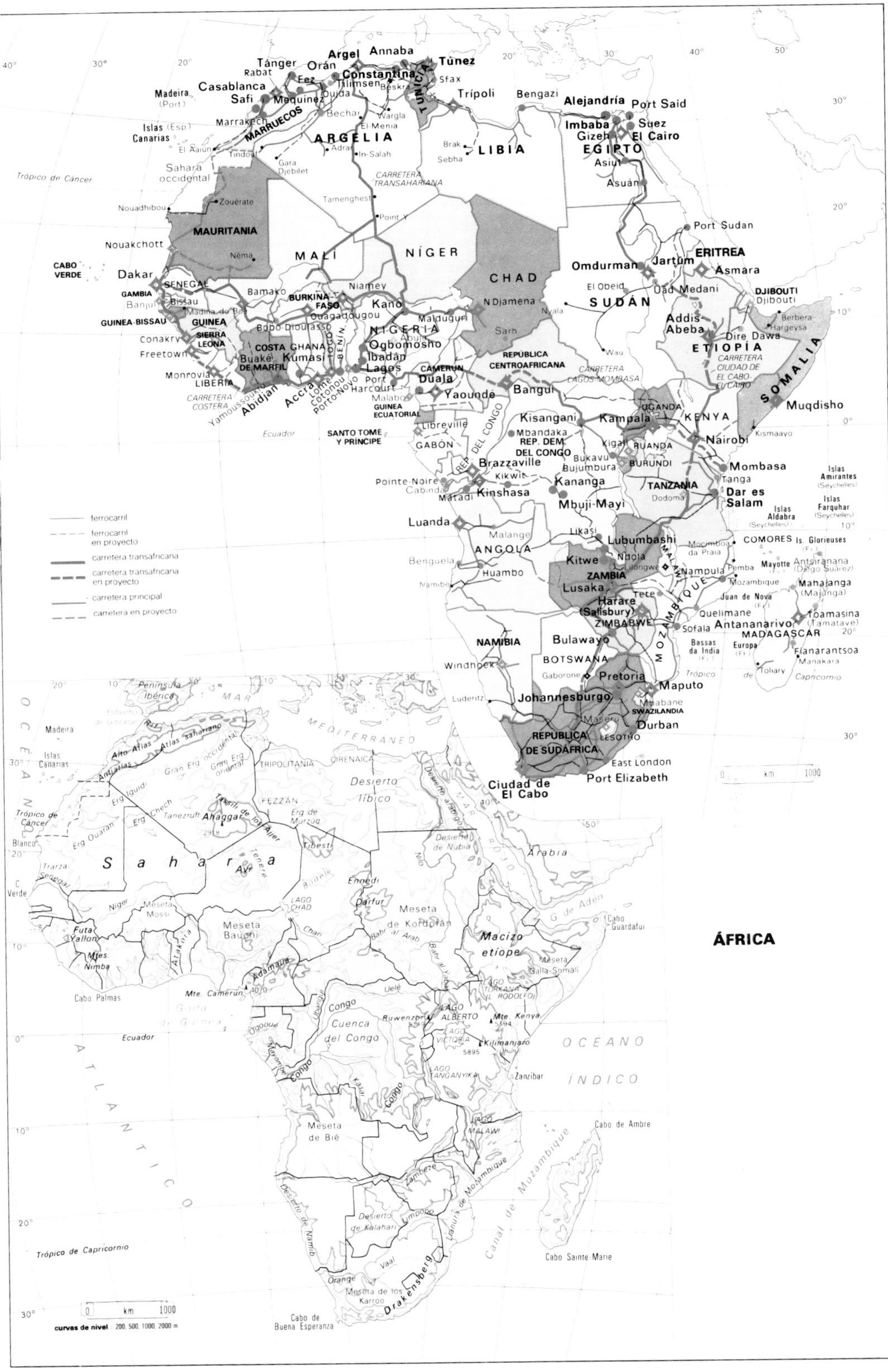
ÁFRICA
Tánger
Rabat
Orán
Argel
Annaba
Túnez
Constantina
Sfax
Casablanca
Safi
Fez
Tlemsen
Beskra
Oujda
Mequinez
Madeira (Port.)
Islas Canarias (Esp.)
Marrakech
MARRUECOS
Bechar
Wargla
El-Menia
ARGELIA
Adrar
In-Salah
El Aaiun
Tindouf
Gara Djebilet
Sahara occidental
Trípoli
TUNICIA
Bengazi
Brak
Sebha
LIBIA
Alejandría
Port Said
Imbaba
Suez
Gizeh
El Cairo
EGIPTO
Asiut
Asuán
CARRETERA TRANSAHARIANA
Tamenghest
Point Y
Trópico de Cáncer
Nouadhibou
Zouérate
MAURITANIA
Nouakchott
Néma
CABO VERDE
Dakar
SENEGAL
GAMBIA
Banjul
Bissau
GUINEA-BISSAU
GUINEA
Conakry
SIERRA LEONA
Freetown
Monrovia
LIBERIA
CARRETERA COSTERA
Yamoussoukro
Abidján
COSTA DE MARFIL
Buaké
Bamako
MALÍ
Niamey
NÍGER
BURKINA FASO
Ouagadougou
Bobo-Dioulasso
GHANA
Kumasi
Accra
TOGO
Lomé
BENÍN
Cotonou
Porto-Novo
Kano
Maiduguri
NIGERIA
Abuja
Ogbomosho
Ibadán
Lagos
Port Harcourt
CAMERÚN
Duala
Yaoundé
Malabo
GUINEA ECUATORIAL
SANTO TOMÉ Y PRÍNCIPE
Libreville
GABÓN
Ecuador
CHAD
N'Djamena
Nyala
Sarh
REPÚBLICA CENTROAFRICANA
Bangui
CARRETERA LAGOS-MOMBASA
Omdurman
Jartum
El Obeid
SUDÁN
Wau
Port Sudan
ERITREA
Asmara
Wad Medani
DJIBOUTI
Djibouti
Berbera
Hargeysa
Addis Abeba
Dire Dawa
ETIOPÍA
CARRETERA CIUDAD DE EL CABO-EL CAIRO
SOMALIA
Muqdisho
Kismaayo
UGANDA
Kampala
KENYA
Nairobi
Mombasa
Tanga
Kisangani
Mbandaka
REP. DEM. DEL CONGO
REP. DEL CONGO
Brazzaville
Kikwit
Kinshasa
Pointe-Noire
Cabinda
Matadi
Kananga
Mbuji-Mayi
Kigali
RUANDA
Bukavu
Bujumbura
BURUNDI
TANZANIA
Dodoma
Dar es Salam
Islas Amirantes (Seychelles)
Islas Farquhar (Seychelles)
Islas Aldabra (Seychelles)
Luanda
Malange
ANGOLA
Benguela
Huambo
Namibe
Likasi
Lubumbashi
Kitwe
Ndola
ZAMBIA
Lusaka
Lilongwe
MALAWI
Mocimboa da Praia
COMOROS
Is. Glorieuses (Fr.)
Mayotte (Fr.)
Antsiranana (Diego Suarez)
Nampula
Pemba
Mozambique
Mahajanga (Majunga)
Juan de Nova (Fr.)
Tete
Harare (Salisbury)
ZIMBABWE
Quelimane
Sofala
Antananarivo
MADAGASCAR
Toamasina (Tamatave)
Fianarantsoa
Manakara
Toliary
Bassas da India (Fr.)
Europa (Fr.)
Trópico de Capricornio
MOZAMBIQUE
NAMIBIA
Windhoek
Bulawayo
BOTSWANA
Gaborone
Pretoria
Maputo
Luderitz
Johannesburgo
Mbabane
SWAZILANDIA
Maseru
LESOTHO
Durban
REPÚBLICA DE SUDÁFRICA
East London
Port Elizabeth
Ciudad de El Cabo
0 km 1000
ferrocarril
ferrocarril en proyecto
carretera transafricana
carretera transafricana en proyecto
carretera principal
carretera en proyecto
Península Ibérica
MAR MEDITERRÁNEO
Madeira
Islas Canarias
Rif
Alto Atlas
Atlas sahariano
Antiatlas
Gran Erg occidental
Gran Erg oriental
TRIPOLITANIA
CIRENAICA
Desierto líbico
Desierto arábigo
MAR ROJO
Erg Iguidi
Erg Chech
Tanezruft
Ahaggar
2918
Tassili de los Ajjer
FEZZÁN
Erg de Murzuq
Tibesti
Desierto de Nubia
Arabia
Erg Ouarane
Sahara
Aïr
Teneré
Tropico de Cáncer
C. Blanco
Trarza
Senegal
C. Verde
Níger
Meseta Mossi
Meseta Bauchi
LAGO CHAD
Chari
Borkou
Ennedi
Darfur
Meseta de Kordofán
Bahr al Arab
Nilo
Bahr al Yebel
G. de Adén
Cabo Guardafui
Macizo etíope
Meseta Galla-Somalí
LAGO TURKANA (L. RODOLFO)
Futa Yallon
Mtes. Nimba
Atakora
Adamaua
Mte. Camerún
4070
Cabo Palmas
Golfo de Guinea
Ecuador
Ogooué
Ubangui
Uele
Congo
Cuenca del Congo
Ruwenzori
5119
LAGO ALBERTO
Mte. Kenya
5194
LAGO VICTORIA
Kilimanjaro
5895
OCÉANO ÍNDICO
Mayombe
Kasai
LAGO TANGANYIKA
Zanzíbar
OCÉANO ATLÁNTICO
Meseta de Bié
LAGO MALAWI
Cabo de Ambre
Canal de Mozambique
Zambeze
Desierto de Kalahari
Limpopo
Llanura de Mozambique
Desierto de Namib
Cabo Sainte Marie
Orange
Vaal
Drakensberg
Meseta de los Karroo
Cabo de Buena Esperanza
curvas de nivel: 200, 500, 1000, 2000 m

meu Dias dobló el cabo de Buena Esperanza. 1497-1498: Vasco da Gama realizó la circunnavegación de la costa este. Ss. XVI-XVII: se multiplicaron las factorías, portuguesas (Angola, Mozambique), inglesas y holandesas (Guinea) o francesas (Guinea, Senegal). El interior, inexplorado, decayó a causa de la trata. S. XIX: los europeos se disputaban el continente. Francia conquistó Argelia (1830-1864) y Senegal (1858-1864); se exploró el interior (Caillié, Nachtigal, Livingstone y Stanley); Lesseps construyó el canal de Suez (1869). A partir de 1870 toda África estaba parcelada, a costa de conflictos entre los europeos (británicos y franceses en Sudán —Fachoda— y en África occidental —Nigeria—, franceses, españoles y alemanes en Marruecos, etc.), y entre éstos y los colonos (guerra del Transvaal entre británicos y bóers, 1899-1902). 1918: las colonias alemanas pasaron a soberanía británica, belga y francesa.

Puerta esculpida en bajorrelieve; madera policroma. Arte de los baulé (parte central de Costa de Marfil). [Museo etnográfico, Ginebra.] Asociado a la arquitectura, el arte plástico conserva su función esencial: servir a la vida religiosa y presentar los elementos del relato místico, aquí acompañados de signos geométricos de valor simbólico.

Máscara ritual de madera. Arte de los senufo (NO de Costa de Marfil). [Museo nacional de artes africanas y oceánicas, París.] En los senufo, pueblo de campesinos, la mayoría de las máscaras desempeñan un papel fundamental en los ritos agrarios. Hay que destacar la diferencia en el tratamiento del rostro humano entre los senufo y los baulé (en la parte inferior de la puerta); idealizado en ambos casos, aquí es alargado y demacrado, mientras el escultor baulé potencia la dulzura de la forma redonda.

***El África independiente.*** Se aceleró el movimiento de emancipación, iniciado antes de la segunda guerra mundial. 1955-1966: la mayoría de las colonias francesas y británicas accedieron a la independencia; en 1968 Guinea Ecuatorial lo haría de España. 1975-1993: en África austral, las colonias portuguesas (Angola, Cabo Verde, Guinea-Bissau, Mozambique) se independizaron en 1975, mientras que en Zimbabwe la minoría blanca permaneció en el poder hasta 1980; Namibia se emancipó de la tutela sudafricana en 1990, y Etiopía y Eritrea solucionaron su conflicto con la independencia de ésta última (1993). El continente africano, enfrentado a graves dificultades económicas (hambre de Etiopía, sequía del Sahel) y convulsionado por conflictos locales de implicaciones a menudo étnicas, fue hasta 1988 uno de los escenarios de la lucha este-oeste (en especial en Angola y el Cuerno de África). Desde 1990 la mayoría de los países de régimen autoritario llevan a cabo una evolución, en ocasiones difícil, hacia el pluripartidismo y la democracia.

**África** *(guerra de),* conflicto armado entre España y Marruecos (1859-1860). O'Donnell, jefe del ejército expedicionario, inició diversas campañas victoriosas contra los rifeños (Sierra Bullones, valle de los Castillejos), que culminaron en las batallas de Tetuán y Wad Ras.

**ÁFRICA AUSTRAL,** sector meridional del continente africano.

**ÁFRICA DEL NORTE,** otra denominación del Mogreb.

**ÁFRICA DEL SUDOESTE** → *Namibia.*

**ÁFRICA ECUATORIAL FRANCESA,** federación que agrupó, de 1910 a 1958, las colonias de Gabón, Congo Medio, Ubangui-Chari y Chad.

**ÁFRICA ESPAÑOLA,** denominación de los antiguos territorios africanos bajo la soberanía española, en particular el protectorado de Marruecos, África Occidental Española y la actual Guinea Ecuatorial.

**ÁFRICA NEGRA,** parte del continente africano habitada esencialmente por poblaciones negras.

**ÁFRICA OCCIDENTAL ESPAÑOLA,** denominación que se aplicó en 1934 a las colonias españolas en la costa noroccidental africana: Cabo Yubi, Ifni y Sahara Español.

**ÁFRICA OCCIDENTAL FRANCESA,** federación que agrupó, de 1895 a 1958, las colonias de Senegal, Mauritania, Sudán, Alto Volta, Guinea francesa, Níger, Costa de Marfil y Dahomey.

**ÁFRICA ORIENTAL ALEMANA,** ant. colonia alemana en África oriental (1884-1919), que se extendía entre el océano Índico y los lagos Victoria y Tanganyika.

**ÁFRICA ORIENTAL BRITÁNICA,** ant. posesiones británicas de África oriental: Kenya, Uganda, Zanzíbar, Tanganyika.

**Afrika Korps** o **Afrikakorps,** nombre dado a las tropas alemanas, bajo el mando de Rommel, que de 1941 a 1943 lucharon contra los británicos en Libia, Egipto y Tunicia, para evitar la derrota italiana.

**AFRODITA,** diosa griega de la belleza y del amor, que los romanos asimilaron a Venus. Su efigie se conoce gracias a las réplicas de obras griegas realizadas por los romanos. Entre las estatuas más célebres cabe citar la *Afrodita de Cnido,* la *de Arles,* de Praxíteles (Vaticano y Louvre), y la *Afrodita* o *Venus de Milo* (Louvre).

**AGA KAN III** (Muḥammad sha) [Karachi 1877-Versoix, Suiza, 1957], príncipe y jefe religioso (1885-1957) de parte de los ismailíes. Le sucedió su nieto, **Aga Kan IV** (Creux-de-Genthod 1936).

**AGADIR,** c. y puerto del S de Marruecos, junto al Atlántico; 110 000 hab. Estación balnearia. Pesca. Turismo. En 1911, el envío de un cañonero alemán (Panther) a este puerto fue el punto de partida de un incidente francoalemán. Tras sufrir numerosas pérdidas por un terremoto (1960), la ciudad fue reconstruida.

**AGAMENÓN,** rey legendario de Micenas y Argos, hijo de Atreo y hermano de Menelao, y jefe de los griegos que asediaron Troya. Para aplacar la ira de Artemisa y calmar los vientos contrarios, sacrificó a su hija Ifigenia, aconsejado por el adivino Calcas. A su regreso de Troya, fue asesinado por su esposa Clitemnestra y el amante de ésta, Egisto.

**AGAPITO I** *(san)* [† Constantinopla 536], papa de 535 a 536. Depuso al patriarca de Constantinopla.

**AGAR,** personaje bíblico. Esclava egipcia de Abraham y madre de Ismael, fue expulsada con su hijo por la esposa de Abraham, Sara, cuando ésta dio a luz a Isaac.

**ÁGATA** *(santa)* → ***Águeda*** (santa).

**AGATOCLES,** tirano y rey de Siracusa (Termas c. 361-289 a. J.C.). Luchó contra la supremacía de Cartago.

**Agencia espacial europea** → *E.S.A.*

**AGEO,** profeta judío del s. VI a. J.C.

**AGESILAO II,** rey de Esparta [399-360 a. J.C.]. Luchó con éxito contra los persas y obtuvo la victoria en Coronea (394) sobre Atenas y Tebas.

**ÁGIDAS,** dinastía real de Esparta que ostentó el poder desde el s. VI hasta el s. III a. J.C., conjuntamente con los Próclidas.

**AGILA,** rey visigodo [549-555]. Fue derrotado cerca de Sevilla por una coalición entre Atanagildo, que le sucedió, y los bizantinos.

**AGIS,** nombre de varios reyes de Esparta. — **Agis IV** reinó de 244 a 241 a. J.C. Su reforma agraria le costó el trono y la vida.

**AGLABÍES,** dinastía árabe que reinó en la parte E del N de África (800-909).

**AGNI,** fuego del sacrificio y dios del Fuego en los textos védicos.

**AGNÓN** (Šēmuel Joseph **Czaczkes,** llamado **Šēmuel**), escritor israelí en lenguas yiddish y hebrea (Buczacz, Galitzia, 1888-Rehovot 1970), autor de novelas dedicadas a la vida de los judíos de Polonia y a los pioneros de la colonización de Palestina (*Las abandonadas,* 1908; *El ajuar de la desposada,* 1931; *Cuentos de Jerusalén,* 1959). [Premio Nobel de literatura 1966.]

**AGOTE** (Luis), médico argentino (Buenos Aires 1868-*id.* 1954). Ideó un procedimiento de conservación de la sangre, sin coagular, para su utilización en hemoterapia.

**ĀGRA,** c. de la India (Uttar Pradesh), junto al Yamunā; 955 694 hab. Ciudad imperial de Baber. Numerosos monumentos, entre ellos la obra maestra de la arquitectura mogol, el Tāŷ* Maḥall, mausoleo del s. XVII.

**AGRAM** → ***Zagreb.***

**AGRAMUNT,** v. de España (Lérida); 4 702 hab. *(Agramunteses.)* Industria alimentaria. Iglesia de Santa María con portada románico-tardía.

**AGRASSOT** (Joaquín), pintor español (Orihuela 1836-Valencia 1919). Discípulo de Fortuny, practicó la pintura de género y el costumbrismo (*Desnudo,* museo de bellas artes, Valencia).

**agraviados** *(guerra de los),* levantamiento absolutista en Cataluña (1827), a favor del infante don Carlos y contra Fernando VII.

**ÁGREDA,** v. de España (Soria); 3 617 hab. *(Agredanos.)* Murallas medievales. Iglesia románica de Nuestra Señora de la Peña y gótica de San Miguel.

**ÁGREDA** (Sebastián), general y político boliviano (Potosí 1792-† 1872), presidente provisional de la república en 1839. Fue también ministro de la Guerra e intervino en la campaña de Perú.

**ÁGREDA** (*sor* María Jesús **de**), en el mundo **María Coronel,** religiosa franciscana española (Ágreda, Soria, 1602-*id.* 1665). Desde 1643 aconsejó por carta a Felipe IV en asuntos de estado. Su obra *Mística ciudad de Dios* (1670) fue condenada por la Inquisición.

**AGRÍCOLA** (Cneo Julio), general romano (Forum Julii [Fréjus] 40-† 93 d. J.C.). Completó la conquista de Gran Bretaña. Fue suegro de Tácito, quien escribió su biografía.

**AGRICOLA** (Georg **Bauer,** llamado), mineralogista sajón (Glauchau 1494-Chemnitz 1555), autor de una célebre obra sobre geología, minería y metalurgia (*De re metallica,* 1546).

**AGRICOLA** (Mikael), escritor finés y obispo de Turku (Pernaja c. 1510-Kuolemajärvi 1557). Introdujo la Reforma en Finlandia y publicó el primer libro impreso en finés (*Abecedario,* 1542).

**AGRIGENTO,** entre el s. IX y 1928 **Girgenti,** c. de Italia (Sicilia), cap. de prov.; 54 603 hab. Bello conjunto de templos dóricos griegos (ss. VI-V a. J.C.).

**AGRIPA** (Menenio), cónsul romano en 502 a. J.C. Apeló a la concordia entre la plebe y los patricios mediante su apólogo *Los miembros y el estómago* (494 a. J.C.).

**AGRIPA** (Marco Vipsanio), general romano (63-12 a. J.C.). Yerno y ministro de Augusto, que instituyó en su favor una especie de corregencia; estuvo al mando en Actium (31 a. J.C.). Inauguró en Roma el Panteón, obra monumental de la época imperial.

**AGRIPINA la Mayor,** princesa romana (14 a. J.C.-33 d. J.C.), nieta de Augusto, hija de Marco Vipsanio Agripa y de Julia. Casó con Germánico, del que tuvo a Calígula y Agripina la Menor.

**AGRIPINA la Menor,** princesa romana (*c.* 15-59 d. J.C.), hija de la anterior y de Germánico, madre de Nerón. Ambiciosa, casó en terceras nupcias con el emperador Claudio, su tío, al que hizo adoptar a su hijo y luego le envenenó para que Nerón accediese al trono; éste la hizo asesinar.

**AGUA,** volcán de Guatemala, en la región Central; 3 766 m. Centro turístico.

**AGUA PRIETA,** mun. de México (Sonora), en la frontera con E.U.A.; 34 380 hab. Minas de manganeso. — El *plan de Agua Prieta,* manifiesto del gobernador del estado de Sonora (México), Adolfo de la Huerta, dado en esta población (abril 1920), activó la destitución del presidente Carranza; A. de la Huerta fue nombrado presidente interino.

**AGUACHICA,** mun. de Colombia (Cesar); 48 824 hab. Centro productor de café.

**AGUADA (La),** volcán de los Andes argentinos (Catamarca); 5 795 m.

**AGUADA,** mun. de Puerto Rico; 35 911 hab. Industrias alimentarias y del calzado.

**Aguada** *(cultura de),* cultura precolombina del NO de Argentina (650-900), que alcanzó un gran desarrollo técnico y artístico en el trabajo del metal, la piedra y la cerámica (motivo decorativo, el felino).

**AGUADA DE PASAJEROS,** mun. de Cuba (Cienfuegos), junto a la bahía Cochinos; 27 354 hab. Ganadería.

**AGUADAS,** mun. de Colombia (Caldas); 26 455 hab. Café y caña de azúcar. Minas de oro y plata.

**AGUADILLA,** c. de Puerto Rico, en el O de la isla; 59 335 hab. Agricultura (caña de azúcar, café, tabaco) e industrias derivadas. Aeropuerto. Turismo.

**AGUADO** (Dionisio), guitarrista español (Madrid 1784-*id.* 1849). Escribió obras para guitarra (*Tres rondós brillantes,* 1822) y renovó su estudio e interpretación.

**AGUADULCE,** distr. de Panamá (Coclé), en la llanura del Pacífico; 26 192 hab. Centro comercial.

**AGUARICO,** r. de Ecuador y Perú, afl. del Napo (or. izq.), frontera entre ambos países; 675 km.

**aguas** *(Tribunal de las),* órgano judicial tradicional de las juntas de regantes de la Huerta de Valencia, que resuelve las diferencias entre los usuarios de las aguas de aprovechamiento colectivo.

**AGUAS BLANCAS,** volcán de los Andes argentinos (Catamarca); 5 780 m.

**AGUAS BUENAS,** mun. de Puerto Rico en la cordillera central; 25 424 hab. Industrias (textil, calzado).

**AGUASCALIENTES** *(estado de),* est. de México, en la sierra Madre occidental; 5 589 km²; 719 659 hab. Cap. *Aguascalientes.*

**AGUASCALIENTES,** c. de México, cap. del est. homónimo; 442 555 hab. Centro industrial y comercial. Nudo ferroviario. Monumentos del s. XVIII: catedral, palacio del gobierno, iglesias de Guadalupe, del Encino, San Marcos y Santo Domingo. — Sede de la *convención de Aguascalientes* (oct. 1914), convocada por Carranza para resolver las diferencias entre las distintas facciones revolucionarias a la caída del régimen de V. Huerta.

**AGUASVIVAS,** afl. del Ebro (or. der.); 105 km. Embalse de Moneva, utilizado para el riego.

**AGUAYTÍA,** r. de Perú, afl. del Ucayali (or. izq.); 209 km. Puente en la carretera Huánuco-Pucallpa (705 m).

**ÁGUEDA,** afl. del Duero (or. izq.); 130 km. Forma frontera con Portugal en su curso inferior.

**ÁGUEDA, ÁGATA** o **GADEA** *(santa),* virgen y mártir siciliana (s. III), patrona de la isla de Malta.

**AGÜERO** (Bartolomé **Hidalgo de**), cirujano español (Sevilla 1531-*id.* 1597), especializado en el tratamiento de heridas por armas de fuego y autor de *Tesoro de la verdadera cirugía* (1604).

**AGÜERO** (Benito Manuel **de**), pintor español (Burgos ¿1626?-¿Madrid? ¿1670?). Discípulo de Mazo, realizó numerosos paisajes para los palacios del Buen Retiro y Aranjuez.

**AGÜERO** (Joaquín), político cubano (Camagüey 1816-† 1851). Lideró un alzamiento independentista en 1851; al fracasar éste, fue fusilado.

**AGÜERO** (Juan Miguel **de**), arquitecto hispanoamericano activo en Cuba y México en la segunda mitad del s. XVI. Trabajó en las fortificaciones de La Habana y en la catedral nueva de México.

**AGÜEROS** (Cristóbal), dominico mexicano (San Luis de la Paz, Michoacán, 1600-† d. 1670), autor de *Vocabulario de la lengua zapoteca* y de *Miscelánea espiritual* (1666), en zapoteca.

**Águila azteca** *(orden del),* condecoración mexicana otorgada desde 1933 a personas extranjeras por servicios prestados a México o a la humanidad.

**águila y la serpiente** *(El),* crónica novelada de Martín Luis Guzmán (1928), cuyos elementos autobiográficos se entrecruzan con descripciones de la revolución mexicana (1910-1915) y de las principales figuras de ésta.

**AGUILAR,** c. de España (Córdoba), cab. de p. j.; 12 830 hab. *(Aguilarenses.)* Industria química.

**AGUILAR DE CAMPOO,** v. de España (Palencia); 7 594 hab. *(Aguilareños.)* Industria alimentaria (galletas). Restos de murallas. Monasterio benedictino (ss. XII-XIII). Iglesia de San Miguel (gótica).

**AGUILAR DE SANTILLÁN** (Rafael), geógrafo mexicano (México 1863-*id.* 1940). Miembro fundador de la sociedad científica Antonio Alzate, autor de obras de cartografía y meteorología mexicanas.

**ÁGUILAS,** v. de España (Murcia); 24 610 hab. *(Aguileños.)* Minas de plomo y metalurgia ligera. Puerto pesquero y de embarque. Turismo. Fue un importante puerto en la época romana.

**AGUILERA** (Francisco Vicente), patriota cubano (Bayamo 1821-Nueva York 1877). Fue uno de los líderes de la revolución de 1868, y desde 1869 vicepresidente de la república.

**AGUILERA MALTA** (Demetrio), escritor ecuatoriano (Guayaquil 1909-México 1981). Destacó en reportajes (*Canal Zone. Los yanquis en Panamá,* 1935) y como dramaturgo. Publicó también relatos y novelas (*Don Goyo,* 1933; *Siete lunas y siete serpientes,* 1970).

**AGUILERA Y GAMBOA** → *Cerralbo* (marqués de).

**AGUILILLA,** mun. de México (Michoacán), avenado por el *río Aguililla;* 23 171 hab.

**AGUILÓ** (Marià), escritor español en lengua catalana (Palma de Mallorca 1825-Barcelona 1897), una de las figuras de la Renaixença. Poeta: *Libro de la muerte* (*Llibre de la mort,* 1898), *Libro del amor* (*Llibre de l'amor,* 1901), dirigió el *Romancero popular de la tierra catalana* (1893) y realizó el *Diccionario Aguiló* (8 vols., 1914-1934).

**AGUILÓ** (Tomás), poeta español en lengua catalana (Palma de Mallorca 1812-*id.* 1884). Se le considera el iniciador de la Renaixença en Mallorca.

**AGÜIMES,** v. de España (Las Palmas), en Gran Canaria; 15 986 hab. *(Agüimenses.)* Agricultura.

**AGUINALDO** (Emilio), político filipino (Imus, cerca de Cavite, 1869-Manila 1964). Dirigió la lucha por la independencia, primero contra España y luego contra E.U.A., y fue presidente del gobierno revolucionario (1897-1901).

**AGUINIS** (Marcos), escritor y médico argentino (Córdoba 1935), autor de novelas (*La cruz invertida,* 1970; *La gesta del marrano,* 1992), relatos (*Todos los cuentos,* 1986) y ensayos (*El combate perpetuo,* 1981).

**AGUIRRE** (Domingo **de**), sacerdote y escritor español en lengua vasca (Ondárroa 1864-Zumaya 1920), autor de novelas: *La flor del Pirineo* (*Auñemendiko lorea,* 1898); *El helecho* (*Garoa,* 1912).

**AGUIRRE** (José María **de**) → ***Lizardi.***

**AGUIRRE** (Julián), compositor y pianista argentino (Buenos Aires 1868-*id.* 1924). Su obra se inspira en temas criollos *(Aires nacionales, Suite).*

**AGUIRRE** (Lope **de**), conquistador español (Oñate, entre 1511 y 1516-Barquisimeto 1561). Enrolado en la expedición de Pedro de Ursúa por el Amazonas en busca de El Dorado (1559), se rebeló en 1561 y emprendió una sangrienta marcha hasta que fue asesinado por sus compañeros.

**AGUIRRE** (Nataniel), escritor y político boliviano (Cochabamba 1843-Montevideo 1888), autor de *Juan de la Rosa (Memorias del último soldado de la independencia),* 1885, y de ensayos políticos.

**AGUIRRE CERDA** (Pedro), político chileno (Pocuro, Aconcagua, 1879-Santiago 1941), presidente de la república (1938-1941).

**AGUIRRE Y LECUBE** (José Antonio), político español (Bilbao 1904-París 1960). Líder del nacionalismo vasco, fue presidente del gobierno autónomo de Euskadi durante la guerra civil.

**AGUJA** *(cabo de la),* cabo de las costas colombianas del Atlántico (Magdalena).

**AGUJAS** *(cabo de las),* extremo S de África, al E del cabo de Buena Esperanza.

**AGULLANA,** mun. de España (Gerona); 692 hab. En sus inmediaciones, necrópolis céltica relacionada con la cultura de Hallstatt (*c.* 750 a. J.C.).

**AGUSTÍ** (Ignacio), escritor español (Llissá de Vall, Barcelona, 1913-Barcelona 1974), autor de un ciclo de novelas sobre la burguesía catalana: *La ceniza fue árbol* (*Mariona Rebull,* 1943; *El viudo Rius,* 1944; *Desiderio,* 1957; *19 de julio,* 1965; *Guerra civil,* 1972).

**AGUSTÍN** *(san),* doctor de la Iglesia latina (Tagaste [act. Suq-Ahras] 354-Hipona 430). Hijo de santa Mónica, tras una juventud desordenada, fue convertido en Milán por san Ambrosio y se hizo bautizar (387). Desde 396 fue obispo de Hipona. «Doctor de la gracia», se opuso al maniqueísmo, al donatismo y al pelagianismo. Además de sus *Cartas,* sus principales obras son *La ciudad* de Dios* y las *Confesiones*.* Teólogo, filósofo y moralista, ejerció una influencia capital en la teología occidental. Como escritor dio al latín cristiano sus cartas de nobleza. *(V. ilustración pág. 1082.)*

**AGUSTÍN** o **AUSTIN** *(san)* [† *c.* 605], apóstol de Inglaterra. Fundó la sede episcopal de Canterbury.

**AGUSTÍN CODAZZI,** mun. de Colombia (Cesar); 39 621 hab. Agricultura y ganadería.

**AGUSTINI** (Delmira), poeta uruguaya (Montevideo 1886-*id.* 1914). Su obra es de temática erótico-espiritual, con símbolos de intenso lirismo (*El libro blanco,* 1907; *Cantos a la mañana,* 1910; *Los cálices vacíos,* 1913).

**AGUYARI** (José), pintor y litógrafo italiano (Venecia 1843-Buenos Aires 1885). En 1869 se estableció en Argentina, donde pintó paisajes (*Vistas y costumbres argentinas,* álbum litográfico).

Šĕmuel **Agnón**

**Agrigento:** el templo dórico de la Concordia, s. v a. J.C.

san **Agustín:** detalle de un fresco (1480) de Botticelli en la iglesia de Todos los Santos, Florencia

**AH PUCH,** dios de la muerte en la mitología maya.

**AHAGGAR** u **HOGGAR,** macizo volcánico del Sahara argelino, menos árido (por su altitud) que el resto del desierto; 2 918 m. Está habitado por los tuareg ahaggar. C. pral. *Tamenghest.*

**Ahasverus,** personaje legendario, más conocido como *El judío errante.*

**AHIDJO** (Ahmadou), político de Camerún (Garoua 1924-Dakar 1989). Negoció la independencia de Camerún y fue presidente de la república (1961-1982).

**AHLIN** (Lars Gustav), escritor sueco (Sundsvall 1915-Estocolmo 1997), poeta populista y renovador de la novela proletaria.

**AHMADĀBĀD** o **AHMEDABAD,** c. de la India, ant. cap. del Gujarāt; 3 297 655 hab. Centro textil. Ciudad antigua con numerosos monumentos de los ss. XV, XVI y XVII (mausoleos, mezquitas, palacios).

**AHMADNAGAR,** c. de la India, al E de Bombay; 221 710 hab. Mercado de algodón.

**AHMED I** (Manisa 1590-İstanbul 1617), sultán otomano [1603-1617]. — **Ahmed II** (İstanbul 1643-Andrinópolis 1695), sultán otomano [1691-1695]. — **Ahmed III** (1673-İstanbul 1736), sultán [1703-1730]. Dio asilo a Carlos XII tras la batalla de Poltava y derrotó al zar Pedro el Grande en 1711. En 1716 fue vencido por las tropas imperiales y aceptó el tratado de Passarowitz, favorable a Austria y Rusia.

**AHMOSIS,** faraón de Egipto (1580-1558 a. J.C.). Finalizó la expulsión de los hicsos y fundó la XVIII dinastía. Afirmó la primacía de Tebas.

**AHO** (Juhani **Brofeldt,** llamado **Juhani**), escritor finlandés en lengua finesa (Lapinlahti, Kuopio, 1861-Helsinki 1921), novelista de tendencia naturalista (*La mujer del pastor,* 1893).

**AHOME,** mun. de México (Sinaloa); 254 681 hab. Pesca (camarón). Ingenio azucarero. La cab., *Los Mochis* (162 659 hab.), es un centro comercial.

**Ahrām (al-),** principal diario egipcio, fundado en 1876.

**AHRIMĀN,** espíritu del mal, opuesto a *Ahura Mazdā,* principio del bien, en la religión zoroástrica.

**AHUACATLÁN,** mun. de México (Nayarit), junto al *río Ahuacatlán;* 15 846 hab. Industria azucarera.

**AHUACHAPÁN** *(departamento de),* dep. de El Salvador, junto a la frontera de Guatemala; 1 222 km$^2$ y 260 563 hab. Cap. *Ahuachapán* (40 359 hab.).

**AHUACUOTZINGO,** mun. de México (Guerrero); 15 632 hab. Centro agrícola.

**AHUALULCO,** mun. de México (San Luis Potosí); 17 403 hab. Centro minero (plomo, oro y plata).

**AHUALULCO DE MERCADO,** mun. de México (Jalisco), en la cuenca alta del Ameca; 16 884 hab.

**AHUITZOTL,** soberano azteca [1486-1502], bajo cuyo reinado el imperio alcanzó su máxima extensión.

**AHUMADA** (*duque* **de**) → ***Girón*** (Francisco Javier).

**AHURA-MAZDĀ** u **ORMUZD,** dios supremo del mazdeísmo, religión reformada por Zoroastro (*c.* s. VII a. J.C.).

**AHVĀZ,** c. de Irán, cap. de Jūzistān, al N de Ābādān; 579 826 hab.

**AHVENANMAA,** en sueco **Åland,** archipiélago finlandés del Báltico; 1 505 km$^2$; 23 000 hab.

**AIBONITO,** mun. de Puerto Rico, en la cordillera Central; 24 971 hab. Turismo.

**Aida,** ópera de Verdi en cuatro actos, libreto de A. Ghislanzoni, basado en una idea del egiptólogo Mariette (El Cairo, 1871).

**Aigüestortes y lago de San Mauricio** *(parque nacional de),* parque nacional de España, en el Pirineo de Lérida (12 228 ha). Lagos. Bosques.

**AIHOLE,** yacimiento arqueológico de la India (Decán), en el emplazamiento de la ant. cap. de los Chālukya (ss. VI-VIII). Templos.

**AILEY** (Alvin), bailarín y coreógrafo norteamericano (Rogers, Texas, 1931-Nueva York 1989), uno de los maestros de la danza de la comunidad negra de E.U.A. (*Revelations,* 1960; *Cry,* 1971; *For Bird with love,* 1986).

**AIN,** dep. del SE de Francia (Ródano-Alpes); 5 762 km$^2$; 471 019 hab. Cap. *Bourg-en-Bresse* (42 955 habitantes).

**AÏN TEMOUCHENT,** c. de Argelia, al SO de Orán; 42 000 hab.

**AÍNSA-SOBRARBE,** mun. de España (Huesca); 1 387 hab. Cap. *Aínsa.* Conjunto medieval en *Aínsa:* murallas, casas señoriales, plaza porticada, iglesia.

**AÏR** → ***Ayr.***

**Air France,** compañía francesa de navegación aérea, constituida en 1948, continuación de una sociedad anónima creada en 1933.

**Airbus,** sociedad aeronáutica europea, fruto de la unión de varias constructoras europeas, entre ellas la española CASA. En 2000 inició la fabricación del A3XX, un avanzado modelo de avión comercial.

**AIRY** (*sir* George Biddell), astrónomo británico (Alnwick, Northumberland, 1801-Londres 1892). Desarrolló la hipótesis de la isostasia y fue el primero en proponer una teoría completa sobre la formación del arco iris.

**'Ā'IŠA** (La Meca *c.* 614-Medina 678), hija de Abū Bakr y tercera esposa de Mahoma.

**AISÉN DEL GENERAL CARLOS IBÁÑEZ DEL CAMPO** *(región),* región del S de Chile; 108 494 km$^2$; 82 071 hab. Cap. *Coihaique.*

**AISNE,** r. de Francia, afl. del Oise (or. izq.); 280 km.

**AISNE,** dep. del N de Francia (Picardía); 7 369 km$^2$; 537 259 hab. Cap. *Laon.*

**AITOR,** patriarca legendario del pueblo vasco.

**AIX-EN-PROVENCE,** c. de Francia (Bouches-du-Rhône); 126 854 hab. Universidad (s. XV). Fundación romana (123 a. J.C.). Catedral gótica (ss. XI-XV) con baptisterio (s. V) y claustro (s. XII). *Anunciación* de la iglesia de la Magdalena, atribuida a B. d'Eyck (s. XV). Museo de bellas artes.

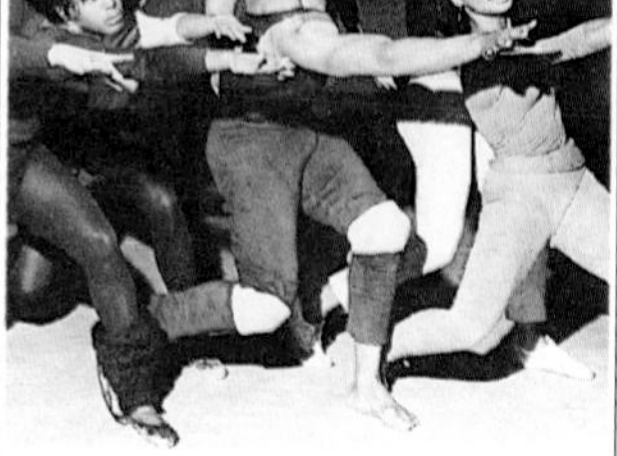

Alvin **Ailey**
(ensayando un ballet con su compañía)

**AIX-LA-CHAPELLE** → ***Aquisgrán.***

**AIZENBERG** (Roberto), pintor argentino (en Entre Ríos 1928). Su obra se inscribe en el surrealismo, con influencia de la pintura metafísica.

**AJAB** o **ACAB,** rey de Israel [874-853 a. J.C.], artífice de numerosas victorias, durante su reinado tuvo lugar la actividad profética de Elías.

**AJACCIO,** c. de Francia, cap. de Córcega y del dep. de Corse-du-Sud, en la costa O de la isla; 59 318 hab. Turismo. Catedral (s. XVI).

**AJALPAN,** mun. de México (Puebla), avenado por el Tehuacán; 26 789 hab. Explotación forestal.

**AJANTĀ** *(montes),* montañas de la India, en el N del Decán. Santuarios rupestres budistas (s. II a. J.C.-pr. s. VII d. J.C.) con pinturas y esculturas.

los montes **Ajantā:** detalle de una pintura mural (s. VI) de uno de los santuarios budistas

**AJAZ,** rey de Judá [736-716 a. J.C.]. Se convirtió en vasallo del rey de Asiria Tiglatpileser III, a quien había pedido ayuda contra Siria e Israel.

**AJJER** *(Tassili de los),* macizo al N del Ahaggar (Sahara argelino).

**AJMAN, 'AŶMAN** o **AYYMAN,** uno de los emiratos de la Unión de Emiratos Árabes, en el sector oriental del golfo Pérsico; 250 km$^2$; 64 000 hab. Cap. *Ajman.*

**AJMÁTOVA** (Anna Andréievna), poeta rusa (Odessa 1889-Moscú 1966). Representante destacada del acmeísmo, retomó un arte clásico inspirado en temas populares (*Rosario,* 1914; *Caña,* 1924-1940).

**AJMER,** c. de la India (Rājasthān); 401 930 hab. Monumentos de los ss. XII-XVII (gran mezquita).

**AJNATÓN** o **AKNATÓN** → ***Amenofis IV.***

**AJṬAL (al-),** poeta árabe (Ḥīra o Ruṣāfa de Siria *c.* 640-Kūfa *c.* 710). Nestoriano, vivió en la corte de los omeyas de Damasco y fue rival de Ŷarīr.

**AJUCHITLÁN DEL PROGRESO,** mun. de México (Guerrero); 28 167 hab. Cultivos subtropicales. Madera.

**AJURIAGUERRA** (Julián **de**), neurosiquiatra francés de origen español (Bilbao 1911-Villefranque, Hautes-Pyrénées, 1993). Sus investigaciones sobre el desarrollo en los primeros años de vida son una síntesis interdisciplinar (*Manual de siquiatría infantil,* 1970).

**AJUSCO,** sierra de México, en la cordillera Neovolcánica. Culmina en el Malacatépetl (4 094 m).

**AKADEMGORODOK,** c. de Rusia, en Siberia, cerca de Novosibirsk; 60 000 hab. Institutos de investigación científica.

**AKASHI,** c. de Japón (Honshū); 270 722 hab.

**ĀKBAR** (Umarkot 1542-Āgra 1605), emperador mogol de la India [1556-1605]. Amplió su imperio y lo dotó de una administración regular y tolerante.

**AKHILA, ACHILA** o **AQUILA,** noble visigodo del s. VIII. Primogénito de Witiza, se enfrentó a los partidarios de Rodrigo y pidió ayuda a Muza, que conquistó el reino (710).

**AKI-HITO,** emperador de Japón (Tōkyō 1933). A

la muerte de su padre Hiro-Hito (1989), le sucedió en el trono.

**AKINARI** → ***Ueda Akinari.***

**AKITA,** c. de Japón (Honshū); 302 362 hab.

**AKMOLA,** ant. **Tselinograd,** c. y cap. de Kazajstán (desde 1997); 277 000 hab.

**AKOLA,** c. de la India (Mahārāshtra); 327 946 hab. Mercado algodonero.

**AKOSOMBO,** lugar de Ghana, en el río Volta. Embalse (lago Volta) y central hidroeléctrica.

**Akouta,** yacimiento de uranio de Níger, en el Ayr.

**AKRA LEUKÉ** *(promontorio blanco),* colonia griega fundada en el s. IV a. J.C. cerca de Alicante. Conquistada por Amílcar Barca (*c.* 237 a. J.C.) y por los romanos.

**AKRON,** c. de Estados Unidos (Ohio), junto al lago Erie; 223 019 hab. Centro mundial de la industria del caucho (neumáticos).

**AKSAKOV** o **AXÁKOV** (Serguéi Timoféievich), escritor ruso (Ufá 1791-Moscú 1859), pintor de la vida patriarcal rusa. — Uno de sus hijos, **Iván Serguéievich** (Nadézhdino, Ufá, 1823-Moscú 1886), fundó el diario eslavófilo *Rus (Rusia).*

**AKSUM** o **AXUM,** c. de Etiopía, en el Tigré. Fundada *c.* 500 a. J.C., fue cap. del reino homónimo; 19 000 hab. Ruinas antiguas. — El *reino de Aksum* (ss. I-X) fue próspero gracias a su comercio. Cuna de la civilización y de la Iglesia etíopes, fue destruido por los árabes.

**AKTAU,** entre 1964 y 1991, **Shevchenko,** c. y puerto de Kazajstán, junto al Caspio; 159 000 hab. Central nuclear.

**AKTIÚBINSK,** c. de Kazajstán; 253 000 hab.

**AKUTAGAWA RYŪNOSUKE,** escritor japonés (Tōkyō 1892-*id.* 1927), autor de cuentos (*Rashōmon,* 1915), y de narraciones en las que refleja el avance de su locura, que le llevó al suicidio (*Kappa, El engranaje,* 1927).

**AKYAB** → ***Sittwe.***

**Al final de la escapada,** película francesa de J.-L. Godard (1960). Desenvuelta e inconformista, fue uno de los manifiestos de la *nouvelle vague.*

**ALÁ,** dios único de los musulmanes.

**ALABAMA,** estado del Sur de Estados Unidos; 133 667 km²; 4 040 587 hab. Cap. *Montgomery.* Explorada por Hernández de Soto (1540) y por franceses, la región formó parte de la Luisiana. Se convirtió en estado en 1813.

**ALACANT** → ***Alicante.***

**ALACUÁS** o **ALAQUÀS,** v. de España (Valencia); 24 107 hab. *(Alacuaseros.)* Manufacturas de la madera y juguetería. Castillo (ss. XV y XVI).

**A.L.A.D.I.,** siglas de Asociación latinoamericana de integración, organismo económico latinoamericano, creado en 1980 en sustitución de la A.L.A.L.C. (Asociación latinoamericana de libre comercio, fundada en 1960), para regular los acuerdos bilaterales de comercio y la consecución a largo plazo de un mercado común.

**Aladino o la lámpara maravillosa,** cuento de *Las mil y una noches.* Aladino, hijo de un pobre sastre, encuentra una lámpara mágica que le permite adquirir riquezas y casarse con la hija del sultán.

**ALAGOAS,** estado del NE de Brasil; 27 731 km²; 2 512 515 hab. Cap. *Maceió.*

**ALAGÓN,** r. de España, afl. del Tajo (or. der.); 209 km. Desemboca en Alcántara. Pantano de Gabriel y Galán.

**ALAGÓN,** v. de España (Zaragoza); 5 487 hab. Restos de una necrópolis celtibérica. — Tratado por el que Alfonso VII de Castilla reconoció la posesión de Zaragoza a Ramiro II de Aragón (1136).

**ALAIN-FOURNIER** (Henri Alban **Fournier,** llamado), novelista francés (La Chapelle-d'Angillon, Cher, 1886-en combate 1914), autor de *El gran Meaulnes* (1913).

**ALAJUELA,** prov. de Costa Rica, en el centro-norte del país; 9 718 km² y 499 600 hab. Cap. *Alajuela.*

**ALAJUELA,** c. de Costa Rica, cap. de la prov. homónima; 150 968 hab. Industria alimentaria. Catedral colonial. En la ciudad se proclamó la independencia de Costa Rica (25 nov. 1821).

**ALAJUELITA,** cantón de Costa Rica (San José); 37 808 hab. Centro cafetero. Alfarería.

**A.L.A.L.C.** → ***A.L.A.D.I.***

**ALAMÁN** (Lucas), político, economista e historiador mexicano (Guanajuato 1792-México 1853). Conservador, ministro de Relaciones Interiores y Exteriores, fomentó la industria y la minería. Es autor de una *Historia de México* (1849-1852).

**Alamein** (*batalla de* **El-**) [23 oct. 1942], victoria de Montgomery sobre las fuerzas germanoitalianas (Egipto).

**ALAMINOS** (Antón **de**), navegante español (nacido en Palos de Moguer *c.* 1475). Participó en el segundo viaje de Colón (1493) y en las expediciones de Ponce de León, Grijalva y H. Cortés.

**Álamo** *(asalto del fuerte del),* acción militar de la guerra de rebelión de Texas (marzo 1836). Las tropas mexicanas del general Santa Anna derrotaron a los tejanos (6 marzo 1836). En la batalla murió el célebre pionero Davy Crockett.

**ÁLAMOS,** mun. de México (Sonora); 29 091 hab. Cultivos subtropicales. Ganadería. Curtidos.

**ÅLAND** → ***Ahvenanmaa.***

**ALANGE,** v. de España (Badajoz); 1 942 hab. Balneario. Termas romanas. Cuevas con pinturas rupestres.

**ALARCÓN,** v. de España (Cuenca); 245 hab. Embalse en el río Júcar. Castillo medieval (parador de turismo).

**ALARCÓN** (Abel), escritor boliviano (La Paz 1881-Buenos Aires 1954), autor de poesías, cuentos y novelas históricas (*En la corte de Yahuar Huácac,* 1915).

**ALARCÓN** (Juan **Ruiz de**) → ***Ruiz de Alarcón.***

**ALARCÓN** (Pedro Antonio **de**), escritor español (Guadix 1833-Madrid 1891). En relatos y novelas como *El sombrero* de tres picos* (1874) —su obra más conocida—, *El escándalo* (1875) o *El niño de la bola* (1878) destacan sus dotes de narrador. Es también autor de teatro (*El hijo pródigo,* 1857), poemas, escritos periodísticos o históricos (*Diario de un testigo de la guerra de África,* 1859) y relatos breves (*El clavo,* 1881).

**Alarcos** *(batalla de),* victoria de los almohades sobre las tropas de Alfonso VIII de Castilla (1195), junto a la fortaleza de Alarcos, cerca de la actual Ciudad Real.

**ALARCOS LLORACH** (Emilio), lingüista español (Salamanca 1922-Oviedo 1998). Introdujo en España la fonología y el estructuralismo (*Fonología española,* 1950). [Real academia 1973.]

**ALARICO I** (Perice, delta del Danubio, *c.* 370-Cosenza 410), rey de los visigodos [396-410]. Asoló el Imperio de Oriente, invadió Italia y saqueó Roma (410). — **Alarico II,** rey de los visigodos [484-507], desde Aquitania comenzó una penetración en Hispania (Castilla la Vieja). Fue derrotado y muerto por Clodoveo en Vouillé (507). Promulgó el *Breviario de Alarico* (506), compilación de legislación romana.

**ALAS** (Leopoldo) → ***Clarín.***

**ALASKA,** estado de Estados Unidos (desde 1959), al NO de América septentrional; 1 530 000 km²; 550 043 hab. Cap. *Juneau.* La región fue cedida en 1867 por Rusia a E.U.A. La Brooks Range separa las llanuras del N de la depresión central, avenada por el Yukón. Al S se yergue la *cadena de Alaska* (6 194 m en el monte McKinley), en parte volcánica, que prosigue en la *península de Alaska.* La población se concentra en el litoral S, de clima relativamente suave. La pesca, la silvicultura, el turismo y sobre todo, actualmente, la extracción de hidrocarburos son los principales recursos. — La *carretera de Alaska* o *Alcán* (2 500 km) une Columbia Británica y Fairbanks.

**ALAUITAS** → ***'Alawíes.***

**ALAUNGPAYA** o **AUNG ZEYA** (Shwebo, cerca de Ava, 1714-† 1760), rey de Birmania [1752-1760], fundador de la dinastía Konbaung y héroe nacional.

**ALAUSÍ,** cantón de Ecuador (Chimborazo), en la hoya del Chanchán; 44 406 hab. Industria textil.

**ÁLAVA** *(provincia de),* prov. de España, en el País Vasco; 3 047 km² y 276 547 hab. *(Alaveses.)* Cap. *Vitoria-Gasteiz.* P. j. de *Amurrio* y *Vitoria.* En la vertiente S de las montañas vascas. Al NO *(Alto Nervión)* predominan la ganadería y la industria (metalúrgica); el centro *(Llanada de Vitoria)* es agrícola e industrial, y al S, en el valle del Ebro, la *Rioja alavesa* destaca por su riqueza vitivinícola y cultivos de huerta.

**ÁLAVA** (Juan **de**), conocido también como **Juan de Ibarra,** arquitecto español (¿Larrinoa? *c.* 1505-Salamanca 1537). De formación gótica, realizó obras renacentistas y platerescas en Salamanca, Plasencia y Santiago de Compostela.

**'ALAWÍES,** dinastía reinante en Marruecos desde 1666.

**'ALAWÍES,** también denominados **Nuṣayrī,** secta del islam chiita fundada en el s. IX, poderosa sobre todo en Siria. En este país se organizó, durante el mandato francés, el *territorio de los 'Alawíes* (1920-1941).

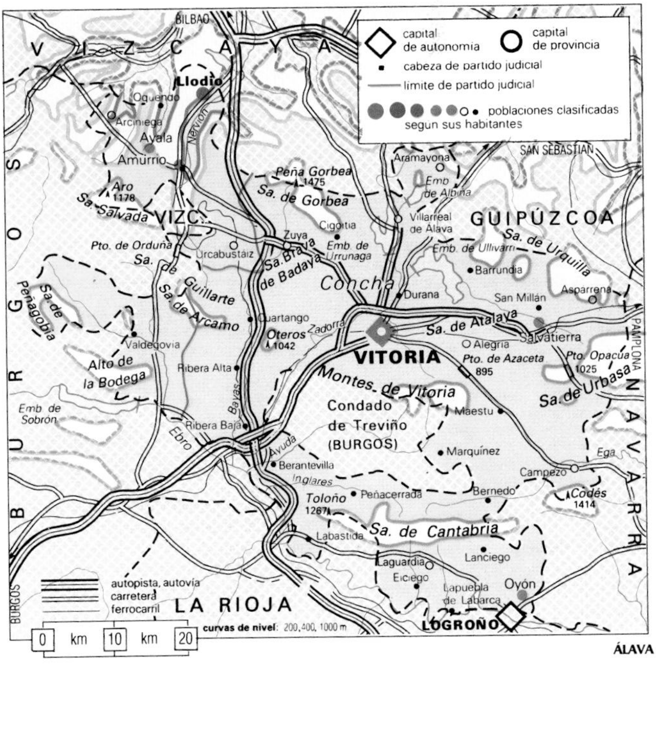


ÁLAVA

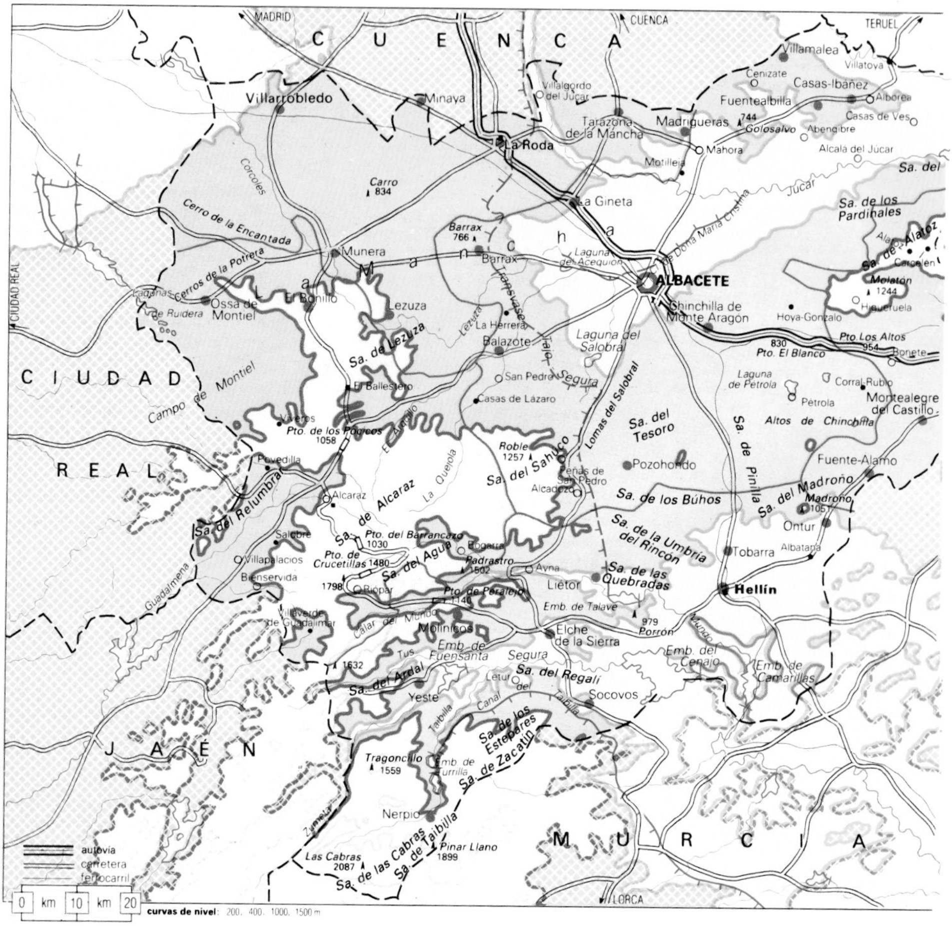


**ALAYOR** o **ALAIOR,** c. de España (Baleares), en Menorca; 6 406 hab. *(Alayorenses.)* Turismo. Cuevas prehistóricas. Cultura de los talayots (taulas).

**ALBA** o **ALBA DE TORMES** (*casa* **de**), familia aristocrática española. En 1469 **García Álvarez de Toledo** († 1488) recibió el título de primer duque de **Alba**. El más importante miembro de la familia fue **Fernando Álvarez de Toledo** (Piedrahíta, Ávila, 1508-Lisboa 1582), que dirigió el ejército español en la batalla de Mühlberg (1547) y fue virrey de Nápoles (1556) y gobernador general en Flandes (1567-1573), donde su política de fuerza (tribunal de los tumultos, ejecuciones) fracasó y extendió la insurrección. Fue condestable de Portugal (1580-1582).

**ALBA,** familia de actores españoles. — Destacan **Leocadia** (Valencia 1866-Madrid 1952) y su hermana **Irene** (Madrid 1873-Barcelona 1930), así como las hijas de Irene y del actor Manuel Caba: **Irene Caba Alba** (Madrid 1899-*id.* 1957), casada con el actor Emilio Gutiérrez, cuyos hijos **Irene, Julia** y **Emilio** han seguido la tradición familiar, y **Julia Caba Alba** (Madrid 1902-*id.* 1988).

**ALBA** (Santiago), político español (Zamora 1872-San Sebastián 1949). Liberal, fue varias veces ministro de Alfonso XIII, y presidió las cortes de la segunda república durante el *bienio negro* (1934-1936).

**ALBA DE TORMES,** v. de España (Salamanca); 4 422 hab. *(Albenses.)* Arquitectura románico-mudéjar. Solar de los duques de Alba. Convento fundado por santa Teresa de Jesús (s. XVI).

**ALBA JULIA,** c. de Rumania (Transilvania); 51 000 hab. Catedral románico-gótica. Biblioteca (incunables).

**ALBA LONGA,** la más antigua ciudad del Lacio, fundada, según la leyenda, por Ascanio, hijo de Eneas. Rival de Roma, fue vencida y destruida por Tulo Hostilio. Durante esta guerra habría tenido lugar el combate de los Horacios y los Curiacios.

**ALBACETE** *(provincia de),* prov. de España, en Castilla-La Mancha; 14 862 km² y 341 847 hab. *(Albacetenses* o *albaceteños)* Cap. *Albacete.* P. j. de *Albacete, Alcaraz, Almansa, Casas-Ibáñez, Hellín, La Roda* y *Villarrobledo.* En el extremo SE de la Meseta. Al N se extienden La Mancha albaceteña y el Campo de Montiel; al SO, la Sierra; al SE, los Altos de Chinchilla, y al NE el valle del Júcar. Actividad agrícola: vid, cereales y olivo. Importante producción de vino. Industria en la capital.

**ALBACETE,** c. de España, cap. de la prov. homónima y cab. de p. j.; 135 889 hab. *(Albacetenses* o *albaceteños)* Industria agroalimentaria, textil y cerámica. Catedral (s. XVI). Museo arqueológico.

**Albaicín,** barrio de Granada, que alcanzó gran esplendor en la época musulmana. Actualmente es un barrio popular, con quintas de recreo (cármenes), declarado patrimonio de la humanidad por la Unesco (1994).

**ALBAIDA** (*marqués* **de**) → ***Orense*** (José María).

**ALBAL,** mun. de España (Valencia); 9 109 hab. Industria química y alimentaria.

**ALBÁN** (Francisco), pintor quiteño de mediados del s. XVIII, autor de pinturas sobre san Ignacio (1760-1764) y sobre santo Domingo (1783-1788). — Su hermano **Vicente** es autor de estampas populares (museo de América, Madrid).

**ALBANI** (Francesco), pintor italiano (Bolonia 1578-*id.* 1660), discípulo de A. Carracci. Pintó composiciones religiosas así como cuadros mitológicos de paisajes serenos y delicados.

**ALBANIA,** en albanés **Shqipëria,** estado de la península balcánica; 29 000 km²; 3 300 000 hab. *(Albaneses.)* CAP. *Tirana.* LENGUA OFICIAL: *albanés.* MONEDA: *lek.*

**GEOGRAFÍA**

Las cadenas Dináricas, en gran parte cubiertas de bosque, ocupan el conjunto del país, a excepción de la parte central, donde, a orillas del Adriático, se extienden llanuras y colinas que agrupan a la mayor parte de una población antiguamente islamizada y de rápido crecimiento. El clima es mediterráneo en una estrecha franja litoral; en otras regiones es de tipo continental. La agricultura (maíz, trigo, frutales y tabaco), la extracción minera (petróleo y cromo) y la ganadería son las bases de la economía, que se transformó profundamente a partir de 1945, a pesar de la colectivización, y actualmente se abre a la economía de mercado.

**HISTORIA**

***Dos mil años de dominio extranjero.*** Tierra romana y luego bizantina, constantemente invadida (eslavos, búlgaros, serbios), la antigua Iliria recibió su nombre de Carlos I de Anjou, llegado en 1270. S. XV: la costa se encontraba bajo la influencia veneciana; el país cayó bajo dominación otomana, pese a la resistencia del héroe Skanderbeg. Aunque proporcionaba soldados al sultán, también se rebeló contra él, sobre todo bajo el mando de 'Alī Bajá de Tebelen (1822).

***La Albania independiente.*** 1912-1913: Albania se sublevó y obtuvo su autonomía. 1914-1920: independiente, reconocida por Italia, entró en la S.D.N. 1922-1939: Ahmed Zogú fue presidente de la re-

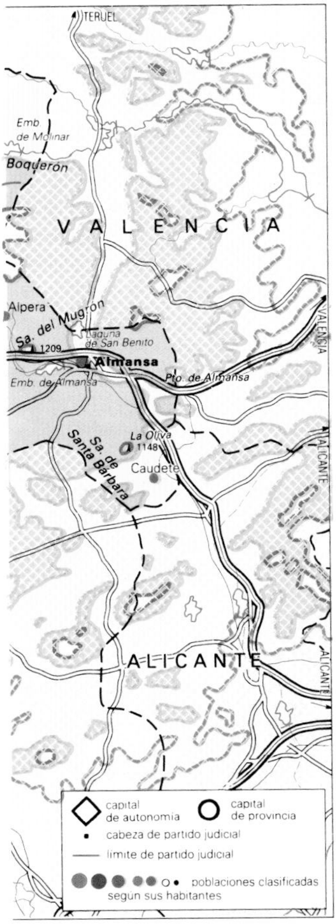

ALBACETE

pública y luego rey (Zogú I). 1939-1943: Italia la ocupó. 1946: proclamación de la república popular. Dirigida por Enver Hoxha, quien rompió con la U.R.S.S. (1961) y con China (1978). 1985: Ramiz Alia sucedió a E. Hoxha. 1990: frente a una fuerte oposición, el régimen hubo de aceptar el pluripartidismo. 1991: tras un largo aislamiento, Albania normalizó sus relaciones con los países occidentales y se celebraron elecciones. 1992: la oposición, dirigida por Sali Berisha, ganó las elecciones legislativas; tras la dimisión de R. Alia, S. Berisha le sucedió al frente del estado. 1997: tras un importante escándalo político-financiero, se produjeron masivas movilizaciones populares contra el gobierno de Berisha, que degeneraron en una caótica rebelión armada. Tras la dimisión de S. Berisha, el socialista Rexhep Mejdani fue nombrado presidente. 1998: aprobación de la primera constitución democrática.

**ALBANO** *(lago de),* lago de Italia, en un antiguo cráter de los montes Albanos. En sus orillas, *Castel Gandolfo,* residencia de verano del papa.

**ALBANO** o **ALBANS** *(san),* primer mártir de Inglaterra († Verulamium [act. Saint Albans] *c.* 303).

**ALBANOS** *(montes),* conjunto de altas colinas de Italia, en el Lacio, que dominaban Alba Longa.

**ALBANY,** c. de Estados Unidos, cap. del estado de Nueva York, junto al Hudson; 101 082 hab.

**ALBARDÓN,** dep. de Argentina (San Juan); 16 431 hab. Cultivo de la vid. Canteras de mármol.

**ALBARRACÍN** *(sierra de),* sierra de España, en la cordillera Ibérica; 1 921 m. En ella nacen los ríos Tajo, al O, y Júcar, al S.

**ALBARRACÍN,** c. de España (Teruel); 1 164 hab. *(Albarracinenses.)* Fue cabeza de una taifa musulmana. Murallas árabes (s. XI), reconstruidas (s. XIV). Catedral del s. XIII. Mansiones (s. XVII). En el término, abrigos con pinturas rupestres.

**ALBATERA,** v. de España (Alicante); 8 795 hab. *(Albateranos.)* Palacio del marqués de Dos Aguas.

**ALBEE** (Edward), autor dramático norteamericano (Washington 1928). Sus obras versan sobre la incomunicación y ofrecen una visión satírica de la vida de su país (*La historia del zoo,* 1959; *¿Quién teme a Virginia Woolf?,* 1962; *Delicado equilibrio,* 1966).

**ALBÉNIZ** (Isaac), pianista y compositor español (Camprodón 1860-Cambo-les-Bains 1909). Pianista prodigio, realizó numerosas giras por España, América y Europa. Sus mejores obras son para piano, inspiradas en el folklore español: *Rapsodia española, Suite española, Recuerdos de viaje, Cantos de España, Iberia** (1906-1909). Compuso también óperas (*Pepita Jiménez,* 1896), lieder *(Cuatro melodías)* y la pieza sinfónica *Catalonia* (1899).

Isaac **Albéniz** y su hija

**ALBERCA (La),** mun. de España (Salamanca); 958 hab. *(Albercanos.)* Conjunto medieval. En las cercanías, monasterio de Las Batuecas (1597).

**ALBERCHE,** r. de España, afl. del Tajo (or. der.); 177 km. Nace en la sierra de Villafranca (Ávila) y desemboca aguas arriba de Talavera de la Reina. Centrales eléctricas.

**ALBERDI** (Juan Bautista) jurista y político argentino (Tucumán 1810-París 1884). Opuesto a la dictadura de Rosas, tras la caída de éste redactó las *Bases para la organización política de la confederación argentina* (1852), que inspiraron la constitución argentina de 1853.

**ALBERES** *(montes),* macizo que constituye el extremo oriental de los Pirineos, entre España y Francia, desde el *Coll del Pertús* (275 m) hasta el Mediterráneo; 1 256 m en el *Puig Neulós.*

**ALBERINI** (Coriolano), filósofo argentino (Buenos Aires 1886-*id.* 1960). Introdujo en su país la filosofía vitalista e historicista (*Problemas de la historia de las ideas filosóficas en Argentina,* 1966).

**ALBERIQUE,** v. de España (Valencia); 8 587 hab. *(Alberiquenses.)* Hortalizas e industrias derivadas.

**ALBERONI** (Giulio), cardenal italiano (Fiorenzuola d'Arda 1664-Piacenza 1752). Primer ministro de Felipe V de España desde 1717, fue destituido tras la invasión francesa de 1719.

**ALBERTA,** prov. de Canadá, entre Columbia Británica y Saskatchewan; 661 000 km$^2$; 2 545 553 hab. Cap. *Edmonton.* Petróleo y gas natural. Trigo.

**ALBERTI** (Leon Battista), humanista y arquitecto florentino (Génova 1404-Roma 1472). Primer gran teórico de las artes del renacimiento, realizó planos o maquetas para edificios de Rímini (templo Malatesta), Florencia (palacio Rucellai) y Mantua (iglesia de San Andrés).

**ALBERTI** (Rafael), poeta español (Puerto de Santa María 1902-*id.* 1999), miembro destacado de la generación del 27. Inclinado a la pintura, se centró en la poesía a partir de *Marinero* en tierra* (1925, premio nacional de literatura) y *Sobre los ángeles* (1929). En 1931 ingresó en el partido comunista y ensayó el teatro vanguardista y comprometido *(Fermín Galán, El hombre deshabitado).* Tras la guerra civil, residió en Argentina: *Coplas de Juan Panadero* (1949), *Retornos de lo vivo lejano* (1952), poemas; *La arboleda perdida,* memorias (2 vols., 1942 y 1987); *El adefesio* (1944), teatro. En 1963 se estableció en Roma (*Roma, peligro para caminantes,* 1968), y en 1977 regresó a España (*Abierto a todas horas,* 1979; *Canciones para Altair,* 1988). [Premio Miguel de Cervantes 1983.]

Rafael **Alberti**

**Albertina,** importante colección pública de dibujos y estampas, en Viena (Austria).

**ALBERTO** *(lago),* lago de África ecuatorial, compartido por Uganda y la Rep. Dem. del Congo (ex Zaire), atravesado por el Nilo; 4 500 km$^2$.

SANTOS

**ALBERTO** *(san),* obispo de Lieja (Lieja *c.* 1166-Reims 1192), asesinado por emisarios del emperador Enrique VI.

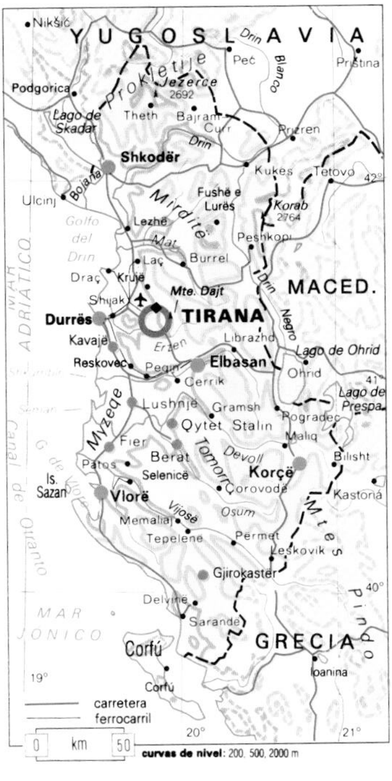

ALBANIA

**ALBERTO Magno** *(san),* dominico, teólogo y filósofo alemán (Lauingen *c.* 1193-Colonia 1280). Dio a conocer el pensamiento de Aristóteles y fue maestro de santo Tomás de Aquino. Sus contribuciones al saber no se limitan a la filosofía y la teología, sino que abarcan diversos campos, como la medicina, las matemáticas y la química.

AUSTRIA

**ALBERTO I DE HABSBURGO** (*c.* 1255-Brugg, Argovia, 1308), duque de Austria y emperador germánico [1298-1308]; **Alberto V de Habsburgo** (1397-Neszmély, Hungría, 1439), duque de Austria [1404-1439], fue rey de Bohemia y Hungría [Alberto I, 1437] y emperador germánico [Alberto II, 1438-1439].

**ALBERTO** (Wiener Neustadt 1559-Bruselas 1621), archiduque de Austria, virrey de Portugal (1583-1593), gobernador (1595) y príncipe de los Países Bajos [1598-1621] por su matrimonio con Isabel Clara Eugenia, hija de Felipe II. Firmó con las Provincias Unidas la tregua de los Doce años (1609).

**ALBERTO,** archiduque y general austríaco (Viena 1817-Arco 1895). Tío de Francisco José, venció a los italianos en Custozza (1866).

BÉLGICA

**ALBERTO I** (Bruselas 1875-Marche-les-Dames 1934), rey de Bélgica [1909-1934]. Luchó al frente de su ejército contra la invasión alemana de 1914.

**ALBERTO II** (Bruselas 1934), rey de Bélgica [desde 1993]. Hijo menor de Leopoldo III, sucedió a su hermano Balduino I.

BRANDEBURGO Y PRUSIA

**ALBERTO I DE BALLENSTÄDT, el Oso** (*c.* 1100-Stendal 1170), primer margrave de Brandeburgo [1134-1170].

**ALBERTO DE BRANDEBURGO** (Ansbach 1490-Tapiau 1568), primer duque hereditario de Prusia [1525-1568].

GRAN BRETAÑA

**ALBERTO,** príncipe consorte del Reino Unido (Rosenau, Turingia, 1819-Windsor 1861), segundo hijo del duque de Sajonia-Coburgo-Gotha. Casó, en 1840, con la reina Victoria, su prima.

MÓNACO

**ALBERTO I** (Honoré Charles **Grimaldi,** príncipe de Mónaco [1889-1922] con el nombre de) [París 1848-*id.* 1922], fundador del Instituto oceanográfico de París y del museo oceanográfico de Mónaco.

DIVERSOS

**ALBERTO** (Alberto **Sánchez,** llamado), escultor y pintor español (Toledo 1895-Moscú 1962). Sus primeras obras reflejan desde 1922 la influencia de Rafael Barradas. Junto a Palencia, Mallo, Caneja y Alberti fundó la escuela de Vallecas. Entre 1931 y 1936 su estilo evolucionó hacia un surrealismo de intencionalidad crítica. En 1938 se instaló en la U.R.S.S.

**Alberto:** *Minerva de los Andes*
(col. part., Madrid)

**ALBERTO ADRIANI,** mun. de Venezuela (Mérida), avenado por el Chama; 81 179 hab. La cab., *El Vigía,* es un centro industrial y comercial.

**ALBI,** c. de Francia, cap. del dep. de Tarn, a orillas del Tarn; 48 707 hab. Vidrio. Catedral gótica (ss. XIII-XV). Museo Toulouse-Lautrec.

**Albi:** la catedral (ss. XIII-XV)

**albigenses** *(cruzada contra los)* [1208-1244], guerra organizada por iniciativa de Inocencio III y dirigida por Simón de Montfort y los señores feudales franceses contra el conde de Tolosa Raimundo VI y los albigenses o cátaros, que recibieron la ayuda de Pedro II de Aragón. El conflicto terminó con la victoria del papa y sus aliados.

**ALBINONI** (Tommaso), compositor italiano (Venecia 1671-*id.* 1750), autor de sonatas y conciertos.

**ALBIÓN,** primer nombre conocido de Gran Bretaña.

**ALBIZU CAMPOS** (Pedro), político puertorriqueño (1893-1965), fundador del Partido nacionalista (1928).

**ALBIZZI,** familia florentina enemiga de los Médicis que en los ss. XIV-XV desempeñó un importante papel en el seno del partido güelfo.

**ALBOCÁCER** o **ALBOCÀSSER,** v. de España (Castellón); 1 505 hab. *(Albocacenses.)* Pinturas rupestres del grupo levantino en la cueva del Civil y en el barranco de la Valltorta.

**ALBOÍNO,** rey de los lombardos [561-572].

**ALBOLOTE,** v. de España (Granada); 10 070 hab. *(Alboloteños.)* Canteras de arenisca y yeso.

**ALBORÁN,** isla de España, en el Mediterráneo, a 56 km de Marruecos; 5 km$^2$. — Recibe el nombre de *mar de Alborán* el extremo O del Mediterráneo, comprendido entre el estrecho de Gibraltar, España y Marruecos.

**ALBORAYA** o **ALBORAIA,** mun. de España (Valencia); 11 687 hab. *(Alborayenses.)* Industria. Turismo.

**ÅLBORG** o **AALBORG,** c. y puerto de Dinamarca, en Jutlandia; 154 000 hab. Catedral ss. XIV-XVIII. Museos.

**ALBORNOZ** (Álvaro **de**), político español (Luarca, Oviedo, 1879-México 1954). Radical, fue ministro en 1931-1933, y presidente del gobierno republicano en el exilio (1945-1946).

**ALBORNOZ** (Gil Álvarez **Carrillo de**), eclesiástico español (Cuenca 1310-Viterbo 1367). Fue arzobispo de Toledo y consejero de Alfonso XI de Castilla. Cardenal en Aviñón (1350), Inocencio VI le encomendó la pacificación de los estados pontificios, que consiguió. Fundó el Colegio español de Bolonia.

**ALBOX,** v. de España (Almería); 9 861 hab. *(Albojenses.)* Alfarería y ladrillería.

**ALBRET** *(casa* **de**), familia gascona fundada por **Amanieu I** (1050), en la que destacaron **Alano el Grande** (1440-1522) y su hijo **Juan de Albret,** casado con Catalina de Navarra, reconocido como rey de Navarra [1484-1512] como Juan III. Los Albret continuaron reinando en la Navarra francesa hasta la incorporación de la Baja Navarra a la corona francesa (1589).

**ALBRIGHT** (Madeleine), política y diplomática norteamericana de origen checo (Praga 1937). Demócrata, representante de E.U.A. ante la O.N.U. (1993-1996), fue secretaria de Estado (1997-2001).

**Albuera** *(batalla de* **La**) [16 mayo 1811], victoria de las tropas aliadas, mandadas por Beresford, Blake y Castaños, sobre las francesas de Soult, durante la guerra de la Independencia, en La Albuera (Badajoz).

**ALBUFERA DE VALENCIA,** laguna costera de España, a 15 km al S de la ciudad de Valencia; 34 km$^2$. Arrozales. Pesca. Parque natural (humedal de aves acuáticas).

**ALBUQUERQUE,** c. de Estados Unidos (Nuevo México), junto al río Grande; 384 736 hab. Fundada en 1660 en honor del virrey de México. Iglesia del s. XVIII y antigua universidad.

**ALBUQUERQUE** (Alfonso **de**), conquistador portugués (Alhandra, cerca de Lisboa, 1453-Goa 1515). Virrey de las Indias (1509), ocupó Goa y Malaca, fundando la potencia portuguesa de las Indias.

**ALBURQUERQUE** *(cayos de),* arrecife coralino de Colombia, en el Caribe.

**ALBURQUERQUE,** v. de España (Badajoz); 5 714 hab. *(Alburquerqueños.)* Castillo y murallas (s. XIV).

**ALBURQUERQUE** (Bernardo **de**), dominico español (Alburquerque-Oaxaca, México, 1579). Obispo de Oaxaca, escribió en zapoteca una *Doctrina cristiana.*

**ALBURQUERQUE** (Juan Alfonso **de**), político castellano de origen portugués († Medina del Campo 1354). Tras dirigir la política exterior de Pedro I, se enemistó con él y huyó a Portugal.

**Alcáçovas** *(tratado de),* tratado firmado por los Reyes Católicos y Alfonso V de Portugal (1479), en Alcáçovas (Évora, Portugal), por el cual éste reconocía a Isabel como reina de Castilla y sus derechos sobre Canarias.

**ALCALÁ DE GUADAIRA,** c. de España (Sevilla), cab. de p. j.; 52 515 hab. *(Alcalareños.)* Centro agrícola e industrial. Restos romanos y visigodos. Fortaleza mudéjar. Iglesias medievales.

**ALCALÁ DE HENARES,** c. de España (Madrid), cab. de p. j.; 162 780 hab. *(Alcalaínos* o *complutenses.)* Centro industrial. Es la *Complutum* romana. Cuna de Miguel de Cervantes. Iglesias góticas y barrocas. Universidad iniciada por Cisneros en 1498. Edificios universitarios, del plateresco al barroco, declarados patrimonio de la humanidad por la Unesco (1998).

**ALCALÁ DEL RÍO,** v. de España (Sevilla); 9 135 hab. *(Alcalareños.)* Es la antigua *Ilipa* romana.

**ALCALÁ LA REAL,** c. de España (Jaén), cab. de p. j.; 20 231 hab. *(Alcalaínos.)* Castillo de la Mota, antigua fortaleza musulmana reconstruida en los ss. XIII-XV, con iglesia del s. XIV, reconstruida en el s. XVI.

**ALCALÁ YÁÑEZ** (Jerónimo **de**), escritor español (Segovia 1563-*id.* 1632), autor de tratados religiosos y de la novela picaresca *Alonso, mozo de muchos amos,* o *El donado hablador* (1624 y 1626).

**ALCALÁ ZAMORA** (Niceto), político español (Priego de Córdoba 1877-Buenos Aires 1949). Miembro del Partido liberal, se adhirió al republicanismo en 1930. Fue el primer presidente de la segunda república (1931-1936).

**alcalde de Zalamea** *(El),* comedia en verso de Calderón de la Barca (1640-1650), cuyos temas son el honor y el conflicto entre ley moral y ley del estado, resuelto por intervención del rey.

**ALCÁMENES,** escultor griego del s. V a. J.C., discípulo y rival de Fidias (grupo de *Procne e Itys,* museo de la Acrópolis de Atenas).

**ALCANADRE,** r. de España, afl. del Cinca (or. der.); 143 km. Canales de riego.

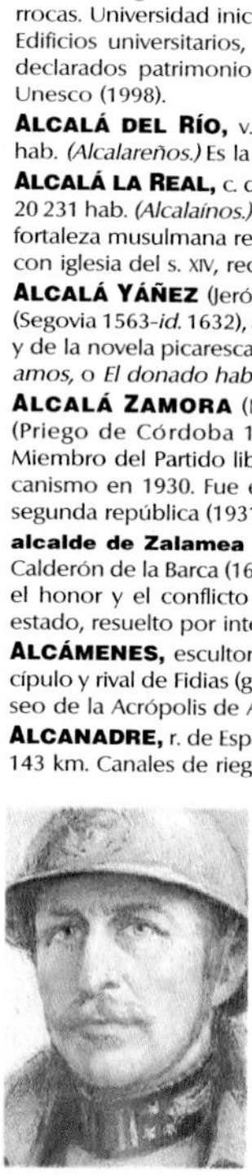

**Alberto I** de Bélgica
(J. Madyol - museo real del ejército, Bruselas)

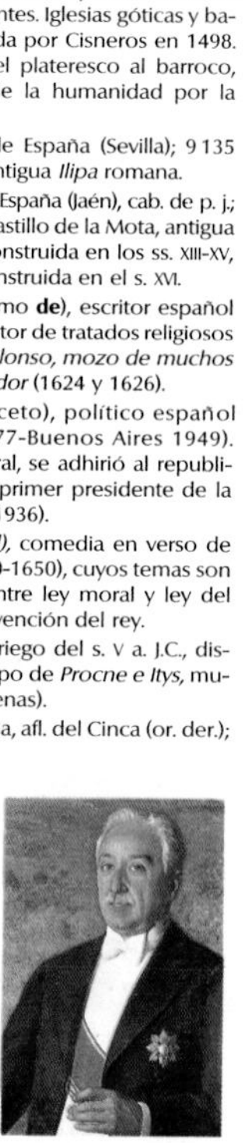

Niceto **Alcalá Zamora** (E. Hermoso - Banco de España, Madrid)

**ALCANAR,** c. de España (Tarragona); 7 828 hab. Barrio marítimo de las Casas. Pesca. Playas.

**ALCÁNTARA,** v. de España (Cáceres); 1 948 hab. (*Alcantareños* o *alcantarinos*) Avenada por el Tajo *(embalse de Alcántara)*. Puente romano (106). Convento de San Benito (s. XVI).

**Alcántara** *(orden de),* orden religiosa y militar española fundada a mediados del s. XII por caballeros salmantinos bajo la regla cisterciense.

**ALCÁNTARA** (Francisco de Paula), general venezolano (1785-1848), que se distinguió en la guerra de la independencia americana.

**ALCANTARILLA,** v. de España (Murcia); 30 070 hab. *(Alcantarilleros.)* Industria alimentaria y textil. Escuela de paracaidismo.

**ALCANTUZ** (Lorenzo), dirigente de los comuneros de Nueva Granada (nacido en Oiba-Santa Fe de Bogotá 1782). Murió en la horca.

**ALCAÑIZ,** c. de España (Teruel), cab. de p. j.; 12 820 hab. *(Alcañizanos.)* Colegiata (campanario gótico y fachada barroca). Ayuntamiento con fachada renacentista. Castillo del s. XIV (parador de turismo) con capilla románica y pinturas murales.

**ALCARAZ** *(sierra de),* sierra de España, en sierra Morena; 1 798 m en el cerro Almenara.

**ALCARAZ,** c. de España (Albacete), cab. de p. j.; 2 087 hab. *(Alcaraceños.)* Castillo y murallas. Plaza mayor con edificios renacentistas.

**ALCARRIA (La),** comarca de España (prov. de Guadalajara, Cuenca y Madrid), que se extiende desde el Henares hasta la serranía de Cuenca y limita al S con La Mancha. Agricultura. Miel.

**ALCATRAZ,** islote de Estados Unidos, en la bahía de San Francisco. Fortaleza que fue penitenciaría federal (1933-1963).

**ALCAUDETE,** c. de España (Jaén); 11 154 hab. *(Alcaudetenses.)* Iglesia (s. XV).

**ALCAZABA** *(loma de la),* cumbre de España, la tercera de sierra Nevada; 3 366 m de alt.

**ALCAZABA** (Simón **de**), navegante y descubridor portugués al servicio de España († en Patagonia 1535). En 1534 dirigió una expedición a la Patagonia.

**ALCÁZAR** (Baltasar **de**), poeta español (Sevilla 1530-Ronda 1606), autor de poesía festiva en octosílabos *(Cena jocosa)* y epigramas.

**ALCÁZAR** (Mariana), actriz y cantante española (Valencia 1739-Madrid 1797), gran intérprete de tonadillas y zarzuelas.

**ALCÁZAR DE SAN JUAN,** c. de España (Ciudad Real), cab. de p. j.; 25 706 hab. *(Alcaceños.)* Nudo ferroviario. Fue cap. del priorato de San Juan.

**ALCAZARQUIVIR,** en ár. **al-Qaṣr al-kabīr,** c. del N de Marruecos; 48 000 hab. En ella se produjo la *batalla de Alcazarquivir* (o *de los Tres Reyes*), entre Sebastián de Portugal y el pretendiente al trono marroquí Muhammad al-Mutawakkil contra el sultán 'Abd al-Malik (4 ag. 1578), en la que murieron los tres soberanos.

**ALCEO,** poeta lírico griego (Lesbos s. VII a. J.C.), inventor de la estrofa alcaica.

**ALCESTES,** personaje legendario, esposa de Admeto, que aceptó morir en lugar de su marido, pero fue arrebatada de los infiernos por Heracles. La leyenda de Alcestes inspiró a Eurípides una tragedia (438 a. J.C.); también fue el tema de *Alcestes,* ópera en 3 actos de Gluck (1767).

**ALCIATI** o **ALCIATO** (Andrea), jurisconsulto italiano (Alzate, Milanesado, 1492-Pavía 1550). Profundizó en el estudio del derecho romano. Es autor de *Emblemata* (1531).

**ALCÍBAR** (José **de**), pintor mexicano (*c.* 1730-1810), uno de los fundadores de la Academia de pintores de México (1753), de la que fue director (*Adoración de los Reyes,* San Marcos, Aguascalientes).

**ALCIBÍADES,** general ateniense (*c.* 450-en Frigia 404 a. J.C.). Fue discípulo de Sócrates. Jefe del partido democrático, arrastró a los atenienses a emprender la arriesgada expedición siciliana (415). Acusado de sacrilegio (mutilación de las estatuas de Hermes), huyó y se puso al servicio de Esparta; más tarde buscó la protección del sátrapa Tisafernes, y luego se reconcilió con Atenas (407); murió asesinado en el exilio.

**ALCINOO,** rey de los feacios, padre de Nausica, en la *Odisea;* acogió a Ulises tras su naufragio.

**ALCIRA** o **ALZIRA,** c. de España (Valencia), cab. de p. j.; 40 055 hab. *(Alcireños.)* Núcleo árabe y restos de murallas. Ayuntamiento del s. XVI.

**ALCMÁN,** poeta griego (Sardes s. VII a. J.C.), uno de los creadores de la poesía coral.

**ALCMENA,** personaje de la mitología griega, esposa de Anfitrión. Seducida por Zeus, fue madre de Heracles.

**ALCMEÓNIDAS,** familia aristocrática de la Atenas clásica, que se distinguió por su apego a la democracia. Sus miembros más célebres fueron Clístenes, Pericles y Alcibíades.

**ALCOBAÇA,** c. de Portugal (Leiria); 5 235 hab. Grandioso monasterio cisterciense (ss. XII-XVIII; tumbas de Pedro I e Inés de Castro, con notables esculturas góticas).

**ALCOBENDAS,** v. de España (Madrid), cab. de p. j.; 78 916 hab. *(Alcobendanos.)* Centro industrial.

**Alcolea** *(batalla de),* victoria de las tropas del general Serrano sobre las de Isabel II, en la prov. de Córdoba, que decidió el triunfo de la revolución española de 1868.

**ALCOLEA DEL RÍO,** v. de España (Sevilla); 3 253 hab. *(Alcoleanos.)* Termas romanas. Necrópolis.

**ALCORA,** v. de España (Castellón); 8 372 hab. *(Alcoranos.)* Cerámica industrial. Fabricó loza y porcelana en el ss. XVIII-XIX *(cerámica de Alcora).*

**ALCORCÓN,** v. de España (Madrid), cab. de p. j.; 140 245 hab. En el área metropolitana de Madrid.

**ALCORIZA** (Luis), director de cine mexicano de origen español (Badajoz 1918-Cuernavaca 1992). Guionista de L. Buñuel (*Los olvidados,* 1951; *Él,* 1952), fue también un interesante director (*Tiburoneros,* 1962; *Tarahumara,* 1964; *Mecánica nacional,* 1974; *Presagio,* 1974; *Lo que importa es vivir,* 1988).

**ALCORTA** (Amancio), economista y compositor argentino (Santiago del Estero 1805-Buenos Aires 1862). Escribió sobre temas monetarios y bancarios y compuso música de cámara y piezas para piano.

**ALCOVER** (Antoni Maria), filólogo español (Manacor 1862-Palma de Mallorca 1932). Fundador del *Bolletí del diccionari de la llengua catalana,* primera revista de filología en España, inició el *Diccionari català-valencià-balear* (1926), concluido por F. de B. Moll.

**ALCOVER** (Joan), poeta español en lengua castellana y catalana (Palma de Mallorca 1854-*id.* 1926). En su obra, intimista y nostálgica, vinculada a la Renaixença, destacan *Atardecer* (*Cap al tard,* 1909) y *Poemas bíblicos* (*Poemes bíblics,* 1918).

José de **Alcíbar:**
*Sor María Ignacia de la Sangre de Cristo* (1777)
[museo nacional de historia, México]

**ALCOY** o **ALCOI,** c. de España (Alicante), cab. de p. j.; 64 579 hab. *(Alcoyanos.)* Centro agrícola y principalmente industrial. Poblados ibéricos del Puig (s. IV a. J.C.) y la Serreta (ss. IV-I a. J.C.), con santuario de época romana (museo municipal).

**ALCUDIA,** c. de España (Baleares), en Mallorca; 8 004 hab. *(Alcudianos.)* Base de submarinos. Central termoeléctrica. Turismo. Murallas (s. XIV).

**ALCÚDIA (L'),** v. de España (Valencia); 9 988 hab. Cultivos mediterráneos.

**ALCUINO DE YORK,** en lat. **Albinus Flaccus,** teólogo y filósofo anglosajón (York *c.* 735-Tours 804), uno de los maestros de la escuela palatina fundada por Carlomagno. Tuvo una importancia crucial en el renacimiento carolingio.

**ALDABRA** *(islas),* archipiélago del océano Índico, dependencia de las Seychelles.

**ALDAMA,** mun. de México (Tamaulipas), a orillas del golfo de México; 23 898 hab. Pesca.

**ALDAMA** (Juan), militar y político mexicano (¿1769?-Chihuahua 1811). Nombrado teniente general por Hidalgo, participó en el asalto a Guanajuato (1810). Fue fusilado por los realistas.

**ALDAN,** r. de Rusia, en Siberia oriental, afl. del Liena (or. der.); 2 242 km.

Luis **Alcoriza:** escena de *Presagio* (1974)

**ALDANA** (Francisco **de**), poeta español (en el reino de Nápoles 1537-Alcazarquivir 1578). Militar, luchó en Flandes y contra los turcos. Es autor de sonetos y canciones y de seis epístolas: la dedicada a Arias Montano es una de las cimas de la lírica española.

**ALDANA** (José Manuel), compositor y violinista mexicano (Valladolid, Michoacán, 1730-México 1810). Adscrito al clasicismo, compuso música religiosa (*Misa en re mayor,* himnos y canciones marianas).

**ALDAO** (Martín), novelista argentino (Rosario 1875-Buenos Aires 1961). En *La novela de Torcuato Méndez* (1912) describe la vida bonaerense.

**ALDAYA** o **ALDAIA,** mun. de España (Valencia); 22 350 hab. *(Aldayeros.)* Fábricas de abanicos.

**Aldeadávila** *(central de),* central hidroeléctrica de España (Aldeadávila de la Ribera, Salamanca), en el Duero (718 MW).

**Aldeaquemada** *(abrigos de),* serie de trece yacimientos de arte rupestre levantino (Aldeaquemada, Jaén), con representaciones esquemáticas.

**ALDECOA** (Ignacio), escritor español (Vitoria 1925-Madrid 1969). Tras escribir poesía, se dedicó a la novela —trilogía *La España inmóvil* (1954-1956), sobre la posguerra española— y al cuento (*Caballo de pica,* 1961).

**ALDEHUELA** (José Martín **de**), arquitecto e ingeniero español (Manzaneda 1720-Málaga 1802), autor del puente de Ronda (1784-1788), de un solo arco.

**ALDERETE** (Jerónimo **de**), conquistador español († 1556). Participó junto con Valdivia en la conquista de Chile.

**ALDERNEY,** en fr. **Aurigny,** una de las islas Anglonormandas, en el cabo de La Hague; 7,94 km$^2$; 1 700 hab. Cap. *Saint Anne.* Turismo.

**ALDO,** nombre del jefe de la familia de los Manuzio, impresores italianos del s. XVI, cuyas ediciones se denominan *aldinas.*

**ALDRICH** (Robert), director de cine norteamericano (Cranston, Rhode Island, 1918-Los Ángeles 1983), autor básicamente de obras de acción: *Veracruz* (1954), *El gran cuchillo* (1955), *¿Qué fue de Baby Jane?* (1962), *Doce del patíbulo* (1967), etc.

**ALDRIN** (Edwin), astronauta y oficial norteamericano (Monclair, Nueva Jersey, 1930). Fue el segundo hombre, después de Neil Armstrong, en poner el pie en la Luna (1969).

**ALDROVANDI** (Ulises), botánico italiano (Bolonia 1522-*id.* 1605). Creó el primer jardín botánico.

**ALDUNATE** (Manuel), arquitecto chileno (Santiago de Chile 1815-Valparaíso 1898). Realizó el Congreso, el parque Consiño y el paseo de Santa Lucía en Santiago, y la casa consistorial en Valparaíso.

**ALECHINSKY** (Pierre), pintor y grabador belga (Bruselas 1927). Miembro del grupo Cobra, destaca como calígrafo y colorista, así como por su simbología irónica.

**Alechinsky:** *Volcán embrujado* (1974)
[Stedelijk Museum, Ostende]

**ALECSANDRI** (Vasile), poeta y político rumano (Bačau 1821-Mirceşti 1890), autor de poemas líricos y patrióticos.

**alegres comadres de Windsor** *(Las),* comedia de Shakespeare (*c.* 1599).

**ALEGRÍA** (Ciro), novelista peruano (en Huamachuco 1909-Lima 1967), representante de la corriente indigenista. Desde *La serpiente de oro* (1935), el indio y su vida son símbolos de una narrativa de reivindicación continental. Además de *Los perros hambrientos* (1938) y *El mundo* es ancho y ajeno* (1941), su obra maestra, son notables sus memorias (*Mucha suerte con harto palo,* 1976).

**ALEGRÍA** (Claribel), escritora salvadoreña (Managua 1924). Destaca su poesía: *Huésped de mi tiempo* (1961), *Pagaré a cobrar y otros poemas* (1973) y *Sobrevivo* (1978, premio Casa de las Américas), y su novelística: *Cenizas de Izalco* (1966), *Pueblo de Dios y de mandinga* (1986).

**ALEGRÍA** (Fernando), escritor chileno (Santiago 1918), autor de novelas (*Caballo de copas,* 1957; *Mañana los guerreros,* 1964) y cuentos (*El poeta que se volvió gusano,* 1956) y crítico literario.

**ALEIJADINHO** (António Francisco **Lisboa,** llamado **El**), escultor, decorador y arquitecto brasileño (Ouro Preto 1730-*id.* 1814). Adornó las iglesias de Minas Gerais con obras de un barroco muy expresivo (Bom Jesús de Congonhas do Campo).

**ALEIXANDRE** (Vicente), poeta español (Sevilla 1898-Madrid 1984). Miembro de la generación del 27, con *Ámbito* (1928) se inició en la poesía pura, camino que abandonaría en sus obras siguientes: *Espadas como labios* (1932) y los poemas en prosa

Ciro **Alegría**

Vicente **Aleixandre**

de *Pasión de la tierra* (1935). En 1933 recibió el premio nacional de literatura por *La destrucción o el amor* (1935), obra de plena madurez en la que se revelaba como poeta visionario. De su producción posterior destacan: *Sombra del paraíso* (1944); *Historia del corazón* (1954); *Poemas de la consumación* (1968); *Diálogos del conocimiento* (1974). [Premio Nobel de literatura 1977.]

**ALEJANDRA-FIÓDOROVNA** (Darmstadt 1872-Yekaterinburg 1918), zarina de Rusia [1894-1917], hija del duque de Hesse, Luis IV, y esposa del zar Nicolás II. Fue ejecutada con su familia en 1918.

**ALEJANDRETA** → ***Iskenderun.***

**ALEJANDRÍA,** en ár. **al-Iskandariyya,** c. y puerto de Egipto, al O del delta del Nilo; 2 719 000 hab. Centro comercial y financiero, intelectual (universidad) e industrial (metalurgia, textil). Fundada por Alejandro Magno (332 a. J.C.), célebre por su faro, fue, en tiempo de los Tolomeos, el centro artístico y literario de oriente, y uno de los principales focos de la civilización helenística (museo, biblioteca). La Iglesia de Alejandría desempeñó, en el desarrollo del cristianismo, un papel fundamental.

SANTOS Y PAPAS

**ALEJANDRO** *(san)* [† *c.* 326], patriarca de Alejandría (313-326). Hizo condenar a Arrio en el concilio de Nicea (325).

**ALEJANDRO III** (Rolando **Bandinelli**) [Siena-† Civita Castellana 1181], papa de 1159 a 1181. Luchó contra Federico Barbarroja, contra quien organizó la liga lombarda, y convocó el III concilio de Letrán (1179); — **Alejandro VI** (Rodrigo **Borgia** o **Borja**) [Játiva, Valencia, 1431-Roma 1503], papa de 1492 a 1503. Por su vida privada, su gusto por la intriga y su nepotismo, fue un hábil príncipe del renacimiento más que un papa; de entre sus actos de carácter diplomático, el más notorio es la bula *Intercaetera* (1493), que decidió la partición de las tierras del Nuevo mundo entre España y Portugal; — **Alejandro VII** (Fabio **Chigi**) [Siena 1599-Roma 1667], papa de 1655 a 1667. Hubo de humillarse ante Luis XIV; — **Alejandro VIII** (Pietro **Ottoboni**) [Venecia 1610-Roma 1691], papa de 1689 a 1691.

ANTIGÜEDAD

**ALEJANDRO MAGNO** (Pela, Macedonia, 356-Babilonia 323 a. J.C.), rey de Macedonia [336-323], hijo de Filipo II y de Olimpia. Discípulo de Aristóteles, sometió a la Grecia rebelde, se hizo nombrar jefe de los griegos contra los persas y atravesó el Helesponto. Venció a las tropas de Darío III en el Gránico (334) y en Issos (333), y ocupó Tiro y Egipto. Fundó Alejandría y más tarde, atravesando el Éufrates y el Tigris, derrotó a los persas entre Gaugamela y Arbelas (331). Se apoderó de Babilonia y Susa, quemó Parsa (Persépolis) y alcanzó el Indo. Pero, debido al agotamiento de su ejército, regresó a Babilonia, mientras Nearco conducía la flota por el golfo Pérsico. Alejandro, establecido en Babilonia, trabajó para organizar su conquista, fundiendo en un solo pueblo a vencedores y vencidos; pero el imperio que había creado no le sobrevivió y, justo después de su muerte, fue repartido entre sus generales.

**ALEJANDRO SEVERO** → ***Severo Alejandro.***

BULGARIA

**ALEJANDRO,** príncipe **de Battenberg** (Verona 1857-Graz 1893), primer príncipe de Bulgaria [1879-1886]. Tuvo que abdicar.

GRECIA

**ALEJANDRO I** (Tatoi 1893-Atenas 1920), rey de Grecia [1917-1920], hijo de Constantino I.

POLONIA

**ALEJANDRO I Jagellón** (Cracovia 1461-Vilnius 1506), gran duque de Lituania [1492-1506] y rey de Polonia [1501-1506].

RUSIA

**ALEJANDRO Nevski** (*c.* 1220-Gorodets 1263), príncipe de Nóvgorod [1236-1252] y gran príncipe de Vladímir [1252-1263]. Derrotó a los suecos (1240) y a los Caballeros Portaespadas (1242). — La *orden de Alejandro Nevski* ha correspondido a una orden rusa (1725), a órdenes militares de la U.R.S.S. (1942-1991) y a una orden de la Federación de Rusia (1992).

**ALEJANDRO I** (San Petersburgo 1777-Taganrog 1825), zar de Rusia [1801-1825], hijo de Pablo I. Se adhirió a la III coalición contra Napoleón I y luego transigió ante él (Tilsit, 1807; Erfurt, 1808). Tras el fracaso de la campaña de Rusia (1812), participó en la liberación de Europa (Leipzig, 1813; campaña de Francia, 1814). Firmó con Austria y Prusia la Santa alianza (1815). — **Alejandro II** (Moscú 1818-San Petersburgo 1881), zar de Rusia [1855-1881], hijo de Nicolás I. Llevó a cabo grandes reformas: abolición de la servidumbre (1861), creación de los *zemstvo* (1864), justicia igual para todos y servicio militar obligatorio (1874). Vencedor de los otomanos en la guerra de 1877-1878, hubo de aceptar las disposiciones del congreso de Berlín (1878). Murió asesinado. — Su hijo **Alejandro III** (San Petersburgo 1845-Livadia 1894), zar de Rusia [1881-1894], practicó una política reaccionaria y firmó con Francia la alianza francorrusa (1891-1894).

SERBIA Y YUGOSLAVIA

**ALEJANDRO I Obrenović** (Belgrado 1876-*id.* 1903), rey de Serbia [1889-1903], hijo de Milan I, asesinado por una conspiración militar.

**ALEJANDRO I Karagjorgjević** (Cetinje 1888-Marsella 1934), rey de los serbios, croatas y eslovenos [1921-1929] y rey de Yugoslavia [1929-1934], hijo de Pedro I de Serbia. Practicó una política centralista y autoritaria y murió asesinado.

DIVERSOS

**ALEJANDRO FARNESIO** → ***Farnesio.***

**ALEJO** *(san),* prelado ruso († 1378), metropolita de Moscú, regente del principado de 1359 a 1362.

**ALEJO,** nombre de varios emperadores bizantinos. — **Alejo I Comneno** (Constantinopla 1058-*id.* 1118), emperador [1081-1118]. Su reinado estuvo marcado por un enérgico resurgimiento del poder bizantino. — **Alejo III Ángelo** († 1210), emperador [1195-1203]. — **Alejo IV Ángelo** (*c.* 1182-Constantinopla 1204), sobrino del anterior, emperador [1203 a 1204].

**ALEJO Mijáilovich** (Moscú 1629-*id.* 1676), zar de Rusia [1645-1676]. Hizo aprobar el código de 1649 y las reformas litúrgicas de 1666-1667.

**ALELLA,** mun. de España (Barcelona); 6 865 hab. *(Alellenses.)* Centro vitivinícola.

**ALEM** (Leandro), político argentino (Buenos Aires 1844-*id.* 1896). Encabezó la revolución que derribó a Juárez Celman (1890), y fue presidente provisional (1893).

**Alejandro Magno**
(museo arqueológico nacional, Nápoles)

**ALEMA** (Massimo **d'**), político italiano (Roma 1949). Secretario general del partido Demócratas de izquierda (antiguo P.D.S.), fue primer ministro (1998-2000).

**ALEMÁN** (Arnoldo), político y abogado nicaragüense (Managua 1946). Alcalde de Managua (1990-1995) y líder de la derechista Alianza liberal, fue elegido presidente del país tras las elecciones de 1996.

**ALEMÁN** (Mateo), escritor español (Sevilla 1547-México *c.* 1615), autor del *Guzmán* de Alfarache* (1599 y 1604), prototipo de la novela picaresca española.

**ALEMÁN** (Miguel), político mexicano (Sayula, Ve-

**Alejandro I**
de Rusia
(F. Gérard - museo de bellas artes, Lausana)

**Alejandro II**
de Rusia
(A. Mouillard - biblioteca nacional, París)

racruz, 1900-México 1983). Miembro del P.R.I., fue presidente de la república (1946-1952).

**ALEMANA** *(República Democrática)* [R.D.A.], en alem. **Deutsche Demokratische Republik (D.D.R.)**, denominación de la parte oriental de Alemania de 1949 a 1990. (CAP. *Berlín Este.*) Organizada económica y políticamente según el modelo soviético, estaba dirigida por el Partido socialista unificado (S.E.D.).

HISTORIA

1949: proclamación de la República Democrática Alemana en la zona de ocupación soviética. W. Pieck se convirtió en presidente y O. Grotewohl en primer ministro. 1950: W. Ulbricht fue elegido primer secretario del S.E.D. La R.D.A. reconoció la línea Oder-Neisse como frontera con Polonia y se adhirió al Comecon. 1952: abandonó su estructura federal para convertirse en un estado centralizado. 1953: estallaron disturbios obreros. 1955: la R.D.A. se adhirió al pacto de Varsovia. 1958: la U.R.S.S. denunció el estatuto cuatripartito de Berlín. 1960: W. Ulbricht sucedió a Pieck al frente del estado (presidente del consejo de estado), conservando la dirección del S.E.D. 1961: a fin de acabar con la intensa emigración de los alemanes del E hacia la R.F.A. se construyó un muro que separaba Berlín Este y Berlín Oeste. 1963: se flexibilizó el sistema de planificación económica. 1964: W. Stoph sucedió a Grotewohl como jefe de gobierno. 1971: E. Honecker se convirtió en primer secretario del S.E.D. en sustitución de Ulbricht, que siguió al frente del estado. 1972: se firmó el tratado fundamental entre la R.F.A. y la R.D.A., que abrió el camino al reconocimiento de la R.D.A. por parte de los países occidentales. 1976: Honecker sucedió a W. Stoph (jefe del estado desde 1973) y acumuló la dirección del partido y del estado. Stoph recuperó la dirección del gobierno. 1989: un éxodo masivo de ciudadanos de la R.D.A. hacia la R.F.A. e importantes manifestaciones que reclamaban la democratización del régimen provocaron a partir de octubre profundos cambios: dimisión de los principales dirigentes (entre ellos Honecker y Stoph), apertura del muro de Berlín y de la frontera interalemana, abandono de toda referencia al papel dirigente del S.E.D. 1990: en las primeras elecciones libres (marzo), la Alianza por Alemania, en la cual la C.D.U. era la formación mayoritaria, obtuvo una amplia victoria. Su líder, Lothar de Maizière, formó un gobierno de coalición. Se reconstituyeron los Länder de Brandeburgo, Mecklemburgo-Antepomerania, Sajonia, Sajonia-Anhalt y Turingia (julio) y, con el Land de Berlín, se adhirieron a la R.F.A. La unificación de Alemania se proclamó el 3 de octubre.

**ALEMANIA,** en alem. **Deutschland,** estado de Europa formado por 16 Länder (estados): Baden-Württemberg, Baviera, Berlín, Brandeburgo, Bremen, Hamburgo, Hesse, Mecklemburgo-Antepomerania, Renania del Norte-Westfalia, Renania-Palatinado, Sarre, Sajonia, Baja Sajonia, Sajonia-Anhalt, Schleswig-Holstein y Turingia; 357 000 $km^2$; 79 500 000 hab. *(Alemanes.)* CAP. *Berlín.* LENGUA OFICIAL: *alemán.* MONEDA: *marco alemán* y *euro.*

GEOGRAFÍA

Alemania es la primera potencia económica de Europa, de la que constituye también el estado más poblado, después de Rusia. La historia, más que el medio natural (la superficie es relativamente reducida), explica esta primacía y, en particular, la precocidad y amplitud del desarrollo comercial e industrial (este último favorecido por la abundante hulla del Ruhr). El carácter relativamente reciente de la unidad alemana (segunda mitad del s. XIX) es asimismo responsable, a pesar del peso adquirido por Berlín, de la presencia de grandes ciudades (Hamburgo, Munich, Frankfurt, Colonia, Stuttgart, Bremen, Hannover, Leipzig, Dresde) que desempeñan una función importante en la vida económica, social y cultural del país. Aproximadamente el 85 % de los alemanes viven en ciudades. La población es densa (próxima a los 220 hab. por $km^2$), especialmente en las regiones renanas. No obstante, ha disminuido recientemente, debido a un índice de natalidad muy bajo, del orden del 11 ‰, inferior al índice de mortalidad, influido por un sensible envejecimiento. Cerca del 40 % de la población activa trabaja en el sector industrial, tradicional base de las exportaciones, concentrado en sus estructuras, pero diversificado en sus producciones. Se sitúan en primer lugar las construcciones mecánicas (entre ellas, la industria del automóvil), eléctricas y la química, muy por delante de los sectores tradicionales en declive (extracción hullera, siderurgia o industria textil). La agricultura ocupa sólo al 5 % de la población activa, pero satisface la mayor parte de las necesidades nacionales en cereales, productos lácteos, azúcar, patatas, carne, frutas y verduras. Los servicios emplean a más de la mitad de la población activa, lo cual atestigua el nivel de desarrollo de la economía. Aproximadamente el 30 % de la producción (productos industriales sobre todo) se exporta (la mitad hacia los socios de la Unión europea). Este índice, excepcionalmente alto si se tiene en cuenta la importancia del mercado interior, permite compensar el tradicional déficit de la balanza en los servicios (inversiones en el extranjero, saldo negativo del turismo). No obstante, existen problemas, en particular los de la integración de la parte oriental, que adolece de la obsolescencia de los equipos industriales y la mediocre productividad de la agricultura, así como la degradación frecuente del hábitat y del medio ambiente. Los Länder del E están poco preparados para soportar las exigencias de la economía de mercado, especialmente el paro.

HISTORIA

***Los orígenes.*** I milenio a. J.C.: los germanos se instalaron entre el Rin y el Vístula, rechazando a los celtas hacia las Galias. 55 a. J.C.-16 d. J.C.: tras el desastre de Varo (9 d. J.C.), Roma sólo se estableció en la orilla izquierda del Rin, a pesar de la victoria de Germánico sobre Arminio. Entre el *limes,* que la protegió a partir de Trajano, y los bárbaros, se extendían los *campos Decumates.* Ss. V-IX: tras el declive del Imperio romano de Occidente, se crearon varios reinos germánicos. El más importante, el reino franco, formó en 800 el Imperio carolingio. 842-843: el reino de Germania nació de la división de este imperio (tratado de Verdún).

***El Sacro imperio.*** 962: el sajón Otón I el Grande, rey de Germania y de Italia, fundó el Sacro imperio romano germánico. 1024: la casa de Franconia, que sucedió a la de Sajonia, chocó con el papado: se produjo la querella de las Investiduras, marcada por la humillación de Enrique V en Canosa (1077). 1138: los suabos (Hohenstaufen), con Federico I Barbarroja (1152-1190) y Federico II (1220-1250), iniciaron las luchas entre el papado y el Imperio que terminaron también a favor de Roma. 1250-1273: el gran interregno, período de anarquía, favoreció la emancipación de los principados. 1273: Rodolfo I de Habsburgo fue elegido emperador. 1356: Carlos IV, mediante la Bula de oro, estableció las reglas de la elección imperial. S. XVI: el Imperio, en su apogeo con Maximiliano I (1493-1519) y Carlos Quinto (1519-1556), vio rota su unidad por la Reforma protestante. S. XVII: la guerra de los Treinta años (1618-1648) asoló el país. Los tratados de Westfalia confirmaron la división religiosa y política (350 estados) del país. S. XVIII: los Hohenzollern, que obtuvieron el título de reyes en Prusia (1701), dominaron Alemania durante el reinado de Federico II (1740-1786), mecenas de la Ilustración *(Aufklärung).*

***El ascenso de Prusia.*** 1806: Napoleón sustituyó el Sacro imperio por una Confederación del Rin que excluía a Prusia. Apoyado por ésta, despertó el nacionalismo alemán, dirigido contra Francia. 1815: en el congreso de Viena, la Confederación del Rin fue sustituida por una Confederación germánica (39 estados autónomos) que englobaba Prusia y Austria. 1815-1861: se multiplicaron en Alemania los movimientos nacionalistas y liberales (1848). Austria y Prusia lucharon por constituir en su beneficio una «gran» o «pequeña» Alemania. 1860-

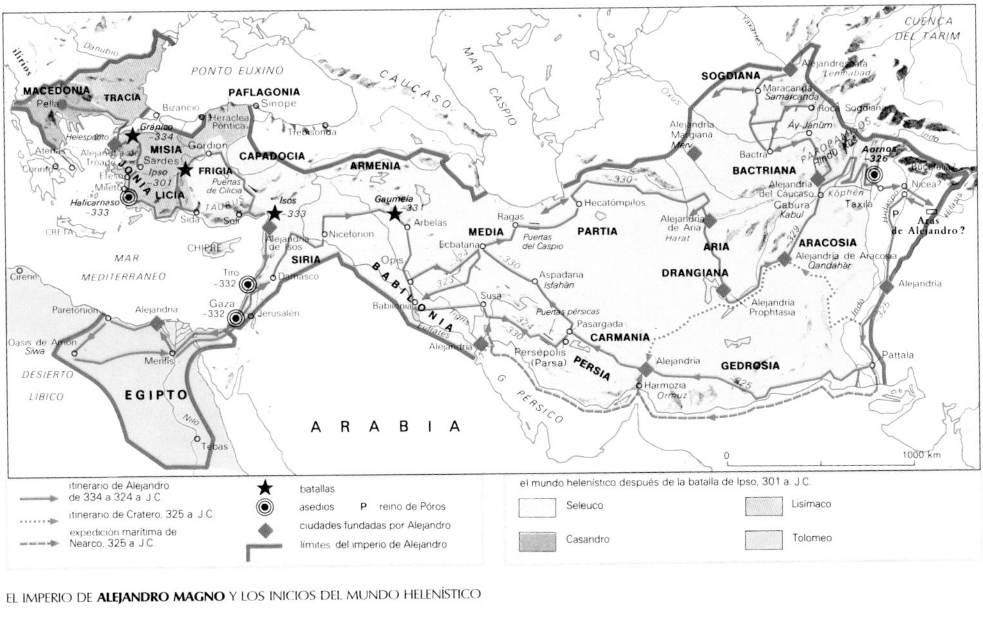


EL IMPERIO DE **ALEJANDRO MAGNO** Y LOS INICIOS DEL MUNDO HELENÍSTICO

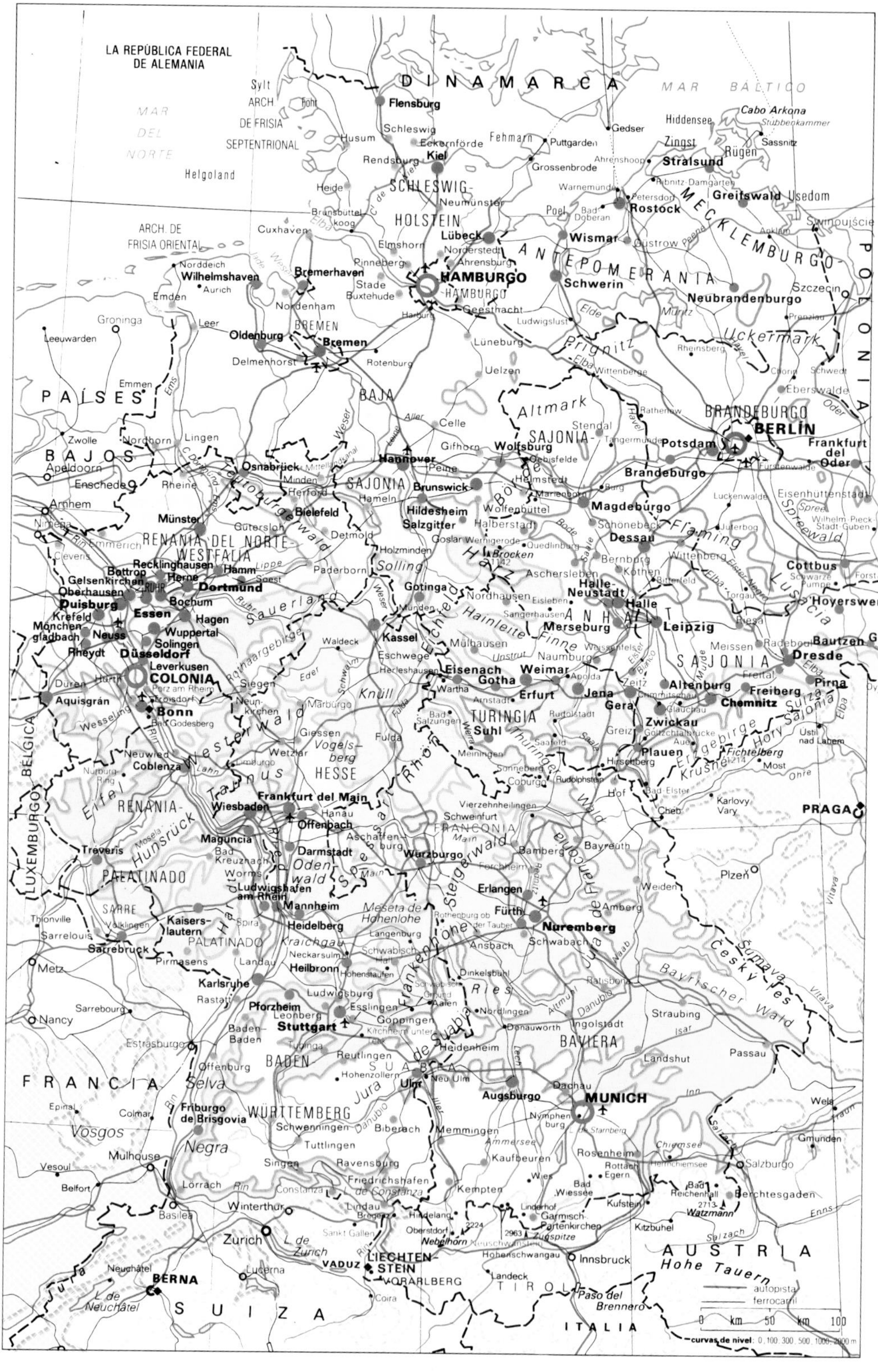
LA REPÚBLICA FEDERAL
DE ALEMANIA
MAR DEL NORTE
MAR BÁLTICO
DINAMARCA
Sylt
ARCH DE FRISIA SEPTENTRIONAL
Helgoland
ARCH. DE FRISIA ORIENTAL
Flensburg
Schleswig
Husum
Eckernförde
Fehmarn
Puttgarden
Gedser
Kiel
Rendsburg
Grossenbrode
Hiddensee
Cabo Arkona
Stubbenkammer
Sassnitz
Rügen
Zingst
Stralsund
Ahrenshoop
Ribnitz-Damgarten
SCHLESWIG-HOLSTEIN
Heide
Neumünster
Warnemünde
Petersdorf
Rostock
Greifswald
Usedom
Brunsbüttelkoog
Poel
Bad Doberan
Wismar
Güstrow
Anklam
Swinoujście
MECKLEMBURGO-ANTEPOMERANIA
Cuxhaven
Lübeck
Elmshorn
Norderstedt
Ahrensburg
Pinneberg
HAMBURGO
Schwerin
Neubrandenburgo
Szczecin
POLONIA
Norddeich
Wilhelmshaven
Aurich
Emden
Bremerhaven
Stade
Buxtehude
Nordenham
Geesthacht
Harburg
Ludwigslust
Müritz
Prenzlau
Groninga
Leeuwarden
Leer
Oldenburg
BREMEN
Bremen
Delmenhorst
Rotenburg
Lüneburg
Prignitz
Uckermark
Rheinsberg
Uelzen
Elba
Wittenberge
Chorin
Schwedt
Eberswalde
Emmen
PAÍSES BAJOS
Ems
Weser
BAJA SAJONIA
Aller
Altmark
Rathenow
Oder
BRANDEBURGO
BERLÍN
Celle
Stendal
Zwolle
Nordhorn
Lingen
Gifhorn
Wolfsburg
SAJONIA-ANHALT
Tangermünde
Potsdam
Frankfurt del Oder
Apeldoorn
Enschede
Rheine
Osnabrück
Mittellandkanal
Minden
Herford
Hannover
Peine
Oebisfelde
Helmstedt
Fürstenwalde
Brandeburgo
Hameln
Brunswick
Marienborn
Burg
Luckenwalde
Eisenhuttenstadt
Arnhem
Nimega
Münster
Gütersloh
Teutoburger Wald
Bielefeld
Hildesheim
Salzgitter
Wolfenbüttel
Halberstadt
Magdeburgo
Schönebeck
Fläming
Spree
Spreewald
Wilhelm-Pieck-Stadt-Guben
Jüterbog
Emmerich
Cleveris
RENANIA DEL NORTE-WESTFALIA
Detmold
Holzminden
Goslar
Wernigerode
Quedlinburg
Dessau
Bernburg
Köthen
Wittenberg
Cottbus
Forst
Lippe
Bottrop
Recklinghausen
Gelsenkirchen
Herne
Hamm
Soest
Paderborn
Solling
Harz
Brocken
1142
Aschersleben
Bitterfeld
Lusacia
Schwarze Pumpe
Oberhausen
RUHR
Dortmund
Duisburg
Krefeld
Essen
Bochum
Göttinga
Nordhausen
Eisleben
Halle-Neustadt
Halle
Torgau
Hoyerswerda
Sauerland
Mönchengladbach
Neuss
Hagen
Wuppertal
Solingen
Kassel
Münden
Sangerhausen
Merseburg
Leipzig
Riesa
Rheydt
Düsseldorf
Leverkusen
COLONIA
Waldeck
Mühlhausen
Hainleite
Finne
Weissenfels
Meissen
Radebeul
Bautzen
Görlitz
Eschwege
Unstrut
Naumburg
SAJONIA
Dresde
Düren
Aquisgrán
Porz am Rhein
Troisdorf
Bonn
Bad Godesberg
Siegen
Eder
Herleshausen
Eisenach
Gotha
Weimar
Apolda
Jena
Gera
Zeitz
Altenburg
Freiberg
Pirna
Freital
Wartha
Arnstadt
Erfurt
Chemnitz
Glauchau
Zwickau
Knüll
Marburgo
Bad Salzungen
TURINGIA
Suhl
Rudolstadt
Ilmenau
Greiz
Wesseling
Westerwald
Giessen
Fulda
Vogelsberg
HESSE
Meiningen
Thüringer Wald
Saalfeld
Plauen
Auerbach
Fichtelberg
1214
Erzgebirge
Krušné Hory
Most
Ústí nad Labem
Neuwied
Coblenza
Lahn
Wetzlar
Limburgo
Rhön
Sonneberg
Coburgo
Rudolphstein
Hirschberg
Bad Elster
Ohre
Nürburg-Ring
Eifel
RENANIA-PALATINADO
Taunus
Wiesbaden
Frankfurt del Main
Hanau
Offenbach
Vierzehnheiligen
Hof
Cheb
Karlovy Vary
PRAGA
Schweinfurt
FRANCONIA
Main
Aschaffenburg
Maguncia
Darmstadt
Bad Kreuznach
Würzburgo
Steigerwald
Bamberg
Bayreuth
Tréveris
Hunsrück
Mosela
Odenwald
Spessart
Worms
PALATINADO
Forchheim
Plzeň
LUXEMBURGO
BÉLGICA
SARRE
Ludwigshafen am Rhein
Mannheim
Erlangen
Weiden
Amberg
Vltava
Meseta de Hohenlohe
Fürth
Nuremberg
Thionville
Völklingen
Kaiserslautern
Spira
Heidelberg
Rothenburg ob der Tauber
Sarrelouis
Sarrebruck
PALATINADO
Kraichgau
Langenburg
Ansbach
Schwabach
Pirmasens
Landau
Neckarsulm
Schwäbisch Hall
Frankenhöhe
Heilbronn
Hohenstaufen
Dinkelsbühl
Regensburg
Ratisbona
Metz
Karlsruhe
Rastatt
Ludwigsburg
Ries
Altmühl
Šumava
Český Les
Bayrischer Wald
Sarrebourg
Nancy
Pforzheim
Leonberg
Esslingen
Göppingen
Schwäbisch Gmünd
Aalen
Nördlingen
Danubio
Straubing
Stuttgart
Kirchheim unter Teck
Donauworth
Ingolstadt
Isar
Baden-Baden
Tubinga
Reutlingen
Heidenheim
Lech
BAVIERA
Estrasburgo
Offenburg
BADEN
SUABIA
Hohenzollern
Landshut
Passau
Jura de Suabia
FRANCIA
Selva Negra
Rin
Ulm
Neu Ulm
Augsburgo
Dachau
MUNICH
Inn
Epinal
Colmar
Friburgo de Brisgovia
WÜRTTEMBERG
Iller
Nymphenburg
Wels
Traun
Vosgos
Schwenningen
Biberach
Memmingen
Ammersee
Starnberg
Gmunden
Tuttlingen
Mulhouse
Singen
Ravensburg
Kaufbeuren
Rosenheim
Chiemsee
Salzach
Salzburgo
Vesoul
Herrenchiemsee
Friedrichshafen
Rottach-Egern
Belfort
Lörrach
Constanza
L. de Constanza
Kempten
Wies
Bad Wiessee
Bad Reichenhall
Berchtesgaden
Linderhof
Kufstein
2713
Watzmann
Enns
Basilea
Winterthur
Lindau
Bregenz
Hindelang
Garmisch-Partenkirchen
Kitzbühel
Sankt Gallen
Oberstdorf
2224
Nebelhorn
2963
Zugspitze
Neuschwanstein
Zurich
L. de Zurich
VADUZ
LIECHTENSTEIN
Hohenschwangau
Innsbruck
AUSTRIA
Hohe Tauern
Neuchâtel
BERNA
Lucerna
VORARLBERG
Landeck
TIROL
autopista
ferrocarril
L. de Neuchâtel
SUIZA
Coira
Paso del Brennero
0 km 50 km 100
ITALIA
curvas de nivel: 0, 100, 300, 500, 1000, 2000 m
Jura

1871: Prusia, con Bismarck, eliminó a Austria (Sadowa, 1866), venció a Francia (1870), proclamó el «Imperio alemán» en Versalles y le anexionó Alsacia-Lorena por el tratado de Frankfurt (1871). 1871-1890: Bismarck se enfrentó a la resistencia católica frente a la política del Kulturkampf. La notable expansión industrial fue acompañada de la formación de un potente partido socialista. 1890-1914: Guillermo II añadió a su política colonial pretensiones pangermanistas. 1914-1918: la primera guerra mundial acabó con la derrota de Alemania (tratado de Versalles, 28 junio 1919), que perdió Alsacia-Lorena y sus colonias; los soberanos del Imperio abdicaron.

***De Weimar al III Reich.*** 1919-1933: la República de Weimar (17 estados o Länder) reprimió el movimiento espartaquista (1919). La humillación debida al *diktat* de Versalles, la ocupación del Ruhr por Francia (1923-1925) y la miseria provocada por una terrible inflación favorecieron la ascensión del nacionalsocialismo. 1933-1934: Hitler, führer y canciller, inauguró el III Reich, un estado dictatorial y centralizado, basado en un partido único, la eliminación de la oposición (ilegalización de los comunistas tras el incendio del Reichstag; eliminación de las S.A. en la noche de los cuchillos largos), el racismo (en particular hacia los judíos y los gitanos) y una política anexionista, aplicada en nombre del «espacio vital». 1936-1939: tras la remilitarización de Renania (1936), la anexión de Austria *(Anschluss)* y de los Sudetes (1938) y la de Bohemia y Moravia (1939), el ataque a Polonia (asunto del corredor de Danzig) desencadenó la segunda guerra mundial. 1940-1945: Alemania invadió y ocupó Francia y la mayor parte de los países europeos, pero fracasó ante la resistencia de Gran Bretaña y de la U.R.S.S., aliadas con E.U.A. Capituló el 8 de mayo de 1945.

***De la ocupación a la división.*** 1945-1946: el territorio alemán, ocupado por los ejércitos aliados de E.U.A., Francia, Gran Bretaña y la U.R.S.S., quedó limitado al E por la línea Oder-Neisse. Las minorías alemanas fueron expulsadas de Hungría, Polonia y Checoslovaquia. El tribunal de Nuremberg juzgó a los criminales de guerra nazis. 1948: E.U.A., Francia y Gran Bretaña decidieron la creación de un estado federal en sus zonas de ocupación. La U.R.S.S. bloqueó los accesos de Berlín Oeste (hasta mayo de 1949). 1949: la división quedó consagrada tras la creación de la República Federal de Alemania o R.F.A. (23 mayo) y, en la zona de ocupación soviética, de la República Democrática Alemana o R.D.A. (7 oct.). No obstante, estos dos estados precisaron en sus constituciones que Alemania era una república indivisible y que el pueblo alemán debería concluir su unidad.

***La República Federal de Alemania.*** 1949-1963: tras las elecciones ganadas por la C.D.U., la R.F.A. fue gobernada por el canciller K. Adenauer. Beneficiándose de la ayuda norteamericana (plan Marshall), inició una rápida recuperación económica. Tras la abolición del estatuto de ocupación (1952), E.U.A., Francia y Gran Bretaña preconizaron por el acuerdo de París (1954) la restauración de la soberanía de la R.F.A., que reconocieron como único representante del pueblo alemán. La R.F.A. entró en la O.T.A.N. (1955) y se adhirió a la C.E.E. (1958). La crisis de Berlín, desencadenada por la U.R.S.S. en 1958, desembocó en la construcción del muro (1961). 1963-1966: durante el mandato del canciller L. Erhard, también democristiano, prosiguió el «milagro económico». 1966-1969: el canciller K. Kiesinger, democristiano, formó un gobierno de «gran coalición» C.D.U.-S.P.D. 1969-1974: el canciller W. Brandt, socialdemócrata, formó un gobierno de «pequeña coalición» con el Partido liberal. Centró su política en la apertura al E (Ostpolitik). Tras concluir un tratado con la U.R.S.S. y reconocer la línea Oder-Neisse como frontera de Polonia (1970), la R.F.A. firmó con la R.D.A. el tratado interalemán de 1972. 1974-1982: con el canciller H. Schmidt, socialdemócrata, se mantuvo en el poder la coalición con los liberales. 1982-1987: el canciller H. Kohl, democristiano, formó un gobierno de coalición con el Partido liberal; los Verdes entraron en el Bundestag en 1983. 1987: la coalición C.D.U.-Partido liberal ganó las elecciones y Kohl siguió siendo canciller. 1989: la R.F.A. se enfrentó a los problemas planteados por una afluencia masiva de refugiados de la Alemania del E y por los cambios sobrevenidos en la R.D.A. 1990-1995: se produjo en julio la unión económica y monetaria entre la R.F.A. y la R.D.A. El tratado de Moscú (set.) entre los dos estados alemanes, E.U.A., Francia, Gran Bretaña y la U.R.S.S. estableció las fronteras de la Alemania unida, restableciendo su completa soberanía. Los Länder, reconstituidos en la Alemania del E, se adhirieron a la R.F.A. y se proclamó la unificación de Alemania el 3 de octubre. Las primeras elecciones de la Alemania reunificada (dic.) fueron ganadas por la coalición C.D.U.-Partido liberal, dirigida por Kohl, al igual que las de 1994. 1998: el S.P.D. venció en las elecciones y Gerhard Schröder formó un gobierno de coalición con los Verdes.

INSTITUCIONES

Ley fundamental de 1949. República federal formada por 16 Länder (10 más 6 de la ex R.D.A. [entre ellos Berlín], que se anexionaron en 1990), cada uno con un parlamento. Presidente de la república (jefe del estado): elegido para un período de 5 años por el parlamento federal (Bundestag y algunos representantes de los Länder). Canciller: dirige el gobierno federal (elegido por el Bundestag a propuesta del jefe del estado). Dos cámaras: *Bundestag*, elegido para un período de 4 años por sufragio universal directo; *Bundesrat*, designado por los gobiernos de los Länder.

LITERATURA

Edad media: el *Cantar de los Nibelungos*. Minnesänger. Eckhart. S. XVI: traducción de la *Biblia* por Lutero. Hans Sachs. S. XVII: Martin Opitz. *El aventurero Simplex Simplicissimus* de Grimmelshausen. S. XVIII: J. C. Gottsched. Pietismo: Klopstock. Aufklärung: Lessing, Wieland. Sturm und Drang: Herder, Klinger, J. R. M. Lenz. Del clasicismo al romanticismo: Goethe, Schiller, Hölderlin, Jean Paul, W. A. y F. Schlegel, Novalis, C. Brentano, A. von Arnim, los hermanos Grimm, Eichendorff, E. T. A. Hoffmann, H. von Kleist. S. XIX: H. Heine, T. Fontane, Stefan George, G. Hauptmann. S. XX: H. Mann, T. Mann, H. Hesse, G. Benn, G. Kaiser, B. Brecht, E. Jünger, H. Böll, A. Seghers. Grupo 47: A. Andersch, G. Grass, S. Hermlin, U. Johnson, H. W. Richter, M. Walser, C. Wolf.

FILOSOFÍA

S. XVII: Leibniz. S. XVIII: Kant, Fichte. S. XIX: Schelling, Schopenhauer, Hegel, Marx, Nietzsche, Frege. S. XX: Husserl, Cassirer, Scheler, Heidegger, Habermas.

BELLAS ARTES

***Principales ciudades artísticas.*** Aquisgrán, Augsburgo, Bamberg, Berlín, Bremen, Colonia, Dresde, Eisenach, Erfurt, Frankfurt del Main, Friburgo de Brisgovia, Görlitz, Hildesheim, Lübeck, Magdeburgo, Munich, Naumburg, Nuremberg, Ottobeuren, Potsdam, Ratisbona, Rothenburg, Tréveris, Weimar, Worms y Wurzburgo.

***Algunos pintores, escultores y arquitectos célebres.*** Fines de la edad media: los Parler, K. Witz, Lochner, M. Pacher (austríaco), Schongauer (alsaciano), V. Stoss, Holbein el Viejo, Riemenschneider. Renacimiento: Grünewald, los Vischer, Burgkmair, Durero, Altdorfer, Baldung-Grien, Holbein el Joven, los Cranach. S. XVII: Elsheimer, J. Liss. S. XVIII: los Asam, J. B. Neumann, D. y J. B. Zimmermann, J. M. Fischer, I. Günther, A. R. Mengs. S. XIX: C. D. Friedrich, Schinkel, L. von Klenze, Menzel, Leibl, L. Corinth. S. XX: Behrens, Barlach, Nolde, Marc, Kirchner, Beckmann, Gropius, Schwitters, Mies Van der Rohe, Grosz, O. Dix, M. Ernst, Wols, Beuys, Richter, Kiefer. (Ver además las escuelas o grupos: Brücke, Blaue Reiter, Bauhaus.)

MÚSICA

Edad media. Arte del canto de los Minnesänger y luego de los Meistersinger; canto gregoriano. Lieder y coral luterano (Reforma). S. XVI: H. L. Hassler. S. XVII: J. H. Schein, S. Scheidt, H. Schütz, J. J. Froberger, D. Buxtehude, J. Pachelbel. S. XVIII (barroco): G. P. Telemann, J. S. Bach, G. F. Händel, J. Stamitz (escuela de Mannheim). S. XIX: creación de la ópera romántica. C. M. von Weber; F. Mendelssohn, L. van Beethoven, R. Schumann, J. Brahms, R. Wagner, R. Strauss. S. XX: P. Hindemith, K. Weill; H. W. Henze, B. A. Zimmermann, K. Stockhausen.

CINE

F. Murnau, F. Lang, G. W. Pabst, V. Schlöndorff, W. Herzog, R. Fassbinder, W. Wenders.

**ALEMBERT** (Jean **Le Rond d'**), matemático y filósofo francés (París 1717-*id.* 1783). Escéptico en religión y defensor de la tolerancia, expuso en el discurso preliminar de la *Enciclopedia** la filosofía natural y el espíritu científico. Estudió la resolución de las ecuaciones diferenciales. Su obra principal es el *Tratado de dinámica* (1743).

**ALENCAR** (José Martiniano **de**), escritor y político brasileño (Mecejana 1829-Río de Janeiro 1877), autor de novelas históricas e indianistas (*El guaraní*, 1857; *Iracema*, 1865).

**ALENCASTRE NOROÑA Y SILVA** (Fernando **de**), *duque* **de Linares** y *marqués* **de Valdefuentes** (*c.* 1641-† México 1717), virrey de Nueva España (1711-1716).

**ALENTEJO,** en port. **Alemtejo,** región de Portugal, al S del Tajo. Se distinguen el *Alto Alentejo* (cap. Évora) y el *Bajo Alentejo* (cap. Beja).

**ALENZA** (Leonardo), pintor español (Madrid 1807-*id.* 1845), considerado el iniciador del romanticismo madrileño. Su obra se centra en el costumbrismo satírico (*Escena siniestra, El sacamuelas*, Casón del Buen Retiro, Madrid), los temas de historia y los retratos.

**Aleph** *(El)*, libro de relatos de J. L. Borges (1949), en general de género fantástico, con alusiones eruditas y filosóficas.

**ALEPO,** en ár. **Halab,** c. del NO de Siria; 1 308 000 hab. Gran Mezquita fundada en 715, reconstruida en el s. XII. Ciudadela. Museo. Los primeros testimonios de su existencia datan del s. XX a. J.C.; fue una próspera ciudad árabe en los ss. XII-XIII y una de las principales escalas de Levante (ss. XV-XVIII).

**Alerces** (*parque nacional de* **Los**), parque nacional de Argentina, en los Andes (Chubut).

**ALESSANDRI** (Arturo), político chileno (Longaví, Linares, 1868-Santiago 1950). Liberal, fue presidente de la república en tres ocasiones (1920-1924, 1925 y 1932-1938). — Su hijo **Jorge** (Santiago 1896-*id.* 1986), también presidente (1958-1964), apoyó el golpe militar y la dictadura de Pinochet.

**ALESSANDRIA,** c. de Italia (Piamonte), cap. de prov., junto al Tanaro; 90 475 hab.

**ALESSI** (Galeazzo), arquitecto italiano (Perugia 1512-*id.* 1572), uno de los precursores de la arquitectura barroca. Formado en Roma, desarrolló su actividad principal en Génova y Milán.

**ALESSIO** o **ALESIO** (Mateo **de**) → ***Pérez de Alessio.***

**ALEUTIANAS** *(islas)*, en ingl. **Aleutian Islands,** archipiélago de islas volcánicas, en la costa NO de América, que prolonga Alaska y pertenece a Estados Unidos. Bases aéreas. Pesca.

**ALEXANDER,** archipiélago norteamericano del Pacífico, frente a las costas de Alaska.

**ALEXANDER** (Franz), sicoanalista norteamericano de origen alemán (Budapest 1891-Nueva York 1964), pionero de la medicina sicosomática.

**ALEXANDER** (Harold George), *conde* **Alexander of Tunis,** mariscal británico (Londres 1891-Slough, Buckinghamshire, 1969). Al mando de las fuerzas aliadas en Italia (1943-1944) y en el Mediterráneo (1944-1945), fue gobernador de Canadá (1946-1952) y ministro de Defensa (1952-1954).

**ALFAFAR,** v. de España (Valencia); 19 996 hab. *(Alfafarenses.)* Regado por el canal del Turia.

**ALFAJAYUCÁN,** mun. de México (Hidalgo); 15 700 hab. Centro artesanal. Convento del s. XVI.

**ALFAMBRA,** r. de España, afl. del Turia (or. izq.); 102 km. Desemboca cerca de Teruel.

**ALFARO,** c. de España (La Rioja); 9 432 hab. (*Alfareños* o *alfarenses*.) Horticultura e industria conservera. Iglesia de San Miguel (1545-1685, monumento nacional). Palacio abacial (s. XVIII).

**ALFARO** (Andreu), escultor español (Valencia 1929). Su obra, con estructuras metálicas, puede inscribirse en el informalismo, nuevo realismo (*c.* 1940), constructivismo (*c.* 1959) o minimalismo. (Premio nacional de escultura 1981.) *[V. ilustración pág. 1092.]*

d'**Alembert**
(L. Tocqué - museo de bellas artes, Grenoble)

Andreu **Alfaro:** *Buenos días libertad* (1975)
[fundación Miró, Barcelona]

**ALFARO** (Eloy), general y político ecuatoriano (Montecristi 1842-Quito 1912). Fundó el Partido radical-liberal (1895) y fue presidente de la república (1895-1901 y 1906-1911). Derrocado por los militares, fue muerto en la cárcel.

**ALFARO SIQUEIROS** → ***Siqueiros.***

**ALFEO,** r. del Peloponeso, que pasa cerca de Olimpia. Fue divinizado por los antiguos griegos.

**ALFIERI** (Vittorio), escritor italiano (Asti 1749-Florencia 1803), autor de tragedias que proponen un ideal de voluntad y heroísmo (*Saúl,* 1782; *Antígona,* 1783; *Mirra,* 1789), que representaron el renacimiento del gran teatro nacional italiano.

**ALFÖLD,** región de Hungría, vasta llanura cerealícola entre el Danubio y Rumania.

**alfonsíes** *(tablas),* relicario gótico de la catedral de Sevilla (s. XIII), regalado por Alfonso X, tríptico ricamente decorado.

**alfonsíes** *(Tablas),* tablas astronómicas para el cálculo de efemérides establecidas en Toledo (1272) por orden de Alfonso X el Sabio. Basadas en las tablas de Azarquiel, se utilizaron hasta la publicación de las *Tablas rudolfinas* de Kepler.

**ALFONSÍN** (Raúl), abogado y político argentino (Chascomús 1926). Líder de la Unión cívica radical, durante su mandato como presidente de la república (1983-1989), caracterizado por una grave crisis económica y política, fue procesada la cúpula militar de la dictadura.

ARAGÓN Y CATALUÑA

**ALFONSO I el Batallador** († 1134), rey de Aragón y de Navarra [1104-1134], hijo de Sancho I, hermano y sucesor de Pedro I. Casó con Urraca de Castilla (1109), repudiada en 1114. Luchó contra los musulmanes (toma del valle del Ebro de Zaragoza,

Vittorio **Alfieri**
(F. X. Fabre - museo Fabre, Montpellier)

**Alfonso I** el Batallador (miniatura; ss. XIV-XV)
[monasterio de Poblet, Tarragona]

1118) y organizó una expedición a Andalucía (1125-1126). Su testamento no fue aceptado por sus súbditos, y el reino se dividió a su muerte.

**ALFONSO II el Casto** [I de Cataluña] (1157-Perpiñán 1196), rey de Aragón [1162-1196], primogénito de Ramón Berenguer IV y Petronila. Incorporó a la Corona de Aragón Provenza, el Rosellón y el Pallars Jussà. Firmó con Castilla el tratado de Cazola* (1179).

**ALFONSO III el Liberal** [**II** de Cataluña] (Valencia 1265-Barcelona 1291), rey de Aragón [1285-1291], primogénito de Pedro el Grande. Ocupó Mallorca, Ibiza y Menorca, pero tuvo que ceder Sicilia (tratado de Tarascón, 1291).

**ALFONSO IV el Benigno** [**III** de Cataluña] (1299-Barcelona 1336), rey de Aragón y de Cerdeña [1327-1336], hijo de Jaime II. Intervino en la conquista de Cerdeña (1323) y mantuvo una guerra contra Génova (1329-1336).

**ALFONSO V el Magnánimo** [**IV** de Cataluña] (1396-Nápoles 1458), rey de Aragón, Cerdeña y Sicilia [1416-1458] y de Nápoles (**Alfonso I**) [1442-1458], hijo de Fernando I. Pacificó Cerdeña y Sicilia y, tras una larga pugna, accedió al trono de Nápoles (1442), donde convirtió su corte en un gran foco cultural.

ASTURIAS, CASTILLA Y LEÓN

**ALFONSO I el Católico** († 757), rey de Asturias [739-757], hijo del duque Pedro de Cantabria y yerno de Pelayo. Extendió la reconquista hasta el sistema Central y La Rioja (valle del Ebro).

**ALFONSO II el Casto** († 842), rey de Asturias [791-842]. Acosado por los árabes (Oviedo, 794 y 795), tomó la iniciativa y entró en Lisboa en 798. En su época se inició el arte asturiano.

**ALFONSO III el Magno** († Zamora 910), rey de Asturias [866-910], hijo de Ordoño I. Mantuvo una dura pugna con Córdoba. Extendió el reino de Asturias hasta el Mondego y el Duero, que repobló con mozárabes.

**ALFONSO FROILAZ,** rey de León (s. X). Hijo de Fruela II, al que sucedió a su muerte (925), fue desposeído por los hijos de Ordoño II.

**ALFONSO IV el Monje,** rey de León [926-932], hijo de Ordoño II. En 931 abdicó en favor de su hermano Ramiro II, quien, al querer Alfonso recuperar el trono, lo mandó cegar.

**ALFONSO V** († Viseu, Portugal, 1028), rey de León [999-1028], hijo de Vermudo II. Luchó contra los musulmanes en Portugal y murió durante el sitio de Viseu.

**ALFONSO VI** (1040-1109), rey de León [1065-1109] y de Castilla [1072-1109], segundo hijo de Fernando I. Rey de León, fue destronado (1072) por su hermano Sancho II de Castilla. Sancho murió asesinado ese mismo año, y Alfonso fue reconocido rey de León y de Castilla. Reconquistó Toledo (1085), pero fue derrotado por los almorávides en Sagrajas (1086). Valencia fue tomada por el Cid en 1092.

**ALFONSO VII** (1105-1157), rey de León y Castilla [1126-1157], hijo de la reina Urraca y del conde Ramón de Borgoña. Rey de Galicia (1111), asumió los reinos de León y Castilla al morir su madre. Los reinos cristianos le rindieron vasallaje y se proclamó emperador (1135). En 1143 reconoció la secesión de Portugal. A su muerte dividió su reino entre sus hijos Sancho (Castilla) y Fernando (León).

**ALFONSO VIII** (Soria 1155-Gutierre-Muñoz, Ávila, 1214), rey de Castilla [1158-1214], hijo de Sancho III y de Blanca de Navarra. Luchó contra los almohades; derrotado en Alarcos (1195), venció en la batalla de las Navas de Tolosa (1212).

**ALFONSO IX** (Zamora 1171-Villanueva de Sarria 1230), rey de León [1188-1230], hijo de Fernando II. Rivalizó con Alfonso VIII de Castilla e impulsó la

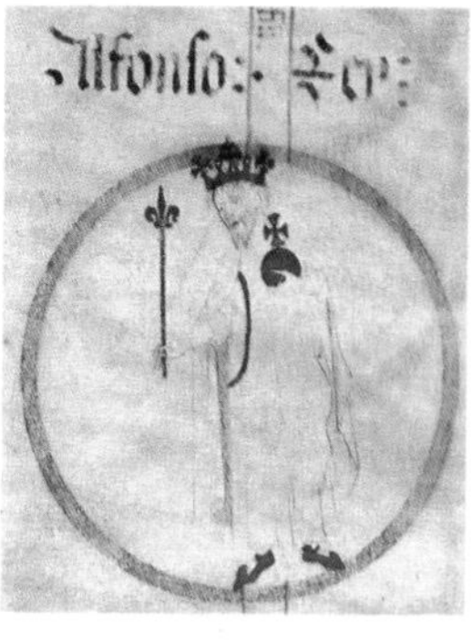

**Alfonso III** el Liberal (miniatura; ss. XIV-XV)
[monasterio de Poblet, Tarragona]

**Alfonso II** el Casto
(miniatura; s. XII)
[archivo de la catedral de Santiago de Compostela]

**Alfonso V**
(miniatura; s. XII)
[archivo de la catedral de Santiago de Compostela]

reconquista por Extremadura. Fundó la universidad de Salamanca (1219).

**ALFONSO X el Sabio** (Toledo 1221-Sevilla 1284), rey de Castilla y de León [1252-1284]. Hijo de Fernando III, fracasó en la pugna por la corona del Sacro imperio romano germánico. Tomó varias plazas andaluzas, pero tuvo que renunciar al Algarve y a sus aspiraciones sobre Navarra. Fomentó la actividad cultural (escuela de traductores de Toledo), y él fue excelente poeta en gallego. De su extensa obra, jurídica, científica, histórica y literaria, destacan el *Fuero real de Castilla*, el *Código de las Siete Partidas*, las *Tablas alfonsíes**, la *Crónica general*, la *General e grand estoria* y las *Cantigas** *de Santa María*, así como el *Lapidario* y los *Libros de ajedrez, dados y tablas*.

**Alfonso X** el Sabio (miniatura de las *Cantigas de Santa María*; s. XIII) [biblioteca del monasterio de El Escorial]

**Alfonso X el Sabio** *(orden civil de)*, orden española creada en 1902, que premia los servicios a las ciencias, las letras y las artes.

**ALFONSO XI** (Salamanca 1311-Gibraltar 1350), rey de Castilla y de León [1312-1350]. Venció a los musulmanes en la batalla del Salado (1340) y tomó Algeciras (1344).

ESPAÑA

**ALFONSO XII** (Madrid 1857-*id.* 1885), rey de España [1875-1885]. Desterrado tras la revolución de 1868, que destronó a su madre Isabel II, fue coronado a raíz del pronunciamiento militar de Martínez Campos. Casó con María de las Mercedes de Orleans y con María Cristina de Habsburgo-Lorena. En su reinado destacó el gobierno de Cánovas del Castillo: fin de la tercera guerra carlista (1876), pacificación de Cuba (1878) y redacción de la constitución de 1876. (→ ***Restauración.***)

**ALFONSO XIII** (Madrid 1886-Roma 1941), rey de España [1886-1931], hijo póstumo de Alfonso XII. Durante su minoría de edad (regencia de su madre, María Cristina) tuvo lugar la guerra hispano-norteamericana y se puso fin al imperio colonial (1898). Casó con Victoria Eugenia de Battemberg. El asentimiento del rey a la dictadura de Primo de Rivera (1923-1930) contribuyó al desprestigio de la monarquía, y tras la victoria electoral republicana en 1931, el rey abandonó el país y se exilió en Italia.

**ALFONSO CARLOS I** → ***carlista*** (rama).

**Alfonso XII** (J. Casado del Alisal - palacio Real, Madrid)

**Alfonso XIII** (en setiembre de 1923)

NÁPOLES

**ALFONSO I** → ***Alfonso V de Aragón.***

PORTUGAL

**ALFONSO I Henriques** o **Enríquez** (Guimarães *c.* 1110-Coimbra 1185), primer rey de Portugal [1139-1185]. Proclamado rey por sus tropas tras la victoria de Ourique contra los musulmanes, obtuvo la independencia de Portugal, al emanciparse del vasallaje de Alfonso VII de Castilla y León, quien le reconoció en 1143. — **Alfonso III el Reformador** (Coimbra 1210-Lisboa 1279), rey de Portugal [1248-1279]. Acabó la reconquista al ocupar el Algarve. — **Alfonso V el Africano** (Sintra 1432-*id.* 1481), rey de Portugal [1438-1481]. Emprendió varias expediciones a Marruecos. Casó con Juana la Beltraneja, hija de Enrique IV de Castilla, y luchó por la corona castellana contra Isabel la Católica.

DIVERSOS

**ALFONSO** (Pedro), escritor hispanohebreo (Huesca 1062-† *c.* 1135), autor de *Disciplina clericalis*, colección de cuentos orientales escritos en latín, fuente de fabularios castellanos.

**ALFONSO** (Alfonso **Sánchez Portela**, llamado), fotógrafo español (Madrid 1902-*id.* 1990), cuya obra constituye un importante documento gráfico de la historia española del s. XX y de sus protagonistas.

**ALFONSO MARÍA de Ligorio** *(san)*, misionero y teólogo italiano (Marianella 1696-Nocera 1787), fundador de los redentoristas (1732) y autor de obras ascéticas.

**ALFREDO EL GRANDE** *(san)* (Wantage, Berkshire, 849-† 899], rey de Wessex (871-878) y rey de los anglosajones [878-899]. Tras conquistar Inglaterra a los daneses, favoreció el renacer de la cultura anglosajona.

**ALFRINK** (Bernardus Johannes), prelado neerlandés (Nijkerk 1900-Utrecht 1987). Arzobispo de Utrecht (1955) y cardenal (1960), inauguró en 1965 el primer concilio pastoral de la historia.

**ALFVÉN** (Hannes), físico sueco (Norrköping 1908-Estocolmo 1995). Estudió el plasma de la magnetosfera y descubrió las ondas que se propagan en este medio *(ondas de Alfvén)*. [Premio Nobel de física 1970.]

**ALGABA (La)**, v. de España (Sevilla); 12 298 hab. *(Algabeños.)* Agricultura. Sericicultura.

**ALGARDI** (Alessandro), escultor italiano (Bolonia *c.* 1595-Roma 1654), rival de Bernini (tumba de León XI y relieve de *El encuentro de Atila con san León el Grande*, 1650, Vaticano).

**ALGAROTTI** (Francesco), escritor italiano (Venecia 1712-Pisa 1764). Amigo de Voltaire, fue una de las figuras características de la Ilustración.

**ALGARVE**, región que constituye el extremo meridional de Portugal y corresponde al distr. de Faro.

**ALGAZEL** (Abū Ḥāmid Muḥammad **al-Gazzālī**, conocido como), filósofo y teólogo del islam (Ṭus, Jurāsān, 1058-*id.* 1111). Realizó un examen crítico del aristotelismo islámico y propuso una vuelta al pensamiento islámico original.

**ALGECIRAS**, c. de España (Cádiz), cab. de p. j.; 101 556 hab. *(Algecireños.)* En el Campo de Gibraltar. Importante tráfico portuario. Refinería de petróleo; metalurgia. Se desarrolló tras la ocupación británica de Gibraltar (s. XVIII). — En esta ciudad se celebró la conferencia, entre los países europeos y E.U.A. (1906), que confirmó la internacionalización económica de Marruecos y la posición privilegiada de España y Francia.

**ALGECIRAS**, mun. de Colombia (Huila); 18 046 hab. Cultivos subtropicales. Mercado agrícola.

**ALGEMESÍ**, c. de España (Valencia); 25 044 hab. *(Algemesireños.)* Agricultura de huerta.

**ALGETE**, v. de España (Madrid); 9 976 hab. *(Algeteños.)* Cultivos mediterráneos.

**ALGHERO** → ***Alguer.***

**ALGINET**, v. de España (Valencia); 11 635 hab. *(Alginetinos.)* Industria del mueble.

**ALGORTA** → ***Guecho.***

**ALGUER**, en ital. **Alghero**, c. de Italia, en Cerdeña (Sassari); 38 200 hab. Repoblada por catalanes (s. XIV), se habla el *alguerés*, dialecto del catalán.

**ALHAMA DE ARAGÓN**, mun. de España (Zaragoza); 1 195 hab. Balneario de aguas termales.

**ALHAMA DE GRANADA**, c. de España (Granada); 5 783 hab. *(Alhameños.)* Centro agropecuario. Aguas termales sulfocarbonatadas. Termas árabes (s. XII). Iglesia mayor con torre de D. de Siloe.

**ALHAMA DE MURCIA**, v. de España (Murcia); 14 131 hab. Calzados y muebles.

**Alhambra**, palacio nazarí de Granada, construido en los ss. XIII-XIV. Dentro de las murallas hay distintos edificios: la alcazaba, del s. IX, con dos torres del s. XIII; el alcázar, palacio árabe, con el Mexuar, el diván o salón del trono y el harén, etc., y hermosos patios (de los Arrayanes, de los Leones). Destaca por la finura de su decoración de mármol, estuco y azulejo. En 1526 se construyó anexo el palacio de Carlos Quinto, obra de Pedro Machuca (museos de bellas artes y de arte hispano-musulmán). Fue declarada patrimonio de la humanidad por la Unesco (1984).

**la Alhambra** de Granada: la sala de los Abencerrajes (s. XIV)

**Alhandega** *(batalla de)* → ***Simancas.***

**ALHAURÍN DE LA TORRE**, mun. de España (Málaga); 13 106 hab. Industrias alimentarias.

**ALHAURÍN EL GRANDE**, v. de España (Málaga); 17 197 hab. *(Alhaurinos.)* Géneros de punto.

**ALHAZEN** → ***Ḥazm*** **(al-)**.

**ALHUCEMAS** *(islas)*, conjunto de islotes de soberanía española en la costa N de Marruecos. El *peñón de Alhucemas* fue escenario del desembarco de las tropas españolas (8 set. 1925) para contrarrestar la ofensiva de Abd-el-Krim.

**ALHUCEMAS** *(marqués* **de**) → ***García Prieto.***

**'ALĪ**, esposo de Fátima y yerno de Mahoma, cuarto califa [656-661], asesinado en Kūfa, su capital. Según la tradición, su tumba, en al-Naŷaf, se convirtió en un centro de peregrinación chiita.

**ALI** (Cassius **Clay**, posteriormente **Muhammad**), boxeador norteamericano (Louisville 1942), campeón del mundo de los pesos pesados (1964-1967; 1974; 1978).

**Alí Babá**, uno de los héroes de *Las mil y una noches*. Gracias a la fórmula mágica «¡Ábrete, sésamo!», Alí Babá abre la caverna donde 40 ladrones han acumulado un fabuloso botín.

**'ALĪ BAJÁ de Tebelen**, gobernador otomano de Ioannina (Tebelen, Albania, *c.* 1744-Ioannina 1822). Revocado por la Sublime Puerta en 1820, resistió dos años asediado en Ioannina.

**'ALI BAJÁ MEHMET EMIN**, estadista otomano (İstanbul 1815-Bebek 1871), uno de los principales reformadores de la época del Tanzimat (1839-1876).

**ALÍ BEY** (Domingo **Badía y Leblich**, llamado), aventurero español (Barcelona 1767-cerca de Damasco 1822). Agente de Godoy, recorrió el N de África, y llegó a La Meca, Palestina y Constantinopla.

**'ALĪ IBN YŪSUF IBN TAŠFĪN** → ***Almorávides.***

**ALIAGA**, v. de España (Teruel); 444 hab. Lignito. Central térmica (46 MW).

**alianza** *(Cuádruple)* [2 ag. 1718], pacto entre Francia, Gran Bretaña, las Provincias Unidas y Austria, para asegurar que España respetara el tratado de Utrecht.

**alianza** *(Cuádruple)* [20 nov. 1815], tratado firmado, por iniciativa de Castlereagh, entre Gran Bretaña, Austria, Prusia y Rusia, para preservar el equilibrio europeo.

**alianza** *(Santa)*, pacto político-religioso conservador, firmado en 1815 por los monarcas de Rusia, Austria y Prusia, por iniciativa del canciller austríaco

Metternich, frente a las tentativas nacionalistas de los pequeños estados alemanes e italianos. Tras la intervención en España de los Cien mil hijos de san Luis, enviados contra el gobierno constitucional por acuerdo del congreso de Verona (1822), estalló el desacuerdo entre las grandes potencias. Gran Bretaña se declaró favorable a la independencia de la América española e intervino, al lado de Francia, en la emancipación de Grecia (1828) y Bélgica (1830).

**alianza** *(Triple)* [23 en. 1668], pacto constituido en La Haya por Inglaterra, las Provincias Unidas y Suecia contra Francia.

**alianza** *(Triple),* tratado firmado en 1865 por Argentina, Brasil y Uruguay por el que se declaraba la guerra a Paraguay.

**alianza** *(Triple)* o **Tríplice,** agrupación política constituida por Alemania, Austria-Hungría e Italia (1882-1915). Francia le opuso la Triple entente*.

**Alianza para el progreso** (1961-1970), programa reformista de la O.E.A. (salvo Cuba) para frenar el avance revolucionario en América latina.

**Alianza popular** → ***popular*** (Partido).

**ALICANTE** *(provincia de),* prov. de España, en la Comunidad Valenciana; 5 863 km²; 1 334 545 hab. *(Alicantinos.)* Cap. *Alicante.* P. j. de *Alcoy, Alicante, Benidorm, Denia, Elche, Elda, Ibi, Novelda, Orihuela, San Vicente del Raspeig, Villajoyosa* y *Villena.* Agricultura próspera en la costa (horticultura, palmerales, cítricos). Salinas en la desembocadura del Segura. La industria se concentra en Alicante y Alcoy: química, metalmecánica, papelera, textil, del calzado, del juguete y alimentaria (turronera en Jijona). Importante zona turística (Costa Blanca).

**ALICANTE** o **ALACANT,** c. de España, cap. de la prov. homónima y cab. de p. j.; 275 111 hab. *(Alicantinos.)* Centro turístico. Castillo de Santa Bárbara (ss. XIII-XVIII) con muralla interior y exterior. Iglesia barroca de Santa María. Museos: arqueológico y de arte del s. XX.

**Alicia en el país de las maravillas,** relato de Lewis Carroll (1865), que reproduce las fantasías de la lógica infantil.

**'ALĪDAS,** descendientes de 'Alī, considerados por los chiitas los únicos herederos espirituales del Profeta.

**ALĪGARH,** c. de la India (Uttar Pradesh); 479 978 hab. Universidad.

**ALIGHIERI** (Dante) → ***Dante.***

**ALIPPI** (Elías), actor y autor dramático argentino (Buenos Aires 1883-*id.* 1942). Destacó en la escena rioplatense, formando compañía con E. Muiño.

**Aliseda** *(tesoro de),* tesoro descubierto en Aliseda (Cáceres), formado por adornos femeninos de oro y otros objetos, de inspiración oriental con factura tartésica (ss. VII-V a. J.C.).

**Aljafería,** palacio árabe de Zaragoza, residencia de los reyes de la taifa, construido en la segunda mitad del s. XI. En el s. XII fue monasterio. Los Reyes Católicos construyeron diversas dependencias (salón del trono con artesonados mudéjares).

**Aljubarrota** *(batalla de),* combate que tuvo lugar en Aljubarrota, cerca de Leiria (ag. 1385). En él Juan de Avís, rey de Portugal, derrotó a los ejércitos castellanos, que sostenían la pretensión de Juan I de Castilla sobre el trono luso.

**ALKMAAR,** c. de Países Bajos, al NO de Amsterdam; 90 778 hab. Centro comercial (mercado de quesos). Monumentos góticos (ss. XIV-XVI).

**ALLĀHĀBĀD,** ant. **Ilāhābād,** c. de la India, en la confluencia del Ganges y el Yamunā; 858 213 hab. Centro de peregrinación. Columna de Aśoka (c. 240 a. J.C.). Fuerte de Akbar (1583). Museo.

**ALLAIS** (Maurice), economista francés (París 1911). Estudió la economía matemática y el equilibrio económico (moneda y crédito). [Premio Nobel de economía 1988.]

**ALLARIZ,** v. de España (Orense); 5 218 hab. *(Alaricanos.)* Curtidos y calzados. Iglesias románicas (s. XII). Monasterios románicos en los alrededores.

**ALLEGHENY** o **ALLEGHANY,** parte central de los montes Apalaches (Estados Unidos).

**ALLEN** (Allen Stewart **Konigsberg,** llamado **Woody**), guionista, actor y director de cine norteamericano (Nueva York 1935). Encarna cierto tipo de humor judío neoyorquino, hecho de lucidez y autocrítica (*Toma el dinero y corre,* 1969; *Annie Hall,* 1977; *Interiores,* 1978; *Manhattan,* 1979; *Hannah y sus hermanas,* 1986; *Delitos y faltas,* 1989; *Alice,* 1990; *Maridos y mujeres,* 1992; *Misterioso asesinato en Manhattan,* 1993; *Poderosa Afrodita,* 1995; *Desmontando a Harry,* 1997).

**ALLENBY** (Edmund), mariscal británico (Brackenhurst, Nottinghamshire, 1861-Londres 1936). Al mando de las fuerzas británicas en Palestina (1917-1918), tomó Jerusalén, Damasco y Alepo, y obligó a los turcos a capitular. Contribuyó a elaborar el tratado de independencia de Egipto (1922).

**ALLENDE,** mun. de México (Guanajuato); 77 624 hab. Cab. *San Miguel de Allende* (48 935 hab.). Conjunto arquitectónico del s. XVIII: oratorio de San Felipe Neri, capillas de Loreto, iglesia de la Salud, santuario de Atotonilco. — Mun. de México (Nuevo León); 19 286 hab. Cítricos. — Mun. de México (Coahuila); 15 864 hab. Textiles.

**ALLENDE** (Ignacio María **de**), patriota mexicano (San Miguel el Grande, Guanajuato, 1779-Chihuahua 1811). Participó con Hidalgo en la lucha independentista, y fue nombrado generalísimo (1811).

**ALLENDE** (Isabel), escritora chilena (Lima 1942). En su obra lo fantástico y lo real se mezclan según las pautas del realismo mágico (*La casa de los espíritus,* 1982; *Retrato en sepia,* 2000).

**ALLENDE** (Pedro Humberto), compositor chileno (Santiago 1885-*id.* 1959), fundador de la escuela musical moderna chilena (*La voz de las calles* y *Concierto para violín y violonchelo*).

**ALLENDE** (Salvador), político chileno (Valparaíso 1908-Santiago 1973). Miembro fundador del Partido socialista (1933), fue diputado, senador y ministro de Sanidad (1939-1942). Elegido presidente (1970), en representación de la Unidad popular, fue derrocado por el golpe militar de 1973, durante el cual encontró la muerte.

**ALLENDESALAZAR** (Manuel), político español (Guernica 1856-Madrid 1923). Conservador, fue presidente del gobierno (1919-1921).

**ALLENTOWN,** c. de Estados Unidos (Pennsylvania); 105 090 hab. Centro industrial.

**ALLEPPEY,** c. y puerto de la India (Kerala), en la costa de Malabar; 264 887 hab.

**ALLER,** mun. de España (Asturias); 17 373 hab. *(Alleranos.)* Cap. *Cabañaquinta.* Hulla.

**ALLIA,** afl. del Tíber (or. izq.). Victoria de los galos senones sobre los romanos (390 a. J.C.).

**ALLIER,** r. de Francia, afl. del Loira (or. izq.); 410 km. Nace en el macizo Central.

**ALLIER,** dep. del centro de Francia (Auvernia); 7 340 km²; 357 710 hab. Cap. *Moulins* (23 353 hab.).

**Alma** *(batalla del)* [20 set. 1854]. Victoria de las tropas francobritánicas sobre los rusos, a 10 km de la desembocadura del Alma, durante la guerra de Crimea.

**ALMA ATÁ** → ***Almaty.***

**ALMADÉN,** c. de España (Ciudad Real), cab. de p. j.; 7 702 hab. *(Almadenenses.)* Mercurio, cinc, plomo y plata. Gran complejo industrial de la empresa pública *Minas de Almadén y Arrayanes.* La explotación de las minas de cinabrio data del s. IV a. J.C.

**ALMAFUERTE** (Pedro Bonifacio **Palacios,** llamado), poeta argentino (San Justo 1854-La Plata 1917). Por sus *Evangélicas* (prosas, 1915) se le considera un romántico neto. En su obra destacan *Lamentaciones* (1906), *Poesías* (1917), *Amorosas* (1917) y *Nuevas poesías* (1918).

**Almagesto,** tratado de matemáticas y astronomía, compuesto por Claudio Tolomeo (s. II).

**ALMAGRO,** c. de España (Ciudad Real), cab. de p. j.; 8 962 hab. *(Almagreños.)* Industria de encajes (primera de España). Convento de dominicos (s. XVI). Corral de comedias (s. XVII). Museo nacional de teatro. Festival internacional de Teatro clásico.

**ALMAGRO** (Diego **de**), conquistador español (Almagro 1475-Cuzco 1538). Tras acompañar a Pizarro en la conquista del Perú, en 1535 emprendió una expedición hacia los territorios del actual Chile. Tras ocupar Cuzco (1537), entró en conflicto con los Pizarro, que lo derrotaron y ejecutaron. — Su hijo, **Diego** (Panamá 1518-Cuzco 1542), llamado **el Mozo,** participó en la conjura que asesinó a F. Pizarro (1541) y fue vencido por Vaca de Castro (1542).

ALICANTE

Woody **Allen**

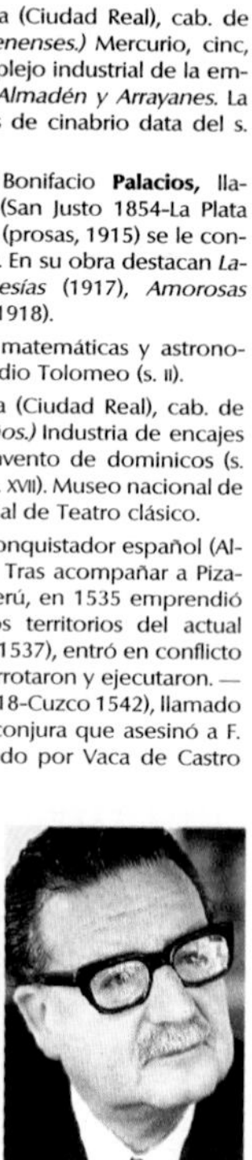
Salvador **Allende**

**ALMAGRO** (Martín), arqueólogo español (Tramacastilla, Teruel, 1911-Madrid 1984). Realizó estudios sobre pintura rupestre levantina y dirigió las excavaciones de Ampurias.

**ALMAGUER,** mun. de Colombia (Cauca); 17 860 hab. Café. Artesanía textil. Lavaderos de oro.

**ALMANSA,** c. de España (Albacete), cab. de p. j.; 22 488 hab. *(Almanseños.)* Embalse construido en 1348. Restos de la época romana. Castillo medieval. La derrota de los partidarios del archiduque Carlos en la *batalla de Almansa* (25 abril 1707) permitió a Felipe V adueñarse de Aragón y Valencia.

**ALMANZOR** (Abū 'Amir Muḥammad ibn Abī 'Amir al-Ma'afiri, llamado), guerrero y político de al-Andalus (Torrox, Almería, 940-Medinaceli 1002). Primer ministro de Hišām II, trasladó la administración a Medina Azara. Dirigió expediciones victoriosas contra tierras cristianas: Barcelona (985), Santiago de Compostela (997).

**ALMARAZ,** v. de España (Cáceres); 1 295 hab. Central nuclear (*Almaraz I* y *II*).

**almas muertas** *(Las),* novela de N. Gógol (1842; 2.ª parte, inacabada y póstuma, 1852). Un aventurero obtiene préstamos del estado sobre los siervos (las almas) fallecidos desde el último censo, pero aún vivos en las listas del fisco.

**ALMATY,** ant. **Alma Atá,** c. de Kazajstán, al S del lago Baljash; 1 128 000 hab. Fue la capital del país hasta 1997.

**ALMAZÁN,** v. de España (Soria), cab. de p. j.; 5 975 hab. *(Adnamantinos.)* Murallas (s. XIII). Iglesia románica de San Miguel. Casas señoriales.

**ALMAZORA** o **ALMASSORA,** v. de España (Castellón); 15 298 hab. *(Almazorinos.)* Industria alimentaria.

**ALMEIDA GARRETT** (João Baptista **de**), escritor y político portugués (Oporto 1799-Lisboa 1854). Poeta (*Hojas caídas,* 1853) y novelista, es autor de un teatro nacionalista y romántico (*Un auto de Gil Vicente,* 1838; *Frei Luiz de Souza,* 1844).

**ALMELO,** c. del E de Países Bajos (Overijssel); 62 668 hab. Industria metalúrgica y textil.

**ALMENDRALEJO,** c. de España (Badajoz), cab. de p. j.; 24 120 hab. *(Almendralejeños.)* Industria alimentaria y vitivinícola. Iglesia gótica. Palacios.

**ALMENDROS** (Néstor), operador y director de fotografía español (Barcelona 1930-Nueva York 1992). Realizó su carrera entre Francia (*Mi noche con Maud,* 1969, de E. Rohmer; *El último metro,* 1980, de F. Truffaut) y E.U.A., donde ganó un Oscar por *Días del cielo* (1977, de T. Malick).

**ALMERÍA** *(provincia de),* prov. de España, en Andalucía; 8 774 km²; 465 662 hab. *(Almerienses.)* Cap. *Almería.* P. j. de *Almería, Berja, El Ejido, Huércal-Overa, Purchena, Roquetas de Mar, Vélez-Rubio* y *Vera.* Cultivos de regadío en enarenados; hortalizas (tomates), uva, frutas tempranas, flores. La escasa actividad industrial se concentra en la capital. Turismo en el litoral.

**ALMERÍA,** c. de España, cap. de la prov. homónima y cab. de p. j.; 159 587 hab. *(Almerienses.)* Puerto exportador de productos agrícolas y minerales. Turismo. Alcazaba (s. VIII), con torre del homenaje (s. XII). Catedral (s. XVI). Plaza neoclásica de la Constitución (s. XIX). Museo arqueológico.

**Almería** *(cultura de),* cultura prehistórica desarrollada en la zona de Almería desde el neolítico hasta la época de los metales. Las tumbas de la primera etapa almeriense son circulares, sin apenas túmulo y de enterramiento colectivo. El poblado más antiguo de esta cultura es El Gárcel. Los Millares* representa la aparición de la metalurgia y los ídolos de tipo esquemático.

**ALMIRALL** (Valentín), político español (Barcelona 1841-*id.* 1904). Republicano federal, promotor del pacto de Tortosa (1869), fundó el *Diari català* (1879-1881), primer diario en catalán, y participó en la redacción del *Memorial de agravios.*

**ALMIRANTAZGO** *(islas del),* archipiélago de Melanesia, que forma parte de Papúa y Nueva Guinea; 2 100 km²; 26 000 hab.

**ALMIRANTE BROWN,** partido de Argentina (Buenos Aires); 449 105 hab. Forma parte del Gran Buenos Aires. — Dep. de Argentina (Chaco); 20 669 hab. Agricultura.

**Almizaraque** *(cuevas de),* yacimiento eneolítico de España (Cuevas de Almanzora, Almería).

**Almizra** *(tratado de),* tratado firmado en Almizra (Alicante) entre Jaime I de Aragón y el futuro Alfonso X de Castilla para fijar la divisoria entre las zonas de reconquista de ambos reinos (1244).

**ALMODÓVAR** (Pedro), director de cine español (Calzada de Calatrava, Ciudad Real, 1949). Autor de un cine atento al *pastiche* y a la mezcla de géneros, el éxito de su séptima película (*Mujeres al borde de un ataque de nervios,* 1988) le hizo popular en todo el mundo: *Matador* (1985), *La ley del deseo* (1986), *Átame* (1989), *Kika* (1993).

**ALMODÓVAR DEL CAMPO,** c. de España (Ciudad Real); 7 718 hab. *(Almodovareños.)*

**ALMOHADES,** dinastía que reinó en el islam occidental, fundada por **Muḥammad ibn Tūmart** (1121). Dominó en el N de África y, a partir de 1147, se extendió a la península Ibérica, instalándose en Sevilla. **Abū Yūsuf Ya'qūb** (1184-1199) impuso la hegemonía almohade y venció a los almorávides (1187). Fueron derrotados en la batalla de las Navas de Tolosa (1212). El período almohade fue la última etapa de esplendor de al-Andalus. Florecieron las ciencias (Abentofail, Averroes, Avenzoar), las artes, las letras y el comercio.

**ALMOLOYA DE JUÁREZ,** mun. de México (México); 64 620 hab. Centro agrícola.

**ALMONACID** (Sebastián **de**), escultor español (nacido en Torrijos *c.* 1460), activo de 1486 a 1527. Sus obras principales son una síntesis de elementos góticos e hispanoflamencos (portada del claustro de la catedral de Segovia, 1486-1487; sepulcros de los Luna, catedral de Toledo, 1489).

**ALMONACID DE ZORITA,** v. de España (Guadalajara); 976 hab. *(Almonacileños.)* Centrales hidroeléctricas (Bolarque I y II, Zorita) y central nuclear José Cabrera.

**ALMONASTER LA REAL,** v. de España (Huelva); 2 064 hab. Castillo (s. XV) con una mezquita (ss. XI-XII). Iglesia mudéjar con portada manuelina.

**ALMONTE,** v. de España (Huelva); 16 350 hab. *(Almonteños.)* Centro vinícola. Ermita de la Virgen del Rocío (romería anual).

**ALMORADÍ,** v. de España (Alicante); 12 304 hab. *(Almoradideños.)* Industrias alimentarias.

**ALMORÁVIDES,** dinastía bereber del islam occidental. **Yūsuf ibn Tašfīn** (1061-1106) conquistó el N de África, acudió en ayuda de los reinos de taifa de la península Ibérica y unió al-Andalus a su imperio. Fueron expulsados de la Península por los almohades. El período almorávide se caracterizó por la intolerancia religiosa y el declive de la poesía culta, junto con el auge de las ciencias y de la poesía popular.

**ALMQUIST** (Carl Jonas Love), escritor sueco (Estocolmo 1793-Bremen 1866). Su obra poética y novelesca es una de las más originales del romanticismo sueco *(El libro del rosal silvestre).*

**Almudaina** *(la),* barrio de Palma de Mallorca que agrupa palacios góticos, renacentistas y barrocos, la catedral, el palacio episcopal y el *palacio de la Almudaina,* residencia de los valíes, convertida por Jaime II en palacio real.

**ALMUÑÉCAR,** c. de España (Granada); 20 461 hab. *(Almuñequeros.)* Turismo. Restos arqueológicos (s. VI a. J.C.) y necrópolis (s. VII a. J.C.) de la *Sexi* fenicia.

**ALMUSAFES** o **ALMUSSAFES,** v. de España (Valencia); 6 335 hab. *(Almusafenses.)* Factoría automovilística Ford.

**ALOMAR** (Gabriel), político y escritor español (Palma de Mallorca 1873-El Cairo 1941). Representó la tendencia progresista del catalanismo, y fue presidente de la Unió socialista de Catalunya y diputado. Poeta y ensayista, su obra *El futurismo* (*El futurisme,* 1904) es anterior al ensayo de Marinetti. Contra el naturalismo, escribió *La estética arbitraria* (1906).

**ALONG** *(bahía de),* bahía de Vietnam, al NE de Haiphong, sembrada de bloques rocosos calcáreos.

**ALONSO** (Alicia **Martínez,** llamada **Alicia**), bailarina cubana (La Habana 1920). Desde 1941 actuó con el Ballet theatre y con el Ballet ruso de Montecarlo. Pese a sufrir una ceguera casi total de 1942 a 1972, es uno de los «monstruos sagrados» de la danza. En 1948 fundó su propia compañía, que en 1962 se convirtió en Ballet nacional de Cuba, del que es directora. De 1986 a 1992 dirigió también el Gran teatro de La Habana.

**ALONSO** (Amado), filólogo y crítico literario español (Lerín 1896-Arlington 1952). Dirigió la *Revista de filología hispánica* y la *Nueva revista de filología hispánica.* Es autor de *El problema de la lengua en América* (1935), *Estudios lingüísticos* (1951 y 1953)

ALMERÍA

y *De la pronunciación medieval a la moderna en español* (2 vols., 1955 y 1969).

**ALONSO** (Carlos), pintor, dibujante y grabador argentino (Tunuyán 1929). De estilo figurativo, sobresalen sus ilustraciones del *Quijote* y del *Martín Fierro.*

**ALONSO** (Dámaso), poeta y filólogo español (Madrid 1898-*id.* 1990). A él se debe la nueva apreciación de la poesía barroca española (*Estudios y ensayos gongorinos,* 1955). Es original su aplicación de la estilística: *Poesía española* (1950), *Seis calas en la expresión literaria española* (con C. Bousoño, 1951). Su obra poética alcanza su máxima expresión en *Hijos de la ira* (1944). Académico (1945), fue director de la Real academia española (1969-1982) y premio Miguel de Cervantes (1978).

**ALONSO** (Francisco), compositor español (Granada 1890-Madrid 1948), autor de zarzuela *(La Bejarana, La calesera)* y de revista (*Las Leandras,* 1930).

**ALONSO** (José Luis), director de teatro español (Madrid 1925-*id.* 1990). Dirigió el teatro nacional María Guerrero, por cuya labor obtuvo dos veces el premio nacional de teatro, y montajes con la Compañía nacional de teatro clásico y con el Centro dramático nacional.

**ALONSO BARBA** (Álvaro), mineralogista y sacerdote español (Lepe, Huelva, 1569-Sevilla 1662). Vivió en América. Descubrió la amalgamación en caliente llamada *de cazo.* En *Arte de los metales* (1640) sistematizó los conocimientos de su época para beneficiar el oro y la plata.

**ALONSO Y TRELLES** (José María), escritor uruguayo (Ribadeo, España, 1857-Tala, Uruguay, 1924). Con el seudónimo de **el viejo Pancho** colaboró en el periódico *El Tala cómico.* Su libro de poemas *Paja brava* (1915) se inscribe en la corriente gauchesca.

**ÁLORA,** c. de España (Málaga); 12 740 hab. *(Aloreños.)* Restos de un castillo árabe.

**ALPERA,** v. de España (Albacete); 2 226 hab. *(Alperinos.)* En las proximidades, abrigos prehistóricos con pinturas de estilo levantino.

**ALPES,** principal sistema montañoso de Europa, que se extiende sobre más de 1 000 km, desde el Mediterráneo hasta Viena (Austria), dividido entre Alemania, Austria, Francia, Italia, Suiza y Eslovenia; 4 807 en el Mont Blanc. A pesar de su altitud, los Alpes son penetrables gracias a profundos valles (Ródano y Rin, Isère, Inn, Enns, Drava, Adigio), ensanchados por los glaciares cuaternarios. La cadena es atravesada, en algunos lugares por túneles, numerosas carreteras y ferrocarriles (Mont Blanc, Gran San Bernardo, Simplón, San Gotardo, Brennero). Las condiciones naturales (relieve accidentado, clima riguroso) no resultan demasiado favorables para el hombre; sin embargo, el poblamiento es antiguo y relativamente denso. La economía —inicialmente basada en un policultivo de subsistencia, la ganadería trashumante, la explotación forestal y, en ocasiones, del subsuelo— ha sido renovada, al menos localmente, mediante la hidroelectricidad (favorecida por el desnivel y la abundancia de precipitaciones) y sobre todo el turismo. El incremento de los intercambios, favorecidos por la mejora de las comunicaciones, ha orientado la economía hacia una especialización en función de las aptitudes regionales: ganadería bovina intensiva para los productos lácteos, electrometalurgia y electroquímica en los valles (donde se localizan las ciudades, las mayores de las cuales son Grenoble e Innsbruck), cerca de las centrales (aunque se exporta gran parte de la electricidad alpina), estaciones de verano o de deportes de invierno en cotas altas o a orillas de los lagos subalpinos (Leman, lago Mayor, lago de Constanza).

Dámaso **Alonso**

**ALPES AUSTRALIANOS,** parte meridional de la cordillera australiana.

**ALPES-DE-HAUTE-PROVENCE,** dep. del S de Francia (Provenza-Alpes-Costa Azul); 6 925 km²; 130 883 hab. Cap. *Digne-les-Bains* (17 425 hab.).

**ALPES ESCANDINAVOS,** nombre que se da a las montañas que forman el límite entre Suecia y Noruega.

**ALPES GRAYOS Y PENINOS,** provincia del Imperio romano creada por Augusto. Su capital era *Darentasia* (Moûtiers-en-Tarentaise, Savoie).

**ALPES-MARITIMES,** dep. del S de Francia (Provenza-Alpes-Costa-Azul); 4 299 km²; 971 829 hab. Cap. *Niza.*

**ALPES NEOZELANDESES** o **ALPES MERIDIONALES,** cordillera de la isla del Sur, en Nueva Zelanda.

**ALPUJARRA (La)** o **LAS ALPUJARRAS,** comarca de España, en la cordillera Penibética (prov. de Granada y Almería). Regadíos y enarenados en la costa.

**Alpujarra** (*sublevaciones de* **La**), levantamientos de la población morisca del reino de Granada (1500-1501 y 1568-1571). Sofocada la última rebelión, Felipe II decretó la expulsión de los moriscos del reino de Granada.

**ALPUY** (Julio), pintor y escultor uruguayo (Tacuarembó 1919). Discípulo de Torres García, su pintura está cerca de las pictografías del arte rupestre. Realizó decoraciones murales, mosaicos y vidrieras, así como tallas en madera.

**Alquerdi** o **Alkerdi** *(cueva de),* cueva del mun. de Zugarramurdi (Navarra), con figuras de bisontes y ciervos pertenecientes al paleolítico superior.

**ALQUÉZAR,** v. de España (Huesca); 215 hab. Castillo y colegiata con claustro románico.

**ALSACIA,** en fr. **Alsace,** región histórica y administrativa del E de Francia (Bas-Rhin y Haut-Rhin), a orillas del Rin, en la vertiente E de los Vosgos; 8 280 km²; 1 624 372 hab. Cap. *Estrasburgo.* Centro comercial histórico, fue uno de los focos del humanismo y la Reforma. Germánica desde la disolución del imperio carolingio (s. IX), centro de la región renana, en el s. XVII quedó bajo soberanía francesa. Formó parte de Alemania en 1870-1919 (Alsacia-Lorena) y en 1940-1944.

**ALSAMA,** siglas que designan el conjunto de provincias de la Pradera canadiense (*Al*berta, *Sa*skatchewan y *Ma*nitoba).

**ALSINA** (Adolfo), político y militar argentino (Buenos Aires 1829-*id.* 1877), vicepresidente de la república con Sarmiento (1868-1874).

**ALSINA** (Carlos Roque), pianista y compositor argentino (Buenos Aires 1941). Es autor de obras escénicas, de piezas para solistas y orquesta y de música de cámara.

**ALSINA** (Pablo), dirigente obrero español (Barcelona 1830-*id.* 1897). Primer diputado español de la clase obrera (1869), participó en la sublevación federalista de 1869.

**ALTA GRACIA** → ***Santa María,*** dep. de Argentina.

**ALTA VERAPAZ** *(departamento de)* → ***Verapaz (Alta).***

**ALTAGRACIA (La),** prov. de la República Dominicana, en el extremo E del país; 3 085 km²; 109 600 hab. Cap. *Salvaleón de Higüey.*

**ALTAGRACIA,** c. de Venezuela (Zulia), en el lago Maracaibo; 24 375 hab. Puerto terminal del oleoducto de Mene de Mauroa.

**ALTAGRACIA DE ORITUCO,** c. de Venezuela (Guárico); 26 217 hab. Yacimientos de hulla y yeso.

**ALTÁI,** sistema montañoso de Asia central que se extiende por Rusia, China y Mongolia; 4 506 m.

**ALTÁI** *(República del),* república de la Federación de Rusia; 92 600 km²; 112 000 hab. Cap. *Gorno-Altáisk.*

**ALTAMIRA,** mun. de la República Dominicana (Puerto Plata); 34 562 hab. Café. Lignito y antracita.

**ALTAMIRA,** mun. de México (Tamaulipas); 36 499 hab. Salinas y pozos petrolíferos.

**Altamira** *(cueva de),* cueva con pinturas paleolíticas en el mun. de Santillana del Mar (Cantabria), descubierta en 1879 por M. de Sautuola. Posee una sala principal cuyas pinturas policromas de bisontes, situadas en el techo, son de las más famosas del arte francocantábrico. Además de las representaciones de animales, se encuentran signos abstractos y huellas de manos.

**ALTAMIRA Y CREVEA** (Rafael), historiador y jurista español (Alicante 1866-México 1951), autor de *Historia de España y de la civilización española* (1901) e *Historia del derecho español* (1903).

**ALTAMIRANO** (Ignacio Manuel), escritor y político mexicano (Tixtla 1834-San Remo, Italia, 1893). De ascendencia india, luchó con Juárez en la guerra de la Reforma e impulsó la mejora del sistema educativo. Fundó periódicos liberales (*El correo de México,* 1867) y la revista literaria *El renacimiento* (1889). En 1880 publicó sus *Rimas,* pero mayor interés tiene su obra narrativa: *Clemencia* (1869), *La Navidad en las montañas* (1870), *Cuentos de invierno* (1880) y sobre todo *El Zarco** (1901).

**ALTAR** o **CÁPAC-URCU,** pico de los Andes ecuatorianos, volcán extinguido; 5 319 m.

**ALTAR,** r. de México, afl. del Magdalena (or. der.); 380 km. Embalse Cuauhtémoc, para riegos.

**ALTAR DE LOS SACRIFICIOS,** yacimiento arqueológico de Guatemala (El Petén), centro ceremonial maya (1000 a. J.C.-900 d. J.C.) del que se conserva una gran plaza rodeada de pirámides y estelas con jeroglíficos de época clásica.

**ALTDORFER** (Albrecht), pintor y grabador alemán (¿Ratisbona? *c.* 1480-*id.* 1538), principal representante de la escuela del Danubio, de estilo lírico y minucioso (*La Natividad, c.* 1520, Viena; *La batalla de Alejandro,* 1529, Munich).

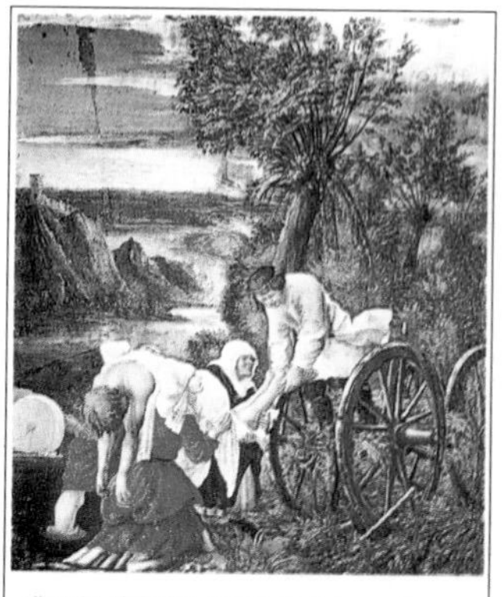

Albrecht **Altdorfer:** escena de la *Leyenda de San Florián* (*c.* 1515-1520)
[Germanisches Nationalmuseum, Nuremberg]

**ALTEA,** v. de España (Alicante); 12 829 hab. *(Alteanos.)* Industria pesquera. Turismo.

**ALTERIO** (Héctor), actor argentino (Buenos Aires 1930). Ha alternado el trabajo en el cine en su país (*La mafia,* 1971, de L. Torre-Nilsson; *La historia ofi-*

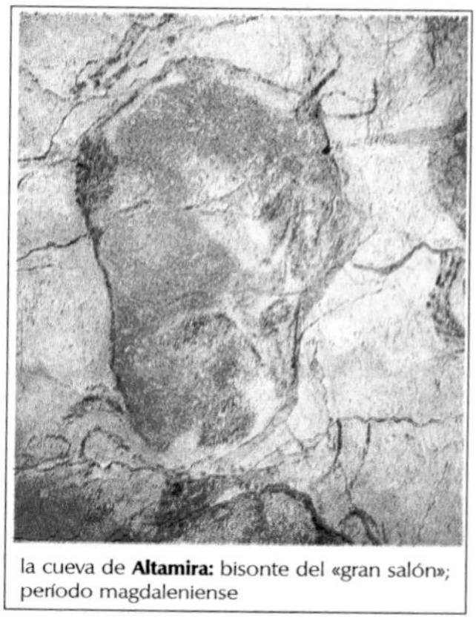

la cueva de **Altamira:** bisonte del «gran salón»; período magdaleniense *cial,* 1984, de L. Puenzo) y en Europa, sobre todo en España (*A un dios desconocido,* 1977, de J. Chávarri; *Don Juan en los infiernos,* 1991, de G. Suárez).

**ALTHUSSER** (Louis), filósofo francés (Birmandreis, Argelia, 1918-La Verrière, Yvelines, 1990). Renovó el estudio del marxismo (*Leer «El capital»,* 1965).

**ALTIN TAGH,** macizo que separa el Tíbet y el Xinjiang; supera localmente la altura de 5 000 m.

**ALTIPLANO** *(El),* nombre dado, por antonomasia, a la altiplanicie comprendida entre las ramas occidental y oriental de los Andes centrales. Abarca territorios de Perú, Bolivia, Argentina y Chile; 3 400 m de altitud media. Gran riqueza minera.

**ALTMAN** (Robert), director de cine norteamericano (Kansas City 1925), caracterizado por su reflexión crítica y mordaz sobre la sociedad norteamericana (*M.A.S.H.,* 1970; *El largo adiós,* 1973; *Nashville,* 1975; *El juego de Hollywood,* 1992; *Vidas cruzadas,* 1993; *Prêt-à porter,* 1994).

**Alto (El),** aeropuerto internacional de La Paz (Bolivia), al SO de la capital.

**Alto comisariado de las Naciones unidas para los refugiados** → ***ACNUR.***

**Alto de los ídolos,** centro ceremonial megalítico de Colombia (Isnos, Huila), en la or. izq. del alto Magdalena. Necrópolis (fosas sepulcrales, sarcófagos monolíticos, corredores con estatuas) de los ss. I a. J.C.-VI d. J.C.

**ALTO LUCERO,** mun. de México (Veracruz), junto al golfo de México; 25 822 hab. Apicultura.

**ALTO PARAGUAY** *(departamento del)* → ***Paraguay (Alto).***

**ALTO PARANÁ** *(departamento del)* → ***Paraná (Alto).***

**ALTO PERÚ,** nombre que recibió durante la época colonial la región que coincide aproximadamente con la actual Bolivia.

**ALTO VOLTA** → ***Burkina Faso.***

**ALTOLAGUIRRE** (Manuel), poeta e impresor español (Málaga 1905-Burgos 1959). Fundó *Litoral* y otras revistas de la generación del 27. Al terminar la guerra civil se exilió a Cuba y luego a México. Sus *Poesías completas* se editaron en 1960.

**ALTOTONGA,** mun. de México (Veracruz); 41 251 hab. Cultivos tropicales, fruticultura.

**ALTUN HA,** centro arqueológico maya de Belice. Habitado desde el s. II a. J.C., posteriormente (*c.* 250 d. J.C.), se construyeron templos, palacios, zonas de viviendas y tumbas. Entró en decadencia en el s. VIII, pero de nuevo fue ocupado en los ss. X-XV.

**ALVA** (Luis Ernesto, llamado **Luis** o **Luigi**), tenor peruano (Lima 1927). Ha destacado como afamado intérprete de Mozart y de los autores del s. XVIII.

**ALVA IXTLILXÓCHITL** (Fernando), historiador mexicano (Teotihuacán *c.* 1575-† d. 1648). Describió la conquista española en su obra *Horribles crueldades de los conquistadores de México y de los indios que les auxiliaron* (publicada en 1829).

**ALVAR** (Manuel), filólogo y crítico literario español (Benicarló 1923). Investigador de filología hispánica, ensayista (*El Romancero, tradicionalidad y pervivencia,* 1970; *Lengua y sociedad,* 1976), es autor de atlas lingüístico-etnográficos. Académico (1974), fue director de la Real academia española (1988-1991).

**ALVARADO,** mun. de México (Veracruz), en el golfo de México, junto a la *laguna de Alvarado;* 46 072 hab. Puerto pesquero y de cabotaje.

**ALVARADO** (Francisco **de**), dominico y lingüista mexicano (México, s. XVI-Teposcolula 1603), autor de *Vocabulario en lengua mixteca* (1593).

**ALVARADO** (Lisandro), polígrafo venezolano (El Tocuyo 1858-Valencia 1931), autor de obras sobre temas lingüísticos, históricos y etnográficos de su país.

**ALVARADO** (Pedro **de**), conquistador español (Badajoz 1485-Guadalajara, México, 1541). Colaborador de Cortés en la conquista de México, su actuación provocó el levantamiento azteca (1520). Fue gobernador de Guatemala y Honduras.

**ALVARADO** (Salustio), biólogo español (La Coruña 1897-Madrid 1981). Formuló la teoría del origen mitocondrial de los plastos.

**ALVARADO TEZOZÓMOC** (Hernando **de**), cronista mexicano (*c.* 1525-*c.* 1600), nieto de Moctezuma II. Autor de *Crónica mexicana* (*c.* 1598), en español, y de *Crónica Mexicáyotl,* en náhuatl.

**ÁLVARES CABRAL** (Pedro) → ***Cabral.***

**ÁLVAREZ** (Agustín), sociólogo argentino (Mendoza 1857-Mar del Plata 1914), autor de ensayos (*Sudamérica,* 1894; *La herencia moral de los pueblos americanos,* 1919).

**ÁLVAREZ** (Gregorio), militar y político uruguayo (Montevideo 1925). Dirigió la represión contra los tupamaros, participó en el golpe contra Bordaberry y fue presidente de la república (1981-1985).

**ÁLVAREZ** (José Sixto), escritor argentino (Gualeguaychú 1858-Buenos Aires 1903), llamado **Fray Mocho.** Autor costumbrista (*Un viaje al país de los matreros,* 1897; *Cuadros de la ciudad,* 1906), fundó la revista *Caras y caretas* (1898). En *Memorias de un vigilante* (1897) y otras obras refleja su experiencia como policía.

**ÁLVAREZ** (Juan), militar y político mexicano (Atoyac, Guerrero, 1790-La Providencia, Guerrero, 1867). Proclamó el plan de Ayutla (1854) y fue presidente de la república (1855-1856).

**ÁLVAREZ** (Mario Roberto), arquitecto argentino (Buenos Aires 1913), perteneciente al movimiento racionalista. Autor de numerosos edificios privados y del Centro cultural General San Martín, su obra más emblemática, en Buenos Aires.

**ÁLVAREZ** (Melquíades), político español (Gijón 1864-Madrid 1936). Fundó el Partido reformista (1912) y fue presidente del congreso (1922-1923). En 1933 apoyó a la coalición de derechas.

**ÁLVAREZ** (Valentín Andrés), economista y escritor español (Grado 1891-Oviedo 1983). Fue pionero en la aplicación de las matemáticas y la estadística a la economía, y dirigió la elaboración de las primeras tablas input-output de la economía española. Fue asimismo autor dramático.

**ÁLVAREZ BRAVO,** familia de fotógrafos mexicanos: **Manuel** (nacido en 1902) y **Lola** (nacida en 1907-México 1993), representantes de la fotografía social y testimonial.

**ÁLVAREZ CUBERO** (José), escultor español (Priego 1768-Madrid 1827). De estilo neoclásico, es autor de *La defensa de Zaragoza* (1825) y de retratos de Carlos IV y María Luisa.

**ÁLVAREZ DE CASTRO** (Mariano), militar español (Granada o Burgo de Osma 1749-Figueras 1810). Gobernador militar de Gerona, defendió la plaza ante el asedio de las tropas francesas hasta su caída (1809).

**ÁLVAREZ DE CIENFUEGOS** (Nicasio), poeta español (Madrid 1764-Orthez, Francia, 1809). Autor prerromántico, su lírica está dominada por la soledad y lo sepulcral. Sus *Obras poéticas* se publicaron en 1816. Escribió tragedias neoclásicas.

**ÁLVAREZ DE LA PEÑA** (Manuel), escultor español (Salamanca 1727-Madrid 1797). Académico, es autor de la estatua ecuestre de Felipe V (palacio real) y de la fuente de Apolo, en Madrid.

**ÁLVAREZ DE SOTOMAYOR** (Fernando), pintor español (Ferrol 1875-Madrid 1960). Su obra pertenece a la escuela costumbrista gallega.

**ÁLVAREZ DE TOLEDO** → ***Alba*** (casa de).

**ÁLVAREZ DE VILLASANDINO** (Alfonso), poeta gallego-portugués († *c.* 1424), autor de panegíricos, sátiras, composiciones amorosas y obscenas.

**ÁLVAREZ GATO** (Juan), poeta español (Madrid *c.* 1440-*id.* 1509). Su *Cancionero* inició la boga de los poemas amatorios a lo divino.

**ÁLVAREZ QUINTERO** *(hermanos),* comediógrafos españoles: **Serafín** (Utrera 1871-Madrid 1938) y **Joaquín** (Utrera 1873-Madrid 1944). Destacaron en comedias y sainetes por su habilidad en el tratamiento del lenguaje y de los tipos populares: *El patio* (1900); *Puebla de las mujeres* (1912); *Mariquilla Terremoto* (1930). Su teatro más serio roza el sentimentalismo (*Malvaloca,* 1912).

Joaquín
**Álvarez Quintero**
(R. Casas - museo de arte moderno, Barcelona)

Serafín
**Álvarez Quintero**
(R. Casas - museo de arte moderno, Barcelona)

**ÁLVAREZ Y MÉNDEZ** → ***Mendizábal.***

**ÁLVARO OBREGÓN,** ant. **Villa Obregón,** delegación de México (D.F.), en el área metropolitana de la ciudad de México; 639 213 hab. Centro industrial. — Mun. de México (Michoacán), junto a la laguna de Cuitzeo; 15 651 hab. Centro agrícola.

**ALVEAR** (Carlos **de**), militar y político argentino (Santo Ángel, Misiones Orientales, 1789-Nueva York 1852). Fomentó la revolución de 1812, conquistó Montevideo y fue nombrado director supremo (1815), año en que fue derrocado y desterrado a Brasil. Destacó en la guerra contra Brasil (1826-1827) y fue varias veces ministro.

**ALVEAR** (Máximo Marcelo Torcuato **de**), político argentino (Buenos Aires 1868-*id.* 1942). Presidente de la república (1922-1928), y, desde 1931, jefe del partido radical.

**ALZATE** (José Antonio **de**), científico y sacerdote mexicano (Ozumba 1737-México 1799). Promovió publicaciones sobre temas literarios y científicos, y es autor de tratados y ensayos sobre ciencias naturales, física, minería y metalurgia, y astronomía.

**Alzheimer** *(enfermedad de),* demencia presenil que se caracteriza por un deterioro intelectual profundo y masivo que va acompañado de una desorientación temporoespacial.

**ALZIRA** → ***Alcira.***

**AMACURO,** r. de Venezuela, tributario del Atlántico, que marca la frontera con Guyana; 250 km.

**AMADEO,** nombre de varios condes y duques de Saboya, entre los que destaca **Amadeo VIII** (Chambéry 1383-Ripaille 1451), conde y luego duque [1391-1440], creador del estado saboyano y último antipapa con el nombre de Félix V (1439-1449).

**AMADEO I** (Turín 1845-*id.* 1890), duque de Aosta y rey de España [1870-1873], hijo de Víctor Manuel II de Italia, de la casa de Saboya, aceptó la corona propuesta por las cortes (dic. 1870) y firmó la constitución (en. 1871), con el único apoyo de los progresistas. La hostilidad general le llevó a renunciar, y se proclamó la república. Regresó a Italia, donde recobró el título de duque de Aosta.

**Amadís de Gaula,** libro de caballerías castellano escrito hacia el s. XIV y conocido gracias a la refundición de Garci Rodríguez de Montalvo (Zaragoza, 1508). Narra las andanzas de Amadís y sus amores con Oriana. La novela creó un idealizado modelo de caballero.

**AMADO** (Jorge), escritor brasileño (Pirangi, Bahía, 1912), autor de novelas que compaginan la crítica social y la inspiración folklórica (*Tierras del sinfín,* 1942; *Gabriela, clavo y canela,* 1958; *Tereza Batista cansada de guerra,* 1972; *Tocaia Grande,* 1984).

**AMADO CARBALLO** (Luis), poeta español en lengua gallega (Pontevedra 1901-*id.* 1927). Combinó tradición popular y elementos vanguardistas: *Proel* (1927) y *El gallo* (*O galo,* 1928).

**AMADOR DE LOS RÍOS** (José), erudito español (Baena 1818-Sevilla 1878). Su obra se centra en temas medievales: *Historia política, social y religiosa de los judíos de España y Portugal* (1875-1876); *Historia crítica de la literatura española* (1861-1865).

**AMADOR GUERRERO** (Manuel), político panameño (Cartagena, Colombia, 1833-† 1909), primer presidente de la república de Panamá (1904-1908).

**AMADU** o **AHMADU TALL,** soberano tucoror del Sudán occidental (1833-Mey Kulfi, Sokoto, 1898). Hijo y sucesor (1864) de al-Ḥaŷŷ 'Umar, fue depuesto por los franceses (1889).

**AMAGÁ,** mun. de Colombia (Antioquia); 21 054 hab. Agricultura. Minas de hierro y carbón.

**AMAGASAKI,** c. de Japón (Honshū), junto a la bahía de Ōsaka; 498 999 hab. Centro industrial.

**AMAGER,** isla de Dinamarca, en el Øre Sund. El N forma parte de los suburbios de Copenhague. Acoge el aeropuerto de Copenhague.

**'Amal,** partido y milicia chiitas del Líbano, surgidos del movimiento fundado por el imán Mūsā Sadr en 1974.

**AMALARICO** (502-Barcelona 531), rey de los visigodos [507-531], hijo de Alarico II. Vencido por los francos, huyó a Barcelona, donde fue asesinado.

**AMALASUNTA** (¿498?-Bolsena 535), hija de Teodorico el Grande, rey de los ostrogodos. Ejerció la regencia durante la minoría de su hijo Atalarico (526-534) y fue estrangulada por orden de su marido, Teodato.

**AMALFI,** c. y estación balnearia de Italia (Campania), al S de Nápoles, junto al golfo de Salerno; 5 585 hab. La ciudad tuvo su apogeo, como centro comercial, del s. X al XII. Catedral (*c.* 1200).

**AMALFI,** mun. de Colombia (Antioquia); 17 175 hab. Cultivos tropicales. Productos lácteos.

**Amalia,** novela de J. Mármol (1855), que constituye una crónica de la época de la dictadura de Rosas.

**AMALTEA,** en la mitología griega, cabra que alimentó a Zeus en el monte Ida (Creta); uno de sus cuernos se convirtió en el cuerno de la abundancia.

**AMAMBAY** *(departamento de),* dep. de Paraguay, en la selva, junto a la frontera con Brasil; 12 933 $km^2$; 97 158 hab. Cap. *Pedro Juan Caballero.*

**AMÁN,** personaje bíblico, favorito y ministro del rey de los persas en el libro de Ester. Quiso exterminar a los judíos, pero Ester los salvó. Caído en desgracia, fue ahorcado.

**AMĀN ALLĀH KAN** (Pagmān 1892-Zurich 1960), emir y rey de Afganistán [1919-1929]. Consiguió que Gran Bretaña reconociera la independencia de Afganistán (1921).

**Amanecer,** película norteamericana de F. W. Murnau (1927), de gran fuerza simbólica y estética, una de las obras maestras del cine mudo.

**amantes de Teruel** *(Los),* leyenda española sobre los trágicos amores de Diego Marsilla e Isabel de Segura, que inspiró obras de Rey de Artieda (1581), Pérez de Montalbán (1638) y J. E. Hartzenbusch (1836).

**AMAPÁ,** estado del N de Brasil; 140 276 $km^2$; 289 050 hab. Cap. *Macapá.* Manganeso.

**amapola roja** *(La),* ballet en tres actos, música de Glier, coreografía de V. Tijomirov, estrenado en Moscú en 1927. Este ballet, primera obra inscrita en el repertorio soviético, fue muy popular en la U.R.S.S. en la versión de L. Lavrovski (1949) y con el título *La flor roja* (1957).

**AMAR Y BORBÓN** (Antonio), militar español (nacido en Zaragoza *c.* 1745). Fue virrey de Nueva Granada desde 1802 hasta su independencia en 1810.

**AMARAL** (Tarsília **do**), pintora brasileña (Capivari, São Paulo, 1897-São Paulo 1973), de inspiración surrealista y folklórica.

**AMARĀVATĪ,** yacimiento arqueológico búdico de la India, en el Decán. Fue capital del reino Āndhra. Sede de una célebre escuela artística (s. II a. J.C.-s. IV).

**AMARILIS,** seudónimo de una poeta peruana no identificada del s. XVII, autora de la *Epístola a Belardo* incluida por Lope de Vega en *La Filomena* (1621).

**AMARILLO** *(mar),* mar del océano Pacífico, entre China y Corea.

**AMARILLO** *(río)* → ***Huang He.***

**AMARILLO,** c. de Estados Unidos, en el NO de Texas; 157 615 hab.

**AMARNA** (*tell* **al-**), centro arqueológico de Egipto, en el valle medio del Nilo, nombre actual de **Ajtatón,** efímera capital fundada en el s. XIV a. J.C. por Amenofis IV. Entre sus restos (ejemplo único de urbanismo) se han descubierto archivos diplomáticos y numerosas obras de arte (bustos de Nefertiti, Berlín y El Cairo).

**AMASIS,** ceramista griego, activo *c.* 555-525 a. J.C., brillante representante de la cerámica ática de figuras negras.

**AMAT Y JUNYENT** (Manuel **de**), militar español (Barcelona 1704-*id.* 1782). Gobernador de Chile (1755-1761) y virrey del Perú (1761-1776), fue un gran protector de las bellas artes.

**AMATEPEC,** mun. de México (México), avenado por el San Felipe; 23 101 hab. Minas de oro y plata.

**AMATERASU,** en el panteón sintoísta, diosa del Sol, de la que se considera descendiente el emperador de Japón.

**AMATES (Los),** mun. de Guatemala (Izabal); 28 786 hab. Agricultura de plantación. Madera.

**AMATI,** familia de constructores de violines de Cremona, uno de cuyos miembros, **Niccolò** (1596-1684), fue maestro de Stradivarius.

**AMATLÁN DE LOS REYES,** mun. de México (Veracruz), en la vertiente oriental del Orizaba; 27 776 hab.

**AMATLÁN-TUXPAN,** mun. de México (Veracruz), en la Huasteca; 29 051 hab. Maíz, frutales. Petróleo.

**AMAURY I** (1135-1174), rey de Jerusalén [1163-1174]. — **Amaury II** (*c.* 1144-Acre 1205), rey de Chipre [1194-1205] y Jerusalén [1197-1205].

**AMAYA** (Carmen), bailarina española (Barcelona 1913-Bagur 1963), de familia gitana. En 1917 debutó en Barcelona y en 1929 actuó en París. Realizó giras por toda América, que le dieron gran fama, y trabajó en el cine (*Los Tarantos,* 1962).

**AMAZONAS,** r. de América del Sur, tributario del Atlántico; el primero del mundo por su caudal (200 000 $m^3/s$ de promedio) y por la amplitud de su cuenca, la Amazonia*. Nace en la confluencia del Ucayali y el Marañón, y recorre 6 500 km hasta desembocar en un gran delta que incluye la isla de Marajó. Formado por ríos andinos, recibe luego por la izq. al Negro, Trombetas, Paru, etc., y por la der. al Madeira, Tapajós, Xingu, Tocantins. De régimen pluvial, es navegable hasta Iquitos, en Perú (para gran tonelaje sólo hasta Óbidos, en Brasil). Su desembocadura fue alcanzada por Américo Vespucio (1499); Y. Yáñez Pinzón recorrió su estuario (1500), y la expedición de F. de Orellana, su curso alto hasta la desembocadura (1542).

**AMAZONAS,** estado del N de Brasil; 1 564 000 $km^2$; 2 088 682 hab. Cap. *Manaus.*

**AMAZONAS** *(departamento de),* dep. del N de Perú (Nor-Oriental del Marañón), en la transición de los Andes a la llanura amazónica; 39 249 $km^2$; 343 400 hab. Cap. *Chachapoyas.*

**AMAZONAS** *(departamento del),* dep. del S de Colombia, en la selva amazónica; 109 665 $km^2$; 30 327 hab. Cap. *Leticia.*

**AMAZONAS** *(estado),* estado de Venezuela, fronterizo con Brasil y Colombia; 175 750 $km^2$; 59 690 hab. Cap. *Puerto Ayacucho.*

**AMAZONIA,** región de América del Sur, que comprende la cuenca central e inferior del río Amazonas (7 millones de $km^2$) en las Guayanas, Venezuela, Colombia, Ecuador, Perú, Bolivia y, fundamentalmente, Brasil. De clima cálido y húmedo, es un dominio del bosque ombrófilo, difícil de penetrar. La población se reduce a unas 150 000 personas que practican una agricultura itinerante, la caza y la recolección. Trusts privados se han dedicado a la explotación de las reservas forestales y minerales (hierro, manganeso, oro, petróleo), con consecuencias catastróficas para los aborígenes y el medio natural. La Conferencia de las Naciones unidas en Río de Janeiro (1992) acordó medidas para la protección y desarrollo del área, la mayor reserva ecológica del planeta.

**AMBARTSUMIÁN** (Víktor Amazaspóvich), astrofísico soviético (Tbilisi 1908-† 1971). Descubrió las asociaciones estelares y fue el primero en intuir la existencia e importancia de los fenómenos explosivos en los núcleos de galaxias.

Tell al-**Amarna:** princesa comiendo un pato. Esbozo sobre ostracon. Imperio nuevo, s. XIV a. J.C.
(Museo egipcio, El Cairo.)

**AMBATO,** c. de Ecuador, cap. de la prov. de Tungurahua; 124 166 hab. Centro agrícola. Cabecera de una vía de penetración a la selva amazónica.

**AMBERES,** en neerlandés **Antwerpen,** en fr. **Anvers,** c. de Bélgica, cap. de la prov. homónima; 467 518 hab. Universidad. Importante puerto y activo centro industrial. Capital económica de Europa (s. XV), fue desplazada por Amsterdam. Con la independencia de Bélgica (1830) renovó su pujanza. Catedral gótica (ss. XIV-XVI; pinturas de Rubens). Notable conjunto de la Grote Markt (ayuntamiento, s. XVI). Museo real de bellas artes (escuela flamenca, Rubens). — La *provincia de Amberes,* en la región de Flandes, tiene 2 867 $km^2$ y 1 605 167 hab.

**Amberes:** las casas de las guildas en la plaza Mayor (Grote Markt)

**AMBOINA,** en indonesio **Ambon,** una de las islas Molucas (Indonesia). La principal ciudad, *Ambon* (209 000 hab.), capital del archipiélago, fue en el s. XVII el centro colonial neerlandés en Indonesia.

**AMBOISE,** c. de Francia (Indre-et-Loire), a orillas del Loira; 11 541 hab. Castillo gótico y renacentista; Clos Lucé, donde murió Leonardo da Vinci. En esta ciudad fue proclamado en 1563 un edicto que concedía libertad de culto a los protestantes.

**AMBRACIA** → ***Arta.***

**AMBRONA,** yacimiento arqueológico de España (Miño de Medinaceli, Soria) en el que se han encontrado útiles de piedra para cazar grandes animales, correspondientes a cazadores achelenses del paleolítico inferior.

**AMBROSETTI** (Juan Bautista), arqueólogo y naturalista argentino (Gualeguay 1865-† 1917). Se dedicó fundamentalmente al estudio del norte argentino (culturas amerindias, fauna y flora).

**ambrosiana** *(biblioteca),* biblioteca de Milán, fundada por el cardenal Federico Borromeo, abierta en 1609. Posee gran número de libros raros y valiosos manuscritos. Tiene anexa la *pinacoteca ambrosiana.*

**AMBROSIO** *(san),* padre y doctor de la Iglesia latina (Tréveris *c.* 340-Milán 397). Arzobispo de Milán, atacó los cultos paganos y el arrianismo, bautizó a san Agustín, cristianizó las instituciones imperiales y obligó al emperador Teodosio a hacer penitencia. Reformó el canto sacro y creó el rito ambrosiano.

**AMEALCO,** mun. de México (Querétaro); 38 389 hab. Cereales, frijol, alfalfa. Ganadería. Bosques.

**AMECA,** mun. de México (Jalisco), en la cuenca del *río Ameca* (260 km); 48 259 hab. Agricultura.

**AMECAMECA,** ant. **Amecameca de Juárez,** mun. de México (México); 31 621 hab. Iglesia del s. XVI (uno de los claustros más antiguos de México).

**AMEGHINO** (Florentino), paleontólogo argentino (Luján 1854-La Plata 1911). Estudió el poblamiento y la población primitiva de América y la evolución de los mamíferos en Suramérica (*Filogenia paleontológica argentina,* 1934; *Los mamíferos fósiles de la República Argentina,* 1916-1932).

**Amejoramientos,** disposiciones dictadas por Felipe II y Carlos III de Navarra para mejorar las primitivas leyes del fuero general. Las reivindicaciones navarras forales de los ss. XIX y XX se basaron en dichos textos, y las disposiciones autonómicas aprobadas en 1982 recibieron el nombre de Pacto sobre reintegración y amejoramiento del régimen foral de Navarra.

**AMENEMES** o **AMENEMHAT,** nombre que llevaron cuatro faraones de la XII dinastía (ss. XX-XIX a. J.C.).

**AMENGUAL** (René), compositor chileno (Santiago 1911-*id.* 1954). De su obra destacan *Cuartetos* (1944), *Diez preludios* (1950) y *Concierto para arpa* (1950).

**AMENOFIS,** nombre de cuatro reyes de Egipto de la XVIII dinastía (1580-1320). — **Amenofis IV** o **Ajnatón** *(el que agrada a Atón),* rey de Egipto [1372-1354]. De temperamento místico, instauró, con el apoyo de la reina Nefertiti, el culto de Atón, dios supremo y único. Trasladó su capital de Tebas (ciudad del dios Amón) a Ajtatón (Amarna), pero su reforma no le sobrevivió.

**Amenofis IV** y Nefertiti adorando el disco solar (el dios Atón). Estela procedente de Ajtatón (Amarna). [Museo egipcio, El Cairo.]

**AMÉRICA,** uno de los cinco continentes del mundo; 42 millones de km²; 717 millones de hab.

GEOGRAFÍA

América es el continente más alargado (más de 15 000 km de N a S). Está formada por dos amplias masas triangulares (*América del Norte* y *América del Sur*), unidas por un estrecho istmo *(América Central).* Unas cadenas montañosas, al O recientes y elevadas (Rocosas y Andes), y al E antiguas y erosionadas (Apalaches, macizo de las Guayanas, escudo Brasileño) enmarcan amplias cuencas aluviales avenadas por los principales ríos (Mississippi, Orinoco, Amazonas, Paraná y Paraguay). La extensión en latitud es causa de la variedad de los climas (de tendencia dominante templada y fría en América del Norte, ecuatorial y tropical en América Central y en América del Sur) y de la vegetación (tundra del N canadiense, a la que sucede, hacia el S, el bosque de coníferas; estepa desértica de las mesetas de México y de una parte de la fachada marítima de Chile y Perú; bosque denso de la Amazonia, etc.). América fue totalmente transformada por la colonización europea, más temprana en las Antillas, América Central y América del Sur. Los pueblos precolombinos, numéricamente poco importantes, fueron asimilados por mestizaje (frecuente en Iberoamérica), confinados en reservas (indios de América del Norte) o exterminados. Los negros, introducidos desde el s. XVI como esclavos, forman un elemento aislado en E.U.A. y más o menos mezclado con los demás grupos humanos en el resto del continente. El origen de los inmigrantes y elementos económicos y socioculturales permiten distinguir dos subconjuntos; por una parte la *América anglosajona,* que abarca Estados Unidos y Canadá, el área de mayor desarrollo económico relativo, cuya población es predominantemente blanca (en su mayor parte descendientes de inmigrantes provenientes de las islas Británicas y, en general, de Europa septentrional), aunque existe una importante minoría negra y una importante inmigración de habla hispana (chicanos, puertorriqueños, cubanos); por otra, la *América latina,* donde la población criolla, descendiente de inmigrantes de Europa meridional (españoles, portugueses, italianos) se halla en proporciones muy variables, según las regiones, junto con mestizos, amerindios, mulatos y negros.

**América: descubrimientos**

1492 Guanahaní (Cristóbal Colón)
1493 La Española (Cristóbal Colón)
1497 Terranova (J. y S. Caboto)
1498 Labrador (Juan Caboto)
1498 Venezuela (Ojeda y Vespuccio)
1500 Amazonas (V. Y. Pinzón)
1500 Brasil (Pedro Álvarez Cabral)
1513 Florida (Ponce de León)
1513 istmo de Panamá (Núñez de Balboa)
1515 costas de Perú (Pérez de la Rúa)
1515 Bermudas (Juan Bermúdez)
1516 Río de la Plata (Díaz de Solís)
1517 Yucatán (Hernández de Córdoba)
1519 conquista de México (Cortés)
1520 Tierra del Fuego (Magallanes)
1524 Nueva Francia (Verrazano)
1532-1534 conquista de Perú (F. Pizarro)
1534 Canadá (Jacques Cartier)
1535 California (Cortés)
1535 Chile (D. de Almagro)
1576 Tierra de Baffin (Frobisher)
1577 Virginia (W. Raleigh)
1585 estrecho de Davis (J. Davis)
1607 bahía de Chesapeake (J. Smith)
1610 bahía de Hudson (H. Hudson)
1615 cabo de Hornos (J. Lemaire)

el río Tigre en la **Amazonia** peruana

**América** *(Copa),* en ingl. **America's Cup** [del nombre de un velero norteamericano], regata disputada cada 4 años, cuyo origen se remonta a 1851.

**AMÉRICA CENTRAL** o **CENTROAMÉRICA,** sector central del continente americano, entre el istmo de Tehuantepec (México) y el de Panamá. Comprende los estados de Guatemala, Honduras, Belice, Nicaragua, Costa Rica, El Salvador y Panamá, además de la porción meridional de México. *(V. anexo cartográfico.)*

**AMÉRICA DEL NORTE** o **NORTEAMÉRICA,** parte septentrional del continente americano, que comprende Canadá, Estados Unidos y la mayor parte de México (hasta el istmo de Tehuantepec). *(V. mapa pág. 1100.)*

**AMÉRICA DEL SUR, SURAMÉRICA** o **SUDAMÉRICA,** sector meridional del continente americano, desde el istmo de Panamá hasta el cabo de Hornos. Comprende, de N a S: los estados de Colombia, Venezuela, Guyana, Surinam, Trinidad y Tobago (insular), Brasil, Ecuador, Perú, Bolivia, Paraguay, Uruguay, Argentina y Chile, así como la Guayana Francesa. *(V. mapa pág. 1101.)*

**AMÉRICA ESPAÑOLA,** conjunto de las antiguas colonias españolas del Nuevo mundo (virreinatos de Nueva España, Nueva Granada, Perú y Río de la Plata; capitanías generales de Guatemala, Chile, Venezuela y Cuba), que se independizaron de España en el s. XIX.

**AMÉRICA LATINA** o **LATINOAMÉRICA,** sector del continente americano que comprende las tierras continentales e insulares situadas al S del río Grande del Norte; 21 527 960 km² y 440 millones de hab.

GEOGRAFÍA

El mestizaje, el aflujo de mano de obra africana y en menor medida asiática, y la inmigración europea, han configurado un mosaico etnocultural muy complejo; predomina la población europea en Argentina, Uruguay, Chile y S de Brasil; negroafricana en el área antillana y el noreste brasileño, e indomestiza en la región andina, México y Centroamérica. La economía sigue en buena parte basada en la exportación de materias primas agropecuarias y mineras. El comercio interlatinoamericano es débil (en torno al 15 % del total de intercambios), aunque se dan diversos esfuerzos de integración, bien a través de organismos internacionales regionales como el Sistema económico latinoamericano (S.E.L.A.) o la Comisión económica para América latina (C.E.P.A.L.) de la O.N.U., bien a través de acuerdos regionales: grupo Andino, pacto Amazónico, Caricom, Mercado común centroamericano, Mercosur o el Tratado de libre comercio (T.L.C.) entre México, E.U.A. y Canadá.

HISTORIA

***Descubrimiento y colonización del Nuevo mundo.*** De los grupos que poblaron América latina destacaron principalmente cuatro pueblos, con una civilización adelantada: mayas, aztecas, chibchas e incas. Con la llegada de Colón a la isla de Guanahaní (Antillas) en 1492 se abrió el Nuevo mundo a la conquista europea. 1493: Colón llegó a La Española. 1498: F. de Ojeda y A. Vespucio recorrieron el litoral venezolano. 1500: P. Álvares Cabral llegó a Brasil, e inició el asentamiento portugués en la zona. 1513: Núñez de Balboa cruzó el istmo de Panamá y descubrió el Pacífico. 1515: Pérez de la Rúa recorrió las costas peruanas. 1516: Díaz de Solís llegó al Río de la Plata. 1517: Hernández de Córdoba alcanzó las costas del golfo de México. 1520: Magallanes alcanzó la Tierra del Fuego y franqueó el estrecho que llevaría su nombre. A partir de 1520 se sucedieron las expediciones militares de conquista y sometimiento de las poblaciones indígenas. 1521: H. Cortés culminó la conquista del imperio azteca. 1531-1536: F. Pizarro conquistó el imperio inca. 1534: Belalcázar entró en Quito. 1535-1537: el Río de la Plata y Paraguay fueron sometidos por P. de Mendoza y J. de Ayolas. 1540: Valdivia inició la conquista de Chile. A partir de 1550 se consolidó el marco jurídico que dotó al Imperio español de una estructura económica (encomiendas) y política características: virreinatos de Nueva España (1535), Perú (1542), Tierra Firme

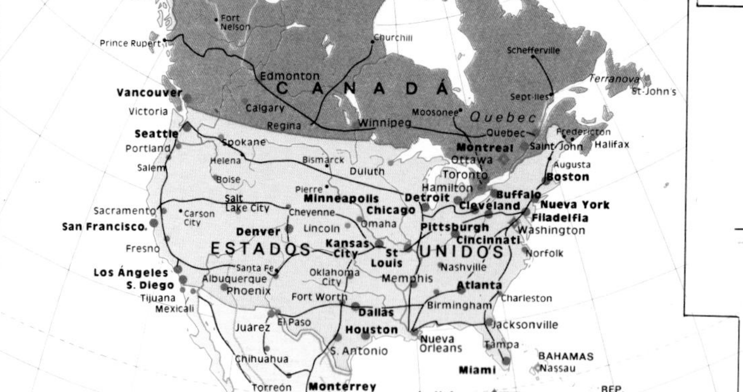


## AMÉRICA DEL NORTE Y CENTRAL

— ferrocarril transcontinental

····· carretera de penetración al Norte y carretera panamericana al Sur

## AMÉRICA DEL SUR

o Nueva Granada (1717) y Río de la Plata (1776); audiencias (Santo Domingo, Santa Fe de Bogotá); capitanías generales (Guatemala, Cuba, Venezuela y Chile). Los efectos que el proceso colonizador tuvo entre la población indígena se pueden resumir en una grave crisis de valores y de forma de vida y una gran mortandad, denunciada, entre otros, por fray Bartolomé de las Casas. Ello movió a los colonizadores a importar negros africanos (esclavos) como mano de obra. El cruce de razas fomentó el mestizaje de la población.

***El proceso hacia la independencia.*** En el marco general de las revoluciones del s. XVIII, la población criolla fue adquiriendo una conciencia de emancipación que se tradujo en las primeras tentativas independentistas: creación de juntas de gobierno (Ecuador, 1809; Venezuela y Paraguay, 1811; Colombia, 1813); levantamiento del cura Hidalgo en México (1810-1811). En esta primera oleada revolucionaria (1806-1816), los españoles sofocaron la mayor parte de las revueltas. La segunda (1821-1825), en cambio, se saldó con la victoria de los independentistas sobre las tropas de Fernando VII: emancipación de las Provincias Unidas del Río de la Plata (1816); San Martín liberó Chile y Perú (1816-1821); Iturbide, México (1821); Bolívar y Sucre, la parte N de América del Sur (Venezuela, Ecuador, Colombia y Bolivia, 1824). También Brasil accedió a la independencia en 1822. Tras la independencia, una serie de tentativas unificadoras resultaron fallidas: Provincias Unidas de América Central (1823-1838); República de la Gran Colombia (Colombia, Ecuador y Venezuela, 1819-1830); Confederación Perú-boliviana (1837-1839); Confederación de Honduras, El Salvador y Nicaragua (1842-1844); de sus respectivos procesos de desmembración quedaron establecidos los marcos estatales actuales. En 1865 la República Dominicana obtuvo la independencia definitiva, y Cuba en 1898.

***El siglo XX.*** Desde principio de siglo E.U.A. proyectó su hegemonía sobre América latina, fragmentada y en vías de desarrollo. La inestabilidad política (expresada en numerosos pronunciamientos militares), junto con un crecimiento económico dependiente de las potencias capitalistas, condicionó la evolución socioeconómica de la región. A nivel político, tras la experiencia revolucionaria mexicana de los años veinte, aparecieron diversos movimientos revolucionarios y, en particular, la revolución cubana (1959). En los años siguientes Estados Unidos aumentó su influencia en la región. El triunfo de diversas tentativas izquierdistas (Allende, 1971-1973) fue contrarrestado por diversos regímenes militares, que dominaron la vida política en muchos países (Nicaragua somocista, Chile, Argentina, Paraguay) durante los años setenta y parte de los ochenta. En la década de los ochenta Centroamérica se vio convulsionada por los conflictos armados. El retorno a la paz y a la democracia se vio ensombrecido en los años noventa por graves problemas económicos.

**America Online,** empresa norteamericana de informática fundada en 1985. Líder en el ámbito de internet, tras su fusión con Time Warner en 2000, constituye uno de los mayores grupos empresariales en el campo de los medios de comunicación.

**American broadcasting company** → *ABC.*

**American federation of labor** → *A.F.L.-C.I.O.*

**AMERSFOORT,** c. de Países Bajos (Utrecht), junto al Eem; 101 974 hab. Barrios antiguos con canales.

**AMES,** mun. de España (La Coruña); 9 864 hab. *(Mahianes.)* Cap. *Bertamiráns.* Serrerías.

**AMÉZAGA** (Juan José), político y jurisconsulto uruguayo (Montevideo 1881-*id.* 1956), presidente de la república (1943-1947).

**AMHERST** (Jeffrey, *barón*), mariscal británico (Sevenoaks 1717-*id.* 1797), que finalizó la conquista de Canadá (1758-1760).

**AMIANO MARCELINO,** historiador latino (Antioquía *c.* 330-† *c.* 400), que continuó la obra de Tácito.

**AMIATA** *(monte),* macizo de Italia, en los Apeninos toscanos; 1 734 m. Mercurio.

**AMICI** (Giovanni Battista), astrónomo y óptico italiano (Módena 1786-Florencia 1863). Inventó la técnica del microscopio de inmersión.

**AMICIS** (Edmondo **de**), escritor italiano (Oneglia 1846-Bordighera 1908), autor de novelas sentimentales y moralizantes (*Corazón,* 1866).

**AMIENS,** c. de Francia, cap. de la región de Picardía y del dep. de Somme; 136 234 hab. Industria. Universidad. Gran centro comercial medieval. Catedral gótica (s. XIII), la mayor de Francia.

**Amiens:** detalle de las esculturas que decoran el pórtico central de la catedral de Notre Dame (s. XIII)

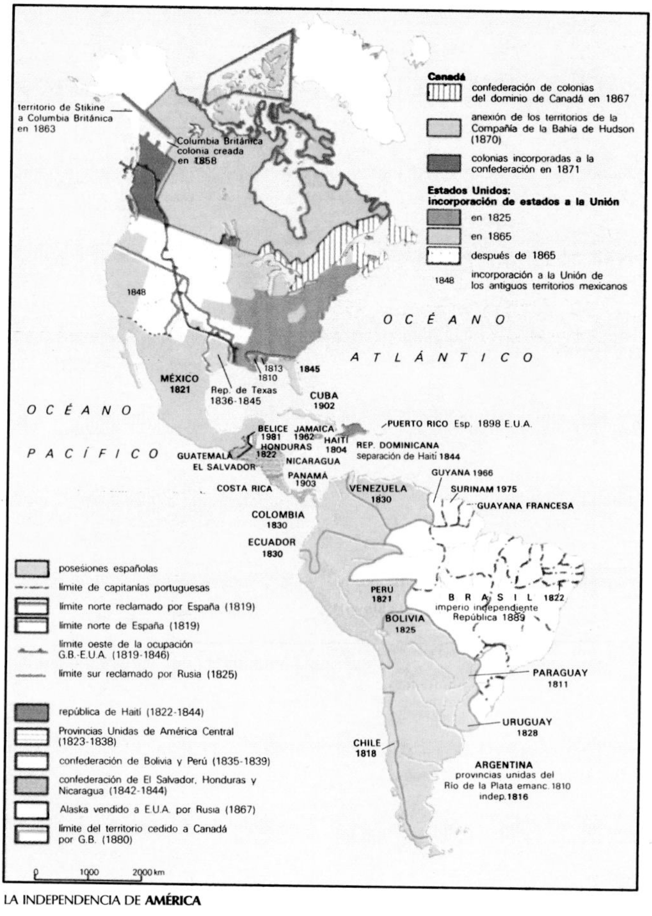


LA INDEPENDENCIA DE **AMÉRICA**

**AMIGOS** *(Islas de los)* → ***Tonga.***

**Amigos del país** *(Sociedades económicas de)* → ***Sociedades económicas de Amigos del país.***

**AMÍLCAR BARCA,** general cartaginés (*c.* 290-Elche 229 a. J.C.), padre de Aníbal. Tras haber luchado contra los romanos en Sicilia, reprimió la revuelta de los mercenarios (240-238) y conquistó la zona meridional de la península Ibérica (237-229).

**AMIN** (Samir), economista egipcio (El Cairo 1931). Inspirado en el marxismo, ha estudiado las relaciones entre el subdesarrollo y el imperialismo (*El desarrollo desigual,* 1973).

**AMIN DADA** (Idi), político ugandés (Koboko 1925). Presidente de la república (1971-1979), estableció un régimen de terror.

**Aminta,** drama pastoril de T. Tasso (1573), en doce cantos, considerado un modelo del género.

**AMINTAS,** nombre de tres reyes de Macedonia. — **Amintas III,** que reinó probablemente de 393 a 369/370 a. J.C., fue padre de Filipo II.

**AMIRANTES** o **ALMIRANTES** *(islas),* archipiélago del océano Índico, dependencia de Seychelles; 10 km$^2$.

**AMIRÍES,** miembros de la familia de Almanzor. Entre ellos destacaron los reyes de la taifa de Valencia ʻAbd al-ʻAzīz ibn ʻAbd al-Raḥmān [1021-1061] y su hijo ʻAbd al-Malik [1061-1065].

**Amistad** *(oleoducto de la),* conducción que parte de Rusia y abastece refinerías bielorrusas, polacas, alemanas, eslovacas, checas y húngaras.

**amistades peligrosas** *(Las),* novela epistolar de Choderlos de Laclos (1782).

**AMITĀBHA,** buda de la «Luz infinita», el más popular de los budas del budismo mahayana.

**ʻAMMĀN,** c. y cap. de Jordania; 1 213 300 hab. Teatro romano. Museos.

**Amnesty international** *(Amnistía internacional)* [AI], organización humanitaria, privada e internacional, fundada en 1961 para la defensa de las personas encarceladas a causa de sus ideas, su raza o su religión y para la lucha contra la tortura. (Premio Nobel de la paz 1977.)

**AMÓN** o **AMMÓN,** dios egipcio de Tebas. Durante el Imperio nuevo sus sacerdotes constituyeron una casta influyente. Posteriormente fue asimilado a Ra.

**AMÓN** o **AMMÓN,** personaje bíblico, hijo de Lot y hermano de Moab, antepasado epónimo de los ammonitas.

**AMONIO Sacas,** filósofo neoplatónico de Alejandría (s. III d. J.C.), fundador de la escuela de Alejandría.

**AMOR** (Guadalupe), escritora mexicana (México 1920-*id.* 2000), autora de libros de poesía (*Todos los siglos del mundo,* 1959), novelas y cuentos.

**amor brujo** *(El),* ballet en un acto de Falla, inspirado en un texto de Martínez Sierra. Se estrenó en 1915. Destaca la *Danza ritual del fuego.*

**AMOR RUIBAL** (Ángel María), filósofo y teólogo español (San Verísimo de Barro, Pontevedra, 1869-Santiago de Compostela 1930). Crítico con el aristotelismo tomista, propugnó una filosofía cristiana más amplia e insistió en la relación inmanencia-trascendencia (*Los problemas fundamentales de la filosofía y del dogma,* 10 vols., 1900-1945).

**Amor sagrado y amor profano,** título dado desde el s. XVIII a una pintura alegórica de juventud de Tiziano (*c.* 1515-1516, galería Borghese, Roma).

***Amor sagrado y amor profano*** (*c.* 1515-1516). Pintura de Tiziano. (Galería Borghese, Roma.)

**AMOREBIETA-ECHANO,** mun. de España (Vizcaya); 15 798 hab. Centro industrial.

**AMORIM** (Enrique), escritor uruguayo (Salto 1900-*id.* 1960). Sus novelas de ambientación rural recrean la Pampa (*La carreta,* 1929; *El paisano Aguilar,* 1934; *El caballo y su sombra,* 1941). En *La victoria no viene sola* (1952) aborda temas urbanos.

**AMORIO** *(dinastía de),* dinastía bizantina que reinó de 820 a 867 y comprendió tres soberanos: Miguel II, Teófilo y Miguel III.

**AMORÓS** (Juan Bautista) → ***Lanza*** (Silverio).

**AMÓS,** profeta bíblico (s. VIII a. J.C.). La recopilación de sus profecías constituye el *Libro de Amós* (s. VI a. J.C.).

**AMOUR** *(yébel),* macizo montañoso de Argelia, en el Atlas sahariano; 1 977 m.

**AMOY** o **XIAMEN,** c. y puerto de China (Fujian), en una isla frente a Taiwan; 368 786 hab.

**AMPATO** *(nevado de),* volcán de Perú (Arequipa), en la cordillera Occidental o Marítima; 6 310 m.

**AMPÈRE** (André Marie), físico y matemático francés (Lyon 1775-Marsella 1836). Autor de la teoría del electromagnetismo, sentó las bases de la teoría electrónica de la materia e inventó el telégrafo eléctrico, y, con Arago, el electroimán.

**AMPOSTA,** c. de España (Tarragona), cab. de p. j.; 15 223 hab. *(Ampostinos.)* Arrozales junto al Ebro. Papel y cartón.

**AMPURDÁN** o **EMPORDÀ,** comarca de España (Gerona), dividida en *Alto Ampurdán,* cuyo centro es Figueras, y *Bajo Ampurdán,* con centro en La Bisbal d'Empordà. El litoral forma la mayor parte de la Costa Brava.

**AMPURIAS** o **EMPÚRIES,** en gr. **Emporion,** establecimiento griego en el golfo de Rosas (Gerona), fundado en el s. VI a. J.C. y ocupado por los romanos desde el s. III a. J.C. Las excavaciones han descubierto la planta de la antigua ciudad amurallada (ss. III-I a. J.C.), con mosaicos, esculturas, una palestra, un anfiteatro y necrópolis griegas y romanas.

**Ampurias:** cisternas de la ciudad griega

**AMPURIAS** *(condado de),* entidad territorial situada en el Alto Ampurdán, que dependió de la familia del mismo nombre (ss. IX-XIV).

**'AMR** († *c.* 663), compañero de Mahoma y conquistador de Egipto (640-642).

**AMRAVATI** o **AMRAOTI,** c. de la India (Mahārāshtra); 433 746 hab. Centro comercial (algodón).

**AMRITSAR,** c. de la India (Panjāb); 709 456 hab. Es la ciudad santa de los sikhs (*templo de Oro* o *Dorado,* s. XVI).

**AMSTERDAM,** c. y cap. de Países Bajos (Holanda Septentrional) desde 1815 (aunque no sede de los poderes públicos), en la confluencia del Amstel y del IJ; 702 444 hab. (1 038 000 en la aglomeración).

un aspecto de **Amsterdam**

Ciudad industrial (talla de diamantes, construcciones mecánicas, industrias químicas y alimentarias) y puerto activo en el golfo del IJ, unido al mar del Norte y al Rin por dos canales. La ciudad, construida sobre numerosos canales secundarios, conserva bellos monumentos. Rijksmuseum (obras maestras de la pintura holandesa), casa de Rembrandt, Stedelijk Museum (arte moderno), museo Van Gogh, etc. Floreciente en el s. XV, en el s. XVII conoció una gran prosperidad y desempeñó una función importante en el comercio internacional.

**AMÚ DARYÁ,** ant. **Oxus,** r. de Asia, que nace en el Pamir y desemboca en el mar de Aral; 2 540 km. Se utiliza para el regadío (algodón).

**AMUNDSEN** (Roald), explorador noruego (Borge, Østfold, 1872-en el Ártico 1928). Fue el primero en cruzar el paso del Noroeste (1906) y alcanzó el polo S en 1911. Desapareció durante un vuelo en auxilio de la expedición polar de Nobile.

**AMUR,** en chino **Heilong Jiang,** r. del NE de Asia, formado por el Argún y el Shilka. Sirve de frontera entre Siberia y el NE de China y desemboca en el mar de Ojotsk; 4 440 km.

**AMURRIO,** v. de España (Álava), cab. de p. j.; 9 849 hab. Iglesia románica. Palacio de Guinea.

**ANA** *(santa),* esposa de san Joaquín y madre de la Virgen.

BIZANCIO

**ANA COMNENO,** princesa bizantina (1083-1148). Fue la historiadora del reinado de su padre, Alejo I Comneno *(Alexiada).*

ESPAÑA

**ANA DE AUSTRIA** (Cigales 1549-Badajoz 1580), reina de España [1570-1580]. Hija de Maximiliano II de Austria, fue la cuarta esposa de Felipe II (1570) y la madre de Felipe III.

FRANCIA

**ANA DE AUSTRIA,** reina de Francia (Valladolid 1601-París 1666), hija de Felipe III de España. Fue esposa de Luis XIII (1615) y regente (1643-1661).

GRAN BRETAÑA

**ANA BOLENA** o **BOLEYN** (*c.* 1507-Londres 1536), segunda esposa de Enrique VIII, rey de Inglaterra (1533), quien repudió a Catalina de Aragón, de la que Ana era dama de honor. Acusada de adulterio, fue decapitada.

**ANA DE CLÈVES** o **CLÉVERIS** (Düsseldorf 1515-Chelsea 1557), cuarta esposa de Enrique VIII de Inglaterra, que la desposó y repudió el mismo año (1540).

**ANA ESTUARDO** (Londres 1665-*id.* 1714), reina de Gran Bretaña e Irlanda [1702-1714], hija de Jacobo II. Luchó contra Luis XIV y reunió en un solo estado los reinos de Escocia e Inglaterra (1707).

RUSIA

**ANA IVÁNOVNA** (Moscú 1693-San Petersburgo 1740), emperatriz de Rusia [1730-1740]. Permitió gobernar a E. J. Biron y a los alemanes de su entorno.

**Ana Karénina,** novela de L. Tolstói (1855-1877), en la que opone los estragos de una pasión ilegítima a la imagen apacible de una pareja unida.

**ANABAR** *(escudo de),* mesetas de Siberia oriental (Rusia), parte más antigua del zócalo siberiano, donde nace el *río Anabar* (897 km), tributario del mar de Láptiev.

André Marie **Ampère**

Roald **Amundsen** en 1925, antes de su expedición al polo norte

**Ana de Austria,** reina de España (Sánchez Coello - museo Lázaro Galdiano, Madrid)

**Ana de Austria,** reina de Francia (palacio de Versalles)

**Anatolia:** puerta de las Esfinges, fortaleza de Alaca Höyük (s. XIV a. J.C.)

**Anábasis,** relato, escrito por Jenofonte, de la campaña de Ciro el Joven contra Artajerjes II y de la retirada de los mercenarios griegos (los Diez mil), a cuyo mando iba el propio autor (s. IV a. J.C.).

**ANACLETO** o **CLETO** *(san)* [† Roma 88], papa de 76 a 88. Se cree que murió mártir.

**ANACLETO II** (Pietro **Pierleoni**) [† 1138], antipapa [1130-1138]. Contra el papa Inocencio II, apoyado por san Bernardo, se apoyó en el normando Roberto II, para el cual declaró a Sicilia reino hereditario.

**ANACO,** c. de Venezuela (Anzoátegui); 61 386 hab.

**ANACREONTE,** poeta lírico griego (Teos, Jonia, s. VI a. J.C.). Las *Odas* que se le han atribuido son cantos al amor y a la buena mesa, e inspiraron la llamada poesía *anacreóntica* del renacimiento.

**ANADIR,** r. de Siberia que desemboca en el *golfo de Anadir,* en el mar de Bering; 1 145 km.

**ANAGNI,** c. de Italia, en el Lacio; 18 000 hab. Cuna del papa Bonifacio VIII, donde en 1295 se firmó el tratado de paz que puso fin a las luchas de la Corona de Aragón con los Anjou y el pontificado. En 1303, Bonifacio VIII fue detenido en Anagni por emisarios de Felipe IV el Hermoso de Francia.

**ANAHEIM,** c. de Estados Unidos (California); 266 406 hab. Turismo *(Disneyland).*

**ANÁHUAC,** parte S de la altiplanicie mexicana, que abarca el Distrito Federal y varios estados circundantes. Por extensión, se ha dado este nombre a todo el territorio mexicano.

**ANÁHUAC,** mun. de México (Nuevo León); 16 479 hab. Algodón. Aguacates. Ganado vacuno.

**Anales,** relato de Tácito (s. II) sobre la historia romana desde la muerte de Augusto a la de Nerón, del que sólo se conservan algunos libros.

**Anales de la Corona de Aragón,** obra histórica de Jerónimo Zurita (Zaragoza, 1562 y 1579), cronista del reino de Aragón desde 1548.

**ANASAGASTI** (Teodoro **de**), arquitecto español (Bermeo 1880-Madrid 1938). Se distinguió como proyectista y urbanista (Real cinema de Madrid, casa de Correos de Málaga).

**ANASAZI,** yacimiento del SO de Estados Unidos, principal centro de una cultura prehistórica —Utah, Arizona, Colorado, Nuevo México— llamada de los cesteros o *basket makers* (100 a. J.C.-700 d. J.C.).

**ANASTASIA** *(santa)* [† Sirmium 304], mártir en tiempos de Diocleciano.

**ANASTASIO I** (Durazzo ¿431?-¿Constantinopla? 518), emperador de oriente [491-518]. Apoyó el monofisismo.

**ANASTASIO I** *(san)* [† Roma 401], papa de 399 a 401. Condenó a los origenistas y donatistas.

**ANATOLIA,** en turco **Anadolu,** del gr. **Anatolē** *(el Levante),* nombre que se da a *Asia Menor,* que designa el conjunto de la Turquía asiática.

**ANAXÁGORAS,** filósofo griego (Clazómenas c. 500-Lámpsaco c. 428 a. J.C.). Consideró la inteligencia como el principio de todo el universo. Realizó importantes descubrimientos científicos.

**ANAXIMANDRO,** filósofo griego de la escuela jonia (Mileto c. 610-c. 547 a. J.C.). Consideró lo infinito, lo indefinido, como elemento primordial de todas las cosas. Realizó numerosos descubrimientos astronómicos y trazó un mapamundi.

**ANAXÍMENES de Mileto,** filósofo griego de la escuela jonia (s. VI a. J.C.). Para él todo proviene del aire y a él retorna.

**A.N.C.,** siglas de African national congress → ***Congreso nacional africano.***

**ANCASH** *(departamento de),* dep. del centro de Perú, en la Sierra, que constituye la región de Chavín; 40 627 $km^2$; 1 020 000 hab. Cap. *Huaraz.*

**ANCHICAYÁ,** r. de Colombia, de la vertiente pacífica. Arenas auríferas. Central hidroeléctrica.

**ANCHIETA** o **ANCHETA** (Juan **de**), escultor español (Azpeitia c. 1540-Pamplona 1588). De formación italiana, su influencia alcanzó el País Vasco, Navarra y La Rioja. Entre sus obras destacan *La Asunción* y *La coronación de la Virgen* del retablo mayor de la catedral de Burgos (c. 1576), y el retablo de San Miguel de la Seo de Zaragoza.

**ANCHIETA** (Juan **de**), compositor y sacerdote español (Azpeitia 1462-*id.* 1523), autor de misas, motetes, magnificats y villancicos.

**ANCHORAGE,** c. de Estados Unidos (Alaska); 226 338 hab. Aeropuerto.

**ANCÍZAR** (Manuel), escritor y político colombiano (Bogotá 1812-† 1882). Presidió el gobierno revolucionario de 1860 tras el triunfo de los radicales. Es autor de *Peregrinación de Alfa* (1853).

**ANCO MARCIO,** nieto de Numa, cuarto rey legendario de Roma [640-616 a. J.C.]; al parecer fundó Ostia.

**ANCOHUMA** *(cerro),* macizo andino de la cordillera Real de Bolivia (La Paz); 6 380 m.

**ANCÓN,** mun. de Perú (Lima); 3 607 hab. Yacimientos arqueológicos preincaicos. — En esta población se firmó el *tratado de Ancón* (1883), acuerdo entre Chile y Perú para poner fin a la guerra del Pacífico.

**ANCONA,** c. y puerto de Italia, cap. de Las Marcas y de la prov. homónima, en las costas del Adriático; 101 179 hab. Arco de Trajano. Catedral románico-bizantina (ss. XI-XIII). Museos.

**ANCUD,** com. de Chile (Los Lagos); 38 374 hab. Industria cárnica. Puerto en la *bahía de Ancud.*

**ANDAGOYA** (Pascual **de**), descubridor español (Valle de Cuartango, Álava, 1495-† 1548). Fundó la ciudad de Panamá y exploró el O de Colombia.

**ANDAHUAYLAS,** c. de Perú (Apurímac), en la cordillera de Vilcabamba; 25 160 hab. Centro agrícola.

**ANDALUCÍA,** región de España que constituye una comunidad autónoma formada por las provincias de *Almería, Cádiz, Córdoba, Granada,* Huelva, Jaén, Málaga y *Sevilla;* 87 268 $km^2$; 7 040 627 hab. *(Andaluces.)* Cap. *Sevilla.*

GEOGRAFÍA

Ocupa el sector meridional de la península Ibérica. La sierra Morena, al N, la separa de la Meseta; el centro está ocupado por la depresión bética, regada por la cuenca del Guadalquivir, y al S se levantan las cordilleras Béticas, con las cimas más altas de la Península (Mulhacén, 3 481 m; La Veleta, 3 392 m). Es una región fundamentalmente agrícola, con dominio de los latifundios. Destacan los cultivos tradicionales de cereales (valle del Guadalquivir), vid (Campiña de Jerez) y olivos (Jaén), junto a otros más modernos: arroz (marismas del Guadalquivir), caña de azúcar (valle del Genil), hortalizas y frutas tempranas (hoyas de Málaga, Motril y Adra; enarenados de Granada y Almería). La industria se concentra en los núcleos de Sevilla, Huelva (química), Cádiz (astilleros), el campo de Gibraltar (petroquímica, siderurgia) y el polígono industrial de Córdoba. Minería en sierra Morena. Importante desarrollo turístico (Costa del Sol, Costa de Almería).

HISTORIA

S. XI a. J.C.: Los metales del reino de Tartessos atrajeron a los fenicios. *C.* 500 a. J.C.: destrucción de Tartessos por los cartagineses. S. III a. J.C.: los romanos invadieron la región (segunda guerra púnica), e impusieron su cultura y administración (Bética). Ss. V-VI: ocupación de los vándalos y luego de los visigodos, tras un paréntesis bizantino. 711: la victoria musulmana en la batalla del Guadalete marcó el fin del dominio visigodo. 711-929: emirato de Córdoba. 929-1031: califato de Córdoba. Ss. XI-XIII: reinos de taifas. 1091-1146: invasión almorávide. 1146-1269: dominio almohade. 1333: invasión benimerín. 1231-1492: reino nazarí de Granada. 1492: culminación de la reconquista con la toma de Granada por los Reyes Católicos; incorporación de Andalucía al reino de Castilla. 1500-1501 y 1568-1571: sublevaciones moriscas de La Alpujarra. Ss. XVI-XVIII: los puertos andaluces (Sevilla, Cádiz) prosperaron gracias al comercio con América, y se consolidó la estructura latifundista de la propiedad agraria (s. XIX). 1981: aprobación del estatuto de autonomía.

**ANDALUCÍA,** mun. de Colombia (Valle del Cauca); 16 080 hab. Cultivos tropicales. Minas de carbón.

**ANDALUS (al-),** denominación dada en la edad media por los árabes a la España musulmana.

**ANDAMAN** *(islas),* archipiélago indio del golfo de Bengala, al S de Birmania, que, con las islas Nicobar, forma el *territorio de Andaman y Nicobar;* 8 293 $km^2$; 279 111 hab. Cap. *Port Blair.*

**ANDARAPA,** mun. de Perú (Apurímac), en la cordillera de Vilcabamba; 20 100 hab.

**ANDECA,** rey de los suevos de Galicia [584-585]. Destronó a Eborico, pero fue vencido por Leovigildo y su reino incorporado al estado visigodo.

**ANDERLECHT,** mun. de Bélgica, al SO de Bruselas, a orillas del Senne; 87 884 hab. Museo de Erasmo.

**ANDERS** (Władysław), general polaco (Blonia, cerca de Varsovia, 1892-Londres 1970). Dirigió las fuerzas polacas reconstituidas en la U.R.S.S., que destacaron en Italia (1943-1945).

**ANDERSCH** (Alfred), escritor alemán (Munich 1914-Berzona 1980), nacionalizado suizo. Sus relatos están dominados por el tema de la soledad (*Un aficionado a las medias tintas,* 1963).

**ANDERSEN** (Hans Christian), escritor danés (Odense 1805-Copenhague 1875), célebre autor de *Cuentos* (1835-1872), notables por la ironía o la melancolía del relato.

**ANDERSEN NEXØ** (Martin) → ***Nexø.***

Hans Christian **Andersen**
(C. A. Jensen - museo Andersen, Odense)

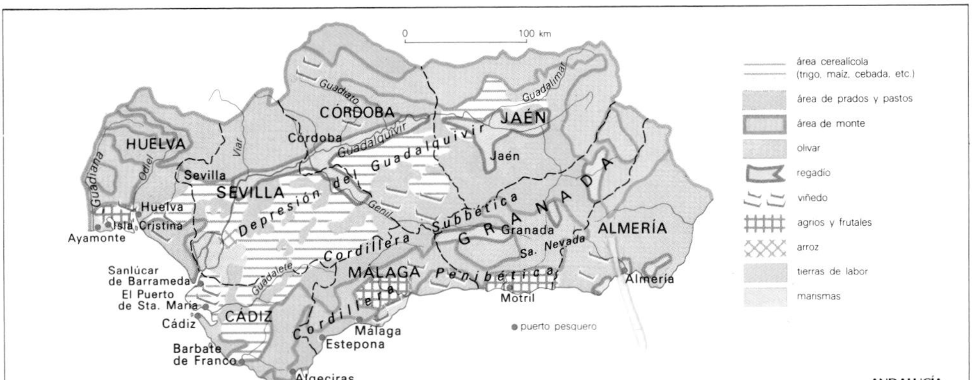

ANDALUCÍA

**ANDERSON** (Lindsay), director de cine británico (Bangalore, India, 1923-Saint-Saud-Lacoussière, Dordoña, 1994), principal fundador del *free cinema* (*El ingenuo salvaje*, 1963; *If...*, 1968).

**ANDERSON** (Sherwood), escritor norteamericano (Camden, Ohio, 1876-Colón, Panamá, 1941), uno de los creadores de la novela corta norteamericana moderna (*Winesburg, Ohio*, 1919; *La risa negra*, 1925).

**ANDERSON IMBERT** (Enrique), narrador y crítico argentino (Córdoba 1910-Buenos Aires 2000), autor de cuentos lírico-fantásticos, novelas (*Fuga*, 1953) y ensayos (*Historia de la literatura hispanoamericana*, 1954).

**ANDES** *(cordillera de los)*, sistema montañoso de América del Sur, que bordea el litoral pacífico desde el N de Venezuela hasta Tierra del Fuego (8 500 km); su alt. media sobrepasa los 3 500 m, y culmina a 6 959 (Aconcagua). No constituye una cadena única: en Colombia y Ecuador comprende una serie de serranías separadas por profundos valles; en el S del Perú y Bolivia los distintos ramales enmarcan una extensa meseta, el Altiplano*; y los Andes meridionales, que marcan la divisoria entre Argentina y Chile, se estrechan hacia el S.

la cordillera de los **Andes:** el valle del río Urubamba, en Perú, con la antigua ciudad inca de Machu Picchu

**ANDES,** mun. de Colombia (Antioquía); 37 507 hab. Café, maíz. Minas de oro. Industria tabacalera.

**ANDES (Los),** com. de Chile (Valparaíso); 50 622 hab. Centro industrial y turístico.

**ĀNDHRA,** dinastía, también denominada **Sātavāhana,** que reinó en la India entre los ss. I a. J.C. y III d. J.C., en el Decán.

**ĀNDHRA PRADESH,** estado de la India, en el Decán, junto al golfo de Bengala; 275 068 km²; 66 508 008 hab. Cap. *Hyderābād.*

**Andino** *(pacto y grupo)*, acuerdo y organización latinoamericana surgidos de las reuniones de Cartagena (1969) entre Colombia, Ecuador, Perú, Bolivia y Chile para la creación de un mercado común andino. Venezuela se adhirió en 1973 y Chile lo abandonó en 1976. Se ha basado en tres puntos esenciales: eliminación de obstáculos para el comercio regional, establecimiento de una tarifa exterior común y elaboración de estrategias para una planificación económica conjunta. En el plano político se crearon el *Tribunal de justicia*, con sede en Quito, y el *Parlamento andino*, con sede en Bogotá. El *Consejo presidencial andino* es el máximo órgano decisorio.

**ANDIZHÁN,** c. del E de Uzbekistán, cap. de región, en Ferganá; 293 000 hab.

**ANDO TADAO,** arquitecto japonés (Ōsaka 1941). Su obra se integra en el entorno natural a través de sobrias estructuras en hormigón y cristal. (Premio Pritzker 1995.)

**Ando Tadao:** interior del pabellón de Japón, exposición universal de Sevilla (1992)

**ANDOAIN,** v. de España (Guipúzcoa); 15 269 hab. *(Andoainenses.)* Centro industrial.

**ANDONG** o **NGAN-TONG,** c. y puerto de China (Liaoning), en la desembocadura del Yalu; 420 000 habitantes.

**ANDORRA,** pequeño estado de los Pirineos, entre España y Francia; 465 km²; 480 000 hab. *(Andorranos.)* Cap. *Andorra la Vella* (18 000 hab.). LENGUA OFICIAL: *catalán.* MONEDA: *peseta, franco* y *euro.* Unión postal con España y Francia. Turismo y comercio. Plaza financiera con exenciones fiscales.

HISTORIA

El nacimiento de Andorra como entidad política data de la época carolingia. Propiedad del obispo de Urgel desde el s. X, en 1278 se firmaron los Pariatges, que acordaron la soberanía compartida por dos copríncipes, el obispo de Urgel y el conde de Foix (más tarde el soberano y luego el presidente de Francia). En 1993 se aprobó la primera constitución de su historia, que declaró la soberanía nacional, y Andorra ingresó en la O.N.U.

**ANDORRA,** v. de España (Teruel); 8 639 hab. *(Andorranos.)* Minas de lignito. Central térmica.

**ANDRADE** (Domingo Antonio **de**), arquitecto y entallador español (Cée, La Coruña, 1639-Santiago de Compostela 1712). Su estilo es de un barroco clasicista (catedral de Santiago, torre del Reloj, retablo de Santo Domingo).

**ANDRADE** (José Oswald **de Sousa**, llamado **Oswald de**), poeta y novelista brasileño (São Paulo 1890-*id.* 1954). Miembro del grupo modernista y fundador del «movimiento antropofágico» literario, es autor de poemas (*Pau-Brasil*, 1925) y novelas (*Marco Zero*, 1943-1945).

**ANDRADE** (Mário Raúl **de Moráis**), poeta y musicólogo brasileño (São Paulo 1893-*id.* 1945), uno de los fundadores del modernismo brasileño (*Paulicéia desvariada*, 1920; *Macunaíma*, 1928).

**ANDRÁSSY** (Gyula, *conde*), político húngaro (Kassa 1823-Volosca 1890). Presidente del consejo de Hungría (1867), fue ministro de Asuntos Exteriores de Austria-Hungría (1871-1879).

**ANDRÉ** (José), compositor argentino (Buenos Aires 1881-*id.* 1944), autor de la obra para orquesta *Impresiones porteñas.*

**ANDRÉE** (Salomon August), ingeniero y explorador sueco (Gränna 1854-isla Kvitøya, Svalbard, 1897). Murió en una expedición en globo a 800 km del polo N.

**ANDRÉIEV** (Leonid Nikoláievich), escritor ruso (Oriol 1871-Mustamäggi, Finlandia, 1919), uno de los mejores representantes del simbolismo ruso, por sus relatos (*Abismo*, 1902) y teatro (*Vida humana*, 1907).

**ANDRENIO** (Eduardo **Gómez de Baquero,** llamado), ensayista y crítico literario español (Madrid 1866-*id.* 1929), autor de *Novelas y novelistas* (1918) y *El renacimiento de la novela en el siglo XIX* (1924).

**ANDREOTTI** (Giulio), político italiano (Roma 1919). Diputado democristiano a partir de 1945, fue presidente del consejo (1972-1973 y 1976-1979), ministro de Asuntos Exteriores (1983-1989) y de nuevo presidente del consejo (1989-1992).

ANDORRA

**ANDRÉS** *(san),* apóstol (s. I), hermano de san Pedro. Según la tradición, fue crucificado en Patrás.

**Andrés** (*orden de* **san**), la más importante orden militar de la Rusia zarista (creada en 1698).

**ANDRÉS,** nombre de tres reyes de Hungría, entre ellos **Andrés II** (1175-1235), rey [1205-1235] que participó en la quinta cruzada (1217-1218).

**ANDRÉS A. CÁCERES,** región administrativa del centro de Perú, que comprende los departamentos de Huánuco, Junín y Pasco; 105 431 km²; 2 105 000 hab.

**ANDRÉS ESTELLÉS** (Vicent), poeta español en lengua catalana (Burjasot 1924-Valencia 1993), gran renovador de la lírica valenciana. Muerte, amor y sexo son los elementos dominantes en su obra: *La noche* (*La nit,* 1956), *Doncel amargo* (*Donzell amarg,* 1958), *Libro de maravillas* (*Llibre de meravelles,* 1971), *Horacianas* (*Horacianes,* 1974). [Premio de honor de las letras catalanas 1978; premio de las letras valencianas 1984.]

**ANDREU** (Mariano), pintor y escenógrafo español (Barcelona 1888-Biarritz 1976). Afincado en París, realizó decorados para obras teatrales.

**ANDREWS** (Thomas), físico irlandés (Belfast 1813-*id.* 1885). Descubrió la *temperatura crítica* y reconoció la continuidad de los estados líquido y gaseoso.

**ANDRIA,** c. de Italia (Apulia); 82 556 hab. Monumentos medievales.

**ANDRIĆ** (Ivo), novelista yugoslavo en lengua serbia (Dolac 1892-Belgrado 1975). Evoca Bosnia y las luchas políticas de su país (*La crónica de Travnik, Un puente sobre el Drina,* 1945; *Un amor en la qaṣba,* 1963). [Premio Nobel de literatura 1961.]

**ANDRÓMACA,** en la *Ilíada,* esposa de Héctor y madre de Astianacte. Tras la conquista de Troya, fue llevada cautiva a Grecia por Neoptólemo, hijo de Aquiles. Inspiró las tragedias de Eurípides (*c.* 426 a. J.C.) y la de Racine (1667).

**ANDRÓMEDA,** personaje legendario, hija de Cefeo, rey de Etiopía, y de Casiopea. Fue liberada de un monstruo por Perseo, que la desposó.

**ANDRÓNICO I Comneno** (Constantinopla 1122-1185), emperador bizantino [1183-1185]. Hizo estrangular a Alejo II para apoderarse del trono y fue derrocado por Isaac II Ángelo. — **Andrónico II Paleólogo** (Nicea 1256-Constantinopla 1332), emperador bizantino [1282-1328]. Tras luchar sin éxito contra los turcos y contra su nieto, abdicó. — **Andrónico III Paleólogo** (Constantinopla *c.* 1296-*id.* 1341), su nieto, emperador bizantino [1328-1341]. No pudo impedir el avance de los turcos en Asia Menor. — **Andrónico IV Paleólogo** (1348-1385), emperador bizantino de 1376 a 1379.

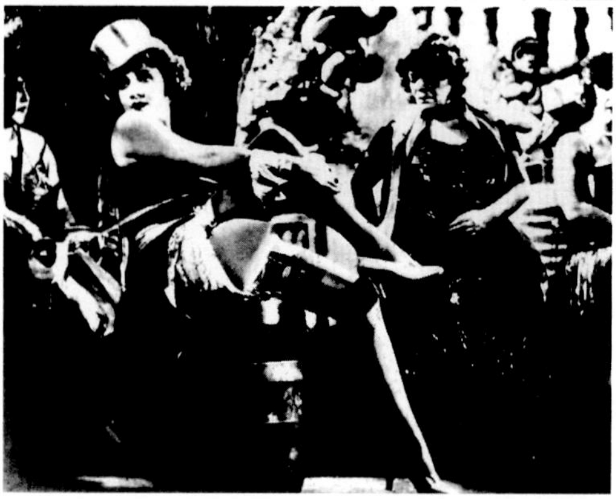

*El* ***ángel azul*** (1930), con Marlene Dietrich

**ANDRÓPOV** (Yuri Vladímirovich), político soviético (Nagútskoie, Stávropol, 1914-Moscú 1984). Fue jefe de la K.G.B. (1967-1982), secretario general del partido (1982-1984) y presidente del soviet supremo (1983-1984).

**ANDROS** o **ÁNDRO,** una de las islas Cícladas (Grecia).

**ANDROUET DU CERCEAU** → ***Cerceau.***

**ANDRZEJEWSKI** (Jerzy), escritor polaco (Varsovia 1909-*id.* 1983). Uno de los iniciadores de la revuelta de los intelectuales en 1956, es autor de relatos y novelas (*Cenizas y diamantes,* 1948; *La pulpa,* 1980).

**ANDÚJAR,** c. de España (Jaén), cab. de p. j., 35 803 hab. *(Andujareños.)* Cerámica. Iglesias de Santa María y San Miguel con portadas platerescas.

**ANDÚJAR** (Manuel), escritor español (La Carolina 1913-Madrid 1994), autor de novelas inscritas en el realismo crítico (trilogía *Vísperas,* 1970), relatos (*Los lugares vacíos,* 1971), teatro, ensayo y poesía.

Perseo liberando a **Andrómeda.** Pintura mural procedente de Pompeya (s. I d. J.C.)
[museo arqueológico, Nápoles]

**ANETO** *(pico de),* pico de España (Huesca), el más alto de los Pirineos; 3 404 m de alt.

**ANFIÓN,** en la mitología griega, hijo de Zeus y Antíope, poeta y músico, que habría levantado las murallas de Tebas; al sonido de su lira las piedras se colocaban solas. Casó con Níobe.

**ANFÍPOLIS,** ant. c. de Macedonia, colonia de Atenas, junto al Estrimón (act. *Neokhōri*). Tucídides fue exiliado por no haber sabido defenderla contra el lacedemonio Brásidas (424 a. J.C.). Filipo de Macedonia se apoderó de ella (357 a. J.C.).

**ANFITRIÓN,** rey legendario de Tirinto, hijo de Alceo y esposo de Alcmena. Zeus adoptó su aspecto para seducir a Alcmena, quien dio a luz a Heracles. La leyenda de Anfitrión inspiró una comedia de Plauto y obras de autores como L. de Camoēs, Molière, J. Dryden, H. von Kleist y J. Giraudoux.

**ANFITRITE,** diosa griega del mar, esposa de Poseidón, madre de Tritón y de numerosas ninfas.

**ANGARÁ,** r. de Rusia, en Siberia, afl. del Yeniséi (or. der.); 1826 km. Hidroelectricidad.

**ANGARSK,** c. de Rusia, en Siberia, a orillas del Angará; 266 000 hab.

**ANGEL** *(salto del),* cascada de Venezuela, en el río Churún, descubierta por J. C. Angel (1937); es el mayor salto ininterrumpido del mundo (1 000 m).

**ÁNGEL** (Félix), pintor y dibujante colombiano (Medellín 1949). Excelente dibujante, sus obras tienden a la monumentalidad y subrayan lo grotesco.

**ángel azul** *(El),* película alemana de J. von Sternberg (1930), una de las primeras obras maestras del cine sonoro, que dio a conocer a Marlene Dietrich.

**ÁNGEL R. CABADA,** mun. de México (Veracruz), en la llanura costera del golfo de México; 28 236 habitantes.

**ÁNGELA de Merici** *(santa),* religiosa italiana (Desenzano del Garda 1474-Brescia 1540), fundadora de las ursulinas.

**ÁNGELES,** c. de Filipinas (Luzón), al NO de Manila; 236 000 hab.

**ÁNGELES (Los),** com. de Chile (Biobío); 142 136 hab. Centro industrial, comercial y turístico.

**ÁNGELES** (*fray* Juan **de los**), escritor místico español (Oropesa, Toledo, 1536-Madrid 1609). Su obra denota el conocimiento de la filosofía clásica y la influencia de Ruysbroeck y Tauler: *Triunfos del amor de Dios* (1590), *Manual de vida perfecta* (1608).

**ÁNGELES** (Victoria **de los**) → ***Victoria de los Ángeles.***

**ÁNGELES ORTIZ** (Manuel), pintor español (Jaén 1895-París 1984). Su obra está marcada por el neocubismo de los años veinte y la abstracción.

**Angélica,** nombre de dos heroínas de la poesía épica italiana: la del *Orlando enamorado* de Boiardo, y la del *Orlando furioso* de Ariosto. Barahona de Soto prosiguió el tema en *Las lágrimas de Angélica* (1586).

**ANGÉLICO** (Guidolino **di Pietro,** en religión **Fra Giovanni da Fiesole,** llamado **el Beato** y, con mayor frecuencia, **Fra** o **Fray**), pintor y dominico italiano (en el Mugello *c.* 1400-Roma 1455). Es uno de los maestros de la escuela florentina y uno de los más profundos intérpretes de la iconografía cristiana (frescos y retablos del convento de San Marcos en Florencia, en donde era fraile; capilla de Nicolás V en el Vaticano). Fue beatificado en 1982.

Fra **Angélico:** ángel músico (detalle) extraído del *Tríptico de los Linaioli* (1433) [museo de San Marcos, Florencia]

**ÁNGELO,** dinastía bizantina que reinó de 1185 a 1204, y durante la cual se hundió el poder del Imperio bizantino.

**ANGELÓPULOS** (Theodoros, llamado **Theo**), director de cine griego (Atenas 1935), cuya obra evoca la historia política de su país: *Días del 36,* 1972; *El apicultor,* 1986; *La mirada de Ulises,* 1995.

**ANGERS,** c. de Francia, cap. del dep. de Maine-et-Loire, ant. cap. de Anjou; 146 163 hab. Universidad. Edificios góticos (catedral). Castillo de los condes de Anjou (tapices del Apocalipsis, 1376).

**ANGIOLILLO** (Michele), anarquista italiano (Foggia 1872-Vergara 1897). Atentó contra Cánovas, al que dio muerte (1897). Fue ejecutado.

**ANGIOLINI** (Gasparo), bailarín y coreógrafo italiano (Florencia 1731-Milán 1803), uno de los creadores del ballet de acción.

**ANGKOR,** conjunto arqueológico de Camboya occidental, en el emplazamiento de una ant. cap. de los reyes khmer fundada en 889 por Yaśovarman I. Sus numerosos monumentos (s. VII-fines s. XIII), de gran simbolismo arquitectónico, están adornados con una rica decoración esculpida. Los templosmontaña de Phnom Bakheng y del Bayon en Angkor Thom y el complejo funerario de Sūryavarman II, Angkor Vat (s. XII), representan el apogeo del arte khmer.

**Angkor:** el complejo funerario de Angkor Vat. Arte khmer; s. XII.

**ANGLADA CAMARASA** (Hermenegildo), pintor español (Barcelona 1871-Pollensa 1959). Desde 1894 residió en París, y en 1914 se estableció en Mallorca. Su obra se centra en paisajes, tipos populares y escenas costumbristas.

**ANGLERÍA** (Pedro Mártir **de**), en ital. **Pietro Martire d'Anghiera,** erudito italiano (Arona 1459-Granada 1526). Cronista de la corte de los Reyes Católicos y de Indias, sus obras son valiosas fuentes para la historia española y de los descubrimientos *(De orbe novo decades octo; De rebus occeanicis).*

**ANGLÉS** (Higinio), sacerdote y musicólogo español (Maspujols, Tarragona, 1888-Roma 1969). Fue fundador y director del Instituto español de musicología. En Roma (1947) dirigió el Pontificio instituto de música sacra.

**ANGLESEY,** isla de Gran Bretaña (País de Gales), en el mar de Irlanda; 715 km$^2$; 67 800 hab.

**ANGLONORMANDAS** *(islas),* en ingl. **Channel Islands,** grupo de islas del canal de la Mancha, cerca de la costa normanda, dependencia de la corona británica: *Jersey, Guernesey, Alderney (Aurigny), Sark (Sercq);* 195 km$^2$; 120 000 hab. Centros turísticos. Hortalizas, flores y frutales. Ganadería. La corona de Inglaterra ejerce la soberanía en las islas como descendiente de los duques normandos.

**ANGOL,** com. de Chile (Araucanía); 46 003 hab. Centro industrial (productos lácteos, curtidos).

**ANGOLA,** estado de África Austral; 1 246 700 km$^2$ (incluido el enclave de Cabinda); 8 500 000 hab. *(Angoleños.)* CAP. *Luanda.* LENGUA OFICIAL: *portugués.* MONEDA: *kwanza.* Está formado por una altiplanicie que domina una llanura costera desértica. Producción de café, petróleo, hierro y diamantes.

**HISTORIA**

La región, habitada desde el neolítico, fue ocupada en el I milenio d. J.C. por los bantúes, en la actualidad aún mayoritarios. S. XV: recibió su nombre de la dinastía N'gola (reino Ndongo).

***La época colonial.*** El descubrimiento del país por Diogo Cão inició el establecimiento portugués (1484). 1580-1625: los portugueses lucharon contra el reino Ndongo. La trata se convirtió en la primera actividad del país. 1877-1879: Serpa Pinto exploró el interior. 1889-1901: unos tratados fijaron los límites del país. 1899 y 1911: prestaciones personales obligatorias sustituyeron la antigua esclavitud. 1955: Angola fue convertida en provincia portuguesa.

***La independencia.*** 1961: la insurrección de Luanda inició la guerra de independencia, pero el movimiento nacionalista estaba dividido. 1975: se proclamó la independencia, y estalló la guerra civil. El Movimiento popular de liberación de Angola (M.P.L.A.) de A. Neto se impuso con la ayuda de Cuba, sin vencer totalmente a los rebeldes de U.N.I.T.A. apoyados por la República de Sudáfrica. 1979: a la muerte de Neto, J. E. Dos Santos le sucedió al frente del estado. 1988: un acuerdo entre Angola, la República de Sudáfrica y Cuba supuso un alto el fuego en el N de Namibia y el S de Angola, seguido de la retirada de las tropas sudafricanas y cubanas (1989-1991). 1991: se instauró el multipartidismo. Dos Santos firmó un acuerdo de paz con U.N.I.T.A. 1992: primeras elecciones legislativas y presidenciales libres. La negativa de U.N.I.T.A. a aceptar el resultado, favorable a Dos Santos, ocasionó una reanudación de la guerra civil, que sumió al país en una situación económica catastrófica. 1994-1995: U.N.I.T.A. y el gobierno firmaron sendos acuerdos de paz, que no fueron cumplidos. 1997: el Gobierno de unidad y reconciliación nacional asumió el poder.

**ANGORA** → *Ankara.*

**ANGOSTURA,** ant. nombre de Ciudad* Bolívar (Venezuela). — El *congreso de Angostura* se celebró (1819) por iniciativa de Bolívar. Se acordó la unión de la capitanía general de Venezuela y el virreinato de Nueva Granada en un solo estado.

**ANGOSTURA,** mun. de México (Sinaloa); 44 529 hab. Agricultura. Salinas. Curtidos.

**Angry young men** *(Jóvenes airados),* movimiento literario y artístico basado en una crítica de los valores tradicionales de la sociedad británica, que se desarrolló en Gran Bretaña en los años 1955-1965.

**ANGSTRÖM** (Anders Jonas), físico sueco (Lödgö 1814-Uppsala 1874). Especialista en el análisis

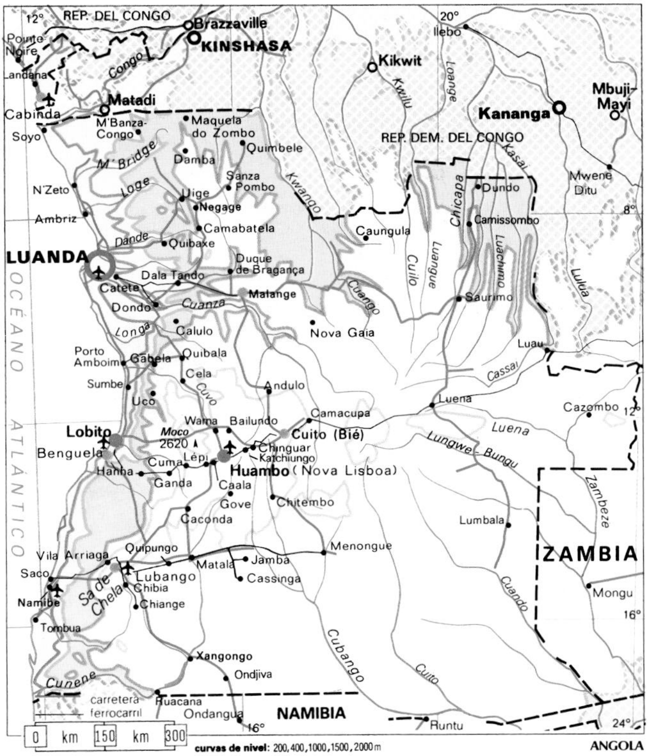

espectral, determinó los límites del espectro visible.

**ANGUIANO** (Raúl), pintor mexicano (Guadalajara 1915). Miembro fundador del Taller de gráfica popular (1936), realizó pinturas murales socialmente comprometidas (1936-1937) en Morelia y México, y en el museo nacional de antropología (1964). [Premio nacional de ciencias y artes 2000.]

Raúl **Anguiano:** *La espina* (1952).
[Museo nacional de arte, México.]

**ANGUILA,** isla de las Pequeñas Antillas británicas; 588 km²; 6 500 hab. Ocupada por los británicos a partir de 1666, disfruta de autonomía desde 1976.

**ANGUITA** (Julio), político español (Fuengirola 1941), alcalde de Córdoba (1979-1986). Secretario del Partido comunista de España (1988-1998), coordinador general de Izquierda unida (1989-2000) y diputado (1989-1999).

**ANGULEMA,** en fr. **Angoulême,** c. de Francia, cap. del dep. de Charente, a orillas del Charente; 46 194 hab. Catedral románica. Festival anual del cómic.

**ANGULEMA** (Luis **de Borbón,** *duque* **de**), último delfín de Francia (Versalles 1775-Gorizia, Austria, 1844). Hijo de Carlos X, intervino en España al mando de los Cien mil hijos de san Luis (1823).

**ANGULO ÍÑIGUEZ** (Diego), historiador del arte español (Valverde del Camino 1901-Sevilla 1986). Especialista de la pintura castellana de los ss. XVI-XVII (*Historia del arte hispanoamericano,* 1945; *Historia del arte,* 2 vols., 1956).

**ANHALT,** principado alemán creado a comienzos del s. XIII; fue un ducado de 1806-1807 a 1918.

**ANHUI** o **NGAN-HUEI,** prov. de China oriental; 140 000 km²; 57 610 000 hab. Cap. *Hefei.*

**ANI,** ant. c y cap. de Armenia (act. en Turquía), saqueada en 1064 por los turcos. Ruinas (murallas, puentes, catedral [989-1001]).

**ANÍBAL,** general y estadista cartaginés (247-Bitinia 183 a. J.C.), hijo de Amílcar Barca. De 221 a 219 amplió las conquistas púnicas en la península Ibérica, pero desencadenó la segunda guerra púnica al atacar Sagunto, aliada de Roma (219). Llegó a Italia atravesando los Pirineos y los Alpes, venció a los romanos en Trasimeno (217) y Cannas (216), pero no pudo tomar Roma. Fue reclamado por Cartago (203) y vencido en Zama (202) por Escipión el Africano. Se exilió en oriente, donde se envenenó para escapar de los romanos.

**ANICETO** *(san)* [en Siria-Roma 166], papa (155-166).

**anillo del nibelugo** *(El)* → ***Tetralogía.***

**ANJOU,** región histórica de Francia, centrada alrededor del Loira, entre Bretaña y Turena. Act. la mayor parte forma el dep. de Maine-et-Loire. Cap. *Angers.* En el s. XII, con los Plantagenet, fue el centro de un vasto imperio francoinglés. El condado pasó a Carlos de Anjou (1246), fundador de la segunda dinastía. Ducado con los Valois (s. XIV), Luis XI la anexionó a Francia (1481).

**ANJOU,** nombre de tres casas nobles francesas. La primera surgió de los vizcondes de Angers (s. X); la segunda, de Carlos I de Sicilia, y la tercera, de Carlos de Valois, hermano de Felipe IV el Hermoso.

**ANJOUAN** → ***Ndzouani.***

**ANKARA,** ant. **Ancira,** posteriormente **Angora,** c. y cap. de Turquía (desde 1923), en Anatolia central, a unos 1 000 m de alt.; 2 559 471 hab. Museos.

**ANN ARBOR,** c. de Estados Unidos (Michigan), al O de Detroit; 109 592 hab. Universidad.

**ANNABA,** ant. **Bona,** c. y puerto del E de Argelia, cap. de vilayato; 256 000 hab. Metalurgia. Emplazamiento de la ant. *Hipona.* Restos romanos.

**Annales d'histoire économique et sociale** (desde 1994: *Annales. Histoire, Sciences sociales*), revista fundada en 1929 por Lucien Febvre y Marc Bloch. Frente a la historia basada en los acontecimientos, propugnó una historia «total».

**ANNAM,** región central de Vietnam, entre Tonkín y Cochinchina. C. pral. *Huê, Da Nang.* Formada por pequeñas llanuras (cultivo de arroz) junto al mar de China, dominadas al O por las montañas de la *cordillera Annamita.*

**ANNAN** (Kofi), economista y político ghanés (Kumasi 1938), secretario general de la O.N.U. desde 1997. En 1998 logró un acuerdo con S. Husayn que permitió la continuidad de los inspectores de armamento de la O.N.U. en Iraq.

**ANNAPOLIS,** r. de Canadá (Nueva Escocia), tributario de la bahía de Fundy; 160 km.

**ANNAPŪRNĀ** o **ANAPŪRNĀ,** una de las cumbres del Himalaya (8 078 m), en el Nepal. Primera cumbre de más de 8 000 m conquistada por el hombre (en 1950 por la expedición francesa de Maurice Herzog).

**ANNECY,** c. de Francia, cap. del dep. de Haute-Savoie, a orillas del *lago Annecy* (27 km²); 51 143 hab. Turismo. Castillo (ss. XII-XVI, museo regional). Catedral (s. XVI).

**ÁNNENSKI** (Innokenti Fedórovich), poeta ruso (Omsk 1856-San Petersburgo 1909), uno de los inspiradores del simbolismo ruso (*El cofrecillo de ciprés,* 1910).

**ANNOBÓN** *(isla),* de 1973 a 1979 **Pagalu,** isla de Guinea Ecuatorial; 172 km²; 1 400 hab. Descubierta por los portugueses (1471), en 1778 fue cedida a los españoles.

**ANNUAL,** localidad de Marruecos, al O de Melilla, escenario de la derrota de las fuerzas españolas frente a los rifeños de Abd el-Krim (jul. 1921).

**ANNUNZIO** (Gabriele **d'**), escritor italiano (Pescara 1863-Gardone Riviera, Brescia, 1938). Es autor de poemas, obras de teatro y novelas (*El placer,* 1889; *El fuego,* 1900), donde se mezclan el culto a la belleza y el refinamiento simbólico aplicado tanto a la vida (d'Annunzio recreó un personaje de dandi y héroe durante la primera guerra mundial) como a la obra de arte.

**ANOUILH** (Jean), dramaturgo francés (Burdeos 1910-Lausana 1987). Su teatro abarca una amplia gama desde la fantasía (*El baile de los ladrones,* 1938) al pesimismo (*Antígona,* 1944), pasando por el humor o la sátira.

**ANQUISES,** príncipe legendario troyano, amante de Afrodita, de quien tuvo a Eneas.

**ANṢARIYYA** o **ANSARIEH** *(yébel),* montaña de Siria (1 583 m), que domina la fosa del Gāb.

**ANSCARIO** u **ÓSCAR** *(san)* [en Picardía 801-Bremen 865], evangelizador de Escandinavia.

**Anschluss,** anexión de Austria por parte de Alemania, impuesta por Hitler (1938-1945).

**ANSELMO** *(san)* [Aosta 1033-Canterbury 1109]. Teólogo benedictino, fue abad de Bec, en Normandía (1078) y arzobispo de Canterbury (1093). Desarrolló el argumento de la prueba ontológica de la existencia de Dios.

**ANSERMA,** mun. de Colombia (Caldas); 33 821 hab. Centro agrícola y minero (oro, carbón, plata).

**ANSERMANUEVO,** mun. de Colombia (Valle del Cauca); 17 901 hab. Café, tabaco e industria.

**ANSHAN** o **NGAN-SHAN,** c. del NE de China (Liaoning); 1 210 000 hab. Siderurgia.

**ANSÓ** *(Valle de),* comarca de España (Huesca), típico valle del alto Pirineo. V. pral. *Ansó.*

**ANSON** (Luis María), periodista español (Madrid 1935). Director de la agencia Efe (1976-1983), fue director del diario *ABC* (1983-1997). En 1998 fundó el diario *La razón.* (Real academia 1996.)

**ANTA,** dep. de Argentina (Salta); 39 466 hab. Cap. *El Piquete.* Maíz, vid. Ganadería.

**ANTAKYA** → ***Antioquía.***

**ANTÁLCIDAS,** general lacedemonio (s. IV a. J.C.). Negoció con Persia un tratado por el cual Esparta abandonaba las ciudades griegas de Asia Menor (386 a. J.C.).

**ANTALYA,** ant. **Adalia,** c. y puerto de Turquía, en el Mediterráneo; 378 208 hab. Monumentos.

**ANTANANARIVO,** ant. **Tananarive,** c. y cap. de Madagascar, en la meseta de Imerina, entre 1 200 y 1 500 m de altitud; 1 050 000 hab.

**'ANTARA AL-'ABSĪ,** guerrero y poeta árabe del s. VI, héroe de la novela caballeresca árabe *Vida de 'Antar.*

**ANTÁRTICA,** nombre utilizado en Chile para designar la Antártida. → ***Antártida.***

**ANTÁRTICO** *(océano),* nombre dado en ocasiones al *océano Austral.*

**antártico argentino** *(Instituto),* organismo argentino, creado en 1951 para la investigación científica y la técnica polar. Organiza expediciones anuales a la Antártida.

**ANTÁRTIDA,** conjunto continental e insular del hemisferio sur, comprendido casi por completo dentro del círculo polar austral; 16,5 millones de km² aprox. Esta zona, recubierta casi en su totalidad por una enorme masa de hielo cuyo espesor medio supera los 2 000 m, muy fría (la temperatura se eleva raramente por encima de 10 °C), desprovista de flora y de fauna terrestres, está deshabitada, excepto las estaciones científicas, protegida por el tratado antártico de 1959. (→ ***polares*** [regiones].) — En ocasiones, el término *Antártida* designa globalmente el continente y la masa oceánica que lo rodea. *(V. anexo cartográfico.)*

**ANTEMIO de Tralles,** arquitecto y matemático bizantino (s. VI). Realizó los planos de Santa Sofía de Constantinopla.

**ANTENOR,** escultor griego (fines del s. VI a. J.C.) que firmó una majestuosa coré de la Acrópolis de Atenas.

**ANTEO,** gigante, hijo de Poseidón y de Gea. Cada vez que tocaba tierra, recobraba las fuerzas. Heracles lo ahogó manteniéndolo en el aire.

**ANTEQUERA,** c. de España (Málaga), cab. de p. j.; 38 827 hab. *(Antequeranos.)* Centro comercial e industrial. Restos de una alcazaba (s. XIII). Iglesias barrocas. En las cercanías, tres dólmenes (cuevas de Menga, del Romeral y de Viera, *c.* 2000 a. J.C.), y el parque natural del *Torcal de Antequera.*

**ANTIATLAS,** cordillera del Marruecos meridional, entre los uadi Draa y Sus; 2 531 m.

**ANTIBES,** c. de Francia (Alpes-Maritimes), en la Costa Azul; 70 688 hab. Turismo. Museo arqueológico y museo Picasso en el castillo Grimaldi.

**ANTICRISTO,** adversario de Cristo que, según san Juan, aparecerá algún tiempo antes del fin del mundo para oponerse al reino de Dios.

**ANTÍGONA,** personaje legendario griego, hija de Edipo y Yocasta y hermana de Eteocles y Polinices. Fue condenada a muerte por haber enterrado a su hermano Polinices, contra las órdenes del rey Creonte. — La leyenda de Antígona inspiró la tragedia de Sófocles (*c.* 442 a. J.C.), en la que la heroína defiende las leyes no escritas del deber moral contra la justicia de los hombres, y las tragedias de Alfieri (1783), J. Anouilh (1944) y Espriu (1955).

**ANTIGÓNIDAS,** dinastía fundada por uno de los sucesores de Alejandro, Antígono *Monoftalmos.* Reinó en Macedonia desde fines del s. IV a. J.C. hasta la conquista romana (168 a. J.C.).

**ANTÍGONO,** rey de los judíos [40-37 a. J.C.], el último de los Asmoneos.

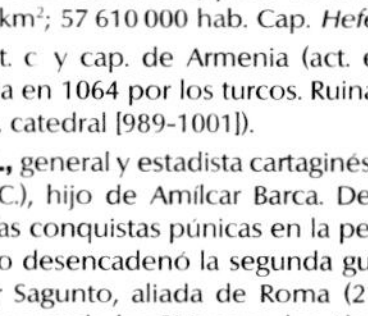

Kofi **Annan**

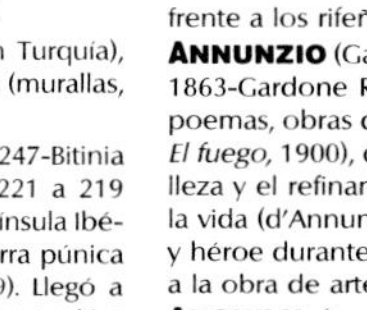

**Aníbal** (museo arqueológico Nápoles)

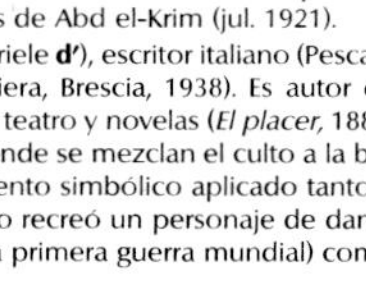

Gabriele d'**Annunzio** (col. Bertarelli, Milán)

**ANTÍGONO Monoftalmos** *(el tuerto)* [381-301 a. J.C.], lugarteniente de Alejandro Magno. Intentó fundar un imperio en Asia, pero fue vencido y muerto en Ipsos (301).

**ANTIGUA GUATEMALA,** c. de Guatemala, cap. del dep. de Sacatepéquez; 15 081 hab. Fue cap. del país desde su fundación (1543) hasta 1776. Rico conjunto barroco, declarado bien cultural de la humanidad por la Unesco (1979): catedral, convento de la Merced, iglesias de San Pedro y San Francisco, ayuntamiento, universidad (actual museo colonial).

**ANTIGUA Y BARBUDA,** estado de las Antillas, formado por las islas de *Antigua* y *Barbuda* y el islote deshabitado de *Redonda;* 442 km$^2$; 83 000 hab. CAP. *Saint John's.* LENGUA OFICIAL: *inglés.* MONEDA: *dólar del Caribe oriental.* Azúcar, turismo. Antigua fue descubierta por Colón (1493) y pasó a los ingleses en 1625 y Barbuda en 1628. En 1981 accedieron a la independencia dentro de la Commonwealth.

**Antigüedades judaicas,** historia, redactada en griego por Flavio Josefo (*c.* 95), del pueblo judío desde la creación del mundo hasta 66 d. J.C.

**Antiguos y modernos** *(querella de),* polémica suscitada en Francia (ss. XVII y XVIII) sobre los méritos comparados entre los escritores y artistas de la antigüedad y los del reinado de Luis XIV.

**Antikomintern** *(pacto)* [25 nov. 1936], pacto contra la Internacional comunista firmado por Alemania y Japón.

**ANTILÍBANO,** cadena montañosa de Asia occidental, entre Siria y el Líbano; 2 629 m en la frontera sirio-libanesa.

**ANTILLAS,** archipiélago de América Central situado entre el océano Atlántico y el mar Caribe, formado al N por las *Grandes Antillas* o *Antillas Mayores* (Cuba, La Española, Jamaica, Puerto Rico) y, al E y al S, por las *Pequeñas Antillas* o *Antillas Menores.* Las Pequeñas Antillas se subdividen en islas de Barlovento (Guadalupe, Dominica, Martinica, Santa Lucía, San Vicente y las Granadinas, Barbados, Granada hasta Trinidad) y en islas de Sotavento (Aruba, Bonaire, Curaçao, Margarita, etc.), frente a las costas de Venezuela. El archipiélago presenta un relieve variado, a menudo volcánico, y goza de un clima tropical, suavizado por el alisio, que ocasiona lluvias más o menos abundantes según la exposición. La población (35 millones de antillanos en 240 000 km$^2$ aprox.) es heterogénea (los indígenas fueron sustituidos por blancos y sobre todo por esclavos negros, que forman actualmente, con los mestizos, la mayoría de la población). Tiene un nivel de vida bajo, acrecentado además por el rápido crecimiento demográfico. Aparte de la bauxita (Jamaica) y del petróleo (Trinidad), los cultivos tropicales (caña de azúcar, plátanos, café, cítricos, tabaco, etc.) constituyen, junto con el turismo, los principales recursos del archipiélago.

HISTORIA

Pobladas por pueblos arawak y caribes, fueron la primera tierra americana pisada por Colón (Guanahaní, 12 oct. 1492). La colonización española a la que en el s. XVII se sumaron ingleses y franceses, menguó la población indígena y llevó gran cantidad de esclavos negros a las islas, en las que se extendió la agricultura de plantación. S. XIX: independencia de las Grandes Antillas (Haití, 1804; República Dominicana, 1865; Cuba, 1898). A partir de 1960: proceso de emancipación en las Pequeñas Antillas y Jamaica (1962). *(V. anexo cartográfico.)*

**ANTILLAS** *(mar de las)* → ***Caribe.***

**ANTILLAS NEERLANDESAS,** conjunto de las posesiones neerlandesas de las Antillas, correspondiente esencialmente a las dos islas, Curaçao y Bonaire, situadas frente a las costas de Venezuela (otras islas son Saba, Sint Eustatius y parte de Sint Maarten); 800 km$^2$ aprox.; 200 000 hab. Cap. *Willemstad* (en la isla de Curaçao). Turismo. Refino de petróleo. Plaza financiera. Las islas son posesión de Países Bajos desde el s. XVII.

**ANTÍNOE** o **ANTINÓPOLIS,** c. del ant. Egipto (Tebaida), junto al Nilo, fundada en 130 d. J.C. por Adriano en honor de Antínoo.

**ANTÍNOO,** joven griego de Bitinia, favorito del emperador Adriano, quien lo deificó tras morir ahogado en el Nilo (130).

**ANTÍOCO,** nombre de cuatro reyes de Comagene.

**ANTÍOCO,** nombre de trece reyes seléucidas, entre los que destacan **Antíoco I** [281-261 a. J.C.], vencedor de los gálatas. — **Antíoco II Teos** [261-246 a. J.C.]; durante su reinado el reino seléucida perdió las satrapías de oriente. — **Antíoco III Megas** [223-187 a. J.C.], vencedor de los partos y de los lágidas, fue derrotado por los romanos. — **Antíoco IV Epífanes** [175-164 a. J.C.], cuya política de helenización provocó la revuelta de los Macabeos en Judea (167).

**Antigua Guatemala:** iglesia del convento de la Merced

**ANTÍOPE,** en la mitología griega, hija de Nicteo, rey de Tebas. Seducida por Zeus, engendró a los gemelos Anfión y Zeto.

**ANTIOQUIA** *(departamento de),* dep. de Colombia, avenado por el Magdalena, el Cauca y el Atrato; 63 612 km$^2$; 3 888 067 hab. Cap. *Medellín.*

**ANTIOQUIA,** c. de Colombia (Antioquia); 18 555 hab. Fue fundada en 1541 por Jorge Robledo.

**ANTIOQUÍA,** en turco **Antakya,** c. de Turquía, junto al Orontes inferior; 123 871 hab. Museo arqueológico (mosaicos antiguos). Ruinas. Capital del reino seléucida y de la provincia romana de Siria, fue una de las grandes metrópolis de oriente y foco del cristianismo en sus comienzos. La invasión persa (540) y la conquista árabe (636) pusieron fin a su apogeo. Los cruzados hicieron de ella la capital del *principado de Antioquía* (1098), estado latino conquistado por los mamelucos en 1268.

**ANTÍPATRO** o **ANTÍPATER,** jefe macedonio [*c.* 397-319 a. J.C.]. Gobierno Macedonia durante la ausencia de Alejandro Magno y, tras la muerte de éste, venció en Cranón (322) a las ciudades griegas sublevadas *(guerra lamíaca).*

**ANTÍSTENES,** filósofo griego (Atenas *c.* 444-365 a. J.C.), fundador de la escuela cínica.

**ANTISUYU** → ***Tahuantinsuyu.***

**ANTOFAGASTA** *(región de),* región del N de Chile; 726 444 km$^2$; 407 409 hab. Cap. *Antofagasta.*

**ANTOFAGASTA,** c. de Chile, cap. de la región homónima; 226 749 hab. Gran centro industrial y puerto exportador de las regiones mineras.

**ANTOFALLA** *(salar de),* desierto salado de Argentina (Catamarca), en La Puna; 573 km$^2$. Al O se levanta el *volcán Antofalla* (6 100 m).

**ANTOLÍNEZ** o **ANTOLÍN** (José), pintor español (Madrid 1635-*id.* 1675). Uno de los mejores exponentes de la escuela barroca madrileña, trató temas religiosos, mitológicos, de género y retratos. Es famoso por su representación de la *Inmaculada* (1665, Prado).

**ANTÓN,** distr. de Panamá (Coclé), en el litoral del Pacífico; 30 610 hab. Centro ganadero.

**ANTONELLI,** familia de ingenieros italianos al servicio de España en América. **Bautista** (Gatteo di Romagna *c.* 1550-Madrid 1616), planeó las fortificaciones de Cartagena de Indias, Santo Domingo y La Habana. También trabajó en México (San Juan de Ulúa y Veracruz).

**ANTONELLI** (Giacomo), cardenal y estadista romano (Sonnino 1806-Roma 1876). Secretario de Estado desde 1848, incitó a Pío IX a llevar a cabo una política intransigente contra el reino de Italia. Contribuyó a la restauración borbónica en España.

**ANTONESCU** (Ion), mariscal rumano (Piteşti 1882-Jilava [act. Bucarest] 1946). Dictador *(conducător)* de Rumania desde 1940, en 1941 condujo a su país a luchar junto a Hitler contra la U.R.S.S. Detenido en 1944, fue ejecutado.

**ANTONINO** *(san),* prelado italiano (Florencia 1389-Montughi 1459). Fue arzobispo de Florencia

**Antofagasta**

José **Aparicio:** *El hambre en Madrid* (museo municipal - Madrid)

desde 1445. Dominico, defendió la «reforma de la observancia» dentro de su orden. Financió las pinturas de Fra Angélico en el convento de San Marcos, del que fue prior.

**ANTONINO PÍO** (Lanuvium 86-† 161), emperador romano [138-161]. Su reinado marcó el apogeo del Imperio.

**ANTONINOS,** nombre de una dinastía que incluye a siete emperadores romanos (Nerva, Trajano, Adriano, Antonino Pío, Marco Aurelio, Lucio Vero y Cómodo), que reinaron de 96 a 192 d. J.C.

**ANTONIO Abad** *(san),* uno de los iniciadores de la vida monástica cristiana (Qeman, Alto Egipto, 251-en el monte Golzim 356), llamado también **el Ermitaño.** Eremita, fundó, para satisfacer a sus discípulos, los primeros monasterios conocidos.

**ANTONIO de Padua** *(san),* franciscano portugués (Lisboa *c.* 1195-Padua 1231). Predicó en Italia y Francia contra los cátaros. Por su conocimiento de las Sagradas Escrituras y su elocuencia fue proclamado doctor de la Iglesia (1946).

**ANTONIO** (Marco) → ***Marco Antonio.***

**ANTONIO** (Antonio **Ruiz Soler,** llamado), bailarín y coreógrafo español (Sevilla 1921-Madrid 1996). Debutó en 1930 y desde 1939 formó pareja con Rosario; en 1953 creó su propia compañía, con la que alcanzó prestigio internacional. Fue director artístico del Ballet nacional español (1977-1983).

**ANTONIO** (Nicolás), erudito y bibliógrafo español (Sevilla 1617-Madrid 1684). Su *Biblioteca hispana* (1672-1696) es el más completo índice bibliográfico de escritores españoles hasta su época.

**ANTONIO ANTE,** cantón de Ecuador (Imbabura); 23 787 hab. Centro agrícola y ganadero. Textiles.

**ANTONIO DE BORBÓN** (1518-Les Andelys 1562), duque de Vendôme (1537-1562), rey de Navarra [1555-1562] por su matrimonio con Juana III de Albret, de la que tuvo un hijo, el futuro Enrique IV.

**ANTONIO MARÍA CLARET** *(san),* prelado español (Sallent 1807-Fontfroide, Francia, 1870). Fundador de los claretianos (1849), fue obispo de Santiago de Cuba y confesor y consejero de Isabel II. Fue canonizado en 1950.

**ANTONIO MARÍA ZACCARIÀ** *(san),* religioso italiano (Cremona 1502-*id.* 1539), fundador de los barnabitas (1530).

**Antonio y Cleopatra,** drama de Shakespeare (*c.* 1606).

**ANTONIONI** (Michelangelo), director de cine italiano (Ferrara 1912). Su obra, rigurosa y sobria, de una gran búsqueda formal, expresa la soledad y la incomunicación: *La aventura* (1959), *La noche* (1960), *El eclipse* (1961), *Blow up* (1966), *El reportero* (1974), *Identificación de una mujer* (1982), *Más allá de las nubes* (1995).

**ANTONIORROBLES** (Antonio **Robles Soler,** llamado), escritor español (Robledo de Chavela 1897-San Lorenzo de El Escorial 1983), autor de literatura infantil (*Veintiséis cuentos por orden alfabético,* 1930) y de novelas llenas de sarcasmo y crueldad (*La muerte, su adulterio y la ironía,* 1929).

**ANTONY,** c. de Francia (Hauts-de-Seine), al S de París; 57 916 hab. Residencia universitaria.

**ANTOÑETE** (Antonio **Chenel Albadalejo,** llamado), matador de toros español (Madrid 1934). Tomó la alternativa en 1953 y destacó por su toreo depurado. Se retiró y reapareció varias veces.

**antropología** *(museo nacional de),* museo de la ciudad de México (1964), construido por P. Ramírez Vázquez, que alberga colecciones de arte precolombino de las diversas culturas mesoamericanas (olmecas, maya, azteca, etc.).

**Antropología estructural,** obra de Claude Lévi-Strauss (1958 y 1973), en la que expone su método de análisis de los hechos sociales (mito, parentesco, arte de las máscaras).

**ANTSIRANANA,** ant. **Diego Suárez,** c. y puerto del N de Madagascar; 53 000 hab.

**ANTÚNEZ** (Nemesio), arquitecto y pintor chileno (Santiago 1918). Su pintura, de estilo abstracto, tiene influencia de Klee y de Matta. Realizó murales para la sede de la O.N.U. en Nueva York (*La fuerza de la tierra,* 1966).

**ANTUÑANO** (Esteban **de**), economista mexicano (Veracruz 1792-Puebla 1847). Impulsó la industrialización de su país. Es autor de *Economía política en México* (1840-1846).

**ANTWERPEN** → ***Amberes.***

**ANU,** dios supremo del panteón sumerio.

**ANUBIS,** dios funerario del antiguo Egipto, representado con cabeza de chacal. Introducía a los muertos en el otro mundo.

**Anunciada** o **Annunziata** *(orden suprema de la),* orden de caballería italiana fundada en 1364 por Amadeo VI, conde de Saboya.

**ANURĀDHAPURA,** c. de Srī Lanka, cap. de prov.; 36 200 hab. Ant. capital de Ceilán (s. III a. J.C.-s. X). Importantes restos búdicos, preservados en un amplio enclave arqueológico.

**ANVERS** → ***Amberes.***

**ANYANG** o **NGAN-YANG,** c. de China (Henan); 420 332 hab.

**ANYANG,** c. de Corea del Sur, al S de Seúl; 481 291 hab.

**ANZHERO-SÚDZHENSK,** c. de Rusia, en Siberia, en el Kuzbass; 108 000 hab. Hulla. Química.

**ANZIO,** c. y puerto de Italia, en el Lacio (prov. de Roma), al SE de Roma; 32 383 hab. Desembarco aliado en 1944 para cortar la retaguardia alemana.

**ANZOÁTEGUI** *(estado),* est. del N de Venezuela, lindante con el Caribe; 43 300 km²; 917 485 hab. Cap. *Barcelona.*

**ANZOÁTEGUI** (José Antonio), general y patriota venezolano (Barcelona, Venezuela, 1789-Bogotá 1819). Actuó en las campañas de Bolívar para liberar Venezuela y Bogotá, y en la batalla de Boyacá.

**A.N.Z.U.S.,** siglas formadas por las iniciales de Australia, Nueva Zelanda y Estados Unidos que suscribieron un tratado de seguridad mutua; su órgano político fundamental es el *consejo del Pacífico.* Se encarga, desde setiembre de 1951, de estudiar la evolución política y las condiciones de defensa en el Pacífico. La participación de Nueva Zelanda está suspendida desde 1985.

**AÑASCO,** mun. de Puerto Rico, en la *bahía de Añasco,* al O de la isla; 25 234 hab.

**año mil** *(el),* año que los historiadores del s. XVII al s. XIX interpretaron como un hito que para los cristianos de occidente coincidiría con el terror del fin del mundo y del juicio final. Los historiadores contemporáneos, en cambio, consideran que se trató de una época floreciente, de grandes transformaciones económicas y sociales.

**AOMORI,** c. y puerto de Japón, en el N de Honshū; 287 808 hab.

el Valle de **Aosta:** vista del Valsavaranche entre el macizo del Gran Paradiso y el valle del Dora Baltea

**Apolo** y Dafne por Bernini (1622-1624).
[Galería Borghese, Roma.]

**AOSTA,** c. de Italia, cap. del Valle de Aosta, junto al Dora Baltea; 35 895 hab. Monumentos romanos y medievales. — El *Valle de Aosta* es una región autónoma entre Suiza (Valais) y Francia (Saboya), comunicada a través de los túneles del Gran San Bernardo y del Mont Blanc; 3 262 km$^2$; 115 397 hab. De 1032 a 1945, salvo en 1800-1814 (Imperio francés), el Valle de Aosta perteneció a la casa de Saboya. En 1948 recibió el estatuto de región autónoma.

**Aouïna (El-),** aeropuerto de Túnez.

**AOZOU** *(banda de),* extremo septentrional del Chad. Reivindicada por Libia, el Tribunal internacional de justicia la atribuyó a Chad (1994).

**APALACHES** *(montes),* cordillera del E de América del Norte (Estados Unidos y Canadá), entre Alabama y el estuario del San Lorenzo, precedida al O por la *meseta Apalachiana* y al E por la *meseta de Piedmont,* que domina la llanura costera; 2 037 m en el *monte Mitchell.* Yacimientos hulleros. Los Apalaches han dado nombre a un tipo de relieve *(apalachiano).*

**APAMEA,** nombre de varias ciudades del Imperio seléucida, la más célebre de las cuales es *Apamea del Orontes,* en la que se conservan importantes monumentos romanos y paleocristianos.

**Apamea** *(paz de)* [188 a. J.C.], tratado firmado por Antíoco III de Siria en Apamea Cibotos (Frigia meridional), que aseguraba a los romanos el arbitraje en los asuntos del Asia Menor.

**APAN,** mun. de México (Hidalgo); 30 090 hab. Elaboración de pulque. Convento del s. XVI.

**APANÁS,** lago artificial de Nicaragua, uno de los mayores de Centroamérica; 51 km$^2$.

**APAPORIS,** r. de Colombia, afl. del Caquetá, que forma un tramo de la frontera con Brasil; 885 km.

**APARICIO** (José), pintor español (Alicante 1773-Madrid 1838). Discípulo de David y pintor de cámara, fue uno de los introductores del neoclasicismo en España (*El hambre en Madrid,* 1818).

**APARICIO** (Julio), matador de toros español (Madrid 1932). Tomó la alternativa en 1950 y triunfó en España y América con un toreo sobrio y dominador, muy acertado con la espada. Se retiró en 1969.

**APARTADÓ,** mun. de Colombia (Antioquia); 44 661 hab. Bananas, coco. Explotación forestal.

**APASEO EL ALTO,** mun. de México (Guanajuato), junto al *río Apaseo,* afl. del Lerma; 37 414 habitantes.

**APASEO EL GRANDE,** mun. de México (Guanajuato); 44 676 hab. Agricultura (cereales y legumbres).

**APATZINGÁN,** mun. de México (Michoacán); 76 643 hab. Minas de plata y canteras de yeso. En la cab., *Apatzingán de la Constitución,* se proclamó la primera constitución del país (22 oct. 1814).

**APAXCO,** mun. de México (México), avenado por el *río Apaxco;* 15 379 hab. Agricultura. Mármoles.

**A.P.E.C.,** siglas de Asia-Pacific economic cooperation (Cooperación económica de Asia y del Pacífico), organización fundada en 1989 para promover el libre comercio y la cooperación económica entre 18 países de América, Asia y Oceanía.

**APELDOORN,** c. de Países Bajos (Güeldres), al SE del IJselmeer; 148 204 hab. Residencia de verano de la familia real. Electrónica.

**APELES,** pintor griego († Cos, principios s. III a. J.C.), famoso retratista de Alejandro Magno, pero de quien no se conservan sus obras.

**APENINOS,** cordillera que recorre Italia, de Liguria a Calabria y el NE de Sicilia, a lo largo de casi 1 500 km; culmina en los Abruzos, en el Gran Sasso (2 914 m).

**APERGHIS** (Georges), compositor griego (Atenas 1945), autor de teatro musical (*Pandaemonium,* 1973; *Os digo que estoy muerto,* según la obra de E. A. Poe, 1979; *Enumeraciones,* 1988).

**Apgar** *(índice de),* prueba practicada a los recién nacidos, que aprecia con intervalos regulares el ritmo cardíaco y respiratorio, el tono muscular, los reflejos y el color de la piel.

**APIA,** c. y cap. de Samoa, 34 000 habitantes.

**Apia** *(vía),* antigua vía romana que iba de Roma a Brindisi, iniciada por Apio Claudio (312 a. J.C.). Estaba flanqueada por sepulcros, varios de los cuales aún existen.

**APIANO,** historiador griego (Alejandría c. 95 d. J.C.-† d. 160), autor de una *Historia romana* desde sus orígenes hasta Trajano.

**APICIO** (nacido c. 25 a. J.C.), gastrónomo romano, probable autor de los *Diez libros de cocina,* inventario de numerosas recetas insólitas.

Libro de **Apolonio** (s. XIII) epifanía (biblioteca del monasterio de El Escorial)

**APIÑANI,** familia de toreros españoles del s. XVIII, originaria de Calahorra. — **Juan,** hábil dominador de la suerte de la garrocha, fue inmortalizado por Goya en uno de sus aguafuertes.

**APIS,** dios del antiguo Egipto, adorado bajo la forma de un toro sagrado.

**APIZACO,** ant. **Barrón y Escandón,** mun. de México (Tlaxcala); 43 663 hab. Material ferroviario.

**APO** *(monte),* volcán y punto culminante (2 954 m) de las Filipinas, en la isla de Mindanao.

**Apocalipsis,** último libro del Nuevo testamento, atribuido al apóstol san Juan (c. 95), sobre el final de los tiempos y el triunfo de la Iglesia.

**Apocalipsis** *(tapicería del),* conjunto de tapices, incompleto, conservado en el castillo de Angers (107 m de largo). Fue realizado por N. Bataille a partir de 1376, siguiendo los cartones de Jean de Bandol.

**APODACA,** mun. de México (Nuevo León), avenado por el Pesquería; 37 181 hab. Fruticultura.

**APOLLINAIRE** (Wilhelm **Apollinaris de Kostrowitzky,** llamado **Guillaume**), escritor francés (Roma 1880-París 1918). Apoyó a todas las vanguardias artísticas. Poeta teórico, fue precursor del surrealismo (*Alcoholes,* 1913; *Caligramas**, 1918).

Picasso, Marie Laurencin y Fernande Olivier con Guillaume **Apollinaire.** Pintura de Marie Laurencin (*Grupo de artistas,* 1908). [Museo de arte, Baltimore.]

**APOLO,** dios griego de la belleza, de la claridad, de las artes y de la adivinación. Tenía en Delfos un santuario célebre donde su profetisa, la *Pitia,* transmitía los oráculos del dios. Sus más célebres representaciones son las del frontón O del templo de Zeus en Olimpia, el *Apolo del Pireo* (Atenas, museo nacional), el *Apolo Sauróctono* (Louvre), copia de Praxíteles, el *Apolo Kassel* (museo de Kassel), copia de Fidias, y el *Apolo del Belvedere* (Vaticano), atribuido a Leocares.

**Apolo,** programa norteamericano de exploración de la Luna. Entre 1969 y 1972 permitió poner el pie en la Luna a doce astronautas. (El primer alunizaje fue realizado el 20 de julio de 1969 por N. Armstrong y E. Aldrin a bordo del Apolo 11.)

**APOLOBAMBA** *(nudo de),* macizo de la cordillera Real boliviana; 6 040 m en el Chaupi Orco.

**APOLODORO de Damasco** o **el Damasceno,** arquitecto griego que trabajó en Roma en el s. II d. J.C. Autor de las construcciones monumentales del reinado de Trajano, se conocen sus ingenios bélicos por los relieves de la columna Trajana.

**APOLONIA,** ant. c. de Iliria (Albania), centro intelectual y comercial en la época helenística.

**Apolonio** *(libro de),* poema anónimo español del s. XIII, en cuaderna vía, inspirado en la novela bizantina *Historia de Apolonio, rey de Tiro.*

**APOLONIO de Perga** o **de Pérgamo,** astrónomo y matemático griego (c. 262-c. 190 a. J.C.), autor de una obra sobre las secciones cónicas.

**APOLONIO de Rodas,** poeta y gramático griego (Alejandría c. 295-† c. 230 a. J.C.), autor de la epopeya *Las argonáuticas.*

**APOLONIO de Tiana,** filósofo griego (nacido en Tiana, Capadocia-Éfeso 97 d. J.C.). Fue neopitagórico.

**APONTE** (Pedro **de**), pintor español del s. XV, nacido en Zaragoza. Sus obras, de inspiración renacentista, se hallan en Aragón, Cataluña y Valencia.

**APONTE MARTÍNEZ** (Luis), prelado puertorriqueño (Lías, Ponce, 1922). Arzobispo de San Juan desde 1964, en 1973 fue nombrado cardenal.

**APÓSTOLES,** dep. de Argentina (Misiones); 28 938 hab. La capital fue fundada por los jesuitas (1638).

**apostólico** *(Partido),* nombre de la facción más reaccionaria de los absolutistas españoles, origen del carlismo, durante el reinado de Fernando VII.

Escena de la tapicería del **Apocalipsis** («los dragones vomitando ranas»). Fines del s. XIV. (Museo de tapices, Angers, Francia.)

**Apoxiomeno** *(el),* estatua romana en mármol, copia de un original de Lisipo, que representa a un atleta desnudo y es prototipo del nuevo canon de las proporciones de fines del s. IV a. J.C. (Vaticano).

**APPENZELL,** cantón de Suiza, enclavado dentro del de Sankt Gallen y dividido desde 1597, por razones religiosas, en dos semicantones: *Ausser-Rhoden,* de mayoría protestante (243 km²; 52 229 hab.; cap. *Herisau* [15 624 hab.]), e *Inner-Rhoden,* católico (172 km²; 13 870 hab.; cap. *Appenzell* [5 194 hab.]).

**APPLETON** (*sir* Edward Victor), físico británico (Bradford 1892-Edimburgo 1965). Midió la altitud de la ionosfera y participó en la realización del radar. (Premio Nobel de física 1947.)

**APPOMATTOX,** localidad de Estados Unidos (Virginia) donde, en 1865, el ejército de los confederados de Lee se rindió al general Grant, poniendo así fin a la guerra de Secesión.

**APPONYI** (Albert, *conde*), político húngaro (Viena 1846-Ginebra 1933). Jefe de la oposición conservadora, representó a Hungría en la conferencia de la paz (1919-1920) y después en la S.D.N.

**A.P.R.A.,** siglas de Alianza popular revolucionaria americana, partido político peruano de orientación populista, fundado en México por V. R. Haya de la Torre (1924). Su historia transcurrió frecuentemente en la clandestinidad. Alcanzó la presidencia de la república en 1985-1990 con Alan García.

**aprendiz de brujo** *(El),* poema sinfónico de P. Dukas (1897), a partir de una balada de Goethe (1797).

**APRILE** o **APRILI,** familia de escultores italianos, oriundos de Carone, cerca de Lugano, en cuyo taller de Génova se labraron, en el s. XVI, obras renacentistas con destino a España.

**APSHERONSK** *(península de),* extremo oriental del Cáucaso (Azerbaiján), que se adentra en el mar Caspio.

**APULEYO,** escritor latino (Madaura, Numidia, *c.* 125-Cartago *c.* 180), autor de *Metamorfosis* (o *El asno de oro*).

**APULIA,** en ital. **Puglia,** región de Italia meridional, que comprende las prov. de Bari, Brindisi, Foggia, Lece y Tarento; 19 347 km²; 3 986 430 hab. Cap. *Bari.*

**APURE,** r. de Venezuela, afl. del Orinoco (or. izq.), formado por la confluencia del Uribante y el Sarare; 805 km. Navegable en gran parte de su curso.

**APURE** *(estado),* est. del S de Venezuela, avenado por el Orinoco y sus afluentes; 76 500 km²; 302 623 hab. Cap. *San Fernando de Apure.*

**APURÍMAC,** r. de Perú, en los Andes; 885 km. Junto con el Urubamba, forma el Ucayali.

**APURÍMAC** *(departamento de),* dep. del S de Perú (Inca), en la Sierra, entre la cordillera Oriental y el Altiplano; 15 757 km²; 194 000 hab. Cap. *Abancay.*

**APUSENI** *(montes),* ant. **Bihar** o **Bihor,** macizo del O de Rumania; 1 848 m.

**'AQABA** o **AKABA** *(golfo de),* golfo del extremo NE del mar Rojo, al fondo del cual está situado el puerto jordano de *al-'Aqaba* (46 100 hab.).

**Aquea** *(liga),* coalición de doce ciudades del Peloponeso. Creada en el s. V a. J.C., fue disuelta por Filipo de Macedonia en 338 a. J.C., reconstituida en 281 a. J.C. y destruida por los romanos en 146 a. J.C.

**AQUEMÉNIDAS,** dinastía persa fundada por Ciro (*c.* 550 a. J.C.). Llevó a cabo progresivamente la unidad de oriente, desde mediados del s. VI a fines del s. IV a. J.C., y dejó de reinar en 330 a. J.C., a la muerte de Darío III. Persépolis y Susa atestiguan el esplendor y eclecticismo de su arte áulico.

**AQUERONTE,** río de los infiernos de la mitología griega.

**AQUILA,** mun. de México (Michoacán), a orillas del Pacífico; 19 726 hab. Mercado agrícola.

**AQUILA (L'),** c. de Italia, en los Abruzos, cap. de prov.; 66 863 hab.

**AQUILA** → ***Akhila.***

**AQUILEA,** en ital. **Aquileia,** c. de Italia, junto al Adriático, que fue destruida por Atila (452); 3 359 hab. Restos romanos y medievales.

**AQUILES,** héroe tesalio, hijo de Tetis y de Peleo, y rey de los mirmidones. Personaje central de la *Ilíada* y modelo de toda educación griega, sólo era vulnerable en el talón.

**AQUINO** (Corazón, llamada **Cory**), política filipina (Manila 1933). Líder de la oposición tras el asesinato de su marido, Benigno Aquino (1983), fue presidenta de la república (1986-1992).

**AQUISGRÁN,** en alem. **Aachen,** en fr. **Aix-la-Chapelle,** c. de Alemania (Renania del Norte-Westfalia); 236 987 hab. Estación termal. Catedral gótica, cuyo centro es la capilla palatina de 805. Museos. Fue residencia de Carlomagno. En ella se firmaron dos tratados conocidos como *paz de Aquisgrán:* el de 1668, firmado por Francia y España, ponía fin a la guerra de Devolución, y el de 1748 a la guerra de Sucesión de Austria. En 1818 se celebró un congreso que significó la evacuación de Francia por la Santa alianza.

**Aquisgrán:** interior de la capilla palatina de Carlomagno (805)

**AQUISMÓN,** mun. de México (San Luis Potosí); 26 797 hab. Agricultura y ganadería. Petróleo.

**AQUITANIA** *(cuenca de),* región geográfica de Francia, cuenca sedimentaria, entre el macizo Armoricano, el macizo Central, los Pirineos y el Atlántico.

**AQUITANIA,** en fr. **Aquitaine,** región histórica y administrativa del SO de Francia (Dordogne, Gironde, Landes, Lot-et-Garonne y Pyrénées-Atlantiques); 41 308 km²; 2 795 830 hab. Cap. *Burdeos.* Corresponde a la parte O de la cuenca homónima. Carlomagno la constituyó en reino (781-877). La dinastía de Poitou fue soberana del ducado de Aquitania hasta 1137. Formó parte del imperio angloangevino (en los ss. XIII-XV fue denominada Guyena), y Carlos VII la unió a Francia en 1453.

**AQUITANIA,** mun. de Colombia (Boyacá), a orillas de la laguna Tota; 16 810 hab.

**Ara pacis Augustae,** altar de la paz de Augusto, en Roma, al N del campo de Marte, dedicado por el senado a conmemorar la paz instaurada por Augusto (9 a. J.C.). Bella decoración esculpida.

**árabe** *(Liga),* organización de estados árabes independientes, destinada a promover su cooperación, constituida en 1945 por Egipto, Iraq, Transjordania, Siria, Líbano, Arabia Saudí y Yemen. Otros estados y la O.L.P. se adhirieron a ella posteriormente. Egipto, suspendido de su participación en 1979, se reintegró a ella en 1989.

**árabe-israelíes** *(guerras)* [1948-1975]. La creación en 1948 del estado de Israel como resultado del reparto de Palestina aprobado por la O.N.U. en 1947 no fue aceptada por los estados árabes. Ello provocó una tensión permanente que condujo a varios conflictos armados. El primero, en 1948-1949, concluyó con un armisticio de la O.N.U. y la definición de las fronteras de Israel en el Néguev, en Galilea y en Jerusalén. En el segundo, en 1956, ocasionado por la nacionalización del canal de Suez por parte de Egipto, se produjo una breve intervención militar franco-británica (nov.) en el canal, y luego la de los cascos azules de la O.N.U. El tercero, en junio de 1967 *(guerra de los seis días)* se desarrolló en el canal de Suez alcanzado por las fuerzas de Israel y en el frente del Golán. El cuarto conflicto *(guerra del Yom Kippur),* que tuvo lugar en estos dos frentes en octubre de 1973, se complicó por la decisión de los países árabes de reducir sus exportaciones de petróleo y acabó con unos acuerdos de desmilitarización entre Israel, Siria y Egipto (1974-1975).

**ÁRABE UNIDA** *(República)* **[R.A.U.],** federación de Egipto y Siria (1958-1961).

**'ARABĪ** (Abū Bakr Muḥammad **ibn**), conocido como **Abenarabí** y como **Muḥyi al-Dīn** *(vivificador de la religión),* místico hispanoárabe (Murcia 1164-Damasco 1240), autor sufí de *La sabiduría de los profetas* y *Revelaciones.*

**'ARABĪ BAJÁ** o **AHMAD ARABI AL-ḤUSAYNĪ,** oficial egipcio (cerca de Zagazig 1839-El Cairo 1911). Jefe de la resistencia nacionalista, fue impuesto como ministro de la Guerra al jedive Tawfīq (1881). Fue derrotado por los británicos (set. 1882) y deportado.

**ARABIA,** vasta península que constituye el extremo SO de Asia, entre el mar Rojo y el golfo Pérsico, en el *mar de Arabia* (o mar de Omán); 3 millones de km²; 28 millones de hab. aprox. Comprende Arabia Saudí, Yemen, Omán, la Unión de Emiratos Árabes, Qatar, Baḥrayn y Kuwayt.

**ARABIA** *(mar de),* **MAR ARÁBIGO** o **MAR DE OMÁN,** parte noroeste del océano Índico, entre Somalia, la península arábiga, la costa india y los archipiélagos de las Maldivas y las Laquedivas; 7 500 000 km². Comunica con el mar Rojo y con el golfo Pérsico.

**ARABIA DEL SUR,** territorio que correspondía al antiguo protectorado británico de Adén, y que se integró en 1967 en la República Popular del Yemen del Sur.

**ARABIA SAUDÍ,** estado que ocupa la mayor parte de la península de Arabia; 2 150 000 km²; 15 500 000 hab. *(Saudíes.)* CAP. *Riyāḍ.* LENGUA OFICIAL: *árabe.* MONEDA: *riyal.*

GEOGRAFÍA

El país, vasto pero en su mayor parte desértico, debe su importancia política y económica al petróleo. Miembro influyente de la O.P.E.P., es uno de los grandes productores y sobre todo exportadores de petróleo, del que posee aproximadamente la cuarta parte de las reservas mundiales. El petróleo ha atraído a numerosos inmigrantes, sin alterar una estructura social, aún semifeudal, en esta cuna del islam (ciudades santas de Medina y sobre todo de La Meca, que atraen cada año a miles de peregrinos).

HISTORIA

Arabia Saudí nació en 1932 de la unión en un solo

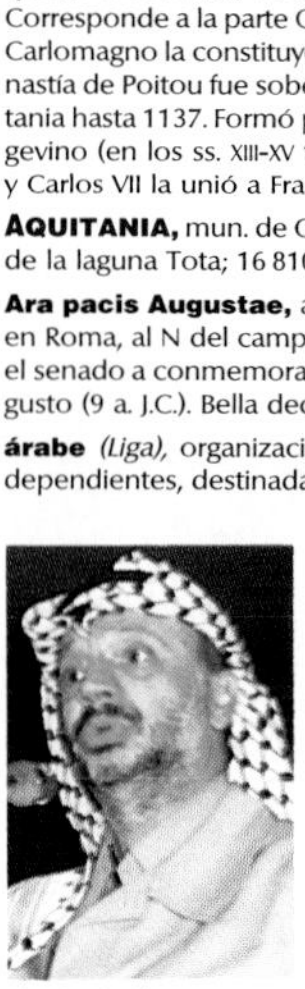

Yāsir **'Arafāt** (en 1980)

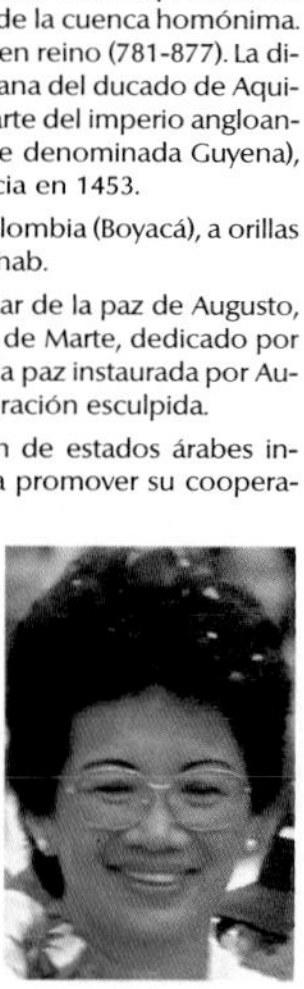

Cory **Aquino** (en 1986)

François **Arago** (observatorio de París)

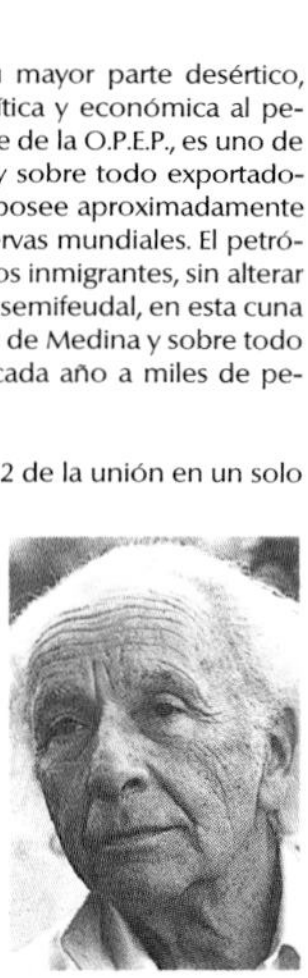

Louis **Aragon**

reino de las provincias conquistadas por 'Abd al-'Azīz III ibn Sa'ūd desde 1902. 1932-1953: el rey Ibn Sa'ūd modernizó el país gracias a los fondos del petróleo, descubierto en 1930 y explotado desde 1945 por los norteamericanos. 1953-1964: Sa'ūd ibn 'Abd al-'Azīz fue rey; cedió en 1958 el poder a su hermano Fayṣāl ibn 'Abd al-'Azīz. 1964-1975: Fayṣāl se convirtió en líder del panislamismo y protector de los regímenes conservadores árabes. 1975-1982: Jālid ibn 'Abd al-'Azīz reinó en el país. 1982: le sucedió Fahd. 1991: la fuerza multinacional, desplegada en el territorio saudí tras la invasión de Kuwayt por los iraquíes (guerra del Golfo*), intervino contra Iraq (en.) y liberó Kuwayt (febr.).

**ARÁBIGO** *(golfo)* → ***Rojo*** (mar).

**ARÁBIGO** *(mar)* → ***Arabia*** (mar de).

**ARABOS (Los),** mun. de Cuba (Matanzas); 26 149 hab. Caña de azúcar, plátanos. Central azucarera.

**ARACAJÚ,** c. y puerto de Brasil, cap. del estado de Sergipe; 401 244 hab.

**ARACAR** *(cerro),* pico de los Andes argentinos (Salta), próximo a la frontera chilena; 6 020 m.

**ARACATACA,** mun. de Colombia (Magdalena); 36 089 hab. Plátanos. Cuna de G. García Márquez.

**ARACENA,** c. de España (Huelva), cab. de p. j.; 6 739 hab. *(Arundenses.)* Iglesia del castillo templario (ss. XIII-XIV). Cueva de las Maravillas.

**ARACNÉ,** joven lidia que, según la mitología griega, destacaba en el arte de tejer y bordar; por haber osado desafiar a Atenea, fue transformada en araña.

**ARAD,** c. de Rumania, a orillas del Mureș, cerca de Hungría; 190 088 hab. Metalurgia.

**ARADOS,** ant. isla y c. de Fenicia, muy floreciente a partir del II milenio (act. *Ruwād,* Siria).

**'ARAFĀT** (Yāsir), político palestino (Jerusalén 1929). Presidente, desde 1969, de la Organización para la liberación de Palestina (O.L.P.), en 1989 fue nombrado presidente del Estado palestino proclamado por la O.L.P. En 1994 asumió la presidencia de la Autoridad nacional palestina para gestionar la autonomía de Gaza y Cisjordania, y fue elegido democráticamente en 1996. (Premio Nobel de la paz 1994.)

**ARAGALL** (Jaime), tenor español (Barcelona 1939). Debutó en el Liceo de Barcelona en 1964. Uno de los mejores tenores líricos de su generación, cultiva la ópera italiana y francesa.

**ARAGO** (François), físico, astrónomo y político francés (Estagel, Rosellón, 1786-París 1853). Descubrió la polarización rotatoria y cromática de la luz y la imantación del hierro por la electricidad, y midió la densidad del aire y de diversos gases. Ministro de Marina y de Guerra, abolió la esclavitud en las colonias (1848).

**ARAGON** (Louis), escritor francés (París 1897-*id.* 1982). Uno de los fundadores del surrealismo (*El campesino de París,* 1926), trató temas relacionados con su militancia comunista, sin romper con el lirismo (*Los ojos de Elsa,* 1942).

**ARAGÓN,** r. de España, afl. del Ebro (or. izq.); 192 km. Embalses y centrales hidroeléctricas.

**ARAGÓN,** región de España, que constituye una comunidad autónoma formada por las provincias de *Huesca, Teruel* y *Zaragoza;* 47 650 km²; 1 221 546 hab. *(Aragoneses.)* Cap. *Zaragoza.*

GEOGRAFÍA

Está configurada por una depresión central, el valle del Ebro, dominado por dos somontanos, oscense e ibérico, y por dos grandes cordilleras, los Pirineos al N (Aneto, 3 404 m) y el sistema Ibérico al S (Moncayo, 2 313 m). Destacan la ganadería (Huesca) y los cultivos de cereales, frutales, vid (Cariñena) y olivo. La minería (más del 90 % de la producción nacional de lignito) predomina en la provincia de Teruel. Explotación de gas natural en El Serrablo (Huesca) y producción hidroeléctrica en la cuenca del Ebro. La actividad industrial de transformación y manufacturera (metálica, química, textil, agroalimentaria) se localiza preferentemente en Zaragoza (que concentra la mitad de la población aragonesa) y el corredor del Ebro, con centros menores como Calatayud, Monzón, Sabiñánigo y Jaca.

HISTORIA

*C.* 197 a. J.C.: Aragón, poblada en sus orígenes por vascones, celtíberos e íberos, cayó en poder de Roma. S. V: invasiones germánicas. S. VIII: ocupación musulmana, sobre todo en el valle del Ebro. S. IX: aparecen núcleos independientes, apoyados por los francos, en los Pirineos (conde Aureolo). 1031-1118: reino taifa de Zaragoza. 1118: toma de Zaragoza por Alfonso I el Batallador. 1137: el reino de Aragón se unió al principado de Cataluña y formó la Corona de Aragón. 1412: compromiso de Caspe. 1469: matrimonio de Fernando de Aragón e Isabel de Castilla (Reyes Católicos), que significó la unión de ambos reinos. 1494: creación del Consejo de Aragón por Fernando el Católico. 1585: alteraciones de Aragón, motín fuerista contra Felipe II que terminó con el ajusticiamiento del justicia mayor Lanuza (1591). 1707: Felipe V derogó los fueros de Aragón, que perdió su condición de reino. 1982: aprobación del estatuto de autonomía.

**ARAGÓN** *(condado y reino de),* el condado de Aragón fue fundado en el s. IX por Aznar Galindo. Ramiro I, hijo de Sancho el Mayor, fue el primer rey de Aragón (1035). El reino se extendió hasta el Ebro durante el reinado de Pedro I, y Alfonso I el Batallador tomó Zaragoza (1118). Le sucedió Ramiro II el Monje, cuya hija Petronila casó con el conde de Barcelona Ramón Berenguer IV (1137), uniendo el reino de Aragón y el principado de Cataluña. (→ ***Aragón*** [Corona de].)

**Aragón** *(Consejo de),* organización creada en 1494 para asesorar al monarca en lo referente a la Corona de Aragón. Fue trasladado a Castilla; Felipe V lo suprimió.

**ARAGÓN** *(Corona de),* nombre que reciben a partir del s. XII los dominios pertenecientes a los reyes de Aragón y condes de Barcelona. La Corona de Aragón, formada en un principio por la unión

LA PENÍNSULA DE ARABIA

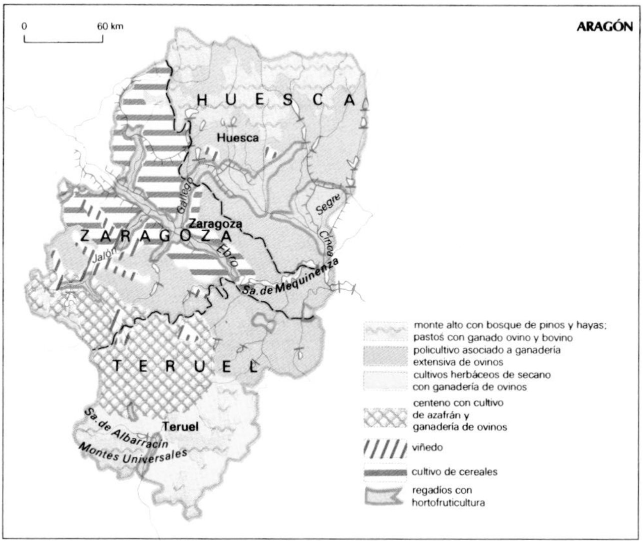


del reino de Aragón y el condado de Barcelona (1137), fue ampliándose al ir conquistando nuevos territorios (entre ellos Valencia y Murcia en la Península; Mallorca, Ibiza, Menorca, Sicilia, Cerdeña, Malta, Nápoles y los ducados de Atenas y Neopatria). A la muerte de Fernando el Católico la Corona de Aragón (Aragón, Cataluña, Valencia) continuó existiendo legalmente, pero desde 1556 se segregaron de ella los territorios italianos, y desapareció con Felipe V.

**ARAGÓN** (Agustina **Saragossa y Doménech,** llamada **Agustina de**), heroína española (Barcelona 1790-Ceuta 1858). Destacó por su valor en la defensa de Zaragoza, sitiada por los franceses (1808).

**aragonés** *(Partido),* nombre dado al grupo de aristócratas ilustrados partidarios en el último tercio del s. XVIII de la política reformista del aragonés conde de Aranda.

**ARAGUA** *(estado),* est. del N de Venezuela, accidentado por la cordillera de la Costa; 7 014 km$^2$; 1 192 410 hab. Cap. *Maracay.*

**ARAGUAIA,** r. de Brasil, afl. del Tocantins (or. izq.); 2 640 km.

**ARAHAL,** c. de España (Sevilla); 20 555 hab. *(Arahalenses.)* Construcciones metálicas.

**ARAIZ** (Oscar), bailarín y coreógrafo argentino (Bahía Blanca 1940). Fundó y dirigió el ballet del teatro San Martín de Buenos Aires (más tarde Ballet contemporáneo de Buenos Aires) y ha sido director de danza de la ópera de Munich, del teatro Colón de Buenos Aires y del Gran teatro de Ginebra. Ha creado numerosas coreografías (*Sinfonía india,* 1965; *Fun,* 1977; *Misia,* 1987).

**ARAIZA** (Francisco), tenor mexicano (México 1950). En su brillante carrera internacional destacan las interpretaciones de obras de Mozart y Rossini.

**ARAK,** c. de Irán, al pie del Zagros; 265 349 hab.

**ARAKAN,** cordillera de Birmania, entre el Ayeyarwady (Irawadi) y el golfo de Bengala.

Oscar **Araiz**

José Luis López **Aranguren**

**ARAKS,** ant. **Araxes,** r. de Asia, que nace en Turquía. Sirve de frontera entre Armenia y Turquía, más adelante entre Armenia e Irán al S y por último entre Azerbaiján al N y Turquía, antes de reunirse con el Kura (or. der.); 994 km.

**ARAL** *(mar de),* gran lago salado de Asia, entre Kazajstán y Uzbekistán; 39 000 km$^2$. Recibe al Syr Daryá y al Amú Daryá, cuya aportación no puede impedir el descenso de su nivel, provocado por la intensidad del regadío.

**ARALAR** *(sierra de),* sierra de España, en los montes Vascos; 1 472 m en el Irumugarrieta. — Santuario de *San Miguel de Aralar,* con importante retablo de esmaltes del s. XII.

**ARAM,** según la Biblia, uno de los hijos de Sem, antepasado apónimo de los *arameos.*

**ARAMBERRI,** mun. de México (Nuevo León); 17 027 hab. Mercado agrícola.

**ARAMBURU** (Juan Carlos), prelado argentino (Reducción 1912). Arzobispo de Buenos Aires (1975), en 1976 fue creado cardenal.

**ARAMBURU** (Pedro Eugenio), general y político argentino (Río Cuarto, Córdoba, 1903-Carlos Tejedor 1970). Participó en el derrocamiento de Perón y asumió la presidencia provisional (1955-1958). Fue asesinado por los montoneros.

**ARÁN** *(Valle de),* en aranés **Val d'Aran,** comarca de España, en el NO de la prov. de Lérida; 470 km$^2$. Cap. *Viella.* Tiene dos accesos: el puerto de la Bonaigua y el túnel de Viella. Deportes de invierno. Turismo estival. En 1990 se restituyeron las instituciones históricas de la comarca por una ley de régimen especial, aprobada por el parlamento catalán.

**ARANA OSORIO** (Carlos), militar y político guatemalteco (Guatemala 1918). Líder de la extrema derecha, fue presidente entre 1970 y 1974.

**ARANA Y GOIRI** (Sabino), político nacionalista vasco (Abando [act. incorporado a Bilbao] 1865-Pedernales, Vizcaya, 1903). Teórico y propagandista del nacionalismo vasco (*Bizkaya por su independencia,* 1892), fundó los *Euzkaldun batzokiya* («círculos vascos»), de los que surgiría el Partido nacionalista vasco. Por motivos políticos, sufrió prisión en 1895-1896 y 1902. Publicó diversas obras sobre la cultura y la lengua vasca (gramática, ortografía).

**ARANDA** (Pedro Pablo **Abarca de Bolea,** *conde* **de**), militar y político español (Siétamo, Huesca, 1719-Épila 1798). En 1766, tras el motín de Esquilache, Carlos III le nombró gobernador del consejo de Castilla. Decidió la expulsión de los jesuitas (1767) e inspiró una política de reformismo ilustrado. De 1773 a 1787 fue embajador en Francia. Primer ministro de Carlos IV en 1792, se enfrentó a Godoy, su sucesor, y fue desterrado (1794).

**ARANDA DE DUERO,** v. de España (Burgos), cab. de p. j.; 29 446 hab. *(Arandinos.)* Iglesia de Santa María (s. XVI), de estilo Isabel. Centro industrial.

**ARANDAS,** mun. de México (Jalisco); 45 800 hab. Maíz, frijol y linaza. Licores y textiles.

**ARANGO** (Doroteo) → ***Villa*** (Pancho).

**ARANGUREN** (José Luis **López**), filósofo y escritor español (Ávila 1909-Madrid 1996). Estudió los problemas éticos desde una perspectiva sociológica y multidisciplinar: *Ética* (1958), *Moral y sociedad* (1966), *Sobre imagen, identidad y heterodoxia* (1981), *Ética de la felicidad y otros lenguajes* (1988, premio nacional de ensayo).

**ARANJUEZ,** v. de España (Madrid), cab. de p. j.; 35 872 hab. Industrias mecánicas, químicas y alimentarias. Real sitio, residencia veraniega de los monarcas españoles desde Felipe II hasta Carlos IV. Ciudad típicamente barroca que se extiende alrededor del *palacio de Aranjuez* (con intervención de J. B. de Toledo, J. de Herrera, P. Caro, S. Bonavía, Sabatini); Parterre de palacio y jardín de la Isla (s. XVIII) y jardín del Príncipe (ss. XVIII-XIX) con la neoclásica Casita del Príncipe. Plaza e iglesia de San Antonio (1768). — El *motín de Aranjuez* (17-18 marzo 1808), promovido por los partidarios del príncipe de Asturias, motivó el encarcelamiento de Godoy y la abdicación de Carlos IV en su hijo Fernando VII.

**Aranjuez** *(Concierto de),* concierto para guitarra y orquesta de Joaquín Rodrigo (1939). Con claras reminiscencias del s. XVIII español, ha alcanzado gran difusión tanto en su versión original como en diversos arreglos.

**ARANY** (János), poeta húngaro (Nagyszalonta [act. Salonta], Rumania, 1817-Budapest 1882), autor de la epopeya nacional *Toldi* (1874-1879).

**Aránzazu** *(santuario de)* → ***Oñate.***

**Araña** *(cueva de la)* → ***Bicorp.***

**ARAOZ DE LAMADRID** (Gregorio), militar argentino (Tucumán 1795-Buenos Aires 1857). Combatió

el palacio de **Aranjuez**

a los españoles durante la guerra de la independencia.

**Arapiles** *(batalla de los),* victoria de Wellington sobre los franceses durante la guerra de la independencia española (1812), en Arapiles (Salamanca), que forzó la retirada de los ejércitos franceses de Andalucía.

**ARARAT** *(monte),* macizo volcánico de Turquía oriental (Armenia), donde, según la Biblia, embarrancó el arca de Noé; 5 165 m.

**ARATA** (Luis), actor argentino (Buenos Aires 1895-*id.* 1967). Trabajó en el teatro y en el cine. Se distinguió en la composición de caracteres y demostró un gran talento en el género cómico.

**ARAUCA,** r. de Venezuela y Colombia, afl. del Orinoco (or. izq.); 1 300 km (navegable unos 600 km). Forma parte de la frontera entre los dos países. En la or. der. colombiana, *parque nacional del Arauca.*

**ARAUCA** *(departamento del),* dep. del NE de Colombia, en la frontera con Venezuela; 23 818 km$^2$; 70 085 hab. Cap. *Arauca.*

**ARAUCA,** c. de Colombia, cap. del dep. homónimo, en la or. der. del Arauca; 21 279 hab. Frente a la c. venezolana de El Amparo.

**Araucana** *(La),* gran poema épico en tres partes (1569-1589) de Alonso de Ercilla, escrito en octavas reales. El protagonista es el pueblo araucano —en lucha con los españoles— y sus caudillos, sobre todo Caupolicán, que encarna el mito del héroe trágico.

**ARAUCANÍA** *(región de la),* región del centro-sur de Chile; 31 760 km$^2$; 774 959 hab. Cap. *Temuco.*

**ARAUCO,** país de los araucanos.

**ARAUCO,** c. de Chile (Biobío); 29 896 hab. Centro industrial y activo puerto en el *golfo de Arauco.*

**Arauco domado,** poema épico de Pedro de Oña (1596), que reivindica la figura de García Hurtado de Mendoza.

**ARAÚJO** (Loipa), bailarina cubana (La Habana 1943). Fue primera bailarina del Ballet nacional de Cuba (1967). Obtuvo la medalla de oro en el festival internacional de danza de París (1970) y actuó con el ballet de Roland Petit como artista invitada.

**ARAURE,** c. de Venezuela (Portuguesa); 55 299 hab. Unida a Acarigua. Aeropuerto nacional.

**ARAVALLI** *(montes),* cordillera del NO de la India (Rājasthān), que limita con el Decán.

**ARAXES** → ***Araks.***

**ARBELÁEZ,** mun. de Colombia (Cundinamarca); 19 881 hab. Agricultura y explotaciones forestales.

**Arbelas** *(batalla de)* [331 a. J.C.], victoria decisiva de Alejandro sobre Darío III.

**ARBENZ** (Jacobo), político guatemalteco (Quezaltenango 1913-México 1971). Elegido presidente de la república en 1951, fue derribado tras la invasión del país por Castillo Armas (1954).

**ARBIL** → ***Irbīl.***

**ARBOGASTO,** general de origen franco al servicio de los romanos († 394). Hizo asesinar a Valentiniano II para proclamar emperador de occidente al gramático Eugenio (392). Fue vencido por Teodosio (394).

**Árbol de ciencia** *(Arbre de sciència),* obra de Ramon Llull (1296), divulgación de la *Arte Magna.*

**árbol de la ciencia** *(El),* novela de Pío Baroja (1911), que cierra la trilogía *La raza.* Narra la tragedia de un hombre cuyo exagerado racionalismo moralizador le lleva a rechazar el mundo en que vive.

**ARBOLEDA** (Julio), escritor y político colombiano (Popayán 1817-montaña de Berruecos 1862). Es autor de una serie de poemas y de un esbozo épico (*Don Gonzalo de Oyon,* 1838). Antiabolicionista, fue asesinado.

**ARBOLETES,** mun. de Colombia (Antioquia), en la costa caribe; 34 962 hab. Maíz, plátanos y arroz.

**ARBÓS** (Jaime), químico español (San Hipólito de Voltregá 1824-Barcelona 1882). Ideó la carburación del gas del alumbrado y patentó el primer gasógeno de aspiración (1862).

**ARBUS** (Diane), fotógrafa norteamericana (Nueva York 1923-*id.* 1971). Abandonó la fotografía de moda por una temática social comprometida, y retrató la soledad y el sufrimiento humanos.

**ARCADIA,** región de Grecia, en la parte central del Peloponeso, que la tradición poética clásica convirtió en un país idílico. — Nomo de Grecia; 4 419 km$^2$; 103 840 hab. Cap. *Trípolis.*

**Arcadia,** novela pastoril de Lope de Vega (1598), inspirada en la *Arcadia* de Sannazaro.

**ARCADIO** (*c.* 377-408), emperador romano de oriente [395-408], primogénito de Teodosio I.

**ARCAND** (Denys), director de cine canadiense (Deschambault, Quebec, 1941). Destacó con *El declive del imperio americano* (1986) y *Jesús de Montreal* (1989).

**ARCE** (Aniceto), político boliviano (Tarija 1824-Sucre 1906). Dirigente conservador, fue presidente de la república (1888-1892).

**ARCE** (José), médico y diplomático argentino (Lobería 1881-Buenos Aires 1968). Describió un signo radiológico para diagnosticar las tumoraciones intratorácicas.

**ARCE** (Manuel José), militar y político salvadoreño (1787-1847). Presidente de las Provincias Unidas de Centroamérica (1824-1828), una guerra civil le condujo al destierro (1829).

**ARCEDIANO DEL ALCOR** (Alonso **Fernández de Madrid,** llamado **El**), humanista español (1475-1559), traductor de Erasmo y autor de una combinación de anales *(Silva palatina).*

**ARCELIA,** mun. de México (Guerrero); 37 067 hab. Cultivos tropicales. Yacimientos de oro y plata.

**ARCHENA,** v. de España (Murcia); 13 852 hab. *(Archeneros.)* Balneario. Necrópolis ibérica. Restos de piscinas romanas y árabes.

**ARCHIDONA,** v. de España (Málaga), cab. de p. j.; 10 114 hab. *(Archidonenses.)*

**ARCHIPENKO** (Alexander), escultor norteamericano de origen ruso (Kíev 1887-Nueva York 1964). En el período 1910-1914 desempeñó en París un papel de innovador (figuras geometrizadas de formas vaciadas, «escultopinturas», *assemblages*).

**Archipiélago Gulag,** obra de A. Solzhenitsin (1973-1976), testimonio de la represión política y cultural en la U.R.S.S.

**ARCILA FARÍAS** (Eduardo), historiador venezolano (Maracaibo 1912), especialista en economía colonial americana (*Economía colonial de Venezuela,* 1946; *Ensayos sobre la colonización en América*).

**ARCIMBOLDO** o **ARCIMBOLDI** (Giuseppe), pintor italiano (Milán 1527-*id.* 1593). Trabajó en la corte de Praga. Es autor de figuras manieristas compuestas de flores y frutos, conchas y peces.

Giuseppe **Arcimboldo:** *El almirante*
(Mouzay, col. Tappenbeck)

**ARCINIEGA** (Claudio **de**), arquitecto y escultor español (nacido en Burgos-en México 1593). Construyó el primer edificio de la Universidad de México y realizó la primera traza de la catedral. — Su pariente **Luis** también se trasladó a México, donde realizó numerosas obras en Puebla (catedral).

**ARCINIEGAS** (Germán), escritor colombiano (Bogotá 1900-*id.* 1999). Ensayista fecundo, comprometido con la realidad latinoamericana (*América, tierra firme,* 1937; *Entre la libertad y el miedo,* 1952; *América en Europa,* 1975; *El revés de la historia,* 1979), escribió también novela y biografías.

**ARCINIEGAS** (Ismael Enrique), poeta colombiano (Curití 1865-Bogotá 1938), de influencia parnasiana (*Antología poética,* 1932).

**ARCIPRESTE DE HITA** → ***Hita.***

**ARCIPRESTE DE TALAVERA** → ***Talavera.***

**arco de la ola a la altura de Kanagawa** *(El),* grabado de Hokusai que pertenece a la serie de las *Treinta y seis vistas del Fuji* (1831-1833). Adoptó, al contrario que la tradición japonesa, una perspectiva rebajada. Esta obra refleja el ardor de Hokusai y su dominio en la transposición del paisaje.

***El arco de la ola a la altura de Kanagawa,***
grabado de Hokusai
(centro Claude-Debussy, Saint-Germain-en-Laye, Francia)

**Arcole** *(batalla de)* [15-17 nov. 1796], victoria de Napoleón I sobre los austríacos cerca de Verona.

**ARCOS DE LA FRONTERA,** c. de España (Cádiz), cab. de p. j.; 26 466 hab. *(Arcobricenses* o *arqueños.)* Iglesia de Santa María (s. XV), con restos mudéjares. Plaza mayor y hospital de la Caridad (1740), barroco.

**ARDABĪL** o **ARDEBIL,** c. de Irán, en el Azerbaiján; 281 943 hab. Mezquita y mausoleo (ss. XVI-XVII).

**ARDANZA** (José Antonio), político español (Elorrio 1941). Miembro del Partido nacionalista vasco, fue lehendakari del gobierno vasco de 1985 a 1998.

**ARDÈCHE,** dep. del SE de Francia (Ródano-Alpes); 5 529 km$^2$; 277 581 hab. Cap. *Privas* (10 490 hab.). Avenado por el *río Ardèche,* afl. del Ródano (or. der.); 120 km.

**ARDEMANS** (Teodoro), arquitecto, escultor y pintor español (Madrid 1664-*id.* 1726). Estudió pintura con C. Coello y fue maestro mayor de las catedrales de Granada y Toledo y de los sitios reales, arquitecto de palacio y pintor de cámara de Felipe V. Su obra más importante es el palacio, capilla y jardines de La Granja* de San Ildefonso.

**ARDEN** (John), dramaturgo británico (Barnsley, Yorkshire, 1930), influido por la concepción teatral de Brecht (*Vivir como cerdos,* 1958; *El baile del sargento Musgrave,* 1959; *El burro del hospicio,* 1963).

**ARDEN QUIN** (Carmelo), pintor y escultor uruguayo (Rivera 1913). En Buenos Aires, junto a Kosice y Maldonado, fundó la revista *Arturo* (1944) y organizó exposiciones del grupo. En 1946 fundó el grupo de arte abstracto Madí.

**ARDENAS,** en fr. **Ardenne,** macizo de arenisca y esquistos, de relieve aplanado pero cortado por valles profundos (Mosa), cuya mayor parte está situada en Bélgica, pero que penetra en Francia y Luxemburgo. Es una región de entre 400 y 700 m de alt., poco habitada y cubierta de bosques, landas y turberas. — En agosto de 1914 fue escenario de combates entre franceses y alemanes, en mayo de 1940 de la penetración del Mosa por la Wehrmacht, y en diciembre de 1944 de la última contraofensiva de los blindados alemanes.

**ARDENNES,** dep. del NE de Francia (Champagne-Ardenne); 5 229 km$^2$; 296 357 hab. Cap. *Charleville-Mézières.*

**ARDERIUS** (Joaquín), novelista español (Lorca 1890-México 1969). Autor de novelas sicológicas (*La duquesa de Nit,* 1926) y de denuncia social (*Campesinos,* 1931; *Crimen,* 1933), desde 1939 vivió exiliado en México.

**ARDÉVOL** (José), compositor español (Barcelona 1911-La Habana 1981), nacionalizado cubano. En La Habana fundó la orquesta de cámara y el Grupo de renovación musical. Compuso obras de cámara, para orquesta y para piano, y música de películas.

**ARDITO BARLETTA** (Nicolás), político y economista panameño (Aguadulce 1939), presidente de la república (1984-1985).

**ARECIBO,** mun. de Puerto Rico, en el N de la isla; 93 385 hab. Centro industrial. Turismo. Aeropuerto.

**ARELLANO** (Juan **de**), pintor español (Santorcaz 1614-Madrid 1676), especializado en pintura de flores.

**ARENAL** (Concepción), socióloga y ensayista española (Ferrol 1820-Vigo 1893). De formación autodidacta, dedicó su obra a la reforma social (situación obrera, sistema penitenciario, instrucción y derechos de la mujer), que promovió en sus escritos: *La beneficencia, la filantropía y la caridad, Cartas a un obrero* (1880), *La mujer del porvenir* (1884), *La condición de la mujer en España.*

**ARENAS** (Reinaldo), escritor cubano (Holguín 1943-Nueva York 1990). Autor de *El mundo alucinante* (1969), evocación fantástica de la vida de fray Servando Teresa de Mier; *Con los ojos cerrados* (1972), relatos; *El palacio de las blanquísimas mofetas* (1980), novela; *Antes que anochezca* (1992), memorias. En 1980 se exilió a E.U.A.

**ARENAS DE SAN PEDRO,** c. de España (Ávila), cab. de p. j.; 6 153 hab. *(Areneros* o *arenenses.)* Castillo. Monasterio de San Pedro de Alcántara.

**ARENDT** (Hannah), filósofa norteamericana de origen alemán (Hannover 1906-Nueva York 1975). Estudió los fundamentos de los sistemas totalitarios (*Los orígenes del totalitarismo,* 1951).

**ARENILLAS,** cantón de Ecuador (El Oro), en la llanura costera; 21 622 hab. Cacao, café.

**ARENYS DE MAR,** v. de España (Barcelona), cab. de p. j.; 11 048 hab. *(Arenyenses.)* Puerto de recreo.

**AREQUIPA,** región administrativa del S de Perú, entre la cordillera Occidental y el Pacífico, que comprende el departamento homónimo; 63 345 km$^2$; 1 003 000 hab. Cap. *Arequipa.*

**AREQUIPA,** c. de Perú, cap. del dep. homónimo; 591 700 hab. Centro industrial y cultural. Fundada por Pizarro en 1540. Centro del *barroco arequipeño:* iglesia de la Compañía de Jesús, convento de la Merced, San Agustín, edificios civiles.

**ARES,** dios griego de la guerra, identificado con el *Marte* de los romanos.

**ARESTI** (Gabriel), poeta español en lengua vasca (Bilbao 1933-*id.* 1975). Tras una etapa simbolista, cultivó la poesía política: *Piedra* y pueblo* (*Harri eta herri,* 1964); *Piedra vasca* (*Euskal harria,* 1967). Escribió también narrativa y teatro. Miembro de la Academia de la lengua vasca, impulsó el euskera batua.

**ARETINO** (Pietro), escritor italiano (Arezzo 1492-Venecia 1556), autor satírico y licencioso, evocador de la vida política y cultural basada en la adulación cortesana (*Coloquio de las damas* o *Diálogos,* 1534; *Cartas,* 1537-1557).

**ARETINO** (Spinello di **Luca Spinelli,** llamado **Spinello**), pintor italiano (Arezzo *c.* 1350-*id.* 1410), autor de frescos en Arezzo, Florencia, Pisa y Siena.

**ARETZ-THIELE** (Isabel), compositora y musicóloga argentina (Buenos Aires 1909). Estudió el folklore de Argentina, Bolivia, Perú, Venezuela y Uruguay.

**ARÉVALO,** c. de España (Ávila), cab. de p. j.; 7 267 hab. *(Arevalenses.)* Importante foco de arte mudéjar castellano (muralla, castillo, puentes).

**ARÉVALO** (Juan José), político guatemalteco (Taxisco 1904-Guatemala 1990), presidente de la república (1945-1951), impulsó la O.D.E.C.A.

**ARÉVALO MARTÍNEZ** (Rafael), escritor guatemalteco (Quezaltenango 1884-Guatemala 1975). Poeta modernista en *Las rosas de Engaddi* (1915), destacó por su narrativa cerebral e introspectiva, «sicozoológica»: *El hombre que parecía un caballo* (1915), *El señor Monitot* (1922), *El hechizado* (1933).

**AREZZO,** c. de Italia (Toscana), cap. de prov.; 90 577 hab. Monumentos medievales. Frescos de Piero della Francesca en la iglesia de San Francisco. Plaza mayor remodelada por Vasari.

**AREZZO** (Guido **d'**), monje benedictino y musicógrafo italiano (Arezzo *c.* 990-d. 1033). Dio su nombre al sistema de notación musical.

**AREZZO** (Guittone **d'**), poeta italiano (Arezzo *c.* 1235-Florencia 1294). Es autor de poesías morales y religiosas.

**ARFE** *(De),* familia de orfebres de origen alemán, activos en Castilla y Andalucía en el s. XVI. Sus obras se encuadran desde el gótico tardío hasta el clasicismo. — **Enrique,** formado en Colonia, realizó las custodias de las catedrales de León, Sahagún, Córdoba y Toledo. — Su hijo **Antonio** (León *c.* 1510-Madrid *c.* 1578) realizó obras de orfebrería plateresca. — **Juan** (León 1535-Madrid 1603), hijo de Antonio, fue orfebre y autor de tratados.

**ARGA,** r. de España, afl. del Aragón (or. der.); 150 km. Atraviesa Pamplona.

**ARGANDA** o **ARGANDA DEL REY,** v. de España (Madrid), cab. de p. j.; 26 218 hab. *(Argandeños.)*

**ARGANTONIO** o **ARGANTHONIOS,** rey de Tartessos († *c.* 550 a. J.C.). Su pacífico y próspero gobierno ayudó a crear un mito en torno a dicho reino.

**Argar** *(El),* poblado prehistórico situado cerca de Antas (Almería) (*c.* 1700-1500 a. J.C.) prototipo de una cultura de la península Ibérica que representa el dominio de la metalurgia (cobre, bronce, plata) y sustituye a la de Los Millares*. La necrópolis tiene mayor importancia que el poblado, con 950 tumbas de tres tipos distintos: fosa sencilla, cistas de seis losas y urnas cerradas. La industria de la piedra se limita al utillaje agrícola.

**ARGEL,** en fr. **Alger,** en ár. **al-Yazā'ir,** c. y cap. de Argelia y de vilayato; 2 600 000 hab. en la aglomeración. La posición de Argel, equidistante de los extremos del N de África y en la salida de un rico traspaís, ha favorecido el desarrollo de la ciudad y del puerto. Capital de Argelia durante la dominación otomana (desde el s. XVI), fue tomada por los franceses en 1830. Fue sede del gobierno provisional de la república francesa en 1944. Importante foco rebelde durante la guerra de liberación argelina, de Argel partieron los acontecimientos responsables de la caída de la IV república francesa (13 mayo 1958).

**Argel** *(conferencia árabe de)* [26-28 nov. 1973], conferencia que reunió a los jefes de estado árabes, excepto los de Iraq y Libia, y que reconoció, pese a la oposición de Jordania, a la Organización para la liberación de Palestina (O.L.P.) como único representante del pueblo palestino.

**ARGELANDER** (Friedrich), astrónomo alemán (Memel 1799-Bonn 1875). Se le debe el primer gran catálogo de estrellas, el *Bonner Durchmusterung (BD),* que da la posición y el brillo de más de 324 000 estrellas.

**ARGELIA,** en fr. **Algérie,** en ár. **Barr al-Yazā'ir,** estado del NO de África, junto al Mediterráneo, entre Marruecos al O y Tunicia al E; 2 380 000 km$^2$; 26 millones de hab. *(Argelinos.)* CAP. *Argel.* LENGUA OFICIAL: *árabe.* MONEDA: *dinar argelino.*

GEOGRAFÍA

Argelia, muy vasta, está aún globalmente poco poblada. La mayor parte del país forma parte del Sahara. La población, que actualmente crece a un ritmo rápido (por lo menos un 3 % anual), se concentra en el litoral o en las proximidades, de clima mediterráneo. Yuxtapone a habitantes de lengua árabe (ampliamente mayoritarios) y beréber (Aurès, Cabilia). El elevado índice de natalidad (45 ‰) explica la gran juventud de la población (más de la mitad de los argelinos tienen menos de 20 años) y los problemas que se plantean, sobre todo en los campos de la educación y del empleo. La urbanización (más del 50 % de la población) ha progresado con mayor rapidez que la industria, favorecida no obstante por los ingresos procedentes de la extracción de petróleo y gas natural, recursos esenciales. La ganadería ovina continúa dominando en las altiplanicies (entre las cadenas del Tell que bordean la franja mediterránea y el Atlas sahariano, límite N del desierto). Tras la independencia, la socialización de la economía (parcialmente puesta en tela de juicio en la actualidad) no estimuló la productividad. La emigración (hacia Francia) no acabó con el aumento del paro. La disminución, más reciente, de los ingresos de los hidrocarburos ha incrementado la deuda exterior. Estos problemas se relacionan o yuxtaponen con las dificultades provocadas por la demografía galopante, las tensiones locales entre habitantes de lengua árabe y habitantes de lengua beréber y la presión creciente del integrismo islámico.

HISTORIA

***La Argelia antigua.*** Argelia, habitada por los bereberes, recibió la influencia de las civilizaciones fenicia y cartaginesa. Masinisa fundó en ella el reino de Numidia, que pasó bajo denominación romana tras la derrota de Yugurta (105 a. J.C.). El país formó una provincia próspera y urbanizada (Timgad, Lambaesis, etc.), inmersa no obstante en revueltas. Cristianizado en los ss. II-III, fue devastado por los vándalos en el s. V y reconquistado por Bizancio en 533 (Belisario).

***Tras la conquista árabe.*** Fines del s. VII: la llegada de los árabes (incursiones de 'Uqba ibn Nafi' en 681-682) cambió la suerte del país, política y religiosamente (islamización). Ss. VIII-X: la resistencia beréber se expresó mediante la constitución de principados jāriŷíes en el Mogreb central. S. X: la instalación de la dinastía fatimí chiita puso fin a estos principados: sus representantes, los ziríes, rechazaron a los bereberes hacia las montañas. Ss. XI-XII: los almorávides, y luego los almohades, dinastías bereberes, dominaron el Mogreb y al-Andalus. Ss. XII-XIV: el país volvió a fragmentarse: el reino de los 'Abd al-wādíes (1235-1250) hizo de su capital Tremecén un brillante centro.

***La regencia de Argel.*** 1518: llamado por los habitantes de Argel, el pirata turco Barbarroja expulsó a los españoles establecidos en los puertos. 1520: situó a Argel bajo la soberanía otomana. La ciudad, gobernada por dey a partir del s. XVII, se convirtió en capital de un estado autónomo y uno de los principales centros del Mediterráneo.

***La colonización francesa.*** 1827: tras varios incidentes, comenzó la ocupación francesa. 1830: toma de Argel. 1830-1839: ocupación restringida. 1839-1847: ocupación total, tras la declaración de guerra de Abd el-Kader. 1852-1870: la dominación se extendió a la Cabilia (1857) y a los confines saharianos. París dudaba entre el régimen militar y el civil (que triunfó); y entre la asociación («reino

Concepción **Arenal** (centro gallego, Madrid)

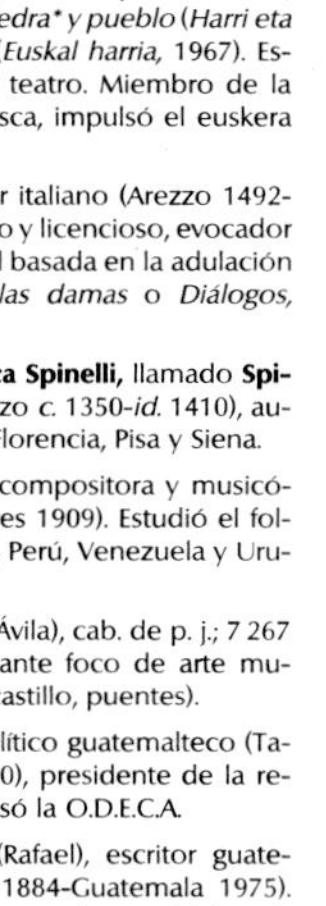

Reinaldo **Arenas**

un aspecto de **Argel**

árabe» de Napoleón III) y la asimilación (que predominó). Se instalaron numerosos colonos, sobre todo a partir de 1870 (984 000 *pieds-noirs* en 1954). La colonización estableció una auténtica segregación entre los colonos y los autóctonos, y el campesinado árabe, desposeído de sus tierras, se empobreció.

***La guerra de Argelia.*** El nacionalismo y el reformismo musulmanes, desarrollados a partir de 1930, se radicalizaron durante la segunda guerra mundial (levantamiento de Constantina, 1945). 1954: estalló la rebelión en la Gran Cabilia y el Aurés; Ben Bella fundó el Frente de liberación nacional (F.L.N.), con un Ejército de liberación nacional. Se inició así una guerra de liberación que no terminaría hasta 1962. 1955: Francia instauró el estado de emergencia. 1956: con 400 000 hombres, aseguró la división del territorio en zonas. 1958: el F.L.N. se proclamó gobierno provisional de la república de Argelia (G.P.R.A.), presidido por Ferḥāt 'Abbās. 1959: De Gaulle proclamó el derecho de los argelinos a la autodeterminación. 1962: se produjo el alto el fuego tras los acuerdos de Évian.

***La Argelia independiente.*** 1963: Ben Bella, presidente de la nueva república, puso en marcha reformas socialistas. 1965: fue depuesto por Bumedián, quien orientó la política exterior, al principio antiimperialista, hacia una posición neutralista. 1979: Chadli Bendjedid, candidato único en las elecciones, le sucedió a su muerte. 1988: estallaron graves disturbios. Chadli lanzó un programa de reformas políticas y económicas. 1989: se aprobó una nueva constitución. El F.L.N. perdió el estatuto de partido único y se instauró el pluripartidismo. 1992: tras el éxito obtenido por el fundamentalista Frente islámico de salvación (F.I.S.) en la primera vuelta de las elecciones legislativas (dic. 1991), Chadli dimitió (en.). Se suspendió el proceso electoral y un Alto comité de estado, presidido por Mohamed Budiaf, asumió el poder. Se instauró el estado de emergencia (febr.) y se disolvió el F.I.S. (marzo). M. Budiaf fue asesinado (junio) y le sucedió Ali Kafi (julio). 1993: se prorrogó el estado de excepción y continuó la dura represión contra el integrismo, que se mantuvo activo. 1994: Liamin Zerual fue nombrado jefe de estado. 1995: las elecciones presidenciales pluralistas confirmaron a L. Zerual como presidente de la república. 1997: el presidente L. Zerual ganó las elecciones legislativas. Sin embargo, la violencia se radicalizó aún más (masacres colectivas de civiles). 1999: el candidato único Abdelaziz Buteflika fue elegido presidente.

INSTITUCIONES

La nueva constitución de 1996 amplió las prerrogativas presidenciales y prohibió los partidos religiosos. El presidente es elegido cada 5 años. El parlamento es bicameral.

**ARGENSOLA** (Lupercio Leonardo **de**), poeta español (1559-1613). Sus sonetos, canciones, epístolas y sátiras son clasicistas. Fue también dramaturgo e historiador. — Su hermano **Bartolomé Leonardo** (1562-1631) cultivó el mismo tipo de poesía (en 1634 se editó la obra de ambos: *Rimas*) y continuó los *Anales de Aragón* de Zurita.

**ARGENTA** (Ataúlfo), director de orquesta español (Castro-Urdiales 1913-Los Molinos, Madrid, 1958). Fue titular de la Orquesta nacional de España, al frente de la cual dio conciertos por toda Europa.

**ARGENTEUIL,** c. de Francia (Val-d'Oise), a orillas del Sena; 94 162 hab. Industria aeronáutica.

**ARGENTINA,** estado de América del Sur, en la fachada atlántica de la parte meridional del continente. La superficie de sus tierras emergidas correspondientes al continente americano y a la provincia de Tierra de Fuego, Antártida e islas del Atlántico sur es de 3 761 274 km²; 37 031 797 hab. *(Argentinos.)* CAP. *Buenos Aires.* LENGUA OFICIAL: *español.* MONEDA: *peso.*

GEOGRAFÍA

Componen el territorio cuatro grandes regiones: al O los Andes (con el pico culminante de América, el Aconcagua, 6 969 m), flanqueados en el sector septentrional por otros alineamientos montañosos (la Precordillera); dos extensas áreas mesetarias, al NO (la Puna) y al S del país (la Patagonia); y finalmente, las llanuras chaqueña, mesopotámica y pampeana, que representan más de la mitad del territorio y el sector preponderante desde el punto de vista demográfico y económico.

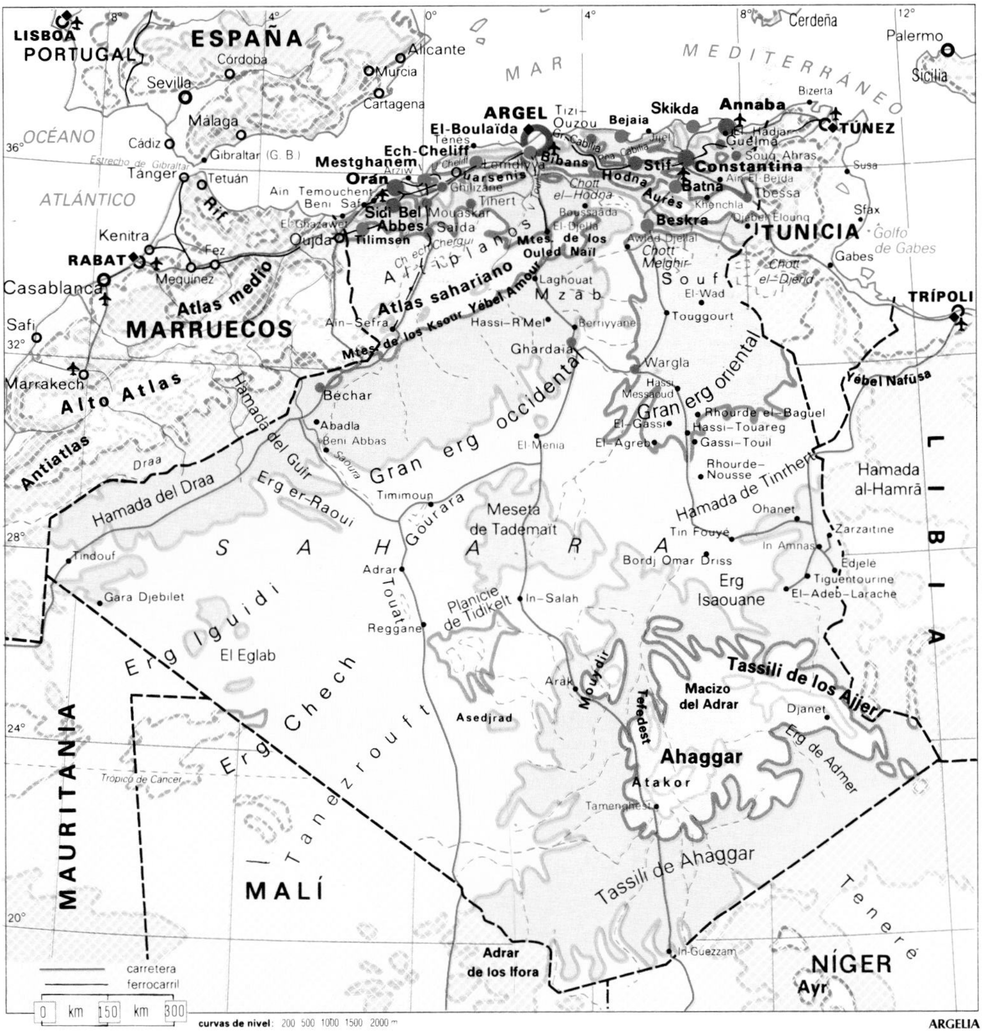

ARGELIA

La población, predominantemente blanca, se distribuye de manera muy desigual: el litoral concentra el 70 % del total; la población urbana asciende al 86 %, y la aglomeración del Gran Buenos Aires representa por sí sola el 38 % del conjunto del país. La inmigración europea (en especial de italianos y españoles en la primera mitad del s. XX) ha sido determinante, ya que el crecimiento vegetativo muestra una permanente tendencia a descender. La agricultura cerealista (trigo en particular) y la ganadería vacuna, concentradas en las provincias pampeanas, son la base de la economía del país y el renglón principal de la exportación. Importancia especial revisten las industrias relacionadas con la ganadería: cárnicas, servidas por una red de frigoríficos altamente tecnificada, y de derivados lácteos. Destacan también la producción de vino (viñedos de Mendoza y San Juan), maíz, caña de azúcar (en el Noroeste), algodón y tabaco.
El potencial hidroeléctrico es aprovechado mediante grandes centrales (El Chocón, en el río Limay; Salto Grande, en el río Uruguay; Yacyretá, en el río Paraná, entre otras), y se explotan yacimientos petrolíferos en las provincias de Chubut, Neuquén, Mendoza, Salta y Tierra del Fuego. Argentina se sitúa a la cabeza de los productores de energía suramericanos, y cubre el 90 % de su consumo interno. Por el contrario, los recursos mineros son modestos y situados en áreas muy alejadas de los centros industriales: estaño, plomo, cinc, manganeso y cobre en las faldas de los Andes; hierro en Jujuy y Río Negro. La siderurgia (Palpalá, San Nicolás de los Arroyos, Villa Constitución, Ramallo) recurre a mineral de importación.
La industria ligera (metalurgia, construcciones metálicas, textil, química) se concentra en las provincias que cuentan con las mayores aglomeraciones urbanas (Buenos Aires, Córdoba, Santa Fe). Desde los años setenta, el sector entró en una crisis aguda debido a políticas económicas basadas en la exportación de materias primas agropecuarias, lo que motivó el desmantelamiento de buena parte del aparato industrial. A la drástica contracción de la demanda interna y la crisis de inversiones se vino a sumar la sobrevaluación de la moneda nacional, que estimuló la especulación financiera, generando una deuda externa que alcanzaba los 65 000 millones de dólares a principios de los años noventa, y una altísima inflación. Las medidas de saneamiento económico y monetarias (vuelta al peso, 1992) contuvieron la inflación y permitieron una recuperación general de la economía. En 1991 Argentina, con Brasil, Paraguay y Uruguay, constituyeron el Mercado común del Sur (Mercosur*).

**HISTORIA**

***El poblamiento precolombino.*** La actual Argentina estaba habitada antes de la conquista por un heterogéneo mosaico de pueblos. Las tierras andinas y preandinas las ocupaban pueblos agrícolas, sometidos a la influencia incaica, como los lules y tonocotes de Tucumán, los sanavirones y comechingones de Córdoba y San Luis, o los huarpes de San Juan y Mendoza. Corrientes y Misiones pertenecían al espacio guaraní, asimismo agrícola. En el Chaco vivían cazadores-recolectores del grupo guaicurú: tobas, mataguayos y abipones. En la Pampa, Patagonia y Tierra del Fuego, pueblos cazadores y pescadores como los querandíes, tehuelches, puelches y fueguinos.

***La conquista española.*** 1516: descubrimiento del Río de La Plata por Juan Díaz de Solís. 1520: Magallanes exploró la Patagonia. 1536: primera fundación de Buenos Aires por Pedro de Mendoza; 1580: la segunda y definitiva la realizó Juan de Garay. Durante dos siglos ocupó una posición marginal dentro del imperio español, hasta que en el s. XVIII se expandió la ganadería del litoral y la actividad comercial del puerto de Buenos Aires. 1776: se constituyó el virreinato del Río de la Plata, con capital en Buenos Aires, con lo que reforzó su posición de enlace entre Perú y Europa.

***La independencia.*** 1806-1807: dos incursiones británicas, que ocuparon Buenos Aires y Montevideo, desencadenaron la crisis de la autoridad virreinal y la militarización de la población criolla. 1808-1810: la ocupación de España por los franceses reforzó la posición de los criollos, que en mayo de 1810 impusieron en Buenos Aires una Junta de gobierno. 1810-1812: la Junta de Buenos Aires estableció su autoridad en el virreinato, a excepción del Alto Perú (Bolivia), Paraguay y la Banda Oriental (Uruguay). 1812-1816: mientras San Martín emprendía la emancipación de Chile y Perú, el congreso de Tucumán proclamó la independencia (1816).

***El caudillismo y la Confederación rosista.*** 1816-1829. Las luchas entre los caudillos provinciales y la confrontación entre federalistas y unitarios impidió la constitución efectiva del nuevo estado, que estuvo a punto de disgregarse. Rivadavia restableció el predominio de Buenos Aires e impulsó una nueva constitución unitaria (1826), pero la guerra con Brasil (1825-1827) acarreó su caída y el restablecimiento de una laxa Confederación argentina. 1829-1852: Rosas controló la gobernación de Buenos Aires, y desde ella impuso su hegemonía sobre el país, unido de hecho, aunque no institucionalmente. El bloqueo francés (1838-1843) y anglofrancés (1845-1848), que reclamaba la libre navegación del Río de la Plata, la represión contra sus oponentes en Buenos Aires, y el enfrentamiento con los caudillos del litoral, erosionaron la posición de Rosas, que en 1852 fue derrocado por una coalición integrada por Entre Ríos, Corrientes, Montevideo y Brasil.

***La organización nacional y la expansión de la economía exportadora.*** 1852-1860. Mientras Buenos Aires se separó de la Confederación, el resto aprobó la constitución de 1853, que estableció una república federal con un poder ejecutivo nacional fuerte, y eligió a Urquiza como presidente. 1859-1860: la guerra entre Buenos Aires y la Confederación acabó con el reingreso de Buenos Aires, reafirmada su posición capital en el estado argentino. 1862-1868: el porteño Bartolomé Mitre fue presidente de la república unificada. 1865-1880: la guerra de la Triple alianza contra Paraguay (1865-1870) y la definitiva conquista de la Pampa, con el sometimiento de la población india tras las campañas militares de Alsina y Roca (1877-1880), consolidaron el nuevo estado, su posición regional hegemónica y la expansión de su economía, basada en las exportaciones agropecuarias: cueros, lana, cereales y carne. 1880-1886: presidencia de Roca, que proporcionó la estabilidad política que precisaba esa expansión y subrayó el absoluto predominio de la gran propiedad terrateniente aliada con la élite comercial porteña. El sobresalto de la revolución de 1890 no alteró las bases del régimen oligárquico, pero dio lugar al nacimiento de un nuevo movimiento político: el radicalismo.

***Del radicalismo a la intervención militar.*** 1891-1910. La Unión cívica radical, fundada en 1891 por L. Alem, se constituyó en la oposición política al régimen oligárquico; apoyada por un amplio abanico social, que se extendía por las clases medias e incluía también a sectores trabajadores y elementos terratenientes, muy presentes en sus instancias directivas, fue liderada desde 1897 por Hipólito Yrigoyen. 1911-1912: el presidente Roque Sáenz Peña concedió la reforma electoral, garantizando el sufragio masculino, universal y secreto. 1916-1930: la U.C.R. accedió por primera vez al poder durante las presidencias de Yrigoyen (1916-1922), Alvear (1922-1928) y de nuevo Yrigoyen (1928-1930); el populismo de este último suscitó el golpe de 1930, que lo derrocó e inició un largo ciclo de intervencionismo militar.

***La restauración conservadora y el peronismo.*** 1930-1943. La oligarquía recuperó el poder bajo la tutela del ejército, pero la crisis económica mundial y la caída del comercio exterior pusieron en entredicho la hegemonía del sector exportador. 1943-1945: un segundo golpe militar, con inclinaciones germanófilas, incubó un nuevo movimiento populista, vertebrado por el coronel Perón, con el apoyo de sectores sindicales (C.G.T.) y disidentes del radicalismo. 1946-1952: Perón accedió a la presidencia con una amplia mayoría del electorado, e inició un cambio en la política económica, fomentando el mercado interior y el desarrollo industrial a costa de los réditos proporcionados por el sector exterior; organizó su propia formación política, el Partido justicialista, e hizo reformar la constitución (1949) para permitir su reelección. 1952-1955: en su segundo mandato Perón tuvo que hacer frente a las dificultades de su programa de industrialización; buscó el apoyo de E.U.A., pero reforzó la orientación represiva de su política interior y se enfrentó a la Iglesia católica. En 1955 fue derribado por un golpe militar.

***Los regímenes militares.*** 1955-1958. El gobierno del general Aramburu proscribió al peronismo y restauró la hegemonía conservadora. El ejército controló la situación política indirectamente durante las presidencias de Frondizi (1959-1962) e Illía (1962-1966), a los que obligó en ambos casos a dimitir ante la reanudación de la movilización obrera y peronista. 1966-1970: el general Onganía

ARGENTINA: EVOLUCIÓN HISTÓRICA

implantó una dictadura militar directa, que se mantuvo férrea hasta el estallido social de la insurrección de Córdoba (*Cordobazo,* 1969), que acabó motivando su dimisión. 1970-1973: el régimen militar negoció con Perón el retorno al orden constitucional y la plena legalización del peronismo, que, tras los mandatos de Levingston y Lanusse, triunfó de nuevo en las elecciones de 1973. 1973-1976: Perón asumió de nuevo la presidencia, pero murió poco después y le sucedió su esposa María Estela Martínez; mientras, el peronismo se desgarraba en una guerra interna entre sus facciones de izquierda y extrema derecha, y se desencadenaba una incipiente actividad guerrillera. El deterioro social fue aprovechado por el ejército, que estableció una dictadura militar. 1976-1982: el gobierno militar, presidido sucesivamente por los generales Videla, Viola y Galtieri, se caracterizó por su sangrienta represión contra la izquierda y los movimientos populares.

***El retorno al orden constitucional.*** 1982: la derrota ante la escuadra británica, y el subsiguiente fracaso de la ocupación militar de las Malvinas, obligó a los militares a abandonar el poder y convocar elecciones libres, en las que triunfó la candidatura radical de Alfonsín. 1983-1989: Alfonsín impulsó el procesamiento de los principales responsables de la represión de la pasada dictadura, aunque se vio sometido a una constante presión militar; sin embargo, el fracaso total de su política económica le acarreó una creciente impopularidad. 1989: el triunfo electoral de C. S. Menem volvió a situar al peronismo en el poder. Menem atemperó el tradicional populismo peronista, se alió a los grupos exportadores y consiguió estabilizar la situación económica. 1994: elecciones para la asamblea constituyente de reforma de la constitución. 1995: reelección de C. S. Menem. 1997: la alianza de la Unión cívica radical (U.C.R.) y el Frente del país solidario (Frepaso) venció en las legislativas. 1999: firma con Chile de un acuerdo que fijó la frontera en los Hielos Continentales. El candidato de la alianza, Fernando de la Rúa, fue elegido presidente.

INSTITUCIONES

Constitución de 1853, modificada en 1994. Estado federal dividido en 23 provincias, más el distrito de la capital federal. La reforma constitucional de 1994 establece el período presidencial en cuatro años, renovable para un segundo mandato, e instaura la figura del jefe del gobierno. El presidente es elegido por voto universal directo. El legislativo se compone de cámara de diputados y senado, constituidos por elección directa.

LITERATURA

—*S. XIX.* Poesía patriótica: J. Cruz Varela. Década de 1830, introducción del romanticismo: E. Echeverría; posterior afianzamiento, novela: J. Mármol; ensayo y literatura política: D. F. Sarmiento, J. B. Alberdi, B. Mitre; poesía gauchesca: H. Ascásubi, J. Hernández, E. del Campo; otros poetas: O. V. Andrade, P. B. Palacios (Almafuerte). Generación de 1880: E. Cambacérès, C. M. Ocantos, P. Groussac, L. V. Mansilla, M. Cané, E. Wilde, J. S. Álvarez (Fray Mocho); A. Vaccarezza, G. de Laferrere.

—*S. XX.* Modernismo: L. Lugones, B. Fernández Moreno; E. Larreta. Posmodernismo: E. Banchs, A. Storni. Realismo: M. Gálvez, R. J. Payró. Renovación de la literatura gauchesca: R. Güiraldes, B. Lynch. Hacia 1920, vanguardismo: revistas *Proa, Prisma* y *Martín Fierro;* Macedonio Fernández, J. L. Borges, O. Girondo, L. Marechal, E. González Lanuza, R. Molinari, F. L. Bernárdez, R. González Tuñón. Surrealismo: A. Pellegrini, E. Molina. Otros poetas: V. Barbieri, A. Girri, A. Pizarnik. Teatro: C. Nalé Roxlo, C. Gorostiza. Narrativa contemporánea: J. L. Borges, L. Marechal, R. Arlt, J. Cortázar, E. Sábato, E. Mallea, M. Mujica Lainez, A. Bioy Casares, A. di Benedetto, D. Viñas, H. Bianciotti, H. Conti, M. Puig, O. Soriano. Poesía: J. Gelman, F. Urondo. Ensayo, s. XX: J. Ingenieros, V. Ocampo, R. Rojas, A. Korn, E. Martínez Estrada, C. Astrada, E. Anderson Imbert, R. Lida, N. Jitrik, A. Battistessa, M. Bunge.

BELLAS ARTES

***Principales ciudades de interés artístico y arqueológico:*** Buenos Aires, Córdoba, Jujuy, Mendoza, Misiones, Rosario.

***Artistas célebres.*** *Época colonial:* J. Kraus, A. Bianchi, A. Masella, V. Muñoz.

—*S. XIX (1800-1875).* Pintura: E. Essex Vidal, J. M. Rugendas, C. E. Pellegrini, R. Monvoisin, A. D'Hastrel, León Pallière, J. F. Goulu, L. Fiorini, B. Verazzi, I. Manzoni, Carlos Morel, F. García del Molino, P. Pueyrredón, C. López, F. Rawson. —*S. XIX (1875-1900).* Pintura: E. Sívori, Á. Della Valle, E. Caraffa, S. Rodríguez Etchart, R. Giudici, G. Mendilaharzu, E. de la Cárcova. Escultura: F. Cafferata, L. Correa Morales. Arquitectura: E. Bunge, V. Meano, J. Dormal.

—*S. XX (1900-1925).* Pintura: M. Malharro, F. Fader, J. Bermúdez. Escultores: R. Yrurtia. Arquitectura: M. Noel, A. Bustillo. —*S. XX (1925-1944).* Pintura: E. Pettoruti, Xul Solar, A. Guttero, A. Bigatti, H. Butler, L. E. Spilimbergo, R. Forner, R. Gómez Cornet. Escultura: J. Fioravanti, A. Riganelli, A. Bigatti. —*S. XX (desde 1944).* Pintura: T. Maldonado, C. Arden Quin, A. Hlito, A. Fernández, S. Grilo, M. Ocampo, J. Le Parc, H. Demarco, H. García-Rossi, L. Tomasello, Ary Brizzi, M. Á. Vidal, R. Plesello, E. McEntyre, R. Aizenberg, O. Palacio, D. Lamelas, R. Benedito, N. García Uriburu, G. Roux. Escultura: E. Iommi, G. Kósice, L. Fontana, A. Penalba, A. Pujía. Arquitectura: C. Testa, M. R. Álvarez, O. Peralta Ramos.

MÚSICA

—*S. XIX:* P. Esnaola, A. Williams, J. Aguirre, C. Piaggio. —*S. XX. Primera mitad:* C. López Buchardo, F. Ugarte y G. Gilardi (tendencia nacionalista); Grupo renovación (J. J. Castro y J. Ficher), L. Gianneo, H. Siccardi y J. C. Paz (tendencia universalista). —*S. XX. Segunda mitad:* C. Guastavino, A. Ginastera, A. Lanza, M. Kagel, C. Gardel y A. Piazzola (figuras relevantes del tango).

CINE

M. Gallo, J. Ferreyra, M. Soffici, L. Saslavsky, L. Demare, L. C. Amadori, L. Torre Ríos, L. Torre-Nilsson, F. Birri, L. Murúa, L. Favio, F. Ayala, F. Solanas, A. Aristaraín, R. Kuhn, H. Olivera. *(V. anexo cartográfico.)*

**ARGENTINA** (Antonia **Mercé,** llamada **la**), bailarina y coreógrafa española (Buenos Aires 1888-Bayona, Francia, 1936). Obtuvo fama mundial con *El amor brujo,* de Falla (1925). En 1929 formó la primera compañía del ballet español, con la que actuó por Europa formando pareja con Vicente Escudero.

**ARGENTINA** (Magdalena **Nile del Río**, llamada **Imperio**), actriz y cantante argentina (Buenos Aires 1906), la gran estrella del cine español de los años treinta: *La hermana San Sulpicio* (1934), *Nobleza baturra* (1935), *Morena Clara* (1936), *Carmen la de Triana* (1938), de F. Rey.

**ARGENTINITA** (Encarnación **López,** llamada **la**), bailarina y coreógrafa española (Buenos Aires 1895-Nueva York 1945). Debutó como canzonetista e intérprete de baile andaluz. En 1932 fundó con García Lorca el ballet de Madrid. En Montecarlo interpretó con Massine *Capricho español,* de Rimski-Kórsakov.

**ARGENTINO** (*lago*), lago de Argentina (Santa Cruz); 1 415 km$^2$; 200 m de prof. Centro turístico.

**argentino-brasileña** *(guerra),* conflicto armado entre Brasil y la Confederación argentina por el dominio de la Banda Oriental (1825-1828), que desembocó en la independencia de Uruguay.

**ARGENTONA,** v. de España (Barcelona); 7 819 hab. *(Argentoneses.)* Centro de veraneo.

**ARGERICH** (Marta), pianista argentina (Buenos Aires 1941). De gran técnica, destaca como intérprete de Chopin, Liszt, Bartók y Prokófiev.

**ARGHEZI** (Ion N. **Teodorescu,** llamado **Tudor**), poeta rumano (Bucarest 1880-*id.* 1967). Unió la doble experiencia de la vida monástica y de las luchas políticas (*Cántico al hombre,* 1956; *Hojas,* 1961).

**Arginusas** *(batalla de las)* [406 a. J.C.], victoria naval de Atenas sobre Esparta en un archipiélago del Egeo; los generales vencedores fueron ejecutados por no haber recogido a los muertos y heridos.

**ARGÓLIDA,** nomo de Grecia, en el NE del Peloponeso; 2 154 km$^2$; 93 000 hab. Cap. *Nauplia.* Fue foco de una brillante civilización (1400-1200 a. J.C.), atestiguada por los restos de Micenas, Argos y Tirinto. En 146 a J.C., la Argólida fue sometida por los romanos.

Imperio **Argentina**

Marta **Argerich**

**ARGOS,** c. de Grecia (Peloponeso), cerca del golfo de Nauplia; 22 256 hab. Ant. cap. de la Argólida, a la que los dorios dieron la supremacía sobre los centros micénicos.

**ARGOS** o **ARGUS,** príncipe mitológico argivo que tenía cien ojos, la mitad de los cuales permanecían abiertos durante el sueño. Hermes lo mató y Hera sembró sus ojos en la cola del pavo real.

**ARGOTE DE MOLINA** (Gonzalo), historiador español (Sevilla *c.* 1549-Las Palmas de Gran Canaria 1596). Militar, destacó como bibliófilo y medievalista (*Discurso sobre la poesía castellana,* 1575; *Nobleza de Andalucía,* 1588).

**ARGOVIA,** en alem. **Aargau,** cantón de Suiza; 1 404 km$^2$; 507 508 hab. Cap. *Aarau* (16 481 hab.).

**ARGUEDAS** (Alcides), escritor y político boliviano (La Paz 1879-Chulumani 1946). Fue diplomático y jefe del partido liberal. Su novela *Raza de bronce* (1919) es uno de los primeros documentos indigenistas. Escribió también una *Historia de Bolivia* (1920-1929) y sus memorias.

**ARGUEDAS** (José María), escritor peruano (Andahuaylas 1911-Lima 1969). Criado en una comunidad indígena, aprendió el quechua antes que el castellano, lo que le llevó a una búsqueda expresiva que se refleja en sus primeras obras (*Agua,* 1935; *Yawar Fiesta,* 1941), y que culmina en *Los ríos* profundos* (1959), su principal novela. Destacan también *El sexto* (1961) y *Todas las sangres* (1965), así como sus obras de antropólogo e investigador del folklore indígena.

**ARGÜELLES** (Agustín), político español (Ribadesella 1776-Madrid 1843). Diputado en las cortes de Cádiz, fue ministro de Gobernación (1820-1823) y tutor de la reina Isabel II.

Agustín **Argüelles** (por L. Alenza - museo romántico, Madrid)

**ARGÜELLES BRINGAS** (Gonzalo), pintor mexicano (Orizaba 1877-México 1942), destacado paisajista y acuarelista.

**ARGUIJO** (Juan **de**), poeta español (Sevilla 1560-*id.* 1623), autor de sonetos de influencia herreriana.

**ARGÚN,** r. de China, rama madre del Amur, que nace en el Gran Xingan; 1 530 km.

**ARGYLL** (Archibald **Campbell,** *conde* **de**), noble escocés (*c.* 1607-Edimburgo 1661). Dejó ejecutar a Carlos I. A pesar de haber sido amigo de Cromwell, levantó Escocia contra él, pero fue decapitado al advenimiento de la Restauración.

**ÅRHUS** o **AARHUS,** c. y puerto de Dinamarca, en la costa E de Jutlandia; 247 000 hab. Catedral románica y gótica. Universidad. Museos.

**ARIADNA,** personaje mitológico, hija de Minos y de Pasifae. Proporcionó a Teseo, llegado a Creta para combatir contra el Minotauro, el hilo para salir del Laberinto tras matar al monstruo. Teseo la raptó y luego la abandonó en la isla de Naxos.

**Ariane,** familia de cohetes espaciales europeos que permiten el lanzamiento (Kourou, Guayana Francesa) de satélites geoestacionarios pesados, a cargo de la Agencia espacial europea (primer vuelo de prueba, 24 dic. 1979; primer vuelo comercial, 16 junio 1983).

**ARIAS** (Arnulfo), político panameño (Penonomé 1901-Miami 1988). Presidente de la república en 1940-1941, 1949-1951 y 1968, las tres veces fue derrocado.

**ARIAS** (Céleo), político hondureño (Goascorán 1835-Comayagua 1890). Presidente de la república (1872-1879), fue derrocado por Leiva.

**ARIAS** (Harmodio), político y jurisconsulto panameño (Penonomé 1886-en E.U.A. 1962). Presidente de la república (1932-1936), negoció con E.U.A. un tratado sobre el canal más favorable para su país.

**ARIAS** (Óscar), político costarricense (Heredia 1941). Socialdemócrata del Partido de liberación nacional, fue presidente de la república (1986-1990). Su mediación pacificadora en Centroamérica le valió el premio Nobel de la paz (1987).

**ARIAS** (Virginio), escultor chileno (Ranquil 1855-Santiago 1941). Dirigió la escuela de bellas artes de Chile (*El roto chileno,* premiada en 1882).

**ARIAS DÁVILA** (Pedro) → ***Pedrarias Dávila.***

**ARIAS FERNÁNDEZ** (Antonio), pintor español (Madrid 1620-*id.* 1684). Su obra se encuadra en el barroco madrileño. Realizó los retratos de los reyes. El Prado conserva *La moneda del César* (1646) y *La Virgen y el Niño.*

**ARIAS MONTANO** (Benito), humanista español (Fregenal de la Sierra 1527-Sevilla 1598). Dirigió la edición de la *Biblia políglota de Amberes* (1569-1573) y escribió en latín una colección de odas (*Testimonios de la salvación humana,* 1571), una *Retórica* (1572) y tratados (*Historia natural,* 1601).

Benito **Arias Montano** (casa de Lope de Vega, Madrid)

**ARIAS NAVARRO** (Carlos, *marqués* **de**), político español (Madrid 1908-*id.* 1989). Alcalde de Madrid (1965-1973) y presidente del gobierno a la muerte de Carrero Blanco (1973), presidió el primer gabinete de la monarquía (1975-1976).

**ARIBAU** (Buenaventura Carlos), escritor español (Barcelona 1798-*id.* 1862). Debe su fama al poema en catalán *La patria* (*La pàtria,* 1833) y es considerado como el iniciador de la Renaixença.

**ARICA,** c. y puerto de Chile (Tarapacá), a orillas del Pacífico; 169 217 hab. Centro industrial y pesquero. Ferrocarril desde La Paz (Bolivia), que transporta para la exportación el mineral boliviano.

**ARIDJIS** (Homero), escritor mexicano (Contepec 1940). Su poesía está marcada por la sensualidad y el dominio de la expresión: *Los ojos desdoblados* (1960), *Los espacios azules* (1969), *Quemar las naves* (1975). En su narrativa destacan *Espectáculo del año dos mil* (1981) y *Memorias del Nuevo Mundo* (1984).

**ARIÈGE,** dep. de Francia (Midi-Pyrénées); 4 890 $km^2$; 136 455 hab. Cap. *Foix* (10 446 hab.). Avenado por el *río Ariège,* afl. del Garona (or. der.); 170 km.

**Ariel,** ensayo de José Enrique Rodó (1900) que exalta los valores culturales e históricos de la latinidad, oponiéndolos al utilitarismo norteamericano. Ejerció gran influencia en el pensamiento hispanoamericano.

**ARIES** o **CARNERO,** constelación zodiacal del hemisferio austral. — Primer signo del zodíaco, en el que el Sol entra en el equinoccio de primavera.

**ARIGUANÍ,** mun. de Colombia (Magdalena), junto al *río Ariguaní;* 234 250 hab. Agricultura.

**ARIO,** mun. de México (Michoacán); 25 656 hab. Café, caña de azúcar. Minas de cobre. Aeródromo.

**ARIÓN,** poeta lírico griego (Lesbos s. VII a. J.C.). Según Heródoto, fue arrojado al mar por unos piratas y salvado por unos delfines, que había encantado con su lira.

**ARIOSTO** (Ludovico **Ariosto,** llamado **el**), poeta italiano (Reggio nell'Emilia 1474-Ferrara 1533), autor del poema épico *Orlando furioso,* obra maestra del renacimiento.

**ARIOVISTO,** rey de los suevos (s. I a. J.C.). Fue vencido por César en Alsacia en 58 a. J.C.

**ARISTA** (Íñigo) → ***Íñiga*** (dinastía).

**ARISTA** (Mariano), militar y político mexicano (San Luis Potosí 1802-en el Atlántico 1855), ministro de Guerra y Marina (1848-1851) y presidente de la república (1851-1853).

**ARISTARAIN** (Adolfo), director de cine argentino (Buenos Aires 1943). Influido por los géneros populares, sobre todo el cine negro (*La parte del león,* 1978; *Últimos días de la víctima,* 1982), aúna crítica social y compromiso ético (*Tiempo de revancha,* 1981; *Un lugar en el mundo,* 1992).

**ARISTARCO de Samos,** astrónomo griego (Samos 310-† *c.* 230 a. J.C.). Fue el primero en emitir la hipótesis de la rotación de la Tierra sobre sí misma y alrededor del Sol, y en intentar medir las distancias de la Tierra a la Luna y al Sol.

**ARISTARCO de Samotracia,** gramático y crítico griego (*c.* 215-*c.* 143 a. J.C.), prototipo del crítico severo. Editó y comentó la obra de Homero.

**ARISTEO,** héroe mitológico griego, hijo de Apolo, que enseñó a los hombres la apicultura.

**ARÍSTIDES,** general y estadista ateniense, llamado **el Justo** (*c.* 540-*c.* 468 a. J.C.). Se cubrió de gloria en Maratón, pero, por instigación de Temístocles, su rival, fue condenado al ostracismo (483 a. J.C.). Reclamado al producirse la segunda invasión persa, combatió en Salamina y Platea, y participó en la formación de la liga de Delos.

**ARISTÓBULO II** († 49 a. J.C.), rey de Judea [67-63 a. J.C.]. Fue derrocado y más tarde envenenado.

**ARISTÓFANES,** comediógrafo griego (Atenas *c.* 445-*c.* 386 a. J.C.). Las once obras suyas conservadas constituyen variaciones satíricas sobre temas coetáneos y defienden las tradiciones contra las ideas nuevas. *Los caballeros* (424), *Los arcanenses* (425), *La paz* (421) y *Lisístrata* (411) denuncian a los demócratas, que prosiguen la guerra contra Esparta; *Las avispas* (422) parodia la manía pleitista de los atenienses; *Las tesmoforiazusas* (411) y *Las ranas* (405) critican a Eurípides; Sócrates es atacado en *Las nubes* (423); en *La asamblea de las mujeres* (392) y *Las aves* (414) se satirizan las utopías políticas; *Pluto* (388) marca el paso del teatro «comprometido» a la alegoría de carácter moralizador.

**Aristófanes** (museos capitolinos, Roma)

**ARISTÓTELES,** filósofo griego (Estagira, Macedonia, 384-Calcis, Eubea, 322 a. J.C.). Fue preceptor de Alejandro Magno y el fundador del Liceo de Atenas, en donde nació la escuela peripatética. Su sistema se basa en una concepción rigurosa del universo. Es autor de un gran número de tratados de lógica, de política, de biología (anatomía comparada, clasificación de los animales), de física y de metafísica. De su obra destacan *Organon, Retórica, Poética, Política, Física* y *Metafísica,* etc. Es el fundador de la lógica formal. Su obra marcó la filosofía y la teología cristianas de la edad media y desempeñó una función decisiva en los comienzos de la ciencia y de la filosofía del islam.

**Aristóteles,** escultura en piedra (gliptoteca Ny Carlsberg, Copenhague)

**ARIZARO** (*salar de*), desierto salado de Argentina, en la Puna; 2 375 $km^2$.

**ARIZONA,** estado del SO de Estados Unidos; 295 000 $km^2$; 3 665 228 hab. Cap. *Phoenix.* Turismo (Gran Cañón). Extracción de cobre. — En el s. XVI, la región fue recorrida por Vázquez Coronado. Tras la guerra con México, E.U.A. obtuvo la cesión del territorio (1848), que adquirió el rango de estado en 1912.

**ARJÁNGUELSK,** c. y puerto de Rusia, junto al mar Blanco; 416 000 hab. Industrias de la madera.

**ARJONA,** mun. de Colombia (Bolívar); 37 033 hab. Caña de azúcar; ganadería. Refinerías de azúcar.

**ARKANSAS,** estado del S de Estados Unidos, al O del Mississippi, avenado por el *río Arkansas* (2 300 km), afl. del Mississippi (or. der.); 138 000 $km^2$; 2 350 725 hab. Cap. *Little Rock.* Bauxita.

**ARKWRIGHT** (*sir* Richard), mecánico británico (Preston, Lancashire, 1732-Cromford, Derbyshire, 1792). Uno de los creadores de la industria algodonera inglesa, difundió el uso de la *mule-jenny,* máquina de hilar semimecánica.

**ARLANZA,** r. de España, afl. del Arlanzón (or. izq.); 155 km. Centrales hidroeléctricas.

**ARLANZÓN,** r. de España, afl. del Pisuerga (or. izq.); 129 km. Pasa por la ciudad de Burgos.

**ARLBERG,** puerto de montaña de Austria (alt. 1 802 m), entre el Tirol y el Vorarlberg. Túnel ferroviario (abierto en 1884) y túnel de carretera (abierto en 1978).

**Arlequín,** personaje de la commedia dell'arte, ataviado con un traje de retales triangulares de distintos colores, un antifaz negro y una vara de madera llamada *latte* o *batte.*

**ARLES,** c. de Francia (Bouches-du-Rhône), a orillas del Ródano; 52 593 hab. Importante ciudad romana, conserva teatro, acueducto y anfiteatro (donde se halló la *Venus de Arles*). Catedral románica de San Trófimo (s. XII). Fue sede de numerosos concilios de las Galias.

**ARLINGTON,** c. de Estados Unidos (Texas), entre Dallas y Fort Worth; 261 721 hab.

**ARLINGTON,** c. de Estados Unidos (Virginia), junto al Potomac, frente a Washington; 170 936 hab. Cementerio nacional (1864) en el que se hallan enterradas numerosas personalidades.

**ARLINGTON** (Henry **Bennet,** *conde* **de**), político

Buenaventura Carlos **Aribau**

Homero **Aridjis**

Pedro **Armendáriz**

*Combate de la* ***Armada invencible*** *contra los ingleses en aguas del canal,* pintura atribuida a A. van Antum (S. XVII) [museo marítimo nacional Greenwich, Gran Bretaña]

inglés (Little Saxham 1618-Euston 1685). Ministro de Carlos II de 1662 a 1674, fue el inspirador de su política exterior.

**Arlit,** yacimiento de uranio de Níger.

**ARLT** (Roberto), escritor argentino (Buenos Aires 1900-*id.* 1942). Sus novelas (*El juguete rabioso,* 1926; *Los siete locos,* 1929; *Los lanzallamas,* 1931) y su teatro (*Saverio el cruel,* 1936) narran la aniquilación de las relaciones humanas por un entorno desquiciado.

Roberto **Arlt,** yeso por Horacio Juárez

**Armada invencible,** nombre dado a la flota enviada por Felipe II contra Inglaterra, en 1588, al mando del duque de Medinasidonia. Compuesta por 130 naves y más de 20 000 hombres, fue diezmada por los combates y sobre todo por las tempestades.

**ARMAGH,** c. de Irlanda del Norte (Ulster); 14 000 hab. Metrópolis religiosa de la isla, residencia de un arzobispo católico, primado de Irlanda, y de un arzobispo anglicano.

**ARMAGNAC** *(condado de),* ant. condado de Francia, constituido en 960 y unido a la corona en 1607, que ocupa la mayor parte del dep. de Gers. Policultivo (viñas destinadas a la producción del aguardiente *armagnac*).

**armañacs** *(facción de los),* durante la guerra de los Cien años, partidarios de la casa de Orleans. En los reinados de Carlos VI y Carlos VII se opusieron a los borgoñones, hasta el tratado de Arras (1435).

**ARMAVIR,** c. de Rusia, a orillas del Kubán, al pie N del Cáucaso; 161 000 hab.

**ARMENDÁRIZ** (Montxo), director de cine español (Olleta, Navarra, 1949). Autor de un cine personal y comprometido, alcanzó el reconocimiento de crítica y público con su quinta película (*Secretos del corazón,* 1997); *Tasio* (1984), *27 horas* (1986), *Las cartas de Alou* (1990). [Premio nacional de cinematografía 1998.]

**ARMENDÁRIZ** (Pedro), actor mexicano (México 1912-Los Ángeles 1963). Fue el habitual protagonista de las películas de E. Fernández: *Flor silvestre* (1943), *María Candelaria* (1943), *La perla* (1945), *Enamorada* (1946).

**ARMENIA,** en armenio **Hayastan,** región geográfica e histórica del Próximo oriente repartida act. entre Turquía (la mayor parte), la República de Armenia e Irán. Modernamente el término Armenia designa el país situado entre los lagos Van y Seván y el curso superior de los ríos Murat, Éufrates y Çoruh.

HISTORIA

***La Armenia antigua y medieval.*** 189 a. J.C.: el antiguo Urartu reconquistó su independencia, formando los reinos de la Pequeña Armenia y la Gran Armenia. 66 a. J.C.-640 d. J.C.: tras el brillante reinado de Tigranes II (95-54 a. J.C.), Armenia, convertida al cristianismo desde fines del s. III y más tarde núcleo de la doctrina monofisita, pasó a estar bajo dominación romana y luego parta. 640: los árabes invadieron el país. 885-1079: la dinastía local de los bagratíes aseguró al país una relativa prosperidad. Ss. X-XIV: expansión de una escuela de arquitectura y de pintura mural (Aghtamar, Ānī, etc.). Mediados s. XI-comienzos s. XV: la Gran Armenia fue asolada por las invasiones turcas y mongolas. 1080-1375: la Pequeña Armenia, creada en Cilicia por Rubén, apoyó a los cruzados en su lucha contra el islam y luego sucumbió bajo los ataques de los mamelucos.

***De los otomanos a los rusos.*** Ss. XIV-XVII: los otomanos sometieron toda Armenia (salvo algunos khanatos anexionados a Irán) y colocaron a los armenios bajo la autoridad del patriarca armenio de Constantinopla. 1813-1828: los rusos conquistaron Armenia oriental. 1915: el gobierno de los Jóvenes turcos hizo perpetrar el genocidio (1 500 000 víctimas). 1918: se proclamó una república independiente de Armenia. 1920: los aliados se pronunciaron en favor de la creación de una Gran Armenia (tratado de Sèvres, ag.), pero las tropas turcas kemalistas y el ejército rojo ocuparon el país. (→ ***Armenia*** [República de].)

**ARMENIA** *(República de),* estado del Cáucaso; 29 800 km²; 3 283 000 hab. *(Armenios.)* CAP. *Ereván.* LENGUA OFICIAL: *armenio.* MONEDA: *rublo.*

GEOGRAFÍA

Armenia constituye un conjunto de tierras altas, de relieve poco uniforme, cortado por cuencas (en ocasiones lacustres) y accidentado por cumbres, a menudo volcánicas (4 000 m en los Aragats). Ereván concentra más de un tercio de una población étnicamente homogénea.

HISTORIA

1922: la República Socialista Soviética de Armenia, proclamada en dic. de 1920, se integró en la Federación transcaucasiana y en la U.R.S.S. 1936: se convirtió en una república federada de la U.R.S.S. 1988: los armenios reclamaron la anexión de Alto Karabaj (Azerbaiján) a la república de Armenia; los gobiernos de la U.R.S.S. y de Azerbaiján se opusieron. 1990: el movimiento nacional armenio obtuvo la victoria en las primeras elecciones republicanas libres. 1991: el soviet supremo proclamó la independencia del país (set.), que se adhirió a la C.E.I. 1992-1994: enfrentamientos armados entre armenios y azeríes, en Alto Karabaj y Najicheván, enclaves poblados por armenios en Azerbaiján. 1998: Robert Kocharián fue elegido presidente.

**ARMENIA,** c. de Colombia, cap. del dep. de Quindío; 187 130 hab. Elaboración y exportación de café. Industria textil, química. Aeropuerto.

**ARMERÍA,** mun. de México (Colima); 21 847 hab. Agricultura de regadío, ganadería. Salinas.

**ARMERO,** mun. de Colombia (Tolima), al pie de la cordillera Central; 29 304 hab., antes de ser devastado por una erupción del nevado del Ruiz (1985).

**ARMILLA,** mun. de España (Granada); 10 990 hab. Industria licorera. Aeropuerto.

**ARMILLITA,** nombre con que se conoce a dos matadores de toros mexicanos: **Juan Espinosa** (Saltillo, Coahuila, 1905-México 1964) y su hermano **Fermín, Armillita Chico** (Saltillo 1911-México 1978), quien tomó la alternativa en 1927 y destacó por su toreo frío y cerebral; fue también un gran banderillero.

**ARMINIO,** jefe de los queruscos (*c.* 18 a. J.C.-19 d. J.C.), popular en Alemania con el nombre de *Hermann.* Destruyó las legiones de Varo (9 d. J.C.) en el bosque de Teutoburgo, pero fue vencido por Germánico (16).

**ARMINIUS** (Jacob **Harmensz,** llamado **Jacobus**), teólogo protestante holandés (Oudewater 1560-Leiden 1609), fundador de la secta de los *arminianos.* El arminianismo suavizaba la doctrina de Calvino sobre la predestinación y fue combatido por los rigoristas *gomaristas.*

**ARMÓRICA,** ant. región de la Galia céltica, act. Bretaña.

**ARMORICANO** *(macizo),* en fr. **massif Armoricain,** región geológica del O de Francia (Bretaña, Normandía occidental y la Vendée).

**Arm's Park,** estadio de rugby de Cardiff (País de Gales).

**ARMSTRONG** (Louis), trompetista, cantante y director de orquesta negro norteamericano (Nueva

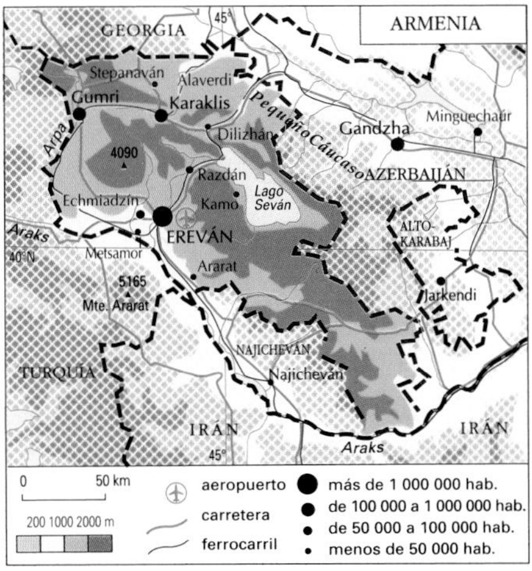

Louis **Armstrong** (en 1960)

Orleans 1901-Nueva York 1971), iniciador del jazz clásico.

**ARMSTRONG** (Neil), astronauta norteamericano (Wapakoneta, Ohio, 1930). Fue el primer hombre en caminar sobre la Luna (21 julio 1969).

**ARNAL** (Enrique), pintor boliviano (Tupizia 1932). Representante de la nueva figuración americana, su obra mezcla expresionismo y surrealismo.

**ARNDT** (Ernst Moritz), poeta alemán (Schoritz 1769-Bonn 1860). Sus *Cantos de guerra* contribuyeron, en 1812, a levantar Alemania contra Napoleón I.

**ARNEDO,** c. de España (La Rioja); 12 463 hab. *(Arnedanos.)* Industrias del calzado, textil y agroalimentarias. Castillo y murallas. Iglesia de Santo Tomás (portada gótica).

**ARNHEM,** c. de Países Bajos, cap. de Güeldres, junto al Rin; 131 703 hab. Objetivo de una operación aerotransportada aliada (1944).

**ARNICHES** (Carlos), comediógrafo español (Alicante 1866-Madrid 1943). Sobresalió en el género chico y el sainete costumbrista (*El santo de la Isidra,* 1898; *Es mi hombre,* 1921). El humor negro y la crítica social aparecen en *La señorita de Trévelez* (1910), que se anticipa al esperpento, y *Los caciques* (1919).

Carlos **Arniches** (biblioteca nacional, Madrid)

**ARNIM** (Ludwig Joachim, llamado **Achim von**), escritor alemán (Berlín 1781-Wiepersdorf 1831). Estuvo casado con Bettina Brentano. Autor de cuentos fantásticos, recogió, con Clemens Brentano, su cuñado, las canciones populares alemanas *(El cuento maravilloso).*

**ARNO,** r. de Italia que pasa por Florencia y Pisa y desemboca en el Mediterráneo; 241 km.

**ARNOBIO,** llamado **el Viejo,** escritor latino de África (segunda mitad del s. III d. J.C.), apologista de la religión cristiana.

**ARNOLD** (Benedict), general norteamericano (Norwich 1741-Londres 1801). Traicionó a su país tratando de entregar el arsenal de West Point a los británicos (1779).

**ARNOLD** (Matthew), escritor británico (Laleham 1822-Liverpool 1888), defensor de un moralismo panteísta (*Cultura y anarquía,* 1869).

**Arnolfini y su mujer,** pintura sobre tabla de Jan Van Eyck (1434), pionera de escena intimista burguesa de la pintura occidental (galería nacional, Londres).

*Arnolfini y su mujer* (1434).
Pintura de Jan Van Eyck.
(Galería nacional, Londres.)

**ARNULFO** († Ratisbona 899), soberano carolingio, hijo natural de Carlomán, rey de Germania [887-889] y emperador de occidente [896-899].

**AROA,** c. de Venezuela (Yaracuy), junto al *río Aroa;* 24 616 hab. Minas de cobre y pirita.

**ARON** (Raymond), escritor francés (París 1905-*id.* 1983). Autor de ensayos sobre filosofía, sociología y economía política (*Las etapas del pensamiento sociológico,* 1967).

**ARONA,** v. de España (Santa Cruz de Tenerife), en Tenerife; 41 636 hab. Centro turístico (playas).

**AROSA** o **AROUSA,** ría de España, entre las prov. de Pontevedra y La Coruña, en las Rías Bajas.

**AROSEMENA** (Florencio Harmodio), político e ingeniero panameño (Panamá 1872-Nueva York 1945), presidente de la república (1928-1931).

**AROSEMENA** (Juan Demóstenes), político panameño (1879-Balboa 1939), hermano del anterior. Fue presidente de la república (1936-1939).

**AROSEMENA** (Pablo), político panameño (Panamá 1836-*id.* 1920), presidente de la asamblea constituyente (1903) y de la república, de 1910 a 1912).

**AROSEMENA MONROY** (Carlos Julio), político ecuatoriano (Guayaquil 1920). Presidente de la república (1961-1963), fue derrocado por los militares.

**AROUET** → ***Voltaire.***

**ARP** (Hans o Jean), pintor, escultor y poeta francés (Estrasburgo 1886-Basilea 1966). Participó en el movimiento dadá en Zurich y en Colonia. En su obra conjugó surrealismo y abstracción.

**ÁRPÁD,** jefe magiar († 907), bajo cuyo mando los húngaros conquistaron Panonia (*c.* 890-902). Fundó la dinastía de los *Árpáds,* que reinó en Hungría de 904 aprox. a 1301.

**ARQUELAO,** hijo de Herodes el Grande (*c.* 23 a. J.C.-18 d. J.C.), etnarca de Judea y Samaria [4 a. J.C.-6 d. J.C.]. Fue desterrado a la Galia por Augusto por su mal gobierno y su despotismo.

**arqueológico nacional** *(museo),* museo español instalado en el palacio de bibliotecas y museos de Madrid, inaugurado en 1871. Posee colecciones de objetos prehistóricos, ibéricos, célticos, púnicos, griegos, paleocristianos, visigodos, hispanoárabes, así como arqueología numismática.

**ARQUÍLOCO,** poeta griego (Paros 712-† *c.* 664 a. J.C.). Se le atribuye la invención del verso yámbico.

**ARQUÍMEDES,** sabio griego (Siracusa 287-*id.* 212 a. J.C.). Sus trabajos sobre el cálculo de las áreas y de los volúmenes curvilíneos constituyen el cenit de la geometría alejandrina. Perfeccionó el sistema numérico griego y llevó a cabo los primeros trabajos de geometría infinitesimal (área de un segmento de parábola, de la esfera, del cilindro). Obtuvo una buena aproximación de $\pi$ gracias a la medición de polígonos inscritos en el círculo y circunscritos a éste. Fundador, en física, de la estática de los sólidos y de la hidrostática, formuló el principio que lleva su nombre: *Todo cuerpo sumergido en un fluido experimenta un empuje vertical, dirigido de abajo a arriba, igual al peso del fluido que desaloja.* Se le atribuyen diversos inventos mecánicos: polea móvil, palancas, muflas, ingenios bélicos, con los que durante tres años tuvo en jaque a los romanos, que asediaban Siracusa; se dice que incendió las naves romanas por medio de un sistema de espejos planos combinados.

**Arrabal** *(revuelta del),* sublevación del arrabal sur de Córdoba contra al-Ḥakam I, a raíz del establecimiento de nuevos impuestos (818). Fue reprimida sangrientamente.

**ARRABAL** (Fernando), dramaturgo español en lenguas castellana y francesa (Melilla 1932). Fundador del «teatro pánico»: *El cementerio de automóviles* (1958), *El arquitecto y el emperador de Asiria* (1967), se ha dedicado a la novela (*La torre herida por el rayo,* 1983) y al cine.

**ARRAIJÁN,** distr. de Panamá (Panamá); 37 186 hab. Cultivos hortícolas. Industrias químicas.

**ARRAS,** c. de Francia, cap. del dep. de Pas-de-Calais; 42 715 hab. Ant. cap. del Artois. Célebre por los tratados que firmaron Carlos VI y Juan sin Miedo (1414) y Carlos VII y Felipe III de Borgoña (1435), y por la *Unión de Arras* entre Luis XI y Maximiliano de Austria (1482). Estuvo bajo la soberanía de los condes de Flandes (ss. IX-XII), de Francia y de España (1492-1640). Por el tratado de los Pirineos (1659) pasó definitivamente a Francia.

**ARRASATE** → ***Mondragón.***

**ARRAU** (Claudio), pianista chileno (Chillán 1903-Mürzzuschlag, Austria, 1991). Debutó a los cinco años y desarrolló una brillante carrera como intérprete de obras de Beethoven, Brahms, Chopin, Schumann y Liszt.

**ARREAZA CALATRAVA** (José Tadeo), poeta venezolano (Barcelona 1903-† 1970). Su poema más conocido es el *Canto a Venezuela.*

**ARRECIFE,** c. de España (Las Palmas), cap. de Lanzarote y cab. de p. j.; 33 398 hab. *(Arrecifeños.)* Centro turístico. Centro de arte El Almacén, creado por C. Manrique.

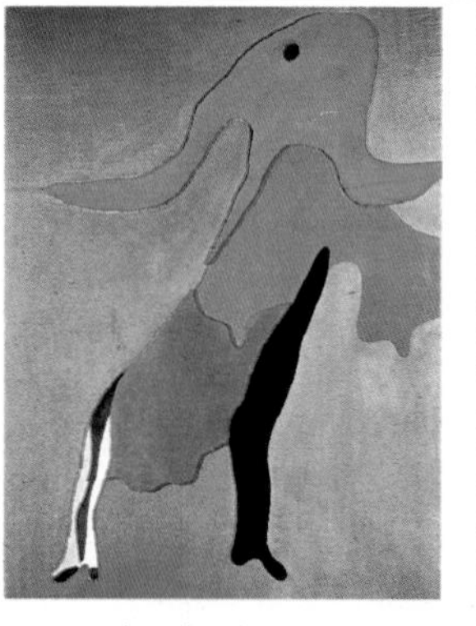
Hans **Arp:** *Bailarina* (1925)
[museo nacional de arte moderno, París]

Claudio **Arrau**

Juan José **Arreola**

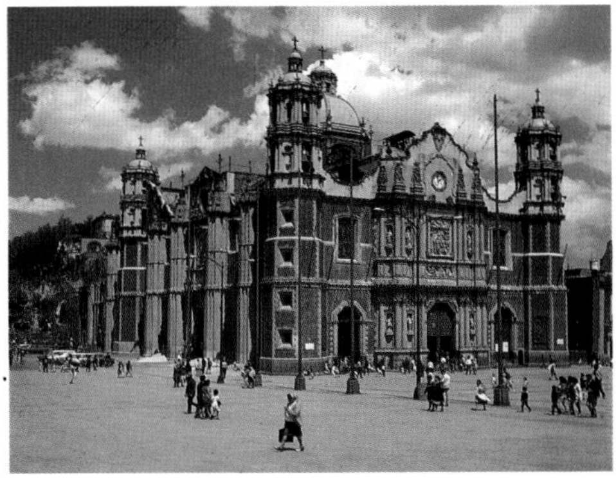

Pedro de **Arrieta**: la antigua basílica de Guadalupe (1695-1709)

**ARREDONDO** (Isidoro), pintor español (Colmenar de Oreja 1653-Madrid 1702), discípulo de F. Rizi y figura de la escuela barroca madrileña (frescos de la iglesia de San Salvador).

**ARREDONDO** (Nicolás Antonio **de**), militar y administrador español († 1802), virrey del Río de la Plata (1789-1795).

**ARREOLA** (Juan José), escritor mexicano (Ciudad Guzmán 1918). Maestro del relato corto (*Varia invención,* 1949; *Confabulario,* 1952), de tipo fantástico, su prosa poética se consolida en su novela *La feria* (1963). Ha cultivado también el teatro: *La hora de todos* (1954). [Premio Juan Rulfo 1992.]

**ARRHENIUS** (Svante), físico y químico sueco (Wijk, cerca de Uppsala 1859-Estocolmo 1927), autor de la *teoría de los iones* y de la hipótesis de la *panespermia.* (Premio Nobel de química 1903.)

**ARRIAGA,** mun. de México (Chiapas), en la llanura litoral del Pacífico; 31 514 hab.

**ARRIAGA** (Juan Crisóstomo **de**), compositor español (Bilbao 1806-París 1826). Compuso una *Sinfonía en re, Tres cuartetos* para cuerda, dos óperas y otras piezas (romanzas, cantatas).

**ARRIAGA** (Ponciano), político mexicano (San Luis Potosí 1811-*id.* 1863). Redactó la constitución de 1857, y luchó junto a Juárez tras el golpe de estado de 1859.

**ARRIAGA** (Rodrigo **de**), filósofo y teólogo español (Logroño 1592-Praga 1667). Jesuita, enseñó en Valladolid, Salamanca y Praga. Fue una figura destacada de la Contrarreforma en Bohemia.

**ARRIANO,** historiador y filósofo griego (Nicomedia *c.* 95-*c.* 175). Discípulo de Epicteto, cuyas enseñanzas reflejó en *Disertaciones* y *Manual de Epicteto,* importantes escritos estoicos. Redactó al final de su vida un relato de viajes a la India y *Anábasis,* sobre la expedición de Alejandro Magno.

**ARRIAZA** (Juan Bautista **de**), poeta español (Madrid 1770-*id.* 1837). Compuso *Poesías patrióticas* (1810) y otras amorosas y satíricas.

**ARRIETA** (José Agustín), pintor mexicano (Santa Ana de Chiautempan 1802-Puebla 1874). Trató temas costumbristas *(La pulpería)* y bodegones.

**ARRIETA** (Pascual, llamado **Emilio**), compositor español (Puente la Reina, Navarra, 1823-Madrid 1894). Autor primero de óperas italianizantes, sus mayores éxitos los obtuvo en la zarzuela (*El grumete,* 1853; *Marina,* 1871; convertida en ópera, 1887).

Hermenegildo **Arruga**

Carlos **Arruza**

**ARRIETA** (Pedro **de**), arquitecto mexicano († en México 1738), uno de los más importantes del barroco en su país (antigua basílica de Guadalupe, 1695-1709; templo de San José el Real; iglesia de San Miguel; casa Chaves Nava; palacio de la Inquisición, 1733-1737).

**ARRIETA** (Rafael Alberto), poeta y crítico literario argentino (Rauch 1889-Buenos Aires 1968). Junto a su *Antología poética* (1942) destacan sus obras sobre literatura comparada.

**ARRIGO** (Girolamo), compositor italiano (Palermo 1930). Director del teatro Massimo de Palermo, fue uno de los primeros en escribir para el teatro musical (*Orden,* Aviñón, 1969).

**ARRIGORRIAGA,** mun. de España (Vizcaya); 9 667 hab. Minas de hierro. Centro industrial.

**ARRIO,** sacerdote de Alejandría (Libia *c.* 256-Constantinopla 336) que, al negar la divinidad de Cristo, provocó una de las crisis más graves de la Iglesia cristiana. La herejía arriana fue condenada por los concilios de Nicea (325) y Constantinopla (381).

**ARROW** (Kenneth Joseph), economista norteamericano (Nueva York 1921), autor de estudios sobre las opciones colectivas y la teoría del bienestar. (Premio Nobel de economía 1972.)

**ARROYO** (Eduardo), pintor español (Madrid 1937). Recibió influencias del surrealismo y del pop art, y evolucionó del expresionismo a un realismo crítico. También realizó escenografías.

**ARROYO DEL RÍO** (Carlos Alberto), político ecuatoriano (Guayaquil 1894-*id.* 1969), presidente de la república (1940-1944).

**ARRUE** (Juan **de**), pintor mexicano (Ávalos 1565-Puebla 1637). Discípulo de A. de la Concha, trabajó en Puebla (retablo del altar mayor de la catedral, pinturas para el convento de San Bernardo).

**ARRUGA** (Hermenegildo), oftalmólogo español (Barcelona 1886-*id.* 1972). Perfeccionó la cirugía de la catarata y del desprendimiento de retina. Su *Cirugía ocular* (1946) es clásica en la materia.

**ARRUPE** (Pedro), jesuita español (Bilbao 1908-Roma 1991), prepósito general de la Compañía de Jesús de 1965 a 1983.

**ARRUZA** (Carlos **Ruiz Camino,** llamado **Carlos**), matador de toros mexicano (México 1920-Toluca 1966). Tomó la alternativa en México en 1940, y en 1944 en España, donde actuó al lado de Manolete. Fue excelente torero de capa, banderillero y rejoneador.

**ARS** *(cura de)* → ***Juan Bautista María Vianney.***

**ARSÁCIDAS,** dinastía parta, fundada por *Arsaces* (*c.* 248 a. J.C.), que reinó en Irán de 250 a. J.C. a 224 d. J.C. Tuvo treinta y ocho reyes y fue derrocada por los Sasánidas.

**ARSINOE,** nombre de cuatro princesas egipcias de la dinastía de los Lágidas, la más célebre de las cuales fue **Arsinoe II Filadelfo** (*c.* 316-*c.* 270 a. J.C.).

**ARTA,** c. de Grecia (Epiro), cap. de nomo, cerca del *golfo de Arta,* formado por el mar Jónico; 20 450 hab. Es la ant. *Ambracia.*

**Artá** *(cuevas de),* cuevas de origen cársico, en la isla de Mallorca (mun. de Capdepera). Turismo.

**ARTABÁN,** nombre de varios reyes partos Arsácidas.

**ARTAGNAN** (Charles **de Batz,** *conde* **d'**), caballero gascón (Castelmore c. 1610/1620-Maastricht 1673), capitán de los mosqueteros del rey. Inmortalizado por A. Dumas (*Los tres mosqueteros,* 1844).

**ARTAJERJES I,** rey aqueménida de Persia [465-424 a. J.C.], hijo y sucesor de Jerjes I. Firmó con los atenienses la paz de Calias (449-448). — **Artajerjes II,** rey aqueménida de Persia [404-358 a. J.C.]. Venció y mató en Cunaxa (401) a su hermano Ciro el Joven, que se había rebelado contra él. — **Artajerjes III,** rey aqueménida de Persia [358-338 a. J.C.], hijo del anterior. Reconquistó Egipto (343).

**ARTAUD** (Antonin), escritor francés (Marsella 1896-Ivry-sur-Seine 1948). Poeta, creador del «teatro de la crueldad» (*El teatro y su doble,* 1938) y actor de teatro y cine.

**Arte concreto-invención,** movimiento artístico argentino, promovido por T. Maldonado (1945), de arte abstracto geométrico, influido por el neoplasticismo neerlandés y la Bauhaus.

**arte de la fuga** *(El),* última obra, inacabada de J. S. Bach, que comprende fugas y cánones, escrita en 1749-1750.

**Arte magna,** nombre dado al sistema filosófico de Ramón Llull, que culmina en *Ars magna generalis ultima* (1305-1308). Propone un sistema de principios generales para resolver los diversos problemas científicos y morales.

**ARTEAGA,** mun. de México (Coahuila); 18 345 hab. (3 641 en la cab., *Villa Arteaga*). — Mun. de México (Michoacán); 17 975 hab. (6 912 en la cab., *Arteaga de Salazar*). Explotación maderera.

**ARTEAGA** (Ángel), compositor español (Campo de Criptana 1928-Madrid 1984). De su obra, en general adscrita a la estética expresionista, destacan

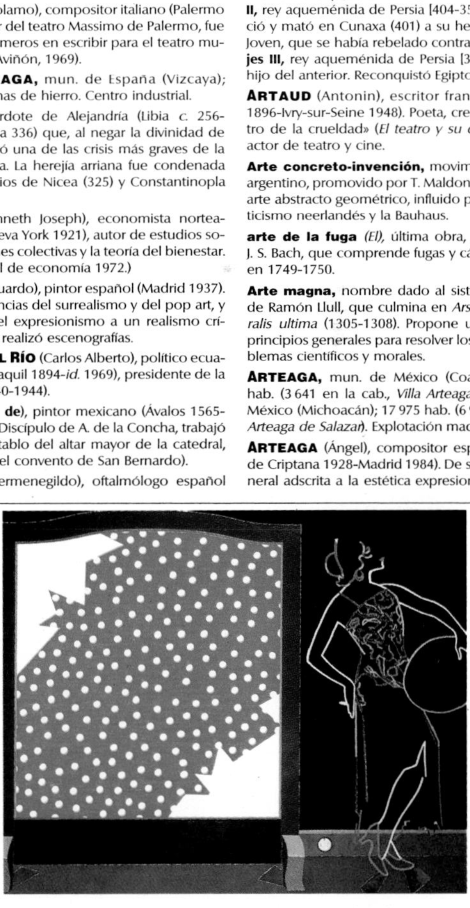

Eduardo **Arroyo:** *Carmen Amaya frit des sardines au Waldorf Astoria* (1988)

*La mona de imitación* (1958), ópera, y *Kontakion* (1962) e *Himnos medievales* (1974), para coro y orquesta.

**ARTEAGA** (Esteban **de**), escritor español (Moraleja de Coca, Segovia, 1747-París 1797), autor de obras sobre música y poesía y de un notable tratado de estética: *La belleza ideal* (1789).

**ARTEAGA** (Sebastián **de**), pintor español (Sevilla 1610-México 1675). Se formó en Sevilla con influencia de Zurbarán, y realizó en México toda su obra, de gran colorismo, con dominio del claroscuro (*El Santo Cristo,* colegiata de Guadalupe; *Los desposorios de la Virgen, El crucificado,* Academia de bellas artes, México).

**ARTECHE** (Oswaldo **Salinas Arteche,** llamado **Miguel**), escritor chileno (Cautín 1926), poeta de acento religioso (*Solitario, mira hacia la ausencia,* 1953) y novelista (*La otra orilla,* 1956; *La disparatada vida de Félix Palissa,* 1975).

**ARTEIJO** o **ARTEIXO,** mun. de España (La Coruña); 17 934 hab. Cap. *Bayuca* o *Baiuca.* Pesca. Minería.

**ARTEMISA,** mun. de Cuba (La Habana); 65 200 hab. Lagos subterráneos. Industria azucarera.

**ARTEMISA** o **ARTEMIS,** divinidad griega de la naturaleza, protectora de los animales salvajes y de la caza, identificada con la *Diana* de los romanos.

**ARTEMISA II,** reina de Caria [353-351 a. J.C.]. Construyó a su esposo Mausolo una tumba (mausoleo) considerada en la antigüedad una de las siete maravillas del mundo (353 a. J.C.).

**ARTEMISION** *(cabo),* cabo al N de la isla de Eubea. Combate entre la flota griega y la de Jerjes (480 a. J.C.), durante la segunda guerra médica.

**ARTETA** (Aurelio), pintor español (Bilbao 1879-México 1940). Su obra, sobre todo pinturas murales y carteles, se inscribe en el realismo social, con influencia del cubismo y el fauvismo, con temas vascos y del mundo del trabajo.

**ARTHUR** (Chester Alan), político norteamericano (cerca de Fairfield, Vermont, 1830-Nueva York 1886), presidente republicano de E.U.A. (1881-1885).

**ARTIBONITE,** r. de La Española (República Dominicana y Haití), el más largo de la isla; 220 km.

**ÁRTICAS** *(regiones)* o **ÁRTICO,** conjunto constituido por el océano Ártico y la región continental e insular *(tierras Árticas)* situada al N del círculo polar ártico, que engloba el N de América, de Europa y de Siberia, Groenlandia y las Svalbard. Las tierras Árticas, de clima muy frío, poseen, al menos en sus franjas meridionales, aparte de una vegetación muy pobre (tundra), una fauna terrestre (reno) y marina. Los grupos humanos están muy dispersos (esquimales, lapones, samoyedos).

**ÁRTICO** *(archipiélago),* conjunto de las islas de Canadá, entre el continente y Groenlandia (tierra de Baffin, Ellesmere, isla Victoria).

**ÁRTICO** *(océano),* conjunto de los mares situados en la parte boreal del globo, limitado por las costas septentrionales de Asia, América y Europa, y por el círculo polar ártico.

**ARTIGAS,** ant. **San Eugenio,** c. de Uruguay, cap. del dep. homónimo; 34 551 hab. Extracción de

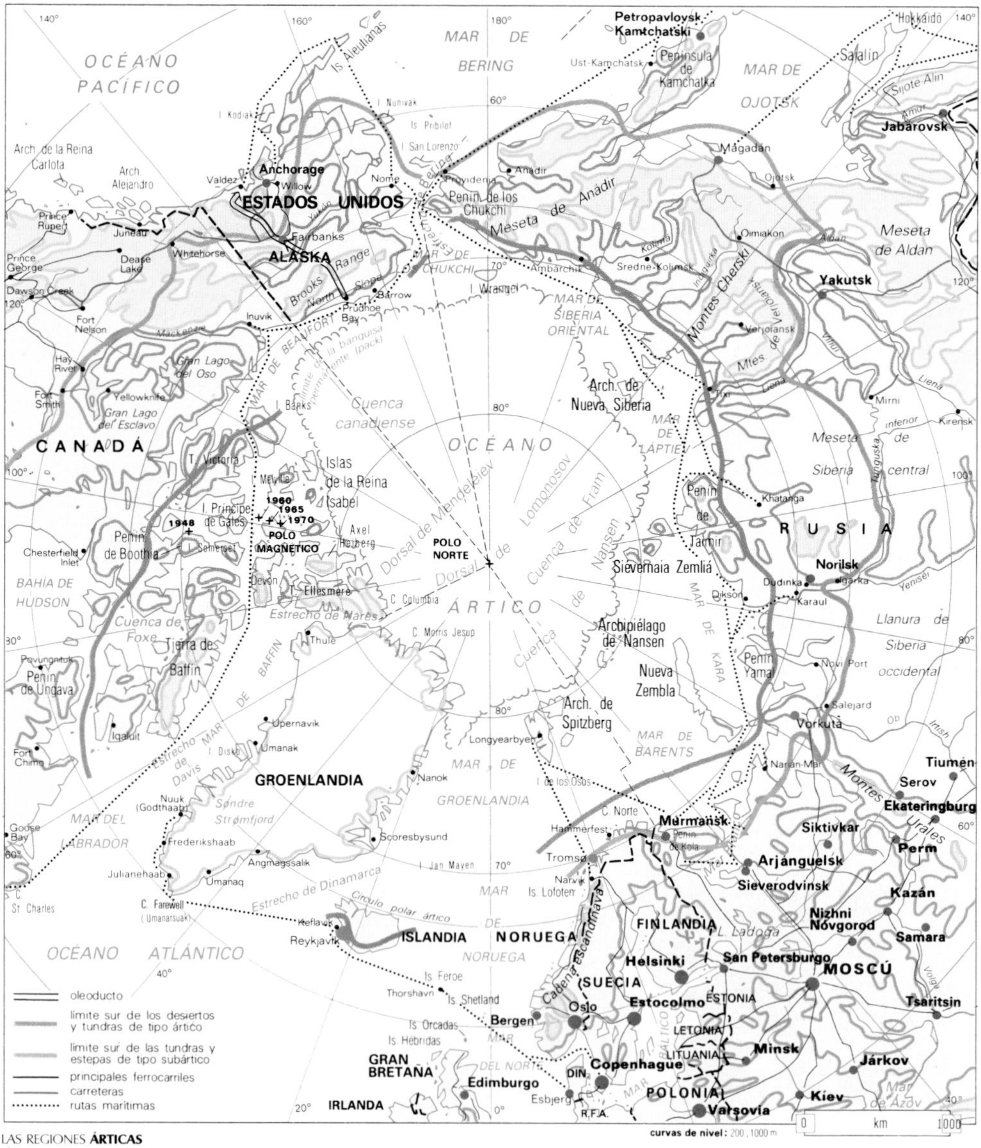


LAS REGIONES **ÁRTICAS**

ágatas y amatistas. Aeropuerto. — El *departamento de Artigas* tiene 12 145 km² y 69 000 hab.

**ARTIGAS** (José Antonio **de**), ingeniero español (Zaragoza 1887-Madrid 1977), descubridor de la luz fría e introductor en el lenguaje internacional de la *candela*, unidad de intensidad luminosa.

**ARTIGAS** (José Gervasio), fundador de la nacionalidad uruguaya (Montevideo 1764-Ibiray, cerca de Asunción, 1850). Se enfrentó al gobernador español de Montevideo (sitio de 1811) y al gobierno centralista de Buenos Aires (1814-1820), exigiendo un régimen federal en el antiguo virreinato. En 1816 hizo frente a la invasión luso-brasileña hasta su derrota definitiva en Tacuarembó (1820). El gobernador de Entre Ríos, Ramírez, que aspiraba a sustituirle al frente de los federalistas, le declaró la guerra y lo venció (batalla de la Bajada, 1820), por lo que Artigas huyó a Paraguay.

**ARTIN** (Emil), matemático alemán (Viena 1898-Hamburgo 1962), uno de los fundadores del álgebra abstracta.

**ARTOIS,** ant. región del N de Francia, entre la cuenca de París y Flandes. Cap. *Arras.* Condado erigido por Luis IX, formó parte de Borgoña (1384) y de la casa de Austria (1493). Los tratados de los Pirineos y de Nimega lo unieron definitivamente a Francia.

**ARTOLA** (Miguel), historiador español (San Sebastián 1920). Autor de estudios sobre el Antiguo régimen y el constitucionalismo y director de obras generales *(Historia de España Alfaguara, Enciclopedia de historia de España),* fue presidente del Instituto de España (1986-1995).

**ARTÚS** o **ARTURO,** jefe galés legendario, que animó la resistencia de los celtas a la conquista anglosajona (fines s. V-inicios s. VI) y cuyas aventuras dieron origen a las novelas del llamado *ciclo artúrico, ciclo bretón* o *materia de Bretaña.*

**ARTZE** (José Antonio) → ***Harzabal.***

**ARUBA,** isla de las Antillas, dependencia de Países Bajos, frente a la costa de Venezuela; 193 km²; 65 000 hab. Posee un estatuto de autogobierno muy amplio desde 1986.

**ARUCAS,** c. de España (Las Palmas), cab. de p. j., en Gran Canaria; 25 986 hab. *(Aruquenses* o *aruqueños.)* Industria alimentaria y tabacalera.

**ARUNACHAL PRADESH,** estado del NE de la India; 83 578 km²; 864 558 hab. Cap. *Itanagar.*

**ARUNDEL** (Thomas **de**), prelado inglés (1353-1414). Canciller durante el reinado de Ricardo II, fue arzobispo de Canterbury (1396) y en el de Enrique IV combatió la herejía de los lolardos.

**ARVELO LARRIVA** (Alfredo), poeta venezolano (Barinitas 1883-Madrid 1934). En *Sones y canciones* (1909) evoca Los Llanos venezolanos.

**ARVELO TORREALBA** (Alberto), poeta venezolano (Barinas 1904-† 1971), autor de una poesía nativista, inspirada en el folklore (*Música de cuatro,* 1928; *Glosas al cancionero,* 1940; *Florentino y el diablo,* 1957).

**ARZALLUZ** (Xabier), político español (Azcoitia 1932), presidente del Partido nacionalista vasco (P.N.V.) desde 1980.

**ARZAQUEL** → ***Azarquiel.***

**ARZIW,** ant. **Arzew,** c. de Argelia, junto al *golfo de Arziw,* al NE de Orán; 22 000 hab. Puerto petrolero y terminal de gasoducto. Licuefacción de gas. Refino de petróleo.

**ARZÚ** (Álvaro), político guatemalteco (Guatemala 1946). Cofundador y secretario general del Partido de avanzada nacional (P.A.N.), fue presidente de la república de 1996 a 1999.

**ASAD** *(lago),* lago de Siria, creado por un embalse sobre el Éufrates, al O de Raqqa; 640 km².

**ASAD** (Ḥāfiz **al-**), general y político sirio (Qardāha, cerca de Latakia, 1928-Damasco 2000). Tomó el poder en 1970, y fue presidente de la república siria y secretario general del Ba'at (1971-2000).

**Asahi Shimbun,** diario japonés fundado en 1879, uno de los más importantes del mundo por su tirada.

**ASAHIKAWA,** c. de Japón (Hokkaidō); 359 071 habitantes.

**ASAM,** familia de artistas alemanes: **Cosmas Damian,** pintor y arquitecto (Benediktbeuern 1686-Munich 1739), y su hermano **Egid Quirin,** escultor y estucador (Tegernsee 1692-Mannheim 1750), principales representantes del barroco del S de Alemania (iglesia de San Juan Nepomuceno, Munich, c. 1733).

**ASÁNGARO** → ***Azángaro.***

**ASANSOL,** c. de la India (Bengala Occidental); 763 845 hab. Yacimiento de hulla. Metalurgia.

**ASARADÓN** o **ASSARHADDON,** rey de Asiria [680-669 a. J.C.]. Extendió su poder al conquistar el N de Egipto.

**ASCALÓN,** ant. c. y puerto de Palestina. Act. *Ashqelon* (Israel).

**ASCANIA** *(casa de),* dinastía de Alemania que reinó en Brandeburgo hasta 1320, en Sajonia hasta 1422, en Lauenburg hasta 1689 y en Anhalt hasta 1918.

**ASCANIO** o **JULIO,** héroe legendario troyano hijo de Eneas, al que sucedió en Italia como rey de Lavinia. Según la *Eneida,* fundó Alba Longa.

**ASCÁSUBI** (Francisco Javier), patriota y militar ecuatoriano († Quito 1810), precursor del movimiento independentista en Quito (1809).

**ASCASUBI** (Hilario), poeta argentino (Fraile Muerto, Córdoba, 1807-Buenos Aires 1875). En Montevideo escribió los poemas gauchescos de *Paulino Lucero* (1853), contra la tiranía de Rosas. Tras su caída, editó en Buenos Aires el periódico político y satírico *Aniceto el Gallo* (1853-1859). Su gran obra es *Santos Vega o Los mellizos de la Flor* (1872), relato en verso en el que creó el prototipo del gaucho y poetizó la pampa.

**ASCÁSUBI** (Manuel **de**), político ecuatoriano del s. XIX. Presidente interino de la república (1849), fue derrocado por el general Urbina (1850).

**ASCENSIÓN,** en ingl. **Wildeawake Island,** isla británica del Atlántico austral, descubierta el día de la Ascensión de 1501 por João da Nova; 88 km²; 300 hab. Base militar.

**ASCHAFFENBURG,** c. de Alemania (Baviera), junto al Main; 63 057 hab. Castillo renacentista de los arzobispos de Maguncia (museo).

**ASCLEPÍADES de Prusa,** médico griego (Prusa, Bitinia, 124-† 40 a. J.C.). Ejerció en Grecia y Roma, donde combatió las doctrinas de Hipócrates. Fue el origen de la *escuela metódica,* fundada por sus discípulos.

**ASCLEPIO,** dios griego venerado en Epidauro. Es el *Esculapio* de los romanos.

**ASCÓ,** v. de España (Tarragona); 1 667 hab. Central nuclear.

**ASCOLI PICENO,** c. de Italia, en las Marcas, cap. de prov., a orillas del Tronto; 52 371 hab. Monumentos de la época romana al renacimiento.

**ASCOT,** localidad de Gran Bretaña, cerca de Windsor; 12 500 hab. Hipódromo.

**ASDRÚBAL,** nombre que llevaron varios generales cartagineses (ss. VI-II a. J.C.). Los dos principales fueron: **Asdrúbal** (*c.* 270-221 a. J.C.), yerno de Amílcar, con quien colaboró en las campañas de ocupación del S y del Levante de la península Ibérica, y fundador de Cartago Nova (Cartagena); — **Asdrúbal Barca** (*c.* 245-207 a. J.C.), hermano de Aníbal, con quien colaboró en la ocupación del centro de la Península. Fue vencido y muerto en Italia, a orillas del Metauro, cuando iba al encuentro de su hermano, a quien llevaba refuerzos.

**A.S.E.A.N.,** siglas de Association of South East Asian nations (Asociación de naciones del Sureste asiático), organización regional fundada en Bangkok, en 1967, por Indonesia, Malaysia, Filipinas, Singapur y Tailandia. Brunei ingresó en 1984, Vietnam en 1995 y Birmania (Myanmar) y Laos en 1997.

**Asencio** *(grito de),* episodio inicial de la emancipación uruguaya, protagonizado por los patriotas dirigidos por B. Benavides y P. Viera (1811).

**ASER,** octavo hijo de Jacob, epónimo de una tribu israelita establecida en la alta Galilea.

**ASERRÍ,** cantón de Costa Rica (San José); 36 368 hab. Centro agrícola y ganadero. Turismo.

**ASES,** dioses guerreros de la mitología escandinava, cuyo jefe era Odín.

**Asesinos** *(secta de los)* [del ár. *ḥaššāšiyyin,* ebrios de hachís], nombre dado por los europeos, en tiempo de las cruzadas, a los adeptos a la rama nizarí de la secta de los ismailíes. Constituían una sociedad secreta (s. IX) y empleaban el terrorismo contra sus adversarios. Fue eliminada en el s. XIII.

**ASHDOD,** c. y puerto de Israel, al S de Tel-Aviv-Jaffa; 59 000 hab.

**ASHIKAGA,** c. de Japón (Honshū); 167 686 hab.

**ASHIKAGA,** familia aristocrática japonesa, fundada por **Ashikaga Takauji** (1305-1358), que dio 15 shōgun a Japón entre 1338 y 1573.

**ASHJABAD,** c. y cap. de Turkmenistán; 398 000 habitantes.

**ASHQELON** o **ASHKELON,** c. y puerto petrolero de Israel; 60 000 hab.

**ASHTON** (*sir* Frederick), bailarín y coreógrafo británico (Guayaquil 1906-Eye, Suffolk, 1988). Director del Royal ballet de Gran Bretaña, autor de ballets (*Symphonic variations,* 1946; *Enigma variations,* 1968) y de pasos a dos (*Thaïs,* 1971), impuso su estilo, clásico y refinado, en el ballet británico.

**Así es si así os parece,** obra dramática de L. Pirandello (1917), parábola sobre la imposibilidad de llegar a conocer la verdad a partir de las opiniones y las apariencias.

**Así hablaba Zaratustra** (1883-1885), poema filosófico en prosa de F. Nietzsche, donde el autor desarrolla la doctrina del superhombre.

**ASIA,** uno de los cinco continentes, situado casi por completo en el hemisferio N, el más extenso (44 millones de km²) y el más poblado (3 200 millones de hab.). Presenta un relieve accidentado y fragmentado en penínsulas (Kamchatka, Corea, Malaysia) y en archipiélagos (Japón, Insulindia), y está formada por regiones bajas al NO (Siberia occidental, depresión aralocaspiense) y por amplias mesetas de rocas antiguas al S (Arabia, Decán), separadas por montañas (Cáucaso, Zagros, Himalaya, Tian Shan, Altái), que, a su vez, rodean a altas tierras (Anatolia, meseta iraní, Tíbet). Aparte de Siberia, Mongolia y el Tíbet, de clima continental acentuado (inviernos muy fríos), y una estrecha franja mediterránea, existen dos grandes ámbitos climáticos: un *Asia occidental* (al O de Pakistán) seca, y, en el resto del continente, un Asia húmeda, el *Asia de los monzones,* de lluvias estivales. El clima más que el relieve condiciona el establecimiento de la población. Se concentra en casi las nueve décimas

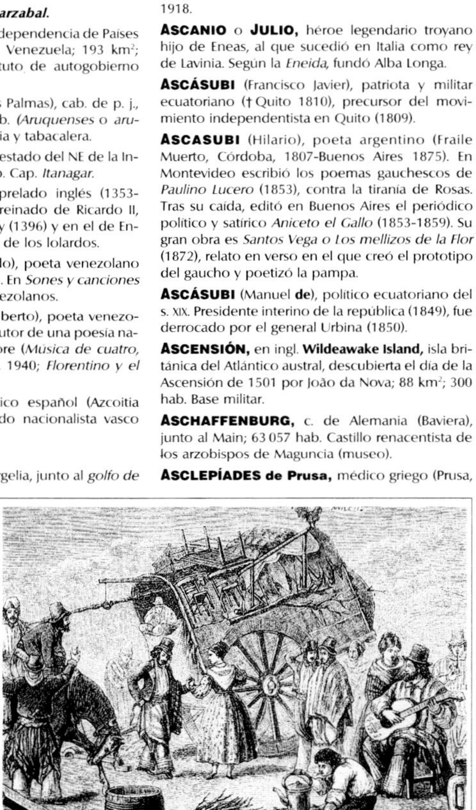

Hilario **Ascasubi** (ilustración del periódico *Aniceto el Gallo, gaceta jocotristona y gauchi-patriótica*) [biblioteca de Cataluña, Barcelona]

José **Artigas**

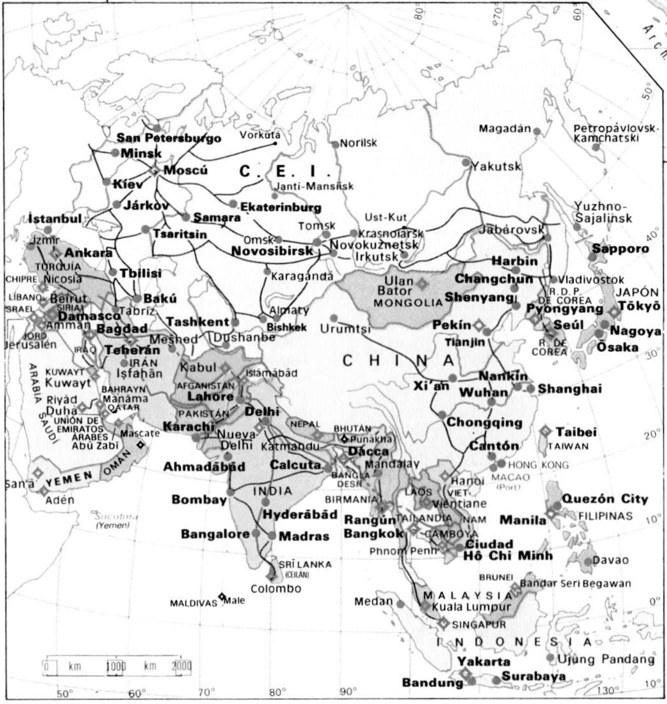


# ASIA

gran enlace por ferrocarril
gran enlace por carretera
sector en proyecto

partes en el Asia monzónica (30 % de la superficie del continente), especialmente en las llanuras y los deltas de los ríos Indo, Ganges y Brahmaputra, Mekong, río Rojo, Yangzi Jiang, Huang He. En esta región, la población se dedica aún principalmente al cultivo del arroz, base de la alimentación. La sequía de Asia occidental explica la escasez de su poblamiento y la subsistencia de la ganadería nómada, excepto en los focos de agua, donde se siembran los cultivos, y en los centros urbanos o industriales (petróleo), donde se concentra una parte creciente de la población.

**ASIA CENTRAL,** parte de Asia que se extiende desde el mar Caspio hasta China y que corresponde al S de Kazajstán, Uzbekistán, Turkmenistán, Kirguizistán, Tadzhikistán y el O de la provincia china de Xinjiang.

**ASIA MENOR,** nombre que se daba en historia antigua a la región occidental de Asia al S del mar Negro. Corresponde a la actual Turquía.

**ASIA MERIDIONAL,** parte de Asia que engloba la India, Bangla Desh, Srī Lanka y el Sureste asiático.

**ASIA OCCIDENTAL** o **ASIA ANTERIOR,** parte de Asia que comprende desde el contorno E del Mediterráneo hasta Afganistán y Pakistán.

**ASIENTOS,** mun. de México (Aguascalientes); 24 395 hab. Minería (oro, plata, cobre, plomo y cinc).

**ASIMOV** (Isaac), bioquímico y escritor norteamericano de origen ruso (Petrovich, cerca de Smoliensk, 1920-Nueva York 1992), célebre por sus relatos de ciencia ficción (*Fundación,* 1942-1982).

**ASÍN PALACIOS** (Miguel), arabista español (Zaragoza 1871-San Sebastián 1944). Especialista en pensamiento islámico (*Orígenes de la filosofía hispanomusulmana,* 1914), dirigió la revista *Al-Andalus.* Académico (1915), fue presidente de la Real academia española (1943).

**'ASĪR,** prov. de Arabia Saudí, junto al mar Rojo; 682 000 hab. Cap. *Abhā.* Antiguo emirato.

**ASIRIA,** imperio mesopotámico que dominó el Oriente antiguo en los ss. XIV-XIII y IX-VII a. J.C. Del III milenio a la segunda mitad del II milenio la ciudad-estado de Assur creó un imperio enfrentado a la rivalidad de los acadios, de Babilonia y de Mitanni. Del s. XIV al s. XI a. J.C., con el *primer imperio asirio,* Asiria se convirtió en un estado poderoso de Asia occidental (Salmanasar I, 1275-1245). Este imperio fue asolado por las invasiones arameas. Del s. IX al s. VII, con el *segundo imperio asirio,* Asiria recuperó su poder, cuyo apogeo se situó durante el reinado de Assurbanipal (669-*c.* 627). En 612 a. J.C., la caída de Nínive, que sucumbió ante los ataques de los medos (Ciaxares) aliados con los babilonios, puso fin definitivamente al poder asirio. Una arquitectura de proporciones colosales y una decoración (ladrillos esmaltados o frisos adornados con relieves) inspirada en los relatos mitológicos y las hazañas del soberano caracterizan al arte asirio que se difundió entre los siglos XIII y VII a. J.C.

**ASÍS,** en ital. **Assisi,** c. de Italia, en Umbría (Perugia); 24 088 hab. Cuna de san Francisco de Asís (quien fundó allí la orden de los franciscanos) y de santa Clara. Basílica de San Francisco, formada por dos iglesias superpuestas (primera mitad s. XIII); frescos de Cimabue, Giotto, P. Lorenzetti y S. Martini. En 1997, un seísmo causó graves destrozos en el edificio y en los frescos.

**ASIUT,** c. de Egipto central, cap. de gobernación; 313 000 hab. Presa sobre el Nilo.

**ASKIA** o **ASKYA,** dinastía songay fundada en 1492 y eliminada por los marroquíes en 1591.

**Astérix** y Obélix

**ASMARA,** c. y cap. de Eritrea, a 2 400 m de alt.; 374 000 hab.; unida por ferrocarril al mar Rojo.

**ASMODEO,** demonio de los placeres impuros en el libro bíblico de Tobías.

**ASMONEOS,** dinastía descendiente de los Macabeos. Reinó de 134 a 37 a. J.C. en Palestina.

**ASNAM (El-)** → ***Cheliff (Ech-).***

**ASNIÈRES-SUR-SEINE,** c. de Francia (Hauts-de-Seine), a orillas del Sena; 72 250 hab.

**asno de oro** *(El)* → ***Metamorfosis.***

**ASŌ,** volcán activo de Japón (Kyūshū); 1 592 m. Parque nacional.

**Asociación de mayo,** sociedad secreta fundada en Argentina (1837) para derrocar a Rosas y establecer un régimen democrático. Destacaron E. Echeverría, J. B. Alberdi y J. M. Gutiérrez.

**Asociación nacional republicana** → ***colorado*** (Partido), paraguayo.

**AŚOKA** o **AÇOKA,** soberano de la India [*c.* 269-232 a. J.C.], de la dinastía Maurya. Tuvo un papel decisivo en el desarrollo del budismo, cuyo espíritu inspiró su política.

**ASPASIA de Mileto,** mujer griega (Mileto, segunda mitad s. V a. J.C.), compañera de Pericles, célebre por su belleza y su inteligencia.

**ASPE,** v. de España (Alicante); 15 923 hab. *(Aspenses.)* Canteras de mármol. Muebles.

**Asís:** la basílica de San Francisco. Inicios del s. XIII.

**ASPROMONTE,** macizo granítico de Italia (Calabria); 1 956 m.

**ASQUERINO** (Mariano), actor español (Reus 1889-Madrid 1957). Formó compañía con Irene López Heredia y tuvo su época más brillante de 1920 a 1940. — Su hija **María** (Madrid 1925) ha actuado en el teatro y en el cine.

**ASQUITH** (Herbert Henry), *conde* **de Oxford y Asquith,** político británico (Morley 1852-Londres 1928). Jefe del partido liberal, primer ministro de 1908 a 1916, defendió el *Home rule* y la entrada de Gran Bretaña en la guerra (1914).

**ASSAB,** c. de Eritrea, principal puerto del país, junto al mar Rojo; 22 000 hab. Refinería de petróleo.

**ASSAM,** estado del NE de la India, entre Bangla Desh y Birmania; 78 523 km²; 22 414 322 hab. Cap. *Dispur.* Región avenada por el Brahmaputra, muy húmeda y boscosa. Plantaciones de té.

**ASSEN,** c. de Países Bajos, cap. de Drenthe; 50 537 hab. Museo provincial (prehistoria).

**ASSINIBOINE,** r. de Canadá, afl. del río Rojo (or. izq.), en Winnipeg; 960 km.

**Associated press (A.P.),** agencia de prensa norteamericana fundada en 1848, una de las mayores agencias de prensa del mundo.

**ASSUR** o **AŠŠUR,** ant. c. de Mesopotamia, primera capital y ciudad santa de Asiria, en la orilla derecha del Tigris. Las excavaciones, llevadas a cabo entre 1903 y 1914, han exhumado numerosos objetos de arte. Es la act. *al-Šarqāt* (Iraq).

**ASSUR, ASUR** o **AŠŠUR,** dios principal de la ciudad homónima y posteriormente de Asiria.

**ASSURBANIPAL** o **AŠŠUR-BAN-APLI,** rey de Asiria [669-*c.* 627 a. J.C.]. Con la conquista de Egipto, la sumisión de Babilonia y la destrucción del imperio elamita, condujo a su apogeo el poder asirio. En las ruinas de su palacio, en Nínive, se ha encontrado parte de su biblioteca.

**ASTAIRE** (Frederick E. **Austerlitz,** llamado **Fred**), bailarín de claqué, cantante y actor norteamericano (Omaha, Nebraska, 1899-Los Ángeles 1987). Trabajó en el cine, muchas veces formando pareja con Ginger Rogers, en numerosas comedias musicales, en las que utilizó sus grandes cualidades de bailarín.

**ASTANA,** ant. **Tselinograd,** después **Akmola,** c. y cap. de Kazajstán (desde 1998); 277 000 hab.

**ASTARTÉ, AŠTART** o **IŠTAR,** principal divinidad del panteón fenicio, diosa del amor y de la fecundidad. Los griegos la asimilaron a Afrodita.

**Astérix,** héroe de cómic francés creado en 1959 por el guionista R. Goscinny y el dibujante A. Uderzo, pequeño guerrero galo que lucha contra los romanos, acompañado de su inseparable amigo Obélix.

**ASTI,** c. de Italia (Piamonte), cap. de prov.; 72 384 hab. Vinos blancos. Monumentos antiguos.

**ASTIAGES,** último rey de los medos [*c.* 585-550 a. J.C.]. Fue destronado por Ciro II el Grande.

**ASTIANACTE,** hijo de Héctor y de Andrómaca. Según la *Ilíada,* Ulises lo precipitó desde lo alto de las murallas de Troya.

**ASTILLERO (El),** mun. de España (Cantabria); 12 587 hab. *(Astillerienses.)* Metalurgia.

**ASTOLFO,** rey de los lombardos [749-756], derrotado por Pipino el Breve.

**ASTON** (Francis William), físico británico (Harbone 1877-Cambridge 1945). Descubrió la existencia de los isótopos de los elementos químicos. (Premio Nobel de química 1922.)

**Asiria:** «Asurnasirpal II cazando leones con el arco». Bajorrelieve procedente del palacio de Nimrud; s. IX a. J.C. (Museo Británico, Londres.)

**ASTORGA,** c. de España (León), cab. de p. j.; 13 802 hab. (*Astorganos* o *asturicenses*.) Restos de la época romana (*Asturica Augusta*) y murallas medievales. Catedral gótica renovada (s. XVI). Ayuntamiento (s. XVII). Palacio episcopal modernista (A. Gaudí).

**ASTRADA** (Carlos), filósofo argentino (Córdoba 1894-Buenos Aires 1970), autor de *El juego existencial* (1933), *La ética formal y los valores* (1938) y *Marx y Hegel* (1958).

**ASTRAJÁN,** c. y puerto de Rusia, cerca de la desembocadura del Volga en el mar Caspio; 509 000 hab. Conservas de pescado.

**ASTRANA MARÍN** (Luis), erudito español (Villaescusa de Haro 1889-Madrid 1959), traductor de Shakespeare y biógrafo de éste y de autores clásicos españoles (*Cervantes*, 6 vols., 1948-1955).

**ASTREA,** mun. de Colombia (Cesar); 16 666 hab.

**ASTREA,** divinidad griega que difundía la justicia y la virtud sobre la Tierra y que, al subir al cielo, se convirtió en la constelación de Virgo.

**astrofísica de Andalucía** (*Instituto de*) [IAA], centro científico español del C.S.I.C., con sede en Granada, creado en 1975 para la investigación astrofísica y desarrollo de tecnología espacial; de él depende el observatorio de Sierra Nevada.*

**astrofísica de Canarias** (*Instituto de*) [IAC], organismo científico español para la investigación astrofísica, fundado en 1982, que administra el instituto universitario de astrofísica de La Laguna y los observatorios del Teide* (Tenerife) y del Roque* de los Muchachos (La Palma), en colaboración con países europeos.

**ASTURIAS** (*Principado de*), región del N de España que constituye una comunidad autónoma uniprovincial; 10 565 km²; 1 098 725 hab. (*Asturianos*.) Cap. *Oviedo*. P. j. de *Avilés, Cangas de Narcea, Cangas de Onís, Castropol, Gijón, Grado, Langreo, Laviana, Lena, Llanes, Mieres del Camino, Oviedo, Piloña, Pravia, Siero, Tineo, Valdés* y *Villaviciosa*.

GEOGRAFÍA

Región montañosa, accidentada al N por un conjunto de colinas y pequeñas sierras, y al S por un sector de la cordillera Cantábrica (Picos de Europa al E, 2 648 m en Torrecerredo). En el sector central se abre la cuenca de Oviedo. La ganadería extensiva, en el interior, y la agricultura en la región costera, se han visto perjudicadas con la entrada de España en la C.E. Pesca y turismo en el litoral. La minería (carbón) se halla en regresión, y la industria siderúrgica ha sido objeto de una drástica reconversión, ambas muy dependientes del sector público. El sector terciario, en alza, se concentra en los grandes núcleos urbanos (Oviedo, Avilés, Gijón).

HISTORIA

S. I a. J.C.: Asturias, hasta entonces poblada por astures y cántabros, cayó en poder de Roma. Ss. V-VI: fue ocupada por los suevos y luego (585) por los visigodos. 718: Pelayo formó el reino de Asturias, tras la invasión musulmana de 711. 722: batalla de Covadonga, inicio de la reconquista. 914: Ordoño II trasladó la capital de Oviedo a León; el reino de Asturias* pasó a ser una provincia de la corona leonesa o castellano-leonesa. 1388: Asturias recibió el título de principado. 1717: la audiencia remplazó a la Junta del Principado como órgano principal de la administración. S. XVIII: mejora económica (nuevos cultivos); explotación de las minas de carbón. S. XIX: impulso de la industrialización; aumento del proletariado y arraigo del socialismo y el anarquismo. S. XX: 1934: revolución de octubre y toma de Oviedo. 1982: aprobación del estatuto de autonomía.

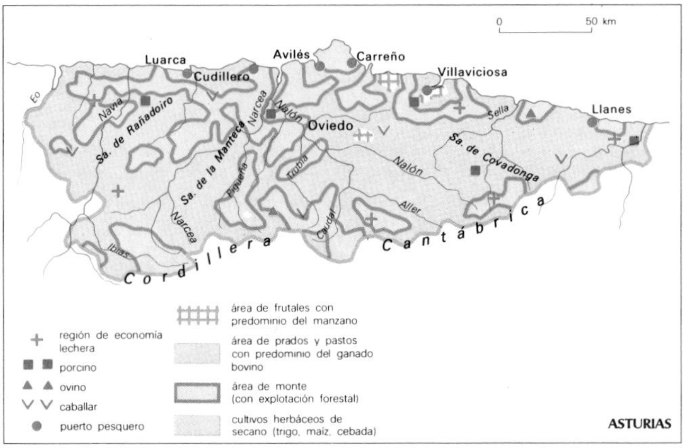

ASTURIAS

**ASTURIAS** (*reino de*), primero de los reinos cristianos de la reconquista, formado en Gallaecia (Asturias y Galicia), que abarcó desde el reinado de Pelayo [718-737] hasta el de Alfonso III el Magno [866-910], bajo cuyo mandato se extendió hasta el Mondego (Portugal) y el valle del Duero. Desde el reinado de Ordoño II, el reino se denominó de León (traslado de la capital de Oviedo a León, 914).

**Asturias** (*príncipe de*), título que se otorga al heredero de la corona española. Creado en las cortes de Palencia en 1388.

**ASTURIAS** (Miguel Ángel), escritor guatemalteco (Guatemala 1899-Madrid 1974). Se inició con *Leyendas de Guatemala* (1930), recreación poética de relatos populares mayas. Su primera y más famosa novela es *El señor* Presidente* (1946), satírica denuncia de la dictadura de Estrada Cabrera. Tras *Hombres de maíz* (1949) se acentúa en su obra la crítica político-social: la trilogía *Viento fuerte* (1950), *El papa verde* (1954) y *Los ojos de los enterrados* (1960), sobre las duras condiciones de vida en las plantaciones bananeras; *Week-end en Guatemala* (1956) y *Mulata de tal* (1963). Notable es también su poesía (*Clarivigilia primaveral*, 1965) y su teatro. (Premio Nobel de literatura, 1967.)

**ASUÁN,** c. de Egipto meridional, junto al Nilo, cerca de la primera catarata; 215 000. Presa de Sa'ad al-'Alī (111 m de alt.; 3,6 km de long.), una de las mayores del mundo, que permite el embalse del lago Nasser (60 000 km²).

**ASUERO,** nombre bíblico del rey persa Jerjes I, citado en el *Libro de Ester*.

**ASUNCIÓN,** c. y cap. de Paraguay, que constituye una entidad especial; 502 426 hab. (*Asunceños*.) En la orilla izquierda del río Paraguay, frente a la desembocadura del Pilcomayo. Fundada en 1537, fue reedificada en el s. XIX (catedral, palacio del Congreso, Panteón nacional, museo histórico).

**ASUNCIÓN MITA,** mun. de Guatemala (Jutiapa); 25 286 hab. Calzados, muebles. Restos arqueológicos.

**ASÚNSOLO** (Ignacio), escultor mexicano (Hacienda de San Juan Bautista 1890-México 1965). Profesor y director de la Escuela de bellas artes de México, realizó esculturas monumentales.

**AŚVIN,** dioses védicos gemelos, que se corresponden con los *Dioscuros*. Curan las enfermedades.

**ATABAPO,** r. fronterizo entre Venezuela y Colombia, afl. del Orinoco; 245 km. Navegable.

**ATACAMA** (*desierto de*), desierto del N de Chile; 132 000 km². Al E se prolonga en la *puna de Atacama*, región andina de Chile, de 4 000 m de alt., en la que abundan los salares.

**ATACAMA** (*fosa de*), depresión marina del Pacífico, frente a las costas chilenas; 7 364 m de prof.

ASTURIAS
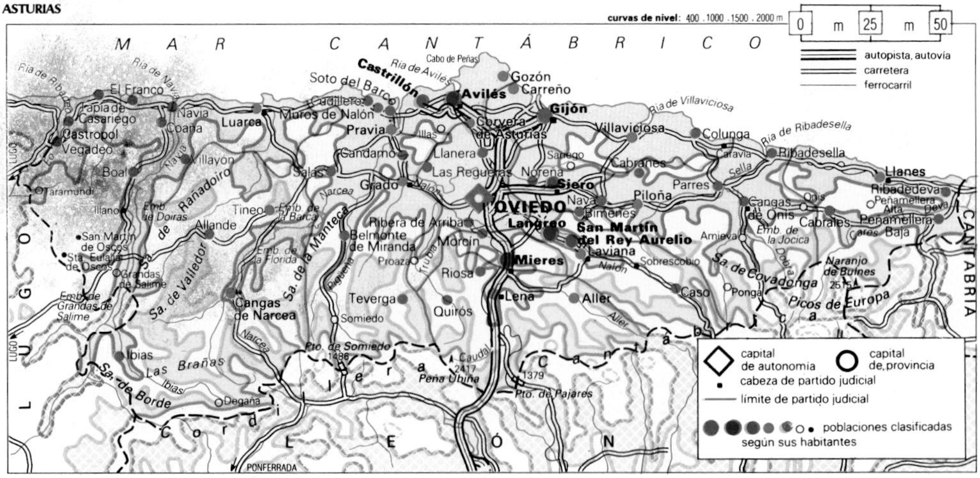

**ATACAMA** *(región de),* región del N de Chile; 78 268 km²; 230 786 hab. Cap. *Copiapó.*

**ATACO,** mun. de Colombia (Tolima); 21 486 hab. Minas de oro, plata, cobre y carbón.

**ATAHUALPA** (1500-Cajamarca 1533), soberano inca [1525-1533], hijo menor de Huayna Cápac y último emperador de Perú. Pugnó con su hermano Huáscar, a quien venció, por la herencia de su padre. Fue apresado en Cajamarca por los españoles y ejecutado por orden de F. Pizarro.

**ATAHUALPA** (Juan **Santos,** llamado) [Cajamarca o Cuzco *c.* 1710-San Luis de Shuaro 1756], jefe de una revuelta indígena peruana contra los españoles (1742-1756).

**ATAKORA,** cordillera del N de Benín y Togo.

**ATALANTA,** virgen cazadora de la mitología griega, que había prometido su mano a aquel que la venciera en una carrera. Hipómenes lo consiguió, dejando caer tres manzanas de oro cogidas en el jardín de las Hespérides.

**ATALÍA,** reina de Judá [841-835 a. J.C.], hija de Ajab, rey de Israel, y de Jezabel. Se casó con Joram, rey de Judá. Cuando murió su hijo Ocozías, hizo exterminar a toda la estirpe real y se impuso como reina. Favoreció los cultos idólatras. Fue derrocada y asesinada por una revuelta popular fomentada por el gran sacerdote Joad.

**ATÁLIDAS,** dinastía helenística de los soberanos de Pérgamo. Desapareció en 130 a. J.C.

**ATALO,** nombre de tres reyes de Pérgamo: **Atalo I** [241-197 a. J.C.] luchó con los romanos contra Filipo V de Macedonia. — **Atalo II Filadelfo** [159-138 a. J.C.] participó junto a los romanos en la destrucción de la liga Aquea (146). — **Atalo III** [138-133 a. J.C.] legó su reino a los romanos.

**ATANAGILDO,** rey de los visigodos [*c.* 554-567]. Desde 551 disputó el trono a Ágila, y lo logró con el apoyo bizantino. Residió en Toledo e intentó la unificación de la Península.

**ATANARICO,** rey de los visigodos († Constantinopla 381). Enemigo de los romanos, fue vencido por el emperador Valente (369).

**ATANASIO** *(san),* patriarca de Alejandría, padre de la Iglesia griega y doctor de la Iglesia (Alejandría *c.* 295-*id.* 373), uno de los principales adversarios del arrianismo.

**ATAPUERCA** *(sierra de),* sierra de España (Burgos), en la cordillera Ibérica. Yacimientos paleontológicos en el mun. de Ibeas de Juarros, que abarcan desde restos de fauna fósil y de homínidos (Sima de los Huesos) e industria lítica en una secuencia desde el pleistoceno medio (780 000-120 000 a. J.C.), de los hombres europeos más antiguos, hasta pinturas rupestres del arte francocantábrico y la edad del bronce. Fue declarada patrimonio mundial por la Unesco (2000).

**ATARFE,** mun. de España (Granada); 10 045 hab. *(Atarfeños.)* Restos de la ciudad romana de *Iliberis.*

**ATARRABIA** → ***Villava.***

**ATATÜRK** → ***Kemal paşa.***

**ATAÚLFO,** rey de los visigodos [410-415], sucesor de Alarico I. Conquistó el S de las Galias. En 414 se casó con Gala Placidia, hermana del emperador Honorio, quien mandó un ejército para dominar a los visigodos; Ataúlfo instaló su corte en Barcelona, donde murió asesinado.

**Atahualpa** (F. Huamán Poma de Ayala en *Nueva corónica y Buen Gobierno,* 1600-1615)

**ATBARA** o **'ATBARA,** r. de Etiopía y Sudán, afl. del Nilo (or. der.); 1 100 km.

**ATC-Argentina Televisora Color, Canal 7,** cadena estatal de televisión de Argentina, la de mayor audiencia del país.

**ATENÁGORAS,** prelado ortodoxo (Tsaraplana [act. Vasilikón], Epiro, 1886-İstanbul 1972). Patriarca ecuménico de Constantinopla desde 1948, luchó por la unidad de la Iglesia ortodoxa y por renovar los vínculos con Roma (entrevista con Paulo VI en Jerusalén, 1964).

**ATENAS,** en gr. **Athenaia,** c. y cap. de Grecia, en el Ática; 748 110 hab. (3 096 775 en la aglomeración, que incluye el puerto de El Pireo y reúne la mitad del potencial industrial de Grecia). Es uno de los grandes centros turísticos del mundo, gracias a la belleza de sus monumentos antiguos en la Acrópolis* (Partenón, Erecteion, Propileos, etc.) y a la riqueza de sus museos.

HISTORIA

La ciudad, establecida sobre la roca de la Acrópolis, se fue extendiendo al pie de la antigua fortaleza, reuniendo todas las pequeñas tribus de los alrededores. Dirigida al principio por los eupátridas, Solón la reorganizó (594 a. J.C.), Pisístrato le dio su esplendor (560-527) y Clístenes la dotó de sus instituciones democráticas (507). A comienzos del s. V a. J.C. era, junto con Esparta, una de las primeras ciudades griegas; poseía ya su doble carácter de ciudad mercantil con sus puertos de El Pireo, Falera y Muniquia, y de ciudad democrática, mientras que Esparta era una ciudad militar y aristocrática. La victoria sobre los persas en las guerras médicas (s. V a. J.C.) hizo de Atenas la primera ciudad de Grecia. El período subsiguiente fue el más brillante de la historia de Atenas: dueña de los mares griegos, dirigió la liga de Delos y brilló, en tiempos de Pericles (461-429 a. J.C.), con un esplendor incomparable. Durante el llamado siglo de Pericles la Acrópolis se pobló de espléndidos monumentos (Partenón); las obras de Fidias, las tragedias de Esquilo y Sófocles le dieron una fama universal. No obstante, la rivalidad con Esparta dio origen a la guerra del Peloponeso (431-404); Atenas perdió su poder político en favor de Esparta, aunque mantuvo su supremacía intelectual y artística. Tiranizada entonces por los Treinta, recuperó su libertad y su grandeza cuando Tebas aplastó a Esparta (371). Más tarde apareció, con Demóstenes, como modelo de ciudad libre contra el conquistador Filipo de Macedonia, que la venció en Queronea (338 a. J.C.). A pesar de algunos intentos de organizar la resistencia contra los sucesores de Alejandro, cayó, con toda Grecia, bajo la dominación romana (146). Sin embargo, continuó siendo uno de los centros de la cultura helenística, y Roma recogió su legado.

**ATENAS** *(ducado de),* estado latino de Oriente que duró de 1205 a 1456, creado tras la caída del Imperio bizantino y la conquista de Atenas en la cuarta cruzada. En 1311 cayó en poder de los almogávares catalanes y, entre 1355 y 1388, pasó a depender de la Corona de Aragón.

**ATENCO,** mun. de México (México), en la cuenca del Lerma; 16 418 habitantes.

**ATENEA,** diosa griega del pensamiento, las artes, las ciencias y la industria, hija de Zeus y divinidad epónima de Atenas. Es la *Minerva* de los romanos. Una de las más célebres representaciones de la diosa —aparte de la *Atenea Pártenos* de Fidias, conocida por réplicas— es la de una estela funeraria (museo de la Acrópolis, Atenas) donde se muestra con casco, pensativa, apoyada sobre su lanza.

**ATENEO,** escritor griego (Naucratis, Egipto, ss. II-III d. J.C.), autor de *El banquete de los doctos,* acumulación de curiosidades fruto de sus lecturas y que conserva citas de 1 500 obras perdidas.

**ATHABASCA,** r. del O de Canadá, que desemboca en el *lago Athabasca* (11 500 km²) y constituye el tramo superior del Mackenzie*; 1 200 km. Yacimientos de esquistos bituminosos.

**ATHOS,** montaña de Grecia (Macedonia), en el S de Agion Oros, la más oriental de las penínsulas calcídicas; 2 033 m. Centro de un monaquismo conventual o eremítico desde el s. VII y núcleo de la espiritualidad hesiquiasta, constituye una república confederal bajo la jurisdicción canónica del patriarcado de Constantinopla y el protectorado político de Grecia. Sus conventos (ss. XIII-XIX, con restos del s. IX) albergan importantes manuscritos y obras de arte.

el monte **Athos:** vista parcial del monasterio de Vatopédi, fundado en la segunda mitad del s. X

**ÁTICA,** en gr. **Attikí,** península de Grecia donde se encuentra Atenas.

**ATIENZA,** v. de España (Guadalajara); 467 hab. *(Atienzanos.)* Conjunto monumental: castillo, plaza mayor con soportales, iglesias románicas.

**ÁTILA** o **ATILA,** rey de los hunos [434-453]. Invadió el imperio romano de oriente (441) y la Galia, pero fue vencido en los campos Cataláunicos (451), por los ejércitos de Aecio y Teodorico. En 452 saqueó Italia, pero renunció a Roma persuadido por el papa León I el Grande. Su imperio desapareció con él.

Miguel Ángel **Asturias**

**Asunción:** aspecto parcial, al fondo el río Paraguay

**ATIRAU,** hasta 1992 **Gúriev,** c. y puerto de Kazajstán, junto al mar Caspio, en la desembocadura del Ural; 149 000 hab.

**ATIS,** dios griego de la vegetación, de origen frigio. Se emasculó para resistirse al amor de Cibeles, quien lo transformó en pino. Era objeto de un culto iniciático.

**ATITLÁN** *(lago de),* lago de Guatemala (Sololá); 125 $km^2$. Pesca. Turismo. En sus proximidades se encuentra el *volcán Atitlán* (3 537 m de alt.).

**ATIZAPÁN DE ZARAGOZA,** mun. de México (México); 202 248 hab. La cab., *Ciudad López Mateos* (188 497 hab.), es un centro industrial y comercial.

**ATL** (Gerardo **Murillo,** llamado **Doctor**), pintor y escritor mexicano (Guadalajara 1875-México 1964). Formado en Europa, introdujo en México el interés por el muralismo renacentista italiano, el postimpresionismo y el fauvismo (1904), y organizó el movimiento de pintores revolucionarios en el que participaron Orozco, Siqueiros y Rivera (1914). Realizó paisajes, sobre todo de volcanes.

**ATLACOMULCO,** mun. de México (México), avenado por el Lerma; 39 124 hab. Agricultura y ganadería.

**ATLANTA,** c. de Estados Unidos, cap. de Georgia; 394 017 hab. (2 833 511 en el área metropolitana). Aeropuerto. Universidad.

**ATLANTIC CITY,** c. de Estados Unidos (Nueva Jersey); 37 986 hab. Estación balnearia y centro turístico (casinos).

**ATLÁNTICO** *(océano),* océano que separa Europa y África de América; 106 millones de $km^2$ (si se cuentan sus mares). Está formado por una serie de grandes cubetas por debajo de la plataforma continental, desarrollada sobre todo en el hemisferio N, donde se localizan el mar Mediterráneo, el mar del Norte y el mar Báltico, y el mar Caribe). Estas cubetas, o cuencas oceánicas, están separadas, en la parte central del océano, por una larga dorsal submarina meridiana, cuyas cimas constituyen islas (Azores, Ascensión, Tristán da Cunha).

**ATLÁNTICO** *(departamento del),* dep. del N de Colombia, en la costa del Caribe; 3 338 $km^2$; 1 428 601 hab. Cap. *Barranquilla.*

**Atlántico norte** *(pacto del)* → ***O.T.A.N.***

**ATLÁNTIDA,** isla hipotética del Atlántico, sumergida en el pasado, que ha inspirado desde Platón numerosos relatos legendarios.

**Atlántida** *(La) [L'Atlàntida],* poema épico de J. Verdaguer (1877), consagración de la literatura catalana de la Renaixença, que narra el hundimiento del legendario continente. Inspiró a M. de Falla la cantata escénica *La Atlántida,* inacabada, que fue completada por E. Halffter (1961).

**ATLÁNTIDA** *(departamento de),* dep. de Honduras, a orillas del Caribe; 4 251 $km^2$; 262 000 hab. Cap. *La Ceiba.*

**ATLAS,** conjunto montañoso del N de África, formado por varias cadenas. En Marruecos, el *Alto Atlas* o *Gran Atlas,* parte más elevada del sistema (4 165 m en el yébel Tubkal), está separado del *Atlas Medio,* al N, por el Muluya y del *Antiatlas,* al S, por el uadi Sus. En Argelia, el *Atlas telliano* y el *Atlas sahariano* o *presahariano* rodean las Altas Mesetas.

**ATLAS** o **ATLANTE,** titán que se rebeló contra los dioses y fue condenado por Zeus a cargar sobre los hombros la bóveda del cielo.

**ATLAUTLA,** ant. **Atlautla de Victoria,** mun. de México (México); 16 840 hab. Fruticultura.

**ATLIXCO,** mun. de México (Puebla); 91 660 hab. Conserva un ant. convento, gótico en parte. Iglesias barrocas (ss. XVII-XVIII).

**ATOTONILCO EL ALTO,** mun. de México (Jalisco), avenado por el *río Atotonilco;* 40 619 hab.

**ATOTONILCO EL GRANDE,** mun. de México (Hidalgo); 24 152 hab. Maíz, fruticultura. Cemento.

**ATOYAC,** mun. de México (Veracruz); 21 179 hab. Agricultura tropical. Explotación forestal.

**ATOYAC DE ÁLVAREZ,** mun. de México (Guerrero); 43 743 hab. Producción de copra. Volframio.

**ATRATO,** r. de Colombia, en la vertiente atlántica; 750 km. Navegable en sus cursos alto y medio.

**ATREO,** rey legendario, antepasado de los Atridas, famoso por su odio contra su hermano Tieste.

**ATRIDAS,** dinastía mítica griega, descendiente de Atreo. Sus más notables representantes son Agamenón y Menelao. Se significaron por el adulterio, el parricidio y el incesto.

**ATROPOS,** divinidad griega, una de las tres Parcas, encargada de cortar el hilo de la vida.

**ATT,** siglas de American telephone and telegraph, empresa norteamericana fundada en 1885. En 1982 perdió el semimonopolio que poseía sobre la red telefónica de E.U.A. En 1995 se escindió en tres entidades: servicios de comunicaciones, tecnología de comunicaciones e informática. Está implantada en el extranjero, en particular en Europa (en España con Telefónica [1985] y fábricas en el área de Madrid). Posee los laboratorios Bell, que han realizado numerosos inventos (magnetófono, transistor, satélites de telecomunicaciones).

**'ATTĀR** (Farīd al-Dīn), poeta persa (Nišāpūr c. 1119-† c. 1190 o c. 1220), de inspiración mística *(El lenguaje de los pájaros).*

**ATTLEE** (Clement, *conde*), político británico (Londres 1883-*id.* 1967). Líder laborista, fue primer ministro de 1945 a 1951.

**ATUEL,** r. de Argentina, afl. del Salado; 482 km. En su desembocadura origina la región pantanosa de los *Bañados del Atuel.* Central hidroeléctrica.

**ATURES** *(rápidos de),* rápidos del Orinoco, en la frontera entre Venezuela y Colombia, entre las desembocaduras del Guaviare y el Meta.

**ATWOOD** (George), físico británico (Londres 1746-*id.* 1807), inventor de un aparato para el estudio de la caída de los cuerpos.

**ATXAGA** (Joseba **Irazu,** llamado **Bernardo**), escritor español en lengua vasca (Asteasu 1951). Poeta, novelista y autor de literatura infantil, en 1989 recibió el premio nacional de narrativa por su libro de relatos *Obabakoak* (1988). En 1993 publicó la novela *El hombre Solo (Gizona bere bakardadean).*

**ATZALÁN,** mun. de México (Veracruz); 45 287 hab. Agricultura, ganadería y apicultura.

**AUB** (Max), escritor español (París 1903-México 1972). Exiliado en México desde 1942. Escribió obras teatrales (*San Juan,* 1943; *Deseada,* 1950; *No,* 1952); cuentos, novelas (*Jusep Torres Campalans,* 1958; la serie *El laberinto mágico,* 1943-1968, sobre la guerra civil), poesía y ensayo.

**AUBE,** dep. del NE de Francia (Champagne-Ardenne); 6 004 $km^2$; 289 207 hab. Cap. *Troyes.*

**AUBERVILLIERS,** c. de Francia (Seine-Saint-Denis), al N de París; 67 836 hab. Centro industrial.

**AUBIGNÉ** (Agrippa **d'**), escritor francés (cerca de Pons 1552-Ginebra 1630). Calvinista, escribió una epopeya mística (*Los trágicos,* 1616), una *Historia universal* (1616-1620) y una novela satírica. Su poesía anuncia el barroco literario.

**AUBUSSON** (Pierre **d'**), cardenal francés (Monteil-au-Vicomte 1423-Rodas 1503), gran maestre de la orden de San Juan de Jerusalén. Resistió victoriosamente el asedio de los turcos en Rodas (1480) y organizó una cruzada contra los turcos (1501).

**AUCANQUILCHA** *(cerro),* pico de los Andes chilenos, cerca de la frontera con Bolivia; 6 233 m de altura.

**AUCKLAND,** principal ciudad, puerto y centro industrial de Nueva Zelanda, en la isla del Norte; 840 000 hab. Museo maorí. Universidad.

**AUDE,** dep. del S de Francia (Languedoc-Rosellón); 6 139 $km^2$; 298 712 hab. Cap. *Carcasona.*

**AUDEN** (Wystan Hugh), escritor norteamericano de origen británico (York 1907-Viena 1973). Su obra poética evolucionó desde el compromiso social y político hacia la aceptación de la concepción cristiana (*The age of anxiety,* 1947).

**AUDH** → ***Oudh.***

**Audiencia nacional,** órgano judicial español, de ámbito nacional, creado en 1977. Se compone de salas de lo penal y de lo contencioso administrativo.

**AUE** (Hartmann **von**), poeta alemán (en Suabia c. 1150-c. 1210), primer poeta cortesano en lengua alemana.

**AUER** (Carl), *barón* **von Welsbach,** químico austríaco (Viena 1858-castillo de Welsbach, Carintia, 1929). Inventó el manguito de la lámpara de gas *(mechero de Auer)* y aisló el cerio.

**Aufklärung** *(Zeitalter der)* [el siglo de las luces], movimiento del pensamiento racionalista que se esforzó por promover una emancipación intelectual en la Alemania del s. XVIII. Sus principales representantes fueron Von Wolff, Lessing y Herder.

**AUGIAS,** rey legendario de Élide, uno de los argonautas. Heracles limpió sus inmensos establos desviando el río Alfeo.

**AUGSBURGO,** en alem. **Augsburg,** c. de Alemania (Baviera), a orillas del Lech; 250 197 hab. Industrias mecánicas y textiles. Monumentos medievales y del s. XVII. Museos Fugger y de arte barroco alemán.

**Augsburgo** *(confesión de),* formulario redactado por Melanchthon en 1530 y presentado a la dieta imperial de Augsburgo, presidida por Carlos Quinto. Constituye, en 28 artículos, la profesión de fe luterana.

**Doctor Atl:** *Erupción del Paricutín* (1943) [museo nacional de arte, México]

Max **Aub**

**Augsburgo** *(liga de),* coalición de las potencias europeas contra Francia (1686-1697), formada por el emperador, los príncipes alemanes, España y Suecia, y aliada con las Provincias Unidas, Inglaterra y Saboya. Tras la guerra entre Francia y la liga de Augsburgo, a partir de 1688, Luis XIV hubo de aceptar una solución negociada (paz de Ryswick, 1697).

**AUGUSTA,** ant. nombre de numerosas ciudades construidas o tomadas por Augusto o por otro emperador romano *(Augustus).* En Hispania, destacan **Caesaraugusta** (Zaragoza), **Emerita Augusta** (Mérida), **Asturica Augusta** (Astorga) y **Augusta** o **Iulia Gaditana** (Cádiz).

**Augusta** *(vía),* principal calzada romana en Hispania, construida por Augusto como prolongación de la vía Hercúlea, desde Tarragona a Cádiz.

**Augustinus,** obra póstuma de Jansenio (1640), así llamada porque pretende exponer las doctrinas de san Agustín sobre la gracia y la predestinación. La obra, condenada por Urbano VIII en 1642, fue el origen de la polémica jansenista.

**AUGUSTO** (Cayo Julio César Octavio), emperador romano (Roma 63 a. J.C.-Nola 14 d. J.C.), al principio conocido con el nombre de *Octavio* y luego de *Octaviano,* sobrino nieto de César y su heredero. Asociado con Marco Antonio y Lépido en un triunvirato (43), conservó para sí Italia y occidente, y vengó la muerte de César en la batalla de Filipos. Único dueño del poder tras su victoria de Actium sobre Marco Antonio (31), recibió, con el nombre de *Augusto* (27), los poderes repartidos hasta entonces entre las distintas magistraturas. Organizó una sociedad basada en el retorno a las tradiciones antiguas y administrada por un cuerpo de funcionarios reclutados en las clases superiores (orden senatorial y orden ecuestre), y dividió Roma en 14 regiones para facilitar su administración y vigilancia. Reorganizó las provincias, divididas en *provincias senatoriales* y *provincias imperiales.* Acabó la conquista de Hispania y llevó la frontera del Imperio hasta el Danubio; pero, en Germania, su lugarteniente Varo sufrió un desastre. Designó a su sucesor (Marcelo, Agripa y luego Tiberio) y, a su muerte, fue venerado como un dios. El principado de Augusto constituye una de las etapas más brillantes de la historia romana *(siglo de Augusto).*

**Augusto:** camafeo (biblioteca nacional, París)

**AUGUSTO II** (Dresde 1670-Varsovia 1733), elector de Sajonia y rey de Polonia [1697-1733]. Destronado por Carlos XII de Suecia (1704), fue restablecido en el trono por las tropas rusas (1710). — **Augusto III** (Dresde 1696-*id.* 1763), hijo del anterior, elector de Sajonia y rey de Polonia [1733-1763].

**Aula Dei,** cartuja española (Peñaflor del Gállego, Zaragoza) fundada en 1564. Pinturas murales de Goya con escenas de la vida de la Virgen (*c.* 1773).

**AULIS** o **ÁULIDE,** puerto de Beocia donde, según la *Ilíada,* se reunió la flota griega que partía hacia Troya, y donde Ifigenia fue sacrificada.

**AULNAY-SOUS-BOIS,** c. de Francia (Seine-Saint-Denis), al NE de París; 82 537 hab.

**AULNOY** (Marie Catherine, *condesa* **d'**), escritora francesa (Barneville *c.* 1650-París 1705), autora de *Cuentos de hadas* (1697-1698) y de obras sobre España (*Relación del viaje por España,* 1691).

**AULO GELIO,** gramático latino (Roma s. II d. J.C.), autor de *Noches áticas,* fuente de información sobre la literatura y la cultura antiguas.

**AUNG SAN SUU KYI,** política birmana (Rangún 1945). Líder de la oposición democrática, fue mantenida por el régimen militar en residencia vigilada de 1989 a 1995. (Premio Nobel de la paz 1991.)

**AURANGĀBĀD,** c. de la India (Mahārāshtra); 592 052 hab. Establecimientos búdicos rupestres (caitya y vihara, ss. II-VII), decorados con relieves esculpidos. Edificios mogoles.

**AURANGZEB** o **AWRANGZIB** (1618-Aurangābād 1707), emperador mogol de la India [1658-1707]. Con sus guerras en el Decán y su intransigencia hacia los hindúes inició la decadencia del imperio mogol.

**Aurelia** *(vía),* vía romana que unía Roma y Arles, en la Galia, bordeando el Mediterráneo.

**AURELIANO** (Lucio Domicio) [*c.* 214-275], emperador romano [270-275]. Venció a Zenobia, reina de Palmira (273), y edificó alrededor de Roma un muro fortificado que aún existe *(muralla de Aureliano).* Fue el primer emperador divinizado en vida.

**AURÈS,** macizo montañoso del E de Argelia (2 328 m), habitado sobre todo por bereberes.

**Auriga de Delfos,** estatua griega de bronce, de un auriga de tamaño natural, que fue ofrecida al templo de Delfos, con la cuadriga de que formaba parte, en el s. V a. J.C.

***Auriga de Delfos.*** Bronce; principios del s. V a. J.C. (Museo de Delfos.)

**AURIOL** (Vincent), político francés (Revel 1884-París 1966). Socialista, fue el primer presidente de la IV república (1947-1954).

**AUROBINDO** (Śrī), místico y filósofo indio (Calcuta 1872-Pondicherry 1950). Concibió el yoga como la disciplina que permite reconocer en uno mismo la verdad de Dios.

**AUSANGATE,** cadena montañosa de Perú (Cuzco); 6 384 m en el *nevado de Ausanga.*

**AUSCHWITZ,** en polaco **Oświęcim,** c. de Polonia, cerca de Katowice; 45 100 hab. En las proximidades, los alemanes crearon el mayor campo de concentración y exterminio *(Auschwitz-Birkenau).* El número de víctimas se evalúa en 3 o 4 millones de personas, la mayoría de origen judío. Museo de la deportación.

**AUSIÀS MARCH** → ***March*** (Ausiàs).

**AUSONIO,** poeta latino (Burdigala [act. Burdeos], *c.* 310-† *c.* 395), cantor de los paisajes del Mosela y de la Galia meridional.

**AUSTEN** (Jane), novelista británica (Steventon, Hampshire, 1775-Winchester 1817), autora de novelas que evocan la pequeña burguesía provincial inglesa (*Orgullo y prejuicio,* 1813; *Emma,* 1814).

**Austerlitz** *(batalla de)* [2 dic. 1805], victoria de Napoleón sobre los emperadores de Austria y Rusia («batalla de los tres emperadores»), en Austerlitz (act. *Slavkov,* República checa).

**AUSTIN,** c. de Estados Unidos, cap. de Texas, junto al Colorado; 465 622 hab. Universidad.

**AUSTIN** (John Langshaw), lógico británico (Lancaster 1911-Oxford 1960). Sus trabajos tuvieron una importancia decisiva en las teorías del lenguaje *(Cómo hacer cosas con palabras,* 1962).

**AUSTRAL** o **ANTÁRTICO** *(océano),* nombre que recibe la parte de los océanos Atlántico, Pacífico e Índico que forma un cinturón ininterrumpido alrededor de la Antártida.

**AUSTRALASIA,** conjunto geográfico formado por Australia, Nueva Zelanda y Nueva Guinea.

**AUSTRALES Y ANTÁRTICAS FRANCESAS** *(Tierras),* territorio francés de ultramar, que agrupa el archipiélago Kerguelen, Tierra Adelia, islas San Pablo y Nueva Amsterdam y archipiélago Crozet.

**AUSTRALIA,** estado federal de Oceanía, constituido por seis estados (Nueva Gales del Sur, Victoria, Queensland, Australia Meridional, Australia Occidental y Tasmania) y dos territorios (Territorio Federal de la capital y Territorio del Norte); 7 700 000 km$^2$; 17 500 000 hab. *(Australianos.)* CAP. *Canberra.* LENGUA OFICIAL: *inglés.* MONEDA: *dólar australiano.*

GEOGRAFÍA

Australia, con una vasta extensión que hace considerarla a veces un continente, está poco habitada. Es un país desértico, excepto los extremos E y S, de clima templado, donde se concentra la población: las cinco ciudades principales (Sydney, Melbourne, Brisbane, Adelaida y Perth) agrupan el 60 % de la población australiana, urbanizada en total en más del 85 %. Los aborígenes representan aproximadamente el 1 % de la población, cuyo crecimiento natural se acerca al 0,8 %, mientras que el saldo migratorio resulta excedentario. La agricultura emplea solamente al 5 % de la población activa, pero es notable la producción, mecanizada y extensiva: trigo, azúcar, ganadería bovina y ovina (primer productor mundial de lana). El subsuelo, muy rico, proporciona abundantes cantidades de productos energéticos (hulla, hidrocarburos y uranio) y minerales (bauxita [primer productor mundial], hierro, plomo, cinc, oro). La industria se beneficia de las materias primas (siderurgia y metalurgia de transformación, química, aluminio).

HISTORIA

***El descubrimiento y la colonización británica.*** El continente australiano, ocupado parcialmente por poblaciones denominadas australoides, cuyas huellas de actividad se remontan a unos 40 000 años, atrajo a partir del s. XVII a los navegantes neerlandeses e ingleses. A. J. Tasman dio la vuelta a Australia y descubrió Tasmania (1642-1644); la exploración periférica fue terminada por Bougainville (1768) y Cook (1770). 1788: el desembarco de los primeros *convictos* británicos en Portk Jackson (Sydney) constituyó el núcleo de la colonia de Nueva Gales del Sur. 1809-1821: el gobernador Lachlan Macquarie introdujo en Australia la oveja merina y prosiguió la exploración del interior.

***Afirmación y expansión.*** 1823-1859: se crearon sucesivamente las seis colonias (actuales estados). 1851-1880: se establecieron gobiernos responsables ante los parlamentos en cada colonia. El descubrimiento de oro aceleró la inmigración británica, y se desarrolló el ferrocarril, así como la exportación de trigo. 1880-1900: prosiguió el desarrollo económico, mientras se formaba un sindicalismo bien estructurado. 1 en. 1901: se proclamó oficialmente la *Commonwealth* de Australia. El país participó activamente en las dos guerras mundiales junto a los aliados.

***Australia a partir de 1945.*** Australia, convertida en una nación dotada de una industria potente y moderna, se afirmó como el aliado privilegiado de E.U.A. en la zona del Pacífico. Mantuvo vínculos específicos con la corona británica hasta 1986. En 1999, un referéndum determinó la continuidad de la monarquía.

INSTITUCIONES

Constitución de 1901. Los últimos poderes de intervención directa de Gran Bretaña fueron abolidos por la *Australia act* de 1986. Estado federal (6 estados cada uno con un gobierno y un parlamento, 2 territorios), miembro de la Commonwealth. Gobernador general, que representa a la corona británica. Primer ministro, responsable ante la cámara de representantes. *Cámara de representantes,* elegida por un período de 3 años; *Senado,* por un período de 6 años. *(V. mapa pág. 1132.)*

**AUSTRALIA MERIDIONAL,** estado de Australia; 984 000 km$^2$; 1 400 656 hab. Cap. *Adelaida.*

**AUSTRALIA OCCIDENTAL,** estado de Australia; 2 530 000 km$^2$; 1 586 393 hab. Cap. *Perth.*

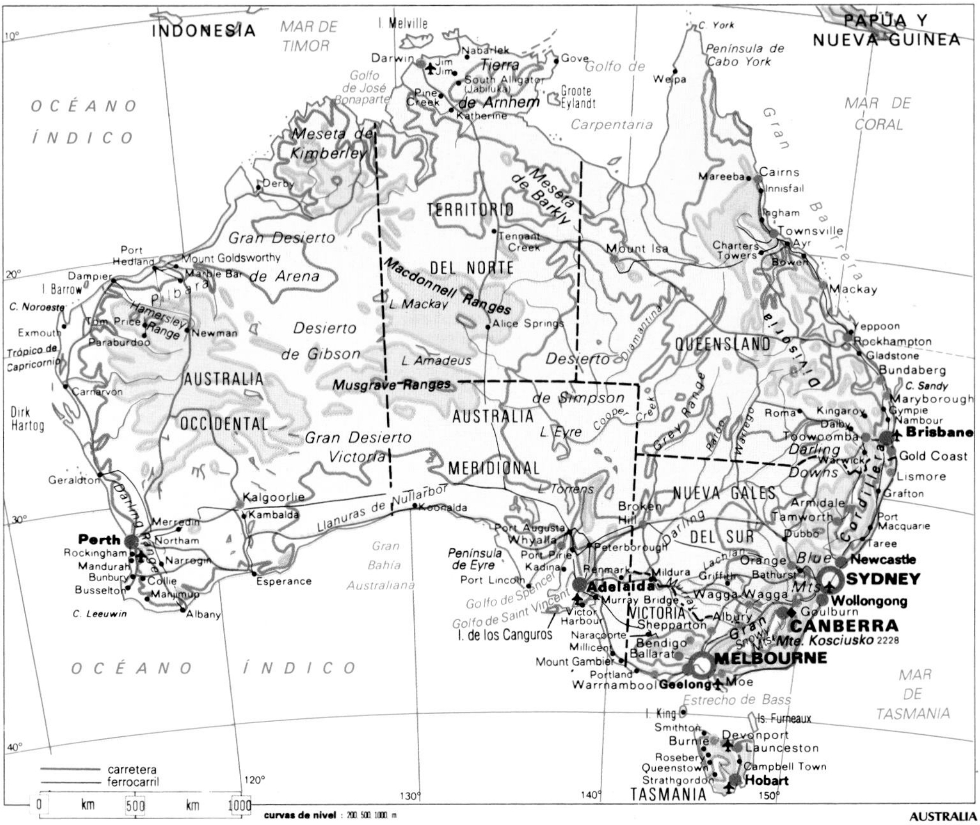


AUSTRALIA

**AUSTRASIA** o **REINO DEL ESTE,** reino merovingio (511-751) que comprendía el NE de la Galia. Cap. *Metz.* Arrebató a Neustria el dominio de la Galia, y fue la cuna de la dinastía carolingia.

**AUSTRIA,** en alem. **Österreich,** estado federal de Europa central, formado por nueve provincias o Länder (Baja Austria, Alta Austria, Burgenland, Carintia, Estiria, Salzburgo, Tirol, Viena y Vorarlberg); 84 000 km²; 7 700 000 hab. *(Austríacos.)* CAP. *Viena.* LENGUA OFICIAL: *alemán.* MONEDA: *chelín* y *euro.*

GEOGRAFÍA

El país se extiende en su mayor parte (70 %) sobre los Alpes, y culmina en las Hohe Tauern (3 796 m en el Gross Glockner), a menudo heladas y cortadas por profundos valles (Inn, Salzach, Enns, Mur, Drava), que abren cuencas donde se concentra la vida humana (Klagenfurt). Las llanuras y las colinas sólo se extienden en el N (valle del Danubio) y en el E (Burgenland). El clima varía en función de la altitud y de la exposición solar. La ganadería (bovina) domina en las vertientes de los valles alpinos. Los cultivos (trigo y remolacha azucarera) se localizan sobre todo en las llanuras. La industria (38 % de la población activa, menos del 10 % en la agricultura), de antigua raigambre, se ha visto favorecida sobre todo por el desarrollo de la hidroelectricidad. Bastante diversificada (siderurgia, metalurgia de transformación, textil, química, instrumental de precisión) se localiza principalmente en las grandes ciudades: Linz, Graz y Viena. El turismo, muy activo, anima las regiones montañosas antiguamente aisladas (Vorarlberg y Tirol), y contribuye a compensar el déficit de la balanza comercial.

HISTORIA

***Los orígenes.*** Austria, centro de la civilización de Hallstatt en el I milenio a. J.C., fue ocupada por los romanos, cuyos campamentos militares formaron el núcleo de las ciudades (Viena, Linz, etc.). 796 d. J.C.: Carlomagno venció a los bárbaros que habían invadido la región entre los ss. III y VII y constituyó la marca del Este (*Österreich* desde 996). 1156: se convirtió en un ducado hereditario en manos de los Babenberg, que le anexionaron Estiria y una parte de Carniola. 1253-1278: el ducado fue anexionado a Bohemia y luego conquistado por Rodolfo I de Habsburgo, emperador en 1273.

***La Austria de los Habsburgo.*** Los Habsburgo, dueños del país, llevaron también el título imperial a partir de 1438. 1493-1519: Maximiliano I fue el artífice de la grandeza de la casa de Austria: a través de su matrimonio con María de Borgoña (1477), obtuvo los Países Bajos y el Franco Condado; casó a su hijo con la heredera de España y concertó el matrimonio de sus nietos con los del rey de Bohemia y Hungría. 1521: Fernando I recibió de su hermano Carlos Quinto (emperador desde 1519) los dominios austríacos. 1526: se convirtió en rey de Bohemia y Hungría. Ss. XVI-XVII: Austria fue el baluarte de Europa frente al avance otomano (asedios de Viena, 1529 y luego 1683; tratado de Karlowitz [1699] por el que Austria obtuvo Transilvania). Centro de la Contrarreforma, fracasó en su intento de evitar el desmembramiento político y religioso de Alemania (tratados de Westfalia, 1648). El s. XVIII estuvo marcado por el reinado ilustrado de María Teresa (1740-1780) y por el centralista de José II (1780-1790), así como por las guerras: contra Francia (en 1714, Austria obtuvo los Países Bajos y una parte de Italia); de la Sucesión de Austria (perdió Silesia); y de los Siete años. En el primer reparto de Polonia (1772), obtuvo Galitzia. 1804: Francisco II, derrotado dos veces por Napoleón (1797-1800), reunió sus estados con el nombre de Imperio de Austria (conservó hasta 1806 el título de emperador romano germánico). 1814: en el tratado de Viena, los territorios conquistados por Napoleón fueron devueltos a Austria, que dominaba el N de Italia, presidía la liga germánica y aparecía como árbitro de Europa. 1859: ante los franco-piamonteses, perdió Lombardía. 1866: la victoria de Prusia en Sadowa marcó el fin de la liga. Austria perdió el Véneto. 1867: el reparto del poder entre Austria y Hungría (compromiso austro-húngaro) marcó el inicio de la monarquía austro-húngara (Austria-Hungría*) pero no resolvió las tensiones nacionalistas. 1879-1882: Austria firmó con Alemania e Italia la Triple alianza. 1908: se anexionó Bosnia-Herzegovina. 1914: el asesinato del archiduque Francisco Fernando, heredero del trono, en Sarajevo (28 junio), desencadenó la primera guerra mundial. 1916: Carlos I sucedió a Francisco José. 1918: la derrota provocó la desaparición de la monarquía austrohúngara.

***La república de Austria.*** 1919-1920: los tratados de Saint-Germain y de Trianón reconocieron la existencia de los estados nacionales nacidos de la doble monarquía. 1920: la república de Austria, proclamada en Viena, se dotó de una constitución federativa (9 Länder). A pesar de la política de los cancilleres cristianosociales Seipel, Dollfuss y Schuschnigg, Austria fue absorbida por Alemania a raíz del golpe de estado nacionalsocialista del 11 de marzo de 1938 *(Anschluss)* y formó parte del Reich hasta la derrota alemana de 1945. 1945-1955: Austria, de nuevo república federal, quedó dividida en cuatro zonas de ocupación. 1955: el tratado de paz hizo de Austria un estado neutral. 1969: se firmó un acuerdo con Italia a propósito de las poblaciones germánicas del Alto Adigio. Desde 1945 se alternaron en el poder, por separado o formando una coalición, el Partido populista (católico), con el canciller L. Figl (1945-1953), y el partido socialista, con el presidente K. Renner (1945-1950) y los cancilleres B. Kreisky (1970-1983) y F. Sinowatz (1983-1986). 1986: Kurt Waldheim fue elegido presidente de la república; el socialista Vranitzky se convirtió en canciller. 1989: Austria abrió sus fronteras con Hungría y Checoslovaquia, y presentó la solicitud de adhesión a la Comunidad europea. 1992: Thomas Klestil fue elegido presidente. 1995: Austria se incorporó a la Unión europea. 1997: dimisión del canciller Vranitzky; le sustituyó el socialista Viktor Klima. 1998: reelección de T. Klestil. 2000: el democristiano Wolfgang Schüssel, con el apoyo de la ultraderecha, fue nombrado canciller.

INSTITUCIONES

Constitución de 1920. República federal (9 Länder, cada uno de los cuales tiene su propia asamblea). Presidente de la república, elegido para un período de 6 años. Canciller, jefe de la mayoría parlamentaria, que dirige el gobierno federal. Consejo nacional *(Nationalrat)*, elegido para un período de 4 años. Consejo federal *(Bundesrat)*, designado por los 9 parlamentos de los Länder.

LITERATURA

S. XIX: F. Grillparzer, N. Lenau, A. Stifter, A. Schnitzler, R. M. Rilke, H. von Hofmannsthal, L. von Sacher-Masoch. S. XX: K. Kraus, G. Trakl, F. Werfel, R. von Musil, S. Zweig, J. Roth, H. von Doderer, H. Broch, P. Celan, I. Bachmann, Th. Bernhard, P. Handke.

CIENCIAS HUMANAS Y FILOSOFÍA

Ss. XIX-XX: E. Mach, S. Freud, L. Wittgenstein, W. Reich, K. Gödel.

BELLAS ARTES

***Principales centros de interés artístico.*** Graz, Innsbruck, Klosterneuburg, Linz, Melk, Salzburgo, Sankt Pölten, Sankt Florian, Viena.

***Algunos arquitectos, pintores y escultores célebres de la Austria moderna.*** Fin del s. XVII-s. XVIII: Permoser, Fischer von Erlach, Prandtauer (→ ***Melk***), L. von Hildebrandt, Maulbertsch. Ss. XIX-XX: O. Wagner, Klimt, A. Loos, J. Hoffmann, Kokoschka, Hundertwasser.

MÚSICA

Edad media. Arte de los Minnesänger. P. Hofhaimer. S. XVII: H. Biber. S. XVIII: J. Haydn; W. A. Mozart; C. W. Gluck. S. XIX: Johann I y Johann II Strauss, F. Schubert, G. Mahler, A. Bruckner, H. Wolf, R. Strauss. S. XX: A. Schönberg, A. Berg, A. Webern, F. Cerka.

**AUSTRIA (Alta),** prov. del N de Austria; 11 979 km²; 1 277 000 hab. Cap. *Linz.*

**AUSTRIA (Baja),** prov. del NE de Austria; 19 170 km²; 1 431 000 hab. Cap. *Sankt Pölten.*

**AUSTRIA** *(casa de)*, nombre con el que se designa también a la familia de los Habsburgo*, y en especial a su rama española que reinó durante los ss. XVI y XVII. Carlos I (1516-1556, emperador [Carlos Quinto] de 1519 a 1556), Felipe II (1556-1598), Felipe III (1598-1621), Felipe IV (1621-1665) y Carlos II (1665-1700); a la muerte de este último subió al trono la casa de Borbón. El período de los Austrias abarca el ciclo completo de ascenso, apogeo y comienzo de la decadencia del imperio español.

**AUSTRIA-HUNGRÍA** o **IMPERIO AUSTRO-HÚNGARO,** nombre dado, de 1867 a 1918, a la monarquía doble que comprendía: el imperio de Austria, o Cisleithania (cap. *Viena*), y el reino de Hungría, o Transleithania (cap. *Budapest*), pero conservando una dinastía común, la de los Habsburgo. Austria-Hungría era en 1914 un territorio de 676 615 km², habitado por unos 51 millones de hab., austríacos, húngaros, checos, serbios, eslovenos, polacos, rutenos, etc. Tras la derrota de los imperios centrales (1918), el tratado de Saint-Germain (1919) disolvió el Imperio, que fue sustituido por estados independientes.

**austro-prusiana** *(guerra)*, conflicto que enfrentó, en 1866, a Prusia, apoyada por Italia, y Austria, secundada por los principales estados alemanes. La victoria decisiva de Prusia en Sadowa despojó de su papel de potencia dominante en Alemania a Austria, que, además, hubo de ceder el Véneto a Italia.

**AUTLÁN,** mun. de México (Jalisco); 41 499 hab. Minas de manganeso y hierro.

**Auto acordado de 1713,** texto legal de Felipe V por el que anulaba la ley de Partidas que había regulado hasta entonces la sucesión a la corona española. Fue derogado por Carlos IV.

**Auto de los Reyes Magos,** obra teatral religiosa de la segunda mitad del s. XII, incompleta, que constituye la más antigua pieza teatral en castellano.

**AUVERNIA,** en fr. **Auvergne,** región histórica y administrativa de Francia (Allier, Cantal, Haute-Loire y Puy-de-Dôme), situada en el macizo Central; 26 013 km²; 1 321 214 hab. Cap. *Clermont-Ferrand.* Condado de Aquitania, durante la alta edad media se fragmentó en varios dominios.

**AUXERRE,** c. de Francia, cap. del dep. de Yonne, a orillas del Yonne; 40 597 hab. Antigua abadía de San Germán (pinturas carolingias). Catedral gótica con vidrieras del s. XIII. Museos.

**AVALOKITEŚVARA,** uno de los principales bodhisattvas del budismo mahāyāna. Su culto se halla extendido sobre todo en Japón y en el Tíbet.

**ÁVALOS** (Juan **de**), escultor español (Mérida 1911). De su obra, monumental y academicista, destacan los grupos escultóricos del Valle de los Caídos (1951-1956).

**Avanti!,** periódico socialista italiano, fundado en 1896.

**Avaricia,** película de E. von Stroheim (1923-1925): drama realista y cruel sobre una triple degradación.

**avaro** *(El)*, comedia de Molière (1668).

**AVEIRO,** c. de Portugal, cap. de distr., junto a la *laguna de Aveiro;* 35 246 hab. Museo en el convento de Jesús (ss. XV-XVIII).

**AVELLANEDA,** partido de Argentina (Buenos Aires); 346 620 hab. Centro industrial en el Gran Buenos Aires. Puerto. — Dep. de Argentina (Río Negro); 27 320 hab. Agricultura y ganadería. Explotación forestal. — Dep. de Argentina (Santiago del Estero); 18 270 hab. Centro agrícola y ganadero.

**AVELLANEDA** (Alonso **Fernández de**), seudónimo, no identificado, del autor del *Quijote* apócrifo (1614).

**AVELLANEDA** (Gertrudis **Gómez de**) → ***Gómez de Avellaneda.***

**AVELLANEDA** (Nicolás), político argentino (Tucumán 1836-en el Atlántico 1885). Presidente de la república (1874-1880), durante su mandato se terminó la conquista de la Patagonia (1879) y se federalizó la ciudad de Buenos Aires (1880).

**AVELLINO,** c. de Italia (Campania), cap. de prov.; 54 343 hab.

**AVEMPACE** → ***Baŷŷa.***

**AVENARIUS** (Richard), filósofo alemán (París 1843-Zurich 1896), creador del empiriocriticismo.

**AVENTINO** *(monte)*, una de las siete colinas de Roma, a la que se retiró la plebe romana rebelada contra el patriciado hasta que obtuvo el reconocimiento de sus derechos (494 a. J.C.).

**aventura** *(La)*, película italiana de M. Antonioni (1959). Esta obra refinada, que consagró a su autor, expresa de forma nueva, a través de la búsqueda incierta de una pareja, la dificultad del ser.

**AVENZOAR** → ***Zuhr.***

**AVERCAMP** (Hendrick), pintor holandés (Amsterdam 1585-Kampen 1634). Una multitud de pequeños personajes pintorescos animan sus paisajes invernales.

**AVERNO,** lago de Italia, cerca de Nápoles, que desprende emanaciones sulfurosas. En la antigüedad se le consideraba la entrada a los infiernos. En sus orillas se encontraba la cueva de la sibila de Cumas.

**AVERROES** (Abū-l-Walīd Muḥammad **ibn Rušd,** conocido como), filósofo y médico hispanoárabe (Córdoba 1126-Marrakech 1198). Sus extensos *Comentarios* a Aristóteles, mezcla de elementos peripatéticos, neoplatónicos y religiosos, dieron lugar a numerosas controversias en las universidades europeas *(averroísmo)*. Son importantes sus escritos sobre medicina (1162-1169). Su racionalismo le llevó a refutar a Algazel (*La destrucción de la destrucción,* 1180).

**AVERY** (Tex), dibujante y realizador de dibujos animados norteamericano (Dallas 1907-Burbank 1980). Creador del cerdo Porky, del perro Droopy y, con Chuck Jones y Ben Hardaway, del conejo Bugs Bunny. Con su humor renovó el ritmo de los dibujos animados.

**AVES** *(islas de)*, islas coralinas de Venezuela, en el Caribe, deshabitadas. Refugio de aves marinas.

**aves** *(Las)*, comedia de Aristófanes (414 a. J.C.).

**Avesta,** libro sagrado de los mazdeístas. El texto parece haber sido escrito en el s. IV d. J.C.

**AVEYRON,** r. de Francia, afl. del Tarn (or. der.); 250 km.

**AVEYRON,** dep. del S de Francia (Midi-Pyrénées); 8 735 km²; 270 141 hab. Cap. *Rodez* (26 794 hab.).

**AVIANCA,** siglas de Aerovías nacionales de Colombia, compañía aérea colombiana, fundada en 1919.

**AVICEBRÓN** → ***Gabirol.***

**AVICENA** (Abū 'Alī al-Ḥusayn **ibn Sīnā,** conocido

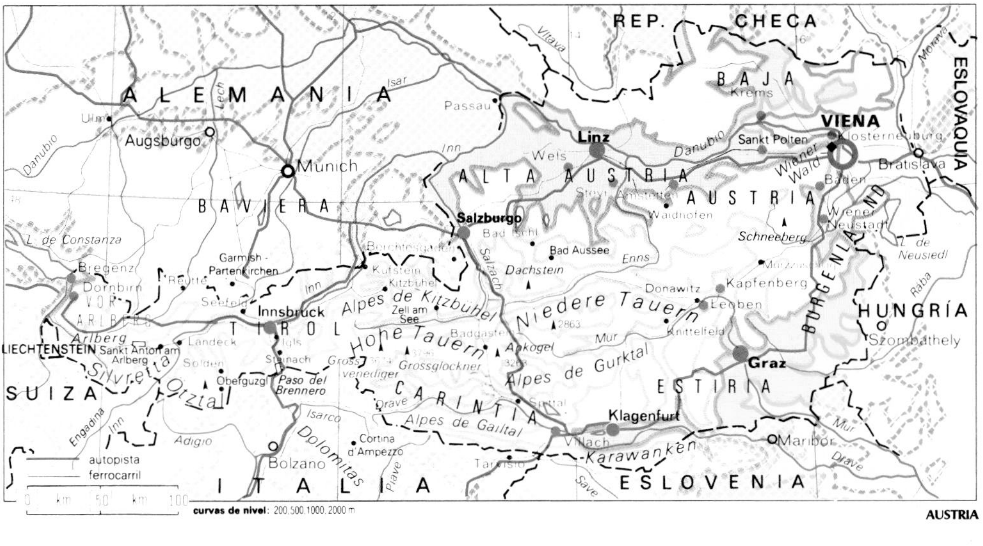


AUSTRIA

como), médico y filósofo iraní (Afṣana, cerca de Bujará, 980-Hamaḏān 1037). Fue uno de los sabios más notables de oriente. Su *Canon de la medicina* y su interpretación de Aristóteles (*Libro de la curación* [del alma], *Libro de la ciencia*) tuvieron un papel considerable en Europa hasta el s. XVII y en Persia.

**AVIENO** (Rufo Festo), autor latino del s. IV (nacido en Bolsena). Su *Descriptio orbis terrae,* con el apéndice *Ora maritima,* contiene la primera noticia escrita sobre la península Ibérica.

**ÁVILA** *(pico del),* cumbre de Venezuela, en la cordillera de la Costa; 2 160 m. Centro del *parque nacional del Ávila,* unido por teleférico a Caracas.

**ÁVILA** *(provincia de),* prov. de España, en Castilla y León; 8 048 km$^2$ y 173 021 hab. (*Abulenses* o *avileses.*) Cap. *Ávila.* P. j. de *Arenas de San Pedro, Arévalo, Ávila* y *Piedrahíta.* En la Meseta Central. Está regada por los sistemas del Duero, al N, y del Tajo, al S. Es una provincia eminentemente agrícola (cereales, patatas, vid y hortalizas). Ganadería en las áreas de montaña. La industria está poco desarrollada.

**ÁVILA,** c. de España, cap. de la prov. homónima y cab. de p. j.; 49 868 hab. (*Abulenses* o *avileses.*) Conjunto monumental declarado monumento histórico y artístico nacional (1884) y bien cultural de la humanidad por la Unesco (1985): murallas (*c.* 1100; 2,5 km, con 90 torreones y 9 puertas). Palacios (ss. XV-XVI). Catedral (ss. XII-XV). Monasterios de San Vicente (ss. XII-XIV), con cimborrio y portada románicos, y de Santo Tomás (s. XV), residencia de los Reyes Católicos y sede de la Inquisición. Palacios renacentistas. Conventos carmelitas (ss. XVI y XVII).

**ÁVILA** *(maestro de),* pintor activo en Ávila a fines del s. XV. De formación hispanoflamenca, trabajó en la catedral de Ávila, el castillo de Piedrahíta y Soria.

**ÁVILA CAMACHO** (Manuel), militar y estadista mexicano (Teziutlán 1897-México 1955). Secretario de Guerra y de Marina con Cárdenas, fue presidente de la república (1940-1946). En 1942 entró en la segunda guerra mundial con los aliados.

**AVILÉS,** v. de España (Asturias), cab. de p. j.; 84 582 hab. *(Avilenses* o *avilesinos.)* Centro industrial: siderurgia, aluminio, química, mecánica, textil, alimentaria, vidrio. Pesca. Importante puerto.

**AVIÑÓN,** en fr. **Avignon,** c. de Francia, cap. del dep. de Vaucluse, a orillas del Ródano; 89 440 hab. Fue sede pontificia de 1309 a 1376 y residencia de los papas de Aviñón durante el cisma de occidente (1378-1417). Fue gobernada por la iglesia hasta 1791. Festival de teatro desde 1947. Murallas. Catedral románica. Palacio de los Papas (gótico).

**Aviñón:** la ciudad, el palacio de los Papas (s. XIV) y, a la izquierda, el puente Saint-Bénezet (s. XII) sobre el Ródano. Dibujo de Martellange; s. XVII. (Biblioteca nacional, París.)

ÁVILA

curvas de nivel: 400, 700, 1000, 1500 m

**AVÍS** o **AVIZ** *(dinastía de),* dinastía que reinó en Portugal de 1385, con Juan I, a 1580, con el cardenal Enrique, a cuya muerte Felipe II de España heredó la corona.

**avispas** *(Las),* comedia de Aristófanes (422 a. J.C.).

**AVOGADRO** (Amedeo **di Quaregna,** *conde*), químico italiano (Turín 1776-*id.* 1856), autor de la hipótesis según la cual existe el mismo número de moléculas en volúmenes iguales de gases diferentes a la misma temperatura y a la misma presión. El *número de Avogadro* ($6{,}023 \cdot 10^{23}$) es el número de moléculas contenidas en una molécula gramo.

**AVVAKUM,** arcipreste y escritor ruso (Grigorovo *c.* 1620-Pustozersk, junto al Pechora, 1682). Escribió el relato de su vida, una de las primeras obras de la literatura rusa en lengua popular. Su rechazo de las reformas litúrgicas del patriarca Nikón provocó el cisma de los viejos creyentes, o *raskol.* Condenado a muerte, murió en la hoguera.

**AXAYÁCATL,** soberano azteca [1469-1481]. Impuso el poder azteca en Tenochtitlan, y lo extendió hacia la Huasteca y Tehuantepec. Hizo construir el templo de Coahuatlán y la Piedra del Sol.

**AXOCHIAPAN,** mun. de México (Morelos), en las laderas de la sierra Tenango; 21 404 hab.

**AXULAR** (Pedro **de**), escritor vasco (Urdax, Navarra, 1556-Sare *c.* 1644). Su obra ascética *Después* (*Gero,* 1643) se considera un modelo de prosa vasca.

**AYABACA,** mun. de Perú (Piura); 34 077 hab. Minas de oro y carbón. Fábricas de aguardiente.

**AYACUCHO** *(departamento de),* dep. del S de Perú (Los Libertadores-Wari), en la Sierra; 48 501 km$^2$; 723 200 hab. Cap. *Ayacucho.*

**AYACUCHO,** c. de Perú, cap. del dep. homónimo; 83 000 hab. Fundada por Pizarro en 1539, Bolívar le dio su nombre actual en memoria de la batalla librada en sus proximidades (1824), en la que Sucre venció a las tropas españolas del virrey La Serna y que significó la independencia definitiva de Perú y la expulsión de los españoles del país. Conserva numerosos edificios religiosos de los ss. XVI al XVIII.

**AYACUCHO,** partido de Argentina (Buenos Aires); 19 663 hab. Industrias textiles. Planta hidroeléctrica. — Dep. de Argentina (San Luis); 15 251 hab. Centro ganadero. Serrerías. Minas (oro, estaño).

**AYALA,** mun. de México (Morelos); 43 200 hab. Centro agrícola. — En la ciudad se presentó el *plan de Ayala,* declaración política que recogía las bases del agrarismo mexicano, realizada por una junta revolucionaria reunida a propuesta de E. Zapata, en 1911.

**AYALA** (Bernabé **de**), pintor español (Sevilla *c.* 1600-*id.* 1672), discípulo de Zurbarán (*Virgen de los Reyes,* 1662, Lima). — Su sobrina **Josefa,** pintora portuguesa (Sevilla *c.* 1630-Óbidos 1684), interpretó a Zurbarán con personal ingenuidad.

**AYALA** (Daniel), compositor y director de orquesta mexicano (Abalá 1908-Veracruz 1975). De su obra, inspirada en los mayas, destacan *Tribu* (1934), *El hombre maya* (1940) y *Aguas verdes* (1952).

**AYALA** (Eligio), político paraguayo (Mbuyapey 1880-† 1930). Presidente de la república (1923-1928), ocupó el Chaco. Murió en un atentado.

**AYALA** (Eusebio), político y jurisconsulto paraguayo (Barrero Grande 1875-Buenos Aires 1942). Presidente de la república (1921-1923, provisional, y 1932-1936), afrontó la guerra del Chaco (1932-1935), tras la cual fue derrocado.

**AYALA** (Fernando), director de cine argentino (Gualeguay, Entre Ríos, 1920-Buenos Aires 1997). Ha alternado el cine de consumo con productos que evidencian un gran interés crítico y estético: *Paula cautiva* (1963), *Plata dulce* (1981), *El arreglo* (1982).

**AYALA** (Francisco), escritor español (Granada 1906). Su narrativa tiende al realismo crítico y está marcada por el sarcasmo: *La cabeza del cordero,* 1949; *Historia de macacos,* 1955; *Muertes de perro,* 1958; *El fondo del vaso,* 1962. Es autor de ensayos (*Realidad y ensueño,* 1963; *Confrontaciones,* 1974) y memorias (*Recuerdos y olvidos,* 1982-1983). [Premio nacional de narrativa 1983; premio de las letras españolas 1988; premio Cervantes 1991.] (Real academia 1983.)

**AYALA** (Francisco José), biólogo español (Madrid 1934). Profesor de la universidad de California, es

Daniel **Ayala**

Francisco **Ayala**

autor de investigaciones para explicar la amplia variedad de proteínas enzimáticas en las poblaciones naturales, y de trabajos sobre filosofía de la ciencia. Es director de la Asociación americana para el avance de la ciencia (1994).

**AYAMONTE,** c. de España (Huelva), cab. de p. j.; 14 937 hab. *(Ayamontinos.)* Agricultura, pesca. Conservas. Acuicultura. Puente internacional con Portugal sobre el Guadiana.

**AYAPEL,** mun. de Colombia (Córdoba), a orillas de la *ciénaga de Ayapel;* 35 254 hab. Ganadería.

**ÁYAX,** nombre de dos héroes griegos de la guerra de Troya. — **Áyax,** hijo de Telamón, rey de Salamina, enloqueció por no haber obtenido las armas de Aquiles, que Ulises recibió tras la muerte del héroe. — **Áyax,** hijo de Oileo, rey de los locrios, raptó a Casandra en el templo de Atenea; la diosa hizo que muriese en un naufragio.

**AYERS ROCK,** montaña sagrada de los aborígenes, en el centro de Australia; 867 m. Turismo.

**AYEYARWADY,** nombre birmano actual del r. *Irawadi.*

**AYGUALS DE IZCO** (Wenceslao), escritor español (Vinaroz 1801-Madrid 1875), autor de comedias y de novelas de folletín (*María, la hija de un jornalero,* 1845-1846).

**AYLLÓN,** v. de España (Segovia); 1 286 hab. Plaza mayor porticada y casas nobles. Palacio de Contreras (1497), con portada plateresca.

**AYLWIN** (Patricio), político chileno (Viña del Mar 1918). Presidente de la república (1990-1994), impulsó el retorno a un régimen democrático tras la dictadura de Pinochet.

**AYMÉ** (Marcel), escritor francés (Joigny 1902-París 1967), autor de relatos y novelas en las que se mezclan sátira y fantasía *(La jument verte),* obras de teatro y cuentos *(Contes du chat perché).*

**AYO EL CHICO,** mun. de México (Jalisco); 27 080 hab. Ganadería y avicultura. Industrias lácteas.

**AYOLAS** (Juan **de**), conquistador español (Briviesca 1510-en el Chaco 1538). Participó en la expedición al Río de la Plata (1535) y exploró el Paraná y el Chaco (hasta la región de Charcas).

**AYOPAYA,** cantón de Bolivia (Cochabamba); 26 658 hab. Cap. *Villa Independencia.*

**AYORA** (Isidro), político ecuatoriano (Loja 1879-† 1978). Presidente de la república (1926-1931), durante su mandato se elaboró una nueva constitución (1928).

**AYR** o **AÏR,** macizo montañoso del Sahara meridional (Níger). C. pral. *Agadès.*

**AYUBÍES** o **AYYUBÍES,** dinastía musulmana fundada por Saladino, que reinó en los ss. XII-XIII en Egipto, Siria y gran parte de Mesopotamia y Yemen.

**AYUTHIA, AYUTTHAYA** o **AYUDHYA,** c. de Tailandia, cap. de prov., al N de Bangkok. Ant. cap. de Siam; numerosos monumentos (ss. XIV-XVII).

**AYUTLA DE LOS LIBRES,** mun. de México (Guerrero); 33 283 hab. En su cab. se proclamó (1 marzo 1854) el *plan de Ayutla,* declaración contra el gobierno de Santa Anna, que condujo a la reunión del congreso constituyente de 1856.

**AZA** (Vital), comediógrafo español (Pola de Lena 1851-Madrid 1911), popular autor de sainetes: *Aprobados y suspensos,* 1875; *El sombrero de copa,* 1887; *El señor cura,* 1890; *La rebotica,* 1895. Con Ramos Carrión, impuso el libreto de la zarzuela *El rey que rabió* (1892).

**AZAILA,** poblado ibérico situado en el Cabezo de Alcalá, en el mun. de Azaila (Teruel). Sus niveles inferiores corresponden a una necrópolis de túmulos de la edad del hierro, rodeada por un recinto amurallado. Posteriormente existió un núcleo romano. Se ha hallado una rica cerámica decorada.

**AZÁNGARO** o **ASÁNGARO,** c. de Perú (Puno); 20 761 hab. Minas de plata, plomo, cobre y sal.

**AZANZA** (Miguel José **de**), político español (Aviz 1746-Burdeos 1826). Virrey de Nueva España (1798-1800), fue ministro con Carlos IV, Fernando VII y de José I.

**AZAÑA** (Manuel), político y escritor español (Alcalá de Henares 1880-Montauban 1940). Fundó Acción republicana (1925). Ministro de la Guerra, fue presidente del gobierno en 1931-1933 (constitución, estatuto de autonomía de Cataluña, ley de reforma agraria). De nuevo jefe del gobierno

**Ayuthia:** el stūpa del Pra Chedi Chai Mongkon (1593)

(febr. 1936), en mayo accedió a la presidencia de la república, hasta su dimisión al final de la guerra civil (febr. 1939). Es autor de ensayos, escritos políticos, memorias, obras de teatro y narraciones.

**AZARA** (Félix **de**), naturalista y geógrafo español (Barbuñales, Huesca, 1746-*id.* 1821). Durante 20 años estudió la geografía y la historia natural del Río de la Plata y Paraguay. Autor de *Viajes a través de la América meridional.*

**AZARQUIEL** o **ARZAQUEL** (Abū Isḥāp Ibrāhīm **ibn Yaḥyā,** llamado), astrónomo y matemático árabe (¿nacido *c.* 1029?-Córdoba 1100), autor de las primeras tablas astronómicas *(tablas de Toledo),* y de instrumentos de observación del cielo. Inventó la azafea y perfeccionó el ecuatorio.

**AZCAPOTZALCO,** delegación de México (Distrito Federal); 601 524 hab. Centro industrial en el área metropolitana de la ciudad de México. Fue cap. de los toltecas y luego de los tepanecas, que llegaron a dominar todo el valle del Texcoco hasta su derrota ante los aztecas en 1428.

**AZCÁRATE** (Gumersindo **de**), jurisconsulto y político español (León 1840-Madrid 1917), autor de estudios de derecho político (*El régimen parlamentario en la práctica,* 1885). Fue diputado, primero republicano y luego reformista (1886-1916).

**AZCÁRATE Y FLÓREZ** (Pablo **de**), diplomático y jurisconsulto español (Madrid 1890-Ginebra 1971). Fue secretario adjunto de la S.D.N. (1933-1936), embajador en Londres durante la guerra civil y presidente del comité de la O.N.U. para la paz en Palestina (1948).

**AZCOITIA** o **AZKOITIA,** v. de España (Guipúzcoa); 10 283 hab. *(Azcoitianos.)* Balneario.

**AZCONA** (Rafael), escritor y guionista de cine español (Logroño 1926), autor de narraciones llevadas al cine (*El pisito,* 1958, de M. Ferreri), y de numerosos guiones originales, para M. Ferreri, C. Saura y L. G. Berlanga, entre otros.

Manuel **Azaña**

**AZCONA HOYO** (José Simón), político hondureño (La Ceiba 1927). Liberal, fue presidente de la república (1986-1990).

**AZEGLIO** (Massimo **Taparelli,** *marqués* **d'**), escritor y estadista italiano (Turín 1798-*id.* 1866). Uno de los jefes moderados del Risorgimento, fue presidente del consejo de ministros (1849-1852).

**AZERBAIJÁN,** en persa **Adarbayŷān,** región de Asia occidental, actualmente repartida entre la República de Azerbaiján e Irán. En 1828, Irán cedió a Rusia la zona septentrional del Azerbaiján.

**AZERBAIJÁN** *(República de),* estado del Cáucaso, junto al mar Caspio; 87 000 km²; 7 000 000 de hab. *(Azerbaijaneses* o *azeríes.)* CAP. *Bakú.* LENGUA OFICIAL: *azerí.* MONEDA: *manat.*

**GEOGRAFÍA**

El país está habitado en más del 80 % por azeríes, musulmanes, pero existe una importante minoría armenia (Alto Karabaj, Najicheván). Está situado en la depresión del Kura y en su contorno montañoso. El algodón es el principal recurso agrícola. El subsuelo contiene petróleo y gas. En el mar Caspio se han encontrado importantes yacimientos petrolíferos (1997).

**HISTORIA**

1918: se proclamó una república independiente en la parte septentrional de Azerbaiján, integrada al imperio ruso en 1828. 1920: fue ocupada por el Ejército rojo y sovietizada. 1922: se incorporó a la Federación transcaucásica y a la U.R.S.S. 1923-1924: se crearon la república autónoma de Najicheván y

la región autónoma del Alto Karabaj, que fueron anexionadas a Azerbaiján. 1936: Azerbaiján se convirtió en una república federada de la U.R.S.S. 1988: se opuso a las reivindicaciones armenias sobre el Alto Karabaj. Se desarrolló el nacionalismo azerí y se produjeron pogroms antiarmenios, que continuaron en los años siguientes. 1991: el soviet supremo declaró la independencia del país (ag.), que se adhirió a la C.E.I. (dic). 1993: Heydar Alíyev, elegido presidente de la república. 1995: nueva constitución, que aprueba un régimen presidencialista.

**AZEVEDO** (Aluísio), escritor brasileño (São Luís 1857-Buenos Aires 1913), autor de la primera novela naturalista brasileña, *O mulato* (1881).

**Azhar (al-)** o **al-Ŷāmi 'al-Azhar,** mezquita fundada en El Cairo por los fatimíes en 973 y convertida, a causa de las numerosas ampliaciones hechas al edificio inicial, en una muestra antológica de la arquitectura islámica en Egipto. Alberga una de las grandes universidades del mundo musulmán.

**Azincourt** *(batalla de)* [25 oct. 1415], una de las más desastrosas derrotas sufridas por el ejército francés durante la guerra de los Cien años, frente a las tropas del rey de Inglaterra Enrique V.

**AZKUE** (Resurrección María **de**), escritor español (Lequeitio 1864-Bilbao 1951), autor de un *Diccionario vasco-español-francés* (1905-1906), un *Cancionero popular vasco* (1923) y la colección *Literatura popular del País Vasco* (1935-1947).

**AZNAR** (José María), político español (Madrid 1953). Presidente de la Junta de Castilla y León (1987-1989) y, desde 1990, del Partido popular, tras las elecciones legislativas de a 1996, ganadas por el Partido popular, fue investido presidente del gobierno, con el apoyo de las fuerzas políticas nacionalistas. Fue reelegido en 2000.

**AZNAR** (Juan Bautista), militar y político español (Cádiz 1860-Madrid 1933). Mandó la escuadra española en la guerra de Marruecos (1921) y presidió el último gobierno de Alfonso XIII (1931).

**AZNAR** (Manuel), periodista y diplomático español (Echalar, Navarra, 1894-Madrid 1975). Fue fundador y director del diario madrileño *El sol* (1917; 1931-1933), presidente de la agencia Efe, y embajador de España en la O.N.U. (1955-1958).

**AZNAR EMBID** (Severino), sociólogo español (Tierga, Zaragoza, 1870-Madrid 1959), uno de los fundadores del catolicismo social en España (*Impresiones de un demócrata cristiano,* 1950).

**AZNAR GALINDO I,** conde de Aragón († 838). Disfrutó del apoyo de Carlomagno, pero fue expulsado del condado por García el Malo.

**AZNAR GALINDO II,** tercer conde de Aragón, en el s. IX. Casó con una hija de García Íñiguez, rey de Pamplona.

**AZOGUES,** c. de Ecuador, cap. de la prov. de Cañar; 68 351 hab. Artesanía. Fábrica de cemento.

**AZORES,** en port. **Açores,** archipiélago portugués del Atlántico; 2 247 km²; 241 794 hab. Cap. *Ponta Delgada.* Las principales islas, volcánicas y montañosas, son São Miguel, Pico y Terceira. Bases aéreas norteamericanas en las islas de Santa María y Terceira. El archipiélago fue ocupado por los portugueses (1432-1457) y constituyó una escala de los navíos españoles en su regreso de América. Posee un estatuto de autonomía desde 1980.

**Azores** *(anticiclón de las),* masa de altas presiones que alcanza Europa occidental en verano.

**AZORÍN** (José **Martínez Ruiz,** llamado), escritor español (Monóvar 1873-Madrid 1967). Tras sus primeros escritos políticos, alcanzó la madurez literaria con la trilogía novelesca *La voluntad* (1902), *Antonio Azorín* (1903) y *Las confesiones de un pequeño filósofo* (1904), cuyo protagonista le sirvió para hacer el autoanálisis de su propia desilusión, típica de la generación del 98, de la que fue exponente. Escribió ensayos sobre paisajes y temas españoles (*España,* 1909; *Castilla*,* 1912) y sobre literatura castellana (*La ruta de Don Quijote,* 1905; *Clásicos y modernos,* 1913); su novela *Don Juan* (1922), fue seguida de un intento de renovación vanguardista (*Félix Vargas,* «etopeya», 1928). Estrenó varias obras de teatro (*Lo invisible,* 1927). Posteriormente publicó memorias, novelas (*El escritor,* 1941) y ensayos literarios. (Real academia 1924.)

**Azorín** (por I. Zuloaga, col. part.)

**AZOV** *(mar de),* mar interior, poco profundo, situado entre Ucrania y Rusia meridional; comunica con el mar negro y recibe al Don; 38 400 km².

**AZOYÚ,** mun. de México (Guerrero); 30 820 hab. Agricultura y ganadería. Industrias madereras.

**AZPEITIA,** v. de España (Guipúzcoa), cab. de p. j.; 13 170 hab. *(Azpeitianos.)* Iglesia columnaria renacentista, típicamente vascongada. Santuario de Loyola, con la casa solariega de san Ignacio de Loyola.

**AZPILCUETA** (Martín **de**), llamado **Doctor Navarro,** canonista español (Barasoain, Navarra, 1493-Roma 1586). Fue el primero en formular la teoría del cuantitativismo monetario (*Tratado de las rentas de los beneficios eclesiásticos, Manual de confesores y penitentes,* ambos de 1556).

**AZPIROZ** (Manuel), jurisconsulto mexicano (1836-1905), fiscal en el proceso contra el emperador Maximiliano de México y autor de obras jurídicas.

**AZTLÁN,** lugar de donde decían provenir los aztecas cuando llegaron al Valle de México (1215).

**AZUA** *(provincia de),* prov. de la Rep. Dominicana, a orillas del Caribe; 2 430 km² y 184 200 hab. Cap. *Azua de Compostela.*

**AZUA DE COMPOSTELA,** c. de la Rep. Dominicana, cap. de la *prov. de Azua;* 65 352 hab. Puerto en la bahía de Ocoa. Aeropuerto internacional.

**AZUAGA,** v. de España (Badajoz); 9 956 hab. *(Arsenses.)* Castillo árabe. Iglesia gótica.

**AZUAY** *(provincia de),* prov. de Ecuador, en la región interandina; 7 804 km²; 506 546 hab. Cap. *Cuenca.*

**Azuay Cañar,** cultura prehispánica de Ecuador (de Azuay y de Cañar), conocida por sus ornamentos de oro y bronce dorado y su cerámica.

**AZUELA** (Arturo), novelista mexicano (México 1938), nieto de Mariano, autor de *El tamaño del infierno* (1974), *Un tal José Salomé* (1975), *Manifestación de silencio* (1978, premio nacional de novela), *El don de la palabra* (1984), etc.

**AZUELA** (Mariano), novelista mexicano (Lagos de Moreno, Jalisco, 1873-México 1952). En *Los fracasados* (1908) y *Mala yerba* (1909) abordó los males sociales desde una perspectiva naturalista. *Andrés Pérez, maderista* (1911) anticipa el realismo histórico de sus tres grandes novelas sobre la revolución: *Los* de abajo* (1916), *Los caciques* (1917) y *Las moscas* (1918). Las vanguardias europeas influyeron en *La luciérnaga* (1932). Sus últimas novelas suponen una vuelta a la crónica y la sátira política y social (*Nueva burguesía,* 1941; *La mujer domada,* 1946; *Sendas perdidas,* 1949).

**AZUERO PLATA** (Juan Nepomuceno), sacerdote y político colombiano (El Socorro 1780-† 1857), y su hermano **Vicente** (Oiba 1787-† 1844), jurisconsulto y político, destacaron en la lucha por la independencia de Colombia.

**AZUL** *(río)* → ***Yangzi Jiang.***

**AZUL,** partido de Argentina (Buenos Aires); 62 385 hab. Centro ganadero e industrial.

**Azul,** libro en prosa y verso de Rubén Darío (1888), que marca el inicio del modernismo. En la obra, influida por el simbolismo francés, destacan los poemas dedicados a las cuatro estaciones.

**AZUQUECA DE HENARES,** v. de España (Guadalajara); 11 996 hab. Polígonos industriales.

**AZURDUY DE PADILLA** (Juana), patriota boliviana (1781-1862), una de las heroínas de la lucha por la independencia de Bolivia.

**AZURMENDI** (José), escritor español en lengua vasca (Cegama 1941). Miembro de la Academia de la lengua vasca, es autor de poesías: *Palabras verdes* (*Hitz berdeak,* 1971) y ensayos.

José María **Aznar**

Arturo **Azuela**

Mariano **Azuela**

# B

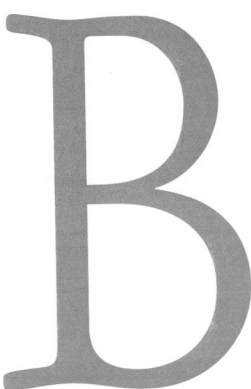

**BA JIN** o **PA KIN,** escritor chino (Chengdu, Sichuan, 1904), narrador de las transformaciones sociales de China (*Familia,* 1933).

**BAADE** (Walter), astrónomo alemán (Schröttinghausen 1893-Gotinga 1960). Descubrió la existencia de dos tipos de agrupaciones estelares (1944), lo que condujo a una revisión de la escala de medida de las distancias de las galaxias.

**BAAL** o **BA'AL,** término semítico que significa «señor», y que se aplicó a numerosas divinidades y en particular al dios cananeo Hadad. En la Biblia, designa a todos los falsos dioses.

**BAALBEK** o **BALBEK,** c. del Líbano; 18 000 hab. Ant. c. fenicia denominada *Heliópolis* en la época helenística, próspera en tiempos de los Antoninos. Restos de los templos de Júpiter y de Baco.

**Ba'at** o **Baas,** partido socialista fundado en 1953 por el sirio Michel 'Aflaq con el objetivo de reagrupar en una sola nación a todos los estados árabes de Oriente medio. Está en el poder en Siria desde 1963 y, en Iraq, desde 1968.

**BĀB** (Mīrzā 'Alī Muḥammad, llamado **el**), jefe religioso persa (Šīrāz 1819-Tabrīz 1850). Instigador de una reforma del islam en un sentido místico, liberal e igualitario (babismo), fue fusilado y sus partidarios asesinados.

**BĀB AL-MANDAB** o **BĀB EL-MANDEB** *(la puerta de los lamentos),* estrecho entre Arabia y África, que comunica el mar Rojo con el golfo de Adén.

**BABA,** cantón de Ecuador (Los Ríos), en la Costa; 27 918 hab. Agricultura y ganadería. Bosques.

**BABAHOYO,** ant. **Bodegas,** c. de Ecuador, cap. de la prov. de Los Ríos; 105 785 hab. Puerto fluvial.

**BABANGIDA** (Ibrahim), general y político nigeriano (Minna, Níger, 1941). Jefe del ejército de tierra, en 1985 dirigió el golpe de estado tras el cual se convirtió en presidente de la república, cargo que ocupó hasta 1993.

**BABBAGE** (Charles), matemático británico (Teignmouth, Devon, 1792-Londres 1871). Proyectó, sin llegar a realizarla, una máquina de calcular de tarjetas perforadas que puede considerarse precursora de los ordenadores modernos.

**BÁBEL** (Isaak Emmanuílovich), escritor ucraniano en lengua rusa (Odessa 1894-† *c.* 1941). Sus relatos (*Caballería roja,* 1926) y sus dramas reflejan los episodios de la revolución rusa y de la guerra civil.

**Babel** *(torre de),* gran torre que, según la Biblia, los hijos de Noé intentaron construir en Babel (nombre hebreo de Babilonia) para escalar el cielo. Dios habría acabado con esta absurda tentativa mediante la confusión de las lenguas. Este mito se inspira en el *zigurat* babilónico.

**BABENBERG** *(familia de),* familia originaria de Franconia que reinó en la marca y luego el ducado (1156) de Austria. Se extinguió en 1246.

**BĀBER** o **BĀBUR** (Ẓāhir al-Dīn Muḥammad), fundador del imperio mogol de la India (Andizhán 1483-Āgra 1530). Descendiente de Tamerlán, partió de Kabul para conquistar la India (1526-1530).

**BABEUF** (François **Nöel,** llamado **Gracchus**), revolucionario francés (Saint-Quentin 1760-Vendôme 1797). Conspiró contra el Directorio y fue ejecutado. Preconizaba un comunismo igualitario basado en la abolición de la propiedad privada y la colectivización de la tierra.

**Babieca,** caballo del Cid Campeador.

**BABILONIA,** nombre dado a la baja Mesopotamia, llamada tardíamente *Caldea**. C. pral. *Babilonia, Ur, Behistún.*

**BABILONIA,** c. de la baja Mesopotamia, cuyas imponentes ruinas, a orillas del Éufrates, están a 160 km al SE de Bagdad. Su fundación debe atribuirse a los acadios (2325-2160 a. J.C.). La I dinastía amorrita se estableció en ella (*c.* 1894-1881 a. J.C.). Hammurabi, sexto rey de esta dinastía, la convirtió en su capital. Sometida frecuentemente por Asiria, se mantuvo como capital intelectual y religiosa de Mesopotamia. A fines del s. VII a. J.C. una dinastía independiente, llamada caldea, se estableció en Babilonia. Su fundador, Nabopolasar, tomó parte con los medos en la destrucción de Asiria. Su hijo, Nabucodonosor II, tomó Jerusalén (587 a. J.C.) e hizo cautivos a gran número de sus habitantes. De su reinado datan los principales monumentos de Babilonia. La ciudad fue tomada por Ciro (539 a. J.C.), quien hizo de ella una provincia del imperio persa. Jerjes desmanteló Babilonia tras su rebelión. Alejandro la escogió como capital de Asia y murió en ella (323 a. J.C.). Babilonia declinó cuando los Seléucidas fundaron Seleucia junto al Tigris.

**BABINGTON** (Anthony), conspirador inglés (Dethick 1561-Londres 1586). Organizó una conspiración destinada a asesinar a la reina Isabel y a coronar a María Estuardo. Descubierto, fue ejecutado.

**BABINI** (José), científico argentino (Buenos Aires 1897-*id.* 1984), autor de obras de matemáticas y de historia de la ciencia.

**BABINSKI** (Joseph), médico francés de origen polaco (París 1857-*id.* 1932). Describió diversos signos y síndromes de afecciones neurológicas. (V. art. siguiente.)

**Babinski** *(signo de),* inversión del reflejo cutáneo plantar, característica de las lesiones de la vía nerviosa motriz. Aparece en las parálisis que afectan el haz piramidal.

**BABITS** (Mihály), escritor húngaro (Szekszárd 1883-Budapest 1941). Director de la revista *Nyugat,* es autor de poemas (*El libro de Jonás,* 1941) y de novelas sicológicas (*El califa de la cigüeña,* 1910).

**BAC DE RODA** (Francesc **Macià,** llamado), militar español († Vic 1713). Destacado partidario del ar-

**Baalbek:** el templo de Baco; s. II d. J.C.

un aspecto de las ruinas de **Babilonia**

chiduque Carlos durante la guerra de Sucesión, fue ejecutado.

**BACA** (Luis), compositor mexicano (Victoria de Durango 1826-México 1855), autor de óperas, obras de cámara y un *Ave María* (1854).

**BACA FLOR** (Carlos), pintor peruano (Islay 1867-Neuilly-sur-Seine 1941), autor de retratos de minucioso realismo y de paisajes impresionistas.

**BACAB,** en la mitología maya, cada uno de los cuatro dioses que sostenían el universo, situados en las cuatro esquinas o puntos cardinales del mundo.

**BACALLAR Y SANNA** (Vicente), *marqués* **de San Felipe,** diplomático e historiador español (Cagliari, Cerdeña, 1669-La Haya 1726). Partidario de los Borbones, participó en las negociaciones de Utrecht (1713). Embajador en Génova, preparó la invasión de Cerdeña (1717) e, intentó, sin éxito, la de Sicilia.

**bacantes** *(Las),* tragedia de Eurípides (405 a. J.C.) sobre la muerte de Penteo, rey de Tebas, despedazado por las bacantes por oponerse al culto a Dioniso.

**BACARISSE** (Mauricio), escritor español (Madrid 1895-*id.* 1931), poeta de transición entre el modernismo y el ultraísmo y la poesía pura (*Mitos,* 1929) y novelista (*Los terribles amores de Agliberto y Celedonia,* 1931).

**BACARISSE** (Salvador), compositor español (Madrid 1898-París 1963), autor de obras concertantes, música de cámara y piezas escénicas.

**BACĂU,** c. de Rumania, en Moldavia; 204 495 hab.

**BACCARAT,** c. de Francia (Meurthe-et-Moselle), a orillas del Meurthe; 5 049 hab. Cristalería tradicional.

**BACH,** familia de músicos alemanes cuyo miembro más ilustre es **Johann Sebastian** (Eisenach 1685-Leipzig 1750), organista, que dirigió la orquesta del príncipe Leopoldo de Anhalt en Köthen (1717) y, en 1723, fue nombrado cantor de Santo Tomás de Leipzig. Sus obras de música religiosa, vocal o instrumental, deben su valor a la ciencia de la escritura, la riqueza de la inspiración, la audacia del lenguaje armónico y la elevada espiritualidad (*Cantatas, Pasiones, Misa en «si», Preludios, Fugas, Corales para órgano, Clave* bien temperado, Partitas; Conciertos brandeburgueses, Suites para orquesta, Conciertos para clavecín y orquesta, Conciertos para violín y orquesta, Suites para violonchelo, Sonatas para flauta y clave, para violín y clave, Ofrenda musical* y *El arte* de la fuga*). Tres de sus hijos fueron compositores de fama: **Wilhelm Friedemann** (Weimar 1710-Berlín 1784); **Karl Philipp Emanuel** (Weimar 1714-Hamburgo 1788), músico de Federico II, y uno de los primeros en escribir sonatas de dos temas; **Johann Christian** (Leipzig 1735-Londres 1782), partidario de una estética galante en sus obras instrumentales, que anuncian la escuela vienesa.

**BACH** (Alexander, *barón* **von**), estadista austríaco (Loosdorf 1813-Schöngrabern 1893). Ministro del Interior (1849-1859), llevó a cabo una política centralizadora.

**BACHELARD** (Gaston), filósofo francés (Bar-sur-Aube 1884-París 1962), autor de una epistemología histórica y de un análisis sicológico del conocimiento científico (*La formación del espíritu científico,* 1945).

**BACHMANN** (Ingeborg), escritora austríaca (Klagenfurt 1926-Roma 1973). Su obra lírica y novelística está marcada por la influencia de Heidegger y

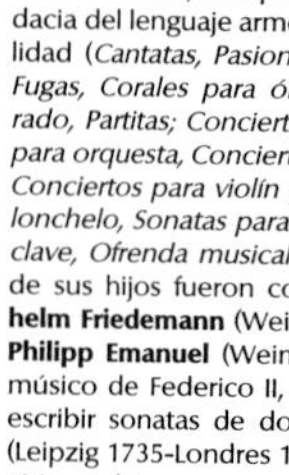

Johann Sebastian **Bach** (E. G. Haussmann - museo histórico de la ciudad, Leipzig)

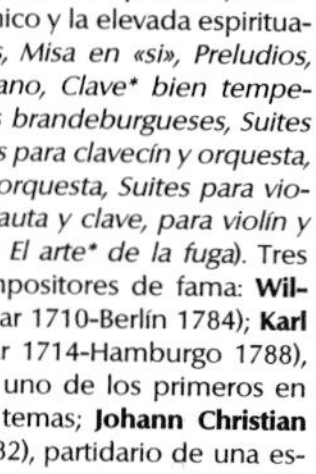

Francis **Bacon** (galería nacional de retratos, Londres)

la reflexión sobre la condición femenina frente a la violencia y la escritura (*Malina,* 1971).

**BACK** (*sir* George), almirante británico (Stockport 1796-Londres 1878). Tras partir en 1833 en busca de John Ross, exploró el NO de Canadá.

**BACLE** (César Hipólito), litógrafo y naturalista francés (Ginebra 1797-Santa Fe 1838). Realizó litografías de retratos de hombres ilustres, vistas de Buenos Aires y la serie *Trajes y costumbres de la provincia de Buenos Aires* (1835).

**BACO,** nombre que dieron los romanos a *Dioniso.*

**BACOLOD,** c. y puerto de Filipinas (Negros), cap. de prov.; 364 000 hab.

**BACON** (Francis), *barón* **de Verulam,** canciller de Inglaterra y filósofo (Londres 1561-*id.* 1626). Su obra *Instauratio magna* (1623) desarrolla una teoría empirista del conocimiento y su *Novum* organum* (1620) propone una clasificación de las ciencias.

**BACON** (Francis), pintor británico (Dublín 1909-Madrid 1992). Su obra, que expresa la inadaptación de los seres por medio de violentas deformaciones y estridencias del color, influyó sobre la nueva figuración internacional.

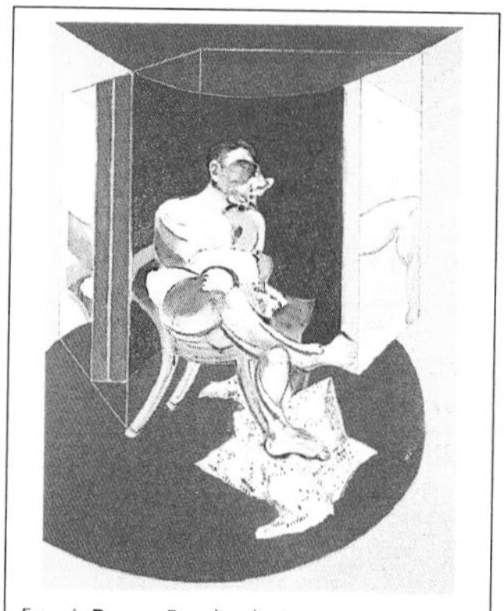

Francis **Bacon:** *Estudio de George Dyer e imágenes según Muybridge* (1971) [col. part.]

**BACON** (Roger), filósofo inglés, llamado **el Doctor admirable** (Ilchester, Somerset, o Bisley, Gloucester, *c.* 1220-Oxford 1292), uno de los mayores sabios de la edad media. Fue el primero en observar que el calendario juliano estaba equivocado, señaló los puntos débiles del sistema de Tolomeo, y, en óptica, estudió la reflexión y la refracción. Preconizó la ciencia experimental por oposición a la escolástica, por lo que fue condenado (Syllabus de 1277) y encarcelado.

**BACTRIANA,** ant. país de Asia central, en el actual Turkestán. Satrapía del imperio persa y luego seléucida, sede de un reino griego (ss. III-II a. J.C.). Cap. *Bactra* (act. *Balj,* Afganistán).

**BÁCUM,** mun. de México (Sonora), junto al golfo de California; 22 182 hab. Centro agrícola.

**BAD EMS** → *Ems.*

**BADA** (José **de**), arquitecto español (Lucena 1691-Granada 1755). Evolucionó desde un clasicismo academicista (fachada de la iglesia del Sagrario, Granada, 1722) a un barroco exuberante (sacristía de la cartuja de Granada, 1730-1742).

**BADA SHANREN** o **PA-TA-CHAN-JEN,** seudónimo del pintor chino **Zhu Da (Chu Ta)** [Nanchang 1625-† ¿1705?], uno de los más fecundos pintores individualistas de la época Ming.

**BADAJOZ** *(provincia de),* prov. de España, en Extremadura; 21 657 km²; 647 654 hab. Cap. *Badajoz.* P. j. de *Almendralejo, Badajoz, Castuera, Don Benito, Fregenal de la Sierra, Herrera del Duque, Jerez de los Caballeros, Llerena, Mérida, Montijo, Olivenza, Villafranca de los Barros, Villanueva de la Serena* y *Zafra.* En el O de la Meseta Sur, ocupa una penillanura flanqueada por los montes de Toledo, al NE, y por la sierra Morena al S. Regadíos en las Vegas del Guadiana.

**BADAJOZ,** c. de España, cap. de la prov. homónima y cab. de p. j.; 130 247 hab. (*Badajocenses, badajoceños* o *pacenses.*) Industrias agropecuarias. Murallas medievales. Catedral (ss. XIII-XVI). Iglesia de la Concepción (s. XVIII). Museo arqueológico. En época musulmana fue capital del reino de los aftasíes (s. XI).

**BADAJOZ** (Juan **de**), llamado **el Viejo**, arquitecto español († 1525). Maestro de obras de la catedral de León (Librería, act. capilla de Santiago), se inscribe en el gótico tardío. — Su hijo **Juan,** llamado **el Joven,** arquitecto y escultor activo de 1516 a 1560, realizó en León obras de estilo plateresco.

**BADALONA,** c. de España (Barcelona), cab. de p. j.; 218 171 hab. (*Badaloneses.*) Centro industrial. Termas romanas. Monasterio de San Jerónimo de la Murtra (ss. XV-XVIII), antigua residencial real.

**BĀDĀMI,** lugar arqueológico de la India (Karnātaka), en el emplazamiento de una de las ant. cap. de los Chālukya. Santuarios rupestres brahmánicos (ss. VI-VII).

**BADEN,** estado de la Alemania renana, act. parte del Land de Baden-Württemberg. Margraviato en 1112, gran ducado en 1806 y república federada en 1919.

**BADEN** (Maximiliano **de**) → ***Maximiliano de Baden.***

**BADEN-BADEN** o **BADEN,** c. de Alemania (Baden-Württemberg), cerca del Rin; 51 085 hab. Estación termal.

**BADEN-POWELL** (Robert, 1.^er^ *barón*), general británico (Londres 1857-Nyeri, Kenya, 1941), fundador de la organización de los *boy-scouts* (1908).

**BADEN-WÜRTTEMBERG,** Land del SO de Alemania; 35 750 km²; 9 618 696 hab. Cap. *Stuttgart.*

**BADGASTEIN,** c. de Austria, cerca de Salzburgo; 6 000 hab. Estación termal. Deportes de invierno (alt. 1 083-2 246 m).

**BADÍA,** mun. de España (Barcelona); 18 387 hab. Centro residencial.

**BADÍA** (Concepción), soprano española (Barcelona 1898-*id.* 1975). Destacó en el lied y la ópera. Difundió la música de Granados, de quien fue alumna.

**BADÍA Y LEBLICH** (Domingo) → ***Alí Bey.***

**BADIRAGUATO,** mun. de México (Sinaloa), junto al río Humaya; 39 170 hab. Agricultura y ganadería.

**BADIS,** rey de Granada [1038-1073]. Soberano de un poderoso reino taifa, tuvo por rivales a los Abadíes de Sevilla en su afán de expansión. Su crueldad provocó varios levantamientos.

**BADOGLIO** (Pietro), mariscal italiano (Grazzano Monferrato 1871-*id.* 1956), gobernador de Libia (1929-1933), virrey de Etiopía (1938) y jefe del estado mayor general (1939). Presidente del Consejo tras la caída de Mussolini, negoció el armisticio con los aliados (1943).

**Badr** *(batalla de)* [624], victoria de Mahoma sobre unos qurayšíes en Badr, al SO de Medina.

**BADUILA** → ***Totila.***

**BAEDEKER** (Karl), librero y escritor alemán (Essen 1801-Coblenza 1859), célebre por su colección de guías de viaje.

**BAEKELAND** (Leo Hendrik), químico belga (Gante 1863-Beacon, Nueva York, 1944), nacionalizado norteamericano, inventor de la *baquelita* (1907).

**BAENA,** c. de España (Córdoba), cab. de p. j.; 20 253 hab. (*Baeneros* o *baenenses.*) Iglesias de Santa María la Mayor, de Guadalupe y de la Madre de Dios.

**BAENA** (Juan Alfonso **de**), poeta español (Baena 1406-† 1454). Recopiló el *Cancionero de Baena* (1445), gran antología poética castellana que incluye parte de su obra.

**BAENA SOARES** (João Clemente), diplomático y político brasileño (Belém 1931), secretario general de la O.E.A. de 1984 a 1994.

**BAEYER** (Adolf **von**), químico alemán (Berlín 1835-Starberg, Baviera, 1917). Realizó la síntesis del índigo. (Premio Nobel de química 1905.)

**BÁEZ** (Buenaventura), político dominicano (Azúa 1810-en Puerto Rico 1884). Presidente de la república en 1849-1853 y 1856-1858, y de nuevo tras la independencia del país (1865), fue derrocado por Cabral (1866), pero volvió al poder en 1868-1873.

**BAEZA,** c. de España (Jaén), cab. de p. j.; 17 691 hab. (*Baezanos, bastetanos, beacienses* o *betienses.*) Regadíos y ganadería. Ciudad monumental, con numerosos edificios civiles y religiosos, góticos y platerescos, del s. XVI.

**BAFFIN** (*tierra* o *isla de*), gran isla del archipiélago Ártico canadiense (470 000 km² aprox.), separada de Groenlandia por el *mar de Baffin.*

**BAFFIN** (William), navegante inglés (¿Londres? c. 1584-en el golfo Pérsico 1622). En 1616 penetró por primera vez, a través del estrecho de Davis, en el mar que actualmente lleva su nombre.

**BAFOUSSAM,** c. del O de Camerún; 113 000 hab.

**BAGARÍA** (Luis), caricaturista español (Barcelona 1882-La Habana 1940), dibujante de humor y caricaturista en diversas publicaciones.

**BAGDAD,** c. y cap. de Iraq, junto al Tigris; 3 844 608 hab. Monumentos de los ss. XIII-XIV. Museos. La ciudad conoció su mayor prosperidad como capital de los Abasíes (ss. VIII-XIII) y fue destruida por los mongoles en 1258.

**Bagdad** *(pacto de)* → ***C.E.N.T.O.***

**BAGEHOT** (Walter), economista británico (Langport, Somerset, 1826-*id.* 1877), autor de estudios sobre el mercado financiero de Londres y la constitución inglesa.

**BAGOT** (*sir* Charles), político británico (Rugeley, Staffordshire, 1781-Kingston, Canadá, 1843), gobernador general de Canadá de 1841 a 1843.

**BAGRATIÓN** (Piotr Ivánovich, *príncipe*), general ruso (Kizliar, Daguestán, 1765-Sima, Vladímir, 1812). Luchó contra Napoleón y fue mortalmente herido en la batalla de Borodinó.

**BAGRE (El),** mun. de Colombia (Antioquia); 18 962 hab.

**BAGUÍO,** c. de Filipinas (Luzón); 183 000 hab.

**BAGUIRMI,** antiguo sultanato musulmán de Sudán central (act. en Chad), fundado en el s. XVI.

**BAHAMAS,** ant. **islas Lucayas,** estado insular del Atlántico, al SE de Florida; 13 900 km²; 300 000 hab. CAP. *Nassau.* LENGUA OFICIAL: *inglés.* MONEDA: *dólar de las Bahamas.* Turismo. Plaza financiera y sede de empresas. Descubiertas por Colón, las islas fueron colonia británica desde el s. XVII e independientes desde 1973.

**BAHAMONTES** (Federico Martín), ciclista español (Val de Santo Domingo, Toledo, 1928), ganador en

**Bagdad:** la gran mezquita chiita de al-Kāẓimayn (s. VIII; restaurada en el s. XIX)

1959 del tour de Francia, prueba en la que logró el gran premio de la montaña en seis ocasiones.

**BAHĀWALPŪR,** c. de Pakistán; 180 263 hab.

**BAHÍA** o **BAÍA,** estado del NE de Brasil; 561 000 km²; 11 801 810 hab. Cap. *Salvador.*

**BAHÍA BLANCA,** c. de Argentina (Buenos Aires); 271 467 hab. Centro industrial y turístico. Puerto exportador. Universidad nacional del Sur.

**BAHORUCO** → ***Baoruco.***

**BAHR AL-ABYAḌ** → ***Nilo.***

**BAḤR AL-GAZĀL,** r. de Sudán, emisario de una cubeta pantanosa; 240 km.

**BAḤRAYN,** estado del golfo Pérsico, constituido por un archipiélago de 33 islas; 660 km²; 500 000 hab. CAP. *Manāma.* LENGUA OFICIAL: *árabe.* MONEDA: *dinar de Baḥrayn.* (Desde 1986 está comunicado con Arabia Saudí por un puente). Plaza financiera. Petróleo. El emirato de Baḥrayn, protectorado británico en 1914, se independizó en 1971.

**BAIA,** ant. c. de Italia, cerca de Nápoles. Famoso balneario romano.

**BAIA MARE,** c. del NO de Rumania; 148 815 hab.

**BAIKAL,** lago de Rusia (Siberia meridional), que vierte sus aguas en el Yeniséi a través del Angará; 31 500 km²; long. 640 km; profundidad máxima 1 620 m. Permanece helado seis meses al año. Principal centro paleolítico y mesolítico de Siberia.

**Baikonur** *(cosmódromo de),* base de lanzamiento de ingenios espaciales y de misiles intercontinentales situada cerca de la ciudad de Tiuratam (Kazajstán), a 400 km al SO de la c. de *Baikonur.* Fue arrendado por Rusia en 1994.

**BAILÉN,** c. de España (Jaén); 16 814 hab. *(Bailenenses.)* Minería. Turismo. – En la *batalla de Bailén* las fuerzas españolas del general Castaños vencieron a las francesas de Dupont durante la guerra de la Independencia (19 julio 1808), lo que obligó a José Bonaparte a abandonar Madrid.

**BAIRD** (John Logie), ingeniero y físico británico (Helensburgh, Escocia, 1888-Bexhill 1946), uno de los pioneros de la televisión.

**Baire** *(grito de),* nombre con que se conoce el grito de independencia que marca el comienzo del alzamiento definitivo en Cuba (23 febr. 1895).

**BAIXERAS** (Dionisio), pintor español (Barcelona 1862-*id.* 1943). Pintó pastores, campesinos y pescadores, así como paisajes urbanos y marinos y temas alegóricos.

**BAJA ÉPOCA** → ***Egipto.***

**BAJO BAUDÓ,** mun. de Colombia (Chocó); 17 063 hab. Avenado por el Baudó. Ganadería. Serrerías.

**BAJO IMPERIO,** término que designa el período de la historia del Imperio romano comprendido entre la muerte de Severo Alejandro (235) y el fin del Imperio de occidente (476).

**BAJOS DE HAINA,** c. de la República Dominicana (San Cristóbal); en el Caribe; 34 924 hab.

**BĀJTARĀN,** ant. **Kirmanšah,** c. del O de Irán, cap. de prov., en el Kurdistán; 560 514 hab.

**BAKER,** r. de Argentina y Chile. Nace en el lago Buenos Aires y desemboca en el Pacífico; 440 km.

**BAKER** (James), político norteamericano (Hous-

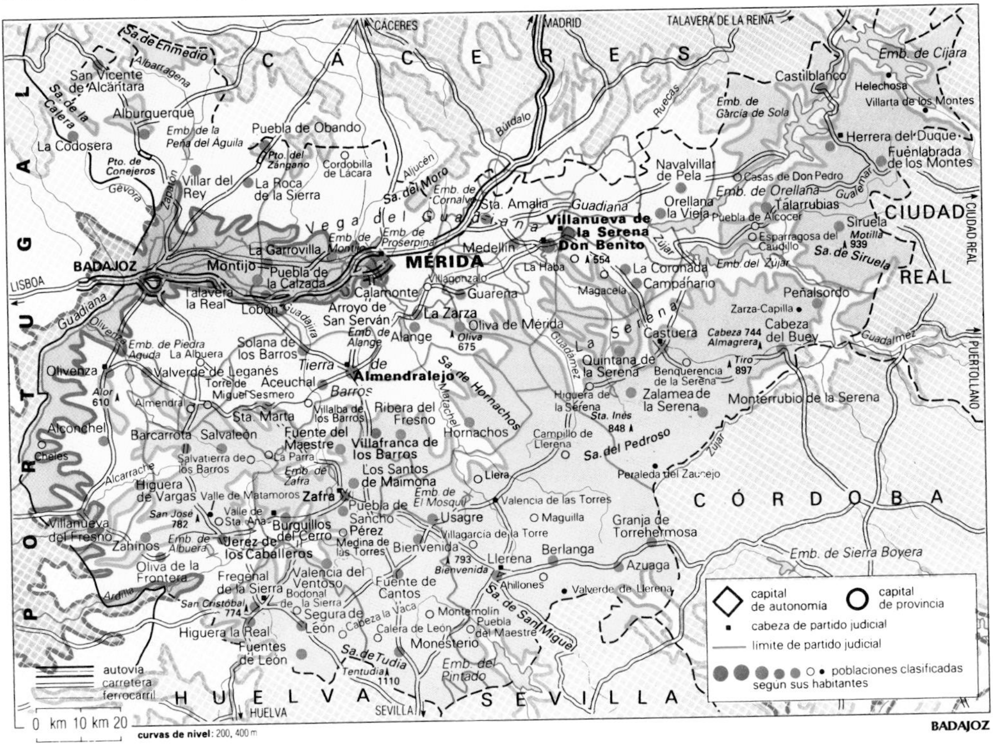


BADAJOZ

ton 1930). Republicano, fue secretario del Tesoro (1985-1988) y secretario de Estado (1989-1992).

**BAKER** (Joséphine), artista de music-hall francesa de origen norteamericano (Saint Louis 1906-París 1975). Se reveló al público parisiense en 1925 y alcanzó gran fama como cantante, bailarina, actriz de cine y animadora de revistas.

**BAKER** (*sir* Samuel), viajero británico (Londres 1821-Sandford Orleigh 1893). Exploró África central y descubrió el lago Alberto (1864).

**BAKI** (Mahmud Abdül) o **BĀQĪ** (Mahmūd 'Abd **al-**), poeta turco (İstanbul 1526-*id.* 1600), autor de un *Diván.*

**BAKIN** → ***Kyōkutei Bakin.***

**BAKONY** *(montes),* pequeño macizo del O de Hungría, cubierto de bosque, al N del lago Balatón; 704 m. Región turística y minera (bauxita).

**BAKOUMA,** yacimiento de uranio de la República Centroafricana, en el SE del país.

**BAKRĪ** (Abū 'Ubayd **al-**), geógrafo y científico hispanoárabe (*c.* 1010-Córdoba 1094), autor de un diccionario geográfico, varios itinerarios y un libro de farmacología.

**BAKÚ,** c. y cap. de la República de Azerbaiján, junto al mar Caspio, en la península de Apsherón; 1 757 000 hab. Centro petrolero.

**BAKÚ (Segundo),** región petrolífera de Rusia, entre el Ural y el Volga.

**BAKUNIN** (Mijaíl Alexándrovich), revolucionario ruso (Priamujino 1814-Berna 1876). Participó en las revoluciones de 1848 en París, Fraga y Dresde. Miembro de la I Internacional (1868-1872), se opuso a Marx y fue el principal teórico del anarquismo (*Catecismo revolucionario,* 1866; *El estado y la anarquía,* 1873).

**BALADA** (Leonardo), compositor español (Barcelona 1933). De su obra destacan *Guernica* (1966), *Sinfonía del acero* (1972), y las óperas *¡Verdugo! ¡Verdugo!* (1982) y *Cristóbal Colón* (1989).

**BALAGUER,** c. de España (Lérida), cab. de p. j.; 13 086 hab. *(Balagarienses.)* Monumentos góticos. Plaza porticada. Puente gótico sobre el río Segre.

**BALAGUER** (Joaquín), político dominicano (Santiago de los Caballeros 1906). Presidente de la república en 1960-1962, con el apoyo de E.U.A. ocupó de nuevo el cargo de 1966 a 1978 y, con el Partido reformista socialcristiano fundado por él, de 1986 a 1996 (sucesivamente reelegido en 1990 y 1994).

**BALAGUER** (Víctor), escritor español en lenguas catalana y castellana (Barcelona 1824-Madrid 1901). Impulsor de la Renaixença, fue poeta (*Lo trobador de Montserrat,* 1861), dramaturgo (*Los Pirineus,* 1893) e historiador (*Historia de Catalunya,* 1850-1863).

**BALAITOUS,** pico granítico de los Pirineos aragoneses, en la frontera con Francia; 3 146 m.

**BALAKIREV** (Mili Alexéievich), compositor ruso (Nizhni-Nóvgorod 1837-San Petersburgo 1910), fundador del grupo de los Cinco y autor de *Islaméj* (1869), para piano.

**Balaklava** *(batalla de)* [25 oct. 1854], victoria de la caballería británica (carga de la brigada ligera) sobre los rusos en Crimea, junto al mar Negro.

**BALAKOVO,** c. de Rusia, a orillas del Volga; 198 000 hab. Central hidroeléctrica y central nuclear.

**BALANCÁN,** mun. de México (Tabasco), avenado por el Usumacinta; 37 099 hab. Caucho.

**BALANCHINE** (Gueorgui Melitónovich **Balanchivadze,** llamado **George**), bailarín y coreógrafo ruso (San Petersburgo 1904-Nueva York 1983), nacionalizado norteamericano. Colaborador de Diáguilev, creador de la American school of ballet, animador del New York city ballet, fue maestro del ballet abstracto *(Concerto barocco, Liebeslieder Walzer, Agon, The four temperaments),* aunque se mantuvo fiel a la tradición clásica (*El hijo pródigo*). Compuso unos 150 ballets.

**BALANZA** → ***Libra.***

**BALASSI** (Bálint) o **BALASSA** (*barón* **de**), poeta húngaro (Zólyom 1554-Esztergom 1594), el primer gran lírico de su país (*El ciclo de Julia,* 1588).

**BALATÓN** *(lago),* lago de Hungría, al pie de los montes Bakony, al O del Danubio; 596 $km^2$. Turismo.

**Balazote** *(bicha de),* escultura ibérica de tendencia orientalizante, con cuerpo de toro y cabeza humana barbada, hallada en Balazote (Albacete).

la bicha de **Balazote**
(museo arqueológico nacional, Madrid)

**BALBÁS** (Jerónimo **de**), arquitecto y escultor español, nacido probablemente en Andalucía a mediados del s. XVII. De estilo barroco andaluz, trabajó también en México, donde introdujo el estípite, elemento característico del barroco mexicano (retablo de la capilla de los Reyes de la catedral, *c.* 1718).

Jerónimo de **Balbás:** el retablo del Perdón
(catedral de México)

**BALBEK** → ***Baalbek.***

**BALBO** (Cesare), *conde* **de Vinadio,** político italiano (Turín 1789-*id.* 1853), uno de los promotores del Risorgimento.

**BALBO** (Italo), militar y político italiano (Ferrara 1896-cerca de Tubruq 1940). Uno de los artífices del fascismo, ministro del Aire (1926-1935), dirigió numerosas incursiones aéreas y más tarde fue gobernador de Libia (1939).

**BALBOA** (Silvestre **de**), poeta español (Las Palmas *c.* 1570-Puerto Príncipe *c.* 1640), autor del primer poema épico cubano, *Espejo de paciencia* (1608).

**BALBOA** (Vasco **Núñez de**) → ***Núñez de Balboa.***

**BALBUENA** (Bernardo **de**), poeta español (Valdepeñas 1568-San Juan de Puerto Rico 1627). Escribió el gran poema épico *Bernardo o la victoria de Roncesvalles* (1624). Vivió en México (*Grandeza mexicana,* 1604) y fue obispo de San Juan de Puerto Rico.

**BALCANES** *(montes),* larga cadena montañosa de Bulgaria; 2 376 m en el *pico Botev.*

**BALCANES** *(península de los)* o **PENÍNSULA BALCÁNICA,** la más oriental de las penínsulas de Europa meridional, limitada aproximadamente al N por el Sava y el Danubio, ocupada por Albania, Bosnia-Herzegovina, Bulgaria, Croacia, Grecia, Macedonia, Montenegro, Serbia y la Turquía europea. Es una región esencialmente montañosa (cadenas dináricas, montes Balcanes, Ródope, Pindo), de clima continental en el interior y mediterráneo en el litoral. Los valles (Morava, Vardar, Marica), concentran, junto con las cuencas interiores (Sofía), la mayor parte de la población. La península balcánica, crisol en el que se mezclan diversos pueblos, se sometió a los turcos a partir de fines del s. XIV. Los estados-nación de la región se formaron en el s. XIX y a comienzos del s. XX al producirse la liberación de la dominación otomana (Albania, Bulgaria, Grecia, Rumania, Serbia) o de la dominación austro-húngara (Bosnia-Herzegovina, Croacia). Los desacuerdos religiosos entre ortodoxos, católicos y musulmanes siguieron siendo importantes. Tras la guerra de 1913 que enfrentó a los búlgaros con los griegos, los rumanos y los serbios, los estados balcánicos participaron en la primera y en la segunda guerra mundial en uno u otro bando. De la posguerra al hundimiento de los regímenes comunistas en 1989-1990, los problemas de las minorías nacionales y de las fronteras quedaron congelados, pero resurgieron al fragmentarse Yugoslavia en 1991-1992, y dieron origen a la guerra en Croacia y en Bosnia-Herzegovina.

**BALCARCE,** partido de Argentina (Buenos Aires); 41 284 hab. Industria del mueble. Turismo.

**BALCARCE** (Antonio **González**), militar y político argentino (Buenos Aires 1777-*id.* 1819). Derrotó en Suipacha a las tropas realistas (1810) y fue gobernador de Buenos Aires (1814) y director de las Provincias Unidas del Río de la Plata (1816).

**BALDOMIR** (Alfredo), político uruguayo (Montevideo 1884-*id.* 1948). Miembro del Partido colorado, fue presidente de la república (1938-1943). Reformó la constitución de 1934.

**BALDUINO,** nombre de cinco reyes de Jerusalén, entre ellos **Balduino I** *de Boulogne,* rey de Jerusalén [1100-1118], hermano de Godofredo de Bouillon. Es el fundador del reino de Jerusalén, que amplió y dotó de instituciones sólidas.

**BALDUINO,** nombre de dos emperadores latinos de Constantinopla: **Balduino I** (Valenciennes 1171-† 1205), conde de Flandes y de Hainaut, uno de los jefes de la cuarta cruzada, emperador [1204-1205], y **Balduino II Porfirogéneta** (Constantinopla *c.* 1217-† 1273), emperador [1228-1261].

**BALDUINO,** nombre de nueve condes de Flandes y de seis condes de Hainaut (ss. IX-XIII).

**BALDUINO I** (Bruselas 1930-Motril 1993), rey de Bélgica [1951-1993]. Accedió al trono al abdicar su padre, Leopoldo III. En 1960 casó con Fabiola de Mora y Aragón. Murió sin descendencia. *(V. ilustración pág. 1142.)*

**BALDUNG** (Hans), llamado también **Grien** o **Grün,** pintor y grabador alemán (Gmünd 1484/1485-Estrasburgo 1545), establecido en Estrasburgo en 1509. Su obra asocia la sensualidad con lo fantástico y lo macabro (*La coronación de la Virgen,* 1515).

**BALDWIN** (James), escritor norteamericano (Nueva York 1924-Saint-Paul-de-Vence 1987). Hijo de un pastor protestante negro, buscó la solución de los conflictos raciales en una revolución moral (*Otro país,* 1962; *Harlem quartet,* 1978).

**BALDWIN** (James Mark), sicólogo y sociólogo norteamericano (Columbia, Carolina del Sur, 1861-París 1934), autor de trabajos teóricos sobre sicología infantil y sicología social.

**BALDWIN** (Stanley), político británico (Bewdley, Worcestershire, 1867-Stourport, Worcestershire, 1947). Conservador, fue primer ministro en 1923, de 1924 a 1929 y de 1935 a 1937.

**BALEARES** *(islas)* o **ILLES BALEARS,** archipiélago español del Mediterráneo que constituye una comunidad autónoma uniprovincial; 5 014 $km^2$; 745 944 hab. Cap. *Palma de Mallorca.* P. j. de *Ciudadela, Ibiza, Inca, Mahón, Manacor* y *Palma.*

GEOGRAFÍA

Las Baleares comprenden las islas principales de Mallorca, Menorca, Ibiza, Formentera y Cabrera, y otros islotes menores. El relieve de Mallorca e Ibiza es variado, con llanos y sierras, mientras que Menorca presenta una morfología dominada por la horizontalidad. En la actividad agrícola predomina el secano, junto a importantes áreas de regadío. Industria de construcción textil, cuero y calzado y alimentaria. El sector terciario representa el 75 % del P.I.B. regional; las islas constituyen una de las mayores zonas turísticas de España.

HISTORIA

II milenio a. J.C.: cultura megalítica de los talayots, en Mallorca y Menorca. S. VII a. J.C.: los cartagineses ocuparon Ibiza. 122 a. J.C.: Roma conquistó el archipiélago. 426: los vándalos ocuparon las islas. 554: invasión de los bizantinos. 902: inicio del dominio musulmán. 1080: independencia de la taifa de Mallorca. s. XIII: conquista de las islas por Jaime I. 1276: nació el reino de Mallorca. 1343: reincorporación a la Corona de Aragón. 1450: levantamiento campesino en Mallorca (revolución de los forenses o *forans*). 1521-1523: sublevación de las Germanías en Mallorca. Tras la guerra de Sucesión, Menorca fue ocupada por Gran Bretaña (1708-1802) y Mallorca e Ibiza perdieron sus privilegios por el decreto de Nueva planta (1715). 1983: aprobación del estatuto de autonomía.

**BALENCIAGA** (Cristóbal), modisto español (Guetaria 1895-Valencia 1972). En 1936 se instaló en París, donde abrió su propia casa de moda, dedicada a la alta costura, que alcanzó renombre mundial.

**BALFOUR** (Arthur James, 1.er *conde*), político británico (Whittingehame, Escocia, 1848-Woking, Surrey, 1930). Primer ministro conservador al frente de un gobierno unionista (1902-1906) y secretario del Foreign Office (1916-1922), preconizó, en 1917, la constitución de un hogar nacional para el pueblo judío en Palestina *(declaración Balfour).*

**BALI,** isla de Indonesia, separada de Java por el *estrecho de Bali;* 5 561 km$^2$; 2 470 000 hab. *(Balineses.)* Turismo.

**BALIKESİR,** c. del NO de Turquía; 170 589 hab.

**BALIKPAPAN,** c. de Indonesia (Borneo); 309 492 hab. Puerto petrolífero.

**Balilla** *(opera nazionale),* institución italiana fascista paramilitar, de asistencia y educación de la juventud, creada en 1926. Tomó el nombre del joven genovés G. B. Perasso, llamado *Balilla,* que dio la señal de la rebelión contra los austríacos en 1746.

**BALINT** (Michael), siquiatra y sicoanalista británico de origen húngaro (Budapest 1896-Londres 1970), autor de un método basado en reuniones periódicas de médicos que analizan en común sus relaciones con los enfermos *(grupo Balint).*

**BALIOL** o **BAILLEUL (de),** familia de origen normando que accedió al trono de Escocia en 1292.

**BALJASH,** lago de Kazajstán; 17 300 km$^2$.

**BALL** (John), sacerdote inglés († Saint-Albans 1381), que predicó una doctrina igualitaria a los campesinos que se rebelaron en Londres en 1381. Fue ejecutado.

**BALLA** (Giacomo), pintor italiano (Turín 1871-Roma 1958). Fue, de 1910 a 1930, uno de los grandes maestros del futurismo por sus estudios de la descomposición de la luz y del movimiento.

**BALLADUR** (Edouard), político francés (Izmir 1929). Miembro del R.P.R., fue primer ministro de 1993 a 1995.

**BALLAGAS** (Emilio), poeta cubano (Camagüey 1908-La Habana 1954), exponente de la poesía pura y del «negrismo»: *Poesía negra* (1934) y dos antologías sobre el tema.

**BALLESTER** (Manuel), químico español (Barcelona 1919). Descubrió los polímeros PP, la síntesis de carbaniones y los radicales libres inertes.

**BALLESTEROS** (Luis **López**) → ***López Ballesteros.***

**BALLESTEROS** (Severiano), jugador de golf español (Pedreña, Cantabria, 1957), vencedor en la copa del mundo (1976 y 1977), el Masters de Augusta (1980 y 1983), el open británico (1979, 1984 y 1988) y el mundial Match play (1991).

**BALLESTEROS Y BERETTA** (Antonio), historiador español (Roma 1880-Pamplona 1949). Escribió una *Historia de España* (1918-1941) y dirigió la *Historia de América y de los pueblos americanos.*

**Ballets rusos,** compañía de ballet creada en 1909 en San Petersburgo por S. Diaguilev. Dio a conocer a numerosos bailarines y coreógrafos, y obras de grandes compositores, así como a pintores.

**BALLEZA** (Mariano), patriota mexicano (nacido en Valladolid [act. Morelia]-† 1812). Vicario del pueblo de Dolores, luchó por la independencia y llegó a teniente general. Murió fusilado por los españoles.

**BALLIVIÁN** (José), general y político boliviano (La Paz 1805-Río de Janeiro 1852). Participó en la lucha

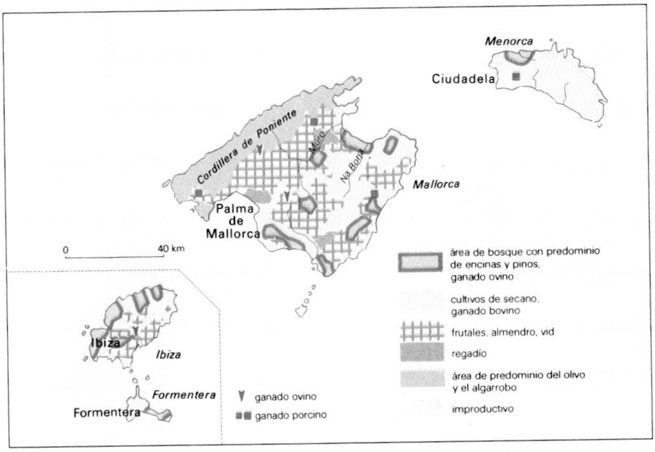


BALEARES

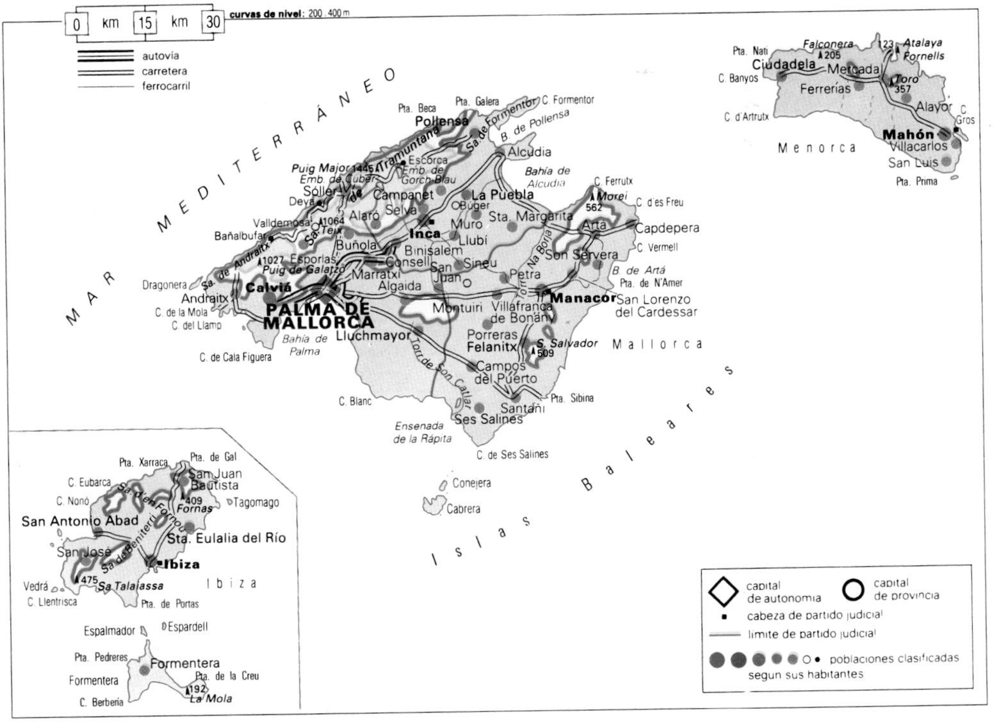

por la independencia. En 1839 se alzó en armas y se proclamó jefe supremo provisional de la república. Derrotó a los peruanos en Ingavi (1841), y en 1843 fue elegido presidente, pero en 1847 tuvo que dejar el poder a causa de su despotismo.

**BALMACEDA** (José Manuel), político chileno (Santiago 1838-*id.* 1891). Reformista, fue presidente de 1886 a 1891. Chocó con conservadores y liberales, quienes crearon una junta en Iquique, lo que llevó a la guerra civil. Derrotado, renunció al poder y se suicidó poco después.

**BALMES** (Jaime), filósofo y teólogo español (Vic 1810-*id.* 1848). Se ordenó sacerdote en 1834. Abordó los problemas económicos y sociales de su tiempo con criterios renovadores y eclécticos. En filosofía fue la figura más importante del s. XIX español, con un escolasticismo influido por la filosofía del sentido común (*El criterio**, 1843; *Filosofía fundamental,* 1846).

**BALMONT** (Konstantin Dmitrievich), poeta ruso (Gumnishchi, Vladímir, 1867-Noisy-le-Grand 1942). Fue uno de los representantes del simbolismo ruso (*Visiones solares,* 1903; *Aurora boreal,* 1931).

**BALSAS,** r. de México, tributario del Pacífico; 880 km. — La *depresión del Balsas,* entre la cordillera Neovolcánica y la sierra Madre del sur, posee grandes recursos mineros e hidroeléctricos.

**BALTA** (José), militar y político peruano (Lima 1814-*id.* 1872). Encabezó en el N el levantamiento conservador contra el dictador Prado (1867). Fue presidente de la república de 1868 a 1872.

**BALTASAR,** nombre popular tradicional de uno de los tres Reyes magos.

**BALTASAR,** regente de Babilonia, hijo del rey Nabonides. Fue vencido y muerto en la toma de Babilonia por Ciro (539 a. J.C.).

**BALTASAR CARLOS,** *príncipe* **de Asturias** (Madrid 1629-Zaragoza 1646), hijo de Felipe IV, del que fue jurado heredero, pero murió prematuramente.

**BALTHASAR** (Hans Urs **von**), teólogo católico suizo (Lucerna 1905-Basilea 1988). Su extensa obra, influida por el idealismo alemán y la patrística griega, es eminentemente cristocéntrica (*Teología de la historia,* 1950).

**BALTHUS** (Balthasar **Klossowski,** llamado), pintor francés (París 1908-Rossinière, Vaud, 2001). Pintó paisajes e interiores con figuras humanas, de tenue coloración.

**BĂLŢI,** en ruso **Bieltsi** o **Beltsi,** c. de Moldavia; 159 000 hab. Industria alimentaria.

**BÁLTICO** *(mar),* mar interior del Atlántico nororiental, que bordea Alemania, los países Bálticos, Dinamarca, Finlandia, Polonia, Rusia y Suecia; 385 000 km². Generalmente poco profundo, poco salado, sin mareas notables, sujeto a congelación, se comunica con el mar del Norte por los estrechos daneses y forma entre Suecia y Finlandia el golfo de Botnia. Desde 2000, un puente sobre el estrecho de Øresund enlaza Dinamarca y Suecia por vía terrestre.

**BÁLTICOS** *(países),* nombre que recibe el conjunto formado por las repúblicas de Estonia, Letonia y Lituania y la región de Kaliningrad (Rusia).

**BALTIMORE,** c. y puerto de Estados Unidos (Maryland), en la bahía de Chesapeake; 736 014 hab. (2 382 172 en la aglomeración). Universidad Johns Hopkins. Centro industrial. Museos.

**BALUCHISTÁN** o **BELUCHISTÁN,** región montañosa del SO de Asia, entre Irán y Pakistán.

**BALZAC** (Honoré **de**), escritor francés (Tours 1799-París 1850). Autor de *La comedia* humana,* que retrata la sociedad francesa desde la Revolución hasta 1848 en 90 novelas (costumbristas, filosóficas y analíticas) que influyeron en la literatura

**Balduino I**
de Bélgica

Honoré
de **Balzac**
(por L. Boulanger)

realista y naturalista europea, sus novelas principales son: *La piel de zapa* (1831), *Eugenia Grandet* (1833), *Papá Goriot* (1834-1835), *La búsqueda del absoluto* (1834), *Las ilusiones perdidas* (1837), *Grandeza y decadencia de César Birotteau* (1837), *La prima Bette* (1846). Escribió también cuentos y obras de teatro.

**BALZAR,** cantón de Ecuador (Guayas), a orillas del Daule; 58 187 hab. Mercado agropecuario.

**BAMAKO,** c. y cap. de Mali, a orillas del Níger; 745 787 hab. Aeropuerto.

**BAMBAMARCA,** mun. de Perú (Cajamarca); 38 684 hab. Agricultura y ganadería. Minas.

**BAMBERG,** c. de Alemania (Baviera); 69 980 hab. Puerto fluvial (junto al canal Rin-Main-Danubio). Catedral del s. XIII (esculturas).

**BAMBOCCIO (Il)** o **BAMBOCHO (El)** → *Van Laer.*

**BAMENDA,** c. de Camerún; 110 000 hab.

**BĀMIYĀN,** c. de Afganistán, entre el Hindū Kūš y el Kuh-i Bābā; 8 000 hab. Centro búdico, en la ruta de las caravanas, con monasterios rupestres (ss. II-VII), decorados con pinturas y estucos y flanqueados por dos gigantescas estatuas de Buda, destruidas en 2001 por el régimen islámico afgano.

**Bāmiyān:** estatua monumental de Buda (55 m) esculpida en el acantilado; ss. V-VII

**BĀNA,** escritor indio en sánscrito (s. VII), autor de obras históricas y de una novela *(Kādambarī).*

**BANACH** (Stefan), matemático polaco (Cracovia 1892-Lvov 1945). Especialista en problemas de topología, introdujo los espacios normados completos que llevan su nombre.

**Banasur,** red bancaria de Mercosur, creada en 1994, integrada por los bancos estatales de Argentina, Brasil, Uruguay y Paraguay con el fin de facilitar la unificación arancelaria.

**BANATO,** región histórica del SE de Europa, en la cuenca panónica. En 1919 fue dividida entre Rumania, Hungría y Yugoslavia (Vojvodina).

**BANCES Y LÓPEZ-CANDAMO** (Francisco Antonio **de**), dramaturgo y poeta español (Sabugo 1662-Lezuza 1704). Epígono de Calderón *(La piedra filosofal),* escribió un tratado en defensa de la comedia. Su obra poética está influida por Góngora.

**BANCO (El),** mun. de Colombia (Magdalena), junto al Magdalena; 41 971 hab. Puerto fluvial.

**Banco central de la República Argentina,** organismo bancario estatal argentino fundado en 1935 con capital mixto y nacionalizado en 1946. Sus precedentes son la Caja de conversión (1890) y el Banco de la Nación Argentina (1891).

**Banco centroamericano de integración económica,** institución financiera centroamericana, con sede en Tegucigalpa, creada en 1960 para financiar proyectos públicos y privados de desarrollo en la región.

**Banco de España,** organismo bancario español creado en 1856 (su origen se remonta al Banco nacional de san Carlos, 1782) y nacionalizado en 1962. Tiene el privilegio exclusivo de emisión de moneda, operaciones con el tesoro, etc., y goza de autonomía con respecto al ejecutivo. Asesora al gobierno en política monetaria e inspecciona el funcionamiento de la banca privada.

**Banco de la República,** organismo bancario colombiano fundado en 1923 con capital mixto que posee la exclusiva de emisión. En 1951, el banco fue privatizado, pero el gobierno se reservó el derecho a readquirir su parte del capital. La Superintendencia bancaria y la Junta monetaria regulan las operaciones bancarias y la política monetaria.

**Banco de México,** organismo bancario mexicano creado en 1925 con capital propiedad del estado y bancos públicos, y que tiene el privilegio de emisión. En 1982, el banco fue nacionalizado. Controla la política monetaria y es agente del gobierno ante las instituciones financieras internacionales. Es autónomo desde 1994.

**Banco europeo para la reconstrucción y el desarrollo de Europa del este** (B.E.R.D.), institución bancaria creada en 1990 para favorecer la transición de las economías de los países de Europa del este hacia economías de mercado.

**Banco interamericano de desarrollo** (B.I.D.), institución creada en 1959 en el seno de la O.E.A., con sede en Washington, para prestar asistencia técnica y financiación a los países latinoamericanos. Actualmente lo integran otros países extrarregionales, como España.

**Banco mundial,** conjunto de cuatro instituciones que proporcionan asistencia técnica y financiera a los países en vías de desarrollo: el *Banco internacional de reconstrucción y desarrollo* (B.I.R.D.), fundado en 1946, la *Asociación internacional de desarrollo* (A.I.D.), fundada en 1960, la *Corporación financiera internacional* (C.F.I.), fundada en 1956, y la *Agencia multilateral de garantía de inversiones* (A.M.G.I.), fundada en 1988.

**BANCROFT** (George), historiador y político norteamericano (Worcester 1800-Washington 1891). Negoció los *tratados Bancroft* que liberaron a los inmigrantes de toda obligación con su país de origen y redactó una *Historia de Estados Unidos* (1834-1874).

**BANDA,** dep. de Argentina (Santiago del Estero); 104 664 hab. Curtidurías; industrias lácteas.

**Banda de los cuatro,** nombre que se da a la coalición formada por los cuatro dirigentes chinos Jiang Qing (viuda de Mao Zedong), Wang Hongwen, Yao Wenyuan y Zhang Chunqiao, acusados de complot y arrestados en 1976, después de la muerte de Mao Zedong.

**BANDA ORIENTAL,** denominación de los territorios españoles del Río de la Plata situados al E del río Uruguay. Comprendía el actual territorio de Uruguay y otras zonas integradas en Brasil.

**BANDAR 'ABBĀS,** c. y puerto de Irán, en el estrecho de Ormuz; 201 642 hab.

**BANDAR SERI BEGAWAN,** c. y cap. de Brunei; 50 000 hab.

**BANDE,** v. de España (Orense), cab. de p. j.; 2 617 hab. *(Bandeses.)* Canteras de pizarra.

**BANDEIRA** (Manuel), poeta brasileño (Recife 1886-Río de Janeiro 1968), que une el virtuosismo formal con la sencillez de los temas cotidianos (*Carnaval,* 1919; *Estrêla da tarde,* 1958).

**BANDELLO** (Matteo), escritor italiano (Castelnuovo Scrivia *c.* 1485-Bazens, cerca de Agen, 1561), autor de *Novelas cortas* (1554-1573), que inspiraron a numerosos autores (*Romeo y Julieta* de Shakespeare).

**BANDERAS** (Antonio), actor cinematográfico español (Málaga 1960). Sus películas a las órdenes de Almodóvar le dieron éxito internacional (*La ley del deseo,* 1986; *Átame,* 1989) y le permitieron el acceso al cine norteamericano (*Los reyes del mambo,* 1991; *Two much,* 1995).

**BANDERAS** (Quintín), guerrillero cubano (Santiago de Cuba 1834-† 1906). Destacó en la guerra por la independencia. En 1905 se alzó contra Estrada Palma y fue asesinado.

**BANDIAGARA,** localidad de Mali, en la *meseta de Bandiagara,* limitada por altos acantilados.

**bandidos** *(Los),* drama de Schiller (1782).

**BANDINELLI** (Baccio), escultor italiano (Florencia 1488-*id.* 1560), autor del grupo de *Hércules y Caco* (1534, plaza de la Señoría, Florencia).

**BANDUNDU,** c. de la Rep. Dem. del Congo (ex Zaire), cap. de región, en el Kasai; 75 000 hab. Puerto.

**BANDUNG** o **BANDOENG,** c. de Indonesia (Java); 2 026 893 hab.

**Bandung** *(conferencia de)* [18-24 abr. 1955], conferencia que reunió a los representantes de 29 países de África y Asia. Condenaron tanto el imperialismo como el colonialismo y afirmaron su voluntad de emancipación frente a los «grandes» (neutralismo). Esta conferencia marcó el inicio de la emergencia del Tercer mundo en el escenario internacional y fue el preludio del movimiento de países no alineados.

**BANÉR** (Johan Gustafsson), general sueco (Djursholm 1596-Halberstadt 1641). Destacó en la guerra de los Treinta años: la victoria de Chemnitz sobre los imperiales (1639) le permitió invadir Bohemia.

**BANES,** mun. de Cuba (Holguín), a orillas del Atlántico; 85 873 hab. Plátanos y caña de azúcar.

**Banff** *(parque nacional de),* situado en Canadá (Alberta), en las montañas Rocosas; 6 666 km².

**BANGALORE,** c. de la India, cap. del Karnātaka; 4 130 288 hab.

**BANGKOK,** en thai **Phra Nakhon** o **Krung Thep,** c. y cap. de Tailandia, en el delta del Menam; 5 154 000 hab. Aeropuerto. Monumentos del s. XVIII.

**Bangkok:** un aspecto del palacio real; fines s. XVIII

**BANGLA DESH,** estado de Asia, correspondiente al antiguo Pakistán Oriental; 143 000 km²; 116 600 000 hab. CAP. *Dhākā (Dacca).* LENGUA OFICIAL: *bengalí.* MONEDA: *taka.*

GEOGRAFÍA

Bangla Desh se extiende sobre la mayor parte del delta del Ganges y del Brahmaputra. Es una región muy húmeda (con frecuentes inundaciones), productora sobre todo de arroz y yute (principal producto de exportación). El país, muy pobre en recursos mineros, de industrialización inexistente, está superpoblado. La población (musulmana en un 85 %) se incrementa en 3 millones de hab. al año. Es uno de los estados más pobres del mundo y sobrevive con la ayuda internacional.

HISTORIA

En 1971, el Pakistán Oriental se levantó contra el gobierno central; apoyado por la India, se convirtió en el estado independiente de Bangla Desh, y Mujibur Raḥmān, líder de la liga Awami, fue designado jefe del gobierno. 1975: M. Raḥmān, ya presidente de la república, fue depuesto y asesinado durante un golpe militar dirigido por Ziaur Raḥmān, que fue presidente de la república entre 1979 y 1981. 1982: las fuerzas armadas llevaron al poder al general Ershad. La creciente presión contra el régimen obligó a Ershad a dimitir en 1990. 1991: tras las elecciones legislativas la begum Jaleda Zia, viuda de Z. Raḥmān, fue nombrada primera ministra. 1996: controvertida reelección de J. Zia (febr.) y posterior dimisión (marzo); nuevas elecciones (junio): Hasina Wajed, hija de M. Raḥmān, primera ministra.

**BANGUI,** c. y cap. de la República Centroafricana, a orillas del Ubangui; 400 000 hab.

**BANGWEULU** *(lago),* lago pantanoso de Zambia; 5 000 km².

**BANÍ,** c. de la República Dominicana, cap. de la prov. de Peravia; 30 412 hab. Regadíos.

**BANJA LUCA,** c. del N de Bosnia-Herzegovina; 124 000 hab. Ant. fortaleza. Mezquita (s. XVI).

**BANJARMASIN,** c. de Indonesia (Borneo); 443 738 hab.

**BANJUL,** ant. **Bathurst,** c. y cap. de Gambia, en el estuario del río Gambia; 103 000 hab.

**BANKS** *(isla o tierra de),* la isla más occidental del archipiélago ártico canadiense.

**Bannockburn** *(batalla de)* [24 junio 1314], victoria obtenida en esta localidad del ant. condado de Stirling por Robert Bruce contra los ingleses, que permitió la independencia de Escocia.

**Banque nationale de Paris** (B.N.P.), entidad bancaria francesa fundada en 1966, uno de los principales grupos bancarios del mundo y el primero francés.

**banquete** *(El),* diálogo de Platón sobre el amor y la belleza (*c.* 385 a. J.C.).

**BANQUO** o **BANCO,** gobernador durante el reinado de Duncan, rey de Escocia (s. XI), uno de los personajes de *Macbeth,* de Shakespeare.

**BANSKÁ BYSTRICA,** c. de Eslovaquia, cap. de Eslovaquia Central; 85 007 hab. Casas ss. XV-XVI.

**BANTING** (*sir* Frederick **Grant**), médico canadiense (Alliston, Ontario, 1891-Musgrave Harbor 1941). Participó en el descubrimiento de la insulina. (Premio Nobel de fisiología y medicina 1923.)

**BANZER** (Hugo), militar y político boliviano (Santa Cruz 1926). Asumió el poder tras el golpe de estado de 1971. En 1979 fundó el partido de la derechista Alianza democrática nacionalista, que ha participado en coaliciones de gobierno desde 1985. Tras las elecciones de 1997, fue investido presidente de la república.

**BÁÑEZ** (Domingo), teólogo dominico español (Valladolid 1528-Medina del Campo 1604). Tomó parte en las controversias de auxiliis sobre la gracia con una posición *(bañecismo)* que le enfrentó a los molinistas. Confesor de santa Teresa de Jesús.

**BAÑEZA (La),** c. de España (León), cab. de p. j.; 9 722 hab. *(Bañezanos.)* Industrias alimentarias.

**Baño** *(orden del),* orden de caballería inglesa, establecida por Jorge I en 1725.

**BAÑOLAS** *(lago de),* lago de España (Gerona), formado por filtraciones del Llierca; 2 208 m de long. y 63 de prof. máxima. — Junto al lago se encontró la *mandíbula de Bañolas* de un Neanderthal.

**BAÑOLAS** o **BANYOLES,** c. de España (Gerona); 11 870 hab. *(Bañolenses.)* Iglesia del monasterio de San Esteban (retablo, s. XV). Iglesia románica de Santa María de Porqueres.

**BAÑOS DE CERRATO,** v. de España, en el mun. de Venta de Baños (Palencia). Iglesia visigótica de San Juan Bautista (661).

**BAO-DAI** (Hué 1913-París 1997), emperador de Vietnam [1932-1945]. Obligado por el Vietminh a abdicar (1945), fue de 1949 a 1955 jefe del estado vietnamita.

**BAODING** o **PAO-TING,** c. de China, en Hebei; 483 155 hab. Jardines de la época Ming.

**BAORUCO** o **BAHORUCO** *(provincia de),* prov. de la República Dominicana, en el SO del país; 1 376 km²; 86 100 hab. Cap. *Neiba.*

**BAOTOU** o **PAO-T'EU,** c. de China, en Mongolia interior, junto al Huang He; 983 508 hab. Siderurgia.

**BAPTISTA** (Mariano), político boliviano (Sucre 1832-† 1907). Miembro del Partido conservador, fue presidente de la república de 1892 a 1896.

**BAQUEIRA BERET,** estación de deportes de invierno de España, en el valle de Arán (Lérida) [1 520-2 470 m de alt.].

**BAQUERIZO MORENO** (Alfredo), político y escritor ecuatoriano (Guayaquil 1859-Nueva York 1950), presidente de la república en 1916-1920 y 1931. Autor de novelas, fundó la revista *Guayaquil.*

**BAQUERO** (Gastón), poeta cubano (Banes 1918-Madrid 1997). Exiliado en España desde 1959, su poesía aúna la fantasía y la imaginación con la sinceridad y los valores humanos (*Magias e invenciones,* 1984; *Poemas invisibles,* 1991).

**BAQUÍLIDES,** poeta lírico griego (Ceos *c.* 500 a. J.C.-† *c.* 450 a. J.C.), rival de Píndaro.

**Bará** *(arco de),* arco triunfal romano (s. I a. J.C.), erigido en la vía Augusta, cerca de Tarragona.

**Bārābudur** → ***Borobudur.***

**BARACALDO** o **BARAKALDO,** mun. de España (Vizcaya), cab. de p. j.; 105 677 hab. *(Baracaldeses.)* Industria metalúrgica, química y de la construcción.

**BARACOA,** mun. de Cuba (Guantánamo); 75 523 hab. Centro industrial. Fundada en 1512, fue la pri-

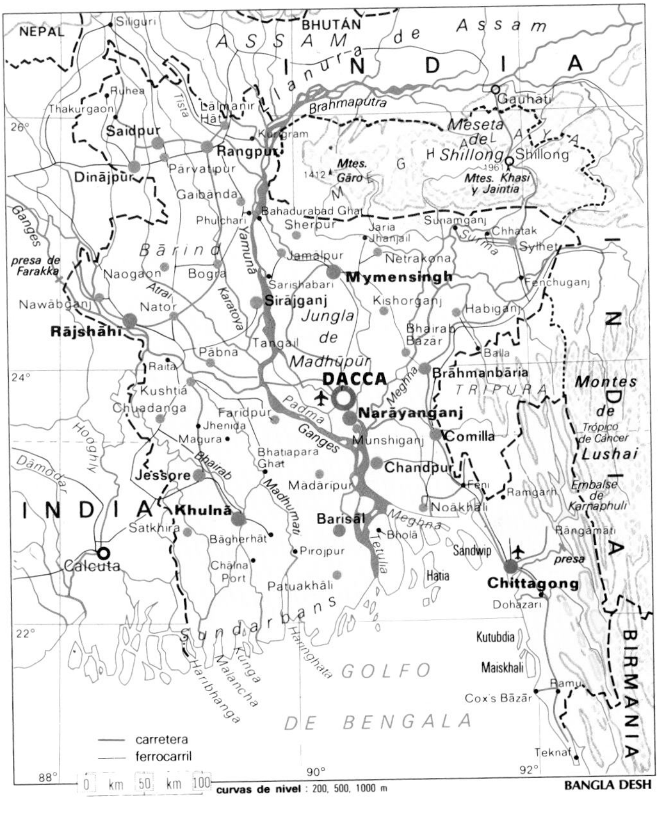


BANGLA DESH

mera ciudad de la isla y sede del primer obispado hasta 1522.

**BARADEO** (Jacobo), monje siríaco monofisita (Edesa 578). Su apostolado en Siria dio origen a la Iglesia denominada *jacobita.*

**BARADERO,** partido de Argentina (Buenos Aires); 28 493 hab. Puerto en el *río Baradero,* brazo del Paraná.

**BARAGUÁ,** mun. de Cuba (Ciego de Ávila); 23 132 hab. Caña de azúcar; bananos. Industria azucarera.

**BARAHONA,** c. de la República Dominicana, cap. de la prov. homónima; 67 100 hab. Centro azucarero y puerto exportador. Aeropuerto. — La *provincia de Barahona* tiene 2 528 $km^2$ y 151 300 hab.

**BARAHONA DE SOTO** (Luis), poeta español (Lucena 1548-Archidona 1595), autor del poema épico *Las lágrimas de Angélica* (1586), imitación del *Orlando* de Ariosto, y de églogas y sonetos.

**Barajas,** aeropuerto internacional de Madrid.

**BARAK** (Ehud), militar y político israelí (Mishmar-Hasharon, cerca de Netanya, 1942). Presidente del partido laborista, en 1999 fue elegido primer ministro.

**BARALT** (Rafael María), escritor y político venezolano (Maracaibo 1810-Madrid 1860). Desde 1843 vivió en España, donde se nacionalizó y sirvió a la causa liberal. Autor de una *Historia de Venezuela* (1841), fue también poeta y filólogo (*Diccionario de galicismos,* 1855). [Real academia 1853.]

**BARANDIARÁN** (José Miguel **de**), sacerdote, prehistoriador y antropólogo español (Ataun 1889-*id.* 1991). En 1929 fundó en Vitoria la sociedad y revista *Eusko-folklore* y en Francia en 1946 el Instituto vasco de investigaciones y la revista *Ikuska.* De su obra destacan *Mitología vasca* (1922), *El mundo en la mente popular vasca* (1962-1972) e *Historia general del País Vasco* (1980).

**BARANOA,** mun. de Colombia (Atlántico), en el delta de Magdalena; 33 647 hab. Fuentes termales.

**BÁRÁNY** (Robert), médico austríaco (Viena 1876-Uppsala 1936). Obtuvo en 1914 el premio Nobel por sus trabajos sobre la fisiología y las enfermedades del oído.

**BARAÑAIN,** mun. de España (Navarra); 17 001 hab. Centro industrial.

**BARATIERI** (Oreste), general italiano (Condino, Trento, 1841-Sterzing [act. Vipiteno], Bolzano, 1901). Gobernador de Eritrea, fue derrotado por Menelik en Adua (1896).

**BARAYA** (Antonio), patriota colombiano (Girón, Santander, 1768-Bogotá 1816). Formó parte de la junta insurreccional de Santa Fe, y venció en Popayán (1811) a los españoles, que lo fusilaron.

**BARBA** (Álvaro **Alonso**) → ***Alonso Barba.***

**BARBA JACOB** (Porfirio) → ***Osorio*** (Miguel Ángel).

**BARBACID** (Mariano), bioquímico español (Madrid 1950). Trabajó en E.U.A., donde descubrió la base molecular del cáncer, con el aislamiento de un gen oncogénico en un tumor humano (1981). Desde 1998 dirige el Centro nacional de investigaciones oncológicas Carlos III.

**BARBACOAS,** mun. de Colombia (Nariño); 19 878 hab. Minas de oro. Turismo (Playa Grande y Telembí).

**BARBADOS,** estado insular de las Pequeñas Antillas (islas de Barlovento); 431 $km^2$; 300 000 hab. CAP. *Bridgetown.* LENGUA OFICIAL: *inglés.* MONEDA: *dólar de Barbados.* Turismo. Descubierta por los españoles en 1519, fue inglesa desde el s. XVII. Se independizó en 1966, en el marco de la Commonwealth.

**BÁRBARA** *(santa),* virgen y mártir que, según la leyenda, habría muerto decapitada por su padre, quien después cayó fulminado por un rayo. En 1969 dejó de figurar en el santoral.

**BÁRBARA DE BRAGANZA,** reina de España (Lisboa 1711-Madrid 1758), hija de Juan V y María Ana, reyes de Portugal. Casó (1729) con el futuro Fernando VI de España, sobre quien tuvo una gran influencia.

**BARBARROJA** → ***Federico I,*** emperador germánico.

**BARBARROJA** (Jayr al-Dīn, llamado), pirata turco († İstanbul 1546). Señor de Argel, que colocó bajo la soberanía otomana (1518), impidió el desembarco en la ciudad de los españoles (1519), a los que arrebató el islote del Peñón (1529). Como gran almirante de la flota otomana (1533), arrebató Túnez a los españoles (1535-1536) y combatió contra el emperador Carlos Quinto. — Su hermano **Aruy** o **Bābā Aruy,** también fue pirata y fue llamado por los historiadores Barbarroja.

**Barbarroja** *(operación),* plan de invasión de la U.R.S.S. desarrollado por Hitler en 1941.

**BARBASÁN** (Mariano), pintor español (Zaragoza 1864-*id.* 1924). Trabajó en Italia. Su obra se centra en paisajes y escenas de la vida rural.

**BARBASTRO,** c. de España (Huesca), cab. de p. j.; 15 827 hab. (*Barbastrenses* o *barbastrinos.*) Catedral renacentista terminada en 1533. Ayuntamiento mudéjar (s. XV). Plaza mayor porticada.

**Barbate** *(batalla de)* → ***Guadalete*** (batalla del).

**BARBATE,** v. de España (Cádiz), cab. de p. j.; 21 440 hab. Puerto pesquero. Conservas. Astilleros. Central termoeléctrica.

**BARBERÀ DEL VALLÈS,** mun. de España (Barcelona); 22 196 hab. Centro industrial.

**BARBERÁN** (Mariano), aviador militar español (Guadalajara 1895-† 1933). En 1933, en el *Cuatro-vientos* atravesó el Atlántico, de Sevilla a Camagüey (Cuba); desapareció al proseguir hacia México.

**BARBERINI,** familia romana de origen florentino, uno de cuyos miembros, el cardenal Maffeo Barberini, fue papa con el nombre de Urbano VIII.

**barbero de Sevilla** *(El),* comedia en cuatro actos, de Beaumarchais (1775). Gracias a Fígaro, el conde Almaviva separa a la joven Rosina de su celoso tutor. — Ópera de Rossini sobre este tema (1816).

**BARBEY D'AUREVILLY** (Jules), escritor francés (Saint-Sauveur-le-Vicomte 1808-París 1889). Autor de relatos *(Las diabólicas)* y de novelas *(El caballero Des Touches),* destacó por su elegancia e ingenio, y se le temía por sus feroces artículos.

**BARBIERI** (Francisco **Asenjo**), compositor español (Madrid 1823-*id.* 1894). Destacó en la zarzuela: *Los diamantes de la corona* (1855), *Pan y toros* (1864), *El barberillo de Lavapiés* (1874).

**BARBIERI** (Leandro, llamado **Gato**), saxofonista argentino (Rosario 1935). Su estilo es una original mezcla de las tradiciones latinoamericanas y las aportaciones del free jazz.

**BARBIERI** (Vicente), poeta argentino (Buenos Aires 1903-*id.* 1956). Con *El bailarín* (1953) obtuvo el premio nacional de poesía. Cultivó también la novela y el teatro.

**BARBOSA,** mun. de Colombia (Antioquia); 28 623 hab. Minas de oro. — Mun. de Colombia (Santander), en la cordillera Oriental; 16 785 hab. Cultivos tropicales.

**BARBUDA,** isla de las Pequeñas Antillas que forma parte del estado de Antigua y Barbuda.

**BARCA (La),** mun. de México (Jalisco), junto al lago de Chapala; 46 666 hab. Industrias lácteas.

**BARCALA** (Washington), pintor uruguayo (Montevideo 1920). Influido inicialmente por el constructivismo, incorporó después a su obra materiales no convencionales y de desecho.

**BARCELÓ** (Miquel), pintor español (Felanitx 1957). Desde sus primeras obras pictórico-objetuales, ha evolucionado hacia una pintura de factura matérica y tratamiento más figurativista.

**BARCELONA** *(provincia de),* prov. de España, en Cataluña; 7 733 $km^2$; 4 690 996 hab. Cap. *Barcelona.* P. j. de *Arenys de Mar, Badalona, Barcelona, Berga, Cornellá de Llobregat, Esplugas de Llobregat, Gavà, Granollers, L'Hospitalet de Llobregat, Igualada, Manresa, Martorell, Mataró, Mollet del Vallés, El Prat de Llobregat, Rubí, Sabadell, San Baudilio de Llobregat, San Feliu de Llobregat, Santa Coloma de Gramanet, Sardanyola, Tarrasa, Vic, Vilafranca del Penedès* y *Vilanova i la Geltrú.* El relieve comprende tres unidades básicas: las sierras Prelitoral y Litoral, el Pirineo y la depresión Central, recorrida por los ríos Llobregat, Cardoner y Besós. Cultivos de vid (Panadés), cereales, hortalizas, flores y frutales. La actividad industrial se concentra en torno a Barcelona (metalurgia, química, electrónica, textil) y en la depresión Central (textil).

**BARCELONA,** c. de España, cap. de Cataluña y de la prov. homónima y cab. de p. j.; 1 681 132 hab. (*Barceloneses* o *barcelonenses.*) El área de influencia de la ciudad, dominada por las alturas de Montjuïc* y el Tibidabo*, se extiende a los núcleos vecinos, que forman la *Mancomunidad de municipios del área metropolitana de Barcelona.* El núcleo antiguo (la romana *Barcino*) fue amurallado en el s. IV. En el s. XIII constituyó un próspero municipio regido por el Consejo de Ciento, en declive tras la capitulación en la guerra de Sucesión (11 set. 1714), pero con el desarrollo industrial creció de forma pujante en los ss. XIX (plan Cerdá; Exposición universal, 1888) y XX (Exposición internacional,

**Barcelona:** la Sagrada Familia, obra de Antonio Gaudí

1929; Juegos olímpicos, 1992). La industria es todavía importante; sector terciario en auge; ferias y congresos. Turismo. De la época romana se conserva parte de la muralla. Abundan los edificios de los ss. XII-XV: catedral (fachada del s. XX), Santa María del Mar, palacio real mayor, palacio de la Generalidad, Atarazanas, monasterio de Pedralbes*. Al modernismo se adscriben las obras de A. Gaudí (la Pedrera*, parque y palacio Güell*, Sagrada* Familia), el Palau de la música catalana, etc. Museos arqueológico, nacional de arte de Cataluña, de arte moderno, de arte contemporáneo, Centro de cultura contemporánea, Marés, Picasso, Fundación Miró, colección Thyssen, etc.

**Barcelona** *(paz de),* acuerdo entre el papa Clemente VII y el emperador Carlos Quinto (29 junio 1529), por el que, a cambio del compromiso mutuo de luchar contra los herejes, el papa reconocía al emperador la soberanía sobre Nápoles.

**Barcelona** *(tratado de),* convenio entre Carlos VIII de Francia y Fernando el Católico de Aragón (19 en. 1493), por el que aquél devolvía los condados de Rosellón y Cerdaña a la Corona de Aragón, a cambio de que Fernando no efectuase alianzas contra Francia.

**BARCELONA** *(casa de),* linaje de los soberanos de Cataluña, posteriormente reyes de Aragón. Tuvo sus orígenes en la casa condal de Carcasona, y agrupó los condados de Barcelona, Gerona, Besalú, Ampurias, Rosellón, Urgel, Cerdaña y Conflent.

**BARCELONA** *(condado de),* condado que nació con la reconquista de la ciudad (801). Bajo dominio franco hasta 987, el conde Borrell consiguió la independencia. En 1137 se unió al reino de Aragón a raíz del matrimonio del conde Ramón Berenguer IV con Petronila, hija de Ramiro II el Monje.

**BARCELONA,** c. de Venezuela, cap. del est. Anzoátegui; 221 792 hab. Centro comercial e industrial en una región agrícola y petrolera. Edificios coloniales.

**BARCELONETA,** mun. del N de Puerto Rico; 20 947 hab. Centro industrial (metalurgia, textil).

**BÁRCENA** (Catalina), actriz cubanoespañola (Cienfuegos 1890-Madrid 1978). Su carrera está vinculada al dramaturgo G. Martínez Sierra, en cuya compañía ingresó en 1917 como primera actriz. Actuó en el cine.

**BÁRCENA** (Mariano), ingeniero y meteorólogo mexicano (Ameca, Jalisco, 1848-† 1899). Fundó y dirigió un observatorio meteorológico y escribió *Estudios sismológicos* y *Tratado de paleontología mexicana.*

**BARCINO,** ant. c. romana fundada en el s. I a. J.C., en el *mons Taber.* Es la actual *Barcelona.*

**BARCLAY DE TOLLY** (Mijaíl Bogdánovich, *príncipe*), mariscal ruso de origen escocés (Luhde-Grosshoff, Livonia, 1761-Insterburg, cerca de Kaliningrad, 1818). Hábil adversario de Napoleón I, se distinguió en las campañas de Francia (1813) y Alemania (1814), y fue en 1815 comandante en jefe de los ejércitos rusos.

**Barclays,** banco británico instalado en Londres desde 1736. Uno de los primeros bancos británicos, es uno de los grupos bancarios más importantes del mundo.

**BARCO** (Virgilio), político colombiano (Cúcuta 1921-Bogotá 1997). Líder del Partido liberal, fue presidente de la república de 1986 a 1990. Durante su mandato fue firmada la paz con la guerrilla M-19, que se constituyó como partido político.

**BARCO DE ÁVILA (El),** v. de España (Ávila); 2 515 hab. *(Barcenses.)* Castillo de la casa de Alba. Iglesia (ss. XII-XIV). Murallas. Casas solariegas.

**BARCO DE VALDEORRAS (O),** mun. de España (Orense), cab. de p. j.; 10 379 hab. *(Valdeorreses.)* Mercado agropecuario.

**BARCOKEBAS** o **BAR KOŠEBÁ,** nombre de significado mesiánico *(hijo de la estrella)* dado a Simón, jefe de la segunda revuelta judía (132-135). En 1951 se encontraron unas cartas de Simón en las cuevas situadas junto al mar Muerto.

**BARDDHAMAN,** ant. **Burdwān,** c. de la India (Bengala Occidental); 244 789 hab.

**BARDEEN** (John), físico norteamericano (Madison, Wisconsin, 1908-Boston 1991). Compartió en dos ocasiones el premio Nobel de física: en 1956, por la puesta a punto del transistor de germanio, y en 1972, por una teoría de la superconductividad.

**BARDEM** (Juan Antonio), director de cine español (Madrid 1922). Junto con L. G. Berlanga, originó la renovación temática y formal del cine español durante el franquismo: *Muerte de un ciclista* (1955), *Calle Mayor* (1956), *Nunca pasa nada* (1963), *El puente* (1976), *Dimitrov o La advertencia* (1982).

**BARDI,** familia florentina que obtuvo su fortuna de una compañía mercantil, una de las más poderosas de Europa entre 1250 y 1350.

**BARDO (El),** c. de Tunicia, en la aglomeración de Túnez; 46 000 hab. Ant. palacio del bey, donde se firmó en 1881 el tratado que establecía el protectorado francés. Museo (antigüedades y mosaicos).

**BARDONECCHIA,** localidad de Italia (Piamonte), en los Alpes, a la salida de los túneles del Fréjus; 3 200 hab. Estación estival y de deportes de invierno (alt. 1 312-2 700 m).

**BARDOT** (Brigitte), actriz francesa (París 1934). Consagrada por la película de R. Vadim *Y Dios creó la mujer* (1956), destacó por su sensualidad libre y alegre.

**BAREA** (Arturo), escritor español (Madrid 1897-Londres 1957). Exiliado en Londres, publicó la trilogía novelesca *La forja de un rebelde* (1941-1944), donde narra su adolescencia y sus experiencias en la guerra de Marruecos y como militante republicano durante la guerra civil.

**BAREILLY,** c. de la India (Uttar Pradesh); 607 652 hab.

**BARENBOIM** (Daniel), pianista y director de orquesta israelí (Buenos Aires 1942). Ha sido director de la orquesta de París (1975-1989), de la sinfónica de Chicago (desde 1991) y de la orquesta de la ópera estatal de Berlín (desde 1992).

**BARENTS** *(mar de),* parte del océano Ártico, entre Nueva Zembla y las Svalbard; 1 405 000 $km^2$.

**BARENTS** o **BARENTSZ** (William), navegante neerlandés (en la isla de Terschelling *c.* 1550-en Nueva Zembla 1597). Descubrió Nueva Zembla (1594) y las Spitzberg (1596).

**BARGA** (Andrés **García de la Barga,** llamado **Corpus**), escritor español (Madrid 1888-Lima 1975). Periodista en Buenos Aires y Lima, es autor de novelas y de las magníficas memorias *Los pasos contados* (4 vols., 1963-1973).

**Bargello** *(el),* palacio de Florencia, residencia del podestà y más tarde del *bargello* (jefe de policía); rico museo nacional de escultura.

**BAR-HILLEL** (Yehoshua), lógico israelí de origen polaco (Viena 1915-Jerusalén 1975). Neopositivista del círculo de Viena, estudió temas de filosofía del lenguaje y de lingüística.

**BARI,** c. y puerto de Italia, cap. de Apulia y cap. de prov., a orillas del Adriático; 341 273 hab. Universidad. Centro industrial. Fue un puerto próspero en la edad media, punto de partida hacia Tierra Santa. Majestuosa basílica románica de San Nicolás (fines s. XI-s. XII).

**BARILLAS** (Manuel Lisandro), político guatemalteco (Quezaltenango 1844-México 1907). Presidente de la república (1886-1892), gobernó dictatorialmente.

**BARILOCHE,** dep. de Argentina (Río Negro); 94 774 hab. Centro turístico (deportes de invierno). Aeropuerto.

**BARINAS** *(estado),* est. de Venezuela, en Los Llanos; 35 200 $km^2$; 452 458 hab. Cap. *Barinas.*

**BARINAS,** c. de Venezuela, cap. del est. homónimo; 153 630 hab. Centro de una rica región agrícola. Aeropuerto. Universidad. Centro turístico.

**BARISĀL,** c. de Bangla Desh, en el delta del Ganges; 180 014 hab.

**BARISAN** *(montes),* cadena volcánica de Indonesia (Sumatra); 3 801 m en el Kerinchi.

BARCELONA

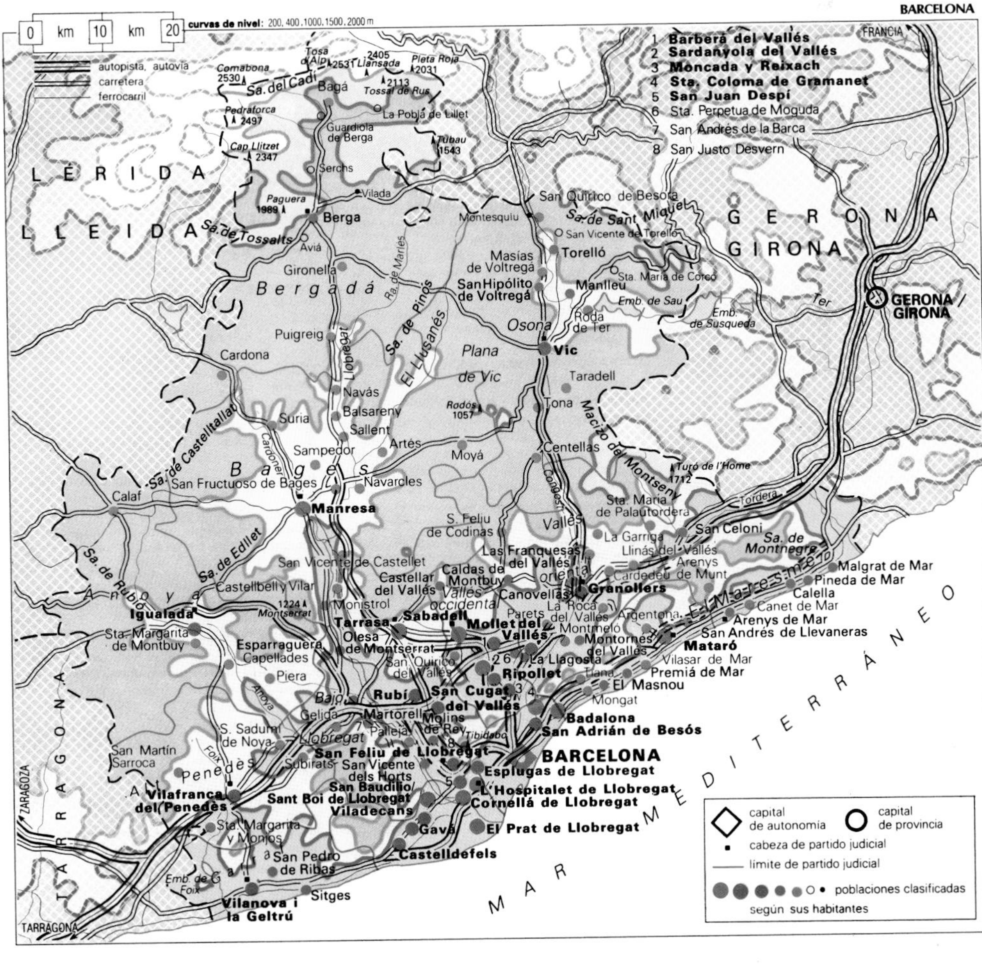

**Baritú,** parque nacional de Argentina (prov. de Salta); 72 439 ha de selva subtropical.

**BARJOLA** (Juan **Galea Barjola,** llamado **Juan**), pintor español (Torre de Miguel Sesmero 1919). Su obra se inscribe en la nueva figuración.

**BARKLA** (Charles Glover), físico británico (Widnes, Lancashire, 1877-Edimburgo 1944). Premio Nobel de física (1917) por sus investigaciones sobre los rayos X y las ondas radioeléctricas.

**Barlaam y Josafat,** novela griega escrita hacia el s. XI, basada en la leyenda de Buda, que a través de versiones latinas y romances fue objeto de adaptaciones castellanas (don Juan Manuel, Lope de Vega).

**BARLACH** (Ernst), escultor alemán (Wedel, Holstein, 1870-Rostock 1938), cuyo estilo es de un expresionismo contenido.

**BARLETTA,** c. y puerto de Italia (Apulia), junto al Adriático; 86 215 hab. Estatua colosal de un emperador romano (s. IV o V). Catedral románico-gótica.

**BARLOVENTO,** islas de las Pequeñas Antillas, entre Puerto Rico y Trinidad, divididas en dos grupos: Leeward al N y Windward al S, según la denominación inglesa.

**BARLOW** (Joel), diplomático y poeta norteamericano (Redding 1754-Zarnowiec, cerca de Cracovia, 1812), autor de *The vision of Columbus* (1787), epopeya en 9 libros sobre la fundación del Nuevo mundo.

**BARLOW** (Peter), matemático y físico británico (Norwich 1776-Woolwich 1862). Ideó la *rueda de Barlow,* prototipo del motor eléctrico (1828), y la *lente de Barlow,* utilizada para amplificar el aumento de los anteojos astronómicos y de los telescopios.

**BARNARD** (Christian), cirujano sudafricano (Beaufort West, El Cabo, 1922). En 1967 realizó el primer trasplante de corazón.

**BARNARD** (Edward Emerson), astrónomo norteamericano (Nashville 1857-Williams Bay, Wisconsin, 1923). Descubrió el quinto satélite de Júpiter, Amaltea (1892), realizó miles de fotografías de la Vía Láctea y descubrió 19 cometas.

**BARNAÚL,** c. de Rusia, en Siberia, junto al Ob; 602 000 hab. Metalurgia. Química.

**BARNECHEA (Lo),** com. de Chile (Santiago); 48 615 hab. Forma parte de la conurbación de Santiago.

**BARNET** (Borís Vasílievich), director de cine soviético (Moscú 1902-Riga 1965), autor de películas intimistas, teñidas de humor y poesía: *La muchacha de la sombrerera* (1927), *Okraina* (1933), *A la orilla del mar azul* (1936), *Anushka* (1960).

**BARNUM** (Phineas Taylor), empresario norteamericano (Bethel, Connecticut, 1810-Bridgeport, Connecticut, 1891). Dirigió a partir de 1871 un gran circo itinerante.

**BAROCCI** (Federico **Fiori da Urbino,** llamado también **Federico Baroccio** o), pintor y grabador italiano (Urbino *c.* 1535-*id.* 1612). Autor de cuadros religiosos, estuvo influido por Correggio y por los manieristas, y trabajó para la corte española.

**BARODA** → ***Vadodara.***

**BAROJA** (Pío), novelista español (San Sebastián 1872-Madrid 1956). Exponente de la generación del 98, cultivó el periodismo, el ensayo, las memorias (*Desde la última vuelta del camino,* 7 vols., 1944-1949), el teatro y la poesía. Escribió más de setenta novelas, agrupándolas en trilogías; *La lucha por la vida* (*La busca,* 1904; *Mala hierba,* 1904; *Aurora roja,* 1905) y *Tierra vasca* (*La casa de Aizgorri,* 1900; *El mayorazgo de Labraz,* 1903; *Zalacaín el aventurero,* 1909) son las más notables, junto con las novelas *Aventuras, inventos y mixtificaciones de Silvestre Paradox* (1901), *Camino de perfección* (1902), *César o nada* (1910), *El árbol* de la ciencia* (1911) y *La sensualidad pervertida* (1920), y las *Memorias* de un hombre de acción* (22 vols., 1913-1935). Escéptico y anticlerical, expresa a través de sus personajes –seres al margen de la sociedad– su desencantada concepción de la vida. Su prosa, con un aparente descuido estilístico, está llena de vivacidad. (Real academia 1934.)

Pío
**Baroja**

Béla
**Bartók**

**BAROJA** (Ricardo), pintor, grabador y escritor español (Minas de Riotinto 1871-Vera de Bidasoa 1953). Su obra plástica, centrada en el País Vasco, está influida por el impresionismo.

**BARQUISIMETO,** c. de Venezuela, cap. del estado Lara; 625 450 hab. Centro industrial. Universidad.

**BARRA** (Eduardo **de la**), escritor chileno (Santiago 1839-*id.* 1900), poeta y destacado preceptista (*Estudios sobre versificación castellana,* 1892).

**BARRABÁS,** agitador político cuya liberación, según los Evangelios, reclamaron los judíos en lugar de la de Jesús.

**BARRADAS** (Rafael), pintor uruguayo (Montevideo 1890-*id.* 1929). Residió muchos años en España, donde dio a conocer su obra, que mezcla cubismo y futurismo. También destacó como cartelista, ilustrador y decorador teatral.

**BARRAGÁN** (Luis), arquitecto mexicano (Guadalajara 1902-† 1988). Su obra combina el minimalismo moderno con elementos tradicionales mediterráneos, mexicanos (indígenas e hispanocoloniales) y norteafricanos, e incorpora el color. Está repartida entre su país (México, Guadalajara), Francia y España. Premio Pritzker en 1980.

**BARRAGÁN** (Luis), pintor argentino (Buenos Aires 1914). Expuso por primera vez con el grupo Orión (1939). Hacia 1950 se incorporó al grupo *Veinte pintores y escultores,* de tendencia abstracta.

**BARRAL** (Carlos), escritor español (Barcelona 1928-*id.* 1989). Poeta (*Usuras y figuraciones,* 1973), autor de memorias (*Años de penitencia,* 1975; *Los años sin excusa,* 1978; *Cuando las horas veloces,* 1988) y de la novela *Penúltimos castigos* (1983).

**BARRAL** (Emiliano), escultor español (Sepúlveda 1896-Madrid 1936). Su obra, en la que destaca el retrato, se inscribe en el realismo.

**BARRANCABERMEJA,** c. de Colombia (Santander); 153 296 hab. Centro petrolero (refinerías, punto de partida de oleoductos). Central térmica.

**BARRANCAS,** mun. de Colombia (La Guajira); 15 068 hab. Cultivos de café. Minas de carbón y cobre.

**BARRANCO DE LOBA,** mun. de Colombia (Bolívar), en el valle del Magdalena; 15 490 hab.

**Barranco del Lobo** → ***Lobo*** (barranco del).

**BARRANQUILLA,** c. de Colombia, cap. del dep. de Atlántico, en la desembocadura del Magdalena, en el Caribe; 899 781 hab. Industria textil y mecánica, astilleros. Pesca. El puerto canaliza la mayor parte del comercio exterior del país.

**BARRANQUITAS,** mun. del centro de Puerto Rico; 25 605 hab. Centro turístico de montaña.

**BARRAQUER,** familia de médicos españoles. — **Luis** (Barcelona 1855-San Clemente de Llobregat 1928), neurólogo, describió la lipodistrofia progresiva. — **Ignacio** (Barcelona 1881-*id.* 1965), su sobrino, fundó en 1947 en Barcelona el instituto Barraquer, pionero en investigación oftalmológica, e ideó una técnica de extracción del cristalino.

**BARRAU** (Laureano), pintor español (Barcelona 1864-Santa Eulalia del Río 1957), autor de pinturas de historia y paisajes.

**BARRAULT** (Jean-Louis), actor y director teatral francés (Le Vésinet 1910-París 1994). Interpretó autores clásicos y contemporáneos buscando un nuevo lenguaje dramático corporal.

**BARREDA** (Gabino), médico, filósofo y político mexicano (Puebla 1818-México 1881). Discípulo de Comte en París, introdujo el positivismo en México e influyó en la reforma de la enseñanza (ley de 1867).

**BARREIRO,** c. de Portugal, junto al Tajo, frente a Lisboa; 47 770 hab. Centro industrial.

**BARREIRO** (Miguel), político uruguayo (Montevideo 1780-*id.* 1847). Colaborador de Artigas y gobernador delegado de Montevideo (1815-1817), no pudo impedir la invasión portuguesa de 1816.

**BARRENECHEA** (Ana María), lingüista argentina (Buenos Aires 1913), autora de *Estudios de gramática estructural* (1969), con M. M. de Rosetti, y de *Estudios lingüísticos y dialectológicos* (1979).

**BARRENECHEA** (Julio), poeta chileno (Santiago 1910-*id.* 1979). La pureza formal y el equilibrio marcan su obra: *Mi ciudad* (1945), *Diario morir* (1954), *Ceniza viva* (1968).

**BARRERA (Gran),** formación coralina que bordea la costa NE de Australia; 2 500 km aprox.

**BARRÈS** (Maurice), escritor francés (Charmes, Vosgos, 1862-Neuily-sur-Seine 1923). Nacionalista y partidario del general Boulanger, pasó del individualismo (trilogía *Culto del yo,* 1888-1891) a la necesidad de tradición y orden para llegar al desencanto (*Sangre, voluptuosidad y muerte,* 1893-1901).

**BARRETTO** (Ray), percusionista, compositor y director de orquesta norteamericano (Nueva York 1929), de origen puertorriqueño. Se ha acreditado como una autoridad en el movimiento musical hispano (*Latino '62,* 1962).

**BARRIE,** c. de Canadá (Ontario); 62 728 hab.

**BARRIE** (*sir* James Matthew), novelista y dramaturgo británico (Kirriemuir, Escocia, 1860-Londres 1937), creador de *Peter Pan* (1904).

**Barrié de la Maza** *(embalse de),* embalse de España (La Coruña), en el Tambre. Central eléctrica.

**BARRIENTOS** (María), soprano ligera española (Barcelona 1884-San Juan de Luz 1946), gran intérprete de Meyerbeer, Delibes y la ópera italiana.

**BARRIENTOS** (Réné), militar y político boliviano (Tarata 1919-Arque, Cochabamba, 1969). Al caer Paz Estenssoro presidió una junta militar (1964-1965). Fue presidente de la república (1966-1969) y reprimió la agitación estudiantil y minera y las guerrillas.

**BARRIONUEVO** (Jerónimo **de**), escritor español (Granada 1587-Sigüenza 1671). Poeta y comediógrafo, dejó una colección de cartas (*Avisos,* 4 vols., 1892-1894) que reflejan la vida cortesana de su época.

**BARRIOS (Los),** v. de España (Cádiz); 13 901 hab. *(Barreños.)* En el Campo de Gibraltar. Ganadería.

**BARRIOS** (Armando), pintor venezolano (Caracas 1920). Su obra pasó por diferentes fases: cubismo, abstracción geométrica y, a partir de 1954, una figuración con elementos geométricos.

**BARRIOS** (Eduardo), escritor chileno (Valparaíso 1884-Santiago 1963). Dentro de un realismo sicologista, escribió relatos y novelas: *El niño que enloqueció de amor* (1915); *Un perdido* (1917); *El hermano asno* (1922); *Gran señor y rajadiablos* (1948); *Los hombres del hombre* (1950). Fue también dramaturgo (*Teatro escogido,* 1947).

**BARRIOS** (Gerardo), general y político salvadoreño (Sesori 1811-San Salvador 1865). Presidente de la república desde 1859, en 1863 entró en guerra con Guatemala. Fue vencido y fusilado.

**BARRIOS** (Justo Rufino), general y político guatemalteco (San Lorenzo 1835-Chalchuapa, El Salvador, 1885). Derrocado Cerna, ocupó la presidencia de la república desde 1873 y promulgada la constitución de 1879, fue reelegido presidente (1880-1885).

**BARROS ARANA** (Diego), historiador y pedagogo chileno (Santiago 1830-*id.* 1907). Liberal, se exilió al subir al poder Santa María. Publicó una *Historia general de Chile* (16 vols., 1884-1902).

**BARROS GREZ** (Daniel), escritor chileno (Colchagua 1834-† 1904), autor de novelas (*Pipiolos y pelucones,* 1876), cuentos, teatro y ensayos sobre temas folklóricos.

**BARROS LUCO** (Ramón), político chileno (Santiago 1835-† 1919). Presidente de la república (1910-1915), durante su mandato Argentina, Brasil y Chile se aliaron contra la influencia de E.U.A.

**BARROW** (Isaac), filólogo, matemático y teólogo inglés (Londres 1630-*id.* 1677). Fue maestro de Newton y uno de los precursores del cálculo diferencial.

**BARRUNDIA** (José Francisco), político guatemalteco (Guatemala 1784-Nueva York 1854). Fue presidente de la Federación centroamericana (1829-1830), y en 1837 presidió la asamblea de Guatemala.

**BARRY** (Jeanne **Bécu,** *condesa* **du**), favorita de Luis XV (Vaucouleurs 1743-París 1793). En 1769 se convirtió en amante del rey; fue guillotinada durante el Terror.

**BARTH** (Heinrich), explorador y geógrafo alemán (Hamburgo 1821-Berlín 1865). Obtuvo una valiosa documentación etnográfica de su expedición a África central (1850-1855).

**BARTHES** (Roland), crítico literario y lingüista francés (Cherburgo 1915-París 1980). Su obra se inspiró en la lingüística, el sicoanálisis y la antropología (*El grado cero de la escritura,* 1953).

**BARTÓK** (Béla), compositor húngaro (Nagyszentmiklós [act. en Rumania] 1881-Nueva York 1945). Su lenguaje culto se enriqueció en contacto con una música popular auténtica (*El castillo de Barba Azul,* 1918; *El mandarín maravilloso,* 1919; *Mikrokosmos,* 1926-1937; 3 conciertos, para piano; 6 cuartetos de cuerda).

**BARTOLOMÉ** *(san),* uno de los apóstoles de Cristo, llamado también *Natanael.* Murió desollado vivo.

**BARTOLOMÉ MASÓ,** mun. de Cuba (Granma); 58 128 hab. Cultivos de plantación. Centro azucarero.

**BARTOLOMÉ MITRE,** partido de Argentina (Buenos Aires); 24 576 hab. Agricultura y ganadería.

**BARTOLOMEO** o **BARTOLOMEO della Porta** *(Fra),* pintor italiano de la orden de los dominicos (Florencia 1472-*id.* 1517), cuyo estilo tiende a un clasicismo monumental.

**BARTRA** (Agustí), poeta español en lengua catalana (Barcelona 1908-Tarrasa 1982). Su obra es una constante búsqueda del mito: *Màrsias i Adila* (1948); *Quetzalcóatl* (1960); *Ecce homo* (1968). Cultivó también la narrativa, el teatro y el ensayo.

**BARTRINA** (Joaquim Maria), poeta español (Reus 1850-Barcelona 1880). Su poesía, presenta motivos irreligiosos y cientifistas (*Algo,* 1874).

**BARÚ,** distr. de Panamá (Chiriquí), en el Pacífico; 46 627 hab. Cap. *Puerto Armuelles.*

**BARUC** o **BARUK,** discípulo del profeta Jeremías. El *Libro de Baruc,* ausente en la Biblia hebraica, figura en la Vulgata.

**BARUTA,** c. de Venezuela (Miranda); 182 941 hab. Forma parte del área metropolitana de Caracas.

**BARVA** o **BARBA,** cantón de Costa Rica (Heredia), en la cordillera Central; 22 862 hab.

**BARYSHNIKOV** (Mijáil Nikoláievich), bailarín y coreógrafo norteamericano de origen letón (Riga 1948). Ha asimilado todos los estilos, de los más clásicos a los más sincopados. Afincado en occidente (1974), dirigió el American ballet theatre (1980-1989).

**BĀRZĀNĪ** (Mullāh Muṣṭafa **al-**), jefe kurdo (Barsan *c.* 1902-Washington 1979). Dirigió la insurrección kurda contra el gobierno iraquí (1961-1970).

**BASADRE** (Jorge), historiador peruano (Tacna 1903-Lima 1980), autor de numerosos estudios sobre su país. Fue director de la biblioteca nacional y ministro de Instrucción Pública.

**BASALDÚA** (Héctor), pintor argentino (Pergamino 1895-Buenos Aires 1976), autor de retratos, paisajes y escenas callejeras. Fue director de escenografía del teatro Colón de Buenos Aires.

**BASARAB I,** príncipe de Valaquia [*c.* 1310-1352], que reunió bajo su autoridad a toda Valaquia.

**BASASEACHIC** *(salto de),* cascada de México (Chihuahua), en el *arroyo de Basaseachic;* 311 m.

**BASAURI,** mun. de España (Vizcaya); 50 395 hab. (*Basaurianos* o *basaurienses*) Cap. *Arizgoiti.* Forma parte del área metropolitana de Bilbao. Centro industrial.

**Basedow** *(enfermedad de),* conjunto de trastornos provocados por el funcionamiento excesivo de la glándula tiroides, caracterizado principalmente por un bocio exoftálmico.

**BASEL** → ***Basilea.***

**BASF** (Badische Anilin und Soda Fabrik), empresa alemana fundada en 1865, una de las primeras empresas químicas del mundo.

**BASHKORTOSTÁN** *(República de),* ant. **Bashkiria,** república de la Federación de Rusia, en el S de los Urales, habitada mayoritariamente por rusos y bashkir; 143 000 km²; 3 952 000 hab. Cap. *Ufá.* Petróleo.

**BASHŌ** (**Matsuo Munefusa,** llamado), poeta japonés (Ueno, Iga, 1644-Osaka 1694), uno de los grandes clásicos de la literatura japonesa (*Sendas de Oku,* 1689-1692).

**BASIE** (William Bill **Basie,** llamado **Count**), pianista, organista, compositor y director de orquesta de jazz norteamericano (Red Bank, Nueva Jersey, 1904-Hollywood, Florida, 1984). Su gran popularidad se basó en una orquestación perfecta y un ritmo muy trabajado.

**BASILDON,** c. de Gran Bretaña (Essex), al NE de Londres; 152 000 hab.

**BASILEA,** en alem. **Basel,** en fr. **Bâle,** c. de Suiza, cap. de un semicantón, *Basilea Ciudad* (37 km²; 178 428 hab.), a orillas del Rin; 365 000 hab. en la aglomeración. Importante puerto fluvial. Industrias químicas y mecánicas. Catedral románica y gótica. Museos. — Concilio en el que se proclamó la superioridad del concilio sobre el papa (1431-1449). En 1795, Francia firmó dos tratados en esta ciudad: uno con Prusia (reconocimiento mutuo) y otro con España (cesión de las plazas ocupadas en España a cambio de la parte oriental de La Española). En 1883, debido a una guerra civil, el cantón quedó dividido en dos semicantones: *Basilea Ciudad* (199 411 hab.) y *Basilea Comarca.* — El semicantón de *Basilea Comarca* (428 km²; 233 488 hab.) tiene como cap. *Liestal.* Los dos semicantones constituyen el *cantón de Basilea.*

**Basilea:** el ayuntamiento (1503-1512) decorado con frescos (1608) de Hans Bock

**BASILICATA,** región del S de Italia, formada por las provincias de Potenza y Matera; 9 992 km²; 605 940 hab. Cap. *Potenza.*

**BASÍLIDES,** nóstico alejandrino (s. II d. J.C.). Tuvo numerosos discípulos en Egipto y Europa meridional. La secta desapareció en el s. IV.

**BASILIO** *(san),* llamado **el Grande,** padre de la Iglesia griega (Cesarea 329-*id.* 379), obispo de Cesarea. Luchó contra el arrianismo y ejerció una gran influencia en el desarrollo del monacato.

**BASILIO I,** en ruso **Vasili** (1371-1425), gran príncipe de Vladímir y de Moscú [1389-1425]. — **Basilio II el Ciego,** en ruso **Vasili** (1415-1462), gran príncipe de Vladímir y de Moscú [1425-1462]. Rechazó la unión de la Iglesia rusa con Roma suscrita en 1439. — **Basilio III,** en ruso **Vasili** (1479-1533), gran príncipe de Vladímir y de Moscú [1505-1533], hijo de Iván III y de Zoé (Sofía) Paleóloga.

**BASILIO I el Macedonio** (Adrianópolis *c.* 812-† 886), emperador bizantino [867-886], fundador de la dinastía macedonia. — **Basilio II el Bulgaróctono** (957-1025), emperador bizantino [963-1025]. Sometió Bulgaria, derrotó a los fatimíes, dominó la aristocracia y llevó al más alto grado la prosperidad del imperio.

**BASILIO SHUISKI** (1552-Gotsynin, cerca de Varsovia, 1612), zar de Rusia [1606-1610]. Fue derrocado durante la invasión polaca.

**BASORA** o **BAṢRA,** c. y puerto de Iraq, cap. de prov., a orillas del Šaṭṭ al 'Arab; 600 000 hab. Vasto palmeral. Industrias químicas y alimentarias.

**BASOV** (Nikolái Guennádievich), físico ruso (Usman, cerca de Vorónezh, 1922). En 1956 realizó un oscilador molecular con amoníaco y posteriormente trabajó con láseres a gas y láseres semiconductores. (Premio Nobel de física, 1964.)

**BAS-RHIN,** dep. del E de Francia (Alsacia); 4 755 km²; 953 053 hab. Cap. *Estrasburgo.*

**BASS** *(estrecho de),* brazo de mar que separa Australia y Tasmania; 200 km de anch. Petróleo.

**BASSA** (Ferrer), pintor catalán (*c.* 1285-† 1348), documentado en Barcelona de 1324 a 1348. Introdujo en Cataluña la pintura sienesa y giottesca. Recibió encargo de pintar dos capillas de la iglesia de Sitges (1324) y se le atribuye el retablo de san Bernardo (museo de Vic). Su obra más importante es la capilla de san Miguel del monasterio de Pedralbes, en Barcelona (1343-1346). Colaboró con él su hijo **Arnau.**

**BASSAE,** yacimiento arqueológico griego (Arcadia), cuyo templo dórico, construido por Ictino (fines s. V a. J.C.) y consagrado a Apolo, es uno de los mejor conservados del país.

**BASSANO** (Jacopo **da Ponte,** llamado **Jacopo**), pintor italiano (Bassano del Grappa, Véneto, *c.* 1515-*id.* 1592). Manierista, en sus cuadros bíblicos y religiosos dio gran importancia al paisaje rural y a los efectos de luz. — Sus hijos, **Francesco** y **Leandro,** continuaron su obra.

**BASSEIN,** c. de Birmania; 356 000 hab.

**BASTERRA** (Ramón **de**), escritor español (Bilbao 1888-Madrid 1928). Su prosa (*La obra de Trajano,* 1921) y su poesía (*Las ubres luminosas,* 1923; *Vírulo, mediodía,* 1927) están marcadas por su obsesión por lo hispánico.

**BASTERRECHEA** (Néstor), escultor español (Bermeo 1924). Sus obras, especialmente en madera, intentan recuperar la forma de las estelas mortuorias características del País Vasco (*Cosmogónica vasca,* 1972; *Estelas discoideas,* 1974-1975).

**BASTI,** ant. c. ibérica de la Bética, cap. de los bastetanos. Es la act. *Baza.*

**BASTIA,** c. de Francia (Córcega), cap. del dep. de Haute-Corse; 38 728 hab. Puerto. Ciudadela.

**BASTIDAS** (Rodrigo **de**), navegante y descubridor español (Sevilla 1460-Santiago de Cuba 1527). Exploró la costa de Venezuela (1500). Instalado en Santo Domingo (1507), en 1524 se dirigió a Tierra Firme, donde fundó Santa Marta.

**Bastilla** *(la),* fortaleza de París construida entre 1370 y 1382. Fue ciudadela militar y prisión desde Luis XIII. Símbolo de la arbitrariedad real, fue tomada por el pueblo (1789) y destruida (1790).

**BASUTOLANDIA,** ant. protectorado británico del África austral (1868-1966).

**BATA,** c. y puerto de Guinea Ecuatorial, cap. de la región continental de Mbini; 27 000 hab.

**BAT'A** (Tomáš), industrial checo (Zlín 1876-Otrokovice 1932). Fue uno de los primeros industriales en hacer participar a su personal de los beneficios de la empresa, mediante la autonomía contable de los talleres.

**BATABANÓ,** mun. del S de Cuba (La Habana); 21 360 hab. Puerto pesquero en el *golfo de Batabanó.*

**BATAILLE** (Georges), escritor francés (Billom 1897-París 1962), interesado por el erotismo y obsesionado por la muerte *(La experiencia interior, La parte maldita, Las lágrimas de Eros).*

**BATAILLON** (Marcel), hispanista francés (Dijon 1895-París 1977). Se dedicó al estudio de la literatura y el pensamiento del siglo de oro. Escribió *Erasmo y España* (1937), obras sobre la novela picaresca, *La Celestina,* y los historiadores de Indias (Las Casas) y *Varia lección de clásicos españoles* (1965).

**BATALHA,** c. de Portugal, en Estremadura (Leiria); 6 390 hab. Monasterio gótico y manuelino (ss. XIV-XVI), para conmemorar la batalla de Aljubarrota.

**batalla de San Romano** *(La),* conjunto de tres grandes tablas pintadas por Uccello por encargo de los Médicis para ilustrar un episodio de la guerra entre florentinos y sieneses (*c.* 1456-1460), Uffizi, Louvre y galería nacional de Londres).

**BATANGAS,** c. y puerto de Filipinas (Luzón); 144 000 hab. Refinería.

**BÁTAVA** *(República),* nombre que adoptaron las Provincias Unidas de 1795 a 1806.

**BATAVIA** → ***Yakarta.***

**BATESON** (Gregory), antropólogo norteamericano de origen británico (Grantchester, Cambridgeshire, 1904-San Francisco 1980). Es autor de una teoría que aplica al campo siquiátrico algunos conceptos de la teoría de la comunicación.

**BATH,** c. de Gran Bretaña, junto al Avon; 79 900 hab. Estación termal. Notable urbanismo del s. XVIII.

**BÁTHORY** o **BÁTORY,** familia húngara a la que pertenecía Esteban I, rey de Polonia, y que dio dos príncipes a Transilvania.

**BATHURST** → ***Banjul.***

**BATILDE** *(santa),* reina de los francos († Chelles 680). Casó con Clodoveo II y gobernó durante la minoría de su hijo Clotario III.

**BATISTA** (Fulgencio), político y militar cubano (Banes 1890-Guadalmina, Málaga, 1973). Fue presidente de la república de 1940 a 1944. En 1952, derribó a Prío Socarrás y se proclamó jefe del estado y del ejército. Gobernó dictatorialmente, en beneficio de E.U.A. Fue derrocado por la revolución de Castro (1959) y se estableció en España.

**BATLLE** (Lorenzo), político y militar uruguayo (Montevideo 1810-† 1887). Miembro del Partido colorado, presidente de 1868 a 1872, su política partidista provocó un movimiento revolucionario dirigido por el Partido blanco.

**BATLLE BERRES** (Luis), político uruguayo (Montevideo 1897-*id.* 1964). Diputado del Partido colorado, fue presidente de la república en 1947-1951 y 1955-1956.

**BATLLE PLANAS** (Juan), pintor argentino de origen español (Torroella de Montgrí 1911-Buenos Aires 1966). Su obra se inscribe en el surrealismo (collages de las «radiografías paranoicas»).

**BATLLE Y ORDÓÑEZ** (José), estadista uruguayo (Montevideo 1854-*id.* 1929). Presidente de la república (1903-1907) por el Partido colorado, se enfrentó a los levantamientos de Saravia, jefe del Partido blanco. Reelegido (1911-1915), organizó el poder ejecutivo, separó la Iglesia del estado, implantó el voto secreto y proporcional, aprobó leyes progresistas y estimuló la diversificación agrícola.

**BATNA,** c. de Argelia, cap. de vilayato, al N del Aurès; 112 000 hab.

**BATON ROUGE,** c. de Estados Unidos, cap. de Luisiana, junto al Mississippi; 219 531 hab. Refino de petróleo y química.

**BÁTORY** → ***Báthory.***

**BATTĀNĪ** (Abū 'Abd Allāh Muḥammad ibn Ŷabir **al-**), en lat. **Albatenius,** astrónomo árabe (Ḥarrān, Mesopotamia [act. Turquía], *c.* 858-Sāmarrā 929). Determinó la oblicuidad de la eclíptica, la duración del año trópico, el movimiento del Sol y rectificó la constante de precisión de Tolomeo. Es autor de *Opus astronomicum.*

**BATTHYÁNY,** familia húngara dos de cuyos miembros participaron en la revolución de 1848: **Lajos,** *conde* (Presburgo 1806-Pest 1849), presidente del consejo (marzo-oct. 1848), que fue fusilado, y **Kázmér,** *conde* (1807-París 1854), ministro de Asuntos Exteriores en 1849.

**BAṬṬŪTA (Ibn)** → ***Ibn Baṭṭūta.***

**BĀTŪ KAN,** príncipe mongol (1204-*c.* 1255), fundador de la Horda de Oro, nieto de Gengis Khan. Conquistó Rusia (1238-1240) y Hungría (1241), y llegó hasta el Adriático (1242).

**BATUMI** o **BATŪM,** c. y puerto de Georgia, junto al mar Negro, cap. de Adzharia; 136 000 hab.

**BAUCIS** → ***Filemón.***

**BAUDELAIRE** (Charles), escritor francés (París 1821-*id.* 1867). Heredero del romanticismo, expresó el trágico destino humano y una visión mística del universo. Sus poemas (*Las flores del mal,* 1857) y su crítica (*El arte romántico,* 1868) representan la apertura a la modernidad.

José
**Batlle y Ordóñez**

Charles
**Baudelaire**

**BAUDÓ,** serranía de Colombia (Chocó); 1 810 m en Alto del Buey, donde nace el *río Baudó* (150 kilómetros).

**BAUDOUIN DE COURTENAY** (Jan Ignacy), lingüista polaco (Radzymin 1845-Varsovia 1929). Se le considera el precursor de la fonología.

**BAUDRILLARD** (Jean), sociólogo francés (Reims 1929), que interrelaciona la producción de objetos y los deseos y fantasmas de los consumidores.

**BAUER** (Bruno), crítico y filósofo alemán (Eisenberg 1809-Rixdorf, cerca de Berlín, 1882). Influido por el hegelianismo, criticó el cristianismo (*Cristianismo revelado,* 1843). Sus obras sobre política e historia fueron violentamente criticadas por Marx y Engels.

**BAUER** (Otto), político y teórico austríaco (Viena 1881-París 1938), uno de los dirigentes del partido socialdemócrata austríaco.

**Bauhaus** *(casa de la construcción),* escuela alemana de arquitectura y artes aplicadas, fundada en 1919, en Weimar, por W. Gropius y trasladada a Dessau (1925-1932) y luego a Berlín (1933). Tuvo un gran papel en la evolución de las ideas y técnicas modernas. Enseñaron en ella el pintor suizo Johannes Itten, los pintores Feininger, Klee, Oskar Schlemmer, Kandinsky y Moholy-Nagy, el arquitecto suizo Hannes Meyer y Mies Van der Rohe. Fueron maestros, Breuer, el pintor Josef Albers y el grafista austríaco Herbert Bayer. Moholy-Nagy fundó la New Bauhaus en Chicago (1937).

**BAULIEU** (Étienne Émile), médico francés (Estrasburgo 1926). Ultimó la puesta a punto de la píldora abortiva RU 486.

**BAUMGARTEN** (Alexander Gottlieb), filósofo alemán (Berlín 1714-Frankfurt del Oder 1762). Separó la estética de la filosofía y la definió como la ciencia de la belleza.

**BAURÉS,** r. de Bolivia (Beni), afl. del Iténez (or. der.), formado por el San Martín y el Blanco; 520 kilómetros.

**BAUSCH** (Philippine **Bausch**, llamada **Pina**), bailarina y coreógrafa alemana (Solingen 1940). Directora del ballet de la ópera de Wuppertal, ha creado un estilo personal *(Tanztheater),* próximo a la caricatura (*Los siete pecados capitales,* 1976; *Nelken,* 1982; *Tanzabend II,* 1991).

**BAUTA,** ant. **Hoyo Colorado,** mun. de Cuba (La Habana); 32 745 hab. Importante planta textil.

**BAUTISTA** (Francisco), arquitecto y jesuita español (1594-1679). Sus obras, de transición del clasicismo al barroco, pertenecen a la escuela castellana. Inventó la cúpula encamonada.

**BAUTISTA** (Julián), compositor español (Madrid 1901-Buenos Aires 1961). Compuso cuartetos, un ballet, diversas obras sinfónicas y de cámara, y música para cine.

**BAUTZEN,** c. de Alemania (Sajonia), al E de Dresde; 50 627 hab. Victoria de Napoleón I sobre los rusos y los prusianos (20-21 mayo 1813).

**BAUZÁ** (Felipe), político y geógrafo español (Palma de Mallorca 1764-Londres 1834), autor del proyecto de la división provincial de España (1822). Diputado por Mallorca (1822), al caer el régimen constitucional huyó a Gran Bretaña.

**BAVIERA,** en alem. **Bayern,** estado (Land) de Alemania que comprende la *Baviera* propiamente dicha (antepaís alpino al S del Danubio) y la parte septentrional de la *cuenca de Suabia y de Franconia;* 70 550 km²; 11 220 735 hab. *(Bávaros.)* Cap. *Munich.* C. pral. *Augsburgo, Nuremberg, Ratisbona* y *Bayreuth.*

HISTORIA

A principios del s. X Baviera era uno de los ducados más importantes del Imperio germánico. 1070-1180: fue gobernada por la dinastía de los Güelfos, expoliada del ducado en 1180 por los Wittelsbach, que reinaron en Baviera hasta 1918. 1467-1508: el duque Alberto IV el Sabio unificó sus estados, que se convirtieron en un bastión de la Contrarreforma. 1623: Maximiliano I obtuvo el título de elector. 1806: Maximiliano I José, aliado de Napoleón I, obtuvo el título de rey. 1825-1886: Luis I (1825-1848) y Luis II (1864-1886) fueron grandes constructores. 1866: Baviera, aliada de Austria, fue derrotada por Prusia. 1871: se incorporó al Imperio alemán. 1918-1919: se convirtió en un Land dentro de la república de Weimar. 1923: El golpe de estado organizado por Hitler en Munich fracasó. 1949: el estado libre de Baviera pasó a ser un Land de la R.F.A.

**BAVÓN** *(san),* monje de Gante y patrón de esta ciudad († a. 659).

**BAYACETO I,** en turco **Bāyazīd** (*c.* 1360-Akşehir, Konya, 1403), sultán otomano [1389-1402]. Desafió a los cruzados en Nicópolis (1396), pero fue vencido y hecho prisionero por Tīmūr Lang en Ankara (1403). — **Bayaceto II** (Aralik *c.* 1447-Dimetoka 1512), sultán otomano [1481-1512].

**BAYAGUANA,** mun. de la República Dominicana (San Cristóbal); 20 492 hab. Cultivos de arroz.

**BAYAMO,** c. de Cuba, cap. de la prov. de Granma; 154 797 hab. Metalurgia, azúcar, tabaco.

**BAYAMÓN,** mun. de Puerto Rico, en el N de la isla; 220 262 hab. Centro industrial.

**BAYDA' (Al-),** c. de Libia; 60 000 hab.

**Bayer,** empresa alemana fundada en 1863, una de las primeras empresas químicas del mundo.

**BAYER** (Johann), astrónomo alemán (Rain, Baviera, 1572-Augsburgo 1625). Autor del primer atlas celeste impreso (*Uranometría,* 1603), introdujo 12 constelaciones nuevas, así como la costumbre de designar las estrellas de cada constelación con letras griegas, según su brillo aparente.

**BAYEU,** familia de pintores españoles del s. XVIII. — **Francisco** (Zaragoza 1734-Madrid 1795) realizó numerosas obras para la corte y trabajó para la Real fábrica de tapices. Su estilo evolucionó de un rococó brillante a un clasicismo académico. — Su hermano **Ramón** (Zaragoza 1746-Aranjuez 1793) se dedicó principalmente a los cartones para tapices.

**BAYEUX,** c. de Francia (Calvados); 15 106 hab. Catedral. Célebre tapiz bordado (s. XI), con escenas de la conquista de Inglaterra por Guillermo el Conquistador (*tapiz de la reina Matilde,* o *de Bayeux*).

**BAYO Y SEGUROLA** (Ciro), escritor español (Madrid 1860-*id.* 1939). Sus obras reflejan las impresiones de sus viajes: *El peregrino en Indias,* 1912; *Por la América desconocida,* 1920; *La reina del Chaco,* 1935.

**Bayon** (el), templo khmer (ss. XII-XIII), en el centro del recinto de Angkor Thom.

**BAYONA,** en fr. **Bayonne,** c. y puerto de Francia (Pyrénées-Atlantiques), a orillas del Adour; 41 846

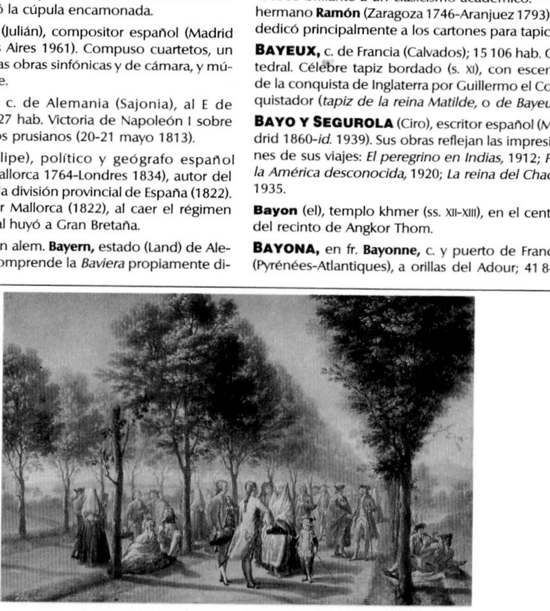

Francisco **Bayeu:** *El paseo de las Delicias en Madrid.* (Prado, Madrid.)

hab. Catedral (ss. XIII-XVI). Museos Bonnat y vasco. – En la *entrevista de Bayona,* los soberanos españoles abdicaron en favor de Napoleón I (1808).

**Bayona** *(constitución de),* texto legal aprobado en 1808 por la Asamblea de notables, convocada por Napoleón en Bayona (Francia), tras las abdicaciones de Fernando VII y Carlos IV y la designación como rey de José I. Los diputados aprobaron casi sin discusión el texto, moderado y centralista.

**BAYONA** o **BAIONA,** v. de España (Pontevedra); 9 690 hab. (*Bayoneses* o *bayonenses.*) Turismo.

**BAYONA** (Pilar), pianista española (Zaragoza 1899-*id.* 1979), gran intérprete de Bach.

**BAYREUTH,** c. de Alemania (Baviera), junto al Main; 71 527 hab. Teatro construido por Luis II de Baviera para la representación de las obras de Wagner (1876). Festival anual de óperas wagnerianas, de fama internacional.

**BAYTAR** (Abū Muḥammad **ibn al-**), botánico hispanoárabe (Málaga fines s. XII-Damasco *c.* 1248), autor de dos tratados en que sintetiza la tradición farmacológica hispanoárabe y oriental.

**BAŶŶA** (Abū Bakr Muḥammad ibn Yaḥyà **ibn**), filósofo hispanoárabe (Zaragoza fines s. XI-Fez 1138), conocido como **Avempace.** Autor de comentarios a Aristóteles, de tratados de lógica y de un tratado sobre el alma *(Régimen del solitario).*

**BAZ** (Ignacio), pintor argentino (Tucumán 1826-*id.* 1887). Realizó retratos de personajes ilustres argentinos, acuarelas y miniaturas en marfil.

**BAZA** *(sierra de),* sierra de España, que constituye el cuerpo central de la cordillera Penibética; 2 269 m en el pico de Santa Bárbara.

**BAZA,** c. de España (Granada), cab. de p. j.; 19 997 hab. (*Baztetanos* o *bastitanos.*) Agricultura e industrias derivadas. Es la ant. *Basti.* Ruinas árabes (s. XI). Iglesia mayor barroca, con capilla del Sagrario de D. de Siloe.

**Baza** *(dama de),* escultura sedente en piedra con restos de policromía, hallada en 1971 en la necrópolis ibérica del Cerro del Santuario, en la Hoya de Baza (museo arqueológico nacional, Madrid).

**BAZÁN** (Álvaro **de**), 1.^er^ *marqués* **de Santa Cruz,** marino español (Granada 1526-Lisboa 1588). Fue capitán general del mar Océano y del Mediterráneo. Participó victoriosamente en diversas expediciones contra los turcos, destacando en la batalla de Lepanto. Felipe II le encargó los preparativos de la Invencible, empresa que no culminó a causa de su muerte.

**BAZÁN** (Álvaro **de**), 2.º *marqués* **de Santa Cruz,** marino español (Nápoles 1571-Madrid 1646), hijo del anterior. Capitán general de las galeras de Nápoles (1603) y de las de España (1615), obtuvo importantes triunfos sobre los turcos y los berberiscos.

**BAZILLE** (Frédéric), pintor francés (Montpellier 1841-Beaune-la-Rolande 1870), uno de los iniciadores del impresionismo.

**BAZIN** (Jean Pierre **Hervé-Bazin,** llamado **Hervé**), escritor francés (Angers 1911-*id.* 1996), que satirizó las opresiones familiares y sociales.

**BAZTÁN,** mun. de España (Navarra); 7 918 hab. *(Baztaneses.)* Cap. *Elizondo.* Centro agropecuario, regado por el alto Bidasoa, en el *Valle de Baztán* (el 80 % de la comarca es de propiedad comunal).

**B.B.C.** (British broadcasting corporation), organismo británico de radio y televisión creado en Londres en 1922. Desde 1927 es un servicio público.

**BEA** (Augustin), prelado y exegeta alemán (Riedböhringen 1881-Roma 1968). Jesuita y cardenal (1959), preparó el concilio Vaticano II y trabajó en el desarrollo del ecumenismo.

**BEACONSFIELD** (*conde* **de**) → ***Disraeli.***

**BEAGLE,** canal situado en la región austral de América del Sur, entre Tierra del Fuego por el norte y las islas Gordon, Hoste, Navarino, Picton y Nueva por el sur.

**BEAMON** (Robert, llamado **Bob**), atleta norteamericano (Jamaica, Nueva York, 1946), campeón olímpico en 1968 y plusmarquista mundial, de 1968 a 1991, de salto de longitud (8,90 m).

**BEARDSLEY** (Aubrey Vincent), dibujante británico (Brighton 1872-Menton 1898). Esteta apasionado, fue célebre por sus ilustraciones, de tendencia modernista (*Salomé,* de Wilde; *Cuentos,* de Poe; *Volpone,* de Ben Jonson).

Aubrey **Beardsley:** ilustración para *Salomé* de O. Wilde (1894) [biblioteca nacional, París]

**BÉARN,** región histórica de Francia que desde el s. X, fue un vizcondado, incorporado a la corona francesa en 1620. Cap. *Pau.* Constituye la parte oriental del dep. de Pyrénées-Atlantiques.

**BEAS DE SEGURA,** v. de España (Jaén); 8 275 hab. *(Serreños.)* Centro agropecuario.

**BEASAIN,** v. de España (Guipúzcoa); 12 089 hab. *(Beasainenses.)* Industria siderúrgica, química y alimentaria. Central térmica.

**beat generation,** movimiento literario y cultural que se desarrolló en Estados Unidos durante los años cincuenta y sesenta. Proclamó su rechazo de la sociedad industrial y su deseo de recuperar las raíces americanas, mediante el viaje (*En el camino,* 1957, de J. Kerouac), la meditación (influida por el budismo zen) y las experiencias con las drogas.

**beatles** *(The),* cuarteto vocal e instrumental británico, integrado por Ringo Starr, John Lennon, Paul McCartney y George Harrison, y que fue, de 1962 a 1970, el símbolo de la música pop mundial.

**BEATO DE LIÉBANA,** monje asturiano († 798), autor de *Comentarios al Apocalipsis* (*c.* 776), obra en doce libros y con abundantes miniaturas.

**BEATON** o **BETHUNE** (David), prelado y político escocés (Balfour 1494-Saint Andrews 1546). Arzobispo (1539) y legado del papa en Escocia, se opuso a la política religiosa de Enrique VIII. Fue asesinado.

**BEATRIZ I,** reina de Países Bajos (Soestdijk 1938). Sucedió a su madre Juliana en 1980.

**Beatriz,** personaje de la *Divina comedia,* inspirado a Dante por la florentina Beatrice Portinari (*c.* 1265-1290).

**BEATRIZ DE PORTUGAL** (Coimbra 1373-† 1409), reina de Castilla [1383-1390]. Hija de Fernando I de Portugal y segunda esposa de Juan I de Castilla, esta alianza pretendía la unión de los dos reinos.

**BEATRIZ DE SILVA** *(santa),* religiosa española (Campo Mayor, Toledo, 1424-Toledo 1491), fundadora de la orden de la Inmaculada Concepción (concepcionistas). Fue canonizada en 1976.

**BEATRIZ DE SUABIA** († Toro 1235), reina de Castilla [1220-1235], esposa de Fernando III y madre del futuro Alfonso X.

**BEATTY** (David, *conde*), almirante británico (Borodale, Irlanda, 1871-Londres 1936). Tras distinguirse en la batalla de Jutlandia (1916), mandó la flota británica (1915-1918) y fue primer lord del Almirantazgo (1919-1927).

**BEAUFORT** *(mar de),* mar del océano Ártico, en el N de Alaska y de Canadá.

**Beaufort** *(escala de),* escala codificada de 0 a 12 grados, utilizada en meteorología para medir la fuerza del viento.

**BEAUHARNAIS** (Josefina) → ***Josefina.***

**BEAUJOLAIS,** comarca francesa, en el borde oriental del macizo Central, entre el Loira y el Saona, una de las grandes regiones vitícolas de Francia *(beaujolais).*

**BEAUMARCHAIS** (Pierre Augustin **Caron de**), escritor francés (París 1732-*id.* 1799). Aventurero y libertino, sus comedias *El barbero* de Sevilla* (1775) y *Las bodas* de Fígaro* (1784) fueron una crítica atrevida e ingeniosa de la sociedad francesa.

**BEAUMONT,** c. de Estados Unidos (Texas); 114 323 hab. Puerto petrolero. Química.

**BEAUMONT** (Francis), poeta dramático inglés (Grace-Dieu 1584-Londres 1616), autor, con Fletcher, de tragedias y de comedias de intriga (*The knight of the burning pestle,* 1611).

**BEAUVAIS,** c. de Francia, cap. del dep. de Oise; 56 278 hab. Catedral inacabada (ss. XIII-XVI), con vidrieras. Galería nacional de tapices.

*The* **beatles** (en 1968): Ringo Starr (a la izquierda), Paul McCartney (en el centro), John Lennon (a la derecha) y George Harrison (en primer plano).

**Bayeux.** Detalle del *tapiz de la reina Matilde.* Fines s. XI. (Centro Guillermo el Conquistador, Bayeux.)

**Beatriz I** de Países Bajos

**Beaumarchais** (Nattier; col. part.)

Francisco de **Becerra:** la catedral de Cuzco, Perú, proyectada por él (1598-1605)

**BEAUVOIR** (Simone **de**), escritora francesa (París 1908-*id.* 1986). Compañera de Sartre y feminista, escribió ensayos (*El segundo sexo,* 1949), novelas (*Los mandarines,* 1954), teatro y memorias.

**BEBEL** (August), político alemán (Colonia 1840-Passugg, Suiza, 1913), uno de los fundadores del partido socialdemócrata.

**BECCARIA** (Cesare **Bonesana,** *marqués* **de**), jurisconsulto y economista italiano (Milán 1738-*id.* 1794), autor de una obra, *De los delitos y las penas,* cuyos principios renovaron el derecho penal.

**BECEITE,** v. de España (Teruel); 656 hab. Embalse de Pena (central eléctrica). Minas de lignito.

**BECERRA** (Francisco **de**), arquitecto español activo en América (Trujillo 1545-Lima 1605). En 1573 llegó a Ciudad de México, donde realizó obras para varios conventos y el coro de la catedral. En Puebla realizó el colegio de San Luis y los planos de la catedral. En Quito comenzó la construcción de las iglesias de Santo Domingo y San Agustín y tres puentes. En 1582 se trasladó a Lima (planos de la catedral de Lima y de la del Cuzco, etc.).

**BECERRA** (Gaspar), escultor y pintor español (Baeza 1520-Madrid 1605). Realizó esculturas (retablo de la catedral de Astorga) y decoró con pinturas al fresco los palacios de Madrid y del Pardo, en un estilo renacentista italiano.

**BECERRIL** *(maestro de),* pintor español documentado en Palencia en la primera mitad del s. XVI, autor del retablo renacentista de san Pelayo (catedral de Málaga).

**BECHAR,** ant. **Colomb-Béchar,** c. de Argelia, en el Sahara, cap. de vilayato; 73 000 hab.

**BECHER** (Johann Joachim), alquimista alemán (Spira 1635-Londres 1682), precursor de la teoría del flogisto.

**BECHET** (Sidney), clarinetista, saxofonista, compositor y director de orquesta de jazz norteamericano (Nueva Orleans *c.* 1891 o 1897-Garches, Seine-et-Oise, 1959). Fue uno de los principales representantes del estilo Nueva Orleans.

**BECHTEREV** o **BEJTEREV** (Vladímir Mijáilovich), sicofisiólogo ruso (cerca de Viatka 1857-Leningrado 1927). A partir del reflejo condicionado estudiado por Pavlov desarrolló antes que Watson una sicología fundada en el estudio de las respuestas a los estímulos.

**BECHUANALANDIA** → ***Botswana.***

**BECKENBAUER** (Franz), futbolista alemán (Munich 1945). Líbero del Bayern, capitán del equipo de la R.F.A., fue vencedor de la copa del mundo en 1974.

**BECKER** (Boris), jugador de tenis alemán (Leimen, Baden-Württemberg, 1967), vencedor en Wimbledon (1985, 1986 y 1989), Flushing Meadow (1989) y Australia (1991 y 1996), ganó el Masters en 1988, 1992 y 1995 y el Grand slam en 1996.

**BECKER** (Gary Stanley), economista norteamericano (Pottsville, Pennsylvania, 1930). Ha contribuido a una profunda renovación de la ciencia económica al extender el análisis económico al estudio de las relaciones y de los comportamientos humanos. (Premio Nobel de economía 1992.)

**BECKET** (*santo* Tomás) → ***Tomás Becket.***

**BECKETT** (Samuel), escritor irlandés (Foxrock, cerca de Dublín, 1906-París 1989), autor, en inglés y luego en francés, de novelas (*Molloy,* 1951; *El innombrable,* 1953) y de obras de teatro que expresan lo absurdo de la condición humana (*Esperando a Godot,* 1952; *Final de partida,* 1957; *Días felices,* 1961). [Premio Nobel de literatura 1969.]

**BECKMANN** (Max), pintor alemán (Leipzig 1884-Nueva York 1950), uno de los representantes del expresionismo y de la nueva objetividad.

**BÉCQUER,** familia de pintores sevillanos del s. XIX, llamados en realidad **Domínguez,** y a la que perteneció el poeta Gustavo Adolfo. – **José** (Sevilla 1805-*id.* 1841) fue uno de los iniciadores de la pintura romántica andaluza costumbrista. – **Joaquín** (Sevilla *c.* 1819-*id.* 1879) fue pintor de cámara de Isabel II. – **Valeriano,** hijo de José (Sevilla 1834-Madrid 1870), fue un pintor costumbrista.

**BÉCQUER** (Gustavo Adolfo), poeta español (Sevilla 1836-Madrid 1870). Es el más genuino –bien que tardío– representante del romanticismo español, en su faceta más intimista, punto de partida de la poesía moderna. La inspiración popular y la corriente influida por la lírica germánica se funden en su obra. Sus temas predilectos son la poesía y la lengua poética, el amor, el desengaño, la soledad y el destino final del hombre, y su ideario lo plasmó tanto en las *Cartas literarias a una mujer* (1861) como en las *Rimas**. Lo fantástico predomina en las *Leyendas* (1857-1864), muestra excepcional de la prosa poética del s. XIX, y en *Cartas desde mi celda* (1864).

**BECQUEREL** (Antoine), físico francés (Châtillon-Coligny 1788-París 1878). Descubrió la piezoelectricidad e inventó la pila fotovoltaica. – Su nieto **Henri** (París 1852-Le Croisic 1908) descubrió la radiactividad. (Premio Nobel de física 1903, conjuntamente con los esposos Curie.)

**BEDA el Venerable** *(san),* benedictino anglosajón, doctor de la Iglesia (Wearmouth, Durham, *c.* 672-Jarrow, Durham, 735). Poeta, historiador y teólogo, escribió *Historia eclesiástica gentis Anglorum.*

**BEDDOES** (Thomas Lovell), escritor británico (Clifton 1803-Basilea 1849). Su obra poética y dramática refleja todas las tendencias del romanticismo *(Death's jest book).*

**BEDFORD,** c. de Gran Bretaña (Inglaterra), cap. del condado de *Bedfordshire* (1 235 km²; 514 200 hab.); 74 000 hab.

**BEDFORD** (Juan **de Lancaster,** *duque* **de**) → ***Lancaster*** (Juan **de**).

**BEDÓN** (*fray* Pedro), pintor ecuatoriano (Quito 1556-*id.* 1621). Dominico, su obra representa el manierismo en la escuela quiteña (Quito, convento de la Recoleta, fresco de la *Virgen de la Escalera*); pinturas en Lima, Tunja y Bogotá.

**BEECHAM** (*sir* Thomas), director de orquesta británico (Saint Helens, Lancashire, 1879-Londres 1961), fundador de la orquesta filarmónica de Londres y de la real orquesta filarmónica.

**BEECHER-STOWE** (Harriet **Beecher,** *Mrs.* **Stowe,** llamada **Mrs.**), novelista norteamericana (Litchfield, Connecticut, 1811-Hartford 1896), autora de *La cabaña del tío Tom* (1852), que popularizó el movimiento antiesclavista.

**BEERSHEBA,** en hebreo **Be'er Šeba',** c. de Israel, en el N del Néguev; 103 000 hab.

**BEETHOVEN** (Ludwig **van**), compositor alemán (Bonn 1770-Viena 1827). Niño prodigio (dio su primer concierto a los ocho años), partidario de las ideas de libertad y justicia de la Revolución francesa, fue el cantor de la generosidad y de la alegría, a pesar de la sordera que le afectó a partir de 1802. Heredero de Mozart y del clasicismo vienés *(Fidelio),* despertó el romanticismo germánico con sus 17 cuartetos de cuerdas (1800-1826), sus 32 sonatas para piano *(Patética, Claro de luna, Appassionata)* [1795-1822], sus 5 conciertos para piano y sus 9 sinfonías (1800-1824) [la 3.ª llamada *Heroica,* la 6.ª llamada *Pastoral,* la 9.ª con solistas y coros.]

**BEGIN** (Menahem), político israelí (Brest-Litovsk 1913-Tel-Aviv 1992). Jefe del Irgún (1942) y luego líder del Likud, primer ministro (1977-1983), firmó (1979) un tratado de paz con Egipto. (Premio Nobel de la paz, 1978.)

**BEHAIM** (Martin), cosmógrafo y navegante alemán (Nuremberg 1459-Lisboa 1507), autor de un globo terráqueo que representaba el estado de los conocimientos geográficos antes de Colón.

**BEHAN** (Brendan), escritor irlandés (Dublín 1923-*id.* 1964). Militante del I.R.A., es autor de relatos autobiográficos (*Borstal boy,* 1958; *Confessions of an irish rebel,* 1965) y de obras de teatro (*The quare fellow,* 1954).

**BÉHANZIN** (1844-Argel 1906), último rey de Dahomey [1889-1893]. Hijo de Glé-Glé, fue deportado a Argelia tras la conquista de su reino por los franceses (1890; 1892-1893).

**BEHISTÚN** o **BISOTUN,** c. de Irán, en el Kurdistán. Rocas cubiertas de bajorrelieves e inscripciones que sirvieron de base para el estudio de la escritura cuneiforme por parte del británico H. Rawlinson (1810-1895).

**BEHRENS** (Peter), arquitecto y diseñador alemán (Hamburgo 1868-Berlín 1940). Racionalista y funcionalista, coordinó todas las artes plásticas entre sí y aplicó las nuevas normas a la organización industrial de la productividad.

**BEHRING** (*estrecho* y *mar de*) → ***Bering.***

**BEHRING** (Emil **von**), médico y bacteriólogo alemán (Hansdorf 1854-Marburgo 1917), uno de los creadores de la sueroterapia. (Premio Nobel de fisiología y medicina 1901.)

**BEHZĀD** o **BIHZĀD** (Kamāl al-Dīn), miniaturista persa (*c.* 1455-*c.* 1536). Renovador de los principios de composición, creó la escuela ṣafawī de Tabrīz.

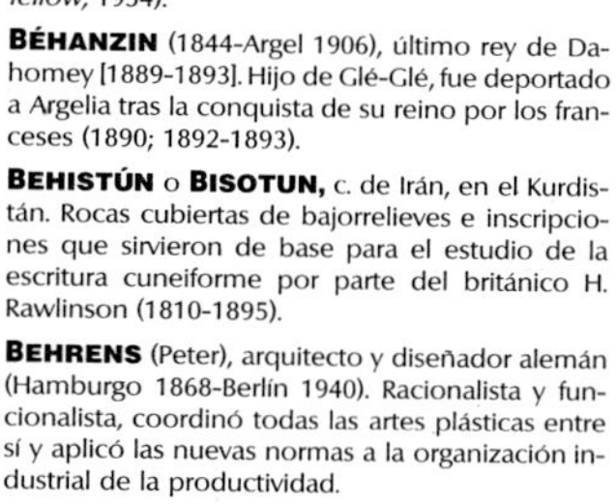

**Beethoven** (col. André Meyer)

**BEIDA (El-)** → ***Baydā' (Al-).***

**BEIJING** → ***Pekín.***

**BEIRA,** región histórica del centro de Portugal.

**BEIRA,** c. y puerto de Mozambique, junto al océano Índico; 298 874 hab. Terminal de oleoducto.

**BEIRA** (María Teresa **de Braganza,** *princesa* **de**), segunda esposa del pretendiente carlista al trono de España, Carlos María Isidro (Lisboa 1793-Trieste 1874). Fue regente del pretendiente Carlos VII.

**BEIRUT,** en ár. **Bayrūt,** c. y cap. del Líbano, junto al Mediterráneo; 1 100 000 hab. Importante museo arqueológico. La ciudad fue asolada, de 1975 a 1990, por la guerra civil.

**Beirut**: un aspecto de la ciudad devastada por la guerra

**BÉJA** o **BĀDJA,** c. del N de Tunicia, cap. de gobernación; 39 000 hab. Azúcar.

**BEJAÏA,** ant. **Bugía,** c. de Argelia, cap. de vilayato, junto al *golfo de Bejaïa;* 90 000 hab. Puerto petrolero. Refinería. Fue una floreciente plaza de Berbería en los ss. XIV-XVI.

**BÉJAR,** c. de España (Salamanca), cab. de p. j.; 17 027 hab. (*Bejaranos* o *bejeranos.*) Industria textil. Muralla medieval. Iglesias de Santa María (s. XIII) y del Salvador (s. XVI). Palacio renacentista.

**BEJARANO** (*fray* Francisco), pintor de la escuela limeña de principios del s. XVII. Obras: cuadros en el convento de San Agustín, Lima; retrato del virrey conde de Chinchón (1633).

**BÉJART** (Maurice), bailarín y coreógrafo francés (Marsella 1927). Fundador del Ballet du XX^e^ siècle (1960, posteriormente Béjart ballet Lausanne 1987-1992), su estética y sus conceptos escénicos convirtieron la danza en un arte de masas (*Sinfonía para un hombre solo,* 1955).

**BEJTEREV** (Vladímir Mijáilovich) → ***Bechterev.***

**BEKAA,** en ár. **al-Baqā'a,** alta llanura del Líbano que se extiende a lo largo de 120 km entre el monte Líbano y el Antilíbano. C. pral. *Baalbek.*

**BEKTĀŠĪ** o **BEKTĀŠĪYYA,** orden derviche conocida desde comienzos del s. XVI, llamada así en honor de **Ḥāÿÿī Walī Bektāš** (en turco **Veli Haci Bektaş**) [c. 1210-1271], santón musulmán. Esta orden es célebre por sus relaciones con los jenízaros. La última cofradía de Bektāši fue suprimida en Albania en 1957.

Menahem **Begin**

Maurice **Béjart**

**BĒL,** dios mesopotámico asimilado a *Marduk.*

**BEL** (Achille **Le**), químico francés (Pechelbronn 1847-París 1930), autor de la teoría del carbono tetraédrico.

**BÉLA,** nombre de varios reyes de Hungría (dinastía de los Árpád). Durante el reinado de **Béla IV** [1235-1270] Hungría fue asolada por los mongoles (1241).

**BELALCÁZAR** o **BENALCÁZAR** (Sebastián **de**), conquistador español (Belalcázar c. 1480-Cartagena de Indias 1551). Desde 1524 participó en las expediciones a Panamá y Nicaragua y con Hernández de Córdoba, y desde 1530 con Pizarro en la de Perú. Con Almagro, fundó Santiago de Quito (1534), fundó también Guayaquil (1535) y Popayán (1536). Participó en la batalla de Añaquito contra Gonzalo Pizarro y fue preso.

**BELAU** o **PALAOS,** estado insular de Micronesia, estado libre asociado a E.U.A., independiente desde 1994, constituido por el *archipiélago de las Palaos* (Carolinas Orientales); 487 km$^2$; 14 000 hab. Cap. *Koror.* Descubierto por el español Villalobos (1543), el archipiélago fue vendido a Alemania (1899). Bajo mandato de Japón (1919-1944), fue posteriormente administrado por E.U.A.

**BELAÚNDE TERRY** (Fernando), político y arquitecto peruano (Lima 1912). En 1956 fundó Acción popular. Presidente de la república en 1963, fue derrocado por el general Velasco Alvarado (1968). Exiliado a E.U.A., volvió tras el golpe de Morales Bermúdez (1975) y fue presidente (1980-1985).

**BELCEBÚ,** deformación del apelativo dado a una divinidad cananea, *Baal-Zebub* (Baal el Príncipe), que para los judíos y los cristianos es el príncipe de los demonios.

**BELCHITE,** v. de España (Zaragoza); 1 536 hab. *(Belchitanos.)* La villa resultó muy dañada durante la guerra civil española (*batalla de Belchite,* ag.-set. 1937).

**BELÉM,** ant. **Pará,** c. de Brasil, cap. del estado de Pará; 1 246 435 hab. Puerto en la desembocadura del Amazonas.

**Belém,** barrio de Lisboa. Torre fortificada junto al Tajo y monasterio de jerónimos, de estilo manuelino, fundado en 1496. Museos. Jardines.

**BELÉN,** dep. de Argentina (Catamarca); 20 926 hab. Centro vitivinícola y textil.

**BELÉN,** en ár. **Bayt Lahm,** c. de Cisjordania, al S de Jerusalén (24 100 hab.), patria de David y lugar de nacimiento tradicional de Jesús.

**BELÉN DE UMBRÍA,** mun. de Colombia (Risaralda); 22 550 hab. Minas de manganeso y sal.

**BELEROFONTE,** héroe mítico corintio, hijo de Poseidón. Domó a Pegaso y mató a la quimera.

**BELFAST,** c., cap. y puerto de Irlanda del Norte; 325 000 hab. (600 000 en la aglomeración). Centro comercial e industrial.

**BELFEGOR** o **BEELFEGOR,** divinidad moabita. Se le rendía un culto licencioso.

**BELFORT** *(Territorio de),* dep. de Francia (Franco Condado); 609 km$^2$; 134 097 hab. Cap. *Belfort.*

**BELFORT,** c. de Francia, cap. del Territorio de Belfort; 51 913 hab. Plaza fuerte durante la guerra franco-prusiana (1870-1871). Ciudadela (museo).

**BELGAUM,** c. de la India (Karnātaka); 401 619 hab.

**BÉLGICA,** en fr. **Belgique,** en neerlandés **België,** estado de Europa occidental, a orillas del mar del Norte; 30 500 km$^2$; 9 980 000 hab. *(Belgas.)* CAP. *Bruselas.* LENGUAS OFICIALES: *flamenco, francés* y *alemán.* MONEDA: *franco belga* y *euro.*

GEOGRAFÍA

Territorio de relieve moderado (se eleva hacia el SE y culmina a 694 m) y clima oceánico, suave y húmedo, es uno de los estados más densamente poblados del mundo (325 hab. por km$^2$ aprox.), debido a su estratégica posición geográfica, en el centro de la parte más dinámica del continente y abierto al mar del Norte. La magnitud de los intercambios económicos se incrementó con la integración en el Benelux y, después, en la C.E.E. El 30 % de la población activa trabaja en la industria (siderurgia, metalurgia de transformación, química, alimentaria y textil), aunque algunos sectores (industria pesada y textil) se encuentran en crisis. La agricultura y la ganadería, muy intensivas, emplean sólo el 5 % de la mano de obra. Los servicios (destacan los transportes) ocupan al resto de la población activa (65 %), resultado del alto índice de urbanización. Las tasas de natalidad y mortalidad son algo inferiores al 12 ‰ y la población no crece, aunque sí el paro (más del 10 % de la población activa). Los problemas actuales están marcados por el antagonismo entre las comunidades (declive industrial y mayor desempleo en Valonia que en Flandes).

HISTORIA

***La provincia romana.*** 57-51 a. J.C.: la Galia Belga, poblada por los celtas, fue ocupada por César. Ss. IV-VI: invasión de los francos.

***La edad media.*** Tratado de Verdún (843): división del país entre Francia y Lotaringia (unida al reino de Germania en 925). Ss. IX-XV: formación de principados y de centros comerciales (paños flamencos). Ss. XIV-XV: integración en unos Países Bajos dominados por los duques de Borgoña.

***La dominación de los Habsburgo.*** Por el matrimonio entre María de Borgoña y Maximiliano de Austria (1477) los Países Bajos pasaron a la casa de Habsburgo. 1555-1556: Felipe II de España accedió al trono. 1572: su absolutismo y los excesos del duque de Alba provocaron la insurrección de los Países Bajos. 1579: independencia del N (Provincias Unidas); el S quedó bajo soberanía española. S. XVII: se trazaron las fronteras actuales. Tratado de Utrecht (1713): los Países Bajos españoles pasaron a la casa de Austria.

***De la sublevación a la independencia.*** 1789: las reformas del emperador José II provocaron una insurrección (proclamación de los Estados belgas unidos, 1790). 1795-1815: Francia ocupó el país. 1815: unificación con las Provincias Unidas (reino de los Países Bajos, gobernado por el conde Guillermo de Orange, Guillermo I). 1830: los desaciertos del rey provocaron la secesión e independencia de las provincias belgas.

***El reino de Bélgica.*** 1831: la conferencia de Londres reconoció la independencia de Bélgica. Leopoldo I, primer rey. Reinado de Leopoldo II (1865-1909): desarrollo de la industria. 1908: el rey legó el Congo a Bélgica. Alemania invadió Bélgica durante las guerras mundiales, a pesar de su neutralidad (reinados de Alberto I y Leopoldo III).

***La posguerra.*** 1951: Leopoldo III abdicó en favor de su hijo, Balduino I. Bélgica se adhirió a la O.N.U. (1945), al Benelux (1948) y a la O.T.A.N. (1949). 1960: independencia del Congo Belga. 1977: el pacto de Egmont dividió Bélgica en tres regiones (Flandes, Valonia y Bruselas capital). 1988: se inició el proceso de descentralización. 1989: Bruselas adoptó un estatuto especial. 1993: revisión constitucional (estado federal). Tras la muerte de Balduino I (ag.), su hermano, Alberto de Lieja, accedió al trono (Alberto II).

INSTITUCIONES

Monarquía constitucional hereditaria desde la constitución de 1831. Con la reforma constitucional de 1993 el país está dividido en tres regiones federadas (Flandes, Valonia y Bruselas capital, con un consejo y un ejecutivo cada una) y 3 comunidades lingüísticas (flamenca, francesa y alemana). El primer ministro es responsable ante el parlamento. Dos cámaras con idénticos poderes, elegidas cada 4 años (cámara de representantes y senado).

LITERATURA

***Lengua francesa.*** S. XIX: Ch. de Coster, G. Rodenbach, E. Verhaeren, M. Maeterlinck, C. Lemonnier, G. Eekhoud, E. Demolder, M. Elskamp. S. XX: F. Hellens, J. de Bosschère, F. Crommelynck, Ch. Plisnier, M. de Ghelderode, M. Thiry, R. Vivier, G. Simenon.

***Lengua flamenca.*** S. XIX: H. Conscience, G. Gezelle, C. Buysse. S. XX: Van de Woestijne, F. Timmermans, J. Daisne, G. Walschap, H. Claus.

BELLAS ARTES

***Principales ciudades de arte.*** Amberes, Brujas, Bruselas, Courtrai, Gante, Ieper, Lieja, Lier, Lovaina, Malinas, Mons, Namur, Nivelles, Tongeren, Tournai.

***Arquitectos, pintores, escultores.*** Arte de la región del Mosa: Renier de Huy. — S. XV: Maestro de Flémalle, Van Eyck, Van der Weyden, D. Bouts, Van der Goes, Memling, el Bosco, G. David. Renacimiento: Van Orley, Q. Metsys, Patinir, J. Gosart, C. Floris de Vriendt, Bruegel el Viejo. S. XVII: Bruegel de Velours, Rubens, Snijders, Jordaens, F. Duquesnoy, Van Dyck, Brouwer, los Quellin, Teniers el Joven, J. Fyt, L. Faydherbe, los Verbruggen. S. XIX: Navez, C. Meunier, Rops, Ensor. S. XX: Horta, H. Van de Velde, G. Minne, G. De Smet, Wouters, Permeke, Servranckx, Magritte, P. Delvaux, Alechinsky y el grupo de Laethem-Saint-Martin.

MÚSICA

***La edad media.*** G. Dufay, G. Binchois; s. XVI Valonia:

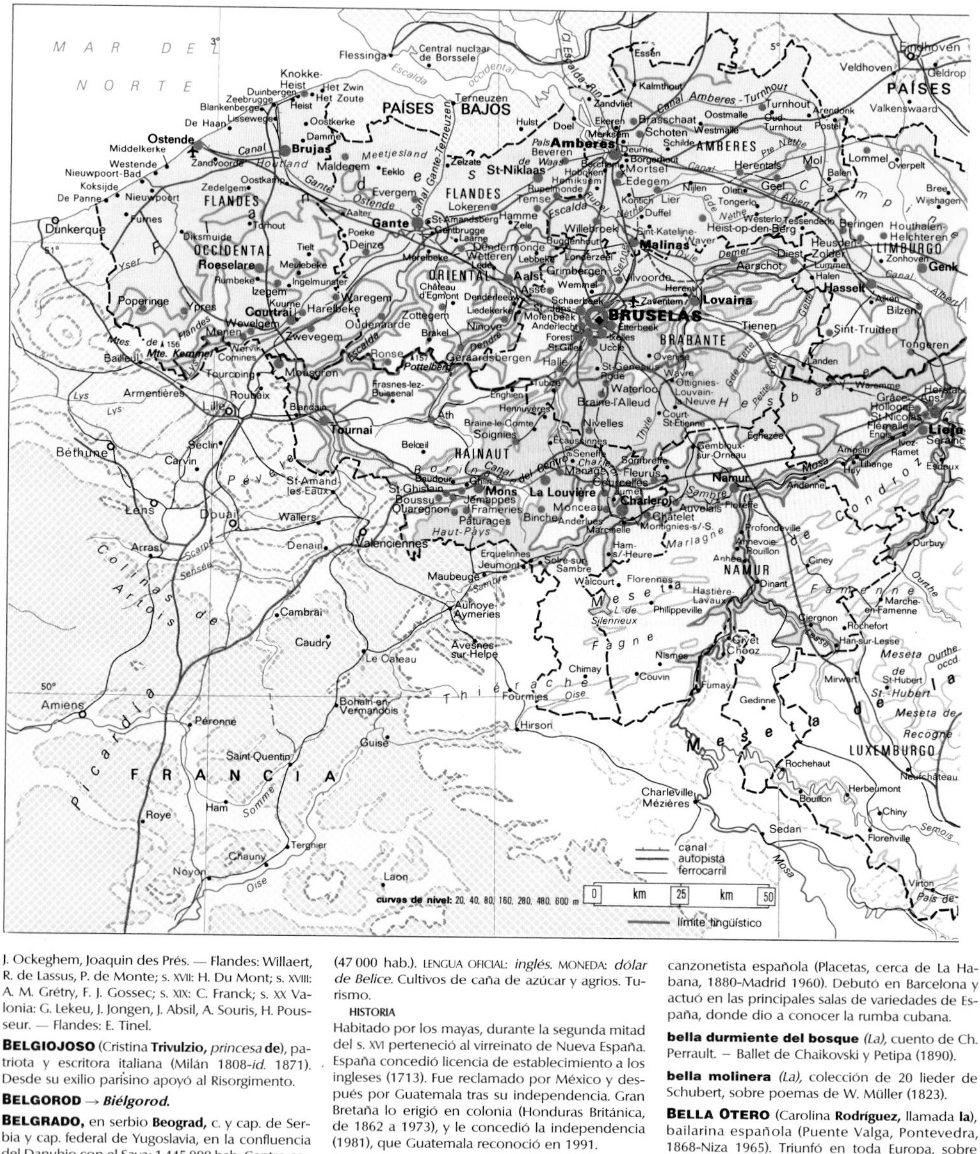


J. Ockeghem, Joaquín des Prés. — Flandes: Willaert, R. de Lassus, P. de Monte; s. XVII: H. Du Mont; s. XVIII: A. M. Grétry, F. J. Gossec; s. XIX: C. Franck; s. XX Valonia: G. Lekeu, J. Jongen, J. Absil, A. Souris, H. Pousseur. — Flandes: E. Tinel.

**BELGIOJOSO** (Cristina **Trivulzio,** *princesa* **de**), patriota y escritora italiana (Milán 1808-*id.* 1871). Desde su exilio parisino apoyó al Risorgimento.

**BELGOROD** → ***Biélgorod.***

**BELGRADO,** en serbio **Beograd,** c. y cap. de Serbia y cap. federal de Yugoslavia, en la confluencia del Danubio con el Sava; 1 445 000 hab. Centro comercial e industrial. Museos. Tras la ocupación otomana (1521-1867), la ciudad se convirtió en la capital de Serbia (1878).

**BELGRANO,** lago de Argentina (Santa Cruz), junto a la frontera chilena, en los Andes; 67,34 km$^2$.

**BELGRANO,** dep. de Argentina (Santa Fe); 38 866 hab. Agricultura (frutas y cereales). Ganadería.

**BELGRANO** (Manuel), militar y político argentino (Buenos Aires 1770-*id.* 1820). Miembro activo del movimiento independentista, participó en la primera junta de gobierno (1810) y fue el creador de la bandera argentina (1812). Derrotó a los realistas en Tucumán y Salta, pero, vencido en el Alto Perú, tuvo que retirarse (1814), y marchó a Europa en misión diplomática. En 1816 dirigió el ejército del N, e intervino en la «guerra gaucha».

**BELIAL,** nombre dado a Satán en la Biblia y en la literatura judía.

**BELICE,** en ingl. **Belize,** ant. **Honduras Británica,** estado de América Central, en el Caribe; 23 000 km$^2$; 240 709 hab. CAP. *Belmopan.* C. pral. *Belice* (47 000 hab.). LENGUA OFICIAL: *inglés.* MONEDA: *dólar de Belice.* Cultivos de caña de azúcar y agrios. Turismo.

HISTORIA

Habitado por los mayas, durante la segunda mitad del s. XVI perteneció al virreinato de Nueva España. España concedió licencia de establecimiento a los ingleses (1713). Fue reclamado por México y después por Guatemala tras su independencia. Gran Bretaña lo erigió en colonia (Honduras Británica, de 1862 a 1973), y le concedió la independencia (1981), que Guatemala reconoció en 1991.

**BELINGA,** macizo del NE de Gabón. Yacimiento de mineral de hierro.

**BÉLINSKI** → ***Bielinski.***

**BELISARIO,** general bizantino (en Tracia *c.* 500-Constantinopla 565). Durante el reinado de Justiniano fue el artífice de las reconquistas, frente a los vándalos, en África, Sicilia, Nápoles y Roma.

**BELITUNG** o **BILLITON,** isla de Indonesia, entre Sumatra y Borneo. Estaño.

**BELL** (Alexander Graham), físico norteamericano de origen británico (Edimburgo 1847-Baddeck, Canadá, 1922), uno de los inventores del teléfono (1876).

**BELL** (Daniel), sociólogo norteamericano (Nueva York 1919). Ha analizado la evolución social moderna (*El advenimiento de la sociedad postindustrial,* 1973).

**BELL** (*sir* Charles), fisiólogo británico (Edimburgo 1774-North Hallow 1842), autor de investigaciones sobre el sistema nervioso.

**BELLA CHELITO** (Consuelo **Portella,** llamada **la**), canzonetista española (Placetas, cerca de La Habana, 1880-Madrid 1960). Debutó en Barcelona y actuó en las principales salas de variedades de España, donde dio a conocer la rumba cubana.

**bella durmiente del bosque** *(La),* cuento de Ch. Perrault. – Ballet de Chaikovski y Petipa (1890).

**bella molinera** *(La),* colección de 20 lieder de Schubert, sobre poemas de W. Müller (1823).

**BELLA OTERO** (Carolina **Rodríguez,** llamada **la**), bailarina española (Puente Valga, Pontevedra, 1868-Niza 1965). Triunfó en toda Europa, sobre todo en París, y alternó con la alta sociedad de su época.

**BELLA VISTA,** dep. de Argentina (Corrientes), en la or. izq. del Paraná; 31 014 hab.

**BELLARY,** c. de la India (Karnātaka); 245 758 hab.

**BELLAVISTA,** mun. de Perú (Piura); 42 318 hab. Cultivos de algodón, base de la industria local.

**BELLAVITIS** (*conde* Giusto), matemático italiano (Bassano 1803-Tezze, Vicenza, 1880). Creó la teoría de las equipolencias, una de las primeras formas del cálculo vectorial en el plano.

**BELLAY** (Joachim **du**), poeta francés (cerca de Liré, Maine-et-Loire, 1522-París 1560). Colaborador de Ronsard, es autor del manifiesto *Defensa e ilustración de la lengua francesa* (1549). De su obra poética destacan *Las añoranzas* (1558).

**BELLE-ÎLLE,** isla de Francia (Bretaña, Morbihan); 90 km$^2$; 4 489 hab. Cap. *Le Palais.* Turismo.

**BELLI** (Carlos Germán), poeta peruano (Chorrillos 1927). En su lírica, influida por el surrealismo, se mezclan elementos arcaizantes y barrocos: *¡Oh*

BÉLGICA

*hada cibernética!* (1962), *En alabanza del bolo alimenticio* (1979).

**BELLIDO DOLFOS** → ***Vellido Adolfo.***

**BELLINGHAM,** c. de Estados Unidos (Washington); 52 179 hab. Refinería de petróleo. Aluminio.

**BELLINI,** familia de pintores venecianos cuyos miembros más notables son **Jacopo** (*c.* 1400-1470) y sus hijos **Gentile** (*c.* 1429-1507) y **Giovanni,** llamado **Giambellino** (*c.* 1430-1516). Este último dio una orientación decisiva a la escuela veneciana mediante un sentido nuevo de la organización espacial (en parte tomada de Mantegna), de la luz y del color.

Giovanni **Bellini:** *Virgen con el niño* (1510). [Pinacoteca Brera, Milán.]

**BELLINI** (Vincenzo), compositor italiano (Catania 1801-Puteaux 1835), famoso por sus óperas (*Il pirata,* 1827; *Norma,* 1831; *I puritani,* 1835).

**BELLMAN** (Carl Michael), poeta sueco (Estocolmo 1740-*id.* 1795), autor de canciones populares, idílicas o dramáticas (*Epístolas de Fredman,* 1790).

**BELLMER** (Hans), dibujante, grabador, escultor-ensamblador, fotógrafo y pintor alemán (Katowice 1902-París 1975). Su erotismo exacerbado (*Muñecas articuladas,* 1932-1965) le valió el favor de los surrealistas.

**BELLO,** ant. **Hato Viejo,** mun. de Colombia (Antioquia); 212 861 hab. Industria textil.

**BELLO** (Andrés), humanista venezolano (Caracas 1781-Santiago, Chile, 1865). Poeta, filólogo, legislador, fue el pionero de la instrucción en la América liberada. En su principal obra (*Gramática* de la lengua castellana,* 1847) muestra su preocupación por la conservación de la unidad de la lengua. Sus poemas *Alocución a la poesía* (1823) y la silva *A la agricultura de la zona tórrida* (1826), anticipan el romanticismo nativista americano. Su vasta producción incluye *Principios de derecho de gentes* (1832), *Filosofía del entendimiento* (1843) y el *Código civil para la república de Chile* (1852). [*V. ilustración pág. 1154.*]

**BELLONI** (José Leoncio), escultor uruguayo (Montevideo 1882-*id.* 1965). Realizó grupos escultóricos y monumentos (*La carreta,* 1929, parque Ordóñez, Montevideo).

**BELLOW** (Saul), escritor norteamericano (Lachine, Quebec, 1915). Sus novelas hacen de las vicisitudes de la comunidad judía norteamericana un modelo de las angustias y del destino humanos (*Las aventuras de Augie March,* 1953; *Carpe diem,* 1956; *Herzog,* 1964; *El legado de Humboldt,* 1975; *El diciembre del decano,* 1981). [Premio Nobel de literatura, 1976.]

**Bellpuig de les Avellanes,** monasterio premonstratense español (Os de Balaguer, Lérida), fundado en 1166. Claustro románico tardío; iglesia de tipo cisterciense.

**BELLUGA** (Luis Antonio **de Moncada y**), eclesiástico y político español (Motril 1662-Roma 1743). Obispo de Cartagena (1705), partidario de Felipe V, le ayudó a triunfar (batalla de Almansa, 1707), pero se opuso rotundamente a su política regalista. Fracasó en sus intentos de reforma canónica.

**Bellver** *(castillo de),* castillo gótico (ss. XIII-XIV) en las cercanías de Palma de Mallorca, notable por su planta circular.

**BELMONDO** (Jean-Paul), actor francés (Neuilly-sur-Seine 1933). Lanzado con la *nouvelle vague* (*Al* final de la escapada,* de Godard), alcanzó gran popularidad.

**BELMONTE,** v. de España (Cuenca); 2 601 hab. *(Belmonteños.)* Ciudad amurallada. Castillo del marqués de Villena (1456). Colegiata de San Bartolomé.

**BELMONTE** (Juan), matador de toros español (Sevilla 1892-Utrera 1962). Formó con Joselito una de las más famosas parejas del toreo. Destacó en la verónica, el molinete, el pase natural y el de pecho. Fue también rejoneador. *(V. ilustración pág. 1154.)*

**BELMOPAN,** c. y cap. de Belice; 4 500 hab.

**BELO HORIZONTE,** c. de Brasil, cap. de Minas Gerais; 2 048 861 hab. (3 461 905 en la aglomeración). Centro industrial.

**BELONA,** diosa romana de la guerra.

**BELOVO** → ***Biélovo.***

**BELT** (**Gran** y **Pequeño**), nombre de dos estrechos daneses: el primero entre las islas de Fionia y Sjaelland; el segundo entre Fionia y Jutlandia. Prolongados por el Cattegat y el Skagerrak, comunican el mar Báltico con el mar del Norte.

**BELTRAMI** (Eugenio), matemático italiano (Cremona 1835-Roma 1900). Se le debe un modelo euclidiano de la geometría no euclidiana de Lobachevski.

**BELTRÁN** (Lucila, llamada **Lola**), cantante mexicana (Rosario 1932-México 1996), famosa intérprete de música ranchera mexicana.

**BELTRÁN MASSÉS** (Federico Armando), pintor español (Güira de Melena, Cuba, 1885-Barcelona 1949). Discípulo de Sorolla, destacó en el retrato.

**BELTRANEJA (la)** → ***Juana de Castilla.***

**BELUCHISTÁN** → ***Baluchistán.***

**Belvedere,** pabellón del Vaticano construido durante el pontificado de Inocencio VIII y Julio II. Al-

BELICE

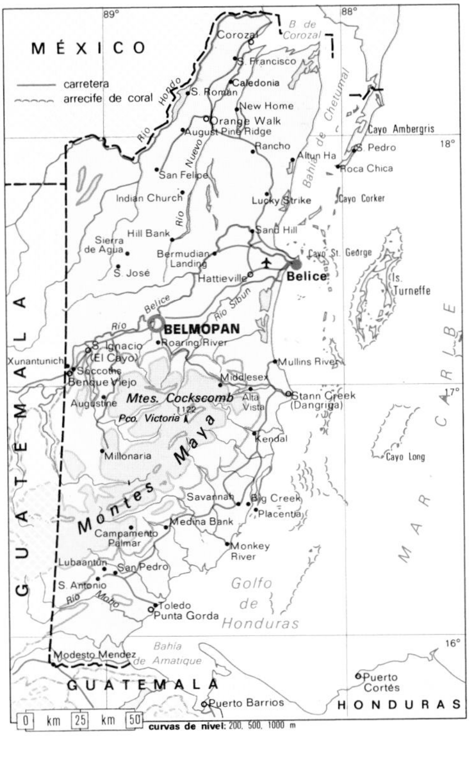

berga una colección de esculturas antiguas (*Laoconte, Apolo del Belvedere, Torso del Belvedere*).

**BELYI** (Andréi) → ***Bielyi.***

**BEŁZEC,** c. de Polonia, al SE de Lublin. Campo de exterminio alemán (1942-1943) donde murieron 550 000 judíos.

**BELZÚ** (Manuel Isidro), general y político boliviano (La Paz 1811-*id.* 1865). Levantó a los indios y mestizos contra la aristocracia criolla. Siendo presidente de la república (1850-1855), hizo frente a unos cuarenta movimientos para derrocarle.

**BEMBÉZAR,** r. de España, afl. del Guadalquivir (or. der.); 126 km. Embalse y central (15 120 kW).

**BEMBIBRE,** v. de España (León); 10 648 hab. (*Bembibrenses* o *bombribenses*.) Cerámica. Licores.

**BEMBO** (Pietro), cardenal y humanista italiano (Venecia 1470-Roma 1547). Secretario de León X, codificó las reglas gramaticales y estéticas de la lengua literaria en italiano (toscano).

**BEN ALI** (Zine el-Abidine), político tunecino (Hammam-Sousse 1936), presidente de la república tras la destitución de Burguiba (1987).

**BEN BELLA** (Ahmed), político argelino (Maghnia, Oranesado, 1916). Uno de los dirigentes de la insurrección de 1954, fue encarcelado en Francia de 1956 a 1962. Fue el primer presidente de la república argelina (1963-1965). Fue derrocado por Bumedian y encarcelado hasta 1980, fecha en que se exilió. Volvió a la política argelina en 1990.

**BEN GURIÓN** (David), político israelí (Płońsk, Polonia, 1886-Tel-Aviv 1973), uno de los fundadores del estado de Israel, jefe de gobierno de 1948 a 1953 y de 1955 a 1963.

**Ben Gurión,** aeropuerto de Tel-Aviv-Jaffa.

**BEN JELLOUN** (Tahar), escritor marroquí en lengua francesa (Fez 1944). Trata los problemas de los emigrantes y los desarraigados (*La noche sagrada*, 1987).

**BEN NEVIS,** punto culminante de Gran Bretaña, en los Highlands de Escocia; 1 344 m.

**BEN YEHUDA** (Eliezer **Perelman,** llamado **Eliezer**), escritor y lexicógrafo judío (Lushki, Lituania, 1858-Jerusalén 1922). Preparó el *Gran diccionario de lengua hebrea antigua y moderna*, que fue el origen del renacimiento del hebreo.

**BENAGUASIL,** v. de España (Valencia); 8 744 hab. Materiales para la construcción. Muebles.

**BENALCÁZAR** (Sebastián **de**) → ***Belalcázar.***

**BENALMÁDENA,** v. de España (Málaga); 25 747 hab. (*Benalmadeneros* o *benalmadenos*.) Centro turístico.

**BENARÉS** o **VĀRĀNASI,** c. de la India (Uttar Pradesh), junto al Ganges; 1 026 467 hab. Ciudad santa del hinduismo.

**BENASQUE** *(Valle de)*, comarca de España (Huesca), en los Pirineos centrales. Lagos de montaña (ibones). Turismo. Estación de deportes de invierno en Cerler. — *Puerto de Benasque* (2 448 m de alt.), en la frontera francoespañola.

**BENAVENTE,** c. de España (Zamora), cab. de p. j.; 14 410 hab. Restos de las murallas. Torres del Caracol (s. XVI). Iglesias románicas de San Juan del Mercado y Santa María del Azoque.

**BENAVENTE** (Jacinto), comediógrafo español (Madrid 1866-*id.* 1954). Su teatro, renovador pero apartado de las vanguardias europeas, adquirió fama entre la burguesía a la que criticaba, y abarca desde la alta comedia (*Rosas de otoño*, 1905) hasta la tragedia rural (*La malquerida*, 1913) y la imitación de la commedia dell'arte (*Los intereses creados*, 1907). [Premio Nobel de literatura 1922.]

**BENAVIDES** (Óscar Raimundo), general y político peruano (Lima 1876-*id.* 1945). Presidente de la república en 1914-1915 (provisional) y 1933-1939. Gobernó dictatorialmente y reprimió el aprismo.

**BENAVIDES** (Vicente), militar chileno (Quirihue *c.* 1785-Santiago 1822). Luchó alternativamente con los patriotas y con el ejército realista. Encabezó unas bandas de indios y hacendados partidarios de España. Fue ahorcado por traición.

**BENDER,** hasta 1990 **Benderi,** en rumano **Tighina,** c. de Moldavia, junto al Dniéster; 101 000 hab.

**BENEDEK** (Ludwig **von**), general austríaco (Odenburg [act. Sopron] 1804-Graz 1881), vencido en 1866 en Sadowa.

**BENEDETTI** (Mario), escritor uruguayo (Paso de los Toros 1920). Comprometido con la izquierda (*El escritor latinoamericano y la revolución posible*, 1974), es autor de cuentos (*Montevideanos*, 1959), novelas (*La tregua*, 1960), poesías (*Poemas de la oficina*, 1956, *Preguntas al azar*, 1986) y ensayos.

**BENEDETTI MICHELANGELI** (Arturo), pianista italiano (Brescia 1920-Lugano 1995). Se distinguió por su búsqueda de sonoridad.

**BENEDICTO XI** (Niccolò **Boccasini**) [cerca de Treviso 1240-† 1304], papa de 1303 a 1304. Perdonó a Felipe IV el Hermoso de Francia, pero excomulgó a Guillermo de Nogaret. — **Benedicto XII** (Jacques **Fournier**) [nacido en Saverdun, Foix-Aviñón 1342], papa de 1334 a 1342. Se esforzó en reformar la Iglesia y en restablecer la paz entre Francia e Inglaterra. Emprendió la construcción del palacio de los papas en Aviñón. — **Benedicto XIII** (Pedro **Martínez de Luna**), llamado **el Papa Luna** (Illueca *c.* 1328-Peñíscola 1424), antipapa de obediencia aviñonesa [1394-1424]. Apoyó la elección de Clemente VII, que originó el cisma de occidente, y fue su sucesor. Se negó a abdicar tras ser depuesto en 1417 y se refugió en España. — **Benedicto XIII** (Pierfrancesco **Orsini**) [Gravina, reino de Nápoles, 1649-Roma 1730], papa de 1724 a 1730, implicado en la querella jansenista. — **Benedicto XIV** (Próspero **Lambertini**) [Bolonia 1675-Roma 1758]. Canonista eminente, durante su pontificado (1740-1758) se fijó el ritual de las beatificaciones y canonizaciones. — **Benedicto XV** (Giacomo **della Chiesa**) [Génova 1854-Roma 1922], papa de 1914 a 1922, durante la primera guerra mundial hizo proposiciones de paz (1917). Dio un nuevo impulso a las misiones y publicó el código de derecho canónico (1917).

**Benarés:** peregrinos purificándose en el Ganges

**BENEDITO** (Manuel), pintor español (Valencia 1875-Madrid 1963). Discípulo de Sorolla, realizó retratos, naturalezas muertas y desnudos de un impresionismo luminista.

**Benelux** (*BE*lgica, *NE*derland, *LUX*emburgo), unión monetaria y aduanera firmada en Londres, en 1943 y 1944, por Bélgica, Países Bajos y Luxemburgo, y ampliada más tarde como unión económica.

**BENEŠ** (Eduard), político checoslovaco (Kožlany, Bohemia, 1884-Sezimovo-Ústí 1948), ministro de Asuntos Exteriores (1918-1935) y presidente de la república (1935-1938 y 1945-1948).

**BENET** (Juan), escritor español (Madrid 1927-*id.* 1993). En una línea renovadora y experimental, sus novelas se sitúan en Región, país mítico que es un paralelo de la España contemporánea: *Volverás a Región* (1968); *Saúl ante Samuel* (1980); *Herrumbrosas lanzas I, II* y *III* (1983, 1984 y 1986). Escribió relatos, ensayos y piezas teatrales.

**BENETÚSSER,** mun. de España (Valencia); 13 891 hab. Industrias químicas, metálicas y del mueble.

**BENEVENTO,** c. de Italia (Campania), cap. de prov.; 62 683 hab. Pirro II fue vencido en ella por los romanos (275 a. J.C.). Monumentos antiguos y medievales. En el s. VI constituyó un ducado, que estuvo en poder de la Iglesia de 1053 a 1860.

**BENEVENTO** (*príncipe* **de**) → ***Talleyrand-Périgord.***

**BENGALA** *(golfo de)*, golfo del océano Índico, entre la India, Bangla Desh y Birmania; 220 000 km².

**BENGALA,** región del S de Asia, entre el Himalaya y el golfo de Bengala, dividida entre la India y Bangla Desh. Superpoblada, produce arroz y yute. Conquistada por los musulmanes a fines del s. XII, pasó bajo dominación británica a partir de 1757. En 1947, *Bengala Occidental* (88 000 km²; 67 982 732 hab. Cap. *Calcuta*) fue anexionada a la Unión India como estado, y *Bengala Oriental* se convirtió en el Pakistán Oriental, act. Bangla Desh.

**BENGAZI,** c. de Libia (Cirenaica); 450 000 hab.

**BENGBU** o **PENG-PU,** c. de China (Anhui), al NO de Nankín; 400 000 hab.

**BENGUELA** *(corriente de)*, corriente marina fría del Atlántico meridional, que remonta hacia el ecuador a lo largo de la costa de Namibia y Angola.

**BENGUELA,** c. y puerto de Angola, cap. de distr., en el Atlántico; 42 000 hab.

**BENGUEREL** (Xavier), escritor español en lengua catalana (Barcelona 1905-*id.* 1990). Sus novelas reflejan una preocupación metafísica y religiosa (*Icaria, Icaria...*, 1974). Sus poemas están recogidos en *Aniversari* (1987).

**BENI,** r. de Bolivia; 1 700 km. Se une al Mamoré en la frontera brasileña, formando el Madeira.

**BENI** *(departamento de)*, dep. de Bolivia, en la transición entre la Amazonia y el Chaco; 213 564 km²; 251 390 hab. Cap. *Trinidad.*

**BENICARLÓ,** c. de España (Castellón); 18 460 hab. (*Benicarlandos* o *benicarlonenses*.) Puerto. Centro industrial. Turismo.

**BENICASIM** o **BENICÀSSIM,** v. de España (Castellón); 6 151 hab. Turismo. Aguas termales.

**BENIDORM,** v. de España (Alicante); cab. de p. j.; 75 322 hab. (*Benidormenses*.) Centro turístico (playas).

**BENIFAIÓ,** v. de España (Valencia); 11 850 hab. Industrias alimentarias, del mueble y del vidrio.

Andrés **Bello** (anónimo; instituto de cooperación iberoamericana, Madrid)

Juan **Belmonte** (por Vázquez Díaz; museo taurino, Madrid)

David **Ben Gurión**

Jacinto **Benavente** (por F. Hernández; Ateneo de Madrid)

Mario **Benedetti**

**BENI-MELLAL,** c. de Marruecos, cap. de prov., en la llanura del Tadla; 95 000 hab.

**BENIMERINES** o **MARÎNÍES,** dinastía beréber que reinó en el N de África, especialmente en Marruecos, de 1269 a 1465. El soberano más importante fue Abū-l-Ḥasan 'Alī (1331-1351), vencido por los cristianos en la batalla del Salado (Cádiz, 1340).

**BENÍN** *(golfo de),* parte del golfo de Guinea, al O del delta del Níger.

**BENÍN,** antiguo reino de la costa del golfo de Guinea, al O del delta del Níger, en la actual Nigeria. Fundado hacia el s. XII, estaba gobernado por unos soberanos *(oba)* cuyos poderes eran recortados por diversas instituciones. Obtuvo su fortuna del comercio con los portugueses (esclavos, marfiles) y se convirtió en protectorado británico en 1892. Su apogeo (s. XVII) es atestiguado sobre todo por bronces influidos por el arte de Ifé* y marfiles esculpidos.

**BENÍN,** ant. **Dahomey,** estado de África occidental, junto al *golfo de Benín;* 113 000 km²; 4 800 000 hab. CAP. *Porto-Novo.* LENGUA OFICIAL: *francés.* MONEDA: *franco C.F.A.*

GEOGRAFÍA

Al S, ecuatorial y parcialmente boscoso, se opone el N, tropical y recubierto de sabanas. La mandioca es la base de la alimentación; el aceite de palma, el algodón y el cacahuete son los principales productos de exportación, que pasan por el puerto de Cotonou, ciudad principal.

HISTORIA

S. XVI: se constituyeron principados adja, en particular los de Porto-Novo, Allada y Abomey. Ss. XVII-XVIII: la expansión de este último principado condujo a la creación del reino de Dan Homé, que obtenía una parte de sus rentas de la trata. S. XIX: aumentó la influencia francesa a pesar de los esfuerzos del rey Glé-Glé y de su hijo Béhanzin, hecho prisionero en 1894. S. XX: Dahomey, colonia incluida en el África Occidental Francesa (1895), territorio de ultramar (1946) y luego miembro de la Communauté (1958), se convirtió en república independiente en 1960. Dirigido desde 1972 por Mathieu Kérékou, Dahomey se convirtió en 1975 en República Popular de Benín. En 1990, Kérékou —abandonando toda referencia al marxismo-leninismo— introdujo a su país en la vía de la democratización (nueva constitución que instauraba un régimen presidencial). Tras las elecciones de 1991, Nicéphore Soglo le sucedió al frente del estado, pero en 1996 Kérékou fue de nuevo elegido presidente.

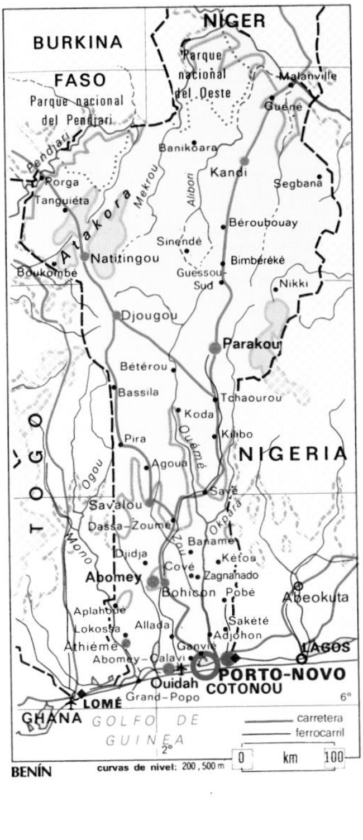

BENÍN curvas de nivel: 200, 500 m

**BENIN CITY,** c. del S de Nigeria; 212 900 hab.

**Bénioff** *(plano de),* plano inclinado que forma un ángulo de 45° con la horizontal, y a lo largo del cual se encuentran los focos de los seísmos. Se localiza en la zona más delgada de la litosfera.

**BENISSA,** v. de España (Alicante); 8 583 hab. *(Benisenses* o *beniseros.)* Industria. Turismo.

**BENÍTEZ** (Fernando), escritor mexicano (México 1912-*id.* 2000). Es autor de ensayos históricos (*La vida criolla en el siglo XVI,* 1953), relatos y novelas (*El agua envenenada,* 1961).

**BENITO de Aniano** *(san),* reformador de la regla benedictina (c. 750-821).

**BENITO de Nursia** *(san),* patriarca y legislador de los monjes de occidente (Nursia c. 480-Montecassino d. 547). De familia noble romana, se retiró a la soledad de Subiaco. Hacia 529 fundó el monasterio de Montecassino, cuna de la orden monástica de los benedictinos.

Dama ofreciendo el pan envenenado a san **Benito** de Nursia. Detalle de los frescos (fines s. XIII) del monasterio de Subiaco.

**BENITO JUÁREZ,** ant. **Juárez,** partido de Argentina (Buenos Aires); 20 502 hab. Ganadería vacuna.

**BENITO JUÁREZ,** delegación de México (Distrito Federal); 544 882 hab. Forma parte de la aglomeración de Ciudad de México.

**Benito Juárez,** aeropuerto internacional de Ciudad de México.

**BENJAMÍN,** último de los doce hijos de Jacob y Raquel, fundador de la *tribu de Benjamín (benjaminitas),* establecida en el S de Palestina.

**BENJAMIN** (Walter), escritor y filósofo alemán (Berlín 1892-cerca de Port-Bou 1940). Miembro de la escuela de Frankfurt, es autor de ensayos sobre estética, filosofía de la historia y cuestiones de lenguaje, así como de textos de crítica literaria.

**BENKENDORF** (Alexandr Khristoforóvich, *conde*), político ruso (Reval 1781 o 1783-† en alta mar 1844). Dirigió la policía de Nicolás I.

**BENLLIURE,** familia de artistas españoles de los ss. XIX-XX. – **José** (Cañamelar, Valencia, 1855-Valencia 1937), influido por Fortuny, pintó obras religiosas y costumbristas. – Su hermano **Juan Antonio** (Valencia 1859-Madrid 1930) realizó pintura de historia. – **Mariano** (El Grao 1862-Madrid 1947), escultor, realizó numerosos monumentos, mausoleos, imaginería religiosa, retratos y grupos escultóricos de un realismo preciosista.

**BENN** (Gottfried), escritor alemán (Mansfeld, Prusia, 1886-Berlín 1956). Influido al principio por Nietzsche y el nacionalsocialismo (*El nuevo estado y los intelectuales,* 1933), se refugió luego en el lirismo (*Destilaciones,* 1953).

**BENNASSAR** (Bartolomé M. H.), hispanista francés (Nimes 1929), autor de *Los españoles: actitudes y mentalidades desde el siglo XVI al XIX* (1975), *La España del siglo de oro* (1982), etc.

**BENNETT** (Enoch Arnold), escritor británico (Hanley, Staffordshire, 1867-Londres 1931), autor de novelas regionales sobre el Staffordshire.

**BENNETT** (James Gordon), periodista norteamericano (New Mill, Escocia, 1795-Nueva York 1872), fundador en 1835 del *New York herald.*

**BENNETT** (Ricard Bedford), político canadiense (Hopewell, Nueva Brunswick, 1870-Mickleham, Surrey, 1947), líder del partido conservador (1927-1938) y primer ministro (1930-1935).

**BENNIGSEN** (Leonti Leóntievich), general ruso (Brunswick 1745-Banteln, cerca de Hildesheim, 1826). Derrotado por Napoleón en Eylau (1807), se distinguió en Leipzig (1813).

**BENONI,** c. de la República de Sudáfrica (Pretoria-Witwatersrandvaal); 207 000 hab. Minas de oro.

**BENQI** → ***Benxi.***

**BENQUE VIEJO,** ciudad maya del período clásico (s. VIII), en la zona central de la península de Yucatán (Guatemala), con restos arqueológicos.

**BENTHAM** (Jeremy), filósofo y jurisconsulto británico (Londres 1748-*id.* 1832). Su moral utilitaria se basa en el cálculo del placer en relación con el dolor. Se interesó por las leyes penales y procesales (*Teoría de las penas y las recompensas,* 1811).

**BENTIVOGLIO,** familia principesca italiana, soberana de Bolonia en los ss. XV y XVI.

**BENUE** o **BÉNOUÉ,** r. de Camerún y Nigeria, afl. del Níger (or. izq.); 1 400 km.

**BENVENISTE** (Emile), lingüista francés (Alepo 1902-Versalles 1976), autor de trabajos sobre el indoeuropeo, así como de lingüística general.

**BENXI** (o **PEN-HI**) o **BENQI** (o **PEN-K'I**), c. de China (Liaoning); 500 000 hab. Metalurgia.

**BENZ** (Carl), ingeniero alemán (Karlsruhe 1844-Ladenburg 1929). En 1878 construyó un motor de gas de dos tiempos y en 1886 patentó su primer coche: un triciclo con motor de gasolina.

**BEOCIA,** región de la ant. Grecia; cap. *Tebas.* Beocia, con Epaminondas, impuso su hegemonía sobre Grecia de 371 a 362 a. J.C.

**BEOGRAD** → ***Belgrado.***

**Beovulfo** o **Beowulf,** héroe legendario de un poema épico anglosajón (ss. VIII-X), que constituye un fresco de la alta edad media germánica.

**BEPPU,** c. y puerto de Japón (Kyūshū); 130 334 habitantes.

**BERA,** primer conde de Barcelona [801-820]. Participó en la reconquista de la ciudad.

**BERAZATEGUI,** partido de Argentina (Buenos Aires); 243 690 hab. Forma parte del Gran Buenos Aires.

**BERBEO** (Juan Francisco), capitán de los comuneros de Nueva Granada (El Socorro, Colombia, c. 1731-† 1795). Comandante de los comuneros, tras su derrota colaboró con los españoles, que le nombraron corregidor.

**BERBERA,** c. y puerto del N de Somalia; 55 000 habitantes.

Mariano **Benlliure**: *Bárbara de Braganza.*
(Plaza de la villa de París, Madrid.)

**BERBERATI,** c. de la República Centroafricana, al O de Bangui; 95 000 hab.

**BERBERÍA** o **PAÍS DE LOS BEREBERES,** nombre que se daba a las tierras altas del NO de África: Marruecos, Argelia, Tunicia, regencia de Trípoli.

**BERBEROVA** (Nina Nikolaievna), escritora rusa (San Petersburgo 1901-Filadelfia 1993), nacionalizada norteamericana. Sus novelas (*La acompañante,* 1935) describen la suerte de los emigrados. También ha escrito biografías (*Chaikovski,* 1936) y su autobiografía (*Nina Berberova,* 1969).

**BERCEO** (Gonzalo **de**), poeta español (¿Berceo? fines s. XII), primer representante del mester de clerecía. Su obra, marcada por el sentimiento religioso y la intención didáctica, se nutre de fuentes latinas en prosa: vidas de santos (*Vida de santo Domingo, Vida de san Millán* y *Vida de santa Oria*); obras marianas (*Milagros* de Nuestra Señora),* y obras de tipo religioso en general. En su poesía se produce una perfecta conjunción de la tradición culto-eclesiástica con una lengua llena de rasgos dialectales y comparaciones populares, donde lo coloquial alcanza un auténtico rasgo artístico.

**BERCHEM** o **BERGHEM** (Nicolaes), pintor holandés (Haarlem 1620-Amsterdam 1683), hijo del pintor P. Claesz. Célebre por sus paisajes italianizantes, en los que sobresalen los contrastes de luz.

**BERCHET** (Giovanni), poeta italiano (Milán 1783-Turín 1851), uno de los adalides del movimiento romántico y patriótico.

**BERCHTESGADEN,** c. de Alemania (Baviera), en los Alpes bávaros; 7 720 hab. Residencia de Hitler.

**B.E.R.D.** → ***Banco europeo para la reconstrucción y el desarrollo de Europa del este.***

**BERENGARIO I** († Verona 924), rey de Italia [888-924] y emperador de occidente [915-924], vencido en Piacenza por Rodolfo II de Borgoña. – **Berengario II** († Bamberg 966), rey de Italia en 950, nieto del anterior, destronado por Otón I el Grande (961).

**BERENGUELA** (Barcelona 1108-Palencia 1149), reina de Castilla y León [1128-1149], esposa de Alfonso VII de Castilla, con el que colaboró en el gobierno del reino.

**BERENGUELA** (Segovia o Burgos 1181-Burgos 1246), reina de León [1197-1204] y de Castilla [1214-1218]. Unificó las coronas de Castilla y León en manos de su hijo Fernando III.

**BERENGUER** (Dámaso), militar y político español (San Juan de los Remedios, Cuba, 1878-Madrid 1953). Alto comisario de Marruecos durante la guerra, se le responsabilizó del desastre de Annual. Fue jefe del gobierno de España (1930-1931).

**BERENGUER** (Luis), novelista español (Ferrol 1923-San Fernando 1979). Su prosa constituye una elegía de costumbres y personajes caducos: *El mundo de Juan Lobón* (1967), *Marea escorada* (1969), *Leña verde* (1973).

**BERENGUER RAMÓN I el Curvo** (*c.* 1006-Barcelona 1035), conde de Barcelona, Gerona y Ausona [1018-1035]. Reinó bajo la tutela de su madre Ermessenda.

**BERENGUER RAMÓN II el Fratricida** (d. 1053-*c.* 1097), conde de Barcelona, Gerona y Ausona [1076-1096]. Asesinó a su hermano Ramón Berenguer II *Cap d'Estopes,* con quien debía cogobernar.

**BERENICE,** nombre de varias princesas egipcias de la familia de los Tolomeos.

**BERENICE,** princesa judía. Tras el sitio de Jerusalén, Tito se la llevó a Roma (70), pero renunció a casarse con ella para no disgustar al pueblo romano. – Inspiró las tragedias *Berenice* (1670) de Racine y *Tito y Berenice* de Corneille.

**BERENSON** (Bernard), historiador del arte norteamericano de origen lituano (cerca de Vilnius 1865-Settignano, cerca de Florencia, 1959), especialista en la pintura italiana del s. XIII al Renacimiento.

**BEREZINÁ,** r. de Bielorrusia, afl. del Dniéper (or. der.); 613 km. Paso del ejército napoleónico en retirada (nov. 1812).

**BEREZNIKÍ,** c. de Rusia, al N de los Urales; 201 000 hab. Complejo químico (sosa, potasa).

**BERG** (*ducado* **de**), ant. estado de Alemania, en la or. der. del Rin. Cap. *Düsseldorf.* Creado en 1101, fue un gran ducado de la Confederación del Rin (1806-1815).

**BERG** (Alban), compositor austríaco (Viena 1885-*id.* 1935), discípulo de Schönberg y uno de los pioneros del dodecafonismo serial. Autor de las óperas *Wozzeck** (1925) y *Lulú* (1929-1935).

**BERGA,** c. de España (Barcelona), cab. de p. j.; 14 324 hab. (*Bergadanes* o *bergadanos.*) Industrias.

**BERGADÁ** (Guillem **de**), trovador catalán en lengua provenzal (*c.* 1143-*c.* 1192/1196). Señor feudal, su poesía es grosera y obscena cuando se dirige a sus enemigos, con versos fáciles y tonadas sencillas.

**BERGAMÍN** (José), escritor español (Madrid 1895-San Sebastián 1983). Influido por Unamuno y el neocatolicismo francés, espíritu paradójico, con tendencia al aforismo y al ingenioso juego conceptista, escribió ensayos (*El cohete y la estrella,* 1923; *Disparadero español,* 1936-1940; *Fronteras infernales de la poesía,* 1957), poesía (*La claridad desierta,* 1973; *Esperando la mano de nieve,* 1982) y teatro.

**BÉRGAMO,** c. de Italia (Lombardía), cap. de prov., junto a los Alpes; 115 655 hab. Iglesia de Santa Maria Maggiore (ss. XII-XVI). Pinacoteca de la academia Carrara.

**BERGANZA** (Teresa), cantante española (Madrid 1936). Mezzosoprano, en 1956 inició una brillante carrera internacional, con obras de Mozart, Monteverdi, Purcell, Rossini, Bizet, Músorgski y Falla. (Premio nacional de música 1996.)

**BERGARA** → ***Vergara.***

**BERGEN,** c. y puerto de Noruega, junto al Atlántico; 216 066 hab. Monumentos antiguos, museos.

**BERGEN OP ZOOM,** c. de Países Bajos (Brabante Septentrional); 46 900 hab. Resistió el asedio de los españoles en 1581-1605 y en 1622, pero fue tomada por los franceses en 1747 y 1795.

**Bergen-Belsen,** campo de concentración alemán abierto en 1943, a 65 km de Hannover.

**BERGIUS** (Friedrich), químico alemán (Goldschmieden, cerca de Wrocław, 1884-Buenos Aires 1949). Llevó a cabo la síntesis industrial de carburantes por hidrogenación catalítica (1921). [Premio Nobel de química 1931.]

**BERGMAN** (Ingmar), director de cine y de teatro sueco (Uppsala 1918). En un estilo brillante o depurado, realista o alegórico, pero siempre incisivo, su obra gira en torno a varios temas: el sentido de la vida, el bien y el mal, Dios, la incomunicación de la pareja: *El séptimo sello* (1957), *Fresas salvajes* (1957), *Persona* (1966), *La vergüenza* (1968), *Gritos y susurros* (1972), *Fanny y Alexander* (1982).

Ingmar **Bergman:** una escena de *El séptimo sello* (1957)

José **Bergamín**

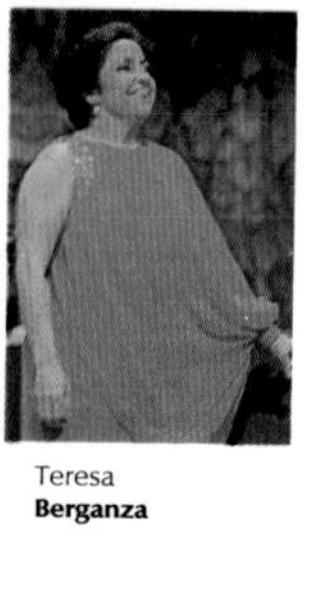

Teresa **Berganza**

**BERGMAN** (Ingrid), actriz sueca (Estocolmo 1915-Londres 1982). Se impuso en E.U.A. (*Casablanca,* M. Curtiz, 1942) y más tarde en Italia (*Stromboli,* 1949; *Te querré siempre,* 1953, de R. Rossellini), antes de abordar una carrera internacional (*Sonata de otoño,* Ingmar Bergman, 1977).

**BERGMAN** (Torbern), químico sueco (Katrineberg 1735-Medevi 1784), autor de una clasificación química de los minerales y de una teoría reticular de los cristales. Identificó el magnesio y aisló el volframio.

**BERGSLAG,** región minera (hierro) e industrial (metalurgia) de Suecia.

**BERGSON** (Henri), filósofo francés (París 1859-*id.* 1941). Hizo de la intuición el único medio para llegar al conocimiento de la duración, los hechos de la conciencia, de la vida (*Materia y memoria,* 1896; *La risa,* 1900; *La evolución creadora,* 1907). [Premio Nobel de literatura 1927.]

**BERIA** (Lavrenti Pávlovich), político soviético (Merjeuli, Georgia, 1899-Moscú 1953). Director del N.K.V.D. a partir de 1938, fue ejecutado en 1953, tras la muerte de Stalin.

**BERING** o **BEHRING** *(estrecho de),* estrecho entre Asia (Siberia) y América (Alaska), que comunica el océano Pacífico con el Ártico. Debe su nombre al navegante danés Vitus *Bering* (1681-1741).

**BERING** o **BEHRING** *(mar de),* parte N del Pacífico, entre Asia y América, que comunica con el Ártico.

**BERIO** (Luciano), compositor italiano (Oneglia 1925). Partidario del serialismo (*Nones,* 1954), investigó el juego de las sonoridades de los instrumentos y de la voz (*Sequenza,* 1958-1980). Pionero de la música electroacústica en Italia (*Labirintus 2,* 1965; *Festum,* 1989).

**BERISSO,** partido de Argentina (Buenos Aires), a orillas del Río de la Plata; 74 012 hab.

**BERJA,** c. de España (Almería), cab. de p. j.; 11 966 hab. (*Birgitanos.*) Agricultura. Floricultura.

**BERKANE,** c. del NE de Marruecos; 60 000 hab.

**BERKELEY,** c. de Estados Unidos (California), cerca de San Francisco; 102 724 hab. Universidad.

**BERKELEY** (George), filósofo y prelado irlandés (cerca de Kilkenny 1685-Oxford 1753). Su sistema afirma que el conocimiento se basa en la percepción; todo es espíritu, y no existe la materia.

**BERKSHIRE,** condado del S de Gran Bretaña; 1 259 $km^2$; 659 000 hab. Cap. *Reading.*

**BERLAGE** (Hendrik), arquitecto neerlandés (Amsterdam 1856-La Haya 1934), uno de los primeros partidarios del funcionalismo (Bolsa de Amsterdam, 1897-1904).

**BERLANGA** (Luis **García**), director de cine español (Valencia 1921). Especialmente dotado para el humor, es autor de películas corales, a veces recorridas por una inspiración esperpéntica: *¡Bienvenido, Mr. Marshall!* (1951), *Los jueves milagro* (1957), *Plácido* (1961), *El verdugo* (1962), *La escopeta nacional* (1978), *La vaquilla* (1984), *Todos a la cárcel* (1993).

**BERLANGA DE DUERO,** v. de España (Soria); 1 294 hab. *(Berlangueses.)* Castillo medieval y murallas. Colegiata gótica (s. XVI). A 9 km, iglesia mozárabe de San* Baudel de Berlanga (s. XI).

**BERLICHINGEN** (Götz o Gottfried **von**), llamado **Mano de hierro,** caballero alemán (Jagsthausen, Württemberg, *c.* 1480-Hornberg 1562), protagonista de un drama de Goethe y de una obra de teatro de Sartre.

**BERLIN** (*sir* Isaiah), filósofo británico (Riga 1909-Oxford 1997). Reflexionó sobre el concepto de libertad (*Elogio de la libertad,* 1969).

**BERLÍN,** c. y cap. de Alemania, que constituye un Land, a orillas del Spree; 883 $km^2$; 3 409 737 hab. *(Berlineses.)* Centro administrativo, industrial y comercial. – Monumentos de los ss. XVIII-XX. Importantes museos, entre ellos los de la isla del Spree y los del área suburbana de Dahlem.

**HISTORIA**

El desarrollo de Berlín data de su elección como capital de Brandeburgo (1415). Capital del reino de Prusia y después del imperio alemán (1871), del II y del III Reich. Conquistada por las tropas soviéticas en 1945, fue dividida en cuatro sectores de ocu-

la apertura del muro de **Berlín** (nov. 1989)

pación administrados por los aliados –E.U.A., Francia, Gran Bretaña y U.R.S.S.– (estatuto cuatripartito). Los tres sectores de ocupación occidentales se unificaron en 1948, y la U.R.S.S. respondió con el bloqueo de Berlín (hasta 1949). Mientras el sector de ocupación soviética, *Berlín Este*, fue proclamado capital de la R.D.A. en 1949, *Berlín Oeste* se convirtió en una dependencia de la R.F.A. En 1958, la U.R.S.S. abolió unilateralmente el estatuto cuatripartito de Berlín. Entre 1961 y 1989 el muro de Berlín* separó las zonas este y oeste de la ciudad. En 1990, Berlín pasó a ser la capital de la Alemania reunificada y en 1999 volvió a acoger el gobierno y el parlamento alemanes.

**Berlín** *(conferencia de)* [15 nov. 1884-26 febr. 1885], conferencia internacional reunida en Berlín, por iniciativa de Bismarck, que fue el preludio de la ocupación por los europeos de las regiones interiores del continente africano.

**Berlín** *(congreso de)* [13 junio-13 julio 1878], conferencia que revisó el tratado de San Stéfano, muy ventajoso para Rusia, y restableció el equilibrio europeo a favor de Austria y Gran Bretaña.

**Berlín** *(muro de)*, línea fortificada edificada en 1961 por la R.D.A. para aislar Berlín Este de Berlín Oeste e impedir el éxodo de sus ciudadanos. La apertura de este muro (nov. de 1989), que restableció la libre circulación entre los dos sectores de la ciudad, y su destrucción simbolizaron la desaparición de la frontera entre las dos Alemanias, preludio de la reunificación de 1990.

**Berliner Ensemble,** compañía teatral fundada por B. Brecht en 1949, en Berlín Este.

**BERLINGUER** (Enrico), político italiano (Sassari 1922-Padua 1984). Secretario general del Partido comunista italiano (1972-1984), preconizó el compromiso histórico con la Democracia cristiana.

**BERLIOZ** (Hector), compositor francés (La Côte-Saint-André 1803-París 1869), de gran sentimiento dramático (*Sinfonía fantástica,* 1830; *Benvenuto Cellini,* ópera, 1838; *Réquiem,* 1837; *Romeo y Julieta,* 1839; *La condenación de Fausto,* ópera, 1828-1846).

**BERLUSCONI** (Silvio), empresario y político italiano (Milán 1936). Fundó Forza Italia que, en coalición con los federalistas de la Liga Norte y los neofascistas, ganó las elecciones de 1994. Designado primer ministro, formó gobierno (mayo-dic.).

**BERMEJO,** r. de Bolivia y Argentina, afl. del Paraguay; 1 780 km. Forma frontera entre los dos países y desemboca al N de Resistencia.

**BERMEJO,** dep. de Argentina (Chaco); 23 124 hab. Centro agrícola (vid y frutales). Destilerías.

**BERMEJO** (Bartolomé), pintor español (Córdoba *c.* 1440-† *c.* 1495). Activo en Aragón, Barcelona y Valencia, su formación es de influencia flamenca. En su obra destaca la *Piedad* (1490, catedral de Barcelona).

**BERMEO,** v. de España (Vizcaya); 18 111 hab. *(Bermeanos.)* Puerto pesquero. Iglesia y convento góticos. Torre de Ercilla.

**BERMUDAS,** en ingl. **Bermuda,** archipiélago británico del Atlántico, al NE de las Antillas; 53,5 km$^2$; 70 000 hab. Cap. *Hamilton.* Turismo. Descubierto *c.* 1515 por los españoles, inglés en 1612, goza desde 1968 de un régimen de autonomía interna.

**BERMUDO** → *Vermudo.*

**BERNA,** en alem. **Bern,** en fr. **Berne,** c. y cap. federal de Suiza y cap. del cantón homónimo, a orillas del Aare; 136 338 hab. Universidad. Museos. Sede de la Unión postal universal. Ciudad imperial, junto con su cantón ingresaron en la Confederación Helvética en 1353. Es cap. federal desde 1848. — El *cantón de Berna* tiene 6 050 km$^2$ y 958 192 habitantes.

**Berna**: casas en la orilla izquierda del Aare

**BERNABÉ** *(san),* apóstol judío originario de Chipre, compañero de san Pablo. Murió lapidado.

**BERNADETTE SOUBIROUS** *(santa),* religiosa francesa (Lourdes 1844-Nevers 1879). Tras sus visiones de la Virgen (1858) comenzaron las peregrinaciones a Lourdes.

**BERNADOTTE** (Jean-Baptiste) → ***Carlos XIV,*** rey de Suecia.

**BERNAL** (Ignacio), antropólogo y arqueólogo mexicano (París 1910-México 1991), autor de diversas publicaciones sobre culturas mesoamericanas *(Pintura precolombina, El mundo olmeca).*

**BERNAL** (Miguel), compositor mexicano (Morelia 1910-México 1956), autor de ballets *(Navidad en Pátzcuaro),* un poema sinfónico, una ópera, etc.

**BERNALDO DE QUIRÓS** (Cesáreo), pintor argentino (Gualeguay 1879-Buenos Aires 1968). Recibió influencia del impresionismo. Sus temas están inspirados en la vida de la Pampa argentina.

**BERNALDO DE QUIRÓS** (Constancio), sociólogo y jurista español (Madrid 1873-México 1959). Discípulo de Giner de los Ríos y uno de los fundadores de la escuela de criminología (1903). Se exilió en 1939 y vivió en Santo Domingo y México. Es autor de *Nuevas teorías de la criminalidad* (1898).

**BERNANOS** (Georges), escritor francés (París 1888-Neuilly-sur-Seine 1948). En sus novelas y libelos combatió la mediocridad y la indiferencia (*Diario de un cura rural,* 1936; *Los grandes cementerios bajo la luna,* 1938, sobre la guerra civil española; *Diálogos de carmelitas,* 1949).

**BERNAOLA** (Carmelo Alonso), compositor español (Ochandiano 1929), autor de música para cine, teatro, televisión y radio.

**BERNARD** (Claude), fisiólogo francés (Saint-Julien, Rhône, 1813-París 1878). Demostró la función glicogénica del hígado y descubrió el sistema nervioso simpático. Es autor de *Introducción al estudio de la medicina experimental* (1865).

**BERNÁRDEZ** (Francisco Luis), poeta argentino (Buenos Aires 1900-*id.* 1978). Tras un contacto con el ultraísmo (*Alcándara,* 1925), su poesía trató una temática religiosa (*El buque,* 1935; *La ciudad sin Laura,* 1938; *El ruiseñor,* 1945; *La flor,* 1951).

**BERNARDIN DE SAINT-PIERRE** (Henri), escritor francés (El Havre 1737-Eragny-sur-Oise 1814), famoso por su novela *Pablo y Virginia* (1788), de exotismo sentimental.

**BERNARDINO de Siena** *(san),* franciscano italiano (Massa Marittima 1380-Aquila 1444). Predicó la reforma de las costumbres e inició la devoción al santo nombre de Jesús.

**BERNARDO,** duque de Septimania († 844), hijo del conde de Tolosa. Nombrado conde de Barcelona (826), tuvo que vencer el motín antifranco de Aissó. En la corte carolingia intrigó contra el emperador.

**BERNARDO de Claraval** *(san),* doctor de la Iglesia (Fontaine-lès-Dijon 1090-Clairvaux 1153). Monje del Císter (1112), cuna de los benedictinos reformados, o cistercienses* (v. parte n. c.), fundó la abadía de Clairvaux (1115), y predicó la segunda cruzada (1146). Místico, adversario del racionalismo de Abelardo y promotor de la devoción a la Virgen, fue consejero de reyes y papas.

**BERNARDO DE SAJONIA-WEIMAR** → ***Sajonia-Weimar.***

**Bernardo del Carpio,** héroe legendario de la España medieval, vencedor de Roldán en Roncesvalles y protagonista de cantares de gesta perdidos y romances. La leyenda inspiró a Suárez de Figueroa, B. de Balbuena, J. de la Cueva, Lope de Vega, etcétera.

**BERNHARD** (Thomas), escritor austríaco (Heerlen, Países Bajos, 1931-Gmunden 1989). Su poesía, sus dramas, su autobiografía y sus novelas inciden en la desesperación y la autodestrucción (*La calera,* 1970; *Sí,* 1978; *Tala,* 1984; *Maestros antiguos,* 1985; *Plaza de los héroes,* 1988).

**BERNHARDT** (Rosine **Bernard,** llamada **Sarah**), actriz francesa (París 1844-*id.* 1923). Por su extraordinaria voz y su sensibilidad dramática destacó en la interpretación del repertorio clásico.

**BERNI** (Antonio), pintor argentino (Rosario 1905-Buenos Aires 1981). Reflejó temas populares argentinos en obras de gran expresividad, con diversas técnicas y materiales. *(V. ilustración pág. 1158.)*

**BERNI** (Francesco), poeta italiano (Lamporecchio, Toscana, *c.* 1497-Florencia 1535), autor de poesías satíricas y paródicas.

**BERNINA** *(macizo de la),* macizo de los Alpes, entre el Inn y el Adda; 4 052 m. El *desfiladero de la Bernina* (2 323 m) une la Engadina (Suiza) con la Valtelina (Italia).

**BERNINI** (Gian Lorenzo), arquitecto, escultor y pintor italiano (Nápoles 1598-Roma 1680). Maestro del barroco monumental y decorativo, realizó numerosos trabajos para las iglesias de Roma (bal-

Hector **Berlioz**
(por P. Sieffert)

Bartolomé **Bermejo:** *Piedad* (1490). [Catedral de Barcelona.]

daquino de San Pedro, 1624; *Éxtasis de santa Teresa* en Santa Maria della Vittoria, 1645-1652), fuentes (del Tritón, de los Cuatro ríos, etc.), la doble columnata ante la basílica de San Pedro, etc. También esculpió bustos, estatuas monumentales y tumbas.

**BERNIS** (Francisco), economista español (Sevilla 1877-Madrid 1933). Reformista, divulgó las ideas socialistas. Es autor de *La hacienda pública y los impuestos* (1917), *La capacidad de desarrollo de la economía española* (1925).

**BERNOULLI,** familia de científicos, originaria de Amberes, refugiada en Basilea a fines del s. XVI. **Jacques I** (Basilea 1654-*id.* 1705) y su hermano **Jean I** (Basilea 1667-*id.* 1748) perfeccionaron el cálculo diferencial e integral creado por Leibniz. En su obra póstuma, *Ars coniectandi* (1713), Jacques sentó las bases del cálculo de probabilidades. – **Daniel,** hijo de Jean (Groninga 1700-Basilea 1782), fue uno de los fundadores de la hidrodinámica.

**BERNSTEIN** (Eduard), teórico socialista alemán (Berlín 1850-*id.* 1932). Introdujo una corriente reformista dentro de la socialdemocracia alemana.

**BERNSTEIN** (Leonard), compositor y director de orquesta norteamericano (Lawrence, Massachusetts, 1918-Nueva York 1990), autor de la música de la comedia musical *West side story* (1957).

**BERNSTORFF** (Johan, *conde* **von**), estadista danés (Hannover 1712-Hamburgo 1772). Ministro de Asuntos Exteriores (1751-1770), salvaguardó la neutralidad danesa durante la guerra de los Siete años.

**BERRIOZÁBAL,** mun. de México (Chiapas), avenado por el Grijalva; 17 561 hab. Centro agrícola.

**BERRO** (Bernardo Prudencio), político uruguayo (1779-Montevideo 1868). Miembro del Partido blanco, fue presidente de la república (1860-1864). Tras el triunfo de una revuelta del Partido colorado (1865), se sublevó contra V. Flores y fue derrotado.

**BERROCAL** (Miguel **Ortiz**), escultor español (Villanueva de Algaidas, Málaga, 1933). Su obra, constructivista, consta de figuras desmontables *(minimúltiples)* realizadas mediante elementos metálicos encajables.

**BERRUGUETE** (Alonso), pintor y escultor español (Paredes de Nava *c.* 1490-Toledo 1561). Hijo de Pedro. Estudió en Italia, donde recibió influencias de Miguel Ángel. A partir de 1517 trabajó en España como pintor de corte, y luego como escultor en Valladolid y Toledo. Entre sus mejores obras figuran las esculturas del retablo de la Mejorada de Olmedo (*c.* 1523) y del monasterio de San Benito de Valladolid (*c.* 1528).

**BERRUGUETE** (Pedro), pintor español (Paredes de Nava *c.* 1450-† *c.* 1504). En su formación influyeron los pintores flamencos activos en Castilla y la pintura italiana, que conoció gracias a que hizo un viaje a Urbino (c. 1475-1480). En esta ciudad realizó retratos para el palacio ducal. A partir de 1483 trabajó en Toledo (retablos; frescos de la catedral) y desde 1495 en Ávila (retablo mayor de la catedral, 1499).

**BERRY,** región de Francia, al S de la cuenca de París (Cher e Indre). Cap. *Bourges.*

**BERTA,** llamada **del gran pie** († Choisy-au-Bac 783), reina de los francos, esposa de Pipino el Breve y madre de Carlomagno y Carlomán.

**Berta** (de *Bertha Krupp,* hija del industrial alemán de Essen), nombre dado a los cañones alemanes de gran potencia que bombardearon París en 1918.

**Bertelsmann,** editorial alemana fundada en 1835, núcleo de uno de los primeros grupos mundiales en el sector de la comunicación.

**BERTIN** (Dominique), empresario y promotor cultural francomexicano (Vanves 1945-México 2001). Gerente general de Larousse para México (1975-2001) y director para América Latina desde 1994. Afianzó la presencia del *Pequeño Larousse Ilustrado* y difundió, con el mismo espíritu que animó a Larousse en el s. XIX, el conocimiento de la lengua española y de la cultura universal a los cuatro vientos de Hispanoamérica.

**BERTOLUCCI** (Bernardo), director de cine italiano (Parma 1940). Sus películas, evocación de sus obsesiones o representación de la historia, revelan una constante preocupación formal (*Antes de la revolución,* 1964; *El conformista,* 1970; *El último tango en París,* 1972; *1900,* 1976; *El último emperador,* 1987; *El cielo protector,* 1990; *Pequeño Buda,* 1993).

**BERTONI** (Moisés), naturalista paraguayo (Tessino 1857-Puerto Bertoni 1929). Estudió la flora y el clima de Paraguay y realizó hallazgos arqueológicos *(Civilización guaraní; I Etnología; II Religión y moral; Anales científicos del Paraguay).*

**BERTRANA** (Prudenci), escritor español en lengua catalana (Tordera 1867-Barcelona 1941). Naturalismo y modernismo se funden en sus novelas (*Josafat,* 1905; *Nàufrags,* 1907; *¡Yo! Memorias de un médico filósofo* [*Jo!,* 1925] y relatos. Posterior es su trilogía autobiográfica *Entre la tierra y las nubes* (*Entre la terra i els núvols,* 1931-1948).

**BERTRAND** (Francisco), político hondureño († 1926). Presidente de la república (provisional, en 1911-1912, y de 1913 a 1919).

**BÉRULLE** (Pierre **de**), cardenal y escritor ascético francés (Sérilly, Champagne, 1575-París 1629). Introdujo el carmelo en Francia y fundó la congregación del Oratorio.

Dominique **Bertin**

**BERUTTI** (Arturo), compositor argentino (San Juan 1862-Buenos Aires 1938). Revalorizó los temas de inspiración nacional: *Sinfonía argentina* (1890) y óperas, como *Pampa* (1897). – Su hermano **Pablo** (San Juan 1870-Buenos Aires 1916), escribió óperas y fundó un conservatorio en Buenos Aires.

**BERWICK** (James Stuart **Fitz-James,** *duque* **de**), mariscal de Francia (Moulins 1670-Philippsburg 1734), hijo natural de Jacobo II de Inglaterra. Lugarteniente de los ejércitos franceses, durante la guerra de Sucesión española logró la victoria de Almansa (1707). Sitió y tomó Barcelona en 1714 al servicio de Felipe V de España, al que posteriormente combatió, para imponer el criterio de la Cuádruple alianza, en las fronteras navarra y catalana (1719-1720).

**BERZELIUS** (Jöns Jacob, *barón*), químico sueco (Väfversunda Sörgard, cerca de Linköping, 1779-Estocolmo 1848), uno de los fundadores de la química moderna. Instituyó la notación química por símbolos, determinó los equivalentes de un gran número de elementos, aisló el selenio y estudió la catálisis y la isomería.

**BESALÚ,** v. de España (Gerona); 2 099 hab. Calles porticadas. Puente medieval sobre el Fluviá. Sinagoga medieval. Iglesias románicas.

**BESALÚ** *(condado de),* territorio reconquistado *c.* 785, integrado en el condado de Gerona. Independiente hasta 1111, se unió al condado de Barcelona.

**BESANÇON,** c. de Francia, cap. de la región del Franco Condado y del dep. de Doubs, a orillas del Doubs; 119 194 hab. Universidad. Industria (relojería, textil). Catedral románica y gótica. Edificios del renacimiento. Ciudadela de Vauban. Museos.

**BESARABIA,** región situada entre el Prut y el Dniéster, act. repartida entre Moldavia y Ucrania. C. pral. *Chişinău.* Fue anexionada sucesivamente por el imperio otomano (1538), el imperio ruso (1812), Rumania (1918) y la U.R.S.S. (1940-1991).

**BESKIDES** o **BESKYDES,** región montañosa del NO de los Cárpatos (Eslovaquia y Polonia).

**BESKRA,** ant. **Biskra,** c. de Argelia, cap. de vilayato, al SO del Aurès; 91 000 hab. Oasis. Turismo.

**BESNES** (Juan Manuel), pintor y dibujante uruguayo de origen español (San Sebastián 1788-Montevideo 1865). Realizó dibujos a pluma de escenas de campo y de hechos de la historia uruguaya.

**beso** *(El),* nombre de dos esculturas antitéticas de Rodin (1886-1898) y de Brancusi (varias versiones).

**BESSARIÓN** (Juan), humanista bizantino (Trebisonda 1403-Ravena 1472), cardenal, partidario de la unión de las Iglesias y uno de los promotores del renacimiento del helenismo en occidente.

**BESSEL** (Friedrich Wilhelm), astrónomo alemán (Minden 1784-Königsberg 1846). En 1838 efectuó la primera medición precisa de una distancia estelar y dio un auge considerable a la astrometría.

**BESSEMER** (*sir* Henry), industrial y metalúrgico británico (Charlton, Hertfordshire, 1813-Londres 1898), inventor de un procedimiento para la obtención de acero (1855) mediante insuflación de aire a presión en un aparato con revestimiento interior especial *(convertidor Bessemer).*

**BESTEIRO** (Julián), político español (Madrid 1870-Carmona 1940). Fue presidente del P.S.O.E. (1928-1931) y de la U.G.T. (1928-1933), y se distinguió por sus tesis reformistas. Presidió las cortes constituyentes de la república (1931-1933) y formó parte del Consejo nacional de defensa (1939). Murió en prisión.

**BETANCES** (Ramón Emeterio), llamado **el Anti-**

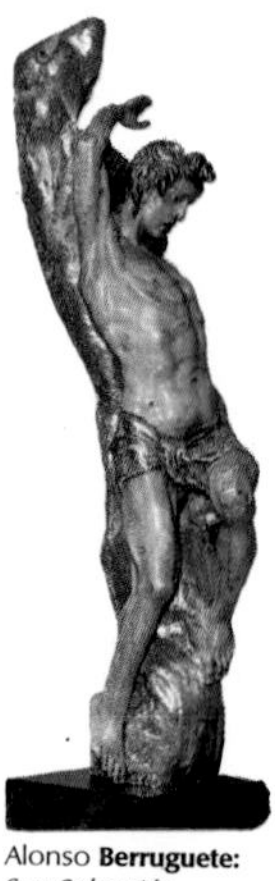

Alonso **Berruguete:** *San Sebastián* (museo nacional de escultura, Valladolid)

Pedro **Berruguete:** *Cristo muerto sostenido por dos ángeles* (pinacoteca Brera, Milán)

**llano,** político y médico puertorriqueño (Cabo Rojo 1830-París 1898), líder del abolicionismo de la esclavitud y de la independencia de Puerto Rico y Cuba.

**BETANCOURT** (Esteban), escultor cubano (Camagüey 1893-La Habana 1942), autor de monumentos (*Monumento a Martí,* Puerto Padre; *Amor y muerte; Aurora*).

**BETANCOURT** (Rómulo), político y periodista venezolano (Guatire, Miranda, 1908-Nueva York 1981), fundador de Acción democrática (1941). Dio un golpe de estado contra Medina Angarita y encabezó una junta revolucionaria (1945-1948). Fue presidente de la república de 1959 a 1964.

**BETANCUR** (Belisario), político colombiano (Amaga, Antioquia, 1923). Candidato presidencial desde 1970 por el Partido conservador, fue presidente de la república en 1982-1986.

**BETANIA,** localidad próxima a Jerusalén (act. *Al-'Azarīyya*), donde habitaban los amigos de Jesús, Marta, María y Lázaro.

**BETANZOS,** c. de España (La Coruña), cab. de p. j.; 11 871 hab. *(Brigantinos.)* Iglesias góticas de San Francisco y de Santa María del Azogue. Arquitectura popular gallega. Edificios modernistas.

**BETANZOS** (Francisco **de,** en religión **Domingo de**), misionero dominico español (León *c.* 1491-Valladolid 1549). Llegó a Nueva España en 1526, e introdujo la orden dominica en México y Guatemala.

**BÉTERA,** c. de España (Valencia); 9 717 hab. *(Beteranos.)* Agricultura. Destilerías. Aserraderos.

**BETHE** (Hans Albrecht), físico alemán nacionalizado norteamericano (Estrasburgo 1906). En 1938 descubrió el ciclo de transformaciones termonucleares explicativo del origen de la energía del Sol y de las estrellas. (Premio Nobel de física 1967.)

**BETHENCOURT** (*beato* Pedro **de**), misionero español (Chasma, Tenerife, 1619-Guatemala 1667). Se estableció en Guatemala, donde tomó el hábito terciario de san Francisco y fundó la orden hospitalaria de los betlemitas, que se extendió por toda América.

**BÉTHENCOURT** (Juan **de**), caballero y navegante normando (Grainville 1359-† 1442). Conquistó algunas de las islas Canarias (Lanzarote, Fuerteventura, La Gomera y Hierro), y fue su rey feudatario (de Enrique III de Castilla) de 1403 a 1418, año en que las vendió al conde de Niebla.

**BETHENCOURT Y MOLINA** (Agustín **de**), ingeniero español (Santa Cruz de Tenerife 1758-San Petersburgo 1824). En España estableció la primera línea de telegrafía óptica, y trabajó en Rusia al servicio del zar Alejandro I, en diversas obras públicas.

**BETHLEHEM,** c. de Estados Unidos (Pennsylvania); 71 428 hab. Centro siderúrgico. Universidad.

**BETHLEN** (Gabriel o Gábor) [Illye 1580-Gyulafehérvár 1629], príncipe de Transilvania [1613-1629]. Intervino en la guerra de los Treinta años al lado de las potencias protestantes.

**BETHMANN-HOLLWEG** (Theobald **von**), político alemán (Hohenfinow, Brandeburgo, 1856-*id.* 1921), canciller del imperio alemán (1909-1917).

**BÉTICA,** ant. provincia romana del S de la península Ibérica, regada por el río *Betis* (Guadalquivir), limitada al O por el río *Anas* (Guadiana) y al S y al E por el Mediterráneo. Aprox. es la act. *Andalucía.*

**BÉTICAS** *(cordilleras),* unidad geológica del S de España, que engloba la cordillera y depresión Penibética* y las cordilleras Subbéticas*.

**BETSABÉ** o **BETHSABÉE,** madre de Salomón. David se enamoró de ella después de verla bañándose y, para casarse con ella, hizo matar en combate a su marido, Urías.

**BETTELHEIM** (Bruno), sicoanalista norteamericano de origen austríaco (Viena 1903-Silver Spring, Maryland, 1990), especialista en el tratamiento de las sicosis infantiles (*La fortaleza vacía,* 1967; *No hay padres perfectos,* 1987).

**BEUYS** (Joseph), artista alemán (Krefeld o Kleve 1921-Düsseldorf 1986). Adalid de la vanguardia, recurrió a materiales (fieltro, grasa, etc.) y a formas de expresión (intervenciones, environments-acciones) no tradicionales.

**BEVAN** (Aneurin), político británico (Tredegar, Monmouthshire, 1897-Asheridge Farm, Chesham, 1960), uno de los líderes del Partido laborista.

**BEVELAND** *(islas),* ant. islas de Países Bajos (Zelanda), act. unidas al continente.

**BEVERIDGE** (*lord* William Henry), economista y administrador británico (Rangpur, Bengala, 1879-Oxford 1963), autor de un plan de seguridad social (1942) y de estudios sobre el pleno empleo.

**BEVIN** (Ernest), político británico (Winsford 1881-Londres 1951). Sindicalista, laborista, fue ministro de Trabajo (1940-1945) y secretario de estado para Asuntos Exteriores (1945-1951).

**BEYLE** (Henri) → ***Stendhal.***

**BÈZE** (Théodore **de**), escritor y teólogo protestante francés (Vézelay 1519-Ginebra 1605). Principal colaborador de Calvino y polemista, fue un iniciador del renacimiento literario.

**BÉZIERS,** c. de Francia (Hérault); 72 362 hab. Vinos. Ant. catedral fortificada (ss. XII-XIV). La ciudad fue saqueada durante la cruzada contra los albigenses.

**BEZWADA** → ***Vijayavada.***

**BHĀDGĀUN, BHATGAON** o **BHAKTAPUR,** c. de Nepal; 84 000 hab. Ant. ciudad fundada en el s. IX, y cap. de la dinastía Malla (ss. XII-XIV). Monumentos de los ss. XV-XVII.

**BHADRĀVATI,** c. de la India (Karnātaka); 149 131 hab. Metalurgia.

**BHĀGALPUR,** c. de la India (Bihār), a orillas del Ganges; 261 855 hab.

**BHĀJĀ,** yacimiento arqueológico de la India (Bengala Occidental), santuarios *(chaitya)* y monasterios *(vihāra)* rupestres, uno de ellos del s. II a. J.C.

**BHĀRAT,** nombre hindī de la *India.*

**BHĀRHUT,** yacimiento arqueológico de la India (Madhya Pradesh). Restos de un stūpa cuya arcaica decoración esculpida (museo de Calcuta) anuncia el estilo de Sāñcī.

**BHARTRIHARI,** poeta y gramático indio en lengua sánscrita del s. VII.

**BHATGAON** → ***Bhādgāun.***

**BHATPARA,** c. de la India (Bengala Occidental); 304 298 hab. Industria textil.

**BHAVABHŪTI,** autor dramático indio en lengua sánscrita (ss. VII-VIII).

**BHAVNAGAR** o **BHAUNAGAR,** c. y puerto de la India (Gujarāt), en la península de Kāthiāwār; 403 521 hab.

**BHILAI NAGAR** o **BHILAINAGAR,** c. de la India (Madhya Pradesh); 668 670 hab. (junto con la ciudad vecina de Durg). Siderurgia.

**BHOPĀL,** c. de la India, cap. de Madhya Pradesh; 1 063 662 hab. En 1984, un escape de gas tóxico causó más de 2 000 muertos.

**BHUBANESWAR,** c. de la India, cap. de Orissā; 411 542 hab. Centro del culto a Śiva (ss. V-X), conserva numerosos templos de tipo sikhara, con rica decoración esculpida. El más importante es el de Lingarāja (*c.* 1000).

**BHUMIBOL ADULYADEJ** (Cambridge, Massachusetts, 1927), rey de Tailandia desde 1950 con el nombre de Rāma IX.

**BHUTÁN** o **BUTÁN,** estado de Asia situado junto al Himalaya; 47 000 km$^2$; 1 400 000 hab. CAP. *Thimbu.* LENGUA OFICIAL: *tibetano.* MONEDAS: *ngultrum* y *rupia india.* Reino vasallo de la India en 1865, sometido primero a un semiprotectorado británico (1910) y luego indio (1949), es independiente desde 1971. En su mayor parte está cubierto por la selva.

**BHUTTO** (Zulfikar 'Alī), estadista paquistaní (Larkana 1928-Rawalpindi 1979). Presidente de la república (1971-1973) y luego primer ministro hasta 1977, fue derrocado y ejecutado por el general Zia ul-Haq. – Su hija **Benazir** (Karachi 1953), primera mujer jefe de gobierno en un país musulmán, fue primera ministra de 1988 a 1990 y de 1993 a 1996.

**Berzelius**
(por J. Way;
real academia de
ciencias, Estocolmo)

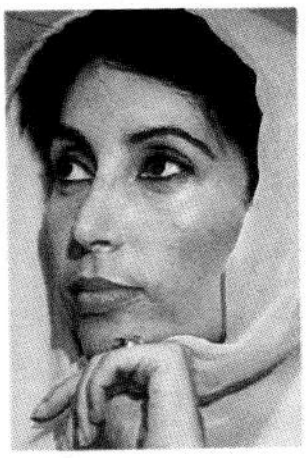

Benazir
**Bhutto**

**Biac-na-bató** *(pacto de)* [Luzón, 1897], acuerdo entre España y los insurrectos filipinos, por el que éstos acataban la soberanía española.

**BIAFRA** *(República de),* nombre que adoptó la región suroriental de Nigeria, habitada mayoritariamente por ibo, durante la secesión armada de 1967 a 1970.

**BIALIK** (Hayim Naḥmán), poeta en lengua hebrea (Rady, Ucrania, 1873-Viena 1934). Ejerció una profunda influencia en el movimiento sionista (*En la ciudad de la desolación,* 1904).

**BIAŁYSTOK,** c. del NE de Polonia, cap. de voivodato; 273 300 hab. Centro industrial.

**BIANCHI** (Andrés) → ***Blanqui*** (Andrés).

**BIANCIOTTI** (Héctor), escritor argentino (Córdoba 1930), nacionalizado francés. En sus novelas reelabora las sugestiones de H. James y V. Woolf: *Los desiertos dorados* (1965); *La busca del jardín* (1977); *Sans la miséricorde du Christ* (1985); *Ce que la nuit raconte au jour* (1992).

**BIARRITZ,** c. de Francia (Pyrénées-Atlantiques); 28 887 hab. Centro turístico. Casino.

**BIBANS** *(cadena de los),* macizo de Argelia, en el Atlas telliano, atravesado por el desfiladero llamado Portes de fer; 1 735 m.

**BIBER** o **VON BIBERN** (Heinrich), violinista y compositor austríaco (Wartenberg 1644-Salzburgo 1704), autor de sonatas para violín.

**BIBIENA** o **BIBBIENA,** sobrenombre de los **Galli,** familia de arquitectos, escenógrafos, pintores y grabadores boloñeses (fines s. XVII y s. XVIII), virtuosos de la decoración monumental.

**Bhubaneswar:** el templo de Mukteśvara (s. X)

**Biblia,** conjunto de libros santos judíos y cristianos, constituido por el Antiguo testamento y el Nuevo testamento. El Antiguo testamento, cuya lengua es el hebreo, salvo algunos textos en arameo y en griego, se terminó en el s. I a. J.C. Comprende los escritos relativos a la historia y a la religión del pueblo judío. El Nuevo testamento se refiere a la revelación cristiana y a los orígenes de la Iglesia; fue escrito en griego. En el s. IV, san Jerónimo llevó a cabo una traducción latina de los dos testamentos, la *Vulgata,* que se convirtió en la versión oficial de la Iglesia de occidente. *(V. ilustración pág. 1160.)*

**Biblia políglota complutense,** primera edición políglota de la Biblia, realizada en la universidad de Alcalá de Henares bajo el mecenazgo del cardenal Cisneros, y terminada en 1520.

**BIBLIÁN,** cantón de Ecuador (Cañar); 20 954 hab. Minas de carbón. Agricultura y ganadería.

**Biblioteca nacional,** institución argentina, con sede en Buenos Aires, fundada en 1810. Publica *Bibliografía nacional argentina.*

**Biblioteca nacional de Colombia,** institución

**la Biblia**

Salvo mención especial, los libros citados están aceptados en los tres cánones (judío, católico y protestante) en el caso del Antiguo testamento, y en los cánones católico y protestante en el caso del Nuevo testamento.

**Antiguo testamento**

Pentateuco (o Torá):
Génesis
Éxodo
Levítico
Números
Deuteronomio

libros históricos:
Josué
Jueces
Samuel I y II
Reyes I y II
Crónicas I y II
Esdras
Nehemías
Macabeos I y II (catól.)

libros proféticos:
Isaías
Jeremías
Lamentaciones (catól. y protestante)
Baruc (catól.)
Ezequiel
Daniel (catól. y protestante)
Oseas
Joel
Amós
Abdías
Jonás
Miqueas
Nahum
Habacuc
Sofonías
Ageo
Zacarías
Malaquías

libros poéticos y sapienciales:
Salmos
Proverbios
Job
El cantar de los cantares
Eclesiastés
Sabiduría (catól.)
Eclesiástico (catól.)
Tobías (catól.)
Judit (catól.)
Ester
Rut

**Nuevo testamento**

escritos narrativos:
Evangelios
de san Mateo
de san Marcos
de san Lucas
de san Juan
Hechos de los Apóstoles

escritos didácticos:
Epístolas de san Pablo
a los romanos
a los corintios I y II
a los gálatas
a los efesios
a los filipenses
a los colosenses
a los tesalonicenses I y II
a Timoteo I y II
a Tito
a Filemón
a los hebreos
Epístolas «católicas»
de Santiago
de san Pedro I y II
de san Juan I, II y III
de san Judas

libro profético:
Apocalipsis, de san Juan

colombiana, con sede en Bogotá, cuyos orígenes se remontan a 1777.

**Biblioteca nacional de España,** institución fundada en Madrid por Felipe V en 1712. Carlos III la incrementó notablemente. Cuenta con unos 3 000 incunables y numerosos tesoros bibliográficos.

**Biblioteca nacional de México,** institución mexicana fundada en 1867, con sede en Coyoacán (México DF), que contiene las publicaciones especializadas en el desarrollo cultural de México.

**Bibliotheca mexicana,** repertorio bibliográfico mexicano, compuesto en latín por J. J. de Eguiara y Eguren (1755); el resto de la obra, incompleta, se conserva en la biblioteca universitaria de Austin (E.U.A.).

**BIBLOS,** en gr. **Byblos,** ant. c. de Fenicia. Centro comercial activo del IV al I milenio, vinculada a Egipto, fue derrotada por Tiro. Se ha descubierto en ella el sarcófago de Ahiram (s. X a. J.C.) que ostenta la más antigua inscripción alfabética. Restos antiguos y medievales. (Act. *Ŷabayl,* Líbano.)

**BICKFORD** (William), ingeniero británico (Bickington, Devon, 1774-Camborne, Cornwall, 1834). En 1831 inventó la mecha de seguridad para las minas *(mecha Bickford).*

**BICLARO** o **BICLARA** (Juan **de**), eclesiástico y cronista hispanovisigodo (Santarém *c.* 540-Gerona *c.* 621). Combatió el arrianismo y fue obispo de Gerona (590-621). Escribió el cronicón *Biclarense* (*c.* 590).

**BICORP,** mun. de España (Valencia); 693 hab. *(Bicorinos.)* En su término se halla la cueva de la Araña, con pinturas prehistóricas de tipo levantino (escenas de caza y recolección de la miel).

**BIDASOA,** r. de España, de la vertiente cantábrica, que en su tramo final forma frontera con Francia; 60 km. Aprovechamiento hidroeléctrico y para riego.

**BIDAULT** (Georges), político francés (Moulins 1899-Cambo-les-Bains 1983). Presidió el Consejo nacional de la Resistencia (1943) y fue presidente del gobierno (1946; 1949-1950). Opuesto a la política argelina de De Gaulle, se exilió por su vinculación a la O.A.S.

**BIDPĀI** o **PILPĀY,** brahmán hindú (¿s. III?) al que se atribuye la redacción de unos apólogos en sánscrito que inspiraron a fabulistas e ilustradores orientales y europeos.

**Biedermeier** (de Bieder[mann] y [Bummel]meier, personajes literarios), nombre dado al estilo de la pintura y las artes decorativas dirigidas a las clases medias en Alemania y Austria, en 1815-1848.

**BIEDMA,** dep. de Argentina (Chubut); 45 583 hab. Cab. *Puerto Madryn,* puerto exportador.

**BIEL,** en fr. **Bienne,** c. de Suiza (Berna), a orillas del *lago de Biel* (40 km²); 51 893 hab. Centro relojero.

**BIELEFELD,** c. de Alemania (Renania del Norte-Westfalia); 315 096 hab. Universidad.

**BIÉLGOROD** o **BELGOROD,** c. de Rusia, al N de Járkov; 300 000 hab. Minas de hierro.

**BIELINSKI** o **BÉLINSKI** (Vissarión Grigórievich), crítico y publicista ruso (Sveaborg [act. Suomenlinna], cerca de Helsinki, 1811-San Petersburgo 1848). Contribuyó al triunfo del realismo en la literatura rusa.

**BIELLA,** c. de Italia (Piamonte); 48 277 hab. Centro textil (lana). Catedral gótica, con baptisterio prerrománico.

**BIELORRUSIA,** en bielorruso **Bielarus,** ant. **Rusia Blanca,** estado de la Europa oriental, junto a Polonia; 208 000 km²; 10 260 000 hab. *(Bielorrusos.)* CAP. *Minsk.* LENGUA OFICIAL: *bielorruso.* MONEDA: *rublo.*

GEOGRAFÍA

El país, habitado por casi un 80 % de bielorrusos de origen, presenta un relieve poco contrastado y goza de un clima fresco y húmedo; está parcialmente cubierto de bosques. La ganadería (bovina y porcina) está asociada a menudo con los cultivos (patatas, remolacha). La industria (construcciones mecánicas, eléctricas y electrónicas) se resiente de la pobreza del subsuelo: yacimientos de potasa, turba utilizada para centrales térmicas.

HISTORIA

Ss. IX-XII: la región, habitada por eslavos orientales, formaba parte de la Rusia de Kíev. Ss. XIII-XIV: se integró en el gran ducado de Lituanis, unido a Polonia a partir de 1385. Ss. XIV-XVII: se diferenciaron tres ramas de eslavos orientales, bielorrusos, rusos y ucranianos. La influencia polaca se hizo prepon-

derante y la cultura bielorrusa sólo se extendió entre los campesinos. 1772-1793: los dos primeros repartos de Polonia concedieron Bielorrusia al imperio ruso. 1919: se proclamó la República Socialista Soviética de Bielorrusia, independiente. 1921: la parte occidental de Bielorrusia fue anexionada a Polonia. 1922: la R.S.S. de Bielorrusia se adhirió a la U.R.S.S. 1939: le fue incorporada la Bielorrusia occidental. 1945: la R.S.S. de Bielorrusia se convirtió en miembro de la O.N.U. 1991: el soviet supremo proclamó la independencia del país (ag.), que se adhirió a la C.E.I. (dic.). 1996: tras un referéndum celebrado en 1995 para una futura unión a Rusia, Bielorrusia y Rusia acuerdan la creación de la Comunidad de repúblicas soberanas (C.R.S.) para una mayor integración de ambos países.

**BIÉLOVO** o **BELOVO,** c. de Rusia (Siberia), en el Kuzbass; 116 000 hab. Metalurgia.

**BIELSA** (Rafael), jurista argentino (Santa Fe del Rosario 1889-Rosario 1966), especialista en derecho administrativo (*Ciencia de la administración).*

**BIELSKO-BIALA,** en alem. **Bielitz,** c. del SO de Polonia, en Silesia, cap. de voivodato; 184 400 hab.

**BIELTSI** → ***Bălţi.***

**BIELYI** (Borís Nikoláievich **Bugáiev,** llamado **Andréi**), escritor ruso (Moscú 1880-*id.* 1934). Interpretó la revolución de Octubre como el resurgimiento de una civilización específica a medio camino entre oriente y occidente (*Sinfonías,* 1904-1908; *La paloma de plata,* 1910; *Petrogrado,* 1913; *Moscú,* 1922-1930).

**bienio negro,** nombre con que se designó en España el período entre noviembre de 1933 y febrero de 1936, en que las derechas (partido radical de Lerroux, C.E.D.A. de Gil-Robles) gozaron de mayoría en las cortes de la segunda república.

**bienio progresista,** nombre que se da al período de 1854 a 1856 en España, caracterizado por la vuelta al poder de Espartero.

**BIENNE** → ***Biel.***

**BIENVENIDA,** nombre adoptado por una familia de matadores de toros españoles iniciada por **Manuel Mejías Rapela, Bienvenida** (Bienvenida, Badajoz, 1884-Madrid 1964). – Su hijo, **Antonio Bienvenida** (Caracas 1922-Madrid 1975), fue maestro clásico con el capote, la muleta y las banderillas.

**¡Bienvenido, míster Marshall!,** película española (1952) de L. G. Berlanga, con guión de Bardem, Mihura y el propio Berlanga. Marcó un punto de arranque en el cine español de la posguerra.

**BIERUT** (Bolesław), político polaco (cerca de Lublin 1892-Moscú 1956). Presidente de la república (1947-1952), primer ministro (1952-1956) y primer secretario del partido comunista (1948-1956), dirigió la alineación de su país según el modelo soviético.

**BIERZO (El),** comarca de España (León), avenada por el Sil y sus afluentes. Minería en declive.

**Biga,** partido de la alta burguesía que gobernó el municipio de Barcelona a mediados del s. XV y que se enfrentó a la Busca*.

**BIGARNY, BIGUERNY** o **VIGARNY** (Felipe **de**), escultor español de origen borgoñón (Langres *c.* 1475-† 1543), conocido también como **Felipe de Borgoña.** En 1498 se instaló en Burgos, en cuya catedral se halla la mayoría de su obra. Trabajó en las catedrales de Toledo, Granada y Salamanca.

**BIGATTI** (Alfredo), escultor argentino (Buenos Aires 1898-*id.* 1964). Destaca su *Monumento al general Mitre* (La Plata, 1942).

**BIGNONE** (Reynaldo), político y militar argentino (Morón 1928). Participó en el golpe de estado militar de 1976, y fue presidente de la república de 1982 a 1983.

**BIHĀR,** estado de la India, en el NE del Decán y en el E de la llanura del Ganges; 174 000 km²; 86 338 853 hab. Cap. *Paṭnā.*

**BIHOR** o **BIHAR** *(montes)* → ***Apuseni.***

**BIHZAD** (Kamal al-Din) → ***Behzad.***

**BIISK,** c. de Rusia, en Siberia, a orillas del Ob; 233 000 hab. Centro industrial.

**BIJAGOS** *(islas)* → ***Bissagos.***

**BIJĀPUR,** c. de la India (Karnātaka); 193 038 hab. Monumentos de los ss. XVI y XVII, entre ellos el Gol Gunbadh, célebre mausoleo del s. XVII.

**BĪKANER,** c. de la India (Rājasthān); 415 355 hab. Textil. Fortaleza del s. XVI. Museo.

**BIKINI,** atolón de Micronesia (islas Marshall), donde tuvieron lugar experimentos nucleares norteamericanos a partir de 1946.

**BILASPUR,** c. de la India (Madhya Pradesh); 233 570 hab.

**BILBAO** o **BILBO,** v. de España, cap. de la prov. de Vizcaya y cab. de p. j.; 372 054 hab. *(Bilbaínos.)* La c. forma con otras vecinas una extensa conurbación y un complejo económico que se extiende por la ría del Nervión. Es el principal núcleo industrial del País Vasco (siderurgia), cuyo desarrollo se inició a fines del s. XIX y culminó con la creación de Altos hornos de Vizcaya. También destaca la química y el refino de petróleo. Importante actividad portuaria, cuya prosperidad data de los ss. XV-XVI, y financiera. Aeropuerto. Catedral gótica de Santiago (1404). Edificios civiles del s. XIX. Museo de bellas artes y museo Guggenheim*. Santuario de Begoña.

**BILBAO** (Francisco), escritor y político chileno (Santiago 1823-La Plata 1865), llamado el *apóstol de la libertad de América.* Por sus *Boletines del espíritu* (1850) fue excomulgado y desterrado. Publicó también *El Evangelio americano* (1864).

**Bild Zeitung,** principal diario de Alemania por su tirada, creado en 1952 por A. Springer.

**BILDT** (Carl), político sueco (Halmstad 1949). Presidente del Partido moderado desde 1986, fue primer ministro de 1991 a 1994 y representante de la O.N.U. en Bosnia-Herzegovina de 1995 a 1997.

**BILL** (Max), arquitecto, diseñador, pintor y escultor suizo (Winterthur 1908-Berlín 1994). Pionero de la abstracción racional (arte concreto), propició la síntesis de las artes.

**BILLINGHURST** (Guillermo), político peruano (Arica 1851-† 1915). Demócrata, se opuso a Leguía y encabezó un movimiento popular que forzó su elección como presidente de la república por el Congreso (1912). El ejército lo derrocó en 1914.

**BILLINI** (Francisco Gregorio), escritor, político y pedagogo dominicano (1844-1898). Presidente de la república (1884-1885), renunció al cargo y se dedicó a la literatura y el periodismo.

**BILLITON** → ***Belitung.***

**BIN EL-UIDÁN,** localidad de Marruecos, en el uadi el-Abid; 8 000 hab. Presa.

**BINCHOIS** (Gilles), compositor borgoñón (Mons *c.* 1400-Soignies 1460). Compuso misas, canciones en forma de rondó y motetes polifónicos.

**BINÉFAR,** v. de España (Huesca); 8 033 hab. Cultivos de regadío. Fundiciones. Centro industrial.

**Binet-Simon** *(test de),* test sicométrico sobre el nivel intelectual, que prescinde de pruebas en las que pueda intervenir cualquier tipo de aprendizaje.

**BINGHAM CANYON,** localidad de Estados Unidos (Utah); 2 000 hab. Extracción de cobre.

**BIOBÍO** o **BÍO-BÍO,** r. de Chile, en el Valle Central; 370 km. Pasa por Nacimiento y Concepción y desagua en el Pacífico. Navegable.

**BÍOBÍO** *(región del),* región del centro de Chile; 36 929 km²; 1 729 920 hab. Cap. *Concepción.*

**BIOCO** o **BIOKO,** ant. **Fernando* Poo,** y de 1973 a 1979 **Macías Nguema,** isla de Guinea Ecuatorial; 2 017 km²; 100 000 hab. Cap. *Malabo.*

**biodiversidad de Costa Rica** *(Instituto nacional de)* **(Inbio),** institución privada costarricense creada en 1989, dedicada al análisis científico de las especies biológicas y su diversidad.

**BIOT** (Jean-Baptiste), físico francés (París 1774-*id.* 1862), autor de estudios sobre electromagnetismo.

**BIOY CASARES** (Adolfo), escritor argentino (Buenos Aires 1914-*id.* 1999). Exponente de la literatura fantástica (*La invención* de Morel,* 1940; *Historia prodigiosa,* 1956), en ocasiones opta por una ambientación más real (*El sueño de los héroes,* 1954; *Diario de la guerra del cerdo,* 1969; *Dormir al sol,* 1973; *Historias desaforadas,* 1986), sin abandonar lo sobrenatural. Con J. L. Borges escribió cuentos policíacos y recopiló una *Antología de la literatura fantástica* (1940). [Premio Cervantes 1990.]

**BIR HAKEIM,** oasis de Libia, en Cirenaica. Los franceses de Koenig resistieron en ella en 1942 a los alemanes y a los italianos.

**BIRĀTNAGAR,** c. del E de Nepal; 94 000 hab.

**B.I.R.D.,** siglas de Banco internacional de reconstrucción y desarrollo. (→ ***Banco mundial.***)

**BIRKENAU,** en polaco **Brzezinka,** localidad de Polonia, cerca de Auschwitz. Campo de concentración alemán. (→ ***Auschwitz.***)

**BIRKENHEAD,** c. y puerto de Gran Bretaña, en el estuario del Mersey; 280 000 hab.

**BIRKHOFF** (George David), matemático norteamericano (Overisel, Michigan, 1884-Cambridge, Massachusetts, 1944). Se interesó por el análisis y el problema de los tres cuerpos.

**BIRMANIA** o **MYANMAR,** en ingl. **Burma,** estado de Indochina occidental que agrupa en una federación a los 7 estados o provincias de la ant. colonia británica de Birmania y a 7 estados «periféricos» habitados por minorías étnicas (Arakan, Karen, Kashin, Kayah, Môn, Shan y Shin); 678 000 km²; 41 500 000 hab. *(Birmanos.)* CAP. *Rangún (Yangon).* LENGUA OFICIAL: *birmano.* MONEDA: *kyat.*

GEOGRAFÍA

Situado en el dominio del monzón, es un país casi exclusivamente agrícola, notable productor de arroz; se cultiva sobre todo en el delta del Ayeyarwady (Irawadi), en la desembocadura de la gran depresión central, que es el corazón del país. Los demás cultivos, de subsistencia o comerciales (algodón, cacahuete, té, hevea), son secundarios. La explotación forestal (teca, bambú) es el principal recurso (con la adormidera) de las regiones periféricas, montañosas, cortadas por los valles del Chindwin, el Ayeyarwady (Irawadi) y el Saluén.

HISTORIA

***Los reinados de los thai (shan), los môn y los birmanos.*** 832: la antigua civilización de los pyu desapareció ante los ataques de los thai. S. IX: los môn instauraron en la baja Birmania el reino de Pegu y los birmanos procedentes del noreste llegaron a Birmania central. S. XI: constituyeron un estado en torno a Pagan (fundada en 849), que sucumbió ante los ataques de los mongoles y de los shan (1287-1299). 1347-1752: los birmanos reconstituyeron un reino cuya capital era Toungoo. 1539-1541: conquistaron el territorio môn y controlaron a partir de 1555 la región que gobernaba desde 1364 la dinastía shan de Ava. 1752: los môn se adueñaron de Ava y pusieron fin al reino de Toungoo. 1752-1760: Alaungpaya reconstituyó el imperio birmano. 1816-1824: éste se amplió con Manipur y Assam, que los británicos le arrebataron en 1826. 1852-1855: estos últimos conquistaron Pegu y anexionaron Birmania al imperio de las Indias. 1942-1948: Birmania, invadida por los japoneses (1942) y reconquistada por los aliados en 1944-1945, accedió a la independencia (1948).

***La Birmania independiente.*** 1948-1962: U Nu, primer ministro de la Unión Birmana (1948-1958; 1960-1962), se enfrentó a la guerra civil desencadenada por los comunistas y a la rebelión de los karen (1949-1955). 1962: el general Ne Win se hizo con el poder, implantó un partido único y aplicó un programa de construcción del socialismo. No obstante, las rebeliones étnicas se reanudaron y las tensiones entre las minorías hinduista, musulmana y cristiana, y la mayoría budista se mantuvieron. 1981: Ne Win fue sustituido por el general San Yu al frente del estado, aunque conservó el poder efectivo. 1988: Ne Win y San Yu dimitieron de sus cargos; la oposición al poder militar se extendió y reclamó la democratización del régimen. 1990: la oposición ganó las elecciones pero los militares conservaron el poder. 1992: la O.N.U. condenó a la junta en el poder por la política represiva. 1995: Aung San Suu Kyi, líder la oposición, fue liberada. 1997: a pesar de la ausencia de apertura política, el país fue admitido en el seno de la A.S.E.A.N. *(V. mapa pág. 1162.)*

**Birmania** *(carretera de),* carretera de Rangún a Kunming (Yunnan), construida en 1938. Permitió a los aliados abastecer China (1943-1945).

**BIRMINGHAM,** c. de Estados Unidos (Alabama); 265 968 hab. Metalurgia.

**BIRMINGHAM,** c. de Gran Bretaña, en los Midlands; 934 900 hab. (2,5 millones en la aglomeración). Centro metalúrgico. Centro de una región rica en carbón y en hierro (act. en declive), en los ss. XVIII y XIX fue uno de los principales núcleos de desarrollo de la industria británica. Museos.

**BIROBIDZHAN,** c. de Rusia, cap. de la región autónoma de los Hebreos (ant. territorio de *Birobidzhan*), al O de Jabárovsk; 82 000 hab.

**BĪRŪNĪ** (Abū-l-Rayhān Muḥammad ibn Aḥmad **al-**), uno de los grandes eruditos del islam medieval (Kat, Jwārizm, 973-¿Gaznī? d. 1050). Historiador, matemático, médico y astrónomo, escribió numerosos tratados científicos, una *Historia de la India* y una *Cronología de los pueblos antiguos.*

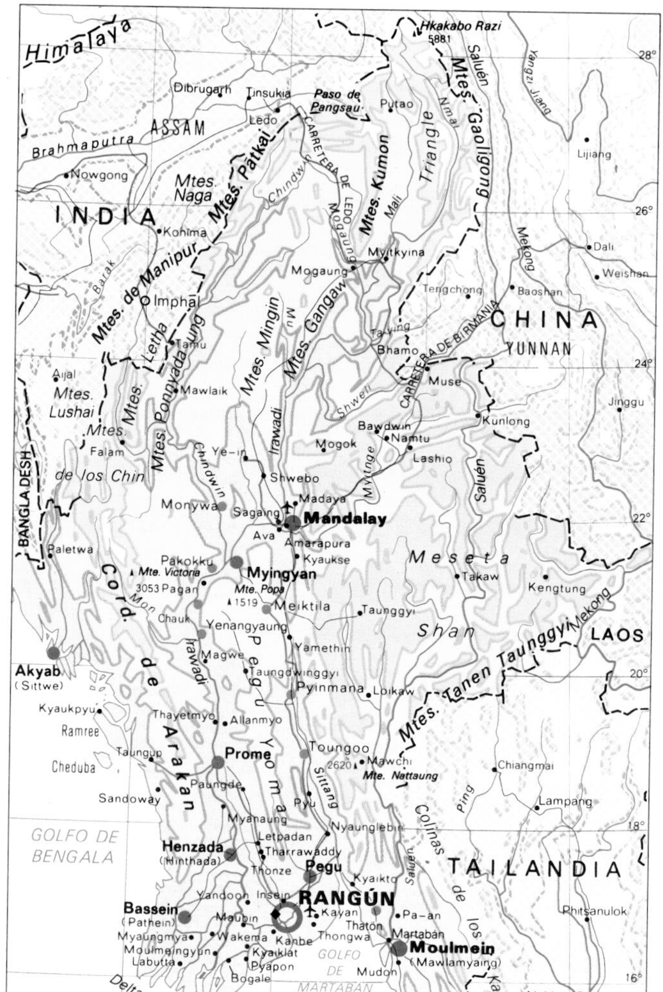


BIRMANIA

**BISAYAS** → *Visayas.*

**BISBAL D'EMPORDÀ (La),** c. de España (Gerona), cab. de p. j.; 7 778 hab. *(Bisbalenses.)* Cerámica artística. Castillo-palacio (ss. XII-XVII).

**BISHKEK,** de 1925 a 1991 **Frunze,** c. y cap. de Kirguizistán; 616 000 hab. Construcciones mecánicas.

**BISKRA** → ***Beskra.***

**BISMARCK** *(archipiélago),* archipiélago de Melanesia, al NE de Nueva Guinea; 53 000 km². C. pral. *Rabaul.* La isla principal es Nueva Bretaña. Ant. colonia alemana, act. parte de Papúa y Nueva Guinea.

**BISMARCK** (Otto, *príncipe* **von**), estadista prusiano (Schönhausen 1815-Friedrichsruh 1898). Elevado a la presidencia del consejo de Prusia por Guillermo I (1862), llevó a cabo la unidad alemana en beneficio de Prusia (1864-1871). Tras derrotar a Austria en Sadowa (1866), creó la Confederación del Norte de Alemania. Tras la guerra franco-alemana (1870-1871), que terminó con la anexión de Alsacia y Lorena, hizo proclamar el Imperio alemán, en Versalles (18 en. 1871). Canciller del Reich, practicó una política autoritaria: inició contra los católicos el Kulturkampf (1871-1878) y luchó contra los socialdemócratas mediante la represión y un acercamiento oportunista al proletariado con un socialismo de estado. Tuvo que renunciar a la alianza de los tres emperadores (Alemania, Austria y Rusia), y concluyó con Italia y Austria la Triple alianza (1882). Abandonó el poder poco después del advenimiento de Guillermo II (1890).

Bismarck (fotografía de Karl Hahn)

**BISOTUN** → ***Behistún.***

**BISQUERTT** (Próspero), compositor chileno (Santiago 1881-*id.* 1959), autor de *Minuetto* (1907) para cuerda, la sinfonía *Poema lírico* (1910), la ópera *Sayeda* (1918), etc.

**BISSAGOS** o **BIJAGOS** *(islas),* archipiélago de Guinea-Bissau.

**BISSAU,** c. y cap. de Guinea-Bissau; 110 000 hab. Aeropuerto. Puerto en el estuario del Geba.

**BITETTI** (Ernesto), guitarrista argentino (Rosario 1943). Hacia 1976 inició una carrera internacional de gran éxito, con obras de compositores españoles y argentinos.

**BITINIA,** región y reino del NO de Asia Menor, a orillas del Ponto Euxino y de la Propóntide. Independiente del s. III a 75 a. J.C., fue anexionada por Roma.

**BITOLA** o **BITOLJ,** ant. **Monastir,** c. de Macedonia; 80 000 hab.

**BITRŪYĪ** (Abū Isḥāq **al-**), astrónomo hispanoárabe (nacido en Los Pedroches-† *c.* 1190), conocido como **Alpetragius.** Discípulo de Abentofail, en su *Libro de astronomía* intentó dar una explicación mecánica de los movimientos planetarios que mostrara el acuerdo entre el sistema de las esferas homocéntricas y la física de Aristóteles.

**BITTI** (Bernardo), pintor y jesuita italiano activo en Perú (Ancona 1548-Lima 1610). Es el pintor más considerado del s. XVI en Perú, Bolivia y Ecuador. Se formó en el manierismo y tuvo numerosos discípulos. Una de sus mejores obras la realizó en la iglesia de la Compañía, en Lima. Se conservan obras suyas en Sucre, y en las iglesias de San Pedro de Lima y de la Compañía de Arequipa.

**BIZANCIO,** ant. colonia griega fundada en el s. VII a. J.C., en el emplazamiento de la futura *Constantinopla*.*

**BIZANTINO** *(imperio),* o **IMPERIO ROMANO DE ORIENTE,** estado que se constituyó en la

La basílica de Santa Sofía de Constantinopla (s. VI) está dedicada a la sabiduría divina (en gr. *sophia*). Obra maestra del período justiniano, aunque su plano se inspira en la antigua basílica, su concepción es totalmente diferente: la iglesia tiene que ser de ahora en adelante amplia para que los fieles puedan estar en el lugar del culto. Bóvedas, cúpulas y una gran claridad caracterizan la arquitectura bizantina. Sorprende el contraste entre la voluminosidad del exterior y la luminosa armonía de la ordenación interior realzada por el tornasol de los mosaicos.

Placa en relieve de marfil del s. X, con representación de la Ascensión. (Museo de Bargello, Florencia.) Persiste la tradición antigua, pero el repertorio iconográfico se revitaliza por la reflexión que conlleva la crisis iconoclasta. El artista ha sabido plasmar a la perfección la suspensión inmaterial en el aire confiriendo al conjunto una gran espiritualidad.

La decoración interior de los mosaicos sobre fondo dorado de la iglesia de Dafni (s. XI), en Grecia, representa escenas de la vida de Cristo (aquí el Bautismo). Permanecen en ellos características de la antigüedad —elegancia del drapeado, virtuosidad técnica del mosaísta que refleja además de la sombra la transparencia del agua— pero el espíritu es nuevo, con participación tanto y más de la enseñanza de la realidad como del misterio divino.

El icono (*c.* 1350) llamado «la Virgen del zar Dušan». Fragmento, in situ, del iconostasio de la iglesia del monasterio construido (1327-1335) en Dečani, cerca de Peć en Serbia. La pintura del icono no es sólo un arte mayor en sí mismo sino también un objeto sagrado y venerado. La influencia del arte bizantino se ha transmitido sobre todo a través de los manuscritos, los marfiles y los iconos: así, este tema de la Virgen de la Ternura ya presente en la *Virgen de Vladímir*, perdura aún dos siglos más tarde en Serbia.

La iglesia de San Juan de la Canea (s. XIII) en Ohrid (Macedonia). El plano en cruz griega cubierto por una cúpula (aquí octogonal) fue el favorito de la iglesia de Oriente. Aunque en el exterior la disposición es siempre sistemática y regular, su arquitectura adquiere un valor simbólico: la cúpula, evocación del cielo, es el dominio de Cristo; el ábside, el de la Virgen de la Encarnación.

parte oriental del Imperio romano (330-1453). 330: Constantino fundó Constantinopla en el emplazamiento de Bizancio. 395: Teodosio I dividió el Imperio romano; el Imperio de oriente fue confiado a Arcadio. 527-565: Justiniano I trató de restablecer el Imperio romano en sus antiguas fronteras. Pero los bizantinos fueron atacados por los bárbaros: eslavos en los Balcanes, lombardos en Italia, iranios en Siria. 610-717: con los heráclidas, el Imperio dejó de ser romano para convertirse en grecooriental. 636-642: perdió Siria y Egipto, conquistados por los árabes. 717-802: durante la dinastía isáurica estalló la querella de las imágenes (iconoclastia). Bizancio perdió Ravena (751). 820-867: durante la dinastía de Amorio se restableció definitivamente el culto de las imágenes (843). 867-1057: el Imperio alcanzó su apogeo con la dinastía macedonia. 1054: el papa León IX y el patriarca Miguel Cerulario se excomulgaron recíprocamente (cisma de oriente). 1071: los turcos llegaron a Asia Menor. 1081-1185: la dinastía de los Comneno se vio obligada a conceder ventajas comerciales a Venecia y no pudo resistir a los turcos ni a los normandos. 1185-1204: los Ángelo no pudieron evitar el hundimiento del Imperio. 1204: los cruzados tomaron Constantinopla. Se formaron principados griegos en Epiro, Trebisonda y Nicea. 1204-1258: los Láscaris de Nicea restauraron el Imperio. 1258-1453: la dinastía de los Paleólogos, que reconquistó Constantinopla (1261), aseguró la supervivencia del Imperio. 1453: los turcos tomaron Constantinopla. El imperio sobrevivió en parte hasta 1461 con el nombre de Imperio de Trebisonda*.

**BIZERTA,** c. y puerto de Tunicia, cap. de gobernación; 63 000 hab. Refino de petróleo. Base naval en el Mediterráneo, en la desembocadura del *lago de Bizerta.*

**BIZET** (Georges), compositor francés (París 1838-Bougival 1875), autor de obras maestras del teatro lírico (*La arlesiana,* 1872; *Carmen,* 1874).

**BJÖRNSON** (Björnstjerne), escritor noruego (Kvikne 1832-París 1910). Uno de los principales autores dramáticos de su país (*Una quiebra,* 1875; *Más allá de las fuerzas humanas,* 1883-1895), influyó en el despertar de la conciencia nacional noruega. (Premio Nobel de literatura 1903.)

**BLACK** (Joseph), físico y químico británico (Burdeos 1728-Edimburgo 1799). Estudió el gas carbónico y descubrió la magnesia. Fue el primero en diferenciar temperatura y cantidad de calor.

**Black muslims** → ***Musulmanes negros.***

**Black panthers** → ***Panteras negras.***

**BLACKETT** (Patrick), físico británico (Londres 1897-*id.* 1974), especialista en los rayos cósmicos. (Premio Nobel de física 1948.)

**BLACKPOOL,** c. de Gran Bretaña (Lancashire), junto al mar de Irlanda; 144 500 hab. Estación balnearia.

**BLACKSTONE** (*sir* William), jurista británico (Londres 1723-*id.* 1780). Sus *Commentaries on the laws of England* (1765-1769) influyeron considerablemente en las ideas constitucionales británicas.

**BLADES** (Rubén), cantante, compositor y político panameño (Panamá 1948). Cantante de denuncia social (*Pedro Navaja,* 1978), en 1991 fundó el partido político Papá Egoró.

**BLAGOVÉSCHENSK,** c. de Rusia, en el Extremo oriente, junto a la frontera china; 206 000 hab.

**BLAINE** (James Gillespie), político norteamericano (West Bronwsville, Pennsylvania, 1830-Washington 1893). Fue secretario de Estado durante los mandatos de Garfield y de Harrison. De 1889 a 1892 practicó una política panamericana.

**BLAIR** (Anthony Charles **Lynton,** llamado **Tony**), político británico (Edimburgo 1953). Líder del Partido laborista desde 1994, fue elegido primer ministro tras las elecciones legislativas de 1997. En 1998 impulsó y firmó el acuerdo de Stormont* para la pacificación de Irlanda del Norte.

**BLAKE** (Robert), almirante inglés (Bridgwater, Somerset, 1599-frente a las costas de Plymouth 1657). Dirigió la flota al servicio de Cromwell, asegurando a los ingleses el dominio del canal de la Mancha. En 1657 destruyó una escuadra española anclada al abrigo de los fuertes de Tenerife.

**BLAKE** (William), poeta y pintor británico (Londres 1757-*id.* 1827). Autor de poemas líricos y épicos con grabados alegóricos (*Cantos de inocencia,* 1789; *Cantos de experiencia,* 1794), fue representante de la primera generación romántica, con un ideario entre un cristianismo libertario y quietista.

**BLANC** (Louis), historiador y político francés (Madrid 1811-Cannes 1882). Teórico del socialismo, fue miembro del gobierno en 1848, y vio cómo fracasaba su proyecto de talleres sociales. Fue desterrado a Gran Bretaña, de donde regresó en 1870.

**BLANCA** *(bahía),* bahía de Argentina (Buenos Aires), sobre el Atlántico. Lugar turístico.

**BLANCA** *(cordillera),* cordillera andina del N de Perú. Alcanza notables altitudes (Huascarán, 6 750 m; Hualcán, 6 950 m).

**BLANCA I** (1386-1441), reina de Navarra [1425-1441] y condesa de Nemours. Esposa de Martín el Joven de Sicilia († 1409) y luego de Juan II de Aragón. Su testamento llevó a la guerra civil entre agramonteses y beaumonteses.

**BLANCA II** (Olite 1424-Lescar, Pyrénées-Atlantiques, 1464), reina de Navarra [1461-1464]. Apoyó a su hermano Carlos de Viana en la guerra por el reino navarro, enfrentándose a su padre, Juan II. A la muerte de Carlos fue jurada reina, pero renunció en favor de su ex marido Enrique IV de Castilla (1462).

**BLANCA DE BORBÓN** (*c.* 1335-Medina Sidonia, Cádiz, 1361), reina de Castilla [1353-1361], esposa de Pedro I. Pasó su vida confinada.

**BLANCA DE CASTILLA,** reina de Francia (Palencia 1188-Maubuisson 1252), hija de Alfonso VIII de Castilla y esposa de Luis VIII de Francia. Ejerció la regencia tras la muerte de Luis (1226).

sello de **Blanca de Castilla**
(archivos nacionales, París)

**BLANCA DE NÁPOLES** († Barcelona 1310), reina de Aragón [1295-1310], esposa de Jaime II de Aragón y madre del futuro Alfonso el Benigno.

**Blanca de Nápoles:** detalle del sepulcro
(por F. de Montflorit, 1315; monasterio de Santes Creus, Tarragona)

**BLANCA DE NAVARRA** († 1155), reina de Castilla [1151-1155], hija de García Ramírez de Navarra y esposa de Sancho III de Castilla.

**BLANCAFORT** (Manuel), compositor español (La Garriga 1897-Barcelona 1987). Influido por los impresionistas, Stravinski y el Grupo de los seis, compuso piezas para piano, obras sinfónicas, conciertos, etc.: *Parque de atracciones* (1920-1924), *Evocaciones* (1969), *Tripticum sacrum* (1985).

**BLANCHARD** (María **Gutiérrez Blanchard,** llamada **María**), pintora española (Santander 1881-París 1932). A partir de 1908 residió en París, donde recibió una fuerte influencia cubista. Realizó obras de temática familiar y naturalezas muertas.

**BLANCO,** r. de México, de la vertiente atlántica; 150 km. Su cuenca alberga una región industrial.

**BLANCO** *(cabo),* cabo de África, en Mauritania.

**BLANCO** *(mar),* mar formado por el océano Ártico, al NO de Rusia.

**BLANCO** (Andrés Eloy), escritor y político venezolano (Cumaná 1897-Ciudad de México 1955). Combatió la dictadura de J. V. Gómez, sufriendo la cárcel y el exilio, y ocupó cargos políticos. Gran poeta popular (*Tierras que me oyeron,* 1921; *Poda,* 1934; *Barco de piedra,* 1937; *Giraluna,* 1955), fue también dramaturgo y ensayista.

**BLANCO** (Salvador Jorge), político dominicano (nacido en 1926). Presidente de la república (1982-1986) con el Partido revolucionario dominicano.

**BLANCO FOMBONA** (Rufino), escritor venezolano (Caracas 1874-Buenos Aires 1944). Representante del modernismo, fue poeta, narrador (*Cuentos americanos,* 1904) y novelista (*El hombre de hierro,* 1907). Notable es su diario *Camino de imperfección* (1929) y su labor como historiador y crítico literario.

**blanco nacional** *(Partido),* organización política uruguaya, conservadora y nacionalista, creada en la primera mitad del s. XIX. Ocupó el poder hasta fines del s. XIX, y lo recuperó en 1958-1966 y en 1990-1995. Fue declarado ilegal de 1976 a 1982.

**BLANCO WHITE** (José María **Blanco y Crespo,** llamado), escritor español en lenguas castellana e inglesa (Sevilla 1775-Liverpool 1841). Poeta (su so-

Georges
**Bizet**

Tony
**Blair**

Andrés Eloy
**Blanco**

William **Blake:** *El círculo de la lujuria: Paolo y Francesca.* Acuarela.
(City museum and art gallery, Birmingham, Gran Bretaña.)

neto *Mysterious night* fue muy celebrado por Coleridge), periodista y polemista religioso, escribió *Cartas desde España* (1822), de gran vigor crítico, y una autobiografía (*The life*, 1845).

**BLANCO-AMOR** (Eduardo), escritor español en lenguas gallega y castellana (Orense 1897-Vigo 1979). Cultivó la poesía (*Romances galegos*, 1928; *Cancioneiro*, 1956), la narrativa (*La parranda* [*A esmorga*, 1959], hito de la novela gallega contemporánea; *Las musarañas* [*Os biosbardos*, 1962]), el teatro y el ensayo.

**blandengues** *(cuerpo de)*, tropa criolla de caballería organizada en el virreinato del Río de la Plata en 1797 para defender las fronteras de la Banda Oriental.

**BLANES,** v. de España (Gerona), cab. de p. j.; 25 408 hab. *(Blandenses.)* Industria textil y de la construcción. Turismo. Iglesia del s. XIV.

**BLANES** (Juan Manuel), pintor uruguayo (Montevideo 1830-Pisa 1901), iniciador de la pintura de historia en Río de la Plata.

**Blanquerna** *(Livre d'Evast e Aloma e de Blanquerna son fill)*, novela utópica de Ramon Llull (*c.* 1283-1286, publicada en 1521), dentro de la cual se inserta el *Libro de amigo y amado.*

**BLANQUI** o **BIANCHI** (Andrés), arquitecto y jesuita italiano activo en Argentina (Milán 1677-Córdoba, Argentina, 1740). En Buenos Aires realizó importantes iglesias (el Pilar, 1720; la Merced, 1721-1733; San Telmo, 1734), la fachada antigua de la catedral, el cabildo (1725) y numerosas obras en Córdoba.

**BLANQUI** (Louis Auguste), teórico socialista y político francés (Puget-Théniers 1805-París 1881). Carbonario (1824), participó en las manifestaciones obreras de 1848 y en la Comuna. Fue el inspirador del sindicalismo revolucionario *(blanquismo).*

**BLANTYRE,** c. de Malawi; 219 000 hab.

**BLAS** (Martín **de**), arquitecto de origen francés activo en España († Santiago de Compostela 1522). Realizó la portada plateresca del hospital real de Santiago de Compostela, con Guillén Colás.

**BLASCO** (Jesús), dibujante y guionista de cómic español (Barcelona 1919-*id.* 1995). Creó el personaje de Cuto (1935) e historietas ya clásicas del cómic europeo (*Zarpa de acero*, 1962; *Los guerrilleros*, 1968).

**BLASCO IBÁÑEZ** (Vicente), novelista español (Valencia 1867-Menton, Francia, 1928). Naturalismo y realismo confluyen en sus novelas *La barraca* (1898) y *Cañas* y barro* (1902), centradas en su tierra valenciana. *Sangre y arena* (1908) y *Los cuatro jinetes del Apocalipsis* (1916), llevadas al cine, le dieron fama internacional. Republicano, fundó su propio partido regionalista.

**BLASIS** (Carlo), bailarín y coreógrafo italiano (Nápoles 1795-Cernobbio, cerca de Como, 1878). Fijó las reglas de la danza académica (*Code of Terpsichore*, 1828).

**Blaue Reiter** *(Der) [El jinete azul]*, grupo artístico constituido en Munich (1911-1914) por Kandinsky, los pintores alemanes Franz Marc (1880-1916), August Macke (1887-1914) y Gabriele Münter (1877-1962) y el pintor ruso Alexei von Jawlensky (1864-1941). Su registro estético se sitúa en la confluencia del fauvismo, la abstracción, la espontaneidad lírica y «primitivista» y el expresionismo. R. Delaunay y P. Klee, entre otros, participaron en el movimiento (Munich, Berlín).

**BLAY** (Miguel), escultor español (Olot 1866-Madrid 1936). Realizó obras de estilo realista y monumental, en España, Argentina, Panamá, Puerto Rico y Uruguay.

Vicente **Blasco Ibáñez**

Louis **Blériot** (25 julio 1909)

**BLAY** (Pedro), arquitecto español († Barcelona 1620). Realizó la fachada y el salón de San Jorge del palacio de la Generalidad (Barcelona, *c.* 1617), renacentista. Trabajó en la catedral de Tarragona.

**Blenheim** *(batalla de)*, nombre que dan los ingleses a la batalla de Höchstädt (13 ag. 1704).

**BLENKINSOP** (John), ingeniero británico (Leeds 1783-*id.* 1831). Desde 1811 construyó las primeras locomotoras que efectuaron un servicio regular en las minas de hulla.

**BLÉRIOT** (Louis), aviador y constructor aeronáutico francés (Cambrai 1872-París 1936). Fue el primero en cruzar en avión el canal de la Mancha (1909).

**BLEST GANA** (Alberto), novelista chileno (Santiago 1830-París 1920), exponente del realismo. Tras *La aritmética del amor* (1860) su narrativa se consolidó con *Martín* Rivas* (1862), *Durante* la reconquista* (1897, hito de la novela histórica latinoamericana del s. XIX) y *Los trasplantados* (1904), que constituyen un fresco de la vida chilena desde la independencia.

**BLIDA** → ***Bouläida (El-).***

**BLIND RIVER,** c. de Canadá (Ontario), junto al lago Hurón; 3 355 hab. Uranio.

**BLIXEN** (Karen), escritora danesa (Rungsted 1885-*id.* 1962), autora de relatos (*Siete cuentos góticos*, 1934) y novelas (*Mi granja africana*, 1937), algunos firmados con el seudónimo Isak Dinesen.

**Bloc obrer i camperol** *(Bloque obrero y campesino)*, partido marxista catalán creado en 1930. En 1935 integró, con la Izquierda comunista de A. Nin, el P.O.U.M.

**BLOCH** (Ernst), filósofo alemán (Ludwigshafen 1885-Tubinga 1977). Formado en el marxismo, fue un importante teórico de la utopía (*El principio de esperanza*, 1954-1959).

**BLOCH** (Marc), historiador francés (Lyon 1886-Saint-Didier-des-Formans, Ain, 1944). Renovó los estudios históricos y propugnó una historia económica y social. Fundó con L. Febvre la revista *Annales** (1929). Luchó en la Resistencia y fue fusilado por los alemanes.

**BLOEMAERT** (Abraham), pintor y grabador holandés (Gorinchem 1564-Utrecht 1651), establecido en Utrecht en 1593. Su obra, al principio manierista, es muy variada y de un gran virtuosismo. Influyó en numerosos discípulos (entre ellos sus hijos, grabadores o pintores), especialmente con sus dibujos de paisajes.

**BLOEMFONTEIN,** c. de la República de Sudáfrica, cap. de la prov. del Estado Libre; 231 000 hab.

*Der* ***Blaue Reiter:*** *Pequeño caballo azul* (1912), por Franz Marc. (Museo de Sarre, Sarrebruck.)

**BLOIS,** c. de Francia, cap. del dep. de Loir-et-Cher, a orillas del Loira; 51 549 hab. Residencia favorita de los reyes de Francia en el s. XVI. Castillo (ss. XIII a XVII, restaurado en el s. XIX). Catedral (ss. X-XVII).

**Blois** *(tratados de)*, nombre de cuatro tratados entre Francia, España y el Imperio, concluidos a principios del s. XVI (1504, 1505, 1509, 1512).

**BLOK** (Alexander Alexándrovich), poeta ruso (San Petersburgo 1880-*id.* 1921), principal representante del simbolismo ruso (*La ciudad*, 1904-1911; *Los doce*, 1918).

**BLONDEL** (Maurice), filósofo francés (Dijon 1861-Aix-en-Provence 1949). En *La acción* (1893 y 1936-1937) elaboró una filosofía de la inmanencia.

**BLOOMFIELD** (Leonard), lingüista norteamericano (Chicago 1887-New Haven, Connecticut, 1949). Su obra *Lenguaje* (1933) fundó la escuela estructuralista norteamericana (distribucionalismo).

**Bloque nacional,** grupo político monárquico que actuó durante la segunda república española, creado en 1934 por miembros de Renovación española, Acción española y otros tradicionalistas, promovido por J. Calvo Sotelo.

**Bloqueo continental,** medidas tomadas por Napoleón I (1806-1808) para cerrar al comercio británico los puertos europeos.

**BLOW** (John), compositor británico (Newark 1649-Londres 1708). Escribió numerosas obras religiosas y la ópera *Venus y Adonis.*

**BLÜCHER** (Gebhard Leberecht), *príncipe* **Blücher von Wahlstatt,** mariscal prusiano (Rostock 1742-Krieblowitz 1819). Al mando de un ejército (1813-1815), fue derrotado por Napoleón en Ligny, pero intervino de forma decisiva en Waterloo (1815).

**BLUE MOUNTAINS,** nombre que reciben varias cadenas montañosas, en particular en Australia y Estados Unidos (en los Apalaches).

**BLUEFIELDS,** c. de Nicaragua, cap. del dep. de Zelaya, en la *bahía de Bluefields;* 35 730 hab. Industria. Puerto exportador de El Bluff.

**BLUM** (Léon), político francés (París 1872-Jouy-en-Josas 1950). Socialista, rechazó adherirse a la III Internacional. Líder de la S.F.I.O., presidió un gobierno de Frente popular (1936-1937 y 1938). Fue deportado a Alemania (1943). Fue de nuevo presidente del gobierno en 1946-1947.

**BLUME** (Joaquín), gimnasta español (Barcelona 1933-en accidente de aviación, en Cuenca, 1959). Se consagró en 1957 al vencer con cuatro medallas de oro en los campeonatos de Europa en París.

**BLUMENAU,** c. del SE de Brasil (Santa Caterina); 211 677 hab.

**BLUNT** (Anthony), historiador de arte británico (Bournemouth, Dorset, 1907-Londres 1983), especialista en arte clásico francés y barroco italiano.

**BO JUYI** o **PO KIU-YI,** poeta chino (Xinzheng 772-Luoyang 846). Reaccionó contra la poesía erudita y evocó con realismo la vida cotidiana (*El canto del amor eterno).*

**BOABDIL** (alteración del nombre árabe **'Abū 'Abd Allāh**), último rey nazarí de Granada (nacido en Granada-Vaco de Bacona, Marruecos, 1527), con el nombre de **Muḥammad XI** [1482-1492]. Luchó contra su padre, Muley Hacén, y el hermano de éste, el Zagal, lo que favoreció la toma de Granada (1492) por los Reyes Católicos.

**BOACO** *(departamento de)*, dep. de Nicaragua, en el Escudo central; 4 982 km²; 117 900 hab. Cap. *Boaco* (24 758 hab.).

**BOADICEA** o **BUDICCA,** esposa del rey de los icenios, pueblo de Gran Bretaña. Luchó contra los romanos y, vencida, se envenenó (61 d. J.C.).

**BOADILLA DEL MONTE,** v. de España (Madrid); 15 984 hab. Ciudad dormitorio en las proximidades de Madrid. Campus universitario.

**BOAS** (Franz), antropólogo norteamericano de origen alemán (Minden, Westfalia, 1858-Nueva York 1942). Estudió en trabajos de campo numerosos pueblos amerindios de Norteamérica. Principal representante del difusionismo, mostró el carácter irreductible de cada cultura (*Cuestiones fundamentales de antropología general*, 1911).

**BOBADILLA** (Francisco **de**) [† 1502], gobernador español de las Indias de 1499 a 1501. A causa del descontento de los colonos, fue enviado a La Española para actuar contra C. Colón y sus hermanos.

**BOBBIO,** c. de Italia (Emilia), a orillas del Trebia; 3 851 hab. Abadía fundada por san Columbano (*c.* 612).

**BOBET** (Louis, llamado **Louison**), ciclista francés (Saint-Méén-le-Grand 1925-Biarritz 1983). Vencedor de la vuelta a Francia (1953, 1954 y 1955) y campeón del mundo (1954).

**BOBO-DIOULASSO,** c. del SO de Burkina Faso; 231 000 hab.

**BOBRUISK,** c. de Bielorrusia, junto al Bereziná; 223 000 hab. Neumáticos. Industria papelera.

**Boca** *(la)*, típico barrio portuario de Buenos Aires, junto al Riachuelo.

**BOCA DEL RÍO,** mun. de México (Veracruz), en el litoral del golfo de México; 61 883 hab. Turismo.

**BOCANEGRA** o **BOCCANEGRA,** familia genovesa cuyo origen se remonta al s. XIII, que dirigió el partido popular. – **Simone** († 1363) fue el primer dux de Génova. – **Egidio** o **Gil** († Sevilla 1367) dirigió el asedio de Gibraltar (1341) al servicio de Alfonso XI de Castilla, e intervino en la guerra civil castellana. – Su hijo **Ambrosio** († Palma del Río 1373) mandó la escuadra castellana y derrotó a los portugueses (1370) y a los ingleses (La Rochela, 1372).

**BOCANEGRA** (Matías **de**), jesuita y poeta mexicano (Puebla de los Ángeles 1612-México 1668). En *Canción a la vista de un desengaño* exalta la vida religiosa sobre los placeres mundanos.

**BOCANEGRA** (Pedro Atanasio), pintor español (Granada 1638-*id.* 1689), de la escuela barroca andaluza, con influencia de Alonso Cano (obras de tema religioso en Granada y Madrid).

**BOCÁNGEL** (Gabriel), poeta español (Madrid 1603-*id.* 1658). Expuso su poética en el prólogo a *Rimas y prosas* (1627), exponente de una matizada estética barroca. Además de *La lira de las musas* (1637), escribió teatro y tratados en prosa.

**BOCAS DEL TORO** *(provincia de)*, prov. de Panamá, a orillas del Caribe; 8 917 km²; 93 361 hab. Cap. *Bocas del Toro* (12 000 hab.).

**BOCCA** (Julio), bailarín argentino (Buenos Aires 1967). Primer bailarín del teatro Colón de Buenos Aires y del American ballet theatre, en 1990 fundó compañía, el Julio Bocca ballet argentino.

**BOCCACCIO** (Giovanni), escritor italiano (Certaldo, Toscana, 1313-*id.* 1375). Autor de idilios mitológicos, alegóricos (*Ninfale fiesolano,* 1344-1346) o sicológicos (*Elegia di madonna Fiammetta, c.* 1343), y del *Decamerón** (1348-1353), fue el primer gran prosista italiano.

**Boccaccio**
(fresco de Andrea del Castagno; Florencia)

**BOCCHERINI** (Luigi), compositor y violoncelista italiano (Lucca 1743-Madrid 1805), autor de quintetos y cuartetos de cuerda, un *Stabat Mater,* sonatas, sinfonías y conciertos para violonchelo. Vivió en Madrid desde 1769. Fue músico de cámara del infante de España Luis y de Federico Guillermo II de Prusia.

**BOCCIONI** (Umberto), pintor, escultor y teórico italiano (Reggio di Calabria 1882-Verona 1916). El más destacado representante del futurismo, tomó del divisionismo, del arabesco modernista y del cubismo los medios para expresar el movimiento.

**BOCHICA,** entre los chibchas, héroe cultural, enviado por el dios creador para enseñar la cultura y todas las artes.

Julio **Bocca**

Heinrich **Böll**

**BOCHUM,** c. de Alemania, en el Ruhr; 393 053 habitantes.

**BOCK** (Fedor **von**), mariscal alemán (Küstrin 1880-Lehnsahn, Holstein, 1945). Estuvo al mando del ejército en Polonia, Francia y Rusia (1939-1942). Más tarde fue apartado de sus funciones por Hitler.

**BOCOYNA,** mun. de México (Chihuahua), en la sierra Madre occidental; 18 113 hab. Aserraderos.

**BOCSKAI** (István) [Cluj 1557-Kassa 1606], príncipe de Transilvania [1605-1606]. Jefe de la insurrección de 1604 contra los Habsburgo, obtuvo el reconocimiento de la independencia de Transilvania en el tratado de Viena (1606).

**BOCUSE** (Paul), cocinero francés (Collonges-au-Mont-d'or, 1926), renovador del arte culinario de su país.

**bodas de Fígaro** *(Las),* ópera bufa en cuatro actos de Mozart, sobre un libreto de Da Ponte, inspirado en la comedia del mismo título de Beaumarchais (1786).

**Bodas de sangre,** tragedia poética en tres actos de F. García Lorca (1933), inspirada, al parecer, en un suceso real que él elevó a categoría poética: la predestinación del amor y la imposibilidad de escapar a su fatalidad.

**BODEGA Y QUADRA** (Juan Francisco **de la**), marino español (Lima 1743-San Blas de California 1794). Participó en varias expediciones al NO de América (1775, 1779, 1792).

**BODENSEE** → ***Constanza*** (lago de).

**BODH GAYĀ** o **BUDDA-GAYĀ,** localidad de la India (Bihār), principal lugar santo del budismo. (Gautama, o Śākyamuni, adquirió allí el estado de buda.) Gran templo (Mahābodhi) fundado *c.* ss. II-III y reconstruido varias veces.

**bodleyana** *(biblioteca),* biblioteca de Oxford, organizada por sir *Thomas Bodley* (Exeter 1545-Londres 1613); contribuyó poderosamente al movimiento intelectual del renacimiento inglés.

**BODONI** (Giambattista), impresor italiano (Saluzzo 1740-Parma 1813). Las obras salidas de sus prensas son célebres por la belleza de sus caracteres. Creó caracteres romanos de 143 tipos, adoptados por numerosas imprentas de Europa.

**BOECIO,** filósofo y poeta latino (Roma *c.* 480-cerca de Pavía 524). Ministro de Teodorico, fue acusado de alta traición y ejecutado. Autor de *Consolación de la filosofía* (*c.* 523-524) y de otros tratados sobre filosofía, aritmética, música, etc.

**Boeing company,** sociedad norteamericana de construcciones aeronáuticas. Fundada en 1916, ha llegado a ser la más importante constructora aeronáutica del mundo (supremacía acrecentada por su fusión, en 1997, con McDonnell Douglas). Desde la segunda guerra mundial construye aparatos civiles para enlaces intercontinentales, así como material militar (aviones y misiles).

**bóers** *(guerra de los),* conflicto que enfrentó de 1899 a 1902 a las repúblicas bóers de África austral con los británicos, quienes vencieron y se anexionaron Orange y el Transvaal.

**BOÉTIE** (Etienne **de La**), escritor francés (Sarlat 1530-Germignan 1563), autor del *Discurso de la servidumbre voluntaria* o *Contra uno* (1576).

**BOFARULL Y MASCARÓ** (Próspero **de**), historiador español (Reus 1777-Barcelona 1859), autor de *Colección de documentos inéditos del Archivo de la Corona de Aragón.* Su obra tuvo gran influencia en los orígenes de la Renaixença catalana.

**BOFF** (Leonardo), teólogo brasileño (Concórdia, Santa Catarina, 1938). Franciscano hasta su secularización, en 1992, fue uno de los principales promotores de la teología de la liberación.

**BOFILL** (Ricardo), arquitecto y urbanista español (Barcelona 1939). En 1964 creó el *Taller de arquitectura de Barcelona,* equipo multidisciplinar. De tendencia posmoderna neoclásica, tiene obras en todo el mundo, en particular en Francia (diversas obras en Montpellier) y España (ampliación del aeropuerto, Barcelona; palacio de congresos, Madrid).

**BOFILL I MATES** (Jaume) → ***Liost*** (Guerau de).

**BOGART** (Humphrey), actor de cine norteamericano (Nueva York 1899-Hollywood 1957). Encarnación del detective privado o del aventurero, impuso un nuevo estilo de héroe, cáustico y desengañado, pero vulnerable al amor. Rodó sobre todo con J. Huston (*El halcón maltés,* 1941; *Cayo Largo,* 1948; *La reina de África,* 1952), M. Curtiz (*Casablanca,* 1942) y H. Hawks (*El sueño eterno,* 1946).

Humphrey **Bogart** y Lauren Bacall en *Cayo Largo* (1948) de John Huston

**BOĞAZKÖY,** yacimiento arqueológico de Capadocia, en el emplazamiento de la ant. Hattusa, fundada en el s. XXIV a. J.C. y que fue (1600-1200 a. J.C.) la cap. de los hititas. Se han encontrado numerosas tablillas grabadas que han permitido su identificación.

**BOGDÁN I,** príncipe de Moldavia (1359-1365), que emancipó Moldavia de la soberanía húngara (1359).

**BOGOR,** ant. **Buitenzorg,** c. de Indonesia (Java); 247 000 hab. Jardín botánico.

**BOGOTÁ,** r. de Colombia, afl. del Magdalena; 280 km. Avena la *sabana de Bogotá,* y sus embalses suministran agua y energía a la capital.

**BOGOTÁ,** desde 1991 a 2000 **Santa Fe de Bogotá D. C.,** c. de Colombia, cap. de la república y del dep. de Cundinamarca, que constituye el Distrito Capital de 1 587 km² y 4 236 490 hab. *(Bogotanos.)* Se extiende al pie de los cerros de Monserrate* y Guadalupe. Centro industrial (textil, química, metalurgia), financiero y cultural (universidades). Catedral barroca; numerosas iglesias de la época hispanocolonial y edificios civiles posteriores en torno a la plaza de Bolívar* (barrios de la Candelaria, Santa Bárbara, Belén). Quinta y museo de Bolívar, el museo de bellas artes, el museo colonial y el museo del Oro* del Banco de la República (arte

Ricardo **Bofill:** el Donnaly building, Chicago (1992)

**Bogotá:** avenida en la zona de negocios (al fondo, los Andes)

precolombino), notable museo numismático en la Casa de la Moneda y museo de Fernando Botero. Fundada en 1538 por Gonzalo Jiménez de Quesada, fue capital del virreinato de Nueva Granada en el s. XVIII, y en 1810 sede de la Junta suprema que inició el movimiento independentista.

**Bogotá** *(carta de),* nombre con que se conoce la carta fundacional de la Organización de estados americanos (O.E.A.), en 1948.

**Bogotá** *(pacto de),* tratado aprobado en la IX conferencia internacional americana (1948), para resolver los conflictos fronterizos en el continente mediante arbitrajes y el recurso al Tribunal internacional de justicia. Fue ineficaz.

**BOHAI** o **PO-HAI** *(golfo del),* golfo de China, en el mar Amarillo. Yacimientos de petróleo.

**BOHEMIA,** antiguo estado de Europa central que constituye la región occidental de la República Checa. Está formada por macizos hercinianos que enmarcan una meseta y la llanura (Polabí) avenada por el Elba; 52 678 km²; 6 400 000 hab. Cap. *Praga.*

HISTORIA

***La Bohemia medieval.*** Fines del s. VIII-principios del s. X: los eslavos, establecidos en la región desde el s. V, organizaron el imperio de la Gran Moravia. S. X: los príncipes checos de la dinastía Přemysl unificaron las tribus eslavas de la región. 1212: vasallos del Sacro imperio romano germánico, obtuvieron el título de rey. 1278: Otakar II Přemysl (1253-1278), dueño de Austria desde 1251, fue vencido por su rival Rodolfo I de Habsburgo. 1306: la dinastía Přemysl se extinguió. A partir del s. XIII se establecieron en Bohemia colonos alemanes. 1310-1437: la dinastía de los Luxemburgo concluyó la anexión de Moravia, Silesia y Lusacia a la corona de Bohemia. Durante el reinado de Carlos IV (1346-1378), que hizo de Praga la capital del Sacro imperio romano germánico, la Bohemia medieval estaba en su apogeo. Tras el suplicio de Jan Hus, una guerra civil (1420-1436) enfrentó a sus partidarios, los husitas, con los cruzados de Segismundo IV. 1458-1526: la dieta eligió rey a Jorge de Poděbrady (1458-1471), a quien sucedieron Ladislao II Jagellón (1471-1516) y Luis II Jagellón (1516-1526), y a continuación a Fernando de Habsburgo (1526-1564).

***La dominación de los Habsburgo.*** 1526-1648: la unión con Austria, renovada en cada elección real, fue reforzada por la constitución de 1627, que dio la corona de Bohemia a título hereditario a los Habsburgo. Los protestantes se sublevaron contra su autoridad (defenestración de Praga, 1618) y fueron vencidos en la Montaña Blanca (1620). El país fue asolado por la guerra de los Treinta años (1618-1648). S. XIX: los checos participaron en la revolución de 1848 y reivindicaron la igualdad con los alemanes. Tras el compromiso austrohúngaro (1867), reclamaron un régimen análogo al de Hungría. El país experimentó un enorme auge económico gracias a la industrialización. 1918: Bohemia y Moravia, junto con Eslovaquia, accedieron a la independencia y formaron Checoslovaquia. 1939-1945: protectorado nazi de Bohemia-Moravia. 1993: la República Checa (Bohemia y Moravia) accedió a la independencia.

**Bohemios,** zarzuela de Amadeo Vives estrenada en Madrid en 1904. Conrado del Campo la convirtió en una ópera, estrenada en 1920.

**BOHEMUNDO,** nombre de varios príncipes de Antioquía y condes de Trípoli: **Bohemundo I** (*c.* 1050-Canosa di Puglia 1111), príncipe de Antioquía [1098-1111]. Hijo de Roberto Guiscardo, fue uno de los jefes de la primera cruzada y fundó el principado de Antioquía.

**BÖHL DE FABER** (Cecilia) → ***Caballero*** (Fernán).

**BÖHL DE FABER** (Juan Nicolás), hispanista alemán (Hamburgo 1770-Cádiz 1836). Precursor del romanticismo en España, publicó obras sobre el romancero y el teatro del siglo de oro.

**BÖHM** (Karl), director de orquesta austríaco (Graz 1894-Salzburgo 1981). Dirigió la ópera de Viena e interpretó la *Tetralogía* de Wagner en Bayreuth. También fue un especialista de Mozart.

**BÖHM-BAWERK** (Eugen **von**), economista austríaco (Brünn [act. Brno], 1851-Viena 1914), uno de los más notorios representantes de la escuela marginalista austriaca.

**BÖHME** (Jakob), llamado **el Filósofo teutón,** teósofo y místico alemán (Altseidenberg, cerca de Görlitz, 1575-Görlitz 1624), autor de *Mysterium magnum* (1623).

**BOHR** (Niels), físico danés (Copenhague 1885-*id.* 1962). Elaboró una teoría de la estructura del átomo incorporando el modelo de átomo planetario de Rutherford y la noción de cuanto de acción de Planck. Estableció el principio de complementariedad según el cual un objeto cuántico no puede describirse al mismo tiempo en términos de ondas y de partículas. (Premio Nobel de física 1922.)

**BOIARDO** (Matteo Maria), poeta italiano (Scandiano 1441-Reggio nell'Emilia 1494), autor del *Orlando* enamorado* (1476-1492).

**BOILEAU** (Nicolas), llamado **Boileau-Despréaux,** escritor francés (París 1636-*id.* 1711). Imitador de Horacio, en sus poemas satíricos y morales fijó el ideal literario clásico (*Arte poética,* 1674).

**BOIRO,** mun. de España (La Coruña); 16 792 hab. *(Boirenses.)* Puerto pesquero. Industria.

**BOISE,** c. de Estados Unidos, cap. de Idaho; 125 738 hab. Aeropuerto.

**BOIS-LE-DUC,** nombre francés de *'s-Hertogenbosch.*

**BOITO** (Arrigo), compositor y escritor italiano (Padua 1842-Milán 1918). Escribió óperas *(Mefistófeles)* y redactó los libretos de *Falstaff* y de *Otelo* para Verdi.

**BOIX Y MOLINER** (Miguel Marcelino), médico español (Cuevas de Vinromá 1633-† *c.* 1720). Catedrático de cirugía en Alcalá, su defensa de la medicina hipocrática (1711) desencadenó una de las principales polémicas científicas del s. XVIII en España.

**BOJADOR** *(cabo),* cabo del Sahara Occidental.

**BOJER** (Johan), escritor noruego (Orkanger, cerca de Trondheim, 1872-Oslo 1959), autor de dramas y novelas realistas (*La vida,* 1911; *El último vikingo,* 1921).

**BOKARO,** distrito hullero de la India (Bihār); 415 686 hab. Acería.

Niels **Bohr** (en 1920)

Simón **Bolívar** (Michelena; museo Bolívar, Caracas)

**BOKASSA** (Jean Bédel), político centroafricano (Bobangui 1921-Bangui 1996). Presidente de la República Centroafricana (1966), se proclamó emperador (1976), pero fue derrocado en 1979.

**BOKÉ,** c. de la República de Guinea; 10 000 hab. Bauxita.

**BOKSBURG,** c. de la República de Sudáfrica (prov. de Gauteng); 150 000 hab. Minas de oro. Hulla.

**BOL** (Ferdinand), pintor y grabador holandés (Dordrecht 1616-Amsterdam 1680). Discípulo de Rembrandt, fue un destacado retratista.

**BOLAÑOS** (Luis), misionero y franciscano español (Marchena 1539 o 1550-Buenos Aires 1629). Inició el sistema de reducciones en Paraguay y publicó el primer catecismo en lengua guaraní (1603).

**BOLAÑOS DE CALATRAVA,** v. de España (Ciudad Real); 10 074 hab. *(Bolañegos.)* Conservas vegetales.

**BOLDINI** (Giovanni), pintor italiano (Ferrara 1842-París 1931), paisajista y uno de los retratistas preferidos por la sociedad del París de fin del s. XIX.

**Bolero,** poema coreográfico de M. Ravel, estrenado por Ida Rubinstein (1928).

**BOLESLAO,** en polaco **Bolesław,** nombre de varios duques y reyes de Polonia (ss. X-XIII).

**BOLESLAV** o **BOLESLAO,** nombre de tres duques de Bohemia (ss. X-XI).

**BOLINGBROKE** (Henri **Saint John,** *vizconde*), estadista y escritor británico (Battersea 1678-*id.* 1751). Primer ministro tory (1714-1715), combatió, a partir de 1723, la política de Walpole. Amigo de Pope y de Swift, influyó en Voltaire y Rousseau con su deísmo y su filosofía de la historia.

**BOLÍVAR,** pico de Colombia (Magdalena), en la sierra Nevada de Santa Marta; 5 780 m.

**BOLÍVAR,** pico de Venezuela, punto culminante de la sierra Nevada de Mérida (5 007 m) y del país.

**BOLÍVAR** *(departamento de),* dep. del N de Colombia; 25 978 km²; 1 197 623 hab. Cap. *Cartagena.*

**BOLÍVAR** *(estado),* est. del SE de Venezuela; 238 000 km²; 964 650 hab. Cap. *Ciudad Bolívar.*

**BOLÍVAR** *(provincia de),* prov. de Ecuador, en la Sierra, avenada por el Chimbo; 4 271 km²; 155 088 hab. Cap. *Guaranda.*

**BOLÍVAR,** cantón de Ecuador (Manabí); 55 546 hab. Cacao, caña de azúcar y café. Maderas.

**BOLÍVAR,** mun. de Colombia (Cauca); 46 882 hab. Caña de azúcar, tabaco y café. Minas de oro y cobre. – Mun. de Colombia (Antioquia), avenado por el Bolívar; 28 147 hab. – Mun. de Colombia (Santander), en la cordillera Oriental; 21 641 hab. – Mun. de Colombia (Valle del Cauca); 16 993 hab. Minas de hierro.

**BOLÍVAR,** mun. de Venezuela (Lara); 29 675 hab. Cab. *El Tocuyo.* Industria química, alimentaria y textil.

**BOLÍVAR,** partido de Argentina (Buenos Aires); 32 797 hab. Centro agropecuario e industrial.

**BOLÍVAR** (Simón), llamado **el Libertador,** héroe venezolano de la independencia americana (Caracas 1783-San Pedro Alejandrino, cerca de Santa Marta, Colombia, 1830). Fue educado por Simón Rodríguez y Andrés Bello. De 1799 a 1807 viajó por Europa y E.U.A. (se afilió a la masonería y frecuentó círculos revolucionarios), pero regresó a Venezuela tras conocer los intentos independentistas de Miranda, y en 1810 se incorporó a la lucha por la independencia. Las derrotas frente a los realistas le llevaron al exilio (Curaçao, Cartagena, 1812), donde redactó la *Memoria dirigida a los ciudadanos de Nueva Granada por un caraqueño.* En 1813 recibió el título de *Libertador,* por sus victorias en Nueva Granada y Venezuela, pero la reacción realista le obligó a exiliarse (*Carta de Jamaica* [1815], su programa político y revolucionario). Reanudada la lucha en 1816, se afincó en la Guayana venezolana (Angostura). Después de la decisiva victoria de Boyacá (1819), que liberó Colombia, el congreso convocado en Angostura, logró la aprobación de la ley fundamental de la República de la Gran Colombia (territorios actuales de Colombia, Panamá, Ecuador y Venezuela). Tras un armisticio con España (nov. 1820), se retomó la fase militar de la emancipación, que concluyó con las victorias de Bolívar en Venezuela (Carabobo, 1821) y Perú (Junín, 1824) y de Sucre en Perú (Ayacucho, 1824) y en el Alto Perú. En 1825 se constituyó la República Bolívar (act. Bolivia), de la que Bolívar redactó la constitución. En 1826 se reunió en Panamá el congreso panamericanista convocado por Bolívar. En 1827 prestó juramento en Bogotá como presidente de la república de la Gran Colombia (nombrado Dictador en 1829). No obstante, decepcionado ante la creciente oposición en Nueva Granada y la proclamación de Venezuela como estado independiente, renunció al cargo en 1830.

**Bolívar** *(plaza de),* plaza de Bogotá, donde están ubicadas la catedral, la capilla del Sagrario y diversos edificios administrativos (palacio presidencial, de Comunicaciones, el Capitolio, etc.).

**BOLIVARIANA DE VENEZUELA** *(República) → Venezuela.*

**BOLIVIA,** estado de América del Sur, en la región andina; 1 100 000 km$^2$; 8 328 665 hab. *(Bolivianos.)* CAP. *La Paz* (cap. administrativa y sede del gobierno) y *Sucre* (cap. constitucional). LENGUAS OFICIALES: *español, quechua* y *aymara.* OTRAS LENGUAS: *lenguas de la familia tupí-guaraní.* MONEDA: *boliviano.*

GEOGRAFÍA

El relieve está dominado por los dos grandes ramales andinos: la cordillera Occidental (6 550 m en el pico Sajama) y la Oriental, formada por una compleja superficie de aplanamiento, la Puna, por encima de los 4 000 m, interrumpida por grandes macizos volcánicos (Illampu, 7 014 m). Entre ambas está situada la región de El Altiplano*, con los lagos Titicaca y Poopó, y grandes salares (Uyuni). El Oriente, que se extiende desde el pie de los Andes hacia el río Paraguay, es una tierra de llanuras y bajas mesetas, cubierta por la selva. Cerca de la mitad de la población es amerindia (aymara en el Altiplano, quechua en los valles); los mestizos representan casi un tercio de la población, y el resto son criollos. Los cultivos, en general con métodos tradicionales y bajos rendimientos, cubren apenas un 3 % de la superficie del país; es notable la producción de hoja de coca. Dada la debilidad de la industria, reducida a la transformación de productos agrícolas, el textil y, recientemente, la petroquímica, la economía descansa en la exportación de minerales: estaño (5.º productor mundial), cinc, volframio, antimonio, plomo y hierro, a los que se han añadido posteriormente el petróleo (Oriente, Chaco) y el gas natural, primer producto de exportación. Los principales socios comerciales son Argentina, Brasil, E.U.A., Gran Bretaña, Alemania y Japón. La balanza comercial arroja un déficit creciente, y el P.N.B. por habitante bajo.

HISTORIA

***El poblamiento precolombino.*** Con anterioridad a la conquista española el territorio que constituye la actual Bolivia estaba ocupado por pueblos pukina y aymara; entre éstos se desarrolló la cultura de Tiahuanaco (500-1000 d. J.C.), a la que siguió la etapa «chullpa», hasta que fue sometido por el imperio inca (*c.* 1450).

***La conquista y colonización española.*** 1535-1538: Gonzalo y Hernando Pizarro consumaron la conquista del Alto Perú. 1544: el descubrimiento de los yacimientos de plata del Potosí nucleó su explotación colonial. 1551: la audiencia de Charcas, integrada en el virreinato del Perú, configuró el marco territorial del futuro estado boliviano. 1776: el Alto Perú pasó a formar parte del virreinato del Río de La Plata.

***La independencia.*** 1809: sublevaciones criollas en La Paz, Chuquisaca, Potosí, Cochabamba y Santa Cruz, reprimidas por el ejército virreinal que derrotó también a las tropas enviadas por la junta de Buenos Aires. 1810: el Alto Perú, reincorporado al virreinato peruano, constituyó el último reducto de la dominación española en Sudamérica. 1825: Sucre, enviado por Bolívar, convocó una asamblea constituyente que proclamó la independencia de Bolivia como un estado diferenciado del Perú y de las Provincias Unidas del Río de la Plata.

***La consolidación del nuevo estado.*** 1826-1828: Sucre fue proclamado presidente vitalicio, pero las disidencias criollas internas y la presión peruana le obligaron a dimitir. 1829-1839: su sucesor, Santa Cruz, organizó el nuevo estado y promovió la Confederación Perú-boliviana (1837-1839), disuelta por la oposición de Argentina y Chile, cuyo ejército derrotó a Santa Cruz. 1841: una última invasión de Bolivia por tropas peruanas pudo ser detenida en la batalla de Ingavi, ratificándose así la independencia boliviana.

***La era de los caudillos y la pérdida del litoral.*** Bolivia quedó en poder de una serie de caudillos, que se sucedieron violentamente en el poder, como Belzú (1848-1855), Melgarejo (1864-1871) y Daza (1876-1880). Sus gobiernos despóticos mantuvieron el orden social colonial en una época marcada por el declive de la minería tradicional. 1879-1883: el control de las explotaciones salitreras del litoral desencadenó la guerra con Chile (guerra del Pacífico), al cabo de la cual se firmaron el Pacto de Tregua en 1884 y el Tratado de Paz y Amistad en 1904, que determinaron los límites entre Chile y Bolivia.

***La república oligárquica.*** 1882-1889: el partido conservador, representante de los intereses de la aristocracia tradicional, gobernó el país desde el acceso a la presidencia del rico minero potosino Gregorio Pacheco (1884-1888); sin embargo, la decadencia de las explotaciones argentíferas socavó la hegemonía conservadora. 1889-1920: la revolución de 1899 llevó al poder al partido liberal; su gestión, en la que destacó el general Montes, dos veces presidente de la república (1904-1909 y 1913-1917), estuvo significada por el traslado de la capital a La Paz y la expansión de la minería del estaño. Una nueva revolución, en 1920, acabó con la hegemonía liberal, pero ni el gobierno del republicano Saavedra (1921-1925) ni el nacionalismo autoritario de Siles (1926-1930) generaron un sistema político estable.

***La guerra del Chaco y el M.N.R.*** 1932-1935: la derrota ante Paraguay (guerra del Chaco) precipitó la quiebra de la república oligárquica. 1936-1946: una generación de militares (Toro, Busch, Villarroel) asumió el poder con un programa nacionalista y de reformas sociales, sistematizado por el Movimiento nacionalista revolucionario. 1952-1966: la insurrección popular de 1952 entregó el poder al M.N.R.; durante las presidencias de Paz Estenssoro y Siles Zuazo, el M.N.R. nacionalizó el estaño e impulsó una reforma agraria. 1964: la ruptura con los sindicatos obreros, encabezados por Lechín, marcó el inicio del declive del M.N.R.

***Entre el nacionalismo populista y el autoritarismo militar.*** 1966-1969: el general Barrientos, que liquidó el foco guerrillero del Che Guevara (1967), inició un nuevo período de gobiernos militares, que oscilaron entre la experiencia izquierdista de Torres (1970-1971) y la dictadura derechista de Banzer (1971-1978). 1978-1982: sucesivos golpes militares impidieron el acceso a la presidencia de Siles Zuazo, vencedor en las elecciones de 1978, 1979 y 1980; en esta nueva fase de dictaduras militares la tradicional alianza con la oligarquía del estaño fue sustituida por la implicación de sectores militares en el narcotráfico.

***El retorno a un régimen civil.*** 1982-1989: el descrédito interno e internacional de los gobiernos militares propició finalmente la entrega del poder a Siles Zuazo, quien moderó su programa de reformas ante la crítica situación económica. Esa línea de acción fue seguida por su sucesor, Paz Zamora (1989-1993), líder del Movimiento de izquierda revolucionaria y anterior aliado de Siles Zuazo, que accedió a la presidencia con el apoyo de Banzer. 1993: Gonzalo Sánchez de Lozada, del M.N.R., fue elegido presidente de la república. 1997: Hugo Banzer, líder de Acción democrática nacionalista (A.D.N.), fue nombrado presidente por el congreso. 2000: una grave crisis social obligó a una remodelación del gobierno.

INSTITUCIONES

El poder ejecutivo lo asume el presidente de la república, que es elegido cada cuatro años, en primera instancia por voto popular, y en segunda, si no obtiene mayoría absoluta, por la cámara de diputados. El legislativo es bicameral, compuesto de cámara de diputados y senado, ambas electas por sufragio universal. El país se divide en nueve departamentos, regidos por un gobernador nombrado por el presidente.

LITERATURA

*Época colonial:* B. Arsanz de Orsúa y Vela. —S. XIX: R. J. Bustamante, M. J. Cortés, M. J. Mujía, M. J. Tovar, N. Aguirre, G. René-Moreno.

—S. XX: R. Jaimes Freyre, A. Arguedas, A. Chirveches, J. Mendoza, A. Díaz Villamil, C. Medinaceli. Generación del Chaco: A. Costa du Rels, A. Guzmán, A. Céspedes, Ó. Cerruto. Otros narradores: R. Botelho Gosálvez, Ó. Soria Gamarra, J. de la Vega, N. Taboada, T. Córdova Claure, R. Prada Oropeza, A. Cáceres Romero, R. Teixidó. Poesía: F. Tamayo, O. Campero Echazú, G. Viscarra Fabre, Y. Bedregal, E. Kempff Mercado, J. Sáez, Ó. Alfaro, A. Cardona Torrico, P. Shimose. Ensayo: G. Francovich, A. Guzmán, F. Díez de Medina, R. Prudencio, P. Díaz Machicao, J. Siles Salinas, E. Ávila Echazú, M. B. Gumucio.

BELLAS ARTES

***Principales ciudades de interés artístico y arqueológico:*** Ircallajta (Cochabamba), La Paz, Potosí, Sucre, Tiahuanaco (lago Titicaca).

***Artistas célebres. Época colonial.*** Arquitectura: Sebastián de la Cruz, Francisco Jiménez de Sigüenza, Martín de Oviedo, Bernardo de Rojas. Escultura: Francisco Tito Yupanqui, Gerónimo Alcócer, Gaspar de la Cueva, Gómez y Andrés Hernández Galván. Pintura: Manuel de Oquendo, Melchor Pérez de Holguín, Leonardo Flores, Gaspar M. De Berrio.

—S. XIX. Arquitectura: Fray Manuel de Sanahuja, José Núñez del Prado. Escultura: Pedro Enríquez, Julia Sandoval. Pintura: Manuel Ugalde, Antonio Villavicencio, Juan de la Cruz Tapia, Saturnino Porcel.

—S. XX. Arquitectura: Adán Sánchez, Julio Mariaca Pando, Emilio Villanueva, Luis Iturralde, Alberto Iturralde. Escultura: Marina Núñez del Prado, Raúl Terrazas, Emiliano Luján, Hugo Almaraz. Pintura: Cecilio Guzmán de Rojas, M. Luisa Pacheco, Alfredo da Silva, Enrique Arnal, Zoilo Linares, A. Mariaca.

MÚSICA

La música popular o culta ha conservado hondas raíces autóctonas, quechua y aymara. S. XX: A. González Bravo, E. Caba, H. Vizcarra Monje y J. M. Velasco Maidana. *(V. anexo cartográfico.)*

**BÖLL** (Heinrich), escritor alemán (Colonia 1917-Langenbroich, cerca de Düren, 1985). Marcado por sus convicciones católicas, evocó la Alemania de la posguerra, en el hundimiento de la derrota (*El tren llegó puntual,* 1949; *Opiniones de un payaso,* 1963) y en su renacimiento basado en los placeres materiales (*Retrato de grupo con señora,* 1971; *El honor perdido de Katharina Blum,* 1975; *Mujeres ante un paisaje fluvial,* 1985). [Premio Nobel de literatura 1972.] *(V. ilustración pág. 1166.)*

**BOLLAND** (Jean), llamado **Bollandus,** jesuita flamenco (Julémont, Lieja, 1596-Amberes 1665). Inició la recopilación del *Acta sanctorum.* Sus continuadores adoptaron el nombre de *bolandistas.*

**BOLLULLOS DE LA MITACIÓN,** v. de España (Sevilla); 6 048 hab. *(Bollulleros.)* Ermita de Nuestra Señora de Cuatrohabitan, ant. mezquita almohade (s. XII).

**Bollullos de la Mitación:** el alminar de la ermita de Nuestra Señora de Cuatrohabitan

**BOLLULLOS PAR DEL CONDADO,** c. de España (Huelva); 12 465 hab. *(Bollulleros.)* Ruinas romanas. Iglesia barroca.

**BOLOGNESI,** mun. de Perú (Ancash), junto al río Santa; 31 535 hab. Agricultura; minas de plata.

**BOLONIA,** en ital. **Bologna,** c. de Italia, cap. de Emilia y de prov.; 404 322 hab. Monumentos medievales y renacentistas. Sede de una importante escuela de derecho en los ss. XII y XIII y de una escuela de pintura en los ss. XVI-XVII (los Carracci, Reni, Guercino, etc.). Museos. Colegio español de Bolonia, fundado en el s. XIV.

**BOLONIA** (Giovanni **da Bologna,** llamado también **Giambologna** y, en España, **Juan de**), escultor flamenco de la escuela italiana (Douai 1529-Florencia 1608). Después de haber residido en Roma, desarrolló en Florencia la parte esencial de su carrera de manierista, abundante y diversa (*Venus* de los jardines Boboli, *c.* 1573; *El rapto* de las sabinas,* 1582). P. Tacca, A. de Vries y P. Francheville fueron sus discípulos.

**BOLSENA** *(lago de),* lago de Italia, al N de Viterbo; 115 km$^2$.

**BOLTON,** c. de Gran Bretaña (Lancashire); 154 000 hab. Textil. Plásticos. Construcciones eléctricas.

**BOLTZMANN** (Ludwig), físico austríaco (Viena 1844-Duino, cerca de Trieste, 1906). Es el principal creador de la teoría cinética de los gases, que amplió a continuación en la mecánica estadística.

**BOLYAI** (János), matemático húngaro (Kolozsvár [act. Cluj-Napoca] 1802-Marosvásárhely 1860), autor de trabajos sobre geometría no euclidiana.

**BOLZANO,** en alem. **Bozen,** c. de Italia (Alto Adigio), cap. de prov.; 98 233 hab. Centro turístico. Metalurgia. Monumentos medievales.

**BOLZANO** (Bernard), matemático checo de origen italiano (Praga 1781-*id.* 1848). Preocupado por el rigor, elucidó algunos conceptos fundamentales del análisis matemático. Sus trabajos sobre el infinito son el origen de la teoría moderna de los conjuntos.

**BOMBAL** (María Luisa), escritora chilena (Viña del Mar 1910-Santiago 1980). Sus novelas (*La última niebla,* 1935; *La amortajada,* 1938) y cuentos (*La historia de María Griselda,* 1946) indagan en la sicología femenina, en un clima dominado por lo inconsciente y la irrealidad.

**BOMBAY** o **MUMBAY,** c. y puerto de la India, cap. del est. de Mahārāshtra, junto al océano Índico; 12 571 720 hab. Museo. Industria textil, mecánica y química. La ciudad fue urbanizada por la Compañía inglesa de las Indias orientales a partir de 1668.

**Bombay**: la Puerta de la India, arco de triunfo edificado con ocasión de la visita del rey Jorge V en nov. 1911 (al sur de la ciudad)

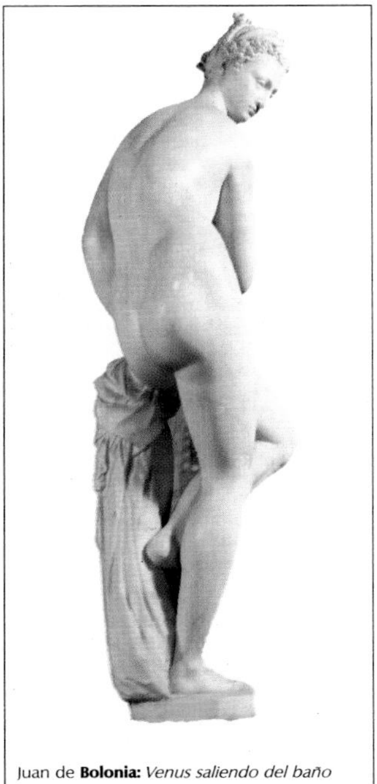

Juan de **Bolonia:** *Venus saliendo del baño*
(jardines Boboli, Florencia)

**BOMBELLI** (Raffaele), ingeniero y matemático italiano (Borgo Panigale, cerca de Bolonia, 1526-Bolonia 1572). Formuló las reglas de cálculo de los números complejos.

**BOMBITA** (Ricardo **Torres Reina,** llamado), matador de toros español (Tomares 1879-*id.* 1936). Tomó la alternativa en Madrid en 1899, y formó pareja con Machaquito. Se retiró en 1913.

**BON** *(cabo),* cabo y península del NE de Tunicia.

**BONA** → ***Annaba.***

**BONAIGUA** *(puerto de la),* paso de España, en el Pirineo de Lérida (2 072 m).

**BONAMPAK,** centro arqueológico maya de Chiapas (México), próximo a Yaxchilán. Destaca un templo con pinturas murales muy bien conservadas, de rico colorido y variada composición (*c.* 800).

**Bonampak.** Pintura mural con escena de guerra. Arte maya; s. VIII.

**BONAO,** c. de la República Dominicana, cap. de la prov. de Monseñor Nouel; 30 046 hab. Centro de la región ganadera de *Bonao.*

**BONAPARTE,** familia francesa de origen italiano. **Charles Marie** (Ajaccio 1746-Montpellier 1785), de una rama establecida en Córcega, casó con **Maria Letizia Ramolino** (Ajaccio 1750-Roma 1836). Sus descendientes principales fueron: **José** (→ ***José I de España***). – **Napoleón I,** emperador de los franceses, padre de Napoleón II (→ ***Napoleón I*** y ***II.***) – **María Ana,** llamada **Elisa** (Ajaccio 1777-cerca de Trieste 1820), *princesa* **de Lucca** y **de Piombino,** *gran duquesa* **de Toscana.** – **Luis** (Ajaccio 1778-Livorno 1846), rey de Holanda [1806-1810], padre de Carlos Luis (→ ***Napoleón III***). – **Paulina** (Ajaccio 1780-Florencia 1825), *princesa* **Borghese y** *duquesa* **de Guastalla.** — **María Anunciata,** llamada **Carolina** (Ajaccio 1782-Florencia 1839), reina de Nápoles [1808-1814], y **Jerónimo** (Ajaccio 1784-Villegenis, Seine-et-Oise, 1860), rey de Westfalia [1807-1813].

**BONAVAL** (Bernal **de**), trovador de la escuela galaicoportuguesa (Bonaval, fines s. XII-primera mitad s. XIII), que compuso cantigas de amor y amigo.

**BONAVÍA** (Santiago), arquitecto italiano (nacido en Piacenza-Madrid 1759), activo en España desde 1730. Maestro mayor de las catedrales de Sevilla y Toledo, fue uno de los introductores del neoclasicismo (remodelación de Aranjuez).

**Bond** (James) → ***James Bond.***

**BONET CASTELLANA** (Antonio), arquitecto español (Barcelona 1913-*id.* 1989). Fue miembro del G.A.T.E.P.A.C.* Exiliado en 1939, trabajó en Argentina y Uruguay. Tras su regreso a España realizó obras en Barcelona y Madrid (Tribunal constitucional).

**BONG RANGE,** cordillera de Liberia, al NE de Monrovia. Mineral de hierro.

**BONGO** (Omar), político gabonés (Lewai 1935), presidente de la república desde 1967.

**BONHOEFFER** (Dietrich), teólogo protestante alemán (Breslau 1906-en el campo de concentración de Flossenbürg 1945). Defendió a los judíos contra el racismo y desarrolló una teología original por el lugar que asignaba al cristianismo en una sociedad secularizada. Fue ejecutado.

**BONIFACIO** (**Wynfrith,** *san*) [Kirton, Wessex, *c.* 675-cerca de Dokkum 754], arzobispo de Maguncia. Evangelizó Germania y reorganizó el clero franco.

**BONIFACIO VIII** (Benedetto **Caetani**) [Anagni *c.* 1235-Roma 1303], papa de 1294 a 1303. Instituyó el primer jubileo (1300). Imbuido de principios teocráticos, su defensa de la supremacía espiritual y temporal de la Santa Sede entró en conflicto con el rey francés Felipe IV el Hermoso, quien le humilló en Anagni (set. 1303). – **Bonifacio IX** (Pietro **Tomacelli**) [Nápoles *c.* 1355-Roma 1404], papa de Roma de 1389 a 1404, durante el gran cisma de Occidente, demoró la solución del conflicto debido a su intransigencia.

**BONIFÁS,** familia de escultores españoles de los ss. XVII-XVIII, activos en Cataluña. – **Luis** (n. Marsella-Riudoms 1696) fue uno de los introductores del barroco en Barcelona. – Su hijo **Luis Bonifás y Sastre** (Barcelona 1683-Valls 1765) inició una escuela de escultura. – Su nieto **Luis Bonifás y Massó** (Valls 1730-*id.* 1786) fue una de las grandes figuras del barroco catalán.

**BONIFAZ NUÑO** (Rubén), poeta mexicano (México 1923). Desde una poesía de corte clásico (*La muerte del ángel,* 1945) derivó hacia un estilo más libre y coloquial: *Canto llano a Simón Bolívar* (1958); *Fuego de pobres* (1961); *Siete de espadas* (1966).

**BONILLA** (Manuel), político y militar hondureño (Juticalpa 1849-Tegucigalpa 1913). Presidente de la república en 1903-1907, gobernó dictatorialmente. Ocupó de nuevo la presidencia en 1912-1913.

**BONILLA** (Policarpo), político hondureño (Tegucigalpa 1858-Nueva Orleans 1926). Jefe del partido liberal, fue presidente de la república (1894-1898).

**BONILLA Y SAN MARTÍN** (Adolfo), erudito español (Madrid 1875-*id.* 1926). Editó a los clásicos, entre ellos a Cervantes, y escribió sobre literatura, filosofía y derecho (*Erasmo en España,* 1907; *Las teorías estéticas de Cervantes,* 1916).

**BONIN,** en japonés **Ogasawara,** archipiélago japonés del Pacífico, al SE de Kyūshū. Al E, la *fosa de las islas Bonin* alcanza 10 347 m.

**BONINGTON** (Richard Parkes), pintor británico (Arnold, cerca de Nottingham, 1802-Londres 1828). Pintor del género romántico-histórico y excelente acuarelista, fue amigo de Delacroix.

**BONN,** c. de Alemania (Renania del Norte-Westfalia), a orillas del Rin; 287 117 hab. Universidad. Monumentos antiguos. Museos. Fue la capital de la República Federal de Alemania de 1949 a 1990. (*V. ilustración pág. 1170.*)

**BONNARD** (Pierre), pintor francés (Fontenay-aux-Roses 1867-Le Cannet 1947). Formó parte del grupo de los nabis. Fue un postimpresionista colorista, sutil y lírico (*La toilette,* 1922; *Desnudo en el baño*).

**book of common prayer** *(The) [El libro de plegarias comunes],* misal, breviario y ritual de la Iglesia anglicana, redactado por T. Cranmer (1549; revisado en 1552, 1559, 1604 y 1662).

**BOOLE** (George), matemático británico (Lincoln 1815-Ballintemple, cerca de Cork, 1864), creador de la lógica matemática moderna.

George **Boole,** dibujo a lápiz (1847)
[galería nacional de retratos, Londres]

**BOONE** (Daniel), colonizador norteamericano (cerca de Reading, Pennsylvania, 1734-cerca de Saint Charles, Missouri, 1820). Fenimore Cooper le

**Bonn:** edificios junto al Rin

inmortalizó en sus novelas con los nombres de *Ojo de halcón* y *Carabina larga.*

**BOORMAN** (John), director de cine británico (Shepperton, Surrey, 1933). Se entrega a una reflexión alegórica sobre el devenir de las civilizaciones (*A quemarropa,* 1967; *Deliverance,* 1972; *Zardoz,* 1973; *Excalibur,* 1981; *La selva esmeralda,* 1985; *Esperanza y gloria,* 1987).

**BOOTH** (William), predicador y reformador británico (Nottingham 1829-Londres 1912), fundador del Ejército de salvación (1865).

**BOOTHIA,** península del N de Canadá, separada de la tierra de Baffin por el *golfo de Boothia.*

**BOOZ,** personaje bíblico, esposo de Rut y antepasado de Jesús.

**BOPP** (Franz), lingüista alemán (Maguncia 1791-Berlín 1867). Su *Gramática comparada de las lenguas indoeuropeas* (6 vols., 1833-1852) es el origen de la lingüística comparada.

**BOQUERÓN** *(departamento de),* dep. de Paraguay, en el Gran Chaco, junto a la frontera argentina; 91 669 km$^2$; 26 292 hab. Cap. *Mariscal Estigarribia.*

**BOR,** c. de Yugoslavia (Serbia); 29 000 hab. Extracción y metalurgia del cobre.

**BORA** (Katharina **von**), religiosa alemana (Lippendorf, Sajonia, 1499-Torgau 1552). Casó con Lutero con el que tuvo seis hijos.

**BORÅS,** c. de Suecia; 101 466 hab. Textil.

**BORBÓN** *(casas de)* [en fr. **Bourbon**], casas nobles, principescas y soberanas cuyos miembros han reinado en Francia (ss. XVI-XIX), España (dinastía reinante), Nápoles, Sicilia y Parma (ss. XVIII-XIX). Su nombre procede del Borbonesado, que antiguamente tuvieron en feudo o en herencia. La primera casa de Borbón se remonta al s. X. El señorío pasó en 1197, por matrimonio, a manos de Gui II de Dampierre, fundador de la segunda casa de Borbón (Borbón-Dampierre). En 1272, Roberto de Francia, conde de Clermont, hijo de Luis IX, fundó la tercera casa de Borbón (o casa capeta). El hijo de Roberto, Luis I el Grande, fue nombrado duque de Borbón en 1327; ocho duques de Borbón se sucedieron de Luis I a Carlos III, el condestable, cuyos bienes fueron confiscados en 1527. La rama menor de la Marche heredó entonces el título de Vendôme y obtuvo el trono de Navarra (1555) por la boda de Antonio de Borbón con Juana de Albret, y el trono de Francia con Enrique IV (1589). El hijo de este último, Luis XIII, tuvo dos hijos: del linaje principal, descendiente de su hijo primogénito, Luis XIV, proceden: la rama francesa, extinguida en la persona del conde de Chambord (Enrique V) en 1883, y la rama española, dividida a su vez en varias ramas; del linaje menor, descendiente de Felipe de Orleans, segundo hijo de Luis XIII, y llegado al trono de Francia con Luis Felipe I (1830-1848), proceden: la *rama Orleans;* la *rama de Orleans-Braganza,* o casa imperial de Brasil, y la *rama de Montpensier,* cuyos miembros son infantes de España.

En 1734, la *rama española de la casa de Borbón* accedió a la corona de Nápoles y Sicilia con Carlos VII, y se mantuvo con Fernando I, rey de las Dos Sicilias *(rama Borbón-Anjou-Sicilia),* hasta la constitución del reino de Italia (1860). En 1748 consiguieron también los ducados de Parma, Piacenza y Guastalla, y Felipe I inició la *rama Borbón-Parma,* que reinó hasta 1859.

• *Los Borbones de España.* Carlos II de España, muerto sin herederos directos, designó su sucesor a Felipe, duque de Anjou *(rama Borbón-Anjou),* que accedió al trono en 1700 (Felipe V), lo que provocó la guerra de Sucesión española. Los Borbones iniciaron en el s. XVIII la centralización de la administración española, en contraste con la descentralización de los reinos de los Austrias, y sentaron las bases del estado moderno (Felipe V, Luis I, Fernando VI, Carlos III, Carlos IV). Fernando VII no sintonizó con el cambio social del s. XIX, y reprimió todo intento de liberalismo y constitucionalismo. Su hija Isabel II tuvo que apoyarse en los liberales, mientras que los absolutistas que habían apoyado a Fernando se vincularon al pretendiente Carlos María Isidro, iniciando un pleito dinástico que se perpetuó hasta prácticamente la actualidad. (→ ***carlista*** [rama].) Tras el destronamiento de Isabel II (1868), el corto reinado de Amadeo I de Saboya y la primera república, fue restaurado en el trono el hijo de Isabel, Alfonso XII (1874). El hijo de éste, Alfonso XIII, no se contentó con el papel de rey constitucional, lo que le costó la corona (1931). En el destierro, abdicó en favor de su hijo Juan de Borbón Battenberg (1941), que intentó resolver la disputa dinástica con los carlistas, sin éxito. El hijo de Juan, Juan Carlos, fue proclamado rey en 1975, tras la muerte de Franco. Su hijo Felipe es el príncipe heredero.

**BORBÓN BATTENBERG** (Juan **de**), *conde* **de Barcelona** (San Ildefonso 1913-Pamplona 1993), tercer hijo de Alfonso XIII. Heredero del trono de España tras la renuncia de sus hermanos (1933), en 1977 cedió sus derechos y la jefatura de la Casa real española a su hijo Juan Carlos I.

**BORBÓN PARMA** (Carlos Hugo **de**), político español (París 1930), hijo de Javier. En 1975 sucedió a su padre como pretendiente carlista a la corona española. Tras su regreso a España (1977), renunció a pleitos dinásticos y abandonó la política (1980).

**BORBÓN PARMA** (Javier **de**) [Pianoro Lucca 1889-Coira, Suiza, 1977], pretendiente a la corona de España. Jefe del carlismo, apoyó a Franco durante la guerra civil española.

**BORDABERRY** (Juan María), político uruguayo (Montevideo 1928). Elegido presidente por el Partido colorado en 1971, gobernó dictatorialmente. Fue destituido por el ejército en 1976.

**BORDEAUX** → ***Burdeos.***

**BORDET** (Jules), médico y microbiólogo belga (Soignies 1870-Bruselas 1961). Descubrió el bacilo de la tos ferina y la reacción serológica de fijación del complemento. (Premio Nobel de fisiología y medicina 1919.)

**Bordet-Wassermann** *(reacción de),* reacción serológica específica de la sífilis. (Abrev. *B.W.*)

**BORDIGHERA,** estación balnearia de Italia (Liguria), en la Riviera; 11 559 hab.

**BORDJ BOU ARRERIDJ,** c. de Argelia, al pie de los Bibans; 65 000 hab.

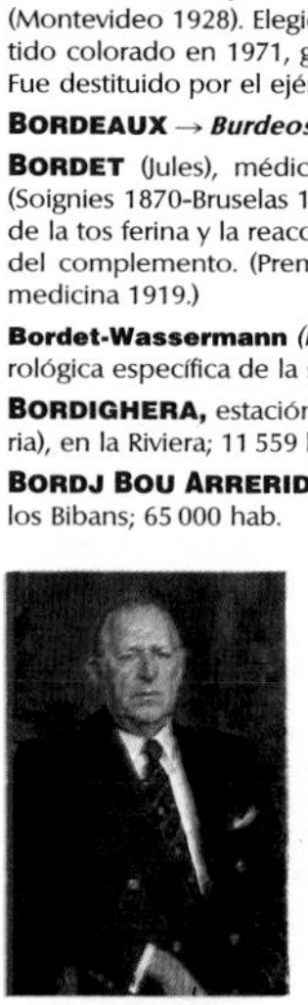

Juan de **Borbón Battenberg** (por Ricardo Macarrón, 1972)

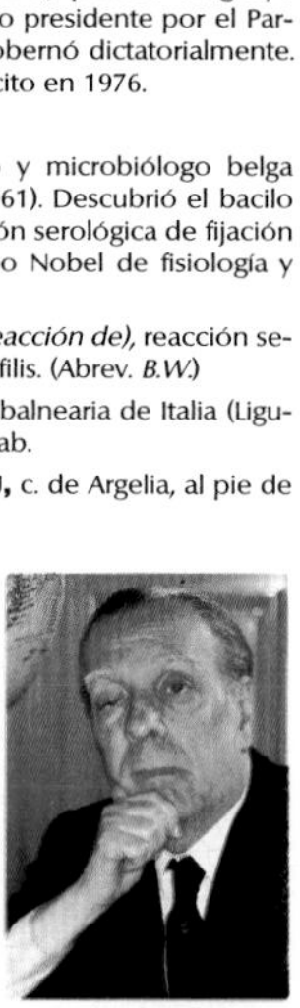

Jorge Luis **Borges**

**BÓREAS,** dios griego de los vientos del norte, hijo de un titán y de la Aurora.

**BORES** (Francisco), pintor español (Madrid 1898-París 1972). De formación académica, perteneció al ultraísmo. Se instaló en París (1925), donde recibió la influencia de Juan Gris. Sus obras son intimistas y de colores suaves.

**BORG** (Björn), tenista sueco (Södertälje, cerca de Estocolmo, 1956). Ganó cinco veces en Wimbledon (de 1976 a 1980) y seis veces en Roland Garros (1974, 1975 y de 1978 a 1981).

**BORGES** (Jacobo), pintor, dibujante y grabador venezolano (Caracas 1931), representante destacado de la nueva figuración hispanoamericana.

**BORGES** (Jorge Luis), escritor argentino (Buenos Aires 1899-Ginebra 1986). Residió en Europa, donde entró en contacto con el expresionismo alemán y con el ultraísmo español. En Buenos Aires (1921) se vinculó a las revistas *Prisma, Proa* y *Martín Fierro,* y dotó de expresión nueva a viejos temas bonaerenses en los poemas de *Fervor de Buenos Aires* (1923), *Luna de enfrente* (1925) y *Cuaderno de San Martín* (1929). Con *Historia universal de la infamia* (1935) comenzó su carrera de narrador dentro del género fantástico: *El jardín de los senderos que se bifurcan* (1941); *Ficciones** (1944), *El Aleph** (1949), *El hacedor* (1960), en prosa y verso; *El informe de Brodie* (1970), *El libro de arena* (1975), *Los conjurados* (1985). La originalidad de sus cuentos es inseparable de su interés por los problemas metafísicos y de sus juegos recreadores de lecturas. Así, su narrativa se funde con su labor crítica y ensayística: *Inquisiciones* (1925), *Evaristo Carriego* (1930), *Discusión* (1932), *Historia de la eternidad* (1936), *Otras inquisiciones* (1952). Entre sus obras en colaboración destaca *Antología de la literatura fantástica* (1940), con A. Bioy Casares. (Premio Cervantes 1979.)

**BORGHESE,** familia italiana originaria de Siena y establecida en Roma. – **Camillo** (1552-1621) fue papa con el nombre de **Paulo V.** – **Camillo** (Roma 1775-Florencia 1832), casó con Paulina Bonaparte y gobernó con ella el principado de Guastalla.

**Borghese** *(villa),* gran parque público de Roma. Galería Borghese (museo de pintura), museo Borghese (escultura), villa Giulia (museo etrusco).

**BORGIA** → ***Borja.***

**BORGOÑA,** en fr. **Bourgogne,** región histórica y administrativa del E de Francia (Côte-d'Or, Nièvre, Saône-et-Loire y Yonne); 31 582 km$^2$; 1 609 653 hab. Cap. *Dijon.* Los *burgundios* fundaron un reino, conquistado por los merovingios en 534. 771: Carlomagno lo anexionó. En el s. X, se dividió entre el condado de Borgoña (Franco Condado), al E del Saona, que formó parte del imperio, y el ducado de Borgoña al O. 1361: Juan II el Bueno, rey de Francia, heredó el ducado, que pasó a su hijo Felipe II el Atrevido, iniciándose la próspera etapa de los estados borgoñones (Flandes, Brabante, Luxemburgo, etc.). 1477: Luis XI de Francia conquistó el ducado.

**BORGOÑA** *(casa de),* primera dinastía que reinó en Portugal (1128-1383). Tomó su nombre de Enrique de Borgoña, a quien Alfonso VI de León, su suegro, confió el condado de Portugal.

**BORGOÑA** (Juan **de**), pintor de origen borgoñón activo en Castilla entre 1495 y 1536. Introdujo, con Berruguete, el estilo renacentista. De su obra destacan los frescos de la catedral de Toledo (sala capitular).

**borgoñones** *(facción de los),* facción francesa partidaria del duque de Borgoña, opuesta a los armañacs. Apoyó a Inglaterra en la guerra de los Cien años.

**BORIQUEN** o **BORINQUÉN,** nombre dado por los arawak a la isla de Puerto Rico.

**BORÍS GODUNOV** (c. 1552-Moscú 1605), zar de Rusia [1598-1605]. Su reinado estuvo marcado por los disturbios campesinos y el hambre de 1601-1603.

**Borís Godunov,** tragedia histórica de Pushkin (1831), primer gran drama nacional de la literatura rusa. — Ópera de Músorgski (1869-1872), basada en esta obra.

**BORIS I** († 907), kan de los búlgaros [852-889]. Proclamó el cristianismo religión oficial de su estado (865).

**BORIS III** (Sofía 1894-*id.* 1943), zar de Bulgaria

[1918-1943], hijo de Fernando I. Probablemente fue asesinado por los nazis.

**BORJA** o **BORGIA,** familia de origen aragonés, establecida en Valencia desde el s. XIII y desde mediados del s. XV en Italia, donde fue conocida como **Borgia.** – **Alonso** (1378-1458) pasó a Italia con Alfonso V y obtuvo el papado con el nombre de Calixto III (1455). – Su sobrino **Rodrigo** fue el papa Alejandro* VI. – **César** (Roma *c.* 1475-Pamplona 1507), hijo del anterior, duque de Valentinois y gonfalonero de la Iglesia, fue un político hábil, pero pérfido y cruel (Maquiavelo lo tomó como modelo en su libro *El príncipe*). – **Lucrecia** (Roma 1480-Ferrara 1519), hermana del anterior, famosa por su belleza, protectora de las artes y las letras, fue un mero instrumento de la política de su familia más que una criminal como pretende su fama. San **Francisco* de Borja** fue miembro de la familia.

**BORJA** (Rodrigo), político ecuatoriano (Quito 1936). Líder de Izquierda democrática, socialdemócrata, fue presidente de la república de 1988 a 1992.

**BORJA Y ARAGÓN** (Francisco **de**), *príncipe* **de Esquilache,** poeta español (*c.* 1577-Madrid 1658). Virrey del Perú, compuso poesía de corte clásico (*Obras en verso,* 1639) y el poema épico *Nápoles recuperada* (1651).

**BORKOU,** región del Chad, al pie del Tibesti.

**BORMANN** (Martin), político alemán (Halberstadt 1900-¿Hohenau, Paraguay, 1959?). Uno de los dirigentes del partido nazi, general de las S.S. en 1933 y jefe del estado mayor de R. Hess, desapareció en 1945 durante los combates de Berlín.

**BORN** (Bertrán **de**), trovador provenzal (Périgord *c.* 1140-Dalon 1215), autor de sirventés, obras de inspiración satírica y moral.

**BORN** (Max), físico alemán (Breslau 1882-Gotinga 1970) nacionalizado británico. Fue pionero de la interpretación probabilista de la mecánica cuántica. (Premio Nobel de física 1954.)

**BORNEO,** la tercera isla del mundo, la mayor de Insulindia; 750 000 $km^2$. La mayor parte (540 000 $km^2$), al S (Kalimantan), pertenece a Indonesia (8 232 000 hab.); el N de la isla forma dos territorios miembros de Malaysia (*Sabah* y *Sarawak*) y un sultanato independiente (*Brunei*). Es una región de mesetas, dominadas al N por cadenas montañosas y limitadas al S por vastas llanuras pantanosas. La isla de Borneo, atravesada por el ecuador, está cubierta de bosques. Yacimientos de petróleo y de gas.

**BORNHOLM,** isla de Dinamarca, en el Báltico; 588 $km^2$; 47 000 hab. Piedras rúnicas. Iglesias redondas fortificadas (ss. XII y XIII). Base aeronaval.

**BORNOS,** v. de España (Cádiz); 7 179 hab. (*Bornenses* o *bornichos*.) Iglesia mayor (s. XVI). Alcázar con murallas. Palacio de Valdegrana.

**BORNU,** ant. imperio de la zona sudanesa, al SO del lago Chad. Adoptó en el s. XVI el nombre de *Kanem-Bornu* y fue destruido al producirse la derrota de Rabah frente a los franceses (1900).

**Borobudur** o **Bārābudur,** gran templo búdico del centro de Java (*c.* 800), decorado con numerosos bajorrelieves.

**BORODÍN** (Alexandr), compositor ruso (San Petersburgo 1833-*id.* 1887), miembro del grupo de

*Los* ***borrachos*** (por Velázquez; Prado, Madrid)

los Cinco. Autor de *El príncipe Igor* (1869-1887), *En las estepas de Asia central* (1880), cuartetos y sinfonías.

**BORODINÓ,** localidad de Rusia, entre Moscú y Smolensk, donde tuvo lugar la *batalla del Moskvá* entre franceses y rusos (7 set. 1812).

**borrachos** *(Los),* nombre con que se conoce el cuadro de Velázquez titulado *Baco* o *El triunfo de Baco* (1628-1629, Prado).

**BORRÁS** (Enrique), actor español (Badalona 1863-Barcelona 1957). Destacó como intérprete tanto de autores catalanes como del repertorio clásico español. Dirigió la compañía del teatro Romea de Barcelona.

**BORRÁS** (*fray* Nicolás), pintor español (Cocentaina 1530-Cotalba 1610), de estilo manierista, que trabajó para diversas iglesias valencianas.

**BORRASÀ** (Lluís), pintor catalán (Gerona *c.* 1360-Barcelona 1424 o 1425), máximo representante catalán del gótico internacional. Trabajó en la catedral de Gerona (*c.* 1380). Destacan las tablas y retablos de los siete gozos de la Virgen (Copons, Barcelona, 1402), de San Salvador de Guardiola (Barcelona, 1404) y de Santa Clara (Vic, 1414).

**BORRELL I** → ***Wifredo II.***

**BORRELL II** (*c.* 915-992), conde de Barcelona, Ausona y Gerona [947-992], que gobernó con su hermano Miró hasta 966, y conde de Urgel [948-992]. Rompió el vasallaje con los reyes francos (989).

**BORROMEAS** *(islas),* grupo de cuatro islas pintorescas, situadas en el lago Mayor (Italia).

**BORROMEO** (*san* Carlos) → ***Carlos Borromeo.***

**BORROMINI** (Francesco **Castelli,** llamado), arquitecto italiano de origen suizo (Bissone, Lombardía, 1599-Roma 1667). Uno de los maestros del barroco italiano, de arte complejo y dinámico, construyó, en Roma, la iglesia de San Carlo alle quattro fontane (1634; fachada 1665), la iglesia San Ivo (1642), etc.

**BORROW** (George), escritor y viajero británico (East Dereham 1803-Oulton Broak 1881). Conocedor de la lengua y las costumbres gitanas (*Los gitanos en España,* 1841), escribió también *La Biblia en España* (1843), autobiografía novelada.

**BORTOLUZZI** (Paolo), bailarín italiano (Génova 1938-Bruselas 1993). Intérprete de obras de Béjart (*Bhakti, Nomos Alfa*) y clásicas (*La sílfide*).

**BORZAGE** (Frank), director de cine norteamericano (Salt Lake City 1893-Hollywood 1962). Sus películas exaltan, en un marco realista, el poder del amor (*El séptimo cielo,* 1927; *A man's castle,* 1933; *Deseo,* 1936).

**BOSCÁN** (Juan), poeta español (Barcelona 1487-1492-*id.* 1542). Introdujo la métrica italiana en la poesía castellana, con la adhesión de Garcilaso. Es autor de poesías en metros tradicionales castellanos, pero sobre todo de sonetos, canciones renacentistas, tercetos y octavas reales. Destacan la *Octava rima,* la epístola a Mendoza y la *Historia de Hero y Leandro* (en endecasílabos sin rima). En prosa tradujo *El cortesano,* de Castiglione.

**BOSCH** (Carl), químico e industrial alemán (Colonia 1874-Heidelberg 1940). Consiguió en 1909, con Haber, la síntesis industrial del amoníaco. (Premio Nobel de química 1931.)

**BOSCH** (Juan), político y escritor dominicano (La Vega 1909). Fundó el Partido revolucionario dominicano (1939). Elegido presidente de la república en 1962, fue derrocado por un golpe de estado (set. 1963). Creó el Partido de la liberación dominicana (1973). Es autor de cuentos y ensayos políticos.

**BOSCH GIMPERA** (Pedro), prehistoriador español (Barcelona 1891-México 1974). Creador de una fecunda escuela de prehistoriadores (*El poblamiento antiguo y la formación de los pueblos de España,* 1945; *Paleontología de la península Ibérica,* 1974).

**BOSCO** (Hieronymus **Van Aeken** o **Aken,** llamado **Jerónimo Bosch** y, en España, **el**), pintor brabanzón ('s-Hertogenbosch *c.* 1450-*id.* 1516). Trató temas

el templo de **Borobudur** (s. IX) [en restauración]

el **Bosco:** detalle de *Cristo con la cruz a cuestas* (entre 1500 y 1516)
[museo de bellas artes, Gante]

religiosos o populares con un simbolismo extraño y gran imaginación (*La nave de los locos,* Louvre; *El jardín* de las delicias,* Prado; trípticos de *El carro de heno,* Prado y El Escorial; *Adoración de los Reyes,* Prado; *Las tentaciones de san Antonio,* Lisboa).

**BOSCONIA,** mun. de Colombia (Cesar); 21 697 habitantes.

**BOSE** (Satyendranath), físico indio (Calcuta 1894-*id.* 1974), creador de una mecánica estadística aplicable a los fotones.

**BÓSFORO,** estrecho entre Europa y Asia, que comunica el mar de Mármara y el mar Negro. De unos 30 km de long. y de 300 a 3 000 m de anch. En la orilla O se halla İstanbul.

**BÓSFORO** *(reino del),* reino griego establecido en Crimea (cap. *Panticapea*). Fundado en el s. V a. J.C., pasó a ser protectorado romano en 63 a. J.C.

**BOSNIA-HERZEGOVINA,** en serbocroata **Bosna i Hercegovina,** estado de la Europa balcánica; 51 100 km²; 4 200 000 hab. (*Bosnios* o *bosníacos*) CAP. *Sarajevo.* LENGUA OFICIAL: *serbocroata.* MONEDA: *dinar.*

GEOGRAFÍA

En el momento de su independencia el país estaba habitado por un 40 % aproximadamente de musulmanes (población de lengua serbocroata dotada del estatuto de nacionalidad en 1969), por casi un 30 % de serbios (ortodoxos) y un 20 % aproximadamente de croatas (católicos). La viabilidad del nuevo estado (compartimentado por el relieve, prácticamente sin acceso al mar) se ha visto comprometida por la guerra civil iniciada en 1992, que ha provocado destrucciones y desplazamientos de población, así como la partición de hecho del territorio.

HISTORIA

La región fue conquistada por los otomanos (Bosnia en 1463, Herzegovina en 1482) e islamizada. Administrada por Austria-Hungría (1878) y anexionada por ésta en 1908, se integró en el Reino de los serbios, croatas y eslovenos (1918) y luego se convirtió en una república de Yugoslavia (1945-1946). Tras la proclamación de la independencia (1992), reconocida por la O.N.U., una sangrienta guerra enfrentó a las milicias serbias, apoyadas por la nueva República Federal de Yugoslavia, a musulmanes y croatas: los musulmanes defendían un estado independiente, los serbios, que ocuparon dos tercios del país y practicaron la «limpieza étnica», aspiraban a la «Gran Serbia», y los croatas a la anexión de la Herzegovina oriental a Croacia. Desde 1993 la U.E. y la O.N.U. trataron de imponer una solución negociada. E.U.A. auspició la creación de la Federación croato-musulmana (1994) y los acuerdos de paz de Dayton (1995) entre bosnios, serbios y croatas, quedando la Federación croato-musulmana y la República Srpska (serbobosnia) integradas en un estado independiente de presidencia colegiada. 1996: primeras elecciones democráticas, que confirmaron el predominio de los partidos nacionalistas. Alija Izetbegović, primer presidente de la presidencia colegiada. Tropas de la O.T.A.N. vigilan la precaria paz.

**BOSÓN** († 887), rey de la Borgoña provenzal [879-887], cuñado de Carlos el Calvo.

**BOSSUET** (Jacques Bénigne), prelado y escritor francés (Dijon 1627-París 1704). Célebre por sus sermones, fue obispo de Meaux (1681) y sostuvo la política religiosa de Luis XIV combatiendo a los protestantes. Es autor de obras históricas, apologéticas y en especial oratoria *(Sermones, Oraciones fúnebres).*

BOSNIA-HERZEGOVINA

**BOSTON,** c. y puerto de Estados Unidos, cap. de Massachusetts; 574 283 hab. (2 870 669 en la aglomeración). Centro industrial, cultural (universidad de Harvard, Instituto de tecnología de Massachusetts), comercial y financiero. Museos.

**Bosworth** *(batalla de)* [22 ag. 1485], batalla que tuvo lugar al O de Leicester y que puso término a la guerra de las Dos Rosas. En ella fue vencido y muerto Ricardo III de Inglaterra.

**BOTERO** (Fernando), pintor colombiano (Medellín 1932). Su estilo se caracteriza por la figuración irónica de personajes voluminosos representados con una técnica muy cuidada y una plástica que él reconoce heredera de Piero della Francesca. También ha realizado esculturas monumentales, expuestas al aire libre.

Fernando **Botero:**
*Una pareja bailando* (1983) [col. part.]

**BOTEV** *(pico),* ant. **Jumrukčal,** punto culminante de la cordillera de los Balcanes, en Bulgaria; 2 376 metros.

**BOTEV** (Hristo), escritor y patriota búlgaro (Kalofer 1848-Jolkovica 1876), autor de poemas de inspiración revolucionaria y nacional.

**BOTHA** (Louis), general y político sudafricano (Greytown 1862-Pretoria 1919). Reorganizador del ejército bóer, adversario encarnizado de los británicos, fue primer ministro del Transvaal (1907) y de la Unión Sudafricana (1910).

**BOTHA** (Pieter Willem), político sudafricano (Paul Roux, Orange, 1916). Fue primer ministro (1978-1984) y presidente de la república (1984-1989).

**BOTHE** (Walter), físico alemán (Oranienburg, cerca de Berlín, 1891-Heidelberg 1957). Con H. Becker, obtuvo en 1930, mediante la acción de los rayos alfa sobre el berilio, una radiación penetrante formada por neutrones. (Premio Nobel de física 1954.)

**BOTHWELL** (James **Hepburn,** *conde* **de**), político escocés (¿1535?-Dragsholm, Dinamarca, 1578). Hizo asesinar a Darnley, segundo esposo de María Estuardo (1567), con la que se casó, pero la sublevación de la nobleza le obligó a exiliarse.

**BOTNIA** *(golfo de),* extremo septentrional del Báltico, entre Suecia y Finlandia.

**Botorrita** *(bronce de)* → ***Contrebia.***

**BOTSWANA,** ant. **Bechuanalandia,** estado de África Austral; 570 000 km²; 1 300 000 hab. CAP. *Gaborone.* LENGUAS OFICIALES: *tswana* e *inglés.* MONEDA: *pula.* El país se extiende en su mayor parte por el desierto de Kalahari. Predominio de la ganadería bovina. Diamantes (20 % de la producción mundial), carbón, cobre y níquel. Protectorado británico de 1885 a 1966 (Bechuanalandia), junto con un sector de la provincia sudafricana de El Cabo integró el actual territorio de estado independiente (1966).

**BOTTICELLI** (Sandro **Filipepi,** llamado), pintor italiano (Florencia 1445-*id.* 1510). Es autor de gran número de vírgenes (*Madona del magníficat,* 1485, Uffizi), de cuadros de inspiración religiosa (*Adoración de los magos, c.* 1477, Uffizi) o mitológica (*La primavera*, c.* 1478; *El nacimiento de Venus,* 1484, Uffizi), que idealizan la gracia de sus arabescos y la transparencia de su colorido.

**BOTTROP,** c. de Alemania, en el Ruhr; 117 464 habitantes.

**BOTZARIS** o **BÓTSARIS** (Márkos), héroe de la independencia griega (Sulí, Albania, 1786-Karpenision 1823), defensor de Missolonghi.

**BOUAKÉ,** c. de Costa de Marfil; 173 000 hab.

**BOUCHER** (François), pintor, dibujante y grabador francés (París 1703-*id.* 1770). Pintó escenas pastoriles y mitológicas con gracia y virtuosismo (*El triunfo de Venus,* 1740; *Diana en el baño,* 1742).

**BOUCHES-DU-RHÔNE,** dep. del SE de Francia (Provenza-Alpes-Costa Azul); 5 087 km²; 1 759 371 hab. Cap. *Marsella.*

**BOUDIN** (Eugène), pintor francés (Honfleur 1824-Deauville 1898), autor de marinas y paisajes, precursor del impresionismo.

**BOUFARIK,** c. de Argelia, en Mitidja; 50 000 hab.

**BOUGAINVILLE** *(isla),* la mayor de las islas del archipiélago de las Salomón (perteneciente, desde 1975, a Papúa y Nueva Guinea); 10 600 km²; 100 000 hab. Cap. *Sohano.* Cobre. Debe su nombre a su descubridor, Bougainville (1768).

**BOUILLON** (Godofredo **de**) → ***Godofredo IV de Boulogne.***

**BOULAÏDA (El-),** ant. **Blida,** c. de Argelia, cap. de vilayato, al pie del *Atlas de El-Boulaïda;* 161 000 habitantes.

**BOULANGER** (Georges), general y político francés (Rennes 1837-Elsene 1891). Ministro de la guerra, muy popular, agrupó a los nacionalistas, los republicanos y otros diversos sectores, pero renunció a un golpe de estado y se exilió a Bélgica.

**Boulder Dam** → ***Hoover Dam.***

**BOULEZ** (Pierre), compositor y director de orquesta francés (Montbrison 1925). Fue serialista (*El martillo sin dueño,* 1955; *Pli selon pli,* 1958-1962) antes de investigar sobre la síntesis de los sonidos.

**BOULLE** (Pierre), escritor francés (Aviñón 1912-París 1994), autor de novelas de aventuras (*El puente sobre el río Kwai,* 1952) y de ciencia ficción (*El planeta de los simios,* 1963).

**BOULOGNE-BILLANCOURT,** c. de Francia (Hauts-de-Seine), al SO de París, junto al *bois de Boulogne;* 101 971 hab.

**BOUMEDIENNE** (Huari) → ***Bumedián.***

**Bounty,** buque británico cuya tripulación se amotinó (1789) y, tras abandonar a su capitán, W. Bligh, en una barca en alta mar, se estableció en Tahití y Pitcairn.

**Bourbaki** (Nicolas), seudónimo colectivo adoptado en 1939 por un grupo de matemáticos, la mayoría franceses, que abordaron las matemáticas desde su punto de partida lógico y propugnaron su sistematización. El grupo se renueva por dimisión de los miembros de más de 50 años y elección de jóvenes.

**BOURDELLE** (Antoine), escultor francés (Montauban 1861-Le Vésinet 1929), autor de bronces (*Monumento a Alvear,* 1923, Buenos Aires) y bajorrelieves.

**BOURGES,** c. de Francia, cap. del dep. de Cher y ant. cap. del Berry; 78 773 hab. Catedral gótica. Mansiones medievales y renacentistas. Festival de música. Fue residencia de Carlos VII y centro de la resistencia francesa durante la guerra de los Cien años.

**BOURGET (Le),** mun. de Francia (Seine-Saint Denis), en la zona suburbana NE de París; 11 728 hab. Aeropuerto. Salones internacionales de la aviación y del espacio. Museo del aire y del espacio.

**BOURGOGNE** → ***Borgoña.***

**BOURGUIBA** (Ḥabīb) → ***Burguiba.***

**BOURNEMOUTH,** c. de Gran Bretaña (Dorset), junto al canal de la Mancha; 154 000 hab. Estación balnearia.

**BOUSOÑO** (Carlos), poeta y crítico español (Boal, Asturias, 1923). El verso libre y la expresión coloquial distinguen su poesía (*Oda en la ceniza,* 1967; *Metáfora del desafuero,* 1989; *El ojo de la aguja,* 1993). Notables son sus estudios de estilística: *Teoría de la expresión poética* (1952), *El irracionalismo poético* (1977). [Premio nacional de ensayo 1978; premio nacional de poesía 1990; premio nacional de las letras 1993.] (Real academia 1979.)

**BOUSSAÂDA,** c. de Argelia; 50 000 hab. Es el oasis más próximo a Argel. Mezquitas. Turismo.

**BOUTROS GHALI** (Boutros), jurista, diplomático y político egipcio (El Cairo 1922). Ministro de estado para Asuntos Exteriores (1977-1991). Fue secretario general de la O.N.U. entre 1992 y 1996.

**BOUTS** (Dieric, Dirk o Thierry), pintor flamenco (Haarlem *c.* 1415-Lovaina 1475). Influido por Van Eyck y Van der Weyden (*Retablo de la Eucaristía,* 1464-1468, Lovaina; *Tríptico de la Adoración de los Magos,* Munich).

**Bouvines** *(batalla de)* [27 jul. 1214], victoria obtenida en Bouvines, al SE de Lille, por el rey de Francia Felipe IV Augusto sobre el emperador Otón IV y sus aliados, Juan sin Tierra, rey de Inglaterra, y el conde de Flandes.

**BOVES** (José Tomás **Rodríguez**), militar español (Gijón 1783-Urica, Anzoátegui, 1814). En su juventud se trasladó a Venezuela. Luchó junto a los españoles contra los patriotas venezolanos. Se adueñó de la región de Los Llanos, se enfrentó a Bolívar (1813), ocupó Caracas y Barcelona y obtuvo la victoria de El Salado. Murió en combate.

**BOVET** (Daniel), farmacólogo italiano (Neuchâtel 1907-Roma 1992). Sus trabajos sobre los antihistamínicos y el curare sintéticos le valieron en 1957 el premio Nobel de fisiología y medicina.

**BOWLBY** (John), médico y siquiatra británico (Londres 1907-Skye 1990). Desarrolló la teoría del vínculo del lactante con la madre.

**BOWLES** (Guillermo o William), científico irlandés (Cork *c.* 1714-Madrid 1780), autor de *Introducción a la historia natural y a la geografía física de España* (1775), principal descripción geográfica de España en el s. XVIII.

**bóxers** *(guerra de los),* conflicto con que culminó (1900) el movimiento xenófobo promovido en China a partir de 1895 por la sociedad secreta de los bóxers; la revuelta llegó a amenazar las legaciones extranjeras, pero una expedición internacional acabó con ella.

**BOYACÁ** *(departamento de),* dep. de Colombia, en la cordillera Oriental; 23 189 $km^2$; 1 097 618 hab. Cap. *Tunja.*

**Boyacá** *(batalla de),* victoria de las fuerzas de Bolívar sobre las tropas realistas españolas (1819), por la que se adueñaron de toda Nueva Granada.

**Boyacá** *(orden de),* orden colombiana creada en 1919 en el primer centenario de la batalla de Boyacá.

**BOYER** (Charles), actor francés (Figeac 1897-Phoenix 1978), nacionalizado norteamericano. Desde 1940 vivió en E.U.A. Entre sus películas destacan *Back street* (R. Stevenson, 1941), *Luz que agoniza* (G. Cukor, 1944), *Madame de* (M. Ophüls, 1953).

**BOYLE** (Robert), físico y químico irlandés (Lismore Castle 1627-Londres 1691). Enunció la ley de compresibilidad de los gases, introdujo la noción moderna de elemento químico en oposición a la teoría aristotélica de los elementos y descubrió el papel del oxígeno en las combustiones.

**Boyne** *(batalla del)* [1 julio 1690], victoria de Guillermo III de Orange sobre Jacobo II Estuardo a orillas del *río Boyne,* Irlanda.

**BOZEN** → ***Bolzano.***

**B.P.** → ***British petroleum company.***

**BRABANTE,** en fr. y neerlandés **Brabant,** región histórica de Europa occidental, act. dividida entre Bélgica y Países Bajos. Ducado formado en el s. XI, en el s. XV se incorporó al ducado de Borgoña, y en 1477 pasó a la casa de Austria, cuya rama española tuvo que reconocer a las Provincias Unidas la posesión de la parte septentrional (1609). En 1815 pasó a formar parte del reino de Países Bajos, pero se dividió de nuevo en 1830.

**BRABANTE,** en fr. y neerlandés **Brabant,** prov. del centro de Bélgica; 3 358 $km^2$; 2 245 890 hab. Cap. *Bruselas.* De lengua francesa al S y flamenca al N.

**BRABANTE** (Siger **de**), teólogo brabanzón (*c.* 1235-Orvieto 1281 o 1284). Profesor en la facultad de París, por su doctrina, impregnada por el aristotelismo, fue acusado de averroísta por santo Tomás. Probablemente murió asesinado.

**BRABANTE SEPTENTRIONAL,** prov. del S de Países Bajos; 4 958 $km^2$; 2 103 000 hab. Cap. *'s-Hertogenbosch.* C. pral. *Eindhoven.*

**BRACAMONTE Y GUZMÁN** (Gaspar **de**), *conde* **de Peñaranda,** diplomático y estadista español (*c.* 1595-Madrid 1676). Ministro en el congreso de Westfalia (1645-1648) y luego virrey de Nápoles (1661), dirigió la política exterior española de 1665 a 1674.

**BRACHO** (Julio), director de teatro y de cine mexicano (Durango 1909-México 1978). De su trabajo teatral destaca *El sueño de Quetzalcóatl,* de tema nacionalista y revolucionario, y del cinematográfico, *La sombra del caudillo* (1960).

**BRADBURY** (Ray Douglas), escritor norteamericano (Waukegan, Illinois, 1920), autor de relatos de ciencia ficción (*Crónicas marcianas,* 1950; *Fahrenheit 451,* 1953; *Cuentos de dinosaurios,* 1983).

**Bradel** *(encuadernación a la),* procedimiento de encuadernación en el que el bloque de pliegos cosidos se encaja en una cubierta de cartón ligero.

**BRADFORD,** c. de Gran Bretaña (Yorkshire); 295 000 hab. Textil. Electrónica.

**BRADLEY** (Francis Herbert), filósofo británico (Clapham [act. en Londres], 1846-Oxford 1924), idealista hegeliano.

**BRADLEY** (James), astrónomo británico (Sherborne, Gloucestershire, 1693-Chalford, Gloucestershire, 1762), descubridor de la aberración de la luz de las estrellas (1727) y de la nutación del eje terrestre (1748).

**BRADLEY** (Omar), general norteamericano (Clark, Missouri, 1893-Nueva York 1981). Se distinguió en Túnez y en Sicilia y estuvo al mando de las fuerzas norteamericanas del desembarco de Normandía, que condujo hasta Alemania (1944-1945).

**Bradomín** *(marqués de),* protagonista de las *Sonatas** de Valle-Inclán. Es una especie de don Juan, feo, católico y sentimental, trasunto del autor.

**BRAGA,** c. del N de Portugal, cap. de distr.; 90 535 hab. Catedral de los ss. XII-XVIII. Santuario del Bom Jesus do Monte (s. XVIII).

**BRAGA** (Teófilo), político y escritor portugués (Ponta Delgada, Azores, 1843-Lisboa 1924), presidente de la república en 1915. Poeta e historiador de la literatura.

**BRAGADO,** partido de Argentina (Buenos Aires); 40 449 hab. Cereales y ganado vacuno.

**BRAGANZA,** en port. **Bragança,** c. del NE de Portugal, cap. de distr.; 16 554 hab. Fortaleza con doble muralla.

**BRAGANZA** *(casa de),* dinastía descendiente de Alfonso I, duque de Braganza, hijo natural de Juan I, rey de Portugal, que reinó en Portugal de 1640 a 1910 y en Brasil de 1822 a 1889.

**BRAGG** (*sir* William Henry), físico británico (Wigton, Cumberland, 1862-Londres 1942). Recibió en 1915 el premio Nobel de física con su hijo *sir* **William Lawrence** (1890-1971) por sus trabajos sobre la difracción de los rayos X en los cristales.

**BRAHE** (Tycho), astrónomo danés (Knudstrup 1546-Praga 1601). A partir de 1576, en la isla de Hveen, en el Sund, construyó un observatorio astronómico que equipó con grandes instrumentos, gracias a los cuales efectuó las observaciones astronómicas más precisas antes de la invención del anteojo. Las del planeta Marte permitieron a Kepler enunciar las leyes del movimiento de los planetas. Brahe estableció un catálogo de estrellas y demostró que los cometas no son fenómenos atmosféricos. Descubrió ciertas desigualdades en el movimiento de la Luna, así como la variación de la oblicuidad de la eclíptica.

**BRAHMĀ,** uno de los principales dioses del panteón hindú (asociado a Śiva y Viṣnú), primer ser creado y creador de todas las cosas. Suele representarse con cuatro rostros y cuatro brazos, símbolos de su omnisciencia y de su omnipresencia.

**BRAHMAPUTRA,** r. de la India y de Bangla Desh que nace en el Tíbet y mezcla sus aguas con las del Ganges en un gran delta que desemboca en el golfo de Bengala; 2 900 km (cuenca de 900 000 $km^2$).

**BRAHMS** (Johannes), compositor alemán (Hamburgo 1833-Viena 1897), célebre por sus *lieder,* su música de cámara, sus obras para piano, sus cuatro sinfonías, sus oberturas, sus conciertos (concierto para violín, 1879) y su *Réquiem alemán* (1868). Su obra es una síntesis de romanticismo y clasicismo.

**BRĂILA,** c. de Rumania, a orillas del Danubio; 234 706 hab. Puerto fluvial. Celulosa y papel.

**BRAILLE** (Louis), inventor francés (Coupvray 1809-París 1852). Ciego desde los 3 años, ideó una escritura en relieve para invidentes *(braille).*

**BRAMAH** (Joseph), mecánico británico (Stainborough 1748-Londres 1814). Se le deben numerosos inventos (watercloset, cerradura de seguridad) y en particular el del cuero embutido, gracias al cual pudo realizar la prensa hidráulica.

**BRAMANTE** (Donato **di Pascuccio d'Antonio,** llamado), arquitecto italiano (cerca de Urbino 1444-Roma 1514). Trabajó en Milán (ábside de Santa Maria delle Grazie, 1492-1498) y en Roma, donde su obra es la de un maestro del clasicismo: templete de San Pietro in Montorio; a partir de 1505, para Julio II, patio del Belvedere en el Vaticano y primeros trabajos de la basílica de San Pedro.

**Bramante:** el templete (1502) de San Pietro in Montorio, en Roma

**BRAMPTON,** c. de Canadá (Ontario); 209 222 hab. Industria del automóvil.

**BRANCUSI** o **BRÂNCUȘI** (Constantin), escultor rumano (Pestisani, Oltenia, 1876-París 1957). Buscó una esencia simbólica de la forma *(La musa dormida),* aunque renovada con un estilo tosco, arcaizante y mágico *(El beso).* Su taller parisiense ha sido reconstruido ante el Centro Georges Pompidou.

**BRAND** o **BRANDT** (Hennig), alquimista alemán del s. XVII, descubridor del fósforo (1669).

**BRANDEBURGO,** en alem. **Brandenburg,** Land de Alemania; 26 000 $km^2$; 2 641 152 hab. Cap. *Potsdam.* Ocupa la parte occidental del Brandeburgo histórico en torno a Berlín, que formó parte de la R.D.A. de 1949 a 1990; su parte oriental fue atribuida a Polonia en 1945. Zona de encuentro entre eslavos y germanos desde el s. VII, pasó a los as-

**Bossuet**
(por H. Rigaud; Louvre, París)

Robert **Boyle**

Tycho **Brahe**

Johannes **Brahms**
(Laurens; AKG, Berlín)

Georges **Braque:** *Taller IX* (1954-1956)
[fundación Maeght, Saint-Paul-de-Vence, Francia]

canios (s. XII) y más tarde a los Wittelsbach y a los Luxemburgo. El margraviato, cuyo titular pasó a ser elector del imperio en 1356, correspondió a los Hohenzollern (1415), cuya herencia se incrementó con Prusia en 1618. (→ ***Prusia.***)

**BRANDEBURGO,** c. de Alemania (Brandeburgo), a orillas del Havel, al O de Berlín; 93 441 hab.

**BRANDES** (Georg), crítico danés (Copenhague 1842-*id.* 1927). Inició a los países escandinavos en las literaturas europeas modernas e hizo triunfar la estética realista.

Marlon **Brando** en *Misouri* (1976), de Arthur Penn

**BRANDO** (Marlon), actor y director de cine norteamericano (Omaha 1924). Formado en el Actor's studio, actor recio, complejo y, a veces, excesivo, ha interpretado numerosas películas (*Un tranvía llamado deseo,* 1951, *¡Viva Zapata!,* 1952; *La ley del silencio,* 1954, de E. Kazan; *El último tango en París,* 1972, de B. Bertolucci; *El padrino,* 1972, de F. F. Coppola, etc.).

**BRANDON,** c. de Canadá (Manitoba), a orillas del Assiniboine; 38 565 hab.

**Brands Hatch,** circuito automovilístico de Gran Bretaña (Kent), al SE de Londres; 4,2 km aprox.

**BRANDSEN,** ant. **Coronel Brandsen,** partido de Argentina (Buenos Aires); 18 452 hab.

**BRANDT** (Bill), fotógrafo británico (Londres 1905-*id.* 1983). Innovador del desnudo femenino, realizó asimismo desgarradores reportajes sobre los londinenses durante los ataques aéreos.

**BRANDT** (Herbert Karl **Frahm,** llamado **Willy**), político alemán (Lübeck 1913-Unkel, cerca de Bonn, 1992). Presidente del partido socialdemócrata (1964-1987) y canciller de la R.F.A. (1969-1974), orientó la diplomacia alemana hacia la apertura al este (Ostpolitik). Presidió la Internacional socialista de 1976 a 1992. (Premio Nobel de la paz 1971.)

**BRANDÝS NAD LABEM,** c. de la República Checa (Bohemia central), a orillas del Elba, al NE de Praga. Antiguo castillo de los reyes de Bohemia. Montaje de vehículos utilitarios.

**BRANGWYN** (*sir* Franck), pintor y grabador británico (Brujas 1867-Ditchling, Sussex, 1956). Fue influido por Jean-François Millet y trabajó en el taller de William Morris. Pintó, con grandes manchas yuxtapuestas, escenas de mercado, asuntos orientales y decoraciones murales, pero es famoso por sus aguafuertes.

**BRANNER** (Hans Christian), escritor danés (Ordrup 1903-Copenhague 1966). Su obra se inspira en el sicoanálisis (*El caballero,* 1949).

**BRANT** o **BRANDT** (Sebastian), humanista alsaciano (Estrasburgo *c.* 1458-*id.* 1521), autor del poema satírico *La nave de los locos.*

**BRANTFORD,** c. de Canadá (Ontario); 81 997 hab.

**BRANTING** (Hjalmar), político sueco (Estocolmo 1860-*id.* 1925). Al frente de tres gobiernos socialistas entre 1920 y 1925, practicó una política social avanzada. (Premio Nobel de la paz 1921.)

**BRAQUE** (Georges), pintor francés (Argenteuil 1882-París 1963). Creador del cubismo con Picasso, es célebre por sus *collages,* sus naturalezas muertas de gran sensualidad y sus series de talleres, pájaros, etc.

**BRASIL,** estado de América del Sur; 8 512 000 km$^2$; 170 115 463 hab. *(Brasileños.)* CAP. *Brasília.* LENGUA OFICIAL: *portugués.* MONEDA: *real.*

GEOGRAFÍA

Brasil es el gigante de América del Sur, de la que ocupa la mitad de su superficie y concentra una parte equivalente de la población. La población brasileña es muy variada, y en ella se mezclan (a partes desiguales) blancos, negros, indios y asiáticos, en su mayoría mestizos. Crece a un ritmo rápido (aprox. un 2 % anual) y se concentra en sus dos terceras partes en las ciudades, de las cuales una docena superan el millón de habitantes. La población es más densa en el litoral. El interior (al NO, selva amazónica, cálida y húmeda; más al E y al S, mesetas a menudo áridas y de suelos mediocres) está deshabitado, excepto los yacimientos mineros y los frentes de colonización de las rutas transamazónicas. La agricultura emplea aún a más del 25 % de la población activa. La colonización y el clima tropical favorecieron los cultivos de plantación. Brasil es el primer o segundo productor mundial de café, cacao, cítricos, azúcar y soja. La ganadería bovina está también muy desarrollada. La industria (aprox. un 25 % de la población activa) se beneficia de abundantes recursos mineros: hierro, bauxita, manganeso e incluso petróleo. El potencial hidroeléctrico está parcialmente aprovechado. A pesar de la riqueza de recursos, el crecimiento está frenado por una estructura agraria arcaica (numerosas grandes propiedades subexplotadas y una masa de campesinos sin tierra), las irregularidades climáticas también, el aumento de población demasiado rápido (que acelera el éxodo rural, ligado aún a un subempleo considerable). A las desigualdades sociales se añaden contrastes regionales de desarrollo, sobre todo entre el Nordeste, a menudo degradado, y las ciudades del Sudeste, más dinámicas. Una parte importante de la industria de transformación (montaje de automóviles, química, electrónica) se halla bajo control extranjero. La deuda exterior, vinculada sobre todo a una política de industrialización rápida en los años sesenta y setenta, sigue siendo enorme. Su pago sigue condicionando la orientación económica. Brasil forma parte de Mercosur desde 1991.

HISTORIA

***El período colonial.*** 1500: Pedro Álvarez Cabral descubrió Brasil, que pasó a ser posesión portuguesa. 1532-1560: los intentos franceses de instalación acabaron con la victoria de los portugueses. 1624-1654: atraídos por la riqueza azucarera del país, los holandeses ocuparon las costas brasileñas, antes de tener que retroceder hasta el mar. 1720-1770: la búsqueda de oro provocó la creación del Brasil interior, dominio de los mestizos, que abandonaron la costa a los blancos. Se desarrollaron las grandes plantaciones (cultivo de algodón, cacao y tabaco), que aseguraron la renovación económica del país. 1775: la esclavitud india fue abolida y se incrementó el recurso a la mano de obra negra. 1777: después de una guerra con España, por el tratado de San Ildefonso y de El Pardo (1778) Portugal delimitó su frontera Sur con la Banda Oriental. 1808-1821: la familia real portuguesa, en su huida ante los ejércitos napoleónicos, se instaló en Río de Janeiro. 1815: Juan VI elevó a Brasil al rango de reino.

***El imperio brasileño.*** 1822-1889: durante el reinado de Pedro I (1822-1831) y Pedro II (1831-1889), Brasil, imperio independiente, experimentó un considerable auge demográfico (inmigración) y económico (café, vías férreas); guerra argentino-brasileña por la posesión de la Banda Oriental (1825-1828); sus fronteras se rectificaron tras la

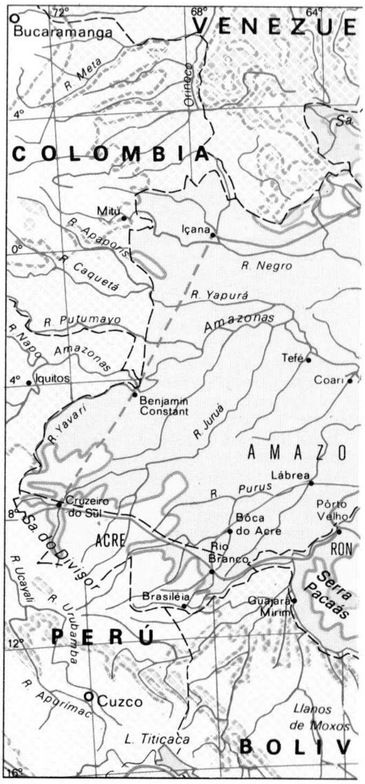


guerra con Paraguay (1865-1870). La abolición de la esclavitud negra creó descontento entre la aristocracia terrateniente (1888).

***La república de los «coroneles».*** 1889: Pedro II fue derrocado por el ejército, y se proclamó una república federal. No obstante, el poder real estaba en manos de las oligarquías que poseían la tierra y los hombres. El cultivo del café siguió siendo preponderante, asegurando la prosperidad; se desarrolló la producción de trigo y caucho. 1917: Brasil declaró la guerra a Alemania.

***La era Vargas.*** 1930: la crisis económica acarreó la caída del régimen; Getúlio Vargas accedió al poder. 1937: Vargas se convirtió en dictador por seis años. 1942: la participación de Brasil en la segunda guerra mundial junto a los aliados trajo consigo el auge económico del país. 1945: Vargas fue depuesto por los militares. 1950: Vargas fue reelegido presidente. Acosado por la oposición, ligada a los intereses extranjeros, se suicidó (1954).

***Los militares en el poder.*** 1956-1964: se sucedieron varios gobiernos reformistas, blanco de la influencia de las compañías multinacionales. 1960: Brasília se convirtió en la capital del país. 1964-1985: como consecuencia de un golpe de estado militar, los generales accedieron al poder (Castello Branco, Costa e Silva, Garrastazú, Médici, Geisel, Figueiredo). La economía nacional quedó muy subordinada a la dominación del capital extranjero.

*El retorno a la democracia.* 1985: los civiles volvieron al poder. El presidente José Sarney (1985-1990) y su sucesor, Fernando Collor de Mello (elegido en 1989 por sufragio universal, por primera vez en 29 años), tuvieron que enfrentarse a una situación económica y financiera difícil. 1992: acusado de corrupción, F. Collor de Mello, se vio obligado a dimitir. Le sucedió el vicepresidente Itamar Franco. 1994: en las elecciones presidenciales de octubre venció F. H. Cardoso. Una reforma constitucional le permitió presentarse a la reelección en 1998 y volvió a vencer.

INSTITUCIONES

República federal: 26 estados (dotados de un gobierno y de un parlamento) y un distrito federal. Constitución de 1988. Presidente de la república elegido cada 4 años por sufragio universal. *Congreso: Cámara de los diputados* elegida cada 4 años y *senado federal* elegido cada 8 años.

BRASIL

LITERATURA

S. XVIII: Durão. S. XIX: A. Gonçalves Dias, J. M. de Alencar, J. M. Machado de Assis, Aluízio de Azevedo. S. XX: M. Bandeira, M. de Andrade, J. Guimaraes Rosa, Jorge Amado, J. C. de Melo Neto.

BELLAS ARTES

***Ciudades de interés artístico.*** Brasília, Olinda, Ouro Preto, Petrópolis, Recife, Río de Janeiro, Salvador, São Luís, São Paulo.

***Algunos arquitectos, pintores o escultores.*** Ss. XVIII-XX: el Aleijadinho, E. di Cavalcanti, T. do Amaral, A. Volpi, C. Dias, F. Kraijcber, C. Portinari, L. Costa, O. Niemeyer, A. Reidy, S. Bernardes.

**BRASILEÑO** (*escudo* o *macizo*), extensa región de América del Sur, limitada al N por el Amazonas y el Atlántico, al O por el Madeira (afl. del Amazonas), al SO por los ríos Paraguay y Uruguay y al E por el Atlántico.

**BRASÍLIA,** c. y cap. de Brasil y del distrito federal (5 814 km²; 1 596 274 hab.), en las mesetas del interior, a unos 1 100 m de alt. Construida a partir de 1957, es obra del urbanista L. Costa y al arquitecto O. Niemeyer. *(V. ilustración pág. 1176.)*

**BRAŞOV,** c. de Rumania (Transilvania), cap. de distr.; 323 835 hab. Construcciones mecánicas. Monumentos medievales. Museos. Universidad.

**BRASSAÏ** (Gyula **Halász**, llamado), fotógrafo francés de origen húngaro (Braşov 1899-Niza 1984). El contraste de luz y sombra acentúa el clima insólito de su obra, que recuerda sus vínculos con el surrealismo.

**BRASSENS** (Georges), cantautor francés (Sète 1921-Saint-Gély-du-Fesc, 1981), autor de canciones poéticas e inconformistas.

**BRĂTIANU** (Ion), político rumano (Piteşti 1821-Florica 1891), primer ministro (1876-1888). — Su hijo **Ion** *(Ionel)* [Florica 1864-Bucarest 1927] fue varias veces primer ministro (1909-1911; 1914-1918; 1918-1919 y 1922-1926.

**BRATISLAVA,** en alem. **Pressburg,** c. y cap. de Eslovaquia, a orillas del Danubio; 441 453 hab. Cen-

**Brasília:** edificios del palacio del Congreso, en la plaza de los Tres Poderes (1957-1960; O. Niemeyer arquitecto)

tro comercial, cultural e industrial. Monumentos antiguos (catedral gótica, iglesias) y museos.

**BRATSK,** c. de Rusia, en Siberia oriental; 255 000 hab. Gran central hidroeléctrica sobre el Angará. Industria maderera. Aluminio.

**BRAUCHITSCH** (Walter **von**), mariscal alemán (Berlín 1881-Hamburgo 1948), comandante en jefe del ejército de tierra (1938-1941).

**BRAUDEL** (Fernand), historiador francés (Luméville-en-Ornois 1902-Cluses 1985). Su obra *El Mediterráneo y el mundo mediterráneo en la época de Felipe II* (1949) contribuyó a esclarecer la noción de historia total.

**BRAULIO** *(san),* prelado español (c. 590-651). Colaboró con Isidoro de Sevilla en las *Etimologías* y fue obispo de Zaragoza. Sus escritos epistolares son importantes para conocer la España visigoda. Fue consejero de Chindasvinto y Recesvinto.

**BRAUN** (Karl Ferdinand), físico alemán (Fulda 1850-Nueva York 1918), inventor de la antena dirigida y del oscilógrafo catódico. (Premio Nobel de física 1909.)

**BRAUN** (Wernher **von**), ingeniero alemán (Wirsitz, act. Wyrzysk, Polonia, 1912-Alexandria, Virginia, 1977), nacionalizado norteamericano. Desde 1930 trabajó en cohetes experimentales junto con Oberth. Director técnico desde 1937 del centro de pruebas de cohetes de Peenemünde, donde realizó el V2; en 1945 pasó a E.U.A., donde realizó, a partir de 1950, el primer misil balístico guiado norteamericano, y se convirtió en uno de los principales artífices del programa espacial norteamericano. Dirigió la construcción del cohete Saturn V, que permitió el envío de astronautas a la Luna. Abandonó la N.A.S.A. en 1972, al finalizar el programa Apolo.

**BRAUWER** (Adriaen) → ***Brouwer.***

**BRAVO** o **GRANDE DEL NORTE,** r. de México y Estados Unidos; 3 034 km. Desde El Paso hasta su desembocadura en el golfo de México (2 092 km), marca la frontera entre los dos países. Aprovechado para riego y centrales hidroeléctricas (presas del Elefante, en E.U.A., y Falcón, en México).

**BRAVO** (Claudio), pintor chileno (Valparaíso 1936). Pintor hiperrealista de bodegones y retratos, al establecerse en Tánger (1972) añadió a su temática los paisajes marroquíes.

**BRAVO** (Juan), aristócrata castellano (nacido en Segovia-Villalar 1521). Fue uno de los jefes de la sublevación de las Comunidades. Los realistas le ejecutaron tras la derrota comunera en Villalar.

**BRAVO** (Nicolás), militar y político mexicano (Chilpancingo 1776-*id.* 1854). Se unió al movimiento insurgente (1811). Fue miembro del poder ejecutivo (1823-1824) y presidente sustituto (1842 y 1846). Luchó contra la invasión norteamericana (1847).

**BRAVO DE SARAVIA** (Melchor), administrador español (Soria 1498-*id.* 1576). Gobernador interino del Perú (1552-1555), presidente de la nueva audiencia de Chile (1565) y gobernador de Chile (1568-1575).

**BRAVO DE SOBREMONTE** (Gaspar), médico español (Aguilar de Campoo c. 1610-Madrid 1683), autor de *Operum medicinalium* (1671-1674), que renovó la medicina galénica con la influencia grecoárabe.

**BRAVO MURILLO** (Juan), político español (Fregenal de la Sierra 1803-Madrid 1873). Ministro de Hacienda (1849-1852) y primer ministro (1851-1852). Puso fin a los conflictos con la Santa Sede e intentó promulgar una constitución ultraconservadora.

**BRAZZA** (Pierre **Savorgnan de**), explorador francés de origen italiano (Roma 1852-Dakar 1905). Exploró y colonizó el territorio del Congo francés.

**BRAZZAVILLE,** c. y cap. de la República del Congo, a orillas del Malebo Pool; 937 579 hab. Un ferrocarril (Congo-Océano) une la ciudad con la costa atlántica. Universidad. Aeropuerto. – En la *conferencia de Brazzaville* (30 en.-8 febr. 1944), organizada por de Gaulle y el Comité de Argel, se proyectó una organización nueva de las colonias francesas del África negra.

**BRECCIA** (Alberto), dibujante de cómics uruguayo (Montevideo 1918-Buenos Aires 1993). Es autor de historias de misterio y fantasía: *Mort Cinder* (1962) y *El eternauta* (1968).

**BRECHT** (Bertolt), poeta y dramaturgo alemán (Augsburgo 1898-Berlín 1956). Poeta (*Elegías de Buckow,* 1953) y narrador (*Historias de almanaque,* 1949), es famoso por haber creado, en oposición al teatro tradicional, donde el espectador se identifica con el protagonista, el teatro épico, que invita al actor a presentar a su personaje sin confundirse con él («efecto de distanciamiento»), mientras que al espectador corresponde dedicar a la obra la mirada crítica y objetiva que acostumbra aplicar a la realidad (*La ópera de cuatro cuartos,* 1928; *Madre Coraje y sus hijos,* 1941; *La buena persona de Sezuan,* 1943; *El señor Puntilla y su criado Matti,* 1948; *El círculo de tiza caucasiano,* 1948; *La resistible ascensión de Arturo Ui,* 1959). Fundó en 1949 y dirigió la compañía del Berliner Ensemble.

**BREDA,** c. de Países Bajos (Brabante Septentrional); 124 794 hab. Castillo; gran iglesia del s. XV. Tomada por los tercios españoles de Spínola (1625), en 1667 se firmó en ella un tratado por el cual Inglaterra concedía a las Provincias Unidas y a Francia ventajas territoriales y comerciales.

**Breda** *(compromiso de)* [1566], texto por el que relevantes personajes flamencos, calvinistas y católicos, reclamaban de Felipe II una efectiva tolerancia religiosa.

**Breda** *(La rendición de),* cuadro de Velázquez, llamado popularmente **Las lanzas** (1634-1635, Prado), que representa la entrega de las llaves de la ciudad flamenca a las tropas españolas.

**BREGENZ,** c. de Austria, cap. del Vorarlberg, junto al lago de Constanza; 25 000 hab. Monumentos del gótico al barroco. Turismo.

**BREGUET,** familia de relojeros, inventores e industriales de origen suizo. – **Abraham Louis** (Neuchâtel 1747-París 1823) se especializó en relojería de lujo y cronometría marina. – Su nieto **Louis** (París 1804-*id.* 1883) construyó instrumentos científicos de precisión y los primeros telégrafos franceses. – **Louis,** nieto del anterior (París 1880-Saint-Germain-en-Laye 1955), fue un pionero de la aviación y de la construcción aeronáutica en Francia.

**BREL** (Jacques), cantante y compositor belga (Bruselas 1929-Bobigny 1979), autor de canciones poéticas *(Le plat pays)* y satíricas *(Les bourgeois).*

**BREMEN** o **BREMA,** c. de Alemania, cap. del *Land de Bremen* (404 km²; 673 684 hab.), a orillas del Weser; 544 327 hab. Centro comercial, financiero e industrial. Puerto comercial, uno de los más activos de la Hansa (s. XIII). Ciudad libre del Imperio en 1646. Monumentos antiguos y museos. Aeropuerto internacional.

**BREMERHAVEN,** c. de Alemania (Bremen), en la desembocadura del Weser, antepuerto de Bremen; 129 357 hab. Museo alemán de la marina.

**BRENAN** (Gerald), hispanista británico (Sliema, Malta, 1894-Alhaurín el Grande 1987). En 1943 publicó *El laberinto español,* notable estudio sobre los antecedentes de la guerra civil.

**BRENDEL** (Alfred), pianista austríaco (Loučná nad Desnou, Moravia, 1931), uno de los más grandes intérpretes de Beethoven, Schubert y Liszt.

**BRENES,** v. de España (Sevilla); 10 247 hab. *(Brenenses.)* Centro agrícola e industrial.

**BRENES** (Roberto), escritor costarricense (San José 1874-*id.* 1947). Poeta modernista (*En el silencio,* 1907), de tendencia filosófica y esotérica (*Los dioses vuelven,* 1928), escribió asimismo ensayos.

**BRENNERO** *(paso del),* en alem. **Brenner,** puerto de los Alpes orientales, en la frontera italoaustríaca, entre Bolzano e Innsbruck; 1 370 m. Importante paso atravesado por vía férrea y autopista.

**BRENNUS,** nombre de un jefe galo *(brenn)* de los senones que, según la leyenda romana, estaba al frente de una expedición que destruyó Roma c. 390 a. J.C.; asimismo, los griegos llamaron **Brennos** al jefe de una horda de 20 000 galos que en 279 a. J.C. invadió Macedonia y Tesalia y saqueó Delfos.

**BRENTANO** (Clemens), escritor alemán (Ehren-

Wernher von **Braun** (en 1971)

Bertolt **Brecht** (en 1955)

*La rendición de **Breda*** (por Velázquez; 1634-1635; Prado, Madrid)

breitstein 1778-Aschaffenburg 1842), uno de los principales representantes del romanticismo.

**BRENTANO** (Elisabeth, llamada **Bettina**), escritora alemana (Frankfurt del Main 1785-Berlín 1859), hermana del anterior. Estuvo casada con Achim von Arnim. Mantuvo correspondencia con Goethe y dedicó el final de su vida a estudios sociales.

**BRENTANO** (Franz), filósofo alemán (Marienberg 1838-Zurich 1917). Diferenció la lógica de la sicología (*De la clasificación de los fenómenos síquicos,* 1911).

**BREÑA,** mun. de Perú (Lima); 97 157 hab. Forma parte de la aglomeración limeña.

**Brera** *(palacio de),* palacio de Milán del s. XVII, que alberga una célebre pinacoteca y una biblioteca.

**BRESCIA,** c. de Italia (Lombardía), cap. de prov.; 200 722 hab. Monumentos (desde la época romana) y museos.

**BRESCIA** (Arnaldo **de**), agitador y reformador italiano (Brescia fines s. XI-Roma 1155). Discípulo de Abelardo, luchó contra la corrupción del clero y por el retorno a la sencillez de la Iglesia primitiva, y levantó Roma contra el papa. Entregado por Federico Barbarroja, fue ejecutado.

**BRESLAU** → ***Wrocław.***

**BRESSON** (Robert), director de cine francés (Bromont-Lamothe 1907-París 1999). Trató el tema de la libertad espiritual (*El diario de un cura rural,* 1950; *L'argent,* 1983).

**BREST,** ant. **Brest-Litovsk,** c. de Bielorrusia, en la frontera polaca; 258 000 hab.

**BREST,** c. de Francia (Finistère), en la or. N de la *rada de Brest;* 153 099 hab. Universidad. Puerto y bases militares.

**Brest-Litovsk** *(acuerdos de)* [3 marzo 1918], tratado de paz firmado entre Alemania, Austria-Hungría, Bulgaria, el Imperio otomano y la Rusia soviética. Rusia renunciaba a Polonia y a los países bálticos.

**BRETAÑA,** en fr. **Bretagne,** región histórica del O de Francia, que act. constituye una región administrativa (Côtes-d'Armor, Finistère, Ille-et-Vilaine y Morbihan); 27 208 km$^2$; 2 795 638 hab. Cap. *Rennes.* La Bretaña histórica englobaba también el act. dep. de Loire-Atlantique.

HISTORIA

En el s. V, los habitantes de la Gran Bretaña emigraron en masa a Armórica (la act. Bretaña). Vencidos los normandos (939), nació como ducado. 1341-1365: guerra de sucesión, ganada por Juan de Montfort, Juan IV. En el s. XV los duques de Bretaña se aliaron con Inglaterra y con Maximiliano de Austria contra Francia. La duquesa Ana casó con Carlos VIII (1491) y Luis XII (1499), reyes de Francia. 1532: edicto de unión con Francia. 1675: revuelta contra los impuestos indirectos. 1793-1795: sublevación de los chuanes. S. XX: desarrollo de la cultura bretona y del movimiento nacionalista.

**Brétigny** *(tratado de)* [8 mayo 1360], tratado firmado en Brétigny, cerca de Chartres, entre Francia e Inglaterra. Puso fin a la primera parte de la guerra de los Cien años, al consagrar la victoria inglesa.

**BRETON** (André), escritor francés (Tinchebray, Orne, 1896-París 1966). Fundador del surrealismo (*Manifiestos del surrealismo,* 1924-1930) y autor de obras narrativas (*Nadja,* 1928; *El amor loco,* 1937) y poéticas.

**BRETÓN** (Tomás), compositor español (Salamanca 1850-Madrid 1923), autor de óperas (*Los amantes de Teruel,* 1889; *La Dolores,* 1895) y de numerosas zarzuelas (*La verbena de la Paloma,* 1894).

**BRETÓN DE LOS HERREROS** (Manuel), dramaturgo español (Quel 1796-Madrid 1873). Influido por la comedia moratiniana (*A la vejez viruelas,* 1824), su teatro alcanzó su máxima expresión en el neoclasicismo costumbrista, con la parodia de la clase media: *Marcela o ¿cuál de los tres?* (1831), *Muérete y verás* (1837), *Escuela del matrimonio* (1852).

**Bretton Woods** *(acuerdos de),* acuerdos concluidos por 44 países en julio de 1944 en Bretton Woods (New Hampshire, E.U.A.), que instauraron un sistema monetario internacional basado en la hegemonía del dólar.

**BREUER** (Marcel), arquitecto y diseñador húngaro (Pécs 1902-Nueva York 1981). Alumno de la Bauhaus, dirigió su sección de mobiliario. Construyó el edificio de la Unesco, en París (1953), con Nervi y Zehrfuss.

**BREUGHEL** → ***Bruegel.***

**BREUIL** (Henri), eclesiástico y prehistoriador francés (Mortain 1877-L'Isle Adam 1961), especialista en arte rupestre francocantábrico y en arte levantino español.

**BREUIL-CERVINIA,** estación de deportes de invierno de Italia (valle de Aosta), al pie del Cervino (alt. 2 050-3 500 m).

**Breviario de Alarico,** recopilación de las leyes hispanorromanas vigentes en la península Ibérica, ordenada por Alarico II y publicada en Tolosa en 506.

**Brevísima relación de la destrucción de las Indias** (1552), obra de fray Bartolomé de Las Casas, el más conocido de sus *Tratados,* cuyas denuncias del mal trato a los indios fue utilizado por los detractores de la colonización española.

**BREWSTER** (*sir* David), físico británico (Jedburgh, Roxburghshire, 1781-Melrose, Roxburghshire, 1868). Inventó el calidoscopio y descubrió las leyes de la polarización por reflexión.

**BRÉZHNEV** (Leonid Ilich), político soviético (Dnieprodzerhinsk 1906-Moscú 1982). Primer secretario del partido comunista (1964), mariscal (1976) y presidente del presidium del soviet supremo (1977), tras firmar con Nixon los acuerdos SALT I (1972) y suscribir los acuerdos SALT II (1979), comprometió esta política de distensión con la invasión de Afganistán (dic. 1979).

**BRIAND** (Aristide), político francés (Nantes 1862-París 1932). Socialista, fue 25 veces ministro y 11 veces presidente del gobierno. Favorable a la paz con Alemania (pacto de Locarno, 1925), fue uno de los artífices de la Sociedad de Naciones. (Premio Nobel de la paz 1926.)

**Briand-Kellogg** *(pacto)* [27 ag. 1928], pacto de renuncia a la guerra, elaborado por A. *Briand* y F. B. *Kellogg,* al que se adhirieron 57 estados en 1928-1929.

**BRIANSK,** c. de Rusia, al SO de Moscú; 452 000 hab.

**BRIDGEPORT,** c. y puerto de Estados Unidos (Connecticut); 141 686 hab. Aluminio.

**BRIDGMAN** (Percy Williams), físico norteamericano (Cambridge, Massachusetts, 1882-Randolph, New Hampshire, 1961), premio Nobel de física (1946) por sus investigaciones sobre las ultrapresiones.

**Brigadas internacionales,** formaciones militares integradas por voluntarios extranjeros que combatieron con el ejército republicano durante la guerra civil española (1936-1939).

**BRIGHT** (Richard), médico británico (Bristol 1789-Londres 1858), conocido por sus investigaciones sobre las enfermedades renales.

**BRIGHTON,** c. de Gran Bretaña (Sussex Oriental); 133 400 hab. Estación balnearia y ciudad de congresos junto al canal de la Mancha. Conjunto urbano del s. XIX. Universidad.

**BRÍGIDA** *(santa),* religiosa irlandesa (Fochart *c.* 455-Kildare *c.* 524), patrona de Irlanda. Fundadora del monasterio de Kildare, forma con san Patricio y san Columba la tríada de santos patronos célebres de Irlanda.

**BRÍGIDA DE SUECIA** *(santa),* mística sueca (Hof Finstad *c.* 1303-Roma 1373), madre de santa Catalina de Suecia. Escribió unas *Revelaciones* sobre la Pasión.

**Brihuega** *(acción de),* acción de armas que tuvo lugar en Brihuega (Guadalajara) durante la guerra de Sucesión española (1710), victoria de Felipe V.

André **Breton**
(por Man Ray)

Leonid
**Brézhnev**

**BRIL** (Paulus), pintor flamenco (Amberes 1554-Roma 1626), paisajista de la campiña italiana y de puertos.

**BRILLAT-SAVARIN** (Anthelme), escritor francés (Beley 1755-París 1826), autor de *Fisiología del gusto* (1826), ensayo sobre gastronomía.

**BRINDISI** o **BRINDIS,** c. del S de Italia (Apulia), cap. de prov., a orillas del Adriático; 91 778 hab. Puerto de viajeros. Petroquímica.

**BRINES** (Francisco), poeta español (Oliva 1932). Su lírica, influida por Cernuda, se enfrenta al paso destructor del tiempo: *Las brasas* (1960), *Aún no* (1971), *El otoño de las rosas* (1986). [Premio nacional de poesía 1987; Premio nacional de las letras 1999.]

**BRINK** (André Philippus), escritor sudafricano en lenguas afrikaans e inglesa (Vrede, Orange, 1935), novelista preocupado a la vez por la investigación formal y por el problema del apartheid (*Una árida estación blanca,* 1979; *Un acto de terror,* 1991).

**BRIONES,** v. de España (La Rioja); 878 hab. *(Brioneros.)* Fue fortaleza de Castilla. Iglesia gótica (s. XVI) con torre barroca (s. XVIII).

**BRISBANE,** c. y puerto de Australia, cap. de Queensland; 1 240 300 hab. Centro industrial.

**BRISTOL** *(canal de),* brazo de mar formado por el Atlántico, entre el País de Gales y Cornualles.

**BRISTOL,** c. y puerto de Gran Bretaña, a orillas del Avon; 370 300 hab. Catedral e iglesia de Saint Mary Redcliffe, de estilo gótico flamígero.

**BRITÁNICAS** *(islas),* conjunto formado por Gran Bretaña (y sus dependencias) e Irlanda.

**Británico** *(museo),* museo de Londres, creado en 1753. Ricas colecciones de arqueología egipcia, asiria y babilónica, de arte griego y romano, etc. Importante biblioteca.

**BRITÁNICO** (Tiberio Claudio), hijo de Claudio y de Mesalina (¿41 d. J.C.?-55). Era el heredero del trono imperial, pero fue apartado por Agripina y envenenado por Nerón.

**British petroleum company** (B.P.), consorcio petrolero internacional que, en 1954, sucedió a la Anglo-iranian oil company (fundada en 1909). Dedicado a la explotación del petróleo y del gas natural (mar del Norte, Alaska), el grupo está presente asimismo en sectores químico, minero y de telecomunicaciones. En 1998 se fusionó con la petrolera norteamericana Amoco.

**BRITO** (Eleuterio, llamado **Eduardo**), cantante dominicano (Puerto Plata 1906-Santo Domingo 1946). Se hizo popular en Europa, con su esposa, **Rosa Elena,** con canciones como *Quiéreme mucho* o *Amapola.*

**BRITTEN** (Benjamin), compositor británico (Lowestoft, Suffolk, 1913-Aldeburgh, Suffolk, 1976), autor de óperas (*Peter Grimes,* 1945; *The turn of the screw,* 1954) y de música religiosa (*War requiem,* 1962).

**BRIVE-LA-GAILLARDE,** c. de Francia (Corrèze); 52 677 hab. Iglesia de San Martín (ss. XII-XIV).

**BRIVIESCA,** c. de España (Burgos), cab. de p. j.; 5 795 hab. *(Briviescanos.)* Colegiata de Santa María. Iglesia del convento de Santa Clara.

**BRNO,** en alem. **Brünn,** c. de la República Checa, en Moravia; 387 986 hab. Feria internacional. Monumentos medievales y barrocos. Museos.

**BROAD PEAK** o **PALCHAN KANGRI,** cumbre de la India, en el Karakoram, cerca del K2; 8 047 m.

**Broadway,** gran arteria que atraviesa Nueva York, en Manhattan. Centro de la creación teatral norteamericana.

**BROCENSE** (Francisco **Sánchez de las Brozas,** llamado **el**), humanista español (Brozas 1523-Salamanca 1601). Autor de tratados filosóficos y retóricos (*De arte dicendi,* 1556), contribuyó a la reforma de los estudios clásicos, y dejó una obra de gran valor para la lingüística moderna: *Minerva o las causas de la lengua latina* (1587).

**BROCH** (Hermann), escritor austríaco (Viena 1886-New Haven, Connecticut, 1951). Su obra novelística es una meditación sobre la evolución de la sociedad alemana y sobre el sentido de la obra literaria (*La muerte de Virgilio,* 1945).

**BROCKEN** o **BLOCKSBERG,** punto culminante del Harz (1 142 m). La leyenda sitúa allí la reunión de las brujas en la noche de Walpurgis (30 abril-1 mayo).

**BRODSKY** o **BRODSKI** (Joseph), poeta ruso, nacionalizado norteamericano (Leningrado [act. San Petersburgo] 1940-Nueva York 1996). Condenado en 1964 en la U.R.S.S. por «parasitismo social», emigró en 1972 a Occidente (*Versos y poemas,* 1965; *Menos que uno,* 1986; *To Urania,* 1988). [Premio Nobel de literatura 1987.]

**BROEDERLAM** (Melchior), pintor flamenco, mencionado entre 1381 y 1409 en Ypres. Realizó *c.* 1394 las alas de uno de los retablos de la cartuja de Champmol (museo de Dijon).

**BROGLIE** (Louis, *príncipe,* después *duque* **de**), físico francés (Dieppe 1892-Louveciennes 1987). Desarrolló la mecánica ondulatoria de la materia, base de la mecánica cuántica. (Premio Nobel de física 1929.)

**BROMFIELD** (Louis), novelista norteamericano (Mansfield, Ohio, 1896-Columbus, Ohio, 1956), autor de *Vinieron las lluvias* (1937).

**BRØNSTED** (Johannes Niclaus), químico danés (Varde, Jylland, 1879-Copenhague 1947) que modernizó la teoría de los iones de Arrhenius.

**BRONTË** (Charlotte), escritora británica (Thornton 1816-Hawort 1855), evocadora de las exigencias sociales y pasionales de la mujer (*Jane Eyre,* 1848). – Su hermana **Emily** (Thornton 1818-Haworth 1848) es autora de la novela lírica *Cumbres borrascosas* (1847). – Su hermana **Anne** (Thornton 1820-Scarborough 1849) publicó novelas didácticas y morales (*Agnes Grey,* 1847).

**Bronx,** barrio de Nueva York, al NE de Manhattan; 1 169 000 hab.

**BRONZINO** (Agnolo **Tori,** llamado **il**), pintor italiano (Florencia 1503-*id.* 1572), autor de retratos suntuosos y manieristas.

**BROOK** (Peter), director de cine y teatro británico (Londres 1925). Seducido por Brecht y Artaud, creador en París del Centro internacional de investigaciones teatrales (1970), en teatro ha reinterpretado el repertorio shakespeariano y ha experimentado otras formas de expresión (creaciones colectivas, teatro de calle, improvisación): *Tito Andrónico* (1955), *Ubu rey* (1977), *Mahābhārata* (1985), *L'homme qui* (1993). En cine ha dirigido *Moderato cantabile* (1960), *Marat-Sade* (1966), *La tragedia de Carmen* (1984), *Mahābhārata* (1989), etc.

**Brooklyn,** barrio de Nueva York en el O de Long Island; 2 231 000 hab.

**BROOKS** (Louise), actriz norteamericana (Cherryvale, Kansas, 1906-Rochester, Nueva York, 1985). Realizó sus más importantes interpretaciones bajo la dirección de G. W. Pabst, que la llamó a Alemania (*La caja de Pandora,* 1928).

**BROOKS** (Richard), director de cine norteamericano (Filadelfia 1912-Beverly Hills 1992). Defensor de los valores humanistas y democráticos, es autor, entre otras películas, de *Semilla de maldad* (1955), *La gata sobre el tejado de cinc* (1958), *El fuego y la palabra* (1960), *A sangre fría* (1967) y *Buscando a Mr. Goodbar* (1977).

**BROQUA** (Alfonso), compositor uruguayo (Montevideo 1876-París 1946), autor de óperas, ballets y piezas para guitarra.

**BROSSA** (Joan), dibujante y escritor español en lengua catalana (Barcelona 1919-*id.* 1998). Su obra teatral (*Poesia escènica,* 5 vols., 1973-1983) y poética (*Poesia rasa,* 1970; *Rua de llibres,* 1980) hunde sus raíces en el surrealismo. Con su poesía visual crea sorprendentes mutaciones en los objetos.

**BROTONS** (Salvador), compositor y director de orquesta español (Barcelona 1959). Director de diversas orquestas españolas y norteamericanas, ha compuesto obras para orquesta, cámara y voz (ópera *Everyman,* 1991).

**BROUSSE** (Paul), político francés (Montpellier 1844-París 1912), fundador del Partido socialista posibilista (1882), de carácter reformista.

**BROUWER** o **BRAUWER** (Adriaen), pintor flamenco (Oudenaarde 1605/1606-Amberes 1638), autor de escenas populares (tabernas, fumaderos) de una gran calidad plástica.

**BROUWER** (Luitzen Egbertus Jan), matemático y lógico neerlandés (Overschie 1881-Blaricum 1966), creador de la lógica intuicionista.

**BROWN** (Earle), compositor norteamericano (Lunenburg, Massachusetts, 1926), influido por John Cage y las teorías matemáticas (*Available forms, I* y *II*). Su esposa, **Carolyn Rice Brown** (Fitchburg, Massachusetts, 1927), es una de las mejores intérpretes de la modern dance.

**BROWN** (Guillermo), marino argentino de origen irlandés (1777-Barracas 1857). Se incorporó al movimiento revolucionario de 1810. Participó en el sitio de Montevideo y apoyó la campaña de San Martín. Mandó la armada durante la guerra con Brasil y el bloqueo francés del Río de la Plata (1838).

**BROWN** (John), abolicionista norteamericano (Torrington, Connecticut, 1800-Charlestown, Virginia, 1859). Fue ejecutado por llamar a los esclavos a las armas.

**BROWN** (Robert), botánico británico (Montrose, Escocia, 1773-Londres 1858). Describió la flora australiana y descubrió el movimiento desordenado de las partículas diminutas en suspensión en un líquido o un gas *(movimiento browniano).*

**BROWNING** (Elizabeth **Barrett**), escritora británica (cerca de Durham 1806-Florencia 1861), autora de los *Sonetos del portugués* (1850) y de la novela en verso *Aurora Leigh* (1857). – Su marido, **Robert Browning** (Camberwell, Londres, 1812-Venecia 1889), poeta de inspiración romántica (*Sordello,* 1840; *Dramatis personae,* 1864; *El anillo y el libro,* 1868-1869), auguró la desilusión en plena época victoriana.

**BRUCE,** familia normanda establecida en Escocia. Pertenecieron a ella los reyes Roberto I y David II.

**Bruch** *(acciones del)* [6 y 14 de junio de 1808], victorias españolas sobre los franceses al inicio de la guerra de la Independencia, en las cañadas del Bruch, en el macizo de Montserrat.

**Brücke** *(Die),* grupo de pintores (1905-1913) de Dresde y luego en Berlín, formado por Heckel, Fritz Bleyl, Kirchner y Schmidt-Rottluff, a los que se añadió en 1906 Nolde, origen del expresionismo alemán.

**BRUCKNER** (Anton), compositor austríaco (Ansfelden 1824-Viena 1896), autor de monumentales sinfonías, motetes y misas, de escritura a menudo contrapuntística.

**BRUCKNER** (Theodor **Tagger,** llamado **Ferdinand**), dramaturgo austríaco (Viena 1891-Berlín 1958). Fue uno de los animadores del teatro de vanguardia posterior a la primera guerra mundial. Sus obras van del expresionismo al nuevo realismo.

**BRUEGEL** o **BREUGHEL,** familia de pintores flamencos. – **Pieter,** llamado **Bruegel el Viejo** (*c.* 1525/1530-Bruselas 1569), establecido en Bruselas en 1563, es autor de escenas inspiradas en el folklore de Brabante (*Los proverbios,* Berlín-Dahlem), no menos célebres que sus paisajes rústicos (*Los cazadores* en la nieve,* 1565, Viena) o históricos (*El empadronamiento de Belén,* 1566, Bruselas). El realismo de sus escenas populares refleja una visión humanista, a menudo trágica, del destino humano (*Los ciegos,* 1568, Nápoles). – Tuvo dos hijos pintores: **Pieter II,** llamado **Bruegel d'Enfer** *(del Infierno)* [Bruselas 1564-Amberes 1638], que trabajó siguiendo su ejemplo, y **Jan,** llamado **Bruegel de Velours** *(de terciopelo)* [Bruselas 1568-Amberes 1625], autor de cuadros de flores y de delicados paisajes bíblicos o alegóricos.

**BRUGHETTI** (Faustino), pintor argentino (Dolores 1877-La Plata 1956). Sus paisajes introducen una renovación en la pintura argentina del s. XX.

**BRUGHETTI** (Romualdo), crítico de arte argentino (La Plata 1913), autor de *Historia del arte en la Argentina* (1965).

**BRUJAS,** en neerlandés **Brugge,** en fr. **Bruges,** c. de Bélgica, cap. de Flandes Occidental; 117 063 hab. Canal que enlaza con el antepuerto de Zeebrugge, en el mar del Norte. Ciudad comercial próspera en el s. XIV. Monumentos medievales y renacentistas. Catedral. Museos (pintura de primitivos flamencos). Turismo.

**BRULL** (Mariano), poeta cubano (Camagüey 1891-Marianao 1956). Posmodernista en *La casa del silencio* (1916), se convirtió en el máximo exponente de la poesía pura de las Antillas (*Poemas en menguante,* 1928; *Canto redondo,* 1934; *Solo de rosas,* 1941; *Tiempo en pena,* 1950).

**BRUM** (Baltasar), político uruguayo (Artigas 1883-Montevideo 1933). Militante del Partido colorado, fue presidente de la república (1919-1923).

**BRUMMELL** (George **Bryan,** llamado **lord** o **Beau**), dandi británico (Londres 1778-Caen 1840), famoso por su elegancia.

**BRUN** (Charles **Le**), pintor francés (París 1619-*id.* 1690). Protegido de Luis XIV y Colbert, fue director de los Gobelinos y dominó el arte francés oficial. Decoró el Louvre y Versalles con grandiosidad.

**BRUNA** (Pablo), compositor español (s. XVII), llamado **el ciego de Daroca.** Compuso piezas para órgano, que se conservan en El Escorial y Barcelona.

**BRUNDTLAND** (Gro **Harlem**), política noruega (Oslo 1939). Presidenta del partido laborista (1981-1992) y primera ministra (1981, 1986-1989 y desde 1990), desde 1983 preside en la O.N.U. la comisión mundial para el medio ambiente y el desarrollo *(Comisión Brundtland).* Directora general de la O.M.S. desde 1998.

**BRUNEI,** estado del N de Borneo; 5 765 $km^2$; 300 000 hab. CAP. *Bandar Seri Begawan.* LENGUA OFICIAL: *malayo.* MONEDA: *dólar de Brunei.* Petróleo y gas natural. Protectorado británico desde 1906, el sultanato se independizó (1984) en el marco de la Commonwealth.

**BRUNEL** (*sir* Marc Isambard), ingeniero francés nacionalizado británico (Hacqueville, Vexin, 1769-Londres 1849). Establecido en Londres (1799), construyó máquinas-herramienta automáticas y realizó el primer túnel bajo el Támesis (1824-1842). – Su hijo **Isambard Kingdom,** ingeniero británico (Portsmouth 1806-Westminster 1859), construyó los primeros grandes buques de hierro propulsados por hélice: Great Western, Great Britain (1845) y Great Eastern o Leviathan (1858).

**BRUNELLESCHI** (Filippo), arquitecto italiano (Florencia 1377-*id.* 1446). Orfebre y admirador de las ruinas de la antigüedad, se convirtió, en Florencia, en el iniciador del renacimiento: pórtico del hospital de los Inocentes, cúpula de Santa Maria del Fiore, sacristía vieja de San Lorenzo, capilla de los Pazzi en Santa Croce.

**BRUNER** (Jerome Seymour), sicólogo norteamericano (Nueva York 1915). Estudió la adquisición del lenguaje y el desarrollo cognitivo del niño (*El proceso de la educación,* 1960).

**BRUNET** (Marta), escritora chilena (Chillán 1901-Montevideo 1967). Sus novelas (*María Nadie,* 1957; *Amasijo,* 1963) y sus relatos tratan dramas rurales narrados con lirismo.

**Brunete** *(batalla de)* [julio 1937], batalla de la guerra civil española, en esta localidad madrileña. Los

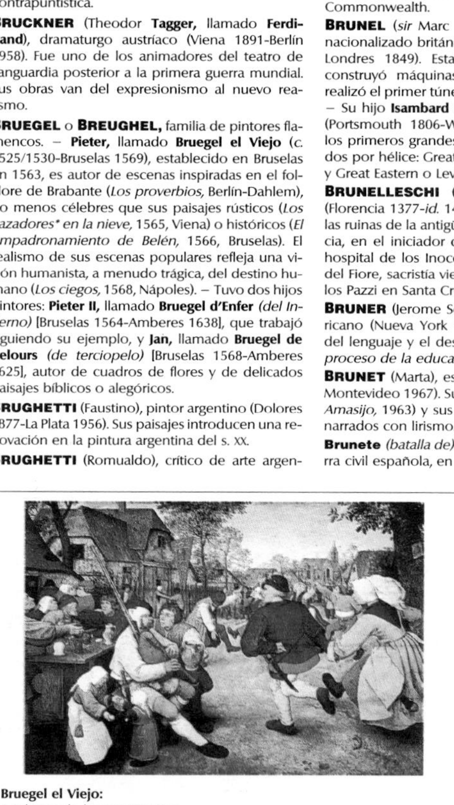

**Bruegel el Viejo:**
*La danza de los campesinos*
(Kunsthistorisches Museum, Viena)

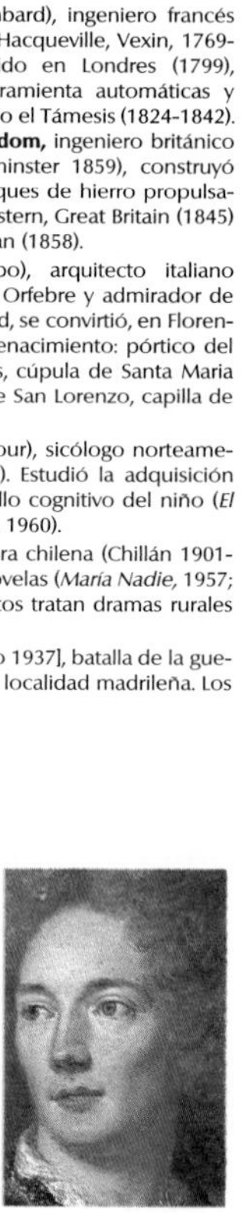

Jean de La
**Bruyère**

republicanos aseguraron la defensa de Madrid, pero no evitaron la reanudación de la ofensiva nacionalista en el Norte.

**BRUNHILDA, BRUNILDA** o **BRUNEQUILDA** (en España *c.* 534-Renève 613), reina de Austrasia. Hija del rey visigodo Atanagildo y esposa de Sigeberto I de Austrasia. Luchó contra Fredegunda, reina de Neustria. Clotario II, hijo de Fredegunda, la hizo matar.

**BRÜNING** (Heinrich), político alemán (Münster 1885-Norwich, Vermont, 1970), jefe del Centro católico, canciller del Reich (1930-1932).

**BRÜNN** → *Brno.*

**BRUNO** *(san)* [Colonia 1035-Serra San Bruno, cerca de Catanzaro, 1101], fundador en 1084 de la orden de la Cartuja, en un paraje próximo a Grenoble (Grande-Chartreuse).

**BRUNO** (o **BONIFACIO**) **de Querfurt** *(san)*, religioso camaldulense, mártir (Querfurt, Sajonia, *c.* 974-Sudauen 1009), evangelizador de Rusia y Prusia.

**BRUNO** (Giordano), filósofo italiano (Nola 1548-Roma 1600). Fue uno de los primeros en romper con la concepción aristotélica de un universo cerrado, defendió la tesis de Copérnico y desembocó en un humanismo panteísta. Fue quemado vivo como hereje por orden del Santo Oficio.

**BRUNSWICK,** península del S de Chile, entre el estrecho de Magallanes y el seno Otway.

**BRUNSWICK** *(estado de)*, en alem. **Braunschweig,** antiguo estado de Alemania. Ducado de 1235 a 1918 y más tarde república, se incorporó al Reich en 1934.

**BRUNSWICK,** en alem. **Braunschweig,** c. de Alemania (Baja Sajonia); 256 323 hab. Centro industrial. Catedral románica. Museos. Fue capital del *estado de Brunswick.*

**BRUNSWICK** (Carlos Guillermo Fernando, *duque* **de**), general prusiano (Wolfenbüttel 1735-Ottensen, cerca de Altona, 1806). Jefe de los ejércitos coligados (1792), durante la invasión de Francia, lanzó (25 julio) un ultimátum amenazando a los pari-

**BRUSELAS,** en fr. **Bruxelles,** en neerlandés **Brussel,** c. y cap. de Bélgica y cap. de la prov. de Brabante, a orillas del Senne; 136 424 hab. La ciudad y su aglomeración constituyen la región de *Bruselas* (161 km$^2$ y 1 millón de hab. aprox., mayoritariamente francófonos), con estatuto federal (1993). Universidad. Centro administrativo, cultural, comercial e industrial. Catedral de San Miguel, ant. colegiata (ss. XIII-XVII); magnífico ayuntamiento (s. XV) en la plaza Mayor; plaza Real (s. XVIII). Museos. Bruselas es una de las capitales de la Unión europea, sede del Consejo permanente de la O.T.A.N. desde 1967 y de la U.E.O. desde 1993. Principal c. de los Países Bajos al integrarse Brabante en los estados borgoñeses (1430). Se sublevó contra Guillermo I de Orange y se convirtió en la capital del reino independiente de Bélgica (1830).

**Bruselas** *(tratado de)* [17 marzo 1948], alianza defensiva firmada entre Francia, Gran Bretaña y los países del Benelux. Ampliado a la R.F.A. e Italia por los acuerdos de París (1954), sirvió de base a la Unión de Europa occidental (U.E.O.).

**BRUSÍLOV** (Alexéi Alexéievich), general ruso (San Petersburgo 1853-Moscú 1926), célebre por su ofensiva victoriosa en Galitzia (1916). Nombrado generalísimo (1917), se adhirió al régimen soviético.

**BRUTO** (Lucio Junio), personaje legendario que, tras expulsar a Tarquino el Soberbio, último rey de Roma, se habría convertido en uno de los dos primeros cónsules de la república (509 a. J.C.).

**BRUTO** (Marco Junio), político romano (Roma *c.* 85-† 42 a. J.C.). Participó con Casio en la conjuración para asesinar a César. Se suicidó tras ser vencido por Marco Antonio y Octavio en Filipos.

**BRUTTIUM** o **BRUCIO,** antiguo nombre de *Calabria.*

**BRUYÈRE** (Jean **de La**), escritor francés (París 1645-Versalles 1696). En *Los caracteres* (1688-1696), describe y critica su época con estilo elíptico y sintético.

**BRYAN** (William Jennings), político norteamericano (Salem, Illinois, 1860-Dayton, Tennessee, 1925). Tres veces candidato demócrata a la presidencia, en 1912 se retiró ante Wilson y contribuyó a su triunfo. Fue secretario de estado hasta 1915.

**Bryan-Chamorro** *(tratado)*, acuerdo diplomático entre Nicaragua y Estados Unidos (1914, ratificado en 1916) por el que Nicaragua concedía a perpetuidad a E.U.A. el derecho a construir un canal interoceánico.

**BRYANT** (William Cullen), escritor norteamericano (Cummington, Massachusetts, 1794-Nueva York 1878), poeta influido por los románticos ingleses (*Thanatopsis,* 1817-1821).

**BRYCE ECHENIQUE** (Alfredo), escritor peruano (Lima 1939). En sus cuentos (*Huerto cerrado,* 1968) y novelas (*Un mundo para Julius,* 1970; *La vida exagerada de Martín Romaña,* 1981) retrata con ironía la sociedad limeña tradicional. En 1993 publicó *Permiso para vivir (Antimemorias).* [Premio nacional de narrativa 1998.]

**BUBER** (Martin), filósofo israelí de origen austríaco (Viena 1878-Jerusalén 1965). Renovó el estudio de la tradición judía (*Yo y tú,* 1923; *Gog y Magog,* 1941; *Caminos de la utopía,* 1949).

**BUBKA** (Serguéi), atleta ucraniano (Donetsk 1963). Primer saltador de pértiga que superó los 6 m en 1985 y posteriormente mejoró la plusmarca (6,14 m en 1994). Campeón olímpico en 1988 y campeón mundial desde 1983 hasta 1997.

**BUCARAM** (Abdalá Jaime), político y abogado ecuatoriano (Guayaquil 1952), fundador y director supremo del populista Partido roldosista ecuatoriano, alcalde de Guayaquil de 1984 a 1985, fue elegido presidente de la república en 1996 y destituido por el parlamento «por incapacidad mental» en 1997.

**BUCARAMANGA,** c. de Colombia, cap. del dep. de Santander; 352 326 hab. Centro industrial y cultural. Universidad. Aeropuerto internacional.

**BUCARELI Y URSÚA** (Antonio María), militar y administrador español (Sevilla 1717-México 1779). Fue gobernador de Cuba (1766-1771) y virrey de Nueva España (1771-1779).

**BUCAREST,** en rumano **Bucureşti,** c. y cap. de Rumania, a orillas del Dîmboviţa, subafl. del Danubio; 2 064 474 hab. Centro administrativo e industrial. Iglesias de influencia bizantina (ss. XVI-XVIII). Museos. Mencionada en 1459, en 1862 se convirtió en la capital de los principados unidos de Moldavia y Valaquia. Varios tratados se firmaron en ella (1812, 1913, 1918).

**Bruselas:** las casas de los gremios (s. XVII), en la plaza Mayor

**Bucarest:** el Ateneo rumano (sala de conciertos); fines s. XIX

**Bucéfalo,** nombre del caballo de Alejandro.

**Bucentauro,** nave en la que el dux de Venecia se embarcaba cada año, el día de la Ascensión, para celebrar su matrimonio simbólico con el mar.

**BUCERO** o **BUTZER** (Martin), teólogo alemán (Sélestat 1491-Cambridge 1551). Dominico, tomó partido por Lutero y fue uno de los principales difusores de la Reforma alemana.

**BUCHANAN** (George), humanista escocés (Killearn 1506-Edimburgo 1582). Preceptor de Jacobo I de Inglaterra, propugnó una monarquía no absoluta (*De iure regni apud Scotos,* 1579).

**BUCHANAN** (James M.), economista norteamericano (Murfreesboro, Tennessee, 1919). Autor de importantes trabajos sobre elecciones colectivas y gasto público. (Premio Nobel de economía 1986.)

**BUCHANAN** (James), político norteamericano (cerca de Mercersburg, Pennsylvania, 1791-Wheatland, Pennsylvania, 1868). Presidente de E.U.A. (1857-1861), favoreció el esclavismo.

**Buchenwald,** campo de concentración alemán, en Turingia, al NO de Weimar (1937-1945).

**BUCHNER** (Eduard), químico alemán (Munich 1860-Focşani, Rumania, 1917). Demostró que los fermentos actúan mediante enzimas. (Premio Nobel de química 1907.)

**BÜCHNER** (Georg), poeta alemán (Goddelau 1813-Zurich 1837). Sus dramas (*La muerte de Danton,* 1835; *Woyzeck,* 1836) marcaron el expresionismo moderno.

**BUCK** (Pearl S.), novelista norteamericana (Hillsboro, Virginia, 1892-Danby, Vermont, 1973), autora de novelas sobre China (*La buena tierra,* 1931). [Premio Nobel de literatura 1938.]

**BUCKINGHAM** (George **Villiers,** *duque* **de**), político inglés (Brooksby 1592-Portsmouth 1628), favorito de los reyes Jacobo I y Carlos I. Tras el fracaso de sus negociaciones para la boda de la infanta española María con el futuro Carlos I (1623), encabezó el partido antiespañol y se acercó a Francia. Se atrajo, a causa de sus alianzas, el odio de los parlamentarios ingleses. Se preparaba para socorrer a los hugonotes asediados en La Rochela cuando fue asesinado por un oficial puritano.

**Buckingham** *(palacio de)*, palacio de Londres construido en 1705 y reformado varias veces, residencia oficial de los soberanos británicos desde 1837.

**BUCKINGHAMSHIRE,** condado de Gran Bretaña, al NO de Londres; 1 883 km$^2$; 566 000 hab. Cap. *Aylesbury.*

**Bucólicas,** de Virgilio (42-39 a. J.C.), cortos diálogos de pastores, a imitación de Teócrito.

**BUCOVINA** o **BUKOVINA,** región de los Cárpatos orientales, repartida entre Ucrania y Rumania. Parte septentrional de Moldavia, fue cedida a Austria (1775) y unida a Rumania en 1918. La Bucovina del Norte fue anexionada por la U.R.S.S. en 1944; desde 1991 se encuentra bajo soberanía ucraniana.

**Bu-craa,** yacimiento de fosfatos del Sahara Occidental.

**BUDA** *(el iluminado)*, **SIDDHĀRTA** o **ŚĀKYA-MUNI,** nombres con los que se designa al fundador del budismo, *Gautama* (*c.* 560-*c.* 480 a. J.C.), personaje histórico, hijo del jefe del clan śākya, que predicó la doctrina budista tras recibir la «ilu-

**Buda** predicando el primer sermón.
Arte gupta; s. v d. J.C.
(Museo de Sārnāth [India].)

minación» o *bodhi* (*c.* 525 a. J.C.). Su predicación comenzó en Benarés y prosiguió durante 35 años.

**BUDAPEST,** c. y cap. de Hungría, a orillas del Danubio; 2 016 774 hab. Formada por la unión (1873) de *Buda,* la ciudad alta, en la or. der. del río, y de *Pest,* en la or. izq. Centro administrativo, intelectual, comercial e industrial. Monumentos barrocos, neoclásicos y eclécticos del s. XIX. Museos. Buda, ocupada por los otomanos de 1541 a 1686, se convirtió en la capital de Hungría en 1867. Se unió a Pest en 1873.

**Budapest:** iglesia de la Coronación
(o iglesia Matías)
[a la derecha, el templo calvinista]

**BUDÉ** (Guillaume), humanista francés (París 1467-*id.* 1540). Propagador del estudio del griego en Francia, contribuyó a la creación de los «lectores reales», origen del actual Colegio de Francia.

**BUDICCA** → ***Boadicea.***

**buen amor** *(Libro de),* obra poética de Juan Ruiz, arcipreste de Hita, que se conserva en dos manuscritos de 1330 a 1343. Escrita en la tradición del mester de clerecía, pero con abundantes elementos juglarescos, trata los amores de don Melón de la Huerta y doña Endrina, gracias a los buenos oficios de la vieja Trotaconventos (antecedente de la Celestina). Se intercalan elementos heterogéneos: fábulas y apólogos, disquisiciones didácticas, una antología de poemas líricos, eruditos y populares, etc. La obra, de gran efecto satírico, está dominada por un humor desenfadado y a menudo picante, que socarronamente quiere pasar por moralista.

**Buen Retiro** *(palacio del),* residencia real española construida para Felipe IV (1631) en Madrid. Obra de Alonso Carbonell, contenía una importante colección de cuadros (act. en el Prado) y tapices. Una parte del ant. edificio, el *Casón del Buen Retiro,* alberga un importante fondo de arte moderno del s. XIX. Su parque, muy modificado, es el actual *Retiro.*

**BUENA ESPERANZA** *(cabo de),* ant. **cabo de las Tormentas,** cabo del S de África, descubierto por Bartolomeu Dias (1488) y doblado por Vasco da Gama, en ruta hacia las Indias (1497).

**BUENAVENTURA,** c. de Colombia (Valle del Cauca); 193 185 hab. Puerto exportador en el Pacífico.

**BUENAVENTURA,** mun. de México (Chihuahua); 16 317 hab. Centro agropecuario y forestal.

**BUENAVENTURA** *(san)* [Giovanni **da Fidanza**], teólogo italiano (Bagnorea, Toscana, 1221-Lyon 1274), general de los franciscanos (1257), obispo de Albano (1273) y cardenal. Sus numerosas obras de teología y filosofía, inspiradas en la doctrina de san Agustín, le valieron el nombre de **Doctor seráfico.** Fue declarado doctor de la Iglesia en 1587.

**BUENAVISTA,** mun. de México (Michoacán), al pie del cerro Tancítaro; 30 676 hab.

**Buendía** *(embalse de),* embalse de España (Guadalajara y Cuenca), en el río Guadiela. Alimenta la *central de Buendía* y las de Bolarque.

**BUENO,** r. de Chile, en la vertiente pacífica, el más caudaloso de los del Valle Central; 150 km.

**BUENO** (Gustavo), filósofo español (Santo Domingo de la Calzada 1924), representante de una corriente de pensamiento del materialismo dialéctico antidogmático (*Ensayos materialistas,* 1972; *El animal divino,* 1985; *El mito de la cultura,* 1995).

**BUENOS AIRES** *(lago),* lago compartido entre Argentina (Santa Cruz) y Chile (Aisén del General Carlos Ibáñez del Campo), donde se le conoce con el nombre de *lago General Carrera;* 2 240 km$^2$.

**BUENOS AIRES** *(provincia de),* prov. de Argentina, en la región pampeana; 307 571 km$^2$; 12 582 321 hab. Cap. *La Plata.*

**BUENOS AIRES,** c. de Argentina, cap. del país, en la or. der. del estuario del Plata; 2 960 976 hab. (10 911 403 el *Gran Buenos Aires*). *[Porteños.]* El Gran Buenos Aires concentra la mitad de los establecimientos industriales del país (metalurgia, química, del automóvil, etc.); el sector terciario está asimismo muy desarrollado por su carácter de capital del estado y principal puerto y centro cultural. Fundada en 1536 y definitivamente por Juan de Garay en 1580, adquirió auge con la creación del virreinato del Río de La Plata en 1776. Ocupada temporalmente por los británicos (1806), fue luego cuna del movimiento independentista, y a partir de la década de 1860 consolidó su capitalidad. La arquitectura colonial está representada por la catedral, el Cabildo y los templos de la Merced, San Francisco y las Catalinas, todos del s. XVIII. Del siglo XIX hay notables edificios de estilo segundo imperio francés. Ya en el s. XX destacan el palacio del Congreso nacional, el teatro Colón* y el parque de Palermo y diversas edificaciones modernas. Entre los numerosos museos, destacan los de bellas artes, arte hispanoamericano, arte moderno, histórico nacional, etc.

**BUENOS AIRES,** mun. de Colombia (Cauca), 31 760 hab. Café, caña de azúcar. Oro y carbón.

**BUENOS AIRES,** cantón de Costa Rica (Puntarenas); 34 977 hab. Caña de azúcar, café y maíz.

**BUERO VALLEJO** (Antonio), dramaturgo español (Guadalajara 1916-Madrid 2000), gran representante del teatro de posguerra, su obra mezcla simbolismo y realidad: *Historia de una escalera* (1949), *Hoy es fiesta* (1956), *Un soñador para un pueblo* (1958), *Las meninas* (1960), *El tragaluz* (1967), *La Fundación* (1974), *Lázaro en el laberinto* (1986), *Música cercana* (1989). [Premio Cervantes, 1986; Premio nacional de las letras españolas, 1996.] (Real academia 1971.)

**BUESACO,** mun. de Colombia (Nariño), próximo al nudo de Pasto; 18 248 hab. Mercado agrícola.

**BUEU,** v. de España (Pontevedra); 11 506 hab. *(Bueuenses.)* Pesca (conservas). Turismo.

**BUFFALO,** c. de Estados Unidos (Nueva York), junto al lago Erie, cerca del Niágara; 328 123 hab. (968 532 en el área metropolitana). Universidad. Puerto fluvial. Centro industrial. Museo.

**BUFFALO BILL** (William Frederick **Cody,** llamado), pionero norteamericano (en Scott, Iowa, 1846-Denver 1917). Hábil tirador, luchó contra los indios, y sus aventuras se hicieron legendarias.

**BUFFET** (Bernard), pintor y grabador francés (París 1928-Tourtour, Var, 1999). Su obra presenta una visión del mundo áspera, dentro de un estilo esquemático y descarnado. Se suicidó.

**BUFFON** (Georges Louis **Leclerc,** *conde* **de**), naturalista francés (Montbard 1707-París 1788), autor de *Historia natural* (40 vols., aprox. 1749-1804).

**BUG** o **BUG MERIDIONAL,** r. de Ucrania que desemboca en el mar Negro; 806 km.

**BUG** o **BUG OCCIDENTAL,** r. de Bielorrusia y de Polonia que desemboca en el Narew (or. izq.); 810 kilómetros.

**BUGA,** c. de Colombia (Valle del Cauca); 94 753 hab. Cultivos de plantación. Mercado cafetero.

**BUGALAGRANDE,** mun. de Colombia (Valle del Cauca); 21 709 hab. Minas de oro, platino y carbón.

**BUGATTI** (Ettore), industrial italiano nacionalizado francés (Milán 1881-París 1947), pionero de la fabricación de automóviles deportivos, de carrera y de lujo.

**BUGÍA** → ***Bejaïa.***

**BUIGAS** (Carlos), ingeniero español (Barcelona 1898-*id.* 1979). Diseñó la iluminación y las fuentes luminosas del recinto de la exposición universal de Barcelona de 1929. Posteriormente diseñó otras

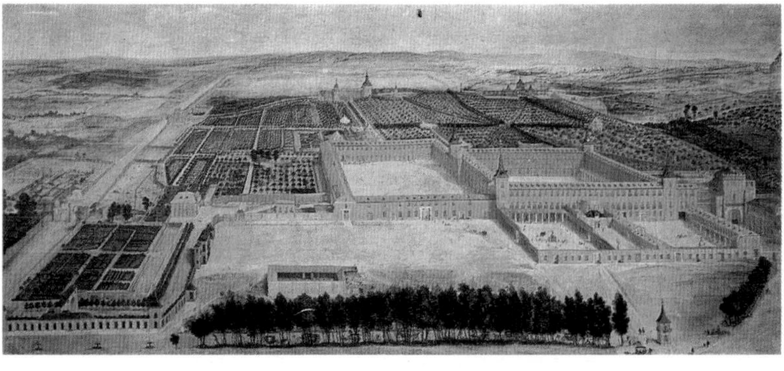

*el palacio del* ***Buen Retiro*** (pintura atribuida a José Leonardo, 1637-1638; museo municipal, Madrid)

Antonio
**Buero Vallejo**

**Buenos Aires:** un aspecto del centro de la ciudad

fuentes y surtidores en París, Lisboa, Granada, Santo Domingo, Caracas, Valencia y San Sebastián.

**BUIN,** com. de Chile (Santiago), avenado por el Maipo; 52 475 hab. Centro vinícola. – En el *combate del puente de Buin* (6 en. 1839) las fuerzas chilenas de Bulnes vencieron a las de la Confederación Perú-boliviana, mandadas por Santa Cruz.

**BUITENZORG** → ***Bogor.***

**BUJALANCE,** c. de España (Córdoba); 8 437 hab. (*Bujalanceños* o *bursabolitanos*) Agricultura.

**BUJARÁ,** c. de Uzbekistán, en el oasis de Zeravshán; 224 000 hab. Turismo. Monumentos de los ss. IX-XVI, entre ellos el mausoleo de Ismā'īl el Sāmānī (*c.* 907).

**BUJARIN** (Nikolái Ivánovich), economista y político ruso (Moscú 1888-*id.* 1938). Teórico del P.O.S.D.R., fue eliminado por Stalin de la presidencia de la Internacional comunista y del secretariado del partido (1928), y luego condenado y ejecutado (1938). Fue rehabilitado en 1988.

**BUJUMBURA,** ant. **Usumbura,** c. y cap. de Burundi; 276 000 hab.

**BUKAVU,** c. de la Rep. Dem. del Congo (ex Zaire), cap. de región, cerca del lago Kivu; 209 000 hab.

**Bula de la santa cruzada,** documento pontificio por el que se otorgaban a los españoles privilegios e indulgencias adquiridos mediante una limosna. Estas gracias, dispensadas de manera permanente a partir de Carlos Quinto, fueron abolidas (1966).

**Bula de oro,** acta sellada con la cápsula de oro del sello imperial, promulgada en 1356 por Carlos IV, con la que reglamentó la elección imperial, que confió a siete electores, tres eclesiásticos y cuatro laicos, sin ingerencia papal.

**BULAWAYO,** c. del SO de Zimbabwe; 414 000 hab.

**BULGAKOV** (Mijaíl Afanásievich), escritor ruso (Kíev 1891-Moscú 1940). Autor de novelas históricas (*La guardia blanca,* 1925) y de comedias satíricas (*La isla púrpura,* 1928), trató el tema del artista y su relación con el poder (*El maestro y Margarita,* 1928-1940, publicada en 1966).

**BULGANIN** (Nikolái Alexándrovich), mariscal soviético (Nizhni Nóvgorod 1895-Moscú 1975), presidente del consejo de 1955 a 1958.

**BULGARIA,** en búlgaro **Balgarija,** estado del SE de Europa, junto al mar Negro; 111 000 km²; 9 millones de hab. (*Búlgaros.*) CAP. *Sofía.* LENGUA OFICIAL: *búlgaro.* MONEDA: *lev.*

GEOGRAFÍA

La mayoría de la población se concentra en cuencas interiores (Sofía) y llanuras (parte meridional del valle del Danubio y valle del Marica) separadas por los Balcanes (precedidos al N por una serie de mesetas). El macizo del Ródope ocupa el S del país. El clima es continental con tendencia a la aridez. La agricultura proporciona trigo y maíz, así como tabaco, fruta, rosas y vinos, principales productos de exportación. Junto a las tradicionales industrias textiles y alimentarias, favorecidas por la explotación de lignito, plomo, cinc y cobre y por la hidroelectricidad, se han desarrollado la siderurgia, la metalurgia y la industria química.

HISTORIA

***Los orígenes.*** En el territorio, habitado por los tracios, los griegos establecieron colonias, en el litoral, a partir del s. VIII a. J.C. La región fue conquistada por los romanos (s. I d. J.C.) y perteneció más tarde al imperio bizantino. Los eslavos se establecieron en ella a partir del s. VI.

***De los imperios búlgaros a la dominación otomana.*** *C.* 680: los protobúlgaros, de origen turco, se instalaron en el bajo Danubio y fundaron el primer imperio búlgaro. 852-889: Boris I, tras su conversión al cristianismo, organizó una Iglesia nacional de lengua eslava. 893-927: Simeón I el Grande instauró un patriarcado independiente (919). 1014: los bizantinos vencieron al zar Samuel (997-1014), que pasó a reinar sólo en Bulgaria occidental. 1018-1187: Bulgaria constituyó una provincia del imperio bizantino. 1187: Juan y Pedro Asen fundaron el segundo imperio búlgaro. Mediados del s. XIV: Bulgaria, amenazada por los mongoles, establecidos en sus fronteras desde 1241, y por los tártaros, fue dividida en varios principados. No pudo resistir la conquista turca. 1396-1878: bajo la dominación otomana, Bulgaria fue parcialmente islamizada (turcos establecidos en su parte oriental, que formaban una comunidad musulmana de lengua búlgara). La Iglesia búlgara, unida al patriarcado de Constantinopla, obtuvo la creación de un exarcado independiente en 1870.

***La Bulgaria independiente.*** 1878: tras la guerra ruso-turca (1877-1878), el congreso de Berlín decidió crear una Bulgaria autónoma y mantener la administración otomana en Macedonia y en Ru-

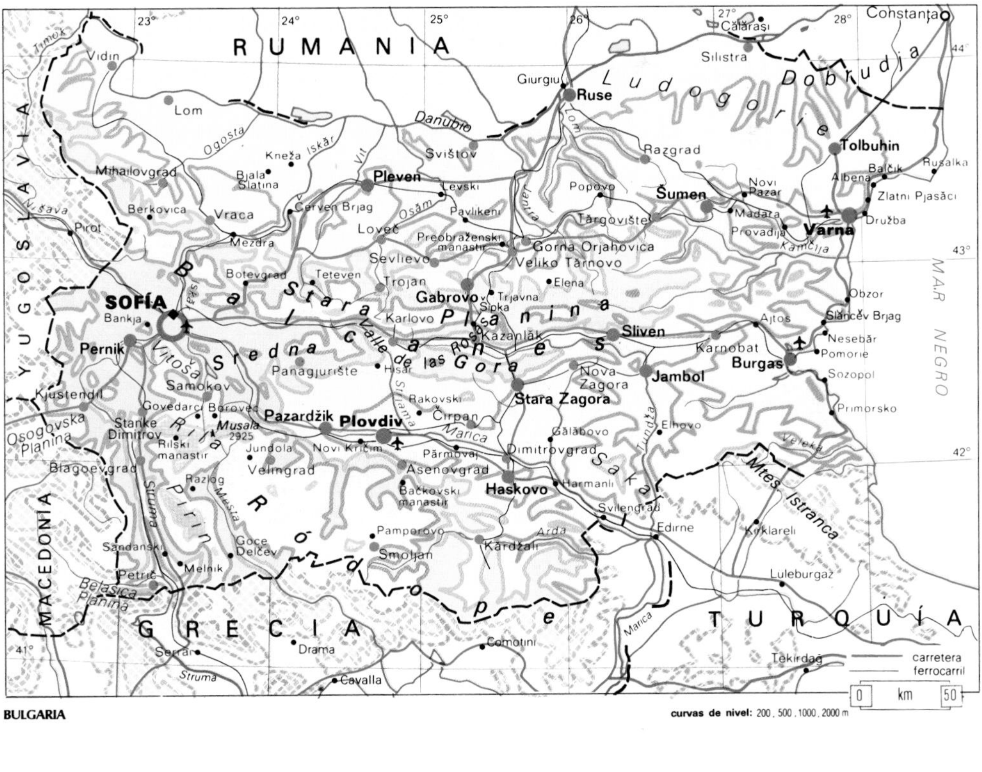


BULGARIA

**curvas de nivel:** 200, 500, 1000, 2000 m

melia oriental. 1885: esta última fue anexionada a Bulgaria, gobernada por Alejandro I de Battenberg (1879-1886). 1908: el país accedió a la independencia durante el reinado de Fernando I de Sajonia-Coburgo (1887-1918), quien tomó el título de zar. 1912: Bulgaria entró en guerra contra el imperio otomano junto a Serbia, Grecia y Montenegro. 1913: en desacuerdo con sus antiguos aliados a propósito del reparto de Macedonia, declaró la guerra a los otomanos y fue derrotada. 1915: Entró en la primera guerra mundial junto a los imperios centrales. Set. 1918: pidió el armisticio tras la ofensiva de Franchet d'Esperey. 1918-1943: Boris III gobernó una Bulgaria privada del acceso al mar Egeo y de la mayor parte de Macedonia por el tratado de Neuilly (1919). Tras un considerable avance de los socialdemócratas y de la Unión agraria, la reacción tomó el poder a partir de 1923. 1941: Bulgaria, al principio neutral en la segunda guerra mundial, se adhirió al pacto tripartito. 1944: mientras el país era ocupado por el ejército rojo, un gobierno formado tras la insurrección del 9 de setiembre de 1944 entró en la guerra al lado de la U.R.S.S. La república, proclamada en 1946, fue dirigida por los comunistas V. Kolarov y G. Dimitrov. V. Červenkov y T. Zhivkov, primeros secretarios del partido comunista, se mantuvieron fieles a la alineación con la U.R.S.S. 1989: T. Zhivkov dimitió. 1990: el partido renunció a su papel dirigente; ganó las primeras elecciones libres, y se formó un gobierno de unidad nacional. 1991: la oposición democrática formó un nuevo gobierno. 1992: Z. Zhélev, presidente desde 1990, fue reelegido democráticamente. 1995: gobierno socialista. 1996: el conservador P. Stoyanov, elegido presidente. 1997: la Unión de fuerzas democráticas ganó las elecciones legislativas e Ivan Kostov formó gobierno.

**BULL** (Frederik Rosing), ingeniero noruego (Oslo 1882-*id.* 1925). Con su tabuladora impresora y su selectora (1922) fue uno de los pioneros de la utilización de tarjetas perforadas.

**BULL** (John), compositor inglés (Somerset *c.* 1562-Amberes 1628), organista e intérprete de virginal, autor de piezas para teclado y para cuerda.

**Bull** *(John) [Juan Toro]*, nombre que se da al pueblo inglés, franco y obstinado. Proviene de un libelo de John Arbuthnot (1712).

**BULL** (Olaf), poeta noruego (Cristianía [act. Oslo] 1883-*id.* 1933), de temática filosófica (*Poemas,* 1909; *Las estrellas,* 1924).

**BULLAS,** v. de España (Murcia); 9 529 hab. (*Bullenses* o *bulleros.*) Destilerías. Conservas.

**BULLRICH** (Silvina), novelista argentina (Buenos Aires 1915-Ginebra 1990). Tras *La tercera versión* (1944) y *Bodas de cristal* (1952), donde predomina lo sicológico, describió con sencillez el mundo de la clase media y alta: *Los burgueses* (1964), *La creciente* (1967), *Los monstruos sagrados* (1971), *Los despiadados* (1978).

**BULNES,** com. de Chile (Biobío); 20 971 hab. Nudo de comunicaciones (carretera y ferrocarril).

**BULNES** (Manuel), militar y estadista chileno (Concepción 1799-Santiago 1866). Participó en las luchas por la independencia y apoyó a J. Prieto en la guerra civil (1829-1830) que dio el poder a los conservadores. Intervino contra la Confederación Perú-boliviana. Sucedió a Prieto en la presidencia de la república, que ocupó de 1841 a 1851.

**BÜLOW** (Bernhard, *príncipe* **von**), estadista alemán (Klein-Flottbeck, Schleswig-Holstein, 1849-Roma 1929), canciller del Imperio (1900-1909).

**BÜLOW** (Friedrich Wilhelm), general prusiano (Falkenberg 1755-Königsberg 1816). Venció a Ney en Dennewitz (1813) y destacó en Waterloo (1815).

**BÜLOW** (Hans, *barón* **von**), compositor, pianista y director de orquesta alemán (Dresde 1830-El Cairo 1894), primera marido de Cosima Liszt. Dirigió obras de Wagner (*Los maestros cantores,* 1866).

**BÜLOW** (Karl **von**), mariscal de campo alemán (Berlín 1846-*id.* 1921). Comandante del II ejército, fue derrotado en el Marne (1914).

**BULTMANN** (Rudolf), teólogo luterano alemán (Wiefelstede, cerca de Oldenburg, 1884-Marburgo 1976). Su obra está basada en la desmitificación del elemento milagroso en el Nuevo testamento, en busca del auténtico mensaje evangélico.

**BUMEDIÁN** (Muhammad **Būkharrūba,** llamado **Huari**), militar y político argelino (Heliópolis 1932-Argel 1978). Jefe del estado mayor del Ejército de liberación nacional (1960), fue presidente de la república (1965-1978).

**Bund** o **Unión general judía de los trabajadores de Lituania, Polonia y Rusia,** partido socialista judío fundado en Vilnius en 1897, activo en Polonia hasta 1948.

**Bundesbank,** oficialmente **Deutsche Bundesbank,** banco federal de la República Federal Alemana. Creado en 1957, base del sistema monetario y bancario alemán, tras la instauración del euro forma parte del Sistema europeo de bancos centrales.

**Bundesrat,** asamblea legislativa de la Confederación de Alemania del Norte (1866-1871), del imperio alemán (1871-1918) y, desde 1949, de la R.F.A., cámara de representación directa.

**Bundestag,** asamblea legislativa de la R.F.A., cámara federal, de representación de los Länder.

**Bundeswehr,** nombre dado en 1956 a las fuerzas armadas de la R.F.A.

**BUNGE** (Mario), físico y filósofo de la ciencia argentina (Buenos Aires 1919), especializado en epistemología y semántica (*Ética y ciencia,* 1960; *Teoría y realidad,* 1972; *Epistemología,* 1980; *El problema mente-cerebro,* 1985).

**BUNIN** (Iván Alexéievich), escritor ruso (Vorónezh 1870-París 1953), fiel al realismo clásico en sus novelas y relatos (*La aldea,* 1910; *La vida de Atséniev,* 1938). [Premio Nobel de literatura 1933.]

**BUNSEN** (Robert Wilhelm), químico y físico alemán (Gotinga 1811-Heidelberg 1899). Construyó una pila eléctrica, inventó un mechero de gas *(mechero Bunsen)* y, con Kirchhoff, creó el análisis espectral.

**BUNYAN** (John), escritor inglés (Elstow 1628-Londres 1688), autor de una alegoría religiosa que ejerció una profunda influencia en las clases populares (*El viaje del peregrino,* 1678-1684).

**BUÑUEL** (Luis), director de cine español (Calanda, Aragón, 1900-México 1983), nacionalizado mexicano. Surrealista en sus inicios, autor de películas vanguardistas (*Un perro* andaluz,* 1928; *La edad de oro,* 1930, ambas en col. con S. Dalí), es autor de una obra considerada la más importante del cine en castellano: *Los olvidados** (1950), *Nazarín* (1959), *Viridiana** (1961), *El ángel exterminador* (1962), *Belle de jour* (1966), *Tristana* (1970), *El fantasma de la libertad* (1974), *Ese oscuro objeto del deseo* (1977).

Luis **Buñuel** (a la derecha) durante el rodaje de *El fantasma de la libertad* (1974)

**BUONARROTI** → ***Miguel Ángel.***

**BUONTALENTI** (Bernardo), arquitecto, ingeniero militar, pintor y escultor italiano (Florencia 1536-*id.* 1608). Decoró, con estilo manierista, varias villas de los alrededores de Florencia.

**BURAYDA,** c. de Arabia Saudí; 70 000 hab.

**BURBAGE** (Richard), actor inglés (Londres *c.* 1567-*id.* 1619), intérprete de los principales papeles de los dramas de Shakespeare.

**BURDEOS,** en fr. **Bordeaux,** c. del SO de Francia, cap. de la región de Aquitania y del dep. de Gironde, a orillas del Garona; 213 274 hab. Universidad. Puerto. Vinos. Monumentos medievales (catedral, ss. XII-XIV). Conjunto neoclásico del s. XVIII (plaza de la Bolsa, teatro). Cap. del ducado de Aquitania (1032), puerto inglés (1154-1453), comerció con azúcar y esclavos (s. XVIII).

**BURDWĀN** → ***Barddhaman.***

**BUREIÁ,** r. de Rusia, en Siberia, afl. del Amur (or. izq.); 623 km. Yacimientos mineros (hierro y hulla) en su valle.

**BURGAS,** c. y puerto de Bulgaria, junto al mar Negro; 178 000 hab. Refino de petróleo. Química.

**BURGENLAND,** prov. de Austria, en la frontera de Hungría; 3 965 km$^2$; 270 000 hab. Cap. *Eisenstadt.*

**BÜRGER** (Gottfried August), poeta alemán (Molmerswende, Harz, 1747-Gotinga 1794), autor de baladas (*Leonora,* 1773).

**BURGESS** (John **Burgess Wilson,** llamado **Anthony**), escritor británico (Manchester 1917-Londres 1993). Denunció la violencia moderna (*La naranja mecánica,* 1962) y rindió un culto ambiguo al héroe (*Sinfonía napoleónica,* 1974). De su obra destacan también *Poderes terrenales* (1980) y dos volúmenes autobiográficos (1986 y 1990).

**BURGMAIR** (Hans), pintor y grabador alemán (Augsburgo 1473-*id.* 1531). Adoptó las nuevas concepciones artísticas del renacimiento italiano.

**BURGO DE OSMA-CIUDAD DE OSMA,** mun. de España (Soria), cab. de p. j.; 5 054 hab. *(Burgueses.)* Cap. *El Burgo de Osma.* Osma fue importante c. romana y medieval: catedral (ss. XIII y posteriores); murallas (s. XV); antigua universidad (s. XVI); museo catedralicio.

**BURGOS** *(provincia de),* prov. de España, en Castilla y León; 14 328 km$^2$; 355 646 hab. Cap. *Burgos.* P. j. de *Aranda de Duero, Briviesca, Burgos, Lerma, Miranda de Ebro, Salas de los Infantes* y *Villarcayo de Merindad de Castilla la Vieja.* Enmarcada al N por la cordillera Cantábrica y al E por las sierras ibéricas, se suceden de N a S las llanuras de La Lora y La Bureba, el Páramo y, ya en la línea del Duero, la fértil Ribera burgalesa. Economía básicamente agraria, con focos industriales en la cap., Aranda de Duero y Miranda de Ebro.

**BURGOS,** c. de España, cap. de la prov. homónima y cab. de p. j.; 169 111 hab. *(Burgaleses.)* Industria (textil, química). Situada en la confluencia de varias vías del camino de Santiago, alcanzó un gran auge en el s. XVI, vinculado al comercio de la lana, para declinar después. Entre sus monumentos destaca la catedral gótica (ss. XIII-XVI), con fachada realizada por Juan de Colonia, declarada bien cultural de la humanidad por la Unesco (1984); notables edificios civiles (casa del Cordón, s. XV), arco de Santa María (s. XVI, en la antigua muralla), iglesia de San Nicolás, cartuja de Miraflores*, monasterio de las Huelgas*.

**Burgos** *(liga de),* coalición nobiliaria contra Enrique IV de Castilla (1464). Sus integrantes consiguieron forzar al rey a los pactos de Cabezón.

**BURGOS** (Javier **de**), político español (Motril 1778-Madrid 1849). Ministro de Fomento (1833), realizó la act. división provincial. En 1843 presidió la comisión que dio pie a la reforma tributaria de Mon.

**BURGOYNE** (John), general británico (Sutton 1722-Londres 1792). Al mando de los refuerzos británicos enviados contra los insurgentes norteamericanos, tuvo que capitular en Saratoga (1777).

**BURGUIBA** (Ḥabīb ibn 'Alī), político tunecino (Monastir 1903-*id.* 2000). Fundador del Neo-Destur (1934), moderno y laico, fue el principal artífice de la independencia de Tunicia. Presidente de la república a partir de 1957, fue elegido presidente vitalicio en 1975 y destituido en 1987.

**BURIATIA** *(República de),* república de la Federación de Rusia, en Siberia, al S del lago Baikal; 351 400 km$^2$; 1 042 000 hab. Cap. *Ulán Udé.*

**BURIDAN** (Jean), filósofo escolástico francés (¿Béthune? *c.* 1300-† d. 1358), vinculado al nominalismo. — Se le ha atribuido la fábula del *asno de Buridan,* según la cual un asno se dejaría morir de hambre y de sed ante un saco de avena y un cubo de agua, incapaz de elegir entre ambos bienes.

Ḥabīb ibn 'Alī
**Burguiba**

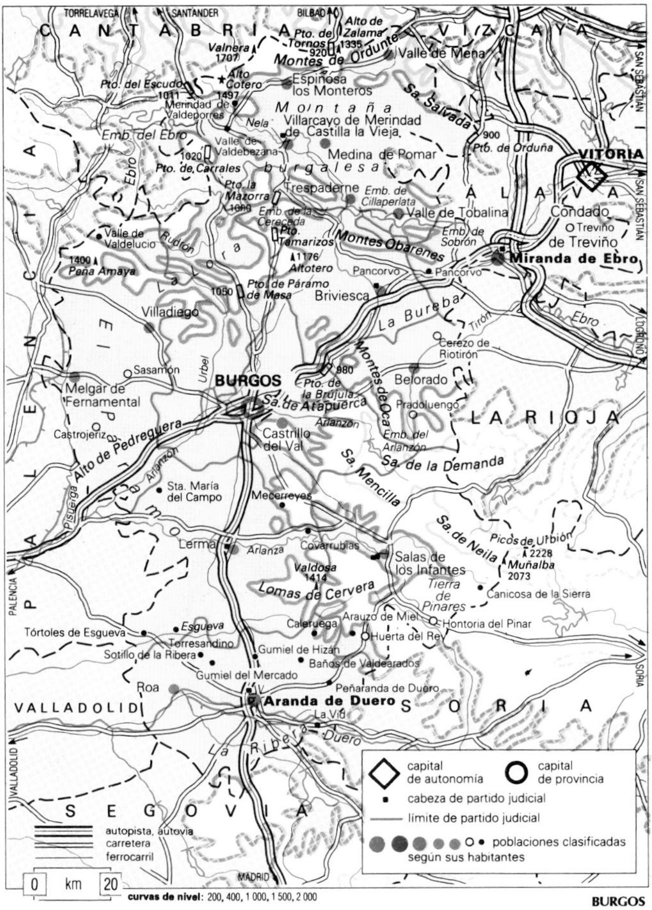


BURGOS

**Burgos:**
la catedral (ss. XIII-XV)

**BURJASOT** o **BURJASSOT,** c. de España (Valencia); 34 595 hab. *(Burjasotenses.)* Centro industrial.

**BURKE** (Edmund), político y escritor británico (Dublín *c.* 1729-Beaconsfield 1797). Whig, se opuso a la política colonialista británica en América. Su obra *Reflexiones sobre la Revolución francesa* (1790), contraria a la misma, obtuvo gran éxito.

**BURKINA FASO,** ant. **Alto Volta,** estado de África occidental; 275 000 km²; 9 400 000 hab. CAP. *Ouagadougou.* LENGUA OFICIAL: *francés.* MONEDA: *franco C.F.A.*

BURKINA FASO

### GEOGRAFÍA

Enclavado en el corazón del Sahel y habitado básicamente por mossi, es un país pobre, a menudo árido, con una mediocre agricultura de subsistencia (sorgo, mijo) y algunas plantaciones comerciales (algodón, cacahuete). La ganadería (bovina y sobre todo ovina) se resiente de las frecuentes sequías.

### HISTORIA

***El período precolonial.*** Ss. XII-XVI: los mossi y los gurmanché fundaron reinos belicosos en el E del país. Los mossi, que en la actualidad constituyen el grupo mayoritario, se resistieron a la islamización. S. XVIII: los diula del reino de Kong (act. Costa de Marfil) unificaron el O del país creando Gwiriko, en torno a Bobo-Dioulasso.

***La colonización y la independencia.*** 1898: tras las exploraciones de Binger (1886-1888) y de Monteil (1890-1891), Francia, victoriosa ante Samory, ocupó Bobo-Dioulasso. 1919: Incluido en el Alto Senegal-Níger (1904), Alto Volta se convirtió en territorio. 1932: fue repartido entre Sudán, Costa de Marfil y Níger. 1947: reconstituido el país, se desarrolló en él un movimiento nacionalista dirigido por Maurice Yaméogo. 1960: se proclamó la república independiente (5 ag.); su presidente fue Yaméogo. 1966-1980: el país fue gobernado por el general Lamizana, llegó al poder y fue desalojado de él mediante sendos golpes de estado. Después de otros dos golpes de estado, el capitán Thomas Sankara se hizo con el poder en 1983, y cambió el nombre del país por el de Burkina Faso (1984). Llevó a cabo una «revolución democrática y popular». 1987: Sankara fue asesinado durante el golpe de estado militar dirigido por Blaise Compaoré, quien le sucedió al frente del estado. 1991: una nueva constitución, aprobada por referéndum, consagró el pluripartidismo; Compaoré fue reelegido. 1992: elecciones legislativas democráticas.

**BURLADA,** mun. de España (Navarra); 15 174 hab. Centro industrial en la aglomeración de Pamplona.

**burlador de Sevilla y convidado de piedra** *(El),* drama atribuido a Tirso de Molina (1630), en torno a la figura de don Juan Tenorio, que se convertiría en uno de los grandes mitos de la literatura universal (Molière, Zorrilla, Byron, Goldoni, etc.).

**BURLINGTON,** c. de Canadá (Ontario), junto al lago Ontario; 125 912 hab.

**BURNABY,** c. de Canadá en la aglomeración de Vancouver; 158 858 hab.

**BURNE-JONES** (*sir* Edward), pintor británico (Birmingham 1833-Londres 1898). Prerrafaelita, con sus temas procedentes de la mitología clásica o de las leyendas medievales influyó en el simbolismo.

**BURNEY** (Frances, llamada **Fanny**), escritora británica (King's Lynn 1752-Londres 1840), autora de la novela epistolar *Evelina o la historia de la entrada en el mundo de una señorita* (1778).

**BURNS** (Robert), poeta británico (Alloway, Ayrshire, 1759-Dumfries 1796), autor de *Poemas* (1786) en dialecto escocés.

**BURRIANA,** c. de España (Castellón); 25 438 hab. *(Burrianenses.)* Industria. Centro turístico.

**BURRO** (Sexto Afranio), preceptor de Nerón y luego prefecto del pretorio († 62 d. J.C.). Contribuyó al acceso al trono de Nerón.

**BURROUGHS** (Edgar Rice), escritor norteamericano (Chicago 1875-Encino, California, 1950), creador del personaje de Tarzán.

**BURROUGHS** (William), escritor norteamericano (Saint Louis, Missouri, 1914-Lawrence, Kansas, 1997), uno de los principales representantes de la beat generation (*El almuerzo desnudo,* 1959; *Tierras del Occidente,* 1988).

**BURROUGHS** (William Steward), industrial norteamericano (Rochester 1857-Saint Louis 1898). Su Calculator fue una de las primeras sumadoras impresoras con teclado.

**BURRUYACÚ,** mun. de Argentina (Tucumán), junto al río Salí; 29 028 hab. Fábricas de harina.

**BURSA,** ant. **Prusa,** c. de Turquía, al SE del mar de Mármara; 834 576 hab. Fue la capital del imperio otomano (1326-1402). Bellos monumentos ricamente decorados: *Yeşil türbe* (1427).

**BURTON** (Richard), actor británico (Pontrhyfden, País de Gales, 1925-Ginebra 1984). Gran actor de teatro especializado en el repertorio shakespeariano, desarrolló una brillante carrera cinematográfica (*Cleopatra,* 1963; *La noche de la iguana,* 1964; *¿Quién teme a Virginia Woolf?,* 1966; *La mujer maldita,* 1967; *La escalera,* 1968; *El viaje,* 1973).

**BURTON** (Robert), escritor inglés (Lindley, Leicestershire, 1577-Oxford 1640), autor de *La anatomía de la melancolía* (1621).

**BURTON** (*sir* Richard), viajero británico (Torquay 1821-Trieste 1890). Descubrió el lago Tanganyika junto con Speke (1858).

**BURUNDI,** ant. **Urundi,** estado de África central; 28 000 km²; 5 800 000 hab. CAP. *Bujumbura.* LENGUAS OFICIALES: *francés* y *kirundi.* MONEDA: *franco de Burundi.* Parte meridional del antiguo territorio de Rwanda-Urundi, es un país de altas mesetas, exclusivamente agrícola, densamente poblado (por los hutu, mayoritarios, y los tutsi).

HISTORIA

Burundi, reino africano fundado probablemente a fines del s. XVII, formó parte del África oriental alemana a partir de fines del s. XIX. De 1916 a 1962 estuvo, con Rwanda-Urundi, bajo mandato y luego bajo tutela belga. Se independizó en 1962, y la monarquía fue abolida en beneficio de la república en 1966. El teniente-coronel J. B. Bagaza, presidente de la república desde 1976, fue derrocado en 1987 por un golpe de estado militar dirigido por Pierre Buyoya, que presidió la república hasta 1993. La vida política ha estado dominada por rivalidades étnicas (matanzas de 1972 y de 1988) entre los hutu y los tutsi; estos últimos, minoritarios, han ocupado tradicionalmente el poder. En 1992, una nueva constitución abrió el país al pluripartidismo. En 1993 se celebraron elecciones presidenciales, pero el presidente M. Ndadaye fue asesinado por un golpe de estado militar. Se recuperó la normalidad constitucional al ser elegido un nuevo presidente por el parlamento (1994), C. Ntaryamira, pero la muerte de éste en un atentado ese mismo año, junto con su homólogo ruandés, desencadenó una nueva matanza interétnica. S. Ntibantunganya fue investido presidente. 1996: ante el recrudecimiento de los conflictos entre hutu y tutsi, acentuados por la vuelta al país de los refugiados huidos de las masacres de 1994, el ejército, mayoritariamente tutsi, toma el poder con P. Buyoya.

**Busca,** partido surgido en Barcelona hacia 1450, contra la Biga*, para agrupar a mercaderes, artesanos y menestrales. Llegó al gobierno municipal en 1453.

**BUSCH** (Germán), militar y político boliviano (1904-La Paz 1939). Dio el golpe militar que situó al coronel Toro en el poder (1936), le desplazó (1937) y se hizo elegir presidente constitucional.

**Buscón** *(El),* título abreviado de la novela picaresca de Quevedo *Historia de la vida del Buscón, llamado don Pablos, ejemplo de vagabundos y espejo de tacaños* (*c.* 1613), obra barroca donde la prosa del autor alcanza la cumbre de su expresividad.

**BUSH** (George Herbert Walker), político norteamericano (Milton, Massachusetts, 1924). Republicano, vicepresidente (1981-1989) y presidente (1989-1993) del país, su acción política, que continuó la de su predecesor, R. Reagan, se caracterizó, en el exterior, por la apertura (diálogo con la U.R.S.S.) y la firmeza (intervenciones militares en Panamá y contra Iraq) y, en el interior, por su incapacidad para solucionar los problemas económicos y sociales.

**BUSHNELL** (David), inventor norteamericano (Saybrook, Connecticut, 1742-Warrenton, Georgia, 1824). Precursor del submarino (Tortuga, 1775) y del empleo de la hélice para la propulsión de los navíos.

**BUSONI** (Ferruccio), compositor, pianista y teórico italiano (Empoli 1866-Berlín 1924), establecido en Berlín en 1894. Es autor de la ópera *Doktor Faust* (1925) y del tratado *Esbozo de una nueva estética de la música* (1907).

**BUSSOTTI** (Sylvano), compositor italiano (Florencia 1931). Hombre de teatro, dirigió el teatro de la Fenice, de Venecia (1976-1980) y se consagró con *Pasión según Sade* (1965), *The rara requiem* (1970), la ópera *Lorenzaccio,* etc.

**BUSTAMANTE** (Anastasio), militar y estadista mexicano (Jiquilpan, Michoacán, 1780-San Miguel Allende, Querétaro, 1853). Derrocó a Guerrero y fue presidente del ejecutivo (1830-1832). Exiliado tras una insurrección (1832-1836), volvió a la presidencia (1837-1841) y afrontó diversas guerras y movimientos separatistas y federalistas.

**BUSTAMANTE** (Carlos María), político e historiador mexicano (Oaxaca 1774-México 1848). Luchó por la independencia y fue una figura principal del partido conservador. Es autor de *Cuadro histórico de la revolución mexicana* (1823-1832).

**BUSTAMANTE** (José María), compositor mexicano (Toluca 1777-México 1861), autor de música sacra.

**BUSTAMANTE** (Ricardo José), poeta boliviano (La Paz 1821-Arequipa 1886), autor de poesía romántica y patriótica (*Canto heroico al 16 de julio de 1809,* 1850).

**BUSTAMANTE RIVERO** (José Luis), político y jurista peruano (Arequipa 1894-Lima 1989). Presidente de la república (1945-1948), fue derrocado por el ejército. Presidió el Tribunal internacional de La Haya (1967-1970). Es autor de estudios de derecho internacional.

**BUSTAMANTE Y SIRVÉN** (Antonio **Sánchez de**), jurista cubano (La Habana 1865-*id.* 1951). Fue juez del Tribunal de La Haya (1922-1945) y autor del código de derecho internacional privado aprobado en la VI conferencia panamericana (1928), que presidió.

George **Bush**

lord **Byron** (por Th. Phillips; galería nacional de retratos, Londres)

**BUSTILLOS,** cantón de Bolivia (Potosí); 49 050 hab. (23 266 en la cab., *Llallagua*). Yacimientos de estaño en Cataví.

**BUSTINZA** (Evaristo **de**), escritor español en lengua vasca (Mañaria 1866-*id.* 1929). Popularizó el seudónimo **Kiriquiño** *(Erizo)* como autor de amenos relatos (*Ramillas* [*Abarrak,* 1918]).

**BUTE** (John **Stuart,** *conde* **de**), estadista británico (Edimburgo 1713-Londres 1792). Primer ministro del rey Jorge III (1761-1763), negoció el tratado de París (1763).

**BUTENANDT** (Adolf), químico alemán (Lehe 1903-Munich 1995), premio Nobel por sus investigaciones sobre las hormonas sexuales (1939).

**BUTLER** (Samuel), escritor británico (Langar 1835-Londres 1902), autor de corrosivas sátiras sobre la sociedad victoriana (*Erewhon,* 1872).

**BUTLER** (Samuel), poeta inglés (Strensham 1612-Londres 1680), autor de *Hudibras* (1663-1678), sátira de los puritanos.

**BUTOR** (Michel), escritor francés (Mons-en-Barœul 1926). Su poesía, su obra crítica y sus novelas (*La modificación,* 1957; *Boomerang,* 1978) constituyen una exploración metódica de todos los ámbitos de la cultura.

**BUTT** (Isaac), político irlandés (Glenfin, Donegal, 1813-cerca de Dundrum, Dublín, 1879). En 1870 inauguró el movimiento para el Home rule.

**BUTZER** (Martin) → ***Bucero.***

**BUXTEHUDE** (Dietrich), compositor alemán (Oldesloe [act. Bad Oldesloe], Slesvig, 1637-Lübeck 1707). Organista de Lübeck, donde fundó unos conciertos de música religiosa *(Abendmusiken),* compuso cantatas y obras para órgano y para clavicordio.

**BUYS-BALLOT** (Christophorus Henricus Didericus), meteorólogo neerlandés (Kloetinge, Zelanda, 1817-Utrecht 1890). Estableció la regla que determina la localización del centro de una depresión por la observación de la dirección de los vientos.

**BUZĂU,** c. de Rumania; 148 247 hab.

**BUZZATTI** (Dino), artista italiano (Belluno 1906-Milán 1972). Pintor, músico y escritor, su obra narrativa mezcla inspiración fantástica y realismo (*El desierto de los tártaros,* 1940).

**BYDGOSZCZ,** ant. en alem. **Bromberg,** c. de Polonia, al NE de Poznań; 383 600 hab.

**BYNG** (George), *vizconde* **Torrington,** almirante británico (Wrotham 1663-Southill 1733). En 1718 desbarató la escuadra española organizada por Patiño frente al cabo Passero (Sicilia).

**BYRD** (Richard Evelyn), almirante, aviador y explorador norteamericano (Winchester, Virginia, 1888-Boston 1957). Sobrevoló el polo norte (1926) y luego el polo sur (1929) y exploró el continente antártico (1933-1935, 1939-1941, 1946-1947).

**BYRD** (William), compositor y organista inglés (*c.* 1543-Stondon Massey, Essex, 1623). Organista de la capilla real (1572), compuso misas, motetes, canciones y obras para teclado y para viola.

**BYRON** (George **Gordon,** llamado **lord**), poeta británico (Londres 1788-Missolonghi 1824). Sus poemas denuncian el dolor de vivir (*La peregrinación de Childe Harold,* 1812) o exaltan a los héroes rebeldes (*Manfred,* 1817; *Don Juan,* 1824). Su muerte entre los insurgentes griegos, combatiendo por su independencia, hizo de él el prototipo del héroe y del escritor románticos.

**BYRON** (John), navegante británico (Newstead Abbey 1723-Londres 1786). Descubrió varias islas en los mares del Sur.

**BYRSA,** ciudadela de Cartago.

**BYTOM,** c. de Polonia (Silesia); 232 200 hab. Hulla. Siderurgia.

# C

**CÀ MAU** (*punta* o *península de*), extremo meridional de Indochina (Vietnam).

**CAACUPÉ,** c. de Paraguay, cap. del dep. de Cordillera; 25 103 hab. Centro agropecuario. Turismo.

**CAAGUAZÚ** *(departamento de),* dep. de Paraguay, junto a la frontera con Brasil; 11 474 $km^2$; 382 319 hab. Cap. *Coronel Oviedo.*

**CAAGUAZÚ,** distr. de Paraguay (Caaguazú); 65 391 hab. Bosques. Ganadería. Industria maderera.

**CAAMAÑO** (José María Plácido), político ecuatoriano (Guayaquil 1838-Sevilla 1901), presidente del país (1883-1888) tras derrocar al dictador Veintimilla.

**CAAZAPÁ** *(departamento de),* dep. de Paraguay, entre el Campo y la Selva; 9 496 $km^2$; 128 550 hab. Cap. *Caazapá* (20 658 hab.).

**CABA** (Antonio), pintor español (Barcelona 1838-*id.* 1907). Discípulo de Madrazo, realizó pinturas murales (teatro del Liceo, Barcelona) y retratos.

**CABA** (Eduardo), compositor boliviano (Potosí 1890-† 1953), autor de *12 aires indios* y de ballets *(Aires indios, Kallana),* inspirados en el folklore indígena.

**CABA ALBA** → ***Alba,*** familia.

**CABAIGUÁN,** mun. de Cuba (Sancti Spíritus); 60 221 hab. Ganado vacuno. Manufacturas de tabaco.

**CABAL** (José María), militar y naturalista colombiano (Buga 1770-Bogotá 1816). Presidente de la Confederación de ciudades del Cauca (1812) y general en jefe del ejército (1814-1816), fue fusilado por los españoles.

**CABALLÉ** (Montserrat), soprano española (Barcelona 1933). Una de las máximas intérpretes del *bel canto* romántico y de las óperas de Mozart, R. Strauss, Puccini, Cherubini *(Medea)* y otros autores. Premio nacional de música (1988).

**CABALLERÍA,** cabo de España (Menorca), extremo N de las Baleares. Faro.

Montserrat **Caballé**

**CABALLERO** (Bernardino), militar y político paraguayo (Ibicuy, Argentina, 1839-Asunción 1912). Héroe de la guerra de la Triple alianza (1860-1870), fue presidente de la república ((1880-1886) y fundador y líder del Partido republicano o colorado.

**CABALLERO** (Cecilia **Böhl de Faber,** llamada **Fernán**), escritora española (Morges, Suiza, 1796-Sevilla 1877). Sus novelas, escritas originalmente en francés o alemán, representan el tránsito del romanticismo costumbrista al realismo (*La Gaviota*,* 1849; *Clemencia,* 1852; *La familia de Alvareda,* 1856). Sus *Cuadros de costumbres populares andaluzas* (1852) incluyen cuentos y poesías.

**CABALLERO** (José Antonio **Caballero,** *marqués* **de**), político español († 1821). Ministro de Gracia y Justicia (1798-1808), persiguió al grupo reformista y tomó parte en los preparativos del motín de Aranjuez (1808). Reconoció a José I, y estuvo exiliado entre 1814 y 1820.

**CABALLERO** (José), pintor y dibujante español (Huelva 1916-Madrid 1991). A partir de un surrealismo colorista evolucionó hacia la abstracción.

**CABALLERO** (Luis), pintor colombiano (Bogotá 1943-*id.* 1995), centrado en el tema del cuerpo masculino con un estilo realista, influido por el manierismo y Bacon.

**CABALLERO** (Manuel **Fernández**), compositor español (Murcia 1835-Madrid 1906), autor de zarzuelas de éxito *(Gigantes y cabezudos, La viejecita).*

**CABALLERO CALDERÓN** (Eduardo), escritor colombiano (Bogotá 1910-*id.* 1993), autor de novelas (*El Cristo de espaldas,* 1952; *Caín,* 1969), relatos y ensayos.

**caballero Cifar** *(El),* novela anónima de caballerías española, de mediados del s. XIV (publicada en Sevilla, 1512).

**caballero de Olmedo** *(El),* drama de Lope de Vega (1641), inspirado en una historia real de amor, celos y venganza.

**CABANATUÁN,** c. de Filipinas (Luzón), cap. de prov., al N de Manila; 173 000 hab.

**CABANILLAS ENRÍQUEZ** (Ramón), poeta español en lengua gallega (Cambados 1876-*id.* 1960). Su obra está influida por el modernismo: *En destierro* (*No desterro,* 1913), *Caminos del tiempo* (*Caminos do tempo,* 1949). [Real academia 1927.]

**CABANILLAS Y MALO** (Rafael), científico español (Almadén 1778-Madrid 1853). Escribió obras sobre minería y colaboró con Madoz en el *Diccionario geográfico.*

**CABANILLES** (Juan Bautista), compositor y organista español (Algemesí 1644-Valencia 1712). Fue organista de la catedral de Valencia desde 1665. Compuso tientos, tocatas, pasacalles y diferencias.

**cabaña del tío Tom** *(La),* novela de Harriet Beecher-Stowe contra la esclavitud (1852).

**CABAÑAS** *(departamento de),* dep. de El Salvador, junto a la frontera con Honduras; 1 104 $km^2$; 136 293 hab. Cap. *Sensutepeque.*

**CABAÑERO** (Eladio), poeta español (Tomelloso 1930-Madrid 2000), autor de una poesía testimonial y amorosa que refleja su mundo rural manchego (*Poesía 1956-1970,* 1970).

**Cabañeros** *(parque nacional de),* parque nacional de España, en los montes de Toledo (Ciudad Real); 25 000 ha. Fauna de rapaces y carroñeras.

**CABARRÚS** (Francisco **Cabarrús,** *conde* **de**), financiero y político español de origen francés (Bayona 1752-Sevilla 1810). Director del Banco nacional de san Carlos (1782-1790) y defensor de la libertad de comercio, fue encarcelado por sus ideas enciclopedistas (1790-1792). Consejero de estado de Godoy, impulsó la enajenación de mayorazgos y la venta de bienes eclesiásticos (1798), e influyó en los nombramientos de Saavedra y Jovellanos como ministros. Desterrado en 1800-1808, fue secretario de Hacienda de José I.

**CABARRÚS** (Teresa) → ***Tallien.***

**Cabecico del Tesoro,** necrópolis ibérica de Verdolay (Murcia) que ha proporcionado un notable ajuar: cerámica ática (fines del s. V a. J.C.), púnica, campaniense e ibérica, figurillas de terracota y falcatas de hierro.

**CABET** (Etienne), teórico socialista francés (Dijon 1788-Saint Louis, E.U.A., 1856). En *Viaje a Icaria* (1842) desarrolló una utopía comunista, que fracasó en la práctica.

**CABEZA DE MANZANEDA,** cumbre de España (Galicia), una de las mayores del sistema Galaico; 1 778 m. Estación de deportes de invierno (1 450-1 778 m).

**CABEZA DE VACA** (Álvar **Núñez**), conquistador español (Jerez de la Frontera 1507-Sevilla 1559). Entre 1527 y 1536 exploró el S de E.U.A. entre Florida y México, y relató sus aventuras en *Naufragios.* Nombrado adelantado del Río de la Plata, realizó una infructuosa expedición al río Paraná y fundó el puerto de los Reyes (1543). A su regreso, fue deportado a España (1544).

**CABEZAS DE SAN JUAN (Las),** v. de España (Sevilla); 14 971 hab. *(Cabeceños.)* Arroz. Canteras de piedra y yeso. Alzamiento militar de Riego, que inició la revolución liberal (1 en. 1820).

**CABEZÓN** (Antonio **de**), compositor y organista español (Castrillo de Matajudíos, Burgos, 1510-Madrid 1566). Ciego desde niño, entró al servicio de la corte. Genio del órgano, compuso obras instrumentales de técnica muy avanzada (*Obras de música para tecla, harpa y vihuela,* 1578).

**CABILIA,** región montañosa del NE de Argelia. De O a E se distinguen: la *Gran Cabilia* o *Cabilia de Djurdjura* (2 308 m de alt.) y la *Pequeña Cabilia.*

**CABIMAS,** c. y puerto de Venezuela (Zulia); 165 755 hab. Petróleo. Refinerías. Oleoducto.

**CABINDA,** enclave angoleño al N de la desembocadura del río Congo, entre las dos repúblicas del Congo; 7 270 $km^2$; 108 000 hab. Petróleo.

**CABO (Ciudad de El),** en ingl. **Cape Town,** en afrikaans **Kaapstad,** c. y cap. legislativa de la República de Sudáfrica y cap. de la prov. del Cabo Occidental. Activo puerto en el extremo sur del continente africano, en la bahía de la Tabla, a 50 km del cabo de Buena Esperanza; 1 911 521 hab. en el área metropolitana. Astilleros. Centro industrial, turístico, cultural y artístico (museos). — La costa en torno a la ciudad fue visitada por navegantes portugueses (s. XV) e ingleses (s. XVII). Los neerlandeses fundaron la *colonia de El Cabo* (1652), que pasó a ser colonia británica desde 1815 y en 1910 se integró en la Unión Sudafricana, constituyendo la *provincia del Cabo,* que tras la constitución de 1993 se escindió en tres provincias: *Cabo Occidental* (129 370 $km^2$; 3 260 000 hab.), *Cabo Oriental* (169 600 $km^2$; 5 167 000 hab.) y *Norte del Cabo* (361 800 $km^2$; 6 830 000 hab.).

**CABO BRETÓN** *(isla),* en ingl. **Cape Breton,** isla de Canadá (Nueva Escocia), a la entrada del golfo del San Lorenzo (unida por una carretera al continente); 10 300 $km^2$; 110 000 hab.

**CABO ROJO,** mun. del SE de Puerto Rico; 38 521 hab. Salinas. Industrias metalúrgica, textil y del cuero.

**CABO VERDE,** estado insular del Atlántico, al O de Senegal, constituido por el *archipiélago de Cabo Verde;* 4 000 $km^2$; 400 000 hab. *(Caboverdianos.)* CAP. *Praia,* en la isla principal de São Tiago (o Santiago). LENGUA OFICIAL: *portugués.* MONEDA: *escudo de Cabo Verde.* Pesca. Colonia portuguesa desde 1456 (Ca'da Mosto), se independizó en 1975.

**CABO YUBI** o **CABO JUBI** → *Yubi.*

**Cabora Bassa,** presa y central hidroeléctrica del Zambeze, en Mozambique.

**CABORCA,** mun. de México (Sonora); 50 452 hab. Agricultura y ganadería. Aeropuerto.

**CABOT** *(estrecho de),* brazo de mar entre Terranova y la isla de Cabo Bretón.

**CABOTO** (Giovanni), navegante italiano (¿Génova? *c.* 1450-en Inglaterra *c.* 1500). Obtuvo de Enrique VII de Inglaterra el monopolio de la exploración de nuevas tierras y probablemente llegó hasta la isla de Cabo Bretón en 1497. — Su hijo **Sebastiano** (Venecia entre 1476 y 1482-Londres 1557) participó en los viajes de su padre y recorrió luego la costa norteamericana. Al servicio de Carlos Quinto, exploró el Río de la Plata (1527) y se adentró hasta Asunción. En 1548 volvió al servicio de Inglaterra.

**CABRA,** c. de España (Córdoba), cab. de p. j.; 20 343 hab. *(Cabreños.)* Iglesia de la Asunción. Palacio de Sessa.

**CABRAL,** mun. de la República Dominicana (Barahona), avenado por el Yaque del Sur; 24 543 hab.

**CABRAL** (Amílcar), político guineano (Bafatá, Guinea Portuguesa, 1924-Conakry 1973). En 1956 creó el Partido africano para la independencia de Guinea y Cabo Verde (P.A.I.G.C.). Murió asesinado. — Su hermanastro, **Luís de Almeida Cabral** (Bissau 1931), fue presidente de Guinea-Bissau (1974-1980).

**CABRAL** (José María), militar y político dominicano (1819-Santo Domingo 1899). Luchó por la independencia contra los haitianos (1855) y contra el intento de anexión española (1861-1865). Presidente (1865 y 1866-1868), obtuvo la renuncia española a la posesión de Santo Domingo. Fue derrocado por una revolución.

**CABRAL** (Manuel **del**), escritor dominicano (Cibao 1907-Santo Domingo 1999), uno de los grandes poetas de la negritud (*Compadre Mon,* 1943), y autor asimismo de cuentos, novelas y de una interesante autobiografía (*Historia de mi voz,* 1964).

**CABRAL** (Pedro **Álvares**), navegante portugués (Belmonte 1467-¿Santarém? 1520 o 1526). Tomó posesión de Brasil en nombre de Portugal en abril de 1500, y en viaje de vuelta dobló el cabo de Buena Esperanza, exploró las costas de Mozambique y llegó a la India (ag. 1500).

**CABRERA** *(isla de),* isla de España (Baleares), al S de Mallorca; 15,7 $km^2$. Es la mayor isla del *archipiélago de Cabrera,* parque nacional desde 1991.

**CABRERA,** mun. de la República Dominicana (María Trinidad Sánchez), en la costa atlántica; 24 438 hab.

**CABRERA** *(vizcondado de),* vizcondado de la Cataluña medieval, del condado de Gerona (*c.* 1170). Los Cabrera fueron titulares también de los vizcondados de Àger (*c.* 1105) y Bas (1381), de los condados de Urgel (1222), Osona (1355) y Módica, en Sicilia (1433), y del almirantazgo de Cataluña.

**CABRERA** (Ángel), naturalista español (Madrid 1879-La Plata 1960), nacionalizado argentino. Residió en Argentina desde 1925. Es autor, con J. Yepes, de *Mamíferos sudamericanos* (1943).

**CABRERA** (Bernardo **de**), noble aragonés (Calatayud 1289-Zaragoza 1364), consejero de Pedro el Ceremonioso (1347) y tutor (1351) del futuro Juan I. Durante la guerra con Castilla se mostró partidario de la paz, lo que le costó su proceso y ejecución.

**CABRERA** (Jerónimo Luis **de**), conquistador español (Sevilla 1528-Santiago del Estero 1574). Gobernador de Tucumán (1572), fundó la c. de Córdoba de la Nueva Andalucía (1573). Fue ejecutado por su sucesor en el cargo, G. Abreu.

**CABRERA** (Miguel), pintor mexicano (Oaxaca 1695-† 1768), famoso por su *Retrato de sor Juana Inés de la Cruz* (1751). Hay obras suyas en las catedrales de México y Puebla y en Tasco.

**CABRERA** (Nicolás), físico español (Madrid 1913-Las Rozas de Madrid 1989). Pionero en el campo de la física del estado sólido, desarrolló teorías sobre la oxidación de los metales y el crecimiento de los cristales.

**CABRERA FELIPE** (Blas), físico español (Lanzarote 1878-México 1945), especialista en magnetoquímica y autor de estudios sobre electrolitos.

**CABRERA INFANTE** (Guillermo), escritor cubano (Gibara 1929), nacionalizado británico (1979). El lenguaje experimental y la evocación de la ciudad perdida caracterizan sus novelas (*Tres tristes tigres,* 1967; *La Habana para un infante difunto,* 1979). Es también un destacado crítico de cine y ensayista. (Premio Cervantes 1997.)

**CABRERA Y GRIÑÓ** (Ramón), militar español (Tortosa 1806-Wentworth, cerca de Londres, 1877). Jefe de los carlistas en el Maestrazgo, instaló en Morella el centro de sus dominios (1838). En la segunda guerra carlista (1846-1849) fue comandante general de Cataluña, Aragón y Valencia. Nombrado jefe del partido y del ejército carlista (1869), dimitió en 1870 y en 1875 reconoció a Alfonso XII.

**CABRERO,** com. de Chile (Biobío); 21 684 hab. Centro agrícola y nudo de comunicaciones.

**CABRIEL,** r. de España, afl. del Júcar (or. izq.); 220 km. Embalse y central hidroeléctrica de Contreras.

**CACA-ACA** o **HUAYNA POTOSÍ,** pico de Bolivia (La Paz), en los Andes; 6 190 m de alt.

**CACAHOATÁN,** mun. de México (Chiapas); 22 785 hab. Cultivos de plantación. Explotación forestal.

**CACAMATZIN,** soberano chichimeca, señor de Texcoco (1516), enfrentado a su hermano Ixtlilxóchitl. Aliado de Cortés (1519), quien le encarceló, murió en prisión. Escribió composiciones poéticas.

**CACCINI** (Giulio), cantante y compositor italiano (Tívoli, Roma, *c.* 1550-Florencia 1618), uno de los iniciadores de la ópera florentina (*Eurídice,* 1602).

**CÁCERES** *(provincia de),* prov. de España, en Extremadura; 19 945 $km^2$; 408 884 hab. Cap. *Cáceres.* P. j. de *Cáceres, Coria, Logrosán, Navalmoral de la Mata, Plasencia, Trujillo* y *Valencia de Alcántara.* El Tajo y sus afl. avenan la penillanura que ocupa el centro de la prov., mientras al N se alzan las alineaciones del sistema Central (Gredos, Béjar, Gata, Peña de Francia) y al S los montes de Toledo. Economía agropecuaria. Importante producción hidroeléctrica.

**CÁCERES,** c. de España, cap. de la prov. homónima y cab. de p. j.; 84 319 hab. *(Cacereños.)* Centro terciario. Universidad. Fue la *Norba Caesarina* romana y plaza fuerte musulmana, reconquistada en 1227. Recinto amurallado. Conjunto arquitectónico (ss. XIV-XVI), declarado patrimonio cultural de la humanidad por la Unesco (1986).

Miguel **Cabrera:**
*Retrato de sor Juana Inés de la Cruz* (1751).
[Museo nacional de historia, México.]

**CÁCERES,** mun. de Colombia (Antioquia); 18 160 hab. Puerto sobre el Cauca *(Puerto Antioquia).*

**CÁCERES** (Andrés Avelino), militar y político peruano (Ayacucho 1833-Lima 1923). Encabezó la resistencia a la ocupación chilena durante la guerra del Pacífico (1879-1883). Presidente de la república (1886-1890), accedió de nuevo al cargo tras un golpe de estado (1894). Fue derrocado por una coalición de demócratas y civilistas en 1895.

**CÁCERES** (José **Eslava Cáceres,** llamado **Pepe**), matador de toros colombiano (Tolima 1934-Bogotá 1987). Tomó la alternativa en Sevilla (1956) y a partir de 1967 se convirtió en gran figura de los ruedos americanos. Murió de una cornada recibida en Sogamoso.

**CACHEMIRA** o **KASHMĪR,** ant. estado de la India, act. repartido entre la India (estado de Jammu y Kashmīr), Pakistán y China. Región montañosa, atravesada por el Jhelum, que riega la cuenca de Srīnagar. Reino hindú hasta que fue conquistado por un aventurero musulmán (1346), fue anexionado más tarde por el Imperio mogol (1586). Cachemira, donde los musulmanes constituyen las tres cuartas partes de la población, reivindicada

**Ciudad de El Cabo:** la ciudad, al pie de la montaña de la Tabla

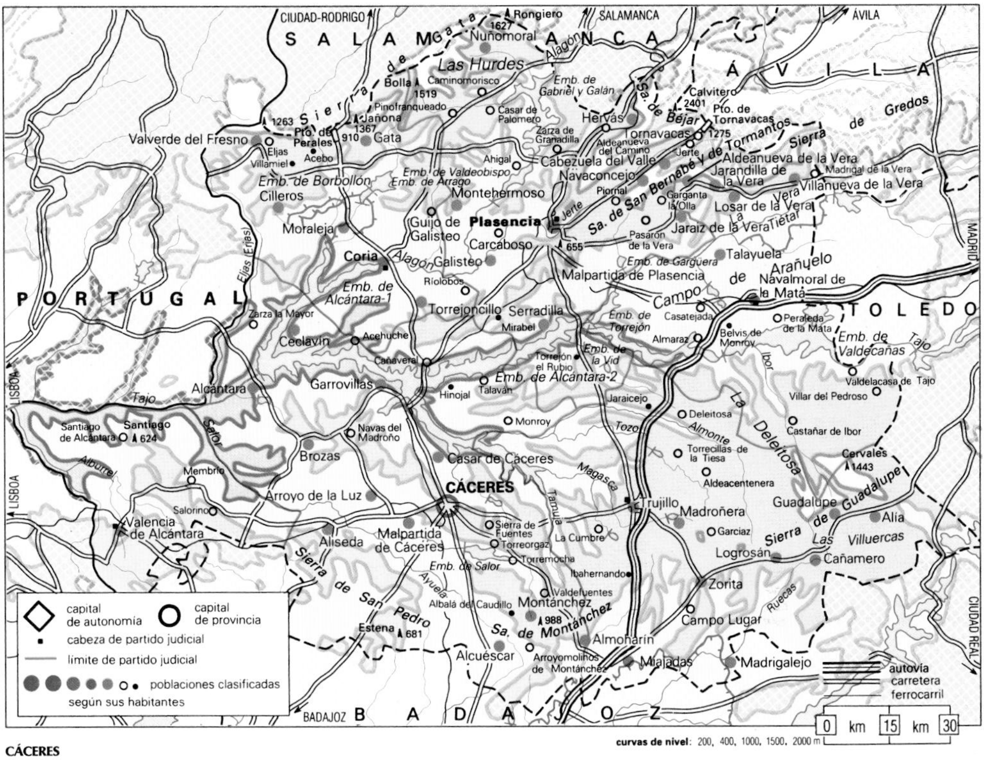


**CÁCERES**

desde 1947 por la India y Pakistán, fue el motivo de las guerras entre la India y Pakistán de 1947-1949 y 1965. Los enfrentamientos interétnicos y las disputas fronterizas son frecuentes en la región.

**CACHÍ** *(nevado de)*, pico de Argentina (Salta), en la Puna; 6 350 m de alt.

**CÁCHIRA,** mun. de Colombia (Norte de Santander); 16 808 hab. Centro agrícola y minero.

**CACHO** (Fermín), atleta español (Ágreda 1969). Conquistó una medalla de oro en la especialidad de 1 500 m en los Juegos olímpicos de Barcelona (1992) y una medalla de plata en los de Atlanta (1996). También obtuvo la medalla de plata en los campeonatos mundiales de Stuttgart (1994).

**CACIGAL** (Juan Manuel), matemático venezolano (Nueva Barcelona 1802-Yaguaparo, Sucre, 1856), autor de *Tratado de mecánica elemental* y *Curso de economía*. Fundó el observatorio astronómico de Caracas.

**CACIQUE MARA,** mun. de Venezuela (Zulia); 151 850 hab. Forma parte de la aglomeración de Maracaibo.

**CACO,** en la mitología griega, bandido que vivía en el Aventino. Robó a Hércules los bueyes de Gerión; Hércules descubrió la astucia y lo mató.

**CACOCÚM,** mun. de Cuba (Holguín); 42 128 hab. Caña de azúcar.

**CA'DA MOSTO,** (Alvise), navegante veneciano (Venecia 1432-† 1488). Exploró, por encargo de Portugal, las costas de Senegal y descubrió las islas de Cabo Verde (1456).

**CADALSO** (José), escritor español (Cádiz 1741-Gibraltar 1782). Autor de poesías anacreónticas y de la sátira *Los eruditos a la violeta* (1772), sus mayores obras son *Cartas marruecas* (1789), visión crítica de la sociedad española, y *Noches lúgubres* (1792), precursora del romanticismo.

**CADALSO DE LOS VIDRIOS,** v. de España (Madrid); 2 086 hab. Industria vidriera en los ss. XVI-XVII. Restos del palacio de Villena (1534).

**CADAQUÉS,** v. de España (Gerona); 1 814 hab. *(Cadaquesenses.)* Centro turístico. Museo de arte contemporáneo. Casa de Dalí en Port Lligat.

**CADEREYTA DE MONTES,** mun. de México (Querétaro); 37 542 hab. Planta petroquímica.

**CADEREYTA JIMÉNEZ,** mun. de México (Nuevo León); 45 147 hab. Importante refinería de petróleo.

**CADÍ** *(sierra del)*, sierra de España, en el Pirineo oriental. Atravesada por el *túnel del Cadí* (5 km); 2 642 m de alt.

**CÁDIZ** *(golfo de)*, golfo de la costa atlántica S de la península Ibérica, comprendido entre el cabo de Trafalgar (España) y el de Santa María (Portugal).

**CÁDIZ** *(provincia de)*, prov. de España, en Andalucía; 7 394 km²; 1 096 388 hab. Cap. *Cádiz.* P. j. de *Algeciras, Arcos de la Frontera, Barbate de Franco, Cádiz, Chiclana de la Frontera, Jerez de la Frontera, La Línea de la Concepción, El Puerto de Santa María, Puerto Real, Rota, San Fernando, San Roque* y *Sanlúcar de Barrameda.* Al E las cordilleras Béticas rematan en Tarifa y el peñón de Gibraltar; al N hay llanuras aluviales y marismas. En el litoral se abren tres bahías: la *bahía de Cádiz,* la de Algeciras y la de

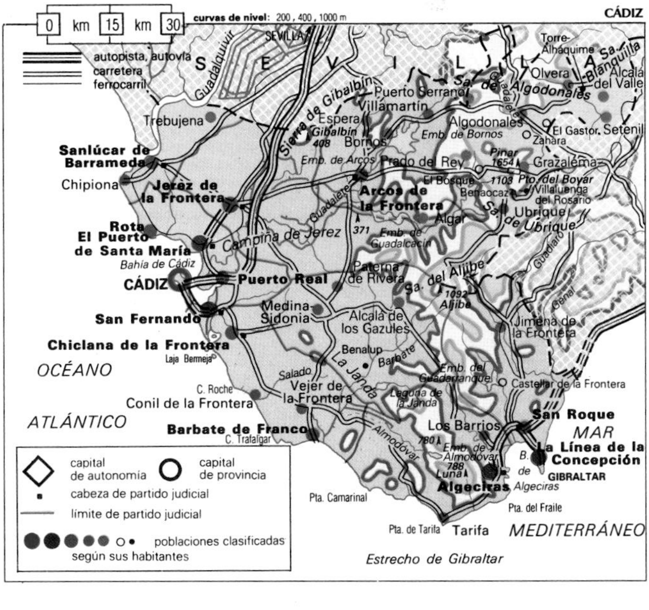

**CÁDIZ**

Barbate. Vid, ganadería, producción forestal (corcho). Industrias en los núcleos urbanos del litoral.

**CÁDIZ,** c. de España, cap. de la prov. homónima y cab. de p. j.; 157 355 hab. *(Gaditanos.)* Industria naval. Activo puerto. Centro comercial regional e internacional, administrativo y universitario. El origen de la c. se remonta al I milenio a. J.C. Fue colonia cartaginesa *(Gadir)* y romana *(Gades).* El comercio con América le dio gran prosperidad en los ss. XVI-XVIII; fue sede de las cortes que redactaron la constitución de 1812, y en ella se inició la revolución de 1868. Monumentos de los ss. XVII-XVIII: catedral, oratorio de San Felipe Neri, hospicio. Museos arqueológico y de bellas artes.

**Cádiz** *(constitución de),* nombre por el que se conoce la *Constitución política de la monarquía española,* de orientación liberal, promulgada por las cortes de Cádiz (19 marzo 1812) y abolida por Fernando VII en 1814.

**Cádiz** *(cortes de),* primeras cortes parlamentarias españolas, inauguradas (24 set. 1810) en Cádiz. Convertidas en cortes constituyentes, abolieron el feudalismo y la Inquisición y promulgaron la constitución de 1812. En enero de 1814 los diputados absolutistas lograron su traslado a Madrid; celebraron su última sesión el 10 de mayo. Su obra legislativa fue anulada con el restablecimiento del absolutismo (1814).

**CADMEA,** ciudadela de Tebas, cap. de Beocia (Grecia).

**CADMO,** príncipe fenicio, mítico fundador de Tebas, en Beocia.

**CADORNA** (Luigi, *conde*), mariscal italiano (Pallanza 1850-Bordighera 1928), generalísimo del ejército italiano de 1915 a 1917.

**CAEN,** c. de Francia, cap. de la región de Baja Normandía y del dep. de Calvados, a orillas del Orne; 115 624 hab. Universidad. Ant. abadías fundadas por Guillermo I de Inglaterra y la reina Matilde. Castillo (museo de Normandía).

**CAERE** → ***Cerveteri.***

**CAESARAUGUSTA,** ant. c. romana de Hispania, fundada por Octavio Augusto. Es la act. *Zaragoza.*

**CAFARNAUM,** ant. c. de Palestina (Galilea), a orillas del lago Tiberíades.

**CAFRERÍA** o **PAÍS DE LOS CAFRES,** denominación de origen árabe dada por los geógrafos de los ss. XVII y XVIII a la parte del África surecuatorial poblada por bantúes.

**CAGANCHO** (Joaquín **Rodríguez,** llamado), matador de toros español (Sevilla 1903-México 1984). Tomó la alternativa en 1927 y muy pronto alcanzó gran popularidad. Desde 1936 vivió largas temporadas en México.

**CAGAYAN DE ORO,** c. y puerto de Filipinas, en el N de Mindanao; 340 000 hab.

**CAGE** (John), compositor norteamericano (Los Ángeles 1912-Nueva York 1992). Discípulo de Schönberg y creador de la técnica del piano preparado, fue uno de los primeros en introducir en música las nociones de la indeterminación en la composición y de lo aleatorio en la ejecución. En 1952 creó el primer happening.

**CAGGIANO** (Antonio), prelado argentino (Coronda, Santa Fe, 1889-Buenos Aires 1976). Arzobispo de Buenos Aires (1959-1975) y cardenal (1942), fue el fundador de la Acción católica argentina.

**CAGLIARI,** c. de Italia, cap. de Cerdeña y cap. de prov.; 203 254 hab. Museo arqueológico.

**CAGLIOSTRO** (Giuseppe **Balsamo,** llamado **Alessandro,** *conde* **de**), aventurero italiano (Palermo 1743-en el castillo de San León, cerca de Roma, ¿1795?). Dedicado a la medicina, la hipnosis y la alquimia, se hizo famoso en Europa. Condenado por la Inquisición, acusado de masón y hereje, murió en prisión.

**CAGUA,** c. de Venezuela (Aragua); 73 465 hab. Industrias químicas, construcciones metálicas.

**CAGUAS,** mun. de Puerto Rico, en el centro de la isla; 133 447 hab. Centro agrícola y comercial. Canteras de mármol.

**CAHABÓN,** mun. de Guatemala (Alta Verapaz); 21 122 hab. Pastos (ganadería). Café.

**CAHORS,** c. de Francia, a orillas del Lot; 20 787 hab. Catedral (cúpulas de inicios del s. XII). Puente fortificado (s. XIV).

Las cortes de **Cádiz:** *La promulgación de la constitución de 1812,* por S. Viniegra (1910-1912). [Museo histórico municipal, Cádiz.]

**CAHUACHI,** yacimiento arqueológico nazca, en el curso medio del río Nazca (Perú), formado por una plataforma piramidal de más de 20 m de altura y otras menores. Tumbas (tejidos, cerámica).

**CAIBARIÉN,** mun. de Cuba (Villa Clara); 39 437 hab. Centro pesquero (esponjas y crustáceos).

**CAICEDO** (Domingo), militar y político colombiano (Bogotá 1783-*id.* 1843). Defendió la independencia de las colonias americanas en las cortes de Cádiz (1812). Fue presidente interino del ejecutivo en dos ocasiones (1830 y 1831).

**CAICEDONIA,** mun. de Colombia (Valle del Cauca); 29 972 hab. Importante región cafetalera, tabaco.

**CAICOS** → ***Turks.***

**Caídos** *(valle de los),* monumento construido en 1940-1950 en Cuelgamuros (sierra de Guadarrama, Madrid), en recuerdo de los muertos en la guerra civil española. Comprende una necrópolis, una basílica (tumbas de J. A. Primo de Rivera y F. Franco) y un monasterio benedictino.

**CAIFÁS,** sumo sacerdote judío (18-36). Presidió el Sanedrín durante el proceso a Jesús.

**CAILLE** (*abate* Nicolas Louis **de la**), astrónomo y geodesta francés (Rumigny 1713-París 1762). Estudió el cielo austral y observó más de 10 000 estrellas, en 14 constelaciones.

**CAIMÁN** *(islas),* en ingl. **Cayman Islands,** archipiélago británico del Caribe; 260 km²; 17 000 hab. Cap. *George Town.*

**CAIMITO,** mun. de Cuba (La Habana); 27 026 hab. Ganadería. Ingenio azucarero.

**CAÍN,** según el Génesis, primogénito de Adán y Eva. Mató a su hermano Abel por envidia.

**CAINGUÁS,** dep. de Argentina (Misiones); 43 851 hab. Cultivos de yerba mate y tabaco. Apicultura.

**CAIRO (El),** en ár. **al-Qāhira,** c. y cap. de Egipto, junto al Nilo; 9 750 000 hab. (13 millones de hab. en la aglomeración), la más poblada de África. Centro comercial, administrativo, cultural (universidad) y financiero. Sede de la Liga árabe. Mezquitas (Ibn Tūlūn [s. IX], al-Azhar, etc.); murallas, grandes puertas y ciudadela de la edad media; palacios y mausoleos. Museos (de arte egipcio). Fundada por los fatimíes (969), se convirtió en una gran ciudad, centro económico e intelectual. Ismā'īl Bajá emprendió su modernización a fines del s. XIX.

**CAJA DE LERUELA** (Miguel), magistrado español (Palomera, Cuenca, *c.* 1570-† d. 1631), autor de *Restauración de la abundancia en España* (1631).

**CAJAMARCA** *(departamento de),* dep. del N de Perú (Nor-Oriental del Marañón), en los Andes; 33 248 km²; 1 263 400 hab. Cap. *Cajamarca.*

**CAJAMARCA,** c. de Perú, cap. del dep. homónimo; 59 100 hab. Restos incaicos y edificios coloniales del s. XVIII: catedral, iglesias de San Antonio y Belén, capilla de la Dolorosa, casas nobles.

**CAJAMARCA,** mun. de Colombia (Tolima); 17 522 hab. Mercado agrícola. Minas de oro.

**CAJEME,** mun. de México (Sonora), junto al golfo de California; 255 645 hab. Cab. *Ciudad* Obregón.*

**CAJEME,** cacique yaqui (¿Hermosillo? 1839-Médanos, Sonora, 1887). Bautizado como **José María Leyva,** fue alcalde mayor del río Yaqui (1874). Encabezó una rebelión india contra el poder central (1882) y fue fusilado.

**CAJIBÍO,** mun. de Colombia (Cauca); 26 817 hab. Maderas finas. Minas de oro, carbón y sal.

**CAJICÁ,** mun. de Colombia (Cundinamarca); 20 749 hab. Minas de carbón. Industrias textiles.

**CALABOZO,** c. de Venezuela (Guárico), en Los Llanos; 79 578 hab. Catedral barroca (1790).

**CALABRIA,** región de Italia, en el extremo meridional peninsular, formada por las prov. de Catanzaro, Cosenza y Reggio di Calabria; 15 080 km²; 2 037 686 hab. Cap. *Catanzaro.* El ducado de Calabria, conquistado en el s. XI por los normandos, fue uno de los núcleos del reino de Sicilia.

**CALACEITE,** v. de España (Teruel); 1 266 hab. *(Calaceitanos.)* Iglesia barroca (s. XVII). Plaza porticada y casas señoriales. Poblado ibérico amurallado. Abrigos prehistóricos.

**CALAHORRA,** c. de España (La Rioja), cab. de p. j.; 18 829 hab. *(Calagurritanos, calahorranos, cala-*

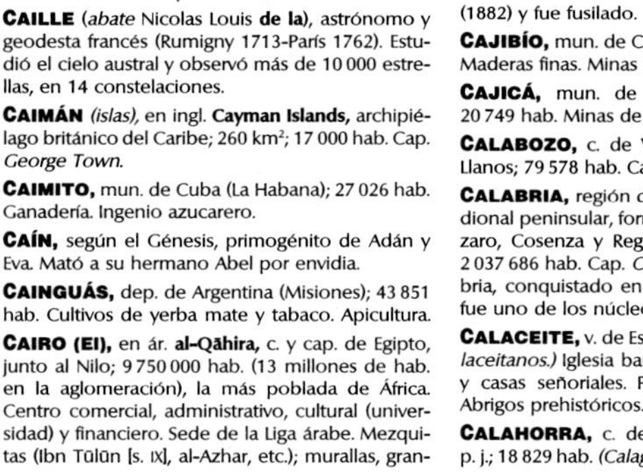

**El Cairo:** un aspecto de la ciudad con la madrasa del sultán Ḥasan (1356-1363) [a la izquierda]

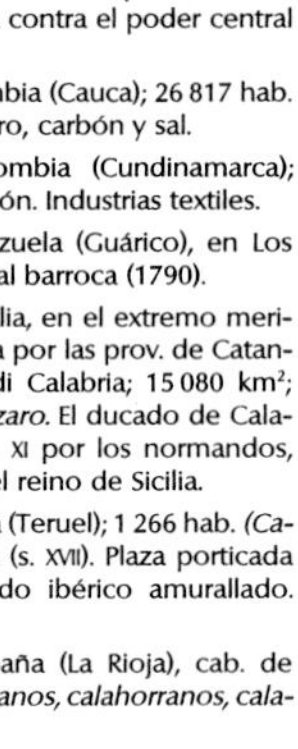

Pedro **Calderón de la Barca** (biblioteca nacional, Madrid)

*horreños.)* Restos romanos. Catedral (ss. XV-XVII). Iglesias de Santiago y San Francisco.

**CALAHORRA (La),** v. de España (Granada); 954 hab. Castillo palacio construido por artistas italianos para el marqués de Zenete (1509-1512).

**CALAIS** *(paso de)* o **ESTRECHO DE DOVER,** estrecho entre Francia y Gran Bretaña; 31 km de ancho, 185 km de largo y poco profundo. Comunica el canal de la Mancha con el mar del Norte. Es atravesado subterráneamente por un túnel ferroviario *(túnel del canal de la Mancha).*

**CALAIS,** c. de Francia (Pas-de-Calais), frente al *paso de Calais;* 75 836 hab. Importante puerto de viajeros (enlace con Gran Bretaña). Tomada por los ingleses (1347), fue restituida a Francia (1598).

**CALAKMUL,** importante centro de la cultura maya de México (Petén), en el que se conservan estelas de piedra con relieves y fechas conmemorativas de los ss. VI a X d. J.C.

**CALAMA,** c. de Chile (Antofagasta); 120 602 hab. En las cercanías, minas de cobre de Chuquicamata*.

**CALAMAR,** mun. de Colombia (Bolívar); 21 283 hab. Puerto fluvial en el Magdalena.

**CALAMATA** o **KALAMATA,** c. y puerto de Grecia, en el S del Peloponeso; 43 838 hab.

**CALAMUCHITA,** dep. de Argentina (Córdoba); 38 509 hab. Yacimientos de cobre y cuarzo aurífero. Ganadería.

**CALAR ALTO,** cumbre de España, en la cordillera Penibética (Almería); 2 168 m. Complejo astronómico hispano-alemán. (Instituto geográfico nacional-Instituto Max Planck); gran telescopio.

**CALAR DEL MUNDO,** sierra de España (Albacete), en el extremo NE de las cordilleras Béticas; 1 694 m. Profundo cañón del río Mundo.

**CALARCÁ,** mun. de Colombia (Quindío); 52 476 hab. Centro sericícola. Yacimientos de oro y plata.

**CALASPARRA,** v. de España (Murcia); 8 428 hab. *(Calasparreños.)* Agricultura (arroz). Industria textil.

**CALATAÑAZOR,** v. de España (Soria); 71 hab. Conjunto urbano de arquitectura popular castellana. Ruinas del castillo, de la ermita de San Juan y de la iglesia de la Soledad (románicas).

**Calatañazor** *(batalla de),* legendaria victoria de las tropas cristianas sobre Almanzor (1002). Citada en las crónicas cristianas, los supuestos vencedores eran soberanos que ya habían fallecido en 1002. La leyenda puede partir de la batalla de Peña Cervera, en la que se impuso Almanzor (1000).

**CALATAYUD,** c. de España (Zaragoza), cab. de p. j.; 18 759 hab. *(Bilbilitanos.)* Ruinas romanas *(Bílbilis)* y medievales. Colegiatas de Santa María (s. XVI) y del Santo Sepulcro (s. XVII).

**CALATAYUD** (Alejo), revolucionario altoperuano († 1730). Acaudilló una rebelión contra los españoles en Cochabamba (1730) y fue ejecutado.

**CALATRAVA** (José María), político y jurisconsulto español (Mérida 1781-Madrid 1847). Ministro de Gracia y Justicia (1823), fue presidente del gobierno (1836-1837) y practicó una política progresista; nombró ministro de Hacienda a Mendizábal. – Su hermano **Ramón María** (Mérida 1786-Madrid 1876) fue ministro de Hacienda en 1842.

**CALATRAVA** (Santiago), ingeniero y arquitecto español (Valencia 1951). En sus obras somete la utilidad de la ingeniería a una particular visión artística (estación de Stadelhofen, Zurich; puente del Alamillo, Sevilla).

**Calatrava** *(orden militar de),* orden religiosa y militar española, fundada en 1158. La regla de la orden (1164) fue adoptada por distintas órdenes militares. Participó en las campañas contra los musulmanes de Fernando II y Alfonso X, y recibió generosas donaciones de tierras que la convirtieron en una de las primeras potencias económicas de la Península. Con el nombramiento de Fernando el Católico como administrador general de la orden (1488), los bienes de ésta pasaron a la corona.

**Calatrava la Nueva** *(castillo de)* → ***Calzada de Calatrava.***

**CALBUCO,** com. de Chile (Los Lagos), en la *isla de Calbuco;* 26 924 hab. Pesca (conservas).

**CALCANTE** o **CALCAS,** adivino legendario griego que participó en la guerra de Troya. Ordenó el sacrificio de Ifigenia y aconsejó la construcción del caballo de Troya.

**CALCAÑO,** familia de literatos venezolanos. – **José Antonio** (1827-1897) cultivó todos los géneros literarios y fue director de la Academia venezolana. – **Eduardo** (1831-1904) fue político, jurista, escritor y musicólogo *(Curso de teoría musical).* — **Julio** (1840-1918) escribió cuentos y poesías y el ensayo *El castellano en Venezuela* (1897).

**CALCEDONIA,** ant. c. de Asia Menor (Bitinia), junto al Bósforo, frente a Bizancio. Sede del IV concilio ecuménico (451), que condenó el monofisismo. Act. *Kadiköy* (Turquía).

**CALCHAQUÍES** *(cumbres),* sistema montañoso de Argentina (Tucumán y Salta); más de 4 000 m de alt.

**CALCÍDICA,** península de Grecia que forma tres penínsulas: Cassandra, Longos o Sithonia y la del monte Athos.

**CALCIDIO,** helenista hispanorromano (s. IV d. J.C.), fuente importante de conocimiento de la filosofía griega.

**CALCOCONDILO** (Demetrios), gramático griego (Atenas 1424-Milán 1511). Refugiado en Italia a partir de 1447, contribuyó al renacimiento de los estudios griegos.

**CALCUTA,** en hindī **Kalikātā,** c. de la India, cap. del est. de Bengala Occidental, junto al Hūghlī; 10 916 672 hab. Comercio de yute. Industria mecánica y textil. Importante museo (Indian museum). Fue fundada en 1690 por los británicos, que la convirtieron en la capital de la India (1772-1912).

**Calcuta:**
edificio de arquitectura victoriana en el centro de la ciudad

**CALDAS** *(departamento de),* dep. de Colombia, entre los ríos Cauca y Magdalena, cruzado por la cordillera Central; 7 888 $km^2$; 838 094 hab. Cap. *Manizales.*

**CALDAS,** mun. de Colombia (Antioquia); 42 158 hab. Minas de cuarzo. Loza y vidrio.

**CALDAS** (Francisco José **de**), botánico, astrónomo y geógrafo colombiano (Popayán 1768-Santa Fe de Bogotá 1816). Colaboró con la expedición botánica de J. C. Mutis y dirigió el observatorio astronómico de Bogotá. Publicó estudios sobre geografía de Colombia. Luchó como oficial en la guerra de la Independencia y fue fusilado por los realistas.

**CALDAS DE MALAVELLA** o **CALDES DE MALAVELLA,** v. de España (Gerona); 3 156 hab. Estación termal.

**CALDAS DE MONTBUY** o **CALDES DE MONTBUI,** v. de España (Barcelona); 11 480 hab. *(Caldenses.)* Aguas termales. Restos romanos.

**CALDAS DE REYES** o **CALDAS DE REIS,** v. de España (Pontevedra), cab. de p. j.; 9 042 hab. *(Caldenses.)* Ganadería. Balneario (aguas termales).

**CALDEA,** nombre dado c. 1000 a. J.C. a una pequeña parte de la región de Sumer, y después, en el s. VII a. J.C., a Babilonia.

**CALDER** (Alexander), escultor norteamericano (Filadelfia 1898-Nueva York 1976). Realizó, mediante varas y placas metálicas pintadas y articuladas, los *móviles* (a partir de 1932), seguidos por los poderosos *stabiles* en blanco y negro (a partir de 1943).

**CALDERA** (Rafael), abogado y político venezolano (San Felipe 1916), fundador del partido democratacristiano COPEI (1946). Presidente de la república (1968-1974), volvió a ser elegido presidente como candidato independiente, cargo que ejerció entre 1994 y 1999.

**CALDERÓN** (Clímaco), político y jurista colombiano (Santa Rosa de Viterbo 1852-† 1913), presidente interino de la república en 1882.

**CALDERÓN** (María), llamada **la Calderona,** actriz de teatro española del s. XVII. Fue amante de Felipe IV, de quien tuvo un hijo, Juan* José de Austria.

**CALDERÓN** (Melchor), matador de toros español (nacido en Medina Sidonia, Cádiz), considerado uno de los mejores de mediados del s. XVIII.

**CALDERÓN DE LA BARCA** (Pedro), dramaturgo español (Madrid 1600-*id.* 1681), gran ingenio del siglo de oro. Poeta cortesano y soldado, en 1651 se ordenó sacerdote. Su teatro (110 comedias, 80 autos sacramentales, entremeses, zarzuelas, loas, etc.), basado en el de Lope de Vega, introduce importantes modificaciones: suprime escenas innecesarias y reduce las secundarias, subordinando los personajes a uno central; acentúa las ideas monárquicas y el tema del honor *(El alcalde* de Zalamea, El mayor monstruo, los celos).* La angustia barroca de la existencia, junto con los problemas teológicos, delinean los autos sacramentales, que requieren un gran aparato escénico y donde Calderón alcanza su máximo lirismo. Su lenguaje es la culminación del culteranismo en el teatro y su riqueza expresiva está engarzada con cierto conceptismo intelectual *(La vida* es sueño).* Sus obras han sido divididas temáticamente: comedias religiosas *(La devoción de la cruz),* histórico-legendarias *(El sitio de Breda),* de enredo *(Casa con dos puertas, mala es de guardar),* de honor *(El médico de su honra),* filosóficas *(El gran teatro del mundo, La vida es sueño),* mitológicas *(Eco y Narciso)* y autos sacramentales *(A Dios por razón de estado).*

**CALDERÓN FOURNIER** (Rafael Ángel), político costarricense (Managua 1949), hijo de R. A. Calderón Guardia. Del Partido unidad socialcristiana, fue presidente de la república (1990-1994).

**CALDERÓN GUARDIA** (Rafael Ángel), político costarricense (San José 1900-*id.* 1970). Presidente de la república (1940-1944), se enzarzó en una guerra civil al perder las presidenciales de 1948 y estuvo exiliado en Nicaragua (1949-1958).

**CALDERÓN SOL** (Armando), político salvadoreño (San Salvador 1948). Miembro del partido derechista ARENA, fue elegido presidente de la república (1994-1999).

**CALDERS** (Pere), escritor español en lengua catalana (Barcelona 1912-*id.* 1994). Cuentista dotado de humor y fantasía (*Todos los cuentos [Tots els contes]*, 1968), en su novela *La sombra de la pita* (*L'ombra de l'atzavara,* 1964) refleja su vida de exiliado en México. (Premio de honor de las letras catalanas 1986.)

**CALDONO,** mun. de Colombia (Cauca); 15 763 hab. Cultivos tropicales. Tejidos de lana.

**CALDWELL** (Erskine), novelista norteamericano (White Oak, Georgia, 1903-Paradise Valley, Arizona, 1987). Describe con realismo la vida de los blancos pobres del Sur (*La ruta del tabaco,* 1932; *La chacrita de Dios,* 1932; *Jenny,* 1971).

**CALEDONIA,** ant. nombre de *Escocia.*

**CALELLA,** c. de España (Barcelona); 11 577 hab. *(Calellenses.)* Industria (textil, química). Centro turístico.

**Calendario azteca** → ***Sol*** (Piedra del).

Alexander **Calder**
con uno de sus *stabiles*

**CALEPINO** (Ambrogio), lexicógrafo italiano (Bérgamo *c.* 1440-† 1510), autor de un *Diccionario de la lengua latina* (1502).

**CALERA,** mun. de México (Zacatecas), en la sierra de Zacatecas; 17 355 hab. Centro agrícola.

**CALERA (La),** c. de Chile (Valparaíso); 45 465 hab. Industrias químicas, del papel y del cemento.

**CALERA (La),** mun. de Colombia (Cundinamarca); 15 322 hab. Cultivos tropicales. Ganadería. Cemento.

**CALGARY,** c. de Canadá (Alberta); 710 677 hab. Centro ferroviario, comercial e industrial.

**CALI,** c. de Colombia, cap. del dep. del Valle del Cauca; 1 350 565 hab. Fundada en 1536 por S. de Belalcázar, es uno de los principales centros industriales y culturales del país. Torre mudéjar del s. XVIII. Edificios del s. XIX (catedral, palacio de justicia). Complejo deportivo. Museos.

**Calias** *(paz de)* [449-448 a. J.C.], acuerdo concluido entre Atenas y los persas, que puso fin a las guerras médicas; garantizó la autonomía de las ciudades griegas de Asia y aseguró la hegemonía ateniense en el mar Egeo.

**Calibán,** monstruo de *La tempestad* de Shakespeare: personifica la fuerza brutal obligada a obedecer a un poder superior (simbolizado por Ariel), pero siempre en rebeldía contra él.

**CALÍCRATES,** arquitecto griego del s. V a. J.C., colaborador de Fidias y de Ictino en la construcción del Partenón.

**CALICUT,** en hindī **Kōylicōta,** act. **Kozhikode,** c. y puerto de la India (Kerala), en la costa de Malabar; 419 513 hab. Aeropuerto. La ciudad ha dado su nombre a una tela de algodón llamada *calicó.* Los portugueses Covilha (1487) y Vasco da Gama (1498) arribaron a su puerto, frecuentado por los mercaderes árabes desde el s. VII.

**CALIFORNIA** *(corriente de),* corriente marina fría (15-23 °C) del Pacífico oriental, que bordea hacia el S el litoral californiano.

**CALIFORNIA** *(golfo de),* golfo de América del Norte, en el Pacífico, comprendido entre la península de Baja California y la costa mexicana.

**CALIFORNIA** (*península de* **Baja**), península del NO de México, que se extiende a lo largo de 1 260 km, entre el Pacífico y el golfo de California. Pinturas rupestres de unos 3 000 años de antigüedad, obra de pueblos cazadores-recolectores, en la zona de San Francisco de la Sierra.

**CALIFORNIA,** región de América del Norte, en la costa del Pacífico, que abarca los est. de Baja California y Baja California Sur, en México, y el est. de California, en E.U.A.

**CALIFORNIA,** estado del Oeste de Estados Unidos, el más poblado del país, junto al Pacífico; 411 000 km²; 29 760 021 hab. Cap. *Sacramento.* De clima árido y con frecuencia seco, está formado por una extensa llanura (Gran Valle) rica en cultivos frutícolas y viñedos, enmarcada por la sierra Nevada en el E y por montañas de media altura en el O (Coast Ranges); llega hasta el litoral, en donde se localizan las principales ciudades (Los Ángeles y San Francisco). Todas las industrias se encuentran representadas (hidrocarburos, química, agroalimentaria, electrónica, audiovisual, etc.). Colonizada por misioneros españoles en el s. XVIII, en 1822 pasó a formar parte de México, pero después de varias sublevaciones fue anexionada por E.U.A. en 1848 y recibió el estatuto de estado en 1850. En el s. XIX, el descubrimiento de oro y la construcción del primer ferrocarril transcontinental contribuyeron a su prosperidad.

**CALIFORNIA** (*estado de* **Baja**), est. de México, que ocupa la mitad N de la península de Baja California; 70 113 km²; 1 657 927 hab. Cap. *Mexicali.*

**CALIFORNIA SUR** (*estado de* **Baja**), est. de México, en el S de la península de Baja California; 73 677 km²; 317 326 hab. Cap. *La Paz.*

**Caligramas,** colección poética de Apollinaire (1918), en la que la disposición de los versos representa a los objetos a que alude el poema.

**CALÍGULA** (Cayo César Augusto Germánico) [Anzio 12 d. J.C.-Roma 41], emperador romano [37-41], hijo de Germánico. Afectado por una enfermedad mental, gobernó tiránicamente y murió asesinado.

**Calila y Dimna,** colección de apólogos sánscritos, vertida del pahlavī al árabe por Ibn al-Muqaffa' (s. VIII), de donde deriva la versión castellana encargada por Alfonso X (1251).

**CALIMA,** r. de Colombia (Valle del Cauca), afl. del San Juan. Su valle constituye un importante centro arqueológico (ss. VIII-XI d. J.C.). Se han encontrado numerosos objetos de oro, así como cerámica decorada con incisiones.

**CALÍMACO,** escultor griego, discípulo de Fidias. Trabajó en Atenas a fines del s. V a. J.C.

**CALÍMACO,** poeta y gramático alejandrino (Cirene *c.* 305-† *c.* 240 a. J.C.).

**CALIMAYA,** mun. de México (México); 21 876 hab. Centro agrícola.

**CĂLINESCU** (George), escritor rumano (Bucarest 1899-*id.* 1965), principal intérprete de la crisis de conciencia de las letras rumanas (*Vida de Mihai Eminescu,* 1932; *El arcón negro,* 1960).

**CALÍOPE,** musa de la poesía épica y de la elocuencia.

**CALIPSO,** ninfa que habitaba en la isla de Ogigia (¿Ceuta?). Acogió a Ulises náufrago y lo retuvo diez años.

**CALISTO,** ninfa de Arcadia. Amada por Zeus, fue transformada en osa por Hera, y muerta por Artemisa durante una cacería. Zeus la convirtió en una constelación, la *Osa Mayor.*

**Calisto,** protagonista masculino de *La Celestina.*

**CALIXTLAHUACA,** centro arqueológico de México, cerca de Toluca, que fue capital de los matlatzincas hasta que fueron dominados por los aztecas (1476). Destacan dos pirámides, de planta rectangular y circular.

**CALIXTO I** *(san),* antiguo esclavo [*c.* 155-222], papa de 217 a 222. – **Calixto II** (Gui **de Bourgogne**) [† 1124], papa de 1119 a 1124. Puso fin a la querella de las investiduras mediante el concordato de Worms (1122). – **Calixto III** (Alonso **de Borja,** en ital. **Borgia**) [Játiva 1378-Roma 1458], papa de 1455 a 1458. Fue obispo de Vic (1423) y de Valencia (1429). Fracasó en su proyecto de cruzada contra los turcos. Favoreció a los Borja, nombrando cardenal a su sobrino Rodrigo, el futuro Alejandro VI.

**CALKINÍ,** mun. de México (Campeche); 32 084 hab. Cultivos tropicales. Industria textil.

**CALLAGHAN** (James), político británico (Portsmouth 1912). Líder del Partido laborista (1976-1980), fue primer ministro de 1976 a 1979.

**CALLAO (El),** c. de Perú, cap. de la *provincia constitucional de El Callao* (147 km²; 602 000 hab.). Activo puerto en el Pacífico. Industrias (astilleros, química, metalurgia). Forma una conurbación con Lima. – Fue la última plaza americana que perdieron los españoles (1826). Durante la guerra entre España y las repúblicas de Chile y Perú tuvo lugar el *bombardeo de El Callao* (2 mayo 1866) por la escuadra española del Pacífico al mando de Méndez Núñez; la acción se saldó sin vencedores ni vencidos.

**CALLAS** (Maria **Kalojeropulo,** llamada **María**), soprano griega (Nueva York 1923-París 1977), célebre por su virtuosismo vocal y su expresividad dramática en el repertorio lírico.

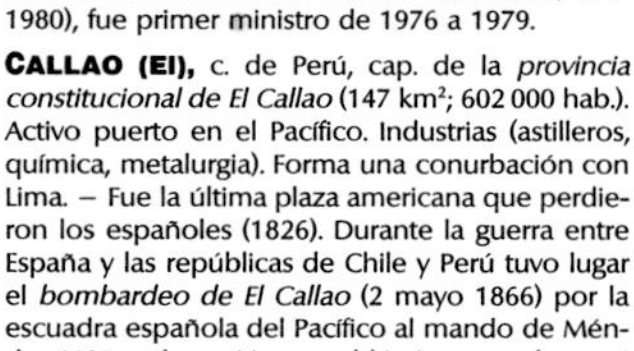

María **Callas** en *Norma* en 1964

**CALLEJA** (Saturnino), editor español (Burgos 1855-Madrid 1915). Fundó en Madrid (1875) su casa editora, que publicó obras pedagógicas y recreativas (cuentos).

**CALLEJA DEL REY** (Félix María), *conde* **de Calderón,** militar y político español (Medina del Campo ¿1775?-Valencia 1828). Obtuvo numerosas victorias sobre los independentistas mexicanos, y fue virrey de Nueva España (1813-1816).

**CALLEJAS** (Rafael Leonardo), político hondureño (Tegucigalpa 1943). Líder del derechista Partido nacional, fue presidente de la república en 1990-1994.

**CALLERÍA,** mun. de Perú (Ucayali), en la selva amazónica; 46 607 hab. Explotación forestal.

**CALLES** (Plutarco **Elías**), político mexicano (Guaymas, Sonora, 1877-Cuernavaca 1945). Gobernador de Sonora (1912-1919), secretario de Gobernación del presidente Obregón (1920-1923), fue presidente de la república (1924-1928). Inició una reforma agraria y del ejército. Padeció la oposición de sectores católicos intransigentes *(revolución cristera)* y de E.U.A., por la ley del petróleo. Fundó el Partido nacional republicano (1929) y fue ministro de Hacienda (*ley Calles,* 1931, abandono del patrón oro). Estuvo exiliado en 1936-1941 por su oposición a Cárdenas.

**CALLOSA DE ENSARRIÁ** o **CALLOSA D'EN SARRIÀ,** v. de España (Alicante); 7 503 hab. *(Callosinos.)*

**CALLOSA DE SEGURA,** c. de España (Alicante); 14 589 hab. Necrópolis ibérica. Iglesia con portada gótica.

**CALLOT** (Jacques), grabador y pintor francés (Nancy 1592-*id.* 1635), maestro del aguafuerte que influyó en los grabadores del s. XVII *(Caprichos).*

**CALMETTE** (Albert), médico y bacteriólogo francés (Niza 1863-París 1933), descubridor, con Guérin, de la vacuna antituberculosa *(B.C.G.).*

**CALNALI,** mun. de México (Hidalgo), en la Huasteca; 15 737 hab. Mercado agrícola.

**CALOMARDE** (Francisco Tadeo), político español (Villel, Teruel, 1773-Toulouse 1842). Dirigió la política gubernamental durante la década ominosa (1823-1833). Fue destituido y desterrado a raíz de la conspiración de La Granja (1832).

**CALOOCAN,** c. de Filipinas, en el área suburbana N de Manila; 746 000 hab.

**CALOTO,** mun. de Colombia (Cauca); 24 773 hab. Cultivos subtropicales.

**CALPAN,** mun. de México (Puebla); 11 114 hab. Convento franciscano de San Andrés (1548), uno de los más antiguos del país, con portada plateresca.

**CALPE,** una de las dos Columnas de Hércules, antiguo nombre de Gibraltar.

**CALPE** o **CALP,** v. de España (Alicante); 10 962 hab. *(Calpinos.)* Salinas. Pesca. Turismo. En la costa se encuentra el peñón de Ifach*.

**CALPULALPAN,** mun. de México (Tlaxcala); 21 495 hab. Centro agrícola.

**CALPURNIO PISÓN,** nombre de una rama de la *gens Calpurnia,* cuyos miembros principales fueron **Cayo Calpurnio,** cónsul en 67 a. J.C. Acusado de peculado por César, fue defendido por Cicerón; y **Cayo Calpurnio** († 65 d. J.C.), héroe de la conspiración llamada *de Pisón* contra Nerón.

**CALTANISSETTA,** c. de Italia (Sicilia), cap. de prov.; 60 162 hab.

**CALVADOS,** dep. de Francia (Baja Normandía); 5 548 km²; 618 478 hab. Cap. *Caen.*

**CALVAERT** o **CALVART** (Denijs), pintor flamenco (Amberes *c.* 1545-Bolonia 1619). Se afincó pronto en Italia, conocido allí como **Dionisio Flammingo.** Fundó en Bolonia una academia que sirvió de modelo a la de los Carracci. Su pintura tiene influencias manieristas.

**CALVARIO,** colina del Gólgota en que fue crucificado Jesucristo.

**CALVAS,** cantón de Ecuador (Loja); 29 296 hab. Cab. *Cariamanga.* Caña de azúcar. Café.

**CALVIÁ,** v. de España (Baleares), en Mallorca; 37 173 hab. *(Calvianenses.)* Centro turístico.

**CALVILLO,** mun. de México (Aguascalientes), en la sierra Madre occidental; 37 099 hab.

**CALVIN** (Melvin), bioquímico norteamericano (Saint Paul, Minnesota, 1911-Berkeley, California, 1997), que describió el ciclo de la fotosíntesis de las plantas clorofílicas *(ciclo de Calvin).* [Premio Nobel de química 1961.]

**CALVINO** (Italo), escritor italiano (Santiago de Las Vegas, Cuba, 1923-Siena 1985). Sus cuentos introducen el humor y lo fantástico en la estética neorrealista (*El barón rampante,* 1957; *Las ciudades invisibles,* 1972; *Palomar,* 1983).

**CALVINO** (Juan), en fr. **Jean Calvin,** reformador francés (Noyon 1509-Ginebra 1564). Partidario de Lutero, tuvo que dejar París y fijó su residencia en Ginebra, ciudad que quiso convertir en modelo instaurando una disciplina rigurosa. En *Institución de la religión cristiana* (1536) expuso su fe reformada, centrada en la trascendencia y soberanía de Dios, la naturaleza humana corrompida por el pecado original y la predestinación para la salvación.

**Calvino** (museo Boymans-Van Beuningen, Rotterdam)

**CALVO** (Rafael), actor español (Sevilla 1842-Cádiz 1888). De sobria hondura dramática, descolló en las obras de Echegaray. – Su hermano, **Ricardo** (Granada 1844-Madrid 1895), fue primer actor de la compañía de María Guerrero e interpretó obras del repertorio español clásico y moderno.

**CALVO SOTELO** (Joaquín), dramaturgo español (La Coruña 1905-Madrid 1993). Su teatro político y de tesis se basa en una ideología conservadora (*Criminal de guerra,* 1951; *La muralla,* 1954). Mayor interés tienen sus comedias (*Una muchachita de Valladolid,* 1957; *Tánger,* 1945). [Real academia 1955.]

**CALVO SOTELO** (José), político español (Tuy 1893-Madrid 1936). Ministro de Hacienda durante la dictadura de Primo de Rivera, fundó en 1934 el fascista Bloque nacional. Fue asesinado por agentes del orden público el 13 de julio de 1936.

**CALVO SOTELO** (Leopoldo), político español (Madrid 1926), sobrino de los anteriores. Fue ministro del gobierno Arias Navarro (1975-1976) y, miembro de la Unión de centro democrático, participó en los gobiernos de Suárez (1976-1981), a quien sucedió como presidente del gobierno (1981-1982). Durante su mandato España ingresó en la OTAN.

**CALZADA DE CALATRAVA,** c. de España (Ciudad Real); 4 725 hab. *(Calzadeños.)* Vinos. Ruinas del castillo convento de Calatrava la Nueva (s. XIII), con iglesia gótica restaurada.

**CALZADA DE LOS GIGANTES,** en ingl. **Giants Causeway,** conjunto de columnas basálticas, erosionadas por el mar, en Irlanda del Norte (Antrim).

**CAM,** personaje bíblico, segundo hijo de Noé. Por haberse reído de la embriaguez de su padre, cayó una maldición sobre él, su hijo Canaán y sus descendientes (cananeos). Cam fue el patriarca bíblico que dio origen a los pueblos de África y de Asia occidental *(camitas).*

**CAM** (Diogo) → ***Cão.***

**CAM RANH,** c. y puerto del S de Vietnam; 118 000 habitantes.

**CAMACHO** (Eulogio Marcelino), político y sindicalista español (Burgo de Osma 1918). Militante del P.C.E. desde 1935, encarcelado en diversas ocasiones, fue diputado (1977-1980), secretario general de Comisiones obreras (1976-1987) y su presidente (1987-1996).

**CAMACHO** (Jorge), pintor cubano (La Habana 1934), instalado en París desde 1959. Sus obras son de estilo surrealista y colores fríos y mates.

**CAMAGÜEY** *(provincia de),* prov. de Cuba, en el centroeste de la isla; 15 839 km²; 723 000 hab. Cap. *Camagüey.*

**CAMAGÜEY,** c. de Cuba, cap. de la prov. homónima; 286 404 hab. Centro comercial e industrial. Aeropuerto. Fue fundada en el s. XVI. Iglesias barrocas (s. XVIII).

**CAMAJUANÍ,** mun. de Cuba (Villa Clara); 64 899 hab. Tabaco, caña de azúcar, frutales.

**CAMAÑO** (Joaquín), misionero rioplatense (La Rioja, Tucumán, 1737-Valencia, España, 1820). Jesuita, realizó estudios geográficos y lingüísticos.

**CÂMARA** (Hélder **Pessõa**), prelado brasileño (Fortaleza 1909-Recife 1999). Arzobispo de Olinda y Recife (1964-1985), fundó el movimiento Acción, paz y justicia para lograr, mediante la no violencia, la reforma de las estructuras económicas, sociales y políticas.

**CÁMARA** (Sixto **Sáenz de la**), escritor y político español (Milagro 1825-Olivenza 1859). Difundió las ideas del grupo democrático desde las diversas publicaciones que fundó o dirigió. Es autor de *El espíritu moderno, La cuestión social.*

**CAMARGA (La),** en fr. **Camargue,** región natural de Francia, en Provenza, cubierta en gran parte por mantos de agua; 60 000 ha. Parque natural (85 000 ha).

**CAMARGO,** mun. de España (Cantabria); 20 311 hab. Cap. *Muriedas.* Cueva magdaleniense de El Juyo, de arte francocantábrico.

**CAMARGO,** mun. de México (Chihuahua); 44 623 hab. Ganadería. Minas de manganeso. — Mun. de México (Tamaulipas), en la frontera con E.U.A.; 16 014 hab. Yacimientos de petróleo y gas natural.

**CAMARIÑAS,** v. de España (La Coruña); 6 930 hab. Pesca. Industria maderera. Artesanía. Generador eólico en el cabo Vilano (faro).

**CAMARÓN** (José), pintor español (Segorbe 1731-Valencia 1803), realizó obras de estilo rococó. — Sus hijos **José Juan** (Segorbe 1760-Madrid 1819) y **Manuel** (Segorbe 1763-† 1806) fueron también pintores.

**CAMARÓN DE LA ISLA** (José **Monge,** llamado **el**), intérprete español del cante flamenco (San Fernando 1950-Badalona 1992). Su voz, profunda y desgarrada, dio una gran fuerza a sus interpretaciones (*Autorretrato,* 1990).

**CAMAS,** c. de España (Sevilla); 25 597 hab. *(Cameros.)* Agricultura. Industria diversificada.

**CAMAXTLI,** divinidad solar de los tlaxcaltecas.

**CAMBACÉRÈS** (Eugenio), escritor y político argentino (Buenos Aires 1843-París 1888). Introductor del naturalismo (*Sin rumbo,* 1885; *En la sangre,* 1887), destacó como periodista satírico (*Poupourri,* 1881).

**CAMBACÉRÈS** (Jean-Jacques **de**), *duque* **de Parma,** jurisconsulto y político francés (Montpellier 1753-París 1824), segundo cónsul, canciller mayor del Imperio (1804) y uno de los redactores del código civil napoleónico.

**CAMBADOS,** v. de España (Pontevedra), cab. de p. j.; 12 503 hab. *(Cambadeses.)* Vinos. Pesca. Pazos señoriales de Santo Thomé, de los condes de Fefiñanes, del conde de Monterrey. Iglesia del s. XVI.

**Cambambe,** presa y central hidroeléctrica de Angola, en el Kwanza.

**CAMBAY** *(golfo de),* golfo de la costa occidental de la India (Gujarāt).

**CAMBIASO** (Luca), pintor italiano (Moneglia, cerca de Génova, 1527-El Escorial 1585). Figura destacada de la escuela genovesa, desde 1583 pintó cuadros de altar y frescos en El Escorial *(Martirio de santa Úrsula y sus compañeras).*

**CAMBIO** (Arnolfo **di**) o **ARNOLFO DI LAPO,** escultor y arquitecto italiano (cerca de Florencia *c.* 1240-Florencia 1302). Formado junto a Nicola Pisano, trabajó en Roma, renovó el género funerario e impulsó el desarrollo arquitectónico en Florencia.

**CAMBISES II,** rey de Persia [*c.* 528-522 a. J.C.], hijo de Ciro II el Grande. Conquistó Egipto (525).

**CAMBÓ** (Francisco), político español (Verges, Gerona, 1876-Buenos Aires 1947), militante de la Lliga regionalista de Cataluña y uno de los fundadores de Solidaritat Catalana. Fue ministro en 1918 y 1921-1922. Aunque aceptó la segunda república en 1931, colaboró con el general Franco. Fue un notable mecenas del arte y las letras catalanas.

**CAMBOYA,** en khmer **Kampuchea,** estado de Indochina, en el golfo de Tailandia; 180 000 km²; 7 100 000 hab. *(Camboyanos.)* CAP. *Phnom Penh.* LENGUA OFICIAL: *khmer.* MONEDA: *riel.*

GEOGRAFÍA

El país, de clima cálido y húmedo, está formado por mesetas cubiertas de bosques o de sabanas, en torno a una depresión central, donde se encuentra el Tonlé Sap, y atravesada por el Mekong. En esta zona se concentra la población (formada fundamentalmente por khmer), que vive sobre todo del cultivo del arroz.

HISTORIA

***De los orígenes al protectorado francés.*** S. I-comienzos s. IX: en el delta y en el curso medio del Mekong se estableció el reino hinduizado de Funan (ss. I-VI). A mediados del s. VI fue conquistado

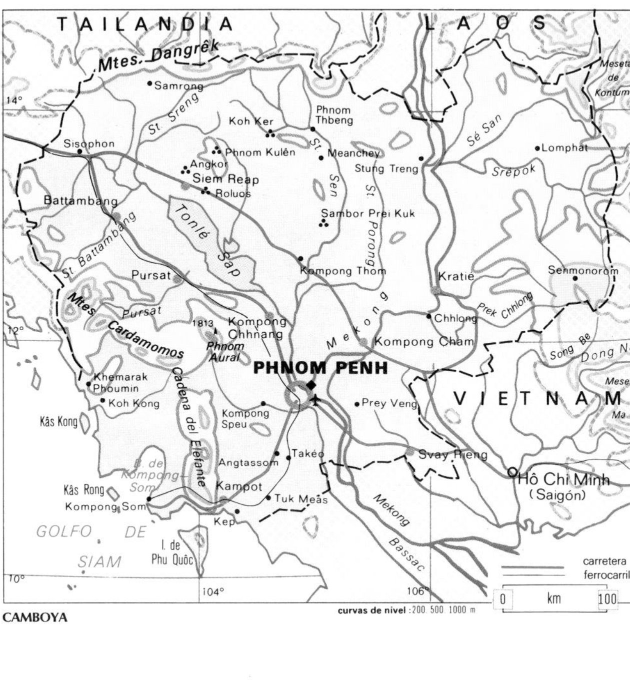


CAMBOYA

por los kambuja, antepasados de los khmers. A comienzos del s. IX-1432: Jayavarman II (802-c. 836) instauró el culto del dios-rey, de inspiración śivaita. Sus sucesores, entre ellos Yasovarman I (889-c. 910), fundador de Angkor, llevaron una política de conquistas. Camboya llegó a su apogeo con Sūryavarman II (1113-c. 1150), y perdió sus conquistas después del reinado de Jayavarman VII (1181-c. 1218). Su brillante civilización desapareció y triunfó el budismo. Angkor fue abandonada en 1432 en favor de Phnom Penh. 1432-1863: la historia moderna de Camboya está marcada por una lucha constante por conservar su integridad territorial. Ang Chan (1516-1566) construyó la nueva capital, Lovêk, saqueada en 1594 por los siameses. Desgarrado por los conflictos entre sus príncipes, el país perdió el delta del Mekong, colonizado en el s. XVIII por los vietnamitas, y a mediados del s. XIX, fue utilizado como campo de batalla entre Siam y Vietnam. Ang Duong (1845-1859) intentó en vano obtener la protección de Francia.

***Del protectorado francés a Kampuchea.*** 1863-1954: Norodom I (1859-1904) aceptó el protectorado francés (1863) y vio cómo se le imponía un régimen de administración directa (convenciones de 1884 y 1897). Sisovath (1904-1927) y Monivong (1927-1941) modernizaron el país. Después del golpe de estado japonés de marzo de 1945, se desarrolló la guerrilla anticolonial. Norodom Sihanuk, rey desde 1941, obtuvo, después del restablecimiento de la autoridad francesa, una independencia limitada (1949), total y efectiva en 1953. 1954-1979: como jefe de estado desde 1960, se benefició del apoyo de los países socialistas y de Francia y pretendió mantener una política de neutralidad. 1970: Sihanuk fue derrocado por una facción vinculada a E.U.A. 1970-1979: el régimen pro norteamericano de Lon Nol se mantuvo hasta la toma de Phnom Penh por los khmer rojos (1975). Estos últimos implantaron una dictadura sangrienta dirigida por Pol Pot y Khieu Samphan. Fueron derrocados por el ejército vietnamita que ocupó Camboya (a partir de diciembre de 1978). Inmediatamente se proclamó la República Popular de Kampuchea, que luchó contra los khmer rojos. 1982: los frentes de la oposición y los khmer rojos constituyeron un gobierno de coalición en Singpaur. 1989: la República Popular de Kampuchea volvió a adoptar oficialmente el nombre de Estado de Camboya (abril), con Hun Sen como primer ministro. Las tropas vietnamitas se retiraron totalmente del país (set.). 1991: un acuerdo firmado en París (oct.) concluyó en la creación de un consejo nacional supremo (C.N.S.) compuesto por diferentes facciones camboyanas y presidido por Norodom Sihanuk. El C.N.S., con sede en Phnom Penh, fue encargado de administrar el país, bajo la tutela de la O.N.U., hasta la celebración de elecciones libres. Paralelamente, el gobierno del Estado de Camboya siguió vigente. 1992: los khmer rojos multiplicaron las violaciones al acuerdo de París, pero la mediación de la O.N.U. permitió restablecer la paz y preparar las elecciones. 1993: triunfo electoral del Funcinpec, partido fundado por Sihanuk, en las elecciones (junio). Una nueva constitución monárquica restableció en el trono a Sihanuk (set.). Formación de un gobierno copresidido por Norodom Ranariddh, hijo de Sihanuk y Hun Sen. 1997: se intensificaron las luchas en el seno del gobierno. Hun Sen destituyó a Ranariddh, sustituido por Ung Huot. Pol Pot fue detenido por sus correligionarios.

**CAMBRAI,** c. de Francia (Nord), a orillas del Escalda; 34 210 hab. Puerto muy activo. En 1529 se firmó en ella la *paz de las Damas* (o *paz de Cambrai*) entre Luisa de Saboya, en nombre de Francisco I de Francia, y Margarita de Austria, en nombre de Carlos Quinto. Formó parte de los Países Bajos españoles hasta que en 1677 Luis XIV la incorporó a Francia.

**Cambrai** *(liga de)* [1508], nombre que recibió la alianza entre Fernando el Católico, el papa Julio II, el emperador Maximiliano y Luis XII de Francia contra los venecianos. El rey español logró recuperar enclaves del reino de Nápoles en 1509. Tras la retirada francesa, el papa organizó la Santa liga* (1511), a la que se adhirió Fernando el Católico.

**CAMBRE,** v. de España (La Coruña); 12 383 hab. Iglesia benedictina de Santa María (s. XII).

**CAMBRIDGE,** c. de E.U.A. (Massachusetts); 95 802 hab. Universidad de Harvard (museos). Instituto de tecnología de Massachusetts (M.I.T.).

**CAMBRIDGE,** c. de Gran Bretaña, cap. de *Cambridgeshire* (3 409 $km^2$; 640 700 hab.); 101 000 hab. Universidad con famosos *colleges* (el primero se fundó en 1284). Capilla de estilo gótico perpendicular del King's college (s. XV). Museo Fitzwilliam.

**CAMBRILS,** v. de España (Tarragona); 14 903 hab. *(Cambrilenses.)* Centro turístico (playas).

**CAMERARIUS** (Joachim), humanista alemán (Bamberg 1500-Leipzig 1574). Redactó, con Melanchthon, la confesión de Augsburgo (1530).

**CAMERINO Z. MENDOZA,** mun. de México (Veracruz); 27 531 hab. Cab. *Ciudad Mendoza.* Industrias.

**CAMERON** (Verney Lovett), explorador británico (Radipole, Dorset, 1844-Leighton Buzzard, Bedford, 1894). Partió de Zanzíbar (1873), atravesó África de E a O y llegó a Benguela (1875).

**CAMEROS** *(sierra de),* sierra de España (La Rioja), en el sistema Ibérico; 1 857 m en Cabezo del Santo. – La *Tierra de Cameros,* comarca cruzada por el Iregua, tiene una economía forestal y ganadera.

**CAMERÚN,** en fr. **Cameroun,** en ingl. **Cameroon,** estado de África, junto al golfo de Guinea; 475 000 $km^2$; 12 662 000 hab. *(Cameruneses.)* CAP. *Yaoundé.* LENGUAS OFICIALES: *francés* e *inglés.* MONEDA: *franco C.F.A.*

**GEOGRAFÍA**

El país está formado por llanuras (en el litoral), macizos volcánicos aislados (*monte Camerún* [4 070 m], al N de Duala, salida marítima del país), macizos en el centro (Adamua) y colinas y mesetas en los extremos N y S. El clima, cálido, es más seco hacia el N. Se pasa del bosque denso (maderas finas) a la sabana (ganadería bovina, mijo, sorgo, mandioca). La industria está representada por la agroalimentaria, el aluminio (Edéa) y especialmente la extracción de petróleo.

**HISTORIA**

***Antes de la colonización.*** S. XIII: el norte del país estaba habitado por los sao, supuestos antepasados de los kotoko. S. XV: el portugués Fernando Poo descubrió sus costas. S. XVI: el país estaba dominado por Bornu. S. XVII: los fang y los duala se establecieron en el S. S. XVIII: en el NO, el reino de Mandara (fundado en el s. XV) se emancipó de la dominación bornu. S. XIX: los fulbé conquistaron el norte del país, donde impusieron el islam.

***La época colonial y la independencia.*** 1860: intervención de los europeos (británicos y alemanes); llegada de los misioneros e instalación de las primeras factorías. 1884: G. Nachtigal, mandatario de Bismarck, obtuvo el protectorado sobre Camerún, que se convirtió en colonia alemana. 1911: un tratado francoalemán amplió las posesiones alemanas. 1916: los aliados expulsaron a los alemanes. 1919 y 1922: Camerún se dividió en dos zonas, bajo mandato británico y francés. 1946: el mandato francobritánico se transformó en tutela. Se desarrollaron las reivindicaciones nacionales. 1960: el Camerún francés se proclamó independiente. Ahmadou Ahidjo se convirtió en presidente de la república. 1961: tras la anexión del sur del Camerún británico (el norte estaba unido a Nigeria), el país pasó a ser una república federal. 1966: Ahidjo instauró un régimen de partido único. 1972: la federación se convirtió en república unitaria. 1982: Paul Biya sucedió a Ahidjo. 1990: se restableció el multipartidismo. 1991-1994: el poder vi-

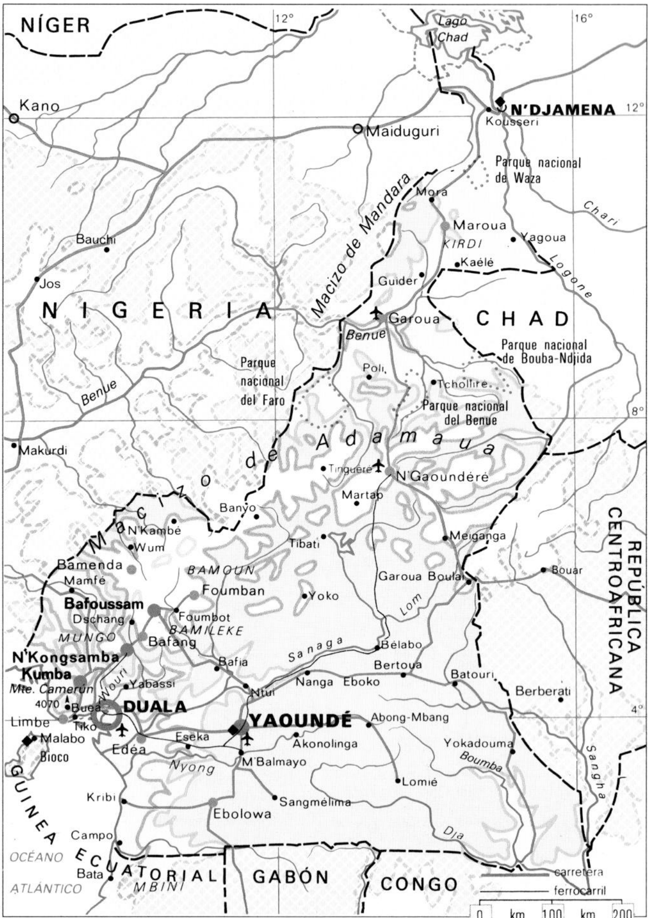


CAMERÚN

curvas de nivel: 200, 500, 1000, 2000 m

gente, muy cuestionado, tuvo que enfrentarse a un aumento de la oposición, que se abstuvo en las elecciones de 1992; Biya fue reelegido en 1992. 1995: Camerún, miembro de la Commonwealth.

**CAMILO** → ***Furio Camilo.***

**CAMILO** (Francisco), pintor español (Madrid *c.* 1615-*id.* 1673). Pertenece a la escuela barroca madrileña (*Martirio de San Bartolomé,* Prado).

**CAMINO** (Francisco, llamado **Paco**), matador de toros español (Camas 1941). Torero de depurado estilo, aunque irregular, formó pareja con Diego Puerta. Se retiró en 1982.

**Camino,** obra de espiritualidad escrita por el fundador del Opus Dei, Josemaría Escrivá de Balaguer. Publicada con el título de *Consideraciones espirituales* en 1934, y con el definitivo en 1939.

**Camino de perfección,** tratado de vida interior, escrito por santa Teresa de Jesús para las religiosas de su orden (1583).

**CAMINO DE SANTIAGO,** otro nombre de la Vía Láctea.

**CAMIRI,** c. de Bolivia (Santa Cruz); 20 376 hab. Yacimientos de petróleo. Refinerías.

**CAMÕES** (Luís **de**), escritor portugués (Lisboa 1524-*id.* 1580), autor de poemas de tradición medieval o pastoril, de sonetos inspirados en el renacimiento italiano, de obras dramáticas y de la epopeya nacional *Los Lusíadas** (1572).

**CAMÓN AZNAR** (José), historiador y crítico de arte español (Zaragoza 1899-Madrid 1979), autor de estudios sobre el Greco, Picasso y Velázquez.

**Camp David** *(acuerdos de)* [17 set. 1978], acuerdos concluidos en Washington con ocasión de la cumbre norteamericana-egipcia-israelí, que preveía la firma de un tratado de paz egipcio-israelí.

**CAMPA** (Gustavo E.), compositor y teórico musical mexicano (México 1863-*id.* 1914). Compuso una ópera (*El rey poeta,* 1901), una misa, sinfonías y canciones.

**CAMPANA,** partido de Argentina (Buenos Aires); 71 360 hab. Centro industrial. Refinería de petróleo.

**CAMPANA** (Dino), poeta italiano (Marradi, Toscana, 1885-Castel Pulci, Toscana, 1932) que llevó hasta la locura una experiencia visionaria (*Canti orfici,* 1914).

**CAMPANELLA** (Tommaso), filósofo y dominico italiano (Stilo, Calabria, 1568-París 1639). Encarcelado durante 27 años por la osadía de sus ideas, es autor de una utopía famosa, *La ciudad* del Sol.*

**CAMPANIA,** región de Italia, en la vertiente occidental de los Apeninos, formada por las prov. de Avellino, Benevento, Caserta, Nápoles y Salerno; 13 600 km$^2$; 5 589 587 hab. Cap. *Nápoles.* El litoral está formado por llanuras separadas por pequeños macizos calizos (península de Sorrento) o volcánicos (Vesubio, *campi Flegrei,* etc.). Sus ricos suelos favorecen fértiles cultivos (frutales, horticultura, viña).

**campaniforme** *(cultura del vaso),* cultura neolítica (2200-1900 a. J.C.) caracterizada por un vaso en forma de campana, de barro oscuro o rojizo, cubierto por una decoración incisa de líneas, zigzags, rombos y triángulos. Al parecer, irradió desde la península Ibérica a casi toda Europa. En España, destacan los yacimientos de Los Millares, Ciempozuelos y Carmona.

**CAMPANO** (Miguel Ángel), pintor español (Madrid 1948). Influido por la abstracción norteamericana, su pintura refleja destreza en el gesto y en el color. (Premio nacional de artes plásticas 1996).

**CAMPAÑA** (Pieter **Kempeneer,** llamado en España **Pedro de**), pintor flamenco (Bruselas 1503-*id. c.* 1580), activo en Sevilla de 1537 a 1563. Viajó a Italia, donde trató a discípulos de Rafael. Su estilo manierista influyó en la escuela sevillana (*El descendimiento de la cruz* y *La Purificación,* catedral de Sevilla).

**CAMPBELL,** familia escocesa que desempeñó un papel importante en la historia de Inglaterra a partir del s. XV.

**CAMPBELL-BANNERMAN** (*sir* Henry), político británico (Glasgow 1836-Londres 1908). Líder de los liberales en la cámara de los comunes (1899) y primer ministro (1905-1908), promovió importantes reformas (nuevo estatuto para los sindicatos, preparación de la autonomía sudafricana).

**CAMPECHE** *(banco de),* plataforma continental que prolonga (unos 20 km) la península de Yucatán, en el golfo de México. Petróleo.

**CAMPECHE** *(estado de),* est. de México, en el O de la península de Yucatán; 51 883 km$^2$; 528 824 hab. Cap. *Campeche.*

**CAMPECHE,** c. de México, cap. del est. homónimo, puerto en la *bahía de Campeche,* en el golfo de México; 148 099 hab. Puerto de altura. Aeropuerto. La c. fue fundada en 1541. Catedral barroca.

**CAMPECHE** (José), pintor puertorriqueño (San Juan 1751-*id.* 1809). Sobresalió en el retrato. Fue también decorador, tallista y músico.

**CAMPECHUELA,** mun. de Cuba (Granma); 48 547 hab. Explotación forestal. Ingenios azucareros.

**CAMPELLO (El),** v. de España (Alicante); 11 094 hab. Astilleros. Salazones de pescado.

**CAMPENY** (Damián), escultor español (Mataró 1771-Barcelona 1855). Su obra es neoclásica (*Lucrecia, Cleopatra,* ambas de 1804).

**CAMPERO** (Narciso), militar y político boliviano (Tarija 1815-Sucre 1896). Jefe supremo del ejército, fue nombrado presidente durante la guerra del Pacífico (1880) y ocupó el cargo hasta 1884. Impulsó la colonización del Chaco.

**campesinos** *(guerra de los)* [1524-1526], insurrecciones campesinas y urbanas que agitaron el Sacro imperio. Dirigida por algunos reformadores radicales (entre ellos Müntzer, en Turingia), fue reprimida por los príncipes católicos y luteranos coligados.

**CAMPIDANO,** llanura del S de Cerdeña.

**CAMPILLO Y COSSÍO** (José **del**), político español (Alles, Asturias, 1693-Madrid 1743). Dirigió la política española desde 1741. Aunque en sus obras defendía la reforma agraria y administrativa en las Indias y el mercantilismo, su política no pasó de tímidas reformas en la hacienda pública y en la liberación del comercio con América.

**CAMPILLOS,** v. de España (Málaga); 7 589 hab. (*Campillenses* o *campilleros.*) Iglesia (s. XVIII).

**CAMPIN** (Robert) → ***Flémalle*** (maestro de).

**CAMPINA GRANDE,** c. del Nordeste de Brasil (Paraíba); 326 153 hab.

**CAMPINAS,** c. de Brasil (São Paulo); 846 084 hab.

**CAMPIÑA (La)** o **CAMPIÑA DEL GUADALQUIVIR,** comarca de España, en Andalucía, en la or. izq. del Guadalquivir. Regadíos. Toros de lidia.

**CAMPIÑA ROMANA,** en ital. **Agro romano,** región de Italia (Lacio), en los alrededores de Roma.

**CAMPISTEGUY** (Juan), político uruguayo (Montevideo 1859-*id.* 1937). Miembro destacado del Partido colorado, fue ministro en 1897-1899 y 1903-1904 y presidente de la república (1927-1931).

**CAMPO** (Conrado **del**), compositor y pedagogo español (Madrid 1879-*id.* 1953). Fue profesor del conservatorio de Madrid e influyó en varias generaciones musicales. Es autor de óperas (*La tragedia del beso,* 1915; *Lola la piconera,* 1950) y de numerosas obras sinfónicas y de cámara.

**CAMPO** (Estanislao **del**), poeta argentino (Buenos Aires 1834-*id.* 1880). Continuador de la poesía gauchesca de H. Ascasubi bajo el seudónimo de **Anastasio el Pollo,** su poema *Fausto** (1866) se considera la obra más genuinamente gauchesca después del *Martín Fierro* de Hernández.

**CAMPO DE CRIPTANA,** v. de España (Ciudad Real); 13 491 hab. (*Campesinos* o *criptanos.*) Ganadería.

**CAMPO DE LA CRUZ,** mun. de Colombia (Atlántico); 25 251 hab. Cultivos de regadío. Ganadería.

**CAMPO GRANDE,** c. de Brasil, cap. del est. de Mato Grosso do Sul; 525 612 hab.

**CAMPOALEGRE,** mun. de Colombia (Huila); 23 679 hab. Mercado agrícola. Yacimientos auríferos.

**CAMPOAMOR** (Ramón **de**), poeta español (Navia 1817-Madrid 1901), autor de *Doloras* (1846), *Pequeños poemas* (1872) y *Humoradas* (1886), géneros o subgéneros poéticos que él inventó. En prosa escribió su *Poética* (1883), además de obras teatrales, políticas y seudofilosóficas.

**CAMPOBASSO,** c. de Italia, cap. de Molise y cap. de prov.; 50 163 hab.

**Campoformio** *(tratado de)* [18 oct. 1797], tratado firmado en el burgo de Campoformio, en el Véneto, entre Francia y Austria, tras la campaña de Bonaparte en Italia. Austria cedía Bélgica y el Milanesado a Francia, le reconocía el derecho de anexión de la or. izq. del Rin y recibía la parte oriental de la antigua República de Venecia.

**CAMPOMANES** (Pedro **Rodríguez Campomanes y Pérez,** *conde* **de**), político economista e historiador español (Santa Eulalia de Sorriba, Tineo, 1723-Madrid 1803). Ilustrado, reformista, fue miembro del Consejo de Hacienda y del de Castilla, que presidió (1783-1791), y ejerció una gran influencia sobre la política española (expulsión de los jesuitas, 1767). Impulsó las Sociedades económicas de Amigos del país y fue director de la Real academia de la historia (1764-1791). Es autor de *Discurso sobre el fomento de la industria popular* (1774) y *Discurso sobre la educación popular de los artesanos y su fomento* (1775-1777).

**CÁMPORA** (Héctor José), político argentino (Mercedes 1909-Cuernavaca, México, 1980). Peronista, fue elegido presidente en marzo de 1973, pero en julio cedió el puesto a Perón. Perseguido tras el golpe de estado de 1976, se exilió en 1979.

**CAMPOS** *(Tierra de),* comarca tradicional de España (León, Palencia, Valladolid y Zamora). Agricultura de secano (cereales), ganadería lanar.

**CAMPOS,** c. de Brasil (Río de Janeiro); 388 640 hab.

**CAMPOS** (Rubén), escritor mexicano (Guanajuato 1876-† 1945). Destacó como poeta *(La flauta de Pan)* y folklorista *(Cuentos mexicanos, El folklore literario de México).*

Luís de **Camões** (*c.* 1570)

la cultura del vaso **campaniforme:** vaso de Ciempozuelos (museo arqueológico, Madrid)

Estanislao del **Campo**

Ramón de **Campoamor** (F. de Madrazo - biblioteca nacional, Madrid)

el conde de **Campomanes** (José M. Galván - palacio del senado, Madrid)

**CAMPOS CERVERA** (Herib), poeta paraguayo (Asunción 1908-Buenos Aires 1953). Su obra poética (*Ceniza redimida,* 1950) participa del surrealismo y la temática social.

**Campos de Castilla,** obra poética de Antonio Machado (1912). A los poemas sobre el paisaje y el hombre sorianos y de reflexión crítica, se añadieron en la edición definitiva los de su época en Baeza, tras la muerte de su esposa Leonor.

**CAMPOS ELÍSEOS** o **ELÍSEO,** en la mitología griega, morada de las almas virtuosas en el más allá.

**CAMPRODÓN,** v. de España (Gerona); 2 188 hab. *(Camprodoneses.)* Puente sobre el Ter (s. XV). Iglesia del monasterio de San Pedro (s. XII).

**CAMUS** (Albert), escritor francés (Mondovi, Argelia, 1913-Villeblevin, Yonne, 1960). Sus ensayos (*El mito de Sísifo,* 1942), sus novelas (*El extranjero,* 1942; *La peste,* 1947) y su teatro (*Calígula,* 1945; *Los justos,* 1949) traducen el sentimiento de lo absurdo del destino humano. (Premio Nobel de literatura 1957.)

**CAMUY,** mun. de la costa N de Puerto Rico; 28 917 hab. Plantaciones de azúcar y cocos. Destilerías.

**CÂN THO,** c. del S de Vietnam; 208 326 hab.

**CANÁ,** ant. c. de Galilea en la que Jesús realizó su primer milagro, al convertir el agua en vino.

**CANAÁN** (*tierra* o *país de*), nombre bíblico de la Tierra prometida por Dios a los hebreos, originariamente ocupada por los cananeos. El término designa al litoral mediterráneo palestino-fenicio.

**CANAÁN,** según la Biblia, hijo de Cam y nieto de Noé, antepasado epónimo de los cananeos.

**CANADÁ,** en fr. e ingl. **Canada,** estado de América del Norte; 9 975 000 km²; 27 300 000 hab. *(Canadienses.)* CAP. *Ottawa.* LENGUAS OFICIALES: *inglés* y *francés.* MONEDA: *dólar canadiense.*

GEOGRAFÍA

Canadá, el país más vasto del mundo después de Rusia, posee una población escasa. El clima, cada vez más duro hacia el N más allá del paralelo 50° (en el escudo al E, en las Rocosas al O), explica la baja densidad media (menos de 3 hab. por km²) y la concentración de la población en la región del San Lorenzo y de los Grandes Lagos (provincias de Ontario y Quebec), en núcleos urbanos (cerca del 80 % de la población está urbanizada); entre ellos destacan las dos metrópolis de Toronto y Montreal. La población, con un índice de crecimiento inferior al 1 %, se caracteriza por el dualismo entre anglófonos (muy mayoritarios) y francófonos (cerca del 30 % de la población total, pero aproximadamente un 80 % en Quebec), que amenaza la unidad de la confederación. Canadá es un gran productor agrícola y minero. Se sitúa entre los diez primeros productores mundiales de trigo, madera (el bosque cubre aproximadamente un tercio del territorio), petróleo, gas natural, hierro, plomo, cinc, cobre, níquel, uranio y oro. A los hidrocarburos se añade la electricidad nuclear y sobre todo hidráulica, lo que mejora el balance energético. La industria aprovecha la producción (sector agroalimentario [vinculado a la ganadería vacuna], industrias madereras, metalurgia, principalmente a partir de minerales importados, aluminio sobre todo). Sectores de transformación, como la industria del automóvil o la química, han sido estimulados por la importante inversión de E.U.A. Más de la mitad del comercio exterior se efectúa con este país. La balanza comercial es excedentaria, pero la de servicios es deficitaria (debido sobre todo al coste en intereses de los capitales extranjeros invertidos desde hace tiempo); de forma global, la balanza de pagos está equilibrada. La economía se beneficia del excepcional potencial agrícola y minero (sobre todo energético), que no obstante no resuelve el problema del empleo, ni tampoco ha logrado liberar el país de la influencia comercial e industrial estadounidense.

HISTORIA

***Nueva Francia.*** El primer poblamiento de Canadá estuvo constituido por tribus amerindias. 1534: Jacques Cartier tomó posesión de Canadá en nombre del rey de Francia. 1535-1536: Cartier remontó el San Lorenzo. 1541-1542: en el transcurso de un tercer viaje, llevó consigo «veinte labradores» y ganado. 1604-1605: se emprendió la colonización de la Acadia (creación de Port-Royal). 1608: Champlain fundó Quebec. 1627: para asegurar el poblamiento de la nueva colonia, Richelieu constituyó la Compañía de Nueva Francia. 1635: murió Champlain. La escasa inmigración frenó la colonización de las tierras. Los franceses y sus aliados los hurones tuvieron que hacer frente a las incursiones de los iroqueses. 1663-1664: Luis XIV reintegró Canadá al dominio real, lo dotó de una nueva administración y fundó la Compañía de las Indias occidentales. 1665-1672: bajo el impulso del intendente Jean Talon, Nueva Francia experimentó un brillante auge y la colonización se desarrolló a lo largo del San Lorenzo. 1672: la exploración interior se extendió hasta la desembocadura del Mississippi. 1690: un conflicto con Inglaterra permitió a esta última apoderarse de Acadia y de Terranova, que el tratado de Ryswick (1697) restituyó en parte a Francia. 1713: por el tratado de Utrecht los franceses perdieron la bahía de Hudson, Acadia y la mayor parte de Terranova. 1756-1763: la guerra de los Siete años tuvo un resultado fatal para Francia. Tras la caída de Quebec (1759) y la capitulación de Montreal, Francia, por el tratado de París (1763), cedió todo Canadá a Gran Bretaña.

***El Canadá británico.*** 1774: los canadienses franceses recuperaron ciertos derechos por el Acta de Quebec. 1783: la firma del tratado de Versalles, que reconocía la independencia de E.U.A., provocó la llegada masiva de los norteamericanos fieles a Gran Bretaña a las provincias de Quebec y de Nueva Escocia (ant. Acadia). 1784: como consecuencia de esta inmigración, se creó la provincia de Nuevo Brunswick. 1791: la provincia de Quebec se dividió en Alto Canadá (act. Ontario) y Bajo Canadá (act. Quebec). 1812-1814: durante la guerra entre E.U.A. y Gran Bretaña, Canadá apoyó a la corona. En los años siguientes se produjo el desarrollo de una oposición dirigida por Louis Joseph Papineau en el Bajo Canadá, y por William Lyon Mackenzie en el Alto Canadá. 1837: la negativa de Londres a establecer un régimen parlamentario provocó la rebelión de las dos provincias, anglófona y francófona. 1840: una vez aplastada la revuelta, el gobierno británico creó un Canadá unido, al que dotó de un gobernador, un consejo ejecutivo, un consejo legislativo y una asamblea elegida. 1848: el francés fue restablecido como lengua oficial.

***La Confederación canadiense.*** 1867: el acta de la América del Norte británica creó el Dominio de Canadá, que agrupaba Ontario (ant. Alto Canadá), Quebec (ant. Bajo Canadá), Nueva Escocia y Nuevo Brunswick. 1870-1905: durante estos años la Confederación extendió su territorio. 1870: se creó la provincia de Manitoba tras la revuelta de los mestizos dirigida por Louis Riel, mientras que Columbia Británica (1871) y la isla del Príncipe Eduardo (1873) se unieron a ella. 1882-1885: la construcción del Canadian Pacific railway, que unía Vancouver y Montreal, contribuyó a un nuevo auge de la colonización. 1905: se instituyeron las provincias de Saskatchewan y Alberta. 1896-1911: el primer ministro Wilfrid Laurier estrechó los vínculos comerciales con Gran Bretaña reforzando al mismo tiempo la autonomía del dominio. 1914-1918: Canadá accedió al rango de potencia internacional mediante su participación en la primera guerra mundial junto a los aliados. 1921-1948: William Lyon Mackenzie King, líder del Partido liberal, presidió casi sin interrupción los destinos del país. 1926: la conferencia imperial reconoció la independencia de Canadá dentro de la Commonwealth, sancionada por el estatuto de Westminster (1931). 1940-1945: Canadá declaró la guerra a Alemania y desarrolló una potente industria de guerra. 1949: la isla de Terranova se convirtió en una provincia canadiense. 1948-1984: bajo la dirección de los liberales, que dominaron la vida política con los primeros ministros Louis Saint-Laurent (1948-1957), Lester Pearson (1963-1968), Pierre Elliott Trudeau (1968-1979 y 1980-1984) y John Turner (junio-set. 1984), Canadá practicó una política de acercamiento cada vez más estrecho con E.U.A. Pero, durante esos años, la Confederación hubo de hacer frente constantemente a las reivindicaciones autonomistas de la provincia francófona de Quebec. 1976: un partido independentista, dirigido por René Lévesque, tomó el poder en Quebec. 1980: el gobierno de Lévesque perdió el referéndum sobre el mandato de negociar una fórmula de soberanía-asociación con el resto de Canadá. 1982: con el acuerdo de Londres, la constitución pasó a depender sólo del gobierno federal. 1984: el conservador Brian Mulroney accedió al poder. 1988: Mulroney fue reelegido en las elecciones que consagraron el acuerdo de libre comercio con E.U.A. 1989: Canadá se adhirió a la O.E.A. 1990: el fracaso de un nuevo acuerdo constitucional, destinado a satisfacer las demandas mínimas de Quebec, abrió una crisis política sin precedentes, agravada por las reivindicaciones territoriales amerindias. 1992: se elaboró en Charlottetown un proyecto de reforma constitucional que comportaba, entre otras cosas, un nuevo estatuto para los autóctonos. Sometido a referéndum, fue rechazado. Canadá firmó con E.U.A. y México el Tratado de libre comercio (T.L.C.). 1993: dimisión de B. Mulroney, sustituido por Kim Campbell. Los liberales ganan las elecciones: Jean Chrétien, primer ministro. 1995: referéndum sobre la soberanía de Quebec, rechazado por escaso margen. 1999: se creó un nuevo territorio, desgajado de los Territorios del Noroeste, de nombre Nunavut. 2000: J. Chrétien fue reelegido con mayoría absoluta.

CANADÁ

INSTITUCIONES

Estado federal, miembro de la Commonwealth: 10 provincias (dotadas de parlamento y gobierno) y 3 territorios. Constitución: *Acta de la América del Norte británica,* de 1867 hasta el acta de 1982 de repatriación de la constitución. Gobernador general, representante de la corona. Primer ministro, jefe de la mayoría parlamentaria, responsable ante el parlamento federal. *Cámara de los comunes* elegida cada 5 años y *senado.*

LITERATURA EN LENGUA FRANCESA

S. XVIII: J. Quesnel. S. XIX: Aubert de Gaspé, A. Gérin-Lajoie, O. Crémazie, P. Le May, L. Fréchette, Laure Conan. S. XX: Camille Roy, Cl. H. Grignon, É. Nelligan, A. Ferland, M. Dugas, L. P. Desrosiers, Ringuet, F. A. Savard, A. Grandbois, Saint-Denys Garneau, F. Hertel, Gabrielle Roy, R. Charbonneau, R. Lemelin, Anne Hébert, Antonine Maillet, J. Godbout, Marie-Claire Blais, M. Tremblay; F. Leclerc, G. Vigneault.

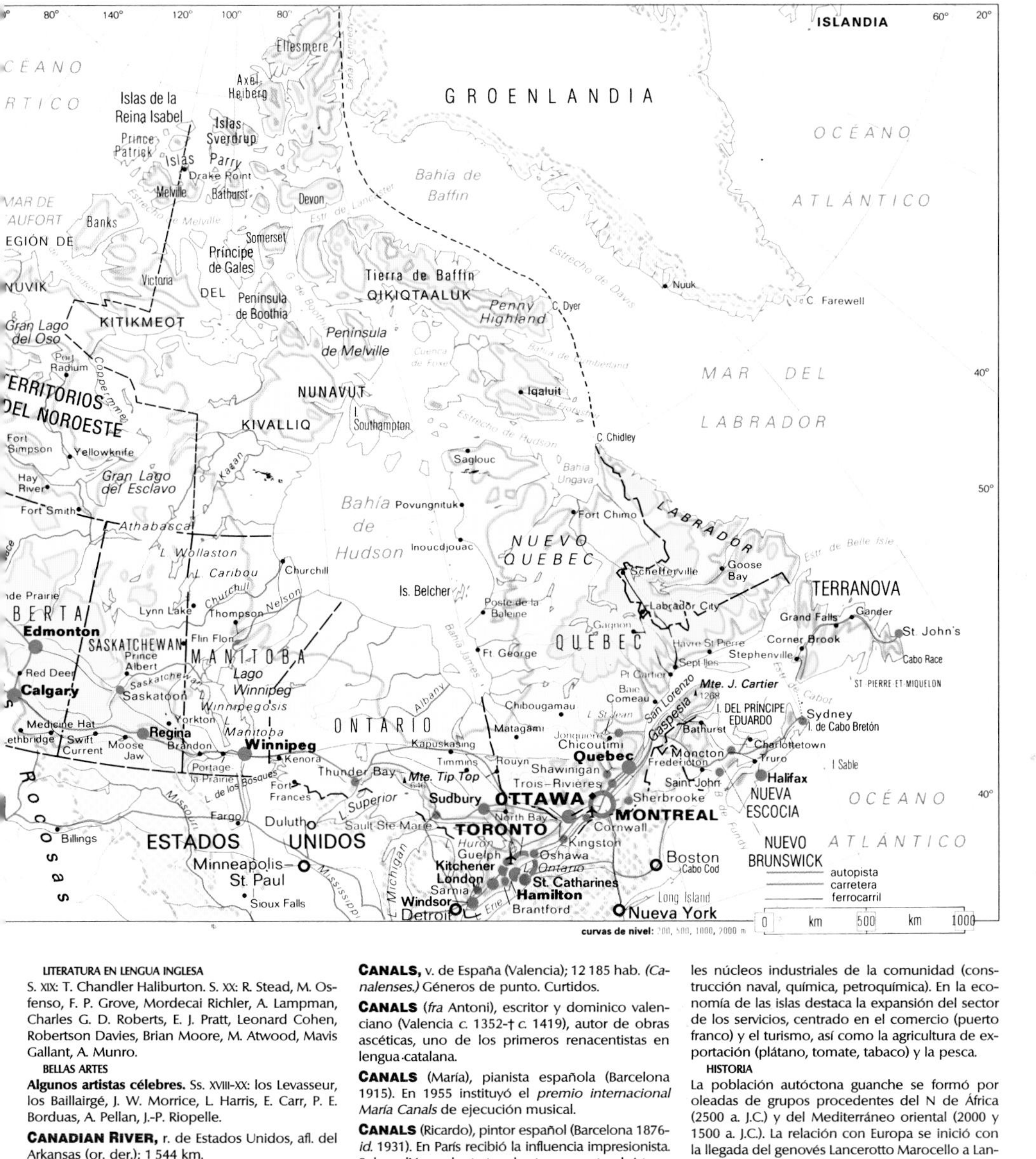


LITERATURA EN LENGUA INGLESA

S. XIX: T. Chandler Haliburton. S. XX: R. Stead, M. Osfenso, F. P. Grove, Mordecai Richler, A. Lampman, Charles G. D. Roberts, E. J. Pratt, Leonard Cohen, Robertson Davies, Brian Moore, M. Atwood, Mavis Gallant, A. Munro.

BELLAS ARTES

**Algunos artistas célebres.** Ss. XVIII-XX: los Levasseur, los Bailairgé, J. W. Morrice, L. Harris, E. Carr, P. E. Borduas, A. Pellan, J.-P. Riopelle.

**CANADIAN RIVER,** r. de Estados Unidos, afl. del Arkansas (or. der.); 1 544 km.

**CANADIENSE** *(Escudo),* región geológica de Canadá, correspondiente a un zócalo peniplanado afectado en superficie por las glaciaciones cuaternarias, que rodea la bahía de Hudson y se extiende hasta los Grandes Lagos.

**CANALEJAS MÉNDEZ** (José), político español (Ferrol 1854-Madrid 1912). Diputado independiente próximo a los liberales de Sagasta, fue ministro de Fomento y de Gracia y Justicia (1888-1890), Hacienda (1894-1895) y Agricultura (1902), presidente del congreso (1905-1906) y jefe del gobierno (1910-1912), con una política reformista. Fue asesinado.

**CANALES** (Antonio), bailarín español (Sevilla 1961). Solista del Ballet nacional español, en 1992 creó su propia compañía.

**CANALETTO** (Antonio **Canal,** llamado **el**), pintor y grabador italiano (Venecia 1697-*id.* 1768). Precursor del paisajismo moderno, magnificó el género de la vista urbana pintando su ciudad natal con gran precisión y contrastes de luces y sombras.

**CANALS,** v. de España (Valencia); 12 185 hab. *(Canalenses.)* Géneros de punto. Curtidos.

**CANALS** *(fra* Antoni), escritor y dominico valenciano (Valencia *c.* 1352-† *c.* 1419), autor de obras ascéticas, uno de los primeros renacentistas en lengua catalana.

**CANALS** (María), pianista española (Barcelona 1915). En 1955 instituyó el *premio internacional María Canals* de ejecución musical.

**CANALS** (Ricardo), pintor español (Barcelona 1876-*id.* 1931). En París recibió la influencia impresionista. Sobresalió en el retrato y los temas costumbristas.

**CANANEA,** c. de México (Sonora); 25 327 hab. Yacimientos de cobre y oro en la *sierra Cananea.*

**CANARIAS** *(cuenca de las),* cuenca oceánica del Atlántico oriental, entre el margen continental africano al E, la dorsal mediatlántica al O, los umbrales de las Azores y Madeira al N, y el de las islas de Cabo Verde al S.

**CANARIAS** *(islas),* archipiélago español situado en el Atlántico, frente a Marruecos, que constituye una comunidad autónoma; 7 351 km²; 1 637 641 hab. *(Canarios.)* Cap. *Las Palmas de Gran Canaria* y *Santa Cruz de Tenerife,* alternativamente. Comprende dos provincias: *Las Palmas* (islas de Gran Canaria, Fuerteventura y Lanzarote, y seis islotes) y *Santa Cruz de Tenerife* (islas de Tenerife, Gomera, La Palma y Hierro).

GEOGRAFÍA

Las islas tienen su origen en la actividad volcánica de la dorsal atlántica. El Teide, en la isla de Tenerife, es el pico culminante del archipiélago (3 710 m) y del territorio español. La población tiende a concentrarse en las dos capitales, también principales núcleos industriales de la comunidad (construcción naval, química, petroquímica). En la economía de las islas destaca la expansión del sector de los servicios, centrado en el comercio (puerto franco) y el turismo, así como la agricultura de exportación (plátano, tomate, tabaco) y la pesca.

HISTORIA

La población autóctona guanche se formó por oleadas de grupos procedentes del N de África (2500 a. J.C.) y del Mediterráneo oriental (2000 y 1500 a. J.C.). La relación con Europa se inició con la llegada del genovés Lancerotto Marocello a Lanzarote (1312). S. XIV: expediciones mallorquinas, vizcaínas, andaluzas y portuguesas. 1344: el papa Clemente VI otorgó el archipiélago al infante castellano Luis de la Cerda. Pese a las influencias del N de África, los guanches no superaron la fase neolítica hasta el s. XV. Los normandos J. de Bethencourt y Gadifer de la Salle sometieron Lanzarote (1402) y, bajo el vasallaje de Enrique III de Castilla, Hierro, Fuerteventura y la Gomera. 1478-1496: incorporación a la corona castellana del resto de las islas, que fueron escala en todas las expediciones hacia América. S. XVIII: creación de una capitanía general para las islas. S. XIX: leyes de puertos francos de 1852 y 1900. 1912: aprobación del régimen de cabildos insulares. 1927: división del archipiélago en dos provincias. 1982: aprobación del estatuto de autonomía de Canarias. 1990-1993: adecuación de la especificidad fiscal de Canarias a la normativa de la Comunidad europea. *(V. mapa pág. 1196.)*

**CANARIS** (Konstandínos) → ***Kanáris.***

**CANARIS** (Wilhelm), almirante alemán (Aplerbeck 1887-Flossenbürg 1945). Jefe de los servicios de in-

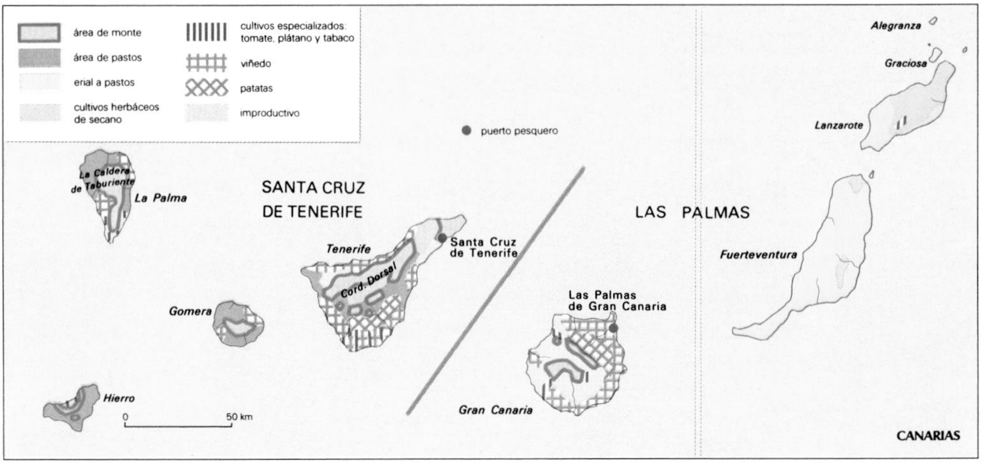

CANARIAS

formación del ejército alemán (Abwehr) [1935-1944], fue ejecutado por orden de Hitler.

**CANARO** (Francisco), compositor uruguayo (Montevideo 1888-Buenos Aires 1964). Instalado en la capital argentina, fue el creador del tango-milonga porteño, y uno de sus difusores en Europa.

**CANARREOS** *(archipiélago de los),* conjunto de unos 350 islotes y cayos de Cuba, en el Caribe, que constituye el mun. de Isla* de la Juventud.

**CANATLÁN,** mun. de México (Durango), avenado por el *río Canatlán;* 64 953 hab. Cereales, frijol.

**CANBERRA,** c. y cap. federal de Australia, a 250 km al SO de Sydney; 297 300 hab. (en los 2 400 km$^2$ del *Territorio federal de la capital*). Universidad. Galería nacional de arte.

**CÁNCER,** constelación zodiacal. — Cuarto signo del zodíaco, en el que el Sol entra en el solsticio de verano.

**CÁNCER Y VELASCO** (Jerónimo **de**), escritor español (Barbastro fines s. XVI-Madrid 1655), autor de comedias en colaboración, entremeses y dramas. *Obras varias* (1651) incluye su poesía y un *Vejamen* en que satiriza a sus coetáneos.

**Cancha Rayada** *(combates de),* nombre de dos batallas de la guerra de independencia de Chile (1814 y 1818), desarrolladas en la *llanura de Cancha Rayada,* cerca de Talca, en las que vencieron los realistas.

**Canción a las ruinas de Itálica,** poema de Rodrigo Caro que tradicionalmente se atribuía a Rioja.

**Cancionero** → ***cancionero,*** parte n. c.

**CANCÚN,** isla de México (Quintana Roo), frente a la costa NE de Yucatán, de 11,3 km de largo. Centro turístico unido por carretera a la c. de *Cancún* (167 730 hab.). Fue sede de la conferencia Norte-Sur (oct. 1981).

**CANDAMO,** mun. de España (Asturias); 2 933 hab. *(Candaminos.)* Cap. *Grullos* o *Gurullos.* Cuevas de San Román y de la Peña de Candamo (arte paleolítico).

**CANDAMO** (Manuel), político peruano (Lima 1842-Yura 1904). Jefe del partido civilista, fue presidente de la junta de gobierno tras la guerra civil (1894-1895) y presidente de la república (1903-1904).

**CANDANCHÚ,** caserío del mun. español de Aisa (Huesca). Estación de esquí (1 450-2 400 m).

**CANDELA** (Félix), arquitecto mexicano de origen español (Madrid 1910-Raleigh, Carolina del Norte, 1997). En 1939 se exilió en México. Sus obras se caracterizan por techumbres ligeras de cemento armado, en forma de paraboloides hiperbólicos. Realizó, junto con E. Castañeda y A. Peyrí, el palacio de deportes para los Juegos olímpicos de México (1968).

**CANDELARIA,** mun. de Colombia (Valle del Cauca); 44 400 hab. Café, caña de azúcar y tabaco.

**CANDELARIA,** mun. de Venezuela (Carabobo), integrado en la ciudad de Valencia; 110 182 hab.

**CANDELARIA,** v. de España (Santa Cruz de Tenerife), en Tenerife; 10 655 hab. *(Candelarieros.)* Basílica de Nuestra Señora de Candelaria, patrona de Canarias.

**Candelaria** (*cultura de* **La**), cultura prehispánica de Argentina (La Candelaria, Salta). Se conserva cerámica decorada, armas y utensilios de piedra tallada.

**CANDELARIA** (Luis Canobio), aviador argentino (Buenos Aires 1892-Tucumán 1964). Fue el primero que atravesó los Andes desde Zapala (Argentina) hasta Cunco (Chile) [13 abril 1918].

**CANDÍA** → ***Hērakliōn.***

**Cándido o el optimismo,** cuento de Voltaire (1759).

**CANDISH** (Thomas) → ***Cavendish.***

**CANÉ** (Luis), poeta argentino (Las Mercedes 1897-† 1957). Su poesía, de factura clásica, se centra en lo criollo: *Mal estudiante* (1925), *Romancero del Río de la Plata* (1936), *Nuevos romances y cantares de la Colonia* (1938), *Bailes y coplerías* (1941), *Libro en espera* (1943).

**CANÉ** (Miguel), escritor argentino (Montevideo 1851-Buenos Aires 1905). Político liberal, escribió *En viaje* (1884), que refleja su experiencia como diplomático, la novela autobiográfica *Juvenilia* (1884) y ensayos.

**CANEA (La),** en gr. **Khania,** c. y puerto de Grecia, en la costa N de Creta; 50 077 hab. Museo.

**CANEJA** (Juan Manuel **Díaz**), pintor español (Palencia 1905-Madrid 1988). Su pintura se centra en la representación de paisajes y naturalezas muertas con reminiscencias cubistas.

**CANELONES** *(departamento de),* dep. del S de Uruguay; 4 536 km$^2$; 364 248 hab. Cap. *Canelones* (17 316 hab.).

**CANENDIYÚ** *(departamento de),* dep. de Paraguay, en la región Oriental, junto a la frontera con Brasil; 14 667 km$^2$; 96 826 hab. Cap. *Salto del Guairá.*

**CANET DE MAR,** v. de España (Barcelona); 9 194 hab. *(Canetenses.)* Industria textil. Turismo.

**CANETTI** (Elias), escritor de origen búlgaro en lengua alemana (Ruse, Bulgaria, 1905-Zurich 1994), nacionalizado británico. Autor de novelas alegóricas (*Auto de fe,* 1936) y ensayos (*Masa y poder,* 1960), que analizan los motivos profundos de las acciones humanas. Es autor de una extensa autobiografía. (Premio Nobel de literatura 1981.)

**CANFRANC** *(Valle de),* comarca de España, en el Pirineo de Huesca. Vía de paso hacia Francia a través de Somport. Turismo en Candanchú*.

**CANGAS,** v. de España (Pontevedra), cab. de p. j.; 21 729 hab. *(Cangueses.)* En la ría de Vigo. Pesca (conservas). Turismo.

**CANGAS DE NARCEA,** v. de España (Asturias), cab. de p. j.; 19 083 hab. Pastos. Centro hullero.

**CANGAS DE ONÍS,** c. de España (Asturias), cab. de p. j.; 6 484 hab. *(Cangueses.)* Puente medieval sobre el Sella. Ermita de Santa Cruz.

**CANIGÓ (El),** en fr. **Le Canigou,** macizo de los Pirineos orientales (Francia); 2 784 m. En él se encuentra la abadía de *Sant Martí del Canigó* (s. XI).

**Canigó,** poema épico en catalán, de J. Verdaguer (1886), que exalta el origen histórico de Cataluña.

**Cannas** *(batalla de)* [216 a. J.C.], victoria de Aníbal sobre los romanos en Apulia, cerca del Aufidus (act. *Ofanto*).

**CANNES,** c. de Francia (Alpes-Maritimes), en la Costa Azul; 69 363 hab. Turismo. Festival internacional de cine.

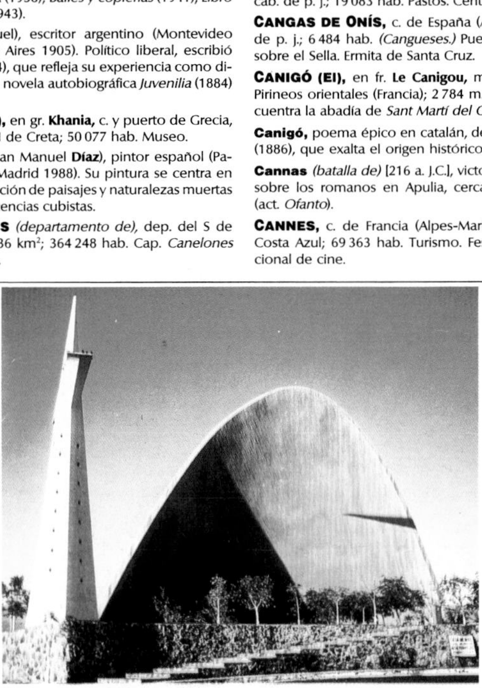

Félix **Candela:** la capilla de Las Lomas (1963) en Cuernavaca, México

**CANNING** (George), político británico (Londres 1770-Chiswick 1827). Conservador, fue ministro de Asuntos Exteriores (1807-1809) y dirigió con energía la guerra contra Francia. A su vuelta al Foreign Office (1822-1827), favoreció el librecambio y practicó una política de no intervención en Europa. Fue primer ministro (1827).

**CANNIZZARO** (Stanislao), químico italiano (Palermo 1826-Roma 1910). Introdujo la noción de número de Avogadro (1858) y descubrió los alcoholes aromáticos.

**CANO** (Alonso), pintor, escultor y arquitecto español (Granada 1601-*id.* 1667). Se formó en el estilo barroco andaluz y recibió en Madrid (1638-1651) la influencia de la pintura veneciana. Como arquitecto realizó las iglesias del Ángel custodio y de la Magdalena, y las trazas de la fachada de la catedral, en Granada. Como escultor, el retablo mayor de Santa María de Lebrija, Sevilla (1629) y figuras en las catedrales de Granada (*Inmaculada,* 1656) y Málaga. Su labor como pintor, muy abundante, comienza en el tenebrismo y evoluciona hacia el color y el clasicismo barroco (*Vida de la Virgen,* 1652-1664, Granada; *La Virgen del Rosario,* Málaga).

Alonso **Cano:** *Inmaculada* (1656)
[catedral de Granada]

**CANO** (Melchor), teólogo dominico español (Tarancón 1509-Toledo 1560). Teólogo del emperador en el concilio de Trento, inspiró a Felipe II un catolicismo nacional cerrado a Europa. Renovó la teología escolástica (escuela de Salamanca), preconizando las fuentes patrísticas y bíblicas.

**CANO DE LA PEÑA** (Eduardo), pintor español (Madrid 1823-† 1897), dedicado a la pintura de historia *(Regreso de la guerra de África).*

**CANOGAR** (Rafael **García Gómez,** llamado **Rafael**), pintor español (Toledo 1935). Miembro fundador del grupo El Paso, iniciado en el informalismo, evolucionó hacia la figuración y el realismo, para volver posteriormente a la abstracción.

Elias **Canetti**

**Cánovas del Castillo**
(R. Madrazo - palacio del congreso, Madrid)

**CANOPE,** ant. c. del Bajo Egipto, en el delta del Nilo. Famosa en la antigüedad por sus templos (el de Serapis inspiró algunas partes de la villa Adriana, y los vasos característicos del de Osiris originaron la denominación de *vaso canope*).

**CANOSSA,** lugar de Italia en Emilia. El futuro emperador germánico Enrique IV solicitó allí el perdón ante Gregorio VII durante la querella de las investiduras (28 en. 1077).

**CANOVA** (Antonio), escultor italiano (Possagno, Treviso, 1757-Venecia 1822). Principal representante del neoclasicismo, es autor de obras en mármol como *Amor y Psiquis* (Louvre) y *Paulina Borghese* (Roma).

**CANÓVANAS,** ant. **Loíza,** mun. de Puerto Rico, en la cuenca del río Loíza; 36 816 hab.

**CÁNOVAS DEL CASTILLO** (Antonio), político e historiador español (Málaga 1828-Santa Águeda, Guipúzcoa, 1897). Ministro de la Gobernación (1864) y de Ultramar (1865-1866). Después del levantamiento de Martínez Campos (1874), diseñó el sistema político de la Restauración, basado en el turno de partidos y en la constitución de 1876. Líder del partido liberal-conservador, fue jefe de gobierno en 1874-1881, 1884, 1890-1892 y 1895-1897. Murió asesinado por el anarquista Angiolillo.

**CANOVELLES,** mun. de España (Barcelona); 13 220 hab. Industria química y textil.

**CANSADO,** c. y puerto de Mauritania, cerca de Nouadhibou; 5 000 hab. Exportación de mineral de hierro.

**CANSINOS ASSENS** (Rafael), escritor español (Sevilla 1883-Madrid 1964). Colaborador de revistas modernistas, se convirtió en teorizador del ultraísmo y el dadaísmo. Escribió novelas (*En tierra florida,* 1921), poesía y crítica literaria.

**CANTABRIA,** región del N de España, que constituye una comunidad autónoma uniprovincial; 5 289 km²; 530 281 hab. *(Cántabros.)* Cap. *Santander.* P. j. de *Laredo, Medio Cudeyo, Reinosa, San Vicente de la Barquera, Santander, Santoña* y *Torrelavega.*

GEOGRAFÍA

La cordillera Cantábrica y sus enlaces con los montes Vascos compartimentan el interior, con las mayores elevaciones en el O (Peña Vieja, 2 613 m). Ríos cortos y caudalosos (Pas, Besaya, Nansa). En la costa, alta y recortada, se abren rías y puertos naturales (Santander, Santoña). El litoral (Marina) concentra la mayor parte de la población y de las actividades industriales y turísticas. En el interior, ganadería vacuna.

HISTORIA

La región es rica en yacimientos prehistóricos (cuevas de Altamira y Pasiega). La resistencia de los cántabros y astures a la conquista romana (29-19 a. J.C.) explica la débil romanización (Iulióbriga, cap. de la Cantabria romana; Portus Victoriae, Santander). Tras la invasión musulmana fue lugar de refugio y punto de partida de la repoblación del valle del Duero (ss. XI-XII). S. XIII: vinculación económica con Castilla (exportación de lana). S. XVI: crisis económica y peste (1599-1601). S. XVIII: reactivación del comercio y la industria (alimentaria, metalúrgica). 1778: libre comercio con América. 1982: estatuto de autonomía.

**CANTÁBRICA** *(cordillera),* cordillera del N de España, que constituye el reborde septentrional de la Meseta, desde el macizo Galaico hasta las mon-

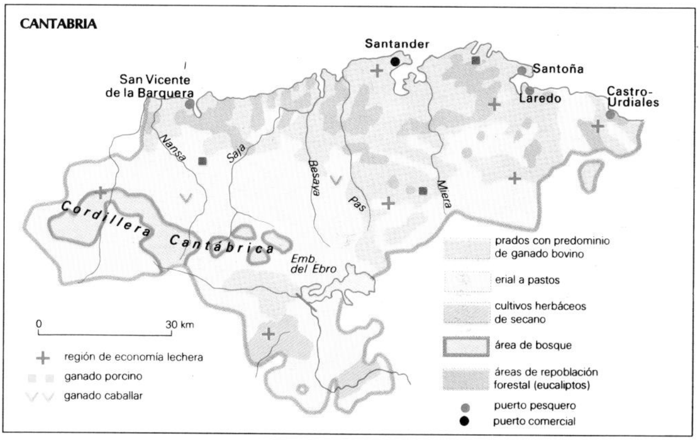


CANTABRIA

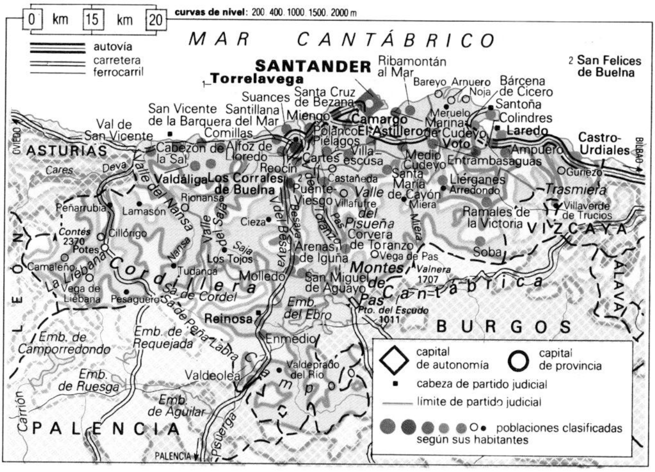

tañas Vascas; 2 648 m en Torre Cerredo. Asiento de una importante cuenca minera.

**CANTÁBRICO** *(mar),* golfo o seno del Atlántico formado por la costa occidental de Francia y la septentrional de España.

**CANTACUZENO,** familia de la aristocracia bizantina que dio emperadores a Bizancio, déspotas a Mistra y hospodares a los principados rumanos.

**CANTAL,** dep. de Francia (Auvernia); 5 276 $km^2$; 158 723 hab. Cap. *Aurillac* (32 654 hab.).

**Cantar de los cantares** *(El),* libro de la Biblia (c. 450 a. J.C.), recopilación de cantos de amor que simbolizan la unión de Dios y su pueblo.

**Cantares gallegos** *(Cantares galegos),* libro de poemas de Rosalía de Castro (1863), escrito en gallego. Inspirándose en cantares populares o reinventándolos (muchos de sus poemas forman ya parte del folklore), alterna la visión idílica de su Galicia, con la reivindicación patriótica y la denuncia social.

**CANTAURA,** mun. de Venezuela (Anzoátegui); 25 153 hab. Refinería de petróleo. Aeropuerto.

**CANTEMIR** (Dimitri), príncipe de Moldavia (1693 y 1710-1711) e historiador (Fălciu 1673-Járkov 1723). Aliado de Pedro el Grande, derrotado por los otomanos en 1711, se refugió en Rusia.

**CANTERBURY,** ant. en esp. **Cantorbery,** c. de Gran Bretaña (Kent), sede del arzobispo primado del reino; 33 000 hab. Catedral de los ss. XI-XV y otros restos medievales.

**Cántico,** obra de Jorge Guillén que reúne su poesía de 1919 a 1950, gozosa exaltación ante la belleza y la armonía del mundo.

**Cántico espiritual,** poema místico de san Juan de la Cruz, escrito entre 1577 y 1582. Inspirado en el *Cantar de los cantares,* desarrolla una delicada historia de amor en un marco pastoril.

**Cantigas de Santa María,** obra poética de Alfonso X el Sabio. Escritas en gallego, son una relación de milagros de la Virgen o de loores en su honor. Se conservan en cuatro códices: uno en Madrid, dos en El Escorial y otro en Florencia. Los de El Escorial están adornados con miniaturas góticas y, al igual que el de Madrid, tienen notación musical.

**CANTILLANA,** v. de España (Sevilla); 8 619 hab. *(Cantillaneros.)* Centro agrícola.

**CANTILLON** (Richard), banquero, economista y demógrafo irlandés (1680-Londres 1734). Inspiró a los fisiócratas y a Adam Smith

**CANTINFLAS** (Mario **Moreno,** llamado), actor de cine mexicano (México 1913-*id.* 1993). Encarnó con humor el personaje del *pelado* mexicano, y fue el cómico más famoso en lengua castellana: *Ahí está el detalle* (1940), *Los tres mosqueteros* (1942), *La vuelta al mundo en 80 días* (1956), *Pepe* (1960), *El extra* (1962), *El padrecito* (1964).

**Cantinflas** con Janet Leigh en *Pepe* (1960) de G. Sidney

**Canto general,** obra de Pablo Neruda (1950). Es un poema épico moderno, lírico y combativo a la vez, un recorrido por la historia y la geografía «de la América insurrecta», en el que sobresale el capítulo *Alturas de Macchu Picchu.*

**CANTÓN,** en chino **Guangzhou** o **Kuang-cheu,** c. y puerto de China, cap. de Guangdong, en la desembocadura del Xi Jiang; 4 millones de hab. aprox. *(Cantoneses.)* Industria mecánica, química y textil. Feria internacional. Centro de un activo comercio con la India y el Imperio musulmán desde el s. VII, mantuvo contactos con los occidentales a partir de 1514.

**cantonalista** *(insurrección),* levantamiento de los republicanos federales de Valencia, Murcia y Andalucía en julio de 1873. Provocó la caída del presidente Pi y Margall. Su sucesor, Salmerón, sofocó la revuelta recurriendo al ejército. El último cantón, Cartagena, cayó en enero de 1874.

**CANTOR** (Georg), matemático alemán (San Petersburgo 1845-Halle 1918), creador con Dedekind de la teoría de conjuntos. Sus trabajos sobre los conjuntos lo llevaron a estudiar la topología de la recta.

**Cantos de vida y esperanza,** obra poética de Rubén Darío (1905) que incluye poemas tan memorables como *Lo fatal.*

**CANUTO,** nombre de varios soberanos escandinavos; los más conocidos son: **Canuto I** o **II** o **Canuto el Grande** (995-Shaftesbury 1035), rey de Inglaterra [1016-1035], de Dinamarca [1018-1035] y de Noruega [1028-1035], que, respetando las leyes anglosajonas, favoreció la fusión entre daneses y anglosajones. – **Canuto II** o **IV el Santo** (1040-Odense 1086), rey de Dinamarca [1080-1086], que murió mártir. Es el patrón de Dinamarca.

**CAÑAR** *(provincia de),* prov. de Ecuador, en la cordillera andina; 3 377 $km^2$; 189 102 hab. Cap. *Azoques.*

**CAÑAR,** cantón de Ecuador (Cañar), avenado por el *río Cañar;* 86 628 hab. Ruinas de Ingapirca.

**CAÑAS,** cantón de Costa Rica (Guanacaste); 20 677 hab. Pastos. Ganadería. Explotación maderera.

**Cañas y barro,** novela de V. Blasco Ibáñez (1902) sobre la vida de los pescadores de la Albufera valenciana.

**CAÑAS Y VILLACORTA** (José Simeón), eclesiástico y político salvadoreño (Zacatecoluca 1767-† 1838). Logró que la Asamblea constituyente de 1823-1834 aboliera la esclavitud en Centroamérica.

**CAÑASGORDAS,** mun. de Colombia (Antioquia); 18 791 hab. Centro agrícola y minero (hierro, carbón).

**CAÑAVERAL** *(cabo),* de 1964 a 1973 **cabo Kennedy,** saliente arenoso del litoral atlántico de Estados Unidos, en la costa E de Florida. Centro espacial Kennedy de la N.A.S.A.

**CAÑETE,** c. de Chile (Biobío); 29 742 hab. Explotación forestal. Turismo. En el emplazamiento del ant. fuerte Tucapel, donde murió Pedro de Valdivia.

**CAÑIZARES** (José **de**), dramaturgo español (Madrid 1676-*id.* 1750). Epígono de Calderón, adaptó obras de otros autores *(El picarillo en España..., El dómine Lucas).*

**CAÑUELAS,** partido de Argentina (Buenos Aires); 31 012 hab. Ganado vacuno. Industrias lácteas.

**CÃO** o **CAM** (Diogo), navegante portugués del s. XV, que descubrió en 1483 la desembocadura del río Congo.

**CAO BANG,** c. del N de Vietnam, cap. de prov. Victoria del Vietminh sobre los franceses (1950).

**CAPA** (Andrei **Friedmann,** llamado **Robert**), fotógrafo norteamericano de origen húngaro (Budapest 1913-Thai Bihn, Vietnam, 1954), uno de los fundadores de la agencia Magnum. Reportero de guerra, desde la de España a la de Indochina, en la que murió, dejó testimonio de las desgracias de la humanidad.

**CAPABLANCA** (José Raúl), ajedrecista cubano (La Habana 1888-Nueva York 1942). Campeón del mundo desde 1921, al vencer a Lasker, hasta 1927, año en que fue derrotado por Alekhine.

**CAPADOCIA,** región central de Asia Menor (Turquía), que fue el núcleo del imperio hitita (III y II milenio a. J.C.). A fines del s. IV se convirtió en un importante foco de difusión del cristianismo. Numerosas iglesias rupestres bizantinas decoradas con pinturas (ss. VI-XIII).

**CAPANAPARO,** r. de Colombia y Venezuela, afl. del Orinoco (or. izq.); 650 km. Navegable en parte.

**CAPARRAPÍ,** mun. de Colombia (Cundinamarca); 17 379 hab. Centro agrícola y minero (carbón, cobre).

**CAPDEVILA** (Arturo), escritor argentino (Córdoba 1889-Buenos Aires 1967). Poeta (*Córdoba azul,* 1940), dramaturgo y novelista, cultivó también el ensayo, interesándose por la historia argentina y los problemas del lenguaje.

**CAPE TOWN** → *Cabo (Ciudad de El).*

**ČAPEK** (Karel), escritor checo (Malé-Svatoňovice 1890-Praga 1938), autor de novelas (*La fábrica de absoluto,* 1922) y dramas (*R.U.R.,* 1920) denuncia de la sumisión del hombre a sus criaturas.

**Caperucita roja,** cuento de Perrault (1697).

**CAPETOS,** dinastía que reinó en Francia de 987 a 1328. Le sucedió la casa de Valois, una de sus ramas.

**CAP-HAÏTIEN** o **LE CAP,** c. y puerto de Haití, en la costa N de la isla; 64 000 hab. Fue la capital del país hasta 1770.

**CAPIATÁ,** c. de Paraguay (Central); 45 716 hab. Conserva una iglesia jesuística del s. XVII.

**CAPIRA,** distr. de Panamá (Panamá); 21 581 hab. Cítricos.

**capital** *(El),* obra de Karl Marx (libro I, 1867), en el que analiza el sistema capitalista, y, a partir de la crítica que hace de él, sienta las bases del socialismo científico. Los libros II, III y IV aparecieron después de la muerte de Marx, en 1885, 1894 y 1905 respectivamente.

**CAPITAL FEDERAL,** entidad administrativa de Argentina; 2 960 976 hab. Su ámbito territorial coincide con el término municipal de la ciudad de Buenos Aires.

**CAPITOLIO** o **MONTE CAPITOLINO,** en ital. **Campidoglio,** una de las siete colinas de Roma y, en un sentido más estricto, una de sus dos cimas, sobre la que se levanta el templo de Júpiter *Capitolino.* La actual plaza del *Capitolio* de Roma fue trazada por Miguel Ángel. Uno de sus palacios es el ayuntamiento de la ciudad, y los otros dos albergan museos.

**Capitulaciones de Santa Fe,** acuerdo entre los Reyes Católicos y Colón firmado en Santa Fe (Granada) el 17 de abril de 1492. Regulaba las prerrogativas sobre las futuras conquistas en las Indias.

**CAPMANY** (Maria Aurèlia), escritora española en lengua catalana (Barcelona 1918-*id.* 1991), novelista (*Un lugar entre los muertos* [*Un lloc entre els morts,* 1968]), autora de teatro y ensayista.

**CAPMANY Y DE MONTPALAU** (Antonio **de**), historiador, filólogo y político español (Barcelona 1742-Cádiz 1813). Secretario perpetuo de la Academia de la historia (1790) y diputado en las cortes de Cádiz, es autor de *Memorias históricas sobre la marina, comercio y artes de la antigua ciudad de Barcelona* (1779-1792).

**CAPO D'ISTRIA** o **CAPODISTRIA** (Juan, *conde* **de**), en gr. **Ioánnis Kapodhistrias,** político griego (Corfú 1776-Nauplia 1831). Después de estar al servicio de Rusia (1809-1822), se dedicó a la causa de la independencia griega y fue elegido por la asamblea presidente de la nueva república (1827). Fue asesinado.

**CAPONE** (Alfonso, llamado **Al**), gángster norteamericano (Nápoles 1899-Miami 1947). Hizo fortuna gracias al comercio clandestino de bebidas alcohólicas, que organizó en E.U.A. durante la prohibición (ley seca).

**Caporetto** *(batalla de)* [oct. 1917], victoria de los austroalemanes sobre los italianos en Caporetto, en el Isonzo (act. *Kobarid,* Eslovenia).

**CAPOTE** (Truman), escritor norteamericano (Nueva Orleans 1924-Los Ángeles 1984), representante de la escuela neorromántica del Sur (*El arpa de la hierba,* 1951), evolucionó hacia la novela-reportaje (*A sangre fría,* 1965).

**CAPPELLO** o **CAPELLO** (Bianca), gran duquesa de Toscana (Venecia 1548-villa del Poggio, cerca de Florencia, 1587). Fue amante del gran duque de Toscana (Francesco de Médicis), quien se casó con ella (1578). Ambos murieron al mismo tiempo, quizá envenenados.

**CAPPONI,** familia italiana, importante en la vida florentina entre los ss. XIV y XIX. – **Gino** (Florencia 1792-*id.* 1876), político e historiador, apoyó activamente el Risorgimento.

**CAPRA** (Frank), director de cine norteamericano (Palermo 1897-La Quinta, California, 1991), artífice de la comedia norteamericana sofisticada y optimista: *Sucedió una noche* (1934), *Vive como quieras* (1938), *Arsénico por compasión* (1944).

**CAPRERA,** isla italiana de la costa N de Cerdeña; 16 $km^2$; 170 hab. Casa y tumba de Garibaldi.

**CAPRI,** isla de Italia, en el golfo de Nápoles, 10,4 $km^2$; 7 045 hab. Costas escarpadas y horadadas por grutas. Gran centro turístico. Residencia favorita de Tiberio (ruinas de dos villas).

**caprichos** *(Los),* serie de 84 aguafuertes de Goya, realizados en 1792-1799, que refleja los errores y vicios humanos con intención crítica.

**CAPRICORNIO,** constelación zodiacal. — Décimo signo del zodíaco, en el que el Sol entra en el solsticio de invierno.

**CAPRIVI** (Leo, *conde* **von**), general y político prusiano (Charlottenburg, Berlín, 1831-Skyren, Brandeburgo, 1899). Jefe del almirantazgo (1883-1888), fue presidente del consejo de Prusia (1890-1892) y canciller del imperio (1890-1894).

**CAPUA,** c. de Italia (Campania), a orillas del Volturno; 17 967 hab. Fue conquistada por Aníbal (215 a. J.C.); su ejército, inmerso en el lujo de la ciudad *(delicias de Capua),* perdió su combatividad. Restos romanos. Museo.

**CAPULETO,** familia legendaria de Verona (s. XIII), según Dante rival de los *Montesco;* el tema inspiró a Shakespeare *Romeo y Julieta.*

**CAPULHUAC,** mun. de México (México), avenado por el Lerma; 18 257 hab. Cab. *Capulhuac de Mirafuentes.* Explotaciones forestales.

**CAPUZ,** familia de escultores valencianos de los ss. XVII-XX, de ascendencia italiana. — Destacan los hermanos **Leonardo Julio, Raimundo** y **Francisco** (ss. XVII-XVIII) y **Antonio** y **Cayetano** (s. XIX).

**CAQUETÁ,** r. de Colombia y Brasil, donde recibe el nombre de *Japurá.* Desemboca en el Amazonas (or. izq.), frente a Tefé; 2 280 km.

**CAQUETÁ** *(departamento del),* dep. del S de Colombia, en la selva amazónica; 88 965 $km^2$; 214 473 hab. Cap. *Florencia.*

**CÁQUEZA,** mun. de Colombia (Cundinamarca); 16 486 hab. Agricultura. Ganado vacuno y de cerda.

**CARABAYLLO,** mun. de Perú (Lima); 46 544 hab. Plantaciones de algodón. Autopista a Lima.

**CARABOBO** *(estado de),* est. del N de Venezuela; 4 650 $km^2$; 1 453 232 hab. Cap. *Valencia.*

**Carabobo** *(batalla de),* victoria de Bolívar sobre el ejército español de Miguel de la Torre (24 junio 1821), al SO de Valencia, que garantizó la independencia de Venezuela.

**CARACALLA** (Marco Aurelio Antonio **Basiano,** llamado) [Lyon 188-Carrhae (act. Harrān) 217], emperador romano [211-217], hijo de Septimio Severo. Otorgó la *constitución antonina* o *edicto de Caracalla* (212), que extendió el derecho de ciudadanía romana a todo el Imperio. Hizo construir en Roma las termas que llevan su nombre.

**CARACAS,** c. de Venezuela, cap. de la república y del Distrito Federal; 1 822 465 hab. El área metropolitana, que invade el est. Miranda, tiene 3 373 059 hab. Centro político, comercial y financiero, la industria tiende a desplazarse a la periferia. Al pie del pico del Ávila (teleférico), bien comunicada con el puerto de La Guaira y con el aeropuerto de Maiquetía, cuenta con tres universidades y numerosos museos, monumentos coloniales (catedral, iglesia de San Francisco, ss. XVIII) y del s. XIX (Panteón nacional) y notables edificios del s. XX (universidad central) y otros atractivos turísticos. Fundada por D. de Losada en 1567, en 1810 una junta de gobierno proclamó en ella la independencia de Venezuela. Se convirtió en capital de la nueva república en 1830.

**Caracas:** un aspecto de la ciudad

**CARACCIOLO,** familia napolitana conocida desde el s. XI, cuyos miembros ocuparon cargos destacados en la iglesia, las armas o la política. – **Domenico** (Malpartida de la Serena, Badajoz, 1715-Nápoles 1789), fue virrey de Sicilia (1781-1786). – **Francesco** (Nápoles 1752-*id.* 1799), almirante de la flota partenopea, fue ahorcado por orden de Nelson en el palo mayor de su fragata.

**CARAFA,** familia napolitana que destacó en la Iglesia, la guerra y la política. – **Gian Pietro,** fue papa con el nombre de Paulo IV.

**CARAFFA** (Emilio), pintor argentino (Catamarca 1863-† 1939). Pintor de género, fundó la escuela (1902) y el museo de bellas artes (1912) de Córdoba.

**CARAGIALE** (Ion Luca), escritor rumano (Haimanale, cerca de Ploieşti, 1852-Berlín 1912), autor de comedias (*Una carta perdida,* 1884) e iniciador del relato moderno en su país.

**CARAHUE,** ant. **Imperial,** c. de Chile (Araucanía); 25 184 hab. Mercado agropecuario.

**CARAJÁS** *(serra dos),* alineamiento montañoso de Brasil (Pará). Mineral de hierro.

**CARAMANLIS** (Kostandinos) → ***Karamanlís.***

**Carambolo** (*tesoro de* **El**), tesoro tartésico descubierto en 1959 cerca de Sevilla. Está formado por 21 piezas de oro (pectorales, brazaletes, placas) de estilo indígena y oriental, del s. VI a. J.C. (museo arqueológico de Sevilla).

**CARAMUEL** (Juan), matemático y monje cisterciense español (Madrid 1606-Milán 1682). Su obra principal es *Mathesis biceps* (1670). Su sistema de logaritmos «perfectos» es un precedente de los cologaritmos.

**CARANDE** (Ramón), historiador español (Palencia 1887-Almendral 1986), autor de *Carlos V y sus banqueros* (3 vols., 1943-1966) y fundador del *Anuario de historia del derecho español.*

**CARAPEGUÁ,** distr. de Paraguay (Paraguarí); 27 045 hab. Pastos. Refino de azúcar. Curtidurías.

**CARARE,** r. de Colombia (Cundinamarca y Santander), afl. del Magdalena (or. der.); 450 km.

**CARAVACA DE LA CRUZ,** c. de España (Murcia), cab. de p. j.; 21 238 hab. *(Caravaqueños.)* Castillo. Templo de la Santa Cruz. Mansiones y ayuntamiento barrocos. Iglesia renacentista del Salvador.

**CARAVAGGIO** (Michelangelo **Amerighi** o **Merisi,** llamado **el**), pintor italiano (Caravaggio, Lombardía, *c.* 1573-Porto Ercole, Grosseto, 1610). Dramatizó el realismo de la composición recurriendo a fuertes contrastes de luz y sombra (tres escenas de la vida de san Mateo, San Luis de los Franceses, Roma, *c.* 1600; *Las siete obras de misericordia,* 1607, Nápoles; *La resurrección de Lázaro,* 1608, Mesina, etc.). Sus naturalezas muertas son de factura moderna. Numerosos pintores europeos siguieron su estética *(caravaggistas).*

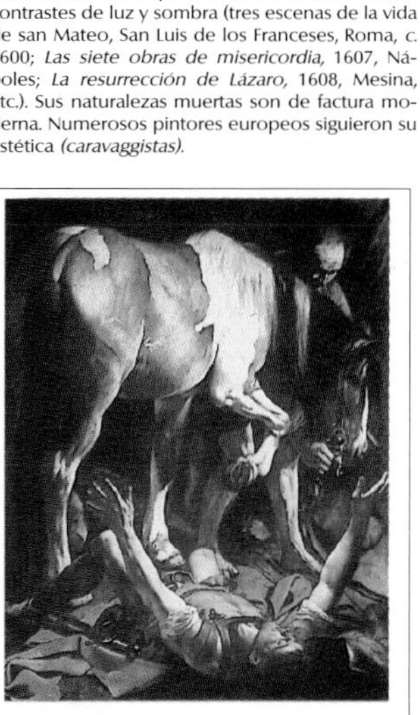

El **Caravaggio:** *La conversión de san Pablo* (1601). [Santa María del Popolo, Roma.]

**CARAVAGGIO** (Polidoro **Caldara da**), pintor italiano (Caravaggio, prov. de Bérgamo, *c.* 1490/1500-Messina ¿1546?). De tendencia expresionista, es autor de grandes pinturas decorativas (especialmente en grisalla, para las fachadas de palacios romanos) y de cuadros de iglesia.

**CARAZO** *(departamento de),* dep. de Nicaragua, en la costa del Pacífico, 1 097 $km^2$; 130 900 hab. Cap. *Jinotepe.*

**CARAZO** (Rodrigo), político costarricense (Cartago 1926), presidente de la república por la conservadora Coalición de la unidad (1978-1982).

**CARBAJAL** (Antonio), futbolista mexicano (León 1929), participó en cinco fases finales de los campeonatos del mundo (1950, 1954, 1958, 1962 y 1966).

**CARBALLIDO** (Emilio), escritor mexicano (Córdoba 1925). Novelista, cuentista y destacado dramaturgo, autor de un teatro de tipo brechtiano (*El relojero de Córdoba,* 1960).

**CARBALLIÑO (O),** v. de España (Orense), cab. de p. j.; 11 017 hab. *(Carballiñeses.)* Explotación forestal. Industrias alimentarias.

**CARBALLO,** v. de España (La Coruña), cab. de p. j.; 24 898 hab. *(Carballeses.)* Agricultura. Pesca. Industrias alimentarias. Minas. Aguas medicinales.

**CARBALLO** (Jesús), gimnasta español (Madrid 1976), campeón del mundo en 1996 y subcampeón en 1997 (barra fija).

**CARBALLO CALERO** (Ricardo), escritor español en lengua gallega (Ferrol 1910-Santiago 1990). Poeta, novelista y dramaturgo, destaca por su *Gramática gallega* (1966) y sus ensayos (*Historia de la literatura gallega contemporánea,* 1975).

**CARBONELL** (Alonso), arquitecto español (nacido en Valencia-Madrid 1660). Se formó en el barroco castellano. Colaboró en el panteón de los reyes de El Escorial (1645-1654) y realizó el palacio del Buen Retiro de Madrid (1628) y el convento dominico de Loeches (1635-1638).

**CARBONELL** (Guillem), arquitecto catalán del s. XIV. Maestro director de las obras reales (1368), destaca por el salón del Tinell del palacio real mayor de Barcelona (1359-1370).

**CARCAGENTE** o **CARCAIXENT,** c. de España (Valencia); 20 062 hab. *(Carcagentinos.)* Centro de una región naranjera. Iglesia de Santa María (s. XVI).

**CARCASONA,** en fr. **Carcassonne,** c. de Francia, cap. del dep. de Aude, junto al Aude y el canal del Midi; 44 991 hab. Conjunto de fortificaciones medievales (restauradas por Viollet-le-Duc). Museos.

**CARCHI** *(provincia de),* prov. de Ecuador, en el N del país; 3 701 $km^2$ y 141 992 hab. Cap. *Tulcán.*

**CÁRCOVA** (Ernesto **de la**), pintor argentino (Buenos Aires 1867-*id.* 1927), primer director de la Academia nacional de bellas artes, introdujo el realismo social en la pintura de su país *(Pensativa, Andaluza, Sin pan y sin trabajo).*

**CARDANO** (Gerolamo), matemático, médico y filósofo italiano (Pavía 1501-Roma 1576). Autor (después de Tartaglia) de la fórmula de resolución de la ecuación de tercer grado, inició la teoría de las ecuaciones en el *Ars magna* (1545). En mecánica, ideó un sistema de transmisión, el *cardan.*

**CARDEDEU,** v. de España (Barcelona); 9 074 hab. *(Cardedeuenses.)* Industrias. Centro de veraneo.

**CARDENAL** (Ernesto), poeta nicaragüense (Granada 1925). Sacerdote vinculado a la teología de la liberación, es autor de una poesía revolucionaria, de aliento épico (*Salmos,* 1964; *Oración por Marilyn Monroe y otros poemas,* 1965; *El estrecho dudoso,* 1966; *Homenaje a los indios americanos,* 1970).

**CARDENAL** (Salvador), cirujano español (Valencia 1852-Barcelona 1927), introductor en España de la antisepsia y las nuevas técnicas quirúrgicas.

**CÁRDENAS,** c. de Cuba (Matanzas); 75 032 hab. Salinas. Puerto pesquero y comercial. Refino de azúcar. Centro turístico en la playa de Varadero.

**CÁRDENAS,** mun. de México (Tabasco); 61 017 hab. Economía agropecuaria. – C. de México (San Luis Potosí), en la sierra Madre oriental; 20 235 hab.

**CÁRDENAS** (Agustín), escultor cubano (Matanzas 1927-La Habana 2001). En 1955 se instaló en París, donde expuso con los surrealistas (1956 y 1959). Sus esculturas se relacionan con la obra de Brancusi y Arp.

**CÁRDENAS** (Cuauhtémoc), político mexicano, hijo del general Lázaro Cárdenas (Michoacán 1934). Fue gobernador de Michoacán (1980-1986).

En 1987 renunció al P.R.I. y aglutinó el Frente democrático nacional (1986-1987), convertido posteriormente en Partido de la revolución democrática (P.R.D.). Fue candidato a la presidencia de la república en 1987-1988 y 1994. Fue el primer jefe de gobierno del Distrito Federal elegido mediante votación (1997-1999).

**CÁRDENAS** (Lázaro), militar y político mexicano (Jiquilpan, Michoacán, 1895-México 1970). Alcanzó el grado de general durante la revolución. Gobernador de Michoacán (1928-1929), presidente del Partido revolucionario nacional (1929), que transformó en Partido de la revolución mexicana (1938), origen del act. P.R.I., fue presidente de la república (1934-1940). Impulsó la reforma agraria y la industrialización y nacionalizó la industria del petróleo (1938).

**CÁRDENAS** (Santiago), pintor colombiano (Bogotá 1937). En su obra, encuadrada dentro del hiperrealismo, investiga la representación del objeto (*La distancia de la mirada,* 1976). — Su hermano **Juan,** pintor, dibujante y caricaturista (Bogotá 1939), es, también, uno de los máximos representantes del hiperrealismo en Latinoamérica.

**CARDIFF,** c. y puerto de Gran Bretaña, en la costa S del País de Gales; 272 600 hab. Estadio de rugby *(Arm's Park).* Museo nacional del País de Gales.

**CARDIJN** (Joseph), cardenal belga (Schaerbeek 1882-Lovaina 1967), fundador (1924) de la Juventud obrera cristiana (J.O.C.).

**CARDIN** (Pierre), modisto francés (Sant'Andrea di Barbarana, Italia, 1922). En 1949 creó su propia casa de modas. Es el introductor del *prêt-à-porter.*

**CARDONA,** v. de España (Barcelona); 6 402 hab. *(Cardonenses.)* Murallas. Castillo que engloba la colegiata románica de San Vicente (1040). Iglesia parroquial (s. XIV). Complejo turístico.

**CARDONA** *(casa de),* casa nobiliaria de la Cataluña medieval. – **Hugo Folc II** (1334-1400) creó el condado de Cardona (1375), convertido en ducado por **Juan Ramón Folc IV** (1486-1513), en 1491. A la muerte de la duquesa **Catalina** (1697), el ducado pasó a su esposo, Juan de la Cerda, duque de Medinaceli.

**CARDONA** (Manuel), físico español (Barcelona 1934). Especializado en física del estado sólido, es una gran autoridad en la ciencia de materiales.

**CARDOSO** (Fernando Henrique), sociólogo y político brasileño (Río de Janeiro 1931). Es autor de numerosos análisis socioeconómicos. Socialdemócrata, fue elegido presidente de Brasil en 1995.

**CARDOSO** (Isaac), médico y filósofo portugués (Lisboa 1615-† 1680). Estudió en Salamanca y residió muchos años en España. Filósofo ecléctico, criticó el hilemorfismo en favor del atomismo.

**CARDOSO** (Ornelio Jorge), escritor cubano (Calabazar de Sagua 1914-La Habana 1988), autor de cuentos realistas de ambiente rural (*El carbonero,* 1945; *La otra muerte del gato,* 1964; *Gente de pueblo,* 1962).

**CARDOZA Y ARAGÓN** (Luis), escritor guatemalteco (Antigua Guatemala 1904-México 1992), poeta surrealista (*Luna park,* 1923; *El sonámbulo,* 1937), crítico de arte y ensayista político (*Guatemala: las líneas de su mano,* 1955).

**CARDOZO** (Efraím), historiador paraguayo (Villa Rica 1906-Asunción 1973). Fue uno de los artífices del tratado de Buenos Aires (1938), que fijó las fronteras con Bolivia. Autor de *Historiografía paraguaya* (1959).

**CARDUCCI** (Giosuè), escritor italiano (Val di Castello 1835-Bolonia 1907). Poeta oficial de la Italia unificada, intentó una forma poética en la que se funden la balada romántica y la tradición grecolatina. (Premio Nobel de literatura 1906.)

**CARDUCHO** (Bartolomeo **Carducci,** llamado en España **Bartolomé**), pintor italiano (Florencia *c.* 1560-El Pardo 1608). Pintor de cámara de Felipe III e iniciador del barroco madrileño, llegó a España con Zuccaro para trabajar en El Escorial (1585). – Su hermano **Vincenzo,** llamado en España **Vicente** (Florencia 1576-Madrid 1638), también pintor, fue la figura dominante de la escuela barroca madrileña del primer cuarto del s. XVII.

**CARDÚS** (Ana), bailarina mexicana (México 1943). Actuó con el Ballet concierto de México y con el Gran ballet del marqués de Cuevas, y fue primera bailarina del Ballet de Stuttgart.

**CARELIA,** en finés **Karjala,** en ruso **Kareliya,** región del N de Europa, entre el mar Blanco y el golfo de Finlandia, repartida entre Rusia (la mayor parte) y Finlandia. Anexionada a Suecia en 1617, rusa de 1721 a 1811, en que fue finlandesa, pero bajo la corona de los zares, Carelia occidental perteneció a Finlandia (1918-1947), fue anexionada por la U.R.S.S. (1947) y dividida entre la República de Carelia y la región de Leningrado.

**CARELIA** *(República de),* república de la Federación de Rusia; 174 400 km²; 792 000 hab. Cap. *Petrozavodsk.*

**CARES** o **KHARES,** general ateniense (*c.* 400-330 a. J.C.), vencido en Queronea (338) por Filipo de Macedonia.

**CAREY** (Henry Charles), economista norteamericano (Filadelfia 1793-*id.* 1879), favorable a las tesis proteccionistas.

**CARIA,** ant. región del SO de Asia Menor, en el mar Egeo, habitada por los carios. Su soberano más conocido fue Mausolo (s. IV a. J.C.). C. pral.: *Mileto, Halicarnaso.*

**CARÍAS ANDINO** (Tiburcio), político y militar hondureño (Tegucigalpa 1876-*id.* 1969). Elegido presidente de la república en 1932, se mantuvo en el cargo dictatorialmente hasta 1949.

**CARIBDIS,** remolino del estrecho de Mesina, muy peligroso (act. *Calofaro*). Quien lograba evitarlo, a menudo chocaba contra la roca de Escila, muy próxima a éste. De ahí la frase: *Estar entre Escila y Caribdis.*

**CARIBE** *(mar)* o **MAR DE LAS ANTILLAS,** mar marginal del Atlántico tropical, limitado por el continente americano y los arcos insulares de las Grandes y las Pequeñas Antillas; 2 500 000 km².

**Caribe oriental** *(Organización de estados del),* en ingl. **Organization of Easter Caribbean States** (O.E.C.S.), agrupación internacional constituida en 1981 por países del Caribe oriental (Anguila, Antigua y Barbuda, Dominica, Granada, Montserrat, Saint Kitts-Nevis, Santa Lucía y San Vicente y las Granadinas), pertenecientes todos al Caricom.

**Caricom** (Caribbean community and common market), organización internacional creada en 1973 para promover la integración y cooperación socioeconómica de los países del Caribe, principalmente anglófonos (Haití, Guyana, Trinidad y Tobago son también países miembros). Sustituyó a Carifta (Caribbean free trade association, fundada en 1965).

**Carigüela** *(cueva de la),* yacimiento arqueológico de España (Piñar, Granada) con restos de cerámica neolítica (fines del V milenio-III milenio).

**CARINO** (Marco Aurelio), emperador romano [283-285], hijo del emperador Caro. Venció a Diocleciano pero fue asesinado por sus soldados.

**CARINTIA,** prov. del S de Austria, atravesada por el Drava; 9 533 km²; 537 000 hab. Cap. *Klagenfurt.* — La región histórica de *Carintia* abarcaba una zona más amplia, repartida en 1919 entre Italia y Yugoslavia (act. en Eslovenia).

**CARIÑENA,** c. de España (Zaragoza); 2 844 hab. *(Cariñenses.)* Centro comarcal del *Campo de Cariñena,* primera región vitivinícola aragonesa.

**CARIPITO,** c. de Venezuela (Monagas), cap. del mun. de Colón; 24 433 hab. Puerto petrolero y de cabotaje en el río Caripe. Centro de refino de petróleo.

**CARISSIMI** (Giacomo), compositor italiano (Marino, cerca de Roma, 1605-Roma 1674). Contribuyó a fijar la forma del oratorio en Italia.

**CARITES,** nombre griego de las tres *Gracias.*

**CARLET,** c. de España (Valencia), cab. de p. j.; 14 076 hab. (*Carletenses* o *carletinos.*)

**CARLETON** (Guy), *barón* **Dorchester,** general británico (Strabane, Irlanda, 1724-Maidenhead 1808). Gobernador general de Canadá (1768-1778 y 1786-1796), durante su mandato se redactó el Acta constitucional que dividió el país en dos provincias (1791).

**CARLISLE,** c. de Gran Bretaña (Inglaterra), cap. del condado de Cumbria; 71 000 hab. Catedral de los ss. XII-XIV. Centro industrial.

**CARLISTA** *(rama),* línea de la casa de Borbón que reivindica desde 1833 la corona española. Tiene su origen en el hijo de Carlos IV, el infante **Carlos María Isidro de Borbón** (1788-1855, Carlos V [1833-1845]). – **Carlos de Borbón y de Braganza** (1818-1861, Carlos VI [1845-1860]). – **Juan Carlos de Borbón y Braganza** (1822-1887, Juan III [1861-1868]). – **Carlos de Borbón y de Austria-Este** (1848-1909, Carlos VII [1868-1909]). – **Jaime de Borbón y de Borbón** (1870-1931, Jaime III [1909-1931]). Después de **Alfonso Carlos de Borbón y de Austria-Este** (1849-1936, Alfonso Carlos I [1931-1936]), el carlismo se escindió en distintas ramas.

**carlista** *(primera guerra)* o **guerra de los Siete años** (1833-1840), contienda civil entre las ramas cristina y carlista de los Borbones españoles. Navarra fue el principal núcleo carlista, al mando de Zumalacárregui y González Moreno. Espartero los derrotó en Luchana (1836) y Aranzueque (1837), y acordó la paz con Maroto, jefe supremo carlista (abrazo de Vergara, ag. 1839). Cabrera prosiguió la guerra en el Bajo Aragón y el Maestrazgo hasta julio de 1840.

**carlista** *(segunda guerra)* o **guerra dels matiners** (de los madrugadores), contienda civil desarrollada principalmente en Cataluña (1846-1849), que estalló a raíz de la frustrada boda entre Isabel II y Carlos VI. En 1848 Cabrera asumió el mando de las tropas carlistas, que fueron derrotadas por las tropas gubernamentales. La guerra acabó con la huida de Cabrera (abril 1849).

**carlista** *(tercera guerra),* contienda civil entre los partidarios del pretendiente Carlos VII y el gobierno español (1872-1876). Hasta 1874 los carlistas lograron notables victorias en Cataluña y Navarra. Después de la restauración borbónica (dic. 1874), el ejército tomó las plazas carlistas de Cataluña (Olot, Seo de Urgel). Martínez Campos venció a los carlistas en Montejurra y Estella (febr. 1876), y provocó la huida de Carlos VII.

**Carlitos** → ***Charlot.***

**CARLOMAGNO** o **CARLOS I el Grande** (747-Aquisgrán 814), rey de los francos [768-814], emperador de occidente [800-814], primogénito de Pipino el Breve. Tras la muerte de su hermano Carlomán (771) reinó solo. Venció a los lombardos y dominó el N de Italia (774). Creó el reino de Aquitania, se apoderó de Baviera, incorporó Sajonia (799) y sometió a los frisones (785), los ávaros de Panonia (796) y los sajones (804), a los que combatió durante más de treinta años. Tras fracasar en la conquista de la España musulmana, creó una zona de seguridad al S de los Pirineos, la Marca Hispánica; asimismo, estableció al O la marca de Bretaña (789-790). Fue coronado por el papa emperador de los romanos (800). Desde Aquisgrán controlaba la administración del imperio. Animador de un renacimiento cultural, recurrió a letrados (Alcuino) y creó una escuela palatina. Multiplicó los talleres de arte en los monasterios, veló por el desarrollo del cristianismo y recuperó los contactos comerciales con oriente. En 813 hizo coronar a su hijo Luis el Piadoso (Ludovico Pío). Inspiró numerosos cantares de gesta.

Representación imaginaria de **Carlomagno.** Relicario de plata (*c.* 1350).
[Catedral de Aquisgrán.]

**CARLOMÁN** (*c.* 715-Vienne, Delfinado 754), primogénito de Carlos Martel. Administró Austrasia de 741 a 747.

**CARLOMÁN** (*c.* 751-Samoussy, cerca de Laon, 771), rey de los francos [768-771], hermano menor de Carlomagno, con el que entró en disputa (769-770).

**CARLOMÁN** (*c.* 829-880), rey de Baviera [876-880] y rey de Italia [877-879], primogénito de Luis el Germánico.

**CARLOMÁN** (*c.* 866-884), rey de Francia [879-884], segundo hijo de Luis II el Tartamudo. Reinó conjuntamente con su hermano Luis III hasta 882.

SANTO

**CARLOS BORROMEO** *(san),* prelado italiano (Arona 1538-Milán 1584). Arzobispo de Milán y cardenal, impulsó el concilio de Trento restaurando la disciplina eclesiástica mediante reglamentos, visitas pastorales y sínodos. Renovó la enseñanza del catecismo.

EMPERADORES

**CARLOS I** → ***Carlomagno.***

**CARLOS II,** emperador de occidente → ***Carlos II el Calvo,*** rey de Francia.

**CARLOS III el Gordo** (Neidingen 839-*id.* 888), emperador de occidente [881-887], rey de Germania [882-887] y de Francia [884-887], hijo menor de Luis el Germánico. Restauró en teoría el imperio de Carlomagno, pero, a causa de su debilidad frente a los normandos, fue depuesto en Tribur (887).

**CARLOS IV de Luxemburgo** (Praga 1316-*id.* 1378), rey de Germania [1346-1378] y de Bohemia **(Carlos I)** [1346-1378], y emperador germánico [1355-1378], hijo de Juan I de Luxemburgo, rey de Bohemia. Promulgó la *Bula de oro* (1356) e hizo de Praga el centro cultural del imperio (universidad, 1348).

**CARLOS V** o **CARLOS QUINTO** → ***Carlos I,*** rey de España.

**CARLOS VI** (Viena 1685-*id.* 1740), emperador germánico [1711-1740], rey de Hungría **(Carlos III)** [1711-1740] y de Sicilia **(Carlos VI)** [1714-1734], segundo hijo de Leopoldo I de Habsburgo. Pretendiente a la corona de España, que disputó a Felipe V, **Carlos III,** 1711-1740), tuvo que renunciar a sus aspiraciones tras la guerra de Sucesión (tratado de Rastatt, 1714). Intentó que Europa aceptara la Pragmática sanción de 1713, por la que garantizaba a su hija María Teresa la sucesión de Austria. En 1738 perdió definitivamente Nápoles y Sicilia.

**CARLOS VII Alberto** (Bruselas 1697-Munich 1745), elector de Baviera [1726-1745], emperador germánico [1742-1745]. Disputó a María Teresa la sucesión de Austria.

AUSTRIA

**CARLOS DE HABSBURGO,** archiduque de Austria (Florencia 1771-Viena 1847), tercer hijo de Leopoldo II. Ministro de la Guerra desde 1805 y mariscal de campo, venció a Napoleón en Aspern y en Essling (mayo 1809), pero fue derrotado en Wagram (julio).

**CARLOS I** (Persenbeug, Baja Austria, 1887-Funchal, Madeira, 1922), emperador de Austria y rey de Hungría **(Carlos IV)** [1916-1918], sobrino nieto y sucesor de Francisco José I. En 1917 mantuvo negociaciones secretas con la Entente. Tras la proclamación de la república en Austria (1918), intentó recuperar el poder en Hungría (1921).

BORGOÑA

**CARLOS EL TEMERARIO** (Dijon 1433-Nancy 1477), duque de Borgoña [1467-1477]. Formó la Liga del bien público, contraria a Luis XI para engrandecer y unificar los estados borgoñones.

ESPAÑA

**CARLOS I** (Gante 1500-Yuste 1558), príncipe de Países Bajos [1506-1555], rey de España [1516-1556], rey de Sicilia **(Carlos IV)** [1516-1556], titular del Sacro imperio romano germánico **(Carlos Quinto)** [1519-1556]. Hijo de Felipe el Hermoso y Juana la Loca, heredó las posesiones de las casas de Austria, Borgoña, Aragón y Castilla, que convirtió en un poderoso imperio tras luchar en distintos frentes. Empezó por imponer un dominio incontestable en uno de sus territorios, Castilla, después de aplastar militarmente la revuelta de las Comunidades* (1520-1522) y eliminar las prerrogativas políticas de las cortes castellanas. También debió someter las germanías valencianas y mallorquinas (1519-1523). En el exterior, y pese a la firma de la *pax gallica* (1516), los enfrentamientos con Francia por el dominio de Italia se sucedieron hasta la sumisión de Génova (1528) y Milán (1535). En el Mediterráneo, el Imperio tenía la amenaza del poderío turco. Con la primera cruzada sobre África, Carlos I reconquistó Túnez (1535). Pero los turcos derrotaron a la flota aliada del Imperio, Venecia y el papa frente a Epiro (1538), fracasó la segunda cruzada sobre África (1541), y Trípoli (1551) y Bugía (1554) cayeron en manos de los turcos, aunque la debilidad interna de Turquía limitó el alcance de estas derrotas. En Alemania, el emperador se enfrentó a la difusión del protestantismo. Desde 1531 mantuvo una larga guerra con la liga de Smalkalda (batalla de Mühlberg, 1547). En la paz de Augsburgo (1555) reconoció a los príncipes luteranos la libertad de cultos y la propiedad de los bienes secularizados. Enfermo, abdicó en 1555-1556 y se retiró al monasterio extremeño de Yuste. Su hijo Felipe heredó sus dominios hispano-flamenco-italianos, con el vasto imperio americano de Indias, mientras otro hijo suyo, Fernando, recibió el título de emperador del Sacro imperio romano germánico.

**CARLOS II** (Madrid 1661-*id.* 1700), rey de España [1665-1700], hijo de Felipe IV y de Mariana de Austria. Cedió el gobierno a sus validos (Nithard, Valenzuela, Juan de Austria). Las guerras con Francia (1690-1695) aceleraron la decadencia política y económica de España. Murió sin descendencia y cedió el trono a Felipe de Anjou, lo que dio lugar a la guerra de Sucesión* (1701-1715).

**CARLOS III** (Madrid 1716-*id.* 1788), duque de Parma y Plasencia **(Carlos I)** [1731-1735], rey de Nápoles y Sicilia **(Carlos VII)** [1734-1759] y de España [1759-1788], hijo de Felipe V de España e Isabel Farnesio. Máximo exponente del despotismo ilustrado en España, tuvo como ministros a Esquilache, Floridablanca, Campomanes y Aranda. Tras el motín de Esquilache expulsó a los jesuitas (1767). Entre sus medidas reformistas destacan los límites impuestos a la Mesta y a los gremios, la repoblación de sierra Morena (1767-1775) y los decretos de libertad de comercio con América (1765-1778). Apoyó las sociedades económicas de Amigos del país. En el exterior, fue aliado de Francia y luchó contra Gran Bretaña en la guerra de los Siete años y de 1779 a 1783.

**Carlos III** *(orden de),* la más alta condecoración española, fundada en 1771 por Carlos III.

**CARLOS IV** (Portici, Nápoles, 1748-Roma 1819), rey de España [1788-1808], hijo de Carlos III y de María Amalia de Sajonia. Confió el gobierno a Godoy (1792-1808), que rompió con la anterior política ilustrada y mantuvo guerras con Francia (1793-1796) y Gran Bretaña (1796-1802, 1804-1805), que colapsaron el comercio colonial. La invasión francesa de 1808 provocó el estallido del motín de Aranjuez, que forzó al rey a abdicar en favor de su hijo Fernando y a instalarse en Bayona.

**CARLOS DE AUSTRIA,** heredero del trono español (Valladolid 1545-Madrid 1568), hijo de Felipe II y de María de Portugal. Permanentemente enfrentado con su padre, unos rumores sobre contactos con los rebeldes de los Países Bajos provocaron su encierro en el alcázar de Madrid (en. 1568), donde falleció.

**CARLOS V, VI, VII,** pretendientes carlistas → ***carlista*** (rama).

FRANCIA

**CARLOS MARTEL** (*c.* 688-Quierzy 741), mayordomo de palacio de Austrasia y de Neustria, hijo de Pipino de Heristal. En el 732, detuvo en Poitiers la invasión musulmana. Sometió Aquitania, Provenza y Borgoña, y dividió su reino entre sus hijos Carlomán y Pipino el Breve.

**CARLOS II el Calvo** (Frankfurt del Main 823-Avrieux, en los Alpes, 877), rey de Francia [843-877] y emperador de occidente [875-877], hijo de Ludovico Pío, a la muerte del cual se desmembró el imperio. Firmó con sus hermanos Lotario y Luis el Germánico el tratado de Verdún (843), que le convirtió en rey de la *Francia Occidentalis.* A la muerte del emperador Luis II (875) recibió la corona imperial y obtuvo Provenza.

**CARLOS III el Simple** (879-Péronne 929), rey de Francia [898-923], hijo póstumo de Luis II el Tartamudo. Compartió el trono con el conde de París, Eudes, de 893 a 898. Cedió Normandía a Rollon (911). Fue derrotado por Hugo el Grande en Soissons, y destronado en 923.

**CARLOS IV el Hermoso** (*c.* 1295-Vincennes 1328), rey de Francia y de Navarra (Carlos I) [1322-1328], hijo de Felipe IV de Francia y de Juana I de Navarra.

**CARLOS V el Sabio** (Vincennes 1338-Nogent-sur-Marne 1380), rey de Francia [1364-1380], hijo de Juan II. Después de la batalla de Poitiers (1356) asumió el gobierno del reino (1356-1360) mientras su padre estuvo prisionero. Arrebató a los ingleses casi todas sus posesiones francesas y se enfrentó a la insurrección campesina *(Jacquerie).* Llevó a cabo reformas militares y financieras, y reunió una importante colección de manuscritos.

**CARLOS VI el Bienamado** (París 1368-*id.* 1422), rey de Francia [1380-1422], hijo de Carlos V. Inició el gobierno bajo la tutela de Felipe II, duque de Borgoña, que aumentó los impuestos y provocó insurrecciones urbanas. El rey enloqueció y el gobierno pasó a la reina Isabel. La división entre armañacs y borgoñones se agudizó, e Inglaterra consiguió dominar casi todo el reino.

**CARLOS VII** (París 1403-Mehun-sur-Yèvre 1461), rey de Francia [1422-1461], hijo de Carlos VI. Con la ayuda de Juana de Arco venció a los ingleses y los expulsó, excepto en Calais. Reformó el gobierno, las finanzas y el ejército, que se convirtió en permanente. Sometió a los nobles y al clero (*pragmática sanción de Bourges,* 1438).

**CARLOS VIII** (Amboise 1470-*id.* 1498), rey de Francia [1483-1498], hijo de Luis XI. Controló una revuelta nobiliaria (1488). Casó con Ana de Bretaña (1499), preludio de la anexión de ese ducado. Devolvió el Rosellón y la Cerdaña a Aragón y el Franco Condado y Artois a Austria, con el fin de no tener enemigos en su proyecto de conquista de Nápoles, pero fracasó.

**CARLOS IX** (Saint-Germain-en-Laye 1550-Vincennes 1574), rey de Francia [1560-1574], hijo de Enrique II. El poder real lo ejerció su madre Catalina de Médicis y, desde 1570, el protestante Coligny.

**CARLOS X** (Versalles 1757-Görz [act. Gorizia], 1836), rey de Francia [1824-1830], nieto de Luis XV. Proclamado rey al morir su hermano Luis XVIII. Impopular por el autoritarismo de sus ministros, la

**Carlos I** de España (Tiziano - Antigua pinacoteca, Munich)

**Carlos II** de España (Claudio Coello - Prado, Madrid)

**Carlos III** de España (Goya - Prado, Madrid)

**Carlos IV** de España (Goya - Prado, Madrid)

**Carlos V** el Sabio (Louvre, París)

**Carlos VII** (J. Fouquet - Louvre, París)

disolución de la cámara de representantes y la supresión de la libertad de prensa provocaron la revolución de julio de 1830.

GRAN BRETAÑA

**CARLOS I** (Dunfermline, Escocia, 1600-Londres 1649), rey de Inglaterra, de Escocia y de Irlanda [1625-1649], hijo de Jacobo I Estuardo. En política exterior, continuó la guerra contra España, y fue derrotado en Cádiz (1625) y la Rochela (1628). Presionado hacia el despotismo por sus ministros Buckingham, Strafford y el obispo Laud, así como por su esposa, Enriqueta de Francia, provocó una violenta oposición parlamentaria; la *petición de derechos* (1628) le llevó a disolver el parlamento (1629) y a gobernar solo. La revuelta escocesa le obligó a convocar el *parlamento corto* (1640), y más tarde el *parlamento largo* [1640-1653], que envió primero a Strafford, y después a Laud, a la muerte, ejecuciones a las que el rey no se opuso. Las simpatías del soberano hacia los católicos irlandeses, sublevados en 1641, provocaron la ruptura entre el rey y el parlamento (1642). Entonces estalló la guerra civil entre los partidarios del rey y el ejército del parlamento, que se alió a los escoceses. El ejército real fue derrotado en Naseby (1645). Carlos I se rindió a los escoceses, que lo entregaron al parlamento inglés. Su evasión (1647) provocó una segunda guerra civil y la victoria del ejército de Cromwell. Este último obtuvo del *parlamento depurado (Rump parliament)* su condena a muerte. Fue decapitado en Whitehall (1649).

**CARLOS II** (Londres 1630-*id.* 1685), rey de Inglaterra, de Escocia y de Irlanda [1660-1685], hijo de Carlos I y Enriqueta de Francia. Exiliado tras la victoria de Cromwell, su vuelta a Inglaterra (1660) fue facilitada por Monk. Hirió el sentimiento nacional inglés al aliarse con Francia contra las Provincias Unidas, para asegurarse los subsidios de Luis XIV (1664-1667), por su tolerancia con los católicos. Por ello tuvo que soportar la oposición del parlamento, enfrentado a los católicos y a su hermano, el futuro Jacobo II, en contra del cual el parlamento impuso el bill de exclusión, lo que llevó a la disolución de la asamblea (1681).

**CARLOS DE INGLATERRA** (Londres 1948), príncipe de Gales (1969). Hijo de Isabel II y Felipe de Edimburgo. En 1981 casó con Diana Spencer (1961-1997), con la que tuvo dos hijos: Guillermo (1982) y Enrique (1984) y de la que se divorció en 1996.

HUNGRÍA

**CARLOS I ROBERTO** o **CAROBERTO** (Nápoles 1288-Visegrád 1342), rey de Hungría [1301-1342], de la casa de Anjou.

**CARLOS II** → *Carlos III,* rey de Nápoles.

**CARLOS III** → *Carlos VI,* emperador.

**CARLOS IV** → *Carlos I,* emperador de Austria.

NAVARRA

**CARLOS I** → *Carlos IV el Hermoso,* rey de Francia.

**CARLOS II el Malo** (1332-1387), rey de Navarra [1349-1387], hijo de Felipe III de Evreux y de Juana II de Francia. Tomó parte en la guerra de los dos Pedros (1356-1369), apoyando sucesivamente a los dos bandos, y en la guerra civil castellana (1366-1369), contra Enrique de Trastámara.

**CARLOS III el Noble** (Mantes, Seine-et-Oise, 1361-Olite 1425), rey de Navarra [1387-1425], hijo de Carlos II el Malo. Firmó tratados con Castilla (1394), Aragón (1388, 1399, 1402), Inglaterra (1393) y Francia (1402).

**Carlos I**
de Gran Bretaña
(Van Dyck - Louvre, París)

**Carlos XII**
de Suecia
(museo Condé, Chantilly)

**CARLOS IV** → *Viana* (príncipe de).

RUMANIA

**CARLOS I** → *Carol I.*

**CARLOS II** → *Carol II.*

SABOYA Y CERDEÑA

**CARLOS MANUEL I el Grande** (Rívoli 1562-Savigliano 1630), duque de Saboya (1580-1630).

**CARLOS MANUEL II** (Turín 1634-*id.* 1675), duque de Saboya [1638-1675].

**CARLOS MANUEL III** (Turín 1701-*id.* 1773), duque de Saboya y rey de Cerdeña [1730-1773].

**CARLOS MANUEL IV** (Turín 1751-Roma 1819), rey de Cerdeña (1796-1802). Expulsado por los franceses de sus estados continentales, abdicó en favor de su hermano Víctor Manuel I.

**CARLOS FÉLIX** (Turín 1765-*id.* 1831), rey de Cerdeña [1821-1831].

**CARLOS ALBERTO** (Turín 1798-Oporto, Portugal, 1849), rey de Cerdeña [1831-1849]. Promulgó el *estatuto fundamental* (1848), que establecía una monarquía constitucional. Intentó liberar Lombardía, pero fue derrotado por los austríacos en Custozza (1848) y en Novara (1849), y tuvo que abdicar en favor de su hijo Víctor Manuel II.

SICILIA Y NÁPOLES

**CARLOS I** (1226-Foggia 1285), conde de Anjou, del Maine y de Provenza [1246-1285], rey de Sicilia [1266-1285], décimo hijo del rey Luis VIII de Francia y hermano de san Luis. Casó con Beatriz, hija de Ramón Berenguer IV de Provenza. La revuelta de las Vísperas sicilianas, provocada por el rey de Aragón Pedro el Grande (1282), le privó de la isla de Sicilia y provocó la formación de dos reinos de Sicilia, uno insular, en manos de la casa de Barcelona, y otro peninsular, en manos de los Anjou. Con el apoyo de Felipe III de Francia y del papa, intentó apoderarse, sin éxito, de los territorios de la Corona de Aragón. Carlos I, persiguiendo sus sueños orientales, fue momentáneamente rey de Albania (1272) y rey de Jerusalén (1277).

**CARLOS II el Cojo** (1248 o *c.* 1254-Nápoles 1309), rey de Nápoles [1285-1309], rey titular de Sicilia [1285-1302], conde de Anjou y del Maine [1285-1290], hijo de Carlos I.

**CARLOS III de Durazzo** (1345-Buda 1386), rey de Nápoles [1381-1386] y, con el nombre de *Carlos II,* rey de Hungría [1385-1386].

**CARLOS IV** → *Carlos I,* rey de España.

**CARLOS V** → *Carlos II,* rey de España.

**CARLOS VI** → *Carlos VI,* emperador germánico.

**CARLOS VII** → *Carlos III,* rey de España.

SUECIA

**CARLOS IX** (Estocolmo 1550-Nyköping 1611), regente (1595) y rey de Suecia [1607-1611], tercer hijo de Gustavo Vasa y padre de Gustavo II. Aseguró la unidad política y religiosa del reino.

**CARLOS X GUSTAVO** (Nyköping 1622-Göteborg 1660), rey de Suecia [1654-1660], sucesor de Cristina. Impuso la paz de Roskilde en Dinamarca (1658).

**CARLOS XI** (Estocolmo 1655-*id.* 1697), rey de Suecia [1660-1697], hijo y sucesor de Carlos X Gustavo. En 1674 fue aliado de Francia contra Holanda, pero fue vencido por Brandeburgo y Dinamarca. Instauró el absolutismo.

**CARLOS XII** (Estocolmo 1682-Fredrikshald, act. Halden, Noruega, 1718), rey de Suecia (1697-1718), hijo de Carlos XI. Venció al rey de Dinamarca en Copenhague (1700), a los rusos en Narva (1700) y a Augusto II de Polonia en Kliszów (1702). Pero fue derrotado por el zar Pedro el Grande en Poltava (1709), y se refugió en Turquía. Intentó en vano obtener el apoyo del sultán contra Rusia, y regresó a Suecia en 1715. Cuando atacaba Noruega fue muerto en el sitio de Fredrikshald.

**CARLOS XIII** (Estocolmo 1748-*id.* 1818), rey de Suecia [1809-1818] y de Noruega [1814-1818]. Cedió Finlandia a Rusia (1809), y en 1814 obtuvo la corona de Noruega. Adoptó como sucesor al mariscal Bernadotte (1810).

**CARLOS XIV** o **CARLOS-JUAN** (Carlos-Juan Bautista **Bernadotte**) [Pau 1763-Estocolmo 1844], mariscal de Francia, rey de Suecia y de Noruega [1818-1844]. Destacó en las guerras de la Revolución y del imperio, y fue nombrado mariscal del imperio (1804) y príncipe de Pontecorvo (1806). Como príncipe heredero de Suecia (1810) combatió a Napoleón en la campaña de Rusia y en Leipzig; en 1818 sucedió a Carlos XIII, fundando así la dinastía actual de Suecia.

**CARLOS XV** (Estocolmo 1826-Malmö 1872), rey de Suecia y de Noruega [1859-1872], hijo mayor de Óscar I. Aceleró la democratización de Suecia.

**CARLOS XVI GUSTAVO** (en el castillo de Haga, Estocolmo, 1946), rey de Suecia, nieto de Gustavo VI Adolfo. Regente (1971), fue proclamado rey (1973).

**CARLOS (padre),** religioso y escultor quiteño del s. XVII. Ejecutó retablos, un *Calvario* y dos estatuas de san Ignacio y san Francisco Javier, entre otras obras de imaginería barroca.

**CARLOS CASARES,** partido de Argentina (Buenos Aires); 20 041 hab. Destilerías de alcohol.

**CARLOTA (La),** v. de España (Córdoba); 8 843 hab. *(Carloteños.)* Industria alimentaria. Alfarerías.

**CARLOTA** (Laeken 1840-en el castillo de Bouchout, Bruselas, 1927), emperatriz de México [1864-1867]. Hija de Leopoldo I de Bélgica, casó con el archiduque Maximiliano (1857), futuro emperador de México.

**CARLOTA DE NASSAU** (en el castillo de Berg 1896-castillo de Fischbach 1985), gran duquesa de Luxemburgo [1919-1964]. Abdicó en favor de su hijo Juan.

**CARLSBAD,** c. de Estados Unidos (Nuevo México); 21 000 hab. Centro turístico. Inmensas grutas en los alrededores. Potasa.

**CARLSBAD** o **KARLSBAD** → *Karlovy Vary.*

**CARLSON** (Carolyn), bailarina y coreógrafa norteamericana de origen finlandés (Fresno, California, 1943). Fue primera bailarina del Alwin Nikolais dance theatre (desde 1964) y de la ópera de París, donde trabajó a partir de 1971. En 1993 sustituyó a Mats Ek al frente del ballet Cullberg.

**CARLSSON** (Ingvar Gösta), político sueco (Boras 1934). Presidente del partido socialdemócrata, fue primer ministro de 1986 a 1991, y de 1994 a 1996.

**CARLYLE** (Thomas), escritor británico (Ecclefechan, Escocia, 1795-Londres 1881). Contrario al materialismo y al racionalismo, pero también al capitalismo, vio en las individualidades excepcionales los motores de la historia política e intelectual (*French revolution,* 1837; *Los héroes y el culto de los héroes,* 1841; *Pasado y presente,* 1843).

**CARMAGNOLA** (Francesco **Bussone,** llamado), condotiero italiano (Carmagnola c. 1380-Venecia 1432). Estuvo al servicio de Milán, y más tarde de Venecia. Fue acusado de traición y decapitado.

**CARMELO** *(monte),* montaña de Israel, por encima de Haifa; 546 m. Parque nacional (700 ha). Está considerado la cuna de la orden de los carmelitas.

**CARMELO,** c. de Uruguay (Colonia); 14 127 hab. Puerto fluvial. Turismo.

**CARMEN** *(isla del),* isla de México (Campeche), que cierra parcialmente la boca de la laguna de los Términos; 153 km$^2$; Vegetación selvática. Pesca.

**CARMEN,** mun. de México (Campeche), en la isla homónima; 144 684 hab. Cab. *Ciudad del Carmen.*

**Carmen,** novela corta de P. Mérimée (1845) que inspiró una ópera cómica (1865) de G. Bizet, obra maestra del drama lírico realista. Ambas obras han sido objeto de numerosas adaptaciones coreográficas o cinematográficas.

**CARMEN (El),** dep. de Argentina (Jujuy), en La Puna; 62 294 hab. Cereales. Ganadería. Harineras.

**CARMEN (El),** mun. de Venezuela (Anzoátegui); 38 531 hab. En la zona suburbana de Barcelona.

**CARMEN DE BOLÍVAR (El),** mun. de Colombia (Bolívar); 61 448 hab. En las sabanas de Bolívar.

**CARMEN DE VIBORAL,** mun. de Colombia (Antioquia); 29 132 hab. Cerámicas; textiles.

**CARMONA,** c. de España (Sevilla), cab. de p. j.; 23 516 hab. (*Carmonenses* o *carmoneses.*) Agricultura. Industrias alimentarias. Restos eneolíticos y romanos. Murallas. Alcázar (parador turístico). Iglesias de Santa María (ss. XV-XVI) y del Salvador. Hacienda de «La Plata» (s. XVIII).

**CARMONA** (António Óscar **de Fragoso**), mariscal y político portugués (Lisboa 1869-Lumiar 1951), presidente de la república (1928-1951).

**CARMONA** (Luis **Salvador**), escultor español (Nava del Rey 1709-Madrid 1767). Sus obras, en su mayoría de imaginería religiosa, pertenecen a la transición del barroco al neoclasicismo (*Virgen de las*

*Angustias,* catedral de Salamanca). — Su sobrino **Manuel Salvador Carmona** (Nava del Rey 1734-Madrid 1820), fue uno de los grabadores más destacados del s. XVIII, en un estilo rococó con rasgos neoclásicos.

**CARNAC,** mun. de Francia (Morbihan); 4 322 hab. Alineaciones de megalitos (fines del neolítico).

**CARNAP** (Rudolf), lógico alemán (Ronsdorf [act. Wuppertal], 1891-Santa Mónica 1970), nacionalizado norteamericano. Uno de los promotores del círculo de Viena, intentó formalizar cualquier lenguaje a partir del enfoque sintáctico de los lenguajes matemáticos de Hilbert (*La sintaxis lógica del lenguaje,* 1934).

**CARNATIC,** nombre dado en el s. XVIII a un reino del S de la India que se extendía por los actuales estados de Tamil Nadu y Karnātaka.

**CARNÉ** (Marcel), director de cine francés (París 1906-*id.* 1996). Uno de los maestros del realismo poético, de atmósferas sombrías y desenlaces fatales (*El muelle de las brumas,* 1938; *Los hijos del paraíso,* 1945).

**CARNÉADES,** filósofo griego (Cirene *c.* 215-Atenas *c.* 129 a. J.C.), representante de una filosofía escéptica, el probabilismo.

**CARNEGIE** (Andrew), industrial y filántropo norteamericano (Dunfermline, Escocia, 1835-Lenox, Massachusetts, 1919). Creador del trust del acero que lleva su nombre, gracias al cual controló la metalurgia de Pittsburgh. Amasó una inmensa fortuna y subvencionó fundaciones de caridad así como instituciones científicas y culturales.

**CARNER** (Josep), poeta español en lengua catalana (Barcelona 1884-Bruselas 1970). Gran exponente del noucentisme, su obra es muy abundante: *Primer libro de sonetos* (*Primer llibre de sonets,* 1905), *Los frutos sabrosos* (*Els fruits saborosos,* 1906), *La palabra en el viento* (*La paraula en el vent,* 1914), *El corazón callado* (*El cor quiet,* 1925), *Nabí,* 1941, su obra maestra. Cultivó, asimismo, el periodismo, el teatro y la narrativa.

**CARNERO** → ***Aries.***

**carnero** *(El),* libro de J. Rodríguez Freile (1636). Minucioso cuadro del Bogotá colonial, es un antecedente de la literatura histórica y costumbrista del siglo XIX.

**CARNICER** (Ramón), compositor español (Tárrega 1789-Madrid 1855). Autor de óperas y de música religiosa, compuso el himno nacional de Chile.

**CARNICERO,** familia de artistas españoles de los ss. XVIII-XIX. Destacan **Alejandro** (Iscar 1693-Madrid 1756), escultor y grabador de estilo barroco, que realizó la sillería de la catedral de Salamanca, y sus hijos: **Isidro** (Valladolid 1736-Madrid 1804) se especializó en imaginería religiosa y **Antonio** (Salamanca 1748-Madrid 1814) fue pintor de cámara.

**CÁRNICOS** *(Alpes),* ant. nombre de una parte de los Alpes orientales.

**CARNIOLA,** en alem. **Krain,** ant. nombre de la mayor parte de Eslovenia, en la época en que el territorio constituía una provincia de Austria.

**CARNOT,** familia francesa de políticos y científicos. – **Lazaré,** político y matemático (Nolay 1753-Magdeburgo 1823), fue miembro del Comité de salvación pública y organizó los ejércitos de la I república. Se opuso al poder personal de Napoleón, pero colaboró con él. Fue uno de los iniciadores de la geometría moderna. – Su hijo **Nicolas Léonard Sadi,** físico (París 1796-*id.* 1832), es considerado el creador de la termodinámica. – **Marie François Sadi,** llamado **Sadi Carnot,** ingeniero y político (Limoges 1837-Lyon 1894), fue presidente de la república (1887-1894).

**CARO** (Anthony), escultor británico (Londres 1924), autor de estructuras metálicas policromas a la vez minimalistas y barroquizantes.

**CARO** (José Eusebio), poeta y político colombiano (Ocaña 1817-Santa Marta 1853). Representante del romanticismo, su poesía se centra en temas civiles, filosóficos, sentimentales e indianistas.

**CARO** (Manuel Antonio), pintor chileno (Chiloé 1833-Valparaíso 1903). Fue pintor de escenas populares y costumbres campesinas.

**CARO** (Miguel Antonio), escritor, filólogo y político colombiano (Bogotá 1843-*id.* 1909). Fue presidente de la república de 1894 a 1898. Dirigió la Academia colombiana de la lengua y escribió poesía y obras filológicas (*Tratado sobre el participio,* 1870; *Del uso en sus relaciones con el lenguaje,* 1881).

**CARO** (Rodrigo), escritor español (Utrera 1573-Sevilla 1647). Autor del célebre poema *Canción a las ruinas de Itálica* y de *Días geniales o lúdicros* (1883), interesante repertorio folklórico.

**CARO BAROJA** (Julio), etnólogo e historiador español (Madrid 1914-Vera de Bidasoa 1995), autor de estudios de antropología cultural (*Los pueblos de España,* 1946; *Los vascos,* 1949; *Estudios saharianos,* 1951, 2.ª ed. 1990; *De los arquetipos y leyendas,* 1989), históricos (*Los judíos en la España moderna y contemporánea,* 1962-1963; *Las falsificaciones de la historia,* 1991), literarios y ensayísticos, con una prosa erudita e irónica que le valió el premio nacional de las letras españolas (1985). [Real academia 1985.]

**CAROBERTO** → ***Carlos I Roberto,*** rey de Hungría.

**CAROL I** o **CARLOS I** (Sigmaringen 1839-Sinaia 1914), príncipe [1866-1881] y rey [1881-1914] de Rumania, de la casa de los Hohenzollern. En 1877 se declaró independiente de los otomanos.

**CAROL II** o **CARLOS II** (Sinaia 1893-Estoril, Portugal, 1953), rey de Rumania [1930-1940], hijo de Fernando I. Obligado a renunciar al trono en favor de su hijo Miguel (1926), se impuso como rey en 1930 y tuvo que abdicar en 1940.

**CAROLINA,** nombre de dos estados de Estados Unidos de América: *Carolina del Norte* (136 413 $km^2$; 6 628 637 hab.; cap. *Raleigh*) y *Carolina del Sur* (80 432 $km^2$; 3 486 703 hab.; cap. *Columbia*), que se extienden desde los Apalaches hasta el Atlántico. Plantaciones de algodón y tabaco.

**CAROLINA,** mun. del NE de Puerto Rico; 177 806 hab. Industrias farmacéuticas y metalúrgicas. Azúcar.

**CAROLINA (La),** c. de España (Jaén), cab. de p. j.; 14 759 hab. *(Carolinenses.)* Industrias diversas. Urbanismo del s. XVIII.

**CAROLINA GUILLERMINA de Brunswick-Wolfenbüttel** (Brunswick 1768-Londres 1821), esposa de Jorge IV, rey de Gran Bretaña, quien intentó un proceso contra ella por adulterio y la repudió.

**CAROLINAS** *(islas),* en ingl. **Caroline Islands,** archipiélago del Pacífico, en Micronesia. Descubiertas por el español Toribio Alonso de Salazar (1522), fueron anexionadas por España (1686) y vendidas a Alemania en 1899 (*cuestión de las Carolinas,* 1885-1888). Pertenecieron a Japón (1919-1945), y posteriormente fueron administradas en fideicomiso por E.U.A. Una parte del archipiélago constituye la república de Belau*, y el resto integra los Estados Federados de Micronesia*.

**CAROLINGIOS,** familia franca originaria de Austrasia que sucedió a los Merovingios (751) con Pipino el Breve y restauró el imperio de occidente de 800 a 887 (en especial con Carlomagno). Sus últimos representantes reinaron en Germania hasta 911 y en Francia hasta 987. Todo este período estuvo marcado por un renacimiento cultural.

**CARÓN** o **CARONTE,** personaje mitológico griego, barquero de los Infiernos, que cruzaba en su barca a los muertos por los ríos infernales a cambio de un óbolo.

**CARONÍ,** r. de Venezuela (Bolívar), afl. del Orinoco (or. der.); 925 km. Aprovechamiento hidroeléctrico (centrales de Macagua y Guri*).

**CARORA,** c. de Venezuela (Lara); 70 715 hab. Minas de mercurio en San Jacinto. Aeropuerto.

**CAROTHERS** (Wallace Hume), químico norteamericano (Burlington, Iowa, 1896-Filadelfia 1937), descubridor del neopreno (1931) y del nylon (1937).

**CARPACCIO** (Vittore **Scarpazza,** llamado), pintor italiano (¿Venecia? *c.* 1460-¿Capo d'Istria? *c.* 1525). Dotado de gran inventiva, pintó Venecia en series famosas como la *Vida de santa Úrsula* (1490-1496); son también obras importantes *San Jorge matando al dragón* y *San Agustín en el estudio* (1501-1507).

**CÁRPATOS,** cadena montañosa de Europa central y del SE, que se extiende en forma de arco por Eslovaquia, Polonia, Ucrania y sobre todo Rumania, y culmina a 2 655 m. Los principales recursos son la explotación forestal y la ganadería, la extracción minera, la hidroelectricidad y el turismo.

**CARPENTARIA** *(golfo de),* golfo de la costa N de Australia.

**CARPENTIER** (Alejo), novelista y musicólogo cubano (La Habana 1904-París 1980). En su prosa, musical y barroca, confluyen las culturas indígenas y europeas. Postuló su teoría de lo «real maravilloso» en el prólogo a la novela *El reino de este mundo* (1949), a la que siguieron *Los pasos perdidos* (1953), *El siglo de las luces* (1962), *El recurso del método* (1974) y *Concierto barroco* (1974). Es autor de excelentes relatos y de ensayos de musicología. (Premio Cervantes 1977.)

**CARPETANIA,** ant. región de la península Ibérica, situada entre el Guadiana y el Guadarrama, habitada por los carpetanos.

**CARRÀ** (Carlo), pintor y teórico italiano (Quargnento, Alessandria, 1881-Milán 1966). Se orientó inicialmente hacia el futurismo, y más tarde hacia la pintura metafísica, para volver a un realismo depurado en los años veinte.

**CARRACCI,** pintores italianos: **Ludovico** (Bolonia 1555-*id.* 1619) y sus primos, los hermanos **Agostino** (Bolonia 1557-Parma 1602) y **Annibale** (Bolonia 1560-Roma 1609), este último decorador de la galería del palacio Farnesio en Roma (bóveda de *Los amores de los dioses,* *c.* 1595-1600). En 1585 fundaron en su ciudad natal una academia reputada, en la que se formaron G. Reni, F. Albani, el Domenichino e il Guercino. En su estética se asociaba el eclecticismo y la observación de la naturaleza.

**CARRANDI** (Eustaquio), pintor argentino (Buenos Aires 1818-*id.* 1878), autor de retratos y escenas costumbristas de gauchos e indios.

**CARRANQUE DE RÍOS** (Andrés), escritor argentino (Madrid 1902-*id.* 1936). Influido por Baroja, fue uno de los pioneros de la novela social (*Cinematógrafo,* 1936).

**CARRANZA** (Bartolomé), prelado y teólogo español (Miranda de Arga 1503-Roma 1576). Dominico, fue teólogo imperial en Trento, provincial de su orden y arzobispo de Toledo. A pesar de ser militante antiluterano, fue encarcelado y condenado por la Inquisición por sus *Comentarios sobre el catecismo romano* (1558).

**CARRANZA** (Eduardo), poeta colombiano (Apiay 1913-Bogotá 1985), impulsor del grupo Piedra y cielo (*Canciones para iniciar una fiesta,* 1936; *Azul de ti,* 1944; *Los pasos contados,* 1970).

**CARRANZA** (Venustiano), político y militar mexicano (Cuatro Ciénagas, Coahuila, 1859-Tlaxcalantongo, Puebla, 1920). Miembro del gabinete maderista de Ciudad Juárez (1811), en 1913 se levantó contra Huerta y entró en México como primer jefe del ejército constitucionalista (1914). Destituido por la convención de Aguascalientes, derrotó a Villa con la ayuda de Obregón y volvió a tomar la capital. Presidente constitucional (1917), fue asesinado mientras huía de la rebelión de Sonora.

Alejo **Carpentier**

**Carpaccio:** *San Jorge matando al dragón* (1501-1507).
[Escuela de San Giorgio degli Schiavoni, Venecia.]

**CARRARA,** c. de Italia (Toscana); 65 945 hab. Canteras de mármol. Catedral románico-gótica.

**CARRASQUILLA** (Tomás), escritor colombiano (Santo Domingo 1858-Medellín 1940). Sus novelas superan el costumbrismo regionalista (*Frutos de mi tierra,* 1896; *Grandeza,* 1916; *La marquesa de Yolombó,* 1926).

**CARREL** (Alexis), cirujano y biólogo francés (Sainte-Foy-lès-Lyon 1873-París 1944), autor de trabajos sobre el cultivo de tejidos, escribió *La incógnita del hombre.* (Premio Nobel de fisiología y medicina 1912.)

**CARRENLEUFÚ,** r. de Argentina (Chubut), que nace en el lago General Vintter, penetra en Chile (Los Lagos), donde recibe el nombre de **río Palena,** y desemboca en el golfo Corcovado, en el Pacífico, formando la *rada Palena;* 300 km.

**CARREÑO,** mun. de España (Asturias); 11 009 hab. *(Carreñinos.)* Cap. *Candás.* Pesca. Industria alimentaria.

**CARREÑO** (María Teresa), pianista venezolana (Caracas 1853-Nueva York 1917). Vivió en Nueva York. Fue famosa concertista y directora de orquesta, y compuso valses y piezas para piano.

**CARREÑO** (Mario), pintor cubano (La Habana 1913-Santiago de Chile 1999). Vinculado a la abstracción geométrica, tiene acentos surrealistas. Ha realizado murales.

**CARREÑO** (Omar), pintor venezolano (Caracas 1927). Del figurativismo de sus inicios pasó a la abstracción geométrica.

**CARREÑO DE MIRANDA** (Juan), pintor español (Avilés 1614-Madrid 1685). Pertenece a la escuela barroca madrileña. De su primera etapa, esencialmente religiosa, destacan los frescos de la iglesia de San Antonio de los Portugueses en Madrid y la *Fundación de la orden trinitaria* (1666, Louvre). Nombrado pintor de cámara en 1669, se especializó en el retrato (*Carlos II,* Prado).

Juan **Carreño de Miranda:** *Fundación de la orden trinitaria* (1666). [Louvre, París.]

**CARRERA** (Rafael), militar y político guatemalteco (Guatemala 1814-*id.* 1865). Derrocó a Gálvez (1838) y dio el poder a Rivera Paz. Presidente del país (1844-1848 y 1851-1865), en 1847 proclamó la República de Guatemala, y en 1854 fue nombrado jefe supremo y perpetuo. En 1863 invadió El Salvador.

**CARRERA ANDRADE** (Jorge), poeta ecuatoriano (Quito 1902-*id.* 1978). Nostalgia por su tierra, dolor ante la injusticia y las más diversas influencias (romanticismo, simbolismo, vanguardia) confluyen en su poesía (*Obra poética completa,* 1976).

**CARRERA VERDUGO** (José Miguel), militar y político chileno (Santiago 1785-Mendoza 1821). Impuso su poder dictatorial en Chile (1812-1813), pero sus derrotas ante los españoles en Chillán (1813) y Rancagua (1814) le obligaron a exiliarse. Fue ejecutado por conspirar contra O'Higgins.

**CARRERAS** (José), tenor español (Barcelona 1946). Debutó en 1970. Es uno de los tenores líricos más cotizados internacionalmente. Su repertorio es básicamente italiano.

**CARRERAS ARAGÓ** (Luis), médico español (Barcelona 1835-*id.* 1907), uno de los iniciadores de la especialidad oftalmológica en España.

**CARRERAS ARTAU** (Tomás), filósofo español (Gerona 1879-Barcelona 1954). Relacionado con la filosofía del sentido común y con la idea de Llorens y Barba de un «espíritu nacional» factor de las producciones culturales (*Concepto de una ética hispana,* 1913).

**CARRERE** (Emilio), escritor español (Madrid 1880-*id.* 1947). Llevó a la poesía el decadentismo y la bohemia modernistas (*Dietario sentimental,* 1916).

**CARRERO BLANCO** (Luis), almirante y político español (Santoña 1903-Madrid 1973). Vicepresidente (1967) y presidente del gobierno (junio 1973), su muerte en un atentado de E.T.A. truncó la continuidad del franquismo a la muerte de Franco.

**CARRIEGO** (Evaristo), poeta argentino (Paraná 1883-Buenos Aires 1912). Sus poemas pintan la vida del suburbio porteño (*La canción del barrio,* 1913). Escribió además teatro (*Los que pasan,* 1912) y relatos (*Flor de arrabal,* 1927).

**CARRIERA** (Rosalba), pintora italiana (Venecia 1675-*id.* 1757). Utilizó la técnica del pastel.

**CARRIL** (Hugo **del**), cantante, actor y director de cine argentino (Buenos Aires 1912-*id.* 1989). Ídolo popular, su dedicación al tango le permitió debutar en el cine (*Los muchachos de antes no usaban gomina,* 1937), donde destacó como director de películas de marcado tono realista (*Las aguas bajan turbias,* 1953; *Tierras blancas,* 1959).

**CARRILLO,** cantón de Costa Rica (Guanacaste); 21 740 hab. Cap. *Filadelfia.* Centro agropecuario.

**CARRILLO** (Alfonso), eclesiástico y político castellano (1410-1482), arzobispo de Toledo y cardenal. Dirigió la oposición nobiliaria contra Enrique IV de Castilla y apoyó a Isabel en la guerra de sucesión castellana.

**CARRILLO** (Braulio), político costarricense (Cartago 1800-San Miguel, El Salvador, 1845). Elegido presidente en 1835, en 1838 dio un golpe de estado y separó a Costa Rica de las Provincias Unidas de Centroamérica. Dictador vitalicio (1841), fue derrocado por Morazán en 1842.

**CARRILLO** (Domingo), escultor ecuatoriano (Quito 1810-Guayaquil 1883). Su obra de imaginería se aparta de las convenciones coloniales y prescinde de la policromía.

**CARRILLO** (Julián), compositor y director de orquesta mexicano (San Luis Potosí 1875-México 1965), autor de música microtonal y de obras teóricas.

**CARRILLO** (Santiago), político español (Gijón 1915). Secretario general de las Juventudes socialistas (1934), en 1936 ingresó en el P.C.E., del que fue secretario general (1960-1982) y diputado (1977-1985). Abandonó el P.C.E. en 1985 y creó el P.T.E.-U.C., partido que en 1991 se integró en el P.S.O.E. Fue uno de los teóricos del eurocomunismo.

**CARRILLO DE ALBORNOZ** → ***Albornoz.***

**CARRILLO PUERTO** (Felipe), líder campesino mexicano (Motul 1872-Mérida 1924). Gobernador de Yucatán (1917), repartió tierras de los ejidos. Fue fusilado durante la revolución de Huerta.

**CARRILLO Y SOTOMAYOR** (Luis), conocido también como **Carrillo de Sotomayor,** poeta español (Córdoba 1582-Puerto de Santa María 1610). De su obra –en la transición del clasicismo renacentista al barroco– destaca *Fábula de Acis y Galatea.*

**CARRIÓ DE LA VANDERA** (Alonso) → ***Concolorcorvo.***

**CARRIÓN** (Alejandro), poeta ecuatoriano (Loja 1915-Quito 1992). Tras recopilar su obra (*Poesía,* 1961), publicó *El tiempo que pasa* (1963). Cultivó también la narrativa.

**CARRIÓN** (Benjamín), escritor ecuatoriano (Loja 1897-Quito 1980). Político socialista, en sus ensayos trató temas americanos (*Atahualpa,* 1934). Cultivó asimismo la novela.

**CARRIÓN** (Jerónimo), político ecuatoriano (Loja 1812-† 1873). Miembro del triunvirato que asumió el poder después del derrocamiento de Robles (1859), fue presidente en 1865-1867.

**CARRIÓN** (Pascual), agrarista español (Sax 1891-Valencia 1976). Ingeniero agrónomo, inspirador de la política agraria de la segunda república (*Los latifundios en España,* 1932).

**CARRIÓN DE LOS CONDES,** c. de España (Palencia), cab. de p. j.; 2 534 hab. Iglesias románicas de Santa María y de Santiago (s. XII). Monasterio benedictino de San Zoilo.

**carro de heno** *(El),* nombre de dos trípticos del Bosco*.

**CARROLL** (Charles Lutwidge **Dodgson,** llamado **Lewis**), matemático y escritor británico (Daresbury 1832-Guildford 1898). Autor de obras lógicas, como *Matemática demente* (1888-1893), dirigida a los profanos y a los jóvenes. Sus relatos aúnan su pasión por la lógica formal y su fascinación por la imaginación infantil (*Alicia en el país de las maravillas,* 1865; *A través del espejo,* 1872).

**CARSON** (Christopher, llamado **Kit**) [Madison County, Kentucky, 1809-Fort Lyon, Colorado, 1868], Guía y explorador, participó en varias expediciones hacia el Oeste a partir de 1831 y tomó parte en las guerras con los indios.

**CARTAGENA,** c. de España (Murcia), cab. de p. j.; 173 061 hab. (*Cartageneros* o *cartagineses.*) Puerto comercial (con Escombreras*) y militar. Astilleros, industrias químicas y mecánicas. Refinería. De origen cartaginés, conoció gran esplendor en la época romana *(Cartago Nova).* Reconquistada en 1242. Centro de la insurrección cantonalista de 1873. Museo arqueológico municipal, museo nacional de arqueología submarina y teatro romano.

**Cartagena** *(acuerdos de),* pacto entre España, Gran Bretaña y Francia para mantener el *statu quo* en el Mediterráneo y las costas atlánticas de Europa y África (abril 1907). Se mantuvo hasta 1914.

**CARTAGENA** o **CARTAGENA DE INDIAS,** c. de Colombia, cap. del dep. de Bolívar; 531 426 hab. Moderno centro industrial, activo puerto, refinería. Fue en el s. XVII la capital económica del Nuevo Reino de Granada, objetivo de varios ataques corsarios. Conjunto monumental colonial (plaza Real, audiencia, catedral, conventos de San Diego y Santa Clara, iglesia de los jesuitas, palacio de la Inquisición, puerto antiguo y fortificaciones), declarado bien cultural de la humanidad por la Unesco (1984). Museo de arte moderno, en las antiguas bodegas del puerto.

Venustiano **Carranza**

José **Carreras**

Hugo del **Carril** en *La cumparsita* (1947) de A. Momplet

Lewis **Carroll** (von Herkomer - Christ church college, Oxford)

**Cartagena** *(acuerdo de)*, acuerdo constitutivo del pacto Andino* (1969).

**CARTAGENA** (Alonso **de**), erudito y político castellano (Burgos 1384-Villasandino 1456). Obispo de Burgos, asistió al concilio de Basilea. Tradujo a Séneca y escribió obras históricas y teológicas.

**CARTAGINENSE,** circunscripción de la Hispania romana. Integrada en la prov. Tarraconense (27 a. J.C.), posteriormente fue erigida en provincia (s. III). Su cap. era *Cartago Nova* (act. Cartagena).

**CARTAGO,** c. de África, fundada según la tradición en 814 a. J.C. por colonos fenicios de Tiro en una península cerca de la actual Túnez. Se convirtió en la capital de una república marítima muy poderosa, que sustituyó a Tiro en occidente, y en el s. V a. J.C. luchó contra los griegos, sobre todo contra Siracusa. Fundó colonias en Sicilia y en España, envió a navegantes al Atlántico N y a las costas occidentales de África y sostuvo contra Roma, su rival, largas luchas conocidas con el nombre de *guerras púnicas** (264-146 a. J.C.). Vencida por Escipión el Africano al final de la segunda guerra (201 a. J.C.), a pesar de los esfuerzos de Aníbal, fue destruida al final de la tercera guerra por Escipión Emiliano (146 a. J.C.). Fundada de nuevo como colonia romana (s. I a. J.C.), se convirtió en la capital del África romana y del África cristiana. Tomada en 439 por los vándalos, fue arrasada por los árabes (*c.* 698). Ruinas romanas (acueducto, termas, teatro). Basílicas cristianas. Museo arqueológico.

**CARTAGO** *(provincia de)*, prov. de Costa Rica, en el centro del país; 3 125 km²; 316 400 hab. Cap. *Cartago.*

**CARTAGO,** c. de Colombia (Valle del Cauca); 97 791 hab. Centro agropecuario, minero e industrial.

**CARTAGO,** c. de Costa Rica, cap. de la prov. homónima, al pie del volcán Irazú; 52 265 hab.

**CARTAGO NOVA,** ant. c. fundada por Asdrúbal (228 a. J.C.), cap. de la España cartaginesa y después de la provincia romana Cartaginense. Es la act. *Cartagena.*

**CÁRTAMA,** v. de España (Málaga); 11 017 hab. En la Hoya de Málaga. Aceite y cerámicas.

**CARTAN,** familia de matemáticos franceses. — **Elie** (Dolomieu 1869-París 1951) profundizó en la teoría de conjuntos. — Su hijo **Henri** (Nancy 1904) estudió las funciones de variables complejas y fue uno de los fundadores del grupo Nicolas Bourbaki.

**Cartas persas,** novela filosófica de Montesquieu (1721), crítica de la sociedad francesa del s. XVIII.

**CARTAYA,** v. de España (Huelva); 10 438 hab. *(Cartayeros.)* Pesca de mariscos. Salazones. Cerámicas.

**CARTER** (Elliot), compositor norteamericano (Nueva York 1908), famoso por sus investigaciones rítmicas (*Sinfonía para 3 orquestas,* 1967; cuartetos de cuerda).

**CARTER** (James Earl, llamado **Jimmy**), político norteamericano (Plains, Georgia, 1924). Demócrata, fue presidente de E.U.A. de 1977 a 1981. Fue el artífice de los acuerdos de Camp David.

**CARTERET** (Philip), navegante británico († Southampton 1796). Dio la vuelta al mundo (1766-1769), explorando en particular las regiones ecuatoriales del Pacífico.

**CARTEYA,** ant. factoría fenicia, en San Roque (Cádiz). Fue la primera colonia latina de Hispania (171 a. J.C.). Ruinas de un teatro.

**CARTIER** (Jacques), navegante francés (Saint-Malo *c.* 1491-*id.* 1557). Tomó posesión del Canadá (en Terranova) en nombre de Francisco I de Francia (1534).

**CARTIER-BRESSON** (Henri), fotógrafo francés (Chanteloup, Seine-et-Marne, 1908). Realizó numerosos reportajes, todos ellos reflejo de lo que él mismo denominó el «instante decisivo».

**Cartuja** *(isla de la)*, isla del río Guadalquivir, a su paso por Sevilla. En sus 215 ha se ubicó el recinto de la exposición universal de 1992. Cartuja de Santa María de las Cuevas (s. XVI). Parques tecnológico y de atracciones.

**cartuja de Parma** *(La)*, novela de Stendhal (1839).

**CARTWRIGHT** (Edmund), inventor británico (Marnham, Nottinghamshire, 1743-Hastings 1823). Ideó las primeras formas de telar mecánico (1785), pero fracasó en las aplicaciones industriales.

**CARUARU,** c. de Brasil (Pernambuco), al O de Recife; 213 557 hab.

**CARÚPANO,** c. de Venezuela (Sucre), en el istmo de la península de Paria; 92 333 hab. Centro industrial.

**CARUSO** (Enrico), tenor italiano (Nápoles 1873-*id.* 1921), famoso por la belleza de su timbre.

**CARVAJAL** (Lino), geólogo y naturalista argentino (Rosario 1869-† 1907). Estudió las regiones del S de su país *(La Patagonia, Por el Alto Neuquén).*

**CARVAJAL Y LANCASTER** (José **de**), estadista español (Cáceres 1696-Madrid 1754). Hombre de confianza de Fernando VI, fue ministro plenipotenciario de España (1742) y secretario de Estado (1746). Firmó con la Santa Sede el concordato de 1753. Director de la Real academia española (1751-1754).

**Casa blanca** *(la)*, residencia del presidente de Estados Unidos en Washington, edificada a partir de 1792 e inaugurada en 1800.

**casa de Bernarda Alba** *(La)*, tragedia en prosa de F. García Lorca (1936), sobre el conflicto entre una madre autoritaria y sus cinco hijas.

**Casa de contratación,** organismo creado en 1503 en Sevilla para estimular y fiscalizar el tráfico con América. Alcanzó su máximo apogeo en el s. XVI. En 1524 pasó a depender del Consejo de Indias, y en 1557 se creó la figura del presidente de la Casa de contratación. Fue trasladada a Cádiz en 1717. Dotada cada vez de menos atribuciones, fue suprimida en 1790.

**Casa de las Américas,** institución cultural cubana, creada en 1959. Dedicada al intercambio cultural en el ámbito de la América hispana, desde 1960 concede un importante premio literario.

**Casa rosada,** residencia oficial del presidente de la República Argentina, en Buenos Aires (plaza de Mayo).

**CASABLANCA,** en ár. **Dār al-Bayḍā,** principal c. y puerto de Marruecos, junto al Atlántico; 2,5 millones de hab. aprox. Centro comercial e industrial. Exportación de fosfatos. Escenario de combates durante el desembarco norteamericano de 1942, en ella tuvo lugar una conferencia entre Churchill y Roosevelt (en. 1943), en la que se decidió aplazar el desembarco aliado en Europa hasta 1944.

**CASACCIA** (Gabriel), escritor paraguayo (Asunción 1907-Buenos Aires 1980). Su obra es una amarga denuncia contra la realidad de su país (*Mario Pareda,* 1940; *La babosa,* 1952; *La llaga,* 1963; *Los exiliados,* 1966; *Los herederos,* 1975).

**CASADO DEL ALISAL** (José), pintor español (Villada 1832-Madrid 1886). Discípulo de Madrazo, fue un pintor académico de temas históricos y retratos.

**CASAL** (Julián **del**), poeta cubano (La Habana 1863-*id.* 1893), exponente del modernismo en su país, donde su poesía, musical y decadente, ha ejercido gran influencia (*Hojas al viento,* 1890; *Nieve,* 1892; *Bustos y rimas,* 1893).

**CASALS** (Pau), violonchelista, compositor y director de orquesta español (El Vendrell 1876-San Juan de Puerto Rico 1973). Realizó una brillante carrera internacional como concertista. Formó trío con Cortot y Thibaut e incorporó a su repertorio las *suites* de Bach. Se exilió en 1939 a Francia, donde fundó el festival de Prades (1950), y luego a Puerto Rico. Compuso música religiosa, sardanas, el oratorio *El pessebre* (1960) y el *Himno de las Naciones unidas* (1971).

Pau **Casals**

Bartolomé de **Las Casas,** detalle (pintura anónima - biblioteca colombina, Sevilla)

**CASAMANCE,** región del S de Senegal, entre Gambia y el *río Casamance* (320 km).

**CASANARE** *(departamento del)*, dep. de Colombia, en los llanos del *río Casanare,* afl. del Meta; 44 640 km²; 110 253 hab. Cap. *Yopal.*

**CASANDRA,** personaje de la mitología griega, hija de Príamo y de Hécuba. Recibió de Apolo el don de predecir el futuro, pero al rechazar al dios, él decretó que nadie creyera sus profecías.

**CASANDRO** (*c.* 354-† 297 a. J.C.), rey de Macedonia, hijo de Antípatro. Sometió Grecia (319-317 a. J.C.) y se casó con Tesalónice, hermana de Alejandro Magno.

**CASANOVA** (Giovanni Giacomo), aventurero italiano (Venecia 1725-Dux, Bohemia, 1798), famoso por sus hazañas novelescas (especialmente su evasión de la cárcel de los Plomos de Venecia) y galantes, que contó en sus *Memorias,* publicadas póstumamente.

**CASANOVA** (Rafael), abogado y político catalán (Moyá *c.* 1660-Sant Boi de Llobregat 1743). Conseller en cap de Barcelona desde 1713, fue herido en el ataque final de las tropas de Felipe V sobre la ciudad (11 set. 1714).

**CASANOVA ESTORACH** (Antonio), pintor español (Tortosa 1847-París 1896), autor de obras de tema histórico, religioso y costumbrista.

**CASANOVAS** (Enrique), pintor español (Barcelona 1882-*id.* 1948). Su obra se inscribe en el novecentismo mediterráneo.

**Casares** *(cueva de los)*, cueva de España (Riba de Saelices, Guadalajara) con pinturas paleolíticas del arte francocantábrico.

**CASARES** (Carlos), escritor español en lengua gallega (Ginzo de Limia 1941), representante de la *nova narrativa: Viento herido* (*Vento ferido,* relatos, 1967), *Ilustrísima* (novela, 1980). Ha cultivado con éxito la literatura infantil.

**CASARES** (Julio), lexicógrafo y crítico literario español (Granada 1877-Madrid 1964), autor de un *Diccionario ideológico de la lengua española* (1943) y de ensayos lingüísticos y literarios. Fue secretario perpetuo de la Real academia desde 1939.

**CASARES** (María), actriz española (La Coruña 1922-La Vergne, Francia, 1996). Hija de S. Casares Quiroga, en 1936 se exilió a Francia. Miembro de la Comedia francesa, interpretó a autores contemporáneos. En 1990 obtuvo el Premio nacional de teatro de Francia.

**CASARES QUIROGA** (Santiago), político y abogado español (La Coruña 1884-París 1950), ministro (1931-1933 y 1936) y primer ministro (mayo 1936) de la segunda república. Dimitió al día siguiente del alzamiento militar de Franco (18 julio 1936).

**CASAS** (Bartolomé **de Las**), eclesiástico español (Sevilla 1474-Madrid 1566). En 1502 partió a las Indias (La Española, Cuba), donde fue titular de encomiendas, a las que renunció en 1515 para dedicarse a la defensa de los indios y a la denuncia de los abusos de la colonización. Estuvo en Venezuela (1520) y, ya dominico (1522), en Nicaragua y Guatemala. Fue nombrado obispo de Chiapas (1544-1546). Es autor de la *Brevísima relación de la destrucción de las Indias* (1552), contenida en sus *Tratados* y de una inacabada *Historia de Indias.*

**CASAS** (Ignacio Mariano **de Las**), arquitecto y escultor mexicano (Querétaro 1719-† 1773). Trabajó en Querétaro, en estilo churrigueresco.

**CASAS** (José Joaquín), poeta colombiano (Chiquinquirá 1865-Bogotá 1951), de inspiración costumbrista (*Crónicas de aldea,* 1918; *Poemas criollos,* 1932).

**CASAS** (Ramón), pintor y dibujante español (Barcelona 1866-*id.* 1932), representante destacado del modernismo. En 1891 se instaló en el Cau Ferrat (act. museo) en Sitges. Junto a Rusiñol, Utrillo y Romeu fundó Els quatre gats, taberna de tertulias. Realizó dibujos para numerosas publicaciones y carteles, así como retratos al carboncillo de personajes de su época. Su obra recoge temas contemporáneos y de crítica social. *(V. ilustración pág. 1206.)*

**CASAS GRANDES,** yacimiento prehispánico de México (Chihuahua). Casas de adobe de varios pisos (cultura Anasazi de los indios pueblo, s. XII) y otras construcciones posteriores: resto de un juego de pelota y edificios de piedra. Fina cerámica policromada.

**CASAS Y NOVOA** (Fernando **de**), arquitecto español (†Santiago de Compostela 1749). De su etapa de transición al barroco son el convento capuchino de La Coruña (1715) y el dominico de Santiago (1725). Plenamente barroca es la fachada del Obradoiro de la catedral de Santiago de Compostela (1738-1749).

**CASASÚS** (Joaquín **de**), economista y político mexicano (Frontera, Tabasco, 1858-Nueva York 1916). Especialista en cuestiones monetarias y bancarias, representó a su país en la conferencia monetaria internacional de Bruselas (1892) y fue diputado y presidente del Congreso (1902).

**CASCADAS** *(cordillera de las)* o **CASCADE RANGE,** montañas del O de Estados Unidos y de Canadá, a orillas del Pacífico (monte Rainier, 4 391 metros).

**CASCALES** (Francisco), escritor y humanista español (Fortuna 1564-Murcia 1642). Preceptista (*Tablas poéticas,* 1617), polemizó contra Góngora (*Cartas filológicas,* 1634).

**CASCALLS** (Jaume), escultor catalán documentado entre 1341 y 1377. Colaboró en las sepulturas de Poblet y fue maestro mayor de la catedral de Lérida (1361). Realizó el *San Carlomagno* de la catedral de Gerona.

**CASEROS,** dep. de Argentina (Santa Fe); 76 777 hab. Cab. *Casilda.* Conservas de carne.

**Caseros** *(batalla de),* derrota de las tropas de Rosas ante las de Urquiza, cerca de Buenos Aires, durante las luchas civiles argentinas (3 febr. 1852).

**CASERTA,** c. de Italia (Campania), cap. de prov., al N de Nápoles; 68 811 hab. Inmenso palacio real (1752-1773) obra de L. Vanvitelli; parque con juegos de agua. En ella capitularon las fuerzas alemanas de Italia (1945).

**cash and carry,** cláusula (1939) que modificaba la ley de neutralidad norteamericana y autorizaba la exportación de material de guerra de E.U.A. a los países beligerantes de la segunda guerra mundial mediante pago al contado *(cash)* y transporte *(carry)* por parte de los compradores.

**CASIMIRO** *(san)* [Cracovia 1458-Grodno 1484], hijo del rey de Polonia Casimiro IV. Patrón de Polonia y de Lituania.

**CASIMIRO,** nombre de cinco duques y reyes de Polonia. **Casimiro III el Grande** (Kowal 1310-Cracovia 1370), rey de 1333 a 1370; — **Casimiro IV Jagellón** (Cracovia 1427-Grodno 1492), gran duque de Lituania [1440-1492] y rey de Polonia [1445-1492]; – **Casimiro V** → ***Juan II Casimiro.***

**CASIMIRO CASTILLO,** mun. de México (Jalisco), en la sierra de Perote; 19 025 hab. Textiles.

**CASIODORO,** político y erudito latino (Scylacium, Calabria, *c.* 490-Vivarium, Bruttium, *c.* 580). Fue prefecto del pretorio en tiempos de Teodorico. Sus *Instituciones de las letras divinas y humanas* son una suma de los conocimientos religiosos y profanos, compendio de las siete artes liberales que serían la base de la enseñanza en la edad media.

**CASIQUIARE,** r. de Venezuela (territorio Amazonas) que, a través del río Negro, comunica el Orinoco con el Amazonas; 220 km.

**CASIRI** *(nevado de),* pico de Bolivia (La Paz), en la cordillera de La Paz; 5 910 m de alt.

**CASITÉRIDES** *(islas),* nombre antiguo de un archipiélago, productor de estaño, formado posiblemente por las actuales islas Scilly.

**CASO** (Alfonso), antropólogo y arqueólogo mexicano (México 1896-*id.* 1970), hermano de Antonio Caso. Dirigió diversas excavaciones y descubrió el tesoro mixteca de Monte Albán (1932). Es autor de numerosas publicaciones sobre las culturas precolombinas mexicanas.

**CASO** (Antonio), filósofo mexicano (México 1883-*id.* 1946). Opuesto al positivismo, introdujo en su país las ideas de Bergson y la fenomenología. Su obra principal es *La existencia como economía, como desinterés y como caridad* (1919).

**CASONA** (Alejandro **Rodríguez,** llamado **Alejandro**), dramaturgo español (Tineo 1903-Madrid 1965). Realidad y fantasía se mezclan en su teatro, que alcanzó gran éxito: *La sirena varada* (1934), *La dama del alba* (1944), *La barca sin pescador* (1945), *Los árboles mueren de pie* (1949), etc.

**CASPE,** c. de España (Zaragoza), cab. de p. j.; 7 901 hab. *(Caspolinos.)* Interesante plaza mayor. Iglesia (s. XV).

**Caspe** *(compromiso de),* acuerdo de los reinos de la Corona de Aragón para elegir un sucesor del rey Martín I, muerto en 1410. En 1412, nueve compromisarios, representantes de las cortes aragonesas, proclamaron rey, en Caspe, a Fernando de Antequera.

**CASPICARA** (Manuel **Chili,** llamado **el**), escultor de la escuela quiteña del último tercio del s. XVIII. Era indio, natural de Quito. Realizó grupos (*La Asunción de la Virgen,* iglesia de San Francisco, y *Descendimiento,* catedral de Quito), el *Niño dormido,* crucifijos y ángeles.

**CASPIO** *(mar),* en ruso **Kaspiskoie Morie,** gran lago salado en los confines de Europa y Asia, entre el Cáucaso y Asia Central, compartido por Azerbaiján, Rusia, Kazajstán, Turkmenistán e Irán. Situado a 28 m por debajo del nivel de los océanos; 360 000 km$^2$ aprox. A pesar de la aportación del Volga, su nivel desciende.

**CASSADÓ** (Gaspar), violonchelista español (Barcelona 1897-Madrid 1966). Desde 1923 actuó como concertista. Actualizó la técnica del violonchelo y compuso oratorios, un concierto, música de cámara, etc.

**CASSATT** (Mary), pintora y grabadora norteamericana (Pittsburgh 1844-Le Mesnil-Théribus 1926). Establecida en París e influida por Degas, destacó entre los componentes del grupo impresionista.

**CASSAVETTES** (John), director de cine y actor norteamericano (Nueva York 1929-Los Ángeles 1989). Original y personal, su obra incide en la expresión de las emociones: *Faces* (1968), *Una mujer bajo la influencia* (1975), *Opening night* (1977), *Gloria* (1980), *Love stream* (1983), etc.

**CASSIN** (René), jurista francés (Bayona 1887-París 1976). Hizo adoptar la Declaración universal de los derechos del hombre (1948) y presidió el Tribunal europeo de los derechos humanos (1965). [Premio Nobel de la paz 1968.]

**CASSINI,** familia de astrónomos y geodestas franceses de origen italiano, cuyo miembro más destacado, **Jean Dominique,** llamado **Cassini I** (Perinaldo, Niza, 1625-París 1712), organizó el observatorio de París y contribuyó con sus observaciones al conocimiento del sistema solar.

**CASSINO,** c. de Italia (Lacio); 32 803 hab. La ciudad, dominada por la colina de Montecassino, fue escenario de violentos combates (18 en.-18 mayo 1944) entre paracaidistas alemanes y soldados aliados (indios y neocelandeses en particular).

**CASSIRER** (Ernst), filósofo alemán (Breslau 1874-Nueva York 1945). Analizó los mitos, religiones y símbolos desde una perspectiva kantiana (*Filosofía de las formas simbólicas,* 1923-1929).

**CASTAGNINO** (Juan Carlos), pintor argentino (Mar del Plata 1908-Buenos Aires 1972). Su obra es realista y de contenido social. Realizó litografías y murales. También fue ilustrador.

**CASTAGNO** (Andrea **del**), pintor italiano (en el Mugello *c.* 1420-Florencia 1457), autor de los frescos más monumentales de la escuela florentina (refectorio de Santa Apolonia, Florencia).

**CASTAÑEDA** (Jorge), diplomático y jurista mexicano (México 1921). Ha desempeñado diversos cargos en la O.N.U., y es un experto en relaciones internacionales (*Valor jurídico de las resoluciones de las Naciones unidas,* 1967). Desde 2000 es ministro de Relaciones Exteriores de México.

**CASTAÑEDA CHORNET** (José), economista español (Valencia 1900-Madrid 1987). Destacó por sus *Lecciones de teoría económica* (1968), inspiradas en la teoría marginalista.

**CASTAÑOS,** mun. de México (Coahuila); 15 690 hab. Centro agrícola y minero.

**Castel del Monte,** castillo de Italia, cerca de Andria (Bari). Octógono con patio central flanqueado por 8 torres, de estilo gótico primitivo combinado con restos antiguos, es uno de los más célebres monumentos erigidos por Federico II de Hohenstaufen (*c.* 1240-1250).

**CASTEL GANDOLFO** o **CASTELGANDOLFO,** mun. de Italia (Lacio), a orillas del lago Albano; 6 784 hab. Palacio, residencia de verano de los papas (desde el s. XVII), que goza de extraterritorialidad.

**CASTELAO** (Alfonso **Rodríguez**), político, escritor, pintor y dibujante gallego (Rianjo 1886-Buenos Aires 1950). Promotor del Partido galleguista y diputado republicano, inspirador del galleguismo, *Siempre en Galicia* (*Sempre en Galiza,* 1944) recoge su ideario político. Autor teatral, ensayista y narrador (*Cosas [Cousas],* 1926; *Retrincos,* 1934), es uno de los creadores de la prosa moderna gallega, con un estilo crítico y a menudo caricaturesco e incisivo, facetas presentes en sus dibujos de intencionalidad social.

**CASTELAR** (Emilio), político y escritor español (Cádiz 1832-San Pedro del Pinatar 1899). Jefe de los republicanos junto a Pi y Margall, Figueras y Salmerón, fue ministro de Estado y jefe de gobierno de la primera república (1873), y combatió a los carlistas y a los cantonalistas. Reimplantada la monarquía, defendió un republicanismo moderado desde el Partido posibilista. Autor de estudios históricos y literarios, fue un destacado orador. (Real academia 1871.)

**CASTELFUERTE** (José **de Armendáriz,** *marqués* **de**), militar y administrador español del s. XVIII. Virrey del Perú (1724-1736), reorganizó la hacienda y reprimió la revuelta de los Comuneros del Paraguay y la de A. Calatayud en Cochabamba.

**CASTELLAMMARE DI STABIA,** c. y puerto de Italia, en el golfo de Nápoles; 68 720 hab. Es la ant. *Stabias.*

**CASTELLANOS,** dep. de Argentina (Santa Fe); 142 075 hab. Estación de investigación botánica.

**CASTELLANOS** (Julio), pintor mexicano (México 1905-† 1947), autor de numerosos murales, óleos, dibujos y litografías.

**CASTELLANOS** (Rosario), escritora mexicana (México 1925-Tel-Aviv 1974). Poeta y narradora de la corriente indigenista (*Balún Canán,* 1955; *Oficio de tinieblas,* 1962; *Los convidados de agosto,* 1964), cultivó también el teatro.

**CASTELLANOS Y VILLAGELIÚ** (Jesús), escritor cubano (La Habana 1879-*id.* 1912). Periodista y narrador costumbrista inspirado en temas rurales, escribió cuentos (*De tierra adentro,* 1906) y la novela *La conjura* (1908).

**CASTELLAR DEL VALLÈS,** mun. de España (Barcelona); 13 481 hab. Centro agrícola e industrial.

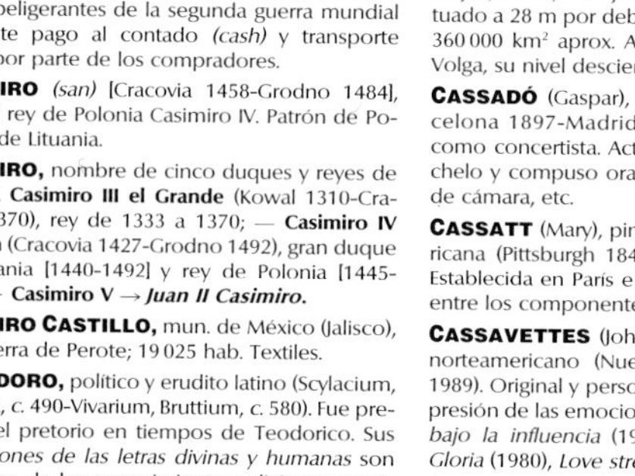

Ramón **Casas:** *Ramon Casas y Pere Romeu en un tándem* (1897). [Museo de arte moderno, Barcelona.]

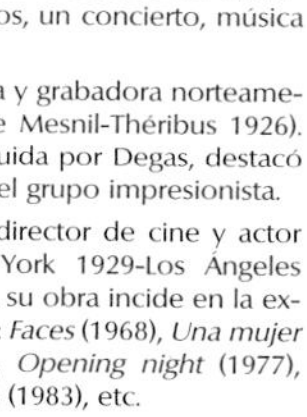

Emilio **Castelar** (B. Maura - biblioteca nacional, Madrid)

**CASTELLDEFELS,** mun. de España (Barcelona); 33 023 hab. Maquinaria y materiales de construcción. Turismo.

**CASTELLI** (Juan José), patriota argentino (Buenos Aires 1764-*id.* 1812). Vocal de la primera junta revolucionaria, mandó ejecutar a Liniers y los demás implicados en el complot antirrevolucionario de 1810. Fue nombrado comisionado de guerra en el Alto Perú, donde difundió las ideas separatistas.

**CASTELLÓ DE AMPURIAS** o **CASTELLÓ D'EMPÚRIES,** v. de España (Gerona); 3 645 hab. *(Castellonenses.)* Turismo.

**CASTELLÓN** *(provincia de),* prov. de España, en la Comunidad Valenciana; 6 679 km²; 448 182 hab. Cap. *Castellón de la Plana.* P. j. de *Castellón de la Plana, Nules, Segorbe, Villarreal* y *Vinaroz.* Interior montuoso (Puertos de Morella, Alto Maestrazgo, sierra de la Espina). En las llanuras del litoral predomina la huerta (cítricos). Se extrae petróleo (Vinaroz) y mercurio (Chóvar). Industrias del calzado, cerámica, petroquímica. Turismo en la costa.

**CASTELLÓN DE LA PLANA** o **CASTELLÓ DE LA PLANA,** c. de España, cap. de la prov. homónima y cab. de p. j.; 138 489 hab. *(Castellonenses.)* Centro agrícola y comercial. Pesca de arrastre (sardina). Refinerías de petróleo, central térmica. Iglesia de Santa María (1409; destruida en 1936 y reconstruida). Ayuntamiento e iglesias del s. XVIII. Museo de bellas artes.

**CASTELO BRANCO** (Camilo), escritor portugués (Lisboa 1825-São Miguel de Ceide, Braga, 1890), uno de los maestros de la novela realista portuguesa (*Cuentos del Miño,* 1875-1877).

**CASTIGLIONE** (Baldassare o Baltasar, *conde* **de**), diplomático y escritor italiano (Casatico, Mantua, 1478-Toledo 1529), autor de *El cortesano* (1528), guía del perfecto cortesano renacentista; fue amigo y protegido de Carlos Quinto.

**CASTIGLIONE** (Giovanni Benedetto), llamado **el Grecchetto,** pintor y grabador italiano (Génova *c.* 1610-Mantua *c.* 1665). Trabajó en Roma, Nápoles, Génova y Mantua. Influido por el naturalismo flamenco y holandés, fue un representante del barroco lleno de virtuosismo y de imaginación.

**CASTILHO (de),** familia de arquitectos castellanos activos en Portugal. — **João** (La Montaña 1490-† *c.* 1551) trabajó en Tomar y Alcobaça y realizó el claustro de Belém. — Su hermano **Diogo** (nacido en La Montaña-† *c.* 1574) trabajó en Belém y en Coimbra (iglesia de Santa Cruz y palacio real (1523-1524).

**CASTILLA,** región histórica de España, tradicionalmente dividida en Castilla* la Vieja y Castilla* la Nueva. Desde el punto de vista fisiográfico, coincide con la Meseta central.

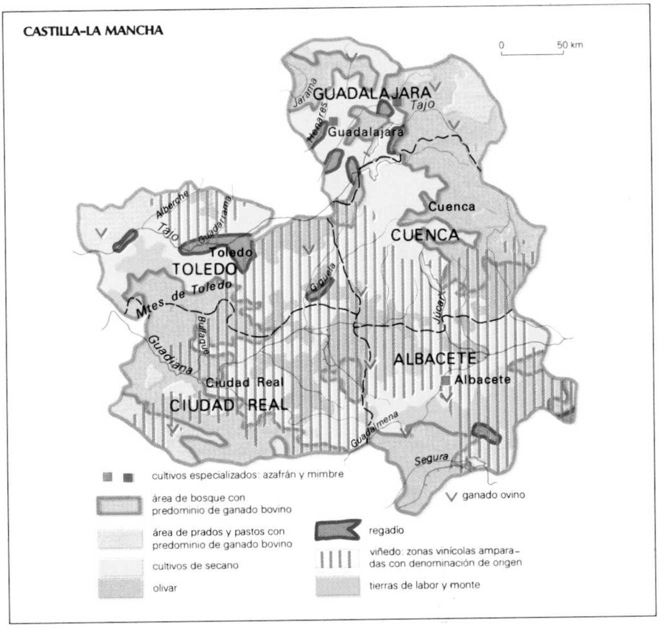


**Castilla** *(consejo de),* órgano central de la administración castellana creado en 1480. Carlos I limitó su papel, que se amplió al absorber el consejo de Aragón (1707). En el s. XIX sus funciones pasaron al consejo de Estado y a los ministerios.

**Castilla,** libro de narraciones de Azorín (1912), en el que describe el paisaje castellano con técnica impresionista.

**CASTILLA** *(condado y reino de),* condado y reino medieval de la península Ibérica. El primer conde, Rodrigo (865), vasallo del rey de Asturias, dominó hasta el valle del Ebro. Fernán González (*c.* 930-970) se separó del reino de Asturias. Sancho García [995-1017] consolidó el dominio en el valle del Duero. A la muerte de García Sánchez [1017-1029] el condado se convirtió en reino al pasar a su sobrino Fernando I (1035), hijo del rey de Navarra, quien no tardó en incorporar el reino de León. Las conquistas de Alfonso VII impusieron la hegemonía de Castilla en la península, pero el reino se dividió entre sus hijos Sancho III de Castilla y Fernando II de León (1157). 1212: derrota almohade en las Navas de Tolosa. 1230: reunificación de Castilla y León con Fernando III. Pedro I el Cruel mantuvo una guerra (1356-1367) contra la nobleza, apoyada por Pedro el Ceremonioso de Aragón. Enrique II [1369-1379] inició la dinastía Trastámara. 1479: Isabel de Castilla y Fernando de Aragón unieron los reinos de Castilla y Aragón. 1492: conquista de Granada.

**CASTILLA,** mun. de Perú (Piura); 27 865 hab. Agricultura (maíz y algodón) y ganadería. Aeropuerto.

**CASTILLA DEL ORO,** nombre que dio Fernando el Católico (1513) a los territorios de América Central situados entre el golfo de Urabá (Colombia) y el cabo Gracias a Dios (entre Honduras y Nicaragua).

**CASTILLA-LA MANCHA,** región de España que constituye una comunidad autónoma; 79 225 km²; 1 651 833 hab. Cap. *Toledo.* Comprende las provincias de *Albacete, Ciudad Real, Cuenca, Guadalajara* y *Toledo.*

###### GEOGRAFÍA

Se extiende por la mitad meridional de la Meseta, entre el sistema Central, el Ibérico y sierra Morena, con extensas llanuras (La Mancha). Densidad de población baja (21 hab./km²), con una demografía en regresión debido a la fuerte emigración. Economía agropecuaria (cereales, leguminosas, vid, olivo, ganado ovino). Se extrae cinabrio (Almadén), plomo y pizarras bituminosas. Producción de energía hidroeléctrica (Entrepeñas-Buendía) y nuclear (Almonacid de Zorita, Trillo). Incipiente desarrollo industrial: petroquímica (Puertollano), industrias de transformación (Guadalajara, Toledo, Talavera de la Reina, Ciudad Real, Manzanares, Alcázar de San Juan); cerámica tradicional (Talavera de la Reina).

###### HISTORIA

La población prerromana era de pueblos celtas e iberos (carpetanos, vetones, oretanos). S. II a. J.C.: conquista romana. 573-711: Toledo fue capital del reino visigodo. Ss. VIII-XI: ocupación musulmana del territorio; Toledo fue capital de un reino de taifa musulmán (1035-1085). Ss. XI-XIII: conquista del territorio por los reinos de Castilla y de León, consumado por Fernando III; repoblación a cargo de las órdenes militares (Calatrava, Santiago y San Juan), que consolidaron la estructura latifundista.

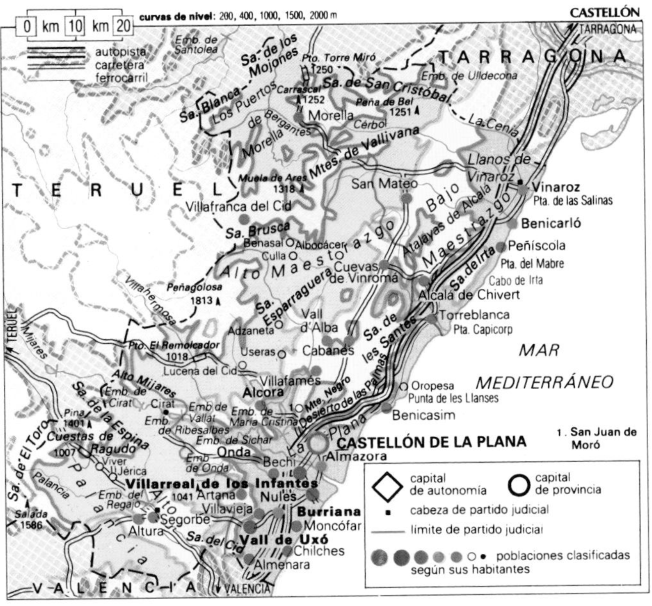

Ss. XVII-XIX: crisis y despoblamiento, desde el traslado de la capital imperial de Toledo a Madrid (1563). La región fue asolada durante la guerra de Independencia (1808-1812). 1982: estatuto de autonomía de Castilla-La Mancha.

**CASTILLA LA NUEVA,** región histórica del centro de España, en la Meseta S (prov. de Madrid, Toledo, Ciudad Real, Cuenca y Guadalajara). Reconquistada entre los ss. XI y XIII, tras el auge del s. XVI sufrió un declive y despoblamiento sólo compensado por el crecimiento de Madrid.

**CASTILLA LA VIEJA,** región histórica de España, en la Meseta N (prov. de Ávila, Burgos, Palencia, Segovia, Soria, Valladolid; Cantabria y La Rioja). Asiento de pueblos celtíberos difícilmente romanizados (Numancia) y protagonista de la primera reconquista, quedó luego limitada a una economía cerrada, netamente agraria.

**CASTILLA MARQUESADO** (Ramón), militar y político peruano (Tarapacá 1796-Tiviliche, Arica, 1867). Presidente de la república en 1845-1851, en 1854 encabezó la revolución de Arequipa y se hizo con el poder, lo que provocó una guerra civil (1856-1858). Elegido presidente constitucional en 1858, ocupó el cargo hasta 1862, y de nuevo en 1863.

**CASTILLA Y LEÓN,** región de España, que constituye una comunidad autónoma; 94 010 km$^2$; 2 562 979 hab. Cap. *Valladolid.* Formada por las provincias de *Ávila, Burgos, León, Palencia, Salamanca, Segovia, Soria, Valladolid* y *Zamora.*

GEOGRAFÍA

Ocupa la mitad N de la Meseta central, en la cuenca del Duero, delimitada por la cordillera Cantábrica al N, sistema Ibérico al E y cordillera Central al S. Clima continental. Demografía en recesión, con un rápido crecimiento de la población urbana por el desarrollo de algunas capitales provinciales (Valladolid, Burgos, Salamanca). Actividad agropecuaria tradicional (cereales, leguminosas, vid, cabaña ovina). Extracción de carbón (León) y hierro; producción de energía hídrica, térmica y nuclear (Garoña). Reciente desarrollo de la industria (automóvil, químicas, agroalimentarias, etc.), muy localizada en las capitales, lo mismo que el sector terciario.

HISTORIA

Vacceos, vetones y arévacos fueron los principales pueblos prerromanos. La región, conquistada por Roma (Numancia, 143-133 a. J.C.), perteneció a la Hispania Citerior y más tarde fue dividida entre la Tarraconense y la Lusitania. Despoblada durante la conquista árabe, fue reconquistada por Asturias y Navarra, de la que se separaron los reinos de León (910) y Castilla (s. X). 1230: unión de Castilla y León. 1520-1522: triunfo de la nobleza sobre las ciudades en la guerra de las Comunidades y consolidación de la ganadería lanera. S. XVI: expansión imperial (en América), decadencia lanera y despoblación. 1983: estatuto de autonomía de Castilla y León.

**CASTILLEJA DE LA CUESTA,** v. de España (Sevilla); 15 205 hab. *(Castillejanos.)* Agroindustria.

**CASTILLEJO** (Cristóbal **de**), poeta español (Ciudad Rodrigo *c.* 1490-Viena 1550). Exponente de la reacción contra la poesía italianizante, es autor de *Sermón de amores* (1542) y *Diálogo de mujeres* (1544), de tono misógino.

**Castillejos** *(batalla de los),* victoria de las tropas españolas mandadas por Prim sobre los marroquíes (1 en. 1860), cerca de Ceuta, durante la guerra de África.

**Castillo** *(cueva del),* cueva de España (cerca de Puente Viesgo, Cantabria) con pinturas del paleolítico superior y de las etapas finales del inferior.

**CASTILLO (del),** familia de pintores españoles activos en Andalucía en los ss. XVI-XVII. — **Juan** (Sevilla 1584-Cádiz 1640), manierista, trabajó en Sevilla y Cádiz y fue maestro de Murillo. — Su sobrino **Antonio** (Córdoba 1616-*id.* 1668) fue el artista central de la escuela realista cordobesa.

**CASTILLO** (Abelardo), dramaturgo y narrador argentino (nacido en 1935). Sobresale su pieza teatral *Israfel* (1966), especie de biografía de Poe, y sus *Cuentos crueles* (1966).

**CASTILLO** (Francisca Josefa **del**), religiosa y escritora colombiana, conocida como **la Madre Castillo** (Tunja 1671-*id.* 1742). Su obra *(Sentimientos espirituales, Vida)* está influida por los místicos españoles.

**CASTILLO** (Francisco **del**), arquitecto español del s. XVI. Colaboró con Vignola en la Villa Julia de Roma. De 1570 a 1580 trabajó en Martos (Jaén).

**CASTILLO** (Hernando **del**), poeta español del s. XVI, al que se debe la recopilación del *Cancionero general* (1511).

**CASTILLO** (José **del**), pintor español (Madrid 1737-*id.* 1793). De estilo neoclásico, realizó numerosos cartones para la fábrica de tapices de Santa Bárbara (Madrid), de temas costumbristas y religiosos.

**CASTILLO** (Ramón), político argentino (Catamarca 1873-Buenos Aires 1944). Vicepresidente (1937) y desde 1940 presidente interino de la república por enfermedad de Ortiz, al que sucedió en 1942. Fue depuesto por un golpe de estado (1943).

**CASTILLO** (Teófilo), pintor peruano (Carhuás 1857-Tucumán 1922). De formación académica, pintó temas históricos de época precolombina y virreinal.

**CASTILLO ANDRACA** (Francisco **del**), escritor peruano (Lima 1716-*id.* 1770). Gran improvisador, compuso poemas, bailes, loas y sainetes *(El entremés del Justicia y litigantes).*

**CASTILLO ARMAS** (Carlos), militar y político guatemalteco (Santa Lucía de Cotzumalguapa 1914-Guatemala 1957). Accedió a la presidencia con un golpe de estado apoyado por E.U.A. (1954), y promulgó una nueva constitución (1956). Fue asesinado.

**CASTILLO PUCHE** (José Luis), novelista español (Yecla 1919), autor de *Con la muerte al hombro* (1954) y de una trilogía sobre un mundo dominado por el fanatismo religioso, de la que destaca *Conocerás el poso de la nada* (1982). [Premio nacional de narrativa 1982.]

**CASTILLO SOLÓRZANO** (Alonso **de**), escritor español (Tordesillas 1584-¿Zaragoza 1648?). Ensayó casi todos los géneros, destacando en la novela picaresca (*Las harpías de Madrid,* 1631; *La niña de los embustes,* 1632; *La garduña de Sevilla,* 1642).

**CASTLEREAGH** (Robert **Stewart,** *vizconde*), político británico (Mount Stewart Down 1769-North Cray Kent 1822). Secretario de Estado para la Guerra (1805-1809) y ministro de Asuntos Exteriores (1812), fue el artífice de la gran alianza contra Napoleón I y desempeñó una función fundamental en el congreso de Viena (1814-1815).

**CÁSTOR Y PÓLUX,** llamados **los Dioscuros,** héroes mitológicos de Esparta, hijos gemelos de Zeus y Leda y hermanos de Helena y de Clitemnestra. Identificados con la constelación de Géminis.

**CASTORENA** (Juan Ignacio), prelado mexicano (Zacatecas 1668-Mérida, Yucatán, 1733), fundador de la primera publicación periódica mexicana, la *Gazeta de México* (1722).

**CASTRES,** c. de Francia (Tarn), a orillas del Agout; 46 292 hab. Museos dedicados a Goya y J. Jaurès.

**CASTRIL,** v. de España (Granada); 3 074 hab. *(Castrileños.)* Hornos de vidrio del s. XVII.

**CASTRILLÓN,** mun. de España (Asturias); 21 216 hab. Cap. *Piedras Blancas.* Industria química y metalurgia. Turismo (Salinas).

**CASTRO,** c. de Chile (Los Lagos), en la isla de Chiloé; 30 275 hab. Puerto comercial y pesquero.

**CASTRO** (Américo), ensayista español (Cantagallo, Brasil, 1885-Lloret de Mar 1972). Cofundador de la *Revista de filología española,* es autor de estudios literarios (*El pensamiento de Cervantes,* 1925) y filológicos. Su obra magna es *España en su historia* (1948), titulada posteriormente *La realidad histórica de España* (1954).

**CASTRO** (Cipriano), militar y político venezolano (Capacho, Táchira, 1858-en Puerto Rico 1924). Presidente tras la revolución «de los sesenta» (1899), implantó un régimen dictatorial. Fue derrocado por el general Juan Vicente Gómez (1908).

**CASTRO** (Estrellita), cantante y actriz española (Sevilla 1912-Madrid 1983). Alcanzó gran popularidad como tonadillera *(Mi jaca, María de la O)* y en el cine (*Suspiros de España,* 1939).

**CASTRO** (Felipe **de**), escultor español (Noya 1711-

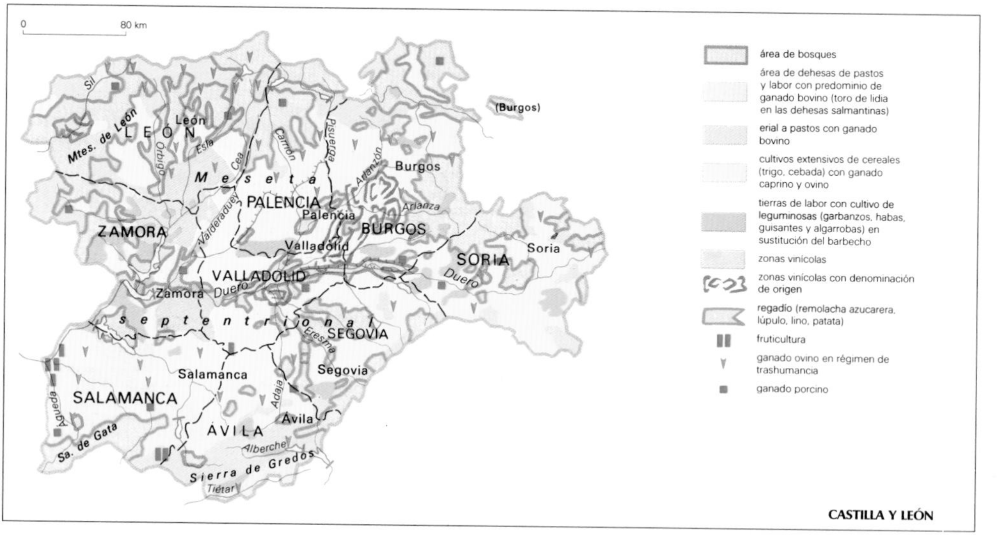

CASTILLA Y LEÓN

Madrid 1775). Se inició en el rococó y evolucionó hacia el neoclasicismo. Destacó en el retrato.

**CASTRO** (Fernando **de**), pensador español (Sahagún 1814-Madrid 1874). Portavoz del catolicismo liberal europeo, propugnó la separación de Iglesia y estado e impulsó la reforma krausista.

**CASTRO** (Fidel), político cubano (Mayarí 1927). Opositor al dictador Batista, en 1953 asaltó el cuartel de Moncada. En 1956 emprendió desde sierra Maestra una lucha de guerrillas contra el régimen. El 1 de enero de 1959 Batista huyó y Castro formó un gobierno revolucionario que estableció relaciones con la U.R.S.S. Es primer secretario del Partido comunista cubano (1965), primer ministro y presidente de la república (1976). Desde el hundimiento del bloque socialista (1991) el régimen castrista vive una crítica situación política y económica, agravada por el endurecimiento en 1996 del embargo norteamericano (ley Helms-Burton).

**CASTRO** (Guillén **de**), dramaturgo español (Valencia 1569-Madrid 1631). Seguidor de Lope, se inspiró en el romancero para sus comedias históricas *(Las mocedades del Cid)*, utilizando en otras los temas cervantinos *(El curioso impertinente)*. Las restantes son de costumbres y de capa y espada, caballerescas *(El conde Alarcos)* y mitológicas.

**CASTRO** (João **de**), explorador y administrador portugués (Lisboa 1500-Goa 1548), virrey de las Indias portuguesas. Exploró el mar Rojo.

**CASTRO** (José María), compositor argentino (Avellaneda, Buenos Aires, 1892-Buenos Aires 1964), autor de música de ballet, sinfónica, concertante y de cámara. — Su hermano, **Juan José** (Avellaneda 1895-Buenos Aires 1968), compuso óperas y obras sinfónicas e instrumentales. — Su otro hermano, **Washington** (Buenos Aires 1909), es violoncelista y compositor.

**CASTRO** (José María), político costarricense (1818-1892). Presidente de la república (1847-1849), durante su mandato la asamblea constituyente proclamó la independencia (1848). Reelegido en 1866, fue derrocado en 1868 por los militares.

**CASTRO** (Josué **de**), economista brasileño (Recife 1908-París 1973), autor de estudios sobre el hambre en el mundo (*Geopolítica del hambre,* 1952).

**CASTRO** (Rosalía **de**), escritora española en lenguas castellana y gallega (Santiago de Compostela 1837-Padrón 1885). Figura esencial en el renacimiento literario gallego (Rexurdimento) y de gran influjo en la lírica española moderna, su primera gran obra fue *Cantares* gallegos* (1863), que culminaría en *Follas* novas* (1880) y *En* las orillas del Sar* (1885). Cultivó también la narrativa (*El caballero de las botas azules,* 1867).

**CASTRO DEL RÍO,** v. de España (Córdoba); 7 902 hab. *(Castreños.)* Apicultura y avicultura.

**castros** *(cultura de los),* cultura céltica de la península ibérica, perteneciente al bronce tardío, llamada así por la importancia de sus castros. Se desarrolló en la Meseta y en el NO de la península *(cultura castreña)*. Sus castros están fortificados con murallas concéntricas y las viviendas son de planta circular. Destacan la joyería (torques de oro) y el armamento. Perduró hasta avanzada la romanización.

**CASTRO-URDIALES,** c. de España (Cantabria); 13 575 hab. *(Castreños.)* Puerto. Iglesia gótica de Santa María (ss. XIII-XIV).

**CASTROVIEJO** (Ramón), oftalmólogo español (Logroño 1904-Madrid 1987). Trabajó en E.U.A. y destacó por sus contribuciones al perfeccionamiento del trasplante de córnea.

**CASTUERA,** v. de España (Badajoz), cab. de p. j.; 6 933 hab. *(Castueranos.)* Centro agropecuario.

**CASTULO,** ant. población prerromana del alto Guadalquivir (Cazlona, cerca de Linares, Jaén), que destacó por su importancia estratégica y minera.

**CATA** (Alfonso), bailarín y maestro de ballet norteamericano de origen cubano (La Habana 1937). Bailó en los ballets de R. Petit, R. Joffrey, del marqués de Cuevas y New York City Ballet. Dirigió los ballets del gran teatro de Ginebra y de Frankfurt.

**CATACAOS,** mun. de Perú (Piura); 57 556 hab. Algodón. Industrias derivadas de la agricultura.

**ÇATAL HÖYÜK,** yacimiento arqueológico de Turquía, al S de Konya. Casas (mediados VII milenio-mediados VI milenio) decoradas con pinturas murales y relieves.

**Çatal Höyük:** pintura mural que representa un toro. Neolítico; fines del VII milenio.

**CATALÀ** (Caterina **Albert,** llamada **Víctor**), novelista española en lengua catalana (La Escala 1873-*id.* 1966). Exponente de una narrativa realista de tema rural, sobresalen su gran novela *Soledad* (*Solitud,* 1905) y sus cuentos, reunidos en *Obras completas* (1952) junto con su obra teatral y poética.

**CATALÀ ROCA** (Francesc), fotógrafo español (Valls 1922-Barcelona 1998). Su obra, de orientación neorrealista, ha contribuido a la renovación de la fotografía en Cataluña. Premio nacional de artes plásticas 1983.

**CATALÁN SAÑUDO** (Miguel Ángel), físico español (Zaragoza 1894-Madrid 1957). Trabajó en Londres con Fowler en el estudio de los espectros complejos; observó en el espectro del magnesio grupos de líneas a los que denominó multipletes, y señaló su relación con el estado energético de los electrones.

**Cataláunicos** *(batalla de los campos)* [451], victoria de los romanos de Aecio, aliados de los visigodos de Teodorico, sobre los hunos de Átila, en el *Campus Mauriacus.* El emplazamiento exacto de la batalla, en las llanuras de Champagne, es discutido.

SANTAS

**CATALINA de Alejandría** *(santa),* mártir legendaria que habría sufrido el suplicio de la rueda en Alejandría (s. IV).

**CATALINA de Siena** *(santa),* religiosa dominica italiana (Siena 1347-Roma 1380), doctora de la Iglesia. Convenció a Gregorio XI para que abandonara Aviñón y se instalara en Roma, y luchó para poner fin al gran cisma de occidente. Plasmó sus experiencias místicas en el libro *De la doctrina divina.*

**CATALINA TOMÁS** *(santa),* agustina española (Valldemosa 1531-Palma de Mallorca 1573). Superiora del convento de Santa Magdalena de Palma de Mallorca, se le atribuyeron dones místicos.

**CATALINA LABOURÉ** *(santa),* religiosa francesa (Fain-lès-Moutiers, Côte-d'Or, 1806-París 1876). Hija de la caridad, en 1830 tuvo las visiones de la Virgen llamada de «la medalla milagrosa».

CASTILLA

**CATALINA DE LANCASTER** (Bayona 1373-Valladolid 1418), reina de Castilla [1390-1406], esposa (1388) de Enrique III. Tras enviudar, gobernó desde 1407 como regente en Castilla la Vieja y León.

FRANCIA

**CATALINA DE MÉDICIS,** reina de Francia (Florencia 1519-Blois 1589), hija de Lorenzo II de Médicis. Casó con Enrique II de Francia y fue regente de Carlos IX. Buscó el equilibrio entre católicos y protestantes pero urdió la matanza de la noche de san Bartolomé (1572).

INGLATERRA

**CATALINA DE ARAGÓN** (Alcalá de Henares 1485-Kimbolton 1536), hija de los Reyes Católicos. Fue reina de Inglaterra de 1509 a 1533 por su matrimonio con Enrique VIII, con quien tuvo seis hijos, de los que sólo sobrevivió María Tudor, y que la repudió. Los conflictos provocados por este divorcio fueron una de las causas del cisma de Inglaterra.

**CATALINA HOWARD** (1522-Londres 1542), reina de Inglaterra, quinta esposa de Enrique VIII. Fue decapitada por su conducta ligera.

**CATALINA PARR** (1512-Sudeley Castle 1548), reina de Inglaterra, sexta y última esposa de Enrique VIII.

NAVARRA

**CATALINA DE NAVARRA** (1468-1518), reina de Navarra [1483-1513] y de la Baja Navarra [1513-1518], hija de Gastón de Foix y de Magdalena de Francia, y esposa de Juan III de Albret. La conquista de Pamplona por Fernando el Católico (1512) limitó su reino al territorio situado al N de los Pirineos.

RUSIA

**CATALINA I** (Jakobstadt, Curlandia, 1684-San Petersburgo 1727), emperatriz de Rusia (1725-1727), esposa de Pedro el Grande, a quien sucedió.

**CATALINA II la Grande** (Stettin 1729-Tsárskoie Seló 1796), emperatriz de Rusia [1762-1796], hija del duque de Anhalt-Zerbst y esposa de Pedro III, al que obligó a abdicar. Soberana ilustrada, mantenía correspondencia con Voltaire y recibió a Diderot en su corte. Reformó la administración (1775), pero extendió la servidumbre y tuvo que acabar con la revuelta de Pugachev (1773-1774). Durante su reinado, Rusia se expandió en detrimento del imperio otomano (tratado de Kuchuk-Kainarzhi, 1774) y de Polonia (1772, 1793 y 1795), extendiéndose por Bielorrusia, Ucrania y Crimea.

**Catalunya** *(museo nacional de arte),* museo creado en Barcelona en 1934 que alberga una importante colección de pinturas murales y sobre tabla y esculturas del románico catalán, además de obras góticas y barrocas.

**CATALUÑA** o **CATALUNYA,** región fisiográfica e histórica del NE de España, que constituye una comunidad autónoma; 31 930 $km^2$; 6 115 579 hab. *(Catalanes.)* Cap. *Barcelona.* Comprende las provincias de *Barcelona, Gerona, Lérida* y *Tarragona.*

GEOGRAFÍA

Accidentada al N por los Pirineos y al E por las cordilleras costeras (Litoral y Prelitoral). Densidad de población elevada (191 hab./$km^2$), que se concentra en las comarcas próximas a Barcelona. La fuerte inmigración de los años cincuenta y sesenta se detuvo a mediados del siguiente decenio. Entre las actividades económicas predomina la industria, muy diversificada, que se concentra en torno a Barcelona y en menor grado en Gerona, Tarragona (petroquímica), Vic y Manresa. También Barcelona monopoliza las actividades terciarias. Turismo en el litoral. La agricultura desempeña un papel reducido, aunque con altos rendimientos debido a su especialización (vid en el Panadés y el Priorato, almendra, olivo y arroz en el delta del Ebro, flores, frutas y hortalizas en el Maresme).

HISTORIA

Los primeros pobladores son del paleolítico inferior. S. VII a. J.C.: pueblos iberos y fundación de la colonia griega de Ampurias. 218-195 a. J.C.: tras una corta etapa cartaginesa, fue conquistada por Roma, que instaló su capital en Tarraco. Ss. III-IV: invasiones (francos, alemanes, etc.). Ss. V-VII: dominación visigoda. S. VIII: invasión musulmana. Fines s. VIII-s. IX: conquista franca y creación de diversos condados. 1137: unión del condado de Barcelona y el reino de Aragón en la Corona de Aragón 1462-1472: guerra civil. 1479: unión dinástica de la Corona de Aragón con Castilla (Reyes

Fidel **Castro**

Rosalía de **Castro**

**Catalina de Médicis** (museo Carnavalet, París)

**Catalina II** la Grande (D. G. Levitski - museo de Petrodvorets)

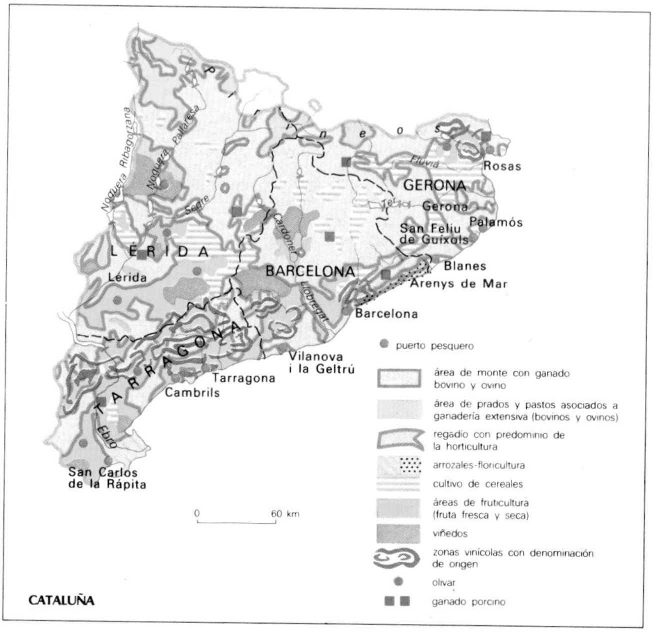

CATALUÑA

Católicos). 1640-1652: guerra *dels segadors* o de Separación de Cataluña. 1700-1714: guerra de Sucesión, en la que Cataluña apoyó al archiduque Carlos de Austria. Tras la caída de Barcelona (11 set. 1714), el decreto de Nueva planta (1716) eliminó las instituciones de gobierno catalanas (cortes, Generalidad, Consejo de ciento). S. XIX: industrialización, aparición del catalanismo político y del movimiento obrero. 1914-1925: Mancomunidad, abolida por Primo de Rivera. 1932: estatuto de autonomía de Cataluña, abolido en 1939. 1979: estatuto de autonomía de Cataluña.

**Cataluña** *(circuito permanente de),* circuito de velocidad situado en Montmeló (Barcelona), escenario de los grandes premios de España de fórmula 1 de automovilismo y de motociclismo.

**CATAMARCA** *(provincia de)*, **prov. del NO de Argentina, lindante con Chile; 102 602 km²; 265 571 hab. Cap.** ***San Fernando del Valle.***

**CATAMARCA,** oficialmente **San Fernando del Valle de Catamarca,** c. de Argentina, cap. de la prov. de Catamarca; 110 489 hab. Edificios coloniales.

**CATANIA,** c. y puerto de Italia, en la costa de Sicilia, cap. de prov.; 330 037 hab. Monumentos de la época griega al s. XVIII.

**CATANZARO,** c. de Italia, cap. de Calabria y cap. de prov.; 93 464 hab.

**CATAÑO,** mun. de Puerto Rico, en la bahía de San Juan; 34 587 hab. Industrias diversas.

**CATAÑO** (Quirio o Quirino), escultor guatemalteco († 1622). Su obra más famosa es el *Cristo de la cruz* (1594, iglesia de Santiago de Esquipulas).

**CATARI** (Tomás, Dámaso y Nicolás), hermanos indígenas del Alto Perú que se sublevaron contra los españoles. Tomás fue ejecutado en 1781, y posteriormente sus hermanos, después de sitiar La Plata (act. Sucre).

**CATARROJA,** v. de España (Valencia), cab. de p. j.; 20 157 hab. *(Catarrojenses.)* Pesca. Industria alimentaria.

**CATATUMBO,** r. de Colombia y Venezuela, que desagua en un delta en el lago Maracaibo; 365 km². Su principal afluente es el Zulia.

**Cateau-Cambrésis** *(tratados de),* nombre de dos pactos firmados en esta c. de Francia (Nord) en 1559; uno entre Francia e Inglaterra, por el que Francia conservaba Calais, y el otro entre Francia y España, que ponía fin a las guerras de Italia; el tratado concertó, asimismo, el matrimonio de Felipe II de España con Isabel de Valois.

**CATEDRAL,** mun. de Venezuela (Lara), que forma parte de la ciudad de Barquisimeto; 80 337 hab.

**CATEMACO,** mun. de México (Veracruz), a orillas del *lago de Catemaco;* 31 250 hab. Cereales.

**CATIA LA MAR,** c. de Venezuela (Distrito Federal); 100 104 hab. Centro industrial.

**CATILINA** (Lucio Sergio), político romano (108-Pistoia 62 a. J.C.). Su conjuración contra el senado fue denunciada por Cicerón en cuatro discursos (*Catilinarias,* nov.-dic. 63 a. J.C.), y aplastada en la batalla de Pistoia (62).

**CATÓN** (Marco Porcio), llamado **el Viejo** o **el Censor,** estadista romano (Tusculum 234-† 149 a. J.C.). Cónsul en 195, encarnó la política conservadora de la oligarquía senatorial, consagrándose a destruir el poder de los Escipiones y el de Cartago. Censor (184 a. J.C.), atacó el lujo y las costumbres griegas en Roma. Fue también uno de los primeros grandes escritores en lengua latina *(De re rustica; Orígenes).*

**CATÓN** (Marco Porcio), llamado **de Útica,** político romano (95-Útica 46 a. J.C.), bisnieto del anterior. Tribuno y senador, se enfrentó a Pompeyo y a César. Se suicidó tras la derrota de Tapso. Fue una de los grandes figuras del estoicismo en Roma.

**CATTEGAT** o **KATTEGAT,** brazo de mar que separa Suecia y Dinamarca (Jutlandia).

**CATTELL** (James McKeen), sicólogo norteamericano (Easton, California, 1860-Lancaster, Pennsylvania, 1944), autor de trabajos de sicología diferencial.

**CATULO,** poeta latino (Verona *c.* 87-Roma *c.* 54 a. J.C.). Imitador de la poesía alejandrina, es autor de poemas eruditos *(Las bodas de Tetis y de Peleo)* y líricos amatorios.

**CAUCA,** r. de Colombia; 1 350 km. A partir de Popayán forma el extenso *valle del Cauca* (cultivos de café, caña de azúcar, coca). Cruza luego un angosto cañón y recibe al Nechí y al San Jorge antes de desaguar en el Magdalena (or. izq.) formando un laberinto de brazos y caños.

**CAUCA** *(departamento del),* dep. del SO de Colombia; 29 308 km²; 795 838 hab. Cap. *Popayán.*

**CAUCASIA,** mun. de Colombia (Antioquia); 39 190 hab. Maíz, cacao y café. Minas de hierro.

**CÁUCASO,** en ruso **Kavkás,** sistema montañoso que se extiende a lo largo de 1 250 km en el mar Negro y el Caspio. Es una barrera elevada cuya altitud en raras ocasiones es menor de 2 000 m, dominada por grandes volcanes (Elbrús, 5 642 m; Kazbek). De difícil acceso, el Cáucaso fue refugio de diversos pueblos y aún en la actualidad constituye un verdadero mosaico étnico. A veces se incluyen también en el Cáucaso los macizos situados al S de Tbilisi (llamados *Pequeño Cáucaso*). La región comprende repúblicas de la Federación de Rusia que forman el Cáucaso del Norte (Daguestán, Kabardino-Balkaria, Osetia del Norte, Chechenia, Ingushia, Adiguei, Karachái-Cherkesia) y las tres repúblicas de Transcaucasia (Armenia, Azerbaiján y Georgia), a menudo llamadas *países del Cáucaso.*

**CAUCETE,** dep. de Argentina (San Juan), avenado por el San Juan; 28 212 hab. Vinos.

**CAUCHY** (*barón* Augustin), matemático francés (París 1789-Sceaux 1857). Renovó el análisis matemático e introdujo el rigor en el estudio de las funciones elementales y de las series.

**CAUDETE,** v. de España (Albacete); 8 157 hab. *(Caudetanos.)* Industria alimentaria y textil.

**CAUDINAS** *(horcas),* desfiladero de Italia central, en el Samnio. En él, el ejército romano, vencido por los samnitas (321 a. J.C.), tuvo que pasar bajo el yugo; de ahí la expresión *pasar bajo las horcas caudinas,* es decir, verse obligado a soportar condiciones humillantes.

**CAUPOLICÁN,** jefe araucano (nacido en Pilmaiquén-Cañete 1558). Elegido *toqui* (1553), derrotó en diversas ocasiones a los españoles Valdivia y Villagra antes de ser torturado y ejecutado. Su vida es narrada por Ercilla en *La Araucana.*

**CAUQUENES,** c. de Chile (Maule); 40 368 hab. Vinos famosos. Dañada por el terremoto de 1939.

**CAURA,** r. de Venezuela, afl. del Orinoco (or. der.); 570 km.

**cautiva** *(La),* poema de Esteban Echeverría incluido en *Rimas* (1837). Constituye el primer gran canto a la pampa y al heroísmo que se afirma en la desolación del desierto.

**Cautividad de Babilonia,** período (587-538 a. J.C.) durante el cual los hebreos deportados por Nabucodonosor II permanecieron exiliados en Babilonia hasta el edicto de liberación de Ciro II.

**cautividad de Babilonia** *(La),* obra de Lutero (1520), en la que describe el sometimiento de la Iglesia a la autoridad de Roma.

**CAUTO,** r. de Cuba, el más largo del país, tributario del Caribe; 370 km.

**CAVA (La)** → ***Deltebre.***

**Cava (La),** nombre árabe que significa «la prostituida», dado a la hija del conde Julián. Según la leyenda, fue forzada por el rey visigodo Rodrigo, por lo que su padre indujo a los musulmanes a invadir la península Ibérica.

**CAVACO SILVA** (Aníbal), político portugués (Loulé, Faro, 1939). Líder del Partido socialdemócrata (1985-1995), fue primer ministro (1985-1995).

**CAVAFIS** o **KAVÁFIS** (Konstandínos), poeta griego (Alejandría 1863-*id.* 1933), autor de dos colecciones de *Poemas* (1905-1915 y 1915-1918) escritos en un lenguaje a la vez prosaico y exquisito.

**CAVALCANTI** (Guido), poeta italiano (Florencia *c.* 1225-*id.* 1330), amigo de Dante, uno de los mejores representantes del *dolce stil novo.*

**CAVALIERI** (Bonaventura), jesuita y matemático italiano (Milán 1598-Bolonia 1647). Precursor del cálculo integral, desarrolló la teoría de los indivisibles.

**CAVALIERI** (Emilio **del**), compositor italiano (Roma *c.* 1550-*id.* 1602), uno de los creadores del recitativo acompañado y del oratorio.

**CAVALLA,** c. y puerto de Grecia (Macedonia); 58 576 hab.

**CAVALLI** (Francesco **Caletti,** llamado posteriormente **Francesco**), compositor italiano (Crema 1602-Venecia 1676), maestro de capilla de Venecia, uno de los continuadores de Monteverdi. Autor de óperas (*Hércules enamorado,* 1662).

**CAVALLINI** (Pietro **de' Cerroni,** llamado **Pietro**), pintor italiano, representante de la escuela romana anterior a Giotto, de 1270 a 1330.

**CAVANILLES** (Antonio José), naturalista y eclesiástico español (Valencia 1745-Madrid 1804). Realizó un inventario de la flora peninsular española (1791-1804) basado en la clasificación de Linneo.

**CAVELL** (Edith Louisa), enfermera británica (Swardeston, Norfolk, 1865-Bruselas 1915), fusilada por los alemanes a causa de su actividad al permitir la huida de los prisioneros aliados en la Bélgica ocupada.

**CAVENDISH** (Henry), físico y químico británico (Niza 1731-Clapham 1810). Determinó, por medio de la balanza de torsión, la densidad media de la Tierra, fue uno de los creadores, con Coulomb, de la electrostática cuantitativa, aisló el hidrógeno y realizó la síntesis del agua.

**CAVENDISH** o **CANDISH** (Thomas), navegante inglés (Trimley Saint Martin, Suffolk, *c.* 1560-† en el mar 1592). Fue el tercer navegante que dio la vuelta al mundo (1586-1588). Saqueó los puertos españoles de la costa occidental de América del Sur.

**CAVERNAS** o **PARACAS CAVERNAS**, yacimiento arqueológico de Perú. (→ ***Paracas.***)

**CAVIA** (Mariano **de**), periodista español (Zaragoza 1855-Madrid 1919), autor de notables artículos literarios, taurinos, etc. (Real academia 1916.)

**Cavite** *(batalla de)*, derrota de la flota española de Montojo por la norteamericana de Dewey, en la bahía de Cavite, Filipinas, durante la guerra hispano-norteamericana (1 mayo 1898).

**CAVO** (Andrés), historiador mexicano (Guadalajara 1739-Roma 1803). Jesuita, fue misionero en Nayarit. Escribió una *Historia civil y política de México* (1797).

**CAVOUR** (Camilo **Benso,** *conde* **de**), estadista italiano (Turín 1810-*id.* 1861). Fundador del periódico *Il risorgimento* (1847), defensor de las ideas liberales, diputado en el parlamento de Turín (1848), y ministro piamontés de Agricultura (1850) y de Hacienda (1851), en 1852 fue nombrado presidente del consejo. Desarrolló un programa de tres puntos: renovación del estado sardo en una óptica liberal; difusión del ideal unitario en Italia, y puesta en marcha de un dispositivo que permitiera expulsar a los Habsburgo del N de Italia. Tras haber convencido a Napoleón III para que interviniese en Italia (1859), se sintió decepcionado por el armisticio de Villafranca; dimitió, pero volvió al poder en 1860, y antes de morir asistió a la proclamación del reino de Italia.

**CAWNPORE** → ***Kānpur.***

**CAXÉS** (Eugenio), pintor español (Madrid *c.* 1576-*id.* 1634). Evolucionó desde el manierismo al realismo de la escuela madrileña, de la que fue figura principal. Fue pintor de cámara (1612) y trabajó en los sitios reales con Carducho.

**CAXIAS** (Luis **Alves de Lima y Silva,** *duque* **de**), mariscal y político brasileño (Río de Janeiro 1803-*id.* 1880). Comandante en jefe de las fuerzas brasileñas, argentinas y uruguayas durante la guerra contra Paraguay (1865-1870), fue varias veces presidente del consejo.

**CAXIAS DO SUL,** ant. **Caxias,** c. del S de Brasil (Rio Grande do Sul); 290 968 hab. Metalurgia.

**CAYENA,** en fr. **Cayenne,** c. y cap. de Guayana Francesa; 41 659 hab. Puerto comercial.

**CAYETANO** (Tommasso **de Vio,** *cardenal*), teólogo y filósofo escolástico italiano (Gaeta 1468-Roma 1533), general de los dominicos (1508). Legado en Alemania, se entrevistó con Lutero en la dieta de Augsburgo (oct. 1518), sin lograr que volviese a la comunión romana. Son clásicos sus comentarios a la *Summa theologica* de santo Tomás.

**CAYETANO DE THIENE** *(san)*, religioso italiano (Vicenza 1480-Nápoles 1547), fundador de la orden de los clérigos regulares (1524), llamados después teatinos.

**CAYEY,** mun. de Puerto Rico, en la *sierra de Cayey;* 46 553 hab. Caña de azúcar. Destilerías.

**Catón**
el Viejo

Luis **Cernuda**
(dibujo por A. Delgado)

**CAYLEY** (Arthur), matemático británico (Richmond 1821-Cambridge 1895), uno de los representantes más eminentes de la escuela algebraica del s. XIX, creador del cálculo matricial (1858).

**CAYLEY** (*sir* George), inventor británico (Brompton Hall, Yorkshire, 1773-*id.* 1857). Fue el primero en exponer los principios del avión y determinó todos los componentes del avión moderno, para el que preconizó el empleo de la hélice y del motor de gas o de explosión.

**CAYMAN** *(islas)* → ***Caimán.***

**cazador furtivo** *(El)*, ópera en tres actos de C. M. von Weber (1821).

**cazadores en la nieve** *(Los)*, pintura sobre madera de Bruegel el Viejo (1565, Kunsthistorisches Museum, Viena), ejemplo de paisaje compuesto en el que se integra una escena campesina.

**CAZALLA DE LA SIERRA,** c. de España (Sevilla), cab. de p. j.; 5 016 hab. (*Cazallenses* o *cazalleros*) Minas de cobre. Restos prehistóricos y romanos. Cartuja (s. XV). Castillo almohade.

**CAZALS** (Felipe), director de cine mexicano (México 1937). Tras *Emiliano Zapata* (1970) y *El jardín de tía Isabel* (1971), su cine se orientó hacia la denuncia social (*Bajo la metralla,* 1983; *La furia de Dios,* 1987).

**Cazola** *(tratado de)*, acuerdo por el que Alfonso VIII de Castilla y Alfonso el Casto de Aragón se repartieron los territorios de conquista (marzo 1179). A veces se ha denominado erróneamente tratado de Cazorla.

**CAZORLA** *(sierra de)*, sierra de España, extremidad S de la cordillera Ibérica; 1 380 m en Blanquillo. Forma parte del parque natural de *Cazorla, Segura y Las Villas* (bosques de pinos).

**CAZORLA,** c. de España (Jaén), cab. de p. j.; 8 885 hab. (*Cazorlenses.*) Centro agropecuario. Castillo.

**CBS** (Columbia broadcasting systems), una de las tres grandes cadenas norteamericanas de televisión (junto con la ABC y NBC), fundada en 1927.

**C.C.O.O.,** siglas de Comisiones obreras.

**C.D.C.,** siglas de Convergència democràtica de Catalunya.

**C.D.U.,** siglas de Christlich-Demokratische Union → ***democratacristiana*** (Unión).

**C.E.,** siglas de Comunidad europea → ***Unión europea.***

**CEA BERMÚDEZ** → ***Zea Bermúdez.***

**CEÁN BERMÚDEZ** (Juan Agustín), pintor e historiador de arte español (Gijón 1749-Madrid 1829), autor del *Diccionario histórico de los más ilustres profesores de las bellas artes en España* (1800).

**CEARÁ,** estado del NE de Brasil; 148 000 km$^2$; 6 353 346 hab. Cap. *Fortaleza.*

**CEAUŞESCU** (Nicolae), político rumano (Scornicești 1918-Tirgoviște 1989). Secretario general del partido comunista (1965), presidente del consejo de estado (1967) y presidente de la república (1974), fue derrocado en 1989 por una insurrección popular y ejecutado.

**CEBOLLERA** *(sierra de)*, sierra de España, en el área meridional de la cordillera Ibérica; 2 146 m en el *pico de Cebollera* y 2 159 en la Mesa.

**CEBORUCO,** volcán de México (Nayarit), en la sierra Madre occidental. Fuentes termales.

**CEBREROS,** mun. de España (Ávila); 3 908 hab. (*Cebrereños.*) Estación de investigación astronómica y detección de señales de satélites de comunicación.

**CEBRIÁN** (Juan Luis), escritor y periodista español (Madrid 1944). Redactor en jefe de los servicios informativos de T.V.E. (1975) y director del diario *El país* desde su fundación (1976) hasta 1988, es autor de ensayos (*Crónicas de mi país,* 1985) y novelas (*La isla del viento,* 1990). [Real academia 1996.]

**CEBÚ,** isla de Filipinas, en las Visayas; 5 088 km$^2$; 1 634 000 hab. Cap. *Cebú* (490 000 hab.).

**C.E.C.A.,** siglas de Comunidad europea del carbón y del acero → ***Unión europea.***

**CECCHETTI** (Enrico), bailarín y maestro de ballet italiano (Roma 1850-Milán 1928). Reformó la enseñanza de la danza en Rusia.

**CECIL** (William), *barón* **Burghley** o **Burleigh,** político inglés (Bourne 1520-Londres 1598). Fue secretario de Estado de Eduardo VI (1550-1553) y de la reina Isabel I (1558-1572), y tesorero mayor de 1572 a 1598.

**CECILIA** *(santa)*, virgen y mártir romana († *c.* 232), casada con el pagano Valentiniano, al que convirtió. Es patrona de los músicos.

**CÉCROPS,** héroe mítico griego, primer rey de Ática, representado con el busto de un hombre y el cuerpo de una serpiente.

**C.E.D.A.** (Confederación española de derechas autónomas), partido político fundado por J. M. Gil-Robles en 1933. Su entrada en el gobierno (oct. 1934) provocó las revoluciones de Asturias y Cataluña. Derrotado en las elecciones de febrero de 1936, fue disuelto.

**CEDAR RAPIDS,** c. de Estados Unidos (Iowa); 108 751 hab.

**CEDRAL,** mun. de México (San Luis Potosí); 15 320 hab. Centro agrícola.

**CEDRÓN,** torrente de Palestina, en Judea, que separa Jerusalén del monte de los Olivos.

**C.E.E.,** siglas de Comunidad económica europea → ***Unión europea.***

**CEFALONIA,** isla de Grecia, en el mar Jónico; 737 km$^2$; 32 314 hab. Cap. *Argostoli.*

**CEFALÚ,** c. y puerto de Italia, en Sicilia; 13 791 hab. Catedral iniciada en 1131 (mosaicos bizantinos).

**CEHEGÍN,** c. de España (Murcia); 13 271 hab. (*Cehegineros.*) Regadíos. Canteras (yeso, mármol). Conservas. Aguas medicinales.

**C.E.I.** (Comunidad de estados independientes), organización creada en diciembre de 1991 y que agrupó once repúblicas de la antigua U.R.S.S. (Armenia, Azerbaiján, Bielorrusia, Kazajstán, Kirguizistán, Moldavia, Rusia, Tadzhikistán, Turkmenistán, Ucrania y Uzbekistán). Georgia ingresó en 1993. Inicialmente operativa sólo como una comunidad de defensa y seguridad, se fue configurando también como un bloque de cooperación económica.

**CEIBA (La),** c. de Honduras, cap. del dep. de Atlántida; 57 900 hab. Puerto exportador. Aeropuerto.

**CEILÁN** → ***Srī Lanka.***

**CEJA (La),** mun. de Colombia (Antioquia); 28 766 hab. Bebidas carbónicas; curtidurías.

**CELA** (Camilo José), escritor español (Iria Flavia, Padrón, 1916). Su novela *La familia* de Pascual Duarte* (1942) inició la corriente «tremendista» y supuso su consagración, confirmada en *La colmena** (1951), vasta galería de personajes del Madrid de posguerra. Otras obras importantes son: *Historias de España, Los ciegos, Los tontos* (1958), *San Camilo 1936* (1969), *Oficio de tinieblas 5* (1973), *Mazurca para dos muertos* (1983), *Cristo versus Arizona* (1988), *La cruz de San Andrés;* sus libros de viajes (*Viaje a la Alcarria,* 1948) y el *Diccionario secreto* (1968). [Premio nacional de literatura 1984; premio Nobel de literatura 1989; premio Cervantes 1995.] (Real academia 1957.)

Camilo José **Cela**
recibiendo el premio Nobel de manos de Gustavo de Suecia

**C.E.L.A.M.** (Consejo episcopal latinoamericano), organismo católico con sede en Bogotá, formado por miembros de las conferencias episcopales de los países de América latina. Coordina las tareas pastorales latinoamericanas.

**CELAN** (Paul **Antschel,** llamado **Paul**), poeta austríaco de origen rumano (Chernovtsi 1920-París 1970). Usó su lirismo como instrumento de resistencia contra las opresiones físicas e intelectuales modernas (*La rosa de nadie,* 1963).

**CELANO** (Tommaso **di**), franciscano italiano (nacido en Celano-Tagliacozzo entre 1244 y 1250). Uno de los primeros discípulos de san Francisco de Asís y su biógrafo. Se le atribuyen una *Vida de santa Clara* e himnos *(Dies irae)*.

**CELANOVA,** v. de España (Orense), cab. de p. j.; 5 902 hab. *(Celanovenses.)* Monasterio benedictino, monumental conjunto barroco, que engloba la iglesia mozárabe de San Miguel (s. X).

**CELAYA,** mun. de México (Guanajuato); 315 577 hab. Agricultura y ganadería. Edificios neoclásicos del s. XIX, obra de F. E. Tresguerras.

**CELAYA** (Rafael **Múgica,** llamado **Gabriel**), poeta español (Hernani 1911-Madrid 1991). Exponente de la poesía social (*Lo demás es silencio,* 1952; *Paz y concierto,* 1953; *Cantos iberos,* 1955), derivó hacia el experimentalismo (*Memorias inmemoriales,* 1980). Es autor de ensayos.

**CÉLEBES** o **SULAWESI,** archipiélago de Indonesia constituido por una gran isla, *Célebes,* y varias islas pequeñas; 189 000 km$^2$; 10 410 000 hab. Comprende cuatro provincias de Indonesia. Descubierto en 1512 por los portugueses, quedó bajo el control de los holandeses en 1667, y forma parte de Indonesia desde 1950. — El *mar de las Célebes* se halla entre las Célebes, Borneo y Mindanao.

**Celestina** *(La),* obra en veintiún actos, total o parcialmente escrita por Fernando de Rojas, cuyos orígenes bibliográficos poco claros permiten distinguir tres fases: una primera redacción, en un acto y sin edición conocida, que Rojas atribuye a Juan de Mena o Rodrigo de Cota; otra en dieciséis actos, que ofrecen las primeras ediciones (¿1499?, 1500 y 1501), bajo el título de *Comedia* y luego *Tragicomedia de Calisto y Melibea;* y una tercera en veintiún actos. La obra, escrita en forma de diálogo dramático sin acotaciones escénicas, dramatiza los trágicos amores de Calisto y Melibea en los que media la alcahueta Celestina. Impresa ochenta veces en el s. XVI, creó innumerables continuaciones e imitaciones y constituye una de las cimas de la literatura castellana.

**CELESTINO V** *(san)* [Pietro **Angeleri,** llamado también **Pietro del Morrone**] (Isernia *c.* 1215-Castello di Fumone, Frosinone, 1296), papa en 1294, que fue canonizado en 1313 con el nombre de **Pedro Celestino.** Eremita en Apulia, elegido papa, a pesar suyo, en un momento en que la Iglesia atravesaba una grave crisis, abdicó tras cinco meses en el cargo, por la presión del futuro Bonifacio VIII.

**CELIBIDACHE** (Sergiu), director de orquesta rumano (Roman 1912-París 1996). Dirigió, entre otras, la orquesta filarmónica de Berlín (1946-1952) y, desde 1979, la orquesta filarmónica de Munich.

**CELICA,** cantón de Ecuador (Loja), avenado por el *río Celica;* 20 305 hab. Agricultura y ganadería.

**CÉLINE** (Louis Ferdinand **Destouches,** llamado **Louis-Ferdinand**), escritor francés (Courbevoie 1894-Meudon 1961). Su obra refleja la hostilidad del mundo y la trivialidad de la vida (*Viaje al fin de la noche,* 1932; *Muerte a crédito,* 1936).

**CELIO,** una de las siete colinas de Roma.

**Cellamare** *(conspiración de),* conspiración contra el regente de Francia, duque de Orleans, organizada por el ministro español Alberoni, por lo que el gobierno francés declaró la guerra a España (1719).

**CELLE,** c. de Alemania (Baja Sajonia); 71 601 hab. Casas y monumentos de los ss. XV-XVIII.

**CELLINI** (Benvenuto), orfebre, grabador de medallas y escultor italiano (Florencia 1500-*id.* 1571). Francisco I de Francia lo llamó a su corte. Sus obras maestras son la *Ninfa de Fontainebleau* (altorrelieve de bronce, *c.* 1543, Louvre) y el *Perseo* de la Loggia dei Lanzi (Florencia, *c.* 1550). En sus *Memorias* contó su vida aventurera.

**CELSIUS** (Anders), astrónomo y físico sueco (Uppsala 1701-*id.* 1744). Creó la escala termométrica centesimal que lleva su nombre (1742).

**CELSO,** erudito del siglo de Augusto, autor de una obra enciclopédica que incluye *De re medica.*

**CELSO,** filósofo griego (s. II d. J.C.) que vivió en Roma, conocido gracias a Orígenes, quien refutó sus ataques contra el cristianismo.

**CELTIBERIA,** ant. región de la península Ibérica habitada por los pueblos celtíberos. (V. parte n. c.)

**CEMAL PAŞA** → ***Ŷamāl bajá.***

**C.E.M.L.A.** (Centro de estudios monetarios latinoamericanos), organismo de información e investigación de las políticas monetarias de los países latinoamericanos, creado en 1952 por los bancos centrales de dichos países.

**CEMPOALA,** centro arqueológico de la cultura totonaca de México (Veracruz), con ruinas que cubren 21 hectáreas al norte del río Actopan, entre las que destacan los templos pirámide.

**CENCI,** familia romana, famosa por sus crímenes y sus desgracias (s. XVI). Su historia inspiró a Shelley y a Stendhal.

**CENDRARS** (Frédéric **Sauser,** llamado **Blaise**), escritor francés de origen suizo (La Chaux-de-Fonds 1887-París 1961). Sus poemas y novelas (*El oro,* 1925; *Moravagine,* 1926; *El hombre fulminado,* 1945) reflejan una gran pasión por la aventura.

**CENICERO,** c. de España (La Rioja); 2 182 hab. *(Cenicerenses.)* Elaboración de vinos. Iglesia de San Martín (s. XVI). Casas señoriales.

**cenicienta** *(La),* cuento en prosa de Perrault (1697).

**CENIZA** *(bocas de),* desembocadura del Magdalena en el Caribe. Un canal de 21 km permite la navegación de barcos de gran calado hasta Barranquilla.

**Centcelles** *(monumento de),* monumento funerario paleocristiano de España (Constantí, Tarragona), del s. IV. Restos de mosaicos en la cúpula.

**CENTELLES** (Agustí), fotógrafo español (Grao, Valencia, 1909-Barcelona 1985). Se hizo famoso por sus fotos documentales, de gran calidad, sobre la guerra civil española. (Premio nacional de fotografía 1984.)

**CENTLA,** mun. de México (Tabasco); 53 778 hab. La cab. *Frontera,* es un puerto comercial y pesquero.

**C.E.N.T.O.** (Central treaty organization), organización de defensa y cooperación, que agrupaba a Gran Bretaña, Irán, Pakistán y Turquía, creada en 1959 tras la denuncia hecha por Iraq del pacto de Bagdad (firmado en 1955). Fue disuelta en 1979.

**CENTRAL** *(cordillera),* cordillera de la península Ibérica que se extiende a lo largo de 700 km, desde el sistema Ibérico hasta la parte central de Portugal, partiendo en dos la Meseta castellana; 2 592 m en la Plaza del Moro Almanzor.

**CENTRAL** *(cordillera),* sistema montañoso de Costa Rica; 3 432 m de alt. máx., en el volcán Irazú.

**CENTRAL** *(cordillera),* sistema montañoso de la República Dominicana; 3 175 m en el pico Duarte.

**CENTRAL** *(departamento),* dep. de Paraguay, junto a la frontera argentina; 2 465 km$^2$; 864 540 hab. Cap. *Ypacaraí.*

**CENTRAL DE LOS ANDES** *(cordillera),* uno de los tres ramales en que se dividen los Andes colombianos, entre el nudo de Pasto y la llanura atlántica; culmina en el volcán Huila (5 760 m).

**CENTRAL FRANCÉS** *(macizo),* conjunto montañoso del centro y S de Francia; culmina en el *Puy de Sancy* (1 885 m).

**Central obrera boliviana** (C.O.B.), organización sindical de Bolivia fundada en 1952, de base minera, dirigida hasta 1987 por J. Lechín.

**Central Park,** gran parque de Nueva York (Manhattan).

**Central unitaria de trabajadores** (C.U.T.), confederación sindical colombiana, fundada en 1986. Agrupa 50 federaciones que representan al 80 % de los afiliados del país.

**CENTRO,** en fr. **Centre,** región administrativa de Francia, al S de París (dep. de Cher, Eure-et-Loir, Indre, Indre-et-Loire, Loir-et-Cher y Loiret); 39 151 km$^2$; 2 371 hab. Cap. *Orleans.*

**CENTRO AMÉRICA** *(Provincias Unidas de),* estado federal de América Central (1824-1838). Alrededor de Guatemala, que proclamó su independencia de España en 1821, y tras el hundimiento del Imperio mexicano, los países centroamericanos formaron una confederación (1824) de signo liberal. A partir de 1832 se secesionó en distintas repúblicas: El Salvador (1832), Costa Rica, Nicaragua y Honduras (1838). Fracasados los intentos de reunificación, Guatemala reconoció las secesiones en 1847.

**Centro nacional de arte y de cultura Georges Pompidou** (C.N.A.C.), institución francesa inaugurada en París en 1977, que reúne una biblioteca, un museo de arte moderno, un centro de creación industrial y otro de investigación acústica.

**CENTROAFRICANA** *(República),* estado de África; 620 000 km$^2$; 3 millones de hab. *(Centroafricanos.)* CAP. *Bangui.* LENGUA OFICIAL: *francés.* MONEDA: *franco C.F.A.*

GEOGRAFÍA

Es un país de sabanas, en el que, junto a cultivos de subsistencia (mijo, maíz, mandioca), algunas plantaciones (algodón, café) y los diamantes (riqueza esencial del subsuelo, junto con el uranio) constituyen la parte fundamental de las exportaciones. Es uno de los países más pobres del mundo.

HISTORIA

S. XIX: el país, poblado por tribus autóctonas (pigmeos, bantúes, etc.) y por otras llegadas posteriormente de Sudán, Congo y Chad, fue arrasado por la trata de esclavos. 1877: la incursión de Stanley en el Congo abrió camino a la exploración europea. 1889-1910: Francia, que intentaba abrir las rutas del Chad y del Nilo, fundó Bangui, y reforzó su implantación con la misión Marchand (1896-1898), constituyó Ubangui-Chari como colonia (1905) y la integró en África ecuatorial francesa. 1946: Ubangui-Chari se convirtió en territorio de ultramar. 1950: su primer diputado, Barthélemy Boganda, fundó el Movimiento para la evolución social del África negra (M.E.S.A.N.). 1960: la República Centroafricana, proclamada en 1958, se independizó con David Dacko, presidente tras la muerte de Boganda (1959). 1965: un golpe de estado llevó al poder a Bokassa, presidente vitalicio (1972), que se proclamó emperador (Imperio Centroafricano, 1976). 1979: con la ayuda de Francia, Dacko derrocó a Bokassa y restableció la república. 1981: golpe de estado militar de André Kolingba. 1991-1992: el país accedió con dificultad al multiparti-

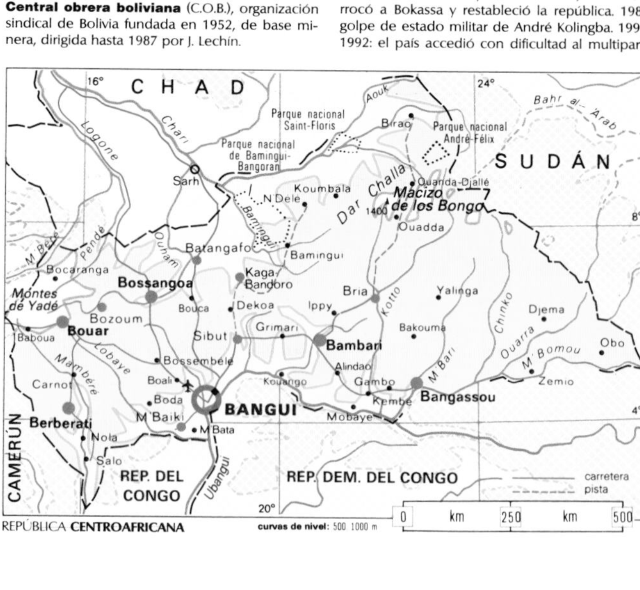


REPÚBLICA **CENTROAFRICANA**

curvas de nivel: 500 1000 m

dismo. 1993: A.-F. Patasse, del partido gubernamental, fue elegido presidente de la república. 1995: nueva constitución. 1997: acuerdos de paz entre el gobierno y la oposición armada. Francia retira sus tropas.

**CENTROAMÉRICA** → ***América Central.***

**centroamericano** *(Mercado común)* [M.C.C.A.], organismo económico supranacional creado en 1960 por el tratado de integración económica centroamericana, firmado por El Salvador, Guatemala, Honduras y Nicaragua; Costa Rica se incorporó en 1962. En 1993 estos países crearon la zona de libre comercio de Centroamérica.

**C.E.O.E.** (Confederación española de organizaciones empresariales), organización fundada en 1977 para la representación y defensa de los intereses de los empresarios españoles.

**C.E.P.A.L.C.** (Comisión económica para América latina y el Caribe), organismo regional de la O.N.U. para el desarrollo económico, que fue creada en 1948 con el nombre de *Comisión económica para América latina (C.E.P.A.L.),* con sede en Santiago de Chile; tomó la denominación actual en 1984.

**CEPEDA SAMUDIO** (Álvaro), escritor colombiano (Ciénaga 1926-Nueva York 1972). Trató con maestría la simultaneidad de planos narrativos: *Todos estábamos a la espera* (cuentos, 1954), *La casa grande* (novela, 1962).

**CEPERO** (José), intérprete español del cante flamenco (Jerez de la Frontera 1888-Madrid 1960). — Su sobrino **Francisco López Cepero,** llamado **Paco Cepero** (Jerez de la Frontera 1944), es guitarrista y compositor.

**CEPYME** (Confederación española de la pequeña y mediana empresa), organización española, fundada en 1977, que agrupa a empresarios autónomos y pequeñas y medianas empresas.

**CERAM,** una de las islas Molucas (Indonesia).

**Cerámico** *(el),* necrópolis de la antigua Atenas, en el barrio de los alfareros. Estelas funerarias.

**CERBÈRE** → ***Cervera.***

**CERBERO,** en la mitología griega, perro monstruoso de tres cabezas, guardián de los infiernos.

**CERCADO (El),** mun. de la República Dominicana (San Juan), en la sierra de Neiba; 32 247 hab.

**CERCEAU** (Jacques I **Androuet du**), arquitecto, teórico y grabador francés (París *c.* 1510-Annecy *c.* 1585), representante de un segundo renacimiento de tendencia barroca y autor de tratados ilustrados (*Libro de Arquitectura,* 1559).

**CERDA** *(infantes de la),* nombre por el que se conoce a los hermanos Alfonso y Fernando, hijos del infante primogénito Fernando de la Cerda y de Blanca de Francia. Sus derechos al trono como nietos de Alfonso X provocaron enfrentamientos entre la nobleza castellana y entre Castilla y Aragón.

**CERDÁ** (Ildefonso), ingeniero y urbanista español (Centellas 1815-Caldas de Besaya 1876). Su proyecto de ensanche de Barcelona, de estructura en cuadrícula, con jardines, zonas de servicios y calles amplias (1859), se aplicó parcialmente.

**CERDAN** (Marcel), boxeador francés (Sidi Bel Abbès 1916-en accidente de aviación sobre las Azores, 1949), campeón mundial de los pesos medios (1948).

**CERDANYOLA DEL VALLÈS** → ***Sardanyola.***

**CERDAÑA** *(condado de),* condado de la Cataluña medieval. El conde Wifredo (870) recibió el condado de Barcelona (878) y fundó la casa de Barcelona. Formó parte del condado de Barcelona (1117-1162) y del reino de Mallorca (1276-1349), hasta que Pedro IV el Ceremonioso lo reincorporó a la Corona de Aragón. La parte oriental pasó a Francia en 1659 por la paz de los Pirineos.

**CERDEÑA,** en ital. **Sardegna,** isla y región italiana, al S de Córcega, formada por las prov. de Cagliari, Nuoro, Oritano y Sassari; 24 090 km²; 1 637 705 hab. *(Sardos.)* Cap. *Cagliari.*

GEOGRAFÍA

La isla está formada fundamentalmente por mesetas y montañas de altura media, donde el Campidano es la única llanura destacable. Aunque existe actividad industrial y turismo, subsiste el retraso económico y la emigración.

HISTORIA

1400-900 a. J.C.: durante la edad de los metales, sobre todo la del bronce, Cerdeña gozó de una gran prosperidad gracias a sus minas (civilización de las nuragas). *C.* 700 a. J.C. (edad de hierro): la industria metalúrgica se incrementó y los fenicios establecieron las primeras factorías en las costas (Tharros). 238 a. J.C.: la isla fue conquistada por Roma. S. V: fue ocupada por los vándalos. Ss. VI-VII: después de ser reconquistada por Belisario para Bizancio (534), la isla, en donde la iglesia romana tenía gran influencia, fue el blanco de las incursiones sarracenas. Ss. XI-XIII: Génova y Pisa se disputaron Cerdeña; se impuso Pisa de 1239 a 1284, fecha en la que fue derrotada por Génova en Meloria. 1323-1324: Jaime II, rey de Aragón, conquistó la isla. 1478: ésta, convertida en virreinato, se fue separando cada vez más de Italia e hispanizándose. 1718: la isla fue conquistada por Gran Bretaña en 1708 y entregada a los Habsburgo de Austria (1714), fue permutada por Sicilia y pasó a la casa de Saboya con el nombre de Estados sardos. 1847: fue incorporada al Piamonte. 1861: se integró en el reino de Italia. 1948: se constituyó en región autónoma.

**CEREROLS** (Joan), compositor español (Martorell 1618-Montserrat 1680). Organista de Montserrat, compuso obras austeras de música religiosa.

**CERES,** el mayor de los pequeños planetas que gravita entre Marte y Júpiter (diámetro: 1 000 km aprox.), y el primero en ser descubierto (1801).

**CERES,** diosa romana de la agricultura y de la civilización, asimilada a la Deméter griega.

**CERETÉ,** mun. de Colombia (Córdoba); 53 915 hab. Maíz, caña de azúcar y tabaco. Bosques.

**CEREZO** (Mateo), pintor español (Burgos 1626-Madrid 1666). Discípulo de Carreño de Miranda, se distingue por la estilización de las figuras y el color (*Desposorios místicos de santa Catalina,* 1660; *San Agustín,* 1663, Prado) y los bodegones.

**CEREZO** (Vinicio), político guatemalteco (Guatemala 1942). Secretario general del Partido demócracia cristiana, fue presidente de la república (1986-1991).

**CERHA** (Friedrich), compositor y director de orquesta austríaco (Viena 1926). Concluyó la orquestación de la ópera *Lulu* de A. Berg.

**CERIÑOLA,** en ital. **Cerignola,** c. de Italia (Apulia); 51 000 hab. — Victoria de las tropas españolas al mando de Gonzalo de Córdoba sobre las francesas del duque de Nemours (28 abril 1503).

**Cern** (Consejo europeo para la investigación nuclear, después Organización europea para la investigación nuclear y act. Laboratorio europeo de la física de partículas), institución intergubernamental con vocación científica, creada en 1952 por 12 estados europeos. Tiene su sede en Meyrin, en la frontera franco-suiza, donde se han construido aceleradores de partículas y el anillo de colisión más grande del mundo (LEP).

**CERNUDA** (Luis), poeta español (Sevilla 1902-México 1963). Perteneciente a la generación de 1927, recibió la influencia del romanticismo —Bécquer y Hölderlin— y de la lírica anglosajona. A partir de 1936 fue recopilando su obra en las sucesivas ediciones de *La realidad y el deseo,* términos que expresan el conflicto que domina toda su poesía, de honda reflexión moral. Además de prosa poética (*Ocnos,* 1942), escribió importantes ensayos sobre poesía. *(V. ilustración pág. 1211.)*

**CERRALBO** (Enrique **Aguilera y Gamboa,** *marqués* **de**), político y arqueólogo español (Madrid 1845-*id.* 1922). Estuvo al frente del partido carlista (1890-1899 y 1912-1918). Como arqueólogo, excavó varias necrópolis celtibéricas y creó un museo en Madrid con sus colecciones.

**Cerrejón** *(El),* yacimiento de carbón de Colombia (La Guajira), en la or. der. del río Ranchería. Es la mina superficial de carbón más grande del mundo.

**CERRILLOS** *(nevados de los),* cumbres de Argentina, en la sierra de Aconquija; 5 550 m de alt. máx.

**CERRILLOS,** com. de Chile (Santiago), que forma parte del área metropolitana de Santiago; 72 137 hab. Aeropuerto internacional.

**CERRILLOS,** dep. de Argentina (Salta), en el curso alto del Lerma; 20 138 hab. Centro ganadero.

**CERRITO (El),** mun. de Colombia (Valle del Cauca); 40 188 hab. Café, legumbres. Ganadería.

**CERRITOS,** mun. de México (San Luis Potosí); 22 325 hab. Agricultura; explotación de palo blanco.

**CERRO AZUL,** mun. de México (Veracruz); 33 123 hab. Centro de una importante región petrolera.

**CERRO BOLÍVAR,** cerro de Venezuela (Bolívar), en la serranía de Imataca. Yacimientos de hierro.

**CERRO COLORADO,** zona de la prov. de Córdoba (Argentina), donde se encuentran unas pinturas rupestres de los indios comechingones, que representan figuras antropomorfas, animales y danzantes o guerreros.

**Cerro Corá** *(batalla de)* [1 marzo 1870], batalla con la que finalizó la guerra de la Triple alianza, en Paraguay (Amambay).

**CERRO DE LAS MESAS,** centro arqueológico de México (Mixtequilla, Veracruz) con importantes restos de la cultura olmeca de diversas épocas.

**Cerro de los Santos,** santuario ibérico de España (Montealegre del Castillo, Albacete), de los ss. V-II a. J.C. Ruinas de un templo de tipo griego en el que se encontraron numerosos exvotos (Gran dama oferente).

**Cerro de los Santos:** la Gran dama oferente, detalle (museo arqueológico, Madrid)

**CERRO DE PASCO,** c. de Perú, cap. del dep. de Pasco; 83 500 hab. Centro minero. Instituto de investigaciones de biología de altura.

**CERRO DE SAN ANTONIO,** mun. de Colombia (Magdalena); 16 426 hab. Maíz, caña de azúcar y fríjol.

**CERRO LARGO** *(departamento de),* dep. de Uruguay, junto a la frontera con Brasil; 13 648 km²; 78 416 hab. Cap. *Melo.*

**CERRO NAVIA,** com. de Chile (Santiago); 154 973 hab. En el área metropolitana de Santiago.

**Cerro Paranal** *(observatorio de),* observatorio astrofísico del N de Chile (Antofagasta); instalación de un gran telescopio europeo del ESO.

**CERRO SECHÍN,** yacimiento arqueológico precolombino de la cultura Chavín de Perú, en el valle de Casma (*c.* 900 a. J.C.), con relieves esculpidos.

**Cerro Sechín:** relieve sobre piedra con escena de sacrificios

**Cerro Tololo** *(observatorio interamericano de),* observatorio astrofísico chileno del N de Coquimbo, a 2 200 m de alt., con gran telescopio de la A.U.R.A. de E.U.A.

**CERRUTO** (Óscar), escritor boliviano (La Paz 1907-*id.* 1981). Novelista (*Aluvión de fuego,* 1935) y poeta (*Patria de sal cautiva,* 1958), destacó por su perfección formal.

**CERULARIO** (Miguel), patriarca de Constantinopla de 1043 a 1059 (Constantinopla *c.* 1000-*id.* 1059). Se negó a reconocer la primacía de Roma, y en 1054 consumó el cisma que aún separa a las Iglesias de oriente y occidente.

**CERVANTES** (Ignacio), compositor cubano (La Habana 1847-*id.* 1905), autor de obras adscritas al nacionalismo musical cubano: *Sinfonía en do menor* (1879), *Scherzo en si b, Danzas cubanas,* óperas y zarzuelas.

**CERVANTES** (Vicente), botánico y farmacéutico español (Zafra 1755-México 1829). Participó en la expedición botánica de Martín Sessé a México, y emprendió un inventario de la flora mexicana; descubrió el árbol de las manitas y el del hule. En 1788 fundó el jardín botánico de México.

**CERVANTES SAAVEDRA** (Miguel **de**), escritor español (Alcalá de Henares 1547-Madrid 1616). La obra literaria de Cervantes, considerado el creador de la novela moderna, abarca todos los géneros. Poeta estimable, pese a que él se juzgó mediocre, muchas de sus composiciones están intercaladas en su obra en prosa. En *Viaje del Parnaso* (1614), en verso, expone sus juicios literarios. Como dramaturgo escribió en verso la tragedia *Numancia* (1582) y la comedia *El trato de Argel,* de interés autobiográfico, desplegando todo su genio en sus ocho *Entremeses,* integrados en el volumen *Comedias y entremeses* (1615); llenos de humor y escritos casi todos en prosa, entre ellos sobresale *El retablo de las maravillas.* Pero el genio de Cervantes culmina en su obra novelesca, iniciada con la novela pastoril *La Galatea** (1585). De carácter diferente son sus doce *Novelas* ejemplares* (1613), novelas cortas entre las que destacan *La gitanilla; El amante liberal; El celoso extremeño,* un estudio de caracteres; *El coloquio de los perros* y *Rinconete y Cortadillo,* de corte picaresco, y *El licenciado Vidriera,* cuyo protagonista es un loco perfectamente estudiado. La vacilante relación entre apariencia y realidad, también centrada en un caso de locura, da lugar al más perdurable logro cervantino: *El ingenioso hidalgo Don Quijote* de La Mancha,* cuya primera parte se publicó en 1605 y la segunda en 1615. Vasto retablo de la vida real y creación del modelo paradigmático del héroe caído o desilusionado, tal como cundirá en la novela europea posterior, el *Quijote* empalma con un género entonces en boga, la novela caballeresca, que liquida materialmente. Póstumamente se publicó su novela bizantina *Los trabajos de Persiles* y Sigismunda* (1617).

**Cervantes** *(Instituto),* organismo estatal español, creado en 1991, para la difusión de la lengua y la cultura española en el extranjero.

**Cervantes** (*premio* **Miguel de**), premio de literatura en lengua castellana, instituido en 1976 y otorgado por el gobierno español a la labor global de un escritor.

**CERVERA,** c. de España (Lérida), cab. de p. j.; 6 944 hab. *(Cervarienses.)* Iglesia redonda románica (s. XII). Colegiata de Santa María (ss. XIV-XV). Ayuntamiento (s. XVII). Antigua universidad (s. XVIII).

**CERVERA,** en fr. **Cerbère,** mun. de Francia (Pyrénées-Orientales), fronterizo con España; 1 465 hab. Estación internacional.

**CERVERA DE PISUERGA,** v. de España (Palencia), cab. de p. j.; 2 759 hab. *(Cerveranos.)* Yacimientos de antracita y cobre. Iglesia de Santa María del Camino. Mansiones solariegas.

**CERVERA DEL RÍO ALHAMA,** v. de España (La Rioja); 3 248 hab. *(Cerveranos.)* Castillo. Iglesias góticas de Santa Ana y San Gil. En sus cercanías, restos de la ciudad celtibérica de *Contrebia Leucade.*

**CERVERÍ DE GIRONA** (Guilhem **de Cervera,** llamado), trovador provenzal (*c.* 1250-*c.* 1280), de origen catalán, autor de composiciones compendio de todos los géneros provenzales.

**CERVETERI,** mun. de Italia (Lacio); 18 694 hab. Necrópolis etrusca en la ant. *Chisra* (en lat. *Caere*), que fue una de las más poderosas ciudades de la confederación etrusca y que cayó bajo la dominación de Roma en 351 a. J.C.

**CERVINO** *(monte),* en alem. **Matterhorn,** en fr. **Cervin,** cumbre de los Alpes peninos, entre Valais y el Piamonte, que domina el valle de Zermatt; 4 478 m. Whymper lo escaló en 1865.

**CERVO,** mun. de España (Lugo); 13 129 hab. Pesca. Yacimientos de caolín y feldespato.

**CÉSAIRE** (Aimé), escritor y político martiniqués (Basse-Pointe 1913). Influido por el surrealismo en poesía (*Soleil cou coupé,* 1948), intentó un retorno a las fuentes de la negritud (*Cuaderno de un retorno al país natal,* 1947). Ha escrito también ensayos y obras dramáticas.

**CESALPINO** (Andrea), botánico, médico y filósofo italiano (Arezzo 1519-Roma 1603). Intuyó la circulación general de la sangre y defendió la idea de un principio único en el cosmos.

**CESAR** *(departamento del),* dep. del NE de Colombia; 22 905 km$^2$; 584 631 hab. Cap. *Valledupar.*

**CÉSAR** (Cayo Julio), estadista romano (Roma 100 o 101-*id.* 44 a. J.C.). Patricio, pero ligado a medios plebeyos (su tía Julia se casó con Mario), se enfrentó al dictador Sila (quien le pidió que repudiase a su esposa, hija de Cinna), y se exilió en Asia (82-78). Emprendió una carrera política, sirviéndose a la vez de socios capitalistas (Craso) y explotando el descontento popular (apoyó en secreto la conjuración de Catilina). Tras una campaña fácil en Hispania, formó un triunvirato con Pompeyo y Craso (60). Cónsul en 59 y en 56, emprendió la conquista de las Galias (58-51), que le dio la gloria militar y un ejército fiel, con el que cruzó el Rubicón (49) y marchó sobre Roma, lo que desencadenó la guerra civil contra Pompeyo y el senado: victorioso en Farsalia (48), Tapso (46) y Munda (45), instaló a Cleopatra en el trono de Egipto y se convirtió en cónsul y dictador vitalicio de Roma (febr. 44). No obstante, se formó una conspiración en su contra (en la que tomó parte su protegido Bruto), y fue asesinado en pleno senado en los idus de marzo (15 marzo 44). Había adoptado a su sobrino nieto Octavio, que se convertiría en Augusto. Historiador, dejó unas memorias, *Comentarios* sobre la guerra de las Galias y la guerra civil *(De bello gallico; De bello civili).*

**CÉSAR** (César **Baldaccini,** llamado), escultor francés (Marsella 1921-París 1998). Ligado al nuevo realismo, ha trabajado en metal y materiales plásticos.

**CESAREA,** ant. c. de Capadocia, importante centro cristiano en el s. IV. (Act. *Kayseri.)*

**CESAREA,** llamada **de Palestina** o **Marítima,** ant. c. de Palestina, junto al Mediterráneo. Poseía una rica biblioteca, destruida por los árabes en 640.

**CESENA,** c. de Italia (Emilia); 87 841 hab. Monumentos antiguos. Biblioteca *Malatesta* (1452).

**C.E.S.I.D.,** siglas de Centro superior de información de la defensa, órgano de los servicios de información de España. Fue creado en 1977.

**ČESKÉ BUDĚJOVICE,** c. de la República Checa (Bohemia), a orillas del Vltava; 97 283 hab. Centro industrial. Monumentos antiguos.

**CÉSPEDES** (Augusto), escritor y político boliviano (Cochabamba 1904-La Paz 1997). Miembro de la generación del Chaco, es autor de *Sangre de mestizos* (1936), *Metal del diablo* (1946) y de crónicas (*El dictador suicida,* 1956; *El presidente colgado,* 1966).

**CÉSPEDES** (Carlos Manuel **de**), político cubano (Bayamo 1819-hacienda de San Lorenzo 1874), primer presidente de la república en armas (1869-1873). Su «grito de Yara» (10 oct. 1868) dio inicio a la lucha por la independencia de Cuba. — Su hijo **Carlos Manuel** (Nueva York 1871-La Habana 1939), elegido presidente (ag. 1933), fue derrocado por Batista (set. 1933).

**CÉSPEDES** (Pablo **de**), pintor, escultor y teórico español (Córdoba *c.* 1538-*id.* 1608). Se formó en Italia. En la catedral de Córdoba pintó *La Santa Cena* (1595). Escribió *Poema de la pintura.*

**CÉSPEDES Y MENESES** (Gonzalo), escritor español (Madrid ¿1585?-† 1638). Autor de obras históricas y de novelas (*Historias peregrinas y ejemplares,* 1623; *Fortuna varia del soldado Píndaro,* 1626).

**CESTERO** (Tulio Manuel), escritor dominicano (San Cristóbal 1877-Santiago de Chile 1954). Poeta modernista (*El jardín de los sueños,* 1904; *Sangre de primavera,* 1908) y autor de las novelas *Ciudad romántica* (1911) y *La sangre* (1914), escrita contra la dictadura de Ulises Heureaux.

**CETINA** (Gutierre **de**), poeta español (Sevilla 1520-México ¿1557?). Dentro de la corriente italianista iniciada por Garcilaso, compuso madrigales («Ojos claros, serenos»), sonetos, canciones, epístolas, estancias y una oda, casi siempre de tema amoroso.

**CEUTA,** c. de España, en el N de África, cab. de p. j., que constituye un municipio especial; 73 208 hab. *(Ceutíes.)* Puerto franco en el Mediterráneo. Pesca; acuicultura; conservas. Turismo. Fue sucesivamente cartaginesa, romana, visigoda y bizantina. Los portugueses la conquistaron en 1415, y quedó bajo soberanía española con Felipe II (1580), y continuó al separarse los reinos en 1640. Plaza de soberanía española tras la independencia de Marruecos, el municipio tiene desde 1995 un estatuto de autonomía.

**CEVALLOS** o **ZEVALLOS** (Fernando **de**), religioso español (Espera 1732-Sevilla 1802). Jerónimo, en *La falsa filosofía, crimen de estado* (6 vols., 1774-1776) ataca a los filósofos franceses y los ilustrados españoles, y defiende el uso de la tortura.

**CEVALLOS** (Pedro Fermín), jurista ecuatoriano (Ambato 1812-Quito 1893), autor de *Resumen de la historia del Ecuador desde su origen hasta 1845* (1870) e *Instituciones del derecho práctico ecuatoriano* (1867).

**CEVALLOS GUERRA** (Pedro), estadista español

Miguel de **Cervantes Saavedra** (J. de Jáuregui y Aguilar - Real academia española, Madrid)

Julio **César** (museo nacional, Nápoles)

Rosa **Chacel**

**Ceuta:** un aspecto de la ciudad

(1764-1840). Ministro de Estado (1800-1808), fue hostil a Godoy, y tomó parte en la doble abdicación y en la elaboración de la constitución de Bayona. Aceptó ser ministro de José I (1808), pero dimitió al llegar a Madrid. Volvió a ser nombrado ministro de Estado por Fernando VII (1814-1816).

**CÉZANNE** (Paul), pintor francés (Aix-en-Provence 1839-*id.* 1906). Asimiló los logros de los impresionistas y convirtió las sensaciones visuales en construcciones plásticas: retratos, figuras (*Los jugadores de cartas*, c. 1890), naturalezas muertas, paisajes (*El lago de Annecy*, 1896), bañistas. Tuvo una influencia capital en las principales corrientes artísticas del s. XX (fauvismo, cubismo, abstracción).

**C.G.T.,** siglas de Confederación general del trabajo.

**CHABAN-DELMAS** (Jacques), político francés (París 1915-*id.* 2000). Gaullista, fue primer ministro (1969-1972) y varias veces presidente de la asamblea nacional.

**CHABLIS,** mun. de Francia (Yonne); 2 608 hab. Producción de vinos blancos *(chablis)*.

**CHABRIER** (Emmanuel), compositor francés (Ambert 1841-París 1894), autor de obras vocales, para piano, para orquesta (*España*, 1882; *Habanera*, 1885) y dramáticas (*Gwendoline*, 1885).

**CHABROL** (Claude), director de cine francés (París 1930). Pionero de la *nouvelle vague*, trata las costumbres burguesas (*El carnicero*, 1970; *Poulet au vinaigre*, 1985; *Madame Bovary*, 1991).

**CHAC,** dios de la lluvia y, por extensión, de la fertilidad y de la agricultura, entre los antiguos mayas del Yucatán (México).

**CHACABUCO,** c. de Argentina (Buenos Aires); 43 548 hab. Situada en un área agrícola y ganadera. Industrias alimentarias. – Dep. de Argentina (El Chaco); 22 926 hab. – Dep. de Argentina (San Luis), en las sierras pampeanas; 15 017 hab.

**CHACAO,** c. de Venezuela (Miranda); 66 897 hab. Centro comercial y residencial de Caracas.

**CHACEL** (Rosa), escritora española (Valladolid 1898-Madrid 1994). Vinculada a la *Revista de Occidente*, en su narrativa aparece el magisterio orteguiano y las influencias de Proust y Joyce: *Estación, ida y vuelta*, 1930; *Memorias de Leticia Valle*, 1945; *La sinrazón*, 1960, su mejor novela; la trilogía iniciada con *Barrio de Maravillas*, 1975. También escribió cuentos, poesía, ensayo, biografías y sus diarios.

**CHACHANI,** volcán extinguido de Perú, en la cordillera Occidental; 6 084 m de alt. Observatorio meteorológico.

**CHACHAPOYAS,** c. de Perú, cap. del dep. de Amazonas; 13 800 hab. Edificios coloniales. Turismo.

**CHACO** *(El Gran)*, región llana de América del Sur, entre los Andes al O y el río Paraguay al E; abarca tierras del N de Argentina, Paraguay, Bolivia y S de Brasil. Predominan la ganadería vacuna y la explotación forestal. Petróleo.

**Chaco** *(guerra del)*, contienda entre Paraguay y Bolivia (1932-1935) por la posesión del Chaco boreal, en cuyo subsuelo se suponía la existencia de petróleo. En 1935 se pactó una tregua y en 1938 se firmó la paz, por la que el Chaco se dividía entre los dos países.

**CHACO** *(departamento del)*, ant. dep. de Paraguay, en el Chaco, act. integrado en el dep. de Alto Paraguay.

**CHACO** *(provincia del)*, prov. del N de Argentina, que forma parte de la llanura chaqueña; 99 633 km$^2$; 838 303 hab. Cap. *Resistencia.*

**CHACÓN** (Lázaro), militar y político guatemalteco (Teculután 1873-en E.U.A. 1931), presidente de la república de 1926 a 1930.

**CHACÓN Y CALVO** (José María), erudito cubano (Santa María del Rosario 1893-La Habana 1969), investigador de la literatura colonial (*Cedulario cubano*, 1929).

**chacosantiagueña** *(cultura)*, cultura prehispánica (Santiago del Estero, Argentina), caracterizada por la cerámica: grandes urnas funerarias, pintadas con motivos antropomorfos, jarras y figurillas.

**CHAD** *(lago)*, extensión lacustre poco profunda de África central, repartida entre Níger, Nigeria, Camerún y Chad. Su superficie varía entre 13 000 y 26 000 km$^2$.

**CHAD,** en fr. **Tchad,** estado de África central, al E del *lago Chad*; 1 284 000 km$^2$; 5 100 000 hab. *(chadianos.)* CAP. *N'Djamena.* LENGUA OFICIAL: *francés.* MONEDA: *franco C.F.A.*

GEOGRAFÍA

Al N, se extiende por el Sahara meridional, parcialmente montañoso y volcánico (Tibesti), poco poblado, zona de ganadería transhumante (bovina, ovina y caprina). Más de la mitad de la población vive en los valles del Chari y del Logone (mijo, cacahuete, algodón). El país, sin transporte interior, arruinado por la guerra civil y en conflicto latente con la vecina Libia, es destinatario de la ayuda internacional.

HISTORIA

***Los orígenes y la época colonial.*** Prehistoria: poblaciones de cazadores y ganaderos, que dejaron grabados rupestres, habitaron la región. Tuvieron que abandonar la zona en 7000 a. J.C. a causa de la sequía. Fines del s. IX d. J.C.-s. XIX: el reino de Kanem, con centro en Bornu, fue rápidamente islamizado, y conoció un gran apogeo en el s. XVI. Convirtió en vasallos a los restantes reinos, fundamentalmente al de Baguirmi, esclavista, aparecido en el s. XVI. Los árabes, cada vez más numerosos, se implantaron en el país. S. XIX: el lago Chad fue el punto de convergencia de los exploradores europeos. Las ambiciones de los países occidentales chocaron con las de los negreros árabes (sobre todo de Rabah), a los cuales acabaron venciendo: entre 1884 y 1899, las fronteras del Chad se fijaron de forma artificial (acuerdos franco-alemán y franco-británico); entre 1895 y 1900, las misiones francesas de Lamy, Foureau y Gentil eliminaron las últimas oposiciones. 1920: Chad se convirtió en colonia francesa. 1940: el gobierno, dirigido por Félix Eboué, se unió a la Francia libre. 1958: Chad proclamó la república autónoma, en el seno de la Communauté.

***El estado independiente.*** 1960: Chad se proclamó independiente. 1962: François Tombalbaye fue elegido presidente de la república. 1968: secesión del N, islamizado, dirigido por el Frente nacional de liberación del Chad (Frolinat). 1969: Francia prestó ayuda al gobierno chadiano contra la rebelión, apoyada por Libia. 1975: un golpe de estado, en el transcurso del cual Tombalbaye fue asesinado, llevó al poder a Félix Malloum, que no consiguió restablecer el orden. 1979: Malloum tuvo que retirarse. La guerra civil afectó a todo el país y especialmente a su capital, N'Djamena. 1980: tras la ruptura con Hissène Habré, con quien había formado un gobierno de unión nacional, Goukouni Oueddeï, apoyado por Libia, fue nombrado presidente. 1981: Chad y Libia firmaron un acuerdo de fusión. Francia inició un acercamiento progresivo a G. Oueddeï. 1982: las fuerzas de H. Habré ocupa-

**Cézanne:** *Los jugadores de cartas* (c. 1890).
[Museo de Orsay, París.]

el Gran **Chaco:** paisaje argentino en los alrededores de Presidencia Roque

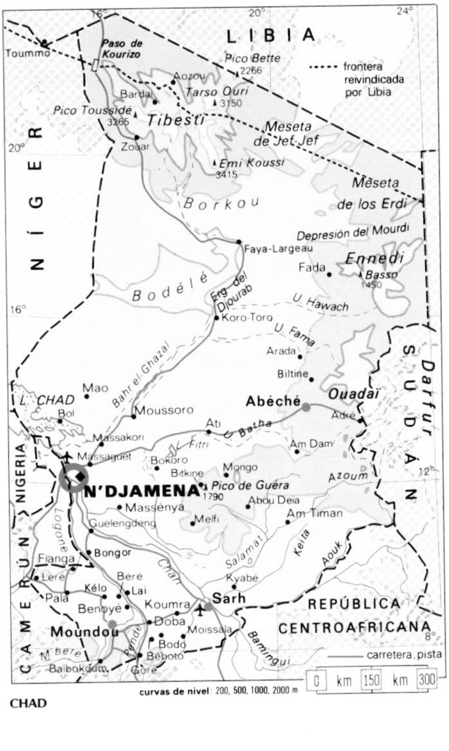


CHAD

ron N'Djamena, evacuada por Libia. H. Habré fue elegido presidente de la república. 1983: Francia prestó ayuda a H. Habré, mientras Libia ocupaba el extremo N del país. 1984: las fuerzas francesas se retiraron en virtud de un acuerdo franco-libio, que Libia no respetó. 1986: Francia diseñó un dispositivo de protección militar del Chad al S del paralelo 16. Una parte de la oposición chadiana se unió al presidente, que consolidó su posición militar frente a Libia. 1987: las tropas de H. Habré consiguieron importantes victorias sobre los libios. 1988: Chad y Libia restablecieron sus relaciones diplomáticas, pero la paz interior seguía siendo frágil. 1990: H. Habré fue derrocado por Idriss Déby. 1993: una conferencia nacional instauró un gobierno de transición. 1996: I. Déby, elegido presidente. 1997: acuerdo de reconciliación nacional.

**CHADLI** (Chadli **Ben Djedid,** llamado), militar y político argelino (Bouteldja, cerca de Annaba, 1929), presidente de la república de 1979 a 1992.

**CHADWICK** (*sir* James), físico británico (Manchester 1891-Londres 1974). En 1932 descubrió el neutrón. (Premio Nobel de física 1935.)

**CHAFARINAS,** pequeño archipiélago de España, frente a la costa mediterránea de Marruecos. Ocupado por los españoles en 1848, forma parte del mun. de Melilla.

**CHAGALL** (Marc), pintor, grabador y decorador francés de origen ruso (Vitebsk 1887-Saint-Paul-de-Vence 1985). Se formó en París, donde descubrió el cubismo. De estilo espontáneo y original, se inspiró en el folklore judío. Museo dedicado a su *mensaje bíblico* en Niza.

Marc **Chagall:**
*Double portrait au verre de vin* (1917).
[Centro Georges-Pompidou, París.]

**Chagas** (*enfermedad* o *mal de*), también llamada *tripanosomiasis americana,* parasitosis que afecta a varios millones de suramericanos y que es debida a un protozoo flagelado, el *Trypanosoma cruzi,* transmitido al hombre por artrópodos hematófagos.

**CHAGOS** *(islas),* archipiélago británico del océano Índico, al S de las Maldivas; 50 km$^2$.

**Chadli**

**Chaikovski**
(por M. Seroff)

**CHAIKOVSKI** (Piotr Ilich), compositor ruso (Votkinsk 1840-San Petersburgo 1893). Combinó actividades de profesor en el conservatorio de Moscú, de director de orquesta y de compositor. Su obra, influida por el arte vocal italiano y el romanticismo alemán, se sitúa al margen del movimiento nacionalista del grupo de los Cinco. Compuso piezas para piano, seis sinfonías, entre ellas la *Patética* (1893), fantasías y oberturas (*Romeo y Julieta,* 1870); ballets (*El lago de los cisnes,* 1876; *La bella durmiente,* 1890; *Cascanueces,* 1892), conciertos, tres de ellos para piano, y óperas (*Eugenio Oneguín,* 1879; *La dama de picas,* 1890).

**CHAIN** (Ernst Boris), fisiólogo británico (Berlín 1906-Castlebar, Irlanda, 1979), colaborador de Fleming y Florey en el descubrimiento de la penicilina. (Premio Nobel de fisiología y medicina 1945.)

**CHALATENANGO** *(departamento de),* dep. de El Salvador, junto a la frontera de Honduras; 2 017 km$^2$; 180 627 hab. Cap. *Chalatenango* (28 700 hab.).

**CHALCATZINGO,** yacimiento arqueológico olmeca (Morelos, México), en el que se han encontrado numerosos petroglifos con la figura del jaguar.

**CHALCHICOMULA DE SESMA,** mun. de México (Puebla), en la ladera O del pico de Orizaba; 31 146 hab.

**CHALCHUAPA,** mun. de El Salvador (Santa Ana); 34 865 hab. Cultivos de café. Restos de la ciudad precolombina, con la pirámide de Tatzumal.

**CHALCO,** mun. de México (México); 78 393 hab. Importante centro agrícola y ganadero. Fábricas de hilados y tejidos de lana y algodón.

**CHALIAPINE** (Féodor), cantante ruso (Kazán 1873-París 1938). Bajo célebre, destacó en el papel de Borís Godunov. Massenet y Ravel compusieron para él.

**CHÂLONS-EN-CHAMPAGNE,** ant. **Châlons-sur-Marne,** c. de Francia, cap. de la región Champagne-Ardenne y del dep. de Marne, a orillas del Marne; 51 533 hab. Iglesias románicas y góticas y catedral gótica (vidrieras, ss. XII-XVI).

**CHALON-SUR-SAÔNE,** c. de Francia (Saône-et-Loire); 56 259 hab. Mercado vinícola. Catedral (ss. XII-XV).

**CHĀLUKYA** o **CĀLUKYA,** nombre de dos dinastías de la India: los Chālukya occidentales (*c.* 543-*c.* 755) y los Chālukya orientales (*c.* 973-*c.* 1190).

**CHAMA,** r. de Venezuela, que desemboca en el lago Maracaibo. Cultivos de tabaco en el *valle del Chama.*

**CHAMBERLAIN** (Joseph), político británico (Londres 1836-Birmingham 1914). Ministro de comercio (1880-1886) y de las Colonias (1895-1903), fue uno de los promotores del imperialismo y provocó la escisión del Partido liberal, al agrupar a los adversarios del Home rule en Irlanda (Partido liberal unionista). — Su hijo, *sir* **Joseph Austen** (Birmingham 1863-Londres 1937), canciller del Exchequer (1903-1906 y 1919-1921), jefe del partido unionista y ministro de Asuntos Exteriores (1924-1929), practicó una política de distensión en el marco de la Sociedad de Naciones. (Premio Nobel de la paz 1925.) — **Arthur Neville,** hermanastro del anterior (Edgbaston, Birmingham, 1869-Westbourne, Birmingham, 1940), diputado conservador, fue canciller del Exchequer (1931-1937) y primer ministro (1937-1940). Intentó en vano solucionar pacíficamente los problemas planteados por la guerra civil de España, la agresión italiana contra Etiopía y las reivindicaciones alemanas (acuerdos de Munich, 1938), pero tuvo que declarar la guerra a Alemania en 1939.

**CHAMBERS** (Ephraim), publicista británico (Kendal *c.* 1680-Islington, cerca de Londres, 1740), autor de una enciclopedia (1728) que inspiró la de Diderot.

**CHAMBERS** (*sir* William), arquitecto británico (Estocolmo 1723 o 1726-Londres 1796). Adquirió una posición oficial combinando influencias francesas e italianas, neoclasicismo y exotismo (viajó a la India y China). Es el autor de la pagoda de los jardines de Kew (*c.* 1760) y de Somerset House (palacio londinense, *c.* 1780).

**CHAMBÉRY,** c. de Francia, cap. del dep. de Savoie, a orillas del Leysse; 55 603 hab. Castillo medieval restaurado. Catedral (ss. XV-XVI).

**CHAMISSO DE BONCOURT** (Louis Charles Adélaide, llamado **Adelbert von**), escritor alemán de origen francés (en el castillo de Boncourt, Champagne, 1781-Berlín 1838), autor de *La historia maravillosa de Peter Schlemihl* (1814).

**CHAMIZAL (El),** territorio mexicano, administrado de 1868 a 1967 por E.U.A., debido al conflicto suscitado por el cambio de curso del río Bravo.

**CHAMONIX-MONT-BLANC,** c. de Francia (Haute-Savoie), al pie del Mont Blanc; 10 062 hab. Importante centro de alpinismo y deportes de invierno (alt. 1 037-3 842 m).

**CHAMORRO** (Emiliano), político y militar nicaragüense (Acoyapa 1871-Managua 1966). Jefe del Partido conservador, fue presidente en 1916-1921 y 1926. Firmó con E.U.A. el *tratado Bryan-Chamorro** (1914).

**CHAMORRO** (Frutos), militar y político nicaragüense (Guatemala 1806-Granada 1855), delegado supremo para el poder ejecutivo de la Confederación de El Salvador, Honduras y Nicaragua (1843-1844) y director supremo de Nicaragua (1853-1855).

**CHAMORRO** (Violeta **Barrios de**), política nicaragüense (Rivas 1929). Viuda del periodista **Pedro Joaquín Chamorro** (1925-1978), fundador de *La prensa,* participó en la primera junta revolucionaria (1979-1980) y pasó luego a la oposición. Apoyada por la conservadora Unión nacional opositora (U.N.O.), fue presidenta de la república entre 1990 y 1997.

**CHAMORRO BOLAÑOS** (Pedro Joaquín), militar y político nicaragüense (Granada 1818-*id.* 1890), líder conservador, presidente de la república (1874-1878).

**CHAMOUN** (Camille), político libanés (Deir-el-Qamar 1900-Beirut 1987), presidente de la república (1952-1958) y dirigente maronita.

**CHAMPA** → ***Shampa.***

**CHAMPAGNE,** ant. prov. de Francia, formada aprox. por los dep. de la región administrativa de Champagne-Ardenne, excepto Ardennes. Prosperó con las ferias medievales. Nueva expansión, gracias a los vinos espumosos, a partir del s. XVII.

**CHAMPAGNE-ARDENNE,** región administrativa de Francia, al E de París (dep. de Ardennes, Aube, Marne y Haute-Marne); 25 606 km$^2$; 1 347 848 hab. Cap. *Châlons-en-Champagne.* C. pral. *Reims.*

**CHAMPAIGNE** (Philippe **de**), pintor francés de origen brabanzón (Bruselas 1602-París 1674). Clasicista, es autor de retratos y de cuadros religiosos.

**CHAMPIGNY-SUR-MARNE,** c. de Francia (Val-de-Marne), en la or. izq. del Marne; 79 778 hab.

**CHAMPLITTE** (Guillermo **de**) [Champagne segunda mitad s. XII-† 1209], príncipe de Acaya [1205-1209]. Conquistó Acaya con Geoffroi de Villehardouin (1205).

**CHAMPOLLION** (Jean-François), egiptólogo francés (Figeac 1790-París 1832). Descifró la escritura jeroglífica a partir del estudio de la piedra de Rosetta*.

**CHAMPOTÓN,** v. de México (Campeche), en la or. izq. del *río Champotón;* 41 077 hab. Maderas finas.

**CHAMULA,** mun. de México (Chiapas), en la cuenca del Mezcalapa; 31 364 hab. Cereales y frutales.

**CHANCAY,** mun. de Perú (Lima), a orillas del Pacífico; 10 699 hab. Puerto pesquero (conservas).

**Chancay** *(cultura),* cultura prehispánica (valles de Ancón, Rímac y Chancay, Perú), desarrollada entre 1300 y 1400 d. J.C., que se caracteriza por una cerámica pintada con dibujos geométricos.

**CHANCELLOR** (Richard), navegante inglés († en la costa de Escocia 1556). Exploró el mar Blanco.

**CHANCHAMAYO,** mun. de Perú (Junín), en la cordillera Occidental de los Andes; 22 327 hab.

**CHANCHÁN** *(Hoya del),* región fisiográfica de la zona central de los Andes ecuatorianos.

**CHANCHÁN,** centro arqueológico de Perú (Trujillo), que fue capital del reino chimú (1000-1470 d. J.C.). Conserva casas, templos y muros de adobe decorado. Fue declarado bien cultural de la humanidad por la Unesco (1986).

**CHANDERNAGOR** o **CHANDANNAGAR,** c. de la India (Bengala Occidental), a orillas del Hūglī; 122 351 hab. Antigua factoría francesa (1686-1951).

**CHANDĪGARH,** c. de la India, cap. de los estados del Panjāb y de Haryana, y que constituye un territorio de 114 km$^2$ y 640 725 hab. Fue construida a partir de 1951 bajo la dirección de Le Corbusier.

**CHANDLER** (Raymond Thornton), escritor norteamericano (Chicago 1888-La Jolla, California, 1959), autor de novelas policíacas (*El sueño eterno*, 1939; *Adiós muñeca*, 1940; *El largo adiós*, 1953) cuyo personaje central es el detective privado Philip Marlowe.

**CHANDOS** (John), capitán inglés de la guerra de los Cien años († Mortemer, Poitou, 1370). Lugarteniente del Príncipe Negro, fue condestable de Guyena (1362) y senescal de Poitou (1369).

**CHANDRAGUPTA,** nombre de tres soberanos de la India. **Chandragupta,** fundador de la dinastía Maurya [*c.* 320-*c.* 296 a. J.C.]. — **Chandragupta I** fundador de la dinastía Gupta [*c.* 320-*c.* 330]. — **Chandragupta II** [*c.* 374-414].

**CHANDRASEKHAR** (Subrahmanyan), astrofísico norteamericano de origen indio (Lahore 1910-Chicago 1995). Autor de trabajos de astrofísica estelar, estableció que las estrellas enanas blancas no pueden tener una masa superior a 1,4 veces la del Sol. (Premio Nobel de física 1983.)

**CHANEL** (Gabrielle **Chasnel,** llamada **Coco**), modista francesa (Saumur 1883-París 1971). Con una elegancia basada en la sencillez renovó la moda.

**CHANG KAI-SHEK, JIANG JIESHI** o **CHIANG KAI-SHEK,** generalísimo y político chino (en Zhejiang 1887-Taibei 1975). Participó en la revolución de 1911, dirigió a partir de 1926 el ejército del Guomindang y, rompiendo con los comunistas (1927), estableció un gobierno nacionalista en Nankín. Luchó contra el P.C.Ch., al que obligó a la Larga marcha (1934), antes de formar con él un frente común contra Japón (1936). Combatió durante la guerra civil (1946-1949) y huyó a Taiwan, donde presidió el gobierno hasta su muerte. – Su hijo **Chang Ching-kuo, Chiang Ching-kuo** o **Jiang Jingguo** (en Zhejiang 1910-Taibei 1988), le sucedió al frente del Guomindang (1975) y del gobierno (1978-1988).

**CH'ANG-CHEU** → ***Changzhou.***

**CHANGCHUN** o **CH'ANG-CH'UEN,** c. de China del NE, cap. de Jilin; 1 679 300 hab. Centro industrial.

**CHANGDE** o **CH'ANG-TE,** c. de China central (Hunan); 301 300 hab.

**CHANGSHA** o **CH'ANG-SHA,** c. de China, cap. de Hunan; 1 113 200 hab. Fue la capital del reino de Chu en el período de los reinos combatientes (ss. V-III a. J.C.). Rica necrópolis. Museo.

**CHANGUINOLA,** distr. de Panamá (Bocas del Toro), en los *llanos de Changuinola;* 31 933 hab.

**CHANGZHOU** o **CH'ANG-CHEU,** c. de China (Jiangsu); 531 500 hab.

**CHANNEL,** nombre inglés del canal de la Mancha.

**CHANTADA,** v. de España (Lugo), cab. de p. j.; 9 754 hab. *(Chantadinos.)* Industria chacinera.

**CHANUTE** (Octave), ingeniero norteamericano de origen francés (París 1832-Chicago 1910). Contribuyó al desarrollo de la aviación construyendo y experimentando diversos modelos de aparatos, y ayudó a los hermanos Wright en sus comienzos.

**CHAÑI,** cumbre granítica del borde oriental de la Puna argentina; 6 200 m.

**CHAO MONG-FU** → ***Zhao Mengfu.***

**CHAO PHRAYA** → ***Menam.***

**CHAPALA** *(lago de),* lago de México (Jalisco); 1 080 $km^2$. Su principal tributario es el río Lerma.

**Chang Kai-shek**

Ruperto **Chapí**
(R. Casas - museo de arte moderno, Barcelona)

**CHAPALA,** mun. de México (Jalisco), junto al lago homónimo; 30 629 hab. Centro turístico.

**CHAPALANGARRA** → ***Pablo*** (Joaquín de).

**CHAPAPRIETA** (Joaquín), político y economista español (Torrevieja 1871-Madrid 1951). Republicano independiente, fue ministro de Trabajo (1922-1923) y de Hacienda (1935-1936) y presidente del gobierno (set.-dic. 1935).

**CHAPARRAL,** mun. de Colombia (Tolima); 42 950 hab. Minas de oro. Yacimientos petrolíferos en Calama.

**CHAPÍ** (Ruperto), compositor español (Villena, Alicante, 1851-Madrid 1909). Autor de óperas (*Las naves de Cortés*, 1874; *Roger de Flor*, 1878), alcanzó sus mayores éxitos en la zarzuela: *El rey que rabió* (1891), *La revoltosa** (1897), *El puñado de rosas* (1902). Creó la Sociedad general de autores.

**CHAPLIN** (Charles **Spencer,** llamado **Charlie**), actor y director de cine británico (Londres 1889-Corsier-sur-Vevey, Suiza, 1977), afincado durante mucho tiempo en E.U.A. Creador del personaje universalmente conocido de *Charlot**, en sus películas conjugó burla, sátira y emoción: *El chico* (1921), *La quimera del oro* (1925), *Luces de la ciudad* (1931), *Tiempos modernos* (1936), *El gran dictador* (1940), *Monsieur Verdoux* (1947), *Candilejas* (1952), *La condesa de Hong Kong* (1967), etc.

Charlie **Chaplin,** en el personaje de *Charlot,* en *El chico* (1921)

**CHAPMAN** (George), dramaturgo inglés (Hitchin 1559-Londres 1634), que puso en escena sucesos contemporáneos.

**CHAPOPOTLA** → ***Ixhuatlán del Sureste.***

**CHAPTAL** (Jean), *conde* **de Chanteloup,** químico y político francés (Nojaret, Lozère, 1756-París 1832). Desarrolló la industria química en Francia (ácido sulfúrico, alumbre, teñido del algodón).

**CHAPULHUACÁN,** mun. de México (Hidalgo); 15 580 hab. Agricultura. Explotaciones forestales.

**CHAPULTEPEC,** cerro y parque de Ciudad de México. Centro cultural en el que se encuentra el museo nacional de antropología. El castillo fue sede de la conferencia panamericana (1945) que estableció el compromiso de ayuda mutua en caso de violación de la independencia política de los pueblos americanos *(Acta de Chapultepec).*

**CHAR** (René), poeta francés (L'Isle-sur-la-Sorgue 1907-París 1988). Su obra intenta conciliar las fuerzas naturales y las aspiraciones humanas (*Furor y misterio*, 1948).

**CHARALÁ,** mun. de Colombia (Santander); 16 111 hab. Yuca, maíz, plátano y algodón.

**CHARALLAVE,** mun. de Venezuela (Miranda); 54 939 hab. Centro industrial.

**CHARATA,** c. de Argentina (Chaco); 16 222 hab. Centro agropecuario (algodón; maderas).

**CHARCAS,** territorio suramericano que constituyó una audiencia del virreinato del Perú (Alto Perú) [1558] y que tras la independencia se integró en Bolivia. Yacimientos argentíferos (Potosí, Oruro).

**CHARCAS,** c. de México (San Luis Potosí); 21 470 hab. Minas de oro, plata, antimonio, cinc, cobre.

**CHARCO (El),** mun. de Colombia (Nariño), junto a la costa del Pacífico; 19 443 hab.

**CHARCOT** (Jean Martin), médico francés (París 1825-lago Settons 1893). Fundador de la clínica neurológica del hospital de la Salpetrière, donde impartió sus célebres clases (seguidas, entre otros, por Freud), describió la histeria y dio su nombre a numerosas enfermedades del sistema nervioso.

**CHARDIN** (Jean Siméon), pintor francés (París 1699-*id.* 1779). Autor de naturalezas muertas y de escenas de género, reflejó con sencillez y tonos sobrios la intimidad del tema elegido.

**CHARDZHÓU,** c. de la República de Turkmenistán, junto al Amú Daryá; 161 000 hab.

**CHARENTE,** r. de Francia que nace en el Lemosín, y desemboca en el Atlántico; 360 km.

**CHARENTE,** dep. del O de Francia (Poitou-Charentes); 5 956 $km^2$; 341 993 hab. Cap. *Angulema.*

**CHARENTE-MARITIME,** dep. de Francia (Poitou-Charentes); 6 864 $km^2$; 527 146 hab. Cap. *La Rochelle.*

**CHARI,** r. de África (República Centroafricana y Chad), que recibe al Logone (en N'Djamena), tributario del lago Chad; 1 200 km.

**CHARLEROI,** c. de Bélgica (Hainaut), a orillas del Sambre; 206 214 hab. Museos (vidrio y fotografía).

**CHARLES** (Ray), cantante, pianista, compositor y director de orquesta de jazz norteamericano (Albany, Georgia, 1930). Ciego desde los seis años, mezcla magistralmente blues y rock, que canta con voz desgarrada (*Yes indeed*, 1956; *What'd I say*, 1959).

**Charles-de-Gaulle,** aeropuerto de París, cerca de Roissy-en-France.

**CHARLESTON,** c. de Estados Unidos, cap. de Virginia Occidental; 57 287 hab.

**CHARLESTON,** c. y puerto de Estados Unidos (Carolina del Sur), en el Atlántico; 80 414 hab. Centro de la resistencia de los sudistas durante la guerra de Secesión.

**CHARLEVILLE-MÉZIÈRES,** c. de Francia, cap. del dep. de Ardennes, a orillas del Mosa; 59 439 hab.

**Charlot,** personaje cinematográfico creado por Charlie Chaplin en 1914 (en Iberoamérica se denomina *Carlitos*). Es un vagabundo inquieto, sentimental y obstinado.

**CHARLOTTE,** c. de Estados Unidos (Carolina del Norte); 395 934 hab. Textil.

**CHARLOTTETOWN,** c. de Canadá, cap. de la prov. de la isla del Príncipe Eduardo; 15 396 hab. Universidad.

**CHARPAK** (Georges), físico francés (Dabrowica, Polonia, 1924). Diseñó numerosos detectores de partículas. (Premio Nobel de física 1992.)

**CHARPENTIER** (Gustave), compositor francés (Dieuze 1860-París 1956), autor de la ópera *Luisa* (1900).

**CHARPENTIER** (Marc Antoine), compositor francés (París *c.* 1634-*id.* 1704), autor de motetes, misas, oratorios, cantatas y una ópera.

**CHARTRES,** c. de Francia, cap. del dep. de Eure-et-Loir, a orillas del Eure; 41 850 hab. Catedral (ss. XII-XIII), obra maestra del gótico, con célebres vidrieras. Iglesias. Museo de bellas artes.

**Chartres:** detalle de las esculturas (s. XIII) de la fachada occidental de la catedral

**Chartres** *(escuela de),* escuela filosófica y teológica francesa, fundada por el obispo Fulberto (s. XI).

**CHASCOMÚS,** c. de Argentina (Buenos Aires), junto a la *laguna de Chascomús;* 34 980 hab.

**CHASE** (René Brabazon **Raymond,** llamado **James Hadley**), escritor británico (Londres 1906-Corseaux, Vaud, 1985), autor de novelas policíacas en las que domina la violencia y la sexualidad (*El secuestro de la señorita Blandish,* 1938).

**CHASE** (Salmon Portland), político norteamericano (Cornish, New Hampshire, 1808-Nueva York 1873). Abogado, defendió los derechos de los esclavos fugitivos. Fue nombrado juez supremo por Lincoln (1864).

**CHASLES** (Michel), matemático francés (Epemon 1793-París 1880). Definió los conceptos de *homotecia* y *homografía,* e introdujo la *razón anarmónica,* que aplicó al estudio proyectivo de las cónicas. Ha dado su nombre a las *fórmulas de Chasles* en el cálculo de integrales y en geometría.

**CHATEAUBRIAND** (François René, *vizconde* **de**), escritor francés (Saint-Malo 1768-París 1848). Juzgó su época (*Ensayo histórico, político y moral sobre las revoluciones,* 1797) y quiso restaurar el orden moral (*El genio del cristianismo,* 1802, que incluye las novelas *Atala* y *René*). Escribió la novela histórica *Las aventuras del último Abencerraje* (1826) y *Memorias de ultratumba* (1809-1841).

**CHÂTEAUGUAY,** r. de Estados Unidos (Nueva York) y de Canadá, afl. del San Lorenzo (or. der.); 81 km. Victoria de los canadienses sobre los norteamericanos (1813).

**CHÂTEAUROUX,** c. de Francia, cap. del dep. de Indre, a orillas del Indre; 52 949 hab.

**CHATELIER** (Henry **Le**), químico y metalúrgico francés (París 1850-Miribel-les-Échelles 1936). Creó el análisis térmico y la metalografía microscópica.

**CHATHAM** *(islas),* archipiélago neocelandés de Oceanía, al E de Nueva Zelanda; 863 km²; 600 hab.

**CHATHAM,** c. de Canadá (Ontario); 43 557 hab.

**CHATHAM** (*condes* **de**) → ***Pitt.***

**CHATTANOOGA,** c. de Estados Unidos (Tennessee), en los Apalaches; 152 466 hab. Victoria del general Grant sobre los sudistas (1863).

**CHATTERJĪ** (Bankim Chandra) o **CATTERJĪ** (Bankim Candra), escritor indio en lengua bengalí (Kāntālpādā 1838-Calcuta 1894), autor de novelas sociales y sicológicas (*Rajanī,* 1877).

**CHATTERTON** (Thomas), poeta británico (Bristol 1752-Londres 1770), autor de poemas a imitación de los medievales que intentó pasar por auténticos (*La batalla de Hastings,* 1768). Su vida inspiró el *Chatterton* (1835) de Vigny.

**CHAUCER** (Geoffrey), poeta inglés (Londres c. 1340-*id.* 1400). Tradujo el *Roman de la rose* (a. 1373) e imitó a los poetas italianos. Sus *Cuentos* de Canterbury* (1387-1400) contribuyeron a fijar la gramática y la lengua inglesas.

**CHAUNU** (Pierre), historiador francés (Belleville 1923), dedicado a la historia cuantitativa (*Sevilla y el Atlántico, 1504-1650,* 1955-1959).

**CHAVES** (Fernando), escritor ecuatoriano (Otavalo 1902), precursor de la novela indigenista ecuatoriana con *Plata y bronce* (1927).

**CHAVES** (Manuel), político español (Ceuta 1949). Ministro de Trabajo y Seguridad Social (1986-1990) del gobierno socialista, es presidente de la Junta de Andalucía desde 1990.

**CHAVES** (Nuflo **de**), conquistador español (Trujillo c. 1518-Charcas 1568). Fundó Santa Cruz de la Sierra (1557), avanzada de la colonización de Charcas. Fue nombrado lugarteniente de la gobernación de Moxos, de la que erigió titular a su hijo Francisco Hurtado de Mendoza.

**CHÁVEZ** (Carlos), compositor y director de orquesta mexicano (México 1899-*id.* 1978). Organizó la orquesta sinfónica de México y dirigió el conservatorio nacional (1928-1935). Autor de ballets, obras corales y para piano, sinfonías y la ópera *Pánfilo y Lauretta* (1956).

**CHÁVEZ** (César), sindicalista chicano (San Antonio, Texas, 1923-Yuma, Arizona, 1993). Organizó a los braceros de origen mexicano de California, y dirigió una larga huelga que logró el reconocimiento de los derechos sindicales de los chicanos.

**CHÁVEZ** (Federico), abogado y político paraguayo (Asunción c. 1878-*id.* 1978), dirigente del Partido colorado y presidente de la república (1950-1954).

**CHÁVEZ** (Gerardo), pintor peruano (Trujillo 1937), surrealista.

**CHÁVEZ** (Hugo), militar y político venezolano (Sabaneta, Barinas, 1954). Dirigió un fracasado golpe de estado en 1992. Fue elegido presidente en 1998 e impulsó una nueva constitución, aprobada en referéndum en 1999.

**CHÁVEZ** (Ignacio), médico mexicano (Zirándaro 1897-México 1979). Ilustre cardiólogo, presidió la Asociación internacional de cardiología (1958-1962).

**CHÁVEZ** (Julio César), boxeador mexicano (Ciudad Obregón 1962), campeón del mundo de los pesos superplumas, ligeros y superligeros, imbatido después de 85 combates desde 1980 a 1993.

**CHÁVEZ ALFARO** (Lisandro), escritor nicaragüense (Granada 1929). Vinculado a los movimientos revolucionarios, sus relatos (*Los monos de San Telmo,* 1963) y novelas (*Trágame tierra,* 1969) se inspiran en la realidad política de su país.

**CHAVÍN,** región administrativa de Perú formada por el departamento de Ancash.*

**CHAVÍN,** cultura prehispánica (Chavín de Huantar y valles de Cupisnique, Casma, Nepeña y Lambayeque), del s. IX a. J.C., la más antigua de las culturas peruanas preincaicas. Se caracteriza por la representación estilizada de un felino, presente en la cerámica negra, joyas, armas y relieves en piedra.

**CHAVÍN DE HUANTAR,** mun. de Perú (Ancash); 5 671 hab. Yacimiento de la cultura Chavín, que conserva restos de construcciones ciclópeas (castillo), declarado bien cultural de la humanidad por la Unesco (1985).

**Chavín de Huantar:** monolito en la llamada escalera de los Jaguares; ss. VIII-VI a. J.C.

**CHÉBISHEV** (Pafnuti Lvóvich), matemático ruso (Okatovo 1821-San Petersburgo 1894). Fundador de una importante escuela matemática, se interesó por los problemas de aproximación, por las funciones elípticas y por la teoría de los números.

**CHEBOKSARI,** c. de la Federación de Rusia, cap. de la República de Chuvashia, a orillas del Volga; 420 000 hab.

**CHECA** *(República),* o **CHEQUIA,** en checo **Česká republika,** estado de Europa central; 79 000 km²; 10 350 000 hab. *(Checos.)* CAP. *Praga.* LENGUA OFICIAL: *checo.* MONEDA: *corona checa.*

GEOGRAFÍA

El país está constituido por Bohemia –cuadrilátero formado por montañas medianas que rodean la fértil llanura de Polabí, avenada por el Elba (Labe) y el Vltava– y Moravia, abierta por el Morava y el Odra superior. En ella se combinan cultivos (cereales y remolacha de azúcar), actividades extractivas (principalmente carbón) e industrias de transformación (química, vidrio y agroalimentaria). La industria se localiza en las principales ciudades (Praga, Ostrava, Brno, Plzeň). El nuevo estado, urbanizado desde antaño, y en posesión de una tradición comercial e industrial desarrollada desde el s. XIX y étnicamente homogéneo, está situado actualmente, tanto geográfica como económicamente, cerca de Alemania, que se ha convertido en su principal asociado comercial y financiero.

HISTORIA

Los checos, tras haber creado Bohemia y Moravia, fueron dominados por los Habsburgo de Austria. En 1918, formaron con los eslovacos la República de Checoslovaquia. 1969: tras la entrada en vigor del estatuto federal de Checoslovaquia, la República Checa fue dotada de instituciones propias. 1992: V. Klaus, jefe del gobierno formado en julio, preparó con su homólogo eslovaco la división de la Federación checa y eslovaca. 1993: después de la división (1 en.), Václav Havel fue elegido presidente de la Rep. Checa. 1997: Josef Tosovsky sucedió al dimisionario V. Klaus. 1998: V. Havel fue reelegido.

**Checa** (abrev. de las voces rusas que significan Comisión extraordinaria), policía encargada de combatir la contrarrevolución y el sabotaje en la Rusia soviética (fines 1917-1922).

**CHECHENIA** *(República de),* en el N del Cáucaso. 1 026 000 hab. aprox. CAP. *Grozni.* Tras la proclamación en 1991 de una república independiente, el ejército ruso intervino en 1994 para reintegrar Chechenia en la Federación de Rusia. 1996: se firmó un acuerdo de paz y se retiraron las tropas rusas. 1997: el independentista Aslan Maskhadov fue elegido presidente de la república. 1999-2000: una ofensiva rusa asoló Chechenia y provocó su reingreso en la Federación de Rusia.

**CHECOSLOVAQUIA,** en checo **Československo,** antiguo estado de Europa central, formado por la unión de *Bohemia* y *Moravia* (que constituyen la República Checa) y *Eslovaquia.* CAP. *Praga.*

HISTORIA

1918: se creó la República de Checoslovaquia, que reunía a los checos y eslovacos de la antigua Austria-Hungría. 1919-1920: también se sumó Rutenia subcarpática; los tratados de Saint Germain y de Trianon fijaron las fronteras del estado checoslovaco, presidido de 1918 a 1935 por T. Masaryk. 1935-1938: E. Beneš fue presidente de la república. 1938: el país tuvo que aceptar las decisiones de la conferencia de Munich y ceder los Sudetes a Alemania. 1939: Alemania ocupó Bohemia-Moravia e

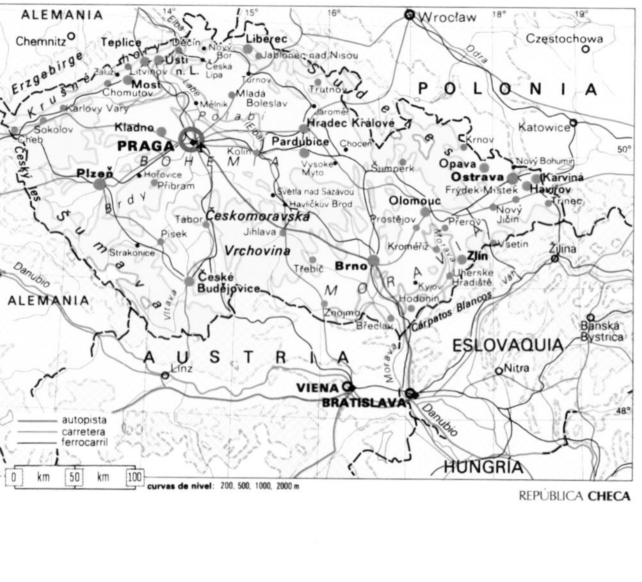


REPÚBLICA **CHECA**

instaló en ella su protectorado; Eslovaquia formó un estado separado. 1940: en Londres, Beneš constituyó un gobierno en exilio. 1943: firmó un tratado de amistad con la U.R.S.S. 1945: Praga fue liberada por el ejército soviético. La U.R.S.S. obtuvo Rutenia subcarpática. Beneš volvió a la presidencia de la república. 1946: el comunista K. Gottwald se convirtió en presidente del Consejo. 1947: la U.R.S.S. obligó a Checoslovaquia a renunciar al plan Marshall. Febrero 1948: los comunistas se hicieron con el poder (golpe de Praga). 1948-1953: Gottwald presidió siguiendo las directrices de la U.R.S.S. Procesos (1952-1954) que condenaron a Slánský y a los nacionalistas eslovacos. 1953-1957: A. Novotný asumió la dirección del partido y A. Zápotocký la del Estado. 1957-1968: Novotný ocupó los dos cargos. La crítica de los intelectuales y el descontento eslovaco se desarrollaron a partir de 1962-1963. 1968: durante la primavera de Praga, el partido, dirigido por Dubček, intentó orientarse hacia «un socialismo de rostro humano». La intervención soviética, en agosto, puso fin al intento innovador. 1969: Checoslovaquia se convirtió en un estado federal formado por la República Checa y Eslovaquia. Husák sustituyó a Dubček a la cabeza del partido, lo que supuso el principio de la normalización. 1975: Husák sucedió a Svoboda en la presidencia de la república. 1987: Miloš Jakeš sucedió a Husák como presidente del partido. 1989: importantes manifestaciones contra el régimen (nov.) provocaron la dimisión de los principales dirigentes (M. Jakeš, Gu. Husák), la abolición del papel dirigente del partido y la formación de un gobierno de coalición nacional con mayoría no comunista dirigido por Marian Calfa. El disidente Václav Havel fue elegido presidente de la república. El telón de acero entre Checoslovaquia y Austria fue desmantelado. 1990: el país adoptó oficialmente el nombre de República federativa Checa y Eslovaca. Los movimientos democráticos (entre ellos el Forum cívico) ganaron las primeras elecciones libres (junio). 1991: las tropas soviéticas se retiraron del país. 1992: V. Havel dimitió. Las autoridades federales aceptaron el proceso de división de Checoslovaquia en dos estados independientes, negociado por el gobierno checo de V. Klaus y el gobierno eslovaco de V. Mečiar. 1993: Checoslovaquia se dividió en dos estados independientes, Eslovaquia y la República Checa (1 en.).

**Cheikh el-Beled,** en ár. **Šayj al-Bilād,** estatua egipcia de madera de la IV dinastía (museo de El Cairo), procedente de una mastaba de Ṣaqqāra. Obra maestra de la estatuaria, es uno de los más antiguos retratos realistas.

**CHÉJOV** (Antón Pávlovich), escritor ruso (Taganrog 1860-Badenweiler, Alemania, 1904). Autor de cuentos y relatos (*La sala número 6,* 1892; *El duelo,* 1892), posteriormente escribió obras de teatro, donde describió el estancamiento de la vida en las convenciones de la sociedad de provincias o en las vocaciones ilusorias (*La gaviota**, 1896; *Tío Vania,* 1897; *Las tres hermanas,* 1901; *El jardín de los cerezos,* 1904).

**CHEJU** o **JEJU,** isla de Corea del Sur, separada del continente por el *estrecho de Cheju;* 1 820 km²; 463 000 hab. Cap. *Cheju* (203 000 hab.).

**CHELIÁBINSK,** c. de Rusia, en los Urales; 1 143 000 hab. Metalurgia.

**CHELIFF** o **CHÉLIF,** r. de Argelia, el más largo del país, que desemboca en el Mediterráneo; 700 km.

**CHELIFF (Ech-),** ant. **Orléansville** y **el-Asnam,** c. de Argelia, cap. de vilayato; 106 000 hab.

**CHELMNO,** en alem. **Kulm,** c. de Polonia, junto al Vístula; 20 000 hab. Campo de exterminio alemán (1941-1945), donde murieron 200 000 judíos.

**Chelsea,** barrio del O de Londres, junto al Támesis. En el s. XVIII, manufactura de porcelana.

**CHELTENHAM,** c. de Gran Bretaña (Gloucestershire); 85 900 hab.

**CHEMNITZ,** de 1953 a 1990 **Karl-Marx-Stadt,** c. de Alemania (Sajonia); 301 918 hab.

**CHEMULPO** → ***Inchon.***

**CHENĀB,** r. de la India y Pakistán, uno de los cinco grandes ríos del Panjāb; 1 210 km.

**CHENALHÓ,** mun. de México (Chiapas); 18 400 hab. Mercado agrícola. Explotación forestal. Textiles.

**CHENG-CHEU** → ***Zhengzhou.***

**CHENGDU** o **CH'ENG-TU,** c. de China, cap. de Sichuan; 2 470 000 hab. Fue la cap. de los Tang; antiguos barrios pintorescos.

**CHÉNIER** (André **de**), poeta francés (Constantinopla 1762-París 1794). Lírico elegíaco (*La joven cautiva,* c. 1794), sus *Yambos* (1794) son una obra maestra de la sátira política. Murió guillotinado.

**CHEOPS** → ***Keops.***

**CHEPÉN,** mun. de Perú (La Libertad); 23 138 hab. Arroz y frutales. Central azucarera.

**CHEPO,** distr. de Panamá (Panamá), en el valle del *río Chepo;* 20 499 hab. Ganadería.

**CHER,** r. de Francia, afl. del Loira (or. izq.), que nace en el macizo Central; 350 km.

**CHER,** dep. de Francia (Centro); 7 235 km²; 321 559 hab. Cap. *Bourges.*

**CHERCHELL,** c. de Argelia, junto al Mediterráneo, en el emplazamiento de la ant. *Cesarea* de Mauritania; 36 800 hab. Ruinas romanas. Museo.

**CHEREMJOVO,** c. de Rusia, al O del lago Baikal; 99 000 hab. Hulla.

**CHERENKOV** (Pável Alexéievich), físico soviético (Chigla, Vorónezh, 1904-Moscú 1990). En 1934 descubrió la emisión de la luz por partículas cargadas que se desplazan en un medio a una velocidad superior a la que tendría la luz dentro del mismo medio. (Premio Nobel de física 1958.)

**CHEREPÓVETS,** c. de Rusia, al E de San Petersburgo; 310 000 hab. Centro industrial.

**CHERGUI** (*chott* **ech-**), depresión pantanosa del O de Argelia.

**CHERKASSI,** c. de Ucrania; 290 000 hab.

**CHERNENKO** (Konstantín Ustínovich), político soviético (Bolcháia Tes 1911-Moscú 1985). Secretario general del P.C.U.S., y presidente del presidium del soviet supremo en 1984-1985.

**CHERNÍGOV,** c. de Ucrania; 296 000 hab. Iglesias de los ss. XI-XIII.

**CHERNIJOVSKI** (Saul), poeta israelí (Mijailovka, Ucrania, 1875-Jerusalén 1943). Realizó la síntesis de los valores morales de la tradición judía y los principios estéticos occidentales (*Visiones y melodías,* 1898; *Libro de los idilios,* 1922).

**CHERNISHEVSKI** (Nikolái Gavrílovich), escritor ruso (Sarátov 1828-*id.* 1889). Concibió la literatura como un medio de acción social y su novela *¿Qué hacer?* (1863) se convirtió en la biblia de la juventud revolucionaria rusa.

**CHERNOBIL,** c. de Ucrania. Central nuclear. En 1986, la explosión de un reactor provocó una contaminación radiactiva que afectó a varios países europeos. En 2000, la central fue cerrada.

**CHERNOVTSI,** en alem. **Czernowitz,** en rumano **Cernăuţi,** c. de Ucrania; 257 000 hab. Centro industrial.

**CHERRAPUNJI,** localidad de la India (Meghalaya), una de las estaciones meteorológicas que más lluvias registra (la media anual de precipitaciones supera los 10 000 mm).

**CHERSKI** (*montes*), macizo montañoso de Siberia oriental; 3 147 m.

**CHERUBINI** (Luigi), compositor italiano (Florencia 1760-París 1842), nacionalizado francés. Director del conservatorio de París, escribió música religiosa (misas), óperas (*Medea*), sonatas y cuartetos.

**CHESAPEAKE,** bahía de Estados Unidos (Maryland y Virginia), en el Atlántico, cruzada por un sistema de puentes y túneles, junto a la que se encuentra Baltimore.

**CHESHIRE,** condado de Gran Bretaña, al NO de Inglaterra; 2 323 km²; 933 200 hab. Cap. *Chester.*

**CHESTE** (Juan **de la Pezuela,** *conde* **de**), militar y literato español (Lima 1809-Segovia 1906). Fue capitán general de Cuba (1853-1854) y de Cataluña (1867-1868). Dirigió la Real academia española y tradujo a Dante, Tasso, Camões y Ariosto.

**CHESTER,** c. y puerto de Gran Bretaña, cap. de *Cheshire;* 61 000 hab. En la región, fabricación de quesos (chester). Murallas de origen romano y barrios medievales.

**CHESTERTON** (Gilbert Keith), escritor británico (Londres 1874-Beaconsfield, Buckinghamshire, 1936), novelista satírico y humorista, es autor de novelas policíacas protagonizadas por el padre Brown (1911-1935).

**CHETUMAL,** c. de México, cap. del est. de Quintana Roo y del mun. de Othón P. Blanco; 94 158 hab. Situada en la *bahía de Chetumal,* en la frontera con Belice. Puerto libre, de altura y cabotaje.

**CHEU K'EU-T'IEN** → ***Zhoukoudian.***

**CHEVALIER** (Maurice), cantante y actor de cine francés (París 1888-*id.* 1972). Formó una popular pareja con Mistinguett. Embajador de la canción francesa, protagonizó numerosas películas (*El desfile del amor,* 1928; *La viuda alegre,* 1934).

**CHEVIOT** (*montes*), altas colinas de Gran Bretaña, en la frontera entre Inglaterra y Escocia; 716 m en el *monte Cheviot.* Ganadería. Parque nacional.

**CHEYENNE,** c. de Estados Unidos, cap. de Wyoming, en las Rocosas; 50 008 hab.

**CHEYNEY** (Peter **Southouse-Cheyney,** llamado **Peter**), escritor británico (Londres 1896-*id.* 1951). En sus novelas policíacas el detective tradicional es sustituido por un tipo de aventurero seductor y brutal (*Este hombre es peligroso,* 1936).

**CHÍA,** mun. de Colombia (Cundinamarca); 36 956 hab. Agricultura y ganadería. Minas de carbón.

**CHIANG KAI-SHEK** → ***Chang Kai-shek.***

**CHIANGMAI** o **CHIENGMAI,** c. de Tailandia, cap. de prov.; 161 541 hab. Cap. en el s. XIII. Monumentos antiguos. Museo.

**CHIANTI,** región vitícola de Italia (Toscana, Siena).

**CHIANTLA,** mun. de Guatemala (Huehuetenango); 21 234 hab. Minas de plomo. Textiles.

**CHIAPA DE CORZO,** c. de México (Chiapas); 30 309 hab. Alfarería y orfebrería. Yacimiento correspondiente a las tierras altas mayas (tumbas), en una secuencia que va de *c.* 2000 a. J.C. a 1500 d. J.C.

**CHIAPAS** (*estado de*), est. del S de México; 73 887 km²; 3 203 915 hab. Cap. *Tuxtla Gutiérrez.*

**CHIARI** (Roberto Francisco), político panameño (Panamá 1905-*id.* 1981). Presidente de la república (1960-1964), rompió relaciones con Cuba (1961) y con E.U.A. (1964).

**CHIARI** (Rodolfo), político panameño (Aguadulce 1869-Los Ángeles, E.U.A., 1937). Jefe del Partido liberal, fue presidente de la república de 1924 a 1928.

**CHIATURA,** c. de Georgia; 25 000 hab. Manganeso.

**CHIAUTEMPAN,** mun. de México (Tlaxcala); 41 494 hab. Explotaciones forestales. Artesanía textil.

**CHIAUTLA DE TAPIA,** v. de México (Puebla); 21 964 hab. Minería (oro, plata y cobre).

**Chateaubriand**
(Girodet-Trioson - palacio de Versalles)

**Chéjov**
(I. E. Bras - galería Tretiakov, Moscú)

Maurice
**Chevalier**

**CHIBA,** c., puerto y centro industrial de Japón (Honshū), junto a la bahía de Tōkyō; 829 455 hab.

**CHIBÁS** (Eduardo), político cubano (Santiago de Cuba 1907-La Habana 1951), fundador del Partido del pueblo cubano (partido ortodoxo). Combatió la corrupción política, en especial durante el gobierno de Prío Socarrás.

**CHICACAO,** mun. de Guatemala (Suchitepéquez); 20 731 hab. Café y caña de azúcar.

**CHICAGO,** c. de Estados Unidos (Illinois), en la región de los Grandes Lagos, junto al lago Michigan; 2 783 726 hab. (6 069 974 hab. en el área metropolitana). Puerto activo y gran centro industrial (siderurgia, construcción de maquinaria e industria alimentaria), comercial (bolsa de materias primas) y cultural. Centro de la arquitectura moderna (c. 1880-1900 y a partir de 1945). Grandes museos (arte, ciencia).

el centro de **Chicago**

**CHICAMOCHA,** r. de Colombia, afl. del Magdalena (or. der.); 400 km. Hidroelectricidad.

**CHICHAS** *(cordillera de),* ramal de la cordillera Real de los Andes de Bolivia (Potosí); 5 603 m en el nevado de Chorilque.

**CHICHÉN ITZÁ,** centro arqueológico maya (N de Yucatán, México) con numerosos restos arquitectónicos correspondientes a dos períodos y estilos diferentes: Puuc (ss. VII-X: Casa de las Monjas) y maya-tolteca (ss. X-XII, Castillo, templo de los Guerreros, juego de pelota, etc.).

**CHICHERIN** (Gueorgui Vasílievich), político soviético (Karaúl 1872-Moscú 1936). Comisario del pueblo para Asuntos Exteriores (1918-1930), firmó el tratado de Rapallo (1922).

**CHICHICASTENANGO,** c. de Guatemala (Quiché); 36 084 hab. Iglesia colonial (c. 1540).

**CHICHIGALPA,** mun. de Nicaragua (Chinandega); 31 620 hab. Cereales, caña de azúcar y arroz.

**CHICLANA DE LA FRONTERA,** c. de España (Cádiz), cab. de p. j.; 46 610 hab. Viticultura. Pesca.

**CHICLAYO,** c. de Perú, cap. del dep. de Lambayeque, en el valle del Chancay; 419 600 hab.

**CHICLIGASTA,** dep. de Argentina (Tucumán), en la sierra de Aconquija; 63 746 hab.

**CHICO DE SANTA CRUZ** *(río),* r. de Argentina (Santa Cruz), en la Patagonia; 600 km. Desemboca junto a la c. de Santa Cruz, en un largo estuario.

**CHICOLOAPAN DE JUÁREZ,** mun. de México (México); 27 354 hab. Centro agrícola.

**CHICOMUSELO,** mun. de México (Chiapas), en el valle del río Grande de Chiapas; 17 210 hab.

**CHICONTEPEC,** mun. de México (Veracruz); 62 957 hab. Centro de una cuenca petrolífera.

**CHICUELO** (Manuel **Jiménez Moreno,** llamado), matador de toros español (Sevilla 1902-*id.* 1907), hijo y padre de toreros que llevaron su mismo apodo. Tomó la alternativa en 1919 y se retiró en 1951. Introdujo la *chicuelina.*

**CHIDAMBARAM** o **CIDAMBARAM,** c. de la India (Tamil Nadu); 80 000 hab. Centro de peregrinación sivaíta. Numerosos templos, entre los que se encuentra el gran templo de Śiva (ss. X-XVII).

**CHIENGMAI** → *Chiangmai.*

**CHIETI,** c. de Italia (Abruzos), cap. de prov.; 55 709 hab. Museo de arqueología.

**CHIETLA,** v. de México (Puebla), en el valle del Atoyac; 34 648 hab. Bosques. Aguas termales.

**CHIÈVRES** (Guillermo **de Croy,** *señor* **de**), estadista flamenco (Chièvres, Flandes, 1458-Worms 1521), íntimo consejero de Carlos V. Pese a la hostilidad de los españoles, obtuvo de las cortes castellanas los fondos que el rey necesitaba para su coronación imperial en Alemania.

**CHIGI,** familia de mecenas italianos. Entre sus miembros destacan el banquero **Agostino** (Siena 1465-Roma 1520), fundador de la dinastía, que hizo construir la villa Farnesina*; — y **Fabio,** papa con el nombre de Alejandro VII, propietario del *palacio Chigi* de Roma (construido en el s. XVI).

**CHIGNAHUAPAN,** v. de México (Puebla); 33 172 hab. Minas de oro y cobre. Aguas termales. Aeropuerto.

**CHIGORODÓ,** mun. de Colombia (Antioquia), en el valle del Atrato; 23 171 hab.

**CHIHUAHUA** *(estado de),* est. del N de México, accidentado por la sierra Madre occidental; 247 087 km²; 2 441 873 hab. Cap. *Chihuahua.*

**CHIHUAHUA,** c. de México, cap. del est. homónimo; 521 062 hab. Centro agrícola, minero y comercial. Catedral (s. XVIII) con portada de J. A. de Naba.

**CHIKAMATSU MONZAEMON** (**Sugimori Nobumori,** llamado), dramaturgo japonés (Kyōto 1653-Ōsaka 1724). Escribió unas 170 obras, para el kabuki y para el teatro de marionetas *(bunraku),* dramas históricos (*Los combates de Coxinga,* 1715) o burgueses (*Suicidio amoroso en Sonezaki,* 1703).

**CHILAPA DE ÁLVAREZ,** mun. de México (Guerrero); 73 335 hab. Centro comercial e industrial.

**Chichén Itzá:** el templo pirámide de Kukulcán (llamado también el *Castillo*); arte maya-tolteca; época posclásica (950-1500)

**CHILCHOTA,** mun. de México (Michoacán), en el valle del *Chilchota;* 17 260 hab. Agricultura.

**CHILDE** (Vere Gordon), historiador australiano (Sydney 1892-Mount Victoria, Nueva Gales del Sur, 1957), conocido por sus trabajos sobre la economía y las corrientes culturales del III y el II milenio.

**Childe Harold** *(La peregrinación de),* poema de Byron en cuatro cantos (1812-1818): impresiones de un viajero romántico mezcladas con la expresión de la insatisfacción de un alma inquieta.

**CHILDEBERTO I,** rey franco [511-558], hijo de Clodoveo y de Clotilde. – **Childeberto II** (570-595), rey de Austrasia [575-595] y de Borgoña [592-595], hijo de Sigeberto I y de Brunilda. – **Childeberto III** (683-711), hijo de Thierry III. Reinó sobre todo el territorio franco de 695 a 711.

**CHILDERICO I** (c. 436-c. 481), rey de los francos salios [457-c. 481], hijo de Meroveo y padre de Clodoveo. – **Childerico II** (c. 650-675), rey de Austrasia [662-675], hijo de Clodoveo II. – **Childerico III** († Sithiu, cerca de Saint-Omer, 754), último rey merovingio [743-751], hijo de Chilperico II.

**CHILE,** estado de América del Sur, en la fachada pacífica; 756 096 km² (más 1 250 000 km² de la Antártica) y 15 211 308 hab. *(Chilenos.)* CAP. *Santiago.* LENGUA OFICIAL: *español.* MONEDA: *peso chileno.*

**GEOGRAFÍA**

Ocupa una larga y estrecha faja de territorio entre el Pacífico y los Andes, que marcan una imponente frontera natural con Argentina. En el sector septentrional, vastas mesetas separadas de la cadena montañosa por depresiones ocupadas por salares (Atacama); al S la cordillera se estrecha, pierde altitud (unos 1 000 m en Tierra del Fuego), y se fragmenta en multitud de islas. Más alejadas, en el Pacífico, se encuentra el archipiélago Juan Fernández, las islas Sala y Gómez, San Félix, San Ambrosio y la Isla de Pascua. Entre los Andes y la cordillera de la Costa, de altitudes más modestas, corre el valle Central, de especial importancia demográfica y económica entre Santiago y Puerto Montt. Chile mantiene un ritmo bajo de crecimiento demográfico, con un continuo descenso de la tasa de natalidad. La distribución de la población es muy irregular: el 75 % habita en el Chile central, y casi el 80 % es urbana. La agricultura presenta una gran variedad de productos: cereales, vid, frutas, patata, remolacha azucarera. Ganadería ovina y bovina en las regiones meridionales. Son significativas la producción forestal y la pesca (harina de pescado, primer productor mundial). El sector minero sigue teniendo un peso trascendental en la economía: cobre (primer productor mundial), hierro, cinc, molibdeno y plomo. El petróleo y el carbón no alcanzan a cubrir la demanda interna. La industria se concentra en torno a Santiago (metalurgia, textil, alimentaria, madera y papel, química, cemento, construcción). La economía, dominada históricamente por la exportación de materias primas (trigo, nitrato y cobre), presenta unas debilidades estructurales comunes a otros países de la región: bajos rendimientos agrícolas, vulnerabilidad de la industria dominada por las ramas ligeras, dependencia del capital y la tecnología extranjeros. No obstante, en la primera mitad de los años noventa el país presentaba una economía saneada. En 1995 se asoció a Mercosur.

**HISTORIA**

***El poblamiento precolombino.*** El valle de Mapocho marcaba el alcance del dominio inca. Al norte se situaban los pescadores changos, los pueblos agrícolas de lengua aymará y los diaguitas chilenos, en el Norte Chico. La región comprendida entre el valle de Mapocho y el río Maule estaba habitada por los picunches, o mapuches del norte. A la región de los araucanos, entre el Maule y el Toltén, correspondía la mayor densidad humana. Los huiliches, entre el Toltén y la isla de Chiloé, constituían el límite meridional de los pueblos agricultores; más allá de éste y hasta la Tierra del Fuego se dispersaban grupos pescadores y recolectores como los chonos o los alacaluf.

***La primera conquista.*** 1536: primera penetración de Diego de Almagro, que se retiró sin ocupar el territorio. 1541-1552: Pedro de Valdivia emprendió la conquista efectiva, con la fundación de Santiago (1541), Valparaíso (1544) y Concepción (1550). 1553: Lautaro derrotó a Valdivia en Tucapel y los araucanos obligaron a los españoles a retroceder y fijar el límite de la conquista en el río Biobío. Los primeros gobiernos militares dieron paso al gobierno de la audiencia de Santiago, instituida en 1609, que extendía su soberanía a la región de Cuyo, incorporada más tarde al virreinato del Río de La Plata (1778).

***De la Patria Vieja a la república moderada.*** 1810-1814: la sustitución del gobernador por una junta (1810) inició el proceso emancipador del período de la Patria Vieja culminado por los Carrera con el reglamento constitucional de 1812. 1814-1818: recuperado el territorio por las tropas realistas, que habían derrotado a Carrera y O'Higgins en Rancagua (set. 1814), el ejército de San Martín, al que se incorporó O'Higgins, llevó a cabo la definitiva liberación (1817-1818) y proclamó la independencia (febr. 1818). La dictadura ilustrada de O'Higgins (1818-1822), en favor de la oligarquía comercial de Santiago, suscitó la sublevación de Freire en Concepción (1822). Se inició un período de conflictos entre centralistas y federalistas y entre distintas facciones («pelucones» o conservadores; «pipiolos» o liberales; «estanqueros» o moderados), que acabó con la derrota de los liberales en Lircay (1830). 1830-1851: la constitución de 1833 expresó la hegemonía de la aristocracia conservadora, bajo el liderazgo de Portales. Guerra contra la confederación Perú-boliviana (1836-1839), que acabó con la victoria chilena. 1851-1861: Montt inició la reforma liberal con la abolición del mayorazgo (1852) y las leyes desamortizadoras (1857).

***La república liberal y la expansión territorial.*** La fusión entre liberales y conservadores consolidó la reforma del estado, sin tener que soportar como en el resto de América latina un largo período de guerras civiles. 1879-1883: la guerra del Pacífico, que enfrentó a Chile con Bolivia y Perú, proporcionó a los chilenos el control de las regiones salitreras de Tarapacá, Arica y Tacna; el salitre protagonizó la expansión de la economía chilena de fines de siglo. Al propio tiempo, la derrota de la insurrección indígena (1880-1882) dio lugar a la conquista definitiva de la Araucanía y el sur. 1891: la revolución parlamentarista contra el presidente Balmaceda culminó, en el terreno político, el dominio de la oligarquía liberal. La nueva expansión de la minería del cobre, con una fuerte presencia de capital estadounidense, reforzó el sector exportador. Paralelamente se puso de relieve una creciente conflictividad social (matanza de huelguistas en Iquique, 1907).

***Del populismo al Frente popular.*** 1920-1925: Arturo Alessandri, al frente de la Alianza liberal, impulsó una política de corte populista y la adopción de una nueva constitución (1925), que acabó con la hegemonía parlamentarista. 1925-1931: el coronel Ibáñez obligó a dimitir a Alessandri y estableció un régimen militar de hecho, en tanto que se agotaba el ciclo salitrero. 1932: proclamación de la «república socialista», apoyada por sectores militares radicales y el movimiento obrero. 1933-1938: Alessandri ocupó de nuevo la presidencia, pero aunque mantuvo su orientación populista en la legislación social se enfrentó progresivamente al movimiento obrero y a la izquierda. 1938-1952: la hegemonía política pasó al Frente popular, integrado inicialmente por radicales, socialistas y comunistas, que gobernó Chile hasta que la guerra fría y la proscripción de los comunistas (1948) determinó la crisis del Frente.

***El nuevo reformismo.*** 1952-1964: la derecha tradicional recuperó el poder, aunque las elecciones parlamentarias de 1961 modificaron el panorama político, con el súbito ascenso de la democracia cristiana y la reaparición del partido comunista. 1964-1970: el democristiano Eduardo Frei intentó una reforma moderada, frente a los sectores conservadores y la izquierda. 1970-1973: las elecciones dieron la victoria a la Unidad popular, integrada por socialistas, comunistas y disidentes radicales y de la izquierda cristiana; Salvador Allende desarrolló una política de izquierda, que incluyó la reforma agraria y la nacionalización del cobre, la oposición de los sectores conservadores y la democracia cristiana, apoyados por E.U.A., desembocó en el cruento golpe militar de setiembre de 1973.

***La dictadura militar y el retorno a la democracia.*** 1973-1990: el general Pinochet instauró una férrea dictadura y restableció la hegemonía de la burguesía exportadora mediante una política marcadamente neoliberal. 1980: una nueva constitución preveía una larga transición hacia la democracia, a culminar en 1989. 1983: la Alianza democrática y el Movimiento democrático popular iniciaron un intermitente proceso de movilizaciones contra la dictadura. 1988: Pinochet perdió el referéndum

el **Chimborazo**

que él mismo había convocado para mantenerse en la presidencia. 1989: las elecciones presidenciales y legislativas dieron el triunfo a la oposición democrática y se inició el restablecimiento del régimen democrático, bajo la presidencia de Patricio Aylwin (1990-1994), aunque Pinochet retuvo el mando del ejército. 1994: accedió a la presidencia Eduardo Frei, hijo, con una coalición de centroizquierda. 1996: Chile se asocia a Mercosur. 1998: Pinochet se retiró y fue designado senador vitalicio. En octubre fue detenido en Londres a petición de la justicia española. 1999: firma con Argentina de un acuerdo que fijó la frontera en los Hielos Continentales. El socialista Ricardo Lagos fue elegido presidente. 2000: el gobierno británico permitió el regreso a Chile de Pinochet (marzo), donde se inició su procesamiento (dic.).

INSTITUCIONES

La constitución que Pinochet hizo aprobar en 1980, y que sustituyó a la de 1925, suspendida en 1973, reconoce el sufragio universal y la división de poderes (un legislativo bicameral), aunque establece el predominio del ejecutivo, asumido por el presidente, y mantiene a las fuerzas armadas como institución autónoma, fuera del control del poder civil.

LITERATURA

– *Época colonial:* P. de Oña, H. Álvarez de Toledo, J. de Mendoza Monteagudo, F. Núñez de Pineda.
– *Ss. XIX y XX.* Poesía: S. Sanfuentes, E. Lillo, G. Blest Gana, C. Pezoa Velis, M. Jara, G. Mistral, V. Huidobro, P. Neruda, N. Parra, G. Rojas, E. Lihn, M. Arteche, E. Barquero, J. Teiller, R. Zurita, O. Hahn, O. Lara. Narrativa: J. V. Lastarria, J. J. Vallejo, J. Zapiola, D. Barros Grez, A. Blest Gana, E. Barrios, B. Lillo, F. Gana, M. Brunet, M. Rojas, J. Prieto, B. Castro, F. Coloane, M. L. Bombal, E. Lafourcade, J. Donoso, J. Edwards, C. Droguett, F. Alegría, J. Guzmán, M. Wacquez, A. Skármetta, I. Allende. Teatro: J. Egaña, C. Henríquez, C. Bello, A. Moock, A. Acevedo Hernández, E. Wolff, S. Vodanovic, J. Díaz. Ensayo: F. Bilbao, J. V. Lastarria, M. L. Amunátegui, G. V. Amunátegui, A. Torres Rioseco, R. E. Scarpa, I. Valente, J. Concha, A. Dorfmann, M. Harnecker.

BELLAS ARTES

**Principales ciudades de interés artístico y arqueológico:** Concepción, isla de Pascua, Santiago, Valdivia, Valparaíso.

**Artistas célebres.** *Época colonial:* J. Zapata, C. Haymbhausen, J. Niño y Figueroa, J. Ambrosi, J. Rudolph, J. Toesca.
– *S. XIX.* Escultura: I. Andía y Varela. Pintura: J. Gil de Castro, R. Monvoisin, J. Rugendas, A. Smith, M. A. Caro, P. Lira, J. F. González, A. Valenzuela Puelma, A. Valenzuela Llanos. Arquitectura: C. F. Bonet-Debaines.
– *S. XX.* Pintura. R. Matta, E. Bolívar, V. Grez, C. Román, M. Codgrove, N. Antúnez, R. Opazo, M. Toral, C. Bravo, R. Bru, R. Yrarrázabal, J. Balmes, G. Núñez, M. Carrero, E. Barreda, G. Barrios, Y. Vial, E. Antúnez. Escultura: L. Domínguez, J. Muller, L. Garafulic, M. Colvin, M. T. Pinto. Arquitectura: R. Dávila, J. Martínez, E. Duhart, C. Barros, H. Vogel, A. Montealegre, S. Larrain, H. Boetsch, J. Etton, H. Gaggero, M. Pisano.

MÚSICA

– *S. XIX:* M. Robles, J. Zapiola, F. Guzmán.
– *S. XX. Primera mitad:* R. Acevedo (ópera *Caupolicán*, 1902), E. Giarda, C. Lavín, E. Soro (posrománticos); P. Bisquertt, C. Isamitt.
– *S. XX. Segunda mitad:* H. Allende, P. Núñez Navarrete, J. Urrutia Blondel, R. Amengual, A. Letelier (nacionalismo); D. Santa Cruz Wilson, J. A. Orrego Salas, G. Becerra, L. Schidlowski, M. Letellier, E. Rivera. (*V. anexo cartográfico.*)

**CHILECITO,** dep. de Argentina (La Rioja); 31 268 hab. Centro maderero y minero (cobre). Turismo.

**CHILLÁN,** c. de Chile (Biobío); 158 731 hab. Centro comercial y agrícola. Nudo de comunicaciones.

**CHILLIDA** (Eduardo), escultor español (San Sebastián 1924). Su obra evolucionó desde la escultura-estatua a una concepción de formas abriéndose al espacio. Utiliza hierro, madera, mármol,

Eduardo **Chillida:** *Abesti gogora.* (Museo de arte abstracto, Cuenca.)

granito, cemento, en formas abstractas que le son características. Desde 2000, el museo *Chillida Leku (Espacio Chillida)* agrupa en Hernani gran parte de su obra.

**CHILOÉ** *(isla de)*, la mayor de las islas de Chile (Los Lagos); 8 300 km². C. pral. *Ancud*.

**CHILÓN,** mun. de México (Chiapas); 36 130 hab. Maíz, frijol, café, caña de azúcar y plátano.

**CHILPANCINGO DE LOS BRAVO,** c. de México, cap. del est. de Guerrero; 114 471 hab. En ella se reunió en 1813 el primer Congreso constituyente, convocado por Morelos.

**CHILPERICO I** (539-Chelles 584), rey de los francos [561-584], hijo de Clotario I. — **Chilperico II** (670-721), rey de Neustria [715-721].

**CHILTEPE** *(península de)*, península de Nicaragua, en la margen S del lago de Managua, ocupada por el volcán Apoyeque (480 m).

**CHIMALHUACÁN,** mun. de México (México); 61 816 hab. Iglesia de los dominicos (s. XVI).

**CHIMALPOPOCA,** tercer soberano de los aztecas y señor de Tenochtitlan [1416-1428]. Luchó contra Tezozómoc para mantener la autonomía de Tenochtitlan.

**CHIMALTENANGO** *(departamento de)*, dep. de Guatemala, en el centro del país; 1 979 km²; 343 879 hab. Cap. *Chimaltenango* (19 650 hab.).

**CHIMBARONGO,** com. de Chile (Libertador General Bernardo O'Higgins); 28 568 hab. Mercado agrario.

**CHIMBAS,** dep. de Argentina (San Juan); 52 415 hab. La cab., *Villa Paula Albarracín de Sarmiento*, forma parte del gran San Juan.

**CHIMBO,** cantón de Ecuador (Bolívar), en la *hoya del Chimbo*; 23 553 hab. Frutas, tabaco y café.

**CHIMBORAZO,** cumbre máxima de los Andes ecuatorianos; 6 272 m. Cubierta por un casquete glaciar. *(V. ilustración pág. 1221.)*

**CHIMBORAZO** *(provincia de)*, prov. del centro de Ecuador; 5 556 km²; 364 682 hab. Cap. *Riobamba*.

**CHIMBOTE,** c. de Perú (Ancash); 216 400 hab. Puerto exportador. Centro siderúrgico (acero).

**CHIMICHAGUA,** mun. de Colombia (Cesar); 22 799 hab. Caña de azúcar, tabaco y algodón. Ganadería.

**CHIMKENT,** c. de la Rep. de Kazajstán; 393 000 hab.

**CHIMÚ,** cultura preincaica peruana, que se extendió entre Piura y Paramonga, desarrollada entre 1000-1470 d. J.C. y que constituyó un reino, cuya capital era Chanchán*. Sobresalió por la cerámica negra, los tejidos y la orfebrería en oro y plata.

**Chimú:** edificio funerario con bajorrelieves en Chanchán (Perú)

**CHINA** *(mar de)*, parte del océano Pacífico que se extiende a lo largo de las costas de China y de Indochina, que abarca el *mar de China oriental* (entre Corea, las Ryūkyū y Taiwan) y el *mar de China meridional* (limitado al E por las Filipinas y Borneo).

**CHINA,** estado de Asia oriental; 9 600 000 km²; 1 151 300 000 hab. *(Chinos.)* CAP. *Pekín*. LENGUA OFICIAL: *chino*. MONEDA: *yuan*.

GEOGRAFÍA

China posee más de la quinta parte de la población mundial. La política antinatalista ha reducido el crecimiento demográfico, que actualmente es del orden de 1 % anual. La densidad media (120 hab./km² aprox.) no es significativa. El O, en donde se yuxtaponen cadenas montañosas y altiplanicies (Tíbet o Mongolia), de clima riguroso y áridas depresiones (Xi Jiang), está casi despoblado, ocupado sobre todo por minorías étnicas (tibetanos, mongoles, turcos, etc.), que, sin embargo, no constituyen más del 5 % de la población total. Ésta está formada fundamentalmente por los han, los chinos propiamente dichos, concentrados en la China oriental. En esta zona, con un clima cada vez más clemente a medida que se acerca el S, en un paisaje de colinas, llanuras y valles (entre los que se encuentran los del Huang He y el Yangzi Jiang), sólo en el 15 % del territorio, se acumula el 90 % de la población. Cerca de un 70 % de chinos son aún campesinos, aunque desde 1949 la urbanización ha progresado mucho. Actualmente unas treinta ciudades superan el millón de habitantes, y Shanghai, Pekín, Hong Kong y Tianjin se encuentran entre las grandes metrópolis mundiales. La agricultura, en principio colectivizada (comunas populares), ha sido desarrollada y modernizada (instalaciones hidráulicas, fertilizantes, motorización), y en la actualidad tiene un carácter más familiar. La autosuficiencia alimentaria (fenómeno reciente) se ha logrado casi por completo. China es el primer productor mundial de trigo y sobre todo de arroz. También se encuentra a la cabeza en lo que respecta al algodón, tabaco, maíz, oleaginosas, té, azúcar, ganadería porcina, avicultura y pesca. La industria pesada ha experimentado una progresión espectacular (extracción de carbón y de hidrocarburos, siderurgia), algo menor en los sectores más elaborados (química, metalurgia de transformación), que viene a sumarse a la ya tradicional industria textil. El desarrollo de los intercambios (aún modestos), la demanda de capital y tecnología extranjeros, y cierta independencia de los sectores financiero e industrial respecto del estado reflejan una apertura hacia el mundo exterior (hacia occidente y fundamentalmente hacia Japón). Esta apertura, todavía tímida, está ligada a una liberalización parcial del régimen en el marco económico, evidentemente en relación con la evolución política.

PREHISTORIA E HISTORIA

**Los orígenes.** *C.* 600 000 años: aparecieron las primeras culturas del paleolítico. En Zhoukoudian se hallaron restos del *Sinanthropus pekinensis* (hombre de Pekín), un arcantropino que conocía el fuego y la talla de chopping-tools.

***6000-2000 (neolítico).*** Pueblos agricultores (Yangshao, Longshan) con cerámica precursora de los bronces rituales posteriores.

***C. principios del II milenio (edad del bronce).*** Las culturas neolíticas, especialmente en Henan, fueron el crisol de las del bronce. La existencia histórica de la dinastía legendaria de los Xia queda ubicada, gracias a la arqueología, entre los ss. XXI y XVIII a. J.C. La civilización del bronce, nacida en época de los Shang (s. XVIII-*c.* 1025 a. J.C.), se perpetuó con los Zhou (*c.* 1025-256 a. J.C.). Ss. V-III a. J.C.: el período de los reinos combatientes estuvo marcado por la desunión política y por la difusión de la cultura antigua con Confucio.

***La China imperial.*** 221-206 a. J.C.: el imperio Qin fue fundado por Qin Shi Huangdi, que unificó el conjunto de los reinos chinos de Manchuria al N del actual Vietnam. 206 a. J.C.-220 d. J.C.: los Han extendieron su imperio a Manchuria, Corea, Mongolia, Vietnam y Asia Central. Fundaron el mandarinato y revalorizaron el confucianismo. Abrieron el país a las influencias extranjeras, que penetraron por la ruta de la seda. 220-581: desapareció el estado centralizado y las ciudades se debilitaron. Aumentó la influencia del budismo. Al período de los Tres reinos (Wei, Shu-Han y Wu, 220-280) sucedió el de las dinastías del Norte y del Sur (317-589). 581-618: la dinastía Sui reunificó el país e hizo construir el gran canal. 618-907: con los Tang China desarrolló una excelente administración y prosiguió su expansión militar con los emperadores Tang Taizong (627-649) y Tang Gaozong (650-683). 907-960: fue dividida de nuevo durante el período de las Cinco dinastías. 960-1279: los Song gobernaron un territorio mucho menos extenso que el de los Tang y los bárbaros del Norte crearon los imperios Liao (947-1124) y Jin (1115-1234). La civilización científica y técnica china era mucho más avanzada que la de occidente. Replegados en el sur a partir de 1127, los Song fueron eliminados por los mongoles, que conquistaron el país. 1279-1368: gobernó China la dinastía mongola Yuan, contra la que se sublevó el país bajo la dirección de Zhu Yuanzhang (Hongwu), fundador de la dinastía Ming. 1368-1644: los emperadores Ming restablecieron la tradición nacional, pero instauraron prácticas autocráticas. Yongle (1403-1424) conquistó Manchuria. Los avances tecnológicos continuaron hasta el s. XVI, pero el gobierno cayó, a

partir del reinado de Wanli (1573-1620), en manos de eunucos corruptos. Los manchúes invadieron el país y fundaron la dinastía Qing. 1644-principios del s. XIX: ésta, con los emperadores Kangxi (1662-1722), Yongzheng (1723-1736) y Qianlong (1736-1796), estableció su dominio sobre un territorio más extenso que nunca (protectorado en el Tíbet, 1751, progresión en Mongolia y Asia central).

***El s. XIX.*** 1842-1864: los occidentales, por las armas, impusieron la cesión de la soberanía sobre los puertos declarados abiertos e intervinieron contra la insurrección de los Taiping (1851-1864). 1875-1908: la emperatriz Cixi estuvo en el poder. China, vencida por Japón (1894-1895), que le arrebató Liaodong y Taiwan, tuvo que ceder territorios a Rusia, Alemania, Gran Bretaña y Francia. En 1900 fue organizada una expedición internacional contra los bóxers.

***La República de China.*** 1911-1937: la república, instaurada en 1911, fue presidida por Yuan Shikai (1913-1916). Los nacionalistas del Guomindang, dirigidos por Sun Yat-sen y, a partir de 1925, por Chang Kai-shek (Jiang Jieshi), se separaron de los comunistas en 1927. Éstos ganaron el norte al término de la «larga marcha» (1934-1935). 1937-1945: Japón, que ocupaba el norte de China desde 1937, avanzó hacia el sur en 1944. 1945-1949: tras la capitulación japonesa, la guerra civil enfrentó a nacionalistas y comunistas.

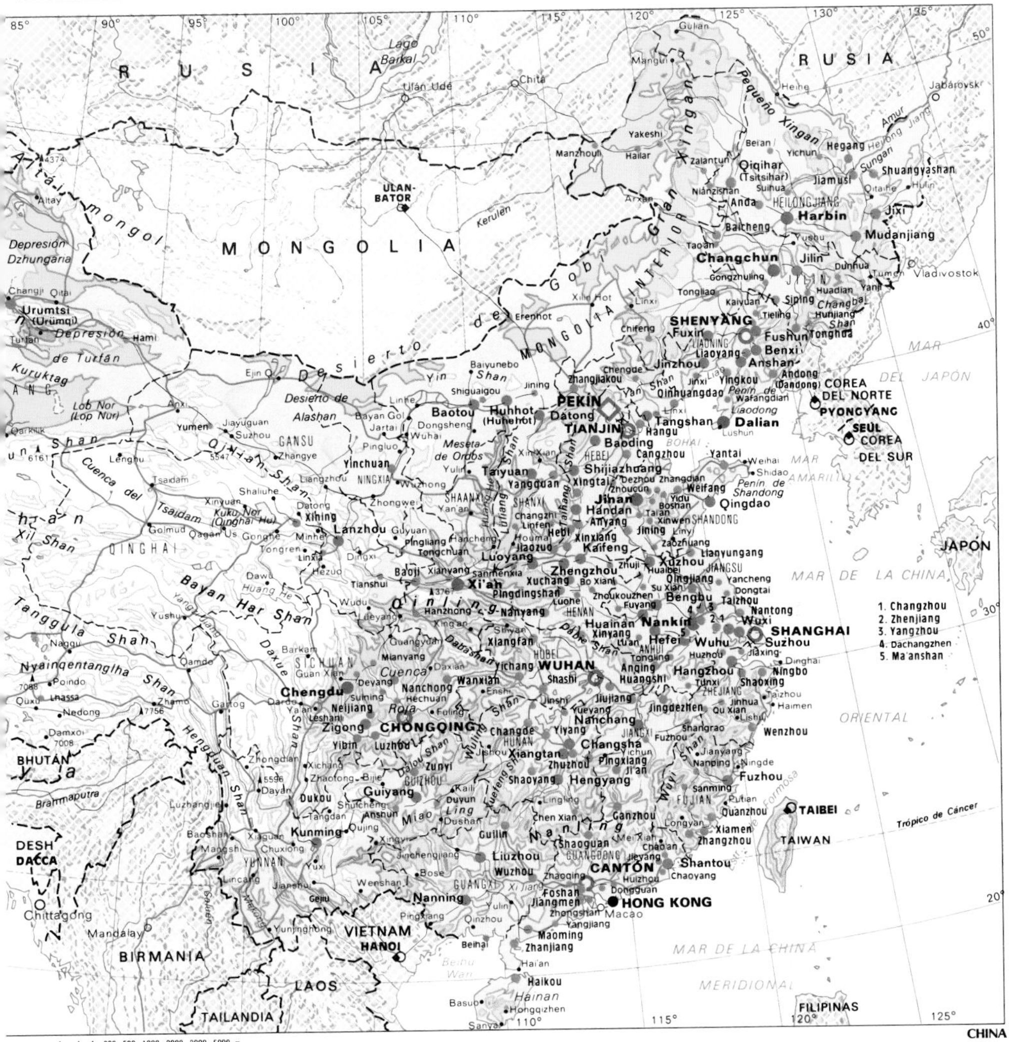

curvas de nivel: 200, 500, 1000, 2000, 3000, 5000 m

CHINA

***La dirección de Mao Zedong, 1949-1976.*** 1949: los comunistas que Mao Zedong condujo a la victoria crearon la República Popular de China, mientras que los nacionalistas se replegaban en Taiwan; promulgaron una reforma agraria y desarrollaron la industria pesada. 1956: ante la resistencia y las dificultades económicas, Mao lanzó la campaña de las «cien flores», gran debate ideológico. 1958: durante el «gran salto adelante», Mao impuso la colectivización de las tierras y la creación de comunas populares: crisis económica. 1960: la U.R.S.S. reclamó a sus expertos y provocó la suspensión de los grandes proyectos industriales. 1966: Mao lanzó la «gran revolución cultural proletaria». Durante diez años de agitaciones (1966-1976) los responsables del Partido comunista fueron eliminados por los estudiantes organizados como guardias rojos, y por el ejército, dirigido hasta 1971 por Lin Biao. 1969: el deterioro de las relaciones con la U.R.S.S. acabó en violentos incidentes fronterizos. 1971-1972: Zhou Enlai consiguió que Pekín ocupase el puesto de China en la O.N.U. e intentó un acercamiento entre China y E.U.A.

***Las nuevas orientaciones.*** 1976: muerte de Zhou Enlai (en.) y de Mao (set.); arresto de la Banda de los cuatro (oct.). 1977: Hua Guofeng, al frente del partido y del gobierno, y Deng Xiaoping, rehabilitado por segunda vez, pusieron en marcha un programa de eficacia económica, de apertura y de modernización. Las comunas populares fueron abandonadas. 1979: un conflicto armado enfrentó a China y Vietnam. 1980-1987: Hua Guofeng fue apartado del poder. Hu Yaobang, secretario general del partido, continuó las reformas, mientras que Li Xiannian fue nombrado presidente de la república en 1983. El sector privado creció a la par que la corrupción y los precios, lo que desencadenó, a partir de 1986, una grave crisis social. 1987: Zhao Ziyang fue nombrado líder del partido. 1988: Yang Shangkun fue nombrado presidente de la república. 1989: la visita de Gorbachov a Pekín aseguró la normalización de las relaciones con la U.R.S.S. Los estudiantes y el pueblo reclamaron la liberalización del régimen. Deng Xiaoping hizo intervenir al ejército contra los manifestantes, concentrados en la plaza Tian'anmen, que fueron víctimas de una sangrienta represión (junio). Zhao Ziyang fue destituido y sustituido por Jiang Zemin. 1991: China normalizó sus relaciones con Vietnam. 1992: los conservadores opuestos a las medidas económicas de Deng Xiaoping fueron relegados. China normalizó sus relaciones con Corea del Sur. 1993: Jiang Zemin sustituyó a Yang Shangkun en la presidencia de la república. Acuerdos de cooperación con Taiwan. 1997: muerte de Deng Xiaoping. Gran Bretaña devolvió Hong Kong a China. 1998: Zhu Rongji fue designado primer ministro. 1999: Portugal devolvió Macao.

INSTITUCIONES

Democracia popular desde 1949 (24 provincias —con Taiwan—, 5 regiones autónomas, 3 municipalidades autónomas y las regiones administrativas especiales de Hong Kong y Macao). Constitución de 1982: presidente de la república elegido cada cinco años por la asamblea popular nacional; primer ministro nombrado por la asamblea popular nacional; asamblea popular nacional, órgano supremo (3 000 delegados aprox., elegidos cada cinco años por los representantes de las provincias, las regiones, las municipalidades y el ejército popular). Los miembros del Partido comunista chino (P.C.Ch.) ocupan los principales cargos a nivel nacional y regional.

LITERATURA

Antes del s. III a. J.C.: el *Shijing*, el *Yijing*, Qu Yuan. – De los Han a los Tang (206 a. J.C.-618 d. J.C.): Sima Qian, Sima Xiangru, Cao Cao, Tao Yuanming. – Los Tang (618-907): Li Bo, Du Fu, Bo Juyi, Han Yu. – Los Song (960-1279): Ouyang Xiu, Su Shi. – Los Yuan (1279-1368): Guan Hanqing. – Los Qing (1644-1911): *El sueño en el pabellón (Honglou meng)*. – El s. XX: Hu Shi, Guo Moruo, Lu Xun, Mao Dun, Lao She, Ba Jin.

FILOSOFÍA

Ss. V-II a. J.C.: Confucio; Laozi; Mozi; escuela del yin/yang; escuela de los nombres; escuela de los legistas. Desde los Han hasta el s. XX: confucianismo.

Vaso trípode de bronce, del tipo «Jue», descubierto cerca de Zhengzhou (Henan). Ss. XVI-XV a. J.C. (República popular de China.) Esta copa, destinada como todos los vasos Shang al culto de los antepasados, servía para calentar líquidos. A pesar de sus afinidades con las formas cerámicas del neolítico, atestigua la maestría técnica de los broncistas de Zhengzhou, una de las más antiguas metrópolis de los Shang.

«Vista clara y lejana de un río en las montañas». Detalle de un rollo horizontal por Xia Gui (*c.* 1200). [Museo del palacio, Taibei.] Xia Gui al igual que Ma Yuan, y a través de su gusto por la perspectiva descentrada, da un nuevo vigor a la tradición de la pintura de los letrados. Si Ma Yuan prefiere la línea, Xia Gui obtiene el efecto mediante la degradación de las tonalidades de tinta, y su influencia se revela todavía en el arte pictórico de los ss. XV y XVI. En contraposición a la pujanza de un Fan Kuan y de los pintores del Norte, los artistas de la academia de los Song del Sur tienen una visión romántica del paisaje lleno de brumas y donde el espacio vacío parece un sueño.

Conversación mística entre el buda Śākyamuni y el buda Prabhūtaratna; bronce dorado de 518. (Museo Guimet, París.) Obra marcada por el fervor religioso, característica de la época Wei, en la que se corresponden un grafismo remarcado y un alargamiento del canon.

En el centro de un gran parque, cerrado por un recinto de 6,5 km, el templo del Cielo en Pekín consta de tres partes principales alineadas según un eje S-N (símbolo del meridiano celeste): el altar del Cielo, el Huangqiongju (o bóveda celeste) y, en el N, el Qiniandian (o sala de plegaria por las buenas cosechas). El conjunto, fundado en 1420 por Yongle, el segundo soberano Ming, ha sido restaurado varias veces. En la ilustración, el Qiniandian: de planta circular, erigido sobre tres gradas de mármol blanco, y cubierto por una triple techumbre de tejas barnizadas azules, es uno de los ejemplos más perfectos de la arquitectura Ming. En este templo el emperador «Hijo del Cielo» realizaba los ritos de la unión de la Tierra y del Cielo a fin de que se prosiguiera el ritmo de las estaciones y de que las cosechas fueran abundantes.

Cerámica vidriada de tres colores de la época Tang (618-907). [Eugene Fuller Memorial Collection, Seattle Art Museum.]
Las estatuas y estatuillas remplazaron, desde el s. III a. J.C., a las víctimas inmoladas por el difunto. El mobiliario funerario se convierte así en memoria de las actividades de todo un pueblo, en este caso un carro de bueyes, medio de locomoción habitual de los miembros de la casa imperial durante las procesiones oficiales.

Cantimplora de peregrino de principios del s. XV (dinastía Ming), de porcelana «azul y blanca» decorada con camelias. Esta decoración poco recargada, que pone de relieve la pureza del blanco, es típica del gusto chino. (Museo Guimet, París.)

ARQUEOLOGÍA Y ARTE

***Los Shang.*** S. XVIII-*c.* 1025 a. J.C. China entró en la historia. Nacimiento del urbanismo; capitales: Zhengzhou, Anyang; ejemplos más antiguos de escritura china con las inscripciones adivinatorias en huesos y caparazones de tortugas; vasos rituales de bronce para el culto de los antepasados.

***Los Zhou.*** *C.* 1025-256 a. J.C. Ocuparon los emplazamientos shang; capitales: Xian y Luoyang.

***La época de las primaveras y otoños.*** 722-481 a. J.C. Efervescencia intelectual, numerosas escuelas filosóficas; técnicas del hierro y del cristal.

***Los reinos combatientes.*** Ss. V-III a. J.C. Entre las capitales: Changsha; decoración lujosa; influencias del arte de las estepas y de los reinos del Sur; primeros tramos de la muralla, construidos por los reinos del Norte.

***La dinastía de los Qin.*** 221-206 a. J.C. Unificación de la Gran muralla; capital cerca de la actual Xian; túmulos reales, como el de Qin Shi Huangdi (con 6 400 figuras de soldados de tamaño natural).

***La dinastía Han.*** 206 a. J.C.-220 d. J.C. Cap. Changan, después, Luoyang; losas de sepulturas grabadas, profusión de mobiliario funerario (bronce, jades, lacados, etc.) y estatuillas que sustituyen a las víctimas humanas (esclavos).

***Las dinastías del Norte y del Sur.*** 317-589. Budismo y fervor religioso de los Wei del Norte: monasterios rupestres con estatuaria y relieves (cerca de Datong, su primera cap., después en Longmen, cerca de Louyang, su segunda cap., y en Yungang). Pintura. Gu* Kaizhi. En el Sur, las Seis dinastías: varias cap., entre ellas Nankín; auge de la caligrafía.

***Los Tang.*** 618-907. Cap. Changan (cerca de la act. Xian); expansión del urbanismo (plano en damero); construcción (s. VII) de la gran pagoda de las ocas salvajes; crecimiento de Longmen y de Dunhuang. Pintura: Wang Wei. Cerámica: calidad del gres y de las primeras porcelanas.

***Las cinco dinastías.*** 907-960. Varias cap., como Chengdu y Kaifeng; extensión del budismo Chan y predominio de la aguada monocroma.

***Los Song o el apogeo del clasicismo artístico.*** 960-1279. Cap. Kaifeng, cerca de Hangzhou, en el S. La arquitectura mezcla ladrillo, madera y teja. Pintura: apogeo del arte del paisaje denso y austero en el N, o inspirado por la dulzura melancólica de la región (Guilin) al S (Fan Kuan, Li Tang, Mi Fu, Dong Yuan, Xia Gui, Ma Yuan, etc.); perfeccionamiento del gres verde celadón o negro y de la porcelana blanca azulada.

***Los Yuan.*** 1279-1368. Cap. cerca de Pekín. Pintura: Zhao Mengfu; preponderancia de la estética individualista de los letrados (Huang Gongwang, Ni Zan, Wang Meng, Wu Zhen). Cerámica: riqueza decorativa e inicios de la técnica de los azules y los blancos en porcelana.

***Los Ming.*** 1368-1644. Pekín, cap. en 1409 (palacios, templos, Ciudad* prohibida); jardines (Pekín, Yangzhou, Nankín, Suzhou); pintura de letrados: Shen Zhou (escuela de Wu); tratados pictóricos (Dong Qichang, Xie He). Artes menores en pleno auge (demanda europea de porcelana, apogeo de la decoración azul y blanca).

***Los Qing o el mecenazgo imperial.*** 1644-1911. Palacio de verano cerca de Pekín; pintura: corriente de los letrados y grandes individualistas (Bada Shanren, Shi Tao); artes menores: virtuosismo técnico (porcelana, familias verde y rosa; abundancia de esmaltes alveolados).

**China** *(galeón de)* → ***galeón de Manila.***

**CHINANDEGA** *(departamento de),* dep. de Nicaragua, junto al Pacífico; 4 789 km²; 288 500 hab. Cap. *Chinandega.*

**CHINANDEGA,** c. de Nicaragua, cap. del dep. homónimo; 70 233 hab. En ella firmaron El Salvador, Honduras y Nicaragua un pacto (1849) que la nombraba capital de la federación de estos países.

**CHINAUTLA,** mun. de Guatemala (Guatemala), avenado por el *río Chinautla;* 20 662 hab. Alfarería.

**CHINCHA** *(islas),* islas de Perú (Ica). Guano. Ocupadas por España en 1864, fueron devueltas a Perú poco después.

**CHINCHA ALTA,** c. de Perú (Ica); 28 877 hab. Industria licorera (pisco). Centro comercial.

**CHINCHASUYU** → ***Tahuantinsuyu.***

**CHINCHILLA** (Anastasio), médico español (Ayora 1801-† 1867), autor de *Anales históricos de la medicina en general y biográfico-geográficos de la española en particular* (1841-1846).

**CHINCHINÁ,** mun. de Colombia (Caldas); 43 684 hab. Ganadería. Yacimientos de carbón.

**CHINCHÓN,** c. de España (Madrid); 3 994 hab. *(Chinchonenses.)* Fabricación de aguardientes. Típica plaza mayor. Iglesia parroquial del s. XVI.

**CHINDASVINTO** o **KHINDASVINTO** (*c.* 563-Toledo 653), rey visigodo [642-653]. Destronó a Tulga (642) e intentó afirmar el poder real frente a la nobleza. Promulgó leyes que igualaban a godos e hispanorromanos.

**CHINDWIN,** r. de Birmania, principal afl. del Irawadi (or. der.); 800 km.

**CHINJU** o **JINJU,** c. de Corea del Sur, al O de Pusan; 255 695 hab.

**chino-japonesas** *(guerras),* conflictos que enfrentaron a Japón y China [1894-1895 y 1937-1945].

**CHINTILA** o **KHINTILA** († 639), rey visigodo [636-639], sucesor de Sisenando. Durante su reinado se reunieron los concilios V y VI de Toledo.

**CHINÚ,** mun. de Colombia (Córdoba); 29 231 hab. Maíz, caña de azúcar, vid y arroz. Ganadería.

**CHÍO** o **CHÍOS** → ***Quíos.***

**CHIOGGIA,** c. de Italia (Véneto); 52 582 hab.

**CHIPIONA,** v. de España (Cádiz); 14 455 hab. *(Chipioneros.)* Vid y cultivos de huerta. Floricultura.

**CHIPPENDALE** (Thomas), ebanista británico (Otley, Yorkshire, *c.* 1718-Londres 1779). En 1754 publicó una colección de modelos de muebles que combinaba con fantasía los estilos rocalla, gótico, chino, etc.

**CHIPRE,** estado insular del Mediterráneo oriental; 9 251 km²; 700 000 hab. *(Chipriotas.)* CAP. *Nicosia.* LENGUAS OFICIALES: *griego* y *turco.* MONEDA: *libra chipriota.*

GEOGRAFÍA

Dos cadenas montañosas separan una depresión central, emplazamiento de Nicosia. La economía, basada en la agricultura (cítricos, vid y cereales), se ha resentido, así como el turismo, a causa de la división de la isla entre las comunidades griega (aprox. un 80 % de la población total) y turca.

HISTORIA

***La antigüedad.*** II milenio: Chipre, poblada desde el VII milenio, exportadora de cobre y de madera desde 2 500 a. J.C., adoptó una escritura (silabario ciprominoico) y fue colonizada por refugiados del mundo minoico. 58 a. J.C.-1191: pasó del dominio de los lágidas al de Roma y después al de Bizancio tras la partición del imperio en 395.

***La edad media y la época moderna.*** 1191-1489: conquistada por Ricardo Corazón de León, cedida a los Lusignan (1192), que la convirtieron en un reino latino (1197), la isla fue una de las bases de penetración de los cruzados y el principal centro latino de oriente tras la caída de San Juan de Acre (1291). 1489: pasó a manos de Venecia. 1570-1571: fue conquistada por los turcos.

***La época contemporánea.*** 1878: bajo la administración británica, pero aún bajo la soberanía otomana. 1925: anexionada a Gran Bretaña, en cuanto Turquía entró en guerra (1914), se convirtió en colonia británica, a pesar de las protestas de Grecia. 1955-1959: los chipriotas griegos lucharon contra la dominación británica y reclamaron la *enosis* (unión con Grecia). 1960: república independiente, la isla tuvo como presidente al arzobispo ortodoxo Makarios, y un vicepresidente turco. 1974: un golpe de estado favorable a la *enosis* provocó un desembarco turco. 1975: Turquía proclamó unilateralmente un estado autónomo en el norte de la isla. 1977: Spiros Kyprianou sustituyó a Makarios a su muerte. 1983: fue proclamada unilateralmente la República turca de Chipre del Norte, cuyo presidente era Rauf Denktas. 1988: Ghéorghios Vassiliou sucedió a Kyprianou. 1993: Glafcos Clerides fue elegido presidente de la república. 1998: G. Clerides fue reelegido.

**CHIQUIMULA** *(departamento de),* dep. de Guatemala, junto a la frontera hondureña; 2 376 km²; 252 143 hab. Cap. *Chiquimula* (29 580 hab.).

**CHIQUIMULILLA,** mun. de Guatemala (Santa Rosa); 23 713 hab. Ganadería; yacimientos de sal.

**CHIQUINQUIRÁ,** mun. de Colombia (Boyacá); 35 807 hab. Yacimientos de hierro, esmeraldas. Santuario de la Virgen del Rosario de Chiquinquirá, patrona de Colombia (iglesia del s. XIX).

**CHIQUINQUIRÁ,** mun. de Venezuela (Zulia), en la aglomeración de Maracaibo; 42 560 hab. Petróleo.

**Chiquita** *(guerra)* → ***Cuba*** (guerras de).

**CHIRAC** (Jacques), político francés (París 1932). Neogaullista, fue primer ministro con Giscard d'Estaing (1974-1976) y con Mitterrand (1986-1988). Fundador del R.P.R. (1976), fue alcalde de París (1977-1995). Es presidente de la república desde 1995.

**CHIRCHIK,** c. de la República de Uzbekistán; 153 000 hab.

**CHIRICO** (Giorgio **de**), pintor italiano (Vólos, Grecia, 1888-Roma 1978). Inventor en París (*c.* 1911-1914) de una pintura que se denominaría *metafísica;* precursor del surrealismo, evolucionó hacia un estilo que imitaba el arte clásico.

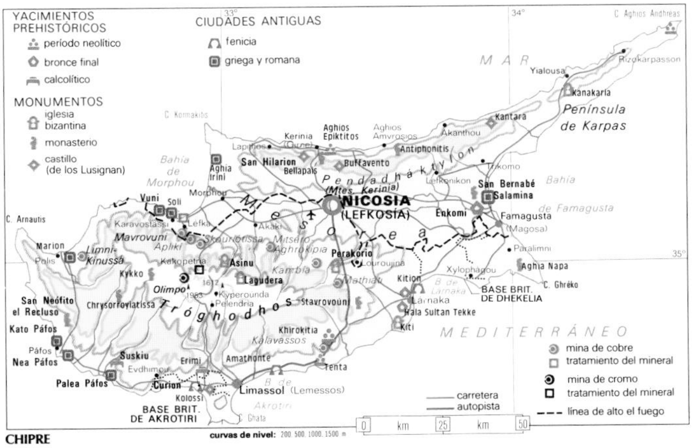

CHIPRE

Giorgio de **Chirico:** *Las musas inquietantes* (1916). [Col. Gianni Mattioli, Milán.]

**CHIRIGUANÁ,** mun. de Colombia (Cesar); 16 271 hab. Café, caña de azúcar, maíz, algodón y plátano.

**CHIRINO** (Martín), escultor español (Las Palmas de Gran Canaria 1925). Formó parte del grupo El Paso. Es creador del *afrocan,* movimiento que une lo canario y lo africano.

**CHIRIQUÍ** *(laguna de),* bahía de Panamá (Bocas del Toro), en el Caribe. Excelente puerto natural.

**CHIRIQUÍ** *(provincia de),* prov. de Panamá, junto a la frontera de Costa Rica, a orillas del Pacífico; 8 758 km$^2$; 50 600 hab. Cap. *David.*

**Chiriquí** *(cultura),* cultura precolombina del s. XV (Chiriquí, Panamá, y SE de Costa Rica), que sobresalió en escultura en piedra y cerámica pintada.

**CHIRIVELLA** o **XIRIVELLA,** mun. de España (Valencia); 26 103 hab. *(Chirivellanos.)* Cultivos de huerta. Seda. Productos químicos.

**CHIRRIPÓ GRANDE** *(cerro),* pico culminante de Costa Rica (Limón), en la cordillera de Talamanca; 3 819 m de alt.

**CHIŞINĂU,** ant. **Kishiniov,** c. y cap. de Moldavia; 565 000 hab. Metalurgia. Universidad.

**CHISTIAKOVO** → ***Torez.***

**CHITÁ,** c. de Rusia, al E del lago Baikal; 366 000 hab. Centro industrial.

**CHITA,** mun. de Colombia (Boyacá); 17 075 hab. Manufactura de alpargatas de fique.

**CHITRÉ,** c. de Panamá, cap. de la prov. de Herrera; 26 823 hab. Destilerías. Central térmica.

**CHITTAGONG,** segunda ciudad y principal puerto de Bangla Desh; 1 566 700 hab.

**CHIUSI,** c. de Italia (Toscana); 9 113 hab. Necrópolis etrusca. Museo nacional etrusco. (Es la ant. *Clusium.*)

**CHIVA,** v. de España (Valencia); 7 562 hab. *(Chivanos.)* Cultivos mediterráneos. Ganado lanar.

**CHIVACOA,** c. de Venezuela (Yaracuy); 23 270 hab. Centro agropecuario (maíz; porcinos).

**CHIVILCOY,** c. de Argentina (Buenos Aires); 58 200 hab. Industrias cárnicas, harinas, maquinaria.

**CHIXOY** o **RÍO NEGRO,** r. de Guatemala y México, uno de los que forman el Usumacinta; 400 km.

**CHO LON,** zona suburbana de Ciudad Hô Chi Minh, Vietnam, act. integrada en la ciudad.

**CHO OYU** o **SHO OYU,** cumbre del Himalaya, en la frontera entre el Tíbet y el Nepal; 8 154 m.

**CHOAPAS (Las),** mun. de México (Veracruz); 55 468 hab. Yacimientos petrolíferos. Petroquímica.

**CHOCANO** (José **Santos**), poeta peruano (Lima 1875-Santiago de Chile 1934). Exponente del modernismo en su vertiente retórica más parnasiana, pretendió convertirse en el poeta épico de Hispanoamérica con obras como *Alma América* (1906) y *Fiat lux* (1908).

**CHOCÓ** *(departamento del),* dep. del NO de Colombia, limítrofe con Panamá; 46 530 km$^2$; 242 768 hab. Cap. *Quibdó.* Comprende la región natural de *Chocó,* en el valle del Atrato, selvática y húmeda, con minas de oro y platino.

**Chocón (El),** presa y central hidroeléctrica de Argentina (Neuquén y Río Negro), sobre el río Limay; 1 200 000 kW.

**CHOCOPE,** mun. de Perú (La Libertad); 23 185 hab. Caña de azúcar; vacunos. Nudo de comunicaciones.

**CHOCRÓN** (Isaac), escritor venezolano (Maracay 1933). Destacado dramaturgo (*El quinto infierno,* 1961; *Animales feroces,* 1963; *La revolución,* 1971), ha escrito novelas (*Se ruega no tocar la carne por razones de higiene,* 1970) y el ensayo *Tendencias del teatro contemporáneo* (1968).

**CHODERLOS DE LACLOS** → ***Laclos.***

**CHOIBALSÁN** (Jorlogin), político mongol (Tsetsenjanski [act. Vostotchni] 1895-Moscú 1952). Comandante en jefe del ejército popular (1924-1928), fue primer ministro y primer secretario del partido (1939-1952). Instauró en Mongolia un régimen estalinista.

**CHOISEUL** (Etienne François, *duque* **de**), estadista francés (Nancy 1719-París 1785). Protegido de la Pompadour, fue embajador en Roma y Viena y ocupó diversos ministerios. Firmó el pacto de Familia (1761) y adquirió Lorena y Córcega. Amigo de los enciclopedistas, suprimió la Compañía de Jesús (1764).

**CHOIX,** mun. de México (Sinaloa), en la sierra de Tarahumara; 32 522 hab. Minas de oro.

**CHO-KIANG** → ***Zhejiang.***

**CHOLA,** dinastía del S de la India (ss. VII-XIII). Llegó a su apogeo en los ss. X-XI, cuando dominó Ceilán. Cap. *Kāñcī* (Kānchipuram).

**CHOLET,** c. de Francia (Maine-et-Loire); 56 540 hab. Mercado ganadero y centro industrial.

**CHOLTITZ** (Dietrich **von**), general alemán (Schloss Wiese, Silesia, 1894-Baden-Baden 1966). En 1944, cuando mandaba la guarnición alemana de París, eludió la orden de Hitler de destruir la capital y se rindió a Leclerc.

**CHOLULA DE RIVADABIA,** c. de México (Puebla); 57 498 hab. Conserva una pirámide correspondiente a la cultura teotihuacana. Convento franciscano de San Gabriel (ss. XVII-XVIII) y numerosos templos. Iglesia de San Francisco Acatepec (s. XVIII), con fachada cubierta de azulejos.

**CHOLUTECA,** c. de Honduras, cap. del dep. homónimo; 46 600 hab. Principal centro comercial del S del país. – El *departamento de Choluteca* tiene 4 211 km$^2$ y 293 260 hab.

**CHOMÓN** (Segundo **de**), pionero cinematográfico español (Teruel 1871-París 1929). Gran especialista en trucajes (*El hotel eléctrico,* 1905), desarrolló la mayor parte de su carrera en Francia e Italia.

**CHOMSKY** (Noam), lingüista norteamericano (Filadelfia 1928). En sus principales obras (*Estructuras sintácticas,* 1957, y *Aspectos de la teoría sintáctica,* 1965) propuso un nuevo modelo de descripción del lenguaje: la gramática generativa. Ha defendido posiciones políticas y filosóficas radicales desde una ética humanista (*La responsabilidad de los intelectuales,* 1966; *Conocimiento y libertad,* 1971; *Sobre el poder y la ideología,* 1988).

**CHONE,** cantón de Ecuador (Manabí); 122 808 hab. Cacao, caña de azúcar; harineras. Aeropuerto.

**CHONGJIN, CHUNGJIN, SHONG JIN** o **SHUN JIN,** c. y puerto de Corea del Norte, junto al mar de Japón; 520 000 hab.

**CHONGJU** o **SHONG JU,** c. de Corea del Sur, al SE de Seúl, cap. de prov.; 477 783 hab.

**CHONGQING** o **CHONG-K'ING,** c. de China, principal ciudad de Sichuan, a or. del Yangzi Jiang; 2 800 000 hab. Centro industrial. Fue la sede del gobierno nacionalista (1938-1946).

**CHONJU, CHUNJU** o **JEONJU,** c. de Corea del Sur; 517 059 hab.

**CHONOS** *(archipiélago de los),* archipiélago de Chile (Aisén del General Carlos Ibáñez del Campo), formado por unas 1 000 islas, separadas del continente por el canal de Moraleda.

**CHONTALES** *(departamento de),* dep. de Nicaragua; 6 324 km$^2$; 129 600 hab. Cap. *Juigalpa.*

**CHONTLA,** mun. de México (Veracruz); 15 317 hab. Petróleo.

**CHOPIN** (Frédéric), pianista y compositor polaco (Zelazowa-Wola 1810-París 1849). Sus composiciones (mazurcas, valses, nocturnos, polonesas, preludios, conciertos, sonatas, etc.), de carácter romántico, tierno o apasionado, a menudo melancólico, renovaron el estilo del piano en lo que respecta a la armonía y el ornamento. Mantuvo una larga relación con George Sand (1837-1848).

**CHORÉ,** distr. de Paraguay (San Pedro); 22 802 hab. Cultivos tropicales y explotación forestal.

**CHORRERA (La),** distr. de Panamá (Panamá); 66 974 hab. Café y agrios. Ganadería.

**CHORRILLOS,** mun. de Perú (Lima), en el litoral del Pacífico; 32 529 hab. Turismo. Escuela militar.

**CHORZÓW,** c. de Polonia (Alta Silesia); 131 500 hab.

**CHOTA** *(Hoya del),* región fisiográfica de Ecuador (Imbabura y Carchi), cuyo eje hidrográfico es el *río Chota.* Agricultura subtropical y ganadería.

**CHOTA,** mun. de Perú (Cajamarca), en la cordillera Occidental; 29 200 hab. Maíz y cebada; vacunos.

**CHOYA,** dep. de Argentina (Santiago del Estero); 29 836 hab. Centro ganadero. Industria del papel.

**CHRISTALLER** (Walter), geógrafo alemán (Berneck, Baden-Württemberg, 1893-Königstein 1969). Autor de una teoría sobre la formación de redes urbanas, fue un precursor de la nueva geografía.

**CHRISTCHURCH,** c. de Nueva Zelanda, la mayor de la isla del Sur; 322 000 hab.

**CHRISTIE** (Agatha Mary Clarissa **Miller,** llamada **Agatha**), escritora británica (Torquay 1890-Wallingford 1976), autora de novelas policíacas (*El asesinato de Rogelio Ackroyd,* 1926; *Asesinato en el Orient-Express,* 1934; *Diez negritos,* 1939), habitualmente protagonizadas por Hércules Poirot o miss Marple.

**Christie's,** sala de subastas fundada en Londres en 1766. Es la sociedad más antigua de este género, y una de las más importantes del mundo.

**Christlich-demokratische Union** (C.D.U.) → ***democratacristiana*** (Unión).

**CHRISTMAS** *(isla)* → ***Kiritimati.***

**CHRISTMAS** *(isla),* isla de Australia, en el océano Índico; 135 km$^2$; 3 000 hab. Fosfatos.

Frédéric **Chopin** (Delacroix - Louvre, París)

sir Winston **Churchill**

**Cicerón** (Uffizi, Florencia)

Alberto **Churriguera:** la plaza Mayor de Salamanca (concluida por A. García de Quiñones, 1755)

**CHRISTO** (Christo **Javacheff,** llamado), artista búlgaro (Gabrovo 1935), nacionalizado norteamericano. Afincado en E.U.A. (1964), ha realizado instalaciones monumentales efímeras, especialmente embalajes de monumentos (Kunsthalle de Berna, 1968; Pont-Neuf de París, 1985) y empaquetamiento de objetos.

**CHRISTOPHE** (Henri) [isla de Granada 1767-Puerto Príncipe 1820], rey de Haití [1811-1820]. Esclavo liberto, lugarteniente de Toussaint Louverture, sirvió bajo el mando de Dessalines. Presidente de la república de Haití (1807), fue proclamado rey en 1811.

**CHRISTUS** o **CRISTUS** (Petrus), pintor flamenco (Baerle *c.* 1420-Brujas 1472 o 1473), maestro en Brujas en 1444, epígono, sobre todo, de J. Van Eyck.

**CHU EN-LAI** o **CHEU NGEN-LAI** → ***Zhou Enlai.***

**Chuang-tsê** → ***Zhuangzi.***

**CHUBUT,** r. de Argentina (Chubut), tributario del Atlántico; 810 km. Embalse Florentino Ameghino.

**CHUBUT** *(provincia del),* prov. de Argentina, en la Patagonia; 224 686 km²; 356 857 hab. Cap. *Rawson.*

**CHUDSKOIE** *(lago)* → ***Peipus.***

**CHUECA** (Federico), compositor español (Madrid 1846-*id.* 1908), autor de populares zarzuelas: *La Gran Vía* (1886), *Agua, azucarillos y aguardiente* (1897), *La alegría de la huerta* (1900).

**CHUECA GOITIA** (Fernando), arquitecto e historiador del arte español (Madrid 1911), autor de publicaciones sobre arquitectura española.

**CHULUCANAS,** mun. de Perú (Piura); 38 950 hab. Arroz; vacunos. Nudo de comunicaciones.

**CHUMACERO** (Alí), poeta mexicano (México 1918). Fundador o animador de revistas como *Tierra Nueva, Letras mexicanas* y *México en la cultura,* cultivó una poesía pura: *Páramo de sueños* (1944), *Palabras en reposo* (1956). [Premio López Velarde 1999.]

**CHUNCHI,** cantón de Ecuador (Chimborazo); 35 000 hab. Ganadería.

**CHUN DOO HWAN,** político de Corea del Sur (Hapchon 1931), presidente de la república de 1980 a 1988.

**CHUQUICAMATA,** c. de Chile (Antofagasta), en la com. de Calama; 22 100 hab. Yacimientos de cobre a cielo abierto más importantes del mundo.

**CHUQUISACA** *(departamento de),* dep. de Bolivia, en los Andes; 51 524 km²; 451 722 hab. Cap. *Sucre.*

**CHUQUISACA,** uno de los nombres de la c. boliviana de Sucre durante la época colonial.

**CHURCH** (Alonzo), lógico norteamericano (Washington 1903-Hudson, Ohio, 1995). Demostró la indecidibilidad del cálculo de los predicados de primer orden.

**CHURCHILL,** ant. **Hamilton,** r. del E de Canadá, en el Labrador, tributario del Atlántico; 1 000 km. Aprovechamiento hidroeléctrico *(Churchill Falls).*

**CHURCHILL** (*sir* Winston Leonard **Spencer**), político británico (Blenheim Palace, Oxfordshire, 1874-Londres 1965). Diputado conservador (1900) y varias veces ministro, fue primer lord del Almirantazgo (1911-1915 y 1939) y primer ministro (1940-1945 y 1951-1955). Líder del partido conservador, fue el revulsivo del esfuerzo militar británico y uno de los protagonistas de la victoria aliada sobre el Eje. Es autor de *Memorias Churchill* (6 vols., 1948-1954). [Premio Nobel de literatura 1953.]

**CHURRIGUERA,** familia de arquitectos y escultores españoles, activos en los ss. XVII-XVIII. **José Benito** (Madrid 1665-*id.* 1725) fue el arquitecto más destacado de la familia, creador del *churriguerismo,* estilo arquitectónico del barroco tardío en el que predomina la ornamentación. De 1693 a 1705 trabajó en la catedral de Salamanca. Su obra más importante es el conjunto urbanístico barroco de Nuevo Baztán (1710), cerca de Madrid. Sus hermanos **Joaquín** (Madrid 1674-*c.* 1724) y **Alberto** (Madrid 1676-¿?) también fueron arquitectos en Salamanca y Madrid.

**CHURRUCA Y BRUNET** (Evaristo **de**), ingeniero español (Yzu, Navarra, 1841-Bilbao 1917), autor de trabajos hidrográficos y portuarios en el País Vasco y Puerto Rico.

**CHURRUCA Y ELORZA** (Cosme Damián), cartógrafo y marino español (Motrico 1761-en la batalla de Trafalgar 1805), autor de trabajos cartográficos y memorias de sus expediciones al estrecho de Magallanes, América del Norte y las Antillas. Mandó un navío en Trafalgar, donde murió.

**CHU-TEH** → ***Zhu De.***

**CHUVASHIA** *(República de),* rep. de la Federación de Rusia, en el Volga medio, habitada por los *chuvashi;* 18 300 km²; 1 336 000 hab. Cap. *Cheboksari.*

**CI XI** o **TS'Ê-HI** (Pekín 1835-*id.* 1908), emperatriz de China. Dominó la vida política de China entre 1875 y 1908, beneficiándose de los enfrentamientos entre tradicionalistas y modernizadores.

**C.I.A.** (Central intelligence agency), agencia central de información (espionaje, contraespionaje) de Estados Unidos, creada en 1947, bajo la autoridad del presidente de E.U.A.

**CIANO** (Galeazzo), *conde* **de Cortellazzo,** político italiano (Livorno 1903-Verona 1944). Yerno de Mussolini, ministro de Asuntos Exteriores (1936) y después embajador ante la Santa Sede (1943), fue contrario a la continuación de la guerra, por lo que fue ejecutado por orden del partido fascista.

**CIAXARES** o **UVAJŠATRA,** primer rey conocido de los medos (*c.* 625-585 a. J.C.). Puso fin al imperio asirio al destruir Nínive (612 a. J.C.).

**CIBAO (El),** región agrícola del N de la República Dominicana, entre la cordillera Central y la cuenca septentrional, densamente poblada.

**CIBELES,** diosa frigia de la fertilidad. Su culto, vinculado al de Atis, y que comportaba ceremonias iniciáticas, se extendió (s. III a. J.C.) por el mundo grecorromano.

**CIBOLA,** fabulosa ciudad que los exploradores españoles buscaban en el S de E.U.A. Fray Marcos de Niza afirmó haberla encontrado (1539) en las aldeas de los indios cliffdwellers.

**CICERÓN** (Marco Tulio), político y orador latino (Arpino 106-Formies 43 a. J.C.). Perteneciente a una familia plebeya que había entrado en el orden ecuestre, fue abogado. Comenzó su carrera política atacando a Sila a través de uno de sus libertos *(Pro Roscio Amerino),* y después defendió a los sicilianos contra las exacciones de su gobernador Verres *(Verrinas).* Cónsul (63), hizo fracasar la conjuración de Catilina *(Catilinarias)* y mandó ejecutar a sus cómplices. Se unió al partido de Pompeyo, pero después de Farsalia, se alió con César. Muerto éste, atacó duramente a Marco Antonio, enfrentándolo a Octaviano. Proscrito por el segundo triunvirato, fue asesinado. Aunque fue un político mediocre, llevó la elocuencia latina a su apogeo: sus alegatos y sus discursos sirvieron de modelo a toda la retórica latina. Escribió tratados sobre elocuencia (*De oratore,* 55), filosóficos (*De finibus,* 45; *De officiis,* 44) y sobre la política (*De legibus,* 52; *De republica,* 54-51).

**CÍCICO** o **CÍZICO,** ant. c. de Frigia (Asia Menor), en la Propóntide.

**CÍCLADAS,** en gr. **Kyklades** o **Kykladhes,** islas griegas del mar Egeo, llamadas así porque forman un círculo alrededor de *Delos.* Las otras islas principales son: *Andros, Naxos, Santorín, Siros, Milo, Micono;* 2 572 km²; 95 083 hab. Cap. *Hermúpolis.* En el III milenio fue foco de una brillante civilización de la que son buena muestra los ídolos de mármol de esquematismo geométrico.

**cíclope** *(El),* drama satírico de Eurípides (segunda mitad s. V a. J.C.), el único ejemplo que se conserva de este género literario griego.

**CID** (Rodrigo **Díaz de Vivar,** llamado **Sid** o), caballero castellano (*c.* 1043-Valencia 1099). Apodado *Campeador* («vencedor de batallas»), luchó a las órdenes de Sancho II de Castilla y se enfrentó a su sucesor, Alfonso VI, acusado de la muerte de Sancho; sirvió también a al-Mu'tamid de Sevilla (lo que le costó el destierro) y al rey musulmán de Zaragoza. Reconciliado temporalmente con Alfonso VI (1086-1089), venció en Tévar a Berenguer Ramón II (1090) y conquistó Valencia (1094), que gobernaría hasta su muerte. Casó a sus hijas con Ramón Berenguer III de Barcelona y Ramiro de Navarra.

**Cid** *(Cantar de Mío),* cantar de gesta anónimo, el más antiguo de la poesía épica castellana, conservado en un códice firmado por Per Abbat en 1307 e inédito hasta la edición que en 1779 realizó el erudito Tomás Antonio Sánchez. El poema consta de tres partes *(Cantar del destierro, Cantar de las bodas* y *Cantar de Corpes)* y narra las hazañas del Cid, los preparativos de las bodas de sus hijas con los infantes de Carrión, el ultraje a que éstos las someten, y la venganza del héroe. Según R. Menéndez Pidal, en su elaboración intervinieron dos juglares: uno de San Esteban de Gormaz, próximo a los hechos históricos, y otro de Medinaceli, que refundiría el texto hacia 1140.

**Cid** *(El),* tragicomedia de Corneille (1636-1637), inspirada en *Las mocedades del Cid,* de Guillén de Castro.

**CIDAMBARAM** → ***Chidambaram.***

**CIDRA,** mun. del E de Puerto Rico; 35 601 hab. Cultivo y preparación de tabaco. Fruticultura.

**CIEGO DE ÁVILA** *(provincia de),* prov. de Cuba, en el centro de la isla; 6 910 km²; 347 086 hab. Cap. *Ciego de Ávila.*

**CIEGO DE ÁVILA,** c. de Cuba, cap. de la prov. homónima; 90 118 hab. Centro agrícola e industrial.

**CIEMPOZUELOS,** v. de España (Madrid); 10 766 hab. *(Ciempozueleños.)* Necrópolis de la cultura del vaso campaniforme.

**Cien años** *(guerra de los),* nombre dado a la serie de conflictos que, de 1337 a 1453, enfrentaron a Francia e Inglaterra, determinados principalmente por dos causas: la reivindicación del trono de Francia por Eduardo III de Inglaterra, nieto, por vía materna, de Felipe IV el hermoso, y la voluntad del rey de Inglaterra de anexionarse los ricos enclaves flamencos relacionados con el comercio británico de la lana. En 1337, Eduardo III rompió con Felipe VI. Durante el reinado de éste los franceses fueron vencidos en Crécy (1346) y perdieron Calais (1347). En el reinado de Juan el Bueno, el Príncipe Negro triunfó cerca de Poitiers (1356); Francia, debilitada por las discordias parisinas (Etienne Marcel) y devastada por la *jacquerie,* se vio obligada a firmar el desastroso tratado de Brétigny (1360): perdió un cuarto del reino de Felipe IV el Hermoso. Carlos V y Du Guesclin rectificaron el error, y, en 1380, los

el arte de las **Cícladas:** ídolo de mármol procedente de la isla de Siros; III milenio (museo nacional (de arqueología, Atenas)

Combate entre Rodrigo Díaz de Vivar, el **Cid,** y Martín Gomes. Detalle de una miniatura de *Crónica de España* (1344). [Academia de las ciencias, Lisboa.]

ingleses sólo ocupaban Calais y Guyena. Tras una serie de treguas (1388-1411), la guerra civil en Francia (lucha entre armañacs, partidarios de la familia de Orleans, y borgoñones, partidarios de los duques de Borgoña) y la locura del rey Carlos VI favorecieron de nuevo el avance de los ingleses, que ganaron la batalla de Azincourt (1415) e impusieron el tratado de Troyes, que confirmaba la deposición del rey de Francia y la regencia del rey de Inglaterra (1420). Durante el reinado de Carlos VII Juana de Arco despertó el patriotismo francés; liberó Orleans e hizo consagrar al rey en Reims, pero fue detenida en Compiègne y quemada en la hoguera en Ruán (1431). Sin embargo, los ingleses fueron derrotados en Formigny (1450) y en Castillon (1453), y expulsados del reino, salvo en Calais, que conservaron hasta 1558.

**Cien años de soledad,** novela de G. García Márquez (1967). La historia de un pueblo (Macondo) y una familia (Buendía) se ofrecen como paradigmas de la realidad latinoamericana. Obra cumbre de la narrativa contemporánea, en una prosa musical y poética en la que lo mítico se mezcla con lo real.

**Cien días** *(los)* [20 marzo-22 junio 1815], último período del reinado de Napoleón I, entre su regreso a París y su segunda abdicación.

**Cien mil hijos de san Luis,** ejército francés, al mando de Louis Antoine de Borbón, que por decisión de la Santa Alianza, entró en España para derrocar al régimen constitucional y restablecer la monarquía de Fernando VII (abril 1823).

**CIÉNAGA** o **SAN JUAN DE CIÉNAGA,** c. de Colombia (Magdalena), a orillas del Caribe; 120 253 hab.

**CIÉNAGA DE ORO,** mun. de Colombia (Córdoba); 38 265 hab. Caña de azúcar. Minas de carbón.

**Ciencia cristiana,** en ingl. **Christian science,** Iglesia fundada en 1879, en Boston, por Mary Baker-Eddy (1821-1910), que pretende curar a los enfermos por medios únicamente espirituales. Está extendida por todo el mundo.

**Ciencia de la lógica,** obra de Hegel (1812-1816), en la que el autor expone una teoría del ser, una teoría de la esencia y una teoría del concepto.

**CIENFUEGOS** *(provincia de),* prov. de Cuba, a orillas del Caribe; 4 185 km²; 348 676 hab. Cap. *Cienfuegos.*

**CIENFUEGOS,** c. y puerto de Cuba, cap. de la prov. homón., en la *bahía de Cienfuegos;* 120 598 hab.

**CIENFUEGOS** (Nicasio **Álvarez de**) → ***Álvarez de Cienfuegos.***

**CIERVA** (Juan **de la**), ingeniero y aviador español (Murcia 1895-Croydon, Gran Bretaña, 1936). Desde 1920 trabajó en el diseño de su máximo invento, el autogiro, cuyo éxito le llevó a Londres y a E.U.A. Cruzó por primera vez el canal de la Mancha, en vuelo Londres-París (1928), y en 1934 logró el despegue vertical. Murió en un accidente aéreo.

**CÍES** *(islas),* islas de España, en el Atlántico, frente a la ría de Vigo. Parque natural.

**C.I.E.S.C.A.L.** (Centro internacional de estudios superiores de comunicación para América latina), organismo dependiente de la Unesco creado en 1959 con el nombre de C.I.E.S.P.A.L. (Centro internacional de estudios superiores de prensa de América latina). Tiene su sede en Quito.

**CIEZA,** c. de España (Murcia), cab. de p. j.; 30 306 hab. *(Ciezanos.)* Es la ant. *Madina Sisaya* musulmana (yacimiento con más de 500 viviendas, ss. XII-XIII).

**CIEZA DE LEÓN** (Pedro **de**), cronista de Indias (Llerena 1520 o 1522-Sevilla 1554). Fundador de Ancerma, Cartago y Antioquia (Colombia), viajó a Cuzco y Callao. Escribió *Crónica del Perú* (1553).

**CIFUENTES,** mun. de Cuba (Villa Clara); 40 903 hab. Caña de azúcar, ganado vacuno.

**Cigarralejo** *(El),* santuario ibérico de España (Mula, Murcia) de los ss. V a. J.C.-I d. J.C., con restos arquitectónicos, cerámicos y escultóricos.

**CIGÜELA,** r. de España → ***Gigüela.***

**CIHUACÓATL,** divinidad femenina azteca de la Tierra, venerada como Coatlicue.

**CIHUATLÁN,** mun. de México (Jalisco), a orillas del Pacífico; 20 452 hab. Puerto pesquero.

**Cíjara** *(embalse de),* embalse de España, en el río Guadiana (Badajoz). Central eléctrica (51 700 kW).

**CILICIA,** región del S de la Turquía asiática, frente a Chipre. Ciudades importantes: Adana y Tarso.

**CILLER** (Tansu), política turca (İstanbul 1946). Ministra de economía (1991-1993), fue primera ministra (1993-1996), viceprimera ministra y ministra de asuntos exteriores (1996-1997).

**CIMA** (Giovanni Battista), llamado **Cima da Conegliano,** pintor italiano (Conegliano, Treviso, *c.* 1459-*id.* 1517-1518). Influido por Giovanni Bellini, realizó composiciones religiosas sobre fondos de paisajes.

**CIMABUE** (Cenni **di Pepi**, llamado), pintor italiano (Florencia *c.* 1240-Pisa 1302). Fue el maestro de Giotto y el primero en liberar su arte de las convenciones bizantinas: *Crucifijo* de Santa Croce y la *Maestà* (Virgen en majestad) de Santa Trinità, en Florencia (Uffizi); importantes frescos en Asís.

**CIMAROSA** (Domenico), compositor italiano (Aversa 1749-Venecia 1801), autor de óperas (*El matrimonio secreto,* 1792), sonatas y sinfonías.

**CIMITARRA,** mun. de Colombia (Santander); 16 793 hab. Café, algodón, frutales. Ganado vacuno.

**CIMÓN,** estratega ateniense (*c.* 510-450 a. J.C.), hijo de Milcíades. Combatió con éxito contra los persas (victoria de Eurimedonte) y fundó la primera confederación marítima ateniense.

**CINCA,** r. de España, afl. del Ebro (or. izq.); 181 km. Aprovechamiento hidroeléctrico.

**CINCINATO** (Lucio Quincio), cónsul romano (nacido *c.* 519 a. J.C.), famoso por la austeridad de sus costumbres. Cónsul en 460 a. J.C., fue dictador en dos ocasiones (458 y 439), pero al final se retiró de nuevo a trabajar sus tierras.

**CINCINNATI,** c. de Estados Unidos (Ohio), a orillas del Ohio; 364 040 hab. (1 452 645 en la aglomeración). Centro industrial. Museo.

**Cincinnati** *(sociedad de los),* orden hereditaria norteamericana, creada el 10 de mayo de 1783, en recuerdo de la guerra de Independencia. Los miembros son descendientes de G. Washington y de La Fayette, o personalidades importantes.

**CINCINNATO** (Rómulo), pintor italiano (¿Florencia?-† en España *c.* 1593). Manierista, llegó a España en 1567 para trabajar en El Escorial.

**Cinco** *(grupo de los),* grupo de músicos rusos autodidactos del s. XIX, que asocia en torno al nombre de su fundador, Balakirev, los nombres de Cui, Músorgsky, Borodín y Rimski-Kórsakov. Fueron la base de la renovación de la escuela rusa.

**Cinecittà,** complejo cinematográfico italiano (estudios, laboratorios, etc.), edificado en 1936-1937 y situado al SE de Roma.

**CINNA** (Lucio Cornelio), general romano († Ancona 84 a. J.C.). Líder del partido popular tras la muerte de Mario, tiranizó Italia desde 86 a. J.C. hasta su muerte.

**CINNA** (Cneo Cornelio), bisnieto de Pompeyo. Conspiró contra Augusto, quien le perdonó y le nombró cónsul en 5 d. J.C.

**Cinoscéfalos** *(batalla de)* [197 a. J.C.], victoria del cónsul romano T. Quincio Flaminino sobre Filipo V de Macedonia, en Tesalia.

**CINTALAPA,** mun. de México (Chiapas); 35 089 hab. Fruticultura. Explotaciones forestales.

**CINTEOTL,** divinidad nahua del maíz.

**CINTO** *(monte),* cima culminante de Córcega; 2 710 m.

**CINTOLESI** (Ottavio), bailarín, coreógrafo y director de compañía chileno (Santiago 1924). Fue director del Ballet clásico nacional de Chile (1959-1966), y trabajó en E.U.A., Francia y Alemania.

**Cintra** *(capitulación de)* → ***Sintra.***

**C.I.O.** → ***A.F.L.-C.I.O.***

**ciompi** *(sublevación de los)* [1378-1382], revuelta de los artesanos pobres de Florencia, privados de todo derecho político, contra la burguesía mercantil *(popolo grasso),* que los venció.

**CIORAN** (Emile Michel), filósofo francés de origen rumano (Rașinari 1911-París 1995). Desarrolló una filosofía pesimista en forma de aforismo (*Breviario de podredumbre,* 1949; *Desgarradura,* 1979).

**CIPRIANI** (Amilcare), político italiano (Anzio 1844-París 1918). Lugarteniente de Garibaldi, tomó parte en la fundación de la I Internacional (1864) y fue uno de los jefes de la comuna de París (1871). Luchó junto a los griegos en 1898.

**CIPRIANO** *(san),* obispo y mártir (Cartago, principios s. III-*id.* 258). Se mostró moderado frente al fenómeno de los *lapsi,* pero denunció como no válidos los bautismos conferidos por herejes. Obispo de Cartago (249-258) y jefe de la Iglesia africana, murió decapitado.

**CIPSELO,** tirano de Corinto [657-627 a. J.C.], padre de Periandro.

**CIRCASIA,** ant. nombre de la región que se extiende al N del Cáucaso.

**CIRCASIA,** mun. de Colombia (Quindío); 18 024 hab. Cacao, café. Ganadería. Sericicultura.

**CIRCE,** maga que en la *Odisea* de Homero convirtió en cerdos a los compañeros de Ulises.

**círculo de tiza caucasiano** *(El),* obra teatral de B. Brecht, escrita en 1944-1945 y publicada en 1949, uno de los modelos del llamado teatro épico.

**CIREBON,** c. y puerto de Indonesia, en la costa N de Java; 245 307 hab.

**CIRENAICA,** región oriental de Libia, en la antigüedad colonizada por los griegos, en torno a Cirene. Su act. c. pral.: *Bengazi.* Petróleo.

**CIRENE,** ant. c. pral. de Cirenaica (Libia). Ruinas (ágora, templo de Apolo, termas, necrópolis).

**CIRILO** *(san),* obispo de Jerusalén y doctor de la Iglesia (Jerusalén *c.* 315-*id.* 386), uno de los grandes adversarios del arrianismo.

**CIRILO** *(san),* patriarca de Alejandría y doctor de la Iglesia (Alejandría *c.* 380-*id.* 444). Combatió el nestorianismo, al que hizo condenar en el concilio de Éfeso (431).

**CIRILO** y **METODIO** *(santos),* apóstoles de los eslavos. **Cirilo** (Tesalónica *c.* 827-Roma 869) y su hermano **Metodio** (Tesalónica *c.* 825-† 885) tradujeron al eslavo la Biblia y los libros litúrgicos. Cirilo creó, según la tradición, un alfabeto apropiado llamado *glagolítico,* que, simplificado, se convirtió en el *alfabeto cirílico.*

**CIRLOT** (Juan Eduardo), crítico de arte, compositor y poeta español (Barcelona 1916-*id.* 1973). Fue miembro de Dau al Set. Es autor de *Palacio de plata* (1955), poemas y de la obra de crítica *Diccionario de símbolos* (1958).

**CIRO II el Grande** († 530 a. J.C.), rey de Persia [*c.* 556-530 a. J.C.], hijo de Cambises I. Derrocó al rey de los medos Astiages (550), venció a Creso, rey de Lidia (547), tomó Babilonia (539) y llegó a ser dueño de toda Asia occidental. Practicó una política religiosa de tolerancia y permitió a los judíos entrar en Jerusalén. Murió luchando contra los masagetas.

**CIRO el Joven,** príncipe persa aqueménida (*c.* 424-Cunaxa 401 a. J.C.), muerto en la batalla de Cunaxa al mando de los mercenarios griegos y asiáticos que había reunido contra su hermano Artajerjes II.

**CIRTA,** ant. cap. de Numidia, act. *Qacentina* (*Constantinopla,* Argelia).

**CIRUELO** (Pedro **Sánchez Ciruelo,** llamado **Pedro**), matemático español (Daroca 1470-Salamanca 1554). Profesor en París y en Alcalá y preceptor de Felipe II.

**CISALPINA** *(República),* estado constituido por Napoleón I (1797) en el N de Italia, ampliado en 1802 y que dio lugar, en 1805, al reino de Italia.

**CÍSCAR** (Gabriel), matemático, marino y político español (Oliva 1759-Gibraltar 1829). Publicó obras matemáticas, marítimas y literarias. Formó parte de la Junta central (1808-1810) y de la Regencia (1811-1812 y 1823).

**CISJORDANIA,** región de Palestina, al O del Jordán; 6 000 km² aprox.; 955 000 hab. C. pral.: Belén, Hebrón, Jericó, Jerusalén, Nābulus. Anexionada por Jordania (1949), desde 1967 fue ocupada y administrada por Israel. En 1987 se inició un levantamiento popular palestino contra la ocupación israelí, y en 1988 Hussein de Jordania hizo cesión de sus derechos sobre Cisjordania en favor de los palestinos. En 1994 la O.L.P. e Israel firmaron un acuerdo para el autogobierno palestino en la zona de Jericó, ampliado en 1995. (→ ***Palestina.***)

**CISKEI,** ant. bantustán de la República de Sudáfrica, en la costa S del océano Índico.

**C.I.S.L.** → ***Confederación internacional de sindicatos libres.***

**CISLEITHANIA,** nombre con el que se designó, de 1867 a 1918, la parte austríaca del Imperio austrohúngaro, separada de la *Transleithania* húngara por el *Leitha*.

**cisma de occidente** *(gran)* [1378-1417], conflicto que dividió a la Iglesia católica y durante el cual hubo varios papas a la vez. Se originó debido a una doble elección en 1378: a la elección de Urbano VI se opusieron la mayoría de los cardenales no italianos, que eligieron al francés Clemente VII. Éste se estableció en Aviñón. La cristiandad se dividió. Tras fracasar diversas soluciones, el cisma se agravó en 1409, cuando se eligió en Pisa un tercer papa, Alejandro V; Juan XXIII le sucedió en 1410. El concilio de Constanza (1414-1418) depuso a los tres papas y convocó un cónclave que condujo a la elección de un papa único, Martín V (1417).

**cisma de oriente,** conflicto que llevó a la ruptura de comunión entre las Iglesias orientales y la Iglesia romana. Una primera ruptura se produjo con el patriarca Focio (863-867), pero el cisma adquirió carácter definitivo en 1054, cuando el patriarca Cerulario excomulgó al papa León IX después de haber sido excomulgado a su vez por éste. La excomunión mutua fue anulada por ambas Iglesias en 1965, pero la unión no se ha vuelto a restablecer.

**CISNEROS** (Gonzalo, después Francisco, **Jiménez de**), eclesiástico y estadista español (Torrelaguna 1436-Roa 1517). Franciscano, fue confesor de Isabel I (1492) y arzobispo de Toledo (1495). Su campaña de evangelización (1499) provocó los levantamientos moriscos de Granada y las Alpujarras. Presidente de la junta de regencia (1505), negoció el retorno a Castilla de Fernando el Católico, quien le consiguió el capelo cardenalicio y le confió la Inquisición. Dirigió la conquista de Orán (1509) y fue regente a la muerte de Fernando (1516). Fundó la universidad complutense (1498) y promovió la edición de la *Biblia políglota complutense* (1514-1517).

el cardenal **Cisneros**
(F. Bigarny - universidad de Madrid)

**Cisneros** *(estilo)*, estilo arquitectónico y decorativo desarrollado en Toledo y Alcalá durante la regencia del cardenal Cisneros. Combina el mudéjar con motivos renacentistas.

**CISNEROS** (*venerable* García **Jiménez de**), religioso español (Cisneros 1456-Montserrat 1510). Reformador de los benedictinos españoles, fue prior y abad (desde 1497) de Montserrat.

**CISNEROS BETANCOURT** (Salvador), político cubano (Camagüey 1828-La Habana 1914). Propietario, liberó a sus esclavos y cedió sus bienes a la lucha por la independencia. Fue presidente de la república en armas (1873-1875 y 1895-1897).

**CISPADANA** *(República)*, república organizada por Napoleón I en 1796 al S del Po, ampliada y unida a partir de 1797 a la República Cisalpina.

**Cister** o **Císter,** orden religiosa de los cistercienses. (V. parte n. c.)

**CISTERNA (La),** com. de Chile (Santiago); 94 732 hab. En el área metropolitana de Santiago.

**C.I.T.,** siglas de Confederación interamericana de trabajadores.

**CITERA** o **CERIGO,** en gr. **Kythēra,** isla griega del mar Egeo, entre el Peloponeso y Creta. Santuario de Afrodita.

**City** *(la)*, barrio financiero del centro de Londres.

**CIUDAD BOLÍVAR,** ant. **Angostura,** c. de Venezuela, cap. del est. Bolívar; 225 340 hab. Centro industrial. Aeropuerto. Puente sobre el Orinoco. Fundada en 1595, se situó en 1762 en la angostura del Orinoco; de ahí su ant. nombre, cambiado en 1846 por el actual. (→ ***Angostura.***)

**CIUDAD BOLIVIA,** mun. de Venezuela (Barinas); 23 452 hab. Pastos (ganadería). Aeródromo.

**CIUDAD DARÍO,** ant. **Metapa,** mun. de Nicaragua (Matagalpa); 29 002 hab. Cuna de Rubén Darío.

**ciudad de Dios** *(La)*, obra de san Agustín (413-426) en defensa del cristianismo al que se atribuía la caída de Roma (410). En ella destaca la concepción de la ciudad mística de las almas predestinadas opuesta a la ciudad temporal.

**CIUDAD DE LA HABANA** *(provincia de)*, prov. de Cuba, cuyo territorio coincide con el de la c. de La Habana; 724 km²; 2 059 223 hab. Cap. *La Habana*.

**CIUDAD DEL CARMEN,** c. de México (Campeche), cab. del mun. de Carmen; 83 806 hab. Industrias.

**CIUDAD DEL ESTE,** ant. **Puerto Presidente Stroessner,** c. de Paraguay, cap. del dep. de Alto Paraná; 133 893 hab. Puerto fluvial. Un puente internacional sobre el Paraná la une con la ciudad brasileña de Foz do Iguaçú.

**CIUDAD DEL MAÍZ,** mun. de México (San Luis Potosí); 43 841 hab. Maíz y hortalizas.

**ciudad del Sol** *(La)*, obra de Tommaso Campanella (1602), utopía social que describe la ciudad ideal, igualitaria y comunista, construida en círculos concéntricos y consagrada al culto del Sol.

**CIUDAD DELGADO** → ***Delgado.***

**CIUDAD DELICIAS,** c. de México (Chihuahua), cab. del mun. Delicias; 87 412 hab. Centro comercial de una zona agrícola (vinos, algodón).

**CIUDAD FERNÁNDEZ,** mun. de México (San Luis Potosí); 25 679 hab. Explotación forestal.

**CIUDAD GUAYANA,** c. de Venezuela (Bolívar), en la confluencia del Caroní con el Orinoco; 453 047 hab. Gran centro industrial (siderurgia, metalurgia del aluminio, cemento). Fundada en 1961 como Santo Tomé de Guayana, engloba el sector portuario de *Puerto Ordaz*.

**CIUDAD GUERRERO** → ***Guerrero.***

**CIUDAD GUZMÁN,** c. de México (Jalisco); 62 353 hab. Mercado agrícola. Industrias agropecuarias.

**CIUDAD HÔ CHI MINH,** hasta 1975 **Saigón,** principal c. de Vietnam; 3 500 000 hab. Saigón fue la residencia de Gia-long (1788-1802). A partir de 1859 se convirtió en la sede del gobierno de la Cochinchina francesa.

**Ciudad Hô Chi Minh:** casas a orillas del río Saigón

**CIUDAD IXTEPEC,** c. de México (Oaxaca); 15 537 hab. Mercado agrícola. Aeropuerto.

**CIUDAD JUÁREZ** → ***Juárez.***

**CIUDAD LÓPEZ MATEOS** → ***Atizapán de Zaragoza.***

**CIUDAD MADERO,** c. de México (Tamaulipas), 132 444 hab. Yacimientos de petróleo y refinerías. Centro turístico en el golfo de México.

**CIUDAD MANUEL DOBLADO,** mun. de México (Guanajuato); 32 188 hab. Hilados y tejidos. Curtidos.

**CIUDAD OBREGÓN,** c. de México (Sonora), cab. del mun. de Cajeme; 311 078 hab. Centro algodonero.

**CIUDAD OJEDA,** c. de Venezuela (Zulia), en el mun. de Lagunillas, unida a Maracaibo por el puente General Urdaneta, sobre el lago Maracaibo; 73 473 hab. Centro industrial.

**CIUDAD PEMEX,** c. de México (Tabasco), en el mun. de Macuspana. Centro petrolero. Petroquímica.

**Ciudad prohibida,** palacio imperial de Pekín (o **Gugong**), dominio reservado del emperador y su corte, construido en 1406 y restaurado en los ss. XVII-XIX. Museo.

**CIUDAD REAL** *(provincia de)*, prov. de España, en Castilla-La Mancha; 19 479 km²; 468 707 hab. Cap. *Ciudad Real*. P. j. de *Alcázar de San Juan, Almadén, Almagro, Ciudad Real, Daimiel, Manzanares, Puertollano, Tomelloso, Valdepeñas* y *Villanueva de los Infantes*. En la llanura manchega, avenada por el Guadiana. Agricultura cerealista. Vid. Ganadería ovina. Hulla y lignito (Puertollano), cinabrio (Almadén). Importante complejo petroquímico en Puertollano. (*V. ilustración pág. 1230.*)

**CIUDAD REAL,** c. de España, cap. de la prov. homónima y cab. de p. j.; 60 138 hab. *(Ciudadrealeños.)* Industrias agroalimentarias. Puerta de Toledo, mudéjar. Iglesia gótica de San Pedro (s. XIV), catedral (s. XVI). Museo.

**CIUDAD SAHAGÚN,** c. de México (Hidalgo); 17 055 hab. Siderurgia. Industria del automóvil.

**CIUDAD SANTOS,** mun. de México (San Luis Potosí); 17 759 hab. Centro minero (hulla, petróleo).

**CIUDAD VALLES,** c. de México (San Luis Potosí); 91 402 hab. Industrias alimentarias. Madera.

**CIUDAD VICTORIA,** c. de México, cap. del est. de Tamaulipas y cab. del mun. de Victoria; 195 000 hab. Centro de región agrícola. Universidad.

**CIUDAD VIEJA,** c. de Guatemala (Sacatepéquez); 7 190 hab. Fue capital de Guatemala hasta su destrucción por la erupción del volcán Agua (1541).

**ciudad y los perros** *(La)*, novela de M. Vargas Llosa (1962). El mundo violento de una escuela premilitar limeña como parábola de una sociedad insolidaria.

**Ciudadano Kane,** película norteamericana de O. Welles (1941). Su retrato de un magnate de la prensa (interpretado por el autor) revolucionó las reglas tradicionales del lenguaje cinematográfico (encuadre, profundidad de campo, montaje).

**CIUDADELA** o **CIUTADELLA DE MENORCA,** c. de España (Baleares), en Menorca, cab. de p. j.; 20 707 hab. *(Ciudadelanos.)* Monumentos megalíticos. Calles con soportales y viejos palacios. Catedral (s. XIV).

**CIUDAD-RODRIGO,** c. de España (Salamanca), cab. de p. j.; 14 973 hab. *(Mirobrigenses.)* Muralla medieval. Alcázar (parador de turismo). Catedral (ss. XII-XIII). Ayuntamiento y casas señoriales (ss. XV y XVI). Es la ant. *Mirobriga* de los vetones.

**CIVILIS** (Claudio **Julio**), jefe bátavo (s. I d. J.C.). Se rebeló en 69 contra los romanos; vencido, tuvo que aceptar el estatuto de aliado de Roma (70).

**CIVITAVECCHIA,** c. y puerto de Italia (Lacio), al N de Roma; 50 856 hab. Puerto diseñado por Miguel Ángel. Ciudadela.

**CLAESZ** (Pieter), pintor holandés (Burgsteinfurt, Westfalia, *c.* 1597-Haarlem 1661), maestro de la naturaleza muerta de la escuela de Haarlem, donde trabajó desde 1617.

**CLAIR** (René **Chomette,** llamado **René**), director de cine francés (París 1898-*id.* 1981). Sus obras están llenas de fantasía poética e ironía: *Bajo los techos de París* (1930), *El millón* (1930), *Las maniobras del amor* (1955), *La puerta de las lilas* (1957).

**CLAPPERTON** (Hugh), viajero británico (Annan, Dumfries, Escocia, 1788-cerca de Sokoto [act. en Nigeria] 1827). Con Oudney y Denhau, fueron los primeros europeos que llegaron al lago Chad (1823), y visitó el N de la actual Nigeria.

**CLARÁ** (José), escultor español (Olot 1878-Barcelona 1958). Su obra se inscribe en el novecentismo de raíz mediterránea.

**CLARA de Asís** *(santa)* [Asís *c.* 1193-*id.* 1253], fundadora de las clarisas, religiosas franciscanas.

**CLARASÓ** (Enrique), escultor español (Sant Feliu del Racó 1857-Barcelona 1941), autor de obras y monumentos de estilo modernista (*Eva*, 1904).

**CLARENCE** (George, *duque* **de**) [Dublín 1449-Londres 1478], hermano de Eduardo IV de Inglaterra, contra quien conspiró. Fue ejecutado.

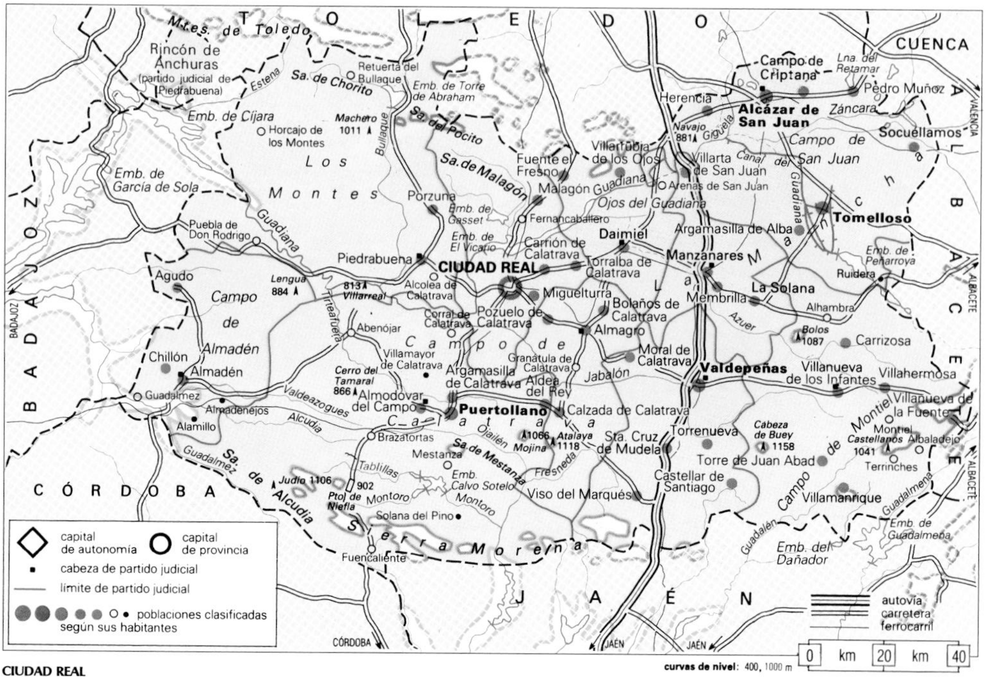


CIUDAD REAL

**Clarendon** *(constituciones de)* [1164], estatutos de las relaciones entre la Iglesia y el estado presentados por el rey Enrique II de Inglaterra en Clarendon Park (Wiltshire), a los que se opuso radicalmente Thomas Beckett, arzobispo de Canterbury.

**CLARENDON** (Edward **Hyde,** *conde* **de**), político e historiador inglés (Dinton, Wiltshire, 1609-Ruán 1674). Partidario de Carlos I durante la guerra civil (1642-1649), fue primer ministro de la Restauración (1660-1667). Escribió una *Historia de la rebelión y de las guerras civiles en Inglaterra* (1702-1704).

**Clarín,** diario argentino de tendencia conservadora, fundado en 1945 por R. J. Noble, con sede en Buenos Aires.

**CLARÍN** (Leopoldo **Alas y Ureña,** llamado), escritor español (Zamora 1852-Oviedo 1901). En sus artículos literarios y satíricos, que él llamó *paliques* y que fue reuniendo en volúmenes, se reveló como gran crítico de la época. Su obra maestra es *La Regenta** (1884-1885), considerada la mejor novela española del s. XIX. Autor de obras dramáticas (*Teresa,* 1895), escribió magníficas *Narraciones breves* (1881-1901), entre las que destacan *¡Adiós, cordera!, Doña Berta* y *Pipá.*

**CLARIS** (Pau), eclesiástico y político español (Barcelona *c.* 1585-*id.* 1641). Diputado eclesiástico y presidente de la Generalidad de Cataluña (1638), durante la guerra de Separación de Cataluña o *dels segadors* (1640) pidió ayuda a Francia y ofreció el condado de Barcelona a Luis XIII.

**CLARK** (*lord* Kenneth), historiador de arte británico (Londres 1903-Hythe, Kent, 1983), autor de *Leonardo de Vinci* (1939), *Piero della Francesca* (1951), *El desnudo* (1955) y de la serie televisiva *Civilización* (1969-1970).

**CLARK** (Mark Wayne), general norteamericano (Madison Barracks, Jefferson County, 1896-Charleston, Carolina del Sur, 1984). Se distinguió en Tunicia e Italia (1943-1945), y en Corea (1952).

**CLARKE** (Kenneth **Spearman,** llamado **Kenny**), batería de jazz norteamericano (Pittsburgh 1914-Montreuil-sous-Bois 1985). Fue uno de los inventores del bop.

**CLARKE** (Samuel), filósofo y teólogo británico (Norwich 1675-Londres 1729), autor de una *Demostración de la existencia y de los atributos de Dios* (1705), respuesta a Hobbes y a Spinoza. Mantuvo correspondencia con Leibniz.

**CLARO,** en gr. **Klaros,** ant. c. de Lidia, uno de los más antiguos santuarios y oráculos de Apolo. Ruinas.

**CLAUDEL** (Paul), escritor y diplomático francés (Villeneuve-sur-Fère 1868-París 1955). En sus dramas los conflictos entre carne y espíritu se resuelven reconociendo el amor de Dios (*La anunciación a María,* 1912; *El zapato de raso,* 1943). — Su hermana **Camille** (Fère-en-Tardenois 1864-Aviñón 1943) fue escultora.

**CLAUDIANO** (Claudio), poeta latino (Alejandría *c.* 370-Roma *c.* 404), uno de los últimos representantes de la poesía de la antigua Roma.

**CLAUDIO** (Apio), llamado **Caecus** *(el ciego),* patricio romano (ss. IV-III a. J.C.), escritor, orador y jurista. Cónsul en dos ocasiones (307 y 296), dictador y censor, mandó construir la *vía Apia* y el primer acueducto en Roma.

**CLAUDIO I** (Tiberio Claudio César Augusto Germánico) [Lyon 10 a. J.C.-Roma 54 d. J.C.], emperador romano [41-54]. Tuvo como esposas a Mesalina y después a Agripina. Desarrolló la administración central y destacó en la conquista de Britania (act. Gran Bretaña) [43]. Cultivado, pero débil de carácter, se dejó dominar por Agripina, que lo envenenó. – **Claudio II el Gótico** (Marco Aurelio Claudio Augusto) [*c.* 214-Sirmio 270], emperador romano [268-270], luchó contra los alamanes y los godos.

**CLAUDIO MARCELO** (Marco), general romano (*c.* 268-208 a. J.C.). Durante la segunda guerra púnica invadió Siracusa (212 a. J.C.), defendida por Arquímedes, que murió durante la toma de la ciudad.

**CLAUSEWITZ** (Carl **von**), general y teórico militar prusiano (Burg, cerca de Magdeburgo, 1780-Breslau 1831). Tras luchar contra Napoleón, en 1818 fue nombrado director de la escuela de guerra de Berlín. Su tratado *De la guerra* tuvo una gran influencia en la doctrina del estado mayor alemán y en la concepción marxista de la guerra (Engels, Marx, Lenin).

**CLAUSIUS** (Rudolf), físico alemán (Köslin, Pomerania, 1822-Bonn 1888). Introdujo la noción de entropía en termodinámica (1850) y desarrolló la teoría cinética de los gases.

**CLAVÉ** (Antoni), pintor y escultor español (Barcelona 1913). Tiene notables trabajos litográficos (*Barrios de París),* pinturas (sobre todo *collages*), esculturas, escenografías y tapices.

**CLAVÉ** (Pelegrín), pintor español (Barcelona 1811-*id.* 1880). Formado en Barcelona y Roma, dirigió la escuela de pintura de la Academia de San Carlos de México (1846-1867), donde pintó cuadros de historia (*La locura de Isabel de Portugal,* 1856, Academia de San Carlos), alegorías y retratos, y decoró la cúpula de la Profesa.

**Clave bien temperado** *(El),* obra de J. S. Bach que comprende dos partes (1722 y 1742), compuestas cada una de 24 preludios y fugas, clasificados en el orden cromático de las notas de la gama, que ilustra la teoría del temperamento igual.

**CLAVIJERO** (Francisco Javier), jesuita e historiador mexicano (Veracruz 1731-Bolonia 1787), autor de *Historia antigua de México* e *Historia de la Baja California.*

**Clavijo** *(batalla de),* combate legendario entre Ramiro I de Asturias y ʻAbd al-Raḥmān III (s. IX), durante el cual el apóstol Santiago ayudó al monarca cristiano a obtener la victoria.

**CLAVIJO** (Ruy **González de**), escritor castellano (nacido en Madrid-† 1412). Embajador de Enrique III, escribió *Embajada a Tamerlán,* libro de viajes de gran interés documental, editado en 1585.

**CLAY** (Henri), político norteamericano (Hanover County, Virginia, 1777-Washington 1852). Fue presidente del congreso (1810-1820) y uno de los partidarios del proteccionismo.

**CLEMENCEAU** (Georges), político francés (Mouilleron-en-Pareds, Vendée, 1841-París 1929). Líder de la izquierda radical, fue anticolonialista y favorable a Dreyfus. Primer ministro y ministro del Interior (1906-1909), reprimió las huelgas y rompió con los socialistas. De nuevo primer ministro (1917-1920), dirigió la guerra contra Alemania y negoció el tratado de Versalles (1919).

**CLEMENTE de Alejandría,** padre de la Iglesia griega y filósofo cristiano (Atenas *c.* 150-† entre 211 y 216). Presentó la verdad cristiana como la culminación de la filosofía («Platón iluminado por la Escritura»).

**CLEMENTE I** *(san),* papa [88-97], autor de una importante carta a la Iglesia de Corinto. – **Clemente III** (Paolo **Scolari**) [† Roma 1191], papa de 1187 a 1191, promotor de la tercera cruzada. – **Clemente IV** (Gui **Foulques**) [Saint-Gilles, Gard, fines s. XII-Viterbo 1268], papa de 1265 a 1268. Apoyó a Carlos de Anjou en Sicilia, contra Manfredo y Conradino. – **Clemente V** (Bertrand **de Got**) [¿nacido en Villandraut?-Roquemaure 1314], papa de 1305 a 1314. Trasladó la Santa Sede a Aviñón (1309) y abolió la orden de los templarios. – **Clemente VI** (Pierre **Roger**) [Maumont, Lemosín, 1291-Aviñón 1352], papa de 1342 a 1352. Convirtió su residencia en Aviñón en un magnífico palacio y protegió las artes. – **Clemente VII** (Roberto **de Ginebra**) [Ginebra 1342-Aviñón 1394], papa de Aviñón de 1378 a 1394. Su elección por parte de los cardenales que no reconocieron a Urbano VI provocó el gran cisma de occidente. – **Clemente VII** (Julián **de Médicis**) [Florencia 1478-Roma 1534], papa de 1523 a 1534, fue conocido por sus disputas con Carlos Quinto y con Enrique VIII de Inglaterra. Fue hecho prisionero en Roma por las tropas imperiales *(saco de Roma)* y se negó a autorizar el divorcio de Enrique VIII, lo que provocó el cisma anglicano. – **Clemente VIII,** antipapa → ***Muñoz*** (Gil). – **Clemente VIII** (Ippolito **Aldobrandini**) [Fano 1536-Roma 1605], papa de 1592 a 1605. Hizo editar la *Vulgata* (1592). – **Clemente XI** (Giovan Francesco **Albani**) [Urbino 1649-Roma 1721], papa de 1700 a 1721. Publicó la bula *Unigenitus* contra los jansenistas (1713). – **Clemente XIV** (Giovanni Vincenzo **Ganganelli**) [Sant'Arcangelo di Romagna 1705-Roma 1774], papa de 1769 a 1774. Suprimió la Compañía de Jesús.

**CLEMENTI** (Muzio), compositor y pianista italiano (Roma 1752-Evesham, Inglaterra, 1832). Fue uno de los creadores de la escuela moderna de piano. Vivió en Londres y escribió sonatas y sinfonías.

**CLEÓBULO,** personaje semilegendario, uno de los Siete sabios de Grecia.

**CLEOMENES,** nombre de tres reyes de Esparta. – **Cleomenes III** (235-222 a. J.C.) que intentó restaurar el poder espartano, pero fue derrotado por la coalición de la Liga aquea y de Macedonia.

**CLEOPATRA,** nombre de siete reinas de Egipto. La más famosa fue **Cleopatra VII** (Alejandría 69-*id.* 30 a. J.C.), reina de 51 a 30. Amada por César y después por Antonio, reinó en el Mediterráneo oriental. La derrota sufrida en Actium (31) significó el fin de su poder; se suicidó haciéndose morder por un áspid. Con ella acabó la dinastía de los Lágidas y la independencia del Egipto helenístico.

**CLERMONT-FERRAND,** c. de Francia, cap. de la región de Auvernia y del dep. de Puy-de-Dôme; 140 167 hab. Catedral gótica e iglesia románica. En 1095 se celebró en ella el concilio que decidió la primera cruzada.

**CLEVELAND,** c. de Estados Unidos (Ohio), a orillas del lago Erie; 505 616 hab. (1 831 122 en la aglomeración). Centro industrial. Museo (pintura).

**CLEVELAND** (Stephen Grover), político norteamericano (Caldwell, Nueva Jersey, 1837-Princeton 1908). Presidente demócrata de E.U.A. (1885-1889 y 1893-1897, se opuso al proteccionismo y a los grandes aparatos políticos.

**CLÉVERIS,** en alem. **Kleve,** en fr. **Clèves,** c. de Alemania (Renania del Norte-Westfalia); 45 325 hab. Capital de un antiguo ducado.

**CLINTON** (William Jefferson, llamado **Bill**), político norteamericano (Hope, Arkansas, 1946). Demócrata, fue fiscal general (1977-1979), gobernador de Arkansas (1979-1981 y 1983-1992) y presidente de E.U.A. (1993-2001). En 1999 fue absuelto por el senado de las acusaciones de perjurio y obstrucción a la justicia.

**CLÍO,** musa de la poesía épica y de la historia.

**CLÍSTENES,** estadista ateniense (segunda mitad del s. VI a. J.C.). Estableció nuevas divisiones territoriales que destruyeron el poder tradicional de las familias nobles (eupátridas) y orientaron definitivamente Atenas hacia la democracia.

**CLITEMNESTRA,** hija de Tíndaro, rey mítico de Esparta, y de Leda. Esposa de Agamenón y madre de Orestes, Ifigenia y Electra. Irritada por el sacrificio de Ifigenia, mató a su marido a su regreso de Troya con la complicidad de Egisto, su amante. Ambos fueron asesinados por su hijo Orestes.

**CLIVE DE PLASSEY** (Robert, *barón*), general y administrador británico (Styche, Shropshire, 1725-Londres 1774). Gobernador de Bengala (1765), instauró el poder británico en la India.

**Cloaca máxima,** el más antiguo colector de Roma, que iba desde el extremo meridional del Foro hasta el Tíber. Iniciado por Tarquino el Viejo, todavía existe.

**CLODIO** (Publio Apio), agitador romano (*c.* 93-52 a. J.C.). Tribuno de la plebe (58), famoso por su violencia, hizo desterrar a Cicerón y fue muerto por el tribuno Milón.

**CLODOMIRO** (*c.* 495-Vézeronce, Isère, 524), rey franco de Orleans [511-524], hijo de Clodoveo y de Clotilde. Murió luchando contra los burgundios.

**CLODOVEO I** o **CLOVIS** (465-París 511), rey de los francos [481/482-511], hijo de Childerico I. Venció a Siagrio en Soissons (486) y luego a los alamanes, los burgundios y los visigodos (Vouillé, 507). Fundador de la monarquía franca y rey único de la Galia, defendió el catolicismo y reunió un concilio en Orleans en 511. Tras su muerte, su reino fue dividido entre sus cuatro hijos. – **Clodoveo II** (635-657), rey de Neustria y de Borgoña [639-657], hijo de Dagoberto I. – **Clodoveo III** († *c.* 676), rey de los francos en 675. – **Clodoveo IV** (*c.* 681-695), rey de los francos [*c.* 691-695].

**CLOTARIO I** (*c.* 497-561), rey franco [511-561], hijo de Clodoveo. – **Clotario II** (584-629), rey de Neustria [584-629], rey único de los francos en 613, hijo de Chilperico I y de Fredegunda. Hizo matar a Brunilda, reina de Austrasia. – **Clotario III** († 673), rey de Neustria [657-673], hijo de Clodoveo II. – **Clotario IV** († 719), rey de Neustria [718-719], impuesto por Carlos Martel, quien lo enfrentó a Chilperico II.

**CLOTILDE** *(santa),* reina de los francos (*c.* 475-Tours 545), hija de Chilperico, rey de los burgundios, y esposa de Clodoveo I. Contribuyó a la conversión de su marido al catolicismo.

**CLOUET,** familia de pintores franceses de origen flamenco: **Jean** († París 1540/1541) estuvo al servicio de Francisco I. – Su hijo **François** (Tours *c.* 1505/1510-París 1572) fue pintor de Francisco I y de sus sucesores. Son notables sus retratos, de elegante realismo.

**CLUJ-NAPOCA,** ant. **Cluj,** en húngaro **Kolozsvár,** en alem. **Klausenbourg,** c. de Rumania, en Transilvania; 328 008 hab. Centro industrial y universitario. Monumentos góticos y barrocos. Museos.

**CLUNY,** mun. de Francia (Saône-et-Loire); 4 724 hab. En 910 se fundó una abadía benedictina, cuya actividad espiritual e intelectual irradió a todo el occidente cristiano en los ss. X-XIII (reforma cluniacense). La abadía románica de Cluny III (iniciada en 1088), el más vasto edificio de la cristiandad medieval, fue demolida en el s. XIX.

**CLYDE,** r. de Escocia que atraviesa Glasgow y desemboca en el mar de Irlanda en el *estuario (firth) de Clyde;* 170 km.

**C.M.T.,** siglas de Confederación mundial del trabajo.

**CNIDO,** ant. c. de Grecia, en Caria, célebre por su templo de Afrodita que albergaba la estatua de la diosa, obra maestra de Praxíteles, act. conocida por copias antiguas. Ruinas.

**CNOSOS** o **KNÓSOS,** principal ciudad de la Creta antigua (residencia del legendario rey Minos, que daría su nombre a la civilización minoica) ocupada por los micénicos en el s. XV a. J.C. Las excavaciones, iniciadas por Evans, descubrieron un vasto complejo palaciego, reconstruido varias veces entre el II milenio y 1600 a. J.C., fecha de las primeras pinturas murales.

**Cnosos:** *El pájaro azul.* Pintura mural; *c.* 1500 a. J.C. (Museo de Heraklion, Creta.)

**C.N.S.** (Central nacional sindicalista), organización de los sindicatos verticales españoles del franquismo, fundada en 1938. Agrupaba a obreros y empresarios bajo la supervisión del Movimiento. Fue disuelta en 1977.

**C.N.T.** (Confederación nacional del trabajo), organización sindical española fundada en Barcelona en 1910, a partir de Solidaridad obrera. Anarcosindicalista, tuvo gran incidencia hasta el final de la guerra civil (1939), y llegó a tener más de un millón de afiliados. Escindida en el exilio, perdió su influencia. Fue legalizada en 1977, pero se escindió y tras un pleito legal, la fracción mayoritaria adoptó el nombre de *Confederación general del trabajo (C.G.T.)* en 1989.

**COACALCO,** c. de México (México), en la zona suburbana de la cap. del país; 97 353 hab. Industrias.

**COAHUILA** *(estado de),* est. del N de México; 151 571 km$^2$; 1 972 340 hab. Cap. *Saltillo.*

**COALCOMÁN,** mun. de México (Michoacán); 17 191 hab. Centro agropecuario y minero (carbón, hierro).

**COAMO,** mun. de Puerto Rico, junto al *río Coamo;* 33 837 hab. Turismo *(Baños de Coamo).*

**COAÑA,** v. de España (Asturias); 4 014 hab. *(Coañeses.)* Restos de un poblado de la cultura de los castros.

**COAST RANGES** *(cordilleras costeras),* montañas de América del Norte que bordean el Pacífico, desde Columbia Británica hasta California.

**COATEPEC,** mun. de México (Veracruz); 50 631 hab. Agricultura. Industria alimentaria y textil.

**COATEPEC HARINAS,** mun. de México (México), junto al nevado de Toluca; 22 461 hab.

**COATEPEQUE,** mun. de El Salvador (Santa Ana), junto al *lago Coatepeque;* 21 388 hab. Pesca.

**COATEPEQUE,** mun. de Guatemala (Quezaltenango); 40 193 hab. Centro agrícola (plátanos, café).

**COATLICUE,** diosa azteca de la Tierra, madre de Huitzilopochtli, dios del Sol, y de las divinidades estelares. Era representada con falda de serpientes (a las que alude su otro nombre, *Cihuacóatl*), y con la cabeza descarnada. Su imagen más interesante es la estatua monolítica del museo arqueológico nacional de México.

**COATZACOALCOS,** ant. **Puerto México,** c. de México (Veracruz), en la desembocadura del *río Coatzacoalcos* (322 km); 254 233 hab. Pesca. Puerto de altura y cabotaje. Refinerías en Minatitlán de Pemex.

**COATZINTLA,** mun. de México (Veracruz); 32 054 hab. Chile, café, caña de azúcar. Ebanistería.

**C.O.B.,** siglas de Central obrera boliviana.

**COBÁ,** centro arqueológico maya en el Yucatán (Quintana Roo, México), de los ss. VII-XII, con grupos de construcciones enlazados por calzadas.

**COBÁN,** c. de Guatemala, cap. del dep. de Alta

**Clarín**
(P. Vicente - col. part., Madrid)

**Cleopatra VII**
(museo de Cherchell, Argelia)

Bill
**Clinton**

**Colbert**
(R. Nanteuil - palacio de Versalles)

Verapaz, en el valle del *río Cobán;* 46 705 hab. Fundada en 1538 por fray Bartolomé de Las Casas.

**COBBET** (William), político y publicista británico (Farnham 1762-Guildford 1835), jefe del radicalismo inglés.

**COBDEN** (Richard), economista y político británico (Dunford Farm 1804-Londres 1865). Propagador de ideas librecambistas, consiguió, en 1846, la supresión de las leyes sobre el trigo *(corn-laws).* Negoció el tratado de comercio franco-británico de 1860.

**COBENZL** (Ludwig), político austríaco (Bruselas 1753-Viena 1809). Ministro de Asuntos Exteriores (1800-1805), negoció el tratado de Lunéville (1801).

**COBEÑA** (Carmen), actriz española (Madrid 1869-*id.* 1963), intérprete destacada del teatro de Benavente.

**COBIJA,** c. de Bolivia, cap. del dep. de Pando, en la frontera con Brasil; 6 200 hab. Caucho.

**COBLENZA,** en alem. **Koblenz,** c. de Alemania (Renania-Palatinado), en la confluencia del Rin y el Mosela; 107 938 hab. Puerto fluvial. Iglesias medievales.

**COBO** (Bernabé), cronista y naturalista español (Lopera, Jaén, 1596-Lima 1657). Jesuita, en su *Historia del Nuevo Mundo* (1653) recogió información científica sobre Guatemala, Nicaragua y México.

**COBOS** (Francisco **de los**), funcionario español (Úbeda *c.* 1477-† 1547), secretario de Carlos Quinto. Gobernó de hecho en Castilla, especialmente en temas de Hacienda, y acumuló una gran fortuna gracias a la percepción del *derecho de Cobos,* un porcentaje sobre los metales del Potosí.

**Cobra** (de *Co*penhague, *Br*uselas, *A*msterdam), movimiento artístico que tuvo una gran influencia, pese a la brevedad de su existencia organizada (1948-1951). Exaltó, en oposición al arte oficial, todas las formas de creación espontánea (artes primitivas y populares, *art brut,* dibujos infantiles). Sus principales representantes fueron: el poeta belga Christian Dotremont y los pintores A. Jorn (danés), Alechinsky (belga), Karel Appel (neerlandés).

**COBRE (El),** localidad de Cuba (Santiago de Cuba), en la *sierra del Cobre;* 4 700 hab. Minas de cobre. Santuario de Nuestra Señora de la Caridad del Cobre (s. XVII), patrona de Cuba.

**COCA,** v. de España (Segovia); 1 995 hab. *(Caucenses.)* Murallas y castillo (s. XV). Iglesia de Santa María (gótico-renacentista, s. XVI). En las afueras, torre mudéjar de San Nicolás.

**COCANĀDA** → ***Kākināda.***

**COCENTAINA,** v. de España (Alicante); 10 567 hab. *(Contestanos.)* Palacio. Muralla. Restos arábigos.

**COCHABAMBA** *(departamento de),* dep. de Bolivia, en la Prepuna; 55 631 km²; 1 093 625 hab. Cap. *Cochabamba.*

**COCHABAMBA,** c. de Bolivia, cap. del dep. homónimo; 413 000 hab. Centro agrícola e industrial. Iglesias de San Francisco (s. XVI) y la Merced (s. XVII). Catedral y convento de Santo Domingo (s. XVIII).

**cochecito** *(El),* película española, realizada por Marco Ferreri (1960), con guión de Azcona, uno de los primeros exponentes del humor negro en el cine español.

**COCHIN,** c. y puerto de la India (Kerala), en la costa de Malabār; 1 139 543 hab. Antigua factoría portuguesa (1502-1663) y neerlandesa (1663-1795). Centro turístico e industrial.

**COCHINCHINA** o **NAM PHÂN,** parte meridional de Vietnam, que se extiende principalmente por el curso inferior y el delta del Mekong. Conquistada por los franceses (1859-1867), entró a formar parte de la Unión de Indochina en 1887 como colonia y fue anexionada a Vietnam en 1949.

**COCHINOS** *(bahía de),* bahía de Cuba (Matanzas), en la costa del Caribe. Escenario del fallido desembarco (en *playa Girón* y *playa Larga*) de opositores al régimen de Castro (17 abril 1961), con apoyo de E.U.A. y la C.I.A.

**COCHISE,** jefe apache de la tribu de los chiricahua (1812-1874). Junto con Jerónimo unificó la nación apache, y la organizó para resistir al acoso de los blancos. En 1856 firmó un tratado de paz.

**COCHRANE** (Thomas Alexander), *conde* **de Dundonald,** almirante británico (Annsfield, Lanarkshire, 1775-Kensington 1860). Apartado de la armada británica, luchó contra los españoles en Perú (1820), junto a los brasileños contra Portugal (1823-1825) y con los griegos contra Turquía (1827-1828). En 1830 se reincorporó a la armada británica.

**COCITO,** uno de los ríos de los infiernos de la mitología griega.

**COCKCROFT** (*sir* John Douglas), físico británico (Todmorden, Yorkshire, 1897-Cambridge 1967), autor, junto a E.T.S. Walton, de la primera transmutación de átomos mediante partículas aceleradas artificialmente. (Premio Nobel de física 1951.)

**COCLÉ** *(provincia de),* prov. de Panamá, a orillas del Pacífico; 5 035 km²; 164 500 hab. Cap. *Penonomé.*

**Coclé** *(cultura),* cultura precolombina de Panamá (Coclé, Herrera y Los Santos), de los ss. XIII-XV, de la que se encontraron momias, cerámica decorada y joyería de técnica y dibujos muy refinados.

**COCO,** r. de Nicaragua y Honduras, el más largo de Centroamérica que desagua en el Caribe (749 km).

**COCO** *(isla del),* isla de Costa Rica en el Pacífico, alejada de la costa; 30 km². Parque nacional.

**COCONUCOS,** sierra de Colombia (Huila y Cauca), en la cordillera Central; 4 756 m en el Puracé.

**COCORNÁ,** mun. de Colombia (Antioquia), avenado por el *río Cocorná;* 27 840 hab. Petróleo.

**COCOS** o **KEELING** *(islas),* archipiélago australiano del océano Índico, al SO de Java; 14 km²; 550 hab.

**COCTEAU** (Jean), escritor francés (Maisons-Laffitte 1889-Milly-la-Forêt 1963). Artista integral, además de poeta, novelista y dramaturgo, realizó películas (*La bella y la bestia,* 1946; *Orfeo,* 1950) y cultivó la coreografía del ballet (*El buey sobre el tejado,* 1920) y la pintura.

**COCULA,** mun. de México (Jalisco); 23 267 hab. Cultivos tropicales. Ganado vacuno. Cerámica. – Mun. de México (Guerrero), en la cuenca del río Balsas; 17 421 hab. Fábricas de azúcar y alcohol.

**COD** (*península del* **cabo**), en ingl. **Cape Cod,** península del NE de Estados Unidos (Massachusetts). Turismo. Parque nacional.

**CODAX** (Martín), trovador gallego del s. XIII, autor de poesías con notación musical.

**CODAZZI** (Agustín), explorador y geógrafo italiano (Lugo, Italia, 1793-Espíritu Santo, Colombia, 1859). Recorrió Colombia y Venezuela levantando mapas topográficos y explorando territorios. Publicó un atlas en 1841. Su labor fue continuada en Colombia por el *Instituto geográfico Agustín Codazzi* (fundado en 1935).

**Codelco** (Corporación nacional del cobre de Chile), holding estatal chileno que desde 1976 agrupa a las empresas estatales de la minería del cobre.

**CODERCH** (José Antonio), arquitecto español (Barcelona 1913-Espolla 1984). Realizó una síntesis personal entre la arquitectura popular mediterránea y las propuestas formales de las vanguardias. Fue miembro del C.I.A.M., del grupo R y del Team X.

**CODONA** (Alfredo), trapecista mexicano (Hermosillo 1893-Long Beach 1937). Formó, con su hermano **Lalo** (México 1896-† 1951) y con su primera esposa, **Lillian Leitzel** (1893-1931), un trío mundialmente famoso especializado en el triple salto mortal.

**COECKE** (Pieter), llamado **Van Aelst,** pintor, arquitecto y decorador flamenco (Aalst 1502-Bruselas 1550). Sus obras, pinturas religiosas, dibujos, cartones de tapices, evolucionaron del manierismo gótico al italianismo (contactos con Van Orley, estancia en Italia). Tuvo gran influencia como traductor de Vitrubio (1539) y de Serlio.

**coéforas** *(Las)* → ***Orestíada.***

**COELLO** (Augusto), escritor y político hondureño (Tegucigalpa 1884-San Salvador 1941), autor del himno nacional (1915) y del *Canto a la bandera* (1934).

**COELLO** (Claudio), pintor español de origen portugués (Madrid 1642-*id.* 1693), una de las máximas figuras de la escuela barroca madrileña. Pintor del rey (1683) y pintor de cámara (1686), asimiló las influencias flamenca y veneciana (*Jesús niño en la puerta del templo,* Prado, 1660; *La sagrada forma,* El Escorial, *c.* 1685; *La lapidación de san Esteban,* iglesia de los dominicos de Salamanca, 1693). Colaboró en la catedral de Toledo.

Claudio **Coello:** *La comunión de santa Teresa,* detalle. (Museo Lázaro Galdiano, Madrid.)

**COENEO,** mun. de México (Michoacán); 24 905 hab. Cereales, caña de azúcar y ajonjolí. Quesos.

**COETZEE** (John M.), escritor sudafricano en lengua inglesa (Ciudad de El Cabo 1940). Su obra trata de la violencia engendrada por los conflictos raciales (*Esperando a los bárbaros,* 1980; *Vida y época de Michael K.,* 1983).

**CŒUR** (Jacques), comerciante francés (Bourges *c.* 1395-Quíos 1456). Enriquecido con la especulación de metales preciosos, promovió el comercio con el mediterráneo oriental. Fue ennoblecido, pero despertó la hostilidad de sus enemigos y fue detenido en 1451. Huyó a Roma y, al servicio del papa, defendió Rodas contra los turcos.

**COFRENTES,** v. de España (Valencia); 815 hab. *(Cofrentinos.)* Central nuclear.

**COGNAC,** c. de Francia (Charente); 19 932 hab. Destilerías. Centro del comercio del coñac.

**COGOLLUDO,** v. de España (Guadalajara); 565 hab. *(Cogolludenses.)* Palacio renacentista (1492-1495). La iglesia parroquial alberga *El expolio,* de José de Ribera (*c.* 1630).

**Cogotas** *(Las),* estación arqueológica de los vetones (Cardeñosa, Ávila), posthallstática, perteneciente a la cultura de los castros.

**Cogull** o **Cogul** *(abrigo prehistórico de),* abrigo situado en la Roca de los Moros (mun. de Cogull, Lérida). Contiene pinturas rupestres del epipaleolítico (arte levantino) que representaban animales y hombres.

**C.O.I.** → ***Comité olímpico internacional.***

**COIHAIQUE,** c. de Chile, cap. de la región de Aisén del General Carlos Ibáñez del Campo; 43 139 hab. Productos lácteos. Aeropuerto.

**COIHUECO,** com. de Chile (Biobío); 22 951 hab. Cultivos mediterráneos. Productos lácteos.

**COIMBATORE,** c. de la India (Tamil Nadu); 1 135 549 hab.

**COIMBRA,** c. de Portugal, a orillas del Mondego; 96 142 hab. Universidad fundada en 1308 (edificio manuelino y barroco; biblioteca, s. XVII). Catedral románica (s. XII; transformada, s. XVI); monasterio de Santa Cruz (s. XVI). Museos. Al S, ruinas de la romana *Conimbriga*.*

**COÍN,** c. de España (Málaga), cab. de p. j.; 14 731 hab. *(Coinenses* o *coineños.)* Centro agropecuario.

**Cointrin,** aeropuerto de Ginebra (Suiza).

**COIPASA** *(salar de),* laguna salada de Bolivia (Oruro), en el Altiplano, a 3 680 m de alt.

**COJEDES** *(estado),* est. del N de Venezuela, en Los Llanos centrales; 14 800 km²; 193 774 hab. Cap. *San Carlos.*

**COJUTEPEQUE,** c. de El Salvador, cap. del dep. de Cuscatlán; 31 100 hab. Fue capital del estado de 1854 a 1858. — El *volcán de Cojutepeque* o *de Las Pavas* se eleva a 1 021 m.

**Colada,** una de las espadas del Cid Campeador.

**COLBERT** (Jean-Baptiste), estadista francés (Reims 1619-París 1683). Hombre de confianza de Mazzarino, fue secretario de Estado de la casa del rey (1668). Proteccionista, de ideas mercantilistas, racionalistas y tendentes a la centralización, ayudó a la industria y al comercio, multiplicando las manufacturas estatales. Reorganizó las finanzas, la justicia, la marina (fundó diversas compañías reales de colonización) y favoreció la emigración a Canadá. Apoyó las ciencias (fundó la Academia de ciencias y el observatorio de París). *[V. ilustración pág. 1231.]*

**COLBRÁN** (Isabela Ángela), cantante española (Madrid 1785-Castenaso, Bolonia, 1845). Soprano de grandes cualidades vocales y talento dramático, se casó con Rossini, quien escribió para ella numerosos papeles (Desdémona, Armida, Semíramis).

**COLCHESTER,** c. de Gran Bretaña (Essex); 82 000 hab. Universidad. Restos antiguos.

**Colectivismo agrario en España,** obra de Joaquín Costa (1898). El autor propugna el colectivismo, como alternativa al capitalismo y al comunismo, para resolver los problemas del campo español.

**Colegio de México,** institución cultural fundada en 1940, patrocinada por la Casa de España en México, el gobierno mexicano y otras entidades locales. Edita diversas obras culturales y revistas.

**COLEMAN** (Ornette), saxofonista y compositor de jazz norteamericano (Fort Worth 1930). Fue uno de los representantes del free jazz y transformó los principios de improvisación tradicionales.

**COLERIDGE** (Samuel Taylor), escritor y pensador británico (Ottery Saint Mary, Devon, 1772-Londres 1834), autor, junto con Wordsworth, de *Baladas líricas* (1798), que marcaban el inicio del romanticismo. Traductor de Schiller y crítico literario, evolucionó hacia una filosofía mística.

**COLETTE** (Sidonie Gabrielle), escritora francesa (Saint-Sauveur-en-Puisaye 1873-París 1954). Sus novelas tratan del amor y la naturaleza (*Claudina,* 1900-1903; *La vagabunda,* 1910; *El trigo verde,* 1923).

**COLHUACAN** → ***Culhuacán.***

**COLIGNY** (Gaspard), político francés (Châtillon-sur-Loing 1519-París 1572). Luchó en San Quintín contra los españoles (1557). Jefe de los protestantes franceses, fue asesinado en la matanza de la noche de san Bartolomé.

**COLIMA** *(estado de),* est. de México, en la planicie costera del Pacífico; 5 455 $km^2$; 428 510 hab. Cap. *Colima.* – En él se desarrolló, entre 400 y 1400 d. J.C., una cultura perteneciente a las culturas occidentales, que no construyeron grandes centros cultuales. En sus tumbas se han hallado figuras de cerámica que representan actividades o escenas cotidianas y rituales.

**COLIMA,** c. de México, cap. del est. homónimo; 142 844 hab. Situada al borde de la sierra Madre occidental, en el valle del *río Colima.* Centro agrícola y comercial. Fue fundada en 1523 con el nombre de Santiago de los Caballeros.

**COLINA,** com. de Chile (Santiago), en el valle Central; 52 522 hab. Balneario.

**COLINAS** (Antonio), poeta español (León 1946). Sus poemas se distinguen por su perfección formal y su hondo lirismo, y han sido reunidos en *Poesía 1967-1981.* Es también ensayista y novelista. (Premio nacional de poesía 1982.)

**Coliseo** o **anfiteatro Flavio,** anfiteatro de Roma, construido a fines del s. I d. J.C. Sus grandiosas proporciones (tenía capacidad para 100 000 espectadores) y la disposición de la fachada, que presenta los tres órdenes, influyeron profundamente en los arquitectos del renacimiento.

el **Coliseo** de Roma, s. I d. J.C.

**Collado de los Jardines,** santuario y poblado amurallado ibérico, cerca del desfiladero de Despeñaperros (Santa Elena, Jaén).

**COLLADO VILLALBA,** v. de España (Madrid), cab. de p. j.; 26 267 hab. En La Sierra.

**COLLANTES** (Francisco), pintor español (Madrid *c.* 1599-*id. c.* 1656). Discípulo de Carducho, se supone que trabajó en Nápoles, por la influencia de Ribera que se advierte en su obra (*San Jerónimo,* museo de Copenhague). Fue un gran paisajista.

**collar de la paloma** *(El),* tratado de amor del filósofo ibn Hazm (s. XI), cuadro sugestivo de la vida sentimental y sensual de la España musulmana.

**COLLEONI** (Bartolomeo), condotiero italiano (Solza 1400-Malpaga 1475), que sirvió tanto a Venecia como a Milán en la guerra que las enfrentaba. Su estatua ecuestre, en Venecia, es una obra maestra de Verrocchio.

**COLLINS** (Eileen), astronauta y militar norteamericana (Nueva York 1956). Fue la primera mujer en comandar una misión espacial de E.U.A.

**COLLINS** (Michael), político y jefe militar irlandés (Clonakilty, Cork, 1890-Bandon, Cork, 1922). Fue uno de los dirigentes del movimiento nacionalista Sinn Féin y presidente del gobierno provisional del Estado libre de Irlanda (1921), pero no pudo evitar la guerra civil, en la cual perdió la vida.

**COLLINS** (Wilkie), novelista británico (Londres 1824-*id.* 1889), autor de novelas de costumbres y policíacas (*La dama de blanco,* 1860; *La piedra lunar,* 1868).

**COLLINS** (William), poeta británico (Chichester 1721-*id.* 1759), autor de *Odas* (1747) en las que se revela como precursor del romanticismo.

**COLLIPULLI,** com. de Chile (Araucanía); 22 661 hab. Centro agrícola y minero (cobre, oro).

**COLLIURE,** en fr. **Collioure,** mun. de Francia (Pyrénées-Orientales); 2 775 hab. Tumba de A. Machado.

**COLLIVADINO** (Pío), pintor argentino (Buenos Aires 1869-*id.* 1945). Realizó frescos en la catedral de Montevideo y en el teatro Solís de Buenos Aires.

**COLLOR DE MELLO** (Fernando), político brasileño (Río de Janeiro 1949). Presidente de la república (1990), fue suspendido de sus funciones, acusado de corrupción, y obligado a dimitir (1992).

**COLMAN** (George), dramaturgo británico (Londres 1762-*id.* 1836), autor de comedias (*John Bull,* 1803).

**COLMAR,** c. de Francia, cap. del dep. de Haut-Rhin, a orillas del Lauch; 64 889 hab. Capital histórica de la Alta Alsacia. Iglesias y casas medievales.

**COLMEIRO** (Manuel), jurisconsulto, historiador y economista español (Santiago de Compostela 1818-Madrid 1894). Uno de los fundadores del derecho administrativo, fue historiador del derecho y la economía.

**colmena** *(La),* novela de C. J. Cela (1951). En el Madrid de posguerra, la gran «colmena» urbana está llena de personajes miserables y tristes, frustrados en sus vidas y esperanzas. La obra se inscribe en la línea de la tradición realista.

**COLMENAR DE OREJA,** c. de España (Madrid); 5 206 hab. *(Colmenaretes.)* Centro de interés artístico (plaza mayor, iglesias).

**COLMENAR VIEJO,** v. de España (Madrid), cab. de p. j.; 24 702 hab. *(Colmenareños.)* Iglesia gótico-renacentista (s. XVI).

**COLOCOLO,** caudillo araucano († batalla de Quipeo 1560). Se opuso a la conquista española y, junto con Caupolicán, venció en Tucapel. Derrotado a su vez en 1559, firmó un tratado de paz con los españoles. Volvió a levantarse, y murió en combate.

**COLOCOTRONIS** o **KOLOKOTRÓNIS** (Theodhoros), político griego (Ramavuni, Mesenia, 1770-Atenas 1843) y jefe militar de la guerra de independencia (1821-1831).

**COLOM** (Joanot), artesano mallorquín (nacido en Felanitx-Palma de Mallorca 1523). Líder de la germanía de Mallorca (1521), fue derrotado y ejecutado.

**COLOMA** (Luis), escritor español (Jerez de la Frontera 1851-Madrid 1914). Jesuita, en su novela *Pequeñeces* (1891) criticó a la aristocracia madrileña. (Real academia 1908.)

**COLOMBA,** mun. de Guatemala (Quezaltenango); 29 723 hab. Café y caña de azúcar. Ganadería.

**COLOMB-BÉCHAR** → ***Bechar.***

**COLOMBES,** c. de Francia (Hauts-de-Seine), a orillas del Sena; 79 058 hab. Estadio.

**COLOMBIA,** estado de América del Sur; 1 140 000 $km^2$; 42 321 361 hab. *(Colombianos.)* CAP. *Bogotá.* LENGUA OFICIAL: *español.* MONEDA: *peso colombiano.*

GEOGRAFÍA

Situada en el N de la región andina, con fachadas al Pacífico y al Caribe, la compleja morfología de su territorio da lugar a una gran diversidad regional. Los Andes forman tres grandes ramales paralelos, orientados en dirección N-S: cordillera Occidental, hacia el Pacífico; cordillera Central (nevado del Huila, 5 750 m), flanqueada por los valles de los ríos Cauca y Magdalena, y cordillera Oriental, entre el valle del Magdalena y Los Llanos, donde se encuentra el altiplano o sabana de Bogotá. En la región del Caribe se encuentra la sierra Nevada de Santa Marta (5 775 m en el pico de Cristóbal Colón), aislada del sistema andino. Los Llanos orientales comprenden amplias sabanas que forman parte de la cuenca del Orinoco (con sus afl. Arauca y Meta) y del Amazonas (recorrido por el Guainía, el Vaupés, el Caquetá y el Putumayo). La población se caracteriza por su alto ritmo de crecimiento y por su juventud (el 67 % del total tiene menos de 30 años). Destaca asimismo el rápido aumento de la población urbana: Bogotá, Medellín, Cali y Barranquilla albergan casi la tercera parte de la población del país, mientras algunas zonas de la Orinoquia y la Amazonia presentan densidades menores a 1 hab./$km^2$. El sector agropecuario constituye aún la base de la economía: café (principal rubro de exportación), arroz, caña de azúcar, papa, yuca, plátano; también es importante la floricultura. La ganadería vacuna se asienta en Los Llanos y el valle del Magdalena. La pesca se ha potenciado a partir de los años sesenta, pero sus recursos, tanto fluviales como marítimos, están subexplotados. Entre los productos mineros revisten especial importancia los energéticos: carbón (con reservas estimadas en un 40 % de las de América latina), petróleo (30 % del valor de las exportaciones) y gas natural. Asimismo cabe destacar la producción de esmeraldas (primer productor mundial), metales preciosos (oro, plata y platino), hierro, níquel y uranio. La industria genera en la actualidad una quinta parte del P.I.B. y abarca ramas tradicionales (textil, alimentaria), junto a otras como la metalmecánica, química (abonos), etc. El abandono en los años ochenta de los sistemas de protección y estímulo a la producción industrial, y la orientación de los recursos hacia los sectores de exportación y de estructura financiera, provocó un rápido crecimiento del sector terciario y una disminución relativa de la aportación industrial al P.I.B. El sector financiero pasó a controlar directamente el funcionamiento de las empresas, se abandonaron sectores productivos de menor rentabilidad y (desde el punto de vista de la creación de infraestructuras) áreas geográficas económicamente marginales. También el flujo de dinero negro procedente del narcotráfico impactó en la economía colombiana. Colombia, integrada en el grupo Andino, firmó con Venezuela y México (1994) un acuerdo de creación de un mercado común de libre comercio (Grupo de los Tres, G-3). En los años noventa se abrió el mercado nacional con facilidades a las inversiones extranjeras. El comercio exterior muestra una fuerte dependencia de la exportación de recursos naturales (en especial del café, pero también de los hidrocarburos) y de la importación de materias primas destinadas a la industria y de bienes manufacturados para el consumo. E.U.A. es el receptor del 40 % de las exportaciones y el suministrador del 36 % de las importaciones.

HISTORIA

***El poblamiento precolombino.*** Hacia 1500 el actual territorio colombiano albergaba una numerosa población indígena, diversificada, que alcanzaba sus niveles mayores de desarrollo en los casos de los chibchas o muiscas, en las tierras altas de la cordillera oriental andina, los quechua, los tairona, en la costa del nordeste caribeño, los cenúes en las sabanas del norte, los araucos, los guajiros y los quimbayá, en el curso medio del Cauca.

***Conquista y colonización.*** 1501: se inició el descubrimiento con las exploraciones de Rodrigo de Bastidas. 1525-1534: las fundaciones de Santa Marta y Cartagena de Indias emprendieron la conquista de la faja caribeña; las fundaciones de Popayán y Cali (1536) y de Santa Fe de Bogotá (1538) completaron la conquista del interior. El territorio conquistado se organizó como Nueva Granada o Nuevo Reino de Granada, con centro en Santa Fe, donde se instituyó la real audiencia (1549); la explotación del oro en las sierras, la ganadería en los valles bajos y el tabaco, el algodón y la caña de azúcar en las tierras medias caracterizó la economía de la colonia, que incluyó también la fabricación manufacturera en la región oriental. 1717: constitución del virreinato de Nueva Granada, que incluía el territorio colombiano, Panamá, Venezuela y el reino de Quito, suprimido en 1723, fue definitivamente reinstaurado en 1729, con capital en Santa Fe. 1780-1781: insurrección de los Comuneros de Nueva Granada, antecedente del movimiento de emancipación.

***La independencia.*** 1808-1810: la ocupación francesa de España promovió los primeros intentos de autogobierno, que culminaron en la rebelión de Quito y el pronunciamiento de Camilo Torres en Santa Fe (1809), que propagó la insurrección. 1810: destitución del virrey por la junta suprema de Nueva Granada. 1811-1815: la constitución de la república de Cundinamarca supuso el primer estado independiente, inmediatamente en crisis por el enfrentamiento entre aquélla y el resto de las provincias colombianas, agrupadas en la Federación. 1814: Bolívar, nombrado capitán general de la Federación, sometió Cundinamarca, pero se enfrentó a la disidencia de Cartagena de Indias. 1815-1818: reconquista del territorio colombiano por el realista Morillo. 1818: la victoria de Santander en Casanare abre la nueva ofensiva emancipadora, que culminó con la victoria de Bolívar en Boyacá (7 ag. 1819).

***La república de la Gran Colombia.*** 1819: Bolívar proclamó la conversión del antiguo virreinato en República de la Gran Colombia. 1821: el congreso de Cúcuta promulgó una constitución unitaria, que dividió la república en tres departamentos, Colombia, Ecuador y Venezuela. 1821-1826: Santander asumió el gobierno efectivo tras la marcha de Bolívar hacia Ecuador, e impulsó una política liberal rechazada por Bolívar, que proclamó la dictadura (1828). 1829-1830: las secesiones de Venezuela y Ecuador determinaron el fin de la República de la Gran Colombia y la configuración básica de los límites de la actual Colombia.

***Del liberalismo a la rebelión democrática.*** 1831: la convención de Bogotá proclamó la República de Nueva Granada y abrió una primera fase de hegemonía liberal con las presidencias de López Obando (1831-1832) y Santander (1832-1837). 1837-1849: primera reacción antiliberal durante las presidencias de Márquez, Herrán y Mosquera, con la promulgación de la constitución centralista de 1834, y la organización del partido conservador por Mariano Ospina Rodríguez. 1848: la ley de libre cambio aproximó las «sociedades democráticas», promovidas por los artesanos, partidarios del proteccionismo, a la oposición liberal. 1849-1854: el liberalismo regresó al poder con López, apoyado por los artesanos, la presión del movimiento democrático dividió al liberalismo entre «gólgotas», moderados, y «draconianos», radicales. 1853: Obando regresó a la presidencia con el apoyo «draconiano». Ante la reacción unida de conservadores y «gólgotas», el general Melo y las sociedades democráticas iniciaron una rebelión, vencida por los ejércitos de Mosquera y López (1854).

***La reforma liberal.*** 1855-1861: la derrota del partido democrático abrió paso a un nuevo periodo conservador, marcado por la fragmentación del poder, que se expresó en la constitución de la Confederación Granadina (1858). 1860-1861: Mosquera se sublevó, derrotó a los conservadores y asumió la jefatura del Partido liberal. 1861-1867: Mosquera impulsó la reforma liberal, definitivamente limitada al ámbito económico, a la desamortización y al tradicional anticlericalismo; la convención de Rionegro (1861) refrendó el sistema confederal del estado, que pasó a denominarse Estados Unidos de Colombia. 1872-1882: la hegemonía liberal, apoyada en la expansión de la economía exportadora, se resintió por la fragilidad de ésta y la debilidad del estado. El presidente Núñez (1882-1884), apoyado por los conservadores y un sector disidente del liberalismo, propugnó una «regeneración».

***La república aristocrática.*** 1884-1886: Núñez, reelegido, impulsó la reforma constitucional, que estableció un estado unitario, con un poder ejecutivo fuerte, y restableció las relaciones con la Iglesia, que fue indemnizada por la desamortización. 1893-1900: la alianza «nacional-conservadora» propiciada por Núñez derivó hacia una dictadura de hecho, que desembocó en una cruenta guerra civil entre liberales y conservadores, la guerra de los Mil días (1899-1903). Estados Unidos aprovechó las disidencias internas colombianas para promover la secesión de Panamá (1903). 1904-1909: la dictadura del general Reyes significó el fin del régimen de la «regeneración». 1909-1930: una coalición de elementos liberales y conservadores integrados en la Unión republicana depuso a Reyes y abrió una nueva etapa, significada por la reducción de los poderes presidenciales en beneficio del parlamento y la expansión de la economía cafetalera, que proporcionó una base más sólida al modelo exportador colombiano.

***Del populismo a la reacción conservadora.*** 1934-1945: la primera presidencia del liberal López Pumarejo (1934-1938) impulsó un programa populista y de fomento del mercado interno apoyado por los sindicatos; en su segundo mandato (1942-1945) la política populista entró en crisis y el liberalismo se dividió; emergió una izquierda liderada por Jorge Eliecer Gaitán. 1946: la división liberal propició el retorno de los conservadores al poder con Ospina Pérez (1946-1950). 1948: el asesinato de Gaitán motivó una revuelta popular, el *bogotazo*, reprimida por el ejército. 1949: el partido comunista inició la insurrección guerrillera. 1953: el general Rojas Pinilla derrocó al conservador Laureano Gómez e instauró una dictadura militar, pero no pudo acabar con la guerrilla.

***De la república oligárquica a la nueva constitución.*** 1958-1970: el pacto de «frente nacional» entre conservadores y liberales promovió el fin de la dictadura militar, sustituida por un sistema político dominado por la alternancia preestablecida de ambos partidos en el poder. 1970-1982: el fin del pacto mantuvo, con todo, la hegemonía de ambos grupos tradicionales; la guerrilla se recrudeció con la aparición de nuevos grupos de orientación castrista, maoísta o nacionalista, como el M-19. 1982-1986: el conservador Belisario Betancur impulsó una política de pacificación. 1985: el asalto del M-19 al palacio de Justicia (1985) interrumpió temporalmente las negociaciones con los grupos guerrilleros, que fueron reanudadas por Virgilio Barco (1986-1990), durante cuyo mandato se agravó un nuevo frente de violencia: el del narcotráfico. 1990-1994: el liberal César Gaviria cerró el acuerdo final con la mayor parte de la guerrilla, mantuvo la lucha con el narcotráfico y convocó una Asamblea constituyente, que redactó una nueva constitución, aprobada por referéndum (1991). 1994: el liberal Ernesto Samper fue elegido presidente de la república. 1998: victoria del Partido liberal en las elecciones legislativas. El conservador Andrés Pastrana fue elegido presidente de la república e inició negociaciones con la guerrilla. 2000: E.U.A. impulsó un programa de ayuda destinado a la lucha antidroga. 2001: A. Pastrana reanudó las conversaciones con la guerrilla.

**INSTITUCIONES**

La constitución aprobada en 1991 mantiene un régimen presidencialista. El presidente es elegido por sufragio universal para un mandato de cuatro años. El congreso se compone de cámara de los diputados y senado. La reforma de 1991 introdujo las figuras del vicepresidente, el fiscal general y el defensor del pueblo.

**LITERATURA**

– *Literatura colonial:* H. Domínguez Camargo, J. Rodríguez Freyle, Sor F. J. del Castillo.
– *S. XIX.* Romanticismo; poesía: G. Gutiérrez González, J. Arboleda, J. J. Ortiz, J. E. Caro, R. Pombo. Novela: J. Isaacs. Posromanticismo; poesía: E. Mejía, Candelario Obeso. Costumbrismo y realismo en la narrativa: E. Díaz, R. Silva, J. M. Marroquín, F. Pérez, T. Carrasquilla. Teatro: S. Pérez, J. Caicedo Rojas, C. Franco y Vargas, F. Rivas Frade, A. León Gómez. Ensayo: R. J. Cuervo, M. F. Suárez, B. Sanín Cano.
– *Fines s. XIX y comienzos s. XX.* Transición hacia el modernismo: I. E. Arciniegas, A. Gómez Restrepo. Modernismo; poesía: J. Asunción Silva, G. Valencia. Prosa: J. M. Vargas Vila. Poetas próximos al parnasianismo y al simbolismo: I. López (Cornelio Hispano), Max Grillo, M. A. Osorio (Porfirio Barba Jacob).
– *S. XX.* Poesía desde 1920; grupo de vanguardia en torno a las revistas *Los nuevos* y *Piedra y cielo:* L. de Greiff, R. Maya, R. Vázquez, C. Martín, E. Carranza, T. Vargas Osorio, J. Rojas, D. Samper. Grupo de la revista Mito y poetas nadaístas: J. Escobar Jaramillo (X-504), J. Gaitán Durán, C. Cote Lamus, A. Mutis, F. Charry Lara, C. Castro Saavedra, J. Ibáñez. Poesía social: J. M. Arango, E. Torres, R. Henao. Promociones posteriores: E. Escobar, J. Mario, M. Rivero, J. G. Cobo Borda. Narrativa: J. E. Rivera. Continuadores del costumbrismo y el naturalismo: A. Cardona Jaramillo, E. Caballero Calderón. Narrativa surgida hacia 1955, en torno a la revista *Mito*: M.

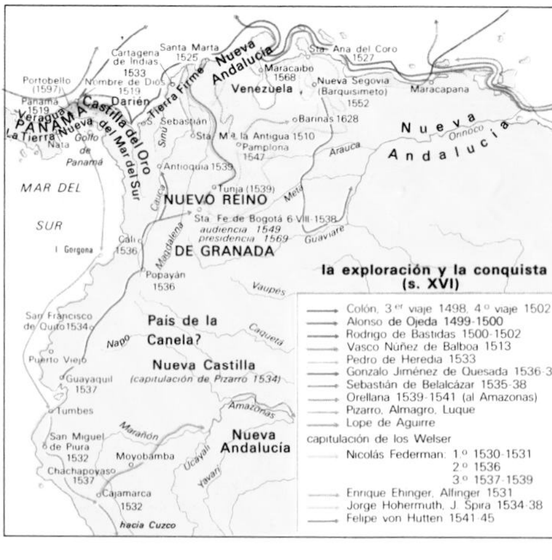

Mejía Vallejo, M. Zapata Olivella. J. Zalamea, A. Cepeda Zamudio, A. Mutis, G. García Márquez. Narradores posteriores: F. Buitrago, F. Cruz Kronly, P. Apuleyo Mendoza, J. Manrique Ardila, A. Caicedo, L. Fayad, etc. Teatro: A. Meza Nicholls, L. E. Osorio, E. Buenaventura, S. García, O. Díaz Díaz, G. Andrade Rivera, C. Duplat, A. Alepe, A. Triana. Ensayo: L. López de Mesa, C. Arturo Torres, G. Arciniegas, R. Gutiérrez Girardot, J. Umaña Bernal, H. Valencia Goelkel, E. Volkening, E. Araujo, etc.

BELLAS ARTES

***Principales ciudades de interés artístico y arqueológico.*** Bogotá, Cartagena de Indias, Parque arqueológico de San Agustín (Neiva), Popayán, Tunja, Villa de Leiva.

***Artistas célebres.*** *S. XVII.* Pintura: F. del Pozo, A. de Narváez, A. de Medoro, A. Acero de la Cruz, G. De Figueroa, G. Vázquez. Escultura: I. García Escucha.
– *S. XVIII.* Pintura: A. de Callejas, P. Caballeros, F. Sandoval.
– *S. XIX.* Pintura: A Santa María.
– *S. XX.* Pintura: J. Gómez Jaramillo, A. Jaramillo, P. Nel Gómez, M. Ospina, E. Ramírez Villamizar, A. Obregón, F. Botero, P. Alcántara, F. Ángel, D. Morales, J. C. Uribe, S. Cárdenas, J. Cárdenas, C. García, L. Villegas, M. Hernández, D. Manzur, C. Granada, O. Rayo, L. Caballero. Escultura: E. Negret, C. Rojas, M. T. Pardo, R. Vayda, A. Díaz, J. A. Vanegas, A. Uribe, F. Botero. Arquitectura: G. Serrano, G. Samper, A. García, L. Esguerra, E. Herrera, C. Morales, E. Gómez Grau, A. Botero, C. Campuzano, P. Gómez, R. Salmona, F. Martínez Sanabria, G. Bermúdez.

MÚSICA

– *Época del virreinato:* J. de Cascante, J. de Herrera, C. de Lugo (notables contrapuntistas).
– *S. XIX:* J. A. de Velasco, N. Quevedo Rachadel, J. J. Guarín, J. J. Osorio, J. M. Ponce de León.
– *S. XX:* G. Uribe Holguín, G. Escobar, A. Mejía, G. Espinosa y A. M. Valencia (tendencia nacionalista). R. Pineda Luque y F. González Zuleta (dodecafonistas). *[V. anexo cartográfico.]*

**Colombina,** personaje de la commedia dell'arte, graciosa y de carácter vivo.

**colombina** *(biblioteca),* biblioteca de Sevilla que Hernando, hijo de Cristóbal Colón, legó al cabildo de la catedral en el s. XVI, y que actualmente está especializada en estudios referentes a Colón y a la conquista de América.

**COLOMBO,** en cingalés, **Kolamba,** c., cap. y puerto de Srī Lanka, en la costa SO de la isla; 623 000 hab. En ella se firmó el *plan de Colombo* (1950-1951) para el desarrollo de los países de Asia y el Pacífico.

**Colombo**

**COLÓN,** pico de Colombia, en la sierra Nevada de Santa Marta; 5 780 m de alt.

**COLÓN** *(archipiélago de)* → ***Galápagos*** (islas).

**COLÓN** *(departamento de),* dep. de Honduras, a orillas del Caribe; 8 875 km²; 149 677 hab. Cap. *Trujillo.*

**COLÓN** *(provincia de),* prov. de Panamá, a orillas del Caribe; 4 961 km²; 163 100 hab. Cap. *Colón.*

**COLÓN,** c. de Panamá, cap. de la prov. homónima, en la costa del Caribe, junto a la entrada del canal de Panamá; 140 908 hab. Es una de las principales zonas de libre comercio del mundo.

**COLÓN,** dep. de Argentina (Córdoba), en la aglomeración urbana de Córdoba; 125 420 hab. Cab. *Jesús María.* – Dep. de Argentina (Entre Ríos), a orillas del Uruguay; 55 250 hab. Unido por un puente a Paysandú (Uruguay). – Partido de Argentina (Buenos Aires); 21 229 hab. Central eléctrica.

**COLÓN,** mun. de Cuba (Matanzas); 61 304 hab. Industria del tabaco, textil y alimentaria.

**COLÓN,** mun. de México (Querétaro); 28 036 hab. Minas de oro, plata y antimonio.

**COLÓN** *(familia),* familia entre cuyos miembros destaca Cristóbal Colón*. – **Bartolomé,** cartógrafo y navegante genovés (Génova *c.* 1461-Santo Domingo 1514), hermano de Cristóbal, fue primer adelantado de las Indias (1495), fundó Santo Domingo (1496) y participó en el cuarto viaje de su hermano. – Su hermano menor, **Diego** (Génova *c.* 1465-Sevilla 1515), fue gobernador de La Española (1494) y de La Isabela. Enviado a España en 1500 con sus hermanos, ingresó en la carrera eclesiástica. – **Diego** (Lisboa o Porto Santo *c.* 1478-Puebla de Montalbán 1526), hijo de Cristóbal y de Felipa Moniz, fue gobernador de Indias (1508). El consejo real limitó sus funciones a las islas descubiertas por su padre. Enfrentado con la corona, fue reclamado a España en 1515 y 1520. – **Hernando** (Córdoba 1488-Sevilla 1539), cosmógrafo y bibliófilo, hijo natural de Cristóbal, escribió *Historia del almirante don Cristóbal Colón.* – **Luis** (1520-Orán 1572), nieto de Cristóbal e hijo de Diego, fue capitán general de Santo Domingo (1540-1551).

**COLÓN** (Cristóbal), navegante genovés al servicio de Castilla (¿Génova 1451?-Valladolid 1506). En 1476 se instaló en Lisboa, donde por la familia de su esposa, Felipa Moniz, entró en contacto con las grandes empresas descubridoras de Portugal. Recogiendo las ideas de Toscanelli sobre la esfericidad de la tierra, elaboró un proyecto de alcanzar el oriente navegando hacia occidente. Rechazado por Juan II de Portugal, lo ofreció a los Reyes Católicos (1487), que no lo aceptaron hasta 1492. En las Capitulaciones de Santa Fe (1492) Colón obtuvo los títulos de virrey y almirante y la décima parte de las riquezas que obtuviera. La expedición, organizada con la ayuda de los hermanos Pinzón, partió de Palos de Moguer el 3 de agosto de 1492, con tres naves, la Pinta, la Niña y la Santa María, y el 6 de setiembre hizo escala en Canarias. El 12 de octubre desembarcó en Guanahaní, que bautizó como San Salvador, y más tarde en La Española. A su regreso fue recibido por los Reyes Católicos en Barcelona. En su segundo viaje (1493-1496) llegó a las Pequeñas Antillas, Puerto Rico y Jamaica y fundó La Isabela, en La Española. En el tercero (1498-1500) descubrió la costa continental en la desembocadura del Orinoco y las islas de Trinidad y Cubagua, antes de ser repatriado a España por los enfrentamientos originados por su actuación como virrey. En un cuarto viaje (1502), descubrió la costa entre Honduras y Panamá. Murió con la convicción de que esas tierras correspondían a Asia.

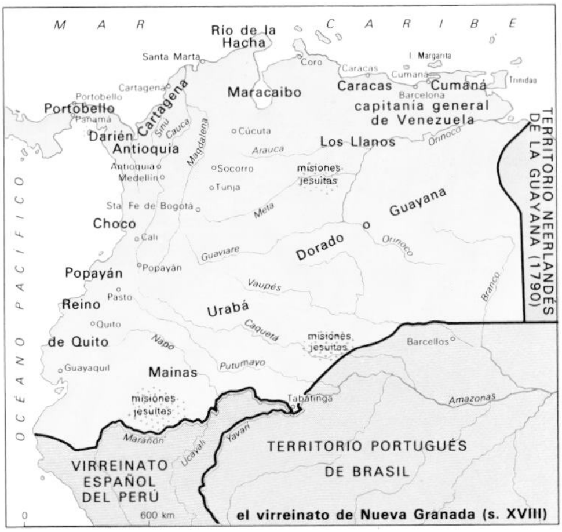


COLOMBIA: EVOLUCIÓN HISTÓRICA

**Colón** *(teatro),* teatro lírico y sala de conciertos de Buenos Aires, inaugurado en 1908 (edificio de V. Meano y J. Dormal). Es sede estable de dos orquestas y de un cuerpo de baile.

**COLONIA** o **LA COLONIA** *(departamento de),* dep. de Uruguay, al SO del país; 6 106 km²; 112 348 hab. Cap. *Colonia del Sacramento.*

**COLONIA,** en alem. **Köln,** c. de Alemania (Renania del Norte-Westfalia), a orillas del Rin; 946 280 hab. Centro administrativo, cultural, financiero, comercial e industrial. Iglesias restauradas, de las épocas otónica y románica. Grandiosa catedral gótica (1248-s. XIX). Museos (romano-germánico, Wallraf-Richartz, etc.). Fue campamento romano (s. I d. J.C.) y capital de los francos del Rin (s. V). En el s. XIII se convirtió en ciudad libre imperial, y su arzobispo elector tuvo un papel determinante en el Sacro imperio. La ciudad quedó destruida por los bombardeos de los aliados durante la segunda guerra mundial. *(V. ilustración pág. 1236.)*

**COLONIA (de),** familia de arquitectos y escultores de origen alemán, activos en Castilla en los ss. XV-

Cristóbal **Colón**
(museo de Cluny, París)

**Colonia:** la orilla del Rin y la torre de la iglesia de San Martín (al fondo, la catedral)

XVI. – **Juan,** arquitecto, documentado en Burgos entre 1440 y 1481, fue maestro mayor de la catedral (flechas de las torres, capillas). Es una de las principales figuras del gótico flamígero en Castilla. – Su hijo **Simón,** arquitecto y escultor, documentado entre 1450 y 1502, trabajó en la catedral de Burgos y fue maestro mayor de la de Sevilla.

**COLONIA DEL SACRAMENTO,** c. de Uruguay, cap. del dep. de Colonia, en el Río de la Plata; 19 077 hab. Activo puerto y aeropuerto. Fundada en 1680 como factoría (Colonia del Sacramento*).

**COLONIA INDEPENDENCIA,** distr. de Paraguay (Guairá); 31 145 hab. Mercado agrícola. Madera.

**COLONIAS (Las),** dep. de Argentina (Santa Fe); 86 025 hab. Industrias del papel y de la madera.

**COLONNA,** familia romana entre cuyos miembros se cuentan un papa (Martín V), cardenales y condotieros, del s. XIII al s. XVII.

**Coloquios familiares,** obra de Erasmo, serie de diálogos (escritos en latín) contra las imposturas y las supersticiones de su tiempo (1518).

**COLORADO,** r. de Argentina, que desemboca en el Atlántico, al S de Bahía Blanca; 860 km.

**COLORADO** *(río),* r. de América del Norte, que nace en las Rocosas (E.U.A.), atraviesa las áridas *mesetas del Colorado,* y desemboca en el golfo de California (México); 2 250 km. Una parte de su curso está encajado entre profundos cañones (*Gran Cañón del Colorado,* parque nacional). – R. de Estados Unidos (Texas), que desemboca en el golfo de México; 1 560 km.

**COLORADO,** estado de Estados Unidos, en las Rocosas; 270 000 km$^2$; 3 294 394 hab. Cap. *Denver.*

**colorado** *(Partido),* nombre por el que se conoce la **Asociación nacional republicana,** partido político fundado en Paraguay en 1887. Se mantuvo en el poder desde 1954, bajo la presidencia del general Stroessner. Éste fue destituido en 1989 por el general A. Rodríguez, también del Partido colorado, que ocupó la presidencia hasta 1993, en que le sucedió J. C. Wasmosy, del mismo partido.

**colorado** *(Partido),* partido político uruguayo, liberal, oponente del Partido blanco. Principal partido después de las guerras civiles (1838-1851), ocupó la presidencia en 1865-1958 y desde 1966. Fue ilegalizado por la dictadura militar, de 1976 a 1982. Su líder J. M. Sanguinetti fue presidente de la república (1985-1989 y desde 1995).

**COLORADO SPRINGS,** c. de Estados Unidos (Colorado); 281 140 hab. Centro turístico. Academia y base del ejército del aire norteamericano.

**COLORADOS** *(cerro),* pico andino, en la frontera entre Argentina (Catamarca) y Chile; 6 053 m.

**CÓLQUIDA,** ant. región del Asia Menor, en la costa oriental del Ponto Euxino (mar Negro), adonde fueron los argonautas a buscar el vellocino de oro.

**COLTA,** cantón de Ecuador (Chimborazo), en la Hoya del Chanchán; 55 031 hab. Cab. *Cajabamba.*

**COLTRANE** (William John), saxofonista de jazz norteamericano (Hamlet, Carolina del Norte, 1926-Huntington 1967). Su estilo vehemente influyó en los mejores representantes del free jazz.

**COLUCCINI** (Juan Bautista), jesuita y arquitecto italiano (nacido en Lucca-Bogotá 1641), activo en Colombia (iglesias de san Ignacio y Fontibón de Bogotá).

**COLUMBA** o **COLOMBA** *(san),* monje irlandés (Galtan, Donegal, c. 521-en la isla de Iona 597). Abad de Iona, evangelizó Escocia.

**COLUMBANO** o **COLOMBANO** *(san),* monje irlandés (en Leinster c. 540-Bobbio 615). Fundó numerosos monasterios en el continente (Luxeuil, c. 590; Bobbio, 614).

**COLUMBIA,** ant. **Oregón,** r. de América del Norte, que nace en las Rocosas canadienses, corta la *meseta de Columbia* y desemboca en el Pacífico, pasado Portland; 1 930 km. Instalaciones hidroeléctricas.

**COLUMBIA** *(distrito de),* distrito federal de Estados Unidos, entre Maryland y Virginia; 175 km$^2$; 606 900 hab. Cap. *Washington.*

**COLUMBIA,** c. de Estados Unidos, cap. de Carolina del Sur; 98 052 hab.

**Columbia** *(universidad),* universidad norteamericana situada en Nueva York, fundada en 1912.

**COLUMBIA BRITÁNICA,** en ingl. **British Columbia,** prov. del O de Canadá, junto al Pacífico; 950 000 km$^2$; 3 282 061 hab. Cap. *Victoria.* Explotación maderera y minería. Instalaciones hidroeléctricas para el desarrollo industrial.

**Columbia broadcasting systems** → *CBS.*

**COLUMBRETES,** pequeño archipiélago de España, frente a la costa de Castellón.

**COLUMBUS,** c. de Estados Unidos, cap. de Ohio; 632 910 hab. (1 377 419 en la aglomeración). – C. de Estados Unidos (Georgia); 178 681 hab. Galería de bellas artes.

**COLUMELA,** escritor latino del s. I, nacido en Cádiz, autor de *Sobre la agricultura,* tratado clásico sobre la ciencia agraria.

**COLUMNAS DE HÉRCULES,** nombre dado en la antigüedad al monte Calpe (Gibraltar, Europa) y al promontorio de Abila (África), situados a ambos lados del estrecho de Gibraltar.

**COLVIN** (Marta), escultora chilena (Chillán 1917). Su interés por los mitos y monumentos de las civilizaciones andinas precolombinas se refleja en su obra de tendencia abstracta.

**COMAGENE,** ant. país del NE de Siria, reino helenístico independiente en el s. II a. J.C. Cap. *Samosata.* Los romanos impusieron su protectorado (64 a. J.C.).

**COMALA,** mun. de México (Colima); 15 823 hab. Mercado cafetero. Central eléctrica.

**COMALAPA,** mun. de Guatemala (Chimaltenango); 11 362 hab. Centro comercial. Tejidos de algodón.

**COMALCALCO,** mun. de México (Tabasco); 101 448 hab. Campos petrolíferos. Restos mayas (templos).

**COMANDANTE FERNÁNDEZ,** dep. de Argentina (Chaco); 77 592 hab. Cap. *Presidencia Roque Sáenz Peña.*

**COMANECI** (Nadia), gimnasta rumana (Gheorghe Gheorghiu-Dej, act. Onești, 1961), campeona olímpica en Montreal en 1976.

**COMAS SOLÁ** (José), astrónomo español (Barcelona 1868-*id.* 1937). Descubrió once asteroides y el cometa periódico que lleva su nombre. Fundó la Sociedad astronómica de España y América.

**COMAYAGUA** *(departamento de),* dep. de Honduras, en el centro-oeste del país; 5 196 km$^2$; 238 790 hab. Cap. *Comayagua* (37 226 hab.).

**Comecon,** acrónimo de Council for mutual economic assistance (Consejo de ayuda mutua económica, CAME), organismo creado en 1949, y que agrupaba a la U.R.S.S., Albania (1950-1961), la R.D.A. (1950-1990), Bulgaria, Hungría, Polonia, Rumania, Checoslovaquia, Mongolia, Cuba (desde 1972) y Vietnam (desde 1978). Fue disuelto en 1991.

**Comedia** *(Divina),* poema de Dante escrito de 1306 a 1321, dividido en tres partes (el *Infierno,* el *Purgatorio* y el *Paraíso*), de treinta y tres cantos cada una, y un prólogo. Dante cuenta en él una visión que tuvo en 1300, durante la semana santa. Guiado por Virgilio, atraviesa los nueve círculos del Infierno y, en la cima de la montaña del Purgatorio, encuentra a Beatriz, quien le conduce al Paraíso. Esta obra es la expresión perfecta del humanismo cristiano medieval.

**Comedia francesa,** en fr. **Comédie-Française,** sociedad de actores fundada en París en 1680, dedicada esencialmente al repertorio clásico.

**comedia humana** *(La),* título general del conjunto de las novelas de Balzac desde la edición de 1842.

**COMENCINI** (Luigi), director de cine italiano (Salò, Brescia, 1916). En un registro a la vez grave y cómico, dirigió *Pan, amor y fantasía* (1953), *El incomprendido* (1967), *Casanova, un adolescente en Venecia* (1969), *Sembrando ilusiones* (1972), *El gran atasco* (1979), *La storia* (1986), *La Bohème* (1988).

**COMENIUS,** nombre latinizado de **Jan Amos Komensky,** humanista checo (Nivnice, Moravia, 1592-Amsterdam 1670). Obispo de los Hermanos moravos, tuvo que exiliarse a Polonia. Fue uno de los precursores del pensamiento moderno (*Didactica magna,* 1640).

**Comentarios,** memorias históricas de Julio César sobre la *Guerra de las Galias* y sobre la *Guerra civil* (s. I a. J.C.).

**Comentarios reales,** obra histórica de Garcilaso de la Vega, el Inca, en dos partes (1606 y 1617). Comprende desde la época incaica hasta el virreinato de Francisco de Toledo.

**Comercio** *(El),* diario de Ecuador, fundado en 1906, con sede en Quito. Es el más antiguo del país después de *El Telégrafo* de Guayaquil (fundado en 1884).

**Comercio** *(El),* diario de Perú, el más antiguo del país (fundado en 1839) Con sede en Lima, es de tendencia conservadora.

**COMERÍO,** mun. de Puerto Rico, en la cordillera Central; 20 265 hab. Elaboración de tabaco. Fábricas de calzado.

**COMES** (Juan Bautista), compositor español (Valencia 1568-*id.* 1643), autor de villancicos religiosos.

**Comibol** (Corporación minera de Bolivia), empresa estatal boliviana, creada en 1952 para la gestión de las minas nacionalizadas.

**COMILLAS,** v. de España (Cantabria); 2 461 hab. Turismo. Edificios modernistas y novecentistas (el Capricho, obra de Gaudí), la ant. sede de la universidad pontificia, etc.

**Comisiones obreras** (C.C.O.O.), confederación sindical española formada durante las huelgas de la minería asturiana de 1962-1963, que se desarrolló bajo el impulso del P.C.E. Fue declarada ilegal en 1966, y legalizada en 1977.

**COMITÁN DE DOMÍNGUEZ,** mun. de México (Chiapas); 54 733 hab. Café y cacao. Textiles.

**Comité de las regiones de Europa** (C.R.E.), institución de la Unión europea, representante de los intereses de las regiones y entidades locales de los países miembros, creada en 1994, con funciones consultivas en el ámbito cultural, de infraestructura de obras públicas y fondos de cohesión.

**Comité olímpico internacional** (C.O.I.), organismo, fundado en 1894 por iniciativa de Pierre de Coubertin y que asegura la organización de los Juegos olímpicos.

**common prayer** → ***book of common prayer.***

**COMMONWEALTH OF NATIONS,** conjunto de las naciones procedentes del imperio británico (excepto Mozambique), vinculadas a la corona británica por cierta solidaridad o por el reconocimiento del soberano de Gran Bretaña como jefe de la Commonwealth. Además del Reino Unido, pertenecen a la Commonwealth los siguientes estados independientes: Antigua y Barbuda, Australia, Bahamas, Bangla Desh, Barbados, Belice, Botswana, Brunei, Camerún, Canadá, Chipre, Dominica, Fidji, Gambia, Ghana, Granada, Guyana, India, Jamaica, Kenya, Kiribati, Lesotho, Malawi, Malaysia, Maldivas, Malta, Mauricio, Mozambique, Namibia, Nauru, Nigeria (suspendida en 1995), Nueva Zelanda, Pakistán, Papúa y Nueva Guinea, Saint Kitts-Nevis, Salomón, Samoa, San Vicente y las Granadinas, Santa Lucía, Seychelles, Sierra Leona, Singapur, Srī Lanka, Swazilandia, Tanzania, Tonga, Trinidad y Tobago, Tuvalu, Uganda, Vanuatu, Zambia y Zimbabwe.

**Communauté,** asociación que sustituyó a la Unión francesa y agrupó (1958-1960) a Francia, los departamentos y territorios de ultramar y varios estados del África francófona.

**COMNENO,** familia bizantina que dio al imperio numerosos dignatarios y seis emperadores: **Isaac I** [1057-1059]; – **Alejo I** [1081-1118]; – **Juan II** [1118-1143]; – **Manuel I** [1143-1180]; – **Alejo II** [1180-1183]; – **Andrónico I** [1183-1185].

**COMO,** c. de Italia (Lombardía), cap. de prov., junto

al lago homónimo; 85 955 hab. Iglesias románicas; catedral de los ss. XIV-XVIII. — El *lago de Como* (146 $km^2$) está atravesado por el Adda.

**Como gustéis,** comedia en cinco actos de Shakespeare (c. 1599).

**CÓMODO** (Marco Aurelio) (Lanuvium 161-Roma 192), emperador romano [180-192], hijo de Marco Aurelio. Loco y cruel, fue asesinado.

**COMODORO RIVADAVIA,** c. de Argentina (Chubut); 96 656 hab. Centro industrial. Refinería de petróleo; gasoducto. Puerto. Aeropuerto. Universidad.

**COMOÉ,** r. de Burkina Faso y del E de Costa de Marfil, tributario del golfo de Guinea; 1 000 km.

**COMONDÚ,** mun. de México (Baja California Sur); 57 729 hab. Frutales y algodón. Atún. Turismo en Loreto.*

**COMONFORT,** mun. de México (Guanajuato); 45 204 hab. Cereales y caña de azúcar.

**COMONFORT** (Ignacio), militar y político mexicano (Puebla 1812-cerca de Molino de Soria, Guanajuato, 1863). Presidente interino (1855) y constitucional (1857), puso en venta los bienes eclesiásticos. Se exilió tras intentar un golpe de estado (en. 1858).

**COMONTES,** familia de pintores españoles activos en Toledo en el s. XVI. — **Antonio** realizó los tres retablos de la iglesia de San Andrés de Toledo (1513). — Su sobrino **Francisco,** documentado entre 1526 y 1565, importante pintor manierista, realizó el retablo mayor de San Juan de los Reyes de Toledo (1541-1552).

**COMORERA** (Joan), político español (Cervera 1895-Burgos 1958). Socialista, estuvo exiliado en Argentina (1919-1930). Consejero de la Generalidad desde 1934, fundador y secretario general del P.S.U.C., se exilió en 1939. De 1940 a 1945 vivió en México. Detenido en Barcelona en 1954, murió en prisión.

**COMORES,** estado del océano Índico, al NO de Madagascar. Comprende las islas Ngazidja (Gran Comore), Moili (Mohéli) y Ndzouani (Anjouan). En 1976, la cuarta isla del archipiélago, Mayotte, prefirió mantenerse bajo jurisdicción francesa; 1 900 $km^2$; 442 500 hab. *(Comorenses.)* CAP. *Moroni.* LENGUAS OFICIALES: *francés* y *árabe.* MONEDA: *franco C.F.A.* La población, compuesta de etnias y procedencias variadas, es musulmana. Producción de vainilla, copra y aceites esenciales.

**HISTORIA**

Asentamiento de mercaderes persas, malgaches y musulmanes, las islas estuvieron bajo protectorado francés desde 1886 y constituyeron un territorio francés de ultramar desde 1958 hasta la independencia (1975). En 1978 fue proclamada la república federal islámica, que ha tenido que enfrentarse a movimientos separatistas (secesión de Ndzouani [Anjouan] en 1997).

**COMOTINI,** en gr. **Komotēnē** o **Komotini,** c. de Grecia (Tracia); 40 522 hab.

**COMPANYS** (Lluís), político español (Tarrós, Lérida, 1883-Barcelona 1940). Presidente de la Generalidad de Cataluña (1934-1940), en octubre de 1934 fue encarcelado por rebelarse contra el gobierno central. Volvió al cargo en 1936, tras la victoria del Frente popular. Se exilió en 1939. Apresado por la Gestapo en Francia y entregado al gobierno español, fue fusilado.

Lluís **Companys** (por Ramón Bosch - palacio de la Generalidad, Barcelona)

**Compañía de Jesús,** orden fundada en Roma, en 1540, por san Ignacio de Loyola. (V. parte n. c., ***jesuita.***)

**Compañías blancas,** unidades de mercenarios organizadas por B. Du Guesclin durante la guerra de los Cien años. Intervinieron en la guerra civil castellana a favor de Enrique de Trastámara (1364).

**COMPOSTELA** → ***Santiago de Compostela.***

**COMPOSTELA,** mun. de México (Nayarit); 86 189 hab. Bosques. Minas de oro y plata.

**COMPTE** o **COMTE** (Pere), arquitecto catalán (nacido en Gerona-Valencia 1506), establecido en Valencia (c. 1440). Trabajó en la catedral (1480) y en la Generalidad (1482), y realizó la lonja (1482-1498), su principal obra, y el Consulado de mar (1498).

**COMPTON** (Arthur Holly), físico norteamericano (Wooster, Ohio, 1892-Berkeley 1962). En 1923 descubrió el aumento de longitud de onda de los rayos X difundidos por átomos ligeros *(efecto Compton).* [Premio Nobel de física 1927.]

**COMPTON-BURNETT** (Ivy), novelista británica (Pinner 1892-Londres 1969), pintora de las pasiones ocultas de la alta sociedad de principios de siglo (*Hermanos y hermanas,* 1929).

**COMTE** (Auguste), filósofo francés (Montpelier 1798-París 1857). Sentó las bases del positivismo (*Curso de filosofía positiva,* 6 vols., 1830-1842) y definió la sociología como ciencia.

**Comuna de París,** gobierno revolucionario francés (18 marzo-27 mayo 1871). Con el apoyo de obreros y soldados, la Comuna se instauró en París al dejar la ciudad el ejército prusiano. Fue derrotada por un ejército a las órdenes de Thiers, jefe del gobierno francés instalado en Versalles.

**Comuneros de Nueva Granada** *(insurrección de los),* levantamiento popular contra las autoridades coloniales (1780-1781), centrada en la villa de Socorro y dirigida por José Antonio Galán. Después de firmar unas capitulaciones que abolían el sistema fiscal, el virrey mandó detener a los dirigentes y anular las capitulaciones. Galán fue ahorcado.

**Comuneros de Paraguay** *(revolución de los),* primer levantamiento popular de las colonias españolas en América (1717-1735) a raíz de una concesión de indios a los jesuitas. El ejército popular de José de Antequera derrotó inicialmente al de las misiones. Ejecutado Antequera (1731), Mompox dirigió un nuevo impulso revolucionario, sofocado en 1735 con una dura represión.

**comunes** *(cámara de los)* o **comunes** *(los),* cámara baja del parlamento británico, elegida por sufragio universal. La asamblea, que cuenta con un presidente electo *(speaker),* controla la actuación del gobierno, así como la gestión financiera, y ejerce la parte esencial del poder legislativo.

**Comunidad de estados independientes** → ***C.E.I.***

**Comunidades** *(guerra de las),* insurrección de las ciudades castellanas contra Carlos Quinto (1520-1522). Los comuneros, dirigidos por Juan de Padilla y Juan Bravo, se establecieron en Tordesillas, que fue conquistada por los realistas en diciembre de 1520. Hubo una reacción comunera (Torrelobatón, 1521), pero el 23 de abril de 1521 los realistas se impusieron en Villalar. La última ciudad en rendirse, Toledo, lo hizo en febrero de 1522. La dura represión ratificó el poder del rey y su aliada, la aristocracia, frente a la burguesía castellana.

**Comunidades europeas,** denominación del conjunto de las tres instituciones comunitarias, la Comunidad europea del carbón y del acero (C.E.C.A., fundada en 1951), el Euratom (fundado en 1957) y la Comunidad económica europea (C.E.E., fundada en 1957. Las instituciones de las tres comunidades se fusionaron para constituir la Comunidad europea (C.E.), el 1 de julio de 1967. El 1 de nov. de 1993 entró en vigor el tratado de Maastricht, que instituyó la Unión europea (U.E.).

Auguste **Comte** (Etex - casa de Auguste Comte, París)

**COMUNISMO** *(pico del),* ant. **pico Stalin,** cima del Tadzhikistán, en el Pamir; 7 495 m.

**comunista chino** *(Partido)* [P.C.Ch.], partido único de la República Popular China, fundado en 1921. Sus dirigentes ejercen el poder en el país.

**comunista de España** *(Partido)* [P.C.E.], partido político español fundado en 1921. En 1936 se integró en el Frente popular. Dirigido por S. Carrillo (1960-1982), fue el principal partido de la clandestinidad durante el franquismo. Legalizado en 1977, desde 1986 forma parte de la coalición Izquierda unida.

**comunista de la Unión Soviética** *(Partido)* [P.C.U.S.], partido político de la U.R.S.S. Heredero del P.O.S.D.R., fue fundado en Rusia en 1918. Extendido a la U.R.S.S. en 1925, fue partido único hasta 1990. Fue disuelto en 1991 y de él surgieron diversos partidos en las repúblicas de la antigua U.R.S.S.

**comunista francés** *(Partido)* [P.C.F.], partido político francés nacido de una escisión de la S.F.I.O. en el congreso de Tours (1920).

**comunista italiano** *(Partido)* o **P.C.I.** → ***P.D.S.***

**CÔN DAO,** ant. **Poulo Condore,** archipiélago del S de Vietnam.

**Con la muerte en los talones,** película norteamericana de A. Hitchcock (1959). Suspense y humor jalonan una persecución considerada clásica.

**CONAKRY,** c. y cap. de la República de Guinea, a orillas del Atlántico; 763 000 hab.

**CONCEPCIÓN** *(departamento de),* dep. del centro-este de Paraguay; 18 051 $km^2$; 166 946 hab. Cap. *Concepción.*

**CONCEPCIÓN,** c. de Argentina (Tucumán); 38 102 hab. Refino de azúcar, curtidurías.

**CONCEPCIÓN,** c. de Chile, cap. de la región de Biobío; 329 304 hab. (800 000 en la aglomeración). Centro industrial y comercial. Universidad.

**CONCEPCIÓN** o **CONCEPCIÓN DEL PARAGUAY,** c. de Paraguay, cap. del dep. homónimo; 50 312 hab. Puerto fluvial en el Paraguay. Aeropuerto.

**CONCEPCIÓN,** mun. de Venezuela (Lara), integrado en la ciudad de Barquisimeto; 183 700 hab.

**Concepción** *(religiosas de la),* nombre de varias congregaciones religiosas: la de la *Inmaculada Concepción,* fundada (1484) por santa Beatriz de Silva, la fundada en Mataró (1850) por Alfonsa Cavín, dedicada a la enseñanza, y la fundada en Burgos *(concepcionistas de la enseñanza).*

**CONCEPCIÓN DE LA VEGA** o **LA VEGA,** c. de la República Dominicana, cap. de la prov. de La Vega; 141 470 hab. Fundada en 1495 por Cristóbal Colón.

**CONCEPCIÓN DEL ORO,** mun. de México (Zacatecas); 15 347 hab. Centro minero.

**CONCEPCIÓN DEL URUGUAY,** c. de Argentina (Entre Ríos); 55 942 hab. Puerto en el río Uruguay. Universidad. Catedral colonial. Durante la revolución (1813-1821) y la guerra civil (1860-1883) fue capital de la Confederación argentina.

**Concha** *(paseo de la),* paseo de San Sebastián (España), que bordea la *playa de la Concha.*

**CONCHA** (Andrés **de la**), pintor español activo en México entre 1575 y 1612. De su obra sólo se conserva el antiguo retablo de Yanhuitlán.

**CONCHA** (José Vicente), político y jurisconsulto colombiano (Bogotá 1867-Roma 1929), miembro del Partido conservador, presidente de la república de 1914 a 1918.

**CONCHALÍ,** com. de Chile (Santiago); 153 089 hab. Forma parte del área metropolitana de Santiago.

**CONCHOS,** r. de México (Chihuahua), afl. del río Bravo; 700 km. Aprovechamiento hidroeléctrico.

**Conciertos brandeburgueses** o **Conciertos de Brandeburgo,** nombre con el que se conocen los 6 *Conciertos para varios instrumentos* que J. S. Bach dedicó en 1721 a Christian Ludwig de Brandeburgo.

**CONCOLORCORVO,** seudónimo usado por el autor de *El Lazarillo* de ciegos caminantes* (1773), que suscribe Calixto Bustamante Carlos, quien afirma que el libro procede de las memorias de

Alonso Carrió de la Vandera, jefe de la expedición de los jesuitas expulsados de Perú en 1767.

**CONCORDIA,** c. de Argentina (Entre Ríos); 138 905 hab. Puerto en el río Uruguay. Centro comercial.

**CONCORDIA,** mun. de Colombia (Antioquia); 20 367 hab. Industrias textiles y del tabaco.

**CONCORDIA,** mun. de México (Sinaloa); 23 742 hab. Minas de oro. Industria metalúrgica.

**CONCORDIA (La),** mun. de México (Chiapas); 22 315 hab. Cultivos de plantación. Maderas.

**CONCORDIA (La),** mun. de Venezuela (Táchira), en la aglomeración de San Cristóbal; 77 720 hab.

**CONDADO DE TREVIÑO,** comarca y mun. de España (Burgos), enclave de 203 km$^2$ en el País Vasco (Álava); 907 hab. Cap. *Treviño.* Ant. condado fundado en el s. XII.

**CONDAMINE** (Charles Marie **de la**), geodesta y naturalista francés (París 1701-*id.* 1774). Dirigió, junto a Bouguer, la expedición a Perú (1735), que determinó la longitud de un arco de meridiano, junto a Quito, en la línea del ecuador.

**CONDE** (Alfredo), escritor español en lenguas gallega y castellana (Allariz 1945), destacado novelista: *El griffón* (*Xa vai o griffon no vento,* 1986); *Los otros días* (1991). [Premio nacional de literatura 1986.]

**CONDE** (Carmen), escritora española (Cartagena 1907-Madrid 1996). Poeta (*Pasión del verbo,* 1944; *Mujer sin Edén,* 1947; *Cita con la vida,* 1976; *Desde nunca,* 1982), cultivó la novela, el teatro y el ensayo. (Real academia 1978.)

**CONDÉ** (*casa* **de**), rama colateral de la casa de Borbón. Fundada por **Luis I** (Vendôme 1530-Jarnac 1569), su miembro más notable fue **Luis II,** llamado **el Gran Condé** (París 1621-Fontainebleau 1686), biznieto del anterior. Duque d'Enghien, venció a España y participó en la Fronda. Pasó al servicio de España en Países Bajos pero más tarde recuperó sus honores y bienes (tratado de los Pirineos, 1659) y se distinguió al servicio de Francia en las guerras de Devolución y de Holanda. – **Luis Antonio Enrique,** *duque* **d'Enghien** (Chantilly 1772-Vincennes 1804), último heredero de los Condé, fue fusilado por Napoleón para diluir toda esperanza de restauración borbónica.

**conde de Montecristo** *(El),* novela de A. Dumas padre (1845).

**conde Lucanor** *(El),* obra del infante don Juan Manuel (1335), conocida también como el *Libro de Patronio.* Colección de cuentos o apólogos narrados al conde Lucanor por su ayo Patronio para ejemplificar los problemas que aquél le plantea.

**CONDES (Las),** com. de Chile (Santiago), en el área metropolitana de Santiago; 197 417 hab.

**condición humana** *(La),* novela de A. Malraux (1933).

**CONDILLAC** (Etienne **Bonnot de**), sacerdote y filósofo francés (Grenoble 1714-Flux, Loiret, 1780). Jefe de la escuela sensualista, es autor del *Tratado de las sensaciones* (1754).

**Cóndor** *(legión),* nombre de las fuerzas aéreas alemanas que lucharon a favor de los nacionalistas en la guerra civil española (1936-1939).

**CONDORCANQUI** → ***Túpac Amaru*** (rebelión de).

**CONDORCET** (Marie Jean Antoine **Caritat,** *marqués* **de**), filósofo, matemático y político francés (Ribemont 1743-Bourg-la-Reine 1794). Diputado (1791 y 1792), presentó un plan de instrucción pública. Fue acusado de girondino y arrestado, y se envenenó. Redactó obras de economía política.

**CONDORIRI** *(nevado de),* pico de Bolivia (La Paz), en la cordillera Real u Oriental; 6 105 m.

**Confecámaras,** acrónimo de la confederación de las Cámaras de comercio colombianas, fundada en 1969, con sede en Santa Fe de Bogotá.

**CONFEDERACIÓN ARGENTINA,** nombre que adoptó la República Argentina tras la aprobación de la constitución federal de 1853 (1854-1862).

**Confederación ateniense,** organización que agrupaba a las ciudades griegas bajo la autoridad de Atenas. Se formó por primera vez, de 477 a 404 a. J.C. (liga de Delos), y, por segunda vez de 378 a 338 a. J.C.

**Confederación de trabajadores de América latina** (C.T.A.L.), confederación sindical latinoamericana, fundada en México en 1938 y disuelta en 1965.

**Confederación de trabajadores de México** (C.T.M.), organización sindical mexicana fundada en 1936. Integrada en la F.S.M. hasta 1948 y luego en la O.R.I.T. (1953), colabora con el P.R.I.

**Confederación del Norte de Alemania,** unión política creada por Bismark que agrupó, de 1866 a 1870, a 22 estados alemanes situados al N del Main.

**Confederación del Rin,** unión política de algunos estados alemanes (1806-1813). Bajo la protección de Napoleón I, agrupó, en 1808, a la totalidad de Alemania, excepto Prusia. Se disolvió tras la batalla de Leipzig (oct. 1813).

**Confederación española de derechas autónomas** → *C.E.D.A.*

**Confederación europea de sindicatos** (C.E.S.), organización sindical europea, creada en 1973 bajo los auspicios de la Confederación internacional de sindicatos libres (C.I.S.L.).

**Confederación general del trabajo** (C.G.T.), organización sindical argentina fundada en 1930 y convertida en oficial al establecer Perón la afiliación sindical obligatoria (1945). Fue una organización de masas clave dentro del peronismo. Estuvo suspendida en 1976-1982.

**Confederación germánica,** unión política de los estados alemanes (1815-1866). Creada por el congreso de Viena (1815), agrupaba a 34 estados soberanos y 4 ciudades libres, bajo la presidencia del emperador de Austria. La confederación fue el centro de una creciente oposición entre Austria y Prusia. La victoria prusiana en Sadowa (1866) provocó su disolución.

**CONFEDERACIÓN GRANADINA,** nombre que adoptó Colombia desde la aprobación de la constitución federalista de 1858 hasta 1862.

**Confederación interamericana de trabajadores** (C.I.T.), confederación sindical fundada en Lima en 1948. Desde 1951 constituye una rama de la C.I.S.L., con el nombre de Organización regional interamericana de trabajadores (O.R.I.T.).

**Confederación internacional de sindicatos libres** (C.I.S.L.), también llamada **Confederación internacional de organizaciones sindicales libres** (C.I.O.S.L.), organización internacional de sindicatos creada en 1949 por los sindicatos que habían abandonado la Federación sindical mundial (acusada de ser hegemonizada por los comunistas). La C.I.S.L. promovió las organizaciones regionales *Confederación europea de sindicatos* (C.E.S., 1973) y la Organización regional interamericana de trabajadores (O.R.I.T., 1951).

**Confederación mundial del trabajo** (C.M.T.), organización internacional de sindicatos surgida en 1968 de la Confederación internacional de sindicatos cristianos (creada en 1919-1920).

**Confederación nacional del trabajo** → *C.N.T.*

**Conferencia sobre la seguridad y cooperación en Europa** → *C.S.C.E.*

**Confesión de Augsburgo** → *Augsburgo.*

**Confesiones,** obra autobiográfica de san Agustín (397-401), en que el autor describe su evolución religiosa hasta su conversión (387).

**CONFLUENCIA,** dep. de Argentina (Neuquén); 265 050 hab. Cab. *Neuquén*.*

**CONFUCIO,** en chino **Kongzi (K'ong tseu)** o **Kongfuzi (K'ong-fou-tseu),** letrado y filósofo chino (*c.* 551-479 a. J.C.). Su filosofía es moral y política. Su mayor preocupación consistía en hacer prevalecer el orden en el estado y en formar hombres que vivieran conformes a la virtud. Su obra fue el origen del *confucianismo.*

**CONGO,** r. de África central; 4 700 km (cuenca de 3 800 000 km$^2$). Nace en la meseta de Katanga y lleva el nombre de Lualaba hasta Kisangani. Recibe al Ubangui y al Kasai antes de desembocar en el Pool Malebo (ant. Stanley Pool), emplazamiento de Kinshasa y Brazzaville, para continuar su curso hasta el Atlántico. Aguas abajo, Matadi es accesible a los navíos de alta mar. El Congo, navegable por tramos, posee un régimen bastante regular. La pesca es activa.

REPÚBLICA DEL CONGO
curvas de nivel: 200, 500, 1000 m

**CONGO** *(República del)*, estado de África ecuatorial; 342 000 km²; 2 300 000 hab. *(Congoleños.)* CAP. *Brazzaville.* LENGUA OFICIAL: *francés.* MONEDA: *franco C.F.A.*

GEOGRAFÍA

A caballo del ecuador, el país está parcialmente cubierto por una selva densa, localmente explotada. La mandioca es la base de la alimentación. El petróleo es la principal fuente de las exportaciones, que pasan, fundamentalmente, por el puerto de Pointe-Noire.

HISTORIA

***Antes de la independencia.*** Ss. XV-XVIII: existían dos reinos, en el N (Makoko) y en el S (Loango). La selva estaba ocupada por los pigmeos (binga). 1875: el francés Savorgnan de Brazza exploró la región. 1910: la colonia del Congo medio, creada en el marco del Congo francés (1891), se integró en el África ecuatorial francesa (cap. Brazzaville). 1926-1942: un movimiento sincretista, dirigido por André Matswa († 1942), provocó revueltas. 1946: el Congo se convirtió en territorio de ultramar francés. 1956: el abate Fulbert Youlou creó la Unión democrática de defensa de los intereses africanos (U.D.D.I.A.).

***La República del Congo.*** 1958: el Congo se convirtió en república autónoma. 1959: Youlou fue elegido presidente. 1960: la República del Congo (conocida también por Congo-Brazzaville) obtuvo la independencia. 1963: Youlou fue apartado del poder por Alphonse Massemba-Debat, que introdujo al país en la vía del socialismo. 1969-1977: Marien Ngouabi proclamó la República Popular del Congo y estrechó sus lazos con China y los países del pacto de Varsovia. 1977: Ngouabi fue asesinado. 1979: Denis Sassou-Nguesso fue elegido presidente de la república. A partir de 1990: se inició un proceso de democratización (vuelta al multipartidismo, abandono de las referencias al marxismo). 1992: se aprobó en referéndum una nueva constitución y Pascal Lissouba, uno de los líderes de la oposición democrática, fue elegido jefe del estado. 1997: se sucedieron violentos combates entre los partidarios de P. Lissouba y su predecesor, D. Sassou-Nguesso. Lissouba huyó del país y Sassou-Nguesso se proclamó jefe del estado.

**CONGO** *(República Democrática del)*, ant. **Congo Belga,** y de 1971 a 1997 **Zaire,** estado de África central, 2 345 000 km²; 37 800 000 hab. *(Congoleños.)* CAP. *Kinshasa.* LENGUA OFICIAL: *francés.* MONEDA: *franco congoleño.*

GEOGRAFÍA

El país, atravesado por el ecuador, se extiende sobre la mayor parte de la cubeta forestal húmeda y cálida del río Congo y sobre las mesetas o alturas del E. La población (más de 500 etnias), muy desigualmente distribuida, presenta un intenso crecimiento demográfico; el éxodo rural ha hecho crecer las ciudades (sobre todo Kinshasa). La agricultura, aún dominante, es sobre todo de subsistencia (mandioca, maíz y banano), pero el país no cubre sus necesidades alimenticias. Las plantaciones proporcionan aceite de palma, palmitos, café y cacao. Los recursos mineros son abundantes y variados (cobre en primer lugar, cobalto y diamantes industriales). El potencial hidroeléctrico, uno de los mayores del mundo, está infrautilizado. La red de transportes (carreteras, ferrocarriles) se ha degradado considerablemente. Kinshasa, Lubumbashi y Kisangani concentran las escasas actividades industriales. El país depende en demasía de los precios de las materias primas. La presión demográfica incrementa el subempleo y el país se encuentra fuertemente endeudado. La desintegración del poder político ha dañado la economía.

HISTORIA

***Los orígenes y la época colonial.*** La región estuvo ocupada por dos grupos étnicos: pigmeos y bantúes. S. XVII-XVIII: se fundó el reino kuba a orillas del río Kasai, mientras que en Katanga el reino luba estaba en su apogeo; el reino lunda se separó de éste (*c.* 1750). 1876: el rey de los belgas Leopoldo II creó la Asociación internacional africana (A.I.A.), pronto transformada en Asociación internacional del Congo. 1885: el Estado libre del Congo recibió en Berlín su consagración internacional. Su unión con Bélgica fue puramente personal, siendo el Congo propiedad del soberano Leopoldo II. 1908: Bélgica asumió la herencia de Leopoldo II (Congo Belga). 1918-1939: el desarrollo económico de la colonia fue activamente impulsado.

***La independencia.*** 1960: tras cuatro años de efervescencia nacionalista, el Congo Belga accedió a la independencia. P. Lumumba se convirtió en primer ministro, Joseph Kasavubu fue presidente de la república. Katanga, con Moïse Tshombé, se secesionó. 1961-1965: continuaron los disturbios, marcados en especial por el asesinato de Lumumba (1961), la intervención de los cascos azules de la O.N.U. (1961-1963) que pusieron fin a la secesión de Katanga, y la de los paracaidistas belgas (1964) para sofocar una rebelión de partidarios de Lumumba. Nov. 1965: el acceso a la presidencia de la república de J. Mobutu, tras un golpe de estado, inauguró una era de relativa estabilidad. 1970: el autoritarismo se refuerza con la institución de un régimen de partido único (Movimiento popular de la revolución). 1971: el país tomó el nombre de Zaire. 1977-1978: Mobutu recurrió a Francia para contener nuevas rebeliones. A partir de 1990: enfrentado a una oposición creciente, Mobutu accedió a algunas concesiones (apertura al pluripartidismo, convocatoria de un poder de transición), si bien rechazó la democratización completa de las instituciones. 1994: la crisis política se agravó por la afluencia masiva de refugiados ruandeses. 1997: tropas rebeldes en avance de este a oeste tomaron el control del país y obligaron a Mobutu a abandonar el poder, quien se exilió. Su líder, Laurent Kabila, se autoproclamó jefe del estado, rebautizado como República Democrática del Congo. 1998: una revuelta de los banyamulengues (tutsis congoleños) provocó una guerra civil en la que participaron otros países de la zona. 2001: tras el asesinato de L. Kabila su hijo Joseph fue nombrado jefe del estado.

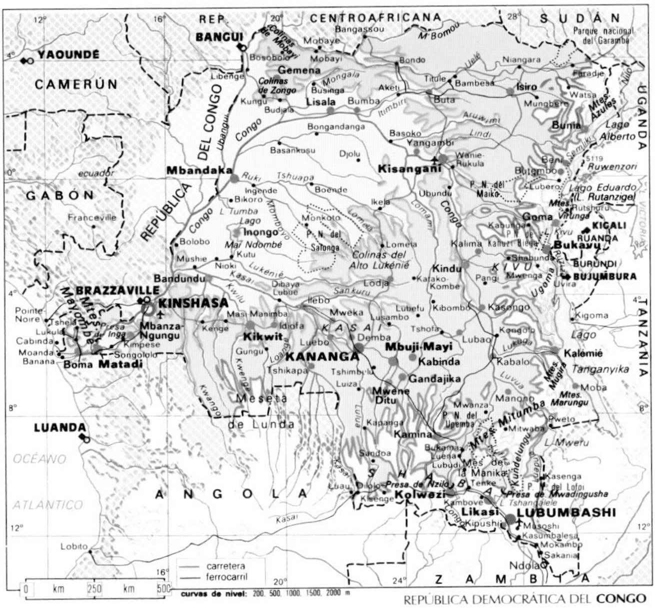

REPÚBLICA DEMOCRÁTICA DEL **CONGO**

**CONGO** *(Estado libre del)*, ant. estado de África ecuatorial, bajo la autoridad del rey de Bélgica, del cual era propiedad particular, y que en 1908 se transformó en el Congo Belga. (→ ***Congo*** [República Democrática del].)

**CONGO** *(reino del)* → ***Kongo.***

**CONGO BELGA,** ant. colonia belga de África ecuatorial, que en 1908 sucedió al Estado libre del Congo y que se independizó en 1960. (→ ***Congo*** [República Democrática del].)

**Congo-Océano,** ferrocarril que une Brazzaville con el Atlántico (Pointe-Noire); 517 km.

**Congreso del trabajo** (C.T.), organización mexicana que agrupa diversos sindicatos, entre ellos la Confederación de trabajadores de México.

**Congreso nacional africano** (A.N.C., siglas de African national congress), organización política de la República de Sudáfrica, creada en 1912. Punta de lanza en la lucha contra el apartheid, fue prohibida de 1960 a 1990, fecha en que suspendió la lucha armada. Fue el partido vencedor en las primeras elecciones multirraciales (1994).

**Congreso nacional indio** o **partido del Congreso,** movimiento y más tarde partido político indio, fundado en 1885. A partir de 1929 luchó por la independencia de la India. Estuvo en el poder de 1947 a 1977, de 1980 a 1989 y de 1991 a 1996.

**Congress of industrial organizations** (C.I.O.) → ***A.F.L.-C.I.O.***

**CONGREVE** (*sir* William), general británico (Londres 1772-Toulouse 1828). En 1804 inventó un cohete de guerra que lleva su nombre, y fue el precursor del alumbrado de gas en las ciudades.

**CONGREVE** (William), dramaturgo británico (Bardsey, cerca de Leeds, 1670-Londres 1729), autor de dramas heroicos (*The mourning bride,* 1697) y de comedias (*The way of the world,* 1700) que muestran la reacción contra la austeridad puritana.

**CONIL DE LA FRONTERA,** v. de España (Cádiz); 15 524 hab. *(Conileños.)* Pesca. Materiales de construcción.

**CONIMBRIGA,** ant. c. romana de Lusitania, cerca de Coimbra, de la que se conservan restos (mosaicos).

**CONNACHT** o **CONNAUGHT,** prov. de la República de Irlanda; 17 122 km²; 422 909 hab., que engloba cinco condados. Antiguo reino gaélico.

**CONNECTICUT,** r. del E de Estados Unidos, que desemboca en la bahía de Long Island; 650 km.

**CONNECTICUT,** estado de Estados Unidos, en Nueva Inglaterra; 13 000 km²; 3 287 116 hab. Cap. *Hartford.*

**CONÓN,** general ateniense (*c.* 444-390 a. J.C.). Derrotado en Egospótamos (405 a. J.C.). Venció a la flota lacedemonia cerca de Cnido (394 a. J.C.).

**CONQUES,** mun. de Francia (Aveyron); 366 hab. Abadía románica de *santa Fe,* reconstruida a mediados del s. XI (tesoro con piezas de orfebrería).

**CONRAD** (Józef Konrad **Korzeniowski,** llamado **Joseph**), escritor británico de origen polaco (Berdichev, Ucrania, 1857-Bishopsbourne, Kent, 1924), autor de novelas de aventuras (*El negro del «Narcissus»,* 1897; *Lord Jim,* 1900; *El corazón de las tinieblas,* 1902; *Nostromo,* 1904).

**CONRADO I** († 1192), marqués de Monferrato [1188-1192], señor de Tiro y rey de Jerusalén [1192]. Defendió con éxito Tiro, asediada por Saladino, y fue muerto por los ismailíes.

**CONRADO II el Sálico** (*c.* 990-Utrecht 1039), emperador germánico [1027-1039]. Fue elegido rey de

Germania en 1924, y rey de Italia en 1026. Fundador de la dinastía de Franconia, anexionó Borgoña al imperio (1032). – **Conrado III de Hohenstaufen** (c. 1093-Bamberg 1152), rey de romanos [1138-1152]. – **Conrado IV de Hohenstaufen** (Andria 1228-Lavello 1254), rey de romanos [1250-1254]. También fue rey de Sicilia [Conrado I, 1250-1254] y rey titular de Jerusalén [Conrado II, 1228-1254]. — **Conrado V de Hohenstaufen** o **Conradino** (Wolfstein 1252-Nápoles 1268), hijo del anterior, último de los Hohenstaufen. En 1268 fue derrotado por Carlos I de Anjou, rey de Sicilia, quien lo hizo ejecutar.

**consagración de la primavera** *(La),* ballet en dos partes, música de I. Stravinski, coreografía de Nijinski, creado por los Ballets rusos (1913). Versión de M. Béjart (1959).

**Consejo de Estado,** institución estatal española, supremo órgano consultivo del gobierno, según la constitución de 1978, cuyos precedentes actuales datan de 1812. – Con el mismo nombre y función, en Colombia el *Consejo de Estado* asesora al gobierno.

**Consejo de Estado,** organismo de gobierno creado por Carlos Quinto en 1522 para asesorar al monarca en los asuntos de política exterior. Perdió atribuciones después del reinado de Felipe II y fue suprimido por la constitución de 1812 y definitivamente, como organismo del Antiguo régimen, en 1834.

**Consejo de Europa** → ***Europa*** (Consejo de).

**Consejo de la Unión europea,** reunión periódica de los jefes de gobierno (o de estado) de los estados miembros de la Unión europea, llamado *Consejo europeo* de 1974 a 1993.

**Consejo económico y social** (C.E.S.), órgano consultivo del gobierno español en materias socioeconómicas y laborales. Creado en 1991, se constituyó en 1992.

**Consejo ecuménico de las Iglesias** o **Consejo mundial de las Iglesias,** organismo creado en 1948 con el fin de coordinar la acción de la mayoría de las confesiones protestantes y de los ortodoxos orientales; su sede está en Ginebra. En sus reuniones participan observadores católicos.

**Consejo general del poder judicial,** organismo de gobierno de la judicatura española, creado en 1980. Tiene capacidad para nombrar a jueces y magistrados y para inspeccionar el funcionamiento de las instancias judiciales.

**Consejo mundial de los pueblos indígenas** (C.M.P.I.), organización internacional no gubernamental, fundada en 1975 para promover los derechos y preservar las culturas de los pueblos indígenas de América, Pacífico sur y Escandinavia. Tiene su sede en Ottawa, y es un organismo consultivo de la O.N.U.

**Consejo superior de investigaciones científicas** (C.S.I.C.), institución creada en Madrid en 1939 para coordinar la investigación científica y cultural española.

**conservador** *(Partido),* nombre que se da al *Partido liberal-conservador* español y a los partidos que le sucedieron (1869/1874-1931). Liderado por Cánovas del Castillo, el recurso a las prácticas caciquistas le mantuvo en el poder en la primera etapa de la Restauración, en alternancia con el Partido liberal de Sagasta. Muerto Cánovas (1897), la dirección pasó a Silvela y luego a Maura, y más tarde Dato lideró una facción del partido, que desapareció al proclamarse la segunda república (1931).

**conservador** *(Partido)* o **Partido social conservador** (P.S.C.), partido político colombiano, fundado en 1849, que se ha alternado en la presidencia de la república con el Partido liberal.

**conservador** *(Partido),* uno de los grandes partidos británicos. El término *conservador* sustituyó de forma oficial al de *tory* tras la reforma electoral de 1832. A pesar de su tradición aristocrática, el partido ha logrado progresivamente la adhesión de la clase media. Sus principales líderes han sido Robert Peel, Benjamin Disraeli, lord Salisbury, Winston Churchill, Anthony Eden, Harold Macmillan, Edward Heath, Margaret Thatcher, John Major y William Hague.

**CONSOLACIÓN DEL SUR,** mun. de Cuba (Pinar del Río); 77 027 hab. Curtientes. Industria química.

**Conspiración de la pólvora** (1605), complot organizado por los católicos ingleses con el propósito de hacer saltar el edificio del parlamento, donde se encontraba el rey Jacobo I. El gobierno, advertido, hizo ejecutar a la mayor parte de los conspiradores.

**CONSTABLE** (John), pintor británico (East Bergholt, Suffolk, 1776-Londres 1837). Romántico y realista, fue uno de los grandes precursores del paisaje moderno (*Carreta de heno,* 1821, galería nacional, Londres).

**CONSTANCIO I CLORO** (c. 225-Eboracum [act. York] 306), emperador romano de occidente [305-306], padre de Constantino I. Reconquistó Inglaterra.

**CONSTANCIO II** (317-361), emperador romano [337-361], hijo de Constantino I. Reinó solo a partir de 351. Favoreció el cristianismo en el imperio, pero protegió a los arrianos y reforzó el despotismo imperial. Murió cuando se dirigía a la Galia para combatir contra Juliano el Apóstata, a quien el ejército había nombrado emperador.

**CONSTANCIO III** (Naissus [act. Niš]-† 421), emperador romano en 421, asociado a Honorio.

**CONSTANT** (Benjamin Henri Constant **de Rebecque,** llamado **Benjamin**), político y escritor francés (Lausana 1767-París 1830). Liberal, es autor de la novela sicológica *Adolfo* (1816) y de un *Curso de política constitucional* (1818).

**CONSTANTA,** c. y principal puerto de Rumania, a orillas del mar Negro; 350 476 hab. Centro industrial.

**CONSTANTE I** (320-350), emperador romano [337-350], tercer hijo de Constantino I.

**CONSTANTINA,** c. de España (Sevilla); 7 519 hab. *(Constantinenses.)* Restos romanos y ruinas del castillo. Iglesia de la Encarnación, mudéjar. Ermita de Nuestra Señora de la Hiedra. Barrio de la Morería.

**CONSTANTINA** o **QACENTINA,** c. de Argelia, cap. de vilayato, situada en las gargantas del Rummel; 438 000 hab. Centro comercial. Universidad. Es la ant. *Cirta.* Museo arqueológico.

**CONSTANTINO I el Grande** (Naissus [act. Niš] c. 270/288-Nicomedia 337), emperador romano (306-337), hijo de Constancio Cloro. Fue proclamado emperador a la muerte de su padre. Su victoria frente a Majencio a las puertas de Roma (312) significó el triunfo del cristianismo; en 313, con el edicto de Milán estableció la libertad de religión. En 324 derrotó a Licinio, que reinaba en oriente, y restableció así la unidad imperial. Un año después convocó un concilio ecuménico en Nicea; consideraba a la Iglesia como uno de los principales pilares del estado, por lo que intervino directamente en las cuestiones religiosas. En 324-330 fundó una nueva Roma, Constantinopla, con el fin de vigilar mejor la frontera del Danubio y a los persas. Durante su reinado el imperio tomó la forma de una monarquía de derecho divino, centralizada, basada en una sociedad muy jerarquizada. – **Constantino II el Joven** (317-Aquilea 340), emperador romano [337-340], hijo del anterior. – **Constantino III Heraclio** (612-Calcedonia 641), emperador bizantino [641], padre de Teodosio. – **Constantino IV** [654-685]. Atajó definitivamente el avance árabe en oriente. – **Constantino V** (718-775), emperador bizantino [741-775]. Combatió el culto a las imágenes. – **Constantino VI** (771-c. 800), emperador bizantino [780-797], hijo de León IV y de Irene. Derrotado por los búlgaros (792) y por los árabes (797), fue apartado del poder por su madre. – **Constantino VII Porfirogéneta** (905-959), emperador bizantino [913-959]. Después de haber reinado bajo la tutela de su madre, Zoé, estuvo bajo la autoridad de su suegro, Romano I Lecapeno y de los hijos de éste, y reinó sólo de 945 a 959. – **Constantino VIII** (c. 960-1028), emperador bizantino [961-1028]. De 961 a 1025 reinó junto a Basilio II, y de 1025 a 1028 gobernó en solitario. – **Constantino IX Monomaco** († 1055), emperador bizantino [1042-1055]. Su reinado estuvo marcado por el cisma entre Roma y Bizancio (1054). – **Constantino X Ducas** († 1067), emperador bizantino [1059-1067]. Durante su reinado los selyúcidas penetraron en Capadocia. – **Constantino XII Paleólogo,** o **Constantino XI,** llamado **Dragases** (1043-Constantinopla 1453), emperador bizantino [1449-1453]. Fue asesinado cuando defendía Constantinopla de los ataques de Mehmet II.

**CONSTANTINO I** (Atenas 1868-Palermo 1923), rey de Grecia [1913-1917; 1920-1922], hijo y sucesor de Jorge I. Fue obligado a abdicar en 1917 por los aliados y Venizelos. En 1920 recuperó el poder, pero tuvo que abdicar por segunda vez tras la derrota frente a los turcos.

**CONSTANTINO II** (Psixico, cerca de Atenas, 1940), rey de Grecia [1964-1973], hijo y sucesor de Pablo I. Se exilió en 1967 tras el golpe de estado de los coroneles.

**CONSTANTINO Pávlovich** (Tsárskoie Sieló 1779-Vítebsk 1831), gran duque de Rusia, hijo de Pablo I. Comandante en jefe del ejército del reino de Polonia (1815-1830), cedió sus derechos al trono de Rusia a su hermano Nicolás I.

**CONSTANTINOPLA,** nombre dado por Constantino a la antigua **Bizancio,** llamada posteriormente por los turcos **İstanbul***. Constantinopla, construida por Constantino en 324-336 e inaugurada en 330, residencia del emperador y sede del patriarcado de Oriente desde 451, se convirtió rápidamente en la capital política, religiosa y cultural del imperio bizantino. Fue un puerto muy activo, y atrajo a numerosas colonias extranjeras, sobre todo italianas. Fue capital del imperio latino (1204-1261) y se resistió a los bárbaros, a los árabes, a los rusos y a los búlgaros, pero cayó en manos de los turcos otomanos (29 mayo 1453), que la convirtieron en su capital. En ella tuvieron lugar cuatro concilios ecuménicos (381, 553, 680-681 y 869-870).

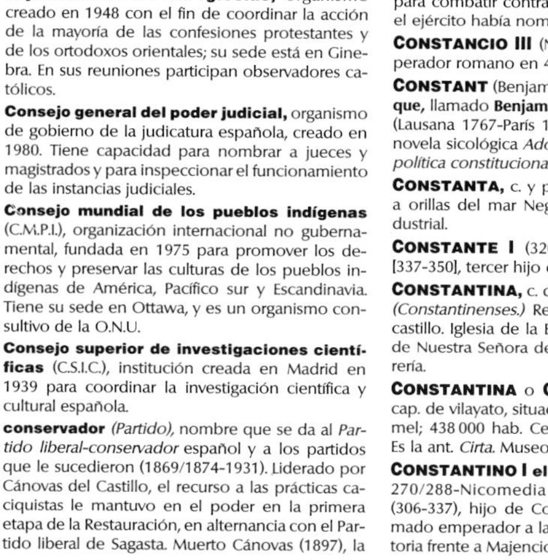

John **Constable:** *Carreta de heno* (1821).
[Galería nacional, Londres.]

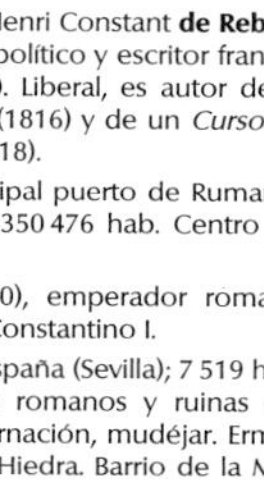

**Constantino I**
el Grande
(museo de los Conservadores, Roma)

**CONSTANZA** *(lago de),* en alem. **Bodensee,** lago formado por el Rin, entre Suiza, Austria y Alemania; 540 km$^2$. Turismo.

**CONSTANZA,** en alem. **Konstanz,** c. de Alemania (Baden-Württemberg), junto al lago de Constanza, 73 853 hab. Catedral de los ss. XI-XVI. – Concilio ecuménico (1414-1418) que puso fin al gran cisma de occidente y en el que se condenó a Jan Hus.

**CONSTANZA,** mun. de la República Dominicana (La Vega); 30 748 hab. Industria alimentaria y textil.

**Constelaciones,** serie de 23 pinturas de pequeño formato de Joan Miró (1940-1941).

**CONSTITUCIÓN,** com. de Chile (Maule), a orillas del Pacífico; 40 389 hab. Astilleros. Turismo.

**CONSTITUCIÓN,** dep. de Argentina (Santa Fe); 79 506 hab. Cab. *Villa* Constitución.*

**constitucional** *(trienio),* segunda etapa de gobierno constitucional en España (1820-1823), iniciada con la revolución de 1820, que obligó a Fernando VII a jurar la constitución de 1812. Concluyó con la reacción absolutista y la invasión francesa de los Cien mil hijos de San Luis.

**CONSUEGRA,** c. de España (Toledo); 9 802 hab. *(Consaburenses* o *consuegreros.)* Hilados, vinos.

**Consulado de Buenos Aires,** organismo creado por real cédula de 1794, y cuya función era primordialmente judicial en el ámbito mercantil. Se extinguió en 1862.

**Consulado de mar** *(Libro del) Llibre del Consolat de mar,* compilación del derecho marítimo del Mediterráneo, elaborada en Barcelona hacia 1370.

**Contadora** *(grupo de),* plataforma política para la paz en América Central creada en 1983 por Venezuela, México, Colombia y Panamá, en la isla panameña de Contadora. En 1987 consiguió un acuerdo de pacificación entre los países en litigio (Costa Rica, El Salvador, Guatemala, Honduras y Nicaragua). Su labor fue continuada en Esquipulas.

**CONTARINI,** familia de Venecia, que dio ocho dux a la república (ss. XI-XVII).

**CONTEPEC,** mun. de México (Michoacán); 19 818 hab.

**CONTI** (Haroldo), escritor argentino (Buenos Aires 1925-† 1976). Gran novelista (*En vida,* 1971; *Mascaró, el cazador americano,* 1976) y cuentista (*Con otra gente,* 1967), fue uno de los desaparecidos bajo la dictadura militar.

**CONTISUYU** → ***Tahuantinsuyu.***

**CONTRAMAESTRE,** mun. de Cuba (Santiago de Cuba), junto al *río Contramaestre;* 91 538 hab.

**Contrarreforma,** movimiento de reforma que se produjo en el s. XVI en el seno de la Iglesia católica, como reacción a la Reforma protestante. Su objetivo era corregir los abusos que empañaban la imagen de la Iglesia y su etapa doctrinal esencial fue el concilio de Trento (1545-1563). Se esforzó en organizar la reconquista religiosa de las regiones ganadas por el protestantismo, especialmente en Europa central, apoyándose en una nueva orden religiosa, los jesuitas, y favoreció el desarrollo de un nuevo estilo artístico.

**contrato social** *(El),* tratado de J. J. Rousseau (1762). El autor expone su ideal de estado republicano y democrático, que concilia libertad e igualdad. Inspiró la Declaración de los derechos del hombre y del ciudadano de 1793.

**CONTREBIA,** ant. c. celtibérica del valle del Jiloca, en la act. *Botorrita* (Zaragoza), en la que se han hallado numerosos restos arqueológicos (bronces con inscripciones celtas, ibéricas y latinas).

**CONTRERAS** (Agustín), compositor español del s. XVIII, autor de música religiosa (misas, *Miserere, Magnificat*).

**CONTRERAS** (Alonso **de**), militar y aventurero español (Madrid 1582-† 1641). En 1630 inició su autobiografía *Discurso de mi vida,* editada en 1900.

**CONTRERAS** (Jesús), escultor mexicano (Aguascalientes 1866-México 1902), autor de numerosos monumentos (*a Cuauhtémoc,* 1885; *a La Paz,* Guanajuato; *a Benito Juárez,* Chihuahua; etc.).

**CONVENCIÓN,** mun. de Colombia (Norte de Santander), junto a la frontera venezolana; 17 651 hab.

**Convergència democràtica de Catalunya** (C.D.C.), partido político catalán, centrista y nacionalista, fundado en 1974. Mantiene desde 1978 una coalición con Unió democràtica de Catalunya (Convergència i Unió). Su líder, Jordi Pujol, ocupa la presidencia de la Generalidad de Cataluña desde 1980.

**COOK** *(estrecho de),* brazo de mar que separa las dos islas principales de Nueva Zelanda.

**COOK** *(islas),* archipiélago de Oceanía, entre las islas Tonga y Tahití, a 1 600 km al NE de Nueva Zelanda, de la que es un territorio asociado; 241 $km^2$; 18 000 hab. Cap. *Avarua,* en la isla de Rarotonga.

**COOK** *(monte),* punto culminante de Nueva Zelanda, en la isla del Sur; 3 754 m.

**COOK** (James), navegante británico (Marton-in-Cleveland, Yorkshire, 1728-en la bahía de Kelakekua, Hawai, 1779). En un primer viaje descubrió las islas de la Sociedad y exploró Nueva Zelanda (1768-1771). Un segundo viaje lo llevó hasta el océano Antártico (1772-1775). Volvió a partir de 1776, y descubrió las islas Sandwich (Hawai) [1778], donde murió en un enfrentamiento con los indígenas.

**COOK** (Thomas), hombre de negocios británico (Melbourne, Derbyshire, 1808-Leicester 1892). Iniciador del primer «viaje organizado» entre Leicester y Loughborough (1841), y fundador de agencias de viaje.

**COOLIDGE** (Calvin), político norteamericano (Plymouth, Vermont, 1872-Northampton, Massachusetts, 1933), presidente republicano de E.U.A. de 1923 a 1929.

**COOLIDGE** (William David), físico y químico norteamericano (Hudson, Massachusetts, 1873-Schenectady, Nueva York, 1975), inventor del tubo de rayos X de cátodo incandescente.

**COOPER** (David), siquiatra británico (Ciudad de El Cabo 1931-París 1986). Representante de la antisiquiatría, concebía algunas enfermedades siquiátricas como una forma de refugio contra el determinismo social (*Muerte de la familia,* 1971).

**COOPER** (Frank James **Cooper,** llamado **Gary**), actor norteamericano (Helena, Montana, 1901-Los Ángeles 1961). Encarnó al norteamericano viril, reservado y leal: *El secreto de vivir* (F. Capra, 1936), *Solo ante el peligro* (F. Zinneman, 1952), etc.

Gary **Cooper** en *Sargento York* (1941) de Howard Hawks

**COOPER** (James Fenimore), novelista norteamericano (Burlington, Nueva Jersey, 1789-Cooperstown, Nueva York, 1851), autor de relatos de aventuras, reconstrucciones pintorescas de las costumbres de los indios (*El último mohicano,* 1826; *El trampero,* 1840).

**COPACABANA,** mun. de Colombia (Antioquia); 40 309 hab. Industria metalúrgica y textil.

**Copacabana,** barrio de Río de Janeiro. Estación balnearia.

**Copacabana** *(santuario de),* santuario boliviano de Nuestra Señora de la Candelaria o de la Virgen de Copacabana, situado en la *península de Copacabana,* en el lago Titicaca, junto a la ciudad de Copacabana. Iglesia de estilo colonial, lugar de peregrinación.

**COPAIS** *(lago),* en gr. **Kôpais,** ant. lago de Grecia, en Beocia (259 $km^2$), act. desecado.

**COPÁN** *(departamento de),* dep. de Honduras, junto a la frontera guatemalteca; 3 203 $km^2$; 219 455 hab. Cap. *Santa Rosa de Copán.*

**COPÁN RUINAS,** mun. de Honduras (Copán); 11 466 hab. Centro arqueológico de la cultura maya clásica (ss. IV-X); en torno a la acrópolis se alzan templos-pirámide y terrazas escalonadas, con espléndidas estelas, esculturas y altorrelieves.

**Coparmex** (Confederación patronal de la República Mexicana), federación de organizaciones empresariales de México, fundada en 1929.

**COPEI** *(Partido social-cristiano)* [de las siglas Comité de organización política electoral independiente], partido político venezolano, democratacristiano, fundado por Rafael Caldera en 1946. Sus líderes ocuparon la presidencia en 1969-1974 (R. Caldera) y 1979-1984 (Herrera Campins).

**COPENHAGUE,** en danés **København,** c. y cap. de Dinamarca, en la costa E de Sjaelland, en el Sund; 482 000 hab. (1 366 000 en la aglomeración). Principal puerto y aeropuerto (Kastrup) danés y centro político, cultural e industrial. Monumentos, en especial de los ss. XVII-XIX. Museos. Se convirtió en la capital de Dinamarca en 1443. En los ss. XVII y XVIII conoció una gran prosperidad como dueña absoluta del comercio báltico. Fue bombardeada en 1801 y 1807 por los británicos, a causa de la adhesión de Dinamarca a la liga de los Neutrales y por su alianza con Napoleón I. Desde 2000, un puente sobre el Báltico la comunica con Suecia. *(V. ilustración pág. 1242.)*

**COPÉRNICO** (Nicolás), en polaco **Niklas Koppernigk,** astrónomo polaco (Toruń 1473-Frauenburg [act. Frombork], 1543). Tras largos años de estudio y de reflexión, formuló la hipótesis del movimiento de la Tierra y de los demás planetas alrededor del Sol, publicada en 1543, en *De revolutionibus orbium coelestium libro VI;* describía los principales fenómenos astronómicos conocidos hasta aquel momento de manera más simple que el sistema admitido desde Tolomeo. Sin embargo, como negaba que la Tierra fuera el centro del universo, fue objeto de numerosas críticas, especialmente por parte de la Iglesia. Su validez no fue reconocida hasta el s. XVII, con la invención del anteojo. Al romper con la concepción geocéntrica del mundo, marcó un hito en la historia del pensamiento y del progreso científico. *(V. ilustración pág. 1243.)*

**COPEY (El),** mun. de Colombia (Cesar); 24 163 hab.

**COPIAPÓ,** c. de Chile, cap. de la región de Atacama; 100 946 hab. Centro minero y metalúrgico. Fundada por P. de Valdivia (1540), fue arrasada por seísmos en 1899, 1922 y 1939, y reconstruida.

**Copilco,** yacimiento arqueológico de México (Coyoacán, D. F.) del período arcaico (1000-600 a. J.C.). Se han hallado numerosas figurillas de terracota.

**COPLAND** (Aaron), compositor norteamericano (Brooklyn 1900-North Tarrytown, Nueva York, 1990). Se expresó con un lenguaje neoclásico (*El salón México,* para orquesta, 1936; *Appalachian spring,* ballet, 1944).

**Coplas a la muerte del maestro don Rodrigo,** o **Coplas a la muerte de su padre,** poema de Jorge Manrique (1476). La meditación sobre la fugacidad de la vida enmarca el elogio y la elegía fúnebre.

**Coplas de ¡Ay, panadera!,** poema satírico del s. XV contra los caballeros derrotados en la batalla de Olmedo, atribuido por algunos a Juan de Mena. El título se debe al estribillo que cierra cada copla.

**Coplas de Mingo Revulgo,** coplas escritas en dialecto sayagués en tiempos de Enrique IV de Castilla. Sátira de la sociedad de la época.

**Coplas del Provincial,** sátira política castellana (1465-1474), atribuida sin fundamento a Alonso de Palencia y a Rodrigo de Cota. Crítica del reinado de Enrique IV, se distingue por la procacidad del lenguaje.

**COPO,** dep. de Argentina (Santiago del Estero); 19 268 hab. Centro ganadero.

**COPPI** (Angelo Fausto), ciclista italiano (Castellania 1919-Novi Ligure 1960), plusmarquista mundial de la hora, campeón del mundo de fondo en carretera (1953), vencedor en dos ocasiones del tour de Francia (1949 y 1952), y en cinco del giro de Italia (1940, 1947, 1949, 1952 y 1953).

**COPPOLA** (Francis Ford), director de cine norteamericano (Detroit 1939). Alcanzó la fama internacional con *El padrino* (1972), a la que siguieron entre otras películas: *El padrino II* (1975), *Apocalypse now* (1979), *Rebeldes* (1982-1983), *La ley de la calle* (1983), *Cotton Club* (1984), *El Padrino III* (1990).

**COPPOLA** (Horacio), fotógrafo argentino (Buenos Aires 1906). Tras estudiar fotografía en la Bauhaus, en 1937 instaló un estudio en Buenos Aires y se situó a la vanguardia de las corrientes estéticas (*Huacos precolombinos,* 1937; *Sarmiento de Rodin,* 1944).

**COQUIBACOA,** mun. de Venezuela (Zulia), integrado en la ciudad de Maracaibo; 199 388 hab.

**COQUILHATVILLE** → ***Mbandaka.***

**COQUIMBO** *(región de),* región de Chile central; 40 656 $km^2$; 502 460 hab. Cap. *La Serena.*

**COQUIMBO,** c. de Chile (Coquimbo), sobre la *bahía de Coquimbo;* 122 476 hab. Pesca. Industrias.

**CORA** (José Antonio **Villegas**), escultor mexicano (Puebla 1713-*íd.* 1785), llamado **Cora el Viejo.** Trabajó en Puebla, donde se conservan *Santa Ana* y *San Joaquín* (iglesia de San Cristóbal), *San José* (iglesia de San Pablo), una *Purísima,* etc.

**CORAI** o **KORAÍS** (Adamándios), escritor y pa-

**Copenhague:** la plaza del ayuntamiento

**Le Corbusier:** detalle interior de la villa Savoye (1929-1931), en Poissy (Yvelines, Francia)

triota griego (Esmirna 1748-París 1833). Preconizó el uso de una lengua nacional semipopular y semiculta a la vez.

**CORAL** *(mar de),* mar del Pacífico, situado entre Australia y Melanesia.

**Coral** *(batalla del mar de)* [4-8 mayo 1942], victoria aeronaval norteamericana sobre los japoneses, que renunciaron a desembarcar en Nueva Guinea.

**Corán** (ár. *al-Qur-ān,* la lectura), libro sagrado de los musulmanes, palabra de Alá transmitida a Mahoma por el arcángel Gabriel (612-632). Está escrito en árabe y se compone de 114 capítulos o azoras *(sūra).* Constituye el fundamento de la civilización musulmana, fuente del dogma y (con el *hadīz*) de la ley del islam *(šarī'a).*

**Corbacho** *(El)* o **Reprobación del amor mundano,** obra del Arcipreste de Talavera, Alonso Martínez de Toledo (1438). Consta de 3 partes: la primera es un tratado contra la lujuria; la segunda, una sátira contra las mujeres, y la tercera versa sobre la complexión de los hombres en relación con la astrología. La actitud moralizante se entreteje de historietas picantes en un lenguaje vivaz.

**Corbeil** *(tratado de),* acuerdo firmado en 1258 por el que Jaime I el Conquistador renunciaba a los territorios del S de Francia, y Luis IX de Francia a sus derechos feudales sobre Cataluña.

**CORBIÈRE** (Edouard Joachim, llamado **Tristan**), poeta francés (cerca de Morlaix 1845-Morlaix 1875). Autor de *Los amores amarillos* (1873), fue uno de los poetas malditos reivindicados por Verlaine.

**CORBUSIER** (Charles Edouard **Jeanneret,** llamado **Le**), arquitecto, urbanista, teórico y pintor francés de origen suizo (La Chaux-de-Fonds 1887-Roquebrune-Cap-Martin 1965). Renovó los conceptos arquitectónicos en función de la vida social y de la utilización de volúmenes simples, articulados con gran libertad. Entre sus publicaciones destaca *Hacia una arquitectura* (1923). Construyó «unidades de habitación» (Marsella, 1947), la iglesia de Ronchamp en Haute-Saône (1950), los ministerios de Chandigarh, en India (1950-1962), etc.

**CÓRCEGA,** en fr. **Corse,** isla francesa del Mediterráneo; 8 680 km²; 250 371 hab. Cap. *Ajaccio.* Dividida en dos dep. *(Corse-du-Sud* y *Haute-Corse),* forma una región económica y administrativa. Isla montañosa, de clima mediterráneo (vid, cítricos, ganadería). Turismo.

HISTORIA

Poblada ya en el III milenio a. J.C. (cultura megalítica), fue invadida por focenses, etruscos, cartagineses, romanos y bizantinos. 1077: la Santa Sede cedió la isla a Pisa. S. XII: pasó a ser genovesa. 1297: el papa la concedió a Jaime II de Aragón. S. XIV: el dominio pasó nuevamente a Pisa y Génova hasta el s. XVIII. 1768: Génova la transfirió a Francia, a pesar de los independentistas, dirigidos por Paoli. Segunda guerra mundial: ocupación italiana. 1982: estatuto regional. 1991: la isla pasó a ser «colectividad territorial» con un estatuto de autonomía. 1999: los grupos independentistas armados declararon una tregua indefinida.

**CORCIRA,** en gr. **Kerkyra,** isla del mar Jónico, colonizada por los corintios en el s. VIII a. J.C. (Act. *Corfú*).

**CORCOVADO,** cerro que domina la bahía de Río de Janeiro, rematado por una colosal estatua de Cristo; 704 m.

**CORDAY** (Charlotte **de**), revolucionaria francesa (Saint-Saturnin-des-Lingeries, Orne, 1768-París 1793). Para vengar a los girondinos, apuñaló a Marat en el baño. Fue guillotinada.

**cordeliers** *(club de los),* club revolucionario francés de París (1790-1794). Sus líderes fueron Danton, Hébert y Marat.

**CORDERO** (Juan), pintor mexicano (Puebla 1824-México 1884), una de las figuras más representativas del romanticismo en su país. Decoró la capilla de Cristo en la iglesia de Santa Teresa y la cúpula de la iglesia de San Fernando. También pintó retratos y temas históricos.

**CORDERO** (Luis), escritor y político ecuatoriano (Déleg, Cañar, 1833-Cuenca 1912). Presidente de la república (1892), fue derrocado por la sublevación liberal de 1895. Es autor de poesías.

**cordero místico** *(El),* políptico de Jan (o de Hubert y Jan) Van Eyck, en la catedral de San Bavón de Gante, concluido en 1432. Es la obra maestra inicial de la escuela flamenca de pintura.

CÓRDOBA

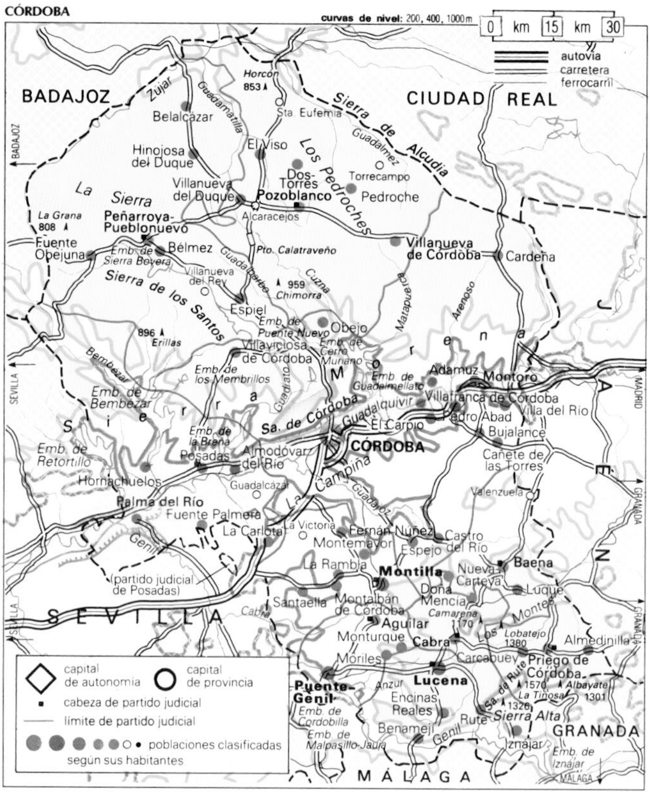


**CORDILLERA** *(departamento de la),* dep. del SO de Paraguay; 4 948 km²; 206 097 hab. Cap. *Caacupé.*

**CÓRDOBA** *(departamento de),* dep. del N de Colombia; 25 020 km²; 913 636 hab. Cap. *Montería.*

**CÓRDOBA** *(provincia de),* prov. de Argentina, en la región pampeana; 165 321 km²; 2 764 176 hab. Cap. *Córdoba.*

**CÓRDOBA** *(provincia de),* prov. de España, en Andalucía; 13 718 km²; 755 826 hab. Cap. *Córdoba.* P. j. de *Aguilar, Baena, Cabra, Córdoba, Lucena, Montilla, Montoro, Peñarroya-Pueblonuevo, Posadas, Pozoblanco, Priego de Córdoba* y *Puente-Genil.* La Campiña, en la margen izquierda del Guadalquivir, es el eje del territorio, con sierra Morena al N y las cordilleras Subbéticas al S. Cultivos en regadío, dehesas ganaderas. Hulla y plomo en Peñarroya, base de la industria provincial.

**CÓRDOBA,** c. de Argentina, cap. de la prov. homónima, a orillas del río Primero; 1 179 067 hab. Centro agrícola, cultural (universidad, 1613) e industrial. Depósito petrolero. Oleoducto. Gasoducto. Complejo nuclear. Iglesia de los jesuitas (1645), la más antigua de Argentina; catedral y conventos (ss. XVII-XIX); mansiones virreinales. Estancias jesuíticas (ss. XVII-XVIII). Fundada por Cabrera (1573), fue intendencia del virreinato de La Plata (1776). Movimiento insurreccional popular contra el régimen de Onganía (*Cordobazo*, 1969).

**CÓRDOBA,** c. de España, cap. de la prov. homónima y cab. de p. j.; 310 488 hab. *(Cordobeses.)* En la or. der. del Guadalquivir, es centro agrícola, industrial (electrometalurgia, mecánica de transformación), administrativo y cultural (universidad). Fue colonia romana *(Corduba)* y, desde 716, capital de al-Andalus. Conserva restos romanos y de la época musulmana: mezquita (V. art. siguiente), alcázar de los califas (act. palacio episcopal), baños árabes, etc. Barrio de la Judería, declarado patrimonio de la humanidad por la Unesco (1994). Del s. XIV son el alcázar de los reyes cristianos, gótico-mudéjar, y la fortaleza de La Calahorra (museo histórico). Numerosos conventos e iglesias. Museos. Rica arquitectura popular (patios). En las afueras, ruinas de la ciudad califal de Medina Azara.

**Córdoba** *(mezquita de),* mezquita omeya de la c. española de Córdoba, act. catedral, el edificio más importante del período califal. Iniciada en 785, fue ampliada en 883, 961 y 987. Destacan el patio de los Naranjos, el Lucernario (arcos lobulados, cúpula) y la cabecera (mosaicos, cúpulas decoradas, arcos cruzados, miḥrāb). Tras la reconquista, convertida en catedral católica, fue muy reformada (ss. XVI-XVII). Alberga numerosas obras de pintura, escultura, rejería y orfebrería. Fue declarada patrimonio mundial por la Unesco (1984).

**CÓRDOBA** *(emirato y califato de).* Después de la conquista de la península Ibérica (711-718), los soberanos musulmanes, con el título de emir o *vali,* instalaron en Córdoba su capital bajo la autoridad del califa de oriente. Los pobladores árabes (baladíes o sirios) se situaron en las ciudades y la mayoría bereber ocupó las zonas rurales. Cuando los abasíes sustituyeron a los califas omeyas (750), 'Abd al-Raḥmān I se proclamó emir (756) y se independizó de Damasco (773). En 929 'Abd al-Raḥmān III rompió los últimos vínculos con los fatimíes y se proclamó califa. Durante el período califal tuvieron un gran desarrollo la agricultura, la ganadería, la artesanía, las ciencias y la cultura, y se edificaron las ciudades residenciales de Medina Azara y Medina Azahira. Córdoba se convirtió en una gran metrópoli. El califato mantuvo relaciones con los reinos cristianos. Después de la muerte de Almanzor, el califato entró en un período de guerras civiles (1009-1031) y se dividió en reinos de taifas.

**CÓRDOBA,** c. de México (Veracruz); 182 144 hab. Centro comercial e industrial. Turismo.

**CÓRDOBA** (Jorge), político y militar boliviano (La Paz 1822-*id.* 1861). Yerno del presidente Belzú, fue presidente de la república (1855), pero derrocado por Linares (1857), huyó a Perú. Regresó en 1861 y fue asesinado en la matanza organizada por el coronel Plácido Yáñez.

**CÓRDOBA** (José María), político y militar colombiano (en Antioquia 1799-santuario de Antioquia 1830). Luchó en las guerras de independencia a las órdenes de Páez, Bolívar y Sucre (Ayacucho, 1824). Liberal, se levantó contra la dictadura de Bolívar (1830), y fue derrotado y asesinado.

**CÓRDOBA** (Juan **de**), religioso y filólogo español (Córdoba 1503-Oaxaca 1595). Dominico, en México estudió las lenguas indígenas (*Arte de la lengua zapoteca, Diccionario de la lengua zapoteca,* 1578).

**CORDOBÉS** (Manuel **Benítez,** llamado **el**), matador de toros español (Palma del Río 1937). Tomó la alternativa en 1963. Torero heterodoxo, fue el más popular y discutido de su época.

**CORDÓN** (Faustino), biólogo español (Madrid 1909-*id.* 1999). Centró sus investigaciones en la biología evolucionista (*Introducción al origen y evolución de la vida,* 1958; *La naturaleza del hombre a la luz de su origen biológico,* 1981).

**CORÉ** → ***Perséfone.***

**COREA** *(estrecho de),* estrecho que une el mar de Japón con el mar de China oriental, entre Corea y Japón; 175 km de anchura aprox.

**COREA,** península comprendida entre el mar del Japón (mar del Este), y el mar Amarillo, dividida en dos estados: *Corea del Norte (República Democrática Popular de Corea)* y *Corea del Sur (República de Corea).*

HISTORIA

Los chinos establecieron comandancias en Corea en el s. I a. J.C. 57 a. J.C.-935 d. J.C.: el país, dividido en principio entre los reinos de Silla (57 a. J.C.-935), Koguryo (37 a. J.C.-668) y Paikche (18 a. J.C.-660), fue unificado por Silla en 735. 935-1392: durante la dinastía Koryo Corea fue invadida por los mongoles (1231). 1392-1910: la dinastía Li (o Yi) adoptó el confucianismo y prohibió el budismo. Rechazó a los japoneses (1592, 1597), pero en 1637 tuvo que reconocer la soberanía de los manchúes (dinastía de los Qing de China). 1910: Japón, que había eliminado a los Qing de Corea en 1895, anexionó el país. 1945: ocupación del país por las tropas soviéticas y norteamericanas. 1948: el gobierno de la República de Corea se estableció en Seúl; la República Democrática Popular de Corea se proclamó en Pyongyang. 1953: al final de la guerra de Corea (1950-1953) se mantuvo la división del país. 2000: primera cumbre de jefes de estado de ambos países, en la que se planteó su reunificación.

**Corea** *(guerra de)* [junio 1950-julio 1953], conflicto que enfrentó a Corea del Sur, apoyada por las fuerzas de la O.N.U. (integradas sobre todo por tropas de E.U.A. y, más tarde, de Francia, Gran Bretaña, Benelux y Turquía), y Corea del Norte, apoyada a partir de 1951 por las tropas de la República Popular China. Terminó con el reconocimiento de los dos estados coreanos por E.U.A. y la U.R.S.S.

**COREA** *(República de),* o **COREA DEL SUR,** estado de Asia oriental que ocupa la parte S de la península coreana; 99 000 $km^2$; 43 200 000 hab. *(Surcoreanos.)* CAP. *Seúl.* LENGUA OFICIAL: *coreano.* MONEDA: *won.*

GEOGRAFÍA

Es un estado menos extenso que Corea del Norte, pero mucho más poblado. La extensión de sus llanuras y colinas y su clima suave explican el predominio del cultivo del arroz. La abundancia de la mano de obra y los capitales extranjeros han estimulado la industria (textil, construcción naval, construcciones eléctricas, etc.) y han paliado la pobreza del subsuelo. La industria, ubicada sobre todo en Pusan (salida marítima) y Seúl, es básicamente exportadora (a Japón y sobre todo a E.U.A.).

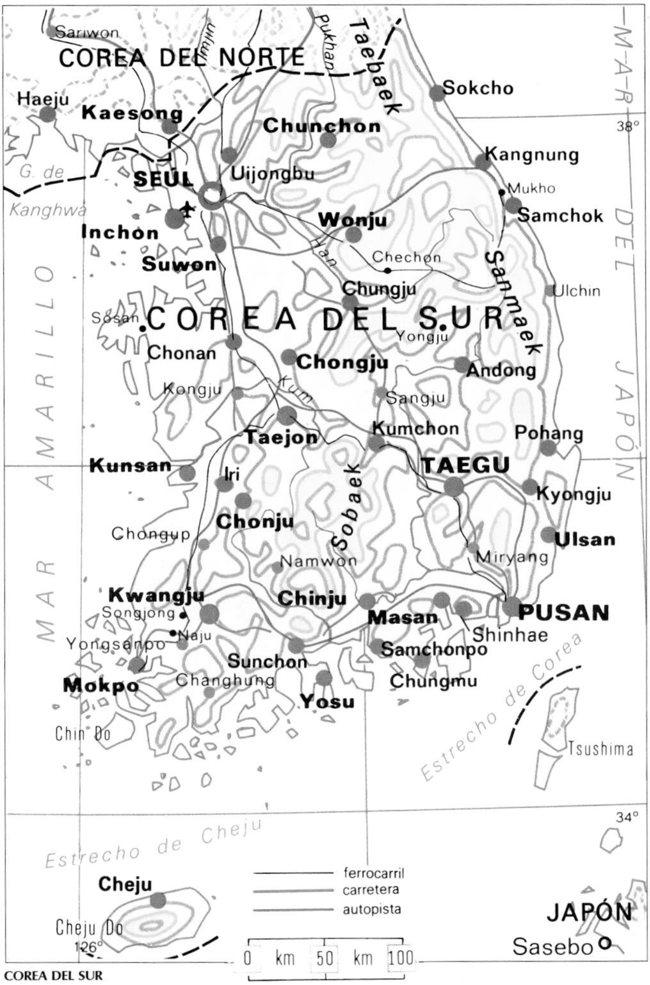

COREA DEL SUR

Nicolás **Copérnico** (universidad de Cracovia)

**Corneille** (F. Sicre - museo Carnavalet, París)

COREA DEL NORTE

HISTORIA

La República de Corea, presidida por Syngman Rhee (1948-1960), al que sucedieron Park Chung Hee (1963-1979) y Chun Doo Hwan (1980-1988), estuvo sometida a un régimen autoritario hasta que en 1987 comenzó un proceso de democratización. Se aprobó una nueva constitución por referéndum, y Roh Tae Woo fue elegido presidente de la república. 1991: las dos Coreas entraron en la O.N.U. y firmaron un acuerdo de reconciliación. 1992: Corea del Sur normalizó sus relaciones con China. 1993: Kim Young Sam fue elegido presidente de la república. 1997: Kim Dae Jung, líder histórico de la oposición, fue elegido presidente de la república.

**COREA** *(República Democrática Popular de),* o **COREA DEL NORTE,** estado de Asia oriental que ocupa la parte N de la península coreana; 120 500 km$^2$; 21 800 000 hab. *(Norcoreanos.)* CAP. *Pyongyang.* LENGUA OFICIAL: *coreano.* MONEDA: *won.*

GEOGRAFÍA

País montañoso, de clima riguroso, el arroz y el trigo constituyen, junto con la pesca, la base de la alimentación. El carbón y el hierro, y las instalaciones hidroeléctricas (en el Yalu) favorecieron el desarrollo de la industria de base (siderurgia y química).

HISTORIA

Desde su creación en 1948 hasta 1994 la república ha sido dirigida por Kim Il Sung, en un régimen comunista. En 1991, las dos Coreas entraron en la O.N.U. y firmaron un acuerdo de reconciliación. En 1994 murió Kim Il Sung y le sucedió su hijo Kim Jong Il.

**CORELLI** (Arcangelo), violinista y compositor italiano (Fusignano, Ravena, 1653-Roma 1713), autor de sonatas para música sacra y de cámara y de conciertos para violín. Fue uno de los maestros del clasicismo italiano, especialmente del violín.

**CORFÚ,** en gr. **Kerkyra,** una de las islas Jónicas (Grecia); 589 km$^2$; 91 000 hab. Cap. *Corfú* (36 875 hab.). Puerto. Turismo. Museo (frontón del templo de Artemisa, s. VII a. J.C.). [Ant. *Corcira.*]

**CORI** (Carl Ferdinand), bioquímico norteamericano (Praga 1896-Cambridge, Massachusetts, 1984). En 1947 obtuvo, junto con su mujer, **Gerty Theresa** (Praga 1896-Saint Louis, Missouri, 1957), el premio Nobel de fisiología y medicina por sus trabajos sobre el metabolismo de los glúcidos.

**CORIA,** c. de España (Cáceres), cab. de p. j.; 11 260 hab. *(Corianos* o *caurienses.)* Murallas romanas. Castillo (s. XV). Catedral del s. XVI, torre del s. XVIII.

**CORIA DEL RÍO,** v. de España (Sevilla), cab. de p. j.; 21 800 hab. *(Corianos.)* Agricultura.

**Coricancha,** templo inca del Sol, centro de la ciudad de Cuzco (Perú). Realizado en piedra tallada. Sobre sus muros se erigió la iglesia barroca de Santo Domingo.

**CORINNA,** poeta griega (fines s. VI a. J.C.). Originaria de Tanagra o de Tebas, fue la rival de Píndaro.

**CORINTH** (Lovis), pintor y grabador alemán (Tapiau, Prusia Oriental, 1858-Zandwoort, Países Bajos, 1925), autor de paisajes, de retratos y de composiciones religiosas con una vigorosa pincelada.

**CORINTO,** en gr. **Korinthos,** c. griega, rival de Atenas y de Esparta, que fue la metrópoli comercial e industrial más rica de la Grecia arcaica (ss. VII-VI a. J.C.). Fundó numerosas colonias. Fue destruida por los romanos (146 a. J.C.) antes de convertirse en la capital de la provincia de Acaya. – Act. es un puerto en el *golfo de Corinto,* cerca del *canal de Corinto* (6,3 km), abierto a través del istmo homónimo, que une el Peloponeso con el resto de Grecia; 28 903 hab. Museo. Conjunto de ruinas griegas y romanas.

**CORINTO,** c. de Nicaragua (Chinandega); 24 250 hab. Puerto exportador, en el Pacífico, el primero del país.

**CORINTO,** mun. de Colombia (Cauca); 17 078 hab. Cultivos tropicales. Ganadería.

**CORIOLANO** (Gneo Marcio), general romano legendario (s. V a. J.C.). Vencedor de los volscos (493 a. J.C.), fue exiliado por haber atentado contra los derechos de la plebe. Al parecer abandonó la venganza contra su patria, a la que asediaba, a petición de su madre y de su esposa. Inspiró un drama de Shakespeare (*c.* 1607).

**CORIOLIS** (Gaspard), ingeniero y matemático francés (París 1792-*id.* 1843), autor de trabajos de cinemática. Descubrió la fuerza de desviación, debida a la rotación de la Tierra, que se ejerce sobre los cuerpos en movimiento en la superficie de ésta *(fuerza de Coriolis).*

**CORISTANCO,** mun. de España (La Coruña); 8 388 hab. *(Coristanqueses.)* Cap. *San Roque.* Minas de estaño y volframio.

**CORK,** en gaélico **Corcaigh,** c. y puerto de la República de Irlanda, en la costa S de la isla; 127 024 hab. Activo puerto comercial.

**CORLISS** (George Henry), ingeniero norteamericano (Easton, Nueva York, 1817-Providence 1888). Inventó y construyó la máquina de vapor que lleva su nombre (1849), caracterizada por un nuevo sistema de distribución del vapor.

**CORMACK** (Allan MacLeod), físico norteamericano de origen sudafricano (Johannesburgo 1924). Contribuyó, junto a G. N. Hounsfield, al desarrollo del scanner. (Premio Nobel de fisiología y medicina 1979.)

**CORNAGO** (Juan), compositor español del s. XVI, autor de música religiosa y de canciones polifónicas con texto en castellano.

**CORNARO,** familia patricia de Venecia, a la que pertenecieron cuatro dux y **Catalina Cornaro** (Venecia 1454-*id.* 1510), esposa de Jacobo II de Lusignan, rey de Chipre. Fue soberana de la isla (1473-1489), pero abdicó en favor de Venecia.

**CORNEILLE** (Pierre), dramaturgo francés (Ruán 1606-París 1684). Debutó en el teatro con comedias y se hizo célebre con la tragicomedia *El Cid* (1636-1637). Se consagró luego a la tragedia (*Horacio,* 1640; *Cinna,* 1640-1641) sin abandonar la comedia a la española (*El mentiroso,* 1643; *Don Sancho de Aragón,* 1650) y los divertimentos. Evolucionó hacia la complejidad y el patetismo (*Nicomedes,* 1651) pero fracasó con *Pertharite* (1651). Más tarde volvió a la escena (*Edipo,* 1659). Sus héroes lo sacrifican todo por el honor y la gloria. Dio la forma definitiva a la comedia clásica francesa. *(V. ilustración pág. 1243.)*

**CORNELIA,** hija de Escipión el Africano y madre de los Gracos (*c.* 189-*c.* 110 a. J.C.), ideal de mujer romana.

**CORNELIO** *(san)* [† 253], papa de 251 a 253. Murió en el exilio, y la Iglesia lo honra como mártir.

**CORNELIO NEPOTE,** historiador latino (Galia Cisalpina *c.* 99-*c.* 24 a. J.C.), autor de *De excellentibus ducibus,* recopilación de biografías.

**CORNELLÀ DE LLOBREGAT,** c. de España (Barcelona), cab. de p. j.; 84 315 hab. *(Cornellenses.)* Centro industrial.

**corn-laws** *(leyes sobre el grano),* legislación británica que protegía la producción cerealista nacional, y que estuvo en vigor de 1815 a 1849. A partir de 1838 se formó un movimiento de protesta contra el proteccionismo, en torno a la Anti-corn law league, fundada por R. Cobden.

**CORNUALLES,** en ingl. **Cornwall,** región de Gran Bretaña, extremo SO de Inglaterra, larga península de costas recortadas.

**CORNWALLIS** (Charles), general y administrador británico (Londres 1738-Ghāzipur, Uttar Pradesh, 1805). Tuvo que capitular ante los norteamericanos en Yorktown (1781). Comandante en jefe de la India, sometió a Tipu Ṣāḥib (1792). Fue virrey de Irlanda (1798-1801), donde reprimió la rebelión.

**CORO,** c. de Venezuela, cap. del est. Falcón; 95 000 hab. Centro industrial y comercial. Aeropuerto. Fundada en 1527, fue ocupada por alemanes en 1529-1547. En 1531 se fundó en ella el primer obispado de Venezuela. Conserva edificios coloniales del s. XVIII.

**COROMANDEL** *(costa de),* costa E de la India, en el golfo de Bengala. Centro de exportación a Europa de lacas importadas de China en los ss. XVII-XVIII.

**COROMINES** (Joan), filólogo español (Barcelona 1905-Pineda de Mar 1997). De su obra destacan *Diccionario crítico y etimológico de la lengua castellana* (4 vols., 1954-1957) y *Diccionario etimológico y complementario de la lengua catalana* (9 vols., 1980-1988). Premio de honor de las letras catalanas (1984) y Premio nacional de las letras españolas (1989).

**Coromoto** *(Virgen)* → ***Guanare.***

**CORONA,** macizo de Venezuela, en la sierra Nevada de Mérida; 4 942 m de alt. en el Humboldt.

**CORONADO** (Carolina), escritora española (Almendralejo 1823-La Mitra, Lisboa, 1911). Escribió *Poesías* (1843) llenas de delicadeza y musicalidad, novela y teatro.

Carolina **Coronado** (F. de Madrazo - museo nacional centro de arte Reina Sofía, Madrid)

**CORONADO** (Martín), dramaturgo y poeta argentino (Buenos Aires 1850-*id.* 1919). Alcanzó éxito con dramas en verso de tema popular (*La piedra del escándalo,* 1902; *El sargento Palma,* 1905; *La chacra de don Lorenzo,* 1918).

**CORONANGO,** mun. de México (Puebla); 15 627 hab. Centro agrícola. Maderas finas.

**CORONEL,** c. de Chile (Biobío), junto al golfo de Arauco; 83 398 hab. Yacimientos submarinos de carbón. Puerto comercial.

**CORONEL,** familia de judíos de Segovia que se convirtieron al cristianismo en 1492. – **Luis Coronel,** científico (Segovia *c.* 1450-*id. c.* 1535), publicó en 1530 un monumental tratado de física. – Su hermano, **Pablo Coronel,** humanista (Segovia 1480-*id.* 1534), fue uno de los escogidos por Cisneros para realizar la *Biblia* políglota complutense.*

**CORONEL** (Pedro), pintor y escultor mexicano (Zacatecas 1923), autor de una pintura abstracta con gran economía de color.

**CORONEL BRANDSEN** → ***Brandsen.***

**CORONEL DE MARINA L. ROSALES,** partido de Argentina (Buenos Aires); 59 715 hab.

**CORONEL DORREGO,** partido de Argentina (Buenos Aires); 17 737 hab. Ganadería vacuna y ovina.

**CORONEL OVIEDO,** c. de Paraguay, cap. del dep. de Caaguazú; 61 164 hab. Refino de azúcar; aceite.

**CORONEL PRINGLES,** partido de Argentina (Buenos Aires); 22 983 hab. Cereales. Ganadería.

**CORONEL SUÁREZ,** partido de Argentina (Buenos Aires); 35 071 hab. Central eléctrica.

**CORONEL URTECHO** (José), escritor nicaragüense (Granada 1906-Managua 1994). Su poesía, reunida en *Pollá d'ananta, kantata, paranta. Imitaciones y traducciones* (1970), introdujo la vanguardia en su país. También ha escrito novela, ensayo y teatro (*Chinfonía burguesa,* 1957).

**COROPUNA,** cumbre de los Andes peruanos de Apurímac (Arequipa); 6 615 m.

**COROT** (Jean-Baptiste Camille), pintor francés (París 1796-*id.* 1875). Continuador de la tradición clásica, preparó el impresionismo con sus paisajes del natural o históricos y sus figuras femeninas.

**COROZAL,** mun. de Colombia (Sucre); 46 096 hab. Mercado agrícola. Ganadería vacuna y lanar.

**COROZAL,** mun. del centro de Puerto Rico, 33 095 hab. Centro minero (oro, magnesio, cobre).

**Corporales de Daroca** *(relicario de los),* una de las más bellas piezas de la orfebrería gótica catalana, obra de Pere Moragues (1384). Se conserva en la colegiata de Santa María de Daroca.

**CORPUS BARGA** → ***Barga*** (Corpus).

**CORPUS CHRISTI,** c. y puerto de Estados Unidos (Texas); 257 453 hab. Refinerías de petróleo.

**Corpus de sangre,** revuelta del pueblo de Barcelona el día de Corpus (7 junio) de 1640, que dio inicio a la guerra de Separación de Cataluña. En el alzamiento, iniciado por los segadores, fue muerto el virrey, conde de Santa Coloma.

**CORRAL DE VILLALPANDO,** familia de escultores y arquitectos españoles, activos a mediados del s. XVI, formada por los hermanos **Jerónimo, Juan** y **Ruy,** que trabajaron juntos (capilla de San Pedro en la catedral de Palencia, 1551; Casa blanca, Medina del Campo, 1563, entre otras obras).

**CORRAL DEL VELETA,** cumbre de España, en sierra Nevada; 3 327 m Es la doble cima del Veleta.

**CORRALES DE BUELNA (Los),** mun. de España (Cantabria); 9 820 hab. Cap. *Los Corrales.* Metalurgia.

**Corrales del Rosario** *(parque nacional),* parque nacional de Colombia (Bolívar), al SO de Cartagena; 17 700 ha.

**CORRALILLO,** mun. de Cuba (Villa Clara); 27 612 hab. Petróleo en Motembo. Industria química.

**CORREA** (Juan), pintor mexicano, activo entre 1674 y 1739, uno de los maestros del barroco mexicano. En algunas obras colaboró con Villalpando (pinturas de la sacristía de la catedral de México, 1689-1691).

Juan **Correa:** *Adán y Eva expulsados del Paraíso.* Fragmento. (Museo nacional del virreinato, Tepotzotlán, México.)

**CORREA DE ARAUXO** (Francisco), organista y compositor español (Sevilla *c.* 1575-*id. c.* 1663), autor de *Libro de tientos y discursos de música práctica y teórica de órgano* (1626, publicado en 1952).

**CORREA DE VIVAR** (Juan), pintor español, activo en Toledo entre 1539 y 1552. Sus obras pertenecen al manierismo castellano (*Natividad, Anunciación, El tránsito de la Virgen,* Prado).

**CORREA MORALES** (Lucio), escultor argentino (Navarro 1852-Buenos Aires 1923). Su obra retrata tipos indígenas y criollos (*Indio pampa* y *El río de la Plata,* 1882).

**CORREDORES,** cantón de Costa Rica (Puntarenas); 34 681 hab.

**CORREGGIO** (Antonio **Allegri,** llamado **il**), pintor italiano (Correggio, cerca de Parma, *c.* 1489-*id.* 1534). Dejó en Parma algunas decoraciones con efectos deslumbrantes de un virtuosismo completamente nuevo (iglesia de San Juan Evangelista y catedral). La luminosidad, la fluidez, la gracia sensual de sus cuadros de altar y de sus composiciones mitológicas (*Io y Ganimedes,* Kunsthistorisches Museum, Viena) tuvieron una gran influencia en el arte europeo.

**CORREGIDORA,** mun. de México (Querétaro), en la meseta Central; 29 689 hab. Centro agropecuario.

**Corregidora** *(La)* → ***Ortiz de Domínguez.***

**CORRÈZE,** dep. de Francia (Lemosín); 5 857 km²; 237 908 hab. Cap. *Tulle* (18 685 hab.).

**CORRIENTES** *(provincia de),* prov. del NE de Argentina; 88 199 km²; 795 021 hab. Cap. *Corrientes.*

**CORRIENTES,** c. de Argentina, cap. de la prov. homónima, puerto a orillas del río Paraná; 267 742 hab. Centro industrial. Universidad. Aeropuerto internacional. Fundada en 1588, conserva monumentos de estilo colonial. Museos.

**CORRIENTES** (Diego), bandolero español (Utrera 1757-Sevilla 1781). Ladrón de caballos en la zona de Sevilla, no cometió delitos de sangre y se ganó la protección popular. Fue capturado y ahorcado.

**corriere della sera** *(Il),* diario italiano, de tendencia liberal progresista, fundado en Milán (1786) por E. Torelli-Viollier.

**CORSE-DU-SUD,** dep. de Francia (Córcega); 4 014 km²; 118 808 hab. Cap. *Ajaccio.*

**CORTÁZAR,** mun. de México (Guanajuato); 61 308 hab. Frutales, caña de azúcar. Conservas.

**CORTÁZAR** (Julio), escritor argentino (Bruselas 1914-París 1984), nacionalizado francés (1981). En 1951 se exilió voluntariamente a París, aunque sin abandonar su compromiso con la izquierda latinoamericana (*El libro de Manuel,* 1973, novela-alegato contra la tortura). Su concepción libre del relato, en el que la imaginación se combina con un humor tierno y cordial, hace de él uno de los grandes maestros del cuento: *Bestiario,* 1951; *Final del juego,* 1956; *Las armas secretas,* 1959; *Todos los fuegos el fuego,* 1966; *Alguien que anda por ahí,* 1977; *Queremos tanto a Glenda,* 1981. El género roza a veces lo fantástico (*Historias de cronopios y de famas,* 1962) y otras el esbozo misceláneo (*La vuelta al día en ochenta mundos,* 1970). Con gran destreza, amplía el territorio narrativo en sus novelas *Los premios* (1960), *Rayuela** (1963) y *62, modelo para armar* (1968). *[V. ilustración pág. 1246.]*

**Corte suprema** → ***Suprema corte de justicia.***

**CORTEGANA,** v. de España (Huelva); 5 225 hab. *(Corteganeses.)* Minas de azufre y de cobre.

**CORTÉS** *(departamento de),* dep. de Honduras, a orillas del Caribe; 3 954 km²; 683 000 hab. Cap. *San Pedro Sula.*

**CORTES,** v. de España (Navarra); 3 148 hab. *(Cortesanos.)* Poblado indoeuropeo, en el Alto de la Cruz, en el que se han excavado tres poblados superpuestos (*c.* 850-*c.* 340 a. J.C.); metalurgia del bronce y del hierro.

**CORTÉS** (Hernán), conquistador español (Medellín 1485-Castilleja de la Cuesta 1547). En 1518 se le encomendó sólo la exploración del imperio azteca. Desembarcó en Yucatán pero, desobedeciendo las órdenes, se desligó de la autoridad del gobernador de Cuba, fundó Veracruz y emprendió la conquista del imperio aprovechando las rivalidades entre los indígenas. En noviembre de 1519 ocupó Tenochtitlan y obligó a Moctezuma a reconocer la soberanía de Carlos Quinto. Tuvo que huir tras el levantamiento de la *Noche triste* (30 junio-1 julio 1520). Tras la batalla de Otumba, en 1521 volvió a conquistar la capital azteca. Carlos Quinto lo nombró gobernador y capitán general de Nueva España (1522). Acusado de mal gobierno, regresó a España (1528). En 1530 se le devolvió el título de capitán general y se le nombró marqués del Valle de Oaxaca, pero no el poder de Nueva España, donde vivió de 1530 a 1540. En 1541 participó en la campaña de Argel. *(V. ilustración pág. 1246.)*

il **Correggio:** *La madonna de san Jerónimo* (1527-1528). [Galería nacional, Parma.]

**CORTÉS** (Joaquín), bailarín español (Córdoba 1969). Solista del Ballet nacional español, en 1990 inició su carrera como artista independiente.

**CORTÉS** (Martín), cosmógrafo español (nacido en Bujaraloz-Cádiz 1582), autor de *Breve compendio de la esfera y del arte de navegar* (1551).

**CORTÉS** (Martín), 2.º *marqués* **del Valle de Oaxaca,** hijo de Hernán Cortés y de Juana de Zúñiga (Cuernavaca 1535-Madrid 1589). Dirigió en México la llamada *conjuración del marqués del Valle* (1565-1568), que le costó un destierro en Orán hasta 1574.

**Corti** *(órgano de),* receptor periférico de la audición, formado por un conjunto de células ciliadas.

**CORTINA D'AMPEZZO,** c. de Italia (Véneto); 7 095 hab. Estación de deportes de invierno en los Dolomitas (alt. 1 224-3 243 m).

**CORTONA** (Pietro **Berrettini da Cortona,** llamado **Pietro**), pintor y arquitecto italiano (Cortona, Arezzo, 1596-Roma 1669). Heredero del manierismo, establecido en Roma en 1612, se convirtió en el gran maestro barroco de la corte pontificia y de la nobleza (decoración del techo del palacio Barberini [1636] y de la cúpula y la bóveda de Santa Maria in Vallicella, etc.). La fachada de Santa Maria della Pace (1656) ilustra su obra arquitectónica.

**CORUÑA** (*provincia de* **La**), prov. de España, en Galicia; 7 954 km²; 1 097 511 hab. Cap. *La Coruña.* P. j. de *Arzúa, Betanzos, Carballo, Corcubión, La Coruña, Ferrol, Muros, Negreira, Noya, Órdenes, Ortigueira, Padrón, Ribeira* y *Santiago.* El litoral, muy recortado (rías), es el sector más poblado. Cultivos de patata, maíz y leguminosas; ganadería vacuna; pesca; explotación forestal. Lignito en Puentes de García Rodríguez. Industrias en Ferrol, Puentedeume, Santiago y la capital.

**CORUÑA (La)** o **A CORUÑA,** c. de España, cap. de la prov. homónima y cab. de p. j.; 252 694 hab. (*Coruñeses* o *brigantinos.*) Centro administrativo e industrial. Universidad. Puerto comercial y pesquero. Torre romana de Hércules (faro en activo), iglesias románicas y barrocas. Museo de bellas artes.

**CORVERA DE ASTURIAS,** mun. de España (Asturias); 17 022 hab. Cap. *Nubledo.* Industria siderometalúrgica.

**CORVINO** (Matías) → ***Matías I.***

**COS,** en gr. **Kos,** isla griega del Dodecaneso (Espóradas del Sur); 290 km²; 17 900 hab. Cap. *Cos.*

**COSA** (Juan **de la**), cosmógrafo y piloto español (Santa María del Puerto, act. Santoña, ¿1449?-en Tierra Firme 1510). Participó en los viajes de Colón y realizó un mapamundi, de gran valor cartográfico. (Museo naval de Madrid). Murió en un ataque de los indígenas cuando acompañaba a A. de Ojeda en la conquista de Tierra Firme.

**COSALÁ,** mun. de México (Sinaloa); 18 184 hab. Mercado agrícola.

**COSAMALOAPÁN,** mun. de México (Veracruz); 103 239 hab. Arroz, maíz, caña de azúcar y café. Maderas.

**COSCOMATEPEC,** mun. de México (Veracruz), al pie del Orizaba; 28 215 hab. Maderas preciosas.

**COSENZA,** c. de Italia (Calabria), cap. de prov.; 87 140 hab. Monumentos antiguos.

**COSGRAVE** (William Thomas), político irlandés (Dublín 1880-*id.* 1965). Jefe de la fracción moderada del Sinn Féin, presidente del consejo ejecutivo del Estado libre de Irlanda (1922-1932), conservó hasta 1944 la dirección de su partido, convertido en el Fine Gael.

**COSIMO** (Piero **di Lorenzo di Chimenti,** llamado **Piero di**), pintor italiano (Florencia 1461/1462-*id.* 1521). Ayudante de C. Rosselli en la capilla Sixtina (1481), se consagró al retrato y a los temas profanos, tratados con una sensibilidad atormentada.

**COSÍO VILLEGAS** (Daniel), economista mexicano (México 1900-*id.* 1976), fundador (1940) y presidente (1957-1963) del Colegio de México y director hasta 1948 del Fondo de cultura económica. Es autor de *Historia moderna de México* (9 vols. 1955-1972).

**COSLADA,** v. de España (Madrid), cab. de p. j.; 73 844 hab. Centro industrial.

**COSME** y **DAMIÁN** *(santos),* hermanos martirizados en tiempos de Diocleciano († Tiro de Éufrates, Siria, ¿c. 295?), médicos, patronos de los cirujanos.

**COSROES I,** rey sasánida de Persia [531-579]. Sus guerras contra Justiniano acabaron con una paz sin vencedores ni vencidos (562). Reorganizó la administración del imperio. – **Cosroes II,** rey sasánida de Persia [591-628], reemprendió la lucha contra los bizantinos (saqueo de Jerusalén en 614, sitio a Constantinopla en 626), pero fue vencido por Heraclio (628).

**COSSA** (Francesco **del**), pintor italiano (Ferrara c. 1436-Bolonia 1478). Influido por C. Tura, trabajó en Ferrara (frescos de los *Meses* en el palacio Schifanoia, con E. de'Roberti) y en Bolonia.

**COSSIGA** (Francesco), político italiano (Sassari 1918). Democratacristiano, fue presidente de la república (1985-1992).

**COSSÍO** (Francisco **Gutiérrez,** llamado **Pancho**), pintor español de origen cubano (Pinar del Río 1898-Alicante 1970). Su obra se relaciona con el cubismo analítico. Se interesó especialmente por la materia en bodegones y marinas.

**COSSÍO** (José María **de**), erudito y crítico literario español (Valladolid 1893-*id.* 1977). Se especializó en poesía del siglo de oro, literatura del s. XIX (*Cincuenta años de poesía española: 1850-1900,* 1960) y tauromaquia (enciclopedia *Los toros,* 1943-1961). [Real academia 1947.]

**COSSÍO** (Manuel Bartolomé), pedagogo e historiador de arte español (Haro 1857-Madrid 1935). Tras la muerte de F. Giner de los Ríos, fue la figura principal de la Institución libre de enseñanza, animador de las Misiones pedagógicas. Publicó un estudio maestro sobre *El Greco* (1908).

**COSTA (La),** dep. de Argentina (Buenos Aires); 37 949 hab.

**COSTA** (Joaquín), jurisconsulto, político e historiador español (Monzón 1846-Graus 1911). Republicano, reformista, se convirtió en el paradigma de político regeneracionista y militó en la Unión nacional. Es autor de *Colectivismo agrario en España* (1898) y *Oligarquía y caciquismo como la actual forma de gobierno de España* (1902).

**COSTA** (Lúcio), arquitecto brasileño (Toulon, Francia, 1902-Río de Janeiro 1998), autor de la planificación urbanística de Brasilia.

**COSTA AZUL,** en fr. **Côte d'Azur,** parte de la costa francesa del Mediterráneo, desde Cassis a Menton, la principal zona turística del país.

**COSTA BLANCA,** sector del litoral español, entre Valencia y el Mar Menor (Murcia). Centros turísticos: Benidorm, Calpe, la Manga del Mar Menor.

**COSTA BRAVA,** sector del litoral español, desde la frontera francesa hasta Blanes. Centros turísticos: Cadaqués, Rosas, La Escala, Bagur, Palafrugell, Palamós, Sant Feliu de Guíxols, Tossa, Lloret.

**COSTA DE MARFIL,** estado de África occidental, en la costa N del golfo de Guinea; 322 000 km²; 12 500 000 hab. CAP. *Yamoussoukro.* LENGUA OFICIAL: *francés.* MONEDA: *franco C.F.A.*

GEOGRAFÍA

En el N más allá de la región litoral, bordeada de lagunas y ocupada por una densa selva, aparecen mesetas recubiertas por la sabana. País fundamentalmente rural, combina los cultivos comerciales (café, cacao, frutos tropicales) y de subsistencia (mandioca) con la explotación forestal (caoba) y el turismo. Ha experimentado una notable expansión (relacionada con una fuerte inmigración de los países vecinos), pero su economía sigue dependiendo de la evolución del precio de las materias primas.

HISTORIA

***Antes de la independencia.*** S. XVI: pueblos mandingo islamizados entraron en contacto con pueblos senufo. Ss. XVII-XVIII: se fundaron reinos (el de Kong, por los diula). 1842: los franceses se apoderaron de la zona de las lagunas. 1895-1896: la colonia de Costa de Marfil, creada en 1893, se unió al África occidental francesa 1908-1915: el gobernador Angoulvant (1872-1932) conquistó militarmente el país. 1934: Abidjan se convirtió en la capital, después de Grand-Bassam y Bingerville. El país vivía de las plantaciones de cacao y café y de la explotación de la selva, facilitada por la creación de la vía férrea Abidjan-Níger, que antes de la guerra fue ampliada hasta la frontera de Alto Volta (unido en parte a Costa de Marfil de 1932 a 1947).

***La república.*** 1958: el país, territorio de ultramar

LA CORUÑA

Hernán **Cortés** (Saldana-museo nacional de historia, México)

Julio **Cortázar**

**COSTA DE MARFIL** **curvas de nivel**: 200, 500, 1000, m

desde 1946, se convirtió en república autónoma. 1960: accedió a la independencia y tuvo como presidente a Félix Houphouët-Boigny, reelegido en sucesivas ocasiones desde entonces y fiel a la cooperación con Francia. 1990: una grave crisis política y social obligó a Houphouët-Boigny a abrir el país al multipartidismo, aunque la situación se mantuvo tensa. 1993: Houphouët-Boigny murió y le sustituyó en la presidencia Henri Konan Bédié. 1999: un golpe militar depuso a H. Konan Bédié. 2000: una revuelta popular provocó la caída de la junta militar. El socialista Laurent Gbagbo asumió la presidencia tras unas controvertidas elecciones.

**COSTA DEL AZAHAR**, sector del litoral español, en la provincia de Castellón. Destacan los centros turísticos de Benicarló, Peñíscola y Benicasim.

**COSTA DEL SOL**, sector del litoral meridional de España, desde Almería a Tarifa (Cádiz). Turismo (Marbella, Torremolinos, Estepona, Fuengirola).

**COSTA DORADA**, sector del litoral español, entre Garraf (Barcelona) y el delta del Ebro. Centros turísticos: Sitges, Tarragona, Salou, Cambrils.

**COSTA DU RELS** (Adolfo), escritor boliviano (Sucre 1891-La Paz 1980). De su amplia producción (novela, cuento, teatro, ensayo y poesía), destacan los relatos *El embrujo del oro* (1929).

**COSTA I LLOBERA** (Miquel), poeta español en lenguas castellana y catalana (Pollensa 1854-Palma de Mallorca 1922). Gran figura de la escuela poética mallorquina, su mejor obra, en metro clásico, es *Horacianas* (*Horacianes*, 1906).

**COSTA RICA**, est. de América Central; 51 100 km$^2$; 4 023 422 hab. (*Costarricenses* o *costarriqueños*.) CAP. *San José*. LENGUA OFICIAL: *español*. MONEDA: *colón costarricense*.

GEOGRAFÍA

Limita al N con Nicaragua, al E con el mar Caribe, al SE con Panamá y al S y O con el Pacífico. Relieve montañoso, especialmente en el centro y S, con las cordilleras Central y de Talamanca (cerro Chirripó Grande, 3 819 m). Los ríos son cortos y poco navegables. La población mantiene un ritmo de crecimiento muy alto (2,5 % anual) y se distribuye irregularmente, con las mayores densidades en la aglomeración de la capital, mientras las áreas rurales sufren un continuo éxodo. La economía, básicamente agropecuaria, reposa en algunos cultivos de exportación (café, banano, piña y cacao), con predominio de la pequeña propiedad y en consecuencia de cierta prosperidad del campesinado. Los recursos mineros (oro, plata, hierro, bauxita, mercurio) se explotan sólo parcialmente. Predomina la industria manufacturera de bienes de consumo (textil, alimentaria, tabaco), con unidades productivas de pequeño tamaño y bajo nivel tecnológico. La necesidad constante de importar maquinaria y de aumentar el financiamiento externo de las empresas, sumada al descenso de los ingresos procedentes de las exportaciones, conforman una economía muy vulnerable.

HISTORIA

***El poblamiento precolombino.*** El territorio costarricense era un área de contactos entre las culturas mesoamericanas y las del norte de Sudamérica. Los chorotega, de origen mesoamericano, se situaban en el noroeste, dentro del ámbito de la Nicoya, que incluía también el occidente de Nicaragua. La vertiente atlántica y la región central estaban muy escasamente ocupadas por un poblamiento disperso; en tanto que en el Pacífico sur se situaba la región Diquís, con un poblamiento concentrado en aldeas, pero sin una autoridad común.

***Conquista y colonización española.*** 1523: la expedición de Gil González de Ávila abrió el ciclo de la conquista. 1523: Francisco Fernández de Córdoba inició la conquista del noroeste. 1560-1564: las expediciones de Juan de Cavallón y de Vázquez de Coronado impulsaron la conquista del Valle central, donde se estableció la cap., Nueva Cartago. Costa Rica fue una región colonial pobre, en la que la gran propiedad, ganadera, dominaba en el noroeste, en tanto que en el resto se difundió la mediana y pequeña propiedad; administrativamente quedó constituida como provincia adscrita a la audiencia de Guatemala.

***La independencia.*** 1821: el 15 de setiembre de 1821 se proclama en la ciudad de Guatemala la independencia de las provincias que formaban la Capitanía General de Guatemala; la secesión de la audiencia de Guatemala dividió la región entre partidarios de la unión con México (Cartago) y los que propugnaban la independencia o la unión con la Gran Colombia (San José). 1823: la victoria de estos últimos significó el traslado de la capital a San José, pero Costa Rica fue incorporada a la federación de las Provincias Unidas de Centroamérica (1823-1838). En esa época se inició una nueva etapa económica, con la difusión del cultivo del café. 1835: la guerra de la Liga enfrentó de nuevo a Cartago y San José; el golpe liberal de 1838 resolvió el conflicto en favor de San José y estableció la secesión de hecho de Costa Rica de las Provincias Unidas.

***La república exportadora.*** 1848: proclamación de la fundación de la república; presidencia de José María Castro Madriz. 1870: golpe de estado de Tomás Guardia, durante cuyo largo mandato (1870-1882) se promulgó la constitución de 1871 y se consolidó el estado liberal. 1882-1929: liberales y conservadores se turnaron regularmente en el poder, a excepción del breve período de la dictadura de Tinoco (1917-1919). La economía exportadora progresó merced a la expansión de la producción del café a lo que se sumó la explotación bananera por la United fruit company (1899).

***De la crisis de 1929 a la guerra civil.*** 1929: caída de las exportaciones de café y banano y fundación del partido comunista, con influencia en la zona bananera de Limón. 1940-1948: las presidencias de Calderón Guardia y Teodoro Picado, apoyados por el partido comunista, impulsaron una política de reformas sociales (implantación de la seguridad social, 1943). 1948: la anulación de las elecciones que habían dado el triunfo a la oposición dio paso a la guerra civil, cuyo desenlace fue la victoria de las tropas opositoras dirigidas por José Figueres.

***La segunda república.*** 1953-1978: José Figueres, artífice de la segunda república y fundador del Partido de liberación nacional, fue presidente en dos ocasiones (1953-1958 y 1970-1974) y dominó la política costarricense con su reformismo social moderado y un cierto neutralismo. 1978-1982: gobierno conservador de R. Carazo. Desde 1982: las dificultades en la exportación y la guerra en Nicaragua decantaron al gubernamental P.L.N. (presidencias de L. A. Monge, 1982-1986, y Ó. Arias, 1986-1990) hacia una política más conservadora y un mayor alineamiento con E.U.A. 1990: el socialcristiano R. A. Calderón fue elegido presidente. 1994: el P.L.N. volvió al poder con J. M. Figueres Olsen. 1998: el liberal M. Á. Rodríguez fue elegido presidente.

INSTITUCIONES

La constitución de 1949 establece un estado unitario con un sistema parlamentario unicameral. Tanto el presidente como los diputados son ele-

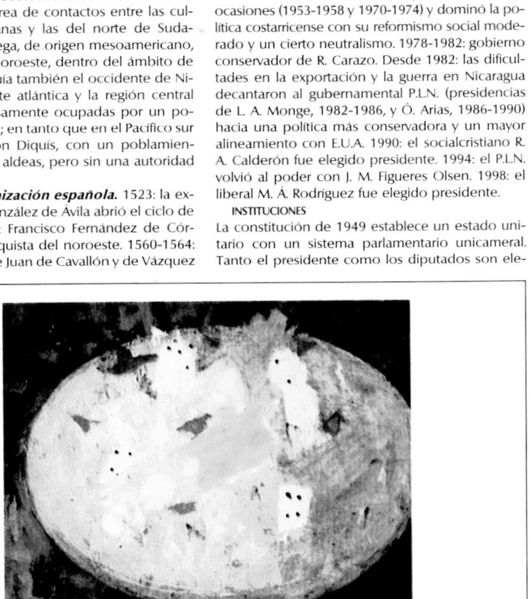

Pancho **Cossío**: *Bodegón* (col. part.)

gidos cada cuatro años por sufragio universal directo. La mayor peculiaridad es la inexistencia de ejército, abolido en 1948; las fuerzas armadas se reducen a la policía.

LITERATURA

*Segunda mitad s. XIX y s. XX.* Poesía: J. A. Facio, J. M. Alfaro Cooper, A. J. Echeverría, L. Chavarría, R. Brenes Mesén, R. Cardona, R. Estrada, M. Jiménez, A. Echeverría, I. F. Azofeifa, A. Ulloa Zamora, F. Luján, E. Odio, S. Jiménez Canossa, M. Picado, J. Dobles, L. Albán, J. Debravo. Narrativa: P. Víquez, M. Argüello Mora, M. González Zeledón *(Magón),* C. González Rucavado, J. García Monge, J. Marín Cañas, C. L. Fallas, F. Dobles, L. Pacheco, Y. Oreamuno. Teatro: A. Sánchez, V. Urbano, V. Grüter, D. Gallegos.

BELLAS ARTES

***Principales ciudades de interés artístico:*** San José, Heredia, Nicoya.

***Artistas célebres.*** *S. XIX:* Fadrique Gutiérrez, J. Mora González. – *S. XX:* Max Jiménez, F. Amighetti, F. Zúñiga, J. Gallardo, C. Valverde, Felo (M. A. García), R. Fernández, J. L. Rodríguez, N. Zeledón Guzmán, O. Villegas Cruz, J. F. Alvarado, C. Barboza, C. Badilla, M. A. Brenes, C. Venegas.

MÚSICA

– *S. XIX:* M. M. Gutiérrez (autor del himno nacional), R. Chaves Torres, G. Morales y J. Campabadal. – *S. XX:* A. Monestel, J. Fonseca, L. Salazar Morales, B. Gutiérrez y B. Flores. *(V. anexo cartográfico.)*

**COSTA-GAVRAS** (Konstantinos **Gavras,** llamado), director de cine francés de origen griego (Atenas 1933). Sus películas tratan hechos políticos y reflexionan sobre el poder (*Z,* 1968; *La confesión,* 1970; *Desaparecido,* 1982; *La caja de música,* 1990).

**COSTANTINI** (Humberto), escritor argentino (Buenos Aires 1924), poeta de lo cotidiano (*Cuestiones con la vida,* 1966), cuentista (*Háblenme de Funes,* 1970) y autor teatral.

**COSTER** (Laurens **Janszoon,** llamado), impresor holandés (Haarlem *c.* 1405-*id. c.* 1484). Al parecer inventó en 1423, antes que Gutenberg, la composición en caracteres móviles.

**COSTERAS CATALANAS** *(cordilleras),* sierras del NE de España, alineadas paralelamente a la costa catalana. Se distinguen la cordillera Litoral (Tibidabo, 512 m; Garraf, 643 m), y la Prelitoral, más elevada y con estructuras más complejas (Montseny, 1 712 m, alt. máx.; Montserrat, 1 236 m; Ports de Beseit, 1 500 m).

**COSTILLARES** (Joaquín **Rodríguez,** llamado), matador de toros español (Sevilla 1748-Madrid 1800). Primer gran renovador del arte taurino, inventó la muerte a volapié.

**COTA** (Rodrigo **de**), escritor español de fines del s. XV, cuyo *Diálogo entre el Amor y un viejo* figura en el *Cancionero general* de Hernando del Castillo.

**COTACACHI,** cantón de Ecuador (Imbabura), al pie del *volcán Cotacachi* (4 966 m); 33 061 hab.

**COTARELO Y MORI** (Emilio), erudito español (Ribadeo 1857-Madrid 1935). Discípulo de Menéndez Pelayo, se especializó en el estudio del teatro español, la ópera y la zarzuela.

**COTAXTLA,** mun. de México (Veracruz); 16 420 hab. Centro agrícola. Maderas.

**CÔTE-D'OR,** dep. del E de Francia (Borgoña); 8 763 km²; 493 866 hab. Cap. *Dijon.*

**CÔTES-D'ARMOR,** ant. **Côtes-du-Nord,** dep. de Francia (Bretaña); 6 878 km²; 538 395 hab. Cap. *Saint-Brieuc* (47 370 hab.).

**COTIJA,** mun. de México (Michoacán); 17 905 hab. Agricultura. Industrias lácteas.

**COTMAN** (John Sell), pintor paisajista británico (Norwich 1782-Londres 1842), uno de los creadores de la técnica moderna de la acuarela.

**COTO BRUS,** cantón de Costa Rica (Puntarenas), en el valle del *río Coto Brus;* 39 768 hab.

**COTONOU,** c. y puerto principal de Benín, cap. de dep.; 487 000 hab.

**COTOPAXI** *(provincia de),* prov. de Ecuador central; 5 028 km²; 276 324 hab. Cap. *Latacunga.*

**COTTBUS,** c. de Alemania (Brandeburgo), a orillas del Spree; 128 943 hab. Industria textil.

**COTUÍ,** c. de la República Dominicana, cap. de la prov. de Sánchez Ramírez; 81 792 hab.

**COUBERTIN** (Pierre **de**), pedagogo francés (París 1863-Ginebra 1937), renovador de los Juegos olímpicos e impulsor de su restablecimiento en 1896.

**COUDENHOVE-KALERGI** (Richard, *conde*), diplomático austríaco (Tōkyō 1894-Schruns 1972). Fundador de la Unión paneuropea (1923), impulsó la creación del Consejo de Europa (1949).

**COULOMB** (Charles **de**), físico francés (Angulema 1736-París 1806). Estableció las leyes del magnetismo y la electrostática e introdujo las nociones de momento magnético y de polarización.

**COUPERIN** (François), llamado **el Grande,** organista, virtuoso del clave y compositor francés (París 1668-*id.* 1733), gran maestro del clave.

**COUPERUS** (Louis), escritor neerlandés (La Haya 1863-De Steeg 1923), de tendencia naturalista, cultivó también la novela psicológica e histórica.

**COURBET** (Gustave), pintor francés (Ornans 1819-La Tour-de-Peilz, Suiza, 1877). Realista, de sus obras destacan: *Entierro en Ornans* (1849), *El taller del pintor* (1855), *¡Buenos días, señor Courbet!* (1854), *La siesta* (1866).

Gustave **Courbet:** detalle central de *El taller del pintor* (1855) [museo de Orsay, París]

**COURBEVOIE,** c. de Francia (Hauts-de-Seine), a orillas del Sena, al NO de París; 65 649 hab.

**COURMAYEUR,** mun. de Italia (Valle de Aosta), junto al Dora Baltea, al pie del Mont Blanc; 2 471 hab. Estación de deportes de invierno (alt. 1 224-3 456 m) y centro de alpinismo, cerca de la salida del túnel del Mont Blanc.

**COURNAND** (André), médico norteamericano de origen francés (París 1895-Great Barrington, Massachusetts, 1988), premio Nobel de fisiología y medicina en 1956 por sus trabajos sobre la insuficiencia cardíaca.

**COURNOT** (Antoine Augustin), economista, matemático y filósofo francés (Gray 1801-París 1877), precursor de la epistemología: *Investigaciones sobre los principios matemáticos de la teoría de la riqueza* (1838).

Pierre de **Coubertin**

**COURTRAI,** en neerl. **Kortrijk,** c. de Bélgica (Flandes Occidental), a orillas del Lys; 76 141 hab. Monumentos de los ss. XIII-XVI. — En la *batalla de Courtrai* (1302) las milicias de las ciudades de Flandes vencieron a las tropas francesas.

**COUSIN** (Jean), llamado **el Padre,** pintor francés (Sens *c.* 1490-París? *c.* 1560). Realizó cartones para vidrieras y tapices, de estilo elegante y monumental.

**COUSIN** (Victor), filósofo francés (París 1792-Cannes 1867), espiritualista y fundador del eclecticismo (*Historia general de la filosofía,* 1863).

**COUSTEAU** (Jacques-Yves), oficial de marina, oceanógrafo y director de cine francés (Saint-André-de-Cubzac 1910-París 1997). Realizó campañas oceanográficas a bordo del Calypso. Rodó *El mundo del silencio* (1955).

**COVADONGA** *(sierra de),* sierra de España (Asturias), rama occidental de los Picos de Europa; 2 596 m en Peña Santa de Castilla. El *parque nacional de la Montaña de Covadonga* (16 925 ha), creado en 1918, se integró en 1995 en el *parque nacional de los Picos de Europa.* Santuario mariano neomedieval (1887-1891) de la basílica de *Santa María la Real de Covadonga,* en el mun. de Cangas de Onís, que conserva las tumbas de don Pelayo y Alfonso I (s. VIII).

**Covadonga** *(batalla de),* victoria de Pelayo y los astures sobre los musulmanes de ʻAl-qama (*c.* 792). Escaramuza de poca importancia, la leyenda la mitificó como el inicio de la reconquista.

**COVARRUBIAS,** v. de España (Burgos); 629 hab. *(Covarrubianos.)* Colegiata gótica (ss. XIV-XV). Torre de doña Urraca (s. X). Restos de murallas, con puerta renacentista. Ayuntamiento (s. XVI).

**COVARRUBIAS** (Alonso **de**), arquitecto español (Torrijos 1488-Toledo 1570). Se inició en el estilo plateresco (capilla de los Reyes Nuevos, catedral de Toledo, 1534), y fue arquitecto de los reales alcázares (1538-1551). Evolucionó hacia el renacimiento (palacio arzobispal de Toledo, 1541-1545).

**COVARRUBIAS Y HOROZCO** (Sebastián **de**), gramático español (Toledo 1539-Cuenca 1613), autor de *Tesoro de la lengua castellana o española* (1611), gran diccionario del español del siglo de oro.

**COVARRUBIAS Y LEYVA** (Diego), teólogo y jurisconsulto español (Toledo 1512-Madrid 1577). Escribió diversas obras jurídicas y fue una autoridad en su época. Asimismo por su dominio del idioma la Academia española lo incluyó en el diccionario de Autoridades.

**COVENTRY,** c. de Gran Bretaña, en los Midlands; 292 600 hab. Universidad. Centro industrial. Catedral reconstruida tras la segunda guerra mundial.

**COVILHÃ** (Pêro **da**), viajero portugués (Covilhã, Beira-† en Etiopía *c.* 1545). Encargado por Juan II de Portugal de encontrar la ruta de las Indias, llegó a las costas del Decán y, después, hasta Etiopía (1490).

**COWES,** c. y puerto de Gran Bretaña (isla de Wight); 19 000 hab. Regatas internacionales.

**COWLEY** (Abraham), poeta inglés (Londres 1618-Chertsey 1667), autor de ensayos y de poemas al estilo de Anacreonte y Píndaro.

**COWPER** (William), poeta británico (Great Berkhamsted 1731-East Dereham 1800), cantor del campo y el hogar (*La tarea,* 1785).

**COXCATLÁN,** mun. de México (San Luis Potosí); 15 820 hab. Cultivos de plantación.

**COYAIMA,** mun. de Colombia (Tolima); 25 378 hab. Café, cacao y bananas. Minas de oro.

**COYOACÁN,** delegación de México (Distrito Federal); 597 129 hab. Barrios coloniales. Ciudad universitaria. Ruinas arqueológicas de Cuicuilco y de Copilco. Museo Frida Kahlo.

**COYOLXAUQUI,** diosa lunar de los aztecas, hermana de Huitzilipochtli e hija de Coatlicue.

**COYPEL,** familia de pintores franceses. – **Noël** (París 1628-*id.* 1707) hizo decoraciones en Versalles. – Su hijo **Antoine** (París 1661-*id.* 1722), influido por los Carracci, también decoró Versalles. – **Noël Nicolas,** hermano de Antoine (París 1690-*id.* 1734), está considerado como un precursor de F. Boucher. – **Charles Antoine,** hijo de Antoine (París 1694-*id.* 1752), realizó cartones de tapices para los Gobelinos.

**COYSEVOX** (Antoine), escultor francés (Lyon 1640-París 1720), retratista de Luis XIV, autor de monumentos funerarios, bustos y esculturas religiosas.

**COYUCA DE BENÍTEZ,** mun. de México (Guerrero); 47 483 hab. Arroz, café y tabaco. Pesca.

**COYUCA DE CATALÁN,** mun. de México (Guerrero); 39 799 hab. Placeres de oro, plata y cobre.

**COYUTLA,** mun. de México (Veracruz); 16 922 hab. Cultivos tropicales. Apicultura. Aeropuerto.

**COZUMEL,** mun. de México (Quintana Roo); 23 270 hab. Puerto pesquero en el Caribe (mariscos). Turismo en la *isla de Cozumel* (47 $km^2$): restos de la cultura maya. La isla fue descubierta en 1517 por Fernández de Córdoba.

**CRABBE** (George), poeta británico (Aldeburgh 1754-Trowbridge 1832), que reflejó la vida de los campesinos y de los pescadores (*La aldea,* 1783).

**CRACOVIA,** en polaco **Kraków,** c. de Polonia, junto al Vístula; 751 300 hab. Construcciones mecánicas. Iglesia de Nuestra Señora (ss. XIII-XV); mercado y torre (ss. XIV-XVII); ciudadela del Wawel (s. XV); catedral (ss. XII-XIV) y castillo real del Wawel, etc. Museos. Sede de un obispado desde el s. XI y de una universidad, fundada en 1364, fue la capital de Polonia de 1320 a 1596.

**Crafoord** *(premio)* [de Anna-Greta y Holger *Crafoord*], premio científico concedido por la Academia real de las ciencias de Suecia. Se adjudica todos los años desde 1982 en una de las siguientes disciplinas: matemáticas, biología, astronomía, geología.

**CRAIG** (Edward Gordon), actor y escenógrafo británico (Stevenage 1872-Vence 1966). Ilustró su teoría del teatro «total» con sus puestas en escena y sus enseñanzas en la escuela de actores que fundó en Florencia.

**CRAIOVA,** c. del S de Rumania; 303 520 hab. Metalurgia. Química.

**CRAMER** (Johann Baptist), pianista y compositor alemán (Mannheim 1771-Londres 1858), autor de 105 sonatas y 7 conciertos para piano.

**CRAMPTON** (Thomas Russell), ingeniero británico (Broadstairs 1816-Londres 1888). Inventó un tipo de locomotora de gran velocidad, muy utilizada en Europa.

**CRANACH** (Lucas), llamado **el Viejo,** pintor y grabador alemán (Kronach, Franconia, 1472-Weimar 1553). Practicó todos los géneros: composiciones religiosas (*Sagrada Familia,* 1509, Frankfurt) o mitológicas, retratos (*Lutero,* 1529, Berna), desnudos femeninos de un sutil encanto. – Su hijo **Lucas,** llamado **el Joven** (Wittenberg 1515-Weimar 1586) fue también pintor.

**CRANE** (Harold, llamado **Hart**), poeta norteamericano (Garettsville, Ohio, 1899-en el golfo de México 1932). Su obra más importante, *El puente* (1930), es un símbolo de E.U.A. y de la cultura industrial norteamericana.

**CRANE** (Stephen), escritor norteamericano (Newark, Nueva Jersey, 1871-Badenweiler 1900), uno de los creadores de la novela norteamericana contemporánea (*La roja insignia del valor,* 1895).

**CRANKO** (John), bailarín y coreógrafo británico (Rustenburg, Transvaal, 1927-en vuelo sobre Dublín 1973). Destacó tanto en las obras burlescas *(Pineapple Poll)* como en las composiciones dramáticas con gran puesta en escena (*Romeo y Julieta,* 1962 y 1967; *Eugenio Oneguín,* 1965).

**CRANMER** (Thomas), primer arzobispo de Canterbury (Aslacton, Nottinghamshire, 1489-Oxford 1556). Desempeñó un importante papel en la reforma anglicana y fue quemado, acusado de herejía, durante el reinado de María Tudor.

**CRASHAW** (Richard), poeta inglés (Londres *c.* 1613-Loreto 1649), de inspiración metafísica.

**CRASO** (Marco Licinio), político romano (Roma 115-Carres 53 a. J.C.). Formó parte, junto con César y Pompeyo, del primer triunvirato (60). Cónsul en 55, gobernó Siria y murió en la guerra contra los partos.

**CRATINO,** poeta ateniense (s. V a. J.C.), uno de los creadores de la comedia antigua.

**CRAWLEY,** c. de Gran Bretaña (Sussex Occidental), al S de Londres; 87 100 hab.

**CRAXI** (Bettino), político italiano (Milán 1934-Hammamet, Tunicia, 2000). Secretario general del Partido socialista italiano (1976-1993), fue presidente del gobierno de 1983 a 1987.

**creación** *(La),* fresco de Diego Rivera (1922, anfiteatro de la Escuela nacional preparatoria, México).

**creación** *(La),* oratorio de Haydn (1798), a partir de un poema del barón G. Van Swieten inspirado en el *Paraíso perdido* de Milton.

**Cranach** el Viejo: *La melancolía* (1532). [Statens Museum for Kunst, Copenhague.]

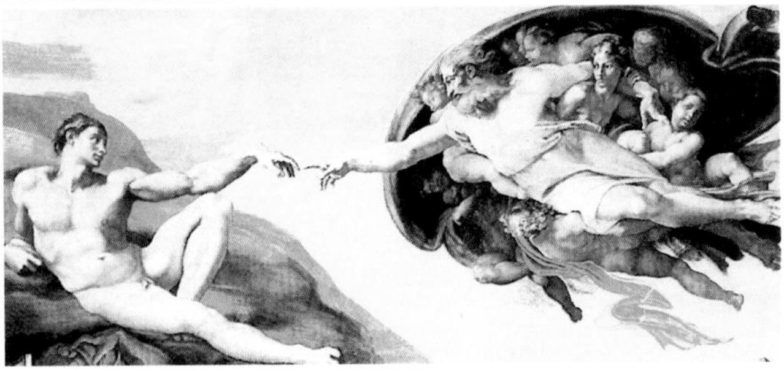

*La* ***creación de Adán.*** Fresco (*c.* 1511) de Miguel Ángel en la bóveda de la capilla Sixtina (Vaticano).

**creación** *(Tapiz de la),* bordado de fines del s. XI o principios del XII que se conserva en la catedral de Gerona (España).

**creación de Adán** *(La),* fresco de Miguel Ángel (*c.* 1511), una de las 9 composiciones sobre temas del Génesis que ocupan el eje de la bóveda de la capilla Sixtina en el Vaticano.

**CREEFT** (José **de**), escultor español (Guadalajara 1884-Nueva York 1982), nacionalizado norteamericano. Integrado dentro de la vanguardia histórica, la característica de su obra fue cierto naturalismo intemporal.

**CRÉMER** (Victoriano), poeta español (Burgos 1910). Fundó la revista *Espadaña.* Exponente de la poesía social, en 1984 reunió su obra *(Poesía, 1944-1972, Poesía, 1972-1984).* Es también narrador (*Libro de Caín,* 1958) y autor teatral.

**CREMONA,** c. de Italia (Lombardía), cap. de prov.; 73 404 hab. Conocida por la fabricación de violines, fue la cuna de famosos fabricantes de instrumentos de cuerda (los Amati, Guarnerius, Stradivarius). Catedral medieval, con un campanario de 115 m de altura.

**CREONTE,** rey legendario de Tebas, según el mito de Edipo.

**crepúsculo de los dioses** *(El)* → ***Tetralogía.***

**CRESO,** último rey de Lidia (561-546 a. J.C.). Su legendaria riqueza provenía del tráfico comercial y de las minas de oro de su reino. Fue vencido y muerto por Ciro.

**CRESPI** (Giuseppe Maria), llamado **lo Spagnolo,** pintor y grabador italiano (Bolonia 1665-*id.* 1747), maestro del naturalismo (*La feria de Poggio a Caiano,* 1709, Uffizi).

**CRESPÍ** (Joan), artesano mallorquín († Palma de Mallorca 1521), dirigente de la germanía. Acusado de traidor y de ser débil con la nobleza por los propios agermanados, fue condenado a muerte.

**CRESPO,** mun. de Venezuela (Aragua), en la aglomeración urbana de Maracay; 151 367 hab.

**CRESPO** (Ángel), escritor español (Ciudad Real 1926-Barcelona 1995). Poeta (*En medio del camino,* 1971; *El bosque transparente,* 1983), ensayista y traductor, se le deben notables ediciones de Dante, Petrarca y Pessoa.

**CRESPO** (Joaquín), militar y político venezolano (Parapara, Guárico, 1841-Mata Carmelera 1898). Participó en la revolución federal en Los Llanos (1858-1863). Presidente de la república en 1884-1886 y de nuevo, tras el triunfo de la revolución legalista, en 1893-1898; fue depuesto por el general Hernández.

**CRESQUES** (Jafudá), cartógrafo mallorquín de origen judío (Palma de Mallorca *c.* 1350-¿Barcelona? 1410), hijo del cartógrafo Cresques Abraham († *c.* 1387). Fue consejero de Pedro IV de Aragón. Contratado por Enrique de Portugal, organizó el taller cartográfico de Sagres. Es autor del *Atlas catalán de 1375,* conservado en París.

**CRESQUES** o **CRESCAS** (Ḥasday), rabino y filósofo hebraicoespañol (Barcelona *c.* 1340-Zaragoza 1412). Su obra *Or Adonay (La luz del señor),* en que critica el aristotelismo, influyó en Spinoza.

**CRETA,** en gr. **Krētē** o **Kriti,** isla de Grecia, en el Mediterráneo; 8 336 $km^2$; 536 980 hab. *(Cretenses.)* C. pral.: *Hērakliōn* y *La Canea.* Es una isla alargada, formada por macizos calizos bordeados de llanuras (trigo, viña, cítricos y olivos). Turismo.

HISTORIA

Poblada a partir del VII milenio, conoció en el III y el II milenios una brillante civilización llamada *minoica,* de la que son muestra los palacios de Cnosos, Malia y Faistos. Ss. XV-XII a. J.C.: dominada por lo menos parcialmente, por los micénicos, decayó con la invasión doria (s. XII). Ss. V-I a. J.C.: de ser la reserva de una civilización arcaica, pasó a convertirse en un mercado de mercenarios. 67 a. J.C.: los romanos la conquistaron. 395-1204: posesión bizantina, fue ocupada por los musulmanes de 827-828 a 960-961. 1204-1669: Creta pertenecía a los venecianos que no pudieron resistir la conquista turca, que comenzó en 1645. 1669-1913: bajo dominio musulmán, después de varios levantamientos, obtuvo la autonomía (1898), proclamó su unión con Grecia (1908) y se liberó totalmente de la soberanía otomana (1913). *[V. ilustración pág. 1250.]*

**CRÉTEIL,** c. de Francia, cap. del dep. de Val-de-Marne; 82 390 hab.

**CREUS** *(cabo de),* cabo de España (Gerona), el punto más oriental de la costa mediterránea española.

**CREUS Y MARTÍ** (Jaime), prelado español (Ma-

**Creta:** patio central y gradas del palacio de Malia (*c.* 1650 a. J.C.)

taró 1760-† 1825). Canónigo de la Seo de Urgel, tras la invasión napoleónica fue nombrado presidente de la Junta provincial. Fue diputado en las cortes de Cádiz de 1812, miembro de la Regencia de Urgel y obispo de Mallorca y de Tarragona.

**CREUSE,** r. de Francia, al N del macizo Central, afl. del Vienne (or. der.); 255 km.

**CREUSE,** dep. de Francia (Lemosín); 5 565 km²; 131 349 hab. Cap. *Guéret* (15 718 hab.).

**CREVILLENTE,** v. de España (Alicante); 22 660 hab. *(Crevillentinos.)* Cáñamo, esparto. Hilados y confección. Calzado.

**criada patrona** *(La),* ópera bufa en dos actos, de Pergolesi (1733), según libreto de J. A. Nelli. Existe otra versión, compuesta por G. Paisiello (1781).

**CRICK** (Francis Harry **Compton**), biólogo británico (Northampton 1916). Descubrió, con James D. Watson y M. H. F. Wilkins, la estructura en doble hélice del A.D.N. (Premio Nobel de fisiología y medicina 1962.)

**CRILLON** (Louis **des Balbes de Berton de Quiers,** *duque* **de**), *duque* **de Mahón,** noble francés al servicio de España (Aviñón 1717-Madrid 1796). Dirigió la expedición que tomó Menorca a los británicos (1781-1782) e intentó, sin éxito, recuperar Gibraltar (1782).

**CRIMEA,** península de Ucrania, que se adentra en el mar Negro y lo separa del mar de Azov; 27 000 km²; 2 456 000 hab. Cap. *Simferópol.* Las montañas de su parte meridional (1 545 m) dominan una costa pintoresca con abundantes estaciones balnearias, entre las que sobresale Yalta. Sebastopol es base de la flota rusa del mar Negro.

HISTORIA

Los cimerios fueron expulsados por los escitas y los griegos colonizaron a partir del s. VII a. J.C. esta región, llamada Quersoneso Táurico. S. V a. J.C.-s. IV d. J.C.: el reino del Bósforo pasó a ser protectorado romano (63 a. J.C.) y fue invadido por los godos y los hunos. Ss. VIII-XIII: algunos pueblos de origen turco (jazares, cumanos) y posteriormente los mongoles (s. XIII) ocuparon la península. Los venecianos y los genoveses fundaron las factorías de Kaffa (1266-1475) y de Tana. *C.* 1430-1783: los Girãi reinaron en el kanato de Crimea, vasallo de los otomanos desde principios del s. XVI hasta 1774. 1783: Crimea fue anexionada por Rusia. 1945: los tártaros de Crimea fueron deportados y su república autónoma (creada en 1921) suprimida. 1954: Crimea, poblada en su mayoría por rusos, fue incorporada a Ucrania. 1992: Rusia protestó por la incorporación de Crimea a la Ucrania independiente. Crimea fue dotada del estatuto de república autónoma en el seno de Ucrania. 1994: fue elegido presidente Y. Meshkov, partidario del acercamiento a Rusia y de la independencia de Crimea dentro de la C.E.I.

**Crimea** *(guerra de),* conflicto que enfrentó, en 1854-1855, a Rusia con Francia, Gran Bretaña, el imperio otomano y el Piamonte. Conocida por las batallas de Alma y de Sebastopol, acabó con la derrota de Rusia, ratificada por el tratado de París (1856).

**Crimen y castigo,** novela de Dostoievski (1866). Raskólnikov, el protagonista, encuentra en la confesión el único medio de liberar su conciencia de un crimen que cometió creyéndolo justificado.

**CRIPPS** (*sir* Stafford), político británico (Londres 1889-Zurich 1952). Diputado laborista, ministro de Economía y canciller del Exchequer (1947-1950), puso en práctica un eficaz programa de austeridad.

**CRIȘ,** en húngaro **Körös,** nombre de tres ríos que nacen en Transilvania y confluyen en Hungría, antes de desaguar en el Tisza (or. izq.).

**CRISIPO,** filósofo y lógico griego (Soli, Cilicia, 281-Atenas 205 a. J.C.), seguidor del estoicismo.

**CRISPI** (Francesco), político italiano (Ribera, Sicilia, 1818-Nápoles 1901). Compañero de Garibaldi en 1860, fue presidente del gobierno (1887-1891; 1893-1896). Renovó la Triple alianza con Alemania y Austria (1887), e impulsó a Italia a la expansión colonial. Dimitió tras el desastre de Adua (1896).

**CRISPÍN** y **CRISPINIANO** *(santos),* hermanos que fueron martirizados en época de Maximiano.

**CRISTAL** *(montes de),* macizo montañoso de África ecuatorial, al N del bajo Ogooué (Gabón y Guinea Ecuatorial).

**CRISTIÁN I** (1426-Copenhague 1481), rey de Dinamarca [1448-1481], de Noruega [1450-1481] y de Suecia [1457-1464]. En 1460 se convirtió en duque de Schleswig y conde de Holstein. Fundó la universidad de Copenhague (1479). – **Cristián II** (Nyborg 1481-Kalundborg 1559), rey de Dinamarca y de Noruega [1513-1523] y de Suecia [1520-1523]. La revuelta de Gustavo Vasa le arrebató la corona de Suecia (1523). – **Cristián III** (Gottorp 1503-Kolding 1559), rey de Dinamarca y de Noruega [1534-1559]. Impuso el luteranismo en sus estados. – **Cristián IV** (Frederiksborg 1577-Copenhague 1648), rey de Dinamarca y de Noruega [1588-1648], tomó parte en la guerra de los Treinta años; derrotado por Tilly, tuvo que firmar un tratado de paz (1629). – **Cristián V** (Flensborg 1646-Copenhague 1699), rey de Dinamarca y de Noruega [1670-1699], primer rey hereditario de Dinamarca. Se alió con Holanda contra Suecia y Luis XIV, pero el tratado de Fontainebleau (1679) lo obligó a restituir sus conquistas. – **Cristián VI** (Copenhague 1699-Hørsholm 1746), rey de Dinamarca y de Noruega [1730-1746], promovió el comercio y la industria. – **Cristián VII** (Copenhague 1749-Rendsborg 1808), rey de Dinamarca y de Noruega [1766-1808]. Dejó gobernar a sus favoritos, fundamentalmente a Struensee. – **Cristián VIII** (Copenhague 1786-Amalienborg 1848), rey de Dinamarca [1839-1848]. Elegido rey de Noruega en 1814, no fue reconocido por las grandes potencias. – **Cristián IX** (Gottorp 1818-Copenhague 1906), rey de Dinamarca [1863-1906]. A su acceso al trono aprobó contra su voluntad la nueva constitución, que incorporaba Schleswig a Dinamarca, lo que provocó la intervención de Prusia y de Austria (1864), que le arrebataron Schleswig y Holstein. – **Cristián X** (Charlottenlund 1870 Amalienborg 1947), rey de Dinamarca [1912-1947] y de Islandia [1918-1944]. En 1919 recuperó el Schleswig septentrional. Durante la ocupación alemana (1940-1944) se opuso al invasor, considerándose prisionero.

**CRISTIANI** (Alfredo), político salvadoreño (San Salvador 1948). Líder de la derechista ARENA, fue presidente de la república de 1989 a 1994. Firmó un acuerdo de paz con el F.M.L.N. en 1992.

**CRISTIANÍA,** nombre de Oslo de 1624 a 1924.

**CRISTINA** (Estocolmo 1626-Roma 1689), reina de Suecia [1632-1654], hija de Gustavo II Adolfo. Aceleró las negociaciones de los tratados de Westfalia (1648). Hizo de su corte uno de los centros del humanismo, donde recibió a Descartes. En 1654 abdicó en favor de su primo Carlos Gustavo y se convirtió al catolicismo. Viajó mucho por Europa, y reunió una importante biblioteca y una rica colección de arte.

**Cristo** *(orden de),* orden de caballería fundada en 1319 por el rey de Portugal Dionís I para acoger a los templarios, cuya orden había sido disuelta. Trasladada a Brasil, pasó a ser honorífica.

**CRISTO DE ARANZA,** mun. de Venezuela (Zulia), en la aglomeración urbana de Maracaibo; 104 029 hab.

**CRISTÓBAL** *(san).* Según la leyenda, cruzó un río con el niño Jesús a sus espaldas, por lo que los viajeros y los automovilistas le invocan; fue suprimido del santoral (1970).

**CRISTÓBAL COLÓN,** pico de Colombia, en la sierra Nevada de Santa Marta; 5 775 m de alt., máxima altura del país.

**CRISTÒFOL** (Leandre), escultor español (Os de Balaguer 1908-Lérida 1998). Participó en A.D.L.A.N. Su obra combina estructuras abstractas con la estética surrealista, a veces en esculturas móviles.

**CRISTOFORI** (Bartolomeo), constructor de claves italiano (Padua 1655-Florencia 1731), uno de los inventores del pianoforte.

**criterio** *(El),* primera obra filosófica de J. Balmes (1845), de orientación moralista y pedagógica.

**CRITIAS,** político ateniense (450-404 a. J.C.). Tío de Platón y uno de los Treinta tiranos, murió cuando intentaba tomar el Pireo, ocupado por Trasíbulo.

**Crítica de la economía política,** obra de Karl Marx (1859) en la que aborda el problema de las relaciones sociales, que analizará en *El capital.*

**Crítica de la razón práctica,** obra de Kant (1788), en la que se pregunta cómo la moralidad como imperativo categórico, es decir, como ley a priori, puede constituir el principio determinante de la acción humana.

**Crítica de la razón pura,** obra de Kant (1781, 2.ª ed. 1787), origen del criticismo, en la que analiza el poder de la razón en general determinando su extensión y sus límites, a partir de principios a priori, con el fin de responder a la pregunta «¿Qué puedo saber yo?».

**Crítica del juicio,** obra filosófica de Kant (1790), que trata del juicio estético y del juicio teleológico.

**criticón** *(El),* obra de Baltasar Gracián (1651-1657), que ofrece una visión alegórica de la vida humana, a través de las cuatro edades correspondientes a las estaciones del año. Sus protagonistas, Andrenio y Critilo, simbolizan la inocencia y la sabiduría.

**CRIVELLI** (Carlo), pintor italiano (Venecia *c.* 1430/1435-Ascoli Piceno *c.* 1493/1500). Realizó, en Las Marcas, retablos de una calidad decorativa fastuosa y rico colorido.

**CRNA GORA,** nombre serbio de *Montenegro.*

**CROACIA,** en croata **Hrvatska,** estado de Europa, en los Balcanes; 56 500 km²; 4 632 000 hab. *(Croatas.)* CAP. *Zagreb.* LENGUA OFICIAL: *croata.* MONEDA: *kuna.*

GEOGRAFÍA

El territorio se extiende del Danubio al Adriático. La población está compuesta por un 80 % de origen croata y un 14 % de origen serbio. La agricultura predomina en el E, en Eslavonia (llanuras de Podravina y Posavina), la industria se encuentra alrededor de Zagreb (textil, alimentaria, siderurgia), y el litoral es una gran región turística, en declive por los conflictos armados de la década de los noventa.

HISTORIA

Poblada por ilirios, formó parte desde 6-9 d. J.C. del imperio romano, y fue invadida por los eslavos en el s. VI. 925: Tomislao (910-928) reunió bajo su mando la Croacia panónica y la dálmata, y se proclamó rey. 1102: el rey de Hungría fue reconocido rey de Croacia, donde era representado por un ban. 1526-1527: una parte del país cayó bajo dominio otomano; el resto fue añadido a las posesiones de la casa de Austria. 1848: los croatas

**Cristina** de Suecia
(S. Bourdon - museo de bellas artes, Béziers, Francia)

Oliver **Cromwell**
(S. Cooper - col. part.)

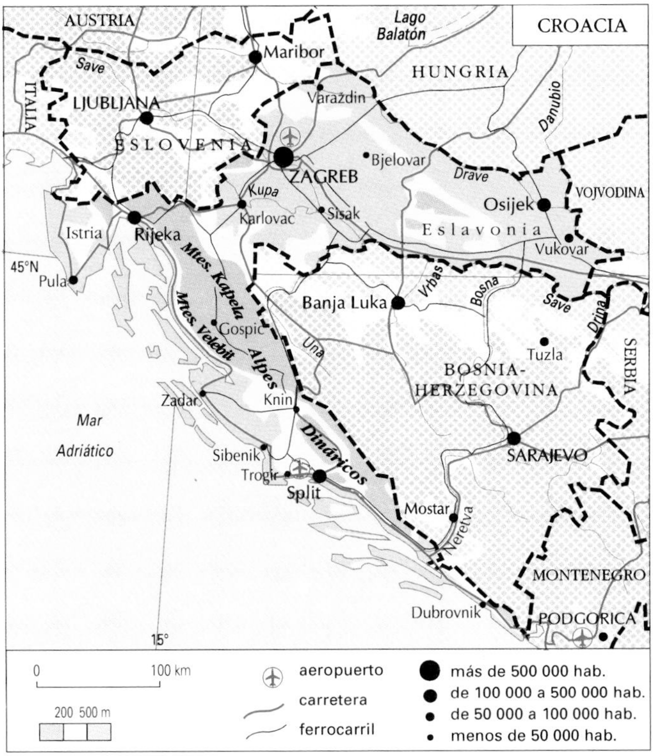


apoyaron a los Habsburgo en contra de los revolucionarios húngaros. 1867-1868: el compromiso austrohúngaro anexionó Croacia a Hungría, con la que se firmó el compromiso húngaro-croata. 1918: Croacia se adhirió al Reino de los serbios, croatas y eslovenos. 1929-1941: en el seno de este reino, convertido en Yugoslavia, los croatas se opusieron al centralismo serbio. Los opositores crearon la sociedad secreta Ustaša (1929) y recurrieron al terrorismo (asesinato de Alejandro I Karagjorgjević en Marsella, 1934). 1941-1945: el estado independiente croata, controlado por alemanes e italianos, fue gobernado por A. Pavelić. 1945: Croacia se convirtió en una de las seis repúblicas federadas de Yugoslavia, pero continuó el movimiento nacional croata. 1990: las primeras elecciones libres dieron el triunfo a la Comunidad democrática croata, dirigida por Franjo Tudjman, que se convirtió en presidente. 1991: Croacia declaró su independencia (junio). Violentos combates enfrentaron a los croatas con los serbios de Croacia y con el ejército federal. 1992: la independencia fue reconocida por la comunidad internacional (en.). Croacia aceptó el plan de paz propuesto por la O.N.U. afirmando su voluntad de restablecer su autoridad en la totalidad del territorio (incluida Krajina, en donde los serbios habían proclamado una república en 1991). Croacia inició su intervención en la guerra civil de Bosnia, en defensa de los croatas de esa república (junio). Tudjman fue reelegido presidente (ag.). 1993: se reprodujeron los enfrentamientos entre serbios y croatas en Croacia (Krajina). 1994: Croacia aceptó que los croatas de Bosnia-Herzegovina establecieran una confederación con los musulmanes. 1995: Ofensiva militar croata y ocupación de Krajina y Eslavonia Oriental; acuerdos de paz de Dayton (en E.U.A.) entre croatas, bosnios y serbios. 1997: Franjo Tudjman fue reelegido presidente. 2000: Stipe Mesic fue elegido presidente.

**CROCE** (Benedetto), filósofo, historiador y político italiano (Pescasseroli 1866-Nápoles 1952). Dirigente del partido liberal, ejerció gran influencia en el pensamiento literario y artístico italiano (*Breviario de estética*, 1913; *Historia del barroco en Italia*, 1929; *La historia como pensamiento y acción*, 1938).

**CROCKETT** (David, llamado **Davy**), pionero norteamericano (Rogersville, Tennessee, 1786-en el fuerte de El Álamo, Texas, 1836). Diputado por Tennessee, es famoso por su participación en la resistencia de El Álamo frente a los mexicanos (1836).

**CRO-MAGNON,** yacimiento de la Dordogne (Francia). Ha dado su nombre a un tipo de *Homo sapiens sapiens* del paleolítico superior *(hombre de Cro-Magnon)*.

**CROMWELL** (Oliver), lord protector de Inglaterra, Escocia e Irlanda (Huntingdon 1599-Londres 1658). Gentilhombre puritano, diputado en el Parlamento corto y después en el largo (1640), se convirtió en jefe de la oposición contra la arbitrariedad real y contra el episcopado anglicano. Durante la primera guerra civil (1642-1646) derrotó, con su regimiento de los Ironside, a las tropas reales en Marston Moor (1644) y en Naseby (1645). Moderado y contrario a los niveladores, no fue un claro adversario de Carlos I hasta que éste desencadenó la segunda guerra civil (1648). Lugarteniente general, depuró el parlamento *(Rump parliament)*, que condenó a muerte al rey (1649). El estado inglés adoptó el nombre de Commonwealth. Cromwell instauró una auténtica dictadura militar, que impuso por la fuerza en Irlanda y en Escocia (1649-1651). Al haber hecho votar el *Acta de navegación* (1651) se vio arrastrado a una guerra contra las Provincias Unidas (1652-1654), que contribuyó a hacer de Inglaterra una gran potencia naval. Lord protector (1653), compartió los poderes con un consejo de estado, pero desde 1655 actuó como un auténtico soberano. Atacó a España (ocupación de Jamaica, 1655; captura de la flota de Cádiz, 1657) y se alió con Francia (1657). — Su hijo **Richard** (Huntingdon 1626-Cheshunt 1712) le sucedió, aunque dimitió en 1659.

**CROMWELL** (Thomas), *conde* **de Essex,** estadista inglés (Putney c. 1485-Londres 1540). Canciller del Exchequer (1533) y secretario del rey Enrique VIII (1534), fue el artífice de la Reforma en Inglaterra. Murió decapitado.

**Crónica,** diario de Argentina, fundado en 1963, con sede en Buenos Aires. Con dos ediciones diarias, de mañana y tarde, es el segundo del país por su tirada.

**Crónicas,** libro del Antiguo testamento, llamado por la Biblia griega y la Vulgata, *Paralipómenos;* dividido en dos partes. Escrito en hebreo entre 350 y 300 a. J.C., describe la historia del pueblo judío hasta la toma de Jerusalén (587 a. J.C.).

**CRONO** o **CRONOS,** titán padre de Zeus, identificado por los romanos con el dios *Saturno*.

**CRONSTADT** → ***Kronshtadt.***

**CROOKES** (*sir* William), físico y químico británico (Londres 1832-*id.* 1919). Aisló el talio (1861) y demostró que los rayos catódicos están formados por partículas eléctricas (1878).

**CROTONA,** en ital., **Crotone,** c. y puerto de Italia (Calabria); 55 633 hab. Ciudad famosa de la Magna Grecia.

**CROZET** *(islas)*, archipiélago francés del océano Índico (S de Madagascar); 500 km². Base científica.

**C.R.S.** (Comunidad de repúblicas soberanas), institución de asociación entre Bielorrusia y Rusia, acordada en 1996, para una coordinación política y económica.

**CRUCES,** mun. de Cuba (Cienfuegos); 34 103 hab. Refino de azúcar. Industria del cuero.

**CRUCHAGA** (Miguel), economista y político chileno (Santiago 1842-† 1887), autor de diversos tratados sobre economía política.

**CRUCHAGA SANTA MARÍA** (Ángel), poeta chileno (Santiago 1893-† 1964), integrante del movimiento vanguardista de 1912 (*Las manos juntas*, 1915; *Job*, 1922; *Los cirios*, 1948).

**CRUIKSHANK** (George), caricaturista británico (Londres 1792-*id.* 1878). Cultivó lo grotesco y la violencia en la sátira política, y después triunfó con sus crónicas de la vida popular.

**CRUMB** (Robert), dibujante norteamericano (Filadelfia 1943). Creador de historietas de una truculencia extravagante *(El gato Fritz)*, expresa la visión del underground contestatario.

**CRUZ (La)** → ***Galdácano.***

**CRUZ** (Celia), cantante cubana (La Habana 1925). Desde 1959 vive en E.U.A. Dedicada al género de la salsa, ha grabado numerosos discos con diversas orquestas (Tito Puente, Willie Colon).

**CRUZ** (Diego **de la**), pintor español activo en el s. XV. Sus obras pertenecen al círculo hispanoflamenco de Gil de Siloe.

**CRUZ** (Juana Inés **de Asbaje,** llamada **sor Juana Inés de la**), poeta mexicana (San Miguel de Nepantla 1651-México 1695). Gran figura barroca de las letras hispanoamericanas, su espíritu reflexivo, analítico y científico es un preludio del s. XVIII. De su prosa destaca la carta *Respuesta a sor Filotea de la Cruz* (1691), donde defiende la sabiduría profana y exalta la labor cultural de la mujer; de su obra teatral, los autos sacramentales *El divino Narciso, El cetro de José* y *El mártir del Sacramento*, y dos comedias profanas, *Los empeños de una casa* y *Amor es más laberinto;* de sus poesías líricas sobresalen las inspiradas en el amor humano. En su mayor obra, el poema *Primero sueño*, más allá de la influencia gongorina hay una nueva actitud cartesiana y didáctica que madurará en el siglo siguiente, y que hace del poema un caso singularísimo en el barroco español.

sor Juana Inés de la **Cruz**
(anónimo - museo de América, Madrid)

**CRUZ** (Ramón **de la**), comediógrafo español (Madrid 1731-*id.* 1794). De formación neoclásica, cultivó con talento el sainete. Compuso unos cuatrocientos, entre los que figuran: *La petimetra en el tocador, La casa de Tócame Roque, La pradera de san Isidro, Las castañeras picadas, El sarao* y *Los pavos en la corte.*

**CRUZ** (Sebastián **de la**), arquitecto peruano del s. XVIII. Representante del llamado estilo *mestizo,* realizó varias obras en Potosí.

**CRUZ ALTA,** dep. de Argentina (Tucumán); 131 943 hab. Integrado en el Gran Tucumán.

**CRUZ DEL EJE,** dep. de Argentina (Córdoba), avenado por el *río Cruz del Eje;* 48 481 hab.

**CRUZ DEL SUR,** constelación del hemisferio austral, cuyas cuatro estrellas más brillantes forman una cruz en la que el brazo largo está orientado hacia el polo sur y que antiguamente servía de punto de orientación a los navegantes.

**CRUZ DÍEZ** (Carlos), artista venezolano (Caracas 1923). Su obra se inscribe en el arte cinético (*The responsive eye,* 1965, museo de arte moderno de Nueva York).

**CRUZ GOYENECHE** (Luis **de la**), político chileno (Concepción 1768-Santiago c. 1828). Director supremo delegado de Chile (1817-1818), proclamó la independencia del país (12 febr. 1818).

**CRUZ NOVILLO** (José María), pintor y escultor español (Cuenca 1936), adscrito al minimalismo. Es también diseñador y grafista.

**Cruz roja,** organización internacional humanitaria fundada por Henri Dunant en Ginebra (1863) para ayudar a los heridos y víctimas de la guerra. En tiempos de paz participa en un gran número de acciones humanitarias. Desde 1986 la Cruz Roja internacional se denomina *Movimiento internacional de la Cruz roja y de la Media luna roja.*

**CRUZ VARELA** (Juan), poeta argentino (Buenos Aires 1794-isla de Santa Catalina 1839). Autor neoclásico, cultivó el tema patriótico y civil (*Canto a la victoria de Maipú,* 1818) y escribió la tragedia *Dido* (1823).

**cruzadas,** expediciones militares emprendidas desde el s. XI al s. XIII por la Europa cristiana, impulsadas por el papado, para socorrer a los cristianos de oriente, arrebatar el Santo sepulcro a los musulmanes y defender los estados fundados por los cruzados en Siria y Palestina.

**C.S.C.E.** (Conferencia sobre la seguridad y cooperación en Europa) → ***O.S.C.E.***

**CSEPEL,** isla húngara del Danubio, al S de Budapest; 275 $km^2$.

**C.S.I.C.** → ***Consejo superior de investigaciones científicas.***

**CSOKONAI VITÉZ** (Mihály), poeta húngaro (Debrecen 1773-*id.* 1805), prerromántico y rococó, de inspiración tanto filosófica como popular.

**C.S.U.** → ***democratacristiana*** (Unión).

**C.T.,** siglas de Congreso del trabajo.

**C.T.A.L.,** siglas de Confederación de trabajadores de América latina.

**las cruzadas**

**primera cruzada (1095-1099)**
fue ordenada por el papa Urbano II, y consistió en dos expediciones; la primera, popular, dirigida por Pedro el Ermitaño y Gualterio sin Haber, fue derrotada por los turcos; la segunda, formada por ejércitos regulares y dirigida por Godofredo de Bouillon, Raimundo de Tolosa y Bohemundo de Tarento, conquistó Antioquía, Edesa y Jerusalén (1099); los cruzados fundaron el principado de Antioquía, el condado de Edesa y el reino de Jerusalén, confiado a Godofredo de Bouillon; el condado de Trípoli fue creado entre 1102 y 1109

**segunda cruzada (1147-1149)**
predicada por Bernardo de Claraval y el papa Eugenio III, fue dirigida por el emperador Conrado III de Hohenstaufen y Luis VII de Francia; asedió en vano Damasco y no consiguió liberar Edesa, que había caído en manos de los turcos

**tercera cruzada (1189-1192)**
dirigida por Federico Barbarroja de Alemania, Felipe Augusto de Francia y Ricardo Corazón de León de Inglaterra, no consiguió liberar Jerusalén, tomada por Saladino en 1187; Ricardo Corazón de León, que acababa de apoderarse de Chipre, y Felipe Augusto recuperaron Acre

**cuarta cruzada (1202-1204)**
ordenada por el papa Inocencio III y dirigida por Bonifacio de Monferrato, se dirigía a Egipto, pero fue desviada por los venecianos hacia Zara y Constantinopla, saqueada en 1204; Balduino de Flandes fundó el Imperio latino de Constantinopla, que se mantuvo hasta 1261

**quinta cruzada (1217-1221)**
ordenada por el papa Inocencio III, la cruzada fue proclamada en 1215 por el IV concilio de Letrán; dirigida por Andrés II, rey de Hungría, y posteriormente por Juan de Brienne, rey de Jerusalén, no consiguió arrebatar el monte Tabor a los musulmanes, pero tomó Damieta (1219), evacuada en 1221

**sexta cruzada (1228-1229)**
ordenada por el papa Honorio III, fue dirigida por Federico II de Hohenstaufen, que negoció con el sultán la restitución de Jerusalén, Belén y Nazaret

**séptima cruzada (1248-1254)**
ordenada por el papa Inocencio IV, y bajo el mando de Luis IX de Francia, intentó conquistar Egipto, que controlaba los Santos Lugares; se apoderó de Damieta (1249), pero fue derrotada en Mansura y abandonó Egipto

**octava cruzada (1270)**
organizada por Luis IX de Francia tras la caída de Antioquía (1268), se dirigió a Túnez, según el plan de su hermano, Carlos I de Anjou, rey de Sicilia. Luis IX murió de peste durante el sitio de Túnez

**CTESIAS,** historiador griego (Cnido s. V a. J.C.), autor de obras sobre Persia y la India.

**CTESIFONTE,** ant. c. de Mesopotamia, al SE de Bagdad, capital de los reyes partos arsácidas y de los sasánidas. Ruinas del palacio de Sapor I.

**C.T.M.,** siglas de Confederación de trabajadores de México.

**CÚA,** c. de Venezuela (Miranda); 62 836 hab. Centro comercial e industrial (metalmecánica).

**Cuadernos de la cárcel,** textos de A. Gramsci, escritos en prisión de 1929 a 1935 y publicados en su totalidad en 1975, en los que amplía y renueva las aportaciones de Marx y Lenin.

**CUADRA** (José **de la**), escritor ecuatoriano (Guayaquil 1903-*id.* 1941), perteneciente al grupo de Guayaquil. Narrador y ensayista, sobresale su novela *Los sangurimas* (1934).

**CUADRA** (Pablo Antonio), poeta nicaragüense (Managua 1912-*id.* 1995). Contribuyó a difundir el vanguardismo en Centroamérica y cultivó el tema indigenista: *Poemas nicaragüenses,* 1934; *Canto temporal,* 1943; *El jaguar y la luna,* 1959; *Cantos de Cifar,* 1971. Es presidente de la Academia nicaragüense de la lengua.

**CUANZA** → ***Kwanza.***

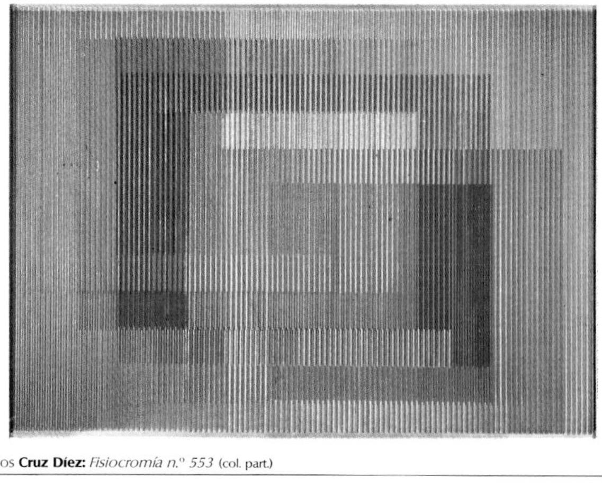

Carlos **Cruz Díez:** *Fisiocromía n.º 553* (col. part.)

**CUAREIM,** r. de Uruguay (Artigas), que delimita parte de la frontera con Brasil; 281 km.

**Cuart** *(batalla de)* → ***Quart.***

**CUATRO CANTONES** *(lago de los),* en alem. **Vierwaldstätter See,** o **lago de Lucerna,** lago de Suiza, atravesado por el Reuss; 114 $km^2$. Turismo.

**Cuatrovientos,** avión que realizó un vuelo transoceánico entre Sevilla y Camagüey (Cuba) en junio de 1933, pilotado por M. Barberán y J. Collar; se perdió frente a las costas de México.

**CUAUHTÉMOC,** mun. de México (Chihuahua); 85 589 hab. Cereales, frutales. Maderas. — Mun. de México (Colima); 22 697 hab. Fabricación de azúcar.

**CUAUHTÉMOC** (¿1502?-selvas del Petén, Honduras, 1525), último soberano azteca [1520-1525], denominado por los españoles **Guatimozín.** Apresado por los españoles después de la batalla de Tenochtitlan (1521), Cortés lo llevó consigo en una expedición a Honduras, en el curso de la cual lo acusó de conspirar y lo ahorcó. Se le considera el héroe nacional mexicano.

**CUAUTEPEC,** mun. de México (Hidalgo); 30 535 hab. Café y papas. Bosques.

**CUAUTITLÁN,** mun. de México (México); 39 527 hab. Centro industrial. Turismo.

**CUAUTLA,** mun. de México (Morelos), avenado por el *río Cuautla;* 94 101 hab. Arroz, caña de azúcar. Las tropas de Morelos fueron sitiadas por las realistas de Calleja (17 febr.-3 mayo 1812).

**CUAUTLANCINGO,** mun. de México (Puebla); 18 768 hab. Centro agrícola. Cerámica.

**CUBA,** estado insular de América Central, en las Grandes Antillas; 111 000 $km^2$; 11 200 684 hab. *(Cubanos.)* CAP. *La Habana.* LENGUA OFICIAL: *español.* MONEDA: *peso.*

**GEOGRAFÍA**

El territorio abarca la *isla de Cuba* (105 007 $km^2$), la isla de la Juventud y numerosos islotes y arrecifes (cayos). Relieve llano u ondulado, interrumpido en la isla mayor por algunos grupos montañosos (cordillera de Guaniguanico, sierra de Trinidad, sierra Maestra). El Cauto es el río principal (370 km). El litoral, bajo y pantanoso por lo general, presenta algunas bahías naturales (Santiago de Cuba, La Habana). La población presenta una baja tasa de crecimiento (1,1 % en 1990) y un paulatino descenso demográfico de las áreas rurales, en beneficio de las capitales provinciales. Destaca el cultivo de la caña de azúcar y el tabaco (principales productos de exportación, con los minerales), arroz, café, cítricos y hortalizas. La ganadería abastece el consumo interior. Minas de níquel, hierro, cobalto, cromo y cobre. Predomina la industria manufacturera (alimentaria, textil, tabaco); a partir de los años setenta se produjo un notable desarrollo y diversificación de otras ramas industriales, pero la desaparición de la U.R.S.S. –suministradora de materias primas, cereales y sobre todo petróleo– obligó al cierre de numerosas factorías y, junto al endurecimiento del bloqueo económico de E.U.A., sumió a la economía cubana en una crisis profunda. El desarrollo del turismo es fuente de ingreso de divisas.

HISTORIA

***El poblamiento precolombino.*** En el siglo XVI la isla estaba habitada por tres grupos principales: en la parte occidental los guanajatabeys, nómadas cazadores y recolectores; en el centro los ciboneys, agricultores y pescadores, y en oriente los taínos, el grupo más desarrollado, arribados después de 1200.

***Conquista y colonización española.*** 1511: Diego Velázquez inició la conquista de la isla; hasta 1520 se fundaron siete poblaciones, entre ellas La Habana (trasladada en 1519 a su lugar definitivo) y Santiago. 1513: se inició la importación de negros esclavos. El papel de La Habana como centro neurálgico del sistema de flotas que enlazaban América con España, a partir de la segunda mitad del s. XVI, y la explotación del tabaco y la caña de azúcar, que se expandieron ya en el s. XVII, constituyeron las bases de la economía colonial. La prosperidad colonial llegó a su cénit con la apertura definitiva del comercio con los principales puertos de España (1763), la temporal con E.U.A. (1775-1783) y la ruina de la economía azucarera de Haití a raíz de su revolución.

***El siglo XIX.*** 1812: fracaso de la rebelión de José Antonio Aponte. Cuba, con Puerto Rico, se mantuvo como última colonia española en América, aunque se produjeron diversas conspiraciones que fracasaron (la de la sociedad secreta «Soles y rayos», 1822; la de Velasco y Sánchez, 1826; la de la «Legión del águila negra» en 1829). La alianza entre los propietarios esclavistas y la corona española fue fundamental para mantener la colonia, que en la primera mitad de siglo tuvo en la población esclava negra su principal enemigo; el azúcar, el café y el tabaco siguieron protagonizando una economía esencialmente exportadora. 1848-1857: frente a la eventualidad de la abolición de la esclavitud surgió entre la oligarquía una corriente partidaria de la anexión a E.U.A., con el apoyo de los estados sudistas.

***Las guerras de independencia.*** 1868-1878: la guerra de los Diez años, iniciada por la sublevación de Céspedes (grito de Yara, oct. 1868), dio comienzo al ciclo final del movimiento independentista. La paz de Zanjón (1878) restableció la autoridad colonial durante veinte años más, en los que sólo se vio amenazada por rebeliones esporádicas, como la guerra Chiquita de 1879. 1895: el grito de Baire comenzó el levantamiento definitivo, liderado por José Martí, Antonio Maceo y Máximo Gómez, que no detuvo la muerte de los dos primeros ni la concesión española de autonomía a la isla (1897); la intervención de E.U.A. en la guerra (guerra hispano-norteamericana*) determinó la derrota de España, que tuvo que abandonar Cuba (paz de París, 1899).

***La hegemonía estadounidense.*** 1899-1902: E.U.A. ocupó Cuba, controló los sectores del tabaco y del azúcar y propició una constitución de la república con soberanía limitada por la enmienda Platt, que dio a E.U.A. el derecho de intervención militar y de tutela sobre su política exterior. 1906-1909: segunda intervención militar, tras la rebelión contra Estrada Palma. 1925-1933: dictadura de Machado, derrocado por un movimiento popular en el que intervino de manera destacada el partido comunista. Desde 1933 Batista dominó la política cubana, primero como poder militar fáctico, después como presidente (1940-1944) y como dictador (1952-1959); se firmó un nuevo tratado con E.U.A. que derogó la enmienda Platt (1936), pero mantuvo la hegemonía norteamericana.

***La revolución castrista.*** 1953: asalto al cuartel de Moncada dirigido por Fidel Castro. 1956: desembarco del Gramma e inicio de la guerrilla que derrocó a Batista. 1959: Fidel Castro asumió el poder; impulsó la ley de reforma agraria, nacionalizó la economía y, tras el fracaso de la invasión de la bahía Cochinos propiciada por la C.I.A. (1961), se decantó hacia la U.R.S.S. La economía cubana fue plenamente estatalizada y se estableció un régimen de partido único, constituido en 1962, que en 1965 adoptó la denominación de Partido comunista cubano. 1966: la conferencia tricontinental de La Habana marcó el momento cumbre de la agitación internacional revolucionaria del castrismo, que se diluyó tras la muerte del Che Guevara (1967) y el incremento de los problemas económicos internos. 1976: Fidel Castro Ruz es nombrado presidente. No obstante, Cuba conservó un importante papel en el movimiento de países no alineados (conferencia de La Habana, 1979). 1989: la disolución de la U.R.S.S no modificó la orientación comunista del régimen castrista, que mantuvo el sistema estatalizado y de partido único (1992). 1994: el gobierno adoptó una serie de reformas para liberalizar la economía, cuyo deterioro provocó la salida masiva de emigrantes ilegales (balseros). 1996: Aprobación de la ley Helms-Burton estadounidense que endureció el embargo comercial a Cuba tras el derribo por Cuba de avionetas sobre el espacio aéreo cubano. 1997: traslado a Cuba de los restos del Che Guevara, hallados en Bolivia.

INSTITUCIONES

La constitución de 1976 define a Cuba como «un estado socialista de obreros, campesinos y demás trabajadores manuales e intelectuales». El primer secretario del partido comunista, único autorizado, es también presidente del Consejo de estado y del gobierno. La reforma de 1992 previó la elección de los miembros de la Asamblea del poder popular por sufragio directo y secreto.

LITERATURA

*Ss. XIX y XX.* Poesía: G. de la Concepción Valdés, J. J. Milanés y Fuentes, G. Gómez de Avellaneda, J. M. Heredia, J. Martí, R. E. Boti, A. Acosta y Bello, J. M. Poveda, E. Pichardo Moya, M. Brull, E. Florit, D. M. Loynaz, E. Ballagas, N. Guillén, F. García Marruz, E. Diego, C. Vitier, S. Feijoo, R. Fernández Retamar, P. A. Fernández, H. Padilla. Narrativa: A. Hernández Catá, J. A. Ramos, A. Carpentier, J. Lezama Lima, G. Cabrera Infante, L. Otero, F. Desnoes, H. Arenal, S. Sarduy, M. Barnet, R. Arenas. Ensayo: J. Martí, M. Sanguily, E. J. Varona, J. A. Portuondo, R. Fernández Retamar. Teatro: J. A. Ramos, J. Montes López, A. Paz, H. Quintero, F. Fernández Espinosa.

BELLAS ARTES

***Principales ciudades de interés artístico:*** Camagüey, Guanabacoa, La Habana, Santiago.

***Artistas célebres.*** *Época colonial.* Arquitectura: B. Antonelli, S. Abarca, P. de Medina.

– *S. XIX.* Arquitectura: Perote (P. Fernández).

– *S. XX.* Arquitectura: M. Barger Jr., A. Casablanca, A. Quintana Simonetti, F. Martínez, R. Porro, V. Garatti, R. Gottardi, J. A. Echeverra, J. Fernández, F. Salinas. Pintura: Víctor Manuel, E. Abela, M. Pogolotti, A. Peláez, M. Portocarrero, R. Portocarrero, L. Martínez Pedro, M. Carreño, C. Bermúdez, G. Pellón, J. Ferrer, W. Lam, J. Camacho. Escultura: A. Cárdenas.

MÚSICA

– *S. XVIII:* E. Salas, J. París.

– *S. XIX:* M. Saumell, I. Cervantes, G. Villate.

– *S. XX. Primera mitad:* A. Roldán, A. García Caturla, E. Lecuona, J. Ardévol.

– *Después de 1959:* Brigada de música (H. Angulo, R. Valera, C. Álvarez). *[V. anexo cartográfico.]*

**Cuba** *(Ballet nacional de),* compañía de ballet clásica surgida del grupo creado por Alicia Alonso en 1948. Desde 1955 se llamó *Ballet de Cuba,* y en 1962 tomó su nombre actual. El ballet, dirigido por Alicia Alonso, tiene su propia escuela de danza.

**Cuba** *(crisis de)* [oct.-nov. 1962], crisis que enfrentó a Estados Unidos y a la U.R.S.S. a propósito de la instalación de misiles soviéticos en Cuba. Kennedy decidió el bloqueo de las armas entregadas a Cuba por los cargueros soviéticos, y la crisis acabó tras las proposiciones de Jruschov, según las cuales la U.R.S.S. retiraba sus misiles, Cuba se comprometía a no aceptar armas ofensivas y E.U.A. a no invadir Cuba.

**Cuba** *(guerras de),* guerras por la independencia de Cuba. *Guerra de los Diez años.* Iniciada por Céspedes con el grito de Yara (1868), que proclamó la república cubana, terminó con la paz de Zanjón (1878). *Guerra Chiquita,* insurrección de la provincia de Oriente (1879). *Guerra de la independencia.* Dirigida por José Martí, estalló con el grito de Baire (1895). En 1897 se concedió la autonomía a Cuba. En 1898 E.U.A. intervino en el conflicto (guerra hispano-norteamericana*) y, tras derrotar a España, impuso su dominio sobre la isla.

**CUBAGUA,** isla de Venezuela (Nueva Esparta), en el Caribe, actualmente despoblada; 12 km². Famosa en el s. XVI por su riqueza perlera.

**CUBAS** (Francisco **de Cubas y González-Montes,** *marqués* **de**), arquitecto español (Madrid 1826-*id.* 1898). Representante del romanticismo, utilizó elementos neoclásicos y neogóticos (palacio de López Dóriga y catedral de la Almudena, en Madrid).

**Cubatabaco,** empresa estatal cubana creada en La Habana, en 1962, para el control de la producción y exportación de los productos del tabaco.

**CUBÍ** (Mariano), científico español (Malgrat 1801-Barcelona 1875). Fue uno de los fundadores de la antropología criminal e introdujo la frenología en España (*Sistema completo de frenología,* 1844).

**CUBILLO DE ARAGÓN** (Álvaro), dramaturgo español (Granada ¿1596?-Madrid 1661). Sobresalió en la comedia de costumbres *(Las muñecas de Marcela).* En 1654 reunió sus poesías y comedias en *El enano de las Musas.*

**CÚCHARES** (Francisco **Arjona Guillén,** llamado **Curro**), matador de toros español (Madrid 1818-La Habana 1868). Creó un estilo propio en el que destacaba el toreo de muleta con la mano derecha.

**CUCHUMATANES** *(sierra de los),* nudo orográfico de Guatemala, del que arranca la sierra Madre central; 3 800 m de alt. en el pico de Chemal.

**CÚCUTA** o **SAN JOSÉ DE CÚCUTA,** c. de Colombia, cap. del dep. de Norte de Santander; 379 478 hab. Petróleo. Activo comercio con Venezuela. Universidad.

**CUÉLLAR,** v. de España (Segovia), cab. de p. j.; 9 071 hab. *(Cuellaranos.)* Conjunto arquitectónico mudéjar (castillo, murallas, iglesias). Hospital de la Magdalena, gótico.

**CUELLO,** yacimiento maya del norte de Belice. Se han hallado pruebas de ocupación sedentaria (arquitectura civil, agricultura) desde 1500 a. J.C.

**CUELLO CALÓN** (Eugenio), jurista español (Salamanca 1879-Santander 1963), especialista en derecho penal (*La nueva penología,* 1958).

**CUENCA** *(serranía de),* sierra de España, en el sistema Ibérico. Curiosos paisajes erosivos (Ciudad encantada, Torcal de Palancares).

**CUENCA** *(provincia de),* prov. de España, en Castilla-La Mancha; 17 061 km²; 201 095 hab. Cap. *Cuenca.* P. j. de *Cuenca, Motilla del Palancar, San Clemente* y *Tarancón.* Comprende dos regiones diferenciadas: la serranía, que forma parte del sistema Ibérico, y las llanuras manchegas. Economía agropecuaria: cereales, vid, azafrán; ganado lanar. Industrias modestas (química, textil). Embalses de Alarcón y Contreras. *(V. mapa pág. 1254.)*

**CUENCA,** c. de Ecuador, cap. de la prov. de Azuay; 272 397 hab. Industrias agroalimentarias. Universidad. Fundada en 1557. Edificios barrocos (convento del Carmen, monasterio de las Monjas). La catedral ha sido construida en el s. XX.

**CUENCA,** c. de España, cap. de la prov. homónima y cab. de p. j.; 46 047 hab. *(Conquenses* o *cuencanos.)* Centro administrativo y comercial. Catedral gótica (s. XIII) con decoración renacentista. Ayuntamiento e iglesias barrocas. Rica arquitectura popular («casas colgadas», una de las cuales alberga el museo de arte abstracto).

**CUENCA ROJA,** región de China (Sichuan), surcada por el Yangzi Jiang, intensamente cultivada.

**CUENCAMÉ,** mun. de México (Durango); 34 432 hab. Agricultura y minería (cobre, cinc, plata).

**Cuentos,** de H. C. Andersen, publicados de 1835 a 1872, inspirados en temas folklóricos, leyendas locales y recuerdos personales *(El patito feo, La sirenita, El ruiseñor, El soldadito de plomo).*

**Cuentos de Canterbury,** conjunto de relatos en verso de G. Chaucer (c. 1390), primera obra maestra de la literatura inglesa.

**Cuentos de la luna pálida de agosto,** película japonesa de Mizoguchi (1953) inspirada en los cuentos de *La luna de las lluvias* de Ueda Akinari.

**Cuentos de los hermanos Serapio,** de E. T. A. Hoffmann (1819-1821). Relatos en los que la imaginación más fantástica se mezcla con el realismo más minucioso *(Cascanueces y el rey de las ratas).*

**Cuentos de Navidad,** de Ch. Dickens (1843-1848), relatos populares por su humor *(Canción de Navidad)* o su emoción *(El grillo del hogar).*

**Cuentos infantiles y del hogar,** colección de 200 cuentos de los hermanos Grimm (1812-1815 y 1822). Recreación de cuentos populares alemanes *(Blancanieves, Hänsel y Gretel, Los músicos de la ciudad de Bremen).*

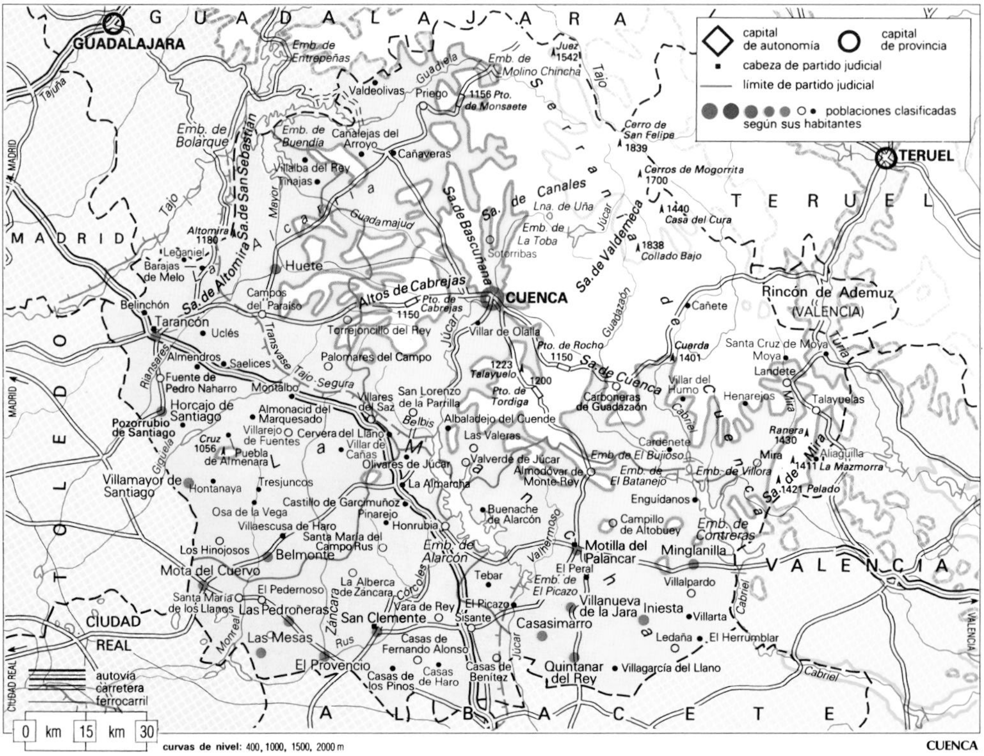

curvas de nivel: 400, 1000, 1500, 2000 m

CUENCA

**CUERÁMARO,** mun. de México (Guanajuato), avenado por el Turbio; 17 524 hab. Centro agrícola.

**CUERNAVACA,** c. de México, cap. del est. de Morelos; 381 386 hab. Centro turístico y residencial por la bondad del clima. Universidad. Estudios cinematográficos. Palacio-fortaleza de Cortés, act. museo (frescos de D. Rivera). Iglesia de San Francisco (1529), act. catedral.

**CUERNO DE ÁFRICA,** extremo oriental de África, en el océano Índico, alrededor del cabo Guardafuí (Somalia), pero que como sector geopolítico engloba también a la República de Djibouti, Eritrea y Etiopía.

**CUERNO DE ORO,** bahía turca del Bósforo, en la orilla europea de Istanbul.

**CUERO Y CAICEDO** (José), prelado y político ecuatoriano (nacido en Popayán-Lima 1815). Obispo de Quito, alentó la lucha por la independencia y fue presidente de la Junta suprema de gobierno del Ecuador. Derrotado por los españoles, murió en prisión.

**CUERVO** (Rufino José), filólogo colombiano (Bogotá 1844-París 1911). Autor de numerosos y documentados estudios sobre temas filológicos y lingüísticos: *Apuntaciones críticas sobre el lenguaje bogotano* (1872); *Notas a la Gramática de Bello* (1874), incorporadas a las ediciones de la *Gramática** de la lengua castellana; *Diccionario* de construcción y régimen de la lengua castellana* (1886-1893); *El castellano en América* (1901); *Disquisiciones sobre filología castellana* (1950); recopilación de artículos). Fundó o dirigió periódicos colombianos de su época.

Rufino José **Cuervo**

**CUESTA** (Jorge), escritor mexicano (Córdoba, Veracruz, 1903-México 1942). Poeta intelectual y hermético *(Canto a un Dios mineral)* y ensayista lúcido y polémico.

**CUESTA** (Juan **de la**), impresor español nacido en la segunda mitad del s. XVI. En 1605 imprimió la primera edición del *Quijote.*

**CUESTAS** (Juan Lindolfo), político uruguayo (Paysandú 1837-París 1905). Miembro del Partido colorado, como jefe del ejecutivo (1897) puso fin a la guerra civil (pacto de la Cruz, 1897). Fue presidente constitucional (1899-1903).

**CUETZALÁN DEL PROGRESO,** mun. de México (Puebla); 28 877 hab. Maíz y café. Bosques.

**CUEVA** (Amado **de la**), pintor mexicano (Guadalajara 1891-*id.* 1926). Realizó algunas pinturas murales con Rivera y Siqueiros en Ciudad de México y Guadalajara.

**CUEVA** (Beltrán **de la**), hidalgo andaluz (Úbeda ¿1440?-¿Cuéllar? 1492). Valido de Enrique IV de Castilla (1460), se le atribuían relaciones con la reina y la paternidad de la princesa Juana, llamada la Beltraneja, lo que provocó conspiraciones de la nobleza, que forzó su destitución. Apoyó a los Reyes Católicos en la guerra civil castellana.

**CUEVA** (Juan **de la**), escritor español (Sevilla c. 1550-*id.* 1610). Poeta, destacó como dramaturgo al llevar a sus obras asuntos del romancero *(La tragedia de los siete infantes de Lara).* Otras se inspiran en temas clásicos *(Tragedia de Áyax Telamón)* o contemporáneos, como el de la honra *(El infamador).*

**CUEVAS** (George **de Piedrablanca de Guana,** *marqués* **de**), mecenas y director de ballet norteamericano de origen chileno (Santiago de Chile 1885-Cannes 1961). Instalado en Montecarlo (1944), se consagró a la danza y a la compañía de ballet que llevó su nombre, disuelta en 1962.

el templo de **Cuicuilco** (450-100 a. J.C.)

**CUEVAS** (José Luis), pintor mexicano (México 1934). Su obra, de carácter expresionista, centrada en el dibujo, intenta renovar la figuración con una temática social crítica.

**CUEVAS DEL ALMANZORA,** c. de España (Almería); 9 114 hab. Canteras. Industria química.

**CUI** (César), compositor ruso (Vilna, Lituania, 1836-Petrogrado 1918), autor de óperas *(El prisionero del Cáucaso)* y de numerosas melodías. Formó parte del grupo de los Cinco.

**CUIABÁ,** ant. **Cuyabá,** c. de Brasil, cap. del estado de Mato Grosso, junto al *río Cuiabá;* 401 112 hab.

**CUICUILCO,** centro arqueológico de México (Coyoacán, D. F.), de la cultura preclásica (450-100 a. J.C.), en el que se encontraron los restos del templo más antiguo de México, circular y escalonado.

**CUILAPA** o **CUAJINIQUILAPA,** c. de Guatemala, cap. del dep. de Santa Rosa; 17 216 hab.

**CUITLÁHUAC,** ant. **San Juan de la Punta,** mun. de México (Veracruz); 19 265 hab. Mercado agrícola.

**CUITZEO,** mun. de México (Michoacán), a orillas del *lago de Cuitzeo* (48 km de long.); 21 783 hab. Pesca.

**CUIXART** (Modest), pintor español (Barcelona 1925). Perteneció a Dau al set. Evolucionó de la abstracción al surrealismo, para culminar en una síntesis personal de expresionismo cromático y simbolismo.

**CUKOR** (George), director de cine norteamericano (Nueva York 1899-Los Ángeles 1983), autor de comedias cómicas y sentimentales, y gran director de actrices: *Historias de Filadelfia* (1940), *Luz de gas* (1944), *Nacida ayer* (1950), *El multimillonario* (1960), *My fair lady* (1964), *Ricas y famosas* (1981), etcétera.

**CULEBRA,** isla de Puerto Rico, próxima a la costa E del país; 26 km$^2$. Base norteamericana.

**CULEBRA** *(sierra de la),* sierra de España (Zamora), en los montes de León; 1 238 m en Peña Mira.

**CULHUACÁN** o **COLHUACAN,** ciudad-estado precolombina de México, al S del lago Texcoco. Fundada por los toltecas huidos de Tula (1064), se organizó como una confederación de pueblos. En el s. XIII sometió a los aztecas. En 1336 fue derrocado el último rey tolteca y fue entronizada una dinastía azteca. En 1390 fue sometida por Tenochtitlan.

**CULIACÁN,** c. de México, cap. del est. de Sinaloa; 415 046 hab. Centro comercial. Universidad.

**CULLBERG** (Birgit Ragnhild), coreógrafa sueca (Nyköping 1908-Estocolmo 1999), autora de *La señorita Julia* (basada en Strindberg), *Lady from the sea* (de Ibsen), *Pulcinella,* etc. En 1967 fundó su propia compañía, a la que se asoció su hijo Mats Ek (1980).

**CULLERA,** c. de España (Valencia); 19 984 hab. *(Cullerenses.)* Agricultura. Pesca. Turismo.

**CULLEREDO,** mun. de España (La Coruña); 14 602 hab. Fabricación de abonos químicos. Embutidos.

**Culloden** *(batalla de)* [16 abril 1746], batalla en la que el pretendiente Carlos Eduardo fue vencido por el ejército británico del duque de Cumberland, cerca de Inverness (Escocia).

**CUMANÁ,** c. de Venezuela, cap. del est. Sucre; 212 432 hab. Pesca. Turismo. Universidad de Oriente e Instituto oceanográfico. Fundada en 1515, en ella nació el mariscal Sucre.

**CUMANAYAGUA,** mun. de Cuba (Cienfuegos); 43 013 hab. Industrias del tabaco, cuero y calzado.

**CUMAS,** en lat. **Cumae,** ant. c. de Italia, en Campania. Colonia griega, cerca de la que se encontraba el antro de la sibila. Ruinas.

**CUMBAL,** mun. de Colombia (Nariño), al pie del *nevado de Cumbal;* 19 486 hab. Centro agrícola.

**CUMBERLAND** (William Augustus, *duque* **de**), príncipe y general británico (Londres 1721-*id.* 1765), tercer hijo de Jorge II. Vencido en Fontenoy (1745) y en Laufeldt (1747) por los franceses, venció al pretendiente Carlos Eduardo en Culloden (1746).

**CUMBRE** *(paso de la)* o **PASO BERMEJO,** paso de los Andes, en la frontera argentinochilena; 3 151 m. Carretera y ferrocarril de Santiago a Mendoza.

**CUMBRIA,** condado del NO de Inglaterra, que se extiende por el *macizo del Cumberland* (1 070 m); 6 809 km$^2$; 483 000 hab. Cap. *Carlisle.* Turismo (distrito de los lagos).

**CUMELLA** (Antoni), ceramista español (Granollers 1913-*id.* 1985). Realizó murales cerámicos (pabellón español de la feria mundial de Nueva York, 1964).

**Cunaxa** *(batalla de)* [401 a. J.C.], batalla en la que Ciro el Joven se enfrentó a su hermano Artajerjes II, cerca de Babilonia. Ciro fue muerto, pero sus mercenarios iniciaron la retirada de los Diez mil.

**CUNDINAMARCA** *(departamento de),* dep. del centro de Colombia; 22 623 km$^2$; 1 382 360 hab. Cap. *Santa Fe de Bogotá D. C.,* c. que no se incluye en el dep.

**CUNDUACÁN,** mun. de México (Tabasco), en la cuenca del Grijalva; 62 796 hab. Campos petrolíferos.

**CUNEO,** c. de Italia (Piamonte), cap. de prov.; 55 568 hab.

**CÚNEO** (José), pintor uruguayo (Montevideo 1887-Bonn 1977). El tema característico de sus acuarelas y óleos es el paisaje de su país.

**CUNHA** (Juan), poeta uruguayo (1910-Montevideo 1985). *En pie de arpa* (1950), antología de sus primeras obras, fue seguida de *Cancionero de pena y luna* (1954), *Gestión terrestre* (1959), *De cosa en cosa* (1968).

**CUNHA** (Tristão o Tristán **da**), navegante portugués (Lisboa 1460-en alta mar 1540). Descubrió varias islas del Atlántico sur, entre ellas el archipiélago *Tristán da Cunha.* Exploró Madagascar.

**CUNNINGHAM** (Merce), bailarín y coreógrafo norteamericano (Centralia, Washington, 1919). Creador de obras de Martha Graham, preconiza una danza sencilla y natural, sin intención narrativa (*Septet,* 1953; *Summerspace,* 1958; *Traveloque,* 1977; *Points in space,* 1987; *Inventions,* 1989).

**CUNQUEIRO** (Álvaro), escritor español en lenguas gallega y castellana (Mondoñedo 1911-Vigo 1981). Poeta representante del neotrovadorismo gallego, su narrativa, recreación de mundos míticos y fantásticos, se inspira en la tradición céltica y medieval: *Las crónicas del sochantre* (*As crónicas do sochantre,* 1956), *Un hombre que se parecía a Orestes* (1969).

**CUPIDO,** dios romano del amor, identificado con el *Eros* griego.

**Cupisnique,** cultura prehispánica de Perú (valle de Cupisnique). Entre sus restos destacan las vasijas de cerámica y la escultura (800-300 a. J.C.).

**Cúpula de la Roca** *(Qubbat al-Ṣajra),* mezquita de Jerusalén erigida en 691 en el emplazamiento del templo de Salomón. Impregnada de la tradición bizantina, es el monumento más antiguo del islam.

**CUQUÍO,** mun. de México (Jalisco), en la cuenca del río Verde; 18 467 hab. Centro agrícola.

**CURAÇAO,** isla de las Antillas Neerlandesas, en el Caribe, cerca de la costa de Venezuela; 444 km$^2$; 170 000 hab. Cap. *Willemstad.* Destilerías de licor (curasao). Refinerías de petróleo (importado).

**CURANILAHUE,** com. de Chile (Biobío), en la cordillera de Nahuelbuta; 33 627 hab. Carbón.

**CURARAY,** r. de Ecuador y Perú, afl. del Napo (or. der.); 600 km.

**CURATELLA MANES** (Pablo), escultor argentino (La Plata 1891-Buenos Aires 1962). Discípulo de Bourdelle, se adhirió a un cubismo geometrizador de las formas (*El bandoneísta,* museo nacional de bellas artes, Buenos Aires).

**CURCIO** (Quinto), historiador latino (s. I d. J.C.), autor de una *Vida de Alejandro,* de estilo novelado y más pintoresco, poco fiel a la exactitud histórica.

**CURIACIOS** → ***Horacios.***

**Curial y Güelfa** *(Curial e Güelfa),* novela de caballerías catalana, anónima, escrita a mediados del s. XV.

Álvaro **Cunqueiro**

**CURICÓ,** com. de Chile (Maule); 103 919 hab. Centro agrícola (cereales y vid) y comercial.

**CURIE** (Marie), nacida **Skłodowska,** física de origen polaco (Varsovia 1867-cerca de Sallanches 1934), esposa de Pierre Curie. Descubrió la radiactividad del torio y aisló el radio. (Premio Nobel de física 1903 y de química 1911.)

Pierre y Marie **Curie**

**CURIE** (Pierre), físico francés (París 1859-*id.* 1906). Descubrió la piezoelectricidad (1880) y estudió el magnetismo y la radiactividad con su mujer Marie. (Premio Nobel de física 1903.)

**CURITIBA,** c. de Brasil, cap. del est. de Paraná; 1 290 142 hab. (2 millones en el área metropolitana).

**CURLANDIA,** en letón **Kurzeme,** región de Letonia, en el O del golfo de Riga. C. pral. *Liépaia.*

**CURRIDABAT,** cantón de Costa Rica (San José); 37 629 hab. Centro de cultivo de café.

**CURROS ENRÍQUEZ** (Manuel), escritor español en lenguas castellana y gallega (Celanova 1851-La Habana 1908). Liberal y republicano, fue perseguido y censurado. Fundamental en el renacimiento literario gallego, en 1880 publicó *Aires de mi tierra (Aires da minha terra),* colección en que se incluía el poema *Cantiga* (1869). El poema *El divino sainete* (*O divino sainete,* 1888) es una parodia de la *Divina Comedia.* De su prosa, en castellano, destacan: *Cartas del norte* y *Paniagua y compañía.*

**Curso de lingüística general,** libro póstumo de F. de Saussure (1916), redactado con los apuntes de sus discípulos. Fundamentó la lingüística estructural.

**CURTIUS** (Ernst), arqueólogo alemán (Lübeck 1814-Berlín 1896), promotor de las excavaciones de Olimpia y autor de *Historia de Grecia* (1857-1867).

**CURTIUS** (Ernst Robert), ensayista alemán (Thann, Alsacia, 1886-Roma 1956). Definió los temas permanentes de la literatura europea (*Literatura europea y edad media latina,* 1948).

**CURTIZ** (Mihály **Kertész,** llamado **Michael**), director de cine norteamericano de origen húngaro (Budapest 1888-Hollywood 1962). Autor prolífico y popular, abordó todos los géneros: *Las aventuras del capitán Blood* (1935), *La carga de la brigada ligera* (1936), *Casablanca* (1943).

**CURUMANÍ,** mun. de Colombia (Cesar); 24 740 hab. En la serranía de los Motilones.

**CURUZÚ CUATIÁ,** dep. de Argentina (Corrientes); 39 987 hab. Algodón y lino; canteras. Aeropuerto.

**Curzon** *(línea),* línea propuesta en 1919 por los aliados, a sugerencia de lord Curzon, como frontera oriental de Polonia. Corresponde más o menos con la frontera soviético-polaca de 1945.

**CURZON OF KEDLESTON** (George Nathaniel, *marqués*), político y administrador británico (Kedleston Hall, Derby 1859-Londres 1925). Secretario de Estado para Asuntos Exteriores (1919-1924), tuvo un destacado papel en las negociaciones de paz y fue el principal artífice del tratado de Lausana (1923).

**CUSA** (Nicolaus **Krebs** o **Chrypffs,** llamado **Nicolás de**), teólogo alemán (Kues, diócesis de Tréveris, 1401-Todi 1464). Apoyó la acción de los papas, defendió el principio de la infalibilidad pontificia frente a los concilios, y dejó una importante obra teológica y filosófica (*La docta ignorancia,* 1440).

**CUSACHS** (José), pintor español (Montpellier

**Cuzco:** iglesia de la Compañía de Jesús, obra de Juan Bautista Egidiano (1651-1668)

1851-Barcelona 1908). Su obra se centra en la temática hípica y militar.

**CUSCATLÁN** *(departamento de),* dep. de El Salvador, en el centro del país; 756 km²; 167 290 hab. Cap. *Cojutepeque.*

**Cuscatlán,** aeropuerto internacional de San Salvador, que complementa al de Ilopango.

**CUSCO** → *Cuzco.*

**CUSHING** (Harvey), cirujano norteamericano (Cleveland 1869-New Haven 1939), creador de la neurocirugía.

**Cushing** *(síndrome de),* conjunto de alteraciones observadas principalmente en la mujer joven, debidas a un exceso de secreción de las hormonas corticosuprarrenales y relacionadas con un tumor en la corteza suprarrenal o con un adenoma de la hipófisis.

**Custozza** o **Custoza** *(batallas de)* [25 julio 1848; 24 junio 1866], victorias austríacas sobre los piamonteses (al SO de Verona).

**C.U.T.,** siglas de Central unitaria de trabajadores.

**CUTERVO,** mun. de Perú (Cajamarca); 33 258 hab. Centro minero (hierro, cobre, plomo, plata).

**CUTTACK,** c. y puerto de la India (Orissā), junto al delta del Mahānadi; 439 273 hab.

**CUTZAMALA DE PINZÓN,** mun. de México (Guerrero); 24 841 hab. Maíz y caña de azúcar. Ganadería.

**CUVIER** (Georges, *barón*), naturalista francés (Montbéliard 1773-París 1832), creador de la anatomía comparada y de la paleontología. Enunció las leyes para reconstruir esqueletos de mamíferos fósiles a partir de algunos huesos y combatió el evolucionismo.

**CUVILLIÉS** (François **de**), arquitecto y decorador alemán (Soignies, Hainaut, 1695-Munich 1768), maestro del arte rococó en la corte de Baviera (pabellón de Amalienburg, 1734, teatro de la Residencia, 1751, en Munich).

**CUYO,** región occidental de Argentina, dominada por las cumbres de los Andes (Aconcagua). Cultivos (vid, frutales). Destaca la c. de Mendoza.

**CUYP** (Albert), pintor holandés (Dordrecht 1620-*id.* 1691). Reproduce poéticamente los efectos de la luz en los campos de las orillas del Mosa.

**CUYUNÍ,** r. de Venezuela y Guyana, afl. del Esequibo (or. izq.); 900 km aproximadamente.

**CUZA** (Alejandro Juan I) [Galaţi 1820-Heidelberg 1873], primer príncipe de los principados rumanos unidos de Moldavia y Valaquia [1859-1866]. Su programa de reformas provocó la creación de una coalición que lo obligó a abdicar en 1866.

**CUZCO** o **CUSCO** *(departamento de),* dep. de Perú (Inca); 71 892 km²; 1 057 400 hab. Cap. *Cuzco.*

**CUZCO** o **CUSCO,** c. de Perú, cap. del dep. homónimo; 255 300 hab. Centro turístico. Capital de los incas y de la primera conquista, conserva la planta ciclópea de muchos monumentos incaicos (Coricancha). Ciudad monumental, declarada bien cultural del patrimonio mundial por la Unesco (1983), de la época colonial destacan la catedral (s. XVII), la iglesia de la Compañía, el convento de la Merced y otras iglesias barrocas; la casa del Almirante y el palacio arzobispal (museo), junto a otras mansiones civiles. En un altozano cercano, fortaleza incaica de Sacsahuamán*. La ciudad fue el foco en los ss. XVII y XVIII, de la *escuela cuzqueña* del barroco en pintura y escultura.

**CUZCURRITA-RÍO TIRÓN,** v. de España (La Rioja); 466 hab. Castillo almenado; iglesia barroca (s. XVIII); casonas hidalgas.

**CUZZANI** (Agustín), dramaturgo argentino (Buenos Aires 1924-*id.* 1987), creador de «farsátiras» de intención social (*Una libra de carne,* 1952; *Los indios estaban cabreros,* 1958; *Sempronio,* 1962).

**CYNEWULF,** poeta anglosajón de la segunda mitad del s. VIII, autor de poemas religiosos.

**CYRANO DE BERGERAC** (Savinien **de**), escritor francés (París 1619-*id.* 1655). Autor dramático, expuso su filosofía materialista en narraciones de viajes imaginarios (*Historia cómica de los estados e imperios de la Luna,* 1657; *Historia cómica de los estados e imperios del Sol,* 1662).

**Cyrano de Bergerac,** tragicomedia en verso de E. Rostand (1897).

**CZARTORYSKI,** familia principesca polaca que desempeñó un papel destacado en Polonia en los ss. XVIII y XIX. — **Adán Jerzy** (Varsovia 1770-Montfermeil 1861), amigo del zar Alejandro I, intentó obtener en 1815 la reconstitución del reino de Polonia, y, en 1831, fue presidente del gobierno nacional, surgido de la revolución de 1830.

**CZERNY** (Karl), pianista austríaco de origen checo (Viena 1791-*id.* 1857), autor de obras pedagógicas (ejercicios, estudios).

**CZĘSTOCHOWA,** c. de Polonia meridional, en Silesia; 258 700 hab. Centro de peregrinación mariana desde el s. XV (Virgen negra de Jasna Góra, patrona de Polonia).

# D

**DA NANG,** ant. **Tourane,** c. y puerto de Vietnam, en la costa de Annani; 492 000 hab. Centro comercial e industrial.

**DABEIBA,** mun. de Colombia (Antioquia); 20 939 hab. Oro. Centro de investigaciones agrarias.

**DĄBROWSKA** o **DOMBROWSKA** (Maria), novelista polaca (Rusow, cerca de Kalisz, 1889-Varsovia 1965), que narró con realismo la vida campesina y de la sociedad polaca tradicional (*Gentes de allá abajo,* 1925).

**DACCA** → ***Dhākā.***

**DACHAU,** c. de Alemania (Baviera); 34 489 hab. Campo de concentración alemán (1933-1945).

**DACIA,** ant. país de Europa, correspondiente a la actual Rumania. Sus habitantes, los *dacios,* fueron sometidos por Trajano (101-106 d. J.C.), y el territorio, poblado por colonos romanos, fue explotado también por sus minas de oro. Fue abandonado a los godos por Aureliano (271).

**DADDAH'** (Moktar Ould), político mauritano (Boutilimit 1924), presidente de la República islámica de Mauritania (1961-1978).

**DAFNE,** ninfa del Parnaso, amada por Apolo y metamorfoseada en laurel por Zeus.

**Dafnis y Cloe** o **Las pastorales,** novela pastoril de Longo (s. III d. J.C.).

**Dafnis y Cloe,** ballet en 3 actos: música de M. Ravel y coreografía de M. Fokine, estrenado en 1912 por los Ballets rusos.

**DAGERMAN** (Stig), novelista sueco (Älvkarleby 1923-Enebyberg, cerca de Estocolmo, 1954), influido por Kafka y por la experiencia de la segunda guerra mundial (*La serpiente,* 1945; *El niño abrasado,* 1948).

**DAGO** → ***Hiiumaa.***

**DAGOBERTO I** (inicios del s. VII-Saint-Denis, cerca de París, *c.* 639), rey de los francos [629-639], hijo de Clotario II. Con san Eloy reorganizó y reunificó el reino merovingio. – **Dagoberto II,** hijo de Sigeberto III, rey de Austrasia [676-679], que murió asesinado. – **Dagoberto III** († 715), rey de los francos [711-715], bajo la tutela de Pipino de Heristal.

**DAGUA,** mun. de Colombia (Valle del Cauca); 30 646 hab. Frutales. Material ferroviario.

**DAGUESTÁN** *(República de),* república de la Federación de Rusia, a orillas del mar Caspio; 50 300 $km^2$; 1 792 000 hab. Cap. *Majachkalá.*

**DAHOMEY** → ***Benín.***

**DAHRĀN,** en ár. **al-Ẓahrān,** c. del E de Arabia Saudí; 128 000 hab. Base aérea. Petroquímica.

**Daily express,** diario británico conservador fundado en 1900 por A. Pearson, relanzado en 1912 por lord Beaverbrook, uno de los diarios británicos de mayor tirada.

**Daily mail,** diario británico conservador fundado en 1896 por A. y M. Harmsworth, que tuvo la mayor tirada mundial entre 1920 y 1930.

**Daily mirror,** diario británico ilustrado, de centro izquierda, fundado en 1903 por A. Harmsworth, el segundo diario británico por su tirada.

**Daily telegraph,** diario británico de tendencia conservadora fundado en 1855 por A. B. Sleigh, que se fusionó en 1937 con el *Morning post* (fundado en 1772).

**DAIMIEL,** c. de España (Ciudad Real), cab. de p. j.; 16 214 hab. *(Daimieleños.)* Centro agrícola. Parque nacional de las Tablas* de Daimiel.

**DAIMLER** (Gottlieb), ingeniero alemán (Schorndorf, Wurtemberg, 1834-Cannstatt [act. Stuttgart-Bad Cannstatt], cerca de Stuttgart, 1900). Junto con W. Maybach realizó, a partir de 1883, los primeros motores de gasolina ligeros de gran velocidad de rotación, abriendo así el camino a su uso por el automóvil. Los dos socios fundaron en 1890 una empresa de fabricación de automóviles, que se fusionó en 1926 con la creada por Benz en 1883.

**DAIREN** → ***Dalian.***

**DAJABÓN** *(provincia de),* prov. de la República Dominicana, junto a la frontera con Haití; 890 $km^2$; 63 200 hab. Cap. *Dajabón* (24 683 hab.).

**DAJLA,** ant. **Villa Cisneros,** localidad de Sahara Occidental, junto al Atlántico; 2 500 hab. Fue capital de la colonia española de Río de Oro. Pasó en 1976 a Mauritania, y en 1979 a Marruecos.

**DAKAR,** c. y cap. de Senegal, junto al Atlántico; 1 729 823 hab. Universidad. Puerto y escala aérea. Centro industrial. Fue capital de la Federación de Malí hasta la disolución de ésta (1959-1960).

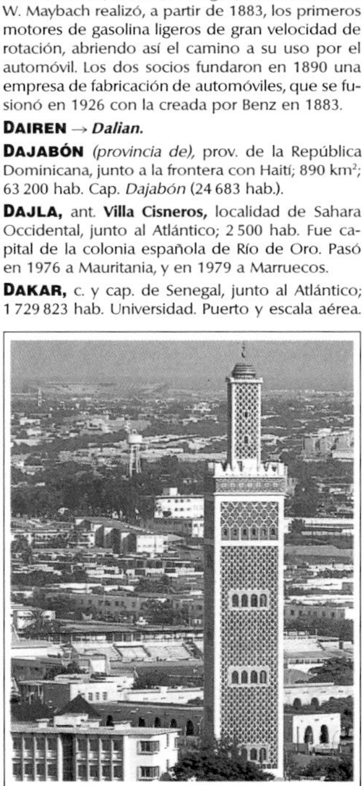

**Dakar:** alminar de la Gran mezquita

**Dakin** *(líquido de),* solución diluida de hipoclorito de sodio y permanganato de potasa, empleada para desinfectar llagas.

**DAKOTA,** nombre de dos estados de Estados Unidos, en las Grandes Llanuras, que tomaron su nombre de una tribu amerindia: **Dakota del Norte** (183 022 $km^2$; 638 800 hab.; cap. *Bismarck*); **Dakota del Sur** (199 551 $km^2$; 696 004 hab.; cap. *Pierre*).

**DALADIER** (Edouard), político francés (Carpentras 1884-París 1970). Presidente del partido radical-socialista (1927), fue primer ministro (1933-1934) y formó parte del Frente popular. De nuevo primer ministro (1938), firmó los acuerdos de Munich y declaró la guerra a Alemania (1939). Dimitió (1940) y fue deportado a Alemania (1943-1945).

**DALAT** o **DA LAT,** c. de Vietnam, al S de Annam, en la región de las mesetas Moi; 105 000 hab. Estación climática a 1 000 m de alt. aprox.

**DALBERG** (Karl Theodor, *barón* **von**), prelado y político alemán (Herrnsheim 1744-Ratisbona 1817). Último arzobispo elector de Maguncia (1802), fue nombrado por Napoleón I archicanciller de la confederación del Rin (1806-1813).

**DALE** (*sir* Henry **Hallett**), médico británico (Londres 1875-Cambridge 1968), premio Nobel de fisiología y medicina (1936) por sus trabajos sobre el mecanismo de los intercambios químicos en el sistema nervioso.

**DALECARLIA,** en sueco **Dalarna,** región de Suecia central.

**DALHOUSIE** (James **Ramsay,** *marqués* **de**), político británico (Dalhousie Castle, Escocia, 1812-*id.* 1860). Gobernador de la India (1848-1856), anexionó el Panjāb (1849) y Birmania (1852), y reformó la administración, pero su política, contraria a las tradiciones del país, fue una de las causas de la rebelión de los cipayos (1857).

**DALÍ** (Salvador), pintor español (Figueras 1904-*id.* 1989). Es considerado como el paradigma del artista surrealista por el fanatismo con que se entregó a la expresión onírica, y por la forma provocativa de exhibir sus vivencias íntimas. En 1925 expuso por primera vez en Barcelona. Entre 1925 y 1929 pintó minuciosamente objetos y personajes. En 1928, asociado a Luis Buñuel, produjo la película *Un perro andaluz,* de estética surrealista. En 1929 se incorporó al grupo de París, y desde entonces hasta 1937-1938 fue un pintor surrealista, con un método que él mismo calificó de «paranoicocrítico» y posteriormente de «místico». De entre sus muchas obras de especial fama destacan: *La cesta del pan* (1926), *El hombre invisible* (1929), *La persistencia de la memoria* (1931), *Metamorfosis de Narciso* (1937), *Madona de Port Lligat* (1950), *Última cena* (1955), *Descubrimiento de América por*

*Colón* (1959). En 1974 se inauguró el *museo Dalí* de Figueras, que junto con el del mismo nombre de Saint Petersburg, Florida (inaugurado en 1982), y el de Cadaqués (1982) reúnen lo más destacado de su obra.

**DALIAN** o **TA-LIEN,** ant. **Dairen** y, en ruso, **Dalni,** c., puerto y centro industrial de China (Liaoning); 1 723 302 hab.

**DALILA,** mujer que, según la Biblia, entregó a Sansón a los filisteos después de cortarle la cabellera, en la que residía su fuerza.

**DALLAPICCOLA** (Luigi), compositor italiano (Pisino d'Istria 1904-Florencia 1975), autor de música dodecafónica (*El prisionero,* 1950; *Job,* 1950; *Ulises,* 1968).

**DALLAS,** c. de Estados Unidos (Texas); 1 006 877 hab. (2 553 362 hab. en la aglomeración urbana que forma con Fort Worth). Nudo de comunicaciones. Centro industrial. Museos. El presidente Kennedy fue asesinado en esta ciudad en 1963.

**DALMACIA,** en serbocroata **Dalmacija,** región de Croacia, junto al Adriático, bordeada por numerosas islas *(archipiélago Dálmata).* Turismo. Fue incorporada a Croacia (ss. X-XI) y más tarde su litoral fue ocupado por Venecia (1420-1797). Anexionada por Austria (1797), fue atribuida en 1920 al Reino de los serbios, croatas y eslovenos.

**DALMAU** (Luis), pintor español, probablemente valenciano, activo en Cataluña y Valencia de 1428 a 1460. Conocedor de la pintura gótica castellana y flamenca, fue el introductor de la técnica al óleo y del estilo hispanoflamenco. Su obra más importante es el *Retablo de los consellers* (1445, museo de arte de Cataluña, Barcelona).

**DALMAU Y OLLER** (Sebastián **de**), militar español (Teyá, Barcelona, 1682-Viena 1762). Partidario del archiduque Carlos, defendió Barcelona en 1706 y 1713 del ataque de los ejércitos de Felipe V.

**DALNI** → ***Dalian.***

**DALTON** (John), físico y químico británico (Eaglesfield, Cumberland, 1766-Manchester 1844), creador de la teoría atómica. Enunció la ley de las proporciones múltiples en química, y la de la mezcla de los gases en física. Estudió en sí mismo la anomalía de la percepción de los colores, denominada desde entonces *daltonismo.*

**DALTON** (Roque), escritor salvadoreño (San Salvador 1935-en El Salvador 1975). Autor de una poesía de denuncia social (*Taberna y otros lugares,* 1969), cultivó asimismo la novela (*Pobrecito poeta que era yo,* 1976) y el ensayo.

**DAM** (Henrik), bioquímico danés (Copenhague 1895-*id.* 1976), premio Nobel de fisiología y medicina (1943) por sus trabajos sobre la bioquímica y las vitaminas.

**dama de las camelias** *(La),* novela (1848) y drama en 5 actos (1852) de A. Dumas hijo.

**DAMĀN,** ant. **Damão,** c. y puerto de la India, al N de Bombay; 61 951 hab. Antigua factoría portuguesa (1558-1961). Forma con Diu un territorio de la Unión India (*territorio de Damān y Diu;* 112 km$^2$; 101 439 hab.), del que es capital.

**DAMANHUR,** c. de Egipto, cerca de Alejandría; 216 000 hab. Industria textil. Química.

**DAMAS** *(paso de las),* paso de los Andes, en la frontera entre Argentina (Mendoza) y Chile (Libertador General Bernardo O'Higgins); 3 050 m.

**Damas** *(paz de las)* → ***Cambrai.***

**DAMASCO,** en ár. **Dimašq al-Šam,** c. y cap. de Siria, en un oasis regado por el Barada; 1 361 000 hab. *(Damascenos.)* Museos. Numerosos edificios medievales. Capital de un importante reino arameo (ss. XI-VIII a. J.C.), conquistada por los romanos en 64 a. J.C. y patria de san Pablo, fue un importante centro cristiano. Conquistada por los árabes (635), fue la capital de los califas omeyas (661-750), quienes hicieron construir en 705 la Gran mezquita de los omeyas, primera gran realización arquitectónica del islam, y más tarde el centro de principados o de provincias más o menos autónomas. Tras la dominación otomana (1516-1918), se convirtió en el núcleo del nacionalismo árabe.

**Damasco:** el patio de la Gran mezquita de los omeyas (fundada en 705)

**DAMASKINOS** o **DHAMASKINÓS** (Dhimítrios Papandreu), prelado y político griego (Dorvitsa, Tesalia, 1890-cerca de Atenas 1949). Arzobispo de Atenas, se opuso a la ocupación alemana y fue regente de 1944 a 1946.

**DÁMASO I** *(san)* [† 384], papa de 366 a 384. Quizá de origen español, encargó a san Jerónimo la traducción de la Biblia conocida como Vulgata.

**DAMIÁN** *(san)* → ***Cosme y Damián.***

**DAMIÁN** (*beato* Josef **De Veuster, el padre**), misionero belga (Tremelo 1840-Molokai, Hawai, 1889). Apóstol de los leprosos en las islas Hawai, murió de esa enfermedad. Beatificado en 1995.

**DAMIETA,** en ár. **Dimyāt** o **Dumyāt,** c. y puerto de Egipto, cerca del Mediterráneo; 102 000 hab. San Luis tomó la ciudad en 1249 y la devolvió a los musulmanes para su rescate.

**DAMMĀM,** c. y puerto de Arabia Saudí, junto al golfo Pérsico, cap. de Ḥasā; 200 000 hab.

**DAMOCLES,** cortesano allegado de Dionisio el Viejo, tirano de Siracusa (s. IV a. J.C.). A fin de mostrarle la fragilidad del poder de los reyes, durante un banquete Dionisio hizo suspender sobre la cabeza de Damocles una pesada espada, sostenida por una crin de caballo. La expresión *espada de Damocles* ha pasado a simbolizar un peligro permanente.

**DĀMODAR,** r. de la India, que desemboca en el Hooghly; 545 km. Su valle medio constituye la principal región india de industria pesada.

**DAMPIER** (William), navegante inglés (East Coker, Somerset, 1652-Londres 1715). Capitán de los filibusteros, saqueó los enclaves españoles de América (1678-1691). Exploró el Pacífico y descubrió el archipiélago y el estrecho que llevan su nombre.

**DÁNAE,** en la mitología griega, hija del rey de Argos, quien la encerró en una torre. Zeus, bajo forma de lluvia de oro, se unió a ella, quien dio a luz a Perseo.

**DANAIDES,** en la mitología griega, nombre de las cincuenta hijas del rey de Argos, Danao, quienes, la noche de sus bodas, mataron a sus esposos, con excepción de una de ellas, Hipermnestra. Fueron condenadas en los infiernos a llenar de agua un vaso sin fondo.

**DANBY** (Thomas **Osborne,** *conde* **de)** → ***Osborne*** (Thomas).

**DANDARĀ** o **DENDERAH,** aldea del Alto Egipto, al N de Luxor. Templo tolemaico dedicado a Hator.

**DANDOLO,** familia de Venecia que dio varios dux a la república. Destacan **Enrico** (Venecia *c.* 1107-Constantinopla 1205), dux a partir de 1192, que contribuyó al cambio de ruta hacia Constantinopla de la IV cruzada. En el desmembramiento del Imperio de oriente, obtuvo para Venecia Candía, las islas Jónicas y los puertos de Morea. – **Andrea** (Venecia *c.* 1307-*id.* 1354), quien recuperó Zara (act. Zadar) tras un célebre asedio.

**DANERI** (Santiago Eugenio), pintor argentino (Buenos Aires 1881-† 1970). Su temática se centró en motivos del puerto de Buenos Aires y de la costa.

**Daniel,** principal personaje del libro bíblico que lleva su nombre, escrito *c.* 165 a. J.C., en la época de la rebelión de los macabeos. Judío deportado a Babilonia, adquirió en esta corte una gran influencia. A causa de las calumnias de los sacerdotes babilonios, fue arrojado a una fosa con leones, de la que salió milagrosamente vivo.

**DANIEL** (Arnaut), trovador provenzal (nacido en Ribérac, Dordoña-† d. 1200), representante de la lírica hermética trovadoresca. Se le atribuye la creación de la sextina. Dante le citó como extraordinario poeta en lengua vulgar, y fue también elogiado por Petrarca y Ausiàs March, que le imitaron.

**DANIELL** (John Frederic), físico británico (Londres 1790-*id.* 1845). Inventó la pila eléctrica de dos líquidos que lleva su nombre (1836).

**DANLI,** mun. de Honduras (El Paraíso); 28 223 hab. Tabaco, café, frutales. Lácteos. Aeródromo.

**DANTE ALIGHIERI,** poeta italiano (Florencia 1265-Ravena 1321). Desempeñó cargos políticos en su ciudad natal, que le encomendó varias misiones diplomáticas y de la que fue uno de los seis *priores.* Sin embargo, perteneciente al partido de los güelfos «blancos» (moderados), fue exiliado por los «negros» en 1302 y murió en Ravena. Desde su juventud había compuesto sonetos amorosos y *canzoni* que ilustran el *dolce stil novo* y en los que celebraba su pasión ideal por Beatriz Portinari. Transformó esta aventura amorosa en experiencia literaria y filosófica en la *Vida* nueva* (*c.* 1294). Durante su exilio compuso un tratado filosófico (*El banquete,* 1304-1307), así como ensayos sobre temas científicos, lingüísticos (*De vulgari elo-*

**Dante Alighieri** explicando la *Divina Comedia.* Detalle de una pintura (1465) de Domenico di Michelino. (Catedral de Florencia.)

Salvador **Dalí:** *Metamorfosis de Narciso* (1937) [galería Tate, Londres]

**Danton** (C. Charpentier - museo Carnavalet, París)

*quentia,* 1304-1307) y políticos (*La Monarchia,* 1310-1314). Pero es sobre todo su *Divina Comedia** (escrita a partir de 1306) la obra que lo convirtió en el padre de la poesía italiana.

**DANTON** (Georges Jacques), político francés (Arcissur-Aube 1759-París 1794). Fundó el club de los Cordeliers y fue uno de los principales jefes de la Revolución. Orador eminente, organizó el ejército, y contribuyó a la creación del tribunal revolucionario y del comité de salvación pública. Reclamó el fin del régimen del Terror y, acusado por Robespierre, fue guillotinado.

**DANTZIG** o **DANZIG** → ***Gdańsk.***

**DANUBIO,** en alem. **Donau,** en eslovaco **Dunaj,** en serbocroata y búlgaro **Dunav,** en húngaro **Duna** y en rumano **Dunărea,** r. de Europa central, el segundo de Europa (después del Volga) por su longitud (2 850 km) y la superficie de su cuenca (más de 800 000 $km^2$). Nacido en la Selva Negra, de dirección general O-E, atraviesa o bordea, del nacimiento a la desembocadura: Alemania, Austria, Eslovaquia, Hungría, Croacia, Serbia, Rumania, Bulgaria y Ucrania. Las principales ciudades que baña son Viena, Budapest y Belgrado, cruza el desfiladero de las Puertas de Hierro (entre los Cárpatos y los Balcanes) y desemboca en el mar Negro formando un amplio delta. Tiene un régimen complejo y se utiliza para la navegación, la producción de hidroelectricidad y el riego.

el **Danubio** en las Puertas de Hierro (entre los Cárpatos y los Balcanes)

**danza de la muerte** o **danza macabra,** tema iconográfico, frecuente en la edad media, en el que aparecen gentes de toda edad y condición en una danza frenética, guiados por un esqueleto.

**DAO** (Nguyên Thien), compositor vietnamita nacionalizado francés (Hanoi 1940). Está influido al mismo tiempo por Messiaen, la música electroacústica y la tradición oriental (*Escuchar-Morir,* 1980).

**DAOÍZ** (Luis), militar español (Sevilla 1767-Madrid 1808). Junto Con Velarde lideró el levantamiento de Madrid contra los franceses el 2 de mayo de 1808.

**DAQING, TASHING** o **TA-K'ING,** centro petrolero del NE de China (Heilongjiang).

**DĀR AL-BAYḌĀ'** → ***Casablanca.***

**DĀR AL-BAYḌĀ',** ant. **Maison Blanche,** c. de Argelia; 12 300 hab. Aeropuerto de Argel.

**DAR ES SALAM,** c. de Tanzania, junto al océano Índico; 1 360 850 hab. Centro administrativo y comercial. Aunque la capitalidad de la república pasó oficialmente a Dodoma, sigue siendo la sede de numerosos ministerios.

**DARBHANGA,** c. de la India (Bihār); 218 274 hab.

**DARBOUX** (Gaston), matemático francés (Nimes 1842-París 1917). Su obra está consagrada a la geometría infinitesimal.

**DARDANELOS** *(estrecho de los),* en turco **Çanakkale Boğazi,** estrecho de Turquía, entre Europa (península de los Balcanes) y Asia (Anatolia), que comunica el mar Egeo y el mar de Mármara. Es el Helesponto de la antigüedad. Tiene 60 km de longitud y de 7 km a 1 270 m de anchura. El conjunto formado por el Bósforo y los Dardanelos se denomina los *Estrechos.*

**DÁRDANO,** fundador mítico de Troya.

**DARFUR** o **DĀR FŪR** *(país de los fur),* región montañosa del O de Sudán.

**DARGOMIZHSKI** (Alexandr Serguéievich), compositor ruso (Dargomiz, Tula, 1813-San Petersburgo 1869), uno de los fundadores de la escuela rusa moderna (*El convidado de piedra,* ópera).

**DARIÉN** *(golfo del),* entrante del mar Caribe, entre las costas de Panamá y del N de Colombia, donde forma el golfo de Urabá.

**DARIÉN** *(serranía del),* macizo del NE de Panamá, en la frontera con Colombia; 2 800 m en el cerro Tacaracuna.

**DARIÉN (El),** región fisiográfica e histórica de Colombia y Panamá, en torno al golfo de Urabá y del Darién, en el Caribe. *Parque nacional del Darién,* limítrofe con Colombia (575 000 ha), declarado Bien natural del patrimonio de la humanidad por la Unesco (1980). En la costa del Darién, explorada por Lepe y Bastidas, se fundó uno de los primeros establecimientos españoles en Tierra Firme (*gobernación del Darién,* 1508). Vasco Núñez de Balboa fundó en Darién la primera ciudad española en el continente americano, Santa María la Antigua del Darién (1510). Formó parte de la gobernación de Castilla del Oro y fue uno de los núcleos de expansión española.

**DARIÉN** *(provincia de),* prov. de Panamá, junto al Caribe; 16 803 $km^2$; 38 400 hab. Cap. *La Palma.*

**DARIENSE** *(cordillera),* alineación montañosa de Nicaragua; 1 668 m en el cerro Chimborazo.

**DARÍO I** († 486 a. J.C.), rey de Persia [522-486 a. J.C.]. Reconstituyó el imperio de Ciro, conquistó el Panjāb al E y, al O, Tracia y Macedonia, pero fue vencido por los griegos en Maratón (490 a. J.C.). Dividió el imperio en satrapías e hizo construir Persépolis. – **Darío III Codomano** († 330 a. J.C.), rey de Persia [336-330 a. J.C.]. Alejandro le derrotó en Issos y cerca de Arbelas. Fue asesinado por un sátrapa.

**DARÍO** (Félix Rubén **García Sarmiento,** llamado **Rubén**), poeta nicaragüense (Metapa [act. Ciudad Darío] 1867-León 1916). Es una de las grandes voces de América y su influjo en la poesía española contemporánea ha sido grande. Su obra se caracteriza por la renovación del lenguaje poético y de la métrica, por las innovaciones temáticas, el esteticismo y el exotismo. Tras sus primeros libros, verdaderos ejercicios de estilo, publicó *Azul* (1888), obra que inaugura el modernismo hispanoamericano. En 1896 publicó los poemas de *Prosas profanas,* piedra de toque de la escuela modernista, y *Los raros,* en prosa, donde traza semblanzas de algunos escritores del fin de siglo. *Cantos de vida y esperanza* (1905) es su obra de plena madurez. Posteriores son *El canto errante* (1907), que incluye la bella *Epístola a la señora de Leopoldo Lugones,* y *Canto a la Argentina y otros poemas* (1914).

**DARJAN,** c. de Mongolia; 56 000 hab.

**DARJEELING,** estación climática de la India (Bengala Occidental), en las laderas del Himalaya, a 2 185 m de alt. Comercio de té.

**DARLING,** r. de Australia, principal afl. del Murray (or. der.); 2 700 km.

**DARLINGTON,** c. de Gran Bretaña (Durham); 85 000 hab. Iglesias de los ss. XII-XIII.

**DARMSTADT,** c. de Alemania (Hesse); 135 737 hab. Industria electrónica. Museos.

**DARNLEY** (Henry **Stuart** o **Stewart,** *barón*), *conde* **de Ross** y *duque* **de Albany,** príncipe escocés (Temple Newsam 1545-Edimburgo 1567), sobrino segundo de Enrique VIII. Segundo esposo de María Estuardo, con la que tuvo un hijo, el futuro Jacobo I de Inglaterra, fue asesinado con la complicidad de Bothwell, amante de la reina.

**DAROCA,** c. de España (Zaragoza), cab. de p. j.; 2 630 hab. *(Darocenses.)* Murallas. Iglesias románicas. Colegiata del s. XVI (capilla gótica del relicario de los Corporales). Museo.

**DARRO,** r. de España, afl. del Genil (or. der.), que riega la vega de Granada y los jardines de la Alhambra y el Generalife; 19 km.

**DARTMOUTH,** c. y puerto de Canadá (Nueva Escocia), en la bahía de Halifax; 67 798 hab.

**DARWIN,** ant. **Palmerston,** c. de Australia, cap. del Territorio del Norte; 72 900 hab.

**DARWIN** (Charles), naturalista británico (Shrewsbury, Shropshire, 1809-Down, Kent, 1882). Tras recoger en un viaje alrededor del mundo a bordo del Beagle (1831-1836) numerosas observaciones sobre la variabilidad de las especies, creó la doctrina evolucionista denominada *darvinismo,* que dio a conocer en su obra principal, *El origen de las especies por medio de la selección natural* (1859).

**DASSAULT** (Marcel), industrial francés (París 1892-Neuilly-sur-Seine 1986), fundador de una importante empresa de construcciones aeronáuticas.

**DASSIN** (Jules), director de cine norteamericano (Middletown, Connecticut, 1911). Realizó películas de gángsters y policíacas, realistas y violentas (*La ciudad desnuda,* 1948; *Mercado de ladrones,* 1949; *Noche en la ciudad,* 1950), antes de verse obligado por el maccarthismo a exiliarse a Europa (*Rififí,* 1955; *El que debe morir,* 1957; *Nunca en domingo,* 1962).

**DATO** (Eduardo), político español (La Coruña 1856-Madrid 1921), uno de los dirigentes del Partido conservador. Presidente del gobierno en 1913-1915, 1917 y 1920-1921, aprobó la creación de la Mancomunidad de Cataluña, afrontó la formación de juntas militares y reprimió el movimiento obrero catalán. Murió en un atentado.

**DATONG** o **TA-T'ONG,** c. de China (Shanxi); 798 000 hab. Monumentos antiguos (gran templo búdico del s. XII).

**Dau al set,** grupo de artistas españoles, de tendencia surrealista, fundado en Barcelona en 1948 por los pintores M. Cuixart, J. Ponç, A. Tàpies y J. J. Tharrats, y los escritores J. Brossa, A. Puig y J. E. Cirlot.

**DĀ'ŪD** (Abraham **ibn**), escritor hebraicoespañol (Córdoba 1110-Toledo 1180). En su obra filosófica *La fe sublime* trató la problemática del libre albedrío. Su *Libro de la tradición* es una fuente importante para la historia del judaísmo.

**DAUDET** (Alphonse), escritor francés (Nimes 1840-París 1897), autor de novelas (*Tartarín de Tarascón,* 1872), cuentos (*Cartas desde mi molino,* 1866) y dramas (*La arlesiana,* 1872).

**DAUFRESNE** (Julio), dibujante y litógrafo francés del s. XIX, radicado en Buenos Aires hacia 1835, autor de litografías de los *Usos y costumbres de Buenos Aires* (1844).

**DAUGAVPILS,** ant. **Dvinsk** o **Dünaburg,** c. de Letonia; 127 000 hab.

**DAULE,** cantón de Ecuador (Guayas); 141 130 hab. Centro agropecuario. Minas de mercurio.

**DAUMIER** (Honoré), pintor, litógrafo y escultor francés (Marsella 1808-Valmondois 1878). Célebre por sus caricaturas políticas, es autor de pinturas (serie de *Don Quijote*) y esculturas.

**DAUSSET** (Jean), médico francés (Toulouse 1916). Ha investigado la inmunología en los trasplantes y los tumores. (Premio Nobel de fisiología y medicina 1980.)

**DÁVALOS** o **DE ÁVALOS,** familia aristocrática castellana, en la que destacó **Ruy López Dávalos**

Rubén **Darío**

Charles **Darwin** (J. Collier - galería nacional de retratos, Londres)

Alphonse **Daudet** (por Carjat)

Eamon **De Valera**

(Úbeda 1357-Valencia 1428), privado de Enrique III de Castilla. Sus hijos dieron origen a la rama italiana de los **De Ávalos** (marqueses del Vasto y de Pescara).

**DÁVALOS** (Juan Carlos), escritor argentino (Villa de San Lorenzo 1887-Salta 1959). Sus cuentos (*Salta,* 1921; *Relatos lugareños,* 1930), poesías (*Cantos agrestes,* 1918) y ensayos se centran en su provincia natal.

**DAVANGERE,** c. de la India (Karnātaka); 287 114 hab. Nudo de comunicaciones.

**DAVAO,** c. y puerto de Filipinas (isla de Mindanao), junto al *golfo de Davao;* 849 947 hab.

**DAVID,** c. de Panamá, cap. de la prov. de Chiriquí, en el valle del *río David;* 80 053 hab.

**DAVID,** segundo rey hebreo [*c.* 1010-*c.* 970 a. J.C.]. Sucedió a Saúl, cuya melancolía se dice que calmaba tocando el arpa. Vencedor de los filisteos, tomó Jerusalén, que convirtió en su capital. Se le atribuye la composición de cantos religiosos y de salmos. Su combate con el gigante filisteo Goliat ha dado origen a una abundante iconografía.

**David,** de Miguel Ángel, estatua de mármol de 4 m de alt. (1501-1504, act. en la Academia de Florencia) que, por sus cualidades técnicas y estéticas y su contenido simbólico (el ideal del ciudadano-guerrero), hizo del joven escultor el artista más reconocido de Florencia.

***David.*** Estatua de mármol de Miguel Ángel (1501-1504).
[Academia de Florencia.]

**DAVID I** (1084-Carlisle 1153), rey de Escocia [1124-1153]. Consolidó la unidad de su reino. – **David II** o **David Bruce** (Dunfermline 1324-Edimburgo 1371), rey de Escocia [1329-1371]. No pudo impedir que Inglaterra estableciese su tutela sobre Escocia.

**DAVID** (Gerard), pintor flamenco de origen holandés (Oudewater, Holanda, *c.* 1460-Brujas 1523). Instalado en Brujas, fue el último de los grandes maestros de la escuela de esta ciudad.

**DAVID** (Louis), pintor francés (París 1748-Bruselas 1825). Máximo representante de la escuela neoclásica, fue pintor de Napoleón: *El juramento de los Horacios* (1784), *Las sabinas* (1799), *La coronación de Napoleón* (1807) y *Amor y Psiquis* (1817).

**David Copperfield,** novela de Charles Dickens (1849), historia de un joven huérfano.

**DÁVILA** (Antonio Sancho), *marqués* **de Velada y de San Román** (Madrid 1590-† 1666). Fue gobernador general de los Países Bajos, gobernador del Milanesado y presidente de los consejos de Flandes y de Italia.

**DÁVILA** (Miguel R.), general y político hondureño († 1927), creador de la Corte centroamericana de justicia y presidente de su país entre 1908 y 1911.

**DÁVILA** (Pedrarias) → ***Pedrarias Dávila.***

**DÁVILA** (Sancho), militar español (Ávila 1523-Lisboa 1583). Participó en las campañas imperiales en Alemania (batalla de Mühlberg), Italia, Flandes (toma de Amberes) y Portugal (batalla de Alcántara).

**DÁVILA ANDRADE** (César), escritor ecuatoriano (Cuenca 1918-† Guayaquil 1967), destacado poeta (*Espacio, me has vencido,* 1946; *En un lugar no identificado,* 1962) y autor de cuentos.

**DÁVILA ESPINOZA** (Carlos), político chileno (Los Ángeles, Biobío, 1887-Washington 1955), miembro del Partido radical y presidente de la república (1932).

**DAVIS** *(estrecho de),* paso del NO del Atlántico, entre Groenlandia y la tierra de Baffin (Canadá).

**Davis** *(copa),* competición internacional anual de tenis, creada en 1900, que se disputa por equipos nacionales (de cuatro jugadores como máximo), en cinco partidos (cuatro individuales y un doble).

**DAVIS** (Jefferson), militar y político norteamericano (Todd, County [act. Fairview], Kentucky, 1808-Nueva Orleans 1889), presidente de la Confederación sudista durante la guerra de Secesión (1861-1865).

**DAVIS** (John), navegante inglés (Sandridge, Devon, *c.* 1550-en el estrecho de Malaca 1605). Descubrió en 1585 el estrecho que une el mar de Baffin y el Atlántico y, en 1587, las islas de Cumberland.

**DAVIS** (Miles), trompetista de jazz norteamericano (Alton, Illinois, 1926-Santa Mónica 1991), uno de los mejores solistas líricos, creador del jazz-rock.

**DAVIS** (William Morris), geólogo y geógrafo norteamericano (Filadelfia 1850-Pasadena 1934), pionero de la geografía física.

**DAVISSON** (Clinton Joseph), físico norteamericano (Bloomington, Illinois, 1881-Charlottesville, Virginia, 1958), premio Nobel de física en 1937 por su descubrimiento de la difracción de los electrones por los cristales.

**DAVY** (*sir* Humphry), químico y físico británico (Penzance, Cornualles, 1778-Ginebra 1829). Descubrió el arco eléctrico, las propiedades catalíticas del platino y, gracias a la electrólisis, aisló los metales alcalinos.

**DAWES** (Charles Gates), político y financiero norteamericano (Marietta, Ohio, 1865-Evanston, Illinois, 1951). Experto de la comisión de reparaciones (1923), fue vicepresidente de E.U.A. (1925-1929). [Premio Nobel de la paz 1925.]

**Dawes** *(plan),* plan destinado a resolver el problema de las reparaciones debidas por Alemania a sus antiguos adversarios de la primera guerra mundial, preservando su equilibrio económico (1923). Se sustituyó en 1930 por el plan Young.

**DAWSON** *(isla),* isla de Chile (Magallanes y Antártica Chilena), en la costa S del estrecho de Magallanes; 1 700 km$^2$. Centro penitenciario.

**DAWSON,** ant. **Dawson City,** localidad de Canadá, ant. cap. del Yukón; 700 hab. Ant. centro aurífero (27 000 hab. en 1901). Turismo.

**DAYÁN** (Moshé), militar y político israelí (Deganya 1915-Ramat-Gan 1981). Jefe del estado mayor del ejército (1953-1958), fue ministro de Defensa (1967, 1969-1974) y de Asuntos Exteriores (1977-1979).

**ḌAYR AL-BAHARĪ,** yacimiento de Egipto, cerca de Tebas. Conjuntos funerarios de Montuhotep I, de Tutmosis III y de la reina Hatsepsut.

**ḌAYR AL-ZAWR,** c. de Siria, a orillas del Éufrates; 125 000 hab. Centro comercial.

**DAYTON,** c. de Estados Unidos (Ohio); 182 044 hab. En una base militar cercana se firmaron en 1995 los acuerdos de paz para Bosnia-Herzegovina.

**DAYTONA BEACH,** estación balnearia de Estados Unidos (Florida); 61 621 hab. Circuito automovilístico.

**DAZA** (Hilarión), general y político boliviano (Sucre 1840-Llyuni 1894). Se sublevó en 1876 y ocupó la presidencia desde 1877 hasta 1880, tras ser derrotado por Chile en la guerra del Pacífico (1879).

**DAZA CHACÓN** (Dionisio), médico español (nacido en Valladolid 1503). Estudió los tumores y las heridas por arma de fuego en *Práctica y teoría de cirugía en romance y latín* (1580-1595).

**DE FOREST** (Lee), ingeniero norteamericano (Council Bluffs, Iowa, 1873-Hollywood 1961), inventor de la lámpara o válvula *triodo (audión).*

**DE HAVILLAND** (*sir* Geoffrey), industrial británico (Haslemere, Surrey, 1882-Londres 1965). De 1909 a 1954 realizó ciento doce tipos de aviones civiles y militares, especialmente el primer avión comercial a reacción, el Comet (1952).

**DE MILLE** (Agnes), bailarina y coreógrafa norteamericana (Nueva York 1909-*id.* 1993), sobrina de Cecil B. De Mille. Contribuyó a dar un estilo propio al ballet norteamericano y a recuperar la tradición folklórica de su país.

**DE MILLE** (Cecil B. [Blount]), director de cine norteamericano (Ashfield, Massachusetts, 1881-Hollywood 1959). Especialista en reconstrucciones históricas de gran espectáculo, realizó *El virginiano* (1914), *Los diez mandamientos* (1923, nueva versión en 1956), *Cleopatra* (1934), *Unión Pacífico* (1939), *El mayor espectáculo del mundo* (1952).

**DE MORGAN** (Augustus), matemático y lógico británico (Madura [act. Madurai] 1806-Londres 1871). Estableció, al mismo tiempo que Boole, la lógica de las clases y de las relaciones.

**DE QUINCEY** (Thomas **Quincey,** llamado), escritor británico (Manchester 1785-Edimburgo 1859), autor de *Confesiones de un inglés comedor de opio* (1821, modificado en 1856) y de ensayos (*Del asesinato considerado como una de las bellas artes,* 1827-1839).

**DE VALERA** (Eamon), político irlandés (Nueva York 1882-Dublín 1975). Líder del movimiento nacionalista Sinn Féin y jefe del gobierno revolucionario irlandés (1918), fundó el Fianna Fáil, fue presidente del Consejo ejecutivo del Estado libre (1932-1937), ministro de Asuntos Exteriores (1932-1948) y primer ministro (1937-1948). De nuevo en el poder de 1951 a 1954 y en 1957, fue presidente de la república de Irlanda de 1959 a 1973. *(V. ilustración pág. 1259.)*

**DE VALOIS** o **DEVALOIS** (Edris **Stannus,** llamada **Ninette**), bailarina y coreógrafa británica (Blessington, Irlanda, 1898-Londres 2001), creadora del Sadler's Wells ballet (1931), el futuro Royal ballet (1956).

**DEÁK** (Ferenc), político húngaro (Söjtör 1803-Pest 1876), uno de los principales artífices del compromiso austrohúngaro de 1867.

**DEAN** (James **Byron,** llamado **James**), actor norteamericano (Marion, Indiana, 1931-Paso Robles, California, 1955). Tres películas (*Al este del Edén,* E. Kazan, 1955; *Rebelde sin causa,* N. Ray, 1955; *Gigante,* G. Stevens, 1956) y su trágica muerte hicieron de él la encarnación mítica de una juventud inquieta y rebelde.

**DEÁN FUNES,** c. de Argentina (Córdoba), cab. del dep. de Ischilín; 18 855 hab. Centro comercial.

**DEARBORN,** c. de Estados Unidos (Michigan); 89 286 hab. Automóviles. Museos.

**DEATH VALLEY** → ***Muerte*** (Valle de la).

**DEBIERNE** (André Louis), químico francés (París 1874-*id.* 1949). Especialista en radiactividad, aisló el radio puro, en colaboración con M. Curie, y en 1899 descubrió el actinio.

**DÉBORA,** profetisa y juez de Israel. Celebró la victoria de los israelitas sobre los cananeos en un cántico conservado en la Biblia (*Jue.* 5).

**DEBRECEN,** c. del E de Hungría; 212 235 hab.

James **Dean**
en *Al este del Edén*
(1955)
de Elia Kazan

Claude **Debussy**
(P. Robier - conservatorio de música de París)

Daniel
**Defoe**
(London library)

José Matías
**Delgado**

**DEBREU** (Gérard), economista norteamericano de origen francés (Calais 1921). Ha investigado en los ámbitos de la economía matemática y de la econometría. (Premio Nobel de economía 1983.)

**DEBUSSY** (Claude), compositor francés (Saint-Germain-en-Laye 1862-París 1918). Su investigación armónica, su recitativo y sonoridad refinada renovaron el lenguaje musical (*Preludio a la siesta de un fauno,* 1894; *Peleas y Melisande,* 1900-1902; *El mar,* 1905).

**DEBYE** (Petrus), físico y químico neerlandés (Maastricht 1884-Ithaca, Nueva York, 1966), nacionalizado norteamericano. Estudió el estado sólido en bajas temperaturas y determinó las dimensiones de las moléculas gaseosas por interferencia de los rayos X. (Premio Nobel de química 1936.)

**década moderada,** período de la historia de España comprendido entre la caída de Espartero en 1843 y la revolución de 1854.

**década ominosa,** período de la historia de España que corresponde a la segunda etapa absolutista de Fernando VII (1823-1833), de represión antiliberal.

**Decamerón** *(El),* conjunto de cuentos escritos por Boccaccio (1348-1353). Son un retrato de la vida en el s. XIV, y su estilo se convirtió en modelo de la prosa italiana.

**DECÁN** o **DEKKAN,** parte peninsular de la India. Es una meseta delimitada por los Ghâtes.

**DECÁPOLIS,** confederación de diez ciudades palestinas situadas al E del Jordán (s. I a. J.C.-s. II d. J.C.).

**Decena trágica,** denominación de la serie de acontecimientos conflictivos sucedidos en México durante diez días de 1913 (9-19 febr.) en la capital de la república, y que llevaron a la destitución de F. I. Madero.

**DECHEPARE** o **ETXEPARE** (Bernard o Beñar), escritor vasco (s. XVI). Su *Linguae vasconum primitiae* (1545), primer libro impreso en lengua vasca, es una colección de poemas religiosos y profanos.

**DECIO** (Cayo Mesio Quinto Decio Valeriano Trajano) [Bubalia, Panonia, 201-Abryttos, act. Razgrad, Mesia, act. Dobrudja, 251], emperador romano [249-251]. Persiguió a los cristianos (250).

**DECROLY** (Ovide), médico y pedagogo belga (Renaix 1871-Uccle 1932), promotor de una pedagogía fundada en la noción de centro de interés.

**DECUMANOS** o **DECUMATES** *(campos),* territorio situado entre el Rin y el curso superior del Danubio, anexionados al imperio romano por Domiciano y protegidos por un *limes,* que los alamanes invadieron en 260.

**DÉDALO,** personaje mitológico constructor del laberinto de Creta, en el que fue encerrado el Minotauro. Él mismo fue encarcelado en éste por orden de Minos, pero escapó con su hijo Ícaro empleando unas alas de plumas y cera.

**DEDEKIND** (Richard), matemático alemán (Brunswick 1831-*id.* 1916). Sus trabajos sobre los números ideales y la divisibilidad en el cuerpo de los números algebraicos le permitieron crear, junto con G. Cantor, la teoría de los conjuntos.

**DEFOE** o **DE FOE** (Daniel), escritor británico (Londres *c.* 1660-*id.* 1731). Aventurero, comerciante y agente político, se hizo famoso con una novela de aventuras (*Robinsón* Crusoe,* 1719) y una serie de obras realistas (*Moll Flanders,* 1722).

**DEGAS** (Edgar), pintor francés (París 1834-*id.* 1917). Impresionista, influido por Ingres, Delacroix y el naturalismo, sintetizó espacio, luz, formas y movimiento de una manera nueva (*Clase de baile,* 1874). Fue también escultor y grabador.

**Degas:**
*Las planchadoras* (1884)
[museo de Orsay, París]

**DEGOLLADO,** mun. de México (Jalisco); 18 262 hab. Centro ganadero (productos lácteos).

**DEGOLLADO** (Santos), militar y político mexicano (Guanajuato 1811-Monte de las Cruces, México D. F., 1861). Participó en la revolución de Ayutla y fue ministro de Guerra y Marina con Juárez.

**DEGRELLE** (Léon), político belga (Bouillon 1906-Málaga 1994), fundador del rexismo y defensor de la colaboración con los nazis. Se exilió a España en 1944.

**DEHMEL** (Richard), poeta alemán (Wendisch-Hermsdorf 1863-Blankenese, cerca de Hamburgo, 1920), de temática social.

**DEHRA DŪN,** c. de la India (Uttar Pradesh), al N de Delhi; 367 411 hab.

**DEIRA** (Ernesto), pintor argentino (Buenos Aires 1928). Junto con los pintores Macció, Noé y De la Vega formó el grupo Nueva figuración.

**DEKKAN** → *Decán.*

**DEKKER** (Thomas), escritor inglés (Londres *c.* 1572-*id. c.* 1632). Sus dramas y novelas describen la vida de las gentes de los arrabales londinenses (*Los siete pecados capitales de Londres,* 1606).

**Del rey abajo, ninguno,** comedia de Francisco de Rojas Zorrilla, que plantea con intensidad trágica el conflicto entre el sentimiento del honor conyugal y la fidelidad al rey.

**DELACROIX** (Eugène), pintor y litógrafo francés (Saint-Maurice 1798-París 1863). Una de las grandes figuras de la escuela romántica, es autor de grandes pinturas murales (*Las matanzas de Quíos,* 1824, y *La libertad guiando al pueblo,* 1830).

**DELAGOA,** bahía del océano Índico, en Mozambique, en la que se halla el puerto de Maputo.

**DELALANDE** (Michel Richard), compositor francés (París 1657-Versalles 1726), autor de 71 grandes motetes y de las *Sinfonías para las cenas del rey.*

**DÉLANO** (Luis Enrique), escritor chileno (Santiago 1907-† 1985), narrador (*La niña de la prisión,* 1928; *Luces en la isla,* 1930), ensayista y poeta.

**DELAUNAY** (Robert), pintor francés (París 1885-Montpellier 1941). Aportó al cubismo contrastes cromáticos y luminosos, y llegó a la abstracción. — Su mujer, **Sonia Terk,** de origen ruso (Odesa 1885-París 1979), aplicó sus investigaciones sobre el color y los contrastes a las artes gráficas y decorativas.

**DELAWARE,** r. de Estados Unidos, que atraviesa Filadelfia y desemboca en la *bahía del Delaware,* en el Atlántico; 400 km.

**DELAWARE,** estado de la costa E de Estados Unidos; 5 295 km²; 666 168 hab. Cap. *Dover.*

**DELBRÜCK** (Max), biofísico norteamericano de origen alemán (Berlín 1906-Pasadena 1981). Recibió en 1969 el premio Nobel de medicina y fisiología por sus trabajos de biología molecular sobre el A.D.N. y su papel genético.

**DELEDDA** (Grazia), novelista italiana (Nuoro 1871-Roma 1936). Retrató la vida en Cerdeña. (Premio Nobel de literatura 1926.)

**DELEUZE** (Gilles), filósofo francés (París 1925-*id.* 1995). A través del estudio de Proust, Sacher-Masoch y Kafka, analizó el lenguaje y la significación (*Lógica del sentido,* 1969) e introdujo una nueva definición del deseo (*El Antiedipo,* 1972, en col. con F. Guattari).

**DELFINADO,** en fr. **Dauphiné,** ant. prov. de Francia (Drôme, Hautes-Alpes e Isère). Cap. *Vienne* y, desde 1450, *Grenoble.* Pasó a Francia en 1349.

**DELFOS,** en gr. **Delphoi** o **Delphi,** c. de la antigua Grecia, en la Fócida, sobre la ladera SO del Parnaso, en un lugar excepcional donde Apolo tenía un templo y una pitonisa emitía sus oráculos. Importante centro religioso y sede de los juegos píticos, tuvo su época de esplendor del s. VII a. J.C. a la época romana. Las excavaciones emprendidas por la escuela francesa de Atenas a partir de 1860 han permitido recuperar los templos de Apolo y de Atenea, los tesoros (entre ellos el de la ciudad de Atenas, s. V a. J.C.), el teatro y el estadio. Rico museo.

**DELFT,** c. de Países Bajos (Holanda Meridional); 89 365 hab. Centro cerámico, cuyo apogeo se sitúa entre los ss. XVII y XVIII. Museo. Monumentos de los ss. XIII-XVII. Universidad técnica.

**DELGADO** *(cabo),* cabo de Mozambique, probablemente el *Prasum promontorium* de los antiguos.

**DELGADO,** mun. de El Salvador (San Salvador); 100 115 hab. Cab. *Ciudad Delgado.* Centro agropecuario. Artesanía.

**DELGADO** (José Matías), prócer de la independencia centroamericana (San Salvador 1768-† 1833). Fue presidente de la asamblea nacional constitucional de las Provincias Unidas de Centroamérica (1823).

**DELGADO** (Rafael), escritor mexicano (Córdoba, Veracruz, 1853-Orizaba 1914). Novelista caracterizado por un romanticismo costumbrista y un enfoque social sentimentaloide (*La calandria,* 1891; *Angelina,* 1895; *Los parientes ricos,* 1903; *Historia vulgar,* 1904), escribió también poesía, crítica literaria y teatro.

**DELGADO** (Sinesio), escritor español (Támara 1859-Madrid 1928), autor de numerosos sainetes.

**DELGADO CHALBAUD** (Carlos), ingeniero, militar y político venezolano (Caracas 1909-*id.* 1950). Ministro de Defensa con R. Gallegos, presidió la

Eugène **Delacroix:**
*La libertad guiando al pueblo* (1830) [Louvre, París]

**Delfos:** ruinas del *tolos,* edificio del s. IV a. J.C.

junta militar que sucedió a éste tras su caída en 1948.

**DELGADO RAMOS** (Álvaro), pintor, dibujante y grabador español (Madrid 1922). Su obra abarca la figuración poscubista, el intimismo y, en las serigrafías, un cierto expresionismo.

**DELHI,** c. de la India, cap. del *territorio de Delhi* (9 370 475 hab.), a orillas del Yamuna; 8 375 188 hab. Antigua ciudad hindú, fue del s. VIII al XIX la capital de los estados musulmanes de la India del Norte. Engloba *Nueva Delhi,* capital federal de la India y tercera ciudad del país. Numerosos monumentos: columna de hierro (s. IV), notables edificios de estilo «indomusulmán» de los ss. XIII-XVI, entre ellos el Quṭb Mīnār (*c.* 1229); prestigioso conjunto de la arquitectura mongola (mausoleo de Humāyūn, *c.* 1564; fuerte Rojo, 1639-1647; Gran mezquita, 1644-1658; mezquita de la Perla, *c.* 1660, etc.).

**DELIBES** (Léo), compositor francés (Saint-Germain-du-Val 1836-París 1891), autor de óperas bufas (*Lakmé,* 1883) y ballets (*Copelia,* 1870).

**DELIBES** (Miguel), escritor español (Valladolid 1920). La muerte, la pobreza y la infancia son algunos de los temas recurrentes en su narrativa, que describe el mundo de las gentes humildes, especialmente de los ambientes rurales y provincianos: *La sombra del ciprés es alargada* (1948), *El camino* (1950), *Mi idolatrado hijo Sisí* (1953), *Las ratas* (1962), *Cinco horas con Mario* (1966), *La mortaja* (1970), *Los santos inocentes* (1982), *El hereje* (1998). [Premio nacional de las letras españolas 1991; premio Cervantes 1993; Premio nacional de narrativa 1999.] (Real academia 1974.)

**DELICADO** (Francisco), escritor español de la primera mitad del s. XVI, autor de la novela *La lozana* andaluza* (1528).

**DELICIAS,** mun. de México (Chihuahua), junto al río Conchos. Cab. *Ciudad* Delicias.*

**DELIGNE** (Gastón Fernando), poeta dominicano (Santo Domingo 1861-San Pedro de Macorís 1913). Su obra, reunida en *Galaripsos* (1908), le convierte en uno de los grandes poetas de su país.

**delitos y las penas** *(Tratado de los),* obra de Beccaria (1764) que denuncia los vicios del derecho penal del Antiguo régimen y propone reformas que han servido de base a las legislaciones modernas.

**DELON** (Alain), actor francés (Sceaux 1935). Muy popular, ha trabajado en películas de R. Clément, L. Visconti, J. P. Melville, J. Losey, J.-L. Godard, etc.

**DELORME** o **DE L'ORME** (Philibert), arquitecto francés (Lyon 1514-París 1570). Renacentista, fue constructor (palacio de las Tullerías) y teórico.

**DELORS** (Jacques), economista y político francés (París 1925), presidente de la Comisión europea (act. Unión europea) [1985-1994].

**DELOS,** en gr. **Delos** o **Dhilo,** isla de Grecia, la menor de las Cícladas, donde se hallaba el gran santuario de Apolo. En ella se encontraban, en su origen, el tesoro y la sede de la primera Confederación marítima ateniense (s. V a. J.C.). Fue saqueada por Mitrídates (88 a. J.C.). Conjunto arqueológico, considerado de los más completos (santuarios, teatro, barrios de viviendas con bellos mosaicos, puertos, etc.).

**Delta** *(plan),* conjunto de trabajos realizados en Países Bajos (1958-1986) para unir mediante diques las islas de Holanda Meridional y de Zelanda.

**DELTA AMACURO** *(estado),* est. del NE de Venezuela; 40 200 km²; 89 719 hab. Cap. *Tucupita.*

**DELTEBRE,** mun. de España (Tarragona); 10 121 hab. Cap. *La Cava.* En el delta del Ebro. Arroz. Pesca.

**DELVAUX** (Paul), pintor belga (Antheit, Lieja, 1897-Furnes 1994). Sus obras, de factura clásica, se adscriben al surrealismo onírico (*Trains du soir,* 1957).

**DEMADES,** orador ateniense (*c.* 384-*c.* 320 a. J.C.), jefe del partido macedonio tras la derrota de Queronea (338) y adversario de Demóstenes.

**Demajagua** *(insurrección de la),* alzamiento independentista cubano (1868), dirigido por C. M. Céspedes, que precedió al llamado grito de Yara.

**DEMANDA** *(sierra de la),* sierra de España en el extremo septentrional de la cordillera Ibérica; 2 262 m en el pico de San Lorenzo.

**DEMARCO** (Hugo Rodolfo), artista argentino (Buenos Aires 1932). Fue miembro destacado del GRAV de París. En su obra estudia las relaciones entre colores, formas, luz y movimiento, mediante esculturas y relieves móviles.

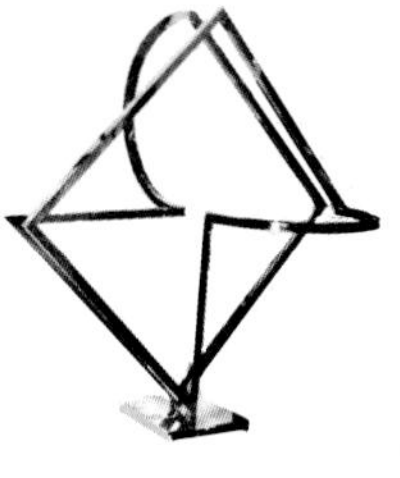

Hugo R. **Demarco:** *Sin título*
(galería Denis René, Madrid)

**DEMARE** (Lucas), director de cine argentino (Buenos Aires 1907-*id.* 1981), autor de películas de tono neorrealista: *La guerra gaucha* (1942), *Los isleros* (1950), *Detrás de un largo muro* (1957), *Zafra* (1958), *La sed* (1960).

**DEMARE** (Lucio), compositor argentino (Buenos Aires 1902-*id.* 1981), autor de populares tangos *(Sorbos amargos, Dandy),* formó un trío con R. Fugazot y A. Irusta (1927-1938).

**DEMĀVEND** o **DEMĀWAND,** volcán, punto culminante del Elburz y de Irán, al NE de Teherán; 5 604 m.

**DEMÉTER,** diosa griega de la fertilidad, divinización de la tierra fecunda, identificada con la Ceres romana. Es la madre de Perséfone.

**DEMETRIO I Poliorcetes** *(conquistador de ciudades)* [336-282 a. J.C.], rey en Macedonia [294-287 a. J.C.], hijo de Antígono Monoftalmo. Fue, con su padre, dueño del Egeo hasta su derrota en Ipso (301). Seleuco lo hizo prisionero en 285.

**DEMETRIO,** nombre de varios reyes seléucidas de Siria. – **Demetrio I Sōtēr** *(salvador),* nieto de Antíoco III el Grande, reinó de 162 a 150 a. J.C.

**DEMETRIO de Falero,** estadista y orador ateniense (Falero *c.* 350-en el Alto Egipto *c.* 283 a. J.C.). Gobernó Atenas en nombre del macedonio Casandro.

**DEMETRIO, DIMITRI** o **DMITRI Donskói** (Moscú 1350-*id.* 1389), gran príncipe de Moscú (1362-1389). Venció a los mongoles en la batalla de Kulikovo (1380).

**DEMÍDOV,** familia de industriales rusos que, ennoblecida en 1720, formó parte durante el s. XIX de los círculos cercanos a la corte. Sus miembros más conocidos son: **Nikita Demídov** (Tula 1656-*id.* 1725), herrero en Tula, que trasladó sus actividades a los Urales, y **Anatoli Nikoláievich,** *príncipe* **de San Donato** (Florencia 1812-París 1870), que casó con la princesa Matilde Bonaparte.

**DEMIREL** (Süleymán), político turco (İslâmköy, cerca de İsparta, 1924). Varias veces primer ministro (1965-1971; 1975-1978; 1979-1980), fue encarcelado en dos ocasiones tras el golpe de estado militar de 1980 y, reinstaurada la democracia, volvió a ser jefe del gobierno, (1991-1993) y presidente de la república (1993-2000).

**democracia cristiana** *(Partido de la)* [P.D.C.], partido político italiano de inspiración cristiana, que llevó este nombre de 1944 a 1994, año en que se escindió en dos formaciones: Partido popular italiano, o P.P.I. (denominación fundacional del partido en 1919), y Centro cristiano democrático, o C.C.D.

**demócrata** *(Partido),* el más antiguo de los dos grandes partidos que dominan la vida política de Estados Unidos. Partidario de una política en favor de los agricultores y de un gobierno descentralizado, adoptó el nombre de demócrata durante la presidencia de Jackson (1829-1837). Durante la crisis de 1929 propugnó la intervención de los poderes públicos en la vida económica y social. Desde entonces ha dado varios presidentes al país: Roosevelt (1933-1945), Truman (1945-1953), Kennedy (1961-1963), Johnson (1963-1969), Carter (1977-1981) y Clinton (1993-2001).

**demócrata constitucional** *(Partido),* llamado **K.D.** y sus miembros **cadetes,** partido liberal ruso (1905-1917).

**democratacristiana** *(Unión)* [Christlich-Demokratische Union, C.D.U.], partido político alemán fundado en 1945 y en el que la C.S.U. (Christlich-Soziale Union) constituía el ala bávara. En el poder en la R.F.A. de 1949 a 1969 y de 1982 a 1998, el partido desempeñó un papel fundamental en la consecución de la unificación de Alemania.

**democrático** *(Partido),* partido político español, republicano, fundado en 1849. Dirigido por Pi y Margall y Castelar, en 1868 se escindió en el Partido republicano democrático-federal (Pi y Margall) y el grupo de los *cimbrios,* que aceptó la monarquía.

**democrático de la izquierda** *(Partido)* [P.D.I.] → ***P.D.S.***

**DEMÓCRITO,** filósofo griego (Abdera, Tracia, *c.* 460-*c.* 370 a. J.C.). Para él la naturaleza está compuesta de átomos cuyos movimientos se rigen de forma mecanicista.

**demoiselles d'Avignon** *(Les),* título de un lienzo de Picasso (1906-1907, museo de arte moderno de Nueva York) que sintetiza las influencias de la escultura ibérica, negra y de Cézanne, y constituye el inicio del cubismo.

**DEMÓSTENES,** político y orador ateniense (Atenas 384-Calauria 322 a. J.C.). A fuerza de estudio y tenacidad logró superar sus dificultades de elocución y adquirir un notable talento oratorio que empleó primero como abogado y más tarde en política contra Filipo de Macedonia (*Olínticas,* 349-348; *Filípicas,* 351-340). Intervino activamente en

**Delhi:** el mausoleo de Humāyūn (*c.* 1564)

Miguel
**Delibes**

**Deng**
**Xiaoping**

política y obtuvo la alianza de Tebas, pero los atenienses y los tebanos fueron derrotados por Filipo en Queronea (338). Exiliado, alentó la rebelión de los griegos tras la muerte de Alejandro, pero se envenenó después de la derrota de aquéllos.

**DEMPSEY** (William **Harrison,** llamado **Jack**), boxeador norteamericano (Manassa, Colorado, 1895-Nueva York 1983), campeón del mundo de los pesos pesados (1919-1926).

**DENDERMONDE,** en fr. **Termonde,** c. de Bélgica, cap. del distr. de Flandes Oriental; 42 499 hab. Textil. Mecánica. Iglesia gótica. Museo.

**DENEUVE** (Catherine **Dorléac,** llamada **Catherine**), actriz francesa (París 1943). Ha trabajado con Demy, Buñuel, Polanski, Ferreri, Truffaut, etc.

**DENG XIAOPING** o **TENG HSIAO-PING,** político chino (Guangan, Sichuan, 1904-Pekín 1997). Secretario general del P.C.Ch. (1954), fue destituido por la Revolución cultural (1966). Responsable de las nuevas orientaciones de la política china (1977), se retiró oficialmente de la vida política en 1987, conservando, no obstante, su influencia.

**DENGYŌ DAISHI,** nombre póstumo del monje budista japonés **Saichō** (767-en el monte Hiei 822), fundador de una de las grandes sectas del budismo japonés, la secta Tendai.

**DENIA,** c. de España (Alicante), cab. de p. j.; 25 157 hab. *(Dianenses.)* Importante puerto. Rica huerta. Turismo. Fue colonia focense *(Hemeroscopeion)* y capital de un reino de taifas (1010-1092). Murallas medievales.

**DENIKIN** (Antón Ivánovich), general ruso (cerca de Varsovia 1872-Ann Arbor, Michigan, 1947). Uno de los jefes de los rusos blancos, luchó contra los bolcheviques, especialmente en Ucrania (1919).

**DENİZLİ,** c. del SO de Turquía; 204 118 hab.

**DENVER,** c. de Estados Unidos, cap. de Colorado, al pie de las Rocosas; 467 610 hab. (1 622 980 en la aglomeración). Construcción aeronáutica. Nudo de comunicaciones. Museo de arte.

**DEPARDIEU** (Gérard), actor francés (Châteauroux 1948). Su personalidad se ha impuesto en numerosas películas: *El último metro* (F. Truffaut, 1980), *Cyrano de Bergerac* (J. P. Rappeneau, 1990), *1492. La conquista del paraíso* (R. Scott, 1992), etc.

**DEPESTRE** (René), escritor haitiano (Jacmel 1926). Exiliado en Cuba, posteriormente en Francia, ha dado a la raza negra una dimensión universal en sus poemas (*Etincelles,* 1945; *Poeta en Cuba,* 1976) y novelas (*Hadriana en todos mis sueños,* 1988).

**DEPRETIS** (Agostino), político italiano (Mezzana Corti, cerca de Pavía, 1813-Stradella 1887). Presidente del consejo (1876-1878; 1878-1879; 1881-1887), concertó la Triple alianza (1882).

**DERAIN** (André), pintor francés (Chatou 1880-Garches 1954). Uno de los creadores del fauvismo, pasó a un estilo cercano a Cézanne (período gótico) y finalmente a un clasicismo muy personal.

**DERBY,** c. de Gran Bretaña, en el Derbyshire; 214 000 hab. Construcciones aeronáuticas. Material ferroviario. Museos.

**DERBY** (Edward **Stanley,** 14.° *conde* **de**), político británico (Knowsley, Lancashire, 1799-*id.* 1869). Uno de los líderes del partido conservador y primer ministro (1852, 1858 y 1867-1868), fue partidario enconado del proteccionismo. — Su hijo, **Edward Stanley** (Knowsley 1826-*id.* 1893), ministro de Asuntos Exteriores (1866-1868 y 1874-1878), se opuso a la política imperialista de Disraeli.

**derechos** *(Declaración de) [Bill of rights]* (febr. 1689), texto constitucional inglés, elaborado por la Convención del parlamento. Hacía constar la abdicación de Jacobo II y recordaba las libertades y derechos fundamentales del reino.

**derechos del hombre y del ciudadano** *(Declaración de los),* texto votado por la Asamblea constituyente francesa el 26 de agosto de 1789, preámbulo de la Constitución de 1791. Sus principios son la libertad, la igualdad y el respeto a la propiedad.

**derechos humanos** *(declaración universal de los),* texto aprobado el 10 de diciembre de 1948 por la asamblea general de las Naciones unidas y que proclama los derechos civiles, políticos, económicos, sociales y culturales de la humanidad.

**derechos humanos y de las libertades fundamentales** *(Convención europea de salvaguarda de los),* convención establecida por el Consejo de Europa (Roma, 4 nov. 1950), que entró en vigor en 1953 y ratificada por todos los estados miembros, cuyo fin es organizar una garantía jurisdiccional de las libertades individuales.

**DERQUI** (Santiago), abogado y político argentino (Córdoba 1810-Corrientes 1867). Célebre por su defensa del general Paz, con el que colaboró en la formación de un ejército contra Rosas, fue presidente de la Confederación (1860-1861) y fracasó en su intento de integrar en ella a Buenos Aires.

**DERRIDA** (Jacques), filósofo francés (El Biar, Argelia, 1930). Interesado por los problemas de la escritura y el lenguaje, ha intentado definir una nueva relación entre literatura y filosofía (*La escritura y la diferencia,* 1967).

**DERTOSA,** ant. c. de los ilercavones en tiempos de la dominación romana (act. *Tortosa*).

**DÉRY** (Tibor), escritor húngaro (Budapest 1894-*id.* 1977), autor de novelas que van de un retrato realista de la sociedad a una evocación irónica de las ilusiones humanas (*Querido suegro,* 1974).

**DERZHAVIN** (Gavrila Románovich), poeta ruso (en Kazán 1743-Zvanka, Nóvgorod, 1816). Sus odas (*Felitsa,* 1783) ilustran el clasicismo ruso.

**DES MOINES,** c. de Estados Unidos, cap. de Iowa, a orillas del *río Des Moines,* afl. del Mississippi (or. der.); 193 187 hab.

**DESAGUADERO,** r. de Argentina central; 1 500 km. aprox. Su cuenca cubre 200 000 km$^2$ y avena la región de Cuyo. Recibe diversos nombres desde su nacimiento y ocasionalmente confluye en el Colorado, pues apenas lleva agua en su curso inferior.

**DESAGUADERO,** r. de Bolivia, que nace en el lago Titicaca y desemboca en el lago Poopó; 325 km.

**DESAMPARADOS,** cantón de Costa Rica (San José); 130 111 hab. Yacimientos de carbón.

**DESCARTES** (René), filósofo, matemático y físico francés (La Haye [act. Descartes], Turena, 1596-Estocolmo 1650). Vivió en Holanda y Suecia. Enunció las leyes de la refracción y la reflexión de la luz, y fundó la geometría analítica. Autor de *Principia philosophiae* (1644), fue el iniciador del racionalismo moderno. Empleó un método que le permitió llegar a un conocimiento claro y distinto (*Discurso* del método,* 1637), y elaboró una metafísica (*Meditaciones metafísicas,* 1641) que parte de la duda metódica, donde sólo es evidente el pensamiento que duda («pienso, luego existo») y la prueba ontológica de la existencia de Dios.

René **Descartes** (F. Hals-Louvre, París)

**DESCLOT** (Bernat), cronista catalán del s. XIII, autor del *Libro del rey Pedro de Aragón y de sus antepasados* (1283-1288), la más antigua de las grandes crónicas catalanas.

**DESCOLA** (Jean), hispanista francés (París 1909-*id.* 1981), autor de obras de divulgación histórica y de ensayos sobre el misticismo y las letras hispanas.

**desdén con el desdén** *(El),* comedia de Agustín Moreto (1654). Mediante un desdén fingido, el protagonista conquistará a una fría mujer.

**DESEADO** *(río),* r. de Argentina, en la Patagonia, tributario del Atlántico; 610 km.

**DESEADO,** dep. de Argentina (Santa Cruz); 56 933 hab. Cab. *Puerto* Deseado.* Petróleo.

**DESIDERIO** († d. 774), último rey de los lombardos. Coronado por el papa Esteban II (757), fue capturado en Pavía y destronado por Carlomagno (774).

**DESMOULINS** (Camille), político francés (Guise 1760-París 1794), uno de los impulsores de la Revolución, en la que participó activamente como miembro del club de los Cordeliers y con numerosas publicaciones. Contrario a los hebertistas, fue guillotinado junto con Danton.

**DESNOES** (Edmundo), escritor cubano (La Habana 1930). Exponente de la narrativa de la revolución (*El cataclismo,* 1965; *Memorias del subdesarrollo,* 1965), es también ensayista (*Para verte mejor América Latina,* 1972).

**DESOLACIÓN** *(isla),* islote de Chile, en el extremo occidental del estrecho de Magallanes.

**Desolación,** primer libro de poemas de Gabriela Mistral (1922), que incluye sus *Sonetos de la muerte,* ganadores de los Juegos florales de Santiago (1914). Es un canto de dolor y de amor desesperado por el amado suicida.

**DESPEÑAPERROS** *(desfiladero de),* paso de sierra Morena, en España (Jaén), utilizado por la carretera de Madrid a Sevilla.

**DESPUIG** (Ramon), arquitecto catalán del s. XIV. Coautor de la iglesia gótica de Santa María del Mar de Barcelona, es autor del claustro de la catedral de Vic (1324-1339).

**DESPUIG Y DAMETO** (Antonio), prelado y escritor español (Palma de Mallorca 1745-Lucca 1813). Arzobispo de Sevilla, conspiró contra Godoy, lo que le valió el destierro. Fue consejero papal, cardenal y autor de un mapa de la isla de Mallorca (1785).

**DESSALINES** (Jean-Jacques), emperador de Haití (Guinea a. 1758-Jacmel, Haití, 1806). Esclavo negro y lugarteniente del general Toussaint-Louverture, proclamó la independencia de Haití y se arrogó el título de emperador (1804) con el nombre de Jacobo I. Murió asesinado.

**DESSAU,** c. de Alemania (Sajonia-Anhalt), al SO de Berlín; 101 262 hab. Palacio neoclásico (museo).

**DESTORRENTS** (Ramon), pintor catalán, documentado entre 1345 y 1362. De estilo italogótico, es autor de diversos retablos, entre ellos el del palacio de la Almudaina de Palma de Mallorca (1353-1358).

**destrucción o el amor** *(La),* libro de poemas de Vicente Aleixandre (1935). En verso libre, trata de una fuerza elemental —amor y fuerza destructora— que une todo lo viviente.

**Destur,** partido político tunecino, fundado en 1920, que reivindicaba una constitución (en ár. dastūr) y el fin del protectorado francés. En 1934 se escindió en *Viejo Destur* y *Neo Destur,* que, dirigido por Burguiba, reclamó la independencia. Partido presidencial desde 1956, adoptó el nombre de Partido socialista desturiano de 1964 a 1988, antes de convertirse en el Reagrupamiento constitucional democrático.

**DESVALLS** (Antonio), *marqués* **del Poal,** militar español (El Poal, Lérida, 1666-Viena 1724). Sirvió al archiduque Carlos en la guerra de Sucesión española.

**DETROIT,** c. de Estados Unidos (Michigan), a orillas del *río Detroit,* que une los lagos Erie y Saint Clair; 1 027 974 hab. (4 382 299 en la aglomeración). Centro de la industria automovilística. Museo de arte.

**DEUCALIÓN,** personaje mitológico griego, hijo de Prometeo y esposo de Pirra. Deucalión y Pirra, únicos supervivientes de un diluvio provocado por Zeus, repoblaron el mundo arrojando piedras que se transformaron en hombres y mujeres.

**DEUSTO,** agregado de Bilbao, en la orilla derecha del Nervión. — *Universidad de Deusto,* universidad pontificia de la Iglesia.

**Deuteronomio,** quinto libro bíblico del Pentateuco, código de leyes civiles y religiosas (622 a. J.C.).

**Deutsche Bank AG,** entidad bancaria alemana fundada en Berlín en 1870. Es el primer banco comercial alemán.

**Deutschlandlied,** himno nacional de Alemania, tercera estrofa del canto popular nacionalista alemán, *Deutschland über alles (Alemania por encima de todo);* fue compuesto en 1841.

**DEUX-SÈVRES,** dep. de Francia (Poitou-Charentes); 5 999 km$^2$; 345 965 hab. Cap. *Niort.*

**DEVA,** r. de España, en la vertiente cantábrica (Guipúzcoa); 56 km. En su curso medio y bajo, núcleos industriales (Eibar, Vergara, Elgoibar).

**DEVENTER,** c. de Países Bajos (Overijssel), a orillas del IJssel; 65 000 hab. Monumentos de la edad media al s. XVII. Metalurgia. Química.

**DEVEREUX** (Georges), sicoanalista norteamericano de origen húngaro (Lugos, act. Lugoj, 1908-París 1985), uno de los fundadores de la etnosiquiatría.

**Devolución** *(guerra de),* conflicto desatado en 1667, tras la muerte de Felipe IV de España (1665), al pretender Luis XIV, en nombre de su mujer María Teresa, primogénita del rey fallecido, la «devolución» a Francia de los Países Bajos españoles. Tras la mediación de las Provincias Unidas y sus aliados Inglaterra y Suecia, Luis XIV aceptó la paz de Aquisgrán (1668), y devolvió el Franco Condado.

**DEVON,** isla del archipiélago ártico canadiense.

**DEVON** o **DEVONSHIRE,** condado del SO de Gran Bretaña; 6 715 km$^2$; 952 000 hab. Cap. *Exeter.* C. pral. *Plymouth.*

**Devotio moderna** o **Devoción moderna,** movimiento ascético y místico nacido a fines del s. XIV en los Países Bajos, que trató de promover una espiritualidad accesible a todos, basada en la meditación de la Pasión de Cristo, y que se expresó en la *Imitación de Cristo.*

**DEVOTO** (Daniel), escritor y musicólogo argentino (Buenos Aires 1916), poeta y cofundador de la Agrupación nueva música, es autor de *Bibliografía razonada de historia de la música* (1947).

**DEWAR** (*sir* James), químico y físico británico (Kincardine-on-Forth, Escocia, 1842-Londres 1923). Logró la licuefacción del hidrógeno y del flúor, e inventó el recipiente aislante para la conservación de los gases líquidos *(vaso de Dewar).*

**DEWEY** (John), filósofo y pedagogo norteamericano (Burlington, Vermont, 1859-Nueva York 1952), promotor de una pedagogía basada en el pragmatismo.

**DEWEY** (Melvil), bibliógrafo norteamericano (Adams Center, Nueva York, 1851-Lake Placid, Florida, 1931), inventor de la clasificación decimal utilizada en las bibliotecas (1874).

**DEYANIRA,** esposa del héroe mitológico griego Heracles, al que causó la muerte al obsequiarle la túnica envenenada que le había entregado el centauro Neso.

**DEZA** (Diego **de**), teólogo y prelado español (Toro 1443-† 1523). Dominico, sucedió a Torquemada como inquisidor general (1498-1507).

**DEZA** (Lope **de**), economista español (Sevilla 1546-Hortaleza 1625). En su prefisiocrática *Gobierno político de agricultura* (1618), considera la agricultura el sector fundamental de la economía.

**DHĀKĀ,** ant. **Dacca,** c. y cap. de Bangla Desh, en el delta del Ganges; 4 440 000 hab. (5 731 000 en la aglomeración). Industria textil (yute).

**D'HALMAR** (Augusto **Goeminne Thomson,** llamado **Augusto**), escritor chileno (Santiago 1882-*id.* 1950). Exponente de la prosa modernista (*La lámpara y el molino* [1914], cuentos, *Pasión y muerte del cura Deusto* [1924], novela), cultivó también el ensayo.

**DHAMASKINÓS** → ***Damaskinos.***

**DHANBAD,** c. de la India (Bihār); 817 549 hab.

**D'HASTREL** (Adolphe), pintor y litógrafo francés (Neywiller 1805-Alsacia 1875). Realizó una serie de litografías sobre el Río de la Plata (1839).

**DHAULĀGIRI,** una de las cumbres más elevadas del Himalaya, en Nepal; 8 172 m.

**DHŪLIA,** c. de la India (Mahārāshtra); 277 957 hab. Industria textil.

**DI BENEDETTO** (Antonio), escritor argentino (Mendoza 1922-Buenos Aires 1986). Su novela *Zama* (1956) y los cuentos *Caballo en el salitral* (1981) son una muestra de su talento narrativo.

Alfredo **Di Stefano**

Porfirio **Díaz** (museo nacional de historia, México)

**DI STEFANO** (Alfredo), futbolista argentino (Buenos Aires 1926), nacionalizado español. Delantero excepcional, jugó en el River Plate de Buenos Aires, en el Millonarios de Bogotá y en el Real Madrid, con el que ganó cinco copas de Europa (1956-1960). Fue elegido mejor jugador europeo en 1957 y 1959.

**diablo Cojuelo** *(El),* novela de Luis Vélez de Guevara (1641). El diablo, liberado de una redoma por un estudiante, lo recompensa levantando los tejados de las casas, en un recorrido por España que traza una visión satírica de la época. Inspiró al francés Lesage una novela homónima (1707).

**diablo mundo** *(El),* poema inacabado de José de Espronceda (1840). Narra la metamorfosis de un anciano en un joven vigoroso y sus aventuras en los bajos fondos madrileños.

**DIAGO** (Francisco), eclesiástico e historiador español (Viver, Castellón, *c.* 1562-Valencia 1615), cronista de Felipe III y autor de unos *Anales del reino de Valencia* (1613), entre otras obras.

**DIÁGUILEV** (Serge **de**), mecenas y organizador de espectáculos ruso (Perm 1872-Venecia 1929). Creador de los Ballets rusos (1909), entre sus realizaciones destacan *Petrushka, La consagración de la primavera* y *El pájaro de fuego.*

Serge de **Diáguilev** (por Picasso)

**Diálogo de la lengua,** obra de Juan de Valdés, escrita *c.* 1535 y publicada en 1737. Se trata de una defensa de la lengua vulgar e incluye interesantes juicios literarios.

**Diálogos de amor,** obra filosófica de León Hebreo, publicada en italiano (1535). Inscrita en la corriente neoplatónica, fue muy traducido en Europa y tuvo gran influencia en España.

**Diálogos de los muertos,** obra de Luciano de Samosata (s. II d. J.C.) sobre la vanidad de los bienes terrenales aniquilados por la muerte.

**DIAMANTE,** c. de Argentina (Entre Ríos); 39 711 hab. Molinos de mate, destilerías.

**DIAMANTE** (Juan Bautista), dramaturgo español (Madrid 1625-*id.* 1687). Reelaboró comedias anteriores *(La judía de Toledo, El honrador de su padre)* y escribió obras originales *(Amor es sangre y no puede engañarse, La devoción del rosario, Juan Sánchez de Talavera).*

**DIANA,** diosa romana de la caza y de la naturaleza salvaje, identificada con la *Artemisa* griega.

**Diana,** novela pastoril de Jorge de Montemayor (¿1559?), que fijó el género en la España renacentista y dio lugar a imitaciones y continuaciones (Alonso Pérez, Gil Polo, etc.).

**Diario de un poeta recién casado,** obra poética de Juan Ramón Jiménez (1916), en verso y en prosa, que marca su evolución lírica. Poesía desnuda y despojada ya de lo anecdótico, en la que las cosas existen como imagen del mundo interior.

**DIAS** (Bartolomeu), navegante portugués (en Algarve *c.* 1450-frente al cabo de Buena Esperanza 1500). Fue el primero en circunnavegar África y doblar el cabo de Buena Esperanza (1488).

**DÍAZ** (Adolfo), político nicaragüense (1874-San José de Costa Rica 1964), presidente de la república, con el apoyo de E.U.A., en 1912-1916 y 1926-1928.

**DÍAZ** (Eugenio), escritor colombiano (Soacha 1804-Bogotá 1865), autor de la novela costumbrista *Manuela* (1866), donde trata la discrepancia entre la realidad y las leyes.

**DÍAZ** (Jorge), dramaturgo chileno (Valparaíso 1930). Su teatro, lleno de humor, se orienta hacia la crítica social: *El velero en la botella,* 1962; *La pancarta,* 1970; *Mata a tu prójimo como a ti mismo,* 1977.

**DÍAZ** (José), político español (Sevilla 1896-Tbilisi 1942), secretario general del Partido comunista de España (1932-1939). En 1939 se exilió a la U.R.S.S.

**DÍAZ** (Leopoldo), poeta argentino (Chivilcoy 1862-Buenos Aires 1947). Su obra poética está influida por el parnasianismo: *Fuegos fatuos,* 1885; *Las sombras de Hellas,* 1902; *La Atlántida conquistada,* 1906; *Las ánforas y las urnas,* 1923.

**DÍAZ** (Porfirio), militar y político mexicano (Oaxaca 1830-París 1915). Destacó en la guerra contra los franceses y ocupó la presidencia de su país en 1877-1880 y 1884-1911. Su mandato se distinguió por sus procedimientos dictatoriales y violentos; despojó de las tierras a los campesinos en beneficio de los latifundistas y favoreció la penetración de capital extranjero. En 1910 estalló la revolución que, bajo el mando de F. I. Madero, acabaría un año después con su mandato. (V. parte n. c., ***porfiriato.***)

**DÍAZ AROSEMENA** (Domingo), político panameño (Panamá 1875-*id.* 1949). Dirigente del Partido liberal, fue presidente de la república en 1948-1949.

**DÍAZ ARRIETA** (Hernán), escritor chileno (Santiago 1891-† 1984), conocido con el seudónimo de **Alone.** Sobresalió como crítico literario (*Panorama de la literatura chilena durante el s. XX,* 1931; *Historia personal de la literatura chilena,* 1954).

**DÍAZ CANEJA** → ***Caneja.***

**DÍAZ CASANUEVA** (Humberto), poeta chileno (Santiago 1905-*id.* 1992). Su poesía oscila entre el lenguaje blasfematorio y la explosión onírica: *El blasfemo coronado* (1940), *Réquiem* (1945), *La estatua de sal* (1947), *La hija vertiginosa* (1954), *Sol de lenguas* (1970), *El hierro y el hilo* (1980).

**DÍAZ COVARRUBIAS** (Juan), escritor mexicano (Jalapa 1837-Tacubaya 1859). Romántico y liberal, sus novelas se mueven entre el realismo (*Gil Gómez el insurgente,* 1858) y el costumbrismo (*La clase media,* 1858; *La sensitiva,* 1859; *El diablo en México,* 1860).

**DÍAZ DE GUZMÁN** (Ruy), conquistador y cronista de Indias (Asunción 1560-*id.* 1629), fundador de San Pedro de Guzmán y autor de unos *Anales del descubrimiento y conquista del Río de la Plata* (*c.* 1612).

**DÍAZ DE HARO** → ***Haro.***

**DÍAZ DE MONTALVO** (Alonso), jurista español (Arévalo *c.* 1405-Huete 1499), autor de la recopilación de las *Ordenanzas reales de Castilla* y de glosas al *Fuero real de España* y a las *Siete partidas.*

**DÍAZ DE SOLÍS** (Juan), piloto y explorador español (nacido en Lebrija-Río de la Plata 1516). Acompañó a Vicente Yáñez Pinzón en su viaje por las Antillas y América central (1506). En 1515 inició la expedición que le llevó al Río de la Plata, donde remontó el Paraná (llamado río de Solís o Mar Dulce).

**DÍAZ DE VIVAR** (Rodrigo) → ***Cid.***

**DÍAZ DEL CASTILLO** (Bernal), conquistador y cronista español (Medina del Campo 1492-Guatemala 1584). En 1514 marchó a las Indias, donde participó en diversas expediciones por México. En 1568 escribió una *Historia verdadera de la conquista de la Nueva* España.*

**DÍAZ MIRÓN** (Salvador), poeta mexicano (Veracruz 1853-*id.* 1928). Tras una primera etapa influida por el romanticismo (*Poesías,* 1886), se convirtió en una de las máximas figuras del modernismo mexicano (*Lascas,* 1901).

**DÍAZ ORDAZ** (Gustavo), político mexicano (Puebla 1911-México 1979). Presidente de la república (1964-1970), durante su mandato se produjeron graves agitaciones sociales, especialmente en 1968.

**DÍAZ RODRÍGUEZ** (Manuel), escritor venezolano (Chacan 1871-Nueva York 1927), autor de ensayos, relatos y de tres importantes novelas modernistas

(*Ídolos rotos,* 1901; *Sangre patricia,* 1902; *Peregrina,* 1922).

**DÍAZ SÁNCHEZ** (Ramón), escritor venezolano (Puerto Cabello 1903-Caracas 1968), autor de cuentos, novelas (*Mene,* 1936; *Cumboto,* 1950; *Borburata,* 1960) y ensayos (*Diez rostros de Venezuela,* 1964).

**DIB** (Mohammed), escritor argelino en lengua francesa (Tremecén 1920). Sus novelas (*L'incendie,* 1954; *Le maître de chasse,* 1973), su teatro y sus poemas evocan los problemas planteados por el cambio político y cultural de su país.

**DIBAY** o **DUBAY,** uno de los emiratos de la Unión de Emiratos Árabes, junto al golfo Pérsico, 3 900 $km^2$; 501 000 hab. Cap. *Dibay* (o *Dubay*) [266 000 hab.]. Petróleo.

**Diccionario de construcción y régimen de la lengua castellana,** monumental obra del filólogo colombiano R. J. Cuervo, de la que sólo pudo publicar dos volúmenes (1886-1893), de la A a la D, terminada (1959-1995) por el Instituto Caro y Cuervo de Bogotá, a partir del ingente material que dejó el autor.

**DICENTA** (Joaquín), dramaturgo español (Calatayud 1863-Alicante 1917). Alcanzó el éxito con su drama social *Juan José* (1895), sobre el conflicto entre patronos y obreros.

**DICKENS** (Charles), escritor británico (Portsea, Portsmouth, 1812-Gadshill, cerca de Rochester, 1870). Extrajo de una juventud desgraciada el material para la creación de novelas sensibles y humorísticas, que hicieron reír y llorar a toda una generación (*Los documentos póstumos del club Pickwick*,* 1837; *Oliver* Twist,* 1838; *Nicholas Nickleby,* 1839; *Cuentos* de Navidad,* 1843; *David* Copperfield,* 1849, y *Grandes esperanzas,* 1861).

**DICKINSON** (Emily), poeta norteamericana (Amherst, Massachusetts, 1830-*id.* 1886). Sus breves poemas introspectivos, publicados después de su muerte, ejercieron una gran influencia en la poesía norteamericana.

**DIDEROT** (Denis), escritor y filósofo francés (Langres 1713-París 1784). Estudió filosofía, matemáticas y anatomía, y dirigió la *Enciclopedia.* Es autor de *Pensamientos filosóficos* (1746), *Carta sobre los ciegos* (1749), obras dramáticas (*El hijo natural,* 1757), relatos, novelas y críticas de arte. Contrario a la escolástica y al cartesianismo, dio primacía al hecho por encima del concepto.

**DÍDIMO,** en gr. **Didyma,** c. de Asia Menor, cerca de Mileto, en Jonia. Restos del inmenso santuario de Apolo, fundado en la época arcaica y reconstruido en 313 a. J.C. y a comienzos del s. I de la era cristiana.

**DIDO** o **ELISA,** princesa de Tiro, fundadora legendaria de Cartago (fines del s. IX a. J.C.). Según la *Eneida* de Virgilio, Eneas, fugitivo, fue amado por Dido, pero tuvo que abandonarla por orden de Júpiter; ella se suicidó.

**Dido y Eneas,** ópera de cámara de Purcell (1689), en la que el autor funde los estilos francés e italiano, el madrigal, el recitado, el aria, los coros y la danza.

**DIEGO de Alcalá** *(san),* hermano lego franciscano español (San Nicolás del Puerto, Sevilla, *c.* 1400-Alcalá de Henares 1463). Predicó la fe en Canarias y se distinguió por su caridad con los enfermos y por el don de milagros.

**DIEGO** (Eliseo), escritor cubano (La Habana 1920-México 1994). Su obra poética, recopilada en *Poesía* (1983), es evocación del pasado, donde realidad y sueño se funden. Cultivó también el cuento y el ensayo. (Premio Juan Rulfo 1993.)

**DIEGO** (Gerardo), poeta español (Santander 1896-Madrid 1987), miembro de la generación del 27. Tradición (*El Romancero de la novia,* 1920) e innovación (*Imagen,* 1922), en este caso en la línea del creacionismo, son las dos constantes de su poesía. Además de su obra más original, *Fábula de Equis y Zeda* (1932), destacan: *Manual de espumas* (1924), *Versos humanos* (1925), *Alondra de verdad* (1941), *Soria* (1948), etc. *Poesía de creación* (1974) es una antología selecta de su obra. (Premio Cervantes 1979.) [Real academia 1947.]

**DIEGO DE ALMAGRO,** ant. **Pueblo Hundido,** com. de Chile (Atacama); 27 588 hab. Minas de cobre y hierro. Metalurgia del cobre en Potrerillos.

**DIEGO GARCÍA,** isla del archipiélago británico de las Chagos (océano Índico). Base militar anglonorteamericana.

**DIEGO IBARRA** → ***Mariara.***

**DIEGO JOSÉ DE CÁDIZ** *(beato),* capuchino español (Cádiz 1743-Ronda 1801). Fue el orador sagrado más popular (sobre todo en Andalucía) del s. XVIII.

**DIEGO RODRÍGUEZ** († 890), conde de Castilla [*c.* 873-890]. Extendió la frontera hasta el Arlanza y rechazó a los musulmanes en Pancorvo (883).

**DIEGO-SUÁREZ** → ***Antsiranana.***

**DIÊM** (Ngô Dinh) → ***Ngô Dinh Diêm.***

**Diên Biên Phu** *(batalla de)* [13 marzo-7 mayo 1954], derrota de las fuerzas francesas por el Vietminh en el alto Tonkín. Seguida de los acuerdos de Ginebra, marcó el fin de la guerra de Indochina.

**DIESEL** (Rudolf), ingeniero alemán (París 1858-† en alta mar 1913). Concibió (1893) y realizó (1897) el motor de combustión interna que lleva su nombre.

**DIESTE** (Eladio), arquitecto uruguayo (Artigas 1917-Montevideo 2000). Alcanzó fama internacional por su creatividad y audacia tecnológica (iglesias de Atlántida [1957] y Durazno [1971]).

**DIESTE** (Rafael), escritor español en lenguas castellana y gallega (Rianjo 1899-Santiago 1981). Notable autor de relatos (*De los archivos del duende,* [*Dos arquivos do trasno,* 1926]; *Historia e invenciones de Félix Muriel,* 1943), fue también dramaturgo (*Viaje, duelo y perdición,* 1948), ensayista y poeta.

**DIETRICH** (Maria Magdalena **von Losch,** llamada **Marlene**), actriz norteamericana de origen alemán (Berlín 1901-París 1992). Encarnación de la mujer fatal, alcanzó fama internacional con *El ángel azul* (1930), de J. von Sternberg, con quien también rodó *Marruecos* (1930), *El expreso de Shanghai* (1932) y *Capricho imperial* (1934). Posteriormente interpretó numerosas películas en E.U.A. a las órdenes de grandes directores (E. Lubitsch, B. Wilder, A. Hitchcock, F. Lang, O. Welles, etc.).

**Diez** (*consejo, o comisión, de los*), consejo secreto creado en Venecia en 1310. Amplió progresivamente sus atribuciones y fue, del s. XVI a 1797, el verdadero poder ejecutivo de la república.

**DIEZ** (Friedrich), filólogo e hispanista alemán (Giessen 1794-Bonn 1876). Estudió los romances castellanos y fue el primero en aplicar el método histórico a los estudios lingüísticos (*Formación de las palabras en las lenguas románicas,* 1875).

**DÍEZ** (Mariano), patriota venezolano (Caracas 1796-*id.* 1867). Participó en las luchas de emancipación, en Santo Domingo (1821) y luego en Venezuela.

**DÍEZ CANEDO** (Enrique), escritor español (Badajoz 1879-México 1945). Poeta modernista, destacó como crítico literario: *Conversaciones literarias,* 1921. (Real academia 1935.)

**DÍEZ CANSECO** (José), escritor peruano (Lima 1904-*id.* 1949). Su obra, costumbrista y satírica, incluye los cuentos de *Estampas mulatas* (1931) y la novela *Duque* (1934), junto a otras que dejó inéditas (*Obras completas,* 1949).

**DÍEZ DE GAMES** (Gutierre), cronista español (¿1378?-¿1450?), probablemente de origen gallego. Fue alférez y cronista de Pero Niño, cuyas hazañas reflejó en *El victorial.*

**DÍEZ DE MEDINA** (Eduardo), escritor y político boliviano (La Paz 1881-*id.* 1955). Formuló la doctrina que lleva su nombre sobre límites marítimos nacionales. Ensayista político, cultivó también la poesía: *Paisajes criollos* y *Mallcu-Kaphaj,* de 1919.

**diez mil** *(retirada de los),* retirada efectuada a través de Armenia por los mercenarios griegos de Ciro el Joven tras la muerte de su jefe en Cunaxa (401 a. J.C.). Jenofonte, que condujo dicha retirada, la describió en la *Anábasis.*

**DIJON,** c. de Francia, cap. de la región de Borgoña y del dep. de Côte-d'Or, a orillas del Ouche; 151 636 hab. Universidad. Catedral gótica de San Benigno (ss. XIII-XIV). Iglesia de Nuestra Señora (s. XIII). Restos del ant. palacio ducal (act. ayuntamiento y museo de bellas artes). Restos de la cartuja de Champmol (con el Pozo de Moisés de C. Sluter).

**DIKTONIUS** (Elmer), poeta finlandés en lenguas finesa y sueca (Helsinki 1896-*id.* 1961), representante de la estética modernista (*Canciones duras,* 1922; *Hierba y granito,* 1936).

**diligencia** *(La),* película norteamericana de J. Ford (1939); western clásico.

**DILLON** (John), político irlandés (Blackrock, cerca de Dublín, 1851-Londres 1927). Alcanzó el liderazgo del partido nacional irlandés en 1918.

**DI-L-NŪN** (Banū), dinastía beréber que gobernó en la taifa de Toledo. 1036-1043: **Ismā'īl ibn Zennun al-Zāfir.** 1043-1075: **Yahyā ibn Ismā'īl al-Ma'mūn.** 1085: **Yahyā ibn Ismā'īl ibn Yahyā al-Qādir.**

**DILTHEY** (Wilhelm), filósofo alemán (Biebrich 1833-Seis, Tirol, 1911). Es el primer autor que asignó un estatuto autónomo a las ciencias humanas. Su filosofía se inscribe en el vitalismo e historicismo.

**DIMITROV** (Georgi), político búlgaro (Radomir 1882-Moscú 1949). Secretario general del Komintern (1935-1943), fue presidente del consejo de la república de Bulgaria (1946-1949).

**DIMITROVO** → ***Pernik.***

**DINAMARCA,** en danés **Danmark,** estado de Europa septentrional; 43 080 $km^2$; 5 100 000 hab. *(Daneses.)* CAP. *Copenhague.* LENGUA OFICIAL: *danés.* MONEDA: *corona danesa.*

**GEOGRAFÍA**

Dinamarca, país llano cuyo punto más alto tiene 173 m, es un estado continental (península de Jutlandia) e insular (Sjaelland, Fionia, Lolland, etc.), de clima suave y bastante húmedo. La extensión de las llanuras ha favorecido el auge de los cultivos de cereales (cebada y trigo) y de plantas forrajeras. Éstas alimentan, parcialmente, una importante ganadería bovina y porcina, cuyos productos (leche, mantequilla, carne) constituyen una de las bases de las exportaciones. La pesca también está desarrollada. A pesar de la insuficiencia de los recur-

Joaquín **Dicenta** (Ateneo de Madrid)

Charles **Dickens** (en 1839) [D. Maclise - galería Tate, Londres]

Denis **Diderot** (L. M. Van Loo - Louvre, París)

Gerardo **Diego**

Marlene **Dietrich**

sos minerales y energéticos (petróleo), Dinamarca se ha convertido en una potencia industrial gracias a la importancia de los sectores de transformación (construcciones mecánicas y navales, industrias químicas, textiles y alimentarias), localizadas en las principales ciudades (Copenhague, Århus, Odense, Ålborg). El paro y la deuda exterior son considerables, pero el nivel de vida, distribuido de forma bastante equitativa, es elevado.

HISTORIA

***La formación del reino.*** El país, habitado desde el neolítico, conoció en la edad del bronce una cultura muy elaborada. S. IX: daneses y noruegos componen los vikingos, que saquearon las costas de Europa occidental. s. X: la dinastía de Jutlandia unificó el país, que se cristianizó paulatinamente. S. XI: Svend I (*c.* 986-1014) se apoderó de Inglaterra. Su hijo, Canuto I el Grande, reinó en Inglaterra, Dinamarca y parte de Escandinavia. 1042: Inglaterra se independizó de Dinamarca.

***La edad media.*** S. XII: se implantó el régimen feudal, mientras se reforzaba la influencia de la Iglesia romana, multiplicando iglesias y monasterios. 1167: el obispo Absalón fundó Copenhague. 1157-1241: la *era de los Valdemar* marcó el apogeo de la civilización medieval de Dinamarca. S. XIII: este período fue seguido de un debilitamiento político y económico, al competir las ciudades hanseáticas con el comercio danés. S. XIV: la recuperación tuvo lugar con Valdemar IV (1340-1375) y sobre todo con su hija, Margarita Valdemarsdotter, que llevó a cabo la unión de los tres reinos escandinavos bajo la dominación danesa (Unión de Kalmar, 1397).

***La época de la Reforma.*** El s. XVI se caracterizó por la hegemonía cultural alemana y el afianzamiento de una próspera burguesía comerciante en los puertos. 1523: la Unión de Kalmar se rompió definitivamente con la elección de Gustavo Vasa como rey de Suecia. 1536: el luteranismo fue declarado religión de estado. 1563-1570: la guerra entre daneses y suecos por la posesión de los estrechos (Sund) consagró la posición de Dinamarca como guardián del Báltico y el final de la dominación hanseática.

***La lucha contra Suecia.*** 1625-1629: Dinamarca participó en la guerra de los Treinta años, que le supuso un fracaso. 1645: atacada y vencida por los suecos, hubo de renunciar a percibir de Suecia los peajes del Sund y de los dos Belt (paz de Brömsebro). 1658: la paz de Roskilde atribuyó Escania a Suecia. 1665: la monarquía danesa se hizo hereditaria. Se esforzó en vano por recuperar Escania. 1720: por el tratado de Frederiksborg obtuvo el S del Schleswig. S. XVIII: Dinamarca conoció un período de expansión económica y comercial. 1770-1772: Cristián VII cedió el poder a Struensee, quien gobernó como déspota ilustrado y realizó importantes reformas.

***El s. XIX.*** 1801: Dinamarca se adhirió a la liga de los neutrales, pero la presión británica (bombardeos de Copenhague en 1801 y 1807) hizo que se decantara hacia el campo francés. 1814: por la paz de Kiel Dinamarca perdió Noruega, recibiendo como compensación Lauenburg. 1849: Federico VII promulgó una constitución democrática. 1864: como consecuencia de la guerra de los Ducados, Dinamarca tuvo que ceder Schleswig, Holstein y Lauenburg a Prusia y Austria. 1866: una enmienda constitucional creó dos cámaras, el *Landsting* y el *Folketing*.

***El s. XX.*** 1901: la formación de una clase obrera muy sindicalizada contribuyó a la llegada al poder de una mayoría radical y socialista. 1918: Islandia se independizó, pero se mantuvo unida al reino a través de la persona del rey. 1920: un plebiscito restituyó el N de Schleswig a Dinamarca, que había permanecido neutral durante la primera guerra mundial. 1924-1940: el poder estuvo casi constantemente en manos de los socialdemócratas, quienes introdujeron importantes reformas sociales. 1940-1945: Dinamarca fue ocupada por los alemanes. El rey Cristián X permaneció en el poder alentando la resistencia. 1944: Islandia se separó totalmente de Dinamarca.

***La posguerra.*** 1945-1970: el partido socialdemócrata, dirigido por J. O. Krag, dominó la escena política y devolvió al país su prosperidad. 1972: la reina Margarita II sucedió a su padre, Federico IX. 1973: Dinamarca entró en el Mercado común. 1982: los conservadores llegaron al poder con Poul Schlüter; se mantuvieron tras las elecciones de 1984, 1987, 1988 y 1990. 1992: los daneses se pronunciaron en referéndum contra la ratificación del tratado de Maastricht. 1993: tras la dimisión de P. Schlüter, el líder del partido socialdemócrata, Poul Nyrup Rasmussen, formó gobierno. El tratado de Maastricht se ratificó en un segundo referéndum. 1994: elecciones y nuevo gobierno de P. N. Rasmussen. 1998: reelección de P. N. Rasmussen. El tratado de Amsterdam fue ratificado en referéndum. 2000: la adopción del euro fue rechazada en referéndum.

INSTITUCIONES

Monarquía parlamentaria desde 1901. Constitución: Carta de 1953: El soberano nombra al primer ministro, responsable ante el parlamento *(Folketing)*, elegido por 4 años.

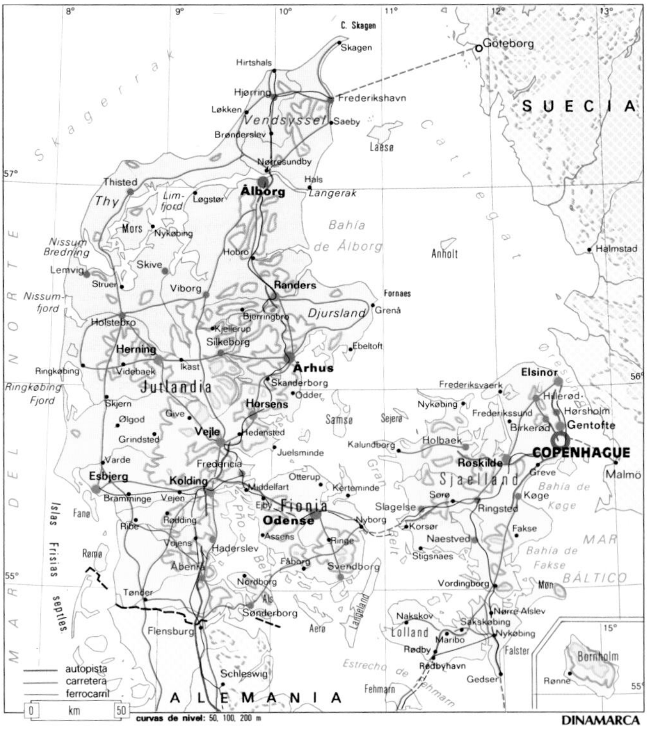

DINAMARCA

**DINÁRICOS** *(Alpes),* cordillera de los Balcanes, entre los Alpes eslovenos y el macizo del Ródope.

**DIOCLECIANO** (cerca de Salona [act. Split] 245-*id.* 313), emperador romano [284-305]. Proclamado emperador en 284, se asoció con Maximiano (286) y le confió occidente, reservándose oriente para sí. En 293, para defender mejor el Imperio, estableció la *tetrarquía:* dos *césares* (Constancio Cloro y Galerio) se añadieron a los emperadores (los dos *augustos*), con derecho de sucesión. Diocleciano realizó una amplia reforma administrativa (agrupación de las provincias en *diócesis*), militar, judicial y monetaria. Persiguió a los cristianos a partir de 303. Abdicó en 305 y se retiró cerca de Salona.

**DIODORO Sículo** o **de Sicilia,** historiador griego (Agyrion [act. Agirone], Sicilia, *c.* 90-fines s. I a. J.C.), autor de *Biblioteca histórica,* historia universal desde los orígenes hasta 58 a. J.C.

**DIOFANTE,** matemático griego, de la escuela de Alejandría, que vivió entre el s. II y el s. IV d. J.C. Sus *Aritméticas* constituyen el punto culminante del álgebra griega.

**DIÓGENES el Cínico,** filósofo griego (Sínope *c.* 410-*c.* 323 a. J.C.). Despreciaba las riquezas y las convenciones sociales, que consideraba trabas contra la libertad.

**DIÓGENES Laercio** o **de Laertes,** escritor griego (Laertes, Cilicia, s. III d. J.C.). Su panorama biográfico de las escuelas filosóficas contiene citas de numerosas obras antiguas perdidas.

**DIOMEDES,** príncipe de Argos, uno de los héroes de la guerra de Troya, famoso por su valor.

**DIOMEDES,** rey mítico de Tracia. Heracles hizo que le devoraran sus propias yeguas, a las que alimentaba con carne humana.

**DIÓN de Siracusa,** estadista siracusano (Siracusa 409-*id.* 354 a. J.C.). Apoyado por Cartago, fue tirano de Siracusa de 357 a 354.

**DIÓN CASIO,** historiador griego (Nicea, Bitinia, *c.* 155-*id. c.* 235), autor de *Historia romana,* que llega hasta 229 d. J.C.

**DIÓN CRISÓSTOMO** *(boca de oro),* retórico griego (Prusa, Bitinia, *c.* 30-Roma 117). Divulgó las enseñanzas de los filósofos estoicos.

**DIONISIO el Areopagita** *(san),* miembro del Areópago, convertido por san Pablo. Se le atribuyeron erróneamente varias obras del s. V que ejercieron una gran influencia en la escolástica.

**DIONISIO I el Viejo** (Siracusa *c.* 430-*id.* 367 a. J.C.), tirano de Siracusa [405-367 a. J.C.]. Expulsó a los cartagineses de Sicilia y fundó factorías en Italia. Protegió las letras (Platón) e hizo de Siracusa un importante centro económico.

**DIONISIO II el Joven** (*c.* 397-344 a. J.C.), hijo y sucesor, en 367 a. J.C., del anterior. Expulsado de Siracusa en 356 y en 344, se exilió en Corinto.

**DIONISIO de Halicarnaso,** historiador griego contemporáneo de Augusto, † *c.* 8 a. J.C., autor de *Las antigüedades romanas,* compilación sobre la historia de Roma desde su fundación hasta la segunda guerra púnica.

**DIONISIO el Exiguo,** escritor eclesiástico (en Escitia o en Armenia fines del s. V-† *c.* 540). Sus investigaciones para establecer la fecha del nacimiento de Jesús son la base del calendario actual.

**DIONISIO el Liberal** o **DON DINIZ** (Lisboa 1261-Odivelas 1325), rey de Portugal [1279-1325]. Favoreció el desarrollo del país y fundó la universidad de Coimbra (1308).

**DIONISO,** dios griego de la vegetación, y en particular de la vid y del vino, hijo de Zeus y de Sémele, también llamado *Bakkhos,* que los romanos convirtieron en *Baco.* Su culto contribuyó al desarrollo de la tragedia y del arte lírico.

**DIOR** (Christian), modista francés (Granville 1905-Montecatini, Italia, 1957). En 1947 fundó en París su casa de alta costura. Introdujo el estilo *new-look.*

**DIORI** (Hamani), político de Níger (Soudouré

1916-Rabat 1989), presidente de la república de 1960 a 1974.

**DIOSCUROS** *(hijos de Zeus),* sobrenombre de los gemelos **Cástor y Pólux.**

**DIOUF** (Abdou), político senegalés (Louga 1935). Primer ministro, sucedió a Senghor en la presidencia de la república (1981-2000).

**DIQUÍS,** zona arqueológica de Costa Rica, en la costa del Pacífico, en la que se asentó una cultura precolombina de la que se han encontrado objetos de oro y cerámica finamente decorada.

**Diquís:** figurilla funeraria de basalto (museo etnológico, Barcelona)

**DIRAC** (Paul Adrien Maurice), físico británico (Bristol 1902-Tallahassee, Florida, 1984). Uno de los creadores de la mecánica cuántica, introdujo un formalismo matemático que le permitió prever la existencia del electrón positivo, o positrón. (Premio Nobel de física 1933.)

**Directorio supremo de las Provincias Unidas del Río de la Plata,** institución que gobernó el Río de la Plata de 1813 a 1824, en que proclamó la independencia y se disolvió, dando paso a la república.

**DIRIAMBA,** mun. de Nicaragua (Carazo); 39 594 hab. Importante centro cafetalero.

**DIRICHLET** (Peter Gustav **Lejeune-**), matemático alemán (Düren 1805-Gotinga 1859). Autor de investigaciones sobre las series trigonométricas y la teoría de los números, definió el concepto de función en su sentido moderno de correspondencia.

**DISCÉPOLO** (Enrique Santos), músico argentino (Buenos Aires 1901-*id.* 1951), que obtuvo popularidad con sus tangos *(Yira-yira, Esta noche me emborracho, Chorra).*

**Discóbolo,** estatua en bronce de Mirón (*c.* 450 a. J.C.), que representaba un lanzador de disco. La obra, conocida por réplicas antiguas (museo nacional, Roma), anunciaba la perfección clásica griega en la evocación del movimiento.

**Discurso del método para guiar bien la razón y buscar la verdad en las ciencias,** obra de Descartes (1637). Enuncia su método filosófico en cuatro preceptos (duda, análisis, síntesis y enumeración).

**DISNEY** (Walter Elias **Disney,** llamado **Walt**), dibujante, director de cine y productor norteamericano (Chicago 1901-Burbank, California, 1966). Pionero del dibujo animado, logró fama mundial con

**Diocleciano** (museo arqueológico de İzmir)

Benjamin **Disraeli** (J. E. Millais - galería nacional de retratos, Londres)

Walt **Disney**

*Mickey* (1928), *Blancanieves y los siete enanitos* (1937), *Fantasía* (1940), *Bambi* (1942), *Alicia en el país de las maravillas* (1951), etc., y fundó un verdadero imperio comercial (creación de los parques de atracciones de Disneyland en California y de Disneyworld en Florida). Su obra fue continuada por sus sucesores.

**Disputa de Elena y María,** poema anónimo español del s. XIII, en torno a la contraposición entre las armas y las letras.

**Disputa del alma y el cuerpo,** fragmento de un poema anónimo español de fines del s. XII o comienzos del XIII, adaptación de un original francés.

**Disputaciones metafísicas,** obra de Francisco Suárez (1597), exposición completa y sistemática de la metafísica escolástica, que supuso una renovación del tomismo.

**DISRAELI** (Benjamin), *conde* **de Beaconsfield,** político británico (Londres 1804-*id.* 1881). Novelista brillante (*Coningsby,* 1844), diputado conservador en 1837 y defensor del proteccionismo, se impuso como líder de su partido. Canciller del Exchequer (1852, 1858 y 1866-1868), fue primer ministro en 1868, y de nuevo de 1874 a 1880. Realizó importantes reformas sociales y en el exterior llevó a cabo una política de prestigio y expansión: en 1876 hizo proclamar a la reina Victoria emperatriz de las Indias. En 1878, en el congreso de Berlín, logró frenar la expansión rusa en los Balcanes.

**Distinguished service order** (D.S.O.) [orden de servicios distinguidos], orden militar británica creada en 1886.

**DISTRITO FEDERAL,** entidad administrativa de México, en la cordillera Neovolcánica; 1 499 km²; 8 235 744 hab. Cap. *Ciudad de México.* Está dividido en 16 delegaciones.

**DISTRITO FEDERAL,** entidad administrativa del centro-norte de Venezuela; 1 930 km²; 2 265 768 hab. Cap. *Caracas.*

**DISTRITO NACIONAL,** entidad administrativa de la República Dominicana, en torno a la capital del país; 1 477 km²; 2 390 500 hab. Cap. *Santo Domingo.*

**DITALKÓN,** guerrero lusitano que, junto con Audas y Minuros, fue convencido por el gobernador romano Quinto Servilio Cepión para asesinar a Viriato.

**DIU,** isla de la India, parte del territorio de Damān y Diu, frente a la costa de Kāthiāwār. Fue ant. factoría portuguesa (1535-1670; 1717-1961).

**DIUPPANEO,** rey de los dacios *(decébalo),* que aniquiló un ejército romano (87) y, vencido por Trajano, se suicidó en 106.

**Divina Comedia** → ***Comedia*** (Divina).

**Divinas palabras,** obra dramática de Ramón del Valle-Inclán (1920).

**División azul,** unidad militar de voluntarios españoles que lucharon en la U.R.S.S., integrados en el ejército alemán, durante la segunda guerra mundial.

**División del Norte,** ejército formado por Pancho Villa en Chihuahua (1913). Venció al ejército de Huerta en las batallas más famosas de la revolución mexicana.

**DIX** (Otto), pintor y grabador alemán (Untermhaus, cerca de Gera, 1891-Singen, cerca de Constanza, 1969). Influido por el expresionismo, y posteriormente vinculado al dadaísmo, fue en los años veinte uno de los maestros de la nueva objetividad.

**DİYARBAKIR,** c. de Turquía, a orillas del Tigris; 381 144 hab. Murallas (ss. XI-XIII) y gran mezquita, en parte del s. XI.

**DIZFŪL,** c. de Irán, en el Jūzistān; 151 420 hab. Puente sasánida.

**DJAKARTA** → ***Yakarta.***

**DJAMILA,** ant. **Djemila,** c. de Argelia, al NE de Sétif; 24 200 hab. Ruinas de la antigua ciudad de *Cuicul,* colonia romana de Numidia.

**DJELFA (El-),** c. de Argelia, cap. de vilayato; 51 000 hab.

**DJEM (el-),** localidad de Tunicia, entre Susa y Sfax; restos arqueológicos de *Thysdrus* (anfiteatro), una de las principales ciudades romanas de los ss. II-III. Museo del Bardo.

**DJENNÉ** o **DIENNÉ,** c. de Malí; 9 500 hab. Importante encrucijada comercial y centro musulmán de los ss. XVI a XVIII. Mezquita de fundación muy antigua, varias veces restaurada.

**DJERBA,** en español **Gelves,** isla de Tunicia, a la entrada del golfo de Gabes, unida al continente por una carretera. Pesca. Turismo.

**DJIBOUTI** o **ŶIBŪTI** *(República de),* estado del NE de África, junto al océano Índico; 23 000 km²; 484 000 hab. CAP. *Djibouti* o *Ŷibūti.* LENGUAS OFICIALES: *francés* y *árabe.* MONEDA: *franco de Djibouti.*
La región, de clima árido, ofrece sobre todo un interés estratégico por su situación a la entrada del mar Rojo. La población, que yuxtapone dos etnias dominantes (afar e issa), vive de la ganadería ovina en el interior. Más de la mitad de los habitantes se concentran en Djibouti, cabeza de línea de una vía férrea hacia Etiopía (Addis Abeba).
– La Costa Francesa de los Somalíes, creada en 1896, territorio francés de ultramar en 1946, autónomo a partir de 1957, adoptó en 1967 el nombre de Territorio francés de los Afar y de los Issa. Se independizó en 1977, con H. G. Aptidon como presidente y con el nombre de República de Djibouti.

**DJIBOUTI** o **ŶIBŪTI,** c. y cap. de la República de Djibouti; 290 000 hab.

**DJIDJELLI** → ***Jijel.***

**DJOFRA (al-),** oasis de Libia, ubicación prevista para la futura capital del país.

**DJURDJURA** o **ŶURŶURA,** macizo montañoso de Argelia, en el extremo meridional de la Gran Cabilia; 2 308 m. Parque nacional.

**DNIÉPER,** en ruso **Dniepr,** r. de Rusia, Bielorrusia y Ucrania, que nace en la meseta de Valdái, atraviesa Kíev y desemboca en el mar Negro; 2 200 km. Hidroelectricidad.

**DNIEPRODZERZHINSK** → ***Kámenskoie.***

**DNIEPROPETROVSK** → ***Yekaterinoslav.***

**DNIÉSTER,** en ruso **Dniestr,** r. de Moldavia y Ucrania, que nace en los Cárpatos y desemboca en el mar Negro; 1 352 km.

**DOBLES** (Fabián), escritor costarricense (San Antonio de Belén 1918). La protesta social es la nota dominante en sus relatos (*Historias de Tata Mundo,* 1955) y novelas (*Ése que llaman pueblo,* 1942; *El sitio de las abras,* 1950; *En el San Juan hay tiburón,* 1967). Es también poeta.

**DÖBLIN** (Alfred), escritor alemán (Stettin 1878-Emmendingen 1957). En sus novelas realiza una síntesis de las técnicas expresionistas y futuristas (*Berlin Alexanderplatz,* 1929).

**DOBRO POLJE,** cumbre de la República de Macedonia, al E de Bitola.

**DOBRUDJA,** en rumano **Dobrogea,** en búlgaro **Dobrudža,** región de Rumania (que posee la mayor parte de ella) y de Bulgaria, entre el mar Negro y el Danubio. En 1878, el N de Dobrudja fue unido a Rumania; el S, atribuido entonces a Bulgaria, fue anexionado en 1913 por Rumania, que tuvo que devolverlo en 1940 a Bulgaria.

**DOBZHANSKY** (Theodosius), genetista norteamericano de origen ruso (Nemirov, Ucrania, 1900-Davis, California, 1975). Especialista en genética de las poblaciones, contribuyó esencialmente al desarrollo del neodarvinismo.

**Doce años** *(tregua de los),* tregua firmada en Amberes (1609) entre los gobernadores de los Países

Bajos españoles y los representantes de las Provincias Unidas, por la que se reconocía a éstas como estados libres, con libertad de comercio con España y América.

**DOCE DE OCTUBRE,** dep. de Argentina (Chaco); 21 773 hab. Cab. *General Pinedo.* Industria lechera y maderera.

**Doce tablas** *(ley de las),* primera legislación escrita de los romanos (*c.* 451 a. J.C.), acuñada sobre doce tablas de bronce.

**DOCTOR ARROYO,** c. de México (Nuevo León); 41 439 hab. Maíz y fríjol; ganado lanar, avicultura.

**DOCTOR MANUEL BELGRANO,** dep. de Argentina (Jujuy); 185 898 hab.

**doctor Zhivago** *(El),* novela de B. Pasternak (1957); narra la odisea de un médico durante la primera guerra mundial y los primeros años de la revolución rusa.

**DODECANESO,** en gr. **Dōdekanēsos** o **Dhodhekánisa,** archipiélago griego del mar Egeo, frente a las costas de Turquía, cuya isla principal es Rodas; 162 439 hab. Estas islas, bajo dominación otomana, y en 1912 ocupadas por los italianos, fueron anexionadas a Grecia en 1947-1948.

**DODERER** (Heimito **von**), escritor austríaco (Weidlingau, cerca de Viena, 1896-Viena 1966), autor de novelas que evocan el final de la sociedad austrohúngara (*El secreto del Imperio,* 1930; *Los demonios,* 1956).

**DODOMA,** c. de Tanzania, cap. designada del país; 203 800 hab.

**DODONA,** en gr. **Dōdōnē,** ant. c. del Epiro, en la que se encontraba un santuario de Zeus muy antiguo. El oráculo recurría a la voz de Zeus, que era percibida en el rumor de las hojas de las encinas sagradas.

**DOISNEAU** (Robert), fotógrafo francés (Gentilly 1912-París 1994). Su obra es un reportaje gráfico de la vida de París y de los suburbios.

**DOISY** (Edward Adelbert), médico norteamericano (Hume, Illinois, 1893-Saint Louis 1986), autor de trabajos sobre la vitamina K, la insulina y las hormonas. (Premio Nobel de fisiología y medicina 1943.)

**dolce stil novo,** nombre con que se designa el movimiento poético de Florencia y Toscana en el s. XIII, del cual procede la denominación para referirse a una concepción espiritualista del amor.

**DOLET** (Etienne), impresor y humanista francés (Orleans 1509-París 1546). Autor de sátiras, libelos, comentarios de diversos autores y poemas, fue acusado de herejía y quemado en la hoguera.

**DOLGORÚKOV** o **DOLGORUKI,** familia de la nobleza rusa que desempeñó un importante papel durante el reinado de Pedro el Grande, Catalina I y Pedro II.

**DOLIN** (Patrick **Healey-Kay,** llamado **Anton**), bailarín y coreógrafo británico (Slinford, Sussex, 1904-Neuilly-sur-Seine 1983). Se impuso como el mejor bailarín británico de la primera mitad del s. XX y fundó con A. Markova la compañía Markova-Dolin, que se convirtió en el London's festival ballet (1950).

**DOLLFUSS** (Engelbert), político austríaco (Texing 1892-Viena 1934). Canciller (1932-1934), reorganizó el estado sobre la base de los principios autoritarios y corporativos. Contrario al *Anschluss,* fue asesinado por los nazis.

**DÖLLINGER** (Johann Ignaz **von**), sacerdote e historiador alemán (Bamberg 1799-Munich 1890). Excomulgado por haberse opuesto al dogma de la infalibilidad del papa (1871), se consagró al proyecto de fusión de las comunidades cristianas disidentes.

**DOLOMITAS** o **ALPES DOLOMÍTICOS,** macizo cálcico italiano de los Alpes orientales, entre el Adigio y el Piave; 3 342 m en la *Marmolada.*

**Doloras,** libro de poemas de Ramón de Campoamor (1846). El autor considera la dolora como «una humorada convertida en drama».

**DOLORES,** c. de Argentina (Buenos Aires); 24 228 hab. Productos lácteos; carne congelada.

**DOLORES,** c. de Uruguay (Soriano); 12 914 hab. Puerto fluvial sobre el San Salvador.

**Dolores** *(grito de),* proclama patriótica del cura Hidalgo en Dolores (act. Dolores Hidalgo), que inició la sublevación mexicana contra los españoles (1810).

**DOLORES HIDALGO,** c. de México (Guanajuato); 67 358 hab. Centro minero. Bella iglesia barroca del s. XVIII. Hotel Hidalgo (s. XVIII).

**DOLTO** (Françoise), neurosiquiatra y sicoanalista francesa (París 1908-*id.* 1988). Se intereso principalmente por el sicoanálisis de niños (*Sicoanálisis y pediatría,* 1939).

**DOMAGK** (Gerhard), médico alemán (Lagow, Brandeburgo, 1895-Burgberg, Selva Negra, 1964). Descubrió la primera sulfamida utilizada en terapéutica, abriendo así el camino a la quimioterapia antiinfecciosa. (Premio Nobel de fisiología y medicina 1939.)

**DOMBROWSKA** (Maria) → ***Dąbrowska.***

**DOMECQ** (Álvaro), rejoneador español (Jerez de la Frontera 1917). Elegante y sobrio, se presentó en Madrid en 1942 y se retiró en 1949 en Linares. – Su hijo **Álvaro,** también rejoneador (Jerez de la Frontera 1940), tomó la alternativa simbólica de manos de su padre en 1960 y se retiró en 1985.

**DOMENCHINA** (Juan José), escritor español (Madrid 1898-México 1959). Poeta vinculado a la generación del 27 (*El tacto fervoroso,* 1930; *Dédalo,* 1932), cultivó la crítica literaria –con el seudónimo de **Gerardo Rivera**– y la novela.

**DOMÈNECH I MONTANER** (Lluís), arquitecto y político español (Barcelona, 1850-*id.* 1923). Dos de sus obras, el Palau de la música catalana (Barcelona, 1905-1908) y el hospital de San Pablo (Barcelona 1902-1912), son emblemáticas del modernismo catalán.

**DOMENICHINO** o, en España, **DOMENIQUINO** (Domenico **Zampieri,** llamado **el**), pintor italiano (Bolonia 1581-Nápoles 1641). Discípulo de los Carracci, realizó, en Roma, frescos en las iglesias San Luis de los Franceses *(Vida de santa Cecilia)* y San Andrea della Valle; su obra *La caza de Diana* (1616) está en la galería Borghese.

**Domesday book** *(libro del juicio final),* recopilación catastral de la situación de las tierras inglesas a fines del s. XI, realizada por orden de Guillermo el Conquistador.

**DOMEYKO** *(cordillera),* ramal andino del N de Chile (Antofagasta); 5 280 m de alt. máx.

**DOMICIANO** (Roma 51 d. J.C.-*id.* 96), emperador romano [81-96], hermano y sucesor de Tito. Reconstruyó Roma, devastada por los incendios de 64 y 80, y protegió la frontera danubiana con un *limes* fortificado. Instauró un régimen absolutista, se negó a gobernar con el senado y murió asesinado.

**DOMICIO CORBULO** (Cneo), general romano († Cencreai, cerca de Corinto, 67 d. J.C.). Al mando del ejército en Armenia obligó al rey Vologeso a firmar la paz (58-59). Tras haber sido condenado por Nerón, se suicidó.

**DOMINGO de La Calzada** *(santo),* eremita († en La Calzada, act. Santo Domingo de la Calzada, 1109). Ordenado presbítero por el cardenal Gregorio de Ostia, se retiró al desierto de La Bureba, donde construyó un hospital de peregrinos y una calzada de acceso.

**DOMINGO de Silos** *(santo),* benedictino español (Cañas 1000-Silos, act. Santo Domingo de Silos, 1073), prior de San Millán de la Cogolla y abad del monasterio de Silos (1041), que restauró.

Lluís **Domènech i Montaner:** pabellones del hospital de San Pablo de Barcelona

el grito de **Dolores:** fragmento del *Retablo de la independencia* (1960-1961) por Juan O'Gorman (museo nacional de historia, México)

Plácido **Domingo**

santo **Domingo de Silos** entronizado como abad (Bartolomé Bermejo - Prado, Madrid)

**DOMINGO** (Francisco), pintor español (Valencia 1842-Madrid 1920). Fue un pintor de historia (*La expulsión de los moriscos,* 1867; *El último día de Sagunto,* 1871) y retratista de talento.

**DOMINGO** (Joaquín), jugador de billar español (Barcelona 1917-*id.* 1981). Campeón mundial de fantasía (1957) y de billar artístico (1963, 1966 y 1967) y campeón europeo de diversas modalidades (1948-1969).

**DOMINGO** (Luis), escultor y pintor español (Valencia 1718-*id.* 1770). Su obra se inscribe en la transición del barroco al neoclasicismo.

**DOMINGO** (Marcelino), político español (Tortosa 1884-Toulouse 1939). Republicano federal, fundó el Bloc republicà autonomista (1915) y luego el Partido radical-socialista (1929), que en 1933 se fusionó con Acción republicana de Azaña en Izquierda republicana. Fue ministro de Instrucción Pública (1936).

**DOMINGO** (Plácido), tenor español (Madrid 1941). Educado musicalmente en México, debutó en España en 1966 y desde entonces ha desarrollado una brillante carrera de tenor lírico, con incursiones ocasionales en otros campos.

**DOMINGO DE GUZMÁN** *(santo),* fundador de la orden de los dominicos o predicadores (Caleruega, Burgos, 1170-Bolonia 1221). En 1215 reunió en Toulouse a varios compañeros e iniciaron una vida en común de predicación contra la herejía albigense; en 1216 obtuvieron la confirmación de su fundación. Desde entonces se dedicó a la organización de la orden y a la predicación.

**DOMINGO M. DE IRALA,** distr. de Paraguay (Alto Paraná); 26 032 hab. Explotación forestal.

**DOMINGO MARQUÉS** (Francisco), pintor español (Valencia 1842-Madrid 1920). Se dedicó fundamentalmente al retrato y a los temas históricos.

**DOMÍNGUEZ** (Óscar), pintor español (Tenerife 1906-París 1957). Se inició con temas paisajistas. En 1934 se sumó al surrealismo, siendo uno de los introductores del movimiento en España. Participó en el grupo Gaceta de arte (Tenerife, 1933-1935).

**DOMÍNGUEZ ARÉVALO** (Tomás) → ***Rodezno*** (conde de).

**DOMÍNGUEZ CAMARGO** (Hernando), poeta colombiano (Santa Fe de Bogotá *c.* 1601-† 1656). Influido por Góngora, compuso *Poema heroico de San Ignacio de Loyola* (1666), fundamental en la épica barroca hispanoamericana.

**DOMÍNGUEZ ORTIZ** (Antonio), historiador español (Sevilla 1909), estudioso de la historia social del Antiguo régimen (*La sociedad española del siglo XVIII,* 1956; *Instituciones y sociedad en la España de los Austrias,* 1985).

**DOMINGUÍN,** apodo de varios toreros españoles, entre ellos **Domingo González Mateos** (Quismondo, Toledo, 1895-Madrid 1958) y sus hijos **Domingo** (Madrid 1920-Guayaquil 1975), **Pepe** (Madrid 1921) y **Luis Miguel** (Madrid 1926-San Roque, Cádiz, 1996), el más destacado, quien tomó la alternativa en 1944. Fue uno de los mejores toreros de su época, se retiró en 1960 y regresó a los ruedos de 1971 a 1973.

**DOMINICA,** isla y estado de las Pequeñas Antillas, colonia inglesa de 1763 a 1978; 751 km²; 100 000 hab. Cap. *Roseau.* Lengual oficial: *inglés.* Estado independiente, en el marco de la Commonwealth, desde 1978.

**DOMINICANA** *(República),* estado de las Antillas, en la mitad oriental de la isla de La Española; 48 400 km²; 8 495 338 hab. *(Dominicanos.)* CAP. *Santo Domingo.* LENGUA OFICIAL: *español.* MONEDA: *peso dominicano.*

GEOGRAFÍA

Cuatro sistemas montañosos alineados en paralelo de NO a SE compartimentan el país; entre la cordillera Septentrional y la Central se sitúa la depresión del Cibao, regada por el Yaque del Norte y el Yuna; la cordillera Central y la sierra de Neiba están separadas por la meseta Central, que se abre al E a la llanura Oriental; finalmente, entre la sierra de Neiba y la de Baoruco se sitúa una profunda fosa tectónica cuyo fondo ocupa el lago Enriquillo. La población, muy joven, crece a un alto ritmo (2,5 % anual). La costa del Caribe y la depresión del Cibao son los sectores más poblados, y Santo Domingo el mayor centro de atracción. Históricamente el principal recurso económico han sido las plantaciones azucareras, pero en los años ochenta la drástica caída de los precios internacionales llevó a una política de diversificación de la producción agrícola: café, cacao, tabaco, bananas. La ganadería bovina mantiene su importancia. Recursos mineros son el níquel, el oro, la plata y la sal gema. La industria (alimentaria, cemento) tiene una contribución modesta al P.I.B. El turismo (más de 1 millón de visitantes anuales) es una industria en auge.

HISTORIA

***El poblamiento precolombino.*** La isla de La Española o Quisqueya, como la denominaban los indios, estaba ocupada antes de la conquista por diversos pueblos indígenas: los taínos, que practicaban una agricultura de roza y montículo, constituían el grupo principal; en el noreste se encontraban otros grupos menos desarrollados, como los ciguayos, mestizos de caribe y arawak, y los macorixes.

***Conquista y colonización.*** 1492: Colón desembarcó en la isla en su primer viaje. 1493-1499: gobierno, controvertido, de Cristóbal Colón. 1501-1509: Nicolás de Ovando organizó definitivamente la colonia, implantó la institución de la encomienda y reconstruyó Santo Domingo en su emplazamiento definitivo. 1511: institución de la audiencia de Santo Domingo. La Española, nombre que se dio a la isla, se constituyó en la principal plataforma de expansión para las exploraciones de conquista de las Antillas y Tierra Firme. 1630: primeros establecimientos franceses en la parte occidental. 1697: el tratado de Ryswick impuso la cesión de dicha parte occidental a Francia. 1795: el tratado de Basilea estableció la cesión del resto de La Española a Francia.

***La etapa haitiana.*** 1803-1808: integrada en el estado de Haití, los españoles recuperaron, en 1808, el control de la parte oriental de la isla. 1821-1822: se proclamó el «estado independiente del Haití español» bajo protectorado colombiano, pero pocos meses después Boyer conquistó la parte oriental y la reintegró a Haití. 1843-1844: levantamiento de la sociedad Trinitaria y declaración de independencia de la República Dominicana.

***De Santana al anexionismo.*** 1844-1861: el gran propietario Pedro Santana dominó el país, apoyándose en un ejército imprescindible ante la permanente amenaza de reconquista por parte de Haití; Santana ofreció la anexión del territorio dominicano a E.U.A., Francia y España, que finalmente la aceptó. 1861-1865: la reintegración del territorio a la corona española neutralizó la amenaza haitiana, pero abrió un nuevo proceso emancipador frente a la metrópoli histórica, que culminó en la definitiva proclamación de independencia, en 1865.

***La expansión económica y la intervención de Estados Unidos.*** 1865-1883: el conflicto entre reformistas y conservadores determinó la inestabilidad política de la república, que se vio beneficiada por la inmigración de propietarios cubanos que difundieron la explotación del azúcar y una nueva ganadería en cercados (potreros). 1883-1899: la dictadura del general Lilís (Ulises Heureaux) consumó la privatización de la tierra y favoreció la especulación financiera, que originó una enorme deuda exterior. 1904: las aduanas del país fueron puestas bajo control de E.U.A., que entre 1916 y 1924 ocupó militarmente la república.

***La era de Trujillo y la nueva intervención.*** 1930-1961: el general Trujillo estableció una nueva dictadura, en el curso de la cual él mismo se convirtió en el principal propietario del país y una de las primeras fortunas internacionales; apoyado por E.U.A. por su anticomunismo, mantuvo empero una relación contradictoria con Washington. 1957-1962: Balaguer inició una transición política, marcada por el asesinato de Trujillo (1961). 1962-1963: presidencia del opositor Juan Bosch, derribado por un golpe militar. 1965: el levantamiento constitucionalista de Caamaño fue sofocado por una segunda intervención militar de E.U.A.

santo **Domingo de Guzmán** meditando (Fra Angélico - convento de San Marco, Florencia)

Óscar **Domínguez:** *Frutero comefruta* (col. part.)

***Las últimas décadas.*** 1966-1978: el ex trujillista Balaguer gobernó el país, durante tres mandatos, con apoyo de E.U.A. y de la oligarquía dominicana. El Partido revolucionario dominicano, fundado por Juan Bosch, del que se separó luego, sucedió en el poder al balaguerismo (1978-1986), aunque la república mantuvo sus alineamientos económicos y políticos tradicionales. 1986: Balaguer, de nuevo elegido presidente, y sucesivamente reelegido. 1996: Leonel Fernández, investido presidente. 2000: el socialdemócrata Hipólito Mejía fue elegido presidente.

INSTITUCIONES

La constitución de 1966 establece la elección por sufragio universal del presidente de la república, que asume el poder ejecutivo, para un período de cuatro años. El poder legislativo, elegido asimismo por sufragio universal, se divide en cámara de diputados y senado.

LITERATURA

– *Época colonial.* C. de Llerena, A. Sánchez Velarde.
– *S. XIX.* Poesía: F. Muñoz del Monte, M. M. Valencia, J. J. Pérez, S. Ureña de Henríquez, F. Henríquez y Carvajal, G. F. Deligne, F. Fiallo, A. Perdomo, B. Olegario Pérez, A. Saviñón. Prosa: M. de J. Galván, F. G. Billini, F. Fiallo, F. García Godoy, P. M. Archambault, V. E. Ortea.
– *S. XX.* Poesía: V. Giró, O. Bazil, R. Pérez Alfonseca, D. Moreno Giménez, R. A. Zorrilla, F. Mieses Burgos, M. del Cabral, H. Incháustegui Cabral, P. R. Contín Aybar, A. Fernández Spencer, F. Gastón Arce, M. Velez Maggiolo. Prosa: A. Lugo, M. F. Cestero, T. M. Cestero, M. L. Troncoso de la Concha, R. Damirón, A. Freitas Roque, M. Henríquez Ureña, P. Henríquez Ureña, J. Bosch, P. Marerro Aristi, S. Nolasco, V. Díaz Grullón, R. del Risco, M. Alfonseca, A. Lockward Artiles.

BELLAS ARTES

***Artistas célebres.*** *S. XX:* J. R. Priego, A. Prats, R. Oviedo, G. Pérez, F. Peña, P. Andújar, L. Bosch García, C. Bidó, E. Núñez, A. Rodríguez, J. R. Rotellini, A. Araujo.

MÚSICA

– *Época colonial:* C. de Llerena (s. XVI). – *S. XIX:* Juan B. Alfonseca de Baris, J. M. Arredondo, P. Claudio.
– *S. XX:* J. A Hernández, E. de Marchena, M. Miniño, C. Piantini, J. Gimbernat, J. de Windt. *(V. anexo cartográfico.)*

**DOMÍNICI** (Pedro César), escritor venezolano (1872-1954). Autor de la novela decadentista *Dyonysos* (1904), fue también ensayista y dramaturgo.

**Domodiédovo,** uno de los aeropuertos de Moscú.

**DOMODOSSOLA,** c. de Italia (Piamonte), situada a la salida del túnel del Simplón; 18 853 hab. Estación fronteriza.

**DON,** r. de Rusia, que nace al S de Moscú, está unido al Volga por un gran canal y desemboca en el mar de Azov aguas abajo de Rostov; 1 870 km.

**Don Álvaro o la fuerza del sino,** drama romántico en prosa y verso del duque de Rivas, estrenado en 1835. Inspiró la ópera de Verdi *La forza del destino* (1862).

**DON BENITO,** c. de España (Badajoz), cab. de p. j.; 28 601 hab. *(Dombenitenses.)* Centro agropecuario.

**Don Catrín de la Fachenda,** personaje de la novela del escritor mexicano J. J. Fernández de Lizardi *Vida y hechos del famoso caballero don Catrín de la Fachenda,* publicada póstumamente (1832). Es un típico petimetre de la época colonial, que camina hacia el fracaso por su holgazanería y pretensiones.

**Don Gil de las calzas verdes,** comedia de enredo de Tirso de Molina (1615), llena de equívocos, humor e ironía.

**Don Giovanni** o **El libertino castigado,** ópera («drama jocoso») en 2 actos de Mozart (1787), sobre un libreto de Lorenzo da Ponte; obra maestra del teatro lírico clásico.

**Don Juan,** mito literario de origen español, en cuya figura convergen los temas del libertino seductor de mujeres y de su irrespetuoso convite con el muerto. Tirso de Molina creó el legendario personaje en *El burlador de Sevilla* (1630). El tema pasó a Italia y a Francia, donde surgió la versión de Molière (*Don Juan* o *El festín de piedra,* 1665). En el s. XVIII se inspiraron en él A. de Zamora, Goldoni y Mozart, y en el s. XIX algunos románticos insistieron en el satanismo del personaje (Pushkin, Mérimée, Dumas, Byron). Pero fue en España, con el *Don Juan Tenorio* (1844) de Zorrilla, donde el tema recobró su dimensión romántica más popular. Entre las versiones del s. XX sobresalen las de J. Grau y Max Frisch.

**Don Juan Tenorio,** drama romántico de José Zorrilla (1844), escrito en verso. La leyenda de Don Juan adquiere un tono diferente en la pluma de Zorilla, con la salvación del alma del seductor, redimido por el amor de Doña Inés.

**Don Quijote** → *Quijote* (el).

**Don Segundo Sombra,** novela gauchesca de Ricardo Güiraldes (1926). En tono poético, narra la vida de un muchacho huérfano criado bajo la tutela de un gaucho taciturno y sereno, don Segundo Sombra, constituyendo una nostálgica exaltación de la pampa y de la vida libre del gaucho.

**donación de Constantino,** documento apócrifo utilizado durante la edad media para justificar la autoridad espiritual y temporal del papado, autoridad que Constantino habría reconocido al papa Silvestre I. Lorenzo Valla (1440) fue el primero en demostrar el carácter apócrifo del documento, escrito probablemente en la segunda mitad del s. VIII.

**DONATELLO** (Donato **di Niccolo Betto Bardi,** llamado), escultor italiano (Florencia 1386-*id.* 1466). Formado en el estudio del arte antiguo, armonizó la sencillez monumental de los clásicos con el realismo y el espíritu religioso de la edad media. Además de importantes bajorrelieves, destacan, en Florencia, el *San Jorge* de mármol de Orsanmichele (1416), los profetas del campanile (*Jeremías, Habacuc*), el *David* de bronce del Bargello (*c.* 1430) y, en Padua, la estatua ecuestre del *Gattamelata* (*c.* 1450).

**Donatello:** *Amor* o *Atis.* Bronce.
(Museo del Bargello, Florencia.)

**DONATO,** obispo de Casae Nigrae, en Numidia (*c.* 270-en Galia o en Hispania *c.* 355). Inició un cisma al rehusar conceder la indulgencia a los cristianos que habían renegado de su fe durante la persecución de Diocleciano. Los donatistas perduraron hasta el s. VI.

**DONATO,** gramático latino del s. IV, preceptor de san Jerónimo.

**DONAU** → *Danubio.*

**Donaueschingen** *(festival de),* festival alemán (Baden-Württemberg) de música contemporánea, instituido en 1921.

**DONBASS,** cuenca hullera y región industrial de Rusia y Ucrania, en el recodo del Don, que cubre 60 000 km². C. pral. *Donetsk.*

**DONCASTER,** c. de Gran Bretaña, cerca de Sheffield; 86 000 hab. Famoso hipódromo.

**doncel de Sigüenza** *(El),* estatua-retrato que figura en el sepulcro de Martín Vázquez de Arce (*c.* 1486-1504, catedral de Sigüenza). El autor, de escuela hispanoflamenca, es desconocido.

*El* ***doncel de Sigüenza*** (detalle)
[capilla de Santa Catalina, catedral de Sigüenza]

**DONCELLO (El),** mun. de Colombia (Caquetá), al pie de los Andes; 17 308 hab.

**DONEN** (Stanley), director de cine norteamericano (Columbia 1924). Bailarín y coreógrafo, realizó brillantes películas musicales, a menudo en colaboración con G. Kelly (*Cantando bajo la lluvia,* 1952; *Siete novias para siete hermanos,* 1954), y comedias (*Charada,* 1963; *Arabesco,* 1966).

**DONETS** o **DONETS DEL NORTE,** r. de Ucrania y de Rusia, afl. del Don (or. der.); 1 016 km. Bordea la cuenca hullera del Donbass.

**DONETSK** → *Yuzovka.*

**DONG QICHANG** o **TONG K'ICH'ANG,** calígrafo y pintor chino (cerca de Shanghai 1555-¿1636?). Definió los dogmas de la pintura letrada y fue el fundador de la teoría que opone a los paisajistas de la escuela del norte los de la escuela del sur, más espontáneos y sugestivos.

**DÔNG SON,** localidad de Vietnam, al NE de Thanh Hoa, yacimiento arqueológico que ha dado su nombre a la fase final (500-250 a. J.C.) y más brillante de la edad del bronce.

**DONG YUAN** o **TONG YUAN,** pintor chino (nacido en Zhongling [act. Nankín] activo entre 932 y 976). Padre del gran paisaje chino, sus obras fueron los modelos de los pintores letrados.

dibujo para la primera edición de ***Don Segundo Sombra***
de Ricardo Güiraldes

José
**Donoso**

**DONGTIN** o **TONG-T'ING,** gran lago (5 000 km² aprox.) de China central (Hunan).

**DÖNITZ** (Karl), almirante alemán (Berlín 1891-Aumühle, Schleswig-Holstein, 1980). Al mando de la flota submarina (1935-1942) y de la marina alemana (1943-1945), sucedió a Hitler en mayo de 1945 y firmó la capitulación del Reich.

**DONIZETTI** (Gaetano), compositor italiano (Bérgamo 1797-*id.* 1848), autor de conocidas obras líricas (*La favorita,* 1840; *Lucia de Lammermoor,* 1835; *Don Pasquale,* 1843; *L'elisir d'amore,* 1832).

**DONN** (Jorge), bailarín argentino (Buenos Aires 1947-Lausana 1992). Ingresó en 1963 en el Ballet du XX^ème^ siècle de Bruselas, del que fue bailarín estrella, uno de los mejores intérpretes de las obras de M. Béjart, y director artístico.

**DONNE** (John), poeta y sacerdote inglés (Londres 1572-*id.* 1631), principal representante de la poesía metafísica (*Sonetos sacros).*

**DONOSO** (José), escritor chileno (Santiago 1924-*id.* 1996). Figura señera de la narrativa latinoamericana contemporánea, es autor de cuentos, ensayista y consagrado novelista: *Coronación* (1958), *El lugar sin límites* (1966), *El obsceno pájaro de la noche* (1970), su obra más lograda, *Casa de campo* (1978), *El jardín de al lado* (1981), sobre el tema del escritor en el exilio, *La desesperanza* (1986).

**DONOSO CORTÉS** (Juan), *marqués* **de Valdegamas,** escritor y político español (Valle de la Serena, Badajoz, 1809-París 1853). Hombre de confianza de la reina María Cristina, desde la revolución de 1848 fue el máximo exponente del ideario ultraconservador. Su *Ensayo sobre el catolicismo, el liberalismo y el socialismo* (1851), defensa de la subordinación de la política a la religión, influyó en toda la derecha española posterior.

**DONOSTIA** → ***San Sebastián.***

**DONOSTIA** (José Gonzalo **Zulaica,** llamado en religión **José Antonio de**), compositor y musicólogo español (San Sebastián 1886-Lecaroz, Navarra, 1956). Capuchino, recopiló gran cantidad de canciones del folklore vasco. Compuso obras para orquesta y coros, para piano *(Preludios vascos),* para canto y piano *(Canciones sefardíes),* etc.

**DONSKÓI** (Mark Semiónovich), director de cine soviético (Odessa 1901-Moscú 1981). Famoso por sus adaptaciones de Gorki, cuyas preocupaciones humanistas compartió (*La infancia de Gorki,* 1938; *Ganando mi pan,* 1939; *Mis universidades,* 1940), también realizó *El arco iris* (1944) y *El caballo que llora* (1957).

**Doña Bárbara,** novela de Rómulo Gallegos (1929). Obra maestra de la narrativa regionalista hispanoamericana, aborda el conflicto entre civilización y barbarie a través del enfrentamiento entre Doña Bárbara, símbolo de lo salvaje y de las fuerzas oscuras de la naturaleza, y Santos Luzardo, que representa la ley y el progreso.

**Doña Francisquita,** zarzuela de A. Vives, con libreto de G. Fernández Shaw y F. Romero basado en *La discreta enamorada* de Lope de Vega. Se estrenó en Madrid (1923) y alcanzó gran popularidad.

**DOÑANA** *(coto de),* parque nacional del S de España, en el mun. de Almonte (Huelva), en zona de marismas; 700 km². Importante reserva botánica (monte bajo, pinares, alcornoques) y zoológica (aves acuáticas, mamíferos), declarada patrimonio de la humanidad por la Unesco (1994). En 1998 se vio afectado por la rotura de una presa en Aznalcóllar (Sevilla) que contenía agua y lodos tóxicos.

**DOPPLER** (Christian), físico austríaco (Salzburgo 1803-Venecia 1853). Descubrió la variación de frecuencia del sonido percibido cuando una fuente sonora se desplaza con respecto a un observador *(efecto Doppler),* fenómeno que fue aplicado a la óptica por H. Fizeau *(efecto Doppler-Fizeau).*

**DORA,** nombre de dos r. de Italia, en el Piamonte, que nacen en los Alpes, afl. del Po (or. izq.). El *Dora Baltea* (160 km) pasa por Aosta; el *Dora Riparia* (125 km) se une al Po en Turín.

**DORADA (La),** mun. de Colombia (Caldas); 54 195 hab. Puerto fluvial en el Magdalena. Curtidos.

**DORADO (El),** territorio imaginario de América del Sur, situado supuestamente entre el Orinoco y el Amazonas, que según los españoles poseía gran riqueza en metales preciosos. En su busca partieron Pérez de Quesada, Lope de Aguirre y Jiménez de Quesada, entre otros.

**DORADO,** mun. de Puerto Rico, en la costa N de la isla; 30 759 hab. Caña de azúcar y tabaco. Aeropuerto.

**Dorado (El),** aeropuerto internacional de Colombia, al NO de Bogotá.

**DORADO MONTERO** (Pedro), jurista español (Navacarros, Salamanca, 1861-Salamanca 1919). Su doctrina como penalista se basa en el positivismo y el krausismo (*Problemas del derecho penal,* 1895; *De criminología y penología,* 1906).

**DORCHESTER** (Guy **Carleton,** *barón*) → ***Carleton.***

**DORDOGNE,** dep. de Francia (Aquitania); 9 060 km²; 386 365 hab. Cap. *Périgueux* (32 848 hab.).

**DORDOÑA,** en fr. **Dordogne,** r. del SO de Francia, afl. del Garona, que nace en el macizo Central; 472 km. Instalaciones hidroeléctricas.

**DORDRECHT,** c. y puerto de Países Bajos (Holanda Meridional), en la desembocadura del Mosa; 110 473 hab. Ciudad antigua y pintoresca (iglesia de los ss. XIV-XV). Importante plaza comercial en el s. XIV. En 1618-1619 se celebró en ella un gran sínodo, cuyas decisiones aún rigen la Iglesia reformada holandesa.

**DORÉ** (Gustave), dibujante, grabador y pintor francés (Estrasburgo 1832-París 1883). Ilustró, con una fértil imaginación, continuadora del romanticismo, obras de Rabelais, Balzac, Dante, Cervantes, La Fontaine y la Biblia, entre otras.

**DORESTE** (José Luis), regatista de vela español (Las Palmas de Gran Canaria 1956), ganó el título olímpico de Finn en 1988 y tres campeonatos del mundo, en Star (1982 y 1983) y en Finn (1987). – Su hermano **Luis** (Las Palmas de Gran Canaria 1961) ganó los títulos olímpicos de 470 (1984) y de Flying Dutchman (1992) y los campeonatos del mundo de Flying Dutchman (1987) y de Soling (1995).

**DORIA,** familia noble genovesa que encabezó la facción gibelina de la ciudad. Dio ilustres almirantes entre los que destaca **Andrea Doria** (Oneglia 1466-Génova 1560), que estuvo al servicio de la Santa Sede, de Nápoles y más tarde de Génova. Tras la toma de esta plaza por los españoles (1527), sirvió a Carlos Quinto, quien le nombró general y príncipe de Melfi. Desde entonces dirigió la vida política de Génova, convertida en república mercantil. Mandó las expediciones contra Argel (1530) y Túnez (1535), y reprimió duramente la conspiración de los Fieschi (1547).

**DÓRIDA,** en gr. **Dōris,** ant. región de Grecia central. – Ant. región de la costa SO de Asia Menor.

**Doríforo** *(El),* estatua de Policleto (segunda mitad del s. V a. J.C.) que representa a un hombre desnudo con una lanza en la mano, y cuya influencia en la escultura antigua fue considerable (copia antigua en el museo de Nápoles).

**DORIS,** en la mitología griega, hija de Océano y de Tetis. Casó con Nereo, de quien tuvo cincuenta hijas, las Nereidas.

**DORNIER** (Claudius), industrial alemán (Kempten, Baviera, 1884-Zug, Suiza, 1969). Fundador de la empresa de construcción aeronáutica que lleva su nombre, realizó 150 prototipos de aviones de todas las categorías.

**Dorotea** *(La),* novela dialogada de Lope de Vega (1632), inspirada en su amor por Elena Osorio.

**DOROTEA** *(santa),* virgen y mártir (s. IV), que según la tradición murió decapitada después de convertir al joven abogado Teófilo.

**DORPAT** → ***Tartu.***

**DORREGARAY** (Antonio), militar español (Ceuta 1823-Zaragoza 1882). Combatió en África y en Cuba, y en 1868 se unió a los carlistas, de los que fue nombrado capitán general en 1872. Actuó en el sitio de Bilbao (1874), y tras ser derrotado se exilió.

**DORREGO** (Manuel), militar y político argentino (Buenos Aires 1787-† 1828), luchador por la independencia y defensor del federalismo (congreso constituyente, 1826). Gobernador de la provincia autónoma de Buenos Aires (1827), finalizó la guerra con Brasil (1828), pero fue vencido y fusilado por Lavalle.

**DORSAL GUINEANA,** estribaciones del SE de la República de Guinea. Yacimientos de hierro.

**DORSAL TUNECINA,** cordillera del N de Tunicia, orientada de SO a NE.

**DORSET,** condado de Gran Bretaña, a orillas del canal de la Mancha; 2 654 km²; 592 000 hab. Cap. *Dorchester.*

**DORTICÓS** (Oswaldo), abogado y político cubano (Cienfuegos 1919-La Habana 1983), uno de los líderes de la revolución comunista. Fue presidente de la república de 1959 a 1976.

**DORTMUND,** c. de Alemania (Renania del Norte-Westfalia), en el Ruhr; 594 058 hab. Puerto fluvial. Centro industrial. Iglesias medievales. Museos. – El *canal Dortmund-Ems* (269 km) une el Ruhr y el mar del Norte.

**Dos Aguas** *(palacio del marqués de),* palacio rococó de Valencia (1740-1744), proyectado por Hipólito Rovira y con portada de Ignacio Vergara, que alberga el museo nacional de cerámica.

**dos de mayo** *(jornada del)* → ***mayo de 1808.***

**DOS HERMANAS,** v. de España (Sevilla), cab. de p. j.; 77 997 hab. *(Doshermanenses.)* Centro comercial de un área agrícola e industrial, favorecido por su proximidad a Sevilla.

**DOS PASSOS** (John Roderigo), escritor norteamericano (Chicago 1896-Baltimore 1970), autor de novelas que, mediante la yuxtaposición de escrituras diversas (reportaje, poesía, canciones de moda, etc.), tratan de ofrecer un retrato total y crítico de la sociedad norteamericana (*Manhattan transfer,* 1925; *El gran proyecto,* 1949).

**DOS QUEBRADAS,** mun. de Colombia (Risaralda); 101 480 hab. Café. Minas de oro y plata.

**Dos Rosas** *(guerra de las),* conflicto que enfrentó, entre 1455 y 1485, a dos ramas de los Plantagenet, los York (rosa blanca) y los Lancaster (rosa roja), por la posesión de la corona de Inglaterra. Acabó con el triunfo de Enrique Tudor, último representante de los Lancaster, que, convertido en rey con el nombre de Enrique VII, casó con Isabel de York.

**DOS SICILIAS** *(Reino de las),* nombre con que se conoció en 1442-1458 y 1816-1861 al conjunto político formado por Sicilia y el S de la península itálica (Nápoles).

**DOSSO DOSSI** (Giovanni **Luteri,** llamado), pintor italiano de la escuela de Ferrara (*c.* 1480-Ferrara *c.* 1542), autor de composiciones religiosas y mitológicas de un manierismo lleno de fantasía.

**DOSTOIEVSKI** (Fiódor Mijáilovich), escritor ruso (Moscú 1821-San Petersburgo 1881). Hijo de un padre tiránico que fue asesinado por sus campesinos, fue inducido a la literatura (*Pobres gentes,* 1846) por Nekrásov y Belinski, pero sus primeros fracasos (*El doble,* 1846; *Corazón débil,* 1848) le inclinaron hacia los círculos políticos liberales. Condenado a muerte e indultado en el lugar de la ejecución, fue deportado a Siberia. Esta experiencia (*Recuerdos de la casa de los muertos,* 1861), unida a la inestabilidad de su vida a su regreso (matrimonios, ataques de epilepsia, la muerte de su hija, su pasión por el juego), le hizo ver en el sufrimiento y la humillación la razón misma de la existencia (*Humillados y ofendidos,* 1861; *Memorias del subsuelo,* 1864; *Crimen* y castigo,* 1866; *El jugador,* 1867; *El idiota*,* 1868; *Los endemoniados,* 1870; *El adolescente,* 1875), que sólo puede hallar su equilibrio, en el plano individual, en la caridad (*Los hermanos* Karamázov,* 1879-1880) y, en el plano colectivo, en la síntesis de las culturas oriental y occidental realizada por el pueblo ruso (*Diario de un escritor,* 1876).

**DOU** (Gérard), pintor neerlandés (Leiden 1613-*id.* 1675). Discípulo de Rembrandt, pintó escenas de género de técnica pulida y fría, sumamente minuciosa (*La mujer hidrópica,* 1663, Louvre).

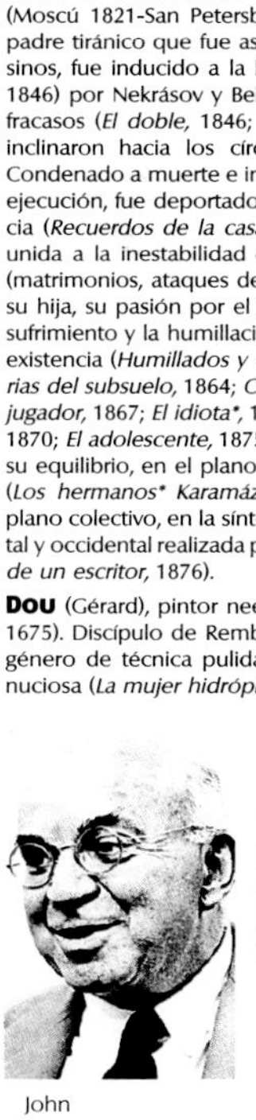

John
**Dos Passos**

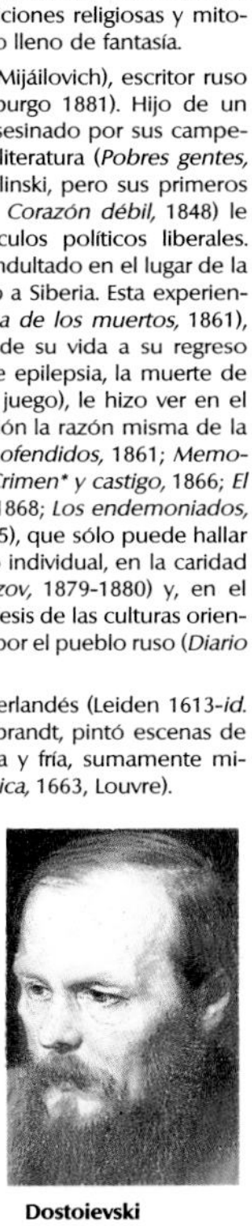

**Dostoievski**
(V. G. Perov - galería Tretiakov, Moscú)

**DOUBS,** r. de Francia y Suiza, afl. del Saona (or. izq.); 430 km.

**DOUBS,** dep. de Francia (Franco Condado); 5 234 km$^2$; 484 770 hab. Cap. *Besançon.*

**DOUGLAS,** c. y cap. de la isla de Man; 20 000 hab.

**DOUGLAS,** familia escocesa que desempeñó un papel importante en los ss. XIV y XVI. Es famosa por su resistencia a los ingleses y su rivalidad con los Estuardo.

**DOUGLAS** (James), *conde* **de Norton** [c. 1516-Edimburgo 1581]. Obligó a abdicar a María Estuardo y fue regente del joven Jacobo VI de Escocia (1572-1578). Acusado de complicidad en el asesinato de Darnley, fue decapitado.

**DOUGLAS-HOME** (*sir* Alexander Frederick), político británico (Londres 1903-Coldstream, Berwickshire, 1995). Primer ministro (1963-1964), fue presidente del partido conservador (1963-1965) y ministro de Asuntos Exteriores (1970-1974).

**DOUGLASS** (Frederick), abolicionista norteamericano (Tuckahoe, Maryland, c. 1817-Washington 1895). Consejero de Lincoln durante la guerra de Secesión, fue el primer ciudadano negro que ocupó altos cargos (cónsul de E.U.A. en Haití, 1889-1891).

**DOUMERGUE** (Gaston), político francés (Aigues-Vives, Gard, 1863-*id.* 1937). Radicalsocialista, fue presidente de la República (1924-1931). En 1934 presidió un gobierno de unión nacional.

**DOUWES DEKKER** (Eduard), escritor neerlandés (Amsterdam 1820-Nieder-Ingelheim 1887), conocido con el seudónimo de **Multatuli.** Su obra influyó de forma decisiva en el renacimiento literario de 1880 (*Max Havelaar,* 1860).

**DOVER,** c. de Gran Bretaña (Kent), junto al paso de Calais; 34 000 hab. Puerto de pasajeros.

**DOVZHENKO** (Alexandr Pietróvich), director de cine soviético (Sosnitsa, Ucrania, 1894-Moscú 1956). Su tierra natal le inspiró vastos frescos líricos que exaltaban la unión del hombre y la naturaleza dentro de un socialismo cósmico: *Zvenígora* (1928), *Arsenal* (1929), *La tierra* (1930), *Aerograd* (1935).

**Dow Jones** *(índice),* índice de bolsa creado en 1897 por el *Wall street journal* y que correspondía a la media ponderada de la cotización en bolsa de diversas acciones de sociedades norteamericanas, especialmente escogidas.

**DOWDING** (*sir* Hugh), mariscal del aire británico (Moffat, Escocia, 1882-Tunbridge Wells 1970). Estuvo al mando de la caza aérea británica durante la batalla de Inglaterra (1940).

**DOWLAND** (John), tañedor de laúd y compositor inglés (Londres 1563-*id.* 1626). Sus arias a una o varias voces, sus fantasías para laúd o sus obras para conjunto de violas figuran entre las cumbres de la música isabelina.

**Down** *(síndrome* o *enfermedad de),* denominación científica del mongolismo.

**Downing street,** calle de Londres donde se encuentra, en el n.° 10, la residencia oficial del primer ministro británico.

**DOWNS,** colinas calizas del S de la cuenca de Londres, que enmarcan la depresión húmeda de Weald.

**DOYLE** (*sir* Arthur **Conan**), escritor británico (Edimburgo 1859-Crowborough, Sussex, 1930). Sus novelas policíacas tienen como protagonistas a Sherlock Holmes, arquetipo del detective aficionado, y a su ayudante el doctor Watson.

**DOZY** (Reinhart), arabista neerlandés (Leiden 1820-*id.* 1883), estudioso de la extensión del islam por Occidente (*Historia de los musulmanes de España,* 1861).

**DRAA** o **DRA** *(uadi),* uadi del NO de África, que nace en el Alto Atlas; 1 000 km aprox. Está jalonado por numerosos oasis.

**DRAC** *(cuevas del),* cuevas naturales de España, en la sierra de Levante (Mallorca). Turismo.

**DRACHMANN** (Holger), escritor danés (Copenhague 1846-Hornbaek, Sjaelland, 1908), de inspiración a veces social y a veces romántica (*Pacto con el diablo,* 1890).

**DRACÓN,** legislador ateniense (fines s. VIII a. J.C.). Redactó un código (c. 621 a. J.C.), célebre por su rigor.

**Drácula,** personaje de la novela homónima de Bram Stoker (1897), inspirado en un príncipe de Valaquia del s. XV. Arquetipo del vampiro, sobre él se han rodado numerosas películas (F. Murnau, *Nosferatu, el vampiro,* 1922; T. Browning, 1931; T. Fisher, 1958; F. F. Coppola, 1992).

**DRAGO** (Luis María), político y jurisconsulto argentino (Buenos Aires 1859-*id.* 1921). Ministro de Relaciones Exteriores (1902), formuló la llamada *doctrina Drago,* clásica en derecho internacional, según la cual la deuda pública de un estado no podía justificar una intervención armada ni la ocupación del territorio por otras naciones.

**DRAGONERA** o **DRACONERA** *(isla),* pequeña isla de España (Baleares), frente a la costa O de Mallorca.

**DRAGÚN** (Osvaldo), dramaturgo argentino (San Salvador, Entre Ríos, 1929-Buenos Aires 1999). En su teatro están presentes los problemas sociales (*La peste viene de Melos,* 1956), lo cotidiano (*Historias para ser contadas,* 1957) y los conflictos sicológicos (*Milagro en el mercado viejo,* 1962).

**DRAIS** (Karl Friedrich), *barón* **von Sauerbronn,** ingeniero badense (Karlsruhe 1785-*id.* 1851). Inventó la *draisiana* (1816), vehículo precursor de la bicicleta.

**DRAKE** *(Paso),* estrecho que separa el archipiélago de Tierra del Fuego del continente antártico.

**DRAKE** (Edwin Laurentine, llamado **el Coronel**), industrial norteamericano (Greenville, Nueva York, 1819-Bethlehem, Pennsylvania, 1880). Realizó la primera explotación industrial de petróleo (1859), en Titusville (Pennsylvania).

**DRAKE** (*sir* Francis), marino inglés (cerca de Tavistock, Devonshire, c. 1540-frente a las costas de Portobelo 1596). Tras llevar a cabo diversas operaciones de saqueo contra las posesiones españolas en el mar del Sur, luchó con éxito contra los españoles, destruyendo su flota en Cádiz (1587), y participó en la derrota de la Armada Invencible (1588). Realizó el primer viaje inglés de circunnavegación.

**DRAKENSBERG,** principal macizo montañoso de la República de Sudáfrica (1 100 km desde el Transvaal hasta la prov. del Cabo Oriental); 3 482 m.

**DRANCY,** c. de Francia (Seine-Saint-Denis), al NE de París; 60 928 hab.

**DRAPER** (Henry), astrónomo norteamericano (Prince Edward County, Virginia, 1837-Nueva York 1882). Fue el primero en fotografiar espectros de estrellas (1872-1873). Su nombre va unido al catálogo fundamental de los espectros estelares.

**DRAVA** o **DRAVE,** en alem. **Drav,** en húngaro **Dráva,** r. que nace en los Alpes italianos, afl. del Danubio (or. der.); 720 km. Avena Austria y Eslovenia, y separa Hungría y Croacia después de recibir al Mur.

**DRAYTON** (Michael), poeta inglés (Hartshill, Warwickshire, 1563-Londres 1631), autor de poemas líricos e históricos y de una geografía poética de Inglaterra (*Poly-Olbion,* 1612-1622).

**DREES** (Willem), político neerlandés (Amsterdam 1886-La Haya 1988). Líder del partido socialista, dirigió el gobierno de 1948 a 1958.

**DREISER** (Theodore), escritor norteamericano (Terre Haute, Indiana, 1871-Hollywood 1945), iniciador del naturalismo en E.U.A. (*Sister Carrie,* 1900; *Jennie Gerhardt,* 1911; *Una tragedia americana,* 1925).

**DRENTHE,** prov. del NE de Países Bajos; 2 680 km$^2$; 429 000 hab. Cap. *Assen.*

**DRESDE,** en alem. **Dresden,** c. de Alemania, cap. de Sajonia, a orillas del Elba; 501 417 hab. Centro industrial. Palacio barroco (c. 1720) del Zwinger (muy restaurado), obra de M. D. Pöppelmann. Rica galería de pintura. La ciudad, convertida en una metrópoli cultural y artística en el s. XVIII gracias a los electores de Sajonia, fue escenario de la victoria de Napoleón sobre los austríacos (26-27 ag. 1813) y fue destruida en 1945 por los bombardeos aéreos aliados (135 000 muertos aprox.).

**DREYER** (Carl Theodor), director de cine danés (Copenhague 1889-*id.* 1968). Reflejó la interioridad de las almas a través de la desnudez de los rostros, creando una obra que aúna profunda búsqueda espiritual y sobria elegancia de estilo: *La pasión de Juana de Arco* (1928), *Vampyr* (1931), *Dies irae* (1943), *La palabra* (1955), *Gertrud* (1964), etc.

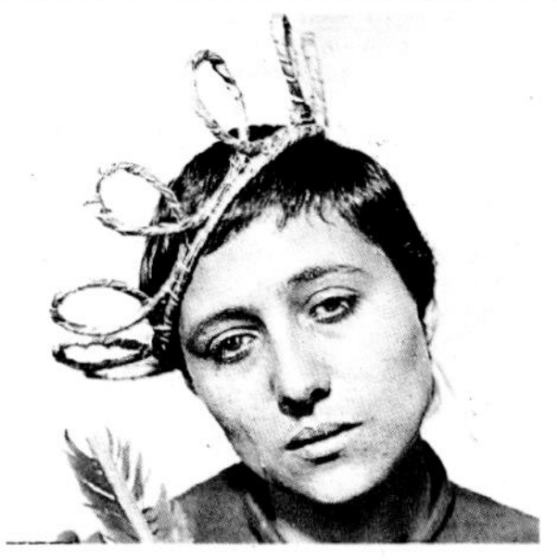

Falconetti en una escena de *La pasión de Juana de Arco* (1928) de Carl **Dreyer**

**DREYER** (Johan Ludvig Emil), astrónomo danés (Copenhague 1852-Oxford 1926). Realizó el catálogo, conocido con las iniciales NGC (1888), que da la posición de más de 10 000 nebulosas y galaxias observadas visualmente.

**Dreyfus** *(caso),* escándalo judicial y político que dividió a la opinión pública francesa (1894-1906) y que llevó al poder al Bloque de izquierdas. Alfred Dreyfus, oficial francés judío, fue condenado, equivocadamente, por espionaje al servicio de Alemania. A los favorables a la revisión del caso, agrupados en la Liga de los derechos del hombre, se les opuso la Liga de la patria francesa (antisemita y ultranacionalista).

**DRIESCH** (Hans), filósofo y biólogo alemán (Bad Kreuznach 1867-Leipzig 1941), autor de una teoría científica neovitalista.

**DROGHEDA,** en gaélico **Droichead Átha,** c. y puerto de la República de Irlanda, al N de Dublín; 23 845 hab. Centro de la resistencia realista, fue tomada por Cromwell (1649), quien asesinó a sus habitantes.

**DROGUETT** (Carlos), novelista chileno (Santiago 1912-Lausana 1996). Su narrativa se sumerge en un mundo caótico y violento: *Sesenta muertos en la escalera* (1953), *Eloy* (1960), *Patas de perro* (1965), *Todas esas muertes* (1971), *Escrito en el aire* (1972).

**DRÔME,** dep. de Francia (Ródano-Alpes); 6 530 km$^2$; 414 072 hab. Cap. *Valence.*

**DROSTE-HÜLSHOFF** (Annette, *baronesa* **von**), escritora alemana (Hülshoff, cerca de Münster, 1797-castillo de Meersburg 1848), autora de poesías épicas y de temática religiosa.

**DRUMEV** (Vasil), prelado y escritor búlgaro, me-

sir Francis **Drake** (galería nacional de retratos, Londres)

el capitán **Dreyfus** (biblioteca nacional, París)

María Eva **Duarte**

Alexander **Dubček** (en 1968)

tropolita de Tărnovo (a partir de 1884) con el nombre de **Clemente** (Šumen *c.* 1838-Tărnovo 1901). Autor de un drama histórico (*Ivanko,* 1872), desempeñó un papel importante en el partido rusófilo.

**DRUSO** *(yébel),* en ár. **Ŷabal al-Darazī,** macizo volcánico del S de Siria; 1 801 m.

**DRYDEN** (John), escritor inglés (Aldwinkle, Northamptonshire, 1631-Londres 1700). Principal representante del espíritu clásico en Inglaterra, es autor de tragedias, sátiras políticas (*Absalón y Ajitofel,* 1681-1682), *Fábulas* y poemas.

**DU BOIS** (William Edward Burghardt), escritor norteamericano (Great Barrington, Massachusetts, 1868-Accra, Ghana, 1963), de raza negra. Tomó la defensa de los negros en E.U.A. y fue uno de los fundadores del panafricanismo.

**DU BOIS-REYMOND** (Emil), fisiólogo alemán (Berlín 1818-*id.* 1896), precursor de la electrofisiología.

**DU FU** o **TU FU,** poeta chino (Duling, Shaanxi, 712-Leiyang, Hunan, 770). Amigo de Li Bo, llamado **el Sabio de la poesía,** extrajo de su experiencia de la guerra civil y de sus desgracias personales el material de sus poemas.

**Du Pont de Nemours,** sociedad norteamericana de productos químicos fundada en 1802 cerca de Wilmington (Delaware) por el químico francés Eleuthère Du Pont de Nemours (1771-1834). Se desarrolló considerablemente durante el s. XX al fabricar textiles artificiales y caucho sintético, y con el descubrimiento del nylon.

**DUALA** o **DOUALA,** puerto y principal ciudad de Camerún, en el estuario del Wuri; 1 030 000 hab. Aeropuerto. Centro comercial e industrial.

**DUARTE** *(pico),* cumbre culminante de la República Dominicana, en la cordillera Central; 3 175 m.

**DUARTE** *(provincia de),* prov. de la República Dominicana, al N del país; 1 292 km²; 257 000 hab. Cap. *San Francisco de Macorís.*

**DUARTE** (José Napoleón), político salvadoreño (San Salvador 1920-*id.* 1990). Democratacristiano, fue aupado al poder por el ejército en 1980-1982, y fue de nuevo presidente en 1984-1989.

**DUARTE** (Juan Pablo), patriota dominicano (Santo Domingo 1813-Caracas 1876). Fundó la sociedad Trinitaria y promovió la revuelta de 1843. Es considerado el fundador de la República Dominicana.

**DUARTE** (María Eva), política argentina (Los Toldos, Buenos Aires, 1919-Buenos Aires 1952). Trabajaba como actriz cuando se casó (1945) con J. D. Perón, quien en 1946 ocupó la presidencia de la república. Colaboró en las tareas de gobierno, y en especial en los programas sociales. Llamada afectuosamente *Evita,* tuvo gran influencia en la vida argentina, y con su muerte se inició la crisis del régimen peronista.

**DUATO** (Ignacio, llamado **Nacho**), bailarín y coreógrafo español (Valencia 1957). Trabajó en el Nederlands dans theater entre 1981 y 1990, año en el que pasó a ser director artístico y de coreografía del ballet de la Compañía nacional de danza. Posee una fuerte personalidad artística e innovadora. En 1996 anunció su retirada como bailarín.

**DUBAY** → ***Dibay.***

**DUBČEK** (Alexander), político checoslovaco (Uhrovec, Eslovaquia, 1921-Praga 1992). Primer secretario del Partido comunista checoslovaco (en. 1968), encabezó el movimiento de liberalización del régimen, llamado la primavera de Praga, que fue abortado por la intervención militar soviética (ag.). Sustituido por Husak (abril 1969), tras los cambios de 1989, fue presidente del parlamento federal (dic. 1989-junio 1992).

**DUBLÍN,** en gaélico **Baile Átha Cliath,** c. y cap. de la República de Irlanda, en la costa E de la isla; 477 675 hab. (861 000 en la aglomeración). Centro financiero y cultural, es también un centro industrial. Residencias y monumentos ss. XVII-XVIII. Ricos museos (arqueología céltica; manuscritos iluminados de los ss. VII-VIII, etc.).

**DUBOIS** (Guillaume), cardenal y político francés (Brive-la-Gaillarde 1656-Versalles 1723). Dirigió la política exterior francesa desde 1715, y fue el artífice de la Cuádruple alianza. Contrario a la política de Alberoni en Italia, luchó contra España (1719-1720). Fue arzobispo de Cambrai y primer ministro.

**DUBOS** (René Jules), bioquímico y bacteriólogo norteamericano de origen francés (Chaumont-en-Vexin 1901-Nueva York 1982), autor de trabajos sobre los antibióticos y sobre la ecología.

**DUBROVNIK,** ant. **Ragusa,** c. y puerto de Croacia; 31 000 hab. Centro turístico en la costa dálmata. Numerosos monumentos, de la época prerromana al barroco. Museos. La ciudad, fundada en el s. VII, estuvo bajo la soberanía de Venecia (1205-1358), Hungría (1358-1526), de los otomanos (1526-1806) y de los Habsburgo (1815-1918). Convertida en los ss. XV-XVI en una república *(República de Ragusa),* desarrolló una intensa actividad comercial y cultural.

**DUBUFFET** (Jean), pintor francés (El Havre 1901-París 1985). Su *art brut* se inspiró en graffiti y dibujos infantiles y trabajó la expresividad de las texturas y los materiales. Autor de las series *Metro,* 1943; *Retratos,* 1947; *L'hourloupe,* pinturas y esculturas, 1962-1974, etc.

**DUBY** (Georges), historiador francés (París 1918-Aix-en-Provence 1996), especialista en historia medieval, realizó diversos trabajos relacionados con el arte (*La Europa de las catedrales,* 1966) y la historia de la vida cotidiana y de las mentalidades (*El domingo de Bouvines,* 1973; *El nacimiento del purgatorio,* 1981).

**Ducados** *(guerra de los)* [1864], conflicto que enfrentó a Dinamarca con Prusia y Austria por la posesión de los ducados de Schleswig, Holstein y Lauenburg. Dinamarca, vencida en 1864 por Prusia y Austria, tuvo que ceder a dichas potencias la administración de los ducados (convención de Gastein, 1865).

**DUCAS,** dinastía que dio varios emperadores a Bizancio, entre ellos **Constantino X** (1059-1067) y **Miguel VII** (1071-1078).

**DUCCIO di Buoninsegna,** pintor italiano (Siena *c.* 1260-*id.* 1318/1319). Su obra maestra es el gran retablo de la Virgen *(Maestà)* de la catedral de Siena, donde se liberó de la tradición bizantina (1308-1311).

**DUCHAMP** (Marcel), pintor francés (Blainville 1887-Neuilly-sur-Seine 1968), nacionalizado norteamericano. Futurista, pasó a hacer *ready-mades* (objetos usuales promovidos a obras de arte). Precursor del dadaísmo (*La mariée mise à nu par ses célibataires, même,* 1915-1923), influyó en el pop art y el arte conceptual.

**DUCHAMP-VILLON** (Raymond **Duchamp,** llamado), escultor francés (Damville 1876-Cannes 1918). Aunó los principios del cubismo y del futurismo (*Caballo,* 1914).

**DUDLEY,** c. de Gran Bretaña (West Midlands), cerca de Birmingham; 187 000 hab.

**DUDLEY** (John), *conde* **de Warwick,** *duque* **de Northumberland,** político inglés (¿1502?-Londres 1553). Gran mariscal de Inglaterra, ejerció una gran influencia en Eduardo VI y orientó a la Iglesia anglicana hacia el protestantismo. Padrastro de Jane Grey (1553), fue ejecutado tras la ascensión de María Tudor al trono. – Su hijo **Robert,** 1.er *conde* **de Leicester** (*c.* 1532-Cornbury, Oxfordshire, 1588), fue favorito de la reina Isabel I.

**DUENDE DE PALACIO** *(El)* → ***Valenzuela*** (Fernando de).

**DUEÑAS,** c. de España (Palencia); 3 132 hab. *(Aldanenses.)* Ganado lanar. Iglesia de Santa María y monasterio trapense de San Isidro.

**DUEÑAS** (Francisco), político salvadoreño (1811-1884). Máximo dirigente de su país entre 1851 y 1871, fue presidente constitucional en 1852-1854 y 1863-1871.

**DUERO,** en port. **Douro,** r. de la península Ibérica, colector de las aguas de la submeseta N; 913 km. Su cuenca es la mayor de la Península (98 160 km²). Nace en los Picos de Urbión (España) y desemboca en Oporto (Portugal). Sus afl. principales son el Esla (or. der.) y el Tormes (or. izq.). Aprovechado para regadío e hidroelectricidad (diversos embalses, el mayor el de Aldeadávila, en España; Miranda, en Portugal). Navegable en su curso bajo.

**DUFAY** (Guillaume), compositor borgoñón (*c.* 1400-Cambrai 1474), autor de misas, motetes y canciones.

**DUFY** (Raoul), pintor, grabador y dibujante francés (El Havre 1877-Forcalquier 1953). Influido por el fauvismo y el cubismo, halló su personalidad en un grafismo elíptico y un colorido claro y alegre.

**DUGGA,** localidad de Tunicia septentrional, cerca de Téboursouk. Restos de la antigua ciudad de Thugga, residencia de los príncipes númidas, próspera en los ss. II y III durante la dominación romana.

**DUGOMMIER** (Jacques François **Coquille,** llamado), general francés (Basse Terre, Guadalupe, 1738-Darnius, Gerona, 1794). Reconquistó Toulon (1793) y en 1794, al frente del ejército de los Pirineos, recuperó el Rosellón y entró en el Ampurdán. Murió en la batalla de Montroig.

**DUGUESCLIN** (Bertrand) → ***Guesclin*** (du).

**DUḤĀ,** c. y cap. de Qaṭar, en el golfo Pérsico; 190 000 hab. Terminal de gasoducto.

**DUHAMEL** (Georges), escritor francés (París 1884-Valmondois, Val-d'Oise, 1966), autor de ciclos novelescos (*Vida y aventuras de Salavin,* 1920-1932; *Crónica de los Pasquier,* 1933-1945).

**DUHESME** (Philippe Guillaume, *conde*), general francés (Bourgneuf, Saône-et-Loire, 1766-Genappe, cerca de Waterloo, 1815). Mandó los ejércitos napoleónicos que ocuparon Cataluña, donde gobernó en 1808-1810.

**DÜHRING** (Karl Eugen), filósofo alemán (Berlín 1833-Nowawes [act. Babelsberg], cerca de Potsdam, 1921). Es autor de una teoría materialista simplista, atacada por Engels en el *Anti-Dühring* (1878).

**DUILIO** (Cayo), cónsul romano en 260 a. J.C. Obtuvo, frente a las costas de Sicilia, la primera victoria naval de los romanos sobre los cartagineses.

**DUISBURG,** c. de Alemania (Renania del Norte-Westfalia), en la confluencia del Ruhr y del Rin; 532 152 hab. Gran puerto fluvial y centro industrial. Universidad. Museo.

**DUITAMA,** mun. de Colombia (Boyacá); 67 831 hab. Minas de cobre y plata; harineras.

**DUJARDIN** (Karel), pintor y grabador neerlandés (Amsterdam *c.* 1622-Venecia 1678). Influido por los artistas italianos, es autor de paisajes luminosos con personajes y animales, así como de composiciones religiosas y mitológicas.

**DUKAS** (Paul), compositor francés (París 1865-*id.* 1935), autor de *El aprendiz de brujo* (1897).

**DUKOU** o **TU-K'EU,** c. de China (Sichuan); 330 000 hab. Siderurgia.

**DULCE,** r. del N de Argentina, que desagua en la laguna de Mar Chiquita; 670 km.

**DULCE** (Domingo), militar español (Sotés, Logroño, 1808-Amélie-les-Bains 1869). Participó en la represión del movimiento de los agraviados y en las dos primeras guerras carlistas, apoyó a O'Donnell en la Vicalvarada y fue capitán general de Cataluña (1858-1862) y de Cuba (1862-1866).

**DULCE DE PROVENZA** († *c.* 1127), condesa de Barcelona y Provenza [1112-*c.* 1127], esposa de Ramón Berenguer III de Barcelona. Al morir éste

Jean **Dubuffet:** *El tren de relojes* (1965), una de las pinturas del ciclo llamado de *L'hourloupe.*
(Centro Georges - Pompidou, París.)

(1131), el condado de Provenza pasó a su segundo hijo, Berenguer Ramón I.

**Dulcinea del Toboso,** personaje del *Quijote,* inventado por el protagonista a partir de una labradora llamada Aldonza Lorenzo. Es la musa imaginaria que guía sus aventuras.

**DULLES** (John Foster), político norteamericano (Washington 1888-*id.* 1959). Secretario de estado para Asuntos Exteriores (1953-1959), fue el responsable de la política exterior norteamericana durante la guerra fría.

**DULUTH,** c. de Estados Unidos (Minnesota), a orillas del lago Superior; 85 493 hab. Puerto activo (hierro). Metalurgia.

**DUMAS** (Alexandre), escritor francés (Villers-Cotterêts 1802-Puys, cerca de Dieppe, 1870), el más popular de los románticos (*Antony,* 1831; *Los tres mosqueteros,* 1844; *El conde de Montecristo,* 1845). Ayudado por colaboradores, firmó cerca de 300 obras. – **Alexandre,** llamado **Dumas hijo,** hijo natural del anterior (París 1824-Marly-le-Roi 1895), es autor de un teatro de inspiración social. *La dama de las camelias* (1848) fue su gran éxito.

**DUMAS** (Jean-Baptiste), químico francés (Alès 1800-Cannes 1884). Determinó la masa atómica de una gran número de elementos, utilizó sistemáticamente las ecuaciones químicas y descubrió la noción de función química.

**Dumbarton Oaks** *(plan de),* proyecto elaborado en 1944 en Dumbarton Oaks, cerca de Washington, por delegados norteamericanos, británicos, chinos y soviéticos, que sirvió de base a la Carta de las Naciones unidas.

**DUMÉZIL** (Georges), historiador francés (París 1898-*id.* 1986). Hizo estudios comparados de la mitología y de la organización social de los pueblos indoeuropeos (*Mito y epopeya,* 1968-1973).

**DUMONT D'URVILLE** (Jules), navegante francés (Condé-sur-Noireau 1790-Meudon 1842). Descubrió en la Antártida las tierras de Luis Felipe y Joinville (1839) y la tierra Adelia (1840).

**DUMUZI** o **TAMMŪZ,** dios sumero-acadio de la primavera y de la fertilidad. Fue muy popular en Fenicia y Siria con el nombre de *Adon* (mi señor), al cual los griegos convirtieron en *Adonis.*

**DÚN LAOGHAIRE,** ant. **Kingstown,** c. de la República de Irlanda; 54 000 hab. Estación balnearia y antepuerto de Dublín.

**DUNA** → ***Danubio.***

**DUNANT** (Henri), filántropo suizo (Ginebra 1828-Heiden 1910). Promotor de la convención de Ginebra (1864) y uno de los creadores de la Cruz Roja. (Premio Nobel de la paz 1901.)

**Dunas** *(batalla naval de las),* derrota de la flota española del almirante A. de Oquendo ante la neerlandesa del almirante Tromp, frente a la costa inglesa del condado de Kent (14 junio 1639). Marcó el inicio de la decadencia militar española en Europa.

**Dunas** *(batallas de las),* nombre de dos combates fracasados de las tropas españolas cerca de Nieuwpoort (Bélgica): en 1600 fueron vencidas por los neerlandeses de Mauricio de Nassau, y en 1658 un ejército anglofrancés (Turena, Reynolds) las derrotó y forzó la firma de la paz de los Pirineos (1659).

**DUNAÚJVÁROS,** de 1951 a 1961 **Sztálinváros,** c. de Hungría, al S de Budapest; 59 028 hab. Siderurgia.

Alexandre **Dumas** padre
(A. Bellay - palacio de Versalles)

Marguerite **Duras**

**DUNBAR** (William), poeta escocés (Salton *c.* 1460-*c.* 1530), autor de poemas satíricos y alegóricos (*El cardo y la rosa,* 1503).

**DUNCAN I** († cerca de Elgin en 1040), rey de Escocia [1034-1040]. Fue asesinado por Macbeth.

**DUNCAN** (Isadora), bailarina norteamericana de origen irlandés (San Francisco 1878-Niza 1927). Sus innovaciones e improvisaciones, en oposición a la expresión académica y a las formas clásicas del ballet, influyeron en la danza moderna.

**DUNDEE,** c. y puerto de Gran Bretaña (Escocia), en el estuario del Tay; 175 000 hab.

**Dunhuang:** pintura sobre papel (s. IX) representando un monje peregrino budista
(biblioteca nacional, París)

**DUNEDIN,** c. y puerto de Nueva Zelanda (isla del Sur); 113 000 hab. Universidad.

**DUNGENESS** *(cabo),* punta británica del SE de Inglaterra (Kent), en el paso de Calais. Central nuclear.

**DUNHUANG** o **TUEN-HUANG,** c. de China (Gansu), en los confines del desierto de Gobi, punto de confluencia de las rutas de la seda. Monasterio búdico rupestre: 486 grutas decoradas con pinturas murales y relieves. En una de las grutas, tapiada desde el s. XI, se descubrieron en 1900 la biblioteca del convento y un precioso tesoro de pendones votivos de seda (museo Guimet de París y museo Británico de Londres).

**DUNKERQUE,** c. de Francia (Nord); 71 071 hab. Activo puerto. Violenta batalla en 1940. Museos.

**DUNLOP** (John Boyd), veterinario e ingeniero escocés (Dreghorn, Ayrshire, 1840-Dublín 1921). Realizó el primer neumático (1887).

**DUNS SCOT** (John) → ***Escoto.***

**DUNSTABLE** (John), compositor inglés (*c.* 1385-Londres 1453), autor de obras polifónicas religiosas.

**DUNSTANO** *(san),* arzobispo de Canterbury (cerca de Glastonbury 924-Canterbury 988). Impulsó el desarrollo del monacato inglés y trabajó en la reforma de la Iglesia.

**DUPERIER VALLSECA** (Arturo), físico español (Pedro Bernardo 1896-Madrid 1959), autor de importantes trabajos sobre las variaciones de intensidad de los rayos cósmicos y su medida.

**Dúplice** *(alianza)* [7 oct. 1879], alianza concluida en Viena por el Imperio austrohúngaro y Alemania, promovida por Bismarck.

**DUPONT de l'Etang** (Pierre Antoine, *conde*), general francés (Chabanais 1765-París 1840). Luchó en España, donde saqueó Córdoba y otras ciudades, y capituló en Bailén (1808). Fue ministro de Guerra.

**DUPRÉ** (Marcel), compositor y organista francés (Ruán 1886-Meudon 1971), autor de obras neorrománticas para órgano.

**DUQUE CORNEJO** (Pedro), escultor español (Sevilla 1677-Córdoba 1757), fiel exponente de la escuela barroca andaluza.

**DUQUE DE CAXIAS,** c. de Brasil, en la aglomeración de Río de Janeiro; 664 643 hab. Industria química.

**DUQUE DE ESTRADA** (Diego), militar y escritor español (Toledo 1589-Cagliari, Cerdeña, 1647). Narró su vida aventurera en una autobiografía que se publicó en 1860.

**DUQUESNOY** (François), llamado **Francesco Fiammingo,** escultor flamenco (Bruselas 1597-Livorno 1643), que vivió principalmente en Roma. Su estatua de *Santa Susana* (1633, Santa María de Loreto), de un estilo clasicista, le hizo célebre. Era hijo de **Jérôme Duquesnoy,** llamado **el Viejo,** autor del célebre *Manneken-Pis* de Bruselas (1619).

**DUR ŠARRUKĪN** → ***Jursabād.***

**DURA EUROPOS,** plaza fuerte a orillas del Éufrates (Siria), fundada en el s. III a. J.C. por los seléucidas. Fue destruida por Sapor I (256 d. J.C.). Vestigios antiguos. Sinagoga y vivienda cristiana con baptisterio, decoradas con frescos del s. III.

**DURÁN** (Agustín), escritor español (Madrid 1793-*id.* 1862), uno de los introductores del romanticismo en España. Centró sus estudios en la comedia y el romancero (*Colección de Romances antiguos,* 1856).

**DURÁN** (Diego), dominico español (Sevilla *c.* 1537-† 1588), autor de obras sobre la historia precolombina (*Historia de las Indias de Nueva España e Islas de Tierra Firme,* publicada en México en 1867-1880).

**DURÁN** (Profeit), nombre romance del escritor hebraicoespañol **Iṣḥaq ben Mošé ha-Leví** (Cataluña ss. XIV-XV), conocido con el seudónimo de **Efodí.** Autor de una gramática hebrea y de dos obras polémicas en torno al judaísmo y al cristianismo.

**DURÁN** (Roberto), boxeador panameño (Guararé 1951), apodado **Mano de Piedra,** por su dura pegada. Fue sucesivamente campeón mundial de los pesos ligeros, welter, superwelter y medios (1972-1989).

Diego **Durán:** miniatura de un manuscrito de la *Historia de las Indias de Nueva España*
(biblioteca nacional, Madrid)

**DURÁN** (Šim'ón ben Ṣémaḥ), escritor hebraicoespañol (Palma de Mallorca 1361-Argel 1444), más conocido por la sigla **Rašbaṣ.** Exegeta bíblico y talmudista *(El escudo de los antepasados).*

**DURÁN BALLÉN** (Sixto), político ecuatoriano (Boston, E.U.A., 1920). Fue presidente de la república, por el conservador Partido de unión republicana (1992-1996).

**DURÁN REYNALS** (Francisco), médico español (Barcelona 1899-New Haven 1958). Descubrió el *factor de difusión (Reynals factor),* identificado luego con la hialuronidasa. Fue autor de diversos trabajos sobre la etiología vírica del cáncer.

**DURÁN Y BAS** (Manuel), jurisconsulto y político español (Barcelona 1823-*id.* 1907), diputado liberal y ministro (1899) del gobierno Silvela, es autor de una *Memoria acerca de las instituciones del derecho civil de Cataluña* (1883), entre otras obras.

**DURÁN Y VENTOSA** (Luis), político español (Barcelona 1870-*id.* 1954), hijo del anterior. Catalanista, militante de la Lliga, fue vicepresidente de la Mancomunidad (1914) y consejero de la Generalidad (1935-1936). Autor, entre otras obras, de *Regionalismo y federalismo* (1905).

**DURANCE,** r. de Francia, afl. del Ródano, que nace en los Alpes; 305 km. Instalaciones hidroeléctricas.

**DURANGO** *(estado de),* est. del O de México, accidentado por la sierra Madre occidental; 119 648 $km^2$; 1 349 378 hab. Cap. *Durango.*

**DURANGO,** c. de México, cap. del est. homónimo; 348 036 hab. Centro industrial, comercial y cultural (universidad). Catedral (ss. XVII-XVIII), palacio del gobierno y edificios civiles del s. XVIII. Fue fundada en 1563.

**DURANGO,** v. de España (Vizcaya), cab. de p. j.; 22 492 hab. *(Durangueses.)* Mercado agrícola. Fundiciones; fábrica de bicicletas; ind. papeleras. Cruz de Crutziaga (s. XV). Casas solariegas e iglesias.

**Durante la reconquista,** novela histórica de Alberto Blest Gana (1897), ambientada en las luchas independentistas de 1814-1818.

**DURÃO** (José **de Santa Rica**), poeta brasileño (Cata Preta, Minas Gerais, 1722-Lisboa 1784), autor de la primera epopeya nacional (*Caramuru,* 1781).

**DURAS** (Marguerite), escritora y directora de cine francesa (Gia Dinh, Vietnam, 1914-París 1996). Sus novelas (*Moderato cantabile,* 1958; *El amante,* 1984), su teatro y sus películas (*India song,* 1975), denuncian la alienación cultural y social. Escribió el guión de *Hiroshima mon amour* (1958), de A. Resnais.

**DURATÓN,** r. de España, afl. del Duero (or. izq.); 106 km. Discurre encajado en su curso superior, y por un ancho valle en la Meseta.

**DURAZNO** *(departamento de),* dep. del centro de Uruguay; 11 643 $km^2$; 55 077 hab. Cap. *Durazno* (25 800 hab.).

**DURAZZO** → ***Durrës.***

**DURBAN,** c. y puerto de la Rep. de Sudáfrica (Natal Kwazulu), junto al océano Índico; 634 000 hab. (982 000 en la aglomeración). Centro industrial.

**DÜREN,** c. de Alemania (Renania del Norte-Westfalia); 84 251 hab. Metalurgia.

**DURERO** (Alberto), en alem. **Albrecht Dürer,** pintor y grabador alemán (Nuremberg 1471-*id.* 1528). Realizó un viaje de aprendizaje por Colmar, Basilea y Estrasburgo, estuvo dos veces en Venecia, pero aprendió lo básico de su carrera en Nuremberg. Manifestó su genio en la pintura al óleo (*Fiesta del Rosario,* 1506, Praga; retratos), en el dibujo y la acuarela (col. Albertina, Viena) y en sus grabados célebres en Europa desde el primer momento (xilografías, de un grafismo fogoso, aún medieval: el *Apocalipsis* [15 planchas, 1498], la *Pasión grande,* etc.; grabados con buril, más italianizantes y que reflejan la influencia de los humanistas: *La gran fortuna,* c. 1500; *San Jerónimo* y *La Melancolía**, 1514). Se apasionó por las teorías del arte (perspectiva, etc.) y publicó varias obras al final de su vida (*Tratado de las proporciones del cuerpo humano,* 1528).

**DURG** → ***Bhilai Nagar.***

**DURGAPUR,** c. de la India (Bengala Occidental); 415 986 hab. Centro industrial.

**DURHAM,** c. de Gran Bretaña (Inglaterra), cap. del condado del mismo nombre; 26 000 hab. Notable catedral iniciada en 1093.

**DURHAM** (John George **Lambton,** *lord*), político británico (Londres 1792-Cowes 1840). Gobernador de Canadá (1838), publicó un informe que inspiró la creación de la Confederación canadiense (1867).

**DURKHEIM** (Emile), sociólogo francés (Epinal 1858-París 1917). Aplicó al grupo social un análisis parecido a un diagnóstico médico y concibió el hecho social como algo que existe fuera de la conciencia individual (*La división del trabajo social,* 1893; *El suicidio,* 1897).

**DURRELL** (Lawrence), escritor británico (Jullundur, India, 1912-Sommières, Francia, 1990). En sus novelas, que tienen como marco los paisajes mediterráneos, creó un universo en el que las únicas crisis profundas son las de la sensibilidad plástica y literaria (*El cuarteto de Alejandría,* 1957-1960; *El quinteto de Aviñón,* 1974-1986).

**DÜRRENMATT** (Friedrich), escritor suizo en lengua alemana (Konolfingen, Berna, 1921-Neuchâtel 1990). En su teatro, lleno de humor barroco, critica las ilusiones y opresiones humanas (*Un ángel viene a Babilonia,* 1953; *Los físicos,* 1962). También escribió novelas (*El juez y su verdugo,* 1952).

**DURRËS,** en ital. **Durazzo,** en la antigüedad **Dirraquio,** c. y puerto de Albania, en el Adriático; 85 400 hab.

**DURRUTI** (Buenaventura), dirigente anarquista español (León 1896-Madrid 1936). Durante la segunda república fue la figura más representativa de la C.N.T. y de la F.A.I. Al estallar la guerra civil, dirigió las fuerzas anarquistas de Barcelona y combatió en el frente de Aragón y en Madrid, donde murió.

**Durero:** *Adoración de los Magos* (1504). Pintura sobre madera. (Uffizi, Florencia.)

**DUSE** (Eleonora), actriz italiana (Vigevano 1858-Pittsburgh, Pennsylvania, 1924), intérprete de Ibsen y de d'Annunzio, que escribió para ella varias de sus obras.

**DUSHANBE,** de 1929 a 1961, **Stalinabad,** c. y cap. de Tadzhikistán; 595 000 hab.

**DUSSEK** (Johann Ladislas), pianista y compositor originario de Bohemia (Cáslav 1760-Saint-Germain-en-Laye 1812), autor de sonatas y conciertos.

**DÜSSELDORF,** c. de Alemania, cap. de Renania del Norte-Westfalia, a orillas del Rin; 574 022 hab. Centro comercial y financiero del Ruhr. Metalurgia. Química. Museos.

**DŪST MUḤAMMAD** (1793-1863), soberano de Afganistán. Emir de Kabul (1834). Derrocado por los británicos (1839), recuperó el poder en 1843.

**DUTRA** (Eurico Gaspar), político y general brasileño (Cuiabá, Mato Grosso, 1885-Río de Janeiro 1974). Organizador del cuerpo brasileño que luchó junto a los aliados en Italia (1944), fue presidente de Brasil (1946-1951).

**DUUN** (Olav), escritor noruego (Jøa, Nord-Trøndelag 1876-Tønsberg 1939), autor de novelas que evocan la naturaleza de los fiordos y sus habitantes (*Las gentes de Juvik,* 1918-1923).

**DUVALIER** (François), llamado **Papa Doc,** político haitiano (Puerto Príncipe 1907-*id.* 1971). Presidente de la república (1957), desde 1964 convirtió su cargo en vitalicio y ejerció un poder dictatorial. – Su hijo **Jean-Claude,** llamado **Bébé Doc** (Puerto Príncipe 1951), le sucedió en 1971 hasta 1986, en que tuvo que exiliarse.

**DUVERGER** (Maurice), jurista y politólogo francés (Angulema 1917), especializado en el análisis sociológico de los fenómenos políticos.

**DVINA OCCIDENTAL,** en ruso **Západnaia Dviná,** en letón **Daugava,** r. de Rusia, Bielorrusia y Letonia, que desemboca en el mar Báltico; 1020 km.

**DVINA SEPTENTRIONAL,** en ruso **Siévernaia Dviná,** r. de Rusia, que desemboca en el mar Blanco; 744 km.

**DVOŘÁK** (Antonín), compositor checo (Nelahozeves, Bohemia, 1841-Praga 1904), director de los conservatorios de Nueva York y de Praga (*Sinfonía del Nuevo mundo,* 1893; concierto para violonchelo, 1895, etc.).

**DYLAN** (Robert **Zimmerman,** llamado **Bob**), cantante, guitarrista y compositor norteamericano (Duluth, Minnesota, 1941). Popular cantante de folk, fue el portavoz de la generación contestataria de los años sesenta.

**DZERZHINSK,** c. de Rusia, al O de Nizhni Nóvgorod; 285 000 hab. Química.

**DZERZHINSKI** (Félix Edmúndovich), político soviético (Vilnius 1877-Moscú 1926). Revolucionario activo en Lituania y en Polonia desde 1895, fue uno de los organizadores de la insurrección armada de octubre-noviembre de 1917. Dirigió la Checa (1917-1922) y la GPU (1922-1926).

**DZHAMBUL,** c. de Kazajstán; 303 000 hab.

**DZHUNGARIA,** región de China occidental (Xinjiang), entre el Altái mongol y el Tian Shan. Es una vasta depresión que llega, a través de la *puerta de Dzhungaria,* al Kazajstán. La región fue en los ss. XVII-XVIII el centro de un Imperio mongol creado por los oirat o calmucos federados y destruido por los chinos (1754-1756).

Emile **Durkheim**

Buenaventura **Durruti**

# E

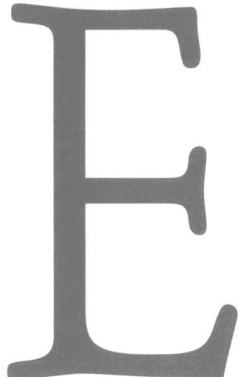

**EACO,** en la mitología griega, uno de los tres jueces de los Infiernos, junto con Minos y Radamanto.

**EAMES** (Charles), arquitecto y diseñador norteamericano (Saint Louis 1907-*id.* 1978), pionero del diseño moderno.

**EANES** (António dos Santos **Ramalho**), general y político portugués (Castelo Branco 1935). Uno de los instigadores del golpe de estado del 25 de abril de 1974 que derrocó a la dictadura, fue presidente de la república (1976-1986).

**EAST KILBRIDE,** c. de Gran Bretaña, cerca de Glasgow; 70 000 hab. Mecánica. Electrónica.

**EAST LONDON,** c. y puerto de la República de Sudáfrica (prov. del Cabo Oriental), junto al océano Índico; 161 000 hab. Región agrícola. Montaje de automóviles.

**EAST-ANGLIA,** reino anglo fundado en el s. VI y anexionado en el s. VIII por Offa, rey de Mercia.

**EASTBOURNE,** c. y estación balnearia de Gran Bretaña (Sussex Oriental), junto al canal de la Mancha; 83 200 hab.

**EASTMAN** (George), industrial norteamericano (Waterville, Nueva York, 1854-Rochester 1932). Fundó la futura casa Kodak (1880) e inventó la película fotográfica (1889).

**Eastman Kodak company,** sociedad norteamericana, fundada en 1892. Se especializó en la fabricación de materiales y productos fotográficos y cinematográficos, instrumentos de óptica, materias plásticas, tejidos artificiales y en tecnologías punta (informática).

**EBBINGHAUS** (Hermann), sicólogo alemán (Barmen, act. en Wuppertal, 1850-Halle 1909), uno de los fundadores de la sicología experimental (*Sobre la memoria,* 1885).

**EBERT** (Friedrich), político alemán (Heidelberg 1871-Berlín 1925). Presidente del Partido socialdemócrata alemán (1913), contribuyó a la caída de Guillermo II (1918). Canciller, persiguió al espartaquismo y fue el primer presidente de la República Alemana (1919-1925).

**EBERTH** (Karl Joseph), bacteriólogo alemán (Würzburg 1835-Berlín 1926). Descubrió el bacilo de la fiebre tifoidea que lleva su nombre.

**EBLA,** ant. c. de Siria, cerca del actual tell Mardij, a 70 km al SO de Alepo. En el III milenio, el *reino de Ebla* era uno de los centros más importantes del Asia anterior. Restos arqueológicos y archivos de tablillas.

**ÉBOLI** (Ruy **Gómez de Silva,** *príncipe* **de**), aristócrata portugués al servicio de España (1516-Madrid 1573). Muy influyente en la corte de Felipe II, se opuso al duque de Alba y defendió las negociaciones de paz en los Países Bajos y una estructura federal de la monarquía. – Su esposa **Ana Mendoza de la Cerda** (Cifuentes 1540-Pastrana 1592), *princesa* **de Éboli,** fue detenida junto con Antonio Pérez por conspirar en 1579.

**EBORICO,** rey suevo [583]. Hijo de Miro, tuvo que prestar homenaje al rey visigodo Leovigildo. Depuesto por una conspiración encabezada por Andeca, se refugió en un monasterio.

**EBRO,** r. de España, el mayor colector de la vertiente mediterránea; 928 km. Nace en la sierra de Peña Labra (Cantabria), sigue en dirección OE y, por los montes Obarenes, penetra en la depresión del Ebro, donde fertiliza las huertas de La Rioja, Navarra, Aragón y Cataluña, mediante una serie de canales de riego (canal Imperial de Aragón y otros) y embalses. A partir de Mequinenza se encaja y es aprovechado por varias centrales hidroeléctricas. Desemboca en el Mediterráneo formando un amplio delta. Sus afluentes más caudalosos provienen de las vertientes pirenaica y cantábrica.

**Ebro** *(batalla del),* combate de la guerra civil española (1936-1939), desarrollado entre julio y noviembre de 1938. Iniciada con una ofensiva republicana, se saldó con una victoria franquista que fue el preludio de la caída de Cataluña. Murieron entre 15 000 y 20 000 soldados.

**EÇA DE QUEIROZ** (José Maria), escritor portugués (Póvoa de Varzim 1845-París 1900), autor de novelas de técnica naturalista en las que analiza críticamente la vida social portuguesa (*El crimen del padre Amaro,* 1875-1876; *El primo Basilio,* 1878).

el delta del **Ebro** en Tarragona

**ECATEPEC,** v. de México (México); 784 507 hab. Centro industrial (metalurgia, química y papel).

**ECBATANA,** ant. cap. de los medos (c. 612-550 a. J.C.). Fue la residencia real de varias dinastías iraníes. Restos antiguos. (Act. *Hamadān.*)

**ECHANDI** (Mario), político costarricense (San José 1915-† 1996), presidente de la república (1958-1962) por la conservadora Unión nacional.

**ECHANDÍA** (Darío), político colombiano (Chaparral, Tolima, 1897-Bogotá 1981), presidente interino de la república (1944) y primer ministro (1948).

**ECHAUZ** (Francisco), pintor y grabador español (Madrid 1927). Iniciado en el surrealismo, evolucionó hacia tendencias expresionistas.

**ECHAVE IBÍA** (Baltasar **de**), pintor mexicano (¿México? *c.* 1580-*¿id.?* *c.* 1660). Se formó con su padre, B. Echave Orio, y se dedicó a la pintura religiosa y al paisaje.

**ECHAVE ORIO** (Baltasar **de**), llamado **Echave el Viejo,** pintor español (Zumaya *c.* 1540-¿México? *c.* 1620). Se trasladó a México en 1573. Su obra está influida por el manierismo (retablos de Xochimilco).

**ECHAVE RIOJA** (Baltasar **de**), pintor mexicano (México 1632-† 1682), hijo de B. de Echave Ibía. Su obra se inscribe en el barroco, en un principio zurbaranesco *(Entierro de Cristo)* y luego en tono dramático *(Martirio de san Pedro Arbués).*

**ECHEGARAY** (José), dramaturgo español (Madrid

Baltasar de **Echave Orio:** *Oración del huerto* (detalle)
[pinacoteca virreinal, México]

1832-*id.* 1916). Triunfó con patéticos melodramas, a menudo sobre el tema del honor ultrajado: *O locura o santidad* (1877), *El gran Galeoto* (1881), su mayor éxito, *Mancha que limpia* (1895). Con *El hijo de Don Juan* (1892) intentó en vano una renovación de su teatro en la línea de Ibsen, pero en conjunto su obra revela una regresión al romanticismo. (Premio Nobel de literatura 1904.) [Real academia 1882.]

**ECHENIQUE** (José Rufino), militar y político peruano (Puno 1808-† 1887). Elegido presidente en 1851, fue depuesto por los liberales en 1855.

**ECHEVARRÍA** (Juan), pintor español (Bilbao 1875-Madrid 1931). Realizó retratos (figuras de la generación del 98) y naturalezas muertas de estilo fauvista y cubista.

**ECHEVARRÍA** (Victorino), compositor y pedagogo español (Palencia 1898-Madrid 1965). Discípulo de Conrado del Campo en Madrid y de P. Hindemith en Berlín, compuso música sinfónica, de cámara y escénica.

**ECHEVERRÍA** (Aquileo J.), poeta costarricense (San José 1866-Barcelona 1909). Reunió su poesía, rural y costumbrista, en *Romances* (1903) y *Concherías* (1905).

Baltasar de **Echave Ibía:** *La Purísima* (s. XVII)
[pinacoteca virreinal, México]

**ECHEVERRÍA** (Esteban), escritor argentino (Buenos Aires 1805-Montevideo 1851). Precursor del romanticismo rioplatense, es autor del poema *La cautiva** (1837). Fundó la Asociación de Mayo (1838), que congregó a los intelectuales liberales proscritos por el régimen de Rosas, contra el cual escribió su obra más importante, la novela corta *El matadero** (1838), alegoría realista de la tiranía.

**ECHEVERRÍA** (Luis), político mexicano (México 1922). Presidente de la república (1970-1976), durante su mandato impulsó la democratización de las organizaciones políticas y sindicales.

**ECHMIADZÍN,** c. de Armenia; 45 000 hab. Sede del primado de la Iglesia armenia, lugar de peregrinación. La catedral conserva elementos del s. IV.

**ÉCIJA,** c. de España (Sevilla), cab. de p. j.; 35 727 hab. *(Ecijanos.)* Centro industrial y comercial. De origen ibérico *(Astigi),* fue colonia libre romana. Conjunto monumental civil (palacios de Valhermoso y Peñaflor) y religioso. Victoria de los Benimerines sobre las tropas castellanas mandadas por Nuño de Lara (1275).

**Écija** *(siete niños de),* cuadrilla de bandidos españoles, siete según la leyenda, que entre 1814 y 1818 actuó en las proximidades de Écija.

**ECK** (Johann **Maier,** llamado **Johann**), teólogo católico alemán (Egg an der Günz, Suabia, 1486-Ingolstadt 1543), adversario de Lutero y ardiente defensor de la Iglesia romana.

**ECKART** o **ECKHART** (Johannes, llamado **maestro**), dominico alemán (Hochheim, cerca de Gotha, *c.* 1260-Aviñón o Colonia *c.* 1327). Su obra inspiró la corriente mística renana y la tradición conceptual recuperada por el idealismo alemán. Fue condenado por el papa Juan XXII.

**ECKERSBERG** (Christoffer Wilhelm), pintor danés (Blåkrog, cerca de Aabenraa, 1783-Copenhague 1853). Su estilo nítido, claro y elegante fue característico de la llamada edad de oro de la pintura danesa.

**Eclesiastés** *(libro del),* libro bíblico (s. III a. J.C.) que subraya el carácter precario de la vida: «todo es vanidad».

José **Echegaray**
(M. Rouce - Ateneo de Madrid)

**Eclesiástico,** llamado también **Ben Sirac** o **Sirá,** libro bíblico (*c.* 200 a. J.C.), recopilación de máximas y sentencias.

**ECO,** ninfa de las fuentes y de los bosques, personificación del eco.

**ECO** (Umberto), escritor y semiólogo italiano (Alessandria 1932). Autor de ensayos sobre las relaciones entre la creación artística y los medios de comunicación (*Obra abierta,* 1962) y de novelas (*El nombre de la rosa,* 1980; *El péndulo de Foucault,* 1988) en las que se entremezclan, con gran riqueza verbal, cuestiones teológicas e intriga policiaca.

**ECUADOR,** estado de América del Sur, en la fachada del Pacífico; 270 670 km$^2$; 12 500 000 hab. *(Ecuatorianos.)* CAP. *Quito.* LENGUA OFICIAL: *español.* MONEDA: *dolar E.U.A.*

GEOGRAFÍA

Los Andes atraviesan de N a S el país, al que dividen en tres regiones diferenciadas: al O la *Costa,* llanura aluvial de unos 300 m de alt. media, surcada por los ríos que bajan de los Andes (Esmeraldas, Mira); en el centro la *Sierra,* formada por los dos ramales de las cordilleras Occidental (Chimborazo, 6 272 m) y Oriental, que enmarcan una serie de cuencas interiores (hoyas); al E el *Oriente,* zona de selva húmeda recorrida por ríos caudalosos que van a desaguar al Marañón (Morona, Pastaza) o al Amazonas (Napo). La población crece a un alto ritmo (2,9 % anual) y es estructuralmente joven. La Sierra, el núcleo tradicional de asentamiento, pierde población en favor de los centros económicos de la Costa, y en especial de Guayaquil, el mayor núcleo urbano del país. En la economía destaca especialmente el petróleo, que se extrae en Ancón y en el Oriente (lago Agrio, Shushufindi, Sacha) y supone más de la mitad del valor de las exportaciones; también se explota gas natural en el golfo de Guayaquil. La agricultura de plantación emplea a una tercera parte del total de la fuerza de trabajo: destaca el banano (primer productor mundial) seguido por el café, el cacao y la caña de azúcar. En la Sierra predominan los cultivos de subsistencia (maíz, patata) y la ganadería (porcinos y bovinos). La industria, que creció rápidamente a partir de los años sesenta, genera aproximadamente la quinta parte del P.I.B. y está dominada por las ramas ligeras (alimentarias, textiles), a las que se han añadido la petroquímica y otras de tecnología avanzada, como los productos farmacéuticos.

HISTORIA

***El poblamiento precolombino.*** El actual territorio ecuatoriano estaba poblado por diversas tribus indígenas, que no llegaron a constituir un estado unificado, entre las que destacaban los puruhá, que habitaban en la actual provincia de Chimborazo, y los quitu, en la región de la capital. Estos últimos habían sido dominados por los cara, que constituyeron un reino de Quito, conquistado a fines del s. XV por los incas. 1526: el reino incaico de Quito constituyó el centro de la herencia de Atahualpa.

***Conquista y colonización española.*** 1527: primeras exploraciones españolas de la costa ecuatoriana. 1533: Sebastián de Belalcázar conquistó la ciudad indígena de Quito, sobre cuyo emplazamiento fundó la capital colonial, San Francisco de Quito (1534). 1535: fundación de Guayaquil, en la costa. 1563: se constituyó la audiencia de Quito, que en el siglo XVIII fue incorporada al virreinato de Nueva Granada. Ya en la época colonial se estableció la dualidad entre Quito, sede de la aristocracia terrateniente de la sierra, y Guayaquil, principal puerto de la colonia y centro de una región productora de cacao.

***Independencia y formación de la república del Ecuador.*** 1809-1812: se constituyó en Quito una junta de gobierno que sustituyó el presidente de la audiencia. 1812-1822: las tropas realistas de Toribio Montes disolvieron la junta y reprimieron el primer movimiento emancipador. 1820: Guayaquil proclamó su independencia. En mayo de 1822, tras la victoria de Sucre en Pichincha, se consumó la liberación también de Quito. El territorio fue objeto de litigio entre Bolívar y San Martín, que pretendió su incorporación al Perú; la entrevista de ambos en Guayaquil (julio 1822) determinó su integración en la República de la Gran Colombia, y adoptó la denominación de Ecuador. 1830: secesión de la Gran Colombia e independencia definitiva de Ecuador.

***Conservadurismo y liberalismo.*** 1830-1834: el venezolano Juan José Flores estableció una dictadura conservadora en beneficio de la aristocracia quiteña. 1835: el liberal Vicente Rocafuerte, apoyado por Guayaquil, accedió a la presidencia, pero en 1839 fue derrocado por Flores, que se hizo de nuevo con el poder. 1845-1859: la rebelión de Guayaquil, que acabó con la tiranía de Flores, abrió un interludio moderado, que dio paso a la dictadura conservadora de García Moreno (1859-1875), quien gobernó en estrecha alianza con la Iglesia católica. 1895: la revolución acaudillada por Eloy Alfaro, que partió una vez más de Guayaquil, proporcionó el triunfo definitivo al liberalismo.

***Bajo el dominio de la «plutocracia» liberal.*** 1895-1912: el liberalismo se dividió entre los seguidores de Alfaro, partidario de una política radical y anticlerical, que gobernó en 1895-1901 y 1906-1911, y los de Leónidas Plaza, presidente en 1902-1906, quien propugnaba un liberalismo moderado, en plena sintonía con la burguesía exportadora costeña. 1911: Alfaro fue depuesto por un golpe militar y más tarde asesinado (1912); tras ello Plaza accedió a un segundo mandato (1912-1916), que consolidó la hegemonía de la llamada «plutocracia». Entretanto la economía exportadora se había expandido, con la ampliación de sus producciones y la construcción final del ferrocarril Quito-Guayaquil.

***El populismo; la era de Velasco Ibarra.*** 1925: la revolución de julio acabó con la hegemonía de la «plutocracia liberal», y situó en el poder al progresista Isidoro Ayora, en un contexto marcado por la crisis de la economía del cacao. 1931: un golpe militar derrocó a Ayora e inauguró una etapa de inestabilidad (1941: ocupación peruana de El Oro; 1942: protocolo de Río de Janeiro, que fijó los límites con Perú), que desembocó en el acceso a la presidencia de Velasco Ibarra en 1944. Velasco Ibarra, que ya había sido presidente en 1933, y lo volvió a ser en 1952-1956, 1960-1961 y 1968-1972, apoyado por las clases populares de Quito y Guayaquil, dominó con su propuesta populista la política ecuatoriana. 1972-1976: tras un golpe militar el general Rodríguez Lara intentó proseguir la experiencia populista, pero fue derrocado por el sector conservador del ejército, apoyado por los grupos sociales tradicionales y las compañías petroleras, con lo que se cerró el ciclo velasquista.

***Las últimas décadas.*** 1976-1978: el gobierno militar, acosado por las movilizaciones populares, promovió una reforma constitucional y devolvió el poder a los civiles. 1978-1994: el país conoció una relativa estabilidad; los socialdemócratas (Jaime Roldós, 1979-1981; Rodrigo Borja, 1988-1992) se turnaron en la presidencia con los conservadores (León Febres Cordero, 1984-1988; Sixto Durán, de 1992 a 1996). 1994: reforma constitucional. 1995: conflicto fronterizo armado con Perú en la cordillera del Cóndor, concluido con la Declaración de paz de Itamaraty. 1996: el populista Abdalá Bucaram fue elegido presidente. 1997: el parlamento destituyó a Bucaram y nombró a F. Alarcón presidente interino. 1998: Jamil Mahuad venció en las elecciones presidenciales (julio). Ecuador y Perú firmaron en Brasilia un acuerdo de paz que fijó su frontera común (oct.). 2000: las reformas económicas generaron descontento popular y un golpe de esta do depuso a J. Mahuad. Le sucedió Gustavo Noboa.

INSTITUCIONES

La constitución de 1978 establecía un régimen parlamentario unicameral de diputados elegidos por sufragio universal para un período de cuatro años, no reelegible, al igual que el presidente de la república. La modificación constitucional aprobada por referéndum en 1994 permitía acceder a un parlamento bicameral y se suprimía la no reelegibilidad del presidente y de los parlamentarios.

LITERATURA

–*Época colonial.* G. de Villarroel, A. de Alcedo Bexarano, F. E. de Santa Cruz y Espejo, J. de Velasco; J. B. Aguirre, I. de Escandón.

–*S. XIX.* Poesía: J. J. Olmedo, N. P. Llona, J. L. Mera, J. Zaldumbide, O. Borja, R. Crespo Toral. Prosa: J. Montalvo, J. L. de Mera, A. Baquerizo Moreno, L. A. Martínez, E. Mera, M. J. Calle.

–*S. XX.* A. Borja, E. Noboa Caamaño, M. Á. Silva, H. Fierro, J. Carrera Andrade, G. Escudero, C. Dávila Andrade, J. E. Adoum, F. Tobar García, A. Barrera Valverde, E. Ramírez Estrada, C. E. Jaramillo, E. Granda, F. Cazón Vera, R. Astudillo. Prosa: G. Zaldumbide, C. Arroyo, M. B. Carrión, F. Chaves, P. Pacheco, J. de la Cuadra, J. Icaza, D. Aguilera Malta, A. Pareja Díez-Canseco, J. Gallegos Lara, E. Gil Gilbert, A. F. Rojas, A. Ortiz, P. J. Vera, F. Tobar García, J. Rivadeneyra, M. Donoso Pareja, W. Bellolio, E. Vitery, H. Alvarado, C. Béjar Portilla, V. Rivas Iturralde.

BELLAS ARTES

***Ciudades y centros de interés artístico:*** Cuenca, Guápulo, Guayaquil, Quito, Riobamba.

***Artistas célebres:*** *Época colonial.* Arquitectura: P. Gosseal, fray Jodoco Ricke, fray Pedro Rodeñas, fray Francisco Morales, fray Antonio Rodríguez. Escultura: D. de Robles, L. de Rivera, padre Carlos, J. Olmos, B. Legarda, Manuel Chili (Capiscara). Pintura: fray Pedro Bedón, Miguel de Santiago, N. de Goribar.

–*S. XIX.* Pintura: A. Salas, D. Salas, B. Salas, R. Salas, M. Salas, L. Cadena, J. Manosalvas, J. Pinto. Arquitectura: L. Aulestia. Escultura: A. Salgado, L. Mideros, R. Villa Gómez, Isabel América Salazar, M. Á. Tejada.

–*S. XX.* Pintura: E. Kingman, B. Mena, C. Egas, C. Rodríguez, E. J. Guerrero, O. Guayasamín, D. Paredes, E. Tábara, O. Viteri, A. Villacís, E. Espinel, H. Cifuentes, H. Mora. Escultura: J. Andrade, E. Maldonado, J. Moscoso. Arquitectura: A. León, O. Wappenstein, M. Solís, J. Moreira.

MÚSICA

–*Época colonial:* D. Lobato, G. Fernández Hidalgo y M. Blasco. – *S. XX:* P. Traversari, S. L. Moreno, L. H. Salgado, R. M. Monteros, R. Stevenson, E. Palacios, A. Neumani, L. G. Viteri. *(V. anexo cartográfico.)*

**ECUANDUREO,** mun. de México (Michoacán); 15 023 hab. Centro agropecuario.

**Edda,** nombre que reciben dos recopilaciones de las tradiciones mitológicas y legendarias de los antiguos pueblos escandinavos. El *Edda poético* es una colección de poemas anónimos de los ss. VIII a XIII. El *Edda prosaico* es obra de S. Sturluson (*c.* 1220).

**EDDINGTON** (*sir* Arthur Stanley), astrónomo y físico británico (Kendal 1882-Cambridge 1944). Su teoría del equilibrio de las radiaciones de las estrellas (1916-1924) le permitió determinar la masa, la temperatura y la constitución interna de numerosas estrellas.

**EDDY** (Mary **Baker**) [Bow, New Hampshire, 1821-Chestnut Hill, Massachusetts, 1910], fundadora del movimiento Ciencia cristiana (1883).

**EDE,** c. de Países Bajos (Güeldres); 94 754 hab.

**EDE,** c. del SO de Nigeria; 284 900 hab.

**EDÉA,** c. de Camerún, a orillas del Sanaga; 23 000 hab. Fábrica de aluminio. Centro comercial.

**EDEN** (Robert Anthony), *conde* **de Avon,** político británico (Windlestone Hall, Durham, 1897-Alvediston, Wiltshire, 1977). Conservador, a partir de 1935 fue ministro de Asuntos Exteriores en varias ocasiones y primer ministro de 1955 a 1957.

**EDESA,** ant. c. y centro de caravanas de Mesopotamia, del s. II al X, núcleo de la cultura siríaca. Fue la capital de un estado latino de oriente, el *condado de Edesa* (1098-1144), fundado por Balduino I, conde de Boulogne. (Act. *Sanliurfa,* Turquía.)

**EDFÚ** o **IDFÚ,** c. del Alto Egipto, en la or. izq. del Nilo; 28 000 hab. Templo tolemaico de Horus.

**EDGAR el Pacífico** (944-975), rey de los anglosajones [959-975]. Fortaleció considerablemente la monarquía gracias a sus reformas administrativas.

**EDGAR ATHELING** o **AETHELING,** príncipe anglosajón (*c.* 1050-*c.* 1125). Se opuso al usurpador Harold en 1066 y, más tarde, a Guillermo el Conquistador por la posesión del trono de Inglaterra.

**edicto perpetuo,** pacto entre Juan de Austria y los rebeldes de los Países Bajos (12 febr. 1577), que contemplaba la retirada de los tercios españoles de Flandes. Fue roto al año siguiente.

**EDIMBURGO,** en ingl. **Edinburgh,** en escocés **Duneideann,** c. de Gran Bretaña, cap. de Escocia, junto al estuario del Forth; 420 000 hab. Centro comercial y universitario. Castillo, con algunas partes medievales, y otros monumentos. Museos. Festival anual, fundamentalmente musical.

**EDIPO,** héroe legendario del ciclo tebano, hijo de Layo, rey de Tebas, y de Yocasta. Layo, advertido por un oráculo de que su hijo le mataría y se casaría con su madre, abandonó al niño en una montaña. Recogido por unos pastores, Edipo fue criado por el rey de Corinto. Ya adulto, acudió a Delfos para consultar al oráculo sobre el misterio de su nacimiento; en el camino discutió con un viajero y le mató: era Layo. Al llegar a las puertas de Tebas, descubrió la solución del enigma de la esfinge, y libró de ella al país. Los tebanos, como recompensa, lo nombraron su rey y casó con Yocasta, viuda de Layo, su propia madre, con quien tuvo dos hijos, Eteocles y Polinices, y dos hijas, Antígona e Ismene. Pero Edipo descubrió el secreto de su nacimiento, su parricidio y su incesto. Yocasta se ahorcó y Edipo se cegó. Expulsado de Tebas, llevó una vida errante, guiado por su hija Antígona, y murió cerca de Atenas, en Colona. — El mito de Edipo ha inspirado, entre otras obras, dos tragedias de Sófocles (*Edipo rey, c.* 425 a. J.C.; *Edipo en Colona,* 401 a. J.C.).

**Edipo** *(complejo de),* conjunto de sentimientos amorosos y hostiles que cada niño siente en relación con sus padres: atracción sexual hacia el progenitor de sexo opuesto y odio hacia el del mismo sexo, que considera rival.

**EDIRNE,** ant. **Adrianópolis** o **Andrinópolis,** c. de la Turquía europea; 102 345 hab. Residencia de los sultanes otomanos: mezquita de Selīm (1569-1574), obra maestra de Sinan. Industria textil.

**EDISON** (Thomas Alva), inventor norteamericano (Milan, Ohio, 1847-West Orange, Nueva Jersey, 1931). Inventó el telégrafo doble (1864), el fonógrafo (1877), el microteléfono (1877) y la lámpara incandescente (1878). Descubrió la emisión de

Thomas Alva **Edison** y su fonógrafo (col. G. Sirot)

**Edipo** y la Esfinge, interior de una copa de figuras rojas, arte ático (*c.* 430 a. J.C.) [museo del Vaticano, Roma]

electrones por un filamento conductor calentado a altas temperaturas, en el vacío (*efecto Edison,* 1883), base del funcionamiento de los tubos electrónicos.

**EDMONTON,** c. de Canadá, cap. de Alberta; 616 741 hab. Centro comercial e industrial (refino de petróleo y química). Universidad. Museos.

**EDMUNDO I** (921-Pucklechurch, Gloucestershire, 946), rey de los anglosajones [939-946]. Sometió a Malcolm I, rey de Escocia (945).

**EDMUNDO RICH** *(san),* arzobispo de Canterbury (Abingdon *c.* 1170-Soisy 1240). Enfrentado al rey Enrique II a propósito de la colación de los beneficios eclesiásticos, se exilió en Francia.

**EDO** o **YEDO,** c. y cap. de la dinastía japonesa shogunal de los Tokugawa, en 1868 adoptó el nombre de Tōkyō.

**EDOM** → ***Idumea.***

**EDRISÍES** → ***Idrīsíes.***

**EDUARDO** *(lago),* lago de África ecuatorial, entre Uganda y la Rep. Dem. del Congo [conocido en este último país como **lago Rutanzige**]; 2 150 km$^2$.

GRAN BRETAÑA

**EDUARDO I** (Westminster 1239-Burgh-on-Sands, cerca de Carlisle, 1307), rey de Inglaterra [1272-1307], hijo y sucesor de Enrique III. Sometió a los galeses (1282-1284) e hizo reconocer su soberanía en Escocia (1292), antes de emprender la conquista del país (1296). Desarrolló una importante legislación y restableció la autoridad real. – **Eduardo II** (Caernarvon 1284-Berkeley, Gloucestershire, 1327), rey de Inglaterra [1307-1327], hijo del anterior. Durante su reinado, Escocia recuperó la independencia (Bannockburn, 1314); tras largas luchas contra la aristocracia británica, traicionado por su esposa Isabel de Francia, fue depuesto y asesinado en prisión. – **Eduardo III** (Windsor 1312-Sheen 1377), rey de Inglaterra [1327-1377], hijo del anterior. Reivindicó, como nieto de Felipe IV el Hermoso de Francia, el trono capeto, y emprendió la guerra de los Cien años contra Francia; capturó a Juan el Bueno en Poitiers (1356) y le impuso la paz de Brétigny (1360). – **Eduardo IV** (Ruán 1442-Westminster 1483), rey de Inglaterra [1461-1483]. Hijo de Ricardo, duque de York, firmó con Francia el tratado de Picquigny (1475), que puso fin a la guerra de los Cien años. – **Eduardo V** (Westminster 1470-en la torre de Londres 1483), rey de Inglaterra en 1483. Hijo y sucesor de Eduardo IV, fue secuestrado y asesinado al mismo tiempo que su hermano Ricardo por su tío Ricardo de Gloucester. – **Eduardo VI** (Hampton Court 1537-Greenwich 1553), rey de Inglaterra e Irlanda [1547-1553], hijo de Enrique VIII y de Juana Seymour. Dominado por su tío, Eduardo Seymour, duque de Somerset, y posteriormente por John Dudley, favoreció la propagación del protestantismo en su reino. – **Eduardo VII** (Londres 1841-*id.* 1910), rey de Gran Bretaña e Irlanda [1901-1910], hijo de la reina Victoria. Durante su reinado terminó la guerra del Transvaal (1902). Fue el iniciador de la Entente cordial con Francia (1904). – **Eduardo VIII** (Richmond [act. Richmond upon Thames] 1894-París 1972), rey de Gran Bretaña e Irlanda del Norte (1936), primogénito de Jorge V. Abdicó en 1936 para casarse con la señora Simpson, norteamericana divorciada, y recibió el título de duque de Windsor.

PORTUGAL

**EDUARDO** (Lisboa 1391-Tomar 1438), rey de Portugal [1433-1438], hijo de Juan I el Grande. Codificó las leyes portuguesas.

**EDUARDO el Viejo** († Farndon, Cheshire, 924), rey de los anglosajones [899-924]. Rechazó a los daneses hasta el Humber y le rindieron tributo.

**EDUARDO III el Confesor** *(san)* [Islip, Oxfordshire, *c.* 1003-Londres 1066], rey de Inglaterra [1042-1066], restauró la monarquía anglosajona.

**EDUARDO el Príncipe Negro** (Woodstock 1330-Westminster 1376), príncipe de Gales, hijo de Eduardo III. Vencedor en la batalla de Poitiers, hizo prisionero a Juan el Bueno (1356). Duque de Aquitania (1362-1372), luchó contra Enrique de Trastámara (batalla de Nájera, 1367).

**EDWARDS** (Jorge), escritor y diplomático chileno (Santiago 1931), cultivador de la novela, el cuento, el ensayo y las memorias (*El peso de la noche,* 1964; *Persona non grata,* 1973; *Los convidados de piedra,* 1978; *El museo de cera,* 1980; *Adiós poeta,* 1990). [Premio Cervantes 1999.]

**EDWARDS BELLO** (Joaquín), escritor chileno

Enrique **Egas:** la capilla real de la catedral de Granada (1505)

(Valparaíso 1888-Santiago 1968). Cultivó el periodismo y la novela: *El roto* (1920); *El chileno en Madrid* (1928); *Valparaíso, la ciudad del viento* (1931).

**EDZNÁ,** centro arqueológico maya (Yucatán, México). Restos de templos; juego de pelota y relieves de los ss. VIII y IX.

**E.E.E.** → ***Espacio económico europeo.***

**Efe,** agencia informativa española, fundada en 1939, dependiente del Patrimonio del estado e integrada en el holding público Téneo.

**ÉFESO,** en gr. **Ephesos,** ant. c. de Jonia, a orillas del mar Egeo (act. *Selçuk,* Turquía). Gran centro comercial en el s. VIII a. J.C., fue un importante centro religioso (templo de Artemisa), considerado una de las siete maravillas del mundo. Fue evangelizada por san Pablo; la tradición afirma que allí murió la Virgen. El *concilio de Éfeso* (431) condenó el nestorianismo. Restos helenísticos, romanos y bizantinos.

**EFIALTES,** político ateniense (Atenas *c.* 495-*id.* *c.* 461 a. J.C.), jefe del partido democrático, predecesor de Pericles.

**EFRAÍM,** segundo hijo de José, antepasado epónimo de una de las doce tribus de Israel.

**EFRÉN** *(san),* doctor de la Iglesia (Nisibis *c.* 306-Edesa 373). Es el gran clásico de la Iglesia siria por su inmensa producción literaria.

**E.F.T.A.** (European free trade association, Asociación europea de libre comercio), agrupación de países constituida en 1960 para favorecer entre ellos la libre circulación de mercancías. Está compuesta por 4 miembros: Islandia, Liechtenstein, Noruega y Suiza. Todos ellos, con la excepción de Suiza, suscribieron el Espacio económico europeo.

**EGA,** r. de España, afl. del Ebro (or. izq.). Pasa por Estella, cuya comarca riega; 80 km.

**EGAS,** familia de artistas activos en Castilla en los ss. XV-XVI. **Egas Cueman,** hermano de **Hanequin Egas,** escultor de origen flamenco activo en Castilla en el s. XV, es considerado uno de los introductores del estilo nórdico (monasterio de Guadalupe). — **Enrique,** arquitecto español activo en Castilla en los ss. XV-XVI, hijo de Egas Cueman, es uno de los

Jorge
**Edwards**

mejores representantes del plateresco (Toledo, Granada, Santiago, Plasencia).

**EGAS** (Camilo), pintor, escultor y grabador ecuatoriano (Quito 1899-Nueva York 1962), de temática costumbrista centrada en el indio ecuatoriano.

**EGATES** o **ÉGADES,** en ital. **Egadi,** grupo de islas italianas de la costa O de Sicilia. Victoria naval romana sobre los cartagineses (241 a. J.C.), que puso fin a la primera guerra púnica.

**EGBERTO el Grande** (*c.* 775-839), rey de Wessex [802-839]. Reunió bajo su mando la heptarquía anglosajona y combatió las invasiones escandinavas.

**EGEDE** (Hans), pastor luterano noruego (Senjen, Noruega, 1686-Stubbekjobing, Falster, 1758), evangelizador de Groenlandia.

**EGEO** *(mar),* parte del Mediterráneo oriental, entre Grecia y Turquía.

**EGEO,** rey legendario de Atenas. Tras recibir la falsa noticia de la muerte de su hijo Teseo, al que creyó devorado por el Minotauro, partió hacia Creta para combatir al monstruo, pero se ahogó en el mar, que tomó su nombre.

**EGER** → ***Ohře.***

**EGER,** c. de Hungría, al pie de los montes Mátra; 61 892 hab. Monumentos desde la época romana.

**EGERIA,** ninfa romana que se supone aconsejaba en secreto al rey Numa Pompilio.

**ÉGICA** († 702), rey visigodo [687-702], sobrino de Wamba. En 694 sometió a esclavitud a los judíos del reino. Asoció al trono a su hijo Vitiza (700).

**EGINA,** en gr. **Aigina** o **Eghina,** isla de Grecia, en el *golfo de Egina,* entre el Peloponeso y el Ática; 85 km$^2$; 10 000 hab., 5 440 en la ciudad homónima. Desde el s. VIII al V a. J.C., fue una rica y poderosa ciudad que impuso su sistema monetario al mundo griego. Cayó bajo el dominio ateniense en el s. V a. J.C. Templo de Atenea Afaya (500-490) [en la gliptoteca de Munich, restaurada].

**EGINARDO** o **EINHARD,** cronista franco (Maingau, Franconia, *c.* 770-Seligenstadt 840), secretario de Carlomagno, cuya vida escribió (*c.* 830).

**EGIPTO,** en ár. **Miṣr,** estado del NE de África, el más poblado del mundo árabe; 997 738 km$^2$; 54 600 000 hab. *(Egipcios.)* CAP. *El Cairo.* LENGUA OFICIAL: *árabe.* MONEDA: *libra egipcia.*

GEOGRAFÍA

La casi totalidad de la población se concentra en el valle del Nilo, que representa menos del 5 % de la superficie del país, el resto del cual está formado por desiertos salpicados de oasis. Durante mucho tiempo, la crecida del Nilo (ag.-set.) marcó el ritmo de vida del país. En la actualidad, la construcción de un sistema de presas (entre ellas la de Asuán) permite la irrigación constante, que ha permitido el desarrollo de cultivos comerciales (caña de azúcar y sobre todo algodón), junto a los tradicionales cultivos de cereales (trigo, maíz y arroz). La industria (fundamentalmente textil) está poco desarrollada, a pesar de la existencia de petróleo. El nivel de vida de la población es bajo y desciende en función del aumento de esta última (cerca de un 3 % anual). El problema de la superpoblación es grave, en particular en El Cairo, la ciudad más grande de África. Las remesas de emigrantes y los rendimientos del canal de Suez y del turismo no bastan para paliar el gran déficit comercial.

HISTORIA

***La antigüedad.*** 3200-2778 a. J.C. (I y II dinastías): época tinita. Menes (o Nārmer) unificó Egipto. 2778-2260 (III y IV dinastías): Imperio antiguo. Dinastía de Zoser en Saqqāra. Pirámide de Gizeh. 2260-2160 (VII a X dinastías): período de disturbios políticos y sociales, llamado *período intermedio.* 2160-1785 (XI a XII dinastías: Imperio medio o Primer imperio tebano. Egipto conquistó Siria y Nubia. 1770-1580 (XIII a XVII dinastías): segundo *período intermedio;* invasión de los hicsos llegados de Asia. 1580-1085 (XVIII a XX dinastías): Imperio nuevo o Segundo imperio tebano. Egipto era una de las grandes potencias de Oriente; reinaron Tutmés III, Amenofis IV el herético, convertido en Ajnatón, y Ramsés II. 1085: fin de la unidad egipcia. Dinastías extranjeras o nacionales se alternaron en el poder (XXI a XXVI dinastías). El país sufrió la invasión asiria. 525: el persa Cambises conquistó Egipto. Se sucedieron reyes persas e indígenas (XXVII a XXX dinastías). 332: Alejandro conquistó Egipto. 305-30: los Lágidas, dinastía griega, reinaron en el país. 30 a. J.C.-395 d. J.C.: Egipto dependía de Roma. Se desarrolló el cristianismo. 395-639: Egipto cayó bajo dominio bizantino; la Iglesia egipcia es la Iglesia copta.

***El Egipto musulmán hasta Mehmet'Alī.*** 640-642: las tropas de 'Amr conquistaron el país. 642-868: Egipto, integrado en el imperio musulmán de los Omeyas y, posteriormente, de los abasíes, se islamizó. En 750, los coptos ya sólo representaban un cuarto de la población. 868-905: los ṭūlūníes, liberados de la tutela abasí, gobernaron el país. 969-1171: los fatimíes, dinastía chiita ismailí, fundaron El Cairo y la universidad al-Azhar (973). 1171: Saladino tomó el poder. 1171-1250: la dinastía ayubí por él fundada se apoderó de la casi totalidad de los estados latinos de Levante y restableció el sunnismo. 1250-1517: la casta militar de los mamelucos dominó el país, en el que instauró una administración eficaz. 1517-1805: Egipto era una provincia otomana gobernada por un bajá designado cada año. Fue ocupada por las tropas francesas al mando de Napoleón Bonaparte (1798-1801).

***El Egipto moderno.*** 1805-1848: Mehmet 'Alī, que se había declarado bajá vitalicio, acabó con los mamelucos (1811) y modernizó el país. Conquistó Sudán (1821). 1867: Ismā'īl bajá obtuvo el título de jedive (virrey). 1869: se inauguró el canal de Suez. 1878-1881: Egipto, que no podía garantizar el pago de las deudas contraídas, tuvo que aceptar que los puestos clave del gobierno fueran confiados a franceses y británicos, y posteriormente sólo a estos últimos. 1882: la insurrección nacionalista de 'Arabī bajá fue aplastada. 1898: tras la revuelta mahdī, los británicos establecieron el condominio angloegipcio sobre Sudán. 1914-1922: el protectorado británico, que puso fin a la soberanía otomana, remplazó el régimen del apoyo al jedive. Se suprimió en 1922. 1922-1936: durante el reinado de Fu'ād I el partido nacionalista Wafd, presidido por Sa'ad Zaglūl y, a partir de 1927, por Naḥḥās bajá, luchó por la obtención de la independencia efectiva. 1936: el tratado angloegipcio confirmó la independencia de Egipto, que aceptó el despliegue de tropas británicas en su territorio. 1936-1952: con Fārūq I, los Hermanos musulmanes radicalizaron el movimiento nacionalista, reforzado por la derrota infligida a los ejércitos árabes por Israel (1948-1949).

***El Egipto republicano.*** 1952: los «oficiales libres» dirigidos por Naguib y Nasser tomaron el poder. 1953: se proclamó la república. 1954: Nasser logró el poder absoluto. 1956: Nasser obtuvo la financiación soviética para la gran presa de Asuán y nacionalizó el canal de Suez, lo que provocó un conflicto con Israel y la intervención militar franco-británica. 1958-1961: Egipto y Siria formaron la República Árabe Unida, presidida por Nasser. 1967: Egipto fue derrotado en la guerra de los seis días. 1970: Sadāt sucedió a Nasser. 1973: la guerra del Yom Kippur acabó de forma honorable para Egipto. 1976: Egipto rompió sus relaciones con la U.R.S.S. y expulsó a los últimos consejeros soviéticos. 1979: el tratado de paz con Israel se firmó en Washington en conformidad con los acuerdos de Camp David. 1981: Sadāt fue asesinado por extremistas islámicos. H. Mubarak se convirtió en presidente de la república. 1982: Egipto recuperó el Sinaí y quedó al margen del mundo árabe tras la firma de la paz con Israel, pero inició el acercamiento a partir de 1983-1984. Por la presión de los fundamentalistas musulmanes se procedió a la islamización de las leyes, de la constitución y de la enseñanza. 1987-1988: la mayoría de los países árabes restablecieron sus relaciones diplomáticas con Egipto. 1989: Egipto volvió a integrarse en el seno de la Liga árabe. 1991: durante la guerra del Golfo Egipto participó en la fuerza multinacional. 1993-1994: el gobierno ejerció una severa represión contra los fundamentalistas islámicos, que multiplicaron sus atentados.

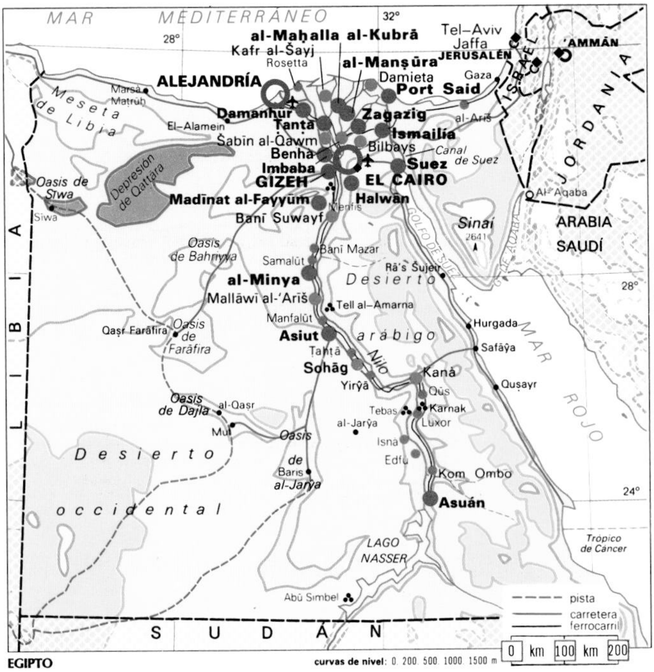

EGIPTO

INSTITUCIONES

República desde junio de 1953. Constitución de 1971, revisada en 1980. El presidente de la república es elegido cada 6 años a propuesta de la asamblea del pueblo. El primer ministro es responsable ante la *asamblea del pueblo* (10 de sus miembros son nombrados por el presidente de la república), elegida por 5 años.

ARQUEOLOGÍA Y ARTE

***Prehistoria.*** Paleolítico: fósiles del Fayum. *C.* 40000, industria lítica ateriense. *C.* 10000, mesolítico y principio del neolítico: numerosos grabados rupestres (región de Asuán y Nubia), probables relaciones con los pastores del Sahara. *C.* 5000 eneolítico: poblados de agricultores, cerámica, primera metalurgia del cobre.

***Albores de la historia, 3200-2778.*** Período tinita. Nacimiento del relieve en marfil, esquisto, que inmortaliza las hazañas del faraón (paleta de Nārmer). Aparición de la escritura jeroglífica. *Estela del rey Serpiente* (Louvre). Necrópolis reales (Abydos, Saqqāra).

***Imperio antiguo, 2778-2260.*** El tiempo de las pirámides. La pirámide, en un principio escalonada (creada por Imhotep para Zoser en Saqqāra), se vuelve romboidal antes de alcanzar la perfección de las de Keops, Kefrén y Mikerinos en Gizeh. Necrópolis de los dignatarios con mastabas decoradas con relieves policromos. Estatuaria real (la Esfinge, estatua en diorita de Kefrén) y privada (escribas sentados, Cheikh el-Beled), viveza realista de la pintura mural; primeros textos del ritual de los muertos (grabados en las pirámides).

***Imperio medio, 2160-1785.*** Necrópolis de Tebas (*Dayr al-Baharī*). XII dinastía: complejo funerario de Amenemes III en el Fayum, llamado el *Laberinto;* estatuaria real de estilo realista (*Senusret III,* Louvre). Desarrollo de la arquitectura militar en Nubia.

***Imperio nuevo, 1580-1085.*** Tebas se convierte en la capital; máximo logro arquitectónico del templo divino (Luxor). Templos funerarios al pie de la montaña tebana (los de Hatšepsut en Dayr al-Baharī y de Amenofis III, de los que sólo subsisten los *colosos de Memnón*): lujosos hipogeos reales adornados con pinturas murales en el *valle de los Reyes* (Tut Anj Amón); ornamentación lujosa también en los hipogeos de los nobles e incluso en los de los artesanos. Templo funerario de Seti I en Abydos, sala hipóstila de Karnak, templo de Abū Simbel. Tras la sensibilidad de la escultura de la época tell al-Amarna (busto de Nefertari, coloso de Ajnatón), la estatuaria vuelve a ser de nuevo convencional. (Ramsés II, museo de Turín.)

***Baja época, 1085 s. IV a. J.C.*** Inhumaciones reales en Tanis (riqueza del mobiliario funerario): persistencia de la influencia artística, hasta Meroe y Napata; templos de File, Dandarā, Edfú e Isnā. Se conservan numerosos papiros del Libro de los muertos y decretos grabados en varias lenguas como la piedra de Rosetta; retratos funerarios del Fayum.

***Iglesia copta:*** monasterios fortificados en los confines de los desiertos; relieve arquitectónico con decoración nilótica abundante, que también aparece en numerosos fragmentos de tejidos.

***Período islámico.*** Riqueza excepcional de El Cairo, en donde se sucedieron soberanos e influencias extranjeras: la de Iraq y Sāmarrā en la mezquita de Ibn Tūlūn, la de Tunicia en Al-Azhar, la de Bizancio en la ciudadela y las murallas. Con los fatimíes comenzó una tradición original continuada por los mamelucos (mezquitas de Qalā'ūn, 1285, de Qā'itbey, y madrasa del sultán Ḥasan); originalidad y lujo de las artes decorativas (cristalería).

**Egipto** *(campaña de),* acción iniciada en 1798 por Napoleón Bonaparte con el objetivo de asegurarse una base de operaciones contra la dominación británica en la India. Napoleón tomó Malta y venció a los mamelucos en la batalla de las Pirámides, pero la flota francesa fue aniquilada en Abūkir (1798). Napoleón fue sustituido por Kléber (1799) y por Menou, quien evacuó el país con el acuerdo de los ingleses (1801).

**EGISTO,** rey legendario de Micenas, de la familia de los Atridas. Amante de Clitemnestra y asesino de Agamenón, fue muerto por Orestes.

La necrópolis de Gizeh con las pirámides construidas para los faraones de la IV dinastía: Keops, en último término; Kefrén, en el centro, y Mikerinos, la menos alta, precedidas por las pirámides —más pequeñas— de las reinas. La pirámide (cuya orientación de cada cara corresponde a un punto cardinal) alberga el sarcófago real y simboliza a la vez la emergencia de los orígenes y la vía de la ascensión del faraón hacia el dios solar Ra. En la antigüedad, la de Keops, la mayor, era una de las siete maravillas del mundo y medía 147 m de altura (act. 138) y 227 m de lado.

El escriba sentado. Piedra caliza pintada; V dinastía. (Louvre, París.)
Contrariamente al escriba del museo de El Cairo —que lleva peluca— en éste destaca la agudeza del rostro y la vivacidad de la mirada. Sobresale la delicadeza del tratamiento de la mano derecha, preparada para escribir sobre el papiro desenrollado en parte sobre las rodillas.

Pilono y patio del gran santuario de Horus en Edfú, iniciado en 237 a. J.C. y acabado en 57. Presenta el canon del templo del Egipto faraónico: pilono, patio rodeado de un pórtico, cuyo techo descansa aquí sobre 32 columnas, un pronaos con columnas, una sala hipóstila, una cámara central, la cámara de las ofrendas, y el santuario rodeado de un tránsito al que se abren diez habitaciones. (Textos y escenas esculpidas representan el culto al dios Horus.)

Fragmento (conservado en el museo Británico de Londres) de la decoración mural de la tumba tebana de Nebamón, escriba y médico de Amenofis II. Esta escena de caza testimonia el apogeo artístico de la XVIII dinastía, donde realismo e idealismo se corresponden y se equilibran.

Cuchara, llamada la nadadora, en madera y marfil. XVIII dinastía. (Louvre, París.)
Un simple objeto de uso que atestigua además del lujo refinado del Imperio nuevo, la modificación y el alargamiento del canon.

El centro arqueológico de Ḍayr al-Baḥarī, en la orilla izquierda del Nilo, frente a Karnak. Pirámide natural, la montaña tebana se convierte, a partir del Imperio medio, en una gran necrópolis que alberga hipogeos y templos funerarios. Aquí, a la izquierda, el templo funerario de Mentuhotep II (XI dinastía), y el de la reina Hatšepsut (XVIII dinastía), constituido por terrazas sucesivas que lentamente acaban en el santuario tallado en la roca. La decoración de relieves policromados relata las lejanas expediciones emprendidas durante el reinado de la soberana.

**EGMONT** (Lamoral, *conde* **de**), *príncipe* **de Gavre** (La Hamaide, Hainaut, 1522-Bruselas 1568). Capitán general de Flandes y consejero de Estado, después de distinguirse en las batallas de San Quintín (1557) y Gravelinas (1558), fue decapitado junto con el conde de Horn tras una revuelta de los Países Bajos contra Felipe II. Es el protagonista de la tragedia de Goethe, *Egmont* (1788), para la que Beethoven compuso una obertura (1810).

**Egospótamos** *(batalla de)* [405 a. J.C.], victoria del espartano Lisandro sobre la flota ateniense al final de la guerra del Peloponeso.

**EGUÍA** (Francisco Ramón **de**), *conde* **del Real Aprecio,** militar español (Durango 1750-Madrid 1827). Absolutista intransigente, fue ministro de la Guerra de Fernando VII (1814-1815 y 1817-1819).

**EGUÍA** (Miguel **de**), impresor español de la primera mitad del s. XVI. Erasmista, imprimió numerosas obras en latín y castellano, que contribuyeron a la expansión del humanismo renacentista.

**EGUILAZ** (Luis **de**), escritor español (Sanlúcar de Barrameda 1830-Madrid 1874), autor de novelas históricas, dramas (*Verdades amargas,* 1863) y libretos de zarzuela.

**EGUREN** (José María), poeta peruano (Lima 1882-*id.* 1942). En su obra se advierte el influjo del simbolismo y el creacionismo (*Simbólicas,* 1911; *La canción de las figuras,* 1916; *Rondinelas,* 1929). Se le considera el creador de la moderna poesía peruana.

**EGUSQUIZA** (Juan Bautista), político paraguayo (1845-1910). Presidente de la república (1894-1898), impulsó la revitalización del parlamento.

**EGUSQUIZA** (Rogelio **de**), pintor español (Santander 1845-Madrid 1915). Su obra está muy influida por Bonnat *(Ofelia, La música).*

**EHINGER, EINGER** o **ALFINGER,** familia de Ulm que tuvo un papel importante en la conquista y colonización de las Antillas y de Venezuela (s. XVI). Estuvo asociada a la familia Welser.

**EHRENBURG** (Iliá Grigórievich), escritor ruso de ascendencia judía (Kíev 1891-Moscú 1967). Autor de obras sociales y patrióticas, marcó el comienzo de la desestalinización literaria (*El deshielo,* 1954).

**EHRENFELS** (Christian, *barón* **von**), sicólogo austríaco (Rodaun, cerca de Viena, 1859-Lichtenau 1932). Por sus trabajos sobre la percepción se le considera uno de los fundadores de la teoría de la forma.

**EHRLICH** (Paul), médico alemán (Strehlen, Silesia, 1854-Bad Homburg 1915). Descubrió la acción del arsenobenzol en la sífilis. (Premio Nobel de fisiología y medicina 1908.)

**EIBAR,** v. de España (Guipúzcoa), cab. de p. j.; 32 108 hab. *(Eibarreses.)* En el valle del Deva. Industrias metalúrgicas diversificadas. Iglesia plateresca de San Andrés.

**EICHELBAUM** (Samuel), dramaturgo argentino (Domínguez 1894-Buenos Aires 1967). Abordó problemas éticos a través de los cuales reflejó el alma criolla: *La mala sed* (1920), *Un guapo del 900* (1940), *Un tal Servando Gomes* (1942).

**EICHENDORFF** (Joseph, *barón* **von**), escritor alemán (Lubowitz, Alta Silesia, 1788-Neisse [act. Nysa], Alta Silesia, 1857), autor de relatos y poemas que combinan romanticismo e ironía.

**EICHMANN** (Adolf), oficial alemán (Solingen 1906-Reamleh, Israel, 1962). Miembro del partido nazi y de las S.S., a partir de 1938 desempeñó un papel fundamental en la deportación y exterminio de los judíos. Después de la guerra se refugió en Argentina, donde fue capturado por los servicios especiales israelíes (1960). Fue condenado a muerte y ejecutado.

**EIFEL,** macizo boscoso de Alemania; 747 m.

**EIFFEL** (Gustave), ingeniero francés (Dijon 1832-París 1923). Especialista en construcción metálica, realizó puentes y viaductos y la *torre Eiffel* de París (320 m de alt. y 7 341 t), para la Exposición universal de 1889.

**EIGER,** cumbre de los Alpes berneses; 3 970 m.

**EIJKMAN** (Christiaan), fisiólogo neerlandés (Nijkerk 1858-Utrecht 1930). Sus trabajos sobre el beriberi (1896) permitieron descubrir las vitaminas. (Premio Nobel de fisiología y medicina 1929.)

**EIMERICH** (Nicolás), dominico catalán (Gerona 1322-*id.* 1399). Inquisidor general de Aragón desde 1356, persiguió a los valdenses y a los lulianos. Autor de *Directorium inquisitorum.*

**EINAUDI** (Luigi), economista y político italiano (Carru, Piamonte, 1874-Roma 1961), presidente de la república de 1948 a 1955.

**EINDHOVEN,** c. del S de Países Bajos; 192 895 hab. Construcciones mecánicas y eléctricas. Museo de arte moderno. Museo de las ciencias y de la técnica, de la empresa Philips.

**EINSTEIN** (Albert), físico alemán (Ulm 1879-Princeton 1955), nacionalizado norteamericano (1940). Estableció la teoría del movimiento browniano y, aplicando la teoría cuántica a la energía radiante, llegó al concepto de *fotón.* Es el autor de la teoría de la *relatividad,* que ha marcado fundamentalmente la ciencia moderna, en la que revisó en profundidad las nociones físicas de espacio y tiempo, y estableció la equivalencia entre la masa y energía ($E = mc^2$). Comprometido con los grandes problemas de su época, luchó de forma activa contra la proliferación de las armas nucleares. (Premio Nobel de física 1921.)

**EINTHOVEN** (Willem), fisiólogo neerlandés (Samarang, Java, 1860-Leiden 1927). Descubrió la electrocardiografía. (Premio Nobel de fisiología y medicina 1924.)

**EIRE,** nombre gaélico de Irlanda adoptado por el Estado libre en 1937 y actualmente por la República de Irlanda.

**EISENACH,** c. de Alemania (Turingia); 47 027 hab. Castillo de Wartburg y otros monumentos. Museo de Turingia. Casas museo de Lutero y de Bach.

**EISENHOWER** (Dwight David), general y político norteamericano (Denison, Texas, 1890-Washington 1969). Dirigió el desembarco aliado en el N de África (1942), en Italia (1943) y en Normandía (1944). Fue comandante en jefe de las fuerzas que derrotaron a la Wehrmacht en 1945. En 1950 fue puesto al mando de las fuerzas del Pacto atlántico en Europa. Fue presidente republicano de E.U.A. (1953-1961).

**EISENHÜTTENSTADT,** c. de Alemania (Brandeburgo), a orillas del Oder; 52 393 hab. Siderurgia.

**EISENSTADT,** c. de Austria, cap. del Burgenland; 10 000 hab. Palacio del s. XVII.

**EISENSTEIN** (Serguéi Mijáilovich), director de cine soviético (Riga 1898-Moscú 1948). Tuvo una importancia fundamental en la historia del cine, tanto por sus escritos teóricos como por sus frescos épicos, en los que combina la inspiración revolucionaria con la búsqueda de la estética: *La huelga* (1924), *El acorazado Potemkin* (1925), *Octubre* (1927), *¡Que viva México!* (1931, inacabada), *Alejandro Nevski* (1938), *Iván el terrible* (1942-1946).

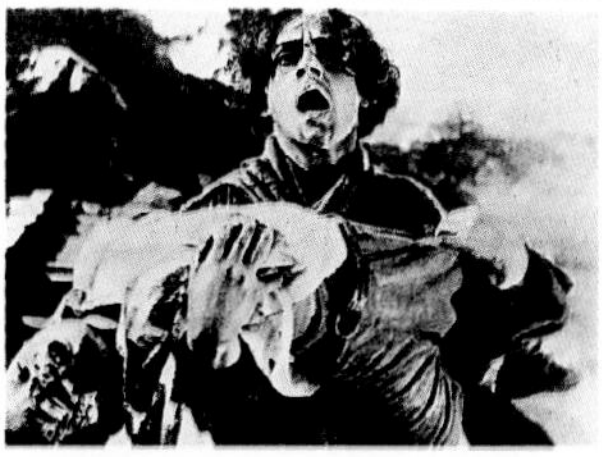

**Eisenstein:** una escena de *El acorazado Potemkin* (1925)

la torre **Eiffel,** en París

**EIVISSA** → ***Ibiza.***

**EIXIMENIS** (Francesc), escritor catalán (Gerona c. 1340-Perpiñán 1409). Franciscano, autor de *El cristiano (Lo chrestià),* vasta obra de la que se conservan 4 libros escritos entre 1379 y 1386, del *Libro de los ángeles* (*Llibre dels àngels,* 1392) y del *Libro de las mujeres* (*Llibre de les dones,* 1396).

**Eje** *(el),* alianza formada en 1936 por Alemania e Italia *(Eje Roma-Berlín).* Se dio la denominación de *potencias del Eje* a la agrupación constituida por Alemania, Italia y sus aliados durante la segunda guerra mundial.

**EJE VOLCÁNICO GUATEMALTECO-SALVADOREÑO,** alineación montañosa de América Central, desde la frontera mexicano-guatemalteca hasta Nicaragua, paralela a la costa del Pacífico; 4 220 m en el Tajumulco (Guatemala). Volcanes activos (Fuego, Izalco).

**EJEA DE LOS CABALLEROS,** v. de España (Zaragoza), cab. de p. j.; 15 015 hab. Centro comarcal de las Cinco Villas. Iglesia románica del Salvador y románica y mudéjar de Santa María.

**Ejecutivo colegiado,** forma de gobierno vigente en Uruguay de 1951 a 1967, opuesta al presidencialismo. Favoreció a los dos grandes partidos del país (blanco y colorado).

**ejercicios espirituales** *(Libro de los),* prontuario de vida espiritual compuesto por san Ignacio de Loyola, tras su peregrinación a Montserrat y su retiro a una cueva en Manresa (1522). Su difusión e influencia han sido enormes.

**Ejército rojo,** denominación de las fuerzas armadas soviéticas desde 1918 a 1946.

**EJIDO (El),** mun. de España (Almería), cab. de p. j.; 41 700 hab. Frutas y hortalizas de invernadero.

**EJUTLA DE CRESPO,** c. de México (Oaxaca); 16 381 hab. Cultivos tropicales. Yacimientos de cobre.

**EKATERINBURG** → ***Yekaterinburg.***

**EKATERINODAR** → ***Krasnodar.***

**EKATERINOSLAV** → ***Yekaterinoslav.***

**EKELÖF** (Gunnar), poeta sueco (Estocolmo 1907-Sigtuna 1968), que conjugó las tendencias surrealistas con los temas líricos tradicionales.

**EKELUND** (Vilhelm), poeta sueco (Stehag 1880-Saltsjöbaden 1949). Seguidor de los simbolistas franceses, es el precursor de la poesía moderna sueca.

**Ekofisk,** yacimiento de hidrocarburos del mar del Norte, en la zona explotada por Noruega.

**EL PASO,** c. de Estados Unidos (Texas), a orillas del río Bravo, en la frontera mexicana; 515 342 hab. Metalurgia (cobre). Refinería de petróleo.

**EL SALVADOR,** estado de América Central, en la vertiente del Pacífico; 21 000 km² y 6 276 023 hab. *(Salvadoreños.)* CAP. *San Salvador.* LENGUA OFICIAL: *español.* MONEDA: *dólar E.U.A.*

**GEOGRAFÍA**

Accidentan el país la sierra Madre salvadoreña, al N (unos 2 000 m de alt.), y, en paralelo a la costa pacífica, el Eje volcánico guatemalteco-salvadoreño, de gran actividad sísmica. La depresión o meseta Central concentra las grandes áreas de cul-

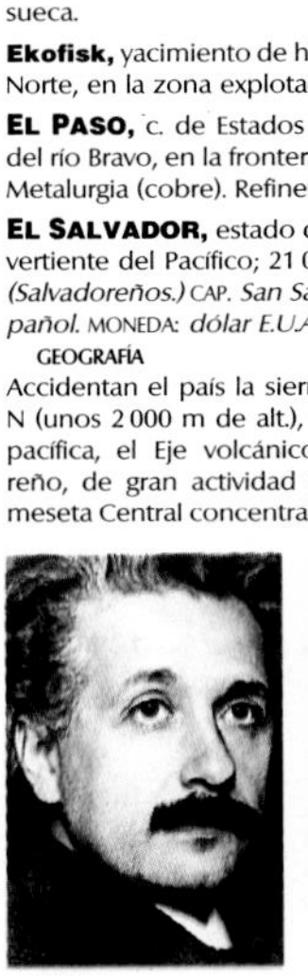

Albert **Einstein**

Dwight **Eisenhower**

tivos industriales y la mayoría de la población. Ríos de curso corto y torrenciales (Lempa, Paz, Grande de Sonsonate, Goascorán). Numerosos lagos de origen volcánico (Ilopango). La población crece a un ritmo del 2,5 % anual, en un territorio ya densamente poblado (248,1 hab./km²). La población urbana supone cerca del 50 % del total. A pesar de su descenso relativo, el sector agrario sigue siendo la clave de la economía (70 % de las exportaciones). Los principales cultivos son el café, el algodón y el azúcar. La producción cerealista y la ganadería se destinan al consumo interior. Pesca (camarón). En la industria, nuevos sectores (química, cemento, electrodomésticos) han venido a añadirse a las ramas tradicionales (alimentaria y textil). La guerra civil y la recesión mundial fueron la causa de un grave colapso económico en los años ochenta; la deuda exterior creció bruscamente y sólo la ayuda norteamericana permitió subsistir al país, que en la actualidad recibe préstamos del F.M.I. Un huracán en 1998 y una serie de terremotos en 2001 ocasionaron graves pérdidas humanas y económicas.

HISTORIA

***El poblamiento precolombino.*** La región fue escenario de frecuentes migraciones indígenas. Tras las primeras, de origen maya, se sucedieron diversas oleadas nahuas, la última de las cuales, la de los pipiles, ocupó el centro y oeste del país, en el que se encontraba el cacicazgo de Cuscatlán. En oriente se situaban los lencas, de origen chibcha, y los chortíes, misticomatagalpas y pocomanes.

***Conquista y colonización.*** 1524: Pedro de Alvarado inició la conquista y fundó San Salvador, trasladada en 1528 a su emplazamiento actual; aunque los cuscatlecas se resistieron por más de veinte años al dominio español. El actual territorio se dividió en la época colonial en diversas provincias, integradas en la capitanía general de Guatemala (Izalco, San Salvador, San Miguel, Sonsonate); 1786: se constituyó la intendencia de San Salvador. El cacao, la ganadería y el añil fueron los principales recursos de la sociedad colonial, una de las más densas de Hispanoamérica.

***La independencia.*** 1811: primer levantamiento mestizo en favor de la independencia, que no prosperó. 1814: nueva rebelión, que culminó en la proclamación de la independencia de la república de El Salvador en 1821. 1822-1823: intervención de las tropas del general Filisola, que la integraron temporalmente a México. 1823-1824: la disolución del imperio mexicano dio lugar a la recuperación de la independencia, pero inmediatamente se incorporó a las Provincias Unidas de Centroamérica, de la que San Salvador fue capital entre 1834 y 1838 y último reducto de la Federación. 1832-1833: rebelión pipil de Anastasio Aquino, que se proclamó rey de los nonoalcos. 1840: Morazán abandonó El Salvador, que proclamó su constitución definitiva como república independiente en febrero de 1841.

***La república cafetalera.*** 1841-1885: Guatemala siguió ejerciendo un peso fundamental sobre El Salvador, cuyos presidentes dependieron frecuentemente de los guatemaltecos: el conservador Carrera y el liberal Justo Rufino Barrios. Paralelamente el café se convirtió en el nuevo recurso base de la economía exportadora salvadoreña. El poder local fue progresivamente asumido por la oligarquía cafetalera, como se puso de relieve durante el período de gobierno de las familias Meléndez-Quiñones (1913-1926). 1931-1944: la dictadura del general Hernández Martínez reprimió la incipiente movilización popular, en particular la revuelta de Izalco (1932), que se saldó con más de 24 000 muertos.

***Las presidencias militares.*** 1945-1960: mediante la ocupación de la presidencia por altos mandos del ejército (Castañeda, Osorio y Lemus), las «14 familias» de la oligarquía cafetalera siguieron dominando el país. 1960-1961: el gobierno del Partido revolucionario de abril-mayo, de orientación castrista, acabó con una nueva intervención militar, que restauró la hegemonía oligárquica. 1969: guerra «del fútbol» con Honduras. 1972: José Napoleón Duarte, candidato de la Unión nacional opositora, denunció el fraude electoral e intentó sin éxito un golpe de fuerza.

***La guerra civil.*** 1977-1979: durante la presidencia del general Romero cobró auge la acción guerrillera. 1979: un golpe militar liderado por el coronel Majano constituyó una Junta cívico-militar de orientación reformista. 1980: asesinato del arzobispo Romero por escuadrones paramilitares de extrema derecha. 1981: J. N. Duarte, a instancias de E.U.A., asumió la presidencia de la Junta. 1981-1982: se generalizó la guerra civil entre el gobierno, apoyado por la derecha y la oligarquía, y el Frente Farabundo Martí para la liberación nacional (FMLN), que aglutinó a la guerrilla y la izquierda. 1982-1984: gobierno del conservador Á. Magaña y promulgación de una nueva constitución. 1984-1989: presidencia del democratacristiano J. N. Duarte. 1989-1994: durante la presidencia de A. Cristiani (1989-1994), de la Alianza republicana nacionalista (ARENA), de extrema derecha, se llegó a un acuerdo de paz con la guerrilla (1992). 1994: (marzo-abril) se celebraron elecciones libres bajo supervisión internacional, en las que participó el Frente Farabundo Martí, y que dieron el triunfo de nuevo al candidato de ARENA, Armando Calderón. 1999: F. Flores (ARENA) fue elegido presidente. 2000: el parlamento ratificó un tratado de libre comercio rubricado por El Salvador, Honduras, Guatemala y México.

INSTITUCIONES

La constitución aprobada en 1983 establece un régimen presidencialista. El presidente de la república es elegido por sufragio universal, y para ser proclamado ha de obtener más del 50 % de los votos; de lo contrario, se realiza una segunda vuelta entre los dos candidatos más votados.

LITERATURA

– *S. XIX.* Poesía: F. Gavidia, V. Acosta, A. Ambrogi. – *S. XX.* Poesía: A. Masferrer, C. Bustamante, J. E. Ávila, J. Valdés, R. Contreras, A. Guerra Trigueros, C. Lars, A. Espino, S. Quiteño, L. Mejía Vides, C. Lovato, O. Escobar Velado, J. A. Cornejo, E. Menjívar, M. E. López, I. López Vallecillos, W. Chávez Velasco, R. Dalton, Claribel Alegría, Dora Guerra, A. Morales, E. Martínez Orantes, Á. Menéndez Leal (Menén Desleal), M. Durand, I. Lanzas, J. R. Cea, D. Escobar Galindo. Prosa: J. M. Lagos, J. E. Aragón, S. Salazar Arrué (Salarrué), R. González Montalvo, N. Rodríguez Ruiz, M. Aguilar Chávez, R. Velázquez, H. Lindo, R. Triguero de León, C. H. Ibarra, W. Beneke, R. A. Menéndez, R. Armijo.

BELLAS ARTES

***Artistas célebres:*** F. W. Cisneros, E. Aberle, C. Sermeño.

MÚSICA

– *S. XIX:* W. García, R. Olmedo, R. Herrador. – *S. XX:* C. de Jesús Alas, F. Soto, D. Santos, J. Aberle (himno nacional), G. Orellana. *(V. anexo cartográfico.)*

**ELAGÁBAL** → ***Heliogábalo.***

**ELAM,** ant. estado, la *Susiana* de los griegos, situada en el SO del actual Irán (Jūzistān). Elam (cap. *Susa*), sede de una gran civilización desde el V milenio, llegó a ser un poderoso imperio en los ss. XIII-XII a. J.C. Susa fue destruida por Asurbanipal (*c.* 646); los reyes de Persia la convirtieron en una de sus capitales.

**ELAT, ELATH** o **EILAT,** c. y puerto de Israel, estación balnearia junto al mar Rojo, en el golfo de 'Aqaba; 25 000 hab.

**ELÂZIĞ,** c. de la Turquía oriental; 204 603 hab.

**ELBA,** en alem. **Elbe,** en checo **Labe,** r. de la República Checa y de Alemania. Nace en Bohemia, pasa por Dresde y Magdeburgo y desemboca en el mar del Norte a través de un estuario, en cuya orilla derecha se encuentra Hamburgo; 1 100 km.

**ELBA** *(isla de),* isla de Italia, en el Mediterráneo, al E de Córcega; 223,5 km²; 28 000 hab. En ella reinó Napoleón tras su primera abdicación y exilio (3 mayo 1814-26 febr. 1815).

**ELBASAN** o **ELBASANI,** c. del centro de Albania; 83 000 hab. Siderurgia. Industrias de la madera.

**ELBLAG,** c. de Polonia, cerca del Báltico; 117 000 hab. Centro industrial (construcciones mecánicas).

Juan Sebastián
**Elcano**
(museo marítimo,
Sevilla)

**ELBO** (José), pintor español (Úbeda 1804-Madrid 1844). De temas taurinos y campestres y de retratos, es una figura de la pintura romántica española.

**ELBRÚS,** la cumbre más alta del Cáucaso, en Rusia, formada por un volcán extinguido; 5 642 m.

**ELBURZ,** macizo de Irán, al S del Caspio; alcanza su máxima altitud en el Demāvend (5 604 m).

**ELCANO** o **EL CANO** (Juan Sebastián), navegante español (nacido en Guetaria-† en el Pacífico 1526). Enrolado en la expedición de Magallanes, a la muerte de éste (1520) asumió la capitanía. Al mando de la nao Victoria arribó a Timor, dobló el cabo de Buena Esperanza (6 mayo 1522) y llegó a Sanlúcar de Barrameda (6 set. 1522), completando la primera circunvalación de la Tierra.

**ELCHE** o **ELX,** c. de España (Alicante), cab. de p. j.; 187 596 hab. *(Elchenses* o *ilicitanos.)* Industrias de la piel y del calzado, metalmecánicas y químicas. De origen ibérico (yacimiento de La Alcudia, *dama de Elche*), fue luego romana, visigoda y musulmana. Iglesia de la Asunción (s. XVIII), donde se representa el *misterio de Elche* (de origen medieval). Museo arqueológico. Es notable el Palmeral, declarado Patrimonio mundial por la Unesco en 2000.

**Elche** *(dama de),* escultura ibérica (*c.* s. III a. J.C.), descubierta (1897) en el yacimiento de La Alcudia, Elche. Es un busto, de tamaño natural, de piedra caliza. Su filiación artística y datación son controvertidas.

la dama de **Elche**
(museo arqueológico nacional, Madrid)

**ELDA,** c. de España (Alicante), cab. de p. j.; 54 010 hab. *(Eldenses.)* Industrias del calzado, alimentarias, plásticos. Forma una conurbación con Petrel.

**ELDORADO** → ***Dorado*** (El).

**ELDORADO,** dep. de Argentina (Misiones), a orillas del Paraná; 56 057 hab. Centro agropecuario.

**ELDUAYEN** (José), político e ingeniero español (Madrid 1823-*id.* 1898). Ministro de Hacienda de Amadeo I.

**ELEA,** ant. c. de Italia (Lucania), colonia de los focenses. Cuna de Zenón y de Parménides.

**ELECTRA,** personaje legendario, hija de Agamenón y de Clitemnestra. Para vengar a su padre, incitó a su hermano Orestes a matar a Egisto y a Clitemnestra. – La venganza de Electra inspiró a Esquilo (*Las coéforas,* 458 a. J.C.), Sófocles (*c.* 415 a. J.C.), Eurípides (*c.* 413 a. J.C.) y, en época más reciente, a E. O'Neill (*El luto le sienta bien a Electra,* 1931) y J. Giraudoux (*Electra,* 1937).

**Elefante** *(orden del),* orden de caballería danesa, creada en 1462 y reorganizada en 1808.

**ELEFANTINA** *(isla),* isla del Nilo, frente a Asuán. Fortaleza y punto de partida de las expediciones hacia Sudán en la época faraónica. Ruinas.

**ELEKTROSTAL,** c. de Rusia, al E de Moscú; 153 000 hab. Metalurgia.

**Elementos de historia de las matemáticas,** tratado colectivo del grupo Nicolas Bourbaki*, publicado desde finales de los años treinta. Esta obra monumental, dividida en diez libros, nace del deseo de lograr la formalización completa de las matemáticas.

**ELENA** *(santa),* madre del emperador Constantino (Drepanum, Bitinia, mediados del s. III-¿Nicomedia *c.* 335?). Influyó considerablemente en su hijo, en defensa de la causa cristiana.

**ELEPHANTA,** en hindī **Ghārāpuri** o **Gharipur,** isla de la India, en el centro de la bahía de Bombay. Centro destacado del sivaísmo, famoso por su conjunto de grutas decoradas del s. VII (relieve del

*Descenso del Ganges sobre la tierra,* colosal busto tricéfalo de Śiva).

**ELEUSIS,** c. y puerto de Grecia (Ática), al NO de Atenas; 23 014 hab. Siderurgia. En la antigüedad se celebraban en Eleusis misterios vinculados al culto de Deméter. Ruinas (desde el s. VII a. J.C. hasta la época romana), entre las que destaca el *gran relieve de Eleusis,* del taller de Fidias, que representa la misión de Triptolemo (Atenas, museo nacional).

**Elf Aquitaine** *(Société nationale),* empresa francesa creada en 1941, dedicada a la extracción de petróleo y gas, refino, petroquímica y minería.

**ELGAR** (*sir* Edward), compositor británico (Broadheath, Hereford and Worcester, 1857-Worcester 1934). Director de la música real, compuso oratorios (*La visión de Geroncio,* 1900), sinfonías, conciertos y una serie de marchas (*Pompa y circunstancia,* 1902-1907).

**ELGIN** (Thomas **Bruce,** *conde* **de**), diplomático británico (Londres 1766-París 1841). Embajador en Turquía (1799-1802), envió al museo Británico una parte de las esculturas del Partenón. – Su hijo, **James** (Londres 1811-Dharmsala, Himāchal Pradesh, 1863), fue gobernador de Canadá (1846-1854) y el primer virrey de la India (1862).

**ELGOIBAR,** v. de España (Guipúzcoa); 11 359 hab. *(Elgoibarreses.)* En el valle medio del Deva. Centro industrial.

**ELHÚYAR Y LUBICE** (Juan José **de** o **d'**), mineralogista, metalúrgico y químico español (Logroño 1754-Santa Fe de Bogotá 1796). Con su hermano Fausto consiguió aislar químicamente el volframio. Estudió el tratamiento de la plata, el platino y el mercurio. – **Fausto de** o **d'** (Logroño 1755-Madrid 1833), químico y geólogo, colaboró con su hermano Juan José y fue director general de minas en México (1788-1821) y en España.

**ELIADE** (Mircea), escritor e historiador rumano (Bucarest 1907-Chicago 1986), especialista en la historia de las religiones y en el estudio de los mitos. También escribió novelas.

**ELIANA (La)** o **L'ELIANA,** mun. de España (Valencia); 8 245 hab. Fábrica de neumáticos.

**ELÍAS,** profeta judío (s. IX a. J.C.). Ejerció su ministerio en el reino de Israel y combatió los cultos idólatras cananeos.

**ELÍAS de Asís** o **HERMANO ELÍAS,** franciscano italiano (Castel Britti 1171-Cortona 1253), vicario general de los frailes menores después de san Francisco (1232).

**ELÍAS** (José), compositor y organista español († Madrid *c.* 1749). Considerado el último representante de la escuela clásica española de música para órgano, compuso pasacalles, preludios y fugas, tientos, etc.

**ELIAS** (Norbert), sociólogo alemán (Breslau [act. Wrocław] 1897-Amsterdam 1990). Desarrolló una teoría evolucionista de la historia desde una perspectiva sociológica; también propuso una original teoría de la innovación. Es autor de *La civilización de las costumbres* (1939), *La dinámica de Occidente* (1939), *La sociedad de corte* (1969), etc.

**ELÍAS PIÑA,** ant. **Comendador,** c. de la República Dominicana, cap. de la prov. de La Estrelleta; 23 000 hab. en el municipio.

**ÉLIDE** o **ELIS,** ant. región de Grecia, en la costa O del Peloponeso. Olimpia fue su ciudad principal.

**ELÍO** (Francisco Javier), militar español (Pamplona 1767-Valencia 1822). Absolutista, reprimió con gran dureza los movimientos liberales en Valencia, donde era capitán general. Fue detenido tras la revolución de 1820 y posteriormente ejecutado. – Su sobrino **Joaquín Elío y Ezpeleta** (Pamplona 1805-Pau 1876) fue capitán general del ejército carlista.

**ELIOT** (John), misionero inglés (Widford, Hertfordshire, 1604-Roxbury, Massachusetts, 1690). Ferviente puritano, evangelizó a los indígenas de Nueva Inglaterra.

**ELIOT** (Mary Ann **Evans**, llamada **George**), escritora británica (Chilvers Coton, Warwickshire, 1819-Londres 1880), autora de novelas realistas que describen la vida rural y provinciana inglesa (*Adam Bede,* 1859; *El molino junto al Floss,* 1860; *Silas Marner,* 1861).

**ELIOT** (Thomas Stearns), poeta británico de origen norteamericano (Saint Louis, Missouri, 1888-Londres 1965). Criticó la sociedad moderna a través de los mitos antiguos (*La tierra yerma,* 1922), para evolucionar hacia un catolicismo místico (*Asesinato en la catedral,* 1935). [Premio Nobel de literatura 1948.]

**ELIPANDO,** arzobispo de Toledo y escritor español (*c.* 717-*c.* 808), promotor de las ideas adopcionistas, seguidas por el teólogo heresiarca Félix de Urgel.

**ELISABETHVILLE** → *Lubumbashi.*

**ELISAVETPOL** → *Gandzha.*

**ELISENDA DE MONTCADA** (*c.* 1292-Barcelona 1364), reina de Aragón [1322-1327], por su matrimonio con Jaime II. Fundó el monasterio de Pedralbes (1326), donde se retiró al enviudar.

**ELÍSEO** → *Campos Elíseos.*

**ELISEO,** profeta hebreo, discípulo y sucesor del profeta Elías (s. IX a. J.C.).

**ELISSAMBURU** (Jean-Baptiste), poeta francés en lengua vasca (Sare 1828-*id.* 1891). Autor de populares poemas *(El ciego de Solferino),* escribió en prosa los dichos y aventuras de un campesino: *Piarres Adame.*

**ELIZABETH,** c. y puerto de Estados Unidos (Nueva Jersey); 110 002 hab. Universidad de Princeton.

**ELIZALDE** → *Oyarzun.*

**ELIZONDO** → *Baztán.*

**ELIZONDO** (Salvador), escritor y director de cine mexicano (México 1932). Escritor vanguardista, es autor de poesía y de una obra narrativa influida por el *nouveau roman: Farabeuf o la crónica de un instante,* 1965; *Narda o el verano,* 1966; *El hipogeo secreto,* 1968; *El grafógrafo,* 1972; *Elsinore,* 1988. Ha dirigido *Apocalipsis 1900* (1965).

**ELKINGTON** (George Richards), inventor británico (Birmingham 1801-Pool Park, Denbighshire, 1865). Se le debe la utilización comercial de las técnicas de plateado y dorado por electrólisis (1840).

**ELLAURI** (José Eugenio), político uruguayo (Montevideo 1834-† 1894). Elegido presidente en 1873, fue depuesto por un golpe de estado en 1875.

**ELLESMERE** *(tierra* o *isla de),* isla del archipiélago ártico canadiense (Nunavut), en gran parte cubierta de hielo; 196 000 km².

**ELLICE** → *Tuvalu.*

**ELLINGTON** (Edward **Kennedy,** llamado **Duke**), pianista, compositor y director de orquesta de jazz norteamericano (Washington 1899-Nueva York 1974). Fue, junto con Armstrong, uno de los grandes creadores del jazz.

Duke **Ellington** (a la derecha)

**ELLIOT LAKE,** c. de Canadá (Ontario), cerca del lago Hurón; 13 752 hab. Uranio.

**ELLIOTT** (John Huxtable), historiador británico (Reading, Berkshire, 1930), especialista en temas hispánicos de la edad moderna (*La rebelión de los catalanes,* 1963; *La España imperial [1469-1716],* 1965; *El conde-duque de Olivares,* 1986).

**ELLISON** (Ralph Waldo), escritor norteamericano (Oklahoma City 1914-Nueva York 1994). Su única novela publicada, *Hombre invisible* (1952), ofrece una recapitulación simbólica de la historia afroamericana.

**ELLORĀ,** yacimiento arqueológico de la India, al NO de Aurangābād. Existen unos treinta templos excavados en la roca de los ss. VI a IX, como el Kailāsa (s. VIII), muestras del budismo, del brahmanismo y del jainismo; decoración esculpida en altorrelieve.

**Ellorā:** detalle del templo de Kailāsa (s. VIII), consagrado a Śiva

**ELLORE** → *Elūru.*

**ELOBEY** *(islas),* grupo de dos islotes *(Elobey Grande* y *Elobey Chico),* de Guinea Ecuatorial (Mbini). Anexionadas por España en el s. XIX, en 1968 pasaron a formar parte de Guinea Ecuatorial.

**Elogio de la locura,** obra de Erasmo (1511), escrita en latín, sátira sobre las clases sociales, en especial el clero.

**ELOÍSA** → *Abelardo.*

**ELOTA,** mun. de México (Sinaloa), junto al golfo de California; 24 766 hab. Salinas.

**ELOUNQ** *(yébel),* ant. **yébel Onk,** sierra del E de Argelia. Fosfatos.

**ELOY ALFARO,** cantón de Ecuador (Esmeraldas); 23 779 hab. Agricultura (arroz).

**ELQUI,** r. de Chile central, que desemboca en el Pacífico por la bahía de Coquimbo; 210 km.

**ELSENE** → *Ixelles.*

**ELSHEIMER** (Adam), pintor y grabador alemán (Frankfurt del Main 1578-Roma 1610). Fue uno de los primeros en cultivar el género del paisaje histórico, en pequeño formato.

**ELSINOR,** en danés **Helsingør,** c. y puerto de Dinamarca, en el Sund; 56 000 hab. Castillo de Kronborg (s. XVI), donde Shakespeare sitúa la acción de *Hamlet.*

**ELSSLER** (Franziska, llamada **Fanny**), bailarina austríaca (Gumpendorf, cerca de Viena, 1810-Viena 1844), una de las mejores intérpretes románticas.

**ELSTER,** nombre de dos ríos de Alemania (Sajonia): el *Elster Blanco,* afl. del Saale (or. der.), que atraviesa Leipzig (257 km), y el *Elster Negro,* afl. del Elba (or. der.) [188 km].

**ELTSIN** → *Yeltsin.*

**ELUARD** (Eugène **Grindel,** llamado **Paul**), poeta francés (Saint-Denis 1895-Charenton-le-Pont 1952). Evolucionó del surrealismo (*Capital del dolor,* 1926) al compromiso con el Partido comunista y la Resistencia (*Poesía y verdad,* 1942), sin abandonar el lirismo (*Los ojos fértiles,* 1936).

**ELŪRU** o **ELLORE,** c. de la India (Andhra Pradesh); 212 918 hab. Tapices de lana.

**ELVAS,** c. de Portugal (Estremadura), en la frontera con España; 14 500 hab. Turismo. Monumentos de los ss. XIV-XVII.

**Elvas** o **Yelvas** *(acuerdos de),* pacto firmado en la c. portuguesa de Elvas (1383) por Juan I de Castilla y Fernando I de Portugal para formalizar el matrimonio del primero con la infanta Beatriz, heredera de Portugal.

**ELVIRA** → *Ilíberis.*

**ELVIRA,** princesa leonesa (*c.* 937-d. 982), hija de Ramiro II y de Urraca Teresa de Navarra. Fue regente de su sobrino Ramiro III desde 965.

**ELVIRA GARCÍA,** reina de León († *c.* 1027), hija del conde castellano García Fernández. Esposa de Vermudo II de León, fue regente de su hijo Alfonso V.

**ELY,** c. de Gran Bretaña, al NE de Cambridge; 10 000 hab. Catedral cuyos estilos abarcan desde el románico hasta el gótico florido del s. XIV.

**ELYTIS** (Odysseus) o **ELITIS** (Odhisséas), poeta griego (Hērakliōn, Creta, 1911-Atenas 1996), de inspiración a la vez surrealista y social (*El sol soberano,* 1943; *Seis y un remordimiento para el cielo,* 1960). [Premio Nobel de literatura 1979.]

**ELZEVIR, ELZEVIER** o **ELSEVIER,** familia de impresores y libreros neerlandeses, establecidos en Leiden, La Haya, Utrecht y Amsterdam durante los ss. XVI y XVII. Sus ediciones son un modelo de elegancia tipográfica.

**EMAÚS,** localidad de Palestina, cerca de Jerusalén. Allí se apareció Jesús a dos de sus discípulos tras su resurrección.

**EMBA,** r. de Kazajstán, que desemboca en el Caspio; 712 km. Da su nombre a una región petrolífera entre el S de los Urales y el Caspio.

**embarque para la isla de Citera** *(El),* gran tela de Watteau (1717), su obra maestra (Louvre).

**EMDEN,** c. y puerto de Alemania (Baja Sajonia) en la desembocadura del Ems; 50 090 hab.

**EMERITA** o **EMERITA AUGUSTA,** ant. ciudad hispanorromana, capital de Lusitania. Es la act. Mérida.

**EMERSON** (Ralph Waldo), filósofo norteamericano (Boston 1803-Concord, Massachusetts, 1882), fundador de un sistema idealista, místico y panteísta, el trascendentalismo.

**EMESA,** ant. c. de Siria, a orillas del Orontes, célebre por su templo consagrado al dios solar El Gebal. (Act. *Homs.*)

**EMILIANO ZAPATA,** mun. de México (Veracruz), en las estribaciones de la sierra Madre oriental; 31 565 hab. – Mun. de México (Morelos); 20 977 hab. Ganadería. – Mun. de México (Tabasco); 17 147 hab. Centro comercial. Explotación forestal.

**EMILIA-ROMAÑA,** en ital. **Emilia-Romagna,** o simplemente **Emilia,** región de Italia, al S del Po, junto al Adriático; 22 123 $km^2$; 3 899 170 hab. Cap. *Bolonia.* Está dividida históricamente entre la *Emilia* de los ducados (actuales provincias de Piacenza, Parma, Reggio nell'Emilia, Módena y Bolonia), las antiguas tierras pontificias de la Romaña* (provincias de Forlì y de Ravena) y el ducado de Ferrara (act. provincia).

**Emilio** o **De la educación,** novela pedagógica de J.-J. Rousseau (1762). Se fundamenta en que el hombre es bueno por naturaleza y, dado que la sociedad lo hace malvado, es preciso educarlo lejos de ella para que la regenere cuando se reintegre. Estas ideas influyeron en autores como Pestalozzi y Makarenko.

**EMINESCU** (Mihail), escritor rumano (Ipoteşti 1850-Bucarest 1889), autor de relatos y cuentos populares. Su genio romántico lo convirtió en el gran poeta nacional de Rumania.

**EMIRATOS ÁRABES** *(Unión de)* o **EMIRATOS ÁRABES UNIDOS,** estado federal de la península de Arabia, junto al golfo Pérsico, que agrupa a siete emiratos: Abū Ẓabī, Dibay, Šārŷa, Fuŷaira, Ajman, Umm al-Qawayn y Rā's al-Jayma; 80 000 $km^2$; 2 400 000 hab. CAP. *Abū Ẓabī.* LENGUA OFICIAL: *árabe.* MONEDA: *dirham.* País desértico, importante productor de petróleo, con mayoría de inmigrantes. Los «Estados de la Tregua» *(Trucial States),* bajo protectorado británico de 1892 a 1971, formaron desde 1971-1972 la federación independiente de los Emiratos Árabes Unidos, gobernada por un consejo supremo compuesto por los soberanos de los siete emiratos y por un gobierno federal.

**EMIRNE** → *Imerina.*

**EMMANUEL** (Noël **Mathieu,** llamado **Pierre**), escritor francés (Gan, Pyrénées-Atlantiques, 1916-París 1984), autor de antologías poéticas (*Evangéliaire,* 1961; *Sophia,* 1973) y de ensayos.

**EMMEN,** c. de Países Bajos (Drenthe); 92 895 hab. Textiles. Centro agrícola.

**EMMENTAL** o **EMMENTHAL,** valle de Suiza en los Prealpes (cantón de Berna). Quesos.

**EMPALME,** mun. de México (Sonora), en la llanura costera del golfo de California; 41 063 hab.

**EMPALME (El),** cantón de Ecuador (Guayas); 52 420 hab. Cab. *Velasco Ibarra.*

**EMPARÁN** (Vicente), marino y administrador español (Azpeitia *c.* 1750-† *c.* 1815). Fue el último capitán general de Venezuela (1809-1810).

**EMPECINADO** (Juan **Martín Díaz,** llamado **el**), guerrillero español (Castrillo de Duero, Valladolid, 1775-Roa, Burgos, 1825). Dirigió una guerrilla contra los franceses en Guadalajara y Cuenca (1808-1812). Fue ejecutado por los absolutistas.

**EMPÉDOCLES,** filósofo griego (Agrigento *c.* 490 a. J.C.-† en el Peloponeso). Jefe del partido democrático, elaboró una cosmogonía basada en los cuatro elementos (agua, aire, fuego y tierra), cuyas relaciones estaban regidas por el Amor *(Eros)* y el Odio *(Polemos).* Según la leyenda, se arrojó al cráter del Etna.

**EMPORDÀ** → *Ampurdán.*

**EMPORION** → *Ampurias.*

**EMS,** en neerlandés **Eems,** r. de Alemania, que bordea la frontera de Países Bajos y desemboca en el mar del Norte; 371 km.

**EMS,** act. **Bad Ems,** c. de Alemania (Renania-Palatinado), al E de Coblenza; 12 000 hab. Estación termal. Se llama *telegrama de Ems* a la versión adulterada, publicada por Bismarck el 13 de julio de 1870, de informaciones telegrafiadas por Guillermo I en relación a la candidatura Hohenzollern al trono de España. Este telegrama desencadenó la guerra franco-prusiana.

**En busca del tiempo perdido,** ciclo novelesco de M. Proust, formado por siete obras (1913-1927).

**En las orillas del Sar,** libro de poemas en castellano de Rosalía de Castro (1844). Canta el dolor del emigrante, el desengaño amoroso y la desesperanza.

**ENA DE BATTENBERG** → *Victoria Eugenia de Battenberg.*

**ENCARNACIÓN,** c. de Paraguay, cap. del dep. de Itapúa; 35 600 hab. Puerto fluvial en el Paraná.

**ENCARNACIÓN DE DÍAZ,** c. de México (Jalisco); 35 585 hab. Centro agrícola y ganadero. Loza.

**Enciclopedia** o *Diccionario razonado de las ciencias, las artes y los oficios,* publicación inspirada en una obra similar de Chambers (1729) y que fue dirigida por Diderot (1751-1772), con el objetivo de reunir por orden alfabético todos los conocimientos humanos. Entre los colaboradores destacan D'Alembert, Voltaire, Montesquieu, Rousseau, Buffon, Marmontel, Quesnay y Turgot.

**ENCINA** (Juan **de Fermoselle,** llamado **Juan del**), escritor y músico español (Encinas, Salamanca, 1469-León 1529). Discípulo de Nebrija y cantor de la capilla del papa León X, su obra poética juvenil, con las melodías que él compuso, se halla en su *Cancionero* (1496). Su obra dramática representa el tránsito de la época medieval a la renacentista, y comprende dos etapas: la primera, más popular y rústica, de inspiración tanto religiosa (églogas de Navidad, piezas sobre la Pasión y la Resurrección) como profana *(Égloga de Antruejo);* y la segunda, con sus obras escritas en Roma, de ambientación más refinada y referencias paganas (*Égloga de Fileno, Zambardo y Cardonio; Égloga de Cristino y Febea,* elogio de la vida pastoril y del triunfo del amor; *Égloga de Plácida y Victoriano*). Para *Églogas* y *Autos* compuso villancicos.

**ENCRUCIJADA,** mun. de Cuba (Villa Clara); 34 918 hab. Caña de azúcar y tabaco. Ganado vacuno.

**ENCUBIERTO** *(el),* agermanado valenciano († Burjasot 1522). Se hizo pasar por el príncipe Juan, hijo de los Reyes Católicos, y los agermanados de Játiva le reconocieron rey. Derrotado por el virrey en Valencia, fue asesinado en su huida.

**ENDARA** (Guillermo), político panameño (Panamá 1937). Miembro de la Alianza democrática oposicionista y civilista, fue proclamado presidente, con el apoyo de E.U.A., tras la invasión norteamericana de su país (1989). Ocupó el cargo hasta las elecciones de 1994.

**ENDIMIÓN,** pastor legendario griego amado por Selene, que consiguió de Zeus el don de conservar su belleza sumido en un sueño eterno.

**ENDOVÉLICO,** dios de la mitología ibera, personificación de la naturaleza y la medicina.

**Enéadas** *(Las),* obra de Plotino recopilada y publicada por Porfirio (s. III a. J.C.), en la que el autor trata de la moral, del mundo, del alma y de Dios como ser único.

**ENEAS,** príncipe legendario troyano, héroe de la *Eneida* de Virgilio.

**Eneida,** poema épico de Virgilio, en 12 cantos (29-19 a. J.C.): epopeya nacional que narra el establecimiento en Italia de los troyanos liderados por Eneas y anuncia la fundación de Roma.

**ENESCO** o **ENESCU** (George), violinista y compositor rumano (Liveni 1881-París 1955), autor de la ópera *Edipo* (1932) y de *Rapsodias rumanas* (1901-1902).

**ENFANTIN** (Barthélemy Prosper), llamado **le Père Enfantin,** ingeniero y economista francés (París 1796-*id.* 1864). Imprimió al movimiento sansimoniano un carácter moral y religioso, transformándolo en una iglesia.

**enfermo imaginario** *(El),* comedia de Molière (1673).

**ENGADINA,** en romanche **Engiadina,** región de Suiza (Grisones), en el valle del Inn. Turismo.

**ENGELS** → *Pokrovsk.*

**ENGELS** (Friedrich), teórico socialista alemán (Barmen [act. integrado en Wuppertal] 1820-Londres 1895). En 1845 publicó *La situación de la clase obrera en Inglaterra,* en la que se esbozaban algunas ideas clave de lo que sería el marxismo. Escribió, en colaboración con Marx, *La sagrada familia* (1845) y *La ideología alemana* (1845-1846), en las que sentaron las bases del materialismo histórico, y el *Manifiesto comunista* (1848). Atacó las tesis de E. Dühring en el *Anti-Dühring* (1878) y analizó el materialismo dialéctico (*Dialéctica de la naturaleza,* 1873-1883, publicada en 1925). Colaboró estrechamente con Marx hasta la muerte de éste, publicó el libro 2 de *El capital* y continuó la reflexión histórica marxista en *El origen de la familia, la propiedad privada y el estado* (1884). Tuvo un papel esencial en la creación de la II Internacional.

**ENGHIEN** (*duque* **d'**) → *Condé.*

**ENGLAND,** nombre inglés de Inglaterra.

**ENGÓMI** o **ENKOMI,** yacimiento arqueológico de Chipre, en el probable emplazamiento de la cap. del reino de Alasia, uno de los principales centros urbanos de la isla en la edad del bronce final (ss. XIV-XIII a. J.C.).

Thomas Stearns
**Eliot**

Paul
**Eluard**

Friedrich
**Engels**

**ENGRACIA** *(santa)* → ***Zaragoza*** (Innumerables mártires de).

**ENNA,** c. de Italia (Sicilia), cap. de prov.; 28 296 hab. Restos del castillo medieval con un magnífico panorama. Catedral (ss. XIV-XVI).

**ENNIO** (Quinto), poeta latino (Rudia, Calabria, 239-Roma 169 a. J.C.), autor de poemas filosóficos y morales *(Saturae)* y de una epopeya a la gloria de Roma, los *Annales*.

**ENNS,** r. de los Alpes austríacos, afl. del Danubio (or. der.); 254 km.

**ENOC,** patriarca bíblico, padre de Matusalén. El judaísmo de los ss. II-I a. J.C. reunió bajo su nombre un conjunto de escritos apocalípticos.

EMPERADORES

**ENRIQUE I el Pajarero** (*c.* 875-Memleben 936), rey de Germania [919-936], vencedor de los eslavos (906 y 929), húngaros (906 y 933) y daneses (934). – **Enrique II el Cojo** o **el Santo** (Abbach, Baviera, 973-Grona, cerca de Gotinga, 1024), duque de Baviera [995] y emperador germánico [1014-1024], canonizado en 1146. – **Enrique III el Negro** (1017-Bodfeld, Harz, 1056), emperador germánico [1046-1056]. Rey de Germania desde 1039, se impuso en Italia tras haber depuesto a los papas Gregorio VI, Silvestre III y Benedicto IX. – **Enrique IV** (¿Goslar? 1050-Lieja 1106), hijo del anterior, emperador germánico [1084-1106]. Rey de Germania desde 1056, se enfrentó a Gregorio VII en la *querella de las Investiduras* y tuvo que humillarse en Canosa (1077); más tarde, se apoderó de Roma (1084), pero su hijo lo obligó a abdicar en 1106. – **Enrique V** (1081 o 1086-Utrecht 1125), hijo del anterior, emperador germánico [1111-1125]. Fue obligado a firmar con Calixto II el concordato de Worms. – **Enrique VI el Severo o el Cruel** (Nimega 1165-Messina 1197), emperador germánico [1191-1197], hijo de Federico I Barbarroja. Se hizo reconocer rey de Sicilia (1194). – **Enrique VII de Luxemburgo** (¿Valenciennes? *c.* 1274-Buonconvento, cerca de Siena, 1313), emperador germánico [1312-1313].

**ENRIQUE DE FLANDES Y HAINAUT** (Valenciennes 1174-Tesalónica 1216), emperador latino de Oriente [1206-1216]. Participó en la cuarta cruzada y sucedió a su hermano Balduino.

CASTILLA

**ENRIQUE I** (1203-Palencia 1217), rey de Castilla [1214-1217], hijo de Alfonso VIII y de Leonor de Inglaterra. A su muerte el trono pasó a su hermana Berenguela.

**ENRIQUE el Senador,** infante de Castilla (1225-Roa 1303), tercer hijo de Fernando III y de Beatriz de Suabia, fue regente de Fernando IV (1295-1301).

**ENRIQUE II de Trastámara** (Sevilla 1333 o 1334-Santo Domingo de la Calzada 1379), rey de Castilla [1376-1379], hijo bastardo de Alfonso XI y de Leonor de Guzmán, iniciador de la dinastía de Trastámara. Encabezó una revuelta nobiliaria contra su hermanastro Pedro I y convirtió la guerra entre Aragón y Castilla en guerra civil castellana, en la que venció. Se ganó a la nobleza con las «mercedes enriqueñas» y consolidó la estabilidad dinástica.

**ENRIQUE III el Doliente** (Burgos 1379-Toledo 1406), rey de Castilla [1390-1406], hijo de Juan I y de Leonor de Aragón. Anuló el poder de las cortes y mantuvo buenas relaciones con Francia, Inglaterra y el papa de Aviñón.

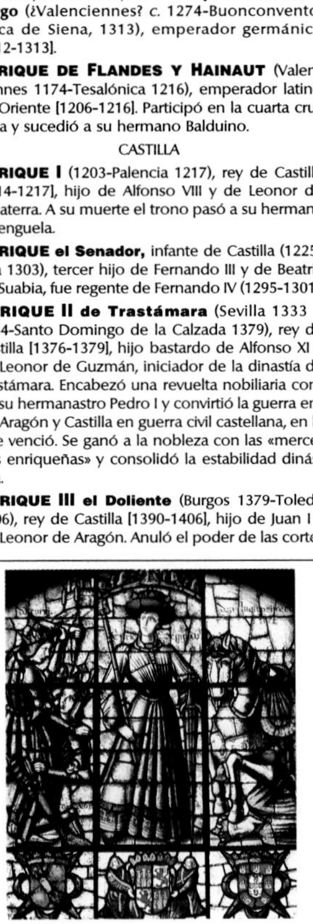

**Enrique II** de Trastámara
(alcázar de Segovia)

**ENRIQUE IV** (Valladolid 1425-Madrid 1474), rey de Castilla [1454-1474], hijo de Juan II y de María de Aragón. Su reinado está marcado por las intrigas nobiliarias y la influencia del valido Juan Pacheco. Entre 1465 y 1468 fue destituido y el trono lo ocupó su hermanastro Alfonso, hermano de la futura reina Isabel, con quien Enrique pactó el reconocimiento de ésta como heredera (pacto de los Toros de Guisando, 1468) en detrimento de Juana la Beltraneja.

**Enrique IV** de Castilla, miniatura de la *Genealogía de los reyes de España* por Alonso de Cartagena (biblioteca nacional, Madrid)

FRANCIA

**ENRIQUE I** (*c.* 1008-Vitry-aux-Loges 1060), rey de Francia [1031-1060], hijo de Roberto II. Cedió el ducado de Borgoña a su hermano Roberto. Fue derrotado por Guillermo el Conquistador.

**ENRIQUE II** (Saint-Germain-en-Laye 1519-París 1559), rey de Francia [1547-1559], hijo de Francisco I. Casó con Catalina de Médicis (1533). Defendió el catolicismo, aunque se alió con los turcos y los protestantes alemanes contra Carlos Quinto y ocupó Metz, Toul y Verdún. Fue vencido por Felipe II (San Quintín, 1557), pero derrotó a los ingleses en Calais (1558). Firmó la paz de Cateau-Cambrésis (1559), que puso fin a las guerras de Italia.

**ENRIQUE III** (Fontainebleau 1551-Saint-Cloud 1589), rey de Francia [1574-1589], hijo de Enrique II. Elegido rey de Polonia en 1573, al morir su hermano Carlos IX volvió a Francia (1574). Intentó reconciliar a los católicos de Enrique de Guisa con los protestantes de Enrique III de Navarra. Humillado por la Liga católica, hizo asesinar a Enrique de Guisa y se alió con Enrique III de Navarra, al que reconoció como su sucesor. Murió apuñalado.

**ENRIQUE IV** (Pau 1553-París 1610), rey de Navarra [ENRIQUE III] [1572-1610] y de Francia [1589-1610]. Jefe calvinista, escapó de la matanza de San Bartolomé. Luchó contra la Liga católica y Felipe II de España, pero se convirtió al catolicismo (1593) y los estados generales lo reconocieron como rey. Tras el edicto de Nantes* (1598) restableció la paz interior, restauró la autoridad real y reorganizó el país. Fue asesinado por un fanático católico.

INGLATERRA

**ENRIQUE I Beauclerc** (Selby, Yorkshire, 1069-Lyons-la-Forêt 1135), rey de Inglaterra [1100-1135] y duque de Normandía [1106-1135], 4.° hijo de Guillermo el Conquistador; logró mantener la unidad de los estados anglonormandos. – **Enrique II Plantagenet** (Le Mans 1133-Chinon 1189), rey de Inglaterra [1154-1189], duque de Normandía [1150-1189], conde de Anjou [1151] y duque de Aquitania [1152-1189] por su matrimonio con Leonor. Su política lo enfrentó a Tomás Becket. – **Enrique III** (Winchester 1207-Westminster 1272), rey de Inglaterra [1216-1272]. Su negativa a firmar las Provisiones de Oxford provocó una larga guerra civil (1258-1265). Perdió, en favor de Francia, Poitou, Saintonge y Auvernia (1259). – **Enrique IV** (Bolingbroke, Lincolnshire, 1367-Westminster 1413), rey de Inglaterra [1399-1413]. Tuvo que afrontar el levantamiento de los galeses (1400-1408). – **Enrique V** (Monmouth 1387-Vincennes 1422), rey de Inglaterra [1413-1422]. Venció a los franceses en Azincourt (1415) y obtuvo por el tratado de Troyes (1420) la regencia del reino y la promesa de sucesión para el hijo nacido de su matrimonio con Catalina de Francia. – **Enrique VI** (Windsor 1421-Londres 1471), rey de Inglaterra [1422-1461], hijo de Enrique V y de Catalina de Francia. Fue proclamado rey de Francia a la muerte de Carlos VI (1422). Al perder todas sus posesiones inglesas en Francia, resultó desacreditado y se cuestionaron sus derechos a la corona de Inglaterra; ello llevaría al inicio de la guerra de las Dos Rosas. – **Enrique VII** (castillo de Pembroke 1457-Richmond, Londres, 1509), rey de Inglaterra [1485-1509], el primero de la dinastía de los Tudor. Puso fin a la guerra de las Dos Rosas con la batalla de Bosworth (1485), en la que resultó muerto el último de los York, Ricardo III, y restauró la autoridad real. – **Enrique VIII** (Greenwich 1491-Westminster 1547), rey de Inglaterra [1509-1547] y de Irlanda [1541-1547], hijo del anterior. Practicó una política de equilibrio frente a las grandes potencias europeas (Francia y España). Al principio estuvo muy vinculado al catolicismo, pero provocó un cisma cuando el papa le negó la anulación de su matrimonio con Catalina de Aragón. Tras repudiarla (1533), Enrique VIII se proclamó jefe supremo de la Iglesia de Inglaterra (1534) y persiguió tanto a los católicos como a los protestantes. Después de sus matrimonios con Catalina de Aragón y Ana Bolena, madre de Isabel I y decapitada en 1536, se casó con Juana Seymour (madre del futuro Eduardo VI), Ana de Clèves, Catalina Howard (ejecutada en 1542) y Catalina Parr. Su reinado centralizador contribuyó al fortalecimiento del poder monárquico.

NAVARRA

**ENRIQUE I el Gordo** (1238-1274), rey de Navarra [1270-1274], hijo de Teobaldo I y hermano de Teobaldo II. Le sucedió su hija Juana.

**ENRIQUE II** (1503-1555), rey de Navarra [1518-1555], hijo de Catalina y de Juan de Albret. Gobernó sobre la Baja Navarra. El resto del reino fue ocupado por Castilla desde 1512.

**ENRIQUE III** → ***Enrique*** IV de Francia.

PORTUGAL

**ENRIQUE DE BORGOÑA** (Dijon *c.* 1057-Astorga 1114), conde de Portugal [1097-1114], nieto de Roberto I, duque de Borgoña. Fue el fundador de la monarquía portuguesa, al proclamar la independencia del país a la muerte de su suegro Alfonso VI de Castilla (1109).

**ENRIQUE el Navegante,** príncipe portugués (Oporto 1394-Sagres 1460), hijo de Juan I de Portugal. Fue el promotor de diversos viajes de explo-

**Enrique II,**
rey de Francia
(palacio de Versalles)

**Enrique IV,**
rey de Francia
(palacio de Versalles)

**Enrique V,**
rey de Inglaterra
(galería nacional de retratos, Londres)

**Enrique VIII,**
rey de Inglaterra
(Holbein el Joven - galería nacional de arte antiguo, Roma)

ración de las costas africanas durante los cuales se descubrió y conquistó Madeira (1418) y las Azores (1432-1457).

**ENRIQUE I el Cardenal** (Almeirim, Santarem, 1512-*id.* 1580), rey de Portugal [1578-1580], hijo de Manuel I el Afortunado. Arzobispo (1534) y cardenal (1565) antes que rey, a su muerte el reino pasó a Felipe II de España.

DIVERSOS

**ENRIQUE el León** (Ravensburg 1129-Brunswick 1195), duque de Sajonia [1142-1181] y de Baviera [1156-1180]. Apartado del Imperio por Federico I Barbarroja, fue privado de sus posesiones (1180).

**ENRIQUE,** infante de Aragón (*c.* 1398-Calatayud 1445), hijo de Fernando I. Disputó el trono de Castilla, que llegó a ocupar (1420) a Juan II, pero acabó derrotado por Álvaro de Luna.

**ENRIQUE** *(maestro),* arquitecto y escultor activo en Castilla en el s. XIII, posiblemente de origen francés. Fue maestro de obras de las catedrales de Burgos y León.

**ENRIQUE Y TARANCÓN** (Vicente) → ***Tarancón.***

**ENRÍQUEZ,** familia de la aristocracia castellana. — **Alfonso Enríquez** (1354-1429) vinculó a la familia el título de almirante de Castilla. – Su nieta **Juana Enríquez** casó con Juan II de Aragón. – **Luis** († 1572) enlazó por matrimonio con el linaje de los Cabreros. – **Juan Enríquez de Cabrera** († 1647) fue virrey de Nápoles (1644-1646). – **Juan Tomás Enríquez de Cabrera** (Génova 1646-Estremoz 1705), último almirante de Castilla, fue un personaje muy influyente en la corte de Carlos II.

**ENRÍQUEZ DE ACEVEDO** (Pedro) → ***Fuentes*** (conde de).

**ENRÍQUEZ DE ALMANSA** (Martín), administrador español (s. XVI), virrey de Nueva España (1568-1580), donde introdujo la Inquisición, y del Perú (1581-1583).

**ENRÍQUEZ DE GUZMÁN** (Luis), *conde* **de Alba de Liste,** administrador español del s. XVII, virrey de Nueva España (1650-1653) y del Perú (1655-1661).

**ENRÍQUEZ DE RIVERA** (Payo), agustino y administrador español (nacido en Sevilla-† 1684), obispo de Guatemala (1657-1667), arzobispo de México (1668-1680) y virrey de Nueva España (1673-1680).

**ENRÍQUEZ DEL CASTILLO** (Diego), cronista castellano (Segovia 1443-*id.* d. 1503). Capellán y miembro del consejo de Enrique IV, escribió la *Crónica del rey don Enrique IV.*

**ENRÍQUEZ GÓMEZ** (Antonio), escritor español (Cuenca *c.* 1600-Amsterdam 1660). Poeta culterano y dramaturgo, su principal obra en prosa, *El siglo pitagórico* y *Vida de don Gregorio Guadaña* (1644), se inscribe en la tradición de la picaresca.

**ENRIQUILLO** *(lago),* lago salado del SO de la República Dominicana (Independencia), entre las sierras de Neiba y de Baoruco; 550 km².

**ENRIQUILLO,** cacique dominicano del s. XVI. Se levantó contra los españoles en 1520-1533, hasta que Carlos Quinto le concedió las tierras ocupadas.

**Enriquillo,** novela histórica de M. de J. Galván (1878), sobre un cacique indígena que se enfrenta a los españoles en defensa de su pueblo, documentada históricamente.

**Ensayos,** obra de Montaigne (1580, 1588, 1595). Meditación sobre la condición humana, propone una manera de vivir más acorde con la naturaleza.

**ENSCHEDE,** c. de Países Bajos (Overijssel); 146 509 hab. Textiles. Construcciones eléctricas. Museos.

**ENSENADA,** c. de México (Baja California); 169 426 hab. Puerto pesquero. Conservas. Vinos.

**ENSENADA,** partido de Argentina (Buenos Aires); 48 524 hab. Pesca. Puerto de la c. de La Plata.

**ENSENADA** (Zenón **de Somodevilla y Bengoechea,** *marqués* **de la**), estadista español (Alesanco, La Rioja, 1702-Medina del Campo 1781). De 1743 a 1754 dirigió la política del país. Realizó un ensayo de contribución única mediante un catastro previo *(Catastro de Ensenada)* y protegió el comercio y la industria. Fue desterrado a raíz del motín de Esquilache (1766).

**ENSOR** (James), pintor y grabador belga (Ostende 1860-*id.* 1949). Impresionista, realista y visionario, uno de los precursores del arte moderno (*La entrada de Cristo en Bruselas,* 1888).

**ENTEBBE,** c. de Uganda, a orillas del lago Victoria; 40 000 hab. Ant. capital. Aeropuerto.

**ENTENÇA** (Berenguer **d'**), noble catalán († 1307). Jefe de los almogávares, dirigió la llamada venganza catalana tras el asesinato de Roger de Flor (1305).

**entente** *(Pequeña),* alianza acordada en 1920-1921 entre el Reino de los serbios, croatas y eslovenos, y Checoslovaquia y Rumania, con el fin de mantener las fronteras fijadas en 1919-1920. Patrocinada por Francia, se disolvió en 1938.

**entente** *(Triple),* sistema de alianzas basado en los acuerdos bilaterales concluidos a partir de 1907 entre Francia, Gran Bretaña y Rusia para contrarrestar la Triple alianza.

**Entente cordial,** nombre dado a las buenas relaciones que existieron entre Luis Felipe de Francia y la reina Victoria de Gran Bretaña. La expresión fue recuperada en 1904 para designar el nuevo acercamiento entre los dos países.

**entierro del conde de Orgaz** *(El),* cuadro del Greco (1586-1588), de grandes dimensiones (4,80 m × 3,60 m), que se conserva en la iglesia de Santo Tomé de Toledo. Representa una leyenda toledana del s. XVI con una composición novedosa en el tratamiento realista del plano terrestre y una estilización de icono bizantino en el celeste.

**Entre bobos anda el juego,** comedia de Francisco de Rojas Zorrilla (1637), que inicia la llamada «comedia de figurón».

**ENTRE RÍOS** *(provincia de),* prov. del E de Argentina, en la región mesopotámica; 78 781 km²; 1 022 865 hab. Cap. *Paraná.* – En 1813 el territorio se declaró «pueblo libre» bajo la dirección de Francisco Ramírez, que venció a las tropas de Buenos Aires en Cepeda (1 febr. 1820) y proclamó la *República de Entre Ríos* (set. 1820); ésta se disolvió a su muerte (julio 1821).

**Entrepeñas,** embalse de España (Guadalajara) sobre el río Tajo, unido al de Buendía mediante un túnel de transvase; 874,4 millones de m³.

**ENUGU,** c. del E de Nigeria; 286 000 hab.

**ENVALIRA** *(puerto de),* puerto de Andorra, aprovechado por la carretera a Francia; 2 409 m.

**ENVER BAJÁ,** general y político otomano (Istanbul 1881-cerca de Dushanbe 1922). Ministro de la Guerra, hizo entrar al Imperio otomano en la primera guerra mundial del lado de Alemania. En 1921 se unió a los insurrectos musulmanes de Asia central y murió en combate.

**ENVIGADO,** mun. de Colombia (Antioquia); 91 391 hab. Industrias textiles, calzado. Aeropuerto.

**ENZO, ENZIO** o **HEINZ,** rey de Cerdeña (Palermo *c.* 1220-Bolonia 1272). Hijo natural del emperador Federico II, fue el mejor lugarteniente de su padre y uno de los primeros poetas en lengua vulgar de Sicilia.

**EO,** r. de España, en la vertiente cantábrica, cuyo curso inferior marca el límite entre Galicia y Asturias; 96,5 km. Desemboca en una amplia ría.

**EOLIA, EÓLIDE** o **EÓLIDA,** ant. región del NO de Asia Menor.

**EOLIAS** *(islas),* en ital. **Isole Eolie,** archipiélago italiano del mar Tirreno, al N de Sicilia, formado principalmente por las islas Lípari, Vulcano y Stromboli; 115 km²; 12 200 hab.

**EOLO,** dios de los vientos, en Grecia y Roma.

**EPAMINONDAS,** general y estadista beocio (Tebas *c.* 418-Mantinea 362 a. J.C.). Uno de los jefes del partido democrático en Tebas, derrotó a los lacedemonios en Leuctra (371). Su muerte puso fin a la hegemonía de Tebas.

**EPI** (Juan Antonio **San Epifanio,** llamado), jugador de baloncesto español (Zaragoza 1959). Con el Barcelona ha ganado siete veces la liga, diez la copa, dos la recopa de Europa y una la copa Korac. Fue subcampeón olímpico con la selección española (1984). Se retiró en 1995.

**EPICTETO,** filósofo latino en lengua griega (Hierápolis, Frigia, *c.* 50 d. J.C.-Nicópolis, Epiro, *c.* 130). Esclavo emancipado, fue desterrado de Roma, junto con los demás filósofos, por un decreto de Domiciano (94). Redujo el estoicismo a una moral fundada en la diferencia entre lo que depende del individuo y lo que no depende de él; sus *Coloquios* y su *Manual (Enquiridión)* fueron redactados por su discípulo Arriano.

**EPICURO,** filósofo griego (Samos o Atenas 341-270 a. J.C.). Fundó en Atenas una escuela, el Jardín. Conocido gracias a Diógenes Laercio y Lucrecio, su pensamiento hace de las sensaciones el criterio del conocimiento y de la moral, y de los placeres que procuran, el principio de felicidad, con la condición de no perder el dominio racional sobre ellos.

**EPIDAURO,** ant. c. de Grecia (Argólida), célebre por su santuario de Asclepio, dios de la medicina,

*El* ***entierro del conde de Orgaz*** por el Greco (1586-1588)
[iglesia de Santo Tomé, Toledo]

y las curaciones que allí tenían lugar. En ella subsisten importantes ruinas, entre ellas el teatro griego mejor conservado (fines s. IV a. J.C.).

**EPIFANIO** *(san),* escritor griego cristiano (cerca de Eleuterópolis, Palestina, *c.* 315-en el mar 403). Luchó contra la doctrina de Orígenes.

**ÉPILA,** v. de España (Zaragoza); 3 812 hab. *(Epilanos* o *epilenses.)* Restos del recinto amurallado. Palacio de los duques de Híjar (s. XVIII). Pedro IV de Aragón venció en sus proximidades a los nobles de la Unión aragonesa (1348).

**EPINAL,** c. de Francia, a orillas del Mosela; 39 480 hab. Importante centro de imaginería popular del s. XIX *(estampas de Epinal).*

**Epinicios,** nombre genérico de las *Odas triunfales* de Píndaro (s. V a. J.C.), poemas líricos dedicados a los atletas vencedores.

**EPIRO,** región de los Balcanes, que se extiende por Grecia y Albania; 339 210 hab. El reino de Epiro, constituido a fines del s. V a. J.C., adquirió importancia con Pirro II (295-272) y fue sometido por los romanos en 168 a. J.C. Durante el Imperio bizantino se constituyó un *despotado de Epiro* (1204-1318) en favor de los Comnenos.

**Episodios nacionales,** ciclo histórico de cuarenta y seis novelas de B. Pérez Galdós, publicado entre 1873 y 1912. Abarca la época comprendida entre la batalla de Trafalgar y la Restauración y ofrece una visión viva de la España decimonónica, en la que el documento histórico y la ficción novelesca se funden armoniosamente.

**Epístola moral a Fabio,** poema español del s. XVII, en tercetos encadenados. Trata sobre la vanidad de la vida cortesana y el elogio del campo, sobre el control ascético de las pasiones y el destino mortal del hombre. Al parecer, fue compuesto por Andrés Fernández de Andrada, aunque se haya atribuido también a Francisco de Rioja, Rodrigo Caro y Francisco de Medrano.

**Epístolas,** de Horacio (30-8 a. J.C.), poesías en las que el autor, en tono familiar, trata de la moral y del gusto. La última *(Epístola a los Pisones)* constituye un arte poética.

**Epístolas del Nuevo testamento** o **Epístolas de los apóstoles,** cartas de los apóstoles incluidas en el Nuevo testamento. Constan de las catorce epístolas de san Pablo y las siete epístolas llamadas católicas (las de Santiago, Pedro [2], Juan [3] y Judas). A veces se discute la autenticidad de algunas de éstas.

**EPSOM,** c. de Gran Bretaña (Surrey), al S de Londres; 71 000 hab. En ella se celebra, desde 1780, una carrera de caballos (el *Derby*).

**EPSTEIN** (*sir* Jacob), escultor norteamericano (Nueva York 1880-Londres 1959). Influido por Rodin, por el arte primitivo y, en algún momento, por el vorticismo, contribuyó a la superación del academicismo en la escultura británica.

**Equipo 57,** grupo de artistas españoles, activo entre 1957 y 1964, formado por A. Ibarrola, J. Duarte, J. Serrano, A. Duart y J. Cuenca, cuya producción representa una vía de transición entre abstracción geométrica y op art.

**Equipo Córdoba,** grupo de artistas españoles de Córdoba (S. Castro, A. Mesa, M. García, J. Pizarro, M. González y F. Arenas) que en la década de los 60 trabajaron en la abstracción orgánica.

**Equipo Crónica,** grupo de artistas españoles, fundado en Valencia en 1964 y formado, de 1965 a 1981, por M. Valdés y R. Solbes. Sus obras pertenecen al realismo crítico influido por el *pop.*

**ERANDIO,** mun. de España (Vizcaya); 24 977 hab. Cap. *Asúa-La Campa* o *Asua-Landa.* En el área suburbana de Bilbao, en la or. der. del Nervión. Centro industrial.

**ERASMO de Rotterdam,** humanista neerlandés en lengua latina (Rotterdam *c.* 1469-Basilea 1536). De espíritu independiente y satírico (*Elogio* de la locura,* 1511; *Coloquios familiares,* 1518), intentó definir un humanismo cristiano (*Institución del príncipe cristiano,* 1515), a la luz de sus trabajos críticos sobre el Nuevo testamento, y preconizó la entente entre católicos y reformados.

**ERASO** (Francisco Benito), militar español (Garinoain, Navarra, 1793-† 1835). Absolutista, derrotó el levantamiento liberal de Chapalangarra (1830), y desde 1833 apoyó la causa carlista.

**ERASO** (Francisco **de**), político español († 1570). Secretario y notario mayor de Carlos Quinto, en 1555 autorizó la renuncia de éste a los estados de Flandes en favor de Felipe II.

**ÉRATO,** musa de la poesía lírica.

**ERATÓSTENES,** matemático, astrónomo y filósofo griego de la escuela de Alejandría (Cirene *c.* 284-Alejandría *c.* 192 a. J.C.). Gracias a la medición ingeniosa de un arco de meridiano, fue el primero en medir correctamente la circunferencia de la Tierra. También se le debe un método para encontrar los números primos *(criba de Eratóstenes).*

**ERAUSO** (Catalina), aventurera española, llamada **la Monja alférez** (San Sebastián 1592-Veracruz 1635). Huyó de un convento, disfrazada de hombre, a América, donde se alistó en el ejército. Autora de una autobiografía tachada de apócrifa.

**ERCILLA** (Alonso **de**), poeta español (Madrid 1533-*id.* 1594). Cortesano, soldado, humanista y viajero, participó en varios episodios de la conquista de América, entre ellos la expedición contra los indios araucanos, que inspiró su gran poema épico *La Araucana** (1569-1589).

**EREBUS** *(monte),* volcán activo de la Antártida, en la isla de Ross; 3 794 m.

**Erecteion** o **Erekhtheion,** templo de Atenea y Poseidón, asociado a los héroes míticos Erecteo y Cécrops, erigido en la Acrópolis de Atenas (421-406 a. J.C.). Obra maestra del estilo jónico, comprende tres pórticos, entre ellos el de las cariátides (al S).

**ERESMA,** r. de España, afl. del Duero (or. izq.); 167 km. Pasa por la ciudad de Segovia.

**EREVÁN** o **ERIVÁN,** c. y cap. de Armenia, a 1 040 m de alt.; 1 199 000 hab. Museos y biblioteca (miniaturas del s. VI). Centro de una región de ricos cultivos (algodón, viñedos y huertos). Construcciones mecánicas y eléctricas.

**EREZCANO** (Francisco), marino argentino (Buenos Aires 1796-† 1856). Participó en la expedición liberadora de San Martín en Paracas, Perú (1820), y tomó por asalto la c. de Valdivia, en Chile.

**ERFURT,** c. de Alemania, cap. de Turingia, a orillas del Gera; 217 035 hab. Centro industrial. Catedral gótica y otros restos medievales. Napoleón y Alejandro I de Rusia mantuvieron allí una entrevista (27 set.-14 oct. 1808), con la que se renovó la alianza de Francia con Rusia concluida en Tilsit.

**ERHARD** (Ludwig), político alemán (Fürth 1897-Bonn 1977). Cristianodemócrata, ministro de Economía (1949-1963) y canciller de la República Federal de Alemania (1963-1966), dirigió la recuperación económica de su país.

**ERICE,** c. de Italia (Sicilia); 27 538 hab. Es la *Erix* de los fenicios, famosa en la antigüedad por su templo de Afrodita.

**ERICE** (Víctor), director de cine español (San Sebastián 1940). Pese a su corta filmografía, es uno de los directores más innovadores y rigurosos del cine español, capaz de aunar lirismo y reflexión histórica (*El espíritu de la colmena,* 1973; *El sur,* 1983), con un avanzado experimentalismo (*El sol del membrillo,* 1992).

**ERICSSON** (John), ingeniero norteamericano de origen sueco (Långbanshyttann 1803-Nueva York 1889), inventor de una hélice para la propulsión de navíos (1836) y de diversos modelos de motor solar (desde 1870).

**ERÍDANO,** r. mítico de los Infiernos, y que los griegos identificaban con el Po.

**ERIDÚ,** yacimiento arqueológico de Iraq, cerca de Ur, que conserva restos de uno de los más antiguos enclaves (IV milenio) de la región. Centro religioso a fines del VI milenio. (Act. *Abū Šarayn.*)

**ERIE** *(lago),* uno de los cinco grandes lagos norteamericanos (25 900 km$^2$), entre los lagos Hurón y Ontario. – El *canal del Erie* une el lago Erie (Bufalo) con el Hudson (Albany); 590 km.

**ERIE,** c. de Estados Unidos (Pennsylvania), en la orilla S del lago homónimo; 108 718 hab.

**ERIK,** nombre de catorce reyes de Suecia y de siete reyes de Dinamarca. Los más importantes fueron **Erik Jedvardsson,** llamado **el Santo** († Uppsala 1160), rey de Suecia [1156-1160]. Fundador de la dinastía de los Erik. El día de su muerte (18 mayo) es fiesta nacional en Suecia; **Erik de Pomerania** (1382-Rügenwalde [act. Darłowo, Polonia] 1459), rey de Noruega [1389-1442], de Dinamarca y de Suecia (Erik XIII) [1396-1439]. Sobrino nieto de Margarita de Dinamarca, recibió la corona de la dieta de Kalmar (1397), que decidió la unión de los tres países; – **Erik XIV** (Estocolmo 1533-Orbyhus 1577), rey de Suecia [1560-1568], hijo de Gustavo Vasa. Luchó contra Dinamarca, Polonia y Lübeck (1563-1570).

**ERIK el Rojo,** explorador noruego (Jaeren *c.* 940-*c.* 1010). Descubrió Groenlandia hacia 985.

**ERIKSON** (Erik), sicoanalista norteamericano de origen alemán (Frankfurt del Main 1902-Harwich, Massachusetts, 1994). Sus trabajos se centran principalmente en los problemas de la adolescencia.

**ERIMANTO,** montaña de Arcadia, que según la leyenda era la guarida de un temible jabalí capturado por Heracles.

**ERÍN,** nombre poético de Irlanda.

**ERINIAS,** diosas griegas de la venganza (Megera, Alecto y Tisífone), las *Furias* de los romanos.

**ERITREA,** estado de África oriental, junto al mar Rojo; 117 000 km$^2$; 3 400 000 hab. *(Eritreos.)* CAP. *Asmara.* LENGUA OFICIAL: *árabe.* MONEDA: *nafka.*

**GEOGRAFÍA**

El territorio abarca la franja costera que se extiende desde Sudán hasta la República de Djibouti, delimitada al S por Etiopía. En Asmara se concentra la escasa industria; Mitsiwa es puerto exportador (cueros y pieles), al igual que Assab (refinería de

**Epidauro:** el teatro (s. IV a. J.C.)

**Erasmo** de Rotterdam (Quentin Metsys - galería Barberini, Roma)

petróleo). Se explotan salinas. La agricultura, muy castigada por la sequía endémica, es insuficiente. Es notable la ganadería.

**HISTORIA**

Habitada por pueblos semíticos, que se superpusieron a sudaneses, la región estuvo bajo la órbita del reino de Aksum, floreciente en los ss. I-VI d. J.C., y posteriormente formó parte del reino de Etiopía (Abisinia). En 1885 los italianos se instalaron en la costa, y el territorio se convirtió en colonia italiana con el nombre de Eritrea (1890). De 1941 a 1952 estuvo bajo administración británica. En 1952 se integró en una federación con Etiopía y conservó su autonomía interna hasta 1962, en que se convirtió en provincia etíope. A partir de entonces fue escenario de continuas luchas por la independencia, a las que la ofensiva de Addis Abeba en 1978, apoyada por soviéticos y cubanos, no pudo poner fin. En 1987 se erigió en región autónoma y, tras la caída del régimen de Mengistu (1991), se formó un gobierno provisional, hasta que la celebración de un referéndum de autodeterminación bajo control internacional (abril 1993) llevó a la proclamación de la independencia. Ese mismo año ingresó en la O.N.U. Issaias Afeworki fue proclamado presidente. Tras un largo conflicto fronterizo, en 2000 Eritrea firmó la paz con Etiopía. *(V. mapa pág. 1303.)*

**ERITREO** *(mar),* nombre dado por los antiguos al mar Rojo, al golfo Pérsico y a la parte NO del océano Índico.

**ERIVÁN** → *Ereván.*

**ERLANGEN,** c. de Alemania (Baviera); 100 996 hab. Universidad. Construcciones eléctricas.

**ERLANGER** (Joseph), fisiólogo norteamericano (San Francisco 1874-Saint Louis 1965), autor de estudios sobre la diferenciación funcional de las fibras nerviosas. (Premio Nobel de fisiología y medicina 1944.)

**ERMESSENDA** o **ERMESSENDIS,** condesa de Barcelona (Carcasona 972-castillo de Besora 1058). Esposa del conde Ramón Borrell (c. 993), fue regente de su hijo Berenguer Ramón I y de su nieto Ramón Berenguer I, a quien vendió sus derechos en 1057.

**Ermitage** *(museo del),* museo de San Petersburgo (arqueología, artes decorativas, rica galería de pintura occidental), ubicada en los palacios construidos para albergar las colecciones de Catalina II y donaciones, reunidas en el palacio de Invierno.

**ERMUA,** v. de España (Vizcaya); 17 690 hab. En el valle del Deva. Industrias metalmecánicas.

**ERNE,** r. de Irlanda, que desemboca en el Atlántico; 115 km. Atraviesa los dos *lagos de Erne.*

**ERNESTO AUGUSTO de Brunswick-Luneburgo,** primer elector de Hannover (Herzberg 1629-Herrenhausen 1698). Legó el título de elector a su hijo Jorge, que se convirtió en rey de Inglaterra (Jorge I).

**ERNESTO AUGUSTO I** (Kew [act. Londres] 1771-Herrenhausen 1851), rey de Hannover [1837-1851], quinto hijo de Jorge III, rey de Gran Bretaña.

**ERNST** (Max), pintor alemán nacionalizado francés (Brühl 1891-París 1976). Dadaísta, aportó luego al surrealismo una gran contribución poética y técnica (*frottages,* collages), e influjó en el expresionismo abstracto. Fue escultor y grabador.

**ERODE,** c. del S de la India (Tamil Nadu); 357 427 hab. Desmotado del algodón.

**EROLES** (Joaquín **Ibáñez,** *barón* **de**), militar y político español (Talarn, Lérida, 1784-Madrid 1825). Absolutista, preparó desde Francia la expedición de los Cien mil hijos de San Luis (1823).

**EROS,** divinidad griega del amor, representada con el aspecto de un niño.

**ERÓSTRATO,** efesio que, para inmortalizar su nombre, incendió el templo de Artemisa en Éfeso (356 a. J.C.).

**ERRÁZURIZ** (Fernando), político chileno (Santiago 1777-*id.* 1841). Vicepresidente interino (1831) y luego jefe del gobierno (1831-1841), reprimió el intento revolucionario de Ramón Freire (1836).

**ERRÁZURIZ ECHAURREN** (Federico), político chileno (Santiago 1850-Valparaíso 1901), hijo de Errázuriz Zañartu. Participó en la revolución que derrocó al presidente Balmaceda (1891) y fue presidente de la república (1896-1901).

**ERRÁZURIZ ZAÑARTU** (Federico), político chileno (Santiago 1825-*id.* 1877). Presidente de la república (1871-1876), realizó reformas liberales en la constitución y el código penal.

**ERRO** (Juan Bautista), estadista español (Andoain 1774-Bayona 1854). Consejero de estado de Fernando VII, cayó en desgracia por su oposición a la Pragmática sanción. En 1836 entró al servicio directo del pretendiente Carlos María Isidro.

**ERSHAD** (Hossain Mohammad), militar y político de Bangla Desh (Rangpūr 1930), presidente de la república de 1983 a 1990.

**ERVIGIO** († 687), rey visigodo [680-687]. Hijo del bizantino Ardabasto, accedió al trono tras derrocar a Wamba. Hizo revisar el código de Recesvinto y consolidó el poder de la nobleza. Eligió como heredero a su yerno Égica, sobrino de Wamba.

**ERZBERG,** montaña de Austria (Estiria); 1 534 m. Hierro.

**ERZBERGER** (Matthias), político alemán (Buttenhausen, Württemberg, 1875-cerca de Griesbach, Baden, 1921). Principal negociador del armisticio de noviembre de 1918, fue ministro de Hacienda (1919). Murió asesinado por los nacionalistas.

**ERZGEBIRGE** o **MONTES METÁLICOS** o **METALÍFEROS DE BOHEMIA,** en checo **Krušné Hory,** macizo montañoso en la frontera entre Alemania y la Rep. Checa (Bohemia), rico en explotaciones mineras (plomo, cinc, cobre, plata); 1 244 m.

**ERZURUM** o **ERZEROUM,** c. de Turquía oriental, a 1 800 m de alt.; 242 391 hab. Monumentos diversos, entre ellos la gran madrasa de Çifteminare (1253), obra maestra de la época selyúcida, act. museo. Mustafa Kemal convocó en la ciudad el primer congreso nacional turco (julio 1919).

**E.S.A.** (European space agency), agencia espacial europea, creada en 1975 y con sede en París.

**ESAÚ,** personaje bíblico, hijo de Isaac y de Rebeca, hermano mayor de Jacob, a quien vendió su derecho de primogenitura por un plato de lentejas.

**ESBJERG,** c. y puerto de Dinamarca (Jutlandia); 81 000 hab. Pesca. Conservas de pescado.

**ESBO** → *Espoo.*

**ESCALA (La)** o **L'ESCALA,** v. de España (Gerona); 5 142 hab. *(Escalenses.)* Centro turístico. En su término, ruinas de Ampurias*.

**ESCALADA** (Antonio José **de**), patriota argentino (Buenos Aires 1753-*id.* 1821). Participó en el cabildo abierto del 22 de mayo de 1810. Fue suegro de José de San Martín.

**ESCALANTE,** dep. de Argentina (Chubut); 128 837 hab. Cab. *Comodoro Rivadavia.*

**ESCALANTE** (Amós **de**), escritor español (Santander 1831-*id.* 1902). Gran parte de su obra está constituida por los relatos de sus viajes (*Del Ebro al Tíber,* 1864). Fue también poeta (*Poesías,* 1890) y escribió una novela histórica.

**ESCALANTE** (Juan Antonio **de Frías y**), pintor español (Córdoba c. 1630-Madrid 1670). Discípulo de Ricci, pertenece a la escuela barroca madrileña, con un tratamiento del paisaje de influencias veneciana y flamenca (*Inmaculada,* 1660; *Anunciación*).

**ESCALDA,** en fr. **Escaut** y en neerlandés **Schelde,** r. de Francia, Bélgica y Países Bajos; nace en Francia, pasa por Tournai, Gante y Amberes, y desemboca en el mar del Norte, en un largo estuario; 430 km. Es una importante vía navegable.

**ESCALERA** (José Nicolás **de la**), pintor cubano (La Habana 1734-† 1804). Realizó los frescos de la iglesia de Santa María del Rosario y numerosas pinturas religiosas (museo nacional de La Habana).

Alonso de **Ercilla**
(Greco - museo del Ermitage, San Petersburgo)

**Escipión** el Africano
(museo nacional, Nápoles)

**ESCALÍGERO** (Julio César), en ital. **Giulio Cesare Scaligero,** filólogo y médico italiano (Riva del Garda 1484-Agen 1558), autor de una *Poética* en la que planteó los principios del clasicismo. – Su hijo **José Justo,** en ital. **Giuseppe Giusto** (Agen 1540-Leiden 1609), humanista y filósofo, se formó en Burdeos y se pasó a la Reforma. Exiliado después de la noche de san Bartolomé, se estableció en Leiden.

**ESCALÓN** (Pedro José), político salvadoreño (1847-† d. 1907). Presidente de la república (1903-1907), liquidó la deuda Burrell con E.U.A.

**ESCALONA,** v. de España (Toledo); 1 763 hab. *(Escaloneros.)* Castillo musulmán, reconstruido en el s. XV (yeserías gótico-mudéjares).

**ESCALONA** (Juan), general venezolano (Caracas 1768-*id.* 1833). Militar del ejército español, se unió a los republicanos en 1810. Fue gobernador civil de Valencia (1813) y de Coro (1821).

**ESCAMANDRO** o **JANTO,** r. costero de La Tróade.

**ESCAMBRAY** *(sierra de),* **GRUPO DE GUAMUHAYA** o **ALTURAS DE TRINIDAD-SANCTI SPÍRITUS,** sistema montañoso de Cuba (Sancti Spíritus); 1 156 m en el pico de San Juan o La Cuca. *Parque nacional de Escambray,* con el salto de la Siguanea, en el río Habanilla.

**escándalo** *(El),* novela de Pedro Antonio de Alarcón (1875).

**ESCANDINAVIA,** región del norte de Europa que comprende Dinamarca, Noruega, Suecia, Finlandia e Islandia. Las duras condiciones naturales, la influencia marítima, la presencia de bosques, la escasa densidad de población (sobre todo en el N) y los regímenes políticos liberales son los principales rasgos comunes de estos estados.

**ESCANIA,** península que constituye el extremo meridional y más fértil de Suecia. C. pral. *Malmö.*

**ESCATRÓN,** v. de España (Zaragoza); 1 343 hab. *(Escatroneros.)* Central térmica (172 500 kW). En el término, monasterio de Rueda*.

**ESCAZÚ,** cantón de Costa Rica (San José); 38 817 hab. Arroz, maíz, caña de azúcar y café.

**ESCHENBACH** (Wolfram **von**), poeta alemán (Eschenbach, Baviera, c. 1170-c. 1220), autor de poemas épicos *(Parzival)* y líricos *(Titurel).*

**ESCILA,** escollo del estrecho de Mesina, frente al de Caribdis.

**ESCÍLAX,** en gr. **Skylax,** navegante y geógrafo griego (en Carianda [Caria], a fines del s. VI-principios del s. V a. J.C.). Exploró el valle del Indo y el golfo Arábigo al servicio de Darío I.

**ESCIPIONES,** familia de la antigua Roma, de la gens Cornelia. Los dos miembros más ilustres fueron: **Publio Cornelio Escipión el Africano** (235-Liternum 183 a. J.C.). Acabó con la dominación cartaginesa en la península Ibérica (toma de Cartago Nova, 209) y, tras la batalla de Ilipa (206-207 a. J.C.), conquistó la Hispania meridional. Cónsul en 205, desembarcó en África y, con su victoria de Zama (202) sobre Aníbal, puso fin a la segunda guerra púnica. – **Publio Cornelio Escipión Emiliano,** llamado **el Segundo Africano** (185 o 184-Roma 129 a. J.C.), hijo de Paulo Emilio y nieto adoptivo del anterior. Cónsul en 147, puso fin a la tercera guerra púnica con la destrucción de Cartago (146). Nuevamente cónsul en 134, fue enviado como gobernador a Hispania Citerior y en 133 arrasó Numancia. Aristócrata, se opuso a las leyes agrarias de los Gracos. Hombre de letras, seguidor del estoicismo y admirador de la cultura griega, formó un brillante círculo en el que figuraban Polibio y Terencio.

**Escipiones** *(torre de los),* sepulcro romano del s. I d. J.C., en forma de torre, situado junto a la antigua vía Augusta, a 5 km de Tarragona (España).

**ESCIROS,** isla griega del mar Egeo, la más importante de las Espóradas del Norte; 208 km²; 2 300 hab.

**ESCITIA,** para los antiguos griegos, región de Rusia meridional, que se extendía del Danubio al Don, habitada por los escitas.

**ESCLARAMUNDA DE FOIX** († d. 1315), reina de Mallorca [1276-1311], esposa de Jaime II.

**ESCLASANS** (Agustí), poeta español en lengua catalana (Barcelona 1895-*id.* 1967), autor de *Ritmos* (*Ritmes,* 1933) y *Poema de Catalunya* (1957). Fue también narrador.

**ESCLAVO** *(Gran Lago del),* lago de Canadá, alimentado por el *río del Esclavo,* tramo superior del río Mackenzie; 28 930 km$^2$.

**ESCLAVOS** *(Costa de los),* ant. denominación del litoral de Togo, Benín y de Nigeria occidental.

**ESCOBAR,** partido de Argentina (Buenos Aires); 128 651 hab. Horticultura y fruticultura.

**ESCOBAR** (Luis Antonio), compositor colombiano (Villapinzón 1925). Profesor en el conservatorio de Bogotá y director de programas de la televisión nacional. Autor de sinfonías, conciertos para piano, la ópera *Los hampones* (1962), obras corales, ballets, piezas para piano y música de cámara.

**ESCOBAR** (Manuel **de**), arquitecto limeño (1639-1693). Realizó obras en las iglesias de San Francisco, La Merced (1667) y los Desamparados (1669) de Lima.

**ESCOBAR** (Patricio), militar y político paraguayo († 1912). Presidente (1886-1890), estableció la enseñanza obligatoria, fundó la universidad nacional (1889) y fueron creados el Partido liberal y el Partido republicano o colorado.

**ESCOBAR** (Vicente), pintor cubano (La Habana 1757-*id.* 1834), autor de una galería de retratos de personajes públicos.

**ESCOBAR** o **SCOBAR** (Pedro **de**), compositor español († *c.* 1514). Maestro de capilla de la catedral de Sevilla (1507), aparecen obras suyas en el *Cancionero de palacio* y otros manuscritos de la época.

**ESCOBEDO** (Bartolomé **de**), compositor español (Zamora principios s. XVI-Segovia 1563). Cantor en la catedral de Salamanca y en la capilla pontificia de Roma, tiene obras en la capilla Sixtina (*Missa* a seis voces), en el Cancionero de Uppsala, en la Real capilla de Madrid y en catedrales españolas.

**ESCOBEDO** (Juan **de**), político español (Colindres, Santander, 1530-Madrid 1578). Secretario del gobernador de Países Bajos Juan de Austria (1575), su asesinato originó el proceso contra Antonio Pérez, quien le acusaba de conspirar.

**ESCOCIA,** en ingl. **Scotland,** parte norte de la isla de Gran Bretaña; 78 800 km$^2$; 5 130 000 hab. *(Escoceses.)*

GEOGRAFÍA

Es un país de tierras altas sobre todo en el N (Grampians y Highlands), pero la población se concentra principalmente en las Lowlands (donde se encuentra Edimburgo, la capital, y Glasgow, la ciudad principal).

HISTORIA

***El nacimiento de Escocia.*** S. I d. J.C.: los romanos emprendieron la conquista de Escocia, ocupada entonces por los pictos, que resistieron victoriosamente. Ss. V-VI: escotos, bretones y anglos se establecieron en el país, y desplazaron a los pictos hacia el N. *C.* 563: san Columbano emprendió la evangelización de Escocia. S. VIII: las primeras incursiones escandinavas precedieron a una auténtica colonización en el N y en el NO. 843: durante el reinado del escoto Kenneth I Mac Alpin se unificaron los reinos de los escotos y de los pictos. 1005-1034: Malcolm II logró la unidad escocesa.

***El auge de la monarquía escocesa.*** 1124-1153: durante el reinado de David I, Escocia comenzó a recibir el influjo inglés y se desarrolló el feudalismo. 1286: la muerte sin sucesión de Alejandro III permitió a Eduardo I de Inglaterra intervenir en Escocia e imponer un protectorado en el país (1292), antes de anexionarlo (1296). Wallace y, posteriormente, Roberto I Bruce se opusieron a esta conquista. 1314: la victoria de Bannockburn consolidó el triunfo de la causa escocesa. 1328: el tratado de Northampton reconoció la independencia del país.

***La Escocia de los Estuardo.*** Ss. XIV-XV: durante la guerra de los Cien años Escocia se unió a los Estuardo en la alianza francesa. El país entró en un largo período de convulsiones internas. 1513: el desastre de Flodden renovó las pretensiones inglesas. S. XVI: la reforma religiosa de John Knox consiguió numerosos adeptos entre la aristocracia y la enfrentó a la monarquía, que siguió siendo católica. 1568: la reina María Estuardo se refugió en Inglaterra. 1603: la muerte sin descendencia de Isabel I de Inglaterra desembocó en la unión de las dos coronas en la persona de Jacobo VI de Escocia (Jacobo I de Inglaterra). 1707: con el *Acta de unión* se llevó a cabo la fusión de los reinos de Escocia e Inglaterra.

***La Escocia contemporánea.*** 1997: aprobación en referéndum de un plan de autonomía. 1999: inauguración de un parlamento regional con poderes fiscales.

**ESCOIQUIZ** (Juan **de**), eclesiástico español (Ocaña 1747-Ronda 1820). Preceptor de Fernando VII, mantuvo una gran influencia sobre el rey hasta que fue desterrado en 1814.

**ESCOLANO** (Gaspar Juan), eclesiástico e historiador español (Valencia 1560-*id.* 1619), doctor en teología y autor de *Décadas de la historia de Valencia* (1610-1611).

**ESCOLÁSTICA** *(santa),* hermana de san Benito de Nursia (Nursia *c.* 480-Piumarola, cerca de Montecassino, *c.* 543 o 547). Fundó un monasterio de mujeres cerca del monasterio de Montecassino.

**ESCOMBRERAS,** centro industrial petroquímico de España, en el término de Cartagena (Murcia). Refinería; central térmica (558 000 kW).

**ESCOPAS,** escultor griego, nacido en Paros, activo en el s. IV a. J.C. El ritmo y la intensidad expresiva de sus obras (*Ménade,* Dresde) influyeron profundamente en la escultura de la época helenística.

**ESCORIAL (El),** v. de España (Madrid); 7 026 hab. *(Escurialenses.)* El núcleo monumental se encuentra en el mun. colindante de San* Lorenzo de El Escorial. Iglesia herreriana (F. de la Mora, 1595). *Casita de Abajo,* o *del Príncipe* (s. XVIII), de J. de Villanueva.

**Escorial** (*conspiración y proceso de* **El**), conjura de miembros de la nobleza española (1806-1808), partidarios del príncipe Fernando, para neutralizar a Godoy. Fue descubierta, pero en el proceso todos los cómplices fueron absueltos.

el monasterio de **El Escorial**

**Escorial** (*monasterio de* **El**) o **monasterio de San Lorenzo el Real de El Escorial,** monumento situado en el mun. español de San Lorenzo de El Escorial (Madrid), que consta de un monasterio e iglesia, palacio (con patios y jardines) y panteón real. Fue mandado construir por Felipe II. En 1563, Juan Bautista de Toledo inició las obras, continuadas (1567) y terminadas (1584) en un estilo más austero por su sucesor, Juan de Herrera. Fue ampliado en el s. XVII (panteón real) y por los Borbones (s. XVIII). Posee una valiosa pinacoteca, y destaca también la biblioteca (1584), decorada por Tibaldi y Carducho, que cuenta con una importante colección de textos medievales e incunables. Fue declarado bien cultural de la humanidad por la Unesco (1984).

**ESCORPIÓN,** constelación zodiacal, situada entre Libra y Sagitario. — Octavo signo del zodíaco, que el Sol atraviesa del 23 de octubre al 22 de noviembre.

**ESCOSURA** (Patricio **de la**), escritor y político español (Oviedo 1807-Madrid 1878). Liberal, desempeñó altos cargos políticos. Dentro del romanticismo cultivó todos los géneros, inclinándose por los temas históricos. (Real academia 1847.)

**ESCOTO** (Juan **Duns**), en ingl. **John Duns Scot,** teólogo franciscano escocés (Maxton, Escocia, *c.* 1266-Colonia 1308). Defendió en nombre de la fe en Dios el realismo del conocimiento que parte del mundo sensible para alcanzar a Dios.

**ESCOTO ERÍUGENA** (Juan), teólogo irlandés (en Irlanda *c.* 810-*c.* 877). Su obra, neoplatónica, fue la base de una corriente que separó la filosofía de la teología, especialmente por su reflexión sobre las relaciones entre Dios y la naturaleza.

**escriba sentado,** estatua egipcia de caliza pintada (Louvre), que representa a un alto funcionario de la V dinastía del Imperio antiguo.

**ESCRICHE** (Joaquín), jurisconsulto español (Caminreal, Teruel, 1784-Barcelona 1847), autor de un *Diccionario razonado de legislación y jurisprudencia* (1847, con varias reediciones).

**ESCRIVÁ** (*comendador* Juan), poeta español de la época de los Reyes Católicos. De su obra, que figura en las primeras ediciones del *Cancionero general* (1511 y 1514) de Hernando del Castillo, destaca la canción *Ven, muerte, tan escondida.*

**ESCRIVÁ DE BALAGUER** (*beato* Josemaría), sacerdote español (Barbastro 1902-Roma 1975). Doctor en derecho y teología y sacerdote (1925), fundó en Madrid el Opus* Dei (1928), del que fue presidente general hasta su muerte. Autor de *Camino* (1939) y otros escritos de la espiritualidad, fue prelado doméstico del papa. Fue beatificado en 1992.

**ESCUDERO** (Vicente), bailarín y coreógrafo español (Valladolid 1892-Barcelona 1981). En compañía de la Argentina, recorrió Europa y América, creando una representación del flamenco expresionista e intelectualizada, alejada del efectismo.

**ESCUDO** *(puerto del),* paso de montaña de Cantabria (España), en la carretera de Burgos a Santander; 1 011 m de alt.

**escuela de Atenas** *(La),* gran fresco de Rafael, realizado en 1509-1510 en la estancia de la Signatura, en el Vaticano. Esta obra, que exalta la búsqueda racional de los filósofos, está situada frente a *La disputa del Sacramento,* dedicada a la verdad revelada.

**escuela de la maledicencia** *(La),* comedia de Sheridan (1777). La intriga surge del enfrentamiento entre dos hermanos de caracteres opuestos.

**escuela de las mujeres** *(La),* comedia en verso de Molière (1662), acusada de ignorar la moral y las reglas clásicas del espectáculo. Molière escribió como respuesta *La crítica de la escuela de mujeres* (1663).

**Escuela moderna,** institución pedagógica española, fundada por F. Ferrer* Guardia en Barcelona (1901). Practicó la coeducación y siguió la tradición racionalista de las escuelas laicas fundadas por las sociedades obreras y los republicanos librepensadores. Inspiró otras instituciones similares en España y Latinoamérica.

**Escuelas cristianas** *(hermanos de las),* congregación religiosa fundada en Reims, en 1682, por san Juan Bautista de la Salle, para la instrucción de los niños pobres.

**Escuelas pías** *(clérigos regulares pobres de la Madre de Dios de las),* orden religiosa fundada en 1597 por san José de Calasanz para la educación infantil. Sus miembros se llaman *escolapios.*

**ESCUINTLA** *(departamento de),* dep. de Guatemala; 4 384 km²; 529 408 hab. Cap. *Escuintla.*

**ESCUINTLA,** c. de Guatemala, cap. del dep. homónimo; 63 471 hab. Refino de petróleo. Turismo. Es la ant. Itzcuintlán de los pipiles prehispánicos.

**ESCUINTLA,** mun. de México (Chiapas); 18 041 hab. Industrias alimentarias y madereras.

**ESCULAPIO,** dios romano de la medicina, identificado con el *Asclepio* griego.

**ESDRAS,** sacerdote judío (s. V a. J.C.). Restauró la religión judía y el Templo tras el exilio de Babilonia.

**ESENIN** (Serguéi Alexándrovich), poeta ruso (Konstantinovo 1895-Leningrado 1925). Cantor de la vida campesina *(Radunitsa),* uno de los jefes de la escuela imaginista, celebró la revolución de octubre (*Inonia,* 1918). Más tarde se suicidó.

**ESEQUIBO** → ***Essequibo.***

**ESHKOL** (Levi), político israelí (Oratov, Ucrania, 1895-Jerusalén 1969), primer ministro de 1963 a 1969.

**ESKILSTUNA,** c. de Suecia, cerca del lago Mälaren; 89 765 hab. Metalurgia.

**ESKİŞEHİR,** c. de Turquía, al O de Ankara; 413 082 hab. Industrias mecánicas y alimentarias.

**ESLA,** r. de España, afl. del Duero (or. der.); 285 km. Aprovechamiento para regadío e hidroelectricidad (presa de Ricobayo).

**ESLAVA** (Miguel Hilarión), compositor y musicólogo español (Burlada 1807-Madrid 1878). Director del conservatorio de Madrid (1866), escribió óperas italianizantes, piezas religiosas *(Miserere),* obras didácticas (*Método de solfeo,* 1846) y una antología: *Lira sacra hispánica* (10 vols., 1869).

**ESLAVA** (Sebastián **de**), administrador español (Enériz, Navarra, 1684-Madrid 1759). Virrey de Nueva Granada (1740-1748), rechazó el ataque del almirante británico Vernon a Cartagena de Indias (1741).

**ESLAVONIA,** región del E de Croacia, entre el Sava y el Drave.

**ESLOVAQUIA,** en eslovaco **Slovensko,** estado de Europa central; 49 000 km²; 5 150 000 hab. *(Eslovacos.)* CAP. *Bratislava.* LENGUA OFICIAL: *eslovaco.* MONEDA: *corona eslovaca.*

GEOGRAFÍA

Eslovaquia ocupa el extremo NO de los Cárpatos. El país combina bosques y pastos. La agricultura (cereales principalmente), está presente sobre todo en las llanuras del SO, cerca del Danubio. La industria, extractiva, está implantada en Bratislava y Košice, las ciudades más importantes. La población cuenta con una destacada minoría de origen húngaro (más del 10 % del total), localizada a lo largo de la frontera meridional.

HISTORIA

S. X: los húngaros destruyeron la Gran Moravia y se anexionaron Eslovaquia, que constituyó desde entonces la Alta Hungría en el dominio de los Habsburgo. D. 1540: la llanura húngara fue ocupada por los otomanos y el gobierno húngaro se estableció en Presburgo (act. Bratislava), donde permaneció hasta 1848. S. XIX: se desarrolló el movimiento nacional eslovaco. 1918: Eslovaquia fue integrada en el estado checoslovaco. 1939: creación de un estado autónomo, bajo protección alemana, gobernado por Mgr Tiso. 1945-1948: la región fue reintegrada en Checoslovaquia y se restableció la centralización. 1969: Eslovaquia fue dotada de un estatuto de república federada. 1990: los diputados eslovacos consiguieron que Checoslovaquia adoptara el nombre de República federativa checa y eslovaca. 1992: V. Mečiar, jefe del gobierno formado en junio, preparó, en colaboración con su homólogo checo, la división de la Federación checa y eslovaca. 1993: Eslovaquia se convirtió en un estado independiente (1 enero). 1999: Rudolf Schuster fue elegido presidente de la república.

**ESLOVENIA,** en esloveno **Slovenija,** estado del sur de Europa; 20 226 km²; 1 914 000 hab. *(Eslovenos.)* CAP. *Ljubljana.* LENGUA OFICIAL: *esloveno.* MONEDA: *tolar.*

GEOGRAFÍA

El país limita con Italia, Austria y Hungría, se halla al pie de los Alpes y se abre en los valles del Drave y Sava. Un 95 % aprox. de su población es de origen esloveno.

HISTORIA

S. VI: las tribus eslavas (eslovenas) se establecieron en la región. 788: fue incorporada al imperio de Carlomagno. 1278: pasó a ser dominada por los Habsburgo. 1809-1813: Eslovenia fue incorporada a las Provincias Ilirias dependientes del imperio francés. 1814: las regiones eslovenas fueron restituidas a Austria; se desarrolló un movimiento cultural y nacional. 1918: Eslovenia entró en el reino de los serbios, croatas y eslovenos, que adoptaron, en 1929, el nombre de Yugoslavia. 1941-1945: fue dividida entre Alemania, Italia y Hungría. 1945: Eslovenia se convirtió en una de las Repúblicas federadas de Yugoslavia. 1990: la oposición democrática ganó las primeras elecciones libres. 1991: Eslovenia proclamó su independencia. Milan Kucan, elegido presidente en 1990, fue reelegido en 1992 y en 1997.

**ESMALCALDA** → ***Smalkalda.***

**ESMERALDA,** mun. de Cuba (Camagüey); 30 220 hab. Caña de azúcar; ganadería.

**ESMERALDAS** *(provincia de),* prov. del NO de Ecuador; 14 978 km²; 306 600 hab. Cap. *Esmeraldas.*

**ESMERALDAS,** c. de Ecuador, cap. de la prov. homónima; 141 030 hab. Bananas. Puerto fluvial en el río *Esmeraldas.* Oleoducto Transandino. Refino de petróleo.

**ESMIRNA** → ***Izmir.***

**ESNAOLA** (Juan Pedro), músico argentino (Buenos Aires 1808-*id.* 1878), fundador del primer conservatorio de música de Buenos Aires y autor de música sacra y piezas para piano.

**ESO,** siglas de European Southern observatory (Observatorio europeo austral), organización europea para la investigación astrofísica en el hemisferio austral, creada en 1962. Su sede se encuentra en Garching (Alemania). Dispone de los observatorios chilenos de La Silla (Coquimbo), al que completa el observatorio de Cerro Paranal, al S de Antofagasta, con grandes complejos telescópicos.

**ESOPO,** fabulista griego (ss. VII-VI a. J.C.), personaje legendario, al que se atribuye una colección de *Fábulas,* recopiladas en el s. IV a. J.C. por Demetrio de Falero.

**Espacio económico europeo** (E.E.E.), zona de libre comercio europea constituida por los quince estados miembros de la Unión europea y tres países de la E.F.T.A. (todos, excepto Suiza). Acordada en 1992, la negativa de Suiza a ratificar el tratado obligó a renegociarlo en 1993 y entró en vigor en 1994.

**ESPAILLAT** *(provincia de),* prov. de la República Dominicana, al N del país; 974 km²; 179 500 hab. Cap. *Moca.*

**ESPAILLAT** (Ulises), político dominicano (1823-1878). Presidente de la república (1876), abandonó el poder por el acoso de las facciones rebeldes.

**ESPALTER** (Joaquín), pintor español (Sitges 1808-Madrid 1880). Pintor de cámara en Madrid, destacó como retratista, como muralista (paraninfo de la ant. universidad de Madrid) y en cuadros de historia (*El suspiro del moro,* 1855).

**ESPAÑA,** estado del SO de Europa, en la península Ibérica; 504 750 km², incluidas las islas Canarias y las Baleares; 39 729 800 hab. *(Españoles.)* CAP. *Madrid.* LENGUA OFICIAL: *español.* MONEDA: *peseta* y *euro.*

GEOGRAFÍA

El territorio se ordena en torno a una gran unidad central, la Meseta, que la cordillera Central divide en dos sectores, N y S, regados respectivamente por el Duero y por el Tajo y Guadiana. Al NE de la Meseta discurre el valle del Ebro, y al S el del Guadalquivir. Las mayores altitudes peninsulares se dan en sistemas montañosos marginales a la Meseta: Pirineos (Aneto, 3 404 m) y cordillera Penibética (Mulhacén, 3 478 m). La costa es en general, poco articulada, excepto en el NO peninsular (rías). Las Baleares, con la excepción de Menorca, constituyen desde el punto de vista geológico una prolongación de la cordillera Subbética, y el archipiélago canario es de formación volcánica; en él se encuentra la máxima altitud del territorio español (Teide, 3 718 m).

La población se ha doblado desde el inicio del s. XX, pero el crecimiento vegetativo se ha reducido al 0,5 %; tanto el crecimiento demográfico como la distribución espacial han seguido ritmos diferentes en las distintas áreas, en función sobre todo de un desarrollo industrial polarizado en Madrid, Cataluña, País Vasco y Levante. Estas zonas, y en general las provincias litorales, registran las mayores

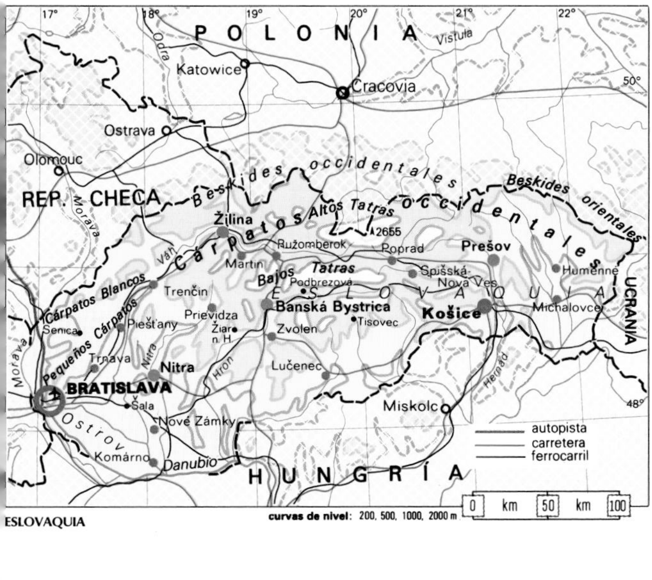


ESLOVAQUIA
curvas de nivel: 200, 500, 1000, 2000 m

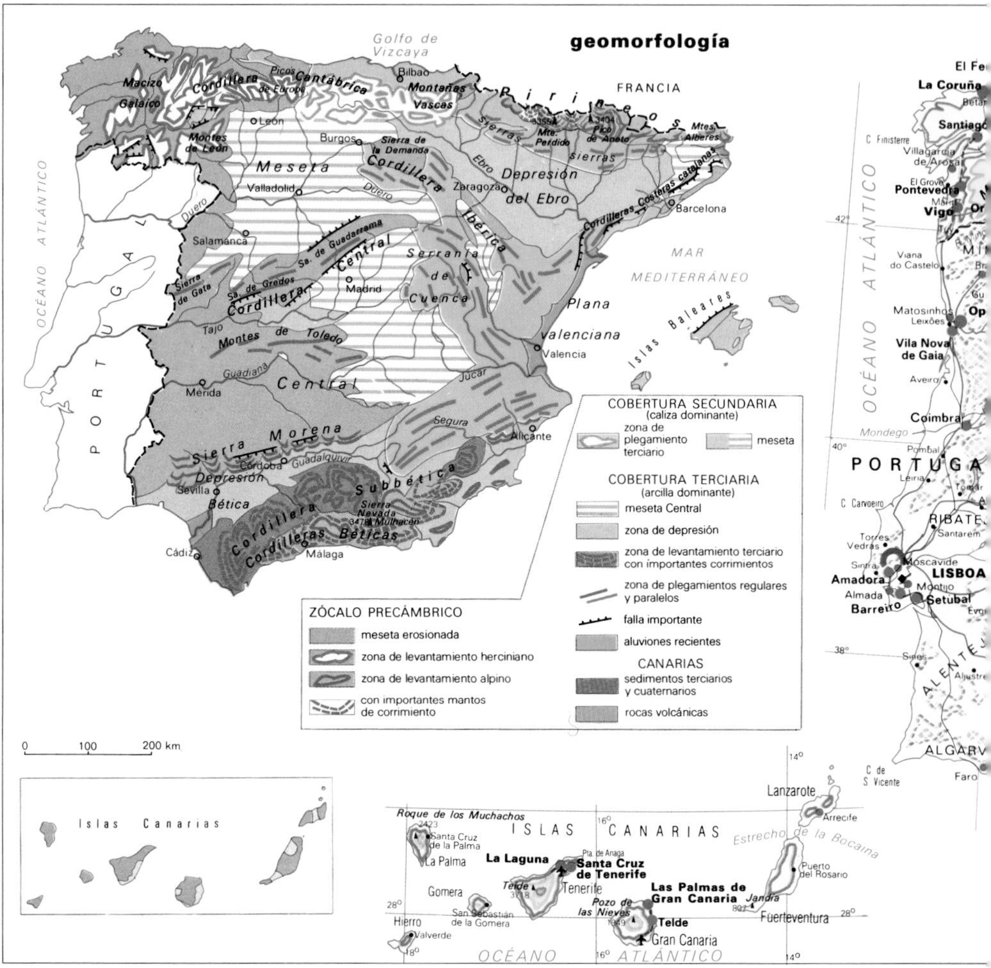


densidades, mientras las zonas rurales de la Meseta se despueblan.

En lo que respecta a las actividades económicas, España es un país terciarizado (64 % del P.I.B., por un 30 % la industria y un 6 % el sector primario). Estos porcentajes equivalen a los de los países más industrializados, pero las debilidades infraestructurales y las altas tasas de paro y elevado déficit público sitúan a España en un escalón más bajo que sus socios más destacados de la Unión europea. Los bosques cubren un 30 % del territorio. Los cultivos más extendidos son los cereales, la vid y el olivo (importante producción de vino y aceite), a los que se añaden en determinadas zonas los cítricos y otros frutales, la patata, el tomate y la cebolla; y entre los cultivos industriales, el algodón, el girasol, la remolacha azucarera y el tabaco. La ganadería y la pesca mantienen su importancia tradicional (en auge la acuicultura), aunque con dificultades derivadas de los cupos de producción fijados por la Unión europea en el primer caso, y de la extensión de las aguas jurisdiccionales y la restricción de los caladeros y cupos de captura en el segundo. Entre los recursos mineros destacan el hierro, carbón, plomo, cinc, estaño, volframio, cobre y mercurio (Almadén). En cantidades muy modestas se extrae petróleo en la plataforma continental mediterránea. El 48 % de la energía producida es de origen nuclear, y tan sólo el 8 % de origen hídrico; el resto es de origen térmico. Actualmente la industria más competitiva es la agroalimentaria, farmacéutica, del automóvil y transporte, maquinaria, electrodomésticos e informática y del calzado. En la balanza de pagos española se ha compensado el déficit comercial y de algunos servicios (pago de asistencia técnica y de royalties) por los ingresos de turismo, muy notables, y la inversión de capital exterior. España realiza con sus socios de la Unión europea el 60 % de sus importaciones (con tendencia a crecer) y el 70 % de sus exportaciones.

**HISTORIA**

***Prehistoria y protohistoria.*** El resto humano más antiguo hallado es el de Orce (Granada), fechado c. 1 400 000 a. J.C. En el V milenio a. J.C. surgió la agricultura en el Levante. Las culturas de Almería, Los Millares (2700-2500 a. J.C.) y El Argar (1700 a. J.C.), marcan la evolución del neolítico a la edad de los metales. A partir del 1000 a. J.C. se inició la inmigración de pueblos celtas, que se instalaron en la Meseta y el N. En la primera mitad del I milenio a. J.C. se reforzó la influencia mediterránea, con las colonizaciones fenicia y griega; en contacto con ellas existió el reino de Tartessos, en Andalucía, cuyo mayor esplendor fue en los ss. VII-VI a. J.C. La batalla de Alalia (533 a. J.C.) significó un retroceso de la colonización griega en el SO de España, en beneficio de la púnica. Los griegos mantuvieron su influencia en el Levante y el SE, donde se desarrolló la cultura ibérica, frente a los pueblos celtas y celtibéricos del NO y de la Meseta.

***De Cartago a la Hispania romana.*** 237 a. J.C.: Amílcar Barca emprendió en Cádiz la conquista cartaginesa. 219 a. J.C.: la destrucción de Sagunto, aliada de Roma, desencadenó la segunda guerra púnica, y Roma entró en la península, expulsó a los cartagineses (218-207 a. J.C.) e inició su propia conquista, completada tras la segunda guerra celtibérica (143-134 a. J.C.); poco después sometió los núcleos celtas de Galicia y, tras la guerra contra cántabros y astures (27-14 a. J.C.), incorporó a su dominio parte de la franja cantábrica. La Hispania romana fue dividida (s. I a. J.C.) en tres provincias, Bética, Lusitania y Tarraconense (cinco, con la Cartaginense y la Galecia, en el s. III). La romanización contribuyó al crecimiento demográfico y la urbanización y a la expansión de la agricultura y la ganadería, aunque decayó la minería; impuso el latín sobre las lenguas anteriores y difundió el cristianismo. S. III: crisis de la Hispania romana y ruralización, estimulada por las invasiones de alamanes y francos (258). 409-429: invasiones de los vándalos, alanos y suevos; estos últimos establecieron un reino en Galicia (430); la rebelión de los bagaudas (441) consumó la quiebra del poder romano.

***La España visigoda.*** 453: entrada de los visigodos, que derrotaron a los bagaudas (454). 507: victoria franca en Vouillé sobre Teodorico de Tolosa, y desplazamiento del reino visigodo hacia la Península; Leovigildo (571-586) limitó las incursiones bizantinas, conquistó el reino suevo e inició la fusión entre los visigodos y los hispanorromanos. 586-711: la conversión de Recaredo al catolicismo (587) consolidó el reino hispanovisigodo. Las disensiones entre Rodrigo y los hijos de Vitiza favorecieron la invasión musulmana (711).

***La España musulmana y la «reconquista».*** 711-732: musulmanes del N de África conquistaron el reino visigodo y atravesaron los Pirineos hasta ser

detenidos por los francos en Poitiers. 755-929: 'Abd al-Raḥmān I proclamó el emirato independiente de Córdoba, el estado hispanomusulmán de Al-Andalus; 794: Alfonso II aseguró con su victoria en Lutos la independencia del reino astur fundado en 718. 801: Carlomagno conquistó Barcelona y estableció una Marca hispánica en el NE, origen de los condados catalanes. 929-1031: 'Abd al-Raḥmān III proclamó el califato de Córdoba; tras su derrota en Alhandega (939) se resignó a la existencia de los reinos cristianos: el astur, que había establecido su capital en León (912), el de Navarra, constituido en el s. IX, y el condado de Castilla (reino desde 1037). 1031-1248: la fragmentación del califato cordobés en los reinos taifas favoreció la expansión de los reinos cristianos, que rechazaron las incursiones almorávides (1086) y almohades (1147); el reino de Castilla, que había absorbido al de León, avanzó hacia el S y conquistó Sevilla (1248), mientras que el de Aragón y Cataluña, unificado en el s. XII, lo hizo sobre el Levante hasta Valencia (1238) y la cuenca del Júcar (1245), y conquistó Mallorca (1229).

***La baja edad media.*** 1248-1369: en Castilla la creciente complejidad económica derivada del comercio sevillano y la exportación de lana a Flandes abrió un conflicto entre la nobleza, beneficiaria a través de la Mesta (1273) de las exportaciones, y la corona y las ciudades, reflejado en la guerra civil del reinado de Pedro I (1350-1369). Aragón prosiguió su expansión mediterránea, de acuerdo con los intereses comerciales catalanes (Grecia, Cerdeña). 1369-1412: la casa de Trastámara ocupó ambos tronos, tras el triunfo de Enrique de Trastámara en la guerra civil castellana (1369) y la elección de Fernando de Antequera como monarca de Aragón (compromiso de Caspe, 1412). 1412-1479: los conflictos internos llevaron a Isabel, heredera del trono de Castilla, y al hijo de Juan II de Aragón, Fernando, a su matrimonio (1469); su victoria en la guerra de sucesión castellana (1474-1479) culminó la unión dinástica de los dos reinos.

***La España imperial.*** 1480-1515: la unión de los Reyes Católicos mantuvo las instituciones propias de ambos reinos, afirmó la autoridad de la corona ante la nobleza y atendió a los intereses de expansión de ambos con la toma de Granada y el fin de la reconquista (1492) y la recuperación de Nápoles (1504); en 1512 Fernando anexionó Navarra. El descubrimiento de América (1492) inició la proyección imperial transoceánica; la diversidad religiosa y cultural medieval empezó a diluirse con la expulsión de los judíos y la conversión forzosa de los mudéjares. 1516-1556: Carlos I de Habsburgo consolidó la unión dinástica, tras sofocar las rebeliones de las Comunidades de Castilla (1520-1521) y las Germanías de Valencia (1519-1523) y de Baleares; la política europea, dada su condición de emperador (Carlos V) desde 1519, se convirtió en la prioridad del monarca. 1556-1598: Felipe II heredó las coronas de Castilla, con América, y Aragón, con el reino de Nápoles, y los Países Bajos, y se anexionó, por matrimonio, Portugal (1580); los crecientes beneficios generados por el imperio americano contrastaron con la erosión de la posición de los Austrias en Europa (sublevación de Flandes, 1566; enfrentamiento con Inglaterra; instauración de los Borbones en Francia). 1598-1699: el imperio español se situó a la defensiva ante la rivalidad con Inglaterra y Francia, la persistencia de la rebelión de los Países Bajos y la crisis general de 1640 (rebeliones de Portugal y Cataluña); Felipe IV tuvo que reconocer la independencia neerlandesa (tratado de Westfalia, 1648) y de Portugal (1668), aunque recuperó Cataluña (1652); la muerte de Carlos II (1699) inició un conflicto sucesorio europeo por el trono de España.

***El s. XVIII.*** 1701-1714: la guerra de Sucesión española desembocó en los tratados de Utrecht (1713) y Rastadt (1714), por los que Felipe de Anjou fue reconocido rey de España (Felipe V) a cambio de importantes concesiones territoriales. 1715-1759: la dinastía borbónica acabó con la coexistencia de reinos soberanos (decretos de Nueva planta) y centralizó la administración; los pactos de familia (1733, 1743, 1761) mantuvieron una alianza subordinada con Francia, se perdió peso en Europa y se priorizó la defensa del imperio americano. 1759-1788: el reinado de Carlos III conoció un reformismo administrativo destinado a fomentar el comercio y mejorar los ingresos de la corona, sobre todo los procedentes de América, pero mantuvo intacto el régimen señorial y el poder de la aristocracia. 1789-1808: la Revolución francesa ratificó el fin de la etapa reformista, aunque tras una confrontación inicial con la república (1793-1795) Godoy renovó la tradicional alianza con Francia y colocó a la monarquía española en manos de Napoleón.

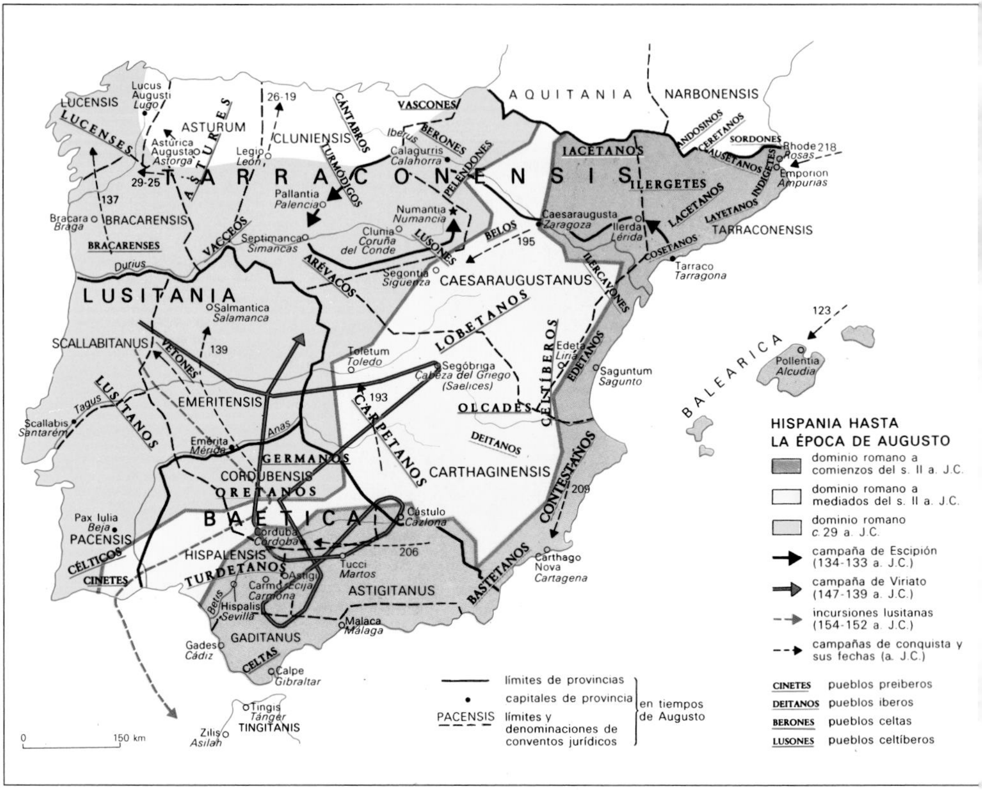
HISPANIA HASTA
LA ÉPOCA DE AUGUSTO
dominio romano a comienzos del s. II a. J.C.
dominio romano a mediados del s. II a. J.C.
dominio romano c. 29 a. J.C.
campaña de Escipión (134-133 a. J.C.)
campaña de Viriato (147-139 a. J.C.)
incursiones lusitanas (154-152 a. J.C.)
campañas de conquista y sus fechas (a. J.C.)
CINETES pueblos preiberos
DEITANOS pueblos iberos
BERONES pueblos celtas
LUSONES pueblos celtíberos
límites de provincias
capitales de provincia
PACENSIS límites y denominaciones de conventos jurídicos
en tiempos de Augusto
0 150 km
TARRACONENSIS
LUSITANIA
BAETICA
AQUITANIA
NARBONENSIS
BALEARICA
LUCENSIS
Lucus Augusti Lugo
ASTURUM
Asturica Augusta Astorga
Legio León
CLUNIENSIS
Calagurris Calahorra
Pallantia Palencia
Numantia Numancia
Clunia Coruña del Conde
Septimanca Simancas
Bracara Braga
BRACARENSIS
Segontia Sigüenza
CAESARAUGUSTANUS
Caesaraugusta Zaragoza
Ilerda Lérida
Tarraco Tarragona
TARRACONENSIS
Rhode Rosas
Emporion Ampurias
Salmantica Salamanca
SCALLABITANUS
Scallabis Santarém
EMERITENSIS
Emerita Mérida
Toletum Toledo
Segóbriga Cabeza del Griego (Saelices)
Edeta Liria
Saguntum Sagunto
Pollentia Alcudia
CARTHAGINENSIS
CORDUBENSIS
Pax Iulia Beja
PACENSIS
Castulo Cazlona
Corduba Córdoba
HISPALENSIS
Astigi Écija
Carmo Carmona
Hispalis Sevilla
Tucci Martos
ASTIGITANUS
Malaca Málaga
Gades Cádiz
GADITANUS
Calpe Gibraltar
Carthago Nova Cartagena
Tingis Tánger
TINGITANIS
Zilis Asilah
LUCENSES
ASTURES
CÁNTABROS
TURMÓDIGOS
VASCONES
BERONES
PELENDONES
IACETANOS
ILERGETES
LACETANOS
LAYETANOS
COSETANOS
AUSETANOS
INDIGETES
CERETANOS
ANDOSINOS
SORDONES
VACCEOS
ARÉVACOS
LUSONES
BELOS
ILERCAVONES
LOBETANOS
CELTÍBEROS
EDETANOS
OLCADES
DEITANOS
CONTESTANOS
CARPETANOS
VETONES
LUSITANOS
GERMANOS
ORETANOS
TURDETANOS
CÉLTICOS
CINETES
CELTAS
BASTETANOS
BRACARENSES
Durius
Tagus
Anas
Betis
Iberus
26-19
29-25
137
139
193
195
206
209
218
123

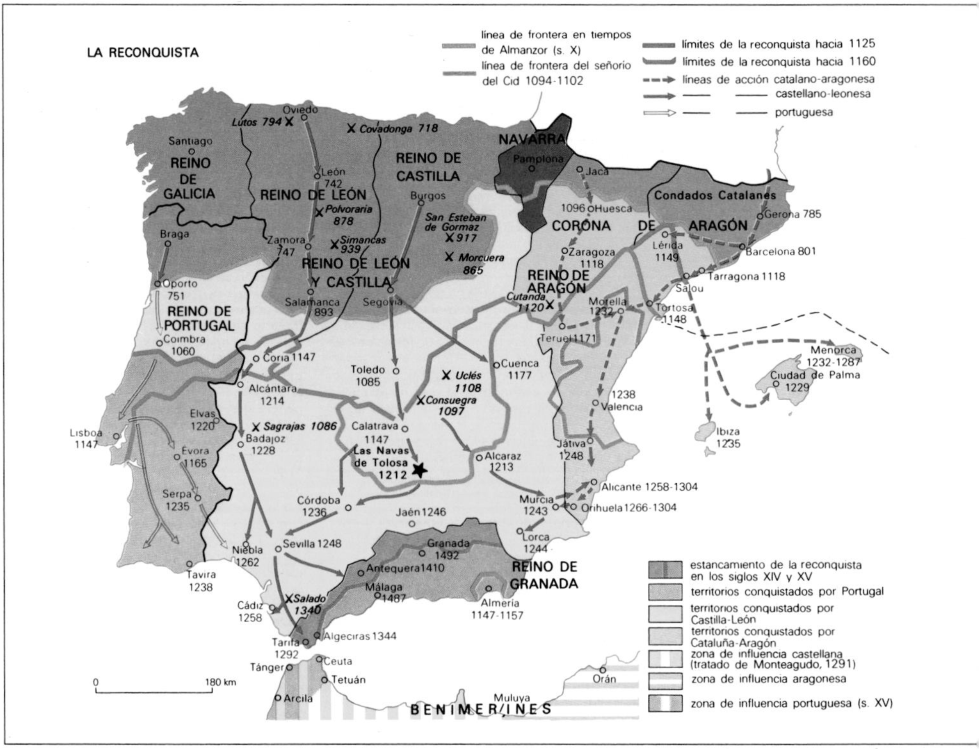
LA RECONQUISTA
línea de frontera en tiempos de Almanzor (s. X)
línea de frontera del señorío del Cid 1094-1102
límites de la reconquista hacia 1125
límites de la reconquista hacia 1160
líneas de acción catalano-aragonesa
castellano-leonesa
portuguesa
estancamiento de la reconquista en los siglos XIV y XV
territorios conquistados por Portugal
territorios conquistados por Castilla-León
territorios conquistados por Cataluña-Aragón
zona de influencia castellana (tratado de Monteagudo, 1291)
zona de influencia aragonesa
zona de influencia portuguesa (s. XV)
0 180 km
REINO DE GALICIA
Santiago
Oviedo
Lutos 794
Covadonga 718
REINO DE LEÓN
León 742
Polvoraria 878
REINO DE CASTILLA
Burgos
San Esteban de Gormaz 917
Morcuera 865
NAVARRA
Pamplona
Jaca
1096 Huesca
Condados Catalanes
Gerona 785
CORONA DE ARAGÓN
Lérida 1149
Barcelona 801
Tarragona 1118
Salou
Zaragoza 1118
REINO DE ARAGÓN
Cutanda 1120
Morella 1232
Tortosa 1148
Teruel 1171
Menorca 1232-1287
Ciudad de Palma 1229
Ibiza 1235
Braga
Zamora 747
Simancas 939
REINO DE LEÓN Y CASTILLA
Salamanca 893
Segovia
Oporto 751
REINO DE PORTUGAL
Coimbra 1060
Coria 1147
Toledo 1085
Cuenca 1177
Uclés 1108
Consuegra 1097
Alcántara 1214
Valencia 1238
Elvas 1220
Lisboa 1147
Evora 1165
Sagrajas 1086
Badajoz 1228
Calatrava 1147
Las Navas de Tolosa 1212
Alcaraz 1213
Játiva 1248
Serpa 1235
Córdoba 1236
Jaén 1246
Murcia 1243
Alicante 1258-1304
Orihuela 1266-1304
Lorca 1244
Niebla 1262
Sevilla 1248
Granada 1492
Tavira 1238
Antequera 1410
REINO DE GRANADA
Málaga 1487
Almería 1147-1157
Cádiz 1258
Salado 1340
Tarifa 1292
Algeciras 1344
Tánger
Ceuta
Tetuán
Arcila
Orán
Muluya
BENIMERINES

***La revolución liberal.*** 1808-1814: el levantamiento contra la ocupación napoleónica desembocó en la convocatoria de las cortes de Cádiz y la promulgación de la primera constitución española (1812). 1814-1833: tras la derrota napoleónica, Fernando VII rechazó el régimen constitucional y restableció el absolutismo, salvo en el breve período del trienio liberal (1820-1823); por otra parte, fue incapaz de detener la emancipación de las colonias americanas (1810-1824). 1833-1840: a la muerte de Fernando VII, la regente María Cristina se apoyó en los liberales para hacer frente al levantamiento carlista (1833); el triunfo del liberalismo significó la abolición del régimen señorial, la desamortización y el establecimiento de un régimen de tipo censitario. 1840-1868: el liberalismo se dividió entre moderados y progresistas, y emergió el movimiento obrero, apoyado en la expansión del capitalismo; la presión democrática culminó en la revolución que derrocó a Isabel II (1868).

***El sexenio democrático y la Restauración.*** 1868-1874: tras fracasar el intento de una monarquía parlamentaria con Amadeo de Saboya (1870-1873), la proclamación de la primera república (1873-1874) no pudo tampoco consolidar un nuevo estado democrático, debilitado por la división entre federales y unitarios. 1875-1898: el golpe militar que disolvió la república dio paso a la restauración de la dinastía borbónica con Alfonso XII; el poder quedó controlado por los dos partidos dinásticos, conservador y liberal, mediante el caciquismo político; la expansión económica recibió un duro golpe a raíz de la guerra con E.U.A. y la pérdida de Cuba, Puerto Rico y Filipinas (1898). 1898-1931: la crisis del régimen de la Restauración, agravada por la eclosión del regionalismo vasco y catalán y el incremento de los conflictos sociales, propició la dictadura de Primo de Rivera (1923-1930), cuyo fracaso arrastró la caída de la monarquía.

***La segunda república y la guerra civil.*** 1931-1933: la alianza entre republicanos y socialistas reemprendió la reforma del estado mediante su laicización, la reforma militar, la reforma agraria y la concesión de la autonomía catalana. 1933-1936: el ascenso de la derecha republicana al poder, apoyada por la C.E.D.A., dio paso al enconamiento de la confrontación política (insurrecciones de 1934). 1936-1939: la victoria del Frente popular fue rechazada por la derecha, que apoyó el alzamiento militar de julio de 1936, que inició la guerra civil; el aislamiento internacional de la república, forzado por la política de no intervención, contrastó con el apoyo de Alemania e Italia al bando insurrecto, a cuyo mando se situó el general Franco, que logró ganar la contienda.

***De la dictadura franquista a la restauración de la democracia.*** 1939-1975: el general Franco desencadenó una amplia represión y estableció una dictadura personal, que mantuvo tras el fin de la guerra mundial (1945), con el apoyo de E.U.A. y favorecido por la guerra fría; la expansión económica de los años sesenta comportó el establecimiento definitivo de una sociedad urbana e industrializada, que favoreció el desarrollo de la oposición a la dictadura. 1975-1977: tras la muerte de Franco, en el contexto de la reinstauración de la monarquía con Juan Carlos I, el acuerdo entre la oposición democrática y el sector aperturista del régimen liderado por Adolfo Suárez (1976) hizo posible la transición a la democracia. 1977-1982: período de gobierno de la U.C.D. (A. Suárez hasta 1981; J. Calvo Sotelo, 1981-1982), la cual integraba a la mayoría de los aperturistas, en el que se aprobó la nueva constitución (1978), se superó un intento de golpe militar (1981), y España ingresó en la O.T.A.N. 1982-1996: prolongada etapa de gobierno del P.S.O.E. presidido por Felipe González, durante la cual España se integró plenamente en la Comunidad europea (1986). 1996: triunfo del Partido popular en las elecciones legislativas; José María Aznar es nombrado presidente del gobierno. 1997: plena integración en la O.T.A.N. 2000: victoria del Partido popular y reelección de J.M. Aznar.

INSTITUCIONES

La constitución de 1978 establece un régimen de monarquía parlamentaria. El rey es el jefe del estado y ostenta su máxima representación internacional y el mando de las fuerzas armadas, los poderes de la corona necesitan del refrendo del gobierno o de las cortes. La corona recae en Juan Carlos I y sus sucesores. El parlamento (cortes generales) es bicameral y se compone de congreso de los diputados y senado, elegidos por sufragio universal para un período de cuatro años. El poder ejecutivo corresponde al gobierno de la nación, cuyo presidente es nombrado por el rey, que lo propone tras consultar a los grupos parlamentarios, una vez obtenida la aprobación mayoritaria del congreso. El poder judicial es independiente; su máximo órgano de gobierno es el Consejo general del poder judicial. La organización territorial se basa en comunidades autónomas, con parlamento y gobierno propios y diversos grados de competencias; en su caso, la lengua propia es cooficial, en la comunidad, con la española.

LITERATURA

– *Ss. XI-XII.* Poesía lírica: jarchas* (s. XII); poesía épica: *Cantar de Mio Cid**. Teatro: *Auto* de los Reyes magos* (ss. XII-XIII).

– *S. XIII.* Poesía: *Razón de amor;* Gonzalo de Berceo, *Libro de Apolonio, Libro de Alexandre, Poema de Fernán González.* Prosa: Alfonso X el Sabio.

– *S. XIV.* Poesía: Arcipreste de Hita *(Libro del buen* amor),* P. López de Ayala *(Rimado de palacio).* Prosa: Don Juan Manuel; *El caballero Cifar.*

– *S. XV.* Poesía: *Cancionero de Baena, Cancionero de Stúñiga,* Juan de Mena, marqués de Santillana, Jorge Manrique, *Romancero.* Prosa: Arcipreste de Talavera *(El Corbacho*),* F. Pérez de Guzmán, H. del Pulgar, Enrique de Villena, J. Rodríguez de la Cámara, D. de San Pedro, J. de Flórez, F. de Rojas *(La Celestina*),* Nebrija *(Gramática* de la lengua castellana).* Teatro: Diego Gómez Manrique, Juan del Encina, Lucas Fernández.

– *S. XVI.* Poesía: *Cancionero general* de H. del Castillo, Garcilaso de la Vega, Gutierre de Cetina, Fray Luis de León, Fernando de Herrera; san Juan de la Cruz. Prosa: Santa Teresa de Jesús, A. de Valdés y J. de Valdés, B. Díaz del Castillo, fray B. de Las Casas, Garcilaso de la Vega el Inca; P. Mexía, F. de Zúñiga, fray A. de Guevara, J. L. Vives; G. Rodríguez de Montalvo *(Amadís* de Gaula); El Lazarillo* de Tormes;* J. de Montemayor. Teatro: B. de Torres Naharro, Gil Vicente, Lope de Rueda, Juan de la Cueva.

– *S. XVII.* Poesía: L. de Góngora, F. de Quevedo. Prosa: Mateo Alemán *(Guzmán* de Alfarache),* M. de Cervantes *(Don Quijote* de la Mancha, Novelas* ejemplares),* F. de Quevedo *(El Buscón*, Los sueños),* L. Vélez de Guevara *(El diablo cojuelo),* B. Gracián *(El criticón*).* Teatro: Lope de Vega *(El mejor alcalde, el rey; La dama boba),* Tirso de Molina, Guillén de Castro, A. Mira de Amescua, P. Calderón de la Barca *(El alcalde* de Zalamea, La vida* es sueño),* A. Moreto, J. Ruiz de Alarcón, F. Rojas Zorrilla.

– *S. XVIII.* Poesía: J. Meléndez Valdés, N. Fernández de Moratín; T. de Iriarte y F. M. Samaniego; N. Álvarez de Cienfuegos, M. J. Quintana, A. Lista. Prosa: B. J. Feijoo, D. de Torres Villarroel, I. de Luzán, G. M. de Jovellanos, J. Cadalso, J. F. de Isla. Teatro: V. García de la Huerta, L. Fernández de Moratín, R. de la Cruz.

– *S. XIX.* Poesía: J. de Espronceda, R. de Campoamor, G. Gómez de Avellaneda, Carolina Coronado, G. A. Bécquer, Rosalía de Castro, S. Rueda. Narrativa: R. López Soler, F. Gil y Carrasco, S. Estébanez Calderón, R. de Mesonero Romanos, M. J. de Larra, Fernán Caballero, P. A. de Alarcón, J. Valera, J. M. de Pereda, B. Pérez Galdós, Clarín, E. Pardo Bazán, V. Blasco Ibáñez. Teatro: F. Martínez de la Rosa, duque de Rivas, A. García Gutiérrez, J. E. Hartzenbusch, J. Zorrilla, M. Bretón de los Herreros, V. de la Vega, A. López de Ayala, M. Tamayo y Baus, J. de Echegaray. Ensayo: G. Donoso Cortés, M. Milá y Fontanals, J. Amador de los Ríos, M. Menéndez Pelayo, E. Castelar.

– *S. XX.* Poesía: modernismo y generación del 98: R. M. del Valle-Inclán, M. Machado, A. Machado, M. de Unamuno, F. Villaespesa, E. Marquina, G. Miró, Juan Ramón Jiménez. Generación del 27: León Fe-

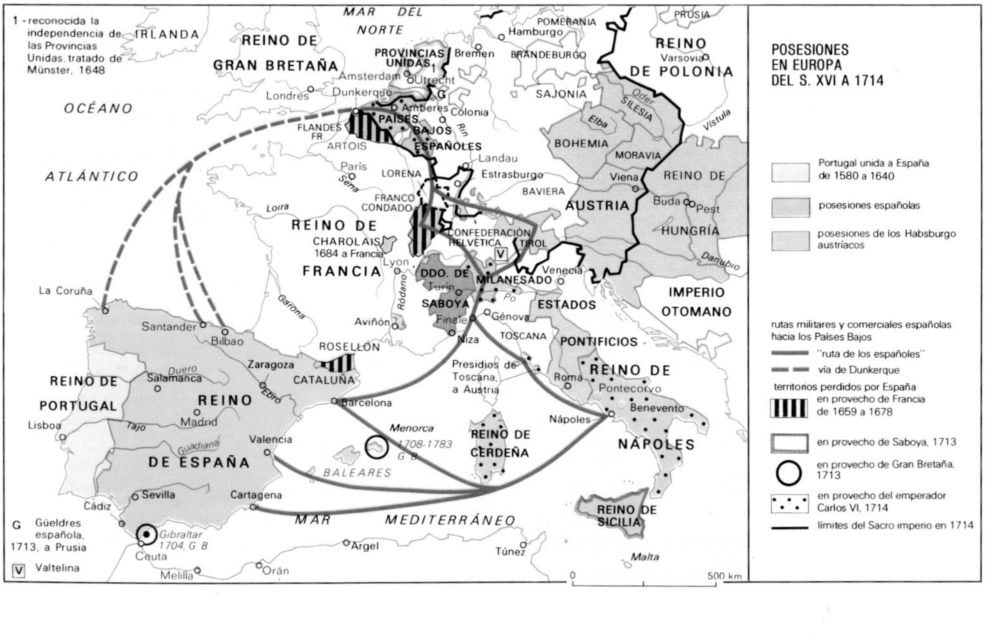

lipe, Pedro Salinas, Jorge Guillén, F. García Lorca, J. Bergamín, Gerardo Diego, V. Aleixandre, Dámaso Alonso, E. Prados, P. Garfias, R. Alberti, L. Cernuda, M. Altolaguirre; Generación del 36: J. Gil-Albert, L. F. Vivanco, L. Panero, Miguel Hernández, L. Rosales, D. Ridruejo, I. M. Gil; posguerra: V. Crémer, G. Celaya, B. de Otero, J. L. Hidalgo; contemporáneos: R. de Garciasol, J. Hierro, C. Bousoño, Á. González, J. M. Valverde, J. A. Goytisolo, J. Á. Valente, J. Gil de Biedma, C. Rodríguez, A. Colinas.
Prosa de la generación del 98: M. de Unamuno, A. Ganivet, R. M. del Valle-Inclán, Pío Baroja, Azorín, R. de Maeztu, A. Machado.
Narrativa: R. Pérez de Ayala, R. Gómez de la Serna, A. Barea, J. A. Zunzunegui, R. J. Sénder, R. Chacel, F. Ayala, G. Torrente Ballester, A. Cunqueiro, C. J. Cela, M. Delibes, C. Laforet, L. Martín Santos, I. Aldecoa, C. Martín Gaite, A. M. Matute, R. Sánchez Ferlosio, J. Benet, J. Goytisolo, L. Goytisolo.
Teatro: C. Arniches, J. Benavente, los hermanos Álvarez Quintero, J. Grau, F. García Lorca, E. Marquina, E. Neville, E. Jardiel Poncela, A. Casona, M. Mihura, A. Buero Vallejo, A. Sastre, L. Olmo, F. Nieva, F. Cabal, F. Arrabal, A. Gala.
Ensayo: R. Menéndez Pidal, M. de Unamuno, M. Azaña, E. D'Ors, J. Ortega y Gasset, S. de Madariaga, Julián Marías, Américo Castro, G. Marañón, C. Sánchez Albornoz, Amado Alonso, X. Zubiri, Dámaso Alonso, M. Zambrano, P. Laín Entralgo, J. L. L. Aranguren, J. Jiménez Lozano. (Para las literaturas en lengua catalana, gallega y vasca, v. parte n. c., ***catalán, gallego, vasco***.)

FILOSOFÍA

– *España romana:* L. A. Séneca. – *Época visigoda:* Isidoro de Sevilla. – *España musulmana:* Avempace, Abentofail, Averroes, Avicebrón, Maimónides. – *Filosofía medieval:* D. de Gundisalvo, Pedro Hispano, Ramon Llull, A. de Vilanova, R. Sibiuda. – *Humanismo:* J. L. Vives, S. Fox Morcillo. – *Contrarreforma:* F. de Vitoria, D. Báñez, L. Molina, F. Suárez. – *Ilustración:* B. J. Feijoo. – *S. XIX:* J. Balmes, M. de Eixalá, F. Llorens y Barba, J. Sanz del Río (krausismo). – *S. XX:* M. de Unamuno, A. M. Amor Ruibal, J. Ortega y Gasset, M. García Morente, J. D. García Bacca, J. Xirau, J. Gaos, M. Zambrano, E. Nicol, X. Zubiri, J. Marías, J. L. L. Aranguren, G. Bueno, J. Ferrater Mora, M. Sacristán, E. Tierno Galván, E. Lledó.

BELLAS ARTES

***Principales ciudades y centros de interés artístico y arqueológico:*** Alcalá de Henares, Aranjuez, Ávila, Baeza, Barcelona, Bilbao, Burgos, Cáceres, Cádiz, Ciudad-Rodrigo, Ciudadela (arte megalítico), Córdoba, Cuenca, El Burgo de Osma, El Escorial, Elche, Estella, Gerona, Granada, Guadalajara, Guadalupe, Ibiza (Puig d'es Molins), Játiva, Jerez de la Frontera, Jerez de los Caballeros, La Escala (Ampurias), La Granja de San Ildefonso, La Orotava, Las Palmas de Gran Canaria, León, Lerma, Logroño, Lorca, Lugo, Madrid, Málaga, Mérida (arte romano), Murcia, Nájera, Orense, Oviedo (arte asturiano), Palencia, Palma de Mallorca, Pamplona, Peñíscola, Plasencia, Poblet, Pontevedra, Salamanca, Santiago de Compostela, Santillana del Mar (cuevas de Altamira), Santiponce (Itálica), Segovia, Sevilla, Sigüenza, Soria (Numancia), Tarragona (arte romano), Teruel, Toledo, Tordesillas, Toro, Trujillo, Úbeda, Ullastret (ibérico), Valencia, Valladolid, Vitoria, Zamora, Zaragoza.
***Artistas célebres.*** *Época medieval.* Arquitectura: Juan de Colonia, Simón de Colonia, Hannequin de Bruselas, J. Guas, A. Egas, E. Egas. Escultura: J. Cascalls, J. de Lomme, G. Sagrera, G. de Siloe, E. Cueman, J. Guas, Rodrigo Alemán, maestro Sebastián, L. Mercadante de Bretaña, P. Millán, Pere Joan, Hans de Suabia. Pintura: F. Bassa, A. Bassa, Ll. Borrasà, B. Martorell, R. Destorrents, Nicolás Francés, L. Zaragoza, L. Dalmau, J. Huguet, B. Bermejo, Jorge Inglés, F. Gallego.
– *Renacimiento.* Arquitectura: L. Vázquez, Juan de Álava, D. de Riaño, A. de Covarrubias, F. de Villalpando, R. Gil de Hontañón, D. de Siloe, P. Machuca, A. de Vandelvira, J. B. de Toledo, J. de Herrera. Escultura: F. Bigarny, D. Forment, D. de Siloe, A. Berruguete, Juan de Juni, B. Ordóñez, J. de Anchieta, G. Becerra, E. Jordán, B. Vázquez. Pintura: P. Berruguete, Juan de Borgoña, Alejo Fernández, R. de Osona, H. de Llanos, H. Yáñez de la Almedina, Juan de Juanes, Pedro de Campaña, L. de Vargas, Navarrete el Mudo, Sánchez Coello, Pantoja de la Cruz, L. de Morales, el Greco.
– *Barroco (ss. XVII-XVIII).* Arquitectura: J. Gómez de Mora, Alonso de Tolosa, Juan de Nantes, F. Bautista, A. Carbonell, J. B. Churriguera, J. Churriguera, A. Churriguera, P. de Ribera, F. Hurtado, N. Tomé, F.

**cuadro cronológico de reyes y jefes de estado de España**

**el reino suevo de Galicia**
Hermerico (411-438)
Requila (441-448)
Requiario (448-456)
Maldra (456-460)
Remismundo (460-*d.* 468)
(período poco documentado)
. . . . . . . . . . . . . . . .
Teodomiro (559-570)
Miro (570-583)
Eborico (583)
Andeca (584-585)

**el reino hispanovisigodo**
Teudis (531-548)
Teudiselo (548-549)
Agila (549-555)
Atanagildo (555-567)
Liuva I (567-572)
Leovigildo (572-586)
Recaredo I (586-601)
Liuva II (601-603)
Viterico (603-610)
Gundemaro (610-612)
Sisebuto (612-621)
Recaredo II (621)
Suintila (621-631)
Sisenando (631-636)
Chintila (636-639)
Tulga (639-642)
Chindasvinto (642-653)
Recesvinto (653-672)
Wamba (672-680)
Ervigio (680-687)
Égica (687-702)
Vitiza (702-710)
Rodrigo (710-711)

**los soberanos musulmanes de al-Andalus**
**emirato y califato de Córdoba**

**emires**
'Abd al-Raḥmān I (756-788)
Hišām I (788-796)
al-Ḥakam I (796-822)
'Abd al-Raḥmān II (822-852)
Muḥammad I (852-886)
al-Mundir (886-888)
'Abd Allāh (888-912)

**califas**
'Abd al-Raḥmān III (912-961)
al-Ḥakam II (961-976)
Hišām II (976-1009 y 1010-1013)
Muḥammad II (1009 y 1009-1010)
Sulaymān (1009 y 1013-1016)
Alī ibn Ḥammūd (1016-1018)
'Abd al-Raḥmān IV (1018)
al-Qāsim (1018-1021 y 1023)
Yaḥyà ibn 'Alī (1021-1023 y 1025-1027)
'Abd al-Raḥmān V (1023-1024)
Muḥammad III (1024-1025)
Hišām III (1027-1031)

**los reinos cristianos medievales**

**Asturias**
Pelayo (718-737)
Fáfila (737-739)
Alfonso I (739-757)
Fruela I (757-768)
Aurelio (768-774)
Silo (774-783)
Mauregato (783-788)
Vermudo I (788-791)
Alfonso II (791-842)
Ramiro I (842-850)
Ordoño I (850-866)
Alfonso III (866-911)

**León**
García I (911-914)
Ordoño II (914-924)
Fruela II (924-925)
Alfonso Froilaz (925)
Alfonso IV (925-931)
Ramiro II (931-951)
Ordoño III (951-956)
Sancho I (956-958 y 960-966)
Ordoño IV (958-960)
Ramiro III (966-984)
Vermudo II (984-999)
Alfonso V (999-1028)
Vermudo III (1028-1037)
(Reyes de Castilla y León → **Castilla**)
. . . . . . . . . . . . .
Fernando II (1157-1188)
Alfonso IX (1188-1230)

**Aragón**
Ramiro I (1035-1063)
Sancho I Ramírez (1063-1094)
Pedro I (1094-1104)
Alfonso I (1104-1134)
Ramiro II (1134-1137)
(reyes de Aragón y Cataluña)

**Navarra**
Íñigo Arista (*c.* 824-852)
García I Íñiguez (*c.* 851-870)
Fortún Garcés I (870-905)
Sancho I Garcés (905-925)
García II Sánchez I (926-970)
Sancho II Garcés (970-994)
García III Sánchez II (994-1000)
Sancho III (1000-1035)
García IV Sánchez III (1035-1054)
Sancho IV (1054-1076)
(reyes de Aragón y de Navarra → **Aragón**)
. . . . . . . . . . . . . . . . .
García V Ramírez (1134-1150)
Sancho VI (1150-1194)
Sancho VII (1194-1234)
Teobaldo I (1234-1253)
Teobaldo II (1253-1270)
Enrique I (1270-1274)
Juana I (1274-1305)
(reyes de Francia)
. . . . . . . . . . . . . . . . .
Juana II (1328-1349) y Felipe III de Evreux (1329-1343)
Carlos II (1349-1387)
Carlos III (1387-1425)
Blanca I (1425-1441)
Juan II de Trastámara (1441-1479), rey efectivo
Carlos IV (1441-1461), rey titular
Leonor de Foix (1479)
Francisco Febo (1479-1483)
Catalina (1483-1514)

**Aragón y Cataluña**
Petronila y Ramón Berenguer IV (1137-1162)
Alfonso II (1162-1196)
Pedro II (1196-1213)
Jaime I (1213-1276)
Pedro III (1276-1285)
Alfonso III (1285-1291)
Jaime II (1291-1327)
Alfonso IV (1327-1336)
Pedro IV (1336-1387)
Juan I (1387-1395)
Martín I (1395-1410)
Fernando I (1412-1416)
Alfonso V (1416-1458)
Juan II (1458-1479)
Fernando II (1479-1516)

**Castilla**
Fernando I (1037-1065)
Sancho II (1066-1072)
Alfonso VI (1072-1109)
Urraca (1109-1126)
Alfonso VII (1126-1157)
Sancho III (1157-1158)
Alfonso VIII (1158-1214)
Enrique I (1214-1217)
Fernando III (1217-1252)
Alfonso X (1252-1284)
Sancho IV (1284-1295)
Fernando IV (1295-1312)
Alfonso XI (1312-1350)
Pedro I (1350-1369)
Enrique II (1369-1379)
Juan I (1379-1390)
Enrique III (1390-1406)
Juan II (1406-1454)
Enrique IV (1454-1474)
Isabel I y Fernando V (Fernando II de Aragón) [1474-1504]
Juana I y Felipe I (1504-1506)

**los soberanos y jefes de estado españoles**

**casa de Habsburgo**
Carlos I (1516-1556)
Felipe II (1556-1598)
Felipe III (1598-1621)
Felipe IV (1621-1665)
Carlos II (1665-1700)

**casa de Borbón**
Felipe V (1700-1724 y 1724-1746)
Luis I (1724)
Fernando VI (1746-1759)
Carlos III (1759-1788)
Carlos IV (1788-1808)
Fernando VII (1808-1833)
Isabel II (1833-1868)

**gobierno provisional**
Francisco Serrano, regente, y Juan Prim, jefe del gobierno (1868-1870)

**casa de Saboya**
Amadeo I (1870-1873)

**primera república**
Estanislao Figueras (febr.-junio 1873)
Francisco Pi y Margall (junio-julio 1873)
Nicolás Salmerón (julio-set. 1873)
Emilio Castelar (set. 1873-en. 1874)

**gobierno provisional**
Francisco Serrano (en.-dic. 1874)

**casa de Borbón**
Alfonso XII (1875-1885)
Alfonso XIII (1886-1931)

**segunda república**
Niceto Alcalá Zamora (1931-1936)
Manuel Azaña (1936-1939)

**dictadura**
Francisco Franco (1939-1975)

**casa de Borbón**
Juan Carlos I (desde 1975)

**cronología de la guerra de España**

**1936.** 18-19 julio: la sublevación militar, que fracasa en Madrid, Barcelona y otras ciudades, da inicio a la guerra civil. Agosto: se formaliza el acuerdo internacional de no intervención. Setiembre: gobierno de Largo Caballero con republicanos, socialistas y comunistas (desde noviembre, también anarcosindicalistas). Octubre: Franco proclamado generalísimo y jefe del estado. Noviembre: traslado del gobierno republicano a Valencia; se inicia la batalla de Madrid; intervención de las Brigadas internacionales.

**1937.** Febrero: batalla del Jarama; los nacionalistas toman Málaga con el apoyo de tropas italianas. Marzo: victoria republicana en Guadalajara. Abril: bombardeo de Guernica por la Legión Cóndor. Mayo: sucesos de mayo en Barcelona, dimisión de Largo Caballero y formación de un nuevo gobierno por Juan Negrín. Junio: toma de Bilbao por los nacionalistas. Julio: batalla de Brunete. Agosto: batalla de Belchite. Octubre: los nacionalistas concluyen la toma del Norte. Noviembre: el gobierno republicano se traslada a Barcelona.

**1938.** Marzo: ofensiva nacionalista en Aragón. Abril: el territorio republicano queda partido en dos; Prieto sale del gobierno. Negrín presenta un programa de paz. Julio-noviembre: batalla del Ebro. Noviembre: retirada de las Brigadas internacionales.

**1939.** Enero: toma de Barcelona por los nacionalistas. Febrero: última reunión de las cortes de la república, en Figueras. Francia y Gran Bretaña reconocen al gobierno de Franco; Franco firma la ley de responsabilidades políticas. Marzo: pronunciamiento del coronel Casado en Madrid; toma de Madrid, Valencia y otras ciudades por los nacionalistas. Abril: fin de la guerra.

de Casas y Novoa. Escultura: Gregorio Hernández, Martínez Montañés, A. Cano, Pedro de Mena, J. de Mora, P. Roldán, L. Roldán, F. Salzillo, P. Duque Cornejo, I. Vergara, J. Ferreiro, J. Luján. Pintura: F. Ribalta, J. de Ribera, J. Sánchez Cotán, J. B. Maino, D. Velázquez, Martínez del Mazo, J. de Pareja, A. Arias, F. Rizi, J. Carreño de Miranda, C. Coello, F. de Zurbarán, A. Cano, B. E. Murillo, A. Valdés Leal, L. Meléndez.

– *Neoclasicismo (s. XVIII).* Arquitectura: Ventura Rodríguez, J. de Villanueva, Silvestre Pérez. Escultura: M. Álvarez, A. Solá, L. S. Carmona, Juan Pascual de Mena. Pintura: F. Bayeu, A. R. Mengs, F. de Goya.

– *S. XIX.* Arquitectura: I. González Velázquez, A. López Aguado, N. Colomer, F. Jareño, J. Madrazo, R. Velázquez Bosco, Ll. Domènech i Montaner, J. Puig i Cadafalch, E. Rogent, A. Gaudí. Escultura: D. Campeny, A. Solá, F. Pérez Valle, J. Álvarez Cubero, S. Medina, J. Piquer Duart, J. Gragera, V. Vallmitjana, R. Bellver, A. Querol, A. Susillo, M. Benlliure, M. Blay, E. Arnau Mascort, J. Llimona, J. Otero Camps, L. Escaler. Pintura: J. Elbo, V. López, A. Esquivel, J. Gutiérrez de la Vega, F. de Madrazo, V. Domínguez Bécquer, J. Pérez Villaamil, L. Alenza, E. Lucas, A. Gisbert, E. Rosales, M. Fortuny, R. Martí Alsina, A. de Beruete, D. de Regoyos, M. Rico, S. Avendaño, C. Sainz, A. Riancho, M. Urgell, J. Vayreda, I. Pinazo, F. Oller, F. Domingo, J. Armet, T. Padró, L. Jiménez Aranda, E. Sala, J. Sorolla, J. Romero de Torres, V. de Zubiaurre, I. Nonell.

– *S. XX.* Arquitectura: C. Fernández Shaw, L. Lacasa, F. García Mercadal, E. Torroja, L. Blanco Soler, S. Zuazo, A. Aguirre, M. Martínez Chumillas, V. Calvo Azcoita, F. López Delgado, A. Álvarez, E. de la Mora, J. L. Sert, G. Rodríguez-Arias, J. Torres Clavé, P. Armengou, L. Gutiérrez Soto, M. Fisac, A. de la Sota, Fernández del Amo, García de Paredes, Vázquez Molezún, A. Fernández Alba, F. J. Sáenz de Oiza, J. A. Coderch, M. Valls, O. Bohigas, A. de Moragas, F. Tous, A. Fernández Alba, R. Moneo, R. Bofill, Ll. Clotet, Ó. Tusquets, A. Viaplana, H. Piñón, L. Peña Ganchegui. Escultura: J. Llimona, Manolo Hugué, J. Clará, P. Gargallo, Julio Antonio, V. Macho, Á. Ferrant, Mateo Hernández, E. Barral, Julio González, J. de Oteiza, E. Chillida, N. Basterrechea, M. Berrocal, P. Serrano, A. Gabino, M. Chirino, X. Corberó, J. M. Subirachs, A. López. Pintura: I. Zuloaga, J. Gutiérrez Solana, R. Casas, P. Picasso, S. Dalí, J. Miró, Juan Gris, M. Mallo, D. Vázquez Díaz, Anglada Camarasa, B. Palencia, Ó. Domínguez, G. Prieto, F. Cossío, M. Blanchard, R. Zabaleta, Hernández Mompó, J. Barjola, A. Tàpies, M. Cuixart, J. Ponç, J. J. Tharrats, A. Saura, M. Millares, L. Feito, R. Canogar, A. Duart, A. Ibarrola, F. Sobrino, A. López García, E. Arroyo, R. Canogar, J. Genovés, A. Ràfols Casamada, J. Hernández Pijuan, J. Guinovart, L. Gordillo, M. Valdés, M. Barceló, F. García Sevilla, G. Pérez Villalta, F. Amat.

MÚSICA

— *Época medieval:* colecciones polifónicas (*Codex calixtinus,* s. XII; *Llibre vermell* de Montserrat, s. XIV); *Cantigas de Santa María,* de Alfonso X el Sabio (s. XIII); *Cancioneros,* J. de Anchieta, J. del Encina. – *Renacimiento:* M. Flecha el Viejo y M. Flecha el Joven, A. Mudarra, E. de Valderrábano, A. de Cabezón, T. de Santa María, T. L. de Victoria; escuela andaluza (C. de Morales, F. Guerrero). – *S. XVII:* M. Romero, J. Hidalgo, L. Briceño, G. Sanz, J. Cererols. – *S. XVIII:* F. Valls, A. Soler, F. Sors, V. Martín y Soler. – *S. XIX:* J. C. de Arriaga, F. Pedrell, óperas (H. Eslava, E. Arrieta, T. Bretón); zarzuelas (F. A. Barbieri, M. Fernández Caballero, R. Chapí, A. Vives, F. Chueca). – *Ss. XIX-XX:* I. Albéniz, E. Granados. – *S. XX:* M. de Falla, J. Turina, E. y R. Halffter, C. del Campo, F. Moreno Torroba, Ó. Esplá, F. Mompou, F. Remacha, R. Gerhard, E. Toldrá, J. Rodrigo, J. Guridi, P. Sorozábal. – *Generación del 51:* C. Halffter, L. de Pablo, J. Mestres Quadreny, J. Guinjoan, X. Benguerel.

CINE

F. Gelabert, E. Gimeno, S. de Chomón, A. Gual, B. Perojo, F. Rey, J. Buchs, N. Sobrevila, F. Elías, L. Buñuel, F. Delgado, E. Neville, E. G. Maroto, J. de Orduña, J. L. Sáenz de Heredia, R. Gil, I. F. Iquino, J. A. Nieves Conde, L. Vajda, L. G. Berlanga, J. A. Bardem, F. Fernán Gómez, C. Saura, B. Martín Patino, F. Regueiro, M. Picazo, V. Aranda, G. Suárez, P. Portabella, J. L. Borau, V. Erice, J. Camino, P. Miró, M. Camus, J. Chávarri, M. Gutiérrez Aragón, J. L. Garci, P. Almodóvar, F. Trueba, I. Uribe.

**España** *(guerra de),* contienda civil que se desarrolló en España entre 1936 y 1939.

**España** *(vuelta ciclista a),* carrera ciclista anual, por etapas, que se creó en 1935. Su celebración, interrumpida durante la guerra civil, se reanudó en 1941. No se disputó en 1942, 1944, 1949 y 1951-1954.

**ESPAÑA** (Carlos **d'Espagnac,** *conde* **de**), militar español de origen francés (Foix 1775-Organá 1839). Capitán general de Cataluña (1827-1832), combatió la revuelta de los agraviados. Desde 1838 mandó las fuerzas carlistas en Cataluña. Fue muerto por sus correligionarios.

**ESPAÑA** (José María), patriota venezolano (La Guaira *c.* 1760-Caracas 1799). Organizó diversas conspiraciones independentistas desde 1796.

**España, aparta de mí este cáliz,** libro de poemas de César Vallejo (1940), inspirados en la guerra civil española, en que se vive dramáticamente la búsqueda humanista del poeta.

**España del Cid** *(La),* obra de Menéndez Pidal (1929; 4.ª ed. ampliada y revisada, 1947, 2 vols.), que constituye un completo y detallado estudio de la personalidad y vida de Rodrigo Díaz de Vivar y de su ambiente, de acuerdo con fuentes históricas cristianas y árabes.

**España sagrada,** historia eclesiástica de España, iniciada por el agustino E. Flórez (1747-1772). Desde el tomo 47 está a cargo de la Real academia de la historia.

**ESPAÑOL** (Francisco), entomólogo español (Valls 1907-† 1999), especialista en sistemática, ecología y biogeografía de los coleópteros.

**ESPAÑOLA (La),** isla de las Grandes Antillas, situada entre Cuba y Puerto Rico, dividida entre la República Dominicana al E y Haití al O. Descubierta por Colón en 1492, que la denominó Hispaniola, España cedió a Francia la parte O por el tratado de Riswick (1697).

**ESPAÑOLETO (el)** → ***Ribera*** (José).

**ESPARRAGUERA** o **ESPARREGUERA,** v. de España (Barcelona); 12 561 hab. *(Esparraguerenses.)* Hilados y tejidos. Industria electrónica.

**ESPARTA** o **LACEDEMONIA,** c. de la antigua Grecia en el Peloponeso, a orillas del Eurotas. Organizada en el s. IX a. J.C. en un estado oligárquico y militar, basado en la distinción entre los ciudadanos «iguales» *(homoioi),* los ilotas y los periecos, practicó hasta el s. VI a. J.C. una política de expansión que hizo de ella una poderosa ciudad. En el s. V a. J.C., mantuvo una gran rivalidad con Atenas (guerra del Peloponeso, 431-404 a. J.C.) de la que salió victoriosa. Pero, tras un período de hegemonía, Tebas le arrebató el poder (Leuctras, 371 a. J.C.). La expansión de Macedonia puso fin a su papel político. Integrada en 146 a. J.C. en el imperio romano, fue destruida por los visigodos en el s. IV de nuestra era.

**ESPARTACO,** jefe de los esclavos sublevados contra Roma († en Lucania en 71 a. J.C.). Dirigió la mayor sublevación de esclavos de la Antigüedad y tuvo en jaque al ejército romano durante dos años (73-71); fue vencido y muerto por Craso.

**ESPARTERO** (Baldomero **Fernández**), *conde* **de Luchana** y *duque* **de la Victoria,** militar español (Granátula 1793-Logroño 1879). Logró un gran prestigio durante la primera guerra carlista (victoria de Luchana, 1836). Presidente provisional del gobierno y regente (1840), fue derrocado en 1843 por Narváez. Fue presidente nominal del gobierno en el bienio progresista (1854-1856).

**espectro de la rosa** *(El),* ballet de M. Fokine, música de Weber *(Invitación al vals),* creado por Nijinski y Karsavina (1911).

**Espejo** *(El)* [*Spill*], obra narrativa en verso de Jaume Roig (1460), cruda visión de las costumbres de su época. Es conocida también como *Libro de consejos (Libre de consells)* y *Libro de las mujeres (Libre de les dones).*

**ESPEJO (Lo),** com. de Chile (Santiago), en el área metropolitana de Santiago; 119 899 hab.

**ESPEJO** (Antonio **de**), explorador y naturalista español (nacido en Córdoba-† d. 1583). Sus estudios de la flora, fauna y mineralogía de los actuales Nuevo México y Arizona fueron publicados en *Historia de los descubrimientos antiguos y modernos de la Nueva España,* de Obregón.

**ESPEJO** (Francisco Eugenio **de Santa Cruz y**), patriota e ilustrado ecuatoriano (Quito 1747-*id.* 1795), una de las principales figuras de la Ilustración en América. Sufrió destierro y prisión por su colaboración con Túpac Amaru y los movimientos independentistas. Escribió obras pedagógicas y para la prevención de la viruela.

**ESPEJO** (Francisco), patriota venezolano (en Santa Lucía 1758-† 1814). Se unió a los republicanos en 1810. Presidente de la corte suprema, elaboró un proyecto de constitución. Fue fusilado por Boves.

**Esperando a Godot,** obra teatral en dos actos de Samuel Beckett (1953), una de las manifestaciones más significativas del teatro del absurdo.

**ESPERANZA,** mun. de la República Dominicana (Valverde); 23 487 hab. Cacao, café y tabaco.

**ESPERANZA (La),** c. de Honduras, cap. del dep. de Intibucá; 4 017 hab.

**ESPERT** (Núria), actriz y directora teatral española (L'Hospitalet de Llobregat 1933). Al frente de su propia compañía, se ha dedicado al repertorio clásico y a autores contemporáneos. Ha dirigido obras teatrales y óperas, y ha actuado esporádicamente en el cine.

**Espina** *(monasterio de la),* monasterio cisterciense español, fundado en 1147 (Castromonte, Valladolid). Iglesia (ss. XII-XIII, con reformas en el s. XVI).

**ESPINA** (Antonio), escritor español (Madrid 1894-

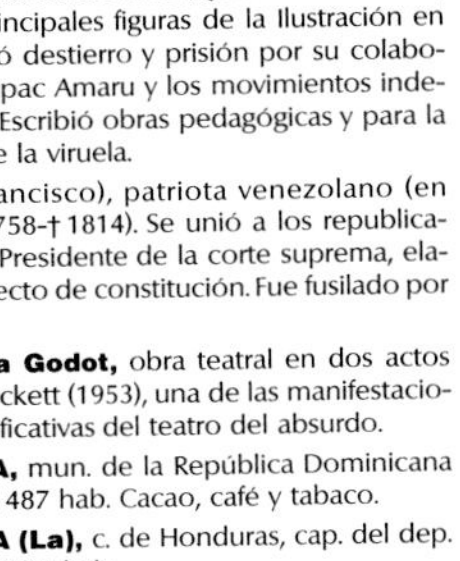

el general **Espartero** (Casado del Alisal - museo romántico, Madrid) *id.* 1972). Poeta ultraísta (*Umbrales,* 1918; *Signario,* 1923), autor de novelas (*Pájaro pinto,* 1927), ensayos (*Lo cómico contemporáneo,* 1928) y biografías (*Luis Candelas,* 1929).

**Espina** (Concha), escritora española (Santander 1877-Madrid 1955). Cultivó la poesía y el teatro, y destacó como novelista: *La niña de Luzmela* (1909), *La esfinge maragata* (1914), *El metal de los muertos* (1920), su mejor obra, dentro del realismo.

**Espinal,** mun. de Colombia (Tolima); 54 805 hab. Tabaco, caña de azúcar y ajonjolí; ganadería.

**Espinal,** mun. de México (Veracruz); 21 024 hab. Centro agrícola y ganadero. Apicultura.

**Espinel** (Vicente), escritor español (Ronda 1550-Madrid 1624). Poeta clasicista y músico, difundió la décima llamada *espinela.* Debe su fama a la novela *Marcos de Obregón* (1618), ligada al género picaresco.

**Espínola** (Ambrosio **de**) → ***Spínola.***

**Espínola** (Francisco), escritor uruguayo (Montevideo 1901-*id.* 1973). Sus *Cuentos* (1961) reúnen parte de su narrativa, sobre la vida gauchesca y los ambientes del hampa.

**Espinosa,** familia castellana de comerciantes y banqueros de los ss. XV-XVI, originaria de Medina de Rioseco. Instalados en Sevilla, organizaron una banca que financió la conquista de Perú. Su miembro más destacado fue **Gaspar de Espinosa** (Medina de Rioseco 1467/1477-Cuzco 1537).

**Espinosa** (Gabriel), llamado **el Pastelero de Madrigal,** impostor español († Madrigal 1595). Se hizo pasar por el fallecido rey Sebastián de Portugal. Descubierto, Felipe II lo mandó decapitar y descuartizar.

**Espinosa** (Guillermo), compositor y director de orquesta colombiano (Cartagena de Indias 1905-† 1990). Fundó la orquesta sinfónica nacional de Bogotá (1936) y es autor de piezas sinfónicas de sabor indígena.

**Espinosa** (Javier), político ecuatoriano (Quito 1815-*id.* 1870). Presidente de la república (1867), fue derrocado por un golpe de estado (1869).

**Espinosa** (Jerónimo Jacinto), pintor español (Cocentaina 1600-Valencia 1667). Se formó en el ámbito manierista valenciano de los Ribalta. A partir de 1646 inició una segunda etapa en su obra en la que se refleja la influencia de la escuela sevillana de Zurbarán (*San Juan Bautista,* Prado).

**Espinosa** (Nicolás), político salvadoreño del s. XIX. Elegido jefe del estado en 1835, fue destituido en 1836 por Francisco Morazán.

**Espinosa** (Pedro **de**), poeta español (Antequera 1578-Sanlúcar de Barrameda 1650). Recopiló *Las flores de poetas ilustres* (1605), escribió el poema *La fábula del Genil* y, en prosa, *El perro y la calentura* (1625), influida por Quevedo.

**Espinosa Medrano** (Juan **de**), escritor peruano (Cálcauso 1629-Cuzco 1682), apodado **El Lunarejo.** Exponente del barroco colonial, escribió el poema *Apologético en favor de don Luis de Góngora* (1662), obras teatrales y sermones (*La novena maravilla,* 1695). Se le atribuyen obras en quechua.

**Espinosa Prieto** (José María), pintor colombiano (Santa Fe de Bogotá 1796-*id.* 1883). Realizó pinturas de las luchas independentistas en las que participó (*Acción de Pasto,* 1814) y de sus próceres (*Bolívar,* 1828; *Francisco de Paula Santander,* 1853).

**Espíritu de las leyes,** obra de Montesquieu (1748). Relacionó las leyes con las costumbres, la religión, la historia y la geografía de los distintos países.

**Espíritu Santo,** estado de Brasil, a orillas del Atlántico; 45 597 km²; 2 598 231 hab. Cap. *Vitória.*

**Esplá** (Óscar), compositor español (Alicante 1889-Madrid 1976). Entre sus obras, inspiradas en el folklore valenciano, destacan *Suite levantina* (1911), *Don Quijote velando las armas,* para orquesta (1924), la cantata *La nochebuena del diablo* (1926) y el ballet *El contrabandista* (1928).

**Espluga de Francolí (L'),** v. de España (Tarragona); 3 602 hab. *(Espluguenses.)* Iglesia gótica. Monasterio de Poblet*.

**Esplugas de Llobregat** o **Esplugues de Llobregat,** mun. de España (Barcelona), cab. de p. j.; 48 601 hab. *(Espluguenses.)* En la aglomeración de Barcelona.

**Espoile** (Raúl Hugo), compositor argentino (Mercedes, Buenos Aires, 1888-† 1958). Discípulo de D'Indy en la Schola cantorum, es autor de poemas sinfónicos (*El centinela de los Andes,* 1940), óperas (*Frenos,* 1928) y música de cámara.

**Espoo** o **Esbo,** c. de Finlandia, en la zona suburbana o de Helsinki; 145 000 hab.

**Espóradas,** islas griegas del mar Egeo. Se distinguen las *Espóradas del Norte,* vecinas de la isla de Eubea, y las *Espóradas del Sur, o Dodecaneso,* cercanas a Turquía, que incluyen las islas de *Samos* y *Rodas.*

**Espóradas Ecuatoriales** → ***Line Islands.***

**Espósito** (Arnaldo **d'**), compositor argentino (Buenos Aires 1908-*id.* 1945), autor de piezas para piano, ballets (*Rapsodia del tango,* 1934; *Ajedrez,* 1950) y una ópera: *Lin Calel* (1941).

**Espot,** mun. de España (Lérida); 239 hab. Turismo y deportes de invierno. Parque nacional de Aigües* Tortes.

**Espoz y Mina** (Francisco **Espoz e Ilundain,** llamado **Francisco**), militar español (Idocín, Navarra, 1781-Barcelona 1836). Dirigió las partidas antifrancesas en Navarra (1809-1813), y luchó contra el absolutismo de Fernando VII. Capitán general de Cataluña (1835), combatió el carlismo.

**Espriu** (Salvador), escritor español en lengua catalana (Santa Coloma de Farners 1913-Barcelona 1985). Narrador (*Laia,* 1932; *Ariadna en el laberinto grotesco* [*Ariadna al laberint grotesc*], 1935) y dramaturgo (*Primera historia de Ester* [*Primera història d'Esther*], 1948; *Antígona,* 1955), es uno de los grandes poetas catalanes contemporáneos: *Cementerio de Sinera* (*Cementiri de Sinera,* 1946), *Las horas* (*Les hores,* 1952), *Mrs. Death* (1952), *La piel* de toro* (*La pell de brau,* 1960), *Libro de Sinera* (*Llibre de Sinera,* 1963), *Semana Santa* (*Setmana Santa,* 1971).

**Espronceda** (José **de**), poeta español (Almendralejo 1808-Madrid 1842), gran exponente del romanticismo. Miembro de la sociedad secreta de los *Numantinos,* fue recluido en Guadalajara, donde inició su poema épico *El Pelayo,* incluido en sus *Poesías* (1840), entre las que destacan las que cantan a la patria y a la libertad *(Al dos de Mayo)* y las cinco *Canciones.* Dos poemas sobresalen en su producción: *El estudiante de Salamanca,* inspirado en la leyenda del donjuanesco Miguel de Mañara, y *El diablo mundo,* que incluye su célebre *Canto a Teresa.*

**Esquerdo y Zaragoza** (José María), político y médico español (Villajoyosa 1842-Madrid 1912), introductor de la neurosiquiatría en España y fundador del manicomio de Carabanchel. Dirigió el Partido republicano progresista (1895).

**Esquerra republicana de Catalunya** (E.R.C.), partido político, catalanista y de izquierda, fundado en 1931. Dirigido por Macià y por Companys, gobernó la Cataluña autónoma (1932-1934 y 1936-1939). Ilegal entre 1939 y 1976, desde 1991 se proclama independentista.

**Esquilache** (Leopoldo **de Gregorio,** *marqués* **de Vallesantoro y de Squillace** o), político siciliano al servicio de España (¿Messina? *c.* 1700-Venecia 1785). Primer ministro de Carlos III, practicó una política reformista y liberalizadora. Fue destituido y desterrado tras el motín de 1766.

**Esquilache** *(motín de),* insurrección de la población de Madrid (23-26 marzo 1766), contra la prohibición de las capas largas y los sombreros de ala ancha, aunque su motivación profunda fue una crisis de subsistencias. El rey cedió a las peticiones de los amotinados y cesó a Esquilache.

Salvador
**Espriu**

José de **Espronceda**
(F. de Madrazo - biblioteca nacional, Madrid)

**Esquilache** *(príncipe* **de)** → ***Borja y Aragón.***

**Esquilino** *(monte),* una de las siete colinas de Roma, situada al E de la ciudad.

**Esquilo,** poeta trágico griego (Eleusis *c.* 525-Gela, Sicilia, 456 a. J.C.). Por sus obras, inspiradas en leyendas tebanas y antiguas (*Las suplicantes,* 490; *Siete contra Tebas,* 467; la *Orestíada*,* 458; en mitos tradicionales (*Prometeo encadenado,* entre 467 y 458) o en las hazañas de las guerras médicas (*Los persas,* 472) es considerado el creador de la tragedia antigua.

**Esquina,** dep. de Argentina (Corrientes); 26 275 hab. Industria tabacalera. Puerto fluvial en el río Corrientes.

**Esquines,** orador ateniense (*c.* 390-314 a. J.C.). Adversario en un principio de Filipo II de Macedonia, se convirtió en partidario de la paz y se opuso a Demóstenes. Tuvo que exiliarse tras el proceso *de la corona,* que intentó contra Demóstenes pero que perdió (330 a. J.C.). Sus discursos *(Sobre la embajada, Contra Ctesifonte)* son ejemplos de elegancia ática.

**Esquipulas,** mun. de Guatemala (Chiquimula); 19 164 hab. Santuario del Señor de Esquipulas (s. XVIII), centro de peregrinación. La ciudad fue sede de dos reuniones (1986 y 1987) de presidentes centroamericanos, que suscribieron sendos acuerdos para la pacificación de la región.

**Esquiú** (Mamerto de la Asunción), eclesiástico y político argentino (Catamarca 1826-*id.* 1883). Su sermón *Laetamur de gloria vestra* (9 julio 1853) selló las relaciones entre la Iglesia y el nuevo estado constitucional. Fue obispo de Córdoba en 1880.

**Esquivel** (Antonio María), pintor español (Sevilla 1806-Madrid 1857). Su obra, fundamentalmente retratos y escenas costumbristas, pertenece a la escuela romántica andaluza (*Una lectura de Zorrilla en el estudio del pintor,* 1846, Casón del Buen Retiro). – Su hijo **Carlos María** (Sevilla 1830-Madrid 1867) fue también pintor romántico.

**Esquivel** (Ascensión), político costarricense (1848-1927), jefe interino del poder ejecutivo (1889) y presidente de la república (1902-1906).

**Esquivel** (Juan **de**), conquistador español († ¿1513?). Puso fin a la resistencia indígena en La Española (1504). Primer gobernador de Jamaica (1509-1512), fue cesado por maltratar a los indios.

**Essaouira,** en ár. **al-Suwayra,** ant. **Mogador,** c. de Marruecos, a orillas del Atlántico; 30 000 hab. Pesca. Estación balnearia. Ruinas antiguas.

**Essen,** c. de Alemania (Renania del Norte-Westfalia), a orillas del Ruhr; 624 445 hab. Centro metalúrgico. Catedral, iglesia abacial (s. XI). Museo Folkwang (arte de los ss. XIX y XX; fotografía).

**Essequibo** o **Esequibo,** r. de Guyana; 1 000 km aprox. Bauxita en su cuenca. En las reivindicaciones territoriales venezolanas constituye la frontera oriental de la zona en litigio (Guayana Esequiba).

**Essex,** condado de Gran Bretaña, en el estuario del Támesis; 3 672 km²; 1 455 000 hab.; cap. *Chelmsford.* Ant. reino sajón, fundado en el s. VI, que se incorporó a Wessex en 825; cap. *Lunden (Londres).*

**Essex** (Robert **Devereux,** *conde* **de**), soldado y cortesano inglés (Netherwood, Herefordshire, 1566 o 1567-Londres 1601). Favorito de Isabel I cayó en desgracia (1600) y conspiró contra la reina, por lo que fue ejecutado. – Su hijo, **Robert** (Londres 1591-*id.* 1646), apoyó la causa de los parlamentarios durante la guerra civil.

**Essling** *(batalla de)* [21-22 mayo 1809], victoria del ejército francés sobre el austríaco del archiduque Carlos, en Austria, cerca de Viena.

**Esslingen,** c. de Alemania (Baden-Württemberg), a orillas del Neckar; 91 092 hab. Construcciones mecánicas. Monumentos medievales.

**Essonne,** dep. del N de Francia (Île-de-France), avenado por el *Essonne,* afl. del Sena; 1 804 km²; 1 084 824 hab. Cap. *Évry* (45 854 hab.).

**establecimiento** *(Acta de)* [en ingl. *Act of settlement*], ley aprobada por el parlamento inglés (1701), que aseguraba la sucesión protestante al trono de Inglaterra.

**Estaca de Bares,** saliente de la costa cantábrica española (La Coruña), que constituye la extremidad más septentrional de la península Ibérica.

**Estacio** (Publio Papinio), poeta latino (Nápoles

*c.* 40-*id.* 96). Autor de dos epopeyas *(La Tebaida, La Aquileida)* y de poemas de circunstancias (las *Silvas*).

**ESTACIÓN CENTRAL,** com. de Chile (Santiago), en la aglomeración de Santiago; 142 099 hab.

**Estado** *(Consejo de)* → ***Consejo de Estado.***

**Estado** *(ministerio de),* departamento ministerial creado en España en 1705, que en 1938 recibió el nombre de ministerio de Asuntos Exteriores.

**estado y la revolución** *(El),* obra de Lenin (1918) en la que expone la teoría del estado proletario en oposición al estado burgués. Describe al primero como un instrumento de la dictadura del proletariado y, como tal, destinado a desaparecer con la llegada del comunismo.

**ESTADOS** *(isla de los),* isla del S de Argentina, separada de la isla Grande de Tierra del Fuego por el estrecho de Le Maire; 1 120 m en el monte Buckland.

**ESTADOS PONTIFICIOS** o **DE LA IGLESIA,** nombre dado a la parte central de Italia mientras estuvo bajo el dominio de los papas (756-1870). El origen de estos estados fue el llamado *patrimonio de san Pedro* concedido por los lombardos presionados por Pipino el Breve. Fueron anexionados al reino de Italia en 1870. Tras los acuerdos de Letrán (1929), se creó el pequeño estado del Vaticano.

**ESTADOS UNIDOS DE AMÉRICA** (E.U.A.), en ingl. **United States of America** (U.S.A.), estado federal de América del Norte, limitado por Canadá, México, el Atlántico y el Pacífico. Agrupa 50 estados con Alaska y las islas Hawai, a los que cabe añadir el distrito federal de Columbia (otros territorios exteriores están bajo su soberanía o dependencia, el estado libre asociado de Puerto Rico y varias islas o archipiélagos del Pacífico); 9 364 000 km$^2$ (sin los territorios exteriores); 252 800 000 hab. *(Norteamericanos* o *estadounidenses.)* CAP. *Washington.* LENGUA OFICIAL: *inglés.* MONEDA: *dólar.*

GEOGRAFÍA

Estados Unidos es el cuarto país del mundo tanto por población como por superficie, y constituye, además, la primera potencia económica mundial. Esta preponderancia se basa, en primer lugar, en su gran extensión territorial. De E a O se suceden una estrecha llanura a lo largo del Atlántico, las estribaciones de los Apalaches, el Midwest (región de las Grandes Llanuras, atravesada, en su mayor parte, por el Mississippi) y el sistema montañoso de las Rocosas. Los climas y paisajes varían considerablemente: las lluvias son más débiles al O del Mississippi, a excepción de la zona del Pacífico; el N (desde los Grandes Lagos hasta Canadá) es mucho más frío que el S, cálido y húmedo alrededor del golfo de México. La extensión también contribuye a explicar la riqueza del subsuelo (hidrocarburos, carbón, diversos minerales).

La población se caracteriza por una distribución desigual, una fuerte urbanización, un dinamismo demográfico reducido y una relativa heterogeneidad étnica. El E y la región de los Grandes Lagos siguen siendo las zonas más densamente pobladas, a pesar del rápido crecimiento de California y del SO, ligado, en parte, a la fuerte movilidad de la población. Ésta se concentra, en un 75 %, en zonas urbanas: más de 200 ciudades de más de 100 000 hab., unas treinta aglomeraciones (las áreas metropolitanas) por encima del millón de personas, entre las que destacan Nueva York, Los Ángeles y Chicago. La tasa de natalidad ha descendido (un 15 ‰ aprox.) y el crecimiento demográfico es más lento (0,8 % anual). El 12 % del total de la población es de raza negra, porcentaje mucho más alto que el de otras minorías (indios, asiáticos); el número de hispanos (20 millones censados) no se conoce con exactitud, a causa de la notable inmigración clandestina. El sector de servicios ocupa más de los dos tercios de la actividad, la industria constituye menos del 30 % y la agricultura, sólo el 3 %. E.U.A. está situado entre los tres primeros productores mundiales en numerosos campos: petróleo, gas, carbón y electricidad (aunque el sector energético es deficitario en hidrocarburos); cereales (trigo, maíz) y soja, frutas tropicales, ganadería; cultivos industriales (algodón, tabaco); siderurgia y metalurgia no férrea (aluminio); construcción automovilística y aeronáutica; química y electrónica. Muchas de las empresas norteamericanas se cuentan entre las más poderosas del mundo y poseen numerosas filiales en otros países desarrollados y del Tercer mundo.

Sin embargo, actualmente la competencia es muy dura, el saldo de la balanza comercial es claramente negativo y el déficit presupuestario ha aumentado, así como el endeudamiento exterior. Según los sectores y la coyuntura, E.U.A. paga las consecuencias del poder de su moneda, si bien generalmente se beneficia de la fuerza del dólar, verdadera moneda de reserva. Las fluctuaciones de la misma, dictadas en gran medida por la política norteamericana, tienen gran incidencia en el conjunto de la economía mundial.

HISTORIA

***La época colonial y la independencia.*** S. XVI: Florida fue anexionada al Imperio español. 1607-1733: la colonización inglesa se llevó a cabo mientras los franceses se expansionaban a lo largo del Mississippi, fundando Luisiana. El número de inmigrantes ingleses aumentó a causa de los problemas políticos y religiosos en Inglaterra. Mediante fundaciones sucesivas o anexiones de territorios holandeses se crearon trece colonias inglesas. El Sur (Virginia, Maryland), dominado por una sociedad propietaria de grandes plantaciones, explotadas con ayuda de esclavos negros, se oponía al Norte (Nueva Inglaterrra), burgués y mercantil, de un puritanismo riguroso. S. XVIII: colonias y metrópolis se unieron en la lucha contra los indios y sobre todo contra Francia. 1763: al finalizar la guerra de los Siete años, el tratado de París eliminaba definitivamente la amenaza francesa y abría el O a los colonos británicos. 1763-1773: las colonias no aceptaron la autoridad de Gran Bretaña y se rebelaron contra los monopolios comerciales de la metrópoli. 1774: tuvo lugar en Filadelfia un primer congreso continental. 1775: el asedio de Boston marcó el inicio de la guerra de la Independencia, jalonada por la alianza con Francia. 4 julio 1776: el congreso proclamó la independencia de E.U.A. 1783: la paz de París reconocía la existencia de la República Federada de Estados Unidos.

***El desarrollo de Estados Unidos.*** 1787: elaboración, por parte de la convención de Filadelfia, de una constitución federal que sigue en vigor. 1789-1797: George Washington fue elegido primer presidente de E.U.A. La aplicación de la constitución suscitó la creación de dos tendencias políticas: los *federalistas,* partidarios de un poder central fuerte, y los *republicanos,* preocupados por preservar las libertades locales. 1797-1801: el federalista John Adams fue nombrado presidente. 1801-1817: los republicanos Thomas Jefferson (1801-1809) y James Madison (1809-1817) sucedieron a los federalistas. 1803: E.U.A. compró Luisiana a Francia. 1812-1815: los norteamericanos salieron victoriosos de la segunda guerra de la Independencia, iniciada por Gran Bretaña. 1817-1829: la práctica del poder por parte de los republicanos significó la atenuación de las divergencias con los federalistas. Fue la llamada era de los buenos sentimientos. 1819: Florida fue comprada a los españoles. 1823: el republicano Monroe (1817-1825) reafirmó la voluntad de neutralidad de E.U.A. y su oposición a toda ingerencia europea en el continente americano. 1829-1837: la elección del presidente Andrew Jackson marcó una nueva etapa de la evolución democrática de las instituciones. 1846-1848: al final de la guerra contra México, E.U.A. anexionó Texas, Nuevo Méjico y California. 1853-1861: el antagonismo entre el Sur, agrícola y librecambista, y el Norte, en vías de industrialización y proteccionista, se agravó con el problema de la esclavitud, condenada por el Norte. 1854: creación de un partido republicano, claramente antiesclavista. 1860: su candidato, Abraham Lincoln fue elegido presidente. Los sudistas procedieron a la secesión y se constituyeron en estados confederados de América. 1861-1865: los nordistas vencieron en la guerra de Secesión y abolieron la esclavitud. Lincoln fue asesinado.

***La era de la prosperidad.*** 1867-1874: los estados sudistas fueron privados de sus instituciones políticas. Se impuso la igualdad de derechos civiles entre negros y blancos. 1867: Alaska fue comprada a Rusia. 1869-1877: Ulysses Grant fue nombrado presidente de la Unión. 1870-1900: el país entró en la llamada época dorada. La población pasó de aprox. 40 millones de habitantes a más de 75 millones, mientras el producto nacional bruto se cuatriplicaba. La red ferroviaria pasó de 80 000 a 300 000 km explotados. 1890: la aparición del capitalismo provocó una grave crisis populista que contribuyó a formar y fortalecer el sindicalismo. 1898: E.U.A. ayudó a Cuba a acceder a la independencia, pero le impuso su tutela y se anexionó Guam, Puerto Rico y las Filipinas (guerra hispano-norteamericana*). 1901-1909: el republicano Theodore Roosevelt radicalizó la acción gubernamental contra los trusts. Panamá, segregado de Colombia, nació bajo la tutela de E.U.A., que le obligó a cederle la Zona del canal (acabado en 1914). 1913-1921: durante la presidencia del demócrata Theodore W. Wilson, E.U.A. intervino en México (1914) y en Haití (1915).

***De guerra en guerra.*** 1917: declaración de guerra a Alemania. 1919: Wilson no pudo hacer ratificar al senado los tratados de paz y la entrada de E.U.A. en la S.D.N. 1921-1932: los presidentes republicanos Harding, Coolidge y Hoover se sucedieron en el poder y reforzaron el proteccionismo. La ausencia de regulación económica condujo a la superpoblación y a la especulación, mientras que la prohibición de bebidas alcohólicas (1919) favoreció el gangsterismo. 1929: el crac de la bolsa de Wall street (jueves negro) inauguró una crisis económica y social sin precedentes. 1933-1945: el demócrata Franklin D. Roosevelt accedió a la presidencia. Su política del New deal *(nuevo reparto)* intentaba paliar los males de la economía norteamericana mediante medidas dirigistas. 1941-1945: E.U.A. entró en la segunda guerra mundial y llevó a cabo un formidable esfuerzo económico y militar. 1945: ratificación de la carta de la O.N.U.

***E.U.A. desde 1945.*** 1945-1953: con la presidencia del demócrata Truman, E.U.A. afirmó su voluntad de oponerse a la expansión soviética. Era el principio de la guerra fría. 1948: se aprobó un plan de ayuda económica a Europa (plan Marshall). 1949: firma del tratado del Atlántico norte (O.T.A.N.), que reforzaba la alianza de las potencias occidentales. 1950-1953: el presidente Truman envió las fuerzas norteamericanas a la guerra de Corea. 1953-1961: el republicano Eisenhower practicó una política enérgica en Oriente medio. Tras la muerte de Stalin (1953) se llegó a una relativa calma. 1961-1969: los demócratas Kennedy (asesinado en 1963) y Johnson se esforzaron en luchar contra la pobreza y la segregación racial. Crisis de los misiles en Cuba (1962). 1964: E.U.A. intervino directamente en Vietnam. 1969-1974: el republicano Richard Nixon realizó un espectacular acercamiento a China (viaje a Pekín) y mejoró sus relaciones con la U.R.S.S. (acuerdos S.A.L.T.). 1973: Nixon retiró las tropas de Vietnam, pero el escándalo de Watergate lo obligó a dimitir. 1974-1977: el vicepresidente Ford lo sucedió. 1977-1981: los demócratas recuperaron el poder con Jimmy Carter. 1979: la toma de rehenes en la embajada norteamericana en Teherán puso de manifiesto la debilidad de la política presidencial. 1981-1984: el republicano Ronald Reagan dio un carácter agresivo a la política exterior (intervención militar en Granada, 1983) y comercial; relanzó la economía norteamericana, lo que le supuso su reelección triunfal (1984). 1985-1986: Reagan reanudó el diálogo con la U.R.S.S. (encuentros Reagan-Gorbachov). 1987: el escándalo del Irangate (venta secreta de armas a Irán) provocó un gran impacto en la opinión pública. Reagan y Gorbachov firmaron en Washington un acuerdo sobre el desmantelamiento de misiles de medio alcance en Europa (dic.). 1989-1993: en continuidad en la línea política de R. Reagan, el republicano George Bush (elegido en 1988) llevó a cabo en el exterior, junto con el secretario de estado James Baker, una política de apertura (diálogo con la U.R.S.S.) y de firmeza (intervención militar en Panamá, 1989). En el interior, en cambio, no consiguió solucionar los problemas económicos y sociales. 1991: E.U.A. dirigió la fuerza multinacional que intervino contra Iraq (en.) y liberó Kuwayt (febr.). [→ ***Golfo*** (guerra del).] También por iniciativa suya, tuvo lugar la conferencia de paz en Próximo oriente (oct.). 1992: E.U.A. creó, con Canadá y México, una zona de libre comercio (TLC*, firmado en 1993, en vigor en 1994). 1993: los demócratas recuperaron el poder con Bill Clinton (elegido en 1992). 1994: intervención norteamericana en Haití y apoyo al plan de paz en Oriente medio. 1995: mediación norteamericana para la paz en Bosnia-Herzegovina. 1996: reelección de Bill Clinton. 2000: el republicano George W. Bush obtuvo una ajustada victoria en las elecciones presidenciales.

INSTITUCIONES

Constitución de 1787. Un *congreso,* formado por dos cámaras: la *cámara de representantes* (435 miembros elegidos por 2 años) y el *senado* (100 miembros, 2 por estado, elegidos cada 6 años). Un presidente, jefe del estado y jefe del gobierno, elegido cada 4 años por un cuerpo electoral, resultante de elecciones por sufragio universal; reele-

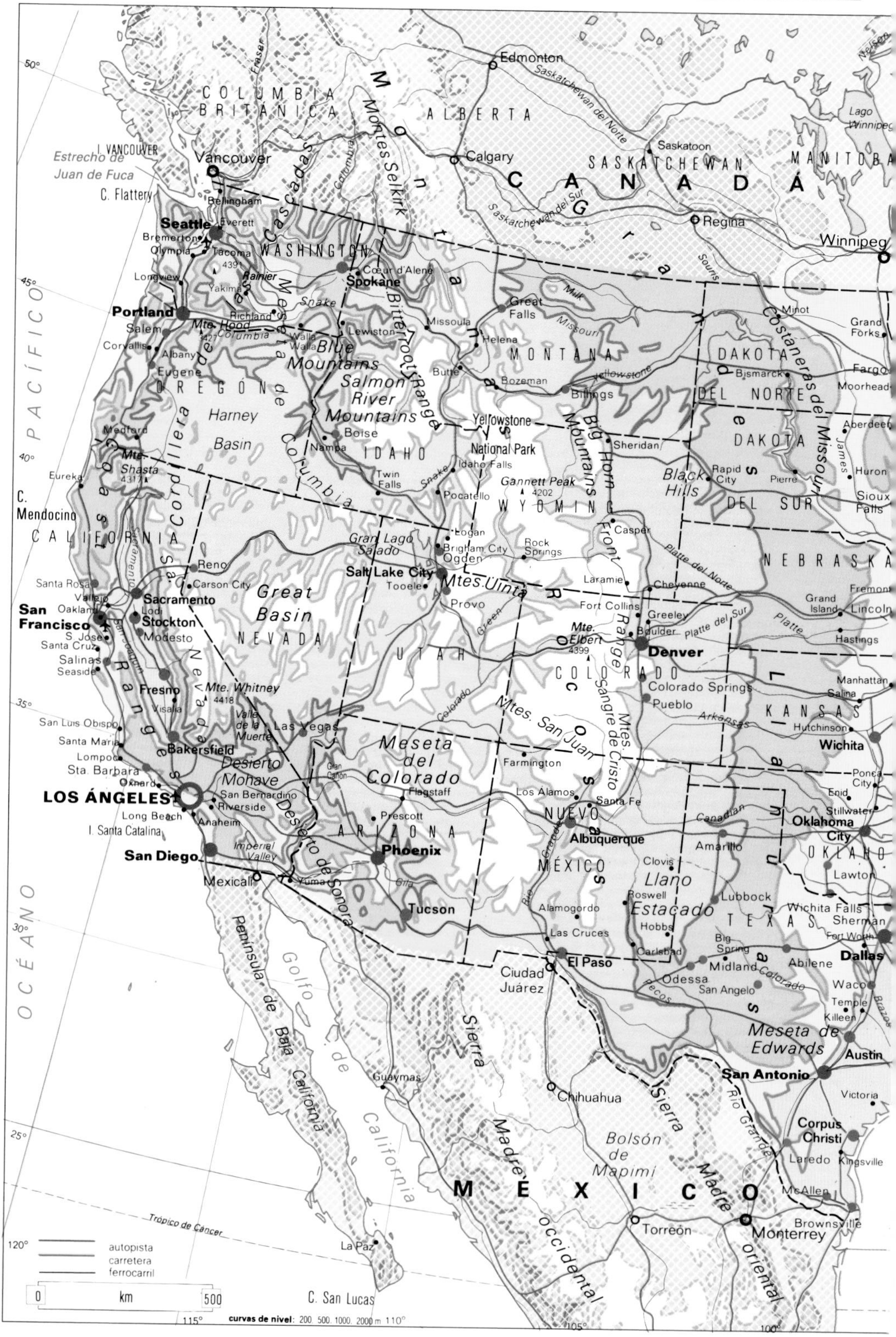
COLUMBIA BRITÁNICA
ALBERTA
SASKATCHEWAN
MANITOBA
CANADÁ
Edmonton
Calgary
Saskatoon
Regina
Winnipeg
Vancouver
I. VANCOUVER
Estrecho de Juan de Fuca
C. Flattery
Fraser
Columbia
Saskatchewan del Norte
Saskatchewan del Sur
Souris
Milk
Missouri
Lago Winnipeg
Nelson
Montes Selkirk
Montañas Rocosas
Gran Llanura
Montes Cascadas
Bellingham
Seattle
Everett
Bremerton
Olympia
Tacoma
4391
Rainier
WASHINGTON
Coeur d'Alene
Spokane
Longview
Yakima
Richland
Portland
Mte. Hood
3427
Salem
Columbia
Walla Walla
Lewiston
Corvallis
Albany
Eugene
OREGÓN
Snake
Blue Mountains
Salmon River Mountains
Bitter Root Range
Meseta de Columbia
Missoula
Great Falls
Helena
MONTANA
Butte
Bozeman
Yellowstone
Billings
Harney Basin
Medford
Mte. Shasta
4317
Eureka
C. Mendocino
Boise
Nampa
IDAHO
Twin Falls
Idaho Falls
Pocatello
Yellowstone National Park
Big Horn Mountains
Sheridan
Gannett Peak
4202
WYOMING
Casper
Rock Springs
Laramie
Cheyenne
Front Range
CALIFORNIA
Coast Ranges
Cordillera Sa. Nevada
Sacramento
Reno
Carson City
Gran Lago Salado
Logan
Brigham City
Ogden
Salt Lake City
Tooele
Mtes. Uinta
Provo
Great Basin
NEVADA
UTAH
Green
Santa Rosa
Vallejo
Oakland
San Francisco
Sacramento
Stockton
Lodi
Modesto
San Joaquín
S. José
Santa Cruz
Salinas
Seaside
Fresno
Visalia
Mte. Whitney
4418
Valle de la Muerte
Las Vegas
San Luis Obispo
Santa María
Lompoc
Sta. Barbara
Oxnard
Bakersfield
Desierto Mohave
LOS ÁNGELES
San Bernardino
Riverside
Long Beach
Anaheim
I. Santa Catalina
San Diego
Imperial Valley
Mexicali
Yuma
Desierto de Sonora
Gran Cañón
Meseta del Colorado
Colorado
Flagstaff
Prescott
ARIZONA
Phoenix
Gila
Tucson
Fort Collins
Greeley
Boulder
Mte. Elbert
4399
Denver
COLORADO
Colorado Springs
Pueblo
Arkansas
Mtes. San Juan
Mtes. Sangre de Cristo
Farmington
Los Álamos
Santa Fe
NUEVO MÉXICO
Albuquerque
Río Grande
Alamogordo
Las Cruces
El Paso
Ciudad Juárez
Clovis
Roswell
Hobbs
Carlsbad
Llano Estacado
Amarillo
Lubbock
Canadian
Pecos
Minot
Grand Forks
Fargo
Moorhead
Bismarck
DAKOTA DEL NORTE
Costaneras del Missouri
Aberdeen
DAKOTA DEL SUR
James
Huron
Pierre
Rapid City
Black Hills
Sioux Falls
Platte del Norte
Platte del Sur
Platte
NEBRASKA
Fremont
Grand Island
Lincoln
Hastings
Manhattan
Salina
KANSAS
Hutchinson
Wichita
Ponca City
Enid
Stillwater
Oklahoma City
OKLAHOMA
Lawton
Wichita Falls
Sherman
Fort Worth
Dallas
TEXAS
Big Spring
Midland
Odessa
Abilene
San Angelo
Colorado
Waco
Temple
Killeen
Brazos
Meseta de Edwards
Austin
San Antonio
Victoria
Corpus Christi
Laredo
Kingsville
McAllen
Brownsville
Grandes Llanuras
Península de Baja California
Golfo de California
Guaymas
La Paz
C. San Lucas
Sierra Madre occidental
Sierra Madre oriental
Chihuahua
Bolsón de Mapimí
MÉXICO
Torreón
Monterrey
OCÉANO PACÍFICO
Trópico de Cáncer
50°
45°
40°
35°
30°
25°
120°
115°
110°
105°
100°
autopista
carretera
ferrocarril
0
km
500
curvas de nivel: 200 500 1000 2000 m

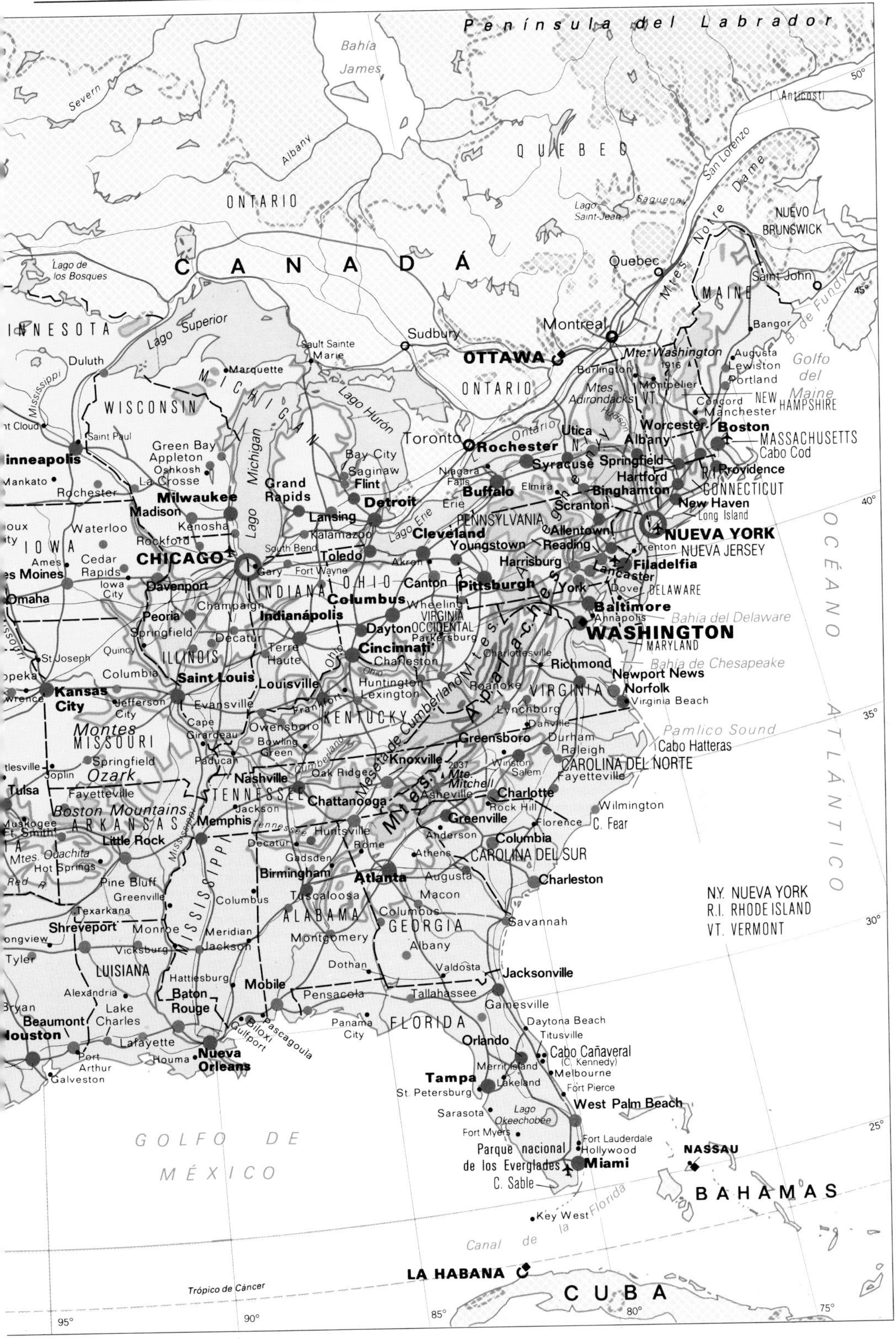
Península del Labrador
Bahía James
Severn
Albany
QUEBEC
ONTARIO
CANADÁ
I. Anticosti
San Lorenzo
Mtes. Notre Dame
Lago Saint-Jean
Saguenay
NUEVO BRUNSWICK
Lago de los Bosques
Quebec
Saint John
MAINE
B. de Fundy
MINNESOTA
Lago Superior
Sudbury
Montreal
Bangor
Duluth
Sault Sainte Marie
OTTAWA
Mte. Washington 1916
Augusta
Lewiston
Portland
Golfo del Maine
Mississippi
Marquette
MICHIGAN
Lago Hurón
ONTARIO
Burlington
Mtes. Adirondacks
Montpelier
VT.
Concord
NEW HAMPSHIRE
Manchester
WISCONSIN
Saint Cloud
Saint Paul
Minneapolis
Green Bay
Appleton
Oshkosh
La Crosse
Lago Michigan
Bay City
Saginaw
Flint
Toronto
Rochester
Ontario
Utica
N.Y.
Worcester
Albany
Boston
MASSACHUSETTS
Cabo Cod
Syracuse
Springfield
Hartford
R.I.
Providence
Mankato
Rochester
Milwaukee
Grand Rapids
Niagara Falls
Buffalo
Elmira
Binghamton
CONNECTICUT
New Haven
Long Island
Madison
Kenosha
Detroit
Lansing
Kalamazoo
Lago Erie
Erie
PENNSYLVANIA
Scranton
Allentown
NUEVA YORK
Waterloo
Rockford
Cleveland
Youngstown
Reading
Trenton
NUEVA JERSEY
IOWA
Ames
Cedar Rapids
CHICAGO
South Bend
Toledo
Akron
Harrisburg
Lancaster
Filadelfia
Des Moines
Iowa City
Davenport
Gary
Fort Wayne
OHIO
Canton
Pittsburgh
York
Dover
DELAWARE
Omaha
INDIANA
Columbus
Wheeling
Baltimore
Annapolis
Bahía del Delaware
Peoria
Champaign
Indianápolis
VIRGINIA OCCIDENTAL
Parkersburg
WASHINGTON
MARYLAND
Springfield
Decatur
Dayton
Apalaches
Quincy
Terre Haute
Cincinnati
Charleston
Charlottesville
Richmond
Bahía de Chesapeake
St. Joseph
ILLINOIS
Ohio
Huntington
Lexington
Newport News
Norfolk
Virginia Beach
Topeka
Columbia
Saint Louis
Louisville
Frankfort
Roanoke
VIRGINIA
Kansas City
Jefferson City
Evansville
KENTUCKY
Meseta de Cumberland
Lynchburg
Lawrence
Cape Girardeau
Owensboro
Danville
Pamlico Sound
Montes MISSOURI
Bowling Green
Greensboro
Durham
Raleigh
Cabo Hatteras
Bartlesville
Springfield
Paducah
Cumberland
Knoxville
Winston-Salem
CAROLINA DEL NORTE
Joplin
Ozark
Nashville
Oak Ridge
2037 Mte. Mitchell
Fayetteville
Tulsa
Fayetteville
TENNESSEE
Asheville
Charlotte
Boston Mountains
Jackson
Chattanooga
Mtes.
Rock Hill
Wilmington
Muskogee
ARKANSAS
Memphis
Tennessee
Greenville
Florence
C. Fear
Ft. Smith
Little Rock
Decatur
Huntsville
Anderson
Columbia
Mtes. Ouachita
Rome
Gadsden
Athens
CAROLINA DEL SUR
Hot Springs
Mississippi
Birmingham
Atlanta
Augusta
Red R.
Pine Bluff
Charleston
Greenville
Columbus
Tuscaloosa
Macon
N.Y. NUEVA YORK
R.I. RHODE ISLAND
VT. VERMONT
Texarkana
ALABAMA
Columbus
GEORGIA
Savannah
Shreveport
Monroe
MISSISSIPPI
Meridian
Longview
Jackson
Montgomery
Albany
Tyler
Vicksburg
LUISIANA
Dothan
Valdosta
Jacksonville
Hattiesburg
Mobile
Alexandria
Baton Rouge
Pensacola
Tallahassee
Bryan
Lake Charles
Gainesville
Beaumont
Biloxi
Pascagoula
Gulfport
Panama City
FLORIDA
Daytona Beach
Houston
Lafayette
Titusville
Orlando
Houma
Nueva Orleans
Cabo Cañaveral (C. Kennedy)
Port Arthur
Galveston
Merritt Island
Melbourne
Tampa
Lakeland
St. Petersburg
Fort Pierce
Sarasota
Lago Okeechobee
West Palm Beach
Fort Myers
Fort Lauderdale
Hollywood
GOLFO DE MÉXICO
Parque nacional de los Everglades
Miami
NASSAU
C. Sable
BAHAMAS
Key West
Canal de la Florida
LA HABANA
CUBA
Trópico de Cáncer
OCÉANO ATLÁNTICO
50°
45°
40°
35°
30°
25°
95°
90°
85°
80°
75°

gible una vez. Un vicepresidente, que sustituye al presidente en caso de muerte, dimisión o causa mayor.

LITERATURA

– *De los orígenes a la guerra de Secesión. (1865):* W. Irving, J. F. Cooper, N. Hawthorne, H. W. Longfellow, E. A. Poe, Mrs. Beecher-Stowe, H. Thoreau, H. Melville, W. Whitman. – *De 1865 a la primera guerra mundial:* M. Twain, F. Norris, J. London. – Período de entreguerras: T. Dreiser, S. Anderson, E. O'Neill, S. Fitzgerald, W. Faulkner, J. Dos Passos, E. Hemingway, H. P. Lovecraft, H. Crane, D. Hammett. – *La época contemporánea:* E. Pound, J. Steinbeck, A. Miller, R. Wright, T. Capote, T. Williams, E. Caldwell, S. Bellow, R. Bradbury, J. Kerouac, W. Burroughs, N. Mailer, E. Albee, J. Updike, J. Hawkes.

BELLAS ARTES (s. XX)

***Algunos arquitectos y diseñadores.*** F. L. Wright, Gropius, Mies Van der Rohe, R. Neutra, R. Loewy, L. I. Kahn, Ph. Johnson, Ch. Eames, E. Saarinen, I. M. Pei.

***Pintores y escultores.*** L. Feininger, E. Hopper, M. Duchamp, G. O'Keeffe, Man Ray, M. Tobey, A. Calder, M. Rothko, A. Gorky, B. Newman, W. De Kooning, D. Smith, F. Kline, J. Pollock, Motherwell, S. Francis, R. Lichtenstein, R. Rauschenberg, Kienholz, C. Oldenburg, A. Warhol, J. Johns, R. Morris, N. J. Paik, Rosenquist, F. Stella, D. Oppenheim.

MÚSICA

*S. XX:* G. Gershwin, Ch. Ives, A. Copland, S. Barber, E. Carter (politonalidad); J. Cage, E. Brown (vanguardia); Terry Riley (música repetitiva); L. Bernstein, C. Porter (comedia musical); G. C. Menotti (ópera).

CINE

– *Nacimiento del cine como arte.* D. W. Griffith. – *El apogeo del cine cómico mudo:* M. Sennett, Ch. Chaplin, B. Keaton, H. Lloyd. – Directores europeos en Hollywood: E. Lubitsch, E. von Stroheim, J. von Sternberg. - *El cine sonoro y el desarrollo de los géneros:* K. Vidor, C. B. De Mille, J. Ford, F. Borzage, M. Curtiz, F. Capra, L. McCarey, G. Cukor, W. Wyler. – *Los años 40 y 50, del esplendor al maccarthismo:* O. Welles, H. Hawks, R. Walsh, J. Huston, A. Hitchcock, O. Preminger, V. Minnelli, S. Donen, B. Wilder, J. Mankiewicz, E. Kazan, N. Ray, R. Aldrich, J. Dassin, S. Fuller. – *La eclosión de Hollywood y la nueva generación:* S. Kubrick, A. Penn, J. Cassavetes, S. Spielberg, W. Allen, R. Altman, F. F. Coppola, S. Peckinpah, S. Pollack, M. Scorsese.

**ESTAMBUL** → ***Istanbul.***

**ESTAMPÍO** (Juan **Sánchez Valencia,** llamado **el**), bailarín español (Jerez de la Frontera 1880-Madrid 1957), destacado bailaor flamenco de su época.

**ESTANISLAO** *(san),* mártir polaco (Szczepanow, cerca de Tarnów, 1030-Cracovia 1079). Obispo de Cracovia (1072), excomulgó al rey Boleslao II, quien le hizo dar muerte. – Es el patrón de Polonia.

**ESTANISLAO I LESZCZYŃSKI** (Lwów 1677-Lunéville 1766), rey titular de Polonia de 1704 a 1766, de hecho de 1704 a 1709 y de 1733 a 1736. Suegro de Luis XV, tuvo que abdicar como resultado de la guerra de Sucesión de Polonia (1733-1738) y obtuvo la soberanía sobre Bar y Lorena. Embelleció sus capitales: Nancy y Lunéville.

**ESTANISLAO II AUGUSTO PONIATOWSKI** (Wołczyn 1732-San Petersburgo 1798), último rey de Polonia [1764-1795]. Antiguo favorito de Catalina II, elegido, con el apoyo ruso, rey de Polonia (1764), tuvo que aceptar el primer reparto de Polonia (1772). Se dedicó a modernizar el país, pero, frenado por el segundo reparto de Polonia (1793), tuvo que abdicar tras el tercer reparto (1795).

**Estat català,** organización nacionalista catalana creada por F. Macià en 1922. En 1931 se incorporó a Esquerra republicana de Catalunya, aunque siguió funcionando como partido autónomo.

**Estatuto real,** carta otorgada, aprobada por la regente María Cristina en abril de 1834, vigente hasta agosto de 1836.

**ESTE** *(punta del),* península de Uruguay (Maldonado), límite entre el Plata y la costa atlántica. Centro balneario y turístico en *Punta* del Este.*

**ESTE,** c. de Italia (Véneto); 17 714 hab. Fue un importante centro de una civilización de la edad del hierro (ss. VIII-III a. J.C.).

**ESTE** *(familia de),* familia italiana originaria de Toscana, que gobernó en los ducados de Ferrara, Módena y Reggio y protegió a artistas como Ariosto.

**Este** *(villa de),* villa construida en Tívoli, en 1550, por Pirro Ligorio, famosa por sus jardines en terraza adornados con juegos de agua.

SANTOS Y PAPAS

**ESTEBAN** *(san),* diácono y primer mártir cristiano († Jerusalén *c.* 37). Su lapidación señaló el inicio de una violenta persecución contra la Iglesia de Jerusalén.

**ESTEBAN II** *(san)* [Roma-*id.* 757], papa de 752 a 757. Recibió de Pipino el Breve el exarcado de Ravena, origen del poder temporal de los papas.

HUNGRÍA

**ESTEBAN I** *(san)* [*c.* 970-Esztergom 1038], duque [997-1000] y rey de Hungría [1000-1038]. Hizo evangelizar su país y acabó con la resistencia de los jefes de los clanes paganos. Según una tradición, en el año 1000 recibió del papa Silvestre II una corona, que usaron desde entonces los reyes de Hungría. Se alió con Bizancio contra los búlgaros.

INGLATERRA

**ESTEBAN de Blois** (*c.* 1097-Dover 1154), rey de Inglaterra [1135-1154], nieto de Guillermo el Conquistador. Su debilidad fue la causa de la división del reino.

MOLDAVIA

**ESTEBAN III el Grande** (Borzeşti 1433-Suceava 1504), príncipe de Moldavia [1457-1504]. Tuvo que aceptar el pago de un tributo a los otomanos (a partir de 1480) y llevó al apogeo a su principado.

POLONIA

**ESTEBAN I BÁTHORY** (Szilágysomlyó, Rumania, 1533-Grodno 1586), príncipe de Transilvania [1571-1576] y rey de Polonia [1576-1586]. Venció a Iván el Terrible (1581) y favoreció el desarrollo del humanismo.

SERBIA

**ESTEBAN NEMANJA** (Ribnica 1114-Monte Athos 1200), príncipe serbio (*c.* 1170-*c.* 1196), fundador de la dinastía de los Nemanjić. – **Esteban I Nemanjić** († 1228), príncipe [1196-1217] y rey de Serbia [1217-1227], segundo hijo del anterior. Creó la iglesia serbia independiente. – **Esteban IX Uroš IV Dušan** (1308-1355), rey [1331-1346] y emperador [1346-1355] de Serbia. Se apoderó de Tesalia y de Epiro, y creó el patriarcado de Peć (1346). Promulgó un código (1349).

**ESTEBAN ECHEVERRÍA,** partido de Argentina (Buenos Aires), que forma parte del Gran Buenos Aires; 276 017 hab. Aeropuerto internacional de Ezeiza.

**ESTÉBANEZ CALDERÓN** (Serafín), escritor español (Málaga 1799-Madrid 1867). Sus *Escenas andaluzas* (1847), cuadros de costumbres publicados con el seudónimo de **El Solitario** en la revista *Cartas españolas* (1831), destacan por su virtuosismo estilístico.

**Estebanillo González,** *La vida y hechos de Estebanillo González, hombre de buen humor, compuesta por él mismo,* novela picaresca española, anónima (1646), cuya acción central transcurre durante la guerra de los Treinta años.

**ESTELÍ** *(departamento de),* dep. de Nicaragua, en el NO del país; 2 173 km²; 147 800 hab. Cap. *Estelí* (48 499 hab.).

**ESTELLA** o **LIZARRA,** c. de España (Navarra), cab. de p. j.; 13 569 hab. *(Estelleses.)* Centro industrial. En el Camino de Santiago. Iglesias de San Pedro de la Rúa (románica) y del Santo Sepulcro (gótica); palacio de los duques de Granada de Ega (s. XII). Mansiones renacentistas y barrocas.

**ESTELLA** *(fray* Diego **de**), franciscano y escritor español (Estella 1524-*id.* 1578). Entre sus obras ascéticas figuran *Libro de la vanidad del mundo* (1562) y *Meditaciones devotísimas del amor de Dios* (1576), que influyó en san Francisco de Sales.

**ESTELLA** *(marqués* **de**) → ***Primo de Rivera.***

**ESTÉNTOR,** héroe de la guerra de Troya, célebre por la potencia de su voz.

**ESTEPA,** c. de España (Sevilla), cab. de p. j.; 11 017 hab. *(Estepeños.)* Industrias alimentarias. Iglesias de Santa María la Mayor (mudéjar) y San Sebastián (plateresca).

**ESTEPONA,** v. de España (Málaga), cab. de p. j.; 36 307 hab. *(Esteponeros.)* Pesca. Turismo.

**ESTER** o **ESTHER,** joven judía deportada a Babilonia. Según el libro bíblico que lleva su nombre (s. II a. J.C.), fue reina de los persas y salvó a los judíos de la masacre.

**ESTERERO DE CALATRAVA** *(El),* impostor que, a instancias del cadí de Sevilla, se hizo pasar por Hišām II tras conquistar Córdoba Sulaymān (1033).

**ESTERHÁZY** o **ESZTERHÁZY,** familia aristócrata húngara (ss. XVII-XIX) que contribuyó a la consolidación del poder de los Habsburgo. – **Miklós** (Viena 1765-Como 1833) convirtió su residencia en Eszterháza (act. Fertöd) en un brillante centro de arte barroco.

**ESTESÍCORO,** poeta lírico griego (*c.* 640-*c.* 550 a. J.C.), uno de los creadores de la lírica coral.

**ESTÉVANEZ** (Nicolás), político y militar español (Las Palmas 1838-París 1914), ministro de la Guerra durante la primera república (1873).

**ESTEVE** (Agustín), pintor español (Valencia 1753-*id. c.* 1820). Influido por Mengs y Goya, se especializó en el retrato, en el que priva el dibujo.

**ESTEVE** (Miguel), pintor valenciano, activo en los ss. XV-XVI. Se le conoce también como **El maestro del caballero de Colonia.** De influencia rafaelesca, es autor de pintura religiosa.

**ESTIARTE** (Manuel), jugador de water-polo español (Manresa 1961), máximo goleador de los torneos olímpicos de 1980, 1984, 1988 y 1992; campeón olímpico en 1996 y campeón del mundo en 1998.

**Estíbaliz,** monasterio benedictino español en la aldea de Villafranca (Vitoria, Álava). Iglesia de estilo románico vasco (portada decorada).

**ESTIGARRIBIA** (José Félix), mariscal y político paraguayo (Caraguatay 1888-cerca de Altos 1940). Ascendió a general en la guerra del Chaco. Presidente de la república (1939), en 1940 promulgó una moderada reforma agraria y una nueva constitución.

**ESTIGIA, ESTIGE** o **ESTIX,** en gr. **Styx,** el mayor de los ríos de los Infiernos en la mitología griega. Sus aguas, que formaban una zona pantanosa (la *laguna Estigia*), hacían invulnerable a quien se bañara en ellas.

**ESTILICÓN,** general romano de origen vándalo (*c.* 360-Ravena 408). *Magister militum,* suegro y regente de Honorio, defendió con éxito a Italia frente a los bárbaros. Las tropas romanas, sublevadas contra él, obtuvieron su cabeza del emperador.

**ESTÍNFALO** *(lago),* lago de la Grecia antigua (Arcadia). En sus orillas, Heracles mató a los pájaros que se alimentaban con carne humana.

**ESTIRIA,** en alem. **Steiermark,** Land del SE de Austria; 16 387 km²; 1 184 000 hab. Cap. *Graz.* Estiria, ducado en 1180, pasó a los Habsburgo en 1278. En 1919, se vio amputada de los distritos eslovenos por el tratado de Saint-Germain, que los atribuyó a Yugoslavia.

**ESTOCOLMO,** c. y cap. de Suecia, que se extiende por las islas y las penínsulas de Mälaren y del Báltico; 674 452 hab. (1 410 000 hab. en la aglomeración). Residencia del rey. Centro administrativo, comercial, cultural e industrial. — Iglesia de Riddarholmen (s. XIII); edificios civiles construidos a partir del s. XVII, como el palacio real (por N. Tessin el Joven). Museos dedicados a las antigüedades nacionales, al folklore (museo al aire libre de Skansen), al arte sueco y europeo (museo nacional), al arte moderno, etc. – Fundada hacia 1250, Estocolmo consolidó su papel político a partir de 1523, con la liberación del reino por Gustavo I Vasa.

**Estocolmo:** un aspecto de la ciudad antigua a orillas del lago Mälaren

**ESTONIA,** en estonio **Eesti,** estado de Europa, una de las Repúblicas bálticas; 45 100 km²; 1 600 000 hab. *(Estonios.)* CAP. *Tallinn.* LENGUA OFICIAL: *estonio.* MONEDA: *corona estonia.*

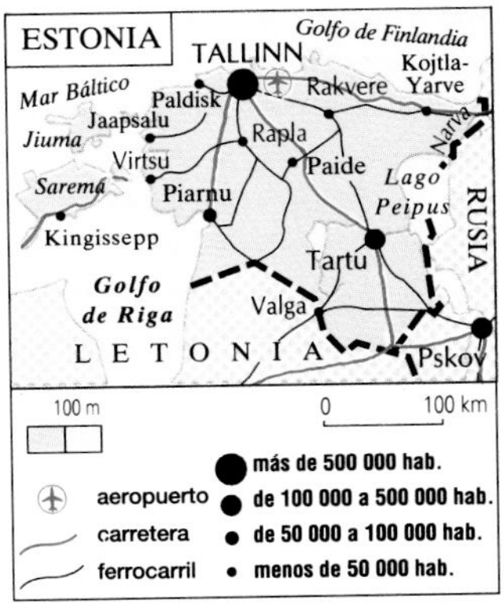


GEOGRAFÍA

Un 62 % de la población es de origen estonio, pero también existe una importante minoría rusa (30 %). El país presenta un elevado índice de urbanización. Con un paisaje parcialmente arbolado, en Estonia se combinan silvicultura, ganadería bovina e industrias extractivas (esquistos bituminosos) y de transformación.

HISTORIA

Los estonios, de origen ugrofinés, se unieron contra los invasores vikingos (s. IX) y rusos (ss. XI-XII), pero en 1217 fueron derrotados por daneses y alemanes (caballeros Portaespadas). 1346-1561: la región formaba parte de la Confederación livonia. 1629: pasó a manos suecas. 1721: fue integrada en el Imperio ruso. 1920: la Rusia soviética reconoció su independencia. 1940: por el pacto germano-soviético Estonia fue anexionada a la U.R.S.S. 1941-1944: fue ocupada por los alemanes. 1944: volvió a ser una república soviética. 1991: la restauración de la independencia fue reconocida por la comunidad internacional (set.), e ingresó en la O.N.U. 1994: las tropas rusas concluyeron su retirada del país. 1995: Estonia solicitó su adhesión a la Unión europea.

**ESTOPIÑÁN** o **ESTOPAÑÁN** *(maestro de)*, nombre con que se conoce a un pintor toscano activo en Cataluña en la segunda mitad del s. XIV (retablo de san Vicente, museo nacional de arte de Cataluña).

**ESTRABÓN,** geógrafo griego (Amasya *c.* 58 a. J.C.-entre 21 y 25 d. J.C.). Su *Geografía* describe el mundo antiguo al inicio del Imperio romano.

**ESTRADA (A),** v. de España (Pontevedra), cab. de p. j.; 21 947 hab. *(Estradenses.)* Industrias lácteas. Pazo de Oca.

**ESTRADA** (Alonso **de**), administrador español del s. XVI, tesorero y gobernador de Nueva España (1527-1528) antes de crearse la audiencia.

**ESTRADA** (Genaro), escritor y político mexicano (Mazatlán 1887-México 1937). Formuló la *doctrina Estrada* (1930), opuesta a la política de E.U.A. de otorgar o negar el reconocimiento a los gobiernos surgidos de movimientos revolucionarios, que considera lesiva de la soberanía. Es autor de poesía, novela y ensayos históricos.

**ESTRADA** (José Manuel), escritor y político argentino (Buenos Aires 1842-Asunción 1894), uno de los fundadores del Partido radical. Se opuso al laicismo en la enseñanza y escribió *El catolicismo y la democracia* (1862).

**ESTRADA** (Juan José), general y político nicaragüense (1865-1947), presidente de la república (1910-1911) tras derrocar a Santos Zelaya.

**ESTRADA CABRERA** (Manuel), abogado y político guatemalteco (Quezaltenango 1857-† 1924). Presidente dictatorial desde 1898, fue derribado por una revolución en 1920. Murió en prisión.

**ESTRADA PALMA** (Tomás), político cubano (Bayamo 1835-Santiago de Cuba 1908). Elegido presidente de la república en armas (1876), fue encarcelado hasta 1878. Fue el primer presidente de Cuba (1902-1906).

**estraperlo** *(escándalo del)*, escándalo que estalló en España en octubre de 1935. La implicación de altos cargos en el uso de una ruleta fraudulenta provocó la dimisión del gobierno Lerroux.

**ESTRASBURGO,** en fr. **Strasbourg,** en alem. **Strassburg,** c. de Francia, cap. de Alsacia y del dep. de Bas-Rhin, a orillas del Ill, cerca del Rin; 255 937 hab. Sede del Consejo de Europa y del Parlamento europeo. Universidad. Puerto fluvial. Ciudad libre imperial (1201), fue un centro humanista y calvinista. Anexionada a Francia por Luis XIV en 1681, pasó a Alemania en 1870-1918 y 1940-1944. – Magnífica catedral gótica (ss. XII-XV). Palacio Rohan (s. XVIII). Museos.

**Estrasburgo** *(juramento de)* [842], juramento intercambiado entre Luis el Germánico y Carlos el Calvo, para confirmar su alianza frente a Lotario. Las fórmulas de este juramento son los textos más antiguos en lengua francesa y alemana.

**ESTRATÓN,** llamado **el Físico,** filósofo griego (Lámpsaco-268 a. J.C.), continuador de Aristóteles.

**ESTRATÓNICE,** reina de Siria († en 254 a. J.C.), hija de Demetrio Poliorcetes y esposa de Seleuco I Nicátor, quien consintió en divorciarse para que ella se casara con su hijo Antíoco I Soter.

**ESTRECHOS** *(los)*, conjunto formado por el Bósforo y los Dardanelos, que comunica el Mediterráneo (mar Egeo) con el mar Negro.

**ESTRECHOS** *(Establecimientos de los)* o **Gobierno de los Estrechos,** en ingl. **Straits Settlements,** ant. colonia británica de la península de Malaca (1867-1946), que comprendía, fundamentalmente, Penang, Singapur y la isla de Malaca.

**ESTRELA** *(serra da)*, cordillera del centro de Portugal; 1 991 m en *Malhão da Estrela* (punto más alto del país).

**Estrella** *(orden de la)*, nombre que se dio a un gran número de órdenes de caballería que habían tomado la estrella por insignia.

**ESTRELLA (La),** mun. de Colombia (Antioquia); 29 918 hab. Café y caña de azúcar; ganadería.

**ESTRELLA GUTIÉRREZ** (Fermín), escritor argentino de origen español (Almería 1900-Buenos Aires 1990), autor de poesías (*Antología poética*, 1963), cuentos y ensayos (*Historia de la literatura española*, 1945; *Recuerdos de la vida literaria*, 1966).

**ESTRELLETA** *(provincia de* **La***)*, prov. de la República Dominicana, junto a la frontera de Haití; 1 788 km²; 71 600 hab. Cap. *Elías Piña.*

**ESTREMADURA,** región de Portugal, que comprende una parte de los tres distritos de Lisboa, Santarém y Leiria, entre el litoral atlántico y la llanura del Tajo inferior (Ribatejo). Los musulmanes la conquistaron en 711 y la reconquistaron los reyes portugueses de la dinastía de Borgoña (1147).

**Estremoz** *(batalla de)*, victoria de los portugueses sobre las tropas de Juan José de Austria, que habían invadido Portugal (1663), en esta c., cerca de Évora.

**ESTUARDO** o **STÚART,** ortografía adoptada en 1542 para designar a la antigua familia escocesa de los Stewart. De esta familia provinieron los reyes de Escocia desde 1371 hasta 1688 (convertidos en reyes de Inglaterra a partir de 1603).

**ESZTERGOM,** c. de Hungría, a orillas del Danubio; 29 841 hab. Arzobispado, sede del primado de Hungría. Monumentos y museos.

**E.T.A.** (Euskadi ta askatasuna), organización independentista vasca creada en 1959. En 1961 inició la lucha armada, cuyo punto culminante fue el asesinato del presidente del gobierno Carrero Blanco en 1973. En 1976 se escindió entre E.T.A. político-militar, que dejó las armas en 1982, y E.T.A. militar, que continuó la actividad terrorista. En 1998 declaró una tregua, rota en diciembre de 1999.

**ETCHEBERRI** (Joannes **de**), poeta francés en lengua vasca del s. XVII (nacido en Ciboure), autor de un *Manual de devoción* (1627), *Villancicos* (1631) y el *Libro para usar en la iglesia* (1636).

**ETCHEPARE** (Jean), escritor francés en lengua vasca (Mar Chiquita, Argentina, 1877-Mendionde 1935), autor de ensayos (*Espigas* [*Buruchkak*], 1910) y relatos de viajes (*En automóvil* [*Beibilez*], 1931).

**ETCHOJOA,** mun. de México (Sonora); 66 156 hab. Agricultura y ganadería (porcinos).

**ETEOCLES,** héroe del ciclo tebano, hijo de Edipo y de Yocasta. Luchó contra su hermano Polinices por Tebas; ambos murieron en la lucha.

**ETERIA,** presunta autora del libro en latín *Peregrinación a Tierra Santa* (fines s. IV o principios s. V). La crítica la identifica como abadesa del monasterio del Bierzo. La obra fue escrita en Constantinopla en el latín hablado en Hispania.

**Ética,** nombre de tres obras contenidas en el *Corpus* de Aristóteles: *Ética a Eudemo, Ética a Nicómaco* y *Gran ética*, en las que el filósofo exponía sus ideas morales y una doctrina de la felicidad.

**Ética demostrada según método geométrico,** obra en latín de Spinoza, publicada en 1677, en la que expone su sistema en forma de un conjunto de definiciones, axiomas y demostraciones. Según Spinoza, el conocimiento que el sabio puede adquirir de Dios debe conducirlo a la beatitud.

**ETIOPÍA,** estado de África oriental, en el Cuerno de África; 1 106 100 km²; 48 294 000 hab. *(Etiopes.)* CAP.

ETIOPÍA Y ERITREA

EUROPA

*Addis Abeba.* LENGUA OFICIAL: *amárico.* MONEDA: *birr.*

GEOGRAFÍA

Con excepción de las mesetas del E (Ogaden) y de la depresión y desierto de Danakil, más al N, zonas ambas de ganadería nómada; Etiopía, es un país montañoso (lo que evita que sea desértico), en el que la economía rural se establece en función de la altitud. Por debajo de 1 800 m algunos cultivos de algodón, de maíz y de tabaco invaden la selva tropical; por encima de 2 500 m, las condiciones climáticas sólo permiten el cultivo de cebada y la cría de ganado. La zona más rica se encuentra entre 1 800 y 2 500 m: cereales, hortalizas, fruta, café (principal artículo de exportación, por delante de los productos de ganadería). Esta región concentra la mayor parte de una población heterogénea (abisinios [cristianos coptos], somalíes, afar y galla [en su mayoría musulmanes] y negros). Arrasada por las guerras locales (Eritrea, Tigré y Ogaden) y las sequías, causa de hambrunas e importantes movimientos de población, Etiopía es uno de los países más pobres del mundo.

HISTORIA

***El reino de Aksum.*** Ss. I-IX d. J.C.: el reino de Aksum, cuyo jefe poseía el título de rey de reyes *(negus),* extendió su dominio hasta el Nilo Azul, fue cristianizado por la Iglesia egipcia (copta [s. IV]) y vivió el período más brillante en el s. VI.

***El apogeo medieval y la lucha contra el islam.*** S. X: el reino se hundió bajo el poder del islam. *C.* 1140-1270: una dinastía Zagwe se estableció al E del lago Tana, con capital en Roha (act. Lalibela). 1270-1285: Yekuno Amlak intentó restaurar el reino de Aksum y derrocó a los Zagwe. S. XVI: los portugueses descubrieron el país, lo identificaron con el reino fabuloso del Preste Juan y lo liberaron (1543) de la ocupación musulmana impuesta por el imán Grāñ en 1527. Ss. XVII-XVIII: el país, que se cerró tanto a los cristianos occidentales como a los musulmanes, fue invadido por pueblos paganos, los galla, y se hundió por las luchas de los señores feudales, los *ras.*

***La Etiopía contemporánea.*** 1855-1868: Teodoro II acabó con el poder de los señores y se hizo proclamar rey de reyes. 1885: los italianos se instalaron en Mitsiwa. 1889-1909: Menelik II rey de Śoa, se convirtió en rey de reyes, derrotó a los italianos en Adua (1896) e hizo de Addis Abeba su capital. 1917: los europeos, dueños del litoral, impusieron al ras Tafari como regente. 1930: Tafari, negus desde 1928, fue coronado emperador (Hailé Selassie I). 1931: el emperador promulgó una constitución de tipo occidental. 1935-1936: la conquista italiana convirtió Etiopía, Eritrea y Somalia, en el África oriental italiana. 1941: las tropas francobritánicas liberaron Etiopía y restablecieron al negus en el trono. 1952: Eritrea, colonia italiana desde 1890, fue federada a Etiopía. 1962: rebelión en Eritrea. 1963: Addis Abeba, sede de la O.U.A. 1974: oficiales reformistas derrocaron al negus. Etiopía inició la vía hacia un socialismo autoritario. 1977: H. M. Mengistu fue elegido jefe del estado. Reforzó sus lazos con la U.R.S.S. y Cuba, que lo apoyaron en el conflicto eritreo y en la lucha contra Somalia a causa de Ogaden. 1987: una nueva constitución convirtió a Etiopía en una república popular y democrática, de partido único (creado en 1984). 1988: se firmó un acuerdo de paz entre Etiopía y Somalia. 1989-1990: la retirada de las tropas cubanas y la desvinculación progresiva de la U.R.S.S. debilitaron el régimen, enfrentado a la guerra civil. 1991: Mengistu fue obligado a abandonar el poder. Meles Zenawi, líder del Frente democrático revolucionario del pueblo etíope (F.D.R.P.E.), fue elegido presidente interino. 1993: tras un referéndum de autodeterminación, Eritrea obtuvo la independencia. 1995: Negasso Gidada sustituye a Zenawi en la presidencia. En 2000 firmó la paz con Eritrea tras un largo conflicto fronterizo.

**ETNA,** volcán activo de Italia, en el NE de Sicilia; 3 345 m.

**ETOBICOKE,** c. de Canadá (Ontario), zona suburbana de Toronto; 309 993 hab.

**ETOLIA,** región de Grecia, al N del golfo de Corinto. A partir del s. IV a. J.C. sus ciudades se unieron en una *liga etolia* que derrotó a Macedonia. Roma la venció en 167 a. J.C.

**ETON,** c. de Gran Bretaña (Berkshire), a orillas del Támesis; 4 000 hab. *College* fundado en 1440.

**ETRURIA,** ant. región de Italia, que corresponde aproximadamente a la actual Toscana. (V. parte n. c., ***etrusco***). – De 1801 a 1808 hubo un *reino de Etruria,* creado por Bonaparte, que fue entregado al duque de Parma y más tarde anexionado al Imperio francés, erigido en gran ducado de Toscana y cedido a Elisa Bonaparte (1809-1814).

**ETXEPARE** (Bernard o Beñar) → ***Dechepare.***

**EUBEA,** isla del mar Egeo (Grecia), llamada *Negroponto* en la edad media; 3 775 km²; 165 000 hab. En la antigüedad, las ciudades de Eubea (sobre todo Calcis y Eretria) fundaron numerosas colonias.

**EUCLIDES,** matemático griego que vivió en el s. III a. J.C. en Alejandría. Sus *Elementos* son una vasta síntesis de las matemáticas griegas de su época.

**EUDES** (*c.* 860-La Fère 898), conde de París y rey de Francia [888-898], hijo de Roberto el Fuerte. Defendió París de los normandos (886) y fue rey tras ser depuesto Carlos el Gordo. Venció a los normandos en Montfaucon (Mosa) y, a partir de 893, luchó contra Carlos el Simple.

**EUDOXIA,** emperatriz de oriente († Constantinopla 404), esposa de Arcadio. Ambiciosa y de carácter enérgico, mandó condenar al exilio al patriarca de Constantinopla san Juan Crisóstomo.

**EUDOXIA,** emperatriz de oriente (nacida en Atenas-Jerusalén 460), esposa de Teodosio II. Contribuyó al progreso del helenismo en el imperio de oriente.

**EUDOXO de Cnido,** astrónomo y matemático griego (Cnido *c.* 406-355 a. J.C.). Ideó un ingenioso sistema cosmológico geocentrista (esferas homocéntricas) para representar los movimientos aparentes del cielo, por medio de una combinación de movimientos circulares uniformes, de acuerdo con las ideas de Platón.

**ÉUFRATES** o **EUFRATES,** r. de Asia que nace en la Armenia turca, atraviesa Siria y confluye con el Tigris en Iraq, para formar el Šaṭṭ al-'Arab; 2 780 km.

**EUFRONIO,** pintor de vasos y ceramista ateniense (activo a fines del s. VI-principios del s. V a. J.C.), el mejor representante del estilo de figuras rojas.

**EUFROSINA** o **EUFROSINE,** una de las tres Gracias.

**EUGENIA** (Eugenia María **de Montijo y de Guzmán,** *condesa* **de Teba,** *emperatriz*), emperatriz de los franceses (Granada 1826-Madrid 1920). Casó con Napoleón III (1853), sobre el que ejerció una gran influencia.

**Eugenia Grandet,** novela de Balzac (1833). La protagonista vive sometida a la sórdida avaricia de su padre.

**EUGENIO de Toledo** *(san),* obispo de Toledo (Toledo fines s. VI-*id.* 657). Nombrado por Chindasvinto para la sede primada en 646, presidió tres concilios toledanos, escribió libros teológicos y enriqueció la liturgia con himnos y melodías.

**EUGENIO II** (Roma-*id.* 827), papa de 824 a 827. Concluyó la alianza con el emperador Ludovico Pío y reorganizó los Estados Pontificios. – **Eugenio III** *(beato)* [Bernardo **Paganelli di Montemagno**] (Pisa-Tívoli 1153), papa de 1145 a 1153. Monje cisterciense, aconsejado por san Bernardo, prosiguió la obra reformadora de Gregorio VII. – **Eugenio IV** (Gabriele **Condulmer**) [Venecia 1383-Roma 1447], papa de 1431 a 1447. En el concilio de Florencia (1439) realizó la unión, meramente formal, entre Roma y las Iglesias de oriente.

**EUGENIO** (Eugenio **de Saboya-Carignan,** conocido con el nombre de **príncipe**), general francés (París 1663-Viena 1736). Estuvo al servicio de Austria y durante la guerra de Sucesión de España (1700-1714), obtuvo las victorias de Oudenaarde (1708) y Malplaquet (1709), contra Luis XIV. En 1717 conquistó Belgrado a los turcos.

**EULALIA de Barcelona** *(santa),* virgen y mártir († Barcelona *c.* 304). Padeció martirio durante las persecuciones de Diocleciano y Maximiano. Es copatrona de la ciudad de Barcelona.

**EULALIA de Mérida** *(santa),* virgen y mártir († Mérida principios del s. IV). Su fama llegó a las iglesias de África. Prudencio le dedicó un himno, y fue exaltada por san Agustín.

**EULER** (Leonhard), matemático suizo (Basilea 1707-San Petersburgo 1783). Principal promotor del auge del análisis matemático en el s. XVIII, en torno al concepto fundamental de función.

**EULOGIO** *(san),* sacerdote mozárabe (Córdoba principios s. IX-† 859). Encabezó la resistencia cristiana contra los musulmanes. Elegido arzobispo de Toledo (858), fue martirizado antes de su consagración.

**EUME,** r. de España (Galicia), en la vertiente atlántica, que en su desembocadura forma la ría de Ares; 88 km. Aprovechamiento hidroeléctrico.

**EUMENES,** nombre de dos reyes de Pérgamo. – **Eumenes II** (197-159 a. J.C.), aliado de los romanos, obtuvo por la paz de Apamea (188 a. J.C.) una parte de Asia Menor.

la emperatriz **Eugenia** de Montijo
(Winterhalter - palacio de Compiègne, Francia)

**Euménides** *(Las)* → ***Orestíada.***

**EURÁFRICA,** nombre que se da a veces al conjunto de Europa y África.

**EURASIA,** nombre que se da a veces al conjunto de Europa y Asia.

**Euratom** (Comunidad europea de energía atómica) → ***Unión europea.***

**EURE,** dep. de Francia (Alta Normandía); 6 040 km²; 513 818 hab. Cap. *Évreux.*

**EURE-ET-LOIR,** dep. de Francia (Centro); 5 880 km²; 396 073 hab. Cap. *Chartres.*

**Eureka,** programa europeo de investigación y desarrollo en los sectores de tecnología punta, elaborado en 1985.

**EURICO** (*c.* 420-484), rey visigodo [446-484]. Ocupó Lusitania (468) y las Galias (476) e instaló en Burdeos la corte de su reino, el más poderoso de occidente (la península Ibérica excepto el reino suevo y las Galias del Ródano al Loira). Promulgó el *código de Eurico* (*c.* 475), primer cuerpo legal visigodo de la península Ibérica. Era una compilación de derecho visigodo romanizado, que sólo regía para la población goda.

**EURÍDICE,** según la mitología griega, esposa de Orfeo.

**EURIMEDONTE,** r. de Panfilia (act. *Köprü*). Cimón venció en su desembocadura a los persas en 468 a. J.C.

**EURÍPIDES,** poeta trágico griego (Salamina 480-Pella, Macedonia, 406 a. J.C.). Su teatro, marcado por las revueltas de la guerra del Peloponeso, desconcertó a sus contemporáneos: *Alcestes* (438), *Medea* (431), *Hipólito* (428), *Andrómaca* (*c.* 426), *Hécuba* (*c.* 424), *Las suplicantes* (*c.* 422), *Ifigenia en Táuride* (414), *Electra* (413), *Helena* (412), *Las fenicias* (409 o 408), *Las bacantes* (representada en 405). Sus innovaciones dramáticas (importancia del análisis sicológico, actualización de mitos, independencia de los coros en relación con la acción) han hecho que se le considere el autor más moderno de la antigüedad.

**EURIPO** *(canal del),* estrecho canal de corrientes rápidas entre la isla de Eubea y Grecia continental (Beocia).

**EURIPÓNTIDAS** → ***Próclidas.***

**EURISTEO,** rey legendario de Micenas. Impuso a Heracles los *doce trabajos* para deshacerse de él.

**EUROPA,** uno de los cinco continentes, comprendido entre el océano Ártico al N, el océano Atlántico al O, el Mediterráneo y sus anexos, así como, tradicionalmente, la cordillera del Cáucaso al S, y el mar Caspio y los Urales al E. Ocupa 10,5 millones de km² y cuenta con 700 millones de hab. aprox. *(Europeos.)* La geología y el relieve distinguen una *Europa septentrional,* formada por vastas llanuras (desde Flandes hasta Rusia) y por antiguos zócalos (macizos caledonianos y hercinianos), a menudo rejuvenecidos (Escandinavia, de una *Europa meridional,* ocupada por cadenas terciarias (Pirineos, Alpes, Cárpatos), que enmarcan regiones bajas, poco extensas (a excepción de la cuenca panónica). Europa pertenece a la zona de clima suave, pero el mayor o menor alejamiento del océano sobre todo y la disposición de los relieves introducen cambios térmicos y pluviométricos que permiten distinguir una *Europa oceánica* en el O, una *Europa continental* en el E y una *Europa mediterránea* en el S. A cada una le corresponde una formación vegetal (frondosa en el O, coníferas en el E y en el extremo N, maquis y garrigas, que provienen de la degradación del bosque mediterráneo, en el S). La posición de Europa en la zona templada, en el centro de las tierras emergidas del hemisferio boreal, y su profunda penetración por los mares han facilitado su poblamiento, y explican su antigüedad, su densidad y su variedad. Poblada desde el paleolítico, agrupa, en menos del 10 % de las tierras emergidas, casi el 15 % de la población mundial (porcentaje que, sin embargo, disminuye rápidamente a causa del descenso de la natalidad), pero no posee unidad étnica o lingüística algunas (aunque el cristianismo y las lenguas indoeuropeas dominen claramente). Después de la segunda guerra mundial, Europa estuvo durante mucho tiempo dividida en dos bloques ideológica y económicamente opuestos. La Europa occidental, liberal, representada por la actual Unión europea y

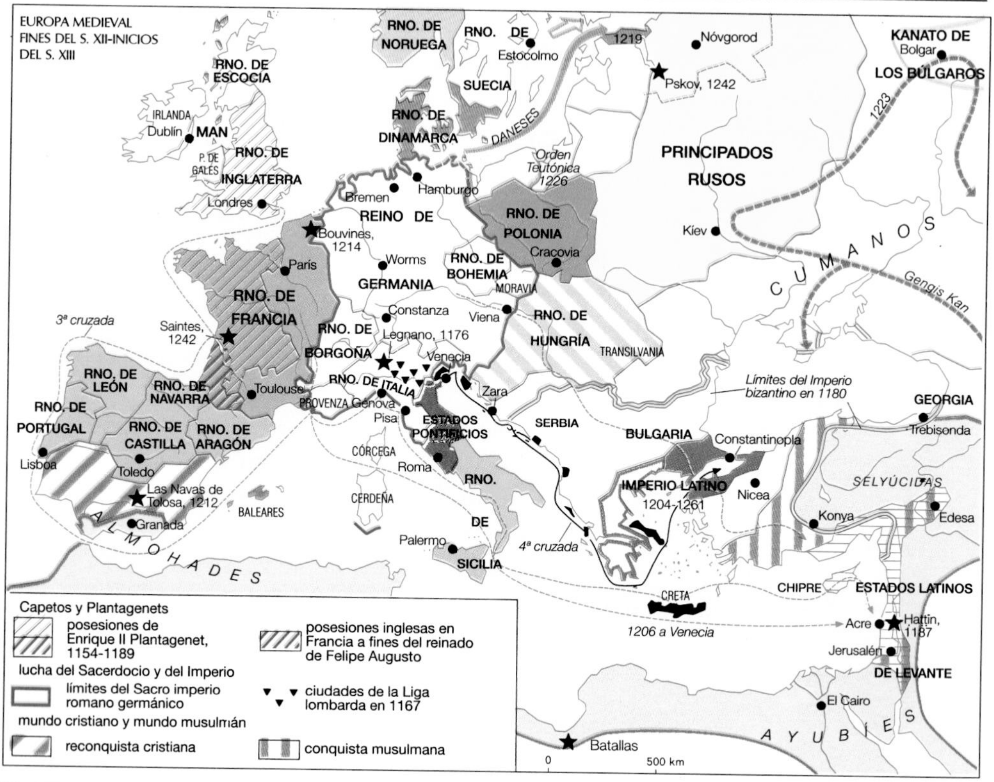
EUROPA MEDIEVAL
FINES DEL S. XII-INICIOS
DEL S. XIII
RNO. DE ESCOCIA
IRLANDA
Dublín
MAN
P. DE GALES
RNO. DE INGLATERRA
Londres
RNO. DE NORUEGA
RNO. DE SUECIA
Estocolmo
RNO. DE DINAMARCA
DANESES
1219
Nóvgorod
Pskov, 1242
KANATO DE LOS BÚLGAROS
Bolgar
1223
Orden Teutónica 1226
PRINCIPADOS RUSOS
Bremen
Hamburgo
REINO DE GERMANIA
Bouvines, 1214
Worms
RNO. DE POLONIA
Cracovia
Kiev
CUMANOS
Gengis Kan
París
RNO. DE FRANCIA
RNO. DE BOHEMIA
MORAVIA
Constanza
Viena
RNO. DE HUNGRÍA
TRANSILVANIA
3ª cruzada
Saintes, 1242
RNO. DE BORGOÑA
Legnano, 1176
Venecia
RNO. DE LEÓN
RNO. DE NAVARRA
Toulouse
RNO. DE ITALIA
Zara
Límites del Imperio bizantino en 1180
GEORGIA
RNO. DE PORTUGAL
PROVENZA
Génova
Pisa
ESTADOS PONTIFICIOS
SERBIA
BULGARIA
Constantinopla
Trebisonda
RNO. DE CASTILLA
RNO. DE ARAGÓN
Lisboa
Toledo
CÓRCEGA
Roma
RNO. DE SICILIA
IMPERIO LATINO 1204-1261
Nicea
SELYÚCIDAS
Las Navas de Tolosa, 1212
CERDEÑA
BALEARES
Konya
Edesa
Granada
Palermo
4ª cruzada
ALMOHADES
CRETA
CHIPRE
ESTADOS LATINOS DE LEVANTE
1206 a Venecia
Acre
Hattin, 1187
Jerusalén
El Cairo
AYUBÍES
Capetos y Plantagenets
posesiones de Enrique II Plantagenet, 1154-1189
posesiones inglesas en Francia a fines del reinado de Felipe Augusto
lucha del Sacerdocio y del Imperio
límites del Sacro imperio romano germánico
ciudades de la Liga lombarda en 1167
mundo cristiano y mundo musulmán
reconquista cristiana
conquista musulmana
Batallas
0
500 km

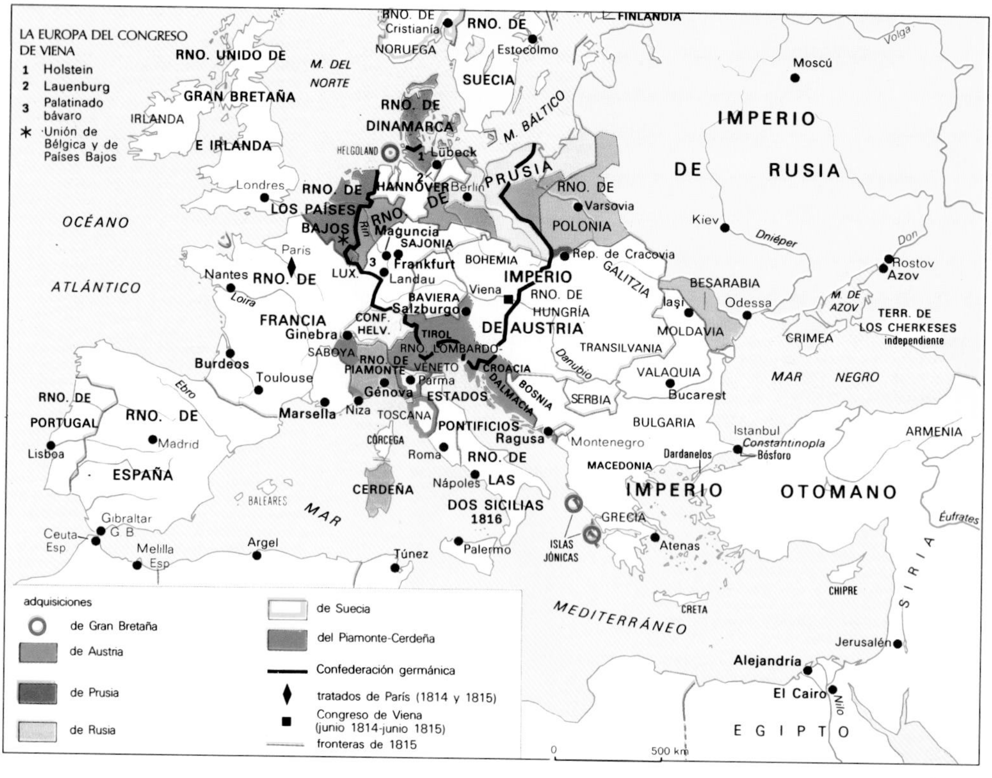
LA EUROPA DEL CONGRESO DE VIENA
1 Holstein
2 Lauenburg
3 Palatinado bávaro
* Unión de Bélgica y de Países Bajos
RNO. UNIDO DE GRAN BRETAÑA E IRLANDA
IRLANDA
M. DEL NORTE
RNO. DE NORUEGA
Cristianía
RNO. DE SUECIA
Estocolmo
FINLANDIA
Volga
Moscú
RNO. DE DINAMARCA
HELGOLAND
Lübeck
M. BÁLTICO
IMPERIO DE RUSIA
Londres
RNO. DE LOS PAÍSES BAJOS
HANNOVER
Berlín
RNO. DE PRUSIA
RNO. DE POLONIA
Varsovia
OCÉANO ATLÁNTICO
Rin
Maguncia
SAJONIA
Kiev
Dniéper
Don
París
Frankfurt
BOHEMIA
Rep. de Cracovia
GALITZIA
Rostov
Azov
Nantes
RNO. DE FRANCIA
LUX.
Landau
IMPERIO DE AUSTRIA
Viena
RNO. DE HUNGRÍA
BESARABIA
Loira
BAVIERA
Salzburgo
Iași
Odessa
M. DE AZOV
TERR. DE LOS CHERKESES independiente
CONF. HELV.
Ginebra
TIROL
MOLDAVIA
CRIMEA
SABOYA
RNO. LOMBARDO-VÉNETO
TRANSILVANIA
Burdeos
RNO. DE PIAMONTE
Parma
CROACIA
DALMACIA
BOSNIA
Danubio
VALAQUIA
MAR NEGRO
Toulouse
Ebro
Génova
ESTADOS PONTIFICIOS
SERBIA
Bucarest
RNO. DE PORTUGAL
RNO. DE ESPAÑA
Marsella
Niza
TOSCANA
BULGARIA
Madrid
CÓRCEGA
Ragusa
Montenegro
Istanbul
Constantinopla
Bósforo
ARMENIA
Lisboa
Roma
RNO. DE LAS DOS SICILIAS 1816
Dardanelos
MACEDONIA
Nápoles
IMPERIO OTOMANO
CERDEÑA
BALEARES
MAR
GRECIA
Éufrates
Gibraltar G B
Ceuta Esp
Melilla Esp
Argel
Túnez
Palermo
ISLAS JÓNICAS
Atenas
SIRIA
CHIPRE
MEDITERRÁNEO
CRETA
Jerusalén
Alejandría
El Cairo
Nilo
EGIPTO
adquisiciones
de Gran Bretaña
de Austria
de Prusia
de Rusia
de Suecia
del Piamonte-Cerdeña
Confederación germánica
tratados de París (1814 y 1815)
Congreso de Viena (junio 1814-junio 1815)
fronteras de 1815
0
500 km

NUEVAS FRONTERAS EN EUROPA 1918-1923
fronteras de los imperios alemán, austrohúngaro y ruso en 1914
tratados de paz
fronteras de los Estados en 1923
capitales de los Estados
nuevos Estados
extensión de Rumania
territorios conquistados en Grecia por la nueva Turquía 1920-1922
ciudades libres
0
500 km
Oslo
NORUEGA
Estocolmo
SUECIA
Petrogrado
Tallinn
ESTONIA
RUSIA
LETONIA
Riga, 1921
Moscú
DINAMARCA
Copenhague
Kláipeda
(Memel)
1923
LITUANIA
Kaunas
U. R. S. S.
SCHLESWIG DEL NORTE
Dantzig
Königsberg
PRUSIA ORIENTAL
Wilno
Minsk
PAÍSES BAJOS
Londres
Amsterdam
Berlín
BIELORRUSIA
Brest-Litovsk 1918
Varsovia
BÉLGICA
RUHR
ALEMANIA
Bruselas
Eupen
Malmédy
Weimar
POLONIA
Kíev
París
Versalles 1919
LUX.
SARRE
Praga
ALSACIA-LORENA
Estrasburgo
CHECOSLOVAQUIA
RUTENIA SUBCARPÁTICA
UCRANIA
FRANCIA
Viena
Bratislava
Berna
BESARABIA
Odessa
Lausana 1923
SUIZA
AUSTRIA
Budapest
Cluj
Ginebra
Trento
HUNGRÍA
RUMANIA
CRIMEA
Fiume
Génova
Trieste
RNO. DE LOS SERBIOS,
CROATAS
Y ESLOVENOS
Belgrado
Bucarest
Rapallo 1920, 1922
Zara
Ital.
BULGARIA
Sofía
ITALIA
Lagosta
Ital.
Roma
ALBANIA
Tirana
Istanbul
(Constantinopla)
TRACIA
Bósforo
Ankara
MACEDONIA
TURQUÍA
Dardanelos
GRECIA
Atenas
İzmir
(Esmirna)
Antalya
DODECANESO
Ital.

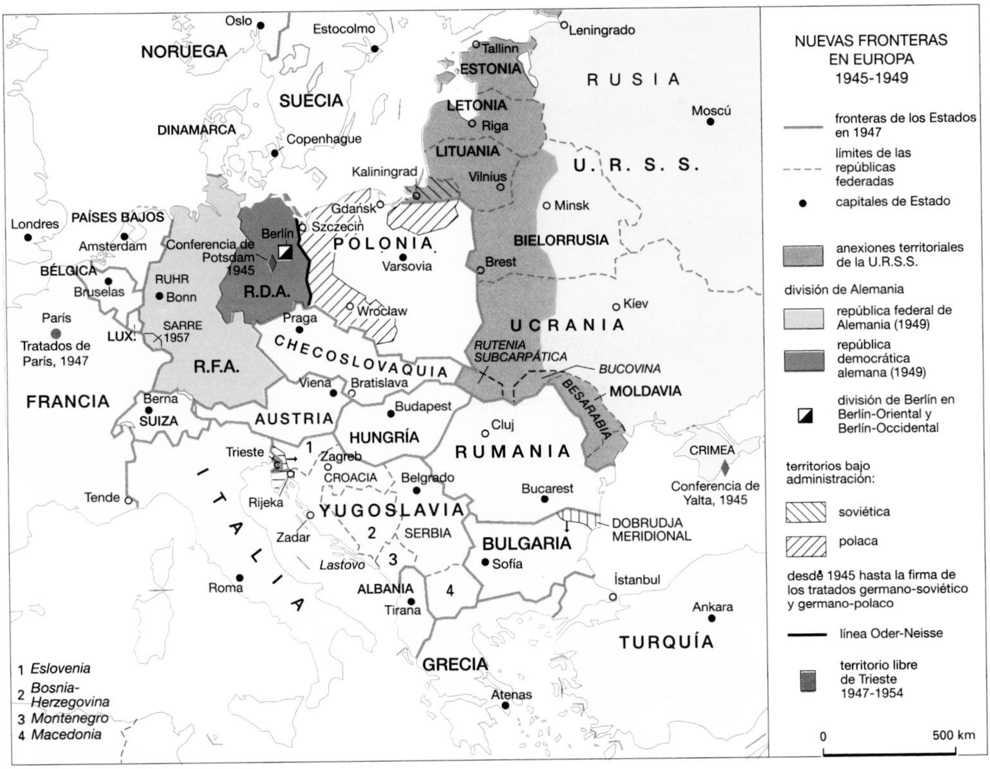
NUEVAS FRONTERAS EN EUROPA 1945-1949
fronteras de los Estados en 1947
límites de las repúblicas federadas
capitales de Estado
anexiones territoriales de la U.R.S.S.
división de Alemania
república federal de Alemania (1949)
república democrática alemana (1949)
división de Berlín en Berlín-Oriental y Berlín-Occidental
territorios bajo administración:
soviética
polaca
desde 1945 hasta la firma de los tratados germano-soviético y germano-polaco
línea Oder-Neisse
territorio libre de Trieste 1947-1954
0
500 km
Oslo
NORUEGA
Estocolmo
Leningrado
Tallinn
ESTONIA
RUSIA
SUECIA
LETONIA
Riga
Moscú
DINAMARCA
Copenhague
LITUANIA
U. R. S. S.
Kaliningrad
Vilnius
Gdansk
Minsk
Londres
PAÍSES BAJOS
Szczecin
Berlín
Amsterdam
Conferencia de Potsdam 1945
POLONIA
BIELORRUSIA
Varsovia
BÉLGICA
Brest
RUHR
Bruselas
Bonn
R.D.A.
Kíev
París
Tratados de París, 1947
Wrocław
SARRE 1957
LUX.
Praga
UCRANIA
R.F.A.
CHECOSLOVAQUIA
RUTENIA SUBCARPÁTICA
BUCOVINA
FRANCIA
Viena
Bratislava
BESARABIA
MOLDAVIA
Berna
SUIZA
AUSTRIA
Budapest
HUNGRÍA
Cluj
Trieste
1
Zagreb
RUMANIA
CRIMEA
CROACIA
Belgrado
Conferencia de Yalta, 1945
Tende
Rijeka
Bucarest
YUGOSLAVIA
DOBRUDJA MERIDIONAL
ITALIA
Zadar
2
SERBIA
BULGARIA
Lastovo
3
Sofía
Roma
ALBANIA
4
Istanbul
Tirana
Ankara
TURQUÍA
GRECIA
Atenas
1 Eslovenia
2 Bosnia-Herzegovina
3 Montenegro
4 Macedonia

la E.F.T.A., es decir, los países más desarrollados del continente. La Europa oriental agrupaba a los países de economía socialista y de ideología marxista, bajo la tutela de la U.R.S.S. Otros países adscritos a Europa occidental permanecían neutrales (Suiza, Austria, Finlandia). A fines de los años ochenta y principios de los noventa, cayeron los regímenes comunistas de Europa oriental y central: a la unificación de Alemania (1990) siguió la desintegración de la U.R.S.S., comenzada por la independencia de los países Bálticos (1991), el estallido de la guerra en Yugoslavia y su fragmentación (desde 1991), el fin del régimen comunista en Albania (1992) y la división de Checoslovaquia (1993). Por esta razón han aparecido una decena de estados nuevos, la mayoría de ellos en un contexto de crisis, a la que no es inmune el oeste del continente, y a veces agravada por el resurgimiento de oposiciones étnicas o religiosas.

**Europa** *(Consejo de)*, organización de cooperación económico-social y cultural europea, creada en 1949, inicialmente con estados de Europa occidental, y posteriormente ampliada a la práctica totalidad de los países europeos, bien como países miembros o como observadores. El respeto de la *Convención europea de salvaguarda de los derechos del hombre y de las libertades fundamentales* (1950), establecida por el Consejo de Europa, está garantizado por la *Comisión europea de los derechos del hombre* y el *Tribunal europeo de derechos humanos.* Sede: Estrasburgo.

**EUROPA,** según la mitología griega, mujer amada por Zeus, quien, transformado en un toro blanco, la raptó y la condujo a Creta, donde fue madre de Minos.

**Europa verde,** nombre que se da a los países de la Unión europea considerados desde el punto de vista de los problemas agrícolas.

**EUROPOORT,** antepuerto de Rotterdam (Países Bajos). Refinerías de petróleo y petroquímica.

**EUROTAS,** r. de Grecia (Laconia); 80 km. Esparta se encontraba en sus orillas.

**Eurotúnel,** doble túnel submarino para ferrocarril que atraviesa el canal de la Mancha desde Coquelle, cerca de Calais (Francia), hasta Folkestone (Gran Bretaña), inaugurado en 1994; 50,5 km.

**Eurovisión,** organismo internacional, con sede en Ginebra, encargado de coordinar los intercambios de programas de televisión entre los países de Europa occidental y de la cuenca del Mediterráneo.

**EUSEBIO de Cesarea,** escritor y prelado griego (Palestina *c.* 265-*id.* 340), obispo de Cesarea y autor de una *Crónica* y de una importante *Historia eclesiástica.*

**EUSKADI** o **EUZKADI,** nombre en euskera del País Vasco*.

**EUSKAL HERRIA,** nombre popular e histórico del País Vasco, documentado desde el s. XVI. Se divide en siete regiones: *Araba* (Álava), *Bizkaia* (Vizcaya), *Gipuzkoa* (Guipúzcoa), *Nafarroa Garaia* (Alta Navarra), *Nafarroa Beherea* (Baja Navarra), *Lapurdi* (Labourd) y *Zuberoa* (Soule).

**EUSTAQUIO** *(san)*, mártir en Roma en 118. Según la leyenda, se convirtió al ver que el ciervo que perseguía llevaba una cruz luminosa entre las astas.

**EUTERPE,** musa de la música.

**EUTIQUES,** monje bizantino (*c.* 378-*c.* 454). Adversario del nestorianismo, fue condenado en el concilio de Calcedonia (451).

**EVA,** nombre dado por la Biblia a la primera mujer, esposa de Adán y madre del género humano.

**Evangelios,** conjunto de los cuatro libros del Nuevo testamento en que se consignan la vida y la doctrina de Jesús. Se atribuyen a san Mateo, san Marcos, san Lucas y san Juan. Su redacción se sitúa entre 70 y 80 aprox. en el caso de los tres primeros y *c.* 100 en el caso del cuarto.

**EVANS** (Oliver), ingeniero norteamericano (Newport, Delaware, 1755-Nueva York 1819). Tras haber inventado la carda mecánica de la lana y del algodón (1777), fue el pionero de las máquinas de vapor de alta presión.

**EVANS** (*sir* Arthur John), arqueólogo británico (Nash Mills, Hertfordshire, 1851-Youlbury, Oxfordshire, 1941). Sus descubrimientos en Cnossos, a partir de 1900, revelaron la civilización minoica.

**EVANS** (Walker), fotógrafo norteamericano (Saint Louis 1903-New Haven 1975). Su visión frontal, estática y sin concesiones de la realidad (reportajes [1935-1940] sobre la miseria rural norteamericana), y su estilo preciso y sobrio, como un documental, influyeron profundamente en el lenguaje fotográfico.

**EVANS-PRITCHARD** (Edward), antropólogo británico (Crowborough, Sussex, 1902-Oxford 1973). Sus investigaciones constituyeron una importante contribución al estudio de la organización social y de la religión de los pueblos africanos, particularmente de los nuer (*Sistemas políticos africanos,* 1940; en colaboración con Meyer Fortes).

**EVANSVILLE,** c. de Estados Unidos (Indiana), a orillas del Ohio; 126 272 hab. Maquinaria agrícola.

**EVARISTO** *(san)* [† *c.* 105], papa de 97 a 105 y quizá mártir.

**EVÉMERO,** filósofo griego (*c.* 340-*c.* 260 a. J.C.). Consideraba que los dioses de la mitología eran los reyes de una época anterior, divinizados por el miedo o la admiración de los pueblos. Esta explicación racionalista dio lugar al *evemerismo.*

**EVEREST** *(monte)*, la montaña más alta del mundo (8 846 m), en el macizo del Himalaya, en la frontera entre Nepal y el Tíbet. En 1953 el neocelandés E. Hillary y el sherpa Tensing Norgay consiguieron llegar a la cima por primera vez.

**EVERGLADES,** región pantanosa de Estados Unidos, en el S de Florida. Parque nacional.

**EVERT** (Chris), tenista norteamericana (Fort Lauderdale, Florida, 1954), vencedora de Roland Garros (1974, 1975, 1979, 1980, 1983, 1985 y 1986), Wimbledon (1974, 1976 y 1981), de Forest Hills y Flushing Meadow (1975 a 1978, 1980 y 1982) y Australia (1982 y 1984).

**ÉVORA,** c. de Portugal (Alentejo); 38 938 hab. Templo romano del s. II, catedral de los ss. XII-XIV y numerosos edificios e iglesias de los ss. XV-XVI. Museo.

**EVREUX,** c. de Francia, cap. del dep. de Eure; 51 452 hab. Catedral (ss. XII-XVII).

**EVREUX,** dinastía de origen francés que reinó en Navarra desde 1328, con **Felipe III el Noble** casado (1317) con Juana II de Navarra, hasta la muerte de Blanca I (1441), esposa de Juan II de Trastámara.

**EVTUSHENKO** (Evgueni) → ***Yevtushenko.***

**EWING** (*sir* James), físico británico (Dundee, Escocia, 1855-Cambridge 1935). Descubrió la histéresis magnética (1882).

**EXALTACIÓN DE LA CRUZ,** partido de Argentina (Buenos Aires); 17 041 hab. Cab. *Capilla del Señor.*

**Excelsior,** diario de la ciudad de México, fundado en 1917 por A. Alducín.

**excursión a los indios ranqueles** *(Una)*, relato autobiográfico de Lucio V. Mansilla (1870). Descripción realista de la Pampa y sus habitantes, en la que destaca con ironía el contraste entre la moral de los indios y mestizos y la de los «civilizados».

**EXEKIAS,** pintor de vasos y ceramista ático (segunda mitad del s. VI a. J.C.), uno de los creadores más brillantes del estilo de figuras negras.

**Exequias de la lengua castellana,** *sátira menipea,* obra de J. P. Forner (1762). Esbozo crítico de los valores de la lengua y su decadencia, a través del viaje de un licenciado al Parnaso, durante el cual conoce a figuras de las letras españolas.

**EXETER,** c. y puerto de Gran Bretaña, cap. de Devon; 101 100 hab. Catedral de los ss. XII-XIV.

**Éxodo,** libro del Antiguo testamento en que se narra la salida de Egipto de los hebreos, guiados por Moisés, y su marcha por el desierto. Los historiadores sitúan estos hechos *c.* 1250 a. J.C.

**Exodus,** embarcación en que viajaban 4 500 emigrantes judíos a los que, en julio de 1947, la marina británica impidió desembarcar en la costa de Palestina.

**Expedición real,** expedición militar carlista (mayo-oct. 1837) por Cataluña, Valencia y Madrid. Fue derrotada por Espartero en Aranzueque.

**extranjero** *(El)*, novela de A. Camus (1942) que refleja lo absurdo e inhumano del mundo moderno.

**extraño caso del doctor Jekyll y Mr. Hyde** *(El)*, novela fantástica de R. L. Stevenson (1886).

**EXTREMADURA,** región del SO de España, que constituye una comunidad autónoma formada por dos provincias: *Badajoz* y *Cáceres;* 41 602 km²; 1 056 538 hab. *(Extremeños.)* Cap. *Mérida.*

GEOGRAFÍA

El territorio abarca los valles de los ríos Tajo y Guadiana, separados por las estribaciones occidentales de los montes de Toledo (sierras de Guadalupe, Montánchez, San Mamed) y flanqueados al N por la vertiente S de la cordillera Central, y al S por las formaciones de sierra Morena. Región poco poblada, de gran emigración, con una densidad tres veces menor que la media nacional. Economía fundamentalmente agropecuaria (cereales, vid, olivo, cultivos de regadío en las Vegas del Guadiana; ganado ovino y porcino). Recursos mineros

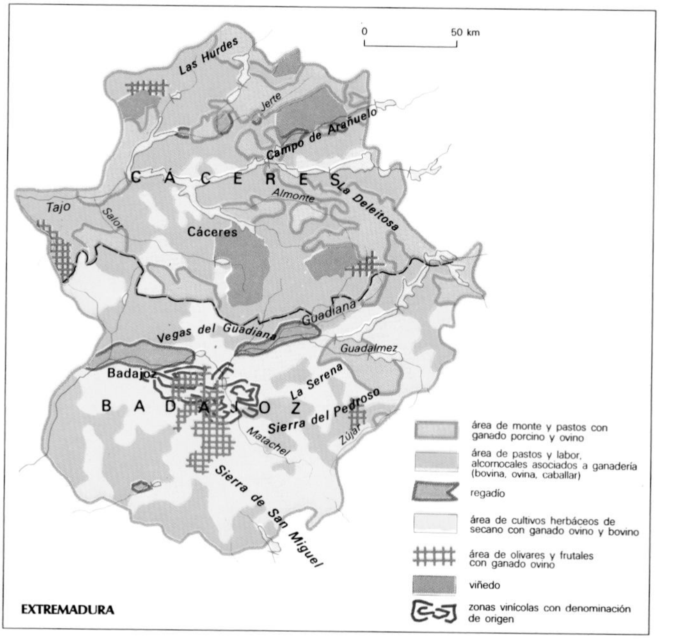

EXTREMADURA

modestos: hierro, plomo, uranio. Producción hidroeléctrica en el sistema del Tajo. Escaso desarrollo industrial (alimentarias, corcho, química en Mérida, metalúrgica en Badajoz).

HISTORIA

La región estaba habitada por los lusitanos y vetones, y tras la conquista romana Emerita Augusta (Mérida) fue la capital de Lusitania. Badajoz fue capital de un reino aftasí (1022), conquistado por el almorávid Sīr en 1086. 1227-1230: conquista de Alfonso IX de León. La participación de las órdenes militares dio lugar a la formación de grandes señoríos feudales. S. XIII: dominio de la ganadería de la Mesta sobre la agricultura. Ss. XIV-XV: intentos de conquista por parte de los portugueses (toma de Badajoz, 1389). En los ss. XVI-XIX se produjeron diversas guerras con Portugal (1640, guerra devastadora; 1704-1709; 1801, guerra de las naranjas). También se desarrollaron en Extremadura importantes enfrentamientos durante la guerra de independencia (batalla de Albuera, 1811). 1983: estatuto de autonomía.

**EXTREMO ORIENTE,** conjunto de países de Asia oriental (China, Japón, Corea, estados de Indochina y de Insulindia, extremo oriental de Rusia).

**Exxon corporation,** empresa norteamericana cuyos orígenes se remontan a la creación, en 1882, de la Standard oil company of New Jersey. Figura entre las principales empresas petroleras del mundo. El grupo se ha diversificado notablemente (carbón, química, petroquímica, industria nuclear). En 1998 se fusionó con la petrolera norteamericana Mobil en la mayor adquisición industrial de la historia.

**EYADÉMA** (Etienne, llamado **Gnassingbe**), político togolés (Pya 1935), presidente de la república desde 1967.

**Eylau** *(batalla de)* [8 febr. 1807], batalla de resultado incierto entre Napoleón y el ejército ruso en Eylau (act. Bagratiónovsk, cerca de Kaliningrad, Rusia).

**EYRE** *(lago),* gran lago salado (10 000 km² aprox.) del S de Australia, al N de la *península de Eyre.*

**EYSENCK** (Hans Jürgen), sicólogo británico de origen alemán (Berlín 1916-Londres 1997). Estudió las motivaciones y la personalidad por medio del análisis factorial.

**EYSKENS** (Gaston), político belga (Lierre, Amberes, 1905-Lovaina 1988). Socialcristiano, tres veces primer ministro en 1949-1972, trató de resolver los problemas entre las comunidades valona y flamenca.

**EYZAGUIRRE** (Agustín), político chileno (Santiago 1768-*id.* 1837), miembro de la junta provisional de gobierno (1823), vicepresidente (1826) y presidente interino (1826-1827).

**EZCARAY,** v. de España (La Rioja); 1 704 hab. Iglesia gótica (s. XVI). Casas solariegas (ss. XVII-XVIII). Estación de esquí en Valdezcaray.

**EZCURRA** (Juan Antonio), militar y político paraguayo (1859-1905). Presidente constitucional desde 1902, fue derrocado en diciembre de 1904.

**EZEQUIEL,** profeta bíblico que ejerció su ministerio entre 598 y 571 a. J.C., entre los deportados judíos de Babilonia. Mantuvo en los exiliados la esperanza en la restauración del pueblo elegido. Sus discípulos recogieron sus profecías en el *libro de Ezequiel,* libro bíblico.

**EZEQUIEL MONTES,** mun. de México (Querétaro); 16 617 hab. Centro agropecuario.

**EZETA** (Carlos), militar y político salvadoreño (San Salvador 1855-Monterrey, México, 1903), presidente constitucional en 1891-1894.

**EZPELETA** (José **de Ezpeleta y Veire de Galdeano,** *conde* **de**), militar y administrador español (Pamplona 1740-Madrid 1823), gobernador de Cuba (1785-1789) y virrey de Nueva Granada (1789-1797). Vuelto a España, fue capitán general de Cataluña y de Navarra.

**EZPELETA** (Pedro **Aingo de**), teólogo y arbitrista español nacido a fines del s. XVI. En *Resoluciones prácticas, morales y doctrinales de dudas ocasionadas de la baja moneda de vellón en los reinos de Castilla y de León...* (1643), formuló reglas para resolver la depreciación de la moneda.

**'EZRA** (Abraham **ibn**), llamado **Abenezra,** polígrafo hebraicoespañol (Tudela *c.* 1092-Calahorra ¿1167?). Destacó como poeta, exégeta bíblico *(Comentario al Pentateuco),* lingüista *(Fundamentos de la gramática)* y divulgador de la matemática y la astronomía.

**'EZRA** (Mošé **ibn**), poeta hebraicoespañol (Granada *c.* 1060-† d. 1135). Aunque compuso poesía religiosa, fue el mejor poeta profano hebraicoespañol (*Libro del collar,* con jarcha en árabe y en romance).

# F

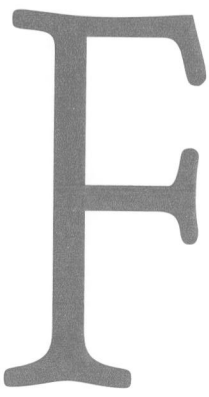

**FABIÁN** *(san)* [† Roma 250], papa de 236 a 250. Dividió la Roma cristiana en siete zonas (diaconías) y murió víctima de la persecución de Decio.

**Fabian society,** asociación socialista británica fundada en Londres en 1884, que tuvo un papel importante en el nacimiento del Partido laborista.

**FABIO MÁXIMO RULIANO** (Quinto), estadista romano. Cinco veces cónsul y dictador (315 a. J.C.), venció en 295 a. J.C., en Sentinum, a los samnitas, etruscos y galos coligados.

**FABIO MÁXIMO VERRUCOSO** (Quinto), llamado **Cunctator** *(el Contemporizador),* estadista romano (c. 275-203 a. J.C.). Cinco veces cónsul, fue nombrado dictador tras la derrota dé Trasimeno (217 a. J.C.). Con su táctica prudente detuvo durante algún tiempo el avance de Aníbal.

**FABIO PICTOR** (Quinto), uno de los más antiguos historiadores latinos (nacido c. 260 a. J.C.).

**FABIOLA DE MORA Y DE ARAGÓN** (Madrid 1928), reina de los belgas [1960-1993], esposa de Balduino I.

**FABIUS** (Laurent), político francés (París 1946). Socialista, fue primer ministro de 1984 a 1986, presidente de la asamblea nacional (1988-1992 y 1997-2000) y ministro de economía desde 2000.

**FABRA** (Pompeu), filólogo y lingüista español (Barcelona 1868-Prades, Francia, 1948), impulsor de la codificación ortográfica (1913) y gramatical (1918) de la lengua catalana. Autor de una *Gramática catalana* (1912) y del *Diccionario general de la lengua catalana* (1932), considerado normativo.

**FABRÉ** (Jaume), arquitecto mallorquín activo en los ss. XIII-XIV. Sus obras denotan influencia nórdica e italiana. Destacan el convento dominico de Palma de Mallorca y, en Barcelona, el trazado de la catedral e intervenciones en otras iglesias.

**FABRÉS** (Antonio), pintor y escultor español (Barcelona 1854-Roma 1938). Su obra se encuadra en un costumbrismo anecdótico y preciosista.

**FABRIANO** (Gentile **da**), pintor italiano (Fabriano, Ancona, c. 1370-Roma 1427). Cultivador del gótico internacional y heredero de los miniaturistas, trabajó principalmente en Venecia, Brescia, Florencia (*Adoración de los magos,* 1423, Uffizi) y Roma.

**FABRY** (Charles), físico francés (Marsella 1867-París 1945). Estudió las interferencias de ondas múltiples, inventó un interferómetro y descubrió el ozono de la alta atmósfera.

**Fábulas** de Esopo o *Fábulas esópicas,* colección de fábulas atribuidas a Esopo. Sus personajes, casi siempre animales, simbolizan vicios o virtudes del hombre.

**Fábulas,** de La Fontaine (12 libros publicados entre 1668 y 1694). Creadas a partir de las fábulas de Esopo, constituyen una formulación poética original: tradicionales *(La cigarra y la hormiga; La gallina de los huevos de oro; La liebre y la tortuga),* satíricas, elegíacas, políticas, etc.

**Fábulas literarias,** colección de setenta y seis fábulas de Tomás de Iriarte (1782). De contenido preceptista, muchas satirizan a escritores de la época.

**Fábulas morales,** colección de apólogos de F. M. Samaniego (2 vols., 1781-1784), inspirada en los autores tradicionales del género.

**FACATATIVÁ,** mun. de Colombia (Cundinamarca); 51 639 hab. Minas de carbón. Industria alimentaria.

**Fachoda** *(incidente de)* [set.-nov. 1898], enfrentamiento en Fachoda (act. *Kodok,* Sudán) de la columna francesa del capitán Marchand con la expedición británica del general Kitchener. Tras la evacuación de la ciudad por los franceses, la totalidad de la cuenca del Nilo pasó a dominio británico (1899).

**Facundo. Civilización y barbarie,** novela de D. F. Sarmiento (1845), en tres partes: la primera describe el aislamiento del gaucho; la segunda se centra en las violencias y hazañas del caudillo bárbaro Juan Facundo Quiroga hasta su asesinato; y la última traza un lúcido panorama del presente y el porvenir de Argentina.

**FADÉIEV** (Alexandr Alexándrovich), escritor ruso (Kimri, Tver, 1901-Moscú 1956). Sus novelas ensalzan la revolución soviética (*La derrota,* 1927).

**FADER** (Fernando), pintor argentino (Mendoza 1882-Córdoba 1935). Sus obras, inspiradas en temas del paisaje serrano, se alejan del academicismo del momento, introduciendo elementos impresionistas.

**FADRIQUE,** infante de Castilla (1224-1277), segundo hijo de Fernando III. Participó en las campañas africanas de su hermano Alfonso X el Sabio (1260) y en el intento de recuperar Sicilia para Conrado V (1268). Fue ejecutado por orden real, acusado de traición.

**FADRIQUE,** príncipe de Castilla (1334-Sevilla 1358), hijo natural de Alfonso XI. Participó en la revuelta nobiliaria contra su hermanastro Pedro el Cruel, quien lo hizo ejecutar dos años después de la rendición de los conjurados en Toro (1356).

**FADRIQUE,** *conde* **de Luna** († Brazuelas 1438), pretendiente a la corona de Aragón, hijo natural de Martín I el Joven y nieto de Martín el Humano. Fue candidato en el compromiso de Caspe y vasallo de Fernando de Antequera. Su oposición a los Trastámara le obligó a expatriarse a Castilla (1430).

**FADRIQUE** → ***Federico I,*** rey de Sicilia peninsular.

**FAENZA,** c. de Italia (Emilia); 53 577 hab. Desde el s. XIV fue un importante centro de mayólica. Catedral del s. XV. Museo internacional de la cerámica. Pinacoteca.

**FAETÓN,** en la mitología griega, hijo del Sol, que quiso conducir el carro de su padre y, debido a su inexperiencia, estuvo a punto de abrasar el universo. Zeus, irritado, le fulminó.

**FÁFILA** o **FÁVILA,** rey astur [737-739], hijo y heredero de Pelayo. Su muerte, despedazado por un oso, permitió la unión de los cántabros y astures.

**FAGNANO** o **CAMI,** lago glaciar argentino, en los Andes patagónicos (isla Grande de Tierra del Fuego), cuyo extremo O es chileno.

**FAHD IBN 'ABD AL-'AZIZ AL-SA'ŪD** (Riyāḍ 1923), rey de Arabia Saudí desde 1982.

**FAHRENHEIT** (Daniel Gabriel), físico alemán (Danzig 1686-La Haya 1736), inventor de un aerómetro y de una graduación termométrica que llevan su nombre.

**F.A.I.** (Federación anarquista ibérica), organización anarquista española fundada en 1927. Propugnaba el fin de la república burguesa y la implantación del comunismo libertario. Unificada con la C.N.T. (1936), llevó a cabo las colectivizaciones de Cataluña y Aragón y luchó en los frentes de Aragón y Madrid.

**FAIRBANKS** (Douglas Elton **Ullman,** llamado **Douglas**), actor norteamericano (Denver 1883-Santa Mónica 1939). Encarnación legendaria del héroe aventurero, entre sus películas destacan *El signo del Zorro* (1920), *Robín de los bosques* (1922) y *El ladrón de Bagdad* (1924).

**FAIRFAX** (Thomas), general inglés (Denton 1612-Nunappleton, Yorkshire, 1671). Jefe de las tropas parlamentarias durante la guerra civil, derrotó a Carlos I en Naseby (1645) y favoreció la restauración de Carlos II.

**FAISALABAD,** ant. **Lyallpur,** c. de Pakistán (Panjāb); 1 104 209 hab. Textiles.

**FAJARDO,** mun. y puerto del NE de Puerto Rico; 36 882 hab. Ingenios azucareros. Manufactura de cigarros.

**FAJARDO** (Francisco), conquistador español (Palguarime, isla Margarita, c. 1530-Cumaná 1564). Recorrió la costa venezolana y fundó un poblado, origen de Caracas (1559).

**FAJARDO** (Julio), escultor, pintor y ceramista colombiano (Tolima 1910). Es autor de pinturas de temas costumbristas y monumentos urbanos.

**FAJARDO ZÚÑIGA Y REQUESENS** (Pedro), *marqués* **de los Vélez** (Mula 1602-Madrid 1647). Virrey de Valencia (1631-1635), de Aragón (1635-1638) y de Cataluña tras la revuelta de 1640, donde fue derrotado (Montjuïc, 1641). Fue también virrey de Sicilia (1644-1647).

**FAJR AL-DĪN** o **FACARDIN** (c. 1572-Constantinopla 1635), emir druso del Líbano [1593-1633]. Aliado de los Médicis, se convirtió con la ayuda de los maronitas en dueño de gran parte del Líbano. Vencido por los otomanos (1633), fue ejecutado.

**FAL CONDE** (Manuel José), abogado y político español (Higuera de la Sierra 1894-Sevilla 1975). Jefe del tradicionalismo andaluz, participó en la sublevación de Sanjurjo (1932) y en el alzamiento de 1936.

**FALÁN,** mun. de Colombia (Tolima); 15 192 hab. Agricultura, ganadería. Minas de oro y plata.

**Falange española tradicionalista y de las Juntas de ofensiva nacional-sindicalista** (F.E.T. y de las J.O.N.S.), partido político español creado en 1937, tras la fusión de Falange española (fundada en 1933), las J.O.N.S. (fundadas en 1931) y la Comunión tradicionalista (carlistas). Nacionalista, centralista, antimarxista, corporativista y antiliberal, sus distintos componentes habían apoyado el alzamiento de 1936, y se convirtió en la fuerza hegemónica de los sublevados. Mantuvo su influencia en el franquismo hasta 1945. Tras la muerte de Franco (1975), el falangismo se fraccionó en múltiples tendencias.

**Falanges libanesas,** en ár. **Katā'ib,** movimiento político y militar maronita fundado en 1936 por Pierre Gemayel.

**FÁLARIS,** tirano de Agrigento (*c.* 570-554 a. J.C.). Los historiadores cuentan que quemaba a sus víctimas dentro de un toro de bronce.

**FALCÓN** *(estado),* est. del NO de Venezuela; 24 800 km²; 629 947 hab. Cap. *Coro.*

**Falcón** *(presa de),* presa de México (Tamaulipas), sobre el río Bravo del Norte. Central hidroeléctrica (50 000 kW).

**FALCÓN** (Juan Crisóstomo), militar y político venezolano (caserío Tabes, Falcón, 1820-Fort-de-France 1870). Participó en las revoluciones de 1846, 1857, 1859 y 1862. Fue presidente tras el triunfo progresista (1863-1868), y firmó la constitución federal de 1864.

**FALÉMÉ,** afl. del Senegal (or. izq.), que separa Senegal y Malí; 650 km aprox.

**FALERIA,** ant. c. de Etruria, a orillas del Tíber, 40 km aguas arriba de Roma. Necrópolis y ruinas antiguas. (Act. *Civita Castellana.*)

**FALERNO,** territorio de Campania, célebre por su vino en la antigua Roma.

**FALERO** (Luis Ricardo), *duque* **de Labranzano,** ingeniero español (Granada 1851-Londres 1896), inventor de un procedimiento de preparación industrial del oxígeno (1874).

**FALIERO,** familia veneciana que dio tres dux a Venecia: **Vitale,** dux de 1084 aprox. a 1096, vencedor de Roberto Guiscardo; – **Ordelafo,** dux de 1102 a 1118; – **Marino** (1274-1335), dux de 1354 a 1355, que los patricios hicieron decapitar por haber conspirado contra ellos; su historia inspiró a Byron el drama *Marino Faliero* (1821).

**FALKENHAYN** (Erich **von**), general alemán (Burg Belchau, Grudziąz, 1861-cerca de Potsdam 1922). Jefe de la dirección suprema del ejército (1914-1916), estuvo al mando en Rumania (1916) y en Palestina (1917-1918).

**FALLA** (Manuel **de**), compositor español (Cádiz 1876-Alta Gracia, Argentina, 1946). Su obra refleja la influencia de Wagner, Debussy, Ravel y Stravinski, pero también un hondo proceso de asimilación de las fuentes musicales nacionales. Destacan *La vida breve* (1905), *El amor* brujo* (1915), *Noches en los jardines de España* (1916), *Fantasía bética,* para piano (1919), *El sombrero de tres picos* (1919), *El retablo de maese Pedro* (1922), el *Concierto* para clave y cinco instrumentos (1926) y la cantata *La Atlántida,* inconclusa a su muerte y que fue completada por E. Halffter (estrenada en 1961).

**FALLADA** (Rudolf **Ditzen,** llamado **Hans**), escritor alemán (Greifswald, Mecklemburgo, 1893-Berlín 1947), autor de novelas que describen la vida de la gente humilde (*Campesinos, caciques y bombas,* 1931).

Manuel de **Falla**

**FALLIÈRES** (Armand), político francés (Mézin 1841-*id.* 1931), presidente de la república (1906-1913).

**FALOPIO, FALLOPIO** o **FALLOPIA** (Gabriele), cirujano y anatómico italiano (Módena 1523-Padua 1562). Dio su nombre a importantes elementos anatómicos: el *acueducto de Falopio,* en el oído interno; el *ligamento de Falopio* (el arco crural) y especialmente a la *trompa de Falopio* (trompa uterina).

**Falstaff,** personaje de Shakespeare. Jactancioso, jovial y falto de escrúpulos, aparece en *Enrique IV* y *Las alegres comadres de Windsor.* Algunos de sus rasgos están tomados del capitán inglés de la guerra de los Cien años John Fastolf (*c.* 1378-1459).

**FALSTER,** isla danesa del Báltico, al S de Sjaelland. Cap. *Nykøbing Falster.*

**FALUCHO** (Antonio **Ruiz,** llamado **el Negro**), soldado argentino de la tropa de San Martín († 1824). Prefirió ser fusilado por los amotinados de El Callao (Perú), antes que acatar el pabellón realista.

**FAMAGUSTA,** c. y puerto de la costa E de Chipre, ant. cap. de la isla; 39 000 hab. Monumentos góticos.

**FAMAILLÁ,** dep. de Argentina (Tucumán); 26 562 hab. Industrias alimentarias (harinas y azúcar).

**FAMATINA** *(sierra de),* alineación montañosa de Argentina (La Rioja), en las sierras Pampeanas; 6 250 m. Yacimientos de oro, cobre y carbón.

**Familia** *(pactos de),* alianzas ofensivo-defensivas firmadas entre las dinastías borbónicas reinantes en Europa durante las guerras de Sucesión de Polonia (1733) y Austria (1743) y de los Siete años (1761). Significaron el decisivo enfrentamiento de Francia y España contra Gran Bretaña.

**familia de Carlos IV** *(La),* retrato de conjunto pintado por Goya en 1800 (2,80 m × 3,36 m; Prado). Es una de sus obras más famosas, por la maestría de la factura y el espíritu crítico con que representa a sus modelos.

**familia de Pascual Duarte** *(La),* novela de C. J. Cela (1942). Memorias de un aldeano extremeño, que por un fatal encadenamiento de circunstancias comete varios crímenes y acaba en el patíbulo.

**FAN KUAN** o **FAN K'UAN,** pintor chino (mediados del s. X-comienzos del s. XI), asceta taoísta, uno de los grandes paisajistas de la escuela de los Song del norte.

**Fanar,** barrio griego de Istanbul. Dio su nombre al grupo social griego de los *fanariotas,* especialmente activo en el Imperio otomano desde el s. XVII a la primera mitad del s. XIX.

**FANELLI** (Giuseppe), anarquista italiano (Martinafranca, Salerno, 1826-† 1877). Luchó por la unidad e independencia de Italia, y fue diputado desde 1865. Colaborador de Bakunin en la A.I.T., difundió el ideario internacionalista en España.

**FANFANI** (Amintore), político italiano (Pieve Santo Stefano, Arezzo, 1908-Roma 1999). Secretario general (1954-1959 y 1973-1975) y presidente de la Democracia cristiana (1976), fue presidente del consejo (1954, 1958-1963, 1982-1983 y 1987).

**FANGIO** (Juan Manuel), corredor automovilista argentino (Balcarce 1911-Buenos Aires 1995), campeón del mundo de fórmula 1 cinco veces: 1951, 1954, 1955, 1956 y 1957.

**FANTIN-LATOUR** (Henri), pintor y litógrafo francés (Grenoble 1836-Buré, Orne, 1904), autor de retratos individuales o colectivos, bodegones y cuadros de flores o inspirados por la música de Wagner.

**F.A.O.** (Food and agriculture organization, organización para la agricultura y la alimentación), organismo especializado de la O.N.U., constituido en 1945, cuyo fin es realizar una acción internacional contra el hambre y mejorar las condiciones de vida. Sede: Roma.

**FAR WEST** *(lejano Oeste),* nombre dado en Estados Unidos, durante el s. XIX, a las regiones situadas al O del Mississippi.

**FĀRĀBĪ** (Abū Naṣr Muḥammad **al-**), filósofo musulmán (Wasīŷ, Turkestán, *c.* 870-Damasco 950).

**Fan Kuan:** *Viajeros en la garganta de un torrente.* Tinta sobre seda. (Museo de Taibei [Taiwan].)

*La* **familia de Carlos IV** por Goya (1800) [Prado, Madrid]

Comentador de Aristóteles y de Platón, tuvo a Avicena por discípulo. Introdujo a Platón y Aristóteles en la filosofía del islam y construyó un sistema monista, que unía metafísica y política *(Opiniones de los miembros de la ciudad ideal).*

**FARADAY** (Michael), físico británico (Newington, Surrey, 1791-Hampton Court 1867). Estableció la teoría de la influencia electrostática, enunció las leyes de la electrólisis y descubrió la inducción electromagnética, que le condujo a la invención de la dinamo. Logró la licuefacción de casi todos los gases conocidos en su época y descubrió el benceno, así como el fenómeno de electroluminiscencia.

**FARADĪ** (Abū-l-Walīd 'Abd Allāh **ibn al-**), biógrafo andalusí (Córdoba 962-*id.* 1013), cadí de Valencia y autor de *Historia de los sabios de al-Andalus.* Fue asesinado en el saqueo bereber de Córdoba.

**FÁRAX ABENFÁRAX,** cabecilla morisco del s. XVI. Acaudilló la rebelión de Granada (1568), pero fue destituido por el jefe Abén Humeya por su crueldad.

**FARAZDAQ (al-),** poeta árabe (Yamāma, Arabia oriental, *c.* 641-Basora *c.* 728 o 730). Representante de la poesía de los nómadas de Arabia oriental, rivalizó con Ŷarīr.

**FAREL** (Guillaume), reformador francés (Les Fareaux, Gap, 1489-Neuchâtel 1565). Propagó la Reforma en la Suiza francófona (Ginebra, Neuchâtel).

**FAREWELL,** cabo del S de Groenlandia.

**FARGA PELLICER** (Rafael), anarquista español (1844-Barcelona 1890). Dirigente obrerista, el congreso de la A.I.T. de Basilea (1869) reorientó su inicial republicanismo federal hacia el anarquismo, fuerza que lideró en Cataluña.

**FARINA** (Giovanni Maria), químico italiano (Crana, Novara, 1685-Colonia 1766). Se estableció en Colonia, donde fabricó la célebre *agua de Colonia.*

**FARINELLI** (Carlo **Broschi,** llamado), cantante castrado italiano (Andria, Nápoles, 1705-Bolonia 1782). Instalado en la corte española (1736-1760), tuvo gran influencia personal en Felipe V y Fernando VI.

**FARNACES II,** hijo de Mitrídates VI (*c.* 97-47 a. J.C.), rey del Bósforo cimerio [63-47]. Con el apoyo de los romanos, reconquistó el reino del Ponto, pero fue vencido por César en 47.

**FARNBOROUGH,** c. de Gran Bretaña, al SO de Londres; 41 000 hab. Exposición aeronáutica bianual.

**Farnesina** *(villa),* villa de los Farnesio, construida en Roma por B. Peruzzi (*c.* 1508), y decorada por Rafael y sus discípulos.

**Farnesio** *(palacio),* en Roma, palacio del s. XVI, construido por Sangallo el Joven, Miguel Ángel y G. Della Porta (decorado por los Carracci).

**FARNESIO** (forma española del apellido italiano **Farnese**), familia italiana que se remonta al s. X y que reinó en los ducados de Parma y Piacenza [1545-1731]. – **Alessandro** (Alejandro) se convirtió en papa en 1534 con el nombre de Paulo III. – **Alessandro** (Alejandro) [Valentano 1520-Roma 1589], nieto de Paulo III, hizo construir el palacio Farnesio en Caprarola y la iglesia del Gesù en Roma. – **Alessandro,** duque de Parma [1586-1592], v. art. siguiente. – **Elisabetta,** sobrina del último duque de Parma. (→ ***Isabel Farnesio.***)

**FARNESIO** (Alejandro), aristócrata y militar parmesano al servicio de la corona de España (Roma 1545-Arras 1592), hijo de Margarita de Parma, hija natural de Carlos Quinto. A las órdenes de Juan de Austria, recuperó las provincias del sur de los Países Bajos, de donde fue nombrado gobernador (1578). Ocupó Amberes y logró la unión de Flandes y Brabante, al sur. Duque de Parma y Piacenza (1586), en 1590 pasó a Francia, por orden de Felipe II, en ayuda de la Liga católica.

**FARO,** c. y puerto de Portugal (Algarve); 31 966 hab. Aeropuerto. Turismo.

**FAROS,** isla del ant. Egipto, cerca de Alejandría. Tolomeo II Filadelfo hizo construir en ella una torre de 135 m, en cuya cúspide ardía un fuego que, reflejado por unos espejos, era visible desde alta mar; se derrumbó en 1302.

**FARQUHAR** (George), dramaturgo irlandés (Londonderry, Irlanda, 1678-Londres 1707), autor de comedias (*The beaux' stratagem,* 1707).

**FARRAGUT** (David), almirante norteamericano (cerca de Knoxville 1801-Portsmouth, New Hampshire, 1870). Se distinguió con las fuerzas nordistas y encabezó la escuadra norteamericana en Europa (1867).

**FARRÉ** (Luis), filósofo argentino de origen español (Montblanc 1902), autor, entre otras obras, de *Las categorías estéticas* (1967) y *Cincuenta años de filosofía en Argentina.*

**FARRELL** (Edelmiro Julián), militar y político argentino (Santa Fe 1887-Buenos Aires 1980). Fue vicepresidente (1943) y presidente (1944) de la república, tras derrocar a Castillo. Perón lo sucedió en 1946.

**FĀRS** o **FĀRSISTĀN,** región del S de Irán; 133 000 km²; 2 021 000 hab. C. pral. *Šīrāz.* Fue la cuna del pueblo persa.

**FARSALIA,** c. de Grecia (Tesalia): 6 000 hab. César venció en ella a Pompeyo (48 a. J.C.).

**FARUK** (El Cairo 1920-Roma 1965), rey de Egipto [1936-1952] y de Sudán [1951-1952]. Hijo y sucesor de Fu'ad I. Abdicó en 1952 tras el golpe de estado de Naguib y Nasser.

**FASSBINDER** (Rainer Werner), director de cine alemán (Bad Wörishofen 1945-Munich 1982). Fue uno de los principales innovadores del cine alemán: *Las amargas lágrimas de Petra von Kant* (1972), *El matrimonio de María Braun* (1979), *Querelle* (1982).

**FASTNET,** islote de la costa SO de Irlanda. Ha dado su nombre a una carrera-crucero.

**FATEHPUR SIKRI** o **FATHPŪR SĪKRĪ,** c. de la India (Uttar Pradesh), a 38 km de Agra; 117 203 hab. Cap. (1569-1586) de Akbar, uno de los más perfectos logros del arte mogol islámico.

**Fath al-Andalus** *(Conquista de España),* crónica anónima árabe de al-Andalus, escrita entre 1087 y 1106. Influyó en la historiografía hasta el s. XVII.

**FÁTIMA,** c. de Portugal (Leiria), al NE de Lisboa; 7 693 hab. Lugar de peregrinación desde que en 1917 tres jóvenes pastores declararon haber presenciado seis apariciones de la Virgen.

**FĀṬIMA,** hija de Mahoma y de Jadīŷa (La Meca *c.* 616-Medina 633). Esposa de 'Alī y madre de Ḥasan y de Ḥusayn, es venerada por los musulmanes.

**FATIMÍES,** dinastía chiita ismailí que reinó en el NE de África durante los ss. X-XI y en Egipto de 969 a 1171. Fundada por 'Ubayd Allāh en Kairuán (909-910), conquistó Egipto (969) y fue derrocada por Saladino (1171).

**FAULKNER** (William Harrison **Falkner,** llamado **William**), escritor norteamericano (New Albany, Mississippi, 1897-Oxford, Mississippi, 1962), autor de novelas sicológicas y simbólicas situadas en el S de E.U.A. (*El ruido y la furia,* 1929; *Santuario,* 1931; *Luz de agosto,* 1932; *Réquiem para una mujer,* 1951). [Premio Nobel de literatura 1949.]

**FAUNO,** divinidad rural romana, protectora de los rebaños y de los pastores.

**FAURE** (Félix), político francés (París 1841-*id.* 1899), presidente de la república (1895-1899).

**FAURÉ** (Gabriel), compositor francés (Pamiers 1845-París 1924). Maestro de la melodía y de la música de cámara, es autor de piezas para piano, de un *Réquiem* (1877-1900) y de la ópera *Penélope* (1913).

**FAUSTINO I** → ***Soulouque.***

**Fausto,** héroe de numerosas obras literarias que, a su vez, han inspirado a músicos y pintores. Al parecer la leyenda se basa en cierto J. Faust, médico y astrólogo (Knittlingen, Württemberg, *c.* 1480-Staufen *c.* 1540). La primera versión del tema apareció en 1587 en Frankfurt del Main: el mago Fausto vende su alma a Mefistófeles a cambio del saber y de los bienes terrenales. Marlowe y Goethe tomaron a Fausto como héroe en sus obras.

**Fausto,** drama de Goethe, en dos partes (1808-1832). El nudo de la acción es una apuesta entre Mefistófeles, que afirma poder rebajar a Fausto a la brutalidad, y el Señor, que defiende que Fausto resistirá a la tentación. Entre las numerosas obras musicales que se han inspirado en el drama de Goethe destacan las óperas *Fausto,* de Gounod (1859), y *Mefistofele,* de Boito (1868), y la leyenda dramática *La condenación de Fausto,* de Berlioz (1846).

**Fausto,** obra en verso de Estanislao del Campo (1866), cuyo título completo es *Fausto: impresiones del gaucho Anastasio el Pollo en la representación de esta ópera.* Anastasio cuenta a su amigo Laguna la versión italiana del *Fausto* de Gounod que vio en el teatro Colón de Buenos Aires, dando lugar a una parodia del mundo europeizante y burgués frente al del gaucho.

**FÁVILA** → ***Fáfila.***

**FAWCETT** (Millicent Garrett), reformadora británica (Aldeburgh, Suffolk, 1847-Londres 1929). Luchó por el derecho al voto de las mujeres británicas (leyes de 1918 y 1928).

**FAWLEY,** localidad de Gran Bretaña, cerca de Southampton. Refinería de petróleo. Petroquímica.

**FAYDHERBE** o **FAYD'HERBE** (Luc o Lucas), escultor y arquitecto flamenco (Malinas 1617-*id.* 1697). Discípulo de Rubens, sus principales esculturas decoran las iglesias de Malinas, donde construyó Nuestra Señora de Hanswyck.

**FAYETTE** (Marie Joseph Gilbert **Motier,** *marqués* **de La**), general y político francés (Chavaniac 1757-*id.* 1834). Participó en la guerra de la Independencia norteamericana al lado de los insurrectos. Durante la Revolución francesa fue el jefe de la nobleza liberal. Exiliado en 1792-1800, posteriormente fue diputado liberal con la Restauración.

**FAYETTE** o **LAFAYETTE** (Marie-Madeleine **Pioche de La Vergne,** *condesa* **de La**), escritora francesa (París 1634-*id.* 1693), autora de novelas (*La princesa de Clèves,* 1678), relatos y memorias.

**FAYṢĀL I** (Ṭā'if, Arabia Saudí, 1883-Berna 1933), rey de Iraq [1921-1933]. Príncipe hachemí, dirigió la rebelión árabe contra los otomanos (1916). Rey de Siria (1920), fue expulsado por los franceses y se convirtió en rey de Iraq (1921) con el apoyo de Gran Bretaña. — Su nieto **Fayṣāl II** (Bagdad 1935-*id.* 1958), rey de Iraq [1939-1958], fue asesinado durante la insurrección de 1958.

**FAYṢĀL I IBN 'ABD AL-'AZĪZ** (Riyāḍ 1906-*id.* 1975), rey de Arabia Saudí [1964-1975]. Primer ministro (1958-1960; 1962-1964) durante el reinado de su hermano Sa'ūd, a quien hizo destituir en 1964. Emprendió una política de saneamiento financiero y de alianza islámica, y murió asesinado.

**FAYUM,** prov. de Egipto, al SO de El Cairo; 1 792 km²; 1 544 000 hab. Célebre por sus yacimientos paleontológicos y sus restos arqueológicos: sistema de riego, templos, etc., de la XII dinastía, ciudades tolemaicas, y sobre todo necrópolis en las que se han hallado numerosos retratos funerarios (ss. I-IV), que sustituían a la antigua máscara de las momias.

**F.B.I.** (Federal bureau of investigation), servicio encargado, en Estados Unidos, de la policía federal, fundado en 1908.

**F'DERICK,** ant. **Fort-Gouraud,** c. de Mauritania, en la región de Kedia d'Idjil; 4 700 hab. Mineral de hierro. Vía férrea hacia Nouadhibou.

**FEBO,** otro nombre de *Apolo.*

**FEBRER** (Andreu), poeta catalán (Vic *c.* 1375-† *c.* 1440). De sus poesías líricas destacan los elogios cortesanos y las de carácter amoroso. Tradujo al catalán la *Divina Comedia.*

**febrerista** *(revolución),* sublevación de oficiales paraguayos, apoyada por comunistas y filofascistas, tras la guerra del Chaco (1936). Los febreristas ocuparon el poder hasta el golpe militar conservador de 1937.

**FEBRES CORDERO** (León **de**), militar y político venezolano (Puertos de Altagracia 1797-Mérida 1875). Luchó por la independencia y en la guerra federal (1859-1863) fue lugarteniente de Páez, jefe de los constitucionales.

**FEBRES CORDERO** (León), ingeniero y político ecuatoriano (Guayaquil 1931). Parlamentario conservador, fue presidente de la república de 1984 a 1988.

**FECHNER** (Gustav Theodor), filósofo alemán (Gross-Särchen, Lusacia, 1801-Leipzig 1887). Uno de los fundadores de la sicofísica, formuló la llamada *ley de Weber-Fechner,* según la cual «la sensación corresponde al logaritmo del estímulo».

**FEDERACIÓN,** dep. de Argentina (Entre Ríos); 48 797 hab. Puerto fluvial sobre el río Uruguay.

**Federación anarquista ibérica** → ***F.A.I.***

**Federación de trabajadores de la región española,** organización obrera española fundada en 1881, al disolverse la *Federación regional española,* creada en 1870 como sección de la I Internacional. Se dividió en dos tendencias, la anarcocolectivista, dominante en Cataluña, y la anarcocomunista, en Andalucía.

**Federación nacional de cafeteros de Colombia,** organismo fundado en 1927 que regula la producción y exportación del café en dicho país.

**Federación obrera regional argentina** (F.O.R.A.), organización obrera anarcosindicalista, fundada en 1904, que llegó a tener cerca de 100 000 militantes. Decayó hacia 1930 y, perseguida por el peronismo, desapareció.

**Federación sindical mundial** (F.S.M.), federación dè sindicatos constituida en 1945. Varios sindicatos se retiraron de ella en 1948 y 1949 para constituir la *Confederación internacional de sindicatos libres* (C.I.S.L.), y la F.S.M. tuvo una orientación comunista.

**FEDERAL,** dep. de Argentina (Entre Ríos); 22 095 hab. Ganado vacuno y lanar. Nudo de comunicaciones.

**federal** *(Partido),* denominación genérica de diversos grupos políticos españoles basados en la doctrina del federalismo. F. Pi y Margall orientó la fundación del primero (1868). Sus fuerzas se disgregaron progresivamente hacia el marxismo, el unitarismo, el cantonalismo, el republicanismo o el catalanismo.

**federal** *(Revolución),* etapa de la historia de Venezuela (1859-1863) marcada por los cruentos enfrentamientos entre los demócratas y el gobierno, que concluyeron con el tratado de Caracas (mayo 1863).

**Federal reserve** (Fed), banco central de Estados Unidos, fundado en 1913.

EMPERADORES

**FEDERICO I Barbarroja** (Waiblingen 1122-en el Kydnos 1190), emperador germánico [1155-1190]. Jefe de la casa de los Hohenstaufen, quiso restaurar la autoridad imperial. Chocó en Italia con la liga lombarda constituida en 1167 y aliada con el papa Alejandro III; pero, tras su derrota en Legnano (1176), tuvo que aceptar sus pretensiones. Murió ahogado en Cilicia durante la tercera cruzada.

**FEDERICO II** (Iesi, marca de Ancona, 1194-en el castillo de Fiorentino, Foggia, 1250), rey de Sicilia [1197-1250] y emperador germánico [1220-1250]. Dueño de Alemania tras la batalla de Bouvines (1214), estuvo en lucha casi constante con el papado. Excomulgado (1227), participó en una cruzada que llevó a cabo como diplomático y obtuvo la cesión de Jerusalén (1229). Al denunciarlo como el Anticristo el papado asestó al prestigio del Sacro imperio un golpe irreparable.

**FEDERICO III de Estiria** (Innsbruck 1415-Linz 1493), rey de romanos [1440] y emperador germánico [1452-1493].

BRANDEBURGO Y PRUSIA

**FEDERICO GUILLERMO,** llamado **el Gran Elector** (Berlín 1620-Potsdam 1688), elector de Brandeburgo y duque de Prusia. Subió al trono en 1640 y, tras la firma de los tratados de Westfalia (1648), se esforzó en recuperar Brandeburgo. Jefe de la oposición calvinista a los partidarios del emperador, acogió a partir de 1685 a los refugiados hugonotes.

**FEDERICO I** (Königsberg 1657-Berlín 1713), elector de Brandeburgo [1688] y primer rey de Prusia [1701-1713], hijo del gran elector Federico Guillermo.

**FEDERICO GUILLERMO I,** llamado **el Rey Sargento** (Berlín 1688-Potsdam 1740), rey de Prusia [1713-1740], hijo de Federico I. Prosiguió la obra de centralización y desarrollo económico de sus predecesores y legó a su hijo, Federico II, un reino poderoso.

**FEDERICO II el Grande** (Berlín 1712-Potsdam 1786), rey de Prusia [1740-1786]. Tras las dos guerras de Silesia (1740-1742; 1744-1745), logró, a pesar de los graves reveses sufridos durante la guerra de los Siete años (1756-1763), conservar esta región. En el primer reparto de Polonia (1772) recibió Prusia occidental. Reorganizó sus estados, dotándolos de una administración moderna, colonizando tierras y forjando un ejército que se convertiría en el mejor de Europa. Amante de las letras, gran coleccionista de arte francés, autor de *El antimaquiavelo* (1739) y compositor de obras para flauta, atrajo a Prusia, en torno a su residencia de Sans-Souci, a Voltaire y a numerosos eruditos franceses, convirtiéndose así en el modelo del déspota ilustrado.

**FEDERICO GUILLERMO II** (Berlín 1744-*id.* 1797), rey de Prusia [1786-1797], sobrino y sucesor de Federico II. Participó en las coaliciones contra la Francia revolucionaria, pero, en la paz de Basilea (1795), tuvo que cederle la margen izquierda del Rin. Participó en el segundo y el tercer reparto de Polonia (1793-1795). — **Federico Guillermo III** (Potsdam 1770-Berlín 1840), rey de Prusia [1797-1840]. Tras el hundimiento de Prusia ante Napoleón (1806-1807), logró, con la ayuda de Stein, Hardenberg, Scharnhorst, Gneisenau y Clausewitz levantar el país y devolverle su rango de gran potencia en el congreso de Viena (1815). — **Federico Guillermo IV** (Berlín 1795-castillo de Sans-Souci 1861), rey de Prusia [1840-1861]. Tuvo que conceder una constitución en 1848. Afectado por trastornos mentales, abandonó la regencia a su hermano Guillermo I (1858).

**FEDERICO CARLOS,** general y príncipe prusiano (Berlín 1828-Potsdam 1885). Sobrino de Guillermo I, combatió en Sadowa (1866) y estuvo al mando del II ejército durante la guerra franco-prusiana (1870-1871).

DINAMARCA Y NORUEGA

**FEDERICO I** (Copenhague 1471-Gottorp 1533), rey de Dinamarca y de Noruega [1523-1533]. Favoreció el avance de la Reforma. — **Federico II** (Haderslev 1534-Antvorskov 1588), rey de Dinamarca y de Noruega [1559-1588]. Luchó contra Suecia (1563-1570). — **Federico III** (Haderslev 1609-Copenhague 1670), rey de Dinamarca y de Noruega [1648-1670]. Restableció el carácter absoluto del poder real. — **Federico IV** (Copenhague 1671-Odense 1730), rey de Dinamarca y de Noruega [1699-1730], enemigo de Carlos XII de Suecia. — **Federico V** (Copenhague 1723-*id.* 1766), rey de Dinamarca y de Noruega [1746-1766]. Realizó profundas reformas. — **Federico VI** (Copenhague 1768-*id.* 1839), rey de Dinamarca [1808-1839] y de Noruega [1808-1814]. Aliado con Francia (1807), tuvo que ceder Noruega a Suecia (1814). — **Federico VII** (Copenhague 1808-Glücksborg 1863), rey de Dinamarca [1848-1863]. Durante su reinado estalló la guerra de los Ducados. — **Federico VIII** (Copenhague 1843-Hamburgo 1912), rey de Dinamarca [1906-1912]. — **Federico IX** (en el castillo de Sorgenfri 1899-Copenhague 1972), rey de Dinamarca [1947-1972]. Le sucedió su hija Margarita II.

ELECTORES PALATINOS

**FEDERICO V** (Amberg 1596-Maguncia 1632). Elector palatino [1610-1623] y rey de Bohemia [1619-1620]. Jefe de la Unión evangélica, fue vencido en la Montaña Blanca por Fernando II (1620).

PAÍSES BAJOS

**FEDERICO ENRIQUE,** príncipe de Orange-Nassau (Delft 1584-La Haya 1647), estatúder de las Provincias Unidas [1625-1647]. Luchó contra los españoles durante la guerra de los Treinta años.

SAJONIA

**FEDERICO III el Prudente** (Torgau 1463-Lochau 1525), duque elector de Sajonia [1486-1525]. Apoyó a Lutero contra el papa y Carlos Quinto.

**FEDERICO AUGUSTO I el Justo** (Dresde 1750-*id.* 1827), rey de Sajonia [1806-1827], aliado fiel de Napoleón, que, en el tratado de Tilsit, le dio el gran ducado de Varsovia (1807).

SICILIA

**FEDERICO I,** rey de Sicilia → ***Federico II,*** emperador germánico.

**FEDERICO II** (1272-Palermo 1337), rey de Sicilia insular [1296-1337], hijo de Pedro III el Grande de Aragón y de Constanza de Suabia, reina de Sicilia. Sucedió en Sicilia a su hermano mayor, Jaime II, al subir éste al trono de Aragón. Luchó enérgicamente por conservar su trono frente a los angevinos, apoyados por su propio hermano, y consiguió que fuera reconocido su hijo Pedro como sucesor, lo que significó la instalación de la casa de Barcelona en Sicilia.

**FEDERICO III el Simple** (Catania 1342-Messina 1377), rey de Sicilia insular [1355-1377] y duque de Atenas (FEDERICO II) [1355-1377], hijo del rey Pedro II. Tuvo que luchar contra la casa de Anjou y estuvo a punto de perder Sicilia, conquistada por Luis de Tarento. La muerte de este último (1362) le permitió recobrar su reino.

SICILIA PENINSULAR

**FEDERICO I** (Nápoles 1452-Tours 1504), rey de Sicilia peninsular [1496-1501]. Luis XII de Francia y Fernando el Católico pactaron el reparto de sus estados (1500). Tras la toma de Nápoles por los franceses, Luis XII le concedió el ducado de Anjou. Finalmente, los españoles se apoderaron del reino (1503-1504).

SUECIA

**FEDERICO I** (Kassel 1676-Estocolmo 1751), rey de Suecia [1720-1751], cuñado de Carlos XII. Sucedió a su esposa Ulrica Leonor.

**FEDERMANN** (Nicolás), explorador alemán (Ulm *c.* 1510-Valladolid 1542). Al servicio de los Welser, entre 1529 y 1540 exploró Venezuela, donde fue capitán general. En su tercera y principal expedición (1537) cruzó los Andes hasta el valle del Fosca. Asistió a la fundación de Bogotá.

**FEDIN** (Konstantín Alexándrovich), escritor soviético (Sarátov 1892-Moscú 1977), autor de novelas sociales y sicológicas (*Las ciudades y los años,* 1924; *La hoguera,* 1961-1965).

**Fedón,** diálogo de Platón, que trata de la inmortalidad del alma.

**FEDOR** → ***Fiódor.***

**FEDRA,** en la mitología griega, esposa de Teseo e hija de Minos y de Pasífae. Su pasión culpable por su hijastro Hipólito ha sido el tema de varias tragedias (Eurípides, Séneca, Racine, Unamuno).

**FEDRO,** fabulista latino (en Macedonia *c.* 10 a. J.C.-*c.* 54 d. J.C.), autor de fábulas al modo de Esopo.

**FEHLING** (Herman **von**), químico alemán (Lübeck 1811-Stuttgart 1885), conocido por su descubrimiento del reactivo de los aldehídos *(licor de Fehling).*

**FEIJOO** (Benito Jerónimo), ensayista español (Casdemiro 1676-Oviedo 1764). Teólogo benedictino, se le considera un precursor del pensamiento

Michael **Faraday** (S. W. Stancase - museo de la Ciencia, Londres)

Alejandro **Farnesio** (Otto Vaenius - museo real, Bruselas)

William **Faulkner**

**Fayṣal I ibn ʻAbd al-ʻAzīz**

**Federico I** Barbarroja (biblioteca vaticana)

**Federico II** el Grande (J. G. Ziesenis - Kurpfälzisches Museum, Heidelberg)

ilustrado. Sus dos grandes obras enciclopédicas, *Teatro crítico universal* (9 vols., 1726-1740) y *Cartas eruditas y curiosas* (5 vols., 1742-1760), muy difundidas en España y Europa, encendieron vivas polémicas. Crítica de las supersticiones, constituyen una suma de conocimientos (ciencia, filosofía, estética, lingüística, literatura).

**FEIJOO** (Samuel), poeta cubano (San Juan de los Yaras 1914-La Habana 1992). Poeta intimista y neopopularista (*El girasol sediento,* 1963), cultivó el ensayo y la narración.

**FEININGER** (Lyonel), pintor norteamericano de origen alemán (Nueva York 1871-*id.* 1956). Director de taller de grabado de la Bauhaus (1919-1925), su pintura asocia esquematismo agudo de las formas y sutil transparencia de los colores.

**FEIRA DE SANTANA,** c. de Brasil (Bahía); 405 691 hab. Centro de comunicaciones (aeropuerto).

**FEITO** (Luis), pintor español (Madrid 1929). De formación académica, evolucionó pronto hacia la abstracción. Fue cofundador del grupo El Paso (1957). Pasó de una primera etapa cubista, a una abstracción geométrica con preocupación colorista y al gestualismo. Es miembro de la Real academia de bellas artes de San Fernando (1998).

**FEJOS** (Pál **Fējös,** llamado **Paul**), director de cine norteamericano de origen húngaro (Budapest 1897-Nueva York 1963), maestro del realismo intimista (*Soledad,* 1928; *María, leyenda húngara,* 1932).

**FELANITX,** c. de España (Baleares), en Mallorca; 14 176 hab. *(Felanigenses* o *felanitxers.)* Industrias alimentarias. Cerámica. Turismo.

**FELGUERA (La),** v. de España, mun. de Langreo (Asturias); 19 000 hab. Centro industrial (siderurgia, química, construcción naval).

**FELGUÉREZ** (Manuel), pintor y escultor mexicano (Zacatecas 1928). Su obra une la arquitectura y la escultura o la escultura y la pintura en grandes piezas para ser colocadas al aire libre.

**FELÍCITAS** o **FELICIDAD** *(santa),* mártir africana († Cartago 203), arrojada a las fieras con varios compañeros, entre ellos la matrona Perpetua.

SANTOS

**FELIPE** *(san),* uno de los doce apóstoles de Jesús (s. I). Según una leyenda evangelizó Frigia, donde habría muerto crucificado.

**FELIPE** *(san),* uno de los siete primeros diáconos († en s. I). Evangelizó Samaria y bautizó al eunuco de Candace, reina de Etiopía.

**FELIPE NERI** *(san),* sacerdote italiano (Florencia 1515-Roma 1595), fundador del Oratorio italiano.

**FELIPE DE JESÚS** *(san),* franciscano mexicano (México 1575-Nagasaki 1597), protomártir mexicano, crucificado en Japón. Fue canonizado en 1862.

EMPERADOR GERMÁNICO

**FELIPE DE SUABIA** (*c.* 1177-Bamberg 1208), emperador germánico [1198-1208], último hijo de Federico Barbarroja, murió asesinado.

BORGOÑA

**FELIPE II el Atrevido** (Pontoise 1342-Hal 1404), duque de Borgoña [1363-1404], hijo de Juan II de Francia. Casó con Margarita de Flandes y heredó Flandes, Artois y otros territorios. Fue regente de Carlos VI de Francia y fortaleció su poder.

**FELIPE III el Bueno** (Dijon 1396-Brujas 1467), duque de Borgoña [1419-1467], hijo de Juan sin Miedo. Para vengar el asesinato de su padre, supuestamente obra de los partidarios del futuro Carlos VII de Francia, reconoció a Enrique V de Inglaterra como heredero legítimo. Acumuló territorios que dotó de poderosas instituciones. Por el tratado de Arras (1435) se reconcilió con Carlos VII. Instituyó la orden del Toisón de oro (1429).

ESPAÑA

**FELIPE I el Hermoso** (Brujas 1478-Burgos 1506), soberano de los Países Bajos [1482-1506] y rey de Castilla [1504-1506], hijo de Maximiliano de Austria y de María de Borgoña. Casó con Juana la Loca (1496), hija de los Reyes Católicos, de quienes heredaron el trono de Castilla.

**FELIPE II** (Valladolid 1527-El Escorial 1598), rey de España [1556-1598], primogénito de Carlos Quinto y de Isabel de Portugal. El emperador le hizo participar desde 1543 en las tareas del gobierno y concertó su matrimonio (1543) con María de Portugal (de la que tuvo un hijo, Carlos, 1545), y posteriormente (1554), con María I de Inglaterra (de la que no tuvo descendencia). En 1555 le cedió los Países Bajos y en 1556 los reinos hispánicos. Felipe II hizo de Madrid el centro de la política mundial. Liquidó la guerra con Francia, heredada de su padre, con la batalla de San Quintín (1557), y afrontó la amenaza turca con ayuda de los Estados pontificios (batalla naval de Lepanto, 1571). Religioso hasta el fanatismo, ejerció una severa política de represión, cerrando sus dominios para protegerlos del islam (revuelta morisca de las Alpujarras, 1568-1570) y del protestantismo (sublevación de los Países Bajos, 1567-1573, reprimida por el duque de Alba, y emancipación de las Provincias del Norte, 1581), y otorgando plenos poderes a la Inquisición. El comercio con América, insuficiente para sostener sus campañas europeas, soportó la piratería inglesa. Intentó sin éxito invadir Inglaterra (Armada Invencible, 1588). Soberano de Portugal al extinguirse la casa de Aviz (1580), respetó su autonomía. Casó en cuatro ocasiones. De Ana de Austria nació su sucesor el futuro Felipe III.

**FELIPE III** (Madrid 1578-*id.* 1621), rey de España [1598-1621], hijo de Felipe II. Delegó su poder en el duque de Lerma. Instauró una política de paz para proteger la maltrecha hacienda (tregua de los Doce años, 1618), que se truncó al estallar la guerra de los Treinta años (1618). La expulsión de los moriscos (1609), resultó nefasta para la economía, que evidenciaba ya una grave crisis. Casó con Margarita de Austria (1599).

**FELIPE IV** (Valladolid 1605-Madrid 1665), rey de España [1621-1665], hijo de Felipe III. Concedió un poder excesivo al conde-duque de Olivares, aunque no se desentendió del todo de la política. Protector de las artes y las letras, entró en costosas guerras (Países Bajos, Inglaterra, guerra de los Treinta años) hasta la sublevación de portugueses y catalanes (1640), que no compartían sus ideales. Hizo frente a una fuerte recesión económica, acentuada por la mala política fiscal, y perdió definitivamente Portugal. Casó con Isabel de Francia (1615) y al enviudar, con María Ana de Austria (1649).

**FELIPE V** (Versalles 1683-Madrid 1746), rey de España [1700-en. 1724 y set. 1724-1746], nieto de Luis XIV de Francia y bisnieto de Felipe IV. Heredó el trono español de Carlos II, pero las aspiraciones del archiduque Carlos, apoyado por Austria, Gran Bretaña, Países Bajos y la Corona de Aragón, desencadenaron la guerra de Sucesión de España (1704). La batalla de Almansa (1707) marcó el inicio del triunfo borbónico. Barcelona capituló en 1714 y Mallorca e Ibiza en 1715. Los tratados de Utrecht (1713) y Rastadt (1714) consumaron el desmembramiento del imperio español europeo heredado por Felipe V (Países Bajos, Milanesado, Nápoles, Sicilia, Menorca, Gibraltar), quien abolió el régimen autónomo de la Corona de Aragón, que fue asimilada a Castilla, e implantó la ley sálica. En 1724 abdicó en su hijo Luis I, quien murió meses después. Casó con María Luisa de Saboya e Isabel Farnesio.

**FELIPE DE BORBÓN Y DE GRECIA** (Madrid 1968), príncipe de Asturias (1977), hijo de Juan Carlos I y de Sofía de Grecia. En 1986, al cumplir la mayoría de edad, juró acatamiento a la constitución.

Felipe de Borbón y de Grecia

FRANCIA

**FELIPE I** (*c.* 1053-Melun 1108), rey de Francia [1060-1108], hijo y sucesor de Enrique I. Reinó bajo la tutela de su tío Balduino V, conde de Flandes. Venció a Guillermo I de Inglaterra en 1068 y 1077, y consiguió diversos territorios, pero no pudo dominar Flandes, donde fue derrotado en 1071.

**FELIPE II Augusto** (París 1165-Mantes 1223), rey de Francia [1180-1223], hijo de Luis VII. Emprendió la tercera cruzada junto a Ricardo Corazón de León, su rival. Al morir Ricardo, Felipe sólo reconoció a Juan sin Tierra a cambio de algunos territorios. La lucha con Juan se reanudó entre 1199 y 1216: Felipe se apoderó de Normandía y derrotó en Bouvines a una coalición favorable al rey inglés. Auspició la lucha contra los albigenses y favoreció el comercio y el desarrollo urbano y reformó la administración.

**Felipe II Augusto,** rey de Francia
(archivos nacionales, París)

**FELIPE III el Atrevido** (Poissy 1245-Perpiñán 1285), rey de Francia [1270-1285], hijo de Luis IX. Casó con Isabel, hija de Jaime I de Aragón (1262). Heredó el condado de Tolosa (1271). Declaró la guerra a Pedro III de Aragón, estimulado por el papa a raíz de las Vísperas sicilianas y en apoyo de su tío Carlos de Anjou, pero fue derrotado (1285).

**Felipe III el Bueno,** duque de Borgoña
(R. Van der Weyden - museo de bellas artes, Dijon)

**Felipe II**
(Tiziano - palacio Barberini, Roma)

**Felipe III**
(Velázquez - Prado, Madrid)

**Felipe IV**
(Velázquez - Academia de san Fernando, Madrid)

**Felipe V**
(col. part., Madrid)

**Felipe IV el Hermoso**
rey de Francia
(basílica de Saint-Denis, Francia)

**FELIPE IV el Hermoso** (Fontainebleau 1268-*id.* 1314), rey de Francia [1285-1314] y de Navarra (FELIPE I) [1284-1314], hijo de Felipe III el Atrevido y de Isabel de Aragón. Se rodeó de consejeros favorables a la autoridad y preponderancia de la monarquía. Luchó contra el conde de Flandes y se enfrentó al papa Bonifacio VIII. La elección de un papa francés, Clemente V, que residió en Aviñón, marcó la sumisión del papado a la monarquía francesa.

**FELIPE V el Largo** (*c.* 1293-Longchamp 1322), rey de Francia y de Navarra (FELIPE II) [1316-1322], hijo de Felipe IV el Hermoso. Fue coronado al morir su hermano Luis X y su sobrino Juan I, tras la renuncia de Juana, hija de Luis X, lo que fue un precedente de la ley sálica.

**FELIPE VI DE VALOIS** (1293-Nogent-le-Roi 1350), rey de Francia [1328-1350], sobrino de Felipe IV el Hermoso. Coronado en detrimento de Enrique III de Inglaterra, inició la dinastía de los Valois. La oposición entre ambos monarcas marcó el inicio de la guerra de los Cien años, y Calais fue tomada por los ingleses (1347). En 1341 introdujo un nuevo impuesto, la gabela.

GRAN BRETAÑA

**FELIPE DE GRECIA Y DE DINAMARCA** *(príncipe), duque* **de Edimburgo** (Corfú 1921), hijo del príncipe Andrés de Grecia. En 1947 casó con la futura reina Isabel II de Inglaterra.

HESSE

**FELIPE el Magnánimo** (Marburg 1504-Kassel 1567), landgrave de Hesse. Jefe de la liga de Smalkalda (1530-1531), fue vencido por Carlos Quinto.

NAVARRA

**FELIPE I** → *Felipe IV el Hermoso,* rey de Francia.

**FELIPE II** → *Felipe V el Largo,* rey de Francia.

**FELIPE III DE EVREUX el Noble** (1305-Jerez de la Frontera 1343), rey de Navarra [1328-1343] por su matrimonio (1317) con Juana, hija de Luis X de Francia. Renunció a la corona francesa y guerreó con Castilla (1334-1335). Murió en el cerco de Algeciras.

PARMA

**FELIPE I DE BORBÓN** (Madrid 1720-Alessandria 1765), duque de Parma, Piacenza y Guastalla [1748-1765], segundo hijo de Felipe V de España. Convirtió Parma en centro intelectual y se adhirió al tercer pacto de Familia (1762).

DIVERSOS

**FELIPE** (León Felipe **Camino,** llamado **León**), poeta español (Tábara 1884-México 1968). Los dos volúmenes de *Versos y oraciones del caminante* (1920-1929) y *Drop a star* (1933) anuncian el tono de rebeldía que caracterizará toda su poesía, acentuado por la experiencia de la guerra civil y del exilio en México: *El payaso de las bofetadas* (1938), *Español del éxodo y del llanto* (1939), *Ganarás la luz* (1943), *Antología rota* (1947), *El ciervo* (1958).

**FELIPE** (Carlos Felipe **Fernández y Santana,** llamado **Carlos**), dramaturgo cubano (La Habana 1914-*id.* 1975), influido por Pirandello y las teorías sicoanalíticas (*El chino,* 1947; *Ladrillos de plata,* 1957; *Réquiem por Yarini,* 1960).

León **Felipe**
(Eugenio Chicano - col. part.)

**FELIPE CARRILLO PUERTO,** mun. de México (Quintana Roo); 32 506 hab. Explotación forestal (chicle).

**FELIPILLO,** indígena peruano del s. XVI. Intérprete de los conquistadores, intentó levantar a los araucanos contra los españoles, pero fue capturado y ejecutado.

**FELIU DE LA PENYA** (Narciso), economista, industrial e historiador español (nacido en Barcelona-*id.* entre 1710 y 1713). Impulsó la industrialización y el comercio y defendió el proteccionismo (*Fénix de Cataluña,* con M. Piles, 1683). Escribió también unos *Anales de Cataluña* (1709).

**FELIU DE LA PENYA** (Salvador), comerciante y político español (Barcelona 1674-*id.* 1717). Partidario de los Austrias durante la guerra de Sucesión, remplazó a R. Casanova en Barcelona cuando éste cayó herido (11 set. 1714) y capituló ante Patiño.

**FELIU Y CODINA** (José), escritor español (Barcelona 1847-Madrid 1897). Obtuvo éxito con sus dramas costumbristas y zarzuelas: *La Dolores* (1892), *María del Carmen* (1895).

**FÉLIX** (María), actriz cinematográfica mexicana (Álamos, Sonora, 1915). Arquetipo de la diva, mujer apasionada y maldita, trabajó en su país (*La mujer sin alma,* 1943; *Enamorada,* 1946; *Río escondido,* 1948) y en Europa, dirigida por Renoir (*French cancan,* 1954), Buñuel (*La fiebre sube a El Pao,* 1959) y otros directores. *(V. ilustración pág. 1316.)*

**Fell,** cueva próxima al estrecho de Magallanes, en Chile, en la que se ha encontrado industria lítica y osamentas de hasta 8500 a. J.C.

**FELLINI** (Federico), director de cine italiano (Rímini 1920-Roma 1993). Visionario e irónico, creador de frescos barrocos donde se expresa todo un universo de fantasmas y de reminiscencias, evoca la soledad del hombre frente a una sociedad en decadencia: *Los inútiles* (1953), *La strada* (1954), *La dolce vita* (1960), *Ocho y medio* (1963), *Satyricon* (1969), *Roma* (1972), *Amarcord* (1973), *La ciudad de las mujeres* (1979), *E la nave va* (1983), *Ginger y Fred* (1986), *La voz de la luna* (1990).

Federico **Fellini:**
una escena de *Satyricon* (1969)

**FENE,** mun. de España (La Coruña); 14 759 hab. *(Feneses.)* Cap. *Fojas* o *Foxas.* Centro industrial. Astilleros.

**FÉNELON** (François **de Salignac de la Mothe-**), prelado y escritor francés (en el Castillo de Fénelon, Perigord, 1651-Cambrai 1715). Fue preceptor del duque de Borgoña. Su *Explicación de las máximas de los santos* (1697), favorable al quietismo, fue condenada por la Iglesia. En *Las aventuras de Telémaco* (1699) criticó la política de Luis XIV.

**FENICIA,** región del litoral sirio-palestino, limitada al S por el monte Carmelo y al N por la región de Ugarit (act. Ra's-Samra, al N de Lataquia). Del III milenio al s. XIII a. J.C. el área costera del corredor sirio estuvo poblada por semitas cananeos. En el s. XII a. J.C., la llegada de nuevos pueblos (arameos, hebreos y filisteos) redujo a una franja costera el dominio cananeo al que los griegos dieron el nombre de Fenicia. Los fenicios formaban entonces un conjunto de ciudades estado, en el que destacaban Biblos, Tiro y Sidón; arrinconados junto al mar, los fenicios se hicieron navegantes y fundaron en el litoral mediterráneo, hasta las costas meridionales de la península Ibérica, numerosas factorías y colonias, entre ellas Malaca (Málaga), Ibiza, Gades (Cádiz), en España, y Cartago (s. IX), que se impuso en el occidente mediterráneo. Las ciudades fenicias cayeron bajo la tutela de los imperios asirio y babilonio, y luego bajo la de los persas y griegos, pero continuaron desempeñando un papel esencial en los intercambios económicos del Mediterráneo oriental. Como herederas de la cultura cananea conservaron los cultos de Baal y de Astarté; legaron al mundo antiguo la escritura alfabética.

**FENNOSCANDIA,** nombre dado al conjunto formado por Finlandia, Noruega y Suecia.

**Fenomenología del espíritu,** obra de Hegel (1807), que describe la historia del saber real a través de la dialéctica, que parte de la certeza sensible para llegar al saber absoluto.

**FENOSA** (Apel·les), escultor español (Barcelona 1899-París 1988). Tras una estancia en París, inició en Barcelona una etapa expresionista, con figuras alargadas. Nuevamente en París (1940), se afianzó en una abstracción expresionista (*La libertad,* 1950; monumento a Pau Casals en Barcelona, 1981).

**FERENCZI** (Sándor), médico y sicoanalista húngaro (Miskolc 1873-Budapest 1933). Tras separarse de Freud (1923), propuso una nueva terapéutica y difundió, en relación con las tesis evolucionistas, la teoría sicoanalítica a la biología.

**FERGANÁ** o **FERGHANÁ,** región de Uzbekistán, en la cuenca del Syr-Daryá. Petróleo, algodón y huertos. C. pral. *Ferganá* (195 000 hab.).

**FERGUNSON** (Guillermo), prócer de la independencia hispanoamericana (en Irlanda, fines s. XVIII-Bogotá 1828). Participó en las campañas de Sucre y fue edecán de Bolívar. Murió en el atentado contra éste (25 set.).

**FERIA** (*duques* **de**), casa nobiliaria española descendiente del señorío gallego de los Figueroa (s. XV). El 1.er *duque* **de Feria,** nombrado en 1567, fue **Gómez Suárez de Figueroa** († 1571). En el s. XVIII el título pasó a la casa de Medinaceli.

**FERMAT** (Pierre **de**), matemático francés (Beaumont-de-Lomagne 1601-Castres 1665), precursor del cálculo diferencial, la geometría analítica, la teoría de los números y el cálculo de probabilidades.

**FERMI** (Enrico), físico italiano (Roma 1901-Chicago 1954). Preconizó el empleo de los neutrones para la desintegración de los átomos y construyó la primera pila de uranio, en Chicago (1942). Realizó importantes contribuciones en todos los campos de la física fundamental y fue uno de los iniciadores de la física de las partículas. (Premio Nobel de física 1938.)

**FERMÍN** *(san),* primer obispo de Amiens, donde fue martirizado (303). Patrón de Pamplona (España), donde se trasladaron sus reliquias el 7 de julio de 1717.

**FERNÁN GÓMEZ** (Fernando **Fernández Gómez,** llamado **Fernando**), actor, director de cine y teatro y escritor español (Lima 1921), autor, entre otras películas, de: *La vida alrededor* (1959), *El mundo sigue* (1963), *El extraño viaje* (1964), *Mambrú se fue a la guerra* (1985), *El viaje a ninguna parte* (1986) y *El mar y el tiempo* (1989). Como actor, ha trabajado en numerosas películas y obras de teatro. (Premio nacional de teatro 1984.) [Real academia 1998.]

**FERNÁN GONZÁLEZ** († Burgos 970), primer conde independiente de Castilla [*c.* 930-970]. Unificó los condados de Burgos, Álava, etc., y formó el gran condado castellano. Encarcelado en 944 por

**Fernán González**
(arco de Santa María, Burgos)

Ramiro II de León, la muerte de éste (951) marcó el inicio de la independencia castellana.

**Fernán González** *(Poema de),* obra castellana anónima, escrita entre 1250 y 1271 y conservada en una copia incompleta del s. XV. El poema, inspirado quizás en una gesta actualmente perdida, pertenece al mester de clerecía.

**FERNÁN NÚÑEZ,** v. de España (Córdoba); 9 319 hab. *(Fernannuñeses.)* Industrias alimentarias.

**FERNÁN NÚÑEZ** *(casa de),* familia noble española, cuyo primer miembro, **Fernán Núñez,** fue alcaide de Córdoba (s. XIII) y fundó el pueblo de ese nombre. – El 16.° *señor* **de Fernán Núñez, Alonso de los Ríos,** obtuvo el título de conde en 1639. Actualmente, la casa ostenta otros dieciséis títulos.

**FERNANDES DE QUEIRÓS** (Pedro) → ***Fernández de Quirós.***

**FERNÁNDEZ** (Alejo), pintor español (¿Córdoba? *c.* 1475-Sevilla 1545 o 1546). Sus obras denotan influencia nórdica e italiana. Trabajó en Córdoba y a partir de 1508 en Sevilla, donde realizó la mayor parte de sus obras: *Virgen de la Rosa,* iglesia de Santa Ana; retablo de maese Rodrigo, en la universidad; de Nicolás Durango (1509-1513), en la catedral; *Flagelación,* Prado.

**FERNÁNDEZ** (Carmelo), pintor y dibujante venezolano (Guama 1811-Caracas 1877). Realizó retratos *(Simón Bolívar),* paisajes y escenas costumbristas.

**FERNÁNDEZ** (Emilio, llamado **el Indio**), director y actor de cine mexicano (Hondo, Coahuila, 1904-México 1986). De su larga producción (40 películas entre 1937 y 1978), destacan sus filmes indigenistas, plenos de aciertos estéticos y formales: *Flor silvestre* (1943), *María Candelaria* (1943), *La perla* (1945), *Enamorada* (1946).

**FERNÁNDEZ** (Gregorio) → ***Hernández*** (Gregorio).

**FERNÁNDEZ** (Jorge), escultor español del s. XVI. Trabajó en el retablo mayor de la catedral de Toledo (antes de 1503), y realizó obras renacentistas en la catedral de Sevilla (1505-1513) y en Granada.

**FERNÁNDEZ** (Juan), marino español (¿Cartagena? 1530-Santiago de Chile *c.* 1599). Exploró la costa occidental de Suramérica. Descubrió las tres islas del archipiélago que lleva su nombre (1574) y halló una nueva ruta entre El Callao y Valparaíso (1583).

**FERNÁNDEZ** (Leonel), abogado y político dominicano (Santo Domingo 1953), miembro del Partido de liberación dominicana (P.L.D.) desde su fundación en 1973, es presidente de la república desde 1996.

**FERNÁNDEZ** (Lucas), dramaturgo español (Salamanca ¿1474?-*id.* 1542), autor de un teatro religioso y profano, fiel a la tradición medieval (*Farsas y églogas al modo pastoril,* 1514).

**FERNÁNDEZ** (Luis), pintor español (Oviedo 1900-París 1973). Su obra, centrada en los objetos y animales, está influida por el cubismo.

**FERNÁNDEZ** (Macedonio), escritor argentino (Buenos Aires 1874-*id.* 1952). Poeta (*Poemas,* 1953) y narrador vanguardista, su obra, en parte póstuma, se caracteriza por su inteligente humor y una cierta tendencia a la metafísica: *No todo es vigilia la de los ojos abiertos* (1928), *Papeles de recienvenido* (1930), *Museo de la novela de la Eterna* (1967), *Adriana Buenos Aires* (1974).

**FERNÁNDEZ** (Próspero), militar y político costarricense (San José 1834-San Mateo 1885). Elegido presidente (1882), falleció defendiendo el país de la invasión guatemalteca.

**FERNÁNDEZ** (Sergio), escritor mexicano (México 1926). Autor de novelas (*Los signos perdidos,* 1958; *Retratos del fuego y la ceniza,* 1986; *Segundo sueño,* 1976), de un anecdotario de memorias (*Los desfiguros de mi corazón,* 1983), e importante obra ensayística.

**FERNÁNDEZ ALBA** (Antonio), arquitecto español (Salamanca 1927). Entre sus obras destacan el convento del Rollo (1962) y el colegio universitario (1971) en Salamanca; la Casa de cultura en Vitoria (1970) y el Spanish trade center en Londres (1974), en colaboración con F. Candela.

**FERNÁNDEZ ALMAGRO** (Melchor), historiador español (Granada 1893-Madrid 1966), autor de obras sobre Alfonso XIII y de *Historia política de la España contemporánea* (2 vols., 1955 y 1959). [Real academia 1950.]

**FERNÁNDEZ ALONSO** (Severo), político boliviano (Sucre 1859-¿Lima? 1925), representante de la oligarquía conservadora. Presidente de la república (1896), defendió la capitalidad de Sucre, pero fue derrocado (1899).

**FERNÁNDEZ ARBÓS** (Enrique), director de orquesta y violinista español (Madrid 1863-San Sebastián 1939). Dirigió la orquesta sinfónica de Madrid (1903-1936), y como violinista formó cuarteto con Albéniz, Rubio y Gálvez.

**FERNÁNDEZ CABALLERO** (Manuel), compositor español (Murcia 1835-Madrid 1906), uno de los músicos que resucitaron el género de la zarzuela: *El dúo de La africana* (1893), *Gigantes y cabezudos* (1898).

**FERNÁNDEZ CRESPO** (Daniel), político uruguayo (San José 1901-Montevideo 1964), uno de los fundadores del Movimiento popular nacionalista, facción del Partido blanco. Fue presidente del consejo nacional de gobierno (1963).

**FERNÁNDEZ CRUZADO** (Joaquín María), pintor español (Jerez de la Frontera *c.* 1781-Cádiz 1856). Se interesó por el retrato y la pintura de historia *(Hernán Cortés y Guatimocín).*

**FERNÁNDEZ DE ANDRADA** (Andrés), poeta español del s. XVII, nacido probablemente en Sevilla. Es autor de una silva, de la que se conserva un fragmento y de la famosa *Epístola moral a Fabio.*

**FERNÁNDEZ DE AVELLANEDA** (Alonso) → ***Avellaneda.***

**FERNÁNDEZ DE CÓRDOBA** (Diego), *marqués* **de Guadalcázar,** administrador español (Sevilla 1578-Guadalcázar, Córdoba, 1630), virrey de Nueva España (1612-1621) y de Perú (1621-1629), donde acabó con las luchas en Potosí y defendió Lima del corsario francés J. L'Hermite.

**FERNÁNDEZ DE CÓRDOBA** (Francisco), conquistador español (*c.* 1475-León, Nicaragua, 1525 o 1526). En 1523 dirigió una expedición a Nicaragua, donde fundó León y Granada. Murió ejecutado por Pedrarias Dávila.

**FERNÁNDEZ DE CÓRDOBA** (Francisco), navegante español († Cuba 1518). Encomendero en Cuba, recorrió por vez primera las costas de Yucatán (1517) y tocó Florida, descubierta cinco años antes por Ponce de León.

**FERNÁNDEZ DE CÓRDOBA** (Gonzalo), militar español, llamado **el Gran Capitán** (Montilla 1453-Granada 1515). Al servicio de los Reyes Católicos, tomó parte en la conquista de Granada y combatió a los franceses en Italia, hasta lograr el dominio para España del reino de Nápoles. Fue el creador del ejército profesional español.

**FERNÁNDEZ DE CÓRDOVA** (Luis), militar español (San Fernando 1798-Lisboa 1840). Contrario al liberalismo, apoyó a los Cien mil hijos de san Luis (1823). Combatió a los carlistas en el N (1834-1836) y en 1838 dirigió, con Narváez, un pronunciamiento que fracasó. – Su hermano **Fernando,** *marqués* **de Mendigorría** (Buenos Aires 1809-Madrid 1883) fue varias veces ministro de la Guerra, con Isabel II, con Amadeo I y durante la primera república (1873).

**FERNÁNDEZ DE ENCISO** (Martín), administrador y geógrafo español (primera mitad del s. XVI), fundador de Santa María la Antigua del Darién junto con Núñez de Balboa. Publicó una valiosa *Summa de geografía* (1519).

**FERNÁNDEZ DE HEREDIA** (Juan), historiador y bibliófilo aragonés (Munébrega, Zaragoza, 1310-Caspe 1396). Fue embajador en Navarra (1351) y Francia (1356), y luchó contra los florentinos en Patrás, Atenas y Neopatria. Autor de trabajos de erudición histórica *(Gran crónica de España).*

**FERNÁNDEZ DE LA CERDA** (Alfonso y Fernando) → ***Cerda*** (infantes de la).

**FERNÁNDEZ DE LA CUEVA** (Francisco), administrador español (Barcelona 1617-Madrid 1676), 8.° *duque* **de Alburquerque.** Virrey de México (1653-1660), fundó Alburquerque y perdió Jamaica frente a los ingleses.

**FERNÁNDEZ DE LA VEGA** (Juan), escultor español († Gijón 1675). Se formó en el taller de Gregorio Hernández, en la escuela barroca. Trabajó en Gijón y Oviedo (catedral).

**FERNÁNDEZ DE LIZARDI** (José Joaquín), escritor mexicano (México 1776-*id.* 1827). Independentista, fundó *El pensador mexicano* (1812) y otros periódicos liberales que le causaron varios arrestos, lo que le movió a consagrarse a la novela: *El Periquillo* Sarniento* (1816), considerada la primera novela latinoamericana, *La Quijotita y su prima* (1818) y *Don* Catrín de la Fachenda* (1832), todas del género picaresco y entreveradas de disquisiciones morales, según el ideal neoclásico. En *Noches tristes y día alegre* (1818) anuncia ya la sensibilidad romántica.

**FERNÁNDEZ DE LOS RÍOS** (Ángel), periodista y político español (Madrid 1821-París 1880). Fundó en Madrid el diario *Las novedades* (1850), el de mayor difusión del país, y dirigió *La ilustración.* Progresista, participó en la revolución de 1854 y se adhirió a la primera república. Fue expulsado de España en 1876.

**FERNÁNDEZ DE LUGO** (Alonso Luis), conquistador español (nacido en Sanlúcar de Barrameda-† en las islas Canarias 1525). Conquistó las islas de La Palma y Tenerife (1492-1495) y las gobernó hasta su muerte.

**FERNÁNDEZ DE MORATÍN** (Leandro y Nicolás) → ***Moratín.***

**FERNÁNDEZ DE NAVARRETE** (Juan) → ***Navarrete el Mudo.***

**FERNÁNDEZ DE NAVARRETE** (Martín **de**), escritor e historiador español (Ávalos, Logroño, 1765-Madrid 1844), miembro de las academias de la lengua, de la historia, donde impulsó la *Colección de documentos inéditos,* y de bellas artes. Publicó una *Ortografía* y una edición del *Quijote.*

**FERNÁNDEZ DE OVIEDO** (Gonzalo), historiador y administrador español (Madrid 1478-Santo Domingo 1557). Cronista de Indias, apologista de los

María **Félix**

Emilio **Fernández:** una escena de *María Candelaria* (1943)

Macedonio **Fernández**

Gonzalo **Fernández de Córdoba** (anónimo - biblioteca colombina, Sevilla)

españoles y acérrimo enemigo de los indios (*Historia general y natural de las Indias,* 1535).

**FERNÁNDEZ DE PALENCIA** (Diego), capitán e historiador español (Palencia *c.* 1520-Sevilla *c.* 1581), autor de crónicas sobre las guerras civiles de Perú.

**FERNÁNDEZ DE PIEDRAHÍTA** (Lucas), historiador colombiano (Bogotá 1624-Panamá 1688), obispo de Santa Marta y Panamá y autor de una *Historia general de las conquistas del Nuevo Reino de Granada* (1688).

**FERNÁNDEZ DE QUIRÓS** (Pedro), navegante portugués al servicio de España (¿Évora? 1560-en Nueva España 1615). Llegó desde Perú a la isla del Espíritu Santo (Nuevas Hébridas) buscando la «Terra australis».

**FERNÁNDEZ DE SAN PEDRO** (Diego) → ***San Pedro.***

**FERNÁNDEZ DE VELASCO** → ***Velasco*** (familia).

**FERNÁNDEZ DEL MORAL** (Lesmes), escultor español de los ss. XVI-XVII. Sus obras denotan la influencia del renacimiento italiano. Con Juan de Arfe realizó las estatuas de los duques de Lerma (1602 y 1608, museo de Valladolid).

**FERNÁNDEZ DEL PULGAR** (Pedro), eclesiástico e historiador español (Medina de Rioseco 1621-Madrid 1697). Cronista de Indias, defendió la obra de España en América *(Historia verdadera de la conquista de la Nueva España).*

**FERNÁNDEZ DURO** (Cesáreo), marino e historiador español (Zamora 1830-† 1908). Negoció con Francia la posesión de Río Muni (1891) y escribió obras sobre temas de marina.

**FERNÁNDEZ FÉLIX** (Miguel) → ***Victoria*** (Guadalupe).

**FERNÁNDEZ FLÓREZ** (Wenceslao), escritor español (La Coruña 1879-Madrid 1964). Sus novelas muestran un humor crítico y pesimista (*Las siete columnas,* 1926; *Fantasmas,* 1930; *El malvado Carabel,* 1931; *El bosque animado,* 1943). [Real academia 1934.]

**FERNÁNDEZ MADRID** (José), político, médico y escritor colombiano (Cartagena 1789-Londres 1830). Desterrado por su activo independentismo, regresó tras el triunfo de Bolívar (1824). Es autor de tragedias y poemas históricos y de exaltación nacionalista.

**FERNÁNDEZ MIRANDA** (Torcuato, *duque* **de**), político español (Gijón 1915-Londres 1980). A raíz del asesinato de Carrero Blanco (1973), fue unos días presidente interino del gobierno. Presidió las cortes (1975-1977) tras la coronación de Juan Carlos I.

**FERNÁNDEZ MORENO** (Baldomero), poeta argentino (Buenos Aires 1886-*id.* 1950). Su poesía evoca lo cotidiano con un lenguaje sencillo (*Las iniciales del misal,* 1915; *Sonetos,* 1929; *Seguidillas,* 1936; *Parva,* 1949). Escribió también prosa aforística, artículos y unas memorias (*Vida,* 1957).

**FERNÁNDEZ MORENO** (César), escritor argentino (Buenos Aires 1919-París 1985). Fue poeta (*Gallo ciego,* 1940; *Argentino hasta la muerte,* 1963) y crítico literario.

**FERNÁNDEZ MURO** (José Antonio), pintor argentino de origen español (Madrid 1920). Su obra se inscribe en la abstracción geométrica.

**FERNÁNDEZ NAVARRETE** (Pedro), eclesiástico, político y economista español (ss. XVI-XVII). Secretario real, en sus *Discursos políticos* (1621) analizaba las causas de la decadencia española y proponía una política de repoblación basada en la agricultura y la industria.

José Joaquín **Fernández de Lizardi**

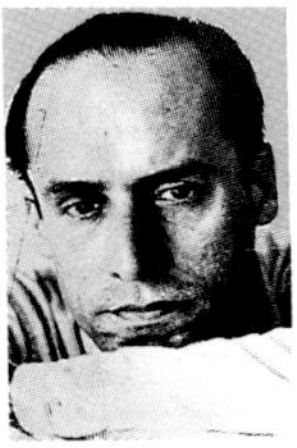

Roberto **Fernández Retamar**

**FERNÁNDEZ OCHOA** (Francisco), esquiador español (Puerto de Navacerrada, Madrid, 1950). Consiguió la medalla de oro de slalom especial en los Juegos olímpicos de Sapporo (1972).

**FERNÁNDEZ PORTOCARRERO** → ***Portocarrero.***

**FERNÁNDEZ RAMÍREZ** (Salvador), filólogo español (Madrid 1896-*id.* 1983). Fue secretario del Centro de estudios históricos, dirigido por R. Menéndez Pidal, y autor de una *Gramática española* (1951). [Real academia 1959.]

**FERNÁNDEZ RETAMAR** (Roberto), escritor cubano (La Habana 1930). Poeta comprometido con la revolución (*Vuelta a la antigua esperanza,* 1959; *Circunstancia y Juana,* 1980), destaca también como ensayista (*Calibán,* 1971).

**FERNÁNDEZ SANTOS** (Jesús), escritor español (Madrid 1926-*id.* 1988). Representante del realismo crítico (*Los bravos,* 1954, novela), alternó la actividad cinematográfica con una obra narrativa de gran rigor técnico (*Laberintos,* 1964; *Libro de la memoria de las cosas,* 1971; *Extramuros,* 1978; *Cabrera,* 1981; *Jaque a la dama,* 1982; *Los jinetes del alba,* 1984). [Premio nacional de narrativa 1979.]

**FERNÁNDEZ SARELA** (Clemente), arquitecto español documentado entre 1716 y 1765. Se especializó en la práctica del «estilo de placas» propio del barroco gallego. Obras: casa del cabildo, de Bendaña y del deán (Santiago de Compostela).

**FERNÁNDEZ SHAW** (Carlos), escritor español (Cádiz 1865-Madrid 1911), autor de libretos para música del género chico, solo o con J. López Silva *(La revoltosa).* – Su hijo Guillermo, periodista y dramaturgo (Madrid 1893-*id.* 1965), escribió también libretos de zarzuela *(La canción del olvido, Doña Francisquita, La tabernera del puerto).*

**FERNÁNDEZ SILVESTRE** (Manuel) → ***Silvestre.***

**FERNÁNDEZ VILLAVERDE** (Raimundo), político español (Madrid 1848-*id.* 1905). Ocupó carteras de importancia en el gobierno de Cánovas (Gobernación, Justicia, Hacienda) y fue presidente del gobierno (1903 y 1905).

**FERNÁNDEZ Y GONZÁLEZ** (Manuel), novelista español (Sevilla 1821-Madrid 1888), autor de novelas históricas (*El cocinero de su Majestad,* 1857) y costumbristas (*Los desheredados,* 1865).

EMPERADORES

**FERNANDO I DE HABSBURGO** (Alcalá de Henares 1503-Viena 1564), rey de Bohemia y de Hungría [1526], rey de romanos [1531] y emperador germánico [1556-1564]. Hermano menor de Carlos Quinto, quien le reconoció la posesión de la herencia austríaca de los Habsburgo (1521), le sucedió al frente del imperio tras su abdicación (1556). – **Fernando II de Habsburgo** (Graz 1578-Viena 1637), rey de Bohemia [1617] y de Hungría [1618] y emperador germánico [1619-1637], primo y sucesor de Matías. Paladín de la Contrarreforma y partidario del absolutismo, dirigió contra los ejércitos protestantes la guerra de los Treinta años (1618-1648). – **Fernando III de Habsburgo** (Graz 1608-Viena 1657), rey de Hungría [1625] y de Bohemia [1627] y emperador germánico [1637-1657], hijo de Fernando II, cuya política prosiguió. Tuvo que firmar los tratados de Westfalia (1648).

ARAGÓN Y CATALUÑA

**FERNANDO DE MALLORCA,** príncipe catalán (*c.* 1278-Manolada, Acaya, 1316). Su muerte, por el conde de Cefalonia, truncó el dominio catalán en el principado de Acaya. Fue padre de Jaime III de Mallorca.

**FERNANDO DE ARAGÓN** (Valencia 1329-Burriana 1363), primogénito de Alfonso el Benigno. Se sublevó contra su hermano Pedro el Ceremonioso en 1348, y apoyó a Castilla en la guerra de 1356 con Aragón. Posteriormente fue procurador de Aragón (1357) y luchó contra Castilla (1359, 1363). El rey lo hizo matar por traidor años después.

**FERNANDO I de Antequera** (Medina del Campo 1380-Igualada 1416), rey de Aragón [1412-1416], segundo hijo de Juan I de Castilla y de Leonor, hija de Pedro IV de Aragón. Fue regente de Castilla durante la minoridad de su sobrino Juan II, desde 1406. En el compromiso de Caspe (1412) fue elegido rey de Aragón, como representante de la pequeña nobleza y el patriciado urbano catalán, frente a la gran nobleza feudal representada por Jaime II de Urgel.

**FERNANDO II el Católico** (Sos 1452-Madrigalejo, Cáceres, 1516), rey de Castilla (Fernando V) [1474-1504] junto con su esposa Isabel I, de la Corona de Aragón [1479-1516], de Sicilia [1468-1516], de Nápoles [1504-1516] y de Navarra [1512-1516]. Su matrimonio (1469) reunió los reinos peninsulares, base de la España del s. XVIII. Gestionó el fin del feudalismo agrario catalán (sentencia arbitral de Guadalupe, 1486) y de la reconquista peninsular (Granada, 1492), la conquista de Canarias (1484-1496), el descubrimiento de América (1492), la recuperación del Rosellón (1493), la unidad religiosa (establecimiento de la Inquisición, 1481; expulsión de los judíos, 1492), la anexión de Navarra (1512), la reducción de la alta nobleza, apoyado por las clases medias, y la ascensión de España a potencia mundial. En segundas nupcias casó con Germana de Foix.

AUSTRIA

**FERNANDO I** (Viena 1793-Praga 1875), emperador de Austria [1835-1848], rey de Bohemia y de Hungría [1830-1848]. Tuvo que abdicar durante la revolución de 1848.

BULGARIA

**FERNANDO,** príncipe de Sajonia-Coburgo-Gotha (Viena 1861-Coburgo 1948), príncipe [1887-1908] y zar [1908-1918] de Bulgaria. Tras la primera guerra balcánica (1912), atacó a los serbios y a los griegos (1913), y fue derrotado. Se alió con los imperios centrales (1915) y abdicó en 1918.

CASTILLA

**FERNANDO V** → ***Fernando II*** de Aragón.

CASTILLA Y LEÓN

**FERNANDO I** († León 1065), rey de Castilla [1035-1065] y de León [1037-1065], hijo de Sancho III de Navarra. Aprovechó la debilidad de las taifas musulmanas para su empresa conquistadora. Anexionó también a sus reinos plazas portuguesas y territorios navarros (batalla de Atapuerca, 1054).

**FERNANDO II** (*c.* 1137-Benavente 1188), rey de León [1157-1188], hijo de Alfonso VII de Castilla. Ocupó Segovia y Toledo (1162), resolvió litigios territoriales con Castilla (1183) y realizó una gran labor de repoblación.

**FERNANDO III el Santo** (Valparaíso, Zamora, 1201-Sevilla 1252), rey de Castilla [1217-1252] y de León [1230-1252], hijo de Alfonso IX de León y de Berenguela de Castilla. Con sus campañas, mezcla de diplomacia y armas, conquistó Úbeda

**Fernando III el Santo** (miniatura del s. XIII - archivos de la catedral de Santiago de Compostela)

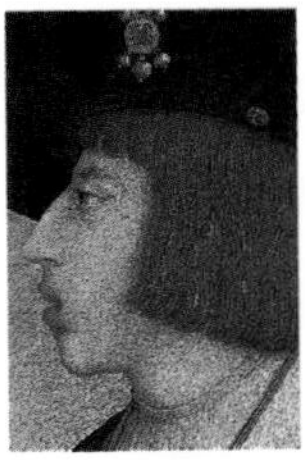

**Fernando I de Habsburgo** (en 1524) [H. Maler - Uffizi, Florencia]

**Fernando II el Católico** (Felipe de Bigarny - catedral de Granada)

(1233), Chiclana (1235), Córdoba (1236), Jaén (1246) y Sevilla (1248). Unió definitivamente León y Castilla y negoció en Almizra con Jaime I de Aragón el límite de sus reinos. Canonizado en 1671.

**Fernando** (*real y militar orden de* **san**), orden militar española instituida en 1811 para premiar los actos de heroísmo durante la guerra de la Independencia. En 1920 pasó a denominarse Cruz laureada.

**FERNANDO de la Cerda,** infante de Castilla (1253-Ciudad Real 1275), hijo de Alfonso X y heredero de la corona.

**FERNANDO IV el Emplazado** (Sevilla 1285-Jaén 1312), rey de Castilla [1295-1312], hijo de Sancho IV. Ocupó el trono a los nueve años. Quiso unir los reinos de Aragón, Portugal y Castilla (1309) para conquistar el de Granada, pero sólo obtuvo Gibraltar.

DOS SICILIAS

**FERNANDO I DE BORBÓN** (Nápoles 1751-*id.* 1825), rey de las Dos Sicilias [1816-1825], hijo de Carlos III de España, que le cedió el reino insular (Fernando III) [1759-1816] y el peninsular o reino de Nápoles (Fernando IV) [1759-1799, 1799-1806, 1815-1816]. Su reinado estuvo marcado por las guerras con Francia.

ESPAÑA

**FERNANDO VI** (Madrid 1713-Villaviciosa de Odón 1759), rey de España [1746-1759], hijo de Felipe V. Aceptó la paz de Aquisgrán (1748), saneó la hacienda y mantuvo la neutralidad ante Inglaterra y Francia. El marqués de la Ensenada y el jesuita Rávago tuvieron un importante papel en su política. De su matrimonio con Bárbara de Braganza no tuvo descendencia.

**FERNANDO VII** (El Escorial 1784-Madrid 1833), rey de España [1808-1833], hijo de Carlos IV. Su padre cedió la corona a Napoleón, que la destinó a su hermano José. Cautivos Fernando y su familia en Francia, en España se libró la guerra de la Independencia. Liberado (1813), regresó a España, derogó la constitución de Cádiz (1814) y persiguió a los liberales, restaurando el absolutismo. El alzamiento de Riego (1820) le obligó a jurar la constitución de 1812 (trienio liberal). Tras recuperar el poder absoluto, ayudado por los Cien mil hijos de san Luis (1823), emprendió una represión brutal contra los liberales (década ominosa), al tiempo que se alejaba de los sectores más reaccionarios (apostólicos). Casó con María Cristina de Borbón y restableció el derecho de las mujeres a heredar el trono, lo que avivó la llama carlista.

FLANDES

**FERNANDO DE PORTUGAL,** llamado **Ferrando** (1186-1233), conde de Flandes y de Hainaut [1211-1233], hijo de Sancho I de Portugal y esposo de Juana de Flandes. Prestó homenaje al rey de Inglaterra y se alió con Otón IV para hacer frente a Felipe III Augusto de Francia. Hecho prisionero en Bouvines (1214), fue liberado a cambio de concesiones (1226).

PARMA

**FERNANDO DE BORBÓN** (Parma 1751-Fontevivo 1802), duque de Parma, Piacenza y Guastalla [1765-1801]. Aplicó una política de despotismo ilustrado y neutralidad. Tras la ocupación napoleónica de sus estados fue destronado.

RUMANIA

**FERNANDO I** (Sigmaringen 1865-Sinaia 1927), rey de Rumania [1914-1927]. Se alió en 1916 con las potencias de la Entente.

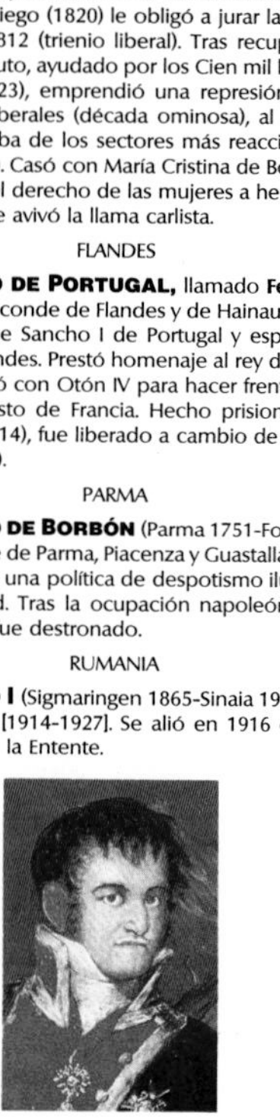

**Fernando VII**
(Goya - museo municipal, Santander)

SICILIA

**FERNANDO I,** rey de Sicilia insular → ***Fernando I,*** rey de Aragón.

**FERNANDO II,** rey de Sicilia insular → ***Fernando II,*** rey de Aragón.

**FERNANDO III,** rey de Sicilia insular → ***Fernando I,*** rey de las Dos Sicilias.

SICILIA PENINSULAR

**FERNANDO I** o **FERRANTE** (1423-1494), rey de Sicilia peninsular [1458-1494], hijo natural de Alfonso V de Aragón, legitimado heredero en 1443. Protegió las artes y las letras y luchó, con el apoyo de Fernando el Católico, contra los turcos y la nobleza napolitana.

**FERNANDO II,** llamado **Ferrandino** (Nápoles 1467-*id.* 1496), rey de Sicilia peninsular [1495-1496]. Carlos VIII de Francia lo expulsó de Nápoles (1495), que recuperó con ayuda del ejército de G. Fernández de Córdoba.

**FERNANDO III,** rey de Sicilia peninsular → ***Fernando II el Católico,*** rey de Aragón.

**FERNANDO IV,** rey de Sicilia peninsular → ***Fernando I,*** rey de las Dos Sicilias.

TOSCANA

**FERNANDO I** y **FERNANDO II,** grandes duques de Toscana → ***Médicis.*** – **Fernando III** (Florencia 1769-*id.* 1824), gran duque de Toscana en 1790, expulsado por los franceses en 1799 y en 1801 y restaurado en 1814.

DIVERSOS

**FERNANDO DE AUSTRIA,** llamado **el Cardenal-Infante,** príncipe español (El Escorial 1609-Bruselas 1641), hijo de Felipe III. Creado cardenal a los 9 años, fue gobernador de los Países Bajos (1634-1641) y mandó el ejército imperial en la guerra de los Treinta años.

**FERNANDO DE LA MORA,** c. de Paraguay (Central); 95 287 hab. Cítricos. Cerámica.

**FERNANDO POO** (*isla de),* ant. nombre de la isla de Bioco* (Guinea Ecuatorial). Descubierta por el portugués Fernando Poo (s. XV), fue incorporada a España en 1778, hasta la independencia de Guinea Ecuatorial (1968).

**FEROE, FAEROE** o **FAROE,** en danés **Faerøerne,** archipiélago danés, al N de Escocia, autónomo desde 1948; 1 399 km$^2$; 45 000 hab. Cap. *Thorshavn.* Pesca.

**FERRÁN** (Augusto), poeta español (Madrid 1836-*id.* 1880). Su poesía intimista se ajusta al modelo de los cantos populares andaluces (*La soledad,* 1861; *La pereza,* 1871).

**FERRÁN** (Jaime), bacteriólogo español (Corbera de Ebro 1852-Barcelona 1929). Su vacuna anticolérica, ensayada durante la epidemia de 1885, fue la primera bacteriana aplicada al hombre.

**FERRANT,** familia de artistas españoles de los ss. XIX y XX. – **Luis** (Barcelona 1806-Madrid 1868), romántico con influencias nazarenas, fue pintor de cámara de Isabel II y retratista. – **Fernando,** hermano del anterior (Palma de Mallorca 1810-El Escorial 1856), fue también pintor de cámara y paisajista. – **Alejandro Ferrant y Fischermans,** hijo de Fernando (Madrid 1843-*id.* 1917), se especializó en pinturas murales, de género e históricas. – Su hijo **Ángel Ferrant** (Madrid 1891-*id.* 1961), escultor, figuró en los movimientos vanguardistas. A partir de 1936 incluyó en sus esculturas elementos industriales y en la década de los cincuenta se interesó por los elementos ciclópeos. En su obra destacan los móviles.

**FERRARA,** c. de Italia (Emilia), cap. de prov., a orillas del Po; 138 015 hab. Catedral de los ss. XII-XVI, con museo de la Obra (pinturas de C. Tura, esculturas, etc.); castillo de los Este, de los ss. XIV-XVI; palacio Schifanoia (frescos de F. Del Cossa y E. De' Roberti; museo), de Ludovico el Moro (museo grecoetrusco), de los Diamantes (pinacoteca). En 1438 se celebró en ella el *concilio de Ferrara,* trasladado a Florencia en 1439. Ciudad muy floreciente en los ss. XV y XVI durante el gobierno de los príncipes de Este y erigida en capital de ducado en 1471, estuvo unida a los Estados de la Iglesia de 1598 a 1796.

**FERRARI** (Enzo), piloto y constructor de automóviles italiano (Módena 1898-*id.* 1988). Su nombre está vinculado con la historia del deporte automovilístico y con la construcción de prestigiosos modelos de gran turismo.

**FERRARI** (Gaudenzio), pintor y escultor italiano (Valduggia, Piamonte, *c.* 1475-Milán 1546). Manierista ecléctico, es autor de frescos llenos de inventiva y frescura en Varallo (Vercelli), en Vercelli y en Saronno (Varese).

**FERRARI** (Juan Manuel), escultor uruguayo (Montevideo 1874-Buenos Aires 1916). Se especializó en grandes conjuntos escultóricos (*Monumento al ejército de los Andes* [1914], Mendoza, Argentina).

**FERRATÉ** (Joan), escritor español en lengua catalana (Reus 1924), autor de ensayos y poemas (*Catálogo general, 1952-1981* [*Catàleg general, 1952-1981*], 1987).

**FERRATER** (Gabriel), poeta español en lengua catalana (Reus 1922-Sant Cugat del Vallès 1972). Su poesía está recogida en *Mujeres y días* (*Les dones i els dies,* 1968). Fue también lingüista y crítico de literatura y arte.

**FERRATER MORA** (José), filósofo español (Barcelona 1912-*id.* 1991). Autor de un prestigioso *Diccionario de filosofía* (1941; 1979; 1994), en su obra destacan además *El ser y la muerte: bosquejo de una filosofía integracionista* (1963), *Ética aplicada* (1981, con P. Cohn) y *Modos de hacer filosofía* (1985). Escribió también narraciones.

**FERREIRA** (Benigno), militar y político paraguayo (Asunción 1846-Buenos Aires 1920). Presidente liberal (1906), fue derrocado por los radicales (1908).

**FERREIRA** (Vergílio), escritor portugués (Melo, Serra da Estrela, 1916-Sintra 1996). En sus novelas reflexionó sobre el destino del hombre en la sociedad contemporánea (*Alegría breve,* 1965).

**FERREIRA ALDUNATE** (Wilson), político uruguayo (Salto 1920-Montevideo 1988). Fue senador (1968) y candidato a la presidencia por el Partido Blanco (1971). Exiliado a causa de la dictadura (1973), regresó en 1984.

**FERREIRO** (Celso Emilio), poeta español en lengua gallega (Celanova 1914-Vigo 1979). Su libro *Larga* noche de piedra* (*Longa noite de pedra,* 1962), de inspiración satírica, le sitúa como máximo exponente de la poesía social gallega. Otros títulos: *Viaje al país de los enanos* (*Viaxe ao país dos ananos,* 1968), *Donde el mundo se llama Celanova* (*Onde o mundo chámase Celanova,* 1975).

**FERREIRO** (José), escultor español (Noya 1738-Hermisende, Zamora, 1830). Realizó imaginería religiosa en la transición del barroco al neoclasicismo.

**FERRER** (Bartolomé), navegante español del s. XVI. Inició la exploración de la costa O de los actuales E.U.A. (1542-1543), del NO de California al cabo Blanco.

**FERRER** (Bonifacio), jurisconsulto y religioso valenciano (Valencia 1350-Val de Cristo, Segorbe, 1417), hermano de san Vicente Ferrer. General de los Cartujos, fue uno de los tres compromisarios valencianos en Caspe (1412).

**FERRER** (Jaume), conocido como **Ferrer I,** pintor catalán, activo en los ss. XIV-XV. Sus primeras obras muestran influencia del estilo italogótico de los Serra (retablos de Granadella, Benabarre, Castelló de Farfanya, en el museo episcopal de Vic). Posteriormente adoptó el estilo internacional con influencia de Borrassà. – Su hijo **Jaume,** llamado **Ferrer II,** activo a mediados del s. XV, fue un importante retablista.

**FERRER** (José), pintor y ceramista español (Alcora 1745-Valencia 1815). Sus pinturas son de temas religiosos y florales.

**FERRER DEL RÍO** (Antonio), historiador español (Madrid 1814-El Molar, Madrid, 1872), estudioso de los reinados de Carlos Quinto y Carlos III.

**FERRER GUARDIA** (Francesc), político y pedagogo español (Alella 1859-Barcelona 1909). Republicano federal, estudió en Francia la pedagogía racionalista y fundó en Barcelona la Escuela moderna (1901). Relacionado con grupos anarquistas, fue acusado de inspirar la Semana trágica (1909) y fusilado. La reacción internacional hizo caer al gobierno de Maura.

**FERRERA** (Francisco), militar y político hondureño (Cantar [act. San Juan Flores] 1794-Chalatenango 1851). Elegido presidente (1840, 1843-1845, 1847), reprimió los movimientos opositores.

**FERRERI** (Marco), director de cine italiano (Milán 1928-París 1997). Sus películas, irónicas y provocadoras, son alegorías sobre la alienación del hombre moderno: *El pisito* (1958) y *El cochecito* (1960) [rodadas en España con guión de R. Azcona]; *Dillinger ha muerto* (1969); *La comilona* (1973); *El futuro es mujer* (1984); *La carne* (1991), etc.

**FERRES** (Antonio), escritor español (Madrid 1924), representante del realismo crítico con sus novelas *La piqueta* (1959), *Tierra de olivos* (1964), *Con las manos vacías* (1964).

**FERRI** (Enrico), criminalista y político italiano (San Benedetto Po, Mantua, 1856-Roma 1929), uno de los fundadores de la criminología moderna (*Sociología criminal,* 1929).

**FERRO** (Gregorio), pintor español (Santa María de Lamas, La Coruña, 1742-Madrid 1812). De formación académica, se especializó en el retrato.

**FERRO CAAVEIRO** (Lucas Antonio), arquitecto español (Puentedeume *c.* 1699-Santiago de Compostela 1770). Fue discípulo y sucesor de Casas Novoa en las obras de la catedral de Santiago desde 1749.

**FERROL,** c. de España (La Coruña), cab. de p. j.; 85 132 hab. *(Ferrolanos.)* En la margen derecha de la *ría de Ferrol,* formada por la desembocadura del río Grande. Centro comercial y portuario (puerto militar). Construcción naval tradicional (Astano, Bazán) en crisis. Industrias químicas.

**FERRY** (Jules), político francés (Saint-Dié 1832-París 1893). Republicano, fue ministro de Instrucción pública (1879-1883) y primer ministro (1880-1881 y 1883-1885). Promovió la enseñanza primaria obligatoria, gratuita y laica. Su política colonial (conquista de Tonkín) provocó su caída.

**FERSEN** (Hans Axel, *conde* **de**), mariscal de Suecia (Estocolmo 1755-*id.* 1810). Permaneció durante mucho tiempo en la corte de Francia. Muy unido a María Antonieta, condujo a la familia real en su fuga (1791). Murió lapidado en su país tras habérsele acusado del envenenamiento del príncipe Cristián Augusto.

**FERTÖ** *(lago)* → ***Neusiedl.***

**FESTINGER** (Leon), sicólogo norteamericano (Nueva York 1919-*id.* 1989). Es autor de la teoría de la disonancia cognoscitiva, según la cual la coexistencia en un mismo individuo de elementos de conocimiento que no están en concordancia hace que aquel se esfuerce para que concuerden.

**FESTO,** en gr. **Phaistos,** yacimiento arqueológico del SO de Creta. Ruinas de un complejo palacial (destruido en el s. XV a. J.C.), más armonioso que el de Cnosos.

**F.E.T. y de las J.O.N.S.,** siglas de Falange española tradicionalista y de las Juntas de ofensiva nacionalsindicalista.

**FEU-SIN** → ***Fuxin.***

**FEUERBACH** (Ludwig), filósofo alemán (Landshut 1804-Rechenberg, cerca de Nuremberg, 1872), hijo de Paul Johann Anselm. Se apartó del idealismo hegeliano y desarrolló el materialismo a partir de una crítica de la idea de Dios y de la religión (*La esencia del cristianismo,* 1841).

**FEUERBACH** (Paul Johann Anselm **von**), jurista alemán (Hainichen, cerca de Jena, 1775-Frankfurt del Main 1833), autor del código penal bávaro (1813) y de la teoría de la coacción sicológica.

**FEYERABEND** (Paul), filósofo austríaco (Viena 1924-† 1994). En sus obras preconiza un método de investigación científica que califica de anarquista, por su voluntad de separación entre la investigación y el poder del estado (*Contra el método,* 1975; *Adiós a la razón,* 1987).

**FEYNMAN** (Richard Paul), físico norteamericano (Nueva York 1918-Los Ángeles 1988). Premio Nobel de física en 1965 por su teoría de las interacciones entre electrones y fotones *(electrodinámica cuántica).*

**FEZ,** en ár. **Fās,** c. de Marruecos, ant. cap. del país, junto al *uadi Fez,* afl. del Sebu; 548 000 hab. Centro religioso, turístico y universitario. Artesanía en la pintoresca medina. La ciudad fue fundada por los Idrīsíes entre los ss. VIII y IX. Numerosos monumentos, entre los que destacan la mezquita Qarawiyyīn (ss. IX-XII) y, dentro del recinto con portadas del s. XIII, la madrasa Bū 'Ināniyya (1350-1357), bello ejemplo del arte hispanomusulmán.

**Fez:** vista parcial del patio de la mezquita de Qarawiyyīn (ss. IX-XII)

**FEZZÁN,** en ár. **Fazzān,** región desértica del SO de Libia, salpicada de oasis (palmerales). C. pral. *Sebha.* Conquistada por los italianos en 1913-1914 y en 1929-1930, fue administrada por Francia de 1941-1943 a 1955.

**FIACRIO** *(san),* eremita escocés que vivió en la Galia (*c.* 610-*c.* 670).

**FIALLO** (Fabio), poeta dominicano (Santo Domingo 1866-La Habana 1942). *La canción de una vida* (1926) recoge parte de su obra poética, de orientación romántica. Fue también narrador (*Cuentos frágiles,* 1908; *Las manzanas de Mefisto,* 1934).

**FIANARANTSOA,** c. del SE de Madagascar; 73 000 hab. Centro comercial. Industrias alimentarias.

**Fianna Fáil,** partido político irlandés fundado en 1926 por De Valera. Domina la vida política desde 1932, en alternancia con el Fine Gael.

**Fiat,** empresa de fabricación de automóviles italiana fundada en Turín en 1899. Es la primera empresa privada italiana, y el núcleo de un grupo que produce además maquinaria para obras públicas, material agrícola y máquinas-herramienta.

**Ficciones,** colección de cuentos fantásticos de J. L. Borges (1944), que reúne los relatos de *El jardín de senderos que se bifurcan* (1941) y *Artificios* (1944), en torno a los temas recurrentes del laberinto y el tiempo circular.

**FICHER** (Jacobo), compositor argentino de origen ruso (Odessa 1896-Buenos Aires 1978), fundador del grupo Renovación y autor de sinfonías, poemas sinfónicos, ballets, etc.

**FICHTE** (Johann Gottlieb), filósofo alemán (Rammenau, Sajonia, 1762-Berlín 1814), discípulo de Kant y maestro de Schelling. Su sistema es un idealismo absoluto cuyo principio fundamental es el yo, que justifica la existencia del mundo y su sentido.

**FICINO** (Marsilio), humanista italiano (Figline Valdarno, Toscana, 1433-Careggi, cerca de Florencia, 1499). Difundió el pensamiento de Platón y desarrolló un sistema que unía teología y filosofía (*Theologia platonica,* 1482).

**Fidelio,** ópera de Beethoven, llamada originalmente *Leonora o el amor conyugal* (1805-1814), que va de la ópera cómica al más alto dramatismo.

**FIDIAS,** escultor griego del s. V a. J.C., que, encargado por Pericles de dirigir las obras del Partenón, se ocupó de su decoración esculpida (friso de las Panateneas); representa el apogeo del estilo clásico griego.

**Fidias:** detalle del friso de las Panateneas, realizado para el Partenón de Atenas entre 442 y 438 a. J.C. (Louvre, París)

**FIDJI** o **FIJI** *(islas),* en fidji **Viti,** estado de Oceanía, formado por un archipiélago cuyas islas principales son Viti Levu y Vanua Levu; 18 300 km$^2$; 727 000 hab. *(Fidjianos* o *fidji).* CAP. *Suva* (en Viti Levu). LENGUA OFICIAL: *inglés.* MONEDA: *dólar de las Fidji.* Caña de azúcar. Turismo. Oro. – Anexionadas por los británicos (1874), desde 1970 son independientes, en el marco de la Commonwealth (del que fueron excluidas de 1987 a 1997).

**FIELD** (Cyrus West), industrial norteamericano (Stockbridge, Massachusetts, 1819-Nueva York 1892). Estableció el primer cable submarino entre América del Norte y Europa (1858-1866).

**FIELD** (John), compositor irlandés (Dublín 1782-Moscú 1837), autor de nocturnos para piano.

**FIELDING** (Henry), escritor británico (Sharpham Park, Somersetshire, 1707-Lisboa 1754), autor de comedias (*Love in several masques,* 1728; *The tra-*

Jaume **Ferrer I:** *Santa Cena* (museo diocesano, Solsona)

*gedy of tragedies or Tom Thumb the Great,* 1730), y novelas realistas (*Tom Jones, o La historia de un expósito,* 1749).

**FIELDS** (John Charles), matemático canadiense (Hamilton 1863-Toronto 1932). Autor de trabajos sobre las funciones de una variable compleja, dio su nombre a la medalla Fields.

**Fields** *(medalla),* la más alta recompensa internacional en el campo de las matemáticas, tan prestigiosa como el premio Nobel (que no se otorga para dicha especialidad), instituida en 1936. Se concede cada cuatro años a matemáticos menores de cuarenta años. (V. lista de los laureados con las *medallas Fields* al final del volumen.)

**FIELDS** (William Claude **Dukinfield,** llamado **W. C.**), actor norteamericano (Filadelfia 1879-Pasadena 1946). Estrella de music-hall, fue uno de los creadores con mayor inventiva del cine cómico (*A todo gas,* 1932; *David Copperfield,* 1935).

**fierecilla domada** *(La),* comedia de Shakespeare (1594).

**FIERRO** (Humberto), poeta ecuatoriano (Quito 1890-*id.* 1929). Su obra modernista refleja gran perfección formal: *El laúd del valle* (1919), *Velada palatina* (1949, póstuma).

**FIERRO** (Pancho), pintor peruano (Lima 1803-*id.* 1879). Su obra, en su mayor parte dibujos acuarelados de trazo rápido, se centra en la ilustración de costumbres y tipos limeños.

**FIERROS** (Dionisio), pintor español (Ballota 1827-Madrid 1894). Discípulo de Madrazo, su obra representa temas costumbristas gallegos.

**FIESCO,** en ital. **Fieschi,** familia güelfa de Génova, que dio dos papas, **Inocencio IV** y **Adriano V.** — Uno de sus miembros, **Gian Luigi** (Génova *c.* 1522-*id.* 1547), conspiró contra Andrea Doria (1547). Esta conjuración, relatada por el cardenal de Retz, inspiró un drama a Schiller (1783).

**FIESOLE,** c. de Italia (Toscana); 15 056 hab. Restos etruscos y romanos. Catedral románica y otros monumentos.

**FIESOLE** (Mino **da**), escultor italiano (Poppi 1429-Florencia 1484). Practicó un estilo depurado y delicado (sepulcro del conde Hugo en la Badia de Florencia; bustos).

**F.I.F.A.** (Federación internacional de fútbol asociación), organismo en el que se integran todas las federaciones nacionales de fútbol, y cuya finalidad es difundir y reglamentar este deporte. Tiene su sede en Zurich.

**FIGARI** (Pedro), pintor, escritor, abogado y político uruguayo (Montevideo 1861-*id.* 1938). Su estilo pictórico, con algunos rasgos *naïves,* se centró en temas del campo argentino y uruguayo, en un intento de lograr un *arte nativo.*

**FÍGARO** → ***Larra.***

**Fígaro,** personaje de las comedias de Beaumarchais *El barbero de Sevilla, Las bodas de Fígaro* y *La madre culpable.* Barbero ingenioso e intrigante, simboliza el tercer estado en su lucha contra los privilegios de la nobleza.

**Figaro** *(Le),* semanario satírico francés fundado en 1854, que se convirtió en diario de información general (1866).

**FIGL** (Leopold), político austríaco (Rust, Baja Austria, 1902-Viena 1965). Fue canciller de la República austríaca de 1945 a 1953.

**FIGUEIRA DA FOZ,** c. de Portugal (Coimbra), en el estuario del Mondego; 54 000 hab. Centro pesquero e industrial. Estación balnearia. Festival internacional de cine.

**FIGUERAS** o **FIGUERES,** c. de España (Gerona), cab. de p. j.; 35 301 hab. *(Figuerenses.)* Centro industrial, comercial y turístico. Museo Dalí.

**FIGUERAS** (Estanislao), político español (Barcelona 1819-Madrid 1882). Diputado y miembro de la dirección del Partido republicano federal, fue elegido presidente de la I república (febr. 1873), pero dimitió (junio) ante las críticas de Pi y Margall y la desunión de su partido, de los que se distanció a partir de 1880.

**FIGUEREDO** (Pedro), llamado **Pedrucho,** revolucionario cubano (Bayamo 1819-Santiago de Cuba 1870). Autor del himno nacional cubano, fue fusilado por los españoles.

**FIGUERES** (José), político costarricense (San Ramón, Alajuela, 1906-San José 1990). Tras su exilio en México (1942-1944), y apoyado por E.U.A., encabezó la revolución de 1948 y presidió la II república en tres períodos (1948-1949, 1952-1958 y 1970-1974). — Su hijo **José María** (San José 1954), socialdemócrata, fue presidente de la república de 1994 a 1998.

**FIGUEROA,** dep. de Argentina (Santiago del Estero); 16 060 hab. Industrias harineras y madereras.

**FIGUEROA,** familia de arquitectos españoles, activos en Andalucía en los ss. XVII-XVIII. — **Leonardo** (Utiel *c.* 1650-Sevilla 1730) combinó el estuco con el ladrillo visto, en obras de estilo barroco italianizante (palacio de San Telmo, templo del Salvador, Sevilla). — **Matías José** (Sevilla 1698-† *c.* 1765), hijo del anterior, colaboró en San Telmo y realizó la iglesia de San Jacinto en Sevilla. — **Ambrosio** (Sevilla *c.* 1700-*id.* 1775), hermano del anterior, trabajó en la capilla de la cartuja de Sevilla y en Huelva. — **Antonio Matías** (Sevilla *c.* 1735-*id.* 1796), hijo de Ambrosio, realizó la iglesia de Santa María de Écija en estilo neoclásico.

**FIGUEROA (de),** familia de pintores colombianos, activos en el s. XVII. El fundador fue **Baltasar** (nacido en Sevilla *c.* 1600). Los miembros más ilustres fueron su hijo **Gaspar** († Santa Fe de Bogotá 1658), que pintó retratos y temas religiosos y fue el iniciador del taller, y su nieto **Baltasar** († Santa Fe de Bogotá 1667), autor del *Martirio de Santa Bárbara* (convento de Santa Bárbara, Bogotá). Un miembro posterior de la familia, **Pedro José,** representa el cambio del período colonial al republicano.

**FIGUEROA** (Fernando), militar y político salvadoreño (Ilobasco 1845-San Salvador 1919), ministro de Guerra (1898-1903) y presidente de la república (1907-1911).

**FIGUEROA** (Francisco **de**), poeta español (Alcalá de Henares 1536-*id.* ¿1617?). Su obra, influida por el petrarquismo y Garcilaso, ofrece gran perfección formal.

**FIGUEROA** (Gabriel), operador de cine mexicano (México 1907-*id.* 1997). Sus mejores trabajos los realizó para E. Fernández (*María Candelaria,* 1943; *La perla,* 1945; *La malquerida,* 1949), L. Buñuel (*Los olvidados,* 1950; *Él,* 1952; *El ángel exterminador,* 1962) y J. Ford (*El fugitivo,* 1947).

**FIGUEROA** (Manuel Ventura), eclesiástico y político español (Santiago de Compostela 1708-Madrid 1783). Negoció el concordato de 1753 y presidió el consejo de Castilla tras la caída de Aranda (1773-1783).

**FIGUEROA ALCORTA** (José), político argentino (Córdoba 1860-† 1931). Elegido vicepresidente (1904), al morir Quintana asumió la presidencia (1906-1910). Decretó el estado de sitio ante los conflictos sociales.

**FIGUEROA LARRAÍN** (Emiliano), político chileno (Santiago 1866-*id.* 1931). Presidente de la república (1925-1927), estuvo sometido a la presión militar de C. Ibáñez.

**FIGUEROLA** (Laureano), economista y político español (Calaf 1816-Madrid 1903). Diputado progresista, participó en la revolución de 1868 y fue ministro de Hacienda (1869-1870). Librecambista, llevó a cabo una reforma monetaria y estableció el arancel de 1869. Presidió el senado (1872) y votó la república (1873).

**FIGUIG,** oasis del Sahara marroquí.

**FIJI** *(islas)* → ***Fidji.***

**FILABRES** *(sierra de los),* sierra de España, en la cordillera Penibética; 2 137 m.

**FILADELFIA,** en ingl. **Philadelphia,** c. y puerto de Estados Unidos (Pennsylvania), a orillas del Delaware; 1 685 577 hab. (4 856 881 hab. en la aglomeración). Universidad. Centro industrial. Importantes museos. La ciudad, fundada por William Penn en 1682, fue sede del congreso en el que los colonos americanos (1776) proclamaron la independencia de su federación. Fue la capital de E.U.A. entre 1790 y 1800.

**FILARETE** (Antonio **Averulino,** llamado), arquitecto y broncista italiano (Florencia *c.* 1400-Roma *c.* 1469). Autor de la puerta de bronce de San Pedro de Roma y de los planos del hospital mayor de Milán, escribió un *Tratado de arquitectura* con proyectos de una ciudad ideal *(Sforzinda).*

**FILE,** isla de Egipto, en el Nilo, aguas arriba de Asuán. Importante centro del culto de Isis del s. IV a. J.C. al s. V de la era cristiana. A causa de la construcción de la presa del Sadd al-'Ālī (segunda presa de Asuán), sus monumentos tolemaicos (templos de Isis, de Hator, mammisi [templo del nacimiento] de Nectanibis I, pabellón de Trajano) fueron trasladados al islote vecino de Agilkia.

**FILEMÓN Y BAUCIS,** en la mitología griega, pareja de pobres campesinos frigios, a la que Zeus y Hermes recompensaron por su hospitalidad: en su vejez, fueron transformados en dos árboles cuyas ramas se entrelazaban. Son el símbolo del amor conyugal.

**Filípicas,** discursos políticos de Demóstenes contra Filipo de Macedonia.

**FILIPINAS** *(mar de las),* parte del océano Pacífico limitada por el archipiélago de las Filipinas y las islas Marianas.

**FILIPINAS,** en tagalo **Pilipinas,** estado y archipiélago del Sureste asiático; 300 000 km$^2$; 62 300 000 hab. *(Filipinos.)* CAP. *Manila.* LENGUA OFICIAL: *tagalo,* MONEDA: *peso filipino.*

GEOGRAFÍA

El archipiélago, de clima tropical, comprende más de siete mil islas e islotes, a menudo montañosos y volcánicos. Las dos islas mayores, Luzón y Mindanao, agrupan los dos tercios de la superficie y de la población totales. La población, en rápido crecimiento, es en su mayoría católica. A pesar de los progresos de la urbanización, el país sigue siendo esencialmente agrícola, con predominio aún del gran latifundio. El arroz y el maíz están destinados a la alimentación. La caña de azúcar, la copra, el tabaco y el abacá son, en parte, exportados. Se explotan algunos recursos mineros (oro, cromo, cobre). No obstante, el comercio exterior es deficitario, el endeudamiento es considerable, el subempleo importante, y se mantienen las tensiones sociales, políticas y étnicas.

HISTORIA

VIII milenio-s. XIII d. J.C.: el archipiélago fue poblado en oleadas sucesivas por negritos, protoindonesios y malayos. Fines del s. XIV: se implantó el islam, principalmente en Mindanao. 1521: Magallanes descubrió el archipiélago. 1565: las Filipinas pasaron a la soberanía española. 1571: Manila se convirtió en su capital. 1896: estalló una insurrección nacionalista. El escritor José Rizal fue fusilado. 1898: E. Aguinaldo pidió ayuda a E.U.A., que declaró la guerra a España y obtuvo la cesión de las Filipinas, a lo que se opuso la guerrilla antiamericana. 1901: Aguinaldo, que había asumido la dirección de ésta, se sometió. 1916: la *Philippine autonomy act* instituyó un sistema bicameral a la americana. 1935: Manuel Quezón se convirtió en presidente de la Commonwealth of the Philippines. 1941-1942: los japoneses invadieron el archipiélago. 1944-1945: E.U.A. reconquistó el país. 1946: se proclamó la independencia y la república; la guerrilla de los huks (resistencia campesina de dirección comunista) se extendió por varias provincias. E.U.A. logró conservar 23 bases militares. 1948-1957: Ramon Magsaysay, presidente [1953-1957], vencedor de la guerrilla de los huks, presidió la conferencia de Manila, origen de la O.T.A.S.E. 1965: el nacionalista Ferdinand Marcos fue elegido presidente de la república. Al principio muy popular, a partir de 1969 hubo de hacer frente al descontento del campesinado y al desarrollo de un partido comunista de obediencia china. 1972: se implantó la ley marcial. 1981: se levantó la ley marcial, pero la guerrilla comunista y la de los moros musulmanes se fueron extendiendo y ampliando. 1986: C. Aquino, jefa de la oposición tras el asesinato de su marido, ganó las elecciones. Marcos tuvo que exiliarse. 1987: se aprobó una nueva constitución. 1992: el general Fidel Ramos fue elegido presidente. E.U.A. evacuó su última base en Filipinas. 1996: la guerrilla secesionista de los moros musulmanes y el gobierno firmaron la paz, poniendo fin a 24 años de conflicto. 1998: Joseph Estrada fue elegido presidente. 2001: la presión social obligó a dimitir a Estrada. Gloria Macapagal fue proclamada presidenta.

**Filipinas** *(Real compañía de),* sociedad mercantil española fundada en Cádiz en 1733 y disuelta en 1834. Comerció con África, las Indias y Filipinas.

**FILIPO II** (*c.* 382-Aigai 336 a. J.C.), regente [359] y rey de Macedonia [356-336]. Restableció la autoridad real, reorganizó las finanzas y creó la falange. Tras consolidar sus posiciones en Iliria y Tracia, se orientó hacia Grecia. A pesar de las advertencias de Demóstenes, los atenienses reaccionaron tardíamente a la conquista de las ciudades de Tracia y de Calcídica. Filipo, dueño de Delfos, luchó contra la coalición de Atenas y Tebas. Vencedor en Queronea (338), estableció durante dos siglos la tutela macedonia sobre Grecia. Se disponía a marchar contra los persas cuando fue asesinado por instigación de su esposa Olimpia; le sucedió su hijo Alejandro.

**FILIPO V** (*c.* 237-179 a. J.C.), rey de Macedonia [221-179 a. J.C.]. Fue derrotado por el cónsul romano Quincio Flaminino en Cinoscéfalos (197), lo que inició el declive de Macedonia.

**FILIPO el Árabe** (en Traconítide, Arabia, *c.* 204-Verona 249), emperador romano [244-249]. Celebró el milésimo aniversario de Roma (248), un año antes de ser derrotado y muerto por Decio.

**FILIPOS,** c. macedonia de Tracia. Marco Antonio y Octavio vencieron cerca de ella a Bruto y Casio en 42 a. J.C. San Pablo estuvo allí en 50.

**FILLO** (Francisco o Diego **Ortega Vargas,** llamado **el**), intérprete de cante flamenco (fines del s. XVIII o principios del XIX), la más antigua comprobación sobre el desarrollo público del cante.

**curvas de nivel:** 200, 1000, 2000 m

FILIPINAS

**FILOCTETES,** en la mitología griega, célebre arquero de la guerra de Troya, a quien Heracles había legado su arco y sus flechas; abandonado en un principio por los griegos a causa de una herida purulenta, fue curado y participó en la conquista de Troya (mató a Paris).

**FILOMELA,** hija legendaria de Pandion, rey de Atenas y hermana de Procne. Su cuñado Tereo la violó y le cortó la lengua para impedirle hablar. Fue vengada por su hermana, a quien reveló su secreto bordando su desventura en un tapiz. Perseguidas por Tereo, las dos hermanas fueron salvadas por los dioses, que transformaron a Procne en ruiseñor y a Filomela en golondrina o viceversa.

**FILÓN de Alejandría,** filósofo judío de la diáspora griega (Alejandría entre 13 y 20 a. J.C.-*id. c.* 50 d. J.C.). Intentó demostrar la complementariedad entre la Biblia y el pensamiento platónico; su comentario alegórico del Génesis y de la ley de Moisés influyó en los primeros padres de la Iglesia.

**FILOPEMÉN,** estratega de la Liga aquea (Megalópolis 253-Mesene 183 a. J.C.). Líder de la libertad de Grecia contra la hegemonía de Esparta y luego de Roma, fue llamado el *último de los griegos.*

**Filosofía fundamental,** obra de J. Balmes (1846). Uno de los primeros intentos de renovación tomista del s. XIX, procura conciliar con esta filosofía los sistemas de Descartes y de Kant.

**filósofo autodidacto** *(El),* novela filosófica de Abentofail, cuyo protagonista, abandonado en una isla desierta, llega a adquirir por sí mismo las principales verdades sobre Dios y el mundo.

**Fine Gael** *(Familia gaélica),* partido político irlandés fundado en 1923 por W. T. Cosgrave. Ha gobernado en Irlanda desde 1948, alternando con el Fianna Fáil.

**FINESTRES Y MONSALVO** (José), jurisconsulto y erudito español (Barcelona 1688-Montfalcó, Lérida, 1777), autor de numerosas obras sobre derecho civil público y derecho catalán, y de un *Epistolario.*

**FINI** (Leonor), pintora argentina (Buenos Aires 1908-París 1996). Ha residido en Italia, y en París desde 1933. Su obra tiene afinidades con el surrealismo en la creación de un mundo onírico y fantástico.

**FINIGUERRA** (Maso), orfebre, nielador y dibujante italiano (Florencia *c.* 1426-*id.* 1464). Al obtener a partir de sus nieles una especie de grabados, Vasari le atribuye erróneamente la invención del grabado en hueco sobre metal.

**FINISTÈRE,** dep. de Francia (Bretaña); 6 733 km$^2$; 838 687 hab. Cap. *Quimper.*

**FINISTERRE** *(cabo),* cabo de España (La Coruña), extremo meridional de la *península de Finisterre* y extremidad noroccidental de España. Faro.

**FINLANDIA** *(golfo de),* golfo formado por el Báltico, entre Finlandia, Rusia y Estonia, en el que se hallan Helsinki y San Petersburgo.

**FINLANDIA,** en finés **Suomi,** estado de Europa del Norte, en el Báltico; 338 145 km$^2$; 5 000 000 hab. *(Finlandeses* o *fineses.)* CAP. *Helsinki.* LENGUAS OFICIALES: *finés* y *sueco.* MONEDA: *markka* y *euro.*

GEOGRAFÍA

Finlandia es una vasta meseta de rocas antiguas, sembrada de depósitos morrénicos y miles de lagos. A excepción del N, dominio de la tundra, el país está cubierto por bosques de coníferas, cuya explotación (aserraderos, pasta de papel, papel) constituye su principal recurso. Los cultivos (cebada, patata) y la ganadería (ganado vacuno para la producción de leche y mantequilla) están desarrollados en el S, de clima más benigno. La electricidad, de origen hidráulico y nuclear, proporciona energía a las industrias metalúrgicas, textiles y químicas.

HISTORIA

***El período sueco.*** S. I a. J.C.-s. I d. J.C.: los fineses ocuparon progresivamente el suelo finlandés. 1157: el rey de Suecia Erik IX organizó una cruzada contra Finlandia. 1249: Birger Jarl afianzó la dominación sueca mediante un sistema de fortalezas. 1323: Rusia reconoció a Finlandia como posesión de Suecia, que la convirtió en ducado (1353). S. XVI: la reforma luterana arraigó en Finlandia. 1550: Gustavo Vasa fundó Helsinki y entregó el ducado a su hijo Juan, que hizo de él un gran ducado (1581). Se reanudaron la guerras entre Suecia y Rusia. 1595: la paz de Täyssinä fijó las fronteras orientales de Finlandia. 1710-1721: los ejércitos de Pedro el Grande asolaron el país, que perdió Carelia por la paz de Nystad (1721).

***El período ruso.*** 1809: Finlandia pasó a ser un gran ducado del Imperio ruso, dotado de cierta autonomía. Durante el reinado de Alejandro III se intensificó la rusificación, mientras crecía la resistencia nacional. 1904: el gobernador Nikolái Ivánovich Bóbrikov fue asesinado.

***La independencia.*** 1917: tras la revolución rusa, Finlandia proclamó su independencia. 1918: una guerra civil enfrentó a los partidarios del régimen soviético y a la guardia cívica de Carl Gustav Mannerheim, que resultó victoriosa. 1920: la U.R.S.S. reconoció la nueva república. 1939-1940: tras una lucha heroica contra el ejército rojo, Finlandia hubo de aceptar las condiciones de Stalin, que anexionó Carelia. 1941-1944: Finlandia, del lado del Reich, combatió contra la U.R.S.S. 1944-1946: C. G. Mannerheim fue presidente de la república. 1946-1956: durante la presidencia de J. K. Paasikivi se firmó la paz con los aliados en París (1947). 1948: Finlandia firmó un tratado de ayuda mutua con la U.R.S.S. (renovado en 1970 y en 1983). 1956-1981: el presidente U. K. Kekkonen llevó a cabo una política de buena vecindad. Dimitió en 1981 por razones de salud. 1982: el socialdemócrata Mauno Koivisto fue elegido presidente de la república (reelegido en 1988). 1992. Finlandia presentó su solicitud de adhesión a la C.E. 1994: el socialdemócrata Martti Ahtisaari fue elegido presidente. 1995: ingresó en la Unión europea. 2000: la socialdemócrata Tarja Halonen fue la primera mujer que accedió a la presidencia de la república.

INSTITUCIONES

República desde 1917. Constitución de 1919. Presidente de la república elegido para 6 años. Una *asamblea* elegida para 4 años.

FINLANDIA

**FINLAY** (Carlos Juan), médico cubano (Camagüey 1833-La Habana 1915). Sus estudios sobre la fiebre amarilla consiguieron erradicar la enfermedad de Cuba y Panamá. El 3 de diciembre, fecha de su nacimiento, ha quedado instituido como «Día de la medicina americana» en todo el continente.

**Finnegans wake,** novela de J. Joyce (1939).

**FINNMARK,** región de Noruega septentrional.

**FINOT** (Enrique), escritor y diplomático boliviano (Santa Cruz 1891-*id.* 1952), autor de una *Historia de la literatura boliviana* (1943) y de novelas (*El cholo Portales,* 1926).

**FINSEN** (Niels), médico y biólogo danés (Thorshavn, islas Feroe, 1860-Copenhague 1904), premio Nobel de fisiología y medicina en 1903 por sus investigaciones sobre las aplicaciones terapéuticas de las radiaciones lumínicas.

**FIÓDOR,** nombre de tres zares de Rusia. El más conocido es **Fiódor I** (Moscú 1557-*id.* 1598), zar [1584-1598], hijo de Iván IV el Terrible, cuya regencia asumió Borís Godunov.

**FIONIA,** en danés **Fyn,** isla de Dinamarca, separada de Jutlandia por el Pequeño Belt y de Sjaelland por el Gran Belt. C. pral. *Odense.*

**FIORAVANTI** (José), escultor argentino (Buenos Aires 1896-*id.* 1977). Sus obras son monumentos de grandes dimensiones de corte naturalista: en Buenos Aires, monumentos a Avellaneda (1935), a Sáenz Peña (1936), etc. Su mayor obra es el monumento a la Bandera (Rosario, 1956), realizado en colaboración. – Su hermano **Octavio** (Civitanova, Italia, 1894-Buenos Aires 1970) fue también escultor y pintor, de influencia postimpresionista.

**FIORE** (Gioacchino **da**), místico italiano (Celico, Calabria, *c.* 1130-San Giovanni in Fiore, Calabria, 1202). Abad cisterciense, rompió con su orden para fundar una nueva congregación. Rebelándose contra los abusos eclesiásticos, elaboró una doctrina mística que anunciaba el reino del Espíritu y que, concediendo un papel privilegiado a los humildes, influyó en los espirituales.

**FIRDŪSĪ** o **FIRDAWSĪ,** poeta épico persa (cerca de Tūs, Jurāsān, *c.* 932-*id.* 1020), autor de la epopeya heroica *Šāh-nāma (Libro de los Reyes).*

**FIRMAT,** c. de Argentina (Santa Fe); 17 063 hab. Industrias alimentarias.

**FIROZĀBĀD,** c. de la India (Uttar Pradesh); 215 089 hab. Fábricas de vidrio y del algodón.

**FIRTH** (Raymond William), antropólogo británico (Auckland 1901). Sus estudios versan sobre la organización social y económica de las sociedades no industriales.

**F.I.S.** → ***Frente islámico de salvación.***

**FISCHER** (Emil), químico alemán (Euskirchen, Prusia-Renania, 1852-Berlín 1919). Premio Nobel de química en 1902 por su síntesis de varios azúcares, estableció un vínculo entre la química orgánica, la estereoquímica y la biología.

**FISCHER** (Franz), químico alemán (Friburgo de Brisgovia 1877-Munich 1948). En colaboración con Tropsch, inventó un procedimiento de síntesis de los carburantes ligeros.

**FISCHER** (Johann Michael), arquitecto alemán (Burglengenfeld, Alto Palatinado, 1692-Munich 1766). Difundió en Baviera y Suabia un estilo rococó rico y luminoso (abadías de Zwiefalten, *c.* 1740-1750, y de Ottobeuren, etc.).

**FISCHER VON ERLACH** (Johann Bernhard), arquitecto austríaco (Graz 1656-Viena 1723). En un estilo que aporta al barroco una tendencia clásica majestuosa, construyó en Salzburgo (iglesias), en Praga (palacios) y en Viena (iglesia de San Carlos Borromeo, 1716; biblioteca imperial, 1723).

**FISCHER-DIESKAU** (Dietrich), barítono alemán (Berlín 1925), actor lírico e intérprete de lieder.

**FISHER** (Irving), matemático y economista norteamericano (Saugerties, Nueva York, 1867-Nueva York 1947). Realizó estudios sobre teoría monetaria.

**FISHER OF KILVERSTONE** (John Arbuthnot **Fisher,** 1.^er^ *barón*), almirante británico (Ramboda, Srī Lanka, 1841-Londres 1920). Creador del dreadnought, tipo de gran acorazado británico, estuvo al mando de la marina británica de 1904 a 1909 y en 1914-1915.

**FITERO,** v. de España (Navarra); 2 109 hab. *(Fiteranos.)* Estación balnearia. Monasterio cisterciense de Santa María la Real (ss. XII-XVI).

**FITZGERALD** (Ella), cantante de jazz norteamericana (Newport News, Virginia, 1918-Beverly Hills 1996). Interpretó y grabó baladas y romanzas, piezas de swing y diálogos en scat con los mejores solistas instrumentales y vocales.

**FITZGERALD** (Francis Scott), escritor norteamericano (Saint Paul, Minnesota, 1896-Hollywood 1940). Sus novelas expresan el desencanto de la *generación perdida* (*El gran Gatsby,* 1925; *Suave es la noche,* 1934; *El último magnate,* 1941).

**FITZ-JAMES,** familia que tiene su origen en **Jacobo Fitz-James** (1670-1734), hijo natural de Jacobo II de Inglaterra, quien, en 1687, le concedió el título de duque de Berwick*. Emparentados con la casa de Alba española, en 1802 el ducado pasó a **Carlos Fitz-James,** 7.º duque de Berwick, y ambos títulos permanecieron unidos hasta 1953.

**FIUME** → ***Rijeka.***

**Fiumicino,** aeropuerto de Roma.

**FIZEAU** (Hippolyte), físico francés (París 1819-cerca de La Ferté-sous-Jouarre 1896). Realizó mediciones de la velocidad de la luz (1849) y descubrió, independientemente de Doppler, el *efecto Doppler-Fizeau.*

**FLAGSTAD** (Kirsten), soprano noruega (Hamar 1895-Oslo 1962), intérprete de Wagner.

**FLAHERTY** (Robert), director de cine norteamericano (Iron Mountain, Michigan, 1884-Dummerston, Vermont, 1951). Considerado el creador del documental, es autor de *Nanuk, el esquimal* (1922), *Moana* (1926), *Louisiana story* (1948) y, en colaboración con F. W. Murnau, *Tabú* (1931).

**FLAMININO** (Tito Quincio), general romano (228-174 a. J.C.), cónsul en 198 a. J.C. Derrotó en Cinoscéfalos a Filipo V de Macedonia (197) y liberó Grecia de la dominación macedonia.

**FLAMSTEED** (John), astrónomo inglés (Denby 1646-Greenwich 1719). Primer astrónomo real (1675), organizó el observatorio de Greenwich, perfeccionó los instrumentos y los métodos de observación de las posiciones estelares y elaboró un catálogo de estrellas.

**FLANDES,** en neerlandés **Vlaanderen,** en fr. **Flandre** o **Flandres,** región histórica del NO de Europa, compartida entre Bélgica, Francia y Países Bajos, que se extiende junto al mar del Norte, entre los altos del Artois, en Francia, y la desembocadura del Escalda, en Países Bajos.

GEOGRAFÍA

Constituye una llanura que se eleva suavemente hacia el interior, con colinas arenosas (montes de Flandes). Flandes produce cereales y cultivos forrajeros, de huerta e industriales (remolacha, lino, lúpulo), y es una importante región industrial (textiles, metalurgia), muy poblada y urbanizada (Brujas y Gante, aglomeración de Lille). El litoral, bordeado de dunas, está jalonado por algunos puertos y estaciones balnearias (Dunkerque, Ostende).

HISTORIA

***Los orígenes.*** S. I a. J.C.: la región, habitada desde el neolítico, fue conquistada por César e integrada a la provincia romana de Bélgica. *C.* 430: los francos salios la ocuparon y germanizaron. S. VI-VII: fue evangelizada (fundación de la abadía de Saint Omer). S. VII-X: auge económico y comercial vinculado a la industria textil.

***Constitución y evolución del condado.*** 843: fue atribuida a Carlos el Calvo, quien la convirtió en marca en beneficio de su yerno Balduino I. 879-918: Balduino II fue el auténtico creador del condado de Flandes al ocupar el Boulonnais, el Artois y el Ternois. S. XI: sus sucesores dotaron al condado de numerosas instituciones. Se desarrolló la industria textil. Se reforzó el movimiento municipal. S. XII: las grandes ciudades (Arras, Brujas, Douai, etc.) obtuvieron cartas de franquicia. 1297: Felipe IV el Hermoso de Francia hizo ocupar Flandes. 1302: las tropas reales fueron vencidas por las milicias municipales en Courtrai. 1384: el duque de Borgoña Felipe el Atrevido heredó el condado. 1477: Flandes entró a formar parte de los dominios de los Habsburgo. 1516: tras el advenimiento al trono de Carlos Quinto, el territorio pasó a la corona española. 1555: Felipe II accedió al trono; la expansión del calvinismo en las provincias del norte provocó la guerra; los nobles flamencos llegaron a un acuerdo en Breda para luchar contra los españoles. 1567-1573: gobierno del duque de Alba. 1573-1576: gobierno de Luis Requesens; a su muerte, todas las provincias, excepto Luxemburgo, se hallaban sublevadas. 1576: el gobernador don Juan de Austria tuvo que firmar el edicto perpetuo, que estipulaba la retirada paulatina de las tropas españolas. 1713-1714: tratados de Utrecht y Rastadt; fin de la presencia española en Flandes, que pasó a Austria. 1794: Flandes fue anexionada y dividida en dos departamentos por la Revolución francesa. 1815-1830: Flandes, provincia del reino de los Países Bajos, formó en 1830 dos provincias del reino de Bélgica. En el s. XIX experimentó un importante despertar cultural y económico. 1970: el territorio fue definido como región autónoma. 1993: una reforma constitucional definió el estado federal y Flandes quedó constituida en región federal de Bélgica.

**Flandes** *(consejo de),* organismo de gobierno de la España de los Austrias para los Países Bajos españoles. Creado en 1588, subsistió hasta 1702.

**FLANDES,** mun. de Colombia (Tolima); 21 879 hab. Manufactura de cigarros y chocolate.

**FLANDES** (Juan **de**), pintor flamenco activo en España (nacido *c.* 1465-Palencia *c.* 1519), documentado en Palencia a partir de 1490. Una de sus primeras obras es el *Políptico de Isabel la Católica,* actualmente disperso, en el que se advierte la influencia de la pintura flamenca y de la tradición de la miniatura. En el retablo mayor de la catedral de Palencia (1509) denota el conocimiento de la pintura italiana.

**FLANDES OCCIDENTAL,** en flamenco **West-Vlaanderen,** prov. del O de Bélgica; 3 134 $km^2$; 1 106 829 hab. Cap. *Brujas.*

**FLANDES ORIENTAL,** en flamenco **Oost-Vlaanderen,** prov. del NO de Bélgica; 2 982 $km^2$; 1 335 793 hab. Cap. *Gante.*

**FLAUBERT** (Gustave), escritor francés (Ruán 1821-Croisset 1880). Su gran éxito y escándalo a la vez fue *Madame* Bovary* (1857), realista, romántica y de gran rigor estilístico, a la que siguieron *Salambó* (1862), *La educación sentimental* (1869) y *Bouvard y Pécuchet* (1881), entre otras obras.

**flauta mágica** *(La),* Singspiel en dos actos de Mozart, con libreto de Schikaneder (1791), comedia fantástica de inspiración masónica.

**FLAVIANO** *(san)* [*c.* 390-*c.* 449], patriarca de Constantinopla [446-449], adversario de Eutiques, que logró su deposición y exilio.

**FLAVIO JOSEFO,** historiador judío (Jerusalén *c.* 37 d. J.C.-† *c.* 100), autor de *La guerra de los judíos* y de *Antigüedades judaicas.*

**FLAVIOS,** dinastía que gobernó el imperio romano de 69 a 96, con Vespasiano, Tito y Domiciano.

**FLAXMAN** (John), escultor e ilustrador británico (York 1755-Londres 1826). Neoclásico (tumbas y estatuas de San Pablo de Londres), aportó modelos de decoración para la manufactura de porcelana de Wedgwood.

**FLECHA** (Mateo), llamado **el Viejo,** compositor cisterciense español (Prades, Tarragona, 1485-monasterio de Poblet 1553). Profesor en la corte de Carlos Quinto, destacan en su obra las *ensaladas,* madrigales a varias voces, y los villancicos. – Su sobrino **Mateo Flecha el Joven** (Prades 1530-Solsona 1604), también compositor y carmelita, trabajó en la corte imperial austríaca y publicó en Praga (1581) tres libros de música polifónica.

**FLÉGREOS** *(campos),* región volcánica de Italia, al O de Nápoles.

**FLÉMALLE** *(maestro de),* nombre con que se conoce a un pintor flamenco (1.er tercio del s. XV) al que se atribuye un conjunto de tablas religiosas conservadas en Frankfurt, Nueva York, Londres, Madrid *(Desposorios de la Virgen),* etc. La amplitud innovadora del estilo y el vigor de la expresión realista caracterizan a este artista, al que se suele identificar con Robert Campin, maestro en Tournai en 1406 y muerto en 1444.

**FLEMING** (*sir* Alexander), médico británico (Darvel, Ayrshire, 1881-Londres 1955), descubridor de la penicilina en 1928. (Premio Nobel de fisiología y medicina 1945.)

**FLEMING** (*sir* John Ambrose), ingeniero británico (Lancaster 1849-Sidmouth 1945). Uno de los pioneros de la radiotelegrafía, inventó el *diodo* o *válvula de Fleming* (1904), que aprovecha el efecto Edison y de la que derivaron las lámparas utilizadas en los aparatos de radiocomunicación.

**FLENSBURG,** c. y puerto de Alemania (Schleswig-Holstein), en el Báltico; 86 582 hab.

**FLESSINGA,** en neerlandés **Vlissingen,** c. y puerto de Países Bajos (Zelanda); 43 800 hab. Aluminio.

**FLETA** (Miguel), tenor español (Albalate de Cinca 1893-La Coruña 1938), uno de los más destacados de su tiempo a lo largo de su corta (1925-1935) pero brillante carrera.

**FLETCHER** (John), dramaturgo inglés (Rye, Sussex, 1579-Londres 1625). En colaboración con F. Beaumont, y sobre todo con P. Massinger, escribió numerosas obras cuyo éxito igualó durante tiempo a las de Shakespeare (*The knight of the burning pestle,* 1611).

**FLEURY** (André Hercule, *cardenal* **de**) prelado y político francés (Lodève 1653-Issy-les-Moulineaux 1743). Preceptor de Luis XV, desde 1726 fue ministro de Estado. Favoreció el desarrollo económico, apaciguó la querella jansenista e intervino en las guerras de Sucesión de Austria y de Polonia.

**FLEVOLAND,** prov. de Países Bajos, en los pólders del S del IJsselmeer; 1 422 $km^2$; 211 507 hab. cap. *Lelystad.*

**FLIESS** (Wilhelm), médico alemán (Arnswalde [act. Choszczno], Polonia, 1858-Berlín 1928). Vinculado a Freud, con quien intercambió una correspondencia apasionada, fue el primero en desarrollar la noción de la bisexualidad en la teoría freudiana.

**FLIN FLON,** c. de Canadá, dividida entre Manitoba y Saskatchewan; 7 449 hab. Metalurgia.

**FLINT,** c. de Estados Unidos (Michigan), cerca de Detroit; 140 761 hab. Industria del automóvil.

**FLIX,** mun. de España (Tarragona); 4 934 hab. *(Flexenses.)* Central eléctrica. Complejo químico.

**F.L.N.** → ***Frente de liberación nacional.***

Ella
**Fitzgerald**

Francis Scott
**Fitzgerald**

Gustave
**Flaubert**
(E. Giraud - palacio de Versalles)

sir Alexander
**Fleming**
(museo imperial de la guerra, Londres)

Miguel
**Fleta**

**FLOR** (Roger **Blum,** llamado **Roger de**), aventurero catalán de origen germánico (*c.* 1268-Adrianópolis [act. Edirne] 1305). Jefe de los almogávares al servicio de la Corona de Aragón, obtuvo importantes victorias sobre los turcos y los búlgaros. Su asesinato provocó la venganza catalana, dirigida por Berenguer d'Entença.

**FLORA,** diosa itálica de las flores y los jardines. En su honor se celebraban las *floralias.*

**FLORENCIA,** c. de Colombia, cap. del dep. de Caquetá; 79 515 hab. Explotación forestal.

**FLORENCIA,** en ital. **Firenze,** c. de Italia, cap. de la Toscana y cap. de prov., a orillas del Arno; 402 316 hab. *(Florentinos.)* Gran centro turístico. Desde el s. XIII fue una de las ciudades más activas de Italia; en 1406 conquistó Pisa y se convirtió en una potencia marítima; la compañía de los Médicis dominó la ciudad del s. XIV al s. XVII. El concilio de Florencia (1439-1443) prosiguió los trabajos de los concilios de Basilea y de Ferrara sobre la unión de las Iglesias griega y latina. En 1569, Florencia se convirtió en la capital del gran ducado de Toscana. De 1865 a 1870 fue la capital del reino de Italia. La ciudad es célebre por su escuela de pintura y escultura, especialmente innovadora del s. XIV al s. XVI (de Giotto a Miguel Ángel), sus palacios (Palazzo Vecchio, palacio Médicis, Strozzi, Pitti, etc.), sus iglesias (Santa Maria del Fiore, Santa Croce, Santa Maria Novella, Orsanmichele, San Lorenzo), sus conventos (San Marco), todos ellos llenos de obras de arte, sus bibliotecas y sus riquísimos museos (Uffizi, Bargello, Pitti, galería de la academia, museo arqueológico).

**Florencia:** el baptisterio (ss. XI-XIII) y la catedral de Santa Maria del Fiore (1296-1436) con el campanile de Giotto (iniciado en 1334)

**FLORENCIO VARELA,** partido de Argentina (Buenos Aires); 253 554 hab. En el Gran Buenos Aires.

**FLORENTINO** o **FLORENTÍN el Indaco** (Jacopo di Pietro **Torni,** llamado en España **Jacobo**), escultor y pintor italiano (Florencia 1476-Villena 1526). Uno de los introductores del renacimiento en Andalucía, realizó el grupo del Santo Entierro (Granada). Junto con su hermano **Francisco Florentino** (Florencia 1492-Roma 1562) trabajó en la capilla real de Granada y realizó la torre de la catedral de Murcia.

**FLORENTINO** (Nicolás), pintor italiano del s. XV, activo en España († Valencia 1470), autor del retablo mayor y del fresco del Juicio final de la catedral vieja de Salamanca, en estilo gótico.

**FLORES,** isla de Indonesia, separada de Célebes por el *mar de Flores;* 14 250 km²; 1 250 000 hab.

**FLORES,** isla portuguesa del archipiélago de las Azores; 143 km²; 10 000 hab. Cap. *Santa Cruz das Flores.*

**FLORES** *(departamento de),* dep. de Uruguay, en el centro-sur del país; 5 144 km²; 24 739 hab. Cap. *Trinidad.*

**FLORES,** c. de Guatemala, cap. del dep. de El Petén; 1 324 hab. Situada en la isla del lago Petén.

**FLORES (Las),** partido de Argentina (Buenos Aires); 22 035 hab. Cereales y girasol. Ganadería.

**FLORES** (Cirilo), político guatemalteco (1779-Quezaltenango 1826). Presidente de la república en 1824, opuesto a los conservadores, fue asesinado por la multitud en una iglesia.

**FLORES** (Dolores **Flores Ruiz,** llamada **Lola**), bailarina, actriz y cantante española (Jerez de la Frontera 1921-Madrid 1995), una de las más famosas representantes del arte folklórico español.

**FLORES** (Francisco), escultor peruano (nacido en Trujillo 1614), activo en Lima entre 1644 y 1679 (estatua de Felipe IV, iglesia de la Concepción; catedral).

**FLORES** (Juan **de**), escritor español del s. XV, cultivador de la novela sentimental: *Breve tratado de Grimalte y Gradissa* (1495), *Historia de Grisel y Mirabella con la disputa de Torrellas y Bracayda* (¿1495?).

**FLORES** (Juan José), general venezolano (Puerto Cabello 1800-Puná, Guayas, 1864), prócer de la independencia hispanoamericana. Luchó junto a Bolívar y fue el primer presidente de la audiencia de Quito, convertida en Estado del Ecuador (1830-1834 y 1839-1845), al segregarse de la Gran Colombia. La burguesía derribó su dictadura militar.

**FLORES** (Manuel Antonio), marino y administrador español (Sevilla *c.* 1720-Madrid 1799), virrey de Nueva Granada (1776-1782) y de Nueva España (1787-1789).

**FLORES** (Pedro Víctor), pintor, grabador y escenógrafo español (Murcia 1897-París 1967). Instalado en París (*c.* 1927) pintó sobre todo temas españoles dentro de la figuración tradicional.

**FLORES** (Venancio), político y militar uruguayo (Porongos 1809-Montevideo 1868). Líder radical del Partido colorado, fue presidente con el apoyo de los campesinos (1853-1855), y de nuevo tras vencer en la guerra civil (1865-1868). Fue asesinado por los conservadores.

**FLORES DE LEMUS** (Antonio), economista español (Jaén 1876-Madrid 1941), seguidor e introductor en España de la escuela histórica alemana. Fue catedrático en Barcelona (1904) y Madrid (1920), y asesor económico y fiscal del gobierno. Sentó las bases del estudio de la estructura económica española.

**flores del mal** *(Las),* recopilación poética de Baudelaire (1857). Orientó la poesía hacia el simbolismo.

**FLORES JIJÓN** (Antonio), político y escritor ecuatoriano (Quito 1833-† 1912), hijo de Juan José Flores. Presidente de 1888 a 1892. Es autor de obras históricas.

**FLORES MAGÓN** (Ricardo), político y periodista mexicano (San Antonio Eloxochitlán, Oaxaca, 1873-Leavenworth, Kansas, 1922). Combatió la dictadura de Porfirio Díaz y se exilió en E.U.A., donde fundó el Partido liberal mexicano (1906), socialista radical. Murió en prisión.

**FLOREY** (*sir* Howard), médico británico (Adelaida 1898-Oxford 1968). Compartió el premio Nobel de fisiología y medicina, en 1945, con Chain y Fleming, por sus trabajos sobre la penicilina.

**FLÓREZ** (Enrique), llamado **el Padre Flórez,** historiador y teólogo español (Villadiego, Burgos, 1702-Madrid 1773). Agustino, iniciador en 1747 de la *España* sagrada,* historia eclesiástica de España, proseguida hasta la actualidad.

**FLÓREZ** (Julio), poeta y grabador colombiano (Chiquinquirá ¿1867?-Usiacurí 1923). Realizó poemas breves, de tono melancólico, y xilografías de paisajes y temas costumbristas.

**FLÓREZ ESTRADA** (Álvaro), economista y político español (Pola de Somiedo 1766-Noreña 1853). Activo liberal, sufrió el exilio en 1814 y 1823. Escribió la principal obra económica del s. XIX español, el *Curso de economía política* (1828).

**FLORIANÓPOLIS,** c. de Brasil, cap. del estado de Santa Catarina; 254 944 hab.

**FLORIDA** *(corriente de),* corriente cálida del Atlántico Norte, que constituye una de las ramas madres de la corriente del Golfo.

**FLORIDA,** estado del SE de Estados Unidos; 151 670 km²; 12 937 926 hab. Cap. *Tallahassee.* Formado por la *península de Florida,* baja y pantanosa, prolongada hacia el SO por los *cayos de Florida (Florida Keys),* arrecifes coralinos, y separada de los cayos que flanquean Cuba por el *canal* o *estrecho de Florida.* Cítricos. Fosfatos. Turismo (Miami, Palm Beach, Orlando [Disney World], parque nacional de los Everglades).

HISTORIA

España inició el reconocimiento y conquista de Florida en 1498 (V. Yáñez Pinzón y Américo Vespucio; 1513, Juan Ponce de León; expediciones de 1526, 1528, 1539, 1559-1560), pero no la dominó hasta 1565 (con la fundación de San Agustín por P. Menéndez de Avilés). Pasó a ser dominio británico en 1763, como resultado de la guerra de los Siete años. Española de nuevo desde 1783 (paz de Versalles), fue conquistada por E.U.A. (1812-1814) y legalizada la conquista por un tratado de venta en 1819. Fue admitida como estado de la unión en 1845, después de haber exterminado a los seminola. Confederada en la guerra de Secesión (1861-1865), se reintegró a E.U.A. en 1868.

**FLORIDA** *(departamento de),* dep. de Uruguay, en el centro-sur del país; 10 417 km²; 66 474 hab. Cap. *Florida* (28 560 hab.).

**FLORIDA,** mun. de Colombia (Valle del Cauca); 42 843 hab. Cultivos tropicales. Ganado vacuno.

**FLORIDA,** mun. de Cuba (Camagüey); 67 162 hab. Ingenios azucareros. Ganadería vacuna.

**FLORIDA (La),** com. de Chile, en el área metropolitana de Santiago; 334 366 hab.

**FLORIDABLANCA,** mun. de Colombia (Santander); 143 824 hab. Destilerías de alcohol, curtidurías.

**FLORIDABLANCA** (José **Moñino,** *conde* **de**), estadista español (Murcia 1728-Sevilla 1808). Apoyó la expulsión de los jesuitas (1767) y abogó en Roma por su desaparición (1772). Secretario de Estado de Carlos III (1777), impuso una política reformista. En 1792 cayó en desgracia por su poder omnímodo y su política de reacción, motivada por la Revolución francesa. Desterrado y encarcelado al subir Aranda (1792-1795), presidió la Junta central tras la invasión francesa (1808).

**FLORIS DE VRIENDT** (Cornelis), arquitecto y escultor flamenco (Amberes 1514-*id.* 1575). Influido por el arte italiano, entre sus obras cabe destacar el ayuntamiento de Amberes (1561). — Su hermano **Frans** o **Franck,** pintor (Amberes *c.* 1516/1520-*id.* 1570), fue el principal representante del romanismo flamenco.

**FLORIT** (Eugenio), poeta cubano de origen español (Madrid 1903-Miami 1999). Su poesía, de acentos clásicos y juanramonianos (*32 poemas breves,* 1927; *Trópico,* 1930; *Doble acento,* 1937), evolucionó hacia una temática religiosa: *Conversación a mi padre* (1949), *Asonante final* (1950), *Hábito de esperanza* (1965) y *Antología penúltima* (1970, selección de su obra poética).

**FLORO** (Lucio Anneo o Julio), historiador latino de origen africano (ss. I-II d. J.C.), autor de un compendio de la *Historia romana* de Tito Livio.

**Flota de Indias,** sistema de protección del tráfico marítimo, implantado por España en sus comunicaciones con América y vigente del s. XVI al XVIII, para protegerse de la piratería.

**FLOTATS** (Josep Maria), actor y director de teatro español (Barcelona 1939). Se formó en Francia, donde trabajó en la Comedia francesa (1980-1983). En 1984 emprendió una labor de promoción del teatro catalán, como actor y director.

**Flushing Meadow Park,** sede de los campeonatos internacionales de tenis de E.U.A., en Nueva York (Queens).

**FLUVIÁ,** r. de España, en la vertiente mediterránea; 84 km. Desemboca en el golfo de Rosas.

**Fluxus,** movimiento artístico que se desarrolló en Estados Unidos y Europa durante los años sesenta.

Juan José **Flores** (anónimo - salón de los presidentes, palacio del gobierno, Quito)

el conde de **Floridablanca** (Goya - col. part., Madrid)

Relacionado con la corriente del happening, oponiendo a la sacralización del arte un espíritu de oposición lúdica, se manifestó mediante conciertos (con J. Cage, T. Riley, etc.), environments y diversos tipos de intervenciones. Cabe citar entre otros a los norteamericanos George Maciunas y George Brecht, al coreano Nam June Paik, a los alemanes Joseph Beuys y Wolf Vostell, al suizo Benjamin Vautier (Ben) y al francés Robert Filiou.

**FLYNN** (Errol), actor norteamericano (Hobart, Tasmania, 1909-Hollywood 1959), especialista en papeles de aventurero: *El capitán Blood,* 1935, de M. Curtiz; *Gentleman Jim,* 1942, de R. Walsh.

**F.M.I.** → ***Fondo monetario internacional.***

**FO** (Dario), dramaturgo, actor y director teatral italiano (Sangiano, Varese, 1926). Creador de sus propias compañías teatrales, encontró en el repertorio de las farsas populares un medio de expresión política y de provocación social (*Misterio bufo,* 1969; *Muerte accidental de un anarquista,* 1970). [Premio Nobel de literatura 1997.]

**FOCAS,** familia bizantina originaria de Capadocia, que dio dos emperadores: **Nicéforo II Focas** [963-969] y **Bardas Focas** [971 y 987-989].

**FOCEA,** ant. c. de Jonia, en Asia Menor, que desde el s. VII a. J.C. tuvo una gran importancia comercial. Massalia (Marsella) y Emporion (Ampurias) fueron factorías que fundó en occidente.

**FOCH** (Ferdinand), mariscal de Francia, Gran Bretaña y Polonia (Tarbes 1851-París 1929). Se distinguió durante la primera guerra mundial, en que condujo las tropas aliadas a la victoria.

**FÓCIDA,** región de Grecia central, al N del golfo de Corinto, en la que estaba el santuario de Apolo de Delfos.

**FOCIO,** teólogo y erudito bizantino (Constantinopla *c.* ¿820?-*c.* 895), patriarca de Constantinopla [858 a 867 y 877 a 886]. Habiendo sido depuesto por el papa Nicolás I, lo depuso a su vez. El cisma transitorio que este conflicto provocó entre Roma y Constantinopla fue el origen del cisma del s. XI.

**FOCIÓN,** general y estadista ateniense (*c.* 402-Atenas 318 a. J.C.). Partidario de una política prudente con respecto a Macedonia, fue adversario de Demóstenes. A la muerte de Alejandro (323 a. J.C.), fue condenado a muerte por su actitud pacifista.

**FOGAZZARO** (Antonio), escritor italiano (Vicenza 1842-*id.* 1911), autor de novelas y de poemas de inspiración católica.

**FOGGIA,** c. de Italia (Apulia), cap. de prov.; 155 042 hab. Catedral de los ss. XII-XVIII.

**FOIX** *(condado de),* jurisdicción feudal del Languedoc (Ariège), creada por el linaje del mismo nombre. **Roger I de Foix** (s. XI) fue el primer conde independiente. Con **Roger Bernardo II** († 1241), los condes de Foix fueron también barones de Cataluña. A fines del s. XV, gracias a las alianzas matrimoniales, el condado se extendía del golfo de Vizcaya a la Cerdaña. Fernando el Católico lo desposeyó de Navarra, y Francia incorporó el resto del condado (1607). [→ ***Francisco Febo, Gastón de Foix.***]

**FOIX** (Josep Vicenç), escritor español en lengua catalana (Barcelona 1893-*id.* 1987). Su obra poética aúna influencias del pasado literario catalán y de las vanguardias europeas, a las que se anticipó en muchos aspectos. Sobresalen los volúmenes de prosa poética *Gertrudis* (1927) y *KRTU* (1932), el libro de poemas *Solo y doliente* (*Sol i de dol,* 1947) y su diario íntimo, que va de la prosa poemática (*Del «Diario 1918»* [*Del «Diari 1918»*], 1956) a los retratos literarios (*Catalanes de 1918* [*Catalans de 1918*], 1965). [Premio nacional de las letras españolas 1985.]

Josep Vicenç
**Foix**

Jean de
**La Fontaine**
(H. Rigaud - palacio de Versalles)

**FOKINE** (Mijaíl Mijáilovich **Fokin,** llamado **Michel**), bailarín y coreógrafo ruso (San Petersburgo 1880-Nueva York 1942), uno de los creadores y teóricos del ballet moderno. Colaborador de Diáguilev, entre sus creaciones se cuentan las *Danzas polovtsianas* de *El príncipe Ígor* (1909), *El pájaro de fuego* (1910), *Petrushka* (1911) y *El espectro de la rosa* (1911).

**FOKKER** (Anthony), aviador e industrial neerlandés (Kediri, Java, 1890-Nueva York 1939). Creó una de las empresas más importantes de la industria aeronáutica alemana y construyó famosos aviones de caza.

**FOLC DE CARDONA** → ***Cardona*** (casa de).

**FOLCH I CAMARASA** (Ramon), escritor español en lengua catalana (Barcelona 1926), narrador de corte realista: *La visita* (1965), *Estrictamente confidencial* (*Estrictament confidencial,* 1983).

**FOLCH I TORRES** (Josep Maria), comediógrafo y novelista español en lengua catalana (Barcelona 1880-*id.* 1950). Destacó en la literatura juvenil: *Els pastorets,* teatro; *Páginas vividas (Pàgines viscudes),* narraciones publicadas en la revista *En Patufet.*

**FOLE** (Ánxel), escritor español en lengua gallega (Lugo 1903-*id.* 1986). En sus narraciones recrea con depurada técnica motivos de la tradición oral popular: *A la luz del candil* (*A lus do candil,* 1953). Cultivó también el teatro.

**FOLENGO** (Teófilo), conocido con el nombre de **Merlín Cocayo,** poeta burlesco italiano (Mantua 1491-Bassano 1544), creador del género macarrónico.

**FOLKESTONE,** c. y puerto de Gran Bretaña (Kent); 46 000 hab. Puerto de viajeros en el paso de Calais. Estación balnearia.

**Follas novas** *(Hojas nuevas),* libro de poemas de Rosalía de Castro (1880). Obra cumbre de la lírica gallega del s. XIX, combina temas de raíz existencial (la soledad, el dolor de vivir) con otros de denuncia de la condición del emigrado.

**FOMBONA PACHANO** (Jacinto), poeta venezolano (Caracas 1901-*id.* 1951). Su poesía, inspirada en temas locales, muestra preocupación por los problemas sociales: *Virajes* (1932), *Las torres desprevenidas* (1940).

**FOMENTO,** mun. de Cuba (Sancti Spíritus); 33 816 hab. Industrias tabacalera y del cuero.

**Fomento del trabajo nacional,** institución fundada en Barcelona en 1889, para la defensa de los intereses de la industria catalana. Contribuyó a la creación, en 1977, de la Confederación española de organizaciones empresariales (CEOE).

**FONDA** (Henry), actor norteamericano (Grand Island, Nebraska, 1905-Los Ángeles 1982). Personificación del hombre fuerte e íntegro: *Sólo se vive una vez,* 1937, de F. Lang; *Las uvas de la ira,* 1940, de J. Ford.

**Fondo de cultura económica,** editorial fundada en México en 1934, en relación con la Escuela de economía de la Universidad nacional. Publica obras de economía, humanidades, ciencias sociales y políticas, etc., así como las ediciones del Colegio de México.

**Fondo monetario internacional** (F.M.I.), organismo internacional, creado en 1944, cuyo fin es garantizar la estabilidad de los cambios y desarrollar en el plano monetario la cooperación internacional.

**FONSECA** *(golfo de),* golfo de la costa centroamericana del Pacífico. En él se encuentran los puertos de La Unión (El Salvador), San Lorenzo (Honduras) y Puerto Morazán (Nicaragua).

**FONSECA,** mun. de Colombia (La Guajira); 26 894 hab. Ganadería vacuna. Yacimientos de cobre.

**FONSECA,** familia noble de origen portugués, llegada a Castilla con **Pedro Rodríguez de Fonseca** († Toro 1419). Ocuparon altos cargos eclesiásticos en los ss. XV y XVI. — **Alonso** (Toro 1418-Coca 1473) fue arzobispo de Sevilla (1453). — **Alonso** (Santiago 1476-Toledo 1534) fue arzobispo de Santiago (1508) y Toledo (1524) y primado de España.

**FONSECA** (Cristóbal **de**), teólogo y escritor español (Santa Olalla, Toledo, ¿1550?-Madrid 1621), conocido por su obra teológica *Tratado del amor de Dios* (1592), que alcanzó gran difusión.

**FONSECA** (Pedro **da**), jesuita y filósofo portugués (Cortiçada, cerca de Crato, 1528-Lisboa 1599), autor de *Comentarios* de Aristóteles. Luis de Molina tomó de él lo esencial de su doctrina de la concordia entre la gracia y el libre albedrío *(molinismo.)*

**FONT Y QUER** (Pío), botánico español (Lérida 1888-Barcelona 1964), fundador y director del instituto botánico del museo de ciencias naturales de Barcelona y autor de *Diccionario de botánica* (1953).

**FONTAINE** (Jean **de La**), poeta francés (Château-Thierry 1621-París 1695). Autor de *Cuentos* (1665-1682), alcanzó la celebridad con las *Fábulas** (1668-1694). Sensual, cortesano y cultivador de la amistad, su vida se refleja en su obra, que armoniza el arte con la naturalidad.

**FONTAINEBLEAU,** mun. de Francia (Seine-et-Marne); 18 037 hab. Bosque de 17 000 ha. Palacio real de origen medieval reconstruido por Francisco I a partir de 1528, escenario de diversos hechos históricos, entre ellos la firma de dos tratados entre España y Francia. El primero (1743) constituyó el segundo pacto de Familia*. El segundo (1807) estipuló la división de Portugal y facilitó la intervención francesa, que desencadenó la guerra de la Independencia (1808).

**Fontainebleau** *(escuela de),* escuela artística formada en torno a los italianos (Rosso, Fiorentino, Primaticio, N. dell'Abate, etc.) llamados por Francisco I para decorar el palacio de Fontainebleau.

**FONTANA** (Carlo), arquitecto italiano (Brusata 1634-Roma 1714). Discípulo de Bernini en Roma, continuó el arte de éste pero en un sentido más clasicista y académico (planos de la basílica de Loyola, Guipúzcoa y del colegio anexo, 1681).

**FONTANA** (Domenico), arquitecto italiano (Melide, Lugano, 1543-Nápoles 1607). Llamado a Roma, construyó, entre otras obras, el palacio de Letrán (1587), donde destacó por su renovación urbanística.

**FONTANA** (Lucio), escultor y pintor argentino (Rosario 1899-Comabbio, Varese, 1968). En 1934 se adhirió al movimiento Abstracción-Creación. En Italia publicó los tres manifiestos del espacialismo, que pretendía unificar en una obra color, sonido, movimiento y espacio. Su última época se caracteriza por pinturas monocromas surcadas por incisiones que dan origen al espacio.

**FONTANE** (Theodor), escritor alemán (Neuruppin, Brandeburgo, 1819-Berlín 1898), evocador humorista de los problemas sociales (*La señora Jenny Treibel,* 1892).

**FONTENAY-SOUS-BOIS,** c. de Francia (Val-de-Marne), al E de París; 52 105 hab.

**FONTENELLE** (Bernard **Le Bovier de**), escritor francés (Ruán 1657-París 1757), célebre por sus tratados de divulgación científica (*Conversaciones sobre la pluralidad de los mundos,* 1686).

**Fontenoy** *(batalla de)* [11 mayo 1745], batalla de la guerra de Sucesión de Austria, durante la cual el mariscal Mauricio de Sajonia, en presencia de Luis XV de Francia, derrotó, al SE de Tournai (Francia), a Gran Bretaña y a las Provincias Unidas.

**FONTEYN** (Margaret **Hookham,** llamada **Margot**), bailarina británica (Reigate, Surrey, 1919-Panamá 1991), creadora de las obras de F. Ashton *(Ondina, Symphonic variations)* e intérprete de excepción del repertorio clásico *(Giselle; La bella durmiente del bosque; El lago de los cisnes).*

**FONTSERÉ** (José), arquitecto español (nacido *c.* 1829-Barcelona 1897). Autor, en Barcelona, del mercado del Born (1876) y del proyecto del par-

Margot **Fonteyn**
(en *El lago de los cisnes,* en 1960)

que de la Ciudadela (1870-1888) con una gran cascada de influencia clásica.

**FONTSERÉ Y RIBA** (Eduardo), físico español (Barcelona 1870-*id.* 1970). Realizó numerosos estudios de astronomía, meteorología y sismología, e ideó y proyectó el observatorio Fabra de Barcelona.

**FONVIZIN** (Denís Ivánovich), autor dramático ruso (Moscú 1745-San Petersburgo 1792), creador de la comedia moderna rusa (*El menor de edad,* 1782).

**FOPPA** (Vincenzo), pintor italiano (Brescia *c.* 1427-*id.* *c.* 1515). Principal representante del renacimiento lombardo, manifiesta un sentimiento naturalista y una poesía muy personales (frescos de San Eustorgio, Milán, *c.* 1467).

**F.O.R.A,** siglas de Federación obrera regional argentina.

**FORALLAC,** mun. de España (Gerona); 1 491 hab. Castillo (s. XIV). Conjunto monumental medieval en Peratallada*.

**FORD** (Gerald), político norteamericano (Omaha 1913). Republicano, vicepresidente con Nixon, tras la dimisión de éste accedió a la presidencia de E.U.A. (1974-1977).

**FORD** (Henry), industrial norteamericano (Wayne County, cerca de Dearborn, 1863-Dearborn 1947). Pionero de la industria norteamericana del automóvil, lanzó la fabricación en serie e ideó la estandarización de las piezas componentes de un conjunto. Preconizó altos salarios.

**FORD** (John), dramaturgo inglés (Ilsington, Devon, 1586-Devon d. 1639), uno de los más originales representantes del teatro isabelino (*Lástima que sea una ramera,* 1626; *El corazón lacerado,* 1633).

**FORD** (Sean Aloysius **O'Fearna,** llamado **John**), director de cine norteamericano (Cape Elizabeth, Maine, 1895-Palm Desert, California, 1973). Uno de los maestros del western, exaltó la fraternidad viril y el heroísmo: *El delator* (1935), *La diligencia* (1939), *Las uvas de la ira* (1940), *Pasión de los fuertes* (1946), *El hombre tranquilo* (1952), *El gran combate* (1964).

**Ford motor company,** empresa norteamericana de construcción de automóviles, fundada en 1903 por Henry Ford. Es el segundo productor mundial después de General motors.

**Foreign Office,** ministerio británico de Asuntos Exteriores, creado en 1782.

**Forest Hills,** barrio de Nueva York (Queens), sede de los campeonatos internacionales de tenis de E.U.A. hasta 1977.

**FOREY** (Elie), mariscal de Francia (París 1804-*id.* 1872), comandante del ejército francés en México (1863).

**FORLÌ,** c. de Italia (Emilia), cap. de prov.; 109 228 hab. Monumentos antiguos y museos.

**FORLÌ** (Melozzo **da**), pintor italiano (Forlì 1438-*id.* 1494). Introdujo en Roma el arte de las grandes arquitecturas pintadas y de los escorzos en el techo.

**FORMAN** (Miloš), director de cine norteamericano de origen checo (Časlav, cerca de Pardubice, 1932). Mezclando humor y melancolía, realizó sus primeras películas en su país natal (*Pedro el negro,* 1963; *Los amores de una rubia,* 1965) antes de proseguir su carrera en E.U.A. (*Juventud sin esperanza,* 1971; *Alguien voló sobre el nido del cuco,* 1975; *Amadeus,* 1984) y en Francia (*Valmont,* 1989).

**FORMENT** (Damián), escultor español (Valencia *c.* 1475-Santo Domingo de la Calzada 1540). Se formó en el taller de su padre, también escultor. Viajó a Italia y conoció la obra de Donatello. En 1509 realizó el retablo del Pilar, en Zaragoza, en estilo renacentista con reminiscencias góticas. Realizó también los retablos de la catedral de Huesca (1520-1534) y del monasterio de Poblet (1529).

**FORMENTERA,** isla y mun. de España (Baleares); 82,08 km²; 4 760 hab. (*Formenterenses* o *formenteranos.*) Cap. *San Francisco Javier* o *Sant Francesc de Formentera.* Es la más meridional de las Baleares, próxima a Ibiza. Salinas. Turismo.

**FORMIGAL (El),** estación de invierno de España (1 500-2 245 m de alt.), en el mun. de Sallent de Gállego (Huesca).

**FORMOSA** → ***Taiwan.***

**FORMOSA** *(provincia de),* prov. del N de Argentina; 72 066 km²; 404 367 hab. Cap. *Formosa.*

**FORMOSA,** c. de Argentina, cap. de la prov. homónima; 165 700 hab. Puerto en el río Paraguay. Aeropuerto. Explotación forestal.

**FORMOSO** (¿Roma? *c.* 816-*id.* 896), papa de 891 a 896. Un año después de su muerte, sus enemigos exhumaron su cadáver y lo arrojaron al Tíber.

**FORNARIS Y LUQUE** (José), poeta cubano (Bayamo 1827-La Habana 1890). Con *Cantos del siboney* (1855) intentó crear una poesía cubana de temática indígena.

**FORNER** (Juan Pablo), escritor español (Mérida 1756-Madrid 1797). Gran polemista, su principal obra es *Exequias* de la lengua castellana* (1782).

**FORNER** (Raquel), pintora argentina (Buenos Aires 1902-*id.* 1988). Su obra se inscribe en una figuración expresionista y simbólica que llega a la abstracción. Sus cuadros constituyen series de temas contemporáneos (*Mujeres del mundo,* 1939; *El drama,* 1940-1946; *La luna,* 1960).

**FORONDA** (Valentín **de**), ilustrado español (s. XVIII). Antimercantilista y antifisiocrático, en la línea librecambista de Smith, escribió numerosas obras de economía política, culturales y científicas.

**FORSTER** (Edward Morgan), escritor británico (Londres 1879-Coventry 1970), autor de novelas *Una habitación con vistas* (1908), *La mansión* (*Howards End,* 1910), *Pasaje a la India* (1924), llevadas al cine, y *Maurice* (1914), publicada póstumamente (1971).

**FORSYTHE** (William), coreógrafo norteamericano (Nueva York 1949). A menudo provocador, se complace en explorar los límites del ballet y de la danza clásica (*Impressing the Czar, Slingerland, The loss of the small detail*). Desde 1984 es director del ballet de Frankfurt.

**FORT WAYNE,** c. de Estados Unidos (Indiana); 173 072 hab.

**FORT WORTH,** c. de Estados Unidos (Texas), cerca de Dallas; 447 619 hab. Museos.

**FORTALEZA,** c. y puerto de Brasil, cap. del est. de Ceará; 1 758 334 hab. Centro industrial.

**FORT-ARCHAMBAULT** → ***Sarh.***

**FORT-DE-FRANCE,** c. y cap. de la Martinica; 101 540 hab.

**FORT-GOURAUD** → ***F'Derick.***

**FORTH,** r. de Escocia, que desemboca en el *Firth of Forth* (mar del Norte).

**FORTÍN,** mun. de México (Veracruz); 29 897 hab. Cultivos tropicales. Maderas.

**FORT-LAMY** → ***N'Djamena.***

**FORTÚN GARCÉS I** († *c.* 906), rey de Pamplona [*c.* 870-905]. Prisionero del emirato de Córdoba durante dos décadas, fue el último rey de su dinastía.

**FORTUNA,** divinidad romana de la Suerte.

**Fortunata y Jacinta,** novela de B. Pérez Galdós (1886-1887), ambientada en el Madrid de la Restauración.

**FORTUNY** (Mariano), pintor y grabador español (Reus 1838-Roma 1874). Tras estudiar en Roma, en 1859 se le encargó una obra sobre la guerra de Marruecos: *La batalla de Tetuán* (museo de arte moderno, Barcelona). Instalado en Roma, realizó allí sus cuadros más famosos (*El coleccionista de estampas* y *La vicaría,* 1867-1869, museo de arte moderno, Barcelona). Su estilo se caracteriza por la luminosidad, el cromatismo y el preciosismo del detalle.

**FOSBURY** (Richard, llamado **Dick**), atleta norteamericano (Portland, Oregón, 1947). Campeón olímpico en 1968 y creador de un estilo nuevo (dorsal) en el salto de altura.

**FOSCARI** (Francesco), dux de Venecia (Venecia 1373-*id.* 1457). Dux en 1423, luchó contra los milaneses y contra el papa Nicolás V. Durante su reinado su hijo Jacobo, acusado de traición, fue desterrado.

**FOSCOLO** (Ugo), escritor italiano (Zante 1778-Turnham Green, cerca de Londres, 1827), autor de *Últimas cartas de Jacopo Ortis* (1802), novela que influyó en el movimiento patriótico del Risorgimento, de poemas (*De los sepulcros,* 1807) y de tragedias.

**FOSHAN** o **FO-CHAN,** ant. **Nan-hai** o **Nam-hoi,** c. de China (Guangdong); 300 000 hab.

**foso** *(jornada del),* matanza de los jefes muladíes de Toledo (797), rebelados contra el emir de Córdoba al-Ḥakam I, ejecutada por el gobernador de la ciudad, Amrus ibn Yūsuf.

**FOSTER** (Norman), arquitecto británico (Manchester 1935). Se ha especializado desde fines de los años sesenta en una arquitectura metálica del movimiento high tech (centro de la radio en Londres, 1984; torre de comunicaciones de Collserola en Barcelona, 1990-1991). [Premio Pritzker 1999.]

**FOUCAULD** (Charles, *vizconde* **de,** posteriormente **padre**), explorador y misionero francés (Estrasburgo 1858-Tamanrasset 1916). Ordenado sacerdote (1901), se instaló en el S de Argelia, y después (1905) en Tamanrasset, donde estudió la lengua de los tuareg. Fue asesinado por saqueadores sanūsíes. Varias congregaciones religiosas se inspiran en las reglas que escribió y prosiguen su apostolado.

**FOUCAULT** (Léon), físico francés (París 1819-*id.* 1868). Inventó el giroscopio, demostró, gracias al péndulo, la rotación de la Tierra, y determinó la velocidad de la luz en diversos medios.

**FOUCAULT** (Michel), filósofo francés (Poitiers 1926-París 1984). Analizó las instituciones represi-

Henry **Ford**
(en su primer automóvil, en 1896)

John **Ford:** una escena de *Las uvas de la ira* (1940)
[con Henry Fonda, a la derecha]

Edward Morgan
**Forster**

Mariano **Fortuny:** *Desnudo en la playa de Portici* (1874) [casón del Buen Retiro, Madrid]

vas (cárcel, asilo) y las estructuras subyacentes del pensamiento (*Las palabras y las cosas,* 1966).

**FOUCHÉ** (Joseph), *duque* **de Otranto,** político francés (Le Pellerin 1759-Trieste 1820). Miembro de la Montaña, anticlerical, votó la muerte del rey y reprimió la insurrección realista en Lyon (1793). Ministro de Policía (1799-1810), en 1816 tuvo que exiliarse, acusado de regicida.

**FOUQUET** (Jean), pintor y miniaturista francés (Tours *c.* 1415/1420-*id.* entre 1478 y 1481), la figura más destacada de la pintura francesa medieval. En Roma contactó con el Renacimiento, aunque siguió la tradición gótica. Pintó un díptico (*c.* 1452) con los retratos de su protectora, Agnès Sorel, como la Virgen, y Étienne Chevalier, tesorero de Francia. Para este último realizó un *Libro de horas* (*c.* 1457), obra maestra de la miniatura.

**FOUQUET** o **FOUCQUET** (Nicolás), *vizconde* **de Vaux,** estadista francés (París 1615-Pinerolo 1680). Dedicó su inmensa fortuna al mecenazgo de artistas y escritores (Molière, La Fontaine). Ministro de estado, fue encarcelado por Luis XIV y Colbert, celosos de su prestigio.

Norman **Foster:** la torre de comunicaciones de Collserola, Barcelona (1990-1991)

**FOURIER** (*barón* Joseph), matemático francés (Auxerre 1768-París 1830). Estudió la propagación del calor y descubrió las series trigonométricas llamadas *series de Fourier.*

**FOURIER** (Charles), filósofo y economista francés (Besançon 1772-París 1837). Preconizó una organización social basada en el falansterio, cooperativa de producción y consumo cuyos miembros son solidarios (*Nuevo mundo industrial y societario,* 1829).

**FOUTA DJALON** → ***Futa Yallon.***

**FOVEAUX** *(estrecho de),* estrecho de Nueva Zelanda, entre la isla del Sur y la isla Stewart.

**FOX** (George), místico inglés (Drayton, Leicestershire, 1624-Londres 1691), fundador de la secta de los cuáqueros.

**FOX** (Vicente), político mexicano (México 1942). Gobernador de Guanajuato (1995-1999), en 2000 fue elegido presidente de la república como candidato de la coalición «Alianza por el cambio», rompiendo con 70 años de hegemonía del P.R.I.

**FOX MORCILLO** (Sebastián), filósofo español (Sevilla *c.* 1526-† en un naufragio 1560). En *De naturae philosophia seu de Platonis et Aristotelis concessione libri V* (1554), intentó armonizar la doctrina aristotelicotomista con el platonismo.

**FOXÁ** (Agustín **de**), *conde* **de Foxá,** escritor y diplomático español (Madrid 1903-*id.* 1959), autor de poesía, teatro, crónicas de viajes y de la novela *Madrid, de corte a checa* (1938). [Real academia 1956.]

**FOY** (Maximilien), general francés (Ham 1775-París 1825). Luchó en Portugal y España, donde se distinguió en las batallas de Arapiles y Vitoria.

Manuel **Fraga Iribarne**

**FOZ,** v. de España (Lugo); 9 446 hab. *(Focenses.)* En la *ría de Foz,* formada por el río Masma. Puerto pesquero. Conservas y aceites de pescado.

**FOZ** (Braulio), escritor español (Fórnoles, Teruel, 1791-Borja 1861). Su obra principal, *Vida de Pedro Saputo* (1844), enlaza con la tradición de la picaresca española y anuncia los logros de la novela realista decimonónica.

**FOZ DO IGUAÇÚ,** c. de Brasil (Paraná), junto al río Iguazú, en la frontera con Argentina y Paraguay; 93 600 hab. Importante centro turístico por las proximidades de las cataratas del Iguazú y el parque nacional. Puentes internacionales la unen con Ciudad del Este (Paraguay) y Puerto Iguazú (Argentina). Aeropuerto.

**Foz Pisana** *(batalla de),* acción naval en la que la escuadra aragonesa derrotó a la armada genovesa (oct. 1421). Génova fue ocupada por Felipe María de Visconti, duque de Milán.

**FRAATES,** nombre de varios reyes partos.

**FRAGA,** c. de España (Huesca), cab. de p. j.; 11 591 hab. *(Fragenses.)* Mercado agrícola. Restos romanos (*villa Fortunati,* s. II).

**FRAGA IRIBARNE** (Manuel), político español (Villalba 1922). Fue ministro de Información y Turismo (1962-1969) y de Gobernación (1975-1976), fundador de Alianza popular (1977) y presidente de su heredero el Partido popular (1989-1990). Es presidente de la Xunta de Galicia desde 1990.

**FRAGONARD** (Jean Honoré), pintor y grabador francés (Grasse 1732-París 1806), autor de escenas galantes (series Los progresos del amor, 1771-1773; La cerradura, *c.* 1776-1780). Imaginativo y virtuosista, se inspiró en la pintura italiana y holandesa.

**fragua de Vulcano** *(La),* cuadro de Velázquez, pintado en Roma en 1630 (Prado). Representa a Apolo visitando la fragua de Vulcano, donde éste se encuentra trabajando con cuatro cíclopes.

**FRANCE** (Anatole François **Thibault,** llamado **Anatole**) escritor francés (París 1844-La Béchellerie 1924), autor de novelas históricas o de costumbres, irónicas y escépticas (*El crimen de Silvestre Bonnard,* 1881). [Premio Nobel de literatura 1921.]

**France-Presse** *(Agence)* [A.F.P.], agencia de noticias francesa, creada en 1944.

**FRANCÉS** (José), escritor español (Madrid 1883-*id.* 1964). Fue periodista, crítico de arte, novelista y autor de populares relatos (*La estatua de carne,* 1915; *El café donde se ama,* 1925).

**FRANCÉS** (Juan), maestro de rejería español, activo en Castilla en los ss. XV-XVI. Su estilo se sitúa en la transición entre el gótico y el renacimiento.

**FRANCÉS** (Juana Concepción), pintora española (Alicante 1926-Madrid 1990). Su obra pasó de la figuración influida por el expresionismo alemán a la abstracción. Formó parte del grupo El Paso.

**FRANCÉS** (Nicolás), pintor († 1468), probablemente de origen francés. Su estilo, de influencia italianizante, se sitúa en el gótico internacional (retablo de la catedral de León).

*La* ***fragua de Vulcano*** por Velázquez (Prado, Madrid)

**FRANCEVILLE** → *Masuku.*

**FRANCFORT** → *Frankfurt.*

**FRANCIA,** en fr. **France,** estado de Europa occidental; 549 000 km²; 57 500 000 hab. *(Franceses.)* CAP. *París.* LENGUA OFICIAL: *francés.* MONEDA: *franco francés* y *euro.*

GEOGRAFÍA

El medio natural se caracteriza por llanuras y mesetas de poca altura. El clima es templado, con precipitaciones relativamente abundantes. El invierno es más riguroso hacia el interior y el clima es mediterráneo en el S. El crecimiento de la población es muy reducido (0,3 % anual), a causa de la baja natalidad (15 ‰), y la población envejece. Los inmigrantes representan el 8 % de la población. El 75 % de los franceses vive en ciudades (40 superan los 100 000 hab.). París y su aglomeración concentran la sexta parte de la población. El país es esencialmente terciario (60 % de la población activa se ocupa en el sector servicios y el 30 % aprox. en la industria). Primer país agrícola de la Unión europea (trigo, vino, carne, productos lácteos), algunos sectores industriales (textil, siderurgia) pasan por una aguda crisis. Exporta un 20 % de su producción industrial y agrícola e importa materias primas. La energía nuclear es importante. La red ferroviaria y de autopistas se ha modernizado.

HISTORIA

***Prehistoria.*** Primeras industrias líticas y asentamientos humanos (*c.* 1 millón de años). Al *Homo erectus* le sucedió el hombre de Neandertal (yacimiento de Moustier). 40000-8000: aparición del *Homo sapiens sapiens* (hombre de Cro-Magnon: industria lítica, pinturas rupestres de Lascaux). 8000-5000: clima más suave (agricultura). Milenios V-III: neolítico; restos megalíticos; durante el I milenio (edad de hierro) se instalaron las civilizaciones de Hallstatt y La Tène. Los celtas se mezclaron con la población existente dando origen al pueblo galo.

***La Galia romana.*** 58-51 a. J.C.: conquista de Julio César. Cultura galorromana. (→ ***Galia.***)

***Francos y merovingios.*** S. V: las invasiones de vándalos y visigodos pusieron fin al dominio romano. Los hunos fueron vencidos en los campos Cataláunicos. 511: formación de los reinos merovingios (Austrasia, Neustria y Borgoña), unificados por Pipino de Heristal (687). 732: Carlos Martel venció a los árabes en Poitiers. 751: Pipino el Breve fundó la dinastía carolingia.

***Los Carolingios.*** Carlomagno fue coronado emperador en Roma (800) y formó un imperio que iba del Ebro al Elba. 843: por el tratado de Verdún el imperio se dividió en tres reinos. Carlos el Calvo, primer rey de Francia (843). Invasiones normandas.

***Los Capetos.*** 987: Hugo Capeto fundó esta dinastía, que dominaba un pequeño territorio alrededor de París, engrandecido en el s. XII. Se inició un potente desarrollo religioso (Cluny), económico y urbano. Creció la burguesía y floreció el gótico. La monarquía conquistó nuevos territorios y se reforzó frente a la amenaza de los Plantagenet ingleses y frente al poder de la Iglesia. 1328: Carlos IV el Hermoso murió sin descendencia. La corona pasó a un príncipe Valois, Felipe VI.

***Los tiempos de crisis de los Valois.*** 1328-1440: guerra de los Cien años. Inglaterra se implantó en el SO del país. Las hambrunas y la peste negra diezmaron a la población. En 1420 Inglaterra pasó a dominar el territorio francés. Carlos VII, con la ayuda de Juana de Arco, venció a los ingleses. Se reorganizaron las finanzas y el ejército y la autoridad real se fortaleció, sobre todo con Luis XI. Las adquisiciones territoriales se multiplicaron hasta las guerras de Italia y el desastre de Pavía (1525), que obligaron a Francisco I a abandonar Italia. La monarquía favoreció las artes renacentistas, el humanismo y el comercio. Se desarrolló el calvinismo y se iniciaron las guerras de religión que culminaron con la matanza de San Bartolomé (1572).

***La monarquía borbónica.*** 1589-1610: Enrique de Navarra (Enrique IV) pacificó y reconstruyó Francia y aseguró la libertad de cultos (edicto de Nantes, 1598). Luis XIII, apoyado por Richelieu, eliminó el protestantismo, desarrolló el centralismo y el absolutismo, y rivalizó con los Habsburgo (guerra de los Treinta años). Su política fue seguida por Mazzarino, contra quien se alzó la insurrección de la Fronda (1648). Por el tratado de los Pirineos, Francia consiguió de España el Artois, el Rosellón y parte de la Cerdaña (1659). Desde 1661 Luis XIV (el *Rey Sol*), constructor de Versalles, encarnó el absolutismo real y lo impuso también a la iglesia y a los protestantes (revocación del edicto de Nantes, 1685). El clasicismo triunfó en las artes y las letras. En el s. XVIII los problemas financieros de la corona, derivados de las guerras, se agudizaron, a pesar del despegue económico y demográfico. Un nuevo espíritu filosófico criticaba duramente el poder real, pero las clases privilegiadas imposibilitaban cualquier reforma. En 1763 Francia perdió Canadá, Luisiana y la India. El desprestigio de la corona se acentuó por la creciente deuda y por un período de bajo rendimiento agrícola. El rey aceptó la convocatoria de los Estados generales (1788).

***La Revolución.*** 1789: los Estados generales se proclamaron Asamblea nacional constituyente. 1791: se instauró una monarquía constitucional. Las cortes extranjeras intervinieron en contra de la Revolución. 1792: se proclamó la república y el rey fue ejecutado (1793). Al gobierno de Robespierre (el Terror) le sucedió la reacción termidoriana (1794), con una nueva constitución, y el Directorio (1795-1799). La debilidad del nuevo régimen dejó las manos libres a un militar victorioso, el general Bonaparte. (→ ***Revolución francesa.***)

***El consulado y el imperio.*** Primer cónsul, Bonaparte puso las bases de un estado fuerte y centralizado. Se proclamó emperador en 1804 (Napoleón I) e instauró un régimen autoritario. Consiguió dominar gran parte de Europa, pero las derrotas en Rusia y Alemania, los costes de la guerra y una serie de medidas impopulares le obligaron a abdicar (1814). Tras la restauración borbónica (Luis XVIII), en 1815 Napoleón intentó volver a controlar la situación (los Cien días), pero, tras la derrota de Waterloo, se apartó del poder.

***La Restauración y la II república.*** Luis XVIII intentó conciliar los logros de la Revolución con el retorno a la monarquía. Le sucedió Carlos X, que tomó medidas autoritarias que propiciaron la revolución de julio de 1830 y su abdicación. Francia tomó Argel e inició una política colonial. Luis Felipe I, con un poder fuerte, favoreció el desarrollo industrial. La crisis de 1846-1848 llevó a la proclamación de la II república, que después de la insurrección obrera de 1848 evolucionó hacia el conservadurismo; ello favoreció la ambición de Luis Napoleón Bonaparte, elegido presidente.

***El II imperio.*** Mediante un golpe de estado Luis Napoleón Bonaparte se convirtió en emperador (Napoleón III, 1852). Emprendió grandes obras públicas e intentó crear un poderoso imperio colonial, aunque fracasó en la expedición mexicana (1862-1867). Declaró la guerra a Prusia y fue vencido en Sedan (1870), lo que provocó su caída.

***La III república.*** La nueva república, presidida por Thiers, firmó un armisticio con Alemania (1871), que recuperó Alsacia y Lorena. Ese mismo año tuvo lugar la insurrección de la Comuna. 1873: Mac-Mahon fue elegido presidente de la república con el apoyo de los monárquicos; pero los intentos de restaurar la monarquía fracasaron. 1879-1885: la república se fortaleció a través de sus leyes fundamentales. 1885-1899: una serie de escándalos y el caso Dreyfus llevaron al poder al Bloque de izquierdas, que proclamó la separación de la Iglesia y el estado (1905). 1906-1914: el Bloque de izquierdas se rompió. Se inició una época de dificultades económicas y agitación social. R. Poincaré fue elegido presidente de la república, lo que reforzó el nacionalismo. 1914-1918: Francia salió victoriosa de la primera guerra mundial, aunque muy debilitada. 1919: recuperó Alsacia y Lorena. Las izquierdas ganaron las elecciones de 1924, pero fracasaron en el gobierno, y Poincaré volvió al poder (1926). La crisis económica afectaba profundamente a Francia. En 1936 ganó las elecciones una coalición de izquierdas, el Frente popular, liderado por L. Blum. Daladier trató en vano de frenar la inminencia de una guerra contra Alemania, mediante los acuerdos de Munich (1938). 1939-1940: ocupación alemana. El general De Gaulle llamó a los franceses a resistir. Se firmó un armisticio y, en la zona no ocupada por Alemania, el mariscal Pétain estableció el gobierno de Vichy. De Gaulle aglutinó la Resistencia a la ocupación.

***La IV y V repúblicas.*** 1944: Francia fue liberada y recibió ayuda norteamericana (plan Marshall). 1945-1958: De Gaulle abandonó el gobierno (1946), en desacuerdo con la Asamblea nacional. Reactivación económica e importante legislación social. Francia fue socio fundador de la C.E.E. Dificultades en las colonias (Indochina, Argelia). 1958: De Gaulle volvió al poder e instauró la V república. 1958-1968: el país inició un gran cambio social y económico. Se reconoció la independencia de Argelia (1962). 1968: en mayo, estudiantes y obreros

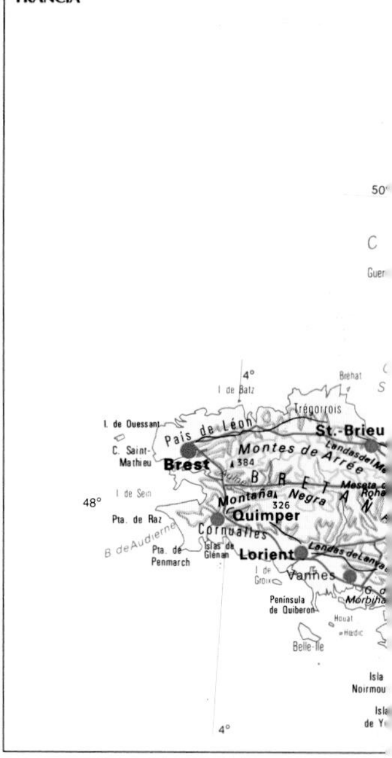

FRANCIA

protagonizaron una insurrección contra el régimen y los fundamentos de la sociedad. De Gaulle dominó la situación. 1969: De Gaulle dimitió al fracasar un referéndum sobre la regionalización y el senado. 1969-1974: G. Pompidou tuvo como gran objetivo la expansión industrial y comercial. 1974-1981: V. Giscard d'Estaing llevó a cabo una política europeísta. 1981: el socialista F. Mitterrand fue elegido presidente de la república y se formó un gobierno de izquierda (socialistas y comunistas), reformista (regionalización, nacionalizaciones, etc.). 1986-1988: victoria de la derecha en las legislativas, que obligó a la «cohabitación» del presidente Mitterrand y el primer ministro Chirac, cuyo gobierno inició una política de privatizaciones. 1988: Mitterrand fue reelegido. 1992: se aprobó en referéndum la ratificación del tratado de Maastricht. 1993: gran victoria de la derecha en las elecciones legislativas. E. Balladur, primer ministro, inició una segunda «cohabitación». 1995: J. Chirac fue elegido presidente. 1997: victoria socialista en legislativas anticipadas y nueva «cohabitación», con Lionel Jospin como primer ministro.

INSTITUCIONES

República. Constitución de 1958, modificada. El presidente, elegido por sufragio universal cada 5 años (según la reforma aprobada en 2000), nombra un primer ministro. El parlamento está formado por la Asamblea nacional (elegida por sufragio directo cada 5 años) y el Senado (elegido por sufragio indirecto cada 9 años).

LITERATURA

– *Edad media:* – *S. IX: Juramento de Estrasburgo.* – *Ss. XII-XIII: Cantar de Roldán,* Chrétien de Troyes, *Roman de Renart, Roman de la Rose. Ss. XIV-XV:* Carlos de Orleans, François Villon. – *S. XVI:* Bude, Rabelais, L. Labé, M. Scève, Ronsard, Agrippa D'Aubigné, J. du Bellay, Montaigne. – *S. XVII:* Malherbe, Bossuet, Corneille, La Fontaine, Molière, Racine, La Rochefoucauld, Mme. de Sévigné, Perrault, La Bruyère, Lesage, Fenelon. – *S. XVIII:* Montesquieu, Voltaire, Buffon, Rousseau; Bernardin de Saint-Pierre, el abate Prévost, Marivaux, Beaumarchais. – *S. XIX:* B. Constant, Mme. de Staël, Chateaubriand, Lamartine, A. de Vigny, V. Hugo, Musset, G. Sand, los Dumas, Balzac, Stendhal, Mérimée, Sainte-Beuve, Leconte de Lisle, Baudelaire, Rimbaud, Verlaine, Flaubert, los Goncourt, Zola, Maupassant, A. Daudet, A. France, Mallarmé, J. Verne, Lautréamont. – *S. XX:* Proust, Claudel, Apollinaire, R. Rolland, P. Valéry, Tzara, Breton, P. Eluard, Aragon, R. Char, F. Mauriac, Céline, J. Green, Gide, Malraux, Saint-Exu-

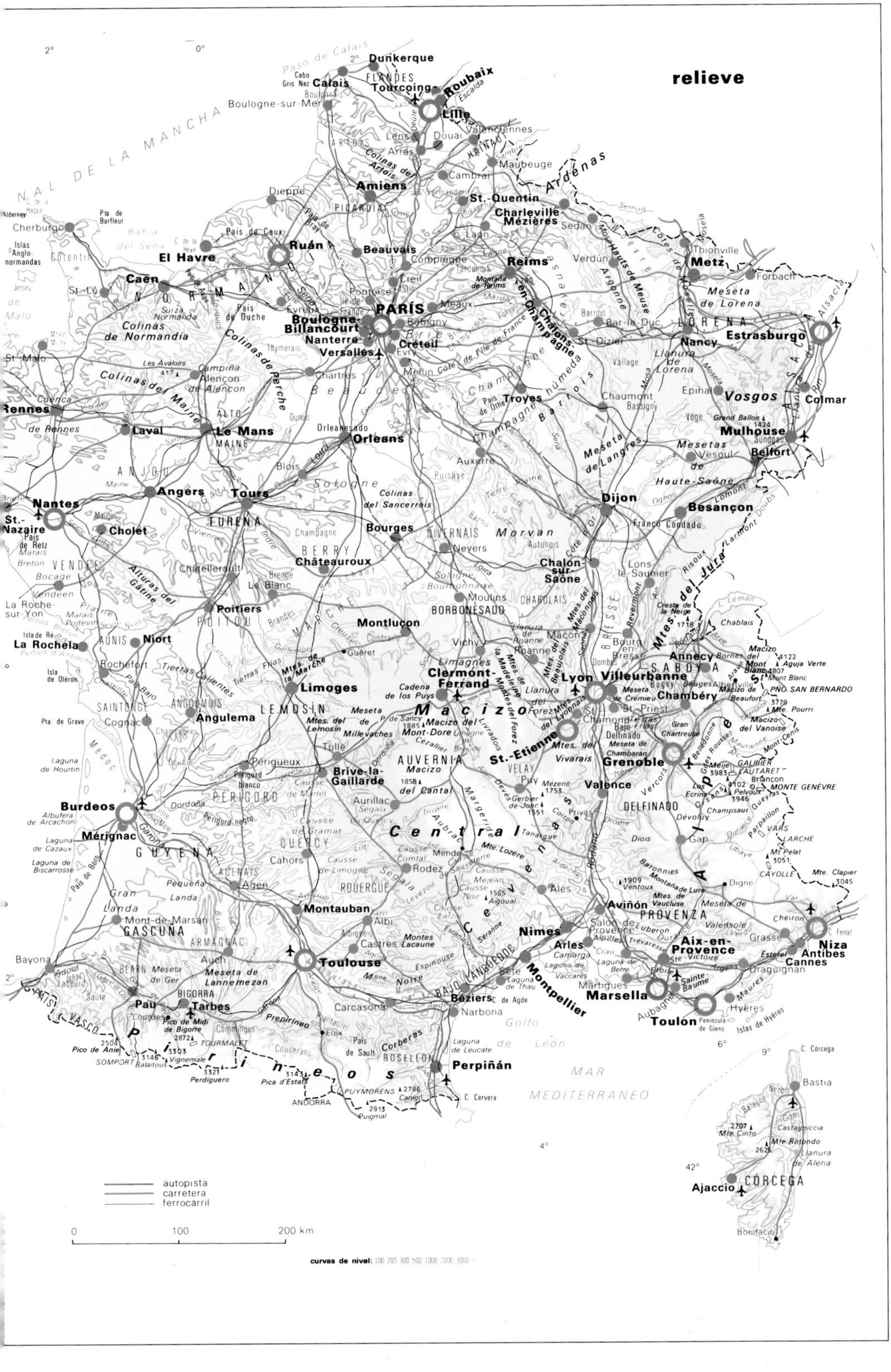
relieve
Paso de Calais
Dunkerque
Cabo Gris Nez
Calais
FLANDES
Tourcoing
Roubaix
Boulonnais
Boulogne-sur-Mer
Escalda
Lille
Lens
Douai
Valenciennes
ARTOIS
Arras
HAINAUT
Colinas del Artois
Maubeuge
Sambre
Cambrai
Ardenas
Amiens
Dieppe
St.-Quentin
PICARDÍA
Charleville Mézières
Sedán
Semois
Mosela
Thionville
Metz
Cherburgo
Pta. de Barfleur
Islas Anglo-normandas
Cotentin
Bahía del Sena
Pais de Caux
El Havre
Ruán
Beauvais
Compiègne
Laon
Reims
Verdún
Argonne
Hauts de Meuse
Côtes de Moselle
Forbach
Caen
St-Lô
NORMANDÍA
Pontoise
Creil
Montaña de Reims
Sena
Meseta de Lorena
Surza Normanda
Colinas de Normandía
Pais de Ouche
Evreux
PARÍS
Meaux
Marne
Boulogne-Billancourt
Bobigny
Nanterre
Créteil
Versalles
Evry
Chalons-en-Champagne
Barrois
Bar-le-Duc
LORENA
St-Dizier
Nancy
Estrasburgo
Alsacia
St-Malo
Colinas del Perche
Les Avaloirs 417
Campiña Alençon
Alencon
Chartres
Melun
Brie
Beauce
Champagne húmeda
Vallage
Llanura de Lorena
Mosela
Epinal
Vosgos
Colmar
Rennes
Cuenca de Rennes
Colinas del Maine
ALTO MAINE
Laval
Le Mans
Orleanesado
Orleans
Troyes
Pais de Othe
Chaumont
Bassigny
Vôge
Grand Ballon 1424
Mulhouse
Sundgau
Belfort
Champagne
Meseta de Langres
Mesetas Vesoul de Haute-Saône
ANJOU
Blois
Loira
Sologne
Auxerre
Puisaye
Maine
Angers
Tours
Colinas del Sancerrois
Dijon
Ognon
Besançon
Lomont
Nantes
St.-Nazaire
Pais de Retz
Cholet
Mauges
TURENA
Champagne
Bourges
NIVERNAIS
Morvan
Autunois
Franco Condado
Doubs
BERRY
Nevers
Côte d'Or
Bocage Vendeen
VENDÉE
Marais Breton
Châteauroux
Châtellerault
Brenne
Le Blanc
Chalon-sur-Saône
Lons-le-Saunier
Risoux
Larmont
Mtes. del Jura
Alturas del Gâtine
La Roche-sur-Yon
Marais Poitevin
Poitiers
POITOU
Brandes
MARCHE
Moulins
BORBONESADO
CHAROLAIS
Revermont
Cresta de la Neige 1718
Léman
Chablais
Isla de Re
La Rochela
AUNIS
Niort
Montluçon
Combraille
Guéret
Vichy
Llanura de Roanne
Roanne
Mâcon
Mtes. del Mâconnais
Mtes. del Beaujolais
Bourg-en-Bresse
BRESSE
Dombes
Annecy
Macizo del Mont Blanc
4122 Aiguja Verte
4807 Mont Blanc
Rochefort
Isla de Oléron
Tierras Frías
Tierras Calientes
Mtes. de la Marche
Limagnes
Clermont-Ferrand
Mtes. de la Madeleine
Mtes. del Forez
Lyon
Villeurbanne
Meseta de Crémieu
SABOYA
Bugey
Beauges
Albertville
Chambéry
PÑO. SAN BERNARDO
Macizo de Beaufort
3779 Mte. Pourri
SAINTONGE
Cognac
ANGOUMOIS
Angulema
Limoges
LEMOSÍN
Cadena de los Puys
Mtes. del Lemosín
Meseta de Millevaches
P. de Sancy 1885
Macizo del Mont-Dore
Llanura del Forez
St.-Chamond
St.-Priest
Gran Chartreuse
Bajo Delfinado
Macizo del Vanoise
Mont Cenis
Pta. de Grave
Médoc
Gironda
Champagnes
Tulle
Cézallier
Livradois
St.-Etienne
Mtes. del Vivarais
Meseta de Chambaran
Grenoble
Belledonne
Grandes Rousses
Meije 3983
GALIBIER
LAUTARET
Laguna de Hourtin
Périgueux
Périgord blanco
Brive-la-Gaillarde
AUVERNIA
Macizo del Cantal
1858
VELAY
Puy
Mézenc 1753
Gerbier de Jonc 1551
Valence
Vercors
Briançon
MONTE GENÉVRE
Ecrins
Pelvoux 3946
4102
Burdeos
Albufera de Arcachon
Dordoña
Périgord negro
PERIGORD
Causse de Martel
Aurillac
Ségala
Causse de Gramat
Coirons
Privas
DELFINADO
Champsaur
Dévoluy
Queyras
Parpaillon
VARS
LARCHE
Laguna de Cazaux
Mérignac
Laguna de Biscarrosse
GUYENA
Garona
QUERCY
Cahors
Causse de Limogne
Causse Comtal
Rodez
Mende
Aubrac
Margeride
Centrales
Mte. Lozère
Tanargue
Diois
Gap
Ubaye
Mt. Pelat 3051
CAYOLLE
Mte. Clapier 3045
Pais de Born
Pequeña Landa
AGENAIS
Agen
ROUERGUE
Causse Méjean
Causse Noir
1565 Aigoual
Alès
1909 Ventoux
Baronnies
Montaña de Lure
Mtes. de Vaucluse
Digne
Gran Landa
Mont-de-Marsan
GASCUÑA
Montauban
Albi
Cevenas
Aviñón
PROVENZA
Meseta de Valensole
Verdon
Cheiron
C. Ferrat
Niza
ARMAGNAC
Auch
Castres
Montes de Lacaune
Nîmes
Arles
Salon-de-Provence
Alpilles
Luberon
Aix-en-Provence
Ste-Victoire
Grasse
Antibes
Cannes
Bayona
BEARN
Meseta de Ger
Meseta de Lannemezan
Toulouse
Camarga
Crau
Laguna de Berre
Laguna de Vaccarès
Estérel
Draguignan
Soule
Labourd
PAIS VASCO
BIGORRA
Pau
Lourdes
Tarbes
Montagne Noire
Minervois
LANGUEDOC
BAJO
Sète
Laguna de Thau
Béziers
C. de Agde
Montpellier
Martigues
Marsella
Aubagne
Sainte Baume
Maures
Toulon
Hyères
Peninsula de Giens
Islas de Hyères
Carcasona
Narbona
Golfo de León
Pico de Midi de Bigorre 2872
TOURMALET
Comminges
Prepirineo
Foix
Pais de Sault
Corberes
Pico de Anie 2504
SOMPORT
Balaitous 3146
Vignemale 3303
Perdiguero 3321
Couserans
Pirineos
Pica d'Estats 3143
ROSELLÓN
Perpiñán
Laguna de Leucate
MAR MEDITERRÁNEO
ANDORRA
PUYMORENS
2786 Canigó
2913 Puigmal
C. Cervera
C. Córcega
Bastia
Nebbio
Balagne
2707 Mte Cinto
Castagniccia
Mte Rotondo 2625
Llanura de Aleria
Ajaccio
CÓRCEGA
Bonifacio
autopista
carretera
ferrocarril
0
100
200 km
curvas de nivel: 100 200 300 500 1000 2000 3000

péry, Colette, Giraudoux, J. Cocteau, H. de Montherlant, J. Anouilh, S. de Beauvoir, A. Camus, B. Vian, J. Prévert, Cendrars, J. Genet, E. Ionesco, M. Duras, C. Simon, M. Yourcenar, J.-M. Le Clézio, G. Perec, M. Butor, Ph. Sollers.

FILOSOFÍA E HISTORIA DE LAS IDEAS

– *Edad media:* Abelardo, Roscelino. – *Renacimiento:* Calvino. – *Época clásica:* Descartes, Pascal, Malebranche. – *Siglo de las luces:* d'Alembert, Diderot. – *S. XIX:* Saint-Simon, Blanqui, Fourier, Tocqueville, Lamennais, A. Comte, Durkheim. – *S. XX:* Dumézil, Mounier, Sartre, Bachelard, Foucault, Lacan, R. Barthes, Lévi-Strauss, Althusser, Braudel.

BELLAS ARTES

***Principales ciudades de interés artístico.*** Aix-en-Provence, Albi, Amiens, Angers, Arles, Aviñón, Blois, Burdeos, Bourges, Caen, Carcasona, Chartres, Clermont-Ferrand, Colmar, Dijon, Estrasburgo, Fontainebleau, Lyon, Le Mans, Marsella, Metz, Montpellier, Nancy, Nantes, Nimes, Niza, París, Perpiñán, Poitiers, Reims, Rennes, Ruán, Toulouse, Tours, Troyes, Versalles, Vienne.

***Arquitectos, escultores y pintores célebres.*** – *Edad media:* Pierre de Montreuil; M. Colombe, Pucelle; Quarton, Fouquet. – *Renacimiento:* Delorme, Lescot; Goujon, Pilon; los Cousin, los Clouet. – *S. XVII:* F. Mansart, Le Vau, C. Perrault, D'Orbay; Puget, Girardon; Vouet, G. de la Tour, Poussin, Le Nain, C. de Lorena, Le Brun. – *S. XVIII:* Soufflot, Ledoux; Bocechardon, Falconet, Pajou, Houdon; Watteau, Chardin, los Van Loo, Boucher, Fragonard, Q. de la Tour, Greuze, David. – *S. XIX:* Viollet-le-Duc; Rodin; Géricault, Ingres, Delacroix, Corot, Daumier, Courbet, Manet, Pissarro, Degas, Cézanne, Monet, Renoir, el Aduanero Rousseau, Gauguin, Seurat, Toulouse-Lautrec. – *S. XX:* Le Corbusier; Maillol, Arp; Matisse, Picabia, Derain, Léger, Braque, Utrillo, M. Duchamp, Chagall, Ernst, Dubuffet, Balthus, Y. Klein, Arman, N. de Saint Phalle, Boltanski.

MÚSICA

– *Ss. XIV-XVI:* G. de Machaut, J. des Prés. – *S. XVII:* J. B. Lully, M. R. Charpentier, M. R. Delalande, F. Couperin. – *S. XVIII:* J.-P. Rameau, Meyerbeer. – *S. XIX:* H. Berlioz, C. Franck, C. Saint-Saëns, C. Gounod, G. Bizet, J. Massenet, J. Offenbach, A. Messager. – *S. XX:* G. Fauré, V. d'Indy, C. Debussy, E. Satie, P. Dukas, R. Hann, A. Roussel, M. Ravel, A. Honegger, D. Milhaud, F. Poulenc, P. Boulez, O. Messiaen, M. Ohana.

CINE

Los pioneros: hermanos Lumière, G. Méliès. Los años veinte y treinta: L. Delluc, R. Clair, J. Renoir, J. Vigo, M. Carné, M. Pagnol. Los años cuarenta y cincuenta: J. Cocteau, R. Bresson, H. G. Clouzot, M. Ophuls, J. Tati, J. P. Melville. De la *nouvelle vague* a los años ochenta: C. Chabrol, F. Truffaut, J.-L. Godard, E. Rohmer, J. Rivette, A. Resnais, J. Démy, C. Sautet, C. Lelouch, B. Tavernier.

**Francia** *(campaña de)* [en.-marzo 1814], conjunto de operaciones que enfrentaron a las tropas de Napoleón, que fue derrotado, con las de los aliados (Prusia, Baviera, Sajonia, Austria, Rusia y Gran Bretaña).

**Francia** *(campaña de)* [10 mayo-25 junio 1940], conjunto de operaciones en las que se enfrentaron las tropas francesas y aliadas con las alemanas. Francia fue ocupada y pidió el armisticio.

**Francia** *(vuelta a)* [*tour de France*], la más veterana carrera ciclista anual por etapas, creada en 1903.

**FRANCIA** (José Gaspar **Rodríguez de**), político paraguayo (Asunción 1766-*id.* 1840). Dirigió con Cavallero y Yegros la revolución de 1811, que dio lugar a la independencia de Paraguay. Dictador vitalicio (1814-1840), con el apoyo popular y la oposición del clero, la aristocracia y algunos militares. En 1820 abortó una conjura contra su vida. Nacionalizó la Iglesia e instituyó la enseñanza laica, obligatoria y gratuita.

**FRANCIS** (James Bicheno), ingeniero norteamericano de origen británico (Southleigh, Devon, 1815-Lowell, Massachusetts, 1892). Realizó la turbina hidráulica de reacción que lleva su nombre (1849).

**FRANCIS** (Sam), pintor norteamericano (San Mateo, California, 1923-Santa Mónica 1994). Tachista, maestro del color y de la modulación espacial, trabajó en París en los años cincuenta.

**FRANCISCA ROMANA** *(santa)* [Roma 1384-*id.* 1440], fundadora de la congregación de las oblatas benedictinas.

SANTOS

**FRANCISCO DE ASÍS** *(san)*, fundador de la orden de los franciscanos (Asís *c.* 1182-*id.* 1226). Hijo

San **Francisco de Asís** recibiendo los estigmas. Detalle de una pintura de Giotto. (Louvre, París.)

de un rico comerciante, rompió con el mundo tras una juventud dorada (1206) y se rodeó de discípulos, que se consagraron como él a la pobreza evangélica: los hermanos menores (1209), orden religiosa a la que se añadió, en 1212, una orden de mujeres, las damas pobres o clarisas, cuya cofundadora fue Clara de Asís. Después de viajar a Marruecos y Egipto para intentar convertir a los musulmanes, recibió los estigmas de la Pasión (1224). Su ideal de pureza y de alegría evangélica se expresó en el *Cántico al sol*, uno de los primeros textos de la literatura italiana; su leyenda revivió en los *Fioretti* y en los frescos atribuidos al taller de Giotto, en Asís.

**FRANCISCO DE BORJA** *(san)*, *marqués* **de Lombay** y *duque* **de Gandía**, jesuita español (Gandía 1510-Roma 1572). Abandonó la corte de Carlos Quinto tras escoltar de Toledo a Granada el cadáver de la emperatriz Isabel (1539). Virrey de Cataluña (1539-1542), ingresó en la Compañía de Jesús al morir su esposa, Leonor de Castro (1546), y en 1565 fue elegido tercer general de la orden. Fue canonizado en 1671.

**FRANCISCO DE PAULA** *(san)*, religioso italiano, fundador de la orden de los mínimos (Paola, Calabria, 1416-Plessis-lès-Tours 1507). Luis XI de Francia lo llamó a su corte por su fama de taumaturgo.

**FRANCISCO DE SALES** *(san)*, obispo de Ginebra-Annecy y doctor de la Iglesia (Sales, Saboya, 1567-Lyon 1622). Autor de *Introducción a la vida devota* (1609) y de *Tratado del amor de Dios* (1616). En 1610, con Juana de Chantal, fundó la orden de la Visitación.

**FRANCISCO JAVIER** *(san)*, jesuita español (castillo de Javier, Navarra, 1506-isla de Sancián [Shangchuan], frente a Cantón, 1552). Después de conocer a san Ignacio de Loyola en París, se ordenó sacerdote y, tras aprobar Paulo III la Compañía de Jesús, marchó a Goa (1542). Después de organizar allí las comunidades cristianas en la Costa de Malabar, pasó a Ceilán y las Molucas (1545-1547), Malaca (1552) y China, donde enfermó y murió. Fue canonizado en 1622.

**FRANCISCO SOLANO** *(san)*, franciscano español (Montilla 1549-Lima 1610). En 1589 viajó a Tucumán, donde predicó a los indios lule y toconote, cuya lengua aprendió. Residió en Lima desde 1601. Predicador popular, gozó en vida de fama de santo.

EMPERADORES

**FRANCISCO I** (Nancy 1708-Innsbruck 1765), emperador germánico [1745-1765], duque de Lorena (Francisco III) [1729-1736], gran duque de Toscana (Francisco II) [1737-1765], fundador de la casa de Habsburgo-Lorena. En 1736 se casó con María Teresa de Austria. – **Francisco II** (Florencia 1768-Viena 1835), emperador germánico [1792-1806] y emperador hereditario de Austria (Francisco I) [1804-1835]. Luchó sin éxito contra la revolución francesa y contra Napoleón I, quien, al suprimir el Sacro imperio (1806), lo redujo al rango de emperador de Austria e hizo que le concediera la mano de su hija María Luisa (1810). Aconsejado por Metternich, se unió en 1813 a la coalición antifrancesa. Presidente de la Confederación germánica (1815), reprimió los movimientos liberales en Alemania e Italia.

AUSTRIA

**FRANCISCO JOSÉ I** (en el castillo de Schönbrunn 1830-Viena 1916), emperador de Austria [1848-1916] y rey de Hungría [1867-1916], sobrino y sucesor de Fernando I. Con el apoyo del ejército estableció un régimen autoritario. No obstante, la pérdida de Lombardía (1859) le inclinó hacia una política más liberal. En guerra contra Prusia (1866), y derrotado en Sadowa, aceptó el compromiso austro-húngaro (1867), que colocaba en pie de igualdad al reino de Hungría frente al imperio de Austria. Sin embargo, no consiguió frenar la exacerbación de la pasiones nacionalistas. Después de aliarse con los emperadores de Rusia y Alemania (1873), firmó con Alemania la Dúplice (1879) y se anexionó Bosnia Herzegovina (1908). Declaró la guerra a Serbia (1914), desencadenando así la primera guerra mundial.

**FRANCISCO FERNANDO de Habsburgo,** archiduque de Austria (Graz 1863-Sarajevo 1914), sobrino del emperador Francisco José, heredero del trono desde 1889. Su asesinato en Sarajevo, el 28 de junio de 1914, provocó la primera guerra mundial.

DOS SICILIAS

**FRANCISCO I** (Nápoles 1777-*id.* 1830), rey de las Dos Sicilias [1825-1830]. – **Francisco II** (Nápoles 1836-Arco 1894), rey de las Dos Sicilias [1859-1860].

ESPAÑA

**FRANCISCO DE ASÍS DE BORBÓN** (Aranjuez 1822-Épinay-sur-Seine 1902), rey consorte de España [1846-1868], esposo de Isabel II. Enemigo de los liberales, hizo caer a Narváez (1868). Tras la revolución de 1868 emigró a Francia y se separó de su esposa.

FRANCIA

**FRANCISCO I** (Cognac 1494-Rambouillet 1547), rey de Francia [1515-1547], hijo de Carlos de Orleans, conde de Angulema, y sucesor de su primo Luis XII. Venció a los suizos en Marignano (1515) y se adueñó del Milanesado. Intentó convertirse en emperador, pero fracasó, y fue elegido Carlos I de España (Carlos Quinto), con quien rivalizó durante todo su reinado al ver sus territorios rodeados por los de la casa de Habsburgo. Vencido y hecho prisionero en Pavía (1525), renunció al Milanesado. En 1527 reanudó las hostilidades contra Carlos I de España aliándose con protestantes y turcos. Promovió el Renacimiento en Francia y a su corte llegaron poetas y pintores italianos. Considerado uno de los constructores del moderno estado francés, su reinado fue próspero: creció la población y se extendió el comercio y la agricultura.

**FRANCISCO II** (Fontainebleau 1544-Orleans 1560), rey de Francia [1559-1560], hijo de Enrique II. Casó con María Estuardo. Dejó el gobierno en manos de los Guisa, y combatió la Reforma.

NAVARRA

**FRANCISCO FEBO** (*c.* 1469-1483), conde de Foix (1472) y rey de Navarra [1479-1483]. Reinó bajo la regencia de su madre. Le sucedió su hermana Catalina.

**FRANCISCO I. MADERO,** mun. de México (Coahuila); 47 511 hab. Centro agrícola. – Mun. de México (Hidalgo); 21 741 hab. Cereales. Maguey.

**FRANCISCO JOSÉ** *(Tierra de)* → ***Nansen*** (archipiélago de).

**FRANCISCO MORAZÁN** *(departamento de)*, dep. de Honduras, en el centro-sur del país; 7 946 km²; 797 611 hab. Cap.: *Tegucigalpa.*

**FRANCISCO Z. MENA,** mun. de México (Puebla); 15 676 hab. Agricultura.

**FRANCK** (César), compositor y organista francés de origen belga (Lieja 1822-París 1890), autor de *Las bienaventuranzas* (1869-1879), oratorio; *Preludio, coral y fuga* (1884); *Variaciones sinfónicas* (1885) y tres corales para órgano (1890), consideradas su testamento musical.

**FRANCK** (James), físico norteamericano de origen alemán (Hamburgo 1882-Gotinga 1964). Estudió la excitación de los átomos y obtuvo el premio Nobel de física (1925) por su teoría sobre la luminiscencia.

**FRANCO** (Manuel), político paraguayo (1875-Asunción 1919). Presidente (1916-1919), aplicó una política progresista (amnistía, voto secreto, reforma educativa).

**FRANCO** (Rafael), militar y político paraguayo (1900-1975). Presidente tras derrocar a Ayala (1936), propugnó un reformismo radical. Otro golpe militar antiliberal le obligó a exiliarse (1937). Su partido, el actual Partido revolucionario febrerista, permaneció en la oposición a Stroessner.

**FRANCO BAHAMONDE** (Francisco), militar y político español (Ferrol 1892-Madrid 1975). Muy joven destacó por sus campañas en Marruecos (1912-1916, 1920, 1923-1926). Con los generales Sanjurjo y Mola, protagonizó el alzamiento del 18 de julio de 1936 que desencadenó la guerra civil (1936-1939). Muerto Sanjurjo, asumió el mando supremo y fue proclamado generalísimo de los ejércitos y jefe del estado. Al término de la guerra estableció un régimen dictatorial apoyado en la Iglesia y el ejército y se abstuvo de participar en la segunda guerra mundial. Su política conoció una relativa apertura a partir de los años cincuenta (entrada en la O.N.U., concordato con el Vaticano, acuerdos con E.U.A.), aunque mantuvo la represión contra los movimientos de oposición. Designó sucesor a Juan Carlos de Borbón (1969). [V. parte n. c., ***franquismo.***]

**FRANCO BAHAMONDE** (Ramón), aviador y político español (Ferrol 1896-en aguas de Mallorca 1938), hermano del anterior. En 1926, al mando del hidroavión Plus Ultra, voló de Palos de Moguer a Buenos Aires, lo que le hizo muy popular. Activo político republicano, se unió al alzamiento de 1936. Desapareció pilotando un avión.

**FRANCO CONDADO,** en fr. **Franche-Comté,** región histórica y administrativa del E de Francia (dep. de Doubs, Jura, Haute-Saône y territorio de Belfort); 16 202 km$^2$; 1 097 276 hab. Cap. *Besançon.* El Franco Condado o condado de Borgoña formó parte del Imperio y de los estados borgoñones. Pasó en 1556 a los reyes de España, herederos de Carlos Quinto. Francia lo anexionó en 1678.

**FRANCONETTI** (Silverio), intérprete de cante flamenco español (Sevilla 1831-*id.* fines del s. XIX). Con él se inició la difusión mayoritaria del flamenco fuera de los círculos gitanos.

**FRANCONIA,** en alem. **Franken,** región histórica de Alemania, cuya mayor parte pertenece a Baviera. Fue uno de los primeros ducados del Sacro imperio romano germánico.

**franco-prusiana** *(guerra)* [1870-1871], conflicto que, en el marco de la lucha llevada a cabo por Bismarck para conseguir la unidad alemana, agrupó a todos los estados alemanes, bajo la hegemonía prusiana, contra Francia. Napoleón III declaró la guerra a Prusia (19 julio 1870) tras un conflicto diplomático a raíz de la candidatura de un Hohenzollern al trono de España, donde Isabel II había sido depuesta por la revolución de 1868. La caída del segundo Imperio francés sobrevino tras las derrotas de Alsacia (Wissemburg), Lorena (batallas de Metz) y Sedán (2 set. 1870). Los esfuerzos franceses, en ocasiones victoriosos (Coulmiers), del gobierno de la Defensa nacional (Gambetta) no pudieron impedir las capitulaciones de Estrasburgo, Metz y París (28 en. 1871). El tratado de Frankfurt (10 mayo 1871) consagró la victoria del Imperio alemán, proclamado en Versalles el 18 de enero de 1871, y la derrota de Francia, que perdía Alsacia (excepto Belfort) y una parte de Lorena.

**FRANK** (Robert), fotógrafo y director de cine norteamericano de origen suizo (Zurich 1924). Marcó la fotografía contemporánea con una visión subjetiva (tema de apariencia banal, paisaje despoblado, etc.) y un estilo que privilegia el vacío y el desequilibrio en la composición (*Los americanos,* 1958).

**FRANK PAIS,** mun. de Cuba (Holguín); 28 322 hab. Caña de azúcar. Aeropuerto.

**Frankenstein o el moderno Prometeo,** novela de Mary Shelley (1818), uno de los clásicos de la novela fantástica y de terror, llevada al cine en claves diversas.

**FRANKFURT DEL MAIN** o **FRANCFORT DEL MAIN,** en alem. **Frankfurt am Main,** c. de Alemania (Hesse), a orillas del Main; 635 151 hab. Centro financiero (bolsa y Bundesbank, Instituto monetario europeo) e industrial. Universidad. Importante aeropuerto. Feria anual internacional del libro. Catedral de los ss. XIII-XV y edificios góticos. Numerosos e importantes museos. Casa de Goethe. En el pasado, la ciudad estuvo ocupada por los romanos, y, desde el s. XII, fue con frecuencia sede de la elección imperial y posteriormente de la coronación del emperador (1562-1792). Capital de la Confederación del Rin (1806-1813) y de la Confederación germánica, fue anexionada por Prusia en 1866. El 10 de mayo de 1871, se firmó en ella el tratado que ponía fin a la guerra franco-prusiana.

**Frankfurt** *(escuela de),* escuela filosófica alemana que intentó, a partir de 1923 con Hoekheimer y Marcuse y en 1950 con Adorno y Habermas, estudiar un marxismo independiente de los partidos políticos, a partir de la teoría crítica y del sicoanálisis.

**FRANKFURT DEL ODER** o **FRANCFORT DEL ODER,** en alem. **Frankfurt an der Oder,** c. de Alemania (Brandeburgo), en la orilla izquierda del Oder, junto a la frontera polaca; 87 126 hab.

**Frankfurter Allgemeine Zeitung,** diario conservador alemán fundado en 1949.

**FRANKLIN** (Benjamin), político, físico y publicista norteamericano (Boston 1706-Filadelfia 1790). Partidario del liberalismo y diputado en el primer congreso norteamericano (1774), redactó, junto con Jefferson y Adams, la declaración de independencia (1776) y negoció en Versalles la alianza francesa. Es el inventor del pararrayos (1752).

**FRANKLIN** (*sir* John), marino y explorador británico (Spilsby, Lincolnshire, 1786-en la Tierra del Rey Guillermo 1847). Exploró las costas árticas de Canadá, fue gobernador de Tasmania (1836-1843) y murió durante una expedición encargada de buscar el paso del Noroeste.

**FRANQUESAS DEL VALLÉS (Las)** o **LES FRANQUESES DEL VALLÈS,** mun. de España (Barcelona); 10 288 hab. Cap. *Corró de Vall* o *Corró d'Avall.* Industrias.

**FRANQUIN** (André), dibujante belga (Bruselas 1924-Saint-Laurent-du-Var 1997), continuador desde 1946 de las aventuras de *Spirou* en el semanario del mismo nombre.

**FRASCATI,** c. de Italia, cerca de Roma; 20 043 hab. Vinos. Centro de investigaciones nucleares. Es la ant. *Tusculum.* Villas del s. XVI.

**FRASCUELO** (Salvador **Sánchez Povedano,** llamado), matador de toros español (Churriana, Granada, 1842-Madrid 1898). Tomó la alternativa en 1867 de manos de Cúchares, y se retiró en 1889. Fue legendaria su rivalidad con Lagartijo.

**FRASER,** r. de Canadá, nacido en las Rocosas, que discurre entre profundas gargantas, y desemboca en el Pacífico; 1 200 km.

**FRASER** (Dawn), nadadora australiana (Balmain, Sydney, 1937), triple campeona olímpica (1956, 1960 y 1964) de 100 m estilo libre, fue la primera mujer que nadó esta distancia en menos de un minuto (1962).

**Fraternidad republicana irlandesa,** movimiento revolucionario irlandés fundado en 1858 en Estados Unidos. Sus miembros, los fenianos, pretendían luchar por la independencia de Irlanda.

**FRAUNHOFER** (Joseph **von**), óptico y físico alemán (Straubing, Baviera, 1787-Munich 1826). Inventó el espectroscopio y, gracias a él, estudió las rayas del espectro solar.

**FRAY BENTOS,** c. de Uruguay, cap. del dep. de Río Negro; 20 431 hab. Puerto franco en el río Uruguay, unido por un puente a Puerto Unzúe (Argentina).

**Fray Gerundio de Campazas** o *Historia del famoso predicador fray Gerundio de Campazas, alias Zotes,* novela del padre Isla (1758 y 1770), sátira de la oratoria sagrada barroca.

**FRAZER** (*sir* James George), antropólogo británico (Glasgow 1854-Cambridge 1941). Recogió un gran número de creencias y ritos de las sociedades tradicionales (*La rama dorada,* 1890-1915), y distinguió una dependencia entre religión y magia.

**FRÉCHET** (Maurice), matemático francés (Maligny 1878-París 1973), uno de los precursores del estudio de los espacios abstractos.

**FREDERICTON,** c. de Canadá, cap. de Nuevo Brunswick; 44 814 hab. Universidad.

**FREDERIKSBERG,** c. de Dinamarca, en la aglomeración de Copenhague; 88 000 hab.

**Frederiksborg,** castillo real de Dinamarca (s. XVII), cerca de Hillerod (Sjaelland).

**FREDHOLM** (Ivar), matemático sueco (Estocolmo 1866-Mörby, cerca de Estocolmo, 1927), uno de los fundadores de la teoría de las ecuaciones integrales.

**FREDONIA,** mun. de Colombia (Antioquia); 22 777 hab. Café, bananas. Minas de carbón.

**FREETOWN,** c. y cap. de Sierra Leona; 469 000 hab. Puerto en el Atlántico.

**FREGE** (Gottlob), lógico y matemático alemán (Wismar 1848-Bad Kleinen, Mecklemburgo, 1925). Dio origen a la formalización de las matemáticas (*Begriffsschrift,* 1879) y a la doctrina logicista del fundamento de las matemáticas.

**FREI** (Eduardo), político chileno (Santiago 1911-*id.* 1982). Líder del partido democratacristiano, fue presidente de la república en 1964-1970. Se opuso al gobierno de Unidad popular de S. Allende y apoyó tácitamente el golpe militar de Pinochet (1973), del que fue posteriormente detractor. *(V. ilustración pág. 1332.)* – Su hijo **Eduardo Frei Ruiz-Tagle** (Santiago 1942), líder democratacristiano, fue presidente de 1994 a 2000.

**FREIBERG,** c. de Alemania (Sajonia), al SO de Dresde; 49 840 hab. Metalurgia. Catedral de los ss. XII-XVI (obras de arte).

**FREILIGRATH** (Ferdinand), poeta alemán (Detmold 1810-Stuttgart 1876), autor de baladas románticas y de poemas políticos.

**FREINET** (Célestin), pedagogo francés (Gars, Alpes-Maritimes, 1896-Vence 1966). Desarrolló una pedagogía al servicio de la libre expresión de los niños y de la formación personal (*La educación del trabajo,* 1947).

**FREIRE,** com. de Chile (Araucanía); 22 991 hab. Centro agropecuario. Industrias lácteas.

**FREIRE** (Paulo), pedagogo brasileño (Recife 1921-São Paulo 1997), autor de un método de alfabetización que se basa en la concienciación, por parte de quien aprende, de su condición social (*Pedagogía del oprimido,* 1969).

san **Francisco de Borja**
(Goya - col. part., Madrid)

san **Francisco Javier**
(museo de Kōbe, Japón)

**Francisco I,**
rey de Francia
(J. Clouet [?] - Louvre, París)

**Francisco José I**
(H. Wassmuth - Holfburg, Viena)

Francisco **Franco Bahamonde**

Benjamin **Franklin**
(galería nacional de retratos, Londres)

**FREIRE** (Ramón), militar y político chileno (Santiago 1787-*id.* 1851). Independentista, se sublevó contra O'Higgins (1822) y se hizo elegir director supremo provisional (1823). Promulgó leyes reformistas, confiscó los bienes del clero y rompió con la Santa Sede. En 1826 renunció, aunque posteriormente asumió el poder (en.-mayo 1827). En 1829 asumió la jefatura de todos los ejércitos, pero fue derrotado en Lircay (1830).

**FRENCH** (John), mariscal británico (Ripple, Kent, 1852-Deal Castle, Kent, 1925). Estuvo al mando de las tropas británicas en Francia en 1914 y 1915.

**Frente de liberación nacional** (F.L.N.), movimiento nacionalista argelino formado en 1954. Durante mucho tiempo fue la principal formación política de Argelia (partido único de 1962 a 1989).

**Frente islámico de salvación** (F.I.S.), partido político argelino, inspirado en el fundamentalismo islámico. Fundado en 1989, fue ilegalizado en 1992.

**Frente popular,** coalición política electoral constituida por partidos y sindicatos obreros (comunistas y socialistas) y por organizaciones de la pequeña y mediana burguesía (radicales, republicanos de izquierda, etc.) que alcanzó el poder en España y Francia (1936) y en Chile (1938-1952).
• En España, la izquierda, unida en 1935 en un Frente popular de lucha contra el fascismo (republicanos de izquierda, socialistas, comunistas), llegó al poder en febrero de 1936, y se mantuvo hasta el fin de la guerra civil (1939), con Azaña como presidente de la república.
• En Francia, la coalición del Frente popular (socialistas, comunistas y radicales) constituyó un gobierno (1936-1938), presidido por Léon Blum.
• En Chile, los radicales, comunistas, socialistas y la Confederación de trabajadores crearon un Frente popular, en el poder desde 1938 hasta 1947-1948.

**Frente popular de liberación de Saguía El Hamra y Río de Oro** → ***polisario*** (Frente).

**FRESCOBALDI** (Girolamo), compositor italiano (Ferrara 1583-Roma 1643), organista de San Pedro de Roma, innovador en la música de órgano y clavecín (*Fiori musicali*, 1635).

**FRESNAYE** (Roger **de La**), pintor francés (Le Mans 1885-Grasse 1925). Después de un acercamiento al cubismo (*Hombre sentado*, 1913), volvió a un realismo estilizado, de delicado cromatismo.

**FRESNEL** (Augustin), físico francés (Chambrais [act. Broglie] 1788-Ville-d'Avray 1827). Desarrolló la óptica ondulatoria, creó la óptica cristalina y explicó la polarización de la luz.

**FRESNILLO DE GONZÁLEZ ECHEVERRÍA,** c. de México (Zacatecas), cab. del mun. de *Fresnillo;* 75 108 hab. Planta minerometalúrgica.

**FRESNO,** c. de Estados Unidos (California); 354 202 hab. Industria conservera.

**FRESNO,** mun. de Colombia (Tolima); 26 433 hab. Minería (oro, plata, cobre). Industria maderera.

**FREUD** (Anna), sicoanalista británica de origen austríaco (Viena 1895-Londres 1982), hija de Sigmund Freud. Se dedicó al sicoanálisis infantil.

**FREUD** (Lucian), pintor británico de origen alemán (Berlín 1922), nieto de Sigmund Freud. Sus retratos y desnudos aportaron un realismo expresionista a la escuela de Londres.

**FREUD** (Sigmund), médico austríaco (Freiberg [act. Příbor], Moravia, 1856-Londres 1939), fundador del sicoanálisis. Estableció el origen de los trastornos neuróticos en deseos olvidados, en relación con el complejo de Edipo e irreconciliables con los demás deseos o con la moral. Estos deseos inhibidos siguen existiendo en el inconsciente, pero únicamente pueden irrumpir en la conciencia a condición de ser desfigurados. De este modo se forman, además de los síntomas neuróticos, los sueños y los actos fallidos (*La interpretación de los sueños,* 1900; *Tres ensayos para una teoría sexual,* 1905; *Tótem y tabú,* 1912). A partir de 1920, con la publicación de *Más allá del principio del placer,* introdujo la oposición entre pulsión de vida (Eros) y pulsión de muerte (Thanatos), y propuso un nuevo modelo del aparato síquico: el yo, el ello y el superyó. A partir de esta época se consagró a los grandes problemas de la civilización, a los que aplicó la técnica analítica (*El porvenir de una ilusión,* 1927; *El malestar en la cultura,* 1930; *Moisés y el monoteísmo,* 1939). En 1910 fundó la Asociación sicoanalítica internacional.

**FRIA,** c. de Guinea, cerca del r. Konkouré; 12 000 hab. Fábrica de aluminio.

**FRÍAS,** c. de Argentina (Santiago del Estero); 22 062 hab. Cemento.

**FRÍAS** (Heriberto), escritor y periodista mexicano (Querétaro 1870-Tizapán 1925), autor de *Temochic* (1893-1895), denuncia contra la dictadura de Porfirio Díaz y antecedente de la novela de la revolución.

**FRÍAS** (Tomás), abogado y político boliviano (Sucre 1805-Florencia 1884). Ministro de Ballivián, asumió la presidencia a la muerte de éste (1874). Hizo frente a sublevaciones y motines contra su política económica. Derrocado por Daza, se exilió a Europa (1876).

**FRIBURGO,** en fr. **Fribourg,** en alem. **Freiburg,** c. de Suiza, cap. del cantón homón.; 36 355 hab. Universidad. Catedral (ss. XIII-XV). Museos. – El *cantón de Friburgo* tiene 1 670 $km^2$ y 213 571 hab.

**FRIBURGO DE BRISGOVIA,** en alem. **Freiburg im Breisgau,** c. de Alemania (Baden-Württemberg), ant. cap. de Brisgovia; 187 767 hab. Universidad. Catedral de los ss. XIII-XVI (retablo de H. Baldung). Museo en un antiguo convento.

**Friedland** *(batalla de)* [14 junio 1807], victoria de Napoleón I sobre los rusos en la localidad prusiana de Friedland (act. *Právdinsk,* Rusia).

**FRIEDMAN** (Milton), economista norteamericano (Nueva York 1912), promotor de un neoliberalismo monetarista. (Premio Nobel de economía 1976.)

**FRIEDRICH** (Caspar David), pintor alemán (Greifswald, cerca de Stralsund, 1774-Dresde 1840). Trató principalmente el gran tema romántico del hombre solitario en vastos espacios naturales.

**FRIEDRICHSHAFEN,** c. de Alemania (Baden-Württemberg), junto al lago Constanza; 53 493 hab.

**FRIESZ** (Othon), pintor francés (El Havre 1879-París 1949). Uno de los iniciadores del fauvismo, más tarde practicó un realismo más sobrio.

**FRIGIA,** en gr. **Phrygia,** ant. región occidental de Asia Menor, separada del mar Egeo por Lidia. En el s. XII a. J.C., pueblos invasores procedentes de los Balcanes constituyeron en esta región un reino cuyos soberanos, con Gordion como capital, llevaban alternativamente los nombres de Godias y de Midas; la invasión de los cimerios (s. VII a. J.C.) destruyó el reino que fue anexionado a Lidia en el s. VI por Creso.

**FRINÉ,** cortesana griega (Tespias s. IV a. J.C.). Fue amante de Praxíteles, al que sirvió de modelo. Acusada de impiedad, Hipérides obtuvo su absolución al descubrir su belleza a los jueces.

**FRINICO,** poeta griego (fines del s. VI-en Sicilia principios s. V a. J.C.). Uno de los creadores de la tragedia, se le atribuye la invención de la máscara.

**FRISCH** (Karl **von**), zoólogo y etnólogo austríaco (Viena 1886-Munich 1982). Descubrió el «lenguaje» de las abejas, que se expresa mediante la orientación de su danza. Estudió también los órganos sensoriales de los invertebrados. (Premio Nobel de fisiología y medicina 1973.)

**FRISCH** (Max), escritor suizo en lengua alemana (Zurich 1911-*id.* 1991), autor de novelas (*No soy Stiller,* 1954) y de obras de teatro (*Biedermann y los incendiarios,* 1958; *Andorra,* 1961), influidas por Brecht y por el existencialismo.

**FRISCH** (Ragnar), economista noruego (Oslo 1895-*id.* 1973), uno de los fundadores de la econometría. (Premio Nobel de economía 1969.)

**FRISIA,** en neerlandés y en alem. **Friesland,** región de llanuras costeras del mar del Norte, bordeadas de islas *(islas Frisias)* y dividida entre Países Bajos (*provincia de Frisia;* 3 865 $km^2$; 598 000 hab.; cap. *Leeuwarden*) y Alemania (ant. *Frisia Oriental*). El *archipiélago de Frisia Septentrional* está compartido por Alemania y Dinamarca.

**FRIUL** o **FRIULI,** en ital. **Friuli,** región de la ant. Venecia, incorporada al reino lombardovéneto en 1815 y anexionada al reino de Italia en 1866, salvo la provincia de Gorizia, austríaca hasta 1919. C. pral. *Udine.* – Con Venecia Julia, forma desde 1963 la *región autónoma de Friuli-Venecia Julia,* que comprende las prov. de Gorizia, Trieste, Udine y Pordenone; 7 846 $km^2$; 1 193 520 hab.; cap. *Trieste.*

**FRÖBEL** (Friedrich), pedagogo alemán (Oberweissbach, Turingia, 1782-Marienthal 1852). Fundó, en 1837, el primer jardín de infancia y creó uno de los primeros sistemas de juegos educativos.

**FROBENIUS** (Leo), antropólogo y explorador alemán (Berlín 1873-Biganzolo, lago Mayor, 1938). Atribuyó un origen común a las culturas de Oceanía y de África occidental y demostró la existencia de áreas culturales.

**FROBERGER** (Johann Jakob), organista y compositor alemán (Stuttgart 1616-Héricourt, Haute-Saône, 1667), autor de obras para clavecín.

**FROBISHER** *(Bahía de),* bahía de Canadá, situada en el S de la Tierra de Baffin.

**FROBISHER** (*sir* Martin), navegante inglés (Altofts, Yorkshire, *c.* 1535-Plymouth 1594). Exploró Groenlandia y la tierra de Baffin. En 1588, contribuyó a la destrucción de la Armada invencible, y ayudó a Enrique IV de Francia contra la Liga católica y los españoles.

**FROILAZ** (Pedro) → ***Traba*** (conde de).

**FROISSART** (Jean), cronista francés (Valenciennes 1333-Chimay *d.* 1404). Sus *Crónicas* ofrecen una viva descripción del mundo feudal entre 1325 y 1400.

**FRÓMISTA,** v. de España (Palencia); 1 013 hab. Iglesia de San Martín (ss. XI-XII), notable ejemplar románico del camino de Santiago.

**FROMM** (Erich), sicoanalista norteamericano de origen alemán (Frankfurt del Main 1900-Muralto, Ticino, 1980). Propugnó la adaptación del sicoanálisis a la dinámica social a partir de una lectura humanista de Marx (*El miedo a la libertad,* 1941; *El arte de amar,* 1956).

**Fronda** *(la)* [1648-1652], sublevación provocada por las exigencias financieras y la impopularidad de Mazarino, durante la minoría de Luis XIV de Francia. Tuvo dos fases: la *Fronda parlamentaria* (1648-1649) y la *Fronda de los príncipes.* La revuelta fracasó, y el poder real y Mazarino salieron reforzados.

**FRONDIZI** (Arturo), político y abogado argentino (Paso de los Libres, Corrientes, 1908-Buenos Aires 1995). Dirigente radical, fue elegido presidente en

Eduardo **Frei**

Sigmund **Freud**

Arturo **Frondizi**

Carlos **Fuentes**

Alberto K. **Fujimori**

1958, e implantó un régimen conservador con la oposición de los trabajadores y de los militares. Fue derrocado en 1962.

**FRONDIZI** (Risieri), filósofo argentino (Posadas 1910-† 1982). Fue partidario de sustituir la ontología clásica por una teoría general de la experiencia (*El punto de partida del filosofar,* 1945; *¿Qué son los valores?,* 1958).

**FRONTERA,** mun. de México (Coahuila); 35 179 hab. Centro comercial. Industria metalúrgica.

**FRONTERA COMALAPA,** mun. de México (Chiapas); 26 914 hab. Centro agrícola. Maderas.

**FRONTINO** *(páramo de),* páramo de la cordillera Occidental de Colombia (Antioquia); 4 080 m.

**FRONTINO,** mun. de Colombia (Antioquia); 25 997 hab. Minería (oro, cobre, plata).

**FROSINONE,** c. de Italia (Lacio), cap. de prov.; 45 525 hab. Material aeronáutico.

**FROST** (Robert Lee), poeta norteamericano (San Francisco 1874-Boston 1963). Su obra se inspira en la naturaleza y el espíritu de Nueva Inglaterra (*Al norte de Boston,* 1914).

**FROUDE** (William), ingeniero británico (Dartington, Devon, 1810-Simonstown, República de Sudáfrica, 1879). Fue autor de trabajos sobre la mecánica de los fluidos y creó el primer canal de ensayos de modelos. Inventó un tipo de freno hidráulico para la medida de los pares motores en el banco de ensayo (1858).

**FRÜBECK DE BURGOS** (Rafael), director de orquesta español (Burgos 1933). Ha dirigido, entre otras, la orquesta sinfónica de Bilbao (1958-1962), la nacional de España (1962-1978) y la sinfónica de Viena (desde 1991). Es director musical de la ópera de Berlín desde 1992.

**FRUELA I** († Cangas de Onís), rey astur [757-768], hijo y sucesor de Alfonso I el Católico. Sometió a vascones y gallegos y venció a las tropas de 'Abd al-Raḥmān I. Repobló Galicia hasta el Miño. Fue asesinado.

**FRUELA II,** rey de León [924-925], hijo de Alfonso III y de Jimena, sucesor de su hermano Ordoño II. Su muerte abrió una crisis sucesoria.

**FRUMARIO** († ¿466?), rey suevo de Galicia [460-464]. Usurpó el trono a la muerte de Maldra. Luchó contra los partidarios de Remismundo (rey desde 464), que no reconocían su soberanía.

**FRUNZE** → ***Bishkek.***

**FRY** (Christopher), escritor británico (Bristol 1907), autor de dramas poéticos (*La dama no es para la hoguera,* 1948).

**FU'ĀD I** (El Cairo 1868-*id.* 1936), sultán [1917-1922] y rey [1922-1936] de Egipto.

**FU-CHEU** → ***Fuzhou.***

**FUCHS** (Lazarus), matemático alemán (Moschin, Poznań, 1833-Berlín 1902), autor de una teoría de las ecuaciones diferenciales lineales.

**FUEGO** *(Tierra del)* → ***Tierra del Fuego.***

**FUEGO** *(volcán de),* volcán de Guatemala, en el Eje volcánico guatemalteco-salvadoreño; 3 763 m.

**FUENDETODOS,** mun. de España (Zaragoza); 146 hab. Casa natal-museo de Francisco Goya.

**FUENGIROLA,** v. de España (Málaga), cab. de p. j.; 43 048 hab. *(Fuengiroleños.)* Centro turístico.

**FUENLABRADA,** v. de España (Madrid), cab. de p. j.; 144 069 hab. Industrias alimentarias, electrónicas y metalmecánicas.

**FUENMAYOR,** v. de España (La Rioja); 2 075 hab. *(Fuenmayoranos* o *fuenmayorenses.)* Vinos y conservas vegetales. Iglesia gótica del s. XVI. Casas señoriales.

**FUENMAYOR** (José Félix), escritor colombiano (Barranquilla 1885-*id.* 1966). Poeta, novelista (*Cosme,* 1928) y cuentista (*La muerte en la calle,* 1967), describe las costumbres caribeñas.

**FUENTE** (Vicente **de la**), historiador español (Calatayud 1817-Madrid 1889), autor de *Historia eclesiástica de España* (1851) e *Historia de las sociedades secretas antiguas y modernas en España* (1870), y continuador de la *España sagrada* del padre Flórez.

**Fuente Ovejuna** o **Fuenteovejuna,** comedia de Lope de Vega (1612-1614), en la que el tema del honor cobra una dimensión colectiva en el alzamiento de todo un pueblo contra un tiránico comendador.

**FUENTE PALMERA,** v. de España (Córdoba); 9 156 hab. Industrias alimentarias, metalúrgicas. Curtidos.

**FUENTE-ÁLAMO,** v. de España (Murcia); 8 298 hab. *(Fuentealameros.)* Centro agrícola (industrias derivadas).

**FUENTERRABÍA** u **HONDARRIBIA,** c. de España (Guipúzcoa); 13 974 hab. *(Ondarribiarras.)* Puerto pesquero en la desembocadura del Bidasoa. Aeropuerto de San Sebastián. Iglesia gótico-renacentista.

**FUENTES** (Carlos), escritor mexicano (México 1928). La búsqueda de la realidad mexicana a través de los mitos del pasado es una constante de su narrativa desde sus primeras novelas (*La región más transparente,* 1958; *Las buenas conciencias,* 1959). Tras el relato fantástico *Aura* (1962), publicó *La muerte* de Artemio Cruz* (1962), novela cuyo marcado experimentalismo revela el conocimiento de los grandes autores anglosajones (Joyce, Dos Passos). Posteriores son *Cambio de piel* (1967), *Cumpleaños* (1969), *Terra nostra* (1975), su novela más compleja, *La cabeza de la hidra* (1978), *Gringo viejo* (1985), *Cristóbal Nonato* (1987) y *La frontera de cristal* (1996). Ha cultivado también el teatro y el ensayo. (Premio Rómulo Gallegos 1977; Premio Cervantes 1987; Premio de la Latinidad 1999.)

**FUENTES** (Pedro **Enríquez de Acevedo,** *conde* **de**), general español (Zamora 1525-Milán 1620). Sobrino del duque de Alba, desarrolló brillantes campañas en Portugal y Flandes, y cerró el acceso francés a Italia.

**Fuero de los españoles,** ley fundamental española del franquismo, promulgada en 1945, que definía los derechos y deberes de los españoles. Fue derogado en 1978.

**FUERTE (El),** mun. de México (Sinaloa); 81 330 hab. Centro agrícola. Conservas.

**FUERTE OLIMPO,** c. de Paraguay, cap. del dep. de Alto Paraguay; 1 867 hab. Puerto fluvial en el río Paraguay.

**FUERTEVENTURA,** isla de España, en las Canarias (Las Palmas); 1 731 km²; 49 542 hab. Cap. *Puerto del Rosario.* Clima árido. La capital es el único centro urbano importante. Agricultura de regadío en valles y barrancos. Ganadería (cabras y dromedarios). Pesca. Turismo. Fue conquistada en 1404 por Bethencourt.

**FUGAZOT** (Roberto), cantante y compositor de tangos uruguayo (Montevideo 1901-Buenos Aires 1971). Conoció en Buenos Aires a Irusta, y con él y Demare formó a partir de 1927 un trío tanguero de gran popularidad.

**FUGGER,** familia de banqueros de Augsburgo, que prestó su apoyo a los Habsburgo (ss. XV y XVI). Carlos Quinto les concedió el arrendamiento de los maestrazgos de las órdenes militares en España, que incluía las minas de Almadén.

**FUJI,** c. de Japón (Honshū), al pie del Fuji-Yama; 222 490 hab. Centro industrial.

**FUJIAN** o **FU-KIEN,** prov. del SE de China; 120 000 km²; 30 048 000 hab. Cap. *Fuzhou.*

**FUJIMORI** (Alberto Kaynia), político peruano (Lima 1938). Hijo de emigrantes japoneses, creó Cambio 90, agrupación política populista con la que ganó las elecciones presidenciales en 1990. En 1992 dio un autogolpe de estado con el que desmanteló el antiguo sistema político y judicial y reforzó sus poderes. En 1993 promulgó una nueva constitución. Reelegido en 1995 y, tras un irregular proceso electoral, en 2000, dimitió meses después acusado de corrupción.

**FUJISAWA,** c. de Japón (Honshū); 350 330 hab.

**FUJITA** (Tsuguharu, bautizado con el nombre de **Léonard**), pintor y grabador francés de origen japonés (Tōkyō 1886-Zurich 1968). Instalado en París, alcanzó gran éxito a partir de 1915 con una pintura que aúna realismo y poesía, técnica occidental y minuciosidad del dibujo oriental.

**FUJIWARA,** familia aristocrática japonesa, que usurpó prácticamente el poder a los emperadores de mediados del s. IX al s. XII.

**FUJI-YAMA** o **FUJI-SAN,** la montaña más alta de Japón (Honshū), volcán extinguido; 3 776 m.

el **Fuji-Yama**

**FU-KIEN** → ***Fujian.***

**FUKUI,** c. de Japón (Honshū); 252 743 hab.

**FUKUI KENICHI,** químico japonés (Nara 1918-Kyōto 1998). Contribuyó a introducir en química los resultados de la física cuántica. (Premio Nobel de química 1981.)

**FUKUOKA,** c. y puerto de Japón (Kyūshū), junto al estrecho de Corea; 1 237 062 hab.

**FUKUSHIMA,** c. de Japón, en el N de Honshū; 277 528 hab. Industrias textiles.

**Fuerteventura:** palmeral cerca de Gran Tarajal

**FUKUYAMA,** c. y puerto de Japón (Honshū); 365 612 hab. Siderurgia. Centro siderúrgico.

**FULDA,** c. de Alemania (Hesse), a orillas del *río Fulda* (brazo madre del Weser); 55 381 hab. Ant. abadía, fundada en 744, núcleo religioso y cultural en la edad media. Catedral del s. XVIII.

**FULGENCIO** *(san),* obispo romano de Ruspe, en África (Telepte, cerca de Gafsa, 467-Ruspe, cerca de Sfax, 533), teólogo de la escuela de san Agustín.

**FULLER** (Marie-Louise **Fuller,** llamada **Loïe**), bailarina norteamericana (Fullersburg, cerca de Chicago, 1862-París 1928). Utilizó en sus espectáculos los efectos luminosos y los velos ondeantes.

**FULLER** (Richard Buckminster), ingeniero norteamericano (Milton, Massachusetts, 1895-Los Ángeles 1983). Estudió diversos sistemas de prefabricación y se hizo célebre por sus cúpulas geodésicas, construcciones semiesféricas formadas por redes tridimensionales de varillas de acero (a partir de 1945).

**FULLER** (Samuel), director de cine norteamericano (Worcester, Massachusetts, 1911-Hollywood 1997). Anticonformista y ecléctico, es autor de películas de fuerte temática (*Balas vengadoras,* 1949; *Forty guns,* 1957; *Corredor sin retorno,* 1963).

**FULTON** (Robert), inventor norteamericano (Little Britain [act. Fulton], Pennsylvania, 1765-Nueva York 1815). Construyó el primer submarino de hélice, el Nautulus (más tarde Nautilus) [1800], e inventó la propulsión a vapor para las embarcaciones (1807).

**FUNABASHI,** c. de Japón (Honshū); 533 270 hab.

**FUNCHAL,** c., puerto y cap. de Madeira; 40 000 hab.

**FUNDACIÓN,** mun. de Colombia (Magdalena); 42 086 hab. Centro comercial.

**Fundamentación de la metafísica de las costumbres,** obra de I. Kant (1785), en la que el autor explica la regla del imperativo categórico.

**Fundamentos de Jerusalén,** libro de las costumbres en vigor en los reinos de Jerusalén y Chipre (ss. XII-XIII).

**FUNDY** *(bahía de),* bahía del Atlántico (Canadá y Estados Unidos). Mareas de gran amplitud.

**FUNES** (Gregorio **Funes,** llamado **El Deán**), eclesiástico y patriota argentino (Córdoba 1749-Buenos Aires 1829). En 1810 se sumó a los patriotas bonaerenses y fue miembro de la Junta Superior de Buenos Aires, pero perdió sus cargos al establecerse el triunvirato (dic. 1811). Redactó el preámbulo de la constitución unitaria de 1819.

**FUNÈS** (Louis **de**), actor francés (Courbevoie 1914-Nantes 1983). Actor de cine cómico, alcanzó gran popularidad con *El gendarme de Saint-Tropez* (1964).

**FUNZA,** mun. de Colombia (Cundinamarca); 27 229 hab. Centro agropecuario.

**FURIAS** → ***Erinias.***

**FURIO CAMILO** (Marco), político y general romano (fines s. V-† ¿365? a. J.C.). Se apoderó de Veyes (396) y liberó Roma de los galos (390).

**FURIÓ CERIOL** (Fadrique), humanista español (Valencia 1532-Valladolid 1592). Fue acusado de luterano por defender la traducción de la Biblia a las lenguas nacionales (1560). En *Sobre las instituciones del príncipe* (1559) propuso el federalismo en el imperio español.

**FÜRSTENBERG,** familia alemana originaria de Suabia. – **Wilhelm Egon** (Heiligenberg 1629-París 1704), obispo de Estrasburgo (1682) y cardenal (1686), favoreció la política de Luis XIV de Francia en Alsacia.

**FÜRTH,** c. de Alemania (Baviera); 100 906 hab. Construcciones eléctricas.

**FURTWÄNGLER** (Wilhelm), director de orquesta alemán (Berlín 1886-Ebersteinburg, Baden-Baden, 1954), gran intérprete del repertorio clásico y romántico.

**FUSAGASUGÁ,** mun. de Colombia (Cundinamarca); 56 816 hab. Minas de carbón. Fábricas de calzado.

**FUSHUN** o **FU-SHUEN,** c. de China (Liaoning); 1 202 388 hab. Metalurgia.

**FÜSSLI** (Johann Heinrich), en ingl. **Henry Fuseli,** pintor suizo (Zurich 1741-Londres 1825). Establecido en Inglaterra en 1779, fue uno de los primeros románticos por su gusto por lo fantástico, sus temas y efectos teatrales.

**FUST** (Johann), impresor alemán (Maguncia c. 1400-París 1466). Asociado con Gutenberg hasta 1455, publicó en colaboración con P. Schöffer el *Salterio* de Maguncia (1457), primer libro impreso en el que figura una fecha.

**FÜST** (Milán), escritor húngaro (Budapest 1888-*id.* 1967). Miembro fundador de la revista *Nyugat (Occidente),* dejó una obra poética, novelística y dramática marcada por sus preocupaciones filosóficas (*Calle de los fantasmas,* 1948).

**FUSTER** (Joan), escritor español en lengua catalana (Sueca 1922-*id.* 1992). Escribió ensayos sociopolíticos (*Nosotros los valencianos* [*Nosaltres els valencians*], 1962) y de crítica literaria (*Contra el novecentismo* [*Contra el noucentisme*], 1978), así como obras misceláneas (*Diccionario para ociosos* [*Diccionari per a ociosos*], 1964) y poesía (*Siete libros de versos* [*Set llibres de versos*], 1987). [Premio de honor de las letras catalanas en 1975 y valencianas en 1981.]

**FUSTER** (Valentín), médico español (Barcelona 1943). Director desde 1994 del Instituto de cardiología del hospital Mount Sinaí de Nueva York, es autor de trabajos básicos sobre cardiología y hematología.

**FUTA YALLON** o **FOUTA DJALON,** macizo de Guinea; 1 515 m.

**FUTALEUFÚ,** dep. de Argentina (Chubut); 30 769 hab. Planta de aluminio. Central hidroeléctrica. Aeropuerto.

**FUTUNA** → ***Wallis y Futuna.***

**FUX** (Johann Joseph), compositor austríaco (Hirtenfeld, Estiria, 1660-Viena 1741), maestro de capilla en la corte de Viena, autor de *Gradus ad Parnassum* (1725), importante obra teórica.

**FUXIN** o **FEU-SIN,** en ingl. **Fusin,** c. de China (Liaoning); 635 473 hab. Hulla. Siderurgia.

**FUZHOU** o **FU-CHEU,** c. de China, cap. de Fujian; 874 800 hab. Centro industrial.

**FUZULI** (Mehmed bin Süleyman), poeta turco de origen kurdo (¿Karbalā'? 1480-*id.* 1556), uno de los más célebres poetas clásicos, autor de *Divanes,* en turco, árabe y persa.

**FYT** (Jan), pintor flamenco (Amberes 1611-*id.* 1661). Sus naturalezas muertas, animales y flores destacan por su calidad plástica y lirismo.

# G

**G 77** → ***Grupo de los 77.***

**G 7** → ***Grupo de los 7.***

**G-3** → ***Grupo de los tres.***

**GĀB,** depresión de Siria, avenada por el Orontes.

**GABČÍKOVO,** c. de Eslovaquia, cercana al Danubio. Central hidroeléctrica en construcción.

**GABES,** c. y puerto de Tunicia, en el *golfo de Gabes;* 41 000 hab. Palmerales. Fertilizantes.

**GABIN** (Jean Alexis **Moncorgé,** llamado **Jean**), actor francés (París 1904-Neuilly-sur-Seine 1976). Artista muy popular, intervino en cerca de cien películas: *La bandera* (J. Duvivier, 1935); *La gran ilusión* (J. Renoir, 1936); *El muelle de las brumas* (M. Carné, 1938); *Amanece* (M. Carné, 1939), etc.

**GABINO** (Amadeo), escultor español (Valencia 1922). Realiza complejas figuras en hierro con estructuras interiores propias.

**GABIROL** (Šělomó **ibn**), poeta y filósofo hebraicoespañol (Málaga *c.* 1020-Valencia 1050 o 1058), conocido por los escolásticos como **Avicebrón.** De su obra poética, en hebreo, destaca la *Corona real,* en prosa rimada. Su neoplatonismo influyó en la escolástica franciscana. En su obra principal, *Fuente de la vida,* escrita en árabe, distingue entre materia y forma, y considera la voluntad como emanación de Dios y fuerza impulsora del universo.

**GABLE** (Clark), actor norteamericano (Cadiz, Ohio, 1901-Hollywood 1960). Encarnó al aventurero seductor, a veces cínico, y fue una de las grandes estrellas de Hollywood: *Sucedió una noche* (F. Capra, 1934); *Rebelión a bordo* (F. Lloyd, 1935); *Lo que el viento se llevó* (V. Fleming, 1939); *Vidas rebeldes* (J. Huston, 1961), etc.

**GABO** (Naum) → ***Pevsner.***

**GABÓN** *(bahía de),* estuario de la costa africana del Atlántico, que ha dado su nombre a la República de Gabón.

**GABÓN,** estado de África ecuatorial; 268 000 km$^2$; 1 200 000 hab. *(Gaboneses.)* CAP. *Libreville.* LENGUA OFICIAL: *francés.* MONEDA: *franco C.F.A.*

GEOGRAFÍA

El territorio se corresponde con la cuenca del Ogooué, y constituye un país poco poblado, de clima ecuatorial, cubierto de selva densa, cuya explotación constituye un importante recurso, junto a las industrias de extracción (uranio, manganeso y petróleo, su principal recurso).

HISTORIA

***La colonia.*** Los primeros habitantes fueron probablemente los pigmeos, que vivían en las tierras del interior. 1471 o 1473: los portugueses llegaron a sus costas. S. XVII-inicios del s. XIX: los europeos practicaron la trata de negros, al tiempo que comerciaban con marfil y ébano. 1843: Francia se estableció definitivamente en Gabón, donde el avance de los fangs procedentes del NE empujó a las poblaciones autóctonas hacia la costa. 1849: esclavos liberados fundaron Libreville. 1875: Savorgnan de Brazza exploró el Ogooué. 1886: Gabón se convirtió en colonia francesa. Se fusionó con el Congo francés (1888-1904) y después se integró en el África ecuatorial francesa (1910).

***La independencia.*** 1956: la colonia consiguió la autonomía. 1958: se proclamó la República de Gabón. 1960: accedió a la independencia. 1961-1967: Léon M'Ba se convirtió en presidente de la república (en 1964, Francia intervino para ayudarlo a mantenerse en el poder). A partir de 1967 Omar Bongo gobernó el país. 1990: después de veinte años de régimen de partido único, se instauró el pluralismo.

**GABOR** (Dennis), físico británico de origen húngaro (Budapest 1900-Londres 1979). Inventó la holografía en 1948. (Premio Nobel de física 1971.)

**GABORONE,** ant. **Gaberones,** c. y cap. de Botswana; 138 000 hab.

**GABRIEL,** ángel de las tradiciones judía, cristiana e islámica. En el Evangelio, Gabriel anuncia el nacimiento de Juan el Bautista y de Jesús. La tradición posterior lo convirtió en arcángel.

**GABRIEL,** familia de arquitectos franceses. – **Jacques Ange** (París 1698-*id.* 1782) realizó la ópera y el pequeño Trianón, en Versalles, y la plaza Luis XV (act. plaza de la Concordia), en París.

**GABRIEL Y GALÁN** (José María), poeta español (Frades de la Sierra, Salamanca, 1870-Guijo de Granadilla 1905). Su obra exalta los valores tradicionales (familia, religión) y la vida rural (*Castellanas,* 1902; *Extremeñas,* 1902, en dialecto de la región; *Campesinas,* 1904; *Nuevas castellanas,* 1905).

**Gabriel y Galán,** embalse sobre el río Alagón (Cáceres, España). Central hidroeléctrica.

**GABRIEL ZAMORA,** mun. de México (Michoacán); 16 503 hab. Centro agropecuario.

**GABRIELI** (Andrea) [Venecia *c.* 1510-*id.* 1586], y su sobrino **Giovanni** (Venecia *c.* 1553-*id.* 1612), organistas y compositores venecianos de música instrumental *(Canzoni, Sonate)* y vocal (motetes a doble coro), iniciadores del estilo concertante.

**GABROVO,** c. de Bulgaria, al pie de los montes Balcanes; 90 000 hab.

**GADAFI** o **QADDAFI** (Mu'ammar **al-**), político libio (Syrte 1942). Principal instigador del golpe de estado que derrocó al rey Idris I (1969), presidió el Consejo de la revolución (1969-1977) y el secretariado general del Congreso general del pueblo (1977). En 1979 renunció a sus funciones oficiales, pero siguió siendo en la práctica el jefe de estado.

**GABÓN** curvas de nivel: 200, 500, 1000 m

Mu'ammar al-**Gadafi**

Para conseguir su sueño de un imperio del desierto, creador (1980) de una nacionalidad árabe, intentó efímeros procesos de unificación (con Egipto, Siria y Tunicia sucesivamente) y de expansión (en el Chad). En 1989 integró a Libia en la Unión del Mogreb Árabe.

**GADAMÉS,** oasis del O de Libia.

**GADDA** (Carlo Emilio), escritor italiano (Milán 1893-Roma 1973). En sus novelas se interesa por las investigaciones verbales y estilísticas (*El castillo de Udine,* 1934; *El zafarrancho aquel de Vía Merulana,* 1957; *El aprendizaje del dolor,* 1938-1963).

**GADDI,** pintores florentinos. Los principales son: **Taddeo** (documentado de 1327 a 1366), discípulo de Giotto, y su hijo **Agnolo** (documentado de 1369 a 1396), autores ambos de frescos en la iglesia de la Santa Croce de Florencia, las del segundo de un estilo más pintoresco.

**GADES,** nombre griego del estrecho de Gibraltar y de la ciudad fenicia de Gadir (act. *Cádiz*).

**GADES** (Antonio **Esteve Ródenas,** llamado **Antonio**), bailarín y coreógrafo español (Elda 1936). Fiel seguidor de los patrones de V. Escudero, ha destacado al frente de su propia compañía desde 1964, y ha intervenido en diversas películas: *Los tarantos* (1962), *El amor brujo* (1986). Fue director del Ballet nacional español (1978-1980).

**GADIR,** factoría fundada por los fenicios de Tiro en el emplazamiento de la act. *Cádiz* (España).

**GÁDOR** *(sierra de),* sierra de España (Almería), en la cordillera Penibética; 2 242 m en el pico Morrón.

**GAETA,** c. y puerto de Italia, en el mar Tirreno; 22 393 hab.

**GAFSA,** c. de Tunicia meridional; 42 000 hab.

**GAGARIN** (Yuri Aléxeievich), piloto militar y cosmonauta soviético (Kluchino [act. Gagarin], Smoliensk, 1934-Vladímir 1968). Fue el primer hombre que realizó un vuelo espacial (12 abril 1961, a bordo del Vostok I).

Yuri **Gagarin** (en 1961)

**GAGNOA,** c. de Costa de Marfil; 42 000 hab.

**GAINSBOROUGH** (Thomas), pintor británico (Sudbury, Suffolk, 1727-Londres 1788), autor de delicados retratos de la aristocracia, o de familia, así como de majestuosos paisajes.

**GAÍNZA** (Martín), arquitecto español del s. XVI († 1555), difusor del plateresco castellano en Andalucía (capilla real, catedral de Sevilla).

**GAITÁN** (Jorge Eliecer), jurista y político colombiano (Bogotá 1903-*id.* 1948). Fue ministro por el Partido liberal (1938-1946) y lideró un movimiento antioligárquico y anticaciquil. Su asesinato provocó un levantamiento popular *(Bogotazo).*

**GAITÁN DURÁN** (Jorge), escritor colombiano (Pamplona 1924-isla de Guadalupe 1962). Destacado poeta (*El libertino,* 1954; *Si mañana despierto,* 1961), cultivó también el ensayo y el cuento.

**GALA** (Antonio), escritor español (Córdoba 1937). Notable dramaturgo (*Los verdes campos del Edén,* 1963; *Los buenos días perdidos,* 1972; *Anillos para una dama,* 1973; *Las cítaras colgadas de los árboles,* 1974; *Petra Regalada,* 1980; *El cementerio de los pájaros,* 1982), ha escrito novelas (*El manuscrito carmesí,* 1990; *La pasión turca,* 1993), poesía (*Poemas de amor,* 1997), artículos y libretos de ópera.

**GALA PLACIDIA,** princesa romana (389 o 392-Roma 450), hija de Teodosio I, esposa del rey visigodo Ataúlfo (414) y, en el 417, del emperador Constancio III, madre de Valentiniano III. Su mausoleo, en Ravena, es famoso por sus mosaicos.

**GALACIA,** ant. región del centro de Asia Menor. En ella se instalaron pueblos galos de origen céltico llegados de Europa en el s. III a. J.C., de ahí el nombre de *gálatas* y de la región. Fue un estado autónomo en el s. II y, después, provincia romana en 25 a. J.C. Fue evangelizada por san Pablo *(Epístola a los gálatas).*

**GALAICO** *(macizo),* conjunto montañoso del NO de la península Ibérica. Incluido en su mayor parte en la región de Galicia, penetra al S en tierras leonesas y portuguesas; 2 188 m en los montes Aquilianos.

**GALAPAGAR,** v. de España (Madrid); 9 237 hab. Manufacturas de la madera. Centro de veraneo.

**GALÁPAGOS** o **COLÓN,** archipiélago de Ecuador, en el Pacífico, que constituye la *provincia de Galápagos;* 7 812 $km^2$; 9 785 hab. Cap. *Baquerizo Moreno.* De origen volcánico, está formado por 13 islas mayores, entre las que destacan Isabela, Santa Cruz, Fernandina y San Cristóbal, y varios islotes. Parque nacional (notable fauna: galápagos, iguanas), declarado bien natural del patrimonio mundial por la Unesco.

**Galata,** barrio de İstanbul.

**GALATEA,** divinidad marina de los griegos. Transformó en río a su amante, el pastor Acis, víctima de los celos del cíclope Polifemo.

**Galatea** *(La),* novela pastoril de M. de Cervantes (1585).

**GALAȚI,** c. y puerto de Rumania, a orillas del Danubio; 325 788 hab. Siderurgia.

**GALBA** (Servio Sulpicio), general y político romano (*c.* 190 a. J.C.-135 a. J.C.). Gobernador de la Hispania Ulterior (151), derrotó a los lusitanos y los vendió como esclavos, lo que provocó el levantamiento de Viriato.

**GALBA** (Servio Sulpicio), emperador romano (Terracina *c.* 3 a. J.C.-Roma 69 d. J.C.). Sucesor de Nerón, fue emperador durante siete meses (68-69) y asesinado por los partidarios de Otón.

**GALBA** (Martí Joan **de**), escritor valenciano († 1490). Imprimió la novela *Tirante el Blanco (Tirant lo Blanch),* de J. Martorell, de la que se le atribuyen los últimos episodios.

**GALBRAITH** (John Kenneth), economista norteamericano (Iona Station, Ontario, 1908). Colaborador de Roosevelt, analizó la sociedad de consumo (*La sociedad opulenta,* 1958) y teorizó sobre el *management* (*El gran estado industrial,* 1967).

**GALDÁCANO** o **GALDAKAO,** mun. de España (Vizcaya); 28 885 hab. *(Galdacaneses.)* Cap. *La Cruz* o *Krutzea.* Centro industrial. Iglesia gótica.

**GÁLDAR,** c. de España (Las Palmas), en Gran Canaria; 20 370 hab. Plátanos, tomates y cebollas. Restos de la cultura guanche.

**GALDÓS** (Benito **Pérez**) → ***Pérez Galdós.***

**GALEANA,** mun. de México (Nuevo León); 42 326 hab. Centro comercial. Industria maderera.

**GALEANO** (Eduardo), escritor uruguayo (Montevideo 1940). Narrador (*Los días siguientes,* 1962; *Vagamundo,* 1973; *La canción de nosotros,* 1975) y ensayista (*Las venas abiertas de América Latina,* 1971), su obra es una denuncia de la opresión y las dictaduras en Latinoamérica.

**Galeão,** aeropuerto internacional de Río de Janeiro.

**GALECIA,** división administrativa de la Hispania romana creada en tiempos de Diocleciano (s. III). Dependió de la Lusitania y luego de la Tarraconense. Comprendía la act. Galicia, el N de Portugal y gran parte de Asturias, León y Zamora.

**GALENO** (Claudio), médico griego (Pérgamo *c.* 131-Roma o Pérgamo *c.* 201). Realizó importantes descubrimientos en anatomía. Su obra, basada en la existencia de los humores, gozó de un gran prestigio hasta el renacimiento.

Antonio **Gala**

John Kenneth **Galbraith**

**galeón de Manila** o **nao de Acapulco,** nombre por el que se conocían los dos barcos que unían comercialmente Nueva España (Acapulco) y Filipinas (Manila) en los ss. XVII-XVIII.

**GALEOTTI** (Vincenzo), bailarín y coreógrafo italiano (Florencia 1733-Copenhague 1816). Maestro de ballet en la ópera de Copenhague, introdujo el ballet romántico en los países nórdicos.

**GALERA,** v. de España (Granada); 1 569 hab. *(Galerinos.)* Restos de la ciudad ibérica de Túgutí (necrópolis, ss. IV-III a. J.C.).

**GALERIO** (Iliria *c.* 250-Nicomedia 311), emperador romano de la tetrarquía [293-311]. Yerno de Diocleciano, fue césar en 293, y se convirtió en augusto tras la abdicación de Diocleciano (305). Fue el instigador de la persecución llamada de Diocleciano; ante el fracaso de ésta, promulgó el edicto de tolerancia de Nicomedia (311).

**GALES** *(País de),* en ingl. **Wales,** en galés **Cymru,** región del O de Gran Bretaña; 20 800 $km^2$; 2 798 200 hab. *(Galeses.)* Cap. *Cardiff.*

GEOGRAFÍA

Región de mesetas de clima oceánico, la agricultura (sobre todo para ganadería) ocupó un lugar secundario, en favor de la industria (metalurgia) basada en la hulla e implantada en las ciudades que jalonan el canal de Bristol (Swansea, Port Talbot, Cardiff, Newport), actualmente en declive. Estaciones balnearias en la costa N. Turismo estival.

HISTORIA

***El País de Gales hasta la conquista normanda.*** S. I a. J.C.-s. V d. J.C.: la población galesa adoptó la lengua céltica y la religión druídica. S. I d. J.C.: la ocupación romana, fundamentalmente militar, influyó poco en el país. S. VII: los galeses rechazaron a los anglosajones que invadieron Inglaterra. El cristianismo galés estaba completamente separado del resto del mundo cristiano. Ss. IX-XI: a pesar de su división en varios reinos, el país consiguió contener la presión anglosajona y las incursiones escandinavas.

***La conquista inglesa.*** 1066-1139: todo el S del País de Gales cayó en manos de los anglonormandos, pero la resistencia siguió siendo fuerte. S. XIII: los reyes Llewelyn ap Iorwerth (1194-1240) y Llewelyn ap Gruffydd (1246-1282) obstaculizaron la voluntad de conquista de los reyes ingleses. 1282-1284: Eduardo I sometió el país. 1536-1542: Gales quedó incorporado definitivamente a Inglaterra durante el reinado de Enrique VIII.

***El País de Gales contemporáneo.*** 1997: aprobación en referéndum de un régimen de autonomía con una asamblea regional sin poderes fiscales para el 2000.

**Gales** *(príncipe de),* título británico creado en 1301, que lleva el primogénito del soberano.

**GALÍ** (Alexandre), pedagogo español (Camprodón 1886-Barcelona 1969). Pionero en el campo de la escuela activa (*La medida objetiva del trabajo escolar,* 1928), es autor también de *Historia de las instituciones y del movimiento cultural en Cataluña, 1900-1936* (23 vols., 1978-1986).

**GALIA,** nombre dado en la antigüedad a las regiones comprendidas entre el Rin, los Alpes, el Mediterráneo, los Pirineos y el Atlántico. Llamada por los romanos *Galia Trasalpina* (o *Lionense,* o *Ulterior*) por oposición a la *Galia Cisalpina* (Italia continental), *c.* 60 a. J.C. comprendía, por una parte, la *Galia independiente* o *Tres Galias (Galia Bélgica, Galia Céltica* y *Aquitania)* y, por otra parte, la *Provincia,* o *Narbonense,* sometida a Roma.

HISTORIA

*C.* 1100-159 a. J.C.: los celtas se instalaron en suelo galo. 125-121 a. J.C.: los romanos fundaron una provincia *(Provincia)* en el S de la Galia, con cap. en Narbona. 58-51 a. J.C.: conquista de la Galia por César. 52 a. J.C.: capitulación de Vercingetórix. 27 a. J.C.: la Galia se dividió en cuatro provincias: Narbonense (ant. Provincia), Aquitania, Céltica o Lionense y Bélgica. Ss. I-III: la creación de una red de carreteras, las roturaciones y el desarrollo del artesanado favorecieron la expansión económica. El latín desplazó a los dialectos galos, mientras que desaparecía el druidismo. La Galia adoptó la civilización de los romanos (arenas y casa cuadrada de Nimes, teatro de Orange, puente del Gard, ciudades de Glanum, Vienne, Lyon, etc.). Grandes villas. Abundante producción de cerámica *sigillata.* Coexistencia de religiones. El cristianismo penetró en la Galia rural. S. III: primeras invasiones germánicas.

481-511: Clodoveo, rey de los francos, conquistó la Galia y restauró la unidad territorial.

**GALICIA** o **GALIZA,** comunidad autónoma de España formada por las provincias de *La Coruña, Lugo, Orense* y *Pontevedra;* 29 434 km²; 2 720 445 hab. *(Gallegos.)* Cap. *Santiago de Compostela.*

GEOGRAFÍA

El relieve se halla dominado por el macizo Galaico, que asciende desde las tierras bajas del litoral, pasando por el escalón de Santiago y el valle del Miño, hasta superar los 2 000 m en las sierras del S que separan la región de la Meseta septentrional. El Miño, en la meseta de Lugo, y el Sil, son los principales ríos. La población se concentra en las provincias del litoral (La Coruña y Pontevedra), cuyos núcleos urbanos son asiento de las actividades industriales y terciarias. La pesca (con Vigo como puerto principal) aporta el 59 % de las capturas del estado; es notable la acuicultura. Explotación forestal. En el interior, sigue siendo predominante el sector agropecuario: cereales, viñedos (Valdeorras, Ribeiro); ganado vacuno y porcino.

HISTORIA

III milenio: civilización megalítica. 1800-600 a. J.C.: metalurgia del bronce. 600 a. J.C.: llegada de pueblos centroeuropeos (celtas); edad del hierro y cultura de los castros. Ocupada por Augusto (29-19 a. J.C.), Galecia *(Gallaecia)* fue provincia romana (s. III). S. V: conquista de los suevos, que establecieron un reino (411), incorporado en 485 al reino visigodo. S. VIII: la conquista musulmana fue limitada. Fines s. IX: inicio de las peregrinaciones a la tumba del apóstol Santiago, en Compostela (Camino de Santiago*). Ss. X-XII: reino de Galicia*. 1431 y 1467: levantamientos de los irmandiños. Reyes Católicos: sometimiento de la nobleza gallega. S. XVIII: decadencia agrícola (foros) y emigración. S. XIX: emigración a América, dominio del caciquismo rural, focos liberales urbanos y aparición del regionalismo literario y político (A. Faraldo, M. Murguía, A. Brañas). S. XX: desarrollo del galleguismo (Irmandades da fala, Castelao). 1926: decreto de redención de los foros. 1936: primer estatuto de autonomía (junio), que no llegó a entrar en vigor. 1980: estatuto de autonomía.

**GALICIA** *(reino de),* reino medieval que comprendía Galicia y el N de Portugal, creado por Alfonso III de León para su hijo Ordoño II (910-914). Integrado de nuevo a León, aunque recuperó la independencia en 926-929 y 1065-1071, Alfonso VI lo otorgó como condado a Raimundo de Borgoña (1092). El hijo de éste, Alfonso VI Raimúndez, le sucedió a título de rey (1111), antes de acceder al trono de Castilla-León. No recuperó su independencia, pero conservó el nombre de reino.

**GALIENO** (*c.* 218-Milán 268), emperador romano [253-268]. En un principio compartió el poder con su padre Valeriano; letrado y filósofo, se consagró a defender Italia, dejando algunas provincias (Galia, Palmira) en manos de otros soberanos.

**GALILEA,** prov. del N de Palestina. C. pral. *Tiberíades, Nazaret, Caná* y *Cafarnaum.* En ella pasó Jesús su infancia y adolescencia, y ejerció parte de su ministerio.

**GALILEO** (Galileo **Galilei,** llamado), físico, astrónomo y escritor italiano (Pisa 1564-Arcetri 1642). Es uno de los fundadores de la mecánica moderna *(Consideraciones y demostraciones matemáticas sobre dos ciencias nuevas)* y desempeñó un papel fundamental en la introducción de las matemáticas para la explicación de las leyes físicas. Descubrió la ley de la caída de los cuerpos en el vacío, emitió una primera formulación del principio de inercia, esbozó el principio de la composición de la velocidad y reveló el isocronismo de las oscilaciones del péndulo. Al introducir el empleo del anteojo en astronomía (1609) revolucionó la observación del universo. Descubrió el relieve de la Luna, los principales satélites de Júpiter, las fases de Venus y la presencia de estrellas en la Vía Láctea. Corroboró el sistema heliocéntrico de Copérnico, cuya obra acababa de incluirse en el Índice (1616), por lo que fue citado ante el Tribunal de la Inquisición, que lo condenó y lo obligó a retractarse (1633). La Iglesia lo rehabilitó en 1992.

**GALINDO** (Beatriz), humanista española (Salamanca 1475-*id.* 1534), llamada **la Latina.** Profesora de latín de Isabel la Católica, se le atribuyen comentarios a Aristóteles y poemas latinos.

**GALINDO** (Blas), compositor mexicano (San Gabriel, Jalisco, 1910-México 1993). Fue director del conservatorio de México. Sus obras se vinculan al folklore indígena (*Entre sombras anda el fuego,* ballet, 1940; *Concierto para piano y orquesta,* 1942; ocho sinfonías).

**GALINDO I AZNÁREZ** (¿823?-867), conde de Aragón [*c.* 844-867], hijo de Aznar Galindo I. Recuperó el condado de Aragón.

**GALINDO II AZNÁREZ,** conde de Aragón [893-922], hijo de Aznar Galindo II. El matrimonio de su hija Andregoto y García II Sánchez unió Aragón y Navarra.

**GALITZIA,** en alem. **Galizien,** en polaco **Galicja,** región de Europa central, al N de los Cárpatos, dividida entre Polonia (c. pral. *Cracovia*) y Ucrania (c. pral. *Lvov*). Principado de la Rusia de Kíev, independiente del s. XII al s. XIV, perteneció más tarde a Polonia, después a Austria (1772-1918). La Galitzia oriental, atribuida a Polonia (1923), fue anexionada por la U.R.S.S. (1939).

**GALITZIN** → *Golitsin.*

**GALL** (Franz Josef), médico alemán (Tiefenbronn, Baden-Württenberg, 1758-Montrouge 1828), creador de la frenología.

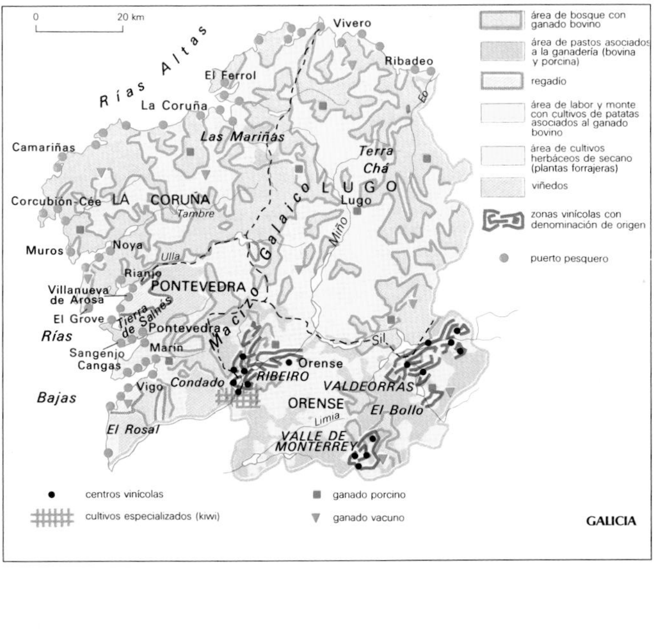

GALICIA

**GALLARDO** (Bartolomé José), erudito y bibliófilo español (Campanario 1776-Alcoy 1852), autor de escritos satíricos (*Diccionario crítico burlesco,* 1811) y de una gran obra bibliográfica publicada póstumamente (*Ensayo de una biblioteca de libros raros y curiosos,* 4 vols., 1869-1889).

**GALLARTA-ABANTO** → ***Abanto y Ciérvana.***

**GALLE,** c. y puerto de Srī Lanka; 77 000 hab.

**GALLÉ** (Emile), vidriero, ceramista y ebanista francés (Nancy 1846-*id.* 1904), uno de los iniciadores del art nouveau (vasos de cristal tallado, moldeado o fundido).

**GALLE** (Johann), astrónomo alemán (Pabsthaus 1812-Potsdam 1910). En 1846, descubrió el planeta Neptuno, cuya existencia ya había previsto Le Verrier por medio de cálculos.

**GÁLLEGO,** r. de Aragón (España), afl. del Ebro (or. izq.); 215 km. Aprovechamiento hidroeléctrico y para el regadío.

**GALLEGO** (Fernando), pintor español, probablemente nacido en Salamanca y documentado en Castilla entre 1466 y 1507. Es uno de los máximos representantes de la escuela hispanoflamenca (decoración de la biblioteca de la universidad de Salamanca, *c.* 1473-1494).

**GALLEGO** (Juan Nicasio), poeta español (Zamora 1777-Madrid 1853), situado en la transición del neoclasicismo al romanticismo. Compuso odas, elegías, anacreónticas, sonetos y romances. (Real academia 1833.)

**GALLEGO Y ÁLVAREZ** (Domingo), pintor español (Tembleque 1817-† *c.* 1890), representante de la escuela romántica andaluza.

**GALLEGOS,** r. de Argentina (Santa Cruz), en la Patagonia; 300 km. Desemboca en el Atlántico formando un estuario junto a Río* Gallegos.

**GALLEGOS** (Rómulo), escritor y político venezolano (Caracas 1884-*id.* 1969). Dirigente de Acción democrática, fue elegido presidente de la república en 1947. Derrocado en 1948 por Pérez Jiménez, se exilió en México. Gallegos fue uno de los más destacados novelistas latinoamericanos de su tiempo. Tras *El último Solar* (1920) y *La trepadora* (1925), publicó su obra maestra, *Doña* Bárbara* (1929). Su fama se consolidó con *Cantaclaro* (1934), ambientada en Los Llanos de Venezuela, y más aún con *Canaima* (1935), que aborda el tema del «hombre macho», semidiós de las bárbaras tierras del Orinoco. Posteriores son *Pobre negro* (1937), *El forastero* (1952), *El último patriota* (1957). Su obra, intento de describir la colectividad venezolana en su lucha con el medio, postula un equilibrio entre el vitalismo rural y la civilización urbana.

**galleguista** *(Partido)* [P.G.], partido nacionalista gallego fundado en 1931. Dirigido por Castelao, Otero Pedrayo, V. Risco y A. Bóveda, tenía como objetivo la consecución de un estatuto de autonomía para Galicia, que fue aprobado en 1936.

**GALLINAS,** punta de Colombia, en la costa del Caribe (La Guajira). Es el extremo N de América del Sur.

**GALLÍPOLI,** en turco **Gelibolu,** c. de Turquía, en la orilla europea de la *península de Gallípoli,* que domina los Dardanelos; 18 670 hab. Objetivo de la expedición aliada de 1915.

**GALLOCANTA** *(laguna de),* laguna española (Zaragoza y Teruel); 7 km de long. máxima.

**GALLUP** (George Horace), experto en estadística norteamericano (Jefferson, Iowa, 1901-Tschingel, cantón de Berna, 1984), creador de un importante instituto de sondeos de opinión pública (1935).

**Galileo**
(col. part.)

Rómulo **Gallegos**
(Sofía Gandarias - col. part.)

**GALSWORTHY** (John), escritor británico (Coombe, act. en Londres, 1867-Londres 1933). En su obra criticó a la alta burguesía y las convenciones sociales (*La saga de los Forsyte,* 1906-1921). [Premio Nobel de literatura 1932.]

**GALTIERI** (Leopoldo Fortunato), militar y político argentino (Caseros, Buenos Aires, 1926). Presidente (1981), organizó la ocupación de las Malvinas, y tuvo que dimitir tras la derrota argentina (1982). Juzgado en 1986, fue encarcelado hasta 1989.

**GALTON** (*sir* Francis), fisiólogo británico (cerca de Birmingham 1822-cerca de Londres 1911). Primo de Ch. Darwin, estudió la evolución y fue uno de los fundadores de la eugenesia y del método estadístico.

**GALUPPI** (Baldassare), compositor italiano (Burano 1706-Venecia 1785). Fue maestro de capilla de San Marcos en Venecia y uno de los maestros de la ópera bufa.

**GALVÁN** (Manuel de Jesús), escritor y político dominicano (Santo Domingo 1834-San Juan de Puerto Rico 1910). Ministro, diplomático y periodista de tendencia liberal y europeísta, debe su fama a la novela *Enriquillo** (1878).

**GALVANI** (Luigi), físico y médico italiano (Bolonia 1737-*id.* 1798). Sus trabajos sobre la electricidad animal, seguidos de los de Volta, dieron origen a una nueva especialidad médica.

**GÁLVEZ,** c. de Argentina (Santa Fe); 16 583 hab. Industrias alimentarias. Metalurgia.

**GÁLVEZ** (José **de**), *marqués* **de la Sonora,** político español (Vélez Málaga 1729-Madrid 1787), visitador general de Nueva España (1765-1771) y secretario de Indias (1775-1787). Reformó la administración y el fisco, inspiró el decreto de libre comercio (1778) y creó la Compañía real de Filipinas (1785).

**GÁLVEZ** (Manuel), escritor argentino (Paraná 1882-Buenos Aires 1962). Novelista exponente del realismo (*La maestra normal,* 1914; *Nacha Regules,* 1918; la trilogía *Escenas de la guerra del Paraguay,* 1928-1929), cultivó también el ensayo, la biografía y la poesía.

**GALWEY** (Enrique), pintor español (Barcelona 1864-*id.* 1931). Paisajista perteneciente a la escuela de Olot, con influencia de la escuela de Barbizon y del impresionismo.

**GAMA** (Vasco **da**), navegante portugués (Sines *c.* 1469-Cochin, India, 1524). En 1497 descubrió la ruta de las Indias por el cabo de Buena Esperanza. Fundó los establecimientos de Mozambique (1502) y fue virrey de las Indias portuguesas (1524).

Vasco da **Gama**
(miniatura del s. XVI - biblioteca nacional, París)

**GAMARRA** (Agustín), mariscal y político peruano (Cuzco 1785-Ingavi 1841). Militar de gran influencia, fue jefe de estado mayor en Ayacucho (1824), por su éxito en la invasión de Bolivia (1828) fue ascendido a mariscal y dirigió la guerra contra Colombia hasta la firma de la paz (1829). Mantuvo una guerra latente con Bolivia, a la que trató de incorporar a Perú.

**GAMARRA** (Gregorio), pintor peruano de principios del s. XVII. Su obra conocida (*La Epifanía,* museo nacional de arte de La Paz, 1609; *Inmaculada* y *Virgen de Guadalupe,* Cuzco, 1609) lo convierten en uno de los más destacados pintores de la escuela cuzqueña.

**GAMARRA** (José), pintor, dibujante y grabador uruguayo (Tacuarembó 1934). Bajo un aparente primitivismo, ha pintado paisajes (*Abayuba,* 1980) y obras de fuerte compromiso político.

**GAMAZO** (Germán), político español (Boecillo, Valladolid, 1840-Madrid 1901). Ocupó diversos ministerios con Sagasta desde 1883, y defendió los intereses del proteccionismo triguero castellano.

**GAMBARTES** (Leonidas), pintor argentino (Rosario 1909-*id.* 1963). Fundador del grupo Litoral. Su obra, de carácter simbolista, es un intento de recuperar los signos y mitos del arte precolombino.

**GAMBETTA** (Louis), político francés (Cahors 1838-Ville-d'Avray 1882). Republicano radical, proclamó la república en 1870. Ministro de la Guerra, organizó la defensa nacional durante la guerra francoprusiana. Fue presidente del gobierno (1881-1882).

**GAMBIA,** r. de África occidental (Senegal y Gambia), que desemboca en el Atlántico; 1 100 km.

**GAMBIA,** estado de África occidental, que se extiende a ambos lados del curso inferior del río Gambia; 11 300 km²; 900 000 hab. CAP. *Banjul.* LENGUA OFICIAL: *inglés.* MONEDA: *dalasi.* El cacahuete es el principal recurso de exportación.

**HISTORIA**

Ss. XIII-XVI: vasalla de Malí, la actual Gambia fue descubierta por los portugueses en 1455-1456. S. XVII: los mercaderes de esclavos se instalaron en ella. S. XIX: Gran Bretaña obtuvo el control exclusivo del país, en el que fundó el puesto de Bathurst (1815). 1888: Gran Bretaña convirtió en colonia la zona costera, y el interior en protectorado. 1965: Gambia pasó de la autonomía a la independencia, en el marco de la Commonwealth. 1970: se proclamó la república, con Daouda Jawara como presidente. 1981: Gambia y Senegal se unieron en una confederación (Senegambia). 1989: disolución de Senegambia. 1994: golpe de estado militar que derrocó a Jawara. Y. Dieme proclamado presidente.

**GAMBOA** (Federico), escritor mexicano (Ciudad de México 1864-*id.* 1939). Novelista exponente del naturalismo (*Suprema ley,* 1896; *Santa,* 1903, su mayor logro, centrada en la vida de una prostituta; *La llaga,* 1910), cultivó también el teatro (*La venganza de la gleba,* 1905) y las memorias.

**GAMBOA** (José Joaquín), dramaturgo mexicano (Ciudad de México 1878-*id.* 1931). Cultivó el teatro costumbrista (*Los Revillagigedos,* 1925), para practicar posteriormente cierto simbolismo (*El caballero, la muerte y el diablo,* 1931).

**GÁMEZ** (Celia), cantante española (Buenos Aires 1905-*id.* 1992). En Madrid desde 1925, fue la más popular vedette de revista en España en los años cuarenta. *Las Leandras* fue su creación más famosa.

**GAMOW** (George Anthony), físico norteamericano de origen ruso (Odessa 1904-Boulder, Colorado, 1968). Dio su nombre a la barrera de potencial que impide el acceso al núcleo de un átomo. En cosmología recuperó y desarrolló la hipótesis según la cual el universo, actualmente en expansión, derivaría de una explosión primigenia.

**GANCE** (Abel), director de cine francés (París 1889-*id.* 1981), inventor de procedimientos técnicos (triple pantalla) y pionero del lenguaje cinematográfico: *Yo acuso,* 1919; *La rueda,* 1923; *Napoleón,* 1926.

**GANDER,** c. de Canadá, en la isla de Terranova; 10 139 hab. Base aérea.

**GANDESA,** c. de España (Tarragona), cab. de p. j.; 2 591 hab. *(Gandesanos.)* Vinos. Escenario de violentos combates en las guerras carlistas y en la guerra civil española (batalla del Ebro*).

**GĀNDHĀRA,** ant. prov. del NO de la India (act. distr. de Peshāwar), centro de una escuela artística (llamada a veces *grecobúdica*), que floreció entre el s. I y el s. V.

**GANDHI** (Indira), estadista india (Allahābad 1917-Delhi 1984), hija de Nehru. Primera ministra (1967-1977; 1980-1984), fue asesinada por extremistas sikhs. – Su hijo, **Rajiv,** político indio (Bombay 1944-Sriperumbudur, en el SO de Madras, 1991), le sucedió en la jefatura del partido del Congreso y, de 1984 a 1989, como primer ministro. También fue asesinado.

**GANDHI** (Mohandas Karamchand), llamado **el Mahātmā,** apóstol nacional y religioso de la India (Porbandar 1869-Delhi 1948). Abogado, durante sus estancias en Sudáfrica (entre 1893 y 1914) defendió a los indios contra las discriminaciones raciales y elaboró su doctrina de acción no violenta. De vuelta a la India, se comprometió en la lucha contra los británicos, que lo encarcelaron varias veces. Líder del movimiento nacionalista desde 1920, dejó la dirección a J. Nehru a partir de 1928. Se consagró a la educación del pueblo y a los problemas de los intocables e intervino como garantía moral para las acciones de masa (*Quit India,* 1942) o para aplacar la violencia entre hindúes y musulmanes (1946-1947). Fue asesinado en 1948 por un extremista hindú.

**GANDÍA,** c. de España (Valencia), cab. de p. j.; 52 000 hab. *(Gandienses.)* Agrios (naranjas) y hortalizas. Industrias del mueble. Colegiata (ss. XIV-XVI), palacio ducal.

**GANDÍA** (*duques* **de**), título nobiliario de la Corona de Aragón. Señorío desde 1323, el primer duque fue **Alfonso** (*c.* 1332-1412), nieto de Jaime II de Aragón. – Su hijo **Alfonso** (*c.* 1356-Valencia *c.* 1424) fue uno de los cinco candidatos a la Corona de Aragón en el compromiso de Caspe (1412). En 1483 el ducado pasó a la familia Borja, y en 1834 a la casa de Osuna.

**GANDO** *(punta de),* saliente de la costa E de la isla de Gran Canaria (España). Aeropuerto internacional. Playas.

**GANDZHA,** ant. **Elisavetpol** o **Yelisavetpol** (de 1804 a 1918) y **Kirovabad** (de 1935 a 1990), c. de Azerbaiján; 278 000 hab. Fue el centro político y cultural de la Transcaucasia Oriental. Monumentos antiguos.

**GANEŚA,** dios hindú de la sabiduría y de la inteligencia. Se le representa con cabeza de elefante y cuatro brazos, montado en una rata.

**GANGES,** en sánscr. y en hindī **Gangā,** r. de la India; 3 090 km. Desciende del Himalaya, pasa por Kānpur, Benarés y Paṭnā, y desemboca en el golfo de Bengala formando un amplio delta cubierto de arrozales. Río sagrado hindú, donde se bañan los peregrinos.

**GANGOTENA** (Alfredo), poeta ecuatoriano (1904-1945). Asociado a las vanguardias, en especial al surrealismo, escribió su obra en francés (*Orogenia,* 1928; *Noche,* 1938), salvo los poemas reunidos en *Tempestad secreta* (1940).

**GANIMEDES,** príncipe legendario de Troya. Zeus, metamorfoseado en águila, lo raptó y lo convirtió en copero de los dioses.

**GANIVET** (Ángel), escritor español (Granada 1865-Riga 1898). Precursor de la generación del 98, destaca su ensayo *Idearium español* (1897), sobre la historia de España y su decadencia, las novelas *La conquista del reino de Maya por el último conquistador español Pío Cid* (1897) y *Los trabajos del infatigable creador Pío Cid* (1898), así como su correspondencia con Unamuno (*El porvenir de España,* 1905).

**GĀNIYA (Banū),** familia almorávid del clan lamtūna. Expulsados de al-Andalus por los almohades, se proclamaron independientes en Baleares (1146) hasta la conquista almohade (1203). En Berbería oriental, Yaḥyà († 1237) mantuvo su soberanía en 1195-1203.

**Ganjin** *(Retrato del monje),* estatua en laca (segunda mitad del s. VIII) que representa al monje chino Jianzhen, Ganjin en japonés (688-763), fundador en 759 del Tōshōdai-ji en Nara e iniciador de la cultura búdica de los Tang en Japón.

**GANSU** o **KAN-SU,** prov. de la China del Norte; 530 000 km²; 22 371 141 hab. Cap. *Lanzhou.*

**GANTE,** en flamenco **Gent,** en fr. **Gand,** c. de Bélgica, cap. de la prov. de Flandes Oriental, en la con-

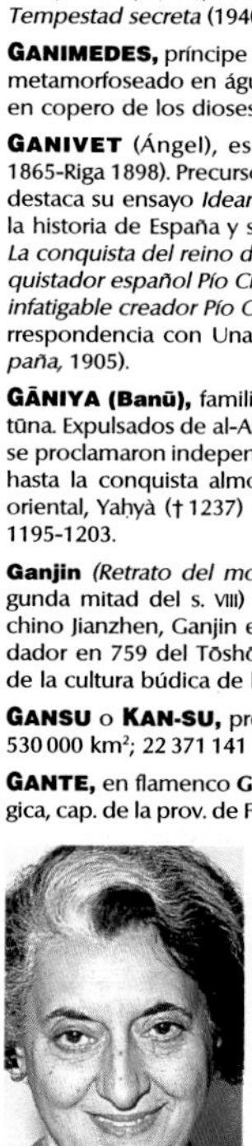

Indira
**Gandhi**

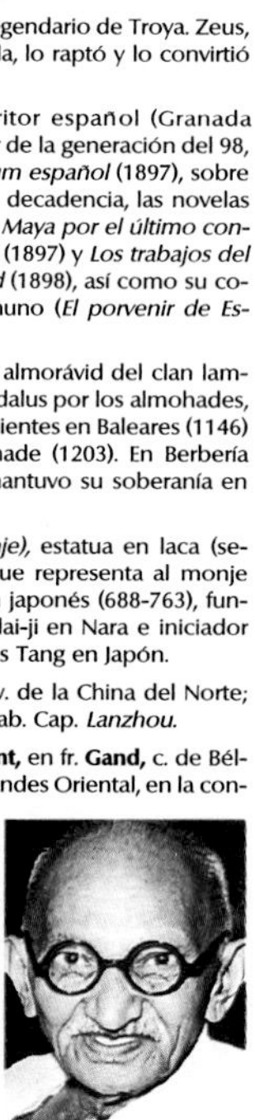

el Mahātmā
**Gandhi**
(en 1947)

fluencia del Escalda y el Lys; 230 246 hab. Universidad. Puerto unido al mar del Norte por el canal de Terneuzen. – Gran centro pañero (s. XIII), gobernada por el patriciado y, en el s. XIV, por la burguesía y el artesanado. En 1540 Carlos Quinto castigó su sublevación con la pérdida de sus privilegios. La ciudad participó en el levantamiento de los Países Bajos contra los españoles (1566), pero fue sometida (1584). Anexionada a Francia (1794), fue incorporada a Bélgica en 1830. Fue de nuevo un importante centro textil en el s. XIX. – Castillo (ss. XI-XIII). Catedral de San Bavón (ss. XII-XVI, retablo de *El cordero místico,* de Van Eyck).

**GANTE** (Juan **de**) → ***Lancaster*** (familia).

**GANTT** (Henry Laurence), ingeniero norteamericano (Calvert Country, Maryland, 1861-Pine Island, est. de Nueva York, 1919). Colaborador de Taylor, desarrolló el aspecto social de la organización del trabajo.

**GANZHOU** o **KAN-CHEU,** c. de China (Jiangxi); 220 000 hab.

**GAO,** c. de Malí, a orillas del Níger; 37 000 hab. Fundada hacia el s. VIII, fue la capital del imperio songay (1464-1591).

**GAO XINGJIAN,** escritor y pintor chino (Ganzhou 1940), nacionalizado francés. Autor de cuentos, ensayos, obras de teatro y novelas (*La montaña del alma,* 1995), su obra se caracteriza por el cultivo del monólogo interior y un estilo austero. Perseguido por las autoridades chinas, en 1987 se exilió en París. (Premio Nobel de literatura 2000.)

**GAONA Y JIMÉNEZ** (Rodolfo), matador de toros mexicano (León de los Aldamas 1888-México 1975). Tomó la alternativa en 1908 y se retiró en 1942. Destacó en las suertes de capa y banderillas.

**GAOS** (José), filósofo español (Gijón 1900-México 1969), nacionalizado mexicano. En sus obras reflexiona sobre la actividad filosófica desde postulados existencialistas: *Dos ideas de la filosofía* (1940), *Filosofía contemporánea* (1962).

**GAOS** (Vicente), escritor y crítico español (Valencia 1919-*id.* 1980). Poeta de tono reflexivo y grave (*Arcángel de mi noche,* 1944; *Profecía del recuerdo,* 1956; *Mitos para tiempo de incrédulos,* 1964; *Un montón de sombra,* 1971; *Última Thule,* 1980). [Premio nacional de poesía 1981.]

**GAOXIONG** o **KAO-HIONG,** c. y puerto de Taiwan; 1 396 425 hab. Centro industrial.

**GARAJONAY** *(parque nacional de),* parque nacional de España, en la isla de Gomera (Canarias). Bosques de lauráceas y notable avifauna. Fue declarado por la Unesco patrimonio mundial (1986).

**GARAY,** dep. de Argentina (Santa Fe), en la or. der. del Paraná; 16 136 hab. Cap.: *Helvecia.*

**GARAY** (Blasco **de**), marino español de origen vasco († *c.* 1552). Fue el primer europeo que aplicó la rueda de palas como sustituto de los remos en la navegación, sistema ya difundido en China.

**GARAY** (Juan **de**), explorador español (¿Orduña?, Vizcaya, *c.* 1528-† 1583). Desde 1543 tomó parte en diversas expediciones en Perú. Fundó Santa Fe (1573) y Buenos Aires (1580), y en 1581-1582 exploró la región de Mar del Plata.

**GARB,** llanura de Marruecos, a orillas del Atlántico, regada por el uadi Sebú.

**GARBO** (Greta **Gustafsson,** llamada **Greta**), actriz sueca (Estocolmo 1905-Nueva York, 1990), nacionalizada norteamericana. Su belleza legendaria y su personalidad inaccesible le valieron el sobrenombre de *la Divina* y la convirtieron en el arquetipo de estrella: *La reina Cristina de Suecia* (R. Mamoulian, 1933), *Ana Karenina* (C. Brown, 1935), *Ninotchka* (E. Lubitsch, 1939).

Greta **Garbo** en *La calle sin alegría* (1925) de G. W. Pabst.

**GARBORG** (Arne), escritor noruego (Time 1851-Asker 1924), defensor de la lengua popular, el *landsmaal.*

**GARCÉS** (Tomàs), poeta español en lengua catalana (Barcelona 1901-*id.* 1993). El gusto por la canción popular y un lirismo simbólico distinguen su poesía: *Veinte canciones* (*Vint cançons,* 1922), *El sueño* (*El somni,* 1927), *El cazador* (*El caçador,* 1947), *Viaje de octubre* (*Viatge d'octubre,* 1955), *Escrito en el suelo* (*Escrit a terra,* 1985). [Premio de honor de las letras catalanas 1993.]

**GARCI** (José Luis **García,** llamado **José Luis**), director de cine español (Madrid 1944), realizador, entre otras películas, de *Asignatura pendiente* (1977), *Solos en la madrugada* (1978), *Las verdes praderas* (1979), *El crack* (1981), *Volver a empezar* (1981, Oscar a la mejor película de habla no inglesa), *El crack II* (1983), *Sesión continua* (1984), *Asignatura aprobada* (1987) y *Canción de cuna* (1994).

CASTILLA

**GARCÍA I FERNÁNDEZ el de las Manos blancas** (Burgos 938-Medinaceli o Córdoba 995), conde de Castilla [970-995]. Durante su mandato Castilla fue devastada por Almanzor (981, 989-990 y 994).

**GARCÍA II SÁNCHEZ** (*c.* 1010-León 1029), conde de Castilla [1017-1029], hijo y sucesor de Sancho García.

GALICIA

**GARCÍA** († castillo de Luna, León, 1090), rey de Galicia [1066-1071 y 1072-1073]. Sus hermanos Alfonso VI de León y Sancho II de Castilla se repartieron su reino en 1071-1072, y en 1073 Alfonso lo encarceló hasta la muerte.

LEÓN

**GARCÍA I** († Zamora 914), rey de León [910-914]. Se levantó contra su padre, Alfonso III de Asturias. Señor de la meseta castellanoleonesa, llevó la frontera del reino hasta el Alto Duero.

NAVARRA

**GARCÍA I ÍÑIGUEZ** (*c.* 800-870), rey de Navarra [851 u 852-870], hijo de Íñigo Arista. En 858 o 859 fue apresado por los normandos, que tomaron Pamplona.

**GARCÍA II SÁNCHEZ I** (¿919?-970), rey de Navarra [926-970] y conde de Aragón, hijo de Sancho I Garcés. Formó una alianza de los reinos peninsulares contra el califato de Córdoba (962).

**GARCÍA III SÁNCHEZ II el Temblón** († Medinaceli 1000), rey de Navarra [994-1000] y conde de Aragón (García II) [995-1000], hijo de Sancho II Garcés.

**GARCÍA IV SÁNCHEZ III el de Nájera** († Atapuerca 1054), rey de Navarra [1035-1054], hijo de Sancho III. Murió en una batalla contra su hermano, Fernando I de Castilla y León.

**GARCÍA V RAMÍREZ el Restaurador** († Lorca 1150), rey de Navarra [1134-1150], biznieto de García IV y sucesor de Alfonso I de Aragón.

**GARCÍA** (Alan), abogado y político peruano (Lima 1949). Dirigente del A.P.R.A., como presidente de la república (1985-1990) combatió el terrorismo, sin éxito, emprendió reformas económicas (nacionalización de la banca, 1987).

**GARCÍA** (Carlos), escritor español, que vivió entre 1575 y 1630, desterrado en París, donde publicó *Antipatía de los franceses y españoles* (1617) y la novela picaresca *La desordenada codicia de los bienes ajenos* (1619).

**GARCIA** (Francesc Vicent), llamado **el Rector de Vallfogona,** poeta español en lengua catalana (Tortosa 1582-Vallfogona 1625). Poeta festivo y barroco, de tono didáctico, su obra muestra en ocasiones una obscenidad burlesca.

**GARCÍA** (Gregorio), dominico español (Baeza 1554-*id.* 1627), misionero en Perú y México, donde estudió las antiguas civilizaciones (*Origen de las Indias del Nuevo Mundo e Indias Occidentales,* 1607).

**GARCÍA** (hermanos), escultores españoles activos en Granada en el s. XVII: **Jerónimo, Francisco** y **Miguel Jerónimo.** Trabajaron juntos, con preferencia el barro policromado, sobre temas de Cristo.

**GARCÍA** (Lisardo), político ecuatoriano (Guayaquil 1842-† 1937). Presidente de la república (1905), fue derrocado por los militares (1906).

**GARCÍA** (Manuel), conocido por **Manuel del Popolo Vicente,** cantante y compositor español (Sevilla 1775-París 1832). Triunfó en Italia, París, Londres, Nueva York y México. Profesor de canto, entre sus discípulos destacan sus tres hijos: Manuel (1805-1906), inventor del laringoscopio, María Felisa (la Malibrán) y Paulina (conocida como Paulina Viardot).

**GARCÍA** (Víctor), director teatral argentino (Tucumán 1934-París 1982). Sus polémicos montajes aportaron soluciones originales al movimiento escénico y renovaron el sentido del espectáculo.

**GARCÍA ABRIL** (Antón), compositor español (Teruel 1933). En su obra destacan el *Concierto aguediano* (1978) y *Celibidachiana* (1982), para orquesta, las comedias musicales (*Un millón de rosas,* 1971), la música vocal (*Dos canciones sobre el alba del alhelí, Ciclo de canciones gallegas),* la ópera *Divinas palabras* (1992) y la música para cine y televisión.

**GARCÍA ASENSIO** (Enrique), director de orquesta español (Valencia 1937). Ha sido titular de las orquestas filarmónica de Las Palmas, municipal de Valencia y sinfónica de RTVE, además de dirigir numerosas orquestas extranjeras.

**GARCÍA BACCA** (Juan David), filósofo español (Pamplona 1901-Quito 1992), nacionalizado venezolano. Combina en su obra la reflexión filosófica sobre la ciencia con la preocupación por temas humanistas: *Introducción a la lógica moderna* (1936), *Filosofía y teoría de la relatividad* (1978), *Antropología filosófica* (1982).

**GARCÍA BAENA** (Pablo), poeta español (Córdoba 1923). Su poesía constituye una intensa elegía: *Antiguo muchacho* (1950), *Óleo* (1958), *Antes que el tiempo acabe* (1978), *Lectivo* (1983).

*Fundación de Buenos Aires por Juan de* ***Garay*** por J. Moreno Carbonero

**GARCÍA BELLIDO** (Antonio), arqueólogo español (Villanueva de los Infantes 1903-Madrid 1973). Se consagró al estudio del arte y la arqueología griega y romana en España (*Hispania Graeca,* 1948; *Arte romano,* 1955).

**GARCÍA BELLIDO** (Antonio), biólogo español (Madrid 1936). Sus estudios de genética han abierto el camino para la comprensión del mecanismo de la diferenciación y morfogénesis de los seres vivos.

**GARCÍA BOUZAS** (Juan Antonio), pintor español, activo en Santiago de Compostela (ss. XVII-XVIII). Fue pintor de la catedral de Santiago desde 1709.

**GARCÍA CALDERÓN** (Ventura), escritor peruano (París 1886-Lima 1959). Poeta (*Cantilenas,* 1920) y narrador modernista, destacan sus cuentos indigenistas: *La venganza del cóndor* (1924), *Peligro de muerte* (1926). Con sus ensayos contribuyó a la difusión de la literatura hispanoamericana.

**GARCÍA CALVO** (Agustín), escritor español (Zamora 1926). Lingüista, ha escrito agudos artículos y relatos llenos de provocación e inconformismo, poesía y ensayos. (Premio nacional de ensayo 1990.)

**GARCÍA CATURLA** (Alejandro), compositor cubano (Remedios, Las Villas, 1906-*id.* 1940), autor de obras sinfónicas (*Obertura cubana,* 1928) y de cámara, piezas para piano y canciones en las que utiliza elementos musicales afrocubanos *(Mulata, Yambambó).*

**GARCÍA CUBAS** (Antonio), geógrafo mexicano (México 1832-*id.* 1912), autor de diversas publicaciones y estudios sobre geografía y etnografía mexicanas.

**GARCÍA DE BENABARRE** (Pedro), pintor español activo en la Corona de Aragón en el s. XV. Colaborador de Jaume Huguet, sus obras presentan un cierto arcaísmo e ingenuidad de gusto popular.

**GARCÍA DE DIEGO** (Vicente), filólogo español (Vinuesa 1878-Madrid 1978). Son notables sus aportaciones a la dialectología castellana, al aragonés (*Caracteres fundamentales del dialecto aragonés,* 1919) y al gallego (*Elementos de gramática histórica gallega,* 1909). [Real academia 1926.]

**GARCÍA DE ENTERRÍA** (Eduardo), jurista español (Vega de Liébana 1923). Especialista en derecho administrativo, juez del Tribunal europeo de derechos humanos de La Haya, asesor del gobierno en cuestiones constitucionales y de autonomías. (Real academia 1993.)

**GARCÍA DE LA CONCHA** (Víctor), filólogo y escritor español (Villaviciosa 1934). Autor de numerosos estudios sobre la literatura del renacimiento y la poesía del siglo XX, es miembro (1992) y director (1999) de la Real academia española.

**GARCÍA DE LA HUERTA** (Vicente), dramaturgo español (Zafra 1734-Madrid 1787). Inspirándose en los amores de Alfonso VIII y la judía de Toledo, compuso en verso la tragedia más representativa del neoclasicismo español: *Raquel* (1775). [Real academia 1760.]

**GARCÍA DE MIRANDA** (Juan), pintor español (Madrid 1677-*id.* 1749). Se especializó en la pintura religiosa barroca y en el retrato.

**GARCÍA DE PAREDES** (José María), arquitecto español (Sevilla 1924-Madrid 1990). Sus obras preconizan una arquitectura integrada. Realizó diversos auditorios (Granada, Madrid, Valencia).

**GARCÍA DE PRADAS** (Juan), arquitecto español activo en Granada (s. XVI). De formación gótica, realizó el hospital real según planos de E. Egas.

**GARCÍA DE QUEVEDO** (José Heriberto), escritor venezolano (Coro 1819-París 1871), dramaturgo *(Nobleza contra nobleza, Isabela de Médicis)* y poeta romántico *(Delirium).*

**GARCÍA DE QUIÑONES** (Andrés) y su hermano **Jerónimo,** arquitectos españoles del s. XVIII, activos en Salamanca. Sus obras se sitúan en la transición del barroco al neoclasicismo.

**GARCÍA DEL MOLINO** (Fernando), pintor y dibujante argentino (Santiago de Chile 1813-Buenos Aires 1899), retratista oficial en la época de Rosas.

**GARCÍA GÓMEZ** (Emilio), arabista español (Madrid 1905-*id.* 1995). Discípulo de Asín Palacios, es autor de notables traducciones y estudios: *Poetas arabigoandaluces* (1930), *El collar de la paloma* de ibn Ḥazm (1952), *Las jarchas romances de la serie árabe en su marco* (1964). [Real academia 1945.]

**GARCÍA GRANADOS** (Miguel), militar y político guatemalteco (1809-1878), presidente tras la revolución reformista y liberal (1871-1873).

**GARCÍA GUTIÉRREZ** (Antonio), dramaturgo español (Chiclana de la Frontera 1813-Madrid 1884). Triunfó con el drama romántico *El trovador* (1836). Cultivó sobre todo el tema histórico (*El paje,* 1837; *Venganza catalana,* 1864; *Juan Lorenzo,* 1865). [Real academia 1861.]

**GARCÍA HORTELANO** (Juan), escritor español (Madrid 1928-*id.* 1992). Tras el realismo objetivo de los inicios (*Nuevas amistades,* 1959), sus novelas posteriores resultan más complejas y elaboradas: *El gran momento de Mary Tribune* (1972), *Los vaqueros en el pozo* (1979), *Gramática parda* (1982).

**GARCÍA ÍÑIGUEZ** (Calixto), patriota y general cubano (Holguín 1839-Washington 1898). Cabecilla en la guerra de los Diez años (1868-1878) y, junto con Martí y Maceo, de la guerra Chiquita (1879). Colaboró en el desembarco norteamericano de Shafter (1898).

**GARCÍA LEOZ** (Jesús), compositor español (Olite 1906-Madrid 1953), autor de zarzuelas (*La duquesa del candil,* 1947; *La alegre alcaldesa; Retablo de Navidad,* 1952), ballets y música de cámara.

**GARCÍA LORCA** (Federico), poeta y dramaturgo español (Fuente Vaqueros 1898-Víznar 1936). Representante de la generación del 27, *Canciones* (1927) y el *Romancero gitano* (1928), su mayor éxito, muestran los rasgos más sobresalientes de su poesía: la inspiración andalucista, el dramatismo de las situaciones y un lenguaje que sorprende por su audacia. En 1929 viajó a E.U.A. y escribió su obra lírica más innovadora, *Poeta en Nueva York* (1940), fruto de una crisis vital y estética. Al *Llanto por Ignacio Sánchez Mejías* (1934), una de las más bellas elegías de la poesía contemporánea, siguió *El diván de Tamarit* (1940). Como dramaturgo, revolucionó el panorama teatral con obras como *El público* (1930) y la trilogía trágica formada por *Bodas* de sangre* (1933), *Yerma* (1934) y *La casa de Bernarda Alba* (1936). Destacan también: *Mariana Pineda* (1927), *La zapatera prodigiosa* (1930), *Doña Rosita la soltera* (1935). Detenido al estallar la guerra civil, fue fusilado.

**GARCÍA MÁRQUEZ** (Gabriel), escritor colombiano (Aracataca 1928). Tras su primera novela (*La hojarasca,* 1955), publicó *El coronel no tiene quien le escriba* (1961), *La mala hora* (1962) y *Los funerales de la Mamá Grande* (1962, relatos). En estas obras aparece ya un tratamiento fantástico de la realidad colombiana, donde las modernas técnicas narrativas le sirven para establecer inesperadas relaciones entre el mundo social y político y los aspectos más pintorescos de la vida cotidiana. La novela *Cien* años de soledad* (1967), una de las mejores muestras del realismo mágico, supuso su consagración internacional. Son posteriores: *Relato de un náufrago* (1968), *El otoño del patriarca* (1975), *Crónica de una muerte anunciada* (1985), *El amor en los tiempos del cólera* (1985), *El general en su laberinto* (1989), sobre los últimos días de Bolívar; *Del amor y otros demonios* (1994). En 1988 estrenó su primera obra teatral: *Diatriba de amor contra un hombre sentado.* (Premio Rómulo Gallegos 1972; Premio Nobel de literatura 1982.)

**GARCÍA MATOS** (Manuel), músico folklorista español (Plasencia 1912-Madrid 1974). Recopiló canciones, músicas y danzas del folklore español (*Antología del folklore musical de España,* 1960-1971), y colaboró con organismos internacionales como la Unesco.

**GARCÍA MÁYNEZ** (Eduardo), filósofo mexicano (México 1908-*id.* 1993). Propugnó una axiología sobre la que fundamentar el derecho positivo, y posteriormente investigó sobre una lógica del deber jurídico (*Lógica del concepto jurídico,* 1959).

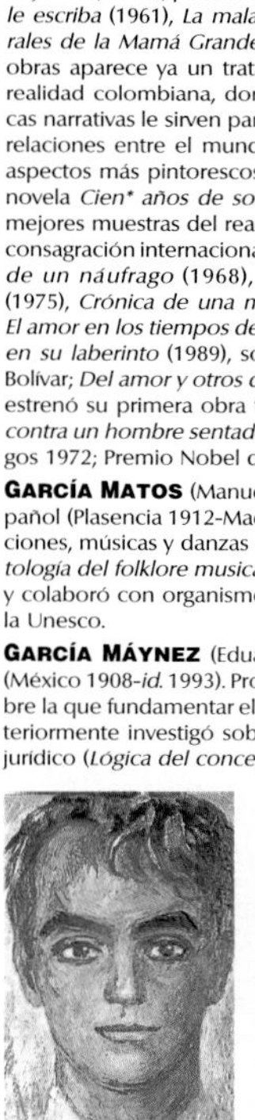

Federico
**García Lorca**
(por G. Prieto)

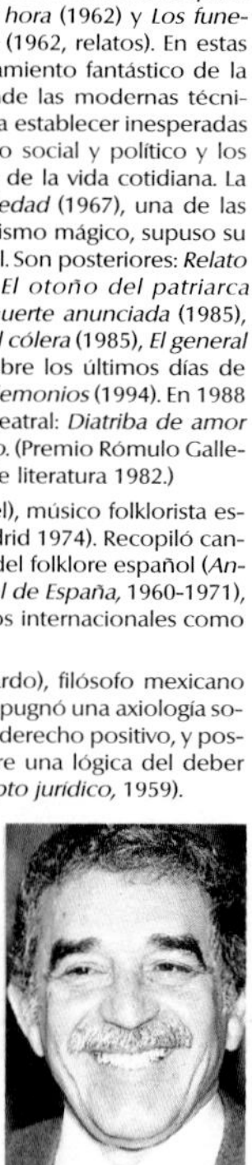

Gabriel
**García Márquez**

**GARCÍA MENOCAL** (Mario), general y político cubano (Jagüey Grande 1866-La Habana 1941), presidente de la república en 1913-1917 y 1917-1921.

**GARCÍA MERCADAL** (Fernando), arquitecto español (Zaragoza 1896-*id.* 1985). Participó activamente en el GATEPAC. Racionalista en sus primeras obras, evolucionó hacia un monumentalismo ecléctico.

**GARCÍA MEZA** (Luis), general y político boliviano (La Paz 1929), líder del golpe de estado de 1980 y presidente (1980-1981). Juzgado y condenado (1993) por violación de los derechos humanos durante su mandato, huyó a Brasil, donde fue detenido en 1994.

**GARCÍA MORENO** (Gabriel), político y escritor ecuatoriano (Guayaquil 1821-Quito 1875). Presidente del triunvirato (1859-1861) y de la república (1861-1865 y 1869-1875), implantó una dictadura teocrática. En 1869 promulgó una constitución centralista y conservadora. Reelegido en 1875, se desató una campaña de agitación que culminó con su asesinato.

**GARCÍA MORENTE** (Manuel), filósofo español (Jaén 1888-Madrid 1942). Formado en el neokantismo (*La filosofía de Kant,* 1917), experimentó más tarde la influencia de Ortega y Gasset (*Lecciones preliminares de filosofía,* 1937). Al final de su vida, una crisis espiritual le llevó al sacerdocio.

**GARCÍA MORILLO** (Roberto), compositor argentino (Buenos Aires 1911-† 1996). En sus composiciones (ballets, sinfonías, piezas corales y de cámara) utiliza procedimientos seriales de manera muy personal.

**GARCÍA NAVARRO** (Luis Antonio), director de orquesta español (Chiva 1941). Director de ópera prestigioso, ha estado al frente de diversas formaciones orquestales de Europa y E.U.A.

**GARCÍA NIETO** (José), poeta español (Oviedo 1914-Madrid 2001). Fundador de la revista *Garcilaso,* de su vasta obra poética destacan: *Tregua* (1951), *La red* (1955), *Memorias y compromisos* (1966), *Los cristales fingidos* (1978). [Premio Cervantes 1996.] (Real academia 1982.)

**GARCÍA OCHOA** (Luis), pintor y grabador español (San Sebastián 1920). Su obra evolucionó desde un postimpresionismo inicial al fauvismo para pasar al expresionismo más esperpéntico.

**GARCÍA OLIVER** (Juan), dirigente anarcosindicalista español (Reus 1901-Guadalajara, México, 1980). Vinculado a la F.A.I., al estallar la guerra civil dirigió el Comité central de milicias antifascistas, y fue ministro de Justicia de Largo Caballero (1936-1937). Se exilió en 1939. Es autor de un interesante libro de memorias (*El eco de los pasos,* 1978).

**GARCÍA PAVÓN** (Francisco), escritor español (Tomelloso 1919-Madrid 1989). Autor de novelas y cuentos sobre ambientes y personajes populares (*Historias de Plinio,* 1968; *El rapto de las Sabinas,* 1969; *Cuentos de amor... vagamente,* 1985), cultivó también el ensayo y la crítica literaria.

**GARCÍA PELAYO** (Manuel), jurista español (Corrales 1909-Caracas 1991), especialista en derecho constitucional y en filosofía del derecho. Exiliado (1952), fue director del Instituto de estudios políticos de Caracas. Vuelto a España, presidió el Tribunal constitucional (1980-1986). Sus *Obras completas* aparecieron en 1992.

**GARCÍA PONCE** (Juan), escritor mexicano (Mérida 1932), dramaturgo (*El canto de los grillos,* 1957), narrador (*Imagen primera,* 1963; *El libro,* 1970; *Unión,* 1974) y ensayista.

**GARCÍA PRIETO** (Manuel), *marqués* **de Alhucemas,** político español (Astorga 1859-San Sebastián 1938). Ocupó diversos ministerios desde 1906, y era presidente del consejo de ministros cuando se produjo el golpe de estado de Primo de Rivera (set. 1923).

**GARCÍA QUEJIDO** (Antonio), dirigente socialista español (Toledo 1856-† 1927), fundador del P.S.O.E. (1879), al que representó en varios congresos de la II Internacional, y de la U.G.T. (1888), de la que fue primer presidente. En 1921 participó en la fundación del P.C.E.

**GARCÍA ROBLES** (Alfonso), diplomático y jurista mexicano (Zamora, Michoacán, 1911-México 1991). Presidió el comité para la desnuclearización de América latina (1964-1967) y desde 1977 representó a su país en la conferencia de desarme de Ginebra. (Premio Nobel de la paz 1982.)

**GARCÍA ROVIRA** (Custodio), patriota colombiano (Cartagena de Indias 1780-Bogotá 1816). Miembro del triunvirato (1814) y presidente electo (1816), fue fusilado por las tropas de Morillo.

**GARCÍA SANCHIZ** (Federico), escritor español (Valencia 1886-Madrid 1964). Popular por sus «charlas», escribió novelas cortas, *El viaje a España* (1929) y sus *Memorias* (1957-1963). [Real academia 1941.]

**GARCÍA SANTESMASES** (José), físico español (Barcelona 1907-Madrid 1989), pionero de la investigación sobre informática en España.

**GARCÍA TERRÉS** (Jaime), escritor mexicano (México 1924-*id.* 1996). En 1988 recopiló su poesía en *Las manchas del Sol (1956-1987).* Como ensayista publicó *Panorama de la crítica literaria en México* (1941), *Grecia 60* (1962), *Reloj de Atenas* (1977).

**GARCIASOL** (Miguel Alonso **Calvo,** llamado **Ramón de**), poeta español (Guadalajara 1913-Madrid 1994). Ha cultivado la poesía social, religiosa y amorosa (*Defensa del hombre,* 1950; *Tierras de España,* 1955; *Mariuca,* 1970; *Libro de Tobías,* 1976) y el ensayo.

**GARCILASO DE LA VEGA,** llamado **el Inca** (Cuzco 1539-Córdoba 1616), nombre que adoptó en 1563 **Gómez Suárez de Figueroa,** hijo del conquistador español Sebastián Garcilaso de la Vega y de una princesa india. En 1560 se trasladó a España, donde siguió la carrera militar y desde 1590 se dedicó a una labor humanística. Es el primer gran prosista de Hispanoamérica, autor de obras históricas (*La Florida del Inca,* 1605; *Comentarios reales,* 1609; *Historia general del Perú,* 1617).

PRIMERA PARTE DE LOS
COMMENTARIOS
REALES,
QVE TRATAN DEL ORIGEN DE LOS YNCAS, REYES QVE FVERON DEL PERV, DE SV IDOLATRIA, LEYES, Y gouierno en paz y en guerra: de sus vidas y conquistas, y de todo lo que fue aquel Imperio y su Republica, antes que los Españoles passaran a el.
*Escritos por el Ynca Garcilasso de la Vega, natural del Cozco, y Capitan de su Magestad.*
DIRIGIDOS A LA SERENISSIMA PRINcesa Doña Catalina de Portugal, Duqueza de Bargança, &c.
*Con licencia de la Sancta Inquisicion, Ordinario, y Paço.*
EN LISBOA:
En la officina de Pedro Crasbeeck.
Año de M.DCIX.

**Garcilaso de la Vega el Inca:** portada de la primera parte de los *Comentarios reales* (Lisboa, 1609) [biblioteca nacional, Madrid]

**GARCILASO DE LA VEGA,** poeta español (Toledo 1501 o 1503-Niza 1536). Con su obra se abre una nueva dimensión en la poesía castellana. Introdujo plenamente el petrarquismo: uso de la naturaleza como fuente de las imágenes poéticas, autoanálisis sentimental, sensibilidad ante la belleza sensual, referencias a los grandes poetas latinos, innovación lingüística y métrica (con base en el endecasílabo). Publicada póstumamente (1543), su obra comprende églogas, canciones, elegías, sonetos y una epístola a Boscán. Junto a los temas centrales, la fusión sentimental de amor y naturaleza, aparecen los motivos mitológicos clásicos. Su lírica, guiada por un ideal arcádico expresado con melancólica serenidad, constituye una de las cimas de la poesía castellana.

**GARD,** dep. del S de Francia (Languedoc-Rosellón); 5 853 km$^2$; 585 049 hab. Cap. *Nimes.*

**GARDA** *(lago de),* el más oriental de los grandes lagos del N de Italia, atravesado por el Mincio; 370 km$^2$. Turismo.

**GARDAFUI** *(cabo)* → ***Guardafui.***

**GARDEL** (Carlos **Gardés,** llamado **Carlos**), cantante, compositor y actor argentino (Toulouse 1895-Medellín, Colombia, 1935). Famoso tras sus actuaciones en el teatro Esmeralda de Buenos Aires en 1917, por su peculiar versión del tango, actuó en Europa y América. Murió en accidente de aviación. Interpretó varias películas: *Luces de Buenos Aires* (1931), *Cuesta abajo* (1934).

**GARDINER** (Stephen), prelado y estadista inglés (Bury Saint Edmunds *c.* 1482-Londres 1555). Apoyó a Enrique VIII contra el papa en 1533. Se convirtió en lord canciller con María Tudor (1553), y persiguió a los protestantes.

**GARDNER** (Ava), actriz norteamericana (Smithfield, Carolina del Norte, 1922-Londres 1990), una de las grandes estrellas de Hollywood (*Pandora,* de A. Lewin, 1951; *La condesa descalza,* de J. Mankiewicz, 1954; *La noche de la iguana,* de J. Huston, 1964).

**Garellano** *(batalla de),* victoria de las tropas españolas de Fernando el Católico, al mando del Gran Capitán, frente a las francesas de Luis XII (dic. 1503), junto al *río Garigliano* o *Garellano* (Italia).

**GARFIAS** (Pedro), poeta español (Salamanca 1901-México 1967). Adscrito a la generación del 27. De sus obras destacan: *Ala del sur* (1927), *Poesías de la guerra* (1938), *Primavera en Eaton Hastings* (1939).

**GARGALLO** (Pablo), escultor español (Maella 1881-Reus 1934). Participó en el ambiente modernista de *Els Quatre Gats.* En 1903 inició los viajes a París que le pusieron en contacto con la vanguardia europea. Su obra evolucionó hacia un lenguaje muy personal (máscaras a partir de 1907, *retrato de Picasso,* 1907), con preocupación constructiva, de influencia cubista, basada en el juego de macizos y huecos (*Maternidad,* 1922; *Gran arlequín,* 1931; *El profeta,* 1933). Museo monográfico en Zaragoza.

**GARGANO,** promontorio calizo de Italia peninsular, en la costa adriática; 1 056 m. Bauxita.

**Gargantúa,** novela paródica de Rabelais (1534), cronológicamente posterior a *Pantagruel* (1532). Gargantúa es el padre de Pantagruel.

**GÁRGORIS,** rey mitológico de Tartessos al que se atribuía la invención de la apicultura, muy extendida entre los iberos.

**GARIBALDI** (Giuseppe), patriota italiano (Niza 1807-Caprera 1882). Participó en la insurrección

**Garcilaso de la Vega** (il Pontormo - galería real de pinturas, Kassel, Alemania)

Pablo **Gargallo:** *Bailarina* (1927) [museo de arte moderno, Barcelona]

brasileña de Rio Grande do Sul (1836). En 1841, al servicio de Uruguay mandó las tropas contra el argentino Rosas. Luchó por la unificación de Italia, primero contra Austria, después contra el reino de las Dos Sicilias (expedición de los Mil o de los Camisas rojas, 1860) y contra el papado; combatió por Francia en 1870-1871. – Su hijo **Ricciotti** (Montevideo 1847-Roma 1924), general y político italiano, luchó al lado de su padre de 1859 a 1870.

**GARIBAY** (Ángel María), escritor mexicano (Toluca 1892-México 1967). Fue poeta y gran ensayista: *La poesía lírica azteca* (1937), *Historia de la literatura náhuatl* (1953-1954).

**GARIGLIANO** → ***Garellano.***

**GARIZIM,** monte de Palestina, al S de Siquem, (act. *Nābulus*) lugar sagrado de los samaritanos.

**GARMENDIA** (Salvador), escritor venezolano (Barquisimeto 1928). Sus novelas (*Los pequeños seres,* 1959; *La mala vida,* 1968; *Memorias de Altagracia,* 1974; *El capitán Kid,* 1989) y cuentos (*Doble fondo,* 1966) indagan en la realidad venezolana y en la alienación del hombre moderno.

**GARMISCH-PARTENKIRCHEN,** estación de deportes de invierno (708-2 963 m de alt.) de Alemania (Baviera); 26 413 hab.

**GARONA,** en fr. **Garonne,** r. del SO de Francia que nace en España (valle de Arán) y desemboca en el Atlántico (estuario del Gironda); 650 km. Nacido de la unión de dos pequeños ríos que provienen de los macizos de la Maladeta y Saboredo, y pasa por Toulouse y Burdeos. Centrales hidroeléctricas.

Carlos **Gardel** (en el centro)

Giuseppe **Garibaldi** (museo del Risorgimento, Roma)

**GAROUA,** c. del N de Camerún, a orillas del Benué; 142 000 hab.

**GARRETA** (Julio), compositor español (Sant Feliu de Guíxols 1875-*id.* 1925). Compuso música orquestal (*Impresiones sinfónicas,* 1907; *Suite ampurdanesa,* 1921), piezas para piano, sardanas y una *Sonata* para violoncelo y piano dedicada a Pau Casals.

**GARRICK** (David), actor y escritor británico (Hereford 1717-Londres 1779). Intérprete de Shakespeare y autor de comedias.

**GARRIDO** (Fernando), escritor y político español (Cartagena 1821-Córdoba 1883). Colaborador de publicaciones y organizaciones republicanas, estuvo exiliado en numerosas ocasiones entre 1851 y 1868, y en 1874-1879. Autor de *Historia del reinado del último Borbón de España* (1868-1869).

**GARRIGA (La),** mun. de España (Barcelona); 9 453 hab. *(Garriguenses.)* Embutidos, muebles.

**GARRO** (Elena), escritora mexicana (México 1920-*id.* 1998). Próxima al realismo mágico, es autora de narrativa (*Los recuerdos del porvenir,* 1965) y teatro (*La mudanza,* 1959; *Felipe Ángeles,* 1969).

**GARROVILLAS,** v. de España (Cáceres); 2 532 hab. *(Garrovillanos.)* Dólmenes. Restos del puente romano de Alconétar.

**GARY,** c. de Estados Unidos (Indiana), a orillas del lago Michigan; 116 646 hab. Siderurgia.

**GARY** (Romain **Kacew,** llamado **Romain**), escritor francés (Vilna 1914-París 1980), novelista de la angustia (*Las raíces del cielo,* 1956). Utilizó un seudónimo, **Émile Ajar** (*La vida ante sí,* 1975).

**GARZA GARCÍA,** mun. de México (Nuevo León), en la periferia de Monterrey; 81 974 hab.

**GARZÓN,** mun. de Colombia (Huila); 40 310 hab. Yuca, fríjol y cereales. Minas de carbón.

**GASCA** (Pedro **de la**), eclesiástico y político español (Navarregadilla, Ávila, 1494-Sigüenza 1565). Presidente de la audiencia de Lima (1545), puso fin a la guerra civil de Perú (1548). Distribuyó las rentas de los conquistadores, protegió a los indios e inició la explotación minera de Potosí.

**GASCOIGNE** (George), escritor inglés (Cardington *c.* 1525-Bernack 1577), autor de la primera comedia inglesa en prosa, *The supposes* (1566).

**GASCUÑA** *(golfo de)* → ***Vizcaya*** (golfo de).

**GASCUÑA,** en fr. **Gascogne,** ant. ducado francés, situado entre los Pirineos, el Atlántico y el Garona. Cap. *Auch.*

**GASHERBRUM,** macizo montañoso del Karakorum (Pakistán), que culmina en el Hidden Peak o Gasherbrum 1 (8 068 m).

**GASPAR,** nombre popular, según la tradición, de uno de los tres Reyes magos.

**GASPAR** (Enrique), dramaturgo español (Madrid 1842-Oloron, Francia, 1902). Orientado hacia el realismo, satirizó a la clase media (*Las personas decentes,* 1890).

**GASPAR HERNÁNDEZ,** mun. de la República Dominicana; 28 824 hab. Cacao, arroz, café.

**GASPERI** (Alcide **de**), político italiano (Trento 1881-Valsunaga 1954). Líder de la democracia cristiana y presidente del Consejo (1945-1953), devolvió a su país su lugar en Europa e inició su recuperación económica tras la segunda guerra mundial.

**GASSENDI** (Pierre **Gassend,** llamado), filósofo francés (Champtercier, cerca de Digne, 1592-París 1655). Sus trabajos sobre matemáticas, acústica y astronomía lo llevaron a criticar a Descartes. Luego intentó conciliar el atomismo antiguo y la moral epicúrea con el cristianismo.

**GASSER** (Herbert), fisiólogo norteamericano (Platteville, Wisconsin, 1888-Nueva York 1963), autor de investigaciones sobre las fibras nerviosas. (Premio Nobel de fisiología y medicina 1944.)

**GASSET Y ARTIME** (Eduardo), periodista y político español (Pontevedra 1832-Madrid 1884), fundador del diario *El imparcial* (1867). – Su hijo, **Rafael Gasset y Chinchilla** (Madrid 1866-*id.* 1927), le sucedió en la dirección del periódico, desde el que promovió campañas regeneracionistas, y destacó como polemista. Ocupó varios ministerios entre 1900 y 1923.

**GASSMAN** (Vittorio), actor italiano (Génova 1922-Roma 2000). Principalmente actor de teatro (fundó su propia compañía en 1952), se ha impuesto también como uno de los grandes actores del cine italiano: *Arroz amargo* (G. de Santis, 1949), *La escapada* y *Perfume de mujer* (D. Risi, 1962 y 1974).

**GASSOL** (Bonaventura, llamado **Ventura**), político y escritor español en lengua catalana (La Selva del Camp 1894-Tarragona 1980). Consejero de la Generalidad, se exilió en 1936. Poeta, cultivó asimismo el teatro (*La Dolorosa,* 1928) y la narrativa.

**GASTEIZ** → ***Vitoria.***

**GASTÓN DE FOIX,** nombre de varios condes de Foix y vizcondes de Bearn. – **Gastón III Febo** (1331-1391), conde de Foix (1343-1391), hábil político, legó sus estados a la corona francesa. Es autor de *Oraciones* y *Tratado de caza.* – **Gastón IV** (1425-1472), conde de Foix y vizconde de Castellbó (1436-1472), gobernó Navarra (1455).

**GATA** *(cabo de),* saliente de la costa mediterránea española (Almería), extremo S de la *sierra de Cabo de Gata.*

**GATA** *(sierra de),* sistema montañoso de España, en la cordillera Central; 1 519 m de alt. Divisoria entre las provincias de Salamanca y Cáceres.

**G.A.T.E.P.A.C.** (Grupo de arquitectos y técnicos españoles para el progreso de la arquitectura contemporánea), asociación de artes plásticas española, fundada en Zaragoza en 1930, que intentó reunir a los arquitectos interesados en la integración social y racionalizada de la arquitectura.

**GATES** (William Henry, llamado **Bill**), empresario norteamericano (Seattle 1955), fundador y presidente de Microsoft corporation, empresa dedicada a la creación de sistemas operativos informáticos (disk operating system y windows system). Ha revolucionado el mercado de la informática.

**gato con botas** *(El),* cuento de Perrault (1697).

**gatopardo** *(El),* película italiana de L. Visconti (1963), adaptada de la novela de G. T. di Lampedusa, que evoca la decadencia de la aristocracia siciliana en la época del Risorgimento.

**G.A.T.T.** (general agreement on tariffs and trade, acuerdo general sobre aranceles de aduanas y comercio), acuerdo firmado en 1947 en Ginebra y que actualmente sirve de marco para la liberalización del comercio internacional. Ha realizado varias negociaciones periódicas; la última (Ronda Uruguay, 1986-1994) finalizó en Marrakech con el acuerdo de sustituir el G.A.T.T. por la *Organización mundial del comercio (O.M.C.)* a partir de 1995.

**GATTAMELATA** *(el),* condotiero italiano (Narni *c.* 1370-Padua 1443). Su estatua ecuestre, primera obra maestra monumental del renacimiento, fue erigida en Padua en 1453 por Donatello.

**Gatún,** embalse del canal de Panamá, formado por el río Chagres; 420 km$^2$. En el paso hacia el Caribe se encuentran las *esclusas de Gatún.*

**GAUDÍ** (Antonio), arquitecto español (Reus 1852-Barcelona 1926). Se inició en un estilo vinculado al historicismo. A partir de 1883 evolucionó hacia un lenguaje propio, cargado de expresividad, que le hace descollar en la arquitectura modernista. Inició en Barcelona la *Sagrada Familia* y realizó la casa Vicens (1883-1885), el palacio Güell (1886-1891), el *Capricho* de Comillas (1883-1885) y el palacio episcopal de Astorga (1887-1894), entre otras obras. En los años siguientes profundiza la originalidad de su lenguaje, realizando sus mayores obras: el parque Güell* (1900-1914) y la casa Milá o *Pedrera* (1906-1910). A partir de 1918 se dedicó por completo a la Sagrada Familia.

**GAUGUIN** (Paul), pintor francés (París 1848-Atuona, islas Marquesas, 1903). Fue impresionista antes de crear su propio estilo, en que simplificó las formas e intensificó el color. Ansioso de llegar a las fuentes de la creación, realizó numerosos viajes; vivió en Bretaña y, desde 1891, en la Polinesia francesa: *La visión después del sermón* (1888). *[V. ilustración pág. 1343.]*

**GAUHĀTI,** c. de la India (Assam), a orillas del Brahmaputra; 577 591 hab.

**GAULLE** (Charles **de**), general y político francés (Lille 1890-Colombey-les-Deux-Eglises 1970). Oficial en la primera guerra mundial, fue general de brigada durante la campaña de Francia (1940). Rechazó el armisticio e hizo un llamamiento a la resistencia desde Londres. En 1943 creó en Argel el Comité francés de liberación nacional, futuro gobierno provisional de la República francesa. Presidente de la República (1944), hostil a la política de partidos y partidario de una presidencia fuerte, dimitió (1946) y fundó el R.P.F. (1947-1953). Retirado de la política en 1953, volvió a causa de la crisis argelina (1958), consiguió la aprobación de una nueva constitución de tipo presidencialista y fue el primer presidente de la V República (1959). Concedió la independencia a Argelia (1962) y reforzó la autoridad del presidente con su elección popular directa (1962, reelegido en 1965). Controló la crisis de mayo de 1968, pero, tras ser rechazado su proyecto de regionalización y de reforma del senado, dimitió (1969).

**GAUMONT** (Léon), inventor e industrial francés (París 1863-Sainte-Maxime 1946), promotor de la industria cinematográfica y pionero del cine sonoro (1902) y del cine en color (1912).

**GAUSS** (Carl Friedrich), astrónomo, matemático y físico alemán (Brunswick 1777-Gotinga 1855), autor de importantes trabajos de mecánica celeste, de geodesia y sobre magnetismo, electromagnetismo y óptica. Su concepción moderna de la naturaleza abstracta de las matemáticas le permitió ampliar el campo de la teoría de los números. Descubrió la geometría hiperbólica no euclidiana.

**Gauss** *(ley de),* ley de probabilidad según la cual cuando una magnitud sufre la influencia de numerosas causas de variación, todas ellas muy pequeñas e independientes entre sí, los resultados se acumulan alrededor de la media, distribuyéndola simétricamente a su alrededor con una frecuencia que disminuye rápidamente al alejarse del centro. La curva de Gauss es la representación gráfica de una distribución de esta clase.

**GAUTIER** (Théophile), escritor francés (Tarbes 1811-Neuilly 1872). Romántico, popular por sus novelas históricas (*El capitán Fracasse,* 1863), teórico de «el arte por el arte» (*Esmaltes y camafeos,* 1852) y uno de los maestros de la escuela parnasiana. En 1840 realizó un viaje a España, que reflejó en *Voyage en Espagne* (1843) y en los versos de *España* (1845).

**GAVÀ,** mun. de España (Barcelona), cab. de p. j.; 35 167 hab. *(Gavaneses.)* Industrias. Turismo (playas).

**GAVIDIA** (Francisco), escritor salvadoreño (San Miguel 1863-† 1955), representante del romanticismo. Poeta, dramaturgo, narrador y ensayista, en 1892 publicó un manifiesto sobre la renovación de las formas poéticas.

**GAVILÁN** (Baltasar), escultor peruano nacido en

Antonio **Gaudí:** el vestíbulo de la Pedrera, Barcelona

Lima, activo en el s. XVIII. Fue el escultor más importante de su época, autor de imágenes de madera policromada y retratos: *Felipe V, La muerte.*

**gaviota** *(La),* drama de Chéjov (1896): tres seres que se destrozan en la conquista de un ideal que supera su voluntad y sus fuerzas.

**Gaviota** *(La),* novela costumbrista de Fernán Caballero –escrita en francés (1845) y traducida al castellano por J. J. Mora (1849)–, en torno a la vida de una cantante andaluza.

**GAVIRIA** (César), político y economista colombiano (Pereira 1947). Liberal, ministro con V. Barco, fue presidente de la república de 1990 a 1994, año en que fue elegido secretario general de la O.E.A. Durante su mandato presidencial se aprobó la nueva constitución (1991).

**GÄVLE,** c. y puerto de Suecia, en el golfo de Botnia; 88 568 hab.

**GAY** (John), escritor británico (Barnstaple 1685-Londres 1735), autor de la *Ópera del mendigo* (1728).

**GAYĀ,** c. de la India (Bihār); 293 971 hab. Gran centro de peregrinación.

**gaya ciencia** *(La),* obra de Nietzsche (1882; ed. completada en 1886). En forma de aforismos y poemas, es un himno a la naturaleza y al tiempo, concebido como un eterno retorno, que anuncia el mensaje profético de *Así hablaba Zaratustra.*

**GAYA NUÑO** (Juan Antonio), historiador de arte y escritor español (Tardelcuende 1913-Madrid 1976). Desarrolló una importante labor investigadora (*Historia de la crítica de arte en España,* 1975).

**GAYARRE** (Julián), tenor español (El Roncal 1844-Madrid 1890). Se consagró en la Scala de Milán (1876) con *La favorita,* y siguió una brillante carrera con un repertorio preferentemente italiano.

**GAY-LUSSAC** (Louis-Joseph), físico y químico francés (Saint-Léonard-de-Noblat 1778-París 1850). Enunció la ley de la dilatación y las leyes volumétricas de los gases, y descubrió el boro.

**Gay-Lussac** *(leyes de),* leyes límites aplicables a los gases perfectos: los volúmenes de dos gases que se combinan, medidos a una misma temperatura y a una misma presión, se hallan en una relación simple; cuando la combinación es gaseosa, su volumen se halla en relaciones sencillas con los volúmenes de sus constituyentes gaseosos.

**GAYO,** jurisconsulto romano (s. II d. J.C.), autor de las *Instituciones,* que sirvieron de base a los *Instituta* de Justiniano.

**GAZA,** en ár. **Gazza,** territorio del S de Palestina (llamado también *franja de Gaza*); 363 km$^2$; 600 000 hab. Cap. *Gaza* (118 300 hab.). Territorio disputado entre Israel y Egipto, estuvo bajo administración egipcia (1948-1962) y bajo control israelí (desde 1967). Escenario, especialmente desde 1987, de un levantamiento popular palestino *(intifada).* En 1994, Israel y la O.L.P. firmaron un acuerdo sobre la autonomía parcial del territorio, ampliada en 1995 (→ ***Palestina***).

**GAZİANTEP,** c. de Turquía, al norte de Alepo; 603 434 hab.

**GAZLI,** c. de Uzbekistán, al NO de Bujará; 12 000 hab. Gas natural.

**GAZNAWÍES,** dinastía turca que reinó en Afganistán, parte de Irán y el Panjāb en los ss. X-XII.

**GAZTAMBIDE** (Joaquín Romualdo), compositor español (Tudela 1822-Madrid 1870). Fue uno de los músicos que contribuyeron a resucitar la zarzuela: *Catalina* (1854), *El juramento* (1858).

**GDAŃSK,** en alem. **Dantzig,** c. y puerto de Polonia, en la *bahía de Gdańsk,* cerca de la desembocadura del Vístula; 466 500 hab. Construcciones navales. Numerosos monumentos restaurados. Miembro de la Hansa (1361), la ciudad gozó, bajo la protección de los reyes de Polonia, de una autonomía casi total (ss. XV-XVIII); fue anexionada por Prusia en 1793. Bajo control francés (1807-1815), se convirtió en la capital de la Prusia Occidental (1815-1919) y, más tarde, en ciudad libre. Su incorporación al Reich (1 set. 1939) sirvió de pretexto para el desencadenamiento de la segunda guerra mundial. Dantzig se reincorporó a Polonia en 1945.

**GDYNIA,** c. y puerto de Polonia, junto al Báltico, al NO de Gdańsk; 251 800 hab.

**GEA,** divinidad griega que personifica la Tierra, madre universal.

**GEBER** → ***Ŷabir.***

**GEDEÓN,** juez de Israel, vencedor de los madianitas (ss. XII o XI a. J.C.).

**GEELONG,** c. y puerto de Australia (Victoria); 148 300 hab. Refinería de petróleo. Aluminio.

**GEER** (Ludvig, *barón* **de**), político sueco (Finspång 1818-Truedstorp 1896). Primer ministro (1858-1870 y 1876-1880), hizo votar la institución de dos cámaras elegidas por sufragio censitario (1866).

**GEHRY** (Frank), arquitecto y diseñador norteamericano (Toronto 1929). En su obra conjuga el barroco formal con la policromía y la disposición heteróclita de los materiales (museo del Aire y del Espacio, Los Ángeles, 1984; museo Guggenheim*, Bilbao, 1997). [Premio Pritzker 1989.]

**GEIGER** (Hans), físico alemán (Neustadt an der Weinstrasse 1882-Potsdam 1945), inventor en 1913 del contador de partículas que lleva su nombre.

**GEISERICO** → ***Genserico.***

**GEISSLER** (Heinrich), mecánico y físico alemán (Igelshieb 1814-Bonn 1879). Autor de trabajos sobre las descargas eléctricas en los gases enrarecidos *(tubos de Geissler),* realizó la primera bomba de vacío de mercurio (1857).

**GELA,** c. y puerto de Italia (Sicilia); 72 079 hab. Petroquímica. Fundada en el s. VII a. J.C. por los griegos, la ciudad antigua fue destruida en el s. III a. J.C. Una ciudad nueva, *Terranova,* fundada en 1230, tomó su nombre en 1927. Museo arqueológico.

**GELASIO I** *(san),* papa [492-496]. Originario de África, combatió a los maniqueos, a los pelagianos y a los arrianos.

**GELIMER,** último rey vándalo de África [530-534], vencido por Belisario.

**GELLÉE** (Claude) → ***Lorena*** (Claudio de).

**GELL-MANN** (Murray), físico norteamericano (Nueva York 1929). Definió la extrañeza de las partículas elementales y postuló la existencia del quark. (Premio Nobel de física 1969.)

**GELMAN** (Juan), poeta argentino (Buenos Aires 1930). Autor de una poesía comprometida, de tono coloquial y rica en metáforas (*El juego en que andamos,* 1959; *Gotán,* 1962; *Cólera buey,* 1965; *Hechos y relaciones,* 1979; *Si tan dulcemente,* 1980; *Anunciaciones,* 1988). [Premio nacional de poesía en 1997; Premio Juan Rulfo 2000.]

**GELMÍREZ** (Diego), prelado gallego (*c.* 1065-a. 1140), primer arzobispo de Compostela (1100). Tutor de Alfonso VII de Castilla, a quien proclamó rey de Galicia. Sufrió dos revoluciones populares de los habitantes de Santiago. Promovió el culto del apóstol Santiago.

**GELÓN** (Gela 540-Siracusa 478 a. J.C.), tirano de Gela [491-485 a. J.C.] y de Siracusa [485-478 a. J.C.], venció a los cartagineses en Himera (480).

**GELSENKIRCHEN,** c. de Alemania, en el Ruhr; 289 791 hab. Metalurgia.

**GELVES,** nombre que dieron los españoles a la isla tunecina de Djerba, conquistada por el duque de Medinaceli en 1559 y recuperada por los turcos en 1560.

**GEMAYEL** (Pierre), político libanés (Mansura 1905-Bikfaya 1984). Maronita y fundador de las Falanges (1936), luchó contra los nacionalistas árabes en 1958 y contra los palestinos a partir de 1975. – Su hijo **Amin** (Bikfaya 1942), presidente de la república (1982-1988), intentó defender las posiciones políticas de los cristianos.

**GEMINIANI** (Francesco), violinista y compositor italiano (Lucca 1687-Dublín 1762). Creador de escuela en Gran Bretaña, compuso sonatas y conciertos.

**GÉMINIS,** constelación zodiacal. Sus dos estrellas más brillantes son *Cástor* y *Pólux.* – Tercer signo del zodíaco que el Sol abandona en el solsticio de verano.

**GEMISTO PLETÓN** (Jorge), filósofo bizantino (Constantinopla *c.* 1355-en el Peloponeso *c.* 1450). Contribuyó a la renovación del platonismo en Italia.

**genealogía de la moral** *(La),* obra de F. Nietzsche (1887), en la que el autor afirma que la moral nace del resentimiento de los débiles como compensación a su incapacidad para ser fuertes.

**GENER** (Guerau), pintor catalán documentado entre 1391 y 1411. Pertenece al gótico internacional (retablos de la catedral de Barcelona).

**GENER** (Pompeyo), escritor español (Barcelona 1848-*id.* 1920). Dejó ensayos filosóficos y literarios (*La muerte y el diablo,* 1880, en francés; *Herejías,* 1887; *Literaturas malsanas,* 1894) y la colección humorística en verso *Los cien consejos del Consejo de ciento* (*Els cent consells del Consell de Cent,* 1890).

**generación del 98,** grupo de escritores españoles, surgido hacia 1898, fecha que simboliza una situación de desánimo ante la decadencia nacional. Entre sus miembros destacan M. de Unamuno, Azorín (que en 1913 acuñó el término), P. Baroja y R. de Maeztu. Asociados a sus preocupaciones ideológicas se hallan precursores como Silverio Lanza y Á. Ganivet, y esporádicamente otros escritores: Valle-Inclán, A. Machado, J. Benavente. Entre los actos que dieron cohesión al grupo cabe citar el homenaje a Larra (con su implacable visión crítica de España) y la visita al Toledo del Greco (espiritualidad y fijación castellanista son aspectos de su visión mítica de España). Los ensayos *En torno al casticismo* (1896) de Unamuno y *Hacia otra España* (1899) de Maeztu, y las novelas de Baroja *(Camino de perfección, El árbol de la ciencia)* y Azorín *(La voluntad)* son obras emblemáticas de la literatura noventayochista.

**generación del 27,** promoción de poetas españoles, surgida entre 1920 y 1930, en la que destacan J. Guillén, P. Salinas, G. Diego, Dámaso Alonso, F. García Lorca, R. Alberti, L. Cernuda, V. Aleixandre, E. Prados y M. Altolaguirre. Debe su nombre a la fecha del tricentenario de la muerte de Góngora, figura reivindicada por estos poetas, que llevaron a cabo una profunda renovación de la poesía castellana. En la poética del grupo hay que situar el proyecto ideal de una poesía pura y el valor otorgado a la imagen y a la metáfora. El matiz «deshumanizado» del comienzo dio paso, hacia 1930, a una etapa neorromántica.

**generación perdida,** nombre dado a los escritores norteamericanos (Dos Passos, Fitzgerald, Hemingway) que, tras la primera guerra mundial, buscaron escapatoria a su desesperanza intelectual en la Europa de los años veinte, los viajes o el socialismo.

**GENERAL ALVARADO,** partido de Argentina (Buenos Aires); 30 043 hab. Turismo en la cab., *Miramar.*

**GENERAL ALVEAR,** dep. de Argentina (Mendoza); 42 393 hab. Vid y frutales. Conservas.

Paul **Gauguin:** *Mujeres de Tahití* (1891).
[Museo de Orsay, París.]

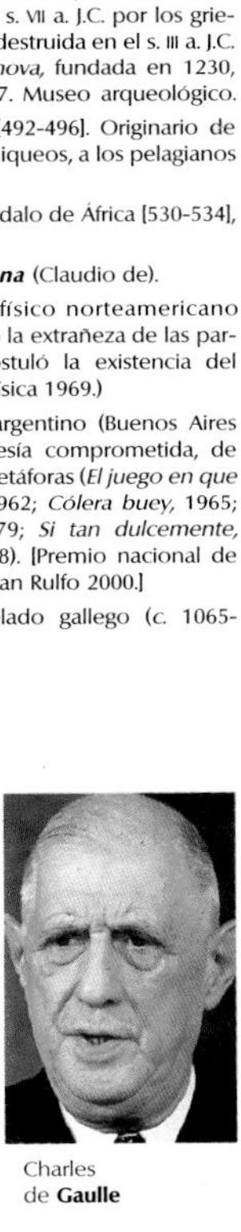

Charles de **Gaulle**

**GENERAL ARENALES,** partido de Argentina (Buenos Aires); 15 124 hab. Cereales. Ganado vacuno.

**GENERAL CARRERA** → ***Buenos Aires*** (lago).

**GENERAL ESCOBEDO,** mun. de México (Nuevo León); 37 756 hab. Cereales y ganadería.

**GENERAL GÜEMES,** dep. de Argentina (Chaco); 43 772 hab. Algodón. Industria maderera. – Dep. de Argentina (Salta); 35 660 hab. Refino de azúcar.

**GENERAL HELIODORO CASTILLO,** mun. de México (Guerrero); 24 606 hab. Cab. *Talacotepec.* Centro agropecuario.

**GENERAL JOSÉ DE SAN MARTÍN,** dep. de Argentina (Salta); 106 580 hab. Centro petrolífero.

**GENERAL JUAN MADARIAGA,** partido de Argentina (Buenos Aires); 16 969 hab. Comprende la laguna La Salada Grande. Turismo.

**GENERAL LÓPEZ,** dep. de Argentina (Santa Fe); 172 008 hab. A orillas de la laguna Melincué. Centro turístico.

**GENERAL MANUEL BELGRANO,** dep. de Argentina (Misiones); 24 571 hab. Cab. *Bernardo de Irigoyen.*

**General motors,** empresa norteamericana fundada en 1908, primera productora mundial de automóviles. Produce más de un tercio de los vehículos fabricados en E.U.A. y dispone de filiales en el extranjero.

**GENERAL OBLIGADO,** dep. de Argentina (Santa Fe); 145 023 hab. Cab. *Reconquista.* Industria alimentaria; serrerías; curtidurías.

**GENERAL PEDERNERA** → ***Villa Mercedes.***

**GENERAL PUEYRREDÓN,** partido de Argentina (Buenos Aires); 533 756 hab. Cab. *Mar* del Plata.*

**GENERAL ROCA,** dep. de Argentina (Río Negro); 264 298 hab. Industria maderera, vinícola y conservera. Destilerías. – Dep. de Argentina (Córdoba); 32 865 hab. Cap. *Villa Huidobro.* Centro agropecuario.

**GENERAL RODRÍGUEZ,** partido de Argentina (Buenos Aires); 48 358 hab. Cereales y lino; ganado.

**GENERAL SAN MARTÍN,** partido de Argentina (Buenos Aires); 407 506 hab. En el Gran Buenos Aires. – Dep. de Argentina (Córdoba); 105 302 hab. Trigo; vacunos. Industria frigorífica y automotriz.

**GENERAL SARMIENTO,** partido de Argentina (Buenos Aires); 646 891 hab. En el Gran Buenos Aires. Centro industrial.

**GENERAL TABOADA,** dep. de Argentina (Santiago del Estero); 29 407 hab. Minas de manganeso.

**GENERAL TERÁN,** mun. de México (Nuevo León); 18 720 hab. Maíz, algodón, cítricos. Ganadería.

**GENERAL VIAMONTE,** partido de Argentina (Buenos Aires); 17 758 hab. Cuna de Eva Perón.

**GENERAL VILLEGAS,** partido de Argentina (Buenos Aires); 27 585 hab. Industrias lácteas.

**GENERAL VINTTER** o **VINTTER** *(lago),* lago glaciar andino de Argentina (Chubut), que en la parte chilena recibe el nombre de **Palena.**

**Generalife,** residencia de verano de los reyes nazaríes en Granada, cerca de la Alhambra, bello ejemplo del arte hispanomusulmán del s. XIV. Edificio de pequeñas dimensiones, con dos pórticos, un mirador y un cuerpo de guardia, además de los patios de la Acequia y la Sultana. Son famosos sus jardines. Junto con la Alhambra fue declarado por la Unesco bien cultural del patrimonio mundial (1984).

**GENESARET** *(lago de),* nombre dado por los Evangelios al lago Tiberíades.

**Génesis,** primer libro del Pentateuco y de la Biblia, consagrado a los orígenes de la humanidad y a la historia de los patriarcas Abraham, Isaac y Jacob.

**GENET** (Jean), escritor francés (París 1910-*id.* 1986). Sus novelas, poemas y teatro (*Las criadas,* 1947; *El balcón,* 1956) evocan su juventud de abandono y delincuencia y fustigan los prejuicios y la hipocresía del mundo moderno.

**GENGIS KAN,** título de **Timuÿin,** fundador del imperio mongol (Delün Boldaq *c.* 1167-Qings-hui, Gansu, 1227). Kan supremo por los mongoles (1206), conquistó China del norte (1211-1216), Transoxiana, Afganistán e Irán oriental (1221-1222).

**GENIL,** r. de España, afl. del Guadalquivir (or. izq.); 358 km. Riega la Vega de Granada y la Campiña cordobesa y sevillana. Embalses (Iznajar*).

**Genji monogatari** *(Historia del príncipe Genji),* novela de Murasaki Shikibu (principios del s. XI): uno de los clásicos de la literatura japonesa, que describe la vida de la corte de Kyōto hacia el año mil.

**GENK,** mun. de Bélgica (Limburgo); 61 339 hab.

**GENNES** (Pierre-Gilles **de**), físico francés (París 1932), especialista en la materia condensada (semiconductores, superconductividad, cristales líquidos, polímeros, etc.). [Premio Nobel de física 1991.]

**GÉNOVA,** en ital. **Genova,** c. de Italia, cap. de Liguria y cap. de prov., junto al *golfo de Génova,* formado por el Mediterráneo; 675 639 hab. *(Genoveses.)* Principal puerto italiano. Centro industrial (metalurgia, química). Catedral y numerosas iglesias, construidas y decoradas desde la edad media hasta la época barroca. Magníficos palacios, entre los que destacan el Rosso, el Bianco y el Spinola, act. galerías de arte (pinturas, principalmente de la escuela genovesa de los ss. XVII-XVIII). Génova consiguió la independencia en el s. XII. En el s. XIII, a pesar de la competencia de Pisa y la rivalidad de Venecia, creó un poderoso imperio marítimo en el Mediterráneo oriental. En 1339, estaba gobernada por un dux; en los ss. XIV y XV, su imperio fue destruido por Venecia y por los turcos, aunque en el s. XVI su papel de banquera de los Austrias españoles le proporcionó grandes beneficios. En 1768, cedió Córcega a Francia. En 1797 se convirtió en la capital de la República ligur, fue anexionada por el Imperio francés (1805) y por el reino de Cerdeña (1815).

**GENOVÉS** (Juan), pintor español (Valencia 1930).

**Gengis Kan** cazando.
Detalle de una pintura sobre seda. China, época Yuan (col. part.)

A partir de 1956 se integró en el grupo Parpalló. Evolucionó desde el informalismo al realismo crítico (*Expectativa, Alrededores,* 1990).

**Genoveva de Brabante,** heroína de una leyenda popular medieval, cuya primera versión se encuentra en la *Leyenda áurea.*

**GENSCHER** (Hans-Dietrich), político alemán (Reideburg, cerca de Halle, 1927). Presidente del Partido liberal de la R.F.A. (1974-1985), fue ministro de Asuntos Exteriores de 1974 a 1992.

**GENSERICO** o **GEISERICO** († en 477), primer rey vándalo de África [428-477]. Sucesor de Gunderico como jefe de los vándalos del S de Hispania, en 429 pasó a África, donde fundó un poderoso estado, adueñándose también de las islas del Mediterráneo occidental. Tomó y saqueó Roma en 455.

**GENTILESCHI** (Orazio **Lomi,** llamado), pintor italiano (Pisa 1563-Londres 1639). Establecido en Roma, logró, a partir del ejemplo de Caravaggio, un estilo personal, elegante y matizado. Trabajó en las Marcas (*c.* 1615), Génova, París (1624) y Londres. – Su hija **Artemisia** (Roma 1597-Nápoles d. 1651) trabajó principalmente en Florencia y Nápoles adoptando un estilo caravaggista.

**GENTO** (Francisco), futbolista español (Guarnizo, Cantabria, 1933). Ganó 10 ligas con el Real Madrid, y fue el único en conquistar 6 copas de Europa.

**GENTZEN** (Gerhard), lógico alemán (Greifswald 1909-Praga 1945). Propuso un sistema de lógica no axiomático.

**GEORGE** (Lloyd) → ***Lloyd George.***

**GEORGE** (Stefan), poeta alemán (Büdesheim, Renania, 1868-Minusio, cerca de Locarno, 1933). Influido en un principio por los simbolistas franceses, evolucionó hacia la poesía humanitaria y finalmente hacia el misticismo *(La estrella de la alianza; El nuevo imperio).*

**George cross,** condecoración británica creada en 1940 por el rey Jorge VI.

**GEORGETOWN,** c. y puerto de Guayana; 188 000 hab.

**GEORGIA** *(estrecho de),* brazo de mar que separa la isla de Vancouver del litoral continental de Columbia Británica (Canadá).

**GEORGIA,** en georgiano **Sakartvelo,** estado del Cáucaso, junto al mar Negro; 70 000 km²; 5 400 000 hab. *(Georgianos.)* CAP. *Tbilisi.* LENGUA OFICIAL: *georgiano.* MONEDA: *lari.*

GEOGRAFÍA

Un 70 % de la población es autóctona. En el S del Gran Cáucaso se da un clima subtropical, por lo menos en la llanura del Rion y en el litoral (turismo). Produce cítricos, té y vinos. El subsuelo alberga carbón y principalmente manganeso.

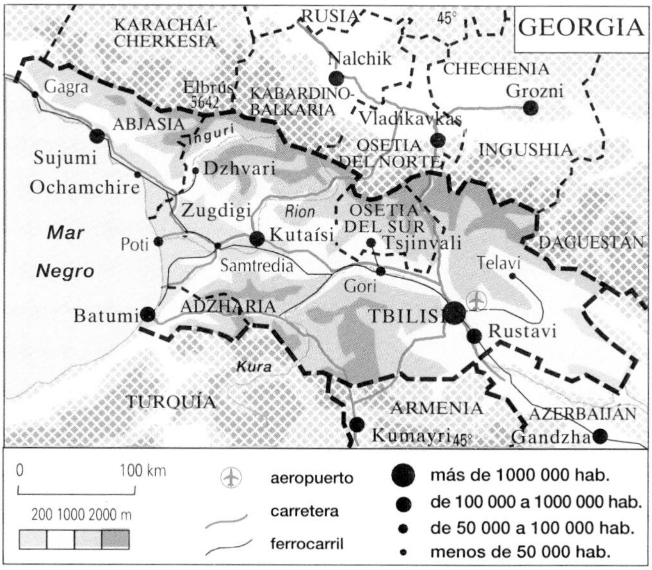

HISTORIA

Colonizada por griegos y romanos (Cólquida) y más tarde dominada por los Sasánidas (Iberia), la región fue conquistada por los árabes (*c.* 650). Ss. X-XIII: conoció un notable renacimiento, y llegó a su apogeo con la reina Thamar (1184-1213), después fue arrasada por los mongoles. Ss. XVI-XVIII: Georgia perdió sus territorios en favor de Irán y del Imperio otomano, y quedó bajo protección de Rusia (1783). 1801: fue anexionada por Rusia. 1918: se proclamó una república independiente. 1921: el Ejército rojo intervino y se instauró un régimen soviético. 1922: Georgia, a la que estaban unidas las repúblicas autónomas de Abjasia, Adzharia, así como la región autónoma de Osetia del Sur, se integró en la Federación de Transcaucasia y en la U.R.S.S. 1936: se convirtió en una república federada. 1990: los independentistas ganaron las primeras elecciones republicanas libres. 1991: el soviet supremo de Georgia proclamó la independencia del país (abril); en diciembre, con la desintegración de la U.R.S.S., Georgia no se adhirió a la C.E.I. 1992: Shevardnadze asumió la presidencia de la república y tuvo que hacer frente a los movimientos separatistas de Abjasia y Osetia del Sur. 1993: Georgia ingresó en la C.E.I. 1994: firma del tratado de cooperación con Rusia. 1995: reelección de Shevardnadze. 1996: acuerdo de cese el fuego con los separatistas de Osetia del Sur. 1997: tregua de Abjasia. 2000: reelección de Shevardnadze.

**GEORGIA,** estado de Estados Unidos, junto al Atlántico; 152 488 km²; 6 478 216 hab. Cap. *Atlanta.*

**GEORGIANA** *(bahía),* bahía formada por el lago Hurón en el litoral canadiense.

**GEORGIAS DEL SUR,** islas argentinas que forman parte de la provincia de Tierra del Fuego, Antártida e Islas del Atlántico Sur. Fueron descubiertas por el español Antonio de la Roca (1675).

**geórgicas** *(Las),* poema didáctico de Virgilio en cuatro cantos (39-29 a. J.C.), en el que ensalza las relaciones entre el hombre y la naturaleza.

**GERA,** c. de Alemania (Turingia), a orillas del Weisse Elster; 105 825 hab. Centro industrial.

**GERASA,** act. Ŷarāš, ant. c. de Palestina, en Jordania. Restos romanos y cristianos de los ss. V-VI.

**GERBASI** (Vicente), poeta venezolano (Canoabo 1913-Caracas 1992). Miembro del grupo de la revista *Viernes,* su obra refleja una actitud contemplativa y de introspección (*Bosque doliente,* 1940; *Mi padre, el inmigrante,* 1945; *Olivos de eternidad,* 1961; *Retumbando como el sótano del cielo,* 1977).

**GERBERTO de Aurillac** → *Silvestre II.*

**GERDT** (Pavel Andréievich), bailarín y pedagogo ruso (cerca de San Petersburgo 1844-Vommola, Finlandia, 1917), una de las grandes figuras de la escuela rusa de ballet.

**GERHARD** (Robert), compositor y musicólogo español (Valls 1895-Cambridge 1970). Introductor del atonalismo en España, en su obra destacan los ballets *Ariel* (1936) y *Don Quijote* (1941), y las composiciones sinfónicas *Pedrelliana I y II* (1941) y *Siete haiku* (1930), para voz y orquesta.

**GÉRICAULT** (Théodore), pintor y litógrafo francés (Ruán 1791-París 1824), considerado el primer romántico, pero también un precursor del realismo (*Coracero herido,* 1814; *La balsa de la Medusa,* 1819).

**GERIÓN,** rey mitológico de Hesperia, gigante de tres cabezas y tres troncos. Vivía en el litoral gaditano, y poseía un rebaño de bueyes del que se apoderó Heracles.

**GERLACHOVKA,** punto culminante de los Cárpatos, en Eslovaquia; 2 655 m.

**GERMÁN** *(san),* obispo de Auxerre (Auxerre *c.* 378-Rávena 448). Fue enviado a Gran Bretaña para combatir a los pelagianos.

**GERMANA DE FOIX** (*c.* 1488-Liria 1537), reina de Aragón [1505-1516] por su matrimonio con Fernando el Católico (tratado de Blois, 1505). Como lugarteniente de Valencia (1523) reprimió la Germanía. En 1526 fue nombrada virreina de Valencia, año en que casó en terceras nupcias con Fernando de Aragón, duque de Calabria.

**GERMANIA,** ant. región de Europa central, entre el Rin y el Vístula, poblada por los germanos durante el primer milenio a. J.C.

**GERMANIA** *(reino de),* estado surgido en 843 de una parte del imperio carolingio y concedido a Luis el Germánico. Este nombre dejó de emplearse a partir de 1204.

**Germanía,** movimiento revolucionario antiseñorial del reino de Valencia (1519-1523). La burguesía de las ciudades del litoral, dirigida por la Junta de los trece (J. Llorenç, V. Peris), se alzó contra la nobleza, que contaba con el apoyo del rey, los moriscos y los campesinos. Derrotado el ejército de los agermanados (1521), algunos resistieron hasta 1523. La represión fue muy dura.

**GERMÁNICO** (Julio César), general romano (Roma 15 a. J.C.-Antioquía 19 d. J.C.). Sobrino nieto de Augusto, adoptado por Tiberio, venció a Arminio en Germania (16 d. J.C.). Murió en oriente, al parecer envenenado.

**germano-soviético** *(pacto)* [23 ag. 1939], tratado de no agresión entre Alemania y la U.R.S.S. firmado en Moscú por Ribbentrop y Molotov. Incluía un protocolo secreto que preveía el establecimiento de zonas de influencia soviética y alemana, especialmente la división de Polonia.

**Germinal,** novela de E. Zola (1885) que describe una huelga de mineros hacia 1870.

**GERMISTON,** c. de la República de Sudáfrica, en la prov. de Guateng; 155 000 hab. Centro de refinería de oro.

**GERNIKA-LUMO** → *Guernica y Luno.*

**GERNSBACK** (Hugo), ingeniero y escritor norteamericano (Luxemburgo 1884-Nueva York 1967). Pionero de la radio y de la televisión, fue el primero en enunciar el principio del radar (1911). Se le debe también el término ciencia ficción.

**GERONA** o **GIRONA** *(provincia de),* prov. del NE de España, en Cataluña; 5 886 km²; 520 401 hab. Cap. *Gerona.* P. j. de *Blanes, Figueras, Gerona, La Bisbal d'Empordà, Olot, Puigcerdà, Ripoll, Sant Feliu de Guíxols, Santa Coloma de Farners.* Los Pirineos (al N), los relieves de las Guilleries (al O) y el Montseny (al S) enmarcan las llanuras del Ampurdán, El Gironés y La Selva. Agricultura e industria muy diversificadas. Turismo en el litoral (Costa Brava) y en la montaña (La Molina, Nuria).

**GERONA** o **GIRONA,** c. de España, cap. de la prov. homónima y cab. de p. j.; 70 409 hab. *(Gerundenses.)* En la confluencia del Ter y el Oñar. Centro administrativo e industrial. Universidad. Fue la *Gerunda* romana. Conjunto medieval: barrio del Call; iglesias románicas (San Pedro de Galligans) y góticas. Catedral románico-gótica, con fachada barroca (museo: beato del s. X; tapiz de la Creación).

**GERONA** *(condado de),* circunscripción de la Marca Hispánica. Conquistada por los francos en 785, en 878 pasó a Wifredo el Velloso de Barcelona.

GERONA

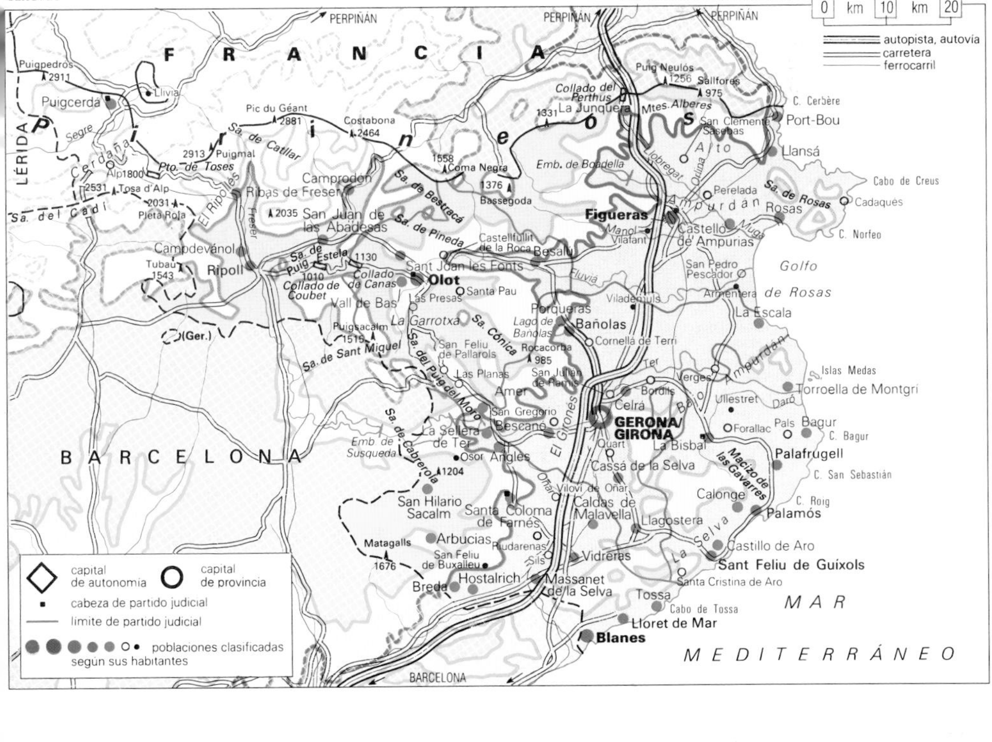

**GERÓNIMO** → ***Jerónimo.***

**GERS,** dep. de Francia (Midi-Pyrénées); 6 257 km²; 174 587 hab. Cap. *Auch* (24 728 hab.).

**GERSHWIN** (George), compositor norteamericano (Brooklyn 1898-Hollywood 1937). Autor de *Rapsodia azul* (1924), *Concierto en «fa»,* para piano (1925), *Un americano en París* (1928), *Porgy and Bess,* etc., combinó el jazz con la música romántica.

George **Gershwin**

**GERSON** o **JERSON** (Juan), pintor activo en México a mediados del s. XVI. Su obra es la más antigua que se conoce del México colonial (San Francisco de Tecamachalco, Puebla).

**GERSZO** (Gunther), pintor y escenógrafo mexicano (México 1915-† 2000), adscrito a la abstracción.

**GERTRUDIS la Grande** *(santa),* monja y mística alemana (Eisleben 1256-Helfta, Sajonia, *c.* 1302).

**GERVASIO Y PROTASIO** *(santos),* hermanos mártires, cuya vida se desconoce. Sus reliquias fueron objeto de un importante culto en occidente durante la edad media.

**GESELL** (Arnold), sicólogo norteamericano (Alma, Wisconsin, 1880-New Haven, Connecticut, 1961). Sus trabajos se centraron en la sicología del niño, especialmente en la maduración neurosicológica.

**Gestapo** (abrev. de ***Ge****heime* ***Sta****ats* ***Po****lizei,* policía secreta del estado), sección de la policía de seguridad del III Reich. De 1936 a 1945 fue el instrumento más temido del régimen policíaco nazi.

**GESUALDO** (Carlo), *príncipe* **de Venosa,** compositor italiano (Nápoles *c.* 1560-*id.* 1614), autor de madrigales de estilo muy rebuscado.

**GETA** (Publio Septimio) [189-212], emperador romano [211-212]. Compartió el poder con su hermano Caracalla, que lo mandó asesinar.

**GETAFE,** v. de España (Madrid), cab. de p. j.; 139 500 hab. *(Getafenses* o *getafeños.)* Centro industrial. Aeródromo y base militar.

**Getsemaní,** huerto cerca de Jerusalén, al pie del monte de los Olivos, donde Jesús oró y fue apresado antes de su Pasión.

**GETTY** (Jean, llamado **J. Paul**), industrial y coleccionista de arte norteamericano (Minneapolis 1892-Sutton Place, Surrey, 1976). Los beneficios de la industria del petróleo le permitieron reunir magníficas colecciones de antigüedades griegas y romanas, objetos de arte y pintura, instaladas en un museo construido en Malibú (California) en 1974. La *fundación Getty* ejerce su mecenazgo en el ámbito de los estudios de la historia del arte. En 1997 se inauguró en Los Ángeles, en un edificio de R. Meier, el Getty Center, uno de los mayores museos y centros culturales privados del mundo.

**GETTYSBURG,** c. de Estados Unidos (Pennsylvania); 7 025 hab. Victoria de los nordistas durante la guerra de Secesión (1-3 julio 1863).

**GETXO** → ***Guecho.***

**GEZIRA (El)** → ***Ŷazīra.***

**GHĀLIB** (Mirza Asadullah Khān, llamado), poeta indio en lenguas persa y urdu (Āgra 1797-Delhi 1869), autor de poemas inspirados en temas islámicos tradicionales.

**GHANA,** estado de África occidental; 240 000 km²; 15 500 000 hab. *(Ghaneses.)* CAP. *Accra.* LENGUA OFICIAL: *inglés.* MONEDA: *cedi.*

GEOGRAFÍA

En la zona S alternan el bosque denso y las plantaciones de cacao (principal recurso de Ghana), en contraposición al N, país de sabana. El subsuelo alberga oro, diamantes, manganeso y bauxita.

HISTORIA

***La época colonial.*** 1471: los portugueses llegaron a la costa de la futura Ghana a la que llamaron *Costa de Oro* o *Gold Coast.* Ss. XVII-XVIII: los holandeses, que sustituyeron a los portugueses, los británicos y los mercaderes de toda Europa rivalizaron para sacar provecho del comercio de esclavos. El interior del país continuó organizado en reinos, aparecidos a fines del s. XIV. S. XIX: Gran Bretaña dominó en solitario el país, que poco a poco se convirtió en su protectorado. Tras la abolición de la trata (1807), se produjo una notable expansión económica basada en el explotación de los recursos mineros y el cultivo del cacao.

***La Ghana independiente.*** 1949: K. Nkrumah creó la Convention people's party (C.P.P.), que reclamó la autonomía. 1952: se convirtió en primer ministro de un gobierno al que se otorgó una autonomía cada vez mayor. 1957: Costa de Oro accedió a la independencia con el nombre de Ghana, en el marco de la Commonwealth. 1960: el nuevo estado aprobó una constitución republicana. Su presidente orientó el régimen hacia el socialismo. 1966: un golpe de estado derrocó a Nkrumah y restableció las relaciones con occidente. Se sucedieron gobiernos civiles. 1972: un nuevo golpe de estado instauró el régimen autoritario del general I. Acheampong, derrocado en 1978. Se sucedieron los golpes de estado y en 1981 llegó al poder Jerry Rawlings. 1992: se aprobó una nueva constitución por referéndum y se volvió a instaurar el multipartidismo. En 1991 y 1996 Rawlings fue reelegido. 2000: John Kufuor fue elegido presidente.

**GHANA,** ant. estado africano del Sudán occidental (¿s. V?-s. XI). Situado en el sur del Sahara, conseguía su riqueza del comercio a gran escala. Alcanzó su apogeo en el s. XI y fue destruido por los almorávides.

**GHARDAÏA,** oasis del Sahara argelino; 32 000 hab.

**GHĀTES** o **GHĀTS,** cadena montañosa de la India (Decán), que domina la costa de Malabar y de Coromandel.

**GHEORGHIU-DEJ** (Gheorghe), político rumano (Bîrlad 1901-Bucarest 1965). Secretario general del partido comunista en 1945, fue presidente del consejo (1952-1955) y jefe de estado (1961-1965).

**GHERARDESCA** (Ugolino **della**), tirano de Pisa († en 1288 o 1289). Se alió con los güelfos para apoderarse del gobierno de Pisa, pero los gibelinos le acusaron de traición y le encerraron en una torre con sus hijos para que murieran de hambre. Dante recogió su historia en un episodio de la *Divina Comedia.*

**GHIANO** (Juan Carlos), escritor argentino (Nogoyá 1920-Buenos Aires 1990), narrador, dramaturgo (*Corazón de tango,* 1963; *Actos de miedo,* 1970) y crítico (*Constantes de la literatura argentina,* 1953).

**GHIBERTI** (Lorenzo), escultor, orfebre, pintor y arquitecto italiano (Florencia 1378-*id.* 1455). Conocedor de la antigüedad, pero fiel a la cultura medieval, sus obras maestras son la segunda y tercera puertas de bronce del baptisterio de Florencia, adornadas con relieves narrativos (la tercera, acabada en 1452, fue llamada por Miguel Ángel la puerta del Paraíso).

Lorenzo **Ghiberti:** *Sacrificio de Isaac* (1402). Bronce dorado. (Museo del Bargello, Florencia.)

**GHILIZANE,** ant. **Relizane,** c. del O de Argelia; 61 000 hab. Petróleo.

**GHIRALDO** (Alberto), escritor argentino (Mercedes 1874-Santiago de Chile 1946). Poeta modernista (*Fibras,* 1895), cultivó también el cuento, el teatro y el ensayo político.

**GHIRLANDAIO** (Domenico **Bigordi,** llamado **Domenico**), pintor italiano (Florencia 1449-*id.* 1494). Participó en la decoración de la capilla Sixtina y, en sus composiciones religiosas para las iglesias de Florencia (*Historias de la Virgen* en Santa Maria No-

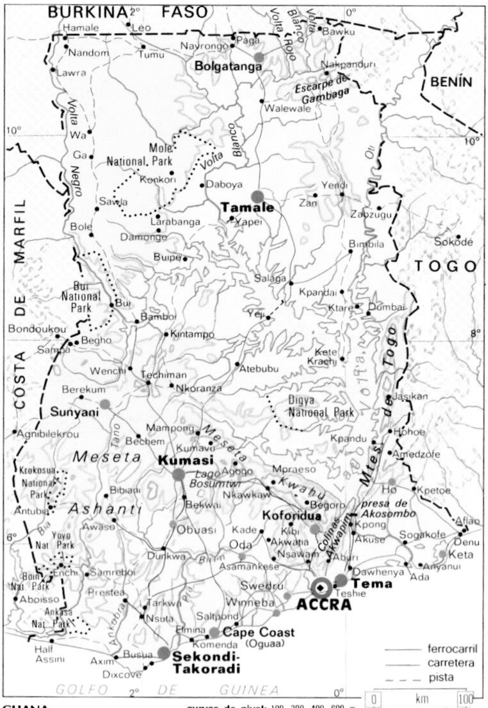


**GHANA** curvas de nivel: 100, 200, 400, 600 m

André **Gide**

vella) dio a los personajes de la historia sagrada la apariencia de los burgueses de la ciudad, sus clientes. – Sus hermanos **David** (1452-1523) y **Benedetto** (1458-1497) le secundaron. – Su hijo **Ridolfo** (1483-1561) fue un buen retratista.

**GHÝTION,** c. y puerto de Grecia (Peloponeso), en el golfo de Laconia; 7 000 hab. Sirvió de puerto a Esparta.

**GIA LONG** (Hué 1762-*id.* 1820), emperador de Vietnam [1802-1820]. El príncipe Nguyên Anh reconquistó sus estados en poder de los Tây Son con la ayuda de Francia, denominó Vietnam al territorio unificado y se proclamó emperador (1802).

**GIACOMETTI** (Alberto), escultor y pintor suizo (Stampa 1901-Coira 1966). Tras una etapa surrealista, sus esculturas de bronce, expresionistas, se caracterizaron por un alargamiento extremo.

**GIAMBOLOGNA** → ***Bolonia*** (Juan de).

**GIANNEO** (Luis), compositor y director de orquesta argentino (Buenos Aires 1897-*id.* 1968). Contribuyó a la formación del grupo Renovación (1932) y de la Liga de compositores argentinos (1948). Su obra ahonda en las raíces nacionales (*Turay-Turay,* 1929; *Variaciones sobre un tema de tango,* 1953).

**GIAP** (Vô Nguyên), general vietnamita (An Xa 1912). Dirigió las fuerzas del Vietminh contra los franceses (1947-1954). Fue ministro de Defensa de Vietnam del Norte a partir de 1960 (y de 1976 a 1980 del Vietnam reunificado). Durante la guerra de Vietnam (1964-1975) dirigió el ejército contra los norteamericanos. De 1976 a 1991 fue viceprimer ministro.

**GIAQUINTO** (Corrado), pintor italiano (Molfetta 1703-Nápoles 1765). Pintor del rococó napolitano y romano, en 1753 fue llamado a Madrid por Fernando VI como pintor de cámara y director de la Academia de san Fernando. Realizó frescos para el palacio real de Madrid, cuadros de altar y retratos.

**GIBARA,** mun. de Cuba (Holguín); 67 825 hab. En la *bahía de Gibara.* Tabacalera. Pesca deportiva.

**GIBBON** (Edward), historiador británico (Putney, Londres, 1737-Londres 1794). Por su *Historia de la decadencia y ruina del Imperio romano* (1776-1788) se le considera uno de los principales historiadores de la decadencia de la civilización romana.

**GIBBONS** (Orlando), compositor inglés (Oxford 1583-Canterbury 1625). Autor de madrigales, motetes y piezas instrumentales, es uno de los grandes representantes de la música isabelina.

**GIBBS** (James), arquitecto británico (cerca de Aberdeen 1682-Londres 1754). Discípulo de C. Fontana y de Wren, construyó numerosas iglesias en Londres y la biblioteca Radcliffe en Oxford.

**GIBBS** (Willard), físico norteamericano (New Haven, Connecticut, 1839-*id.* 1903). Fundó la fisicoquímica y extendió la termodinámica a la química. Perfeccionó la mecánica estadística de Boltzmann y enunció la *ley de las fases,* base de estudio de los equilibrios físico-químicos.

**GIBRALEÓN,** v. de España (Huelva); 9 934 hab. *(Onubenses.)* Embalse de El Sancho en el Odiel (regadío). Industrias alimentarias.

**GIBRALTAR** *(estrecho de),* brazo de mar entre España y Marruecos, que une el Atlántico con el Mediterráneo; 14 km de anchura mínima.

**GIBRALTAR,** colonia británica, enclavada en el extremo S de la península Ibérica, junto al estrecho de Gibraltar; 6 km$^2$; 30 861 hab. *(Gibraltareños* o *llanitos.)* Cap. *Gibraltar.* El territorio está integrado por el *Peñón de Gibraltar* (promontorio calizo de 423 m de alt.) y configura un tómbolo de bordes escarpados. Base naval y centro logístico de la O.T.A.N. Actividad bancaria, comercio y turismo.

HISTORIA

Conocido desde la antigüedad como *Calpe,* una de las Columnas de Hércules, fue el primer punto de la conquista musulmana en España (711) [Ŷabal al-Ṭāriq, del nombre del jefe bereber Ṭāriq, dio lugar a *Gibraltar*]. Fue tomado en 1704 por los ingleses y en 1713 les fue reconocida la posesión del territorio mediante el tratado de Utrecht. En 1956, España pidió la devolución de Gibraltar ante la O.N.U. El fracaso de las conversaciones hispanobritánicas ocasionó el cierre español de la frontera en 1969, hasta 1985. En 1987 los dos países acordaron el uso conjunto del aeropuerto, pero quedan pendientes los temas de soberanía y autonomía.

**Gibraltar** (vista desde España)

**GIBRAN** (Jalīl) → ***Ŷabrān.***

**GIBSON** (Ralph), fotógrafo norteamericano (Los Ángeles 1939). Su técnica rigurosa y unas copias de gran calidad (que positiva él mismo) se unen a una visión fría pero esencialmente subjetiva de fragmentos de la realidad (*The Somnambulist,* 1970).

**GIDE** (André), escritor francés (París 1869-*id.* 1951). Su obra, dominada por el ansia de libertad (*Los alimentos terrestres,* 1897) y la sinceridad, intenta definir un humanismo moderno (*Los monederos falsos,* 1925). [Premio Nobel de literatura 1947.]

**GIEREK** (Edward), político polaco (Porąbka 1913). Sucedió a Gomułka en la dirección del Partido obrero polaco unificado (1970-1980).

**GIERS** (Nikolái Kárlovich **de**), diplomático y político ruso (Radzibílov 1820-San Petersburgo 1895). Ministro de Asuntos Exteriores (1882-1895), renovó la alianza con Alemania (1884, 1887) y en 1891 se alió con Francia.

**GIESEKING** (Walter), pianista alemán (Lyon 1895-Londres 1956), intérprete de Mozart y de la música francesa impresionista.

**GIESSEN,** c. de Alemania (Hesse); 79 000 hab.

**GIFU,** c. de Japón (Honshū); 410 324 hab.

**GIGANTE,** mun. de Colombia (Huila); 20 405 hab. Cultivos tropicales. Minas de carbón.

**GIGANTES** *(montes de los)* → ***Karkonosze.***

**GIGES,** rey de Lidia († *c.* 644 a. J.C.), la leyenda le atribuye la posesión de un anillo que le hacía invisible.

**GIGÜELA,** r. de España; 180 km. Nace en los Altos de Cabrejas (Cuenca), recibe al Riansares, al Záncara y al Alto Guadiana, y tras los Ojos del Guadiana continúa su curso con el nombre de Guadiana.

**GIJÓN,** v. de España (Asturias), cab. de p. j.; 260 267 hab. *(Gijoneses* o *gijonenses.)* Puerto pesquero y comercial (El Musel). Centro industrial (vidrio; química; metalurgia y construcción naval, en reconversión). Ciudad vieja (Cimadevilla) declarada conjunto histórico-artístico.

**GIL** (Ildefonso Manuel), poeta español (Paniza 1912). *Poemaciones* y *Las colinas* (1989) recogen parte de su obra, de tono neorromántico. Ha escrito novela y ensayo.

**GIL** (Jerónimo Antonio), dibujante, medallista y grabador español (Zamora 1731-México 1798). Carlos III lo nombró tallador mayor de la real casa de la Moneda de México (1778), y le encargó establecer una escuela de grabado.

**Gil Blas de Santillana** *(Historia de),* novela de A.-R. Lesage (4 vols., 1715-1735), influida por la novela picaresca española.

**GIL DE BIEDMA** (Jaime), poeta español (Barcelona 1929-*id.* 1990). Autor de una poesía narrativa y confesional, marcada por la crítica social y un audaz erotismo: *Las personas del verbo* (1975), cultivó asimismo las memorias (*Retrato del artista en 1956,* 1991) y el ensayo.

**GIL DE CASTRO** (José), pintor peruano (Lima 1790-*id.* 1850). Retratista de la aristocracia criolla y de los próceres de la independencia, realizó también pintura religiosa.

**GIL DE HONTAÑÓN,** familia de arquitectos españoles del s. XVI. **Juan** (*c.* 1480-1531) trabajó en las catedrales de Salamanca, Segovia y Sevilla. **Juan,** llamado **el Mozo,** hijo del anterior, colaboró con su padre. **Rodrigo,** hermano del anterior (Rascafría 1500-Segovia 1577), el más relevante de la familia, realizó obras de estilo renacimiento, entre ellas la fachada plateresca de la universidad de Alcalá de Henares (1541-1553).

**GIL FORTOUL** (José), historiador y político venezolano (Barquisimeto 1861-Caracas 1942). Colaboró con la dictadura de Gómez. Es autor de *Historia constitucional de Venezuela* (3 vols., 1907-1909).

**GIL POLO** (Gaspar), escritor español (Valencia *c.* 1530-Barcelona 1584). Como poeta inventó lo que él llama rima provenzal, pero debe su fama a la novela pastoril *Diana enamorada* (1564), continuación de la *Diana* de Montemayor.

**GIL VERNET** (Salvador), médico español (Vandellós 1893-Barcelona 1987), autor de trabajos básicos de patología urológica, en particular sobre la próstata (*Patología urogenital,* 1944). – Su hijo **José María Gil-Vernet Vila** (Barcelona 1922) fue uno de los pioneros del trasplante renal en España.

**GIL Y CARRASCO** (Enrique), escritor español (Villafranca del Bierzo 1815-Berlín 1846). Fue poeta romántico, crítico y narrador (*El señor de Bembibre,* 1844).

**GIL Y ZÁRATE** (Antonio), dramaturgo español (El Escorial 1793-Madrid 1861). Triunfó con sus dramas románticos (*Carlos II el Hechizado,* 1837) y escribió comedias costumbristas y sentimentales. (Real academia 1841.)

**GIL-ALBERT** (Juan), escritor español (Alcoy 1906-Valencia 1994). Su obra, entre la evocación elegíaca y la densidad reflexiva, comprende poesía (*Las ilusiones,* 1945), ensayo (*Memorabilia,* 1975) y novela (*Valentín,* 1974).

**GILARDI** (Gilardo), compositor argentino (San Fernando, Buenos Aires, 1889-Buenos Aires 1963). Cuenta en su extensa producción con obras escénicas (*Ilse,* 1923), sinfónicas, de cámara, religiosas, la cantata *San Martín* (1950) y ciclos de canciones.

**GILARTE** (Mateo), pintor español (¿Valencia? *c.* 1620-Murcia 1675), de estilo barroco.

**GILBERT** *(islas)* → ***Kiribati.***

**GILBERT** (William), médico y físico inglés (Colchester 1544-Londres o Colchester 1603). Llevó a cabo las primeras experiencias sobre electrostática y magnetismo.

**GILBRETH** (Frank Bunker), ingeniero norteamericano (Fairfield, Maine, 1868-Montclair, Nueva Jersey, 1924). Colaborador de Taylor, fue pionero en la organización del trabajo al establecer los principios de simplificación de los movimientos con el fin de reducir la duración y la fatiga.

**GILDOSIO** *(san),* de sobrenombre **el Sabio,** misionero britano (Dumbarton *c.* 510-isla de Houat 570). Reorganizador de la Iglesia celta y fundador del monasterio de Rhuys, su obra *De excidio et conquestu Britanniae* es la más antigua sobre la historia de Inglaterra.

**Gilgameš,** rey legendario de Uruk, héroe de los poemas épicos sumeroacadios, cuyo principal tema es la búsqueda de la inmortalidad y que fueron reunidos en un relato único en los ss. XVIII-XVII a. J.C.

**GIL-GILBERT** (Enrique), escritor ecuatoriano (Guayaquil 1912-*id.* 1973). Uno de los autores de *Los que se van. Cuentos del cholo y del montuvio* (1930), manifiesto fundacional del grupo de Guayaquil, entre sus novelas destaca *Nuestro pan* (1941).

**GILI GAYA** (Samuel), lingüista español (Lérida 1892-Madrid 1976), autor de estudios filológicos y literarios, además de un difundido *Curso superior de sintaxis española* (1943) y del manual *Elementos de fonética general* (1953). [Real academia 1961.]

**GILL** (Juan Bautista), político paraguayo († Asunción 1877). Presidente de la república (1874-1877), tras un proceso revolucionario, fue asesinado.

**GILLESPIE** (John **Birks,** llamado **Dizzy**), trompetista, cantante y director de orquesta de jazz norteamericano (Cheraw, Carolina del Sur 1917-Englewood, Nueva Jersey, 1993), uno de los principales creadores del be-bop.

**GILLINGHAM,** c. y puerto de Gran Bretaña, junto al mar del Norte; 93 300 hab.

**GILOLO** → ***Halmahera.***

**GIL-ROBLES** (José María), abogado y político español (Salamanca 1898-Madrid 1980). Fundador de la C.E.D.A. (1933) y ministro de la Guerra (1935), en

1939 participó en los preparativos del levantamiento militar. Miembro del consejo de don Juan de Borbón, fue expulsado por negociar con los socialistas (1962).

**GILSON** (Etienne), filósofo francés (París 1884-Cravant, Yonne, 1978). Renovó el estudio de la filosofía medieval, especialmente el tomismo.

**GIMÉNEZ CABALLERO** (Ernesto), escritor español (Madrid 1899-*id.* 1988), es autor de ensayos polémicos (*Genio de España,* 1932).

**GIMENO** (Francisco), pintor español (Tortosa 1858-Barcelona 1927). Su obra, centrada en temas costumbristas y paisajes, presenta un acentuado cromatismo.

**GIMFERRER** (Pere), escritor español en lenguas catalana y castellana (Barcelona 1945). Básicamente poeta (*Arde el mar,* 1966; *La muerte en Beverly Hills,* 1969; *Los espejos* [*Els miralls,* 1970]; *El espacio desierto* [*L'espai desert,* 1977]; *El vendaval,* 1988), ha escrito también ensayos (*Los raros,* 1985). Junto a su *Dietario* (*Dietari,* 1981 y 1982), su gran aportación a la prosa catalana es la novela *Fortuny,* 1983. (Real academia 1985.) [Premio nacional de poesía 1989, Premio nacional de las letras 1998.]

**GINASTERA** (Alberto), compositor argentino (Buenos Aires 1916-Ginebra 1983). Es autor de las óperas *Don Rodrigo* (1966), con texto de A. Casona, *Bomarzo* (1967), con libreto de Mujica Laínez, y *Beatrice Cenci* (1971), además de *Concierto argentino* para piano y orquesta (1935), *Tres danzas argentinas* (1937), *Sinfonía porteña* (1942), música de cámara y composiciones para guitarra.

**GINEBRA,** en fr. **Genève,** en alem. **Genf,** c. de Suiza, cap. del cantón homónimo, en el extremo SO del lago Léman; 171 042 hab. (*Ginebrinos* o *ginebreses.*) Universidad fundada por Calvino. Centro bancario y comercial. Relojería y mecánica de precisión. Industrias agroalimentarias. Templo de San Pedro, ant. catedral (ss. XII-XIII). Museos (arte e historia). La ciudad, integrada en el reino de Borgoña, y, más tarde, en el Sacro imperio (1032), estuvo gobernada por los condes, más tarde duques, de Saboya (1422-1603). Capital del calvinismo y del protestantismo, en 1814 entró a formar parte de la Confederación Helvética; de 1920 a 1947 fue la sede de la Sociedad de Naciones; en la actualidad es la sede de la Cruz Roja y de diferentes organizaciones internacionales. Las *convenciones de Ginebra* sobre los heridos y prisioneros de guerra se firmaron en esta ciudad (1864, 1907, 1929 y 1949). – El *cantón de Ginebra* tiene 282 km² y 379 190 habitantes.

**Ginebra:** barrios a orillas del lago Léman (con la isla de Rousseau, el puente del Mont Blanc y la jetée des Eaux Vives)

**Ginebra** *(conferencia de)* [abril-julio 1954], conferencia internacional que reunió a representantes de los dos bloques (occidental y comunista) y a algunos países no alineados. Fracasó en las negociaciones de paz relativas a Corea, pero consiguió el alto el fuego en Indochina y la firma de un acuerdo por el que se dividía Vietnam en dos zonas.

**GINER DE LOS RÍOS** (Francisco), pedagogo español (Ronda 1839-Madrid 1915). Relacionado con los círculos krausistas, fue uno de los fundadores de la Institución libre de enseñanza (1876), cuyas innovaciones pedagógicas, de signo liberal y europeísta, ejercieron una gran influencia. Obras: *Estudios sobre educación* (1886), *Educación y enseñanza* (1889), *Pedagogía universalista* (1910) y ensayos políticos y jurídicos.

**GINÉS** *(san),* mártir romano, cuya leyenda se asimiló a la de Ginés de Arles, mártir de principios del s. IV.

**GINSBERG** (Allen), poeta norteamericano (Newark 1926-Nueva York 1997). Portavoz de la beat generation, su poesía es oral y enumerativa (*Aullido,* 1956; *Kaddish,* 1961).

**GINZBURG** (Natalia), escritora italiana (Palermo 1916-Roma 1991). De carácter intimista, escribió novelas (*Las voces de la noche,* 1961; *Nunca me preguntes,* 1970; *Familia,* 1977; *La ciudad y la casa,* 1984), memorias (*Léxico familiar,* 1963), comedias (*La secretaria,* 1967; *País de mar,* 1972) y ensayos.

**GINZO DE LIMIA** o **XINZO DE LIMIA,** v. de España (Orense), cab. de p. j.; 9 070 hab. *(Limicos.)* Industrias cárnicas. Ferias ganaderas.

**GIOBERTI** (Vincenzo), político italiano (Turín 1801-París 1852). Sacerdote, fue uno de los jefes del Risorgimento, partidario antes de 1848 de una federación italiana presidida por el papa. Fue presidente del gobierno piamontés en 1848-1849.

**Gioconda** *(La),* cuadro de Leonardo da Vinci, pintado hacia 1503-1507 y adquirido al artista por Francisco I (Louvre). Se supone que es el retrato de una dama florentina, Mona Lisa, esposa de Francesco del Giocondo.

**GIOLITTI** (Giovanni), político italiano (Mondovi 1842-Cavour 1928). Presidente del consejo en numerosas ocasiones entre 1892 y 1921, desarrolló una amplia política social e instauró el sufragio universal, aunque no pudo impedir el avance del socialismo ni del fascismo.

**GIONO** (Jean), escritor francés (Manosque 1895-*id.* 1970), cantor de su Provenza natal y de la vida natural y rústica (*Le chant du monde,* 1934).

**GIORDANO** (Luca) → ***Jordán*** (Lucas).

**GIORGI** (Giovanni), físico italiano (Lucca 1871-Castiglioncello 1950), creador de un sistema de unidades racionales abreviadamente llamado M.K.S.A. (metro-kilogramo-segundo-amperio) del que deriva el sistema internacional S.I.

**GIORGIONE** (Giorgio **da Castelfranco,** llamado), pintor italiano (Castelfranco Veneto *c.* 1477-Venecia 1510). Formado posiblemente en el taller de los Bellini, es autor de composiciones en las que la luz difusa y el suave colorido crean una atmósfera de lirismo discreto y de recogimiento (*La tempestad,* Venecia; *Los tres filósofos,* Viena). Tuvo una gran influencia, sobre todo en Tiziano, que probablemente acabó su *Venus dormida* (Dresde).

**GIOTTO di Bondone,** pintor y arquitecto italiano (Colle di Vespignano, en Mugello, 1266-Florencia 1337). Probablemente fue discípulo de Cimabue. Se le atribuye el ciclo de la vida de san Francisco en Asís (basílica superior). Realizó los frescos de la vida de la Virgen y de Cristo en la capilla Scrovegni de Padua (*c.* 1303-1305), su obra maestra, y frescos en la Santa Croce de Florencia, etc. Por su amplitud de miras y por sus investigaciones sobre el volumen y el espacio, se le considera uno de los principales creadores de la pintura moderna occidental. Comenzó la construcción del campanile de la catedral de Florencia.

**GIOVANNETTI** (Matteo), pintor italiano nacido en Viterbo, mencionado en Aviñón entre 1343 y 1367 (frescos del palacio de los papas; capilla de San Marcial, Gran Audiencia) y posteriormente en Roma.

**GIRAL** (José), político español (Santiago de Cuba 1879-México 1962). Ministro de Marina (1931-1933 y 1936), primer ministro (1936) y ministro de Estado (1937-1938), se exilió en 1939. De 1945 a 1947 fue presidente del gobierno republicano en el exilio.

**Giralda,** torre campanario de la catedral de Sevilla, alminar de la antigua mezquita, obra en ladrillo del s. XII, con cuerpo añadido en el s. XVI de estilo renacentista, obra de Hernán Ruiz el Joven. Muestra del arte hispanomusulmán de influencia cordobesa.

**GIRALTE** (Francisco), escultor español (Valladolid *c.* 1500-Madrid 1576). Colaboró con Berruguete (1532-1539) en Palencia y es autor del retablo y sepulcro de la capilla del Obispo (Madrid).

**GIRALTE** (Juan), escultor español del s. XVI. De estilo arcaizante, se le conoce por su Cristo flagelado y otras obras realizadas en Sevilla.

**GIRARDON** (François), escultor francés (Troyes 1628-París 1715). Colaborador de Le Brun en la decoración de Versalles, su obra marca el apogeo del clasicismo francés.

**GIRARDOT,** mun. de Colombia (Cundinamarca); 70 078 hab. Centro industrial y de comunicaciones. Puerto fluvial en el Magdalena.

**GIRARDOT** (Atanasio), patriota colombiano (Medellín 1791-† 1813). Tras luchar junto a Bolívar en Trujillo y Barinas, murió en la campaña de Venezuela.

**GIRARDOTA,** mun. de Colombia (Antioquia); 23 684 hab. Cultivos tropicales. Yacimientos de oro.

**GIRAUDOUX** (Jean), escritor francés (Bellac 1882-París 1944). En sus novelas (*Simón el Patético,* 1918; *Bella,* 1926) y sobre todo en su teatro (*No habrá guerra en Troya,* 1935; *Electra,* 1937; *La loca de*

Alberto **Ginastera**

Francisco **Giner de los Ríos**

Oliverio **Girondo** (caricatura por Valdivia)

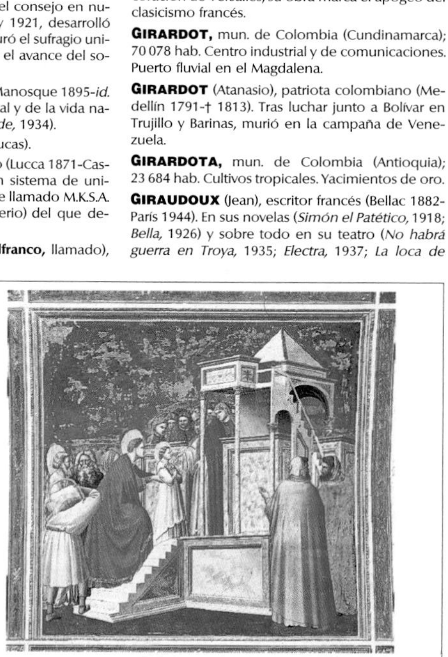

**Giotto:** *Presentación de la Virgen al templo,* uno de los frescos de *La vida de la Virgen y de Cristo* (*c.* 1303-1305) en la capilla de los Scrovegni en Padua

*Chaillot,* 1945) amalgamó los temas clásicos y la problemática de su tiempo.

**Giro,** vuelta ciclista a Italia.

**GIROD** (Paul), ingeniero francés de origen suizo (Friburgo 1878-Cannes 1951), uno de los creadores de la electrometalurgia (1901), especialista en la fabricación de ferroaleaciones.

**GIRÓN** *(playa)* → ***Cochinos.***

**GIRÓN,** cantón de Ecuador (Azuay); 34 825 hab. Centro agropecuario. Industrias lácteas.

**GIRÓN,** mun. de Colombia (Santander); 50 570 hab. Agricultura (plátanos, maíz, arroz, tabaco).

**GIRÓN** (César), matador de toros venezolano (Caracas 1933-Maracay 1971). Excelente banderillero, tomó la alternativa en 1952, en Barcelona.

**GIRÓN** (Francisco Javier), *duque* **de Ahumada,** militar español (Pamplona 1803-Madrid 1869). Organizó y dirigió (1844-1854) la Guardia civil.

**GIRONA** → ***Gerona.***

**GIRONDA,** en fr. **Gironde,** estuario del Garona a partir de su confluencia con el Dordoña; 75 km.

**GIRONDE,** dep. del SO de Francia (Aquitania); 10 000 km²; 1 213 499 hab. Cap. *Burdeos.*

**Girondinos,** grupo político francés nacido con la Revolución francesa (1791), formado por diputados de la Gironde. Representantes de la burguesía ilustrada, fueron adversarios de los Jacobinos.

**GIRONDO** (Oliverio), poeta argentino (Buenos Aires 1891-*id.* 1967). Autor del manifiesto vanguardista de la revista *Martín Fierro* (1924), su innovadora poesía: (*Veinte poemas para ser leídos en el tranvía,* 1922; *Calcomanías,* 1925) culminó en *La masmédula* (1956).

**GIRONELLA** (Alberto), pintor mexicano (México 1929-*id.* 1999), cuya temática incide en la metamorfosis de una obra clásica (*La reina Mariana* de Velázquez).

**GIRONELLA** (José María), escritor español (Darnius 1917). Entre sus numerosas novelas destaca *Los cipreses creen en Dios* (1953), de su trilogía sobre la guerra civil.

**GIRRI** (Alberto), poeta argentino (Buenos Aires 1918-*id.* 1991), gran traductor de la poesía anglosajona, que influyó en su obra: *Playa sola,* 1946; *Elegías italianas,* 1962; *En la letra, ambigua selva,* 1972; *Lírica de percepción,* 1983.

**GIRSU,** act. **Tello,** en Iraq, cerca del bajo Tigris. Restos de la ciudad de un reino sumerio del III milenio, cuya capital era Lagaš, y donde se han encontrado numerosas obras de arte (estatuas de Gudea, Louvre).

**GISBERT** (Antonio), pintor español (Alcoy 1834-París 1901). Se dedicó a la pintura de historia *(Los comuneros de Castilla, El fusilamiento de Torrijos)* y de género, privilegiando el detalle y el dibujo.

**GISCARD D'ESTAING** (Valéry), político francés (Coblenza 1926). Ministro de Finanzas y Asuntos económicos (1962-1966; 1969-1974) y presidente de la república (1974-1981), preside la U.D.F. desde 1988.

**GIUNTA** o **JUNTAS** y algunas veces **ZONTAS,** familia de impresores italianos del s. XV establecida en Génova, Florencia y Venecia, así como en Lyon y en Madrid.

**GIZEH,** c. de Egipto, cap. de prov., en la orilla izquierda del Nilo; 1 247 000 hab. Inmensa necrópolis y monumentos funerarios, entre los que se encuentran la gran esfinge y las pirámides de los faraones Keops, Kefrén y Mikerinos.

**GJELLERUP** (Karl), escritor danés (Roholte 1857-Klotzsche, cerca de Dresde, 1919). En su teatro y novelas *(El molino)* evolucionó del naturalismo al espiritualismo. (Premio Nobel de literatura 1917.)

**GLACIARES (Los),** parque nacional de Argentina (Santa Cruz), en la región andina, declarado bien natural del patrimonio mundial por la Unesco (1981).

**GLADBECK,** c. de Alemania (Renania del Norte-Westfalia), en el Ruhr; 79 533 hab. Construcciones eléctricas.

**GLADSTONE** (William Ewart), político británico (Liverpool 1809-Hawarden 1898). Líder del partido liberal a partir de 1868, fue primer ministro en tres ocasiones (1868-1874, 1880-1885 y 1892-1894) y llevó a cabo numerosas reformas. Su campaña en favor del Home rule (1886) en Irlanda provocó la secesión de los unionistas del partido liberal.

**GLÅMA** o **GLOMMA,** el río más largo de Noruega, tributario del Skagerrak; 570 km.

**GLAMORGAN,** ant. condado de Gran Bretaña (Gales), junto al canal de Bristol.

**GLARIS,** en alem. **Glarus,** c. de Suiza, cap. del cantón homón. (684 km²; 38 508 hab.), en los *Alpes de Glaris,* a orillas del Linth; 5 728 hab.

**GLASER** (Donald Arthur), físico norteamericano (Cleveland 1926), inventor de la cámara de burbujas, que permite detectar las partículas de energía elevada. (Premio Nobel de física 1960.)

Alberto **Gironella:** *Retrato de Luis Buñuel* (1975). [Museo de arte moderno, México.]

**Gladstone**
(J. E. Millais - galería nacional de retratos, Londres)

**GLASGOW,** c. de Gran Bretaña (Escocia), junto al Clyde; 1 642 000 hab. Universidad. Aeropuerto. Metrópolis comercial e industrial de Escocia. Centro artístico en la época de C. R. Mackintosh. Museos.

**GLASHOW** (Sheldon Lee), físico norteamericano (Nueva York 1932). En 1960 propuso la primera teoría unificada de la interacción electromagnética y de la interacción débil. (Premio Nobel de física 1979.)

**GLAUBER** (Johan Rudolf), químico y farmacéutico alemán (Karlstadt 1604-Amsterdam 1670). Aisló el ácido clorhídrico y descubrió las propiedades terapéuticas del sulfato de sodio *(sal de Glauber).*

**GLAZUNOV** (Alexandr Konstantínovich), compositor ruso (San Petersburgo 1865-París 1936), director del conservatorio de San Petersburgo (1905-1928), y autor de sinfonías y música de cámara.

**GLEN MORE,** depresión del N de Escocia, ocupada en parte por el Loch Ness y seguida por el canal Caledonio.

**GLENDALE,** c. de Estados Unidos (California); 139 000 hab. Industria aeronáutica.

**GLINKA** (Mijaíl Ivánovich), compositor ruso (Novo-Spásskoie 1804-Berlín 1857). Fundador de la escuela musical rusa moderna, entre sus composiciones destaca la ópera *La vida por el zar* (1836).

**GLIWICE,** c. de Polonia (Silesia); 215 700 hab. Centro industrial.

**Globo** *(O),* diario brasileño de Río de Janeiro, fundado en 1925, el de mayor tirada del país, núcleo de una cadena de medios audiovisuales.

**GLOMMA** → ***Glåma.***

**Gloria** *(pórtico de la),* nombre del pórtico románico del nártex de la catedral de Santiago de Compostela, con profusa obra escultórica realizada por el maestro Mateo (1168-1188).

**gloria de don Ramiro** *(La),* novela de Enrique Larreta (1908), ambientada en la España de Felipe II. Sintetiza aspectos místicos y picarescos, elementos de la novela de aventuras y del teatro clásico, en elaborada prosa modernista.

**GLOUCESTER,** c. de Gran Bretaña, cap. del condado del mismo nombre (o *Gloucestershire*), a orillas del Severn; 91 800 hab. Construcciones aeronáuticas. Catedral románica y gótica (gran vidriera del coro, s. XIV; bóvedas en abanico del claustro).

**GLUBB** (*sir* John Bagot), llamado **Glubb Pachá,** general británico (Preston 1897-Mayfield, Sussex, 1986). Estuvo al mando de la Legión árabe de 1939 a 1956.

**GLUCK** (Christoph Willibald, *caballero* **von**), compositor alemán (Erasbach, Alto Palatinado, 1714-Viena 1787). Autor de óperas: *Orfeo* (1762), *Alceste* (1767), *Ifigenia en Áulide* (1774), *Armide* (1777), *Ifigenia en Táuride* (1779), etc., reformó la ópera al estilo francés, buscando la naturalidad, la sencillez del canto, la emoción justa, lejos de las convenciones italianas. Fue protegido de María Antonieta.

**GNEISENAU** (August, *conde* **Neidhart von**), mariscal prusiano (Schildau 1760-Posen [act. Poznań], 1831). Colaborador de Scharnhorst en la reorganización del ejército prusiano (1808), fue jefe de estado mayor de Blücher (1813-1814 y en 1815).

**GNIEZNO,** c. de Polonia, al NE de Poznań; 70 600 hab. Ant. cap. de Polonia. Sede de los primados de Polonia. Catedral gótica (ss. XIV-XV) construida sobre estructuras de los ss. X-XI.

**GOA,** estado de la costa occidental de la India; 3 701 km²; 1 168 622 hab. Cap. *Panaji.* Fue ocupado por los portugueses de 1510 a 1961-1962.

**Gobelinos** *(los),* ant. manufactura real de tapices instalada en 1601 en los talleres de los tintoreros *Gobelin,* en París. Creada por flamencos, alcanzó su apogeo durante el reinado de Luis XIV. El pintor Le Brun estuvo al frente de ella e incorporó orfebres, ebanistas y escultores. Act. se mantiene como manufactura nacional de tapices. Museo.

**GOBI,** en chino **Shamo,** desierto de Asia central (Mongolia y China).

**God save the King** [o **the Queen**] *(Dios salve al rey* [*o a la reina*]), himno nacional británico.

**GODARD** (Jean-Luc), director de cine francés (París 1930), uno de los principales representantes de la *nouvelle vague* (*Al final de la escapada,* 1960; *Pier-*

*rot, le fou,* 1965; *Yo te saludo, María,* 1985; *Nouvelle vague,* 1990).

**GODĀVĀRI,** r. sagrado de la India, que desemboca en el golfo de Bengala; 1 500 km.

**GODDARD** (Robert Hutchings), ingeniero norteamericano (Worcester, Massachusetts, 1882-Baltimore 1945). Precursor de la astronáutica, en 1926 lanzó el primer cohete de combustible líquido.

**GÖDEL** (Kurt), lógico y matemático norteamericano de origen austríaco (Brünn [act. Brno] 1906-Princeton 1978), autor de dos teoremas (1931) según los cuales una aritmética no contradictoria no podría formar un sistema completo, ya que la no contradicción constituye en este sistema un enunciado no decidible.

**GODELLA,** v. de España (Valencia); 9 621 hab. *(Godelleros.)* Carpintería metálica. Calzado. Joyería.

**GODESCALCO** o **GOTTSCHALK,** teólogo alemán (cerca de Maguncia *c.* 805-Hautvillers, Marne, *c.* 868). Fue condenado por el concilio de Maguncia por sus ideas sobre la predestinación, y encarcelado.

**GODÓ** (Ramón), político y empresario de prensa español (Bilbao 1864-Barcelona 1931). Impulsó el crecimiento del diario *La vanguardia,* fundado en Barcelona (1881) por su padre, **Bartolomé Godó** (1837-1894).

**GODOFREDO IV DE BOULOGNE,** llamado **Godofredo de Bouillon** (Baisy *c.* 1061-Jerusalén 1100), duque de Baja Lorena [1089-1095]. Uno de los principales jefes de la primera cruzada. Fundó el reino de Jerusalén (1099) y gobernó con el título de protector del Santo sepulcro.

**GODOY** (Manuel), *duque* **de Alcudia** y *príncipe* **de la Paz** (Badajoz 1767-París 1851). Valido de Carlos IV y primer ministro (1792), dirigió la política española hasta 1808 (excepto en 1798-1880). Declaró la guerra a la República Francesa (1793), pero a partir del tratado de Basilea (1795) realizó una política de acercamiento a Francia, lo que acarreó al país guerras con Gran Bretaña y la derrota de Trafalgar. Encarcelado tras el motín de Aranjuez (1808), se le permitió unirse a los reyes en Francia. Escribió unas *Memorias* (1836-1842).

**GODOY CRUZ,** dep. de Argentina (Mendoza); 179 502 hab. Industrias alimentaria, maderera y textil.

**GODTHÅB** o **GODTHAAB** → ***Nuuk.***

**GODWIN** (William), escritor británico (Wisbech 1756-Londres 1836), autor de ensayos y novelas de temática social (*Las aventuras de Caleb Williams,* 1794).

**GOEBBELS** (Joseph Paul), político alemán (Rheydt 1897-Berlín 1945). Periodista nacionalsocialista, fue ministro de Propaganda e Información (1933-1945), y Hitler le encargó la dirección de la guerra total (1944). Se suicidó con toda su familia.

**GOERING** (Hermann) → ***Göring.***

**GOERITZ** (Matías), arquitecto, pintor y escultor alemán (Danzig 1915-México 1990), nacionalizado mexicano. Fue uno de los introductores de las corrientes contemporáneas en México (torres de la Ciudad satélite de México).

**GOETHE** (Johann Wolfgang **von**), escritor alemán (Frankfurt del Main 1749-Weimar 1832). Fue uno de los más importantes representantes del Sturm und Drang con su novela *Los sufrimientos del joven Werther** y su drama *Götz de Berlichingen* (1774). Posteriormente, su experiencia de Italia (*Torquato Tasso,* 1789), de la Revolución francesa y de la política (fue ministro del gran duque de Weimar), su amistad con Schiller (*Xenias,* 1796), y sus investigaciones científicas (*La metamorfosis de las plantas,* 1790; *La teoría de los colores,* 1810) le hicieron evolucionar hacia un ideal clásico (*Wilhelm* Meister,* 1796; *Hermann* y Dorotea ,* 1797; *Las afinidades electivas,* 1809), que tomó forma autobiográfica (*Poesía y verdad,* 1811-1833) y simbólica (*Diván occidental-oriental,* 1819; *Fausto**).

**GOFFMAN** (Erving), sicosociólogo canadiense (Manvine, Alberta, 1922-Filadelfia 1982). Se interesó por las formas totalitarias de organización (*Internados,* 1961), las interacciones sociales y los elementos no codificados de las conductas (*Los ritos de interacción,* 1967).

**GOG Y MAGOG,** en la literatura judeocristiana, personificación de las potencias del mal.

**GÓGOL** (Nikolái Vasílievich), escritor ruso (Soróchintsi 1809-Moscú 1852). Autor de obras de teatro (*El inspector*) y de relatos (*Tarás* Bulba*), es el creador de la novela rusa moderna (*Las almas* muertas*).

**GOIÂNIA,** c. de Brasil, cap. del estado de Goiás; 920 838 hab.

**GOIÁS,** est. del centro de Brasil; 355 294 km²; 4 024 507 hab. Cap. *Goiânia.*

**GOICOECHEA,** cantón de Costa Rica (San José); 94 142 hab. Cab. *Guadalupe.* Café, cereales, hortalizas. Industrias lácteas.

**GOICOECHEA OMAR** (Alejandro), ingeniero español (Elorrio 1895-Madrid 1984). Su concepción de un tren articulado ligero cristalizó en la constitución en 1942 de la firma Talgo, S. A.

**GOITIA** (Francisco), pintor mexicano (Patillos 1884-† 1960), de estilo expresionista (*Tata Jesucristo,* 1927).

**GOLÁN** *(altos o meseta del),* región del SO de Siria, que se eleva sobre el Jordán. Fue ocupada por Israel durante la guerra de 1967, y fue el punto de partida de la ofensiva siria en la guerra de 1973. Fue anexionada por la Kĕnésset israelí en 1981; su devolución es una condición previa siria en las conversaciones de paz en Oriente medio iniciadas en 1991.

**GOLCONDA,** fortaleza y ciudad en ruinas de la India (Āndhra Pradesh). Capital desde 1518 de uno de los sultanatos musulmanes del Decán, con tesoros legendarios, fue destruida por Aurangzeb en 1687. Restos del s. XVI-principios del s. XVII.

**GOLD COAST** → ***Ghana.***

**GOLDING** (William), escritor británico (Saint Columb Minor, Cornualles, 1911-Falmouth, Cornualles, 1993). Su obra muestra al hombre dispuesto en cualquier circunstancia a volver a su barbarie primitiva (*El señor de las moscas,* 1954). [Premio Nobel de literatura 1983.]

**GOLDMANN** (Nahum), dirigente sionista (Wisznewo, Lituania, 1895-Bad Reichenhall 1982). Fundador (1936) y presidente del Congreso mundial judío, fue presidente de la Organización mundial sionista (1956-1968). Adoptó sucesivamente las nacionalidades alemana, norteamericana (1940), israelí (1962) y suiza (1968).

**GOLDONI** (Carlo), autor teatral italiano (Venecia 1707-París 1793). Sustituyó las bufonerías de la commedia dell'arte, por la descripción de costumbres y de caracteres en sus comedias escritas en italiano (*La posadera,* 1753; *Las vacaciones,* 1761) y en francés (*El gruñón bienhechor,* 1771). Dejó unas *Memorias* (1784-1787).

**GOLDSMITH** (Oliver), escritor británico (Pallasmore, Irlanda, 1728-Londres 1774), autor de novelas (*El vicario de Wakefield,* 1766), poemas sentimentales (*La aldea abandonada,* 1770) y obras de teatro (*Ella se humilla para vencer,* 1773).

**GOLDSTEIN** (Kurt), neurólogo norteamericano de origen alemán (Kattowitz 1878-Nueva York 1965). Fue el propulsor de una concepción unitaria y globalizadora de la neurología, surgida de la teoría de la forma (*La estructura del organismo,* 1934). Estudió particularmente la afasia.

**GOLÉA (El-)** → ***Menia*** (El-).

**GOLEÍZOVSKI** (Kassian Iaroslávovich), coreógrafo soviético (Moscú 1892-*id.* 1970). Inició la evolución del ballet clásico en la U.R.S.S.

**GOLETA (La),** en fr. **La Goulette,** en ár. **Halq el-Oued,** c. de Tunicia, antepuerto de Túnez y estación balnearia; 42 000 hab. En el s. XVI fue plaza fuerte de España.

**GOLFITO,** cantón de Costa Rica (Puntarenas); 35 207 hab. Puerto (en el Pacífico) exportador de bananas.

**GOLFO** *(corriente del),* en ingl. **Gulf Stream,** corriente cálida del Atlántico. Formada por la unión de la corriente de las Antillas y la corriente de Florida, salida del golfo de México, atraviesa el estrecho de Florida y llega hasta el estrecho de Terranova. Desde allí se extiende y se desvía hacia el E,

Matías **Goeritz:** las torres de la ciudad satélite de México (1957-1958)

Manuel **Godoy** (Goya - Real academia de bellas artes de san Fernando, Madrid)

dividiéndose en varias ramas, de las cuales la más importante es la deriva noratlántica, que suaviza los climas de la fachada NO de Europa.

**GOLFO,** término con el que suele designarse el *golfo Pérsico* y también el *golfo de México*.

**Golfo** *(guerra del)*, conflicto que enfrentó a Iraq (que había invadido y anexionado Kuwayt, ag. 1990) a una coalición internacional de unos treinta países dirigida por E.U.A. Primero se decretó un embargo económico internacional. La O.N.U., que había condenado la anexión de Kuwayt, autorizó el empleo de todos los medios necesarios para liberar dicho estado. Una fuerza multinacional, principalmente norteamericana, se desplegó en el golfo Pérsico y en Arabia Saudí, intervino contra Iraq (17 en. 1991) y liberó Kuwayt (28 febr.).

**GOLGI** (Camillo), médico e histólogo italiano (Corteno, cerca de Brescia, 1844-Pavía 1926). Estudió el sistema nervioso y descubrió un sistema de filamentos granulosos del citoplasma *(aparato de Golgi)*. [Premio Nobel de fisiología y medicina 1906.]

**GÓLGOTA** → *Calvario.*

**GOLIAT,** guerrero filisteo vencido en singular combate por David, según relata la Biblia.

**GOLITSIN, GALITZIN** o **GALLITZIN,** familia principesca que dio a Rusia, a fines del s. XVII y en el s. XVIII, estadistas y jefes militares.

**GOLTZIUS** (Hendrick), grabador y pintor neerlandés (Mühlbracht, Limburgo, 1558-Haarlem 1617). Fue un manierista brillante y uno de los fundadores de la academia de arte de Haarlem.

**GOMÁ** (Isidro), prelado español (La Riba, Tarragona, 1869-Toledo 1940). Arzobispo de Toledo (1933) y cardenal (1935), redactó la *Carta colectiva del episcopado español* (1937) en la que calificaba el alzamiento militar de guerra santa y cruzada.

**GOMAR** o **GOMARUS** (Franz), teólogo protestante neerlandés (Brujas 1563-Groninga 1641). Adversario de Arminius, fue el defensor más intransigente de la doctrina de Calvino sobre la predestinación. Sus partidarios, los gomaristas, provocaron graves disturbios en los Países Bajos.

**gombeta** *(ley)*, ley burgundia redactada en latín (c. 501-515) por orden del rey Gundebaldo, dirigida a los súbditos que no eran de origen galorromano.

**GOMBRICH** (Ernst Hans), historiador de arte británico de origen austríaco (Viena 1909). En *Arte e ilusión* (1960) analizó los aspectos técnicos de la creación, así como el papel de la sicología de la percepción en el espectador.

**GOMBROWICZ** (Witold), escritor polaco (Małoszyce 1904-Vence 1969). Sus novelas (*Ferdydurke,* 1938; *La seducción,* 1960; *Cosmos,* 1965), sus obras de teatro (*Ivonne, princesa de Borgoña,* 1938) y su *Diario* (1953-1969) intentan captar la realidad íntima del hombre a través de comportamientos sociales y culturales estereotipados.

**GÓMEL,** c. del SE de Bielorrusia; 500 000 hab.

**GOMERA,** isla de España, en el archipiélago de las Canarias (Santa Cruz de Tenerife); 353,20 km$^2$; 15 858 hab. Cap. *San Sebastián de la Gomera.* Culmina en el Alto del Garajonay (1 375 m), parque nacional. Plátanos y tomates. Pesca. Ganadería lanar. Turismo. Ocupada por Bethencourt (s. XV), fue la última tierra castellana que tocó la expedición de Colón a América (2 set. 1492).

**GOMERA (La),** mun. de Guatemala (Escuintla); 28 868 hab. En la costa del Pacífico. Ganadería.

**GÓMEZ,** familia española de matadores de toros. – **Rafael Gómez Ortega** (Madrid 1882-Sevilla 1960), llamado **el Gallo,** como su padre **Fernando Gómez** (1847-1897), tomó la alternativa en 1902 y se mantuvo activo hasta la guerra civil. – Su hermano **José Gómez Ortega,** llamado **Gallito** y **Joselito** (Gelves 1895-Talavera 1920), tomó la alternativa en 1912 y formó con Belmonte la pareja más famosa de la historia del toreo. Destacó por su facilidad, su intuición y su extraordinario repertorio. Murió de una cornada en la plaza de Talavera.

**GÓMEZ** (José Luis), actor y director teatral español (Huelva 1940). Fue director del Centro dramático nacional (1979-1980) y del teatro Español de Madrid (1980-1984). Ha trabajado también en el cine.

**GÓMEZ** (José Miguel), pintor hondureño que trabajó durante el s. XVIII hasta principios del XIX. Su obra, fundamentalmente religiosa, tiene una fuerte influencia de Zurbarán.

**GÓMEZ** (Juan Vicente), político y militar venezolano (San Antonio de Táchira 1859-Maracay 1935). Vicepresidente (1904), se hizo con el poder (1908), que conservó hasta su muerte. Implantó un régimen despótico basado en el ejército y cedió las explotaciones petroleras a compañías extranjeras.

**GÓMEZ** (Laureano), político colombiano (Bogotá 1889-*id.* 1965). Líder conservador, ministro (1925-1926 y 1847-1948) y presidente en 1950-1951. Exiliado en España (1953), mantuvo relaciones con los liberales (pacto de Sitges, 1957). Simpatizante del fascismo, tras volver a su país (1957) organizó el terrorismo del ejército y la policía contra los dirigentes campesinos y de la oposición.

**GÓMEZ** (Máximo), general cubano (Baní 1836-La Habana 1905). Jefe de los ejércitos insurrectos (1875), se exilió tras la paz del Zanjón (1878). Elaboró con Martí el manifiesto de Montecristi (1895) y dirigió de nuevo las operaciones militares en Cuba. En 1898 no aceptó la presidencia de la república.

**GÓMEZ CARRILLO** (Enrique), escritor guatemalteco (Guatemala 1873-París 1927). Cultivó la prosa modernista, recogiendo las impresiones de sus viajes: *Bohemia sentimental* (1895), *La Grecia eterna* (1907). Su novela *El evangelio del amor* (1922) presenta cierta carga de erotismo.

**GÓMEZ CORNET** (Ramón), pintor argentino (Santiago del Estero 1898-Buenos Aires 1964). Realizó una síntesis entre las corrientes pictóricas europeas y la visión de su tierra natal.

**GÓMEZ DE AVELLANEDA** (Gertrudis), escritora cubana (Puerto Príncipe 1814-Madrid 1873). Representante del romanticismo, vivió en España y escribió *Poesías* (1841, 1850), novelas de tema indígena (*Sab,* 1841; *Guatimocín,* 1847) y dramas (*Saúl,* 1849; *Baltasar,* 1858), en general históricos.

Gertrudis **Gómez de Avellaneda**
(F. Madrazo - museo Lázaro Galdiano, Madrid)

**GÓMEZ DE LA SERNA** (Ramón), escritor español (Madrid 1888-Buenos Aires 1963). Vanguardista, en 1915 fundó la tertulia del café Pombo. Inventó la greguería y en su ingeniosa y prolífica obra cultivó todos los géneros: artículos, teatro, cuentos, novelas (*El doctor inverosímil,* 1919; *La quinta de Palmyra,* 1923; *El novelista,* 1924), ensayos (*El Rastro,* 1914; *El circo,* 1916; *Pombo,* 1919-1926), biografías y memorias: *Automoribundia* (1948) y *Nuevas páginas de mi vida* (1957).

**GÓMEZ DE MORA** (Juan), arquitecto español (Madrid 1566-*id.* c. 1646). Representa la transición del manierismo al barroco (El Pardo, Clerecía de Salamanca, ayuntamiento y plaza mayor de Madrid).

**GÓMEZ FARÍAS** (Valentín), político mexicano (Guadalajara 1781-México 1858), vicepresidente y presidente interino con Santa Ana (1833-1834 y 1846-1847). Fue presidente de la Junta de representantes durante la revolución de Ayutla (1855).

**GÓMEZ HERMOSILLA** (José Mamerto), preceptista y escritor español (Madrid 1771-*id.* 1837). Defensor de la estética neoclásica (*Arte de hablar en prosa y en verso,* 1826) y autor de obras lingüísticas e históricas.

**GÓMEZ MANRIQUE** → *Manrique.*

**GÓMEZ MORENO** (Manuel), arqueólogo e historiador de arte español (Granada 1870-Madrid 1970). Se dedicó al estudio de la escritura ibérica y al arte medieval, mozárabe y renacentista en España. (Real academia 1941.)

**GÓMEZ PALACIO,** c. de México (Durango); 180 011 hab. Centro industrial y comercial.

**GÓMEZ PEDRAZA** (Manuel), militar y político mexicano (Querétaro 1789-México 1851). Ministro de Guerra y Marina (1825), elegido presidente en 1829, ocupó el cargo en 1832-1833, después de un período de exilio.

**GÓMEZ RESTREPO** (Antonio), escritor colombiano (Bogotá 1869-*id.* 1947), poeta (*Ecos perdidos,* 1893) y crítico literario (*Historia de la literatura colombiana,* 1945-1946).

**Gomera:** un aspecto de la isla

**Goethe**
(J. von Egloffstein - museo Goethe, Frankfurt del Main)

Ramón **Gómez de la Serna**
(E. Segura - Ateneo de Madrid)

**GOMORRA** → ***Sodoma.***

**GOMPERS** (Samuel), sindicalista norteamericano (Londres 1850-San Antonio, Texas, 1924). Consiguió que el sindicalismo profesional triunfase en el seno de la American federation of labor (A.F.I.), de la que era fundador (1886).

**GOMUŁKA** (Władysław), político polaco (Krosno, Galitzia, 1905-Varsovia 1982). Secretario general del partido comunista (1943-1948) y defensor de una vía polaca hacia el socialismo, fue excluido por los estalinistas en 1948-1949. Volvió a ocupar la cabeza del partido y del estado (oct. 1956) tras las revueltas de Poznań, y fue destituido en 1970.

**GONÇALVES** (Nuno), pintor portugués al servicio de Alfonso V desde 1450. Se le atribuye el monumental políptico de San Vicente, del museo de Lisboa.

**GONÇALVES DIAS** (António), poeta brasileño (Caxias 1823-en un naufragio 1864), fundador del movimiento indianista (*Os tymbiras,* 1857).

**GONCHAROV** (Iván Alexándrovich), novelista ruso (Simbirsk 1812-San Petersburgo 1891), pintor de la decadencia de la nobleza rusa (*Oblómov,* 1859).

**GONCHAROVA** (Natalia Serguéievna), pintora rusa (cerca de Tula 1881-París 1962), esposa de Lariónov, realizó atrevidos decorados y trajes para los ballets rusos de Diáguilev.

**GONCOURT** (Edmond **Huot de**) [Nancy 1822-Champrosay, Essonne, 1896], y su hermano **Jules** (París 1830-*id.* 1870), escritores franceses. Evolucionaron del naturalismo hacia un impresionismo refinado. El círculo de amigos de Edmond fue el origen de la Academia Goncourt.

**Goncourt** *(Academia),* sociedad literaria francesa instituida por el testamento de E. de Goncourt. Desde 1903 concede un premio literario anual.

**GONDER,** c. de Etiopía, al N del lago Tana; 77 000 hab. Antigua capital del país (ss. XVII-XIX). Restos de palacios y de iglesias de los ss. XVII-XVIII.

**GONDOMAR,** v. de España (Pontevedra); 10 440 hab. *(Gundemarinos.)* Avicultura. Manufacturas de la madera. Pazo de los condes de Gondomar.

**GONDRA** (Manuel), político y escritor paraguayo (1872-1927). Presidente de la república (1910-1911), fue depuesto por Albino Jara. Dirigió en 1912 la insurrección de los monteros (liberales radicales) y fue de nuevo presidente en 1920-1921. Firmó la *convención Gondra* (1923), que fijó las fronteras con Argentina.

**GONDWANA,** ant. continente que en la era primaria comprendía América meridional, África, Arabia, India (Decán: Gondwana, de ahí su nombre) Australia y el Antártico.

**GONDWANA,** región de la India, en el Decán, habitada por los gond (3 millones aprox.).

**GÓNGORA Y ARGOTE** (Luis **de**), poeta español (Córdoba 1561-*id.* 1627), gran representante del culteranismo o *gongorismo.* Su obra, que incluye también dos piezas teatrales y un epistolario, se publicó en 1628 *(manuscrito Chacón),* en el que las composiciones de Góngora aparecen fechadas. Sus inicios poéticos datan de 1580, con letrillas, romances y sonetos. Entre 1612 y 1613 compuso sus obras más importantes: *Las soledades** y la *Fábula de polifemo* y Galatea.* Son poemas de intencionada oscuridad, que suscitaron las burlas de Quevedo y de Lope de Vega. Dentro de un género «sencillo» (*Romance de Angélica y Medoro,* 1602), podía escribir en la línea culta que intensificaría en su dos poemas mayores o en la *Fábula de Píramo y Tisbe* (1617). La dificultad de su lengua estriba en el uso de una sintaxis de base latina, complicada por el hipérbaton; la acumulación de cultismos y alusiones mitológicas, la tendencia a usar metáforas, perífrasis e hipérboles. La obra de Góngora fue relegada por la crítica académica hasta su revalorización por los poetas de la generación del 27.

**GONTRÁN** *(san)* [*c.* 545-Chalon-sur-Saône 592], rey de Borgoña [561-592], hijo de Clotario I. Favoreció la difusión del cristianismo en sus estados.

**GONZAGA,** familia de príncipes italianos, que reinó en Mantua del s. XIV al XVIII y en el ducado de Nevers.

**GONZÁLEZ,** mun. de México (Tamaulipas); 39 861 hab. Cereales, henequén y frutales; ganadería.

**GONZÁLEZ** (Ángel), poeta español (Oviedo 1925), autor de ensayos y de una poesía coloquial, marcada por la ironía y la crítica social (*Áspero mundo,* 1956). Con el título de *Palabra sobre palabra* ha realizado periódicas recopilaciones de su obra. (Real academia 1996.)

**GONZÁLEZ** (Armando), escultor uruguayo (Montevideo 1912), de estilo naturalista.

**GONZÁLEZ** (Bartolomé), pintor español (Valladolid 1564-Madrid 1627). En la transición del manierismo al barroco, se especializó en el retrato y en la pintura religiosa.

**GONZÁLEZ** (Daniel), conocido también como **Daniel,** escultor y dibujante español (Cervera del Río Alhama 1893-Logroño 1969). Su obra se caracteriza por el sentido del volumen cubista y simplificación formal.

**GONZÁLEZ** (Felipe), político español (Sevilla 1942). Secretario general del P.S.O.E. desde 1974 hasta 1997 (al que alineó con planteamientos socialdemócratas tras relegar al marxismo en 1979), diputado (desde 1977). Fue presidente del gobierno de 1982 a 1996 (sucesivamente reelegido). Adoptó una política moderada y pragmática e impulsó la integración española en Europa.

**GONZÁLEZ** (José Luis), escritor puertorriqueño nacionalizado mexicano (Santo Domingo 1926), representante del realismo crítico (*Paisa,* 1950; *En Nueva York y otras desgracias,* 1973) y ensayista (*Literatura y sociedad en Puerto Rico,* 1976).

**GONZÁLEZ** (Juan Vicente), escritor venezolano (Caracas 1811-*id.* 1866). Pedagogo y periodista político, escribió una *Biografía de José Félix Rivas* (1864) y cultivó la prosa poética.

**GONZÁLEZ** (Julio), escultor español (Barcelona 1876-París 1942). De familia de orfebres, se instaló en París en 1900. En contacto con la vanguardia comenzó sus *máscaras,* y a partir de 1927 evolucionó hacia la escultura en hierro recortado, iniciándose en el expresionismo figurativo y abstracto que culminó en la década de los 30 con la serie *La Montserrat,* símbolo del pueblo español desgarrado por la guerra civil (pabellón español de la exposición internacional de París, 1937).

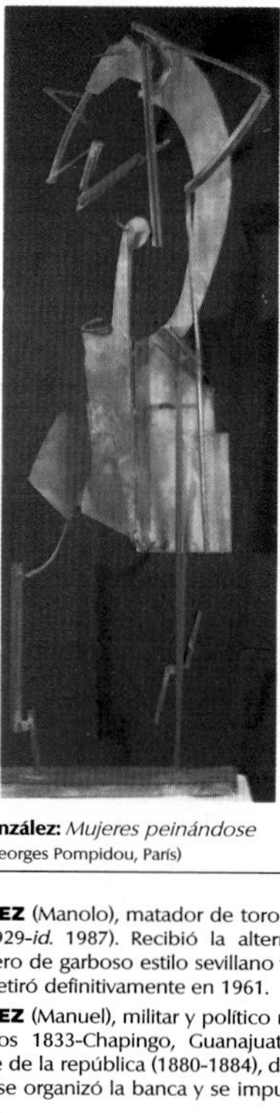

Julio **González:** *Mujeres peinándose*
(centro Georges Pompidou, París)

**GONZÁLEZ** (Manolo), matador de toros español (Sevilla 1929-*id.* 1987). Recibió la alternativa en 1948. Torero de garboso estilo sevillano y de gran valor, se retiró definitivamente en 1961.

**GONZÁLEZ** (Manuel), militar y político mexicano (Matamoros 1833-Chapingo, Guanajuato, 1893). Presidente de la república (1880-1884), durante su mandato se organizó la banca y se impulsó el ferrocarril.

**GONZÁLEZ** (Pablo), militar revolucionario mexicano (Lampazos 1879-Monterrey 1950). Luchó al lado de Carranza contra Villa y Zapata. Candidato presidencial (1919), estuvo desterrado en E.U.A. en 1920-1940.

**GONZÁLEZ** (Simón), escultor chileno (Santiago de Chile 1856-*id.* 1919), de estilo naturalista y temática costumbrista.

**GONZÁLEZ ÁLVAREZ** (Aníbal), arquitecto español (Sevilla 1876-*id.* 1929), autor del proyecto del conjunto de edificios de la plaza de España de Sevilla para la exposición iberoamericana de 1929, en estilos neomudéjar y neoplateresco.

**GONZÁLEZ BALCARCE** (Antonio) → ***Balcarce.***

**GONZÁLEZ BOGEN** (Carlos), pintor y escultor venezolano (Upata 1919). Su obra fundamental consiste en esculturas constructivistas *Móviles y estables.*

**GONZÁLEZ BRAVO** o **BRABO** (Luis), político y periodista español (Cádiz 1811-Biarritz 1871). Fue jefe de gobierno (1843-1844) y ministro de Gobernación (1864-1865 y 1866) con Narváez, y adoptó una política reaccionaria. De nuevo al frente del gobierno en 1868, se exilió tras la revolución de setiembre.

**GONZÁLEZ CASANOVA** (Pablo), sociólogo mexicano (Toluca 1922), introductor de la sociología moderna en su país. Fue presidente de la Asociación latinoamericana de sociología (1969-1972). Obras: *La democracia en México* (1955), *Medio siglo de historia de América latina* (2 vols., 1978).

**GONZÁLEZ DÁVILA** (Gil), conquistador español (Ávila *c.* 1480-*id.* 1526). En 1519 realizó una expedición con Andrés Niño en busca de un paso por el Sur entre el Pacífico y el Atlántico. Exploró las costas de Honduras y Nicaragua.

**GONZÁLEZ DE CELLORIGO** (Martín), economista español (ss. XVI-XVII), autor de un *Memorial de la política necesaria y útil restauración de España y estados de ella* (1600), en el que basa la riqueza nacional en la industria y critica el abandono de la agricultura y la despoblación.

**GONZÁLEZ DE ESLAVA** (Fernán), escritor mexicano (¿Navarra? 1534-México 1601). Su obra dramática, formada por coloquios alegóricos, loas y entremeses, constituye una de las primeras muestras del teatro colonial mexicano.

**GONZÁLEZ GARZA** (Roque), político revolucionario mexicano (Saltillo, Coahuila, 1885-México 1962). Luchó junto a Madero y Villa y fue presidente de la república (en.-julio 1915).

**GONZÁLEZ GOYRI** (Roberto), escultor guatemalteco (Guatemala 1924). Su obra, realizada en bronce, terracota y piedra, ha pasado de un expresionismo dinámico a la no figuración.

**GONZÁLEZ LANUZA** (Eduardo), poeta argentino (Santander, España, 1900-Buenos Aires 1984). Desde el ultraísmo de *Prismas* (1924) evolucionó hacia una lírica de gran intensidad y transparencia: *Oda a la alegría y otros poemas,* 1949.

**GONZÁLEZ MARTÍNEZ** (Enrique), poeta mexicano (Guadalajara 1871-México 1952). Su poesía se inscribe en el modernismo, en su línea reflexiva e interior: *Silenter* (1909), *Los senderos ocultos* (1911), *La muerte del cisne* (1915), *El romero alucinado* (1923), *El nuevo Narciso* (1952).

**GONZÁLEZ NAVERO** (Emiliano), político paraguayo (1861-1938), presidente de la república en 1908-1910 y presidente provisional en 1912 y 1931-1932.

**GONZÁLEZ PRADA** (Manuel), escritor peruano (Lima 1848-*id.* 1918). Autor de ensayos políticos (*Páginas libres,* 1894; *Horas de lucha,* 1908), defendió a los indios y se convirtió en un símbolo del inconformismo. Escribió una poesía modernista, en una línea exquisita y parnasiana: *Minúsculas* (1901), *Presbiterianas* (1909), *Exóticas* (1911).

**GONZÁLEZ RUANO** (César), escritor español (Madrid 1902-*id.* 1965). Destacado periodista, escribió novelas (*Ni César ni nada,* 1951), teatro, poesía y un interesante *Diario íntimo* (1951).

**GONZÁLEZ TUÑÓN** (Raúl), poeta argentino (Buenos Aires 1905-*id.* 1974). Cultivó el tema cívico y social: *La muerte en Madrid* (1939), *Primer canto argentino* (1945).

**GONZÁLEZ VALENCIA** (Ramón), militar y político colombiano (Pamplona, Norte de Santander, 1851-† 1928), vicepresidente de la república (1904-1905) y presidente provisional (1909-1910).

**GONZÁLEZ VELÁZQUEZ,** familia de artistas españoles de los ss. XVII-XIX, formada por **Pablo,** escultor barroco (Andújar 1664-Madrid 1727); sus hijos **Luis,** pintor (Madrid 1715-*id.* 1764), **Alejandro** (Madrid 1719-*id.* 1772), pintor, escultor, y arquitecto y **Antonio** (Madrid 1723-*id.* 1793), pintor. **Zacarías,** hijo de Antonio (Madrid 1763-*id.* 1834) y sus hermanos **Isidro** (Madrid 1765-*id.* 1829), arquitecto que proyectó la Casita del Labrador en Aranjuez y **Cástor** (Madrid 1768-1822), pintor.

**GONZÁLEZ VERA** (José Santos), escritor chileno (San Francisco del Monte 1897-Santiago 1970). En una prosa impresionista retrató con maestría la vida popular (*Vidas mínimas,* 1923). Su mejor obra es autobiográfica (*Cuando era muchacho,* 1951).

**GONZÁLEZ VIDELA** (Gabriel), político chileno (La Serena 1898-Santiago 1980). Presidente de la república (1946-1952), durante su mandato se prohibió el Partido comunista (1948) y se concedió el voto a la mujer (1949). Fue miembro del consejo de estado de Pinochet.

**GONZÁLEZ VÍQUEZ** (Cleto), político costarricense (Barba 1858-† 1937), presidente de la república en 1906-1910 y 1928-1932.

**GONZÁLEZ ZELEDÓN** (Manuel), escritor costarricense (San José 1864-*id.* 1936). Con el seudónimo de **Magón,** escribió novelas cortas y relatos costumbristas.

**GONZANAMÁ,** cantón de Ecuador (Loja); 25 342 hab. Centro agropecuario. Industria textil.

**GOODMAN** (Benjamin David, llamado **Benny**), clarinetista y director de orquesta de jazz norteamericano (Chicago 1909-Nueva York 1986). Apodado el rey del swing, en 1934 fundó una orquesta de renombre.

**GOODYEAR** (Charles), inventor norteamericano (New Haven, Connecticut, 1800-Nueva York 1860), descubridor de la vulcanización del caucho (1839).

**Goodyear,** empresa norteamericana fundada en 1898 en Akron (Ohio), una de las principales productoras mundiales de neumáticos.

**GOR** → ***Gur.***

**GORAKHPUR,** c. de la India (Uttar Pradesh), al N de Benarés; 489 850 hab.

**GORBACHOV** (Mijaíl Serguéievich), político soviético (Privólnoie, Stávropol, 1931). Secretario general del partido comunista (marzo 1985-ag. 1991) y presidente del presidium del soviet supremo (oct. 1988-marzo 1990), puso en marcha el programa de reformas económicas y políticas *(perestroika).* En marzo de 1990 fue elegido presidente de la U.R.S.S. por el congreso de diputados del pueblo. Tras el golpe de estado de agosto de 1991 que intentó derrocarlo, no pudo impedir la desintegración de la U.R.S.S. Dimitió en diciembre. (Premio Nobel de la paz 1990.)

**GORBEA** *(sierra de),* sierra de España, en los montes Vascos, entre Álava y Vizcaya; 1 475 m en *Peña Gorbea.*

**GORCHAKOV** (Alexandr Mijáilovich, *príncipe*), estadista ruso (Haspal 1798-Baden-Baden 1883). Ministro de Asuntos Exteriores (1856-1882), regularizó la situación diplomática de su país tras la guerra de Crimea.

**GORCHKOV** (Serguéi Gueórguievich), almirante soviético (Kamenets-Podolski 1910-Moscú 1988), artífice del desarrollo de las fuerzas navales, de las que fue comandante en jefe de 1956 a 1985.

**GORDIANO,** nombre de tres emperadores romanos, entre los que destacó **Gordiano III el Piadoso** (Roma ¿225?-cerca de Dura Europos 244), emperador de 238 a 244.

**GORDILLO** (Luis), pintor español (Sevilla 1934). Considerado el renovador de la figuración en España, evolucionó desde el racionalismo de sus series de *Cabezas* (1964-1965) hasta la libertad imaginativa de sus formas y personajes posteriores.

**GORDIMER** (Nadine), escritora sudafricana en lengua inglesa (Springs 1923), autora de novelas sobre los problemas del apartheid (*Mundo de extraños,* 1958; *La gente de July,* 1981). [Premio Nobel de literatura 1991.]

**GORDION,** c. de Asia Menor, ant. cap. de los reyes de Frigia. En su templo de Zeus, Alejandro el Grande cortó el *nudo gordiano.* Según un oráculo, quien desatara ese nudo se convertiría en el amo de Asia. (Act. *Yassihöyük.*)

**GORDON** (Charles), llamado **Gordon bajá,** oficial y administrador británico (Woolwich 1833-Jarṭūm 1885). Gobernador de Sudán (1877-1880), murió en la toma de Jarṭūm por las tropas del Mahdī.

**GORÉE,** isla de las costas de Senegal, frente a Dakar. Fue uno de los principales centros de trata de esclavos. Museo histórico.

**GORGONAS,** en la mitología griega, monstruos alados con cuerpo de mujer y cabello formado por serpientes, cuya mirada transformaba en piedra al que las contemplaba. Eran tres hermanas: *Medusa, Euríala* y *Esteno.*

**GORGONZOLA,** c. de Italia (Lombardía); 16 260 hab. Quesos.

**GORÍBAR** (Nicolás Javier **de**), pintor ecuatoriano (Quito *c.* 1665-*id.* 1740). Discípulo de Miguel de Santiago, su estilo es plenamente barroco (*Asunción de la Virgen,* 1688, santuario de Guápulo).

**GÖRING** o **GOERING** (Hermann), mariscal y político alemán (Rosenheim 1893-Nuremberg 1946). Aviador, comandante de la escuadrilla Richthofen (1918), miembro del partido nazi desde 1922, allegado de Hitler, y presidente del Reichstag (1932), se consagró a la creación de la Luftwaffe. Fue sucesor designado por Hitler (1939), quien lo rechazó en 1945. Condenado a muerte en Nuremberg (1946), se suicidó.

**GORIZIA,** en alem. **Görz,** c. de Italia, a orillas del Isonzo, en la frontera eslovena; 37 999 hab.

**GORKI** → ***Nizhni Nóvgorod.***

**GORKI** (Alexéi Maxímovich **Pechkov,** llamado **Máximo**), escritor ruso (Nizhni Nóvgorod 1868-Moscú 1936). Pintor realista de su difícil infancia (*Mi infancia,* 1913-1914; *Entre los hombres,* 1915-1916; *Mis universidades,* 1923), de vagabundos y marginados (*Foma Gordeïev,* 1899; *Los bajos fondos,* 1902), fue el artífice de la literatura social soviética (*La madre,* 1906; *Los Artamónov,* 1925; *La vida de Klim Sanguin,* 1925-1936).

**GORKY** (Vosdanig **Adoian,** llamado **Arshile**), pintor norteamericano de origen armenio (Hayotz Dzore 1904-Sherman, Connecticut, 1948). En los años cuarenta extrajo del automatismo surrealista una brillante abstracción que sugiere formas orgánicas.

**GÖRLITZ,** c. de Alemania (Sajonia), a orillas del Neisse; 74 766 hab. Iglesias y casas antiguas.

**GORLOVKA,** c. de Ucrania, en el Donbass; 337 000 hab. Metalurgia.

**GORMAZ,** v. de España (Soria); 24 hab. Castillo árabe-mudéjar (ss. X-XIV).

**GOROSTIZA** (Carlos), dramaturgo argentino (Buenos Aires 1920). Tras su polémico drama *El puente* (1949), ha escrito un teatro de la realidad cotidiana encarnada en personajes típicos: *El pan de la locura* (1958), *Los prójimos* (1967).

**GOROSTIZA** (Celestino), dramaturgo mexicano (Villahermosa 1904-México 1967). Trató problemas como el del mestizo frente a la civilización criolla (*El color de nuestra piel,* 1952), o el de la nueva burguesía enriquecida (*Columna social,* 1955).

**GOROSTIZA** (José), poeta mexicano (Villahermosa 1901-México 1973), miembro de la generación Contemporáneos, y exponente de la poesía pura, es autor de *Canciones para cantar en las barcas* (1925), y de una obra esencial en la poesía mexicana del siglo, *Muerte* sin fin* (1939).

**GÖRRES** (Joseph **von**), publicista y escritor alemán (Coblenza 1776-Munich 1848), uno de los precursores del movimiento romántico y nacionalista.

**gorros** *(facción de los)* → ***sombreros y gorros.***

**GORSKI** (Alexandr Alexéievich), bailarín y coreógrafo ruso (San Petersburgo 1871-Moscú 1924), revalorizador del ballet ruso.

**GORT** (John Vereker, *vizconde*), mariscal británico (Londres 1886-*id.* 1946). Estuvo al mando del cuerpo expedicionario británico en Francia (1939-1940), y fue gobernador de Malta (1942-1943) y alto comisario en Palestina (1944-1945).

**GORTINA,** ant. c. de Creta central, conocida por una larga inscripción jurídica grabada en piedra *(leyes de Gortina),* fechada en el s. V a. J.C. Ruinas griegas y romanas.

**GORZÓW WIELKOPOLSKI,** c. de Polonia, junto al bajo Warta; 125 200 hab. Centro industrial.

**GOSAINTHAN** → ***Xixabangma.***

**GOSLAR,** c. de Alemania (Baja Sajonia), al pie del Hartz; 45 939 hab. Notable conjunto medieval de la antigua ciudad imperial.

**GOSPORT,** c. y puerto de Gran Bretaña, en la bahía de Portsmouth; 72 800 hab.

**GOSSAERT** (Jan) → ***Mabuse.***

**GOSSEAL** (*fray* Pedro), pintor y escultor religioso franciscano, de origen flamenco, activo en Quito en la primera mitad del s. XVI, iniciador del movimiento artístico en esta ciudad.

**GÖTALAND** o **GOTIA,** región meridional de Suecia.

**GÖTEBORG,** c. y puerto de Suecia, en el fondo del estuario del Göta älv; 433 042 hab. Centro industrial. Universidad. Importantes museos.

**GOTHA,** c. de Alemania (Turingia), al pie del Thüringerwald; 56 715 hab. Industrias gráficas. Castillo reconstruido en el s. XVII (museos). – El *programa de Gotha,* elaborado durante el congreso de Gotha (mayo 1875), señaló la creación del Partido socialdemócrata alemán.

**Gotha** *(Almanaque de),* anuario genealógico y diplomático publicado, de 1763 a 1944, en Gotha en francés y alemán.

**GOTIA,** región histórica europea de la época carolingia, que comprendía el Bajo Languedoc y el Rosellón (Septimania) y la Marca Hispánica.

**GOTINGA,** en alem. **Göttingen,** c. de Alemania (Baja Sajonia), al SO del Harz; 120 242 hab. Universidad. Construcciones mecánicas. Monumentos antiguos.

**GOTLAND,** en esp. **Gocia,** isla y län de Suecia, en el Báltico; 3 140 km²; 57 900 hab. Cap. *Visby.* Turismo (playas y patrimonio artístico).

**GOTTSCHALK** → ***Godescalco.***

**GOTTSCHED** (Johann Christoph), escritor alemán

Luis de **Góngora y Argote** (Velázquez - Prado, Madrid)

Felipe **González**

Mijaíl **Gorbachov**

Máximo **Gorki** (col. G. Sirot)

Carlos **Gorostiza**

José **Gorostiza**

(Juditten, cerca de Königsberg, 1700-Leipzig 1766), autor de tragedias neoclásicas.

**GOTTWALD** (Klement), político checoslovaco (Dědice 1896-Praga 1953). Secretario general del partido comunista (1929), fue presidente del consejo (1946) y presidente de la república tras el «golpe de Praga», que él mismo organizó (1948).

**GOTTWALDOV** → *Zlín.*

**GOUDA,** c. de Países Bajos, a orillas del Ijssel; 65 926 hab. Cerámica. Quesos. Ayuntamiento del s. XV e iglesia del s. XVI (vidrieras).

**GOUGES** (Marie **Gouze,** llamada **Olympe de**), escritora y revolucionaria francesa (Montauban 1748 o 1755-París 1793). Reclamó la emancipación de la mujer en la *Declaración de los derechos de la mujer y de la ciudadana.* Murió guillotinada.

**GOUJON** (Jean), escultor y arquitecto francés (¿en Normandía? *c.* 1510-Bolonia *c.* 1566). Manierista, tendió a la pureza clásica (fuente de los Inocentes, París, 1549; cariátides del Louvre, 1550).

**GOULD** (Stephen Jay), paleontólogo norteamericano (Nueva York 1941). Es el autor, con el norteamericano Niles Eldredge, de una teoría según la cual la evolución de las especies podría consistir en una serie de períodos de estabilidad alternados con fases de especiación brusca.

**GOUNOD** (Charles), compositor francés (París 1818-Saint-Cloud 1893), autor de óperas (*Fausto,* 1859; *Mireya,* 1864; *Romeo y Julieta,* 1867) y obras religiosas (*Mors et vita,* 1885).

**GOYA,** dep. de Argentina (Corrientes); 78 784 hab. Industria cárnica. Puerto fluvial en el Paraná. Aeropuerto.

**GOYA** (Francisco), pintor y grabador español (Fuendetodos 1746-Burdeos 1828). Sus primeras obras son cartones que le encargó Mengs para la Real fábrica de tapices de Santa Bárbara (Madrid), que realizó entre 1775 y 1792 en estilo rococó. En 1786 fue nombrado pintor del rey y en 1789 de cámara. En 1797 grabó la serie *Los caprichos*.* En 1800 realizó *La familia* de Carlos IV,* y en 1803-1805 *Las majas** (*La maja desnuda* y *La maja vestida,* Prado). La guerra de la Independencia le inspiró los aguafuertes *Los desastres de la guerra* (1810) y, al terminar la guerra, pintó (1814): *El dos de mayo* y *Los fusilamientos en la montaña del Príncipe Pío* (ambos en el Prado). En 1820-1823 su estilo acentúa el expresionismo (*Pinturas* negras,* Quinta del Sordo). Sus últimos años corresponden al exilio en Burdeos. Goya evolucionó desde el barroco y rococó, pasando por el neoclasicismo, hacia una expresividad en el tratamiento de la luz y el color y en la composición, que anticipó la pintura moderna.

**Goya** *(premios),* galardones anuales de cinematografía instituidos por la Academia de las artes y las ciencias cinematográficas de España en 1987.

**GOYTISOLO** (Juan), escritor español (Barcelona 1931), básicamente novelista (*Señas de identidad,* 1966; *Juan sin tierra,* 1975; *Makbara,* 1980) y ensayista (*Furgón de cola,* 1968; *Crónicas sarracinas,* 1982), ha escrito también textos autobiográficos (*Coto vedado,* 1985; *En los reinos de taifa,* 1986). – Su hermano **José Agustín** (Barcelona 1928-*id.* 1999), poeta y ensayista (*El retorno,* 1955; posteriormente *Algo sucede,* 1968; *Palabras para Julia,* 1979; *Final de un adiós,* 1985). – Su otro hermano **Luis** (Barcelona 1935) novelista, es autor de *Las afueras* (1958), de la tetralogía *Antagonía* (1973-1981), y de otras novelas (*Estatua con palomas,* 1992). [Premio nacional de narrativa 1993.] (Real academia 1994.)

**Goya:** *Las majas al balcón* (*c.* 1808-1812) [col. part.]

**GOZÓN,** mun. de España (Asturias); 11 505 hab. *(Gauzonenses.)* Cap. *Luanco.* Pesca. Conservas.

**GOZZI** (Carlo), escritor italiano (Venecia 1720-*id.* 1806). Defensor de la tradición teatral italiana contra Goldoni, escribió fábulas dramáticas (*El amor de las tres naranjas,* 1761; *Turandot,* 1762).

**GOZZO** o **GOZO,** en maltés **Ghawdex,** isla del Mediterráneo, cerca de la isla de Malta, de la cual depende.

**GOZZOLI** (Benozzo **di Lese,** llamado **Benozzo**), pintor italiano (Florencia 1420-Pistoia 1497). Su estilo es el de un vivo colorista, de un decorador brillante y pintoresco: fresco de *El cortejo de los reyes magos, c.* 1460, palacio de los Médicis (act. Riccardi) en Florencia.

**GPU,** nombre dado a la policía política soviética (1922-1934). Remplazó a la Checa* y fue predecesora del NKVD*, desempeñó un papel importante en el régimen estalinista a partir de 1929.

**GRAAF** (Reinier **de**), médico y fisiólogo neerlandés (Schoonhoven, cerca de Utrecht, 1641-Delft 1673), descubridor de los folículos ováricos.

**Graal** o **Grial,** recipiente que según la leyenda utilizó Jesucristo en la Última Cena y en el que José de Arimatea habría recogido la sangre que brotó de su costado al ser herido por el centurión. En los ss. XII y XIII, numerosas novelas de caballerías narran la búsqueda del Graal por parte de los caballeros del rey Artús. Las obras más conocidas se deben a Chrétien de Troyes y a Wolfram von Eschenbach, que inspiró a Wagner su *Parsifal.*

**GRACIÁN** (Baltasar), escritor y jesuita español (Belmonte de Gracián 1601-Tarazona 1658). En 1637 publicó *El héroe,* retrato ideal del dirigente, según una visión aristocrática impregnada del pensamiento clásico. A una línea semejante responden *El político* (1640) y *El discreto* (1646). Complemento de esta obra es la colección de máximas *El oráculo manual y arte de prudencia* (1647). Su desengañada visión del mundo se intensifica en su libro más importante: la novela alegórica y filosófica *El criticón** (1651-1657). Otra obra básica de carácter muy distinto, *Agudeza y arte de ingenio* (1648), documenta y esquematiza su preceptiva. Su prosa es un exponente del conceptismo.

**GRACIANO** (Sirmium, Panonia, 359-Lyon 383), emperador romano de occidente [375-383]. Su reinado (junto con el de Teodosio en oriente) marcó el fin del paganismo como religión de estado.

**GRACIANO,** monje italiano (Chiusi fines del s. XI-Bolonia *c.* 1160). Su principal obra, *Decreto de Graciano* (*c.* 1140), sentó las bases del derecho canónico.

**GRACIAS,** c. de Honduras, cap. del dep. de Lempira; 3 854 hab. Centro agrícola y comercial.

**GRACIAS,** nombre dado a las tres divinidades grecorromanas de la belleza: *Aglae, Talía* y *Eufrosina.*

**GRACIAS A DIOS,** cabo de la costa del Caribe, extremo E del delta del río Coco, entre Nicaragua y Honduras. Descubierto por C. Colón en 1502.

**GRACIAS A DIOS** *(departamento de),* dep. de Honduras, en la costa del Caribe, al E del país; 16 630 km²; 34 159 hab. Cap. *Puerto Lempira.*

**GRACIOSA,** isla del archipiélago español de Canarias (Las Palmas), al N de Lanzarote; 27 km². Pesca. Turismo. Declarada parque natural marítimo-terrestre, junto con otros islotes.

Baltasar **Gracián** (anónimo - biblioteca nacional, Madrid)

Antonio **Gramsci**

**GRACOS,** nombre dado a dos hermanos romanos, tribunos de la plebe: **Tiberio Sempronio Graco** (Roma 162-*id.* 133 a. J.C.) y **Cayo Sempronio Graco** (Roma 154-*id.* 121 a. J.C.), que intentaron llevar a cabo una reforma agraria en Roma. Ambos fueron asesinados, víctimas de la oposición de los grandes propietarios.

**GRADEFES,** v. de España (León); 1 401 hab. Monasterio cisterciense (ss. XII-XIV).

**GRADO,** v. de España (Asturias), cab. de p. j.; 12 048 hab. *(Gradenses.)* Industrias alimentarias. Caolín y hierro.

**GRAF** (Steffi), tenista alemana (Brühl 1969). Vencedora del torneo Roland Garros (1987, 1988, 1993, 1995, 1996 y 1999), del open internacional de Australia (1988, 1989, 1990 y 1994), en Wimbledon (1988, 1989, 1991, 1992, 1993, 1995 y 1996) y en Flushing Meadow (1988, 1989, 1993, 1995 y 1996), fue campeona olímpica en 1988. Se retiró en 1999.

**GRAGERA** (José), escultor español (Laredo 1818-Madrid 1897). Uno de los más notables escultores románticos españoles, se especializó en la realización de bustos.

**GRAHAM** (James, *marqués* **de Montrose**), general escocés (Montrose 1612-Edimburgo 1650). Partidario de Carlos I y de Carlos II, fue ejecutado.

**GRAHAM** (Martha), bailarina y coreógrafa norteamericana (Pittsburgh, Pennsylvania, 1894-Nueva York 1991). Una de las pioneras de la *modern dance* en E.U.A., creó una obra considerable (*Lamentation,* 1930; *Appalachian Spring,* 1944; *Cave of the Heart,* 1946; *Fedra,* 1962; *A Time of Snow,* 1968; *Lucifer,* 1975; *The Rite of the Spring,* 1984). Influyó en varias generaciones de bailarines y coreógrafos.

Martha **Graham:** *Seraphic dialogue* (Nueva York, 1955)

**GRAHAM** (Thomas), químico británico (Glasgow 1805-Londres 1869). Estudió la difusión de los gases, los coloides y los poliácidos.

**Gram** *(tinción de),* solución de yodo y yoduro de potasio con violeta de genciana, empleada para colorear y diferenciar los microbios. Las bacterias que, una vez lavadas en alcohol, conservan esta coloración se llaman «grampositivas» [Gram +], y las que la pierden «gramnegativas» [Gram –].

**Gramática de la lengua castellana,** obra de Antonio de Nebrija (1492), primer tratado de gramática de una lengua vulgar, compuesta según los principios del humanismo renacentista.

**Gramática de la lengua castellana destinada al uso de los americanos,** obra de A. Bello (1847). Por el profundo tratamiento de los temas, con atención a las modalidades americanas de la lengua, y la originalidad de su doctrina lingüística es la mejor gramática del s. XIX. En 1874 R. J. Cuervo publicó *Notas a la gramática de Bello.*

**GRAMCKO** (Ida), escritora venezolana (Puerto Cabello 1924). Aunque ha cultivado el teatro y la novela, destaca por su obra poética: *Umbral* (1942), *Lo máximo murmura* (1970).

**GRAMME** (Zénobe), inventor belga (Jehay-Bodegnée 1826-Bois-Colombes 1901). Ideó el *colector* (1869), que permitió la construcción de máquinas eléctricas de corriente continua, y construyó la primera dinamo industrial (1871).

**GRAMPIANOS** *(montes)*, en ingl. **Grampian Mountains,** macizo montañoso de Escocia, entre la depresión del Glen More y el mar del Norte.

**GRAMSCI** (Antonio), filósofo y político italiano (Ales, Cerdeña, 1891-Roma 1937). Creó, junto con Togliatti, el periódico *Ordine nuovo* (1919). Secretario del Partido comunista italiano (1924), fue arrestado en 1926 y murió días después de su liberación. En sus *Cuadernos de prisión,* redactados entre 1929 y 1935, sustituyó la expresión de dictadura del proletariado por la de hegemonía del proletariado, que pone énfasis en la dirección intelectual y moral más que en la dominación del estado.

**GRAN BRETAÑA,** oficialmente en ingl. **United Kingdom of Great Britain and Northern Ireland,** estado insular de Europa occidental. CAP. *Londres.* LENGUA OFICIAL: *inglés.* MONEDA: *libra esterlina.* El Reino Unido comprende la *isla de Gran Bretaña* (integrada por Inglaterra, el País de Gales y Escocia), Irlanda* del Norte, los archipiélagos de las Shetland, las Orcadas, las Hébridas y las Scilly, las islas de Wight, Anglesey y Arran y otras menores (la isla de Man y las Anglonormandas no forman parte del Reino Unido, pero están unidas a la corona). El Reino Unido tiene 243 500 km$^2$ (230 000 km$^2$ ocupados por la isla de Gran Bretaña) y 57 500 000 hab. *(Británicos.)*

GEOGRAFÍA

Gran Bretaña, primera potencia mundial en el s. XIX, al frente de un inmenso imperio, en la actualidad es un país medio, económicamente por detrás de Francia y de Alemania dentro de una Unión europea a la que se adhirió tardíamente. El poderío del pasado debía poco al medio natural (excepto, quizás, su insularidad): una superficie no muy grande, muchas tierras altas y pocas llanuras (excepto la cuenca de Londres), un clima húmedo y fresco, a menudo más favorable para la ganadería y la landa que para los cultivos y el bosque. La presión demográfica, tradicional, se mantiene. Históricamente se ha traducido en una larga emigración (factor que influye en el origen del Imperio) y una fuerte urbanización (dominada por Londres). Actualmente, la tasa de natalidad ha disminuido mucho (cerca de un 12 %), el excedente natural prácticamente ha desaparecido y los movimientos migratorios se han invertido. Económicamente, Gran Bretaña ha pagado el precio de la precocidad de su desarrollo industrial (y también de un exceso de estatismo y de proteccionismo social, combatido en los años ochenta). Algunos sectores (siderurgia, construcción naval, textil, extracción de hulla) y algunas regiones (estuario del Clyde, Lancashire, Midlands, País de Gales) han sufrido una recesión considerable. Otras (química, electrónica; región del SE de Londres) han resistido mejor e incluso han prosperado. Pero, en general, la industria ha retrocedido, a pesar de la baza que representa la posesión de yacimientos de hidrocarburos en el mar del Norte. El desarrollo de la energía nuclear, del que Gran Bretaña fue pionera, es más lento. Las exportaciones de petróleo contribuyen a equilibrar la balanza del comercio exterior, mientras que el sector de servicios sigue siendo excedentario. A partir de 1980 el crecimiento continuó con cierto vigor y el paro retrocedió temporalmente, para elevarse a principios de 1990, en que la economía se estancó de nuevo y la libra se depreció, al salirse del S.M.E. (1992), para iniciar después una lenta recuperación.

HISTORIA

Antes del s. XVII → ***Inglaterra, Escocia, Gales*** (País de) e ***Irlanda.***

***De los primeros Estuardo al Reino Unido.*** 1603: Jacobo VI Estuardo, rey de Escocia, sucedió a Isabel I, muerta sin sucesión, y se convirtió en Jacobo I de Inglaterra, reuniendo a título personal las coronas de los dos reinos. Su autoritarismo en cuestiones religiosas y en política lo hicieron muy impopular. 1625: le sucedió su hijo Carlos I. Muy pronto el rey se enfrentó al parlamento, donde se organizó la oposición puritana. 1629-1639: Carlos I gobernó sin parlamento con los dos ministros Strafford y Laud. 1639: la política religiosa de este último, favorable al anglicanismo, provocó el levantamiento de la Escocia presbiteriana. 1640: para obtener subsidios el rey se vio obligado a convocar el parlamento largo. 1642-1649: la revuelta del parlamento acabó en una auténtica guerra civil, en la que salió victorioso el ejército puritano, dirigido por Oliver Cromwell. 1649: Carlos I fue ejecutado. 1649-1658: tras haber sometido a la Irlanda católica y a la Escocia fiel a los Estuardo (1649-1651), Cromwell instauró el régimen personal del protectorado o Commonwealth (1653). En el exterior llevó a cabo una política mercantilista (*Acta de navegación,* 1651), que lo enfrentó a las Provincias Unidas (1652-1654) y a España (1657-1658). 1658-1659: su hijo Richard Cromwell le sucedió, pero dimitió poco después. 1660-1688: la dinastía Estuardo fue restaurada. Los reinados de Carlos II (1660-1685) y de Jacobo II (1685-1688) entraron de nuevo en un período de conflictos con el parlamento, que provocó la intervención de Guillermo de Orange. 1688: Jacobo II huyó a Francia. 1688-1701: el parlamento ofreció la corona a María II Estuardo y a su marido Guillermo III de Orange, que reinaron conjuntamente tras haber garantizado la *Declaración de derechos* (1689). Se consolidaron las libertades tradicionales, mientras que las tendencias protestantes se acentuaron. 1701: el *Acta de establecimiento* excluyó a los Estuardo de la sucesión en beneficio de los Hannover. 1702-1714: durante el reinado de Ana Estuardo, la guerra de Sucesión de España reforzó el poder marítimo inglés. 1707: el *Acta de unión* unió definitivamente los reinos de Escocia y de Inglaterra. 1714: el país estuvo bajo la soberanía de los Hannover.

***El ascenso del poder británico.*** 1714-1727: el reinado de Jorge I, más alemán que inglés, apoyó el mantenimiento del poder de los whigs, que dominaron la vida política hasta 1762. 1727-1760: Jorge II instituyó una monarquía constitucional. 1721-1742: Robert Walpole, canciller de Hacienda desde 1721, fue el verdadero gobernante del país. 1756-1763: como consecuencia de la guerra de los Siete años, Gran Bretaña obtuvo un incremento considerable de territorios (Canadá, India) en el tratado de París (1763). 1760-1820: Jorge III intentó restaurar la prerrogativa real. Su reinado coincidió con la primera revolución industrial, que convirtió a Gran Bretaña en la primera potencia económica mundial. 1775-1783: el levantamiento de las colonias norteamericanas concluyó con el reconocimiento de los Estados Unidos de América. 1793-1815: frente a la revolución francesa y al Imperio, Gran Bretaña mantuvo una lucha de la que salió victoriosa en Waterloo. 1800: formación del Reino Unido por la unión de Gran Bretaña y de Irlanda.

***La hegemonía británica.*** 1820-1830: durante el reinado de Jorge IV se aprobó la emancipación de los católicos (1829). 1830-1837: tras el advenimiento de Guillermo IV, el regreso de los whigs permitió una reforma electoral (1832) y la adopción de medidas sociales (abolición de la esclavitud, 1833; ley sobre los pobres, 1834). 1837: advenimiento al trono de la reina Victoria; Gran Bretaña reafirmó su hegemonía mediante una diplomacia intimidatoria y operaciones militares (guerra de Crimea, 1854-1856) frente a las potencias rivales. En el interior, el movimiento reformista amplió cada vez más la presencia de la clase media, mientras que el cartismo permitió el desarrollo del sindicalismo (*Trade union act,* 1871). 1874-1880: el gobierno del conservador Benjamin Disraeli dio un nuevo impulso a las ambiciones coloniales. 1876: la reina Victoria fue proclamada emperatriz de las Indias. 1880-1894: William Gladstone, líder de los liberales, dirigió una política favorable a las trade-unions y al librecambismo. 1885: la reforma electoral concedió prácticamente el sufragio universal. 1886: Gladstone, partidario del Home rule en Irlanda, se enfrentó a los liberales unionistas, dirigidos por J. Chamberlain. 1895: estos últimos gobernaron junto a los conservadores hasta 1905. Pero su política imperialista provocó múltiples litigios internacionales (Fachoda, 1898; guerra de los bóers, 1899-1902). 1901-1910: Eduardo VII, sucesor de Victoria, promovió la Entente cordial franco-británica (1904). 1905-1914: los liberales volvieron al poder, mientras que tras las elecciones de 1906 el Partido laborista entró en el parlamento. 1910: advenimiento de Jorge V.

***De la primera a la segunda guerra mundial.*** 1914-1918: Gran Bretaña participó activamente en la primera guerra mundial, de la que salió económicamente debilitada. 1921: el problema irlandés se resolvió con el reconocimiento del estado libre de Irlanda (Eire). 1924-1925: por primera vez los laboristas, apoyados por los liberales, accedieron al poder (MacDonald). 1929: de vuelta al poder, se enfrentaron a la crisis mundial. 1931: creación de la British Commonwealth of nations. 1936: Eduardo VIII sucedió a Jorge V, pero abdicó poco después en favor de su hermano Jorge VI. 1935-1940: los conservadores intentaron en vano salvaguardar la paz (acuerdos de Munich, 1938). 1939-1945: durante la segunda guerra mundial, Gran Bretaña realizó un excepcional esfuerzo bajo la dirección del conservador Winston Churchill (primer ministro desde 1940), que condujo al país a la victoria.

***Gran Bretaña desde 1945.*** 1945-1951: el laborista Clement Attlee llevó a cabo un importante avance social. 1952: Isabel II sucedió a su padre Jorge VI. 1951-1964: los conservadores se enfrentaron a las viejas estructuras de la economía británica. 1964-1970: los laboristas, de vuelta al poder, no pudieron resolver la crisis económica. 1970-1974: los conservadores restablecieron la balanza de pagos. 1972: Edward Heath introdujo a Gran Bretaña en el Mercado común. 1974-1979: los laboristas, con Harold Wilson y, más tarde (1976), con James Callaghan, no consiguieron acabar con el paro y la inflación. 1979: el gobierno conservador de Margaret Thatcher llevó a cabo una política de estricto liberalismo, de privatización y de ajuste monetario. 1982: evitó el intento de recuperación de las islas Malvinas por parte de Argentina. 1985: acuerdo entre Gran Bretaña y la República de Irlanda sobre la gestión de la política del Ulster. 1987: los conservadores ganaron las elecciones; M. Thatcher fue elegida por tercera vez primera ministra. 1990: tras la dimisión de M. Thatcher, le sucedió John Major. 1991: Gran Bretaña participó militarmente en la liberación de Kuwayt. 1992: los conservadores vencieron en las elecciones. J. Major, confirmado en el cargo, se enfrentó a graves problemas económicos y sociales y a una fuerte oposición ante la integración europea. 1997: los laboristas ganan las elecciones. Su líder, Tony Blair, es nombrado primer ministro. Hong Kong fue devuelto a China. Escocia y Gales aprobaron en sendos referendos un régimen de autonomía. 1998: acuerdo de Stormont* para la pacificación de Irlanda del Norte, ratificado mediante referéndum.

INSTITUCIONES

Monarquía parlamentaria. Constitución: Carta de 1215 *(Carta Magna)* y leyes fundamentales. Soberano: autoridad simbólica. Primer ministro: responsable ante la cámara de los comunes. Parlamento: *Cámara de los comunes,* elegida cada 5 años, y *cámara de los lores* (pares hereditarios o nombrados de por vida).

LITERATURA

– *Ss. VIII-XIIII:* Beda el Venerable, Wace. – *Ss. XIV-XV:* W. Langland, G. Chaucer, W. Dunbar, Th. Malory. – *S. XVI:* Th. More, Th. Wyatt. *La era isabelina:* J. Lyly, Ph. Sidney, E. Spenser; Th. Kyd, Ch. Marlowe, Ben Jonson, J. Marston, W. Shakespeare. – *S. XVII:* J. Ford, J. Donne, J. Milton; W. Congreve, G. Farquhar, Th. Otway, J. Dryden, S. Pepys, J. Bunyan. – *S. XVIII:* A. Pope, J. Swift, D. Defoe, S. Johnson, S. Richardson, L. Sterne, H. Fielding, T. Smollett, O. Goldsmith; J. Macpherson, E. Young, Th. Gray; A. Radcliffe, H. Walpole, W. Blake. – *S. XIX: El romanticismo:* W. Wordsworth, S. Coleridge, P. B. Shelley, J. Keats, Byron; J. Austen, W. Scott, Ch. Lamb, Th. De Quincey. *La época victoriana:* A. Tennyson, R. Browning, Ch. Dickens, las Brontë, M. Arnold, W. Thackeray, G. Eliot, Th. Carlyle, D. G. Rossetti, J. Ruskin, L. Carroll; Th. Hardy, S. Butler, A. Swinburne, R. L. Stevenson, O. Wilde, J. M. Synge, W. B. Yeats. – *S. XX:* R. Kipling, J. Conrad, H. James, G. B. Shaw, H. G. Wells, J. Galsworthy; T. S. Eliot, J. Joyce, V. Woolf, D. H. Lawrence, K. Mansfield, W. H. Auden, G. Greene; D. Thomas, J. Osborne, B. Behan, A. Sillitoe, H. Pinter, A. Burgess, J. R. R. Tolkien, L. Durrell, D. Lessing, W. Golding.

FILOSOFÍA E HISTORIA DE LAS IDEAS

– *Ss. XV-XVI:* F. Bacon. – *S. XVII:* T. Hobbes, I. Barrow, J. Locke. – *S. XVIII:* G. Berkeley, D. Hume; pensamiento económico: A. Smith, D. Ricardo, T. R. Malthus. – *S. XIX:* teología: J. H. Newman; estética: J. Ruskin; evolucionismo: C. Darwin, H. Spencer. – *S. XX:* F. H. Bradley; lógica: A. N. Whitehead, B. Russell; filosofía analítica: J. L. Austin, G. Ryle, F. P. Strawson.

BELLAS ARTES

***Principales ciudades de interés artístico.*** Bath, Bristol, Cambridge, Canterbury, Chester, Chichester, Durham, Edimburgo, Ely, Exeter, Gloucester, Lincoln, Londres, Norwich, Oxford, Peterborough, Salisbury, Wells, Winchester, Windsor, York.

***Algunos pintores, escultores y arquitectos célebres.*** *S. XVII:* I. Jones, Lely, Wren. – *S. XVIII:* Vanbrugh, J. Gibbs, W. Kent, Hogarth, Reynolds, W. Chambers, Gainsborough, los Adam, Romney, J. Nash, Flaxman, Raeburn, Rowlandson. – *S. XIX:* Lawrence, Turner, Constable, J. S. Cotman, Bonington, Paxton, W. H. Hunt, D. G. Rossetti, J. E. Millais, Burne-Jones, C. R. Mackintosh y los prerrafaelitas. – *S. XX:* J. Epstein, H. Moore, G. Sutherland, F. Bacon, L.

GRAN BRETAÑA
8°
6°
4°
2°
0°
2°
ISLAS ORCADAS (ORKNEY)
Scapa Flow
Flotta
Pentland Firth
C Wrath
Thurso
Cabo Duncansby
Wick
Butt of Lewis
ISLAS HÉBRIDAS
Lewis
Stornoway
Outer Hebrides
Minch
North Uist
Benbecula
South Uist
Barra
Skye
Rhum
MAR DE LAS HÉBRIDAS
Coll
Tiree
Mull
Inner Hebrides
Inner Sound
Dornoch Firth
Moray Firth
Highlands
Carn Eige 1182
Glen More
Loch Ness
Nairn
Inverness
Elgin
Buckie
Fraserburgh
Rattray Head
Peterhead
Spey
Ben Macdhui 1310
Grampianos
Don
Inverurie
Aberdeen
Dee
Ben Nevis 1340
Fort William
ESCOCIA
Mtes.
Strathmore
Forfar
Arbroath
Dundee
Firth of Tay
Saint Andrews
Fife Ness
Oban
Firth of Lorn
Awe
Earn
Perth
Loch Lomond
Buckhaven
Kirkcaldy
Stirling
Dunfermline
Firth of Forth
Jura
Dunoon
Greenock
Dumbarton
Edimburgo
Falkirk
St Abb's Head
Glasgow
Coatbridge
Islay
Jura Sound
Paisley
Motherwell
Mtes Lammermuir
Hamilton
Ardrossan
Peebles
Berwick-upon-Tweed
Kilmarnock
I de Arran
Prestwick
Galashiels
Tweed
Ayr
Selkirk
Hawick
Firth of Clyde
Nith
Uplands
Malin Head
Campbeltown
Canal del Norte
Penin. de Kintyre
Southern
Merrick 842
Mtes. Cheviot
Ashington
MAR DEL NORTE
Foyle
Londonderry
Coleraine
Mtes. de Antrim
IRLANDA DEL NORTE
Ballymena
Larne
Dumfries
Gretna Green
Annan
Carlisle
NEWCASTLE-UPON-TYNE
South Shields
Sunderland
Tyne
Gateshead
Durham
Stranraer
Carrickfergus
Newtownabbey
Bangor
Newtownards
Omagh
Lough Neagh
Belfast
Portadown
Armagh
Lisburn
Lurgan
Newry
Lough Erne
B. Luce
Penin. de Galloway
Solway Firth
Eden
Workington
Whitehaven
Penrith
Lake District
Scafell 978
Bishop Auckland
Hartlepool
Teesside
Tees
Darlington
Whitby
Peninos
North York Moors
Scarborough
Isla de Man
Douglas
Kendal
Ulverston
Barrow-in-Furness
Carlingford Lough
Dundalk
Bahía de Morecambe
Lancaster
Skipton
Harrogate
Ouse
Flamborough Head
Bridlington
York
Fleetwood
Blackpool
Blackburn
Bradford
LEEDS
Kingston-upon-Hull
Drogheda
MAR DE IRLANDA
Preston
Burnley
Hull
Central Lancashire
Bolton
Aire
Scunthorpe
Immingham
Southport
Humber
Saint Helens
Huddersfield
IRLANDA
Warrington
Oldham
Doncaster
Grimsby
DUBLÍN
Dún Laoghaire
LIVERPOOL
Stockport
Rotherham
Holyhead
Wallasey
Sheffield
Bray
Anglesey
Birkenhead
MANCHESTER
Lincoln
Mtes. de Wicklow
Bahía de Caernarvon
Bangor
Snowdon 1085
Chester
Crewe
Stoke-on-Trent
Chesterfield
Skegness
Barrow
Wrexham
Dee
Newcastle-under-Lyme
Nottingham
Boston
Wash
Península de Lleyn
Ffestiniog
Grantham
Holland
Braich y-Pwll
Oswestry
Stafford
Derby
Trent
King's Lynn
Norwich
Great Yarmouth
Kilkenny
PAÍS DE GALES
Shrewsbury
Telford
Spalding
Bahía de Cardigan
Wolverhampton
Walsall
Leicester
Peterborough
East Anglia
West Bromwich
Nen
Lowestoft
Mtes. Cámbricos
Dudley
BIRMINGHAM
Thetford
Clonmel
Suir
Aberystwyth
Smethwick
Coventry
Huntingdon
Waterford
Wexford
Solihull
Avon
Northampton
Bury Saint Edmunds
Canal Saint George
Wye
Worcester
Cambridge
Ipswich
Great Malvern
Felixstowe
Hereford
INGLATERRA
Bedford
Fishguard
St David's Head
Brecon
Gloucester
Cheltenham
Luton
Stevenage
Harwich
Carmarthen
Hemel Hempstead
Colchester
Milford Haven
Merthyr Tydfil
Severn
Oxford
Watford
Harlow
Pembroke
Llanelly
Cotswold Hills
Stroud
Chiltern Hills
LONDRES
Southend-on-Sea
Swansea
Rhondda
Cwmbran
Swindon
Támesis
Slough
Ilford
Basildon
Port Talbot
Newport
Tilbury
Margate
Cardiff
Bristol
Reading
Greenwich
Croydon
Ramsgate
Bath
Windsor
Heathrow
Gillingham
Canterbury
Canal de Bristol
Weston-super-Mare
Basingstoke
Woking
Epsom
North Downs
Maidstone
Dover
OCÉANO ATLÁNTICO
Lundy
Gatwick
Crawley
Exmoor
Bridgwater
Salisbury
Southampton
Ashford
Folkestone
Hartland Point
Barnstaple
Taunton
Weald
Bideford
Tiverton
South Downs
Brighton
Dungeness
Exe
Fareham
Hastings
Paso de Calais
Exeter
Bournemouth
Worthing
Bexhill
Poole
Portsmouth
Eastbourne
Boulogne-sur-Mer
Gosport
Newhaven
Dartmoor
Ryde
Bahía de Lyme
Weymouth
I. de Wight
Península de Cornualles
Newquay
Newton Abbot
Torbay
Península de Portland
FRANCIA
St Austell
Redruth
Camborne
Truro
Par
Plymouth
C Cornwall
Penzance
C Land's End
Falmouth
CANAL DE LA MANCHA
autopista
carretera
ferrocarril
Is. Scilly (Sorlingues)
Bahía de Mounts
C. Lizard
Dieppe
curvas de nivel: 100 200 500 1000 m
0 km 50 km 100

Freud, A. Caro, N. Foster, D. Hockney, P. Blake; R. Matew, B. Spence, O. Arup, P. y A. Smithson, J. Stirling, grupo Archigram, R. Rogers, N. Foster.

MÚSICA

Edad media: canciones de los «minstrels»; ss. XIV y XV: J. Dunstable; s. XVI: W. Byrd (polifonía), Orlando Gibbons (organista); J. Dowland (laúd); J. Bull (virginalista); s. XVII: J. Blow, H. Purcell; s. XVIII: G. F. Händel; s. XIX: J. Field; s. XX: E. Elgar, R. Vaugham Williams, M. Tippett, B. Britten.

CINE

A. Korda, L. Olivier, D. Lean, C. Reed, J. Losey, T. Richardson, K. Reisz, L. Anderson, K. Russell.

**GRAN CANARIA,** isla de España, en el archipiélago de Canarias (Las Palmas); 1 530,77 km²; 715 611 hab. Cap. *Las Palmas de Gran Canaria.* Isla volcánica, culmina en el Pozo de las Nieves (1 949 m). Cultivos de regadío al S y plátanos al N. Tabaco. Turismo. – Habitada por los guanches, fue incorporada a Castilla en 1483.

**GRAN CAÑÓN,** en ingl. **Grand Canyon,** nombre que reciben las gargantas del río Colorado en Estados Unidos (Arizona). Parque nacional, declarado bien cultural-natural por la Unesco (1980).

**GRAN CAPITÁN** → ***Fernández de Córdoba*** (Gonzalo).

**GRAN COLOMBIA** *(República de la),* confederación formada por Nueva Granada y Venezuela en el congreso de Angostura (dic. 1819). Tras una guerra civil (1830-1832), se dividió en las repúblicas de Nueva Granada (Colombia), Venezuela y Ecuador.

**GRAN CUENCA** → ***Great Basin.***

**gran Gatsby** *(El),* novela de Scott Fitzgerald (1925), una historia de amor y ambición en la Norteamérica de los años veinte.

**GRAN LAGO SALADO** → ***Salado (Gran Lago).***

**GRAN SABANA,** región del E de Venezuela (Bolívar), fronteriza con Guyana y Brasil con mesetas o tepuis de más de 2 000 m de alt. Turismo.

**GRAN SASSO D'ITALIA,** macizo de los Abruzos, punto culminante de los Apeninos; 2 914 m.

**gran teatro del mundo** *(El),* auto sacramental de Calderón de la Barca (1655). El autor (Dios), dispuesto a efectuar una representación teatral (creación), ordena al Mundo que reparta los papeles. El simbolismo teológico se adecua a la doctrina tomista y expresa una firme defensa del libre albedrío.

**GRANADA,** en ingl. **Grenada,** estado insular de las Pequeñas Antillas que comprende la *isla de Granada* (311 km²) y las Granadinas meridionales; 344 km²; 100 000 hab. CAP. *Saint George's.* LENGUA OFICIAL: *inglés.* MONEDA: *dólar del Caribe Oriental.* Cultivos tropicales. Turismo.

HISTORIA

Descubierta en 1498 por Colón, estuvo bajo control francés desde 1650. Concedida a los británicos (1763), fue reocupada por los franceses en 1779 y volvió a ser colonia británica en 1783. Independiente desde 1974 en el marco de la Commonwealth, en 1983, la intervención militar de E.U.A. puso fin a un régimen situado en la órbita de Cuba.

**GRANADA** *(provincia de),* prov. de España, en Andalucía; 12 531 km²; 812 616 hab. Cap. *Granada.* P. j. de *Baza, Granada, Guadix, Huéscar, Loja, Motril, Órgiva, Santa Fe.* Entre la cordillera Subbética al N y la Penibética, dominada por sierra Nevada (Mulhacén, 3 478 m), al S, los valles del Genil y del Guadiana Menor concentran la población y la vida económica: agricultura diversificada; ganado ovino y de cerda. Hierro, plomo y cobre. Turismo de verano (Costa del Sol) e invierno (sierra Nevada).

**GRANADA** *(departamento de),* dep. de Nicaragua, al O del país, entre los lagos de Managua y de Nicaragua; 992 km²; 141 900 hab. Cap. *Granada.*

**GRANADA,** c. de España, cap. de la prov. homónima y cab. de p. j.; 287 864 hab. *(Granadinos.)* Centro administrativo y comercial. Universidad. Capital de los ziríes y, después, de los nazaríes (ss. XIII-XV), conserva barrios de trazado árabe (Albaicín*, Sacromonte*) y el conjunto monumental de la Alhambra* y el Generalife* (s. XIV). Monumentos renacentistas: capilla real (s. XVI; sepulcros por D. Fancelli y B. Ordóñez) y barrocos: cartuja (ss. XVII-XVIII; notable sacristía) e iglesia de San Juan de Dios (retablo churrigueresco). Catedral iniciada por D. de Siloe (1528), con fachada de A. Cano (1667).

**Granada** *(guerra de),* contienda final de la reconquista castellana que terminó con la conquista del reino nazarí por los Reyes Católicos (1481-1492). Aislada Granada tras la caída de Málaga (1487) y Almería (1489), Boabdil negoció una rendición honorable (2 en. 1492).

**GRANADA** *(reino de),* nombre del reino nazarí (1237-1492), que designó posteriormente a una provincia del reino de Castilla, formada por las actuales Granada, Málaga y Almería. La expulsión de los moriscos (1568-1571) puso fin a la existencia del reino dentro de la monarquía hispánica.

**GRANADA,** c. de Nicaragua, cap. del dep. homónimo; 73 770 hab. Edificios del s. XVIII; iglesia barroca de la Merced (restaurada en 1862).

**GRANADA,** mun. de Colombia (Meta); 30 586 hab. Ganado vacuno. – Mun. de Colombia (Antioquia); 18 692 hab. Ganadería. Yacimientos de oro.

**GRANADA** (Daniel), filólogo español (Vigo 1847-† 1929). Radicado en Uruguay, es autor de un *Vocabulario rioplatense razonado* (1889).

**GRANADA** (*fray* Luis **de**), escritor español (Granada 1504-Lisboa 1588). Elocuente prosista, escribió en castellano (*Guía de pecadores,* 1556; *Introducción al símbolo de la fe,* 1582-1585, su obra maestra), en latín (*Retórica eclesiástica,* 1576) y en portugués. *(V. ilustración pág. 1358.)*

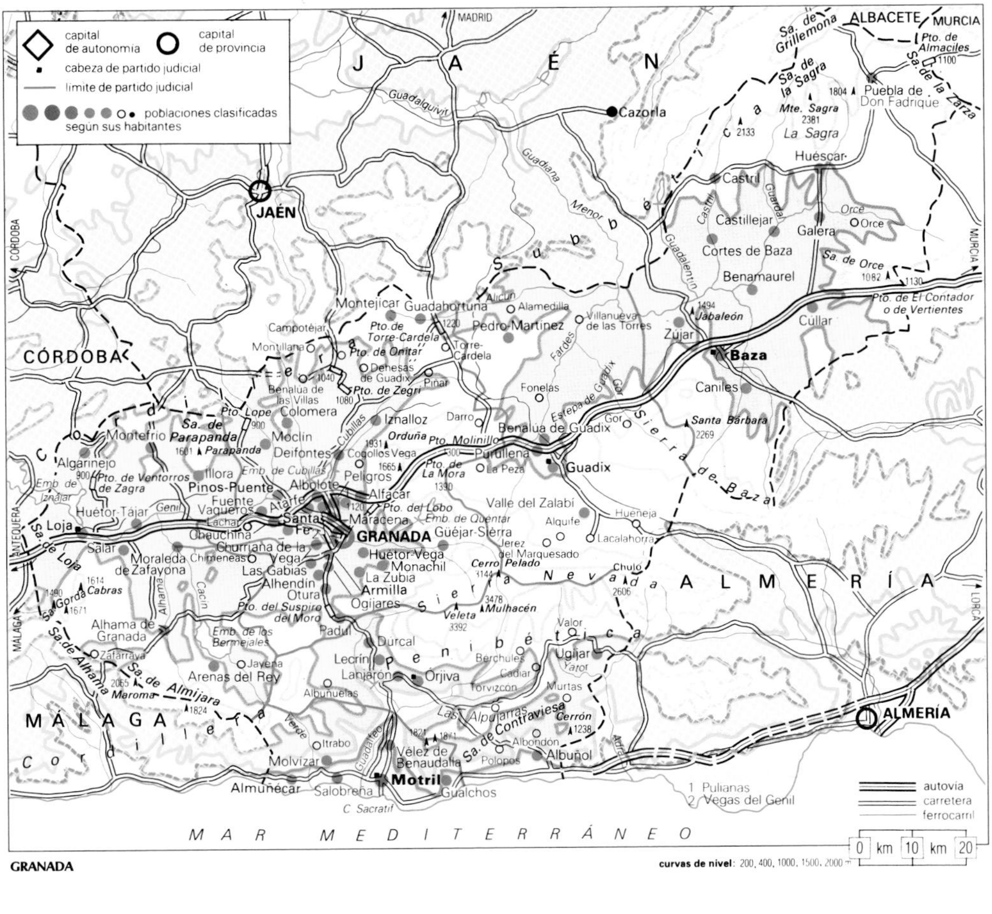

GRANADA

curvas de nivel: 200, 400, 1000, 1500, 2000 m

**GRANADILLA DE ABONA,** v. de España (Santa Cruz de Tenerife), cab. de p. j., en Tenerife; 17 141 hab. (*Granadillenses* o *granadilleros*.) Aeropuerto.

**GRANADINAS** o **GRANADILLAS,** en ingl. **Granadines,** archipiélago de las Pequeñas Antillas, dependiente de Granada y de San Vicente y las Granadinas.

**GRANADOS** (Enrique), compositor y pianista español (Lérida 1867-en un naufragio en el canal de la Mancha 1916). De su maestro F. Pedrell aprendió el virtuosismo técnico y el nacionalismo musical, reconocibles ya en sus *Danzas españolas* (1892-1900). Destacan en su obra posterior las *Tonadillas* para voz y piano, las óperas *María del Carmen* (1898) y *Goyescas* (1916), la zarzuela *Picarol* (1910) y diversas piezas orquestales y de cámara.

**GRAND COULEE,** c. de Estados Unidos (Washington), a orillas del Columbia; 3 000 hab. Importante instalación hidroeléctrica (presa y central).

**GRAND RAPIDS,** c. de Estados Unidos (Michigan); 189 126 hab.

**GRANDA** (María Isabel **Granda,** llamada **Chabuca**), compositora y cantante peruana (nacida en 1920-Miami 1983), autora de de canciones muy populares (*La flor de la canela; Fina estampa*), con temas tomados del folklore peruano.

**GRANDE** *(cuchilla)*, sistema montañoso de Uruguay; 513 m de alt. en cerro Catedral, punto culminante del país.

**GRANDE** o **FUTALEUFÚ,** r. de Argentina y Chile, en la vertiente del Pacífico; 300 km.

**GRANDE** *(río)*, r. de Brasil, una de las ramas madres del Paraná; 1 450 km. Complejo hidroeléctrico.

**GRANDE** (Félix), escritor español (Mérida 1937). Su obra poética, recopilada en 1986 en *Biografía. Poesía completa (1958-1984)*, denuncia una realidad mezquina y dolorosa. (Premio nacional de poesía 1978.)

**GRANDE COVIÁN** (Francisco), bioquímico español (Colunga 1909-Madrid 1995). En 1953 marchó a E.U.A., y trabajó en Minneapolis. Especialista en nutrición, es autor de importantes trabajos sobre el metabolismo de los lípidos y de obras de divulgación (*Nutrición y salud*, 1988).

**GRANDE DE SANTIAGO** → ***Lerma-Santiago.***

**GRANDE DEL NORTE** → ***Bravo.***

**GRANDES LAGOS,** en ingl. **Great Lakes,** nombre de cinco grandes lagos de América del Norte: *Superior, Michigan, Hurón, Erie* y *Ontario*, repartidos entre E.U.A. y Canadá (excepto el Michigan, E.U.A.).

**GRANDES LLANURAS,** en ingl. **Great Plains,** parte occidental del Middle West (E.U.A.), entre el Mississippi y las Rocosas.

**GRANEROS,** com. de Chile (Libertador General Bernardo O'Higgins); 22 428 hab. Centro comercial.

**GRANGEMOUTH,** c. y puerto de Gran Bretaña (Escocia), en el estuario del Forth; 25 000 hab. Yacimiento petrolífero. Refinería.

**Gránico** *(batalla del)* [334 a. J.C.], victoria de Alejandro sobre Darío III, en las orillas del Gránico, en Asia Menor.

**GRANJA (La),** com. de Chile, en el área metropolitana de Santiago; 126 038 hab.

**GRANJA (La)** → ***San Ildefonso.***

**Granja** (*motín de* **La**), insurrección de los soldados de la guarnición real de La Granja (ag. 1836), que supuso la abolición del Estatuto real y la reimplantación de la constitución de 1812.

**Granja** (*palacio de* **La**), palacio real español (mun. de San Ildefonso o La Granja, Segovia), mandado construir por Felipe V, según proyecto de T. Ardemans (1719-1723), y urbanizado en el reinado de Carlos III (patios, colegiata y jardines). Museo de tapices (ss. XVI-XIX). Centro nacional del vidrio en la ant. Real fábrica de cristales de La Granja (s. XVIII).

**GRANMA** *(provincia de)*, prov. del SE de Cuba, en la costa del Caribe; 8 401 km²; 773 000 hab. Cap. *Bayamo.*

**Granma,** diario cubano, fundado en 1965 en La Habana, órgano oficial del Partido comunista de Cuba.

**GRANOLLERS,** c. de España (Barcelona), cab. de p. j.; 52 062 hab. (*Granollerenses.*) Centro industrial y comercial.

**GRANT** (Archibald Alexander Leach, llamado **Cary**), actor norteamericano de origen británico (Bristol 1904-Davenport, Iowa, 1986). Su encanto y su talento lo convirtieron en el intérprete ideal de la comedia norteamericana (*La fiera de mi niña*, H. Hawks, 1938; *Arsénico por compasión*, F. Capra, 1944). También fue uno de los actores preferidos de Hitchcock (*Con la muerte en los talones*, 1959).

**GRANT** (Ulysses), general norteamericano (Point Pleasant, Ohio, 1822-Mount McGregor, Nueva York, 1885). Estuvo al mando de las fuerzas federales al final de la guerra de Secesión (1864-1865) y fue presidente de E.U.A. de 1869 a 1877.

**GRANVELA** (Nicolás **Perrenot,** *señor* **de**), diplomático del Franco Condado al servicio de España (Ornans, Franco Condado, 1486-Augsburgo 1550). Secretario de Carlos Quinto (1528), desde 1530 se ocupó de la política internacional. – Le sucedió su hijo y colaborador **Antonio Perrenot,** *señor* **de Granvela** (Besançon 1517-Madrid 1586), que negoció la paz de Augsburgo (1555). Cardenal (1561), representó la intransigencia religiosa en tiempos de Felipe II. Gobernador en Flandes (1559-1564) y virrey de Nápoles (1571-1575), su política excesivamente centralista tras la anexión de Portugal (1580) le costó el ostracismo (1583).

**GRANVILLE** (George **Leveson-Gower,** *conde*), político británico (Londres 1815-*id.* 1891), diputado liberal y ministro de Asuntos Exteriores (1851-1852, 1870-1874, 1880-1885).

**Grao (El)** o **El Grau,** barrio industrial y puerto del E de Valencia (España).

**GRAPELLI** (Stéphane), violinista y pianista de jazz francés (París 1908-*id.* 1997). Tras crear el quinteto de cuerda del Hot club francés (1934), se impuso como improvisador virtuoso y de gran lirismo.

**GRAS** (Amadeo), pintor de origen francés activo en Argentina (Amiens 1805-Gualeguaychú 1871). Se dedicó al retrato de personajes relevantes.

**GRASS** (Günter), escritor alemán (Danzig 1927), autor de novelas (*El tambor* de hojalata*, 1959; *El rodaballo*, 1977; *La ratesa*, 1986) y de obras de teatro que mezclan realismo y fantasía en una descripción satírica del mundo contemporáneo, y de ensayos en los que expresa su compromiso ideológico y político. (Premio Nobel de literatura 1999.)

**GRASSMANN** (Hermann), matemático alemán (Stettin 1809-*id.* 1877), uno de los fundadores del álgebra multilineal, desarrolló un método de cálculo operatorio para las magnitudes geométricas de varias dimensiones.

**GRAU,** región administrativa de Perú formada por los departamentos de Piura y Tumbes; 40 582 km²; 1 699 000 hab.

**GRAU** (Enrique), pintor colombiano (Cartagena 1920), expresionista (óleos, murales, escenografías).

**GRAU** (Jacinto), dramaturgo español (Barcelona 1877-Buenos Aires 1958). Su teatro, simbólico, va de la tragedia (*El conde Alarcos*, 1917) a la farsa tragicómica (*El señor de Pigmalión*, 1921), con influencias de Pirandello. Escribió una novela y ensayos sobre Unamuno y el tema de don Juan.

**GRAU GARRIGA** (Josep), artista español (San Cugat del Vallés 1929). Realizó algunas pinturas murales y vidrieras, pero es famoso por sus tapices con nuevos materiales y texturas (*Estandartes*).

**GRAU SALA** (Emili), pintor español (Barcelona 1911-Sitges 1975), caracterizado por la luminosidad y el cromatismo, con tendencia al decorativismo.

**GRAU SAN MARTÍN** (Ramón), médico y político cubano (La Palma 1889-La Habana 1969). Ideólogo del movimiento opositor a Machado, fue jefe del ejecutivo (1933-1934), derrocado por los militares, y presidente de la república (1944-1948).

**GRAUBÜNDEN** → ***Grisones.***

**GRAUNT** (John), comerciante inglés (Londres 1620-*id.* 1674). Autor de trabajos estadísticos sobre la población londinense, se le considera el fundador de la demografía.

**G.R.A.V.** (Groupe de recherche d'art visuel, grupo de investigación del arte visual), fundado en París en 1960 por H. García-Rossi, J. Le Parc, F. Morellet, F. Sobrino, J. Stein e Yvaral, interesado por los efectos ópticos, cinéticos y táctiles en el arte.

**Gravelines** *(batalla de)*, victoria de las tropas hispano-británicas sobre las francesas en Gravelines, Francia (13 julio 1558), que dio paso al tratado de Cateau-Cambrésis (1559).

**Gravelines** *(tratado de)*, pacto de cooperación marítima en el Cantábrico entre Carlos Quinto y Enrique VIII de Inglaterra (julio 1520).

**GRAVENHAGUE ('s-)** → ***Haya*** (La).

**GRAVES** (Michael), arquitecto norteamericano (Indianápolis 1934). Miembro del grupo Five architects (1969), inspirado en Le Corbusier y en las perspectivas y yuxtaposiciones del cubismo, se ha inscrito en un clasicismo posmoderno.

**GRAVES** (Robert), escritor británico (Wimbledon 1895-Deià, Mallorca, 1985). Es autor de poesía (*Fairies and fusiliers*, 1917), ensayos (*Los mitos griegos*, 1955) y novelas históricas (*Yo, Claudio*, 1934).

**GRAVINA** (Federico Carlos), marino español de origen siciliano (Palermo 1756-Cádiz 1806). Mandó, junto con Villeneuve, una escuadra francoespañola, derrotada por los británicos en Finisterre y en Trafalgar (1805).

**GRAY** (Stephen), físico británico (*c.* 1670-Londres 1736). Demostró la posibilidad de electrizar los cuerpos conductores aislados y descubrió la electrización por inducción.

**GRAY** (Thomas), poeta británico (Londres 1716-Cambridge 1771), precursor de la melancolía romántica (*Elegía escrita en el cementerio de una aldea inglesa*, 1751).

**GRAZ,** c. de Austria, cap. de Estiria, a orillas del Mur; 243 000 hab. Metalurgia. Monumentos. Museos.

**GRAZALEMA** *(sierras de)*, sierras españolas de la cordillera Subbética; 1 654 m. Parque natural (*Pinsapar de Grazalema*); 47 120 ha.

**GRAZIANI** (Rodolfo), mariscal italiano (Filettino 1882-Roma 1955). Virrey de Etiopía (1936-1937), fue ministro de la Guerra en el gobierno republicano de Mussolini (1943-1945).

**GREAT BASIN** *(Gran Cuenca)*, altiplanicies desérticas del O de Estados Unidos, entre sierra Nevada y los montes Wasatch.

**GREAT YARMOUTH** o **YARMOUTH,** c. y puerto de Gran Bretaña, junto al mar del Norte; 53 000 hab. Estación balnearia.

**GRECHKO** (Andréi Antónovich), mariscal soviético (Golodaievsk 1910-Moscú 1976). Estuvo al frente de las fuerzas del pacto de Varsovia (1960) y fue ministro de Defensa desde 1967.

**GRECIA,** en gr. **Ellás** o **Hellas,** estado del SE de Europa; 132 000 km²; 10 100 000 hab. (*Griegos.*) CAP. *Atenas.* LENGUA OFICIAL: *griego.* MONEDA: *dracma* y *euro.*

GEOGRAFÍA

Grecia, país continental, peninsular (Peloponeso) e insular (islas Jónicas, Cícladas, Espóradas, Creta), es montañoso (2 917 m en el Olimpo) y de relieve irregular. El clima es típicamente mediterráneo en el S, las islas y el conjunto del litoral, cambiando hacia el N, en donde los inviernos pueden llegar a ser muy rigurosos. A pesar de la escasez de superficie cultivable, en consonancia con la escasa extensión de cuencas y llanuras (Tracia, Macedonia, Tesalia, Ática), la agricultura es la actividad princi-

fray Luis de **Granada** (anónimo - Real academia española, Madrid)

Enrique **Granados** (R. Casas - museo de arte moderno, Barcelona)

Ulysses **Grant** (Thulstrup - Chicago)

Günter **Grass**

GRECIA

pal. Basada en el cultivo tradicional mediterráneo (trigo, vid, olivo), también proporciona tabaco y fruta (cítricos). El ganado ovino predomina en la montaña. Atenas y su puerto, el Pireo, concentran cerca de un tercio de la población total. Estas ciudades, junto con Tesalónica, albergan la parte fundamental de la industria de transformación, basada en el extracción de diversas materias primas (lignito, hierro y sobre todo bauxita). El considerable déficit de la balanza comercial se equilibra más o menos con los beneficios de la flota mercante, con las remesas de los emigrantes y con el turismo. Pero el endeudamiento es importante.

**HISTORIA**

***La Grecia antigua.*** VII milenio: aparecen los primeros establecimientos humanos. Principios del II milenio: los indoeuropeos (aqueos, dorios) se instalaron en la región. *C.* 1600 a. J.C.: se desarrolló la civilización micénica. *C.* 1200 a. J.C.: las invasiones dorias marcaron el principio de la edad media helénica. En las ciudades, el régimen oligárquico sustituyó al régimen monárquico. Ss. IX-VIII: se redactaron los poemas homéricos. 776: se crearon los Juegos olímpicos. Fines del s. VIII: Mesenia fue conquistada por Esparta. Ss. VIII-VI: la expansión colonial avanzó hacia occidente, el N del Egeo y el mar Negro. *C.* 657: el tirano Cipselo tomó el poder en Corinto. *C.* 594: Solón se convirtió en arconte de Atenas. 560-510: Pisístrato y su hijo establecieron su tiranía en Atenas. 507: Clístenes dotó a Atenas de instituciones democráticas. 490-479: las guerras médicas enfrentaron a griegos y persas, que tuvieron que retirarse a Asia Menor. 476: se creó la liga de Delos, dirigida por Atenas, para expulsar a los persas del mar Egeo. 449-448: la paz de Calias puso fin a las hostilidades con los persas. 443-429: expansión de la civilización clásica griega en la Atenas de Pericles. 431-404: la guerra del Peloponeso enfrentó a Esparta y a Atenas, que capituló en 404. 404-371: la hegemonía de Esparta sustituyó a la de Atenas. 371: Esparta fue derrotada en Leuctra por Tebas. 371-362: Ésta estableció su hegemonía sobre la Grecia continental. 359-336: Filipo II de Macedonia, victorioso en Queronea, extendió su poder progresivamente por las ciudades griegas. 336-323: Alejandro Magno, señor de Grecia, conquistó el imperio persa. 323-168: tras la división del imperio de Alejandro, Grecia volvió a caer en manos de los reyes antigónidas de Macedonia. 216-168: Macedonia luchó contra Roma; Filipo V fue derrotado en Cinoscéfalos (197). 196-146: Grecia recuperó cierta independencia bajo control romano. 146: Roma derrotó a una coalición de ciudades griegas; Corinto fue destruida. Grecia pasó a ser una provincia romana. 88-84: fracaso de Mitrídates en su intento de liberar Asia menor (bajo dominación romana) y Grecia. S. I a. J.C.-s. IV d. J.C.: el auge cultural griego influyó en el mundo romano. 330: fundación de Constantinopla, que se convirtió en el nuevo centro cultural del oriente griego. 395: a la muerte de Teodosio el imperio romano se dividió definitivamente. Grecia quedó integrada en el imperio de oriente.

***La Grecia bizantina.*** *C.* 630: Heraclio adoptó el griego como lengua oficial del imperio bizantino. Ss. VI-VII: los eslavos se instalaron en Grecia, mientras que los antiguos habitantes se retiraban hacia las costas y las islas. Ss. X-XI: los búlgaros realizaron diversas incursiones. 1204: la cuarta cruzada dio lugar a la creación del imperio latino de Constantinopla, el reino de Tesalónica, el principado de Acaya (o Morea) y varios ducados. Ss. XIV-XV: venecianos, genoveses y catalanes se disputaron la posesión de Grecia, mientras los otomanos ocuparon Tracia, Tesalia y Macedonia en la segunda mitad del s. XIV. 1456: los otomanos conquistaron Atenas y el Peloponeso.

***La Grecia moderna.*** Fines del s. XVI-XIX: los comerciantes griegos formaron una burguesía influyente en el seno del imperio otomano tras la firma de las capitulaciones. El sentimiento nacional se desarrolló en el s. XVIII como reacción contra la decadencia turca y la voluntad hegemónica de Rusia que quería acoger bajo su protección a todos los ortodoxos. Fines del s. XVIII: los griegos emigrados a occidente (Korais, Fereo Rigas, que militó en Viena por la causa de la independencia) alentaron el filohelenismo. 1814: A. Ypsilanti fundó la sociedad patriótica «Hetairía» en Odessa. 1821-1822: la insurrección estalló; tras la toma de Tripolitsá, el congreso de Epidauro proclamó la independencia de Grecia (1822). Los turcos reaccionaron realizando matanzas como la de Quíos. 1826-1827: los turcos recuperaron Missolonghi y Atenas. 1827: Gran Bretaña, Francia y Rusia declararon la guerra a los otomanos y obtuvieron la autonomía de Grecia (tratado de Andrinópolis). 1830: el tratado de Londres estipuló la creación de un estado griego independiente bajo la protección de Gran Bretaña,

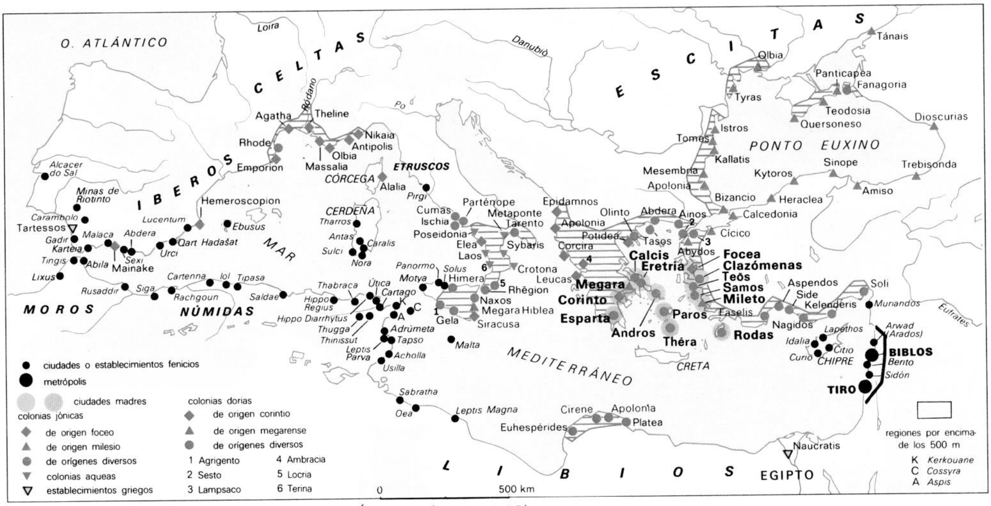


LA EXPANSIÓN FENICIA (SS. IX-VI A. J.C.) Y LA COLONIZACIÓN GRIEGA (SS. VIII-VI A. J.C.)

Francia y Rusia. 1832-1862: el reino de Grecia fue confiado a Otón I de Baviera. Su acercamiento a Rusia provocó la ocupación de El Pireo por los británicos (1854). 1862: Otón I fue destituido. 1863-1913: Jorge I, impuesto por Gran Bretaña, que cedió a Grecia las islas Jónicas (1864), intentó recuperar las regiones pobladas por los griegos, pero fue derrotado por los otomanos (1897) y topó con las aspiraciones de las otras naciones balcánicas. 1912-1913: tras las guerras balcánicas, Grecia obtuvo la mayor parte de Macedonia, el S de Epiro, Creta y las islas de Samos, Quíos, Mitilene y Lemnos. 1913: Constantino I sucedió a su padre Jorge I, asesinado. 1914-1918: el gobierno griego se dividió entre germanófilos, agrupados en torno a Constantino I, y partidarios de los aliados, dirigidos por Venizelos, que organizó un gobierno republicano en Tesalónica (1916). 1917: Constantino I abdicó en favor de Alejandro I (1917-1920). Grecia entró en la guerra junto a los aliados. 1919-1920: obtuvo Tracia y la región de Esmirna (tratados de Neuilly y de Sèvres). 1921-1922: la guerra greco-turca se saldó con la victoria aplastante de los turcos. Constantino I, que volvió al poder, tuvo que entregar la corona a su hijo Jorge II. 1923: por el tratado de Lausana, Grecia tuvo que renunciar a la región de Esmirna y Tracia oriental en favor de Turquía. 1924: proclamación de la república. 1924-1935: intento de aplastar la anarquía mediante varios golpes de estado, el último de los cuales tuvo éxito. 1935: Jorge II regresó a Grecia y Venizelos se exilió. 1936-1941: el país fue sometido a la dictadura de Metaxás. 1940-1944: Grecia fue invadida por Italia (1940), y después por Alemania (1941). Se desarrolló una poderosa resistencia. 1946: Jorge II regresó a Grecia. Pablo I (1947-1964) le sucedió. 1946-1949: el país fue víctima de una guerra civil que acabó con la derrota de los insurrectos comunistas. 1952: Grecia fue admitida en la O.T.A.N. 1964: Constantino II (1964-1973) fue elegido rey. 1965: la crisis de Chipre provocó la dimisión del primer ministro G. Papandreu y una profunda crisis interna. 1967: una junta de oficiales instauró el régimen de los coroneles, dirigido por Papadopoulos; el rey, connivente al principio con los militares, tuvo que exiliarse. 1973: proclamación de la república. 1974: fin del régimen dictatorial de los coroneles; Karamanlís, primer ministro, restauró las libertades y en 1980 fue elegido presidente de la república. 1981: su partido, la Nueva democracia, perdió las elecciones en beneficio del Movimiento panhelénico socialista (Pasok), presidido por Andreas Papandreu, que fue nombrado primer ministro. Grecia fue admitida en la C.E.E. 1985: el socialista Khristos Sartzetakis fue elegido presidente de la república. 1989: tras la victoria de la Nueva democracia en las elecciones legislativas, Papandreu dimitió. Los gobiernos de coalición se sucedieron al no haber conseguido mayoría absoluta ninguno de los partidos. 1990: nuevas elecciones otorgaron la mayoría absoluta a la Nueva democracia. Su líder, K. Mitsotakis, formó un nuevo gobierno. K. Karamanlís volvió a la presidencia de la república. 1993: el socialista A. Papandreu de nuevo es primer ministro tras las elecciones. C. Stefanopoulos, presidente. 1996: dimisión de Papandreu, sustituido por C. Simitis. 2000: C. Stefanopoulos, reelegido por el parlamento (feb.). C. Simitis fue reelegido (abril).

#### INSTITUCIONES

Régimen parlamentario. Constitución de 1975. Presidente de la república: elegido cada 5 años por el parlamento, nombra al primer ministro. Un parlamento elegido cada 4 años.

#### LITERATURA Y FILOSOFÍA

***Grecia arcaica:*** Homero, Hesíodo, Tirteo, Simónides de Ceo, Arquíloco, Alceo, Safo, Píndaro, Estesícoro, Anacreonte; Hecateo de Mileto, Tales, Heráclito, Parménides, Zenón, Anaxágoras, Demócrito. *Grecia clásica:* Esquilo, Sófocles, Eurípides; Aristófanes, Heródoto, Tucídides, Jenofonte; Lisias, Isócrates, Demóstenes, Esquines; Sócrates, Platón, Aristóteles. *Grecia helenística:* Teócrito, Calímaco, Apolonio de Rodas; Menandro, Teofrasto, Diógenes, Zenón de Citio, Epicuro, Pirrón, Carnéades; Eratóstenes, Aristarco. *Grecia romana:* Polibio, Diodoro de Sicilia, Dionisio de Alicarnaso, Plutarco, Flavio Josefo, Arriano; Posidonio, Epicteto, Marco Aurelio; Luciano de Samosata, Diógenes Laercio; Estrabón, Tolomeo, Pausanias, Filón de Alejandría; Heliodoro, Longo. *Grecia cristiana:* san Pablo; san Justino, santa Irene, Clemente de Alejandría, Orígenes; Plotino, Porfirio, Jámblico; Eusebio de Cesárea, san Atanasio, san Basilio el Grande, san Gregorio Nacianceno, san Gregorio de Nisa, san Juan Crisóstomo.

#### BELLAS ARTES

*C.* 3000-2000 a. J.C.: bronce antiguo; expansión de la civilización cicládica. *C.* 2000-1500 a. J.C.: Creta minoica; arquitectura palaciega (Cnosos, Festo, Malia, Zákros). *C.* 1600-1200: civilización micénica y arte heládico; arquitectura defensiva con estructuras ciclópea (Micenas, Tirinto), palacio (Micenas, Pilos), con megaron rectangular; sepulturas en *tolos* (máscaras de oro, armas y joyas). 900-700 a. J.C.: estilo geométrico: rigor y esquematización; bronces (Argos, Corinto, Atenas); cerámica: Atenas, Corinto, Beocia, etc.; varios templos: simples naos rectangulares (templo de Hera en Samos, uno de los más antiguos).

***El período arcaico.*** 700-480 a. J.C. *La arquitectura:* aparejo en piedra y estructura poligonal (Delfos, pared de la terraza del templo de Apolo). Creación del estilo clásico del templo: períptero con peristilo cuya columnata reposa sobre el estilóbato. Aparición del orden dórico seguido del jónico. Templos de Heraion de Olimpia, santuarios de la Acrópolis, templo de Artemision en Corfú, templo de Selinonte, templo de Hera en Paestum de Zeus de Olimpia en Agrigento, primer templo de Dídimo, de Atenea Afaya en Egina, de Sardes, etc. Junto a los grandes santuarios, edificaciones de los tesoros en Olimpia, o los de los sifnios y de los atenienses en Delfos. Primeros trabajos del ágora de Atenas. *La escultura:* obra de muchos talleres regionales, relacionada fundamentalmente con la vida religiosa. Estilo orientalizante seguido de la escultura dedálica (de Dédalo). Creación de dos tipos fundamentales de estatuaria: los kuroi y las corés (corés de la Acrópolis, como la de Antenor *c.* 510). Relieve decorativo (frontones de Corfú, *c.* 590, metopas del tesoro de los atenienses en Delfos *c.* 490). *La cerámica:* pintura de vasos, primero con figuras negras (*Aquiles y Áyax jugando a los dados*, de Exequias), obras de Amasis, y más tarde, *c.* 520, de Eufronio, con la técnica de las figuras rojas.

***El arte clásico*** (480-323 a. J.C.). *La arquitectura:* armonía entre los órdenes dórico y jónico. Reconstrucción de la Acrópolis de Atenas: Ictino y Calícrates edificaron el Partenón; Mnesicles, los Propileos; templos de Atenea Niké y el Erecteion. Gran templo de Apolo en Delfos y en Bassae, de la Concordia en Agrigento, de Poseidón en Sunion, de Hefesto en Atenas, tolos en Delfos. *C.* 380 a. J.C.: aparición de la arquitectura civil y del urbanismo (Priene, Epidauro, ágora de Atenas, Olinto, Pella,

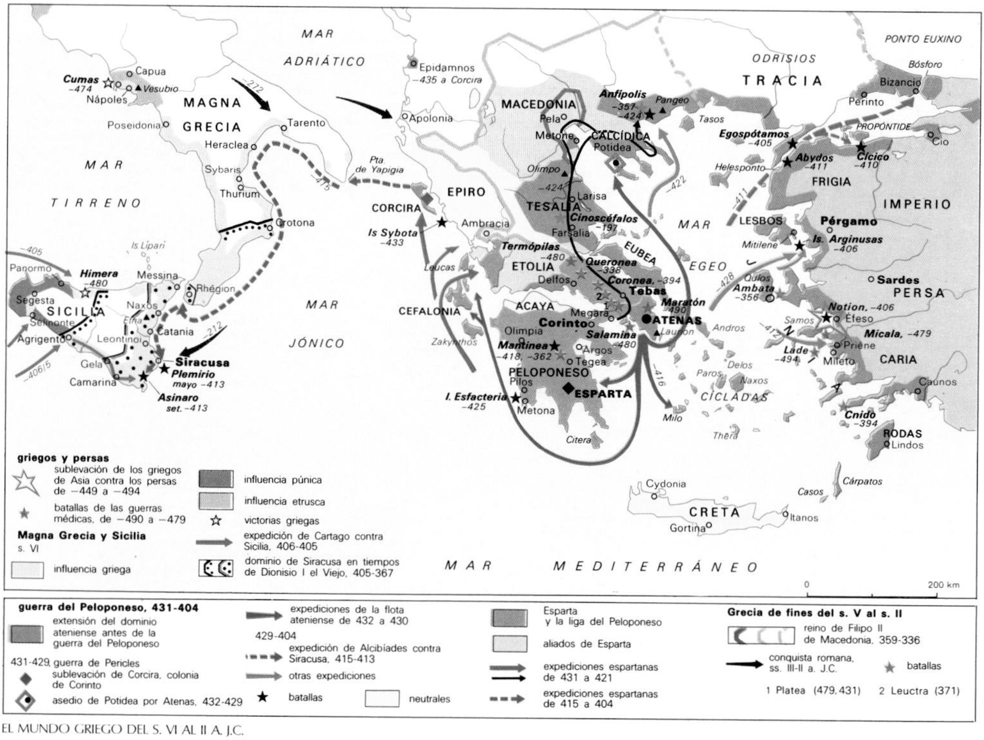


EL MUNDO GRIEGO DEL S. VI AL II A. J.C.

La puerta de los Leones, en Micenas (s. XIV a. J.C.). De planta triangular (300 m de longitud y hasta 17 m de altura), la muralla de aparejo ciclópeo que rodea la ciudad se abre, entre dos bastiones, por esta puerta formada por cuatro enormes monolitos, con un dintel rematado por un triángulo adornado por dos leones enfrentados delante de una columna, símbolo del palacio. Aunque este tema decorativo es originario de Mesopotamia, este altorrelieve es la primera obra esculpida por los griegos, innovadores igualmente en la construcción de estos palacios-fortalezas.

El templo de Hefesto, llamado Teseion, de Atenas. Fines del s. V a. J.C. El templo griego, surgido de la capilla palatina cretense y aquea (megaron), tiene por función guardar la estatua del dios. Construido en el centro del temenos, de planta rectangular, comprende el pronaos, el naos con la estatua de la divinidad, seguido del opistódomo. Una columnata rodea el naos por los cuatro lados; las columnas de la fachada sostienen el entablamento y los frontones, en los cuales, según los órdenes, se introduce la decoración esculpida.

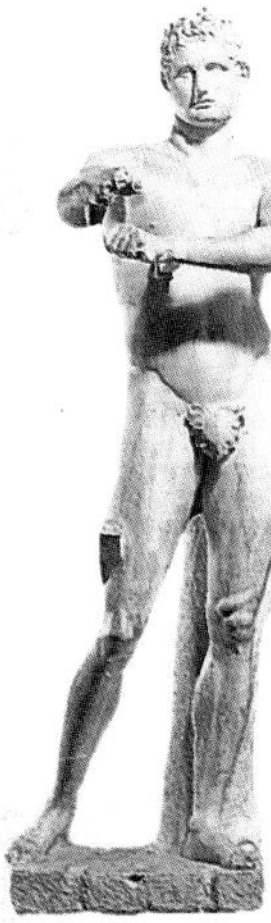

Estatua de bronce de Poseidón o Neptuno (*c.* 460 a. J.C.), descubierta en Istiaía (Eubea). [Museo arqueológico nacional, Atenas.]

Una impresión de equilibrio estable, a pesar de la actitud en la que perfil y frontalidad se corresponden, una fuerza más contenida que en las Panateneas de Fidias, aparte del impulso dinámico, la energía interior, la idealización de los rasgos: otras características propias del clasicismo griego se desprenden de este bronce atribuido a Calamis, un escultor ático activo en los inicios del s. V a. J.C. El contraste de este dios guerrero con el Apoxiomeno de Lisipo realizado *c.* 330 a. J.C. (arriba; copia romana en mármol conservada en el museo Pío Clementino del Vaticano) es representativo de la evolución, en un siglo, de la expresión artística que privilegia la suavidad, la emoción sensual y la seducción.

Heracles y Anteo. Decoración de una crátera (Louvre, París), pintada por Eufronio *c.* 515 a. J.C. Período arcaico de las figuras rojas llamado estilo severo. Las figuras rojas sobre fondo negro, que suceden a las figuras negras sobre fondo rojo, representan un importante avance: el pintor realiza un verdadero dibujo, individualiza a los personajes, se aplica a dar volumen, espacio o ciertos detalles reveladores de un perfecto conocimiento de la anatomía. A lo largo de los siglos, la cerámica griega se mantiene como un inagotable reportaje de la vida cotidiana.

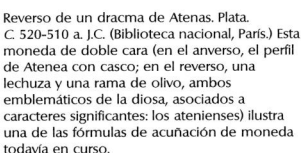

Reverso de un dracma de Atenas. Plata. *C.* 520-510 a. J.C. (Biblioteca nacional, París.) Esta moneda de doble cara (en el anverso, el perfil de Atenea con casco; en el reverso, una lechuza y una rama de olivo, ambos emblemáticos de la diosa, asociados a caracteres significantes: los atenienses) ilustra una de las fórmulas de acuñación de moneda todavía en curso.

etc.); muros de fortificaciones (Orcómeno, Gela). *La escultura:* equilibrio entre lo ideal y lo real, dominio del movimiento: *Auriga** de Delfos, canon de Policleto *(el Doríforo),* Fidias *(las Panateneas),* Crésilas (retrato de Pericles), Alcamenes y su taller (cariátides del Erecteion), Mirón *(El discóbolo).*
***Segundo clasicismo.*** Lisipo *(Apoxiomeno),* Praxíteles *(Hermes con Dioniso niño);* Escopas y Leocares decoraron el mausoleo de Halicarnaso; monumentos de las Nereidas de Janto. Terracotas de Tanagra. Pintura de vasos, pintura mural o de caballete (Parrasio, Zeuxis, Polignoto de Tasos, Apeles, etc.).
***El arte helenístico*** (322-350). *La arquitectura:* expansión hacia oriente: Pérgamo, Antioquía, Alejandría. Empleo cada vez más frecuente del orden corintio. Grandes templos (Pérgamo, Éfeso, Sardes, etc.), a menudo acompañados de imponentes altares (Pérgamo, museo de Berlín). Urbanismo (Pérgamo, Mileto, Alejandría) en los numerosos edificios civiles (pórtico de Atalo, Atenas; biblioteca de Alejandría; teatro de Pérgamo); instalaciones portuarias (faro de Alejandría); arquitectura doméstica adornada de mosaicos (Delos). *La escultura:* exuberancia de los movimientos (Victoria de Samotracia), realismo y exaltación de la expresión (altar de Pérgamo, Berlín), predilección por lo colosal (coloso de Rodas), pero también academicismo y mirada hacia el pasado clásico (Afrodita de Milo). Triunfo de la gran pintura mural (Vergina).

**GRECIA,** cantón de Costa Rica (Alajuela); 45 305 hab. Industrias azucareras.

**GRECIA ASIÁTICA,** islas y tierras de la costa oriental del mar Egeo (Asia Menor), pobladas por los griegos en el I milenio a. J.C.

**GRECO** (Doménikos **Theotokópoulos,** llamado **el**), pintor cretense activo en España (Candía, Creta, 1541 o 1542-Toledo 1614). Su actividad como pintor de iconos data de 1566. Luego pasó a Venecia, donde asimiló los principios renacentistas. En Roma conoció el manierismo miguelangelesco, completando su formación. En 1577 aparece documentado en Toledo, llegado quizá en busca del mecenazgo de Felipe II, que nunca consiguió. En esta ciudad realizó para la catedral *El expolio* y a partir de 1582 estableció un taller, realizando su obra más famosa, *El entierro* del conde de Orgaz* (iglesia de Santo Tomé, 1586-1588). Además de magníficos retratos (*El caballero de la mano en el pecho,* Prado), pintó temas religiosos (*Bautismo de Cristo,* Prado) y paisajes (serie de vistas de Toledo), en un estilo manierista muy personal.

**el Greco:** *La oración en el huerto*
(museo de bellas artes, Lille, Francia)

**GRÉCO** (Juliette), cantante y actriz de cine francesa (Montpellier 1927). Musa del existencialismo, interpretó canciones de Queneau y Sartre, entre otros, y películas de J. Renoir y J. Huston.

**GREDOS** *(sierra de),* sierra de España, la más elevada de la cordillera Central; 2 592 m en la Plaza del Moro Almanzor. *Coto nacional de Gredos,* en la provincia de Ávila.

**GREEN** (Julien), escritor norteamericano en lengua francesa (París 1900-*id.* 1998). En sus novelas (*Les pays lointains,* 1987) y su teatro (*L'automate,* 1985) expresa una constante angustia metafísica.

**GREENE** (Graham), escritor británico (Berkhamsted 1904-Vevey 1991), autor de novelas de inspiración cristiana, en las que la fe se tiñe de ironía (*El poder y la gloria,* 1940; *Viajes con mi tía,* 1969; *El factor humano,* 1978; *El décimo hombre,* 1985).

**GREENOCK,** c. y puerto de Gran Bretaña (Escocia), junto al estuario del Clyde; 70 000 hab.

**Greenpeace,** movimiento ecologista y pacifista fundado en Vancouver en 1971.

**GREENSBORO,** c. de Estados Unidos (Carolina del Norte); 183 521 hab.

**Greenwich,** aglomeración del área suburbana de Londres, junto al Támesis. Ant. observatorio (fundado en 1675), cuya posición fijó el meridiano inicial. Museo nacional de la marina.

**GREGORIO de Nisa** *(san),* padre de la Iglesia griega (Cesarea de Capadocia *c.* 335-Nisa *c.* 394), hermano de san Basilio y obispo de Nisa. Teólogo místico, atacó el arrianismo.

**GREGORIO DE TOURS** *(san),* prelado e historiador francés (Clermont-Ferrand *c.* 538-Tours *c.* 594). Obispo de Tours (573-594), autor de una *Historia de los francos.*

**GREGORIO I Magno** *(san)* [Roma *c.* 540-*id.* 604], papa de 590 a 604. Procedente de una familia patricia, fue prefecto de Roma (572-574). Tomó el hábito monástico según la regla de san Benito. Nuncio del papa en Constantinopla (579-596), fue elegido papa por aclamación del clero y del pueblo mientras la peste y la inundación del Tíber arrasaban Roma. Reformó la liturgia y organizó la evangelización de Gran Bretaña. Sus comentarios del Libro de Job fueron uno de los libros básicos de la moral y la cultura cristiana en la edad media. – **Gregorio VII** *(san)* **[Hildebrando]** (Soana, Toscana, *c.* 1029-Salerno 1085), papa de 1073 a 1085. Fue famoso por sus luchas contra el emperador Enrique IV, al que humilló en Canossa (1077), pero quien le obligó finalmente a exiliarse. También fue conocido por numerosas medidas de disciplina eclesiástica que tomó en el marco de la reforma llamada gregoriana. – **Gregorio IX** (Ugolino, *conde* **de Segni**) [Anagni *c.* 1170-Roma 1241], papa de 1227 a 1241. Sus *Decretales* constituyen una parte esencial del derecho canónico. – **Gregorio XII** (Angelo **Correr**) [Venecia *c.* 1325-Recanati 1417], papa de 1406 a 1415. Su pontificado se desarrolló a fines del cisma de occidente; abdicó en el concilio de Constanza. – **Gregorio XIII** (Ugo **Boncompagni**) [Bolonia 1502-Roma 1585], papa de 1572 a 1585. Reformó el calendario. – **Gregorio XV** (Alessandro **Ludovisi**) [Bolonia 1554-Roma 1623], papa de 1621 a 1623. Fundó la congregación de Propaganda* *fide,* protegió a los jesuitas y favoreció el catolicismo en Europa central. – **Gregorio XVI** (Fra Mauro **Cappellari**) [Belluno 1765-Roma 1846], papa de 1831 a 1846. Contrario al liberalismo, condenó las ideas de Lamennais (encíclica *Mirari vos,* 1832).

**GREGORIO Nacianceno** *(san),* padre de la Iglesia griega (Arianzo, cerca de Nacianzo, *c.* 335-*id. c.* 390), obispo de Constantinopla (379-381) y amigo de san Basilio y de san Gregorio de Nisa, con los que luchó contra el arrianismo.

**GREGORY** (James), matemático y astrónomo escocés (Drumoak, cerca de Aberdeen, 1638-Edimburgo 1675). Concibió un telescopio de espejo secundario cóncavo, participó en la elaboración de los métodos infinitesimales de cálculo de áreas y de volúmenes, y fue uno de los precursores de Newton en los estudios de los desarrollos en serie.

**GREGOTTI** (Vittorio), arquitecto italiano (Novara 1927). Busca la integración de su obra en el entorno (barrio de Viena-Sur; universidades de Florencia y Palermo).

**GREIFF** (León **de**), poeta colombiano (Medellín 1895-*id.* 1977). Su poesía, vanguardista, se distingue por la ironía intelectual y la búsqueda de efectos musicales y nuevos ritmos: *Tergiversaciones* (1925), *Libro de signos* (1930), *Variaciones alrededor de nada* (1936), *Fárrago* (1955).

Julien
**Green**

Graham
**Greene**

**GRENOBLE,** c. de Francia, cap. del dep. de Isère, a orillas del Isère; 153 973 hab. (400 000 hab. en la aglomeración). Universidad. Centro industrial y de investigación. Catedral (ss. XII-XIII). Iglesia de San Lorenzo (oratorio merovingio). Museos.

**GRENVILLE** (George), político británico (Wotton Hall 1712-Londres 1770). Primer ministro de 1763 a 1765, hizo aprobar la *Stamp act* (1765), lo que provocó el levantamiento de las colonias americanas. – Su hijo **William** (Londres 1759-Dropmore 1834) fue diputado tory y ministro de Asuntos Exteriores (1791-1801). Como primer ministro (1806-1807), hizo abolir la trata de esclavos (1807).

**GRESHAM** (*sir* Thomas), financiero inglés (Londres 1519-*id.* 1579), autor de la famosa teoría según la cual, una moneda segura tiende a desaparecer de la circulación cuando compite con una moneda considerada como menos buena.

**GRÉTRY** (André Modeste), compositor francés (Lieja 1741-Ermitage de Montmorency 1813). Destacó en la ópera cómica.

**GREUZE** (Jean-Baptiste), pintor francés (Tournus 1725-París 1805), autor de hábiles composiciones melodramáticas (*La maldición paterna,* 1777; *El cántaro roto*) y de excelentes retratos realistas.

**GREVER** (María **de la Portilla,** llamada **María**), compositora mexicana (León 1885-† 1951), autora de populares melodías (*Muñequita linda; Bésame).*

**GRÉVY** (Jules), político francés (Mont-sous-Vaudrey, Jura, 1807-*id.* 1891), presidente de la república de 1879 a 1887.

**GREY** (Charles, *conde*), político británico (Fallodon 1764-Howick House 1845). Jefe del Partido whig en la cámara de los lores y primer ministro (1830-1834), en 1832 hizo aprobar, a pesar de los lores, la ley sobre la reforma electoral.

**GREY** (Edward, *vizconde*), político británico (Londres 1862-cerca de Embleton 1933). Ministro de Asuntos Exteriores (1905-1916), fue el artífice del acuerdo con Rusia (1907).

**Grial** → ***Graal.***

**GRIBOIÉDOV** (Alexandr Serguéievich), diplomático y dramaturgo ruso (Moscú 1795-Teherán 1829), autor de la comedia satírica *¡Qué desgracia el ingenio!* (1822-1824).

**GRIEG** (Edvard), compositor noruego (Bergen 1843-*id.* 1907). Creador del romanticismo nacional a partir del folklore, compuso una música escénica para *Peer Gynt* (1876) y un concierto para piano (1868).

**GRIERSON** (John), director de cine y productor británico (Kilmadock, condado de Perth, 1898-Bath 1972), creador y animador de la escuela documentalista británica (*Drifters,* 1929).

**GRIFFITH** (Arthur), político irlandés (Dublín 1872-*id.* 1922). Fundador del movimiento Sinn Féin (1902) y vicepresidente de la República de Irlanda (1918), firmó el tratado de Londres (1921).

**GRIFFITH** (David Wark), director de cine norteamericano (Floydsfork, Kentucky, 1875-Hollywood 1948). Elaboró la mayoría de los principios fundamentales del lenguaje cinematográfico: primer plano, travelling, flash-back, acciones paralelas. Sus principales películas fueron *El nacimiento de una*

David Wark **Griffith:** *La caída de Babilonia,* uno de los cuatro episodios de *Intolerancia* (1916)

nación (1915), *Intolerancia* (1916) y *Pobre amor* (1919).

**GRIGORESCU** (Nicolae), pintor rumano (Pitaru 1838-Cimpina 1907). Trabajó con los maestros de la escuela de Barbizon (1861) y fue el fundador de la escuela rumana moderna. Ilustró con una gran vivacidad la vida campesina de Muntenia.

**GRIGÓROVICH** (Yuri Nikolaiévich), bailarín y coreógrafo ruso (Leningrado 1927), maestro de ballet del teatro Bolshói y autor de obras con gran puesta en escena (*Espartaco,* 1968 [en colaboración]; *Iván el Terrible,* 1975).

**GRIJALVA** (Juan **de**), navegante español (Cuéllar, Segovia, 1490-Olancho, América Central, 1527). Tomó parte en la conquista de Cuba. Dirigió una expedición por la costa de México (1518) desde Yucatán y tomó posesión del territorio que denominó San Juan de Ulúa, cerca de la actual Veracruz. Fue muerto por los indios en el curso de otra expedición.

**GRILLPARZER** (Franz), escritor austríaco (Viena 1791-*id.* 1872), autor de dramas históricos y líricos.

**GRIMALDI** *(casa),* familia noble genovesa que estableció su dominio sobre Mónaco en el s. XV. La actual casa es la tercera, fundada por Raniero III (nacido en 1923), nieto de Luis II.

**GRIMALDI** (Jerónimo, *marqués* y luego *duque* **de**), político español de origen genovés (Génova 1720-*id.* 1786). Embajador en Versalles, elaboró junto con Choiseul el tercer pacto de Familia (1761). Secretario de Estado (1763-1776), chocó con Aranda y fue destituido en 1776, tras el desastre de Argel.

**Grimaldi** *(hombre de),* nombre dado a los fósiles humanos de principios del paleolítico superior, que se asemejan a los de Cro-Magnon, descubiertos en la cueva de los Niños, en Grimaldi (Italia), cerca de Menton.

**Grimaldi** *(orden de los),* orden monegasca creada en 1954.

**GRIMM** (Jacob), lingüista y escritor alemán (Hanau 1785-Berlín 1863), fundador de la filología alemana. Reunió, junto con su hermano **Wilhelm** (Hanau 1786-Berlín 1859), numerosos cuentos populares germánicos (*Cuentos infantiles y del hogar,* 1812).

**GRIMMELSHAUSEN** (Hans Jakob Christoffel **von**), escritor alemán (Gelnhausen *c.* 1622-Renchen, Bade, 1676), autor de la novela barroca *El aventurero Simplex Simplicissimus** (1669), sobre la época de la guerra de los Treinta años.

**GRIMSBY,** c. y puerto de Gran Bretaña, junto al mar del Norte; 88 900 hab. Pesca. Industria conservera.

**GRIS** (José Victoriano **González,** llamado **Juan**), pintor español (Madrid 1886-París 1927). Después de un primer contacto con la vanguardia en Barcelona, se unió a la Escuela de París, se inició en el cubismo y se convirtió en uno de los artistas más puros del cubismo analítico. Sus obras, de gran austeridad cromática, se centran en naturalezas muertas, retratos (*Homenaje a Picasso,* 1912), composiciones y paisajes.

**GRISI** (Carlotta), bailarina italiana (Visinada 1819-Saint-Jean, cerca de Ginebra, 1899). Gran intérprete romántica, creó el ballet *Giselle* (1841).

**GRISOLÍA** (Santiago), bioquímico español (Valencia 1923). Especialista en enzimología, son notables sus trabajos sobre el metabolismo del nitrógeno relacionado con el ciclo de la urea y sobre los enzimas que participan en el transporte de oxígeno por la hemoglobina.

**GRISONES,** en alem. **Graubünden,** en it. **Grigioni,** en rético **Grishun,** cantón de Suiza; 7 100 km$^2$; 173 890 hab. Centros turísticos (Saint-Moritz, Davos). Perteneció al Sacro imperio (916-1648) y entró en la Confederación Helvética en 1803.

**GRITA (La),** mun. de Venezuela (Táchira); 23 371 hab. Agricultura tropical; ganadería vacuna.

**grito** *(El),* pintura de E. Munch (1893, galería nacional de Oslo). Se hizo famosa rápidamente por sus versiones gráficas. Obra angustiada, influyó en el expresionismo europeo.

**GROCIO** o **GROTIUS** (Hugh **Van Groot,** llamado **Hugo**), jurisconsulto y diplomático holandés (Delft 1583-Rostock 1645), autor del *De iure belli ac pacis* (1625), considerado el padre del derecho internacional, junto con F. de Vitoria, y creador de la escuela racionalista del iusnaturalismo.

**GRODDECK** (Walter Georg), médico alemán (Bad Kösen 1866-Zurich 1934). Demostró la importancia de los factores síquicos en las enfermedades orgánicas (*El libro de ello,* 1923).

**GRODNO,** c. de Bielorrusia; 270 000 hab. Calzado.

**GROENLANDIA,** en danés **Grønland,** isla de Dinamarca, situada al NE de América y recubierta en gran parte de hielo *(inlandsis);* 2 186 000 km$^2$; 51 000 hab. *(Groenlandeses.)* Cap. *Nuuk.* Bases aéreas. Fue descubierta en 982 por Erik el Rojo y redescubierta en el s. XVI por Davis y Hudson. Los daneses la colonizaron a partir de 1721. En 1953 se convirtió en un departamento danés, dotado desde 1979 de un estatuto de autonomía interna. En 1985 se retiró de la C.E.E.

**GROMIKO** (Andréi Andréievich), político soviético (Starye Gromyki, Bielorrusia, 1909-Moscú 1989). Ministro de Asuntos Exteriores (1957-1985), presidió el soviet supremo de 1985 a 1988.

**GRONINGA,** en neerlandés **Groningen,** c. de Países Bajos, cap. de la provincia homónima (2 300 km$^2$; 560 000 hab.), al NE de Frisia; 168 702 hab. Importantes explotaciones de gas natural en la región.

Juan **Gris:** *Frutero y periódico* (1920) [col. part.]

**GROOTE** (Geert), llamado **Gerardo el Grande,** místico neerlandés (Deventer 1340-*id.* 1384). Fue el precursor de la gran renovación espiritual llamada *devotio moderna.*

**GROPIUS** (Walter), arquitecto y teórico alemán (Berlín 1883-Boston 1969). Fundador de la Bauhaus en Weimar (1919), desempeñó un papel importante en la génesis de la arquitectura moderna (locales de la Bauhaus en Dessau, 1925). En 1937 se instaló en E.U.A., donde enseñó en Harvard y fundó la agencia de arquitectura T.A.C. (1946).

**GROS** (Antoine, *barón*), pintor francés (París 1771-Meudon 1835), autor de grandes composiciones que preludian el romanticismo (*Los apestados de Jaffa,* 1804, Louvre; *Murat en la batalla de Abūkir,* 1807, Versalles).

**GROSS** (Hans), criminalista austríaco (Graz 1847-*id.* 1915). Precursor de la cooperación internacional de los cuerpos policiales, que más tarde daría lugar a la *Interpol.*

**GROSSETO,** c. de Italia (Toscana), cap. de prov.; 70 096 hab. Catedral de fines del s. XIII. Murallas del s. XVI.

**GROSSGLOCKNER,** punto culminante de Austria, en el macizo de los Hohe Tauern; 3 796 m. Ruta turística hasta 2 571 m.

**GROSSMANN** (Rudolf), hispanista alemán (Rosario, Argentina, 1893-Hamburgo 1980). Fue director del Instituto iberoamericano de la universidad de Hamburgo, y autor de *El lenguaje extranjero en el español rioplatense* (1923) y *Poemas españoles de ocho siglos* (3 vols., 1947-1960).

**GROSSO** (Alfonso), novelista español (Sevilla 1928-Valencina de la Concepción, Sevilla, 1995). Desde el realismo crítico evolucionó hacia el barroquismo: *Un cielo difícilmente azul,* 1961; *Florido mayo,* 1973; *Giralda,* 1983-1985.

**GROSZ** (Georg), dibujante y pintor alemán (Berlín 1893-*id.* 1959), nacionalizado norteamericano (1938). Vinculado a la corriente de la «nueva objetividad», hizo una crítica social incisiva tanto por su estilo como por su intención.

**GROTEWOHL** (Otto), político alemán (Brunswick 1894-Berlín 1964), fundador (1946) del Partido socialista unificado y jefe de gobierno de la R.D.A. (1949-1964).

**GROTOWSKI** (Jerzy), realizador y director de teatro polaco (Rzeszow 1933-Pontedera, Pisa, 1999), precursor del teatro-laboratorio de Wrocław. Partidario de un teatro pobre, concentró sus experiencias en el trabajo del actor y la comunicación directa con los espectadores.

**GROUSSAC** (Paul), escritor argentino (en Francia 1848-Buenos Aires 1929). Dirigió la revista *La biblioteca.* Destacado ensayista (*Estudios de historia argentina,* 1918; *Los que pasaban,* 1919), dejó también relatos, novelas y un drama.

**GROVE (O),** v. de España (Pontevedra); 10 367 hab. *(Groveros.)* En la ría de Arosa. Pesca, conservas.

**GROZNI,** c. de la Federación de Rusia, cap. de Chechenia, en el Cáucaso; 401 000 hab.

**GRUDZIĄDZ,** en alem. **Graudenz,** c. de Polonia, a orillas del Vístula; 102 900 hab. Metalurgia.

**GRULLO (El),** mun. de México (Jalisco); 18 869 hab. Industrias lácteas. Curtidurías.

**GRÜN** (Anton Alexander **von Auersperg,** llamado **Anastasius**), poeta y político austríaco (Laibach 1806-Graz 1876).

**GRUNDTVIG** (Nikolai), escritor danés (Udby 1783-Copenhague 1872). Pastor y obispo luterano, fue el renovador del espíritu nacional y religioso durante la época romántica (*El lirio de Pascua,* 1817). Sus concepciones originaron el grundtvigianismo.

**GRÜNEWALD** (Mathis **Nithart** o **Gothart,** llamado **Matthias**), pintor alemán que trabajó sobre todo en Aschaffenburg y murió al parecer en Halle en 1528. Su obra maestra es la parte pintada del gran políptico de la iglesia de los Antonitas de Issenheim (*c.* 1511-1516, museo de Colmar), de un estilo expresionista y visionario. *(V. ilustración pág. 1364.)*

**Grunwald** o **Tannenberg** *(batalla de)* [15 julio 1410], victoria del rey de Polonia Ladislao II Jagellón y de Vytautas, gran duque de Lituania, sobre los caballeros teutónicos.

**Grupo 47,** círculo literario (1947-1977) que agrupaba a escritores de lengua alemana de Alemania, Suiza y Austria para la defensa de las libertades.

Matthias **Grünewald:** «Visita de san Antonio a san Pablo el Ermitaño en el desierto»; detalle (parte principal) del retablo de los Antonitas de Issenheim (*c.* 1511-1516).
[Museo de Unterlinden, Colmar, Francia.]

**Grupo de los 77** (G77), grupo constituido en 1964 en el seno de la U.N.C.T.A.D. que reunía al principio a 77 estados para la defensa de los intereses del Sur. Act. agrupa a la mayor parte de países en vías de desarrollo, aprox. 130.

**Grupo de los 7** (G7), grupo que reúne a los siete países más industrializados del mundo (Alemania, Canadá, E.U.A., Francia, Gran Bretaña, Italia y Japón). Desde 1975 organiza cumbres anuales, dedicadas fundamentalmente a temas económicos. Rusia se incorporó en 1997.

**Grupo de los tres** (G3), mercado común de libre comercio formado por Colombia, México y Venezuela, cuya creación fue acordada en Cartagena de Indias (1994).

**GRÜTLI** → ***Rütli.***

**GRUYÈRE,** región de Suiza (Friburgo). Quesos.

**GU KAIZHI** o **KU K'AI-CHE,** pintor chino (Wuxi *c.* 345-*c.* 406), el primero cuya obra ha llegado hasta nosotros en una copia fiel y muy antigua, el rollo *Consejos de la monitora a las damas de la corte* (museo Británico).

**GUACARA,** mun. de Venezuela (Carabobo); 105 000 hab. Metalurgia, industria electrónica.

**GUACARÍ,** mun. de Colombia (Valle del Cauca); 24 285 hab. Minas de plata, oro y platino.

**GUACHOCHI,** mun. de México (Chihuahua); 29 067 hab. Explotación forestal.

**GUADALAJARA** *(provincia de),* prov. de España, en Castilla-La Mancha; 12 190 km²; 149 067 hab. Cap. *Guadalajara.* P. j. de *Guadalajara, Molina* y *Sigüenza.* Forma el borde NE de la Meseta meridional, en la confluencia de los sistemas Central e Ibérico. La mitad S está ocupada por el valle del Tajo; en la cuenca del Henares, al O, se localizan los principales núcleos de población. Economía agropecuaria (cereales, patatas, apicultura (La Alcarria), ganadería ovina). Minería del hierro en sierra Menera. Producción energética nuclear e hidroeléctrica. Se ha convertido en un área de descongestión industrial de Madrid.

**GUADALAJARA,** c. de España, cap. de la prov. homónima y cab. de p. j.; 67 847 hab. *(Guadalajareños* o *caracenses.)* Polo industrial de descongestión de Madrid. Iglesias mudéjares y góticas. Palacios de los duques del Infantado (*c.* 1480), obra de J. Guas, y de los Mendoza (1507), familias ligadas al señorío de la ciudad. Victoria republicana en la guerra civil (marzo 1937) sobre nacionales e italianos, en la ciudad y su provincia *(batalla de Guadalajara).*

**GUADALAJARA,** c. de México, cap. del est. de Jalisco; 1 626 152 hab. (2 846 720 en la aglomeración). Centro industrial, comercial y financiero, en una rica región agrícola y minera. Universidad. Aeropuerto. Fundada en 1529 y establecida con su nombre y emplazamiento actuales en 1542, fue capital de la audiencia de Nueva Galicia y un importante núcleo independentista. Catedral gótico-renacentista (ss. XVI-XVII). Iglesias barrocas (San Francisco, San Sebastián Analco, Santa Mónica) y neoclásicas. Edificios civiles del s. XVIII (palacio de la Audiencia, hospital del obispo Alcalde). Museos.

**GUADALAVIAR,** nombre que recibe el río Turia desde su nacimiento hasta Teruel.

**GUADALCANAL,** isla volcánica de las islas Salomón; 6 475 km²; 47 000 hab. Ocupada por los japoneses en julio de 1942, fue reconquistada por los norteamericanos en febrero de 1943.

**GUADALCÁZAR,** mun. de México (San Luis Potosí); 28 357 hab. Minas de plata, oro y cinabrio.

**GUADALÉN,** r. de España, afl. del Guadalimar; 121 km. Embalse y central eléctrica.

**GUADALENTÍN** o **SANGONERA,** r. de España (Almería y Murcia), afl. del Segura (or. der.); 121 km.

**GUADALETE,** r. de España en la vertiente atlántica andaluza; 157 km.

**Guadalete** *(batalla del),* combate desarrollado en las inmediaciones del río homónimo (19-26 julio 711). La victoria de Ṭāriq sobre Rodrigo supuso la muerte de éste y el fin del reino visigodo.

**GUADALHORCE,** r. de España, en la vertiente mediterránea andaluza (Granada y Málaga); 116 km.

**GUADALIMAR,** r. de España, afl. del Guadalquivir (or. der.); 144 km.

**GUADALMELLATO,** afl. del Guadalquivir (or. der.); 103 km. Embalse y central eléctrica.

**GUADALOPE,** r. de España, afl. del Ebro (or. der.); 194 km. Embalses (regadío).

**GUADALQUIVIR,** ant. **Betis,** r. de España, en la vertiente atlántica andaluza; 560 km. Nace en la Cañada de Aguafría (Jaén), avena las provincias de Córdoba, Sevilla y Cádiz y desemboca junto a Sanlúcar de Barrameda. Principales afluentes: Gua-

GUADALAJARA

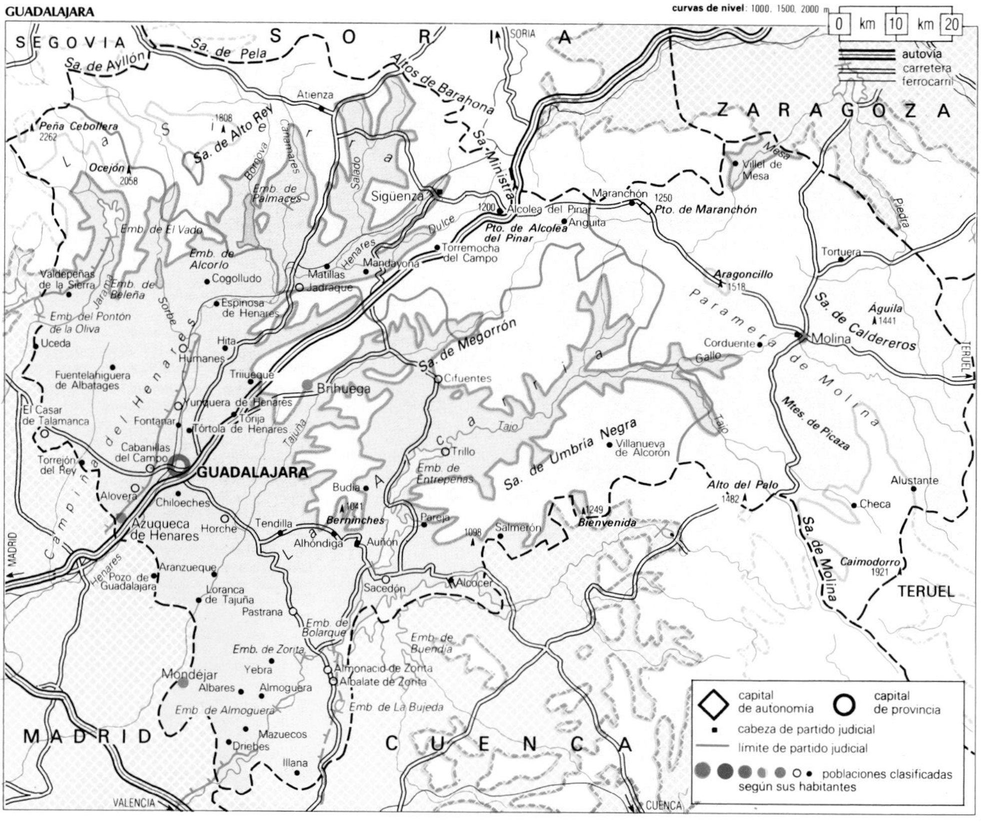

el río **Guadalquivir** a su paso por Sevilla

diana Menor, Guadajoz, Genil (or. izq.); Guadalimar, Jándula, Guadiato, Bembézar (or. der.). Aprovechamiento hidroeléctrico (embalse de Tranco de Beas) y para el riego. Navegable hasta Sevilla.

**GUADALUPE,** en fr. **Guadeloupe,** isla de las Pequeñas Antillas que, junto con otras islas menores, constituye un dep. francés de ultramar; 1 709 km²; 386 987 hab. Cap. *Basse-Terre* (14 107 hab.). Formada por dos islas separadas por un brazo de mar. Descubierta por Colón en 1493 y colonizada por Francia desde 1635.

**GUADALUPE** *(isla de),* isla de México, en el Pacífico, frente a la península de Baja California; 266 km².

**GUADALUPE,** c. de Costa Rica, cap. del cantón de Goicoechea (San José); 31 456 hab. Centro agropecuario. Industrias lácteas.

**GUADALUPE,** v. de España (Cáceres); 2 447 hab. *(Guadalupenses* o *guadalupeños.)* Centro histórico-artístico. Colegio de Infantes (s. XVI, act. parador de turismo). Mansiones. *Monasterio de Guadalupe,* edificado en los ss. XIII-XV y reformado en los siguientes, en él predomina el estilo gótico flamígero y el mudéjar; claustros mudéjar (s. XV) y gótico; sacristía barroca del s. XVII (lienzos de Zurbarán). Fue declarado por la Unesco bien cultural del patrimonio mundial (1994).

**GUADALUPE,** c. de México (Nuevo León); 370 908 hab. Constituye un suburbio de Monterrey. – Mun. de México (Zacatecas); 51 359 hab. Minas de antimonio. Fábricas de ladrillos refractarios.

**Guadalupe** *(Santuario de Nuestra Señora de),* conjunto de iglesias mexicanas situadas en la Villa de Guadalupe Hidalgo (Distrito Federal), donde se venera la imagen de la Virgen de Guadalupe, patrona de México y de Latinoamérica. La basílica actual fue inaugurada en 1976 (obra de P. Ramírez Vázquez). La anterior basílica fue erigida por P. de Arrieta en 1695. También son notables las iglesias del Pocito (F. Guerrero y Torres, 1777-1791) y del Cerrito (1740) en la cumbre del Tepeyac.

**GUADALUPE HIDALGO** o **VILLA DE GUADALUPE HIDALGO,** c. de México, cab. de la delegación de Gustavo* A. Madero (Distrito Federal). Santuario de Nuestra Señora de Guadalupe*. En esta ciudad se firmó el tratado que puso fin a la guerra entre México y Estados Unidos (2 febr. 1848). México cedió a E.U.A. los territorios de Texas, Nuevo México, Alta California y parte de Tamaulipas.

**GUADALUPE VICTORIA,** mun. de México (Durango); 32 156 hab. Cereales, hortalizas y frutas. Quesos.

**GUADALUPE Y CALVO,** mun. de México (Chihuahua); 30 231 hab. Explotación forestal.

**GUADARRAMA,** r. de España (Madrid y Toledo), afl. del Tajo (or. der.); 144 km.

**GUADARRAMA** *(puerto de),* puerto de España, en el sector O de la sierra homónima, aprovechado por la carretera de Madrid a La Coruña. Bajo el puerto, *túnel de Guadarrama* (2 777 m de long.).

**GUADARRAMA** *(sierra de),* sierra de España, en la cordillera Central; 2 430 m en Peñalara. Divisoria entre las cuencas del Tajo y el Duero, y entre las dos Castillas. Deportes de invierno en Navacerrada.

**GUADIANA,** r. de España, en la vertiente atlántica; 744 km. Nace en los Ojos del Guadiana, aunque en realidad es continuación del Gigüela, riega las Vegas extremeñas (embalses de Cíjara, García de Sola, Orellana y Zújar; presa de Montijo), sirve de frontera entre España y Portugal, cruza las sierras portuguesas del Algarve y desemboca en Ayamonte (Huelva).

la nueva basílica de **Guadalupe**

**GUADIANA (Alto),** r. de España, que nace en las lagunas de Ruidera (Ciudad Real); sólo en épocas muy lluviosas sus aguas llegan hasta su colector, el Gigüela.

**GUADIANA MENOR,** r. de España, afl. del Guadalquivir (or. izq.); 182 km. Avena la Hoya de Guadix. Embalse de Doña Aldonza.

**GUADIARO,** r. de España, en la vertiente mediterránea andaluza (Málaga y Cádiz); 93 km.

**GUADIATO,** r. de España, afl. del Guadalquivir (or. der.); 123 km. Embalses de La Breña y Puente Nuevo, éste con central térmica.

**GUADIELA,** r. de España, afl. del Tajo (or. izq.); 119 km. Embalse de Buendía.

**GUADIX,** c. de España (Granada), cab. de p. j.; 19 634 hab. (*Accitanos* o *guadijeños.*) Mercado agrícola. Cerámica. Fue colonia romana *(Acci)* y centro de una taifa musulmana. Reconquistada por los Reyes Católicos en 1489. Catedral (ss. XVI-XVIII). Barrio popular de las cuevas.

**GUADUAS,** mun. de Colombia (Cundinamarca); 20 430 hab. Minas de carbón; yacimientos de petróleo.

**GUAICAIPURO,** cacique teque († Los Teques 1568). Defendió el valle de Caracas de las expediciones españolas, hasta la derrota de Maracapana (1568).

**GUÁIMARO,** mun. de Cuba (Camagüey); 49 480 hab. En la ciudad se proclamó en 1869 la República de Cuba, y se promulgó la primera constitución.

**GUAINÍA,** nombre que recibe la parte colombiana del río Negro*.

**GUAINÍA** *(departamento de),* dep. del SE de Colombia; 72 238 km²; 9 214 hab. Cap. *Puerto Inírida.*

**GUAIRÁ** *(departamento de),* dep. de Paraguay, en el Campo; 3 846 km²; 162 244 hab. Cap. *Villarrica.*

**GUAIRA (La),** c. de Venezuela, cap. del est. Vargas; 26 154 hab. Puerto (en el Caribe) exportador de café y maderas. Fundada en 1588 (San Pedro de la Guaira) y fortificada, sufrió los ataques de corsarios y piratas y de la flota británica (s. XVIII).

**GUÁJARA,** pico de España, en Tenerife (Canarias), el más elevado de las Cañadas del Teide; 2 717 m.

**GUAJATACA,** r. del N de Puerto Rico. Embalsado en el *lago de Guajataca* (central hidroeléctrica).

**GUAJIRA** *(península de* **La**), península del litoral caribeño de América del Sur, en Colombia (La Guajira) y Venezuela (Zulia).

**GUAJIRA** *(departamento de* **La**), dep. del N de Colombia, en la península homónima; 20 848 km²; 255 310 hab. Cap. *Riohacha.*

**GUALACEO,** cantón de Ecuador (Azuay); 40 172 hab. Sombreros de paja y textiles. Minas de oro, plata y mercurio.

**GUALÁN,** mun. de Guatemala (Zacapa); 22 914 hab. Industrias lácteas, del calzado y maderera.

**GUALEGUAY,** dep. de Argentina (Entre Ríos); 42 916 hab. Puerto fluvial en el *río Gualeguay.*

**GUALEGUAYCHÚ,** dep. de Argentina (Entre Ríos); 89 311 hab. Centro de exportación a Uruguay. Puerto fluvial en el *río Gualeguaychú.*

**GUALLATIRI,** volcán de Chile (Arica), cerca de la frontera de Bolivia; 6 060 m de alt.

**GUAM,** isla del archipiélago de las Marianas (Micronesia), dependencia de E.U.A.; 541 km²; 106 000 hab. Cap. *Agaña.* Base militar norteamericana. Descubierta por Magallanes en 1521 y colonizada por los españoles, fue cedida a E.U.A. en 1898. Conquistada por los japoneses en dic. de 1941, fue recuperada por los norteamericanos en agosto de 1944. En 1982 adquirió un estatuto de Commonwealth de E.U.A. («territorio de E.U.A. no incorporado»).

**GUAMÁ,** mun. de Cuba (Santiago de Cuba), en la costa del Caribe; 31 371 hab. *Parque nacional de Guamá* (turismo).

**GUAMAL,** mun. de Colombia (Magdalena); 22 486 hab. Situado en una región pantanosa. Maíz y plátanos.

**GUAMO,** mun. de Colombia (Tolima); 33 364 hab. Minas de carbón. Refino de petróleo. Oleoducto.

**GUAMOTE,** cantón de Ecuador (Chimborazo); 25 526 hab. Manufacturas de la lana.

**GUAN HANQING** o **KUAN HAN-K'ING,** dramaturgo chino (Pekín *c.* 1210-*c.* 1298), el principal de la época de los Yuan.

**GUANABACOA,** c. de Cuba (Ciudad de La Habana); 93 088 hab. Forma parte de la Gran Habana.

**GUANACASTE** *(provincia de),* prov. de Costa Rica, al NO del país, junto al Pacífico; 10 141 km²; 237 600 hab. Cap. *Liberia.*

**GUANAHACABIBES** *(península de),* península de Cuba, extremo O de la isla.

**GUANAHANÍ,** primera isla descubierta por Colón en América (12 oct. 1492), a la que llamó San Salvador. Se identifica con Watling, en las Bahamas.

**GUANAJAY,** mun. de Cuba (La Habana); 25 929 hab. Caña de azúcar, tabaco, frutales. Ganadería.

**GUANAJUATO** *(estado de),* est. de México central; 30 589 km²; 3 982 593 hab. Cap. *Guanajuato.*

**GUANAJUATO,** c. de México, cap. del est. homónimo; 73 108 hab. Centro minero (oro y plata), agrícola, industrial y turístico. Universidad. Aeropuerto. Iglesias barrocas: la de la Compañía (1767) posee tres ricas portadas en la fachada principal.

**GUANARE,** r. de Venezuela, afl. del Portuguesa (or. der.); 400 km.

**GUANARE,** c. de Venezuela, cap. del est. Portuguesa; 84 904 hab. Basílica de la Virgen de Coromoto, patrona de Venezuela.

**GUANE,** mun. de Cuba (Pinar del Río); 32 013 hab. Comprende la península de Guanahacabibes.

**GUANGDONG** o **KUANG-TONG,** prov. del S de China; 176 000 km²; 62 800 000 hab. Cap. *Cantón.*

**GUANGXI** o **KUANG-SI,** región autónoma del S de China; 230 000 km²; 42 245 765 hab. Cap. *Nanning.*

**GUANGZHOU** → ***Cantón.***

**GUÁNICA,** mun. de Puerto Rico, en la costa del Caribe; 19 984 hab. Caña de azúcar (refino). Centro pesquero. Turismo.

**GUANIGUANICO** *(cordillera de),* arco orográfico del extremo O de Cuba; la forman la *sierra de los Órganos* al O, y la *del Rosario,* al E.

**GUANIPA,** r. de Venezuela. Nace en la *mesa de Guanipa* (Anzoátegui), confluye con el Amana y desemboca en el golfo de Paria; 330 km.

**GUANIPA,** mun. de Venezuela (Anzoátegui); 45 718 hab. Cap. *San José de Guanipa.* Petróleo.

**GUANO,** cantón de Ecuador (Chimborazo); 42 249 hab. Manufacturas textiles. Aguas termales.

**GUANOCO** *(lago de),* lago de Venezuela (Sucre); depósito de asfalto de 445 ha.

**GUANTÁNAMO** *(provincia de),* prov. de Cuba, en el extremo E de la isla; 6 221 km²; 485 000 hab. Cap. *Guantánamo.*

**GUANTÁNAMO,** c. de Cuba, cap. de la prov. homónima; 198 470 hab. Base naval militar de E.U.A. en un sector en torno a la *bahía de Guantánamo.*

**GUAÑAPE,** período arqueológico y cultural precolombino de Perú (1250-850 a. J.C.). Se caracteriza por cerámica tosca, figurillas votivas, aparición de tejidos, pintaderas y cultivo del maíz.

**GUAPI** o **GUAPÍ,** mun. de Colombia (Cauca); 20 479 hab. Puerto (en el Pacífico). Ostras perlíferas.

**GUAPORÉ** o **ITÉNEZ,** r. de la cuenca amazónica. Nace en Brasil, forma frontera entre este país y Bolivia, y desemboca en el Mamoré; 1 700 km.

**Guápulo** *(santuario de),* santuario situado en Guápulo, cerca de Quito (Ecuador), dedicado a la Virgen de Guadalupe (s. XVII), de fachada renacentista, con notables pinturas barrocas en el interior.

**GUARANDA,** c. de Ecuador, cap. de la prov. de Bolívar; 77 646 hab. Centro agrícola. Minas de mercurio; salinas.

**GUARANÍ,** dep. de Argentina (Misiones); 42 851 hab. Cab. *El Soberbio.* Tabaco. Explotación forestal.

**GUARCO (El),** cantón de Costa Rica (Cartago); 24 929 hab. Centro agropecuario e industrial.

**GUARDAFUI** o **GARDAFUI,** cabo del extremo E de África, en la costa de Somalia, a la entrada del golfo de Adén.

**GUARDAMAR DEL SEGURA,** v. de España (Alicante); 7 513 hab. *(Guardamarencos.)* Pesca. Industrias.

**GUARDI** (Francesco), pintor italiano (Venecia

Francesco **Guardi:** *Capricho arquitectónico* (galería nacional, Londres)

1712-*id.* 1793). Célebre por sus paisajes de Venecia, por la representación de sus monumentos y sus fiestas, y por los efectos cambiantes de cielo y aguas. – Su hermano mayor, **Giovanni Antonio** (Viena 1699-Venecia 1760), también fue pintor.

**GUARDIA** (Ernesto **de la**), economista y político panameño (Panamá 1904-*id.* 1983), presidente de la república por la Coalición patriótica nacional (1956-1960).

**GUARDIA** (Ricardo Adolfo **de la**), periodista y político panameño (Panamá 1889-*id.* 1969), presidente interino del país (1941-1945).

**GUARDIA (La)** o **A GUARDA,** v. de España (Pontevedra); 9 727 hab. *(Guardeses.)* En la desembocadura del Miño. Pesca. Castros en el monte Tecla.

**Guardia civil,** instituto armado español creado en 1844 por el duque de Ahumada para luchar contra el bandolerismo. Combatió posteriormente las agitaciones campesinas y el movimiento anarquista, y durante la segunda república se mantuvo en general al margen de la lucha política. Mientras que la Policía nacional actúa en las zonas urbanas importantes, la Guardia civil lo hace en los núcleos pequeños y medianos y en las áreas rurales, y asume también la vigilancia de las costas y fronteras y del tráfico en carretera.

**guardian** *(The),* periódico británico liberal fundado en 1821, de difusión internacional.

**GUARDIOLA** (Santos), militar y político hondureño (Tegucigalpa ¿1812?-*id.* 1862). Presidente del país (1856-1862), fue asesinado por su propia guardia.

**GUARDO,** v. de España (Palencia); 9 136 hab. *(Guardeños.)* Minas de hulla y antracita. Fábricas químicas y de explosivos.

**GUARENAS,** mun. de Venezuela (Miranda); 134 158 hab. Refinería de azúcar. Centro industrial.

**GUÁRICO,** r. de Venezuela, en Los Llanos, afl. del Apure (or. izq.); 362 km. El *embalse del Guárico* permite el regadío en un amplio sector del estado.

**GUÁRICO** *(estado),* est. de Venezuela, en Los Llanos del Apure; 64 986 km²; 521 854 hab. Cap. *San Juan de los Morros.*

**GUARINI** (Giovan Battista), poeta italiano (Ferrara 1538-Venecia 1612), autor de *Il pastor Fido* (1590), tragicomedia pastoril.

**GUARINI** (Guarino), arquitecto italiano (Módena 1624-Milán 1683). Monje teatino, filósofo y matemático, influido por Borromini, sus obras más conocidas están en Turín: iglesia de planta central de San Lorenzo (cúpula con redes de arcos entrecruzados).

**GUARNE,** mun. de Colombia (Antioquia); 23 629 hab. Centro agropecuario.

**GUARNERI** o **GUARNERIUS,** familia de violeros de Cremona (ss. XVII y XVIII). El más famoso de sus miembros fue **Giuseppe Antonio** (Cremona 1698-*id.* 1744), llamado **Guarnerius del Gesù,** cuyos instrumentos rivalizan en calidad con los Stradivarius.

**Guarrazar** *(tesoro de),* tesoro de orfebrería visigoda, descubierto en *Guarrazar,* cerca de Guadamur (Toledo) y compuesto de coronas votivas y cruces de la época de Suintila y Recesvinto (s. VII). [Museo arqueológico nacional, Madrid.]

**GUARULHOS,** c. de Brasil, cerca de São Paulo; 781 499 hab.

**GUAS,** familia de arquitectos y escultores de origen francés activos en Castilla en el s. XV. **Pedro,** arquitecto, trabajó en la portada de los Leones de la catedral de Toledo (1453-1459). – Su hijo, **Juan,** arquitecto y escultor, uno de los más notables representantes del estilo isabelino, realizó la portada principal de la catedral de Ávila (1461-1463), el trascoro de la catedral de Toledo (1483) y dirigió las obras de san Juan de los Reyes en Toledo.

**GUASAVE,** mun. de México (Sinaloa); 221 139 hab. Cereales, algodón y legumbres. Pesca (camarón).

**GUASTAVINO** (Carlos), compositor argentino (Santa Fe 1914-† 2000). Autor de piezas para piano *(El bailecito, Tierra linda)* y de música sinfónica en la que combinó elementos folklóricos de su país con una cierta influencia de la escuela impresionista francesa y de Albéniz.

**GUATEMALA,** est. de América Central; 109 000 km²; 11 385 295 hab. *(Guatemaltecos.)* CAP. *Guatemala.* LENGUA OFICIAL: *español.* MONEDA: *quetzal.*

GEOGRAFÍA

El relieve está dominado por las altitudes del eje volcánico guatemalteco-salvadoreño, que cruza el país de O a E (4 220 m en el volcán Tajumulco, punto culminante de América Central). Al N de la cordillera se extienden las tierras altas, serie de co-

Juan **Guas:** un aspecto del claustro de San Juan de los Reyes en Toledo linas y mesas separadas por cuencas lacustres (lago Izabal), y más allá las llanuras selváticas del Petén; al S las tierras bajas, un estrecho cordón litoral junto al Pacífico. La población crece a un fuerte ritmo del 3 % anual. La distribución es muy desigual; en el centro del país, área de los cultivos de plantación, se alcanzan densidades por encima de los 200 hab./km². La economía depende en gran medida de la agricultura, que emplea al 50 % de la población activa; el café, la caña de azúcar, el algodón y la banana son los principales cultivos de exportación. Tiene importancia la pesca (marisco). Se extrae petróleo, y en menor escala cobre, cinc, plomo y volframio. La industria manufacturera (alimentaria, textil, materiales de construcción) está relativamente desarrollada, así como la metalurgia de base y la petroquímica. E.U.A. es el principal cliente (47 % del valor total de las exportaciones). Es importante el turismo.

HISTORIA

***El poblamiento precolombino.*** El actual territorio de Guatemala correspondía al área de la familia lingüística maya-quiché, en la que destacaban como grupos principales los quichés, los cakchiqueles y los tzutuhiles del Petén. A ellos se habían sumado, desde el s. XI, los pipiles de origen nahua.

***Conquista y colonización española.*** 1524: Pedro de Alvarado inició la conquista del territorio, con la ayuda de indios pipiles, aunque El Petén no llegó a ser controlado durante toda la etapa colonial. Administrativamente el gobierno de Guatemala se consolidó como una entidad propia tras la constitución de la audiencia (1543), sobre la que se formó más tarde la capitanía general, con jurisdicción sobre toda Centroamérica hasta Costa Rica, más Chiapas, Tabasco y Yucatán. 1783-1786: entrega del territorio de Belice a Gran Bretaña. El cacao, el añil y los obrajes fueron los principales recursos económicos de la colonia.

***La independencia.*** 1821: el capitán general Gaínza proclamó la independencia. 1822-1823: incorporación temporal a México, finalizada tras la caída del imperio de Iturbide. 1823-1838: se integró en las Provincias Unidas de Centroamérica y aspiró a mantener la hegemonía política de la época colonial, dando lugar a la guerra civil de 1826-1829 y su ocupación por las tropas federales; el liberalismo de Gálvez (1831-1838) fue combatido por la aristocracia criolla y la Iglesia, que apoyaron el levantamiento de Carrera, cuyo triunfo (1838) inició la disolución de la Federación.

***De Carrera al liberalismo.*** 1838-1865: el ultraconservador Carrera dominó la política guatemalteca junto con la aristocracia criolla, apoyado en una población campesina arrendataria dedicada a la explotación del nopal y la cochinilla; en 1847 fue proclamada la República de Guatemala, con su configuración territorial actual. 1871: la revolución liberal dio paso al gobierno de Justo Rufino Barrios (1873-1883), que impulsó el proceso de privatización de la tierra, en perjuicio de la Iglesia y los arrendatarios enfiteutas, demandado por la oligarquía del café, cuya expansión se había iniciado a fines de los cincuenta. La reforma liberal no comportó un cambio real en el sistema político, que siguió caracterizándose por las autocracias, como el gobierno del liberal Estrada Cabrera (1898-1920), que benefició de manera particular a la compañía bananera norteamericana United fruit co., instalada en 1901 en el país.

***La experiencia populista.*** 1931-1944: Jorge Ubico gobernó dictatorialmente, apoyado por la compañía bananera, que en 1936 había firmado un ventajoso contrato. 1944: un movimiento popular derrocó a Ubico y abrió un período de reforma social de signo populista, iniciado de manera moderada por Arévalo (1944-1950) y acelerado a partir del acceso a la presidencia de Arbenz (1950) y la promulgación de la reforma agraria (1952). 1954: el coronel Castillo Armas, con el concurso de la C.I.A. y la United fruit, derrocó a Arbenz y acabó con la experiencia reformista.

***Las últimas décadas.*** 1954-1966: tras la caída de Arbenz se instauró un régimen de dictadura militar que en 1963 evitó, con un autogolpe, el previsible triunfo electoral de Arévalo. La tutela militar sobre el sistema político sólo fue levemente levantada por gobiernos centristas como los de Méndez Montenegro (1966-1970), Vinicio Cerezo (1986-1990) y Serrano Elías (1991-1993); a partir de los años sesenta la guerrilla, primero de orientación castrista y más tarde con un fuerte contenido indigenista y nacionalista (Unidad revolucionaria nacional guatemalteca, U.R.N.G.), se constituyó en la oposición más firme a la dictadura del ejército, la oligarquía cafetalera y las compañías fruteras. 1993: tras el intento frustrado de autogolpe de Serrano Elías (mayo), que fue destituido (junio), el parlamento eligió nuevo presidente a Ramiro de Léon Carpio; se reformó la constitución. 1994: referéndum que aprobó la nueva constitución; elecciones legislativas. 1996: el conservador Álvaro Arzú fue elegido presidente. La U.R.N.G. y el gobierno concluyeron un acuerdo que puso fin a la guerra civil. 1999: el conservador Alfonso Portillo fue elegido presidente.

INSTITUCIONES

Según la constitución de 1986, reformada en 1993-1994, el poder ejecutivo lo asume el presidente de la república, elegido por sufragio popular, que requiere de una segunda vuelta en caso de no obtener el quórum. El parlamento es bicameral.

LITERATURA

– *Literatura precolombina. Popol-Vuh, Chilam-Balam, Anales de los cakchiqueles, Título de los señores de Totomicapan, Rabinal Achí.*

– *S. XVIII:* R. Landívar; M. de Córdova, R. García Goyena. – *S. XIX:* Poesía: J. Batres Montúfar, D. Estrada. Prosa: J. de Irisarri, J. Milla *(Salomé Jil)*, E. Gómez Carrillo. – *S. XX:* Poesía: A. Rubio, C. Martínez, J. Rodríguez Cerna, R. Arévalo Martínez, F. Herrera, C. Wyld Ospina, L. Cardoza y Aragón, C. Brañas, M. Á. Asturias, F. Méndez, R. Leiva, O. R. González, A. Morales, O. R. Castillo, F. Morales Santos, J. L. Villatoro. Prosa: R. Arévalo Martínez, F. Herrera, C. Wyld Ospina, L. Cardoza y Aragón, M. Á. Asturias, C. Samayoa Chinchilla, M. Monteforte Toledo, A. Monterroso, J. M. López Valdisón, C. Solórzano, E. Cifuentes, A. Arias, M. R. Morales, R. Rey Sosa, M. Galich.

BELLAS ARTES

***Principales ciudades y centros de interés artístico y arqueológico:*** Antigua, Chichicastenango, Guatemala, Mixco Viejo, Quezaltenango, Quiriguá, Rabinal, Tikal.

***Artistas célebres.*** *Época colonial:* Escultura: Quirio Cataño, Alonso de Paz, Cristóbal de Ochoa, Fray Félix de Mata, Antón de Rodas, Pedro de Mendoza. Pintura: Antonio de Montúfar, Pedro de Liendo. – *S. XX:* Pintura: C. Valenti, R. Rodríguez Padilla, A. Gálvez Suárez, C. Mérida, R. Abularach, V. Abascal, L. Díaz y E. René Rojas. Escultura: R. González Goiri, D. Vásquez, G. Grajeda. Arquitectura: R. Aycinema, P. Llerena, J. Montes.

MÚSICA

– *S. XVIII:* M. Pontaza. – *Ss. XIX-XX:* J. González, V. M. Figueroa, J. Castillo, R. Paniagua, J. Orellana, J. Marroquín, P. González. Se conservan tradiciones musicales e instrumentos del folklore maya. *(V. anexo cartográfico.)*

**GUATEMALA** *(departamento de),* dep. de Guatemala, en el centro del país; 2 126 km²; 2 016 633 hab. Cap. *Guatemala.*

**GUATEMALA,** c. de Guatemala, cap. de la república y del dep. homónimo; 1 300 000 hab. Su actual localización data de 1776. Arrasada por los terremotos de 1874 y 1917, es hoy una ciudad moderna, principal centro industrial y comercial del país. Catedral (ss. XVIII-XIX), con obras procedentes de Antigua. Universidad. Museos.

**GUATIMOZÍN,** nombre con que los españoles denominaban a Cuauhtémoc*.

**GUATIRE,** mun. de Venezuela (Miranda); 78 010 hab. Industrias madereras, textiles y químicas.

**GUATTARI** (Félix), sicoanalista francés (Villeneuve-lès-Sablons, Oise, 1930-La Borde, Loir-et-Cher, 1992), autor, con G. Deleuze, de *El Antiedipo* (1972).

**GUAVIARE,** r. de Colombia, afl. del Orinoco (or. izq.); 1 350 km. Navegable. Junto con su principal afluente, el Inírida, constituye una zona de tránsito entre las llanuras y la selva amazónica.

**GUAVIARE** *(departamento de),* dep. del SE de Colombia, en la Amazonia; 42 327 km²; 35 305 hab. Cap. *San José del Guaviare.*

**Guayabo** *(parque nacional),* parque nacional de Costa Rica (Cartago), en las faldas del volcán Turrialba. Área de gran interés arqueológico.

**GUAYAMA,** c. de Puerto Rico, en el S de la isla; 41 588 hab. Fábricas de muebles, petroquímica.

**GUAYANA (La)** o **LAS GUAYANAS,** región del N de América del Sur, limitada por el Orinoco, por el Amazonas y al N por las llanuras litorales que bordean el Atlántico. Comprende la *Guayana Francesa,* Surinam (ant. *Guayana Neerlandesa*), Guyana (ant. *Guayana Británica*), el sector suroriental de Venezuela *(Guayana venezolana),* parte de Brasil *(Guayana brasileña).* La Guayana es un macizo *(macizo* o *escudo de La Guayana* o de *Los Guayanos)* que culmina en el monte Roraima (2 810 m). – Descubierta la región por Colón en su tercer viaje (1499), la búsqueda de El Dorado atrajo a exploradores españoles y extranjeros; en 1576 los jesuitas españoles fundaron Santo Tomás. A fines del s. XVI y principios del XVII comenzaron los asentamientos ingleses, neerlandeses y franceses.

**GUAYANA ESSEQUIBA,** zona de las Guayanas, al oeste del río Essequibo, históricamente reclamada por Venezuela y que actualmente forma parte de Guyana.

**GUAYANA FRANCESA,** en fr. **Guyane Française,** dep. francés de ultramar, entre Surinam y Brasil; 91 000 km²; 114 678 hab. Cap. *Cayena.* Base aeroespacial. Colonizada por los franceses en el s. XVII, disputada por ingleses, holandeses y portugueses, pasó a Francia (1814). Fue centro de deportación.

**GUAYANILLA,** mun. de Puerto Rico, en la llanura costera meridional; 21 581 hab. Complejo petroquímico.

**GUAYAQUIL** *(golfo de),* abertura de la costa del

**Guatemala:** el ayuntamiento

Pacífico de Ecuador y Perú. Yacimientos de gas natural.

**GUAYAQUIL,** c. de Ecuador, cap. de la prov. de Guayas; 1 508 844 hab. Primer núcleo urbano del país por su población, es un gran centro comercial e industrial. Construcción naval. Puerto exportador en el Pacífico. Fue fundada por Belalcázar (1535) y reconstruida por Orellana en 1537. En ella tuvo lugar el encuentro entre Bolívar y San Martín (1822).

**Guayaquil** *(grupo de),* grupo de narradores ecuatorianos radicados en Guayaquil, que a partir de 1930 representan la corriente indigenista y de denuncia social en el país: E. Gil-Gilbert, D. Aguilera, J. Gallegos, J. de la Cuadra, A. Pareja y A. F. Rojas.

**GUAYAS,** r. de Ecuador formado por la unión del Babahoyo y el Daule. Desemboca formando un amplio delta en el golfo de Guayaquil; 160 km.

**GUAYAS** *(provincia de),* prov. del O de Ecuador; 21 078 km$^2$; 2 515 146 hab. Cap. *Guayaquil.*

**GUAYASAMÍN** (Oswaldo), pintor ecuatoriano (Quito 1919-Baltimore 1999). Influido por el muralismo mexicano, se orientó hacia temas indigenistas, plasmados con una técnica expresionista, con tendencia hacia cierto grado de abstracción (*La época de la cólera,* 1968-1971). Su serie *Huacayñán* consta de 100 lienzos de temas americanos. Ha realizado murales en mosaico (universidad central de Quito).

**GUAYLLABAMBA,** r. de Ecuador que, junto con el Blanco, forma el Esmeraldas; 200 km. Su cuenca constituye un importante eje de poblamiento.

**GUAYMALLÉN,** dep. de Argentina (Mendoza). Forma parte del Gran Mendoza; 222 081 hab.

**GUAYMAS,** c. de México (Sonora); 123 438 hab. Puerto pesquero, industrias derivadas.

**GUAYNABO,** mun. del N de Puerto Rico; 92 886 hab. Aparatos de precisión, vidrio.

**GUAYUBÍN,** mun. de la República Dominicana (Monte Cristi); 25 570 hab. Tabaco, café, cacao.

**GUBBIO,** c. de Italia (Umbría); 30 539 hab. Es la ant. *Iguvium,* ciudad etrusca y romana. Monumentos medievales. Centro de mayólica (fines del s. XV-XVI).

**GUDEA,** príncipe sumerio de Lagash (s. XVII a. J.C.). El Louvre conserva doce estatuas suyas en diorita, halladas en Girsu.

**GUDERIAN** (Heinz), general alemán (Kulm, act. Chelmno, 1888-Schwangau, Baviera, 1954). Creador del ejército blindado alemán (1935-1939), fue jefe de estado mayor del ejército de tierra (1944-1945).

**GUDIOL RICART** (José), historiador de arte español (Vic 1904-Barcelona 1985), especialista en arte medieval catalán y pintura castellana de los ss. XVI-XIX.

**GUECHO** o **GETXO,** mun. de España (Vizcaya), cab. de p. j.; 79 517 hab. *(Guechotarras.)* Cap. *Algorta.* Zona industrial y residencial en la margen derecha de la ría de Bilbao.

**GUEDIMÍN** († en Wielona, a orillas del Niemen, 1341), gran duque de Lituania [1316-1341], fundador del estado lituano.

***Guernica*** (1937) por Picasso (museo nacional centro de arte Reina Sofía, Madrid)

**GUEILER** (Lidia), política boliviana (Cochabamba 1921). Presidenta de la república (1979-1980), fue derrocada por el golpe militar de García Meza.

**GUELBENZU** (José María), escritor español (Madrid 1944). El experimentalismo y la narrativa tradicional se alternan en su obra (*El mercurio,* 1968; *El pasajero de ultramar,* 1976; *El río de la luna,* 1981; *La tierra prometida,* 1991).

**GÜELDRES,** en neerlandés **Gelderland,** prov. de Países Bajos; 5 131 km$^2$; 1 745 000 hab. Cap. *Arnhem.* Condado (1079) y ducado (1339), pasó a manos españolas en 1543. En 1578, el N del país fue anexionado a las Provincias Unidas; el S siguió integrado en el imperio español hasta que en 1713, por el tratado de Utrecht, fue repartido entre Austria y Prusia, y en 1814 se incorporó a Países Bajos.

**GÜELL** *(familia),* familia de industriales españoles. – **Juan** (Torredembarra 1800-Barcelona 1872), economista e industrial, fundó el Instituto industrial de Cataluña y el Fomento de la producción nacional. – Su hijo **Eusebio** (Barcelona 1846-*id.* 1918), gran mecenas, en 1908 recibió el título de *conde* **de Güell,** que vinculó por matrimonio al de *marqués* **de Comillas.**

**Güell** *(parque y palacio),* obras de estilo modernista realizadas en Barcelona por A. Gaudí según encargo de E. Güell, declaradas por la Unesco bien cultural del patrimonio mundial (1984). El conjunto urbanístico del parque (1900-1914) integra el jardín con la obra arquitectónica; el palacio (1885-1890) se considera por la modernidad de sus planteamientos una obra anticipadora de la arquitectura contemporánea.

**GUELMA,** c. del E de Argelia, cap. de vilayato; 61 000 hab. Restos romanos.

**GUELPH,** c. de Canadá (Ontario), al SO de Toronto; 87 976 hab.

**GÜEMES** (Martín), militar y patriota argentino (Salta 1785-Higuerillas 1821). Gobernador de Salta (1815), luchó contra los españoles en el Alto Perú.

**GÜEMES DE HORCASITAS** (Juan Francisco), 1.$^{er}$ *conde* **de Revillagigedo,** militar y administrador español (Reinosa 1682-Madrid 1768), capitán general de Cuba (1734-1746) y virrey de Nueva España (1746-1755). – Su hijo **Juan Vicente de Güemes-Pacheco de Padilla y Horcasitas,** 2.$^{o}$ *conde* **de Revillagigedo,** administrador español (La Habana 1740-Madrid 1799), fue virrey de Nueva España (1789-1794).

**GÜER-AIKE** → ***Río Gallegos.***

**GUERCINO** (Giovanni Francesco **Barbieri,** llamado **il),** pintor italiano (Cento, cerca de Ferrara, 1591-Bolonia 1666), influido por los venecianos, los boloñeses y Caravaggio (frescos de *La aurora* del casino de la villa Ludovisi en Roma, 1621; *La boda mística de santa Catalina,* 1650, pinacoteca de Módena).

**GUERICKE** (Otto **von**), físico alemán (Magdeburgo 1602-Hamburgo 1686), inventor de la primera máquina electrostática y de la máquina neumática. Realizó la experiencia de los *hemisferios de Magdeburgo,* destinada a demostrar la presión atmosférica.

**GUÉRIN** (Camille), veterinario y microbiólogo francés (Poitiers 1872-París 1961). Inventó, junto con Calmette, la vacuna antituberculosa (B.C.G.).

**GUERNESEY,** en ingl. **Guernsey,** isla británica del archipiélago anglonormando; 63 km$^2$; 53 000 hab. Cap. *Saint Peter.* Cultivos de flores. Tomates. Turismo.

**Guernica,** pintura al óleo (3,50 x 7,82 m), en blanco y negro, de Pablo Picasso. Inspirada en el bombardeo de dicha ciudad vasca, fue realizada en 1937 por encargo del gobierno español para el pabellón español de la exposición internacional de París. La obra, trasunto de la etapa cubista, refleja un intenso dramatismo y se considera el máximo exponente de la producción del autor (museo nacional centro de arte Reina Sofía, Madrid).

**GUERNICA Y LUNO** o **GERNIKA-LUMO,** v. de España (Vizcaya), cab. de p. j.; 15 800 hab. *(Guerniqueses.)* Industrias de armas y platería. Arrasada por bombardeos de la Legión Cóndor en abril de 1937. Casa de Juntas del señorío de Vizcaya, junto al famoso roble, símbolo de las libertades de la tierra. Iglesia de Santa María (ss. XV-XVIII).

**guerra** *(cruz de),* condecoración creada en diversos países para recompensar actos y servicios realizados en guerra.

**guerra** *(De la),* obra de C. von Clausewitz (escrita entre 1816 y 1830 y publicada en 1832-1834), en la cual se exponen las razones que hacen de la guerra un elemento fundamental de la relación política entre las naciones.

**GUERRA BEJARANO** (Rafael), llamado **Guerrita,** matador de toros español (Córdoba 1862-*id.* 1941). Tomó la alternativa en 1887, y hasta su retirada en 1898 fue el diestro más completo de su época.

**guerra fría,** nombre dado al período de tensión que enfrentó, de 1945 a 1990, a E.U.A. y la U.R.S.S. con sus aliados respectivos formando dos bloques dotados de medios militares considerables que defendían sistemas ideológicos y económicos opuestos. Al período 1948-1962, años especialmente conflictivos, sucedieron una fase de distensión (1963-1978) y una nueva intensificación de las tensiones (1979-1985). El fin de la guerra fría coincidió con el fracaso del comunismo, y se oficializó en la *Carta de París* en la reunión de la C.S.C.E. de 1990.

**guerra mundial** *(primera),* conflicto que, de 1914 a 1918, enfrentó a Alemania y Austria-Hungría, a las que se unieron Turquía (1914) y Bulgaria (1915), con Serbia, Francia, Rusia, Bélgica y Gran Bretaña,

Oswaldo **Guayasamín:** *La iglesia.* Pintura de la serie *Huacayñán.* (Col. part.)

NORUEGA
Finlandia
SUECIA
Petrogrado
Cristianía
Estocolmo
DINAMARCA
RUSIA
REINO UNIDO
Berlín
Londres
P. B.
ALEMANIA
Polonia
BELG.
AUSTRIA
París
Viena
Budapest
FRANCIA
SUIZA
HUNGRÍA
RUMANIA
Bosnia-Herz.
Bucarest
Sarajevo
SERBIA
Sofía
BULG.
ESPAÑA
Madrid
ITALIA
Roma
ALB.
GRECIA
Atenas
0 300 km
EUROPA EN 1914
Triple entente
Triple alianza

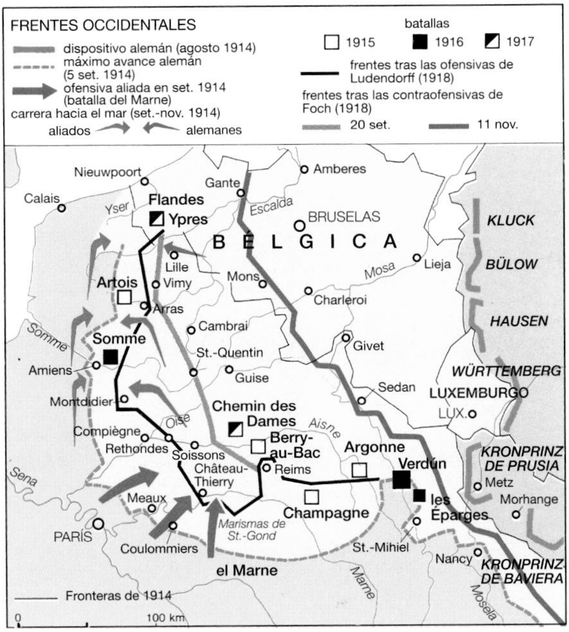
FRENTES OCCIDENTALES
dispositivo alemán (agosto 1914)
máximo avance alemán (5 set. 1914)
ofensiva aliada en set. 1914 (batalla del Marne)
carrera hacia el mar (set.-nov. 1914)
aliados
alemanes
batallas
1915
1916
1917
frentes tras las ofensivas de Ludendorff (1918)
frentes tras las contraofensivas de Foch (1918)
20 set.
11 nov.
Nieuwpoort
Amberes
Gante
Calais
Flandes
Yser
Escalda
Ypres
BRUSELAS
BÉLGICA
Lille
Lieja
Mosa
Mons
Artois
Vimy
Charleroi
Arras
Cambrai
Somme
Givet
St.-Quentin
Amiens
Guise
Sedan
Montdidier
LUXEMBURGO
LUX.
Oise
Chemin des Dames
Aisne
Compiègne
Rethondes
Soissons
Berry-au-Bac
Argonne
Reims
Verdún
Château-Thierry
Sena
Meaux
les Éparges
Champagne
Marismas de St.-Gond
PARÍS
Coulommiers
St.-Mihiel
Nancy
el Marne
Marne
Mosela
KLUCK
BÜLOW
HAUSEN
WÜRTTEMBERG
KRONPRINZ DE PRUSIA
Metz
Morhange
KRONPRINZ DE BAVIERA
Fronteras de 1914
0 100 km

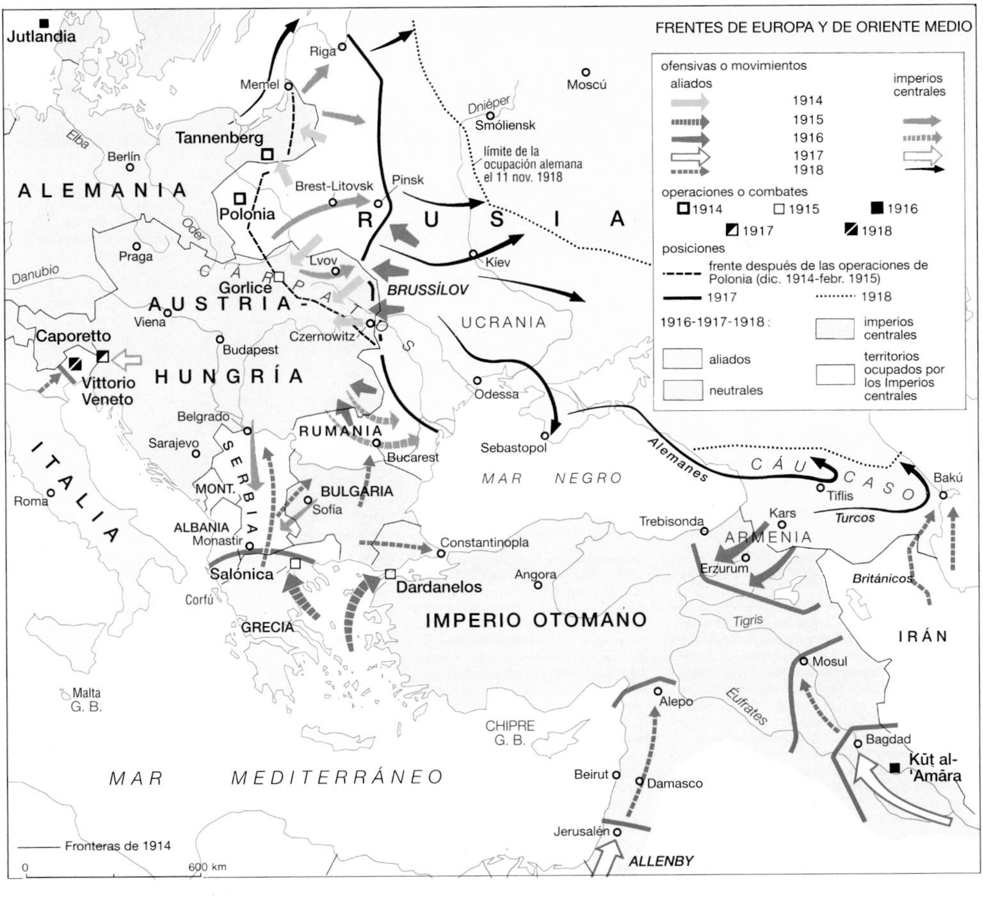
FRENTES DE EUROPA Y DE ORIENTE MEDIO
ofensivas o movimientos
aliados
imperios centrales
1914
1915
1916
1917
1918
operaciones o combates
1914
1915
1916
1917
1918
posiciones
frente después de las operaciones de Polonia (dic. 1914-febr. 1915)
1917
1918
1916-1917-1918:
aliados
neutrales
imperios centrales
territorios ocupados por los Imperios centrales
Jutlandia
Riga
Memel
Moscú
Dniéper
Smóliensk
Tannenberg
Elba
Berlín
límite de la ocupación alemana el 11 nov. 1918
ALEMANIA
Brest-Litovsk
Pinsk
Polonia
RUSIA
Oder
Praga
Lvov
Kíev
Danubio
CÁRPATOS
Gorlice
BRUSSÍLOV
AUSTRIA-HUNGRÍA
Viena
UCRANIA
Czernowitz
Caporetto
Budapest
Vittorio Veneto
Odessa
Belgrado
RUMANIA
Sarajevo
SERBIA
Sebastopol
Bucarest
Alemanes
CÁUCASO
Bakú
ITALIA
MONT.
BULGARIA
MAR NEGRO
Tiflis
Roma
Sofía
Kars
Turcos
ALBANIA
Trebisonda
Monastir
Constantinopla
ARMENIA
Salónica
Erzurum
Angora
Dardanelos
Británicos
Corfú
GRECIA
IMPERIO OTOMANO
Tigris
IRÁN
Mosul
Malta G. B.
Alepo
Éufrates
CHIPRE G. B.
Bagdad
Kūt al-'Amāra
MAR MEDITERRÁNEO
Beirut
Damasco
Jerusalén
ALLENBY
Fronteras de 1914
0 600 km

**primera guerra mundial 1914-1918**

**1914.** *Atentado de Sarajevo* (28 junio). *Austria-Hungría declara la guerra a Serbia* (28 julio) *y a Rusia* (5 ag.); *Alemania declara la guerra a Rusia* (1 ag.) *y a Francia* (3 ag.); *Gran Bretaña* (4 ag.) *y Japón* (23 ag.) *declaran la guerra a Alemania.* — Alemania viola la neutralidad de Bélgica. — Neutralidad italiana. — 3 nov. Turquía entra en la guerra contra los aliados.

**frente occidental.** Ag. Invasión de Bélgica y del N de Francia (retirada francesa). — 6-13 set. **Maniobra y victoria de Joffre en el Marne.** — Set.-nov. Carrera hacia el mar y refriega de Flandes: *estabilización de un frente* continuo de 750 km desde Ypres hasta la frontera suiza.

**frente oriental.** Ag.-oct. Ofensivas rusas en Prusia oriental (detenida en *Tannenberg,* 26 ag.) y en Galitzia (toma de Lvov, set.; retirada austro-alemana de los Cárpatos y el Warta). *Frente estabilizado* del Nieman a los Cárpatos (Memel [act. Klàipeda], o de Varsovia, Görlitz).

**otros frentes.** Set.-dic. Derrotas de Austria en Serbia. — Oct.-dic. Desembarco británico en el golfo Pérsico.

**1915.** *Italia firma el tratado de Londres con los aliados* (26 abril), *denuncia la Triple alianza y entra en guerra contra Austria-Hungría* (23 mayo). *Bulgaria entra en la guerra en el bando de los imperios centrales* (5 oct.). — Grecia mantiene su neutralidad. — Los aliados llevan a cabo el bloqueo naval de los imperios centrales. — Los alemanes responden por medio de la guerra submarina (18 febr.).

**frente occidental.** Abril. Empleo de gas por parte de los alemanes. — Mayo-set. Vanos intentos franceses de penetrar en Champagne y Artois.

**frente oriental y Balcanes.** Feb.-set. *Ofensivas alemanas en Prusia oriental y Polonia: repliegue ruso* en Polonia hasta la línea Riga-Dvinsk-Pinsk-Czernowitz (Chernovtsi). — Febr.-abril. Derrotas de los aliados en los *Dardanelos.* — 5 oct. Desembarco aliado en *Salónica.* — Oct.-nov. Los alemanes y los búlgaros conquistan Serbia.

**otros frentes.** Ofensivas italianas en el Trentino y Kras (julio). — Ocupación del África del Sudoeste alemana (julio).

**1916.** Levantamiento de Arabia contra el sultán: Ḥusayn, rey del Hiŷaz. — Acuerdos francobritánicos sobre Oriente medio. — 27 ag. *Rumania declara la guerra a Austria, e Italia declara la guerra a Alemania.*

**frente occidental.** 21 febr.-dic. **Batalla de Verdún.** — 1 julio-oct. Ofensiva aliada del Somme (empleo de carros de combate por parte de los británicos). — 29 ag. Hindenburg y Ludendorff al mando de los ejércitos alemanes.

**frente oriental y otros frentes.** Ofensivas rusas en Armenia (febr.), en Galitzia y en Bucovina (Brusílov, junio-set.). — 14 set. Ofensiva aliada en Macedonia (Monastir [Bitola], 19 nov.). — *Los alemanes conquistan Rumania* (oct.-dic.). — En. Los aliados ocupan Camerún. — 28 abril. Derrota británica en Kūt al-'Amāra. — 31 mayo. *Batalla naval de Jutlandia.*

**1917.** 1 febr. Guillermo II decide la guerra submarina a ultranza (abril: 875 000 t de navíos aliados hundidas). — Marzo-nov. **Revolución rusa.** — 2 abril. **Estados Unidos entra en la guerra en el bando de los aliados.** — Ag. China declara la guerra a Alemania.

**frente occidental.** Fracaso de la ofensiva de Nivelle en el Chemin des Dames (16 abril). Crisis del ejército francés: Pétain, generalísimo (15 mayo). — Ataques franceses en Verdún (ag.) y en el Ailette (oct.), británicos en Flandes (junio-nov.) y, con carros de combate, en Cambrai (20 nov.).

**frente ruso.** Los alemanes ocupan Riga (3 set.) y Bucovina (julio-set-). — 15 dic. *Armisticio ruso-alemán de Brest-Litovsk.*

**otros frentes.** *Derrota italiana de Caporetto* (24 oct.). — Los británicos conquistan Bagdad (11 marzo) y Jerusalén (9 dic.).

**1918.** 9 febr. y 3 mayo. *Tratados de Brest-Litovsk entre Alemania, Ucrania y Rusia.* — *Foch, comandante en jefe de los ejércitos aliados en el frente occidental* (Doullens, 26 marzo; Beauvais, 3 abril). — 7 mayo. Tratado de Bucarest. — Oct. Independencia de los húngaros, los checos y los yugoslavos. — 9 nov. Abdicación de Guillermo II. — 11 nov. Austria proclama una república vinculada a Alemania.

**frente occidental.** *Ofensivas alemanas en Picardía* (21 de marzo), *en el Marne* (27 mayo) *y en Champagne* (15 julio). — Julio-nov. *Contraofensivas de Foch en Champagne* (18 julio), *en Picardía* (ag.) *y del Mosa al mar* (set.); retirada alemana de Gante, Mons y Sedan. — 11 nov. **Armisticio de Rethondes.**

**Balcanes y otros frentes.** 15 set. *Ofensiva general de Franchet d'Esperey en Macedonia.* — 29 set. *Armisticio con Bulgaria.* — Set.-oct. Los británicos conquistan Beirut, Damasco y Alepo. — 24 oct. Victoria italiana de Vittorio Veneto. — Armisticios de Mudros con Turquía (30 oct.) y de Padua con Austria (3 nov.). — 14 nov. Rendición de los alemanes en África oriental.

**tratados de paz.** 28 junio 1919. *Tratado de Versalles* con Alemania. — 10 set. 1919. *Tratado de Saint-Germain* con Austria. — 27 nov. 1919. *Tratado de Neuilly* con Bulgaria. — 4 junio 1920. *Tratado de Trianon* con Hungría. — 10 ag. 1920. *Tratado de Sèvres* con Turquía. — 12 nov. 1920. *Tratado italo-yugoslavo de Rapallo.* — 18 marzo 1921. *Tratado de Riga* entre Polonia y la Rusia soviética. — 24 julio 1923. *Tratado de Lausana* con Turquía.

**pérdidas humanas civiles y militares en la primera guerra mundial.** Total general: 8 millones aprox. En Alemania: 1 800 000. — Austria-Hungría: 950 000 aprox. — Bélgica: 45 000. — Canadá: 62 000. — Estados Unidos: 114 000. — Francia: 1 400 000. — Gran Bretaña: 780 000. — Italia: 530 000. — Rumania: 700 000 aprox. — Rusia: 1 700 000 aprox. — Serbia: 400 000. — Turquía: 400 000.

aliadas con Japón (1914), Italia (1915), Rumania y Portugal (1916), E.U.A., Grecia, China y varios estados suramericanos (1917).

***Causas.*** La política mundial de Alemania, su expansión económica y naval, sobre todo en el Próximo oriente, el antagonismo germano-eslavo en los Balcanes y la carrera armamentista de los dos bloques de la Triple alianza (Alemania, Austria-Hungría, Italia) y de la Triple entente (Francia, Gran Bretaña, Rusia) crearon en Europa tras las guerras balcánicas (1912-1913) un estado de tensión a partir del cual el menor incidente podía provocar un conflicto armado. El detonante fue el asesinato del archiduque heredero Francisco Fernando de Austria-Hungría cometido el 28 de junio de 1914 en Sarajevo por un estudiante bosnio. El 28 de julio, Austria-Hungría, empujada por Guillermo II, a quien se le había concedido un verdadero «cheque en blanco», declaró la guerra a Serbia. El sistema de alianzas entró en juego.

***Consecuencias.*** El alcance y la importancia de las destrucciones, las dificultades de abastecimiento, el alza de precios y la incertidumbre de la moneda afectaron tanto a vencedores como a vencidos. El hundimiento de los imperios ruso, austrohúngaro, otomano y el del II Reich permitieron el desarrollo de minorías nacionales hasta entonces acalladas. Alemania perdió 70 000 $km^2$, es decir, 7 millones de habitantes y la octava parte de su territorio, perteneciente a Alsacia-Lorena, Prusia occidental y Posnania. Prusia oriental fue separada del conjunto del Reich por el «corredor» que proporcionaba a Polonia un acceso al mar, mientras que Danzig se convirtió en ciudad libre bajo control de la Sociedad de Naciones. El imperio británico se transformó en una confederación de pueblos y el imperio colonial francés planteó, a corto plazo, menos problemas políticos. Dos naciones, E.U.A. y Japón, fueron las principales beneficiarias de las dificultades económicas y políticas de Europa después de la guerra.

**guerra mundial** *(segunda),* conflicto que, de 1939 a 1945, enfrentó a las potencias aliadas (Polonia, Gran Bretaña y Commonwealth, Francia, Dinamarca, Noruega, Países Bajos, Bélgica, Yugoslavia, Grecia, U.R.S.S., E.U.A., China y la mayoría de países de la América latina) con las potencias del Eje (Alemania, Italia, Japón y sus satélites, Hungría, Eslovaquia, etc.).

***Causas.*** El origen del conflicto residió fundamentalmente en la voluntad de Hitler de liberar al III Reich del *diktat* de Versalles (1919) y de dominar Europa. Tras haber restablecido el servicio militar obligatorio (1935) con el fin de disponer de un poderoso ejército (Wehrmacht), Hitler remilitarizó la orilla izquierda del Rin (1936), y anexionó Austria y parte de Checoslovaquia (1938). El reconocimiento del hecho consumado en Munich (1938) por Francia y Gran Bretaña le alentó a proseguir aquella política de fuerza. Se apoderó entonces del resto de Checoslovaquia (marzo 1939), se aseguró el

EUROPA EL 1 DE SETIEMBRE DE 1939

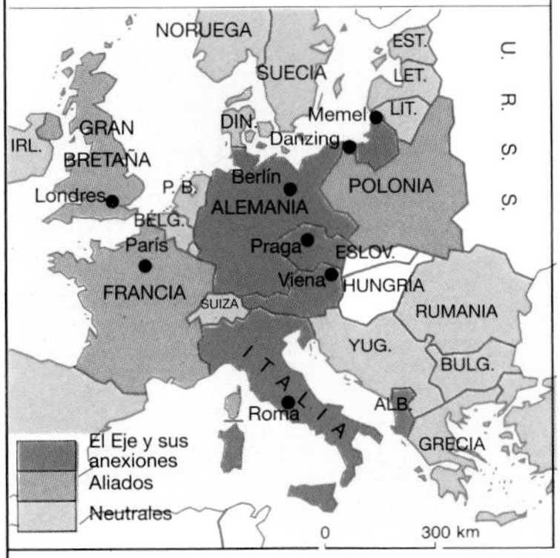


LA GUERRA EN EUROPA HASTA 1942

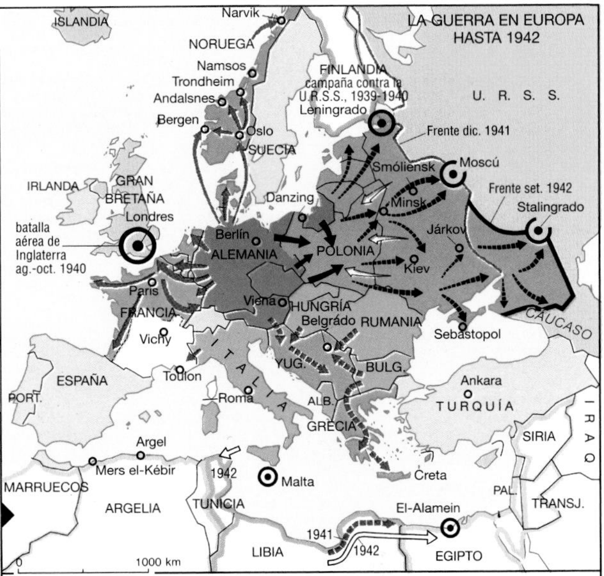


- campañas de las tropas del Eje:
  - en Polonia, 1939
  - en Francia y en Noruega, 1940
  - 1941
  - en Rusia, 1941-1942
- puntos de interrupción de las ofensivas alemanas
- ofensiva de las tropas soviéticas, 1939
- países aliados de Alemania u ocupados por la Wehrmacht
- países conquistados por Alemania
- países europeos no participantes en el conflicto

LA GUERRA EN EUROPA 1942-1945

- países del Eje u ocupados por las tropas del Eje
- países aliados o arrastrados a la guerra al lado de los aliados
- países neutrales no afectados por la guerra
- situación de la tropas alemanas el 1 mayo 1945
- frentes soviéticos en diferentes fechas interrupciones prolongadas de las ofensivas aliadas en el Oeste
- aliados occidentales
- soviéticos

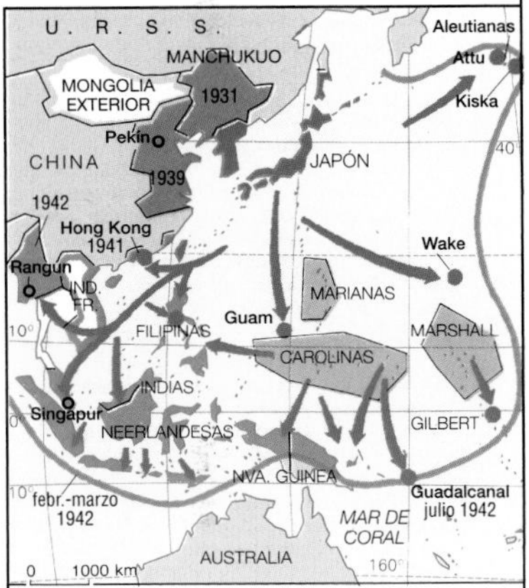


LA GUERRA EN EL PACÍFICO, 1941-1942

las conquistas de Japón

- territorio nacional
- posesiones del Pacífico
- territorios ocupados antes de 1940
- operaciones y conquistas
- avance extremo (julio 1942)

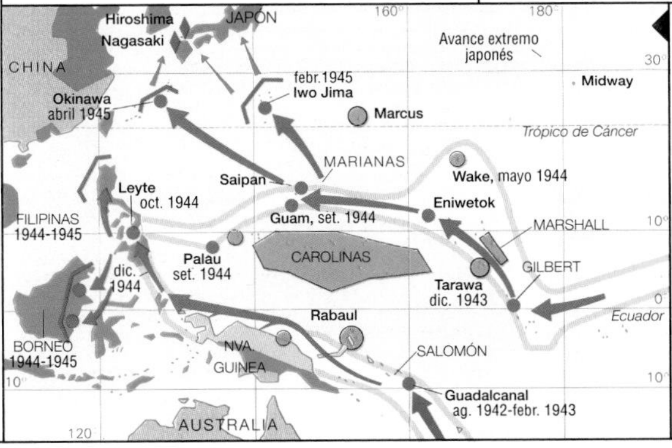


LA GUERRA EN EL PACÍFICO 1942-1945

la reconquista norteamericana

- ejes de penetración de las fuerzas norteamericanas
- posiciones japonesas rodeadas por las acciones norteamericanas
- desembarcos sucesivos y fechas de ocupación definitiva
- bombardeos nucleares norteamericanos

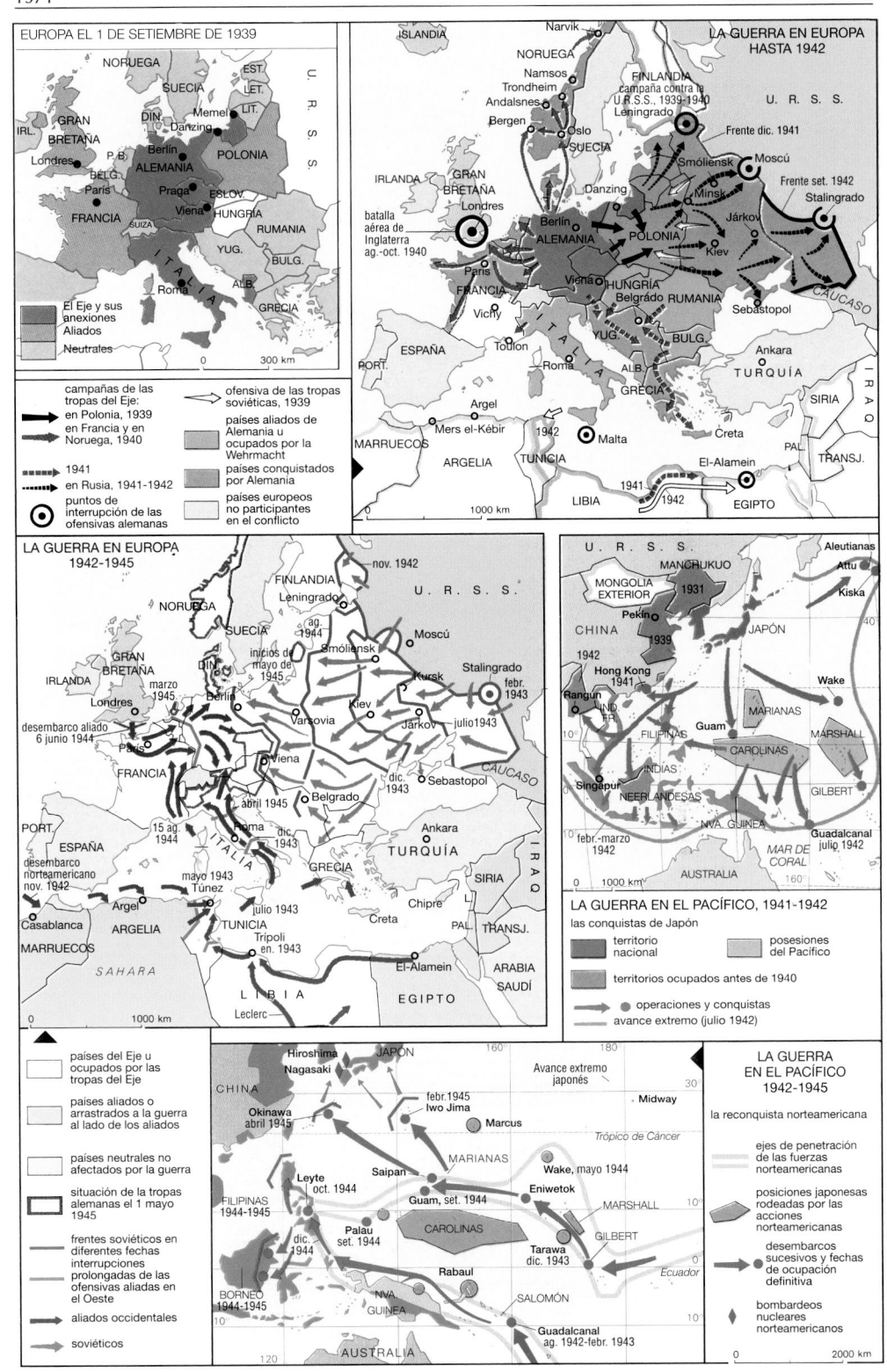

0 2000 km

**segunda guerra mundial 1939-1945**

**1939.** 1 set. Alemania desencadena la guerra al invadir Polonia. — 3 set. *Gran Bretaña y Francia declaran la guerra a Alemania.* (No beligerancia italiana. Neutralidad de Estados Unidos.) — 28 set. Tratado germanosoviético de reparto de Polonia.

1-27 set. Campaña de *Polonia.* — 17 set. Entrada de las tropas soviéticas en Polonia oriental. — Set.-oct. Operación francesa en el Sarre. — 30 nov. Ataque soviético en *Finlandia.* Japón, en guerra con China desde 1937, controla en 1939 la fachada marítima de dicho país.

**1940.** 10 junio. *Italia declara la guerra a Francia y Gran Bretaña.* — 17 junio. Pétain solicita el armisticio. — 18 junio. Llamamiento de De Gaulle en Londres. — 22-24 junio. *Armisticio francoalemán y francoitaliano.* — 10 julio. Pétain es investido de plenos poderes. — 27 set. *Pacto tripartito* (Alemania, Italia y Japón). — Ag.-set. Desmembramiento de Rumania en provecho de Hungría (Transilvania) y Bulgaria (Dobrudja). — 24 oct. *Entrevista Hitler-Pétain en Montoire.* — Junio-ag. Ultimátum japonés a la Indochina francesa. — 4 nov. Roosevelt, reelegido presidente de Estados Unidos. — 13 dic. Pétain destituye a Laval.

**Europa occidental.** 9 abril-10 junio. Campaña de *Noruega.* — 10 mayo-25 junio. *Campaña de Francia.* — 25-28 mayo. Capitulaciones neerlandesa y belga. 28 mayo - 4 junio. Batalla de *Dunkerque.* — 14 junio. *Los alemanes ocupan París.* — Ag.-oct. Batalla aérea de *Inglaterra.*
**Europa oriental.** 15 junio-2 julio. La U.R.S.S. ocupa los países Bálticos, Besarabia y Bucovina. — 7 oct. La Wehrmacht entra en Rumania. — 28 oct. Grecia rechaza el ultimátum de Mussolini; ofensiva italiana.
**África.** 3 julio. Mers el-Kébir. — Ag.-dic. Ataque italiano contra Somalia Británica.

**1941.** Febr. *Darlan, jefe del gobierno de Vichy.* — 11 marzo. Ley de préstamo y arriendo norteamericana. — 13 abril. Pacto de no agresión entre Japón y la U.R.S.S. — 28 mayo. Acuerdos Darlan-Warlimont sobre África. — 29 julio. Acuerdo francojaponés sobre Indochina. — 14 ag. *Carta del Atlántico.* — 7 set. La ley de préstamo y arriendo se extiende a la U.R.S.S. — 24 set. Creación del Comité nacional francés en Londres. — 7 dic. *Estados Unidos, y más tarde China, en guerra contra Alemania, Italia y Japón.*

**Europa oriental.** Abril. Intervención alemana en *Grecia.* — 6-18 abril. Campaña de *Yugoslavia.* — Mayo. Batalla de *Creta.* — 22 junio. **Ofensiva alemana contra la U.R.S.S.**; batalla de *Moscú* (dic.). Fin de la guerra relámpago.
**otros frentes.** 8 junio-14 julio. Campaña de Siria. — 28 junio. Los japoneses entran en Cochinchina. — Ag. Irán rompe con el Eje. — 7 dic. **Ataque japonés a Pearl Harbor.** Ofensivas alemana (marzo) y británica (nov.) en Libia.

**1942.** 1 en. Declaración de las Naciones unidas. — 18 abril. *Laval, jefe del gobierno de Vichy.* — 26 mayo. Tratado de asistencia anglosoviético. — Mayo-julio. Inicio de las deportaciones y de la resistencia organizada en Francia. — 8 nov. Pétain ordena la resistencia a los aliados en el N de África. — 10 nov. Armisticio francoaliado en África. — 11 nov. Alemania invade la zona libre de Francia. — 13 nov. *El África Occidental Francesa, con Darlan al frente, se suma a los aliados.* — 26 dic. Giraud sustituye a Darlan, asesinado el 24 dic. — Guerra submarina: 6,5 Mt de navíos aliados hundidas.

**África.** En.-julio. Rommel ataca en Libia. — Mayo-oct. Los británicos ocupan Madagascar. — 23 oct. El-Alamein. — 8-11 nov. **Desembarco aliado en Marruecos y Argelia, y alemán en Túnez.**
**frente ruso.** Ofensivas alemanas en Crimea, en el Don, en el Cáucaso y en Stalingrado (mayo-set.).
**Extremo oriente.** Japón ocupa las Filipinas (en.), Singapur (15 febr.), Rangún (7 marzo) e Indonesia, y ataca las aleutianas (junio), Nueva Guinea y Guadalcanal (julio), pero es derrotado en las Midway (junio).
**Francia.** 27 nov. Hundimiento voluntario de la flota francesa en Toulon. Disolución del ejército francés del armisticio.

**1943.** 14 en. Conferencia de Casablanca. — 12 mayo. Giraud va a Túnez. — Mayo. Constitución del Consejo nacional de la Resistencia francesa. — 3 junio. *Formación del Comité francés de liberación nacional en Argel (C.F.L.N.).* — 24 julio. Dimisión de Mussolini; gobierno Badoglio. — 17 set. Extensión de la ley de préstamo y arriendo al C.F.L.N. — 8 nov. Líbano declara abolido el mandato francés; revueltas en Beirut. — 13 oct. Badoglio declara la guerra a Alemania. — 2 dic. Conferencia Roosevelt-Churchill-Stalin en Teherán.

**África.** Los británicos ocupan Trípoli (23 en.) y se unen a las tropas franconorteamericanas en Tunicia (abril). Liberación de Túnez (7 mayo): la Wehrmacht es expulsada de África.
**Italia.** Los aliados desembarcan en Sicilia (10 julio) y en Calabria (3 set.). **Capitulación de Italia** (3 y 8 set.).
**frente ruso.** 2 febr. **Victoria de Stalingrado.** Los soviéticos atacan Rostov (febr.), Orel (julio), Járkov (ag. y el Dniéper (set.-oct.), y liberan Kursk y Kíev (6 nov.).
**Extremo oriente.** Contraofensiva aliada en las islas Salomón y Gilbert y en Nueva Guinea (junio-dic.).

**1944.** 3 en. Francia reconoce la soberanía de Siria y Líbano. — 30 en. *Conferencia de Brazzaville.* — 19 marzo. Los alemanes ocupan Hungría. — 3 junio. El C.F.L.N. se proclama gobierno provisional de la República Francesa. — 10 junio. Matanza de la población de Oradour-sur-Glane (Haute-Vienne), por las S.S. — 20 julio. Fracaso de un golpe de estado contra Hitler; exterminio masivo de deportados en Alemania. — Independencia de Islandia (17 junio) y de las Filipinas (20 julio). — 5-6 set. Guerra de un día entre Bulgaria y la U.R.S.S. — *Armisticios con Bulgaria* (11 set.), *Rumania* (12 set.) y *Finlandia* (19 set.), que se unen al bando aliado. — 31 ag. Traslado del gobierno francés de Argel a París. — Ag.-dic. Conflicto entre los gobiernos polacos de Londres y de Lublin. — 5 set. Constitución del Benelux. — 7 oct. *Creación de la Liga árabe.* — 10 dic. Tratado de alianza francosoviético.

**frente occidental. Italia.** Febr.-mayo. Batalla de Montecassino. Victoria francesa de Garigliano (mayo). Ocupación de Roma (4 junio).
**Francia.** Febr.-abril. Batallas de Glières y Vercors. — 6 junio. **Desembarco de Normandía**: creación de una cabeza de puente (9-18 julio); los norteamericanos abren una brecha al S de Avranches (1 ag.). — 15 ag. *Desembarco en Provenza.* — *Liberación de París* (25 ag.). — 1 oct. Los aliados alcanzan la frontera alemana de Bélgica y Países Bajos. — Fracaso del ataque de Rundstedt en las Ardenas y en Alsacia (16 dic.-16 en. 1945).
**frente oriental.** Ofensiva soviética en el Dniéper y el Dniéster (febr.-abril); en *Bielorrusia* y en los *países Bálticos* (julio-oct.); en *Polonia* (julio); en *Rumania, Bulgaria* y *Hungría* (set.-dic.). — Desembarco británico en Grecia (oct.). Liberación de Belgrado (20 oct.).
**Extremo oriente.** Batallas de Nueva Guinea (en.-julio), las Carolinas, las Marianas y las Filipinas (mayo-dic.). — Ofensiva británica en Birmania (set.-dic.)

**1945.** 4-11 febr. *Conferencia de Yalta.* Turquía y los países árabes declaran la guerra a Alemania y Japón. — 25 abril. *Conferencia de las Naciones unidas en San Francisco.* — 30 abril. Suicidio de Hitler. — Mayo-junio. *Intervención militar británica en Siria; evacuación de las fuerzas francesas.* — 9 junio. Acuerdos entre Yugoslavia y los aliados en Trieste. — 9 julio. Tratados de alianza entre la U.R.S.S., Bulgaria, Hungría, Rumania, Checoslovaquia y Yugoslavia. — 17 julio-2 ag. **Conferencia de Potsdam.** — 26 julio. Churchill, sustituido en el gobierno por Attlee. — 8 ag. *La U.R.S.S. declara la guerra a Japón y ocupa Port-Arthur* (23 ag.). — 14 ag. Tratado de alianza chinosoviético. — 2 set. **Firma solemne del acta de capitulación de Japón.**

**frente occidental.** *Los aliados atraviesan el Rin* (marzo), ocupan Hannover, Sajonia y Baviera, y penetran en Austria y Bohemia (abril).
**frente oriental.** Los soviéticos toman *Varsovia* (17 en.), *Budapest* (febr.), *Viena* (12 abril) y *Berlín* (2 mayo). — Las fuerzas aliadas y soviéticas se encuentran en Torgau (25 abril) y en Wismar (3 mayo). — **Capitulación de la Wehrmacht, en Reims** (7 mayo), **y en Berlín** (9 mayo).
**Extremo oriente.** Batalla de las Filipinas (febr.- marzo). — 9 marzo. Los japoneses atacan Indochina. — Los aliados toman Rangún (3 mayo); batalla de Okinawa (abril-junio). — **Bombardeos atómicos de Hiroshima** (6 ag.) **y Nagasaki** (9 ag.). — *Capitulación japonesa* (14 ag.).

**tratados de paz.** — 10 febr. 1947. *Tratados de París,* entre las Naciones unidas, Italia, Rumania, Bulgaria, Hungría y Finlandia. — 8 set. 1951. *Tratado de San Francisco,* entre las Naciones unidas (salvo la U.R.S.S.) y Japón. — 15 mayo 1955. *Tratado de estado* por el que se restableció la independencia de Austria.

**pérdidas humanas civiles y militares de la segunda guerra mundial.** Total general: entre 40 y 52 millones de muertos, de los cuales aprox. 7 millones de deportados a Alemania. Alemania: 4,5 millones aprox. — Bélgica: 89 000. — Canadá: 41 000. — Estados Unidos: 300 000. — Francia: 535 000 aprox. — Gran Bretaña: 390 000. — Grecia: 500 000 aprox. — Hungría: 450 000 aprox. — Italia: 310 000. — Japón: 2 millones aprox. — Países Bajos: 210 000 aprox. — Polonia: 5 millones aprox. — Rumania: 460 000 aprox. — U.R.S.S.: 20 millones aprox. — Yugoslavia: 1,5 millones aprox.
Alrededor de 5 100 000 judíos murieron, víctimas de las deportaciones y de las matanzas durante la guerra.

apoyo de Italia (mayo) y la neutralidad benévola de la U.R.S.S. mediante un acuerdo para repartirse Polonia (acuerdos Ribbentrop-Molótov, 23 ag.). El problema de Danzig sirvió entonces como pretexto para desencadenar un conflicto que, aunque se originó en Europa, abarcaría el mundo entero. ***Consecuencias.*** A excepción de E.U.A., los adversarios salieron destrozados y arruinados. En el plano político, la segunda guerra mundial significó el desmembramiento de los imperios coloniales británico, francés y holandés. Sólo grandes naciones como la U.R.S.S. obtuvieron un incremento territorial importante gracias a la recuperación de las antiguas dependencias del imperio zarista. Si la primera guerra mundial tuvo un rápido final —en los dos años siguientes al derrumbamiento de los imperios centrales los tratados reestructuraron el mapa de Europa— no ocurrió lo mismo después de 1945. La suerte de Alemania y Japón, los dos principales derrotados, quedó en suspenso. Casi inmediatamente surgió un antagonismo entre las democracias occidentales y la U.R.S.S. Ésta acogió bajo su protección a los países de la Europa oriental, y los dotó (golpe de Praga, 1948), de un régimen político y social idéntico al suyo. El fin de la segunda guerra mundial fue también el principio de la guerra fría.

**Guerra y paz,** novela de L. Tolstói (1865-1869, publicada en 1878), vasto fresco de la aristocracia rusa en la época de las guerras napoleónicas.

**GUERRERO** *(estado de),* est. del SO de México, en la costa del Pacífico; 63 794 km²; 2 620 637 hab. Cap. *Chilpancingo de los Bravo.*

**GUERRERO,** mun. de México (Chihuahua); 40 880 hab. Cab. *Ciudad Guerrero.* Centro minero.

**GUERRERO** (Francisco), compositor español (Sevilla 1528-*id.* 1599), uno de los grandes maestros de la escuela andaluza del siglo de oro, cuyas obras (motetes, salmos, misas) se difundieron por Europa.

**GUERRERO** (Jacinto), compositor español (Ajofrín, Toledo, 1895-Madrid 1951). Autor de zarzuelas de éxito, *Los gavilanes* (1924), *El huésped del sevillano* (1926) y *La rosa del azafrán* (1930), abordó también el género de la revista (*La blanca doble,* 1944).

**GUERRERO** (José), pintor español (Granada 1914-Barcelona 1991), nacionalizado norteamericano. Estuvo adscrito al expresionismo abstracto y a la nueva abstracción de los años setenta.

**GUERRERO** (María), actriz española (Madrid 1867-*id.* 1928). Formó compañía con su esposo, F. Díaz de Mendoza, y se consagró como la mejor actriz de su tiempo.

**GUERRERO** (Vicente), general y político mexicano (Tixtla 1782-Cuilapán 1831). Participó en la guerra de la Independencia con Morelos (1810) y con Iturbide tras la reunión de Acatempan (1821), pero posteriormente se opuso a éste. Presidente en 1829, tras el motín de la Acordada, abolió la esclavitud. Fue derrocado por Bustamante (1830), juzgado y fusilado.

**GUERRERO Y TORRES** (Francisco Antonio), arquitecto mexicano (Guadalupe *c.* 1720-† 1792), figura central del barroco mexicano. Su obra más famosa es la capilla del Pocito de Guadalupe (1777-1791), en la que utilizó azulejo de un cromatismo acentuado. Construyó varias residencias señoriales.

**GUESCLIN** (Bertrand **du**), condestable de Francia (La Motte-Broons *c.* 1320-Châteauneuf-de-Randon 1380). Luchó en la guerra de los Cien años y venció a Carlos II de Navarra. Con las Compañías blancas combatió en Castilla, junto a Pedro IV de Aragón, a favor de Enrique de Trastámara, rival de Pedro I el Cruel. Tras acceder al trono Enrique (1369), Du Guesclin combatió a sus órdenes contra Portugal, y en 1370 volvió a Francia para dirigir las operaciones militares contra los ingleses.

**GUEVARA** (Ernesto **Guevara,** llamado **el Che**), revolucionario cubano de origen argentino (Rosario 1928-Higueras, Bolivia, 1967). Comandante de la guerrilla en sierra Maestra contra Batista (1956-1959), al triunfar la revolución fue responsable de finanzas (1959-1961) y ministro de Industria (1961-1965). Renunció a sus cargos y se unió a la guerrilla de Bolivia, donde fue muerto por el ejército. Escribió obras sobre la lucha revolucionaria. Sus restos fueron hallados en Bolivia y trasladados a Cuba (1997). [V. *ilustración pág. 1374.*]

**GUEVARA** *(fray* Antonio **de**), escritor español (¿Treceño? *c.* 1480-Mondoñedo 1545). Cronista de Carlos Quinto, su obra denota una visión medieval del mundo y su ampuloso estilo presagia rasgos del barroco. Destacan: *Reloj* de príncipes* (1529), *Menosprecio de corte y alabanza de aldea* (1539).

**GUEVARA ARCE** (Walter), político boliviano (Cochabamba 1911-La Paz 1996). Presidente interino en 1979, fue derrocado por el coronel Natush.

**GUEVARA Y LIRA,** mun. de Venezuela (Anzoátegui); 30 513 hab. Cereales. Ganado vacuno.

**GUGGENHEIM** (Salomon), industrial y coleccionista norteamericano (Filadelfia 1861-Nueva York 1949). El museo que alberga sus colecciones de arte del siglo XX se halla ubicado en un edificio helicoidal del arquitecto F. L. Wright. La fundación que lleva su nombre también administra el museo Peggy Guggenheim en Venecia (colección de arte contemporáneo creada por su sobrina [1898-1979]), así como los museos Guggenheim de Bilbao (edificio de F. Gehry) y de Berlín.

**GUGGIARI** (José Patricio), abogado y político paraguayo (1884-1957). Dirigente del partido liberal, fue presidente de la república (1928-1932).

**Gugong** o **Ku-kong,** nombre chino de la *Ciudad prohibida* de Pekín.

**GUI DE LUSIGNAN** (Lusignan *c.* 1129-Nicosia 1194), rey de Jerusalén [1186-1192], señor de Chipre [1192-1194]. Conrado I de Montferrato le arrebató el reino de Jerusalén (1192).

**GUÍA DE ISORA,** mun. de España (Santa Cruz de Tenerife), en Tenerife; 12 021 hab. *(Guienses.)*

**Guía de pescadores,** tratado moral de fray Luis de Granada (1556), obra ascética considerada en algunos puntos como precedente del molinismo.

**GUICCIARDINI** (Francesco), historiador italiano (Florencia 1483-Arcetri 1540). Sirvió a los papas y escribió una *Historia de Italia* (1537-1540), que abarca de 1492 a la muerte de Clemente VII.

Jorge **Guillén** (por Álvaro Delgado)

**GUIDO** *(san)* → ***Vito*** (san).

**GUIDO** (Alfredo), pintor y grabador argentino (Rosario 1892-Buenos Aires 1967), especializado en el género costumbrista.

**GUIDO** (Beatriz), escritora argentina (Rosario 1925-Madrid 1988). En sus novelas (*Fin de fiesta,* 1958; *El incendio y las vísperas,* 1964; *La invitación,* 1979) aborda los problemas de la adolescencia, el sexo, el poder y la sociedad contemporánea.

**GUIDO** (José María), político argentino (Buenos Aires 1910-*id.* 1975). Líder radical, fue elegido presidente de la república (1962-1963) tras ser derrocado Frondizi por las fuerzas armadas.

**GUIDO Y SPANO** (Carlos), escritor y periodista argentino (Buenos Aires 1827-*id.* 1918), autor de los libros de poesía *Hojas al viento* (1871) y *Ecos lejanos* (1895), y de la obra en prosa *Ráfagas* (1879).

**GÜIGÜE,** mun. de Venezuela (Carabobo); 21 859 hab. Centro agrícola.

**GUILDFORD,** c. de Gran Bretaña, al SO de Londres; 57 000 hab. Monumentos antiguos.

**GUILFORD** (Joy Paul), sicólogo norteamericano (Marquette, Nebraska, 1897-Los Ángeles 1987). Su teoría de la inteligencia ha servido de base para la confección de numerosos tests.

**GUILIN** o **KUEI-LIN,** c. de China (Guangxi); 364 130 hab. Bellos paisajes con colinas que bordean el Xi Jiang; relieves rupestres, los más antiguos pertenecientes a la época Tang.

**GUILLEMIN** (Roger), médico norteamericano de origen francés (Dijon 1924). Determinó la estructura de las hormonas del hipotálamo y aisló las endorfinas. (Premio Nobel de fisiología y medicina 1977.)

**GUILLÉN** (Jorge), poeta español (Valladolid 1893-Málaga 1984). Integrante de la generación* del 27, su obra está influida por la poesía pura. El núcleo de su labor se halla en *Cántico** (1928; ed. definitiva 1950): ordenada exposición de su mundo poético, vitalmente afirmativa, donde los impulsos elementales del hombre se someten al rigor mental del poema. Dicho libro es la primera parte de *Aire nuestro* (1968), que incluye la trilogía *Clamor: tiempo de historia* (1957, 1960, 1963) y la sección *Homenajes, Reunión de vidas* (1967). Completan *Aire nuestro* los nuevos volúmenes: *Y otros poemas* (1973) y *Final* (1981). Toda esta producción posterior a *Cántico* amplía su temática (la historia, el caos, la persecución política, las voces literarias), apunta a una poesía narrativa y ofrece finos acentos satíricos. Publicó obras de crítica: *Lenguaje y poesía* (1962). [Premio Miguel de Cervantes 1976.]

Francisco Antonio **Guerrero y Torres:** detalle de las cúpulas de la capilla del Pocito (1777-1791) en el santuario de la Virgen de Guadalupe, México

Museo **Guggenheim** de Bilbao

**GUILLÉN** (Nicolás), poeta cubano (Camagüey 1902-La Habana 1989). Inspirándose en el folklore afrocubano incorporó el son, creando una poesía llena de ritmo y musicalidad, en la que se acentúa cada vez más su compromiso con la revolución cubana: *Sóngoro Cosongo,* 1931; *Cantos para soldados y sones para turistas,* 1937; *El son entero,* 1947; *La paloma de vuelo popular,* 1958; *Tengo,* 1964; *El gran Zoo,* 1968.

**GUILLÉN DE SEGOVIA** (Pero), poeta español (Sevilla 1413-Segovia *c.* 1474). Su poesía se conserva en cancioneros colectivos. Es autor de una paráfrasis bíblica *(Siete salmos penitenciales),* y del primer diccionario de rimas en castellano.

**GUILLENA,** v. de España (Sevilla); 7 715 hab. *(Guilleneros.)* Yacimientos de plomo. Embalse.

**GUILLERMINA** (La Haya 1880-castillo de Het Loo 1962), reina de Países Bajos [1890-1948], hija de Guillermo III. Su madre, Emma, ejerció la regencia de 1890 a 1898. Refugiada en Londres (1940-1945), en 1948 abdicó en favor de su hija, Juliana.

SANTOS

**GUILLERMO de Aquitania** o **de Tolosa** *(san),* conde de Tolosa y duque de Aquitania (*c.* 755-Gellone 812). Venció a los árabes y se retiró a la abadía de Gellone. Héroe de un ciclo de cantares de gesta (*Cantar de Guillermo,* ss. XI-XII).

ALEMANIA

**GUILLERMO I** (Berlín 1797-*id.* 1888), rey de Prusia [1861-1888], emperador de Alemania [1871-1888]. Hijo de Federico Guillermo III. Gobernó como regente en lugar de su hermano Federico Guillermo IV, afectado de una enfermedad mental (1858), y después le sucedió en el trono (1861). Al no poder obtener los créditos militares para la reforma de Moltke, nombró presidente del Consejo a Bismarck (1862). Desde entonces éste detentó el poder real. Tras la guerra franco-prusiana (1870-1871), Guillermo fue proclamado emperador de Alemania en el palacio de Versalles (18 en. 1871).

**GUILLERMO II** (en el castillo de Potsdam 1859-Doorn, Países Bajos, 1941), rey de Prusia y emperador de Alemania [1888-1918], nieto del anterior. Se desembarazó de Bismarck (1890) y dirigió él mismo el país, apoyándose en el bando conservador. A partir de 1898 inició un programa de construcción naval, con el fin de rivalizar con Gran Bretaña. Intentó llevar a cabo una política intimidatoria contra Francia (Tánger, 1905; Agadir, 1911) y amplió la influencia alemana en el imperio otomano. Tras la conclusión de la Triple entente (1907), estrechó sus lazos con Austria y en agosto de 1914 participó en la primera guerra mundial. Derrotado (1918), abdicó y se exilió.

AQUITANIA

**GUILLERMO IX** (1071-1126), conde de Poitiers y duque de Aquitania [1086-1126]. Combatió a los almorávides en España y fue uno de los más antiguos poetas en lengua romance, así como el primer poeta provenzal de obra conocida. Escribió canciones y sirventes, tanto de tipo juglaresco, e incluso obsceno, como dedicadas a reflejar el refinado ideal del amor cortés.

ESCOCIA

**GUILLERMO el León** (1143-Stirling 1214), rey de Escocia [1165-1214]. Proporcionó a su país una sólida organización administrativa y judicial.

HOLANDA Y PAÍSES BAJOS

**GUILLERMO I DE NASSAU,** llamado **el Taciturno** (en el castillo de Dillenburg 1533-Delft 1584). Estatúder de Holanda [1559-1567, 1572-1584]. Contrario a la política absolutista de Felipe II, se puso al frente de la sublevación (compromiso de Breda, 1563). Con la llegada del duque de Alba (1567), se retiró a Alemania, desde donde organizó la lucha y se negó a comparecer ante el tribunal de los Tumultos. Tras el saqueo de Amberes por las tropas españolas (1576), logró la insurrección de todas las provincias de los Países Bajos, pero no pudo evitar que las provincias meridionales católicas se situasen de nuevo bajo la autoridad de los españoles (1579), quienes lo mandaron asesinar. – **Guillermo II de Nassau** (La Haya 1626-*id.* 1650), estatúder de Holanda [1647-1650], hijo y sucesor de Federico Enrique. Por la paz de Westfalia (1648) obtuvo el reconocimiento de la independencia de las Provincias Unidas. Su prematura muerte permitió recuperar el poder al partido republicano. – **Guillermo III de Nassau** → ***Guillermo III,*** rey de Inglaterra.

**GUILLERMO I** (La Haya 1772-Berlín 1843), rey de Países Bajos y gran duque de Luxemburgo [1815-1840]. Designado rey por el congreso de Viena, perdió Bélgica en 1830 y abdicó en 1840. – **Guillermo II** (La Haya 1792-Tilburg 1849), rey de Países Bajos y gran duque de Luxemburgo [1840-1849], hijo del anterior. Se vio obligado a conceder una constitución parlamentaria (1848). – **Guillermo III** (Bruselas 1817-castillo de Loo 1890), rey de Países Bajos y gran duque de Luxemburgo [1849-1890], hijo del anterior.

INGLATERRA Y GRAN BRETAÑA

**GUILLERMO I el Conquistador** (¿Falaise? *c.* 1028-Ruán 1087), duque de Normandía (Guillermo II el Conquistador o el Bastardo) [1035-1087] y rey de Inglaterra [1066-1087]. En 1066 reivindicó la corona inglesa que le prometió Eduardo el Confesor, conquistó Inglaterra y le arrebató la corona al rey Harold II, al que mató en la batalla de Hastings (1066), y organizó su nuevo reino constituyendo una nobleza militar muy jerarquizada. En 1085 mandó redactar el *Domesday* book* – Su hijo y sucesor **Guillermo II el Rojo** (*c.* 1056-cerca de Lyndhurst 1100), rey de Inglaterra [1087-1100], luchó con éxito contra galeses y escoceses (1093).

**GUILLERMO III** (La Haya 1650-Kensington 1702), estatúder de las Provincias Unidas [1672-1702] y rey de Inglaterra, de Escocia y de Irlanda [1689-1702], hijo póstumo de Guillermo II de Nassau y de María, hija de Carlos I Estuardo. Como estatúder (1672) salvó su patria de la invasión francesa mediante la inundación intencionada de los pólders, formó una coalición europea contra Luis XIV y preservó la integridad del territorio neerlandés con el tratado de Nimega (1678). Defensor del protestantismo, arrebató el trono de Inglaterra a su suegro Jacobo II y fue proclamado rey en 1689, junto con su esposa María II Estuardo. Luis XIV reconoció su autoridad por el tratado de Ryswick (1697).

**GUILLERMO IV** (Londres 1765-Windsor 1837), rey de Gran Bretaña, Irlanda y Hannover [1830-1837], hijo de Jorge III.

DIVERSOS

**GUILLERMO TELL,** héroe legendario suizo (s. XIV). Célebre ballestero, no quiso someterse al representante de los Habsburgo, Gessler. Arrestado por éste, fue condenado a atravesar con una flecha una manzana colocada sobre la cabeza de su hijo, y salió victorioso de la prueba.

**GÜÍMAR,** c. de España (Santa Cruz de Tenerife), cab. de p. j., en Tenerife; 14 345 hab. *(Güimareños.)* Cultivos de tomates. Pesca.

**GUIMARÃES,** c. de Portugal (Braga); 48 164 hab. Fortaleza (ss. X-XIV), cuna del primer rey de Portugal, palacio de los duques de Braganza (s. XV), colegiata románica y otros monumentos. Museo arqueológico (cultura de los castros).

**GUIMARÃES ROSA** (João), escritor brasileño (Cordisburgo 1908-Río de Janeiro 1967). En sus novelas describió las tierras altas del NE de Brasil (*Gran Sertón: veredas,* 1956).

**GUIMERÁ** (Ángel), dramaturgo y poeta español en lengua catalana (Santa Cruz de Tenerife 1845-Barcelona 1924), gran impulsor de la Renaixença. Fue nombrado «mestre en gai saber» (*Poesies,* 1887). Autor de tragedias históricas en verso (*Gala Placidia,* 1879; *Mar y cielo* [*Mar i cel,* 1888]) y dramas naturalistas, su gran obra es *Tierra baja* (*Terra baixa,* 1897), drama rural en el que expresa sus inquietudes políticas.

**GUINEA** *(golfo de),* sector del océano Atlántico, en la parte occidental de África.

**GUINEA,** nombre con el que se designaba al litoral africano entre Senegal y Gabón y su hinterland.

**GUINEA** *(República de),* ant. **Guinea Francesa,** también llamada **Guinea-Conakry,** estado de África occidental; 250 000 km$^2$; 7 500 000 hab. *(guineanos.)* CAP. *Conakry.* LENGUA OFICIAL: *francés.* MONEDA: *franco guineano.*

GEOGRAFÍA

El macizo de Futa Yallon, zona ganadera (vacunos), separa una llanura costera, húmeda y densamente poblada, donde predomina el cultivo de arroz y plantaciones de palma de aceite y bananos, de la parte occidental, que es llana y más seca, donde se cultiva sobre todo mijo y mandioca. La bauxita (una parte de la cual se transforma en alúmina, en Fria) constituye la parte esencial de las exportaciones, que pasan por Conakry.

HISTORIA

***Los orígenes y la época colonial.*** S. XII: la alta Guinea, poblada por los malinké, pertenecía en parte al imperio de Malí. El comercio era el monopolio de los transportistas musulmanes, los diula. 1461-1462: la llegada de Portugal inició la trata de esclavos, que duró hasta mediados del s. XIX. S. XVIII: los fulbé, que llegaron en el s. XVI de las regiones periféricas, instituyeron en el centro del país un estado teocrático. Los susu, rechazados hacia la costa, sometieron a las poblaciones locales. Segunda mitad del s. XIX: los conquistadores musulmanes, como Samory Touré, se convirtieron en los señores de las zonas en las que se impuso el islam frente al animismo de los malinké. Francia inició la

Che **Guevara**

Nicolás **Guillén**

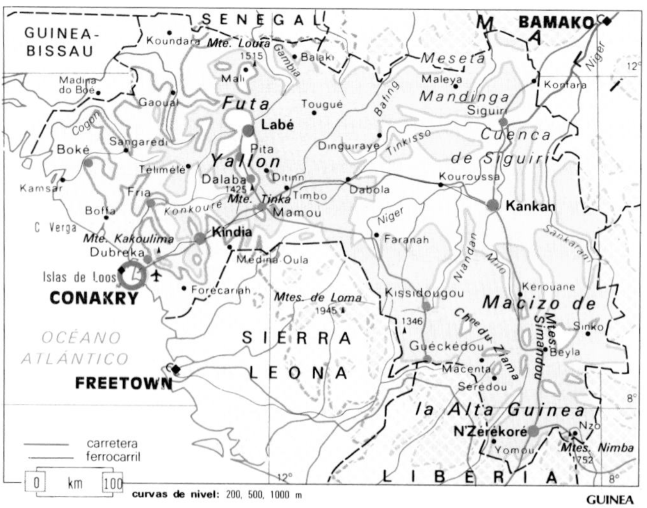

GUINEA

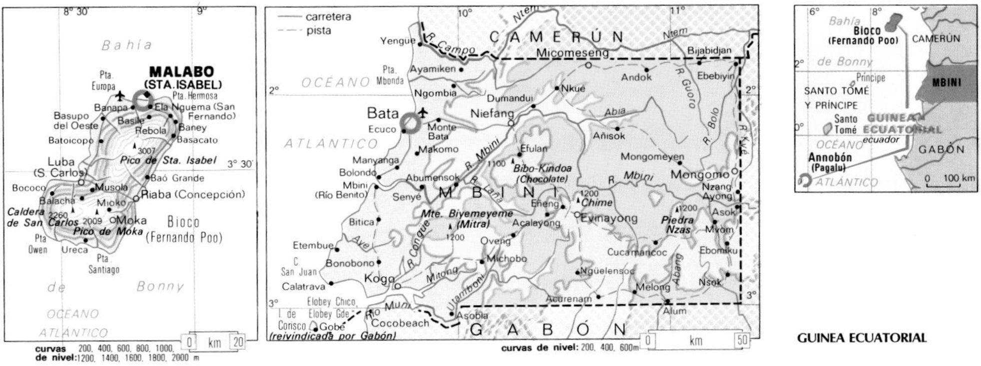

GUINEA ECUATORIAL

conquista de la región. 1889-1893: Guinea fue colonizada por Francia. 1895: entró a formar parte del África Occidental Francesa. 1898: fue anexionada al Sudán francés. 1904: Gran Bretaña cedió a Francia las islas de Los, situadas frente a Conakry.

***La Guinea independiente.*** 1952: Sékou Touré dirigió el movimiento nacionalista. 1958: Guinea optó por la independencia inmediata, rompiendo todo vínculo con Francia. 1958-1974: gobierno dictatorial de S. Touré. 1984: muerte de Sékou Touré. El coronel Lansana Conté, nuevo jefe de estado, configuró un régimen autocrático. 1990: una nueva constitución, aprobada por referéndum, puso fin al régimen militar e introdujo el multipartidismo. 1993: primeras elecciones presidenciales pluripartidistas, por las que Lansana Conté fue reelegido.

**GUINEA ECUATORIAL,** ant. **Guinea Española,** estado del golfo de Guinea; 28 100 km²; 400 000 hab. *(Ecuatoguineanos.)* CAP. *Malabo.* LENGUA OFICIAL: *español.* MONEDA: *franco C.F.A.* Comprende dos partes: una insular, que agrupa varias islas, como Bioco (ant. Fernando Poo) y Annobón; y otra continental, Mbini (ant. Río Muni), entre Camerún y Gabón. Café y cacao. Maderas. El país depende de la ayuda internacional, principalmente española. La población está compuesta mayoritariamente por fang; los bubi viven en Bioco.

HISTORIA

1777-1778: Portugal cedió a España las islas de Annobón y Fernando Poo, que ocupaba desde el s. XV, núcleo de Guinea Ecuatorial. S. XIX: España no tomó posesión real de la colonia, en parte ocupada por Gran Bretaña, hasta 1858. Francia le disputó la posesión de la costa. 1900: las fronteras del país se fijaron definitivamente, pero el interior de Río Muni no fue ocupado hasta 1926. 1959: la colonia pasó a ser una provincia española. 1964: concesión de la autonomía. 1968: proclamación de independencia. F. Macías Nguema estableció un régimen despótico y rompió sus lazos con España; la tercera parte de la población huyó del país. 1979: el coronel Teodoro Obiang Nguema tomó el poder y restableció relaciones con España y occidente. 1985: Guinea abandona la peseta y se integra en el área del franco. 1989: Obiang es reelegido presidente. 1991: constitución presidencialista, aprobada por referéndum con ausencia de la oposición (en el exilio). 1996: las elecciones presidenciales fueron ganadas de nuevo por Obiang, pero no fueron reconocidas por la comunidad internacional, por fraudulentas.

**GUINEA-BISSAU,** ant. **Guinea Portuguesa,** estado de África occidental, al S de Senegal; 36 125 km²; 1 millón de hab. *(Guineanos.)* CAP. *Bissau.* LENGUA OFICIAL: *portugués.* MONEDA: *franco C.F.A.* Cacahuetes y arroz.

HISTORIA

1446: los portugueses descubrieron el país, poblado por los mandingo, musulmanes, y por pueblos animistas. Fines del s. XVI: se instalaron factorías. 1879: Guinea Portuguesa se convirtió en una colonia, con autonomía administrativa respecto de Cabo Verde. 1941: Bissau pasó a ser la capital de la colonia. 1956: Amílcar Cabral tomó las riendas del movimiento nacionalista. 1962: aparición de la guerrilla antiportuguesa. 1973: Luís de Almeida Cabral, hermanastro de Amílcar Cabral, que fue asesinado, proclamó la república de Guinea-Bissau. 1974: Portugal reconoció su independencia. 1980: L. Cabral fue derrocado por un golpe de estado. El comandante J. B. Vieira le sucedió. 1991: instauración del multipartidismo. 1994: primeras elecciones generales: J. B. Vieira fue reelegido. 1998: un golpe militar fallido dio paso a una guerra civil. 1999: un nuevo golpe derrocó a J.B. Vieira.

**GÜINES,** mun. de Cuba (La Habana); 66 560 hab. Ingenios azucareros. Construcciones mecánicas.

**GUINIZELLI** (Guido), poeta italiano (Bolonia *c.* 1235-Monselice 1276), precursor de Dante.

**GUINJOAN** (Joan), compositor español (Riudoms 1931). Autor de una obra de vanguardia, marcada por la investigación, en 1965 fundó el conjunto Diabolus in Musica, dedicado a la difusión de la música contemporánea.

**GUINNESS** (*sir* Alec), actor británico (Londres 1914-Midhurst, Sussex Occidental, 2000). De notables dotes interpretativas y humor crítico, representó el repertorio de Shakespeare en el Old Vic Theatre y numerosos papeles en el cine (*Ocho sentencias de muerte,* R. Hamer, 1949).

**GUINOVART** (Josep), pintor español (Barcelona 1927). Colaboró con el grupo Dau al Set. Tras una primera etapa figurativa con temática popular, evolucionó hacia el informalismo y el gestualismo.

**GUIPÚZCOA** *(provincia de),* prov. de España, en el País Vasco; 1 997 km²; 676 307 hab. *(Guipuzcoanos.)* Cap. *Donostia-San Sebastián.* P. j. de *Azpeitia, Eibar, Irún, San Sebastián, Tolosa, Vergara.* De las sierras de Urquilla y Aralar descienden ríos cortos y caudalosos (Urumea, Oria, Urola, Deva), en cuyos valles se concentra la población. La pesca conserva su importancia tradicional. Minas de plomo y cinc. Industria diversificada y dispersa por el territorio.

**guipuzcoana de Caracas** *(Real compañía),* sociedad monopolista española para el comercio colonial con Venezuela (1728). Ya en decadencia desde 1752, perdió el monopolio en 1781 y se incorporó a la Compañía real de Filipinas (1785).

**GÜIRA DE MELENA,** mun. de Cuba (La Habana); 32 527 hab. Escuela de agricultura.

**GÜIRALDES** (Ricardo), escritor argentino (Buenos Aires 1886-París 1927). Sus primeras obras (poesías, cuentos y novelas) expresan la transición del modernismo al vanguardismo. Colaboró en las revistas *Martín Fierro* y *Proa,* y publicó en 1926 la novela gauchesca *Don* Segundo Sombra,* donde sobresalen sus dotes de estilista. *(V. ilustración pág. 1376.)*

**GUIRIOR** (Manuel **de Guirior,** *marqués* **de**), militar y administrador español (Aoiz 1708-Madrid 1788), virrey de Nueva Granada (1772-1776) y de Perú (1776-1780).

**GUISA,** mun. de Cuba (Granma), en el valle de Bayamo; 53 575 hab. Ganadería. Tabaco.

**GUISA** *(casa de),* familia noble francesa surgida de la casa de Lorena. – **Claudio I** (Condé-Northen 1496-Joinville 1550) fue primer duque y par de Guisa. – Su hijo **Francisco I** (Bar 1519-Saint-Mesmin 1563) resistió el asedio de Carlos Quinto en Metz (1552-1553) y arrebató Calais a los ingleses (1558). Dirigió las tropas católicas durante las guerras de Religión. – **Enrique I** (1549-Blois 1588), hijo del anterior, fue instigador de la matanza de San Bartolomé y jefe de la Liga católica.

**Guisando** *(toros de),* grupo de grandes esculturas al aire libre cerca de Guisando (El Tiemblo, Ávila), que representan toros o verracos, pertenecientes a la cultura céltica de la Meseta (s. II a. J.C.).

**Guisando** (*concordia de los* **Toros de**), acuerdo entre Enrique IV de Castilla y su hermana Isabel, que puso fin a la guerra civil castellana (1468). Fue anulado tras la boda de Isabel con Fernando de Aragón.

GUIPÚZCOA

Ricardo **Güiraldes** (autorretrato)

**GUISCARDO** → *Roberto Guiscardo.*

**GUITRY** (Sacha), actor, dramaturgo y director de cine francés (San Petersburgo 1885-París 1957), autor de comedias *Mi padre tenía razón,* 1919) y películas (*La novela de un tramposo,* 1936).

**GUIYANG** o **KUEI-YANG,** c. de China, cap. de Guizhou; 1 300 000 hab.

**GUIZHOU** o **KUEI-CHEU,** prov. del S de China; 170 000 $km^2$; 32 391 000 hab. Cap. *Guiyang.*

**GUIZOT** (François), político e historiador francés (Nimes 1787-Val-Richer 1874). Ministro de Instrucción pública (1832-1837), organizó la enseñanza primaria. De 1840 a 1848 gobernó Francia, pero cayó, y con él la monarquía, a consecuencia de su conservadurismo. Autor de numerosos trabajos históricos.

**GUJERAT** o **GUŶARĀT,** estado del NO de la India; 196 000 $km^2$; 41 174 060 hab. Cap. *Gāndhīnagar.*

**GUJRĀNWĀLA,** c. de Pakistán, al N de Lahore; 658 753 hab.

**GULBARGA,** c. de la India (Karnātaka); 309 962 hab. Mezquita (s. XIV).

**GULBENKIAN** (Calouste Sarkis), hombre de negocios británico de origen armenio (İstanbul 1869-Lisboa 1955). Contribuyó a la explotación del petróleo del N de Iraq. Reunió una importante colección de cuadros y objetos artísticos transferida a Lisboa en 1960 *(fundación Gulbenkian).*

**GULDENBERG** (Cato), químico y matemático noruego (Cristianía 1836-*id.* 1902). Junto a Waage, enunció en forma cuantitativa la ley de acción de masas de los equilibrios físico-químicos (1864).

**GULF STREAM** → *Golfo* (corriente del).

**Gulistan** *(La rosaleda),* colección de relatos del persa Sa'di (*c.* 1258), en prosa rimada.

**GULJA** → *Yining.*

**Gulliver** *(Los viajes de),* novela satírica y fantástica de Jonathan Swift (1726). Gulliver visita países imaginarios: Lilliput, en donde los habitantes no sobrepasan las seis pulgadas; Brobdingnag, poblado por gigantes; Laputa, isla volante habitada por sabios; el país de los Houyhnhnms, caballos que dominan a los Yahoos, antropoides degenerados. Estas ficciones intentan demostrar la imperfección de la naturaleza humana y la relatividad de las instituciones.

**GUMIEL** (Pedro), arquitecto español de los ss. XV-XVI, representante más destacado del estilo Cisneros (iglesia magistral y capilla de la universidad de Alcalá de Henares, 1508).

**GUMILLA** (José), misionero y etnólogo español (Jánovas de Aragón 1686-en Los Llanos, Venezuela, 1750), autor de *El Orinoco ilustrado y defendido. Historia natural, civil y geográfica de este gran río y sus caudalosas vertientes* (1741).

**GUMRI,** de 1837 a 1924 **Alexandrópol,** de 1924 a 1991 **Leninakán** y de 1991 a 1992 **Kumairi,** c. del NO de Armenia; 163 000 hab. Centro industrial, afectado por el sismo de 1988.

**GUNDEBALDO** o **GUNDOBADO** († en Ginebra en 516), rey de los burgundios [*c.* 480-516]. Promulgó la ley gombeta*.

**GUNDEMARO** († Toledo 612), rey visigodo [610-612]. Proclamó al catolicismo religión oficial.

**GUNDERICO,** rey vándalo († 428). Atravesó el Rin y se asentó en Hispania (409), como federado del imperio romano (411). Derrotó al ejército imperial y conquistó la Bética y la Cartaginense.

**GUNDULIĆ** (Iván), en ital. **Gondola,** poeta raguseo (Ragusa *c.* 1589-*id.* 1638). Su obra marcó el apogeo de la literatura dálmata (*Osmán; Dubravka,* 1628).

**GÜNEY** (Yilmaz), actor y director de cine turco (Adana 1937-París 1984). Fue prisionero político durante mucho tiempo. Escribió guiones para películas que también dirigió (*Yol,* 1982).

**GÜNTHER** (Ignaz), escultor alemán (Altmannstein, Alto Palatinado, 1725-Munich 1775), fue uno de los grandes maestros de la plástica rococó en las iglesias del S de Alemania.

**GUNTŪR,** c. de la India (Āndhra Pradesh); 471 020 hab.

**GUO MORUO** o **KUO MO-JO,** escritor y político chino (Sichuan 1892-Pekín 1978). Autor de poemas, relatos autobiográficos y trabajos históricos, fue el líder cultural de la nueva China de 1949 a 1966.

**GUO XI** o **KUO-HI,** pintor chino (nacido en Wenxian, Henan, trabajó entre 1020 y 1090), uno de los paisajistas de la dinastía de los Song del norte (*Primavera precoz,* 1072, museo de Taibei).

**Guomindang** o **Kuomintang** *(partido nacional del pueblo),* partido político chino fundado en 1912 por Sun Yat-sen y dirigido por Chang Kai-shek a partir de 1925. Tras la victoria comunista (1949), su influencia se redujo a Taiwan.

**GUPTA,** dinastía india (*c.* ¿270?-550) que afirmó su poder sobre el N de la India durante el reinado de Chandragupta I [*c.* 320-*c.* 330] y alcanzó su apogeo entre los ss. IV y V.

**GUR, GOR** o **GHOR,** vasta depresión de Palestina, ocupada por el valle del Jordán, el lago Tiberíades y el mar Muerto.

**GURABO,** mun. de Puerto Rico, en el valle del *río Gurabo;* 28 737 hab. Centro agrícola. Industria textil.

**Guri,** presa y central eléctrica de Venezuela (Bolívar), en el río Caroní. Completada en 1986, ha formado un embalse de 4 200 $km^2$; potencia instalada, 7 000 MW.

**GURIDI** (Jesús), compositor español (Vitoria 1886-Madrid 1961). Estudió el folklore vasco, cuyos elementos supo incorporar a sus obras: zarzuelas (*El caserío,* 1926), óperas (*Mirentxu,* 1910; *Amaya,* 1920), canciones y piezas de cámara.

**GURÍES,** dinastía de origen iraní que usurpó el poder de los Gaznawíes y dominó Afganistán y el N de la India (s. XII-principios del s. XIII).

**GÚRIEV** → *Atirau.*

**GURVITCH** (Georges), sociólogo francés (Novorossíisk, Rusia, 1894-París 1965). Preconizó una sociología que analizara los hechos sociales en su totalidad (*Estudio sobre las clases sociales,* 1966).

**GUSTAVO I VASA** (Lindholm 1496-Estocolmo 1560), rey de Suecia [1523-1560], fundador de la dinastía de los Vasa. Proclamado rey tras haber roto la Unión de Kalmar, favoreció el luteranismo, secularizó los dominios del clero e impulsó la economía nacional. A su muerte, Suecia se había convertido en una potencia de primer orden.

**GUSTAVO II ADOLFO** (Estocolmo 1594-Lützen 1632), rey de Suecia [1611-1632]. Con la ayuda del canciller Oxenstierna, modernizó el país y su economía, favoreció el desarrollo de la educación y reorganizó el ejército sueco con el que acabó la guerra contra Dinamarca (1613). Más tarde arrebató Estonia, Ingria y Carelia oriental a Rusia (1617). Como señor del Báltico intervino en Alemania, con la ayuda de Richelieu, en apoyo de los protestantes durante la guerra de los Treinta años y venció a los imperiales en Breitenfeld (1631) y en Lech (1632), pero murió durante la batalla en Lützen, en la que sus tropas alcanzaron la victoria.

**GUSTAVO III** (Estocolmo 1746-*id.* 1792), rey de Suecia [1771-1792]. Soberano ilustrado, luchó contra Rusia y fue precursor de las ideas liberales; pero las grandes sublevaciones agrarias durante la guerra contra los daneses y rusos en 1788 provocaron su vuelta al autoritarismo. Fue asesinado por un fanático.

**GUSTAVO IV ADOLFO** (Estocolmo 1778-Sankt Gallen, Suiza, 1837), rey de Suecia [1792-1809]. Luchó contra Francia y tuvo que ceder Finlandia a los rusos (1808); los Estados generales franceses decretaron su destitución en favor de Carlos XIII.

**GUSTAVO V** (castillo de Drottningholm 1858-*id.* 1950), rey de Suecia [1907-1950], hijo de Oscar II. Observó una estricta neutralidad durante las dos guerras mundiales. – **Gustavo VI Adolfo** (Estocolmo 1882-Hälsingborg 1973), rey de Suecia [1950-1973], hijo de Gustavo V.

**GUSTAVO A. MADERO,** delegación de México (Distrito Federal); 1 513 360 hab. Cab. *Guadalupe Hidalgo.* Industrias siderúrgicas y químicas.

**GUTENBERG** (Johannes **Gensfleish,** llamado), impresor alemán (Maguncia entre 1397 y 1400-*id.* 1468). Hacia 1440, perfeccionó en Estrasburgo el proceso de impresión con caracteres móviles, o *tipografía.* En 1448 volvió a Maguncia, y en 1450 se asoció con J. Fust e imprimió la *Biblia* latina a dos columnas, llamada «de cuarenta y dos líneas», publicada en 1455.

**GÜTERSLOH,** c. de Alemania (Renania del Norte-Westfalia), cerca de Bielefeld; 85 178 hab. Artes gráficas.

**GUTIÉRREZ** (Eduardo), escritor argentino (Buenos Aires 1853-*id.* 1890). Publicó novelas melodramáticas, de éxito popular, entre las que destaca *Juan* Moreira* (1879), inspirada en un personaje gauchesco.

**Gustavo I Vasa**
(W. Boy - castillo de Gripsholm, Suecia)

**Gustavo II Adolfo**
(galería palatina, Florencia)

**Gutenberg**

Tomás **Gutiérrez Alea:** una escena de *Memorias del subdesarrollo* (1968)

**GUTIÉRREZ** (Eulalio), militar y político mexicano (Ramos Arizpe, Coahuila-*id.* 1940). Fue designado presidente provisional de la república por la convención de Aguascalientes (nov. 1914), pero enfrentado a Villa y a los otros caudillos, dimitió en junio de 1915.

**GUTIÉRREZ** (Gustavo), teólogo peruano (Lima 1928), uno de los más destacados defensores en Latinoamérica de la teología de la liberación (*La teología de la liberación,* 1971; *La fuerza histórica de los pobres,* 1982).

**GUTIÉRREZ** (Juan María), escritor argentino (Buenos Aires 1809-*id.* 1878). Fue uno de los fundadores de la Asociación de Mayo (1838), por lo que tuvo que exiliarse. Poeta y narrador, destacó como estudioso de la literatura hispanoamericana.

**GUTIÉRREZ** (Santos), militar y político colombiano (Cocuy 1820-Bogotá 1872), presidente de la república (1868-1870) tras la destitución de Mosquera.

**GUTIÉRREZ ABASCAL** (Ricardo), crítico de arte español (Bilbao 1888-México 1963), conocido con el seudónimo de **Juan de la Encina.** Posee una numerosa obra de crítica e historia del arte.

**GUTIÉRREZ ALEA** (Tomás), director de cine cubano (Santiago de Cuba 1928-La Habana 1996). Es el más destacado exponente del cine cubano nacido de la revolución de 1959: *Muerte de un burócrata* (1966), *Memorias del subdesarrollo* (1968), *La última cena* (1976), *Hasta cierto punto* (1983), *Fresa y chocolate* (1993) y *Guantanamera* (1995).

**GUTIÉRREZ CABA** → ***Alba*** (familia).

**GUTIÉRREZ DE LA VEGA** (José), pintor español (Sevilla *c.* 1790-Madrid 1865). Formado en Sevilla, e influido por Murillo, se dedicó al retrato, mostrando gran predilección por los colores vivos.

**GUTIÉRREZ GONZÁLEZ** (Gregorio), poeta colombiano (Ceja del Tambo 1826-Medellín 1872), cuyo seudónimo es **Antíoco.** Destaca su *Memoria sobre el cultivo del maíz en Antioquia* (1862), bella evocación de la vida rural.

**GUTIÉRREZ GUERRA** (José), economista y político boliviano (Sucre 1869-Antofagasta 1929). Ministro de Hacienda (1913-1917) y presidente de la república (1917-1920), fue derrocado por una insurrección del Partido republicano.

**GUTIÉRREZ NÁJERA** (Manuel), poeta mexicano (México 1859-*id.* 1895). Fundó la *Revista Azul* (1894) y fue uno de los introductores de la boga francesa en la literatura modernista. Su obra poética, recopilada en *Poesías* (1896), se caracteriza por su mórbida religiosidad y el gusto por lo elegíaco. Su refinada prosa incluye *Cuentos frágiles* (1883), *Cuentos color de humo* (1898) y crónicas de sus viajes.

**GUTIÉRREZ SOLANA** (José), pintor español (Madrid 1886-*id.* 1945). Su obra, de una cierta tendencia expresionista, tiene un fuerte enraizamiento en la tradición española, ahondando en la temática de la «España negra». Fue un gran pintor de series costumbristas (series de grabados *Madrid, escenas y costumbres,* 1913-1918). Museo monográfico en Queveda, Cantabria.

**GUTIÉRREZ SOTO** (Luis), arquitecto español (Madrid 1900-*id.* 1977). A fines de los años veinte se orientó hacia una arquitectura expresionista y racionalista. Durante el franquismo realizó distintas sedes oficiales (ministerio del Aire, 1941-1945) y residencias, en las que sobresalen sus jardines.

**GUTIÉRREZ ZAMORA,** mun. de México (Veracruz); 31 103 hab. Pesca. Industrias madereras.

**GUTTMAN** (Louis), sicólogo norteamericano (Nueva York 1916-Minneapolis 1987). Ha contribuido al desarrollo de un modelo de análisis matemático de las actitudes.

**GUTZKOW** (Karl), escritor alemán (Berlín 1811-Sachsenhausen 1878), precursor de la Joven Alemania, autor de novelas y de obras de teatro.

**GUYANA,** ant. **Guayana Británica,** estado de América del Sur, en el macizo de las Guayanas; 215 000 km$^2$; 800 000 hab. CAP. *Georgetown.* LENGUA OFICIAL: *inglés.* MONEDA: *dólar de Guyana.* Caña de azúcar, arroz y sobre todo bauxita.

HISTORIA

1595-1596: sir Walter Raleigh visitó Guyana. 1621-1791: la Compañía neerlandesa de las Indias occidentales garantizó el desarrollo del país (caña de azúcar, algodón). 1814: Gran Bretaña recibió la parte occidental de las Guayanas, bautizada British Guiana en 1831. Fueron extendiendo su territorio hacia el O, por lo que Venezuela reclamó el sector denominado Guayana* Essequiba. Zona de cultivos tropicales, la región estaba poblada por negros, indios y blancos. 1928: el país fue dotado de una constitución creada por sufragio restringido. 1953: en una nueva constitución se contemplaba la existencia de dos cámaras y el sufragio universal. 1961-1964: el primer ministro Cheddi Jagan gobernó con el apoyo de la población originaria de la India (50 %). Tuvo que enfrentarse a los blancos de la United force y a la oposición de los negros (35 %), dirigida por Forbes Burnham. 1966: el país obtuvo su independencia. 1970: constituyó, en el marco de la Commonwealth, una «república cooperativa», presidida por Arthur Chung. 1980-1985: F. Burnham fue nombrado presidente de Guyana. 1985: a su muerte, le sucedió el primer ministro Hugh Desmond Hoyte. 1992: Cheddi Jagan fue elegido presidente de la república. 1997: Ch. Jagan murió. Su viuda, Janet Jagan, fue nombrada primera ministra y Sam Hinds, jefe del estado. 1999: Bharrat Jagdeo fue elegido presidente.

**GUYENA,** en fr. **Guyenne,** antiguo nombre de la región francesa de Aquitania.

**GUYON DU CHESNOY** (Jeanne-Marie **Bouvier de La Motte,** conocida por **Mme.**), mística francesa (Montargis 1648-Blois 1717). Apoyada por Fénelon, fue la figura central de la querella del quietismo.

**GUYTON DE MORVEAU** (Louis Bernard, *barón*), químico francés (Dijon 1737-París 1816). Realizó la licuefacción del gas amoníaco por la acción de una mezcla refrigerante.

José **Gutiérrez Solana:** *Los clowns* (1920).
[Museo nacional centro de arte Reina Sofía, Madrid.]

**GUZMÁN** *(laguna de),* laguna de México (Chihuahua); 15 km de long. En proceso de desecación.

**GUZMÁN,** familia aristocrática española de origen leonés, que a lo largo de la reconquista obtuvo grandes dominios en Andalucía. Destacan: **Juan Alfonso** († 1468), *duque* **de Medinasidonia;** – **Enrique** (1540-1607), 2.° *conde* **de Olivares,** y su hijo – **Gaspar de Guzmán y Pimentel,** *conde-duque* **de Olivares*,** valido de Felipe IV.

**GUZMÁN** (Alberto), escultor peruano (Talara 1927). Su obra se agrupa en dos series principales: las *tensiones* y las *particiones,* esculturas que combinan esferas, semiesferas y redes de varillas.

**GUZMÁN** (Antonio Leocadio), político venezolano (Caracas 1801-*id.* 1884), fundador del Partido liberal de Venezuela. Intelectual de prestigio, ocupó diversos ministerios y fue vicepresidente con Monagas. – Su hijo **Antonio Guzmán Blanco,** militar y político (Caracas 1829-París 1898), fue presidente en 1870-1877, 1879-1884 y 1886-1888, e impulsó con autoritarismo el desarrollo económico del país.

**GUZMÁN** (Martín Luis), escritor mexicano (Chihuahua 1887-México 1976). De su obra, ligada al tema de la revolución mexicana, en la que participó activamente, destacan las novelas *El águila* y la serpiente* (1928), *La sombra del caudillo* (1929). Publicó unas extensas *Memorias de Pancho Villa* (1951). Cultivó el periodismo y editó la revista *Romance.*

**GUZMÁN** (Nuño Beltrán **de**), conquistador español († *c.* 1550). Gobernador de Pánuco (1525) y primer presidente de la audiencia de Nueva España (1528), su autoritarismo y abusos sobre los indígenas le enemistaron con el prelado Zumárraga y con Cortés. Conquistó y fue gobernador (1531) de Nueva Galicia, y fundó Culiacán, Espíritu Santo y Guadalajara.

**GUZMÁN** (Silvestre Antonio), político dominicano (Santiago de los Caballeros 1911-Santo Domingo 1982). Socialdemócrata, presidente en 1978-1982, se suicidó poco antes de la toma de posesión de su sucesor, J. Blanco.

**Guzmán de Alfarache,** novela picaresca de Mateo Alemán en dos partes (1599 y 1604). Es la autobiografía de un aventurero que vive del robo y el engaño. Escrita en un castellano barroco, en ella abundan las digresiones moralizadoras y se intercalan relatos moriscos, cuentecillos y anécdotas.

**GUZMÁN DE ROJAS** (Cecilio), pintor boliviano (Potosí 1900-La Paz 1950). Su obra principal es de temática social e indigenista.

**GUZMÁN el Bueno** (Alonso **Pérez de Guzmán,** llamado), aristócrata y guerrero castellano (León 1256-Sierra de Gaucín, Málaga, 1309). Miembro de la familia Guzmán, 1.$^{er}$ *señor* **de Sanlúcar de Barrameda,** defendió Tarifa de los benimerines y dirigió la conquista de Gibraltar a los musulmanes (1309).

**Guzmán** el Bueno: detalle del sepulcro obra de Martínez Montañés (monasterio de San Isidoro del Campo, Santiponce, Sevilla)

**GWALIOR,** c. de la India (Madhya Pradesh); 720 068 hab. Templos de los ss. IX y XI; relieves rupestres jainíes del s. XV; palacios y mausoleos mongoles.

**GWERU,** ant. **Gwelo,** c. de Zimbabwe; 79 000 hab. Refinería de cromo.

**GYLLENSTEN** (Lars), escritor sueco (Estocolmo 1921), pintor satírico de las convenciones sociales y literarias (*Camera obscura,* 1946; *Infantilia,* 1952).

**GYŐR,** en alem. **Raab,** c. de Hungría, a orillas del Danubio; 129 338 hab. Metalurgia. Monumentos del s. XII hasta la época barroca; museo de arqueología romana.

# H

**HAAG (Den)** → ***Haya (La).***

**HAAKON,** nombre de varios reyes de Noruega. **Haakon IV** (cerca de Skarpsborg 1204-Kirkwall, Orcadas, 1263), rey de Noruega [1217/1223-1263]. Implantó su soberanía en Islandia y Groenlandia. — **Haakon VII** (Charlottenlund, Dinamarca, 1872-Oslo 1957), rey de Noruega [1905-1957], hijo menor del rey Federico VIII de Dinamarca. Fue elegido rey de Noruega tras la separación de Suecia y Noruega.

**HAARLEM,** c. de Países Bajos, cap. de Holanda Septentrional; 149 474 hab. Monumentos antiguos en la plaza del gran mercado. Museo Frans Hals. En 1572 resistió un largo asedio por parte del duque de Alba, que se apoderó de la ciudad en 1573. Fue el centro de un estilo de la pintura holandesa del s. XVII *(escuela de Haarlem).*

**HABACUC,** profeta judío (*c.* 600 a. J.C.). El *libro de Habacuc,* del Antiguo testamento, plantea el problema del mal a través de la historia del pueblo de Israel.

**HABANA** (*provincia de* **La**), prov. de Cuba; 5 745 km²; 630 000 hab. Cap. *La Habana.*

**HABANA (La),** c. de Cuba, cap. de la república y de las prov. de La Habana y Ciudad de La Habana; 2 059 223 hab. *(Habaneros.)* Centro industrial y terciario. Puerto comercial en la *bahía de la Habana.* Turismo. Aeropuerto José Martí. Universidad. Fundada en su actual emplazamiento en 1519, conserva templos y edificios civiles del s. XVIII, ricamente ornamentados (catedral, palacio del gobierno, casa de correos, biblioteca nacional). Castillos de San Salvador de La punta y de El Morro, y fortaleza de San Carlos de la Cabaña, en el puerto. La Ciudad Vieja y sus fortificaciones fueron declaradas por la Unesco bien cultural del patrimonio mundial (1982). Museos.

Un aspecto de **La Habana.**
En primer término, el instituto de deportes.

**HABANILLA,** r. de Cuba, afl. del Arimao. Forma las *cascadas del Habanilla,* en torno a las cuales se extiende el parque nacional de Escambray.

**HABER** (Fritz), químico alemán (Breslau 1868-Basilea 1934). Realizó la síntesis industrial del amoníaco y estudió las reacciones químicas entre gases. (Premio Nobel de química 1918.)

**HABERMAS** (Jürgen), filósofo alemán (Düsseldorf 1929). Se unió a la escuela de Frankfurt y analizó las relaciones entre la técnica, el poder y la comunicación (*Ciencia y técnica como ideología,* 1968; *Teoría de la acción comunicativa,* 1981).

**HABRÉ** (Hissène), político chadiano (Faya-Largeau 1936). Participó a partir de 1972 en la rebelión del N de Chad. Se convirtió en primer ministro (1978), y posteriormente en presidente de la república (1982), tras vencer a Goukouni Oueddeï. En 1990 fue derrocado por Idriss Déby.

**HABSBURGO,** casa que reinó en el Sacro imperio romano germánico (1273-1291; 1438-1740; 1765-1806), en Austria (1278-1918), en España (1516-1700) y en Bohemia y Hungría (1526-1918). Los Habsburgo, que habían adquirido considerables territorios en Suiza y Alsacia en el s. XII, se encumbraron gracias a la elección de Rodolfo I como rey de romanos (1273). Se adueñaron de la Baja Austria y de Estiria (1278), del Tirol (1363) y, en el s. XV, adoptaron el nombre de *casa de Austria.* Mediante matrimonios y herencias, ésta obtuvo, entre 1477 y 1526, los Países Bajos, Castilla, Aragón, Bohemia y Hungría. Con la abdicación de Carlos Quinto (1556), el Imperio se dividió entre su hijo Felipe II (1556-1598), fundador de la *rama española* (→ ***Austria*** [casa de]), que se extinguió en 1700, y su hermano Fernando I (1556-1564), fundador de la *rama alemana.* Con Carlos VI (1711-1740) se extinguió la casa de Habsburgo, cuya heredera, María Teresa (1740-1780), se casó en 1736 con Francisco de Lorena, fundador de la *casa de los Habsburgo-Lorena* que reinó en Austria, Bohemia y Hungría hasta 1918.

**HACHEMÍES** o **HACHEMITAS,** familia qurayšī descendiente de Hāšim, bisabuelo de Mahoma, que destacó por varios linajes de jerifes ḥasaníes, soberanos de La Meca desde el s. X hasta 1924, y por los emires y reyes que dio en el s. XX al Ḥiŷāz (1908-1924), Iraq (1921-1958), Transjordania (1921-1949) y Jordania (desde 1949).

**Hachette,** editorial francesa fundada en París en 1826. Es uno de los principales grupos editoriales del mundo, con intereses en prensa, sector audiovisual y comunicaciones.

**HACHINOHE,** c. y puerto de Japón, en el N de Honshū; 241 057 hab. Pesca.

**HACHIŌJI,** c. de Japón (Honshū); 466 347 hab.

**HADES,** dios griego de los infiernos al que se asimiló *Plutón.*

**HADJAR (El-),** ant. **Duzerville,** c. de Argelia, cerca de Annaba; 40 000 hab. Siderurgia.

**ḤADRAMAWT,** región de Arabia (Yemen), junto al golfo de Adén y al mar de Omán.

**HAECKEL** (Ernst), biólogo alemán (Potsdam 1834-Jena 1919). Fue uno de los grandes defensores del evolucionismo, así como un gran embriologista.

**HAEDO** *(cuchilla de),* sistema montañoso de Uruguay, que se extiende por la mitad N del país.

**HAENDEL** → ***Händel.***

**HAES** (Carlos **de**), pintor español de origen belga (Bruselas 1829-Madrid 1898). Introdujo el realismo pictórico en el paisaje, en contraposición al paisajismo romántico imperante en España.

**ḤĀFIẒ** (Mūlāy) [Fez *c.* 1875-Enghien-les-Bains 1937], sultán de Marruecos [1908-1912]. Francia le impuso su protectorado.

**ḤĀFIẒ** (Šams al-Dīn Muḥammad), el más importante de los poetas líricos persas (Šīrāz *c.* 1325-*id.* 1390).

**ḤAFṢÍES,** dinastía musulmana que reinó en el N de África de 1229 a 1574. Su capital fue Túnez.

**ḤAFṢŪN** ('Umar **ibn**), insurgente hispanomusulmán (nacido cerca de Ronda-Bobastro 917). Sublevado contra el emir de Córdoba, constituyó un reino que se extendía desde el S de Córdoba hasta cerca del mar, y que entró en declive a raíz de su derrota en la batalla de Poley (Aguilar), en 891.

**Haganá** (voz hebrea que significa *defensa*), organización paramilitar judía, cuyas unidades lucharon junto a Gran Bretaña durante la segunda guerra mundial. En 1948 constituyeron el núcleo del ejército del nuevo estado de Israel.

**HAGEDORN** (Friedrich **von**), poeta alemán (Hamburgo 1708-*id.* 1754), autor de *Fábulas y cuentos* (1738) influidos por La Fontaine.

**HAGEN,** c. de Alemania (Renania del Norte-Westfalia), en el Ruhr; 212 460 hab. Centro industrial.

**HAGUE (La),** cabo de Francia, en la península de Cotentin (Manche).

**HAHN** (Otto), químico alemán (Frankfurt del Main 1879-Gotinga 1968), premio Nobel de química en 1944 por su teoría de la fisión del uranio (1938).

**HAHN** (Reynaldo), compositor venezolano (Caracas 1875-París 1947), nacionalizado francés. Autor de canciones y obras líricas, fue director de la ópera de París.

**HAHNEMANN** (Christian Friedrich Samuel), médico alemán (Meissen 1755-París 1843). Fundador de la doctrina homeopática, que tuvo una acogida hostil en Alemania. En 1835 se instaló en París, donde tuvo un gran éxito.

**Hahnenkamm,** célebre pista de descenso de esquí, en Kitzbühel (Austria).

**HAI HE** o **HAI-HO,** r. de China que pasa cerca de Pekín, atraviesa Tianjin y desemboca en el golfo de Bohai; 450 km.

**HAIFA,** c. y puerto de Israel, junto al Mediterráneo; 229 000 hab. Refinería de petróleo.

**HAIG** (Alexander), general norteamericano (Filadelfia 1924), colaborador de Nixon y Kissinger durante el alto el fuego en Vietnam (1972-1973), comandante de las fuerzas de la O.T.A.N. en Europa (1974-1979) y secretario de Estado (1981-1982).

**HAIG** (Douglas **Haig,** 1.^er^ *conde*), mariscal británico (Edimburgo 1861-Londres 1928). Durante la primera guerra mundial estuvo al frente de las tropas británicas en Francia (1915-1918).

**HAIKOU** o **HAI-K'EU,** c. de China, cap. de la isla de Hainan; 402 000 hab.

**HAILÉ SELASSIÉ** (Harar 1892-Addis Abeba 1975), emperador de Etiopía [1930-1974]. Regente y heredero del imperio (1916), el ras Tafari Makonnen fue proclamado rey (negus) en 1928 y se convirtió en emperador con el nombre de Hailé Selassié en 1930. Hizo entrar a Etiopía en la S.D.N. en 1923. Se exilió (1936) durante la invasión italiana y se refugió en Gran Bretaña. Volvió a Etiopía con las tropas aliadas (1941). El ejército le derrocó en 1974.

**HAINAN** o **HAI-NAN,** isla y prov. de China meridional; 34 000 km$^2$; 6 557 000 hab. Cap. *Haikou.*

**HAINAUT,** región histórica de Europa, compartida por Francia y Bélgica. Condado del Imperio germánico, fundado en el s. IX, en 1055 se unió al condado de Flandes, en 1256 pasó a la casa de Avesnes y en 1428 fue anexionada por los estados borgoñones y siguió la misma suerte que ellos. La parte meridional del Hainaut (Valenciennes) pasó a Francia en 1678 (tratado de Nimega). Por los tratados de Utrecht (1713) y Rastatt (1714) la parte norte pasó a Austria; el *Hainaut austriaco,* anexionado a Francia en 1795, en 1814 pasó a ser una provincia de Países Bajos, y en 1830, una provincia belga.

**HAINAUT,** en flamenco **Henegouwen,** prov. del S de Bélgica; 3 787 km$^2$; 1 278 791 hab. Cap. *Mons.* El E es industrial y el O agrícola.

**HAIPHONG,** c., puerto y centro industrial del N de Vietnam; 1 279 000 hab.

**HAITÍ,** en fr. **Haïti,** estado que ocupa el O de la isla de La Española; 27 750 km$^2$; 6 300 000 hab. *(Haitianos.)* CAP. *Puerto Príncipe.* LENGUAS OFICIALES: *criollo* y *francés.* MONEDA: *gourde.*

GEOGRAFÍA

El país, poblado en su mayoría por negros, presenta clima tropical y está formado por cadenas montañosas separadas por tierras más bajas; produce café, plátanos, algodón y caña de azúcar, que, junto con la bauxita, son sus principales recursos comerciales. El nivel de vida es muy bajo. Superpoblado y poco industrializado, el país está muy endeudado.

HISTORIA

***La época colonial.*** 1492: la isla, poblada por arawak, fue descubierta por Cristóbal Colón, que le dio el nombre de Hispaniola. 1697: por el tratado de Ryswick se reconoció la ocupación por parte de Francia de la parte occidental de la isla. S. XVIII: se convirtió en la colonia francesa más próspera gracias a la producción de azúcar y de café. Estaba poblada en un 90 % por esclavos negros, libertos y mulatos. 1791: Toussaint Louverture dirigió la sublevación de los esclavos. 1795: Francia recibió la parte española de la isla por el tratado de Basilea.

***El s. XIX.*** 1804: después de haber expulsado a los franceses, Jean-Jacques Dessalines se proclamó emperador de Haití. 1806-1818: mientras España volvía a ocupar el E de la isla, una secesión enfrentó al reino del norte (Henri Christophe) con la república del sur (Alexandre Pétion). 1818-1843: Jean-Pierre Boyer sucedió a Pétion y reunificó Haití (1822). 1844: la parte oriental recuperó su libertad para formar la República Dominicana. 1847-1859: Faustin Soulouque tomó el poder con el título de emperador (1849). 1859-1910: la población mulata dominaba la vida política.

***El s. XX.*** 1915-1934: la deuda exterior y la crisis política provocaron la intervención de E.U.A., que ocupó el país. 1934-1957: su retirada abrió un nuevo período de inestabilidad. 1957-1971: François Duvalier, presidente vitalicio (1964), ejerció un poder dictatorial. 1971-1986: le sucedió su hijo Jean-Claude Duvalier. Una grave crisis política lo obligó a exiliarse. 1986-1988: el general Henri Namphy tomó el mando del consejo nacional de gobierno. Las elecciones generales, muy controvertidas, que no pudieron celebrarse en la primera fecha prevista (nov. 1987) por los violentos incidentes, llevaron al puesto de presidente de la república a Leslie Manigat (en. 1988). Pero poco después, los militares, dirigidos por el general Namphy (junio), y este derrocado a su vez por el general Prosper Avril, se hicieron de nuevo con el poder (set.). 1990: el general Avril dimitió. Jean-Bertrand Aristide, apóstol de la teología de la liberación, fue elegido presidente de la república (dic.). 1991: Aristide fue derrocado por un nuevo golpe militar, dirigido por el general Cédras, pero, exiliado, quedó como el único representante legítimo admitido internacionalmente. 1994: sanciones de la ONU a Haití, con bloqueo económico y apremio al régimen militar para permitir la vuelta de Aristide. Intervención militar de E.U.A. y regreso de Aristide. 1996: René Préval tomó posesión de la presidencia de la república. 2000: Aristide fue elegido presidente en unos comicios boicoteados por la oposición.

**HAKAM I (al-)** [Córdoba 770-*id.* 822], emir de Córdoba [796-822], hijo y sucesor de Hišām I. Tuvo que hacer frente a diversas rebeliones internas: de los Banū Qasī en el norte; insurrección de Toledo (807); alfaquíes en la rebelión cordobesa del Arrabal (¿814, 817?).

**HAKAM II (al-)** [Córdoba 915-*id.* 976], califa de Córdoba [961-976], hijo y sucesor de 'Abd al-Raḥmān III. Bajo su reinado al-Andalus vivió una etapa de relativa paz interior, de auge cultural y científico y de expansión territorial por Marruecos.

**HAKĪM** (Tawfiq **al-**), escritor egipcio (¿Alejandría? 1898-El Cairo 1987), autor de novelas, obras de teatro y cuentos populares (*Diario de un fiscal rural,* 1937).

**HAKĪM BI-AMR ALLĀH (al-)** [985-1021], sexto califa fatimí [996-1021]. Consintió en la proclamación de su propia divinidad (1017) y es venerado por los drusos.

**HAKODATE,** c. y puerto de Japón (Hokkaidō); 307 249 hab. Industrias conserveras. Construcción naval.

**HAL** → ***Halle.***

**HALBWACHS** (Maurice), sociólogo francés (Reims 1877-Buchenwald 1945). Influido por Durkheim y Marx, estableció relaciones entre sociología y sicología y fue uno de los primeros en utilizar la estadística.

**HALCÓN** (Manuel), escritor español (Sevilla 1902-Madrid 1989). Su narrativa refleja el mundo de la aristocracia latifundista andaluza (*Aventuras de Juan Lucas,* 1944; *Monólogo de una mujer fría,* 1960). [Real academia 1962.]

**halcón maltés** *(El),* novela de D. Hammett (1930), llevada al cine por J. Huston en 1941. La película, prototipo del cine negro, lanzó a la fama a H. Bogart.

**HALDANE** (John Burdon Sanderson), biólogo y matemático indio de origen británico (Oxford 1892-Bhubaneswar 1964), teórico del neodarwinismo y especialista en biometría.

**HALE** (George Ellery), astrónomo norteamericano (Chicago 1868-Pasadena 1938), uno de los fundadores de la astronomía solar moderna. Inventó la espectro-heliografía (1891), independientemente de H. Deslandres.

**HALES** (Stephen), químico y naturalista británico (Bekesbourne, Kent, 1677-Teddington, cerca de Londres, 1761). Estudió numerosos gases y midió la presión sanguínea.

**HALEVÍ** (Judá) → ***Leví.***

**HALÉVY** (Ludovic), escritor francés (París 1834-*id.* 1908), autor de novelas y, en colaboración con Meilhac, de libretos de ópera (*Carmen,* 1875, de Bizet) y de ópera bufa (*La bella Helena,* 1864, de Offenbach).

**HALEY** (Bill), guitarrista y cantante norteamericano (Highland Park, Michigan, 1925-Harlingen, Texas, 1981). Pionero del rock and roll, grabó con su grupo, The comets, el primer gran éxito de este género, *Rock around the clock* (1955).

**HALFFTER** (Rodolfo), compositor español (Madrid 1900-México 1987), nacionalizado mexicano. Influido por M. de Falla, es autor de una *Suite* (1928), *Dos sonatas de El Escorial* (1930) para piano, ballets (*Don Lindo de Almería,* 1936), etc. — Su hermano **Ernesto** (Madrid 1905-*id.* 1989) compuso *Sinfonietta* (1925), *Rapsodia portuguesa* (1939), música de cámara y piezas para piano. Completó la cantata escénica *La Atlántida,* de M. de Falla (1961). — **Cristóbal** (Madrid 1930), sobrino de los anteriores, ocupa un lugar destacado en la vanguardia musical española.

**HALICARNASO,** ant. c. griega de Caria (SO de Asia Menor). Fue embellecida por Mausolo y Artemisa II (s. IV a. J.C.). Fragmentos esculpidos del *mausoleo* (en el que participaron, entre otros, Escopas y Leocares), en el museo Británico. (Act. *Bodrum.*)

**HALIFAX,** c. de Gran Bretaña (Yorkshire Occidental); 87 000 hab.

**HALIFAX,** c. y puerto de Canadá, cap. de Nueva Escocia, junto al Atlántico; 114 455 hab. (253 704 en la aglomeración). Centro industrial. Universidad.

**HALIFAX** (Edward Frederick **Lindley Wood,** 1.^er^ *conde* **de**), político británico (Powderham Castle

HAITÍ

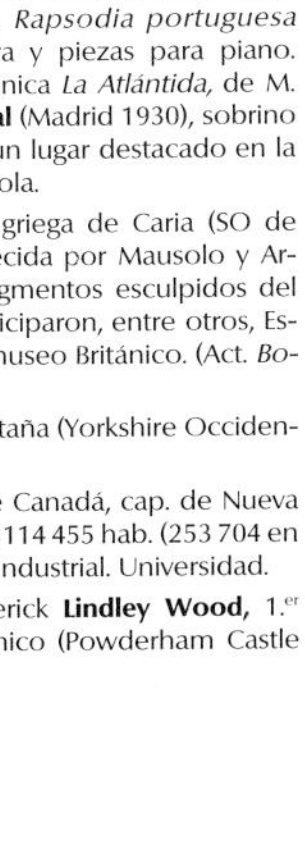
Cristóbal **Halffter**

1881-Garrowby Hall 1959), virrey de la India (1925-1931), secretario de Asuntos Exteriores (1938-1940) y embajador en E.U.A. (1941-1946).

**HALL** (Edward Twitchell), antropólogo norteamericano (Webster Groves, Missouri, 1914), autor de una teoría de sistemas de comunicación no verbales (*La dimensión escondida,* 1966).

**HALL** (Granville Stanley), sicólogo norteamericano (Ashfield, Massachusetts, 1844-Worcester, Massachusetts, 1924). Fue uno de los fundadores de la sicología evolutiva (*Adolescence,* 1904) y de la sicología experimental.

**ḤALLĀŶ** (Abū 'Abd Allāh al-Ḥusayn ibn Manṣūr, llamado **al-**), teólogo, místico y mártir islámico (al Bayḍā', Šīrāz, *c.* 858-Bagdad 922), ejecutado por los Abasíes. Su obra marcó el inicio de una gran corriente sufí.

**HALLE,** en fr. **Hal,** c. de Bélgica (Brabante); 32 768 hab. Basílica gótica (s. XIV).

**HALLE** o **HALLE AN DER SAALE,** c. de Alemania (Sajonia-Anhalt), a orillas del Saale; 321 684 hab. Universidad. Metalurgia. Iglesias de los ss. XIV-XVI. Museos. Casa natal de Händel.

**HALLE** (Adam **de la**) o **ADAM LE BOSSU** *(el jorobado),* trovero picardo (Arras, segunda mitad del s. XIII), autor de rondeaux polifónicos e iniciador del teatro profano francés (*Juego de Robin y Marion,* pastorela con música).

**HALLER** (Józef), general polaco (Jurczyce, cerca de Cracovia, 1873-Londres 1960). Dirigió las fuerzas polacas que lucharon en Francia en 1918 y un grupo de ejércitos contra los soviéticos en 1920. Fue ministro del gobierno polaco en Londres 1940-1943.

**Halles** *(Les),* barrio de París en el que se encontraba el mercado central, demolido en 1968. Centro comercial (*Forum des Halles,* 1979) y diversos edificios públicos.

**HALLEY** (Edmond), astrónomo británico (Haggerston, cerca de Londres, 1656-Greenwich 1742). Autor de numerosos estudios sobre geofísica, meteorología y astronomía, es conocido sobre todo por su estudio del movimiento de los cometas (1705) y por haber predicho mediante cálculo la reaparición de uno de ellos *(cometa Halley)* cerca del Sol.

**HALLSTATT,** localidad de Austria, en el Salzkammergut; 1 500 hab. Minas de sal. Yacimiento epónimo de la primera edad del hierro (750-450 a. J.C.); museo de arqueología.

**HALLYDAY** (Jean-Philippe **Smet,** llamado **Johnny**), cantante francés (París 1943). Introductor del rock en Francia, fue muy popular en los años sesenta (*L'idole des jeunes,* 1962).

**HALMAHERA, GILOLO** o **JILOLO,** isla de las Molucas (Indonesia); 15 722 km²; 54 000 hab.

**HALMSTAD,** c. y puerto de Suecia, a orillas del Cattegat; 80 061 hab. Iglesia del s. XIV.

**HALPERIN** (Tulio), historiador argentino (La Plata 1926). Especialista en historia latinoamericana, es autor, entre otras obras, de *Historia contemporánea de América latina* (1969) y *Reforma y disolución de los imperios ibéricos. 1750-1850* (1985).

**HALPERN** (Bernard), médico ruso (Tarnov 1904-París 1978), nacionalizado francés, autor de trabajos sobre la alergia y los antihistamínicos de síntesis.

**HALS** (Frans), pintor neerlandés (Amberes *c.* 1580/1585-Haarlem 1666), autor de retratos y de temas de género. Vivió en Haarlem, donde se conservan sus obras maestras, desde el jovial *Banquete de los arqueros de San Jorge* (1616) a *Los regentes del hospicio de ancianos* y *Las regentes del hospicio de ancianas,* de una causticidad implacable (1664). Su técnica audaz, de una libertad de estilo inédita, creó escuela *(escuela de Haarlem)* entre cuyos representantes sobresalió Brouwer.

Frans **Hals:** *La gitana* (*c.* 1628-1630).
[Louvre, París.]

**HÄLSINGBORG,** c. y puerto de Suecia; 109 267 habitantes.

**HALWĀN** o **HILWĀN,** c. de Egipto, en la aglomeración de El Cairo; 204 000 hab. Estación termal. Siderurgia.

**HAMĀ,** c. del N de Siria, a orillas del Orontes; 253 000 hab.

**HAMADĀN,** c. de Irán, al SO de Teherán; 272 499 hab. Mausoleo selyúcida. Es la ant. *Ecbatana.*

**HAMAMATSU,** c. de Japón (Honshū); 534 620 habitantes.

**HAMANN** (Johann Georg), escritor y filósofo alemán (Königsberg 1730-Münster 1788). Sus tendencias místicas influyeron en el movimiento del Sturm und Drang.

**HAMBURGO,** en alem. **Hamburg,** c. de Alemania, a orillas del Elba, que constituye un *Land* urbano autónomo; 753 km²; 1 626 220 hab. Constituye la principal salida marítima de Alemania y continúa siendo uno de los grandes puertos europeos. Ligado a la actividad portuaria, el sector industrial está muy desarrollado: metalurgia, química, agroalimentaria. Museos, entre ellos la *Kunsthalle.* La ciudad, dotada de una carta de franquicia y de privilegios de navegación (1189), participó en la Hansa, gracias a la cual se impuso en los mercados extranjeros, y suplantó a Lübeck en el s. XVI. En 1806 fue ocupada y, posteriormente, anexionada (1810) por Napoleón I. En 1815 entró en la Confederación germánica como ciudad libre y soberana, se incorporó al Imperio alemán (1871) y obtuvo el estatuto de puerto franco (1811). En 1943 fue bombardeada por los aliados.

**HAMERLING** (Rupert **Hammerling,** llamado **Robert**), escritor austríaco (Kirchberg am Walde 1830-Graz 1889), autor de poemas épicos (*Ahasverus in Rom,* 1866) y de novelas históricas (*Aspasia,* 1876).

**HAMHUNG** o **HAMHEUNG,** c. de Corea del Norte; 420 000 hab. Industrias mecánicas y químicas.

**HAMÍLCAR** → ***Amílcar Barca.***

**HAMILTON** → ***Churchill.***

**HAMILTON,** c. de Canadá (Ontario), en el extremo O del lago Ontario; 318 499 hab. (553 679 en la aglomeración). Universidad. Siderurgia. Construcciones mecánicas y eléctricas.

**HAMILTON,** c. de Nueva Zelanda, en la isla del Norte; 161 000 hab. Universidad.

**HAMILTON** (Alexander), político norteamericano (Nevis, Antillas, 1757-Nueva York 1804). Ayudante de campo de Washington (1777), fue uno de los redactores de la constitución de E.U.A. y el fundador del Partido federal. Como secretario del Tesoro (1789-1795) organizó la banca nacional.

**HAMILTON** (Antoine, *conde* **de**), escritor irlandés en lengua francesa (Roscrea, Irlanda, 1646-Saint-Germain-en-Laye 1720). Siguió a los Estuardo en el exilio y dedicó a su cuñado sus ingeniosas *Memorias de la vida del conde de Gramont* (1713).

**HAMILTON** (*sir* William Rowan), astrónomo y matemático irlandés (Dublín 1805-*id.* 1865). Creó el cálculo de los cuaternios.

**Hamlet,** drama en 5 actos de Shakespeare (*c.* 1601). Hamlet, soñador y contemplativo, sucumbe al papel que le ha asignado la fatalidad: para vengar a su padre, cuyo espectro le revela que ha sido asesinado, debe matar a su tío. Simula que ha perdido la razón y abandona a su prometida, Ofelia, la cual enloquece y se ahoga. Hamlet acaba cumpliendo su venganza pero perdiendo su propia vida. El episodio más conocido de la obra es el monólogo de Hamlet *(To be or not to be..., «Ser o no ser...»).*

**HAMM,** c. de Alemania (Renania del Norte-Westfalia), en el Ruhr; 179 109 hab. Metalurgia.

**ḤAMMĀDÍES** o **BANŪ ḤAMMĀD,** dinastía beréber, fundada por Ḥammād ibn Buluggīn, que reinó en el Mogreb central de 1015 a 1152.

**HAMMARSKJÖLD** (Dag), político sueco (Jönköping 1905-Ndola, Zambia, 1961), secretario general de la O.N.U. de 1953 a 1961. (Premio Nobel de la paz 1961.)

**HAMMERFEST,** c. y puerto de Noruega, la ciudad más septentrional de Europa; 7 000 hab.

**HAMMETT** (Dashiell), escritor norteamericano (en el condado de Saint-Mary, Maryland, 1894-Nueva York 1961), creador de la novela policíaca negra (*El halcón maltés,* 1930).

**HAMMURABI** o **HAMMU-RAPĪ,** rey de Babilonia [1793-1750 a. J.C.], fundador del primer imperio babilonio. El *Código de Hammurabi,* grabado en una estela de diorita, encontrada en Susa (1902), se conserva en el Louvre.

**HAMPDEN** (John), político inglés (Londres 1594-Thame, Oxfordshire, 1643). Contrario a la arbitrariedad monárquica, fue lugarteniente de Pym en el Parlamento largo de 1640, y uno de los dirigentes republicanos durante la guerra civil.

**HAMPI** → ***Vijayanagar.***

**HAMPSHIRE,** condado del S de Inglaterra, a orillas del canal de la Mancha; 3 777 km²; 1 476 000 hab. Cap. *Winchester.* C. pral. *Southampton.*

**HAMPTON** (Lionel), vibrafonista y director de orquesta de jazz norteamericano (Louisville, Kentucky, 1913). Fue el primero en utilizar en jazz el vibráfono. Gran improvisador, es una de las grandes figuras del middle jazz.

**Hampton court,** residencia real de Gran Bretaña (Inglaterra), al SO de Londres (ss. XVI-XVII; galería de pinturas).

**HAMPTON ROADS,** rada de Estados Unidos (Virginia), que desemboca en la bahía de Chesapeake, donde se encuentran los puertos de Newport News, Norfolk, Portsmouth y *Hampton.*

**HAMSUN** (Knut **Pedersen,** llamado **Knut**), escritor noruego (Garmostraeet, cerca de Lom, 1859-Nörholm 1952), autor de novelas que exaltan el sentimiento de la naturaleza y la liberación de todas las trabas sociales (*Hambre,* 1890; *Pan,* 1894; *Benoni,* 1908). [Premio Nobel de literatura 1920.]

**HAN,** dinastía imperial china (206 a. J.C.-220 d. J.C.). Fundada por Gaozu (206-195 a. J.C.), consolidó el poder central y presidió un desarrollo económico sin precedentes, así como la expansión china por Manchuria, Corea, Mongolia, Vietnam y Asia central. Tuvo su apogeo durante el reinado de Wudi (140-87 a. J.C.). El usurpador Wang Mang (9-23 d. J.C.) no consiguió acabar con la crisis agraria y, después del año 23, los emperadores intentaron limitar el poder de los grandes propietarios.

**HAN SHUI** o **HAN JIANG,** r. de China, afl. del Yangzi Jiang (or. izq.) en Wuhan; 1 700 km.

**HAN YU,** filósofo y poeta chino (Nanyang 768-Changan 824), célebre por sus libelos contra el budismo.

**HANAU,** c. de Alemania (Hesse), a orillas del Main; 85 672 hab. Centro joyero.

**HANDAN** o **HAN-TAN,** c. de China (Hebei); 837 552 hab. Industrias metalúrgicas y textiles.

**HÄNDEL** o **HAENDEL** (Georg Friedrich), compositor alemán (Halle 1685-Londres 1759), nacionalizado británico (1726). Pasó gran parte de su vida en Londres. Además de sonatas, conciertos y suites *(The watermusic),* compuso óperas *(Rinaldo)* y sobre todo oratorios *(Israel en Egipto, Judas Macabeo, El Mesías),* en los que predominan los coros. Su lenguaje, compuesto de grandiosidad y lirismo, ofrece una síntesis magistral de los estilos italiano, francés, germánico e inglés.

**HANDKE** (Peter), escritor austríaco (Griffen, Carintia, 1942), cuya obra novelística (*Der Hausierer,* 1967; *La mujer zurda,* 1977; *Lento regreso,* 1979; *La repetición,* 1986) y dramática (*La cabalgata sobre el lago Constanza,* 1971) traduce la angustia de la soledad y de la incomunicación.

**HANGZHOU** o **HANG-CHEU,** c. de China, cap. del Zhejiang; 1 180 000 hab. Ant. cap. de China, en época de los Song del Sur (1127-1276). Pagoda de las Seis armonías, fundada en 970; famosos jardines.

**HANKE** (Lewis Ulysses), historiador e hispanista norteamericano (Oregon City 1905-† 1993). Especialista en historia latinoamericana y en la figura del padre Las Casas, es autor, junto con C. Rodríguez, de *Los virreyes españoles en América durante el gobierno de la casa de Austria* (12 vols., 1976-1980).

**HANKOU** o **HAN-K'EU,** c. de China (Hubei), en la aglomeración de Wuhan.

**HANNÓN,** navegante cartaginés que, *c.* 450 a. J.C., habría bordeado las costas atlánticas del continente africano hasta Guinea.

**HANNOVER,** ant. estado alemán. — El *ducado de Hannover,* electorado desde 1692, se constituyó en reino (1814) y fue anexionado por Prusia (1866).

**HANNOVER,** c. de Alemania, cap. de Baja Sajonia, a orillas del Leine; 505 872 hab. Centro comercial (feria internacional) e industrial. Museos de Baja Sajonia, entre otros. La ciudad se adhirió a la Hansa en 1386 y, a partir de 1636, fue la residencia de los duques, posteriormente reyes, de Hannover.

**HANNOVER** *(casa de),* casa que reinó en el electorado de Hannover a partir de 1692 y también en Gran Bretaña a partir de 1714, cuando el elector de Hannover, bisnieto por línea materna de Jacobo I Estuardo, se convirtió en rey de Gran Bretaña con el nombre de Jorge I. La unión personal de los dos estados finalizó en 1837. En Gran Bretaña, la casa real adoptó el nombre de *casa de Windsor* en 1917.

**HANOI,** c. y cap. de Vietnam, en la cabecera del delta del Sông Koi (río Rojo); 2 591 000 hab. Centro industrial, comercial y cultural. Numerosos monumentos; ricos museos. Hanoi, principal ciudad del Tonkín durante la dominación china en el s. VI, fue la capital de la República Democrática de Vietnam (1954) antes de convertirse en la del país reunificado (1975).

**ḤANOK** (Mošé **ibn**), talmudista judío del s. X, iniciador de los estudios talmúdicos en España, en la aljama de Córdoba.

**Hansa** (la) o **Hansa teutónica,** asociación de ciudades comerciales del Báltico y del mar del Norte (ss. XII-XVII). Constituida en un principio por los comerciantes de Lübeck, Hamburgo y Colonia, agrupaba en el s. XIV a 70 u 80 ciudades que formaban su núcleo activo. Poseía además agencias en Nóvgorod, Bergen, Londres y Brujas. Su declive se aceleró tras la derrota infligida por los daneses en Lübeck (1534-1535).

**HANSEN** (Gerhard Armauer), médico noruego (Bergen 1841-*id.* 1912). Descubrió, en 1874, el bacilo acidorresistente causal de la lepra *(bacilo de Hansen).*

**HARALD,** nombre de varios reyes de Dinamarca, Suecia y Noruega, del s. IX al s. XII. — **Harald I** († *c.* 863), rey de Dinamarca, introdujo el cristianismo en su reino. – **Harald Blåtand** (*c.* 910-*c.* 986), rey de Dinamarca [*c.* 940-*c.* 986], implantó definitivamente el cristianismo en su país. – **Harald III Hårdråde** (*c.* 1015-Stamford Bridge 1066), rey de Noruega [1047-1066]. Intentó en vano conquistar Inglaterra, pero fue vencido y muerto por Harold II.

**HARALD V,** rey de Noruega (Asker, en la aglomeración de Oslo, 1937). Sucedió a su padre, Olav V, a la muerte de éste (1991).

**HARAR,** c. de Etiopía, al E de Addis Abeba; 63 000 hab.

**HARARE,** ant. **Salisbury,** c. y cap. de Zimbabwe, a 1 470 m de alt; 863 000 hab.

**HARĀT** o **HERĀT,** c. de Afganistán, a orillas del Harī Rūd; 177 300 hab. Monumentos construidos durante el renacimiento tīmūrí del s. XV.

**HARBIN, HA EL-PIN** o **HA'ERBIN,** ant. **Jarbin,** c. del NE de China, cap. del Heilongjiang; 2 443 000 hab. Centro industrial.

**HARDENBERG** (Karl August, *príncipe* **von**), estadista prusiano (Essenrode, Hannover, 1750-Génova 1822). Ministro de Asuntos Exteriores (1804-1806) y canciller (1810-1822), fue uno de los principales artífices de la recuperación de Prusia tras las derrotas que sufrió ante Napoleón en 1806.

**HARDING** (Warren Gamaliel), político norteamericano (cerca de Blooming Grove, Ohio, 1865-San Francisco 1923). Republicano, presidente de E.U.A. (1921-1923), llevó a cabo una política de aislamiento y proteccionismo.

**HARDY** → ***Laurel.***

**HARDY** (Thomas), escritor británico (Upper Bockhampton 1840-Max Gate 1928), autor de poemas y novelas que evocan las costumbres provincianas a través de la descripción de seres sometidos a un implacable destino (*Tess, la de los d'Urbervilles,* 1891; *Jude el oscuro,* 1895).

**HARGEISA,** c. del N de Somalia, ant. cap. de la Somalia británica; 70 000 hab.

**HARĪ RŪD,** r. de Afganistán y Turkmenistán, que desaparece al S del Karakum, agotado por la captación excesiva de sus aguas para el regadío y por evaporación; 1 100 km aprox.

**HARÍA,** mun. de España (Las Palmas), en Lanzarote; 2 626 hab. *(Harianos.)* Viña asociada con nopales. Camellos. Turismo (cueva de Los Verdes y Jameos del Agua).

**ḤARĪRĪ (al-),** escritor árabe (cerca de Basora 1054-*id.* 1122), autor de maqāmāt, célebres por su estilo preciosista.

**Harlem,** barrio de Nueva York, habitado por una importante comunidad negra.

**HARLEY** (Robert), *conde* **de Oxford,** político británico (Londres 1661-*id.* 1724). Secretario de Estado (1704-1708) y jefe de gobierno (1710-1714), desempeñó un papel capital en la conclusión del tratado de Utrecht (1713).

**HARLOW,** c. de Gran Bretaña (Essex), al N de Londres; 73 500 hab.

**HARNACK** (Adolf **von**), teólogo luterano alemán (Dorpat 1851-Heidelberg 1930), que postuló la primacía de la fe y la piedad sobre el dogma.

**HARO,** c. de España (La Rioja), cab. de p. j.; 8 939 hab. *(Harenses.)* Centro vinícola (Rioja Alta). Central de San José, en el río Tirón. Iglesia (s. XVI); ayuntamiento neoclásico; restos de las murallas.

**HARO,** familia aristocrática que ostentó el señorío de Vizcaya. Entre sus miembros destaca **Lope Díaz de Haro** († Alfaro 1289), quien apoyó a Sancho IV contra los infantes de la Cerda. Los Haro participaron en la guerra civil castellana, en la que apoyaron a Enrique de Trastámara, tras la cual el señorío pasó a Juana Manuel y luego a Juan II de Castilla, con lo que quedó vinculado a la corona castellana.

**HARO** (Guillermo), astrónomo mexicano (México 1913-*id.* 1988). Dedicado al estudio de las estrellas brillantes, se da el nombre de *galaxias de Haro* a un tipo de galaxias, descubiertas por él, que se caracterizan por un exceso de emisión en azul.

**HARO Y GUZMÁN** (Luis **Méndez de**), *marqués* **del Carpio,** político español (Valladolid 1598-Madrid 1661), valido de Felipe IV, que sucedió en sus funciones al conde-duque de Olivares. Firmó las paces de Westfalia (1648) y de los Pirineos (1659) y acabó con la guerra de Separación de Cataluña.

**HAROLD I** o **HAROLDO I,** llamado **Harefoot** († Oxford en 1040), rey de Inglaterra [1035-1040]. – **Harold II** o **Haroldo II** (*c.* 1022-Hastings 1066), rey de los anglosajones [1066]. Vencedor del rey de Noruega Harald III Hårdråde, fue derrotado y muerto por las tropas de Guillermo de Normandía (1066).

**HARPÓCRATES,** nombre con el cual fue venerado en el mundo grecorromano el dios egipcio Horus niño.

**HARRACH (El-),** ant. **Maison-Carrée,** c. de Argelia, en la aglomeración de Argel; 182 000 hab.

**HARRIMAN** (William Averell), financiero y político norteamericano (Nueva York 1891-Yorktown Heights, Nueva York, 1986). Secretario de comercio (1946) y encargado de varias misiones en Europa (1948-1950), fue embajador itinerante del plan Marshall.

**HARRIS** (Zellig Sabbetai), lingüista norteamericano (Balta, Ucrania, 1909-Filadelfia 1992). Teórico de la lingüística distribucional, propuso también un método de análisis del discurso.

**HARRISBURG,** c. de Estados Unidos, cap. de Pennsylvania; 52 376 hab.

**HARRISON** (John), relojero británico (Foulby, Yorkshire, 1693-Londres 1776). Fue el primero en construir un cronómetro de marina para determinar longitudes (1735).

**HARRISON** (William Henry), político norteamericano (Charles City County, Virginia, 1773-Washington 1841). En 1840 fue elegido presidente de E.U.A. y murió un mes después de asumir el cargo. – Su nieto, **Benjamin** (North Bend, Ohio, 1833-Indianápolis 1901), fue presidente republicano de E.U.A. de 1889 a 1893.

**HARROGATE,** c. de Gran Bretaña (Yorkshire Occidental); 65 000 hab. Estación termal.

**HARṢA** (Harṣavardhana **Silāditya,** llamado) [*c.* 590-647], rey de la India, que extendió su dominio en todo el N y cuya biografía escribió el poeta Bāṇa *(La gesta de Harṣa).*

**HARTFORD,** c. de Estados Unidos, cap. de Conneticut, a orillas del río Connecticut; 139 739 hab. Centro financiero. Museo de bellas artes.

**HARTLEPOOL,** c. y puerto de Gran Bretaña, junto al mar del Norte; 94 000 hab.

**HARTMANN** (Nicolai), filósofo alemán (Riga 1882-Gotinga 1950). Su metafísica procede del neokantismo y de la fenomenología de Husserl.

**HARTUNG** (Hans), pintor alemán (Leipzig 1904-Antibes 1989), nacionalizado francés. Pionero de la abstracción, su obra conjuga espontaneidad lírica y maestría.

**HARTZENBUSCH** (Juan Eugenio), escritor español (Madrid 1806-*id.* 1880). Cultivó el drama histórico en verso, en boga durante el romanticismo (*Los amantes* de Teruel,* 1837; *La jura de Santa Gadea,* 1845), la comedia de magia (*Los polvos de la madre Celestina,* 1840), el sainete en prosa (*La visionaria,* 1840) y la poesía (*Fábulas,* 1843). Escribió también relatos y artículos de costumbres. (Real academia 1847.)

**HĀRŪN AL-RAŠĪD** (Rai, Irán, 766-Tūs, Jurāsān, 809), califa abasí [786-809]. Personaje legendario de *Las mil y una noches,* mantuvo una corte fastuosa en Bagdad. Sus visires, de la familia Barmakí, desempeñaron un papel importante hasta su caída en desgracia (803).

**HARUNOBU SUZUKI,** grabador japonés (Edo, act. Tōkyō, 1725-*id.* 1770). Célebre retratista de mujeres, realizó estampas de refinado colorido.

**Harvard** *(universidad),* universidad privada norteamericana, fundada en 1636 en Cambridge (Massachusetts) por John Harvard.

**HARVEY** (William), médico inglés (Folkestone 1578-Londres 1657). Cirujano de los reyes Jacobo I y Carlos I, descubrió la circulación sanguínea completa. Se le debe el principio: *omne vivum ex ovo* (todo ser vivo procede de un huevo).

**HARYANA,** estado del N de la India; 44 000 km$^2$; 16 317 715 hab. Cap. *Chandigarh.*

**HARZ,** macizo cristalino del centro de Alemania, que culmina en el Brocken (1 142 m). En las leyendas alemanas, era un lugar de encuentro de brujas, que celebraban allí la *noche de Walpurgis.*

**HARZABAL,** seudónimo de **José Antonio Artze,** músico y poeta español en lengua vasca (Usúrbil 1939), recuperador de valores y creencias populares: *Desde Istúriz a Tolosa* (*Izturitzetik Tolosan barru,* 1969).

Edmond **Halley**
(R. Phillips - galería nacional de retratos, Londres)

**Händel**
(Th. Hudson - galería nacional de retratos, Londres)

Peter **Handke**

William **Harvey**

**ḤASAN,** segundo imán de los chiitas (*c.* 624-Medina 669). Hijo de 'Alī y de Fāṭima, renunció al califato en favor de Mu'āwiya (661).

**ḤASAN II** (Rabat 1929-*id.* 1999), rey de Marruecos desde 1961, hijo de Muḥammad V. Consiguió movilizar a toda la nación para la Marcha verde que permitió la anexión del Sahara Occidental en 1975.

**ḤASAN IBN AL-ṢABBĀḤ** o **ḤASSAN-I ṢABBĀḤ,** fundador de la secta de los Asesinos († Alamūt, Irán, 1124).

**HASDAY** (Abraham **ben**), escritor hebraicoespañol (nacido en Barcelona-† 1240), autor de *El príncipe y el derviche,* refundición hebrea del *Barlaam y Josafat.*

**HAŠEK** (Jaroslav), escritor checo (Praga 1883-Lipnice nad Sazavu 1923), autor de la novela satírica *Las aventuras del valeroso soldado Švejk* (1921-1923).

**HASKIL** (Clara), pianista rumana (Bucarest 1895-Bruselas 1960), especialista en la interpretación de obras de Mozart.

**HASKOVO,** c. de Bulgaria, en el valle del Marica; 81 000 hab. Centro agrícola e industrial.

**HASSE** (Johann Adolf), compositor alemán (Bergedorf, Hamburgo, 1699-Venecia 1783), uno de los maestros de la *opera seria* (*Arminio,* 1730; *El rey pastor,* 1755).

**HASSELT,** c. de Bélgica, cap. de Limburgo; 66 611 hab. Iglesia de los ss. XV-XVI (torre del s. XIII).

**Hassi Messaoud,** yacimiento petrolífero del Sahara argelino, al SE de Wargla.

**Hassi R'Mel,** yacimiento de gas natural del Sahara argelino, al S de Laghouat.

**HASSLER** (Hans Leo), compositor alemán (Nuremberg 1564-Frankfurt del Main 1612), autor de obras polifónicas.

**HASTINGS,** c. de Gran Bretaña (Sussex Oriental), junto al canal de la Mancha; 78 100 hab. Puerto y estación balnearia. En ella venció Guillermo de Normandía a Harold II el 14 de octubre de 1066.

**HASTINGS** (Warren), administrador británico (Churchill, Oxfordshire, 1732-Daylesford, Oxfordshire, 1818). Gobernador general de la India (1774-1785), llevó a cabo una gran obra de organización apoyándose en las tradiciones indígenas.

**HATHAWAY** (Henry), director de cine norteamericano (Sacramento 1898-Los Ángeles 1985). Su obra abundante y desigual cuenta con varios éxitos (*Tres lanceros bengalíes,* 1935; *El beso de la muerte,* 1947).

**HATILLO,** mun. del N de Puerto Rico; 32 703 hab. Caña de azúcar y cocoteros. Confección.

**HATO MAYOR** *(provincia de),* prov. de la República Dominicana, en la cordillera Central; 1 330 $km^2$; 77 300 hab. Cap. *Hato Mayor* (40 473 hab.).

**HATOR,** diosa egipcia de la alegría y el amor, identificada por los griegos con *Afrodita.*

**HATŠEPSUT,** reina de la XVIII dinastía egipcia (1520-1484 a. J.C.). Esposa de Tutmés II, usurpó el poder durante la minoría de edad de su yerno Tutmés III.

**HATTERAS** *(cabo),* cabo de Estados Unidos, en el Atlántico (Carolina del Norte).

**HATTI,** ant. nombre (III-II milenio) de una región de Anatolia central y del pueblo que la habitaba, que, al fusionarse con otra población de lengua indoeuropea, dio origen a los hititas.

**HATTUSA** o **HATTUŠ** → ***Boğazköy.***

**HATUEY,** cacique indígena de La Española († Yara 1511). Expulsado de Guajabá por los españoles, se retiró a Cuba, donde resistió frente a las tropas de Diego Velázquez. Fue apresado y quemado vivo.

**HATZFELD** (Helmut), lingüista y romanista norteamericano de origen alemán (Bad Dürkheim 1892-Washington 1979), especialista en literaturas hispánica y francesa: *El Quijote como obra de arte del lenguaje* (1927).

**HAUPTMANN** (Gerhart), escritor alemán (Bad Salzbrunn, Silesia, 1862-Agnetendorf 1946), autor de dramas realistas (*Los tejedores,* 1892; *El cochero Henschel,* 1898) y poemas épicos. (Premio Nobel de literatura 1912.)

**HAUSDORFF** (Felix), matemático alemán (Breslau 1868-Bonn 1942). Autor de trabajos sobre los espacios abstractos, fundamentó su teoría sobre la noción de cercanía.

**HAUSER** (Kaspar), personaje alemán (*c.* 1812-Ansbach 1833), aparecido en Nuremberg, en 1828, vestido de campesino, al que se identificó generalmente con el hijo abandonado del gran duque Carlos de Baden.

**HAUSSMANN** (Georges, *barón*), administrador francés (París 1809-*id.* 1891). Dirigió la reforma urbanística de París, base de su aspecto actual.

**HAUTE-CORSE,** dep. de Francia (Córcega); 4 666 $km^2$; 131 563 hab. Cap. *Bastia.*

**HAUTE-GARONNE,** dep. del S de Francia (Midi-Pyrénées); 6 309 $km^2$; 925 962 hab. Cap. *Toulouse.*

**HAUTE-LOIRE,** dep. de Francia (Auvernia); 4 977 $km^2$; 206 568 hab. Cap. *Le Puy-en-Velay* (23 434 hab.).

**HAUTE-MARNE,** dep. de Francia (Champagne-Ardenne); 6 211 $km^2$; 204 067 hab. Cap. *Chaumont* (28 900 hab.).

**HAUTES-ALPES,** dep. de Francia (Provenza-Alpes-Costa Azul); 5 549 $km^2$; 113 300 hab. Cap. *Gap* (35 647 hab.).

**HAUTE-SAÔNE,** dep. de Francia (Franco Condado); 5 360 $km^2$; 229 650 hab. Cap. *Vesoul* (19 404 hab.).

**HAUTE-SAVOIE,** dep. de Francia (Ródano-Alpes); 4 388 $km^2$; 568 286 hab. Cap. *Annecy.*

**HAUTES-PYRÉNÉES,** dep. de Francia (Midi-Pyrénées); 4 464 $km^2$; 224 759 hab. Cap. *Tarbes.*

**HAUTE-VIENNE,** dep. de Francia (Lemosín); 5 520 $km^2$; 353 593 hab. Cap. *Limoges.*

**HAUT-RHIN,** dep. de Francia (Alsacia); 3 525 $km^2$; 671 319 hab. Cap. *Colmar.*

**HAUTS-DE-SEINE,** dep. de Francia (Île-de-France); 176 $km^2$; 1 391 658 hab. Cap. *Nanterre.*

**HAVEL,** r. de Alemania, afl. del Elba (or. der.); 341 km.

**HAVEL** (Václav), dramaturgo y político checo (Praga 1936). Opuesto al régimen comunista, fue condenado en varias ocasiones por delitos de protesta y opinión. En 1989 encabezó el movimiento de protesta y fue elegido presidente de Checoslovaquia; dimitió en 1992. Tras la división de Checoslovaquia, fue elegido presidente de la República Checa en 1993 y reelegido en 1998. Su teatro es de crítica social (*La fiesta,* 1963; *Largo desolato,* 1985).

**Havers** *(conductos de),* canales nutritivos situados en el tejido óseo compacto y alrededor de los cuales se forman las células óseas en láminas concéntricas, formando el *sistema de Havers.*

**HAVRE (El),** en fr. **Le Havre,** c. de Francia (Seine-Maritime), en la desembocadura del Sena; 197 219 hab. Universidad. Puerto comercial (hidrocarburos). Museo de bellas artes. Fundada en 1517, fue reconstruida tras la segunda guerra mundial.

**HAWAI** o **HAWAII,** archipiélago volcánico de Polinesia, que constituye un estado de Estados Unidos; 16 600 $km^2$; 1 108 229 hab. *(Hawaianos.)* CAP. *Honolulu,* en la isla de Oahu. Producción de caña de azúcar y de piña. Turismo. La *isla de Hawai* es la mayor del archipiélago; 10 400 $km^2$; 92 000 hab. C. pral. *Hilo.*

HISTORIA

Originarios de Tahití, los hawaianos llegaron al archipiélago hacia el año 1000. 1778: Cook desembarcó en las islas, a las que bautizó *islas Sandwich.* 1820: los misioneros protestantes comenzaron la evangelización del país. 1849: Estados Unidos obtuvo el libre acceso a los puertos hawaianos y, posteriormente (1875), un tratado de reciprocidad comercial. 1887: les fue concedida la ensenada de Pearl Harbor. 1893: un grupo de propietarios de plantaciones norteamericanos derrocó a la monarquía indígena. 1898: el archipiélago fue anexionado por E.U.A. 1959: Hawai se convirtió en el estado 50 de la Unión.

**HAWKE** (Robert, llamado **Bob**), político australiano (Bordertown, Australia del Sur, 1929). Laborista, fue primer ministro de 1983 a 1991.

**HAWKES** (John), escritor norteamericano (Stamford, Connecticut, 1925). Denunció la crueldad y el absurdo del mundo moderno (*Segunda piel,* 1964; *Naranjas de sangre,* 1971).

**HAWKING** (Stephen), físico británico (Oxford 1942), autor de importantes trabajos teóricos sobre el universo y los agujeros negros en particular (*Historia del tiempo: del big bang a los agujeros negros,* 1988).

**HAWKINS** (Coleman), saxofonista de jazz norteamericano (San José, Missouri, 1904-Nueva York 1969). Fue el saxofonista tenor de middle jazz más importante por sus inspiradas improvisaciones (*Body and soul,* 1939). Influyó en numerosos *jazzmen.*

**HAWKINS** o **HAWKYNS** (*sir* John), pirata y almirante inglés (Plymouth 1532-frente a Puerto Rico 1595). Se dedicó a la trata de esclavos y al contrabando, y atacó y saqueó las naves y los establecimientos costeros españoles de América.

**HAWKS** (Howard), director de cine norteamericano (Goshen, Indiana, 1896-Palm Springs 1977). Abordó todos los géneros con la misma sobriedad: *Scarface, el terror del hampa* (1932), *La fiera de mi niña* (1938), *Tener y no tener* (1945), *El sueño eterno* (1946), *Río Bravo* (1958).

**HAWKWOOD** (*sir* John), condotiero de origen inglés (Hedingham Sibil, Essex, *c.* 1320-Florencia 1394), conocido en Italia con el nombre de **Giovanni Acuto.**

**HAWORTH** (*sir* Walter Norman), químico británico (Chorley, Lancashire, 1883-Birmingham 1950), premio Nobel de química en 1937 por su síntesis de la vitamina C.

**ḤAWRĀN,** meseta de Siria, al pie del yébel Druso.

**HAWTHORNE** (Nathaniel), escritor norteamericano (Salem, Massachusetts, 1804-Plymouth, New Hampshire, 1864), autor de relatos (*Cuentos narrados dos veces,* 1837-1842) y de novelas (*La letra escarlata,* 1850; *La casa de las siete torres,* 1851), que evocan una naturaleza humana marcada por el mal y la culpabilidad.

**HAWTREY** (*sir* Ralph George), economista británico (Slough, Buckinghamshire, 1879-Londres 1975). Explicó las fluctuaciones económicas por el funcionamiento del sistema bancario.

**HAYA (La),** en neerlandés **Den Haag** o **'s-Gravenhage,** c. de Países Bajos, cerca del mar del Norte,

**Ḥasan II**

Václav **Havel**

Joseph **Haydn**

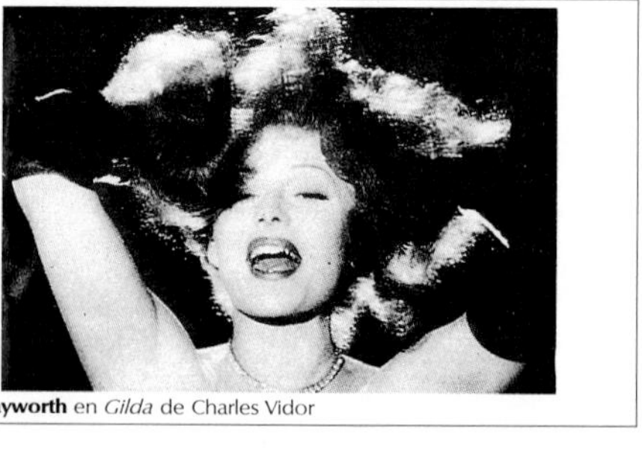

Rita **Hayworth** en *Gilda* de Charles Vidor

residencia de la corte, del cuerpo diplomático y de los poderes públicos; 444 242 hab. Ciudad fundamentalmente residencial. Palacio de la Paz y tribunal internacional de justicia. Tribunal internacional para la ex Yugoslavia. Numerosos monumentos, del s. XIII al s. XVIII; museos, como el museo real de pintura en el Mauritshuis (palacio del s. XVII).

**HAYA DE LA TORRE** (Víctor Raúl), político peruano (Trujillo 1895-Lima 1979), fundador de la Alianza popular revolucionaria americana (A.P.R.A.) en 1924. Elegido presidente en 1962, un golpe militar le impidió gobernar, y en 1963 fue vencido por Belaúnde Terry. Fue presidente de la asamblea constituyente (1978).

**ḤAYDAR 'ALĪ** (Dodballāpur 1721-cerca de Chitor 1782), fundador (1761) de la dinastía musulmana de Mysore. Apoyado por los franceses, luchó contra los mahrāttas, los afganos y los británicos.

**HAYDN** (Joseph), compositor austríaco (Rohrau an der Leitha, Baja Austria, 1732-Viena 1809). Su larga carrera abarca desde el final del barroco al prerromanticismo. Contribuyó a fijar la estructura clásica de la sinfonía *(parisiennes, londinenses)* y del cuarteto. Es conocido sobre todo por sus oratorios (*La creación,* 1798; *Las estaciones,* 1801).

**HAYEK** (Friedrich August **von**), economista británico de origen austríaco (Viena 1899-Friburgo de Brisgovia 1992). Estudió las crisis cíclicas. (Premio Nobel de economía 1974.)

**HAYES** (Rutherford Birchard), político norteamericano (Delaware, Ohio, 1822-Fremont, Ohio, 1893), presidente republicano de E.U.A. (1877-1881).

**ḤAYKAL** (Ḥusayn Muḥammad), escritor egipcio (Ṭanṭā 1888-El Cairo 1956), autor de la primera novela árabe moderna, *Zaynab* (1914).

**HAYWORTH** (Margarita Carmen **Cansino,** llamada **Rita**), actriz de cine norteamericana (Nueva York 1918-*id.* 1987). Se hizo famosa por la película *Gilda* (Charles Vidor, 1946), y realizó su mejor papel en *La dama de Shanghai* (Orson Welles, 1948).

**ḤAYYĀN** (Abū Marwān **Ibn**), historiador hispanomusulmán (Córdoba 988-1076), autor de una antología de textos históricos sobre la política omeya y de los reinos cristianos: *al-Muqtabis (El que quiere conocer).*

**ḤAYYŪŶ** (Yĕhudá ben David), gramático judío (nacido en Fez-Córdoba, fines s. X o principios s. XI). Fundador de la ciencia gramatical hebrea, escribió tres obras en las que estableció la triliteralidad de las raíces hebreas.

**ḤAZĪN** (Ibn al-Hayṯam **al-**), matemático y astrónomo árabe (Basora 965-El Cairo 1039), conocido también como **Alhazen.** Autor de obras de matemáticas, óptica y astronomía, su pensamiento inspiró a los sabios de la Europa renacentista.

**ḤAZM** (Abū Muḥammad 'Alī **ibn**), llamado también **Abenhazan,** polígrafo hispanomusulmán (Córdoba 993-Casa Montija, Huelva, 1064). Autor de *El collar* de la paloma,* tratado sobre el amor, y de una *Historia crítica de las religiones, sectas y escuelas,* más conocida por el título de *Fisal.*

**HEAD** (*sir* Henry), neurofisiólogo británico (Londres 1861-Reading 1940). Estudió el mecanismo de las sensaciones cutáneas y los trastornos del lenguaje.

**HEANEY** (Seamus), poeta irlandés (Castle Dawson, Londonderry, 1939). Su obra, de un lirismo atormentado, preserva los rasgos de la identidad nacional e individual. (Premio Nobel de literatura 1995.)

**HEARST** (William Randolph), hombre de negocios norteamericano (San Francisco 1863-Beverly Hills, California, 1951). Propietario de una cadena de periódicos, difundió los procedimientos de la prensa sensacionalista.

**HEATH** (Edward), político británico (Broadstairs, Kent, 1916). Líder del Partido conservador (1965-1975) y primer ministro (1970-1974), hizo entrar a Gran Bretaña en el Mercado común (1973).

**Heathrow,** principal aeropuerto de Londres, al O de la ciudad.

**HEAVISIDE** (Oliver), matemático y físico británico (Londres 1850-Torquay 1925). Tradujo en términos vectoriales la teoría del electromagnetismo de Maxwell y descubrió la capa atmosférica ionizada, que lleva su nombre.

**HEBBEL** (Friedrich), dramaturgo alemán (Wesselburen, Holstein, 1813-Viena 1863), autor de dramas románticos (*Judith,* 1839) y de la trilogía *Los Nibelungos* (1861-1862).

**HEBE,** diosa griega de la juventud.

**HEBEI** u **HO-PEI,** prov. del N de China, junto al golfo de Bohai; 188 000 km²; 61 082 000 hab. Cap. *Shijiazhuang.*

**HÉBERT** (Jacques), publicista y político francés (Alençon 1757-París 1794). Miembro del club de los Cordeliers, tuvo grandes disputas con los girondinos, e inspiró las medidas del Terror. Él y su grupo fueron eliminados por Robespierre.

**HEBREO** (Yĕhudá **Abrabanel,** llamado **León**), filósofo y médico judío (Lisboa *c.* 1465-en Italia d. 1521). Emigró a Toledo en 1483, y se refugió en Nápoles al ser expulsados los judíos de España. Compuso poemas en lengua hebrea, y en italiano los *Diálogos* de amor,* publicados en 1535.

**HÉBRIDAS** *(islas),* archipiélago británico al O de Escocia; 2 898 km²; 32 000 hab. Sus principales islas son *Lewis* y *Skye.*

**HÉBRIDAS (Nuevas)** → *Vanuatu.*

**HEBRÓN,** act. **al-Jalīl,** c. de Palestina, en Cisjordania, al S de Jerusalén; 43 000 hab. Las tradiciones judías, cristianas y musulmanas sitúan en ella la tumba de Abraham. Dividida en 1997 entre palestinos e israelíes.

**HÉCATE,** divinidad griega de la magia y la hechicería.

**HECATEO de Mileto,** historiador y geógrafo de Jonia (s. VI a. J.C.), autor de *Viaje alrededor del mundo* y *Genealogías,* de las que sólo se conservan fragmentos.

**HECHO** *(Valle de),* comarca de España, en el Pirineo aragonés (Huesca). Dialecto local o fabla, el cheso. *Hecho,* la capital comarcal (632 hab.), es un típico caserío altoaragonés. Turismo.

**Hechos de los apóstoles,** uno de los libros canónicos del Nuevo testamento, escrito entre el año 80 y el 90, y atribuido a san Lucas; contiene la historia del cristianismo, desde la Ascensión de Cristo hasta la llegada de san Pablo a Roma.

**HÉCTOR,** en la *Ilíada,* héroe troyano, hijo de Príamo y de Hécuba, esposo de Andrómaca y padre de Astianacte. Fue muerto por Aquiles.

**HÉCUBA,** en la *Ilíada,* esposa de Príamo.

**HEDĀYAT** (Ṣādeq), escritor iraní (Teherán 1903-París 1951). Expresó su pasión por la cultura antigua de su país y su simpatía por los oprimidos (*La lechuza ciega,* 1936).

**HEERLEN,** c. de Países Bajos (Limburgo); 94 344 hab. Ruinas de termas romanas.

**HEFEI** u **HO-FEI,** c. de China, cap. de la prov. de Anhui; 733 278 hab. Museo.

**HEFESTO** o **HEFAISTOS,** dios griego del fuego y de las artes de la forja. Es el *Vulcano* de los romanos.

**HEGEL** (Georg Wilhelm Friedrich), filósofo alemán (Stuttgart 1770-Berlín 1831). Su filosofía engloba al ser y al pensamiento en un principio único, el concepto; Hegel describió el desarrollo de este principio por medio de la dialéctica, de la que no sólo hizo un método racional de pensamiento, sino sobre todo la vida misma del concepto y de su historia. Es autor de *Fenomenología del espíritu* (1807), *Ciencia de la lógica* (1812-1816), *Principios de la filosofía del derecho* (1821), etc.

**HEIBERG** (Peter Andreas), escritor danés (Vordingborg 1758-París 1841), autor de novelas y comedias satíricas (*Aventuras de un billete de banco,* 1787-1793). — Su hijo **Johan Ludvig** (Copenhague 1791-Bonderup 1860), autor de dramas románticos (*El día de los siete durmientes,* 1840), influyó en la vida intelectual de su país.

**HEIDEGGER** (Martin), filósofo alemán (Messkirch, Baden, 1889-*id.* 1976). Según Heidegger, únicamente los filósofos presocráticos sabían lo que era el Ser: Nietzsche y, posteriormente, él mismo han vuelto a descubrir que el Ser es un lugar de cuestionamiento para el hombre, y que el hombre vive con la muerte y la angustia refugiadas en él. Esto es lo que Heidegger llama el *ser-en-el-mundo* o *Dasein* (*El ser y el tiempo,* 1927; *Introducción a la metafísica,* 1952).

**HEIDELBERG,** c. de Alemania (Baden-Württemberg), a orillas del Neckar; 134 496 hab. Universidad. Turismo. Castillo de los ss. XIV-XVII. Museo.

**HEIDER** (Fritz), sicosociólogo norteamericano de origen austríaco (Viena 1896-† 1988). Aplicó las leyes de la percepción de los objetos (Gestalttheorie) a la de las personas y sus relaciones (*La sicología de las relaciones interpersonales,* 1958).

**HEIFETZ** (Jascha), violinista norteamericano de origen lituano (Vilna 1901-Los Ángeles 1987).

**HEILBRONN,** c. de Alemania (Baden-Württemberg), junto al Neckar; 113 955 hab. Puerto fluvial.

**HEILIGENBLUT,** centro turístico de Austria (Carintia), cerca del Grossglockner; 1 000 hab. Alpinismo y deportes de invierno.

**HEILONGJIANG** o **HEI LONG-KIANG,** prov. de la China del NE; 460 000 km²; 35 215 000 hab. Cap. *Harbin.*

**HEINE** (Heinrich), escritor alemán (Düsseldorf 1797-París 1856). Autor de poemas en los que la inspiración romántica adopta un tono político o irónico (*Intermezzo lírico,* 1823; *Libro de canciones,* 1827-1844; *Romancero,* 1851) y de relatos de viajes (*Cuadros de viaje,* 1826-1831), fue un destacado intermediario cultural entre Francia y Alemania.

**HEINEMANN** (Gustav), político alemán (Schwelm, Westfalia, 1899-Essen 1976). Socialdemócrata, de 1969 a 1974 fue presidente de la República Federal de Alemania.

**HEINKEL** (Ernst Heinrich), ingeniero e industrial alemán (Grünbach, Württemberg, 1888-Stuttgart 1958). Fundó una empresa de construcción aeronáutica en Warnemünde (1922). A partir de 1945 se consagró a la construcción de piezas de transmisión y de motores para automóviles.

**HEINSIUS** (Anthonie), político neerlandés (Delft 1641-La Haya 1720). Gran pensionario de Holanda desde 1689 hasta su muerte, fue adversario implacable de Luis XIV y el artífice de la gran alianza de La Haya (1701), preludio de la guerra de Sucesión de España.

**HEINSIUS** o **HEINS** (Daniel), humanista e historiador neerlandés (Gante 1580-Leiden 1655). Fue el historiógrafo del rey Gustavo Adolfo.

**HEISENBERG** (Werner Karl), físico alemán (Wurzburgo 1901-Munich 1976). Uno de los fundadores de la teoría cuántica, de la que ofreció un formalismo matricial. Formuló las desigualdades que llevan su nombre, que estipulan que es imposible medir simultáneamente la posición y la velocidad de una partícula cuántica. (Premio Nobel de física 1932.)

**HEKLA,** volcán activo del S de Islandia; 1 491 m.

**HÉLADE,** en gr. **Hellas,** denominación antigua de la región central de Grecia, por oposición al Peloponeso. — Posteriormente, Grecia en su totalidad.

**HELDER (Den),** c. y puerto de Países Bajos (Holanda Septentrional); 61 468 hab.

**HELENA,** heroína de la *Ilíada.* Hija de Leda, hermana de Cástor y Pólux y esposa de Menelao, fue

Friedrich **Hegel**

Martin **Heidegger**

Heinrich **Heine** (M. Oppenheim - museo de Hamburgo)

Werner **Heisenberg**

raptada por Paris, lo que provocó la guerra de Troya.

**HELENO,** hijo de Deucalión y de Pirra, antepasado mítico y héroe epónimo de los *helenos.*

**HELESPONTO,** ant. nombre de los Dardanelos*.

**HELGOLAND** o **HELIGOLAND,** isla de Alemania (Schleswig-Holstein), en el mar del Norte, frente a los estuarios del Elba y del Weser; 25 ha; 1 900 hab. En 1714 pasó a Dinamarca, en 1814 a Gran Bretaña, que la cedió a Alemania en 1890, a cambio de Zanzíbar. En ella se construyó una base naval, desmantelada en 1947.

**HELÍ,** juez y sumo sacerdote de los hebreos (s. XI a. J.C.).

**HELICÓN,** monte de Grecia, en Beocia; 1 748 m. En la antigüedad griega se lo consideraba morada de las musas.

**Heliea,** ant. tribunal popular de Atenas, cuyos miembros *(heliastas)* eran elegidos al azar cada año.

**HELIODORO,** escritor griego (Emesa s. III d. J.C.), autor de *Las Etiópicas* o *Teágenes y Cariclea,* novela leída e imitada hasta el s. XVII.

**HELIOGÁBALO** o **ELAGÁBAL (Marco Aurelio Antonino,** llamado) [204-Roma 222], emperador romano [218-222]. Sumo sacerdote del dios solar de Emesa *(El Gebal),* al que proclamó dios supremo del imperio, fue asesinado por los pretorianos.

**HELIÓPOLIS** → ***Baalbek.***

**HELIÓPOLIS,** c. del Egipto antiguo, en el extremo S del delta del Nilo. Desempeñó un importante papel religioso y político, gracias al poder del clero del templo de Ra. Obelisco de Sesostris I.

**HELIOS,** dios griego del Sol y de la luz.

**HELLÍN,** c. de España (Albacete), cab. de p. j.; 23 540 hab. *(Hellinenses.)* Excelente viñedo. Explotación de azufre. Manufacturas del esparto. Iglesias del s. XVI. En las proximidades, abrigos de *Minateda*.*

**HELMAND** o **HILMAND,** r. de Afganistán, que se pierde en la cuenca del Sīstān; 1 200 km.

**HELMHOLTZ** (Hermann Ludwig Ferdinand **von**), físico y fisiólogo alemán (Potsdam 1821-Charlottenburg 1894). Introdujo la noción de energía potencial y enunció el principio de conservación de la energía. También descubrió el papel de los armónicos en el timbre de los sonidos y midió la velocidad del impulso nervioso (1850).

**HELMOND,** c. de Países Bajos (Brabante Septentrional); 69 967 hab. Centro textil.

**HELPMANN** (Robert), bailarín y coreógrafo australiano (Mount Gambier 1909-Sydney 1986). Compuso coreografías para el Sadler's Wells ballet y para el cine *(Las zapatillas rojas, Los cuentos de Hoffmann).*

**HELSINGØR** → ***Elsinor.***

**HELSINKI,** en sueco **Helsingfors,** c. y cap. de Finlandia, junto al golfo de Finlandia; 484 000 hab. (932 000 hab. en la aglomeración). Urbanismo moderno. Museos (Galería nacional finlandesa, de arquitectura, de arte contemporáneo, etc.). Principal puerto y centro industrial del país. Fundada en 1550 por los suecos, se convirtió en 1812 en la capital del gran ducado de Finlandia y en 1918 en la de la República de Finlandia. En 1975, la C.S.C.E. firmó en ella el acta final de su primera cumbre.

**HELVECIA,** parte oriental de la Galia, habitada por los *helvecios,* que comprendía el territorio ocupado actualmente por Suiza.

**HELVÉTICA** *(Confederación)* → ***Suiza.***

**HELVETIUS** (Claude Adrien), filósofo francés (París 1715-*id.* 1771). Formuló una teoría materialista y sensualista (*Sobre el espíritu,* 1758; *Del hombre, de sus facultades intelectuales y su educación,* 1772).

**HEMEL HEMPSTEAD,** c. de Gran Bretaña, cerca de Londres; 80 000 hab. Iglesia del s. XII.

**HEMEROSCOPIÓN,** una de las más antiguas colonias focenses en España, fundada junto al peñón de Ifach (Alicante) mediado el s. VII a. J.C. Primer puerto de la Península donde recalaban los navíos griegos que atravesaban el Mediterráneo occidental.

**HEMINGWAY** (Ernest), escritor norteamericano (Oak Park, Illinois, 1899-Ketchum, Idaho, 1961). Pasó del desencanto de la *generación perdida* a una glorificación de la fuerza moral del hombre, que se mide con el mundo y con los seres en un cuerpo a cuerpo solitario (*Fiesta,* 1926; *Adiós a las armas,* 1929; *Por quién doblan las campanas,* 1940; *El viejo y el mar,* 1952). [Premio Nobel de literatura 1954.]

**HENAN** u **HO-NAN,** prov. de China; 167 000 km²; 85 510 000 hab. Cap. *Zhengzhou.*

**HENARES,** r. de España, afl. del Jarama (or. izq.); 113 km. Pasa por Guadalajara y Alcalá de Henares.

**HENCH** (Philip Showalter), médico norteamericano (Pittsburgh 1896-Ocho Ríos, Jamaica, 1965). Premio Nobel de fisiología y medicina en 1950 por sus trabajos sobre el uso terapéutico de la cortisona.

**HENDAYA,** en fr. **Hendaye,** mun. de Francia (Pyrénées-Atlantiques), a orillas del Bidasoa, en la frontera con España; 11 744 hab. Estación ferroviaria internacional.

**HENDRIX** (Jimi), guitarrista norteamericano (Seattle 1942-Londres 1970). Su estilo revolucionó el blues y el rock (*Electric ladyland,* álbum, 1968).

**HENESTROSA** (Andrés), escritor y lingüista mexicano (Ixhuatán, Oaxaca, 1908). Autor de ensayos como *De Ixhuatán, mi tierra, a Jerusalén, tierra del Señor* (1975), y de relatos (*Los hombres que dispersó la danza,* 1929; *Los cuatro abuelos,* 1961).

**HENGELO,** c. de Países Bajos (Overijssel); 76 371 hab. Industrias químicas. Metalurgia. Electrónica.

**HENGYANG** o **HENG-YANG,** c. de China (Hunan); 487 000 hab. Industrias químicas. Metalurgia.

**HENIE** (Sonja), campeona noruega de patinaje artístico (Oslo 1912-en avión 1969), diez veces campeona del mundo y tres veces campeona olímpica (1928, 1932 y 1936). Actuó, asimismo, en el cine norteamericano.

**HENLEIN** (Konrad), político alemán (Maffersdorf 1898-Pilsen, act. Plzeň, 1945). Preparó la anexión de los Sudetes al Reich (1938).

**HENLEY-ON-THAMES,** c. de Gran Bretaña (Oxfordshire), a orillas del Támesis; 12 000 hab. Regatas.

**HENRÍQUEZ** (Camilo), patriota chileno (Valdivia 1769-Santiago 1825). Luchador por la emancipación, con el seudónimo de *Quirino Lemáchez* redactó la proclama revolucionaria e independentista de 1811. Fundó el diario *La aurora de Chile.*

**HENRÍQUEZ UREÑA** (Pedro), lingüista y escritor dominicano (Santo Domingo 1884-La Plata, Argentina, 1946). Entre sus ensayos destacan: *Ensayos críticos* (1905), *Sobre el problema del andalucismo dialectal en América* (1932), *La versificación irregular en la poesía castellana* (1933) y *Las corrientes literarias en la América hispánica* (1949). — Su hermano **Max** (Santo Domingo 1885-*id.* 1968) fue poeta y crítico del modernismo.

**HENRÍQUEZ Y CARVAJAL** (Federico), polígrafo dominicano (Santo Domingo 1848-† 1951), propagandista de la emancipación cubana, junto con Martí, y colaborador de Hostos en las tareas pedagógicas. No aceptó la presidencia de la república en 1916, tras la invasión de E.U.A.

**HENRY** (Joseph), físico norteamericano (Albany 1797-Washington 1878). Descubrió la autoinducción (1832), fenómeno fundamental en electromagnetismo.

**HENRY** (Pierre), compositor francés (París 1927), pionero de la música concreta y electroacústica (*Orfeo,* 1953; *La reina verde,* 1963). Colaboró con M. Béjart y P. Schaeffer (*Sinfonía para un hombre solo,* 1950).

**HENZADA,** c. de Birmania, a orillas del Irawadi; 284 000 hab. Industria de la madera.

**HENZE** (Hans Werner), compositor alemán (Gütersloh, Westfalia, 1926). Después de utilizar las técnicas seriadas, compuso óperas (*El Cimarrón,* 1970; *El Rey de Harlem,* 1980), ballets y sinfonías de un lirismo más personal.

**HEPBURN** (Katharine), actriz norteamericana (Hartford, Connecticut, 1907). Tanto en cine como en teatro ha sabido combinar en sus personajes distinción, carácter y modernidad. Ha trabajado con G. Cukor (*Historias de Filadelfia,* 1940), H. Hawks (*La fiera de mi niña,* 1938), J. Huston (*La reina de África,* 1952), etc.

**Heptamerón** *(El),* colección de 72 relatos (1559) de Margarita de Angulema, reina de Navarra, escritos a imitación de Boccaccio.

**HEPTARQUÍA,** agrupación de los siete reinos anglosajones de Kent, Sussex, Wessex, Essex, Northumbria, East-Anglia y Mercia (ss. VI-IX).

**HEQUET** (Diógenes), pintor uruguayo (Montevideo 1866-*id.* 1902). Realizó retratos, paisajes y cuadros históricos *(Episodios nacionales).*

**HERA,** diosa griega del matrimonio, esposa de Zeus, identificada por los latinos con *Juno.* En el museo del Louvre se encuentra la llamada *Hera de Samos,* estatua de mármol del s. V a. J.C., hallada en el templo de Hera en Samos, representativa del arcaísmo del mundo jonio.

**HERACLES,** famoso héroe griego, personificación de la fuerza, hijo de Zeus y de Alcmena, identificado con el *Hércules* latino. Para expiar el asesinato de su esposa Mégara y de sus hijos tuvo que realizar los doce trabajos impuestos por el rey de Tirinto, Euristeo *(trabajos de Hércules):* 1.° matar al león de Nemea; 2.° matar a la hidra de Lerna; 3.° capturar al jabalí de Erimanto; 4.° alcanzar en una carrera a la cierva con pezuñas de bronce de Cerinea; 5.° abatir a los pájaros del lago Estínfalo; 6.° domar al toro cretense de Minos; 7.° matar a Diomedes, rey de Tracia, que alimentaba a sus caballos con carne humana; 8.° vencer a las amazonas; 9.° limpiar los establos de Augias; 10.° luchar contra Gerión y arrebatarle sus bueyes; 11.° coger las manzanas de oro del jardín de las Hespérides, y 12.° encadenar a Cerbero. Devorado por el sufrimiento provocado por la túnica envenenada de Neso, Heracles se lanzó a una hoguera en el monte Eta.

**HERACLIDAS,** descendientes míticos de Heracles.

**HERACLIDAS,** familia de origen armenio que dio seis emperadores a Bizancio entre los ss. VII y VIII, entre los que se cuenta Heraclio I.

**HERACLIO I** (en Capadocia *c.* 575-641), emperador bizantino [610-641]. Derrotó a los persas, pero no pudo vencer a los árabes, que conquistaron Siria y Egipto.

**HERÁCLITO,** filósofo griego (Éfeso *c.* 550-*c.* 480 a. J.C.). Su filosofía parte del concepto de movimiento, que surge, según él, de la contradicción entre dos estados de la materia.

**HĒRAKLIŌN** o **IRÁKLION,** ant. **Candía,** c. y puerto de Grecia, principal ciudad de Creta; 117 167 hab.

**HERAS (Las),** dep. de Argentina (Mendoza), que forma parte del Gran Mendoza; 156 543 hab.

**HERAS** (Juan Gregorio **de Las**), militar y político

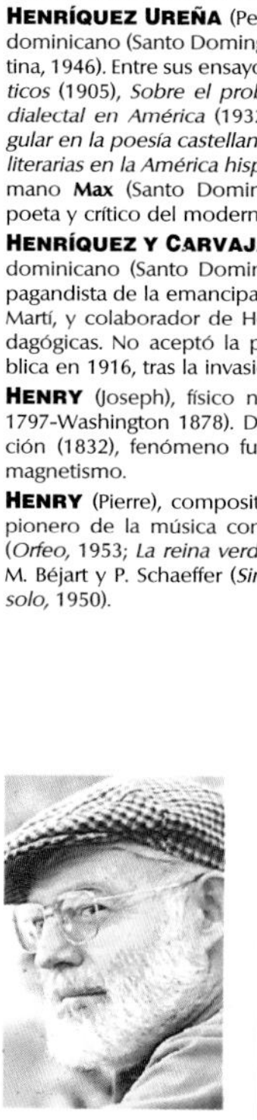

Ernest **Hemingway**

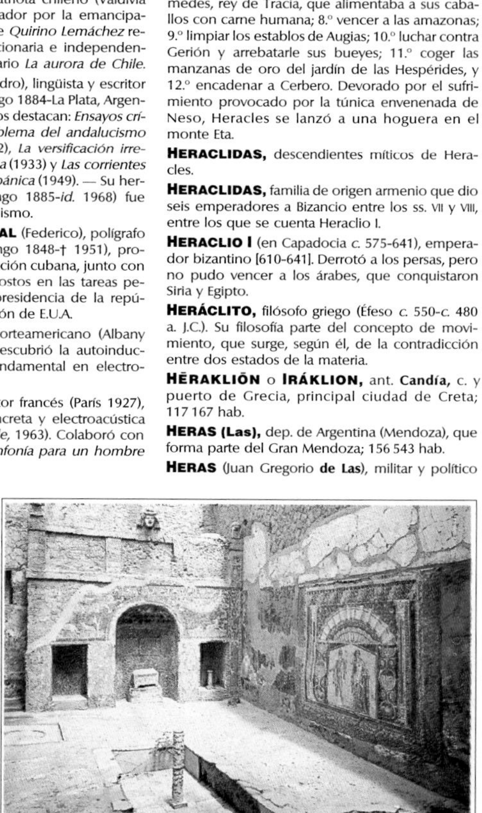

**Herculano:** ninfeo de la casa de Neptuno y de Anfitrite

argentino (Buenos Aires 1780-en Chile 1866), uno de los más destacados generales del ejército de los Andes. Fue gobernador de Buenos Aires (1824-1826).

**HERĀT** → ***Harāt.***

**HÉRAULT,** dep. de Francia (Languedoc-Rosellón); 6 101 km²; 794 603 hab. Cap. *Montpellier.*

**HERBART** (Johann Friedrich), filósofo y pedagogo alemán (Oldenburg 1776-Gotinga 1841). Kantiano, alumno de Pestalozzi, concebía la educación como un conjunto riguroso y transmisible de valores.

**HERBERT** (Frank), escritor norteamericano (Tacoma 1920-Madison 1986), autor de novelas de ciencia ficción (*Dune,* 1965-1985).

**HERBERT** (George), poeta inglés (Montgomery, País de Gales, 1593-Bemerton, Wiltshire, 1633), autor de poemas religiosos (*The temple,* 1633).

**HERCULANO,** ant. c. de Italia (Campania), sepultada bajo las cenizas del Vesubio en 79. Fue descubierta en 1709 y estudiada de forma científica a partir de 1927.

**HERCULANO** (Alexandre), escritor portugués (Lisboa 1810-Valle de Lobos, cerca de Santarém, 1877), autor de una *Historia de Portugal* (1846-1853), de poemas románticos y novelas históricas (*El padre Enrico,* 1843; *El monje del Císter,* 1848).

**HÉRCULES,** héroe romano identificado con el *Heracles** griego; divinidad tutelar de la agricultura, el comercio y los ejércitos.

**HÉRCULES** *(Columnas de)* → ***Columnas de Hércules.***

**Hércules** *(torre de),* faro de La Coruña construido por Cayo Servio Lupo y dedicado a Marte. Su aspecto actual es fruto de distintas modificaciones.

**HERDER** (Johann Gottfried), escritor alemán (Mohrungen, Prusia Oriental, 1744-Weimar 1803), uno de los precursores del Sturm und Drang y autor de *Ideas sobre la filosofía de la historia de la humanidad* (1784-1791).

**HEREDIA** *(provincia de),* prov. del NE de Costa Rica; 2 656 km²; 238 400 hab. Cap. *Heredia.*

**HEREDIA,** c. de Costa Rica, cap. de la prov. homónima; 25 812 hab. Universidad. Aeropuerto. Iglesia del s. XVI. El Fortín.

**HEREDIA** (José María **de**), poeta francés de origen cubano (La Fortuna, Cuba, 1842-castillo de Bourdonné, cerca de Houdan, 1905). Su poesía, de raíces parnasianas, fue recopilada en *Los trofeos* (1893). En castellano publicó el cuento *La Monja Alférez* (1894).

**HEREDIA** (José María), poeta cubano (Santiago 1803-México 1839). Su obra representa la fusión entre neoclasicismo y romanticismo, convirtiéndole en el precursor de este último en su país: *En el Teocalli de Cholula* (1820); *Oda al Niágara* (1824); *Himno del desterrado* (1825), fruto de su exilio por luchar contra el gobierno español. Escribió relatos y obras teatrales (*Sila,* 1825; *Tiberio,* 1827).

**HEREDIA** (Pedro **de**), conquistador español (Madrid-frente a las costas de Cádiz 1554). Hacia 1527 llegó a La Española, y en otro viaje fundó Cartagena de Indias (1533). Acusado de fraude y malos tratos a los indios, volvió a España. Murió en un naufragio.

**HEREDIA Y MOTA** (Nicolás), escritor cubano (Bani, Santo Domingo, 1855-de viaje a Saratoga, E.U.A., 1901). Ensayista, novelista y autor de las *Crónicas de la guerra de Cuba* (1895).

**HERGÉ** (Georges **Rémi,** llamado), dibujante y guionista de cómics belga (Etterbeek, cerca de Bruselas, 1907-Bruselas 1983), creador de *Tintín**.

José María **Heredia**
(biblioteca del instituto de cooperación iberoamericana, Madrid)

**Hergé**
(en 1982)

**HERMAFRODITA,** personaje de la mitología griega, de naturaleza masculina y femenina a la vez, hijo de Hermes y Afrodita.

**HERMANN** → ***Arminio.***

**Hermann y Dorotea,** poema en nueve cantos de Goethe (1797); idilio burgués en tiempos de la Revolución francesa.

**hermanos Karamázov** *(Los),* novela de Dostoievski (1880), primera parte de una trilogía, inacabada, destinada a mostrar el triunfo definitivo de la caridad y de la solidaridad humana a través de la prueba del sufrimiento y de la humillación.

**Hermanos musulmanes,** movimiento político-religioso sunní que preconiza la instauración de regímenes conformes a la ley canónica (*šarī'a*). Fundado en Egipto en 1927-1928, se instaló también en los años cuarenta en Siria y Palestina y posteriormente se extendió a otros países de Oriente medio.

**HERMENEGILDO** *(san),* príncipe visigodo († Tarragona 585), primogénito de Leovigildo. En 573 obtuvo de su padre el gobierno de la Bética. Abjuró del arrianismo y se bautizó según el rito católico, y *c.* 582 comenzó a titularse rey. Leovigildo respondió tomando Mérida, Cáceres (582) y Sevilla (584) y encarcelando a Hermenegildo, que murió asesinado en prisión.

**HERMERICO** († 441), rey suevo [411-438]. Dirigió la penetración de su pueblo en la península Ibérica y su asentamiento en Galecia.

**HERMES,** dios griego, identificado por los romanos con *Mercurio.* Era guía de los viajeros, patrón de comerciantes y ladrones y mensajero de los dioses. Entre las representaciones más célebres de Hermes se encuentra *Hermes con Dioniso niño,* copia de una estatua de mármol de Praxíteles (*c.* 350-330 a. J.C.; museo de Olimpia).

**HERMES TRIMEGISTO** *(tres veces grande),* nombre griego del dios egipcio *Tot,* identificado con Hermes.

**HERMIONE,** hija de Menelao y de Helena, mujer de Neoptólemo (hijo de Aquiles) y posteriormente de Orestes.

**HERMITE** (Charles), matemático francés (Dieuze 1822-París 1901). Autor de una teoría general de las funciones elípticas y abelianas, también estableció la trascendencia del número *e.*

**HERMLIN** (Stephan), escritor alemán (Chemnitz 1915-Berlín 1997). Internado en un campo de concentración y exiliado, en sus obras afirmó los derechos y deberes del escritor ante el poder.

**HERMÓN,** en ár. **Haramūn,** macizo montañoso (2 814 m), situado en la frontera entre el Líbano y Siria.

**HERMÓPOLIS,** nombre griego de las ciudades del ant. Egipto en que se veneraba al dios Tot, identificado con Hermes.

**HERMOSILLO,** c. de México, cap. del estado de Sonora; 406 417 hab. Centro de zona minera. Industrias. Universidad. Aeropuerto.

**HERNANDARIAS,** c. de Paraguay (Alto Paraná); 25 909 hab. Centro agropecuario y maderero.

**HERNANDARIAS SAAVEDRA** (Hernando **Arias de Saavedra,** llamado), conquistador español (Asunción, Paraguay, 1564-Santa Fe 1634). Fundó Corrientes (1588). Nombrado gobernador del Río de la Plata (1598-1609; 1614-1618), destacó por su labor de defensa de los indios (ordenanzas de 1603) y de fomento de la cultura, y favoreció el establecimiento de los jesuitas y las reducciones.

**HERNÁNDEZ** (Amalia), bailarina, coreógrafa y pedagoga mexicana (México *c.* 1915-*id.* 2000). Después de formar con la Argentinita un grupo que obtuvo grandes éxitos, fundó en 1961 el Ballet folklórico de México.

**HERNÁNDEZ** (Efrén), escritor mexicano (León, Guanajuato, 1904-Tacubaya 1958). Su narrativa combina misterio y humorismo (*La paloma, el sótano y la torre,* 1949). Cultivó asimismo una poesía de raigambre clásica, el teatro y el ensayo.

**HERNÁNDEZ** (Felisberto), escritor uruguayo (Montevideo 1902-*id.* 1964). Su obra es el resultado de una extraña y fascinante mezcla de realidad y de sueño, de observación irónica y de fantasía poética. Destacan sus novelas *El caballo perdido* (1943) y *Las hortensias* (1949) y los relatos reunidos en *Nadie encendía las lámparas* (1947) y *La casa inundada* (1960).

**HERNÁNDEZ** o **FERNÁNDEZ** (Gregorio), escultor español (Sarria 1576-Valladolid 1636). Formó un fecundo taller en Valladolid. Su obra, de clara influencia italiana, figura en la corriente realista con acentuación de las expresiones de patetismo y dolor que reprodujeron imagineros posteriores. Realizó pasos procesionales, de los que forma parte *La Piedad con los dos ladrones* (1616, museo nacional de escultura de Valladolid).

Gregorio **Hernández:** *Bautismo de Cristo* (1623-1625).
[Museo nacional de escultura, Valladolid.]

**HERNÁNDEZ** (José Manuel), llamado **el Mocho,** militar venezolano (1844-1921). Se sublevó contra el gobierno en 1898 y 1899, pero fue vencido y encarcelado.

**HERNÁNDEZ** (José), poeta argentino (Perdriel, San Martín, 1834-Buenos Aires 1886), máximo exponente de la literatura gauchesca. Partidario de Urquiza, luchó en las batallas de Cepeda y Pavón. En 1863 publicó *La vida del Chacho,* biografía del general Peñaloza en la que atacaba a Sarmiento, quien suspendió su periódico *Río de la Plata* (1869). En sus artículos defendió al gaucho, oponiéndose a su reclutamiento en el ejército que luchaba contra los indios. De esta reivindicación surgió su gran poema *Martín* Fierro,* en sus dos partes (1872 y 1879), obra maestra del género gauchesco, que convirtió a su autor en el gran poeta nacional.

José **Hernández**

**HERNÁNDEZ** (Julio **López**), escultor español (Madrid 1930). Sus obras se inscriben en la neofiguración, a la que llega desde el realismo de sus primeras obras.

**HERNÁNDEZ** (Manuel), pintor colombiano (Bogotá 1928). Su obra se integra en la abstracción geométrica.

**HERNÁNDEZ** (Mateo), escultor español (Béjar 1888-Meudon 1949). Se estableció en Francia, donde se dedicó a la escultura de animales y al retrato.

**HERNÁNDEZ** (Miguel), poeta español (Orihuela 1910-Alicante 1942). Vinculado a la generación del 27, publicó *Perito en lunas* (1933), obra gongorina. *El rayo que no cesa* (1936) contiene espléndidos sonetos amorosos y la famosa elegía a Ramón Sijé. Al comenzar la guerra se alistó en el ejército republicano y desde entonces la poesía se convirtió en un arma de combate: *Viento* de pueblo* (1937) y *El hombre acecha* (1939). En la cárcel donde moriría escribió *Cancionero y romancero de ausencias* (1938-1941), publicado póstumamente, y sus últimos poemas *(Nanas de la cebolla)*, en los que se advierte el uso de la canción popular. Escribió también obras teatrales.

Miguel **Hernández** (por Eugenio Chicano)

**HERNÁNDEZ CATÁ** (Alfonso), escritor cubano (Aldeadávila de la Ribera, España, 1885-Río de Janeiro 1940). Atraído por los temas sensuales (*Novela erótica,* 1909) o siquiátricos (*Manicomio,* 1931), destacó en la novela corta (*Los frutos ácidos,* 1915).

**HERNÁNDEZ COLÓN** (Rafael), político puertorriqueño (Ponce 1936). Gobernador de la isla en 1972-1976 y de 1984 a 1992, durante su mandato instituyó el español como única lengua oficial (1991).

**HERNÁNDEZ DE ALBA** (Gregorio), arqueólogo y antropólogo colombiano (Bogotá 1904). Investigó las culturas de San Agustín y Tierradentro. Es autor de obras arqueológicas y etnológicas.

**HERNÁNDEZ DE CÓRDOBA** (Francisco), conquistador español († Nueva León, Nicaragua, 1526). Inició la exploración de Nicaragua (1523), donde fundó Granada y León, y descubrió el río San Juan (1524).

**HERNÁNDEZ DE CÓRDOBA** (Francisco), descubridor español († Sancti Spíritus 1517). Exploró el golfo de México (de Yucatán a Florida) y entró en contacto con la cultura maya. Murió al regreso.

**HERNÁNDEZ GIL** (Antonio), jurista español (Puebla de Alcocer 1915-Madrid 1994). Presidió la Academia de jurisprudencia y legislación (1975-1994), las cortes constituyentes (1977-1979) y el Consejo general del poder judicial y el Tribunal supremo (1985-1990). Es autor de *Problemas epistemológicos de la ciencia jurídica* (1981).

**HERNÁNDEZ MARTÍNEZ** (Maximiliano), militar y político salvadoreño (San Salvador 1882-Jamastran, Honduras, 1966). Accedió a la presidencia tras un golpe de estado (1931), y fue depuesto por una sublevación (1944).

**HERNÁNDEZ MOMPÓ** → ***Mompó.***

**HERNÁNDEZ PALACIOS** (Antonio), dibujante y guionista de cómic español (Madrid 1921-*id.* 2000), creador de personajes como Manos Kelly y El Cid.

**HERNÁNDEZ PIJUAN** (Juan), pintor español (Barcelona 1931). Fue cofundador del grupo Sílex. Su obra se inscribe en una abstracción de gran síntesis.

**HERNANI,** v. de España (Guipúzcoa); 18 524 hab. *(Hernanienses.)* Industrias papeleras, siderurgia. Parroquia de San Juan (retablos, ss. XVI-XVII).

**Hernani,** drama de Victor Hugo, cuya primera representación (1830), dio lugar a una auténtica batalla entre clásicos y románticos.

**HERNE,** c. de Alemania (Renania del Norte-Westfalia), en el Ruhr; 176 472 hab. Metalurgia.

**HERODES I el Grande** (Ascalón 73 a. J.C.-Jericó 4 a. J.C.), rey de los judíos [37-4 a. J.C.]. Impuso su poder, otorgado por los romanos, con una energía brutal. Mandó reconstruir el templo de Jerusalén. Los Evangelios le atribuyen la degollación de los Inocentes. – **Herodes Antipas** (*c.* 22 a. J.C.-d. 39 d. J.C.), tetrarca de Galilea y de Perea [4 a. J.C.-39 d. J.C.]. Fundó Tiberíades y mandó decapitar a Juan Bautista. Jesús compareció ante él durante su proceso. – **Herodes Agripa I** (10 a. J.C.-44 d. J.C.), rey de los judíos [41-44], nieto de Herodes el Grande e hijo de Berenice. – **Herodes Agripa II** (*c.* 27-Roma *c.* 93 o 100), rey de los judíos [50-*c.* 93 o 100], hijo del anterior. A su muerte su reino fue integrado en la provincia de Siria.

**HERODÍAS** o **HERODÍADES,** princesa judía (7 a. J.C.-39 d. J.C.), nieta de Herodes el Grande. Se casó con dos de sus tíos: primero con Herodes Filipo (con el que tuvo a Salomé) y después con Herodes Antipas. Según los Evangelios fue la instigadora de la muerte de san Juan Bautista.

**HERÓDOTO** o **HERODOTO,** historiador griego (Halicarnaso *c.* 484-Turios *c.* 420 a. J.C.). Trabó amistad con Pericles y Sófocles en Atenas. Sus *Historias** ponen de manifiesto la oposición entre el mundo bárbaro (egipcios, medos, persas) y la civilización griega.

**HERÓN el Viejo** o **de Alejandría,** matemático y mecánico griego (Alejandría s. I d. J.C.). Se le atribuye la invención de numerosas máquinas y de varios instrumentos de medida. Estableció la ley de la reflexión de la luz.

**HÉROULT** (Paul), metalúrgico francés (Thury-Harcourt, Calvados, 1863-bahía de Antibes 1914). Se le debe la electrometalurgia del aluminio (1886) y el horno de arco eléctrico para la fusión del acero que lleva su nombre (1907).

**HERRADA de Landsberg** o **Landsperg,** abadesa y erudita alemana (*c.* 1125-Santa Odilia 1195), autora de *El jardín de las delicias,* tratado para instruir a las novicias.

**HERRÁN** (Pedro Alcántara), militar y político colombiano (Bogotá 1800-*id.* 1872). Actuó en la guerra de emancipación y colaboró con Sucre. Fue presidente de la república de Nueva Granada entre 1841 y 1845.

**HERRÁN** (Saturnino), pintor mexicano (Aguascalientes 1887-† 1918). Buscó su inspiración en temas del México precolombino y en la vida y costumbres populares.

**HERRERA** *(provincia de),* prov. de Panamá, en la costa O del golfo de Panamá; 2 427 km²; 105 840 hab. Cap. *Chitré.*

**HERRERA** (Alfonso Luis), biólogo mexicano (México 1868-*id.* 1942). Realizó estudios sobre la vida vegetal y animal en las altiplanicies y fue el creador de la plasmogenia, ciencia dedicada a la creación artificial de células y tejidos vivos.

**HERRERA** (Antonio **de**), historiador español (Cuéllar 1549-Madrid 1625), cronista mayor de las Indias y de Castilla, autor de la *Historia general de los hechos de los castellanos en las islas y Tierra*

Antonio de **Herrera:** portada de la *Quinta década* de la *Historia general de los hechos de los castellanos en las islas y Tierra Firme del mar océano* (ed. 1789).
[Biblioteca nacional, Madrid.]

*Firme del mar océano* (1601-1615), conocida como las *Décadas.*

**HERRERA** (Carlos María), pintor uruguayo (Montevideo 1875-*id.* 1914). Destacó especialmente en el retrato, preferentemente al pastel.

**HERRERA** (Darío), escritor panameño (Panamá 1870-Valparaíso, Chile, 1914), prosista y poeta parnasiano (*Horas lejanas,* 1903).

**HERRERA** (Dionisio), político centroamericano (nacido en Nicaragua 1783-† 1850). Liberal destacado, al formarse las Provincias Unidas de Centro América fue elegido sucesivamente jefe de estado de Honduras (1824-1827), Nicaragua (1829-1833) y El Salvador (1835, aunque no tomó posesión del cargo).

**HERRERA** (Ernesto), dramaturgo uruguayo (El Durazno 1886-Montevideo 1917). Cultivó el drama naturalista de asunto rural (*El estanque,* 1910), de descripción de la burguesía (*La moral de Misia Paca,* 1911) y de crítica del caciquismo (*El león ciego,* 1911).

**HERRERA** (Felipe), economista chileno (Valparaíso 1922). Ha ocupado cargos directivos en organismos financieros de su país (presidió el Banco de Chile de 1953 a 1958) e internacionales (B.I.R.D., 1953-1960; B.I.D., 1960-1971), y en la Unesco. Es autor de *América latina integrada* (1964) y *América latina: desarrollo e integración* (1986).

**HERRERA** (Fernando **de**), poeta español (Sevilla 1534-*id.* 1597), llamado **el Divino.** Su erudición se refleja en sus célebres *Anotaciones* (1580) a Garcilaso de la Vega. Como poeta representa el preciosismo retórico de la escuela sevillana, y su obra desempeñó un papel primordial en la evolución de la lírica castellana. Cultivó la poesía heroica (*Canción a la batalla de Lepanto,* 1571) y religiosa, pero sobre todo la poesía amorosa, inspirada por Leonor de Millán, esposa del conde de Gelves. Escribió también obras históricas.

**HERRERA** (Francisco), llamado **el Viejo,** pintor español (Sevilla *c.* 1590-Madrid 1656). Discípulo de Pacheco, formó parte de la escuela manierista andaluza. Colaboró con Zurbarán en la serie de la *Vida de san Buenaventura* (1627-1629) que influyó su obra. *San Basilio* (1639, Louvre) es considerada su mejor pintura por el vigor de su técnica. – Su hijo **Francisco,** llamado **el Mozo** o **el Joven,** pintor y arquitecto (Sevilla 1622-Madrid 1685) ejerció un

Ernesto **Herrera**

Fernando de **Herrera** (biblioteca nacional, Madrid)

Julio **Herrera y Reissig**

Sir William **Herschel** (galería nacional de retratos, Londres)

Francisco **Herrera** el Viejo: *San Cosme (Autorretrato).* [Museo Lázaro Galdiano, Madrid.]

papel principal en la transición de la pintura manierista andaluza al barroco (*El triunfo de san Hermenegildo,* Prado).

**HERRERA** (*fray* Luis), patriota mexicano (Celaya 1775-Aguayo, Nuevo Santander, 1811). Luchó junto a Hidalgo y lideró la sublevación de San Luis Potosí (1810), pero fue derrotado y fusilado por los realistas.

**HERRERA** (Hernando Alonso **de**), humanista español (Talavera de la Reina *c.* 1460-Salamanca 1527), autor de *Breve disputa de ocho levadas contra Aristóteles y sus secuaces* (1517).

**HERRERA** (José Joaquín **de**), militar y estadista mexicano (Jalapa 1792-México 1854). Tras el plan de Iguala, encabezó tropas partidarias de Iturbide y fue ministro de la Guerra. Fue presidente de la república (interino, 1845, y en 1848-1851).

**HERRERA** (Juan **de**), arquitecto español (Mobellán, Valdáliga, *c.* 1530-Madrid 1597). Creador del estilo oficial impuesto durante el reinado de Felipe II, conocido como *estilo herreriano,* nuevo concepto del academicismo basado en la combinación de lineamientos (recuadros) con el relieve (cornisas y frisos, pilastras). En 1563 colaboró con Juan Bautista de Toledo en El Escorial, a quien sustituyó en 1567, modificando el proyecto original. Realizó numerosas obras para la monarquía (palacio de Aranjuez, 1564; fachada S del alcázar de Toledo, 1571-1585) y trabajó en Sevilla, Granada, Plasencia y Valladolid.

**HERRERA** (Luis Alberto **de**), político uruguayo (Montevideo 1873-*id.* 1959). Miembro del Partido nacionalista (blanco), impulsó la fracción *herrerista* (antiimperialista y proguerrillera). Participó en el órgano colegiado de gobierno (1927-1929 y 1952-1959).

**HERRERA** (Nicolás), patriota uruguayo (Montevideo 1775-*id.* 1833). Promovió la fundación de la nacionalidad oriental y fue uno de los padres de la constitución de la República Oriental del Uruguay (1828).

**HERRERA** (Tomás), militar y político colombiano (Panamá 1802-Bogotá 1854). Activo en la guerra de la independencia y contra la dictadura de Bolívar, fue ministro de Guerra y Marina, presidente del senado (1853) y de la república (1854), en guerra contra Melo.

**HERRERA BARNUEVO** (Sebastián), pintor, escultor y arquitecto español (Madrid 1619-*id.* 1671). Discípulo y ayudante de Alonso Cano, su obra pertenece a la transición del manierismo al barroco (*Nuestra Señora de Guadalupe,* 1653, retablo de las Descalzas reales, Madrid).

**HERRERA CAMPÍNS** (Luis), político venezolano (Acarigua 1925). Dirigente del partido socialcristiano COPEI, fue presidente de la república en 1979-1984.

**HERRERA DE LA MANCHA,** localidad de España, en el mun. de Manzanares (Ciudad Real). Prisión de alta seguridad.

**HERRERA DEL DUQUE,** v. de España (Badajoz), cab. de p. j.; 4 116 hab. *(Herrereños.)* Embalse de García de Sola o Puerto Peña sobre el Guadiana. Central eléctrica de Cíjara.

**HERRERA ORIA** (Ángel), eclesiástico, periodista y político español (Santander 1886-Madrid 1968), fundador de la Editorial católica y de los diarios *El debate* y *Ya.* Organizó la Acción católica y la *Asociación católica nacional de propagandistas,* y fue obispo de Málaga (1947) y cardenal (1965).

**HERRERA PETERE** (José), escritor español (Guadalajara 1909-Ginebra 1977). Republicano exiliado, fue poeta, novelista (*Acero de Madrid,* 1938) y autor teatral.

**HERRERA TORO** (Antonio), pintor venezolano (Valencia 1857-Caracas 1914). Realizó la decoración de la catedral de Caracas (1883, en colaboración con C. Rojas), pintura de historia y retratos.

**HERRERA Y OBES** (Manuel), político y jurista uruguayo (Montevideo 1806-† 1890), dirigente del Partido colorado. – **Julio,** político y periodista uruguayo (Montevideo 1846-*id.* 1912), hijo del anterior, fue presidente de la república (1890-1894).

**HERRERA Y REISSIG** (Julio), poeta uruguayo (Montevideo 1875-*id.* 1910), uno de los máximos exponentes del modernismo en Hispanoamérica. En su poesía, lo cotidiano se mezcla con lo fantástico y la ironía se abre paso mediante extrañas metáforas: *Pascuas del tiempo,* 1900; *Los maitines de la noche,* 1902; *Los éxtasis de la montaña,* 1904-1907; *Los sonetos vascos,* 1906; *Los parques abandonados,* 1908.

**HERRERÍA** (Andrés **Campos Cervera,** conocido como **Julián de la**), pintor y ceramista paraguayo (Villa Aurelia 1888-Valencia, España, 1937). Se dedicó primeramente al paisaje y luego a la cerámica, en la que utilizó motivos guaraníes.

**Herri Batasuna** *(Pueblo unido),* coalición electoral vasca formada en 1979. De ideología nacionalista radical, tiene un notable peso electoral y relación política con E.T.A.

**HERRICK** (Robert), poeta inglés (Londres 1591-Dean Prior 1674), autor de poesías religiosas y de ambiente campesino (*Las Hespérides,* 1648).

**HERRIOT** (Edouard), político francés (Troyes 1872-Saint-Genis-Laval, Rhône, 1957). Alcalde de Lyon (1905-1957), presidente del Partido radical y uno de los principales políticos de la III república, fue primer ministro (1924-1925) y se adhirió al Frente popular.

**HERSCHEL** (*sir* William), astrónomo británico de origen alemán (Hannover 1738-Slough 1822). Construyó, como aficionado, numerosos telescopios y descubrió el planeta Urano (1781), dos de sus satélites (1787) y dos satélites de Saturno (1789). Creador de la astronomía estelar, fue el primero en estudiar sistemáticamente las estrellas dobles. Hacia 1800 descubrió los efectos térmicos de la radiación infrarroja.

**HERSTAL,** mun. de Bélgica (Lieja), a orillas del Mosa; 36 451 hab. Fábricas de armas. Museo de arqueología industrial. Dominio de Pipino de Herstal o Heristal, bisabuelo de Carlomagno, residencia favorita de los carolingios.

**HERTFORDSHIRE,** condado de Gran Bretaña, al N de Londres; 1 634 km$^2$; 951 500 hab. Cap. *Hertford* (21 412 hab.).

**HERTOGENBOSCH ('s-)** o **DEN BOSCH,** en fr. **Bois-le-Duc,** c. de Países Bajos, cap. de Brabante Septentrional; 92 057 hab. Catedral gótica.

**HERTWIG** (Oskar), biólogo alemán (Friedberg, Hesse, 1849-Berlín 1922). Precisó la naturaleza de la fecundación en los animales. — Su hermano **Richard** (Friedberg 1850-Schlederloh, al S de Munich, 1937) fue también un eminente biólogo.

**HERTZ** (Heinrich), físico alemán (Hamburgo 1857-Bonn 1894). Mediante un oscilador construido por él, produjo ondas electromagnéticas y demostró que eran de la misma naturaleza que la luz, abriendo así el camino a la telegrafía sin hilos por ondas *hertzianas.* También observó el efecto fotoeléctrico y el paso de los electrones a través de la materia. – Su sobrino, **Gustav** (Hamburgo 1887-Berlín Este 1975), recibió el premio Nobel de física en 1925 por su teoría de la emisión de la luz.

**HERTZOG** (Enrique), político boliviano (La Paz 1897-Buenos Aires 1980), miembro de la Unión republicana socialista y presidente de la república (1947-1949).

**HERTZSPRUNG** (Ejnar), astrónomo danés (Frederiksberg 1873-Tølløse 1967). Estableció, al mismo tiempo que Russell, un diagrama que lleva su nombre y que permite determinar el estadio de evolución de una estrella a partir de su espectro y de su luminosidad intrínseca.

**HERVÁS,** v. de España (Cáceres); 3 835 hab. *(Hervasenses.)* Industrias textil (lana) y de la madera. Arquitectura popular (barrio judío).

**HERVÁS** (José Gerardo **de**), poeta español († Madrid 1742). Con el seudónimo de **Jorge Pitillas** publicó *Sátira contra los malos escritores de este siglo* (1742), en tercetos encadenados.

**HERVÁS Y PANDURO** (Lorenzo), jesuita y filó-

Heinrich **Hertz** (col. Mansell, Londres)

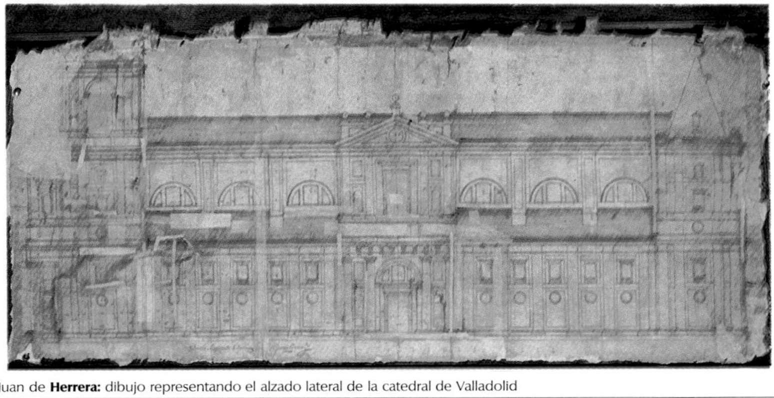

Juan de **Herrera:** dibujo representando el alzado lateral de la catedral de Valladolid logo español (Horcajo de Santiago, Cuenca, 1735-Roma 1809), notable por su aportación a la filología comparada (*Catálogo de las lenguas de las naciones conocidas,* 1800-1805).

**HERZEGOVINA,** región de los Balcanes, que forma parte de Bosnia-Herzegovina.

**HERZEN** (Alexandr Ivánovich), en ruso **Guertsen,** escritor y revolucionario ruso (Moscú 1812-París 1870). Publicó en el exilio la revista política y literaria *La campana.*

**HERZL** (Theodor), escritor húngaro (Budapest 1860-Edlach, Austria, 1904). Precursor del sionismo y autor de *El estado judío* (1896).

**HERZOG** (Chaim), general y político israelí (Belfast 1918-Tel-Aviv 1997). Perteneciente al Partido laborista, fue presidente de Israel de 1983 a 1993.

**HERZOG** (Roman), jurista y político alemán (Landshut 1934), presidente de la República Federal de Alemania de 1994 a 1999.

**HERZOG** (Werner **Stipetic,** llamado **Werner**), director de cine alemán (Sachrang, Baviera, 1942), autor visionario, atraído por la desmesura y la irracionalidad (*Aguirre, la cólera de Dios,* 1972, *El enigma de Kaspar Hauser,* 1974).

**HESÍODO** o **HESIODO,** poeta griego (Ascra, Beocia, mediados del s. VIII a. J.C.), autor de poemas didácticos (*Los trabajos* y los días; Teogonía**).

**HESPERIA,** nombre dado por los griegos a Italia y por los romanos a España.

**HESPÉRIDES,** islas fabulosas del Atlántico, identificadas con las Canarias.

**Hespérides,** primer barco polar español, botado en marzo de 1990 y destinado a la investigación oceanográfica dentro del Plan antártico español.

**HESPÉRIDES** o **HESPÉRIDAS,** en la mitología griega, ninfas guardianas del jardín de los dioses, en el que los árboles producían manzanas de oro que daban la inmortalidad.

**HESS** (Rudolf), político alemán (Alejandría, Egipto, 1894-Berlín 1987). Uno de los principales colaboradores de Hitler, en 1941 huyó a Escocia. Declarado irresponsable a causa de su estado mental por el tribunal de Nuremberg, fue encarcelado en 1946 en la prisión de Spandau, donde se suicidó.

**HESS** (Victor), físico austríaco (Waldstein, Estiria, 1883-Mount Vernon 1964), nacionalizado norteamericano, premio Nobel de física en 1936 por su descubrimiento de los rayos cósmicos (1912), que realizó tras varias ascensiones en globo.

**HESSE,** en alem. **Hessen,** estado (Land), de Alemania; 21 100 km²; 5 660 619 hab. Cap. *Wiesbaden.* Lugar de paso entre Renania y el N de Alemania, está formado por mesetas boscosas, macizos volcánicos (Vogelsberg, Rhön) y pequeñas llanuras fértiles. A partir de 1292 constituyó un landgraviato con rango de principado del imperio. En 1567 fue dividido en dos principados: *Hesse-Kassel,* anexionado por Prusia (1866), que lo incorporó a Hesse-Nassau (1868), y *Hesse-Darmstadt,* que en 1806 se convirtió en gran ducado y fue anexionado por Prusia (1866). En 1945, estos dos antiguos principados formaron el Land de Hesse.

**HESSE** (Hermann), escritor suizo de origen alemán (Calw, Württemberg, 1877-Montagnola, Ticino, 1962), consagrado a construir una nueva filosofía derivada de su rebelión personal (*Peter Camenzind,* 1904) y su encuentro con el pensamiento oriental (*El lobo estepario,* 1927; *El juego de abalorios,* 1943). [Premio Nobel de literatura 1946.]

**HESTIA,** divinidad griega del hogar. Los romanos la identificaron con *Vesta.*

**Hetería,** sociedad griega fundada en Odessa en 1814. Dirigida por A. Ypsilanti, en 1821 desencadenó una revolución en Moldavia, Valaquia y Grecia.

**HEUREAUX** (Ulises), político dominicano (Cap-Haïtien 1844-Moca 1899), llamado **el Negro Lilís.** Fue presidente de la república (1882-1884) y más tarde dictador (1887-1899). Murió asesinado.

**HEUSS** (Theodor), político alemán (Brackenheim 1884-Stuttgart 1963). Uno de los fundadores del Partido liberal demócrata, fue presidente de la R.F.A. (1949-1959).

**HEVESY DE HEVES** (Georg), químico sueco de origen húngaro (Budapest 1885-Friburgo de Brisgovia 1966). Preconizó la utilización de indicadores isotópicos y descubrió el hafnio. (Premio Nobel de química 1943.)

**HEVIA BOLAÑO** (Juan **de**), jurista español (Oviedo *c.* 1570-Lima *c.* 1623). Pasó a América *c.* 1588, y en Lima publicó *Curia filípica* (1603) y *Laberinto de comercio terrestre y naval* (1617), primer tratado de derecho mercantil español.

**Héxapla,** obra de Orígenes (213-243) que desarrolla, en seis columnas paralelas, el texto hebreo de la Biblia y el de las versiones griegas. Fue el primer intento de elaborar un texto crítico de la Biblia.

**HEYDRICH** (Reinhard), político alemán (Halle 1904-Praga 1942). Miembro del partido nazi desde 1932, «protector del Reich» en Bohemia y en Moravia (1941), fue muerto por patriotas checos.

**HEYERDAHL** (Thor), etnólogo noruego (Larvik, Vestfold, 1914). Intentó demostrar la relación en época precolombina entre América del Sur y Polinesia, realizando (1947) la travesía del Pacífico en una balsa (relatada en *La expedición de la Kon-Tiki,* 1948). Posteriormente realizó otras travesías e investigaciones sobre posibles contactos entre egipcios, sumerios y pueblos oceánicos con América.

**HEYTING** (Arend), lógico neerlandés (Amsterdam 1898-Lugano 1980), autor de una axiomatización de la lógica intuicionista.

**Hezbollah** (en ár. **ḥizb Allāh,** partido de Dios), organización libanesa fundada en 1982 con el apoyo de militantes chiitas iraníes agrupados en el movimiento iraní llamado también *Hezbollah.* Su objetivo es crear una república islámica en el Líbano.

**HIA KUEI** → *Xia Gui.*

**HICACOS** (*península de),* barra coralina de la costa N de Cuba (Matanzas). Playas (Varadero).

**HICKS** (*sir* John Richard), economista británico (Leamington Spa, Warwickshire, 1904-Blockley, Gloucestershire, 1989). Estudió las relaciones entre la política monetaria y la política presupuestaria. (Premio Nobel de economía 1972.)

**HIDACIO** o **IDACIO,** eclesiástico e historiador hispanorromano (en Galicia *c.* 388-† 470), autor de un *Cronicón,* continuación de la obra de san Jerónimo.

**HIDALGO** *(estado de),* est. de México central; 20 987 km²; 1 888 366 hab. Cap. *Pachuca.*

**HIDALGO,** mun. de México (Michoacán); 72 787 hab. Curtidurías. Turismo.

**HIDALGO** (Alberto), escritor peruano (Arequipa 1894-Buenos Aires 1967). Destacó como poeta vanguardista (*Panoplia lírica,* 1917) y en prosa (*Dimensión del hombre,* 1938).

**HIDALGO** (Bartolomé), poeta uruguayo (Montevideo 1788-Buenos Aires 1822), precursor del género gauchesco. Luchó por la independencia y puso una carga de sátira política en sus cielitos y vidalitas, y en sus *Diálogos patrióticos* (1820), a través de los cuales se expresa el gaucho.

**HIDALGO** (José Luis), poeta español (Torres, Santander, 1919-Madrid 1947). En *Los muertos* (1947), su mejor obra, se revela como un gran poeta metafísico y existencial.

**HIDALGO** (Juan), artista y compositor español (Las Palmas de Gran Canaria 1927). Ha realizado performances e instalaciones en las que lo musical trasciende el hecho exclusivamente sonoro. Como compositor, su obra se inscribe en las corrientes de vanguardia.

**HIDALGO Y COSTILLA** (Miguel), llamado **el padre de la patria, el iniciador de la independencia** y **el cura Hidalgo,** patriota mexicano (hacienda de Corralejo, Pénjamo, 1753-Chihuahua 1811). Fue el instigador de la sublevación patriótica de Dolores

Miguel **Hidalgo y Costilla** (por J. Clemente Orozco - palacio del gobierno, Guadalajara, México)

Theodor **Herzl**

Hermann **Hesse**

José **Hierro**

la isla de **Hierro:** la costa de El Golfo en la parte septentrional (set. 1810, *grito de Dolores*) y dirigió la rebelión, conquistando Celaya y Guanajuato. Proclamó la independencia del país y la abolición de la esclavitud, y formó un gobierno nacional en Guadalajara, pero fue allí mismo derrotado por los realistas (en. 1811) y fusilado.

**HIDALGO DE AGÜERO** (Bartolomé) → ***Agüero.***

**HIDALGO DE CISNEROS** (Baltasar), último virrey del Río de la Plata (Cartagena 1755-*id.* 1829). Miembro de la Junta central durante la guerra de la Independencia española, fue nombrado virrey (1809) pero en 1810 fue derrotado por el movimiento revolucionario.

**HIDALGO DEL PARRAL,** c. de México (Chihuahua); 88 197 hab. Centro minero. Maquinaria, fundiciones.

**HIDALGOTITLÁN,** mun. de México (Veracruz); 18 695 hab. Yacimientos de azufre y petróleo.

**HIDDEN PEAK,** pico del Himalaya, en el Karakoram, punto culminante del Gasherbrum; 8 068 m.

**HIDEYOSHI** → ***Toyotomi Hideyoshi.***

**HIDRA,** en gr. **Hydra,** usualmente **Idhra,** isla griega del mar Egeo, frente a la Argólida; 50 km²; 2 800 hab. Cap. *Hidra.*

**hidrocarburos** *(Instituto nacional de)* [INH], holding estatal español, creado en 1981. En 1987 se reestructuró en dos grandes grupos, *Repsol* (hidrocarburos) y *Enagas* (gas natural). Al privatizarse éstos parcialmente, el INH quedó como un holding tenedor de acciones.

**HIEN-YANG** → ***Xianyang.***

**HIERÁPOLIS** → ***Pamukkale.***

**HIERÓN I,** tirano de Siracusa [478-466 a. J.C.]. Luchó contra la dominación cartaginesa en Sicilia. — **Hierón II** (Siracusa *c.* 306-215 a. J.C.), rey de Siracusa [265-215 a. J.C.]. Se alió con los romanos en la primera guerra púnica.

**HIERRO,** isla de España (Santa Cruz de Tenerife), la más occidental del archipiélago canario; 287 km²; 6 995 hab. Culmina en el Malpaso (1 501 m) y en el pico Tenerife (1 417 m). Turismo. Fue conquistada por Juan de Béthencourt en 1402.

**hierro** *(cruz de),* orden militar alemana, fundada por Federico Guillermo III de Prusia en 1813.

**HIERRO** (José), poeta español (Madrid 1922). En su obra se combinan la tendencia narrativa y social con un lirismo intimista: *Tierra sin nosotros* (1947), *Alegría* (1947); *Quinta del 42* (1953), *Cuanto sé de mí* (1957), *Libro de las alucinaciones* (1964), *Agenda* (1991). [Premio nacional de las letras 1990; Premio Cervantes 1998; Premio nacional de poesía 1999.] (Real academia 1999.)

**HIGASHIŌSAKA,** c. de Japón (Honshū); 518 319 hab.

**HIGHLANDS** *(tierras altas),* región montañosa del N de Escocia.

**HIGHSMITH** (Patricia), novelista norteamericana (Fort Worth 1921-Locarno 1995), autora de novelas policíacas centradas en la sicología del culpable (*Extraños en un tren,* 1950; *A pleno sol,* 1955; *Sirenas en el campo de golf,* 1984).

**HIIUMAA,** en ruso **Dago,** isla estonia del Báltico.

**HÍJAR** (Rodrigo **Sarmiento de Silva,** *duque* **de**), aristócrata español (Madrid 1600-León 1664). Presuntamente implicado en la conjura de Carlos de Padilla para derrocar a Felipe IV, fue detenido (1648) y torturado. Murió en prisión.

**Hijo de ladrón,** novela de M. Rojas (1951), que renueva los moldes del realismo para lograr una nueva versión de novela picaresca.

**hijo pródigo** *(parábola del),* parábola del Evangelio (Lc. 15, 11-32), ejemplo de la misericordia divina. Un hijo que había abandonado a su padre para correr aventuras es recibido por éste con los brazos abiertos cuando, arruinado, vuelve a casa.

**HIKMET** (Nâsim **Hikmet Ran,** llamado **Nazim**), escritor turco (Salónica 1902-Moscú 1963), de convicciones revolucionarias (*¿Es un oficio el exilio?,* 1957).

**HILĀL (Banū)** o **HILĀLÍES,** tribu qaysí de Arabia central que emigró a Egipto en el s. VIII e invadió el Mogreb en el s. XI.

**hilanderas** *(Las),* óleo de Velázquez, pintado *c.* 1657 (Prado), que representa la fábula mitológica de *Palas y Aracne* en un tapiz al fondo del cuadro, mientras en primer término se presenta un aspecto marginal (las trabajadoras del taller de Aracne). Es una obra típicamente barroca por su complejidad formal y temática.

**HILARIÓN** *(san),* fundador de la vida monástica en Palestina (Tabatha, cerca de Gaza, *c.* 291-Chipre *c.* 371). Fue discípulo de san Antonio Abad.

**HILBERT** (David), matemático alemán (Königsberg 1862-Gotinga 1943). Jefe de la escuela formalista y uno de los fundadores del método axiomático, orientó los estudios del s. XX, al presentar, en 1900, una lista de 23 problemas para resolver.

**HILDEBRAND** (Adolf **von**), escultor y teórico alemán (Marburgo 1847-Munich 1921), autor de la *Fuente de Wittelsbach* (1895) de Munich.

**HILDEBRANDO** → ***Gregorio VII*** (san).

**HILDEBRANDT** (Johann Lucas **von**), arquitecto austríaco (Génova 1668-Viena 1745), autor de los dos palacios del Belvedere (1714-1723) de Viena.

**HILDEGARDA** *(santa),* abadesa benedictina alemana (Bermersheim 1098-Rupertsberg 1179), famosa por sus visiones y sus escritos místicos.

**HILDERICO** (¿463?-533), rey vándalo [523-530]. Otorgó la libertad de culto a los católicos. Fue depuesto por el ejército y ejecutado por Gelimer.

**HILDESHEIM,** c. de Alemania (Baja Sajonia); 104 203 hab. Iglesias románicas, entre ellas la de San Miguel (ss. XI y XII).

**HILFERDING** (Rudolf), político alemán de origen austríaco (Viena 1877-París 1941), teórico del marxismo (*El capital financiero,* 1910) y diputado socialdemócrata.

**HILLA,** c. de Iraq; 215 249 hab.

**HILLARY** (*sir* Edmund Percival), alpinista neocelandés (Auckland 1919). En 1953 conquistó la cima del Everest, junto con el sherpa Tensing Norgay.

**HIL·LEL el Viejo,** doctor judío (Babilonia *c.* 70 a. J.C.-Jerusalén *c.* 10 d. J.C.), jefe de una escuela de rabinos que interpretó la ley de forma liberal.

**HILMAND** → ***Helmand.***

**HILVERSUM,** c. de Países Bajos (Holanda Septentrional); 84 606 hab. Estación de radiodifusión. Ayuntamiento (1928) y otros edificios obra de Willem Marinus Dudok.

**HIMĀCHAL PRADESH,** estado del N de la India; 55 300 km²; 5 111 079 hab. Cap. *Simla.*

**HIMALAYA,** cadena montañosa de Asia, la más alta del mundo (8 846 m en el Everest). Se extiende a lo largo de 2 800 km, desde el Indo hasta el Brahmaputra, con una anchura media de 300 km entre el Tíbet y la llanura indogangética. De S a N se distingue: una zona cubierta por una espesa jungla, el *terai;* una zona de colinas y montañas poco elevadas (los *Siwālik*); por encima de 5 000 m, la zona de glaciares y de nieves perpetuas que forma el Himalaya propiamente dicho, limitada por los valles del Indo y del Brahmaputra y dominada al N por el *Transhimalaya.* El Himalaya, cadena alpina resultante de la colisión entre el subcontinente indio y el bloque eurasiático, es una importante barrera climática y humana. *(V. ilustración pág. 1390.)*

**HIMEJI,** c. de Japón, en el S de Honshū; 454 360 hab. Siderurgia. Industria textil.

**HIMERA,** ant. c. de Sicilia. En 480 a. J.C. Gelón de

*Las* ***hilanderas*** (Prado, Madrid)

HIMALAYA

un aspecto del **Himalaya** occidental, en el Ladākh

Siracusa venció a los cartagineses, que la asediaban. En 409 a. J.C., éstos destruyeron la ciudad.

**HIMES** (Chester Bomar), escritor norteamericano (Jefferson City, Missouri, 1909-Moraira, España, 1984), autor de novelas policíacas (*Corre, hombre,* 1959; *Un ciego con una pistola,* 1969).

**HIMETO** *(monte),* montaña de Grecia (Ática), al S de Atenas; 1 026 m. Antigua producción de miel y de mármol.

**HIMILCÓN,** navegante cartaginés († *c.* 450 a. J.C.). Exploró la costa de Europa occidental, y es posible que llegara a Cornualles y a Irlanda.

**HIMMLER** (Heinrich), político alemán (Munich 1900-Lüneburg 1945). Jefe de la Gestapo (1934) y de la policía del Reich (1938), fue ministro del Interior (1943), dirigió la represión contra los adversarios del régimen nazi y organizó los campos de concentración. Se suicidó.

**HINAULT** (Bernard), ciclista francés (Yffiniac, Côtes-d'Armor, 1954), cinco veces ganador del tour de Francia (1978, 1979, 1981, 1982 y 1985) y campeón del mundo (1980).

**HINDEMITH** (Paul), compositor alemán (Hanau 1895-Frankfurt del Main 1963). Fue uno de los jefes de la escuela alemana entre las dos guerras mundiales, pero estuvo siempre ligado a cierto espíritu clásico (*Matías el pintor,* 1934; concierto para violín; sonatas para instrumentos solistas).

**HINDENBURG** (Paul **von Beneckendorff und von**), mariscal alemán (Posen 1847-Neudeck, cerca de Gdańsk, 1934). Vencedor de los rusos en Tannenberg (1914) y jefe de estado mayor (1916), dirigió junto con Ludendorff la estrategia alemana hasta el final de la guerra. Presidente de la república de Weimar en 1925, reelegido en 1932, nombró canciller a Hitler (1933).

**HINDŪ KŪŠ,** macizo de Asia central (Afganistán y extremo N de Pakistán); 7 680 m.

**HINOJOSA** (Eduardo **de**), jurisconsulto e historiador español (Alhama, Granada, 1852-Madrid 1919). Miembro del Partido conservador, autor de *Historia general del derecho español* (1887) y *Estudios sobre la historia del derecho español* (1905), entre otras obras.

**HINOJOSA DEL DUQUE,** c. de España (Córdoba); 7 942 hab. *(Hinojoseños.)* Canteras de granito. Alfarería.

**HINTIKKA** (Jaakko), filósofo finlandés (Vantaa, cerca de Helsinki, 1929). Se ha interesado por el estudio semántico de las proposiciones lógicas así como por la filosofía del lenguaje (*Saber y creer,* 1962).

**HIPARCO,** tirano de Atenas [527-514 a. J.C.], hijo de Pisístrato. Gobernó Atenas a partir de 527 junto con su hermano Hipias; fue asesinado por Harmodio y Aristogitón.

**HIPARCO,** astrónomo griego del s. II a. J.C. Se le puede considerar el fundador de la astronomía de posición. Descubrió la precesión de los equinoccios y realizó el primer catálogo de estrellas. Sentó las bases de la trigonometría.

**HIPATIA,** filósofa y matemática griega (Alejandría *c.* 370-*id.* 415), hija del astrónomo Teón de Alejandría.

**HIPÉRIDES,** orador y político ateniense (Atenas *c.* 390-¿Cleonas?, Peloponeso, 322 a. J.C.), contemporáneo y émulo de Demóstenes. Fue ejecutado por orden de Antípatro tras la derrota de la guerra lamíaca.

**HIPIAS** († 490 a. J.C.), tirano de Atenas [527-510 a. J.C.]. Hijo de Pisístrato, compartió el poder con su hermano Hiparco, al que posteriormente sucedió en el trono. Su despotismo provocó su expulsión de Atenas (510). Se refugió en Persia.

**HIPÓCRATES,** médico griego (en la isla de Cos *c.* 460-Larisa, Tesalia, *c.* 377 a. J.C.), el más importante de la antigüedad. Su sistema se basaba en la alteración de los humores del organismo. El juramento que realizan los médicos se basa en su ética *(juramento hipocrático).*

**HIPÓLITO,** hijo del héroe legendario ateniense Teseo y amado por Fedra, esposa de su padre, cuyos requerimientos rechazó. Para vengarse de él, Fedra lo acusó de haber intentado atentar contra su honor y Teseo invocó a Poseidón, quien provocó la muerte de Hipólito.

**HIPÓLITO** *(san),* sacerdote y mártir romano (*c.* 170-en Cerdeña 235), autor de *Philosophoumena,* sobre las herejías nósticas.

**HIPONA,** ant. c. de Numidia, cerca de la actual 'Annaba (Argelia). San Agustín fue obispo titular. Ruinas romanas.

**HIRAKATA,** c. de Japón (Honshū); 390 788 hab.

**HIRAM I,** rey de Tiro (*c.* 969-*c.* 935 a. J.C.). Proporcionó a Salomón materiales y artesanos para construir el templo de Jerusalén, así como marinos para las expediciones por el mar Rojo.

**HIRATSUKA,** c. de Japón (Honskū); 245 950 hab.

**HIRCÁN I, HIRCANO I** o **JUAN HIRCÁN** († 104 a. J.C.), sumo sacerdote y etnarca de los judíos [134-104]. Consiguió la independencia de su país y amplió sus fronteras. – **Hircán II** o **Hircano II** (110-30 a. J.C.), sumo sacerdote [76-67, 63-40] y etnarca de los judíos [47-41], sin autoridad real, fue condenado a muerte por Herodes.

**HIRCANIA,** ant. región de Irán, al SE del mar Caspio.

**HIRO-HITO** (de nombre póstumo **Shōwa Tennō**) [Tōkyō 1901-*id.* 1989], emperador de Japón [1926-1989]. Tras la capitulación de Japón (1945), tuvo que renunciar a sus prerrogativas consideradas divinas y aceptar el establecimiento de una monarquía constitucional.

**HIROSAKI,** c. de Japón (Honskū); 174 704 hab.

**HIROSHIGE** (**Andō Hiroshige,** llamado), dibujante, grabador y pintor japonés (Edo [act. Tōkyō] 1797-*id.* 1858). Las sutiles variaciones de la atmósfera de sus paisajes *(Cincuenta y tres estaciones en el camino de Tōkaidō*)* maravillaron a los impresionistas, a través de los cuales ha influido en el arte occidental.

**HIROSHIMA,** c. y puerto de Japón (Honshū), a orillas del mar Interior; 1 085 705 hab. Centro industrial. El 6 de agosto de 1945 los norteamericanos lanzaron sobre la ciudad la primera bomba atómica, que causó 140 000 víctimas.

**Hiroshima** después de la explosión de la bomba atómica en agosto de 1945

**Hiroshima, mon amour,** película de A. Resnais (1959), con guión de M. Duras. Aborda la toma de conciencia, desde el presente, de un hecho pasado.

**HIŠĀM I** (Abū-l-Walīd) [Córdoba 757-*id.* 796], emir omeya de Córdoba [788-796], hijo de 'Abd al-Raḥmān I. Dirigió las expediciones contra Oviedo, Astorga, Gerona y Narbona (794).

**HIŠĀM II** (Abū-l-Walīd) [nacido en Córdoba 965], califa omeya de Córdoba [976-1013], hijo y sucesor de al-Ḥakam II. Durante su minoría de edad Almanzor dirigió la regencia. Fue derrocado por Muḥammad II (1009) y repuesto por Wāḍiḥ (1010). Vencido por los bereberes (1013), fue obligado a abdicar.

**HIŠĀM III al-Mu'tadd** (975-Lérida 1036), último califa omeya de Córdoba [1027-1031].

**HISPALIS,** nombre romano de la actual ciudad de Sevilla, fundada por César en el s. I a. J.C.

**HISPANIA,** nombre romano de la península Ibérica. En 197 a. J.C. se crearon dos provincias, Citerior y Ulterior, que en 19 a. J.C. pasaron a ser tres: Tarraconense, Bética y Lusitania. En el s. III surgió la Hispania Nova Citerior Antoniana, que comprendía Gallaecia y Asturica, y de la Tarraconense se escindió la Cartaginense; posteriormente se añadió a Hispania la Mauritania Tingitana, y se creó la provincia Baleárica.

**Hispanic society of America,** institución norteamericana fundada por A. M. Huntington en 1904 para difundir la cultura hispánica en E.U.A. Posee una colección excepcional de obras de arte y libros hispánicos. Patrocina la publicación de la *Hispanic review* y fomenta la cultura hispánica.

el mariscal **Hindenburg** (museo del ejército, París)

**Hiro-Hito**

Adolf **Hitler**

**Hô Chi Minh** (en 1969)

Thomas **Hobbes** (J. M. Wright - galería nacional de retratos, Londres)

**HISPANIOLA,** nombre dado por Cristóbal Colón a la isla de La Española*.

**HISPANO** (Pedro) → ***Juan XXI,*** papa.

**HISPANOAMÉRICA,** denominación que se aplica al conjunto de naciones latinoamericanas de habla hispana. El término *Iberoamérica* incluye también a Brasil y el de *Latinoamérica* o *América* latina* se refiere a una realidad geopolítica más amplia.

**hispano-chilena** *(guerra)* → ***Pacífico*** (guerra del) [1865-1866].

**hispano-norteamericana** *(guerra),* conflicto bélico que enfrentó a España y Estados Unidos (abril-ag. 1898). El hundimiento del acorazado Maine fue esgrimido por los norteamericanos para iniciar la guerra (→ ***Cuba*** [guerras de]). La flota española fue derrotada en Cavite (Filipinas) y en Santiago de Cuba, y por el tratado de París (dic.) España perdió Cuba, Puerto Rico, las Filipinas y Guam.

**hispanovisigodo** *(reino),* reino de los visigodos en Hispania (y al comienzo en el S de las Galias), que se inició con el ostrogodo Teudis (531), continuó con Leovigildo (reino visigodo de Toledo*) y terminó con la muerte de Rodrigo y la invasión musulmana (711). [V. parte n. c., ***visigodo.***]

**Hispasat,** serie de satélites españoles de comunicaciones, lanzados a partir de 1992 por el Instituto nacional de técnica aeroespacial (I.N.T.A.) y la Agencia espacial europea (E.S.A.).

**Historia de las ideas estéticas en España,** obra histórico-crítica de Marcelino Menéndez Pelayo (5 vols., 1883-1891), estudio de la evolución del gusto literario y su repercusión en España.

**Historia de los heterodoxos españoles,** obra de Marcelino Menéndez Pelayo (3 vols., 1880-1882) que trata de las herejías y desvíos ideológicos en España, y establece una polémica identificación entre ortodoxia católica e identidad nacional.

**Historia general de las cosas de Nueva España,** obra de Bernardino de Sahagún (d. 1557; ed. 1829), que consta de un estudio etnográfico, un diccionario y una historia de la conquista de México vista por los aztecas.

**Historia general y natural de las Indias** (1535), obra de Gonzalo Fernández de Oviedo, primer cronista de las Indias. Relata la conquista y la colonización y describe los minerales, la fauna y la flora del nuevo continente, con notable exactitud.

**Historia natural,** obra de Buffon y sus colaboradores (36 vols. 1749-1789). Recensión magistral del mundo de los seres vivos, marcó el inicio del evolucionismo.

**Historia natural y moral de las Indias,** obra de José de Acosta (1589), que incluye una historia natural, una historia de los indios de Perú y México y el tratado *De natura orbis.*

**Historia verdadera de la conquista de la Nueva España** → ***Nueva España.***

**Historias,** obra de Heródoto (s. V a. J.C.), dividida en nueve libros en la época helenística. Son *investigaciones* (primer sentido de la palabra *historia*) sobre las guerras médicas y los pueblos que participaron en ellas.

**Historias,** obra de Tácito (¿106-109 d. J.C.?), historia de los emperadores romanos desde los últimos días de Galba (69) hasta el advenimiento de Nerva (96). Constituye una continuidad cronológica de los *Anales,* aunque fue compuesta antes que éstos.

**Historias extraordinarias,** relatos de Edgar A. Poe (1840-1845), algunos de los cuales han alcanzado gran popularidad (*La caída de la casa Usher, El escarabajo de oro, El doble asesinato de la calle Morgue,* etc.).

**HITA** (Juan **Ruiz, Arcipreste de**), escritor castellano de mediados del s. XIV, autor del *Libro de buen* amor,* una de las obras más características de la literatura medieval.

**HITACHI,** c. de Japón (Honshū); 202 141 hab. Construcciones eléctricas.

**HITCHCOCK** (Alfred), director de cine británico (Londres 1899-Hollywood 1980), nacionalizado norteamericano, el más célebre de los maestros del suspense (*Alarma en el expreso,* 1938; *Extraños en un tren,* 1951; *Con la muerte en los talones,* 1959; *Psicosis,* 1960; *Los pájaros,* 1963).

Alfred **Hitchcock** durante el rodaje de *Los pájaros* (1963)

**HITLER** (Adolf), político alemán (Braunau, Alta Austria, 1889-Berlín 1945). Procedente de una familia de la pequeña burguesía austríaca, luchó en la primera guerra mundial en el ejército bávaro. En 1921 se convirtió en presidente del Partido obrero alemán nacionalsocialista (N.S.D.A.P.) y formó las secciones de asalto (S.A.). En 1923 intentó en Munich un golpe de estado que fracasó. Fue detenido y redactó en la cárcel *Mein Kampf,* en que exponía la doctrina ultranacionalista y racista del nazismo. A partir de 1925 se consagró al fortalecimiento de su partido (creación de las SS y de numerosos grupos organizativos) y al desarrollo de una propaganda eficaz en una Alemania humillada por su derrota de 1918 y por el tratado de Versalles, y muy afectada por la crisis de 1929. En 1933 accedió al cargo de canciller y, tras la muerte de Hindenburg (1934), a la presidencia. Asumió todos los poderes (*Reichsführer*) y creó una temible policía de estado (Gestapo). Su política expansionista en Renania (1936), Austria (1938), Checoslovaquia (1938) y Polonia (1939) provocó la segunda guerra mundial (1939). Derrotado, se suicidó en Berlín (30 abril 1945).

**HITTORF** (Johann Wilhelm), físico alemán (Bonn 1824-Münster 1914). Descubrió los rayos catódicos (1869) y observó su desviación por los campos magnéticos.

**HIŶĀZ,** región histórica de Arabia, a orillas del mar Rojo. C. prales. *La Meca, Ŷidda, Medina.* Ḥiŷāz, lugar de nacimiento de Mahoma y tierra santa de los musulmanes, se convirtió en reino independiente en 1916, y se incorporó en 1932 a Arabia Saudí como provincia autónoma hasta 1953.

**ḤIYYA** (Abraham **bar**), científico hebraicoespañol, activo en Barcelona entre 1133 y 1145. Autor de compendios científicos en lengua hebrea, basados en fuentes árabes (*Fundamentos de la inteligencia y torre de la creencia, Tablas astronómicas).*

**HJELMSLEV** (Louis Trolle), lingüista danés (Copenhague 1899-*id.* 1965). Su teoría es un intento de formalización rigurosa de las estructuras lingüísticas (*Prolegómenos a una teoría del lenguaje,* 1943).

**HLITO** (Alfredo), pintor argentino (Buenos Aires 1923). Su obra de madurez se inscribe en el arte concreto (1944), fundamentado en la revista *Arte concreto-Invención* (1946), editada por él.

**HÔ CHI MINH** (**Nguyên That Thanh,** llamado **Nuguyên Ai Quôc** o), político vietnamita (Kiêm Liên 1890-Hanoi 1969). Fundador del Partido comunista indochino (1930) y del Vietminh (1941), presidente de la República Democrática de Vietnam (proclamada en 1945), desempeñó un papel importante en la guerra contra Francia (hasta 1954) y, a partir de 1960, contra Vietnam del Sur y E.U.A. De 1956 a 1960 fue secretario general del Partido comunista.

**HOANG-HO** → ***Huang He.***

**HOBART,** c. y puerto de Australia, cap. de Tasmania; 179 900 hab. Universidad. Metalurgia.

**HOBBEMA** (Meindert), pintor neerlandés (Amsterdam 1638-*id.* 1709), autor de paisajes bañados por una fina y matizada luz que hace resaltar cada detalle.

**HOBBES** (Thomas), filósofo inglés (Wesport, Wiltshire, 1588-Hardwick Hall 1679). Partidario de un materialismo mecanicista, describió al hombre como un ser movido, en estado natural, por el deseo y el temor («el hombre es un lobo para el hombre»); para vivir en sociedad el ser humano tiene que renunciar a sus derechos en provecho de un soberano absoluto que hace reinar el orden, el estado (*Leviatán*,* 1651).

**HOBSON** (John Atkinson), economista británico (Derby 1858-Hampstead 1940). Vio en el imperialismo el resultado del capitalismo y fue precursor de Keynes al aclarar el papel de los poderes públicos en la economía.

**HOCHOB,** centro arqueológico maya de México (Campeche). Edificio profusamente decorado.

**Höchstädt** *(batallas de),* batallas de la guerra de Sucesión de España que tuvieron lugar en Höchstädt (al NO de Augsburgo). La primera concluyó con la victoria del mariscal francés Villars sobre los austríacos (20 set. 1703). En la segunda, llamada también *batalla de Blenheim,* el príncipe Eugenio y Marlborough derrotaron a los franceses (13 ag. 1704).

**HOCKNEY** (David), pintor británico (Bradford 1937). Uno de los creadores del pop art a principios de los años sesenta, posee un talento original y multiforme en la figuración.

**HODEIDA** → ***Ḥudayda.***

**Hodgkin** *(enfermedad de),* linfogranuloma maligno.

**HODJA** u **HOXHA** (Enver), político albanés (Gjirokastër 1908-Tirana 1985). Fundador del Partido comunista del trabajo de Albania (1941) y presidente del consejo (1945-1954), desde 1948 hasta su muerte fue secretario general del partido comunista y el responsable de la política aislacionista.

**HODLER** (Ferdinand), pintor suizo (Berna 1853-Ginebra 1918). Autor de una pintura simbolista, con tonos claros y fríos, abordó temas históricos y mitológicos (*La noche* 1890, frescos de la *Batalla de Marignano* 1896-1900). También pintó retratos y paisajes alpinos.

Ferdinand **Hodler:** *El lago de Silvaplana*
(Kunsthaus, Zurich)

**HODNA** *(chott el-),* depresión pantanosa de las altiplanicies de Argelia oriental, dominada al N por los *montes del Hodna* (1 890 m).

**HOF,** c. de Alemania (Baviera); 52 319 hab.

**HO-FEI** → ***Hefei.***

**HOFFMANN** (Ernst Theodor Wilhelm, llamado **Ernst Theodor Amadeus**), escritor y compositor alemán (Königsberg 1776-Berlín 1822), autor de óperas y de relatos fantásticos (*Cuentos* de los hermanos Serapio,* 1819-1821; *La princesa Brambilla,* 1851; *El gato Murr,* 1820-1822).

**HOFFMANN** (Josef), arquitecto austríaco (Pirnitz, Moravia, 1870-Viena 1956), discípulo de O. Wagner. En 1903 fundó los Talleres vieneses de artes decorativos. Destacó por la sobria elegancia de su estilo (palacio Stoclet, Bruselas, 1905).

**HOFMANN** (August Wilhelm **von**), químico alemán (Giessen 1818-Berlín 1892). Aisló el benceno,

Ernst Theodor
Amadeus **Hoffmann**

realizó la síntesis de la anilina y creó un método general de preparación de las aminas.

**HOFMANNSTHAL** (Hugo **von**), escritor austríaco (Viena 1874-Rodaun, cerca de Viena, 1929). Autor de dramas que analizan los problemas del mundo moderno a la luz de los mitos antiguos y medievales (*Jedermann,* 1911), escribió también libretos para las óperas de Richard Strauss (*El caballero de la rosa, Ariadna en Naxos).*

**HOGARTH** (William), pintor y grabador británico (Londres 1697-*id.* 1764). Su obra inaugura la edad de oro de la pintura inglesa: retratos espontáneos y vigorosos, series de estudios de costumbres, donde aúna la gracia caricaturesca con el afán moralizador.

William **Hogarth:**
*La vendedora de quisquillas* (1759).
[Galería nacional, Londres.]

**HOGGAR** → ***Ahaggar.***

**HOHENLOHE** (Chlodwig, *príncipe* **de**) [Rotenburg an der Fulda 1819-Ragaz, Suiza, 1901], Statthalter de Alsacia-Lorena (1885-1894) y canciller del Imperio alemán (1894-1900).

**HOHENSTAUFEN** o **STAUFEN,** dinastía germánica procedente de los duques de Suabia que reinó en el Sacro imperio de 1138 a 1254. Estuvo representada por Conrado III, Federico I Barbarroja, Enrique VI, Federico II, Conrado IV y su hijo Conradino o Conrado V.

**HOHENZOLLERN,** familia que reinó en Prusia (1701-1918), en el Imperio alemán (1871-1918) y en Rumania (1866-1947). Descendiente de Federico, conde de Zollern († *c.* 1201), se dividió en dos ramas: la *rama de Suabia,* católica, no desempeñó un papel importante en la historia de Alemania. Se subdividió, a su vez, en varias, entre ellas la de *Sigmaringen,* que dio a Rumania su casa principesca, posteriormente real. La *rama de Franconia* (llamada también *evangélica*), que se convirtió al luteranismo en el s. XVI, debe su fortuna a Federico VI († *c.* 1440), que adquirió el electorado de Brandeburgo (1417). Después de heredar Prusia (1618), los Hohenzollern reinaron en ese territorio (1701) y accedieron a la dignidad imperial en 1871 con Guillermo I. Fueron depuestos en 1918.

**Hojas de hierba,** libro de poemas de Walt Whitman (1855-1892).

**HOJEDA** (Diego **de**), poeta español (Sevilla 1570-Lima 1615). Su gran epopeya mística *La Cristíada* (1611), sobre la Pasión de Cristo, está influida poéticamente por Tasso.

**HŌJŌ TOKIMUNE,** estadista japonés (1251-1284). Regente Hōjō de Kamakura [1268-1284]. Resistió las invasiones de los mongoles.

**HOKKAIDŌ,** isla del N de Japón; 78 500 km²; 5 643 647 hab. C. pral. *Sapporo.*

**HOKUSAI,** dibujante y grabador japonés (Edo [act. Tōkyō] 1760-*id.* 1849). Uno de los grandes maestros de la estampa japonesa, que introdujo en esta disciplina el paisaje como género (*Treinta y seis vistas del Fuji, c.* 1831), es autor de una obra de diversidad sorprendente *(Hokusai Manga),* donde se unen humor y seguridad en el trazo.

**HOLAKTÚN,** yacimiento arqueológico maya de México (Campeche), ss. VIII-IX. Restos de pinturas murales.

**HOLAN** (Vladimir), poeta checo (Praga 1905-*id.* 1980). Combinó la influencia de Rilke con la apertura al mundo contemporáneo (*El abanico quimérico,* 1926).

**HOLANDA,** en neerlandés **Holland,** región del O de Países Bajos, la más rica y poblada del reino. — El *condado de Holanda,* erigido *c.* 1015, pasó sucesivamente a la casa de Avesnes (1299), a la de Baviera (1345), al ducado de Borgoña (1248) y por último a la casa de Austria (1477). El estatúder de Holanda, Guillermo de Orange, consiguió (Unión de Utrecht, 1579) la secesión y la independencia de la República de las Provincias Unidas, en cuyo seno Holanda desempeñó un papel fundamental.

**HOLANDA,** nombre con el que se designa impropiamente al reino de Países Bajos (en neerlandés, *Nederland*).

**Holanda** *(guerra de),* conflicto europeo (1672-1679) que enfrentó a Francia contra una alianza formada, en torno a las Provincias Unidas, por España, Lorena, Austria, los electores del imperio (salvo Baviera) y Dinamarca. Tras la toma de Gante e Ypres por los franceses, Guillermo de Orange firmó la paz de Nimega (1678).

**HOLANDA** *(reino de),* reino creado por Napoleón I en 1806 para su hermano Luis. Fue suprimido en 1810 y anexionado al Imperio francés.

**HOLANDA** (Guillén **de**), escultor de origen neerlandés activo en España en el s. XVI (coro de la catedral de Santo Domingo de la Calzada, 1521-1526).

**HOLANDA MERIDIONAL,** en neerlandés **Zuidholland,** prov. de Países Bajos; 2 907 km²; 3 151 000 hab. Cap. *La Haya.* C. pral. *Rotterdam.*

**HOLANDA SEPTENTRIONAL,** en neerlandés **Noordholland,** prov. de Países Bajos; 2 668 km²; 2 312 000 hab. Cap. *Haarlem.* C. pral. *Amsterdam.*

**holandés errante** *(El),* conocida también como **El buque fantasma,** ópera en tres actos con letra y música de Richard Wagner (1843), inspirada en la leyenda del holandés errante, condenado a vagar por el mar hasta que encuentre una mujer fiel.

**HOLBACH** (Paul Henri **Thiry,** *barón* **de**), filósofo francés de origen alemán (Edesheim, Palatinado, 1723-París 1789). Colaborador de la *Enciclopedia*,* su filosofía se inscribe en el materialismo mecanicista (*Sistema de la naturaleza,* 1770).

**HOLBEIN** (Hans) **el Viejo,** pintor y dibujante alemán (Augsburgo *c.* 1465-Issenheim, Alsacia, *c.* 1524). Próximo al gótico tardío e influido por el arte flamenco, es autor de retablos y retratos.

**HOLBEIN** (Hans) **el Joven,** pintor, dibujante y grabador alemán (Augsburgo 1497/1498-Londres 1543), hijo del anterior. Atraído por el humanismo, se instaló en Basilea (*c.* 1515), donde dio muestras, sobre todo en sus obras religiosas, de un clasicismo de influencia italiana. Sus retratos pintados en Basilea (*Erasmo,* diversas versiones) y en Inglaterra, donde se instaló definitivamente en 1532 y donde fue pintor de la corte londinense, destacan por un realismo sobrio y agudo.

**HOLBERG** (Ludvig, *barón*), escritor danés de origen noruego (Bergen 1684-Copenhague 1754), autor de poemas heroico-cómicos, de relatos de viajes imaginarios (*El viaje subterráneo de Niels Klim,* 1741) y de comedias imitadas de Plauto, Terencio y Molière.

**Hokusai:** *Aguacero.* Grabado de la serie Treinta y seis vistas del Fuji (*c.* 1831).
[Museo Guimet, París.]

**HÖLDERLIN** (Friedrich), poeta alemán (Lauffen, Württemberg, 1770-Tubinga 1843), autor de una novela (*Hiperión,* 1797-1799), de odas y de himnos de un romanticismo de tintes místicos.

**HOLGUÍN** *(provincia de),* prov. del E de Cuba, junto al Atlántico; 9 296 km²; 972 000 hab. Cap. *Holguín.*

**HOLGUÍN,** c. de Cuba, cap. de la prov. homónima; 224 908 hab. Industrias. Turismo. Aeropuerto.

**HOLGUÍN** (Carlos), político colombiano (Nóvita 1832-† 1894). Miembro del Partido conservador y ministro de Relaciones Exteriores (1887-1888) en el gobierno de Rafael Núñez, fue designado por el congreso para ejercer la presidencia de la república (1888-1892).

**HOLGUÍN** (Jorge), político colombiano (Cali 1848-† 1928). De orientación conservadora, ocupó provisionalmente la presidencia de la república tras la caída de Reyes (1909), y volvió a desempeñar el cargo en 1921-1922.

**HOLIDAY** (Eleanora **Holiday,** llamada **Billie**), cantante de jazz norteamericana (Baltimore 1915-Nueva York 1959), que durante 1930-1940 fue una de las grandes intérpretes de jazz.

Billie **Holiday** (en 1958)

**Holbein** el Joven:
*Retrato del comerciante Georg Gisze* (1532).
[Museo de Berlín.]

**HOLLERITH** (Hermann), estadígrafo norteamericano (Buffalo 1860-Washington 1929), inventor de máquinas estadísticas de tarjetas perforadas (1880) y fundador de la Tabulating machine corporation (1896), la futura I.B.M.

**HOLLYWOOD,** localidad de Estados Unidos, en la periferia de Los Ángeles, principal centro de la industria cinematográfica y de la televisión del país. Símbolo de la hegemonía del cine norteamericano, fue el núcleo de una intensa actividad artística y económica.

**HOLMENKOLLEN,** localidad de Noruega, en la periferia de Oslo. Esquí.

**Holmes** (Sherlock), protagonista de las novelas de Conan Doyle y modelo del detective aficionado.

**Holocausto,** genocidio de los judíos de Europa perpetrado por los nazis y sus ayudantes entre 1939 y 1945 en los territorios ocupados por el Tercer Reich de Hitler. También recibe el nombre de *Shoah*.

**HOLOFERNES,** legendario general asirio que, según la Biblia, fue decapitado por Judit durante el asedio de Betulia.

**HOLON,** c. de Israel, en la zona suburbana de Tel-Aviv-Jaffa; 125 000 hab.

**HOLSTEIN,** ant. principado alemán. Convertido en condado en 1110, fue anexionado a título personal, junto con Schleswig, por el rey de Dinamarca (1460). En 1864 fue atribuido a Austria tras la guerra de los Ducados, y, después de la batalla de Sadowa (1866), a Prusia. Actualmente, forma, junto con el S de Schleswig, el *Land de Schleswig-Holstein**.

**Holter** *(método de)*, grabación continua del electrocardiograma durante 24 horas, para registrar las alteraciones cardíacas de corta duración.

**HOLWECK** (Fernand), físico francés (París 1890-*id.* 1941), creador de una bomba de vacío molecular y de un péndulo oscilante para medir el campo gravitatorio.

**hombre sin atributos** *(El)*, novela inacabada de Robert Musil (1930-1943).

**Hombres y ratones,** novela de Steinbeck (1937).

**Home fleet,** nombre dado por los británicos a la flota encargada de la protección inmediata del Reino Unido.

**Home guard,** guardia territorial, creada en 1940, para la protección inmediata del Reino Unido.

**Home rule** (voces inglesas que significan *autonomía*, de *home*, país, y *rule*, gobierno), nombre dado al régimen de autonomía reivindicado por los irlandeses a partir de 1870. Fue aprobado en 1912 y se aplicó desde 1914 hasta la creación del Estado Libre de Irlanda (1921).

**HOMERO,** poeta épico griego, al que se atribuye la autoría de la *Ilíada** y la *Odisea**, y cuya existencia estuvo rodeada de leyendas desde el s. VI a. J.C. Según Heródoto, vivió en Asia Menor *c.* 850 a. J.C. La tradición le representa como un viejo ciego, que vagaba de ciudad en ciudad recitando sus versos. Los poemas homéricos, declamados en fiestas solemnes y enseñados a los niños, ejercieron una gran influencia en los filósofos, los escritores y la educación de la antigüedad, y ocupan un lugar importante en la cultura clásica europea.

**HOMS,** en ár. **Ḥimṣ,** c. de Siria, cerca del Orontes; 518 000 hab. Centro comercial e industrial.

**HOMS** (Joaquim), compositor español (Barcelona 1906). Vinculado al serialismo, de su extensa obra destacan la suite sinfónica *Presencias* (1967), *Soliloquios* (1972), *Derivaciones* (1991) para orquesta, canciones y música de cámara.

**HO-NAN** → ***Henan.***

**HONDA,** mun. de Colombia (Tolima); 25 977 hab. Puerto exportador en el Magdalena.

**HONDARRIBIA** → ***Fuenterrabía.***

**HONDŌ** → ***Honshū.***

**Hondt** (*ley* **d'**), procedimiento electoral, que en el sistema de representación proporcional prima a las medias proporcionales más altas obtenidas en las votaciones (promedio fuerte).

**HONDURAS** *(cabo)*, cabo de la costa caribeña de Honduras (Puerto Castilla, Colón), que constituye el extremo N del país.

**HONDURAS** *(golfo de)*, entrante de la costa centroamericana del Caribe, compartido por Belice, Guatemala y Honduras.

**HONDURAS,** estado de América Central, situado entre Guatemala, El Salvador y Nicaragua; 112 000 km²; 6 485 445 hab. *(Hondureños.)* CAP. *Tegucigalpa.* LENGUA OFICIAL: *español.* MONEDA: *lempira.*

GEOGRAFÍA

País accidentado por numerosas sierras, que enmarcan una estrecha depresión central que recorre el territorio de N a S. Las llanuras ocupan sólo las franjas costeras del S (golfo de Fonseca, en el Pacífico) y el N (golfo de Honduras, en el Caribe), más la Mosquitia, en el ángulo NE. La población crece a un ritmo cercano al 3 % anual. Las mayores densidades corresponden a la depresión central y las áreas cafetaleras del occidente. La capital y San Pedro Sula albergan al 60 % de la población urbana. La agricultura, que emplea al 48 % de la población activa, tiene un peso fundamental en la economía: la banana y el café son los principales productos de exportación, mientras el maíz, la patata y el frijol se orientan al consumo interno. Son importantes asimismo la pesca y la minería (cinc, plomo, plata, oro). Pese a la penuria de capitales y de mano de obra especializada, las industrias manufactureras (agroalimentaria, tabaco, textil) han alcanzado un modesto desarrollo. E.U.A. es el principal socio comercial. En 1998, un huracán arrasó dos tercios del país y ocasionó la muerte de alrededor de seis mil personas y 1,4 millones de damnificados.

HISTORIA

***El poblamiento precolombino.*** Honduras fue en el I milenio escenario de uno de los principales centros mayas del período clásico, Copán. En el s. XVI el territorio estaba ocupado por poblaciones muy diversas: pipiles, de origen nahua, misquitos, de origen amazónico, sumos y pamacas, emparentados con los chibchas, payas, matagalpas, caribes, lencas y jicaques, entre otros.

***Conquista y colonización española.*** 1497: descubrimiento de la costa, a la que se dio el nombre de Honduras, por Yáñez Pinzón y Díaz de Solís. 1522-1524: las expediciones de González de Ávila y Cristóbal de Olid iniciaron la conquista del territorio. 1542-1549: funcionamiento temporal de una audiencia de los Confines en Comayagua, a partir de cuya disolución Honduras quedó bajo la jurisdicción de Guatemala, dentro del virreinato de Nueva España. 1786: la intendencia de Comayagua (1786) unificó el territorio, hasta entonces dividido entre las alcaldías mayores de Comayagua y Tegucigalpa. A pesar de una modesta producción de plata, el territorio hondureño fue objeto de una muy débil explotación colonial; en cambio su costa se convirtió en refugio de negros cimarrones, que se mestizaron con los indios y constituyeron de hecho «reino» independiente, bajo protectorado británico (1740-1859).

***La independencia.*** 1821: la proclamación de la independencia dividió a Comayagua, que se pronunció por la integración a México, y Tegucigalpa, fiel a Guatemala. 1822-1823: anexión al imperio mexicano de Iturbide hasta su disolución. 1824-1838: se integró en las Provincias Unidas de Centroamérica, que tuvo en el tegucigalpense Morazán su principal impulsor. 1839: Honduras se separó de la federación y se constituyó de manera definitiva en república independiente, aunque todavía participó como tal en un efímero proyecto de unión con El Salvador y Nicaragua (1842-1844).

***La república intervenida.*** 1840-1873: el guatemalteco Carrera interfirió la política hondureña: apoyó el acceso al poder del conservador Ferrera (1841), derribó a Cabañas, antiguo partidario de Morazán (1855), al que sustituyó por el también conservador Santos Guardiola, y promovió a Leiva a la presidencia (1873). 1876-1891: la intervención guatemalteca prosiguió bajo signo liberal, de la mano de Justo Rufino Barrios, que obligó a Leiva a renunciar y promovió a Bográn (1883). La influencia guatemalteca fue sustituida a partir de 1896 por la del nicaragüense Zelaya. La fragmentación de la sociedad y de la economía hondureña, sin un grupo ni un producto dominante, facilitó esa permanente interferencia que a comienzos del siglo XX dio paso a la de E.U.A.

***El siglo XX.*** La penetración estadounidense configuró la nueva base de la economía exportadora hondureña, centrada en el banano y otras frutas tropicales explotadas por la Standard fruit y la United fruit co. Al propio tiempo se constituyeron los dos partidos, el nacional, conservador, y el liberal, que han vertebrado la vida política en el siglo XX. 1933-1957: el nacionalista Carías Andino dominó el país como presidente (1933-1949) y como poder en la sombra. 1957-1978: la experiencia reformista del liberal Villeda Morales fue abortada por un golpe militar (1963) que situó en el poder al coronel López Arellano (1963-1975), durante cuyo gobierno tuvo lugar la «guerra del fútbol» con El Salvador (1969). 1975-1994: tras un breve período de reformismo militar (1975-1978), en el que se anunció de nuevo la reforma agraria, el poder fue devuelto (1980-1981) a los partidos tradicionales, que se han turnado en él bajo la tutela conservadora del ejército; por otra parte, tras el triunfo sandinista en Nicaragua, Honduras se convirtió en la principal base de acción de la contra nicaragüense. En los últimos años se han sucedido en la presidencia los liberales R. Suazo Córdova (1981-1985) y J. S. Azcona (1985-1989), el conservador R. L. Callejas (1989-1994) y los liberales C. R. Reina (1994-1998) y C. R. Flores (desde 1998).

INSTITUCIONES

La constitución de 1982 establece un régimen presidencialista. El presidente de la república asume el poder ejecutivo para un período de cuatro años, no renovable, y es elegido por sufragio universal. El Congreso es unicameral.

LITERATURA

– *S. XIX.* Poesía: J. T. Reyes, M. Molina Vigil, J. R. Molina, F. Turcios, A. Guillén Zelaya, R. Heliodoro del Valle, A. C. Coello, L. A. Zúñiga. Prosa: J. C. del Valle, C. F. Gutiérrez. – *S. XX.* Poesía: M. A. Ponce, R. Padilla Coello, J. R. Castro, A. Valladares, C. Barrera, J. Cárcamo, D. Laínez, A. J. Rivas, Pompeyo del Valle, R. Sosa, N. E. Merren, Ó. Acosta, R. Elvir, J. A. Castelar, R. Paredes, J. L. Quezada. Prosa: C. Izaguirre, A. Mejía Nieto, M. Carías Reyes, A. Díaz Lozano, V. Cáceres Lara, M. Carías (Fausto Zapata), E. Bahr, Ó. Acosta, J. Escoto, R. H. del Valle, J. Reyna Valenzuela, R. Martínez Castillo.

BELLAS ARTES

**Principales ciudades y centros de interés artístico y arqueológico:** Choluteca, Comayagua, Copán, Los Naranjos (lago Yojoa), Tegucigalpa.

**Artistas célebres.** *Ss. XIX y XX:* J. M. Gómez, P. Zelaya Sierra, C. Zúñiga Figueroa, J. A. Velázquez, A. López Rodezno.

MÚSICA

– *S. XIX:* el obispo J. Trinidad Reyes introdujo la enseñanza de la música en la educación general; C. Haertling (himno nacional). – *S. XX:* M. de Adalid, F. Díaz Zelaya, R. Coello Ramos, R. Manzanares. *(V. anexo cartográfico.)*

**HONDURAS BRITÁNICA** → ***Belice.***

**HONECKER** (Erich), político alemán (Neunkirchen 1912-Santiago de Chile 1994). A partir de 1971 fue secretario general del Partido socialista unificado (S.E.D.) y, desde 1976, presidente del consejo de estado de la R.D.A. Dimitió de estas dos funciones en 1989. En 1991 fue trasladado clandestinamente a Moscú y en 1992 extraditado a Berlín. Tras la suspensión de su proceso por motivos de salud, se exilió a Chile.

**HONEGGER** (Arthur), compositor suizo (El Havre 1892-París 1955). Uno de los maestros de la orquesta (*Pacific 231*, 1923) y del oratorio (*El rey David*, 1921; *Judith*, 1925; *Juana de Arco en la hoguera*, 1938), formó parte del grupo de los Seis.

**HONG KONG** u **HONGKONG,** en chino **Xianggang,** región administrativa especial de China, en la bahía de Cantón, que además de la *isla de Hong Kong* engloba otras islas y una península continental (Kowloon); 1 077 km²; 5 920 000 hab. Importante puerto de tránsito y centro financiero e industrial (textil, electrónica). La isla fue cedida a Gran Bretaña en 1842, tras la guerra del opio. Según lo estipulado por el acuerdo entre China y Gran Bretaña de 1984, el territorio fue devuelto a China en 1997. *(V. ilustración pág. 1394.)*

**Honglou Meng** u **Hong Leu-mong** *(El sueño en el pabellón rojo)*, novela china de Cao Xuequin (s. XVIII), obra maestra del género, en la que la intriga amorosa se inscribe en un vasto fresco social de la época.

**HONGWU** u **HONG-WU,** emperador de China [1368-1398]. Fundador de la dinastía Ming, expulsó a los mongoles a las estepas del N.

**HONOLULU** u **HONOLULÚ,** c. de Estados Unidos, cap. y puerto de las islas Hawai, en la isla de Oahu; 365 272 hab. Centro turístico.

**HONORIO** (Flavio) [Constantinopla 384-Ravena 423], primer emperador de occidente [395-423]. Dominado por Estilicón, a quien hizo asesinar en 408, no pudo defender al imperio de las invasiones bárbaras.

Friedrich
**Hölderlin**
(F. K. Hiemer - museo Schiller, Marbach, R.F.A.)

Hong Kong

**HONORIO II** (Fagnano, Imola-Roma 1130), papa de 1124 a 1130. Negoció el concordato de Worms (1122). – **Honorio III** (Cencio **Savelli**) [Roma-† 1227], papa de 1216 a 1227, promovió la quinta cruzada y la lucha contra los cátaros.

**HONSHŪ,** ant. **Hondō,** isla de Japón, la mayor y más poblada de las que forman el país; 230 000 $km^2$; 99 254 194 hab. C. pral. *Tōkyō, Ōsaka, Yokohama, Kyōto* y *Kōbe.*

**Honvéd** *(defensa de la patria),* nombre dado desde 1848 al ejército húngaro.

**HOOFT** (Pieter Cornelisz), escritor neerlandés (Amsterdam 1581-La Haya 1647). Poeta elegíaco y prosista, contribuyó a crear la lengua clásica de su país.

**HOOGHE, HOOGH** u **HOOCH** (Pieter **de**), pintor neerlandés (Rotterdam 1629-Amsterdam *c.* 1684), autor de interiores de un realismo poético (en particular los de su período de Delft: 1654-1662).

Pieter de **Hooghe:** *La joven burguesa y su sirvienta* (*c.* 1675).
[Museo de Lille, Francia.]

**HOOGHLY** → ***Hūglī.***

**HOOKE** (Robert), astrónomo y matemático inglés (Freshwater, isla de Wight, 1635-Londres 1703). Enunció la ley de la proporcionalidad entre las deformaciones elásticas de un cuerpo y los esfuerzos a los que está sometido.

**HOOKER** (*sir* Joseph Dalton), botánico y explorador británico (Halesworth 1817-Sunningdale 1911), autor de una clasificación de plantas.

**HOOVER** (Herbert Clark), político norteamericano (West Branch, Iowa, 1874-Nueva York 1964), presidente republicano de E.U.A. de 1929 a 1933.

**HOOVER** (John Edgar), funcionario norteamericano (Washington 1895-*id.* 1972), director del F.B.I. desde 1924 hasta su muerte.

**Hoover Dam,** ant. **Boulder Dam,** importante presa de Estados Unidos, en el Colorado. Central hidroeléctrica.

**HOPE** (Thomas Charles), químico británico (Edimburgo 1766-*id.* 1844). Demostró que la densidad del agua llegaba a su máximo valor a 4 °C.

**HO-PEI** → ***Hebei.***

**HOPELCHÉN,** mun. de México (Campeche); 23 165 hab. Restos arqueológicos prehispánicos.

**HÔPITAL** u **HOSPITAL** (Guillaume de **L'**), *marqués* **de Sainte-Mesme,** matemático francés (París 1661-*id.* 1704), autor del primer manual de cálculo infinitesimal (1696).

**HOPKINS** (Gerard Manley), escritor británico (Stratford 1844-Dublín 1889). Jesuita, fue uno de los precursores del lirismo moderno por sus innovaciones métricas y su tono trágico.

**HOPKINS** (*sir* Frederick Gowland), fisiólogo y químico británico (Eastbourne 1861-Cambridge 1947), especialista en las vitaminas. (Premio Nobel de medicina 1929.)

**HOPPER** (Edward), pintor y grabador norteamericano (Nyack, Nueva York, 1882-Nueva York 1967). Debido a la intensidad de los recursos plásticos su realismo depurado otorga una dimensión angustiosa al universo urbano.

**HORACIO,** poeta latino (Venosa, Apulia, 65 a. J.C.-† 8 a. J.C.). Amigo de Virgilio y de Mecenas, y protegido de Augusto, proporcionó a las letras latinas una poesía a la vez familiar, nacional y religiosa *(Sátiras*; Odas; Epístolas*).* Fue el modelo de las virtudes clásicas de equilibrio y mesura para los humanistas del renacimiento.

**HORACIO Cocles** *(el Tuerto),* héroe romano legendario que defendió en solitario el puente Sublicio en Roma contra el ejército del rey etrusco Porsena.

**HORACIOS** *(los tres),* hermanos romanos legendarios que, durante el reinado de Tulo Hostilio, combatieron por Roma contra los tres Curiacios, campeones de la ciudad de Alba, con el fin de decidir cuál de los dos pueblos dominaría al otro. El último de los Horacios, único superviviente, fingiendo huir, mató a los tres Curiacios heridos, asegurando así el triunfo de su patria.

**HORCAS CAUDINAS** → ***Caudinas*** (Horcas).

**HORDA DE ORO,** estado mongol fundado en el s. XIII por Bātū Kan, nieto de Gengis Kan, que se extendía por Siberia meridional, el S de Rusia y Crimea. Fue destruido en 1502 por los tártaros de Crimea.

**HOREB,** otro nombre bíblico del **Sinaí.**

**HORKHEIMER** (Max), filósofo alemán (Stuttgart 1895-Nuremberg 1973). Fundador de la escuela de Frankfurt, cuyo programa teórico (*Teoría crítica I* y *II,* 1968) sentó las bases del freudomarxismo.

**HORMUZ** → ***Ormuz.***

**HORN, HORNE** u **HOORN** (Felipe **de Montmorency-Nivelle,** *conde* **de**), noble flamenco (Nevele *c.* 1523-Bruselas 1568). Jefe militar con Felipe II, a partir de 1566 se alzó contra la dominación española en Flandes, y fue condenado a muerte por el Tribunal de la sangre.

**HORNEY** (Karen), sicoanalista norteamericana de origen alemán (Hamburgo 1885-Nueva York 1952). Demostró la importancia de los factores culturales en la génesis de las neurosis (*La personalidad neurótica de nuestro tiempo,* 1937).

**HORNOS** *(cabo de),* extremidad S de la *isla de Hornos* (Chile), saliente meridional de América del Sur. – El *falso cabo de Hornos* es la extremidad S de la isla de Hoste.

**HOROWITZ** (Vladimir), pianista norteamericano de origen ruso (Kíev 1903-Nueva York 1989). Destacó por sus interpretaciones de Chopin y Liszt.

**HOROZCO** (Sebastián **de**), escritor español (Toledo ¿1510?-† 1580), poeta, cronista de Toledo y autor de *Refranes glosados* o *Libro de proverbios,* destacó como dramaturgo *(Danza de la muerte con todas las edades y estados).*

**HORQUETA,** cerro de Panamá (Chiriquí), uno de los más elevados de la cordillera Central panameña; 2 140 m.

**HORQUETA,** distr. de Paraguay (Concepción); 51 738 hab. Café, vacunos. Industria maderera.

**HORSENS,** c. de Dinamarca (Jutlandia), a orillas del Cattegat; 55 000 hab.

**HORST** (Louis), pianista y compositor norteamericano (Kansas City 1884-Nueva York 1964). Director musical en la escuela Denishawn y de la compañía de Martha Graham, influyó en toda una generación de bailarines norteamericanos innovadores de la *modern dance.*

**HORTA** (Victor, *barón*), arquitecto belga (Gante 1861-Bruselas 1947). Pionero del modernismo, ideó estructuras para las nuevas necesidades sociales y culturales y creó un original lenguaje decorativo (casa Tassel) y casa Horta (act. museo de Bruselas) utilizando las grandes posibilidades del hierro y el cristal.

**HORTHY VON NAGYBÁNYA** (Miklós), almirante y político húngaro (Kenderes 1868-Estoril, Portugal, 1957). Ministro de la Guerra en el gobierno contrarrevolucionario de Szeged, luchó, en 1919, contra Béla Kun. Nombrado regente en 1920, instituyó un régimen autoritario y conservador. Fue aliado de Italia y Alemania y anexionó el S de Eslovaquia, Ucrania subcarpática y una parte de Transilvania (1938-1940). Intentó negociar un armisticio separado con la U.R.S.S., pero fue derrocado por el partido fascista de las Cruces flechadas (oct. 1944).

**HORTON** (Lester), coreógrafo, teórico y pedagogo norteamericano (Indianápolis 1906-Los Ángeles 1953). Creador de una técnica y un estilo propios, influyó en bailarines como Alvin Ailey, Bella Lewitsky y Carmen De Lavallade.

**HORUS,** dios solar del ant. Egipto, simbolizado por un halcón o por un Sol alado.

**Hōryū-ji,** santuario budista construido a principios del s. VII, cerca de Nara (Japón), algunos de cuyos edificios son los ejemplos más antiguos de la arquitectura en madera de Extremo oriente.

**HOSPITAL** (Michel **de L'**), estadista francés (Aigueperse *c.* 1505-Belesbat 1573). Canciller de Francia (1560), se esforzó por mitigar las luchas religiosas entre católicos y protestantes e impulsó reformas administrativas y judiciales.

**HOSPITALET DE LLOBREGAT (L'),** c. de España (Barcelona), cab. de p. j.; 273 284 hab. *(Hospitalenses.)* En el área metropolitana de Barcelona. Centro industrial y comercial.

**HOSTE,** isla de Chile (Magallanes y Antártica Chilena), al S del canal Beagle. Su extremo meridional es el falso cabo de Hornos.

**HOSTOS** (Eugenio María **de**), escritor y pedagogo puertorriqueño (Mayagüez 1839-Santo Domingo 1903). Defendió la independencia (*La peregrinación de Bayoán,* 1863, novela) y la unidad antillana, y se vinculó al krausismo. También escribió obras políticas (*Moral social,* 1888), sociológicas, jurídicas y pedagógicas, que le acreditan como uno de los grandes educadores americanos.

**HOTAN** → ***Khotan.***

**HÖTZENDORF** (Franz, *conde* **Conrad von**), mariscal de campo austríaco (Penzing, cerca de Viena, 1852-Bad Mergentheim, Württemberg, 1925), jefe del estado mayor austrohúngaro de 1906 a 1911, y de 1912 a 1917.

**HOUDON** (Jean Antoine) escultor francés (Versalles 1741-París 1828), famoso por sus esculturas fu-

Vladimir **Horowitz**

nerarias, figuras mitológicas (*Diana cazadora,* 1776), retratos y bustos (*Voltaire).*

**HOUNSFIELD** (Dodfrey Newbold), ingeniero británico (Newark 1919). Contribuyó, junto con A. M. Cormack, al desarrollo del scanner. (Premio Nobel de medicina 1979.)

**HOUPHOUËT-BOIGNY** (Félix), político de Costa de Marfil (Yamoussoukro 1905-*id.* 1993). Elegido presidente de la república al declararse la independencia (1960), desde entonces fue reelegido sucesivamente hasta su muerte.

**HOUSSAY** (Bernardo Alberto), médico argentino (Buenos Aires 1887-*id.* 1971), autor de *Fisiología médica* (1946) y premio Nobel de fisiología y medicina en 1947 por su descubrimiento del papel de la hormona del lóbulo anterior de la hipófisis en el metabolismo de los hidratos de carbono.

**HOUSTON,** c. y puerto de Estados Unidos (Texas), en la bahía de Galveston; 1 630 553 hab. (3 301 937 hab. en el área metropolitana). Centro espacial. Museos. Refino de petróleo. Metalurgia. Química.

**HOVE,** c. de Gran Bretaña (East Sussex), cerca de Brighton; 82 500 hab. Estación balnearia.

**HOWARD,** familia inglesa cuya fortuna se inició a fines del s. XIII y a la que pertenecía la quinta esposa de Enrique VIII, **Catalina* Howard.**

**HOWRAH,** c. de la India, junto al delta del Ganges, en la aglomeración de Calcuta; 946 732 hab.

**HOXHA** (Enver) → ***Hodja.***

**HOYERSWERDA,** c. del SE de Alemania (Sajonia); 67 881 hab. Centro industrial y residencial.

**HOYLE** (Fred), astrofísico y matemático británico (Bingley 1915). Ferviente defensor de un modelo de universo estacionario, teoría que posteriormente abandonó, y pionero de la astrofísica nuclear, es también conocido como divulgador científico y autor de ciencia ficción.

**HOYOS** (Cristina), bailarina y coreógrafa española (Sevilla 1946). Artista de gran dramatismo, durante veinte años actuó en la compañía de Antonio Gades, junto al que interpretó películas. En 1989 formó compañía propia.

**HOYOS Y VINENT** (Antonio **de**), escritor español (Madrid 1885-*id.* 1940). Popular novelista erótico (*La vejez de Heliogábalo,* 1912), cultivó también la crítica social (*El pasado,* 1916). Anarquista, murió en prisión.

**HRABAL** (Bohumil), escritor checo (Brno 1914-Praga 1997). En sus relatos combinó los temas populares con la inspiración surrealista (*Trenes rigurosamente vigilados,* 1965; *Bodas en casa,* 1984).

**HRADEC KRÁLOVÉ,** en alem. **Königgrätz,** c. de la República Checa (Bohemia); 99 889 hab. Catedral (s. XIV); monumentos barrocos; urbanismo del s. XX.

**HSINCHU** → ***Xinzhu.***

**HU SHI** o **HU SHE,** escritor chino (Shanghai 1891-Taibei 1962). En 1917 se situó al frente del movimiento de la «revolución literaria» e impuso el uso de la lengua coloquial.

**HU YAOBANG** o **HU YAO-PANG,** político chino (en Hunan *c.* 1915-Pekín 1989), secretario general del Partido comunista chino (1980-1987).

**HUA GUOFENG** o **HUA KUO-FENG,** político chino (Jiaocheng, Shanxi, 1921 o 1922). Primer ministro (1976-1980) y presidente del partido comunista (1976-1981), fue apartado por la corriente renovadora dirigida por Deng Xiaoping.

**HUACANA (La),** mun. de México (Michoacán); 30 830 hab. Arroz y caña de azúcar. Minería.

**HUACHIPATO,** localidad de Chile (Biobío), en la bahía de Concepción. Centro siderúrgico.

**HUACHO,** c. y puerto de Perú (Lima); 72 800 hab. Industria alimentaria; desmotado de algodón.

**HUAI,** r. de China central, tributario del mar Amarillo; 1 080 km.

**HUAINAN** o **HUAI-NAN,** c. de China (Anhui), a orillas del Huai; 704 000 hab. Hulla.

**HUAJUAPAN DE LEÓN,** mun. de México (Oaxaca); 24 865 hab. Elaboración de mezcal. Centro comercial.

**HUALCÁN** *(nevado de),* cumbre de Perú (Ancash), en la cordillera Blanca; 6 150 m.

**HUALLAGA,** r. de Perú, afl. del Marañón (or. der.); 920 km. Nace en los Andes y es navegable en su curso inferior.

**HUAMACHUCO,** mun. de Perú (La Libertad); 28 326 hab. Minería (plata). — Derrota de las tropas peruanas por las chilenas (1883) en la guerra del Pacífico.

**HUAMANTLA,** mun. de México (Tlaxcala); 36 654 hab. Agricultura.

**HUAMBO,** ant. **Nova Lisboa,** c. de Angola central; 62 000 hab.

**HUANCABAMBA,** c. de Perú (Piura), en la *cordillera de Huancabamba;* 25 850 hab. Centro comercial.

**HUANCANÉ,** c. de Perú (Puno), junto al lago Titicaca; 29 836 hab. Patatas, cereales.

**HUANCAVELICA** *(departamento de),* dep. de Perú (Los Libertadores-Wari), en la región Central andina; 18 567 km²; 268 400 hab. Cap. *Huancavelica.*

**HUANCAVELICA,** c. de Perú, cap. del dep. homónimo; 26 800 hab. Centro minero (plata y mercurio), junto al *río Huancavelica.* Iglesias Matriz y de Santo Domingo (s. XVII) y de San Francisco (s. XVIII); Cabildo (1673).

**HUANCAYO,** c. de Perú, cap. del dep. de Junín; 203 200 hab. Mercado de artesanía. Turismo. Fundada en 1571. Capilla de la Merced, donde en 1839 se votó la *constitución de Huancayo.*

**HUANDOY,** grupo montañoso de Perú, en la cordillera Blanca (6 356 m en la *cumbre de Huandoy*).

**HUANG GONGWANG** o **HUANG KONG-WANG,** pintor chino (Changshou 1269-1354). Funcionario, el mayor de los cuatro grandes maestros yuan, ejerció una influencia duradera por su extrema sencillez de medios.

**HUANG HE** u **HOANG-HO,** llamado **río Amarillo,** r. del N de China, que nace en el Qinghai y desemboca en el golfo de Bohai; 4 845 km (cuenca de 745 000 km²). Aprovechamiento hidroeléctrico y para el regadío.

**HUANÍMARO,** mun. de México (Guanajuato), en el valle del Lerma; 15 877 hab. Centro agrícola.

**HUANTA,** mun. de Perú (Ayacucho); 28 165 hab. Caña de azúcar, coca. Plata, plomo, oro y cobre.

**HUÁNUCO** *(departamento de),* dep. de Perú (Andrés A. Cáceres), entre la Sierra y la Selva; 32 137 km²; 585 100 hab. Cap. *Huánuco.*

**HUÁNUCO,** c. de Perú, cap. del dep. homónimo; 85 900 hab. Iglesias de San Francisco (s. XVI, retablos churriguerescos) y de San Cristóbal. Fue fundada en 1539.

**HUANUNI,** c. de Bolivia (Oruro); 20 931 hab. Importante centro minero (estaño).

**HUAPALCALCO** → ***Tulancingo.***

**HUAQUECHULA,** mun. de México (Puebla); 24 139 hab. Iglesia (s. XVI) con portada renacentista.

**HUARAL,** mun. de Perú (Lima), en la costa; 29 000 hab. Algodón y vid. Textiles.

**HUARÁS** *(cordillera de),* ramal de la cordillera Blanca de Perú; 6 395 m de alt. en el Huantsán.

**HUARAZ** o **HUARÁS,** c. de Perú, cap. del dep. de Ancash, en el Callejón de Huaylas; 63 500 hab. Arrasada por un terremoto en mayo de 1970. Aguas termales. Centro minero. Turismo.

**HUARI** o **WARI,** zona arqueológica de Perú (cerca de Huanta, Ayacucho) cuyos restos (600-1000 d. J.C.) guardan estrecha relación con la cultura de Tiahuanaco. Abundan los restos de casas, y los tejidos y tapices se cuentan entre los mejores del Perú precolombino.

**HUARMACA,** mun. de Perú (Piura); 21 982 hab. Agricultura y ganadería ovina.

**HUARTE DE SAN JUAN** (Juan), médico y escritor español (Saint-Jean-Pied-de-Port 1529-Baeza 1588). Publicó *Examen de ingenios para las ciencias* (1575), primer hito de la moderna sicología diferencial.

**HUÁSCAR** (**Tupic Cusi Hualpa,** llamado oficialmente) [† 1532], soberano inca [1525-1532], hijo de Huayna Cápac. A la muerte de éste, luchó por el trono con su hermano Atahualpa, quien le venció en la batalla de Cotabamba y le dio muerte junto a sus hijos.

**HUASCARÁN,** macizo de la cordillera Blanca de Perú (Ancash), que culmina en el *Huascarán,* cumbre de dos picos; el sur es el más elevado de los Andes peruanos (6 768 m). — *Parque nacional Huascarán* (nevados, depósitos volcánicos, glaciares, lagos), declarado bien natural del patrimonio mundial por la Unesco (1985).

**HUASCO,** r. de Chile (Atacama), que desemboca en el Pacífico cerca de la c. de *Huasco;* 230 km.

**Huasipungo,** novela indigenista de Jorge Icaza (1934) sobre la explotación de los indios ecuatorianos por los latifundistas y su rebelión ahogada en sangre por el ejército.

**HUASTECA,** región de México que abarca parte de los estados de Tamaulipas, Veracruz, San Luis Potosí, Puebla e Hidalgo, entre la sierra Madre oriental y el golfo de México. Habitada por los huastecas.

**HUATABAMPO,** mun. de México (Sonora); 60 399 hab. Presa de Mocúzari, sobre el río Mayo. Algodón.

**HUATUSCO,** mun. de México (Veracruz); 28 883 hab. Cereales, hortalizas y agrios. Ganadería vacuna.

**HUAUCHINANGO,** mun. de México (Puebla); 49 614 hab. Centrales hidroeléctricas sobre el Necaxa.

**HUAUTLA,** mun. de México (Hidalgo), en la Huasteca; 23 595 hab. Maíz y frutales. Ganadería.

**HUAYACOCOTLA,** mun. de México (Veracruz); 19 259 hab. Agricultura. Explotación forestal.

**HUAYHUASH** *(cordillera de),* alineación montañosa de los Andes de Perú; 6 634 m en el nevado de Yerupajá. Lagunas glaciares de las que nacen los principales ríos del país (Marañón, Huallaga, Mantaro).

**HUAYLAS** *(Callejón de),* valle de Perú (Ancash), avenado por el río Santa, entre las cordilleras Blanca y Negra. Es una de las principales áreas arqueológicas de Perú (cultura Recuay).

**HUAYLAS** *(pico de),* cumbre de los nevados de Santa Cruz, en Perú (Ancash); 6 259 m de alt.

**HUAYNA CÁPAC,** llamado **el Grande** o **el Conquistador** († Quito 1525), soberano inca [1493-1525], uno de los dos hijos reales de Túpac Inca Yupanqui. Extendió el imperio por el NE del Perú y reprimió las revueltas ecuatorianas, en las que participó su hijo Atahualpa. A su muerte, el imperio quedó escindido entre Atahualpa y Huáscar, hijo legítimo de Huayna Cápac.

**HUBBLE** (Edwin Powell), astrofísico norteamericano (Marshfield, Missouri, 1889-San Marino, California, 1953). Tras establecer la existencia de galaxias exteriores a la del sistema solar (1923-1924), basándose en el sistemático enrojecimiento del espectro de las galaxias, interpretado como un efecto Doppler-Fizeau, formuló una ley empírica según la cual las galaxias se alejan unas de otras a una velocidad proporcional a su distancia (*ley de Hubble-Humason,* 1929), lo que reforzó la teoría de la expansión del universo.

**HUBEI** o **HU-PEI,** prov. del centro de China; 180 000 km²; 53 969 000 hab. Cap. *Wuhan.*

**Hubertusburg** *(tratado de)* [15 febr. 1763], tratado entre Austria y Prusia que puso fin a la guerra de los Siete años en lo concerniente a ambos países.

**HUBLĪ,** c. de la India (Karnātaka); 647 640 hab.

**HŪD (Banū),** dinastía árabe de la tribu Ŷuḏām, que gobernó en Zaragoza en la época de los reinos de taifas. Uno de sus miembros fue **Ahmad al-Muqtadir** [1046-1081], quien ocupó Tortosa (1059) y Denia (1076) y mandó construir la Aljafería.

**ḤUDAYDA** u **HODEIDA,** c. y puerto de Yemen, a orillas del mar Rojo; 155 000 hab. Refino de petróleo. Aeropuerto.

**HUDDERSFIELD,** c. de Gran Bretaña (Yorkshire Occidental), cerca de Leeds; 149 000 hab. Industrias químicas y textiles.

**HUDSON,** r. de Estados Unidos, que desemboca en el Atlántico, en la ciudad de Nueva York; 500 km.

Cristina
**Hoyos**

Edwin Powell
**Hubble**

**HUDSON** *(bahía de),* golfo del N de Canadá, cubierto de hielo varios meses al año, que comunica con el Atlántico por el *estrecho de Hudson.*

**Hudson** *(Compañía inglesa de la bahía de),* compañía comercial creada en 1670 por Carlos II, que desempeñó un importante papel en la colonización de las regiones septentrionales de Canadá.

**HUDSON** (Henry), navegante inglés (mediados del s. XVI-¿cerca de la bahía de Hudson? 1611). En 1610 descubrió el río, el estrecho y la bahía que llevan su nombre.

**HUÊ,** c. de Vietnam; 209 000 hab. Fue la capital del Vietnam unificado por el emperador Gia Long en 1802 (tumbas de emperadores, palacios, templos).

**HUECHURABA,** com. de Chile, en el área metropolitana de Santiago; 61 341 hab.

**HUEHUETÁN,** mun. de México (Chiapas); 19 817 hab. Centro agrícola y ganadero. Industrias lácteas.

**HUEHUETENANGO** *(departamento de),* dep. de Guatemala, junto a la frontera mexicana; 7 400 km²; 716 771 hab. Cap. *Huehuetenango.*

**HUEHUETENANGO,** c. de Guatemala, cap. del dep. homónimo; 30 000 hab. Aeropuerto. Centro maya de Zaculeu*.

**HUEHUETLA,** mun. de México (Hidalgo); 18 508 hab. Yacimientos de cobre, plata y hierro.

**HUEJOTZINGO,** mun. de México (Puebla); 31 997 hab. Centro frutícola. Sarapes. Convento franciscano del s. XVI. Famoso carnaval.

**HUEJUTLA DE REYES,** mun. de México (Hidalgo); 58 806 hab. Cultivos tropicales. Avicultura.

**Huelgas** *(monasterio de las),* monasterio de bernardas, situado en las afueras de Burgos, fundado en 1180 por Alfonso VIII, de estilo románico y gótico. Panteón de numerosos reyes e infantes castellanos de los ss. XIII al XV. Guarda importantes obras de arte. Museo de Ricas telas. Fue importante centro musical en los ss. XIII-XIV (*Códice de las Huelgas,* de polifonía hispana).

**HUELVA** *(provincia de),* prov. de España, en Andalucía; 10 085 km²; 444 117 hab. Cap. *Huelva.* P. j. de *Aracena, Ayamonte, Huelva, La Palma del Condado, Moguer* y *Valverde del Camino.* Accidentada al N por las sierras de Aracena y Aroche (ganadería, industria chacinera), ocupan la mitad S las tierras llanas de la depresión bética, asiento de una rica agricultura (viñedos). Extracción de piritas de hierro y cobre (Riotinto, Calañas). Pesca y turismo en el litoral.

**HUELVA,** c. de España, cap. de la prov. homónima y cab. de p. j.; 144 579 hab. *(Onubenses* o *huelveños.)* Centro industrial (petroquímica). Puerto exportador y pesquero. — De origen tartesio, fue la *Onuba* romana y más tarde taifa musulmana. Santuario de Nuestra Señora de la Cinta. Iglesias (ss. XVII y XVIII).

**HUÉRCAL-OVERA,** v. de España (Almería), cab. de p. j.; 12 815 hab. *(Huercaleños* o *huerquenses.)* Encajes.

**Huerquehué,** parque nacional de Chile (Araucanía), en torno a las lagunas Toro, Verde y Tinquilco.

**HUERTA (La),** mun. de México (Jalisco); 19 283 hab. Centro comercial. Explotaciones forestales.

**HUERTA** (Adolfo **de la**), político mexicano (Guaymas, Sonora, 1881-México 1954). A la muerte de Carranza (1920) fue presidente provisional de la república y luego ministro de Hacienda con Obregón (1920-1923). Fracasó su intento de insurrección militar contra Obregón y Calles, en 1923-1924, y se exilió.

**HUERTA** (Efraín), poeta mexicano (Silao 1914-México 1982). Miembro de la revista *Taller,* cultivó la poesía amorosa, social y política: *Absoluto amor,* 1935; *Poemas de guerra y esperanza,* 1943; *Poemas de viaje,* 1956; *Poemas prohibidos y de amor,* 1973; *Circuito interior,* 1977; *Poemínimos,* 1979.

**HUERTA** (Juan **de la**), escultor español († *c.* 1462), activo en Borgoña *c.* 1440 (tumba de Juan sin Miedo, cartuja de Dijon).

**HUERTA** (Victoriano), político y militar mexicano (Colotlan, Jalisco, 1845-El Paso, Texas, 1916). Durante la Decena trágica se autoproclamó presidente, y días después mandó ejecutar a Madero (1913). El movimiento constitucionalista de Carranza derrotó a sus tropas en varias ocasiones, y en 1914 le obligó a renunciar al poder y dejar el país. Intrigó en E.U.A. para recuperar el poder y fue encarcelado.

**HUERVA,** r. de España, afl. del Ebro (or. der.); 143 km. Desemboca junto a la c. de Zaragoza.

**HUESCA** *(provincia de),* prov. de España, en Aragón; 15 612,8 km²; 218 897 hab. Cap. *Huesca.* P. j. de *Barbastro, Boltaña, Fraga, Huesca, Jaca* y *Monzón.* Al N, dominado por el Pirineo axial (donde se hallan las principales cumbres (Aneto, Monte Perdido), predomina la ganadería vacuna; en las hoyas del Somontano se cultivan vid, frutales y hortalizas; y las tierras de la depresión del Ebro, al S, son cerealistas. Producción hidroeléctrica en los ríos pirenaicos. Gas natural (El Serrablo). La industria se concentra en Monzón, Sabiñánigo y Huesca. Turismo invernal en los Pirineos.

**HUESCA,** c. de España, cap. de la prov. homónima y cab. de p. j.; 50 085 hab. *(Oscenses.)* En el Somontano pirenaico, centro administrativo y comercial. Ciudad ilergete, conquistada por los romanos en 72 a. J.C. Iglesias de San Pedro el Viejo (s. XII) y de San Miguel (ss. XII-XIV). Catedral gótica (ss. XIII-XV). Ayuntamiento (1578). Museos.

**HUÉSCAR,** c. de España (Granada), cab. de p. j.; 9 360 hab. *(Oscenses.)* Harinas y vinos espumosos.

**HUETAMO,** mun. de México (Michoacán); 35 910 hab. Cap. *Huetamo de Núñez.* Centro agrícola y minero.

**HUETE,** c. de España (Cuenca); 2 369 hab. *(Hoptenses* o *hueteños.)* Iglesia de Santa María de Castejón. Mansiones de los ss. XVII y XVIII.

**HUEYAPÁN DE OCAMPO,** mun. de México (Veracruz); 36 119 hab. Recursos petrolíferos.

**HUEYPOXTLA,** mun. de México (México); 19 288 hab. Agricultura y ganadería. Centro comercial.

**HUEYTAMALCO,** mun. de México (Puebla); 18 625 hab. Centro agrícola. Explotación forestal.

**HUFŪF,** c. de Arabia Saudí; 101 000 hab.

**HUGHES** (David Edward), ingeniero norteamericano de origen británico (Londres 1831-*id.* 1900), inventor de un aparato telegráfico impresor (1854) y del micrófono (1878).

**HŪGLĪ** u **HOOGHLY,** brazo occidental del delta del Ganges; 250 km.

**HUGO el Grande** o **el Blanco** (*c.* 897-Dourdan 956), conde de París y duque de los francos, hijo de Roberto I. Su poder, en época de los últimos reyes carolingios, facilitó el advenimiento de su hijo Hugo Capeto.

**HUGO I Capeto** (*c.* 941-996), primer rey capeto, duque [956-987] y rey [987-996] de Francia. Consolidó la dinastía consagrando como heredero, en 987, a su hijo Roberto (Roberto II).

**HUGO,** nombre de varios condes de Ampurias **Hugo IV** († Palma de Mallorca 1230), conde de Ampurias [1200-1230], participó en la tercera cruzada, en la batalla de las Navas de Tolosa (1212) y en la conquista de Mallorca junto a Jaime I (1129).

**HUGO** (Victor), escritor francés (Besançon 1802-París 1885). Se inició como poeta clásico (*Odas,* 1822), pero ya en el prefacio de su drama histórico *Cromwell* (1827) expuso una serie de principios románticos, consolidados en *Hernani** (1830). En los años siguientes escribió poesía (*Las hojas de otoño,* 1831; *Los cantos del crepúsculo,* 1835), teatro (*Marion Delorme,* 1831; *Ruy Blas,* 1838) y novelas históricas (*Nuestra Señora de París,* 1831). Tras el fracaso de *Los burgraves* (1843) y la muerte de

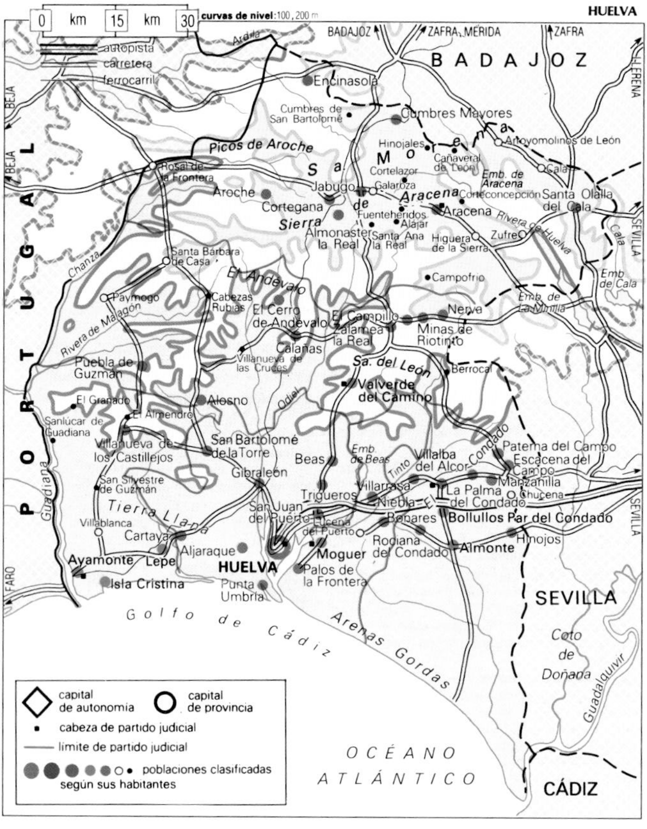

Efraín
**Huerta**

Victoriano
**Huerta**

Victor **Hugo**
(L. Bonnat - palacio de Versalles)

su hija, se consagró a la política como republicano. Exiliado entre 1851 y 1870, escribió poemas (*Los castigos,* 1853; *Las contemplaciones,* 1856), la epopeya de *La leyenda de los siglos* (1859-1883) y novelas (*Los miserables,* 1862).

**HUGUÉ** (Manuel **Martínez**) → ***Manolo.***

**HUGUET** (Jaume), pintor catalán (Valls *c.* 1415-Barcelona 1493). Activo en Zaragoza (tríptico de San Jorge, muy disperso) y Barcelona, de 1454 a 1465 son sus obras de plenitud, con suntuosa decoración, dorados y síntesis de elementos flamencos, borgoñones e italianos: retablos del condestable de Portugal (capilla de Santa Águeda, Barcelona) y de los santos Abdón y Senén (Tarrasa).

Jaume **Huguet:** el retablo de los santos Abdón y Senén (iglesia de Santa María, Tarrasa, Barcelona)

**HUHHOT** o **HUHEHOT,** c. de China, cap. de Mongolia Interior; 750 000 hab.

**HUICHAPAN,** mun. de México (Hidalgo); 28 655 hab. Maguey y maíz. Ganadería.

**HUIDOBRO** (Vicente), poeta chileno (Santiago 1893-Cartagena, Chile, 1948). Colaboró en París en la revista *Nord Sud* y en Madrid en *Ultra,* de la que surgiría el ultraísmo. Es el gran impulsor del creacionismo, que postula la negación de toda tradición poética y la consideración de que la poesía debe ser creación absoluta (*Manifiestos,* 1925, escrita en francés). Renovó la moderna lírica hispánica por sus insólitas imágenes (*El espejo de agua,* 1916; *Poemas árticos,* 1918; *Altazor o el viaje en paracaídas,* 1931); en francés publicó teatro y novelas. *(V. ilustración pág. 1398.)*

**HUILA** *(nevado del),* cumbre volcánica de la cordillera Central de Colombia; 5 439 m de alt.

HUESCA

**HUILA** *(departamento del),* dep. del SO de Colombia; 19 890 km²; 647 756 hab. Cap. *Neiva.*

**HUIMANGUILLO,** mun. de México (Tabasco); 94 240 hab. Cultivos tropicales. Ganadería.

**HUIMILPAN,** mun. de México (Querétaro), accidentado por la sierra Queretana; 17 113 hab.

**HUITZILIHUITL,** nombre de dos jefes del pueblo azteca. – **Huitzilihuitl I el Viejo** se instaló en Chapultepec (*c.* 1256) y fue asesinado por los culhuas, quienes esclavizaron a su pueblo. – **Huitzilihuitl II** [*c.* 1396-*c.* 1417] liberó a su pueblo de tributos y sentó las bases del futuro estado azteca.

**HUITZILOPOCHTLI,** divinidad principal de los aztecas, que los guió en forma de colibrí en su migración hasta el Valle de México. Hijo de Coatlicue, diosa de la Tierra, representaba al Sol en el mediodía y era el dios de la guerra, al que se ofrecían los corazones de los enemigos capturados.

**HUITZUCO,** mun. de México (Guerrero); 33 403 hab. Minas de mercurio (El Real de Guadalupe).

**HUIXQUILUCAN,** mun. de México (México), próximo al Distrito Federal; 78 149 hab.

**HUIXTLA,** mun. de México (Chiapas); 33 981 hab. Industria alimentaria y del calzado.

**HUIZAR** (Candelario), compositor mexicano (Jerez, Zacatecas, 1888-México 1970). Su obra, adscrita a la corriente nacionalista, cuenta con cuatro sinfonías (entre 1930 y 1942) y abundante música de cámara.

**HUIZINGA** (Johan), historiador neerlandés (Groninga 1872-De Steeg 1945), autor de un estudio sobre la edad media tardía (*El otoño de la edad media,* 1919).

**HŪLĀGŪ** (*c.* 1217-Marāga, Irán, 1265), primer soberano mongol de Irán [1256-1265], nieto de Gengis Kan. Tomó Bagdag y puso fin al califato abasí (1258).

**HULL** → ***Kingston-upon-Hull.***

**HULL** (Clark Leonard), sicólogo norteamericano (Akron, Nueva York, 1884-New Haven 1952). Elaboró una teoría basada en los procesos del aprendizaje. (*Principles of behavior,* 1943.)

**HULL** (Cordell), político norteamericano (Olympus, Tennessee, 1871-Bethesda, Maryland, 1955). Demócrata y secretario de estado de Asuntos Exteriores de 1933 a 1944, fue uno de los creadores de la O.N.U. y recibió por ello el premio Nobel de la paz en 1945.

**HUMACAO,** mun. de Puerto Rico, en el SE de la isla; 55 203 hab. Centro agrícola (azúcar y tabaco) y ganadero. Pesca.

**HUMAHUACA,** dep. de Argentina (Jujuy); 18 208 hab. Cereales y alfalfa. Ganado lanar.

**HUMANES DE MADRID,** v. de España (Madrid); 7 834 hab. Centro industrial. Peletería.

**HUMBER,** estuario del Ouse y del Trent, en la costa E de Gran Bretaña (Humberside).

**HUMBERTO I** (Turín 1844-Monza 1900), rey de Italia [1878-1900]. Hijo y sucesor de Víctor Manuel II, favoreció la política germanófila de Crispi. Fue asesinado por un anarquista. – **Humberto II,** rey de Italia (Racconigi 1904-Ginebra 1983), hijo y sucesor de Víctor Manuel III, fue nombrado lugarteniente general del reino el 5 de junio de 1944 y reinó del 9 de mayo al 2 de junio de 1946; abdicó tras un referéndum favorable a la república.

**HUMBOLDT** (*corriente de*) o **CORRIENTE DEL PERÚ,** corriente fría del Pacífico, que corre hacia el N, a lo largo de las costas de Chile y de Perú, hasta el frente que la pone en contacto con la corriente del Niño.

**HUMBOLDT** (Wilhelm, *barón* **von**), lingüista y político alemán (Potsdam 1767-Tegel 1835). A partir del estudio de diversas lenguas, intentó superar los límites de la gramática comparada para constituir una antropología general que examinara la relación entre el lenguaje y el pensamiento, las lenguas y las culturas. – Su hermano, **Alexander** (Berlín 1769-Potsdam 1859), naturalista y geógrafo, visitó la península Ibérica, donde estudió la Meseta central, y las islas Canarias (1797-1798). Entre 1799 y 1804 recorrió América del Sur, donde exploró las bocas del Orinoco y el Chimborazo, y México. Fruto de estos viajes fueron los 30 volúmenes de su *Viaje a las regiones equinocciales del Nuevo Continente, realizado de 1799 a 1804* (1805-1832). Posteriormente exploró Asia central. Sus trabajos contribuyeron al desarrollo de la climatología, la biogeografía, la vulcanología y el magnetismo terrestre.

**HUME** (David), filósofo e historiador británico (Edimburgo 1711-*id.* 1776). Postuló que la certeza de los conocimientos es resultado de la invariabilidad de las operaciones síquicas desarrolladas en el acto de conocer. Esta teoría empirista fue el fundamento de una concepción utilitarista de la vida social (*Ensayos morales y políticos,* 1741-1742).

**HUME** (John), político británico (Londonderry 1937). Cofundador y dirigente del Partido socialdemócrata y laborista (S.D.L.P.), su actitud conciliadora resultó esencial para alcanzar el acuerdo de Stormont* para la pacificación de Irlanda del Norte. (Premio Nobel de la paz 1998.)

**HUMMEL** (Johann Nepomuk), compositor y pianista austríaco (Presburgo 1778-Weimar 1837), autor de sonatas y conciertos.

**HUMPHREY** (Doris), bailarina, coreógrafa y pedagoga norteamericana* (Oak Park, Illinois, 1895-Nueva York 1958). Una de las pioneras de la *modern dance,* llevó sus concepciones a temas nuevos (*New dance trilogy,* 1935; *The shakers, Lament for Ignacio Sánchez Mejías*) y fundó la Juilliard dance teatre (1955).

**HUNAB KU,** en la mitología maya, remota divinidad creadora.

**HUNAN** o **HU-NAN,** prov. del S de China; 210 000 km²; 60 660 000 hab. Cap. *Changsha.*

**HUNDERTWASSER** (Friedrich **Stowasser,** llamado **Fritz**), pintor y grabador austríaco (Viena 1928-en el océano Pacífico 2000). Sus laberintos poblados de figuras, brillantemente iluminados, se basan en su sentido de lo maravilloso, en una ingenuidad algo morbosa y en el automatismo.

**HUNEDOARA,** c. de Rumania, en Transilvania; 86 000 hab. Siderurgia. Fortaleza medieval.

**HUNFRIDO,** duque de Gotia [858-865], cuya jurisdicción se extendió a los condados catalanes (Rosellón, Ampurias, Barcelona y quizá Gerona).

**HUNGNAM,** c. y puerto de Corea del Norte; 146 000 hab.

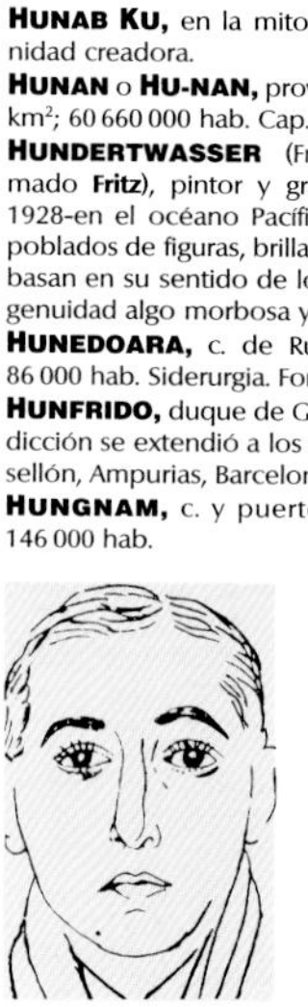

Vicente **Huidobro** (por Picasso)

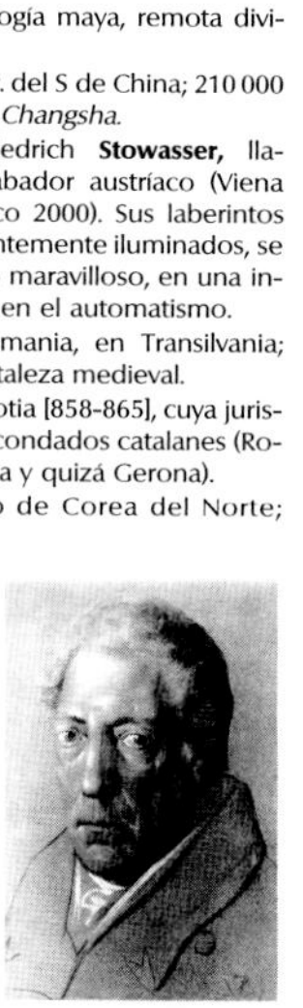

Wilhelm von **Humboldt**

**HUNGRÍA,** en húng. **Magyarország,** estado de Europa central; 93 000 km²; 10 400 000 hab. (*Húngaros.*) CAP. *Budapest.* LENGUA OFICIAL: *húngaro.* MONEDA: *florín.*

GEOGRAFÍA

Es un país de llanuras (principalmente al E del Danubio), si se exceptúan las montañas de la dorsal húngara y las colinas de la Transdanubia (entre el lago Balatón y el Danubio); posee un clima de inviernos rigurosos y veranos a menudo cálidos y a veces húmedos. La reforma agraria y la colectivización permitieron la introducción del cultivo de oleaginosas y de algodón, junto a los cultivos tradicionales de trigo, maíz, remolacha azucarera y vid. La ganadería también experimentó un gran desarrollo (porcino, bovino). Del subsuelo se extrae lignito, gas natural y especialmente bauxita. La siderurgia, para la que se importa hierro, alimenta una metalurgia de transformación bastante diversificada. Las industrias textil y química constituyen actividades notables. Budapest, principal centro industrial, agrupa la quinta parte de una población bastante densa, pero que decrece a causa del descenso de la tasa de natalidad.

HISTORIA

***Los orígenes.*** *C.* 500 a. J.C.: la región estaba poblada por ilirios y tracios. 35 a. J.C.-9 d. J.C.: fue conquistada por Roma, que la convirtió en la provincia de Panonia. Ss. IV-VI: fue invadida por los hunos, los ostrogodos, los lombardos y, posteriormente, por los ávaros (568). 896: los húngaros (o magiares) llegaron a la llanura danubiana, bajo el mando de su jefe Árpád. *C.* 904-1301: la dinastía de los Árpád gobernó Hungría, Eslovaquia (o Alta Hungría) y Rutenia subcarpática, anexionada a principios del s. XI. 955: la victoria de Otón I en el Lechfeld puso fin a las incursiones de los húngaros en occidente. 972-997: Géza abrió el país a las misiones cristianas.

***El reino de Hungría.*** 1000: Esteban I (997-1038) fue elegido rey. Impuso el cristianismo a sus súbditos. Se declaró vasallo de la Santa Sede y mantuvo su reino fuera del Sacro imperio. 1095-1116: Kálmán obtuvo la anexión de Croacia y de Eslavonia al reino de Hungría. 1172-1196: durante el reinado de Béla III la Hungría medieval llegó a su apogeo. 1222: Andrés II (1205-1235) se vio obligado a conceder la bula de oro a los señores feudales, que se liberaron de la autoridad real. 1235-1270: Béla IV reconstruyó el país, destruido por la invasión mongol (1241-1242). 1308-1342: Carlos I Roberto, de la casa de Anjou, organizó la explotación de las minas de plata, cobre y oro de Eslovaquia y Transilvania. 1342-1382: Luis I el Grande le sucedió y continuó su obra. 1387-1437: Segismundo de Luxemburgo, derrotado por los turcos en Nicópolis (1396), fue puesto al frente del Sacro imperio. 1444: Ladislao III Jagellón murió en la batalla de Varna. 1456: Juan Hunyadi detuvo a los turcos ante Belgrado. 1458-1490: su hijo, Matías Corvino, conquistó Moravia y Silesia, y se instaló en Viena (1485). Favoreció la difusión del renacimiento italiano. 1490-1516: Ladislao VI Jagellón reinó en el país. 1526: los otomanos consiguieron la victoria de Mohács, en la que murió Luis II Jagellón. Fernando I de Habsburgo (1526-1564), hermano de Carlos Quinto, fue elegido rey de Hungría por la dieta de Presburgo. Su rival era Juan Zápolya, que dominaba el centro y el este, apoyado por los otomanos. 1540: los turcos ocuparon Buda y la llanura danubiana. 1540-1699: Hungría fue dividida en tres: Hungría real (capital Presburgo), gobernada por la casa de Austria; Hungría turca, y Transilvania, vasalla de los otomanos desde 1568. La dieta de Hungría reconoció la monarquía hereditaria de los Habsburgo (1687) y Transilvania fue anexionada por la casa de Austria (1691). La nobleza húngara obtuvo el mantenimiento del pluralismo religioso. 1699: los Habsburgo reconquistaron a los turcos la llanura húngara (paz de Karlowitz). 1703-1711: Francisco II Rákóczi dirigió la insurrección contra los Habsburgo. 1711: la paz de Szatmár reconocía la autonomía del estado húngaro en el seno de la monarquía austríaca. 1740-1780: María Teresa, apoyada por los magnates, continuó la repoblación. 1780-1790: José II intentó imponer un régimen centralizado. 1848: tras la insurrección de marzo, la asamblea nacional húngara rompió con Austria. 1849: Kossuth proclamó la destitución de los Habsburgo. Los insurrectos fueron derrotados en Világos (ag.) por los rusos, llamados por Francisco José I. 1849-1867: el gobierno austríaco practicó una política centralista y germanizadora. 1867: tras la derrota de Austria ante Prusia (Sadowa, 1866), el compromiso austro-húngaro instauró una monarquía dual. En el seno de Austria-Hungría, Hungría recuperó la autonomía, a la vez que Croacia, Eslavonia y Transilvania. 1875-1905: el Partido liberal ocupó la dirección del país; Kálmán Tisza fue elegido presidente del consejo de 1875 a 1890. 1914: Hungría declaró la guerra a Serbia.

***Hungría desde 1918.*** La derrota de los imperios centrales provocó la disolución de Austria-Hungría. 1918: Károly proclamó la independencia de Hungría. Los rumanos ocuparon Transilvania y los checos Eslovaquia. 1919: los comunistas, dirigidos por B. Kun, instauraron la República de los Consejos, derrocada por el almirante Horthy. 1920: Horthy fue nombrado regente. Firmó el tratado del Trianon por el que Hungría perdía Eslovaquia, Rutenia, Transilvania, el Banato y Croacia. 1938: Hungría se anexionó una parte de Eslovaquia. 1939: se adhirió al pacto anti-Komintern. 1940: ocupó el N de Transilvania y firmó el pacto tripartito. 1941: entró en guerra con la U.R.S.S. 1943: M. Kállay intentó firmar una paz separada con los aliados. 1944: Hitler ocupó el país y el partido fascista de las Cruces flechadas tomó el poder, eliminando a Horthy. 1944-1945: el ejército soviético ocupó el país. 1946-1947: el tratado de París restableció las fronteras del tratado del Trianon. 1949: el partido comunista desmanteló el Partido agrario, que era mayoritario; M. Rákosi proclamó la República Popular Húngara e impuso un régimen estalinista. 1953-1955: I. Nagy, jefe de gobierno, inició la desestalinización. Oct.-nov. 1956: insurrección para la liberación del régimen y revisión de las relaciones con la U.R.S.S. I. Nagy proclamó la neutralidad de Hungría. Las tropas soviéticas impusieron un gobierno dirigido por J. Kádár, líder asimismo del partido, y acabaron con la resistencia de la población. 1962-1987: aunque permaneció fiel a la U.R.S.S., el gobierno dirigido por Kádár, por J. Fock (1968-1975) y más tarde por G. Lázár (1975-1987), mejoró

HUNGRÍA

el funcionamiento del sistema económico y desarrolló el sector privado. 1988: Kádár abandonó sus funciones directivas del partido. 1989: Hungría abrió su frontera con Austria (mayo). El partido comunista abandonó toda referencia al marxismo-leninismo y renunció a su papel dirigente. Una revisión de la constitución abrió la vía al multipartidismo. La República Popular Húngara se convirtió oficialmente en la República de Hungría (oct.). 1990: las primeras elecciones parlamentarias libres (marzo-abril) fueron ganadas por el Foro democrático húngaro, partido de centro derecha; el parlamento nombró a Árpád Göncz presidente de la república. 1991: las tropas soviéticas se retiraron por completo del país. 1992: Hungría, con Polonia y Checoslovaquia (desde 1993, República Checa y Eslovaquia) firman un acuerdo de cooperación económica (grupo de Visográd). 1994: el Partido socialista, socialdemócrata, obtuvo la mayoría absoluta en las elecciones legislativas y Gyula Horn fue nombrado primer ministro. 1995: A. Göncz fue reelegido por el Parlamento. 1997: ingresó en la O.T.A.N. 1998: inició negociaciones para su integración en la Unión europea. Viktor Orban, de centroderecha, fue elegido presidente (mayo).

**HUNSRÜCK,** región de Alemania, que forma parte del macizo Renano, en la or. izq. del Rin.

**HUNT** (William Holman), pintor británico (Londres 1827-*id.* 1910), uno de los fundadores del grupo de los prerrafaelistas.

**HUNTINGTON** (Archer M.), hispanista norteamericano (Nueva York 1870-*id.* 1955). Reunió una valiosa biblioteca y una colección de arte que legó a la Hispanic* society of America, fundada por él.

**HUNTINGTON BEACH,** c. de Estados Unidos (California); 181 000 hab.

**HUNTSVILLE,** c. de Estados Unidos (Alabama); 159 450 hab. Centro de investigación espacial.

**HUNUCMÁ,** mun. de México (Yucatán), en la plataforma yucateca; 15 988 hab. Centro agropecuario.

**HUNYADI,** familia húngara de origen rumano o serbio, que dio a Hungría jefes militares y un rey: **Matías I Corvino.** – **Juan** *(János)* [Transilvania *c.* 1407-Zimony 1456], voivoda de Transilvania y regente de Hungría [1446-1453], obligó a los otomanos a levantar el sitio de Belgrado (1456).

**HUNZA,** región de la Cachemira paquistaní. Cap. *Baltit* (o *Hunza*).

**HU-PEI** → ***Hubei.***

**HURDES (Las)** o **LAS JURDES,** comarca de España (Cáceres), al pie de la sierra de Gata. El aislamiento de la comarca, poco poblada, se ha superado por la mejora de las comunicaciones.

**HURÓN** *(lago),* lago de América del Norte, entre Canadá y Estados Unidos; 59 800 km².

**HURR IBN 'ABD AL-RAHMĀN AL-TAQAFĪ (al-),** valí de al-Andalus [716-719], que sustituyó a Ayyūb ibn Ḥabīb al-Lajmī. Trasladó la cap. de Sevilla a Córdoba.

**HURRI** → ***Mitanni.***

**HURTADO** (Osvaldo), abogado y político ecuatoriano (Chambo 1940). Fundador del Partido demócrata cristiano ecuatoriano (1964), ocupó la presidencia de la república (1981-1984).

**HURTADO DE MENDOZA** (Andrés), *marqués* **de Cañete,** administrador español († Lima 1561), virrey del Perú (1555-1561). Encomendó a Pedro de Ursúa la expedición hacia El Dorado (1559). – **García** (Cuenca 1535-Madrid 1609), hijo del anterior, fue gobernador de Chile (1556-1561) y virrey del Perú (1589-1597).

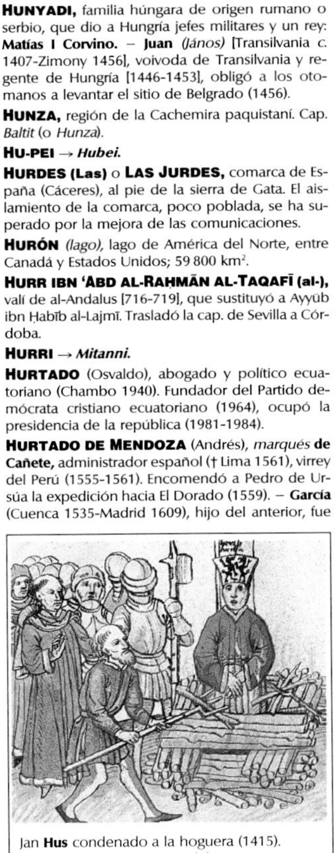

Jan **Hus** condenado a la hoguera (1415). Detalle de un manuscrito del s. XV. (Universidad de Praga.)

**HURTADO DE MENDOZA** (Antonio), poeta y comediógrafo español (Castro Urdiales *c.* 1586-Zaragoza 1644). De su obra poética destaca *Vida de Nuestra Señora,* de corte culterano. Es autor de entremeses y comedias en la línea de Lope de Vega.

**HURTADO DE MENDOZA** (Diego), político y escritor español (Granada 1503-Madrid 1575). Fue embajador de Carlos Quinto y luchó en la guerra contra los moriscos, descrita en su gran obra histórica *De la guerra de Granada* (publicada en 1627). En su obra poética se alternan los metros tradicionales con los italianizantes.

**HURTADO DE TOLEDO** (Luis), escritor español (¿1523?-1590). En 1553 publicó sus primeras obras: *Égloga silviana del galardón de amor* y la *Comedia de Preteo y Tibaldo, llamada disputa y remedio de amor.* En 1557 apareció el relato alegórico *Cortes de casto amor.*

**HURTADO IZQUIERDO** (Francisco), arquitecto y escultor español (Lucena 1669-Priego de Córdoba 1725). Miembro destacado de la escuela barroca andaluza con elementos rococó (cartuja del Paular, Segovia), que influyó en el barroco mexicano del s. XVIII.

**HUS** (Jan), reformador checo (Husinec, Bohemia, ¿1371?-Constanza 1415). Rector de la universidad de Praga e influido por las ideas de Wycliffe, luchó contra la simonía y los abusos de la jerarquía eclesiástica, y tomó partido contra el antipapa Juan XXIII. Fue excomulgado en 1411, y en 1412 fue citado ante el concilio de Constanza, al que se presentó con un salvoconducto imperial. Sin embargo, fue arrestado y quemado por hereje.

**HUSÁK** (Gustav), político checoslovaco (Bratislava 1913-*id.* 1991). Presidente del gobierno autónomo de Eslovaquia (1946-1950), fue arrestado en 1951, liberado en 1960 y rehabilitado en 1963. Fue primer secretario del Partido comunista checoslovaco de 1969 a 1987 y presidente de Checoslovaquia de 1975 a 1989.

**ḤUSAYN,** tercer imán de los chiitas (Medina 626-Karbalā' 680), hijo de 'Alī y Fátima. Hizo valer sus derechos al califato y las tropas omeyas lo mataron.

**ḤUSAYN** (Ṭāhā), escritor egipcio (Magāga 1889-El Cairo 1973). Ciego desde los tres años, fue ministro de Educación (1950-1952) y publicó novelas (*Los días,* 1929) y ensayos críticos.

**ḤUSAYN II** ('Ammān 1935-*id.* 1999), rey de Jordania desde 1952, hijo del rey Ṭalāl. Hizo entrar a Jordania en la tercera guerra árabe-israelí (1967), que significó la ocupación de Cisjordania por parte de Israel, y, en 1970-1971, eliminó las bases de la resistencia palestina instaladas en su país. En 1988 cedió sus derechos legales sobre Cisjordania en favor del pueblo palestino. En 1994 firmó un tratado de paz con Israel.

**ḤUSAYN** o **HUSSEIN** (Ṣaddām), político iraquí (Tikrit 1937). Presidente de la república y del consejo de la revolución, secretario general del partido Ba'at y jefe del ejército desde 1979, ha llevado a cabo una política de hegemonía en la zona (ataque a Irán, 1980; invasión de Kuwayt, 1990, que desencadenó la guerra del Golfo*). En 1995 un referéndum prorrogó siete años su mandato presidencial.

**ḤUSAYN IBN AL-ḤUSAYN** (Esmirna *c.* 1765-Alejandría 1838), último rey de Argelia [1818-1830]. Tras el desembarco francés (1830), firmó la capitulación y se exilió.

**ḤUSAYN IBN 'ALĪ** (Istanbul *c.* 1856-'Ammān 1931), rey de Ḥiŷāz [1916-1924]. Jerife de La Meca, en 1916 llamó a la guerra santa contra los otomanos. En 1924 fue derrocado por 'Abd al 'Azīz ibn Sa'ūd.

**HUSSEIN DEY,** mun. de Argelia, en la aglomeración de Argel; 211 000 hab.

**HUSSERL** (Edmund), filósofo alemán (Prossnitz [act. Prostějov], Moravia, 1859-Friburgo de Brisgovia 1938). Impulsor de la fenomenología, de la que quiso hacer una ciencia rigurosa y una teoría del conocimiento al servicio de otras ciencias (*Investigaciones lógicas,* 1900-1901; *Ideas* relativas a una fenomenología pura y una filosofía fenomenológica,* 1913; *Meditaciones cartesianas,* 1931). Propuso una fecunda crítica de la lógica contemporánea (*Lógica formal y lógica transcendental,* 1929).

**HUSTON** (John), director de cine norteamericano (Nevada, Missouri, 1906-Newport, Rhode Island, 1987). Sus películas, que giran en torno al esfuerzo y la fatalidad del fracaso, revelan un gran dominio del relato y un humor estimulante (*El halcón maltés,* 1941; *El tesoro de Sierra Madre,* 1948; *La jungla de asfalto,* 1950; *La reina de África,* 1952; *Vidas rebeldes,* 1961; *El hombre que pudo reinar,* 1975; *Dublineses,* 1987).

**HUTTEN** (Felipe **von**), gobernador alemán de Venezuela, al servicio de los Welser († Qirube 1546). Acompañó al gobernador Spira en la búsqueda de El Dorado.

**HUTTEN** (Ulrich **von**), caballero y humanista alemán (en el castillo de Steckelberg, cerca de Fulda, 1488-en la isla de Ufenau, en el lago de Zurich, 1523), famoso por sus virulentos ataques contra príncipes y obispos en los inicios de la Reforma.

**HUTTON** (James), geólogo británico (Edimburgo 1726-*id.* 1797). En su *Teoría de la Tierra* (1785) afirmó que las rocas son resultado de la actividad de los volcanes.

**HUXLEY** (Thomas), naturalista y viajero británico (Ealing 1825-Londres 1895), ferviente defensor del transformismo. – Su nieto, *sir* **Julian** (Londres 1887-*id.* 1975), biólogo, realizó investigaciones sobre genética y evolución. Fue director de la Unesco (1946). – Su otro nieto, **Aldous** (Godalming, Surrey, 1894-Hollywood 1963), escritor, describió de forma satírica el mundo moderno (*Un mundo* feliz,* 1932).

**HUYGENS** (Christiaan), físico y astrónomo neerlandés (La Haya 1629-*id.* 1695). Con ayuda de instrumentos construidos por él mismo, descubrió el anillo de Saturno y la nebulosa de Orión. Enunció por primera vez la hipótesis según la cual las estrellas son otros soles, muy lejanos. En mecánica estableció la teoría del péndulo, que utilizó como regulador del movimiento de los relojes, y observó la conservación de la cantidad de movimiento al producirse un choque entre dos cuerpos móviles. En óptica explicó la reflexión y la refracción por medio de una teoría ondulatoria.

**HUYSMANS** (Georges Charles, llamado **Joris-Karl**), escritor francés (París 1848-*id.* 1907). Evolucionó del naturalismo (*Las hermanas Vatard,* 1879) a la inclinación por el decadentismo (*Al revés,* 1884; *Allá abajo,* 1891) y, más tarde, al misticismo cristiano (*La catedral,* 1898; *El oblato,* 1903).

**HVAR,** en ital. **Lesina,** isla de Croacia, en el Adriático; 289 km²; 11 100 hab.

**Hyde park,** parque del O de Londres.

**HYDERĀBĀD,** c. de la India, cap. de Āndhra Pradesh, en el Decán; 4 280 261 hab. Monumentos de los ss. XVI-XVII. Museos.

**HYDERABAD,** c. de Pakistán, en el Sind; 795 000 hab. Centro comercial y universitario.

**HYÈRES,** c. de Francia (Var), a orillas del Mediterráneo; 50 122 hab. Monumentos medievales. Frente a ella se encuentran las *islas de Hyères,* centro turístico.

**Husayn II** de Jordania

Ṣaddām **Ḥusayn**

Edmund **Husserl**

Aldous **Huxley**

# I

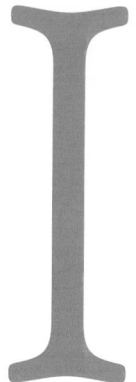

**IAŞI** o **JASSY,** c. de Rumania, en Moldavia; 342 994 hab. Universidad. Centro industrial. Dos iglesias de un original estilo bizantino (s. XVII).

**IBADÁN,** c. del SO de Nigeria; 1 328 000 hab. Universidad. Centro comercial.

**IBAGUÉ,** c. de Colombia, cap. del dep. de Tolima; 292 965 hab. Fundada en 1530. Centro cafetero e industrial. Conservatorio de música. Universidad.

**IBÁÑEZ** (Marcos), arquitecto español activo en Guatemala (nacido *c.* 1741). Trazó los planos de la construcción de Nueva Guatemala (1778) y realizó obras en la ciudad (catedral).

**IBÁÑEZ** (Sara **de**), poeta uruguaya (Montevideo 1910-*id.* 1971). Su poesía oscila entre el creacionismo y un neoculteranismo surrealista: *Canto* (1940), *Pastoral* (1948), *Artigas* (1951), *La batalla* (1968), *Apocalipsis 20* (1970).

**IBÁÑEZ DE IBERO** (Carlos), *marqués* **de Mulhacén,** militar y geodesta español (Barcelona 1825-Niza 1891), fundador de la moderna geodesia española y uno de los promotores de la Asociación geodésica internacional, que presidió.

**IBÁÑEZ DEL CAMPO** (Carlos), político y militar chileno (Linares 1877-Santiago 1960). Participó en los golpes militares de 1924 y 1925, y fue ministro del Interior y de la Guerra (1925-1927). Presidente (1927), impuso la dictadura, pero, acosado por la presión popular, tuvo que exiliarse (1931). De nuevo presidente (1952-1958), gobernó de acuerdo con la constitución.

**IBARBOUROU** (Juana **Fernández Morales,** llamada **Juana de**), escritora uruguaya (Melo 1895-Montevideo 1979). En su poesía, el panteísmo de sus orígenes modernistas (*Las lenguas de diamante,* 1918; *Cántaro fresco,* 1920, poema en prosa; *Raíz salvaje,* 1922) dio paso, a partir de *La rosa de los vientos* (1930), al influjo del surrealismo, con una nota melancólica frente a la vejez y la muerte: *Perdida* (1950), *Romances del destino* (1955). Escribió también cuentos (*Chico Carlo,* 1944), lecturas para niños y teatro.

**IBARGÜENGOITIA** (Jorge), escritor mexicano (Guanajuato 1928-en España, 1983). Su obra, satírica recreación de la historia hispanoamericana, comprende cuentos, novelas (*Los relámpagos de agosto,* 1964; *Estas ruinas que ves,* 1974), teatro (*El atentado,* 1963), crítica y crónica de viajes.

**IBARGUREN** (Carlos), jurisconsulto e historiador argentino (Salta 1879-Buenos Aires 1955). Fue ministro de Justicia e Instrucción Pública (1913-1914), y presidió la Academia argentina de las letras. Es autor de *Juan Manuel Rosas* (1930).

**IBARRA,** c. de Ecuador, cap. de la prov. de Imbabura; 111 238 hab. Industria textil, orfebrería.

**IBARRA** (Francisco **de**), conquistador y colonizador español (en Guipúzcoa ¿1539?-en México 1575). En 1554 inició la conquista y explotación minera del NO de México y en 1564 la del N de Sinaloa. En 1562 Felipe II le nombró adelantado y capitán general de Nueva Vizcaya, donde fundó Nombre de Dios y Durango (1563).

**IBARRA** (Gregorio), litógrafo argentino (Buenos Aires 1814-Montevideo 1883), autor de series de costumbres y vistas de Buenos Aires.

**IBARRA** (José **de**), pintor mexicano (Guadalajara 1688-México 1756), llamado en su época **el Murillo mexicano.** Realizó una abundante obra religiosa (*Mujeres del Evangelio,* San Carlos, México).

**IBARRA** (Juan Pedro **de**), arquitecto español activo en el s. XVI. Maestro mayor de la catedral de Coria (*c.* 1536), realizó el convento de San Benito en Alcántara (1576).

**IBARROLA** (Agustín), pintor español (Bilbao 1930). Formó parte del grupo Estampa popular de Bilbao y del grupo Equipo 57. Su obra pertenece al realismo social, con una vertiente expresionista.

**IBÁRRURI** (Dolores), llamada **la Pasionaria,** dirigente comunista española (Gallarta 1895-Madrid 1989). Miembro del comité ejecutivo del P.C.E., tuvo un papel destacado durante la guerra civil y en 1939 se exilió a la U.R.S.S., donde fue elegida secretaria general (1942-1960) y luego presidenta del partido (1960-1989). Regresó a España en 1977.

**IBARZÁBAL** (Federico **de**), escritor cubano (La Habana 1894-*id.* 1953), poeta (*Nombre del tiempo,* 1946) y autor de cuentos (*Derrelictos,* 1937).

**IBERÁ** *(esteros del),* lagunas y esteros de Argentina (Corrientes); 5 000 a 7 000 km$^2$ de extensión.

**IBERIA,** denominación griega de la actual península Ibérica, utilizada por primera vez por Piteas (*c.* 330 a. J.C.). Tras la conquista romana (fines s. III), fue sustituida por el nombre latino de *Hispania.*

**Iberia,** suite para piano de Isaac Albéniz (1906-1909) que consta de cuatro cuadernos de tres fragmentos cada uno. De carácter impresionista y con numerosos elementos populares, su ejecución presenta una gran dificultad técnica.

**Iberia, líneas aéreas de España, S.A.,** empresa pública española de transporte aéreo fundada en 1927. Por su participación en diversas empresas de transporte aéreo de América latina constituye el primer grupo aéreo latinoamericano. En 2001 comenzó su privatización.

Juana de **Ibarbourou**

Dolores **Ibárruri**

**IBÉRICA** *(cordillera),* cordillera de España que se extiende entre la depresión del Ebro y la Meseta, a lo largo de 500 km de NO a SE: sierras de la Demanda, Cebollera, Moncayo (2 313 m), Albarracín, Montes Universales, Palomera, Javalambre y serranía de Cuenca. Importante nudo hidrográfico.

**IBÉRICA** *(península),* la mayor y más occidental de las penínsulas de Europa meridional, repartida entre España, Portugal, Andorra y la colonia de Gibraltar; 581 600 km$^2$. Rasgo característico del relieve es la Meseta central (600-700 m de alt.), aislada de influencias exteriores por accidentes orográficos. Clima variado: continental en la Meseta, húmedo en la franja atlántica y la orla septentrional, mediterráneo en la costa oriental y árido hacia el SE.

**IBERICO** (Mariano), filósofo peruano (Cajamarca 1893-† 1974). Abordó temas éticos y metafísicos (*La aparición,* 1950).

**IBEROAMÉRICA,** denominación dada al conjunto de países americanos de hablas hispana y portuguesa. (→ ***América latina.***)

**Iberoamericana** *(cumbre),* reunión anual de los máximos representantes de los 21 estados de lengua española y portuguesa de Europa y América, establecida en 1991 en Guadalajara (México), para la cooperación y el desarrollo.

**iberoamericana** *(Instituto de cooperación)* [ICI], organismo autónomo español, creado en Madrid en 1977. Asumió funciones del Instituto de cultura hispánica. Edita *Cuadernos hispanoamericanos.*

**Ibex 35,** índice de la Bolsa española, constituido por el valor ponderado de las 35 empresas españolas con mayor volumen de contratación en bolsa.

**IBI,** v. de España (Alicante), cab. de p. j.; 20 452 hab. *(Ibienses.)* Fabricación de juguetes. Industrias alimentarias. Ebanistería.

**IBIZA** o **EIVISSA,** isla de España (Baleares), en el Mediterráneo; 541 km$^2$; 74 001 hab. Cap. *Ibiza.* Es la más occidental del archipiélago. Relieve abrupto; cultivos de secano en los valles. Salinas. Turismo en Ibiza, Sant Antoni de Portmany y Santa Eulalia del Río. Poblada originariamente por pueblos ibéricos, fue sucesivamente púnica, romana, bizantina y musulmana. Guillem de Montgrí la conquistó en 1235 y la repobló con catalanes.

**IBIZA** o **EIVISSA,** c. de España (Baleares), cap. de Ibiza y cab. de p. j.; 30 376 hab. *(Ibicencos.)* Centro turístico. De origen púnico (necrópolis de Puig d'es Molins), conserva las fortificaciones del s. XVI. Catedral, museo arqueológico.

**I.B.M.** (International business machines), empresa norteamericana fundada en 1911 para explotar las patentes de Hermann Hollerith, inventor de las máquinas de tarjetas perforadas, y que adoptó en 1924 su nombre actual. Líder mundial en la fabricación de material de informática, está presente asimismo en el ámbito de la ofimática.

**IBN BATTŪTA** (Abū 'Abd Allāh Muḥammad ibn 'Abd Allāh), viajero y geógrafo árabe (Tánger 1304-en Marruecos entre 1368 y 1377). Visitó Oriente medio, India y China, así como el Sahara, Sudán y Níger. Escribió un *Diario de ruta.*

**IBRAHIM I IBN AL-AGLAB** († Qayrawān 812), fundador de la dinastía de los Aglabíes.

**IBRĀHĪM BAJÁ** (Cavalla 1789-El Cairo 1848), virrey de Egipto [1848]. Hijo de Mehmet 'Alī, reconquistó el Peloponeso para los otomanos (1824-1827). Tras vencer al sultán Mahmud II, se adueñó de Siria (1831-1840).

**IBSEN** (Henrik), escritor noruego (Skien 1828-Cristianía 1906), autor de dramas de inspiración filosófica y social (*Brand,* 1866; *Peer* Gynt,* 1867; *Casa de muñecas,* 1879; *Los espectros,* 1881; *El pato* salvaje,* 1884; *Hedda Gabler,* 1890).

Henrik **Ibsen**
(E. Werenskiold - galería nacional, Oslo)

**ICA** *(departamento de),* dep. de Perú (Los Libertadores-Wari), en la costa central; 21 328 km²; 553 700 hab. Cap. *Ica.*

**ICA,** c. de Perú, cap. del dep. homónimo; 149 100 hab. Fundada en 1563. Centro vitivinícola desde la época colonial (pisco). Museo arqueológico.

**Ica** *(cultura),* cultura precolombina peruana (c. 1440), en los valles de Ica, Chincha, Nazca y Pisco, de la que se conservan edificios de adobe (Tambo Colorado, La Centinela), tejidos de algodón y lana y cerámica pintada con diseño geométrico.

**ICARIA,** en gr. **Ikariá,** isla griega del mar Egeo, al O de Samos; 267 km²; 9 000 hab.

**ÍCARO,** personaje de la mitología griega, hijo de Dédalo, con quien huyó del Laberinto gracias a la ayuda de unas alas hechas de plumas y sujetas con cera; el calor del Sol las fundió e Ícaro cayó al mar.

**ICAZA** (Francisco A. **de**), escritor mexicano (México 1863-Madrid 1925). Poeta afín al modernismo, destacó como crítico literario.

**ICAZA** (Jorge), escritor ecuatoriano (Quito 1906-*id.* 1978). Tras iniciarse como dramaturgo (*El intruso,* 1929), con su novela *Huasipungo** (1934) se convirtió en el máximo exponente de la narrativa indigenista propiciada por el grupo de Guayaquil (*Cholos,* 1938; *Huairapamushcas,* 1948; *El chulla Romero y Flores,* 1958). También escribió una trilogía autobiográfica (*Atrapados,* 1972) y relatos.

**ICHIHARA,** c. de Japón (Honshū), cerca de Tōkyō; 257 716 hab. Siderurgia. Química.

**ICHIKAWA,** c. de Japón (Honshū); 436 596 hab. Metalurgia.

**ICHINOMIYA,** c. de Japón (Honshū); 262 434 hab.

**ICOD DE LOS VINOS,** c. de España (Santa Cruz de Tenerife), cab. de p. j., en Tenerife; 21 329 hab. *(Icoderos.)* Plátanos. Pesca. Drago centenario.

**Ictíneo,** nombre del submarino inventado por Narciso Monturiol. El primer modelo fue botado en Barcelona en 1859, y el segundo en 1864, sin que las autoridades se interesaran en el proyecto.

**ICTINO,** arquitecto griego (mediados del s. V a. J.C.). Colaboró con Fidias en el Partenón y trabajó en Eleusis (gran sala de los misterios).

**IDA,** nombre griego de una montaña de Asia Menor, al SE de Troya (act. *Kazdağ*), y de un monte del centro de la isla de Creta.

**IDAHO,** estado del O de Estados Unidos, en las Rocosas; 216 412 km²; 1 006 749 hab. Cap. *Boise.*

**Ideas relativas a una fenomenología pura y una filosofía fenomenológica,** obra de Husserl (1913), donde describe su concepción del idealismo trascendental.

**ideología alemana** *(La),* obra de K. Marx y de F. Engels (1845-1846) en la que se sientan las bases del materialismo histórico.

**IDIÁQUEZ** (Juan **de**), político español (Madrid 1540-Segovia 1614). Secretario real (1579) y encargado de relaciones exteriores en la junta de gobierno (1586) de Felipe II, fue también una figura de enorme influencia en el gobierno de Felipe III.

**IDIARTE BORDA** (Juan Bautista), político uruguayo (Mercedes 1844-Montevideo 1897). Diputado (1879-1890) y senador (1890-1894), presidente de la república desde 1894, murió asesinado durante la revolución de marzo de 1897.

**idiota** *(El),* novela de Dostoievski (1868).

**ĪDJIL** *(Kedia de),* macizo del O de Mauritania. Mineral de hierro.

**Idlewild,** barrio de Nueva York, en Queens. Aeropuerto internacional J. F. Kennedy.

**IDOMENEO,** rey legendario de Creta, nieto de Minos, héroe de la guerra de Troya. Un voto le obligó a sacrificar a su propio hijo a Poseidón.

**IDRĪS I** (Muḥammad Idrīs al-Mahdī al-Sanūsī) [Yarabūb 1890-El Cairo 1983], rey de Libia [1951-1969]. Jefe de la cofradía de los sanūsíes en 1917, se convirtió en rey de la Federación libia (1951) y fue derrocado por Gadafi en 1969.

**IDRĪSĪ** (Abū 'Abd Allāh Muḥammad **al-**), geógrafo musulmán (Ceuta 1099-Palermo 1166). Al servicio de Roger II de Sicilia elaboró un mapa en relieve, de plata, de todo el ecúmene, y escribió un comentario al mismo, conocido como *Libro de Roger.*

**IDRĪSÍES,** dinastía 'alida de Marruecos (789-985). Fundada por Idrīs I († 791), entró en decadencia a partir de la muerte de Idrīs II (828).

**IDUMEA** o **EDOM,** ant. región del S de Palestina, habitada por los idumeos o edomitas.

**IEPER,** en fr. **Ypres,** c. de Bélgica (Flandes Occidental); 35 235 hab. Monumentos góticos (lonja de mercaderes, catedral). Gran centro pañero (ss. XII-XV), participó en las revueltas contra el poder condal (s. XV). Intensos combates durante la primera guerra mundial (*batallas de Ypres,* 1914-1918).

**IEYASU** → ***Tokugawa Ieyasu.***

**IFACH** o **IFAC** *(peñón de),* promontorio de la costa mediterránea española, en el término de Calpe (Alicante); 383 m.

**IFÉ,** c. del SO de Nigeria; 176 000 hab. Ant. capital espiritual de los yoruba y centro de una civilización floreciente en el s. XIII. Museo.

**IFIGENIA,** en la mitología griega, hija de Agamenón y de Clitemnestra. Su padre la sacrificó a Artemisa a fin de conmover a los dioses, que retenían mediante vientos contrarios a la flota griega en Áulide. Según otra tradición, la diosa sustituyó a Ifigenia por una cierva e hizo de la joven su sacerdotisa en Táuride. La leyenda proporcionó a Eurípides el tema de dos tragedias *(Ifigenia en Áulide, Ifigenia en Táuride)* y asimismo inspiró a Racine y Goethe.

**IFNI,** territorio del S de Marruecos, en el litoral atlántico, ant. posesión española (1 500 km²; Cap. *Sidi Ifni*). La presencia española en el territorio se remonta a 1476; Marruecos y Francia reconocieron la soberanía española (acuerdos de 1902, 1904 y 1912). En 1957 las guarniciones fronterizas rechazaron ataques del ejército marroquí; en 1958 Ifni recibió el rango de provincia española, y en 1969 el gobierno español lo devolvió a Marruecos.

**IFRĪQIYYA,** ant. nombre árabe de Tunicia y de Argelia oriental.

**IGARKA,** c. y puerto de Rusia, a orillas del bajo Yeniséi, en el Ártico; 40 000 hab.

**IGLESIA ALVARIÑO** (Aquilino), poeta español en lengua gallega (Abadín 1909-Santiago de Compostela 1961). Su inspiración clásica se vio enriquecida por los logros imaginistas de las vanguardias (*Lanza de soledad* [*Lanza de soledá,* 1961]).

**IGLESIAS** (Emiliano), político español (Puenteareas 1878-Madrid 1943). Dirigente del Partido republicano radical de Lerroux, fue diputado por Barcelona. Se exilió durante la Dictadura de Primo de Rivera, y tras la proclamación de la segunda república (1931), participó en la redacción de la constitución. Posteriormente fue embajador en México.

**IGLESIAS** (Enrique Vicente), economista uruguayo de origen español (en Asturias 1930). Especialista en temas de desarrollo, ha ocupado cargos directivos en diversas instituciones internacionales. Ministro de Asuntos Exteriores (1985-1988), desde 1988 preside el Banco interamericano de desarrollo.

**IGLESIAS** (Francisco), aviador español (Ferrol 1900-Madrid 1973). Realizó, en el avión Jesús del Gran Poder, junto con Ignacio Jiménez, los vuelos Sevilla-Nāṣiriyya, en Iraq (1929) y Sevilla-Bahía (Brasil) en 1929, prolongando el viaje por América.

**IGLESIAS** (Ignasi), dramaturgo español en lengua catalana (Sant Andreu del Palomar 1871-Barcelona 1928). Su teatro, aborda problemas sociales: *Los viejos* (*Els vells,* 1903).

**IGLESIAS** (José María), político mexicano (México

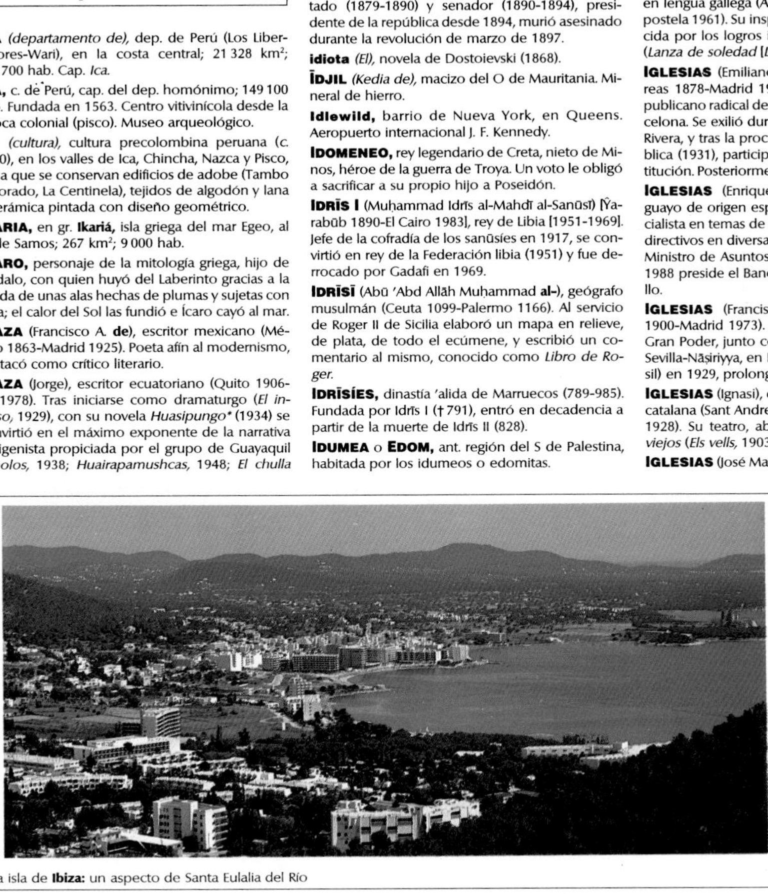

la isla de **Ibiza:** un aspecto de Santa Eulalia del Río

Enrique Vicente
**Iglesias**

1823-Tacubaya 1891). Ocupó, con Juárez, los ministerios de Justicia, Hacienda y Gobernación (1867-1871). Aspirante a la presidencia (1877), fue vencido por Porfirio Díaz.

**IGLESIAS** (Julio), cantante español (Madrid 1945). Se dio a conocer al ganar el festival de Benidorm en 1968, y representó a España en el festival de Eurovisión de 1970. Con sus canciones de estilo melódico y romántico ha alcanzado fama mundial.

**IGLESIAS** (Miguel), militar y político peruano (Cajamarca 1830-Madrid 1909). Impulsó la paz con Chile (1883) en la guerra del Pacífico. Presidente provisional (1884), fue derrocado por el general Cáceres (1886).

**IGLESIAS** (Pablo), político y dirigente obrero español (Ferrol 1850-Madrid 1925). Trabajó como impresor en Madrid. Intervino en la fundación clandestina del Partido socialista obrero español (1879) y de la Unión general de trabajadores (1888), que presidió hasta su muerte. Difundió el socialismo democrático desde *El socialista,* periódico que dirigió desde su fundación (1886), y desde su escaño como diputado (1910).

**IGLESIAS Y CASTRO** (Rafael), político costarricense (San José 1861-*id.* 1924). Durante su presidencia (1894-1902) E.U.A. reforzó su dominio económico en el país.

**IGLS,** estación de deportes de invierno de Austria (Tirol), cerca de Innsbruck (alt. 870-1 951 m); 1 400 hab.

**IGNACIO** *(san),* mártir cristiano (s. I d. J.C.-Roma *c.* 107). Obispo de Antioquía, escribió siete epístolas, que constituyen un importante testimonio sobre la iglesia primitiva.

**IGNACIO DE LA LLAVE,** mun. de México (Veracruz); 18 911 hab. Industria azucarera y alcoholera.

**IGNACIO DE LOYOLA** *(san),* español, fundador de la Compañía de Jesús (Loyola 1491-Roma 1556). Herido en la defensa de Pamplona (1521), la lectura de libros religiosos le indujo a cambiar de vida. Después de peregrinar a Montserrat (1522) y retirarse un año a una cueva de Manresa (experiencia de la que surgió el *Libro de los ejercicios* espirituales*), marchó a París a estudiar filosofía y teología. Allí formó el primer núcleo de la Compañía de Jesús, aprobada por el papa en 1540 y que eligió a Ignacio su primer prepósito general.

**Iguácel** *(monasterio de),* monasterio románico español, situado en Acín (Jaca, Huesca), fundado en 1063 (portada de la iglesia, s. XII).

**Iguala** o **las Tres garantías** *(plan de),* manifiesto del general Agustín de Iturbide, en el que se declaró la independencia mexicana (24 febr. 1821) y la igualdad entre los habitantes de la Nueva España, que se proclamaba imperio católico.

**IGUALA DE LA INDEPENDENCIA,** c. de México (Guerrero); 83 412 hab. Yacimientos de manganeso. Centro comercial. En ella se publicó el *plan de Iguala.*

**IGUALADA,** c. de España (Barcelona), cab. de p. j.; 32 422 hab. *(Igualadinos.)* Industrias (textil, de la piel, papel). Iglesia de Santa María (retablo barroco) y conventos del s. XVII. Museos.

**IGUAZÚ,** en port. **Iguaçu,** r. de América del Sur, afl. del Paraná (or. izq.); 1 320 km. Nace en Brasil, forma frontera con Argentina (Misiones) y desemboca en el punto de unión de Brasil, Argentina y Paraguay. En el curso bajo forma las *cataratas del Iguazú* (70 m alt. en Salto Grande de Santa María), englobadas en el *parque nacional Iguazú,* argentino y en el correspondiente parque nacional brasileño, declarados bien natural de la humanidad por la Unesco (1984 y 1986).

Pablo **Iglesias**

san **Ignacio de Loyola**
(col. part.)

**IGUAZÚ,** dep. de Argentina (Misiones); 57 702 hab. En el término, *cataratas del Iguazú.* Centro turístico de *Puerto Iguazú,* unido por un puente a la ciudad brasileña de Foz do Iguaçu.

**IJMUIDEN,** c. y puerto de Países Bajos, junto al mar del Norte; 39 000 hab. Metalurgia.

**IJSSEL,** brazo N del delta del Rin (Países Bajos), que acaba en el IJsselmeer.

**IJSSELMEER** o **LAGO DE IJSSEL,** lago de Países Bajos, formado por la parte del Zuiderzee no desecada.

**IKE NO TAIGA,** pintor japonés (Kyōto 1723-*id.* 1776), intérprete original de la pintura letrada china, cuyos paisajes reflejan un lirismo profundamente japonés.

**ILA,** c. de Nigeria, cerca de Oshogbo; 244 000 hab.

**ILĀHĀBĀD** → ***Allāhābād.***

**ILAMATLÁN,** mun. de México (Veracruz); 15 918 hab. Centro agropecuario. Explotación forestal.

**ILAVE,** distr. de Perú (Puno), en la altiplanicie del lago Titicaca; 41 563 hab. Cereales, quina.

**ILDEFONSO** *(san),* prelado español (Toledo *c.* 607-*id.* 667). Sucedió a su tío san Eugenio en la sede episcopal de Toledo, y tomó parte en dos concilios de esta ciudad (653 y 655). Escribió un libro en defensa de la virginidad de María.

*San* ***Ildefonso*** *escribiendo bajo el dictado de la Virgen,* por el Greco.
(Hospital de la Caridad, Illescas, Toledo.)

**ÎLE-DE-FRANCE,** región histórica y administrativa de Francia (dep. de Essonne, Hauts-de-Seine, París, Seine-et-Marne, Seine-Saint-Denis, Val-de-Marne, Val-d'Oise e Ivelines); 12 012 $km^2$; 10 660 554 hab. Cap. *París.*

**ILERDA,** nombre latino de la *Iltirda* ibérica (act. *Lérida),* capital de los ilergetes y posición estratégica en la ruta entre la Galia y el Ebro.

**ILESHA,** c. del SO de Nigeria; 351 000 hab.

**ILI,** en chino **Yili,** r. de Asia (China y Kazajstán), tributario del lago Baljash; 1 439 km.

**Ilíada,** poema épico griego en veinticuatro cantos, atribuido a Homero. Es el relato de un episodio de la guerra de Troya: Aquiles, que se había retirado a su tienda tras una disputa con Agamenón, regresa al combate para vengar a su amigo Patroclo, muerto por Héctor. Tras vencer a éste, arrastra su cadáver en torno a la tumba de Patroclo y lo entrega a Príamo, llegado para reclamar el cuerpo de su hijo. Poema épico, la *Ilíada* contiene también escenas grandiosas (funerales de Patroclo) y conmovedoras (despedida de Héctor y Andrómaca).

**ILÍBERIS, ILIBERRI** o **ILLIBERRI,** ant. c. prerromana de Hispania, cercana a la act. Elvira (Granada). Fue sede de un concilio (c. 300-c. 306). Con el nombre de Elvira, fue capital de una cora de al-Andalus. Restos arqueológicos.

**ILICI** o **ILICE,** nombre latino de la act. *Elche* (España).

**ILIESCU** (Ion), político rumano (Oltenita 1930). Excluido del comité central del partido comunista en 1984, tras la caída de N. Ceauşescu (dic. 1989) dirigió el Frente de salvación nacional. Fue presidente de la república de 1990 a 1996.

**ILIÓN** → ***Troya.***

**ILIRIA,** región montañosa de la costa septentrional del Adriático, que comprende las regiones de Istria, Carintia y Carniola, dividida entre Italia, Croacia, Eslovenia y Austria. En el II milenio a. J.C. estuvo ocupada por pueblos que se trasladaron del Adriático hasta el Danubio. Colonizada por los griegos (s. VII a. J.C.), estuvo sometida a Roma a partir de fines del s. III a. J.C. – Las *Provincias Ilirias* constituyeron en la época del primer imperio francés (1809-1813) un gobierno compuesto por una parte de Eslovenia y Croacia, Dalmacia y Kotor.

**ILIUSHIN** (Serguéi Vladimirovich), ingeniero soviético (Dilialevo, cerca de Vologda, 1894-Moscú 1977). Fundador de la empresa que lleva su nombre, fabricó más de 50 modelos de aviones militares y civiles.

**ILLAMPU** *(nevado de),* pico de los Andes bolivianos (La Paz), en el macizo de Sorata; 6 421 m de alt.

**ILLAPEL,** com. de Chile (Coquimbo), en el valle del *río Illapel;* 28 968 hab. Minas de oro.

**ILLE-ET-VILLAINE,** dep. del O de Francia (Bretaña); 6 775 $km^2$; 798 718 hab. Cap. *Rennes.*

**ILLESCAS,** v. de España (Toledo), cab. de p. j.; 7 942 hab. *(Illescanos.)* Puerta mudéjar de Ugena. Iglesia mudéjar de Santa María, de portada plateresca. Hospital de la Caridad (s. XVI), con cuadros del Greco.

**ILLESCAS** (Juan **de**), pintor español activo en la América española a mediados del s. XVI. Trabajó en México, luego realizó un *Cristo* para la catedral de Lima y hacia 1580 realizó importantes lienzos para el convento de San Francisco en Quito.

**ILLIA** (Arturo Umberto), político argentino (Pergamino, Buenos Aires, 1900-Córdoba 1983), como representante líder de la Unión cívica radical, fue presidente de la república (1963-1966) y depuesto por el golpe militar de Onganía (junio 1966).

**ILLICH** (Ivan), ensayista y pedagogo norteamericano de origen austríaco (Viena 1926). Sacerdote (secularizado en 1969), fundó en 1960 una universidad libre en Cuernavaca (México). Ha desarrollado una crítica radical de la sociedad industrial (*Herramientas para la convivencia,* 1973; *Némesis médica: la expropiación de la salud,* 1975).

**ILLIMANI** *(nevado de),* macizo del Altiplano boliviano (La Paz); 6 332 m de alt.

**ILLINOIS,** estado de Estados Unidos, en el Midwest; 146 075 $km^2$; 11 430 602 hab. Cap. *Springfield.* C. pral. *Chicago.*

**ÍLLORA,** v. de España (Granada); 10 165 hab. *(Illoreños.)* Alfombras. Iglesia del s. XVI.

**ILLYÉS** (Gyula), escritor húngaro (Rácegres 1902-Budapest 1983). Unió la influencia surrealista con las tradiciones de su tierra (*Los de las pusztas,* 1936).

**ILMEN** *(lago),* lago de Rusia, cerca de Nóvgorod; 982 $km^2$.

**ILO,** mun. de Perú (Moquegua); 10 631 hab. Refinería de cobre. Principal puerto del S de Perú (pesca de anchoveta) y zona franca boliviana según acuerdo de 1992.

**ILOBASCO,** mun. de El Salvador (Cabañas); 26 703 hab. Agricultura y ganadería. Alfarería.

**ILOILO,** c. y puerto de Filipinas (isla de Panay); 311 000 hab.

**ILORIN,** c. de Nigeria, al N de Ibadán; 441 500 hab.

**IMABARI,** c. y puerto de Japón (Shikoku); 123 114 hab.

**IMBABA,** c. de Egipto, cerca de El Cairo; 341 000 hab.

**IMBABURA** *(provincia de),* prov. del N de Ecuador; 4 817 $km^2$; 265 499 hab. Cap. *Ibarra.*

**İMBROS,** en turco **İmroz,** isla turca del mar Egeo, cerca de la entrada de los Dardanelos; 279 $km^2$; 6 800 hab.

**IMERINA** o **EMIRNE,** parte más elevada de la meseta central de Madagascar, habitada por los merina.

**IMHOTEP,** letrado, sabio y arquitecto egipcio, activo *c.* 2778 a. J.C. Primer ministro del faraón Zoser, para quien edificó el complejo funerario de Saqqāra, fue divinizado posteriormente.

**Imitación de Cristo,** obra anónima de espiritualidad del s. XV, atribuida a Tomás de Kempis. Inspirada en la *Devotio moderna,* tuvo una enorme influencia en la Iglesia latina.

**IMOLA,** c. de Italia (Emilia); 61 700 hab. Monumentos antiguos, museos. Circuito automovilístico.

**IMPERIA,** c. de Italia (Liguria), en el golfo de Génova; 40 171 hab. Centro turístico.

**Imperial** *(canal)* o **Gran canal,** vía navegable artificial de China, iniciada en el s. V y concluida en el s. XIII, que une Pekín con Hangzhou (Zhejiang).

**IMPERIAL** (Francisco), poeta español (*c.* 1372-*c.* 1409). Con el *Decir de las Siete Virtudes* (*c.* 1407), poema de intención didáctica publicado en el Cancionero de Baena, introdujo el endecasílabo italiano y el gusto por la alegoría dantesca.

**Imperial de Aragón** *(canal),* canal derivado del río Ebro (España), entre Tudela y Zaragoza; 90 km. Su construcción se inició en 1530 y concluyó en el s. XVIII.

**IMPERIO** (Pastora **Rojas Monje,** llamada **Pastora**), bailarina española (Sevilla *c.* 1889-Madrid 1979). Gran intérprete de la danza española, actuó en numerosos escenarios europeos. Se retiró en 1959.

Pastora **Imperio** (Benedito - col. part.)

**Imperio antiguo, medio, nuevo** → *Egipto.*

**Imperio español,** denominación que se suele dar a los dominios de los Austrias españoles. Comprendía, además de los reinos peninsulares, el imperio mediterráneo, heredado de la Corona de Aragón; las tierras del N de Europa, herencia flamenca y borgoñona; América y las posesiones del Pacífico, recibidas de Castilla, y algunas plazas en África. El imperio mediterráneo (Cerdeña y Sicilia, reino de Nápoles, posesiones en el N de Italia) quedó liquidado tras la guerra de Sucesión española. Los dominios del N de Europa, herencia de Carlos Quinto, se perdieron definitivamente en 1714. El imperio de las Indias* se desgajó en el s. XIX con las guerras de independencia* de la América española. También se produjo cierta implantación en el Pacífico (Filipinas). La expansión africana se inició en el s. XV con la conquista de Canarias y la ocupación de plazas en el N de África; a fines del s. XIX se produjo una nueva expansión, que terminó con la cesión del Sahara Occidental (1975). [→ ***África española.***]

**IMPHĀL,** ant. **Manipur,** c. de la India, cap. del estado de Manipur; 200 615 hab.

**İMROZ** → ***Imbros.***

**INARI,** lago de Finlandia, en Laponia; 1 085 km².

**INCA,** región administrativa de Perú que comprende los departamentos de Apurímac, Cuzco y Madre de Dios; 172 831 km²; 1 303 000 hab.

**INCA,** c. de España (Baleares), cab. de p. j., en Mallorca; 20 415 hab. (*Inqueros* o *inquenses.*) Industrias del calzado y alimentarias.

**INCA ROCA,** soberano inca († *c.* 1246). Monarca del Alto Cuzco, desposeyó a la dinastía de Manco Cápac, y se impuso como jefe único sobre las tribus confederadas. Su actividad se centró en el engrandecimiento del Cuzco y del imperio inca.

**INCAHUASI,** cima volcánica de los Andes, entre Argentina (Catamarca) y Chile (Atacama); 6 638 m de alt.

**INCARIO,** nombre del imperio inca o *Tahuantinsuyo.* Fundado en el s. XI, se extendió, desde 1438, de Ecuador a Chile, ocupando más de millón y medio de km².

**INCE** (Thomas Harper), director y productor de cine norteamericano (Newport 1882-en el mar, cerca de Hollywood, 1924). Autor de numerosas películas (*La mujer que mintió,* 1916), fue junto con Griffith uno de los fundadores de la dramaturgia cinematográfica.

**incendio del Parlamento** *(El),* título de dos telas de Turner (1835) conservadas en E.U.A. (museos de Filadelfia y de Cleveland).

**INCHÁUSTEGUI CABRAL** (Héctor), poeta dominicano (Baní 1912-Santo Domingo 1979). Su poesía, de profundo acento nacional, se eleva de lo social a lo metafísico (*Muerte en el Edén,* 1951). Cultivó también el teatro y el ensayo.

**INCHON** o **IN-Č'ŎN,** ant. **Chemulpo,** c. y puerto de Corea del Sur, junto al mar Amarillo; 1 817 919 hab. Centro industrial.

**INCLÁN** (Luis Gonzaga), escritor mexicano (Tlalpán 1816-México 1875), autor de *Astucia, el jefe de los Hermanos de la Hoja* (2 vols.; 1865-1866), extensa novela folletinesca.

**INDEPENDENCIA** *(provincia de),* prov. de la República Dominicana, junto a la frontera de Haití; 1 861 km²; 42 800 hab. Cap. *Jimaní.*

**INDEPENDENCIA,** com. de Chile, en el área metropolitana de Santiago; 77 539 hab.

**INDEPENDENCIA,** dep. de Argentina (Chaco); 18 416 hab. Cab. *Campo Largo.* Conservas de carne.

**INDEPENDENCIA (La),** mun. de México (Chiapas); 17 613 hab. Centro agrícola. Explotación forestal.

**Independencia** *(plaza de la),* plaza de Quito, donde se encuentran la catedral, los palacios arzobispal, del gobierno y del municipio en torno al monumento a los próceres de 1809.

**independencia de la América española** *(guerras de),* conjunto de campañas militares que culminaron el proceso de emancipación de las naciones hispanoamericanas (1811-1824). La constitución norteamericana y la Revolución francesa influyeron ideológicamente en el proceso, favorecido por el debilitamiento del poder colonial y el descontento local ante la situación socioeconómica. Desde 1816, el conflicto fue adquiriendo un carácter de guerra de liberación a escala continental. Llevaron la acción San Martín desde el S, con O'Higgins en la campaña de Chile, y Bolívar desde el N, con Sucre. Tras la proclamación de independencia de Argentina (julio 1816), San Martín liberó Chile (1818) y entró en Lima en 1821. Bolívar ocupó Bogotá en 1819. Con la victoria de Carabobo* (junio 1821), llevó a Venezuela a la independencia y, auxiliado por Sucre, liberó lo que constituiría la república de Ecuador (1822). La emancipación de América Central, iniciada en 1821 con la independencia de México por A. de Iturbide, se completó en 1824, al separarse de México las Provincias Unidas de Centro* América. Cuba consiguió su independencia en 1898 (mientras Puerto Rico permanecía en la órbita de E.U.A.) y la Repú-

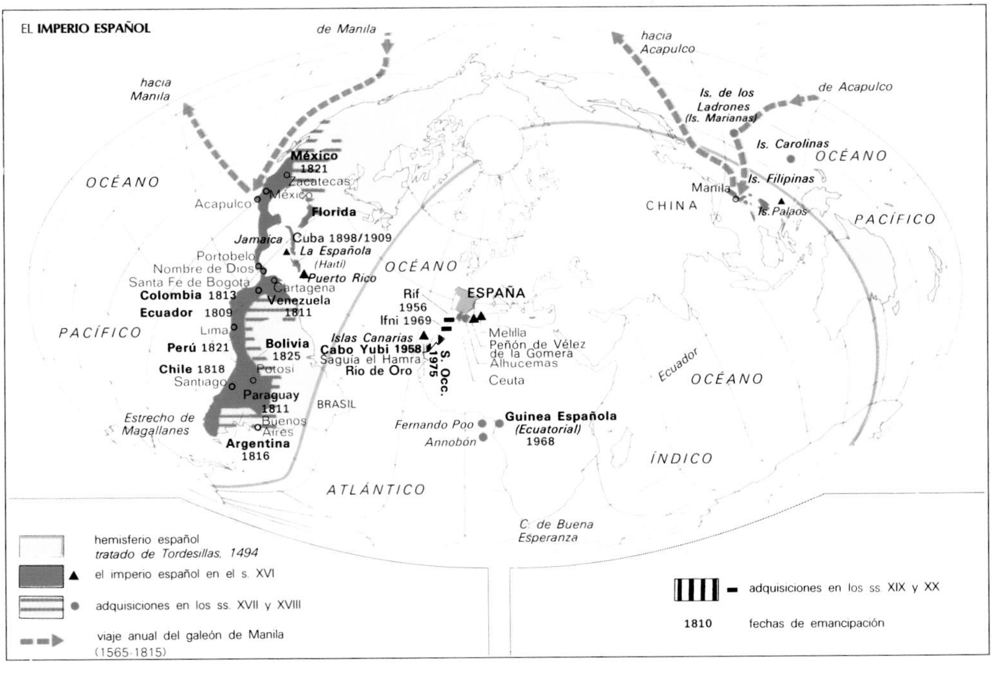

blica Dominicana, independiente de España en 1821, volvió a ser anexionada por España en 1861-1865.

**Independencia española** *(guerra de la)*, resistencia armada del pueblo español, contra la imposición de Napoleón I de nombrar a su hermano José rey de España (1808-1814). Tras los levantamientos del 2 de mayo de 1808, motivados por la renuncia de Carlos IV a coronar al príncipe Fernando, en favor de Francia, el alzamiento se extendió por todo el país. España contó con el apoyo militar británico (victoria de Bailén, 1808) y con la acción decisiva de guerrilleros como El Empecinado, Espoz y Mina y el cura Merino. Una Junta central de gobierno inició la transformación de la monarquía absoluta en constitucional (Cádiz, 1812). La derrota napoleónica en Rusia (1812) y las victorias angloespañolas de Arapiles (1812) y Vitoria (1813) liquidaron la guerra.

**independencia norteamericana** *(Declaración de la)* [4 julio 1776], declaración adoptada por el congreso continental reunido en Filadelfia. Redactada por Thomas Jefferson, proclamaba la independencia de las trece colonias respecto a Inglaterra, en nombre de los derechos naturales.

**independencia norteamericana** *(guerra de la)* [1775-1782], conflicto que enfrentó a las colonias inglesas de América del Norte con Gran Bretaña, y que acabó con la fundación de E.U.A.

**INDIA,** en hindī **Bhārat,** estado de Asia meridional; 3 268 000 km$^2$; 859 200 000 hab. *(Indios.)* CAP. *Nueva Delhi.* La Unión India está formada por 25 estados (Andhra Pradesh, Arunachal Pradesh, Assam, Bengala Occidental, Bihār, Goa, Gujarāt, Haryana, Himāchal Pradesh, Jammu y Cachemira, Karnātaka, Kerala, Madhya Pradesh, Mahārāshtra, Manipur, Meghalaya, Mizoram, Nagaland, Orissā, Panjāb, Rājasthān, Sikkim, Tamil Nadu, Tripura y Uttar Pradesh), a los que se añaden 7 territorios. LENGUAS OFICIALES: *hindī* e *inglés.* MONEDA: *rupia.*

GEOGRAFÍA

Es el segundo país más poblado del mundo (su población se incrementa en más de 1 millón al mes), pero ocupa una posición mucho más modesta en el terreno económico, ya que forma parte todavía del Tercer mundo. La agricultura emplea por lo menos a la mitad de la población activa y se basa en el cultivo de cereales (trigo y sobre todo arroz), a pesar de la importancia de los cultivos comerciales (té, cacahuete, caña de azúcar, algodón, tabaco, yute), heredados de la colonización. Su ritmo está determinado parcialmente por el monzón, que aporta lluvias de mayo a setiembre, sobre todo en la fachada occidental del Decán y en el NE. Los contrastes de temperaturas son menos importantes que la oposición estación (relativamente) seca-estación húmeda, rasgo climático fundamental. La numerosa ganadería bovina es poco productiva. La industria se beneficia de notables recursos energéticos (hidroelectricidad, petróleo y sobre todo carbón) y minerales (hierro y

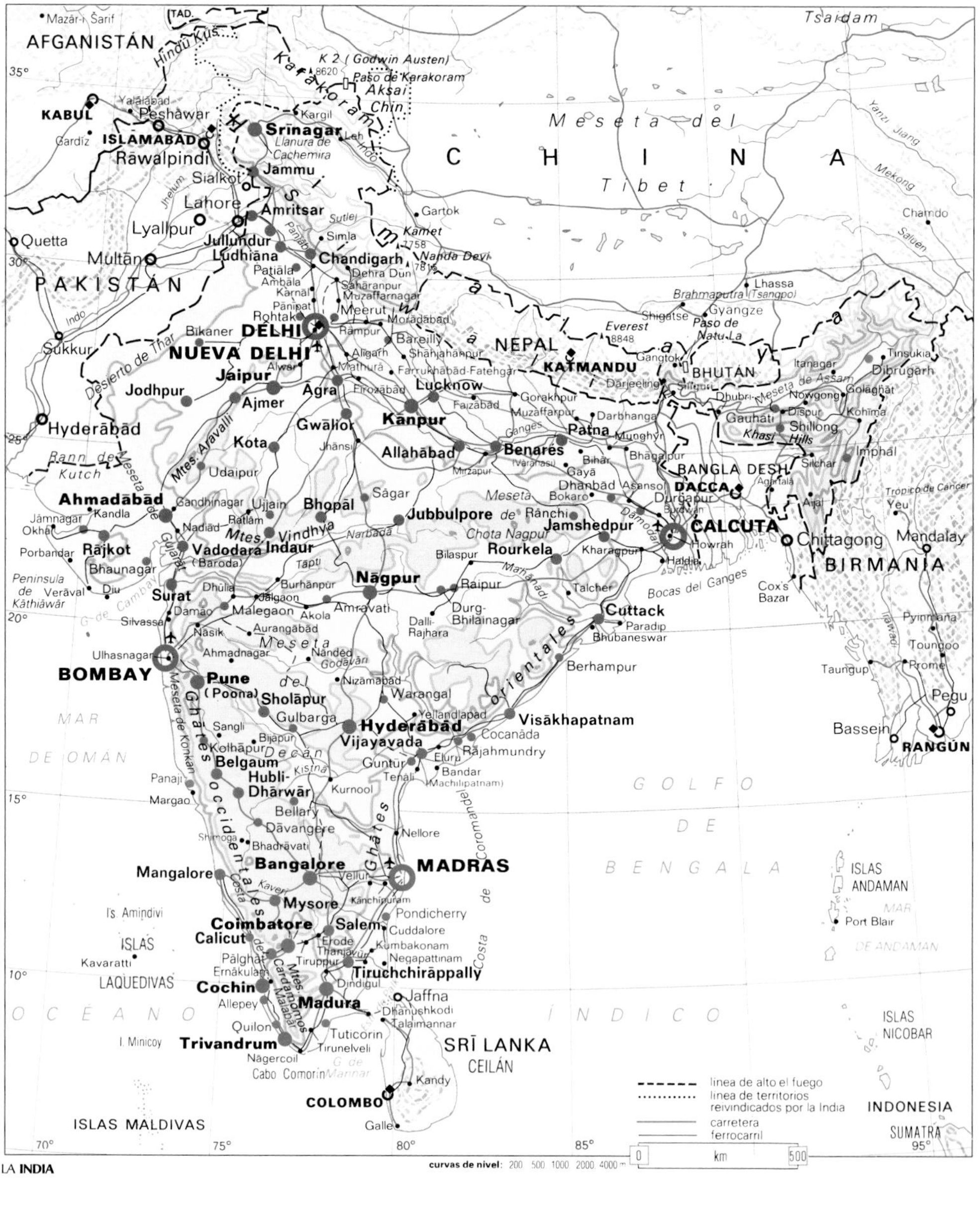

LA INDIA

Stūpa principal (o n.º I) de Sānchī, construido en el s. II a. J.C. y ampliado entre el s. I a. J.C. y el s. I d. J.C.
El stūpa, monumento básico del budismo indio, tiene a la vez una función conmemorativa y votiva: entre la base de la cúpula y la balaustrada se realiza la circunvalación ritual.
La disposición de la balaustrada *(Vedikā)* procede aún, en este caso, de la arquitectura de madera, lo mismo que los pórticos *(torana)* abiertos a los cuatro puntos cardinales y decorados con relieves narrativos.

*Al lado, a la derecha.* Buda después del gran milagro de Śrāvastī.
Relieve en esquisto. S. II d. J.C.
(Museo Guimet, París.)
*Abajo.* Veneración a Buda. Altorrelieve procedente de Amarāvatī. S. II d. J.C.
(Museo de Madras.)
El arte búdico desde los orígenes no siente la necesidad de representar a Buda, cuya perfección es inefable y cuya presencia sólo está sugerida por símbolos que lo evocan: en este caso, la huella de sus pasos (ilustración de debajo). Pero, al final de la ruta de la seda, en Gāndhāra, la India se abre a las influencias occidentales (ilustración al lado): Buda reviste forma humana y refleja la imagen del ideal helenístico; cada uno de sus signos distintivos (protuberancias del cráneo, el punto entre las dos cejas y la rueda sagrada en la palma de la mano izquierda) están representados con precisión naturalista. El canon del Buda sentado, elegantemente drapeado y lleno de vida interior, se logrará en época de los Gupta, en Sārnāth.

El santuario rupestre principal de Elephanta está tallado y decorado con relieves y esculturas (ss. VII-VIII) que, surgidos de la gran tradición gupta, atestiguan el apogeo del arte indio. Así, este busto colosal (5,40 m de alt.) representa el aspecto cósmico del dios Śiva bajo la forma de tres rostros: el del dios terrible, el sereno y el del amor y femenino.

El mausoleo de Ākbar en Sikandra, cerca de Āgra, iniciado durante el reinado del soberano y terminado en 1613 durante el de Ŷahāngir. Este monumento, de concepciones hinduistas y búdicas (elevación piramidal, disposición interior, elección del gres rojo [sólo los remates son de mármol blanco]), ilustra perfectamente el sincretismo religioso que presidía los destinos del país en esta época.

El gran templo de Mīnākṣī (s. XVII), en Madura. Se ve aquí la sucesión de recintos de altas torres, las gopura. En el recinto se multiplican las galerías, las salas hipóstilas y los pabellones sagrados para terminar en una cella modesta en comparación con las altas torres curvilíneas *(sikhara)* del norte de la India y de las altas techumbres piramidales *(vimāna)* del sur, construidas algunos siglos antes.

bauxita). Está dominada por la metalurgia y el sector textil. Pero la productividad es a menudo mediocre, poco estimulada por un excesivo proteccionismo. El éxodo rural y la elevada natalidad han llenado las ciudades, que engloban ya a más de la cuarta parte de la población total, a menudo en la docena de aglomeraciones superpobladas que superan el millón de habitantes, entre las cuales destacan Calcuta, Bombay, Delhi y Madrás. Las principales ciudades se han desarrollado en el litoral de la península del Decán (región de tierras altas relativamente árida) o al pie del Himalaya, en la vasta llanura avenada (o irrigada) por el Ganges, donde se concentran, de Delhi a Calcuta, varios cientos de millones de indios (la densidad supera generalmente en esta zona los 500 hab. por km², más del doble de la media nacional). La presión demográfica sobre la tierra es enorme (pocos campos o ninguno para unos campesinos a menudo endeudados) y las desigualdades regionales, sociales y religiosas se mantienen. Los problemas étnicos ligados a la heterogeneidad de las poblaciones y de las lenguas están por resolver. El paro oficial o disfrazado (multiplicación de pequeñas funciones no productivas) es importante. El déficit comerciál es notable y no llega a equilibrarse con los ingresos procedentes del turismo. Las dificultades se corresponden con la envergadura del país, cuya unificación, medio siglo después de la independencia, aún no se ha conseguido del todo.

HISTORIA

***Los orígenes.*** Durante la prehistoria estuvo habitada por pueblos negroides, austroasiáticos o dravídicos. IX-VII milenio: se produjo la revolución neolítica en la cuenca del Indo (Mehrgarh). 2400-1800 a. J.C.: la civilización del Indo (Mohenjo-Dāro*), urbana y poseedora de una escritura de pictogramas, alcanzó su apogeo. II milenio: los arios llegaron al Asia central y colonizaron el N de la India. Aportaron su lengua, el sánscrito, su religión védica (base del hinduismo) y su concepción de la jerarquía social (sistema de castas). Entre 1000 y 900: aparición del hierro.

***La India antigua.*** *C.* 560-480 a. J.C.: la India entró en la época histórica en vida de Buda, contemporáneo de Mahāvīra, fundador del jainismo. *C.* 327-325: Alejandro Magno alcanzó el Indo y estableció en él unas colonias griegas. *C.* 320-176: el imperio de los Maurya llegó a su apogeo con Aśoka (*c.* 269-232), que extendió su dominación de Afganistán al Decán y envió misiones búdicas al S de la India y a Ceilán. S. I d. J.C.: la India, fragmentada, sufrió las invasiones de los Kuṣāna. 320-550: los Gupta favorecieron el resurgimiento del hinduismo. 606-647: el rey Harsa reunificó el país. S. VII-XII: la India volvió a fragmentarse. Establecidos en el S de la India, los Pallava (ss. VIII-IX) y los Chola (ss. X-XII) llevaron la civilización india al SE de Asia. El Sind fue dominado por los árabes (s. VIII), y el valle del Indo cayó en manos de los Gaznawíes (s. XI).

***La India musulmana.*** 1206-1414: se creó el sultanato de Delhi, que se extendió desde el valle del Ganges hasta el Decán; la India estuvo cinco siglos y medio bajo hegemonía musulmana. S. XIV-XVI: se crearon sultanatos autónomos en Bengala, Decán y Gujarāt; el imperio de Vijayanagar, al S, pugnó por la defensa política del hinduismo. 1497-1498: el portugués Vasco de Gama descubrió la ruta de las Indias. 1526: Bāber fundó la dinastía del Gran mogol. 1526-1857: los mongoles dominaron la India gracias a su ejército, a su eficaz administración y a su actitud conciliatoria frente a la mayoría hindú. Tras los brillantes reinados de Ākbar (1556-1605) y de Sha Ŷahān (1628-1658), el de Aurangzeb (1658-1707) fue el preludio de la decadencia. 1600: se creó la Compañía inglesa de las Indias Orientales. 1664: se fundó la Compañía francesa de las Indias Orientales. 1674: los mahrātta fundaron un imperio. 1742-1754: Dupleix sometió a la influencia francesa Carnatic y seis provincias del Decán. 1757: Clive logró la victoria de Plassey sobre el nabab de Bengala. 1763: el tratado de París sólo dejó a Francia los Establecimientos de la India francesa; los británicos conservaron Bombay, Madrás y Bengala.

***La dominación británica.*** 1772-1785: W. Hastings organizó la colonización de Bengala. 1799-1819: Gran Bretaña conquistó el S de la India, el valle del Ganges y Delhi, y derrotó a los mahrātta. 1849: anexionó el reino sikh del Panjāb. 1857-1858: la rebelión de los cipayos se extendió por todo el valle del Ganges. 1858: la Compañía inglesa de las Indias orientales fue suprimida y la India anexionada a la corona británica. 1876: Victoria fue coronada emperatriz de las Indias. 1885: fundación del Congreso nacional indio. 1906: se creó la Liga musulmana. 1920-1922: Gandhi lanzó una campaña de desobediencia civil. 1929: Nehru se convirtió en presidente del Congreso. 1935: el *Government of India Act* concedió la autonomía a las provincias. 1940: la Liga musulmana reclamó la creación de un estado musulmán separado.

***La India independiente.*** 1947: se proclamó la independencia y el territorio fue dividido en dos estados: Pakistán y la India. Este reparto estuvo acompañado de matanzas (300 000 a 500 000 víctimas) y del desplazamiento de diez a quince millones de personas. 1947-1964: Nehru, primer ministro y presidente del Congreso (1947-1964), aplicó un programa de desarrollo y propugnó el no alineamiento. 1947-1948: una guerra enfrentó a India y Pakistán por el control de Cachemira. 1948: Gandhi fue asesinado. 1950: la constitución hizo de la India un estado federal, laico y parlamentario, compuesto de estados organizados sobre bases étnicas y lingüísticas. 1962: un conflicto enfrentó a China e India en el Ladākh. 1964: L. B. Shastri, primer ministro. 1965: estalló una segunda guerra indopaquistaní a propósito de Cachemira. La India se aproximó a la U.R.S.S. 1966: Indira Gandhi llegó al poder. 1971: la secesión de Bangla Desh provocó una tercera guerra indopaquistaní. 1977-1980: el Congreso hubo de ceder el poder al Janata, coalición de varios partidos. 1980: I. Gandhi volvió al poder. 1984: I. Gandhi fue asesinada por unos extremistas sikhs. Su hijo R. Gandhi le sucedió. 1989: tras el fracaso del Partido del Congreso en las elecciones, R. Gandhi dimitió. Vishwanath Pratap Singh, líder de una coalición de la oposición, se convirtió en primer ministro. 1991: Chandra Sekhar, que le sucedió en 1990, dimitió. Tras el asesinato de R. Gandhi, P. V. Narasimha Rao, elegido al frente del Partido del Congreso, formó el nuevo gobierno. 1992: la destrucción de la mezquita de Ayodhya (Uttar Pradesh) por nacionalistas hindúes provocó una crisis política. 1996: tras las elecciones, H. D. Deve Gowda, de centro-izquierda, formó un gobierno de coalición. 1997: el Partido del Congreso retiró su apoyo al gobierno; I. K. Gujral, líder de la coalición parlamentaria Frente unido, fue nombrado primer ministro. 1998: en las elecciones anticipadas venció el Partido del pueblo indio (nacionalista hindú) y A. B. Vajpayee fue nombrado primer ministro. En mayo, India realizó pruebas nucleares que provocaron tensiones con Pakistán.

INSTITUCIONES

República federal, miembro de la Commonwealth. Constitución de 1950. Presidente de la república, elegido por el Parlamento cada 5 años. Primer ministro, responsable ante el Parlamento. Parlamento: *Cámara del pueblo,* elegida para 5 años, y *Consejo de los estados,* elegido cada 6 años por las asambleas de los estados.

LITERATURA

***La India antigua.*** La literatura védica (hasta el s. VII a. J.C.): el *Rigveda* (colección de himnos a las divinidades), el *Yajurveda* (fórmulas de sacrificio, comienzo de la prosa), el *Samaveda* (melodías con anotaciones musicales), el *Atharvaveda* (magia y esoterismo); los *Brāhmana* (comentarios de los veda), los *Upaniṣad* (interiorización de la espiritualidad, los *Sūtra* (ritual y derecho). La literatura sánscrita antigua (s. VI a. J.C.-s. IV d. J.C.): el *Mahābhārata,* el *Rāmayāna* (epopeyas), los *Purana,* los *Tantra.* La literatura en indio medio: *Historia de Padma* (s. I a. J.C.), el *Tripitaka* (s. V d. J.C.). Del s. IV al s. XIV: poesía de Kalidasa (s. IV), *El carro de terracota* (comedia realista del s. IV), el *Kāma-sūtra* (s. IV), *Pañcatantra* (fábulas del s. V), dramas de Bhavabhuti (s. VIII), *Gita Govinda* de Jayadeva (s. XII). Aparición de las literaturas tamil (s. VII), hindī (s. VIII), bengalí (s. X). La India musulmana. S. XIV: Namadeva, Jinñadeva (mahratta); Candi Das (bengalí). S. XVI: Tulsi Das (hindī); Kabir. S. XVIII: Ramaprasada Sen (bengalí). La India británica. S. XIX: Rām Mohan Roy, Bankim Chandra Chatterjī, Michael Madhusūdan Datta (bengalí), Ghālib (urdu). S. XX: Prem Cand (hindī y urdu), Sumitra Nandan Pant (hindī), Rabindranāth Tagore, Gandhi (mahratta e inglés).

***La India moderna.*** A. N. Krisṇa Rao, Raja Rao (canara e inglés); K. M. Panikkar (malayalam), Tarasankar Bandyo-padhyaya (bengalí); Upendranath Aska, Bhairava Prasad Gupta (hindī).

ARQUEOLOGÍA Y ARTE

Período Maurya: primer arte histórico y primeros stūpas. Influencia del Irán aqueménida (Pataliputra; Sārnāth: capitel de los leones, pilares de Aśoka). Ss. II-I a. J.C.: stūpas de Bhārhut, Bodh-Gayā y Sāñcī. Decoración esculpida de porches (toraṇa) y balaustradas (vedika). Primeros santuarios búdicos rupestres (caitya en Ajaṇṭā, y vihāra en Bāgh). Ss. I-IV d. J.C.: formación del arte clásico. N del país: arte de Gāndhāra y de Mathurā. S del país: escuela de Amarāvatī. Ss. IV-VI: apogeo del clasicismo con la dinastía Gupta. Santuario y pintura rupestres. Ajaṇṭā, Aurangābād, Ellorā. Escuela de escultura: Sārnath (Buda predicando). Ss. VI-VIII: desarrollo decisivo de la arquitectura de piedra labrada. Auge de escuelas locales: al O, la de los Chālukya: Ajaṇṭā, Aihole, Bādāmi; la de los Rastrakuta: el Kailāsa sivaíta de Ellorā; Elephanta. Al S, la de los Pallava: Mahābalipuram, Kanchipuram, etc. Época medieval: desarrollo de la arquitectura religiosa, abundancia de la decoración esculpida; N y centro: Bhubaneswar, Khajurāho, etc.; al S: Thanjavur, Cidambaram, Madurai. Bellas estatuas de bronce durante la dominación de los Chola: Śiva Naṭarāja (museo Guimet). Extensión de la pintura de álbum (ss. XI-XII). S. XIII: sultanato de Delhi: nacimiento del estilo indomusulmán (Delhi: Quṭb mīnār). 1336-1565: reino de Vijanayagar: mantenimiento de las tradiciones autóctonas. 1526: fundación de la dinastía mogol: Delhi, Āgra (Tāŷ* Maḥall), Fatḥpur Sikri, Gwalior, Jaipur, etc. Escuela de miniaturistas influida por Irán. Suntuosidad de las artes menores.

**INDIANA,** estado de Estados Unidos, en el Midwest; 94 000 km²; 5 544 159 hab. Cap. *Indianápolis.*

**INDIANÁPOLIS,** c. de Estados Unidos, cap. de Indiana; 731 327 hab. Universidad. Instituto de arte. Circuito para carreras automovilísticas.

**INDIAS,** título oficial dado a las posesiones españolas en América y Asia, basado en la errónea teoría cosmográfica de Colón. Jurídicamente constituidas como reinos, provincias o dominios españoles (no como colonias), estaban vinculadas a la corona por instituciones centrales (consejo de Indias, etc.). Fueron organizadas como gobernaciones (cedidas a los conquistadores) y después como virreinatos. La justicia se estructuró en audiencias, y en el s. XVIII en intendencias. Su régimen municipal correspondía a alcaldes mayores o corregidores, mientras la «república de indios» era regida por caciques indígenas, corregidores y protectores de indios; éstos solían estar sujetos a encomiendas o prestaciones como la mita.

**Indias** *(Compañía francesa de las),* asociación privilegiada francesa creada en 1719 por la fusión de la *Compañía de occidente* de Law y de la *Compañía francesa de las Indias orientales,* organizada por Colbert en 1664. Tuvo el monopolio del comercio marítimo francés y luchó contra la influencia británica en la India. Fue suprimida en 1794.

**Indias** *(consejo de),* supremo organismo asesor del monarca para el gobierno y administración de las Indias españolas. Autónomo del consejo de Castilla desde 1524, se constituyó como órgano ejecutivo (proponía los cargos de la administración indiana y se ocupaba de la defensa militar) y legislativo, y actuaba como tribunal supremo. Fue definitivamente suprimido en 1834.

**Indias** *(imperio de las),* conjunto de las posesiones británicas en la India vinculadas a la corona (1858-1947).

**Indias** *(leyes de),* disposiciones legales (reales cédulas, ordenanzas, etc.), dadas por los reyes de España o sus autoridades delegadas (consejo de Indias, etc.), para ser aplicadas en el Nuevo Mundo. Vigentes desde 1512, las primeras leyes trataron de las concesiones territoriales, de encomiendas y de la protección de los indios (*Leyes nuevas,* 1542). Fueron recopiladas en 1573, 1680 y 1792.

**Indias** *(secretaría de),* organismo creado en 1714 para tratar con el rey los asuntos de las Indias españolas. En 1717 recibió atribuciones hasta entonces propias del consejo de Indias. Suprimida en 1790, reapareció en 1812-1815 y 1820-1823.

**INDIAS OCCIDENTALES,** nombre que se dio a América en la época del descubrimiento.

**INDIAS OCCIDENTALES** *(Federación de las),* en ingl. **West Indies,** federación constituida, de 1958 a 1962, por las Antillas británicas.

**INDIAS ORIENTALES, INDIAS NEERLANDESAS** o **INDIAS HOLANDESAS,** ant. colonias neerlandesas que act. constituyen Indonesia.

**Indias orientales** *(Compañía inglesa de las),* compañía privilegiada fundada en 1600 por Isabel I para el comercio con los países del océano Índico, y luego sólo con la India. Sus poderes fueron transferidos a la corona en 1858.

**Indias orientales** *(Compañía neerlandesa de*

*las),* compañía fundada en las Provincias Unidas en 1602 para arrancar a Portugal el monopolio de los mares de las Indias. Muy próspera en el s. XVII, desapareció en 1799.

**INDÍBIL,** caudillo ilergete († *c.* 205 a. J.C.). Aliado a Cartago contra los romanos, perdió sus territorios tras la victoria romana de Cissa (218 a. J.C.), y los recuperó (212 a. J.C.) tras derrotar a P. C. Escipión en Castulo. Rompió su alianza con Asdrúbal (208) y se alió a Escipión, pero dirigió nuevas sublevaciones contra Roma (206-205) y fue derrotado y ejecutado.

**Índice de libros prohibidos,** catálogo de libros prohibidos por la autoridad de la Iglesia católica. Su publicación, iniciada en el s. XVI, fue abolida por Paulo VI en 1965. En España, la Inquisición reivindicó para sí la redacción de *Índices* con independencia de autoridad papal.

**ÍNDICO** *(océano),* océano situado entre África Asia y Australia; 75 millones de km² aprox.

**INDIGUIRKA,** r. de Rusia, en Siberia oriental, que desemboca en el océano Ártico; 1 726 km.

**INDO** o **INDOS,** en sánscr. **Sindhu,** r. de Asia meridional, nacido en el Tíbet, que atraviesa Cachemira y Pakistán, y que desemboca en el mar de Omán formando un amplio delta; 3 040 km. Sus aguas se utilizan para el regadío. En el valle del Indo se desarrolló una civilización no indoeuropea probablemente nacida en Mehrgarh, floreciente en el III milenio, que se extinguió a mediados del II; se caracterizó por una arquitectura urbana (Mohenjo-Dāro [Sind], Harappā [Panjāb], etc.) y por una escritura pictográfica aún sin descifrar.

**INDOCHINA,** península del Sureste asiático, que comprende Birmania, Tailandia, Malaysia, Camboya, Laos y Vietnam.

**Indochina** *(guerra de)* [1946-1954], conjunto de campañas llevadas a cabo por el Vietminh contra Francia, que pusieron fin al dominio colonial francés en Indochina. Tras la victoria de Giap en Diên Biên Phu (mayo 1954), que señaló la derrota definitiva de los franceses, las negociaciones para el armisticio iniciadas en la conferencia de Ginebra, concluyeron en la firma de un acuerdo que dividió Vietnam en dos estados.

**INDOCHINA FRANCESA,** nombre de las antiguas posesiones francesas en la península de Indochina: Cochinchina, Annam, Tonkín, Camboya y Laos (1887/1893-1949/1950).

**INDOGANGÉTICA** *(llanura),* región formada por las llanuras del Indo y del Ganges.

**INDONESIA,** estado del Sureste asiático; 1 900 000 km²; 200 600 000 hab. *(Indonesios.)* CAP. *Yakarta.* LENGUA OFICIAL: *indonesio.* MONEDA: *rupiah.*

GEOGRAFÍA

Indonesia, el cuarto país más poblado del mundo, es un estado insular que se extiende sobre 5 000 km de O a E y sobre 2 000 km de N a S. Es un país muy montañoso y volcánico, próximo al ecuador, de clima cálido y húmedo en su mayor parte. La población, islamizada (Indonesia es, con mucho, el primer país musulmán), se concentra en casi dos tercios en la isla de Java. Ésta, menos vasta que las partes indonesias de Sumatra o Borneo (Kalimantan) y de Nueva Guinea (Irian Jaya), posee no obstante las tres ciudades principales (Yakarta, Surabaya y Bandung). El arroz constituye la base de la alimentación. Del período colonial deriva la importancia de las plantaciones: caucho, café, oleaginosas, tabaco, etc. La industria asegura la mayor parte del P.I.B., teniendo como base la extracción de petróleo y el gas natural. Los hidrocarburos, que constituían el grueso de las exportaciones y contribuyeron al excedente del comercio exterior (realizado en su mayor parte con Japón y E.U.A.), han disminuido su peso en favor de la industria de transformación, en rápido desarrollo. La economía se halla condicionada asimismo por el endeudamiento, por la escasez de la infraestructura (transportes) y por el crecimiento excesivo de la población, que plantea localmente (en Java sobre todo) el problema de la superpoblación. En 1997, dos gigantescos incendios provocaron una catástrofe ecológica.

HISTORIA

***De los orígenes a las Indias neerlandesas.*** Indonesia, al principio fragmentada en pequeños reinos de cultura de influencia india, estuvo dominada del s. VII al XIV por el reino de Śrīvijaya. Ss. XIII-XVI: la islamización ganó todo el archipiélago a excepción de Bali, que permaneció fiel al hinduismo; el imperio de Majapahit reinó en el archipiélago durante los ss. XIV-XV. 1511: los portugueses tomaron Malaca. 1521: llegaron a las Molucas. 1602: se fundó la Compañía holandesa de las Indias orientales. Intervino en los asuntos interiores de los sultanatos javaneses (Banten, Mataram). 1641: los holandeses tomaron Malaca. 1799: la Compañía perdió su privilegio y los neerlandeses practicaron la colonización directa. 1812-1830: estallaron revueltas en Java y en las Molucas. 1830-1860: el sistema de cultivos basado en el trabajo obligatorio de los indígenas, introducido por J. Van den Bosch, enriqueció a la metrópoli. Inicios del s. XX: se produjo la pacificación total de las Indias neerlandesas. 1911-1917: se organizaron partidos políticos: Sarekat islam (1911), partido comunista (1920), partido nacionalista (1927), fundado por Sukarno. 1942-1945: Japón ocupó el archipiélago.

***La Indonesia independiente.*** 1945: Sukarno proclamó la independencia de Indonesia. 1949: fue reconocida por Países Bajos. 1950-1967: Sukarno intentó instituir un socialismo propio y hubo de enfrentarse a varios movimientos separatistas. 1955: la conferencia de Bandung consagró el papel de Indonesia en el Tercer mundo. 1963-1969: Irian Jaya (Nueva Guinea occidental) fue cedida por Países Bajos y anexionada por Indonesia. 1963-1966: Indonesia se opuso a la formación de Malaysia. 1965-1967: Sukarno fue eliminado en beneficio de Suharto, quien aplicó una política anticomunista y antichina. 1975-1976: la anexión de Timor Oriental desencadenó una guerra de guerrillas. Suharto, reelegido sucesivamente presidente de la república desde 1968, favoreció la inversión de capitales occidentales. 1980: el fundamentalismo islámico se propaga. 1994-1995: graves incidentes en Timor. 1998: Suharto fue reelegido, pero las protestas de la población provocaron su dimisión. Yusuf Habibie, apoyado por el ejército, fue nombrado presidente. 1999: Timor Oriental decidió en referéndum independizarse de Indonesia (ag.). Abdurrahman Wahid fue elegido presidente (nov.).

**INDORE,** c. de la India (Madhya Pradesh); 1 104 065 hab.

**INDORTES,** caudillo ibero († *c.* 232 a. J.C.). Según Diodoro, comandó a vetones y lusitanos frente al avance cartaginés, y se refugió en sierra Morena. Derrotado por Amílcar Barca, fue crucificado.

**INDOSTÁN,** región de la India, que corresponde a la llanura indogangética.

**INDRA,** el mayor de los dioses védicos, el que posee el poder, simbolizado por el rayo con el que destruye a los demonios. Rey de los dioses, montado en un elefante, es venerado por los guerreros.

**INDRE,** r. de Francia, afl. del Loira (or. izq.); 265 km.

**INDRE,** dep. de Francia (Centro); 6 791 km²; 237 510 hab. Cap. *Châteauroux.*

**INDRE-ET-LOIRE,** dep. de Francia (Centro); 6 127 km²; 529 345 hab. Cap. *Tours.*

**indulgencias** *(disputa sobre las),* conflicto religioso que fue el preludio de la Reforma luterana. El papa León X promulgó en 1515 una indulgencia en favor de los que diesen limosnas para la terminación de la basílica de San Pedro de Roma. La campaña de predicación a favor de las indulgencias fue confiada en Alemania al dominicano Tetzel, en nombre del arzobispo Alberto de Brandeburgo, apoyado por los banqueros Fugger, lo que provocó la indignación de Lutero, quien sintetizó sus ataques contra las indulgencias en las 95 tesis, expuestas en 1517 en las puertas de las iglesias de Wittenberg y condenadas por Roma en 1519.

**INDURÁIN** (Miguel), ciclista español (Villava 1964). Extraordinario corredor, ha ganado cinco veces el tour de Francia (1991, 1992, 1993, 1994 y 1995) y dos el giro de Italia (1992 y 1993). En 1996 fue campeón del mundo en la modalidad de contrarreloj y medalla de oro en los Juegos olímpicos de Atlanta. En 1997 anunció su retirada.

**Industria** *(Instituto nacional de)* → ***I.N.I.***

**INDY** (Vincent **d'**), compositor francés (París 1851-*id.* 1931). Autor de óperas (*Fervaal,* 1897), obras sinfónicas (*Wallenstein,* 1881), piezas vocales e instrumentales y música de cámara.

**INÉS DE CASTRO,** dama de origen gallego (*c.* 1320-Coimbra 1355), segunda esposa del futuro rey Pedro I de Portugal, con quien casó en secreto (1354) y tuvo cuatro hijos. El rey Alfonso IV la mandó ejecutar, temiendo por los derechos al trono de su nieto legítimo, Fernando. Pedro se sublevó contra su padre, y declaró legítimo su matrimonio en 1357. La trágica muerte de Inés fue relatada por autores como Camões, Vélez de Guevara o H. de Montherlant, entre otros.

**INÉS DE FRANCIA,** llamada **Ana** (1171-Constantinopla 1220), emperatriz bizantina, hija de Luis VII. Se casó con Alejo II Comneno (1180) y con Andrónico I Comneno, emperadores bizantinos.

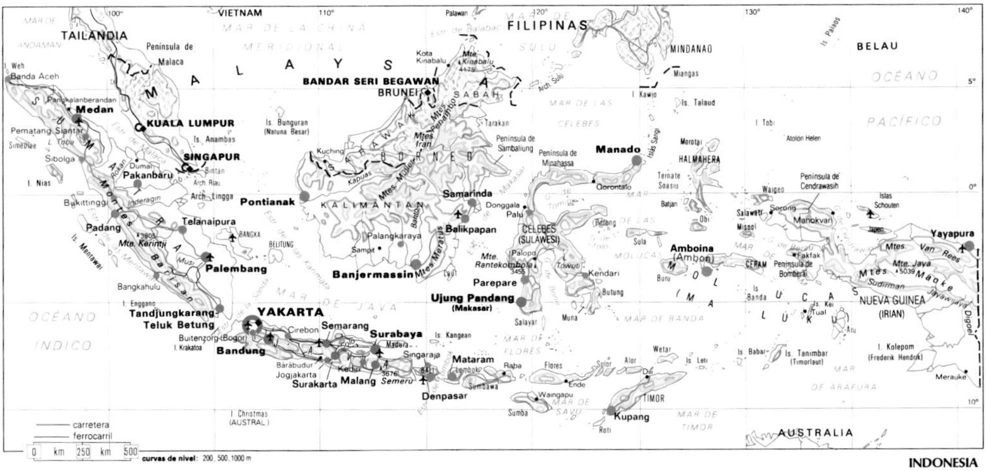


INDONESIA

**INFANTADO** (*duques* **del**), familia noble castellana, rama principal de la casa de Mendoza. El título fue concedido por los Reyes Católicos a **Diego Hurtado de Mendoza** en 1475. — Su hijo, **Íñigo López de Mendoza** (1438-1500), edificó el palacio del Infantado en Guadalajara, que convirtió en una verdadera corte. El título pasó en el s. XVII a las familias de los Sandoval, los Silva, los Toledo, los Girón y los Arteaga.

**INFANTADO** (Pedro Alcántara **de Toledo,** *duque* **del**), militar y político español (1773-Madrid 1841). Luchó contra Francia (1793-1795) y Portugal (1801) y, enemistado con Godoy, fue desterrado. Apoyó en la conspiración de El Escorial a Fernando VII, quien le nombró presidente del consejo de Castilla (1808 y 1814-1820).

**INFANTE** (Blas), político español (Casares 1885-cerca de Sevilla 1936). Militante andalucista (*El ideal andaluz,* 1915), participó en la elaboración del anteproyecto de estatuto de autonomía de Andalucía (1933). Fue fusilado por los franquistas.

**INFANTE** (Pedro), cantante y actor mexicano (Mazatlán 1918-en accidente aéreo, Mérida, 1957). Alcanzó gran popularidad en el cine (*Sobre las olas,* 1932; *Vuelve Martín Corona; Si me han de matar mañana*).

**INFANTE ROJAS** (José Miguel), político chileno (Santiago 1778-*id.* 1844). Autor de la ley de abolición de la esclavitud en Chile (1823), participó en la junta gubernativa (1813-1814) y en la organización federal del país (1826).

**Infantes de Lara** o **Salas** *(leyenda de los),* leyenda medieval castellana. Una venganza familiar provoca la trágica muerte de los siete infantes, desencadenando a su vez nuevas venganzas. La leyenda se conserva en las crónicas y el romancero, e inspiró a J. de la Cueva y Lope de Vega.

**INFERIOR** *(laguna),* gran albufera de la costa del Pacífico de México (Oaxaca), en el golfo de Tehuantepec.

**Infiernillo,** presa de México, sobre el Balsas, en la sierra Madre del Sur. Central hidroeléctrica.

**INFIESTO** → ***Piloña.***

**Inga,** presa y central hidroeléctrica de la Rep. Dem. del Congo (ex Zaire), junto a las gargantas del río Congo.

**INGEGNERI** (Marco Antonio), compositor italiano (Verona *c.* 1545-Cremona 1592), autor de obras polifónicas religiosas y de madrigales.

**INGEN-HOUSZ** (Johannes), físico neerlandés (Breda 1730-Bowood, Wiltshire, 1799). Estudió la conductividad térmica de los metales y expuso los principios básicos de la fotosíntesis.

**INGENIEROS** (José), sociólogo y ensayista argentino (Palermo, Italia, 1877-Buenos Aires 1925). Cofundador de la *Revista de filosofía,* entre su obra destaca: *Sicología genética,* 1911; *Sociología argentina,* 1918; *Proposiciones relativas al porvenir de la filosofía,* 1918; *La evolución de las ideas argentinas,* 1918; *Los tiempos nuevos,* 1921.

**INGENIO,** mun. de España (Las Palmas), en Gran Canaria; 21 684 hab. Regadíos (tomate, patata). Pesca.

**INGLATERRA,** en ingl. **England,** región meridional de Gran Bretaña, limitada por Escocia al N y el País de Gales al O; 130 400 km²; 46 170 300 hab. *(Ingleses.)* Cap. *Londres.*

HISTORIA

***Romanos y anglosajones.*** Habitada desde el III milenio a. J.C., fue ocupada por los celtas. 43-83 d. J.C.: conquistada por Roma, formó la provincia de Britania. 407: las legiones marcharon al continente para luchar contra las invasiones bárbaras. S. V: a pesar de una resistencia desesperada (rey Artús) los britanos fueron rechazados por los conquistadores germanos (sajones, anglos, jutos). Ss. VII-VIII: se constituyeron siete reinos (heptarquía). Los benedictinos procedentes de Roma, enfrentados algún tiempo con los monjes irlandeses, hicieron del país un centro profundamente cristiano (san Beda). 825: Egbert unificó la heptarquía en beneficio de Wessex.

***La Inglaterra normanda.*** S. IX: los daneses, llegados en 787, multiplicaron sus incursiones, ocupando incluso Londres, pero chocaron con la resistencia de Alfredo el Grande. Ss. X-XI: se afirmó la conquista danesa, concluida por Canuto el Grande (1016-1035). 1042-1066: Eduardo el Confesor restableció una dinastía sajona. 1066: Guillermo de Normandía (el Conquistador) derrotó a su sucesor, Harold II, en Hastings. 1154: Enrique II fundó la dinastía Plantagenet. Además de su imperio continental (Normandía, Aquitania, Bretaña, etc.), emprendió la conquista del País de Gales y de Irlanda. Para dominar al clero, hizo asesinar a Thomas Becket.

***El duelo franco-inglés.*** 1189-1199: Francia suscitó revueltas contra Ricardo Corazón de León. 1199-1216: Felipe Augusto privó a Juan sin Tierra de sus posesiones francesas; los barones, que impusieron la Carta magna (1215), aumentaron aún más su poder durante el reinado de Enrique III (1216-1272) y más tarde, tras el reinado más fuerte de Eduardo I (fin de la conquista del País de Gales), durante el reinado de Eduardo II (1307-1327). 1327-1377: las pretensiones de Eduardo III al trono de Francia y la rivalidad de los dos países en Aquitania desencadenaron la guerra de los Cien años (1337). 1377-1399: la situación se deterioró durante el reinado del débil Ricardo II: revuelta campesina (Wat Tyler), peste negra, herejía de Wyclif, agitación irlandesa. 1399: el rey fue depuesto en beneficio de Enrique IV, primer Lancaster. 1413-1422: Enrique V, después de Azincourt (1415), conquistó la mitad de Francia y fue reconocido como heredero del trono (tratado de Troyes). 1422-1461: Enrique VI perdió todas estas posesiones; los York pusieron en tela de juicio los derechos de los Lancaster a la corona (guerra de las Dos Rosas, 1450-1485). 1475: al final de la guerra de los Cien años (acuerdo de Picquigny), Inglaterra sólo conservaba Calais (hasta 1558).

***La dinastía Tudor.*** 1485: Enrique VII, heredero de los Lancaster, inauguró la dinastía Tudor. 1509-1547: Enrique VIII rompió con Roma y se proclamó jefe de la Iglesia anglicana (1534). El protestantismo se afirmó durante el reinado de Eduardo VI (1547-1553) y, tras el paréntesis católico de María I (1553-1558), triunfó durante el reinado de Isabel I (1558-1603). La victoria de ésta contra España (Armada Invencible, 1588) prefiguró el advenimiento de la potencia marítima inglesa. 1603: Jacobo Estuardo, rey de Escocia, heredó la corona inglesa (→ ***Gran Bretaña***).

**Inglaterra** *(batalla de),* operaciones aéreas llevadas a cabo de agosto a octubre de 1940 por la Luftwaffe contra Gran Bretaña, para preparar una invasión de este país. La resistencia de la R.A.F. obligó a Hitler a renunciar a dicha invasión.

**INGLÉS** (Jorge), pintor probablemente de origen inglés activo en Castilla a mediados del s. XV, uno de los introductores del influjo flamenco en la pintura castellana (retablo de la Virgen, para el hospital de Buitrago).

**INGOLSTADT,** c. de Alemania (Baviera), a orillas del Danubio; 101 360 hab. Química. Mecánica. Castillo (ss. XV-XVI) e iglesias (del gótico al rococó).

**INGRES** (Jean Auguste), pintor francés (Montauban 1780-París 1867). Discípulo de David en París, fue uno de los máximos exponentes de la escuela clásica, en oposición al romanticismo (*La gran odalisca,* 1814; *El voto de Luis XIII,* 1824; *El baño turco,* 1863, obra considerada su testamento estético; numerosos retratos).

**INGRIA,** ant. prov. del reino de Suecia, en Finlandia meridional, cedida a Rusia en 1721 (tratado de Nystad).

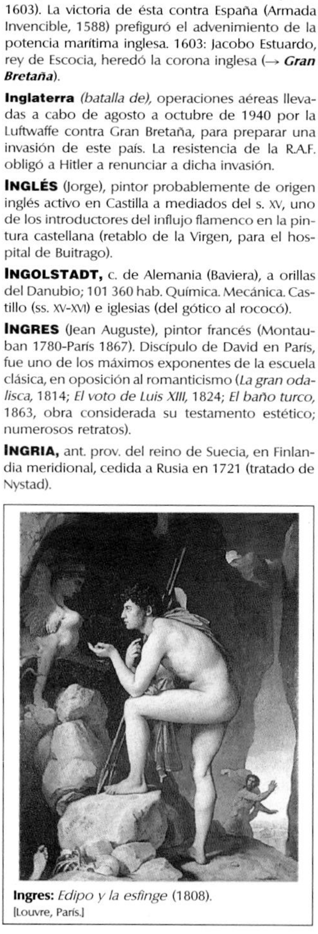

**Ingres:** *Edipo y la esfinge* (1808).
[Louvre, París.]

**INGUSHIA** o **INGUSHETIA** *(República de),* república de la Federación de Rusia, en el N del Cáucaso, constituida en 1992 al separarse la República autónoma de los Chechén e Ingush en dos repúblicas (Chechenia e Ingushia); 178 000 hab. aprox. Cap. *Nazran.*

**INH,** siglas de Instituto nacional de hidrocarburos*.

**I.N.I.** *(Instituto nacional de industria),* organismo estatal español creado en 1941, que gestiona industrias de capital público. Tras pasar en 1992 sus empresas más rentables a un holding público, Téneo, el patrimonio del I.N.I. se dividió en 1995 en dos nuevas sociedades: Agencia industrial del estado y Sociedad estatal de participaciones industriales (S.E.P.I.).

**INÍRIDA,** r. de Colombia, que desemboca en el Guaviare junto a Puerto Inírida; 724 km.

**Inkatha,** organización política zulú de la República de Sudáfrica, de orientación conservadora, fundada en 1975, opuesta al A.N.C. Sus grupos armados han ocasionado violentos enfrentamientos entre las comunidades negras.

**INKERMAN,** c. de Ucrania, en Crimea, en el área suburbana E de Sebastopol. Victoria franco-británica sobre los rusos (5 nov. 1854).

**INN,** r. alpino de Europa central, afl. del Danubio (or. der.), con el cual confluye en Passau; 510 km. Nace en Suiza (Grisones), donde su alto valle constituye la Engadina, y atraviesa el Tirol.

**INNSBRUCK,** c. de Austria, cap. del Tirol, a orillas del Inn; 117 000 hab. Estación de turismo de verano y de invierno. Universidad. Hofburg, castillo de Maximiliano I y de la emperatriz María Teresa, y otros monumentos (ss. XVI-XVIII). Museos.

**INO,** diosa marina griega, hija de Cadmo y de Armonía, y esposa de Atamante. Fue la nodriza del joven Dioniso.

**INOCENCIO III** (Giovanni **Lotario,** *conde* **de Segni**) [Anagni 1160-Roma 1216], papa de 1198 a 1216. Luchó contra Felipe Augusto y contra Juan sin Tierra, tomó la iniciativa de la cuarta cruzada y la de la expedición contra los albigenses tras el fracaso de la predicación de santo Domingo. Impuso su tutela a Federico II. El IV concilio de Letrán marcó la cumbre de su pontificado y de la teocracia papal. – **Inocencio IV** (Sinibaldo **Fieschi**) [Génova *c.* 1195-Nápoles 1254], papa de 1243 a 1254. Luchó contra Federico II, al que hizo deponer en el I concilio de Lyon (1245). – **Inocencio X** (Giambattista **Pamphili**) [Roma 1574-*id.* 1655], papa de 1644 a 1655. Adversario de Mazarino, condenó cinco proposiciones del *Augustinus* de Jansenio y perfeccionó la organización administrativa pontificia. – **Inocencio XI** *(beato)* [Benedetto **Odescalchi**] (Como 1611-Roma 1689), papa de 1676 a 1689. Luchó contra el nepotismo y se enfrentó a Luis XIV en parte a causa de las regalías. – **Inocencio XII** (Antonio **Pignatelli**) [Spinazzola 1615-Roma 1700], papa de 1691 a 1700. Acabó con la querella de las regalías, obteniendo la restitución de Aviñón, confiscada durante el pontificado de Inocencio XI.

**INÖNÜ** (Mustafâ Ismet, llamado **Ismet**), general y político turco (İzmir 1884-Ankara 1973). Colaborador de Mustafâ Kemal, venció a los griegos en Inönü (1921). Fue primer ministro (1923-1937), y presidente de la república (1938-1950) y del Partido republicano del pueblo (1938-1972).

**Inquisición,** tribunal permanente encargado por el papado de la lucha contra la herejía. El papa Inocencio III introdujo el procedimiento inquisitorial en 1199. Los tribunales, que actuaron sobre todo en España, S de Francia, N de Italia y Alemania, estaban formados principalmente por dominicos. Utilizaban la tortura en los interrogatorios, y leían sus sentencias (confiscación de bienes, prisión, muerte en la hoguera) en un acto público (auto de fe). Eficaz contra los cátaros y los valdenses, la Inquisición no actuó contra la Reforma, excepto en España. (V. art. siguiente.) Desapareció en el s. XVIII.

**Inquisición española** o **Santo Oficio,** tribunal religioso creado a instancias de los Reyes Católicos para investigar y castigar públicamente, incluso con pena de muerte, los delitos contra la fe (con competencia en los casos de herejía, limpieza de sangre, brujería, bigamia, blasfemia, posesión de libros prohibidos, etc.). Su principal motivación fue el problema de los falsos judíos conversos, y sus procedimientos, los mismos que los de la Inquisición que actuó en Europa desde el s. XIII. En 1483 se creó el Consejo de la suprema y general Inquisición, con autoridad sobre todos los tribunales provinciales, con fray Tomás de Torquemada como inquisidor general. Cada tribunal constaba de varios inquisidores, un fiscal y subalternos; existían también teólogos (calificadores) y los agentes seculares que probaban la limpieza de sangre. Tuvo su etapa más dura de actuación durante el reinado de los Reyes Católicos, y fue implantada también en América (1570). A partir de Carlos Quinto, castigó el erasmismo y las infiltraciones protestantes, y en los ss. XVII y XVIII, las doctrinas jansenistas y enciclopedistas. Fue suprimida en 1808, 1813-1814 y 1820-1823, y definitivamente en 1834.

**Inravisión** (Instituto nacional de radio y televisión), organismo colombiano fundado en 1954 para el control de la televisión.

**Institución libre de enseñanza,** institución pedagógica española fundada en 1876 en Madrid por F. Giner de los Ríos, G. Azcárate y otros intelectuales krausistas. Propugnó una educación integral, basada en el laicismo, el liberalismo y la coeducación. En torno a ella se crearon el *Instituto-escuela* (1918) para la formación de docentes, y la *Residencia de estudiantes* (1910), vivero de intelectuales y artistas. Desapareció en 1939.

**Institut d'estudis catalans** (I.E.C.), corporación académica catalana creada en 1907 en Barcelona para fomentar la cultura catalana y el trabajo científico. En 1976 recibió reconocimiento oficial y su sección filológica el encargo de velar por la pureza de la lengua catalana (1991, normativa en Cataluña).

**Instituta,** exposición sistemática del derecho romano redactada por orden de Justiniano (533), inspirada en los *Instituta* de Gayo (¿s. II d. J.C.?).

**Instituto de España,** organismo creado en Madrid en 1938, que agrupa a todos los miembros de las academias españolas de la lengua, historia, bellas artes, ciencias exactas, físicas y naturales, ciencias morales y políticas, medicina, farmacia y jurisprudencia y legislación.

**INSÚA** (Alberto **Galt y Escobar,** llamado **Alberto**), escritor español (La Habana 1885-Madrid 1963). Cultivó el periodismo, la novela erótica (*La mujer fácil,* 1909) y el folletín rosa (*El negro que tenía el alma blanca,* 1922).

**INSULINDIA,** parte insular del Sureste asiático (Indonesia y Filipinas).

**INTAL,** siglas de Instituto para la integración de América latina → ***Banco interamericano de desarrollo.***

**Intelligence service** (IS), organismo británico encargado de conseguir informaciones útiles para el gobierno, así como del contraespionaje.

**Intelsat,** organización internacional de telecomunicaciones por satélite creada en 1964, bajo el impulso de E.U.A.

**Inter caetera,** nombre de dos bulas otorgadas por Alejandro VI a los Reyes Católicos en 1493 (3 y 4 mayo). La segunda, que fijaba los límites entre los dominios de Portugal y España, apenas tuvo valor, superada por el tratado de Tordesillas*.

**interamericanas** *(conferencias)* → ***panamericanas.***

**intereses creados** *(Los),* comedia de J. Benavente (1907), farsa de una sociedad movida por ambiciones materiales.

**INTERIOR** *(mar)* → ***Seto Naikai.***

**Internacional,** nombre adoptado a lo largo de los ss. XIX y XX por organizaciones supraestatales de la clase obrera y de sus grupos políticos y sindicales. La I Internacional, fundada en Londres en 1864, desapareció a partir de 1876 debido a la oposición entre marxistas y anarquistas; la II Internacional, fundada en París en 1889, se mantuvo fiel a la socialdemocracia y desapareció en 1923. De ella surgieron: la Internacional obrera socialista (1923-1940) y la Internacional socialista, organizada en 1951. La III Internacional comunista o *Komintern,* fundada en Moscú en 1919, reunió en torno a la Rusia soviética y luego a la U.R.S.S. a la mayoría de partidos comunistas. Fue suprimida por Stalin en 1943. La IV Internacional, de obediencia trotskista, nació en 1938.

**Internacional** *(la),* himno revolucionario internacional de los socialistas y comunistas; texto de E. Pottier (1871) y música de P. Degeyter (1888).

**International herald tribune,** diario internacional en lengua inglesa surgido en 1887 del *New York Herald,* y coeditado desde 1967 por el *New York Times* y el *Washington Post.*

**Interpol,** denominación de la Organización internacional de policía criminal, fundada en 1923. Su sede está en Lyon.

**Interregno** *(Gran),* período durante el cual el trono del Sacro imperio estuvo vacante (1250-1273).

**intervención** *(Comité de no),* organismo internacional creado para prohibir el suministro de material bélico a las dos partes contendientes en la guerra civil española (24 ag. 1936). Sólo México se opuso a él. Sus bases apenas fueron respetadas.

**INTI,** dios del Sol entre los antiguos peruanos. Presidía el panteón incaico, y se le consideraba el progenitor de la dinastía real.

**INTIBUCÁ** *(departamento de),* dep. de Honduras, en la frontera con El Salvador; 3 072 km²; 123 512 hab. Cap. *La Esperanza.*

**Intifada,** levantamiento popular palestino, iniciado en diciembre de 1987 en los territorios ocupados por Israel, que se recrudeció en 2000.

**Introducción al sicoanálisis,** obra de S. Freud, escrita en 1916-1917, donde se exponen los principales conceptos sicoanalíticos.

**INURRIA** (Mateo), escultor español (Córdoba 1869-Madrid 1924). De formación académica, su estilo incorpora elementos modernistas (retratos, monumentos conmemorativos y desnudos).

**INUVIK,** localidad de Canadá (Territorios del Noroeste), cerca del mar de Beaufort; 3 178 hab. Aeropuerto. Base para la explotación de petróleo en el mar de Beaufort.

**invasiones británicas del Río de la Plata,** intentos de conquista británicos del virreinato del Río de la Plata (1806-1807). Buenos Aires fue tomada por los británicos (junio 1806) y reconquistada por las tropas del virrey Sobremonte (ag.), comandadas por Liniers. Tras conquistar Maldonado y Montevideo (en. y febr. 1807), las tropas británicas fracasaron en un nuevo intento de conquistar Buenos Aires (julio).

**invención de Morel** *(La),* novela de A. Bioy Casares (1940), dominada por una preocupación metafísica.

**INVERNESS,** c. y puerto de Gran Bretaña (Escocia), en el mar del Norte; 35 000 hab. Centro turístico. Industrias mecánicas y alimentarias.

**investiduras** *(querella de las)* [1075-1122], conflicto entre el papado y el Sacro imperio con motivo de la atribución de los cargos eclesiásticos. Especialmente intenso durante el pontificado de Gregorio VII y durante el reinado del emperador Enrique IV, concluyó, tras la humillación de éste en Canossa (1077), con el concordato de Worms (1122), que estableció el principio de la separación de los poderes espiritual y temporal.

**INZÁ,** mun. de Colombia (Cauca); 16 729 hab. Centro agrícola (caña de azúcar, cereales, yuca) y ganadero.

**ÍÑIGA** *(dinastía),* dinastía navarra de origen vasco, fundada por **Íñigo Arista** (*c.* 770-852), primer rey de Pamplona [*c.* 824-852], aliado de los Banū Qasī de Tudela en defensa de su independencia común contra los condes Eblo y Aznar (824) y contra Córdoba (842-843). A la muerte de Fortún Garcés I (905) fue sustituida por la dinastía Jimena.

**ÍÑIGO DE LOYOLA** *(san)* → ***Ignacio de Loyola.***

**ÍO,** en la mitología griega, sacerdotisa de Hera, amada por Zeus, quien la transformó en novilla para protegerla de los celos de Hera.

**IOANINA** o **YANINA,** en gr. **Iōannina,** c. de Grecia, en Epiro, junto al *lago de Ioanina;* 56 496 hab. Ant. mezquita del s. XVII en la ciudadela. Museos.

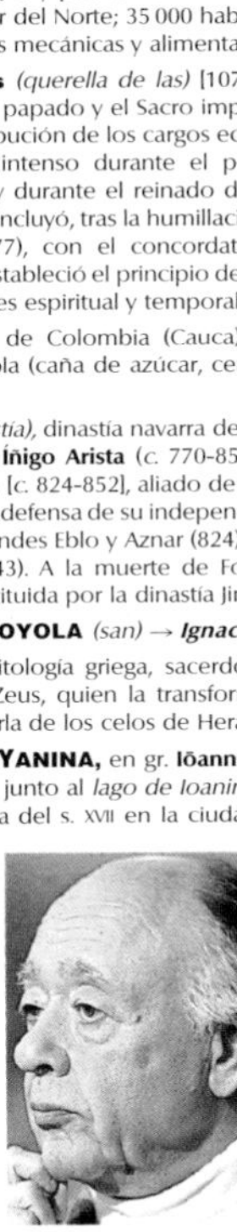

Eugène
**Ionesco**

**IOLE,** heroína legendaria griega, raptada y desposada por Heracles. Despertó los celos de Deyanira y causó la muerte de Heracles.

**IONESCO** (Eugène), dramaturgo francés de origen rumano (Slatina 1912-París 1994). Representante indiscutible del teatro del absurdo (*La cantante calva,* 1950; *Las sillas,* 1952), recrea un universo paródico y simbólico (*El rinoceronte,* 1960).

**IORDAN** (Iorgu), filólogo e hispanista rumano (Bucarest 1888-† 1986), autor de estudios sobre Unamuno (1935) y el Quijote (1939) y de un léxico de las lenguas iberorrománicas (1947).

**IORGA** (Nicolae), político e historiador rumano (Botosani 1871-Strejnicu 1940). Presidente del consejo (1931-1932), fue asesinado por miembros de la Guardia de Hierro.

**IOWA,** estado de E.U.A., en el Middle West; 146 000 km²; 2 776 755 hab. Cap. *Des Moines.*

**IPARRAGUIRRE** (José María), poeta y cantor español en lengua vasca (Villarreal de Urrechu 1820-Ichaso 1881). Entre sus muchas canciones incorporadas a la tradición oral vasca figura *El árbol de Guernica (Gernikako arbola),* con letra de Blas de Altuna, que se convirtió en el himno vasco.

**IPATINGA,** c. de Brasil (Minas Gerais); 179 696 hab. Siderurgia.

**IPIALES,** mun. de Colombia (Nariño), en la frontera con Ecuador; 69 894 hab. Centro comercial y agropecuario; tostaderos de café. Aeropuerto.

**IPOH,** c. de Malaysia, cap. del estado de Perak; 301 000 hab. Yacimientos de estaño.

**Ipso** *(batalla de)* [301 a. J.C.], gran batalla en la que fue vencido Antígono Monoftalmo por los demás generales sucesores de Alejandro en Ipso (Frigia).

**IPSWICH,** c. y puerto de Gran Bretaña, cap. del condado de Suffolk; 115 500 hab.

**IQALUIT,** c. de Canadá, cap. de Nunavut; 4 440 hab. Base aérea. Puerto pesquero.

**IQBĀL** (*sir* Muḥammad), poeta y filósofo musulmán de la India (Sialkot *c.* 1876-Lahore 1938). Su obra, escrita en urdu, en persa y en inglés, ejerció una profunda influencia en los creadores del estado paquistaní.

**IQUIQUE,** c. y puerto de Chile, cap. de la región de Tarapacá; 152 529 hab. Perteneció a Perú hasta que Chile la ocupó en 1879. Fue sede del gobierno revolucionario opuesto a Balmaceda (1891).

**IQUITOS,** c. de Perú, cap. del dep. de Loreto y principal puerto peruano en el Amazonas; 173 700 hab. Extracción y refino de petróleo. Aeropuerto. Universidad.

**I.R.A.** (Irish republican army, Ejército republicano irlandés), fuerza nacionalista formada en 1919 a partir de los Voluntarios irlandeses. En 1921, una parte del I.R.A. entró en el nuevo ejército del Estado Libre de Irlanda. Prosiguiendo la lucha en Irlanda del Norte, el I.R.A. se escindió en dos ramas en 1969: el I.R.A. oficial, favorable a una solución pacífica, y el I.R.A. provisional, que continuó la acción armada contra los protestantes y el ejército británico. En 1994 ofreció un alto el fuego para negociar la paz, que fue roto en 1996 y reanudado en 1997. En 1998 aceptó el acuerdo de Stormont* para la pacificación de Irlanda del Norte y en 2000 permitió el control de sus arsenales.

**IRACHE,** caserío del mun. de Ayegui (Navarra). Monasterio cisterciense, con iglesia de los ss. XII-XIII y claustro gótico-renacentista.

**IRADIER** (Manuel), explorador español (Vitoria 1854-Madrid 1911). Fundó la Sociedad viajera (1869), para recorrer el golfo de Guinea, y en 1874 exploró Corisco y Fernando Poo. En 1884 inició un viaje por África ecuatorial, pero regresó enfermo a España en 1885.

**IRADIER** (Sebastián **de**), compositor español (Lanciego, Álava, 1809-Vitoria 1865). Vivió en Cuba y utilizó el folklore isleño en sus composiciones, entre las que destaca la habanera *La paloma.*

**IRAK** → ***Iraq.***

**IRÁN,** en persa **Irān,** estado de Asia occidental; 1 650 000 km²; 58 600 000 hab. *(Iraníes.)* CAP. *Teherán.* LENGUA OFICIAL: *persa.* MONEDA: *rial.*

**GEOGRAFÍA**

Irán es un país de altas llanuras áridas y desérticas, con un clima de contrastes (calor en verano, frío en invierno), rodeadas de montañas (Elburz, Zagros), cuyo pie está jalonado de ciudades (Iṣfahān, Šīrāz), centros de oasis donde se cultiva trigo, cebada, algodón y árboles frutales. La ganadería (ovina y caprina), junto con el cultivo extensivo de cereales, es la única forma de explotación del centro-este. Irán sigue siendo uno de los proveedores importantes de petróleo, y la evolución de su producción y cotización condiciona la de la economía. Sin embargo, ésta también depende mucho de la orientación política, sobre todo después de la revolución islámica chiita y el conflicto con Iraq.

HISTORIA

***El Irán antiguo.*** II milenio: los arios avanzaron del NE al O de Irán. S. IX a. J.C.: sus descendientes, los persas y los medos, llegaron al Zagros. *C.* 612-550: tras el hundimiento de Asiria, los medos pusieron las bases del poder iranio. 550: el aqueménida Ciro II destruyó el imperio medo y fundó el imperio persa, que dominó el conjunto de Irán y una parte de Asia central. 490-479: las guerras médicas emprendidas por Darío I (522-486) y continuadas por Jerjes I (486-465) se saldaron con la derrota de los aqueménidas. 330: tras la muerte de Darío III, Alejandro Magno fue el amo del imperio persa. 312 a. J.C.: Seleuco, lugarteniente de Alejandro, fundó la dinastía seléucida. S. III: los seléucidas perdieron el control de Irán. 250 a. J.C.-224 d. J.C.: la dinastía parta de los arsácidas reinó en las regiones iraníes. 224: los sasánidas derrocaron a los arsácidas. 224-661: el imperio sasánida, muy centralizado, se extendió desde los confines de la India hasta los de Arabia. *C.* 226-272: Ardašīr (*c.* 226-241) y Šāhpūr I (241-272) convirtieron el mazdeísmo en religión de estado. 310-628: los sasánidas opusieron una resistencia eficaz a Roma, durante el reinado de Šāhpūr II (310-379), y luego a Bizancio, durante el reinado de Cosroes I (531-579) y Cosroes II (590-628).

***El Irán musulmán.*** 642: conquista árabe (victoria de Nehavend). 661: Irán fue integrado en el imperio musulmán de los omeyas. 750: fundación de la dinastía de los abasíes. 874-999: los Samaníes desarrollaron una brillante civilización en Jurāsān y Asia central. 999-1055: los turcos se adueñaron de Jurāsān (gaznawíes) y a través de Irán llegaron hasta Bagdad (selyúcidas). Asimilando la cultura irania, se convirtieron en sus difusores en Asia Menor y en la India (ss. XII-XIII). 1073-1092: el Irán selyúcida tuvo su apogeo durante el reinado de Malik Shā. 1220-1221: Gengis Khan devastó el país. 1256-1335: conquistado por Hūlāgū, Irán estuvo bajo dominación de los mongoles (il-jānes). 1381-1404: Tīmūr Lang (Tamerlán) realizó campañas devastadoras. 1501: el ṣafawí Ismā'īl I (1501-1524) se hizo proclamar sha. Hizo del chiismo la religión oficial del estado. 1587-1629: los ṣafawíes estuvieron en su apogeo durante el reinado de 'Abbas I. 1722: los afganos se apoderaron de Iṣfahān y los dignatarios chiitas se establecieron en las ciudades santas de Iraq (Naŷaf, Karbalā'). 1736-1747: Nadir sha expulsó a los afganos y emprendió numerosas conquistas.

***El Irán contemporáneo.*** 1796: la dinastía de los qāŷāríes (1796-1925) accedió al poder. 1813-1828: Irán perdió las provincias del Caspio anexionadas por el imperio ruso. 1856: Gran Bretaña obligó a Irán a reconocer la independencia de Afganistán. 1906: la oposición nacionalista, liberal y religiosa obtuvo una constitución. 1907: un acuerdo anglo-ruso dividió Irán en dos zonas de influencia. 1921. Riḍā kan tomó el poder. 1925: fundó la dinastía Pahlawī. 1925-1941: impuso la modernización, la occidentalización y la secularización del país. 1941: soviéticos y británicos ocuparon una parte del país. Riḍā sha abdicó en favor de su hijo Muḥammad Riḍā sha Pahlawī. 1951: Muṣaddaq, primer ministro, nacionalizó el petróleo. 1953: fue destituido por el sha. 1955: Irán se adhirió al pacto de Bagdad. 1963: el sha lanzó un programa de modernización (revolución blanca). 1979: la oposición le obligó a abandonar el país. Se instauró una república islámica, dirigida por el ayatollah Jomeini, apoyada por la milicia de los guardianes de la revolución *(Pasdaran)*; crisis con E.U.A. (toma de rehenes en la embajada norteamericana de Teherán). 1980: Bani Sadr fue elegido presidente laico de la república. Iraq atacó a Irán: comienzo de la guerra irano-iraquí*. 1981: Bani Sadr fue destituido. El país sufrió oleadas de terrorismo. Irán se erigió en guía de la revolución islámica en el mundo, en particular en el Líbano. 1988: se produjo un alto el fuego entre Irán e Iraq, seguido de negociaciones para una solución política del conflicto. 1989: a la muerte de Jomeini, 'Alī Jamenei le sucedió con el título de guía de la república islámica. Hashemi Rafsanŷani fue elegido presidente de la república e intentó mejorar sus relaciones con occidente. 1990: paz con Iraq. 1993: reelección de Rafsanŷani. 1997: el reformista Mohamed Jatamí fue elegido presidente de la república.

INSTITUCIONES

República islámica. Constitución de 1979, enmendada en 1989. El *faqih* (guía): jefe espiritual y político. Presidente de la república, elegido por 4 años. Cámara de diputados *(majlis)*, elegida por 4 años.

LITERATURA

La literatura clásica (ss. X-XV). Los maestros de la *qasīda* (panegírico): Rūdakī, Onsori de Balj, Nāṣir-i Jusraw; el apogeo del *gazal* (poesía lírica): 'Aṭṭār, Sa'dī, Ḥāfiẓ, Yami; el *masnavi* (epopeya o novela en verso): Firdūsī, Nizami, Sanā'i; Ŷalāl al-Dīn Rūmī; el *roba'i* (cuarteto): 'Umar Jayyān. El estilo indio (s. XVI-XIX): Sa'eb, Qā'āni. El Irán moderno: Ṣādeq Hedāyat.

ARQUEOLOGÍA Y ARTE

***Antigüedad.*** A partir del IX milenio: neolítico, comienzo de la sedentarización, comunidades rurales; *c.* 6000: cerámicas en Sialk. *C.* 3500 a. J.C.: aparición del cilindrosello en Susiana. III y II milenios: expansión del reino elamita; capital: Susa. Primera arquitectura palaciega adornada con ladrillos de molde; zigurat de Tšoga Zanbil. Dominio de la metalurgia. I milenio: diversidad de influencias y renacimiento de la civilización de Luristān; nomadismo con bella metalurgia de bronce, a partir del s. XII, y luego de hierro (bocados de caballos, armas, etc.). Ziwiya (tesoro de orfebrería). Ss. VII-VI: los medos; capital: Ecbatana. Su cultura fue el crisol de las siguientes. Arquitectura: palacio con gran sala de columnas, prefiguración de la apadāna aqueménida; templo del fuego de planta cruciforme con altar. *C.* 550-330 a. J.C.: dinastía aqueménida; capitales: Susa, Ecbatana, Babilonia, Pasagarda, Persépolis. Arte áulico de glorificación del soberano (relieves rupestres: Behistún, Naqš-i Rustam; triunfo de la apadāna; y síntesis, en Susa y Persépolis, de todos los componentes del imperio: Jonia, Grecia insular y Mesopotamia. Ss. IV-III: seléucidas, producción esencialmente helenizada. 250 a. J.C.-224 d. J.C.: dinastía de los partos. Renacimiento de la tradición autóctona con generalización de la cúpula, que, perpetuada por los sasánidas, se convertiría en el īwān islámico. Ss. II-VII: dinastía sasánida; capital: Ctesifonte. Arquitectura palaciega con el īwān: Ctesifonte; relieves rupestres: Bišāpur, Naqš-i Rustam; orfebrería y arte textil.

***Período islámico.*** Ss. VIII-IX: cerámicas de Nīšāpūr, etc. Ss. IX-XI: bronce de Jurāsān. S. XII: apogeo arquitectónico durante el reinado selyúcida; mezquita cruciforme con 4 īwānes (Iṣfahān); decoración arquitectónica: ladrillos y luego cerámica policroma. *C.* 1405-1501: dinastía de los tīmūríes; mezquitas de Yazd, Tabrīz y Mēshed. Escuela de pintura de Tabrīz con Behzād. 1501-1736: dinastía safawī. Riqueza decorativa (Iṣfahān). Pintura de manuscritos (escuela de Šīrāz y de Iṣfahān).

**irano-iraquí** *(guerra)*, guerra que enfrentó, de 1980 a 1988, a Irán e Iraq. Iraq atacó para recuperar el Šaṭṭ al-'Arab y anexionarse el Jūzistān, pero ante la resistencia iraní propuso un alto el fuego, rechazado por Irán (1982). Los combates se intensificaron y el conflicto se internacionalizó. Un alto el fuego entró en vigor el 20 de agosto de 1988. En 1990, Iraq aceptó el reconocimiento de fronteras acordado en Argel en 1975.

**IRANZO** (Miguel Lucas **de**), noble castellano († Jaén 1473), condestable de Castilla en 1458. Enemigo del marqués de Villena, fue encarcelado, pero fue rehabilitado ante Enrique IV, que le nombró alcaide de Jaén. Su nombre está ligado a una obra anónima *(Relación de fechas del condestable Miguel Lucas de Iranzo)*, importante para el conocimiento de su época.

**IRAPUATO,** c. de México (Guanajuato); 265 042 hab. Iglesias decoradas con motivos de tradición prehispánica. Monumentos del s. XVIII.

**IRAQ** o **IRAK,** en ár. **'Irāq,** estado de Asia occidental; 434 000 km²; 17 100 000 hab. *(Iraquíes.)* CAP. *Bagdad.* LENGUA OFICIAL: *árabe.* MONEDA: *dinar iraquí.*

GEOGRAFÍA

El país se extiende sobre la mayor parte de Mesopotamia; es, en su conjunto, árido, de relieve semidesértico, con una agricultura tributaria del regadío (trigo, arroz, dátiles, algodón). La ganadería (ovina) es el único recurso de las estepas periféricas, no irrigadas. La economía se basa en el petróleo, cuya explotación y exportación se vieron perturbadas por la guerra irano-iraquí y por la guerra del Golfo y el posterior embargo internacional.

HISTORIA

El Iraq actual está constituido por la antigua Mesopotamia, cuna de las civilizaciones de Sumer, de Acad, de Babilonia y de Asiria. 224-633: los sasánidas dominaron la región donde estaba situada su capital, Ctesifonte. 633-642: los árabes la conquistaron. 661-750: durante el reinado de los omeyas, Iraq fue el escenario de sus luchas contra los 'Alīdas (muerte de Ḥusayn en Karbalā, en 680). 750-1258: los abasíes reinaron en el imperio musulmán. 762: fundaron Bagdad. 1055: los turcos selyúcidas se apoderaron de Bagdad. 1258: los mongoles de Hūgalū destruyeron Bagdad. 1258-1515: el país, arruinado, fue dominado por dinastías de ori-

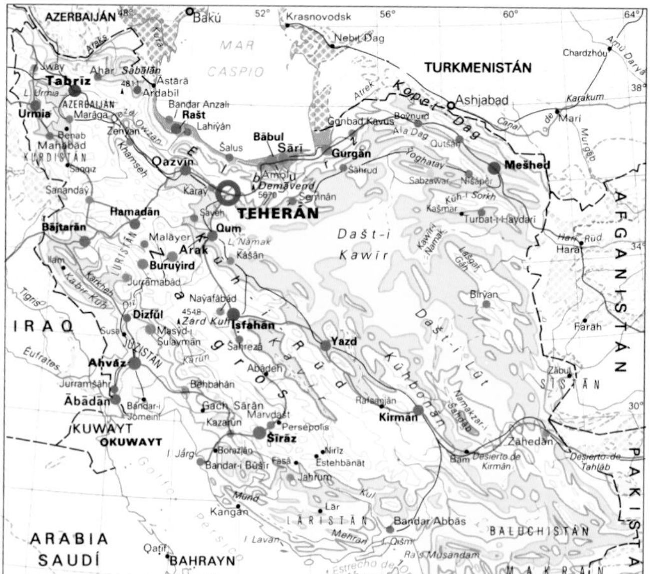

IRÁN

Placa izquierda de un bocado de caballo procedente del Luristān. Bronce; s. VIII a. J.C. (Louvre, París.)
Esta criatura híbrida, tocada con cuernos —probable recuerdo de la tiara con cuernos de los dioses mesopotámicos—, demuestra el talento de trasposición y de estilización de estos broncistas.

Persépolis: en primer término, la escalera de acceso a la terraza y al palacio de Darío I, en segundo plano, las columnas de la apadana (s. VI a. J.C.). El conjunto revela el eclecticismo artístico de la época aqueménida, en la que los elementos del mundo griego se mezclan con los de Oriente hasta convertirse en una creación coherente y original.

Relieve rupestre (s. III d. J.C.) de Naqš-i Rustam, que representa el triunfo de Sapor I sobre el emperador romano Valeriano durante la batalla de Edesa. Con los sasánidas renació un nuevo arte áulico, eco de los temas que se remontan a las más antiguas tradiciones orientales: las del soberano cazador, maestro del reino animal o, como en esta ocasión, victorioso sobre el enemigo; en efecto, seis siglos separan este relieve de los que glorifican a Darío I, el Aqueménida

Iwān central de la mezquita de Gawhar Šād (s. XV), en Mešhed. Integrado en el patio, lugar de la plegaria islámica, el iwān, creación del Irán sasánida, origina la mezquita de cuatro iwānes, fórmula típicamente irania, que fue la más difundida. Destaca la calidad especial, en la época de los tīmūríes, de la decoración exterior de cerámica polícroma.

El rey Dara y el guardián del rebaño real de caballos. Ilustración (*c.* 1488) de Behzād extraída de un ejemplar del *Bustān*, obra del poeta Sa'dī. (Biblioteca nacional, El Cairo.)
El dominio del espacio, sentido de la observación, brillantez en la paleta y gusto por lo maravilloso caracterizan la obra de Behzād, una de las mejores expresiones del arte de la miniatura, origen además de las escuelas ṣafawī y de la India mongol.

El puente-dique de Iṣfahān, o puente Jwayū, construido por el sha 'Abbās II en el s. XVII. Los safawíes, grandes constructores y respetuosos de la tradición y de la arquitectura irania, fueron los últimos grandes representantes artísticos del antiguo Irán.

gen mongol o turcomano. 1401: Bagdad fue saqueada por Timūr Lang (Tamerlán). 1515-1546: los otomanos conquistaron Iraq. 1914-1918: Gran Bretaña ocupó Iraq. 1920: obtuvo un mandato de la Sociedad de Naciones. 1921: el emir hachemí Fayṣāl se convirtió en rey de Iraq (1921-1933). 1925: la provincia de Mosul fue atribuida a Iraq. 1927: la explotación del petróleo fue confiada a la Iraq Petroleum company (IPC). 1930: el tratado angloiraquí concedió una independencia nominal a Iraq. 1941: Rašīd 'Alī Gaylani, nacionalista proalemán, tomó el poder. Los británicos ocuparon Bagdad. 1941-1958: el regente 'Abd al-Ilāh y Nuri al'-Sa'īd se mantuvieron fieles a los intereses británicos. 1958: el general Kassem dirigió un golpe de estado y proclamó la república. 1961: estalló la rebelión kurda. 1963: Kassem fue depuesto por 'Abd al-Salām Aref. 1966-1968. 'Abd al-Raḥmān Aref sucedió a su hermano. 1968: golpe militar; el Ba'at se hizo con el poder y Aḥmad Ḥasan al-Bakr se convirtió en presidente de la república. 1972: la Iraq Petroleum company fue nacionalizada. 1975: un acuerdo con Irán puso fin a la rebelión kurda. 1979: Ṣaddām Ḥusayn se convirtió en presidente de la república. 1980: Iraq atacó a Irán (guerra irano-iraquí). 1988: se produjo un alto el fuego. 1990: Iraq invadió y luego se anexionó Kuwayt (ag.) y se negó a retirarse a pesar de la condena de la O.N.U. 1991: al expirar el ultimátum fijado por la O.N.U., la fuerza multinacional, desplegada en la región del Golfo, con E.U.A. a la cabeza, atacó a Iraq (17 en.) y liberó Kuwayt (28 febr.). Las revueltas de los chiitas y de los kurdos fueron reprimidas violentamente. Se creó una zona de exclusión aérea, al N del país, para proteger a los kurdos. 1992: se instauró otra zona, al S, para proteger a los chiitas. 1994: Iraq reconoció la soberanía de Kuwayt. 1995: Ṣ. Ḥusayn renovó su cargo mediante referéndum. 1996: la O.N.U. autorizó el levantamiento parcial del embargo sobre el petróleo a cambio de alimentos y medicinas. 1997-1998: crisis con E.U.A. por el desarme controlado por la O.N.U. En 1998 (dic.) la negativa de Ṣ. Ḥusayn a facilitar las inspecciones de la O.N.U. motivó un ataque militar de E.U.A. y Gran Bretaña.

**IRATI,** r. de España (Navarra), afl. del Aragón (or. der.); 91 km. Avena la comarca del *valle del Irati.*

**IRAWADI** o **IRRAWADDY,** en birmano **Ayeyarwady,** principal r. de Birmania, que desemboca en el océano Índico; 2 100 km.

**IRAZÚ,** volcán de Costa Rica (Cartago), punto culminante del país, en la cordillera Central; 3 432 m. Parque nacional.

**IRBID,** c. del NO de Jordania; 271 000 hab.

**IRBĪL** o **ARBĪL,** c. de Iraq, al pie del Zagros; 333 903 hab. Es la antigua *Arbelas.*

**IRENE** (Atenas *c.* 752-Lesbos 803), emperatriz de oriente [797-802]. Regente de su hijo Constantino VI, al que destronó (797). Reunió el concilio de Nicea (787), que restableció el culto a las imágenes.

**IRENEO** *(san),* obispo de Lyon (¿Esmirna? *c.* 130-Lyon *c.* 202). Combatió a los nósticos en una obra fundamental *(Tratado contra las herejías).*

**Irgún Zĕma'ī lĕumí,** organización clandestina judía, fundada en Palestina en 1937, activa contra los árabes palestinos y los británicos hasta la proclamación del estado de Israel (1948).

**IRIA FLAVIA,** antigua ciudad de la península Ibérica, situada en la actual *Padrón* (La Coruña). Fue fundada por los fenicios y romanizada después.

**IRIAN,** nombre dado a Nueva Guinea por Indonesia, que posee su mitad occidental, *Irian Jaya,* que constituye una provincia desde 1969 (422 000 km²; 1 174 hab.; cap. *Yayapura**).

**IRIARTE** (Ignacio), pintor español (Santa María de Azcoitia 1621-Sevilla 1685), discípulo de Herrera el Viejo y fundador de la Academia de Sevilla (1660).

**IRIARTE** (Tomás **de**), escritor español (Puerto de la Cruz 1750-Madrid 1791). Defendió la literatura neoclásica, y escribió comedias y obras polémicas y didácticas. En sus *Fábulas* literarias* (1782), aplicó sus doctrinas clasicistas. (Real academia 1763.)

**IRIGOYEN** → ***Yrigoyen.***

**IRIONDO,** dep. de Argentina (Santa Fe); 62 467 hab. Cab. *Cañada de Gómez.* Industria maderera.

**IRIS,** divinidad griega, mensajera alada de los dioses del Olimpo; su chal de siete colores se identificó con el arco iris.

**IRIS** (Esperanza **Bonfiel,** llamada **Esperanza**), actriz y cantante mexicana (Villahermosa 1888-México 1962). Cultivó con éxito la zarzuela y la opereta, y en los años treinta actuó en el cine mexicano.

**IRISARRI** (Antonio José **de**), político y escritor chileno de origen guatemalteco (Guatemala 1786-Brooklyn 1868). Literato y político polémico —ministro de Relaciones Exteriores con O'Higgins y firmante del tratado de Paucarpata (1837), que le valió una condena a muerte *in absentia*—, escribió: *El cristiano errante* (1847), *Cartas filológicas* (1861) y *Poesías satíricas y burlescas* (1867).

**IRKUTSK,** c. de Rusia, en Siberia oriental, a orillas del Angará, cerca del lago Baikal; 626 000 hab. Central hidroeléctrica. Aluminio. Química.

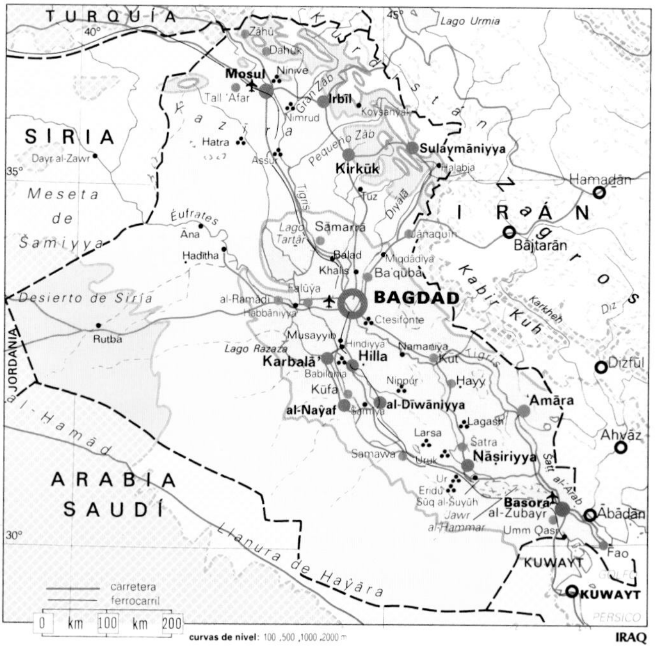

IRAQ

**IRLANDA** *(mar de),* brazo de mar que separa Gran Bretaña de Irlanda.

**IRLANDA,** en gaélico **Éire,** en ingl. **Ireland,** la más occidental de las islas Británicas; 84 000 km². Dividida en *Irlanda* del Norte,* parte del Reino Unido, y en *República de Irlanda*,* o *Éire.*

HISTORIA

***Los orígenes.*** S. IV a. J.C.: una población céltica, los gaëls, se instaló en suelo irlandés. Los numerosos y pequeños reinos que se fundaron se reunieron en cinco grandes unidades políticas: Ulster, Connacht, Leinster del Norte (o Meath), Leinster del Sur y Munster. S. II: los reyes de Connacht afirmaron su preeminencia y alcanzaron su apogeo con Niall-de-los-Nueve-Rehenes [380-405]. 432-461: san Patricio evangelizó Irlanda. Ss. VI-VII: el país conoció un extraordinario florecimiento cultural y religioso. Los monjes irlandeses, como san Colombano († 615), fundaron importantes monasterios en el continente. Fines del s. VII-comienzos del s. XI: Irlanda fue invadida por los escandinavos. 1014: su expansión fue frenada por Brian Boru (victoria de Clontarf).

***La dominación inglesa.*** 1171: la división política de la isla favoreció la incursión de los anglonormandos. 1175: Enrique II de Inglaterra impuso su soberanía en Irlanda. S. XIII: la feudalidad inglesa implantada en la isla fue asimilada poco a poco. 1468-1534: los Fitzgerald de Kildare dominaron el país. 1541: Enrique VIII tomó el título de rey de Irlanda. Su reforma religiosa provocó la rebelión de los irlandeses, apegados a la fe católica. El rey contrarrestó redistribuyendo las tierras irlandesas a ingleses. Las confiscaciones prosiguieron durante los reinados de Eduardo VI e Isabel I. 1598: los irlandeses obtuvieron el apoyo de España y derrotaron a Inglaterra en Yellow Ford. 1607: la reconquista inglesa provocó la huida de los jefes irlandeses. Fin político de la Irlanda gaélica. 1649: Oliver Cromwell llevó a cabo una sangrienta represión contra los irlandeses, quienes tomaron partido por los Estuardo (matanza de Drogheda). Fue seguida por una expoliación general de las tierras. 1690: Jacobo II fue derrotado en Boyne por Guillermo III. El país quedó completamente dominado por la aristocracia inglesa. 1702-1782: Londres aplicó terribles leyes penales y limitó las importaciones irlandesas. 1782-1783: Irlanda adquirió su autonomía legislativa. 1796-1798: los irlandeses se rebelaron bajo la influencia de las revoluciones norteamericana y francesa.

***La unión entre Irlanda e Inglaterra.*** 1800: el gobierno británico optó por la vía de la integración. Pitt hizo proclamar la unión de Irlanda e Inglaterra. 1829: Daniel O'Connell obtuvo la emancipación de los católicos. 1846-1848: una espantosa crisis de alimentos (Gran Hambruna) hundió a la isla en la miseria; una enorme emigración la despobló. 1858: nacimiento de la Fraternidad republicana irlandesa, cuyos miembros adoptaron el nombre de fenianos. 1870: Isaac Butt fundó la asociación para el Home rule (autonomía), cuyo jefe popular fue Charles Parnell. 1881: Gladstone concedió el *Land act.* 1893: el retorno de los conservadores y la muerte de Parnell (1891) hicieron fracasar el Home rule. 1902: Arthur Griffith fundó el Sinn Féin, movimiento paramilitar partidario de la independencia. 1916: una insurrección nacionalista fue duramente reprimida. 1921: Lloyd George reconoció la independencia irlandesa en el S, dando lugar al Estado Libre de Irlanda, privado de seis condados del Ulster, en Irlanda* del Norte, donde los protestantes eran mayoritarios.

**IRLANDA** *(República de)* o **EIRE,** estado de Europa occidental que ocupa la mayor parte de la

Tomás de **Iriarte**
(J. Inza - Prado, Madrid)

Jorge **Isaacs**

isla de Irlanda; 70 000 km²; 3 500 000 hab. *(Irlandeses.)* CAP. *Dublín.* LENGUAS OFICIALES: *inglés* e *irlandés* (gaélico irlandés). MONEDA: *libra irlandesa* y *euro.*

GEOGRAFÍA

Irlanda, de clima suave y húmedo, está formada en la periferia por altas colinas y montañas de altura media, y en el centro por una vasta llanura turbosa, sembrada de lagos, difícilmente avenada por el Shannon. La ganadería (vacuna, ovina y porcina) es un recurso esencial del país, que produce también trigo, avena, cebada (para la cerveza) y patatas. La industrialización (construcciones mecánicas y eléctricas, textil) es modesta. Los ingresos del turismo no compensan el déficit de la balanza comercial. La tradicional emigración no ha cesado por completo.

HISTORIA

1921: el tratado de Londres dio origen al Estado Libre de Irlanda, miembro de la Commonwealth. 1922: una verdadera guerra civil enfrentó al gobierno provisional contra quienes rechazaban la partición de Irlanda. 1922-1932: el gobierno de W. T. Cosgrave restableció la calma y favoreció cierta mejora agrícola. 1932-1948: el Fianna Fáil ganó las elecciones y llevó a E. De Valera al poder. Éste rompió con Gran Bretaña y dirigió contra ella una guerra económica. 1937: se adoptó una nueva constitución e Irlanda tomó el nombre de Éire. 1948: Éire se convirtió en la República de Irlanda y rompió con la Commonwealth. 1951-1986: los diversos gobiernos surgidos del Fianna Fáil (1951-1954, 1957-1973 y 1977-1982) y del Fine Gael (1954-1957, 1973-1977 y 1982-1986) intentaron reforzar la industrialización del país. 1972-1973: Irlanda entró en la C.E.E. 1985: se firmó un acuerdo entre Dublín y Londres sobre la gestión de los asuntos del Ulster. 1987: el Fianna Fáil volvió al poder. 1989: por primera vez en su historia, formó un gobierno de coalición con otro partido. 1992: fracaso del Fianna Fáil y del Fine Gael y avance del Partido laborista en las elecciones legislativas. 1993: gobierno de coalición del Fianna Fáil con los laboristas. 1994: gobierno de coalición del Fine Gael con los laboristas. 1997: Mary McAleese sucedió a Mary Robinson (1990-1997) en la presidencia. El Fianna Fáil ganó las elecciones y B. Ahern formó gobierno. 1998: mediante referéndum, se aprobó una reforma de la Constitución para adecuarla al acuerdo de Stormont* para la pacificación de Irlanda del Norte, y se ratificó el tratado de Amsterdam.

**IRLANDA DEL NORTE,** en ingl. **Northern Ireland,** parte del Reino Unido, que ocupa el NE de la isla de Irlanda; 14 000 km²; 1 570 000 hab. Cap. *Belfast.*

HISTORIA

1921: los seis condados del NE del Ulster se mantuvieron dentro del Reino Unido y se beneficiaron de un régimen de autonomía interna. La minoría católica, mal representada, quedó en situación de inferioridad frente a los protestantes. 1969: el descontento de los católicos mantuvo una agitación permanente, reprimida por el ejército británico. 1972: el gobierno británico asumió la administración de la provincia. El I.R.A. multiplicó los atentados. 1985: el Sinn Féin (próximo al I.R.A. provisional) obtuvo representación en las instituciones locales. 1986: el gobierno británico disolvió la asamblea parlamentaria de Irlanda del Norte. 1993: acuerdo entre Gran Bretaña e Irlanda para la pacificación del Ulster. 1994: alto el fuego del I.R.A. y negociaciones de paz, rotas en 1996. 1997: nuevas negociaciones, con la presencia del Sinn Féin. 1998: acuerdo de paz de Stormont*, ratificado mediante referéndum. 2000: el I.R.A. aceptó el control de sus arsenales.

**Irmandades da fala,** asambleas gallegas surgidas en 1916 para fomentar la difusión local de la lengua gallega a nivel culto y el estudio de cuestiones socioeconómicas. Conformaron el galleguismo como movimiento nacionalista, reunidas, a partir de 1922, en torno a la línea política de la revista *Nós.* Se integraron o transformaron paulatinamente en organizaciones políticas.

**irmandiños** o **hermandinos** *(revueltas de los),* revueltas antiseñoriales de las hermandades gallegas. La más importante (1467-1469) fue alentada por Enrique IV, en pugna con la liga nobiliaria. Un ejército de 80 000 hombres (burgueses, campesinos y clérigos), comandados por los nobles Alonso de Lanzós, Pedro Osorio y Diego de Lemos, venció y desterró a gran número de magnates gallegos, que, tras reconciliarse con el rey en Guisando, organizaron la reconquista de sus señoríos. Los irmandiños fueron derrotados en 1469.

**IRTISH,** r. de Rusia, afl. del Ob (or. izq.); 4 248 km.

**IRÚN** o **IRUN,** c. de España (Guipúzcoa), cab. de p. j.; 53 861 hab. *(Iruneses* o *Iruñeses.)* Centro industrial y comercial en la frontera con Francia.

**IRUÑA** → ***Pamplona.***

**IRUSTA** (Agustín), cantante y compositor argentino (Rosario 1902-Caracas 1987). Con Fugazot y Demare formó un trío que de 1927 a 1938 difundió el tango por Europa. Autor de tangos famosos (*Sorbos amargos* y *Dandy*) y actor de teatro y cine.

**IRVING** (Washington), escritor norteamericano (Nueva York 1783-Sunnyside 1859), uno de los creadores de la literatura norteamericana (*Historia de Nueva York por Knickerbocker,* 1809; *El libro de los bocetos,* 1819-1820; *Cuentos de la Alhambra,* 1832).

**ISAAC,** patriarca bíblico, hijo de Abraham, padre de Jacob y de Esaú. Fue conducido al sacrificio por su padre, cuya fe quiso Dios poner a prueba.

**ISAAC I COMNENO** (*c.* 1005-Studion 1061), emperador bizantino [1057-1059]. Abdicó en favor de Constantino X.

**ISAAC II ÁNGELO** (*c.* 1155-1204), emperador bizantino [1185-1195 y 1203-1204], destronado por su hermano Alejo III en 1195, restablecido en 1203 por los venecianos y derrocado de nuevo. Fue asesinado junto con su hijo Alejo IV (1204).

**ISAACS** (Jorge), novelista colombiano (Cali 1837-Ibagué 1895). Es el gran representante de la narrativa romántica latinoamericana, con su novela *María** (1867). Publicó también *Poesías* (1864) y ensayos.

**ISAAK** (Heinrich), compositor flamenco (*c.* 1450-Florencia 1517), autor de obras polifónicas.

SANTAS

**ISABEL** *(santa),* esposa del sacerdote Zacarías y madre de san Juan Bautista.

**ISABEL DE HUNGRÍA** *(santa)* [Sáxospatak 1207-Marburgo 1231], hija del rey Andrés II.

**ISABEL** *(santa),* **ISABEL DE ARAGÓN** o **DE PORTUGAL** (1271-Estremoz 1336), reina de Portugal [1282-1325], hija de Pedro I el Grande de Aragón y de Constanza de Sicilia. Casó con Dionisio de Portugal, con quien fomentó medidas de mejora social. Desterrada injustamente, al enviudar entró en la orden terciaria franciscana.

EMPERATRICES

**ISABEL DE PORTUGAL** (Lisboa 1503-Toledo 1539), hija de Manuel I el Afortunado de Portugal y nieta de los Reyes Católicos, reina de España y emperatriz de Alemania [1526-1539]. Su matrimonio con Carlos Quinto (1526), del que nacería Felipe II, reforzó la unión entre España y Portugal.

**ISABEL DE WITTELSBACH,** llamada **Sisí,** emperatriz de Austria (Possenhofen, Baviera, 1837-Ginebra 1898). Esposa de Francisco José I, fue asesinada por un anarquista.

BÉLGICA

**ISABEL** (Possenhofen, Alemania, 1876-Ginebra 1965), reina de los belgas [1909-1934]. Hija del duque de Baviera Carlos Teodoro, casó con Alberto I.

CASTILLA Y ESPAÑA

**ISABEL DE PORTUGAL** († 1496), reina de Castilla [1447-1454]. Hija del infante Juan de Portugal, casó con Juan II de Castilla (1447). Madre del infante Alfonso y de Isabel la Católica.

**ISABEL I la Católica** (Madrigal 1451-Medina del

IRLANDA

Isabel de Portugal (Tiziano - Prado, Madrid)

Isabel I la Católica (Juan de Flandes - Academia de historia, Madrid)

Campo 1504), reina de Castilla [1474-1504], hija de Juan II de Castilla y de Isabel de Portugal. En 1468 fue proclamada heredera frente a Juana la Beltraneja (hija de Enrique IV), y en su difícil ascenso al trono se vio implicada en las dos guerras civiles castellanas (1464-1468 y 1474-1479). Su matrimonio en 1469 con el futuro Fernando II de Aragón posibilitó la unión dinástica de Castilla y Aragón. De su reinado destacan: la reordenación legal en las cortes de Toledo (1480) y las *Ordenanzas reales de Castilla* (1480); el integrismo religioso, con la creación de la nueva Inquisición (1478) y la expulsión de judíos (1492) y mudéjares (1502); el apoyo a la empresa americana de Colón y la conquista del reino de Granada (1481-1492).

**Isabel** *(estilo)* o **estilo isabelino,** modalidad del estilo gótico tardío desarrollado en España (especialmente en Castilla), a fines del s. XV y principios del XVI, coincidiendo con el reinado de los Reyes Católicos. Se caracteriza por la ornamentación profusa aplicada a la arquitectura, con elementos del gótico flamígero, mudéjares e incluso renacentistas.

**Isabel la Católica** *(orden de),* orden real española, creada en 1815 para premiar los servicios al estado.

**ISABEL DE VALOIS** (Fontainebleau 1546-Madrid 1568), reina de España [1559-1568], hija de Enrique II de Francia y de Catalina de Médicis. Tercera esposa de Felipe II, su boda (1559) se tomó como garantía del tratado de Cateau-Cambrésis.

**ISABEL CLARA EUGENIA,** princesa española (Balsaín, Segovia, 1566-Bruselas 1633), hija de Felipe II y de Isabel de Valois. Ostentó junto a su esposo, el archiduque Alberto, la soberanía de los Países Bajos (1598-1621). Muerto Alberto (1621), quedó como gobernadora del territorio, que se reintegró a la corona española, y en el que no pudo evitar el estallido de la guerra.

**Isabel Clara Eugenia**
(A. Sánchez Coello - Prado, Madrid)

**ISABEL DE BORBÓN** (Fontainebleau 1603-Madrid 1644), reina de España [1621-1644], hija de Enrique IV de Francia y de María de Médicis y esposa (1615) del futuro Felipe IV. Provocó la caída del conde-duque de Olivares (1643).

**ISABEL FARNESIO** (Parma 1692-Madrid 1766), princesa de Parma y reina de España [1714-1724 y 1724-1746], esposa de Felipe V (1714). Se impuso al monarca y luchó, con la ayuda de Giudice y Alberoni, por conseguir para sus hijos tronos en Italia. Por el tratado de Viena (1731) consiguió Parma y Piacenza, y luego Nápoles (1734), para su hijo Carlos (futuro Carlos III de España). Tras la muerte de su hijastro Fernando VI, que la había desterrado a La Granja, fue regente (1759).

**ISABEL DE BRAGANZA** (Lisboa 1797-Aranjuez 1818), reina de España [1816-1818], hija de Juan VI de Portugal y de Carlota Joaquina. Casó con Fernando VII (1816), e influyó en él en un sentido de moderación.

**ISABEL II** (Madrid 1830-París 1904), reina de España [1833-1868], hija de Fernando VII, heredera del trono por la Pragmática sanción de 1789. Su madre, María Cristina de Borbón, actuó como regente hasta 1840, una vez acabada la guerra carlista (1833-1840), y después lo hizo Espartero, hasta 1843. De ideas políticas reaccionarias, vio sucederse en su reinado los gobiernos moderados (Narváez, 1844-1854) y progresistas (1854-1856), tras los que gobernó la Unión liberal (1856-1863) de O'Donnell. Exiliada tras la revolución de 1868, abdicó (1870) en su hijo, el futuro Alfonso XII.

FRANCIA

**ISABEL DE HAINAUT** (Lille 1170-† 1190), reina de Francia [1180-1190], esposa de Felipe II Augusto.

**ISABEL DE ARAGÓN** (1247-Cosenza, Calabria, 1271), reina de Francia [1270-1271], esposa de Felipe III el Atrevido. Era hija de Jaime I el Conquistador.

**ISABEL DE BAVIERA** (Munich 1371-París 1435), reina de Francia [1385-1422]. Casó con Carlos VI, y fue regente al enloquecer el rey. Reconoció al rey de Inglaterra, su yerno, como heredero del trono de Francia (tratado de Troyes, 1420).

**ISABEL DE AUSTRIA** (Viena 1554-*id.* 1592), reina de Francia [1570-1592], hija del emperador Maximiliano II y esposa de Carlos IX.

INGLATERRA Y GRAN BRETAÑA

**ISABEL DE ANGULEMA** (1186-Fontevrault 1246), reina de Inglaterra. Casó (1200) con Juan sin Tierra, y más tarde (1217) con Hugo X de Lusignan. Madre de Enrique III de Inglaterra.

**ISABEL DE FRANCIA** (París 1292-Hertford 1358), reina de Inglaterra. Hija de Felipe IV el Hermoso, de Francia, casó en 1308 con Eduardo II de Inglaterra y fue regente en nombre de Eduardo III.

**ISABEL I** (Greenwich 1533-Richmond 1603), reina de Inglaterra y de Irlanda [1558-1603], hija de Enrique VIII y de Ana Bolena. Soberana enérgica y autoritaria, dotó a Inglaterra de una religión de estado, el anglicanismo, por el *Acta de supremacía* (1559) y el *bill de los Treinta y nueve artículos* (1563), aunque hubo de enfrentarse a la oposición de los puritanos, a los que atacó en la persona de su protectora, su prima María Estuardo, a la que hizo decapitar (1587). La ejecución desencadenó las hostilidades entre Inglaterra y España, pero la Armada Invencible española fue derrotada (1588). Este combate consagró la supremacía marítima de Inglaterra y potenció su expansionismo (fundación de la Compañía de las Indias orientales, 1600). El

**Isabel I,** reina de Inglaterra (M. Gheeraerts - museo nacional marítimo, Greenwich, Londres)

**Isabel II,** reina de Gran Bretaña, con el duque de Edimburgo

**Isabel de Braganza**
(V. López - Academia de bellas artes de san Fernando, Madrid)

**Isabel II,**
reina de España
(F. Madrazo - Academia de historia, Madrid)

período isabelino también estuvo marcado por un gran auge cultural y artístico. Con ella se extinguió la dinastía Tudor.

**ISABEL II** (Londres 1926), reina del Reino Unido de Gran Bretaña e Irlanda del Norte y jefe de la Commonwealth desde 1952. Hija y sucesora de Jorge VI, tiene cuatro hijos de su matrimonio con Felipe, duque de Edimburgo (1947): Carlos (príncipe de Gales), Ana, Andrés y Eduardo.

MALLORCA

**ISABEL** († *c.* 1400), reina titular de Mallorca [1375], hija de Jaime III de Mallorca. Accedió al trono a la muerte de su hermano Jaime IV (1375), pero se vio obligada a ceder sus derechos a Francia.

NAVARRA

**ISABEL** († islas Hyères 1270), reina de Navarra [1258-1270], hija de Luis IX de Francia y esposa de Teobaldo II de Navarra.

RUSIA

**ISABEL** (Kolómenskoie, cerca de Moscú, 1709-San Petersburgo 1762), emperatriz de Rusia [1741-1762], hija de Pedro el Grande y de Catalina I. Alió a Rusia con Francia y Austria en la guerra de los Siete años (1756-1763).

**ISABELA** o **ALBEMARLE,** isla volcánica de Ecuador, la mayor del archipiélago de las Galápagos*; 4 275 km². Turismo. Parque nacional.

**ISABELA,** mun. de Puerto Rico, en la costa NO de la isla; 39 147 hab. Centro agrícola.

**ISABELA (La),** primera ciudad fundada en América por Colón (1493), en la costa NO de La Española.

**isabelino** *(estilo),* estilo decorativo desarrollado en España durante el reinado de Isabel II [1833-1868], que se concreta especialmente en el mobiliario (con influencia del estilo Imperio, aunque de formas más sinuosas) y en la orfebrería.

**ISÁBENA,** mun. de España (Huesca); 281 hab. Cap. *La Puebla de Roda.* Antigua catedral románica (ss. XI-XII), con pinturas murales, en la villa de *Roda de Isábena.*

**ISAÍAS,** profeta hebreo que ejerció su ministerio en el reino de Judá entre 740 y 687 a. J.C. Es el profeta de la esperanza mesiánica, recogida en el *libro de Isaías* del Antiguo testamento.

**ISAMITT** (Carlos), compositor chileno (Rengo 1886-Santiago 1974). Autor de *Cinco estudios sobre el folklore chileno* (1932-1933), incorporó elementos araucanos a su obra (*Friso araucano,* para voces y orquesta, 1939; *El pozo de oro,* 1942, ballet).

**ISAR,** r. de Europa central, afl. del Danubio (or. der.); nace en Austria, fluye por Baviera y pasa por Munich; 295 km.

**ISASI** (Andrés), compositor español (Bilbao 1890-Algorta 1940), autor de una extensa obra (sinfonías, oratorios, música de cámara, canciones) en la que utilizó elementos del folklore vasco.

**ISAURIOS,** dinastía bizantina, fundada por León III, que reinó en Constantinopla de 717 a 802.

**ÍSCAR,** v. de España (Valladolid); 5 659 hab. *(Iscariotes.)* Iglesias románica de San Miguel (s. XII) y mudéjar de Santa María (s. XIII). Castillo.

**ISCARIOTE,** sobrenombre dado al apóstol Judas.

**ISCHIA,** isla volcánica de Italia, en la entrada del golfo de Nápoles; 46,4 km²; 16 433 hab. Turismo.

**ISCHILÍN,** dep. de Argentina (Córdoba); 28 273 hab. Cab. *Deán Funes.* Canteras (granito, mármol).

**ISE** *(bahía de),* bahía del litoral meridional de Honshū (Japón), en cuya entrada está situada la ciudad de *Ise* (106 000 hab.). Santuarios sintoístas, entre los más antiguos del país, cuya reconstrucción ritual cada veinte años perpetúa la arquitectura prebúdica. Al fondo de la bahía se encuentra Nagoya.

**ISEO** o **SEBINO** *(lago de),* lago de Italia (Lombardía), atravesado por el Oglio, 65 km².

***Iseo → Tristán e Iseo.***

**ISÈRE,** r. de Francia, afl. del Ródano; 290 km. Nace en los Alpes y pasa por Grenoble.

**ISÈRE,** dep. del SE de Francia (Ródano-Alpes); 7 431 km²; 1 016 228 hab. Cap. *Grenoble.*

**ISERLOHN,** c. de Alemania (Renania del Norte-Westfalia), en el Ruhr; 94 695 hab.

**IṢFAHĀN, IṢPAHĀN** o **ISBAHAN,** c. de Irán, al S de Teherán, ant. cap. del país; 986 753 hab. Monumentos del s. XI al XVIII, entre ellos la gran mezquita del viernes (ss. XI-XVIII); notables ejemplos de arquitectura ṣafawí (la plaza Real [Maydān-i šāh], la mezquita Real, el palacio de las Cuarenta columnas, etc.).

**IṢFAHĀNĪ,** escritor árabe (Iṣfahān 897-Bagdad 967), autor del *Libro de las canciones,* antología de antiguos poemas árabes cantados.

**ISHIM,** r. de Kazajstán y de Rusia, afl. del Irtish (or. izq.); 2 450 km.

**ISIDORO DE SEVILLA** *(san),* escritor y doctor de la Iglesia (¿Cartagena? ¿Sevilla? *c.* 560-Sevilla 636). Obispo de Sevilla, mente enciclopédica, escribió en latín numerosas obras históricas, teológicas *(Sentencias)* y de ciencia profana. Destacan sus dos grandes diccionarios enciclopédicos, síntesis del saber de su tiempo: las *Diferencias* y sobre todo las *Etimologías.*

San **Isidoro de Sevilla** con su hermana Florentina. Miniatura de un manuscrito de *Contra iudaeos* (*c.* 800). [Biblioteca nacional, París.]

**ISIDRO LABRADOR** *(san)* [Madrid *c.* 1070-*id.* 1130]. Era jornalero agrícola y casó con María Toribia, venerada como santa María de la Cabeza. Es patrono de algunas ciudades españolas, entre ellas Madrid.

**ISIS,** diosa egipcia, hermana y esposa de Osiris, a quien devolvió la vida, y madre de Horus, es el arquetipo de la esposa y madre ideales. Su culto gozó de gran popularidad en el mundo grecolatino (misterios *isíacos*).

**ISKĂR,** r. de Bulgaria, que pasa por Sofía, afl. del Danubio (or. der.); 370 km aprox.

**İSKENDERUN,** ant. **Alexandretta** (en esp. **Alejandreta**), c. y puerto del SE de Turquía; 154 807 hab.

**ISLA** (José Francisco **de**), escritor español (Vidanes, León, 1703-Bolonia 1781). Jesuita, escribió obras satíricas, entre las que destaca su novela *Fray* Gerundio de Campazas.*

**ISLA CRISTINA,** c. de España (Huelva); 16 575 hab. *(Isleños.)* Pesca e industrias derivadas.

**ISLA DE LA JUVENTUD,** ant. **Isla de Pinos,** mun. especial de Cuba, constituido por la *isla de la Juventud* (ant. *isla de Pinos;* 2 200 km²) y los restantes islotes del archipiélago de los Canarreos; 71 000 hab. Cab. *Nueva Gerona.* Bosques y yacimientos minerales. Turismo (parque nacional de la Ciénaga de Lanier).

**ISLA DE LEÓN,** islote que cierra la bahía de Cádiz, en cuyo extremo se asienta la c. de Cádiz (España). Fue sede de las cortes de Cádiz, que en 1813 le dieron el título de ciudad y el nombre actual de San* Fernando.

**isla del tesoro** *(La),* novela de R. L. Stevenson (1883), clásico de la novela de aventuras.

**ISLĀMĀBĀD,** c. y cap. de Pakistán, cerca de Rāwalpindi; 201 000 hab.

**ISLANDIA,** en islandés **Ísland,** estado europeo insular del Atlántico Norte, al SE de Groenlandia; 103 000 km²; 253 000 hab. *(Islandeses.)* CAP. *Reykjavík.* LENGUA OFICIAL: *islandés.* MONEDA: *corona islandesa.*

GEOGRAFÍA

Islandia, país de glaciares, volcanes y géiseres, vive de la ganadería ovina y sobre todo de la pesca. Reykjavík agrupa a más de la mitad de la población total.

HISTORIA

S. IX: los escandinavos iniciaron la colonización de Islandia. 930: se constituyó el Althing, asamblea de hombres libres. 1056: se creó el primer obispado autónomo. 1262: Haakon IV de Noruega sometió la isla. 1380: Islandia y Noruega quedaron bajo la autoridad de Dinamarca. 1550: Cristián III impuso la Reforma luterana. 1602: se confirió el monopolio comercial a los daneses. S. XVIII: la viruela, las erupciones volcánicas y una terrible hambruna diezmaron la población. 1834: Islandia obtuvo dos diputados en el parlamento danés. 1843: restablecimiento del Althing. 1903: la isla logró la autonomía. 1918: Islandia se convirtió en reino independiente bajo la corona danesa. 1944: se proclamó la República de Islandia y Sveinn Bjørnsson se convirtió en su primer presidente. Con las presidencias de Ásgeir Ásgeirsson (1952-1968) y de Kristjan Eldjárn (1968-1980), la economía islandesa se benefició de los acuerdos firmados con los estados escandinavos. 1958-1961: un conflicto sobre la pesca (guerra del bacalao) enfrentó al país con Gran Bretaña. 1970: Islandia ingresó en la E.F.T.A. 1980: Vigdís Finnbogadóttir se convirtió en presidenta (reelegida en 1984, 1988 y 1992). 1996: Olafur Ragnar Grimson es elegido presidente.

**ISLAS DE LA BAHÍA** *(departamento de),* dep. de Honduras, en el golfo de Honduras; 261 km²; 21 553 hab. Cap. *Roatán.*

**ISLETA** (*península de* **La**), saliente del NE de la isla de Gran Canaria (España), en cuyo istmo se encuentran el importante Puerto de la Luz de Las Palmas y la playa de las Canteras. Faro.

**ISMAEL,** hijo de Abraham y de su sirvienta egipcia Agar, considerado por la tradición bíblica y coránica el antepasado de los árabes.

**ISMĀʿĪL,** séptimo y último imán de los ismailíes († Medina *c.* 760).

**ISMĀʿĪL I** (Ardabil 1487-*id.* 1524), sha de Persia [1501-1524], fundador de la dinastía de los ṣafawíes. Impuso el chiismo como religión de estado.

**ISMĀʿĪL I** (Granada 1279-*id.* 1325), fundador de la rama de los príncipes malagueños de la dinastía nazarí [1315-1325]. Conquistó el trono de Granada al vencer a su tío, el rey Naṣr, y tomó Huéscar, Orce, Galera y Baza. Murió asesinado.

**ISMĀʿĪL BAJÁ** (El Cairo 1830-Istanbul 1895), virrey [1863-1867] y jedive de Egipto [1867-1879]. Inauguró el canal de Suez (1869). Las dificultades financieras le obligaron a aceptar el control franco-británico de Egipto (1878).

**ISMAILÍA,** en ár. **al-Ismāʿīliyya,** c. de Egipto, a or. del lago Timsah, junto al canal de Suez; 175 000 hab.

**ISMENE,** en la mitología griega, hija de Edipo y hermana de Antígona.

**ISNÀ,** c. de Egipto (Alto Egipto), a orillas del Nilo; 34 000 hab. Restos bien conservados de la sala hipóstila del templo tolemaico (columnas con importantes textos grabados relativos al mito de la creación).

**ISNARDI** (Francisco), patriota venezolano, de origen italiano (Turín 1750-Cádiz 1814). Secretario (1810-1812) del primer congreso, en Caracas, fue uno de los redactores de la declaración de independencia venezolana y de la constitución.

**ISNOS,** mun. de Colombia (Huila), en el valle alto del Magdalena; 15 143 hab. Plátano, frijol, yuca.

**ISÓCRATES,** orador griego (Atenas 436-*id.* 338 a. J.C.). Propugnó la unión de los griegos y de los macedonios contra los persas.

**Isolda,** Iseo → ***Tristán e Iseo.***

**ISONZO,** en esloveno **Soča,** r. de Eslovenia y de Italia, que desemboca en el golfo de Trieste; 138 km. Escenario de numerosos combates entre italianos y austríacos, de 1915 a 1917.

**Isos, Issos** o **Issus** *(batalla de)* [333 a. J.C.], batalla en que Darío III fue vencido por Alejandro Magno (Cilicia, Asia Menor).

**ISOZAKI ARATA,** arquitecto japonés (Oita 1931). Discípulo de Tange, se orientó hacia un estilo propio que le acercaba al posmodernismo (museo de arte contemporáneo de Los Ángeles, 1981-1986; palacio Sant Jordi de Barcelona, 1984-1990).

**IṢPAHĀN** → *Iṣfahān.*

**ISRAEL,** otro nombre de Jacob en la Biblia. Por extensión, nombre dado al pueblo judío, descendiente de Israel.

**ISRAEL,** estado de Asia, en Oriente medio, a orillas del Mediterráneo; 21 000 km²; 4 900 000 hab. *(Israelíes.)* CAP. *Jerusalén* (proclamada por la Kěnésset). LENGUAS OFICIALES: *hebreo, árabe.* MONEDA: *shekel.*

GEOGRAFÍA

Israel, resultado del reparto de la antigua Palestina, se extiende por unas regiones de clima mediterráneo al N y desértico al S (Néguev). Gracias a la irrigación, la agricultura, en el marco de explotaciones más o menos colectivistas, proporciona trigo, algodón, aceite de oliva y sobre todo diversos frutos (cítricos, aguacates). La pobreza del subsuelo (que contiene algo de potasa y sobre todo fosfatos) explica la ausencia de industria pesada. Sin embargo se han implantado sectores especializados en Tel-Aviv y en Haifa, favorecidos por la presencia de capitales y la calidad de la mano de obra (productos farmacéuticos, talla de diamantes, etc.). La balanza comercial es no obstante muy deficitaria, al igual que la balanza de pagos. La economía sufre una fuerte inflación y un considerable endeudamiento, relacionado con el presupuesto de defensa y el incremento de la inmigración.

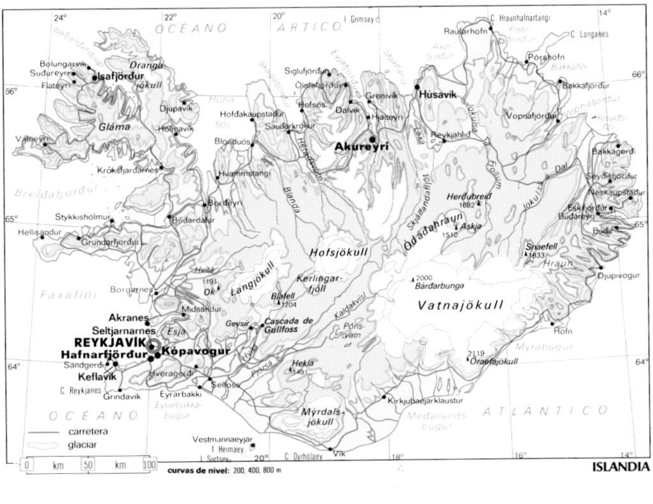

**ISRAEL**

HISTORIA

29 nov. 1947: la asamblea general de la O.N.U. aprobó una resolución sobre un plan de partición de Palestina, que fue rechazado por los países árabes limítrofes. 14 mayo 1948: se creó el estado de Israel. Ben Gurión dirigió el gobierno provisional. 1948-1949: Israel amplió su territorio tras la primera guerra árabe-israelí*; se eligió el primer parlamento (Kĕnésset), se aprobaron las leyes fundamentales y H. Weizman se convirtió en presidente de la república. 1949-1969: el partido socialista (Mapay) estuvo en el poder con Ben Gurión (1948-1953, 1955-1961, 1961-1963) y luego Leví Eshkol (1963-1969). 1950-1960: el auge económico se basó en la explotación colectiva de las tierras *(kibbutz)*, el desarrollo de un importante sector estatal, los capitales extranjeros y la ayuda norteamericana. 1956: la segunda guerra árabe-israelí fue provocada por la nacionalización del canal de Suez por parte de Egipto y el bloqueo del golfo de Eilat. 1967: durante la tercera guerra árabe-israelí *(guerra de los seis días)*, Israel ocupó el Sinaí, Gaza, Cisjordania y el Golán. 1969-1974: Golda Meir fue nombrada primera ministra. 1973: cuarta guerra árabe-israelí *(guerra del Yom Kippur)*. 1977: M. Begin, primer ministro, entabló conversaciones de paz con Egipto. 1979: según el tratado de Washington, Egipto reconoció una frontera definitiva con Israel, que le restituyó (en 1982) el Sinaí. 1980: Jerusalén reunificada fue proclamada capital por la Kĕnésset. 1981: anexión del Golán. 1982-1983: Israel ocupó Líbano hasta Beirut y luego se retiró al S del país. 1984: se formó un gobierno de unión nacional. S. Peres ocupó durante dos años el cargo de primer ministro. 1986: de acuerdo con la alternancia prevista, le sucedió Y. Shamir. Desde 1987: los territorios ocupados (Cisjordania y Gaza) fueron el escenario de un levantamiento popular palestino *(Intifada)*. 1988: se formó un nuevo gobierno de unión nacional. Y. Shamir se mantuvo como primer ministro. 1989: Israel devolvió a Egipto el enclave de Taba. 1990: tras la crisis de este gobierno, Y. Shamir formó un gabinete de coalición con los partidos religiosos y la extrema derecha. 1991: Israel participó, con los países árabes y los palestinos, en la conferencia de paz de Madrid. 1992-1994: los laboristas regresaron al poder; Y. Rabin se convirtió en primer ministro, negoció con la O.L.P. la autonomía de los territorios ocupados de Gaza y Cisjordania y firmó la paz con Jordania. 1995: asesinado Y. Rabin, fue sustituido por S. Peres. 1996: B. Netanyahu, del Likud, fue elegido primer ministro. El endurecimiento de la política israelí bloqueó el plan de paz con los palestinos. 1999: el laborista E. Barak, elegido primer ministro. 2000: el ejército israelí abandonó el S de Líbano. Nueva *intifada* en los territorios ocupados. 2001: Ariel Sharon, del Likud, fue elegido primer ministro.

**ISRAEL** *(reino de)*, reino que agrupaba a las tribus del N de Palestina, tras la escisión del reino hebreo, a la muerte de Salomón (931-721 a. J.C.). Cap. *Samaria*. Minado por su inestabilidad política y sus rivalidades con el reino de Judá, sucumbió ante los asirios, quienes deportaron a su población.

**ISSIK-KUL** *(lago)*, lago de Kirguizistán; 6 236 km².

**İSTANBUL,** ant. **Bizancio,** después **Constantinopla,** principal c. y puerto de Turquía, junto al Bósforo y el mar de Mármara; 6 620 241 hab. Universidad. Museos. La ciudad está situada a ambos lados del Cuerno de Oro, pequeña bahía de la costa europea del país. Al S se sitúan los principales monumentos (Santa Sofía, mezquita del sultán Ahmet, y varias obras maestras de Sinān, entre ellas la mezquita de Solimán). Al N se extiende la ciudad comercial y cosmopolita (Beyoğlu). Por la orilla asiática se extienden barrios importantes (Üsküdar) y las aglomeraciones satélites se sitúan a lo largo del Bósforo. İstanbul fue la capital del imperio otomano de 1453 a 1923 y conservó una población cosmopolita (griegos, armenios, judíos).

**İstanbul:** la mezquita Süleymaniye (de Solimán) construida de 1550 1557 por Mimar Sinan.

**IŠTAR** → *Astarté.*

**Istiqlāl,** partido nacionalista marroquí fundado en 1944. Militó por la independencia de Marruecos y pasó a la oposición en 1963, con intervalos de colaboración con la monarquía.

**ISTMINA,** mun. de Colombia (Chocó); 21 932 hab. Agricultura y ganadería. Oro y plata.

**ISTOLACIO,** jefe turdetano († 237 a. J.C.). Luchó al mando de turdetanos y mercenarios celtas e iberos contra el avance cartaginés en el valle del Guadalquivir. Derrotado por Amílcar Barca, fue crucificado.

**ISTRATI** (Panait), escritor rumano en lengua francesa (Brăila 1884-Bucarest 1935). Autor de un ciclo novelesco de carácter autobiográfico (*La vida de Adrián Zograffi*, 1924-1933).

**ISTRIA,** península del N del Adriático, frente a Venecia, perteneciente en su mayor parte a Croacia, otro sector a Eslovenia y una pequeña franja noroccidental a Italia (Trieste). Veneciana desde el s. XI, pasó a Austria en 1797 (tratado de Campoformio) hasta 1805 y de nuevo en 1815. Fue reivindicada como «provincia irredenta» por Italia, quien la anexionó en 1920. En 1947, Istria pasó a ser yugoslava, manteniendo Trieste un estatuto especial.

**ISTÚRIZ** (Francisco Javier **de**), político español (Cádiz 1790-Madrid 1871). Evolucionó del liberalismo radical, que lo llevó al exilio (1823-1834), a una política moderada como presidente del congreso (1834-1836) y del gobierno (1836), del que fue expulsado por el motín de La Granja. Posteriormente fue de nuevo presidente del congreso (1838-1840) y del gobierno (1846-1847).

**ITÁ,** mun. de Paraguay (Central), en la cordillera de los Altos; 28 457 hab. Destilerías de alcohol.

**ÍTACA,** en gr. **Ithakē** o **Ithaki,** isla de Grecia, una de las islas Jónicas; 96 km²; 5 000 hab. Se la identifica con la Ítaca de Homero, patria de Ulises.

**ITAGÜÍ,** c. de Colombia (Antioquia); 137 623 hab. Textiles, curtidos y cerveza.

**Itaipú,** presa de Brasil y Paraguay, sobre el río Paraná. Forma un lago artificial de 1 330 km² y alimenta la mayor central hidroeléctrica del mundo (12 600 MW).

**ITAKYRY,** distr. de Paraguay (Alto Paraná); 23 313 hab. Elaboración de yerba mate.

**ITALIA,** estado de Europa meridional; 301 000 km²; 57 700 000 hab. *(Italianos.)* CAP. *Roma.* LENGUA OFICIAL: *italiano.* MONEDA: *lira* y *euro.*

GEOGRAFÍA

Italia, miembro fundador de la Comunidad europea, es el más desarrollado de los estados mediterráneos, gracias al llamado milagro económico experimentado tras la segunda guerra mundial. Actualmente los dos tercios de los italianos viven en ciudades, 4 de las cuales (Roma, Milán, Nápoles y Turín) superan el millón de habitantes. Pero esta población ya apenas crece, debido a la caída de la natalidad, que ha descendido aproximadamente al 12 ‰. La agricultura ya sólo ocupa al 10 % de la población activa. Pero la producción es importante, en particular por lo que se refiere a los cereales (trigo y maíz), los cultivos frutales (cítricos), olivos (aceitunas para el aceite) y vid. La naturaleza de la producción depende estrechamente del clima: caluroso en verano en todo el país, pero frío en invierno en el N (llanura del Po y arco alpino del Mediterráneo al Friul) y particularmente seco en verano en la parte peninsular (cuyo eje lo constituyen los Apeninos) e insular (Sicilia y Cerdeña). Este clima y el rico patrimonio cultural del país explican la importancia del turismo. La industria emplea aproximadamente a un tercio de la población activa. Comporta un importante sector estatal, algunas poderosas empresas privadas y otras muchas más pequeñas. Está implantada sobre todo en el N, puesto que la parte meridional (el Mezzogiorno) no ha recuperado su retraso. La producción está diversificada, aunque predominan las construcciones mecánicas (automóvil) y la química. En algunos sectores (textil, marroquinería), una aportación notable proviene de la economía llamada sumergida (producción y mano de obra no declaradas). Ello atenúa la amplitud del índice de paro oficial y contribuye a explicar la gran flexibilidad de una economía que parece indiferente a la tradicional debilidad de la lira, al no menos crónico déficit comercial (con un endeudamiento exterior notable) y presupuestario, y a cierta inestabilidad política que favorece el resurgimiento del regionalismo.

HISTORIA

***La antigüedad.*** III milenio: Italia estuvo habitada por poblaciones mediterráneas que sobrevivieron con el nombre de ligures (en la península) o de sicules (en Sicilia). II milenio: las migraciones indoeuropeas llevaron al desarrollo de una civilización específica, llamada «de las terramaras», en la llanura del Po; los recién llegados, los vilanovianos, practicaban la incineración y utilizaban el hierro. C. 1000: dos grupos itálicos (o italiotas) formaban la parte esencial de la población de Italia. S. VIII a. J.C.: los etruscos se instalaron entre el Po y la Campania; los griegos establecieron factorías en las costas meridionales. S. IV: los celtas ocuparon la llanura del Po. S. IV-s. II: Roma (fundada en 753, según la leyenda) aprovechó las disensiones de estos pueblos para conquistar progresivamente el conjunto de la península, al mismo tiempo que, tras su victoria sobre Cartago, dominaba el conjunto del Mediterráneo occidental. El latín, lengua del vencedor, se impuso en toda Italia. 91-89 a. J.C.: la guerra itálica, o guerra social, obligó a Roma a conferir a las ciudades italianas el derecho de ciudadanía completa. 58-51 a. J.C.: con César, Italia se adueñó de la Galia. 42 a. J.C.: Octavio incorporó la Galia Cisalpina a Italia, cuya frontera se trasladó hacia el N. 27 a. J.C.-s. V d. J.C.: a partir de Augusto, Italia pasó a ser el centro de un vasto imperio, que dirigía y que la sustentaba. El cristianismo, introducido en la península en el s. I, perseguido durante mucho tiempo, triunfó en el s. IV en Roma, sede del papado.

***La edad media.*** S. V: las invasiones bárbaras redujeron el imperio de occidente a Italia, que también las sufrió (saqueos de Roma, 410 y 476). S. VI: tras las tentativas de restablecimiento de Teodorico y de Justiniano, Italia se desarrolló en torno a tres polos: Milán, centro del reino lombardo; Ravena, bajo dominación bizantina; y el territorio pontificio, en torno a Roma. S. VIII: ante el avance de los lombardos, el papa pidió ayuda a los francos; Carlomagno se convirtió en rey de los lombardos (774), antes de ser coronado emperador (800). S. IX: las incursiones sarracenas y normandas en el S y la fragmentación feudal crearon una situación de anarquía. S. X: el rey de Germania Otón I fue coronado emperador en Roma (962) e Italia se integró en el Sacro imperio romano germánico. 1075-1122: la querella de las investiduras acabó con la victoria del papado sobre el imperio. Apoyados por Roma, los normandos de Roberto Guiscardo crearon un reino en el S de Italia. 1122-1250: se constituyó una nueva fuerza, la de las ciudades, erigidas en municipios y enriquecidas por el crecimiento económico (Pisa, Génova, Florencia, Milán, Venecia). Cuando se reanudó el conflicto entre la Iglesia y el imperio (1154-1250) —que permitió al emperador Federico Barbarroja conquistar el reino normando—, las ciudades se vieron forzadas a tomar partido, y se dividieron entre güelfos (partidarios del papa) y gibelinos (que apoyaban al emperador). 1266-1417: el S de Italia correspondió a Carlos de Anjou, y Sicilia pasó a la Corona de Aragón, lo que puso fin a las pretensiones imperiales sobre Italia. El papado hubo de abandonar Roma por Aviñón (1309-1376); fue debilitado por el Gran Cisma de Occidente (1378-1417). Ya no hubo potencia dominante en Italia, sino municipios y estados regionales enfrentados con las dificultades económicas y sociales que acompañaron a la peste negra (1348). S. XV: se formó una nueva potencia en el N, el ducado de Saboya; en las ciudades, donde familias principescas se impusieron contra el régimen republicano, tuvo lugar el renacimiento (Florencia).

***De la decadencia del s. XVI al Risorgimento.*** 1494-1559: las guerras de Italia acabaron, en detrimento de las ambiciones francesas, con el establecimiento del predominio español en gran parte de la península. 1559-1718: Italia, centro de la Contrarreforma, sufrió una decadencia en el plano cultural y económico. S. XVIII: el tratado de Utrecht (1713) situó al país bajo la dominación de los Habsburgo de Austria. En Toscana, en el reino de

ITALIA

Nápoles que, con Parma, volvió a manos de los Borbones de España a partir de 1734, se aplicó una política reformista e ilustrada. 1792-1799: Italia se situó bajo la influencia de Francia, que anexionó Saboya y Niza y ocupó la República de Génova. Se instituyeron efímeras repúblicas hermanas. 1802-1804: Bonaparte conquistó el conjunto de la península, y constituyó en el N una República italiana. 1805-1814: la República italiana, convertida en reino de Italia, tuvo como soberano a Napoleón Bonaparte; el reino de Nápoles, ocupado en 1806, fue confiado a José Bonaparte y luego (1808) a Murat. 1814: Italia recuperó su división anterior (doce estados). La dominación austríaca fue restablecida en el norte y en el centro. 1820-1821: algunas sociedades secretas *(carbonarismo)* fomentaron conjuraciones contra el retorno del absolutismo; fueron duramente reprimidas. 1831-1833: estallaron nuevas revueltas, inspiradas por el republicano Mazzini, fundador del movimiento de la Joven Italia. 1846-1849: la empresa de liberación nacional, el *Risorgimento,* fracasó ante la resistencia austríaca; pero el Piamonte, con Carlos Alberto y luego Víctor Manuel II y su ministro Cavour, se impuso al frente de ésta, y obtuvo en su favor el apoyo de Francia. 1859: las tropas franco-piamontesas vencieron a Austria (campaña de Italia), que hubo de abandonar Lombardía. 1860: Francia recuperó Saboya y Niza. Movimientos revolucionarios, en Italia central y en el reino de Nápoles conquistado por Garibaldi, llevaron a la unión de estas regiones con el Piamonte. 1861: se proclamó el reino de Italia, con Víctor Manuel como soberano y Florencia como capital. 1866: el reino conquistó el Véneto gracias a la ayuda prusiana. 1870: la caída del segundo Imperio francés permitió la anexión de Roma, que se convirtió en capital.

***El reino de Italia y la época de Mussolini.*** 1870-1876: se sucedieron los gobiernos de derecha, mientras el Mezzogiorno se hundía en la pobreza y se desarrollaba la emigración. 1876-1900: gobiernos de izquierda los sustituyeron con Crispi, anticlerical y hostil a Francia, que intentó en vano colonizar Etiopía. A Víctor Manuel II le sucedieron en 1878 Humberto I, asesinado en 1900, y luego Víctor Manuel III. 1903-1914: se agravaron los problemas sociales. La política exterior, dominada por las reivindicaciones irredentistas, condujo al conflicto italo-turco (1911-1912) y a la anexión de Tripolitania y el Dodecaneso. 1915-1918: Italia, siempre impulsada por el deseo de reconquistarle tierras a Austria, participó en la primera guerra mundial junto a los aliados. 1919: solamente una parte de sus ambiciones se vio satisfecha (anexión de Trentino, Alto Adigio y Fiume). 1922: Mussolini fue llamado al poder por el rey tras la marcha sobre Roma de sus Camisas negras. 1922-1944: Mussolini, que se hizo llamar *duce,* instauró un régimen fascista corporativista, popular gracias a su política económica (grandes obras), religiosa (acuerdos de Letrán, 1929) y exterior (conquista de Etiopía, 1935-1936). 1940: Italia, que había firmado el pacto de Acero con el III Reich el año anterior, entró en guerra junto a Alemania. 1943: el desembarco aliado en Sicilia provocó la caída de Mussolini, que se refugió en el N, donde constituyó la República de Salò; el mariscal Badoglio firmó un armisticio con los aliados. 1944: Víctor Manuel III abdicó y su hijo Humberto II se convirtió en lugarteniente general del reino. 1945: Mussolini fue detenido y fusilado.

***La Italia contemporánea.*** 1946: se proclamó la república tras un referéndum; el democristiano A. De Gasperi emprendió la reconstrucción del país, apoyándose en la alianza con E.U.A. 1953-1958: período de inestabilidad. 1958-1968: los democristianos, con A. Fanfani y luego A. Moro, fueron los autores de un «milagro económico» que no impidió el avance electoral de la izquierda y les forzó progresivamente a una apertura hacia los socialistas. 1968-1972: la inestabilidad política hizo que los gobiernos se sucedieran a un ritmo rápido. Estallaron disturbios graves. La clase política, considerada corrupta, se vio cada vez más aislada del resto de la sociedad. 1972-1981: para restablecer el orden, los partidos políticos trataron de realizar la mayor alianza posible; lo lograron con el llamado compromiso histórico, entre 1976 y 1979, cuando se unieron en el poder comunistas y democristianos. Mientras tanto, la sociedad italiana se vio trastornada por el desarrollo del terrorismo de derecha o de izquierda, en particular de las Brigadas rojas (asesinato de A. Moro, 1978). 1983: el socialista B. Craxi fue nombrado presidente del consejo. 1987-1992: tras su dimisión, los democristianos (Giovanni Goria [julio 1987]; Ciriaco de Mita [abr. 1988]; G. Andreotti [julio 1989]) recuperaron la presidencia del consejo. 1992: tras las elecciones legislativas (abr.) marcadas por el fracaso de los grandes partidos y por la emergencia de las Ligas (movimientos regionalistas y populistas), en particular de la Liga lombarda, el socialista G. Amato formó un gobierno de coalición (junio) que inició una política de austeridad, de revisión de las instituciones y de lucha contra la mafia y la corrupción. 1993: el independiente C. A. Ciampi formó un gobierno de coalición para gestionar el tránsito hacia una «segunda república», tras la reforma de la ley electoral. 1994: en las elecciones legislativas venció una coalición de centro-derecha; S. Berlusconi, primer ministro, pero, acusado de corrupción, dimitió (dic.). 1995: L. Dini, encargado de formar gobierno. 1996: triunfo de la coalición de centro-izquierda en las elecciones legislativas. R. Prodi formó un nuevo gobierno. 1998: Prodi dimitió y el excomunista M. D'Alema presidió un gobierno de centro-izquierda. 2000: tras la dimisión de M. D'Alema fue designado G. Amato.

INSTITUCIONES

República. Constitución de 1947. Presidente de la república elegido cada 7 años por el parlamento. Presidente del consejo, responsable ante el parlamento, formado por la *cámara de los diputados* y por el *senado,* elegidos para 5 años.

LITERATURA Y FILOSOFÍA

– *Edad media:* Marco Polo, Brunetto Latini, Dante, Petrarca, Boccaccio. – *Renacimiento. S. XV:* L. Valla, Pico de La Mirandola, Angelo Poliziano, Sannazzaro, Boiardo. – *S. XVI:* Ariosto, Aretino, Maquiavelo, G. Guarini, B. Castiglione, Tasso, G. Bruno, Vasari, Ruzzante. – *S. XVII:* G. Marino, T. Campanella. – *S. XVIII:* Goldoni, Gozzi, Alfieri, Parini, Vico, Beccaria. *Risorgimento:* Foscolo, Manzoni, Leopardi, S. Pellico. – *Italia unificada:* Carducci, Verga, Fogazzaro, De Amicis, Pascoli, D'Annunzio. – *S. XX:* B. Croce, Marinetti, I. Svevo, D. Campana, Pirandello, Montale, Ungaretti, Quasimodo, Gramsci, Pavese, Gadda, Malaparte, Buzzati, Silone, Vittorini, Pratolini, Moravia, Pasolini, E. Morante, Sciascia, Calvino, U. Eco.

BELLAS ARTES

***Principales ciudades artísticas y centros arqueológicos.*** Agrigento, Arezzo, Asís, Bari, Bérgamo, Bolonia, Brescia, Cagliari, Caserta, Catania, Cefalú (arte romano-bizantino), Cerveteri (arte etrusco), Ferrara, Florencia, Génova, Lecce, Lucca, Mantua, Milán, Monreale (arte romano-bizantino), Nápoles, Orvieto, Ostia (arte romano), Padua, Paestum (arte griego), Palermo, Parma, Pavía, Perugia, Pisa, Pompeya (arte romano), Ravena (arte bizantino), Roma, Selinonte (arte griego), Siena, Siracusa, Tarquinia (arte etrusco), Tívoli, Trento, Trieste, Turín, Urbino, Venecia, Verona, Vicenza, Viterbo.

***Arquitectos, pintores y escultores célebres.***

– *Edad media:* Nicola y Giovanni Pisano, Arnolfo de Cambio, Cimabue, Cavallini, Duccio, Giotto, los Lorenzetti, S. Martini, Andrea y Nino Pisano, los Gaddi, Gentile da Fabriano.

– *Renacimiento:* Jacopo della Quercia, Brunelleschi, Ghiberti, Masolino da Panicale, Sassetta, Masaccio, Donatello, Pisanello, Fra Angelico, Michelozzo, Ucello, Filarete, L. Della Robbia, Alberti, los Rossellino, los Lippi, los Bellini, Andrea del Castagno, Piero della Francesca, B. Gozzoli, Antonello da Messina, C. Tura, Foppa, Crivelli, Mantegna, Giuliano y Benedetto da Maiano, los Pollaiolo, Del Cossa, los Lombardo, Verrocchio, Francesco di Giorgio Martini, Botticelli, Bramante, Signorelli, Perugino, los Sangallo, los Ghirlandaio, Leonardo da Vinci, Carpaccio, Cima, Piero di Cosimo, los Sansovino, G. Ferrari, Serlio, Miguel Ángel, Giorgione, el Sodoma, L. Lotto, Peruzzi, Rafael, Pordenone, Andrea del Sarto, Correggio, Ticiano, Rosso, Pontormo, G. Romano, los Palma, el Parmesano, B. Cellini, Primatice, Salviati, Vignola, Palladio, N. Dell'Abate, Vasari, los Bassano, Tintoretto, Veronese, Juan de Bolonia, il Baroccio, D. Fontana, los Carracci, Maderno.

– *S. XVII:* Gentileschi, Caravaggio, G. Reni, el Domeniquino, Albani, B. Strozzi, Lanfranco, Guercino, Algardi, Pietro da Cortona, Borromini, Bernini, Longhena, G. B. Castiglione, M. Preti, S. Rosa, G. Guarini, Lucas Jordán, C. Fontana, Solimena.

– *S. XVIII:* S. y M. Ricci, G. M. Crespi, Magnasco, Juvarra, Piazzetta, Pannini, Canaletto, los Guardi, Longhi, Piranesi, los Tiépolo, Canova.

– *S. XIX y XX:* Boldini, A. Martini, Magnelli, De Chirico, Morandi, P. L. Nervi, G. Ponti, L. Fontana, R. Piano, A. Rossi y artistas de arte pobre y la transvanguardia.

MÚSICA

– *Edad media:* los trovadores *(dolce stil nuovo).* – *Ss. XIV y XV: ars nuova.* – *S. XVI:* A. Willaert, G. Gesualdo; M. A. Ingegneri, A. y G. Gabrieli. – *S. XVII;* E. de Cavalieri, C. Monteverdi, P. F. Cavalli; G. Carissimi; G. Frescobaldi, A. Corelli, G. Torelli, D. Scarlatti. – *S. XVIII:* A. Vivaldi, T. Albinoni, F. Geminiani, G. Tartini, P. A. Locatelli, G. B. Viotti, G. B. Sammartini, L. Boccherini, M. Clementi, J. B. Pergolesi. – *S. XIX:* G. Rossini, V. Bellini, G. Donizetti, G. Verdi. Escuela verista: G. Puccini, P. Mascagni, R. Leoncavallo; L. Cherubini, N. Paganini. – *S. XX:* O. Respighi, G. F. Malipiero, F. Busoni; L. Dallapiccola, G. Petrassi; L. Nono, B. Maderna, L. Berio, S. Bussotti, G. Arrigo.

CINE

L. Visconti, R. Rossellini, V. De Sica, F. Fellini, M. Antonioni, M. Monicelli, L. Comencini, P. P. Pasolini, E. Olmi, D. Risi, F. Rosi, M. Ferreri, B. Bertolucci, los hermanos Taviani, E. Scola.

**Italia** *(campañas de),* operaciones militares en suelo italiano dirigidas por Napoleón Bonaparte contra Austria en 1796-1797 y en 1800, por Napoleón III contra Austria en 1859 y por los aliados contra las fuerzas germano-italianas (1943-1945).

**Italia** *(consejo de),* organismo español de gobierno creado en 1555 para tratar los asuntos de los dominios españoles en Italia. Vigente hasta principios del s. XIX, desde el s. XVIII desarrolló escasa actividad.

**Italia** *(guerras de),* conjunto de campañas militares desarrolladas en suelo italiano desde fines del s. XV a mediados del s. XVI; en ellas intervinieron los estados italianos, España, Francia y el Imperio.

• La primera fase de las guerras de Italia tuvo lugar bajo el reinado de Fernando el Católico. Carlos VII ocupó Nápoles a comienzos de 1495. El monarca español, aliado con el papado, Venecia, el duque de Milán y el emperador Maximiliano, envió a Nápoles un ejército mandado por Gonzalo de Córdoba, el Gran Capitán; sus decisivas victorias en Ceriñola (1503) y Garellano (1504) significaron la expulsión de los franceses del territorio.

• Francisco I renovó las aspiraciones francesas sobre los dominios españoles en Italia (1515). Carlos Quinto envió un ejército a Lombardía y se adueñó del Milanesado (1521). En la batalla de Pavía (febr. 1525), Francisco I fue derrotado y hecho prisionero; una vez recuperada su libertad, se alió con el papa, Venecia, Florencia y otras ciudades italianas para combatir a las tropas hispanas hasta que tuvo que aceptar la paz de Cambrai (ag. 1529).

• En 1536 y 1542 Francisco I volvió a ocupar Saboya y el Piamonte, pero la invasión del territorio francés por tropas inglesas e imperiales forzó al monarca francés a firmar el tratado de Crépy (1544).

• En 1556, Enrique II de Francia organizó una expedición contra Nápoles. La victoria de las tropas imperiales en San Quintín le obligó a abandonarla y en abril de 1559 (tratado de Cateau-Cambrésis) renunció definitivamente a sus aspiraciones sobre Italia.

• A lo largo de los ss. XVII y XVIII se produjeron en Italia otras muchas campañas militares en que intervinieron los españoles, especialmente durante la guerra de los Treinta Años, la de Sucesión* de España (1701-1715) y las de Sucesión* de Polonia (1733-1738) y de Austria (1740-1748), por las que los territorios italianos (Parma, Piacenza y Guastalla, Nápoles y Sicilia) pasaron a los hijos de Felipe V y de Isabel Farnesio.

**ITALIA** *(reino de),* reino creado por Napoleón I en 1805 para sustituir la República italiana, y del que fue soberano. Desapareció en 1814.

**ITÁLICA,** municipio hispanorromano de la Bética, próximo a Hispalis (Sevilla), en el emplazamiento de la actual *Santiponce.* Fundado por Escipión el Africano (205 a. J.C.), vivió su mayor esplendor en la época de Augusto y fue cuna de los emperadores Trajano y Adriano. Restos del anfiteatro, teatro y termas.

**ITAMI,** c. de Japón, al S de Honshū; 186 134 hab. Aeropuerto de Osaka.

**ITAPÚA** *(departamento de),* dep. del SE de Paraguay; 16 525 km$^2$; 377 536 hab. Cap. *Encarnación.*

**Itar-Tass** → ***Tass.***

**ITATA,** r. de Chile central (Biobío), que recibe al Ñuble (or. der.), de mayor caudal, y desemboca en el Pacífico; 180 km aprox.

**ITAUGUÁ** o **ITAGUÁ,** mun. de Paraguay (Central); 25 957 hab. Curtidurías, almazaras y aserraderos.

**ITÉNEZ** → ***Guaporé.***

**I.T.T.** (International telephone and telegraph corporation), empresa norteamericana fundada en 1919. Especializada en la fabricación e instalación de equipos telefónicos, también está presente en diversos sectores de la economía (automatización, recursos naturales, agroalimentario).

**ITUANGO,** mun. de Colombia (Antioquia); 22 501 hab. Frijol, plátanos y caña de azúcar. Ganadería. Oro.

**ITURBI** (José), pianista y compositor español (Valencia 1895-Los Ángeles 1980). Establecido en América, dio conciertos por todo el mundo, en ocasiones con su hermana **Amparo** (1899-1969), e intervino en numerosas películas (*Levando anclas*, 1945).

**ITURBIDE** (Agustín **de**), militar y estadista mexicano (Valladolid, act. Morelia, 1783-Padilla 1824). De ideología profundamente conservadora, luchó contra la aplicación de la constitución liberal de 1812. Antiguo oficial del ejército español, asumió el liderato del movimiento independentista mexicano (1820), y con un ejército de 4 000 hombres lanzó el plan de Iguala* (febr. 1821), que proclamó la independencia; ésta fue efectiva en setiembre, previo acuerdo con el enviado español O'Donojú. Se hizo proclamar presidente de la junta de gobierno y en 1822, tras consagrarse emperador (Agustín I), abolió la cámara y gobernó dictatorialmente. Tuvo que abdicar en 1823 y exiliarse. A su regreso fue fusilado.

**ITURRIGARAY Y ARÓSTEGUI** (José Joaquín **de**), administrador español (Cádiz 1742-Madrid 1815). Su amistad con Godoy le proporcionó el virreinato de Nueva España (1803-1808). Tras conocerse la abdicación de Bayona (1808), presidió una junta y se alineó con los sectores criollos partidarios de la independencia. Murió en España, antes de finalizar el juicio al que fue sometido.

**ITURRINO** (Francisco), pintor español (Bilbao 1880-en Suiza 1924). Su obra tiene influencia del postimpresionismo, en especial del fauvismo, del que toma la luminosidad y el colorido. Sus temas son generalmente populares, paisajes, bodegones y desnudos femeninos.

**ITUZAINGÓ,** dep. de Argentina (Corrientes); 28 737 hab. Naranjos. Puerto fluvial en el Paraná. En sus inmediaciones tuvo lugar una batalla, durante la rebelión de la Banda Oriental del Uruguay, en el que las tropas argentino-uruguayas vencieron al imperio brasileño (20 febr. 1827). Fue decisiva para la independencia uruguaya.

**ITZAMNÁ,** divinidad benefactora y principal del panteón maya, señor del cielo, de la noche y del día y héroe cultural (se le atribuía la invención de la escritura y el calendario).

**ITZCÓATL,** cuarto soberano azteca [1427-1440], hijo ilegítimo del rey Acamapichtli. Aliado del rey de Texcoco, acabó con el imperio tepaneca (*c.* 1430) e inició la expansión azteca por el O del Valle de México.

**I.U.,** siglas de Izquierda unida.

**IVAJLO** († 1280), rey de Bulgaria [1278-1280]. Organizó la defensa del país contra los mongoles y se hizo proclamar zar.

**IVÁN I Kalitá** († 1340), príncipe de Moscú [1325-1340] y gran príncipe de Vladímir [1328-1340]. Obtuvo de los mongoles el privilegio de reunir el tributo debido a la Horda de Oro. — **Iván III el Grande** (1440-Moscú 1505), gran príncipe de Vladímir y de Moscú [1462-1505]. Se liberó de la dominación mongol (1480), adoptó el título de «soberano de todas las Rusias» y se consideró heredero de los emperadores bizantinos. — **Iván IV el Terrible** (Kolomenskoie 1530-Moscú 1584), gran príncipe [1533-1547] y luego zar [1547-1584] de Rusia. Fue el primero en adoptar el título de zar, se anexionó los kanatos de Kazán (1522) y de Astraján (1556) y se lanzó a la guerra contra Livonia (1558-1583). Instauró al final de su reinado un régimen de terror creando un territorio reservado para sus fieles (La *opríchnina*, 1565-1572).

Agustín de **Iturbide** (anónimo - museo nacional de historia, castillo de Chapultepec, México)

**Ivanhoe,** novela histórica de Walter Scott (1819).

**IVANO-FRANKOVSK,** ant. **Stanislav,** c. de Ucrania; 214 000 hab.

**IVÁNOV** (Liev Ivánovich), bailarín y coreógrafo ruso (Moscú 1834-San Petersburgo 1901), colaborador de E. Cecchetti (*La Cenicienta*, 1893) y de M. Petipa (*El lago de los cisnes*, 1895), es autor de la coreografía de *Cascanueces* (1892).

**IVÁNOVO,** ant. **Ivánovo-Voznesiensk,** c. de Rusia, al NE de Moscú; 481 000 hab. Centro textil.

**IVENS** (Joris), director de cine neerlandés (Nimega 1898-París 1989). Dio testimonio de las grandes transformaciones políticas y sociales de su época a través de numerosos documentales: *Zuiderzee* (1930), *Tierra de España* (1937), *Cómo Yukong desplazó las montañas* (1976).

**IVES** (Charles), compositor norteamericano (Danbury, Connecticut, 1874-Nueva York 1954). Uno de los pioneros del lenguaje musical actual, es autor de la *Concord sonata* (1909-1915).

**IVREA,** c. de Italia (Piamonte), a orillas del Dora Baltea; 24 546 hab. Máquinas de oficina y calculadoras. Monumentos antiguos y modernos.

**IVRY-SUR-SEINE,** c. de Francia (Val-de-Marne), a orillas del Sena; 54 106 hab.

**IWASZKIEWICZ** (Jaroslaw), escritor polaco (Kalnik, Ucrania, 1894-Varsovia 1980), autor de relatos (*Los escudos rojos*, 1934; *Madre María de los Ángeles*, 1943), dramas y ensayos críticos y autobiográficos.

**IWO,** c. de Nigeria, al NE de Ibadán; 335 800 hab.

**IWO JIMA** o **IWO SHIMA,** isla japonesa del Pacífico, al N de las Marianas. Conquistada por los norteamericanos (febr. 1945), fue devuelta a Japón en 1968.

**IXCHEL,** diosa maya de la luna, de las corrientes de agua y de la fecundidad femenina. Señora de las aguas, causante de las inundaciones, se la representaba rodeada de símbolos de destrucción.

**IXELLES** en neerl. **Elsene,** mun. de Bélgica (Brabante), cerca de Bruselas; 72 620 hab. Museos.

**IXHUATLÁN DEL CAFÉ,** mun. de México (Veracruz); 53 883 hab. Explotación forestal.

**IXHUATLÁN DEL SURESTE,** mun. de México (Veracruz); 21 617 hab. Yacimientos de azufre y petróleo.

**IXIÓN,** héroe legendario griego, rey de los lapitas, antepasado de los centauros. Para castigarle por su actitud sacrílega hacia Hera, Zeus lo ató a una rueda de fuego, que debía dar vueltas eternamente en los Infiernos.

**IXMIQUILPAN,** mun. de México (Hidalgo); 52 124 hab. Convento de San Miguel, con claustro plateresco y capilla de indios.

**IXTACALCO,** delegación de México (Distrito Federal), junto al lago Texcoco; 570 377 hab.

**IXTACAMAXTITLÁN,** mun. de México (Puebla); 32 279 hab. Minas de plata y plomo. Hulla.

**IXTACUIXTLA,** mun. de México (Tlaxcala); 20 592 hab. Plantas medicinales. Aguas termales.

**IXTACZOQUITLÁN,** mun. de México (Veracruz); 32 279 hab. Explotación forestal. Fábrica de cemento.

**IXTAPALAPA,** delegación de México (Distrito Federal); 1 262 354 hab. Centro industrial.

**IXTAPALUCA,** mun. de México (México), al SE del lago Texcoco; 77 862 hab. Cereales, maguey.

**IXTAPÁN DE LA SAL,** mun. de México (México); 18 899 hab. Agricultura (frutales). Aguas termales.

**IXTLAHUACA,** mun. de México (México); 68 719 hab. Minas de plata. Centro comercial e industrial.

**IXTLAHUACÁN DEL RÍO,** mun. de México (Jalisco), avenado por el Santiago; 18 833 hab.

**IXTLÁN,** mun. de México (Nayarit), en la cordillera Neovolcánica, avenado por el *río Ixtlán*, en el *valle de Ixtlán*; 20 875 hab. Cab. *Ixtlán del Río*. Minería. Zona arqueológica. — Mun. de México (Michoacán); 15 000 hab. Géiseres y manantiales radiactivos.

**IXTLILXÓCHITL I** († 1418), sexto soberano chichimeca [1409-1418]. Accedió al trono de Texcoco en guerra con el señor tepaneca Tezozomoc. Murió asesinado, tras poner a salvo a su hijo Netzahualcóyotl.

**IXTLILXÓCHITL II,** príncipe de Texcoco (1500-1550), hijo de Netzahualpilli y hermano de Cacamatzin, al que se enfrentó tras la muerte de su padre en 1516. Colaboró activamente con los españoles en la conquista del imperio azteca, concluida la cual no pudo recuperar los territorios del reino de Texcoco.

**IZABAL,** también llamado **golfo Dulce,** lago de Guatemala (Izabal); 589 km². Desagua en la costa del Caribe a través de El Golfete y del río Dulce.

**IZABAL** *(departamento de)*, dep. del E de Guatemala; 9 038 km²; 326 411 hab. Cap. *Puerto Barrios.*

**IZALCO,** c. de El Salvador (Sonsonate); 29 080 hab. Plantas textiles. Aguas termales. Está situada en la ladera del *volcán Izalco* (1 885 m), activo.

**IZAMAL,** mun. de México (Yucatán); 19 094 hab. Antigua corte de los itzaes. Sobre una pirámide precolombina se erigió un templo (1549), dedicado a Nuestra Señora de Izamal.

**IZAPA,** yacimiento arqueológico de México (Chiapas), centro ceremonial del 300 a. J.C.-250 d. J.C., caracterizado por un original estilo escultórico.

**ÍZHEVSK,** ant. **Ustínov,** c. de Rusia, cap. de Udmurtia; 635 000 hab. Metalurgia.

**İZMİR,** ant. **Esmirna,** c. y puerto de Turquía, en la costa del mar Egeo; 1 757 414 hab. Feria internacional. Museo arqueológico. Anexionada al imperio otomano en 1424, hasta 1922 tuvo una población cosmopolita (griegos, judíos, armenios).

**İZMİT,** ant. **Nicomedia*,** c. de Turquía, en la orilla oriental del mar de Mármara; 256 882 hab. Puerto militar. Petroquímica.

**IZNÁJAR,** v. de España (Córdoba); 5 567 hab. *(Iznajeños.)* Cereales y olivo. *Embalse de Iznájar* sobre el Genil. Central hidroeléctrica (76 800 kW).

**IZNALLOZ,** v. de España (Granada); 6 422 hab. *(Iznallocenses.)* Iglesia parroquial renacentista.

**İZNIK,** c. de Turquía, al SO de İzmit, a orillas del *lago de İznik*; 1 200 hab. Es la antigua Nicea*, conquistada por los selyúcidas en 1081 y recuperada por los bizantinos en 1097. Incorporada al imperio otomano en el s. XIV, fue un centro de producción de cerámicas. Monumentos bizantinos y otomanos.

**IZOZOG** o **PARAPETÍ** *(bañados del)*, área pantanosa de Bolivia (Santa Cruz), en Los Llanos orientales.

**Izquierda republicana,** partido político español, fundado en abril de 1934 por la unión de la Acción republicana de Azaña, los radicales socialistas de Marcelino Domingo y la O.R.G.A. de Casares Quiroga. Eje del Frente popular, participó con éxito en las elecciones de febrero de 1936.

**Izquierda unida** (I.U.), coalición electoral española fundada en 1986. La forman el Partido comunista de España (P.C.E.), el Partido de acción socialista (PASOC) y otros grupos de izquierda.

**IZQUIERDO** (Eugenio), naturalista y diplomático español (en Navarra *c.* 1745-París 1813). Director del gabinete de historia natural de Madrid (1792-1798), realizó misiones diplomáticas en la Francia de la Revolución y fue embajador ante Napoleón (1806-1808) y secretario de Carlos IV tras su abdicación (1808).

**IZQUIERDO** (María), pintora mexicana (San Juan de los Lagos, Jalisco, 1902-México 1955). Su obra une elementos relacionados con el surrealismo, la tradición mexicana y la pintura naïf.

**IZTACCÍHUATL,** macizo volcánico de México (México y Puebla); 5 286 m de alt.

**IZÚCAR DE MATAMOROS,** mun. de México (Puebla); 57 941 hab. Minería. Refino de azúcar, conservas.

**Izumo,** santuario sintoísta de Japón (S de Honshū), a orillas del mar del Japón. Fielmente reconstruido (1874), es uno de los ejemplos más antiguos de la arquitectura prebúdica en Japón.

**Izvestia,** diario ruso fundado en 1917, en Petrogrado. Fue el órgano del presidium del Soviet supremo de la U.R.S.S., con sede en Moscú, y a partir de 1991, independiente.

# J

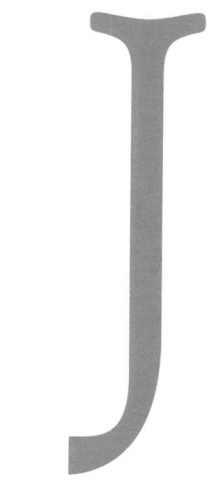

**JABALÓN,** r. de España, afl. del Guadiana (or. izq.); 171 km. Nace en el Campo de Montiel y pasa cerca de Montiel y Valdepeñas.

**JABALPUR** → ***Jubbulpore.***

**JABÁROVSK,** c. de Rusia, en Siberia, a orillas del Amur; 601 000 hab. Centro administrativo e industrial.

**JABUGO,** v. de España (Huelva); 2 525 hab. *(Jabugueños.)* Jamones y embutidos.

**JACA,** c. de España (Huesca), cab. de p. j.; 14 426 hab. *(Jacetanos* o *jaqueses.)* Centro industrial, turístico y de comunicaciones. Catedral románica (s. XI), puentes góticos, ciudadela (ss. XVI-XVII), ayuntamiento plateresco. Museos. De origen ibérico (iacetanos), fue cap. del reino de Aragón en el s. XI. En ella se sublevaron contra la monarquía los capitanes Galán y García Hernández (12-13 dic. 1930).

**JÁCHAL,** dep. de Argentina (San Juan); 19 989 hab. Alfalfa, cereales, vid. Ganadería.

**JACHATURIÁN** (Aram), compositor soviético (Tbilisi 1903-Moscú 1978). Su obra (*Gayané,* 1942; *Spartacus,* 1952-1954) se inspiró en el folklore, especialmente de la zona del Cáucaso.

**JACINTO** *(san)* [Jacko **d'Opole**], religioso polaco (Kamień, Silesia, 1183-Cracovia 1257). Introdujo la orden de los dominicos en Polonia (1221).

**JACKSON,** c. de Estados Unidos, cap. de Mississippi; 196 637 hab. Universidad.

**JACKSON** (Andrew), político norteamericano (Waxhaw, Carolina del Sur, 1767-Hermitage, Tennessee, 1845). Presidente demócrata de E.U.A. (1829-1837), su mandato creó época *(era Jackson)* por acrecentar la autoridad presidencial y reforzar la democracia norteamericana.

**JACKSON** (Gabriel), historiador norteamericano (Mount Vernon, Nueva York, 1921), especialista en la historia de la segunda república y la guerra civil españolas.

**JACKSON** (John Hughlings), neurólogo británico (Green Hammerton, Yorkshire, 1835-Londres 1911). Uno de los fundadores de la neurología moderna, introdujo la noción de localización de las lesiones y consideró que una lesión provoca una disolución, seguida de una nueva integración a un nivel inferior del funcionamiento del sistema nervioso. Describió la epilepsia motora unitaleral.

**JACKSON** (Mahalia), cantante norteamericana (Nueva Orleans 1911-Chicago 1972), una de las mejores intérpretes de espirituales negros.

**JACKSONVILLE,** c. de Estados Unidos (Florida); 673 000 hab. Centro turístico.

**JACOB,** el último de los patriarcas bíblicos, hijo de Isaac y padre de doce hijos, a quien un sueño reveló que de ellos descenderían las doce tribus de Israel.

**JACOB** (François), médico y biólogo francés (Nancy 1920), premio Nobel de fisiología y medicina en 1965, junto con Lwoff y Monod, por sus trabajos sobre bioquímica y genética.

**JACOB** (Max), escritor y pintor francés (Quimper 1876-Drancy 1944). Fue un precursor del surrealismo (*El cubilete de los dados,* 1917, poemas en prosa). Retirado en Saint-Benoît-sur-Loire, se dedicó a la pintura; murió en un campo de concentración nazi.

**JACOBI** (Carl), matemático alemán (Potsdam 1804-Berlín 1851). Autor de trabajos fundamentales sobre las funciones elípticas, abrió el camino a la teoría de las funciones de doble periodicidad.

**jacobinos** *(club de los),* asociación política creada en Versalles (1789) por diputados bretones de orientación inicialmente moderada. Con Robespierre tomó un cariz revolucionario. Clausurado en 1794, fue reconstituido hasta su desaparición definitiva en 1799.

**JACOBO** → ***Santiago.***

**JACOBO de Vorágine** *(beato),* hagiógrafo italiano (Varazze, Liguria, *c.* 1228-Génova 1298), autor de vidas de santos *(Leyenda áurea).*

ESCOCIA

**JACOBO I ESTUARDO** (Dunfermline 1394-Perth 1437), rey de Escocia [1406/1424-1437]. Sofocó la oposición feudal y se aproximó a Francia. – **Jacobo II** (Edimburgo 1430-Roxburgh Castle 1460), rey de Escocia [1437-1460]. Aprovechó la guerra de las Dos Rosas para intentar recuperar las últimas posesiones inglesas en Escocia. – **Jacobo III** (1452-cerca de Stirling 1488), rey de Escocia [1460-1488]. Su matrimonio con Margarita (1469), hija de Cristián I de Dinamarca, le aportó las islas Orcadas y Shetland. – **Jacobo IV** (1473-Flodden 1513), rey de Escocia [1488-1513]. Reanudó la guerra contra Inglaterra (1513) y halló la muerte en el desastre de Flodden. – **Jacobo V** (Linlithgow 1512-Falkland 1542), rey de Escocia [1513-1542], padre de María I Estuardo. – **Jacobo VI,** rey de Escocia [1567-1625] → ***Jacobo I,*** rey de Inglaterra. – **Jacobo VII,** rey de Escocia [1685-1688] → ***Jacobo II,*** rey de Inglaterra.

INGLATERRA E IRLANDA

**JACOBO I** (Edimburgo 1566-Theobalds Park, Hertfordshire, 1625), rey de Inglaterra y de Irlanda [1603-1625] y, con el nombre de Jacobo VI, rey de Escocia [1567-1625], hijo de María Estuardo. Sucedió, en 1603, a Isabel I en el trono de Inglaterra. Adversario de los católicos, escapó de la conspiración de la pólvora (1605); perseguidor de los puritanos, aceleró la emigración de éstos hacia Norteamérica. Al dar su confianza a Buckingham se granjeó la hostilidad de los ingleses. – **Jacobo II** (Londres 1633-Saint-Germain-en-Laye 1701), rey de Inglaterra, de Irlanda y, con el nombre de Jacobo VII, de Escocia [1685-1688]. Hermano y sucesor de Carlos II, se convirtió al catolicismo; a pesar de la *Test act,* sucedió a su hermano en 1685. Pero sus errores y el nacimiento de un hijo, heredero católico, Jacobo Eduardo (1688), provocaron la oposición whig, que apeló al yerno de Jacobo II, Guillermo de Nassau. Al desembarcar éste en Inglaterra, Jacobo II huyó a Francia. Un intento de restauración fracasó tras la derrota de Jacobo II en la Boyne (1690).

**JACOBO EDUARDO ESTUARDO,** conocido con el nombre de **el Viejo Pretendiente** o **el Caballero de San Jorge** (Londres 1688-Roma 1766), hijo de Jacobo II. Tras la muerte de su padre (1701) fue reconocido rey por Luis XIV, pero, a pesar del apoyo de sus partidarios, los jacobitas, fracasó en sus intentos de recuperar el trono.

**JACOBSEN** (Arne), arquitecto y diseñador danés (Copenhague 1902-*id.* 1971). Entre sus obras destacan varias fábricas de gran calidad plástica.

**JACOMART** (Jaume **Baçó,** llamado), pintor valenciano (Valencia 1411-*id.* 1461). Su estilo sintetiza el flamenquismo de la escuela catalana y los elementos renacentistas, asimilados en su estancia en la corte napolitana. Se le atribuye el retablo de *San Orencio y san Pedro* (Catí, Castellón) entre otras obras.

**JACONA,** mun. de México (Michoacán); 35 247 hab. Cab. *Jacona de Plancarte.* Cereales y hortalizas.

**JACQUARD** (Joseph Marie), mecánico francés (Lyon 1752-Oullins, Rhône, 1834), inventor del telar que lleva su nombre, que permite a un solo operario fabricar tejidos con dibujos de diferentes colores.

**Jacquerie,** revuelta antinobiliaria del campesinado francés durante la cautividad de Juan II el Bueno (1358).

**JACUÍ,** r. del S de Brasil (Rio Grande do Sul), que desemboca en el lago de los Patos; 720 km.

**JADE** *(golfo del),* golfo de la costa alemana, en el mar del Norte.

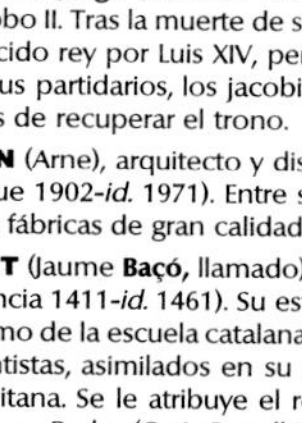

**Jacobo II**
(G. Kneller - galería nacional de retratos, Londres)

**JADIDA (El-),** en ár. **al-Yadīda,** ant. **Mazagán,** c. y puerto de Marruecos, en el Atlántico; 81 500 hab. Monumentos antiguos.

**JADĪYA** († La Meca 619), primera mujer de Mahoma.

**JAÉN** *(provincia de),* prov. de España, en Andalucía; 13 498 km²; 630 492 hab. Cap. *Jaén.* P. j. de *Alcalá la Real, Andújar, Baeza, Cazorla, Jaén, La Carolina, Linares, Martos, Úbeda* y *Villacarrillo.* La sierra Morena, al N, y la cordillera Subbética al S, encuadran la amplia depresión del Guadalquivir. Olivo, cereales, hortalizas en los regadíos de La Campiña. Minería en La Sierra (plomo, uranio). La industria se concentra en la capital y en Linares.

**JAÉN,** c. de España, cap. de la prov. homónima y cab. de p. j.; 107 413 hab. *(Jiennenses* o *jaeneses.)* Cabecera de una rica comarca agrícola. Industrias. Fue la *Aurgi* cartaginesa y luego romana. Cap. de una taifa musulmana en el s. XI. Baños árabes (s. XI), castillo de Santa Catalina, catedral (ss. XVI-XVII). Diversas iglesias y edificios civiles (ss. XVI-XVIII). Museo.

**JAFET,** tercer hijo de Noé, padre, según la Biblia, de la humanidad posterior al diluvio.

**JAFFA** o **YAFO,** zona portuaria de *Tel-Aviv-Jaffa* (Israel).

**JAFFNA,** c. y puerto de Srī Lanka; 118 000 hab.

**JAGELLÓN,** dinastía de origen lituano que reinó en Polonia (1386-1572), en el gran ducado de Lituania (1377-1401 y 1440-1572), en Hungría (1440-1444, 1490-1526) y en Bohemia (1471-1526).

**JAGUA DE IBIRICO (La),** mun. de Colombia (Cesar); 15 887 hab.

**JAGÜEY GRANDE,** mun. de Cuba (Matanzas); 40 824 hab. Caña de azúcar. Explotación forestal.

ARAGÓN Y CATALUÑA

**JAIME I el Conquistador** (Montpellier 1208-Valencia 1276), rey de Aragón [1213-1276], hijo y sucesor de Pedro el Católico. De 1213 a 1227 fue regente su tío Sancho, conde de Rosellón. Conquistó y repobló Mallorca (1228-1232) y Valencia (1233-1238), y realizó grandes progresos en el orden institucional (nacimiento de las cortes y de la organización municipal, Barcelona 1249; organización de los reinos de Valencia y de Mallorca). Repartió el reino entre sus hijos Pedro el Grande de Cataluña-Aragón y Jaime II de Mallorca.

**Jaime I** el Conquistador. Miniatura de un manuscrito del s. XV de la *Crónica de Jaime I.* (Biblioteca del instituto municipal de historia, Barcelona.)

**Jaime I** *(Crónica de)* o **Libro de los hechos del rey Jaime** *(Llibre des feyts),* autobiografía de Jaime I el Conquistador, escrita entre 1244 y 1274, de gran valor historiográfico y literario.

**JAIME II el Justo** (Valencia 1267-Barcelona 1327), rey de Aragón [1291-1327], de Sicilia [1286-1296] y de Cerdeña [1324-1327], hijo de Pedro el Grande y de Constanza de Suabia. Se esforzó en mantener sus dominios en el Mediterráneo.

MALLORCA

**JAIME I de Mallorca** → *Jaime I el Conquistador.*

**JAIME II** (Montpellier 1243-Palma de Mallorca 1311), rey de Mallorca y conde de Rosellón, Cerdaña, Conflent y Vallespir [1276-1311], hijo de Jaime I el Conquistador.

**JAIME III** (Catania 1315-cerca de Lluchmayor 1349), rey de Mallorca [1324-1343], sobrino y sucesor de Sancho I. Su reinado se caracterizó por los enfrentamientos con Pedro el Ceremonioso. Su derrota en 1343 significó la unión definitiva del reino de Mallorca a la Corona de Aragón.

**JAIME IV** (Perpiñán 1336-Soria 1375), rey titular de Mallorca [1349-1375], hijo de Jaime III. Intentó recuperar su reino buscando apoyo en Francia y Castilla.

SICILIA

**JAIME I de Sicilia** → *Jaime II* de Aragón.

URGEL

**JAIME I** († Barcelona 1347), conde de Urgel [1327-1347], hijo de Alfonso IV de Aragón. Fue procurador general del reino de Aragón de 1336 a 1345.

**JAIME II** († Játiva 1433), conde de Urgel y aspirante a la Corona de Aragón, nieto del anterior. Pese a sus muchos partidarios, Fernando de Antequera le venció en el compromiso de Caspe (1412). Se rebeló contra el nuevo monarca, pero fue derrotado.

**JAIMES FREYRE** (Ricardo), poeta boliviano (Tacna, Chile, 1868-Buenos Aires 1933). Exponente del modernismo con *Castalia bárbara* (1897), *Los sueños son vida* (1917) y el tratado *Leyes de la versificación castellana* (1912).

**JAINA,** islote de México (Campeche) utilizado por los mayas en la época clásica (ss. VII-IX) como necrópolis, y en el que se han encontrado multitud de figurillas votivas de cerámica.

**JAIPUR,** c. de la India, cap. de Rājasthān; 1 455 000 hab. Universidad. Centro de la civilización rājpūt. Numerosos monumentos (ss. XVI-XVIII).

JAÉN

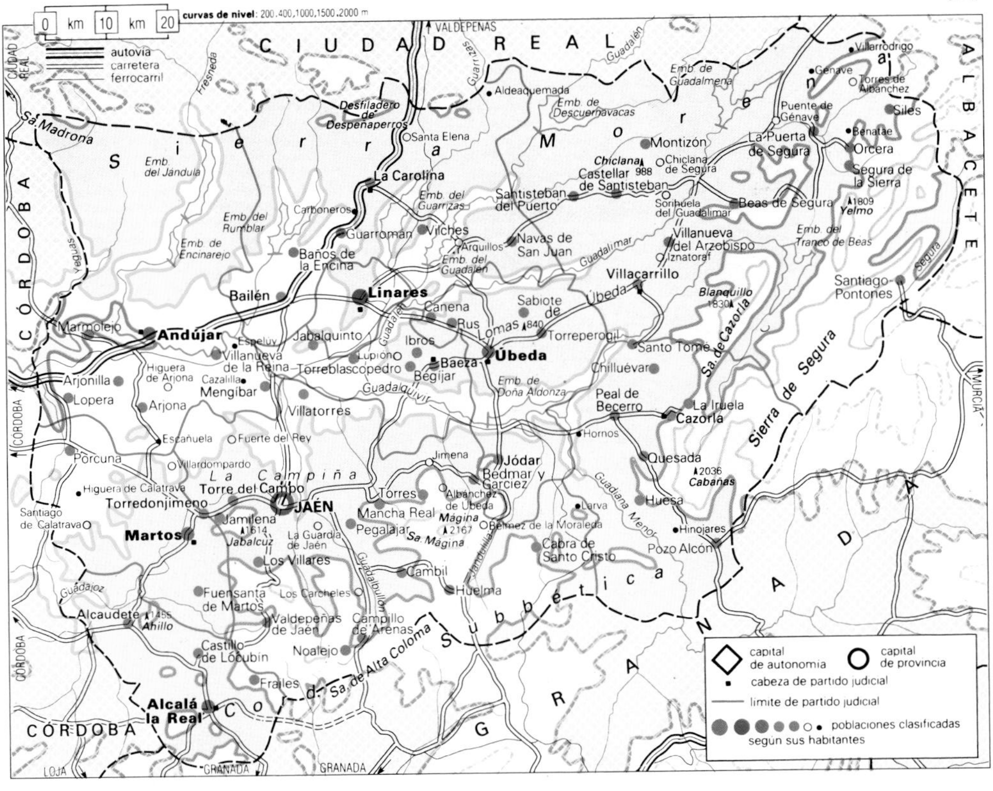

**JAKARTA** → ***Yakarta.***

**JAKASIA** *(República de),* república de la Federación de Rusia, en Siberia, al NE de los montes Altái; 61 900 $km^2$; 569 000 hab. Cap. *Abakán.*

**JAKOBSON** (Roman), lingüista norteamericano de origen ruso (Moscú 1896-Boston 1982). Después de participar en los trabajos del círculo lingüístico de Praga, se estableció en 1941 en E.U.A. Sus investigaciones versaron sobre la fonología, la sicolingüística, la teoría de la comunicación y el estudio del lenguaje poético, y fueron reunidos con el título de *Selected writings.*

**JALACINGO,** mun. de México (Veracruz); 19 849 hab. Cereales, caña de azúcar, café, tabaco.

**JALAPA** *(departamento de),* dep. del centro-oeste de Guatemala; 2 063 $km^2$; 154 300 hab. Cap. *Jalapa* (46 837 hab.).

**JALAPA** o **JALAPA ENRÍQUEZ,** c. de México, cap. del est. de Veracruz; 306 121 hab. Centro comercial, industrial y cultural (universidad). Aeropuerto.

**JALAPA,** mun. de México (Tabasco); 23 114 hab. Maíz, frijol, café, frutales. Ganadería.

**JALAPA,** mun. de Nicaragua (Nueva Segovia); 23 385 hab. Tabaco, caña de azúcar, café, arroz.

**JALDŪN (Banū),** familia sevillana de estirpe árabe que intervino en la vida política de su ciudad durante el emirato de Córdoba (ss. IX-X).

**JALDŪN** (Abū Zayd 'Abd al-Raḥmān **ibn**), filósofo e historiador árabe (Túnez 1332-El Cairo 1406), conocido también como **Abenjaldún.** Es autor de unas memorias (1395) y de una historia universal (a. 1382), con una interesante introducción metodológica *(Prolegómenos).*

**JALGAON,** c. de la India (Mahārāshtra); 241 603 hab. Industrias alimentarias y textiles.

**JALISCO** *(estado de),* est. del O de México; 80 137 $km^2$; 5 302 689 hab. Cap. *Guadalajara.*

**JALISCO,** mun. de México (Nayarit); 19 705 hab. Ganado vacuno. Explotación forestal.

**JALÓN,** r. de España, afl. del Ebro (or. der.); 235 km. Riega una rica vega. Vía natural de comunicación entre la Meseta y el valle del Ebro.

**JALOSTOTITLÁN,** mun. de México (Jalisco); 19 694 hab. Cereales, linaza, maguey. Industria textil.

**JALPA,** mun. de México (Tabasco); 39 389 hab. Cab. *Jalpa de Méndez.* Café, cacao y caña de azúcar. – Mun. de México (Zacatecas); 23 708 hab. Café y cereales; ganadería; explotación forestal.

**JALPAN DE SERRA,** mun. de México (Querétaro); 15 092 hab. Minas de plata, antimonio y estaño.

**JÁLTIPAN DE MORELOS,** mun. de México (Veracruz); 27 986 hab. Yacimientos de azufre y petróleo.

**JAMAICA,** estado insular de las Grandes Antillas, al S de Cuba; 11 425 $km^2$; 2 500 000 hab. *(Jamaicanos* o *jamaiquinos.)* CAP. *Kingston.* LENGUA OFICIAL: *inglés.* MONEDA: *dólar jamaicano.* Isla montañosa de clima tropical, posee importantes plantaciones (caña de azúcar, plataneras) y es una notable productora de bauxita y aluminio. Recibe numerosos turistas.

HISTORIA

1494: Cristóbal Colón descubrió la isla. 1655: escasamente colonizada por los españoles, fue conquistada por los ingleses, quienes desarrollaron el cultivo de la caña de azúcar. S. XVIII: Jamaica se convirtió en el centro del tráfico de esclavos negros hacia América del sur. 1833: la abolición de la esclavitud y de los privilegios aduaneros (1846) arruinó las grandes plantaciones. 1866-1884: la isla se situó bajo la administración directa de la corona británica. 1870: se introdujo el cultivo del plátano, mientras aparecían grandes compañías extranjeras (United fruit). 1938-1940: se desarrolló el movimiento autonomista, bajo el impulso de Norman Washington Manley y de Alexander Bustamante. 1953: una nueva constitución dio a la isla un gobierno autónomo. 1962: Jamaica se independizó en el marco de la Commonwealth. 1972: tras diez años de gobierno laborista, Michael Norman Manley fue nombrado primer ministro. 1980: los laboristas, dirigidos por Edward Seaga, volvieron al poder. 1989: M. N. Manley (Partido nacional del pueblo) volvió a ser primer ministro. 1992: tras su dimisión, le sucedió Percival Patterson (P.N.P.).

**JAMAY,** mun. de México (Jalisco), en la orilla NE del lago de Chapala; 16 848 hab. Pesca.

**JÁMBLICO,** filósofo griego (Calcis, Celesiria, *c.* 250-330), uno de los últimos neoplatónicos que se opuso al cristianismo al racionalizar la religión griega.

**JAMBOL,** c. del E de Bulgaria; 94 950 hab.

**JAMES** *(bahía),* amplia bahía de Canadá (Quebec y Ontario), en la prolongación de la bahía de Hudson. Gran complejo hidroeléctrico en sus tributarios (Grande Rivière).

**JAMES** (William), filósofo norteamericano (Nueva York 1842-Chocorua, New Hampshire, 1910), uno de los fundadores del pragmatismo (*Las variedades de la experiencia religiosa,* 1902; *El pragmatismo,* 1907). – Su hermano **Henry** (Nueva York 1843-Londres 1916) se nacionalizó británico. Es autor de novelas de gran capacidad de análisis (*Otra vuelta de tuerca,* 1898; *Las alas de la paloma,* 1902; *Los embajadores,* 1903; *La copa dorada,* 1904).

**James Bond, agente 007,** héroe de las novelas de espionaje del británico Ian Fleming (Londres 1908-Canterbury 1964), creado en 1953 y popularizado por el cine.

**JAMMES** (Francis), escritor francés (Tournay, Hautes-Pyrénées, 1868-Hasparren 1938), autor de novelas (*Clara de Ellébeuse,* 1899) y poesía religiosa (*Las Geórgicas cristianas,* 1911-1912).

**JAMMU,** c. de la India, cap. (con *Srīnagar*) del estado de *Jammu y Cachemira* (222 200 $km^2$; 7 818 700 hab.); 206 000 hab.

**JAMNA** → ***Yamunā.***

**JAMNAGAR,** c. de la India (Gujarāt); 325 475 hab.

**JAMSHEDPUR,** c. de la India (Bihār), al O de Calcuta; 461 000 hab. Siderurgia.

**JAMUNDÍ,** mun. de Colombia (Valle del Cauca); 42 158 hab. Algodón, frijol y yuca. Ganadería.

**JAN MAYEN,** isla noruega del Ártico, al NE de Islandia; 372 $km^2$; 30 hab.

**JANÁČEK** (Leoš), compositor checo (Hukvaldy, Moravia, 1854-Moravská Ostrava 1928). Se inspiró sobre todo en el folklore. De su producción destacan algunas óperas (*Jenūfa,* 1896-1904) y una *Misa glagolítica* (1927).

**JANCSÓ** (Miklós), director de cine húngaro (Vác 1921), autor de películas sobrias y alegóricas, basadas en la historia húngara (*Los desesperados,* 1965; *Rojos y blancos,* 1967; *Silencio y grito,* 1968; *Salmo rojo,* 1972).

**JANDA** (*laguna de* **La**), laguna de España (Cádiz), actualmente desecada. En las proximidades, cuevas (de los Ladrones, del Tajo* de las Figuras) con pinturas rupestres.

**Janda** (*batalla de la laguna de* **La**) → ***Guadalete.***

**JÁNDULA,** r. de España, afl. del Guadalquivir (or. der.); 145 km. *Embalse de Jándula* (Jaén): central eléctrica.

**JANEQUIN** (Clément), compositor francés (¿Châtellerault? *c.* 1485-París 1558), maestro de la canción polifónica *(El canto de los pájaros, La guerra).*

**JÁNICO,** mun. de la República Dominicana (Santiago); 26 933 hab. Cab. *Santo Tomás de Jánico,* fundada por Colón en su segundo viaje.

**JANÍCULO** *(monte),* colina de Roma, en la or. der. del Tíber. Estaba consagrada a Jano.

**JANKO UMA,** pico de los Andes bolivianos, en la cordillera Real; 6 440 m de alt.

**JANO,** uno de los dioses antiguos de Roma, guardián de las puertas, cuyas entradas y salidas vigilaba; por este motivo se le representaba con dos rostros opuestos. En Roma su templo permanecía cerrado en tiempos de paz.

**Jansenio**
(L. Dutielt - palacio de Versalles)

Víctor **Jara**

**JANSENIO** (Corneille **Jansen,** llamado), teólogo neerlandés (Accoy, cerca de Leerdam, Holanda, 1585-Ypres 1638). Alumno de la universidad de Lovaina, se asoció con Duvergier de Hauranne (futuro abad de Saint-Cyran). Alentado por éste y nombrado obispo de Ypres (1635), trabajó en el *Augustinus,* obra en que exponía, desde un punto de vista personal, las doctrinas de san Agustín sobre la gracia, el libre albedrío y la predestinación, y que dio origen al jansenismo.

**JANSSEN** (Jules), astrónomo francés (París 1824-Meudon 1907). Pionero de la astrofísica solar, creó diversos observatorios. Descubrió el helio al mismo tiempo que Lockyer (1868).

**JANTO,** otro nombre del Escamandro.

**JANTO** o **XANTO,** ant. c. de Asia Menor, cap. de Licia (act. al SO de Turquía). Restos que datan del s. V a. J.C. a la época bizantina.

**JAPÓN** *(mar de),* mar del océano Pacífico, entre Rusia, Corea y Japón.

**JAPÓN,** en jap. **Nippon** o **Nihon,** estado insular de Asia oriental, en el que destacan las islas de *Honshū, Hokkaidō, Shikoku* y *Kyūshū;* 373 000 $km^2$; 125 400 000 hab. *(Japoneses.)* CAP. *Tōkyō.* LENGUA OFICIAL: *japonés.* MONEDA: *yen.*

GEOGRAFÍA

País de dimensiones medias pero densamente poblado, Japón es ante todo una gran potencia económica mundial, a pesar de no verse favorecido por su medio natural, en el que predomina la montaña; el bosque cubre más del 60 % del territorio y el vulcanismo es en ocasiones activo, mientras que los sismos suelen ir acompañados de maremotos. El invierno es riguroso en el N; la mayor parte del archipiélago, bajo la influencia de los monzones, posee un verano suave y húmedo. El desarrollo económico fue rápido a partir de la apertura de Japón a occidente con la era Meiji (1868). Este desarrollo provocó al principio una urbanización creciente (aproximadamente el 80 % de la población es urbana) con la formación de algunas grandes megalópolis, entre cuyos centros destacan Tōkyō, Ōsaka y Nagoya. Actualmente, la población crece lentamente debido al descenso del índice de natalidad (aprox. el 13 %).

La industria se ha convertido en una de las más poderosas del mundo, gracias a la concentración estructural y financiera, así como a la agresividad comercial. Japón se sitúa en los primeros puestos mundiales por lo que se refiere a numerosas producciones (acero, barcos, automóviles y motocicletas, plásticos, televisores, vídeos, cámaras fotográficas, etc.), que en buena parte se exportan. Por ello, la balanza comercial es regularmente excedentaria, a pesar de las grandes importaciones de energía (Japón extrae algo de hulla y solamente un tercio de la producción de electricidad es de origen local, hidráulico o nuclear) y compras en el campo alimentario (a pesar de la importancia de la flota pesquera y del difícil mantenimiento de la producción de arroz). Japón, arruinado tras la segunda guerra mundial, experimentó un crecimiento excepcionalmente rápido. El nivel de vida medio ha progresado de forma considerable. La moneda es fuerte, la inflación y el paro, reducidos. Sin embargo, existen algunas contrapartidas: una evidente dependencia de los mercados exteriores (con una competencia cada vez mayor de países recientemente industrializados y la amenaza periódica de represalias comerciales de otros países desarrollados a causa del proteccionismo japonés, cierta negligencia respecto al medio ambiente y, más recientemente, un malestar social (el tradicional sacrificio del individuo por la empresa o por el país se soporta peor). La economía se vio afectada en 1997 por la crisis del sudeste asiático.

HISTORIA

***Los orígenes.*** IX milenio: poblamiento por pueblos paleolíticos procedentes del continente norasiático. VII milenio *(período prejōmon):* cultura precerámica en vías de neolitización. VI milenio-s. III a. J.C. *(período jōmon):* vasijas decoradas, herramientas líticas pulidas, morteros de piedra. S. III a. J.C.-s. III d. J.C. *(período yayoi):* cultivo del arroz, metalurgia del bronce y del hierro, tejido y torno de alfarero. S. III-s. VI *(período de los kofun):* grandes túmulos con cámara funeraria y decoración mural que evocaba la vida cotidiana; en torno al túmulo: haniwa de terracota con forma de animales y de

140°
145°
45
Estrecho de La Pérouse
C. Sōya
Wakkanai
I. Rebun
I. Rishiri
Mar de Ojotsk
I. Iturup
I. Kunashir
Península de Shiretoko
IS. KURILES
Abashiri
Kitami
Nemuro
Mtes. Kitami
Mtes. Teshio
Asahikawa
Mtes. Daisetsu
Llanura de Konsen
Kushiro
Mtes. Yubari
Mtes. Hidaka
Otaru
Sapporo
Chitose
Obihiro
HOKKAIDŌ
Yufutsu
Tomakomai
Hakodate
C. Erimo
Península de Oshima
G. de Uchiura
I. Okushiri
Muroran
Estrecho de Tsugaru
Península de Shimokita
B. de Mutsu
Llanura de Sambongi
Aomori
Hachinohe
Llanura de Tsugaru
Mte. Iwaki 1625
Hirosaki
Mtes. de Kitakami
Noshiro
TOHOKU
Península de Oga
Morioka
Kamaishi
Akita
Yokote
Volcán Chokai 2230
Sakata
Ichinoseki
Shinjō
Tsuruoka
Ishinomaki
Matsushima
Shiogama
Yamagata
Sendai
40°
OCÉANO PACÍFICO
Yonezawa
I. Sado
Niigata
Fukushima
Mtes. Abukuma
Kōriyama
Sanjō
Lago Inawashiro
HONSHŪ
Nagaoka
Iwaki
Mtes. Echigo
Jōban
Península de Noto
Itoigawa
Takada
B. de Toyama
Hitachi
Utsunomiya
Nanao
Nagano
Maebashi
Takaoka
Llanura de Kanto
Kashima
Toyama
Ueda
Narita
Kanazawa
Matsumoto
Omiya
35°
Chiba
Suwa
TŌSAN
Hachiōji
TŌKYŌ
Kawasaki
Yokohama
Fukui
Kōfu
Fuji-Yama 3776
Península de Bōsō
Tsuruga
Gifu
Numazu
Península de Izu
Arch. Oki
COREA
Maizuru
NAGOYA
Shimizu
Shizuoka
Península de Shimane
Tottori
L. Biwa
Toyota
Okazaki
Izu-Shichitō
Matsue
Yonago
Sanin
Kyōto
C. Omae
Llanura de Shinji
Himeji
Yokkaichi
Hamamatsu
Kōbe
Tsu
Toyohashi
Nara
Bahía de Ise
Okayama
ŌSAKA
Ise
Miyoshi
Kishiwada
I. Awaji
Fukuyama
Wakayama
Hiroshima
Takamatsu
I. Hachijō
Kure
Tokushima
Península de Kii
Iwakuni
Imabari
Is. Tsushima
Estrecho de Kii
Tokuyama
Niihama
Shimonoseki
I. Aoga
Estrecho de Shimonoseki
Ube
1981
Matsuyama
Kōchi
Kita Kyūshū
Península de Kunisaki
Bahía de Tosa
Fukuoka
Colinas de Tsukushi
Beppu
Karatsu
SHIKOKU
Kurume
Ōita
Estrecho de Bungo
Sasebo
Saga
Usuki
I. Sumisu
Península de Hizen
Omuta
Asō 1592
Kumamoto
I. Gotō
Nagasaki
Unzen
1739
Nobeoka
Fukue
Islas Amakusa
Yatsushiro
KYŪSHŪ
Kuma
I. Tori
Miyazaki
30°
Kagoshima
I. Sōfu gan
Península de Satsuma
Península de Ōsumi
Bahía de Kagoshima
Nishinoomote
Islas Ōsumi
I. Tanega
I. Yaku
CHINA
RUSIA
Bikin
Iman
Lesozavodsk
Lago Janka
Spassk Dalni
Tetiuhe
Sijote Alin
Suifun
Ussuriisk
Mte. Oblatchnaia 1855
Artiom
Suchan
Vladivostok
Najodka
Golfo de Petra Velikogo
MAR DEL JAPÓN
autopista
ferrocarril
curvas de nivel : 200, 500, 1500 m
0 km 100 km 200


JAPÓN

guerreros. Arquitectura religiosa sintoísta: Ise e Izumo.

***El estado antiguo.*** Ss. V-VI: el estado de Yamato se benefició de la influencia china, que le llegó a través de los coreanos. *C.* 538: Japón entró en la historia con la introducción del budismo, llegado de Corea. 600-622: el regente Shōtoku Taishi creó el santuario de Hōryū-ji. 645: el clan de los Nakatomi eliminó al de los Soga y estableció un gobierno que imitaba el de la China de los Tang. 710-794 *(período de Nara):* seis sectas budistas impusieron sus concepciones en la corte, establecida en Nara. 794: se fundó la nueva capital, Heian-kyō (Kyōto). 794-1185 *(período de Heian):* diversos clanes de colonos guerreros se establecieron en el N de Honshū. 858-mediados del s. XII: los Fujiwara ostentaron el poder. 1185: el clan de los Taira fue vencido por el de los Minamoto.

***El shōgunado.*** 1192: el jefe del clan Minamoto, Yoritomo, fue nombrado general *(shōgun).* En adelante hubo un doble poder central: el del emperador *(tennō)* y la corte, y el del shōgun y su gobierno militar *(bakufu).* 1185/1192-1333 *(período de Kamakura):* el bakufu, establecido en Kamakura, estuvo dominado por Yoritomo y sus hijos, y posteriormente por los Hōjō. 1274-1281: las tentativas de invasión de los mongoles fueron rechazadas. 1333-1582 *(período de Muromachi):* los shōgun Ashikaga se establecieron en Kyōto. El país se vio ensangrentado por guerras civiles (guerra de las dos cortes, 1336-1392) y por incesantes conflictos entre señores *(daimyō).* Entretanto, comerciantes portugueses penetraron en Japón (1542), que san Francisco Javier, llegado en 1549, comenzó a evangelizar. 1582: tras nueve años de luchas, Oda Nobunaga depuso a los Ashikaga. 1585-1598: Toyotomi Hideyoshi, primer ministro del emperador, unificó Japón sometiendo a los *daimyō* independientes. 1603-1616: Tokugawa Ieyasu se instaló en Edo (Tōkyō), se declaró shōgun hereditario y dotó a Japón de instituciones estables. 1616-1867 *(período de Edo o de los Tokugawa):* se cerró el país a los extranjeros (salvo a los chinos y neerlandeses), tras la rebelión de 1637. La clase comerciante y las ciudades experimentaron un gran desarrollo. 1854-1864: los occidentales intervinieron militarmente para obligar a Japón a abrirse al comercio internacional.

***El Japón contemporáneo.*** 1867: el último shōgun, Yoshinobu, dimitió y el emperador Mutsuhito (1867-1912) se instaló en Tōkyō. 1868-1912 *(era Meiji):* se adoptaron las técnicas y las instituciones occidentales (constitución, 1889) a fin de hacer de Japón una gran potencia económica y política. Fue un período de expansión exterior: al término de la guerra chino-japonesa (1894-1895), Japón adquirió Formosa; tras vencer en la guerra ruso-japonesa (1905), se impuso en Manchuria y Corea, país que anexionó en 1910. 1912-1926: durante el reinado de Yoshihito *(era Taishō),* Japón entró en la primera guerra mundial junto a los aliados y obtuvo las posesiones alemanas del Pacífico. 1926: Hiro-Hito sucedió a su padre, abriendo la *era Shōwa.* 1931: la extrema derecha nacionalista en el poder hizo ocupar Manchuria. 1937-1938: ocupó el NE de China. 1940: firmó un tratado tripartito con Alemania e Italia. 1941-1942: ocupó la mayor parte del Sureste asiático y el Pacífico. Agosto 1945: capituló tras los bombardeos atómicos de Hiroshima y Nagasaki. 1946: una nueva constitución instauró una monarquía constitucional. 1951: el tratado de paz de San Francisco restableció la soberanía de Japón. Desde entonces, la vida política pasó a estar dominada por el Partido liberal-democrático (P.L.D.). 1960: se firmó un tratado de alianza militar con E.U.A. 1960-1970: Japón se convirtió en una de las primeras potencias económicas del mundo. 1978: firmó con China un tratado de paz y de amistad. 1982: Nakasone Yasuhiro fue nombrado primer ministro. 1987: Takeshita Noboru le sucedió al frente del gobierno. 1989: tras la muerte de Hiro-Hito, su hijo Aki-Hito le sucedió e inauguró la *era Heisei* (en.). Escándalos político-financieros provocaron la dimisión de Takeshita Noboru (abril). Uno Sosuke (junio) y Kaifu Toshiki (ag.) le sucedieron. 1991: Miyazawa Kiichi fue nombrado primer ministro. 1992: el parlamento aprobó el proyecto de ley que permitía la participación de soldados japoneses en las misiones de paz de la O.N.U. 1993: Miyazawa Kiichi dimitió a raíz de una moción de censura. En las elecciones generales el P.L.D. perdió la mayoría absoluta; fue nombrado primer ministro Hosokawa Morihiro, con una coalición de partidos. 1994: tras la dimisión de Hosokawa fue nombrado primer ministro Hata Tsutomu, quien dimitió y asumió la presidencia del gobierno el socialista Murayama Tomiichi. 1996: tras la dimisión de Murayama, Hashimoto Ryutaro fue elegido primer ministro. 1998: dimisión de Hashimoto. Le sucedió el también liberal Obuchi Keizo. 2000: tras la muerte de Obuchi (abril), su sustituto, Mori Yoshiro, refrendó el cargo en las elecciones (junio).

INSTITUCIONES

Monarquía constitucional hereditaria. Constitución de 1946. Emperador (autoridad simbólica). El primer ministro es designado por el parlamento (o *dieta*), que está formado por la *cámara de representantes,* elegida para 4 años, y por la *cámara de los consejeros,* elegida cada 6 años.

ARTE DEL JAPÓN ANTIGUO

Ss. VI-VII *(período Asuka):* influencia de Corea y de China, con la aparición en arquitectura de los caracteres nipones: adaptación a la configuración del terreno y disposición asimétrica de los edificios. Fundación del Hōryū-ji*. Ss. VII-VIII *(período de Nara):* cap. Nara. Plano canónico del santuario, sobre todo con el kondō y la pagoda (Yakushi-ji); persistencia de la aportación china (decoración mural del Hōryū-ji); escultura: laca seca sobre núcleo de madera *(Retrato del monje Ganjin*).* Ss. IX-XII *(período Heian):* cap. Heian-kyō (Kyōto). Arquitectura palaciega y afirmación de las características nacionales (pilotes, tejado de corteza de árbol, galería, salida al jardín [Uji: el Byōdō-in]); pintura (decoración mural del pabellón del fénix del Byōdō-in), rodillos horizontales (makimono) que ilustran escritos religiosos o literarios: *Genji* monogatari.* Durante el reinado de los Fujiwara: expansión del arte pictórico nacional: el *Yamato-e;* escultura: Jōchō. 1185-1333 *(período de Kamakura):* cap. Kamakura. Recuperación de la aportación china y primeras influencias del zen. Reconstrucción de Nara. Auge del *Yamato-e;* escultura: realismo, pléyade de artistas en torno a Unkei. 1333-1582 *(período Ashikaga* o *Muromachi):* cap. Muromachi, suburbio de Kyōto. Oficialización de las relaciones con China. Gran influencia del zen: jardines esotéricos (Kyōto: jardín de los musgos del Saihō-ji, *c.* 1339; jardín de piedras y de arena del Ryōan-ji, *c.* 1499); pintura: escuelas Tosa y Kanō, y pintura con tinta monocroma con Sesshū, primeros kakemonos; escultura: apogeo de las máscaras de nô. Florecimiento de las artes menores: lacas y tsubas. 1582-1616 *(período de los dictadores):* cap. Momoyama, cerca de Kyōto. Fortalezas de poderosas murallas (Himeji; Nijō, cerca de Kyōto), con decoraciones interiores realizadas por los Kanō, entre ellos Eitoku o Sanraku. Arquitectura privada: Katsura. Cerámica para la ceremonia del té. 1616-1868 *(período de los Tokugawa* o *de Edo):* cap. Edo, actual Tōkyō. Obras maestras de Sōtatsu con el que en ocasiones se asocia Kōetsu, o de Kōrin y de Kenzan. Ike* no Taiga practicó la pintura docta. Porcelanas de Kakiemon y de los hornos de Arita. Estampas de Moronobu, Harunobu, Utamaro, Sharaku, Hokusai, Hiroshige.

LITERATURA

Del s. IV al IX: el *Manyō-shū.* Del s. IX al XII: *Genji monogatari* de Murasaki Shikibu; Sei Shōnagon. Del s. XII al XV: Kenkō Hōshi. Del s. XV a 1750: Ihara Saikaku, Chikamatsu Monzaemon, Matsuo Bashō. De 1750 a 1868: Ueda Akinari, Kyōkutei Bakin. De 1868 a la actualidad: Tsubouchi Shōyō, Shimazaki Tōson, Mori Ōgai, Natsume Sōseki, Tanizaki Junichirō, Akutagawa Ryūnosuke, Kinoshita Junji, Kawabata Yasunari, Mishima Yukio, Abe Kōbō, Ōe Kenzaburō.

CINE

Mizoguchi Kenji, Ozu Yasujirō, Kurosawa Akira, Ichikawa Kon, Oshima Nagisa, Imamura Shohei.

**JAQUES-DALCROZE** (Emile), compositor y pedagogo suizo (Viena 1865-Ginebra 1950), autor de melodías populares e inventor de la gimnasia rítmica.

**JARA** (Víctor), cantautor chileno (Chillán 1938-Santiago 1973), compositor e intérprete de temas sociales. Fue detenido y asesinado durante el golpe militar de Pinochet. *(V. ilustración pág. 1422.)*

**JARABACOA,** mun. de la República Dominicana (La Vega), en la cordillera Central; 35 661 hab.

**JARAL DEL PROGRESO,** mun. de México (Guanajuato); 24 445 hab. Agricultura.

**JARAMA,** r. de España, afl. del Tajo (or. der.); 168 km. Aprovechado para el abastecimiento de Madrid y para el regadío. En el valle, yacimientos del paleolítico inferior.

**Jarama** *(batalla del),* acciones bélicas en el curso medio de este río (5-25 febr. 1937) durante la guerra civil española. Los nacionales intentaron cortar, sin éxito, la carretera de Valencia, única vía de comunicación de Madrid con el resto de la zona republicana.

**Jarama** *(circuito del),* circuito español de automovilismo y motociclismo en San Sebastián de los Reyes (Madrid).

**Jarama** *(El),* novela de R. Sánchez Ferlosio (1956). Dentro del más puro realismo objetivo, es la crónica de la jornada dominguera de un grupo de trabajadores madrileños. Lo anodino de la situación confiere a la obra un matizado patetismo.

**JARAMILLO,** familia colombiana originaria de Antioquia, ligada a la oligarquía ganadera. – **Lorenzo** (1818-1905) consolidó el patrimonio familiar y fundó el Banco industrial de Manizales. – El coronel **Aureliano** (1840-1922) fue prefecto bajo la dictadura de Reyes. – El general **Ramón** (1868-1954) participó con los liberales en la Unión republicana contra la dictadura de Reyes. – **Esteban** (1874-1947), varias veces ministro, publicó un *Tratado de ciencia de la hacienda pública.*

**JARANDILLA DE LA VERA,** v. de España (Cáceres); 3 022 hab. *(Jarandillanos.)* Castillo gótico (parador de turismo).

**JARAUTA** (Celedonio **Domeco de**), sacerdote y guerrillero español (Zaragoza 1814-Valencia, México, 1848). Franciscano, participó en la primera guerra carlista, y en México dirigió una guerrilla contra los norteamericanos (1848). Fue fusilado.

**JARBIN** → ***Harbin.***

**JARDIEL** (José **Paredes,** llamado **José**), pintor español (Madrid 1928). Sus primeras obras se inscriben en el informalismo para evolucionar luego hacia la nueva figuración.

**JARDIEL PONCELA** (Enrique), escritor español (Madrid 1901-*id.* 1952). Gran renovador de la literatura humorística, escribió novelas satíricas y obras teatrales que aúnan misterio y absurdo (*Eloísa está debajo de un almendro,* 1940).

**jardín de las delicias** *(El),* título dado desde el s. XIX a un tríptico del Bosco, una de sus obras más célebres y enigmáticas (¿*c.* 1500-1505?, Prado).

**JARDINES DE LA REINA,** archipiélago de la costa meridional de Cuba, integrado por unos 400 cayos.

**JAREÑO** (Francisco), arquitecto español (Albacete 1818-Madrid 1892). Realizó la biblioteca nacional (1866), la Casa de la Moneda y el tribunal de cuentas (Madrid).

**JĀRG** *(isla),* isla de Irán, en el golfo Pérsico. Terminal petrolera.

**JÁRKOV,** c. de Ucrania, junto a un afl. del Donets; 1 611 000 hab. Centro metalúrgico y textil.

**JARNÉS** (Benjamín), escritor español (Codo, Zaragoza, 1888-Madrid 1950). Narrador en línea virtuosista (*El convidado de papel,* 1928), cultivó asimismo la biografía y la crítica.

**Jarretera** *(muy noble orden de la),* orden inglesa de caballería, instituida por Eduardo III en 1348. Su divisa es: *Honni soit qui mal y pense.*

**JARRY** (Alfred), escritor francés (Laval 1873-París 1907). Creador del personaje de Ubú (*Ubú rey,* 1896), caricatura grotesca de la codicia y la crueldad burguesas, y de la «patafísica» (*Hechos y dichos del doctor Faustroll,* 1911), precursor del surrealismo.

**JARTŪM,** c. y cap. de Sudán, en la confluencia del Nilo Blanco y el Nilo Azul; 600 000 hab. Museo. La ciudad, tomada por los mahdistas en 1884-1885, fue reconquistada por los británicos en 1898.

**JARUCO,** mun. de Cuba (La Habana); 25 676 hab. Caña de azúcar. Materiales para la construcción.

**JARUZELSKI** (Wojciech), general y político polaco (Kurów, cerca de Lublin, 1923). Primer ministro (1981-1985) y primer secretario del Partido obrero unificado polaco (1981-1989), instauró el estado de guerra (dic. 1981-dic. 1982) y proscribió el sindicato Solidaridad (1982). Presidente del consejo de estado, fue elegido presidente de la república por el nuevo parlamento en 1989. Su mandato acabó con las elecciones presidenciales de 1990.

**JASÓN,** héroe legendario tesalio que organizó la expedición de los Argonautas a la Cólquida, en busca del vellocino de oro, que conquistó gracias a los sortilegios de Medea.

# COMUNICACIÓN Y TECNOLOGÍA

La imprenta, el teléfono, la radio, la televisión, Internet: inventos tanto sociales como tecnológicos que, excepto por el primero, no habían aparecido o sólo eran curiosidades a principios del siglo XX.

El hombre, ser de lenguaje, no ha dejado de perfeccionar los medios que posee para comunicarse con sus semejantes: llevar más lejos, más rápido y a más personas un mensaje cada vez más elaborado.

Si bien el primer paso –y decisivo– fue la imprenta, hubo que esperar a que apareciera la electricidad y luego la electrónica para empezar a vislumbrar al mundo como un amplio andamiaje formado por el intercambio de signos visuales y sonoros. Entonces la historia se empieza a escribir con un ritmo desenfrenado: entramos en la era de «todo digital».

# L A  I M P R E N T A

1. Gutenberg

2 y 3. Tipos móviles de plomo. Estos tipos (2) se colocaban uno por uno sobre una plancha (3) para formar las líneas de cada página.

## GUTENBERG INVENTÓ LA IMPRENTA

Gutenberg (1) inventó la tipografía, es decir, el procedimiento de composición basado en caracteres móviles (2 y 3). Fue una idea genial: fundir los tipos en una caja de plomo que permitiría reusarlos muchas veces. Sumado al empleo de la prensa de tornillo (4), este proceso permitió el nacimiento de la imprenta moderna.

4. Reconstrucción de la imprenta de Gutenberg.

Seis bloques de imprenta con caracteres grabados en una o dos de las caras (finales del siglo XII o XIV), provenientes de Dunhuang (provincia de Gansu), donde se han encontrado las obras más antiguas impresas en China.

## PERO GUTENBERG NO LO INVENTÓ TODO

Los chinos conocían desde tiempo atrás los tipos móviles, pero de madera (1) o de cerámica (2), por lo tanto, frágiles. Para obtener las imágenes había que grabarlas en planchas de madera (3). En cuanto a la prensa de tornillo, los viticultores la usaban desde hacía mucho tiempo...

2. Sello de cerámica decorada del emperador Kangxi (1662-1722).

3. Plancha de impresión china (Dunhuang, s. VII-IX)

## LA IMPRENTA SE INDUSTRIALIZA

Los impresores pronto enfrentaron a una demanda creciente. Fue necesario recurrir con mayor frecuencia a las máquinas, ya sea para «componer» los textos (1 a 3), para «fotocomponerlos» (4) o para imprimir libros o periódicos (5 y 6). En la actualidad, la informática permite pasar directamente de la computadora a la impresora.

1. Componedora-fundidora de linotipia. La entrada escrita en el teclado libera las matrices de signos y espacios que componen las líneas. Estas matrices permiten fundir en plomo las líneas correspondientes («línea-bloque»). La misma máquina se encarga tanto de la composición como de la fuente.

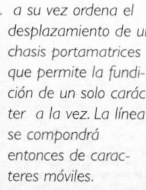

Componedora-fundidora de monotipia. La entrada escrita en el teclado (2) dirige las perforaciones de una banda de papel que corresponde a los signos de composición. La fundidora lee esta banda perforada (3), y a su vez ordena el desplazamiento de un chasis portamatrices que permite la fundición de un solo carácter a la vez. La línea se compondrá entonces de caracteres móviles.

# LA IMPRENTA

4. *Partes de una máquina de fotocomposición de la década de 1980 con, de abajo arriba, el tubo catódico que permite la generación de caracteres (a partir de las instrucciones de una computadora), el objetivo fotográfico y la bobina de película. La película sirve para elaborar el elemento que se va a imprimir.*

5. *Rotativa offset del diario Le Monde, en Ivry-sur-Seine.*

6. *Rotativa de principios del siglo* XX.

## DEL INCUNABLE AL PERIÓDICO

Del ejemplar único y precioso a la producción en masa, el libro y el periódico han adoptado diferentes formas, desde la difusión del pensamiento –religioso o profano– hasta los anuncios, las novedades, en suma, la información.

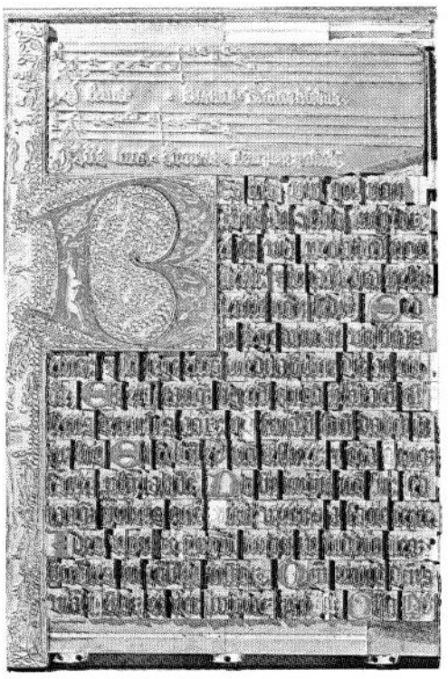

2. *Matriz de imprenta de* Mainzer Psalterium *(Salterio de Mayence), impreso por Johann Fust, socio de Gutenberg. Se trata del primer libro impreso en el que consta la fecha (1457).*

1. *Primera página de «Sutra de diamante», impreso en China el 11 de mayo del 868 por Wang Jie, que sería el primer impresor conocido.*

3. *Detalle de una miniatura sacada de* Cité de Dames, *de Christine de Pisan (hacia 1405). Christine de Pisan, de pie frente a un libro abierto, nos recuerda que los primeros libros se leían de pie y en voz alta.*

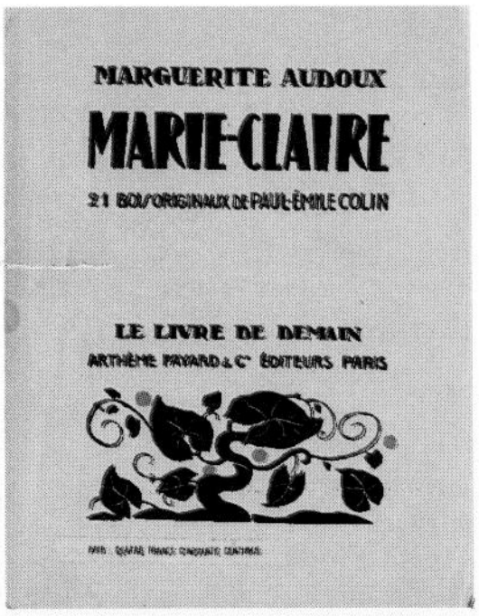


1. *Un libro (impreso en 1936) de la colección «El libro del mañana», colección popular por su precio bajo, con un formato inusual en nuestros días, pero que contaba con ilustraciones originales y de calidad.*

5. *Un libro con formato de «bolsillo» (impreso en 1983).*
*En la actualidad arquetipo del libro popular, las colecciones de «bolsillo» aparecieron por primera vez en el ejército estadounidense durante la Segunda Guerra Mundial.*

6 y 7. *La* Hoja de avisos de Neuchâtel, *primer diario en lengua francesa, que apareció por primera vez el 2 de octubre de 1738 y ha continuado imprimiéndose sin interrupción hasta nuestros días (con el nombre de l'Express).*

*Col. La Pressothíque/UIJPLF, París.*

# E L   T E L É F O N O

ALEXANDER GRAHAM BELL

Ejecutó y patentó, en 1876, el primer aparato capaz de transmitir la palabra a distancia. Para ello utilizó un hilo eléctrico como conductor de la transmisión: inventó así el teléfono.

THOMAS A. EDISON

Inventor fecundo, desempeñó, en la segunda mitad del siglo XIX, un papel importante en el desarrollo de la telegrafía eléctrica, una de las grandes innovaciones en el área de las comunicaciones.

TELÉGRAFO MORSE

Con la emisión de pulsaciones breves o largas cuyas combinaciones formaban letras o números, este aparato transmitía mensajes con un ritmo de 10 palabras por minuto. Al final de la línea, los signos codificados se reproducían en una cinta perforada.

APARATO TELEFÓNICO ANTIGUO

Accionando la manivela lateral, el usuario establecía comunicación con la central telefónica más cercana e indicaba a una operadora el número al que deseaba comunicarse.

TELÉFONO DE DISCO

Con este tipo de aparato, que empezó a funcionar en 1919 en Estados Unidos de América, el usuario podía comunicarse directamente, sin la intermediación de una operadora.

CENTRAL TELEFÓNICA MANUAL

En las primeras centrales telefónicas, un ejército de operadoras, llamadas las *señoritas del teléfono*, se encargaban de establecer las comunicaciones.

LES DEMOISELLES DU TÉLÉPHONE
Aspect d'un bureau téléphonique parisien

# EL TELÉFONO

CENTRAL TELEFÓNICA ELECTRÓNICA

Las centrales telefónicas manuales fueron sustituidas por las centrales electromecánicas, luego por las electrónicas, menos pintorescas pero de mucho mayor capacidad, pues pueden establecer la comunicación más rápidamente.

TELÉFONO DE TECLADO

El remplazo del disco por el teclado permite reducir el tiempo de marcado de un número, además de que ofrece al usuario la posibilidad de acceder, gracias a teclas especiales, a los nuevos servicios autorizados por las centrales electrónicas.

TELÉFONO INALÁMBRICO CON CONTESTADORA AUTOMÁTICA

Con mayores posibilidades de movilidad porque no necesita cable y con contestadora que responde y graba mensajes, a la que también se puede acceder desde otro aparato, el teléfono se ha convertido en un instrumento de comunicación aún más eficaz.

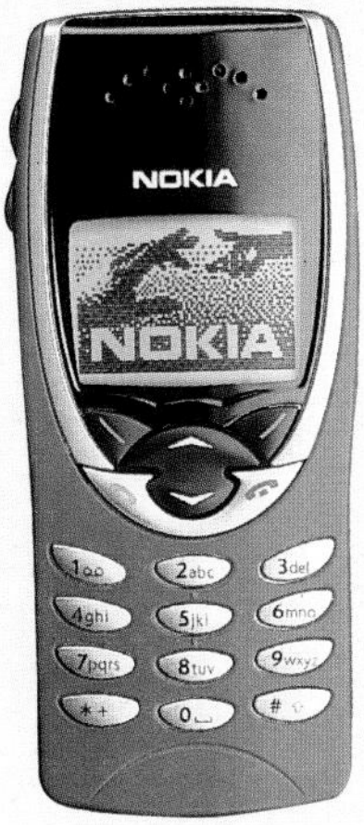


TELÉFONO CELULAR

Los últimos años han visto el crecimiento espectacular de los teléfonos celulares.

FAX

En la era de la informática la transmisión gráfica de documentos por fax se ha desarrollado aún más. Los faxes más complejos pueden comunicarse a través de la red de Internet con faxes y computadoras de todo el mundo.

EL CELULAR DEL MAÑANA

El futuro pertenece al teléfono multifunciones, como este aparato de doble banda, con pantalla sensible al tacto que permite el acceso a Internet por medio de WAP (*Wireless Application Protocol*) y es capaz de sincronizarse con otras terminales de comunicación.

# E L   T E L É F O N O

CÓMO FUNCIONA LA TELEFONÍA CELULAR

Las personas que se trasladan de un lugar a otro pueden telefonear a cualquier parte del mundo. Las comunicaciones se encauzan por ondas de radio a través de una red de células dotadas de relé y por medio de satélites cuando se trata de largas distancias.

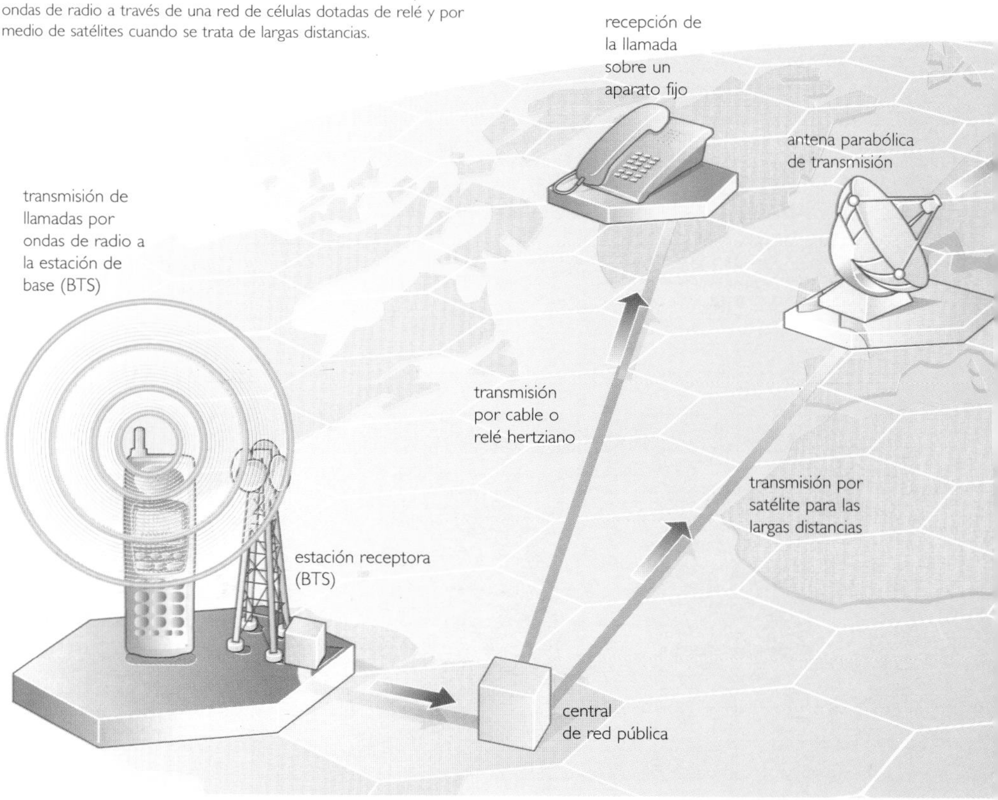

# E L T E L É F O N O

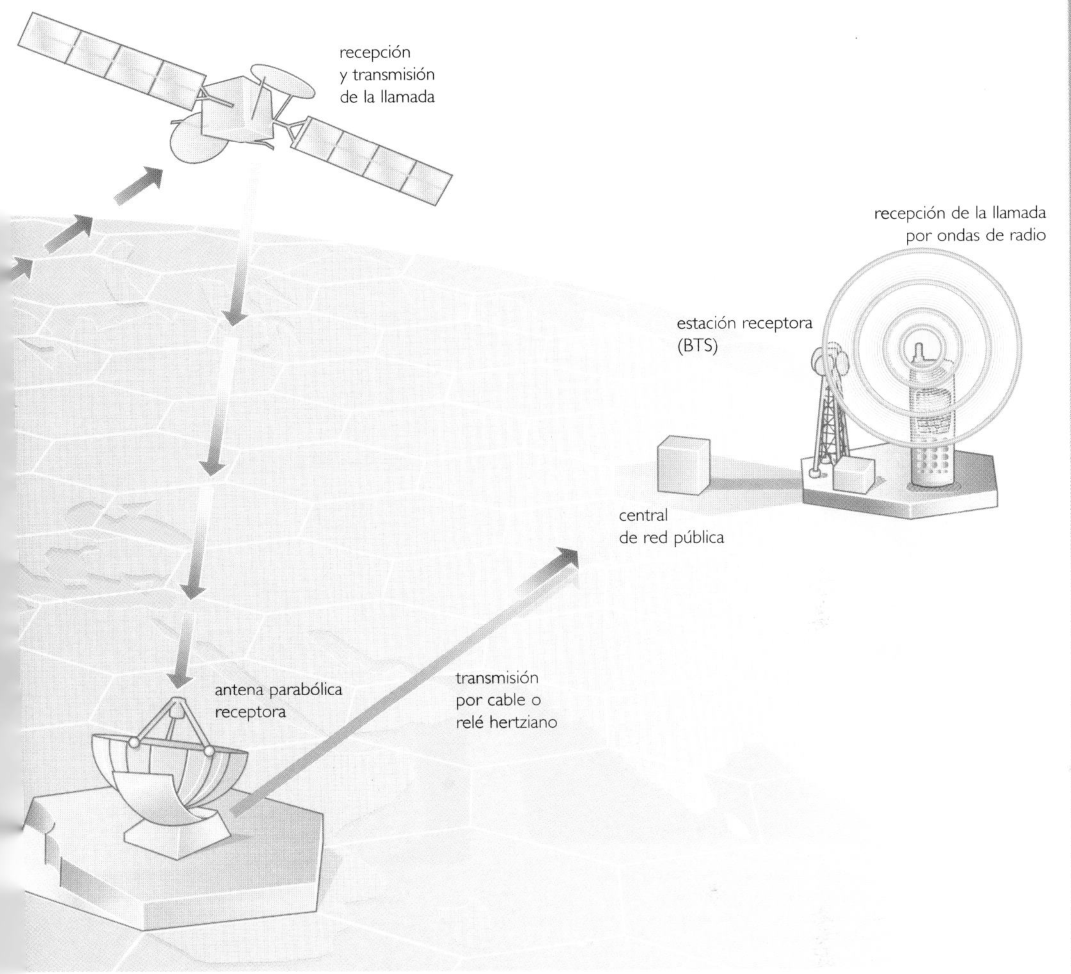


CABINAS TELEFÓNICAS
Su diseño varía según cada país, pero las cabinas telefónicas se han convertido en un elemento del paisaje de todas las regiones habitadas del mundo.

# LA RADIO

*Branly en su laboratorio.*

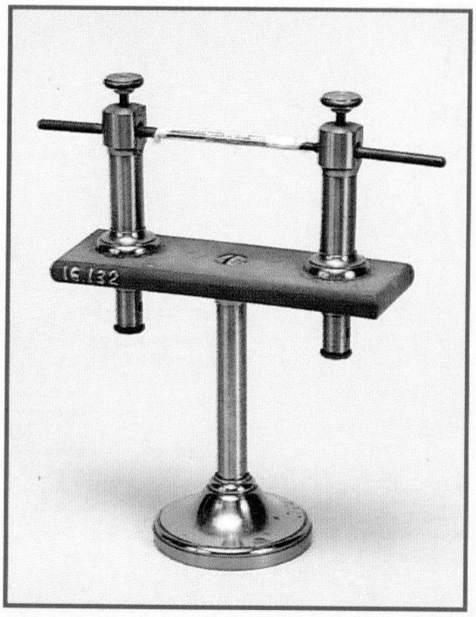

*El cohesor. Entre los dos electrodos se coloca un tubo lleno de limadura de hierro que se convierte en un buen conductor de la electricidad cuando recibe las ondas hertzianas.*

ÉDOUARD BRANLY
Este físico francés fue precursor de la radio con la invención, en 1890, del primer detector de ondas hertzianas (que llamó *cohesor*) y el descubrimiento, en 1891, del principio de la antena de emisión.

GUGLIELMO MARCONI
Aprovechando las investigaciones del alemán H. Hertz y de Branly, este físico e inventor italiano tuvo éxito con las primeras conexiones, primero de distancias cortas (1896), luego trasatlánticas (1901), a través de ondas hertzianas.

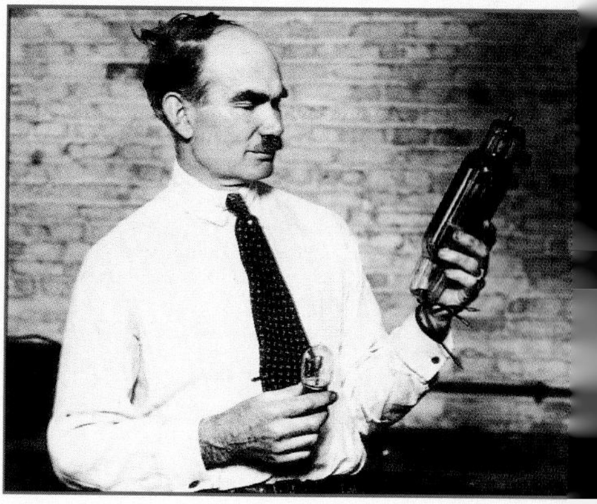

LEE DE FOREST
Agregando al diodo un tercer electrodo, este ingeniero estadounidense inventó, en 1906, el triodo, cuya capacidad de amplifi cación de la corriente permite la fabricación de radios más sensi bles y con ello acrecentar el alcance de las radiocomunicaciones.

WILLIAM SHOCKLEY, JOHN BARDEEN Y WALTER BRATTAIN (de izquierda a derecha). La creación del transistor, en 1947, realizada por estos tres físicos estadounidenses de los laboratorios Bell, inauguraron la era de la miniaturización de los componentes electrónicos, dando origen a una nueva revolución en las radiocomunicaciones.

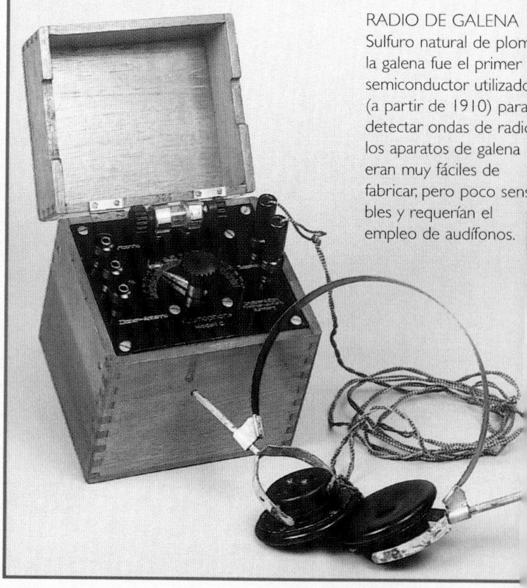

RADIO DE GALENA
Sulfuro natural de plom la galena fue el primer semiconductor utilizado (a partir de 1910) para detectar ondas de radio los aparatos de galena eran muy fáciles de fabricar, pero poco sens bles y requerían el empleo de audífonos.

# L A   R A D I O

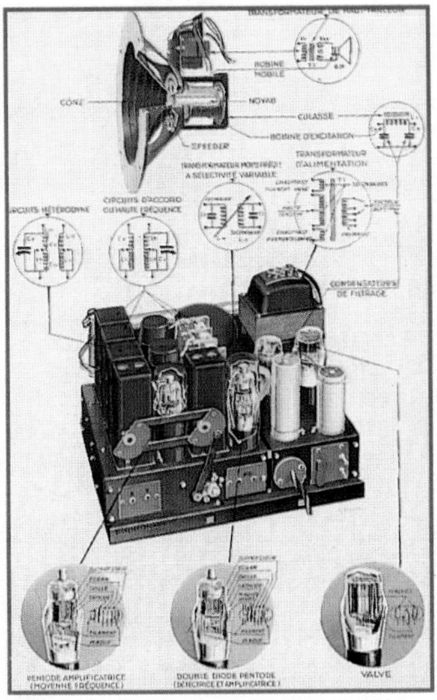


*Vista interna de un radio de bulbos.*

RADIOS DE BULBOS

Los aparatos de galena fueron sustituidos rápidamente por los de bulbos (tubos electrónicos), en los que podían sintonizarse mejor las estaciones emisoras y también contaban con un amplificador y un altoparlante.

*Receptor de radiotelegrafía y de radiotelefonía. 1923-1925.*

*Radio Philips, llamado «lata de jamón», 1931.*

*Radio de bulbos, modelo 1948.*

TRANSISTORES

La invención del transistor acabó con los aparatos de bulbos porque dio paso, en 1955, a los radios portátiles, receptores compactos y fácilmente transportables, algunos tan pequeños que caben en el bolsillo.

*Radio portátil Sony. 1982.*

*Radio Emerson. 1956.*

RADIOAFICIONADO

En la actualidad miles de personas de todo el mundo poseen licencia para comunicarse por radio, para uso privado, por diversión, con otros radioaficionados a veces situados en diferentes continentes.

LA BANDA CIVIL

El desarrollo de las radiocomunicaciones llevó a reservar una banda de frecuencias especial, la «banda civil» (CB), entre los 27 MHz, para usarlas en comunicaciones particulares, en especial de quienes van a bordo de sus vehículos.

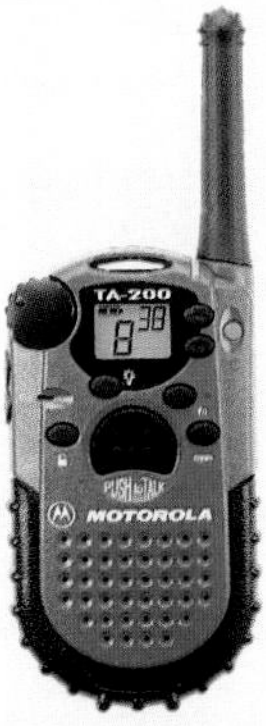


WALKIE-TALKIE

Los radios portátiles emisores-receptores, de poco alcance, se han venido empleando habitualmente en ciertas profesiones, en especial en las que se desarrollan en varios lugares.

RADIO-TOCACINTAS-REPRODUCTOR DE DISCOS COMPACTOS

La mayor parte de los automóviles están equipados con una radio, que además es tocacintas y lector de discos compactos. Los aparatos con RDS (*Radio Data System*) se ajustan automáticamente a la mejor frecuencia de recepción de la estación deseada, y los más perfeccionados pueden difundir en directo mensajes urgentes de información sobre caminos que proporcionan otras estaciones.

# L A  T E L E V I S I Ó N

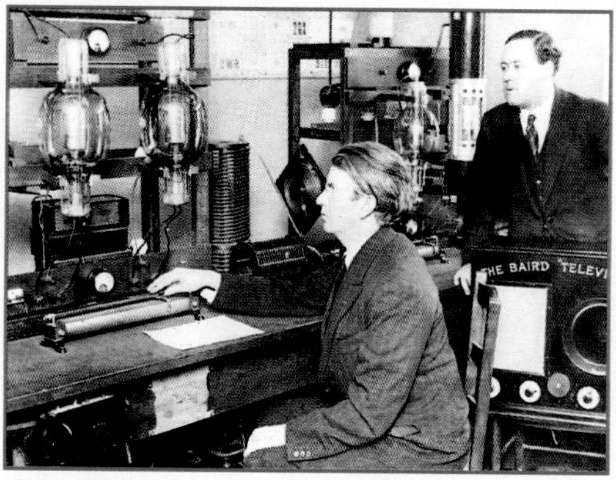

JOHN LOGIE BAIRD
Este ingeniero británico llevó a cabo, en 1926, la primera demostración pública de televisión; en 1928 presentó las primeras imágenes en colores y, en 1929, abrió en Londres el primer estudio de televisión del mundo.

VLADIMIR ZWORYKIN
Este ingeniero estadounidense de origen ruso perfeccionó, a partir de 1934, el iconoscopio (que se ve en la foto), el primer tubo al vacío, y el kinescopio, el primer tubo receptor de imágenes de televisión.

TELEVISORES DE ANTENA
El televisor fue durante mucho tiempo poco estético. Sin embargo, esos primeros diseños poco a poco se fueron estilizando, a la vez que las dimensiones de la pantalla crecieron.

TELEVISIÓN E INFORMACIÓN
La televisión se convirtió en uno de los grandes medios de información. En 1954, en los hogares de los pocos pero felices propietarios de un televisor, en realidad una minoría, las personas se reunían alrededor de la pequeña pantalla.

LA TELEVISIÓN, OBJETO PUBLICITARIO
A fin de seducir a los compradores, los fabricantes de televisores no han cesado de lanzar modelos que ofrecen mejor imagen o sonido.

CINE EN CASA
Gracias a una enorme pantalla panorámica, con formato 16/9, los televisores de alta definición, junto con un equipo de alta fidelidad capaz de ofrecer una excelente reproducción de todos los efectos sonoros, permiten recrear en casa el ambiente de un cine.

# L A   T E L E V I S I Ó N

*A. Cámara de 1954.*

CÁMARAS A LO LARGO DEL TIEMPO
La imagen que el telespectador recibe reproduce fielmente la escena filmada por la cámara. Gracias a los avances de la técnica, las cámaras poco a poco han perdido peso y ganado movilidad y facilidad de manejo.

*B. Cámara de 1984.*

*C. Cámara de 1994.*

PRODUCCIÓN TELEVISIVA
Primer eslabón de la cadena de la imagen televisiva, la producción moviliza a muchos participantes y equipos de tecnología de punta.

*A. Estudio*
*Iluminado por un conjunto de proyectores, equipado con micrófonos que captan los sonidos y de cámaras para la toma de imágenes, el estudio alberga, con un decorado apropiado, a quienes van a salir en pantalla.*

*B. Cabina de control*
*Las imágenes y los sonidos que se graban en el estudio se reciben en esta cabina, que cuenta con un enorme tablero de controles montado sobre un muro lleno de pantallas. En la cabina de control se lleva a cabo la selección y la edición de lo que se difundirá.*

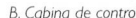

BOSQUE DE ANTENAS
A medida que la televisión empezó a penetrar en más y más hogares, las azoteas de casas y edificios se poblaron de antenas receptoras.

BOSQUE DE PARABÓLICAS
A las antenas tradicionales se agregan las parabólicas, que permiten captar programas transmitidos por satélites de televisión directa.

# INTERNET

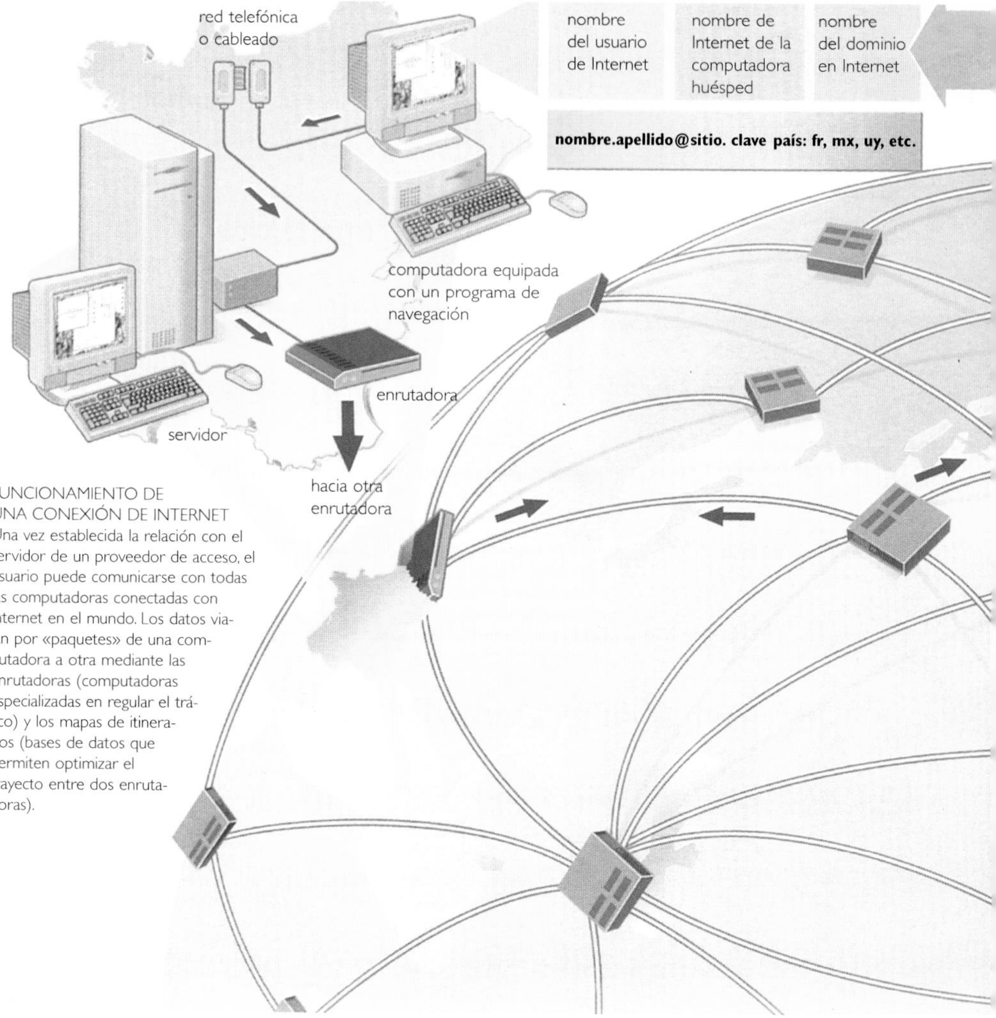


FUNCIONAMIENTO DE UNA CONEXIÓN DE INTERNET
Una vez establecida la relación con el servidor de un proveedor de acceso, el usuario puede comunicarse con todas las computadoras conectadas con Internet en el mundo. Los datos viajan por «paquetes» de una computadora a otra mediante las enrutadoras (computadoras especializadas en regular el tráfico) y los mapas de itinerarios (bases de datos que permiten optimizar el trayecto entre dos enrutadoras).

VINTON CERF (IZQUIERDA) Y ROBERT KAHN.
Desde 1974 estos dos investigadores estadounidenses desarrollaron los principios de diseño y los protocolos de la futura red de Internet, que se experimentaron primero en la red militar Arpanet.

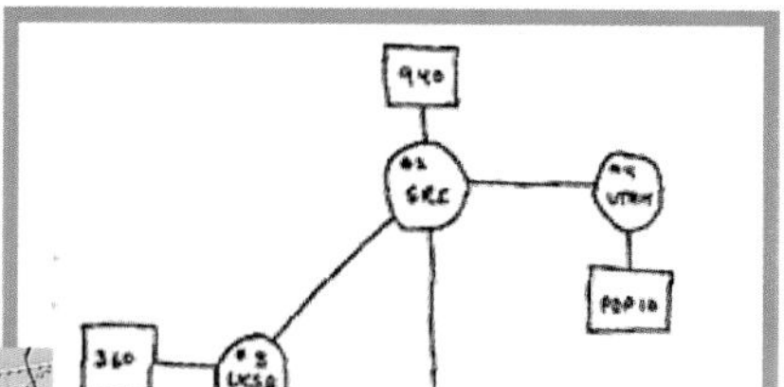

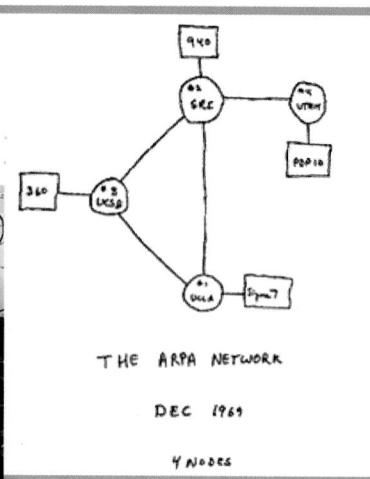


TIM BERNERS-LEE
Especializado en programas de comunicación, este británico dedicado a la informática es el fundador de la World Wide Web (www o Web), concebida en 1989 en Cern (laboratorio europeo para la física de partículas), cerca de Ginebra, invento creado para facilitar el intercambio de documentos entre físicos de todo el mundo. Se instaló en Internet en 1991.

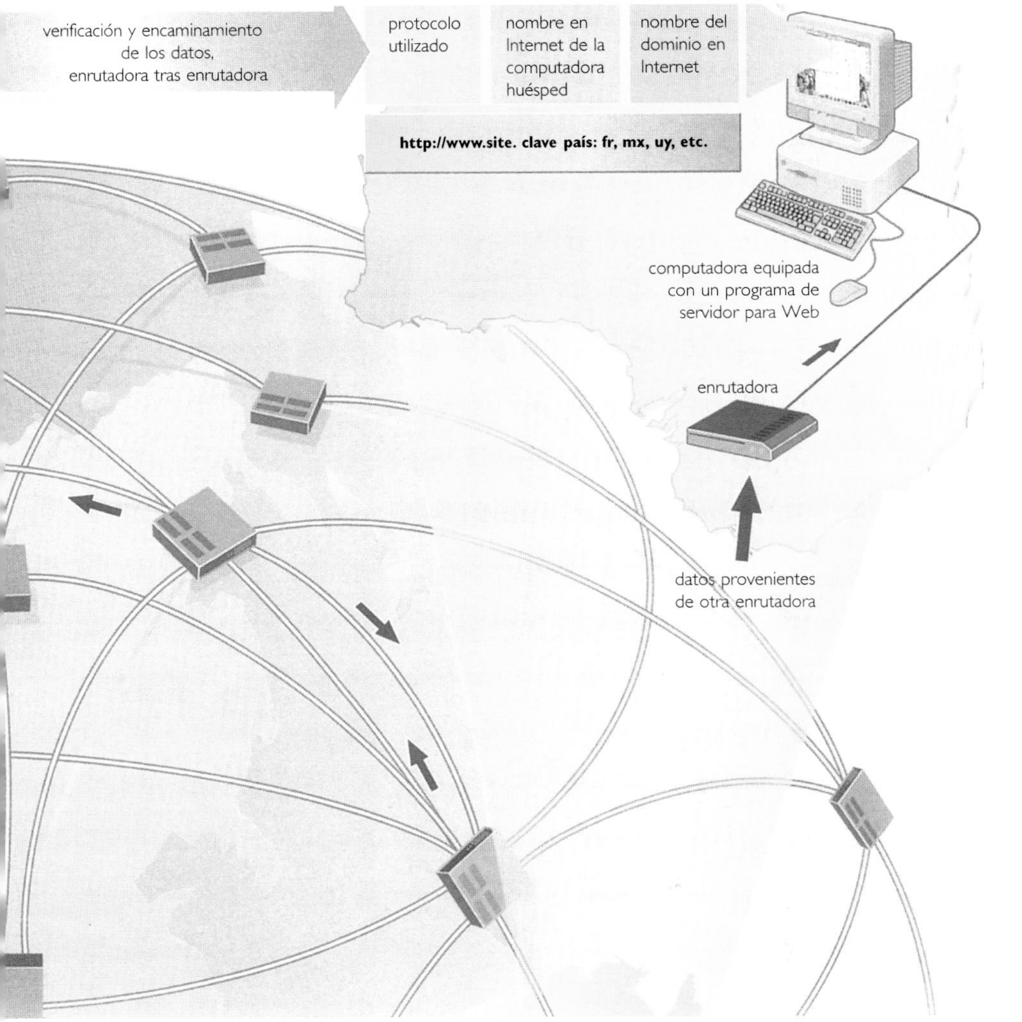


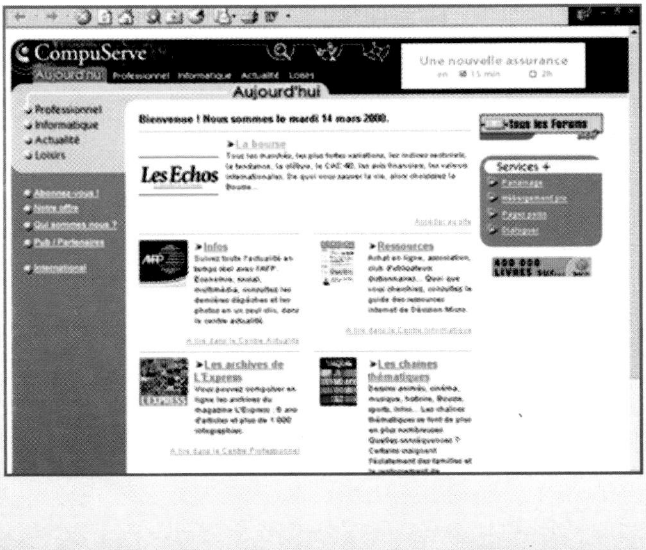


LA ARROBA

Este signo se ha convertido en el símbolo del correo electrónico y uno de los emblemas de Internet, junto con el punto, la «e» y la secuencia «www». Se le llama también a comercial. En inglés se pronuncia *at*, que significa *en*. Su origen aún se discute.

COMPUSERVE

Para acceder a Internet hay que suscribirse y pagar una cuota a una compañía privada que disponga de líneas con gran capacidad y que funcionen las 24 horas del día. Una de las compañías pioneras en este campo fue Compuserve, que en 1979 lanzó al mercado el primer servicio de información en línea para usuarios de computadoras personales.

Herramienta de comunicación internacional, la Web permite acceder a las páginas de todas las regiones del mundo y en diferentes idiomas.

ruso

gri

polaco

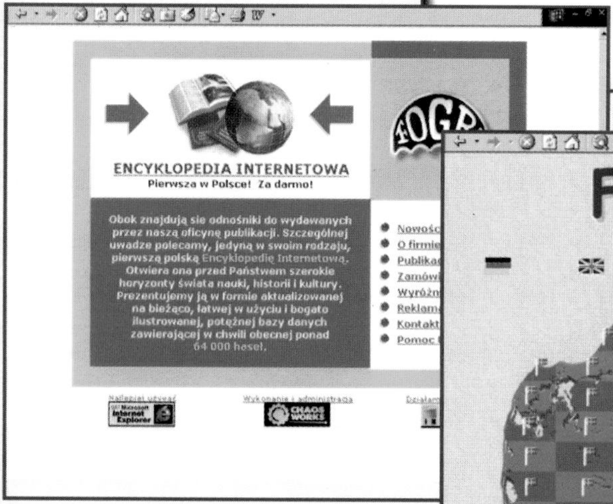


danés

chino

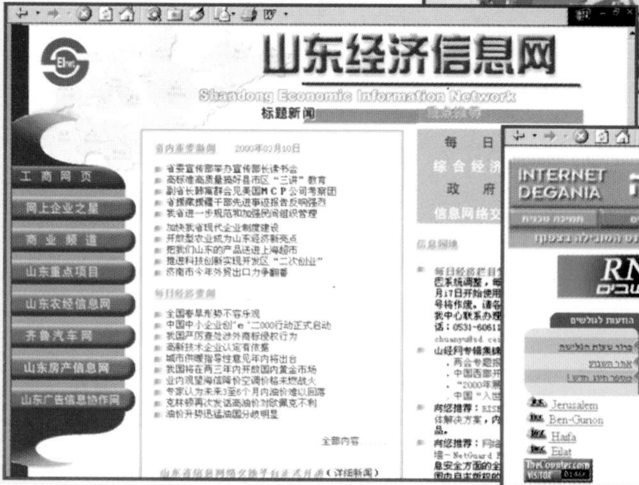


hebreo

PROGRAMAS DE NAVEGACIÓN DE INTERNET
Estos programas se concibieron especialmente para facilitar la navegación en Internet y la lectura de las páginas Web. El primero fue, en 1993, Mosaic, que se distribuyó de manera gratuita. Al año siguiente, los estadounidenses Jim Clarke y Marc Andreessen crearon Netscape, una versión evolucionada, que desde 1995 tuvo que competir con Internet Explorer, de Microsoft.

Página Web obtenida con Netscape.

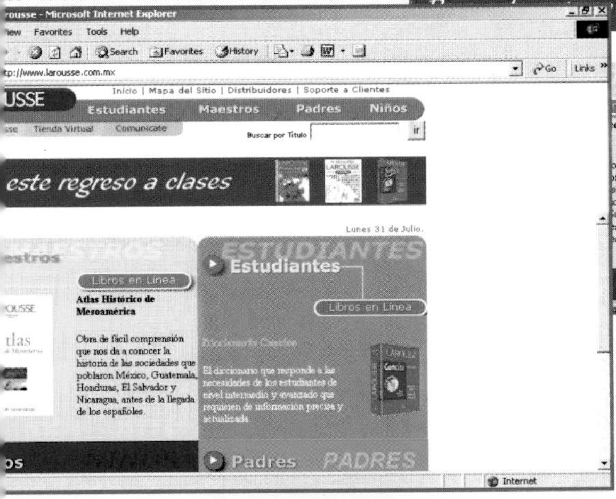


Página Web obtenida con Explorer.

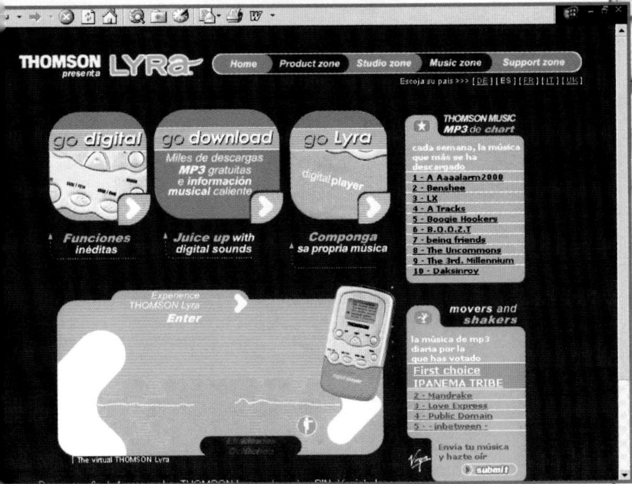


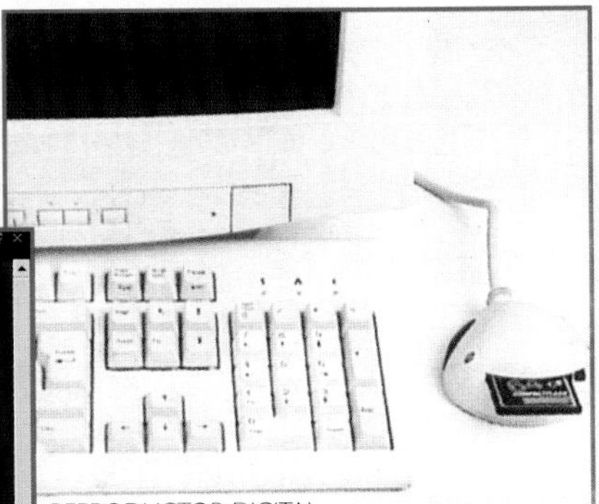

REPRODUCTOR DIGITAL CON LECTOR MP3
Muestra concreta del advenimiento de una nueva generación de soportes audiovisuales, este reproductor digital permite grabar de Internet y luego escuchar las últimas novedades musicales comprimidas en formato MP3.

LIBRO ELECTRÓNICO
Este pequeño aparato, denominado *e-book*, es una computadora con pantalla plana sensible al tacto y fácilmente transportable, cuya memoria puede almacenar el contenido de libros o periódicos bajados de Internet. A la hora de la lectura es posible cambiar el tamaño de los caracteres, subrayar o tachar un pasaje con la punta del dedo, escribir anotaciones al margen con un estilete, etc. Los botones sirven para pasar las páginas.

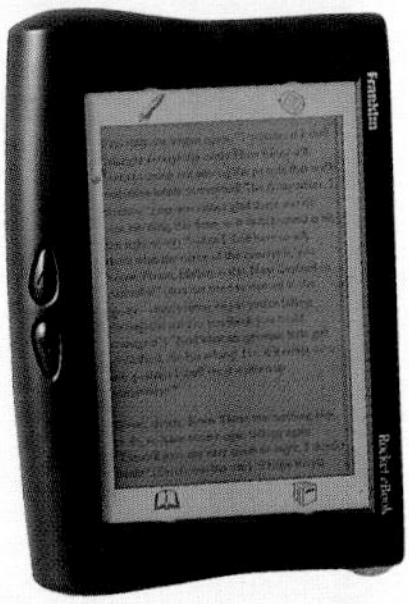


TERMINAL DE INTERNET
Entre los equipos de comunicación más modernos se encuentran los aparatos telefónicos que permiten conectarse a Internet sin computadora.

LA ARCILLA
Las inscripciones más antiguas conocidas, en escritura cuneiforme, se trazaron sobre arcilla fresca con un punzón. Esto sucedió en la baja Mesopotamia, hacia 3 500 años a. C.
*Tablilla babiliona del siglo II a. C. en la que se indican los rituales de los sacrificios cotidianos en el templo de Anu en Uruk.*

EL PAPIRO
Alrededor de 2 500 años a. C los egipcios utilizaron las hojas de papiro para escribir, y más tarde también las emplearon los griegos y los romanos.
*Papiro egipcio del siglo XIV a. C.*

LA PIEDRA
Los egipcios, y luego los griegos y los romanos, dejaron numerosas inscripciones grabadas en piedra.
*Relieve de la época romana con inscripciones en latín, griego y fenicio.*

EL PERGAMINO
Preparado con piel sin curtir de diferentes animales (en especial ovejas y cabras), al parecer el pergamino se inventó en el mundo helénico hacia el siglo II a. C. A partir del siglo IV, se convirtió en material esencial para la elaboración de libros.
*Pergamino renano del siglo XIV con poesías rituales.*

EL PAPEL
En nuestros días el medio por excelencia de la escritura, el papel es una invención china, tradicionalmente atribuida a Cai Lun, 105 años a. C., pero que quizá se remonte al siglo III a. C.
*Rollo de un manuscrito chino del X siglo.*

EL MICROFILM
Inventado hacia 1850 por el británico J. B. Dancer, y muy utilizado en el sitio de París en 1870 para la transmisión de mensajes con la ayuda de palomas mensajeras, la técnica del microfilm brindó una solución al problema del archivo de documentos antes de la era de la informática.

EL FONÓGRAFO
En 1877 el estadounidense T. A. Edison inventó el fonógrafo, aparato capaz de registrar sonidos captados por una bocina sobre un cilindro giratorio recubierto con una hoja de metal, y luego reproducirlos. Gracias a perfeccionamientos posteriores, por ejemplo el uso de un cilindro de cera, las grabaciones llegaban a 10 minutos y podían escucharse decenas de veces.

*Fonógrafo «el Celeste», 1900*

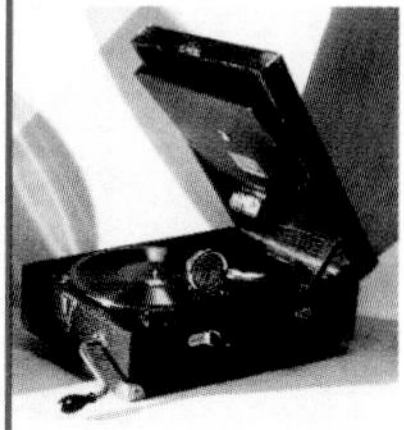

EL DISCO
Y EL GRAMÓFONO
En 1888, Emil Berliner, emigrado de Hanover a Estados Unidos de América, inventó el disco, que en la superficie tenía surcos grabados en los que se registraban los sonidos, así como el aparato capaz de reproducirlos mediante una aguja: el gramófono. El disco de plástico giraba a una velocidad de 78 revoluciones por minuto y podía grabar 12 minutos de música por cara; apareció en 1904 lanzado por la compañía británica Neophone.

EL DISCO CON MICROSURCO Y EL TOCADISCOS
Inventado en 1947 por el estadounidense Peter Goldmark, para la empresa Columbia, el microsurco ofrecía una duración de tiempo de grabación y una calidad de reproducción muy superiores a los del sistema de 78 revoluciones, al que rápidamente suplantó. La lectura, a 33 1/3 o 45 revoluciones por minuto, se llevaba a cabo en un tocadiscos, como el célebre Teppaz (1960).

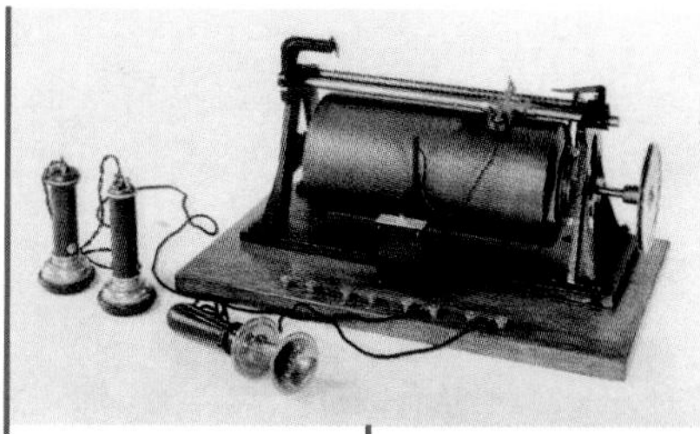

EL «TELEGRÁFONO»
En 1898, el danés Valdemar Poulsen inventó el primer aparato para el registro magnético del sonido. El «telegráfono» cuenta con un cable de acero que se desplaza ante un electroimán unido a un micrófono y se magnetiza según la intensidad del sonido. Después de pasar por segunda vez delante del electroimán, el cable induce pequeñas corrientes eléctricas que, después de ser amplificadas, reproducen los sonidos registrados. Para oír se necesita el empleo de un casco.

EL MAGNETÓFONO
Con base en el funcionamiento del aparato de Poulsen, pero sustituyendo el cable y la cinta de acero por una de papel primero y más tarde de plástico, además de la inducción de polvo ferromagnético, la empresa alemana AEG inventó en 1935 el magnetófono, cuyo uso se extendió ampliamente después de 1950.

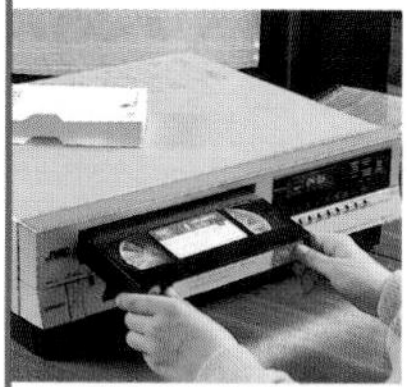

LA VIDEOGRABADORA
El desarrollo de la televisión produjo la invención, en 1956, de la videograbadora en la compañía estadounidense Ampex, aparato capaz de registrar simultáneamente sonidos e imágenes animadas. Con base en el mismo principio del magnetófono, la realización es más compleja por la frecuencia elevada de las señales de video.

EL DISCO DURO
Colocado dentro de un estuche y formado por varias placas magnéticas que giran a gran velocidad, debajo de las cuales se mueven cabezas lectoras/escritoras fijas sobre un brazo móvil, el disco duro constituye una memoria de gran capacidad (expresada en gigabites) dentro de la computadora para el almacenamiento de archivos y datos.

EL CD-ROM
Con el desarrollo del disco compacto digital, o CD-ROM, inventado en 1985 por la Philips, el disco se ha convertido en un medio de registro multimedia. La información se almacena digitalmente en los microalvéolos grabados en una pista en espiral, y la lectura se efectúa con la ayuda de un rayo láser.

EL DVD
El futuro de la multimedia pasa por el DVD (digital versatile disc) que apareció a mediados de la década de 1990. Éste se basa en la misma técnica que el CD-ROM, pero ofrece una capacidad de almacenaje muy superior y una calidad de sonido e imagen excepcionales.

Guerrero. Parte superior de un haniwa. Terracota, s. v. (Museo Guimet, París.)
Los haniwa, que rodean las grandes tumbas bajo túmulo de los jefes locales del período kofun, se alinean según un orden preciso. Transmiten la imagen de la sociedad tradicional y, probablemente, la del cortejo durante la inhumación, practicada según el rito chamanista, que fue desapareciendo paulatinamente con la llegada del budismo y de la incineración.

Amida Nyorai o buda Amida. Estatua de madera lacada y dorada encargada a Jōchō por Fujiwara Yorimichi para el pabellón del Fénix de Byōdō-in en Uji, donde todavía se conserva. Obra maestra de Jōchō, de 1053, revela tanto la renovación técnica del escultor —que no talla en un solo bloque de madera, sino montado en varias partes— como la perfecta asimilación de la influencia china y la elegancia y la serenidad del arte en época de los Fujiwara.

El Ginkaku-ji, o templo del pabellón de plata, en Kyōto. Esta residencia (1482) del shōgun Ashikaga Yoshimasa (transformada en templo) ilustra perfectamente la impronta austera del zen sobre la arquitectura profana. Está instalada en el centro de uno de los más bellos jardines, atribuido a Sōami, que alberga el pabellón más antiguo destinado a la ceremonia del té.

*Paisaje de invierno.* Kakemono de Sesshū. Tinta sobre papel. (Museo nacional, Tōkyō.)
Iniciado en la técnica a la aguada en un monasterio zen, Sesshū realizó (1467-1469), en plena madurez, un viaje a China. Regresó renovado y despojado del manierismo chino. Su trazo amplio, firme, anguloso se aúna con una extrema fluidez; su libertad de expresión es total y participa de la gestual.

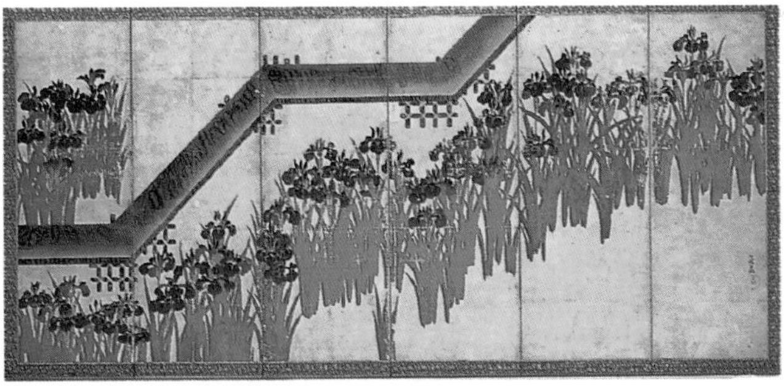

Iris y puente. Detalle de un biombo de 6 paneles de Kōrin Ogata. Pintura y oro sobre papel. (Museo metropolitano, Nueva York.) Virtuosidad, ritmo, sentido de la naturaleza pero también abstracción: otras tantas características hacen de Kōrin Ogata un brillante heredero del gran estilo decorativo de los Kanō, y particularmente de Eitoku.

Bol de Kakiemon decorado con flores y pájaros. Porcelana, s. XVII. (Museo nacional, Tōkyō.)
La ligereza de sus motivos, la transparencia de los esmaltes y la belleza de su rojo vivo configuran la reputación del ceramista Kakiemon, establecido en Arita, centro del arte de la porcelana desde mediados del s. XVI gracias a la proximidad de yacimientos de caolín, y cuya producción se exportó desde 1650 hacia Europa desde el vecino puerto de Imari.

Retrato del actor del teatro kabuki Matsumoto Yonesaburō. Estampa polícroma sobre fondo micáceo de Tōshūsai Sharaku. (Museo Guimet, París.) Tōshūsai Sharaku, brillante representante del arte del grabado, él mismo, actor de *nō*, realizó toda esta parte de su obra entre 1794 y 1795, en la que inmortalizó con un trazo vivo y mordaz, a veces próximo a la caricatura, la extraordinaria movilidad expresiva de los actores de kabuki.

**Jasper** *(parque nacional de),* parque nacional de Canadá (Alberta), en las montañas Rocosas.

**JASPERS** (Karl), filósofo y siquiatra alemán (Oldenburg 1883-Basilea 1969), uno de los principales representantes del existencialismo cristiano.

**JATAMÍ** (Mohamed), político y religioso iraní (1943). Presidente de la república desde 1997.

**JATĪB** (Aḥmad ibn **al-**), polígrafo hispanomusulmán (Loja 1313-Fez 1374), también conocido como **Abenaljatib.** Fue primer ministro de Muḥammad V en Granada. Su producción bibliográfica es enorme, en particular sobre temas históricos y médicos. Fue acusado de herejía a causa de su libro *Jardín del conocimiento del amor noble* y asesinado.

**JATIBONICO,** mun. de Cuba (Sancti Spíritus), avenado por el *río Jatibonico del Sur;* 33 639 hab.

**JÁTIVA** o **XÀTIVA,** c. de España (Valencia), cab. de p. j.; 24 586 hab. (*Jatibeses* o *setabenses.*) Centro comercial, administrativo e industrial (papel, textil, química). Fortificaciones y murallas medievales. Iglesias de San Félix (s. XIII) y San Pedro; colegiata (ss. XVI-XVIII); ant. hospital, gótico y plateresco. Mansiones del s. XV. Museo. Es la ant. *Saetabis* romana.

**JAUMEANDREU** (Eudaldo), economista español (Barcelona 1774-*id.* 1840). Exponente de la economía política clásica y liberal, defendió el proteccionismo (*Rudimentos de economía política,* 1816; *Curso elemental de economía política,* 1834).

**JÁUREGUI** (Juan **de**), escritor español (Sevilla 1583-Madrid 1641). Compuso *Rimas* (1618) de tipo italianizante y el poema culterano *Orfeo* (1624). Escribió contra Góngora: *Antídoto contra las Soledades* y *Discurso poético.*

**JÁUREGUI Y ALDECOA** (Agustín **de**), administrador español (1712-Lima 1784), capitán general de Chile (1773-1780) y virrey del Perú (1780-1784). Dirigió la respuesta militar a la rebelión de Túpac Amaru II.

**JAURÈS** (Jean), político francés (Castres 1859-París 1914), dirigente del Partido socialista y figura destacada de la II Internacional. Partidario de un socialismo reformista, defendió posiciones pacifistas. Fue asesinado al estallar la primera guerra mundial. Autor de diversas obras políticas, fundó y dirigió el periódico *L'humanité* (1904).

**JAVA,** isla de Indonesia; 130 000 km²; 108 millones de hab. De forma alargada y de clima ecuatorial, formada por llanuras y mesetas dominadas por una larga cadena montañosa volcánica, es la isla más poblada de Indonesia. Agricultura intensiva (arroz, caña de azúcar, tabaco).

**JAVA** *(mar de),* mar del Pacífico, entre Java, Sumatra y Borneo.

**JAVALAMBRE** *(sierra de),* macizo de España, al SE de la cordillera Ibérica; 2 020 m de alt.

**JÁVEA** o **XÀBIA,** v. de España (Alicante); 16 603 hab. (*Javienses* o *javieros.*) Cultivos mediterráneos. Pesca. Turismo. Iglesia del s. XVI.

**JAVIER** (Francisco **de**) → ***Francisco Javier*** (san).

**JAY** (John), político norteamericano (Nueva York 1745-Bedford, Nueva York, 1829). Después de desempeñar un papel fundamental en la independencia de E.U.A., fue embajador en España (1779) y presidió el tribunal supremo (1789-1795). En 1794 negoció un tratado de delimitación con Gran Bretaña *(tratado Jay).*

**JĀYADEVA,** poeta indio (s. XII), autor del poema místico *Gītā-Govinda.*

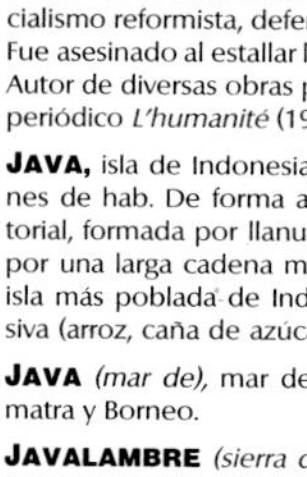

Juan de **Jáuregui**
(F. Pacheco - biblioteca nacional, Madrid)

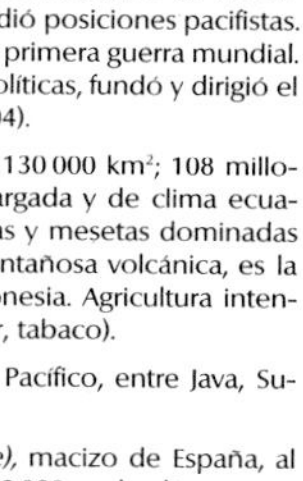

Thomas **Jefferson**
(palacio de Blérancourt, Francia)

**JAYAPURA** → ***Yayapura.***

**JAYAWARDENE** (Junius Richard), político de Srī Lanka (Colombo 1906-*id.* 1996), presidente de la república de 1978 a 1989.

**JAYBAR** *(paso de),* desfiladero entre Pakistán y Afganistán.

**JAYYĀM** ('Umar), poeta y matemático persa (Nīšāpur *c.* 1047-*id.* 1122). Su angustia le llevó a celebrar en sus *Cuartetas* el gozo inmediato de la vida.

**JEAN-PAUL** → ***Richter*** (Johann Paul Friedrich).

**JEANS** (*sir* James **Hopwood**), astrónomo matemático y físico británico (Londres 1877-Dorking, Surrey, 1946). Fue uno de los primeros en presentar al gran público las teorías de la relatividad y de los cuantos, la trasmutación de los elementos y la noción de energía atómica.

**JEFFERSON** (Thomas), político norteamericano (Shadwell, Virginia, 1743-Monticello, Virginia, 1826). Principal redactor de la declaración de independencia norteamericana (1776), y fundador del Partido antifederalista (1797), propugnó una política fisiocrática que hiciera de E.U.A. una república muy descentralizada. Vicepresidente (1797) y presidente (1801-1809) de E.U.A., compró Luisiana a Francia. En arquitectura, la era jeffersoniana estuvo marcada por el advenimiento del neoclasicismo.

**JEFTÉ,** uno de los jueces de Israel (s. XII a. J.C.). Vencedor de los ammonitas, se vio obligado, como consecuencia de una promesa imprudente, a sacrificar a su hija.

**JEHOL** → ***Rehe.***

**JEHOVÁ,** forma incorrecta del nombre de Yahvé, que aparece en los textos cristianos a partir del s. XII.

**Jehová** *(Testigos de),* grupo religioso fundado en Estados Unidos, hacia 1874, por Ch. Taze Russell. Consideran que la Biblia es la única fuente de verdad y afirman que al final del combate entre Satanás y Jehová la Tierra será la morada de los supervivientes y los resucitados.

**JEHÚ,** décimo rey de Israel (841-814 a. J.C.).

**JEJU** → ***Cheju.***

**JELAČIĆ, JELACHICH** o **IELLACHICH** (Josip), general croata (Peterwardein [act. Petrovaradin] 1801-Zagreb 1859), célebre por su represión de la revolución en Hungría (1848).

**JELENIA GÓRA,** en alem. **Hirschberg,** c. de Polonia, cap. de voivodato; 88 000 hab.

**JELGAVA,** ant. **Mitau,** c. de Letonia; 69 000 hab. Fue la cap. del ducado de Curlandia (1561-1725).

**JELLICOE** (John), almirante británico (Southampton 1859-Londres 1935). Al mando de la *Grand Fleet* (1914-1916), libró la batalla de Jutlandia y fue jefe del Almirantazgo (1916-1917).

**JENA,** c. de Alemania (Turingia), a orillas del Saale; 105 825 hab. Instrumentos de precisión y de óptica. Universidad fundada en 1557. — Victoria de Napoleón sobre los prusianos del príncipe Hohenlohe (14 oct. 1806), que abrió a los franceses el camino hacia Berlín.

**JENARO** *(san),* obispo de Benevento (Nápoles o Benevento *c.* 250-Pozzuoli 305). El «milagro de san Jenaro» (licuefacción, en días determinados, de su sangre coagulada) es célebre en Nápoles.

**JENNER** (Edward), médico británico (Berkeley 1749-*id.* 1823). Realizó la primera vacunación al descubrir que la inoculación al hombre del exudado de las lesiones de la vacuna (cow-pox), enfermedad benigna del ganado vacuno, confería la inmunidad contra la viruela.

**JENÓCRATES,** filósofo griego (Calcedonia *c.* 400-314 a. J.C.). Intentó conciliar la filosofía de Platón con las doctrinas del pitagorismo.

**JENÓFANES,** filósofo griego (Colofón fines del s. VI a. J.C.), fundador de la escuela de Elea, que intentó demostrar la unidad y la perfección de Dios.

**JENOFONTE,** escritor, filósofo y político griego (Erkhia, Ática, *c.* 430-† *c.* 355 a. J.C.). Fue discípulo de Sócrates y dirigió la retirada de los Diez mil, que relató en su *Anábasis**. Es autor de tratados sobre Sócrates *(Memorables de Sócrates),* de relatos históricos *(Las Helénicas),* de obras de economía y de política *(Económica, La constitución de Esparta)* y de una novela (la *Ciropedia*).

**JENSEN** (Alfredo Julio), pintor guatemalteco (nacido en 1904-† Glen Ridge, E.U.A., 1981). Su obra se inscribe en el expresionismo abstracto.

**JENSEN** (Johannes Vilhelm), escritor danés (Farsø, Jutlandia, 1873-Copenhague 1950), autor de ensayos de antropología y glorificador de las razas «góticas» y de la moral pagana (*El largo viaje,* 1908-1922). [Premio Nobel de literatura 1944.]

**JERÉCUARO,** mun. de México (Guanajuato); 44 731 hab. Cereales, caña de azúcar y chile.

**JEREMÍAS,** profeta bíblico (Anatot, cerca de Jerusalén, *c.* 650/645-en Egipto *c.* 580 a. J.C.). Fue testigo del final del reino de Judá y de la caída de Jerusalén (587). Su predicación preparó al pueblo judío para pasar por la prueba del exilio conservando su cohesión y su espíritu. El *Libro de Jeremías* del Antiguo testamento es una recopilación de sus oráculos, sin plan definido. Las *Lamentaciones de Jeremías* son una serie de lamentos sobre la destrucción de Jerusalén; su tradicional atribución al profeta carece de base histórica.

**JEREZ** *(Campiña de),* comarca de España (Cádiz), al S de las Marismas. Famosa región vitivinícola (Jerez-Sanlúcar-Puerto de Santa María). Cría de caballos y toros de lidia. Alcornoques. El centro comarcal es Jerez de la Frontera.

**JEREZ,** mun. de México (Zacatecas); 55 164 hab. Cab. *Jerez de García Salinas.* Minas de mercurio.

**JEREZ** o **XEREZ** (Francisco **de**), conquistador y cronista español (Sevilla *c.* 1504-*id.* d. 1539). Acompañó a Pizarro en sus expediciones y escribió la *Verdadera relación de la conquista del Perú y provincia de Cuzco, llamada Nueva Castilla.*

**JEREZ DE LA FRONTERA,** c. de España (Cádiz), cab. de p. j.; 184 364 hab. (*Jerezanos.*) Vinos y licores de renombre y otras industrias. Cría de caballos (escuela andaluza de arte ecuestre). Catedral (s. XVIII), cartuja (ss. XV-XVI), iglesias barrocas. Cabildo antiguo, actual museo municipal; palacio Domecq. *Circuito de Jerez,* para competiciones automovilísticas y de motociclismo.

**JEREZ DE LOS CABALLEROS,** c. de España (Badajoz), cab. de p. j.; 10 295 hab. (*Jerezanos.*) Cereales, olivo. Industria del corcho. Centro monumental (iglesias barrocas y mansiones nobles).

**JÉRICA,** v. de España (Castellón); 1 608 hab. Torre mudéjar. Retablos de los ss. XIV-XV en la iglesia parroquial y la ermita de San Roque.

**JERICÓ,** en ár. **Arīḥā** o **al-Rīḥā,** c. de Palestina, en el valle del Jordán; unos 50 000 hab. con el entorno. Habitada desde el VIII milenio, fue uno de los primeros lugares de que se apoderaron los hebreos en el s. XIII a. J.C.: según la Biblia, derribaron las murallas de la ciudad con el sonido de sus trompetas. El área de influencia de Jericó obtuvo un estatuto de autonomía (1994), según el acuerdo entre la O.L.P. e Israel.

**JERICÓ,** mun. de Colombia (Antioquia); 15 083 hab. Ganado vacuno, porcino y equino. Tejidos.

**JERJES I,** rey persa aqueménida (484-465 a. J.C.), hijo de Darío I. Reprimió duramente las revueltas de Babilonia y de Egipto, pero no logró dominar a las ciudades griegas *(segunda guerra médica).* Víctima de intrigas palaciegas, fue asesinado.

**JEROBOAM I,** fundador y primer soberano de Israel, desde 931 hasta su muerte en 910 a. J.C. — **Jeroboam II** († *c.* 743 a. J.C.), rey de Israel [788-743 a. J.C.]. Su reinado fue un período de prosperidad.

**JEROMÍN,** nombre que dieron a Juan* de Austria sus padres adoptivos y educadores, Magdalena de Ulloa y Luis Quijada.

**JERÓNIMO** *(san),* padre de la Iglesia latina (Estridón, Dalmacia, *c.* 347-Belén 419 o 420). Pasó la mayor parte de su vida en oriente. Se dedicó sobre todo a los estudios bíblicos: comentarios exegéticos y traducción al latín *(Vulgata).* Fue asimismo un propagador del ideal monástico. Se le representa como penitente en el desierto, como estudioso o quitando una espina de la pata a un león.

**JERÓNIMO** o **GERÓNIMO,** jefe apache (No-Doyohn Canyon [act. Clifton], Arizona, 1829-Fort-Sill, Oklahoma, 1908), dirigió operaciones de resistencia de su pueblo en el SO de E.U.A. (1882-1885) y obtuvo para su tribu un territorio en Oklahoma.

**JERSEY,** isla británica, la mayor y más poblada de las islas Anglonormandas; 116 km²; 77 000 hab. Cap. *Saint Heliers.* Turismo. Centro financiero. Cultivos hortícolas y florales.

**JERSEY CITY,** c. de Estados Unidos (Nueva Jersey), a orillas del Hudson, frente a Nueva York; 228 537 hab. Centro industrial.

**JERSÓN,** c. y puerto de Ucrania, junto al Dniéper inferior; 355 000 hab.

**JERUSALÉN,** en hebr. **Yěrušalaym,** en ár. **al-Quds,** ciudad santa de Palestina y centro de peregrinación para judíos, cristianos y musulmanes, proclamada capital de Israel por el Knesset en 1980. Monumentos célebres: muro de las Lamentaciones; Cúpula de la roca, el más antiguo monumento del islam (s. VII); mezquita al-Aqṣā (s. XI), basílica del Santo Sepulcro, etc. La ciudad consta históricamente desde *c.* 2000 a. J.C. Conquistada por David (s. X a. J.C.), que la convirtió en su capital y en el centro religioso de los hebreos, célebre por la suntuosidad del templo edificado por Salomón (*c.* 969-*c.* 962 a. J.C.), fue destruida por Nabucodonosor (587 a. J.C.) y por los romanos (70, 135 d. J.C.). Tras pasar a manos de los árabes (638), fue reconquistada por los cruzados y se convirtió en la capital de un reino cristiano (1099-1187 y 1229-1244), antes de volver a estar bajo dominación musulmana (mamelucos, de 1260 a 1517, y otomanos, de 1517 a 1917). La ciudad, sede de la administración de Palestina bajo mandato británico (1922), fue dividida en 1948 entre el nuevo estado de Israel y Transjordania. Durante la guerra de los seis días, en 1967, el ejército israelí se apoderó de los barrios árabes que constituían la ciudad vieja.

**Jerusalén:** el muro de las Lamentaciones y la Cúpula de la roca (s. VII)

**JERUSALÉN** *(Reino Latino de),* reino fundado en 1099 por los cruzados y destruido en 1291 por los mamelucos.

**Jerusalén libertada** *(La),* poema épico de Tasso, publicado en 1581.

**JESPERSEN** (Otto), lingüista danés (Randers 1860-Copenhague 1943). Sus trabajos versaron sobre la gramática inglesa, la fonética, la pedagogía de las lenguas y la teoría lingüística (*Naturaleza, origen y desarrollo del lenguaje,* 1922; *La filosofía de la gramática,* 1924).

**JESÚS** o **JESUCRISTO,** judío de Palestina, fundador del cristianismo, cuyo nacimiento corresponde teóricamente al inicio de la era cristiana. Para los cristianos, fue el Mesías, Hijo de Dios y Redentor de la humanidad. Observando los datos de los Evangelios y los escasos documentos no cristianos que lo mencionan en el s. I, puede establecerse el esquema cronológico siguiente: nacimiento de Jesús durante el reinado de Herodes, antes del año 4 anterior a nuestra era; comienzo de la actividad apostólica *c.* 28; pasión y muerte, probablemente en abril del año 30. La predicación de Jesús tuvo al principio como marco Galilea, de donde procedía. Al final de este período, Jesús chocó definitivamente con la incomprensión de sus contemporáneos; los dos principales partidos judíos, fariseos y saduceos, veían en su mensaje de instauración del Reino de Dios un fermento sacrílego de peligrosa agitación. Tras la llegada de Jesús a Jerusalén para la Pascua, por instigación de los elementos dirigentes judíos, Jesús fue detenido, condenado a muerte y crucificado por orden del procurador romano Poncio Pilato. El testimonio de los apóstoles proclama que resucitó tres días después. La resurrección de Jesús, considerada por los cristianos un hecho histórico y un dogma, trasciende en realidad el ámbito de la historia para alcanzar el de la fe.

**JESÚS** (*sor* Ana **de**), religiosa española (Medina del Campo 1545-† 1621). Fundó diversos conventos de carmelitas descalzas en España, Francia y Flandes. Sus cartas y escritos proporcionan interesante información sobre la vida de santa Teresa de Jesús, de quien fue discípula predilecta.

**JESÚS CARRANZA,** mun. de México (Veracruz), en la planicie costera; 26 472 hab. Petróleo.

**Jesús del Gran Poder** *(vuelo del),* vuelo transatlántico, en el avión homónimo, de Sevilla a Río de Janeiro, cubierto en tan sólo 20 horas por Ignacio Jiménez y Francisco Iglesias (marzo 1929).

**JESÚS MARÍA** → ***Colón,*** dep. de Argentina.

**JESÚS MARÍA,** mun. de México (Aguascalientes); 25 147 hab. Hortalizas, frutales, tabaco. – Mun. de México (Jalisco); 18 473 hab. Cereales, ganado.

**Jeu de paume** *(juramento del)* → ***Juego de pelota.***

**JEUNE** (Claude **Le**), compositor francés (Valenciennes *c.* 1530-París 1600), autor de motetes, salmos y canciones polifónicas (*La primavera,* 1603).

**JEVONS** (*sir* William Stanley), economista británico (Liverpool 1835-Bexhill, cerca de Hastings, 1882), uno de los fundadores de la escuela marginalista. Realizó asimismo trabajos de lógica.

**JEZABEL,** esposa de Ajab, rey de Israel, y madre de Atalía (s. IX a. J.C.). Introdujo el culto de Baal y Astarté y fue estigmatizada por el profeta Elías.

**JHĀNSI,** c. de la India (Uttar Pradesh); 301 304 hab. Metalurgia. Universidad.

**JHELUM,** uno de los «cinco ríos» del Panjāb, afl. del Chenāb (or. der.); 725 km.

**JIAMUSI** o **KIA MU-SSÊ,** c. de China (Heilongjiang); 493 409 hab. Industria papelera y maderera.

**JIANG JIESHI** → ***Chang Kai-shek.***

**JIANG QING** → ***Mao Zedong.***

**JIANG ZEMIN** o **CHIANG TSE-MIN,** político chino (Yangzhou 1926), secretario general del Partido comunista chino desde 1989, presidente de la Comisión militar central desde 1990 y presidente de la república desde 1993, en la actualidad domina la vida política de su país, sobre todo tras la muerte de Deng Xiaoping en 1997.

**JIANGSU** o **KIANG-SU,** prov. de China central; 100 000 km$^2$; 67 057 000 hab. Cap. *Nankín.*

**JIANGXI** o **KIANG-SI,** prov. de China meridional; 160 000 km$^2$; 37 710 000 hab. Cap. *Nanchang.*

**JIAXI** o **KIA-YI,** c. de Taiwan; 253 000 hab.

**JIGUANÍ,** c. de Cuba (Granma); 50 679 hab. Industria minerometalúrgica. Tabacalera. Fue la primera población que ocuparon los insurgentes cubanos (1868); en 1895 se dio, en el barrio de Baire, el grito que señaló la reanudación de la lucha.

**JIGÜERO,** punta de Puerto Rico, que constituye el extremo más occidental de la isla.

**JIJEL,** ant. **Djidjelli,** c. y puerto de Argelia, cap. de vilayato; 50 000 hab.

**JIJONA** o **XIXONA,** c. de España (Alicante); 7 867 hab. (*Jijonencos* o *jijonenses.*) Olivos, cultivos de huerta, frutales. Turrones.

**JILIN, KI-LIN** o **KI-RIN,** prov. del NE de China; 187 000 km$^2$; 24 659 000 hab. Cap. *Changchun.* Situada en el centro de la prov., la ciudad de *Jilin* (o *Ki-lin* o *Ki-rin*) tiene 1 036 858 hab.

**JILOCA,** r. de España (Aragón), el mayor afl. del Jalón (or. der.); 127 km.

**JILOLO** → ***Halmahera.***

**JILONG** o **KI-LONG,** c. y puerto del N de Taiwan; 351 000 hab. Importante base militar. Astilleros.

**JILOTEPEC,** mun. de México (México); 45 505 hab. Cab. *Jilotepec de Abasolo.* Presa en Xomohay.

**JIMANÍ,** c. de la República Dominicana, cap. de la prov. de Independencia; 5 520 hab. Café.

**JIMENA** († 912), reina de Asturias y León [869-910], hija de Sancho I Garcés de Navarra. Esposa de Alfonso III de León (869) y madre de García I, Ordoño II y Fruela II.

**JIMENA,** dinastía navarra, de origen vasco, sucesora en el trono de la dinastía Íñiga (905), y que perduró hasta 1234 (Sancho VII). Destacan Sancho I Garcés (905-925) y Sancho III (1000-1035).

**JIMENA DE LA FRONTERA,** c. de España (Cádiz); 8 821 hab. (*Jimenatos* o *jimenenses.*) Regadíos. Industria corchera. Castillo de época musulmana.

**JIMENA DÍAZ,** noble asturiana, hija del conde de Oviedo. Casó con el Cid (1074) y defendió Valencia desde la muerte de su esposo (1099) hasta 1101.

**JIMÉNEZ,** mun. de México (Chihuahua); 33 230 hab. Minería diversificada.

**JIMÉNEZ** (Jerónimo), compositor español (Sevilla 1854-Madrid 1923), autor de populares zarzuelas: *Los voluntarios* (1893), *El baile de Luis Alonso* (1896), *La boda de Luis Alonso* (1897).

**JIMÉNEZ** (José Mariano), patriota mexicano (San Luis Potosí 1781-Chihuahua 1811). Fue capitán general y dominó las Provincias Internas de Oriente.

**JIMÉNEZ** (Juan Isidro), político dominicano (Santo Domingo 1846-† 1919). Presidente del país tras el asesinato de U. Heureaux (1899), fue derrocado por el general H. Vázquez (1902). Con el apoyo de E.U.A. volvió a la presidencia (1914-1916).

**JIMÉNEZ** (Juan Ramón), poeta español (Moguer 1881-San Juan de Puerto Rico 1958). Tras sus primeras obras (*Arias tristes,* 1903; *La soledad sonora,* 1909; *Laberinto,* 1913; *Platero* y yo,* 1914), inició un proceso de depuración que culminaría en *Diario* de un poeta recién casado* (1917), *Eternidades* (1918) y *Piedra y cielo* (1922). Paralelamente lleva a cabo una escrupulosa reelaboración de su obra, *Segunda antología poética* (1922), que influyó decisivamente en la generación* del 27. Su poesía evolucionó hacia una religiosidad panteísta, de una desnudez casi hermética: *La estación total,* 1946; *Animal de fondo,* 1949. De su prosa destacan *Españoles de tres mundos* (1942); *La corriente infinita,* 1961; *El trabajo gustoso,* 1961; *El modernismo,* 1962. [Premio Nobel de literatura 1956.]

**JIMÉNEZ** (Max), escritor y escultor costarricense (San José 1900-Buenos Aires 1947). Su obra literaria está impregnada de indigenismo. Escribió poesía (*Quijongo,* 1933) y prosa (*El domador de pulgas,* 1936; *El jaul,* 1937).

**JIMÉNEZ** o **XIMÉNEZ** (Miguel), pintor aragonés, activo entre 1466 y 1505. Seguidor de la escuela de Bermejo, su obra sintetiza influencias flamencas e italianas (*Calvario,* Prado; *Piedad,* 1470).

**JIMÉNEZ ARANDA,** pintores españoles. **José** (Sevilla 1837-*id.* 1903) pintó obras de un realismo anecdótico. – Su hermano **Luis** (Sevilla 1845-París 1928) se especializó en la pintura de historia y en el retrato.

**JIMÉNEZ CERDÁN** (Juan), político aragonés († Zaragoza 1435). Justicia mayor de Aragón (1390-1420), se opuso a Jaime de Urgel y apoyó la candidatura al trono de Fernando de Antequera.

**JIMÉNEZ DE ASÚA** (Luis), jurista y político español (Madrid 1889-Buenos Aires 1970). Durante la dictadura de Primo de Rivera fue desterrado a las Chafarinas. Socialista, presidió la comisión que redactó la constitución de 1931, y desde 1962 fue presidente de la república en el exilio. Es autor de un *Tratado de derecho penal* (7 vols., 1949-1963).

**JIMÉNEZ DE ENCISO** (Diego), dramaturgo español (Sevilla 1585-*id.* 1634). Su teatro, en general histórico (*La mayor hazaña de Carlos V),* se sitúa en la escuela de Lope de Vega.

**JIMÉNEZ DE LA ESPADA** (Marcos), naturalista español (Cartagena 1831-Madrid 1898). Participó en la expedición geográfica al Pacífico (1862-1865) y estudió la fauna. Fue miembro de la comisión de límites entre Colombia y Venezuela.

**JIMÉNEZ DE QUESADA** (Gonzalo), conquistador y cronista español (¿Granada? 1509-Mariquita, Colombia, 1579). Como capitán general dirigió una expedición al río Magdalena. Se arruinó al intentar

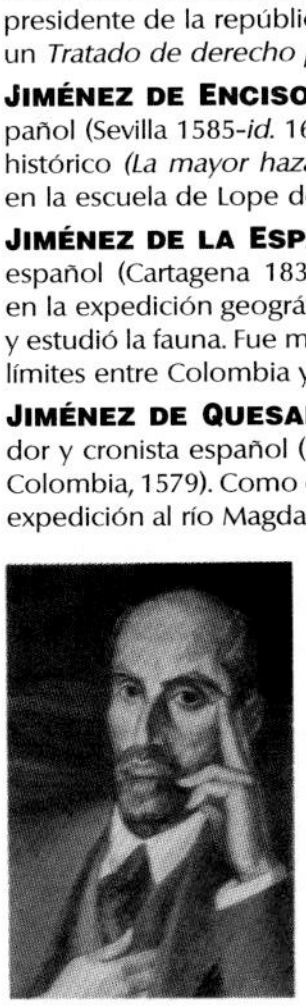

Juan Ramón **Jiménez** (D. Vázquez Díaz, detalle - col. part.)

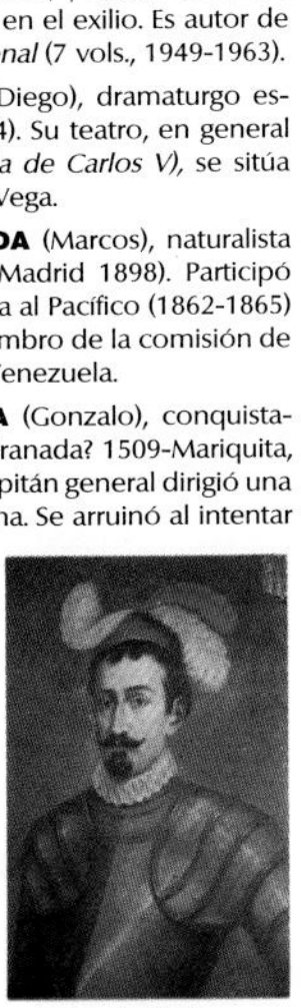

Gonzalo **Jiménez de Quesada** (Elías de Pánama - museo nacional, Bogotá)

comprar la gobernación de Nueva Granada, y su expedición a El Dorado fue un sangriento fracaso. Fundó Santa Fe de Bogotá (1539).

**JIMÉNEZ DE RADA** (Rodrigo), eclesiástico y político castellano (Puente la Reina, Navarra, 1170-† 1247). Obispo de Osma (1208) y arzobispo de Toledo (1209), ejerció gran influencia sobre los monarcas castellanos Alfonso VIII y Fernando II.

**JIMÉNEZ DE URREA** (Jerónimo), escritor español (*c.* 1486-*c.* 1535), de origen aragonés, autor de la original novela de caballerías *Don Clarisel de las Flores y de Austrasia.*

**JIMÉNEZ DE URREA** (Pedro Manuel), escritor español de inicios del s. XVI, oriundo de Aragón. Escribió dos *Cancioneros* (1513, 1516) con poemas de estilo tradicional e imitó *La Celestina* en su novela *Penitencia de amor* (1514).

**JIMÉNEZ DÍAZ** (Carlos), médico español (Madrid 1898-*id.* 1967). Creó, en torno a la fundación que lleva su nombre (1953), una prestigiosa escuela de medicina interna. Es autor de *Lecciones de patología médica* (7 vols., 1934-1952).

**JIMÉNEZ DONOSO** (José), pintor y arquitecto español (Consuegra 1628-Madrid 1690) de estilo barroco (*Visión de san Francisco de Paula,* Prado).

**JIMÉNEZ FRAUD** (Alberto), pedagogo español (Málaga 1883-Ginebra 1964). Seguidor de la Institución libre de enseñanza, fundó en Madrid (1910) la Residencia de estudiantes. Es autor de *La ciudad del estudio* (1944).

**JIMÉNEZ LOZANO** (José), escritor español (Langa, Ávila, 1930). Periodista, autor de narrativa, destaca sobre todo en el ensayo, con una profunda inspiración cristiana (*Meditación española sobre la libertad religiosa,* 1966; *Un cristiano en rebeldía,* 1968; *La ronquera de Fray Luis y otras inquisiciones,* 1973) o con un escepticismo irónico (*Segundo abecedario,* 1992). [Premio nacional de las letras españolas 1992.]

**JIMÉNEZ MARTÍN** (Ignacio), aviador militar español (Ávila 1898-Madrid 1959). Junto con F. Iglesias realizó la travesía del Atlántico en el Jesús* del Gran Poder (1929).

**JIMÉNEZ OREAMUNO** (Ricardo), político costarricense (Cartago 1859-† 1945). Íntimo colaborador del presidente Carlos Durán, fue a su vez presidente de la república (1910-1914, 1924-1928 y 1932-1936).

**JIMÉNEZ RUEDA** (Julio), escritor mexicano (México 1896-† 1960). Dramaturgo (*La silueta del humo,* 1927), narrador (*Moisés,* 1924) y ensayista (*Herejías y supersticiones en la Nueva España,* 1946).

**JIMÉNEZ ZAMORA** (Jesús), político costarricense (Cartago 1823-† 1897). Presidente de la república (1863-1866 y 1868-1870), gobernó dictatorialmente.

**JIMENO** (Rafael), pintor y grabador español (Valencia 1759-México 1825), activo en México. Director de la Academia de San Carlos de México, fue el introductor del estilo neoclásico con tema mexicano. Entre sus obras más importantes figura la decoración de la cúpula de la catedral de México *(Asunción de la Virgen).*

**JINAN, KI-NAN** o **TSI-NAN,** c. de China, cap. de Shandong, a orillas del Huang He; 1 480 915 hab. Centro industrial.

**JINJA,** c. de Uganda; 61 000 hab. Centro industrial. Central hidroeléctrica.

**JINJU** → ***Chinju.***

**JINNAH** o **ŶINNAH** (Muḥammad 'Alī), político paquistaní (Karachi 1876-*id.* 1948). Artífice de la creación de Pakistán, militó en la Liga musulmana para su independencia, y fue su primer jefe de estado (1947-1948).

**JINOTEGA** *(departamento de),* dep. del N de Nicaragua; 9 576 km²; 122 900 hab. Cap. *Jinotega* (94 833 hab.).

**JINOTEPE,** c. de Nicaragua, cap. del dep. de Carazo; 30 554 hab. Centro comercial y agropecuario.

**JINZHOU** o **KIN-CHEU,** c. del NE de China (Liaoning); 735 000 hab.

**JIPIJAPA,** cantón de Ecuador (Manabí); 73 272 hab. Fabricación de sombreros de palma y cestas.

**JIQUILISCO,** mun. de El Salvador (Usulután), junto a la *bahía de Jiquilisco;* 24 509 hab. Manglares.

**JIQUILPAN,** mun. de México (Michoacán); 32 680 hab. Cab. *Jiquilpan de Juárez.* Cuna de L. Cárdenas.

**JIQUIPILAS,** mun. de México (Chiapas); 26 599 hab. Cereales, café. Explotación forestal.

**JIQUIPILCO,** mun. de México (México); 29 744 hab. Maíz, trigo y duraznos. Ganadería.

**JITOMIR** → ***Zhitomir.***

**JITRIK** (Noé), escritor argentino (Rivera, Buenos Aires, 1928), poeta, narrador y gran ensayista: *Ensayos y estudios de literatura argentina,* 1970; *Producción literaria y producción social,* 1975.

**JIUTEPEC,** mun. de México (Morelos); 69 687 hab. Caña de azúcar, arroz. Fábricas de cemento.

**JIXI, KI-SI** o **TSI-SI,** c. del NE de China (Heilongjiang); 683 885 hab.

**JMELNITSKI** (Bogdán) [*c.* 1595-Chiguirin 1657], atamán [1648-1657] de los cosacos de Ucrania que se sublevaron contra Polonia. Reconoció la soberanía del zar de Rusia.

**JOAD,** sumo sacerdote de Jerusalén (fines del s. IX-s. VIII a. J.C.). Organizó un golpe de estado contra Atalía y proclamó rey al joven Joás.

**JOAN** o **JOHAN** (Jordi), escultor de origen griego activo en Cataluña en los ss. XIV-XV, conocido también como **Jordi de Déu.** Su estilo realista proviene de la influencia borgoñona. Entre sus obras destacan los sepulcros reales de Poblet (1390-1391), la fachada del ayuntamiento de Barcelona (1400) y varios retablos. — Su hijo **Pere,** también escultor, está documentado en Cataluña entre 1394 y 1458. Su obra sintetiza las influencias flamencas y borgoñonas en personajes de gran expresividad (fachada gótica del palacio de la Generalidad).

**JOÃO PESSOA,** c. de Brasil, cap. del estado de Paraíba, a orillas del Paraíba; 497 214 hab.

**JOAQUÍN,** 18.º rey de Judá [609-598 a. J.C.], muerto en el asedio de Jerusalén por los asirios.

**JOAQUÍN,** 19.º rey de Judá [598-597 a. J.C.]. Fue destronado y deportado por Nabucodonosor a Babilonia, donde murió.

**JOAQUÍN** *(san),* esposo de santa Ana y padre de la Virgen María.

**JOB,** personaje bíblico protagonista del *libro de Job,* escrito en el s. V a. J.C. Su historia plantea el problema del mal: ante las desgracias que afligen al justo, le invita a inclinarse a la voluntad de Dios.

**Jobo** *(El),* yacimiento prehistórico del NO de Venezuela (Falcón), con restos de más de cincuenta campamentos paleolíticos, a partir del XIII milenio a. J.C.

**J.O.C.** (Juventud obrera cristiana), movimiento de acción católica, propio del mundo obrero, fundado en 1925 por el prelado belga Cardijn y difundido por todo el mundo. En España se implantó en 1947.

**JŌCHŌ,** escultor japonés († 1057), creador de un estilo nacional libre de la influencia china (buda Amida, madera lacada y dorada, en el pabellón del Fénix en el Byōdō-in de Uji).

**JOCOTÁN,** mun. de Guatemala (Chiquimula), avenado por el *río Jocotán;* 20 999 hab. Minas de hierro.

**JOCOTEPEC,** mun. de México (Jalisco), a orillas del lago Chapala; 24 746 hab. Pesca. Textiles (lana).

**JOCOTITLÁN,** mun. de México (México); 32 967 hab. Cereales; ganado. Explotación forestal.

**JÓDAR,** c. de España (Jaén); 11 201 hab. *(Jodeños.)* Industria olivarera, harinera y del esparto.

**JODHPUR,** c. de la India (Rājasthān); 648 621 hab. Fortaleza y muralla del s. XVI.

**JODL** (Alfred), general alemán (Wurzburgo 1890-Nuremberg 1946). Jefe de la oficina de operaciones de la Wehrmacht (1938-1945), firmó en Reims el acta de rendición de los ejércitos alemanes (7 mayo 1945). Condenado a muerte como criminal de guerra, fue ejecutado.

**JODZHENT,** de 1936 a 1991 **Leninabad,** c. de Tadzhikistán; 150 000 hab.

**JOEL,** último de los profetas bíblicos de Israel (s. IV a. J.C.). El *libro de Joel* es uno de los libros mesiánicos.

**JOERGENSEN** o **JØRGENSEN** (Anker), político danés (Copenhague 1922). Socialdemócrata, fue jefe del gobierno (1972-1973 y 1975-1982).

**JOFFRE** (Joseph), mariscal de Francia (Rivesaltes 1852-París 1931). Durante la primera guerra mundial, tras conseguir la decisiva victoria del Marne (1914), fue nombrado comandante en jefe de todos los ejércitos franceses (1915) y mariscal (1916).

**JOFFREY** (Robert), bailarín, coreógrafo y pedagogo norteamericano (Seattle 1930-Nueva York 1988). Dirigió a partir de 1954 una compañía que se convertiría en 1966 en el City center Joffrey ballet (Nueva York).

**JOHANNESBURGO,** en ingl. **Johannesburg,** c. de la República de Sudáfrica, cap. de la prov. de Gauteng, en el Witwatersrand; 1 609 408 hab. Centro financiero, industrial, comercial y cultural. Importante zoológico.

**John Bull** → ***Bull*** (John).

**JOHNS** (Jasper), pintor norteamericano (Augusta, Georgia, 1930), principal representante, junto con Rauschenberg, de la corriente neodadaísta.

**JOHNSON** (Andrew), político norteamericano (Raleigh 1808-Carter's Station, Tennessee, 1875), presidente republicano de E.U.A. (1865-1869) tras el asesinato de Lincoln. Por haberse opuesto a la igualdad racial, compareció ante el senado acusado de traición y fue absuelto.

**JOHNSON** (Benjamin, llamado **Ben**), atleta canadiense de origen jamaicano (Falmouth, Jamaica, 1961). Campeón del mundo (1987) y olímpico (1988), plusmarquista mundial en 100 m, fue desposeído de títulos y plusmarca por doping.

**JOHNSON** (Lyndon Baines), político norteamericano (Stonewall, Texas, 1908-Johnson City, cerca de Austin, 1973). Demócrata, vicepresidente de E.U.A. (1961), accedió a la presidencia tras el asesinato de J. F. Kennedy (1963) y a continuación fue elegido presidente (1964-1968). Tuvo que hacer frente al desarrollo de la guerra de Vietnam.

**JOHNSON** (Michael), atleta norteamericano (Dallas, 1967), campeón olímpico en Barcelona en 1992 (4 × 400 m), Atlanta en 1996 (200 m y 400 m) y Sydney en 2000 (400 m). Es plusmarquista mundial en 200 m y 400 m.

**JOHNSON** (Philip), arquitecto norteamericano (Cleveland 1906). Pasó del estilo internacional a una especie de neoclasicismo (teatro del Lincoln center, Nueva York, 1962) y al posmodernismo. (Premio Pritzker 1979.)

**JOHNSON** (Samuel), escritor británico (Lichfield 1709-Londres 1784), defensor de la estética clásica (*Diccionario de la lengua inglesa,* 1755).

**JOHNSON** (Uwe), escritor alemán (Cammin, Pomerania, 1934-Sheerness-on-Sea, Kent, 1984). Su obra es un testimonio de la división de Alemania en dos estados y dos maneras de pensar (*Un año en la vida de Gesine Cresspahl,* 1984).

**JO-HO** → ***Rehe.***

**JOHORE** o **JOHOR,** estado de Malaysia en el S de la península de Malasia; 18 985 km²; 1 602 000 hab. Cap. *Johore Bahru* o *Johor Baharu.*

**JOINVILE** o **JOINVILLE,** c. de Brasil, al SE de Curitiba; 346 095 hab.

**JOINVILLE** (Jean, *señor* **de**), cronista francés (*c.* 1224-1317). Participó en la séptima cruzada y fue amigo de san Luis, cuya historia escribió (*Memorias, c.* 1309).

**JOJUTLA,** mun. de México (Morelos); 44 902 hab. Yacimientos de carbón de piedra. Talabartería.

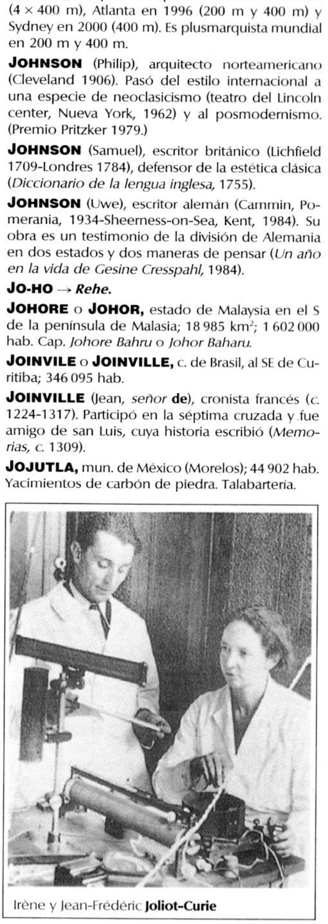

Irène y Jean-Frédéric **Joliot-Curie**

**JÓKAI** (Mór), novelista y periodista húngaro (Komárom 1825-Budapest 1904), de inspiración romántica (*Un nabab húngaro,* 1854).

**JOLIOT-CURIE** (Irène), hija de Pierre y Marie Curie (París 1897-*íd.* 1956), y su esposo **Jean-Frédéric Joliot-Curie** (París 1900-*íd.* 1958), físicos franceses. Investigaron en el campo de la física nuclear y la estructura del átomo, y descubrieron la radiactividad artificial (1934), por lo que ambos recibieron el premio Nobel de química (1935).

**JOLIVET** (André), compositor francés (París 1905-*íd.* 1974), autor de piezas para piano (*Mana,* 1935; *Cinco danzas rituales,* 1939), conciertos y sinfonías.

**JOLÓ** o **SULÚ,** c. y puerto de Filipinas, cap. de la prov. de Sulú; 52 429 hab. Fue capital de un sultanato musulmán, sometido a vasallaje (1645) e incorporado a la corona española (1851).

**JOMEINI** (Ruḥollāh), jefe religioso y político iraní (Jomein 1902-Teherán 1989). Exiliado en diversos países (Turquía, Iraq, Francia) desde 1964 a 1979, canalizó la oposición a las reformas del sha que triunfó con la revolución de 1979 e instauró una república islámica. *(V. ilustración pág. 1430.)*

**JONÁS,** personaje bíblico del *libro de Jonás,* ficción literaria del s. IV a. J.C., admitido entre los libros proféticos. El profeta Jonás de la historia vivió en el s. VIII a. J.C.; el del libro pasó tres días en el vientre de una ballena.

**JONATHAN** (Joseph Leabua), político de Lesotho (Leribe, al NE de Maseru, 1914-Pretoria 1987), primer ministro de Basutolandia (1965) y del Lesotho independiente (1966-1986).

**JONES** (Ernest), médico y sicoanalista británico (Gowerton, Glamorgan, 1879-Londres 1958), principal introductor del sicoanálisis en los países anglosajones y biógrafo de Freud.

**JONES** (Everett, llamado **LeRoi**), poeta y dramaturgo norteamericano (Newark 1934), que reivindica en su obras la autonomía cultural y política para los negros (*Black art,* 1966). En 1965 adoptó el nombre de **Imamu Amiri Baraka.**

**JONES** (Inigo), arquitecto inglés (Londres 1573-*íd.* 1652). Intendente de los edificios reales, viajó a Italia (1613) e introdujo el estilo de Palladio en Inglaterra (Banqueting house en Whitehall, 1619).

**JONES** (James), escritor norteamericano (Robinson, Illinois, 1921-Southampton, Nueva York, 1977). En sus novelas relató su experiencia de la guerra (*De aquí a la eternidad,* 1951).

**JONGKIND** (Johan Barthold), pintor y grabador neerlandés (Lattrop 1819-Grenoble 1891). Paisajista, instalado en Francia, fue uno de los precursores del impresionismo.

**JONIA,** en gr. **Iōnia,** ant. región costera central de Asia Menor, habitada por emigrantes procedentes de la Grecia europea; c. pral. *Éfeso, Mileto.* Los *jonios* fueron unos de los primeros pueblos indoeuropeos que ocuparon Grecia a comienzos del II milenio. Expulsados por los dorios, se instalaron en Asia Menor. Su civilización tuvo un período más brillante en los ss. VII-VI a. J.C.

**JÓNICAS** *(islas),* ant. **Heptaneso,** en gr. moderno **Ionoi Nēsoi, Heptanēsos** o **Heptanisa,** archipiélago griego del mar Jónico; 2 307 km²; 191 003 hab. Conquistadas sucesivamente a partir del s. XI por los normandos de Sicilia, por los reyes de Nápoles y por Venecia, fueron ocupadas por Francia (1797-1799) y por Gran Bretaña (1809). Después de ser protectorado británico (1815), fueron devueltas a Grecia (1864). Las principales islas son *Corfú, Paxos, Leucas, Ítaca, Cefalonia, Zante* y *Citera.*

Lucas **Jordán:** *La derrota de Sísara.* Detalle. (Prado, Madrid.)

**JÓNICO** *(mar),* sector del Mediterráneo central, entre el S de Italia y Grecia.

**JÖNKÖPING,** c. de Suecia, cap. de prov., en la orilla S del lago Vätter; 112 277 hab. Fósforos.

**J.O.N.S.,** siglas de Juntas de ofensiva nacional-sindicalista, agrupación política española formada por la unión de los grupos de Onésimo Redondo y Ramiro Ledesma (nov. 1931), que se fusionó con Falange* española (marzo 1934).

**JONSON** (Benjamin, llamado **Ben**), dramaturgo inglés (Westminster 1572-Londres 1637), amigo y rival de Shakespeare, autor de tragedias y de comedias «de carácter» (*Volpone o el Zorro,* 1606).

**JONUTA,** mun. de México (Tabasco), avenado por el Usumacinta; 18 639 hab. Arroz, tabaco.

**JOPLIN** (Janis), cantante norteamericana (Port Arthur 1943-Hollywood 1970). Dotada de una voz portentosa, se convirtió en la mejor cantante blanca de blues y de rock.

**JORDÁ** (Enrique), director de orquesta español (San Sebastián 1911-Bruselas 1996). Su larga carrera internacional culminó con la creación de la orquesta nacional de Euskadi (1982), de la que fue primer director.

**JORDAENS** (Jacob), pintor flamenco (Amberes 1593-*íd.* 1678). Influido por Rubens y por Caravaggio, se convirtió en su madurez en destacado representante del naturalismo flamenco, interesado por las escenas y tipos populares (*El rey bebe*).

**JORDÁN,** r. del Próximo oriente; 360 km. Nace en Líbano, atraviesa el lago de Tiberíades y desemboca en el mar Muerto. Separa Israel de Siria y de Jordania.

**JORDAN** (Camille), matemático francés (Lyon 1838-París 1922), uno de los fundadores de la teoría de los grupos.

**JORDÁN** (Esteban), escultor español (León 1529-Valladolid 1598). Establecido en Valladolid, fue un destacado representante de la escuela realista (retablos de Santa María de Medina de Rioseco y de la Magdalena de Valladolid).

**JORDÁN** (Lucas), en ital. **Luca Giordano,** pintor italiano (Nápoles 1634-*íd.* 1705). Discípulo de José Ribera, pasó del realismo de su primera época a una apoteosis barroca de influencia veneciana. Sus obras maestras son los techos decorados al fresco, como el del palacio Medici-Riccardi de Florencia (1628). En España trabajó en El Escorial (escalera, iglesia, 1692-1694), en el Casón del Buen Retiro y en Toledo.

**JORDAN** (Michael), jugador de baloncesto norteamericano (Nueva York, 1963), doble campeón olímpico con E.U.A. (1984 y 1992) y seis veces campeón de la N.B.A. (1991-1993 y 1996-1998) con los Chicago Bulls, está considerado el mejor del mundo en los últimos tiempos. En 1999 anunció su retirada.

**JORDANA** (Francisco **Gómez Jordana,** *conde* **de**), militar y político español (en Castilla 1876-San Sebastián 1944). Alto comisario en Marruecos (1928-1931), ocupó altos cargos políticos.

**JORDANIA,** en ár. **al-Urdunn,** estado de Asia occidental, al E de Israel; 92 000 km²; 3 400 000 hab. *(Jordanos.)* CAP. *'Ammān.* LENGUA OFICIAL: *árabe.* MONEDA: *dinar jordano.*

GEOGRAFÍA

La depresión del Gur (avenada por el Jordán) y las alturas periféricas constituyen las partes vitales del país, al proporcionar trigo, cebada, vinos y aceite de oliva. La ganadería nómada (ovina y caprina) es la única forma de explotación de Jordania oriental, meseta calcárea y árida. El subsuelo encierra fosfatos. La industrialización es inexistente y la balanza comercial deficitaria; el país está muy endeudado. La guerra del Golfo agravó aún más las dificultades económicas por el bloqueo a Iraq.

HISTORIA

1949: se formó el reino de Jordania, fruto de la unión del reino hachemí de Transjordania (creado en 1921) y de Cisjordania (que formaba parte del estado árabe previsto por el plan de reparto de Palestina de 1947). 1951: asesinato del rey Abdullah. 1952: Ḥusayn accedió al poder. 1956: el británico Glubb Pachá tuvo que dimitir del mando de la Legión árabe. 1967: Jordania se implicó en la tercera guerra árabe-israelí, durante la cual Israel ocupó Jerusalén Este y Cisjordania; un poder palestino armado compitió con la autoridad real. 1970: las tropas reales intervinieron contra los palestinos, que fueron expulsados hacia Líbano y Siria. 1978: tras los acuerdos de Camp David entre Israel y Egipto, Jordania se aproximó a los palestinos. 1984: Jordania volvió a establecer relaciones

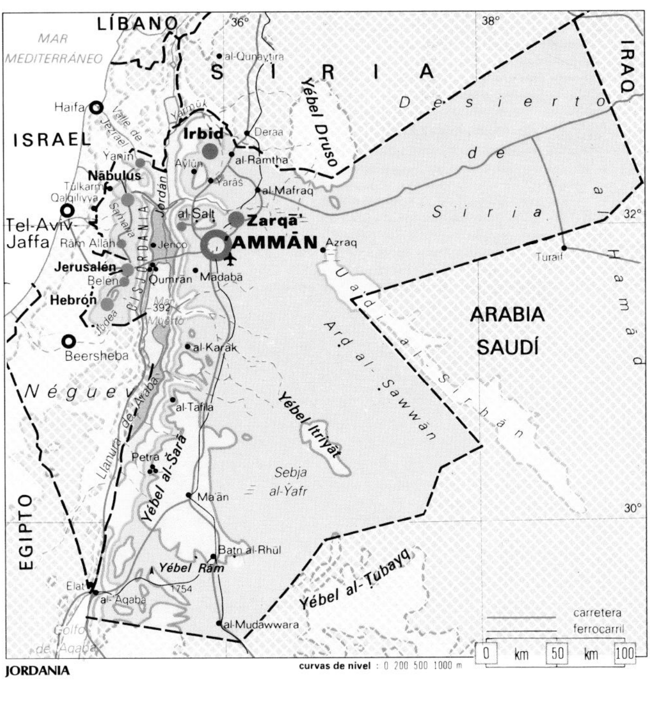


**JORDANIA** curvas de nivel : 0 200 500 1000 m

con Egipto. 1988: el rey Ḥusayn rompió los vínculos legales y administrativos entre su país y Cisjordania, al ceder sus derechos al pueblo palestino. 1989: en las elecciones legislativas, las primeras desde 1967, los islamistas obtuvieron más de un tercio de los escaños en el parlamento. 1991: una carta nacional consagró el pluralismo. 1993: elecciones multipartidistas. 1994: firma del acuerdo de paz y cooperación económica con Israel. 1997: elecciones legislativas. 1999: tras la muerte del rey Ḥusayn le sucedió su hijo Abdullaḥ II.

**JORDI DE DÉU** → ***Joan*** (Jordi).

SANTO

**JORGE** *(san),* mártir del s. IV. La leyenda hizo de él un tribuno del ejército imperial que venció a un dragón para liberar a una princesa. Es el patrón de Inglaterra, Rusia, Cataluña, etc., y de diversas órdenes de caballería.

**Jorge** *(orden de san),* orden militar rusa, creada en 1769 y suprimida en 1917.

BOHEMIA

**JORGE DE PODĚBRADY** (Poděbrady 1420-Praga 1471), rey de Bohemia [1458-1471]. Excomulgado por Paulo II, permaneció en Praga a pesar de que los nobles católicos habían elegido a Matías Corvino rey de Bohemia (1469).

GRAN BRETAÑA

**JORGE I** (Osnabrück 1660-*id.* 1727), elector de Hannover [1698-1727], rey de Gran Bretaña y de Irlanda [1714-1727]. Sucedió a Ana Estuardo por el *Acta de establecimiento* (1701). Se apoyó en los whigs y dejó el poder real a sus ministros Stanhope (1717-1721) y Walpole (1715-1717 y 1721-1742). – **Jorge II** (Herrenhausen 1683-Kensington 1760), rey de Gran Bretaña e Irlanda, y elector de Hannover [1727-1760], hijo del anterior. Durante su reinado Walpole sentó las bases del Imperio británico. – **Jorge III** (Londres 1738-Windsor 1820), rey de Gran Bretaña e Irlanda [1760-1820], elector [1760-1815] y luego rey [1815-1820] de Hannover, nieto del anterior. Perdió las colonias inglesas de América y luchó contra la Revolución francesa. – **Jorge IV** (Londres 1762-Windsor 1830), regente [1811-1820] y después rey de Gran Bretaña e Irlanda, y rey de Hannover [1820-1830], primogénito del anterior. Durante su reinado se emanciparon los católicos de Irlanda. – **Jorge V** (Londres 1865-Sandringham 1936), rey de Gran Bretaña e Irlanda y emperador de las Indias [1910-1936], hijo de Eduardo VII. Su reinado estuvo marcado por la participación victoriosa del imperio en la primera guerra mundial. Cambió el nombre de la dinastía de Sajonia-Coburgo por el de *Windsor.* – **Jorge VI** (Sandringham 1895-*id.* 1952), rey de Gran Bretaña e Irlanda del Norte [1936-1952] y emperador de las Indias [1936-1947], segundo hijo de Jorge V, hermano y sucesor de Eduardo VIII. Durante su reinado, Gran Bretaña participó en la segunda guerra mundial.

GRECIA

**JORGE I** (Copenhague 1845-Tesalónica 1913), rey de Grecia [1863-1913]. Elegido por las potencias protectoras (Gran Bretaña, Francia y Rusia) para suceder a Otón, fue asesinado (1913). – **Jorge II** (Tatoi 1890-Atenas 1947), hijo de Constantino I, rey de Grecia [1922-1924 y 1935-1947]. Durante la invasión alemana (1941) se refugió en Creta, en El Cairo y en Londres, y recuperó el trono en 1946.

**JØRGENSEN** (Anker) → ***Joergensen.***

**JORN** (Asger **Jørgensen,** llamado **Asger**), pintor, grabador y escritor danés (Vejrum 1914-Arhus 1973). Cofundador de Cobra y de una de las ramas de la Internacional situacionista, espíritu agudo, experimentador de múltiples iniciativas, dejó una obra plástica de gran libertad.

el ayatollah **Jomeini**

**José I Bonaparte** (F. Gérard - palacio de Fontainebleau)

**JOS,** c. de Nigeria, en la *meseta de Jos;* 191 400 hab. Universidad. Centro turístico.

**JOSAFAT** *(valle de),* nombre simbólico del lugar donde Dios, según el libro de Joel, juzgará a los pueblos el último día. Se identificó más tarde con el valle del Cedrón, al E de Jerusalén.

**JOSAFAT,** 4.º rey de Judá [870-849 a. J.C.], de próspero reinado.

**JOSÉ,** patriarca bíblico, hijo de Jacob. Vendido por sus hermanos y llevado a Egipto, llegó a ser ministro del faraón. Gracias a su protección, los hebreos pudieron establecerse en Egipto.

SANTOS

**JOSÉ** *(san),* esposo de la Virgen María, carpintero y padre putativo de Jesucristo.

**JOSÉ de Arimatea** *(san)* [s. I], judío de Jerusalén, miembro del sanedrín. Prestó su propia tumba para enterrar a Jesús.

**JOSÉ de Calasanz** *(san),* fundador español (Peralta de la Sal 1556-Roma 1648). Fundó la congregación de clérigos regulares de las Escuelas pías (1597), consagrados a la educación, llamados en España *escolapios.*

IMPERIO GERMÁNICO Y AUSTRIA

**JOSÉ I** (Viena 1678-*id.* 1711), rey de Hungría [1687], rey de romanos [1690], archiduque de Austria y emperador germánico [1705-1711], hijo de Leopoldo I. – **José II** (Viena 1741-*id.* 1790), emperador germánico y corregente de los estados de los Habsburgo [1765-1790], primogénito de Francisco I y de María Teresa. Convertido en dueño absoluto del poder a la muerte de su madre (1780), quiso, como déspota ilustrado, racionalizar y modernizar el gobierno de sus estados y abolió la servidumbre (1781). Practicó respecto a la Iglesia una política de vigilancia y control *(josefinismo).*

ESPAÑA

**JOSÉ I BONAPARTE** (Corte, Córcega, 1768-Florencia 1844), rey de Nápoles [1806-1808] y de España [1808-1813], hermano de Napoleón I. Proclamado rey en Bayona, llegó a España en plena lucha por la independencia, y gobernó bajo la influencia de Napoleón. Tras la batalla de Arapiles huyó a Valencia (1812), y en 1813 volvió a Francia.

PORTUGAL

**JOSÉ I el Reformador** (Lisboa 1714-*id.* 1777), rey de Portugal [1750-1777]. Déspota ilustrado, tuvo como ministro al marqués de Pombal.

**JOSÉ AGUSTÍN** (José Agustín **Ramírez,** llamado), escritor mexicano (Guadalajara 1944). Pasó de narrar con la jerga de la juventud dorada de la ciudad de México *(La tumba,* 1964) al experimentalismo *(Inventado que sueño,* 1968).

**JOSÉ AZUETA,** mun. de México (Guerrero), junto al Pacífico; 25 751 hab. Cab. *Zihuatanejo.* Centro turístico y puerto de cabotaje. Aeropuerto.

**JOSÉ CARLOS MARIÁTEGUI,** región administrativa de Perú que comprende los dep. de Moquegua, Puno y Tacna; 103 809 km$^2$; 1 375 400 hab.

**JOSÉ FERNANDO DE BAVIERA** (Viena 1692-Bruselas 1699), hijo del elector de Baviera Maximiliano Manuel. Candidato de Carlos II para sucederle en el trono español.

**JOSÉ IGNACIO** *(laguna de),* albufera de Uruguay (Maldonado). Comunica con el Río de la Plata.

**José Martí,** aeropuerto internacional de Cuba, en Rancho Boyeros (La Habana).

**JOSEFINA** (Marie-Josèphe **Tascher de la Pagerie,** llamada), emperatriz de los franceses (Trois-Îlets, Martinica, 1763-Malmaison 1814). Viuda del vizconde de Beauharnais, casó con Napoleón Bonaparte (1796), quien la repudió al no tener de ella un heredero (1809).

**JOSEFO** (Flavio) → ***Flavio Josefo.***

**JOSEMARÍA ESCRIVÁ DE BALAGUER** *(beato)* → ***Escrivá de Balaguer.***

**JOSEPHSON** (Brian David), físico británico (Cardiff 1940). En 1962 descubrió que la corriente eléctrica puede atravesar una delgada barrera aislante situada entre dos metales superconductores. (Premio Nobel de física 1973.)

**JOSÍAS** († 609 a. J.C.), 16.º rey de Judá [640-609 a. J.C.]. Durante su reinado se produjo una importante renovación religiosa.

**JOSPIN** (Lionel), político francés (Meudon 1937). Socialista, ministro de Educación (1988-1992), es primer ministro desde 1997.

**JOSUÉ,** sucesor de Moisés (fines s. XIII a. J.C.). Condujo a los hebreos a la Tierra prometida. El *libro de Josué* del Antiguo testamento relata el establecimiento de los hebreos en Canaán.

**JOTABECHE** → ***Vallejo*** (José Joaquín).

**JOTAMARIO** (J. Mario **Arbeláez,** llamado), poeta colombiano (Cali 1939), del grupo nadaísta. Con su poesía combatió el conservadurismo academicista *(El profeta en casa,* 1965).

**Jotín** *(batalla de)* [11 nov. 1673], victoria de Juan Sobieski sobre los turcos en Ucrania, en Jotín (en pol. Choczin), a orillas del Dniéster.

**JOTUNHEIM,** macizo montañoso de Noruega meridional, en el que se halla el punto culminante de Escandinavia (Glittertind, 2 470 m).

**JOUBERT** (Petrus Jacobus), general bóer (colonia de El Cabo ¿1831?-Pretoria 1900), comandante en jefe contra los británicos en 1881 y en 1899.

**JOULE** (James Prescott), físico británico (Salford, cerca de Manchester, 1818-Sale, Cheshire, 1889). Estudió el calor desprendido por las corrientes eléctricas en los conductores y determinó el equivalente mecánico de la caloría (1842). Enunció el principio de conservación de la energía mecánica y, utilizando la teoría cinética de los gases, calculó la velocidad media de las moléculas gaseosas.

**JOURDAN** (Jean-Baptiste, *conde* **de**), mariscal de Francia (Limoges 1762-París 1833). Venció en Fleurus (1794), hizo aprobar la ley de reclutamiento (1798) y mandó el ejército de José I en España (1808-1814).

**JOVELLANOS,** mun. de Cuba (Matanzas), a orillas del Canal del Roque; 48 855 hab. Industria química.

**JOVELLANOS** (Gaspar Melchor **de**), escritor y político español (Gijón 1744-Vega 1811). Ilustrado, fue director de la Sociedad económica de Amigos del País de Madrid (1784), fundador del Instituto asturiano de Gijón (1790) y consejero de estado (1799). Confinado en Mallorca (1801-1808), organizó la Junta central contra Napoleón. Poeta y dramaturgo, destaca como prosista en sus obras *De las bellas artes,* 1782; *Informe en el expediente de la ley agraria,* 1795; *Diarios 1790-1801,* 1915; *Bases para la formación de un plan general de instrucción pública,* 1811. (Real academia 1783.)

Gaspar Melchor de **Jovellanos** (Goya - Prado, Madrid)

**Jóvenes turcos,** grupo de intelectuales y de oficiales otomanos, liberales y reformistas, al principio reunidos en diversas sociedades secretas. Obligaron al sultán Abdülhamid II a restaurar la constitución (1908) y a abdicar (1909), y dominaron la vida política otomana hasta 1918.

**JOVES** (Manuel), compositor español (Manresa 1886-Buenos Aires 1944). Vivió en Buenos Aires desde 1931, y compuso tangos con letra de Manuel Romero *(Buenos Aires; Fume, compadre).*

**JOVIANO** (Singidunum, Mesia, *c.* 331-Dadastana, Bitinia, 364), emperador romano [363-364]. Sucesor de Juliano, restauró los privilegios de la Iglesia.

**JOVIO** (Paulo), nombre hispanizado de **Paolo Giovio,** historiador y humanista italiano (Como

1483-Florencia 1552), autor, entre otras obras, de las *Vidas* (1549) de personajes de su época (entre ellos, Gonzalo Fernández de Córdoba) y de *Historias de su tiempo* (1550-1552, publicadas en castellano en 1562-1563).

**JOYABAJ,** mun. de Guatemala (Quiché); 27 975 hab. Materiales para la construcción.

**JOYCE** (James), escritor irlandés (Rathgar, Dublín, 1882-Zurich 1941). Poeta (*Música de cámara,* 1907), autor de relatos (*Dublineses,* 1914), escribió una novela de iniciación (*Retrato del artista adolescente,* 1916) y otras dos de simbolismo múltiple y cuyo personaje principal es el lenguaje: *Ulises** (1922) y *Finnegan's wake* (1939). Joyce ha sido punto de partida de diversas orientaciones renovadoras en la literatura moderna, por su indagación sicológica, desintegración y plasticidad en el lenguaje y la experimentación de las técnicas narrativas.

**JÓZSEF** (Attila), poeta húngaro (Budapest 1905-Balatonszárszó 1937), uno de los grandes líricos de la Hungría moderna, de temática popular (*El mendigo de la belleza,* 1922).

**JRUSCHOV** (Nikita Serguéievich), político soviético (Kalínovka, Kursk, 1894-Moscú 1971). Primer secretario del comité central del partido comunista de la U.R.S.S. (1953-1964) y presidente del consejo de ministros de la U.R.S.S. (1958-1964), desde el XX congreso (1956) se convirtió en el artífice de la «desestalinización» y de la coexistencia pacífica.

SANTOS

**JUAN Bautista** *(san),* jefe de una secta judía del s. I d. J.C., contemporáneo de Jesús, hijo de Isabel, tía de éste, y considerado por la tradición cristiana el precursor del Mesías. Fue decapitado por orden de Herodes Antipas (*c.* 28). Desde su infancia se retiró al desierto. Predicó a orillas del Jordán un mensaje de penitencia y practicó un bautismo de purificación para la llegada del Reino de Dios.

**JUAN Evangelista** *(san),* apóstol, hermano de Santiago el Mayor, uno de los primeros discípulos de Jesús († Éfeso *c.* 100). Evangelizó Asia Menor. La tradición le atribuye la autoría del Apocalipsis, de tres epístolas y del cuarto Evangelio. En escultura y pintura se le representa acompañado de un águila.

**JUAN Crisóstomo** *(san),* padre de la Iglesia de oriente (Antioquía *c.* 344-cerca de Cumanos, Capadocia, 407), obispo de Constantinopla. Su elocuencia le valió el sobrenombre de Cristóstomo *(boca de oro).* Su rigor y su celo reformador le condujeron al exilio, donde murió.

**JUAN Damasceno** *(san),* padre de la Iglesia de oriente (¿Damasco? *c.* 650-San Sabas, cerca de Jerusalén, *c.* 749). Defendió el culto de las imágenes. Su obra marcó la teología y la himnología bizantinas.

**JUAN GUALBERTO** *(san),* abad italiano (Petroio, cerca de Florencia, *c.* 995-Passignano 1073). Fundó en Valloumbrosa una congregación inspirada en los benedictinos, pero con una regla más severa.

**JUAN de Mata** *(san),* fundador de la orden de los trinitarios (Faucon, Provenza, 1160-Roma 1213), dedicada al rescate de los cautivos.

**JUAN de Capistrano** *(san),* franciscano italiano (Capistrano 1386-Ilok, Croacia, 1456). Reorganizó su orden y evangelizó Europa central.

**JUAN FISHER** *(san),* cardenal inglés (Beverley *c.* 1469-Londres 1535). Brillante humanista, amigo de Erasmo, fue decapitado por haberse opuesto al divorcio de Enrique VIII.

**JUAN DE DIOS** *(san),* religioso portugués (Montemor-o-Novo 1495-Granada 1550), fundador en Granada de la orden de los Hermanos hospitalarios de san Juan de Dios (1537), consagrada a los enfermos y menesterosos.

**JUAN DE ÁVILA** *(san),* eclesiástico español (Almodóvar del Campo 1500-Montilla 1569). Adquirió fama como predicador, y escribió obras de carácter ascético y un *Epistolario espiritual para todos los estados* (1578). Fue canonizado en 1970.

**JUAN DE RIBERA** *(san),* eclesiástico español (Sevilla 1532-Valencia 1611). Teólogo en Salamanca, obispo de Badajoz (1562) y desde 1568 arzobispo de Valencia (donde fue virrey en 1602-1604) y patriarca de Antioquía. Aconsejó a Felipe III la expulsión de los moriscos.

**JUAN DE LA CRUZ** *(san),* religioso y autor místico español (Fontiveros 1542-Úbeda 1591). Juan de **Yepes** ingresó en la orden del Carmelo en 1563 y tras conocer a santa Teresa se dedicó con ella a la reforma carmelitana. Su obra representa, junto con la de santa Teresa, la cumbre de la literatura mística española. Está formada por tres poemas, publicados póstumamente: *Noche* oscura del alma* (1618) –con sus comentarios en prosa *Subida al monte Carmelo* y *Noche oscura*–, *Cántico* espiritual* (1627) y *Llama de amor viva* (1618), con sus respectivos comentarios. Los poemas, escritos en liras, cantan la huida del alma de la prisión de los sentidos hasta alcanzar la unión con Dios. Además de esta obra poética en forma renacentista, cultivó el romance y la cancioncilla al uso tradicional. Fue canonizado en 1726 y proclamado doctor de la Iglesia en 1926.

**JUAN BERCHMANS** *(san),* novicio jesuita (Diest, Brabante, 1599-Roma 1621), muerto en el Colegio romano. Canonizado en 1888.

**JUAN EUDES** *(san),* sacerdote francés (Ri, Normandía, 1601-Caen 1680), fundador de la congregación secular de Jesús y María (eudistas).

**JUAN BAUTISTA DE LA SALLE** *(san),* sacerdote francés (Reims 1651-Ruán 1719). Fundó el instituto de los hermanos de las Escuelas cristianas (1682), dedicado a la educación de los niños pobres.

**JUAN BAUTISTA MARÍA VIANNEY** *(san),* sacerdote francés (Dardilly, cerca de Lyon, 1786-Ars-sur-Formans 1859), llamado *el cura de Ars.* Párroco de Ars durante 40 años, atraía a las gentes por su santidad.

**JUAN BOSCO** *(san),* sacerdote italiano (Becchi, Castelnuovo d'Asti, 1815-Turín 1888), llamado **don Bosco,** fundador de los salesianos (1859) y de las salesianas (1862), congregaciones dedicadas a la educación de la juventud necesitada.

PAPAS

**JUAN I** *(san),* papa de 523 a 526 (¿en Toscana 470?-Ravena 526). Enviado por Teodorico junto al emperador de oriente Justino en una misión, coronó a éste y fue encarcelado a su regreso. – **Juan V** (¿Antioquía?-Roma 686), papa de 685 a 686. Fue el primer papa que se hizo consagrar sin esperar la autorización del emperador de oriente. – **Juan VIII** (¿Roma 820?-*id.* 882), papa de 872 a 882. Consagró emperador, en Roma, a Carlos el Calvo (875) y, en Francia, a Carlos el Gordo (881); murió envenenado. – **Juan XII (Ottaviano)** [Roma 937-*id.* 964], papa de 955 a 964. Elegido papa a los 18 años, fue sobre todo un político; coronó emperador a Otón I (962), que no obstante trató de sustituirlo. – **Juan XV** (¿Roma?-*id.* 996), papa de 985 a 996. Instituyó la *tregua de Dios.* – **Juan XXI** (Pedro **Juliano**) [Lisboa *c.* 1220-Viterbo 1277], papa de 1276 a 1277. Erudito conocido como **Petrus Hispanus** o **Pedro Hispano,** es autor de la obra de dialéctica *Summulae logicales* y de comentarios médicos. Concedió la investidura de las Dos Sicilias a Carlos de Anjou. – **Juan XXII** (Jacques **Duèse** o **d'Euze**) [Cahors 1245-Aviñón 1334], papa de 1316 a 1334. Residió en Aviñón y trabajó por la centralización de la administración pontificia, lo que le ganó la hostilidad de los franciscanos espirituales y la del emperador, quien le opuso un antipapa. – **Juan XXIII** (Baldassare **Cossa**) [Nápoles *c.* 1370-Florencia 1419], fue antipapa en la época del gran cisma. – **Juan XXIII** (Angelo Giuseppe **Roncalli**) [Sotto il Monte, cerca de Bérgamo, 1881-Roma 1963], papa de 1958 a 1963. Nuncio en París, patriarca de Venecia y cardenal, marcó su breve pontificado con el *aggiornamento* (actualización) de la Iglesia romana y con la convocatoria del concilio Vaticano II (1962). Promulgó varias encíclicas importantes (*Pacem in terris,* 1963). En 2000 fue beatificado.

**JUAN PABLO I** (Albino **Luciani**), papa en 1978 (Forno di Canale, Venecia, 1912-Roma 1978). Patriarca de Venecia desde 1969, su pontificado duró 34 días.

**JUAN PABLO II** (Karol **Wojtyła**) [Wadowice, Polonia, 1920], papa desde 1978. Arzobispo de Cracovia (1964), es el primer papa no italiano desde Adriano VI. Ha impuesto su vigorosa personalidad en numerosos viajes pastorales por el mundo, al delegar el poder temporal en su secretario de Estado (1984). Promulgó un nuevo Código de derecho canónico (1983) y un nuevo *Catecismo* (1992). Ha publicado importantes encíclicas (*Centesimus annus,* 1991; *Veritatis splendor,* 1993). En 1981 fue herido en un atentado.

EMPERADORES DE ORIENTE

**JUAN I TZIMISCES** (Hierápolis, Armenia, 925-Constantinopla 976), emperador de oriente [969-976]. Se anexionó Bulgaria oriental. – **Juan II Comneno** (1088-Tauro 1143), emperador de oriente [1118-1143]. Pacificó los Balcanes y restableció la soberanía bizantina sobre los francos de Siria. – **Juan III Ducas Vatatzes** (Didimótica, Tracia, 1193-Ninfeo, act. Kemalpaşa, 1254), emperador de oriente [1222-1254]. – **Juan IV Ducas Láscaris** (nacido *c.* 1250), emperador de Bizancio [1254, de derecho 1258-1261]. – **Juan V Paleólogo** (1332-1391), emperador de oriente [1341-1354; 1355-1376; 1379-1391]. Su minoría de edad se vio agitada por la acción de Juan VI Cantacuceno. – **Juan VI Cantacuceno** (Constantinopla *c.* 1293-Mistra 1383), emperador de oriente [1341-1355]. Tutor de Juan V Paleólogo, combatido por Ana de Saboya, fue asociado al joven emperador; tras abdicar, se retiró a un monasterio, donde redactó su *Historia,* que cubre los años 1320-1356. – **Juan VII Paleólogo** (*c.* 1360-monte Athos *c.* 1410), emperador de oriente [1399-1402]. – **Juan VIII Paleólogo** (1390-Constantinopla 1448), emperador de oriente [1425-1448]. En el concilio de Florencia (1439) concluyó con el papa la unión de las Iglesias, que fue efímera.

EMPERADOR LATINO DE ORIENTE

**JUAN DE BRIENNE** (*c.* 1148-Constantinopla 1237), rey de Jerusalén [1210-1225], emperador latino de oriente [1231-1237].

ARAGÓN

**JUAN I el Cazador** o **el Amador de la gentileza** (Perpiñán 1350-Foixá 1396), rey de Aragón [1387-1396], hijo y sucesor de Pedro el Ceremonioso. Se mantuvo fiel al papa de Aviñón y favoreció el acercamiento a Francia y Castilla. Protegió las artes y las letras.

**JUAN II** (Medina del Campo 1398-Barcelona 1479), rey de Aragón [1458-1479] y rey consorte

James **Joyce**

Nikita **Jruschov**

San **Juan de la Cruz** (Pacheco - museo Lázaro Galdiano, Madrid)

**Juan XXIII**

**Juan Pablo II**

**Juan II** rey de Navarra y Aragón. Sello (1462). [Archivos nacionales, París.]

[1425-1441] y efectivo [1441-1479] de Navarra. Hijo de Fernando de Antequera, casó con Blanca de Navarra (1420), y a la muerte de ésta subió al trono navarro, por lo que su hijo Carlos de Viana se rebeló contra él. Sucedió en 1458 a su hermano Alfonso V en el trono de Aragón, reino donde estalló una guerra civil (1462-1472). Su heredero Fernando, hijo de su segunda esposa, Juana Enríquez, casó (1469) con Isabel de Castilla.

**JUAN DE ARAGÓN,** príncipe de Asturias y de Gerona (Sevilla 1478-Salamanca 1497), heredero reconocido de los Reyes Católicos. Murió prematuramente.

BOHEMIA

**JUAN I DE LUXEMBURGO el Ciego** (1296-Crécy 1346), rey de Bohemia [1310-1346], hijo del emperador Enrique VII. Se radicó en Francia e hizo elegir a su hijo Carlos rey de Germania (1346). Fue muerto en la batalla de Crécy.

BORGOÑA

**JUAN sin Miedo** (Dijon 1371-Montereau 1419), duque de Borgoña [1404-1419], hijo y sucesor de Felipe el Atrevido. Jefe de los borgoñones, se adueñó de París (1415). Inquieto por el éxito inglés en Normandía (caída de Ruán, 1418), intentó acercarse a Carlos VI, pero fue asesinado.

CASTILLA

**JUAN,** infante de Castilla (c. 1264-Granada 1319), hijo de Alfonso X el Sabio. En 1295 pretendió el trono de Castilla frente a Fernando IV.

**JUAN I** (Épila 1358-Alcalá de Henares 1390), rey de Castilla [1379-1390], hijo de Enrique II. Muerto el rey de Portugal, invadió dicho país, pero fue derrotado. Fortaleció la monarquía y limitó el poder de la nobleza.

**Juan I** de Castilla: estatua orante por J. Contreras. (Catedral de Toledo.)

**JUAN II** (Toro 1405-Valladolid 1454), rey de Castilla [1406-1454], hijo de Enrique III. Reorganizó la hacienda y tuvo como favorito a Álvaro de Luna, pero, a causa de las presiones de la alta nobleza, de su esposa y del príncipe heredero, se vio obligado a ejecutarle (1453). Legó una crisis social y política.

CATALUÑA

**JUAN I DE ANJOU** (Toul 1427-Barcelona 1470), duque de Lorena [1453-1470], duque titular de Calabria [1434-1470] y príncipe de Gerona [1466-1470].

ESPAÑA

**JUAN CARLOS I** (Roma 1938), rey de España [desde 1975], nieto de Alfonso XIII. Casado con Sofía de Grecia (1962), en 1969 fue proclamado príncipe de España y sucesor de Franco en la jefatura del estado, a título de rey. Muerto Franco, fue proclamado rey por las cortes. Jefe de la casa real española tras la renuncia de su padre, Juan de Borbón y Battenberg (1978), ratificó y acató la constitución de 1978.

FRANCIA

**JUAN II el Bueno** (castillo del Gué de Maulny, cerca de Le Mans, 1319-Londres 1364), rey de Francia [1354-1364], hijo de Felipe VI de Valois. Sometió a Carlos el Malo de Navarra. Vencido por el Príncipe Negro en Poitiers (1356) y llevado preso a Londres, regresó tras ceder Aquitania a Inglaterra (1362). Al huir su hijo Luis, rehén de los ingleses, tuvo que volver prisionero a Londres, donde murió.

INGLATERRA

**JUAN sin Tierra** (Oxford 1167-Newark, Nottinghamshire, 1216), rey de Inglaterra [1199-1216], quinto hijo de Enrique II, hermano y sucesor de Ricardo Corazón de León. Citado por Felipe Augusto ante el tribunal de los pares por haber secuestrado a Isabel de Angulema, se le retiraron los derechos sobre sus feudos franceses (1202), que intentó recuperar en vano. Sus aliados, entre ellos el emperador germánico Otón IV, fueron derrotados en Bouvines (1214), y él mismo fue derrotado en La Roche-aux-Moines. El año anterior, había sido obligado a enfeudar su reino al papa. Estos fracasos provocaron una viva oposición en Inglaterra, y la sublevación de los barones le obligó a aceptar la Carta magna (1215).

LUXEMBURGO

**JUAN I** (Berg 1921), gran duque de Luxemburgo [1964-2000]. Sucedió a su madre, la gran duquesa Carlota.

NAVARRA

**JUAN II DE NAVARRA** → ***Juan II*** de Aragón.

**JUAN III DE ALBRET** (†Moneins, Béarn, 1517), rey de Navarra [1481-1517], esposo de Catalina de Navarra. Fernando el Católico invadió sus estados, y los reyes huyeron a Francia.

POLONIA

**JUAN II CASIMIRO** o **CASIMIRO V** (Cracovia 1609-Nevers 1672), rey de Polonia [1648-1668]. No pudo evitar la pérdida de Ucrania oriental ni la invasión sueca (1655) y abdicó.

**JUAN III SOBIESKI** (Olesko, Galitzia, 1629-Wilanów 1696), rey de Polonia [1674-1696]. Venció a los otomanos en Choczin (act. Jotín), en 1673, y en Kahlenberg, durante el asedio de Viena (1683).

PORTUGAL

**JUAN I el Grande** (Lisboa 1357-*id.* 1433), rey de Portugal [1385-1433], hijo natural de Pedro I el Justiciero. La victoria que logró en Aljubarrota (1385) sobre los castellanos consolidó la independencia de Portugal. – **Juan II el Perfecto** (Lisboa 1455-Alvor 1495), rey de Portugal [1481-1495]. Concluyó el tratado de Tordesillas* (1494). – **Juan III el Piadoso** (Lisboa 1502-*id.* 1557), rey de Portugal [1521-1557]. Introdujo la Inquisición en Portugal. – **Juan IV el Afortunado** (Villaviciosa 1604-Lisboa 1656), duque de Braganza, rey de Portugal [1640-1656]. – **Juan V el Magnánimo** (Lisboa 1689-*id.* 1750), rey de Portugal [1707-1750]. – **Juan VI el Clemente** (Lisboa 1767-*id.* 1826), rey de Portugal [1816-1826]. Regente de 1792 a 1816, huyó a Brasil durante la invasión francesa (1807). De regreso a Portugal (1821), inauguró el régimen constitucional.

DIVERSOS

**Juan (Preste),** personaje fantástico de la edad media, jefe de un estado cristiano, identificado con el kan de los mongoles o con el negus de Abisinia.

**JUAN MANUEL,** escritor castellano (Escalona 1282-Córdoba 1348), sobrino de Alfonso X el Sabio. Intervino activamente en la política de su tiempo. Las obras del infante don Juan Manuel, en una excelente prosa, revelan sus ideas caballerescas, aristocráticas y religiosas; entre ellas cabe destacar *El conde* Lucanor,* el conjunto de cuentos morales más importante de su época, el *Libro del caballero y del escudero* (1326), influido por R. Llull, y el *Libro de los estados* (1327), cuadro didáctico y documental sobre la sociedad del s. XIV.

**JUAN HIRCÁN** → ***Hircán I.***

**JUAN DE AUSTRIA** (Ratisbona 1545-Namur 1578), hijo natural de Carlos Quinto y de Bárbara de Blomberg. Reconocido por su hermanastro Felipe II (1559) y trasladado a la corte, se le confió el mando de las galeras del Mediterráneo (1568). Siendo capitán general de Granada, sofocó el levantamiento morisco (1571). Dirigió la flota de la Santa liga en la batalla de Lepanto (1571), y tomó Túnez (1573). Fue gobernador de Flandes (1576-1578) en plena insurrección.

**JUAN JOSÉ DE AUSTRIA,** príncipe español (Madrid 1629-*id.* 1679), hijo natural de Felipe IV y de la actriz María Calderón. Legitimado en 1641, se le confiaron misiones importantes en Flandes y Portugal, en las que fracasó. Fue primer ministro de Carlos II (1677).

**JUAN DE LOS ÁNGELES** *(fray)* → ***Ángeles.***

**JUAN ALDAMA,** mun. de México (Zacatecas); 18 080 hab. Centro agropecuario. Minas de plata.

**JUAN B. ALBERDI,** dep. de Argentina (Tucumán); 24 368 hab.

**JUAN BAUTISTA RODRÍGUEZ,** mun. de Venezuela (Lara), en el valle del Tocuyo; 24 065 hab. Cab. *Quíbor.*

**JUAN CUAMATZI,** mun. de México (Tlaxcala); 17 065 hab. Cab. *San Bernardino Contla.*

**JUAN DE FUCA** *(estrecho de),* estrecho que separa la isla de Vancouver (Canadá) de Estados Unidos.

**Juan de Mairena,** personaje apócrifo de A. Machado. El autor publicó en periódicos las supuestas lecciones de retórica de su heterónimo, a través del cual expuso sus ideas sobre temas filosóficos, políticos y literarios, reuniéndolas en *Juan de Mairena, Sentencias, donaires, apuntes y recuerdos de un profesor apócrifo* (1936).

**JUAN FERNÁNDEZ,** archipiélago volcánico de Chile, a 700 km de la costa de Valparaíso; 185 km$^2$; 480 hab. Cap. *Robinsón Crusoe.* Formado por las islas Alejandro Selkirk (ant. Más Afuera), Robinsón

**Juan II** de Castilla: estatua orante por Gil de Siloe. (Retablo mayor de la cartuja de Miraflores.)

**Juan Carlos I**

Crusoe (ant. Más a Tierra) y Santa Clara, descubiertas por Juan Fernández (1573).

**Juan Gálvez,** autódromo de Buenos Aires para competiciones de automovilismo y motociclismo.

**JUAN IGNACIO MONTILLA,** mun. de Venezuela (Trujillo); 33 086 hab. Café y caña de azúcar. Vacunos.

**JUAN JOSÉ MORA,** mun. de Venezuela (Carabobo); 50 422 hab.

**JUAN LACAZE,** c. y puerto de Uruguay (Colonia); 12 454 hab. Centro textil y papel. Astilleros.

**Juan Moreira,** novela gauchesca de Eduardo Gutiérrez, en forma de folletín (1879-1880). Escenificada en una pantomima por J. Podestá en 1884, dio origen a un largo ciclo de teatro gauchesco.

**JUAN R. ESCUDERO,** mun. de México (Guerrero); 18 623 hab. Cultivos tropicales. Maderas.

**JUAN Y SANTACILIA** (Jorge), marino y científico español (Novelda 1713-Madrid 1773). Acompañó a la expedición de La Condamine al Perú (1735-1744) y escribió con A. Ulloa *Relación histórica del viaje a la América Meridional* (1748). Fundó el observatorio astronómico de Cádiz (1753). Es autor de diversas obras de astronomía y navegación.

SANTAS

**JUANA DE ARCO** *(santa),* llamada **la Doncella de Orleans,** heroína francesa (Domrémy 1412-Ruán 1431). Hija de campesinos, a los trece años oyó unas palabras divinas que le ordenaban liberar Francia del dominio inglés. Logró capitanear un pequeño ejército que consiguió que los ingleses levantaran el sitio de Orleans e hizo coronar rey a Carlos VII en Reims (1429). Prisionera de los borgoñones en el sitio de Compiègne, fue entregada a los ingleses, sometida a proceso, acusada de herejía, y condenada a morir en la hoguera. Rehabilitada en 1456, fue canonizada en 1920.

santa **Juana de Arco** (Ingres - Louvre, París)

**JUANA FRANCISCA FRÉMYOT DE CHANTAL** *(santa)* [Dijon 1572-Moulins 1641], fundadora, con san Francisco de Sales, de la orden de la Visitación (salesas).

ANJOU Y NÁPOLES

**JUANA I DE ANJOU** (Nápoles 1326-Aversa, Campania, 1382), reina de Nápoles [1343-1382]. Se casó cuatro veces y fue asesinada por orden de su primo y heredero Carlos de Durazzo. – **Juana II** (Nápoles *c.* 1371-*id.* 1435), reina de Nápoles [1414-1435]. Designó como sucesor suyo a Renato de Anjou, a quien había adoptado.

ARAGÓN

**JUANA ENRÍQUEZ** (Torrelobatón 1425-Tarragona 1468), reina de Navarra [1447-1468] y de Aragón [1458-1468], esposa de Juan II. Fue lugarteniente de Navarra (1451), de Cataluña (1461), donde tomó parte en la guerra civil, y de Aragón (1465).

CASTILLA Y ESPAÑA

**JUANA MANUEL** (1339-Salamanca 1381), reina de Castilla [1369-1379], esposa (1350) de Enrique de Trastámara. Dirigió el cerco de Zamora (1371).

**JUANA** (1439-1475), reina de Castilla y de León [1455-1475], esposa de Enrique IV y hermana de Alfonso V de Portugal. Apoyó a su hija Juana la Beltraneja en la guerra contra un sector nobiliario.

**JUANA DE CASTILLA,** llamada **la Beltraneja,** princesa castellana (Madrid 1462-Lisboa 1530), hija de Enrique IV y de Juana de Portugal. Defendió frente a Isabel la Católica sus derechos al trono de Castilla, pero fue derrotada. Es conocida por el apodo que le dieron los nobles isabelinos, al suponerla hija de la reina y de Beltrán de la Cueva.

**JUANA I la Loca** (Toledo 1479-Tordesillas 1555), reina de Castilla [1504-1555], hija de los Reyes Católicos, esposa de Felipe el Hermoso y madre de Carlos Quinto. Heredó el trono en 1504, y a la muerte de su esposo (1506) perdió la razón. Se retiró a Tordesillas y dejó como regente a Cisneros. En 1516 Juana recibió de su padre la herencia de los estados aragoneses, cuyo gobierno encomendó a su hijo Carlos.

**Juana I** la Loca
(Bartolomé Ordóñez - capilla real, Granada)

FRANCIA

**JUANA I DE NAVARRA** (Bar-sur-Seine *c.* 1272-Vincennes 1305), reina de Navarra [1274-1305] y de Francia [1285-1305], esposa de Felipe IV el Hermoso de Francia.

INGLATERRA

**JUANA SEYMOUR** (Wolf Hall, Wiltshire, 1509-Hampton Court 1537), tercera esposa de Enrique VIII de Inglaterra y madre del futuro Eduardo VI.

**JUANA GREY,** *lady* **Dudley** (Bradgate, Leicestershire, *c.* 1537-Londres 1554), reina de Inglaterra [1553], sobrina nieta de Enrique VIII. Sucedió a Eduardo VI gracias a las intrigas de John Dudley, pero fue destronada rápidamente por María I Tudor, quien la hizo decapitar.

NAVARRA

**JUANA I** → ***Juana I*** de Francia.

**JUANA II** (1311-Conflans 1349), reina de Navarra [1328-1349]. Hija de Luis X el Obstinado, fue despojada del trono de Francia por Felipe V el Largo (1316) y reconocida reina de Navarra (1328). Por su matrimonio con Felipe de Evreux introdujo la dinastía Evreux en Navarra. Fue madre de Carlos II el Malo.

**JUANA III DE ALBRET** (Saint-Germain-en-Laye 1528-París 1572), reina de Navarra [1555-1572], hija de Enrique II de Albret. Esposa de Antonio de Borbón y madre del difunto Enrique IV de Francia.

**JUANA (la papisa),** mujer, que, según una leyenda, habría ejercido el pontificado con el nombre de Juan el Inglés, durante los dos años que siguieron a la muerte de León IV (855).

**JUANA DÍAZ,** mun. del S de Puerto Rico; 45 198 hab. Mármol, yeso y manganeso. Aeropuerto.

**JUANELO,** cantaor español (nacido en Jerez de la Frontera, principios del s. XIX). Creador de una *toná,* se le debe la primera clasificación razonable del cante flamenco de que se tiene noticia.

**JUANES** (Juan **de**) → ***Masip.***

**JUANTORENA** (Alberto), atleta cubano (Santiago de Cuba 1951). Ganó las pruebas de 400 y 800 m de los Juegos olímpicos de Montreal (1976).

**JUÁREZ,** sierra de México, en la península de Baja California; 900-2 000 de alt. Yacimientos de oro.

**JUÁREZ** o **CIUDAD JUÁREZ,** ant. **Paso del Norte,** c. de México (Chihuahua), a orillas del río Bravo o Grande del Norte, junto a la frontera con E.U.A.; 789 522 hab. Unida por un puente a El Paso (Texas), es un activo centro comercial, industrial y turístico. Rica agricultura. Durante la guerra con Francia albergó a Juárez, que la convirtió en capital (1865-1866); en recuerdo de estos hechos recibió su nombre actual. Por el *tratado de Ciudad Juárez* entre Madero y Porfirio Díaz (1911), éste abandonó la presidencia.

**JUÁREZ** (Benito), político mexicano (San Pablo Guelatao, Oaxaca, 1806-México 1872). Ministro de Justicia, elaboró la constitución liberal moderada de 1857. Comonfort dio un golpe de estado y le encarceló, lo que provocó una guerra civil, tras la cual Juárez asumió la presidencia (1858) reconocida por E.U.A. en 1859. Estableció un gobierno constitucional en Guanajuato (después en Guadalajara) y emitió las leyes de Reforma (1859). Tras la victoria liberal en 1860, Francia, de acuerdo con los conservadores, invadió el país (1863) y ofreció el trono mexicano al archiduque Maximiliano y Juárez se retiró a Paso del Norte (1864). Pero presionada por E.U.A. y sus compromisos en Europa, Francia se retiró, y Juárez ocupó la capital (1867). Reelegido presidente de la república (1871), se enfrentó a varios pronunciamientos.

**JUÁREZ** (Luis), pintor mexicano documentado entre 1610 y 1630. De un estilo emanado del manierismo sevillano de fines del s. XVI evolucionó hacia el realismo barroco (*San Miguel; La oración en el huerto; San Ildefonso; Anunciación,* todas en la Academia de bellas artes de México). – Su hijo **José** (principios del s. XVII-† *c.* 1670), también pintor, de estilo que se relaciona con el claroscuro de Zurbarán (*Adoración de los Reyes,* 1665).

**JUÁREZ CELMAN,** dep. de Argentina (Córdoba); 51 526 hab. Cab. *La Carlota.* Cereales. Ganadería.

**JUÁREZ CELMAN** (Miguel), político argentino (Córdoba 1844-Arrecife 1909). Liberal, fue presidente de la república (1886-1890). Impulsó las obras públicas y el comercio, pero el gasto público excesivo provocó una crisis económica y política.

**JUARISTI** (Jon), escritor español en lenguas castellana y vasca (Bilbao 1951). Bajo un tono coloquial, en su poesía establece un diálogo irónico con la tradición literaria (*Diario de un poeta recién cansado,* 1985). También es autor de ensayos (*El bucle melancólico,* 1997). [Premio nacional de ensayo 1998.]

**JUARROZ** (Roberto), poeta argentino (Dorrego, Buenos Aires, 1925-Buenos Aires 1995). Sus poemas, de carácter metafísico y con lenguaje preciso, están reunidos en volúmenes que presentan el mismo título, desde *Poesía vertical* (1958) hasta *Undécima poesía vertical* (1988).

**JUBA,** en somalí **Ŷubā,** r. de Etiopía y Somalia, tributario del océano Índico; 880 km.

**JUBA I** († Zama 46 a. J.C.), rey de Numidia, derrotado por César en Tapso (46). – Su hijo **Juba II** (*c.* 52 a. J.C.-*c.* 23/24 d. J.C.), rey de Mauritania [25 a. J.C.-*c.* 23/24 d. J.C.], dotó a su capital, *Caesarea* (act. Cherchell, Argelia), de numerosos monumentos.

**JUBANY** (Narciso), prelado español (Santa Coloma de Farners 1913-Barcelona 1996). Arzobispo de Barcelona (1971-1990), en 1973 fue nombrado cardenal. Fue un miembro destacado de la comisión para la reforma del código de derecho canónico.

**JUBBULPORE** o **JABALPUR,** c. de la India central (Madhya Pradesh); 740 000 hab.

**JUBY** *(cabo)* → ***Yuby.***

**JÚCAR,** r. de España, en la vertiente mediterránea; 535 km. Nace en la cordillera Ibérica, pasa por la c. de Cuenca y desemboca en Cullera. Extensa red de canales de riego. El equipamiento hidroeléctrico de su cuenca asciende a 335 000 kW.

**JUCHIQUE DE FERRER,** mun. de México (Veracruz); 17 856 hab. Cereales, café, plátanos. Avicultura.

**JUCHITÁN DE ZARAGOZA,** c. de México (Oaxaca), en el golfo de Tehuantepec; 45 011 hab. Turismo.

**JUDÁ,** personaje bíblico, hijo de Jacob, antepasado epónimo de la *tribu de Judá,* que tuvo un papel fundamental en la historia de los hebreos.

**JUDÁ** *(reino de)* [931-587 a. J.C.], reino constituido por las tribus del S de Palestina tras la muerte de Salomón. Cap. *Jerusalén.* Rival del reino de Israel, contra el que se agotó en luchas fratricidas, se alió con Egipto para hacer frente al peligro asirio y posteriormente al babilonio. Pero no pudo resistir al poder de Babilonia, y, tras la toma de Jerusalén por

don **Juan de Austria**
(Sánchez Coello - museo del monasterio de El Escorial)

Benito **Juárez**
(Diego Rivera - castillo de Chapultepec, México)

Nabucodonosor (587), su población fue deportada a Babilonia.

**JUDAS Iscariote,** uno de los doce apóstoles. Entregó a Jesús a sus enemigos por treinta monedas de plata y, presa de remordimientos, se ahorcó.

**JUDAS Tadeo** *(san),* uno de los doce apóstoles. La *Epístola de San Judas,* que se le atribuye, es una advertencia contra las innovaciones que ponen la fe en peligro.

**JUDEA,** en ár. **al-Yahūdiyya,** prov. del S de Palestina en la época grecorromana.

**Judío errante** *(El),* personaje legendario condenado a caminar hasta el día del Juicio final por haber injuriado a Jesús camino del Calvario. Su leyenda inspiró numerosas obras literarias.

**JUDIT** o **JUDITH,** heroína del *Libro de Judit,* del Antiguo testamento, que refleja el enfrentamiento entre el judaísmo y el helenismo en la época de la revuelta de los Macabeos.

**JUDIT DE BAVIERA** (*c.* 800-Tours 843), segunda esposa de Ludovico Pío, emperador de occidente. Ejerció una gran influencia en su esposo, que utilizó en provecho de su hijo, Carlos el Calvo.

**Jueces,** entre los hebreos, jefes temporales que ejercieron su autoridad sobre un grupo de tribus unidas frente a la presión de un peligro exterior. El período de los Jueces va de la muerte de Josué a la institución de la monarquía (*c.* 1200-*c.* 1030 a. J.C.). El *Libro de los Jueces* del Antiguo testamento recoge estos acontecimientos, en un conjunto en el que se mezclan historia, leyenda y folklore.

**Juego de pelota** *(juramento del)* [20 junio 1789], juramento que prestaron los diputados franceses del tercer estado de no separarse antes de haber redactado una constitución.

**Juegos florales,** nombre dado a un concurso poético anual, instituido en Toulouse en 1323 por un grupo de poetas deseosos de mantener las tradiciones del lirismo cortés provenzal. Tuvo una inmediata repercusión en el área cultural catalana: en 1393 se celebraron los primeros Juegos florales de Barcelona, donde, tras interrumpirse en el s. XVI, se reanudaron en 1859. Más tarde se extendieron a otros lugares de Cataluña y del resto de España, así como a Hispanoamérica (México, Chile, etc.).

**Juegos olímpicos,** juegos nacionales de la antigua Grecia que, desde 776 a. J.C., se celebraban cada cuatro años en Olimpia, en honor de Zeus, y que constaban de pruebas deportivas y de concursos musicales y literarios; fueron suprimidos por Teodosio en 393. Los Juegos olímpicos modernos, instaurados por el barón Pierre de Coubertin en 1894, constan de diversas competiciones deportivas de carácter internacional y se celebran cada cuatro años (a partir de 1896) en una ciudad designada de antemano. También cada cuatro años tienen lugar, desde 1924, unos Juegos olímpicos de invierno, reservados para deportes de hielo y de la nieve, cuya celebración se adelantó dos años en Lillehammer (1994) para evitar su coincidencia con los anteriores. (V. cuadro.)

los Juegos olímpicos modernos

| | | | |
|---|---|---|---|
| 1896 | Atenas | 1960 | Roma |
| 1900 | París | 1964 | Tōkyō |
| 1904 | Saint Louis | 1968 | México |
| 1908 | Londres | 1972 | Munich |
| 1912 | Estocolmo | 1976 | Montreal |
| 1920 | Amberes | 1980 | Moscú |
| 1924 | París | 1984 | Los Ángeles |
| 1928 | Amsterdam | 1988 | Seúl |
| 1932 | Los Ángeles | 1992 | Barcelona |
| 1936 | Berlín | 1996 | Atlanta |
| 1948 | Londres | 2000 | Sydney |
| 1952 | Helsinki | 2004 | Atenas (design.) |
| 1956 | Melbourne | | |

**Juegos panamericanos,** competición plurideportiva que se celebra en América cada cuatro años, desde 1951, con intervención de todos los países del continente.

**JUFRÉ** (Juan), conquistador español (Medina de Rioseco 1516-Santiago, Chile, 1578). Fue con la expedición de Valdivia a Chile. Primer alcalde de Santiago (1541), fue gobernador de la provincia de Cuyo y fundó San Juan de la Frontera y Mendoza.

**JUIGALPA,** c. de Nicaragua, cap. del dep. de Chontales; 28 840 hab. Aguas termales. Destilerías.

**JUIZ DE FORA,** c. de Brasil (Minas Gerais); 385 756 hab. Universidad. Aeropuerto.

**JUJOL** (Josep Maria), diseñador y arquitecto español (Tarragona 1879-Barcelona 1949). Colaborador de Gaudí, su modernismo es de un expresionismo más contenido. Realizó numerosos edificios privados.

**JUJUY** *(provincia de),* prov. del NO de Argentina, junto a la frontera de Bolivia y Chile; 53 219 km²; 513 992 hab. Cap. *San Salvador de Jujuy.*

**JULI,** c. de Perú (Puno), a orillas del Titicaca; 22 164 hab. Conserva iglesias y edificios civiles platerescos y barrocos (ss. XVII-XVIII), con fachadas ricamente decoradas con relieves.

**JULIA** o **IULIA** *(gens),* ilustre familia de Roma, a la que pertenecía Julio César y que pretendía descender de Julio, hijo de Eneas.

**JULIA,** nombre de varias princesas romanas de origen sirio. – **Julia Domna** (Emesa *c.* 158-Antioquía 217) fue esposa de Septimio Severo. – Su hermana **Julia Maesa** o **Moesa** (Emesa 226) fue abuela de Heliogábalo. Ambas favorecieron la difusión de los cultos procedentes de Siria.

**JULIA** (Ottaviano 39 a. J.C.-Reggio di Calabria 14 d. J.C.), hija de Augusto. Casó sucesivamente con Marcelo, Agripa y Tiberio. Fue desterrada a la isla de Pandataria por su vida disipada (2 a. J.C.).

**Julia** o **La nueva Eloísa,** novela epistolar de J. J. Rousseau (1761), de análisis sicológico, que critica las ideas morales de los enciclopedistas.

**JULIÁ** (Ascensio), pintor español (Valencia 1767-Madrid 1816). Fue discípulo y colaborador de Goya (*Escena de una comedia,* Prado).

**JULIACA,** c. de Perú (Puno); 134 700 hab. Centro comercial (mercado). Iglesia de Santa Catalina (s. XVIII), exponente del barroco del Altiplano peruano.

**JULIA-CLAUDIA,** primera dinastía imperial romana, procedente de César, a la que pertenecieron los emperadores Augusto, Tiberio, Calígula, Claudio y Nerón.

**JULIÁN de Toledo** *(san),* obispo español (Toledo *c.* 642-† 690). Nombrado arzobispo de Toledo en 680, participó en cuatro concilios celebrados en esta ciudad y escribió un libro ascético, *Prognosticon futuri saeculi,* y un *Elogio* de san Ildefonso.

**JULIÁN,** gobernador de Ceuta (*c.* 682-*c.* 715). Legendariamente se le considera conde. Pactó con Mūsā y auxilió a Ṭāriq en la conquista de España.

**JULIANA** (Luisa Emma María Guillermina) [La Haya 1909], reina de Países Bajos [1948-1980]. Casó en 1937 con el príncipe Bernardo de Lippe-Biesterfeld. En 1980 abdicó en su hija Beatriz.

**JULIANA** (*tío* Luis **el de la**), intérprete del cante flamenco español (nacido en Jerez de la Frontera, mediados del s. XVIII). Gitano, primer cantaor de nombre conocido, creó uno de los más antiguos estilos de *tonás.*

**JULIANO** (Flavio Claudio), llamado **el Apóstata** (Constantinopla 331-en Mesopotamia 363), emperador romano [361-363]. Sobrino de Constancio I y sucesor de Constancio II, abandonó la religión cristiana y favoreció un paganismo marcado por el neoplatonismo. Murió durante una campaña contra los persas.

**JÜLICH,** c. de Alemania (Renania del Norte-Westfalia); 32 000. hab. Ant. cap. de un condado y posteriormente de un ducado (1356), que pasó al ducado de Cléveris en 1511.

**JULIO,** hijo de Eneas → ***Ascanio.***

**JULIO II** (Giuliano **Della Rovere**) [Albissola 1443-Roma 1513], papa de 1503 a 1513. Príncipe temporal más que guía espiritual, restableció el poder político de los papas en Italia y fue el alma de la *liga de Cambrai* contra Venecia (1508) y de la *Santa liga* contra Francia (1511-1512). Trabajaron para él diversos artistas (Bramante, Miguel Ángel, Rafael). En 1512 reunió el V concilio de Letrán, si bien no logró su deseada reforma de la Iglesia. – **Julio III** (Giovan Maria **de' Ciocchi del Monte**) [Roma 1487-*id.* 1555], papa de 1550 a 1555. Clausuró el concilio de Trento y apoyó la acción de los jesuitas.

**julio** *(monarquía de)* [1830-1848], régimen de Francia durante el reinado de Luis Felipe.

**JULIO ANTONIO** (Julio Antonio **Rodríguez Hernández,** llamado), escultor español (Mora de Ebro 1889-Villa Luz, Madrid, 1919). Realizó monumentos y esculturas de tema costumbrista (bustos de tipos castellanos).

**Julio César,** drama de Shakespeare (*c.* 1600), que tiene por tema la muerte del dictador.

**JULLUNDUR,** c. de la India (Panjāb); 519 530 hab.

**JUMBLATT** (Kamal), político libanés (Mujtara, en el Šuf, 1917-cerca de Baaklin 1977), jefe de la comunidad drusa y fundador en 1949 del Partido progresista socialista. Tras su asesinato, su hijo **Walid** (Beirut 1947) le sucedió al frente de la comunidad drusa y del partido.

**JUMILLA,** c. de España (Murcia), cab. de p. j.; 19 825 hab. *(Jumillanos.)* Centro vinícola; fábricas de aceite. Castillo (s. XV). Iglesia de Santiago (s. XVI).

**JUNCAL,** cerro andino, en la frontera entre Argentina (Mendoza) y Chile (Santiago); 6 180 m de alt.

**JUNCOS,** mun. de Puerto Rico, en el valle de Caguas; 30 612 hab. Ingenio azucarero, destilerías, cigarros.

**JUNEAU,** c. de Estados Unidos, cap. de Alaska; 26 751 hab.

**JUNG** (Carl Gustav), siquiatra suizo (Kesswil 1875-Küssnacht 1961). Discípulo de Freud, se apartó de las tesis de su maestro y creó la sicología analítica (*Transformaciones y símbolos de la libido,* 1912; *Consciente e inconsciente,* 1957).

**JÜNGER** (Ernst), escritor alemán (Heidelberg 1895-Wilflingen, Baden Württemberg, 1998). Pasó de una concepción nietzscheana de la vida (*Tempestades de acero,* 1920) a un esteticismo ecléctico (*Sobre los acantilados de mármol,* 1939; *Aproximación a las drogas y el alcohol,* 1970; *Eumeswil,* 1977).

**JUNGFRAU** *(la doncella),* cumbre de los Alpes berneses (4 166 m), en Suiza. Estación de deportes de invierno en el *Jungfraujoch* (3 457 m). Laboratorios de investigaciones científicas en alta montaña.

**JUNÍ** o **JUNI** (Juan **de**), escultor de origen francés, activo en Castilla (Joigny 1507-Valladolid 1577). Llegó a Castilla hacia 1533 y se estableció en Valladolid hacia 1540. Junto con Berruguete, es el creador de la escuela renacentista castellana. El conjunto del *Santo Entierro* (1541-1544, museo nacional de escultura, Valladolid) es la más patética y monumental de sus creaciones y el *Busto-relicario de santa Ana* se considera su obra perfecta.

**JUNÍN, CHINCHAYCOCHA** o **DE LOS REYES** *(lago),* lago de Perú (Junín); 78 km de long. Lugar sagrado prehispánico.

**Junín** *(batalla de),* victoria de Bolívar sobre el general español Canterac (6 ag. 1824), en el lago de Junín (Perú). Fue decisiva para el éxito de la campaña, que culminó en Ayacucho.

**JUNÍN** *(departamento de),* dep. de Perú (Andrés

**Julio II**
(Rafael - Uffizi, Florencia)

Juan de **Juní:** detalle del *Santo entierro.* Madera policromada.
(Museo nacional de escultura, Valladolid.)

A. Cáceres), en la Sierra; 47 975 km²; 1 232 600 hab. Cap. *Huancayo.*

**JUNÍN,** c. de Argentina (Buenos Aires), a orillas del Salado; 84 324 hab. Maquinaria agrícola y productos químicos. – Dep. de Argentina (Mendoza); 28 465 hab. Industrias vinícola y conservera.

**JUNÍPERO SERRA** *(beato)* → ***Serra.***

**JUNKERS** (Hugo), ingeniero alemán (Rheydt 1859-Gauting 1935). Realizó el primer avión totalmente metálico (1915) y construyó numerosos aviones militares. En 1929 salió de sus fábricas el primer motor Diesel destinado a la aviación.

**JUNO,** divinidad itálica, esposa de Júpiter, protectora de la mujer, asimilada a la *Hera* griega.

**JUNOT** (Jean Andoche), *duque* **de Abrantes,** general francés (Bussy-le-Grand, Borgoña, 1771-Montbard 1813). Ayuda de campo de Napoleón en Italia (1796) y Egipto (1799), dirigió la invasión de Portugal (1807), pero tuvo que capitular en Sintra (1808). En España dirigió el sitio de Zaragoza (1808) y luchó más tarde a las órdenes de Masséna (1810-1811). Acompañó a Napoleón en la campaña de Rusia (1812).

**Junta central,** organismo supremo de gobierno español, creado en Aranjuez tras la invasión francesa (1808), que asumió la soberanía en nombre del rey Fernando VII, cautivo.

**Junta de Andalucía,** nombre con que el estatuto de autonomía de Andalucía designa el conjunto de las instituciones de autogobierno de la comunidad (parlamento, consejo de gobierno y presidente).

**Junta de comercio,** entidad creada en 1679, durante el reinado de Carlos II, para promover la industria y el comercio en Castilla.

**Junta de Comunidades de Castilla-La Mancha,** nombre con que el estatuto de autonomía de Castilla-La Mancha designa el conjunto de las instituciones de autogobierno de la comunidad: cortes, consejo de gobierno y presidente de la Junta.

**Junta de gobierno,** organismo asesor de la regente Mariana de Austria, durante la minoridad de Carlos II de España (1666-1675), controlado por Nithard y luego por Valenzuela.

**Junta suprema de estado,** organismo de gobierno español, primer esbozo del moderno consejo de ministros, existente de 1787 a 1792. Fue sustituido por un consejo de estado.

**Juntas de ofensiva nacional-sindicalista** → ***J.O.N.S.***

**Juntas militares de defensa,** organizaciones de oficiales de infantería constituidas en España para defender sus intereses profesionales (1916-1922).

**JÚPITER,** planeta del sistema solar, el mayor por su tamaño y su masa (su diámetro ecuatorial es superior al de la Tierra; su masa es 317,9 veces superior a la terrestre). Está formado esencialmente por hidrógeno y helio. Se le conocen 16 satélites, 4 de los cuales poseen dimensiones planetarias.

**JÚPITER,** padre y señor de los dioses en el panteón romano, asimilado al *Zeus* griego. Era el dios del cielo, de la luz, del rayo y del trueno, dispensador de los bienes terrenales, protector de la ciudad y del estado romanos.

**Júpiter** (fotografía tomada por el Voyager 1, el 24 de enero de 1979 desde una distancia de 40 millones de km)

**JUPPÉ** (Alain), político francés (Mont-de-Marsan, Landes, 1945). Secretario general (1988-1994) y presidente del R.P.R. (1995-1998), fue nombrado primer ministro (1995-1997) y alcalde de Burdeos (1995).

**JURA,** cadena montañosa de Francia y Suiza, que se prolonga en Alemania; 1 718 m en el Crêt de la Neige.

El *Jura francosuizo* comprende un sector oriental plegado, más elevado al S que al N, y un sector occidental tabular, por encima de las llanuras del Saona. El *Jura alemán* está formado por mesetas de clima riguroso, en gran parte cubiertas por landas y cuya altitud desciende desde el S (*Jura suabo* o *de Suabia*) hacia el N (*Jura de Franconia).*

**JURA,** cantón de Suiza; 837 km²; 66 163 hab. Cap. *Delémont.* Se formó a partir de la segregación de una parte francófona del cantón de Berna (1979).

**JURA,** dep. de Francia (Franco Condado); 4 999 km²; 248 759 hab. Cap. *Lons-le-Saunier* (20 140 hab.).

**JURĀSĀN** o **JORĀSĀN,** región del NE de Irán. C. pral. *Meshed.*

**JURIN** (James), médico y físico británico (Londres 1684-*id.* 1750), autor de la ley relativa a la ascensión de los líquidos en los tubos capilares.

**jurisdicciones** *(ley de),* ley española de 1906 que atribuía al ejército la facultad de juzgar los delitos contra la patria y las fuerzas armadas.

**JURRAMŠĀHR** o **JORRAMŠĀHR,** c. y puerto de Irán, cerca de Šatt al-'Arab; 147 000 hab.

**JURSABĀD** o **JORSABAD,** localidad de Iraq, cerca de Mosul, donde ha sido encontrada la ciudad de Dur Šarrukin, construida hacia 713 a. J.C.

**JURUÁ,** r. de la Amazonia, que nace en Perú (río **Yuruá**) y desemboca en Brasil en el Amazonas (or. der.); 3 000 km aprox.

**JUSTE,** familia de escultores italianos (los *Giusti*), establecida en Francia en 1504. Su obra más importante, debida sobre todo a **Jean I** (San Martino a Mensola, Florencia, 1485-Tours 1549), es la tumba de Luis XII y de Ana de Bretaña, en Saint-Denis, acabada en 1531.

**justicia mayor de Aragón,** cargo supremo de la administración judicial del reino de Aragón, intérprete de los fueros (s. XIII-1707). El estatuto de autonomía de 1982 recuperó la institución, como equivalente del defensor del pueblo.

**justicialista** *(Partido),* partido político argentino fundado (oficialmente en 1945) por Juan Domingo Perón. Su desarrollo ha sido paralelo al del peronismo. Ha tenido una amplia base sindical en la Confederación general del trabajo (C.G.T.). A Perón, presidente vitalicio del partido, le sucedió su viuda, María Estela Martínez, y C. S. Menem. Los justicialistas han ocupado la presidencia de la república de 1946 a 1955, de 1973 a 1976 y de 1989 a 1999.

**JUSTINIANO I** (¿Tauresium? 482-Constantinopla 565), emperador bizantino [527-565]. Expulsó a los vándalos de África y reconquistó Italia a los ostrogodos y el SE de España a los visigodos (*c.* 550-554); en oriente, consiguió contener a los persas. Su obra legislativa es importante: el *Código justinianeo,* el *Digesto* o *Pandectas* y las *Instituta,* recogidas en el *Corpus iuris civilis,* que incluye las *Novelas* (legislación posterior a Justiniano y otros documentos de derecho civil romano y de derecho feudal lombardo). Entre los monumentos que hizo construir, cabe destacar San Vital de Ravena y Santa Sofía de Constantinopla. Durante su reinado, Bizancio se convirtió en un notable centro intelectual y artístico. — **Justiniano II Rinotmeto** (669-Sínope 711), emperador bizantino [685-695 y 705-711].

**Justiniano I** y su corte. Mosaico bizantino del s. VI en la iglesia de San Vital de Ravena.

**JUSTINO** *(san),* filósofo, mártir y apologeta (Flavia Neápolis, Samaria, *c.* 100-Roma *c.* 165), autor de dos *Apologías* y de una controversia con el judaísmo, el *Diálogo con Trifón.*

**JUSTINO I** (Bederiana, Iliria, *c.* 450-Constantinopla 527), emperador de oriente [518-527], tío de Justiniano, de quien hizo su consejero. Persiguió a los monofisitas. – **Justino II** († 578), emperador de oriente [565-578], sobrino y sucesor de Justiniano. No pudo impedir la invasión de Italia por parte de los lombardos.

**JUSTINO,** historiador romano de la época de los Antoninos. Sus *Historias filípicas* son el resumen de una obra en la actualidad perdida.

**JUSTO** (Agustín Pedro), militar y político argentino (Concepción del Uruguay, Entre Ríos, 1876-† 1943). Presidente (1932-1938), gobernó dictatorialmente con el apoyo conservador y del ejército.

**JUSTO** (Juan Bautista), político argentino (Buenos Aires 1865-† 1928), secretario del partido socialista desde 1895. Fundó (1896) y dirigió el diario *La vanguardia.*

**JUSTO Y PASTOR** *(santos),* niños mártires († en Complutum [act. Alcalá de Henares] 304), cuyo culto está documentado ya en el s. IV. Las actas de su martirio son legendarias.

**JUTIAPA** *(departamento de),* dep. del S de Guatemala, fronterizo con El Salvador; 3 219 km²; 325 400 hab. Cap. *Jutiapa* (54 685 hab.).

**JUTICALPA,** c. de Honduras, cap. del dep. de Olancho; 25 965 hab. Centro agropecuario, minero (oro) y comercial. Productos lácteos. Aeropuerto.

**JUTLANDIA,** en danés **Jylland,** en alem. **Jütland,** región continental de Dinamarca, península llana y baja, cubierta de cultivos y praderas al S y al E, con landas y bosques al N y al O.

**Jutlandia** *(batalla naval de)* [31 mayo-1 junio 1916], único gran combate naval de la primera guerra mundial. Aunque la flota alemana resultó superior en calidad, fue un gran éxito estratégico de los británicos, que quedaron dueños del mar.

**JUVARA** o **IUVARA** (Filippo), arquitecto y decorador italiano (Messina 1678-Madrid 1736). Formado en Roma, trabajó sobre todo en el Piamonte; sus obras maestras son la basílica de Superga y el palacio de Stupinigi (cerca de Turín). Realizó para Felipe V de España algunos proyectos (fachada del palacio de La Granja; palacio real de Madrid), concluidos por su ayudante G. B. Sachetti.

**JUVENAL,** poeta latino (Aquino, Apulia, *c.* 60-*c.* 130), autor de *Sátiras* en las que ataca las costumbres corruptas de Roma.

**JUVENTUD** *(isla de la)* → ***Isla de la Juventud.***

**Juventud obrera cristiana** → ***J.O.C.***

**Juyo** (*cueva de* **El**), santuario prehistórico del arte francocantábrico (Camargo, Cantabria), con restos magdalenienses (rostro humano reproducido en una roca exenta vertical, llamado *máscara de Juyo*).

**JUZBADO,** v. de España (Salamanca); 183 hab. Fábrica de combustible nuclear de uranio.

**JŪZISTĀN** o **JŪZESTĀN,** región de Irán, junto al golfo Pérsico, que constituye una provincia; 66 532 km²; 2 682 000 hab. Cap. *Ahwaz.* Petróleo.

**JWARIZM,** antiguo estado de Asia central, situado en el curso inferior del Amú Daryá (Oxus). Habitado por los corasmios, fue conquistado por los árabes (712), pero su lengua y su cultura sobrevivieron durante siglos. Tomó el nombre de kanato de Jiva de 1512 a 1920.

**JWĀRIZMĪ** o **JUWĀRIZMĪ** (Muḥammad ibn Mūsā **al-**), matemático árabe († *c.* 835). Escribió un *Libro de la reducción,* cuya traducción latina influyó en la matemática europea hasta mediados del s. XV, y que dio origen a la voz álgebra, que él desarrolló. La palabra guarismo procede de la latinización del nombre de al-Jwārizmī.

**JYLLAND** → ***Jutlandia.***

**JYVÄSKYLÄ,** c. de Finlandia central; 64 000 hab. Edificios públicos realizados por A. Aalto.

# K

**K2,** el segundo pico más alto del mundo, en el Himalaya (Karakoram); 8 611 m.

**Ka'ba** o **Kaaba,** edificio cúbico situado en el centro de la gran mezquita de La Meca, punto hacia el que los musulmanes se orientan para rezar. En una de sus paredes está empotrada la piedra negra, que, según el Corán, fue entregada a Abraham por el ángel Gabriel.

**KABAH,** centro arqueológico maya (ss. IX-X), situado en la península de Yucatán (México) y unido a Uxmal por una calzada. La estructura principal es el templo de los Mascarones, de estilo Puuc, con fachada decorada y un interesante arco.

**KABALIEVSKI** (Dmitri Borísovich), compositor soviético (San Petersburgo 1904-Moscú 1987). De su producción, influida por la música popular, destaca la ópera *Colas Breugnon* (1938).

**KABARDINO-BALKARIA** *(República de),* república de la Federación de Rusia, en el N del Gran Cáucaso; 12 500 $km^2$; 760 000 hab. Cap. *Nalchik.*

**KABILA** (Laurent Désiré), político congoleño (Moba 1941-Kinshasa 2001). Dirigió la guerra contra el régimen de Mobutu, tomó Kinshasa y se proclamó presidente de la Rep. Dem. del Congo (ex Zaire) en 1997. Fue asesinado.

**KABILIA** → ***Cabilia.***

**KABIR,** místico indio (Benarés 1440-† *c.* 1518). Predicó la unión entre el islam y el hinduismo y la abolición de las castas.

**KABUL,** c. y cap. de Afganistán desde 1774, a orillas del río Kabul, afl. del Indo; 1 424 000 hab.

**Kabuto-Cho,** bolsa de Tōkyō (llamada así por el nombre del Barrio de los Guerreros, donde se encuentra situada).

**KABWE,** ant. **Broken Hill,** c. de Zambia; 166 519 hab. Centro metalúrgico.

**KÁDÁR** (János), político húngaro (Fiume [act. Rijeka] 1912-Budapest 1989). Ministro del Interior (1948-1951) y jefe del gobierno, tras aplastar la insurrección húngara (1956-1958 y 1961-1965), dirigió el partido comunista de 1956 a 1988.

**KADARÉ** (Ismail), escritor albanés (Gjirokastër 1936), maestro del relato y la novela (*El general del ejército muerto,* 1963; *El concierto,* 1990).

**KADESH** → ***Qadeš.***

**KÁDIEVKA,** de 1978 a 1991 **Stajánov,** c. de Ucrania, en el Donbass; 112 000 hab.

**KADUNA,** c. de Nigeria septentrional; 317 400 hab. Industrias textiles y de automóviles.

**KAESONG,** c. de Corea del Norte; 265 000 hab.

**KĀFIRISTĀN** → ***Nūristān.***

**KAFKA** (Franz), escritor checo en lengua alemana (Praga 1883-en el sanatorio de Kierling, cerca de Viena, 1924), autor de novelas (*La metamorfosis,* 1915; *El proceso,* 1925; *El castillo,* 1926) y de un *Diario íntimo,* que expresan la desesperación del hombre frente a lo absurdo de la existencia.

**KAFR AL-DAWAR,** c. de Egipto, al SE de Alejandría; 221 000 hab.

**KAGEL** (Mauricio), compositor argentino (Buenos Aires 1931). Reside desde 1957 en Colonia (Alemania), donde dirige el Instituto de nueva música. Su actividad incluye tanto obras instrumentales y vocales como experiencias de teatro musical, música de cine y obras de vanguardia, en las que utiliza fuentes sonoras no convencionales, como en la ópera experimental *Staatstheater* (1971).

**KAGERA,** r. de África central, tributario del lago Victoria, supuesta rama madre del Nilo; 400 km.

**KAGOSHIMA,** c. y puerto de Japón, en el S de Kyūshū; 536 752 hab. En sus proximidades, *centro espacial Kagoshima* de la universidad de Tōkyō.

**Kahler** *(enfermedad de),* afección maligna caracterizada por la proliferación de plasmocitos en la médula ósea, que destruyen el tejido óseo en el que se desarrollan, y por modificaciones importantes de las proteínas plasmáticas.

**KAHLO** (Frida), pintora mexicana (Coyoacán 1910-México 1954). Casó con Diego Rivera. Su obra, de sesgo muy personal, se caracteriza por una síntesis de elementos expresionistas y surrealistas, con una temática popular y autobiográfica (*Las dos Fridas,* 1939; *Autorretrato,* 1945). Museo en Coyoacán.

Frida **Kahlo:** *Autorretrato* (1940). [Col. part.]

**KAHN** (Louis Isadore), arquitecto norteamericano de origen estonio (en la isla de Saarema 1901-Nueva York 1974). Su obra se caracteriza por la audacia y el rigor de las formas y la calidad de sus combinaciones espaciales, sumadas a las referencias históricas (antiguas o medievales).

**KAHRAMANMARAŞ,** ant. **Maraş,** c. de Turquía, al E del Taurus; 228 129 hab.

**Kabah:** fachada del palacio decorada con máscaras del dios serpiente. Estilo Puuc, clásico reciente.

Franz **Kafka**

**KAIFENG** o **K'AI-FONG,** c. de China (Henan); 507 763 hab. Capital imperial durante las Cinco Dinastías y los Song antes de que tuvieran que retroceder hacia el S. Monumentos antiguos (pagoda de Hierro, s. XI). Museo.

**KAIFU TOSHIKI,** político japonés (Aichi 1931). Presidente del Partido demócrata liberal, fue primer ministro de 1989 a 1991.

**Kainji,** presa de Nigeria, sobre el río Níger. Instalación hidroeléctrica.

**KAIRUÁN,** en fr. **Kairouan,** en ár. **al-Qayrawān,** c. de Tunicia central; 55 000 hab. Fundada en 670, capital de la Ifrīqiyya, fue destruida en el s. XI y reconstruida en los ss. XVII-XVIII. Gran mezquita de Sīdī 'Uqba fundada en 670, cuya forma definitiva (ss. VIII-IX) es una obra maestra del arte islámico. Bellos monumentos antiguos. Centro artesanal (alfombras).

**KAISER** (Georg), dramaturgo alemán (Magdeburgo 1878-Ascona, Suiza, 1945). Sus dramas históricos y filosóficos son una de las mejores muestras del expresionismo (*Los burgueses de Calais,* 1914; *Gas,* 1918).

**KAISER** (Henry John), industrial norteamericano (Sprout Brook, Nueva York, 1882-Honolulu 1967). Durante la segunda guerra mundial aplicó los procedimientos del prefabricado a la construcción naval. Realizó el vehículo conocido como jeep.

**KAISERSLAUTERN,** c. de Alemania (Renania del Norte-Palatinado); 97 625 hab.

**KAKIEMON** o **SAKAIDA KAKIEMON,** ceramista japonés (1596-1660 o 1666). Establecido en Arita, es famoso por sus suaves ornamentaciones naturalistas que realzan un revestimiento lechoso.

**KĀKINĀDA** o **COCANĀDA,** c. y puerto de la India (Andhra Pradesh), junto al golfo de Bengala; 279 875 hab.

**KAKOGAWA,** c. de Japón, en el S de Honshū; 239 803 hab.

**KALAHARI,** desierto del África austral, entre las cuencas del Zambeze y del Orange.

**KALAMATA** → *Calamata.*

**KALDOR** (Nicholas), economista británico (Budapest 1908-Papworth Everard, Cambridgeshire, 1986). Estudió las fluctuaciones cíclicas, el crecimiento y la distribución de la renta.

**Kalevala,** epopeya finlandesa, compuesta por fragmentos recogidos por Elias Lönnrot de boca de los bardos populares (1833-1849).

**KALGAN,** en chino **Zhangjiakou** o **Chang-Kia-K'eu,** c. de China (Hebei); 750 000 hab.

**KĀLĪ,** divinidad temible de la mitología hindú, esposa de Śiva y diosa de la muerte.

**KĀLIDĀSA,** poeta indio (ss. IV-V), autor del drama *Śakuntalā.*

**KALIMANTAN,** nombre indonesio de Borneo, que también designa sólo la parte administrativamente indonesia de la isla.

**KALININ** → *Tver.*

**KALININ** (Mijaíl Ivánovich), político soviético (Viérjnaia Troika, cerca de Tver, 1875-Moscú 1946), presidente del Tsik (Comité ejecutivo central de los soviets) de 1919 a 1936 y del presidium del soviet supremo (jefe de estado) de 1938 a 1946.

**KALININGRAD,** ant. **Königsberg,** c. y puerto de Rusia, a orillas del Báltico, en la ant. Prusia Oriental; 401 000 hab. Catedral del s. XIV. Base militar.

**KALININGRAD,** c. de Rusia, en la zona suburbana NE de Moscú; 160 000 hab.

**KALISZ,** c. de Polonia, cap. de voivodato; 106 500 hab.

**KALMAR** o **CALMAR,** c. y puerto de Suecia meridional; 56 206 hab. Castillo de los ss. XIII-XVI.

**Kalmar** *(Unión de),* unión de Dinamarca, Suecia y Noruega bajo un mismo cetro (1397). Realizada por iniciativa de Margarita Valdemarsdotter, fue rota por la insurrección sueca de Gustavo Vasa (1521-1523).

**KALMUKIA** *(República de),* república de la Federación de Rusia, al O del bajo Volga; 75 900 $km^2$; 322 000 hab. Cap. *Elista.* La mitad de la población son calmucos.

**KALUGA,** c. de Rusia, a orillas del Oká, al SO de Moscú; 312 000 hab.

**KAMA,** r. de Rusia, afl. del Volga (or. izq.); 2 032 km.

**KĀMA,** dios indio del amor, esposo de Ratī, diosa de la voluptuosidad.

**KAMAKURA,** c. de Japón (Honshū); 174 307 hab. Estatua colosal de bronce del buda Amida (s. XIII). Templos (ss. XII-XIV). Museo. La ciudad dio nombre a un período (1185/1192-1333) caracterizado por el shōgunado de Minamoto no Yoritomo (y de sus hijos), del que fue capital, y más tarde por la regencia de los Hōjō.

**KĀMĀRHĀTĪ,** c. de la India (Bengala Occidental), en el N de la aglomeración de Calcuta; 266 625 hab.

**Kāma-sūtra,** tratado erótico, escrito en sánscrito por Vātsyāyana (s. IV-VII).

**KAMCHATKA,** península volcánica de Rusia, en Siberia, entre el mar de Bering y el de Ojotsk. Pesca.

**KAMEN** (Henry), historiador británico (Rangún 1936), es estudioso de las mentalidades y las crisis sociales del s. XVII (*La Inquisición española,* 1965; *La España de Carlos II,* 1980; *Felipe de España,* 1997).

**KÁMENEV** (Liev Borísovich **Rosenfeld,** llamado), político soviético (Moscú 1883-*id.* 1936). Colaborador de Lenin desde 1902-1903 y miembro del politburó (1919-1925), se alió con Trotski contra Stalin (1925-1927). Fue juzgado en los procesos de Moscú (1936) y ejecutado. En 1988 fue rehabilitado.

**KÁMENSKOIE,** ant. **Dnieprodzerzhinsk,** c. de Ucrania, a orillas del Dniéper; 282 000 hab. Central hidroeléctrica. Metalurgia.

**KAMENSK-URALSKI,** c. de Rusia, al pie de los Urales; 209 000 hab. Metalurgia.

**KAMERLINGH ONNES** (Heike), físico neerlandés (Groninga 1853-Leiden 1926). Realizó la licuefacción del helio (1908), estudió los fenómenos físicos en las proximidades del cero absoluto y descubrió la superconductividad (1911). [Premio Nobel de física 1913.]

**KAMINALJUYÚ,** centro arqueológico maya (300 a. J.C.-150 d. J.C.), situado en las afueras de la ciudad de Guatemala. Restos arquitectónicos, estelas esculpidas, cerámica y figurillas.

**KAMLOOPS,** c. de Canadá (Columbia Británica), al NE de Vancouver; 57 466 hab. Nudo ferroviario.

**KAMPALA,** c. y cap. de Uganda, cerca del lago Victoria; 773 000 hab.

**KAMPUCHEA** → *Camboya.*

**KANAMI** → *Zeami.*

**KANANGA,** ant. **Luluabourg,** c. de la Rep. Dem. del Congo (ex Zaire), a orillas del Lulua, afl. del Kasai; 704 000 hab.

**KANĀRIS** o **CANARIS** (Konstandínos), almirante y político griego (Psará *c.* 1790-Atenas 1877). Desempeñó un papel relevante en la guerra de la Independencia griega (1822-1825).

**KANAZAWA,** c. y puerto de Japón (Honshū); 442 868 hab.

**KAN-CHEU** → *Ganzhou.*

**KĀNCHĪPURAM,** c. de la India (Tamil Nadu); 145 000 hab. Ant. cap. de los Pallava hasta el s. IX. Templos brahmánicos (Kailāsanātha, s. VIII).

**KANDAHAR** → *Qandahār.*

**KANDINSKY** (Vasili), pintor ruso (Moscú 1866-Neuilly-sur-Seine 1944), nacionalizado alemán y después francés. Fue uno de los fundadores de Der Blaue Reiter en Munich y uno de los grandes iniciadores del arte abstracto. Se incorporó a la Bauhaus en 1922 y en 1933 se instaló en París, huyendo del nazismo. En *Lo espiritual en el arte* (1911) reflexiona sobre la creación artística, que responde, según él, a una «necesidad interior».

**KANDY,** c. de Srī Lanka; 103 000 hab. Ant. cap. (ss. XVI-XIX). Jardín botánico. Centro religioso (peregrinación budista). Monumentos antiguos.

**KANE** (Richard), militar y administrador británico (Dunam, condado de Antrim, Irlanda, 1660-Mahón 1736). Gobernador de Menorca durante la dominación británica (1713-1725; 1733-1736), hizo de la isla una gran base naval, e introdujo nuevos cultivos.

**KANEM,** ant. reino africano situado al E del lago Chad, poblado por los kanuri y que conoció un primer desarrollo entre el s. XI y el s. XIV, antes de integrarse en el reino de Bornu en el s. XVI.

**KANGCHENJUNGA,** el tercer pico más alto del mundo, en el Himalaya, entre el Sikkim y el Nepal; 8 586 m.

**KANGGYE,** c. de Corea del Norte; 211 000 hab.

**KANGXI** o **K'ANG-HI** (Pekín 1654-*id.* 1722), emperador chino de la dinastía Qing [1662-1722]. Hombre de letras tolerante, aceptó a los jesuitas en su corte.

**KANKAN,** c. del E de la República de Guinea; 85 000 hab.

**KANO,** c. de Nigeria, cap. del estado homónimo; 625 500 hab. Aeropuerto. Universidad. Ant. cap. de un reino hausa (s. X aprox.-principios s. XIX).

**KANŌ,** dinastía de pintores japoneses que trabajaron entre los ss. XV y XIX, cuyos principales representantes son: **Kanō Massanobu** (1434-1530), fundador de la escuela; – **Kanō Motonobu** (Kyōto 1476-*id.* 1559), que realizó grandes composiciones murales de vigorosas líneas y brillante colorido (templos Daitoku-ji y Myōshin-ji, en Kyōto); – **Kanō Eitoku** (Yamashiro 1543-Kyōto 1590), nieto del anterior, que, por su estilo grandioso y decorativo, tuvo una influencia considerable, sobre todo en su hijo adoptivo **Kanō Sanraku,** seudónimo de **Kanō Mitsuyori** (Ōmi 1559-Kyōto 1635), último representante de estilo brillante y colorista de la época Momoyama.

**KĀNPUR** o **CAWNPORE,** c. de la India (Uttar Pradesh), a orillas del Ganges; 2 111 284 hab.

**KANSAI** o **KINKI,** región histórica de Japón (Honshū), cuyas principales ciudades son Ōsaka, Kōbe y Kyōto.

**KANSAS,** r. de Estados Unidos, afl. del Missouri (or. der.); 247 km.

**KANSAS,** estado del centro de Estados Unidos; 213 063 $km^2$; 2 477 574 hab. Cap. *Topeka.* Explorado por Vázquez de Coronado (1541), perteneció a España (1762-1800) y posteriormente a Francia. Fue cedido a E.U.A., junto con Luisiana, en 1803.

**KANSAS CITY,** nombre dado a dos ciudades gemelas de Estados Unidos (Missouri y Kansas) [435 146 hab. y 149 767 hab. respectivamente, y 1 566 280 hab. en la conurbación], a orillas del Missouri. Aeropuerto. Gran mercado agrícola. Museo de arte.

**KAN-SU** → *Gansu.*

**KANT** (Immanuel), filósofo alemán (Königsberg 1724-*id.* 1804). Su filosofía, influida por Hume, Leibniz y Rousseau, intenta responder a las cuestiones:

Mauricio **Kagel**

Vasili **Kandinsky:** *Amarillo-Rojo-Azul* (1925).
[Centro Georges-Pompidou, París.]

¿qué puedo saber?; ¿qué debo hacer?; ¿qué puedo esperar? y sitúa la razón en el centro del mundo. Para alcanzar un conocimiento universal y necesario es imprescindible que sean los objetos del conocimiento los que se adecúen a la naturaleza del sujeto pensante y no a la inversa (*Crítica de la razón pura,* 1781). El entendimiento, al trazar los límites de la sensibilidad y de la razón, hace posibles una física *a priori* y el sistema de leyes que gobiernan la naturaleza (*Primeros principios metafísicos de la ciencia de la naturaleza,* 1786). Y, para que el hombre no esté determinado en su acción moral por el conocimiento por los objetos exteriores, Kant formuló los postulados de un alma libre animada por una voluntad autónoma (*Crítica de la razón práctica,* 1788). Todo principio de acción tiene que poder ser erigido en máxima universal (*Crítica del juicio,* 1790), y el progreso del hombre pasar por la virtud individual y por la libertad social garantizada por una constitución política (*Metafísica de las costumbres,* 1797).

**KANTARA (El-),** gargantas montañosas de Argelia, al O del Aurès.

**KANTŌ,** región de Japón (Honshū), en la que se encuentra Tōkyō.

**KANTOR** (Tadeusz), artista, escritor y director de teatro polaco (Wielopole, Cracovia, 1915-Cracovia 1990). Destacan sus happenings y espectáculos de «teatro de la muerte» del grupo teatral de vanguardia Cricot 2, fundado por el propio Kantor en 1956 (*La clase muerta,* de Witkiewicz, 1978).

**KANTORÓVICH** (Leonid Vitaliévich), matemático y economista ruso (San Petersburgo 1912-Moscú 1986). Restauró en la U.R.S.S. cierta idea del beneficio. (Premio Nobel de economía 1975.)

**KAO-HIONG** → ***Gaoxiong.***

**KAOLACK,** c. y puerto de Senegal, a orillas del Saloum; 179 894 hab. Cacahuetes, aceite.

**KAPILAVASTU,** ant. c. de Nepal (Lumbinī) a 250 km al SO de Katmandú, que fue cap. de los Śākya y ciudad natal del Buda Śākyamuni.

**KAPITSA** (Piotr Leonídovich), físico soviético (Kronshtadt 1894-Moscú 1984). Pionero de la fusión termonuclear soviética, estudió las bajas temperaturas y descubrió la superfluidez del helio líquido. (Premio Nobel de física 1978.)

**KAPLAN** (Viktor), ingeniero austríaco (Mürzzuschlag 1876-Unterach 1934). Inventó la turbina hidráulica con hélice de paso variable que lleva su nombre y que permite obtener un mayor rendimiento en saltos de agua de poca altura.

**KAPNIST** (Vasili Vasílievich), poeta ruso (Orbújovka 1757 o 1758-*id.* 1823), autor de la comedia satírica *La disputa* (1798).

**Kaposi** *(sarcoma* o *síndrome de),* enfermedad maligna de tipo sarcomatoso, que resulta la complicación más frecuente del sida.

**KAPOSVÁR,** c. del SE de Hungría; 71 788 hab.

**KAPUAS,** principal r. de Borneo; 1 150 km.

**Kapustin Iar,** base de lanzamiento de misiles e ingenios espaciales, en Rusia, al NO del mar Caspio y a orillas del Volga, posteriormente dedicada a misiones científicas.

**KARA** *(mar de),* mar del océano Ártico, entre Nóvaia Zemliá y las costas siberianas, unido al mar de Barents por el *estrecho de Kara.*

**KARABAJ (Alto),** región autónoma de Azerbaiján; 4 400 km$^2$; 165 000 hab. Cap. *Jarkendi.* Está poblada en su mayoría por armenios que reivindican su integración en Armenia. Desde 1988 se han producido en ella enfrentamientos armados entre armenios y azeríes.

**KARÁ-BOGAZ,** golfo en vías de desecación en la costa E del Caspio, en el Turkmenistán. Salinas.

Immanuel
**Kant**

Herbert
von **Karajan**

**KARABÜK,** c. del N de Turquía; 105 373 hab. Siderurgia.

**KARACHÁI-CHERKESIA** *(República de),* república de la Federación de Rusia, en el N del Cáucaso; 14 100 km$^2$; 418 000 hab. Cap. *Cherkessk.* Está poblada mayoritariamente por los karachái y por una minoría de cherkeses.

**KARĀCHI,** c. y puerto de Pakistán, la mayor del país, junto al mar de Omán; 5 103 000 hab. Centro industrial. Museo nacional de Pakistán. Cap. del país hasta 1959.

**KARADŽIĆ** (Vuc), escritor serbio (Tršić 1787-Viena 1864), reformador de la lengua serbia.

**KARAGANDÁ,** c. de Kazajstán, en el centro de la *cuenca hullera de Karagandá;* 614 000 hab. Siderurgia.

**KARAGJORGJE** (Gjorgje Petrović), fundador de la dinastía Karagjorgjević (Viševac *c.* 1768-Radonvaje 1817). De origen campesino, fue el jefe de la insurrección de 1804 contra los otomanos. Proclamado príncipe heredero de los serbios (1808), tuvo que exiliarse (1813) y fue asesinado.

**KARAGJORGJEVIĆ,** dinastía serbia fundada por Karagjorgje que dio a Serbia el príncipe **Alejandro Karagjorgjević** [1824-1858] y el rey **Pedro I** [1903-1921], y a Yugoslavia, los reyes **Alejandro I** [1921-1934] y **Pedro II** [1934-1945] de quien **Pablo Karagjorgjević** asumió la regencia [1934-1941].

**KARAJAN** (Herbert **von**), director de orquesta austríaco (Salzburgo 1908-*id.* 1989), director vitalicio de la orquesta filarmónica de Berlín (1954-1989).

**KARAKALPAKIA** *(República de),* república integrada en Uzbekistán, en torno al mar de Aral; 164 900 km$^2$; 1 214 000 hab. Cap. *Nukús.*

**KARAKLIS,** de 1935 a 1991 **Kirovakán,** c. de Armenia; 159 000 hab. Fue devastada por un sismo en 1988.

**KARAKORAM** o **KARAKORUM,** macizo montañoso de Cachemira que comprende picos muy elevados (K2, Gasherbrum) y grandes glaciares.

**KARAKUM,** el sector más árido de la depresión aralocaspiana (Turkmenistán).

**KARAMANLÍS** (Kostandínos), político griego (Proti, Serrai, 1907-Atenas 1998). Entre 1955 y 1963 fue primer ministro en tres ocasiones. Tras la restauración de la democracia (1974), fue de nuevo primer ministro (1974-1980) y presidente de la república (1980-1985; 1990-1995).

**KARAMZÍN** (Nikolái Mijáilovich), escritor y publicista ruso (Mijailovka, Simbirsk, 1766-San Petersburgo 1826), autor de la primera gran obra histórica publicada en Rusia, *Historia del imperio ruso* (1816-1829).

**KARAVELOV** (Ljuben), escritor búlgaro (Koprivštica 1834-Ruse 1879). Periodista y autor de relatos, desempeñó un papel determinante en el Comité central revolucionario búlgaro de Bucarest.

**KARAWANKEN,** macizo de los Alpes orientales (Austria y Eslovenia).

**KARBALĀ'** o **KERBELA,** c. de Iraq, al SO de Bagdad; 184 574 hab. Ciudad santa chiita (tumba de Ḥusayn).

**KARDINER** (Abram), sicólogo norteamericano (Nueva York 1891-Easton, Connecticut, 1981). Representante de la escuela culturalista en sicoanálisis, introdujo el concepto de personalidad de base.

**Kariba,** presa e instalación hidroeléctrica en el Zambeze, entre Zambia y Zimbabwe.

**KARKEMISH,** c. de la antigua Siria, a orillas del Éufrates. En ella Nabucodonosor II, rey de Babilonia, venció al faraón de Egipto Necao II (605 a. J.C.). Ruinas de la ciudadela neohitita.

**KARKONOSZE,** en checo **Krkonoše,** en alem. **Riesengebirge,** nombre polaco de los montes de los Gigantes, que bordean Bohemia al NE; 1 602 m.

**KARLFELDT** (Erik Axel), poeta sueco (Folkärna 1864-Estocolmo 1931). Describió la vida campesina de su tierra natal (*Canciones de Fridolin,* 1898). [Premio Nobel de literatura 1931.]

**KARL-MARX-STADT** → ***Chemnitz.***

**KARLOVY VARY,** ant. en alem. **Carlsbad** o **Karlsbad,** c. de la República Checa (Bohemia); 56 291 hab. Estación termal. Catedral barroca (s. XVIII).

**Karlowitz** *(tratado de)* [26 en. 1699], tratado firmado entre el Imperio otomano y Austria, Polonia, Rusia y Venecia, por el que los otomanos abandonaban Hungría, Transilvania, Podolia y Morea.

**KARLSKRONA,** c. y puerto de Suecia, junto al Báltico; 59 054 hab. Iglesia de la Trinidad. Museo de la marina.

**KARLSRUHE,** c. de Alemania (Baden-Württemberg); 270 659 hab. Sede del Tribunal supremo. Ant. cap. de Baden, fundada en 1715. Museos.

**KARLSTAD,** c. de Suecia, a orillas del lago Vänern; 76 467 hab.

**KÁRMÁN** (Théodore **von**), ingeniero norteamericano de origen húngaro (Budapest 1881-Aquisgrán 1963). Resolvió numerosos problemas de hidrodinámica y aerodinámica, y promovió la construcción del primer túnel supersónico de E.U.A. (1938).

**Karman** *(método),* técnica de aborto por aspiración, eficaz e inocua durante las seis primeras semanas del embarazo.

**KARNAK,** aldea del Alto Egipto que se alza sobre las ruinas de Tebas, en la orilla oriental del Nilo. Templo de Amón en el centro del mayor conjunto de edificios religiosos del país, construido del s. XX al s. IV a. J.C.

**Karnak:** un aspecto del gran templo de Amón y del lago sagrado. Imperio nuevo, XVIII dinastía.

**KARNĀTAKA,** ant. **Mysore,** estado del S de la India; 192 000 km$^2$; 44 817 398 hab. Cap. *Bangalore.*

**KÁROLYI** (Mihály), político húngaro (Budapest 1875-Vence 1955). Presidente de la república (1919), no aceptó las fronteras fijadas por los aliados.

**KÁRPOV** (Anatoli Ievguenievich), ajedrecista ruso (Zlatoúst, Ural, 1951), campeón del mundo en 1975, 1978, 1981, 1993, 1996 y 1998.

**KARRER** (Paul), bioquímico suizo (Moscú 1889-Zurich 1971). Determinó la estructura de varias vitaminas y sintetizó la vitamina B2. (Premio Nobel de química 1937.)

**KARROO,** conjunto de mesetas escalonadas del E de la República de Sudáfrica.

**KARS,** c. de Turquía oriental; 78 455 hab.

**KARSAVINA** (Tamara), bailarina rusa (San Petersburgo 1885-Beaconsfield, cerca de Londres, 1978). Estrella de los Ballets rusos, creó obras de Fokine y fue una gran intérprete del repertorio clásico. Se estableció en Londres en 1917.

**KARSHÍ,** c. del S de Uzbekistán; 156 000 hab.

**KARST** → ***Kras.***

**KARVINÁ,** c. de la República Checa, cerca de Ostrava; 68 368 hab.

**KASAI,** r. de África (Angola y, principalmente, Rep. Dem. del Congo [ex Zaire]), afl. del Congo (or. izq.); 2 200 km.

**KASHGAR** o **KASHI,** c. de China (Xinjiang), en un oasis a lo largo del Kashgar Daryá o Kaxgar He; 174 570 hab.

**KASHIMA,** c., puerto y centro industrial de Japón (Honshū), junto al Pacífico; 166 000 hab.

**KASPÁROV** (Garry **Weinstein,** llamado), ajedrecista ruso de origen azerbaijanés (Bakú 1963), campeón del mundo en 1985, 1986, 1987, 1990, 1991 y 1995.

**KASSEL,** c. de Alemania (Hesse), ant. cap. de Hesse, a orillas del Fulda; 191 598 hab. Desde 1955 es sede de la Documenta, exposición cuatrienal de arte contemporáneo.

**KASSEM** o **QĀSIM** ('Abd al-Karīm), político iraquí (Bagdad 1914-*id.* 1963). Líder de la revolución de 1958 que derrocó a los hachemíes de Iraq, tuvo que enfrentarse a múltiples levantamientos y fue derrocado y fusilado.

**KASSERINE,** localidad de Tunicia. En 1943, fue escenario de combates entre alemanes y aliados.

**KASTLER** (Alfred), físico francés (Guebwiller 1902-Bandol 1984), especialista en óptica física y electrónica cuántica. (Premio Nobel de física 1966.)

**KÄSTNER** (Erich), escritor alemán (Dresde 1899-Munich 1974). Autor de literatura juvenil (*Emilio y los detectives,* 1929), fue sobre todo un crítico de la sociedad alemana que aceptó el nazismo.

**Kastrup,** aeropuerto de Copenhague.

**KASUGAI,** c. de Japón (Honshū); 266 599 hab.

**KATÁIEV** (Valentín Petróvich), escritor ruso (Odessa 1897-Moscú 1986), autor de novelas que aúnan el realismo y el movimiento poético (*A lo lejos una vela,* 1936).

**KATANGA,** de 1972 a 1997 **Shaba,** región administrativa del S de la Rep. Dem. del Congo (ex Zaire); 497 000 km²; 3 874 000 hab. Cap. *Lubumbashi.* Cobre, manganeso, plomo y uranio.

**KATEB** (Yacine), escritor argelino en lengua francesa y árabe (Constantina 1929-La Tronche 1989). Su obra poética, novelesca (*Nedjma*) y dramática analiza el destino político y humano de su país.

**KĀTHIĀWĀR,** península de la India, a orillas del mar de Omán.

**KATÍN,** c. de Rusia, al O de Smoliensk. Los alemanes descubrieron en ella los cadáveres de 4 500 oficiales polacos abatidos por los soviéticos en 1940-1941. En esta matanza, ordenada por Stalin (marzo 1940), fueron asesinados 26 000 civiles y militares polacos.

**Katipunan** (*altísima sociedad de los hijos del pueblo*), sociedad secreta filipina creada en 1896 para luchar contra los españoles y confiscar los latifundios. Entre sus miembros destacaron E. Aguinaldo, M. Hilario del Pilar y A. Bonifacio.

**KATMANDÚ** o **KĀTMĀNDŪ,** c. y cap. del Nepal, a 1 300 m de alt. aprox.; 393 000 hab. Monumentos (ss. XVI-XVIII). Museo.

**KATONA** (József), escritor húngaro (Kecskemét 1791-*id.* 1830), creador de la tragedia nacional magiar (*Bánk bán,* 1821).

**KATOWICE,** c. del S de Polonia (Silesia); 366 900 hab. Centro industrial.

**Katsura,** villa imperial japonesa cerca de Kyōto, construida a fines del s. XVI. Es el paradigma de la integración de la arquitectura japonesa en el paisaje; famoso jardín.

**KATTEGAT** → ***Cattegat.***

**KATZ** (Elihu), sicosociólogo norteamericano (Brooklyn 1926). Desarrolló la tesis según la cual la acción de los medios de comunicación se ejerce a través de los líderes de opinión.

**KAUNAS,** c. de Lituania, a orillas del Nieman; 423 000 hab. Centro cultural e industrial.

**KAUNDA** (Kenneth David), político de Zambia (Lubwa 1924). Primer presidente de Zambia desde la independencia (1964-1991).

**KAUNITZ-RIETBERG** (Wenzel Anton, *conde* y después *príncipe* **von**), estadista austríaco (Viena 1711-*id.* 1794). Canciller de Estado (1753-1792), fue partidario de la alianza francesa y de la política centralista de María Teresa y de José II.

**KAUTSKY** (Karl), político austríaco (Praga 1854-Amsterdam 1938). Secretario de Engels (1881) y marxista riguroso (publicó el 3.er tomo del *Capital*), se enfrentó al revisionismo de Bernstein. Dirigió hasta 1917 *Die Neue Zeit,* órgano teórico de la socialdemocracia alemana.

**KAVÁLLA** → ***Cavalla.***

**KAVERĪ** o **CAUVERY,** r. de la India, tributario del golfo de Bengala; 764 km.

**KAWABATA YASUNARI,** escritor japonés (Ōsaka 1899-Zushi 1972). Su obra, mezcla de realismo y fantasía, es una reflexión sobre el sufrimiento y la muerte (*País de nieve,* 1935-1948; *Nube de pájaros blancos,* 1949-1951; *Kyōto,* 1962). [Premio Nobel de literatura 1968.]

**KAWAGOE,** c. de Japón (Honshū); 304 854 hab.

**KAWAGUCHI,** c. de Japón (Honshū); 438 680 hab. Siderurgia. Textil.

**KAWASAKI,** c. y puerto de Japón (Honshū); 1 173 603 hab. Centro industrial.

**KAYES,** c. de Mali, junto al r. Senegal; 45 000 hab.

**KAYSERI,** c. de Turquía, al SE de Ankara; 421 362 hab. Es la ant. *Cesarea de Capadocia.* Ciudadela y monumentos (s. XIII). Museo.

**KAZAJSTÁN,** estado de Asia central, entre el mar Caspio y China; 2 717 000 km²; 17 200 000 hab. (*Kazakos.*) CAP. *Akmola.* LENGUA OFICIAL: *kazako.* MONEDA: *tengue.*

GEOGRAFÍA

Kazajstán, de clima semiárido, está poblado mayoritariamente, y a partes casi iguales, por kazakos autóctonos (40 %) y por rusos (38 %). La extensión del país explica la importancia de la producción agrícola (cereales y ganadería, sobre todo ovina) y extractiva (carbón y mineral de hierro, base de una importante metalurgia).

HISTORIA

La región fue integrada progresivamente al Imperio ruso a partir del s. XVIII. 1920: se convirtió en la República autónoma de Kirguizistán, en el seno de la R.S.S. de Rusia. 1925: la república adoptó el nombre de Kazajstán. 1936: se convirtió en república federada. 1990: los comunistas ganaron las primeras elecciones republicanas libres. 1991: el soviet supremo proclamó la independencia del país (dic.), que se adhirió a la C.E.I.

**KAZAKOV** (Yuri Pávlovich), escritor soviético (Moscú 1927-*id.* 1982), autor de relatos que describen a la gente sencilla y las pequeñas ciudades (*La pequeña estación; El norte maldito*).

**KAZÁN,** c. de la Federación de Rusia, cap. de la República de Tatarstán, a orillas del Volga; 1 094 000 hab. Centro industrial. Kremlin de 1555. Museo.

**KAZAN** (Elia **Kazanjoglus,** llamado **Elia**), director de cine norteamericano (İstanbul 1909). Procedente del teatro, es autor de películas líricas y atormentadas en las que explora los conflictos interiores: *¡Viva Zapata!* (1952), *La ley del silencio* (1954), *Al este del Edén* (1955), *América, América* (1963), *El compromiso* (1969), etc.

**KAZANLĂK,** c. de Bulgaria; 60 000 hab. Centro del llamado «valle de las rosas» por su producción floral.

**KAZANTZAKIS** (Níkos), escritor griego (Hērakliōn 1883-cerca de Friburgo de Brisgovia 1957), que utilizó temas antiguos y populares para transmitir ideas modernas y universales (*Alexis Zorba,* 1946; *Cristo de nuevo crucificado,* 1954).

**KAZBEK** (*monte*), uno de los puntos culminantes del Cáucaso central, en Georgia; 5 033 m.

**KAZVIN** → ***Qazvīn.***

**KEATON** (Joseph Francis, llamado **Buster**), actor y director de cine norteamericano (Pickway, Kansas, 1896-Los Ángeles 1966). Autor de la mayoría de sus películas, interpretó un personaje falsamente imperturbable ante la adversidad, profundamente poético y sutilmente cómico (*El navegante,* 1924; *El maquinista de la General,* 1926; *El cameraman,* 1928).

**KEATS** (John), poeta británico (Londres 1795-Roma 1821), uno de los grandes románticos británicos que se distinguió por su sensualismo estético (*Endimión,* 1818; *Oda a un ruiseñor*).

John Fitzgerald **Kennedy**

**Keban,** presa e instalación hidroeléctrica de Turquía, en el Éufrates.

**KEBNEKAISE** → ***Kjølen.***

**KECSKEMÉT,** c. de Hungría, al SE de Budapest; 102 516 hab.

**KEDAH,** estado de Malaysia, junto al estrecho de Malaca; 9 425 km²; 1 412 800 hab. Cap. *Alor Setar.*

**KEDIRI,** c. de Indonesia (Java); 222 000 hab.

**KEELING** (*islas*) → ***Cocos.***

**KEESOM** (Willem Hendrik), físico neerlandés (en la isla de Texel 1876-Leiden 1956). Logró solidificar el helio manteniéndolo bajo presión y distinguió las dos variedades de helio líquido.

**KEFLAVÍK,** c. de Islandia; 6 000 hab. Base aérea de la O.T.A.N.

**KEFRÉN,** rey de Egipto de la IV dinastía (*c.* 2600 a. J.C.). Sucesor de Keops, mandó construir la segunda pirámide de Gizeh.

**KEHL,** c. de Alemania (Baden-Württemberg), a orillas del Rin, frente a Estrasburgo; 30 000 hab.

**KEIHIN,** conurbación de Japón, que agrupa Tōkyō, Yokohama y sus áreas suburbanas.

**KEISER** (Reinhard), compositor alemán (Teuchern 1674-Hamburgo 1739). Fue uno de los creadores, en Hamburgo, de la ópera clásica alemana.

**KEITA** (Modibo), político de Mali (Bamako 1915-*id.* 1977), presidente de la república y jefe de gobierno (1960-1968).

**KEITEL** (Wilhelm), mariscal alemán (Helmscherode 1882-Nuremberg 1946). Comandante en jefe alemán de 1938 a 1945, firmó la capitulación de su país en Berlín (8 mayo 1945). El tribunal de Nurem-

Buster **Keaton** en *El navegante* (1924)

berg le reconoció culpable de crímenes de guerra y fue ejecutado.

**KEKKONEN** (Urho Kaleva), político finlandés (Pielavesi 1900-Helsinki 1986). Primer ministro de 1950 a 1956 y presidente de la república hasta 1981, llevó a cabo una importante labor diplomática.

**KEKULÉ VON STRADONITZ** (August), químico alemán (Darmstadt 1829-Bonn 1896). Fue el primero que empleó fórmulas desarrolladas en química orgánica. Creó la teoría de la cuadrivalencia del carbono y estableció la fórmula hexagonal del benceno (1865).

**KELDERMANS,** familia de arquitectos flamencos de fines de la época gótica, entre los que destaca **Rombout** (Malinas *c.* 1460-Amberes 1531), que trabajó en diferentes monumentos de Malinas, Bruselas, Amberes, Gante y Hoogstraten.

**KELLOGG** (Frank Billings), político norteamericano (Potsdam, Nueva York, 1856-Saint Paul, Minnesota, 1937). Secretario de Estado del presidente Coolidge (1927-1929), negoció con el ministro francés A. Briand un pacto de renuncia a la guerra, firmado por sesenta naciones (*pacto Briand-Kellogg,* 1928). [Premio Nobel de la paz 1929.]

**KELLY** (Eugene Patrick, llamado **Gene**), actor, coreógrafo y director de cine norteamericano (Pittsburgh 1912-Beverly Hills, California, 1996). En colaboración con S. Donen (*Cantando bajo la lluvia,* 1952) o V. Minnelli (*Un americano en París,* 1950), renovó la comedia musical cinematográfica.

**KELOWNA,** c. de Canadá (Columbia Británica); 57 945 hab.

**KELSEN** (Hans), jurista norteamericano de origen austríaco (Praga 1881-Orinda, California, 1973). Fundador de la escuela normativista (1920), redactó la constitución austríaca.

**KELVIN** (*lord*) → ***Thomson*** (sir William).

**KEMAL** (Yachar) → ***Yaşar Kemal.***

**KEMAL PAŞA** (Mustafá), llamado **Kemal Atatürk,** político turco (Salónica 1881-İstanbul 1938). Ascendido a general en 1917, encabezó el movimiento nacionalista opuesto a las exigencias de la Entente (1919) y fue elegido presidente del comité ejecutivo de la Gran asamblea nacional de Ankara (abr. 1920). Como consecuencia de las victorias que logró sobre los armenios, los kurdos y los griegos (1920-1922), obtuvo de los aliados el reconocimiento de las fronteras de Turquía (tratado de Lausana, 1923). Depuso al sultán (1922), abolió el califato (1924) y, elegido presidente de la república turca (1923-1938), emprendió la transformación del país en un estado laico y moderno.

**KÉMEROVO,** c. de Rusia, en Siberia occidental; 520 000 hab. Hulla.

**KEMPES** (Mario Alberto), futbolista argentino (Bell Ville, Córdoba, 1954), principal artífice del triunfo de la selección argentina en el campeonato del mundo de 1978, al ser máximo goleador.

**KEMPFF** (Wilhelm), pianista alemán (Jüterborg 1895-Positano, Italia 1991), célebre intérprete de Beethoven.

**KEMPIS** (Tomas Hemerken, llamado **Tomás de**), escritor místico alemán (Kempen, Renania, 1379 o 1380-en el monasterio de Sint Agnietenberg, cerca de Zwolle, 1471). Se le atribuye la *Imitación de Cristo,* principal texto de la Devotio moderna.

**KENDALL** (Edward Calvin), bioquímico norteamericano (South Norwalk, Connecticut, 1886-Princeton 1972), premio Nobel de fisiología y medicina (1950) por sus investigaciones sobre las hormonas corticosuprarrenales.

**Kĕnésset,** parlamento del estado de Israel, de cámara única, compuesto por 120 diputados.

**KÉNITRA,** ant. **Port-Lyautey,** c. y puerto de Marruecos, al N de Rabat; 139 000 hab.

**KENKŌ HŌSHI** (**Urabe Kaneyoshi,** llamado), escritor japonés (*c.* 1283-1350), autor de *Tsurezuregusa (Ocurrencias de un ocioso),* obra en la que deplora la desaparición de la civilización cortesana.

**KENNEDY** (John Fitzgerald), político norteamericano (Brookline, cerca de Boston, 1917-Dallas 1963). Diputado y senador demócrata, fue elegido presidente de E.U.A. en 1960. Su política se caracterizó por su dinamismo en el interior (supresión de la discriminación racial) y por su firmeza frente a la U.R.S.S. (en la crisis de Berlín, 1961; en Cuba, donde consiguió la retirada de los misiles soviéticos, 1962). Propuso a los norteamericanos conseguir y superar una doble Nueva frontera: la de una mayor justicia social y la de la tecnología, con el objetivo de llegar a la Luna. Fue asesinado en Dallas. — Su hermano **Robert** (Brookline, cerca de Boston, 1925-Los Ángeles 1968), senador demócrata (1964), fue asesinado después de vencer en las elecciones primarias de California como candidato a la presidencia. (*V. ilustración pág. 1439.*)

**Kennedy (J. F.),** aeropuerto internacional de Nueva York, en Idlewild.

**Kennedy** (*centro espacial*), base de lanzamiento de misiles intercontinentales y de ingenios espaciales situada en Cabo Cañaveral (Estados Unidos). [Este último llevó el nombre de *cabo Kennedy* de 1964 a 1973.]

**KENT,** reino juto fundado en el s. V. Hasta el s. VII fue el primer gran foco de la civilización anglosajona (cap. *Canterbury*). — Condado de Gran Bretaña, junto al canal de La Mancha; 3 731 km²; 1 485 100 hab. Cap. *Maidstone.*

**KENT** (Victoria), política y jurista española (Málaga 1898-Nueva York 1987). Miembro de Acción republicana, durante la II república fue diputada y directora general de prisiones. Se exilió en 1939.

**KENT** (William), arquitecto, diseñador de jardines, decorador y pintor británico (Bridlington, Yorkshire, 1685-Londres 1748). Colaborador de lord Burlington, fue uno de los mayores representantes del palladianismo y uno de los creadores del jardín inglés.

**KENTUCKY,** estado del centro de Estados Unidos; 104 623 km²; 3 685 296 hab. Cap. *Frankfort.*

**KENYA** (*monte*), pico del centro de Kenya; 5 199 m.

**KENYA,** estado de África oriental; 583 000 km²; 25 200 000 hab. (*Keniatas.*) CAP. *Nairobi.* LENGUA OFICIAL: *swahili.* MONEDA: *chelín de Kenya.*

GEOGRAFÍA

En el O, montañoso y volcánico, se cultiva café y té (principales productos de exportación, a través de Mombasa). En el E, constituido por llanuras, se localizan las plantaciones de caña de azúcar, plátanos y sisal. La ganadería (bovina, ovina y caprina) está desarrollada, pero a menudo reviste un mayor valor social que económico. El turismo palía sólo en parte el déficit de la balanza comercial.

HISTORIA

Kenya, país en donde se descubrieron los restos más antiguos de prehomínidos, estaba ocupado por pueblos cercanos a los bosquimanos. 500 a. J.C.-s. XVI d. J.C.: pueblos procedentes del N o del E sustituyeron a los primitivos; el litoral fue ocupado por los bantúes y por los árabes que instalaron factorías, y, a partir de 1497, por los portugueses. 1888: Gran Bretaña obtuvo del sultán de Zanzíbar la concesión de la mayor parte del país. 1895: Kenya se convirtió en protectorado británico. 1920: se constituyó en colonia británica. 1925: Jomo Kenyatta encabezó el movimiento nacionalista. 1952-1956: la revuelta de los Mau-mau fue duramente reprimida; Kenyatta fue detenido. 1961: liberación de Kenyatta. 1963: Kenya accedió a la independencia en el marco de la Commonwealth. 1964-1978: Kenyatta, presidente de la república. 1978: a la muerte de Kenyatta, le sucedió Daniel Arap Moi, quien a partir de 1982 instauró el sistema de partido único. 1991: se restableció el multipartidismo. 1992: D. Arap Moi fue elegido presidente de la república y su partido obtuvo la mayoría en el parlamento como resultado de las elecciones pluralistas. 1998: D. Arap Moi fue reelegido presidente de la república.

**KENYATTA** (Jomo), político keniata (Ichwerri *c.* 1893-Mombasa 1978). Luchó desde 1925 por la restitución de las tierras a los kikuyu. Fue el jefe del primer gobierno de Kenya (1963). Presidente de la república desde 1964, fue reelegido sucesivamente hasta su muerte.

**KENZAN** (**Ogata Shinsei,** llamado), ceramista, pintor y calígrafo japonés (en la región de Kyōtō 1663-† 1743). Fue el iniciador de un nuevo arte cerámico cuyos croquis realizó su hermano Kōrin.

**KEOPS,** rey de Egipto de la IV dinastía (*c.* 2600 a. J.C.). Construyó la gran pirámide de Gizeh.

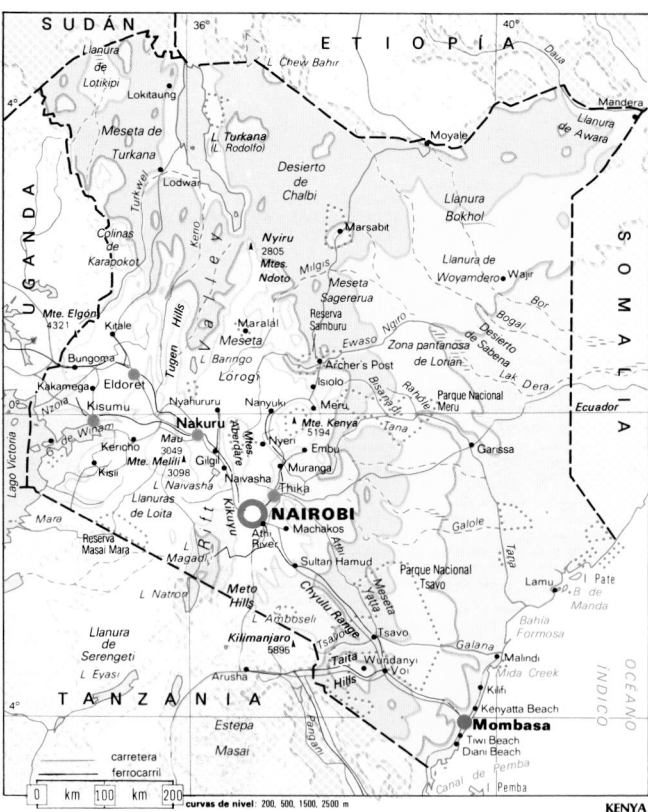

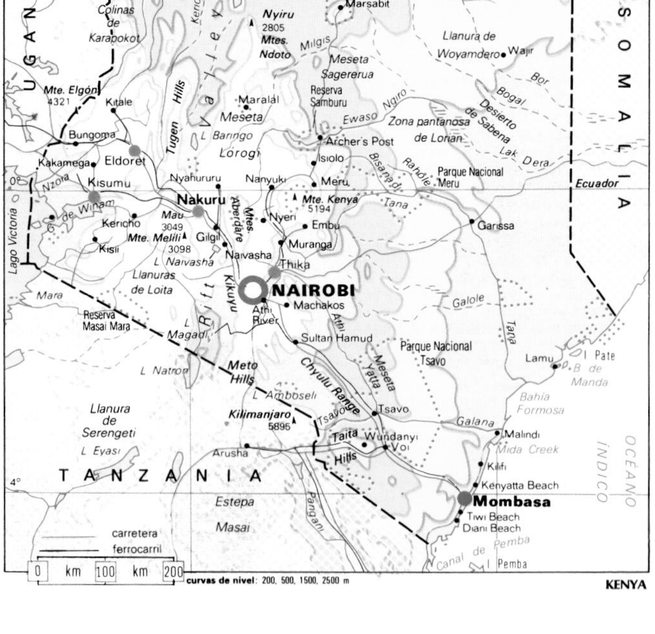

KENYA

**KEPLER** (Johannes), astrónomo alemán (Weil der Stadt, Württemberg, 1571-Ratisbona 1630). Partidario convencido del sistema heliocéntrico de Copérnico, descubrió, gracias a las precisas observaciones de Tycho Brahe, de quien fue ayudante y sucesor, las leyes del movimiento de los planetas *(leyes de Kepler);* 1.ª las órbitas de los planetas son elipses, en uno de cuyos focos se encuentra el Sol (1609); 2.ª las áreas barridas por el rayo vector que une el centro del Sol con el centro de un planeta son proporcionales a los tiempos empleados en barrerlas (1609); 3.ª los cuadrados de los períodos de revolución sideral de los planetas son proporcionales a los cubos de los semiejes mayores de sus órbitas (1619).

**KERALA,** estado de la India, en la costa SO del Decán; 39 000 km²; 29 098 518 hab. Cap. *Trivandrum.* Al unificarse los estados de Travancore y Cochin se constituyó el estado de Kerala en 1956.

**KERBELA** → ***Karbalā'.***

**KERCH,** c. y puerto de Ucrania, en Crimea, a orillas del *estrecho de Kerch* (que comunica el mar Negro con el mar de Azov); 174 000 hab.

**KERENSKI** (Alexandr Fiódorovich), político ruso (Simbirsk 1881-Nueva York 1970). Miembro del Partido social revolucionario, fue ministro de justicia, de la Guerra (1917) y jefe del gobierno provisional, (oct.-nov. 1917) cargo del que fue derrocado por los bolcheviques.

**KERGUELEN** *(islas),* archipiélago francés del S del océano Índico; 7 000 km² aprox.

**KERKENNAH** *(islas),* pequeño archipiélago de Tunicia, situado frente a Sfax.

**KEROUAC** (Jack), escritor norteamericano (Lowell, Massachusetts, 1922-San Petersburgo, Florida, 1969), uno de los máximos exponentes de la beat* generation (*En el camino,* 1957; *Ángeles de desolación,* 1965).

**KERR** (John), físico británico (Ardrossan, Strathclyde, Escocia, 1824-Glasgow 1907). En 1875 descubrió la birrefringencia de los aislantes sometidos a un campo eléctrico.

**KERSCHENSTEINER** (Georg), pedagogo alemán (Munich 1854-*id.* 1932). Fue el promotor de una pedagogía fundada en el trabajo en grupo y partidario del trabajo manual como fundamento de la educación.

**KERTÉSZ** (André), fotógrafo norteamericano de origen húngaro (Budapest 1894-Nueva York 1985), cuya obra está dominada por la sensibilidad poética y el sentido del humor, unidos a la invención formal *(Sesenta años de fotografía, 1912-1972).*

**KESANANI** *(cerro),* cerro de Bolivia, cerca de Copacabana. Observatorio astronómico preincaico (Horca del Inca).

**KESSELRING** (Albert), mariscal alemán (Marktstedt 1885-Bad Nauheim 1960). Jefe de estado mayor del ejército del aire (1936), estuvo al mando de las fuerzas alemanas del Mediterráneo (1941-1943), de Italia (1943-1944) y del frente del oeste (1945).

**KETTELER** (Wilhelm Emmanuel, *barón* **von**), prelado y político alemán (Münster 1811-Burghausen, Baviera, 1877). Luchó contra la Kulturkampf e impulsó el catolicismo social alemán.

**KEY** (Ellen), pedagoga y feminista sueca (Sundsholm 1849-cerca del lago Wattern 1926). Fue una de las pioneras de la nueva educación y militó activamente a favor de la emancipación de la mujer.

**KEY WEST,** c. de Estados Unidos (Florida); 24 000 hab. Estación balnearia.

**KEYNES** (John Maynard, *lord*), economista y financiero británico (Cambridge 1883-Firley, Sussex, 1946). Preconizó la intervención del estado para garantizar el pleno empleo a través del aumento de las inversiones públicas (*Teoría general de la ocupación, el interés y el dinero,* 1936). Su doctrina influyó considerablemente en el pensamiento y en las políticas económicas del s. XX *(keynesianismo).*

**K.G.B.** (Komitet gosurdarstvénnoe bezopasnosti, Comité de seguridad del estado), organismo soviético encargado de los servicios de información y contraespionaje en el interior y en el exterior de la U.R.S.S. (1954-1991).

**KHAJURĀHO,** región de la India central (Madhya Pradesh). Ant. cap. de la dinastía Chandella (ss. IX-XIII). Importante conjunto de templos brahmánicos y jainíes con techumbres de tipo šikhara y abundante decoración esculpida.

**KHARAGPUR,** c. de la India (Bengala Occidental); 189 010 hab. Nudo ferroviario.

**KHEMIS-MELYANA,** c. de Argelia, en el valle del Chèliff; 58 000 hab.

**KHIEU SAMPHAN,** político camboyano (Svay Rieng 1931). Dirigente de los khmer rojos, fue jefe del estado de Kampuchea Democrática (1976-1979) y miembro del Consejo nacional supremo (1991-1993).

**Khmer rojos,** nombre dado a los resistentes comunistas khmer en la década de 1960, y a partir de 1976 a los guerrilleros de Pol Pot y Khieu Samphan.

**KHOTAN,** en chino **Hotan,** c. de China (Xinjiang); 134 000 hab. Oasis.

**KHOURIBGA** o **JURIBGA,** c. de Marruecos, en la llanura de Tadla; 127 000 hab. Fosfatos.

**KHULNĀ,** c. de Bangla Desh, al SO de Dhākā; 877 388 hab.

**KHYBER** → ***Jaybar.***

**KIA MU-SSÊ** → ***Jiamusi.***

**KIANG-SI** → ***Jiangxi.***

**KIANG-SU** → ***Jiangsu.***

**KIEFER** (Anselm), pintor alemán (Donaueschingen 1945). Sus pinturas oscuras e imponentes, integradas por diversos materiales, collages e inscripciones, se refieren a la historia, la cultura y los mitos alemanes.

**KIEL,** c. y puerto de Alemania, cap. del Schleswig-Holstein, en el Báltico; 243 579 hab. Metalurgia. – *El canal de Kiel* comunica el Báltico con el mar del Norte, desde Kiel a la desembocadura del Elba.

**KIELCE,** c. de Polonia, cap. de voivodato; 215 000 hab. Catedral y palacio del s. XVII.

**KIENHOLZ** (Edward), artista norteamericano (Fairfield, Washington, 1927). A partir de los años sesenta realizó conjuntos-environments, figuras de diferentes materiales junto con muebles y accesorios, verdadera sátira de la vida norteamericana.

**KIERKEGAARD** (Søren), filósofo y teólogo danés (Copenhague 1813-*id.* 1855). Defendió el cristianismo contra aquellos que lo caricaturizaban (la Iglesia, según él), se opuso al idealismo hegeliano y convirtió la angustia en la experiencia fundamental del hombre, que, a través de ella, se descubre como un ser único, irreductible a cualquier sistema (*O lo Uno o lo Otro,* 1843; *El diario de un seductor,* 1843).

**KIESINGER** (Kurt Georg), político alemán (Ebingen 1904-Tubinga 1988). Democratacristiano, fue canciller de la R.F.A. (1966-1969).

**KIEŚLOWSKI** (Krysztof), director de cine polaco (Varsovia 1941-*id.* 1996). Su obra se caracteriza por la autenticidad de los personajes y el lirismo de la puesta en escena: *Personnel* (1975), *El Decálogo* (1988), *La doble vida de Verónica* (1991).

**KÍEV,** c. y cap. de Ucrania, a orillas del Dniéper; 2 587 000 hab. Universidad. Centro industrial. La catedral de Santa Sofía (ss. XI-XVIII) conserva mosaicos y pinturas bizantinas. Monasterio de las Grutas que también se remonta al s. XI, act. museo nacional. Capital del primer estado ruso (Rus de Kíev, ss. IX-XII), centro comercial próspero y metrópolis religiosa, fue conquistada por los mongoles en 1240. Anexionada a Lituania (1362) y luego a Polonia (1569), volvió a pertenecer a Rusia en 1654. Foco del nacionalismo ucraniano, desde 1918 ha sido capital de la república.

**KIGALI,** c. y cap. de Ruanda; 155 000 hab.

**KIKWIT,** c. y puerto de la Rep. Dem. del Congo (ex Zaire); 172 000 hab.

**KILIMANJARO, KILIMANDJARO** o **UHURU,** macizo volcánico de África, en Tanzania, junto a la frontera con Kenya, donde se halla el punto más alto del continente (5 895 m en el Kibo; 5 148 m en el Mawenzi).

**KI-LIN** → ***Jilin.***

**KI-LONG** → ***Jilong.***

**KILPATRICK** (William Heard), pedagogo norteamericano (White Plains 1871-Nueva York 1965). Desarrolló el método de los proyectos, según el cual cualquier enseñanza debe proceder de la experiencia.

**KIM IL SUNG,** mariscal y político norcoreano (cerca de Pyongyang 1912-Pyongyang 1994). Organizador del ejército popular de liberación contra la ocupación japonesa (1931-1945), fundador del Partido del trabajo (1946), fue primer ministro de Corea del Norte (1948-1972) y jefe de estado desde 1972 hasta su muerte. – Su hijo **Kim Jong Il** (en Siberia 1942) le sucedió en los cargos (1994). *[V. ilustración pág. 1442.]*

**KIMBERLEY,** c. de la República de Sudáfrica, al N de Ciudad de El Cabo, cap. de la prov. de Norte del Cabo; 145 000 hab. Diamantes.

**KIMCHAEK,** c. y puerto de Corea del Norte, en el mar del Japón; 180 000 hab.

**KIMURA MOTOO,** genetista japonés (Okazaki 1924-Mishima, pref. de Shizuoka, 1994). Especialista en genética de poblaciones, es autor del modelo neutralista de la evolución.

**KINABALU,** punto culminante de Borneo (Sabah) y de Insulindia; 4 175 m.

**KIN-CHEU** → ***Jinzhou.***

**KINDĪ** (Abū Yūsuf Yaqūb **al-**), conocido como **Alkindi,** filósofo árabe (Bagdad, fines del s. VIII-mediados del s. IX). Intentó armonizar la filosofía y la religión para alcanzar la unidad divina *(Sobre el intelecto).*

**KINDIA,** c. de la República de Guinea, al NE de Conakry; 85 000 hab.

**KÍNESHMA,** c. de Rusia, a orillas del Volga; 101 000 hab. Automóviles.

**KING** (Ernest), almirante norteamericano (Lorain, Ohio, 1878-Portsmouth 1956), comandante en jefe de las fuerzas navales norteamericanas durante la segunda guerra mundial (1942-1945).

**KING** (Martin Luther), dirigente negro norteamericano (Atlanta 1929-Memphis 1968). Su acción pacífica pretendía la integración de los negros. Fue asesinado. (Premio Nobel de la paz 1964.) *[V. ilustración pág. 1442.]*

**KINGMAN RIOFRÍO** (Eduardo), pintor, muralista y grabador ecuatoriano (Loja 1911-Quito 1998). Su obra se inscribe en la figuración expresionista latinoamericana de inspiración social y popular (murales del pabellón de Ecuador en la feria mundial de Nueva York, 1939).

Johannes **Kepler**

John Maynard **Keynes**

Søren **Kierkegaard**

el **Kilimanjaro**

**KINGSLEY** (Charles), escritor británico (Holne, Devon, 1819-Eversley 1875), uno de los promotores del movimiento socialista cristiano.

**KINGSTON,** c., cap. y puerto de Jamaica, en la costa S de la isla; 662 000 hab. Centro comercial, industrial y turístico.

**KINGSTON,** c. y puerto de Canadá (Ontario), a orillas del San Lorenzo; 56 597 hab. Universidad.

**KINGSTON-UPON-HULL** o **HULL,** c. de Gran Bretaña, en el estuario del Humber; 252 200 hab. Puerto comercial y pesquero.

**KINGSTOWN** → ***Dún Laoghaire.***

**KINKI** → ***Kansai.***

**KINO** (Eusebio Francisco **Chini** o **Kühn,** llamado), misionero mexicano de origen tirolés (Segno, Trento, 1645-Magdalena, Sonora, 1711). Jesuita, fundó las misiones de Pimería Alta (Sonora y Arizona).

**KINOSHITA JUNJI,** dramaturgo japonés (Tōkyō 1914), renovador del teatro japonés contemporáneo (*Una grulla, una tarde,* 1949).

**KINSHASA,** ant. **Léopoldville,** c. y cap. de la Rep. Dem. del Congo (ex Zaire), en la orilla S del río Congo; 3 000 000 hab. Centro administrativo y comercial.

**Kinshasa:** el Centro del comercio internacional de la Rep. Dem. del Congo (al fondo, el río Congo)

**KINTANA** (Xabier), lingüista y escritor español en lengua vasca (Bilbao 1946). Poeta, ensayista y narrador, destaca por la novela de ciencia ficción *El otro ser* (*Beste izakia,* 1969). Intervino en el *Diccionario vasco moderno* (1977) y llevó a cabo, con G. Aresti, el primer diccionario en vasco unificado.

**KIO,** siglas de Kuwayt investment office, grupo financiero kuwaytí con sede en Londres creado por el gobierno de Kuwayt en 1962 para canalizar la inversión de parte de los ingresos petroleros.

**KIPLING** (Rudyard), escritor británico (Bombay 1865-Londres 1936). Sus poemas y sus novelas (*El libro* de las tierras vírgenes,* 1894-1895; *Kim,* 1901) se inspiran en las cualidades viriles y en el imperialismo anglosajón. (Premio Nobel de literatura 1907.)

**Kippur** o **Yom Kippur** *(guerra del)* → ***árabe-israelíes*** (guerras).

**KIRCHHOFF** (Gustav Robert), físico alemán (Königsberg 1824-Berlín 1887). Inventó el espectroscopio, con el que, junto con Bunsen, demostró que cada elemento químico posee un espectro característico, creando así el análisis espectral. En electricidad, enunció las fórmulas generales aplicables a las corrientes derivadas.

**KIRCHNER** (Ernst Ludwig), pintor y grabador alemán (Aschaffenburg 1880-Frauenkirch 1938). Uno de los maestros del expresionismo, cofundador de *Die Brücke,* se expresó mediante el color puro y un trazo agitado y nervioso.

**KIRGUIZISTÁN,** estado de Asia central, en la frontera del Xinjian chino; 199 000 km²; 4 300 000 hab. *(Kirguiz.)* CAP. *Bishkek.* LENGUA OFICIAL: *kirguiz.* MONEDA: *rublo.*

GEOGRAFÍA

Los kirguiz constituyen la escasa mayoría, en una población formada por importantes minorías de uzbekos y sobre todo de rusos. En este país montañoso, domina la ganadería ovina, con excepción de las zonas irrigadas (frutas y legumbres).

HISTORIA

Conquistada por los rusos, la región fue integrada en la gobernación general de Turkestán en 1865-1867. 1924: se constituyó en región autónoma de los Kara-kirguiz, en el seno de la R.S.S. de Rusia. 1926: se convirtió en república autónoma de Kirguizistán. 1936: recibió el estatuto de república federada. 1990: los comunistas ganaron las primeras elecciones republicanas libres. 1991: Kirguizistán se proclamó independiente y se adhirió a la C.E.I. Su presidente desde 1991 es Askar Akaev.

**KIRIBATI,** ant. **islas Gilbert,** estado de Micronesia, que engloba principalmente al archipiélago de las Gilbert; 900 km²; 70 000 hab. CAP. *Tarawa.* (22 000 hab.) LENGUAS OFICIALES: *inglés* y *gilbertiano.* MONEDA: *dólar australiano.* Junto con las Ellice, fue protectorado británico (1892) y luego colonia (1915). Separada de Ellice (1975), accedió a la independencia en 1979. (V. mapa ***Oceanía.***)

**KIRIKKALE,** c. de Turquía, al E de Ankara; 185 431 hab.

**KIRITIMATI,** ant. **Christmas,** atolón del Pacífico, dependiente de Kiribati.

**KIRKŪK,** c. del N de Iraq; 207 000 hab. Centro petrolero.

**KIRMĀN,** c. de Irán; 257 284 hab. Mausoleos y mezquitas (ss. XII-XIV).

**KIRMĀNŠĀH** o **KERMĀNŠĀH** → ***Bājtarān.***

**KÍROV** → ***Viatka.***

**KIROVABAD** → ***Gandzha.***

**KIROVAKÁN** → ***Karaklis.***

**KIROVOGRAD** → ***Yelisavetgrad.***

**KIRSTEIN** (Lincoln), coreógrafo y teórico de la danza norteamericano (Rochester 1907-Nueva York 1996). Cofundador de la School of american ballet, fundador de los Dance archives y promotor de la fundación del New York city ballet.

**KIRUNA,** c. de Suecia, en Laponia; 26 149 hab. Hierro. Base de lanzamiento de globos y cohetes sonda.

**KIRYŪ,** c. de Japón (Honshū); 126 446 hab.

**KIŠ,** ant. capital sumeria (cerca de Babilonia, Iraq), floreciente durante el III milenio.

**KISANGANI,** ant. **Stanleyville,** c. de la Rep. Dem. del Congo (ex Zaire), a orillas del río Congo; 350 000 hab.

**KĪSARAZŪ,** c. de Japón (Honshū), cerca de Tōkyō; 123 433 hab. Acerías.

**KISELIEVSK,** c. de Rusia, en el Kuzbass; 128 000 hab. Minas de hulla.

**KISFALUDI** (Sándor), poeta húngaro (Sümeg 1772-*id.* 1884). – Su hermano **Károly** (Tét 1788-Pest 1830) fue el iniciador del teatro y del romanticismo en Hungría.

**KISHINIOV** → ***Chişinău.***

**KISHIWADA,** c. y puerto de Japón (Honshū); 188 563 hab.

**KI-SI** → ***Jixi.***

**KISSINGER** (Henry), político norteamericano (Fürth, Alemania, 1923). Secretario de Estado con Nixon (1973-1977), fue el artífice de la paz con Vietnam. (Premio Nobel de la paz 1973.)

**KISTNĀ** o **KRISHNĀ,** r. de la India peninsular, que desemboca en el golfo de Bengala; 1 280 km.

**KITA KYŪSHŪ** o **KITAKYŪSHŪ,** c. y puerto de Japón, en el N de la isla de Kyūshū; 1 026 455 hab.

**KITCHENER,** c. de Canadá (Ontario); 168 282 hab. (332 235 en la aglomeración).

**KITCHENER** (Herbert, *lord*), mariscal británico (Bally Longford 1850-en el mar 1916). Reconquistó Sudán, ocupando Jartūm y Fachoda (1898), y puso fin a la guerra de los bóers (1902). Ministro de la Guerra (1914), organizó el ejército de voluntarios enviado al frente francés.

**KITIMAT,** localidad de Canadá (Columbia Británica). Aluminio.

**KITWE,** c. de Zambia; 338 207 hab. Centro minero (cobre).

**KITZBÜHEL,** c. de Austria (Tirol); 8 000 hab. Estación de deportes de invierno (762-2 000 m de alt.).

**KI'U YUAN** → ***Qu Yuan.***

**KIVI** (Aleksis **Stenvall,** llamado **Aleksis**), escritor finlandés (Nurmijärvi 1834-Tuusula 1872). Creador del teatro finlandés (*Kullervo,* 1864) y autor de una novela de tema rural (*Los siete hermanos,* 1870), es el gran clásico de la literatura finlandesa.

**KIVU** *(lago),* lago de África, en la frontera entre la Rep. Dem. del Congo (ex Zaire) y Ruanda; 2 700 km².

**KIZIL IRMAK** *(río rojo),* r. de Turquía, que desemboca en el mar Negro; 1 182 km.

**KIZILKUM** o **KIZIL KUM,** desierto de Uzbekistán y Kazajstán, entre el Amú Daryá y el Syr Daryá.

**KJØLEN,** en sueco **Kölen,** macizo del N de Escandinavia; 2 117 m en el Kebnekaise, punto culminante de Suecia (Laponia).

**KLADNO,** c. de la República Checa (Bohemia); 71 735 hab. Metalurgia.

**KLAGENFURT,** c. de Austria, cap. de Carintia; 87 000 hab. Monumentos antiguos. Museos.

**KLÁIPEDA,** en alem. **Memel,** c. y puerto de Lituania, a orillas del Báltico; 204 000 hab.

**KLAPROTH** (Martin Heinrich), químico alemán (Wernigerode 1743-Berlín 1817). Descubrió el uranio, el titanio y el cerio.

**KLAUS** (Václav), economista y político checo (Praga 1941). Ministro de finanzas (1989) y viceprimer ministro (1991) de la República federal checa y eslovaca. Fue nombrado primer ministro de la República Checa (1993). Tuvo que dimitir en 1997.

**KLEE** (Paul), pintor suizo (Münchenbuchsee 1879-Muralto-Locarno 1940). Expuso con el grupo Der Blaue Reiter y fue miembro de la Bauhaus. Creó un mundo de fantasía con rasgos abstractos y surrealistas.

**KLEENE** (Stephen Cole), lógico norteamericano

**Kim Il Sung**

Martin Luther **King**

Rudyard **Kipling** (Ph. Burne-Jones - galería nacional de retratos, Londres)

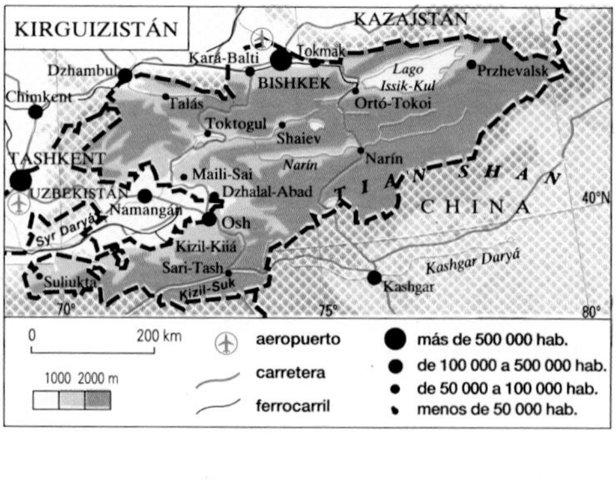

(Hartford, Connecticut, 1909-Madison 1994), autor de una teoría de metamatemática.

**KLEIN** (Felix), matemático alemán (Düsseldorf 1849-Gotinga 1925). Jefe de la escuela matemática alemana, en 1872 presentó el programa de Erlangen, destacable clasificación de la geometría fundada en la noción de grupo de transformaciones.

**KLEIN** (Lawrence Robert), economista norteamericano (Omaha 1920). Realizó importantes contribuciones a la econometría y construyó modelos de previsión económica. (Premio Nobel de economía 1980.)

**KLEIN** (Melanie), sicoanalista austriaca (Viena 1882-Londres 1960). Pionera del sicoanálisis infantil, supuso un yo innato mucho más elaborado que el concebido por Freud y afirmó que el complejo de Edipo se establecía antes de lo que éste último creía (*El sicoanálisis de niños,* 1932).

**KLEIN** (William), fotógrafo y director de cine norteamericano (Nueva York 1926). Por la rapidez de creación, la lectura múltiple de la imagen y la utilización del *flou* es un renovador del lenguaje fotográfico.

**KLEIN** (Yves), pintor francés (Niza 1928-París 1962), pionero de un arte experimental —telas monocromas, pinturas de fuego, antropometrías (huellas de cuerpos desnudos embadurnados de pintura)— en el que predomina el color azul puro.

**KLEIST** (Heinrich **von**), escritor alemán (Frankfurt del Oder 1777-Wannsee 1811), autor de comedias (*El jarrón roto,* 1808) y de dramas históricos (*El príncipe de Homburg,* 1810). No reconocido, se suicidó junto con su amante Henriette Vogel.

**KLEIST** (Paul Ewald **von**), mariscal alemán (Braunfels 1881-Vladímir 1954). Uno de los creadores del arma blindada alemana, dirigió el avance a través de las Ardenas (1940).

**KLEMPERER** (Otto), director de orquesta de origen alemán (Breslau 1885-Zurich 1973), nacionalizado israelí. Especialista del repertorio austroalemán, de J. Haydn a G. Mahler.

**KLENZE** (Leo **von**), arquitecto alemán (Bockenem, cerca de Hildesheim, 1784-Munich 1864). Trabajó fundamentalmente en Munich, donde construyó, en estilo neogriego, la gliptoteca (*c.* 1816-1830) y los Propileos.

Paul **Klee:** *Luna llena* (1939). [Col. part.]

**KLERK** (Frederik Willem **de**), político sudafricano (Johannesburgo 1936). Del Partido nacional, fue presidente de la república 1989-1994), promovió la abolición del apartheid y una reforma radical de la constitución que permitió el sufragio universal. (Premio Nobel de la paz 1993.)

**KLIMT** (Gustav), pintor austríaco (Viena 1862-*id.* 1918), figura clave del Jugendstil y del simbolismo vienés.

Gustav **Klimt:** *El beso* (1907-1908).
[Galería austriaca, Viena.]

**KLINE** (Franz), pintor norteamericano (Wilkes-Barre, Pennsylvania, 1910-Nueva York 1962). Tras haber practicado una pintura figurativa, a fines de los años cuarenta se convirtió en uno de los principales representantes del expresionismo abstracto.

**Klinefelter** *(síndrome de),* síndrome que comporta en los varones jóvenes un desarrollo anormal de los senos, una atrofia testicular y la ausencia de formación de espermatozoides, junto a anomalías cromosómicas diversas.

**KLINGER** (Friedrich Maximilian **von**), poeta alemán (Frankfurt del Main 1752-Dorpat 1831). Su drama *Sturm und Drang* (1776) dio nombre al período de la literatura alemana que inauguró la reacción contra el neoclasicismo.

**Klingsor,** mago que aparece en el *Parzival* del poeta alemán Wolfram von Eschenbach y en el *Parsifal* de Richard Wagner.

**KLONDIKE,** r. de Canadá, afl. del Yukón (or. der.); 150 km. Yacimientos de oro descubiertos en 1896, actualmente agotados.

**KLOPSTOCK** (Friedrich Gottlieb), poeta alemán (Quedlinburg 1724-Hamburgo 1803), autor de *La Mesíada,* epopeya bíblica (1748-1773), y artífice de la vuelta a las fuentes nacionales (*La batalla de Hermann,* 1769).

**KLOSTERNEUBURG,** c. de Austria, en el área suburbana de Viena; 23 300 hab. Famoso monasterio de los agustinos que data del s. XII (decoraciones barrocas; obras de arte, entre las que destaca un retablo esmaltado del orfebre Nicolás de Verdún [1181]). Viñedos.

**KLOTEN,** mun. de Suiza; 16 148 hab. Aeropuerto de Zurich.

**KLUCK** (Alexander **von**), general alemán (Münster 1846-Berlín 1934). Al mando del I ejército alemán fue derrotado frente a París y a orillas del Marne en 1914.

**KLUGE** (Hans Günther **von**), mariscal alemán (Posen [act. Poznań] 1882-cerca de Metz 1944). Estuvo al mando de un ejército en Francia (1940) y de un grupo de ejércitos en Rusia y en Normandía. Tras su fracaso en Mortain (1944), se suicidó.

**KNIASEFF** (Boris), bailarín, coreógrafo y pedagogo ruso (San Petersburgo 1900-París 1975). Su método de la barra en el suelo fue fundamental para el perfeccionamiento artístico de numerosos bailarines que asistieron a sus cursos.

**Knox** *(Fort),* campo militar de Estados Unidos (Kentucky), al SO de Louisville. En él se encuentran las reservas de oro del país.

**KNOX** (John), reformador escocés (¿cerca de Haddington?, Escocia, 1505 o 1514-Edimburgo 1572). Participó en el establecimiento de la Reforma en Inglaterra antes del advenimiento de María Tudor y fue uno de los fundadores de la Iglesia presbiteriana en Escocia.

**KNOXVILLE,** c. de Estados Unidos (Tennessee); 165 121 hab. Universidad. Nudo de comunicaciones.

**KNUD,** nombre danés de Canuto.

**KNUT,** nombre sueco de Canuto.

**KŌBE,** c. y puerto de Japón (Honshū); 1 477 410 hab. Centro industrial. Astilleros.

**KOCH** (Robert), médico y microbiólogo alemán (Clausthal, Hannover, 1843-Baden-Baden 1910). En 1882 descubrió el bacilo de la tuberculosis *(bacilo de Koch),* y, más tarde, el del cólera. Preparó la primera tuberculina. (Premio Nobel de fisiología y medicina 1905.)

**KOCHANOWSKI** (Jan), poeta polaco (Sycyna 1530-Lublin 1584). Sus elegías *(Trenos)* por la muerte de su hija inauguran la poesía lírica en Polonia.

**KOCHER** (Theodor Emil), cirujano suizo (Berna 1841-*id.* 1917). Estudió la fisiología y la patología de la glándula tiroides e impulsó el tratamiento quirúrgico del bocio. (Premio Nobel de fisiología y medicina 1909.)

**KŌCHI,** c. de Japón (Shikoku); 317 069 hab.

**KODÁLY** (Zoltán), compositor, musicólogo y pedagogo húngaro (Kecskemét 1882-Budapest 1967), autor de obras sinfónicas y corales (*Psalmus hungaricus,* 1923) y de música de cámara, así como de un método de enseñanza musical, basado en la práctica del canto popular.

**KOESTLER** (Arthur), escritor húngaro en lengua inglesa (Budapest 1905-Londres 1983), nacionalizado británico. Sus novelas describen al individuo enfrentado a los sistemas políticos o científicos modernos (*El cero y el infinito,* 1940). Se suicidó.

**KOETSU HONAMI,** pintor, calígrafo y decorador japonés (en la región de Kyōto 1558-† 1637). Excelente calígrafo, se inspiró en el período Heian y realizó con Sōtatsu obras de una perfecta armonía.

**KOFFKA** (Kurt), sicólogo norteamericano de origen alemán (Berlín 1886-Northampton 1941), uno de los fundadores de la teoría de la forma *(Gestalttheorie),* junto con Köhler y Wertheimer.

**KŌFU,** c. de Japón (Honshū); 200 626 hab.

**KOHL** (Helmut), político alemán (Ludwigshafen 1930). Presidente de la C.D.U. (1973-1998), se convirtió en canciller de la R.F.A. en 1982. Desempeñó un papel fundamental en la unificación de los dos estados alemanes y fue reelegido canciller de la Alemania unificada (1990 y 1994). En 1998 dejó el cargo tras perder las elecciones.

**KÖHLER** (Wolfgang), sicólogo norteamericano de origen alemán (Reval [act. Tallinn] 1887-Enfield, New Hampshire, 1967), fundador de la teoría de la forma (gestaltismo), junto con Koffka y Wertheimer.

Henry **Kissinger**

Melanie **Klein**

Heinrich von **Kleist**
(por W. Zenge)

Robert **Koch**

Helmut **Kohl**

**KOHLRAUSCH** (Rudolf Hermann Arndt), físico alemán (Gotinga 1809-Erlangen 1858). Definió la resistividad de los conductores eléctricos.

**KOHOUT** (Pável), escritor checo (Praga 1928). Poeta (*El tiempo del amor y del combate,* 1954) y autor dramático (*Augusto, Augusto, Augusto,* 1966), narró los avatares de su país.

**KOIVISTO** (Mauno), político finlandés (Turku 1923). Socialdemócrata, fue primer ministro (1968-1970; 1979-1981) y, de 1982 a 1994, presidente de la república.

**KOKAND,** c. del E de Uzbekistán; 182 000 hab.

**KOKOSCHKA** (Oskar), pintor y escritor austríaco (Pöchlarn, Baja Austria, 1886-Villeneuve, Suiza, 1980). Artista de un expresionismo atormentado en sus figuras (*La novia del viento,* 1914, museo de Basilea), enfatizó el lirismo del color en sus panoramas urbanos y paisajes.

**KOLA** *(península de),* península de Rusia, en el N de Carelia. Hierro. Níquel. Fosfatos. Bases aérea y submarina.

**KOLAIOS de Samos,** navegante de Samos que, según Herodoto, llegó a Tartessos arrastrado por un temporal. Le recibió Argantonio, quien inició relaciones comerciales con Samos.

**KOLĀR GOLD FIELDS,** c. de la India (Karnātaka); 156 398 hab. Minas de oro.

**KOLAROVGRAD** → ***Šumen.***

**KOLCHAK** (Alexandr Vasílievich), almirante ruso (San Petersburgo 1874-Irkustk 1920). Se puso al frente de los rusos blancos en Omsk (fines 1918), donde fue derrotado por el Ejército rojo y fusilado.

**KOLHĀPUR,** c. de la India (Mahārāshtra); 405 118 hab. Universidad. Centro industrial.

**KOLIMÁ,** r. de Rusia, en Siberia, que desemboca en el océano Ártico; 2 129 km.

**KOLLÁR** (Ján), poeta eslovaco en lengua checa (Mošovce 1793-Viena 1852). Recopiló los cantos populares eslovacos y realizó una apología del paneslavismo (*La muchacha de Sl'ava,* 1824-1852).

**KOLMOGÓROV** (Andréi Nikoláievich), matemático ruso (Tambov 1903-Moscú 1987). Estableció las bases axiomáticas del cálculo de probabilidades (1933).

**KOLOMNA,** c. de Rusia, en la confluencia del Oká y del Moskvá; 162 000 hab.

**KOLWEZI,** c. de la Rep. Dem. del Congo (ex Zaire), en Katanga; 544 497 hab. Centro minero (cobre y cobalto).

**KOMI** *(República de),* república de la Federación de Rusia, que se extiende por los Urales septentrionales y las llanuras del NE de Rusia; 415 900 $km^2$; 1 263 000 hab. Cap. *Siktivkar.*

**Kominform,** acrónimo ruso de Oficina de información de los partidos comunistas y obreros, organización que, de 1947 a 1956, agrupó a los partidos comunistas de los países de Europa del Este, Francia e Italia.

**Komintern,** acrónimo ruso de Internacional comunista, nombre ruso de la III Internacional (1919-1943).

**KOMMUNARSK,** ant. **Voroshílovsk,** c. de Ucrania, en el Donbass; 126 000 hab. Metalurgia.

**KOMOTĒNĒ** o **KOMOTINI** → ***Comotini.***

**KOMSOMOLSK DEL AMUR,** c. de Rusia, en Siberia, a orillas del Amur; 315 000 hab.

**Kondrátiev** *(ciclo de),* largo ciclo que determina un período económico (producción, empleo, demanda, precios) de una duración total del orden de los 50 años.

**KONGO** o **CONGO** *(reino del),* ant. reino africano, en los confines del Bajo Congo (Zaire, act. Rep. Dem. del Congo) y de Angola septentrional. Fundado en el s. XIV, estuvo en relación con los portugueses a fines del s. XV y desapareció después de 1568 absorbido por el reino de Angola.

**KÓNIEV** (Iván Stepánovich), mariscal soviético (Lodeino 1897-Moscú 1973). Se distinguió en la defensa de Moscú (1941) y liberó Praga (1945). Fue comandante de las fuerzas del pacto de Varsovia de 1955 a 1960.

**KÖNIGSBERG** → ***Kaliningrad.***

**KÖNIGSMARCK** o **KÖNIGSMARK** (Hans Christoffer, *conde* **von**), general sueco de origen alemán (Kötzlin 1600-Estocolmo 1663). — Su sobrina nieta **Aurora** (Stade 1662-Quedlimburg 1728) fue la favorita de Augusto II de Polonia, con quien tuvo un hijo, Mauricio de Sajonia.

**KONSTANTÍNOVKA,** c. de Ucrania, al O del Donbass; 108 000 hab.

**KONYA,** c. de Turquía, al N del Taurus; 513 346 hab. Museos. Monumentos del s. XIII.

**KOONING** (Willem **de**), pintor norteamericano de origen neerlandés (Rotterdam 1904-Nueva York 1997). Instalado en Nueva York desde 1926, se afirmó a fines de los años cuarenta como uno de los maestros del expresionismo, abstracto o figurativo (tema de la *Mujer,* caracterizado por la violencia gestual).

**KÖPRÜLÜ,** familia de origen albanés, cinco miembros de la cual fueron, de 1656 a 1710, grandes visires del Imperio otomano.

**KORÇË** o **KORÇA,** c. de Albania; 50 000 hab.

**KORČULA,** en ital. **Curzola,** isla croata del Adriático; 273 $km^2$. Monumentos medievales y renacentistas.

**KORDA** (Sándor, llamado *sir* **Alexander**), director de cine y productor británico de origen húngaro (Pusztaturpaszto, cerca de Túrkeve, 1893-Londres 1956). Contribuyó a la proyección internacional del cine británico y realizó varias películas históricas (*La vida privada de Enrique VIII,* 1933).

**KORDOFĀN,** región de Sudán, al O del Nilo Blanco; 380 547 $km^2$; 3 093 294 hab. Cap. *El Obeid.*

**KŌRIN OGATA,** pintor japonés (Kyōto 1658-*id.* 1716). Sus lacas representan el apogeo del estilo decorativo de la época de los Tokugawa.

**KŌRIYAMA,** c. de Japón (Honshū); 314 642 hab.

**KORN** (Alejandro), filósofo argentino (San Vicente, Buenos Aires, 1860-† 1936), interesado en el problema de la libertad (*La libertad creadora,* 1922; *Filósofos y sistemas,* 1937).

**KÖRNER** (Karl Theodor), poeta alemán (Dresde 1791-cerca de Gadebusch 1813). Cantó el levantamiento alemán contra Napoleón (*Lira y espada,* 1814), en el que combatió y murió.

**KORNÍLOV** (Lavr Gueórguievich), general ruso (Ust-Kamenogorsk 1870-Ekaterinodar 1918). Nombrado generalísimo por Kerenski (1917), rompió con él y murió en la lucha contra los bolcheviques.

**KOROLENKO** (Vladímir Galaktiónovich), escritor ruso (Zhitomir 1853-Poltava 1921), autor de relatos y de una autobiografía, *Historia de un contemporáneo mío* (1906-1922).

**Kórsakov** *(síndrome de),* afección neurológica que se caracteriza por amnesia de fijación, asociada a menudo con polineuritis de los miembros inferiores. Aparece en ciertos casos de alcoholismo.

**KORTRIJK** → ***Courtrai.***

**KOSCIUSKO** *(monte),* punto culminante de Australia; 2 228 m.

**KOŚCIUSZKO** (Tadeusz), patriota polaco (Mereczowszczyźna, Lituania, 1746-Solothurn, Suiza, 1817). En 1794 dirigió la insurrección polaca contra los rusos, quienes lo hicieron prisionero (1794-1796).

**KOŠICE,** c. del E de Eslovaquia; 234 840 hab. Siderurgia. Catedral gótica.

**KOSICE** (Gyula), escultor checo (Košice 1924), nacionalizado argentino. Integrante de distintos movimientos abstractos, su escultura combina efectos de agua, luz y movimiento.

**KOSIGUIN** (Alexéi Nikoláievich), político soviético (San Petersburgo 1904-Moscú 1980), presidente del consejo de ministros (1964-1980).

**KOSOVO,** en albanés **Kosovë,** región de la Rep. Federal de Yugoslavia (Serbia), formada por las llanuras de Metohija y de Kosovo; 10 887 $km^2$; 1 585 000 hab. (más del 90 % albaneses). Cap. *Priština.*

HISTORIA

Tras haber formado parte de Serbia a partir de fines del s. XII, la región permaneció bajo el dominio de los otomanos de 1389 a 1912. Durante ese período estuvo habitada principalmente por turcos y albaneses convertidos al islam. Reconquistada en 1912-1913 por Serbia, a la que fue nuevamente anexionada, la región fue dotada en 1945-1946 de un estatuto de provincia autónoma. Contraria al progreso del nacionalismo serbio y a la reducción de su autonomía (posteriormente anulada), en 1990 se proclamó República de Kosovo y pasó a reivindicar la independencia. 1998: graves enfrentamientos entre nacionalistas albaneses y las fuerzas de seguridad serbias. 1999: bombardeos de la O.T.A.N. sobre posiciones serbias. Implantación de un régimen de autonomía bajo control internacional.

**Kosovo** *(batalla de)* [15 junio 1389], victoria obtenida por los otomanos sobre los eslavos cristianos en la llanura de Kosovo, que les permitió someter a Serbia.

**KOSSEL** (Albrecht), bioquímico alemán (Rostock 1853-Heidelberg 1927), autor de trabajos sobre los derivados de los ácidos nucleicos y sobre la formación de la urea. (Premio Nobel de fisiología y medicina 1910.) — Su hijo **Walther** (Berlín 1888-Tubinga 1956) creó la teoría de la electrovalencia y estudió la estructura de los cristales gracias a los rayos X.

**Kossou,** complejo hidroeléctrico de Costa de Marfil, sobre el río Bandama.

**KOSSUTH** (Lajos), político húngaro (Monok 1802-Turín 1894). Durante la revolución de 1848 fue nombrado presidente del Comité de defensa nacional y proclamó la deposición de los Habsburgo (1849) y la independencia de Hungría; derrotado por los rusos, fue obligado a exiliarse (1849).

**KOSTROMÁ,** c. de Rusia, a orillas del Volga; 278 000 hab. Catedral de la Asunción, fundada en el s. XIII. Centro industrial y artesanal.

**KOSZALIN,** ant. en alem. **Köslin,** c. de Polonia, cap. de voivodato; 109 800 hab.

**KOTA,** c. de la India (Rājasthān); 536 444 hab.

**KOTA BHARU** o **KOTA BAHARU,** c. de Malaysia, cap. de Kelantan; 171 000 hab.

**KOTA KINABALU,** ant. **Jesselton,** c. de Malaysia, cap. de Sabah; 46 000 hab.

**KOTKA,** c. y puerto de Finlandia, junto al golfo de Finlandia; 61 000 hab.

**KOTOR,** en ital. **Cattaro,** c. y puerto de Yugoslavia (Montenegro), a orillas del Adriático, junto al golfo llamado *bocas de Kotor;* 6 000 hab. Catedral en parte románica.

**KOTZEBUE** (August **von**), escritor alemán (Weimar 1761-Mannheim 1819), autor de dramas y de comedias de intriga. — Su hijo **Otto** (Tallinn 1788-*id.* 1846) exploró el mar de Bering y el O de Alaska.

**KOUROU,** c. de la Guayana Francesa; 13 962 hab. Base de lanzamiento de los cohetes espaciales Ariane.

**KOVALIÉVSKAIA** (Sofía Vasílievna), matemática rusa (Moscú 1850-Estocolmo 1891). Analista, alumna de Weierstrass en Berlín, estudió por vez primera la rotación de un cuerpo asimétrico alrededor de un punto fijo.

**KOVROV,** c. de Rusia, al NE de Moscú; 160 000 hab.

**KOWLOON,** en chino **Jiulong** o **Kieu-long,** c. situada en la península homónima, frente a la isla de Hong Kong.

**KOZHIKODE** → ***Calicut.***

**KÓZINTSEV** (Grigori Mijáilovich), director de cine soviético (Kíev 1905-Leningrado 1973). Con Leonid Trauberg fundó (1921) la F.E.K.S. (Fábrica del actor excéntrico), movimiento teatral futurista, y realizó varias películas, entre ellas la trilogía de *Máximo* (1935-1939).

**KRA** *(istmo de),* istmo de Tailandia, que une la península de Malaca con el continente.

**KRAEPELIN** (Emil), siquiatra alemán (Neustrelitz 1856-Munich 1926), autor de trabajos sobre la demencia precoz y la sicosis maníaco-depresiva.

**KRAFFT-EBING** (Richard **von**), siquiatra alemán (Mannheim 1840-Graz 1902). Publicó importantes trabajos sobre las perversiones sexuales y la criminología (*Psychopathia sexualis,* 1886).

Lajos **Kossuth**
(J. Tyroler - museo húngaro de la guerra, Budapest)

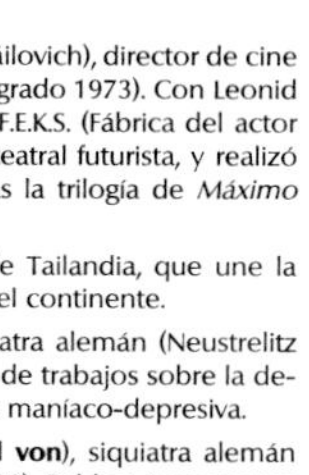

Alfredo **Kraus**

**KRAGUJEVAC,** c. de Yugoslavia (Serbia); 87 000 hab. Automóviles.

**KRAJINA,** región de Croacia y de Bosnia-Herzegovina, poblada mayoritariamente por serbios, correspondiente a las antiguas fronteras militares establecidas por Austria para proteger la frontera contra los turcos. Los serbios de esta región se rebelaron y proclamaron la República Serbia de Krajina en 1991. Fue recuperada por Croacia en 1995.

**KRAKATOA** o **KRAKATAU,** isla de Indonesia, parcialmente destruida en 1883 a causa de la explosión de su volcán, el *Perbuatan.*

**KRAKÓW** → ***Cracovia.***

**KRAMATORSK,** c. de Ucrania, en el Donbass; 198 000 hab. Centro industrial.

**KRAS,** en ital. **Carso,** en alem. **Karst,** nombre esloveno de una región de mesetas calizas de Eslovenia.

**KRASICKI** (Ignacy), prelado y escritor polaco (Dubieck 1735-Berlín 1801). Autor de poemas cómico-heroicos, de novelas (*Aventuras de Doświadczyński,* 1776), y de *Sátiras* (escritas entre 1778 y 1784), es el mejor representante de la época ilustrada en Polonia.

**KRASIŃSKI** (Zygmunt, *conde*), poeta polaco (París 1812-*id.* 1859), de inspiración patriótica.

**KRASNODAR,** ant. **Ekaterinodar** o **Yekaterinodar,** c. de Rusia, al N del Cáucaso; 620 000 hab. Cap. del *territorio de Krasnodar* (petróleo y gas natural).

**KRASNOIARSK,** c. de Rusia, a orillas del Yeniséi; 912 000 hab. Central hidroeléctrica. Metalurgia. Aluminio. Refinería de petróleo.

**KRAUS** (Alfredo), tenor español (Las Palmas de Gran Canaria 1927-Madrid 1999). Debutó en El Cairo (1956) con *Rigoletto.* Seleccionaba su repertorio (en especial ópera romántica italiana, también ópera francesa y Mozart), en función de la adecuación de su voz.

**KRAUS** (Karl), escritor austríaco (Gitschin 1874-Viena 1936), crítico de la sociedad austríaca (*Los últimos días de la humanidad,* 1919).

**KREBS** (*sir* Hans Adolf), bioquímico británico de origen alemán (Hildesheim 1900-Oxford 1981). Autor de trabajos fundamentales sobre el metabolismo de los glúcidos en el organismo, describió un conjunto de fenómenos de oxidación y de reducción *(ciclo de Krebs).* [Premio Nobel de fisiología y medicina 1953.]

**KREFELD,** c. de Alemania (Renania del Norte-Westfalia), junto al Rin; 240 208 hab. Centro textil. Metalurgia. Industrias químicas.

**KREISKY** (Bruno), político austríaco (Viena 1911-*id.* 1990). Presidente del partido socialista (1967-1983), fue canciller de la república (1970-1983).

**KREISLER** (Fritz), violinista austríaco (Viena 1875-Nueva York 1962), nacionalizado norteamericano, autor de *Tamboril chino* y de famosos *pastiches.*

**KREMENCHUG,** c. de Ucrania, a orillas del Dniéper; 236 000 hab. Puerto fluvial. Central hidroeléctrica. Industrias químicas.

**Kremikovci,** centro siderúrgico de Bulgaria, cerca de Sofía.

**Kremlin,** ant. fortaleza y barrio central de Moscú, situado en la orilla izquierda del Moskvá. Numerosos monumentos, entre los que destacan los de fines del s. XV y principios del s. XVI, construidos por arquitectos italianos.

**KRETSCHMER** (Ernst), siquiatra alemán (Wüstenrot, Baden-Württemberg, 1888-Tubinga 1964). Interesado por las afinidades de ciertos tipos morfológicos respecto a trastornos síquicos concretos, elaboró un sistema completo de caracterología.

**KREUGER** (Ivar), hombre de negocios sueco (Kalmar 1880-París 1932). Empresario y financiero, se interesó por múltiples negocios. La quiebra de su imperio le llevó al suicidio.

**KREUTZBERG** (Harald), bailarín, coreógrafo y mimo alemán (Reichenberg [act. Liberec, República Checa] 1902-Gümlingen, cerca de Berna, 1968), uno de los principales representantes de la escuela expresionista y de la danza moderna alemanas.

**KRILÓV** (Iván Andréievich), escritor ruso (Moscú 1769-San Petersburgo 1844), autor de *Fábulas* (1809-1844).

**KRISHNĀ** → ***Kistnā.***

**KRIṢNA,** divinidad del panteón hindú, una de las manifestaciones de Visnú.

**KRISTIANSAND,** c. y puerto del S de Noruega; 66 347 hab. Construcciones navales.

**KRISTIANSTAD,** c. del S de Suecia; 71 750 hab.

**KRIVÓI ROG,** c. de Ucrania, a orillas del Ingulets; 713 000 hab. Importantes minas de hierro. Siderurgia y metalurgia. Durante la segunda guerra mundial, los alemanes resistieron en ella un asedio de cinco meses (oct. 1943-febr. 1944).

**KRK,** en ital. **Veglia,** isla croata del Adriático; 408 $km^2$; 20 000 hab. Catedral románica.

**KRLEŽA** (Miroslav), escritor croata (Zagreb 1893-*id.* 1981), renovador de la literatura croata (*Los Glembajev,* 1929; *El regreso de Filip, Latinovicz,* 1932).

**KROEBER** (Alfred Louis), etnólogo norteamericano (Hoboken, Nueva Jersey, 1876-París 1960). Investigador de las áreas culturales de América del Norte, desarrolló una concepción de la etnología fundada en las relaciones interpersonales.

**KROGH** (August), fisiólogo danés (Grenå 1874-Copenhague 1949). Estudió los intercambios respiratorios y el papel de los vasos capilares en la circulación. (Premio Nobel de fisiología y medicina 1920.)

**KRONECKER** (Leopold), matemático alemán (Liegnitz, act. Legnica, 1823-Berlín 1891), uno de los principales algebristas del s. XIX. Su obra fue fundamental en la elaboración de la teoría de los cuerpos.

**KRONPRINZ** (Federico Guillermo, llamado **el**), príncipe de Prusia (Potsdam 1882-Hechingen 1951), primogénito del emperador Guillermo II. Abdicó junto con su padre a fines de 1918.

**KRONSHTADT** o **KRONSTADT,** isla y base naval de Rusia, en el golfo de Finlandia, al O de San Petersburgo; 39 000 hab. Motines militares en 1905, 1917 e insurrección contra el gobierno soviético (febr.-marzo 1921).

**KROPOTKIN** (Piotr Alexéievich, *príncipe*), revolucionario ruso (Moscú 1842-Dimitrov 1921), teórico del anarquismo (*Palabras de un rebelde,* 1885; *La conquista del pan,* 1888; *Campos, fábricas y talleres,* 1898).

**KRÜDENER** (Bárbara Juliana **de Vietinghoff,** *baronesa* **de**), mística rusa (Riga 1764-Karasubazar 1824). Ejerció gran influencia en el zar Alejandro I.

**KRÜGER** (Fritz), hispanista alemán (Spremberg 1889-Mendoza 1974). Dirigió el instituto de lingüística de Mendoza (Argentina). Estudió la frontera lingüística entre el catalán y el languedociano (1910) y el vocabulario pirenaico (1936-1939).

**KRÜGER** (Johannes), geodesta alemán (Elze, Hannover, 1857-*id.* 1923), creador de la proyección UTM (Universal transverse mercator).

**KRUGER** (Paulus), político sudafricano (Vaalbank 1825-Clarens, Suiza, 1904). Fundador del Transvaal (1852), organizó la resistencia contra Gran Bretaña tras la anexión del país por parte de los británicos (1877). Cuando se proclamó la República del Transvaal (1881), fue elegido presidente en cuatro ocasiones (1883, 1888, 1893, 1898). Tras dirigir la guerra de los bóers contra Gran Bretaña (1899-1902), se retiró a Suiza.

**KRUGERSDORP,** c. de la República de Sudáfrica (prov. de Gauteng); 122 000 hab. Centro minero.

**KRUMIRIA,** región montañosa que ocupa el E de Argelia y NO de Tunicia.

**KRUPP,** familia de industriales alemanes. – **Alfred** (Essen 1812-*id.* 1887) puso en marcha un procedimiento de producción de acero (1847), fabricó los primeros cañones pesados de acero, cuyo tubo era fundido en una sola pieza, e introdujo el procedimiento Bessemer en el continente (1862). – Su nieta **Bertha** (Essen 1886-*id.* 1957) se casó con **Gustav,** *barón* **von Bohlen und Halbach** (La Haya 1870-Blühnbach, cerca de Salzburgo, 1950), quien desarrolló la empresa.

**KRUŠNÉ HORY** → ***Erzgebirge.***

**KSOUR** *(montes),* en ár. **Qṣur,** macizo montañoso del Atlas sahariano (Argelia).

**KU K'AI-CHE** → ***Gu Kaizhi.***

**Ku Klux Klan,** sociedad secreta norteamericana, creada después de la guerra de Secesión (1867). Esta organización, de una xenofobia violenta, está dirigida contra la integración de los negros.

**KUALA LUMPUR,** c. y cap. de Malaysia, en la península de Malaca; 1 103 000 hab.

**KUALA TRENGGANU** o **KUALA TERENGGANU,** c. y puerto de Malaysia, en la costa E de la península de Malaca; 187 000 hab.

**KUANG-CHEU** → ***Cantón.***

**KUANG-SI** → ***Guangxi.***

**KUANG-TONG** → ***Guangdong.***

**KUBALA** (Ladislao), futbolista español de origen húngaro (Budapest 1927). Dotado de una técnica excepcional, fue internacional por Hungría, Checoslovaquia y España. Con el Barcelona ganó cuatro ligas, seis copas y dos copas de ferias.

**KUBÁN,** r. de Rusia, que desemboca en el mar de Azov; 906 km.

**KŪBĪLĀY KAN** → ***Qūbīlāy kan.***

**KUBRICK** (Stanley), director de cine norteamericano (Nueva York 1928-Londres 1999). Su obra, mezcla de sátira, fantasía y horror, constituye una creación visionaria y pesimista, de un gran dominio formal: *Senderos de gloria* (1957), *Lolita** (1962), *Teléfono rojo, ¿volamos hacia Moscú?* (1963), *2001: una odisea del espacio* (1968), *La naranja mecánica* (1971), *Barry Lindon* (1975), *La chaqueta metálica* (1987), *Eyes wide shut* (2000).

**KUCHING,** c. de Malaysia, en la isla de Borneo, cap. de Sarawak; 120 000 hab.

**Kuchuk-Kainarzhi** *(tratado de)* [21 julio 1774], tratado firmado en Kuchuk-Kainarzhi o Küçük Kaynarca (act. en Bulgaria) entre los imperios ruso y otomano, que concedía a Rusia la llanura entre el Bug y el Dniéper, el derecho de navegación en el mar Negro y los Estrechos y la protección de los cristianos ortodoxos del imperio otomano.

**KUEI-CHEU** → ***Guizhou.***

**KUEI-LIN** → ***Guilin.***

**KUEI-YANG** → ***Guiyang.***

**K'UEN-LUEN** → ***Kunlun.***

**K'UEN-MING** → ***Kunming.***

**KUHN** (Rodolfo), director de cine argentino (Buenos Aires 1934-México 1987). Influido por la *nouvelle vague* francesa, fue uno de los renovadores del cine argentino de los sesenta: *Los jóvenes viejos* (1961), *Pajarito Gómez* (1964), *La hora de María y el pájaro de oro* (1975), *El señor Galíndez* (1983).

**KUHN** (Thomas S.), filósofo norteamericano (Cincinnati 1922-Cambridge, Massachusetts, 1996). Opuso a la «ciencia normal» la «ciencia extraordinaria», instrumento de revolución científica (*La estructura de las revoluciones científicas,* 1962).

el **Kremlin** de Moscú con las catedrales de la Dormición (s. XV), del Arcángel Miguel (s. XVI) y de la Anunciación (s. XV) entre el Gran palacio (s. XIX, a la derecha) y el campanario de Iván el Grande (s. XVI)

Ladislao **Kubala**

**KUÍBISHEV** → *Samara.*

**KUIPER** (Gerard Pieter), astrónomo norteamericano de origen neerlandés (Harenkarspel 1905-México City, Arizona, 1973), autor de numerosos descubrimientos acerca de los planetas.

**KUKU NOR** → *Qinghai.*

**KUKULCÁN** → *Quetzalcóatl.*

**KULECHOV** (Lev Vladímirovich), director de cine soviético (Tambov 1899-Moscú 1970). Fundó el Laboratorio experimental (1920). Sus teorías sobre el papel creador del montaje influyeron en los directores de cine soviéticos. Realizó varias películas (*El rayo de la muerte,* 1925; *Por ley,* 1926).

**KULIKOV** (Víktor Gueorguiévich), militar ruso (prov. de Orel 1921). Mariscal de las tropas soviéticas, fue comandante en jefe de las fuerzas del pacto de Varsovia (1977-1989).

**Kulturkampf** *(combate por la civilización),* lucha sostenida por Bismarck, de 1871 a 1878, contra los católicos alemanes, con el fin de debilitar al Partido del centro, acusado de favorecer el particularismo de los estados. Esta lucha tuvo su expresión fundamentalmente en algunas leyes (1873-1875) de inspiración anticlerical y josefinista. Tras el advenimiento del papa León XIII (1878), Bismarck hizo derogar la mayoría de esas medidas (1880-1887).

**KUMAIRI** → *Gumri.*

**KUMAMOTO,** c. de Japón, en la isla de Kyūshū; 579 306 hab. Castillo y jardines del s. XVI.

**KUMASI,** c. de Ghana, ant. cap. de los ashanti; 488 991 hab. Centro industrial. Universidad.

**KUMAUN** o **KUMAON,** región del Himalaya indio.

**KUMMER** (Ernst Eduard), matemático alemán (Sorau [act. Zary] 1810-Berlín 1893). Extendió los conceptos de la aritmética al estudio de los números algebraicos.

**KUN** (Béla), revolucionario húngaro (Szilágycsen, Transilvania, 1886-en la U.R.S.S. ¿1938?). Instauró en Hungría la república de los Consejos (1919), que no pudo hacer frente a la invasión rumana. Refugiado en la U.R.S.S., miembro del Komintern, fue ejecutado. En 1956 fue rehabilitado.

**KUNCKEL** o **KUNKEL VON LÖWENSTERN** (Johann), químico alemán (Hütten 1638-Estocolmo 1703). Preparó el fósforo y descubrió el amoníaco.

**KUNDERA** (Milan), escritor checo (Brno 1929), nacionalizado francés. Autor de novelas y dramas, analista lúcido e irónico de la sociedad contemporánea (*La broma,* 1967; *La vida está en otra parte,* 1973; *La insoportable levedad del ser,* 1984; *La inmortalidad,* 1990; *La lentitud,* 1994).

**KUNDT** (August), físico alemán (Schwerin 1839-Israelsdorf, act. en Lübeck, 1894). Estudió las ondas estacionarias debidas a las vibraciones de un fluido.

**KÜNG** (Hans), teólogo católico suizo (Sursee 1928). Su obra critica aspectos estructurales del catolicismo (*La Iglesia,* 1967; *Ser cristiano,* 1976). Catedrático de teología en Tubinga, fue obligado por Roma a dejar la enseñanza (1979).

**KUNLUN** o **K'UEN-LUEN,** cordillera de China, entre el Tíbet y el Xinjiang; 7 724 m en el Ulugh Muztag.

**KUNMING** o **K'UEN-MING,** ant. **Yunnanfu,** c. de China, cap. de Yunnan; 1 127 411 hab. Fue capital de diversos reinos, floreciente en el s. XIII. Numerosos monumentos antiguos. Museo.

Milan **Kundera**

**KUNSAN,** c. y puerto de Corea del Sur; 218 000 hab.

**Kunsthistorisches Museum** *(museo de historia del arte),* museo de Viena, uno de los más importantes de Europa, constituido a partir de las colecciones de los Habsburgo (arqueología; objetos artísticos; pintura: los Bruegel, Durero, Giorgione, Tiziano, Velázquez, Rubens, etc.).

**KUO MO-JO** → *Guo Moruo.*

**Kuomintang** → *Guomindang.*

**KUOPIO,** c. del centro de Finlandia; 75 000 hab.

**KUPKA** (František, llamado **Frank**), pintor, dibujante y grabador checo (Opočno, Bohemia, 1871-Puteaux 1957). Establecido en París, fue uno de los iniciadores del arte abstracto, hacia 1911.

Frank **Kupka:** *Líneas animadas* (1921).
[Centro Georges Pompidou, París.]

**KURA,** r. del Cáucaso, que desemboca en el mar Caspio; 1 510 km.

**KURASHIKI,** c. de Japón (Honshū); 414 693 hab.

**KURDISTÁN,** región de Asia repartida entre Turquía, Irán, Iraq y Siria y poblada en su mayoría por kurdos.

**KURE,** c. y puerto de Japón (Honshū); 216 723 hab.

**KURGÁN,** c. de Rusia, en Siberia occidental; 356 000 hab. Industrias químicas. Automóviles.

**KURILES** *(islas),* archipiélago ruso, que se extiende a lo largo de 1 400 km, desde Kamchatka hasta la isla de Hokkaidō; 15 600 $km^2$. Pesca e industria conservera. Base naval rusa. Desde su anexión a la U.R.S.S., en 1945, Japón reclama las islas meridionales.

**KURNOOL,** c. de la India (Āndhra Pradesh); 274 795 hab. — En los alrededores, en Alampur, conjunto de templos de los ss. VII-VIII.

**KURO SHIO** o **KURO-SIVO,** corriente marina cálida del océano Pacífico, que bordea la costa oriental de Japón.

**KUROPATKIN** (Alexéi Nikoláievich), general ruso (Jolmski 1848-Sheshurino 1925). Comandante en jefe en Manchuria durante la guerra ruso-japonesa, fue derrotado en Mukden (1905).

**KUROSAWA AKIRA,** director de cine japonés (Tōkyō 1910-*id.* 1998). Sus películas, de gran belleza plástica, expresan una visión humanista del mundo, tanto si abordan temas históricos como contemporáneos: *Rashomon* (1950), *Los siete samurais* (1954), *Dersu Uzala* (1975), *Ran* (1985), *Los sueños* (1990), *Madayo* (1993).

**Kurosawa Akira:** una escena de *Los siete samurais* (1954).

**KURSK,** c. de Rusia, al N de Járkov; 424 000 hab. Importantes yacimientos de hierro. Central nuclear. Derrota decisiva de la Wehrmacht en julio de 1943.

**KURTZ** (Carmen **de Rafael,** llamada **Carmen**), novelista española (Barcelona 1911-*id.* 1999), cultivadora de la literatura infantil (*Óscar en las islas,* 1977; *Veva,* 1980).

**KURUME,** c. de Japón (Kyūshū); 228 347 hab.

**KURYŁOWICZ** (Jerzy), lingüista polaco (Stanisławow, act. Ivanofrankovsk, Ucrania, 1895-Cracovia 1978), autor de numerosos trabajos sobre el indoeuropeo.

**KUṢĀNA** o **KUSHĀNA** *(imperio),* imperio creado por el clan nómada de los Kuṣāna, originario de Asia central, en la región de Kabul y en la India (ss. I-II d. J.C.).

**KUSHIRO,** c. y puertó de Japón (Hokkaidō); 205 639 hab.

**KUSTANÁI,** c. del N de Kazajstán; 224 000 hab.

**KUTAÍSI,** c. de Georgia, a orillas del Rion; 235 000 hab. Industrias textiles (seda).

**Kutūbiyya** (ár. *kutubiyyun,* librero), principal mezquita de Marrakech, construida en el s. XII, con el minarete sobriamente decorado con ladrillos, espléndida muestra del arte del islam en el N de África.

**KUTÚZOV** (Mijaíl Illariónovich Golenischev), *príncipe* **de Smoliensk,** mariscal de campo ruso (San Petersburgo 1745-Bunzlau, Silesia, 1813). Luchó contra los turcos (1788-1791 y 1809-1811), en Austerlitz (1805) y dirigió victoriosamente las fuerzas que se enfrentaron a Napoleón en Rusia (1812).

**KUWAYT,** en ár. **al-Kuwayt,** estado de Arabia, en la costa del golfo Pérsico; 17 800 $km^2$; 1 400 000 hab. *(Kuwaytíes* o *kuwaitíes.)* CAP. *Kuwayt* (900 000 hab.). LENGUA OFICIAL: *árabe.* MONEDA: *dinar kuwaytí.* Importante producción de petróleo (la Kuwait oil company [KOC] fue nacionalizada en 1975).

HISTORIA

El emirato de Kuwayt fue protectorado británico a partir de 1914 y obtuvo su independencia en 1961. El 2 de agosto de 1990, el emirato fue invadido por Iraq, que lo reivindicaba y que lo anexionó poco después. Dicha invasión, condenada por la O.N.U., provocó una grave crisis internacional y la entrada en guerra (en. 1991) contra Iraq de una coalición internacional, dirigida por E.U.A. [→ *Golfo* (guerra del).] En 1994 Iraq reconoció la soberanía de Kuwayt poniendo fin a sus reivindicaciones territoriales.

**KUZBASS,** ant. **Kuznetsk,** importante cuenca hullera y metalúrgica de Rusia, en Siberia occidental.

**KUZNETS** (Simon), economista norteamericano de origen ruso (Járkov 1901-Cambridge, Massachusetts, 1985). Sus trabajos tratan especialmente sobre los mecanismos del crecimiento económico. (Premio Nobel de economía 1971.)

**KVARNER,** en ital. **Quarnaro,** golfo del Adriático (Croacia), al fondo del cual se encuentra Rijeka.

**KWANGJU,** c. del SE de Corea del Sur; 1 139 003 hab.

**KWANZA** o **CUANZA,** r. de Angola; 1 000 km. aprox.

**Kwashiorkor** *(síndrome de),* desnutrición extrema (caquexia) debida a una insuficiencia alimentaria global, que se observa en algunos niños del Tercer mundo.

**KWAZULU,** ant. bantustán del SE de la República de Sudáfrica, habitado por zulúes.

**KYD** (Thomas), dramaturgo inglés (Londres 1558-*id.* 1594), uno de los iniciadores del teatro isabelino.

**KYŌKUTEI BAKIN** (**Takizawa Kai,** llamado), escritor japonés (Edo [act. Tōkyō] 1767-*id.* 1848), autor de novelas de gran éxito (*Historia de los ocho perros de Satomi de Nansō,* 1814-1841).

**KYŌTO,** c. de Japón (Honshū); 1 461 103 hab. Ant. capital imperial. Ciudad-museo con numerosos monumentos y jardines de los ss. VIII a XIX. Ind. aeronáuticas, eléctricas y químicas.

**KYPRIANOU** (Spyros), político chipriota (Limassol 1932), presidente de la república de 1977 a 1988.

**KYŪSHŪ,** la más meridional de las cuatro grandes islas de Japón; 42 000 $km^2$; 13 295 859 hab. C. pral. *Kita Kyūshū* y *Fukuoka.*

**KZIL-ORDÁ,** c. del E de Kazajstán; 153 000 hab.

# L

**LAALAND** → ***Lolland.***

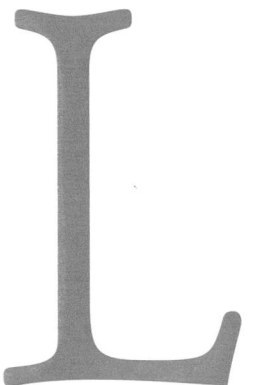

**LABAN** (Rudolf **von**), coreógrafo y teórico de la danza austríaco de origen húngaro (Bratislava 1879-Weybridge, Surrey, 1958). Precursor de la danza expresionista moderna, inventó un sistema de notación *(labanotación).*

**LABÉ,** c. de la República de Guinea, en el Futa Yallon; 80 000 hab.

**LABÉ** (Louise), poeta francesa (Lyon 1524-Parcieux-en-Dombes 1566). Su poesía, influida por Petrarca, exalta el sentimiento amoroso con un acentuado sensualismo.

**Laberinto,** según la leyenda, morada del Minotauro, en Creta; en realidad, palacio de Minos en Cnosos. — Ruinas del templo y de la pirámide funerarios de Amenemes III en Fayum.

**Laberinto de Fortuna** o **Las trescientas,** poema alegórico de Juan de Mena (1454), pretexto para ensalzar o vituperar personajes y costumbres de su época.

**laberinto de la soledad** *(El),* ensayo de Octavio Paz (1950). Indagación en las raíces de México y lo mexicano, a través de la mitología, la historia y el análisis de las expresiones, actitudes y tradiciones. Una *Posdata* (1970) completa y matiza las tesis del ensayo.

**LABICHE** (Eugène), escritor francés (París 1815-*id.* 1888), autor de comedias costumbristas y vodeviles (*Un sombrero de paja de Italia,* 1852).

**LABIENO** (Tito), militar romano (98-† 45 a. J.C.). Principal lugarteniente de César en la Galia, posteriormente se alió con los pompeyanos y pasó a Hispania donde fue derrotado y muerto en Munda.

**Labná,** yacimiento arqueológico maya del centro de Yucatán (México), del s. VIII. Destacan un gran falso arco y el llamado Palacio, en estilo Puuc.

**LABORDE** (Alexandre Louis Joseph, *conde* **de**), político y escritor francés (París 1773-*id.* 1842), autor de *Itinerario descriptivo de España* (1808) y *Viaje histórico y pintoresco por España* (1806-1826).

**laborista** *(Partido)* [*Labour party*], partido socialista británico. Fundado en 1893, adoptó su denominación actual en 1906. Estuvo por primera vez en el poder en 1924. Sus principales líderes han sido: J. Ramsay MacDonald, C. Attlee, H. Gaitskell, H. Wilson, J. Callaghan, M. Foot, Neil Kinnock, John Smith y A. Blair.

**LABOULAYE** → ***Presidente Roque Sáenz Peña.***

**Labour party,** nombre inglés del Partido laborista.

**LABRA** (Rafael María **de**), político español (La Habana 1841-Madrid 1918). Fue presidente de la sociedad abolicionista española (1869) y contribuyó a la creación de la Institución libre de enseñanza.

**LABRADOR,** región de Canadá. Antes, el nombre designaba la península de Canadá entre el Atlántico, la bahía de Hudson y el golfo de San Lorenzo, bordeada por la *corriente* fría *del Labrador;* actualmente este nombre sólo designa el sector oriental de la península, que corresponde a la parte continental de la provincia de Terranova.

**LABRADOR RUIZ** (Enrique), escritor cubano (Sagua la Grande 1902-Miami 1991). Inspirado en lo irreal, con novelas (*El laberinto de sí mismo,* 1933) y cuentos (*Carne de quimera,* 1947) que él denominó «gaseiformes», en *La sangre hambrienta* (1950) se inclina hacia el realismo.

**LACALLE** (Luis Alberto), político uruguayo (Montevideo 1941). Miembro del Partido blanco, fue presidente de la república (1990-1995).

**LACAN** (Jacques), médico y sicoanalista francés (París 1901-*id.* 1981). Se pronunció en favor de un retorno a Freud y de abrir el sicoanálisis a la lingüística y a la antropología estructural; para él, el inconsciente está estructurado como un lenguaje (*Escritos,* 1966; *El seminario,* 1975).

**LACANDÓN,** volcán de Guatemala (Quezaltenango); 2 748 m.

**LACANTÚN,** r. de América Central (México y Guatemala), afluente del Usumacinta.

**LÁCAR,** dep. de Argentina (Neuquén), en los Andes patagónicos; 17 023 hab. Comprende el *lago Lácar.*

**LACASA** (Luis), arquitecto y urbanista español (Ribadesella 1899-Moscú 1966). Introductor del racionalismo en el urbanismo madrileño, realizó, con J. Ll. Sert, el pabellón español para la exposición internacional de París (1937).

**LACEDEMONIA** → ***Esparta.***

**LACIO,** región de la Italia central, junto al mar Tirreno, formada por las prov. de Frosinone, Latina, Rieti, Roma y Viterbo; 17 203 $km^2$; 5 031 230 hab. Cap. *Roma.*

**LACLOS** (Pierre **Choderlos de**), militar y escritor francés (Amiens 1741-Tarento 1803), autor de *Las amistades peligrosas* (1782).

**LACONIA,** ant. región griega del SE del Peloponeso, cuyo centro era Esparta.

**LACORDAIRE** (Henri), religioso francés (Recey-sur-Ource 1802-Sorèze 1861). Discípulo de Lamennais, no lo siguió en su ruptura con Roma (1832). Restableció (1839) y dirigió la orden dominica en Francia. Fue un famoso orador.

**LACTANCIO,** apologista cristiano en lengua latina (cerca de Cirta *c.* 260-Tréveris *c.* 325). Retórico pagano convertido al cristianismo, hizo en sus *Insti-*

el arco de **Labná**

Luis Alberto **Lacalle**

Jacques **Lacan**

Choderlos de **Laclos** (museo de Picardía, Amiens)

*tuciones divinas* la primera exposición general de la religión cristiana.

**LACY** (Luis **de**), militar español (Campo de Gibraltar 1775-Palma de Mallorca 1817). Comandante del ejército francés, se ofreció a las autoridades españolas al entrar en el país, y fue capitán general de Cataluña (1811). Fue fusilado por los absolutistas.

**LADĀKH,** región de Cachemira, dividida entre India, Pakistán y China; c. pral. *Leh.*

**LADISLAO,** nombre de varios reyes de Hungría, Bohemia y Polonia. Los más famosos fueron: **Ladislao I Árpád** *(san)* [*c.* 1040-1095], rey de Hungría [1077-1095], héroe de la lucha contra los cumanos. – **Ladislao I** (o **IV**) **Łokietek** (1260-Cracovia 1333), rey de Polonia [1320-1333]. Recuperó la corona de Polonia confiscada en 1300 por Venceslao II, rey de Bohemia. – **Ladislao II** (o **V**) **Jagellón** (*c.* 1351-Gródek 1434), gran duque de Lituania [1377-1401], rey de Polonia [1386-1434], venció a los caballeros teutónicos en Grunwald (1410).

**LADISLAO el Magnánimo** (Nápoles 1377-*id.* 1414), rey de Nápoles [1386-1414] y rey titular de Hungría [1403-1414], hijo de Carlos III. Tuvo que defender constantemente sus estados de Luis II de Anjou.

**LADOGA** *(lago),* lago del NO de Rusia, que se comunica por medio del río Nevá con San Petersburgo y el golfo de Finlandia; 17 700 km$^2$.

**ladrón de bicicletas** *(El),* película italiana de V. De Sica (1948) que, por la sencillez del tema (un parado romano busca con su hijo la bicicleta que le han robado) y la precisión de la descripción de la sociedad, es una obra maestra del neorrealismo.

**LADRÓN DE GUEVARA** (María Fernanda), actriz española (Madrid 1894-*id.* 1974). Formó compañía con su esposo R. Rivelles. En su repertorio destacan las obras de J. Benavente.

**LADRONES** *(islas de los),* ant. nombre de las islas Marianas*.

**LAENNEC** (René), médico francés (Quimper 1781-Kerlouanec, Finistère, 1826). Inventó el estetoscopio y divulgó el método de auscultación. Fue el fundador de la medicina anatomoclínica.

**LAETHEM-SAINT-MARTIN** → ***Sint-Martens-Latem.***

**LAFARGUE** (Paul), político francés (Santiago de Cuba 1842-Draveil 1911), discípulo y yerno de Karl Marx y fundador, con Guesde, del Partido obrero francés (1882). En España (1871-1872) intervino en la pugna entre bakuninistas y marxistas de la A.I.T.

**LAFAYETTE,** c. de Estados Unidos, en el S de Luisiana; 94 440 hab. Principal centro francófono.

**LAFAYETTE** (*condesa* **de**) → ***Fayette*** (condesa de La).

**LAFERRÈRE** (Gregorio **de**), comediógrafo argentino (Buenos Aires 1867-*id.* 1913). Tras la comedia satírica *Jettatore* (1904), adoptó una estética entre la crítica de costumbres y un naturalismo dramático (*Las de Barranco,* 1907).

**LAFFAILLE** (Héctor), jurisconsulto argentino (Montevideo 1883-Buenos Aires 1956), uno de los redactores del código civil de 1936 y autor de *Curso de derecho civil. Tratado de obligaciones* (1947).

**LAFFONT** (Carmen), pintora española (Sevilla 1934), representante del realismo español contemporáneo.

**LAFORET** (Carmen), escritora española (Barcelona 1921). Su novela *Nada* (1944), de crudo realismo y base autobiográfica, significó para la novelística española la incursión en el realismo existencial.

**LAFORGUE** (Jules), poeta francés (Montevideo 1860-París 1887). De estilo rebuscado e impresionista, fue uno de los creadores del verso libre (*Las lamentaciones,* 1885).

**LAFOURCADE** (Enrique), novelista chileno (Santiago 1927), autor de *La fiesta del rey Acab* (1959), sátira de la dictadura de Trujillo; *Invención a dos voces* (1963); *Frecuencia modulada* (1968); *En el fondo* (1973); *El gran taimado* (1984), contra la dictadura de Pinochet.

**LAFUENTE** (Modesto), historiador español (Rabanal de los Caballeros, Palencia, 1806-Madrid 1866), autor de *Historia general de España* (30 vols., 1850-1859).

**LAFUENTE FERRARI** (Enrique), historiador del arte español (Madrid 1898-Cercedilla 1985). Entre sus publicaciones cabe destacar: *La pintura española del s. XVII* (1935), *Velázquez* (1943), *Los caprichos de Goya* (1978).

**LAGAR** (Celso), pintor y escultor español (Ciudad Rodrigo 1891-Sevilla 1966), recreador de temas circenses en estilo expresionista.

**LAGARTERA,** v. de España (Toledo); 1 841 hab. *(Lagarteranos.)* Bordados típicos de artesanía.

**LAGARTIJO** (Rafael **Molina,** llamado), matador de toros español (Córdoba 1841-*id.* 1900). Tomó la alternativa en 1860, y se retiró en 1893. Elegante, lleno de recursos y hábil con el estoque, mantuvo una legendaria rivalidad con Frascuelo.

**LAGASH** o **LAGAŠ,** act. **Tell al-Hibā,** ant. ciudad estado de Mesopotamia, cerca de la confluencia del Tigris y el Éufrates (Iraq). Las excavaciones realizadas a partir de 1877 descubrieron la civilización sumeria del III milenio a. J.C.

**LAGERKVIST** (Pär), escritor sueco (Växjo 1891-Estocolmo 1974), autor de poemas, dramas y novelas (*El enano,* 1944; *Barrabás,* 1950). [Premio Nobel de literatura 1951.]

**LAGERLÖF** (Selma), escritora sueca (Mårbacka 1858-*id.* 1940), autora de novelas de estilo romántico (*La saga de Gösta Berling,* 1891; *El carretero de la muerte,* 1912) e infantiles (*El maravilloso viaje de Nils Holgersson a través de Suecia,* 1906-1907). [Premio Nobel de literatura 1909.]

**LÁGIDAS,** dinastía que reinó en el Egipto helenístico de 305 a 30 a. J.C. Todos sus soberanos llevaron el nombre de *Tolomeo.*

**LAGO AGRIO,** cantón de Ecuador (Sucumbíos). Cab. *Nueva* Loja.* Explotación petrolera.

**lago de los cisnes** *(El),* ballet de M. Petipa y L. Ivanov con música de Chaikovski, estrenado en San Petersburgo en 1895.

**LAGOS** (*región de* **Los**), región de Chile, en el centro-sur del país; 66 997 km$^2$; 953 330 hab. Cap. *Puerto Montt.*

**LAGOS,** c. de Nigeria, ant. cap. del país; 1 400 000 hab. (más de 4 500 000 en la aglomeración). Es el principal puerto del país, junto al golfo de Benín.

**LAGOS** (Ricardo), político chileno (Santiago 1938). Cofundador del Partido por la democracia y militante socialista, fue ministro de educación (1990-1994) y de urbanismo (1994-1998). En 1999 fue elegido presidente de la república.

**LAGOS DE MORENO,** mun. de México (Jalisco); 84 305 hab. Industrias agropecuarias.

**LAGRANGE** (*conde* Luis **de**), matemático francés (Turín 1736-París 1813). Trabajó en el cálculo de variaciones y en la teoría de las funciones analíticas (*Mecánica analítica,* 1788; *Lecciones sobre el cálculo de las funciones*).

**LAGUARDIA** o **BIASTERI,** v. de España (Álava); 1 545 hab. *(Guardienses.)* Restos de murallas. Iglesia de Santa María de los Reyes (ss. XIV-XVI), Ayuntamiento (s. XVI) y casas solariegas (ss. XVI-XVIII).

**LAGUNA (La),** mun. de España (Santa Cruz de Tenerife), cab. de p. j., en Tenerife; 117 718 hab. (*Laguneros* o *laguneses*) Cap. *San Cristóbal de la Laguna.* Centro cultural (universidad, Instituto astrofísico de Canarias) y turístico. Aeropuerto de Los Rodeos. Catedral (ss. XVI-XIX), iglesia de la Concepción (s. XVIII); edificios civiles (s. XVII).

**LAGUNA** (Andrés), médico y humanista español (Segovia *c.* 1511-*id.* 1559), el más ilustre de los médicos españoles de su época. Tradujo y comentó obras de Aristóteles, de Galeno y de Dioscórides, y publicó *Método anatómico.*

**LAGUNA** (Tomás **de la Cerda y Aragón,** *marqués* **de la**), aristócrata español († 1692), virrey de Nueva España [1670-1680] y consejero de Indias. Desde 1689 fue mayordomo mayor de la reina Mariana.

**LAGUNA BLANCA** *(sierra de la),* sierra de Argentina (Catamarca), que culmina a 5 579 m.

**LAGUNA DE DUERO,** v. de España (Valladolid); 11 625 hab. *(Laguneros.)* Avenada por el Duero. Regadíos.

**LAGUNA MADRE,** laguna de México (Tamaulipas), al S de Matamoros; 220 km$^2$ de extensión aprox.

**LAGUNILLAS** → ***Ciudad Ojeda.***

**Lagunillas** *(batalla de)* [8 nov. 1557], combate librado cerca de las lagunas de San Pedro, en el río Biobío (Chile), en el que las tropas españolas de García Hurtado de Mendoza resistieron a los araucanos.

**LAHORE,** c. de Pakistán, cap. del Panjāb; 2 922 000 hab. Ant. residencia del gran mogol (fuerte, 1565; gran mezquita, 1627; tumba de Ŷahāngīr, 1627; célebre jardín).

**Lahore:** el jardín del Amor (Šālīmar Bāgh) alrededor del fuerte mogol. Arte islámico, s. XVII.

**LAHTI,** c. del S de Finlandia; 95 000 hab. Industrias de la madera. Centro turístico.

**Laibach** *(congreso de)* [26 en.-12 mayo 1821], congreso de la Santa alianza, reunido en Laibach (act. Ljubljana), que ratificó el principio de intervención armada y decidió actuar contra la revolución napolitana.

**LAÍN ENTRALGO** (Pedro), médico y escritor español (Urrea de Gaén, Teruel, 1908). Autor de libros médicos (*La relación médico-enfermo, historia y teoría,* 1964) y de ensayos históricos, filosóficos y literarios: *La espera y la esperanza,* 1956; *A qué llamamos España,* 1971. Fue director de la Real academia española (1982-1987).

**LAÍNEZ** (Diego), teólogo y jesuita español (Almazán 1512-Roma 1565), segundo general de la Compañía de Jesús. Asistió al concilio de Trento y escribió *Disputationes tridentinae.*

**LAING** (Ronald), siquiatra británico (Glasgow 1927-Saint-Tropez 1989), uno de los fundadores, junto con D. Cooper, de la antisiquiatría (*El yo dividido,* 1960, en colaboración con D. Cooper; *Cordura, locura y familia,* 1964).

**LAÏS** o **LAIDE,** nombre de algunas cortesanas griegas; la más conocida fue la amante de Alcibíades.

**LAJA,** r. de Chile, afl. del Biobío; 140 km. Numerosos rápidos y saltos, entre ellos el *salto del Laja.* Aprovechamiento hidroeléctrico.

**LAJA (La),** c. de Chile (Biobío), cerca de la confluencia del Laja con el Biobío; 24 251 hab.

**LAJAS,** mun. de Cuba (Cienfuegos), a orillas del Damuji; 23 258 hab. Industria del cuero.

**LAJAS,** mun. de Puerto Rico, en el SE de la isla; 23 271 hab. Café y tabaco. Manufactura de cigarros.

**Lajas** (*santuario de Nuestra Señora de* **Las**), santuario mariano de Colombia, cerca de Ipiales (Nariño), importante centro de peregrinación.

**LAJTHA** (László), compositor húngaro (Budapest 1892-*id.* 1963). Participó en las investigaciones folklóricas de Bartók y Kodály. Es autor de una abundante obra de música sinfónica y de cámara.

**LAKAS** (Demetrio), político panameño (Colón 1925-Panamá 1999). Presidente del consejo de gobierno con Torrijos (1969-1972) y presidente de la república (1972-1978).

**LAKE DISTRICT,** región turística, salpicada de lagos, del NO de Gran Bretaña (Cumbria, Inglaterra).

**LAKE PLACID,** centro de deportes de invierno de Estados Unidos (Nueva York).

**LAKSHADWEEP,** territorio de la India formado por las islas Laquedivas, Minicoy y Amin Divi; 32 km$^2$; 51 681 hab.

**LALANDE** (Joseph Jérôme **Lefrançois de**), astrónomo francés (Bourg-en-Bresse 1732-París 1807). Realizó una de las primeras medidas precisas del paralaje de la Luna (1751), trabajos de mecánica celeste y un catálogo de estrellas (1801).

**LALIBELA** o **LALIBALA,** localidad monástica del N de Etiopía (Wollo), famosa por sus iglesias rupestres excavadas a partir del s. XIII, sobre todo la de San Jorge, esculpida en la roca.

**LALÍN,** v. de España (Pontevedra), cab. de p. j.; 19 777 hab. *(Lalinenses.)* Ganadería vacuna y porcina e industrias derivadas. Minas de volframio.

**LALINDE** (Jesús), historiador español (Madrid 1920), autor de importantes obras sobre la historia del derecho y sobre las instituciones españolas del Antiguo régimen.

**LALLEMAND** (André), astrónomo francés (Cirey-lès-Pontailler, Côte-d'Or, 1904-París 1978), autor de numerosas investigaciones sobre las aplicaciones de la fotoelectricidad en astronomía, e inventor de la cámara electrónica.

**LALO** (Edouard), compositor francés (Lille 1823-París 1892). Su obra, romántica (*Concerto* para violoncelo, 1877) o folklórica (*Sinfonía española,* 1875), destaca por la riqueza de orquestación.

**LAM** (Wifredo), pintor cubano (Sagua la Grande 1902-París 1982). En sus grandes telas incorporó signos oníricos, con reminiscencias afrocubanas, formando un bestiario personal. En sus distintas etapas utilizó un color vibrante o la monocromía. Se dedicó también a la escultura, al grabado y a la cerámica.

Wifredo **Lam:** *Ogoun dios de la chatarra* (*c.* 1945). [Col. part.]

**LAMARCK** (Jean-Baptiste **de Monet,** *caballero* **de**), naturalista francés (Bazentin 1744-París 1829). Dedicado a la botánica, ideó el sistema de claves dicotómicas para la clasificación de la flora. Posteriormente se interesó por la zoología (*Historia natural de los animales invertebrados,* 1815-1822). Enunció por primera vez una teoría de la evolución de las especies *(lamarquismo),* basada en el carácter hereditario de las adaptaciones morfológicas al medio ambiente.

**LAMARQUE** (Libertad), actriz argentina (Rosario 1906-México 2000). Actuó en el teatro y trabajó como cantante y actriz cinematográfica (*Madreselva,* 1938; *La mujer X,* 1954; *La cigüeña dijo sí,* 1958; *La sonrisa de mamá,* 1972).

**LAMARTINE** (Alphonse **de**), escritor francés (Mâcon 1790-París 1869). Célebre ya desde sus primeros poemas (*Meditaciones poéticas,* 1820), fue uno de los máximos exponentes del romanticismo francés (*Armonías,* 1830; *Jocelyn,* 1836). Publicó también relatos autobiográficos (*Raphaël,* 1849; *Graziella,* 1852) y novelas. De ideas liberales, escribió *Historia de los girondinos* (1847) y fue ministro (1848).

**LAMAS** (José Andrés), político e historiador uruguayo (Montevideo 1817-Buenos Aires 1891). Fue varias veces ministro de Hacienda y plenipotenciario en Río de Janeiro. Negoció la triple alianza y diversos tratados fronterizos. Introdujo en su país los postulados románticos.

**LAMAS** (José Ángel), compositor venezolano (Caracas 1775-*id.* 1814), autor de obras de carácter religioso (*Popule meus,* para tres voces e instrumentos 1801; *Misa en re).*

**LAMAS CARVAJAL** (Valentín), poeta español en lengua gallega (Orense 1849-*id.* 1906), último representante del Rexurdimento poético: *Espinas, hojas y flores* (*Espiñas, follas e frores,* 1875); *Saudades gallegas,* 1880; *La musa de las aldeas* (*A musa das aldeas,* 1890).

**LAMB** (Charles), escritor británico (Londres 1775-Edmonton 1834), autor de *Ensayos de Elia* (1823-1833), uno de los mejores ejemplos del típico humor inglés.

**LAMB** (William), 2.º *vizconde* **de Melbourne,** político británico (Londres 1779-cerca de Hatfield 1848). Primer ministro (1834, 1835-1841), se encargó de la educación política de la joven reina Victoria.

**LAMBARÉ,** distr. de Paraguay (Central), en la zona suburbana de Asunción; 99 681 hab.

**LAMBARÉNÉ,** c. de Gabón, a orillas del Ogooué; 24 000 hab. Hospital fundado en 1913 por el doctor A. Schweitzer.

**LAMBAYEQUE** *(departamento de),* dep. del N de Perú (Nor-Oriental del Marañón); 14 232 km²; 975 100 hab. Cap. *Chiclayo.*

**LAMBAYEQUE,** c. de Perú (Lambayeque); 15 313 hab. Iglesia de San Pedro (s. XVII), de estilo limeño. Universidad. — En el *valle de Lambayeque,* yacimientos con cerámica de un período intermedio entre la cultura mochica y la chimú.

**LAMBERT** (Johann Heinrich), matemático alemán (Mulhouse 1728-Berlín 1777). Demostró que $\pi$ es irracional (1768) y se interesó por la cartografía (*proyección de Lambert,* sistema de proyección coniforme utilizada en numerosos mapas topográficos y geodésicos). Fue uno de los fundadores de la fotometría, y autor de trabajos innovadores sobre las geometrías no euclidianas.

**LAMBERT** (John), general inglés (Calton, West Riding, Yorkshire, 1619-en la isla de Saint Nicholas 1684). Lugarteniente de Cromwell, durante la restauración de Carlos II (1660) fue encarcelado y murió en prisión.

**LAMBÈSE** → ***Tazoult.***

**Lambeth** *(conferencias de),* asambleas de los obispos anglicanos que se celebran cada diez años, desde 1876, en el palacio de Lambeth, residencia londinense del arzobispo de Canterbury.

**LAMEK,** patriarca bíblico, padre de Noé.

**LAMENNAIS** o **LA MENNAIS** (Felicité **de**), escritor francés (Saint-Malo 1782-París 1854). Sacerdote (1816), apologista del ultramontanismo, defendió la libertad religiosa frente a la Iglesia galicana y agrupó a su alrededor a jóvenes liberales católicos. Rompió con Roma (*Palabras de un creyente,* 1834) e inició una etapa de un humanismo socializante y místico.

**LAMÍA,** c. de Grecia, en Ftiótide, cerca del *golfo de Lamía;* 43 898 hab. — La *guerra lamíaca,* insurrección de las ciudades griegas a la muerte de Alejandro (323-322 a. J.C.), se terminó con la derrota de los griegos en Cranón.

**LAMOTE DE GRIGNON** (Juan), director de orquesta y compositor español (Barcelona 1872-*id.* 1949). Fundador de la orquesta sinfónica de Barcelona (1910), compuso una ópera (*Hesperia,* 1907), el oratorio *La noche de Navidad* (1902), una *Suite hispánica* para orquesta y más de 150 canciones.

**LAMPA,** com. de Chile (Santiago); 24 752 hab. Centro agropecuario. Minas de oro.

**LAMPA,** mun. de Perú (Puno), a orillas del Palca; 9 621 hab. Minas de plata y cobre. Iglesia del s. XVII, interesante ejemplo del barroco cuzqueño.

**LAMPEDUSA,** pequeña isla italiana del Mediterráneo, entre Malta y Tunicia.

**LAMPEDUSA** (Giuseppe **Tomasi,** *duque* **de Palma** y *príncipe* **de**), escritor italiano (Palermo 1896-Roma 1957), autor de la novela *El gatopardo* (1958).

**LAMPRECHT** (Karl), historiador alemán (Jessen, Sajonia, 1856-Leipzig 1915), uno de los maestros de la historia económica europea.

**LANCASHIRE,** condado de Gran Bretaña (Inglaterra), junto al mar de Irlanda; 3 064 km²; 1 365 000 hab. Cap. *Preston.*

**LANCASTER,** familia inglesa titular del condado, y posteriormente del ducado de Lancaster. Fue la rival de la casa de York en la guerra de las Dos Rosas (llevaba en sus armas la rosa roja). Sus miembros más conocidos son descendientes de **Juan de Gante** (Gante 1340-Londres 1399), cuarto hijo de Eduardo III, que casó primero con Blanca Lancaster, de la que tuvo al futuro Enrique IV de Inglaterra. En 1371 casó con la hija de Pedro I de Castilla, Constanza, convirtiéndose en el adalid más destacado del legitimismo castellano. En 1396 casó con Catalina Swynford, su amante, de quien había tenido varios hijos, que fueron legitimados con el nombre de **Bedford.** Gobernó Inglaterra durante los últimos años del reinado de Eduardo III. A esta familia pertenecieron los reyes de Inglaterra Enrique IV, Enrique V y Enrique VI. El último Lancaster, Eduardo, hijo único de Enrique VI, fue ejecutado en 1471, tras la victoria de los York en Tewkesbury.

**LANCASTER** (Juan **de**), *duque* **de Bedford** (1389-Ruán 1435), hermano de Enrique V. Fue lugarteniente en Inglaterra (1415) y, más tarde, regente de Francia y tutor de su sobrino Enrique VI (1422). El congreso de Arras (1435) acabó con su política en Francia.

**lancasteriana** *(Compañía),* entidad masónica fundada en México en 1822, dedicada a la reforma de la enseñanza. La presidió M. Lerdo de Tejada.

**LAN-CHEU** → ***Lanzhou.***

**LANDA** (Alfredo), actor español (Pamplona 1933). Tras protagonizar numerosas comedias de enredo en los años sesenta y setenta (*No desearás al vecino del quinto,* 1970), se afirmó como un sólido actor (*Los santos inocentes,* 1983, M. Camus; *La vaquilla,* 1984, de Berlanga; *La marrana,* 1992, de Cuerda, etc.).

**LANDA** (*fray* Diego **de**), franciscano español (Cifuentes 1524-*c.* 1579). En 1549 pasó al Yucatán para evangelizar a los mayas, cuyos códices quemó. Escribió *Relación de las cosas del Yucatán* (*c.* 1566).

**LANDA DE MATAMOROS,** mun. de México (Querétaro); 15 088 hab. Minas de manganeso, plata y plomo.

**LANDAETA** (Juan José), músico venezolano (Caracas 1780-Cumaná 1814). Compuso la canción *Gloria al bravo pueblo,* adoptada en 1880 como himno nacional. Luchó por la independencia y murió fusilado.

**LANDALUZE** (Víctor Patricio **de**), pintor, dibujante y caricaturista español activo en Cuba (Bilbao 1825-Guanabacoa 1889). Establecido en La Habana fundó el periódico satírico *Don Junípero* (1852). Su personaje, *Liborio,* se convirtió en símbolo del pueblo cubano.

**LANDAS** *(las),* en fr. **Les Landes,** región geográfica del SO de Francia, entre el Atlántico y los ríos Adour y Garona.

Carmen **Laforet**

Enrique **Lafourcade**

**Lagartijo** (A. Bujalance - col. part.)

Pedro **Laín Entralgo**

**Lamarck**

**Lamartine** (F. Gérard - palacio de Versalles)

**LANDAU,** c. de Alemania (Renania-Palatinado); 36 766 hab. Fundada en 1224, en 1648 pasó a Francia y en 1815 fue atribuida al Palatinado bávaro.

**LANDAU** (Liev Davídovich), físico soviético (Bakú 1908-Moscú 1968), especialista en la teoría cuántica de los campos y autor de una teoría de la superfluidez. (Premio Nobel de física 1962.)

**LANDES,** dep. de Francia (Aquitania); 9 243 $km^2$; 311 461 hab. Cap. *Mont-de-Marsan* (31 864 hab.).

**LANDÍVAR** (Rafael), poeta guatemalteco (Santiago de los Caballeros 1731-Bolonia 1793). Jesuita, expulsado de México (1767), compuso el poema latino *Rusticatio mexicana* (1781), canto al paisaje americano.

**LANDOWSKA** (Wanda), intérprete de clave polaca (Varsovia 1877-Lakeville, Connecticut, 1959), que con sus actuaciones revalorizó el clave.

**LANDOWSKI** (Marcel), compositor francés (Pont-l'Abbé 1915-París 1999). Director de música en el ministerio de cultura (1970-1974), es autor de una ópera (*El loco,* 1954) y de un ballet (*El fantasma de la ópera).*

**LAND'S END,** cabo del extremo SO de Gran Bretaña, en Cornualles.

**LANDSHUT,** c. de Alemania (Baviera), a orillas del Isar; 58 125 hab. Monumentos góticos y renacentistas.

**LANDSTEINER** (Karl), médico norteamericano de origen austríaco (Viena 1868-Nueva York 1943). En 1900 descubrió los grupos sanguíneos del sistema A, B, O y, en 1940, el factor Rh. (Premio Nobel de fisiología y medicina 1930.)

**Landsturm,** en los países germánicos y en Suiza, subdivisión del reclutamiento militar que comprendía a las más antiguas promociones.

**Landtag,** asamblea deliberante en la mayoría de los países alemanes y austríacos.

**Landwehr,** en los países germánicos y en Suiza, subdivisión del reclutamiento militar que comprendía la primera reserva.

**LANFRANCO,** arzobispo de Canterbury (Pavía *c.* 1005-Canterbury 1089). Abad y maestrescuela de la abadía normanda de Bec, que convirtió en un importante centro intelectual, fue amigo de Guillermo el Conquistador, arzobispo de Canterbury (1070) y primado de Inglaterra.

**LANFRANCO** (Giovanni), pintor italiano (Terenzo, cerca de Parma, 1582-Roma 1647). Discípulo de los Carracci, fue uno de los primeros autores de grandes decoraciones con rasgos barrocos de perspectiva y de trompe-l'oeil en Roma (cúpula de San Andrés del Valle, 1625) y en Nápoles.

**LANG** (Fritz), director de cine alemán (Viena 1890-Hollywood 1976), nacionalizado norteamericano. Trabajó en Alemania, y posteriormente en E.U.A. (emigró en 1934), en donde se impuso por la fuerza de su estilo y el rigor de su inspiración (*Los nibelungos,* 1924; *Metrópolis,* 1927; *M. el vampiro de Düsseldorf,* 1931; *El testamento del doctor Mabuse,* 1932; *Furia,* 1936; *Sólo se vive una vez,* 1936).

**LANG SON,** c. del N de Vietnam (Tonkin), cerca de la frontera china; 7 400 hab. Ocupada por los guerrilleros del Vietminh en octubre de 1950, fue convertida en un gran centro de avituallamiento y de comunicaciones de las tropas de Hô Chi Minh.

**LANGDON** (Harry), actor norteamericano (Council Bluffs, Iowa, 1884-Hollywood 1944). Encarnación de un soñador, fantasioso e insólito, fue uno de los grandes cómicos del cine mudo (*Sus primeros pantalones,* de F. Capra, 1927).

**LANGE** (Norah), escritora argentina (Buenos Aires 1906-*id.* 1972). Poeta ultraísta (*Los días y las noches,* 1926), en sus relatos (*Cuadernos de infancia,* 1937) y novelas (*Los dos retratos,* 1956) la fantasía se mezcla con lo autobiográfico.

**LANGEVIN** (Paul), físico francés (París 1872-*id.* 1946), autor de trabajos sobre los iones, el magnetismo, la relatividad y los ultrasonidos.

**LANGLAND** (William), poeta inglés (en Herefordshire *c.* 1332-*c.* 1400), autor del poema alegórico *La visión de Pedro el labrador* (1362).

**LANGLOIS** (Juan Carlos), pintor y grabador argentino (Buenos Aires 1926). Su pintura adoptó el surrealismo, con inspiración en el arte precolombino.

**LANGMUIR** (Irving), químico y físico norteamericano (Brooklyn 1881-Falmouth 1957). Inventó la bombilla eléctrica con atmósfera gaseosa, perfeccionó la técnica de los tubos electrónicos y elaboró las teorías de la electrovalencia y de la catálisis heterogénea. (Premio Nobel de química 1932.)

**LANGREO,** mun. de España (Asturias), cab. de p. j.; 51 481 hab. *(Langreanos.)* Cap. *Sama.* Regado por el Nalón. Explotaciones de hulla. Complejo petroquímico. Central eléctrica de Lada (100 000 kW).

**LANGTON** (Stephen), prelado inglés (*c.* 1150-Slindon 1228). Arzobispo de Canterbury (1207), opuesto a la arbitrariedad de Juan sin Tierra, intervino en la redacción de la *Carta magna* (1215).

**LANGUEDOC,** región histórica del S de Francia, entre el macizo de Corbières y el macizo Central. Perteneció al condado de Tolosa hasta el aplastamiento de los albigenses y su integración en Francia (s. XIII).

**LANGUEDOC-ROSELLÓN,** en fr. **Languedoc-Roussillon,** región administrativa del S de Francia (dep. de Aude, Gard, Hérault, Lozère y Pyrénées-Orientales); 27 376 $km^2$; 2 114 985 hab. Cap. *Montpellier.*

**LANÍN,** volcán suramericano, situado en la frontera argentino-chilena; 3 776 m de alt. — En Argentina, la zona constituye el *parque nacional Lanín* (lagos de Huechulafquen, Lácar, etc.).

**LANJARÓN,** v. de España (Granada); 3 954 hab. *(Lanjaronenses.)* Aguas minerales. Balneario.

**LANNOY** (Carlos **de**), general español de origen flamenco (Valenciennes *c.* 1487-Gaeta 1527). Dirigió la campaña del N de Italia (1524), que dio el Milanesado a España, y mandó el ejército español en Pavía (1525). En la guerra contra la liga clementina (1526-1527), logró la rendición del papa.

**LANQUÍN,** mun. de Guatemala (Alta Verapaz), en la sierra de Chamá; 10 684 hab. Turismo en el *parque nacional de las Grutas de Lanquín.*

**LANSING,** c. de Estados Unidos, cap. de Michigan; 432 674 hab. Universidad.

**LANÚS,** partido de Argentina (Buenos Aires), en el Gran Buenos Aires; 466 755 hab.

**LANUSSE** (Alejandro Agustín), político y militar argentino (Buenos Aires 1918-*id.* 1996). Designado presidente de la república (1971), convocó las elecciones de 1973, que posibilitaron el regreso de Perón.

**LANUZA** *(familia),* estirpe aristocrática aragonesa cuyos miembros ocuparon de hecho, hereditariamente, el cargo de justicia mayor de Aragón (1441-1591). — **Juan de Lanuza,** llamado **el Joven** o **el Mozo** (¿1564?-Zaragoza 1591), era justicia mayor de Aragón durante el motín que liberó a Antonio Pérez (1591); declaró contrafuero la entrada de las tropas castellanas enviadas por Felipe II, y encabezó un ejército fuerista; aunque luego lo abandonó, fue decapitado.

**LANZA** (Juan Bautista **Amorós,** llamado **Silverio**), escritor español (Madrid 1856-Getafe 1912). Maestro de la generación del 98 y de Gómez de la Serna, sus novelas (*Artuña,* 1893) y relatos (*El año triste,* 1888) están teñidos de un humor crítico.

**LANZAROTE,** isla española de las Canarias (Las Palmas); 861,7 $km^2$; 88 475 hab. Cap. *Arrecife.* Dos macizos volcánicos (Famara al NE y Timanfaya al SO, parque nacional) flanquean una depresión central. Agricultura en enarenados. Pesca. Turismo. La isla fue declarada reserva de la biosfera por la Unesco (1994). Debe su nombre a Lancelotto Malocello, que la visitó en 1320. Fue conquistada por Juan de Béthencourt (1402).

**Lanzarote del Lago,** uno de los caballeros de la Tabla Redonda.

**LANZHOU** o **LAN-CHEU,** c. de China, cap. del Gansu, a orillas del Huang He; 1 430 000 hab. Química. Metalurgia.

**LAO SHE** (**Shu Qingchun,** llamado), escritor chino (Pekín 1899-*id.* 1966), uno de los principales novelistas modernos (*Diario de la ciudad de los gatos,* 1930). Se suicidó durante la revolución cultural.

**LAOCONTE** o **LAOCOONTE,** héroe legendario troyano estrangulado junto a sus hijos por dos monstruosas serpientes. Este episodio es el tema

**Laoconte:** grupo de mármol de la segunda mitad del s. II a. J.C.
(museo Pío Clementino, Vaticano)

Fritz **Lang:** una escena de *M., el vampiro de Düsseldorf* (1931), con Peter Lorre

**Lanzarote:** viñedos en La Geria

de un famoso grupo escultórico del s. II a. J.C. (museo del Vaticano), descubierto en 1506.

**LAODICE** o **LAODICEA,** nombre de varias princesas de la época helenística.

**LAODICEA,** nombre de varias ciudades helenísticas de Siria y de Asia Menor, entre ellas, la actual Latakia*.

**LAON,** c. de Francia, cap. del dep. de Aisne; 28 670 hab. Catedral, obra maestra del gótico (1160-1230).

**LÂO-NING** → *Liaoning.*

**LAOS,** estado del Sureste asiático, al O de Vietnam; 236 800 km²; 4 100 000 hab. *(Laosianos.)* CAP. *Vientiane.* LENGUA OFICIAL: *laosiano.* MONEDA: *kip.*

GEOGRAFÍA

Laos, cubierto de bosque y sabana, está constituido por mesetas y montañas que reciben abundantes lluvias en verano (monzón), regadas por el Mekong, que ha dado lugar a algunas llanuras aluviales, en las que se cultiva arroz (base de la alimentación).

HISTORIA

***Del reino del Lan Xang al final del protectorado francés.*** Hasta el s. XIII, el país lao, situado a ambos lados del valle del Mekong, tiene una historia mal conocida. 1353: el príncipe Fa Ngum fundó el reino de Lan Xang y fijó su capital en Luang Prabang. 1373-1548: sus sucesores rechazaron a los thai y anexionaron el reino del Lan Na. 1563: Vientiane se convirtió en la capital. 1574-1591: soberanía birmana. S. XVII: período de anarquía seguido del reinado estable de Souligna Vongsa (1637-1694). S. XVIII: el país se dividió entre los reinos de Champassak, de Luang Prabang y de Vientiane. 1778: Siam, que ya dominaba el Champassak, impuso su soberanía al rey de Luang Prabang e invadió Vientiane. 1887: el rey de Luang Prabang, Oun Kham (1869-1895), pidió la protección de Francia. 1893-1904: Siam firmó varios tratados reconociendo el protectorado francés sobre Laos. 1904: inicio del reinado de Sisavang Vong, que duró hasta 1959. 1940: hostilidades franco-tailandesas; Japón impuso a Francia la cesión de las tierras del O del Mekong. 1945: golpe de estado japonés; se proclamó la independencia. 1946: Francia expulsó a los nacionalistas, repuso al rey en el trono y concedió la autonomía.

***El Laos independiente.*** 1949: Laos accedió a la autonomía en el seno de la Unión francesa. 1950: el príncipe Souphanouvong creó el Pathet-Lao, vinculado al Vietminh. 1954-1957: por los acuerdos de Ginebra, el Pathet-Lao obtuvo el control de varias provincias, mientras que Souvanna Phouma seguía siendo primer ministro. 1957-1964: varios gobiernos de unión nacional reunieron a neutralistas (Souvanna Phouma), comunistas (Souphanouvong) y partidarios de la autoridad real (Boun Oum). 1964-1973: Laos, implicado en la guerra de Vietnam, sufrió los bombardeos norteamericanos y las intervenciones de los norvietnamitas y de los tailandeses. 1975: se proclamó la República Popular Democrática de Laos, presidida por Souphanouvong. 1977: se firmó un tratado de amistad con Vietnam. 1980: se constituyó un Frente nacional de liberación lao, apoyado por China. 1986: Souphanouvong dimitió de la presidencia de la república. Kaysone Phomvihane, secretario general del partido único y primer ministro desde 1975, llevó al país a la apertura política y económica. 1991: se convirtió en jefe de estado. 1992: después de su muerte, le sucedió Nouhak Phounsavan; se le confió la presidencia del partido único a Khamtai Siphandon, primer ministro desde 1992. 1995: Laos ingresa en la A.S.E.A.N.

**LÂO-TONG** → *Liaodong.*

**LAOZI** o **LAO-TSÊ,** filósofo chino (ss. VI-V a. J.C.), contemporáneo de Confucio, su obra *Tao Tê-king (Daodejing)* dio origen al taoísmo.

**LAPAURI** (Alexandr), bailarín y coreógrafo soviético (Moscú 1926-*id.* 1975). Prototipo del bailarín de tradición moscovita, fue profesor en el Bolshói.

**LAPESA** (Rafael), filólogo español (Valencia 1908-Madrid 2001). En su obra destacan la *Historia de la lengua española* (1942; 1980), sus ensayos sobre Garcilaso y el marqués de Santillana y *Estudios lingüísticos, literarios y estilísticos* (1987). [Real academia 1950, de la que fue director interino en 1987-1988.]

**LAPLACE** (Pierre Simon, *marqués* **de**), astrónomo, matemático y físico francés (Beaumont-en-Auge 1749-París 1827). Autor de trabajos sobre mecánica celeste y cálculo de probabilidades, y de una hipótesis cosmogónica según la cual el sistema solar habría surgido de una nebulosa en rotación.

**LAPONIA,** región septentrional de Europa, al N del círculo polar, dividida entre Noruega, Suecia, Finlandia y Rusia. Habitada por los *lapones* (45 000 aprox.) que viven de la ganadería (reno), cada vez más sedentaria.

**LAPPEENRANTA,** c. de Finlandia, junto al lago Saimaa; 54 000 hab.

**LÁPTIEV** *(mar de),* parte del océano Ártico que bordea Siberia.

**LAQUEDIVAS** *(islas),* archipiélago indio del mar de Omán.

**LARA** *(estado),* est. del N de Venezuela; 19 800 km²; 1 267 868 hab. Cap. *Barquisimeto.*

**LARA** *(casa de),* importante linaje de la Castilla medieval, que ocupó el primer plano de la política castellana en los ss. XII-XIV. El señorío de Lara en el s. IX dio origen a una rama descendiente del conde Fernán González († 970). La política matrimonial incorporó el linaje al señorío de Vizcaya (s. XIV) y a la casa real de Castilla (fines s. XIV).

**LARA** (Agustín), compositor mexicano (Tlacotalpán 1900-México 1970), autor de canciones populares *(Granada; María bonita; Solamente una vez; Madrid).*

Agustín **Lara**

**LARACHA,** mun. de España (La Coruña); 10 119 hab. *(Laracheses.)* Manufacturas de la madera. Curtidos.

**LARACHE,** en ár. **al-Ara'iš,** c. y puerto atlántico de Marruecos (Tetuán); 45 710 hab. Antiguo refugio de piratas, perteneció a España desde 1610 hasta 1689. Ocupada de nuevo en 1911 por los españoles, fue capital de la región occidental de la zona norte del Protectorado de España y devuelta junto con éste a Marruecos en 1955.

**LARDERELLO,** localidad de Italia (Toscana); 1 000 hab. Vapores naturales *(soffioni)* utilizados para producir electricidad.

**LARDIZÁBAL Y URIBE** (Miguel), político español (San Juan del Molino, Tlaxcala, 1744-Vergara 1824). Miembro de la Junta central y de la primera regencia (1810), atacó la legitimidad de las cortes y fue desterrado (1812). Fue ministro de Indias (1814-1815).

Pierre Simon
de **Laplace**
(A. Carrière - observatorio de París)

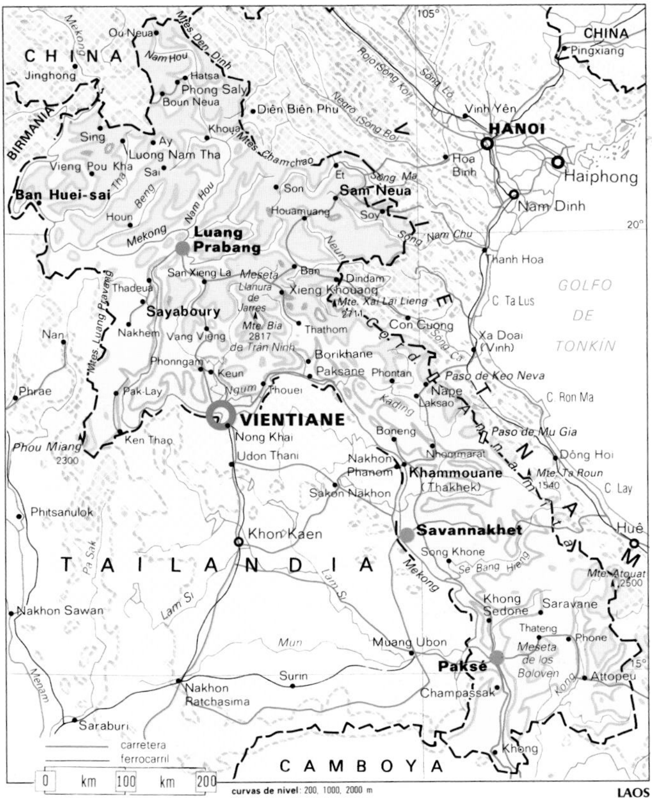


LAOS

**LAREDO,** v. de España (Cantabria), cab. de p. j.; 13 019 hab. *(Laredanos.)* Turismo (playas). Iglesia de la Asunción, gótica, empezada en el s. XIII. Importante puerto exportador durante la edad moderna.

**LARES,** mun. del N de Puerto Rico; 29 015 hab. Agricultura (café); ganadería.

**Larga marcha,** nombre con que se designa la retirada de las tropas comunistas chinas (1934-1935) bajo el mando de Mao Zedong. Para huir de los nacionalistas, atravesaron China de S a N (Shaanxi) dando un largo rodeo por el SO y perdieron más de las tres cuartas partes de sus efectivos.

**Larga noche de piedra** *(Longa noite de pedra),* libro de poemas de C. E. Ferreiro (1962), que constituye una de las máximas expresiones de la poesía social gallega contemporánea.

**LARGILLIÈRE** (Nicolas **de**), pintor francés (París 1656-*id.* 1746). Trabajó con P. Lely en Londres y, a su regreso a Francia (1682), se convirtió en el retratista favorito de la alta burguesía.

**LARGO CABALLERO** (Francisco), político y dirigente obrero español (Madrid 1869-París 1946). Socialista, fue secretario general de la U.G.T. (1918-1938), presidente del P.S.O.E. (1932-1935) y ministro de Trabajo (1931-1933). Presidente del gobierno del Frente popular y ministro de la Guerra (set. 1936), dimitió tras los hechos de mayo de 1937 en Barcelona y se exilió en 1939.

**LARGUÍA** (Jonás), arquitecto, ingeniero y escultor argentino (San Roque 1832-Santa Fe 1891). Realizó el edificio del Congreso nacional de Buenos Aires (1866) y la residencia del gobernador de Santa Fe.

**LARIÓNOV** (Mijaíl), pintor ruso (Tiráspol 1881-Fontenay-aux-Roses 1964), nacionalizado francés. En colaboración con su mujer, N. Goncharova, formuló el rayonismo (1912) y de 1918 a 1922 realizó en París las escenografías de los Ballets rusos.

**LARISA,** c. de Grecia (Tesalia); 113 426 hab. Museo arqueológico.

**LÁRNACA,** c. de Chipre, junto al *golfo de Lárnaca;* 61 000 hab. Aeropuerto.

**LAROUSSE** (Pierre), lexicógrafo y editor francés (Toucy 1817-París 1875). Fundador, junto con A. Boyer, de la editorial Librairie Larousse (1852), en 1863 inició la publicación en fascículos de su obra más importante, el *Gran diccionario universal del s. XIX* (1866-1876, 15 vols.).

**LARRA** (Mariano José **de**), escritor español (Madrid 1809-*id.* 1837). Sus mordaces escritos, publicados con el seudónimo de **Fígaro,** fueron reunidos en *Colección de artículos dramáticos, literarios, políticos y de costumbres* (1835-1837). Sus textos costumbristas *(El castellano viejo, Vuelva usted mañana, En este país),* de reflexión profunda y personal, trascienden lo pintoresco y lo convierten en uno de los mejores románticos españoles. Su dolorosa visión de la realidad nacional *(El día de difuntos de 1836)* y su fracaso sentimental le llevaron al suicidio. En 1834 estrenó el drama *Macías* y publicó la novela *El doncel de don Enrique el Doliente.*

**LARRAÑAGA** (Dámaso Antonio), político eclesiástico y naturalista uruguayo (Montevideo 1771-† 1848), diputado del congreso (1821) y autor de *Memoria geológica sobre la formación del Río de la Plata.*

**LARRAVIDE** (Manuel), pintor uruguayo (Montevideo 1871-*id.* 1910). Su vasta producción abarca óleos y acuarelas, especialmente marinas.

**LARREA** (Juan), escritor español (Bilbao 1895-Córdoba, Argentina, 1980). Tras la guerra emigró a México y Argentina. Escribió poesía, sucesivamente creacionista, surrealista y revolucionaria, reunida en *Versión celeste* (1970), y ensayos sociopolíticos y literarios.

**LARREA ALBA** (Luis), militar y político ecuatoriano (Guayaquil 1895-Córdoba, Argentina, 1980). Presidente provisional de la república en 1931, dirigió el golpe que llevó al poder a Velasco Ibarra (1944).

**LARREGLA** (Joaquín), compositor y pianista español (Lumbier 1865-Madrid 1945). Autor de un *Concierto para dos pianos* y de zarzuelas (*La roncalesa,* 1897), se le recuerda por las jotas *(Viva Navarra).*

**LARRETA** (Antonio), escritor uruguayo (Montevideo 1922). Autor dramático (*Juan Palmieri,* 1971) y novelista (*Volavérunt,* 1980), es también actor, director teatral, y guionista de cine (*Los santos inocentes,* 1984) y de televisión.

**LARRETA** (Enrique **Rodríguez**), escritor argentino (Buenos Aires 1875-*id.* 1961). En su obra, situada en la órbita estilística del modernismo, destaca su gran novela histórica *La gloria* de don Ramiro* (1908); en *Zogoibi* (1926) evoca una época pretérita del campo argentino. Cultivó también el ensayo, la poesía y el teatro.

**LARREYNAGA,** mun. de Nicaragua (León); 22 970 hab. Sésamo, café y cereales. Aguas termales.

**LARROCHA** (Alicia **de**), pianista española (Barcelona 1923). Debutó en Barcelona a los 6 años, y se ha situado entre las pianistas más destacadas del mundo, con un amplísimo repertorio que ejecuta con singular sensibilidad.

Alicia de **Larrocha**

**LARRUGA Y BONETA** (Eugenio), historiador y funcionario español (Zaragoza 1745-† 1803). Archivero y luego secretario de la Junta de comercio, es autor de *Memorias políticas y económicas sobre los frutos, comercio, fábricas y minas de España* (45 vols., 1787-1800).

**LARS** (Carmen **Brannon,** llamada **Claudia**), poeta salvadoreña (Armenia, Sonsonate, 1899-San Salvador 1974), de copiosa producción lírica intimista (*Estrellas en el pozo,* 1934; *Presencia en el tiempo,* 1962).

**LARTZABAL** (Pierre), dramaturgo francés en lengua vasca (Azkaine, Pyrénées-Atlantiques, 1915-San Juan de Luz 1988). Sacerdote y miembro de la Academia de la lengua vasca, escribió cerca de un centenar de obras teatrales, de temática comprometida o histórica.

Francisco **Largo Caballero**
(Luis Quintanilla - ministerio del Trabajo, Madrid)

Pierre **Larousse**

Mariano José de **Larra**
(J. Gutiérrez de la Vega - museo romántico, Madrid)

Enrique **Larreta**
(J. G. Daragnes - biblioteca del instituto de cooperación iberoamericana, Madrid)

**LAS CASAS** (Bartolomé **de**) → ***Casas.***

**LAS VEGAS,** c. de Estados Unidos (Nevada); 258 295 hab. Centro turístico (casinos de juego).

**LASARTE-ORIA,** mun. de España (Guipúzcoa); 18 165 hab. Cap. *Lasarte.* Fábrica de neumáticos.

**LÁSCARIS** o **LÁSKARIS,** familia bizantina que reinó en el Imperio de Nicea (1204-1261).

**LÁSCARIS** o **LÁSKARIS** (Juan), llamado **Rhyndacenus,** erudito griego (Constantinopla *c.* 1445-Roma 1534), bibliotecario de Lorenzo de Médicis y organizador de los estudios griegos en Roma.

**LASCAUX** *(cueva de),* cueva del mun. francés de Montignac (Dordogne). Importantes pinturas rupestres del paleolítico (*c.* 15 000 a. J.C.), descubiertas en 1940.

**LASHLEY** (Karl Spencer), neurosicólogo norteamericano (Davis, Virginia, 1890-Poitiers 1958). Estudió la relación entre los órganos de los sentidos y su proyección cortical en los animales.

**LASO** (Francisco), pintor peruano (Yaquía, Huari, 1823-San Mateo 1869), autor de *Los cuatro evangelistas* para la catedral de Arequipa (1857).

**LASO DE LA VEGA** (Pedro), aristócrata castellano (nacido en Toledo a fines del s. XV). Regidor de Toledo, fue uno de los iniciadores del movimiento de las Comunidades y presidió la Santa junta de Ávila.

**LASO DE LA VEGA ALVARADO** (Francisco), militar español (Secadura, Cantabria, *c.* 1586-Lima 1640). Gobernador de Chile (1629-1639), luchó contra los araucanos y mejoró la administración del país.

**LASSALLE** (Ferdinand), filósofo y economista alemán (Breslau 1825-Ginebra 1864). Militó a favor de las reformas socialistas, preconizando la asociación productiva y enunciando la ley de bronce del salario.

**LASSUS** (Roland **de**) o **LASSO** (Orlando **di**), compositor flamenco (Mons *c.* 1532-Munich 1594). Maestro de capilla del duque de Baviera, escribió motetes, madrigales y canciones francesas, en los que sintetizó las tendencias de su época. Sus 53 misas son asimismo obras maestras de la polifonía.

**LASTARRIA** (José Victorino), escritor chileno (Santiago 1817-*id.* 1888), autor de obras históricas y filosóficas de tendencia positivista, relatos y ensayos costumbristas (*Antaño y hogaño,* 1855) y *Recuerdos literarios* (1878).

**LASWELL** (Harold Dwight), sociólogo norteamericano (Donnellson, Illinois, 1902-Nueva York 1978). Estudió la influencia de los medios de información en la formación de la opinión pública.

**LATACUNGA,** c. de Ecuador, cap. de la prov. de Cotopaxi; 55 979 hab. Centro agrícola e industrial.

**LATAKIA,** c. y puerto de Siria, junto al Mediterráneo; 284 000 hab. Es la antigua *Laodicea.*

**LATCHAM ALFARO** (Ricardo), ensayista chileno (Santiago 1903-La Habana 1965). Reflexionó sobre temas políticos (*Itinerario de la inquietud,* 1931) y literarios (*Perspectiva de la literatura hispanoamericana,* 1959).

**LATIMER** (Hugh), obispo de Worcester (Thurcaston *c.* 1490-Oxford 1555). Convertido a la Reforma, fue capellán de Enrique VIII. En 1539 cayó en desgracia y fue condenado a la hoguera en época de María Tudor.

**LATINA,** c. de Italia (Lacio), cap. de prov., en los ant. pantanos pontinos; 105 543 hab.

**LATINI** (Brunetto), erudito y político italiano (Florencia *c.* 1220-*id.* 1294), amigo y maestro de Dante, autor de un *Libro del tesoro,* compendio de los conocimientos científicos de su tiempo.

**LATINO,** rey legendario del Lacio y héroe epónimo de los latinos.

**LATINO DE CONSTANTINOPLA** *(Imperio),* estado fundado en 1204 por los jefes de la cuarta cruzada, tras la toma de Constantinopla. Rápidamente reducido territorialmente por las rivalidades y divisiones, fue destruido en 1261 por Miguel VIII Paleólogo, que restauró el Imperio bizantino.

**LATINOAMÉRICA** → ***América latina.***

**LATONA,** nombre latino de la diosa griega Leto.

**LATORRE** (Mariano), escritor chileno (Cobquecura 1886-Santiago 1955), autor de cuentos (*Cuna de cóndores,* 1918) y novelas (*Zurzulita,* 1921) de tendencia descriptiva y criollista, y de ensayo.

**LATORRE YAMPEN** (Lorenzo), militar y político

uruguayo (Montevideo 1840-Buenos Aires 1916). Sustituyó a Varela en la presidencia del país (1876). Elegido en 1879, dimitió en 1880.

**LAUAXETA** (Esteban **Urkiaga,** llamado), escritor español en lengua vasca (Laukiniz 1905-Vitoria 1937). Su poesía, algo artificiosa, no le impidió un gran aporte lírico: *Al atardecer* (*Arratsberan,* 1935).

**LAUBE** (Heinrich), escritor alemán (Sprottau 1806-Viena 1884), uno de los jefes de la Joven Alemania liberal.

**LAUD** (William), prelado inglés (Reading 1573-Londres 1645). Obispo de Canterbury (1633) y favorito de Carlos I junto con Strafford, atacó a los puritanos; en Escocia, se enfrentó a una oposición tan fuerte que Carlos I se vio obligado a retirarle su apoyo; murió en el patíbulo.

**LAUE** (Max **von**), físico alemán (Pfaffendorf 1879-Berlín 1960). En 1912 descubrió la difracción de los rayos X por cristales, que permitió conocer la estructura de los medios cristalizados. (Premio Nobel de física 1914.)

**LAUENBURG,** ant. ducado de Alemania, incorporado al estado de Schleswig-Holstein. Perteneció a Dinamarca (1816-1864) y después a Prusia (1865) tras la guerra de los Ducados.

**LAUGERUD GARCÍA** (Kjell Eugenio), político y militar guatemalteco (Guatemala 1930), presidente del país (1974-1978). Recurrió al estado de sitio para combatir a la guerrilla y a la oposición.

**LAUGHTON** (Charles), actor británico (Scarborough 1899-Hollywood 1962), nacionalizado norteamericano. Gran actor de teatro y monstruo sagrado de la pantalla (*La vida privada de Enrique VIII,* de A. Korda, 1933), dirigió una sola película, tortuosa y onírica, *La noche del cazador* (1955).

**LAURANA** (Francesco), escultor italiano de origen croata (Zadar *c.* 1420/1430-¿Aviñón? *c.* 1502), activo en Nápoles, en Sicilia y en Provenza. – El arquitecto **Luciano Laurana** (Zadar *c.* 1420-1425-Pesaro 1479), que reconstruyó el palacio ducal de Urbino hacia 1470, posiblemente era hermano suyo.

**laureada de san Fernando** *(cruz),* insignia de la española real y militar orden de san Fernando, que reconoce el valor heroico en acciones de guerra.

**LAUREL** y **HARDY,** actores norteamericanos (Arthur Stanley **Jefferson,** llamado **Stan Laurel** [Ulverston, Lancashire, 1890-Santa Mónica, California, 1965], y Oliver **Hardy** [Atlanta 1892-Hollywood 1957]). Formaron, a partir de 1926, la pareja cómica más famosa de la historia del cine.

**LAURIA** (Roger **de**) → ***Llúria.***

**LAURION** o **LAURIO,** región montañosa de Ática. Explotación de minas de plomo desde la antigüedad.

**LAURISTON** (Jacques **Law,** *marqués* **de**), mariscal de Francia (Pondicherry 1768-París 1828). Ayuda de campo de Napoleón en 1800 y 1805, embajador en Rusia (1811), prisionero en Leipzig (1813), participó en la expedición a España de los Cien mil hijos de san Luis (1823) y tomó Pamplona.

**LAUSANA,** en fr. **Lausanne,** c. de Suiza, cap. del cantón de Vaud, a orillas del lago Leman; 128 112 hab. Centro cultural (universidad) y financiero. Catedral (s. XIII). Castillo episcopal (ss. XIV-XV). Museo de bellas artes. Sede del Comité olímpico internacional (C.O.I.).

**Lausana** *(tratado de)* [24 jul. 1923], tratado concertado entre los Aliados y el gobierno de Ankara, que había rechazado el tratado de Sèvres (1920). Garantizó la integridad territorial de Turquía, a quien se asignó la Tracia oriental.

**LAUTARO,** c. de Chile (Araucanía); 27 385 hab. Ganado ovino. Bosques. Criaderos de salmón.

**LAUTARO,** caudillo araucano (en las selvas del Carampangue y el Tirúa 1534-a orillas del Mataquito 1557), hijo del cacique Curiñanca. Venció a los españoles en varias ocasiones (Tucapel, 1553). Fue asesinado por las tropas de Villagrán.

**Lautaro** *(logia),* sociedad masónica fundada en Buenos Aires en 1812, con filiales en Chile, Perú, Bolivia y Uruguay. Propugnaba la independencia, el gobierno unipersonal y el sistema unitario.

**LAUTRÉAMONT** (Isidore **Ducasse,** llamado **el conde de**), escritor francés (Montevideo 1846-París 1870), considerado un precursor del surrealismo (*Cantos de Maldoror,* 1869).

**LAVAL,** c. de Canadá (Quebec), en el área suburbana NO de Montreal; 314 398 hab.

**LAVAL,** c. de Francia, cap. del dep. de Mayenne, a orillas del Mayenne; 53 479 hab. Castillo (ss. XII-XVI).

**LAVAL** (Gustaf **de**), ingeniero sueco (Orsa, Dalecarlia, 1845-Estocolmo 1913), inventor de la turbina de vapor que lleva su nombre (1883).

**LAVAL** (Pierre), político francés (Châteldon 1883-Fresnes 1945). Fue presidente del gobierno en 1931-1932 y 1935-1936. Miembro del gobierno de Vichy (1940), fue nombrado presidente del gobierno por la presión de los alemanes (1942). Colaboracionista con los nazis, fue fusilado tras la liberación.

**LAVALLE,** dep. de Argentina (Mendoza); 27 599 hab. Vid y frutales. Ganado ovino y vacuno. Industria vinícola. – Dep. de Argentina (Corrientes); 19 455 hab. Industria maderera. Puerto fluvial.

**LAVALLE** (Juan), prócer de la independencia argentina (Buenos Aires 1797-Jujuy 1841). Tras el tratado de paz de Río de Janeiro, dirigió las tropas de la Banda Oriental contra Buenos Aires (1828). Apoyado por los unitaristas, intentó derrocar a Rosas (1841).

**LAVALLEJA** *(departamento de),* ant. **Minas,** dep. del SE de Uruguay; 10 149 km²; 61 466 hab. Cap. *Minas.*

**LAVALLEJA** (Juan Antonio), patriota uruguayo (Santa Lucía, Minas, *c.* 1780-† 1853). Luchó por la independencia de Uruguay con respecto a Brasil, conseguida en 1825, y fue presidente provisional de las Provincias Unidas (1830). Líder de los blancos en la guerra civil, se refugió en Brasil (1834-1836) y tras la victoria de los colorados (1838), marchó a Buenos Aires. En 1853 formó parte del triunvirato que gobernó brevemente Uruguay.

**LAVAN,** isla y puerto petrolero iraníes del golfo Pérsico.

**LAVARDÉN** (Manuel José **de**), escritor argentino (Buenos Aires 1754-*id.* 1809). Su obra, de tema localista adecuado a la estética neoclásica, se conserva fragmentariamente: *Oda al Paraná* (1801) y la tragedia *Siripo* (1789).

**LAVER** (Rodney, llamado **Rod**), jugador de tenis australiano (Rockhampton 1938), vencedor en 1962 y 1969 de los cuatro grandes torneos mundiales de Francia, Gran Bretaña, E.U.A. y Australia.

**LAVERAN** (Alphonse), médico militar francés (París 1845-*id.* 1922). Descubrió el agente causal del paludismo. (Premio Nobel de fisiología y medicina 1907.)

**LAVIANA,** mun. de España (Asturias), cab. de p. j.; 15 105 hab. Cap. *Pola de Laviana* o *La Pola.* Ganadería vacuna. Minas de carbón.

**LAVIGERIE** (Charles), prelado francés (Bayona 1825-Argel 1892). En 1868 fundó la congregación de los misioneros de África *(padres blancos).* Fue creado cardenal (1882).

**LAVÍN** (Carlos), compositor y musicólogo chileno (Santiago 1883-Barcelona 1962), autor de piezas sinfónicas y de obras de investigación (*Cantos indígenas de América, Danzas y cantos africanos).*

**LAVINIUM,** ant. c. del Lacio que, según la leyenda, fue fundada por Eneas.

**LAVIRGEN** (Pedro), tenor español (Bujalance 1930). De extraordinaria fuerza dramática, debutó en México en el papel de Radamés en *Aida* (1964) y ha seguido una brillante carrera internacional.

**LAVOISIER** (Antoine Laurent **de**), químico francés (París 1743-*id.* 1794), uno de los creadores de la química moderna. Enunció la ley de conservación de la masa y la de conservación de los elementos, descubrió el papel del oxígeno en la combustión y en la respiración e identificó el oxígeno y el nitrógeno del aire (1777). Ideó una nomenclatura química racional (1787). En física, efectuó las primeras medidas calorimétricas.

**Lavoisier**
(Boze - Academia de ciencias, París)

**Lawrence**
de Arabia

**LAVROV** (Piotr Lavróvich), teórico socialista ruso (Melejovo, Pskov, 1823-París 1900). Uno de los principales representantes del populismo, participó en la Comuna de París.

**LAVROVSKI** (Leonid Mijáilovich Ivanov), bailarín, coreógrafo y pedagogo soviético (San Petersburgo 1905-París 1967). Director artístico del ballet del teatro Malyi y primer coreógrafo del teatro Kírov de Leningrado y del Bolshói de Moscú, compuso la coreografía de importantes ballets (*Romeo y Julieta,* 1940; *La adormidera roja,* 1949; *La flor de piedra,* 1954).

**LAW** (John), financiero escocés (Edimburgo 1671-Venecia 1729). De ideas mercantilistas y monetaristas, al establecerse en Francia, se asoció a la estatal Compañía francesa de las Indias y organizó en 1716 su propia compañía y un banco privado de depósito y descuento, posteriormente de emisión, que quebró en 1720. Llegó a controlar el comercio exterior francés.

**Lawfeld** *(batalla de)* [2 julio 1747], victoria obtenida en Lawfeld (al O de Maastricht) por el mariscal de Sajonia sobre el duque de Cumberland, durante la guerra de Sucesión de Austria.

**LAWRENCE** (David Herbert), escritor británico (Eastwood 1885-Vence, Francia, 1930). En sus novelas exaltó los impulsos de la naturaleza y la libre expansión de las facultades humanas, empezando por la sexualidad (*Hijos y amantes,* 1913; *El arco iris,* 1915; *El amante de lady Chatterley,* 1928).

**LAWRENCE** (Ernest Orlando), físico norteamericano (Canton, Dakota del Sur, 1901-Palo Alto, California, 1958). Premio Nobel de física (1939) por la invención del ciclotrón, preparó un procedimiento de separación del uranio 235.

**LAWRENCE** (*sir* Thomas), pintor británico (Bristol 1769-Londres 1830). Discípulo de Reynolds, fue nombrado primer pintor del rey en 1792, famoso por su calidad como retratista, de una intensidad en ocasiones romántica.

**LAWRENCE** (Thomas Edward), llamado **Lawrence de Arabia,** orientalista y agente político británico (Tremadoc, País de Gales, 1888-Clouds Hill, Dorset, 1935). Arqueólogo apasionado por los países de Oriente medio, concibió el proyecto de un imperio árabe bajo influencia británica y apoyó la revuelta de los árabes contra los turcos (1917-1918). Decepcionado por no conseguir sus ambiciones, se enroló en la R.A.F. como simple soldado. Es autor de *Los siete pilares de la sabiduría* (1926).

**LAXNES** (Halldór Kiljan **Gudjonsson,** llamado), escritor islandés (Reykjavik 1902-*id.* 1998), autor de novelas sociales e históricas (*Salfa Valka,* 1931-1932; *La campana de Islandia,* 1943-1946). [Premio Nobel de literatura 1955.]

**lazarillo de ciegos caminantes** *(El),* libro de viajes (1773) de Concolorcorvo. Descripción del largo viaje de Buenos Aires a Lima, ofrece una viva imagen de la sociedad criolla de América en el s. XVIII.

**Lazarillo de Tormes,** novela picaresca española, anónima (1554). Su título completo es *La vida de Lazarillo de Tormes, y de sus fortunas y adversidades.* El protagonista cuenta su vida de muchacho huérfano, al servicio de varios amos, hasta convertirse en pregonero. El tema del hambre y de la supervivencia determina un enfoque realista en una época orientada hacia una narrativa idealizada o heroica (la novela de caballerías, la pastoril), lo que supone el inicio de un género de inspiración social: la picaresca.

**LÁZARO** *(san),* hermano de Marta y María, resucitado por Jesús.

**LÁZARO** (Hipólito), tenor español (Barcelona 1889-*id.* 1974). Se dio a conocer como intérprete de zarzuela, y en 1912 debutó con ópera en Londres, alcanzando un gran éxito. Rivalizó con Caruso entre 1917 y 1920. Se retiró en 1950.

**LÁZARO CÁRDENAS,** ant. **Melchor Ocampo del Balsas,** mun. de México (Michoacán); 62 355 hab. cap. *Ciudad Lázaro Cárdenas.* Complejo siderúrgico que elabora el hierro de los yacimientos de Las Truchas, San Isidro y Plutón. Principal puerto de la costa pacífica mexicana.

**LÁZARO CARRETER** (Fernando), filólogo español (Zaragoza 1923). Autor de numerosos estudios sobre el siglo de oro español y lingüísticos (*Diccionario de términos filológicos,* 1963; *Estudios de lingüística,* 1980), es miembro de la Real academia española (1972), de la que fue director (1991-1998).

**LAZARSFELD** (Paul Felix), sociólogo norteamericano de origen austriaco (Viena 1901-Nueva York 1976), investigador de los problemas de comunicación de masas (*Filosofía de las ciencias sociales,* 1970).

**LÊ DUAN,** político vietnamita (Hâu Kiên 1907-Hanoi 1986). Sucedió a Hô Chi Minh como secretario general del Lao Dông (partido comunista norvietnamita) [1960-1986].

**LÊ DUC THO,** político vietnamita (en Nam Ha 1911-Hanoi 1990). Uno de los fundadores del partido comunista indochino (1930) y del Vietminh (1941), negoció con E.U.A. la retirada de sus tropas (1973). Rechazó el premio Nobel de la paz que le había sido concedido en 1973.

**LE PARC** (Julio), pintor argentino (Mendoza 1928). En París formó, junto con otros artistas, el GRAV*. Es uno de los iniciadores del arte óptico y cinético.

**LEACH** (Edmund Ronald), antropólogo británico (Sidmouth, Devon, 1910-Cambridge 1989), autor de una teoría funcionalista y dinámica de la estructura social (*Replanteamiento de la antropología,* 1961).

**LEAHY** (William Daniel), almirante norteamericano (Hampton, Iowa, 1875-Bethesda, Maryland, 1959). Embajador en Vichy (1940-1942), fue asesor militar de Roosevelt (1942-1945).

**LEAKEY** (Louis Seymour Bazett), paleontólogo británico (Kabete, Kenya, 1903-Londres 1972). Sus hallazgos en las excavaciones en Kenya y en Tanzania renovaron los conocimientos sobre el origen del hombre. – Su esposa **Mary Douglas** (Londres 1913-Nairobi 1996) y su hijo **Richard** (Nairobi 1944) han aportado numerosos descubrimientos de fósiles de prehomínidos y homínidos en África oriental.

**LEAL** (Fernando), pintor y grabador mexicano (México 1896-*id.* 1964), muralista (frescos del anfiteatro Bolívar, México, 1939).

**LEALES,** dep. de Argentina (Tucumán); 47 282 hab. Maíz, algodón. Ganadería. Apicultura.

**LEAMINGTON,** c. de Gran Bretaña (Warwickshire), a orillas del *Leam;* 43 000 hab. Estación termal.

**LEAN** (David), director de cine británico (Croydon 1908-Londres 1991). Autor de *Breve encuentro* (1945), se consagró internacionalmente con prestigiosas y espectaculares producciones como: *El puente sobre el río Kwai* (1957), *Lawrence de Arabia* (1962), *Doctor Zhivago* (1965) y *Pasaje a la India* (1984).

**LEANDRO** *(san),* arzobispo de Sevilla (Cartagena, principios del s. VI-Sevilla *c.* 600), hermano de san Isidoro y de san Fulgencio. Influyó en la conversión de san Hermenegildo. Con Recaredo tomó parte activa en el establecimiento de la unidad católica de España (III concilio de Toledo).

**LEANDRO N. ALEM,** dep. de Argentina (Misiones); 35 260 hab. Yerba mate, tabaco, cítricos y tung. Ganadería. – Partido de Argentina (Buenos Aires), en la Pampa; 16 552 hab. Ganado vacuno.

**LEANG K'AI** → ***Liang Kai.***

**LEAVITT** (Henrietta), astrónoma norteamericana (Lancaster, Massachusetts, 1868-Cambridge, Massachusetts, 1921). En 1912 descubrió la relación entre la luminosidad de las cefeidas y su período de variación de resplandor, base de un sistema de evaluación de las distancias de estrellas y nebulosas.

**LEBEÑA,** caserío del mun. español de Cillorigo (Cantabria); 90 hab. Iglesia mozárabe de Santa María (*c.* 920).

**LEBESGUE** (Henri), matemático francés (Beauvais 1875-París 1941), autor de una teoría de la integración inscrita en una teoría de la medida.

**LEBLANC** (Maurice), escritor francés (Ruán 1864-París 1941). Autor de novelas sicológicas y policíacas, creó el personaje de Arsenio Lupin, prototipo de ladrón de guante blanco.

**LEBRIJA,** r. de Colombia (Santander, Magdalena), afl. del Magdalena (or. der.); 225 km.

**LEBRIJA,** c. de España (Sevilla), cab. de p. j.; 28 388 hab. *(Lebrijanos* o *nebrijanos.)* Cerámica popular. Iglesia con elementos árabes y renacentistas.

**LEBRIJA,** mun. de Colombia (Santander); 21 181 hab. Plátanos, yuca. Yacimientos de carbón.

**LEBRIJANO** (Juan **Peña Fernández,** llamado **el**), intérprete del cante flamenco español (Utrera 1941). Ha interpretado las más diversas modalidades del flamenco y ha creado el cante de *galeras,* en memoria de los gitanos que han sufrido persecución.

**LEBRUN** (Albert), político francés (Mercy-le-Haut 1871-París 1950), diputado de la izquierda democrática y presidente de la república (1932-1940).

**LEBU,** c. de Chile (Biobío), puerto de la desembocadura del *río Lebu;* 24 671 hab. Turismo.

**LECCE,** c. de Italia (Apulia), cap. de prov.; 100 233 hab. Monumentos barrocos (1650-1730).

**LECCO,** c. de Italia (Lombardía), junto al *lago de Lecco,* rama del lago de Como; 45 859 hab.

**LECH,** r. de Alemania y Austria, afl. del Danubio (or. der.); 263 km.

**LECHÍN OQUENDO** (Juan), sindicalista y político boliviano (Corocoro 1912). Dirigente de la Central obrera boliviana (1952-1964 y 1978-1987), fue ministro de Minas y Petróleo (1952-1957) y vicepresidente de la república (1960-1964). En 1964 fundó el Partido revolucionario de la izquierda nacionalista (P.R.I.N.). Se retiró en 1987.

**LECH-OBERLECH,** estación de deportes de invierno (1 447-2 492 m de alt.), de Austria (Vorarlberg).

**LECLERC** (Charles), general francés (Pontoise 1772-Cap-Français, Santo Domingo, 1802). Combatió junto a Napoleón y casó con la hermana de éste, Paulina. Dirigió victoriosamente la expedición de Santo Domingo contra Toussaint Louverture.

**LECLERC** (Philippe **de Hauteclocque,** llamado), mariscal de Francia (Belloy-Saint-Léonard 1902-cerca de Colomb-Béchar 1947). Se distinguió en Camerún, Fezzan y Tunicia (1940-1943), desembarcó en Normandía y entró en París (1944). En 1945 estuvo al mando de las tropas de Indochina.

**LECONTE DE LISLE** (Charles Marie **Leconte,** llamado), poeta francés (Saint-Paul, La Reunión, 1818-Louveciennes 1894). Autor de *Poemas antiguos* (1852) y *Poemas bárbaros* (1862), agrupó a su alrededor la escuela parnasiana.

**LECUNA** (Juan Vicente), compositor venezolano (Valencia 1899-Roma 1954). Uno de los renovadores de la música venezolana, su producción comprende *Suite venezolana* para 4 guitarras, *El canto de la sangre,* música religiosa y para piano.

**LECUNA** (Vicente), historiador venezolano (Caracas 1870-*id.* 1954), especializado en la biografía de Simón Bolívar.

**LECUONA** (Ernesto), compositor cubano (Guanabacoa 1896-Santa Cruz de Tenerife 1963). Autor de canciones de éxito (*Siboney,* 1927; *Malagueña,* 1933) y de zarzuelas *(El cafetal, María de la O),* dio giras como concertista de piano y organizó la orquesta sinfónica de La Habana.

**LEDA,** personaje mitológico griego, esposa de Tíndaro. Fue amada por Zeus, que se metamorfoseó en cisne para poseerla. De su unión nacieron Cástor y Pólux, y Helena y Clitemnestra.

**LEDESMA,** dep. de Argentina (Jujuy); 69 215 hab. Cab. *Libertador General San Martín.* Refinería de azúcar; destilerías. Minas de plomo. Petróleo.

**LEDESMA,** v. de España (Salamanca); 1 919 hab. *(Bletisenses* o *ledesminos.)* Recinto amurallado. Puente medieval sobre el Tormes. Iglesia de Santa María (ss. XIII-XVI).

**LEDESMA** (Alonso **de**), poeta español (Segovia 1562-*id.* 1623), precursor del conceptismo: *Conceptos espirituales,* 1600; *Juegos de Noche Buena,* 1611; *Romancero y monstruo imaginado,* 1615.

**LEDOUX** (Claude Nicolas), arquitecto y urbanista francés (Dormans 1736-París 1806). Su obra, apenas conservada, combina clasicismo y subjetivismo casi romántico, de formas simplificadas que preludian cierto funcionalismo.

**LEDUC** (Paul), director de cine mexicano (México 1942). Formado en Francia, documentalista, es uno de los más firmes innovadores del cine mexicano: *Reed, México insurgente* (1971), *Frida, naturaleza viva* (1984), *Dolar mambo* (1993).

**LEE** (Robert Edward), general norteamericano (Stratford, Virginia, 1807-Lexington, Virginia, 1870). Jefe de los ejércitos sudistas durante la guerra de Secesión, venció en Richmond (1862), pero tuvo que capitular en Appomattox (1865).

**LEEDS,** c. de Gran Bretaña (Yorkshire Occidental); 450 000 hab. Gran centro de la industria de la lana y de la confección. Museos.

**LEEUWARDEN,** c. de Países Bajos, cap. de Frisia; 85 693 hab. Monumentos de los ss. XVI-XVIII. Museos.

**LEEWARD ISLANDS** → ***Barlovento*** (islas de).

**LEFEBVRE** (François Joseph), *duque* **de Danzig,** mariscal de Francia (Rouffach 1755-París 1820). Se distinguió en Fleurus (1794), y en 1807 logró la capitulación de Danzig. Acompañó a Napoleón a España (1808), donde obtuvo victorias en Tudela, Mallén, Gallur y Alagón, y sitió Zaragoza (1809).

**LEFEBVRE** (Henri), filósofo y sociólogo francés (Hagetmau, Landes, 1901-Pau 1991). Intentó promover un marxismo antidogmático (*Crítica de la vida cotidiana,* 2 vols., 1947, 1962; *El marxismo,* 1965).

**LEFEBVRE** (Marcel), prelado francés (Tourcoing 1905-Martigny 1991). Fundador del seminario de Ecône, en Suiza (1971), encabezó un movimiento integrista, contrario al concilio Vaticano II. Fue excomulgado en 1988.

**LEFÈVRE D'ETAPLES** (Jacques), humanista y teólogo francés (Etaples *c.* 1450-Nérac 1536). Por su

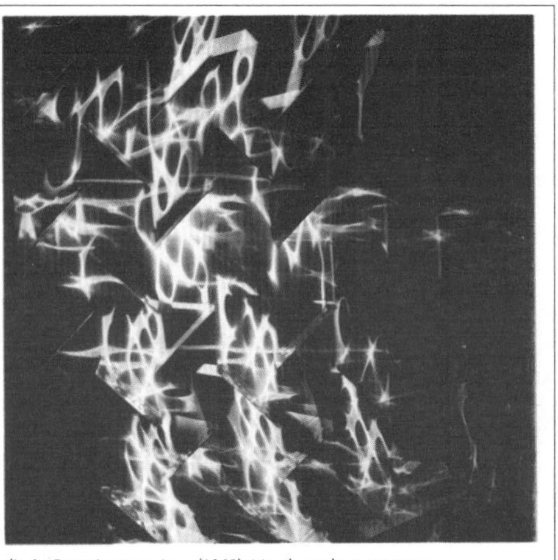

Julio **Le Parc:** *Luz continua* (1963). Metal, madera, motores y luz eléctrica. (Col. part.)

Juan **Lechín Oquendo**

traducción y sus comentarios de la Biblia fue acusado de favorecer las ideas de la Reforma.

**LEGANÉS,** v. de España (Madrid), cab. de p. j.; 171 907 hab. *(Leganenses.)* Centro industrial.

**LEGARDA** (Bernardo **de**), escultor y pintor quiteño (principios del s. XVIII-Quito 1773). Fue uno de los más notables imagineros coloniales por su colorido brillante, creador del tipo icónico de la Inmaculada con alas (*Inmaculada Concepción,* 1734, iglesia de San Francisco; *Ecce Homo*).

**LEGAZPI,** v. de España (Guipúzcoa); 9 313 hab. *(Legazpianos.)* Centro industrial.

**LEGAZPI** (Miguel **López de**), navegante y conquistador español (Zumárraga *c.* 1510-Manila 1572). Dirigió la expedición de conquista de las Filipinas (iniciada en 1565) y fue nombrado gobernador y capitán general (1569) del archipiélago. Fundó Manila (1571), y estableció el sistema de encomiendas.

Miguel López de **Legazpi**

**LEGENDRE** (Adrien Marie), matemático francés (París 1752-*id.* 1833), autor de numerosos trabajos sobre la teoría de los números y de una clasificación de las integrales elípticas.

**LÉGER** (Fernand), pintor francés (Argentan 1881-Gif-sur-Yvette 1955). Del cubismo pasó a un lenguaje plástico, basado en la dinámica de la vida moderna y en los contrastes formales y de colorido, y evolucionó hacia un realismo caracterizado por el tratamiento de la figura humana en grupo, la composición casi siempre frontal y el dibujo bien delimitado.

Fernand **Léger:** *Los discos* (1918). [Museo de arte moderno de la ciudad de París.]

**Legión de honor** *(orden de la),* orden nacional francesa instituida por Napoleón en 1802 como recompensa de méritos militares y civiles.

**Legión española,** cuerpo de tropas voluntarias al servicio del estado español. Fue creada en 1920 *(Tercio de extranjeros)* a las órdenes del entonces coronel Millán Astray.

**Legión extranjera,** cuerpo de tropas mercenarias que prestan servicio en un país que no es el suyo; la más famosa es la francesa, constituida en Argel en 1831.

**LEGNANO,** c. de Italia (Lombardía); 50 068 hab.

**LEGNICA,** c. de Polonia, cap. de voivodato, en la Baja Silesia; 106 100 hab.

**LEGORRETA** (Ricardo), arquitecto mexicano (México 1931), uno de los renovadores de la arquitectura mexicana, con la incorporación de la pintura y escultura (hotel Camino Real, México, 1968; catedral nueva de Managua).

**LEGRENZI** (Giovanni), compositor italiano (Clusone 1626-Venecia 1690). Maestro de capilla en San Marcos de Venecia, escribió numerosas sonatas y óperas.

**LEGUÍA** (Augusto Bernardino), político y hombre de negocios peruano (Lambayeque 1863-Bellavista de Callao 1932). Presidente de la república (1908 y 1919-1930), instauró la dictadura del movimiento Patria nueva. Fue derrocado.

**LEHÁR** (Franz), compositor austrohúngaro (Komárom 1870-Bad Ischl 1948), autor de la opereta *La viuda alegre* (1905) y *El país de la sonrisa* (1929).

**LEIBL** (Wilhelm), pintor alemán (Colonia 1844-Wurzburgo 1900), uno de los mejores representantes del realismo alemán.

**LEIBNIZ** (Gottfried Wilhelm), filósofo y matemático alemán (Leipzig 1646-Hannover 1716). En 1666 publicó *De arte combinatoria,* en donde intentó definir una lógica y una combinatoria de los pensamientos humanos. En 1676 inventó el cálculo infinitesimal, se inició en la jurisprudencia y preconizó la unificación de Alemania en torno a Prusia. Para él, todo emana de Dios, cuya existencia es perfectamente demostrable. Dios concibe las sustancias posibles, llamadas *mónadas,* y sus combinaciones; estas últimas constituyen la armonía del mundo, que está preestablecida, y revelan una metamatemática accesible al hombre (*Nuevos ensayos sobre el entendimiento humano,* 1704; *Ensayos de teodicea,* 1710; *La monadología,* 1714).

**LEICESTER,** c. de Gran Bretaña (Inglaterra), cap. del *condado de Leicester* (2 553 $km^2$; 860 000 hab.); 270 600 hab. Industrias mecánicas y químicas. Ruinas romanas y monumentos medievales.

**LEICESTER** (*conde* **de**) → ***Montfort*** (Simón de).

**LEICESTER** (Robert **Dudley,** *conde* **de**) → ***Dudley.***

**LEIDEN,** c. de Países Bajos (Holanda Meridional); 111 949 hab. Universidad. Museos (de historia de las ciencias, de antigüedades, municipal en el *Lakenhal*).

**LEIDEN** (Jan **Beuckelssen,** llamado **Johann von**), jefe anabaptista (Leiden 1509-Münster 1536). Fundó en Münster un reino teocrático; tras la toma de la ciudad por los católicos, murió entre horribles tormentos.

**LEIDEN** (Lucas **de**), pintor y grabador neerlandés (Leiden 1489 o 1494-*id.* 1533). Discípulo del manierista gótico Cornelis Engelbrechstz en Leiden, pintó escenas de género, temas bíblicos y religiosos, y realizó grabados especialmente sobre cobre, de gran virtuosismo y perfección.

**LEINE,** r. de Alemania que pasa por Hannover, afl. del Aller (or. izq.); 281 km.

**LEINSTER,** en gaélico **An Laighin,** prov. oriental de la República de Irlanda; dividida en doce condados; 19 632 $km^2$; 1 860 037 hab. C. pral. *Dublín.* Fue un antiguo reino irlandés hasta el s. XII.

**LEIOA** → ***Lejona.***

**LEIPZIG,** c. de Alemania (Sajonia), a orillas del Elster Blanco; 530 010 hab. Universidad. Feria internacional. Centro industrial. Monumentos antiguos y museos.

**Leipzig** o **de las Naciones** *(batalla de)* [16-19 oct. 1813], derrota de Napoleón frente a los rusos, los austríacos y los prusianos, a los cuales se había aliado Bernadotte.

**LEIRIS** (Michel), escritor y etnólogo francés (París 1901-Saint-Hilaire, Essonne, 1990). Miembro del grupo surrealista, la exploración etnográfica (*África fantasma,* 1936) fue para él un medio de búsqueda de sí mismo (*La edad del hombre,* 1939; *La regla del juego,* 4 vols., 1948-1966).

**LEITARIEGOS** *(puerto de),* paso de la cordillera Cantábrica (España), en el límite entre Asturias y León; 1 525 m de alt.

**LEITHA,** r. de Austria y Hungría, afl. del Danubio (or. der.); 180 km. Dividía a Austria-Hungría en *Cisleithania* y *Transleithania.*

**LEIVA,** v. de España (La Rioja); 324 hab. Solar de los Leiva. Castillo con cuatro torres octogonales. Iglesia gótica con retablo del s. XVII.

**LEIVA** (Antonio **de**), militar español (en Navarra 1480-Aix-en-Provence 1536). Tras la victoria de Pavía (1525), Carlos Quinto le otorgó el gobierno del Milanesado y el título de príncipe de Ascoli.

**LEIVA** (José Ramón), militar y patriota colombiano (Cartagena de Indias 1747-Santa Fe de Bogotá 1816), vicepresidente de la Junta que proclamó la independencia (1813), fue fusilado al entrar las tropas españolas en Bogotá.

**LEIZAOLA** (Jesús María **de**), político y abogado español (San Sebastián 1896-*id.* 1989), miembro del Partido nacionalista vasco y presidente del gobierno vasco en el exilio (1960-1979).

**LEJONA** o **LEIOA,** mun. de España (Vizcaya); 25 506 hab. Cap. *Elejalde* o *Elexalde.* En la or. der. de la ría de Bilbao. Universidad del País Vasco.

**LEK,** nombre de la rama septentrional del Rin inferior, en Países Bajos.

**LELOIR** (Luis Federico), bioquímico argentino de origen francés (París 1906-Buenos Aires 1987). Director del departamento de bioquímica de la universidad de Buenos Aires, aisló numerosas sustancias que intervienen en el metabolismo de los glúcidos. (Premio Nobel de química 1970.)

**LELY** (Pieter **Van der Faes,** llamado **sir Peter**), pintor inglés de origen neerlandés (Soest, Westfalia, 1618-Londres 1680). Establecido en Londres (1641), sucedió a Van Dyck como retratista de la corte.

**LELYSTAD,** c. de Países Bajos, cap. de la prov. de Flevoland; 4 400 hab.

**LÉMAN** *(lago),* lago de Europa, entre Francia y Suiza, al N de los Alpes de Saboya; 582 $km^2$ (348 $km^2$ en Suiza); 72 km de long. Situado a 375 m de alt., está atravesado por el Ródano. — A veces se da el nombre de *lago de Ginebra* a la parte del lago cercana a esta ciudad.

**LEMBERG** → ***Lvov.***

**LEMDIYYA,** ant. **Médéa,** c. de Argelia, cap. de vilayato; 72 000 hab.

**LEMERCIER** (Jacques), arquitecto francés (Pontoise *c.* 1585-París 1654), representante del clasicismo, realizó en París el pabellón del Reloj del Louvre y la capilla de la Sorbona.

**LEMNOS,** isla griega del mar Egeo; 476 $km^2$; 23 000 hab. Cap. *Kastro.*

**LEMOND** (Greg), ciclista norteamericano (Lakewood 1960), dos veces campeón del mundo de fondo en carretera (1983 y 1989) y tres veces vencedor del tour de Francia (1986, 1989 y 1990).

**LEMOS** (*condes* **de**), familia nobiliaria gallega. Enrique IV concedió el título a **Pedro Álvarez Osorio** (1454). — Su nieto **Rodrigo de Castro** dirigió en 1485 una insurrección señorial contra Fernando II. — **Pedro Antonio Fernández de Castro** (1632-1672) fue virrey del Perú (1667-1672). El título pasó a la casa de Alba a fines del s. XVIII.

**LEMOSÍN,** en fr. **Limousin,** región histórica y administrativa de Francia, al S de París (dep. de Corrèze, Creuse y Haute-Vienne); 16 942 $km^2$; 722 850 hab. Cap. *Limoges.* Dominio angloangevino desde el s. XII, pasó a la corona francesa en 1607.

**LEMOYNE,** familia de escultores franceses, entre los que destaca **Jean-Baptiste II** (París 1704-*id.* 1778), artista oficial, de estilo rocalla, autor de bustos de gran vivacidad.

**LEMPA,** r. de Guatemala, Honduras y El Salvador; 300 km. Desagua en el Pacífico formando un delta. Presa Cinco de noviembre, en El Salvador.

**Leibniz**
(grabado de J. F. Bause)

Jesús María de **Leizaola**

**LEMPIRA** *(departamento de),* dep. del O de Honduras, junto a la frontera con El Salvador; 4 290 $km^2$; 175 000 hab. Cap. *Gracias.*

**LEMPIRA,** cacique hondureño (1497-1537). Según la tradición, se negó a someterse a los españoles, mandados por Alonso de Cáceres, y fue asesinado.

**LEMUS** (José María), militar y político salvadoreño (El Salvador 1911-*id.* 1993). Elegido presidente de la república (1956), fue derrocado en 1960.

**LENA** → ***Liena.***

**LENA,** mun. de España (Asturias), cab. de p. j.; 14 096 hab. *(Lenenses.)* Cap. *Pola de Lena* o *La Pola.* Agricultura e industrias derivadas. Minas (hulla, cinc). Ermita de Santa Cristina (s. IX), una de las más interesantes muestras del arte asturiano.

**LENARD** (Philip), físico alemán (Presburgo [act. Bratislava] 1862-Messelhausen 1947), premio Nobel de física en 1905 por sus trabajos sobre los rayos catódicos y el efecto fotoeléctrico.

**LENAU** (Nikolaus), poeta austríaco (Csátad [act. Lenauheim], Rumania, 1802-Oberdöbling 1850), autor de poemas elegíacos *(Cantos de las cañas)* y de un poema dramático en el que convierte a Fausto en un héroe rebelde.

**LENCLOS** (Anne, llamada **Ninon de**), escritora francesa (París 1616-*id.* 1705). Mantuvo un salón frecuentado por los librepensadores.

**LENDL** (Iván), jugador de tenis checo (Ostrava 1960), nacionalizado norteamericano. En 1980 conquistó la Copa Davis con su equipo nacional (1980). Asimismo triunfó cinco veces en el Masters y varias veces en el open de Australia, Roland Garros, Flushing Meadows y se clasificó cuatro veces primero en el Grand prix (1981, 1985, 1986, 1987).

**LENG** (Alfonso), compositor chileno (Santiago 1884-*id.* 1974). Destacan en su obra, de denso lenguaje armónico, el poema sinfónico *La muerte de Alsino* (1922), *Fantasía* para piano y orquesta (1927) y *Salmo LXXVII* para coros, contralto y orquesta.

**LENIN** (Vladímir Ilich **Uliánov,** llamado), político ruso (Simbirsk 1870-Gorki [act. Nizhni Nóvgorod] 1924). En 1888 se adhirió al círculo marxista, pasó tres años deportado en Siberia (1897-1900) y luego se exilió en Suiza, donde fundó el periódico *Iskra* y expuso en *¿Qué hacer?* (1902) su concepción centralizada del partido revolucionario. Esta última triunfó en el II congreso del P.O.S.D.R. (1903) y los partidarios de Lenin formaron a partir de entonces la fracción bolchevique del partido, opuesta a la fracción menchevique. Residió por un tiempo en París (1908-1911), después en Cracovia y, en 1914, volvió a Suiza donde definió el objetivo para los revolucionarios rusos: combatir la guerra y transformarla en revolución. En abril 1917 atravesó Alemania y volvió a Petrogrado en donde impuso sus puntos de vista al P.O.S.D.R. y a los soviets y dirigió la insurrección de octubre. Fue presidente del Consejo de comisarios del pueblo (oct.-nov. 1917-1924), firmó con Alemania la paz de Brest-Litovsk y proyectó la extensión internacional del movimiento revolucionario, creando la Internacional comunista (1919). Pero la guerra civil en Rusia y el fracaso de los movimientos revolucionarios en Europa le hicieron consagrarse a la construcción del socialismo en la U.R.S.S., que él mismo fundó en 1922. Tras el período del «comunismo de guerra» (1918-1921), adoptó, frente a las dificultades económicas y las resistencias internas, la nueva política económica (N.E.P.). Además de un hombre de acción, fue un teórico (*Materialismo y empirocriticismo,* 1909; *El imperialismo, fase superior del capitalismo,* 1916; *El estado y la revolución,* 1917; *El izquierdismo, enfermedad infantil del comunismo,* 1920).

**Lenin** *(orden de),* la más alta de las órdenes civiles y militares de la U.R.S.S., creada en 1930.

**Lenin** *(premios),* premios instituidos por el gobierno soviético (1957) que remplazaron a los premios Stalin, como recompensa para sabios, artistas y escritores de la U.R.S.S.

**LENINABAD** → ***Jodzhent.***

**LENINAKÁN** → ***Gumri.***

**LENINGRADO** → ***San Petersburgo.***

**LÉNINSK-KUZNIESTKI,** c. de Rusia, en el Kuzbass; 165 000 hab. Centro minero y metalúrgico.

**LENS,** c. de Francia (Pas-de-Calais); 35 278 hab. – Victoria de Condé sobre las tropas austroespañolas (20 ag. 1648), que decidió la firma de la paz de Westfalia por España.

**LENZ** (Heinrich), físico ruso (Dorpat 1804-Roma 1865). Enunció la ley del sentido de las corrientes inducidas (1833).

**LENZ** (Jakob Michael Reinhold), escritor alemán (Sesswegen 1751-Moscú 1792). Fue, por sus obras teatrales, uno de los principales representantes del Sturm und Drang *(El preceptor; Los soldados).*

**LENZ** (Rudolf), filólogo alemán (Halle 1863-Santiago de Chile 1938), uno de los fundadores de los estudios folklóricos chilenos: *Estudios araucanos* (1895-1897), *Diccionario etimológico de las voces chilenas derivadas de las lenguas indígenas americanas* (1905-1910).

**LEÑERO** (Vicente), escritor mexicano (Guadalajara 1933). Notable cuentista (*La polvareda y otros cuentos,* 1959) y novelista (*Los albañiles,* 1964; *Redil de ovejas,* 1973; *El evangelio de Lucas Gavilán,* 1979), destaca también por sus obras teatrales de denuncia social (*Pueblo rechazado,* 1969).

**LEO,** constelación zodiacal. – Quinto signo del zodíaco, que el Sol atraviesa del 22 de julio al 23 de agosto.

**LEOBEN,** c. de Austria (Estiria), en el alto valle del Mur; 32 000 hab. En ella se firmaron los preliminares del tratado de Campoformio (1797).

**LEOCARES,** escultor ateniense (s. IV a. J.C.). Esculpió junto con Escopas, el mausoleo de Halicarnaso, obra representativa del dinamismo de la escultura del s. IV.

**LEÓN** *(golfo de),* golfo del Mediterráneo, entre el cabo de Creus (España) y el delta del Ródano (Francia).

**LEÓN** *(montes de),* sistema montañoso del NO de España, entre León y Galicia, que constituye el borde oriental del macizo Galaico; 2 181 m en los montes Aquilianos. Yacimientos de hierro.

**LEÓN,** región histórica del NO de España, que comprende las provincias de León, Salamanca y Zamora y que forma parte de la comunidad autónoma de Castilla y León. Se corresponde con la zona S del ant. reino de León*, proyección del de Asturias en el curso de la reconquista.

**LEÓN** *(reino de),* estado de la península Ibérica constituido a la muerte de Alfonso III (910), cuando sus hijos se repartieron la monarquía asturiana. García I [911-914] recibió la meseta castellano-leonesa, y a su muerte una asamblea de magnates proclamó rey de León a su hermano Ordoño II [914-924]. Alfonso IV [925-931] incorporó la región galaica. Ramiro II [931-951] derrotó a los musulmanes en Simancas (939). Muerto Vermudo III (1037), el reino pasó a Castilla. Con Alfonso VI fue independiente de 1065 a 1072, así como con Fernando II [1157-1188] y Alfonso IX [1188-1230]. La unión definitiva a Castilla tuvo lugar en 1230, con Fernando III el Santo.

**LEÓN** *(provincia de),* prov. de España, en Castilla y León; 15 468 $km^2$; 520 433 hab. Cap. *León.* P. j. de *Astorga, Cistierna, La Bañeza, León, Ponferrada, Sahagún* y *Villablino.* Los montes de León y la vertiente S de la cordillera Cantábrica enmarcan, por el O y el N, el Páramo leonés. Clima continental. Economía agropecuaria (cereales, lúpulo, leguminosas) y minera: hierro, antracita, hulla. Centrales térmicas en Ponferrada y Peñadrada, e hidroeléctrica en Cornatel.

**LEÓN** *(departamento de),* dep. del O de Nicaragua; 5 243 $km^2$; 344 500 hab. Cap. *León.*

**LEÓN,** c. de España, cap. de la prov. homónima y cab. de p. j.; 147 625 hab. *(Leoneses.)* Núcleo administrativo y comercial, y el principal centro industrial de la provincia. Ciudad monumental, conserva restos romanos (termas, murallas). Colegiata de San Isidoro (ss. X-XII) e iglesia de Santa María del Mercado (s. XII). Catedral de estilo gótico francés (ss. XIII-XIV), con claustro de los ss. XIII-XVI, sepulcros del s. XIII, coro del s. XV y trascoro de 1585. Iglesias, ayuntamiento y palacio de los Guzmanes (s. XVI). Parador de turismo y museo en el ant. convento de San Marcos (ss. XVI-XVIII). Casa de los Botines, de Gaudí.

**LEÓN** o **LEÓN DE LOS ALDAMAS,** c. de México (Guanajuato); 875 453 hab. Destacado centro industrial (calzado, metalurgia). Catedral (s. XVIII), iglesia barroca de Nuestra Señora de los Ángeles. Fue fundada en 1576.

**LEÓN,** c. de Nicaragua, cap. del dep. homónimo; 121 104 hab. Centro industrial, administrativo y cultural (universidad). Catedral (s. XVIII; tumba de Rubén Darío). Iglesias barrocas. La c. actual data de 1610, aunque su fundación inicial fue en 1524.

**LEÓN I Magno** *(san)* [¿Volterra?-Roma 461], papa de 440 a 461. En 452 consiguió que Átila se retirara de Italia, pero no pudo impedir que Genserico y los vándalos saquearan Roma (455). En el concilio de Calcedonia (451) logró que se condenara la herejía monofisita. Es autor del primer misal. – **León III** *(san)* [Roma *c.* 750-*id.* 816], papa de 795 a 816. Coronó a Carlomagno emperador de occidente (25 dic. 800). – **León IX** *(san)* [Bruno **de Egisheim-Dagsburg**] (Egisheim, Alsacia, 1002-Roma 1054), papa de 1049 a 1054. Excomulgó al patriarca Cerulario, lo que originó el cisma de la Iglesia ortodoxa. Amigo de Hildebrando, fue uno de los precursores de la reforma de la Iglesia. Sentó las primeras bases del derecho canónico. – **León X** (Juan **de Médicis**) [Florencia 1475-Roma 1521], papa de 1513 a 1521. Admirador de las obras de arte de la antigüedad, protegió las artes, las letras y las ciencias. Príncipe fastuoso, practicó el nepotismo y clausuró el V concilio de Letrán adoptando sólo decisiones en las cuestiones de detalle, el mismo año en que se desencadenó el cisma de Lutero (1517); condenó a este último por la bula *Exsurge Domine* (1520). Firmó con Francisco I el concordato de 1516. – **León XIII** (Vincenzo Gioacchino **Pecci**) [Carpineto Romano 1810-Roma 1903], papa de 1878 a 1903. En Francia preconizó la colaboración de los católicos con la república (1892), y en España recomendó a los obispos que no

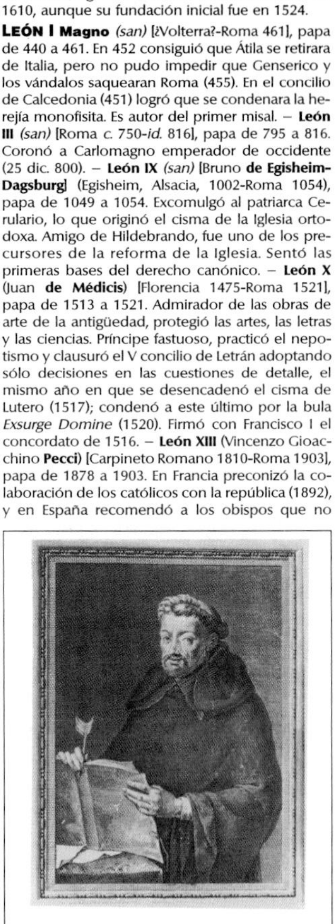

fray Luis de **León**
(J. A. Maea - Real academia de bellas artes de san Fernando, Madrid)

**Lenin** (en 1920)

Vicente **Leñero**

**León XIII**

comprometieran la fe católica por el apoyo a determinados partidos políticos. En una serie de encíclicas sobre la sociedad moderna alentó el catolicismo social y la extensión de la religión en el mundo obrero (*Rerum novarum,* 15 mayo 1891). Dio gran impulso a los estudios exegéticos, históricos y teológicos (neotomismo).

**LEÓN I,** emperador de oriente [457-474]. Fue el primer emperador coronado por el patriarca de Constantinopla. – **León III el Isaurio** (Germanicea, Comagene, *c.* 675-Constantinopla 741), emperador de oriente [717-741]. Reorganizó el imperio y derrotó a los árabes (717-718). Se mostró decididamente iconoclasta. – **León IV** (*c.* 750-780), emperador de oriente [775-780]. Combatió a los árabes en Siria y Anatolia. – **León V el Armenio** († en 820), emperador de oriente [813-820]. Salvó Constantinopla del ataque búlgaro. – **León VI el Sabio** o **el Filósofo** (866-912), emperador de oriente [886-912]. Publicó las *Basílicas,* obra legislativa comenzada por Basilio.

**LEÓN** (Mošé o Moisés **de**), cabalista hebraicoespañol (León *c.* 1240-† *c.* 1290), autor del *Zóhar*,* la obra más importante de la cábala.

**LEÓN** (*fray* Luis **de**), escritor español (Belmonte 1527-Madrigal de las Altas Torres 1591). Agustino, catedrático de teología en Salamanca, fue procesado por la Inquisición, acusado de haber puesto en duda la autoridad de la Vulgata y haber traducido el *Cantar de los Cantares.* Tradujo libros bíblicos y clásicos y publicó en latín unos comentarios al *Cantar de los Cantares* (1580). En 1583 publicó sus dos obras en prosa más conocidas: *De los nombres de Cristo* y *La perfecta* casada;* a ellas hay que añadir la *Exposición del Libro de Job.* Sus poesías son de tema religioso y su estilo y métrica derivan de Garcilaso. *La vida retirada* es una recreación horaciana, como la *Profecía del Tajo;* la oda *A Salinas* es claramente platonizante.

**LEÓN** (Juan Francisco **de**), insurgente venezolano (nacido en Canarias-† *c.* 1755). En 1749 se levantó en armas contra los excesos de la Compañía guipuzcoana y entró en Caracas, apoyado por el cabildo y la nobleza criolla. Apresado (1752), fue deportado a España.

**LEÓN** (Diego **de**), *conde* **de Belascoain,** militar español (Córdoba 1807-Madrid 1841). Se distinguió en la primera guerra carlista. Participó en una conspiración moderada para apoderarse de la reina niña (1841), pero fracasó y fue fusilado.

**LEÓN** (Ricardo), escritor español (Barcelona 1877-Madrid 1943), autor de novelas de exaltación religiosa y patriótica: *Casta de hidalgos* (1908). [Real academia 1912.]

**LEÓN** (Rafael **de**), letrista de canciones español (Sevilla 1910-Madrid 1982). Puso letra a composiciones de Manuel López Quiroga (*Ojos verdes, María de la O, La zarzamora,* etc.).

**LEÓN AFRICANO** (al-Ḥasan ibn Muhamad al-Wazzān al Zayyātī, llamado), geógrafo granadino (Granada *c.* 1495-Túnez *c.* 1552). Fue bautizado por el papa León X. Su obra principal es una descripción de África (1550), influyente en el renacimiento.

**LEÓN CARPIO** (Ramiro **de**), político guatemalteco (Guatemala 1942). En 1993 fue elegido por el parlamento presidente constitucional, en sustitución del destituido Jorge Serrano. Durante su mandato (hasta 1996) se reformó la constitución.

**león neerlandés** *(orden del),* orden de Países Bajos, creada en 1815, que comprende tres clases.

**Leona herida,** ortostato de alabastro yesoso esculpido en bajorrelieve (museo Británico), procedente de la decoración del palacio (s. VII a. J.C.) de Assurbanipal en Nínive.

**LEONARDO da Vinci,** pintor, escultor, arquitecto, ingeniero y sabio italiano (Vinci, cerca de Florencia, 1452-en el castillo de Cloux [act. Clos-Lucé], cerca de Amboise, 1519). Vivió especialmente en Florencia y Milán, antes de partir hacia Francia (1516) invitado por Francisco I. Para sus contemporáneos fue famoso como pintor, autor de *La Gioconda*, La Virgen* de las rocas, La Cena* (Milán), *La Virgen, el Niño Jesús y santa Ana* (Louvre), etc., pero este gran iniciador del segundo renacimiento mostró interés por todas las ramas del arte y de la ciencia, como lo atestiguan sus escritos y sus sorprendentes cuadernos de dibujos.

**LEONARDO** (José o Jusepe), pintor español (Calatayud *c.* 1605-Zaragoza *c.* 1656), uno de los mejores representantes de la escuela barroca madrileña por su refinamiento de color y tratamiento de la luz (*Toma de Brisach,* 1634-1635, Prado).

**LEONARDO BRAVO,** mun. de México (Guerrero); 16 449 hab. Maíz, frijol. Minas de oro y plata.

**LEONCAVALLO** (Ruggero), compositor italiano (Nápoles 1858-Montecatini 1919). Representante de la ópera verista, es autor de *Payasos* (1892).

**LEONCIO MARTÍNEZ,** mun. de Venezuela (Miranda), en el área metropolitana de Caracas; 59 211 hab.

**LEONE** (Sergio), director de cine italiano (Roma 1929-*id.* 1989), especialista en «spaghetti-western» (*Hasta que llegó su hora,* 1968).

**LEONES DE CASTILLA** *(Alto de los),* puerto de España, en la sierra del Guadarrama, paso natural entre las dos Castillas; 1 511 m de alt.

**LEONI** (Leone), escultor y medallista italiano (Menaggio, cerca de Como, 1509-Milán 1590). Especializado en la escultura en bronce y el retrato mo-

**Leonardo** da Vinci: *Joven y anciano.* Estudio a la sanguina. (Gabinete de dibujos, Florencia.)

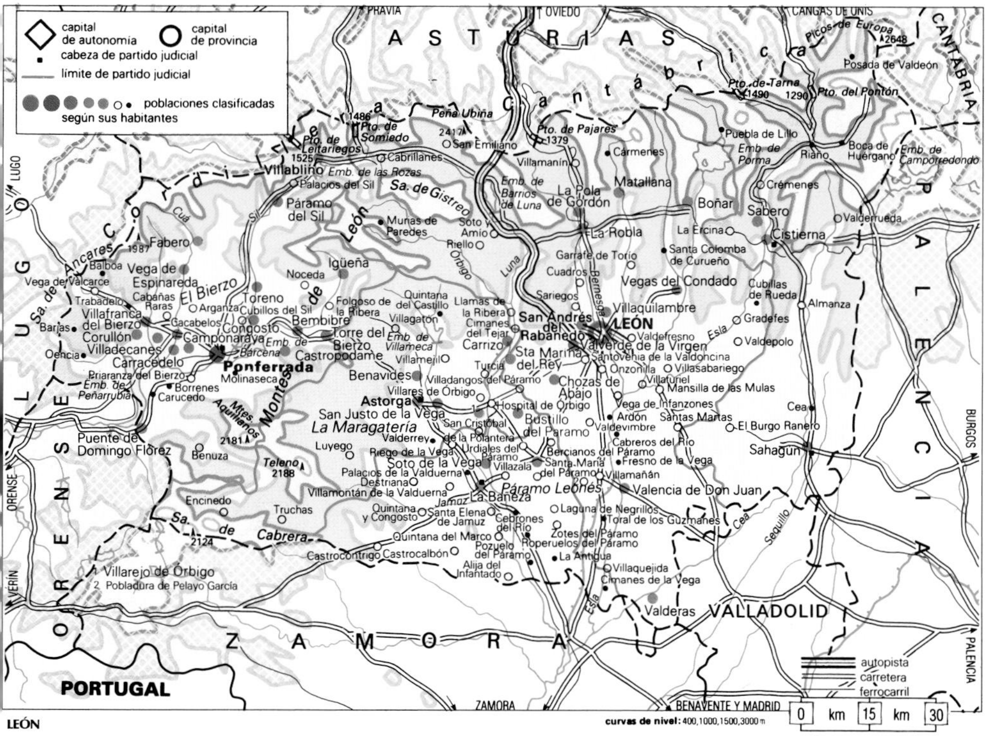


LEÓN

curvas de nivel: 400,1000,1500,3000 m

numental, fue escultor al servicio de Carlos Quinto (*Carlos Quinto abatiendo el furor,* 1564; *María de Austria* y *Felipe II,* todas en el Prado) y, junto con su hijo, realizó numerosos bustos para la corte española. – Su hijo **Pompeo** (Pavia *c.* 1533-Madrid 1608) fue el autor del retablo mayor del monasterio de El Escorial y de las magistrales estatuas de bronce dorado de los sepulcros de dicho monasterio.

**LEONI** (Raúl), abogado y político venezolano (Úpata 1905-Nueva York 1972). Presidente de la república con Acción democrática (1964-1969), firmó el pacto antiguerrillas de Río Arauca con el presidente de Colombia G. L. Valencia (1966).

**LEÓNIDAS** († en las Termópilas 480 a. J.C.), rey de Esparta de 490 a 480 a. J.C., héroe de las Termópilas, a las que defendió de los persas y donde encontró la muerte con 300 hoplitas.

**LEONOR DE ALBURQUERQUE,** llamada **la Ricahembra** († Medina del Campo 1435), reina de Aragón [1414-1416], esposa de Fernando de Antequera (1395). Al morir su esposo, volvió a Castilla (1416). Encarcelada en 1430, sus tierras pasaron a Álvaro de Luna.

**LEONOR DE AQUITANIA** (1122-Fontevraud 1204), duquesa de Aquitania y de Gascuña y condesa de Poitou [1137-1204]. Esposa de Luis VII de Francia, tras ser repudiada casó con Enrique Plantagenet, vinculando sus posesiones al rey inglés.

**LEONOR DE ARAGÓN** (*c.* 1420-Tudela 1479), reina de Navarra [1479], hija de Juan II de Aragón y de Blanca de Navarra. Gobernó Navarra desde 1464, y, muerto su padre, fue proclamada reina.

**LEONOR DE AUSTRIA** (Lovaina 1498-Talavera 1558), archiduquesa de Austria, reina de Portugal [1519-1521] y después de Francia [1530-1547], hija de Felipe el Hermoso y de Juana la Loca. Casó sucesivamente con Manuel I de Portugal y con Francisco I de Francia.

**LEONOR DE CASTILLA** (1307-Castrojeriz 1359), reina de Aragón [1329-1336], esposa de Alfonso IV. Era hija de Fernando IV de Castilla. Intervino en la sublevación de la Unión valenciana contra Pedro el Ceremonioso, y durante la guerra de los dos Pedros (1356-1361) fue ejecutada por orden de Pedro el Cruel.

**LEONOR DE PLANTAGENET** (1156-1214), reina de Castilla [1170-1214]. Hija de Enrique II de Inglaterra, casó con Alfonso VIII de Castilla (1170).

**LEONOR DE TRASTÁMARA** (1350-Olite 1415), reina de Navarra [1387-1415], hija de Enrique II de Castilla. Casó con Carlos III el Noble de Navarra (1375). No fue coronada hasta 1403.

**LEÓNOV** (Alexéi Arjipóvich), cosmonauta ruso (Listvianka, Novosibirsk, 1934). Fue el primer hombre que efectuó una salida al espacio con escafandra (18 marzo 1965).

**LEÓNOV** (Leonid Maxímovich), escritor ruso (Moscú 1899-† ¿1989-1990?), autor de novelas que describen la sociedad surgida de la revolución *(Los tejones; El bosque ruso).*

**LEÓN-PORTILLA** (Miguel), historiador y antropólogo mexicano (México 1926), especialista en culturas precolombinas mesoamericanas: *La filosofía náhuatl* (1956), *Los antiguos mexicanos* (1961), *De Teotihuacán a los aztecas* (1971), *El pensamiento azteca* (1985), *Literatura indígena de México* (1991).

**LEONTIEF** (Wassily), economista norteamericano de origen ruso (San Petersburgo 1906-Nueva York 1999). Sus trabajos, sobre las relaciones interindustriales le valieron el premio Nobel de economía en 1973.

**Leopoldo I** de Bélgica (P. Beaufaux - museo real del ejército, Bruselas)

**Leopoldo II** de Bélgica (P. Tossyn - museo de la dinastía, Bruselas)

**LEOPARDI** (Giacomo, *conde*), escritor italiano (Recanati, Marcas, 1798-Nápoles 1837). En su poesía, pasó de plasmar sus sueños de heroísmo (*A Italia,* 1818) a expresar el dolor y la angustia (*Canto nocturno,* 1831; *La retama,* 1836).

**LEOPOLDO I** (Coburgo 1790-Laeken 1865), primer rey de los belgas [1831-1865], hijo de Francisco de Sajonia-Coburgo. – **Leopoldo II** (Bruselas 1835-Laeken 1909), rey de los belgas [1865-1909], hijo del anterior. Propietario y soberano del Estado libre del Congo [1885-1907], lo cedió a Bélgica. – **Leopoldo III** (Bruselas 1901-*id.* 1983), rey de los belgas [1934-1951], hijo de Alberto I. En 1940 ordenó deponer las armas ante los alemanes, lo que abrió una gran controversia y lo hizo impopular. Tras una etapa de regencia de su hermano Carlos (1944-1950), abdicó en 1951 en su hijo Balduino.

**LEOPOLDO I** (Viena 1640-*id.* 1705), rey de Hungría [1655-1705], archiduque y emperador de Austria [1658-1705], rey de Bohemia [1656-1705]. Aceptó la paz de Nimega (1679), entró en la liga de Augsburgo (1686), firmó el tratado de Ryswick (1697), consiguió que los otomanos abandonaran Hungría (tratado de Karlowitz, 1699) e hizo participar al Imperio en la guerra de Sucesión española. – **Leopoldo II** (Viena 1747-*id.* 1792), emperador, archiduque de Austria, rey de Bohemia y de Hungría [1790-1792], hijo de Francisco I y de María Teresa y hermano de María Antonieta. Publicó con Federico Guillermo II, rey de Prusia, la declaración de Pillnitz (1791) contra la Francia revolucionaria, pero murió antes del inicio de las hostilidades.

**LÉOPOLDVILLE** → ***Kinshasa.***

**LEOVIGILDO** († Toledo 586), rey visigodo [573-586], sucesor de su hermano Liuva. Promulgó el *Codex revisus,* que tendía a convertir el derecho personal en territorial, acuñó moneda propia y sofocó diversos focos de rebelión sueva (578 y 585). Encarnó el ideal de monarquía peninsular y hereditaria, e intentó la unión religiosa de Hispania bajo el arrianismo (sínodo de Toledo, 580). Su hijo Hermenegildo se convirtió al catolicismo y se rebeló autonombrándose rey (584), pero fue vencido y ejecutado (585).

**LEPANTO** *(golfo de),* nombre con el que también se conoce el golfo de Corinto.

**Lepanto** *(batalla de)* [7 oct. 1571], combate naval que tuvo lugar en el golfo homónimo, cerca de la ciudad de Lepanto (act. Naupacta), entre la flota turca, al mando de Alī bajá, y las escuadras veneciana, pontificia y española coligadas en la Santa liga, bajo el mando conjunto de don Juan de Austria. La batalla, que concluyó con la victoria de la liga, detuvo momentáneamente la expansión turca.

**LEPE,** c. de España (Huelva); 16 562 hab. *(Leperos.)* Puerto pesquero. Playa de Nueva Umbría.

**LÉPIDO** (Marco Emilio) [† 13 o 12 a. J.C.], colega de César en el consulado (46 a. J.C.), miembro, con Marco Antonio y Octavio, del segundo triunvirato (43), del que se le eliminó progresivamente.

**LEPRINCE DE BEAUMONT** (Jeanne Marie), escritora francesa (Ruán 1711-Chavanod 1780), autora de cuentos para jóvenes (*La Bella y la Bestia,* 1758).

**Leovigildo:** miniatura de un manuscrito de *Semblanza de reyes* (biblioteca nacional, Madrid)

**LEPTIS MAGNA,** colonia fenicia y después romana del N de África, ciudad natal de Septimio Severo. Importantes ruinas romanas. (Act. *Lebda,* al E de Trípoli.)

**LEQUEITIO** o **LEKEITIO,** v. de España (Vizcaya); 6 780 hab. *(Lequeitianos.)* Iglesia gótica de la Asunción (ss. XIII-XVI). Restos de casas medievales.

**LERCHUNDI** (*fray* José), franciscano y arabista español (Orio 1836-† 1896). Su *Crestomatía arábigo-española* (1881), en colaboración con F. J. Simonet, gozó de gran prestigio.

**LERDO,** mun. de México (Durango); 73 527 hab. Cab. *Ciudad Lerdo.* Centro agrícola y comercial.

**LERDO DE TEJADA,** mun. de México (Veracruz); 18 573 hab. Caña de azúcar (ingenios). Pesca.

**LERDO DE TEJADA** (Miguel), político mexicano (Veracruz 1812-México 1861). Federalista, miembro del Partido liberal, fue ministro de Hacienda (1856-1857 y 1861). Promulgó la ley de desamortización y promovió las leyes de Reforma. Presidió la Compañía lancasteriana*. – Su hermano **Sebastián** (Jalapa 1827-Nueva York 1889), apoyó a Juárez en la guerra de Intervención (1863), se separó de él en 1871 y fundó el Partido lerdista. Presidente de la república (1872), fue combatido y derrotado por Porfirio Díaz en Tecoac (1876) y se exilió en E.U.A.

**LÉRIDA** o **LLEIDA** *(provincia de),* prov. de España, en Cataluña; 12 028 km$^2$; 359 725 hab. Cap. *Lérida.* P. j. de *Balaguer, Cervera, Lérida, Seo de Urgel, Solsona, Tremp* y *Viella-Mitg-Arán.* Al N se extienden el Pirineo y las sierras de Cadí, Boumort, Montsec, con una importante producción hidroeléctrica y recursos turísticos de invierno; al S, la depresión del Ebro, con una rica agricultura de regadío (frutas, cereales, forrajes). En secano hay cereales y olivo. Industria alimentaria, textil y química.

**LÉRIDA** o **LLEIDA,** c. de España, cap. de la prov. homónima y cab. de p. j.; 119 380 hab. *(Leridanos.)* A orillas del Segre. Centro comercial de productos agrícolas e industrial. Capital de los ilergetes, fue la *Ilerda* romana. Fortaleza musulmana (Zuda). Edificios románicos: iglesias, ayuntamiento o *paeria,* castillo. Catedral del románico final (s. XIII), con claustro, portada y pinturas murales góticas.

**LERMA** o **LERMA DE VILLADA,** mun. de México (México); 57 219 hab. Industria automovilística.

**LERMA,** v. de España (Burgos), cab. de p. j.; 2 417 hab. *(Lermeños.)* Recinto amurallado. Conjunto monumental de los ss. XVI-XVIII, iniciado por Francisco de Mora: palacio ducal, colegiata y conventos de San Blas, Santa Teresa y la Ascensión.

**LERMA** (Francisco **de Sandoval y Rojas,** *duque* **de**), político español (1553-Tordesillas 1623). Grande de España y gentilhombre de cámara de Felipe II, en 1598 Felipe III le confió los asuntos de Estado. Utilizó los privilegios de su cargo para amasar una gran fortuna, lo que le hizo muy impopular. Fue destituido en 1618.

el duque de **Lerma** (Rubens - Prado, Madrid)

**LERMA-SANTIAGO,** sistema fluvial de México; 900 km. El *río Lerma* nace en las *lagunas de Lerma,* a 2 600 m de alt., y tras 500 km de recorrido desagua en la laguna de Chapala; de ésta nace el *río Grande de Santiago,* que desemboca en el Pacífico. Aprovechamiento para el riego e hidroeléctrico (presas de Tepuxtepec y Solís).

**LÉRMONTOV** (Mijaíl Yúrievich), poeta ruso (Moscú 1814-Piatigorsk 1841). Sus poemas unen la tradición de las «bilinas» con la inspiración romántica *(El boyardo Orsha; El demonio).* También es autor de una novela de aventuras sicológica, *Un héroe de nuestro tiempo* (1839-1840).

**LERNA,** zona pantanosa del Peloponeso, en la que habitaba la *Hidra,* serpiente monstruosa de siete cabezas a la que dio muerte Heracles.

**LEROI-GOURHAN** (André), etnólogo y prehistoriador francés (París 1911-*id.* 1986). Sus trabajos sobre arte prehistórico y de los pueblos sin escritura le proporcionaron una nueva visión de las mentalidades prehistóricas (*El gesto y la palabra,* 2 vols., 1964-1965).

**LERROUX** (Alejandro), político español (La Rambla, Córdoba, 1864-Madrid 1949). Fundador del Partido republicano radical (1908), su anticlericalismo y su obrerismo demagógico le dieron una rápida popularidad. Evolucionó hacia la derecha, y fue presidente del gobierno (set. 1933-set. 1935) y ministro de Estado (abril-dic. 1931; oct.-dic. 1935). El escándalo del estraperlo provocó su caída y la del gobierno.

**LERTXUNDI** (Anjel), escritor español en lengua vasca (Zarautz 1948). Es autor de novelas de un costumbrismo trágico (*La calle de arriba* [*Goiko kale,* 1973]), pero *Tobacco days* (1987) es un relato en clave de humor.

**LESAGE** (Alain René), escritor francés (Sarzeau 1668-Boulogne-sur-Mer 1747), autor de novelas realistas de inspiración española (*El diablo cojuelo,* 1707; *Gil Blas de Santillana,* 4 vols., 1715-1735) y de comedias.

**LESBOS** o **MITILENE,** isla griega del mar Egeo, cerca del litoral turco; 1 631 km²; 97 000 hab. *(Lesbios).* Cap. *Mitilene* (25 400 hab.). Olivares. En los ss. VII-VI a. J.C., Alceo y Safo la convirtieron en la capital de la poesía lírica.

**LESOTHO,** ant. **Basutolandia,** estado de África austral, enclavado en la República de Sudáfrica; 30 355 km²; 1 800 000 hab. CAP. *Maseru.* LENGUAS OFICIALES: *inglés* y *sotho.* MONEDA: *loti.* Economía dependiente de la República de Sudáfrica.

HISTORIA

Basutolandia, creada en el s. XIX, colocada bajo la autoridad del rey Moshoeshoe I, y más tarde protectorado británico (1868), adquirió la independencia en 1966 con el nombre de Lesotho. En 1970 el rey Moshoeshoe II perdió poder en favor del primer ministro, J. Leabua Jonathan. En 1986, Jonathan fue derrocado. Desde entonces se suceden al frente del país los militares que en 1990 obligaron a Moshoeshoe II a abdicar en su hijo Letsie III, quien en 1995 abdicó en su padre Moshoeshoe II. 1996: muerte de Moshoeshoe II; le sucede Letsie III.

**LESPUGUE,** localidad de Francia (Haute-Garonne); 85 hab. Yacimiento arqueológico en el que se descubrió una estatuilla esculpida en marfil de mamut *(Venus de Lespugue),* del gravetiense final (27 000-20 000 a. J.C.).

**LESSEPS** (Ferdinand, *vizconde* **de**), diplomático francés (Versalles 1805-La Chênaie 1894). Hizo construir el canal de Suez (1869) y fundó una compañía para construir el canal de Panamá, cuya quiebra provocó un escándalo.

**LESSING** (Doris), escritora británica (Kirmanšah, Irán, 1919). En sus novelas, cuentos y obras de teatro analiza los conflictos humanos y sociales (*Hijos de la violencia,* 1952-1966; *La buena terrorista,* 1985) a través de la experiencia de las minorías raciales (apartheid) y la condición femenina (*El cuaderno dorado,* 1962). *[V. ilustración pág. 1460.]*

**LESSING** (Gotthold Ephraim), escritor alemán (Kamenz, Sajonia, 1729-Brunswick 1781). En sus ensayos críticos sobre literatura y arte *(Dramaturgia hamburguesa, Laoconte)* condenó la imitación del neoclasicismo francés, proponiendo como modelo a Shakespeare y preconizó una nueva estética dramática, que plasmó en tragedias burguesas y filosóficas (*Nathan el Sabio,* 1779).

**LESZCZYŃSKI,** familia polaca cuyos miembros más célebres fueron **Estanislao*** y su hija **María* Leszczyńska.**

**LETAMENDI** (José **de**), médico y escritor español (Barcelona 1828-Madrid 1897), autor de *Curso de patología general* (1883-1889), *Curso de clínica general* (1894) y numerosos escritos sobre medicina, literatura y otras materias.

**LETELIER** (Alfonso), compositor chileno (Santiago 1912-† 1994). En 1940 fundó la Escuela moderna de música de Santiago, que dirigió hasta 1953. Destaca en su obra la ópera sacra *Tobías y Sara* (1955).

**LETEO,** uno de los ríos de los infiernos de la mitología griega, cuyas aguas hacían olvidar el pasado a las almas de los muertos.

**LETHBRIDGE,** c. de Canadá (Alberta); 60 974 hab.

**LETICIA,** c. de Colombia, cap. del dep. de Amazonas; 19 245 hab. Puerto fluvial en el Amazonas.

**LETO,** en la mitología griega, madre de Artemisa y de Apolo, llamada **Latona** por los romanos.

**LETONIA,** en letón **Latvija,** estado de Europa, a orillas del Báltico; 64 000 km²; 2 700 000 hab. *(letones).* CAP. *Riga.* LENGUA OFICIAL: *letón.* MONEDA: *lat.*

GEOGRAFÍA

El país está poblado por una escasa mayoría de origen letón (52 %) y una tercera parte de rusos. Presenta un alto índice de urbanización (más de un tercio de la población en Riga) y de industrialización (construcciones mecánicas y eléctricas).

LÉRIDA

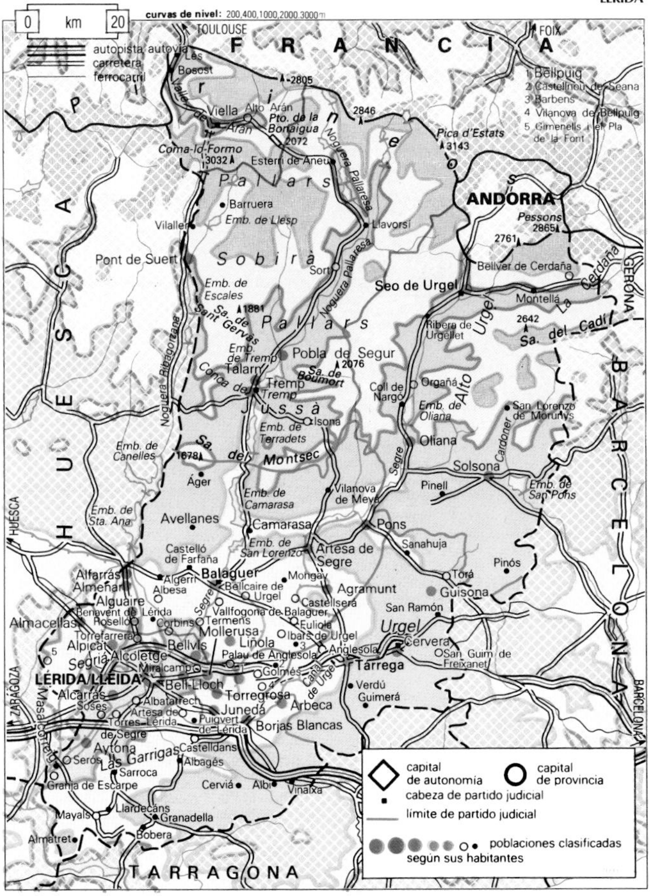


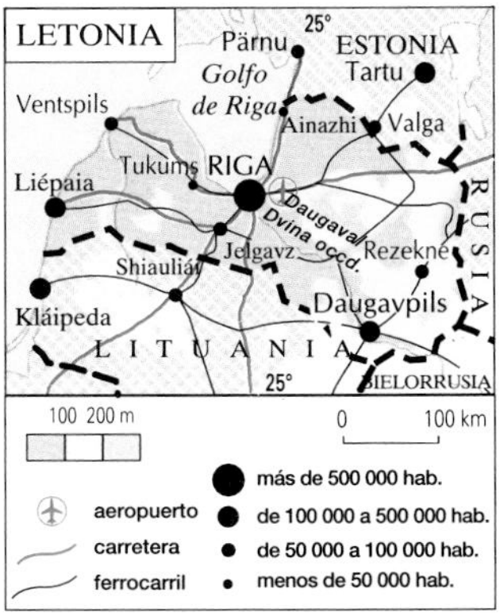

Alejandro **Lerroux**
(Rafael Moreno - Asociación de prensa, Madrid)

Ferdinand de **Lesseps**
(H. Fourau - Compagnie financière de Suez)

HISTORIA

Principio de la era cristiana: pueblos del grupo ugro-finés y del grupo báltico se establecieron en la región. Fines del s. XII-principios del s. XIII: los caballeros portaespada y los teutónicos conquistaron el país. 1237-1561: ambos se fusionaron formando la orden livónica para gobernar el país y cristianizarlo. 1561: Livonia fue anexionada por Polonia y Curlandia se erigió en ducado bajo soberanía polaca. 1721-1795: el país quedó sometido al Imperio ruso. 1918: Letonia proclamó su independencia. 1920: los soviéticos reconocieron su independencia por el tratado de Riga. 1940: de acuerdo con el pacto germano-soviético, Letonia fue anexionada por la U.R.S.S. 1941-1944: Alemania ocupó el país. 1944: Letonia volvió a ser república soviética. 1990: el Frente popular ganó las primeras elecciones libres. 1991: la independencia, restaurada, fue reconocida por la U.R.S.S. y por la comunidad internacional, y el país ingresó en la O.N.U. Guntis Ulmanis fue elegido presidente. 1994: las tropas rusas culminaron su retirada del país. 1995: Letonia solicitó su integración en la Unión europea. 1997: G. Ulmanis, reelegido presidente.

**Letrán** *(palacio de),* palacio de Roma que fue la residencia de los papas hasta el s. XV. El edificio actual es obra de D. Fontana (1587-1588). – La *basílica de San Juan de Letrán* (catedral de Roma), adyacente al palacio, fue fundada por Constantino y ha sido reconstruida en varias ocasiones.

**Letrán** *(acuerdos de)* [11 febr. 1929], acuerdos firmados en el palacio romano de Letrán entre la Santa Sede y el jefe del gobierno italiano, Mussolini. Establecieron la plena soberanía papal sobre el Estado del Vaticano y reconocieron el catolicismo como religión del estado en Italia (este último principio fue anulado por el concordato de 1984).

**Letrán** *(concilios de),* denominación dada a cinco concilios ecuménicos que se celebraron en el palacio contiguo a la basílica romana de Letrán. (V. parte n. c., ***concilio.***)

**LEUCAS** o **LEUCADE,** ant. isla del mar Jónico (Grecia), act. unida al continente; 20 900 hab.

**LEUCIPO,** filósofo griego (*c.* 460-370 a. J.C.), fundador del atomismo.

**Leucopetra** *(batalla de)* [146 a. J.C.], victoria de los romanos sobre la liga aquea, cerca de Corinto, que supuso el fin de la independencia griega.

**Leuctra** *(batalla de)* [371 a. J.C.], victoria de Epaminondas sobre los espartanos en Beocia, que aseguró a Tebas la hegemonía sobre Grecia.

**LEUVEN** → ***Lovaina.***

**LEVANTE,** nombre que se dio a los países del litoral oriental del Mediterráneo.

**LEVANTE,** sector que abarca las comarcas mediterráneas de España correspondientes a los antiguos reinos de Valencia y Murcia.

**LEVANTE** *(sierras de)* o **SERRES DE LLEVANT,** conjunto montañoso del E de Mallorca (España); 562 m en el Ferrutx. Cuevas del Drac, els Hams y Artá.

**LEVENE** (Ricardo), historiador y jurista argentino (Buenos Aires 1885-† 1959), presidente de la Academia nacional de la historia y director de la gran *Historia de la nación argentina.* Autor, entre otras obras, de *Lecciones de historia argentina* (1924) e *Historia del derecho argentino* (1945).

**LEVERKUSEN,** c. de Alemania (Renania del Norte-Westfalia), a orillas del Rin; 159 325 hab. Industrias químicas.

**LEVERTIN** (Oscar), escritor sueco (Gryt 1862-Estocolmo 1906). Poeta (*Leyendas y canciones,* 1891) y novelista, fue contrario al naturalismo (*Los maestros de Österas,* 1900).

**LÉVESQUE** (René), político canadiense (New Carlisle 1922-Montreal 1987). Fundó el Partido quebequés (1968), favorable a la independencia de la provincia de Quebec, y fue primer ministro de ésta (1976-1985).

**LEVÍ,** tercer hijo de Jacob, antepasado epónimo de la *tribu de Leví,* de Israel, cuyos miembros *(levitas)* se consagraban al culto religioso.

**LEVÍ** (Aharon **ha-**), talmudista hebraicoespañol (Barcelona s. XIII). Escribió varios comentarios sobre tratados talmúdicos y la obra *Las grietas de la casa.*

**LEVÍ** (Juan **de**), pintor español activo en Aragón a principios del s. XV, uno de los máximos representantes del gótico internacional aragonés (retablo de santa Catalina, catedral de Tarazona).

**LEVÍ** (Yĕhudá **ha-**), poeta y apologista hebraicoespañol (Tudela *c.* 1075-en Egipto *c.* 1141). En hebreo escribió poesía religiosa *(Himno de la Creación)* y creó el género de las *Siónidas.* En árabe escribió en prosa *El Cuzari,* defensa y apología del judaísmo.

**LEVIATÁN,** monstruo acuático de la mitología fenicia mencionado en la Biblia como símbolo del paganismo.

**Leviatán,** obra de Hobbes (1651). El autor elaboró una concepción materialista y absolutista del estado, al que definió como un poder absoluto sobre la sociedad que, enfrentada *(homo homini lupus),* delega por contrato en una asamblea o en el soberano.

**LEVI-CIVITA** (Tulio), matemático italiano (Padua 1873-Roma 1941), creador, junto con Ricci-Curbastro, del análisis tensorial.

**LEVILLIER** (Roberto), diplomático e historiador argentino (Buenos Aires 1866-*id.* 1969). Embajador en México (1935-1937) y Uruguay (1938-1941), estudió a A. Vespucio y el s. XVI en Suramérica.

**LEVINAS** (Emmanuel), filósofo francés (Kaunas, Lituania, 1905-París 1995). Su filosofía de la existencia es una reflexión sobre la plenitud del mundo, fundada en la experiencia ética del otro (*El tiempo y el otro,* 1948; *Ética e infinito,* 1982).

**LEVINGSTON** (Roberto Marcelo), militar y político argentino (San Luis 1920). Opuesto a Onganía, las fuerzas armadas le nombraron presidente de la república (1970), pero fue destituido (1971).

**LÉVI-PROVENÇAL** (Evariste), arabista francés (Argel 1894-París 1956), autor de *Historia de la España musulmana* (1944).

**LÉVI-STRAUSS** (Claude), antropólogo francés (Bruselas 1908). Tras descubrir su vocación en un viaje al Brasil (*Tristes trópicos,* 1955), aplicó el estructuralismo al estudio de los fenómenos humanos: *Las estructuras elementales del parentesco* (1949), *Antropología estructural* (1958), *El pensamiento salvaje* (1962), *Mitológicas* (1964-1971).

**Levítico,** libro del Antiguo testamento, el tercero del Pentateuco. Trata del culto israelita, confiado a los miembros de la tribu de Leví.

**LÉVY-BRUHL** (Lucien), sociólogo francés (París 1857-*id.* 1939). Definió las costumbres en función de la moral (*La moral y la ciencia de las costumbres,* 1903) y forjó la hipótesis de una evolución de la mente humana (*La mentalidad primitiva,* 1922).

**LEWIN** (Kurt), sicosociólogo norteamericano de origen alemán (Mogilno, Bydgoszc, 1890-Newtonville, Massachusetts, 1947). Desarrolló una sicología social basada en la topología matemática y se interesó por la dinámica de grupo.

**LEWIS** (Carlton **Mc Hinley,** llamado **Carl**), atleta norteamericano (Birmingham, Alabama, 1961), cuádruple campeón olímpico en 1984 (100 m, 200 m, salto de longitud y 4 × 100 m) y campeón olímpico en 1988 (100 m y salto de longitud), en 1992 (salto de longitud y 4 × 100 m) y en 1996 (salto de longitud). En 1997 anunció su retirada.

**LEWIS** (Clarence Irving), lógico norteamericano (Stoneham, Massachusetts, 1883-Cambridge, Massachusetts, 1964). Su elaboración de la noción de implicación estricta le llevó a desarrollar la lógica modal.

**LEWIS** (Gilbert Newton), físico y químico norteamericano (Weymouth, Massachusetts, 1875-Berkeley 1946). Autor, en 1916, de la teoría de la covalencia, dio una definición general de los ácidos y propuso, en 1926, el término *fotón* para el cuanto de energía radiante.

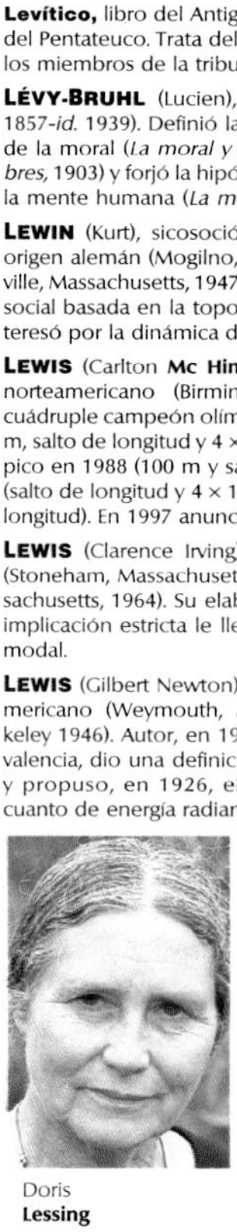

Doris **Lessing**

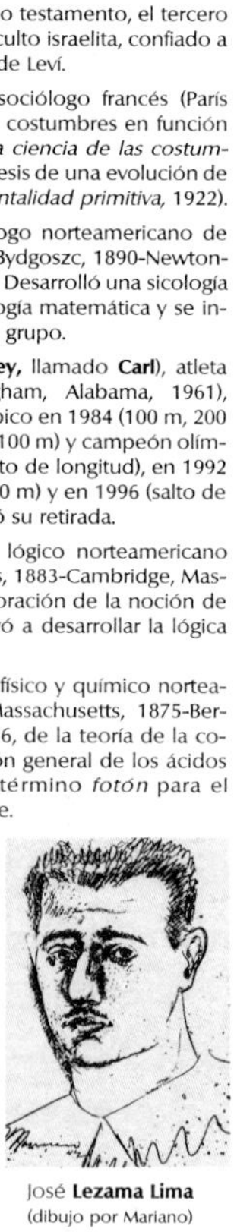

José **Lezama Lima** (dibujo por Mariano)

**LEWIS** (Joseph **Levitch,** llamado **Jerry**), actor y director de cine norteamericano (Newark 1926), heredero de la tradición cómica norteamericana (*El terror de las chicas,* 1961; *El profesor chiflado,* 1963).

**LEWIS** (Matthew Gregory), escritor británico (Londres 1775-en alta mar 1818). Su novela *Ambrosio o el monje* (1796), llena de escenas fantásticas, puso de moda la novela gótica.

**LEWIS** (Percy Wyndham), pintor y escritor británico (en alta mar, Canadá, 1882-Londres 1957). Preconizó la abstracción de formas en el manifiesto *Vorticismo* (1914). Fue autor de novelas satíricas y ensayista polémico.

**LEWIS** (Sinclair), escritor norteamericano (Sauk Centre, Minnesota, 1885-Roma 1951), autor de novelas que constituyen un testimonio satírico de la burguesía norteamericana y de sus preocupaciones sociales y religiosas (*Babbitt,* 1922; *Elmer Gantry,* 1927). [Premio Nobel de literatura 1930.]

**LEWIS** (*sir* William Arthur), economista británico (Santa Lucía 1915-en Barbados 1991). Se especializó en las teorías del crecimiento económico y del desarrollo. (Premio Nobel de economía 1979.)

**LEWITT** o **LEWITT** (Sol), artista norteamericano (Hartford 1928), representante del arte minimal (esculturas; dibujos murales, a partir de 1968).

**LEXINGTON-FAYETTE,** c. de Estados Unidos (Kentucky); 225 366 hab.

**LEY** (Salvador **Levy,** llamado **Salvador**), compositor guatemalteco (Guatemala 1907), autor de piezas para piano (*El mar,* 1941; *Cuatro piezas para piano,* 1969; *La serpiente,* 1970).

**Leyenda áurea** o **dorada,** nombre dado en el s. XV a una compilación de vidas de santos realizada por Jacobo de Vorágine en el s. XIII.

**Leyenda negra,** nombre que se da a las interpretaciones de la historia de España, a menudo peyorativas, que se difundieron a partir del s. XVI y que insistían en el carácter oscurantista de la monarquía española (Inquisición; actuación explotadora de los indígenas en las colonias americanas, denunciada por Las Casas; lucha contra la Reforma en Europa; represión en los Países Bajos).

**Leyes** *(escuela de las),* escuela de pensamiento chino (s. VII a. J.C.), que preconizaba un gobierno autoritario y racional en el área económica.

**leyes** *(Las),* diálogo de Platón en el que hace un análisis de las mejores leyes posibles, a partir de ejemplos reales (Esparta, Atenas).

**Leyre** *(monasterio de San Salvador de),* monasterio benedictino español (Yesa, Navarra), principalmente románico, con una secuencia de los ss. IX-XVIII. Sepulcros de los reyes de Navarra.

**LEYTE,** isla de Filipinas; 8 003 km²; 1 362 000 hab. Cap. *Tacloban.* Ocupada por los japoneses de 1942 a 1944, fue escenario de la derrota de la flota japonesa (oct. 1944), que empleó por primera vez allí los aviones suicidas kamikazes.

**LEZAMA LIMA** (José), escritor cubano (La Habana 1910-*id.* 1976). Tendió hacia una poesía esencial, a la vez cosmopolita y con raíces cubanas. Católico y revolucionario, se sumó no sin dificultades a la causa castrista. Su obra poética (*Narciso,* 1937; *Enemigo rumor,* 1941; *La fijeza,* 1949; *Dador,* 1960) delata una visión a la vez intelectual y sensual del mundo, basada en el poder de la imagen, bajo el modelo de Góngora, que halla su desarrollo teórico en sus ensayos (*Analecta del reloj,* 1953; *Tratados de La Habana,* 1958). Fruto de una labor de años es su compleja y poética novela *Paradiso** (1966), género al que también pertenece *Oppiano Licario* (póstuma, 1977).

**LEZO** (Blas **de**), marino español (Pasajes 1689-Cartagena de Indias 1741). Capitán de fragata, realizó grandes campañas en el Pacífico, y en el Mediterráneo contrarrestó a los berberiscos. Murió durante la guerra hispano-británica.

**LHASSA,** c. y cap. del Tíbet (China), a 3 600 m de alt.; 105 000 hab. Numerosas lamaserías. Palacio de Potala*, antigua residencia del dalai-lama.

**LHOTSE,** pico del Himalaya, cercano al Everest, el cuarto del mundo por altitud; 8 545 m.

**LI BO** o **LI PO,** llamado también **Li Taibo** o **Li T'aipo,** poeta chino (Turkestán 701-Jiangsu 762), uno de los grandes poetas de la dinastía de los Tang.

**LI PENG,** político chino (Chengdu 1938), primer ministro (1987-1998), desde 1998 es presidente de la asamblea popular nacional.

**LI SHIMIN** o **LI SHE-MIN** → *Tang Taizong.*

**LI SIEN-NIEN** → *Li Xiannian.*

**LI TAIBO** o **LI T'AI-PO** → *Li Bo.*

**LI TANG** o **LI T'ANG,** pintor chino (Heyang, Henan, *c.* 1050-en la región de Hangzhou *d.* 1130). Su obra, que amalgama la visión austera del norte y la más íntima y lírica del sur, influyó profundamente en sus sucesores.

**LI XIANNIAN** o **LI SIEN-NIEN,** general y político chino (Huang'an, Hubei, entre 1905 y 1909-Pekín 1992), presidente de la república de 1983 a 1988.

**LÍA** o **LEA,** personaje bíblico, primera esposa de Jacob.

**LIÁJOV** *(islas),* archipiélago ruso del océano Ártico.

**LIANG KAI** o **LEANG K'AI,** pintor chino (originario de Dongping, Shandong) activo en Hangzhou a mediados del s. XIII, antes de convertirse en uno de los más brillantes representantes de la pintura de la secta búdica chan.

**LIANYUNGANG** o **LIEN-YUN-KANG,** c. y puerto de China (Jiangsu); 354 139 hab.

**LIAODONG** o **LÂO-TONG,** parte oriental de Liaoning (China).

**LIAONING** o **LÂO-NING,** prov. del NE de China; 140 000 km$^2$; 39 900 000 hab. Cap. *Shenyang.*

**LIAOYANG** o **LÂO-YANG,** c. del NE de China (Liaoning); 492 559 hab.

**LIAQAT 'ALĪ KAN,** político paquistaní (Karnal, India, 1895-Rāwalpindī 1951). Secretario general de la Liga musulmana (1936-1947) y primer ministro de Pakistán (1947-1951), murió asesinado.

**LÍBANO** *(cordillera del),* macizo montañoso del Líbano, famoso antiguamente por sus magníficos cedros; 3 083 m.

**LÍBANO,** estado de Oriente medio, junto al Mediterráneo; 10 400 km$^2$; 3 400 000 hab. *(Libaneses.)* CAP. *Beirut.* LENGUA OFICIAL: *árabe.* MONEDA: *libra libanesa.*

GEOGRAFÍA

La cordillera del Líbano (en cuyas dos vertientes se cultiva trigo, vid, árboles frutales y olivos) domina una estrecha llanura costera, que, intensamente explotada, concentra a la mayor parte de la población, muy densa, y predominantemente musulmana en la actualidad. En el E se encuentra la llanura de la Bekaa, depresión árida, limitada al E por el Antilíbano.

HISTORIA

***De los orígenes a la independencia.*** Desde el III milenio: la costa fue ocupada por los cananeos, y luego por los fenicios, que fundaron las ciudades estado de Biblos, Beritos (act. Beirut), Sidón y Tiro. Inicios del I milenio: los fenicios dominaron el comercio mediterráneo. Ss. VII-I a. J.C.: el país estuvo dominado por Asiria, Egipto, Persia, Babilonia y Grecia. 64-63 a. J.C.-636: formó parte de la provincia romana, luego bizantina, de Siria. 636: fue conquistado por los árabes. Ss. VII-XI: la costa y la montaña sirvieron de refugio a comunidades cristianas, chiitas y drusa. 1099-1289/1291: los latinos del reino de Jerusalén y del condado de Trípoli ocuparon la costa libanesa hasta su reconquista por los mamelucos de Egipto. 1516: fue anexionado por el Imperio otomano. 1593-1840: los emires drusos, especialmente Fajr al-Dīn II (1593-1633) y Basī II Šihāb (1788-1840), unificaron la montaña libanesa e intentaron obtener su autonomía. 1858-1860: disturbios enfrentaron a los drusos y a los maronitas (en pleno apogeo demográfico y económico). 1861: Francia obtuvo la creación de la provincia del Monte Líbano, con cierta autonomía. 1918: Líbano fue liberado de los turcos y formó con la llanura de la Bekaa el Gran Líbano. 1920-1943: la S.D.N. confirmó el mandato de Francia.

***La República libanesa.*** 1943: proclamación de la independencia. El «pacto nacional» instituyó un sistema político confesional que repartía los poderes entre maronitas, suníes, chiitas, griegos ortodoxos, drusos y griegos católicos. 1952-1958: Chamoun practicó una política prooccidental. 1958: los nacionalistas árabes, partidarios de Nasser, desencadenaron la guerra civil, que acabó con la intervención norteamericana. 1958-1970: la república estuvo presidida por F. Chehab (1958-1964) y luego por C. Helou. 1967: los palestinos, refugiados en el Líbano desde 1948, se organizaron de forma autónoma. 1970-1976: durante la presidencia de S. Frangié se produjeron enfrentamientos con los palestinos. 1976: esos enfrentamientos degeneraron en guerra civil; Siria intervino. Se produjo un enfrentamiento entre una coalición de «izquierda» (favorable a los palestinos, de mayoría suní, drusa y chiita, cuyas principales fuerzas armadas eran los fedayines, las milicias drusas y las del movimiento Amal) y una coalición de «derecha» (de mayoría maronita, favorable a Israel, cuyas fuerzas principales fueron las Falanges cristianas y el ejército del Líbano Sur, aliado de Israel). 1978: creación de una Fuerza interina de las Naciones unidas en el Líbano (F.I.N.U.L.). 1982: el ejército israelí asedió Beirut, de donde evacuaron a las fuerzas armadas palestinas. A. Gemayel sucedió a su hermano Béshir, asesinado, como presidente de la república. 1984: se constituyó un gobierno de unión nacional, apoyado por Siria. 1985: mientras el ejército israelí se retiraba del Líbano, la guerra civil continuaba, complicada con enfrentamientos en el interior de cada bando, especialmente entre diversas tendencias musulmanas: suníes, chiitas moderados del movimiento Amal y chiitas partidarios de Irán (Hezbolah). Estos últimos comenzaron a partir de 1985 a capturar rehenes occidentales (especialmente franceses y norteamericanos). Esta situación provocó la vuelta, en 1985, de las tropas sirias a Beirut-Oeste. 1988: el mandato de A. Gemayel se acabó sin que el parlamento lograse elegir sucesor. Se constituyeron dos gobiernos (uno civil y musulmán en Beirut Oeste dirigido por Selim al-Hoss; el otro, militar y procristiano en Beirut Este, presidido por el general Michel Aoun, contrario a la presencia siria). 1989: René Moawad, elegido presidente de la república, fue asesinado; le sucedió Elias Hrawi. 1990: una nueva constitución ratificó los acuerdos, firmados en Ṭā'if en 1989, que preveían un reequilibrio del poder en favor de los musulmanes. El ejército libanés, ayudado por Siria, puso fin a la resistencia del general Aoun. 1991: el desarme de las milicias y el despliegue del ejército libanés en el Gran Beirut y el S del país fueron el inicio de una restauración de la autoridad del estado, bajo tutela siria (ratificada, en mayo, por la firma de un «tratado de fraternidad» entre los dos países). Caos económico. 1992: tras unas elecciones legislativas, con abstención masiva de los cristianos, se formó un nuevo parlamento y Rafic Hariri fue nombrado primer ministro. 1996: nuevos enfrentamientos entre Hezbolah y el ejército israelí. Las elecciones legislativas propiciaron una mayoría prosiria en el parlamento. 2000: el ejército israelí abandonó el S del país. R. Hariri fue elegido primer ministro.

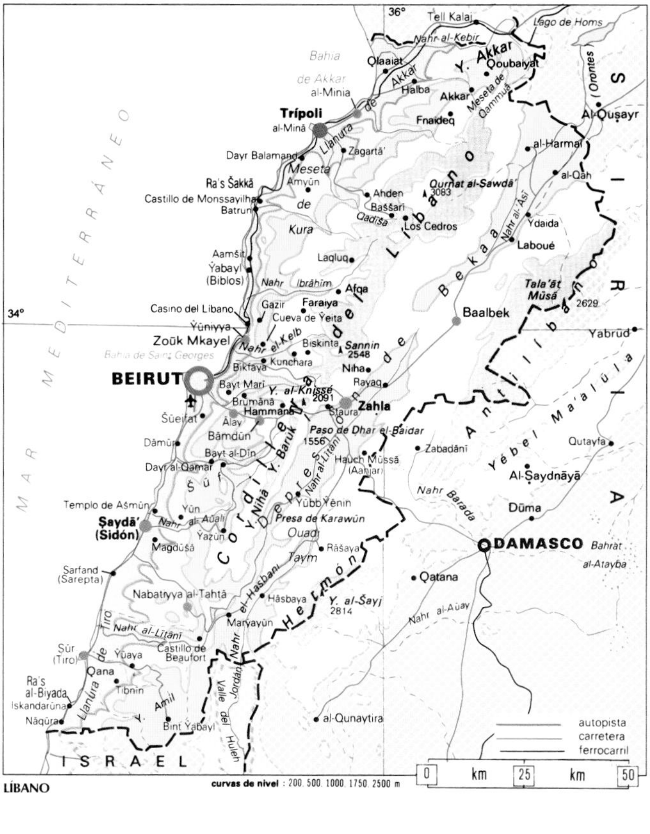


LÍBANO

curvas de nivel: 200, 500, 1000, 1750, 2500 m

**LÍBANO,** mun. de Colombia (Tolima); 43 063 hab. Industria alimentaria. Minas de oro y plata.

**LIBBY** (Willard Frank), químico norteamericano (Grand Valley, Colorado, 1908-Los Ángeles 1980). Especialista en radiactividad, ideó el sistema de datación de los objetos mediante la dosificación del carbono 14. (Premio Nobel de química 1960.)

**Liber feudorum maior,** cartulario de los feudos reales, compuesto por Ramón de Caldes por encargo de Alfonso el Casto de Aragón (*c.* 1192).

**Liber iudiciorum,** compilación de leyes promulgada por Recesvinto (654) y aprobada en el VIII concilio de Toledo. Fue traducido en el s. XIII *(Fuero juzgo).*

**liberal** *(Partido),* partido político colombiano fundado en 1815. Tradicionalmente se ha alternado en el poder con el Partido social conservador.

**liberal** *(Partido),* partido político español que, junto con el Partido conservador, fue la base del sistema bipartidista de la Restauración. Creado por Sagasta (1880), pretendía instaurar un estado liberal de derecho sin enfrentarse a los cambios que ello exigía. La etapa 1881-1884 sentó las bases de la reforma legislativa (1885-1890). En 1892 entró en crisis, agudizada tras la muerte de Sagasta (1903) y el asesinato de Canalejas (1912).

**liberal** *(trienio)* → ***constitucional*** (trienio).

**Libération,** diario francés. Fundado en 1973 bajo los auspicios de J.-P. Sartre y dirigido desde 1974 por Serge July.

**LIBEREC,** c. de la Rep. Checa (Bohemia); 101 934 hab.

**LIBERIA,** estado de África occidental; 110 000 km$^2$; 2 700 000 hab. *(Liberianos.)* CAP. *Monrovia.* LENGUA OFICIAL: *inglés.* MONEDA: *dólar liberiano.*

LIBERIA

GEOGRAFÍA

El país, cubierto en gran parte por una densa selva, posee plantaciones de palmas de aceite, cafetales y heveas. El subsuelo contiene diamantes y hierro, principal producto de exportación de un país cuya economía está parcialmente controlada por E.U.A., y que obtiene importantes ingresos del «préstamo» de su bandera (pabellón de conveniencia) [la flota liberiana es la primera del mundo].

HISTORIA

Ss. XV-XVIII: la región estaba ocupada por pueblos de lengua mandé y kru. El litoral (Costa de la Pimienta, de las Semillas o de los Granos), descubierto por los portugueses, era frecuentado por los mercaderes europeos. 1822: la Sociedad americana de colonización, fundada en 1816, estableció en esta costa a esclavos negros liberados, pese a la hostilidad de los autóctonos. 1847: se proclamó la República de Liberia, independiente; la capital se llamó Monrovia en honor al presidente Monroe. 1857: fusión con la colonia vecina de Maryland. 1885-1910: se fijaron las fronteras mediante acuerdos con Gran Bretaña y Francia. 1926: comenzaron las grandes concesiones a empresas norteamericanas. 1943-1971: William Tubman, presidente de la república. 1980: un golpe de estado militar derrocó al presidente Tolbert (al frente del gobierno desde 1971) y llevó al poder a Samuel K. Doe. 1984: se aprobó una constitución, mediante referéndum, que preveía la vuelta al régimen civil. Pero Doe mantuvo una política autoritaria. 1990: el auge de la guerrilla desembocó en una guerra civil (Doe fue muerto en el transcurso de violentos combates). 1991: se desplegó en el país una fuerza de interposición de la comunidad económica de estados de África del Oeste (E.C.O.W.A.S.). 1993: acuerdo de paz en Cotonou entre las fuerzas enfrentadas para constituir un Consejo de estado con poder ejecutivo durante la transición. 1995: nuevo acuerdo de paz firmado en Nigeria, que dio paso a la constitución del Consejo de estado liberiano. 1996: reanudación de la guerra civil. 1997: fin del conflicto. Charles Taylor fue elegido presidente de la república.

**LIBERIA,** c. de Costa Rica, cap. de la prov. de Guanacaste, junto al *río Liberia;* 34 333 hab.

**LIBERIO** *(san)* [¿nacido en Roma?-*id.* 366], papa de 352 a 366. Luchó contra el arrianismo.

**LIBERTAD,** región administrativa de Perú, que constituye el departamento homónimo; 25 570 $km^2$; 1 307 000 hab. Cap. *Trujillo.*

**LIBERTAD** (*departamento de* **La**), dep. de El Salvador, junto al Pacífico; 1 653 $km^2$; 522 071 hab. Cap. *Nueva San Salvador.*

**LIBERTAD (La),** localidad de Ecuador (Guayas), junto a la bahía de Santa Elena. Refinerías de petróleo. Oleoducto. Industrias químicas.

**Libertad bajo palabra,** obra poética de Octavio Paz (1960), recopilación de escritos (1935-1957), constante reflexión sobre el mundo y el lenguaje.

**Libertad iluminando el mundo** *(La),* estatua de Bartholdi, de 93 m de alt (incluido el pedestal), ofrecida por Francia a E.U.A. en 1886, instalada en la rada de Nueva York.

*La* ***Libertad iluminando el mundo,*** estatua por Bartholdi.

**Libertador** *(el),* nombre dado a los grandes caudillos de la independencia hispanoamericana, Simón Bolívar y José de San Martín.

**LIBERTADOR GENERAL BERNARDO O'HIGGINS** *(región del),* región de Chile, en el centro del país; 16 365 $km^2$; 688 385 hab. Cap. *Rancagua.*

**LIBERTADOR GENERAL SAN MARTÍN** *(cumbre de),* nombre oficial del nevado de Cachí* (Argentina).

**LIBERTADOR GENERAL SAN MARTÍN,** dep. de Argentina (Chaco); 48 013 hab. Cab. *General José de San Martín.* — Dep. de Argentina (Misiones); 37 833 hab. Cab. *Puerto Rico.* Ind. del papel.

**LIBERTADORES-WARI (Los),** región administrativa de Perú que comprende los departamentos de Ayacucho, Huancavelica e Ica; 88 849 $km^2$; 1 545 000 hab.

**LIBIA,** estado de África, junto al Mediterráneo; 1 760 000 $km^2$; 4 400 000 hab. *(Libios.)* CAP. *Trípoli.* LENGUA OFICIAL: *árabe.* MONEDA: *dinar libio.*

GEOGRAFÍA

Tradicionalmente la economía se basaba en la ganadería nómada (ovina y camellos), obligada por la extensión del desierto, y en una agricultura sedentaria (trigo, cebada, palmera datilera y frutales), localizada en los oasis y en la franja litoral, menos árida. La economía ha sufrido una transformación, por lo menos a nivel local, a causa de la explotación del petróleo, cuyos beneficios explican el peso político del país, a pesar de su escaso desarrollo demográfico.

HISTORIA

***De los orígenes a la dominación otomana.*** S. XIII a. J.C.: los habitantes de la región, llamados libios por los griegos, participaron en las invasiones de los pueblos del mar en Egipto. S. VII: los griegos fundaron en Cirenaica las cinco colonias de la Pentápolis. S. V: Cartago dominó los establecimientos creados por los fenicios en Tripolitania. S. IV: Cirenaica fue anexionado al Egipto lágida. 106-19 a. J.C.: el país fue conquistado por Roma: S. III: la romanización conoció su apogeo. 642-643: conquista árabe. Ss. VII-XVI: el país fue sometido por los Omeyas, los Abasíes y por diversas dinastías mogrebíes o egipcias. 1510: los españoles se apoderaron de Trípoli. 1517: los otomanos conquistaron Cirenaica. 1551: los otomanos se adueñaron de Tripolitania.

***La Libia contemporánea.*** 1911-1912: Italia conquistó el país, al que tuvieron que renunciar los otomanos (paz de Ouchy). 1912-1931: la hermandad de los sanūsíes dirigió en Cirenaica la resistencia armada contra la conquista italiana. 1934: se creó la colonia italiana de Libia. 1940-1943: la campaña de Libia enfrentó a las fuerzas germano-italianas (especialmente del Afrika Korps de Rommel) con las tropas británicas, ayudadas por destacamentos aliados. Al final de la campaña, Francia administró Fezzán; y Gran Bretaña, Tripolitania y Cirenaica. 1951: estos tres territorios se reunieron en un estado federal independiente cuyo rey fue Idrīs I (1951-1969). 1961: comenzó la explotación del petróleo. 1963: se abolió la organización federal. 1969: el golpe de estado de los «oficiales libres» convirtió a Gadafi en dueño del país. 1971: nacionalización de las compañías petroleras. 1973: Gadafi puso en marcha la revolución cultural islámica. 1977: instituyó el estado de las masas *(Ŷamāhīriyya).* 1980: Libia intensificó su intervención en el Chad. 1986: sufrió los bombardeos norteamericanos en represalia por su apoyo a las organizaciones terroristas. 1987: derrotas militares en el Chad. 1988: Libia restableció relaciones diplomáticas con el Chad. 1989: integración de Libia en la Unión del Mogreb árabe. 1992: el consejo de seguridad de la O.N.U. decretó el embargo aéreo y militar contra Libia ante la negativa del gobierno libio a colaborar en las investigaciones sobre atentados terroristas. 1994: adopción de la ley islámica (Šarī'a) y de un calendario islámico propio. 1997: los países árabes rompieron el embargo sobre Libia.

**LIBRA,** constelación zodiacal. – Séptimo signo del zodíaco, en el que el Sol entra en el equinoccio de otoño.

**LIBRES,** ant. **San Juan de Llanos,** mun. de México (Puebla); 17 313 hab. Cereales, ganadería.

**LIBREVILLE,** c., cap. y puerto de Gabón, en el estuario del Gabón; 257 000 hab. Fue fundada en 1849.

**libro de las tierras vírgenes** *(El)* o **El libro de la selva,** título de dos colecciones de relatos de R. Kipling (1894-1895), dedicados a las aventuras de Mowgli, el «cachorro de hombre», criado entre los animales de la selva.

**LICABETO,** colina del Ática, integrada en Atenas, al pie de la cual se encontraba el *Liceo* (donde se elevaba un templo consagrado a Apolo Liceo).

**LICAONIA,** ant. región de Asia Menor, cuya ciudad principal era *Iconium* (act. *Konya*).

**Liceo** *(gran teatro del),* teatro de ópera de Barcelona (España), inaugurado en 1847. En 1861 un incendio obligó a su restauración; en 1893 una bomba causó numerosas víctimas, y en 1994 de nuevo fue devastado por un incendio. En 1999, tras su restauración, fue reinaugurado.

**LICHTENSTEIN** (Roy), pintor norteamericano (Nueva York 1923-*id.* 1997). Representante del pop art, utiliza imágenes de cómics o de obras de arte de un pasado reciente.

**LICIA,** ant. región del SO de Asia Menor, al S del Tauro occidental (c. pral. *Janto*).

**LICINIO ESTOLÓN** (Cayo), tribuno de la plebe en Roma (376 y 377 a. J.C.), autor de las leyes llamadas licinias, que atenuaron el conflicto entre patricios y plebeyos.

**LICINIO LICINIANO** (Flavio Valerio) [Iliria *c.* 250-Tesalónica 324], emperador romano [308-324]. Proclamado augusto en 308, tras su victoria sobre Maximino Daia, en 313, se quedó como único dueño de oriente. Persiguió a los cristianos y Constantino lo hizo estrangular.

**LICOFRÓN de Calcis,** poeta griego (Calcis fines del s. IV a. J.C.-† principios del s. III a. J.C.), autor del poema *Alejandra,* cuyo hermetismo es proverbial.

**L.I.C.R.A.** (Liga internacional contra el racismo y el antisemitismo), asociación fundada en 1927, con el objetivo de combatir el racismo y el antisemitismo en todo el mundo.

**LICURGO,** legislador mítico de Esparta, a quien se atribuyen las severas instituciones espartanas (¿s. IX a. J.C.?).

**LICURGO,** orador y político ateniense (*c.* 390-*c.* 324 a. J.C.), aliado de Demóstenes contra Filipo II de Macedonia.

**LIDA DE MALKIEL** (María Rosa), filóloga argentina (Buenos Aires 1910-Oakland 1962). Destacan sus trabajos sobre Juan de Mena y *La Celestina,* y sus *Estudios de literatura española y comparada* (1966).

**LIDDELL HART** (*sir* Basil), teórico militar británico (París 1895-Marlow 1970), autor de numerosas obras de estrategia y de historia.

**LIDIA,** ant. reino de Asia Menor, cuya capital era Sardes. Sus reyes más conocidos fueron Giges y Creso. Cayó en poder de los persas en 547 a. J.C.

**LIDO,** isla alargada que cierra la laguna de Venecia. Estación balnearia.

**LIE** (Jonas), escritor noruego (Eker 1833-Stavern 1908). Sus novelas impresionistas ejercieron una considerable influencia sobre la narrativa escandinava (*El piloto y su mujer,* 1874).

**LIE** (Sophus), matemático noruego (Nordfjordeid 1842-Cristianía [act. Oslo] 1899). Transformó la teoría de los grupos en un valioso instrumento de la geometría y del análisis.

**LIÉBANA (La),** comarca de España (Cantabria), fosa tectónica avenada por el Deva. El núcleo principal es Potes.

**LIEBIG** (Justus, *barón* **von**), químico alemán (Darmstadt 1803-Munich 1873). Aisló el titanio y descubrió el cloroformo, pero es conocido fundamentalmente por su método de análisis orgánico. Es el iniciador del gran desarrollo de la química en Alemania.

**LIEBKNECHT** (Wilhelm), político alemán (Giessen 1826-Charlottenburg 1900). Fundador del Partido obrero socialdemócrata alemán (1869), fue diputado en el Reichstag (1874-1887 y 1890-1900). – Su hijo, **Karl** (Leipzig 1871-Berlín 1919), fue uno de los líderes del grupo socialdemócrata contrario a la guerra, y posteriormente del espartaquismo. Participó en la fundación del Partido comunista alemán (dic. 1918-enero 1919) y fue asesinado durante la insurrección espartaquista.

**LIECHTENSTEIN,** estado de Europa central, entre Austria (Vorarlberg) y Suiza (Saint-Gall); 160 km$^2$; 26 000 hab. CAP. *Vaduz.* LENGUA OFICIAL: *alemán.* MONEDA: *franco suizo.* Turismo. Centro financiero y comercial. Constituido por los señoríos de Vaduz y Schellenberg, fue erigido en principado en 1719 y formó parte de la Confederación del Rin (1806-1814) y de la Confederación germánica (1815-1866). Tras la adopción de la constitución de 1921, se integró económicamente con Suiza, que también dirige sus relaciones exteriores. Miembro de la O.N.U. (1990), se adhirió a la E.F.T.A. (1991) y al E.E.E. (1993).

**LIEJA,** en fr. **Liège,** prov. del E de Bélgica (Valonia); 3 876 km$^2$; 999 646 hab. Cap. *Lieja.*

**LIEJA,** en fr. **Liège,** en neerlandés **Luik,** c. de Bélgica, cap. de la prov. homónima, en la confluencia del Mosa y el Ourthe; 194 596 hab. (500 000 hab. en la aglomeración). Universidad. Puerto fluvial. Industrias. Fue cap. de un principado eclesiástico (s. X) que entró en la órbita de los Habsburgo (1477). Iglesia de San Bartolomé (pila bautismal de R. de Huy). Palacio de los príncipes-obispos (s. XVI).

**LIENA** o **LENA,** r. de Rusia, en Siberia, tributario del océano Ártico (mar de Láptiev); 4 270 km.

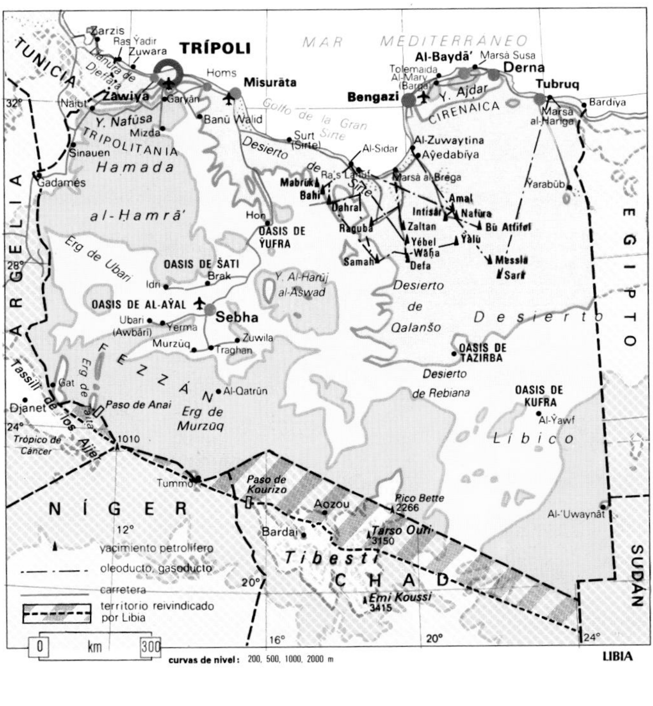

LIBIA

**LIENDO** (Pedro **de**), pintor y escultor español activo en Guatemala (Valmaseda *c.* 1586-Antigua Guatemala 1657). Realizó varias obras para los dominicos (retablo en la capilla de Nuestra Señora de la Antigua, 1657, y la serie *Vida de santo Domingo*).

**LIENDO** (Rodrigo **de**), arquitecto español del s. XVI activo en Santo Domingo, donde realizó las iglesias de los mercedarios (1525), de San Francisco (1547-1556) y la catedral.

**LIÉPAIA** o **LIEPĀJA,** en alem. **Libau,** c. y puerto de Letonia, en el Báltico; 108 000 hab.

**LIFAR** (Serge), bailarín y coreógrafo francés de origen ruso (Kíev 1905-Lausana 1986). Promotor del ballet neoclásico, fue primer bailarín y coreógrafo de la ópera de París (1929-1958), e impuso su estilo en numerosas coreografías. Autor de *Manifiesto del coreógrafo* (1935).

**liga** *(Santa),* nombre dado a varias coaliciones de los ss. XV-XVI. La primera (1495-1496) formada por Fernando el Católico, el papa Alejandro VI, Milán, Venecia y Maximiliano I contra Carlos VIII de Francia, que fue vencido. La segunda (1508-1512) formada por los Estados Pontificios, Venecia y España contra Luis XII de Francia, que fue derrotado. La tercera, llamada **liga de Lepanto,** formada por los Estados Pontificios, Venecia y España contra los turcos tras la toma de Chipre (1570). La flota de estas potencias, bajo el mando de Juan de Austria, obtuvo sobre los turcos la victoria de Lepanto* (1571). La cuarta, llamada **Santa unión,** fue un movimiento católico francés (1576) contra la Unión calvinista, y apoyado por España a cambio de ceder la Navarra francesa y Cambrésis. En 1593 la liga pactó con Enrique de Navarra (Enrique IV de Francia) y los españoles tuvieron que retirarse.

**Liga árabe** → ***árabe*** (Liga).

**Liga federal,** alianza formada por la Banda Oriental (Uruguay) y las provincias argentinas de Córdoba, Corrientes, Entre Ríos y Santa Fe, para contrarrestar el poder de Buenos Aires, dirigida por Artigas (1816).

**Liga internacional contra el racismo y el antisemitismo** → ***L.I.C.R.A.***

**Liga musulmana,** partido político, creado en 1906, que defendió los intereses de la comunidad musulmana en la India británica y que luchó a partir de 1940 por la creación de Pakistán.

**Liga unitaria,** coalición de las provincias argentinas de Córdoba, Mendoza, San Luis, San Juan, Salta, Tucumán, Santiago del Estero, Catamarca y Jujuy, creada para oponerse al federalismo (1929-1931).

**LIGETI** (György), compositor austríaco de origen húngaro (Dicsöszentmárton [act. Tîrnăveni], Transilvania, 1923). Su estilo es de un acusado estatismo (*Atmósferas,* 1961) o muy puntillista, muy «cortado» (*Nuevas aventuras,* 1966) o incluso una síntesis de ambas tendencias (*Réquiem; Lontano,* 1967; *El gran Macabro,* ópera, 1978).

**LIGNE** (Charles Joseph, *príncipe* **de**), mariscal austríaco (Bruselas 1735-Viena 1814). Amigo de José II, diplomático y escritor en lengua francesa, encarnó el cosmopolitismo brillante y cultivado del s. XVIII.

**LIGUA (La),** c. de Chile (Valparaíso); 27 378 hab. Ganadería ovina. Manufacturas de lana.

**LIGUR** *(República),* estado que sustituyó en 1797 a la República de Génova, anexionado en 1805 al Imperio francés.

**LIGURIA,** región del N de Italia, a orillas del golfo de Génova; 5 400 km$^2$; 1 668 078 hab. Está formada por las provincias de *Génova, Imperia, Savona* y *La Spezia.* Cap. *Génova.*

**LIHN** (Enrique), escritor chileno (Santiago 1929-*id.* 1988). Poeta reflexivo y crítico (*La pieza oscura,* 1963; *Poesía de paso,* 1966), fue también narrador (*Batman en Chile,* 1973; *La orquesta de cristal,* 1976; *El arte de la palabra,* 1980).

**LIKASI,** c. de la Rep. Dem. del Congo (ex Zaire), en Katanga; 279 839 hab.

**Likud,** coalición política israelí que agrupa, desde 1973, formaciones del centro y la derecha.

**LILIBEO,** colonia cartaginesa de la ant. Sicilia. (Act. *Marsala.*)

**LILIENCRON** (Detlev, *barón* **von**), escritor alemán (Kiel 1844-Alt-Rahlstedt 1909), autor de la epopeya humorística *Poggfred* (1896).

**LILIENTHAL** (Otto), ingeniero alemán (Anklam 1848-Berlín 1896). Pionero del vuelo planeado, que le inspiró la observación de los pájaros, realizó 2 000 vuelos. Sus experiencias fueron aprovechadas por los hermanos Wright.

**LILLE,** c. de Francia, cap. de la región Nord-Pas-de-Calais y del dep. de Nord, en Flandes, a orillas del Dêule; 178 301 hab. (1 millón aprox. en la aglomeración). Universidad. Ciudad pañera (s. XII), fue capital de los duques de Borgoña. Con Carlos Quinto pasó a la corona española y se incorporó a Francia en 1667. Monumentos (edificio de la Bolsa, 1652-1653). Museo de bellas artes.

**LILLEHAMMER,** c. de Noruega, al N de Oslo; 23 120 hab. Deportes de invierno. Fue sede de los Juegos olímpicos de invierno en 1994.

**Lilliput,** país imaginario de los *Viajes de Gulliver* de Swift, cuyos habitantes apenas miden seis pulgadas de altura.

**LILLO** (Baldomero), escritor chileno (Lota 1867-Santiago 1923). Destacado narrador social, publicó dos libros de cuentos: *Sub-Terra* (1904) y *Sub-Sole* (1907).

**LILLO** (George), dramaturgo británico (Londres 1693-*id.* 1739), uno de los creadores del drama moral y burgués.

**LILONGWE,** c. y cap. de Malawi, junto al *río Lilongwe;* 223 318 hab.

**LIMA,** c. de Perú, cap. de la república y del dep. homónimo; 6 414 500 hab. en la aglomeración urbana. *(Limeños.)* Se extiende sobre ambas orillas del río Rímac. Principal centro administrativo, fabril, financiero y cultural (universidad) del país. Fundada en 1535, conserva su antiguo núcleo colonial en torno a la plaza de Armas (catedral, iglesias y conventos barrocos, palacios, mansiones). En el barroco fue Lima un gran centro artístico no sólo en arquitectura (especialmente rococó), sino también en pintura y escultura. Importantes museos de arte precolombino y virreinal. Capital del virreinato del Perú y sede de una rica aristocracia criolla, fue una de las últimas ciudades de la América española en independizarse. – El *departamento de Lima* tiene 34 802 $km^2$ y 6 989 000 hab.

**Lima:** la plaza de Armas y la catedral (fines del s. XVI-XVIII)

**LIMA** (Luis), tenor argentino (Córdoba 1950). Debutó en Lisboa y posteriormente ha actuado en los principales teatros líricos del mundo. Su repertorio incluye obras de Donizetti, Verdi, Massenet y Mascagni.

**LIMACHE,** c. de Chile (Valparaíso); 34 973 hab. Centro agropecuario y minero (cobre, plata, oro).

**LIMANTOUR** (José Yves), economista y político mexicano de origen francés (México 1854-París 1935). Ministro de Hacienda de Porfirio Díaz (1893-1911), saneó la economía del país, reorganizó el sistema bancario, estabilizó la moneda y nacionalizó los ferrocarriles.

**LIMARÍ,** r. de Chile (Coquimbo), que pasa por Ovalle y desemboca en el Pacífico; 200 km. Instalaciones hidroeléctricas y regadíos (frutales).

**LIMASSOL,** c. y puerto del S de Chipre; 107 000 hab.

**LIMAY,** r. de Argentina (Río Negro y Neuquén), que con el Neuquén forma el río Negro; 400 km. Presa de El Chocón. Regadíos.

**LIMBOURG** *(hermanos* **de) [Pol, Herman** y **Jean],** miniaturistas neerlandeses de principios del s. XV. Son autores de *Las muy ricas horas del duque de Berry* (c. 1413-1416, museo Condé, Chantilly), una de las obras maestras del gótico internacional.

**LIMBURGO,** en neerlandés **Limburg,** en fr. **Limbourg,** prov. del NE de Bélgica (Flandes); 2 421 $km^2$; 750 435 hab. Cap. *Hasselt.*

**LIMBURGO,** en neerlandés **Limburg,** prov. meridional de Países Bajos; 2 172 $km^2$; 1 086 000 hab. Cap. *Maastricht.*

**LIMBURGO,** región histórica de la Europa del NE. Ducado adquirido en 1288 por Brabante, fue dividido por el tratado de Westfalia (1648) entre las Provincias Unidas y los Países Bajos españoles.

**LIMERICK,** en gaélico **Luimneach,** c. y puerto de la República de Irlanda (Munster), en el fondo del estuario del Shannon; 52 040 hab. Castillo iniciado c. 1200.

**LIMOGES,** c. de Francia, cap. de la región de Lemosín y del dep. de Haute-Vienne, a orillas del Vienne; 136 407 hab. Universidad. Porcelana. Catedral (ss. XIII-XVI). Museo de cerámica.

**LIMÓN** *(bahía del),* bahía de Panamá que constituye la terminación N del canal de Panamá.

**LIMÓN** *(provincia de),* prov. del E de Costa Rica en el Caribe; 9 300 $km^2$; 206 675 hab. Cap. *Limón.*

**LIMÓN** o **PUERTO LIMÓN,** c. de Costa Rica, cap. de la prov. homónima; 64 406 hab. Principal puerto exportador del país, en el Caribe. Centro industrial. Refino de petróleo. Oleoducto. Aeropuerto.

**LIMÓN (El),** c. de Venezuela (Aragua); 90 030 hab.

**LIMÓN** (José), bailarín, coreógrafo y pedagogo norteamericano de origen mexicano (Culiacán 1908-Flemington, Nueva Jersey, 1972). Uno de los principales representantes de la modern dance como intérprete (*Llanto por Ignacio Sánchez Mejías,* de D. Humphrey) y coreógrafo *(La Malinche, The moor's pavane, Psalm, Carlota),* fundó en Nueva York su propia escuela de danza.

**LIMPOPO,** r. de África austral (República de Sudáfrica, Botswana, Zimbabwe, Mozambique), que desemboca en el Índico; 1 600 km.

**LIN BIAO** o **LIN PIAO,** mariscal y político chino (Huanggang, Hubei, 1908-† 1971). Miembro del P.C.Ch., fue uno de los jefes militares de la Larga marcha (1935) y de la guerra civil (1946-1949). Ministro de Defensa (1959), desempeñó un papel importante durante la revolución cultural. Desapareció en 1971 al estrellarse el avión en el que intentaba huir a la U.R.S.S. tras un intento de golpe de estado, según la versión oficial.

**LINARES,** c. de Chile (Maule); 76 154 hab. Centro agropecuario; industrias derivadas.

**LINARES,** c. de España (Jaén), cab. de p. j.; 58 417 hab. *(Linarenses.)* Centro minero (plomo) e industrial. Iglesias gótica y barrocas. Museo arqueológico de las minas romanas de Cástulo.

**LINARES,** mun. de México (Nuevo León); 53 691 hab. Centro hortofrutícola.

**LINARES** (José María), político y abogado boliviano (Potosí 1810-Valparaíso 1861). Derrocó al presidente Córdoba (1857) e implantó la dictadura. Fue desterrado por sus ex partidarios (1861).

**LINARES ALCÁNTARA** (Francisco), militar y político venezolano (Turmero 1828-La Guaira 1878). Participó en la revolución federal y fue ministro de Estado (1873-1877) y presidente de la república (1877-1878).

**LINARES RIVAS** (Manuel), escritor español (Santiago de Compostela 1867-La Coruña 1938), autor de un teatro burgués (*El caballero lobo,* 1910; *Almas brujas,* 1922; *Todo Madrid lo sabía,* 1931) y novelista. (Real academia 1919.)

**LINATI** (Claudio), pintor y litógrafo italiano (Carbonera de Parma 1790-Tampico 1832), activo en México, donde fue el iniciador de la litografía (*Trajes civiles, militares y religiosos de México,* 1828).

Claudio **Linati:** *Negro.* Grabado del s. XIX. (Museo de América, Madrid.)

**LINCE,** mun. de Perú (Lima); 82 558 hab. Constituye un barrio residencial de la ciudad de Lima.

**LINCOLN,** c. de Estados Unidos, cap. de Nebraska; 191 972 hab. Universidad.

**LINCOLN,** c. de Gran Bretaña, cap. del *Lincolnshire* (5 915 $km^2$; 573 900 hab.); 81 900 hab. Catedral del s. XIII.

**LINCOLN,** partido de Argentina (Buenos Aires); 18 698 hab. Conservas de carne; industrias lácteas.

**LINCOLN** (Abraham), político norteamericano (cerca de Hodgenville, Kentucky, 1809-Washington 1865). Diputado republicano y antiesclavista militante, su elección para la presidencia de E.U.A. en 1860 provocó la guerra de Secesión. Fue reelegido en 1864 y, poco después de la victoria nordista, fue asesinado por un fanático (14 abril 1865).

**LINCOVSKY** (Cipe), actriz argentina (Buenos Aires 1933). Ha alcanzado un gran éxito con recitales muy personales, basados en collages de textos, y como actriz de cine (*La amiga,* 1988).

**LINDAU,** c. de Alemania (Baviera), en una isla del lago Constanza; 23 999 hab. Centro turístico. Antigua y pintoresca ciudad.

**LINDBERGH** (Charles), aviador norteamericano (Detroit 1902-Hana, Hawai, 1974). Realizó la primera travesía sin escalas del Atlántico norte (1927), desde Roosevelt Field (Nueva York) a Le Bourget (París), a bordo del Spirit of Saint Louis.

José **Limón** en *The moor's pavane* (1949)

Abraham **Lincoln**

Charles **Lindbergh** (en 1927)

Carl von **Linneo** (A. Roslin - museo nacional, Estocolmo)

Franz **Liszt** (museo cívico, Bolonia)

**Livingstone**

**LINDBLAD** (Bertil), astrónomo sueco (Örebro 1895-Estocolmo 1965). En 1927 determinó, al mismo tiempo que J. Oort, las principales características del movimiento de rotación de la Galaxia.

**LINDE** (Karl **von**), industrial alemán (Berndorf, Baviera, 1842-Munich 1934). Construyó el primer aparato de refrigeración por compresión (1873) y consiguió la licuefacción del aire (1895).

**LINDEMANN** (Ferdinand **von**), matemático alemán (Hannover 1852-Munich 1939). Demostró la trascendencia del número π (1882), dando término así a la controversia sobre la cuadratura del círculo.

**LINDO** (Hugo), escritor salvadoreño (La Unión 1917). Poeta de acento religioso y metafísico, ha destacado como renovador de la narrativa salvadoreña: *¡Justicia, señor gobernador!*, 1960; *Cada día tiene su afán*, 1965; *Espejos paralelos*, 1974.

**LINDO** (Juan), abogado y político centroamericano (en Honduras 1790-† 1857), presidente de El Salvador (1841-1842) y de Honduras (1847-1852).

**lindo don Diego** *(El)*, comedia de Agustín Moreto (1662), en la que se satiriza la figura del caballero vanidoso y pedante.

**LINDSAY** (*sir* David) → ***Lyndsay.***

**LINE ISLANDS** *(islas de la Línea)* o **ESPÓRADAS ECUATORIALES,** archipiélago del Pacífico, a ambos lados del ecuador, dividido entre Kiribati y Estados Unidos.

**LÍNEA DE LA CONCEPCIÓN (La),** c. de España (Cádiz), cab. de p. j.; 58 646 hab. *(Linienses.)* Junto al peñón de Gibraltar. Pesca.

**LING** (Per Henrik), poeta sueco (Ljunga 1776-Estocolmo 1839). Autor de poemas épicos y tragedias, fue el fundador de la gimnasia sueca.

**LINIERS Y BREMOND** (Santiago Antonio María **de**), marino y político español de origen francés (Niort 1753-en Córdoba, Argentina, 1810). Virrey, capitán general y gobernador de Buenos Aires (1807-1809).

**LINKÖPING,** c. de Suecia meridional; 122 268 hab. Construcciones aeronáuticas. Catedral y castillo (ss. XIII-XV). Museos.

**LINNEO** (Carl **von**), naturalista sueco (Råshult 1707-Uppsala 1778). Su principal mérito fue, no su clasificación de las plantas, actualmente en desuso, sino describir con precisión gran número de especies vegetales y animales y atribuir a cada una de ellas doble nombre latino, genérico y específico (nomenclatura binomial).

**LINZ,** c. de Austria, cap. de la Alta Austria, a orillas del Danubio; 200 000 hab. Siderurgia. Iglesias medievales y barrocas. Museo del Castillo.

**LINZ STORCH DE GRACIA** (Juan José), sociólogo español de origen alemán (Bonn 1926), estudioso de la vida política española (*Informe sociológico sobre el cambio político en España, 1975-1981*, 1981).

**LIÑÁN DE RIAZA** (Pedro), poeta español (¿Toledo? *c.* 1558-Madrid 1607). Escribió comedias, pero sólo se conserva su obra lírica incluida en el *Romancero general* (1600).

**LIÑÁN Y CISNEROS** (Melchor), eclesiástico y político español (Torrelaguna 1629-Lima 1708). Arzobispo de Charcas (1673) y de Lima (1678), fue virrey del Perú (1678-1681).

**LIÑÁN Y VERDUGO** (Antonio **de**), nombre que figura como autor de la *Guía y avisos de forasteros que vienen a la corte* (1620), obra costumbrista.

**LIOST** (Jaume **Bofill i Mates,** llamado **Guerau de**), poeta en lengua catalana (Olot 1878-Barcelona 1933). Representante del «noucentisme», militó en la Lliga regionalista y escribió ensayos políticos.

**LIOUVILLE** (Joseph), matemático francés (Saint-Omer 1809-París 1882). Estudió las funciones holomorfas y demostró la existencia de los números trascendentes (1851).

**LÍPARI** *(isla)*, la principal de las islas Eolias (Italia); 37,6 km$^2$; 10 433 hab. Da a veces su nombre al archipiélago.

**LIPATTI** (Constantin, llamado **Dinu**), pianista y compositor rumano (Bucarest 1917-Ginebra 1950). Se distinguió por el refinamiento, sensibilidad y precisión de sus interpretaciones del repertorio romántico y clásico.

**LIPCHITZ** (Jacques), escultor de origen lituano (Druskieniki 1891-Capri 1973). Establecido en Francia (1909) y en E.U.A. (desde 1941), pasó de la síntesis cubista a un lirismo de gran expresividad.

**LÍPETSK,** c. de Rusia, al SE de Moscú; 450 000 hab. Metalurgia.

**LÍPEZ** *(cordillera de)*, alineación montañosa de Bolivia (Potosí), que constituye el extremo S de la cordillera Real boliviana; 5 903 m de alt.

**LIPPE,** ant. principado y luego república (1918) de Alemania septentrional.

**LIPPI,** pintores italianos del quattrocento. – **Fra Filippo** (Florencia *c.* 1406-Espoleto 1469), monje hasta 1457, influido por Masaccio, sustituyó a Fra Angélico en la ejecución de los cuadros de altar y los frescos de la catedral de Prato (1452-1464). – Su hijo, **Filippino** (Prato 1457-Florencia 1504), une un cromatismo delicado a un dinamismo decorativo que recuerda a Botticelli (frescos de la capilla Strozzi de Santa María Novella, Florencia, terminados en 1503).

**LIPPMANN** (Gabriel), físico francés (Hollerich, Luxemburgo, 1845-en alta mar, a bordo del France, 1921). Estudió la relación entre fenómenos eléctricos y capilares y la piezoelectricidad, e ideó la fotografía en color por un método de interferencias. (Premio Nobel de física 1908.)

**LIPSIO** (Justo), en neerlandés **Joost Lips,** humanista flamenco (Overijse, Brabante, 1547-Lovaina 1606), cuya filosofía se inspira en el estoicismo.

**Lircay** *(batalla de)*, combate decisivo de la guerra civil chilena de 1829-1830, a orillas del río Lircay (Maule) [17 abr. 1830]. Con la derrota de las tropas liberales de Freire se instauró la oligarquía conservadora de Ovalle-Prieto-Portales.

**LIRIA** o **LLÍRIA,** c. de España (Valencia), cab. de p. j.; 13 947 hab. *(Lirianos.)* Agricultura e industria. Importante yacimiento arqueológico (restos de la *Edeta* ibérica y mosaicos romanos).

**LISANDRO,** general espartano († 395 a. J.C.). Derrotó a los atenienses en la desembocadura del Egospótamos (405 a. J.C.) y tomó Atenas (404).

**LISBOA,** c. y cap. de Portugal, en la desembocadura del Tajo; 677 790 hab. (1 200 000 hab. en la aglomeración). Bibliotecas. Puerto y centro industrial. Catedral en parte románica. Torre de Belém, a orillas del Tajo, y monasterio de los Jerónimos de Belém, típico del estilo manuelino (principios del s. XVI). Plaza del Comercio, de fines del s. XVIII. Importantes museos (Fundación Calouste Gulbenkian). La ciudad fue fundada por los fenicios *(Ulissipo)*, municipio romano de Lusitania *(Olisipo)*, perteneció al reino suevo de Galicia hasta 585 y fue ocupada por los musulmanes de 726 a 1147. En el s. XIII se convirtió en la capital de Portugal y, en el s. XV, conoció una gran prosperidad derivada de la actividad marítima y colonial del país. Destruida por un sismo en 1755 y reconstruida por Pombal, su centro histórico resultó gravemente dañado por un incendio en 1988. Sede de una exposición internacional en 1998.

**Lisboa** *(tratado de)*, tratado entre Portugal y España (13 febr. 1668), por el que se reconocía la independencia portuguesa.

**LISCANO** (Juan), escritor venezolano (Caracas 1915-*id.* 2001). Poeta de gran preciosismo formal, de tendencia onírica y pasional (*Nuevo Mundo Orinoco*, 1959; *Cármenes*, 1966), crítico literario y estudioso del folklore.

**LÍSENKO** (Trofim Denísovich), biólogo y agrónomo soviético (Karlovka, Poltava, 1898-Moscú 1976). Estudió la vernalización. Sus ideas erróneas sobre la transmisión de caracteres adquiridos fueron establecidas como teoría oficial por el estado soviético (hasta 1955).

**LISIAS,** orador ateniense (*c.* 440-*c.* 380 a. J.C.). Adversario de los Treinta tiranos, su oratoria es modelo del aticismo.

**LISICHANSK,** c. de Ucrania, en el Donbass; 127 000 hab.

**LISÍMACO,** rey de Tracia (Pella *c.* 360-Curopendio, Lidia, 281 a. J.C.). Lugarteniente de Alejandro, se proclamó rey en 306. Murió luchando contra Seleuco I Nicátor.

**LISIPO,** escultor griego (nacido en Sicione *c.* 390 a. J.C.). Motivado por la expresión del movimiento y de la musculatura atlética, reformó, alargándolo, el canon de Policleto y con su *Apoxiomeno* fue el precursor de la concepción helenística del cuerpo masculino.

**LISS** (Johan), pintor alemán (Oldenburg *c.* 1597-Venecia 1630). Formado en los Países Bajos y establecido en Venecia (1621), enriqueció la tradición veneciana con un lenguaje barroco dinámico y luminoso, precursor del arte del s. XVIII.

**LISSITSKI** (Lazar, llamado **El**), pintor, diseñador gráfico y teórico ruso (Potchinok, Smoliensk, 1890-Moscú 1941), seguidor del suprematismo de Maliévich.

**LIST** (Friedrich), economista alemán (Reutlingen 1789-Kufstein 1846). Fue el primer defensor de la idea del Zollverein (Unión aduanera) y preconizó el proteccionismo, pero sólo temporal, hasta garantizar el despegue económico, en los países en vías de desarrollo.

**LISTA** (Alberto), escritor español (Sevilla 1775-*id.* 1848). Su poesía, clasicista, renovó la escuela sevillana. Autor de poemas religiosos, destaca por sus odas filosófico-morales *(El sueño, La amistad)*. Cultivó también la crítica literaria. (Real academia 1833.)

**LISTER** (Joseph, *barón*), cirujano británico (Upton, Essex, 1827-Walmer, Kent, 1912). Descubrió la importancia de la asepsia en la práctica quirúrgica.

**LISZT** (Franz), compositor y pianista húngaro (Doborján [act. Raiding], Burgenland, 1811-Bayreuth 1886). Artista brillante, de incomparable virtuosismo, es autor de poemas sinfónicos (*Preludios* *c.* 1854), *Fausto* (1854-1857), una gran sonata (1853), *Estudios de ejecución transcendente* y 19 *Rapsodias húngaras* para piano, oratorios *(Christus)*, misas y piezas para órgano. Innovador en el campo de la armonía, revolucionó la técnica del piano.

**LITERA** o **LLITERA (La),** comarca de España, en Aragón (Huesca), entre los ríos Cinca y Noguera Ribagorzana.

**LITRI** (Miguel **Báez,** llamado **El**), matador de toros español (Huelva 1869-*id.* 1932). Tomó la alternativa en 1893 y se retiró en 1911. – Su hijo **Miguel Báez Espuny,** llamado también **el Litri** (Gandía 1930), brillante muleteador, tomó la alternativa en 1950 y se retiró en 1959.

**LITTIN** (Miguel), director de cine chileno (Palmilla 1942). Obtuvo un gran éxito en su país con *El chacal de Nahueltoro* (1969), entre otras películas, y a partir de 1973 prosiguió su obra en el exilio: *Actas*

un aspecto de **Lisboa,** a la derecha, la catedral, en parte del s. XII

*de Marusia* (1975), *La viuda Montiel* (1979), *Sandino* (1991), etc.

**LITTLE ROCK,** c. de Estados Unidos, cap. de Arkansas; 175 795 hab. Bauxita.

**LITTRÉ** (Emile), lexicógrafo francés (París 1801-*id.* 1881), autor de un monumental *Diccionario de la lengua francesa* (1863-1873).

**LITUANIA,** en lituano **Lietuvo,** estado de Europa, en el Báltico; 65 000 km$^2$; 3 700 000 hab. *(Lituanos.)* CAP. *Vilnius.* LENGUA OFICIAL: *lituano.* MONEDA: *litas.*

GEOGRAFÍA

Es la más extensa y poblada de las Rep. Bálticas. El 80 % de su población es lituana y un 10 % rusa. Combina la ganadería (bovina y porcina) con la industria (construcciones mecánicas y electrónica).

HISTORIA

S. V aprox.: tribus báltico-eslavas de la región se organizaron para luchar contra las incursiones escandinavas. *C.* 1240: Mindaugas fundó el gran ducado de Lituania. Segunda mitad del s. XIII-s. XIV: este estado combatió contra los caballeros teutónicos y extendió su dominio sobre los principados rusos del SO, sobre todo con Guedimín (1316-1341). 1385-1386: Lituania se unió con Polonia, al convertirse el gran duque Jagellón en rey de Polonia con el nombre de Ladislao II (1386-1434), y Lituania adoptó el catolicismo. 1392-1430: con Witold, Lituania se extendió hasta el mar Negro. 1569: la unión de Lublín creó el Estado polaco-lituano. 1795: la mayor parte del país fue anexionada al Imperio ruso. 1915-1918: Lituania fue ocupada por los alemanes. 1918: proclamó su independencia. 1920: fue reconocida por la Rusia soviética. 1940: Lituania fue anexionada por la U.R.S.S. como se determinaba en el pacto germano-soviético. 1941-1944: fue ocupada por los alemanes. 1948-1949: la resistencia a la sovietización fue duramente reprimida. 1990: los lituanos proclamaron la independencia de su república. 1991: la independencia fue reconocida por la U.R.S.S. y por la comunidad internacional, e ingresó en la O.N.U. 1992: el Partido democrático del trabajo (ex Partido comunista) venció en las elecciones legislativas. 1993: A. Brazauskas fue elegido presidente. Las tropas rusas culminaron su retirada del país. 1996: la oposición dirigida por V. Landsbergis, ganó las elecciones. 1998: V. Adamkus, elegido presidente.

Miguel **Littin:** una escena de *Actas de Marusia* (1975)

**LITVÍNOV** (Maxim Maxímovich), político soviético (Białystok 1876-Moscú 1951). Comisario del pueblo para Asuntos Exteriores (1930-1939), acercó posiciones con E.U.A. y Francia (1935) para luchar contra los estados fascistas. Stalin lo sustituyó por Mólotov en 1939.

**LIU SHAOQI** o **LIEU SHAO-SHI,** político chino (en Hunan 1898-Yinsho 1972). Miembro del P.C.Ch. desde 1921, accedió a la presidencia de la república en 1959. Durante la revolución cultural fue destituido de todos sus cargos y encarcelado (1969). Fue rehabilitado en 1979.

**LIUBERTSÍ,** c. de Rusia, en el área suburbana SE de Moscú; 165 000 hab.

**LIU-SHUEN** → ***Port-Arthur.***

**LIU-TA** → ***Lüda.***

**LIUTPRANDO** († 774), rey de los lombardos [712-744]. Ocupó Ravena (732-733) y sitió Roma.

**LIUTPRANDO,** cronista lombardo (Pavía *c.* 920-† 972), obispo de Cremona [961-972]. Su obra es un testimonio notable de la historia del s. X.

**LIUVA I** († 573), rey visigodo [567/568-572], sucesor de Atanagildo. Gobernó en la Septimania y cedió la Hispania Citerior a su hermano Leovigildo.

**LIUVA II** (581-603), rey visigodo [601-603], sucesor de Recaredo. Fue derrocado por los arrianos.

**LIVERPOOL,** c. y puerto de Gran Bretaña, en el estuario del Mersey; 448 300 hab. Museos.

**LIVIA,** esposa del emperador Augusto (58 a. J.C.-29 d. J.C.). Tenía dos hijos de un matrimonio anterior: Tiberio y Druso. Hizo que Augusto adoptara a Tiberio.

**Living theatre,** grupo teatral norteamericano, fundado en 1951 por J. Beck y J. Malina. Practicó una forma de expresión corporal cercana al happening.

**LIVINGSTON** *(isla),* isla de las Shetland del Sur. En 1988 se instaló en ella la primera base española permanente en la Antártica, base Juan Carlos I.

**LIVINGSTONE** (David), explorador británico (Blantyre, Escocia, 1813-Chitambo, Zambia, 1873). Misionero protestante, en 1849 inició una serie de viajes a África central y austral. Con Stanley, buscó en vano las fuentes del Nilo. Fue un decidido adversario del esclavismo. *(V. ilustración pág. 1464.)*

**LIVIO ANDRÓNICO,** poeta latino (*c.* 280-207 a. J.C.), que hizo representar la primera tragedia en lengua latina.

**LIVONIA,** región histórica comprendida entre el Báltico, el curso del Dvina y el lago Peipus (Letonia y Estonia). De 1237 a 1561 estuvo gobernada por los caballeros portaespadas *(orden Livonia).*

**LIVORNO,** c. y puerto de Italia (Toscana), cap. de prov., a orillas del Mediterráneo; 167 445 hab. Metalurgia. Refinería de petróleo y química.

**LIZARD** *(cabo),* cabo que constituye el extremo meridional de Gran Bretañá (Cornualles).

**LIZARDI** (José María **de Aguirre,** llamado **Xabier de**), escritor español en lengua vasca (Tolosa 1896-*id.* 1933). Poeta de lenguaje conceptista, renovó la lírica vasca: *Poesías del huérfano* (*Umerzurtz-olerkiak,* 1934). Cultivó la prosa y el teatro.

**LIZARRA** → ***Estella.***

**LIZÁRRAGA** *(puerto de),* puerto de montaña de España (Navarra), en la sierra de Andía, en la carretera de Logroño a San Sebastián; 1 031 m de alt.

**Lloyd George**

**LIZÁRRAGA** (Reginaldo **de**), dominico español (Medellín 1545-† *c.* 1615), autor de *Descripción breve de toda la tierra del Perú, Tucumán, Río de la Plata y Chile* (publicada en 1908).

**LJUBLJANA,** en alem. **Laibach,** c. y cap. de Eslovenia; 303 000 hab. Universidad. Metalurgia. Castillo, reconstruido en el s. XVI, y otros monumentos, especialmente barrocos (ss. XVII-XVIII). Museos.

**LLAGOSTA (La),** v. de España (Barcelona); 11 443 hab. Industrias.

**LLAILLAY,** com. de Chile (Valparaíso); 20 250 hab. Vid, frutales, cáñamo. Industrias farmacéuticas.

**LLALLAGUA** → ***Bustillos.***

**LLANERA,** mun. de España (Asturias); 10 453 hab. Cap. *Posada.* Canteras de arcilla. Industria química.

**LLANES,** v. de España (Asturias), cab. de p. j.; 13 382 hab. *(Llaniscos.)* Pesca, ganadería e industrias derivadas. Turismo (playas). Casas nobles.

**LLANGANATES** *(cordillera de los),* alineación montañosa de Ecuador, que forma parte de la cordillera Oriental; 4 639 m de alt. en Cerro Hermoso.

**LLANO,** mun. de Venezuela (Mérida); 43 675 hab. Forma parte de la aglomeración urbana de Mérida.

**Llano de la Consolación,** santuario ibérico de España (Montealegre del Castillo, Albacete). Numerosos exvotos de bronce (ss. II-I a. J.C.).

**LLANO ESTACADO,** altiplano de Estados Unidos, en el O de Texas.

**LLANO ZAPATA** (José Eusebio), escritor peruano (Lima *c.* 1724-Cádiz 1778). Se estableció en España y en 1761 presentó a Carlos III sus *Memorias histórico-físicas crítico-apologéticas de la América Meridional,* sobre hidrografía, flora, fauna y subsuelo de América del Sur.

**LLANOS (Los),** extensa llanura de la Venezuela central, encuadrada por el arco montañoso andino-caribe y el macizo de las Guayanas, y avenada por el Orinoco y sus afluentes. Se distinguen los *Llanos occidentales* y los *orientales,* separados por el eje El Baúl-Paraguaná. Ganadería. Petróleo.

**LLANOS (Los),** mun. de la Rep. Dominicana (San Pedro de Macorís); 27 618 hab. Central azucarera.

**LLANOS** (Hernando o Fernando **de**), pintor español (nacido en La Mancha), activo en el primer tercio del s. XVI. Trabajó en Valencia con Yáñez de Almedina (retablo mayor de la catedral); ambos introdujeron el renacimiento italiano maduro con influencias de Leonardo.

**LLANOS DE ARIDANE (Los),** c. de España (Santa Cruz de Tenerife), cab. de p. j., en La Palma; 15 522 hab. Agricultura (plátanos). Elaboración de tabaco.

**LLANOS VALDÉS** (Sebastián **de**), pintor español (Sevilla *c.* 1610-† d. 1674). Pertenece a la escuela barroca sevillana, con influencias de Zurbarán y Murillo (*Crucifijo, Piedad,* catedral).

**LLANQUIHUE,** lago de Chile (Los Lagos); 1 600 km$^2$. Pesca. Deportes náuticos. En su orilla se encuentra la c. de *Llanquihue* (14 410 hab.).

**LLEDÓ** (Emilio), filósofo español (Sevilla 1927), uno de los principales introductores en España de la corriente hermenéutica alemana (*Filosofía y lenguaje,* 1970; *Lenguaje e historia,* 1978; *El silencio de la escritura,* 1992). Es autor también de estudios sobre filosofía griega. (Premio nacional de ensayo 1992.) [Real academia 1993.]

**LLEIDA** → ***Lérida.***

**LLERA,** mun. de México (Tamaulipas); 22 004 hab. Maíz, caña de azúcar. Minas de oro y plata.

**LLERAS CAMARGO** (Alberto), periodista y político colombiano (Bogotá 1906-*id.* 1990). Fue el primer secretario general de la O.E.A. (1948-1954), y presidió la dirección nacional liberal (1957). Fue presidente de la república (1945-1946, 1958-1962).

**LLERAS RESTREPO** (Carlos), político colombiano (Bogotá 1908-*id.* 1994). Presidió el Partido liberal y fue presidente de la república (1966-1970).

**LLERENA,** c. de España (Badajoz), cab. de p. j.; 5 680 hab. *(Llerenses.)* Centro comarcal de los *Llanos de Llerena.* Plaza mayor monumental; iglesias de Nuestra Señora de la Granada y de Santiago.

**Lliga regionalista,** partido político catalán fundado en 1901. Polarizó los inicios del movimiento nacionalista (Solidaritat catalana), y, dirigida por F. Cambó, tuvo gran incidencia en la burguesía industrial y los terratenientes. Decayó a partir de 1917. En 1933 tomó el nombre de *Lliga catalana.*

**LLIMONA** (Juan), pintor español (Barcelona 1860-*id.* 1926). Modernista, se especializó en pintura mural religiosa. – Su hermano **José** (Barcelona 1864-*id.* 1934), uno de los máximos representantes del modernismo escultórico, realizó numerosos monumentos en Barcelona (*San Jorge,* 1924; *Desconsuelo,* 1907; *Juventud,* 1913).

**LLÍRIA** → *Liria.*

**LLÍVIA,** v. de España (Gerona); 901 hab. *(Llivienses.)* Enclave español en territorio francés desde el tratado de los Pirineos (1659), unido a Puigcerdá por una carretera internacional. Núcleo medieval, declarado monumento nacional. Turismo.

**LLOBET** (Joan), teólogo y arquitecto catalán (nacido en Barcelona-Mallorca 1460). Se dedicó a propagar las ideas de Ramon Llull y realizó el sepulcro monumental de la iglesia de San Francisco de Palma de Mallorca.

**LLOBET** (Miguel), guitarrista español (Barcelona 1875-† 1938), discípulo de Tárrega y continuador de su escuela. Escribió piezas para guitarra *(Capricho, Mazurca)* y numerosos arreglos.

**LLOBREGAT,** r. de España, en la vertiente mediterránea, eje fluvial de la prov. de Barcelona; 170 km. Sus aguas son aprovechadas para el abastecimiento de Barcelona y otras localidades y el riego y, desde el s. XIX, por la industria. Su último tramo articula la comarca del *Bajo* o *Baix Llobregat.*

**LLODIO** o **LAUDIO,** mun. de España (Álava); 20 251 hab. Centro industrial (metalurgia, química).

**LLONA** (Numa Pompilio), poeta ecuatoriano (Guayaquil 1832-*id.* 1907). Poeta romántico, coronado públicamente en 1904, fue el autor predilecto de la oligarquía criolla: *Cantos americanos,* 1866; *Clamores del occidente,* 1880, 1881 y 1882.

**LLOPIS LLADÓ** (Noel), geólogo español (Barcelona 1911-Molins de Rei 1968). Realizó trabajos de tectónica, estratigrafía, hidrogeología y cartografía geológica, e impulsó la espeleología científica.

**LLOQUE** o **LLOQUI YUPANQUI,** tercer soberano inca (s. XIII), segundo hijo y sucesor de Sinchi Roca.

**LLOR** (Miquel), escritor español en lengua catalana (Barcelona 1894-*id.* 1966). Su mayor logro es la novela *Laura en la ciudad de los santos* (*Laura a la ciutat dels sants,* 1931).

**LLORENÇ** (Joan), fundador (1519) y dirigente de la Germanía de los menestrales de Valencia († 1520).

**LLORENS** (Antonio), pintor uruguayo (Montevideo 1920). Inscrito en el movimiento no figurativo, formó parte del grupo argentino Madí.

**LLORENS ARTIGAS** (José), ceramista y crítico de arte español (Barcelona 1892-Gallifa 1980). Sus obras, de gran rigor técnico, destacan por la pureza del color y la forma (murales cerámicos de la Unesco en París, de Harvard y del aeropuerto de Barcelona, en colaboración con Miró).

**LLORÉNS TORRES** (Luis), poeta puertorriqueño (Juana Díez 1878-† 1944). En sus inicios modernistas publicó *Sonetos sinfónicos* (1915), orientándose luego hacia la vanguardia (*Voces de la campana mayor,* 1935; *Alturas de América,* 1940).

**LLORENTE** (Juan Antonio), eclesiástico e historiador español (Rincón de Soto, La Rioja, 1756-Madrid 1823). Secretario general de la Inquisición española (1789-1801), es autor, entre otras obras, de *Historia de la Inquisición de España* (1817-1818).

**LLORENTE MATOS** (Vicente), médico español (Las Palmas de Gran Canaria 1857-Madrid 1917), uno de los introductores en España de la moderna bacteriología. Estudió la peste y la rabia.

**LLORET** (Antonio), físico español (Barcelona 1935). Tras dedicarse a la física de altas energías, en especial a la experimentación en cámaras de burbujas y detectores electrónicos, sus trabajos se han orientado hacia la búsqueda de nuevos materiales para la captación de la energía solar.

**LLORET DE MAR,** v. de España (Gerona); 22 504 hab. *(Loretenses.)* Centro turístico de la Costa Brava. Casino.

**LLOYD** (Harold), actor norteamericano (Burchard, Nebraska, 1893-Hollywood 1971). Creó un personaje torpe y retraído, con gafas de concha, que se convirtió en uno de los más populares del cine cómico norteamericano (*El hombre mosca,* 1923).

**LLOYD GEORGE** (David), 1.er *conde* **Lloyd-George of Dwyfor,** político británico (Manchester 1863-Llanystumdwy 1945). Líder del ala izquierda del Partido liberal, preconizó reformas sociales que realizó como canciller de Exchequer (1908-1915); promulgó una ley que reducía el poder de los lores (1911). Durante la primera guerra mundial fue ministro de Municiones y de Guerra, y jefe de un gabinete de coalición (1916-1922). Desempeñó un papel relevante en las negociaciones del tratado de Versalles (1919). En 1921 reconoció el Estado Libre de Irlanda.

**Lloyd's,** institución británica de seguros, la más antigua institución mundial y más importante del sector, creada en Londres *c.* 1688 y legalizada por el parlamento en 1871.

**Lloyd's register of shipping,** sociedad británica, la más importante de todas en clasificación de navíos, creada en Londres en 1760.

**LLUCH MORA** (Francisco), poeta puertorriqueño (Yauco 1925), iniciador de la corriente neorromántica del trascendentalismo (*Tu presencia,* 1949; *Canto desesperado a la ceniza,* 1955; *Cartapacio de amor,* 1961).

**LLUCHMAYOR** o **LLUCMAJOR,** c. de España (Baleares), en Mallorca; 19 579 hab. *(Lluchmayorenses* o *llummayorenses.)* Turismo. Industria (calzado, licores). Conjunto megalítico de Capocorp vell, con muralla y talayots.

**LLULL** (*beato* Ramon), escritor catalán (Palma de Mallorca *c.* 1235-† *c.* 1315). La originalidad de su obra se basa en la alianza entre filosofía, mística y poesía; en la creación de una teoría retórica que incluye las técnicas del predicador popular con los extremos sutiles del intelectual, la fábula o el ejemplo con el aforismo; y en la elección de la lengua vernácula (junto al latín y el árabe) como vehículo expresivo: *Ars magna,* o *Ars generalis,* exposición de su sistema metafísico y lógico, y el *Árbol* de ciencia.* Dos libros centran su labor narrativa: el *Blanquerna** y el *Libro de Maravillas (Llibre de Meravelles)* o *Libre de Fèlix,* que contiene el *Libro de los animales (Llibre de les bèsties).* Otras obras: *Libro de la orden de caballería (Llibre de l'ordre de cavalleria), Lógica de Gatzel, Lo desconhort (El desconsuelo).*

**LLULLAILLACO,** volcán andino, en la frontera entre Argentina (Salta) y Chile (Antofagasta); 6 739 m de alt. Cubierto por nieves perpetuas.

**LLÚRIA** o **LAURIA** (Roger **de**), almirante catalán de origen italiano (Lauria, Basilicata, *c.* 1250-Valencia 1305). Almirante de la flota catalanoaragonesa, luchó contra los angevinos en Malta y Nápoles. En la disputa por el trono siciliano, apoyó primero a Federico, y después a Jaime II de Aragón.

**Lo que el viento se llevó,** novela de Margaret Mitchell (1936): fresco histórico del Sur norteamericano durante la guerra de Secesión. — Película de Victor Fleming (1939), con Clark Gable y Vivien Leigh, uno de los mayores éxitos comerciales del cine norteamericano.

**LOA,** r. de Chile (Antofagasta), en la vertiente pacífica, el más largo del país; 440 km. Aprovechado por el centro minero de Chuquicamata.

**LOACH** (Kenneth, llamado **Ken**), director de cine británico (Nuneaton, cerca de Warwick, 1936). Sus películas poseen un marcado contenido social (*Riff raff,* 1991; *Lloviendo piedras,* 1993; *Tierra y libertad,* 1995; *Mi nombre es Joe,* 1998).

**LOAISA** (García **de**), dominico español (Talavera de la Reina 1480-Madrid 1546). Confesor y consejero de Carlos Quinto, presidió el Consejo de Indias y apoyó a Las Casas. Fue arzobispo de Sevilla (1539) y cardenal. – Su hermano **Jerónimo** (nacido en Talavera de la Reina-Lima 1575), también dominico, obispo de Lima, intervino a favor de la corona en las guerras civiles peruanas.

**LOANGO,** reino situado al N del Bajo Congo (Zaire, act. Rep. Dem. del Congo) [ss. XV-XVIII aprox.].

**LOARRE,** v. de España (Huesca); 394 hab. Al pie de la *sierra de Loarre.* Castillo medieval, residencia de los reyes de Aragón; en el recinto amurallado, iglesia románica de San Pedro (s. XI).

**LOARTE** (Alejandro **de**), pintor español († Toledo 1626). Se dedicó a la naturaleza muerta, género en el que se aprecia la minuciosidad descriptiva y el realismo incipiente del barroco.

**LOB NOR, LOP NUR** o **LUOBUBO,** lago poco profundo de China (Xinjiang), donde desemboca el Tarim; 3 000 km². En las proximidades, base de experimentos nucleares.

**LOBACHEVSKI** (Nicolái Ivánovich), matemático ruso (Nizhni Nóvgorod 1792-Kazán 1856). Elaboró la geometría hiperbólica no euclidiana.

**LOBAU** *(isla),* isla del Danubio, cerca de Viena.

**LOBERA,** cumbre de España, en la cordillera Ibérica (sierra del Moncayo); 2 222 m de alt.

**LOBERÍA,** partido de Argentina (Buenos Aires); 17 491 hab. Cereales y lino. Ganadería. Harinas.

**LOBITO,** c. y puerto del E de Angola; 60 000 hab.

**LOBO** (Baltasar), escultor español (Cerecinos de Campos, Zamora, 1910-París 1993). Representante de la vanguardia histórica, su obra está caracterizada por la pureza esencialista de los volúmenes.

**Lobo** *(desastre del barranco del),* derrota de las tropas españolas por los rifeños (27 julio 1909) en la guerra de Marruecos. Provocó la Semana* trágica.

**LOBOS** *(isla de),* isla de Uruguay, frente a la costa de Maldonado. Faro.

**LOBOS,** partido de Argentina (Buenos Aires); 30 815 hab. Ganadería e industrias derivadas.

José **Llimona:** *Desconsuelo* (1907). [Parque de la Ciudadela, Barcelona.]

la tumba de Ramon **Llull** (iniciada en 1487) por F. Sagrera (iglesia de San Francisco, Palma de Mallorca)

**LOCARNO,** c. y estación turística de Suiza (Ticino), junto al lago Mayor, al pie de los Alpes; 13 796 hab. Castillo de los ss. XV-XVI (museo). Iglesias medievales y barrocas. – Acuerdos firmados en 1925 por Francia, Bélgica, Gran Bretaña, Alemania e Italia, que reconocían las fronteras de los países signatarios, con la intención de establecer una paz duradera en Europa. Alemania fue entonces admitida en la S.D.N. (1926).

**LOCATELLI** (Pietro Antonio), violinista y compositor italiano (Bérgamo 1695-Amsterdam 1764). Innovador en la técnica del violín, fue autor de sonatas y de conciertos *(El arte del violín).*

**LOCHNER** (Stephan), pintor alemán (Meersburg, Alta Suabia, *c.* 1410-Colonia 1451). Figura señera de la escuela de Colonia, amalgamó los caracteres flamencos y la delicadeza del gótico tardío.

**LOCKE** (John), filósofo inglés (Wrington, Somerset, 1632-Oates, Essex, 1704). Exponente de un materialismo sensualista, rechazó las ideas innatas de Descartes y situó la fuente del conocimiento en la experiencia sensible (*Ensayo sobre el entendimiento humano,* 1690). Consideraba que la sociedad se basa en un contrato y que el soberano debe obedecer las leyes; de otro modo, la insurrección del pueblo es legítima (*Cartas sobre la tolerancia,* 1689).

John **Locke**
(Michael Dahl - galería nacional de retratos, Londres)

**LOCKYER** (*sir* Joseph Norman), astrónomo británico (Rugby, Warwickshire, 1836-Salcombe Regis, Devon, 1920). Especialista en espectroscopia solar, descubrió la cromosfera del Sol y, en 1868, en el espectro de protuberancias (al mismo tiempo que Janssen), la presencia de un nuevo elemento, entonces desconocido en la Tierra, el helio. Fundó la revista científica *Nature* (1869).

**Locmán,** en ár. **Luqmān,** personaje citado en el Corán, sabio de la tradición árabe preislámica.

**LÓCRIDA,** ant. región de los locrios, en la Grecia continental. Estaba dividida en *Lócrida oriental,* a orillas del mar Egeo, bordeando el golfo de Lamia, y *Lócrida occidental,* a orillas del golfo de Corinto.

**LOCUSTA,** dama romana († en 68 d. J.C.). Envenenó a Claudio por orden de Agripina y a Británico a instancias de Nerón. Galba la condenó a muerte.

**LOD** o **LYDDA,** c. de Israel; 39 000 hab. Aeropuerto de Tel-Aviv-Jaffa.

**LODI,** c. de Italia (Milán), junto al Adda; 42 170 hab. Iglesia octogonal de la Incoronata (fines del s. XV) y otros monumentos. Victoria de Napoleón Bonaparte sobre los austríacos (1796).

**ŁÓDŹ,** c. del centro de Polonia; 844 900 hab. Centro textil. Galería de arte moderno.

**LOECHES,** v. de España (Madrid); 2 675 hab. En La Alcarria. Iglesia herreriana; convento de dominicas (s. XVII), que alberga los panteones del conde-duque de Olivares y de los duques de Alba.

**LOEWI** (Otto), farmacólogo alemán (Frankfurt del Main 1873-Nueva York 1961). Identificó las sustancias activas (acetilcolina y adrenalina) en el sistema nervioso autónomo. (Premio Nobel de fisiología y medicina 1936.)

**LOEWY** (Raymond), diseñador industrial norteamericano de origen francés (París 1893-Mónaco 1986). Se estableció en E.U.A. (1919), donde, diez años más tarde, fundó su propia empresa de diseño. Se dedicó a proporcionar una belleza funcional a los productos más diversos (desde el paquete de cigarrillos hasta el automóvil y la nave espacial).

**LOFOTEN** *(islas),* archipiélago situado a lo largo de las costas de Noruega; 1 425 km$^2$. Pesca.

**LOGAN** *(monte),* punto culminante de Canadá (Yukón), en la frontera de Alaska; 6 050 m.

**Lógica formal,** obra de A. De Morgan (1847), en la que elaboró el álgebra de las relaciones.

**LOGONE,** r. de África ecuatorial, afl. del Chari (or. izq.); 900 km.

**LOGROÑO,** c. de España, cap. de la comunidad autónoma uniprovincial de La Rioja y cab. de p. j.; 128 331 hab. *(Logroñeses.)* En la or. der. del Ebro. Centro administrativo, comercial (productos agrícolas) e industrial (vinos, conservas). Catedral (ss. XV-XVI) con fachada barroca (s. XVIII). Iglesias y edificios civiles (ss. XIV-XVIII). Es la ant. *Iuliobriga* romana.

**Lohengrin,** héroe de una leyenda germánica vinculada al ciclo del roman courtois sobre la búsqueda del Graal. Esta leyenda inspiró a R. Wagner la ópera *Lohengrin* (1850), de la que escribió el libreto y la música.

**LOIR,** r. de Francia, afl. del Sarthe (or. der.); 311 km.

**LOIRA,** en fr. **Loire,** r. de Francia, el más largo del país; 1 020 km. Su cuenca cubre 115 120 km$^2$. Nace en el macizo Central (Ardèche) y desemboca en el Atlántico, formando un estuario.

**Loira** *(castillos del),* residencias reales, señoriales o burguesas construidas en la región del Loira (ss. XV y XVI). Destacan Azay-le-Rideau, Amboise, Chenonceaux, Blois, Chambord y Valençay.

**LOIRE** *(Pays de la)* → ***Pays de la Loire.***

**LOIRE,** dep. del E de Francia (Ródano-Alpes); 4 781 km$^2$; 746 288 hab. Cap. *Saint-Étienne.*

**LOIRE-ATLANTIQUE,** dep. del O de Francia (Pays de la Loire); 6 815 km$^2$; 1 052 183 hab. Cap. *Nantes.*

**LOIRET,** dep. de Francia (Centro); 6 775 km$^2$; 580 612 hab. Cap. *Orleans.*

**LOIR-ET-CHER,** dep. de Francia (Centro); 6 343 km$^2$; 305 937 hab. Cap. *Blois.*

**LOISY** (Alfred), exegeta francés (Ambrières, Marne, 1857-Ceffonds, Haute-Marne, 1940). Fue excomulgado por sus ideas modernistas (1908). Su filosofía religiosa trataba de unir a los creyentes más allá de las diferentes confesiones.

**LOÍZA** o **GRANDE DE LOÍZA,** r. de Puerto Rico, en la vertiente atlántica; 64 km. Pasa por Caguas y Carolina y desemboca junto a *Loíza Aldea.*

**LOÍZA,** mun. de Puerto Rico, en la cuenca del *río Loíza;* 29 307 hab. Caña de azúcar.

**LOJA** *(provincia de),* prov. de Ecuador, en la sierra Meridional; 12 033 km$^2$; 356 512 hab. Cap. *Loja.*

**LOJA,** c. de Ecuador, cap. de la prov. homónima; 120 035 hab. Centro agrícola y minero. Universidad. Aeropuerto de La Toma.

**LOJA,** c. de España (Granada), cab. de p. j.; 20 321 hab. *(Lojeños.)* Agricultura e industrias derivadas. Murallas árabes. Fue uno de los focos del movimiento campesino andaluz en el s. XIX.

**Lolita,** novela de V. Nabokov (1955). Es la historia de la pasión que siente un hombre maduro por una adolescente, Lolita. La novela inspiró la película de S. Kubrick (1962).

**LOLLAND** o **LAALAND,** isla de Dinamarca, en el Báltico, unida a la isla de Falster por dos puentes; 1 243 km$^2$; 82 000 hab. Cap. *Maribo.*

**LOLLOBRIGIDA** (Luigina, llamada **Gina**), actriz de cine italiana (Subiaco 1927). Su exuberante belleza, su vivacidad y su encanto le proporcionaron una popularidad internacional: *Fanfán, el invencible* (Christian-Jaque, 1952), *Pan, amor y fantasía* (L. Comencini, 1953), etc.

**LOMA BONITA,** mun. de México (Oaxaca); 33 244 hab. Centro exportador de piña a E.U.A. y Canadá.

**LOMA DE CABRERA,** ant. **La Loma,** mun. de la República Dominicana (Dajabón); 21 573 hab. Café y arroz.

**LOMAS DE ZAMORA,** partido de Argentina (Buenos Aires); 572 769 hab. En el Gran Buenos Aires.

**lombarda** *(Liga),* liga formada en 1167 por ciudades güelfas bajo el patronazgo del papa Alejandro III, para resistir a Federico I Barbarroja, a quien impusieron la tregua de Venecia-Grado (1177).

**LOMBARDÍA,** región del N de Italia, situada al pie de los Alpes, formada por las prov. de *Bérgamo, Brescia, Como, Cremona, Mantua, Milán, Pavía, Sondrio* y *Varese;* 23 850 km$^2$; 8 831 264 hab. *(Lombardos.)* Cap. *Milán.* Se distinguen dos grandes zonas: los *Alpes lombardos,* bordeados, al S, por una serie de grandes lagos (Mayor, Como, Garda, etc.), y la *llanura lombarda,* que asocia ricos cultivos con una ganadería intensiva, y que constituye un gran centro industrial (metalurgia, textil y química).

**LOMBARDO,** familia de escultores y arquitectos italianos, entre los que destacan: **Pietro** (Carona, Lugano, *c.* 1435-Venecia 1515), que trabajó sobre todo en Venecia (monumentos funerarios; decoraciones de mármol de la iglesia de Santa Maria dei Miracoli); – su hijo y colaborador **Tullio** (*c.* 1455-Venecia 1532), autor de la estatua yacente de Guidarello Guidarelli, en Ravena.

**LOMBARDO** (Pedro), teólogo de origen lombardo (Novara *c.* 1100-París 1160), denominado el **Maestro de las Sentencias.** Es autor de los *Cuatro libros de sentencias,* texto básico para la enseñanza de la teología en los ss. XII-XVI.

**LOMBARDO TOLEDANO** (Vicente), político y dirigente sindical mexicano (Tezintlan, Puebla, 1894-México 1969), fundador y presidente (1938-1963) de la Confederación de trabajadores de América latina, y vicepresidente de la Federación sindical mundial (1945-1962). Fundó el Partido popular.

**LOMBARDOVÉNETO** *(Reino),* nombre de las posesiones austríacas en el N de Italia (Milanesado, Venecia) de 1815 a 1859. Lombardía fue incorporada al Piamonte en 1859 y la región de Venecia al reino de Italia en 1866.

**LOMBOK,** isla de Indonesia, separada de Bali por el *estrecho de Lombok;* 5 435 km$^2$; 1 300 000 hab.

**LOMBOY** (Reinaldo), escritor y periodista chileno (Coronel 1910), de temática social *(Cuando maduren las espigas; Ránquil).*

**LOMBROSO** (Cesare), médico y criminólogo italiano (Verona 1835-Turín 1909), iniciador de la antropología criminal. Describió el tipo del criminal nato, destinado a convertirse en criminal por el determinismo de la herencia, y portador de estigmas morfológicos.

**LOMÉ,** c., cap. y puerto de Togo, junto al golfo de Guinea; 366 476 hab. Universidad.

**Lomé** *(convención de),* acuerdos de cooperación y de ayuda para el desarrollo firmados en Lomé cada cinco años a partir de 1975, entre la Comunidad europea y algunos países de África, del Caribe y del Pacífico (países A.C.P.).

**LOMONÓSOV** (Mijaíl Vasílievich), escritor y físico ruso (Denissovka [act. Lomonósovo], Arjánguelsk, 1711-San Petersburgo 1765). Reformador de la poesía rusa y de la lengua literaria (*Gramática rusa,* 1755), a iniciativa suya se creó la universidad de Moscú.

**LON NOL,** militar y político camboyano (Kompong-Leau 1913-Fullerton, California, 1985). Comandante en jefe de las fuerzas armadas (1959) y primer ministro (1966 y 1969), destituyó al príncipe Norodom Sihanuk (1970) y, tras ser nombrado presidente de la república, estableció una dictadura militar (1972-1975).

**LONARDI** (Eduardo), militar y político argentino (Entre Ríos 1896-Buenos Aires 1956). Se levantó contra Perón (1955) y presidió la república (set.). Fue derrocado por Aramburu (nov.).

**LONCOCHE,** c. de Chile (Araucanía); 23 638 hab. Centro agrícola, ganadero, forestal e industrial.

**LONDON,** c. de Canadá (Ontario); 303 165 hab. Centro financiero e industrial.

**LONDON** (John Griffith **London,** llamado **Jack**), escritor norteamericano (San Francisco 1876-Glen Ellen, California, 1916), autor de numerosas novelas de aventuras (*El lobo de mar,* 1904; *Colmillo blanco,* 1905). Aunque consiguió fama y fortuna, se rebeló contra la sociedad moderna. Se suicidó.

**LONDONDERRY,** c. y puerto de Irlanda del Norte, en el estuario del Foyle; 88 000 hab. Textil. Química.

**LONDRES,** en ingl. **London,** c. y cap. de Gran Bretaña, a orillas del Támesis; 2 349 900 hab. (6 378 600 hab. en el *Gran Londres*) [*Londinenses*.] La ciudad debe su origen a un paso del río, lugar de intercambios entre el N y el S. La *city,* en el corazón de la ciudad, es el centro de negocios. En el O se ubican los barrios residenciales, con numerosos parques, y en el E, las zonas obreras industriales. Principal puerto británico, es una importante metrópoli política, financiera, cultural e industrial. A partir de 1945 el crecimiento de la aglomeración se vio frenado por la creación de las *new towns* en un amplio radio alrededor de Londres. Los principales monumentos son: la Torre de Londres (s.

**Londres:** Piccadilly circus, una encrucijada del centro de la ciudad

XI), la abadía de Westminster (ss. XIII-XVI) y la catedral de San Pablo (fines del s. XVII). Famosos museos (museo Británico, galería nacional, galerías Tate y Tate modern, museo Victoria y Alberto, etc.).

HISTORIA

Fue el centro estratégico y comercial de la Bretaña romana *(Londinium),* pero decayó a causa de las invasiones anglosajonas (s. V); renació en los ss. VI-VII como capital del reino de Essex y sede del obispado (604). Fue asediada continuamente por los reyes anglosajones y daneses (ss. X-XI) y, a partir del s. XII, fue la capital del reino anglonormando. Recibió una carta comunal (1191), fue sede del parlamento (1258), capital oficial del reino (1327) y conoció una extraordinaria expansión, gracias a la actividad de su puerto y al auge de la industria textil (s. XV). En 1665 fue asolada por la peste y por un incendio en 1666, pero, en los ss. XVIII y XIX, el ritmo de desarrollo se aceleró y Londres se convirtió en la capital de las finanzas y el comercio internacionales. Durante la segunda guerra mundial fue duramente castigada por los bombardeos alemanes.

**LONDRINA,** c. de Brasil (Paraná); 388 331 hab.

**LONG BEACH,** c. y puerto de Estados Unidos (California), en el área suburbana de Los Ángeles; 429 433 hab. Aeronáutica.

**LONG ISLAND,** isla de Estados Unidos (Nueva York), en cuya parte SO se encuentran Brooklyn y Queens, barrios de Nueva York.

**LONGARES,** v. de España (Zaragoza); 848 hab. *(Longarinos.)* Iglesia del s. XVI, que conserva la torre de una antigua mezquita; retablos (ss. XV-XVII).

**LONGAVÍ,** com. de Chile (Maule), a orillas del *río Longaví,* subafluente del Maule; 27 729 hab.

**LONGFELLOW** (Henry Wadsworth), poeta norteamericano (Portland 1807-Cambridge, Massachusetts, 1882), influido por la cultura y el romanticismo europeos (*Evangelina,* 1847).

**LONGHENA** (Baldassare), arquitecto italiano (Venecia 1598-*id.* 1682). Supo combinar en Venecia el dinamismo del barroco con el clasicismo renacentista de Palladio (iglesia della Salute, con planta central, iniciada en 1631; palacio Pesaro, *c.* 1650).

**LONGHI** (Pietro **Falca,** llamado **Pietro**), pintor italiano (Venecia 1702-*id.* 1785), autor de escenas familiares de la vida veneciana.

**LONGINOS** *(san),* mártir del s. I († en Cesarea de Capadocia). Centurión romano, se supone que se convirtió después de haber atravesado con su lanza el costado de Cristo tras su muerte en la cruz.

**LONGITUDINAL** o **CENTRAL** *(valle),* región fisiográfica de Chile que se extiende desde el río Aconcagua, al N, hasta la isla de Chiloé, al S. Es la región más densamente poblada del país.

**LONGMEN** o **LONG-MEN,** cuevas búdicas de China (Henan) excavadas a partir de 494 por los Wei del Norte, y en activo hasta el s. X. Relieves de gran intensidad espiritual y elegancia de rasgos.

**LONGO,** escritor griego (¿Lesbos? s. II o III d. J.C.). Se le atribuye la novela pastoril *Dafnis y Cloe.*

**LONGO** (Luigi), político italiano (Fubine Montferrato 1900-Roma 1980), secretario general (1964-1972) y presidente (1972-1980) del Partido comunista italiano.

**LONGUEUIL,** c. de Canadá (Quebec), en el área suburbana de Montreal; 129 874 hab.

**LÖNNROT** (Elias), escritor finlandés (Sammatti 1802-*id.* 1884). Recogió los cantos populares de Carelia, que publicó con el título de *Kalevala.*

**LONQUIMAY,** volcán de Chile (Araucanía), entre las cuencas del Biobío y del Cautín; 2 890 m de alt.

**LOOS** (Adolf), arquitecto austriaco (Brno 1870-Kalksburg, Viena, 1933). Su conferencia *Ornamento y delito,* pronunciada en 1908 en Viena, en donde vivía, fue el manifiesto del funcionalismo integral.

**LOPBURI,** c. de Tailandia, cap. de prov.; 37 000 hab. Templos (prang o altas torres que contienen reliquias) de los ss. XIII-XIV. Excavaciones arqueológicas (mesolítico, edad de bronce, arte de Dvāravatī [ss. VII-VIII]).

**LÓPEZ** (Cándido), pintor argentino (Buenos Aires 1840-Baradero 1902). Se inició en el retrato. En la guerra con Paraguay se alistó en el ejército y se convirtió en pintor de batallas y paisajista en un estilo naïf detallista y colorido.

**LÓPEZ** (Carlos Antonio), político paraguayo (Asunción 1792-*id.* 1862). Presidente de la república (1844-1862), promulgó una nueva constitución e implantó un régimen autoritario.

**LÓPEZ** (Estanislao), militar argentino (Santa Fe 1786-† 1838). Caudillo federalista, fue gobernador de Santa Fe (1818-1836).

**LÓPEZ** (Francisco Solano), militar y político paraguayo (Asunción 1827-Cerro Corá 1870), hijo de Carlos Antonio López. Presidente de la república (1862-1870), intentó invadir Brasil (1864) y declaró la guerra a Argentina (1865). Estos países firmaron con Uruguay la Triple alianza (1865) contra Paraguay, que fue derrotado. López murió en combate contra los brasileños.

**LÓPEZ** (Joaquín María), político español (Villena 1802-Madrid 1855). Miembro del Partido progresista, encabezó la coalición con los moderados que derribó a Espartero, y presidió el gobierno provisional (julio-nov. 1843).

**LÓPEZ** (José Hilario), militar y político colombiano (Popayán 1798-Neiva 1869). En 1828 se alzó contra Bolívar. Presidente de la república (1849-1853), realizó numerosas reformas liberales.

**LÓPEZ** (Juan Pedro), pintor y escultor venezolano (Caracas 1724-*id.* 1787), uno de los principales artistas de la colonia (*San Pedro,* catedral de Caracas; *Virgen de la Luz, San Juan Bautista*).

**LÓPEZ** (Lucio Vicente), escritor argentino (Montevideo 1848-Buenos Aires 1894). Periodista e investigador de temas históricos y jurídicos, escribió relatos y la novela *La gran aldea* (1884), sobre Buenos Aires.

**LÓPEZ** (Pilar), bailarina española (San Sebastián 1913). Después de actuar en el ballet de su hermana La Argentinita, formó su propia compañía, con la que buscó nuevas formas de expresión tanto en el flamenco como en adaptaciones coreográficas de obras de Falla, Albéniz y Granados.

**LÓPEZ** (Tomás), cartógrafo español (Madrid 1730-*id.* 1802), autor del tratado *Principios geográficos aplicados a los mapas* (1775-1783) y de obras cartográficas (*Atlas geográfico de la América septentrional,* 1758; *Atlas general de España,* 1810).

**LÓPEZ** (Vicente Fidel), historiador, escritor y político argentino (Buenos Aires 1815-*id.* 1903), autor de *Manual de historia de Chile* (1845) e *Historia de la República Argentina* (1883-1893) y de narraciones de tema histórico.

**LÓPEZ** (Vicente), pintor español (Valencia 1772-Madrid 1850). De formación académica, fue nombrado pintor de cámara de Carlos IV (1802). Aunque realizó temas de historia y religiosos, destacó en el retrato, que en su última época tiene influencias románticas.

**LÓPEZ AGUADO** (Antonio), arquitecto español (Madrid 1764-*id.* 1831), de estilo neoclásico, con tendencia a lo monumental (palacios de Sonora y Villahermosa, Madrid).

**LÓPEZ ALBÚJAR** (Enrique), escritor peruano (Piura 1872-Lima 1966). En sus *Cuentos andinos* (1920) y novelas (*Matalaché,* 1928), denuncia la realidad social de los indios.

**LÓPEZ ARELLANO** (Osvaldo), militar y político hondureño (Danlí 1921). Ocupó el poder, tras encabezar golpes de estado, en 1963-1971 y 1972-1975. Gobernó dictatorialmente y fue depuesto por el ejército.

**LÓPEZ BALLESTEROS** (Luis), político español (Villagarcía de Arosa 1778-Madrid 1853). Ministro de Hacienda (1823-1832), reorganizó la administración e implantó el sistema de presupuestos.

**LÓPEZ BUCHARDO** (Carlos), compositor argentino (Buenos Aires 1881-*id.* 1948), autor de óperas (*El sueño del alma,* 1914), comedias musicales (*Madame Lynch,* 1932; *Amalia,* 1935) y piezas para piano.

**LÓPEZ CHAVARRI** (Eduardo), compositor y musicógrafo español (Valencia 1881-*id.* 1970). Gran parte de su obra se basa en el folklore valenciano: *Llegenda* para coro y orquesta, *Rapsodia valenciana.* Escribió *La música en los misterios del Corpus* (1942).

**LÓPEZ COBOS** (Jesús), director de orquesta español (Toro 1940). Director general de música de la ópera de Berlín (1981-1991), ha sido director de la orquesta nacional de España (1984-1987) y, desde 1986, de la filarmónica de Cincinnati.

**LÓPEZ CONTRERAS** (Eleazar), militar y político venezolano (Queniquea, Táchira, 1883-Caracas 1973). Participó en la revolución liberal restauradora de 1899 y en la pacificación del país (1900-1903). Fue ministro de Guerra y Marina (1931-1935) y presidente de la república (1936-1941).

**LÓPEZ DÁVALOS** (Ruy), aristócrata castellano († 1428). Formó parte del triunvirato que ejerció el poder durante el reinado de Enrique III.

**LÓPEZ DE ARTEAGA** (Sebastián), pintor español

Vicente **López:** *Los Reyes Católicos recibiendo a los embajadores de Fez* (1790).
[Academia de bellas artes de san Fernando, Madrid.]

activo en México (Sevilla 1610-México 1656). Se formó con Zurbarán. En 1643 pintó los retratos de los primeros inquisidores de México. En su pintura religiosa introdujo el modelado y el claroscuro.

**LÓPEZ DE AYALA** (Adelardo), dramaturgo y político (Guadalcanal 1828-Madrid 1879). Fue el autor de la proclama que derribó a Isabel II (1868). Cultivó el teatro histórico (*Un hombre de Estado,* 1851) y el de tema contemporáneo (*Consuelo,* 1878). [Real academia 1865.]

**LÓPEZ DE AYALA** (Pero), escritor y político castellano (Vitoria 1332-Calahorra 1407). Destacó como militar y político en los reinados de Pedro el Cruel y de los Trastámara y fue nombrado canciller del reino (1399). Compuso el poema didáctico *Rimado* de palacio,* cuatro *Crónicas* de los reyes castellanos y un *Libro de cetrería.* Tradujo a Tito Livio, Boecio, Colonna y Boccaccio.

**LÓPEZ DE GÓMARA** (Francisco), historiador de Indias español (Gómara, Soria, 1511-*¿id.?* a. de 1566), autor de *Historia general de las Indias y conquista de México* (1522).

**LÓPEZ DE HARO** (Gonzalo), marino español († Puebla, México, 1823). Exploró las posesiones rusas de Onalaska (1788) y levantó planos de las costas de California y Sonora. Realizó el trazado topográfico de México a partir de 1810.

**LÓPEZ DE HERRERA** (Alonso), pintor mexicano (México 1579-† *c.* 1654). Dominico, su pintura religiosa se distingue por una tonalidad cálida y la perfección del dibujo (*El divino rostro,* 1643, catedral de México).

Alonso **López de Herrera:** *Divino rostro*
(museo nacional del virreinato, México)

**LÓPEZ DE MENDOZA** → ***Mendoza*** (familia).

**LÓPEZ DE MESA** (Luis), escritor y político colombiano (Donmatías 1884-Medellín 1967). Fue ministro de Educación (1934-1935) y del Exterior (1938-1942). Autor de ensayos sociológicos (*El factor étnico,* 1927) y de novelas (*Iola,* 1918).

**LÓPEZ DE ROMAÑA** (Eduardo), político peruano (Arequipa 1847-† 1912). Miembro del Partido civilista, fue presidente de la república (1899-1903).

**LÓPEZ DE ÚBEDA** (Francisco), escritor y médico español de los ss. XVI y XVII, nacido en Toledo, autor del *Libro de entretenimiento de la pícara* Justina* (1605).

**LÓPEZ DE VILLALOBOS** (Francisco), médico y escritor español (Villalobos 1472/1474-Valderas 1549). Su poema didáctico *El sumario de la medicina* (1498) incluye una descripción jocosa de los efectos de la sífilis. Escribió obras costumbristas y adaptó al castellano a Plauto (1517).

**LÓPEZ DE VILLALOBOS** (Ruy), navegante español (nacido en Málaga-Amboina 1546). En 1542 dirigió una expedición a las islas de Poniente, que arribó a Mindanao y Leyte (febr. 1543) y a las Molucas (1544).

**LÓPEZ DE ZÚÑIGA** (Francisco), *marqués* **de Baides** (Pedrosa, Valladolid, 1599-† en alta mar 1655). Gobernador de Chile (1639-1646), implantó la alcabala y firmó con los indios el tratado de Quillén (1641).

**LÓPEZ GARCÍA** (Antonio), pintor y escultor español (Tomelloso 1936). Su obra se caracteriza por un ultrarrealismo lírico centrado en el paisaje madrileño o en el descubrimiento de los objetos cotidianos (*Bodegón de la jarra y el pan,* 1949; *Madrid Sur,* 1965-1985).

**LÓPEZ GUTIÉRREZ** (Rafael), militar y político hondureño (1854-1924). Presidente del país en 1920, al finalizar su mandato se proclamó dictador (1924).

**LÓPEZ HERNÁNDEZ** (Julio) → ***Hernández*** (Julio López).

**LÓPEZ IBOR** (Juan José), médico siquiatra español (Sollana, Valencia, 1908-Madrid 1991), autor de *Lecciones de sicología médica* (1956), *Neurosis* (1977), *De la noche oscura a la angustia* (1982).

**LÓPEZ MATEOS** (Adolfo), político mexicano (Atizapán de Zaragoza 1910-México 1969). Ministro de Trabajo y de Asuntos Sociales (1952-1957) y presidente de la república (1958-1964), volvió al liberalismo económico.

**LÓPEZ MEZQUITA** (José María), pintor español (Granada 1883-Madrid 1954). Realizó numerosos retratos en estilo académico.

**LÓPEZ MICHELSEN** (Alfonso), político colombiano (Bogotá 1913), hijo de A. López Pumarejo. Fundó el Movimiento revolucionario liberal (1958) y fue presidente de la república (1974-1978), en una etapa de grave crisis económica y política.

**LÓPEZ PINCIANO** (Alonso), médico y humanista español (Valladolid *c.* 1547-† *c.* 1627), autor de *Filosofía antigua poética* (1596), inspirada en la preceptiva clásica.

**LÓPEZ PORTILLO** (José), político y jurista mexicano (México 1920). Presidente de la república (1976-1982), tras un despegue industrial del país, la crisis le llevó a la nacionalización de la banca en 1982. Es autor de obras sobre teoría del estado.

**LÓPEZ PORTILLO Y ROJAS** (José), escritor y político mexicano (Guadalajara 1850-México 1923). Ocupó cargos políticos con V. Huerta. Su obra, de un realismo influido por Pereda, incluye novelas (*La parcela,* 1898; *Los precursores,* 1909; *Fuertes y débiles,* 1919) y relatos (*Seis leyendas,* 1883).

**LÓPEZ PUMAREJO** (Alfonso), político colombiano (Honda 1886-Londres 1959), diputado liberal desde 1915 y presidente de la república en 1934-1938 y 1942-1945. Diplomático desde 1946, presidió el consejo de seguridad de la O.N.U. (1947). Fundó varios periódicos.

**LÓPEZ RODEZNO** (Arturo), pintor y ceramista hondureño (Copán 1906). De su abundante obra de ceramista destacan los murales del aeropuerto de Tocontín (1943) y del hotel Duncan Mayab.

**LÓPEZ SALINAS** (Armando), escritor español (Madrid 1925). Sus novelas se inscriben en el realismo social (*La mina,* 1959; *Año tras año,* 1962). Es coautor de libros de viajes.

**LÓPEZ SILVA** (José), escritor español (Madrid 1861-Buenos Aires 1925), popular autor de poemas y sainetes centrados en el bajo pueblo de Madrid (*La revoltosa*,* 1898, con C. Fernández Shaw).

**LÓPEZ SOLER** (Ramón), escritor español (Manresa 1806-Madrid 1836). Escribió poesía y, sobre todo, novelas históricas. El prólogo de *Los bandos de Castilla* (1830) es uno de los manifiestos románticos españoles.

**LÓPEZ TORRES** (Antonio), pintor español (Tomelloso 1902-*id.* 1987), uno de los máximos exponentes del realismo contemporáneo, especialmente por sus paisajes.

**LÓPEZ TRUJILLO** (Alfonso), prelado colombiano (Villahermosa 1935). Consagrado obispo en 1971, en 1979 fue nombrado arzobispo de Medellín, y en 1983 fue creado cardenal. Fue secretario general del C.E.L.A.M. (1973-1979) y presidente de la organización hasta 1983.

**LÓPEZ VÁZQUEZ** (José Luis), actor español (Madrid 1922). Prolífico y versátil intérprete, ha trabajado en numerosas películas, con directores como M. Ferreri, C. Saura, P. Olea, L. G. Berlanga, J. de Armiñán, entre otros, así como en teatro y en televisión.

José Luis **López Vázquez** en una escena de *Akelarre* (1983) de Pedro Olea

**LÓPEZ VELARDE** (Ramón), poeta mexicano (Jerez, Zacatecas, 1888-México 1921), precursor de la moderna poesía mexicana. Su lírica, que arranca del modernismo, adopta tonos coloquiales e imágenes de inusitada audacia, para expresar con ironía un mundo a la vez provinciano y de vehemente sensualidad: *La sangre devota* (1916) y *Zozobra* (1919). Póstumamente se publicaron *El son del corazón* (1932), con su conocido poema *La suave* patria,* las prosas poéticas de *El minutero* (1923) y sus ensayos (*Prosas políticas,* 1953).

**LÓPEZ Y FUENTES** (Gregorio), escritor mexicano (El Mamey 1887-México 1966). Poeta modernista, destacó como novelista de la revolución mexicana: *Campamento,* 1931; *Tierra,* 1932; *¡Mi general!,* 1934, a las que siguieron *El indio* (1935) y *Milpa, potrero y monte* (1951).

**LÓPEZ Y LÓPEZ** (Antonio), naviero español (Comillas 1817-Barcelona 1883), 1.er *marqués* **de Comillas.** Fundó la Compañía de tabacos de Filipinas, el Banco hispano-colonial y la naviera A. López y Cía. (luego Compañía Transatlántica).

**LÓPEZ Y PLANES** (Vicente), político y poeta argentino (Buenos Aires 1784-† 1856). Luchó contra los británicos (1806-1807) y fue presidente de la república (1827-1828). Es autor de la letra del himno nacional.

**LÓPEZ ZUBERO** (Martín), nadador español (Jacksonville, E.U.A., 1969). Dominador en pruebas de espalda, ha sido el primer campeón olímpico (1992), mundial y europeo y el único plusmarquista mundial en la historia de la natación española.

**LÓPEZ-PICÓ** (Josep Maria), poeta español en lengua catalana (Barcelona 1886-*id.* 1959). De su vasta

el sepulcro del canciller Pero **López de Ayala** y de su esposa Leonor de Guzmán (monasterio de San Juan en Quejana, Álava)

José **López Portillo**

obra sobresalen: *La ofrenda* (*L'ofrena*, 1915) y *Epitalamio* (*Epitalami*, 1931).

**LORA DEL RÍO,** v. de España (Sevilla), cab. de p. j.; 18 131 hab. *(Loreños* o *loretanos.)* Olivo y regadíos; industrias alimentarias.

**LORCA,** c. de España (Murcia), cab. de p. j.; 67 024 hab. *(Lorquinos.)* Centro comarcal del *Campo de Lorca*. Industria alimentaria; curtidos; cemento. Centro monumental: plaza Mayor (ayuntamiento, palacio de justicia y colegiata de San Patricio, con fachadas barrocas). Antiguo castillo y barrios medievales; palacios renacentistas y barrocos; iglesias barrocas.

**LOREN** (Sofia **Scicolone,** llamada **Sofia**), actriz de cine italiana (Roma 1934). Su estilo interpretativo es una mezcla de elegancia y de pasión: *Dos mujeres* (V. De Sica, 1960), *Pan, amor y...* (D. Risi, 1955), *La condesa de Hong Kong* (Ch. Chaplin, 1966), *Una jornada particular* (E. Scola, 1977), etc.

**LORENA,** en fr. **Lorraine,** región histórica y administrativa del E de Francia (dep. de Meurthe-et-Moselle, Meuse, Moselle y Vosges); 23 547 km$^2$; 2 305 726 hab. Cap. *Metz*. Próspero territorio en época romana, Metz fue cap. del reino de Austrasia. Ducado constituido en el s. IX, formó parte de Germania, del Imperio, de Borgoña y finalmente de Francia (s. XVIII).

**LORENA** (Claude **Gellée,** llamado **Claude Lorrain** y en España **Claudio de**), pintor francés (Chamagne 1600-Roma 1682), uno de los grandes maestros del paisaje «histórico» (*Jacob y las hijas de Labán*). Desarrolló la mayor parte de su carrera en Roma.

**LORENGAR** (Pilar **Lorenza y García,** llamada **Pilar**), soprano española (Zaragoza 1928-Berlín 1996). Debutó en Barcelona en 1949. Vinculada a la ópera de Berlín desde 1958, actuó en los principales teatros europeos con un repertorio basado en Mozart, Cherubini, Verdi y Puccini. Se retiró en 1992.

**LORENTZ** (Hendrik Antoon), físico neerlandés (Arnhem 1853-Haarlem 1928). Obtuvo el premio Nobel de física en 1902 por su teoría electrónica de la materia, que describe el comportamiento individual de los electrones y entronca con la teoría macroscópica de Maxwell. Para interpretar el resultado negativo de la experiencia de Michelson enunció las fórmulas de transformación, que asocian la longitud, la masa y el tiempo de dos sistemas en movimiento rectilíneo uniforme en relación mutua.

**LORENZ** (Konrad), etólogo y zoólogo austríaco (Viena 1903-Altenberg, Baja Austria, 1989). Uno de los fundadores de la etología moderna, profundizó en la noción de impronta y desarrolló una teoría sobre los aspectos innatos y adquiridos del comportamiento. También se interesó por los fundamentos biológicos del orden social (*Hablaba con los mamíferos, las aves y los peces*, 1949; *Sobre la agresión*, 1963; *Consideraciones sobre las conductas animal y humana*, 1965; *Los ocho pecados capitales de nuestra civilización*, 1973). [Premio Nobel de fisiología y medicina 1973.]

**Lorenzaccio,** drama de A. Musset (1834), sobre el asesinato de Alejandro de Médicis por su primo Lorenzo. Es un alegato del tiranicidio.

**LORENZALE** (Claudio), pintor español (Barcelona 1815-*id.* 1889). Formó parte del grupo de los nazarenos en Roma, y a su regreso introdujo la estética romántica.

**LORENZANA** (Francisco Antonio), eclesiástico español (León 1722-Roma 1804). Como inquisidor general (1794-1797) desarrolló una intensa política represiva. Fue desterrado a Italia por Godoy.

**LORENZETTI** *(hermanos),* pintores italianos: **Pietro** (Siena *c.* 1280-*id.* ¿1348?) y **Ambrogio** (documentado en Siena de 1319 a 1347). Apartándose de la elegancia gótica, renovaron el arte italiano basándose en el estilo de Giotto y en la escultura toscana (retablos; frescos de Pietro en la basílica inferior de San Francisco, en Asís, y de Ambrogio en el ayuntamiento de Siena).

**LORENZO** *(san),* mártir (en Hispania *c.* 210-Roma 258). Diácono en Roma, distribuyó entre los pobres las riquezas de la Iglesia y fue quemado vivo en una parrilla.

**LORENZO** (Anselmo), anarcosindicalista español (Toledo 1841-Barcelona 1914). Dirigió el obrerismo español desde 1874, y participó en la fundación de la C.N.T. (1911). Defendió el internacionalismo y el apoliticismo. Escribió *El proletariado militante* (2 vols., 1901 y 1923).

**lores** *(cámara de los),* cámara alta del parlamento británico, compuesta de pares hereditarios y pares vitalicios, así como de obispos y arzobispos anglicanos. Tiene funciones análogas a un tribunal superior de apelación. Sus poderes legislativos se vieron reducidos por la ley de 1911.

**LORETO,** región administrativa del N de Perú, que constituye el departamento homónimo, en la región amazónica; 368 852 km$^2$; 672 400 hab. Cap. *Iquitos*.

**LORETO,** c. de Italia (Ancona); 10 797 hab. Basílica de peregrinación de la Santa Casa (ss. XV-XVI).

**LORETO,** localidad de México (mun. de Comondú*, Baja California Sur), junto al golfo de California. Puerto pesquero. Importante centro turístico. La misión de Nuestra Señora de Loreto, fundada en 1697, fue el centro de la expansión misionera en California.

**LORETO,** mun. de México (Zacatecas); 26 396 hab. Agricultura, ganadería y avicultura.

**LORICA,** mun. de Colombia (Córdoba); 75 578 hab. Agricultura, ganadería y pesca.

**LORIENT,** c. y puerto de Francia (Morbihan); 61 630 hab.

**LORRAIN** (Claude) → ***Lorena*** (Claudio de).

**LORRIS** (Guillaume **de**), poeta francés (Lorris-en-Gatinais *c.* 1200/1210-† d. 1240), autor de la primera parte del *Roman de la Rose*.

**LOS ÁLAMOS,** localidad de Estados Unidos (Nuevo México), centro de investigaciones nucleares. En la región se probó la primera bomba atómica.

**LOS ÁNGELES,** c. y puerto de Estados Unidos (California); 3 485 398 hab. (8 863 164 en la aglomeración, la segunda de E.U.A., con importantes minorías hispanohablantes y de color). Centro cultural, artístico (universidades, museos), financiero e industrial. Hollywood es uno de sus barrios.

**Los Angeles times,** periódico norteamericano, fundado en 1881, perteneciente al grupo *Times mirror*.

**Los de abajo,** novela de Mariano Azuela (1916) sobre la revolución mexicana. Narra con crudo realismo el choque entre el ideal del insurgente y la realidad del oportunista.

**LOSADA** o **LOZADA** (Diego **de**), conquistador español (Río Negro del Puente, Zamora, *c.* 1511-El Tocuyo, Venezuela, 1569). Estuvo en Puerto Rico y participó en diversas expediciones y fundaciones en Venezuela (Nueva Segovia, act. Barquisimeto, 1552; Santiago de León de Caracas, 1567).

**LOSCHMIDT** (Joseph), físico austríaco (Putschirn [act. en Karlovy Vary] 1821-Viena 1895). Tras dar una primera evaluación del número de Avogadro (1865), sus principales trabajos se centraron en la teoría cinética de los gases y la termodinámica.

**LOSEY** (Joseph), director de cine norteamericano (La Crosse, Wisconsin, 1909-Londres 1984). Moralista lúcido y sin concesiones, obligado a exiliarse por el maccarthismo, se estableció en Gran Bretaña, donde adquirió reputación internacional: *El sirviente* (1963), *Accidente* (1967), *El mensajero* (1971), *El otro señor Klein* (1976), etc.

**LOT,** r. de Francia, afl. del Garona (or. der.); 480 km.

**LOT,** dep. del S de Francia (Midi-Pyrénées); 5 217 km$^2$; 155 816 hab. Cap. *Cahors*.

**LOT,** personaje bíblico, sobrino de Abraham. Establecido en Sodoma, escapó de la legendaria destrucción de la ciudad. Su mujer fue convertida en estatua de sal por haber mirado hacia atrás.

**LOTA,** c. y puerto de Chile (Biobío); 50 173 hab. La ciudad baja es un centro de veraneo; en la alta se explotan minas de carbón. Fundiciones de cobre.

**LOTARINGIA,** reino creado por Lotario II (855-869), que se extendía desde los Vosgos hasta Frisia. A partir de 960 se dividió en *Alta Lotaringia,* futura Lorena, y en *Baja Lotaringia,* que quedó reducida al ducado de Brabante.

**LOTARIO** (Laon 941-Compiègne 986), rey de Francia [954-986], hijo de Luis IV de Ultramar. Reinó, primero, bajo tutela germánica, y después inició

Antonio **López García:** *Mujeres en diálogo* (1957) [col. part.]

Ramón
**López Velarde**

vista aérea de **Los Ángeles** (edificios antiguos y modernos en un plano en damero y autopistas interurbanas)

Konrad **Lorenz**

guerras ambiciosas contra los otónicos y más tarde contra Hugo Capeto.

**LOTARIO I** (795-Prüm 855), emperador de occidente [840-855], hijo de Ludovico Pío. Quiso mantener la unidad del Imperio bajo su mando, pero sus hermanos le impusieron el reparto de Verdún (843). – **Lotario II** (*c.* 835-Piacenza 869), rey de Lotaringia [855-869], hijo del anterior.

**LOTARIO II** (o **LOTARIO III**) **DE SUPPLINBURG** (*c.* 1075-1137), emperador germánico [1125-1137]. Se apoyó en los güelfos para luchar contra Conrado III de Hohenstaufen.

**LOT-ET-GARONNE,** dep. del SO de Francia (Aquitania); 5 361 $km^2$; 305 989 hab. Cap. *Agen* (32 223 hab.).

**LOTHIAN,** región de Gran Bretaña (Escocia) al S del estuario del Forth; 1 753 $km^2$; 723 700 hab. Cap. *Edimburgo.*

**LOTI** (Julien **Viaud,** llamado **Pierre**), escritor francés (Rochefort 1850-Hendaya 1923), autor de novelas de estilo impresionista (*Pescador de Islandia,* 1886; *Madama Crisantemo,* 1887; *Ramuncho,* 1897).

**LOTTO** (Lorenzo), pintor italiano (Venecia 1480-Loreto 1556). Artista de grandes inquietudes espirituales y viajero infatigable, es autor de retablos y de retratos que aúnan intensidad expresiva y poesía sutil.

**LOUBET** (Emile), político francés (Marsanne 1838-Montélimar 1929), presidente de la república (1899-1906).

**LOUISVILLE,** c. de Estados Unidos (Kentucky), a orillas del Ohio; 269 063 hab.

**LOURDES,** c. de Francia (Hautes-Pyrénées); 16 581 hab. Importante centro de peregrinaciones consagrado a la Virgen, desde las visiones, en 1858, de Bernadette Soubirous.

**LOURENÇO MARQUES** → ***Maputo.***

**LOUVAIN** → ***Lovaina.***

**LOUVIÈRE (La),** mun. de Bélgica (Hainaut); 76 432 hab.

**LOUVOIS** (François Michel **Le Tellier,** *señor* **de Chaville,** *marqués* **de**), estadista francés (París 1639-Versalles 1691). Junto con su padre, el canciller Michel Le Tellier, reorganizó el ejército. Dirigió la política exterior francesa de 1672 a 1689, y promovió conquistas territoriales.

**Louvre** *(museo del),* museo de Francia, el más importante del país y uno de los mayores del mundo, creado en 1791-1793 en el ant. palacio real, iniciado durante el reinado de Felipe Augusto y concluido durante el de Napoleón III. Constantemente renovado y ampliado, el edificio actual es obra de Lescot, Lemercier, Le Vau, Cl. Perrault, entre otros. La pirámide de cristal del patio de Napoleón, obra de Ieoh Ming Pei, inaugurada en 1989, cubre los nuevos locales subterráneos. El museo se divide en siete secciones (antigüedades orientales, antigüedades egipcias, antigüedades griegas y romanas, pinturas, esculturas, objetos de arte y gabinete de dibujos). Las colecciones de la segunda mitad del s. XIX pasaron en 1986 al museo de Orsay.

**LOVAINA,** en fr. **Louvain,** en neerlandés **Leuven,** c. de Bélgica, en el Brabante, a orillas del Dyle; 85 018 hab. Ayuntamiento del s. XV. Célebre por su universidad, de 1425; en 1968 la parte francófona se instaló en Ottignies-Louvain-la-Neuve.

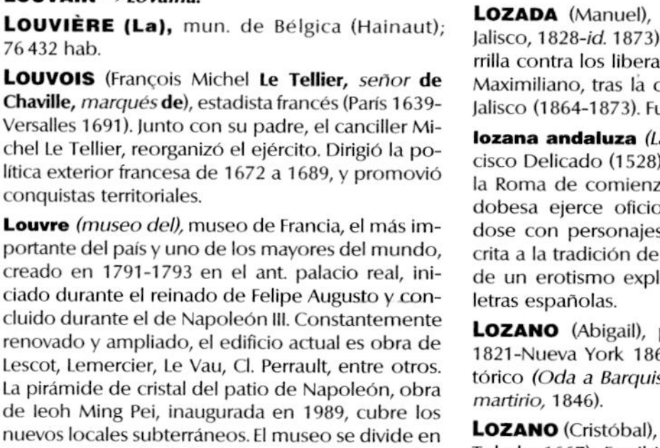

el museo del **Louvre:** el patio de Napoleón con la pirámide de cristal de Ieoh Ming Pei

**LOVECRAFT** (Howard Phillips), escritor norteamericano (Providence, Rhode Island, 1890-*id.* 1937), maestro del género fantástico y uno de los precursores de la ciencia ficción (*El color surgido del espacio; La pesadilla de Innsmouth; En las montañas de la locura).*

**LOVEIRA** (Carlos), novelista cubano (El Santo 1882-La Habana 1928). Activo sindicalista, la política y el sexo son los polos de su narrativa, de tendencia naturalista: *Los inmorales,* 1919; *Generales y doctores,* 1920; *Juan Criollo,* 1927.

**LOWELL** (Robert), poeta norteamericano (Boston 1917-Nueva York 1977). A pesar de su temperamento puritano, desarrolló una estética barroca y rica en imágenes (*Tierra de contrastes,* 1944).

**LOWIE** (Robert), antropólogo norteamericano (Viena 1883-Berkeley, California, 1957). Dio una perspectiva funcionalista a la antropología cultural (*La sociedad primitiva,* 1920).

**LOWLANDS** *(tierras bajas),* región de Gran Bretaña, en el centro de Escocia, que constituye una depresión estructural, entre Glasgow y Edimburgo (en contraposición a los *Highlands**).

**LOWRY** (Malcolm), escritor británico (Birkenhead, Cheshire, 1909-Ripe, Sussex, 1957). En su novela, *Bajo el volcán* (1947) plasmó la desesperación de la soledad.

**LO-YANG** → ***Luoyang.***

**LOYAUTÉ** *(islas),* archipiélago francés del Pacífico al NE de Nueva Caledonia; 2 095 $km^2$; 17 912 hab.

**LOYNAZ** (Dulce María), poeta cubana (La Habana 1903-*id.* 1997). Su obra se sitúa en el intimismo posmodernista: *Versos,* 1938; *Juegos de agua,* 1947; *Poemas sin nombre,* 1953. Escribió una novela lírica: *Jardín* (1951). [Premio Cervantes 1992.]

**Loyola** *(santuario de),* santuario español (Azpeitia, Guipúzcoa), construido junto a la casa solariega de san Ignacio, según planos de Carlo Fontana. La iglesia es de 1738.

**LOZADA** (Manuel), guerrillero mexicano (Tepic, Jalisco, 1828-*id.* 1873). Dirigió desde 1857 una guerrilla contra los liberales. Partidario del emperador Maximiliano, tras la caída de éste fue cacique de Jalisco (1864-1873). Fue fusilado.

**lozana andaluza** *(La),* novela dialogada de Francisco Delicado (1528). En el ambiente libertino de la Roma de comienzos del s. XVI, una mujer cordobesa ejerce oficios de cortesana, relacionándose con personajes de diversa extracción. Adscrita a la tradición de *La Celestina,* es obra realista, de un erotismo explícito, casi sin paralelo en las letras españolas.

**LOZANO** (Abigail), poeta venezolano (Valencia 1821-Nueva York 1866), de un romanticismo retórico *(Oda a Barquisimeto)* o intimista (*Horas de martirio,* 1846).

**LOZANO** (Cristóbal), escritor español (Hellín 1609-Toledo 1667). Escribió la serie de novelas cortas *Soledades de la vida y desengaños del mundo* (1658), libros ascético-históricos (*David perseguido,* 1652) y biográficos (*Los Reyes Nuevos de Toledo,* 1667).

**LOZANO** (Cristóbal), pintor peruano (Lima inicios del s. XVIII-*id.* 1776), autor de los retratos de los virreyes (museo nacional) y de pintura religiosa.

**LOZANO** (Jorge Tadeo), prócer y escritor colombiano (Bogotá 1771-*id.* 1816). Independentista, participó en la redacción de la constitución de 1811. Se dedicó a la zoología *(Fauna cundinamarquesa).* Fue fusilado por Morillo.

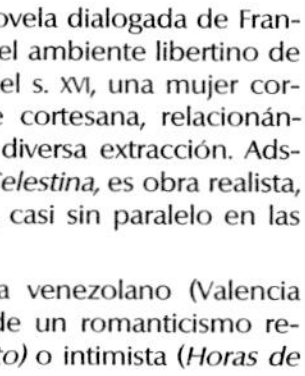

Dulce María **Loynaz**

**LOZÈRE,** dep. de Francia (Languedoc-Rosellón); 5 167 $km^2$; 72 825 hab. Cap. *Mende* (12 667 hab.).

**LOZOYA,** r. de España, afl. del Jarama (or. der.); 91 km. Abastece de agua a Madrid, mediante el *canal de Lozoya* o *canal de Isabel II,* inaugurado en 1858. Numerosos embalses (Puentes Viejas, El Villar, Atazar, etc.).

**LOZOYA** (Juan **de Contreras,** *marqués* **de**), historiador del arte español (Segovia 1893-*id.* 1978). Entre sus obras destaca la *Historia del arte hispánico* (5 vols., 1931-1946).

**LOZOYA-SOLÍS** (Jesús), pediatra mexicano (Parral, Chihuahua, 1910-México 1983). Presidió diversos organismos nacionales e internacionales de pediatría, y escribió *Pediatría quirúrgica* (1959).

**LOZZA** (Raúl), pintor argentino (Alberti, Buenos Aires, 1911), integrante de los grupos Contrapunto y Arte concreto-Invención de arte abstracto.

**LU XUN** o **LU SIUN,** escritor chino (Shaoxing 1881-Shanghai 1936), considerado el mejor novelista de la China moderna (*Historia verídica de Ah Q,* 1921).

**LUACES** (Joaquín Lorenzo), poeta cubano (La Habana 1826-*id.* 1867). Su obra, impecable muestra del romanticismo cubano, revela un gran conocimiento de la literatura clásica. En sus *Poesías* (1857 y 1909) están presentes sus tres registros líricos: el político, el intimista y el anacreóntico.

**LUALABA,** curso superior del río Congo.

**LUANCO** → ***Gozón.***

**LUANDA,** c., puerto y cap. de Angola, junto al Atlántico; 1 200 000 hab.

**LUANG PRABANG,** c. de Laos, en el alto Mekong, ant. residencia real; 68 399 hab. Templos búdicos (ss. XVI-XIX).

**LUANSHYA,** c. de Zambia; 146 275 hab. Centro minero (cobre).

**LUARCA** → ***Valdés.***

**LUBAC** (Henri **de**), teólogo jesuita francés (Cambrai 1896-París 1991), uno de los artífices de la renovación teológica. Defendió el diálogo con las religiones no cristianas y con los no creyentes (*Meditación sobre la Iglesia,* 1953).

**LUBBERS** (Rudolf), político neerlandés (Rotterdam 1939). Democratacristiano, fue primer ministro de 1982 a 1994.

**LUBBOCK,** c. de Estados Unidos (Texas); 186 206 hab.

**LUBBOCK** (*sir* John), *lord* **Avebury,** naturalista, historiador y político británico (Londres 1834-Kingsgate, Kent, 1913). Realizó estudios sobre los insectos.

**LÜBECK,** c. y puerto de Alemania (Schleswig-Holstein), cerca del Báltico; 212 932 hab. Metalurgia. Industria agroalimentaria. Importantes monumentos medievales y barrocos. Museos. Fundada en 1143 y ciudad imperial desde 1226, fue el centro de la Hansa de 1230 a 1535.

**LUBITSCH** (Ernst), director de cine norteamericano de origen alemán (Berlín 1892-Hollywood 1947). Después de algunas películas satíricas o históricas realizadas en Alemania (*Madame du Barry,* 1919), se estableció en E.U.A. (1923), donde se convirtió en autor de comedias irónicas (*Un ladrón en la alcoba,* 1932, *La viuda alegre,* 1934, *Ser o no ser,* 1942, etc.).

**LÜBKE** (Heinrich), político alemán (Enkhausen 1894-Bonn 1972), presidente de la R.F.A. (1959-1969).

**LUBLIN,** c. de Polonia, al SE de Varsovia; 352 500 hab. Textil. Metalurgia. Monumentos de los ss. XIV-XVIII. Sede del gobierno provisional de Polonia (1918-1944).

**Lublin** *(Unión de)* [1 julio 1569], unión de Polonia y del gran ducado de Lituania en una «república» gobernada por un soberano elegido de común acuerdo.

**LUBUMBASHI,** ant. **Elisabethville,** c. de la Rep. Dem. del Congo (ex Zaire), cap. de Katanga; 739 082 hab. Centro de la industria del cobre.

**LUCA DE TENA,** familia de periodistas y escritores españoles. – **Torcuato** (Sevilla 1861-Madrid 1929) fundó la revista *Blanco y Negro* (1891) y el diario *ABC* (1905), de línea monárquica y conservadora. – Su hijo **Juan Ignacio** (Madrid 1897-*id.* 1975), *marqués* **de Luca de Tena,** director de *ABC,* cultivó el teatro (*¿Dónde vas, Alfonso XII?,* 1959). [Real academia 1945.] – **Torcuato** (Madrid 1923-*id.* 1999), hijo del anterior, dirigió *ABC* y es autor de novelas (*La mujer de otro,* 1961) y de teatro. (Real academia 1972.)

**LUCANIA,** ant. región de Italia, que se extendía desde el golfo de Tarento hasta Campania, habitada por un pueblo de origen samnita.

**LUCANO,** poeta latino de origen hispano (Córdoba 39-Roma 65), sobrino de Séneca el Filósofo. Fue obligado a suicidarse por su participación en la conjura de Pisón. Es autor de una epopeya sobre la lucha entre César y Pompeyo (la *Farsalia,* conocida también como *La guerra civil*).

**LUCAS** *(san),* uno de los cuatro evangelistas. Compañero de san Pablo y autor del tercer Evangelio y de los *Hechos de los Apóstoles,* defendió la universalidad del mensaje evangélico. Aparece representado en pinturas y esculturas acompañado por el buey de la visión de Ezequiel.

**LUCAS GARCÍA** (Fernando Romeo), militar y político guatemalteco (Guatemala 1925), presidente de la república (1978-1982).

**LUCAS PADILLA** (Eugenio), pintor español (Alcalá de Henares 1824-Madrid 1870). Inscrito en el movimiento romántico, su obra está influida por Goya en la técnica, el color y el tratamiento de los temas costumbristas y satíricos.

**LUCAYAS** *(islas)* → ***Bahamas.***

**LUCCA,** c. de Italia (Toscana), cap. de prov.; 86 188 hab. Almazaras. Murallas (ss. XV-XVI). Catedral (románica) e iglesias románicas y góticas con arquerías de estilo pisano, ricas en obras de arte. Museos. Del s. XI al s. XIV, fue un importante centro de la industria de la seda.

**LUCENA,** c. de España (Córdoba), cab. de p. j.; 32 054 hab. (*Lucentinos.*) Olivos; industria aceitera. Iglesia de San Mateo, con fachada gótica.

**LUCERNA,** en alem. **Luzern,** en fr. **Lucerne,** c. de Suiza, cap. del cantón homónimo, a orillas del lago de los Cuatro Cantones; 61 034 hab. Monumentos medievales y barrocos. – El *cantón de Lucerna* tiene 1 492 $km^2$ y 326 268 hab.

**Luces de bohemia,** obra teatral de R. del Valle-Inclán (1924), esperpento trágico del Madrid literario y político de comienzos de siglo.

**LUCÍA** *(santa),* virgen y mártir (Siracusa ¿s. III?). Según una leyenda le arrancaron los ojos.

**LUCÍA** (Francisco **Sánchez Gómez,** llamado **Paco de**), guitarrista español (Algeciras 1947). Ha utilizado acordes de jazz y melodías latinoamericanas, adaptándolos al lenguaje flamenco (*Fantasía flamenca,* 1975; *Almoraima,* 1979; *Zyzyab,* 1990).

**LUCIANO de Antioquía** *(san),* sacerdote y mártir (Samosata *c.* 235-Antioquía 312). Fundador de la escuela exegética de Antioquía, la orientación teológica de su enseñanza abrió el camino al arrianismo.

**LUCIANO de Samosata,** escritor griego (Samosata, Siria, *c.* 125-† *c.* 192), autor de diálogos *(Diálogos de los dioses, Diálogos de los muertos)* y de novelas satíricas *(Historia verdadera).*

**LUCIFER,** uno de los nombres del demonio. Es el ángel de la Luz, caído tras rebelarse contra Dios.

**LUCILIO,** poeta latino (Suessa Aurunca *c.* 180-Nápoles *c.* 102 a. J.C.), creador de la sátira romana.

**LUCINSCHI** (Petru), político moldavo (Chisinau 1940). Fue elegido presidente en 1996.

**LUCIO** (Rafael), médico mexicano (Jalapa 1819-México 1886). Fundador y presidente de la escuela de medicina, escribió en colaboración con I. Alvarado *Opúsculo sobre el mal de San Lázaro* (1851), estudio sobre la lepra.

**LUCKNOW,** c. de la India, cap. de Uttar Pradesh; 1 642 134 hab. Metalurgia. Textil.

**LUCRECIA** († *c.* 509 a. J.C.), mujer romana que se suicidó después de haber sido ultrajada por un hijo de Tarquino el Soberbio; este hecho habría provocado la caída de la monarquía en Roma.

**LUCRECIA BORGIA** → ***Borja.***

**LUCRECIO,** poeta latino (¿Roma? *c.* 98-55 a. J.C.). En *De rerum natura,* epopeya inspirada en la ciencia y en la filosofía epicúreas, expuso, de modo poético, su moral del placer, o bien supremo, y consideró que el miedo a la muerte era el principal obstáculo para la felicidad del hombre.

**LÚCULO** (Lucio Licinio), militar romano del s. II a. J.C. Cónsul, enviado a Hispania, venció a los vacceos en *Cauca* (Coca), pero fracasó en *Pallantia* (Palencia).

**LÚCULO** (Lucio Licinio), militar romano (*c.* 106-*c.* 57 a. J.C.). Dirigió antes que Pompeyo la guerra contra Mitrídates (74-66); fue famoso por la magnificencia de sus banquetes.

**Lucy,** nombre dado a un esqueleto femenino de *Australopithecus afarensis,* forma grácil, que data de hace 3 millones de años, encontrado en el Rift Valley (Etiopía) en 1974.

**LÜDA** o **LIU-TA,** conurbación de China (Liaoning), que agrupa Dalian y Port-Arthur.

**LUDENDORFF** (Erich), general alemán (Kruszewnia, Posnania, 1865-Tutzing 1937). Jefe del estado mayor de Hindenburg en el frente ruso (1914) y su ayudante en el mando supremo (1916-1918), dirigió la estrategia alemana en 1917-1918.

**LÜDENSCHEID,** c. de Alemania (Renania del Norte-Westfalia); 77 620 hab. Metalurgia.

**LÜDERITZ,** ant. **Angra Pequeña,** c. y puerto de Namibia; 7 000 hab. Pesca.

**LUDHIĀNA,** c. de la India (Panjāb); 1 012 062 hab. Textil.

**LUDOVICO PÍO** o **LUIS I el Piadoso** (Chasseneuil 778-cerca de Ingelheim 840), emperador de occidente [814 a 840], hijo y sucesor de Carlomagno. En 817, con la *Ordinatio imperii* reguló su sucesión entre sus hijos Lotario (a quien asoció al imperio), Pipino y Luis. Pero su matrimonio con Judith de Baviera (819) y el nacimiento de Carlos el Calvo (823) puso en peligro la regulación de 817, y provocó la rebelión de Lotario.

**LUDOVICO SFORZA el Moro** (Vigevano 1452-Loches 1508), duque de Milán [1494-1500]. Consiguió el Milanesado con la ayuda de Francia, pero el advenimiento de Luis XII le hizo perder su dominio. Capturado en Novara (1500), murió internado en Francia.

**LUDWIGSBURG,** c. de Alemania (Baden-Württemberg), a orillas del Neckar; 81 306 hab.

**LUDWIGSHAFEN AM RHEIN,** c. de Alemania (Renania-Palatinado), frente a Mannheim; 159 567 hab. Centro de industrias químicas.

**LUESIA,** v. de España (Zaragoza); 421 hab. Restos del castillo (ss. XIII-XIV). Iglesias románicas.

**Luftwaffe** (voz alemana que significa *arma aérea*), denominación dada a la aviación militar alemana a partir de 1935.

**LUGANO,** c. de Suiza (Ticino), junto al *lago de Lugano;* 25 334 hab. Turismo. Catedral medieval con fachada renacentista. Iglesia de Santa María de los Ángeles del s. XVI (frescos de Luini).

**LUGANSK,** de 1935 a 1990 **Voroshilovgrad,** c. de Ucrania, en el Donbass; 497 000 hab. Centro hullero e industrial.

**LUGO** *(provincia de),* prov. de España, en Galicia; 9 803 $km^2$; 381 511 hab. Cap. *Lugo.* P. j. de *A Fonsagrada, Becerreá, Chantada, Lugo, Mondoñedo, Monforte de Lemos, Sarria, Villalba* y *Vivero.* Al E, las sierras de Meira, Ancares y Caurel dominan la *meseta de Lugo,* en el centro de la provincia, atravesada por el Miño, y el valle del Sil, al S. Economía agropecuaria: vid, centeno, patata. Pesca. Lignito. Industrias en Lugo, San Ciprián (aluminio) y Vivero (metalmecánica). *[V. mapa pág. 1474.]*

**LUGO,** c. de España, cap. de la prov. homónima y cab. de p. j.; 87 605 hab. (*Lucenses* o *lugueses.*) A orillas del Miño. Centro comercial agropecuario e industrias derivadas. Conserva las murallas romanas, declaradas patrimonio mundial por la Unesco en 2000. Catedral de origen románico (s. XII), con naves góticas (s. XIV) y fachada neoclásica. Iglesias y conventos (ss. XV-XVI). Ayuntamiento (s. XVIII).

**LUGO Y ALBARRACÍN** (Pedro **de**), escultor colombiano (nacido en Bogotá principios del s. XVII) activo entre 1630 y 1670. Hacia 1656 realizó el *Cristo caído,* Señor de Montserrate, en Bogotá. Sus obras son de un realismo de influencia sevillana.

**LUGONES** (Leopoldo), escritor argentino (Santa María del Río Seco, Córdoba, 1874-Buenos Aires 1938). Original representante del modernismo rioplatense, tras sus primeros libros de poesía publicó su obra capital, *Lunario* sentimental,* decantándose luego hacia los temas nacionales: *Odas seculares,* 1910; *El libro de los paisajes,* 1916. Posteriores son *Poemas solariegos,* 1927; *Romances del Río Seco,* 1938. De su prosa destacan: *La guerra gaucha,* 1905; *Las fuerzas extrañas,* 1906; *El payador,* 1916; *Cuentos fatales,* 1924. Se suicidó.

**LUINI** (Bernardino), pintor italiano (¿Luino?, lago Mayor, *c.* 1485-¿Milán? 1532). Influido por los maestros lombardos (Foppa, A. Solario, etc.) y por Leonardo da Vinci, es autor de frescos de grandes dimensiones (Milán, Lugano, Saronno).

SANTOS

**LUIS** *(san)* → ***Luis IX,*** rey de Francia.

**LUIS BELTRÁN** *(san),* misionero español (Valencia 1526-*id.* 1581). Dominico, evangelizó en América el bajo Magdalena, y pidió volver a España en 1569, amargado por los abusos de los encomenderos contra los indios. Fue canonizado en 1671.

**LUIS GONZAGA** *(san),* novicio jesuita italiano (Castiglione delle Stiviere 1568-Roma 1591), que murió cuidando a enfermos de peste.

**LUIS MARÍA GRIGNION DE MONTFORT** *(san),* misionero francés (Montfort, Ille-et-Vilaine, 1673-Saint-Laurent-sur-Sèvre, Vendée, 1716), fundador de una congregación hospitalaria, las hijas de la Sabiduría, y de la Compañía de María.

EMPERADORES

**LUIS I el Piadoso** → ***Ludovico Pío.*** – **Luis II** (*c.* 825-cerca de Brescia 875), rey de Italia desde 844, emperador de occidente [855 a 875], hijo de Lotario I. – **Luis III el Ciego** (Autun 880-Arles 928), rey de Italia (900) y emperador de occidente [901-905], nieto del anterior. – **Luis IV de Baviera** (Munich 1287-Fürstenfeld 1347), rey de romanos [1314-1346], emperador germánico [1328-1346]. Fue excomulgado por Juan XXII, a quien opuso un antipapa, Nicolás V.

BAVIERA

**LUIS I DE WITTELSBACH** (Estrasburgo 1786-Niza 1868), rey de Baviera [1825-1848]. Mandó construir la gliptoteca de Munich. Su matrimonio con Lola Montes le obligó a abdicar en favor de su hijo Maximiliano II. – **Luis II de Wittelsbach** (Nymphenburg 1845-lago de Starnberg 1886), rey de Baviera [1864-1886], hijo mayor de Maximiliano II. Hizo construir magníficos castillos y fue mecenas de Wagner. Internado a causa de su salud mental, murió ahogado. *(V. ilustración pág. 1474.)*

ESPAÑA

**LUIS I** (Madrid 1707-*id.* 1724), rey de España [en.-ag. 1724], hijo y sucesor de Felipe V. Durante su breve reinado se enfrentó con su padre.

Ernst **Lubitsch:**
una escena de *La viuda alegre* (1934)

Leopoldo
**Lugones**
(Vázquez Díaz - col. part.)

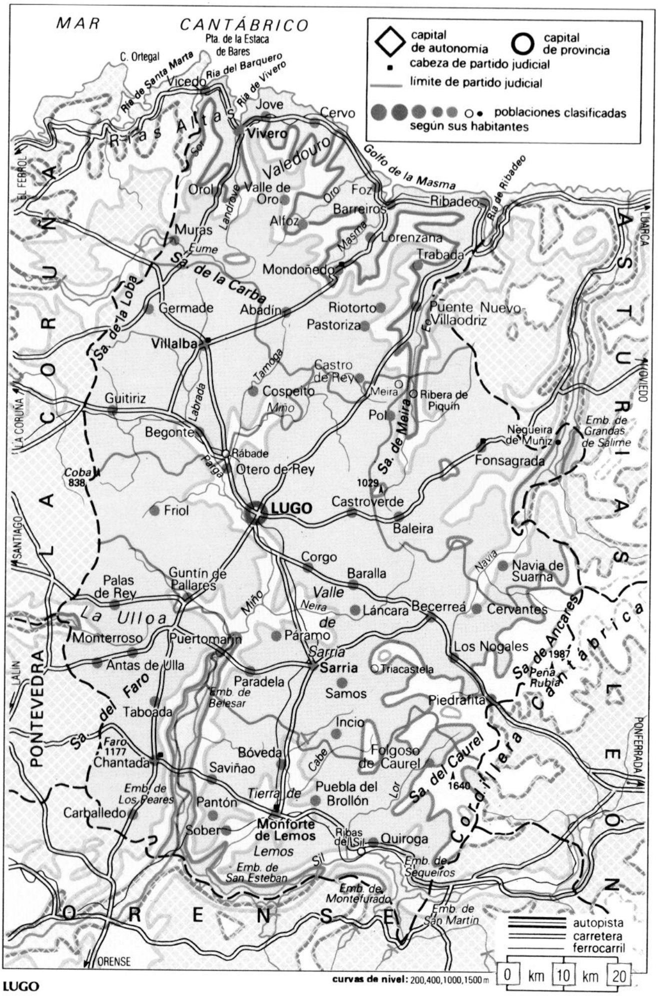


LUGO

· FRANCIA

**LUIS I el Piadoso** → *Ludovico Pío.*

**LUIS II el Tartamudo** (846-Compiègne 879), rey de los francos [877-879], hijo de Carlos el Calvo.

**LUIS III** (*c.* 863-Saint-Denis 882), rey de los francos [879-882], hijo de Luis II. Cedió Lotaringia a su rival Luis el Joven, rey de Germania.

**LUIS IV de Ultramar** (*c.* 921-Reims 954), rey de Francia [936-954], hijo de Carlos el Simple.

**LUIS V el Holgazán** (*c.* 967-Compiègne 987), rey de Francia [986-987], hijo de Lotario y último soberano de la dinastía carolingia.

**LUIS VI el Gordo** (*c.* 1080-París 1137), rey de Francia [1108-1137], hijo y sucesor de Felipe I. Consolidó los dominios reales alrededor de París.

**LUIS VII el Joven** (*c.* 1120-París 1180), rey de Francia [1137-1180], hijo de Luis VI. Participó en la segunda cruzada y apoyó al papa Alejandro III contra Federico Barbarroja. Repudió a Leonor de Aquitania y casó con Constanza de Castilla.

**LUIS VIII el León** (París 1187-Montpensier, Auvernia, 1226), rey de Francia [1223-1226]. Hijo de Felipe II Augusto, casó con Blanca de Castilla. Derrotó a los ingleses y a los albigenses.

**LUIS IX** o **SAN LUIS** (Poissy 1214 o 1215-Túnez 1270), rey de Francia [1226-1270], hijo de Luis VIII y Blanca de Castilla. Inició su reinado bajo la regencia de su madre. Acabó la guerra contra los albigenses (1229), firmó el tratado de Corbeil con Jaime I de Aragón (1258) y consiguió Normandía y otros territorios (1259). Participó en la séptima cruzada. Reforzó la autoridad real y reformó la justicia. Su integridad hizo de él el árbitro de numerosos conflictos.

**LUIS X el Obstinado** (París 1289-Vincennes 1316), rey de Francia [1314-1316] y de Navarra (Luis I) [1305-1316], hijo de Felipe IV el Hermoso y de Juana de Navarra. Presionado, concedió cartas de privilegio a nobles y eclesiásticos.

**LUIS XI** (Bourges 1423-Plessis-lez-Tours 1483), rey de Francia [1461-1483], hijo de Carlos VII. Luchó contra Carlos el Temerario de Borgoña, que finalmente fue vencido y muerto (1477), y obtuvo Borgoña, Anjou y Provenza (tratado de Arras, 1482).

**LUIS XII** (Blois 1462-París 1515), rey de Francia [1498-1515]. Sus conquistas en Italia desequilibraron la hacienda francesa. En 1504 fue expulsado de Nápoles por Fernando el Católico, y más tarde de Milán. Reforzó la autoridad de la monarquía.

**LUIS XIII** (Fontainebleau 1601-Saint-Germain-en-Laye 1643), rey de Francia [1610-1643], hijo de Enrique IV. Dejó el gobierno en manos de sus favoritos Luynes (1617-1621) y Richelieu (1624-1641). Luchó contra protestantes y nobles con el fin de imponer la autoridad real. Hostil a los Austrias, inició la guerra de los Treinta años. Alentó la secesión de los catalanes, que lo eligieron conde de Barcelona (1641), contra Felipe IV.

**LUIS XIV el Grande** o **el Rey Sol** (Saint-Germain-en-Laye 1638-Versalles 1715), rey de Francia [1643-1715], hijo de Luis XIII y de Ana de Austria. Rey a los cinco años, sus regentes fueron su madre y Mazarino, quien provocó la Fronda. Casó con María Teresa, hija de Felipe IV de España. Muerto Mazarino (1661), reinó con un poder absoluto y se consideró monarca de derecho divino. Se rodeó de expertos colaboradores como Colbert, que controló las finanzas, Louvois, que reorganizó el ejército, y Vauban, que fortificó las fronteras. Quiso imponer sus criterios en Europa; se impuso en Flandes contra España (1668), adquirió el Franco Condado (1678-1679) y consiguió que su nieto Felipe V ocupase el trono de España. Centralizó la administración y combatió las diferencias religiosas (revocación del edicto de Nantes, 1685). Su corte en Versalles alcanzó un gran esplendor.

**LUIS XV el Bienamado** (Versalles 1710-*id.* 1774), rey de Francia [1715-1774], biznieto y sucesor de Luis XIV. Inició su reinado bajo la regencia de Felipe de Orleans. Dejó el poder en manos del cardenal Fleury, quien hizo entrar a Francia en las guerras de Sucesión de Polonia y Austria. Muerto Fleury (1743), gobernó bajo la influencia política de Mme. de Pompadour. Lentamente, se formó una fuerte oposición, contraria a su absolutismo. Tras la guerra de los Siete años, y pese al pacto de familia concluido en 1761 por el nuevo ministro Choiseul, perdió las posesiones de la India y Canadá (tratado de París, 1763).

**LUIS XVI** (Versalles 1754-París 1793), rey de Francia [1774-1791], nieto de Luis XV. Casó con la archiduquesa María Antonieta de Austria. A pesar del acierto de apoyar la independencia de las colonias norteamericanas, la situación económica se dete-

**Luis II de Wittelsbach**
(G. Schachinger - Munich)

**Luis IX**
(museo de Cluny, París)

**Luis XIII**
(Ph. de Champaigne - Prado, Madrid)

**Luis XIV**
(A. Benoist - palacio de Versalles)

**Luis XV**
(Quentin de La Tour - Louvre, París)

rioró, incapaces sus ministros (Turgot, Necker) de aplicar reformas sin chocar con los intereses de los privilegiados. La crisis desembocó en la convocatoria de estados generales (1788), el tercero de los cuales se convirtió en asamblea constituyente (1789). El rey, obligado a jurar la constitución, intentó huir de Francia (1791), quiso frenar la Revolución y se hizo impopular. Hecho prisionero (1792), fue guillotinado.

**LUIS XVII** (Versalles 1785-París 1795), hijo de Luis XVI y María Antonieta, delfín de Francia desde 1789.

**LUIS XVIII** (Versalles 1755-París 1824), rey de Francia [1814-1815 y 1815-1824], hermano de Luis XVI. Se exilió en 1791 hasta la caída de Napoleón Bonaparte. Para preservar la dinastía, aceptó algunos principios de la Revolución, aunque tuvo que enfrentarse a los ultrarrealistas.

**LUIS FELIPE I** (París 1773-Claremont, Gran Bretaña, 1850), rey de los franceses [1830-1848], hijo de Luis Felipe de Orleans (Felipe Igualdad). Educado en un medio de ideas liberales, participó en la Revolución francesa y fue miembro del ejército revolucionario. Emigró y volvió a Francia con la restauración borbónica. Después de la revolución de julio de 1830 fue proclamado rey. Fue apoyado primero por los liberales, pero su política, dirigida por Guizot, tomó, ante la oposición republicana y obrera, un cariz más conservador. Con la revolución de 1848 abdicó y se refugió en Inglaterra.

GERMANIA

**LUIS I** (o **II**) **el Germánico** (*c.* 805-Frankfurt del Main 876), rey de los francos orientales [817-843], rey de Germania [843-876], hijo de Luis el Piadoso. Obligó a Lotario I a aceptar el reparto de Verdún (843). – **Luis III** (o **IV**) **el Niño** (Oettingen 893-Ratisbona 911), rey de Germania y de Lotaringia [900-911]. Fue el último carolingio que reinó en Germania.

HUNGRÍA

**LUIS I el Grande** (Visegrád 1326-Nagyszombat 1382), rey de Hungría [1342-1382] y de Polonia [1370-1382], hijo de Carlos I Roberto, de la casa de Anjou. – **Luis II** (Buda 1506-Mohács 1526), rey de Hungría y Bohemia [1516-1526]. Fue derrotado por los otomanos en Mohács.

PORTUGAL

**LUIS I** (Lisboa 1838-Cascais 1889), rey de Portugal [1861-1889]. Para salvaguardar la independencia de Portugal rechazó en 1868 la corona española.

SICILIA

**LUIS I** (Vincennes 1339-Bisceglia 1384), duque de Anjou [1360-1384], rey de Sicilia, conde de provenza [1383-1384]. Hijo del rey de Francia Juan II el Bueno, fue designado heredero por Juana I de Sicilia. – Su hijo **Luis II** (Toulouse 1377-1417), rey de Nápoles, de Sicilia y de Jerusalén, duque de Anjou, conde del Maine y de Provenza, se proclamó rey de Aragón (1410) por estar casado con Violante de Aragón. – **Luis III** (1403-Cosenza 1434) se tituló rey de Aragón, Nápoles, Sicilia y Jerusalén. Primogénito del anterior, intentó obtener la corona de Aragón a la muerte de Martín el Humano.

**LUIS** (Leopoldo **de**), escritor español (Córdoba 1918). Poeta preocupado por lo cotidiano y lo social (*Alba del hijo,* 1946; *Con los cinco sentidos,* 1970; *Igual que guantes grises,* 1979), es autor de ensayos y publicó una valiosa *Antología de la poesía social española* (1965).

**LUIS SALVADOR** (Florencia 1847-Praga 1915), archiduque de Austria. Adquirió numerosas propiedades en la costa occidental de Mallorca, isla que dio a conocer en Europa con sus escritos y dibujos (*Las Baleares en palabras e imágenes,* 1869-1891).

**Luis XVI**
(museo Carnavalet, París)

**Luis XVIII**
(F. Gérard - palacio de Versalles)

**LUISA DE MARILLAC** *(santa),* religiosa francesa (París 1591-*id.* 1660), fundadora, con san Vicente de Paúl, de las hijas de la caridad.

**Luisa Fernanda,** zarzuela en tres actos con música de F. Moreno Torroba y letra de F. Romero y G. Fernández Shaw, estrenada en Madrid en 1932.

**LUISIANA,** en ingl. **Louisiana,** estado del S de Estados Unidos, a orillas del golfo de México; 125 674 km$^2$; 4 219 973 hab. Cap. *Baton Rouge.* C. pral. *Nueva Orleans.* Nació como estado en 1812, ocupando sólo el S del antiguo territorio colonial.

**LUISIANA,** ant. territorio colonial, que se extendía de los Grandes Lagos al golfo de México, y de los Allegheny a México. En 1519, A. Álvarez de Pineda descubrió el litoral, pero, a pesar de diversas expediciones (Hernández de Soto, Vázquez de Coronado), los españoles se desentendieron del territorio. En 1682 Cavelier de la Salle tomó posesión en nombre de Luis XIV, y empezó la colonización francesa. Durante la guerra entre España y Francia, los españoles ocuparon Pensacola (1721). Tras la guerra de los Siete años, Francia cedió a Gran Bretaña la Luisiana oriental, al E del Mississippi (tratado de París, 1763), y a España el resto del territorio (tratado de Fontainebleau, 1763), en compensación por la pérdida de Florida. En 1800 (segundo tratado de San Ildefonso) la colonia fue devuelta a Francia, y en 1803 Napoleón la vendió a E.U.A.

**LUJÁN,** partido de Argentina (Buenos Aires); 80 712 hab. *Santuario de Nuestra Señora de Luján* (s. XVIII), de estilo neoclásico, el centro mariano más importante de Argentina. Museo histórico.

**LUJÁN DE CUYO,** dep. de Argentina (Mendoza); 79 983 hab. Refinería de petróleo. Industria vinícola.

**LUJÁN DE SAYAVEDRA** (Juan **Martí,** llamado **Mateo**), escritor español (Orihuela *c.* 1570-Valencia 1604). Publicó bajo seudónimo una *Segunda parte de la vida del pícaro Guzmán de Alfarache* (1602), llena de disertaciones morales y jurídicas.

**LUJÁN PÉREZ** (José), escultor español (Santa María de Guía 1756-*id.* 1815). Fue el primer escultor importante de las islas Canarias. Sus obras siguen la tradición andaluza de la imaginería religiosa, de estilo barroco con elementos rococó (serie de *Dolorosas*).

**LUKÁCS** (György), escritor y filósofo húngaro (Budapest 1885-*id.* 1971). Interpretó a Marx desde una perspectiva humanista recurriendo a la noción de alienación (*Historia y conciencia de clases,* 1923). Definió las bases de una estética marxista (*Teoría de la novela,* 1920).

**LUKASHENKO** (Aleksandr), político bielorruso (1955), presidente de Bielorrusia desde 1994.

**ŁUKASIEWICZ** (Jan), lógico polaco (Lemberg [act. Lvov] 1878-Dublín 1956). Fue el primero en enunciar una lógica trivalente que admite enunciados verdaderos, falsos y posibles.

**LULEÅ,** c. y puerto de Suecia, junto al golfo de Botnia, en la desembocadura del *Lule älv;* 68 412 hab. Exportación de mineral de hierro. Acería.

**LULES,** dep. de Argentina (Tucumán); 44 763 hab. Caña de azúcar, arroz, maíz.

**LULIO** (Raimundo) → ***Llull*** (Ramon).

**LULLY** o **LULLI** (Jean-Baptiste), violinista y compositor italiano (Florencia 1632-París 1687), nacionalizado francés. Creador de la ópera francesa, es autor de tragedias líricas, ballets, música para las comedias de Molière y motetes.

**Lulú,** ópera inacabada de A. Berg, en un prólogo y tres actos, según un libreto del compositor, inspirado en Wedekind (estrenada en Zurich en 1937 y, ya acabada por F. Cerha, en París en 1979). Esta obra es completamente dodecafónica.

**LULUABOURG** → ***Kananga.***

**LUMIÈRE** (Louis), químico e industrial francés (Besançon 1864-Bandol 1948). Junto con su hermano **Auguste** (Besançon 1862-Lyon 1954), inventó el cinematógrafo (1895) y rodó numerosas películas. Ideó un sistema de fotografía en color (1903).

Auguste y Louis **Lumière**

**LUMUMBA** (Patrice), político congoleño (Katako Kombé 1925-Elisabethville 1961). Fundador del Movimiento nacional congoleño, luchó por la independencia del Congo Belga (Zaire, act. Rep. Dem. del Congo). Primer ministro en 1960, hizo frente a la secesión de Katanga. Destituido por Kasavubu, fue asesinado.

**LUNA** *(isla de la)* o **COATÍ,** isla de Bolivia, en el lago Titicaca. Restos arqueológicos incaicos.

**LUNA,** v. de España (Zaragoza); 941 hab. *(Luneros.)* Palacio de los condes de Luna (s. XV). Iglesias románicas.

**LUNA** *(familia),* linaje de origen navarro que se afianzó en Aragón desde fines del s. XI y que pasó a Castilla a fines del s. XIV. **Bacalla** († 1094) recibió el señorío de Luna. De sus tres hijos derivan las ramas de la familia. – Los **Ferrench de Luna: Lope Ferrench de Luna** († 1360), primer conde **de Luna;** su hija **María,** esposa de Martín el Humano, y **Fadrique,** hijo de Martín el Joven. – Los **Martínez de Luna: Antón de Luna y Jérica** († 1419), principal partidario de Jaime de Urgel. – Los **López de Luna: Pedro de Luna** (papa Benedicto XIII*) y **Juan de Luna,** de donde derivó la rama castellana.

**LUNA** (Álvaro **de**), político castellano (Cañete *c.* 1390-Valladolid 1453), favorito de Juan II, que le

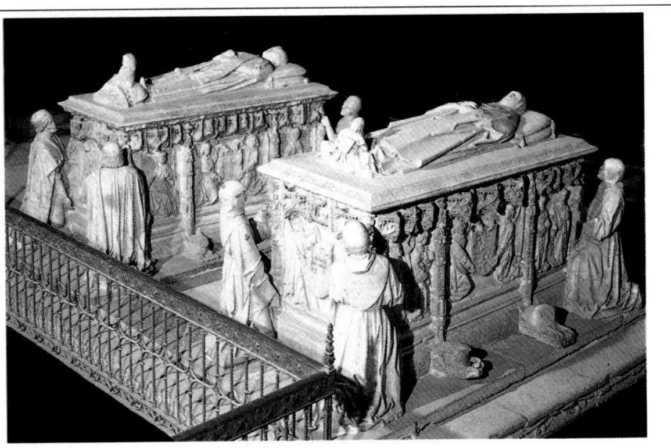

los sepulcros del condestable Álvaro de **Luna** y su esposa (1489) por Sebastián de Almonacid (catedral de Toledo) nombró condestable de sus reinos (1422). Dirigió el partido monárquico contra la oligarquía nobiliaria, apoyándose en los sectores urbanos, y derrotó a los infantes de Aragón en la batalla de Olmedo (1445). Posteriormente perdió su influencia, y fue condenado a muerte y degollado.

**LUNA** (Juan **de**), escritor español (*c.* 1580-*c.* 1630), autor de una *Segunda parte de la vida del Lazarillo de Tormes* (1620), de crudo realismo, muy infiel al original.

**LUNA** (Pablo), compositor español (Alhama de Aragón 1879-Madrid 1943). Contribuyó a restaurar la zarzuela grande, con influencia de la opereta vienesa: *Molinos de viento* (1910), *El asombro de Damasco* (1916), *La pícara molinera* (1928).

**LUNA PIZARRO** (Javier **de**), político y eclesiástico peruano (Arequipa 1780-† 1855). Liberal, presidió el congreso en la etapa constituyente (1822-1823) y de nuevo en 1827. Fue arzobispo de Lima (1845).

**LUNADA (La),** estación de esquí de España, en la cordillera Cantábrica (mun. de Espinosa de los Monteros, Burgos); 1 310-1 580 m de alt.

**Lunario sentimental,** libro de poemas de L. Lugones (1909). Obra clave en la transición del modernismo al vanguardismo, desarrolla un temario cotidiano e irónico, en un estilo que extrema la pirotecnia verbal y la metáfora inesperada.

**LUND,** c. de Suecia meridional; 87 681 hab. Universidad. Catedral románica. Museos.

**LUNDEGÅRDH** (Henrik), botánico sueco (Estocolmo 1888-Penningby 1969), autor de trabajos sobre la fotosíntesis, el ciclo del gas carbónico, etc.

**LUNDSTRÖM** (Johan Edvard), industrial sueco (Jönköping 1815-† 1888), inventor de las cerillas de seguridad, llamadas originariamente suecas (1852).

**LÜNEBURG,** c. de Alemania (Baja Sajonia), en las *landas de Lüneburg;* 60 937 hab. Ayuntamiento de los ss. XIII-XVIII. Casas antiguas de ladrillo.

**LÜNEN,** c. de Alemania, en el Ruhr; 86 363 hab. Metalurgia.

**LUOYANG** o **LO-YANG,** c. de China (Henan); 759 752 hab. Museo arqueológico. Cap. en época de los Shang, los Zhou, los Han, los Wei y los Tang, fue un importante centro cultural y posee barrios antiguos y pintorescos. Necrópolis han; templo del Caballo blanco, fundado en 68, con una célebre pagoda del s. XII. En los alrededores cuevas de Longmen.

**LUPERCO,** dios de la antigua Roma, en cuyo honor se celebraban *lupercales.*

**LUPERÓN,** ant. **Blanco,** mun. de la República Dominicana (Puerto Plata), en la *bahía de Luperón,* en el Atlántico; 30 421 hab. Café, cacao, tabaco.

**LUPERÓN** (Gregorio), patriota dominicano (Puerto Plata 1839-isla de Saint Thomas 1897). Durante la guerra civil de 1871-1882, encabezó los Azules y desempeñó provisionalmente la presidencia en 1879.

**LUPIANA,** v. de España (Guadalajara); 258 hab. Monasterio jerónimo de San Bartolomé, con claustro renacentista obra de A. Covarrubias.

**LUQMĀN** → ***Locmán.***

**LUQUE,** distr. de Paraguay (Central); 62 761 hab. Agricultura, ganadería e industrias derivadas.

**LUQUE** (Hernando **de**), sacerdote español (nacido en Olvera, Cádiz-Panamá 1532). Colaborador de Pizarro, cuando se concedieron las capitulaciones de conquista del Perú (1529) fue nombrado obispo de Túmbez y «protector de indios».

**LUQUILLO,** sierra de Puerto Rico, en el NE de la isla, que culmina en El Toro (1 074 m). En ella se halla el Bosque nacional del Caribe.

**LURÇAT** (Jean), pintor francés (Bruyères, Vosgos, 1892-Saint-Paul-de-Vence 1966). Contribuyó a renovar el arte del tapiz, mediante simplificaciones técnicas (talleres de Aubusson).

**LURISTĀN** o **LORESTĀN,** región de Irán, en el Zagros que fue centro de una civilización datada ya en el III milenio, y que alcanzó su máximo apogeo entre los ss. XIV y VII a. J.C., con importantes objetos de bronce en los que predomina la estilización animal.

**LURUACO,** mun. de Colombia (Atlántico), en el delta del Magdalena; 17 097 hab. Plátanos, algodón.

**LUSACIA,** en alem. **Lausitz,** región fronteriza entre Alemania y la República Checa que culmina en los *montes de Lusacia* (1 010 m).

**LUSAKA,** c. y cap. de Zambia, en un centro natural de comunicaciones; 982 362 hab.

**LÜSHUN** → ***Port-Arthur.***

**Lusíadas** *(Los),* poema épico de Camões (1572). Epopeya nacional, protagonizada por Vasco de Gama, desarrolla el tema de los descubrimientos portugueses en las Indias Orientales.

**LUSIGNAN,** familia francesa originaria de Poitou, que se asentó en el oriente latino; Gui de Lusignan fundó la dinastía de los Lusignan en Chipre (1192).

**LUSINCHI** (Jaime), político venezolano (Clarines 1924). Miembro de Acción democrática desde 1941, fue presidente de la república (1984-1989), desde donde impulsó el entendimiento democrático latinoamericano (grupo de Contadora).

**LUSITANIA,** región de la Hispania romana que comprendía la zona portuguesa del sur del Duero y la actual Extremadura española. Su capital fue *Olisipo* (Lisboa) y después *Emerita Augusta* (Mérida).

**Lusitania,** buque británico que fue torpedeado cerca de la costa de Irlanda el 7 de mayo de 1915 por un submarino alemán. Perecieron 1 200 personas (de las cuales 118 eran norteamericanas).

**LUTECIA,** ant. c. de la Galia cuyo emplazamiento corresponde al centro de París (Île de la Cité).

**LUTERO** (Martín), en alem. **Martin Luther,** teólogo y reformador alemán (Eisleben 1483-*id.* 1546). Monje agustino muy preocupado por la idea de la salvación, se sometió a severas mortificaciones y fue enviado por su orden con misiones de confianza a Roma (1510). Doctor en teología, obtuvo la cátedra de Sagrada Escritura en la universidad de Wittenberg (1513), donde, a partir de 1515, enseñó las epístolas de san Pablo. Consecuente con la doctrina paulina de la justificación por la fe, atacó el tráfico de indulgencias y el principio mismo de éstas en sus 95 tesis (1517), que fueron el punto de partida de la Reforma. En 1520 fue condenado por Roma, pero continuó su obra; en ese mismo año aparecieron los «tres escritos reformadores»: el *Manifiesto a la nobleza cristiana de Alemania* (sobre la supremacía romana), *La cautividad de Babilonia* (sobre los sacramentos), *De la libertad del cristiano* (sobre la Iglesia). Tras la dieta de Worms, en la que se negó a retractarse (1521), se pasó al bando de los príncipes imperiales, y escondido en el castillo de Wartburg por su protector el Elector de Sajonia, pudo regresar a Wittenberg en 1522. Se casó en 1525 con Katharina von Bora, y dedicó el resto de su vida a estructurar y a defender su obra; publicó su *Catecismo* en 1529. Luchó a la vez contra el catolicismo, que apoyaba al poder político, contra las revueltas sociales (guerra de los campesinos), las desviaciones de los iluminados y de los anabaptistas y contra aquellos que, como Zuinglio en Suiza, daban a su reforma una nueva orientación. Iniciador de un gran movimiento religioso, fue también escritor: sus obras, y, principalmente, su traducción de la Biblia (1521-1534), lo convierten en uno de los primeros grandes prosistas del alemán moderno.

**LUTHULI** (Albert John), político sudafricano (en Rodesia 1898-Stanger, Natal, 1967). De etnia zulú, luchó contra la segregación racial. (Premio Nobel de la paz 1960.)

**LUTON,** c. de Gran Bretaña, cerca de Londres; 167 300 hab. Aeropuerto. Industria automovilística.

**LUTOSŁAWSKI** (Witold), compositor polaco (Varsovia 1913-*id.* 1994), autor de *Libro para orquesta* y de *Tres poemas de Henri Michaux.*

**LÜTZEN,** c. de Alemania, al SO de Leipzig; 4 102 hab. Escenario de dos batallas: una el 16 nov. 1632, durante la cual Gustavo Adolfo venció a Wallenstein, aunque cayó mortalmente herido; la otra, el 2 mayo 1813, en la que Napoleón I derrotó a los rusos y a los prusianos.

Jaime **Lusinchi**

Martín **Lutero**
(Cranach el Viejo - Uffizi, Florencia)

**LUXEMBURGO,** en fr. **Luxembourg,** estado de Europa occidental; 2 586 $km^2$; 380 000 hab. *(Luxemburgueses.)* CAP. *Luxemburgo.* LENGUA OFICIAL: *francés.* MONEDA: *franco luxemburgués* y *euro.*

GEOGRAFÍA

La región septentrional *(Ösling)* pertenece a las Ardenas, mientras que la meridional *(Gutland)* forma parte de la Cuenca de París. En esta última, de clima más suave y suelos fértiles, se desarrolla la mayor parte de la vida económica y urbana. En el SO se extraía, hasta hace poco, hierro, lo que favoreció la siderurgia. Act. predomina el sector terciario (servicios financieros, instituciones de la Unión europea).

HISTORIA

963: se constituyó el condado de Luxemburgo, al dividirse Lotaringia. 1308: el conde Enrique VII fue elegido emperador. Su nieto Carlos IV erigió el condado en ducado (1354). 1441: Luxemburgo pasó a Felipe el Bueno, duque de Borgoña. 1506: se convirtió en posesión de los Habsburgo españoles. Ocupado por Francia (s. XVII), en 1714 fue cedido a Austria. 1795: fue anexionado por Francia. 1815: el congreso de Viena lo convirtió en Gran Ducado. 1831: la mitad occidental pasó a Bélgica, y el resto a Países Bajos. 1867: el tratado de Londres hizo de Luxemburgo un estado neutral. 1890: entronización de la familia Nassau. 1914-1918: ocupación alemana. 1919: la gran duquesa Carlota aprobó una constitución democrática. 1940-1944: nueva ocupación alemana. 1947: Luxemburgo pasó a ser miembro del Benelux. 1948: el país abandonó su neutralidad. 1949: adhesión a la O.T.A.N. 1957: miembro fundador de la Comunidad económica europea. 1964: la gran duquesa Carlota abdicó en favor de su hijo Juan. 2000: el gran duque Juan abdicó en favor de su hijo Enrique.

**LUXEMBURGO,** prov. del SE de Bélgica (Valonia); 4 418 $km^2$; 232 813 hab. Cap. *Arlon.*

**LUXEMBURGO,** c. y cap. del gran ducado de Luxemburgo, a orillas del Alzette; 75 377 hab. Centro financiero y cultural, y sede de organismos europeos (Banco europeo de inversiones, Tribunal de justicia de la Unión europea). Palacio ducal (ss. XVI-XIX). Catedral (ss. XVII y XX).

**LUXEMBURGO** (Rosa), revolucionaria alemana (Zamość 1870-Berlín 1919). Líder, junto con Karl Liebknecht, de la socialdemocracia alemana, en desacuerdo con Lenin sobre la cuestión de la organización del partido, escribió *Huelga de masas, partido y sindicatos* (1906) y *La acumulación del capital* (1913). Fue asesinada durante la revuelta espartaquista.

**LUXEMBURGO** *(casas de),* casas que reinaron en Luxemburgo desde el año 963. En el s. XIV la tercera accedió al trono imperial (1308) y a los tronos de Bohemia (1310) y Hungría (1387). En el s. XV la mayor parte de sus posesiones pasaron a los Habsburgo (1437).

**LUXOR** o **LUQSOR,** en ár. **al-Aqsur,** c. de Egipto, a orillas del Nilo; 142 000 hab. Museo. La ciudad moderna ocupa un sector de la antigua Tebas. Templo de Amón, una de las obras maestras de la XVIII dinastía, construido por Amenofis III y ampliado por Ramsés II, quien hizo erigir dos obeliscos, uno de los cuales se encuentra en la plaza de la Concordia de París desde 1836.

**LUZ Y CABALLERO** (José **de la**), pensador y pedagogo cubano (La Habana 1800-*id.* 1862). Director de la Sociedad patriótica (1837) y fundador del Colegio del Salvador, escribió *Texto de lectura graduada para ejercitar el método explicativo* (1833).

**LUZÁN** (Ignacio **de**), escritor español (Zaragoza 1702-Madrid 1754). Destacó como preceptista con su *Poética**, expresión de la estética neoclásica. (Real academia 1751.)

**LUZERN** → ***Lucerna.***

**LUZHOU** o **LU-CHEU,** c. de China (Sichuan); 289 000 hab. Industria química.

**LUZI** (Mario), escritor italiano (Florencia 1914), poeta (*La barca,* 1935; *Nel magma,* 1964) y crítico literario.

**LUZÓN,** la isla más grande y más poblada de las Filipinas; 108 172 $km^2$; 21 millones de hab. C. pral.

LUXEMBURGO

*Manila.* – Centro de la conquista española del archipiélago, por su situación la isla sufrió diversos ataques (del pirata chino Li Ma-hong [1574], del almirante neerlandés Witter [1617]) y durante la guerra de los Siete años cayó en poder británico (1762-1763). Tuvo un destacado papel en las luchas de independencia filipina contra España, E.U.A. y Japón. Fue ocupada por los japoneses de 1942 a 1945.

**LUZURIAGA** (Lorenzo), pedagogo español (Valdepeñas 1889-Tucumán 1965). Vinculado a la Institución libre de enseñanza, fundó la *Revista de pedagogía.* Desde 1938 fue profesor en universidades argentinas. Es autor de *Reforma de la educación* (1945), *La pedagogía contemporánea* (1947), *La escuela nueva pública* (1948).

**LUZURIAGA** (Toribio), prócer de la independencia americana (Huaraz 1782-† 1842). A las órdenes de San Martín, fue jefe del estado mayor del ejército patriota (1812) y ministro de Guerra y Marina (1815). En 1820 se incorporó al ejército libertador.

**LVOV,** en polaco **Lwów,** en alem. **Lemberg,** c. de Ucrania, cerca de Polonia; 790 000 hab. Textil. Metalurgia. Monumentos religiosos del s. XIII al XVIII. Fundada en el s. XIII, perteneció a Polonia de 1349 a 1772 y de 1920 a 1939, y a Austria de 1772 a 1918.

**LWOFF** (André), médico y biólogo francés (Ainay-le-Château 1902-París 1994), autor de estudios de fisiología microbiana y genética molecular. (Premio Nobel de fisiología y medicina, con J. Monod y F. Jacob, 1965.)

**LYALLPUR** → ***Faisalabad.***

**LYAUTEY** (Louis Hubert), militar francés (Nancy 1854-Thorey, Meurthe-et-Moselle, 1934). Se distinguió en Indochina y Madagascar, en la conquista de Argelia, y creó el protectorado francés de Marruecos (1912-1925).

**LYDGATE** (John), poeta inglés (Lidgate, Suffolk, *c.* 1370-Bury Saint Edmunds *c.* 1450), imitador y adaptador de poemas históricos o satíricos franceses e italianos.

**LYELL** (*sir* Charles), geólogo británico (Kinnordy, Escocia, 1797-Londres 1875), autor de *Principios de geología* (1833).

**LYLY** (John), escritor inglés (Canterbury *c.* 1554-Londres 1606), autor de la novela *Euphues o La anatomía del ingenio* (1578), que dio nombre al estilo preciosista inglés *(eufuismo).*

**LYNCH** (Benito), novelista argentino (La Plata 1885-*id.* 1952). Renovó el género gauchesco, con sus novelas ambientadas en la Pampa, en las que el realismo del lenguaje es uno de sus mejores hallazgos: *Los caranchos de la Florida* (1916), *El inglés de los güesos* (1924), su mayor logro, y *El romance de un gaucho* (1933). Su obra gira en torno a la pasión amorosa y ofrece un cuadro fiel del campo argentino a principios de siglo.

**LYNCH** (John, llamado **Jack**), político irlandés (Cork 1917-Dublín 1999). Presidente del Fianna Fáil (1966-1979), fue primer ministro (1966-1973 y 1977-1979).

**LYNCH** (Marta), escritora argentina (Buenos Aires 1925-*id.* 1985). Su narrativa combina la preocupación por la realidad política del país con temas como el paso del tiempo, la situación de la mujer y la frustración sentimental: *La alfombra roja,* 1962; *Cuentos tristes,* 1967; *La señora Ordóñez,* 1968; *No te duermas, no me dejes,* 1985.

**Lynch** *(ley de),* procedimiento sumario originario de Estados Unidos, que consistía en ejecutar en el acto a los criminales detenidos en flagrante delito.

**LYNDSAY** o **LINDSAY** (*sir* David), poeta escocés (cerca de Haddington *c.* 1490-Edimburgo *c.* 1555), autor de la *Sátira de los tres estados,* que provocó una fuerte corriente en favor de la Reforma.

**LYON,** c. de Francia, cap. de la región Ródano-Alpes y del dep. de Rhône, en la confluencia del Ródano y el Saona; 422 444 hab. (1 260 000 en la aglomeración). Universidad. Centro industrial. Catedral gótica. Museos (galorromano, de bellas artes, etc.). Importante colonia romana *(Lugdunum).* Sede de concilios ecuménicos (1245 y 1274). A partir del s. XVI se desarrolló la industria de la seda. Realista durante la Revolución, fue duramente reprimida. 1831 y 1834: insurrección de los obreros de la seda *(canuts).*

**LYOT** (Bernard), astrónomo francés (París 1897-El Cairo 1952), inventor del *coronógrafo* (1930), que permite estudiar la corona solar con independencia de los eclipses.

**LYRA** (Carmen), escritora costarricense (San José 1888-México 1949), novelista y popular autora de cuentos infantiles: *Los cuentos de mi tía Panchita* (1920). Comunista militante, fundó la primera escuela materna del país.

**LYTTON** (Edward George **Bulwer-Lytton,** *barón*), novelista y político británico (Londres 1803-Torquay 1873), autor de *Los últimos días de Pompeya* (1834).

**Luxor:**
vista general del templo de Amón

Rosa
**Luxemburg**

Benito
**Lynch**

Marta
**Lynch**

# M

**M., el vampiro de Düsseldorf,** película alemana de F. Lang (1931), de gran intensidad dramática, inspirada en la historia real de un asesino de Düsseldorf.

**MA YUAN,** pintor chino (activo entre 1190 y 1235), autor de paisajes considerados obras maestras de la pintura de los Song del sur.

**MA'ARRĪ** (Abū-l-'Alā' **al-**), escritor árabe (Ma'arrat al-Nu'mān, Siria, 973-*id.* 1057), célebre por la audacia de sus ideas religiosas.

**MAASTRICHT** o **MAËSTRICHT,** c. de Países Bajos, cap. de Limburgo, a orillas del Mosa; 117 417 hab. Iglesias (Nuestra Señora; ss. X-XI). Museos.

**Maastricht** *(tratado de)* [7 febr. 1992], tratado firmado por los estados miembros de la C.E.E. por el que se instituía la Unión europea, que entró en vigor en noviembre de 1993. Sus objetivos son el establecimiento de una Unión económica y monetaria (U.E.M.) [creación de una moneda única], la puesta en marcha de una política exterior y de seguridad común, así como de una cooperación en los campos de la justicia y de asuntos interiores, y la instauración de una ciudadanía europea.

**MAAZEL** (Lorin), director de orquesta norteamericano (Neuilly-sur-Seine 1930). Director de la ópera de Viena (1982-1986) y director musical de la orquesta nacional de Francia (1988-1991), es desde 1988 director de la orquesta de Pittsburgh.

**MABILLON** (Jean), erudito francés (Saint-Pierremont, Ardenas, 1632-París 1707). Benedictino, escribió tratados sobre su orden y *De re diplomatica* (1681), que creó la ciencia de la diplomática.

**MABLY** (Gabriel **Bonnot de Mably,** llamado **el abate**), escritor francés (Grenoble 1709-París 1785). Continuador de Rousseau, contrario a los fisiócratas y a la propiedad privada, propuso una vuelta al comunitarismo primitivo (*De la legislación,* 1776; *Los derechos y deberes del ciudadano,* 1789).

**MABUSE** (Jan **Gossaert** o **Gossart,** llamado), pintor flamenco (¿Maubeuge? *c.* 1478-Middelburg o Breda 1532). Con su compleja producción introdujo el gusto italianizante y los conceptos del renacimiento en Flandes (visitó Roma en 1508-1509).

**MAC-MAHON** (Edme Patrice Maurice, *conde* **de**), *duque* **de Magenta,** mariscal y político francés (Sully 1808-castillo de La Forêt 1893). Luchó en diversos frentes, formó el ejército de Versalles y aplastó la Comuna de París. Presidente de la república (1873-1879), intentó en vano restablecer la monarquía.

**MACABEOS,** familia de patriotas judíos que dirigió un levantamiento nacional contra la política de helenización del rey seléucida Antíoco IV Epífano (167 a. J.C.). Los miembros más importantes de la misma fueron **Matatías,** sacerdote († *c.* 166 a. J.C.), que desencadenó la revuelta, y sus hijos **Judas** († en 160 a. J.C.), que consiguió la libertad religiosa para su pueblo; **Jonatán,** sumo sacerdote, asesinado en 143 a. J.C., y **Simón,** asesinado en 134 a. J.C., que, en 142, obtuvo la independencia de Judea y fundó, para su hijo Hircán I, la dinastía de los Asmoneos.

**Macabeos** *(libros de los),* nombre dado a dos libros bíblicos, escritos *c.* fines del s. II a. J.C, que narran la historia de la rebelión de los Macabeos.

**MCADAM** (John Loudon), ingeniero británico (Ayr, Escocia, 1756-Moffat 1836). Inventó el sistema de pavimentación de carreteras por medio de piedra machacada, llamado *macadam.*

**MACANAZ** (Melchor Rafael **de**), político y escritor español (Hellín 1670-*id.* 1760). Secretario de Felipe V (1704), elaboró los decretos de Nueva planta para la Corona de Aragón (1707-1716). Regalista, se exilió huyendo de la Inquisición.

**MACAO,** en port. **Macau,** en chino **Aomen,** región china en la costa S del país, junto a la desembocadura del río de las Perlas, al O de Hong Kong. 16 km$^2$; 355 693 hab. Puerto. Centro industrial y turístico. En posesión de Portugal desde 1557, pasó a soberanía china en 1999.

**MACAPÁ,** c. y puerto de Brasil, cap. del estado de Amapá; 179 609 hab.

**MACARÁ** *(Hoya del),* región fisiográfica de Ecuador y Perú, avenada por el *río Macará,* fronterizo entre ambos países, que desagua en el Pacífico.

**MACARAO,** parroquia foránea de Venezuela (Distrito Federal), en el área de Caracas; 47 867 hab.

**MACARIO,** prelado ruso (*c.* 1482-1563), metropolitano de Moscú (1542) y consejero del zar Iván IV el Terrible. Consolidó la unión de la Iglesia y el estado moscovitas.

**MACARIO el Egipcio** *(san),* llamado **el Viejo** y **el Grande** (*c.* 301-*c.* 394), ermitaño del desierto de Egipto. Los escritos místicos que se le atribuyen ejercieron una gran influencia en la espiritualidad oriental.

**MACARTHUR** (Douglas), general norteamericano (Fort Little Rock, Arkansas, 1880-Washington 1964). Comandante en jefe aliado en el Pacífico, derrotó a Japón (1944-1945) y dirigió las fuerzas de la O.N.U. en Corea (1950-1951).

**MACAS,** c. de Ecuador, cap. de la prov. de Morona-Santiago; 6 107 hab. Cultivos tropicales.

**MACAULAY** (Thomas Babington), historiador y político británico (Rothley Temple 1800-Campden Hill, Londres, 1859), autor de una *Historia de Inglaterra* (1848-1861) de enorme éxito, que le granjeó el título de par.

**MACBETH** († 1057), rey de Escocia [1040-1057]. Accedió al trono tras asesinar a Duncan I, pero fue muerto por el hijo de éste, Malcolm III.

**Macbeth,** tragedia de Shakespeare (*c.* 1605).

**McBurney** *(punto de),* punto situado en el abdomen, en la proyección del apéndice, en el que aparece un dolor preciso en caso de apendicitis.

**MCCAREY** (Leo), director de cine norteamericano (Los Ángeles 1898-Santa Mónica 1969), autor de películas cómicas (*Sopa de ganso,* 1933; *Nobleza obliga,* 1935; *La horrible verdad,* 1937).

**MCCARTHY** (Joseph), político norteamericano (cerca de Appleton, Wisconsin, 1908-Bethesda, Maryland, 1957). Senador republicano, dirigió una virulenta campaña anticomunista en los años cincuenta *(maccarthismo).* En 1954 fue destituido por el senado.

**MACCIÓ** (Rómulo), pintor argentino (Buenos Aires 1931). Adscrito a la nueva figuración, ha pasado del uso de colores lisos y claros al de recursos de tipo expresionista.

**MCCORMICK** (Cyrus Hall), industrial norteamericano (Walnute Grove, Virginia, 1809-Chicago 1884). Creó la primera segadora fabricada en serie y fundó, en 1847, la compañía de maquinaria agrícola que lleva su nombre y que, en 1902, se convirtió en la International Harvester company.

**MCCULLERS** (Carson Smith), escritora norteamericana (Columbus, Georgia, 1917-Nyack, Nueva York, 1967). Sus novelas, marcadas por las referencias freudianas, tratan sobre la soledad del ser humano (*El corazón es un cazador solitario,* 1940; *Reflejos en un ojo dorado,* 1941; *La balada del café triste,* 1951).

**MACDONALD** (James Ramsay), político británico (Lossiemouth, Escocia, 1866-en el mar 1937). Líder del Partido laborista (1911-1914 y 1922-1937), fue partidario de un socialismo reformista. Jefe del primer gobierno laborista (1924), volvió de nuevo al poder de 1929 a 1931 y preconizó el desarme y la cooperación internacional. Al frente de un gobierno de coalición (1931-1935) se esforzó por reducir la crisis económica.

**MACDONALD** (*sir* John Alexander), político canadiense (Glasgow 1815-Ottawa 1891). Tras la formación del Dominio canadiense, presidió su primer gabinete (1867-1873). Volvió al poder en 1878-1891.

**MACEDONIA,** en gr. **Makhedonía,** en macedonio y búlgaro **Makedonija,** región histórica de la península de los Balcanes, act. compartida entre Bulgaria, Grecia (dividida administrativamente en tres regiones; c. pral. *Tesalónica*), que posee la parte costera, y la República de Macedonia (segregada de Yugoslavia).

**HISTORIA**

Ss. VII-VI a. J.C.: unificación de las tribus macedonias. 359-336: Filipo II llevó el reino a su apogeo e impuso su hegemonía en Grecia. 336-323: Alejandro Magno conquistó Egipto y Oriente. 323-276: a su muerte, los diadocos se disputaron Macedonia. 276-168: los Antigónidas reinaron en el país. 168: la victoria romana de Pidna puso fin a la independencia macedonia. 148: se convirtió en provincia romana. S. IV d. J.C.: fue anexionada al imperio romano de oriente. S. VII: los eslavos ocuparon la región. Ss. IX-XIV: bizantinos, búlgaros y serbios lucharon por la posesión del país. 1371-1912: Macedonia pasó a formar parte del imperio otomano. 1912-1913: la primera guerra balcánica la liberó de los turcos. 1913: Serbia, Grecia y Bulgaria se enfrentaron por la división de Macedonia en el transcurso de la segunda guerra balcánica, y por el tratado de Bucarest (10 ag.) se repartieron la región. 1915-1918: la región fue escenario de una campaña dirigida por los aliados contra las fuerzas austro-germano-búlgaras. 1947: con el tratado de paz entre Bulgaria, Grecia y Yugoslavia, la República de Macedonia se integró en la federación de Yugoslavia. 1991: declaración de independencia de la segregada República de Macedonia.

MACEDONIA

**MACEDONIA** *(República de),* en macedonio **Makedonija,** estado europeo de los Balcanes; 25 700 km²; 2 100 000 hab. *(Macedonios.)* CAP. *Skopje.* LENGUA OFICIAL: *macedonio.* MONEDA: *dinar.*

GEOGRAFÍA

El territorio es en gran parte montañoso, aunque existen algunas cuencas y valles (como el del Vardar), y alterna la ganadería, la agricultura (que en ocasiones se beneficia del regadío y de un clima localmente mediterráneo) y minería (plomo, cinc). En Skopje se concentra aproximadamente el 20 % de la población, compuesta por una notable minoría de origen albanés, en la zona occidental.

HISTORIA

La parte de la Macedonia histórica atribuida en 1913 a Serbia fue ocupada durante la segunda guerra mundial por Bulgaria. En 1945 se erigió en República federada de Yugoslavia y, en 1991, proclamó su independencia. Kiro Gligorov fue elegido presidente de la república. Ingresó en la O.N.U. con el nombre provisional de *Antigua República Yugoslava de Macedonia* (1993), a causa de la oposición de Grecia a la constitución de un estado independiente con el nombre de Macedonia. 1994: Grecia declaró el bloqueo comercial. 1995: reconocimiento de la república por Grecia. 1996: reconocimiento de la república por Yugoslavia. 2001: enfrentamientos en el NO del país entre el ejército macedonio y la guerrilla albanokosovar.

**MACEDONIA** *(dinastía),* familia bizantina que, de 867 a 1057, dio a Bizancio ocho emperadores y dos emperatrices.

**MACEIÓ,** c. y puerto de Brasil, cap. del estado de Alagoas, junto al Atlántico; 628 209 hab.

**MCENROE** (John), tenista norteamericano (Wiesbaden 1959), vencedor en Wimbledon en tres ocasiones (1981, 1983 y 1984) y en Flushing Meadow en cuatro (de 1979 a 1981 y en 1984).

**MACENTYRE** (Eduardo), pintor y dibujante argentino (Buenos Aires 1929). Su obra, inscrita en el arte óptico, destaca por su pureza lineal.

**MACEO** (Antonio), patriota cubano (Santiago de Cuba 1845-Punta Brava 1896). Se unió a la lucha por la independencia desde el grito de Yara (1868). No aceptó la paz de Zanjón (1878) y participó en la guerra Chiquita (1879). En 1895 Martí le confió el mando de los guerrilleros de la provincia de Santiago. Murió en combate contra los españoles.

**MACERATA,** c. de Italia (Marcas), cap. de prov.; 43 437 hab. Universidad.

**MACH** (Ernst), físico austríaco (Chirlitz-Turas, Moravia, 1838-Haar, cerca de Munich, 1916). Puso de manifiesto la importancia de la velocidad del sonido en aerodinámica y llevó a cabo la primera crítica de los principios de la mecánica newtoniana. Su filosofía de las ciencias *(empiriocriticismo)* postula que sólo existe lo que puede ser expresado por las leyes experimentales; influyó poderosamente en Einstein.

**Mach** *(número de),* relación entre la velocidad de un móvil (proyectil, avión) y la de la atmósfera por donde se desplaza. Esta unidad no es una verdadera unidad de velocidad, ya que la velocidad del sonido en el aire es proporcional a la raíz cuadrada de la temperatura.

**MÁCHA** (Karel Hynek), escritor checo (Praga 1810-Litoměřice 1836). Su poema romántico *Mayo* (1836) inaugura la literatura checa moderna.

**MACHADO** (Antonio), poeta español (Sevilla 1875-Colliure 1939). En las revistas del modernismo publicó sus primeros poemas, de tono melancólico y musical, que recopiló en *Soledades** (1903). De 1912 es *Campos* de Castilla,* donde asomaba ya la preocupación nacional, y un tono filosófico y crítico que se acentuaría en sus *Poesías completas* (1917) y *Nuevas canciones* (1924), donde intensificó el tono sentencioso y popular. De 1924 a 1936 publicó la serie de poemas *De un cancionero apócrifo,* con la invención de sus heterónimos Abel Martín y Juan de Mairena, y las canciones a Guiomar. Escribió con su hermano Manuel obras de teatro: *Julianillo Valcárcel; Las adelfas; La duquesa de Benamejí,* etc. En 1936 publicó su gran libro en prosa: *Juan* de Mairena.* (Real academia 1927.)

**MACHADO** (Gerardo), político cubano (Santa Clara 1871-Miami 1939). Luchó al lado de Gómez desde 1895. Presidente en 1925, la crisis económica y su dureza contra los movimientos de oposición provocaron su caída tras la huelga general de 1931.

**MACHADO** (Manuel), poeta español (Sevilla 1874-Madrid 1947). Representante del modernismo (*Alma,* 1900; *Caprichos,* 1905), en *Alma, museo y cantares* (1907) y *El mal poema* (1909) su tono coloquial expresa una peculiar abulia entre andaluza y decadentista. En *Cante hondo* (1912) recrea coplas populares andaluzas. Tras *Ars moriendi* (1921), escribió teatro con su hermano Antonio (*Juan de Mañara,* 1927; *La Lola se va a los puertos,* 1929; etc.) y versos de signo nacionalista y religioso. Publicó libros de crítica y una novela. (Real academia 1938).

**MACHADO DE ASSIS** (Joaquim Maria), escritor brasileño (Rio de Janeiro 1839-*id.* 1908). Fue poeta parnasiano y novelista realista (*Quincas Borba,* 1891; *Dom Casmurro,* 1900; *Memorial de Buenos Aires,* 1908). Fundó la Academia brasileña de las letras (1897).

**MACHALA,** c. de Ecuador, cap. de la prov. de El Oro; 144 197 hab. Centro agropecuario y comercial.

**MACHALÍ,** c. de Chile (Libertador General Bernardo O'Higgins), a orillas del Cachapoal; 24 054 hab. Minas de cobre en El Teniente*.

**MACHAQUITO** (Rafael **González Madrid,** llamado), matador de toros español (Córdoba 1880-*id.* 1955). Recibió la alternativa en 1900. Formó pareja con Ricardo *Bombita.* Se distinguió con las banderillas y con el estoque.

**MACHAUT** o **MACHAULT** (Guillaume **de**), músico y poeta francés (Machault, cerca de Reims, c. 1300-Reims 1377), uno de los creadores de la escuela polifónica francesa *(Misa de Notre-Dame).*

**MACHEL** (Samora Moises), político mozambiqueño (Madragoa, valle del Limpopo, 1933-en accidente de aviación 1986). Organizó las milicias del Frelimo en la lucha por la independencia de Portugal y fue el primer presidente de la república independiente (1975-1986).

**MACHICHACO,** cabo de España, en la costa cantábrica (Vizcaya). Faro.

**MACHÍN** (Antonio), cantante cubano (Sagua la Grande 1901-Madrid 1977). Residió desde 1939 en España, donde introdujo el bolero y obtuvo grandes éxitos con creaciones como *Angelitos negros* (1947).

**MACHIQUES DE PERIJÁ,** mun. de Venezuela (Zulia), en la cuenca del lago Maracaibo; 76 902 hab.

**MACHO** (Victorio), escultor español (Palencia 1887-Toledo 1966). Sus monumentos y retratos se caracterizan por su maciza estructuración y su serenidad expresiva.

**MACHU PICCHU,** ciudad de los antiguos incas (valle del Urubamba, Cuzco), desconocida por los españoles y descubierta en 1911 por H. Bingham. No se conoce su función exacta (ciudadela defensiva, albergue de las vírgenes dedicadas al Inti o ciudad). Está totalmente rodeada de murallas, a 2 350 m de alt., y contiene 148 edificios construidos con grandes bloques de piedra. El conjunto arqueológico y su entorno fue declarado bien cultural-natural del patrimonio mundial por la Unesco (1983).

**MACHUCA** (Pedro), pintor y arquitecto español (Toledo fines del s. XV-Granada 1550). Trabajó desde 1520 en Granada, donde realizó el palacio de Carlos Quinto, obra maestra de la arquitectura renacentista española. Como pintor siguió la tendencia manierista romano-florentina (*El descendimiento de la cruz,* 1547, Prado). *[V. ilustración pág. 1481.]*

**MACIÀ** (Francesc), político español (Vilanova i la Geltrú 1859-Barcelona 1933). Fundador de Estat català (1922) y de Esquerra republicana de Catalunya (1931), en 1926 lideró un intento de insurrección armada contra la dictadura de Primo de Rivera. Fue primer presidente de la Generalidad de Cataluña (1931-1933).

**MACÍAS el Enamorado,** poeta español del s. XV, nacido quizá en Padrón, protagonista de una popular leyenda amorosa recreada por Juan de Mena, Lope de Vega y Larra. Sus composiciones amorosas, en gallego y en castellano, se conservan en los cancioneros.

**MACÍAS NGUEMA** (Francisco), político ecuatoguineano (Nsegayong, Río Muni [act. Mbini], 1922-Malabo 1979). Primer presidente de Guinea Ecuatorial (1968-1979), ejerció una política dictatorial, antes de ser depuesto y ejecutado (1979).

**MACÍAS PICAVEA** (Ricardo), escritor español (Santoña 1847-Valladolid 1899). Portavoz del regeneracionismo, su ensayo *El problema español* (1891) influyó en la generación del 98. Abordó también el tema de la educación y cultivó la novela (*Tierras de Campos,* 1888).

**MACINA,** región de Malí, atravesada por el Níger y explotada por la comisión del río Níger (maíz y algodón).

**MACKENSEN** (August **von**), mariscal alemán (Haus-Leipnitz 1849-Burghorn, Celle, 1945). Conquistó Polonia (1915) y Rumania (1916), pero fue derrotado por los franceses en Macedonia (1918).

**MACKENZIE,** r. de Canadá, nace en las montañas Rocosas con el nombre de *Athabasca,* atraviesa el Gran Lago del Esclavo y desemboca en el océano Ártico; 4 600 km.

**MACKENZIE** (William Lyon), político canadiense

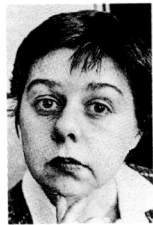

Carson Smith
**McCullers**

Antonio
**Machado**
(Alvaro Delgado - col. part.)

Manuel
**Machado**
(Martín Santos - Ateneo de Madrid)

Francesc
**Macià**
(R. Bosch - palacio de la Generalidad, Barcelona)

(cerca de Dundee, Escocia, 1795-Toronto 1861). Dirigió la rebelión de 1837 en el Alto Canadá.

**MACKENZIE KING** (William Lyon), político canadiense (Kitchener, Ontario, 1874-Kingsmere, cerca de Ottawa, 1950). Líder del Partido liberal y primer ministro (1921-1930 y 1935-1948), reforzó la autonomía de Canadá respecto a Gran Bretaña.

**MCKINLEY** *(monte)*, punto culminante de América del Norte (Alaska); 6 194 m.

**MCKINLEY** (William), político norteamericano (Niles, Ohio, 1843-Buffalo 1901). Presidente de E.U.A. (1896), llevó a cabo una política imperialista (Cuba, Hawai). Reelegido (1900), fue asesinado por un anarquista.

**MACKINTOSH** (Charles Rennie), arquitecto y decorador británico (Glasgow 1868-Londres 1928), líder, en la época del modernismo europeo, de la escuela de Glasgow.

**MCLAREN** (Norman), director de cine canadiense de origen británico (Stirling 1914-Montreal 1987). Perfeccionó una técnica de dibujos animados que consistía en dibujar directamente sobre la película, y utilizó todo tipo de procedimientos y trucajes en sus películas de animación.

**MACLAURIN** (Colin), matemático británico (Kilmodan 1698-Edimburgo 1746). Su *Tratado de las fluxiones* (1742) fue la primera exposición sistemática de los métodos de Newton. Contiene la serie que lleva su nombre *(serie de Maclaurin).*

**MACLEOD** (John), médico británico (cerca de Dunkeld, Escocia, 1876-Aberdeen 1935), premio Nobel de fisiología y medicina (1923) por su descubrimiento de la insulina.

**M'CLINTOCK** (*sir* Francis Leopold), marino británico (Dundalk, Irlanda, 1819-Londres 1907), explorador de las regiones árticas.

**MCLUHAN** (Herbert Marshall), sociólogo canadiense (Edmonton 1911-Toronto 1980), para quien los medios de comunicación audiovisual modernos (televisión, radio, etc.) cuestionan la supremacía de la escritura (*La galaxia Gutemberg*, 1962; *Para comprender los medias*, 1964).

**M'CLURE** (*sir* Robert John **Le Mesurier**), almirante británico (Wexford, Irlanda, 1807-Londres 1873). Descubrió el paso del Noroeste, entre el estrecho de Bering y el Atlántico (1851-1853).

**MCMILLAN** (Edwin Mattison), físico norteamericano (Redondo Beach, California, 1907-El Cerrito, California, 1991). Descubrió el neptunio y aisló el plutonio. (Premio Nobel de química 1951.)

**MACMILLAN** (Harold), político británico (Londres 1894-Birch Grove 1986). Diputado conservador (1924), líder de su partido y canciller del Exchequer (1955), fue primer ministro (1957-1963).

**MACMILLAN** (Kenneth), bailarín y coreógrafo británico (Dunfermline, Escocia, 1929-Londres 1992). Coreógrafo clásico, se impuso por su originalidad y su sentido musical. Director del Royal ballet, creó importantes ballets (*La consagración de la primavera; The song of the earth; Anastasia; Manon*, etc.).

**MACON,** c. de Estados Unidos (Georgia); 106 612 hab. Mercado agrícola. Nudo ferroviario.

**MACORÍS,** cabo de la costa N de la República Dominicana (Puerto Plata).

**MACPHERSON** (James) → ***Ossián.***

**MACRINO** (Cesarea [act. Cherchell] 164-Calcedonia 218), emperador romano [217-218]. Asesino y sucesor de Caracalla, fue a su vez asesinado por orden de Heliogábalo.

Salvador de **Madariaga**
(Sansegundo Castañeda - col. part.)

**MACROBIO,** escritor y gramático latino (*c.* 400 a. J.C.), autor de un comentario sobre el *Sueño de Escipión* de Cicerón, de *Las saturnales* y de *Sobre las diferencias y semejanzas del griego y del latín.*

**Macuira** (*parque nacional de* **La**), parque de Colombia (La Guajira), en el término de Uribia.

**MACUL,** c. de Chile (Santiago), en la aglomeración de la capital; 123 535 hab.

**MACUSPANA,** mun. de México (Tabasco); 84 287 hab. Café, cacao. Bosques. Yacimientos de petróleo.

**MADÀ AL-QURṬUBĪ (Ibn),** filólogo hispanomusulmán (nacido en Córdoba-† 1194). Propugnó una metodología de la enseñanza de la gramática muy avanzada para su tiempo.

**MADÁCH** (Imre), escritor húngaro (Alsósztregova 1823-Balassagyarmat 1864), autor del poema dramático *La tragedia del hombre* (1861).

**MADAGASCAR,** en malgache **Malagasy,** estado constituido por una gran isla del océano Índico, separada de África por el canal de Mozambique; 587 000 $km^2$; 12 400 000 hab. *(Malgaches.)* CAP. *Antananarivo.* LENGUAS OFICIALES: *malgache* y *francés.* MONEDA: *franco malgache.*

GEOGRAFÍA

La isla está formada, en el centro, por mesetas graníticas, coronadas por macizos volcánicos, con

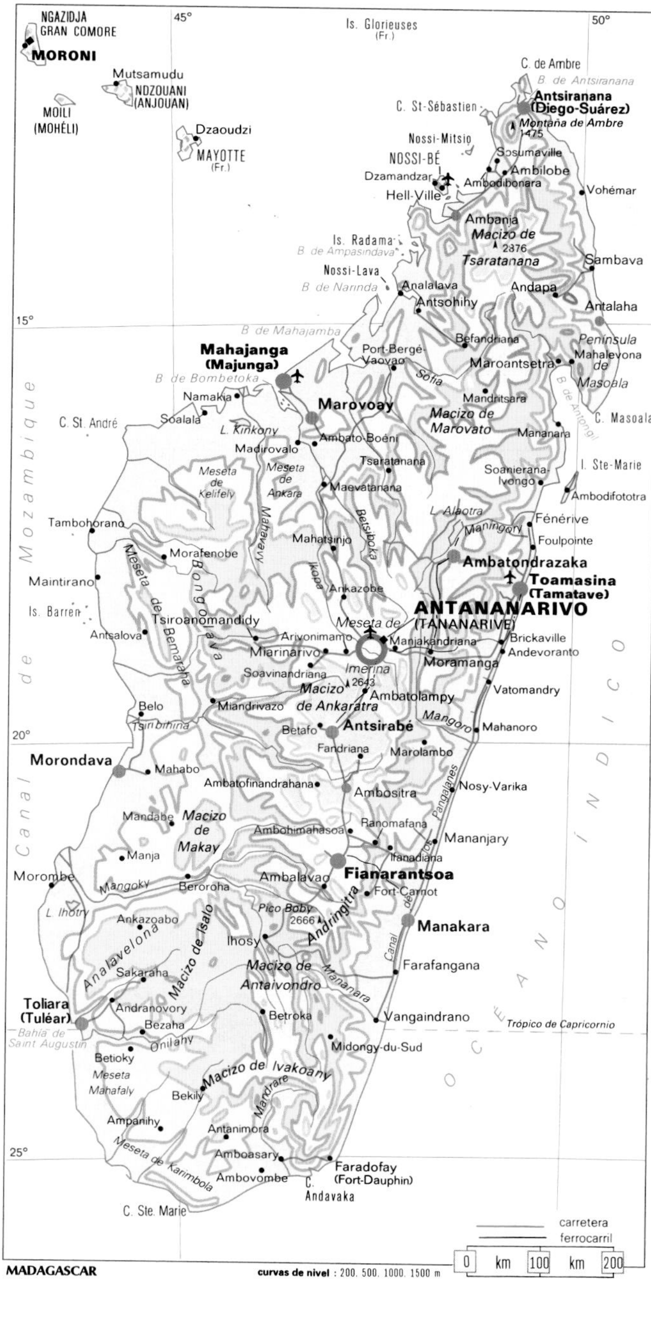


**MADAGASCAR**

curvas de nivel : 200, 500, 1000, 1500 m

clima atemperado por la altitud, que descienden bruscamente al E sobre una estrecha llanura litoral, cálida, húmeda y boscosa. El O está ocupado por mesetas y colinas sedimentarias, de clima más seco, en las que predominan zonas de bosques claros, sabana y maleza. La mandioca y el arroz, junto a la ganadería bovina, constituyen las bases de la alimentación. Las plantaciones de café y, sobre todo, el clavo, la vainilla y la caña de azúcar representan la parte fundamental de las exportaciones, complementadas por los productos del subsuelo (grafito, mica, cromo, piedras preciosas) y de la pesca.

HISTORIA

***Los orígenes.*** Ss. XII-XVII: comerciantes árabes se instalaron en la costa, poblada por una mezcla de africanos de raza negra y de polinesios; los europeos (primero portugueses a partir de 1500) no consiguieron establecer colonias duraderas. Fort-Dauphin, fundado por los franceses (1643), fue abandonado en 1674. Fines s. XVII-s. XVIII: la isla fue dividida en reinos de base tribal. 1787: uno de ellos, el Imerina (capital Antananarivo), unificó la isla en beneficio suyo. 1817: su soberano, Radama I (1810-1828) recibió de Gran Bretaña el título de rey de Madagascar. 1828-1861: Ranavalona I expulsó a los europeos. 1865-1895: el poder real estaba en manos de Rainilaiarivony, esposo de tres reinas sucesivas, quien modernizó el país y se convirtió al protestantismo, pero tuvo que aceptar el protectorado francés (1883). 1895-1896: la expedición de Duchesne acabó en la deposición de la última reina, Ranavalona III y en la anexión de la isla por Francia, que abolió la esclavitud.

***La independencia.*** 1946: se convirtió en territorio francés de ultramar. 1947-1948: una violenta rebelión fue duramente reprimida. 1956: la isla consiguió la autonomía (Tsiranana presidente). 1960: se constituyó en estado independiente, con el nombre de República Malgache. 1972: a causa de las importantes revueltas, Tsiranana dimitió. 1975: D. Ratsiraka fue elegido presidente de la República Democrática de Madagascar. A fines de los años ochenta, después de haber reconocido el fracaso de una experiencia socialista de más de diez años, adoptó la vía de un liberalismo moderado. 1991: creció la oposición y se multiplicaron las revueltas. Se proclamó el estado de excepción. Se creó un gobierno de transición, encargado de democratizar las instituciones. 1993: tras ser aprobada una nueva constitución (1992), el principal candidato opositor, Albert Zafy, fue elegido presidente. 1997: Ratsiraka gana las elecciones y vuelve a la presidencia.

**Madame Bovary,** novela de G. Flaubert (1857). El romanticismo estereotipado de Emma Bovary choca con su vida mediocre, lo que la lleva al suicidio.

**Madame Butterfly,** drama lírico en tres actos de Puccini, con libreto de Illica y Giacosa (1904).

**MADARIAGA** (Salvador **de**), escritor y político español (La Coruña 1886-Locarno, Suiza, 1978). Ministro de Instrucción Pública y de Justicia (1934), al estallar la guerra civil marchó a Gran Bretaña. Fue presidente de la Internacional liberal. Destacan sus ensayos (*Guía del lector del Quijote,* 1926; *España, ensayo de historia contemporánea,* 1931) y sus biografías de Colón, Cortés y Bolívar. (Real academia 1936.)

**Madden** *(lago de),* embalse de Panamá, sobre el río Chagres, que abastece el canal de Panamá.

**MADEIRA,** archipiélago portugués del Atlántico, al N de las islas Canarias, que constituye una región autónoma desde 1976; 794 km²; 253 000 hab. Cap. *Funchal,* en la *isla de Madeira* (740 km²). Viñedos. Caña de azúcar. Turismo. Al archipiélago llegaron los portugueses hacia 1419 y fue colonizado a partir de 1425.

**MADEIRA** o **MADERA,** r. de Bolivia y Brasil; 3 240 km. Forma frontera entre ambos países y desagua en el Amazonas, aguas abajo de Manaus.

**MADELEINE (La),** yacimiento prehistórico de Francia, en el mun. de Tursac (Dordogne), que ha dado nombre al período magdaleniense.

**MADERA,** mun. de México (Chihuahua); 34 614 hab. Cereales, ganadería. Bosques. Aserraderos.

**MADERNA** (Bruno), director de orquesta y compositor italiano (Venecia 1920-Darmstadt 1973), uno de los principales representantes del movimiento serial y postserial (*Hyperion,* 1964; *Grande Aulodia,* 1970; *Satyricon,* 1973).

**MADERNO** (Carlo), arquitecto italiano (Capolago, cerca de Como, 1556-Roma 1629). Sobrino de D. Fontana y precursor del barroco romano, acabó la basílica de San Pedro (prolongación de la nave y fachada, *c.* 1610).

**MADERO,** mun. de México (Michoacán), en la depresión del Balsas; 15 758 hab. Agricultura.

**MADERO** (Francisco Indalecio), político mexicano (Parras, Coahuila, 1873-México 1913). Terrateniente contrario a Porfirio Díaz, fue candidato presidencial en 1910, pero tuvo que exiliarse. En 1911 las fuerzas de Madero forzaron la renuncia de Porfirio Díaz, y en noviembre Madero fue elegido presidente. Fue depuesto y asesinado por orden de V. Huerta tras la Decena trágica (febr. 1913).

**MADERUELO,** v. de España (Segovia); 155 hab. Capilla románica de la Vera Cruz (s. XII); sus pinturas murales se hallan en el Prado.

**MADHYA PRADESH,** estado del centro de la India; 443 000 km²; 66 135 862 hab. Cap. *Bhopāl.*

**MADĪNAT AL-FAYYŪM** o **AL-FAYYŪM,** c. de Egipto, en el Fayyūm; 244 000 hab.

**MADISON,** c. de Estados Unidos, cap. de Wisconsin; 191 262 hab. Universidad.

**MADISON** (James), político norteamericano (Port Conway, Virginia, 1751-*id.* 1836). Uno de los creadores del Partido republicano, fue presidente de E.U.A. (1809-1817).

**MADIUN** o **MADIOEN,** c. de Indonesia (Java); 165 999 hab. Hilados de algodón. Café.

**MADONNA DI CAMPIGLIO,** estación de deportes de invierno (alt. 1 520-2 520 m) de Italia, en el Trentino-Alto Adigio.

**MADOZ** (Pascual), político español (Pamplona 1806-Génova 1870). Diputado del Partido progresista (1836-1856), fue ministro de Hacienda (en.-junio 1855) y presentó el proyecto de desamortización civil y eclesiástica. Fue gobernador de Madrid (1868). Pionero de la estadística en España, es autor del famoso *Diccionario geográfico-estadístico-histórico de España y sus posesiones de Ultramar* (16 vols., 1845-1850).

**MADRAS** o **MADRÁS,** c. de la India, cap. de Tamil Nadu, en la costa de Coromandel; 5 361 468 hab. Puerto. Industria textil *(madrás)* y química. Monumentos antiguos. Museo.

**MADRAZO,** familia de pintores españoles, de los ss. XIX-XX. – **José** (Santander 1781-Madrid 1859), pintor de historia, tuvo una formación neoclásica. – Su hijo **Federico** (Roma 1815-Madrid 1894) se formó con Ingres y Overbeck, participó ya del romanticismo en la actitud, manteniendo una factura académica (*La condesa de Vilches,* 1853, Prado).

**MADRE** *(laguna),* albufera del golfo de México, entre México (Tamaulipas) y E.U.A. (Texas), a ambos lados del delta del río Bravo; 350 km².

**madre** *(La),* película soviética de V. Pudovkin (1926), basada en la novela homónima de M. Gorki, magistral evocación de la toma de conciencia de un individuo frente a la revolución.

**MADRE CENTROAMERICANA** *(sierra)* o **ANDES CENTROAMERICANOS,** sistema montañoso de América Central, paralelo a la costa del Pacífico, que se extiende desde el istmo de Tehuantepec (México), al N, hasta la barranca del Atrato (Colombia), al S. Comprende la sierra Madre de Chiapas, el Eje volcánico guatemalteco-salvadoreño y el nicaragüense-costarricense-panameño; 4 220 m de alt. máx. en el volcán Tajumulco (Guatemala).

**Madre Coraje y sus hijos,** obra de teatro de B. Brecht (1939, estrenada en 1941), que presenta el drama de una cantinera obstinada en vivir de la guerra que destruye a su familia y la arruina.

Pedro **Machuca:** la fachada meridional del palacio de Carlos Quinto de Granada

*Francisco* ***Madero*** *encabezando el movimiento contra Porfirio Díaz;* detalle de un mural
(museo nacional de historia, México)

**Madre de Chiapas** *(sierra),* sierra del S de México, desde el río Ostuta hasta la frontera con Guatemala; 4 092 m de alt. máx. en el volcán de Tacaná.

**Madre de Dios,** archipiélago deshabitado del S de Chile (Magallanes y Antártica Chilena). Las islas principales son *Madre de Dios* y Duque de York.

**Madre de Dios,** r. de la cuenca amazónica; 1 100 km. Nace en la sierra de Carabaya (Perú), forma frontera entre Perú y Bolivia, y desemboca en el Beni.

**Madre de Dios** *(departamento de),* dep. del E de Perú (Inca); 85 183 km²; 51 300 hab. Cap. *Puerto Maldonado.*

**Madre de Oaxaca** *(sierra),* sierra de México, que se extiende casi en su totalidad por el estado de Oaxaca; 3 396 m en el Zempoaltepetl.

**Madre del Sur** o **Madre meridional** *(sierra),* sistema montañoso del S de México, que bordea el Pacífico a lo largo de 1 200 km, desde la depresión del Balsas hasta el istmo de Tehuantepec; 3 703 m de alt. máx. en el Teotepec.

**Madre occidental** *(sierra),* sistema montañoso de México, prolongación de las Rocosas. Se extiende a lo largo de 1 250 km sobre la fachada pacífica, entre la cuenca del Yaqui, al N, y el sistema Lerma-Santiago, al S; alt. máx., 3 150 m.

**Madre oriental** *(sierra),* sierra de México, que se extiende desde la región del Big Bend (Texas, E.U.A.) hasta la cordillera Neovolcánica; 1 300 km de long.; 3 664 m de alt. en Peña Nevada.

**Madrid** *(Comunidad de),* comunidad autónoma uniprovincial de España; 7 995 km²; 5 030 958 hab. Cap. *Madrid.* P. j. de *Alcalá de Henares, Alcobendas, Alcorcón, Aranjuez, Arganda, Collado-Villalba, Colmenar Viejo, Coslada, Fuenlabrada, Getafe, Leganés, Madrid, Majadahonda, Móstoles, Navalcarnero, Parla, San Lorenzo de El Escorial, Torrejón de Ardoz* y *Torrelaguna.*

GEOGRAFÍA

Se extiende desde el sistema Central (sierras de Guadarrama, Somosierra y Gredos), al N, hasta el valle del Tajo al S. La población se concentra en la capital y núcleos vecinos, asiento de una pujante industria (transformados metálicos, mecánica de precisión, química, electrónica). Los núcleos rurales son de economía agropecuaria y zonas residenciales.

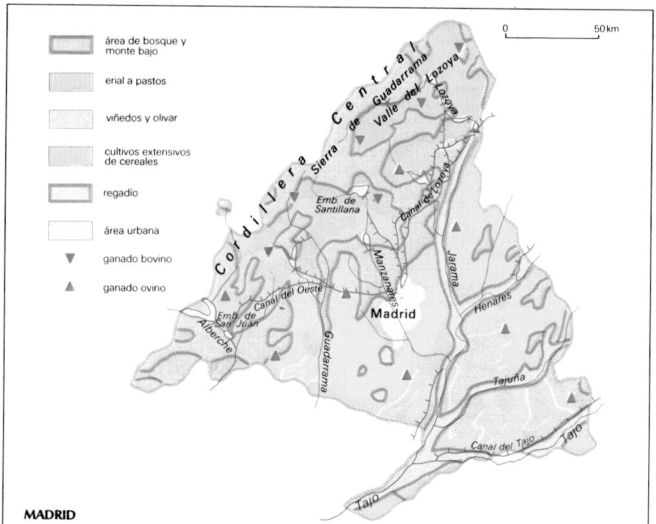


MADRID

HISTORIA

Vetones y carpetanos fueron los pobladores prerromanos. Los romanos fundaron *Complutum* (Alcalá de Henares) y los árabes la fortaleza de Maŷrit. 1083-1085: conquista de Alfonso VI de Castilla y León. 1498: inauguración de la universidad de Alcalá. 1520: participación en la guerra de las Comunidades. 1561: Felipe II instaló en Madrid la capital y la corte del reino. S. XVIII: creación de la provincia de Madrid, cuyos límites fueron fijados en 1833. Fue uno de los principales escenarios de la guerra civil (1936-1939). 1983: aprobación del estatuto de autonomía.

**Madrid,** v. de España, cap. del país y de la comunidad autónoma de Madrid, cab. de p. j.; 3 084 673 hab. *(Madrileños* o *matritenses.)* A las funciones políticas, administrativas y económicas de orden terciario inherentes a la capitalidad, ha añadido una notable infraestructura industrial (transformados metálicos, química, electrónica, artes gráficas). Madrid fue en su origen una fortaleza musulmana, reconquistada por Alfonso VI. La ciudad, que se sumó al movimiento de los comuneros, cobró importancia cuando Felipe II instaló en ella la corte (1561); a la época de los Austrias pertenecen la plaza de la Villa (ayuntamiento) y la plaza Mayor, más las iglesias de San Isidro y de San Jerónimo el Real. En la época borbónica, en especial con Carlos III, experimentó notables mejoras urbanísticas (palacio real o de Oriente, paseo del Prado con las fuentes de Cibeles y Neptuno, puertas de Alcalá y de Toledo, convento de las Descalzas Reales, iglesia de San Francisco el Grande y ermita de San Antonio de la Florida, decorada por Goya). La población desplegó un relevante protagonismo político en los motines de Esquilache (1766) y Aranjuez (1809), y los sucesos de mayo de 1808 contra los franceses. El s. XIX y el primer tercio del XX aportaron un gran desarrollo (barrio de Salamanca, parque del Retiro, proyecto de Ciudad lineal de Arturo Soria, ciudad universitaria). Durante la guerra civil (1936-1939), fue tenazmente defendida por las fuerzas republicanas. En 1964 se constituyó el *área metropolitana de Madrid,* que se extiende a 22 municipios más. Una nueva reorganización urbanística se acometió desde la década de los ochenta, con notables edificaciones modernas. Entre los museos destacan: el Prado*, con sus anejos del Casón del Buen Retiro y del palacio de Villahermosa (colección Thyssen-Bornemisza); museo nacional centro de arte Reina* Sofía; arqueológico nacional; Lázaro Galdiano; municipal (en el antiguo Hospicio, obra churrigueresca de P. Ribera), etc. *(V. ilustración pág. 1484.)*

MADRID

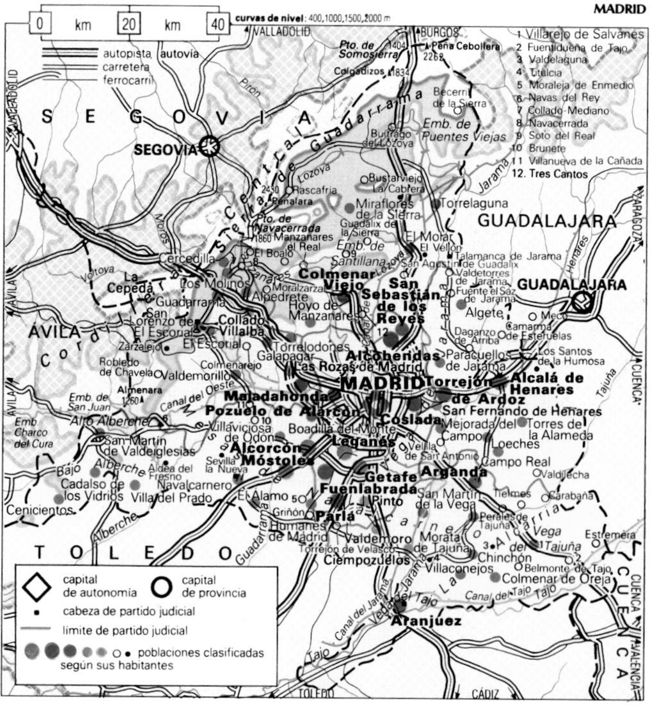


**Madrid** *(acuerdo tripartito de),* pacto entre España, Marruecos y Mauritania por el que España cedía la administración del Sahara occidental (1975).

**Madrid** *(batalla de)* [nov. 1936-marzo 1937], batalla de la guerra civil española de 1936-1939. El intento del ejército nacionalista, dirigido por Varela, de conquistar la capital fracasó ante la eficaz defensa republicana organizada por el general Miaja.

**Madrid** *(conferencia de),* negociaciones de paz para Oriente medio entre Israel y el mundo árabe, desarrolladas en Madrid en octubre de 1991 a instancias de la O.N.U.

**Madrid** *(tratados de).* **1526:** acuerdo firmado tras la batalla de Pavía, por el que Francisco I de Francia se comprometía a ceder Borgoña y sus derechos sobre los ducados de Milán y Génova a Carlos Quinto.
**1621:** acuerdo entre España y Francia, por el que

la entrada principal del palacio real

la puerta de Alcalá; obra de F. Sabatini (1764-1788)

el complejo Azca
en el paseo de la Castellana

**MADRID**

Felipe IV aceptaba devolver la Valtelina a los grisones.
**1721:** alianza entre España, Francia y Gran Bretaña, firmada tras el ingreso de España en la Cuádruple alianza (1720).

**MADRID,** mun. de Colombia (Cundinamarca); 27 047 hab. Cereales y patatas. Vacunos.

**MADRID** (Miguel **de la**), político mexicano (Colima 1934). Miembro del P.R.I., fue presidente de la república (1982-1988). Renegoció la deuda externa y aplicó una política de austeridad. Participó en los trabajos del grupo de Contadora.

**MADRIDEJOS,** v. de España (Toledo); 10 332 hab. (*Madridejenses* o *madrideños.*) Vid, cebada y maíz.

**MADRIGAL** (Alonso **de**), escritor y eclesiástico español (Madrigal de las Altas Torres 1400-Bonilla de la Sierra 1455), llamado **El Tostado.** Obispo de Ávila, fue un fecundo escritor en latín y en castellano *(Cuestiones sobre la filosofía moral y natural).*

**MADRIGAL DE LAS ALTAS TORRES,** v. de España (Ávila); 1 920 hab. *(Madrigaleños.)* Fue sede de las cortes castellanas en el s. XV. Recinto amurallado (s. XIII). Ayuntamiento (s. XV). Cuna de Isabel la Católica.

**MADRIZ** *(departamento de),* dep. del N de Nicaragua; 2 199 km²; 75 525 hab. Cap. *Somoto.*

**MADRUGA,** mun. de Cuba (La Habana); 28 788 hab. Cultivos de caña de azúcar. Aguas termales.

**MADURA** o **MADOERA,** isla de Indonesia, al N de Java; 5 290 km²; 1 858 200 hab.

**MADURA, MADURAI** o **MATHURAI,** c. de la India (Tamil Nadu); 1 093 702 hab. Universidad. Vasto conjunto brahmánico (ss. X-XVII) del que destaca el templo Mīṇākṣī (s. XVII), con numerosas murallas y gopuras monumentales.

**MAEBASHI,** c. de Japón (Honshū); 286 261 hab. Industria textil (seda).

**MAELLA** (Mariano Salvador), pintor español (Valencia 1739-Madrid 1819). Sus obras son de gran rigor técnico (fundamentadas en el dibujo), siguiendo un neoclasicismo en la línea de Mengs, con quien colaboró (serie de *Las estaciones*).

**MAELSTRÖM** o **MALSTRØM,** canal del mar de Noruega, en el que se producen rápidas corrientes que provocan torbellinos (*maelström* o *malstrøm*), cerca de las islas Lofoten.

**MAESTRA** *(sierra),* alineamiento montañoso del extremo S de Cuba (Granma y Santiago de Cuba), junto a la costa caribe; 1 974 m de alt. en el pico Real del Turquino. En ella se inició (1957) la guerrilla contra la dictadura de Batista.

**MAESTRAZGO,** región de España (Castellón) que comprende dos comarcas: el *Alto Maestrazgo,* al NO, es un territorio abrupto y quebrado; la capital es Albocácer; el *Bajo Maestrazgo,* junto al litoral, con capital en Vinaroz, es llano, con amplios regadíos, pesca y turismo.

**MAËSTRICHT** → ***Maastricht.***

**MAESTRO** (Matías), arquitecto, pintor y escultor español (Vitoria 1766-Lima 1835). Como arquitecto introdujo el estilo neoclásico en Perú (altares de diversas iglesias limeñas). Pintó los retratos de arzobispos de la catedral de Lima.

**maestros cantores de Nuremberg** *(Los),* comedia lírica de Richard Wagner (Munich, 1868).

**MAETERLINCK** (Maurice), escritor belga en lengua francesa (Gante 1862-Niza 1949). Unió simbolismo y misticismo en sus dramas (*Peleas y Melisanda,* 1892; *Monna Vanna,* 1902; *El pájaro azul,* 1908). [Premio Nobel de literatura 1911.]

**MAEZTU** (Ramiro **de**), escritor español (Vitoria 1874-Madrid 1936). Su libro *Hacia otra España* (1899) es representativo de la generación del 98. *La crisis del humanismo* (1919) marcó su giro hacia un nacionalismo católico, que le llevó a fundar Acción española y a publicar *Defensa de la hispanidad* (1934). [Real academia 1934.]

**MAFFEI ROSAL** (Antonio), pintor de origen francés, activo en España en el s. XIX. Formado en la corriente neoclásica, sus obras presentan la influencia del romanticismo.

**MAGADÁN,** c. de Rusia, en la costa del mar de Ojotsk; 152 000 hab. Astilleros.

**MAGALLANES** *(estrecho de),* estrecho de América del Sur, que separa el continente de la isla Grande de Tierra del Fuego y comunica los océanos Atlántico y Pacífico. Su anchura varía entre 3 y 30 km. Fue descubierto por Magallanes en 1520.

**MAGALLANES,** com. de Chile → ***Punta Arenas.***

**MAGALLANES** (Fernando **de**), en port. **Fernão de Magalhães,** navegante portugués al servicio de España (Ponte da Barca, Miño, 1480-Mactán, Filipinas, 1521). Tras entrar al servicio de Carlos Quinto, emprendió el primer viaje alrededor del mundo. Partió de Sevilla en 1519, descubrió el estrecho que lleva su nombre (1520) y cruzó el océano Pacífico, pero fue muerto en Filipinas y sólo una de las cinco naves de su expedición, la Victoria, volvió a España (1522), al mando de Elcano.

**Magallanes**
(museo marítimo, Sevilla)

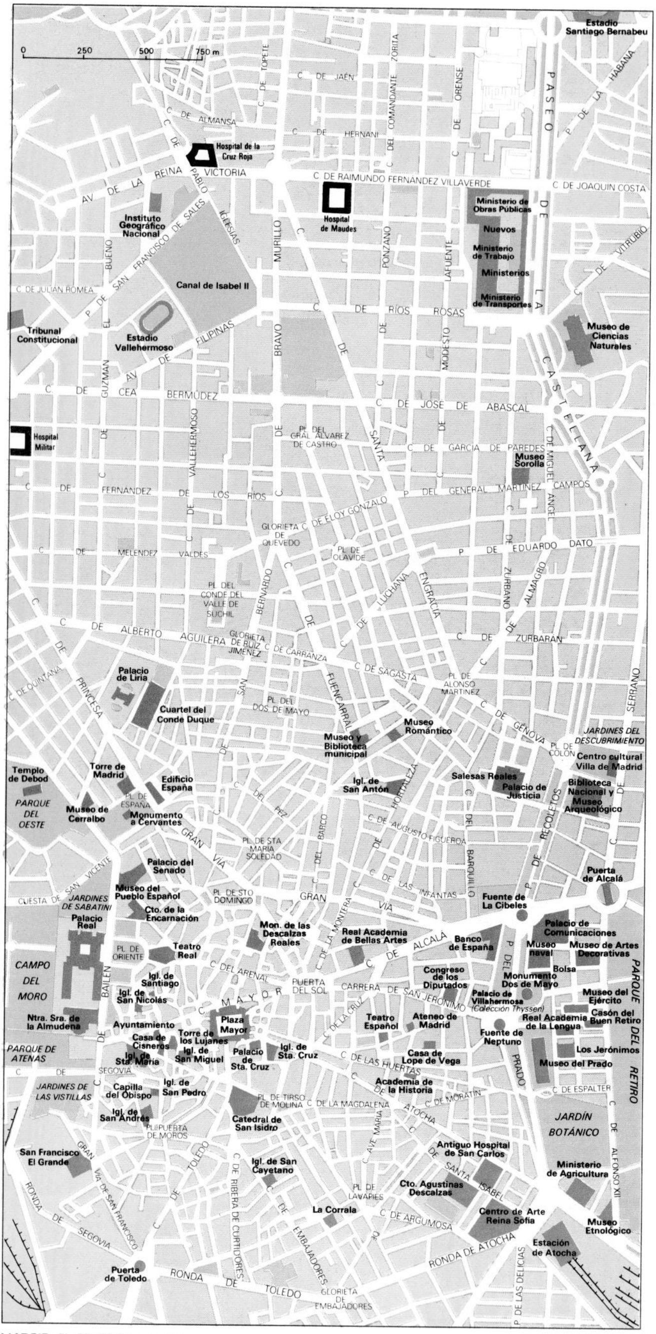


**MADRID:** EL CENTRO URBANO

**MAGALLANES MOURE** (Manuel), poeta chileno (Santiago 1878-La Serena 1924). Epígono del modernismo (*Facetas,* 1901; *La jornada,* 1910), escribió también teatro y relatos.

**MAGALLANES Y DE LA ANTÁRTICA CHILENA** *(región de),* región de Chile; 1 382 033 km²; 143 058 hab. Cap. *Punta Arenas.*

**MAGANGUÉ,** mun. de Colombia (Bolívar); 87 446 hab. Puerto fluvial en el Magdalena.

**MAGAÑA ESQUIVEL** (Antonio), escritor mexicano (Mérida 1908-† 1987). Novelista (*La tierra enrojecida,* 1951) y dramaturgo (*Semilla del aire,* 1956), desarrolló una gran labor como ensayista (*Imagen del teatro,* 1940; *Teatro mexicano del siglo XX,* 1969).

**MAGARIÑOS CERVANTES** (Alejandro), escritor uruguayo (Montevideo 1825-*id.* 1893). Dentro del romanticismo, fue poeta (*Celiar,* 1852) y autor de la novela indianista *Caramurú* (1848).

**MAGDALENA,** bahía de México, junto a la costa E de la península de Baja California, limitada por las islas *Santa Magdalena* y Santa Margarita.

**MAGDALENA,** r. de Colombia el más importante del país, que nace en la cordillera Central de los Andes y desemboca en el Caribe, en forma de delta; 1 538 km. Sus principales afluentes son Cauca y San Jorge (or. izq.) y Carare y Sogamoso (or. der.). Navegable hasta el puerto de Honda (a 1 000 km de la desembocadura), desde donde una vía férrea comunica con Bogotá y una carretera con Manizales.

**MAGDALENA** (*península de* **La**), prominencia de la costa cantábrica española, al NE del núcleo urbano de Santander. El *palacio de La Magdalena* (1908-1912) es sede de la universidad internacional Menéndez Pelayo.

**MAGDALENA** *(departamento del),* dep. del N de Colombia; 22 901 km²; 769 141 hab. Cap. *Santa Marta.*

**MAGDALENA,** mun. de México (Sonora); 17 992 hab. Minas de manganeso, plata y cobre.

**MAGDALENA,** partido de Argentina (Buenos Aires); 22 416 hab. Ganadería e industrias derivadas.

**MAGDALENA** *(santa)* → ***María Magdalena.***

**MAGDALENA CONTRERAS (La),** delegación de México (Distrito Federal); 173 105 hab. En la aglomeración urbana de la ciudad de México.

**MAGDALENA DEL MAR** o **MAGDALENA NUEVA,** c. de Perú (Lima), en la costa; 55 237 hab. Centro veraniego de Lima.

**MAGDALENA SOFÍA BARAT** *(santa),* religiosa francesa (Joigny 1779-París 1865), fundadora de la Sociedad del Sagrado Corazón de Jesús o Damas de la fe (1800), congregación dedicada a la enseñanza.

**MAGDALENO** (Mauricio), escritor mexicano (Villa del Refugio 1906-México 1986). Fundador del Teatro de Ahora, es autor de obras teatrales (*Pánuco 137, Emiliano Zapata, Trópico,* 1933), novelas sobre la revolución (*El resplandor,* 1937), guiones cinematográficos *(María Candelaria)* y ensayos.

**MAGDEBURGO,** en alem. **Magdeburg,** c. de Alemania, cap. de Sajonia-Anhalt, junto al Elba; 288 355 hab. Puerto fluvial. Metalurgia. Antigua abadía románica; catedral gótica (ss. XIII-XIV). Sede de un arzobispado desde 968, fue una de las principales ciudades hanseáticas. En 1648 fue atribuida a Brandeburgo.

**MAGELANG,** c. de Indonesia (Java); 123 213 hab.

**Magenta** *(batalla de)* [4 junio 1859], victoria de los franceses de Mac-Mahon sobre los austríacos de Gyulai durante la campaña de Italia.

**Maginot** *(línea),* sistema de fortificaciones construido de 1927 a 1936 en la frontera francesa del NE, a iniciativa de *A. Maginot* (1877-1932), ministro de la guerra en 1922-1924 y 1929-1932.

**MAGNA** o **MAINA,** en gr. **Manē** o **Mani,** región de Grecia, en el S del Peloponeso.

**MAGNA GRECIA,** nombre dado a las tierras del S de Italia y de Sicilia colonizadas por los griegos entre los ss. VI-II a. J.C.

**MAGNANI** (Anna), actriz italiana (Alejandría, Egipto, 1908-Roma 1973). Perpetuó la tradición de las grandes trágicas italianas matizándola con cierto histrionismo: *Roma, ciudad abierta* (R. Rossellini, 1945), *Bellissima* (L. Visconti, 1951), *La carroza de oro* (J. Renoir, 1953), etc.

**MAGNASCO** (Alessandro), llamado **il Lissandrino,** pintor italiano (Génova 1667-*id.* 1749). Influido especialmente por S. Rosa y J. Callot, pintó, en ambientes sombríos, con una pincelada caprichosa y brillante, grupos de monjes, de bohemios, etc., que constituyen una visión fantástica y macabra.

**MAGNELLI** (Alberto), pintor italiano (Florencia 1888-Meudon 1971). Establecido en Francia (1931), trabajó con un estilo muy depurado rayano en la abstracción.

**MAGNENCIO** (Amiens *c.* 303-Lyon 353), emperador romano de 350 a 353.

**MAGNESIA del Meandro,** colonia tesalia de Jonia, importante en la época helenística y romana. Restos en Berlín y en París (Louvre).

**MAGNESIA del Sípilo,** ant. c. de Lidia, en la que los romanos derrotaron a Antíoco III en 189 a. J.C. (Act. *Manisa,* Turquía.)

**MAGNITOGORSK,** c. de Rusia, al pie de los Urales meridionales; 440 000 hab. Yacimientos de hierro. Siderurgia.

**MAGNUS,** nombre de varios reyes de Suecia, Dinamarca y Noruega (ss. XI-XIII). El más conocido es **Magnus VII Eriksson** (1316-1374), rey de Noruega [1319-1355] y de Suecia [1319-1363], artífice de la unión de la península.

**MAGOG** → *Gog.*

**MAGÓN,** nombre de varios generales cartagineses, el más célebre de los cuales, **Magón** o **Mago** († 203 a. J.C.), hermano de Aníbal, tras diversas campañas en la península Ibérica, se refugió en las Baleares, donde, según parece, dio su nombre a la capital de Menorca (*Mago,* act. Mahón).

**MAGÓN** → *González Zeledón.*

**MAGREB** → *Mogreb.*

**MAGRITTE** (René), pintor belga (Lessines 1898-Bruselas 1967), autor de obras surrealistas ejecutadas con una técnica figurativa impersonal, extraños *collages* visuales, que inciden en las múltiples relaciones entre las imágenes, la realidad, los conceptos y el lenguaje.

**MAGUNCIA,** en alem. **Mainz,** c. de Alemania, cap. de Renania-Palatinado, en la or. izq. del Rin; 177 062 hab. Catedral románica (ss. XII-XIII) y otros monumentos. Museos románico-germánico, del Rin medio y Gutenberg.

**MAHĀBALIPURAM, MĀVALIPURAM** o **MĀMALLAPURAM,** ant. **Seven Pagodas,** yacimiento arqueológico de la India, junto al golfo de Bengala. Es uno de los centros arquitectónicos más importantes del arte de los Pallava (templos brahmánicos, la mayoría excavados, asociados a esculturas monolíticas y relieves parietales). El templo de la orilla (s. VIII) es el primer templo indio construido.

**Mahābhārata,** epopeya sánscrita de más de 200 000 versos, que narra las guerras entre los Kaurava y los Pāṇḍava y las hazañas de Kriṣṇa y Arjuna (*Bhagavad-Gītā).*

**MAHAJANGA,** act. **Majunga,** c. y puerto del NO de Madagascar; 71 000 hab.

**MAḤALLA AL-KUBRÀ,** c. de Egipto, en el delta del Nilo; 400 000 hab. Centro textil.

**MAHĀRĀSHTRA,** estado de la India, en el O del Decán; 307 500 km²; 78 706 719 hab. Cap. *Bombay.*

**MAHATES,** mun. de Colombia (Bolívar), en el delta del Magdalena; 18 931 hab. Cultivos tropicales.

**MAHĀVĪRA,** profeta, uno de los fundadores del jainismo (s. VI a. J.C.).

**MAHÉ,** isla principal de las Seychelles; 145 km²; 60 000 hab.

**MAHÉ,** c. del S de la India, en la costa de Malabar; 33 425 hab.

**MAHFŪẒ** (Nadjīb), novelista egipcio (El Cairo 1912). Sus obras evocan su ciudad natal (*El callejón de los milagros,* 1947; *Trilogía de El Cairo,* 1956-1957; *El ladrón y los perros,* 1961; *Hijos de nuestro barrio,* 1963). [Premio Nobel de literatura 1988.]

**MAHLER** (Gustav), compositor y director de orquesta austríaco (Kalischt, Bohemia, 1860-Viena 1911), autor de lieder y de diez sinfonías de lirismo posromántico.

**MAḤMŪD de Gaznī** (971-1030), soberano gaznawí [999-1030]. Investido por el califa de Bagdad, emprendió diecisiete expediciones a la India y reinó en la mayor parte de Irán, Afganistán y el Panjāb.

**MAHMUT** o **MAḤMUD I** (Edirne 1696-Constantinopla 1754), sultán otomano [1730-1754]. — **Mahmut** o **Maḥmud II** (İstanbul 1784-*id.* 1839), sultán otomano [1808-1839]. Mandó asesinar a los jenízaros (1826), tuvo que hacer frente a la revolución griega (1821-1830) y, atacado por Mehmet 'Alī, fue socorrido por Nicolás I (1833).

**MAHOMA** o **MUḤAMMAD,** fundador de la religión musulmana (La Meca *c.* 570-Medina 632). Nacido en el seno de una familia dedicada al comercio de caravanas, se casó con la rica viuda Jadīŷa y, tras la muerte de ésta, tuvo otras esposas. Al término de una evolución religiosa, se sintió llamado a ser el profeta de una renovación espiritual y social. Según la tradición musulmana, Mahoma tuvo una visión del arcángel Gabriel (*c.* 610), quien le encargó una misión divina. Bajo el dictado del ángel, que le transmitía la palabra divina durante estados de éxtasis, comenzó a predicar la fe en un único Dios *(Allāh),* la renuncia a una vida egoísta y fácil, y la inminencia del terrible día del juicio final. Su mensaje (recogido en el Corán) captó adeptos pero desencadenó la hostilidad de los dirigentes de La Meca, lo cual obligó a Mahoma y a sus fieles a buscar refugio en Medina. Esta huida a Medina (o *hégira*) en 622 marcó el inicio de la era musulmana. En diez años, Mahoma organizó un estado y una sociedad en los cuales la ley del islam sustituyó a las antiguas costumbres de Arabia. La institución de la guerra santa *(ŷihād),* el deber de combatir a aquellos que no se adherían a la nueva fe, proporcionó al islam la base de su expansión posterior. La Meca, tras duros enfrentamientos (624, 625 y 627), se rindió en 630. Cuando Mahoma murió, Arabia estaba islamizada.

**MAHÓN** o **MAÓ,** c. de España (Baleares), cap. de Menorca y cab. de p. j.; 21 814 hab. *(Mahoneses.)* Puerto y base naval, en un excelente fondeadero natural. Industrias (quesos, calzado, bisutería). Turismo. Cap. de Menorca durante la ocupación británica (1722-1801). Edificios civiles e iglesias de los ss. XVII-XVIII. Museo (series arqueológicas).

**MAIAKOVSKI** (Vladímir Vladímirovich), escritor ruso (Bagdadi [act. Maiakovski], Georgia, 1893-Moscú 1930). Tras haber participado en el movimiento futurista (*La nube con pantalón,* 1915), ensalzó la revolución en octubre (*150 000 000,* 1920; *Octubre,* 1927), aunque en su teatro satirizó el nuevo régimen (*La chinche,* 1929; *El baño,* 1930). Se suicidó.

**MAIANO** (Giuliano **da**), arquitecto y escultor italiano (Maiano, cerca de Fiesole, 1432-Nápoles 1490). Seguidor de Brunelleschi y de Michelozzo, contribuyó a la difusión de los principios de la nueva arquitectura florentina. — Su hermano **Benedetto** (Maiano 1442-Florencia 1497) colaboró con él en la iglesia de Loreto e inició el palacio Strozzi en Florencia; escultor en mármol, cercano a A. Rossellino, es autor de bustos, del púlpito de la Santa Croce (Florencia), etc.

**MAICAO,** mun. de Colombia (La Guajira), en el valle del Paraguachón; 53 855 hab. Cereales.

**MAIDANEK** → *Majdanek.*

**MAIDSTONE,** c. de Gran Bretaña, cap. del condado de Kent; 72 000 hab. Iglesia de Todos los Santos, de estilo gótico perpendicular.

**MAIDUGURI,** c. del NE de Nigeria; 168 000 hab.

**Maigret,** personaje, creado en 1929 por G. Simenon. Es un comisario sencillo pero perspicaz, que protagoniza la mayor parte de sus novelas.

**MAIKOP,** c. de la Federación de Rusia, cap. de la República de Adiguei, en el Cáucaso; 149 000 hab. Centro de una brillante civilización desde el III milenio.

**MAILER** (Norman Kingsley), escritor norteamericano (Long Branch, Nueva Jersey, 1923). Sus novelas analizan con humor la «neurosis social norteamericana» (*Los desnudos y los muertos,* 1948; *Un sueño americano,* 1965; *El prisionero del sexo,* 1971; *El fantasma de Harlot,* 1991, etc.).

**MAILLOL** (Aristide), escultor francés (Banyuls-sur-Mer 1861-*id.* 1944). Su obra se basa en el estudio del cuerpo femenino, con formas amplias, rítmicas y simplificadas que evocan el arte antiguo mediterráneo.

**MAIMÓNIDES** (Moše ibn **Maymón,** llamado), filósofo, médico y talmudista hebraicoespañol (Córdoba 1135-al-Fusṭāṭ, Egipto, 1204). Fue un gran conocedor de la cultura árabe y a través de ella de la filosofía griega, en particular de Aristóteles. En su *Guía de perplejos* (1190), escrita en árabe, concilia fe y razón, y propone la filosofía como base racional de la teología. Su pensamiento influyó en la escolástica cristiana, en especial en san Alberto Magno y santo Tomás de Aquino. Es autor asimismo de una extensa obra médica y de *Repetición de la ley* (1180), la mejor codificación jurídica del *Talmud.*

**MAIN,** r. de Alemania, afl. del Rin (or. der.); 524 km. Pasa por Bayreuth y Frankfurt, y desemboca en Maguncia. Está comunicado con el Danubio por un canal. Importante tráfico fluvial.

**MAINA** → *Magna.*

**MAINAKE,** colonia griega del S de la península Ibérica, fundada por griegos focenses (s. VII a. J.C.). Se la identifica con la act. *Vélez-Málaga.*

**MAINE,** estado de Estados Unidos (Nueva Inglaterra); 86 027 km²; 1 227 928 hab. Cap. *Augusta.*

**Maine,** crucero acorazado norteamericano cuya explosión y hundimiento en La Habana (febr. 1898) dio pie a E.U.A. para declarar la guerra a España.

**MAINE,** ant. prov. de Francia, que correspondería a los act. departamentos de Sarthe y Mayenne.

**MAINE-ET-LOIRE,** dep. de Francia (Pays de la Loire); 7 166 km²; 705 882 hab. Cap. *Angers.*

**Mainichi Shimbun,** el más antiguo periódico japonés, fundado en 1872.

**MAINLAND,** nombre de las principales islas de las Shetland y de las Orcadas.

**MAINO** (Juan Bautista), pintor español (Pastrana 1578-Madrid 1649). Su obra tiene claras influencias romanas y lombardas, especialmente del primer Caravaggio (retablo de las cuatro Pascuas de San Pedro Mártir de Toledo). Apreciado en la corte, realizó *La recuperación de Bahía del Brasil* (1634, Prado), donde muestra su interés por los valores tonales.

**MAINTENON** (Françoise **d'Aubigné,** *marquesa* **de**), dama francesa (Niort 1635-Saint-Cyr 1719). De educación calvinista, se convirtió al catolicismo. Viuda del poeta Scarron, casó con Luis XIV (1683), sobre el que influyó notablemente.

**MAINZ** → *Maguncia.*

**MAIPO,** r. de Chile (Santiago), que nace al pie del volcán Maipo (5 323 m de alt.) y desemboca en el Pacífico; 250 km. Afl.: Yeso, Colorado y Mapocho (que pasa por Santiago). Aprovechamiento hidroeléctrico y para el riego.

René **Magritte:** *Elogio de la dialéctica* (1936). Acuarela. (Museo de bellas artes, Ixelles, Bélgica.)

**Maimónides:** miniatura de un manuscrito del *Misné Torá* (*c.* 1400) [biblioteca de la universidad, Jerusalén]

Gustav **Mahler**

**Maiakovski**

Norman **Mailer**

**Maipo** o **Maipú** *(batalla de),* victoria de las tropas de San Martín sobre las españolas de Osorio (5 abril 1818), que aseguró la independencia de Chile.

**MAIPÚ,** c. de Chile, en el área metropolitana de Santiago; 257 426 hab. Industria ligera. Cemento. Oleoducto.

**MAIPÚ,** dep. de Argentina (Mendoza), en el Gran Mendoza; 125 406 hab. Industria vitivinícola. — Dep. de Argentina (Chaco); 24 981 hab. Cab. *Tres Isletas.* Cultivos de oleaginosas.

**MAIQUETÍA,** c. de Venezuela (Distrito Federal); 62 834 hab. Aeropuerto de Caracas.

**MAIRE** *(estrecho de* **Le**), estrecho del extremo S de Argentina, que separa la isla Grande de Tierra del Fuego de la isla de los Estados. Fue descubierto en 1615 por el neerlandés Jakob *Le Maire* (1585-1616).

**MAIRENA** (Antonio **Cruz García,** llamado **Antonio**), intérprete de cante flamenco español (Mairena del Alcor 1912-Madrid 1983). Recuperó y reelaboró estilos de flamenco olvidados, y destacó en seguiriyas, tientos y soleás. Es autor, con R. Molina, de *Mundo y formas del cante flamenco* (1963).

**MAIRENA DEL ALCOR,** v. de España (Sevilla); 14 767 hab. *(Maireneros.)* Centro agrícola (cereales, olivo).

**MAIRENA DEL ALJARAFE,** v. de España (Sevilla); 24 821 hab. *(Maireneros.)* En la aglomeración sevillana.

**MAISTRE** (Joseph, *conde* **de**), escritor y filósofo saboyano (Chambéry 1753-Turín 1821), adversario de la Revolución francesa y la Ilustración (*Consideraciones sobre Francia,* 1796) y teórico de la contrarrevolución católica ultramontana (*Sobre el papa,* 1819).

**MAITÍN** (José Antonio), poeta venezolano (¿1804?-Caracas 1874), el más genuino representante del romanticismo en su país. Publicó *Obras poéticas* (1851), que incluye el *Canto fúnebre* a la muerte de su esposa; destacan también *Las orillas del río* y sus leyendas poéticas *(El sereno).*

**MAÍZ** *(islas del),* en ingl. **Corn Islands,** islas de Nicaragua, en el Caribe; 12 km²; 2 651 hab. Turismo. Arrendadas a E.U.A. en 1926 por el tratado Bryan-Chamorro, fueron devueltas en 1971.

**MAJACHKALÁ,** ant. **Petrovski,** c. de la Federación de Rusia, cap. de la República de Daguestán, a orillas del mar Caspio; 315 000 hab.

**MAJADAHONDA,** mun. de España (Madrid), cab. de p. j.; 33 426 hab. Centro residencial. Industrias.

**MAJAGUAL,** mun. de Colombia (Sucre); 22 553 hab. Plátanos, arroz; ganadería. Textiles.

**Majaguas (Las),** embalse de Venezuela, alimentado por dos canales que provienen de los ríos Cojedes y Sarare; 345 Mm³.

**majas** *(Las),* pareja de cuadros de Goya, *La maja desnuda* (0,91 × 1,91 m) y *La maja vestida* (0,95 × 1,88 m), ambos en el Prado, realizados entre 1795 y 1805, supuestos retratos de la duquesa de Alba.

**Majdanek** o **Maidanek,** campo de concentración y de exterminio alemán (1941-1944), cercano a Lublin, en el que murieron 50 000 judíos.

**MAJENCIO** (*c.* 280-en el puente Milvio 312), emperador romano [306-312], hijo de Maximiano, fue derrotado por Constantino en el puente Milvio (312).

**MAJOR** (John), político británico (Merton, Londres, 1943). Canciller del Exchequer en 1989, sucedió a Margaret Thatcher al frente del Partido conservador y como primer ministro. (1990-1997).

John **Major**

**Makarios III**

**MAKAL** (Mahmut), escritor turco (Demirci 1930), evocador de la vida campesina de Anatolia (*Nuestra aldea,* 1960).

**MAKĀLU,** pico del Himalaya central; 8 515 m.

**MAKÁRENKO** (Antón Semiónovich), pedagogo soviético (Bielopolie, Ucrania, 1888-Moscú 1939). Se consagró a la educación y readaptación de menores.

**MAKARIOS III,** prelado y político chipriota (Anō Panankia 1913-Nicosia 1977). Arzobispo y etnarca de la comunidad griega de Chipre (1950), se convirtió en defensor de la Enosis (unión con Grecia) y, posteriormente, en paladín de la independencia de la isla. Fue presidente de la República de Chipre (1959-1977).

**MAKÁROVA** (Natalia Románovna), bailarina norteamericana de origen ruso (Leningrado 1940). Interpretó el repertorio romántico *(Giselle),* pero también creó obras modernas (*Mephisto valse,* de M. Béjart, 1979).

**MAKASAR** → *Ujung Pandang.*

**MAKÉIEVKA,** ant. **Dmítrievsk,** c. de Ucrania; 430 000 hab. Centro industrial.

**MAL LARA** (Juan **de**), escritor español (Sevilla 1521-*id.* 1571). Destaca su *Filosofía vulgar* (1568), de influencia erasmista, donde glosa un millar de proverbios castellanos. Compuso también poesía *(La hermosa Psique)* y obras teatrales.

**MALABĀR** *(costa de),* región litoral de la India, en el SO del Decán.

**MALABO,** ant. **Santa Isabel,** c. y cap. de Guinea Ecuatorial, en la costa N de la isla de Bioco; 37 000 hab. Puerto y aeropuerto.

**MALACA** *(península de)* o **PENÍNSULA MALAYA,** península del S de Indochina –a la cual está unida por el istmo de Kra–, entre el mar de China Meridional y el *estrecho de Malaca* (dependencia del océano Índico). Corresponde fundamentalmente a Malaysia.

**MALACA,** colonia púnica de la península Ibérica (s. V a. J.C.). Corresponde a la actual *Málaga.*

**MALACA, MALAKA** o **MELAKA,** c. y puerto de Malaysia, cap. del *estado de Malaca* (6 643 km²; 583 500 hab.), a orillas del *estrecho de Malaca;* 88 000 hab.

**MALACATÁN,** mun. de Guatemala (San Marcos); 27 427 hab. Textiles, destilerías. Exporta café.

**MALADETA,** macizo del Pirineo central español (Huesca y Lérida), que se alza entre los ríos Ésera y Noguera Ribagorzana; 3 404 m en el Aneto y 3 308 en el *pico de la Maladeta.* Glaciarismo (pico de Enmedio, 3 350 m).

**MÁLAGA** *(Hoya de),* comarca de España, en la costa mediterránea andaluza, recorrida por el Guadalhorce y el Guadalmedina. Agricultura. Turismo.

**MÁLAGA** *(provincia de),* prov. de España, en Andalucía; 7 276 km²; 1 197 308 hab. Cap. *Málaga.* P. j. de *Antequera, Archidona, Coín, Estepona, Fuengirola, Málaga, Marbella, Ronda, Torrox* y *Vélez-Málaga.* La cordillera Penibética abarca dos tercios de la provincia; el resto corresponde a la franja litoral (Costa del Sol), baja y arenosa. Cultivos de secano en las sierras (cereales, olivo, almendro) y de regadío en la costa. Cítricos, hortalizas, cultivos tropicales. Turismo. Industrias (alimentaria, textil, química).

**MÁLAGA,** c. de España, cap. de la prov. homónima y cab. de p. j.; 534 683 hab. (*Malagueños* o *malacitanos.*) Situada junto al Mediterráneo, es un activo puerto mercantil y pesquero. Industria alimentaria, siderúrgica, textil y química. Turismo. Universidad. Fue colonia comercial fenicia *(Malaca),* griega y romana, y puerto principal del reino nazarí de Granada. Conserva la antigua alcazaba (s. XI, actual museo), con doble muralla, unida al castillo de Gibralfaro. Catedral (s. XVI), palacio episcopal. Museos (arqueológico, de cerámica, de bellas artes).

**MÁLAGA,** mun. de Colombia (Santander); 16 290 hab. Minas de plomo. Destilerías de alcohol.

**MALAGÓN,** v. de España (Ciudad Real); 7 752 hab. *(Malagonenses.)* Elaboración de quesos y aceite.

**Malákov** o **Malájov** *(torre),* punto central de la defensa de Sebastopol, durante la guerra de Crimea, cuya toma por los franceses (8 set. 1855) determinó la caída de la ciudad.

**MALAMBO,** mun. de Colombia (Atlántico); 52 584 hab. Agricultura y pescadería (vacunos).

**MALAMUD** (Bernard), escritor norteamericano (Nueva York 1914-*id.* 1986), uno de los novelistas más originales de la escuela judía norteamericana (*El dependiente,* 1957; *El barril mágico,* 1958; *El hombre de Kíev,* 1966).

**MALANG,** c. de Indonesia (Java); 650 295 hab.

**MALAPARTE** (Kurt **Suckert,** llamado **Curzio**), escritor italiano (Prato 1898-Roma 1957), autor de novelas vigorosas y cínicas de la guerra y de la vida moderna (*Kaputt,* 1944; *La piel,* 1949; *Malditos toscanos,* 1956) y su teatro (*Das Kapital,* 1949).

**MALAQUÍAS** *(san),* primado de Irlanda (Armagh *c.* 1094-Claraval 1148). La *Profecía sobre los papas* que se le ha atribuido es una obra apócrifa del s. XVI.

**Malaquías** *(libro de),* libro profético del Antiguo testamento, de autor anónimo (*c.* 460 a. J.C.). Denuncia las negligencias que sufría el culto de Yahvé.

**MÄLAR** *(lago),* lago de Suecia, en cuya desembocadura está situada Estocolmo; 1 140 km².

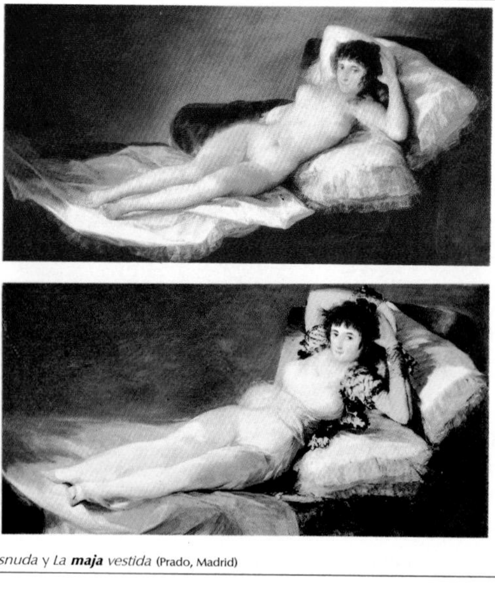

*La* ***maja*** *desnuda* y *La* ***maja*** *vestida* (Prado, Madrid)

**MALARET** (Augusto), lexicógrafo y jurista puertorriqueño (Sabana Grande 1878-† 1967), autor de obras de tema jurídico y sobre lexicografía hispanoamericana (*Diccionario de americanismos,* 1925).

**MALARGÜE,** dep. de Argentina (Mendoza); 21 951 hab. Minas y planta procesadora de uranio.

**MALARICO,** caudillo suevo (s. VI). Último pretendiente al trono suevo, fue apresado por Leovigildo (585).

**MALASIA** *(Federación de) → **Malaysia.***

**MALASPINA** (Alejandro), marino español de origen italiano (Palermo 1754-Pontremoli, Lunigiana, 1809). Realizó viajes científicos de la vuelta al mundo (1782-1789) y dirigió la expedición de 1789-1794 por el Río de la Plata, y desde Tierra del Fuego a Alaska, Filipinas y Oceanía. La petición de reformas en América incluida en el informe de sus viajes *(Viaje político-científico alrededor del mundo)* le costó la cárcel (1796-1803).

**MALATESTA,** familia de condotieros italianos, originaria de Rímini, que controló, además de esta ciudad, una gran parte de la marca de Ancona y de la Romaña, del s. XII al s. XIV.

**MALATYA,** c. de Turquía, cerca del Éufrates; 281 776 hab. En *Eski Malatya,* gran mezquita del s. XIII. No lejos de allí, en *Arslān Tepe,* restos hititas (relieves en İstanbul y en el Louvre).

**MALAWI** *(lago),* ant. **lago Nyasa,** gran lago de África oriental, entre Malawi, Tanzania y Mozambique; 30 800 km$^2$.

**MALAWI,** ant. **Nyasalandia,** estado de África oriental, en la orilla O del lago Malawi; 118 000 km$^2$; 9 400 000 hab. CAP. *Lilongwe.* LENGUA OFICIAL: *inglés.* MONEDA: *kwacha malawi.* Es un país de altas mesetas casi exclusivamente agrícola, en donde el maíz constituye la base de la alimentación. El tabaco, el azúcar y el té proveen lo esencial de las exportaciones.

HISTORIA

1859: Livingstone descubrió el lago Malawi, en cuyos alrededores los pueblos bantúes eran objeto, desde 1840, de las razzias de los negreros de Zanzíbar. 1889: los británicos constituyeron, mediante tratados, el protectorado del África central británica. 1907: el protectorado adoptó el nombre de Nyasalandia. 1953: Gran Bretaña federó Nyasalandia y Rhodesia. El Congreso nacional africano de Nyasalandia, partido dirigido por Hastings Kamuzu Banda, reclamó la independencia. 1958: Nyasalandia accedió a la autonomía. 1962: abandonó la federación. 1964: accedió a la independencia con el nombre de Malawi. 1966: se proclamó la república, dirigida desde entonces por Hastings Kamuzu Banda (presidente vitalicio desde 1971), quien instauró un sistema de partido único y mantuvo estrechas relaciones con Sudáfrica. 1993: Banda, presionado por la oposición interna, las graves dificultades económicas y la presión internacional, introdujo el multipartidismo. 1994: tras las primeras elecciones, Bakili Muluzi fue elegido presidente.

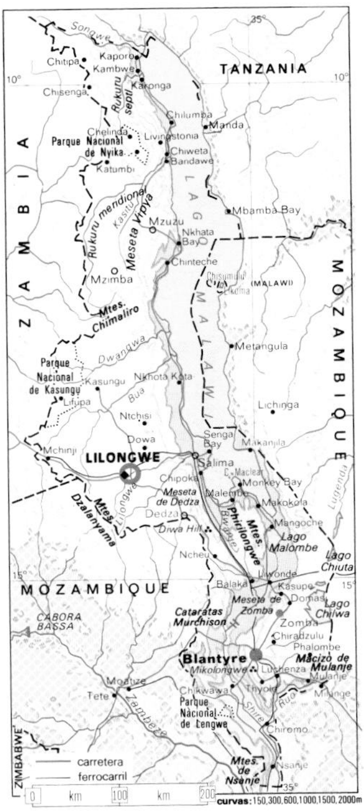

MALAWI

**MALAYSIA,** estado federal del Sureste asiático, formado por una parte continental *(Malaysia Occidental)* en la península de Malaca, y por otra peninsular (*Malaysia Oriental,* que está formada a su vez por los estados de Sabah y de Sarawak, en el N de Borneo); 330 000 km$^2$; 18 300 000 hab. CAP. *Kuala Lumpur.* LENGUA OFICIAL: *malayo.* MONEDA: *dólar de Malaysia (ringgit).*

GEOGRAFÍA

El estado, de clima tropical, es el primer productor mundial de caucho (natural) y de estaño. El subsuelo alberga todavía bauxita y especialmente petróleo. El arroz es la base de la alimentación de una población concentrada en Malaysia Occidental, donde conviven importantes minorías indias y chinas. Desarrollo industrial emergente. En 1997, grandes áreas de bosque tropical fueron destruidas por incendios.

HISTORIA

Ss. VIII-XIV: los reinos indianizados de la península de Malaca estuvieron bajo el dominio de los soberanos de Sumatra primero, y posteriormente de los de Java y de los reyes de Siam. 1419: el príncipe de Malaca se convirtió al islam y tomó el título de sultán. 1511: los portugueses se apoderaron de Malaca. 1641: los neerlandeses expulsaron a los portugueses. 1795: ocupación británica. 1819: fundación de Singapur. 1830: Malaca, Penang y Singapur se agruparon para formar el Establecimiento de los Estrechos, constituidos en colonia de la corona británica en 1867. 1867-1914: la administración británica se extendió a todos los sultanatos malayos. Desarrollo de la exportación del estaño y del caucho. 1942-1945: Japón ocupó la península. 1946: Gran Bretaña creó la Unión malaya. 1957: la Federación de Malasia accedió a la independencia, en el marco de la Commonwealth, aunque con un soberano de turno (5 años) como jefe del estado, elegido entre los sultanes de los estados. Abdul Rahman, primer ministro. 1963: la nueva Malaysia agrupó la Malaysia continental, Singapur, Sarawak y el N de Borneo (Sabah). 1963-1966: Indonesia llevó a cabo una guerra larvada contra Malaysia. 1965: Singapur se retiró de la Federación. 1970: Abdul Razak sucedió a Abdul Rahman. Malaysia se encontraba inmersa en los conflictos entre malayos

MÁLAGA

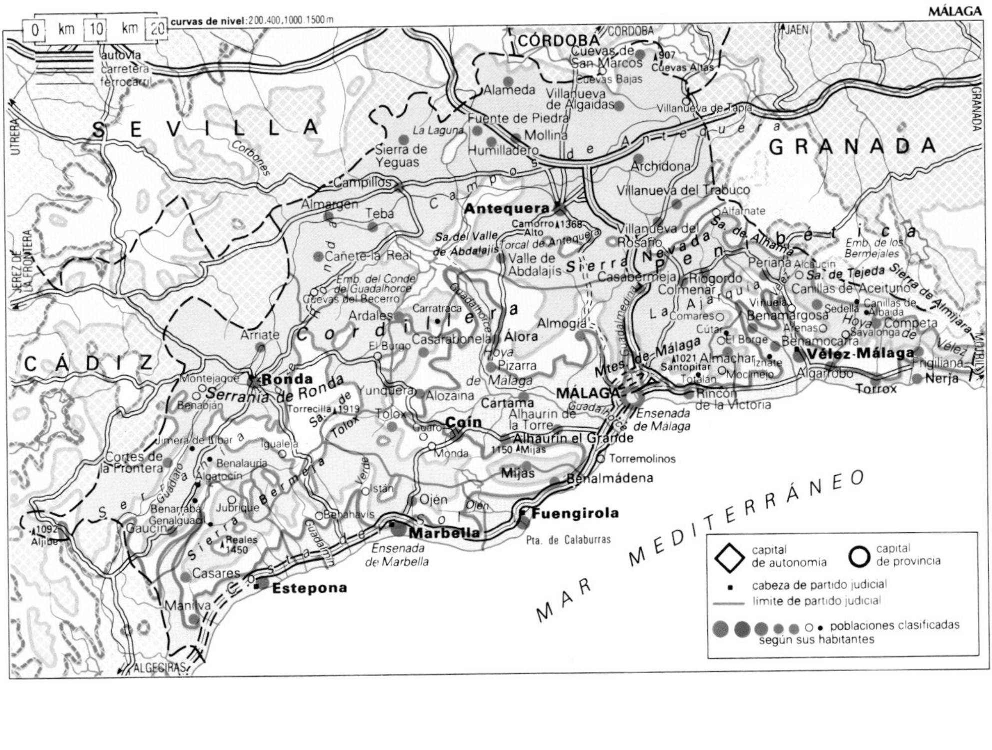

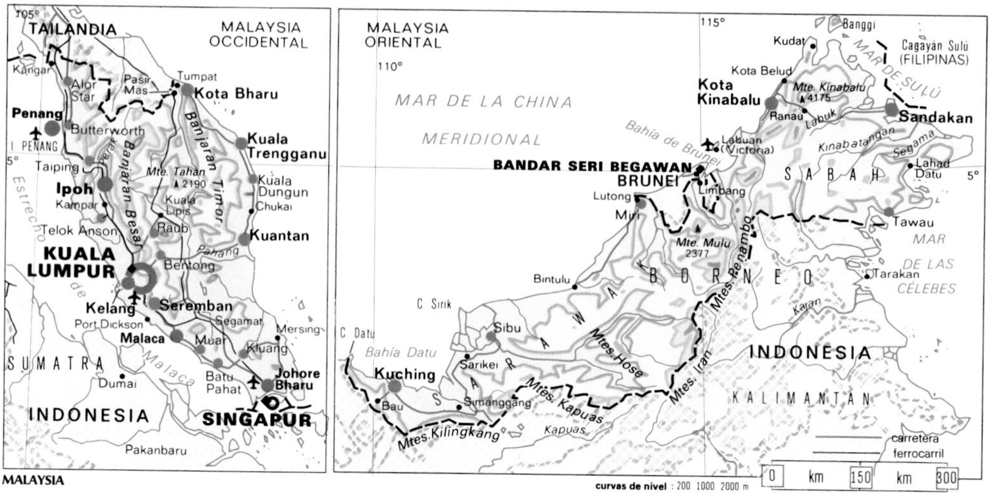

MALAYSIA

y la comunidad china, en la insurrección comunista y en el aflujo de los refugiados de Camboya y Vietnam (especialmente a partir de 1979). 1981: Mahathir bin Mohamed fue nombrado primer ministro y fue sucesivamente reelegido para el cargo.

**MALCOLM,** nombre de varios reyes de Escocia. – **Malcolm II** († 1034) reinó de 1005 a 1034 y llevó a cabo la unidad de Escocia. – **Malcolm III Canmore** († cerca de Alnwick, Northumberlandshire, 1093), rey de 1058 a 1093. Su victoria sobre Macbeth le restituyó la corona. Fracasó en sus campañas contra Inglaterra.

**MALCOLM X** (Malcolm **Little,** llamado), político norteamericano (Omaha 1925-Nueva York 1965). Miembro del movimiento de los musulmanes negros (Black muslims), se separó de ellos en 1964 para fundar la Organización de la unidad afroamericana. Fue asesinado.

**MALDIVAS,** estado insular del océano Índico, al SO de Srī Lanka; 300 km²; 200 000 hab. CAP. *Mālé.* LENGUA OFICIAL: *divehi.* MONEDA: *rupia maldiva.* Protectorado británico a partir de 1887, independientes desde 1965, las islas Maldivas constituyen una república desde 1968.

**MALDONADO** *(departamento de),* dep. del SE de Uruguay; 4 705 km²; 94 314 hab. Cap. *Maldonado* (22 200 hab.).

**MALDONADO** (Francisco), aristócrata castellano (nacido en Salamanca-Villalar 1521), uno de los jefes de la revuelta de las Comunidades. Fue apresado y degollado después de la batalla de Villalar (abril 1521).

**MALDONADO** (Juan), teólogo y exegeta español (Casas de Reina, Badajoz, 1534-Roma 1583), considerado el fundador de la exégesis moderna (*Comentario a los cuatro Evangelios,* 1596-1597, y *Comentario a los principales libros del Antiguo testamento,* publicado en 1643).

**MALDONADO** (Tomás), pintor argentino (Buenos Aires 1922), uno de los creadores del movimiento de arte abstracto Arte concreto-Invención.

**MALDRA** († 460), rey suevo [*c.* 455-460], hijo de Massilia. Derrotó a los visigodos (458).

**MĀLÉ,** c. y cap. de las Maldivas, en la *isla de Mālé;* 55 000 hab. Aeropuerto.

**MALEBO (Pool),** ant. **Stanley Pool,** lago formado por un ensanchamiento del río Congo. En sus orillas se encuentran Brazzaville y Kinshasa.

**MALEBRANCHE** (Nicolas **de**), filósofo francés (París 1638-*id.* 1715). Su metafísica idealista trata de resolver el problema cartesiano de la unión entre alma y cuerpo mediante la unión del alma con Dios (*Conversaciones sobre la metafísica y la religión,* 1688).

**MALEGAON,** c. de la India (Mahārāshtra); 342 431 hab. Industrias textiles.

**MALENKOV** (Gueorgui Maximiliánovich), político soviético (Orenburg 1902-Moscú 1988). Sucedió a Stalin como presidente del consejo (1953-1955).

**MALFATTI** (Ana, llamada **Anita**), pintora brasileña (São Paulo 1896-*id.* 1964), introductora del arte moderno en su país (*Mujer de cabello verde,* 1916).

**MALGRAT DE MAR,** v. de España (Barcelona); 11 770 hab. *(Malgratenses.)* Textiles, químicas. Turismo.

**MALHARRO** (Martín), pintor argentino (Azul 1865-Buenos Aires 1911). Colorista y con preferencia por el paisaje, introdujo el impresionismo en Argentina.

**MALHERBE** (François **de**), poeta francés (Caen 1555-París 1628). Inicialmente de estilo barroco (*Las lágrimas de san Pedro,* 1857), impuso después un ideal poético de claridad y rigor, origen de la escuela clásica.

**MALÍ** o **MALI** *(imperio de),* imperio mandingo (ss. XI-XVII), cuyo núcleo inicial fue la región de Bamako. En su apogeo (ss. XIII-XIV) se extendía por los actuales estados de Malí, Senegal, Gambia, Guinea y Mauritania.

**MALÍ** o **MALI,** estado de África occidental; 1 240 000 km²; 8 300 000 hab. CAP. *Bamako.* LENGUA OFICIAL: *francés.* MONEDA: *franco C.F.A.*

GEOGRAFÍA

En el N y centro del país, enclavados en el Sahara y su periferia, se desarrolla la ganadería nómada (bovina y sobre todo ovina y caprina), base de la economía de una nación muy pobre, que sufre las consecuencias de carecer de una salida al mar y de recursos minerales destacables. El S, más húmedo y explotado, en parte por los trabajos realizados en los valles del Senegal y del Níger (Macina), proporciona mijo, sorgo, arroz, algodón y cacahuetes.

HISTORIA

Ss. VII-XVI: Malí fue cuna de los grandes imperios de Níger, Ghana, Malí y Gao (cap. Tombouctou). Ss. XVII-XIX: ocuparon sucesivamente el poder Marruecos, los tuareg, los bambara y los fulbé (capital Segu). A partir de 1857 los franceses emprendieron la ocupación del país, impidiendo con ello la constitución de un nuevo estado en el S a iniciativa de Samory Turé (encarcelado en 1898). 1904: se creó, en el marco del África occidental francesa, la co-

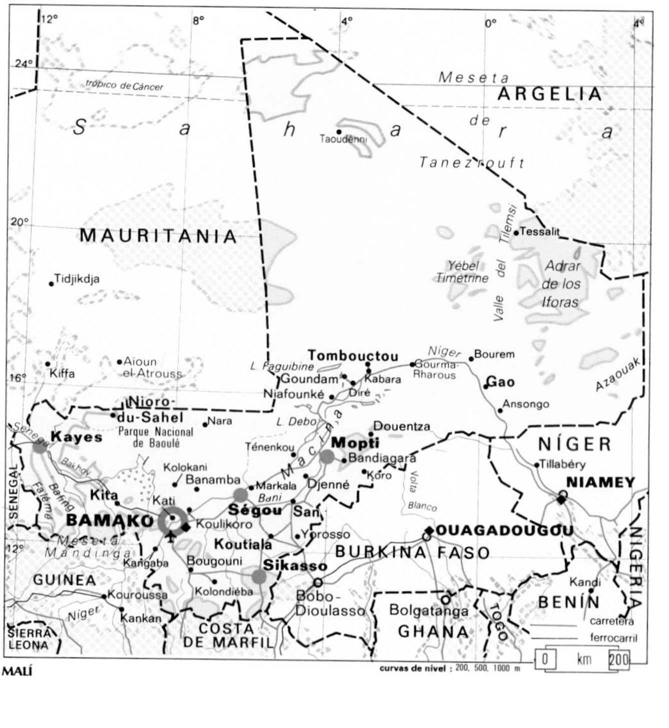

MALÍ

lonia del Alto Senegal-Níger. 1920: Alto Senegal-Níger, separada de Alto Volta, se convirtió en el Sudán Francés. 1958: se proclamó la República Sudanesa, que formó, con Senegal, la Federación de Malí (1959). 1960: se disolvió la federación. La República Sudanesa se convirtió en la República de Malí, presidida por Modibo Keita. 1968: un golpe de estado llevó al poder a Moussa Traoré. 1974: una nueva constitución estableció un régimen presidencial y un partido único. 1991: el ejército derrocó a Moussa Traoré. Se creó un gobierno de transición compuesto por militares y civiles. 1992: se instauró el multipartidismo. Alpha Oumar Konaré fue elegido presidente de la república. 1997: reelección de A. Oumar Konaré.

**MALIA** o **MALLIA,** yacimiento arqueológico cretense, en la costa N al E de Cnosos. Restos de un complejo palaciego (*c.* 1700-1600 a. J.C.) y de una necrópolis real con rico mobiliario funerario (museo de Hērakliōn).

**MALIBRÁN** (María de la Felicidad **García,** llamada **la**), contralto española (París 1808-Manchester 1836). En 1825 debutó en Londres, y alcanzó grandes éxitos por la extraordinaria extensión de su voz y su vibrante interpretación de las óperas románticas (Bellini y Donizetti).

**MALIÉVICH** o **MALÉVICH** (Kazimir Severínovich), pintor ruso de origen polaco (cerca de Kíev 1878-Leningrado 1935). Espiritualista, creó una división del arte abstracto denominada *suprematismo,* que culminó en 1918 con *Cuadrado blanco sobre fondo blanco* (museo de arte moderno de Nueva York).

**MALIK** (Ŷamāl al-Dīn Muḥammad **ibn**), gramático hispanomusulmán (Jaén 1203-† 1274), autor de una sistematización de la gramática árabe en mil versos *(Alfiyya),* libro de texto clásico.

**MALINALCO,** mun. de México (México), en la depresión del Balsas; 13 899 hab. Yacimiento arqueológico de época azteca: templos tallados en la roca, con pinturas murales, relieves y esculturas.

**MALINALTEPEC,** mun. de México (Guerrero); 22 231 hab. Minas de plomo, hierro y carbón.

**MALINAS,** en neerlandés **Mechelen,** en fr. **Malines,** c. de Bélgica (Amberes), a orillas del Dyle; 75 313 hab. Importante centro pañero desde el s. XIII, sufrió diversos saqueos en los ss. XVI-XVIII. Catedral (ss. XIII y XV). Iglesias barrocas. Edificios civiles (Plaza mayor, palacio de justicia, casas antiguas). Museos.

**Malinas** *(liga de),* alianza del papado, Fernando el Católico, Maximiliano de Austria y Enrique VIII de Inglaterra contra Luis XII de Francia y Venecia (1513). Fue cancelada en el concilio de Letrán.

**MALINCHE** o **MATLALCUÉYATL,** volcán apagado de México, en la cordillera Neovolcánica (Tlaxcala y Puebla); 4 461 m.

**MALINCHE,** indígena mexicana (s. XVI), hija de un cacique de lengua náhuatl, a quien los españoles bautizaron como **Marina.** Amante de Hernán Cortés, le sirvió como intérprete de las lenguas náhuatl y maya.

**MALINOVSKI** (Rodión Yákovlevich), mariscal soviético (Odessa 1898-Moscú 1967). Tras ocupar Rumania (1944), al mando del segundo frente de Ucrania, posteriormente entró en Budapest y Viena (1945). Fue ministro de Defensa (1957-1967).

**MALINOWSKI** (Bronisław), antropólogo británico de origen polaco (Cracovia 1884-New Haven, Connecticut, 1942), representante del funcionalismo (*Los Argonautas del Pacífico occidental,* 1922).

**MALIPIERO** (Gian Francesco), compositor y musicólogo italiano (Venecia 1882-Treviso 1973), autor de obras sinfónicas y de música de cámara.

**MALLADA** (Lucas), geólogo español (Huesca 1841-Madrid 1921), considerado el fundador de la paleontología española. Su ensayo político *Los males de la patria y la futura revolución española* (1870) influyó en la generación del 98.

**MALLARINO** (Manuel María), político y escritor colombiano (Cali 1802-Bogotá 1872). Presidente de la república (1855-1857), participó en la fundación de la Academia colombiana de la lengua.

**MALLARMÉ** (Stéphane), poeta francés (París 1842-Valvins 1898). Iniciador del simbolismo, confiere a las palabras la iniciativa en la constitución de un espacio literario dotado de cualidades plásticas (*La siesta de un fauno,* 1874; *Una tirada de dados nunca abolirá el azar,* 1897).

**MALLART Y CUTÓ** (José), pedagogo español (Espolla, Gerona, 1897-Madrid 1989). Especialista en sicopedagogía, trabajó en Ecuador como experto de la Unesco (*La educación activa,* 1925; y *Orientación funcional y formación profesional,* 1959).

**MALLE** (Louis), director de cine francés (Thumeries, Nord, 1932-Los Ángeles 1995). Su obra constituye un testimonio de su época (*Zazie en el metro,* 1960; *Atlantic City,* 1980; *Adiós muchachos,* 1987; *Milou en mayo,* 1990; *Herida,* 1992).

**MALLEA** (Eduardo), escritor argentino (Bahía Blanca 1903-Buenos Aires 1982). Su narrativa, existencial y de indagación sicológica, tiende a la digresión ensayística (*La ciudad junto al río inmóvil,* 1936; *Historia de una pasión argentina,* 1937; *La bahía del silencio,* 1940; *Todo verdor perecerá,* 1941; *Los enemigos del alma,* 1950; *La penúltima puerta,* 1969).

**MALLO** (Cristino), escultor español (Tuy 1905-Madrid 1989), figurativo, con gran intimismo (series de niños o muchachas). – Su hermana **Maruja** (Vivero 1909-Madrid 1995), pintora, inicialmente poscubista, se aproximó al surrealismo (serie Construcciones rurales y edificaciones campesinas, 1936).

**MALLORCA** *(isla de),* isla de España (Baleares); 3 640 km²; 602 074 hab. Cap. *Palma de Mallorca.* La sierra de Tramontana (Puig Major, 1 445 m) discurre paralela a la costa de SO a NE, formando grandes acantilados, mientras que al SE se alza la sierra de Levante; en medio, el Pla se abre al mar en la bahía de Palma, al O, y la de Alcudia, al E. Cultivos de secano (almendros y algarrobos). Ganadería. Industrias tradicionales de calzado, vidrio y bisutería. La principal actividad económica es el turismo con las industrias relacionadas (construcción, alimentaria).

HISTORIA

Edad del bronce: cultura megalítica. 123 a. J.C.: conquista romana, aunque la romanización fue escasa. Dependió del califato de Córdoba (903), de la taifa de Denia (1013-1063) y de los almorávides (1120-1203), aunque con los Banū Ganiya gozó de relativa independencia. 1229: conquista de Jaime I de Aragón, que la cedió a su hijo Jaime II como reino (1276). 1343: incorporación a la Corona de Aragón. 1715: decreto de Nueva planta.

**MALLORCA** *(reino de),* reino medieval (1276-1343) formado por las Baleares, los condados de Rosellón y Cerdaña y el señorío de Montpellier. Creado por Jaime I para su hijo Jaime II, que desde 1279 fue vasallo de su hermano Pedro III de Aragón. Sancho I (1311-1324) reconoció fidelidad a Francia y a Aragón. En tiempos de Jaime III (1324-1343) el reino fue conquistado por Pedro el Ceremonioso de Aragón, pero mantuvo su entidad hasta 1715.

**MALLOS DE RIGLOS,** relieve pirenaico de tipo montserratino del valle del Gállego (Huesca).

**MALMAISON** → ***Rueil-Malmaison.***

**MALMBERG** (Bertil), lingüista sueco (Hälsingbor 1913-Lund 1994). Profesor de lingüística románica, estudió especialmente la fonética así como temas relacionados con la lingüística hispánica (*Estudios de fonética hispánica,* 1965).

**MALMÖ,** c. y puerto de Suecia meridional, a orillas del Øresund; 233 887 hab. Astilleros. Museo en la antigua fortaleza. Desde 2000 un puente la une con Copenhague por vía terrestre.

**MALÓN DE CHAIDE** (*fray* Pedro), escritor español (Cascante ¿1530?-Barcelona 1589). Agustino, su *Libro de la conversión de la Magdalena* (1588) es una de las obras fundamentales de la literatura ascética, con cuidada prosa.

**MALORY** (*sir* Thomas), escritor inglés (Newbold Revell 1408-Newgate 1471), autor de *La muerte de Artús* (1469), primera epopeya en prosa inglesa.

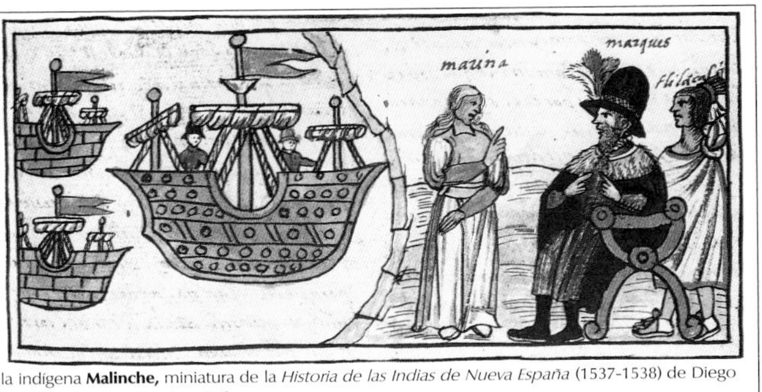

la indígena **Malinche,** miniatura de la *Historia de las Indias de Nueva España* (1537-1538) de Diego Durán (biblioteca nacional, Madrid)

**Mallorca:** la cala Llonga en Santañí, en la costa E de la isla

Stéphane **Mallarmé** (E. Manet - museo de Orsay, París)

Eduardo **Mallea** (por Scoordia, 1947)

**MALOUEL** (Jean) o **MAELWAEL** (Johan), pintor flamenco (Nimega *c.* 1370-Dijon 1415). Trabajó fundamentalmente para los duques de Borgoña (cartuja de Champmol, Dijon).

**MALPELO,** isla de Colombia, en el océano Pacífico, a unos 500 km al O de Buenaventura; 2 $km^2$.

**MALPIGHI** (Marcello), médico y anatomista italiano (Crevalcore 1628-Roma 1695). Pionero en la utilización del microscopio para investigar el tejido humano, descubrió los glomérulos renales que llevan su nombre.

**Malplaquet** *(batalla de)* [11 set. 1709], batalla que tuvo lugar en la localidad francesa homónima, durante la guerra de Sucesión de España, en la que las tropas aliadas dirigidas por Eugenio de Saboya y Marlborough vencieron a las francesas de Villars.

**MALRAUX** (André), escritor y político francés (París 1901-Créteil 1976). Sus novelas (*La condición humana,* 1933; *La esperanza,* 1937, sobre su intervención junto a los republicanos en la guerra civil española) y su obra crítica (*Las voces del silencio,* 1951) constituyen una lucha por la dignidad y contra la corrupción. Fue ministro de Asuntos Culturales (1959-1969).

**MALSTRØM** → ***Maelström.***

**MALTA,** isla principal (246 $km^2$) de un pequeño archipiélago del Mediterráneo (formado también por Gozo y Comino), entre Sicilia y África, que constituye un estado. Ocupa una extensión de 316 $km^2$ y tiene 400 000 hab. *(Malteses.)* CAP. *La Valletta.* LENGUAS OFICIALES: *maltés* e *inglés.* MONEDA: *libra maltesa.*

HISTORIA

IV-II milenio (del neolítico a la edad del bronce): fue el centro de una civilización megalítica (Mnajdra, Ġgantija, Tarxien y la isla de Gozo), con templos de planta compleja y decoraciones esculpidas que evocan a la diosa madre. S. IX a. J.C.: se convirtió en un establecimiento fenicio. Fue ocupada por los griegos (s. VIII) y por los cartagineses (s. VI). 218 a. J.C.: al comienzo de la segunda guerra púnica, fue anexionada por los romanos. 870: la isla fue ocupada por los árabes e islamizada. 1090: Roger de Sicilia se apoderó de Malta, cuya suerte estuvo ligada al reino de Sicilia hasta el s. XVI. 1530: Carlos Quinto cedió la isla a los caballeros de San Juan de Jerusalén, a condición de que hicieran frente al avance otomano. 1798: Napoleón ocupó la isla. 1800: Gran Bretaña se instaló en ella y la convirtió en base estratégica. 1940-1943: Malta desempeñó un papel determinante en la guerra en el Mediterráneo. 1964: la isla accedió a la independencia, en el seno de la Commonwealth. 1974: se convirtió en república. 1998: inició las negociaciones para su ingreso en la Unión europea.

**Malta** *(orden soberana de),* nombre con que se conoce la *orden soberana militar y hospitalaria de San Juan de Jerusalén, de Rodas y de Malta,* orden surgida de los Hermanos del hospital de San Juan de Jerusalén (u Hospitalarios de San Juan), fundados *c.* 1070, refugiados en Rodas en 1309 y en Malta de 1530 a 1798. Reconstituida tras la Revolución francesa y dotada de un nuevo estatuto en 1961, desarrolla su labor en centros hospitalarios. Existen ramas no católicas surgidas de la orden.

**MALTE-BRUN** (Konrad), geógrafo danés (Thisted, Jutlandia, 1775-París 1826), establecido en Francia. Autor de una *Geografía universal,* fue uno de los fundadores de la Sociedad geográfica de París (1821).

**MALTHUS** (Thomas Robert), economista británico (cerca de Dorking, Surrey, 1766-Claverton, cerca de Bath, 1834). En su *Ensayo sobre el principio de la población* (1798) presenta el aumento de la población como un peligro para la subsistencia del mundo y recomienda la restricción voluntaria de nacimientos *(malthusianismo).*

**MALUENDA,** mun. de España (Zaragoza); 1 031 hab. *(Maluenderos.)* Iglesias de estilo mudéjar de Santa María y de las Santas Justa y Rufina (s. XV).

**MALUQUER DE MOTES** (Juan), arqueólogo español (Barcelona 1915-*id.* 1988). Sus investigaciones abarcan diversos aspectos de la protohistoria española (*Las culturas hallstáticas en Cataluña,* 1947; *Tartessos,* 1970).

**MALUS** (Etienne Louis), físico francés (París 1775-*id.* 1812). Descubrió la polarización de la luz (1808) y estableció las leyes de propagación de los haces luminosos.

**MALVASIA,** en gr. **Monemvasia** o **Monovasiá,** c. de Grecia (Peloponeso).

**MALVINAS** *(islas),* archipiélago de Argentina que forma parte de la provincia de Tierra del Fuego, Antártida e Islas del Atlántico Sur; en el Atlántico; 11 410 $km^2$; 2 500 hab. C. pral. *Puerto Argentino.* Está integrado por dos islas principales, *Gran Malvina* y *Soledad,* separadas por el estrecho de San Carlos, y más de un centenar de islotes. Ganadería y pesca.

HISTORIA

S. XVI: figuran en los mapas españoles. 1600: el neerlandés Sebald de Weert estableció las coordenadas del archipiélago. 1690: el inglés John Strong navegó por ellas y llamó Falkland al estrecho que separa las islas. S. XVIII: los balleneros franceses, procedentes de Saint-Malo, las llamaron Malouines (Malvinas) y se produjeron asentamientos franceses (1764) y británicos (1765); España reclamó sus derechos. 1766: Francia renunció y cedió a España las islas; España fundó asentamientos y consiguió el abandono británico de facto (1771). 1820: Argentina tomó posesión de las islas como heredera de la soberanía, no reconocida por Gran Bretaña. 1833: conquista y ocupación por Gran Bretaña. 1982 (abril-junio): rescate militar de Argentina, rechazado por Gran Bretaña *(guerra de las Malvinas).*

**Malvinas** *(batalla naval de las)* [8 dic. 1914], victoria naval británica sobre la escuadra alemana de von Spee.

**MÄLZEL** (Johann), mecánico austríaco (Ratisbona 1772-en el mar, cerca de Panamá, 1838). En 1816 construyó el metrónomo, cuyo principio se debía al mecánico neerlandés D. N. Winkel (1776-1826).

**MAMA OCLLO,** en la mitología incaica, hija del Sol y la Luna, hermana y esposa de Manco Cápac, fundador de la dinastía de los soberanos incas.

**MAMAIA,** estación balnearia de Rumania, en el mar Negro, al N de Constanţa.

**Mambrino,** legendario rey moro inmortalizado por Cervantes en el *Quijote,* que poseía un yelmo encantado.

**Mambrú,** nombre popular dado en España al duque de Marlborough*, recogido en una canción de 1709 o 1722.

**MAMELUCOS,** dinastía que reinó en Egipto y Siria (1250-1517), cuyos sultanes eran elegidos entre las milicias de soldados esclavos (mamelucos).

**MAMMÓN,** voz aramea con que se personifica en la literatura judeocristiana los bienes materiales que esclavizan al hombre.

**MAMORÉ,** r. de la cuenca amazónica boliviana, afl. del Madeira (or. izq.); 1 900 km aprox. Sus principales afluentes son el Yacuma, el Beni y el Iténez o Guaporé. En su curso bajo y hasta la desembocadura, marca la frontera con Brasil.

**MA'MŪN** (Yaḥyà ibn Ismā'īl **al-**) († Córdoba 1075), soberano de la taifa de Toledo [1043-1075]. Conquistó el reino de Valencia (1065) y Córdoba (1074).

**MAMUT** *(cueva del),* en ingl. **Mammoth Cave,** conjunto de cuevas de Estados Unidos (Kentucky), uno de los más extensos del mundo (aprox. 240 km de galerías), englobado en un parque nacional.

**MAN** *(isla de),* isla del mar de Irlanda, dependencia de la corona británica; 570 $km^2$; 64 000 hab. C. pral. *Douglas.*

**MAN,** c. de Costa de Marfil; 53 000 hab.

**MAN RAY** → ***Ray*** (Man).

**MANABÍ** *(provincia de),* prov. del O de Ecuador; 18 255 $km^2$; 1 031 927 hab. Cap. *Portoviejo.*

**MANACOR,** c. de España (Baleares), cab. de p. j., en Mallorca; 26 021 hab. *(Manacorenses.)* Cereales, almendros. Muebles, perlas artificiales. Turismo (cala Manacor, cuevas del Drac y dels Hams).

**MANADO** o **MENADO,** c. y puerto de Indonesia (Célebes); 275 374 hab.

**MANAGUA** o **XOLOTLÁN,** lago del O de Nicaragua, junto a la cap. del país; 1 042 $km^2$. Comunica con el lago Nicaragua a través del Tipitapa.

**MANAGUA** *(departamento de),* dep. del O de Nicaragua; 3 450 $km^2$; 1 026 100 hab. Cap. *Managua.*

**MANAGUA,** c. de Nicaragua, cap. de la república y del dep. homónimo; 682 111 hab. (*Managüenses* o *managüeros.*) Destruida por sendos sismos en 1931 y 1972, es una ciudad moderna, con grandes avenidas y espacios verdes. Industrias (petroquímica, metalurgia, alimentarias). Universidad. Catedral nueva, que sustituye a la destruida en 1972, por R. Legorreta.

**MANĀMA,** c. y cap. de Baḥrayn, en la isla de Baḥrayn; 122 000 hab. Refinería de petróleo.

**MANANTIALES,** localidad de Chile (Magallanes y Antártica Chilena), en la isla Grande de Tierra del Fuego. Extracción y refino de petróleo.

**MANASÉS,** hijo primogénito de José. Dio nombre a una de las tribus de Israel, establecida en Transjordania.

**MANASLU,** cima del Himalaya, en Nepal; 8 156 m.

**MANATÍ,** mun. de Colombia (Atlántico); 15 572 hab. Algodón y yuca; vacunos. Hornos de cal.

**MANATÍ,** mun. del N de Puerto Rico; 38 692 hab. Industria (azúcar, tabaco). Campamento militar.

**MANAURE** (Mateo), pintor venezolano (Urocoa 1924). Ha explorado la abstracción tanto geométrica como lírica (*Columnas policromadas,* 1978).

**MANAUS,** ant. **Manaos,** c. y puerto de Brasil, cap. del estado de Amazonas, a orillas del río Negro, cerca de la confluencia con el Amazonas; 1 164 372 hab.

**MANAUTA** (Juan José), escritor y periodista argentino (Gualeguay 1919). Autor realista, alcanzó el éxito con su novela *Las tierras blancas,* llevada al cine en 1956.

**MANCHA** *(canal de la),* en fr. **la Manche,** en ingl. **English Channel** o **the Channel,** brazo de mar formado por el Atlántico entre Francia y Gran Bretaña. En su extremo norte existe un túnel ferroviario que franquea el paso de Calais (Eurotúnel).

**MANCHA (La),** región fisiográfica de España, en el SE de la Meseta (Albacete, Ciudad Real, Toledo y Cuenca). Constituye una llanura de una altitud de 600-700 m, limitada al S por el escalón de sierra Morena. Cultivos extensivos de cereales, vid y olivo. Ganadería lanar (quesos).

**MANCHA REAL,** v. de España (Jaén); 8 409 hab. *(Manchegos.)* Yacimientos de sal gema. Aceite.

**MANCHE,** dep. de Francia (Baja Normandía); 5 938 $km^2$; 479 636 hab. Cap. *Saint-Lô* (22 819 hab.).

**Managua:** el hotel Intercontinental

**MANCHESTER,** c. de Gran Bretaña, a orillas del Irwell, afl. del Mersey; 397 400 hab. (2 445 200 en el *condado metropolitano del Gran Manchester*). Universidad. Museos. Catedral en parte del s. XV. Centro financiero, comercial e industrial.

**MANCHUKUO** o **MAN-CHEU-KUO,** nombre de Manchuria durante la dominación japonesa (1932-1945).

**MANCHURIA,** ant. nombre de una parte de China, que ocupa en la actualidad la mayor parte de China del Nordeste. C. pral. *Shenyang (Mukden), Harbin.*

HISTORIA

Fines s. XVI: las tribus de Manchuria fueron federadas por un jefe de origen tungús, Nourhachi. 1644-fines s. XIX: los Qing, dinastía manchú, reinaron en China, donde los manchúes constituían la aristocracia militar, mientras que Manchuria fue invadida por la inmigración china. 1896-1897: Rusia obtuvo el derecho a construir el transiberiano a través de Manchuria, hasta Vladivostok, y la concesión del territorio de Port Arthur y Dairen. 1904-1905: la victoria de Japón en el conflicto con Rusia proporcionó a los japoneses una influencia preponderante. 1931: Japón ocupó Manchuria y organizó un estado vasallo, Manchukuo. 1945: la U.R.S.S. se estableció en Port Arthur y Dairen, mientras que China recuperó la región.

**MANCISIDOR** (José), escritor e historiador mexicano (Veracruz 1895-Monterrey 1956). Marxista, tomó parte en la revolución y escribió novelas de tema revolucionario y nacionalista (*La asonada,* 1931; *La ciudad roja,* 1932; *Frontera junto al mar,* 1953; *El alba en las simas,* 1953). Como historiador destacan sus obras sobre la primera guerra de la independencia, Juárez y la revolución mexicana.

**MANCO CÁPAC I,** inca legendario (fines s. XII o inicios s. XIII), considerado el fundador del imperio inca y de Cuzco, y descendiente del Sol. Las leyendas sobre el personaje y el imperio fueron transmitidas por los conquistadores españoles. Casado con su hermana Mama Ocllo, su hijo Sinchi Roca fue el auténtico fundador del imperio inca.

**MANCO CÁPAC II** (c. 1500-1544), soberano inca [1533-1544], hijo de Huayna Cápac y hermano de Huáscar y de Atahualpa. Reconocido emperador por Pizarro (1533), en 1536 se levantó contra los españoles. En 1541 participó en la conspiración de Almagro.

**Manco Cápac I:** grabado de *Observaciones astronómicas y físicas en los reinos del Perú* de Jorge Juan y Antonio de Ulloa (biblioteca nacional, Madrid)

**Mancomunidad de Cataluña,** organismo administrativo formado por la unión de las cuatro diputaciones provinciales catalanas. Creada en 1914 y suprimida en 1925.

**MANDALAY,** c. de Birmania central, a orillas del Irawadi; 533 000 hab. Numerosos templos budistas.

**MANDELA** (Nelson), político sudafricano (Mwezo, Umtata, 1918). Dirigente histórico del Congreso nacional africano (A.N.C.), organizador de la lucha armada, tras la prohibición de su movimiento (1960), fue arrestado (1962) y condenado a cadena perpetua (1964). Tras su liberación (1990), fue nombrado vicepresidente y, posteriormente, presidente del A.N.C. (1991-1997). Fue presidente de la República de Sudáfrica de 1994 a 1999. (Premio Nobel de la paz 1993). *[V. ilustración pág. 1492.]*

**MANDELBROT** (Benoît), matemático francés de origen polaco (Varsovia 1924). Desarrolló en 1975 la teoría de los objetos fractales. Con ordenador creó los *conjuntos de Mandelbrot,* que se utilizan en el estudio del «caos determinista».

**MANDELSTAM** (Ósip Emílievich), poeta ruso (Varsovia 1891-† 1938). Promotor del acmeísmo (*Piedra,* 1913; *El sello egipcio,* 1928), fue deportado a los Urales (*Los cuadernos de Verónezh).*

**MANDIOLA** (Francisco Javier), pintor chileno (Copiapó 1820-Santiago 1900). Destacado retratista (*Retrato de niña,* 1857) y pintor religioso, inauguró la pintura de género en su país.

**MANDONIO** († 205 a. J.C.), caudillo ibero, probablemente ilercavón, que dirigió, junto con Indíbil, una revuelta contra los romanos, que le dieron muerte.

**MANÉN** (Juan), violinista y compositor español (Barcelona 1883-*id.* 1971). Destacó desde la infancia como virtuoso, y es autor de un *Concierto español* para violín, música de cámara y orquestal, y de óperas (*Acté,* 1903).

**MANENT** (Marià), poeta español en lengua catalana (Barcelona 1898-*id.* 1988). Sus obras presentan rasgos simbolistas: *La sombra y otros poemas* (*L'ombra i altres poemes,* 1931).

**MANĒS** → *Mani.*

**MANET** (Édouard), pintor francés (París 1832-*id.* 1883). Fue uno de los padres del impresionismo y del arte moderno (*La merienda campestre,* 1862; *Olympia,* 1863; *La ejecución de Maximiliano,* 1867; *El balcón,* 1868).

**MANETÓN,** sacerdote e historiador egipcio, originario de Sebennitos (s. III a. J.C.). Escribió en griego una historia de Egipto, de la que se conservan algunos fragmentos. Su clasificación de los faraones en treinta dinastías sigue vigente.

**MANFREDO** (1232-Benevento 1266), rey de Sicilia [1258-1266], hijo natural legitimado del emperador Federico II. Murió defendiendo su reino contra Carlos de Anjou.

**MANGALIA,** estación balnearia de Rumania, en el mar Negro. Museo arqueológico.

**MANGALORE** o **MANGALURU,** c. de la India (Karnātaka); 272 819 hab.

**MANGLARES,** cabo de Colombia, en la costa del Pacífico, extremo occidental del país.

**MANGUISHLAK** *(península de),* meseta desértica de Kazajstán, al E del Caspio. Petróleo.

**MANHATTAN,** isla de Estados Unidos, entre el Hudson, el East River y el río de Harlem, que constituye un distrito *(borough)* en el centro de la ciudad de Nueva York; 1 428 000 hab.

**MANI** o **MANĒS,** fundador del maniqueísmo (216-274 o 277). Fue más un organizador que un metafísico. Fue muerto por el rey persa Bahrām I.

**MÁNICH,** r. de Rusia, al N del Cáucaso, de curso intermitente hacia el mar de Azov (por el Don) y hacia el Caspio (por el Kura).

**MANICOUAGAN,** r. de Canadá (Quebec), que desemboca en el estuario del San Lorenzo; 500 km. Aprovechamiento hidroeléctrico.

**Manifiesto comunista,** obra de Karl Marx y Friedrich Engels, publicada en 1848.

**Manifiesto de los persas,** alegato firmado por un grupo de diputados que pedía a Fernando VII de España el restablecimiento del absolutismo (abril 1814).

**Manifiesto del surrealismo,** texto de A. Breton (1924), teoría y justificación del surrealismo. Fue completado en 1929, 1930, 1942 y 1965.

**MANILA,** c. y cap. de Filipinas, en la isla de Luzón, a orillas de la *bahía de Manila;* 1 876 194 hab. (más de 4 millones con la aglomeración). Principal centro intelectual, comercial e industrial del país. La ciudad fue conquistada en 1571 por Legazpi, que estableció en ella el gobierno español de las islas. Prosperó por el comercio con España, las colonias americanas, China y Japón. Durante el s. XIX fue escenario de la agitación independentista, hasta su rendición (13 ag. 1898).

**MANIN** (Daniele), abogado y patriota italiano (Venecia 1804-París 1857). Presidente de la República de Venecia (1848), al año siguiente tuvo que capitular frente a los austríacos.

**MANIPUR,** estado del NE de la India; 22 356 km$^2$; 1 826 714 hab. Cap. *Imphāl.*

**MANISES,** c. de España (Valencia); 24 453 hab. (*Manisenses* o *maniseros.*) Centro industrial. Aeropuerto de Valencia. Centro alfarero desde el s. XIV, produce cerámica tradicional de gran calidad. Destacan las piezas de color verde y negruzco y las doradas, o azules y doradas, con reflejos metálicos.

**MANITOBA,** lago de Canadá, en la prov. homónima; 4 700 km$^2$.

**MANITOBA,** prov. de Canadá, en la Pradera; 650 000 km$^2$; 1 091 942 hab. Cap. *Winnipeg.* Gran región agrícola (trigo).

**MANIZALES,** mun. de Colombia, cap. del dep. de Caldas; 299 352 hab. Feria anual del café. Industria textil y química. Universidad. Fue fundada en 1849.

**MANJÓN** (Andrés), sacerdote y pedagogo español (Sargentes, Burgos, 1846-Granada 1923). Para la enseñanza de niños pobres, fundó en Granada las escuelas del Ave María (1889), en las que introdujo métodos originales de pedagogía activa.

**MANKIEWICZ** (Joseph Leo), director de cine norteamericano (Wilkes Barre, Pennsylvania, 1909-Mount Kisco, Nueva York, 1993). Realizador de

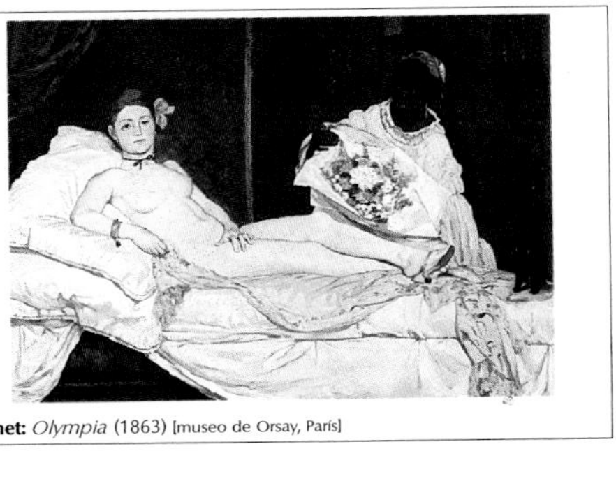

**Manet:** *Olympia* (1863) [museo de Orsay, París]

**Manila:** aspecto parcial

penetrantes estudios de sicología femenina, entre sus mejores películas destacan: *Eva al desnudo* (1950), *La condesa descalza* (1954), *Cleopatra* (1963), *El día de los tramposos* (1970), etc.

**MANLIO** (Publio), administrador romano (s. II a. J.C.), pretor de la Hispania Citerior [195 a. J.C.]) y de la Ulterior [182-181 a. J.C.].

**MANLIO CAPITOLINO** (Marco) [† Roma 384 a. J.C.], cónsul romano [392]. Alertado por el graznido de los gansos, salvó el Capitolio del ataque de los galos (390 a. J.C.).

**MANLIO FABIO ALTAMIRANO,** mun. de México (Veracruz); 19 982 hab. Cereales, café, ajonjolí.

**MANLLEU,** v. de España (Barcelona); 16 242 hab. *(Manlleuenses.)* Industrias textiles, metalmecánicas y alimentarias.

**MANN** (Emil Anton **Bundmann,** llamado **Anthony**), director de cine norteamericano (San Diego 1906-Berlín 1967), uno de los grandes realizadores de westerns: *Colorado Jim* (1953), *Cazador de forajidos* (1957), *El hombre del oeste* (1958), etc.

**MANN** (Heinrich), escritor alemán (Lübeck 1871-Santa Mónica, California, 1950), autor de *Profesor Unrat* (1905), llevada al cine por J. von Sternberg (*El ángel azul*).

**MANN** (Thomas), escritor alemán (Lübeck 1875-Zurich 1955), hermano del anterior. Autor de novelas que oponen al culto de la acción la vida del espíritu (*Los Budenbrook,* 1901; *La muerte en Venecia,* 1912; *La montaña mágica,* 1924; *El doctor Fausto,* 1947). [Premio Nobel de literatura 1929.]

**MANNAR** *(golfo de),* golfo del océano Índico, entre la India y Srī Lanka.

**MANNERHEIM** (Carl Gustaf Emil, *barón*), mariscal y político finlandés (Villnäs, cerca de Turku, 1867-Lausana 1951). Tras su victoria sobre los bolcheviques, fue elegido regente (1918). Durante la segunda guerra mundial, luchó contra la U.R.S.S. (1939-1940 y 1941-1944). Fue presidente de la república de 1944 a 1946.

**MANNHEIM,** c. de Alemania (Baden-Württemberg), a orillas del Rin; 305 974 hab. Puerto fluvial. Centro industrial. Palacio del s. XVIII. Museos.

**MANNING** (Henry Edward), prelado británico (Totteridge, Hertfordshire, 1808-Londres 1892). Pastor anglicano convertido al catolicismo, fue arzobispo de Westminster en 1865 y cardenal en 1875. Intervino en favor de los obreros.

**Mano negra** *(La),* supuesta organización secreta anarquista española, que justificó una dura represión policial contra el anarcocomunismo agrario andaluz (1883).

**MANOLETE** (Manuel **Rodríguez,** llamado), matador de toros español (Córdoba 1917-Linares 1947). Tomó la alternativa en 1939 y se convirtió en figura indiscutible, de estilo muy personal en la lidia y magistral con el estoque. Murió de la cornada que le infirió *Islero,* de Miura.

**Manolete** (Vázquez Díaz - col. part.)

**MANOLO** (Manuel **Martínez Hugué,** llamado), escultor y pintor español (Barcelona 1872-Caldas de Montbuy 1945). Siempre fiel a un realismo mediterráneo muy personal, su obra escultórica concebida monumentalmente, a pesar de sus reducidas dimensiones, es robusta, equilibrada y de gran expresividad.

**Manolo:** *Picador* (col. part.)

**Manon Lescaut,** novela del abate Prévost (1731), obra maestra del género sicológico y sentimental. Inspiró óperas de Massenet (1884) y Puccini (1893).

**MANOSALVAS** (Juan), pintor ecuatoriano (1840-1906), destacado acuarelista de peculiar tratamiento del color.

**Manquiri** *(santuario de),* iglesia monumental de Bolivia, en las cercanías de Potosí; el presbiterio está excavado en la roca y el cuerpo se asienta sobre una plataforma artificial.

**MANRESA,** c. de España (Barcelona), cab. de p. j.; 66 879 hab. *(Manresanos.)* Industrias de hilados y tejidos, maquinaria, químicas. Conjunto medieval (seo gótica, puentes sobre el Cardoner), iglesias barrocas. Edificios modernistas. Museo municipal.

**MANRESA NAVARRO** (José María), jurisconsulto español (San Fulgencio 1818-Madrid 1905), autor de *Comentarios al código civil español* (12 vols., 1890-1907) y *Comentarios a la ley de enjuiciamiento civil* (6 vols., 1881-1895).

**MANRIQUE** *(familia),* linaje de la nobleza castellana surgido de la familia de los Lara y que tenía el centro de sus propiedades en Tierra de Campos. Destacan: **Pedro** (1381-1440) adelantado de León y rival de Álvaro de Luna. – Su hijo **Rodrigo,** *1.er conde* **de Paredes de Nava,** caballero y poeta (1406-Ocaña 1476), se enfrentó también a Álvaro de Luna y Juan II. Isabel la Católica le nombró condestable de Castilla. – **Diego Gómez,** *1.er conde* **de Treviño,** poeta y caballero (Amusco, Palencia, 1412-Toledo 1490), adelantado mayor de León, hijo de Pedro. Corregidor de Toledo, conquistó Toro (1476) para los Reyes Católicos. Es autor de poemas breves, de tema amatorio, burlesco o satírico, obras didácticas y moralizantes *(Regimiento de príncipes)* y dramas litúrgicos. – **Jorge** (Paredes de Nava 1440-castillo de Garci Muñoz, Cuenca, 1479), afamado poeta, hijo de Rodrigo, le cantó en las *Coplas* a la muerte del maestre don Rodrigo* o *Coplas a la muerte de su padre.* Partidario de Isabel la Católica, murió en el asalto del castillo de Garci-Muñoz. Gran poeta de cancionero, alterna la temática amorosa, en «esparsas», canciones o alegorías *(Castillo de amor, Escala de amor),* con la burlesca *(Coplas a una beoda que empeñó el brial en la taberna).* Famosa es su composición *Sin Dios y sin vos y mí,* ejemplo de juego verbal, de grave y contenida emoción lírica.

**MANRIQUE** (César), artista español (Arrecife 1920-Teguise, Lanzarote, 1992). Pintor colorista, apasionado por el paisaje y la arquitectura popular lanzaroteña, buscó la integración de la escultura y el diseño arquitectónico al entorno natural.

**MANRIQUE DE LARA** (Manuel), compositor y folklorista español (Cartagena 1863-Sankt Blasien, Alemania, 1929). Compuso la ópera *El Cid* (1906) y una *Sinfonía en mi menor* (1915), y recopiló la música sefardí, griega, turca y marroquí.

**MANS (Le),** c. de Francia, a orillas del Sarthe; 148 465 hab. Universidad. Circuito automovilístico (prueba de las *Veinticuatro horas de Le Mans*).

**MANSART** (François), arquitecto francés (París 1598-*id.* 1666), principal figura de la tendencia clasicista de la arquitectura francesa del s. XVII. Fue arquitecto del rey desde 1625. – Su sobrino segundo **Jules Hardouin,** llamado **Hardouin-Mansart** (París 1646-Marly 1708), fue arquitecto de Luis XIV. Amplió el palacio de Versalles (1678) y terminó el hospital de los Inválidos en París (1676-1706).

**MANSFELD** (Ernst, *conde* **von**), militar alemán (Luxemburgo 1580-Rakovica, cerca de Sarajevo, 1626). De origen católico, adoptó la causa protestante durante la guerra de los Treinta años.

**MANSFIELD** (Kathleen **Mansfield Beauchamp,** llamada **Katherine**), escritora británica (Wellington, Nueva Zelanda, 1888-Fontainebleau 1923), autora de relatos (*Fiesta en el jardín,* 1922), de *Cartas* y de un *Diario.*

**MANSHOLT** (Sicco Leendert), político neerlandés (Ulrum 1908-Wapserveen, Drenthe, 1995). Vicepresidente (1967-1972) y presidente (1972-1973) de la Comisión de las Comunidades europeas, preconizó la modernización de la agricultura europea.

**MANSILLA** (Lucio Victorio), escritor argentino (Buenos Aires 1831-París 1913). Sobrino del dictador Rosas, intervino en la campaña del Paraguay y en las luchas contra los indios como comandante de frontera. Fruto de esta experiencia es su principal obra, *Una excursión* a los indios ranqueles* (1870). Es autor de otros libros autobiográficos (*Entre nos: «Causeries» de los jueves,* 1889; *Mis memorias,* 1904) y de viajes, de obras teatrales y tratados militares.

**MANSILLA DE LAS MULAS,** v. de España (León); 1 686 hab. *(Mansilleses.)* Murallas medievales (s. XII), con puertas en pasadizo abovedado y torres albarranas.

**MANSO DE VELASCO** (José Antonio), *conde* **de Superunda,** administrador español (Torrecilla en Cameros 1688-¿Priego? 1767), gobernador de Chile (1737-1744) y virrey del Perú (1745-1761).

**MANSTEIN** (Erich **von Lewinski,** llamado **Erich von**), mariscal alemán (Berlín 1887-Irschenhausen, Baviera, 1973). Jefe de estado mayor del grupo de ejércitos de Rundstedt, fue el autor del plan de operaciones contra Francia (1940). En 1942 conquistó Crimea y estuvo al mando de un grupo de ejércitos en el frente ruso hasta 1944.

**MANṢŪR** (Abū Ŷa'far **al-**) [† 775], segundo califa abasí [754-775], fundador de Bagdad (*c.* 760).

**MANṢŪR (al-)** → *Almanzor.*

**MANṢŪRA (al-),** c. de Egipto, cerca del Mediterráneo; 362 000 hab. En ella fue apresado san Luis durante la séptima cruzada (1250).

Nelson **Mandela** (en 1991)

Jorge **Manrique** (anónimo - casa de cultura, Toledo)

Lucio V. **Mansilla** (por Demócrito)

**Mao Zedong**

**MANTA,** c. y puerto de Ecuador (Manabí), en la *bahía de Manta;* 125 505 hab. Centro industrial. Turismo (playas). Yacimiento arqueológico de las culturas de Manabí, y en especial de los manta.

**MANTARO,** r. de Perú (Junín y Huancavelica), afl. del Apurímac; 600 km. Navegable en su curso bajo, es una importante arteria fluvial.

**MANTE,** mun. de México (Tamaulipas); 106 426 hab. Cab. *Ciudad Mante* (76 799 hab). Centro agrícola. Destilerías.

**MANTEGNA** (Andrea), pintor y grabador italiano (Isola di Carturo, Padua, 1431-Mantua 1506). Se formó en Padua (cuando Donatello trabajaba en esta ciudad), pero desarrolló la mayor parte de su carrera en Mantua (frescos de la cámara de los esposos en el palacio ducal, acabados en 1474). Por su vigoroso lenguaje plástico (relieve escultural, efectos de perspectiva y limpieza del dibujo) y su riqueza decorativa al estilo antiguo, gozó de gran influencia en todo el N de Italia.

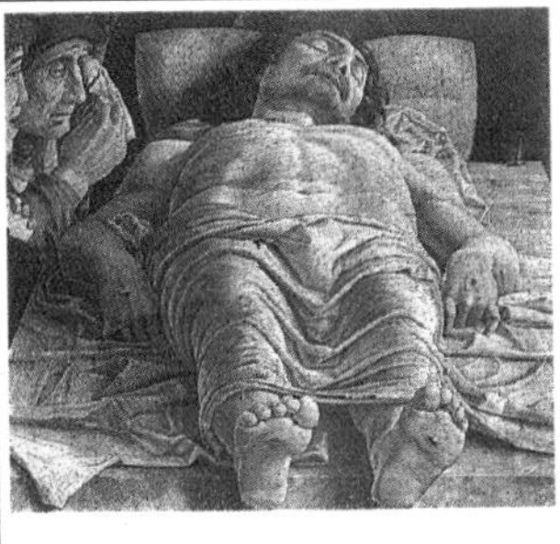

**Mantegna:** *Cristo muerto* (*c.* 1506), célebre ejemplo de escorzo anatómico.
(Pinacoteca Brera, Milán.)

**MANTEROLA** (José), escritor en lengua vasca (San Sebastián 1819-*id.* 1881). Publicó una antología de autores vascos, sobre todo poetas (*Cancionero vasco,* 1877-1880).

**MANTEUFFEL** (Edwin, *barón* **von**), mariscal prusiano (Dresde 1809-Karlsbad 1885), gobernador de Alsacia-Lorena de 1879 a 1885.

**Mantinea** *(batalla de)* [362 a. J.C.], victoria obtenida sobre los espartanos en Mantinea (Arcadia) por las fuerzas tebanas de Epaminondas, que pereció en la lucha.

**MANTUA,** c. de Cuba (Pinar del Río), a orillas del *río Mantua;* 26 221 hab. Centro declarado monumento nacional.

**MANTUA,** en ital. **Mantova,** c. de Italia (Lombardía), cap. de prov., rodeada por tres lagos formados por el Mincio; 52 948 hab. Palacio ducal de los ss. XIII-XVII (museo). Dos iglesias de L. B. Alberti. Palacio del Té, obra maestra manierista de Julio Romano. Estuvo gobernada de 1328 a 1708 por los Gonzaga.

IMPERIO BIZANTINO

**MANUEL I COMNENO** (*c.* 1118-1180), emperador bizantino [1143-1180]. Luchó con éxito contra los serbios y contra los normandos de Sicilia, pero chocó con los venecianos y fue derrotado por los turcos (1176).

**MANUEL II PALEÓLOGO** (1348-1425), emperador bizantino [1391-1425]. Luchó en vano contra el sultán otomano, cuya soberanía tuvo que reconocer (1424).

PORTUGAL

**MANUEL I el Grande** o **el Afortunado** (Alcochete 1469-Lisboa 1521), rey de Portugal [1495-1521], gran colonizador y constructor (arte manuelino). – **Manuel II** (Lisboa 1889-Twickenham 1932), rey de Portugal [1908-1910], perdió el trono tras una revolución.

SABOYA

**MANUEL FILIBERTO** (Chámbery 1528-Turín 1580), duque de Saboya [1553-1580], hijo del duque Carlos III y de Beatriz de Portugal. Su padre había sido desposeído de sus estados en 1536 y Manuel entró al servicio del emperador. Sustituyó al duque de Alba como jefe del ejército imperial en Flandes (1553), y fue gobernador de los Países Bajos (1556), donde logró las victorias de San Quintín (1557) y Gravelinas (1558). En 1559 recuperó el ducado de Saboya, que gobernó hasta su muerte.

**MANUEL ANTONIO** (Manuel Antonio **Pérez Sánchez,** llamado), poeta español en lengua gallega (Rianjo 1900-La Coruña 1930), vanguardista en la línea ultraísta.

**MANUEL DEUTSCH** (Niklaus), pintor, grabador y dibujante suizo (Berna 1484-*id.* 1530), artista de transición entre la herencia gótica y el italianismo (*Degollación de San Juan Bautista,* tela, *c.* 1520, museo de Basilea).

**MANUEL MARÍA** (Manuel María **Fernández Teixeiro,** llamado), poeta español en lengua gallega (Otero de Rey 1930), de temática social.

**MANUZIO,** familia de impresores italianos, más conocidos por el nombre de **Aldo.** — **Aldo el Viejo,** abreviatura de *Tebaldo Manuzio* (Bassiano *c.* 1449-Venecia 1515), fundó en Venecia una imprenta que se hizo famosa por las ediciones príncipe de obras maestras grecolatinas. Se le debe el carácter *itálico* (1500) y el formato en octavo. — Su nieto, **Aldo el Joven** (Venecia 1547-Roma 1597), dirigió la imprenta vaticana.

**Manyō-shū,** primera antología oficial de poesías japonesas (808), que recoge poemas compuestos en los ss. VII y VIII.

**MANZANARES,** r. de España, afl. del Jarama (or. der.); 83 km. Pasa por Madrid, a cuyo abastecimiento contribuye. Embalses de Santillana (45,6 $Mm^3$ y 9 802 kW) y El Pardo. – En las terrazas del río, al S de Madrid, se han localizado más de cuarenta y cinco yacimientos paleolíticos (abundante industria lítica).

**MANZANARES,** c. de España (Ciudad Real), cab. de p. j.; 18 326 hab. *(Manzanareños.)* Industria vinícola. Iglesia parroquial del s. XVI. Centro penitenciario de Herrera de la Mancha.

**MANZANARES,** mun. de Colombia (Caldas); 25 140 hab. Agricultura tropical.

**MANZANARES** (José María **Dols Abellán,** llamado **José Mari**), matador de toros español (Alicante 1953). Tomó la alternativa en 1971. Torero de gran arte y elegancia, destaca por su gran regularidad.

**MANZANARES EL REAL,** v. de España (Madrid); 2 334 hab. Junto al embalse de Santillana. Turismo. Castillo-palacio de los Santillana (s. XV), de planta rectangular, con torres redondas en los ángulos y patio gótico.

**MANZANILLO,** punta de la costa caribe de Panamá, la más septentrional del país.

**MANZANILLO,** mun. de Cuba (Granma); 121 303 hab. Alimentación, astilleros. Puerto y aeropuerto.

**MANZANILLO,** mun. de México (Colima), al S de la *bahía de Manzanillo;* 73 290 hab. Salinas. Pesca. Turismo. Puerto y aeropuerto internacional.

**MANZO** (José), arquitecto, pintor y grabador mexicano (Puebla 1785-*id.* 1860). Remodeló el interior de la catedral de Puebla con sus retablos neoclásicos.

**MANZONI** (Alessandro), escritor italiano (Milán 1785-*id.* 1873), autor de una novela histórica (*Los novios,* 1825-1827), modelo del romanticismo italiano.

**MANZONI** (Ignazio), pintor italiano (Milán 1797-Clusone, Bérgamo, 1888). Artista de la escuela lombarda, dejó gran parte de su obra en diversos países americanos (*Retrato del General Mitre,* 1861).

**MANZUR** (David), pintor colombiano (Neira 1929), que ha evolucionado de un cromatismo luminoso al claroscuro.

**MAÑACH** (Jorge), escritor cubano (Sagua la Grande 1898-San Juan, Puerto Rico, 1961), ensayista de temas históricos, culturales y literarios (*Indagación del choteo,* 1928; *Martí, el apóstol,* 1933; *El pensamiento político y social de Martí,* 1941; *Examen del quijotismo,* 1950).

**MAÑÉ Y FLAQUER** (Juan), periodista y político español (Torredembarra 1823-Barcelona 1901). Conservador, fue director del *Diario de Barcelona* (1865-1901) y autor de *El regionalismo* (1886).

**MAO,** ant. **Valverde,** c. de la República Dominicana, cap. de la prov. de Valverde; 42 801 hab.

**MAO DUN** o **MAO TUEN,** escritor y político chino (Wu, Zhejiang, 1896-Pekín 1981). Uno de los fundadores de la Liga de escritores de izquierda (1930), fue ministro de Cultura de 1949 a 1965.

**MAO ZEDONG** o **MAO TSÉ-TUNG,** político chino (Shaoshan, Hunan, 1893-Pekín 1976). Participó en la fundación del Partido comunista chino (1921). Preconizó una táctica que utilizara el potencial revolucionario de las masas campesinas y dirigió la insurrección del Hunan (1927), cuyo fracaso le costó ser expulsado del buró político del P.C.Ch. Se refugió en Jiangxi y fundó la República soviética china (1931), pero tuvo que batirse en retirada ante los nacionalistas (la Larga marcha, 1934-1935). Se reincorporó a la secretaría política (1935) y se impuso como líder del movimiento comunista chino, mediante la alianza con Chang Kai-shek contra los japoneses. En Yan'an redactó sus textos básicos (*La guerra revolucionaria en China,* 1936; *Sobre la contradicción,* 1937; *La guerra prolongada,* 1938; *Nueva democracia,* 1940), en los que adaptaba el marxismo a la realidad china. Después de tres años de guerra civil (1946-1949), obligó a Chang Kai-shek a abandonar el continente y proclamó la República Popular de China (1 oct. 1949) en Pekín. Presidente del consejo, de la república (1954-1959) y del partido, intentó acelerar la evolución del país mediante las campañas del gran salto adelante (1958) y de la revolución cultural (1966-1976), cuyo programa se especificaba en el llamado *Libro rojo.* Esta política fue duramente cuestionada tras su muerte. – Su mujer, **Jiang Qing** o **Chiang Ching** (Zhucheng, Shandong, *c.* 1914-Pekín 1991), desempeñó un activo papel durante la revolución cultural y en 1969 ingresó en el comité central del Partido comunista chino. Detenida en 1976, fue juzgada y condenada a muerte (1980), pena que le fue conmutada por la de cadena perpetua.

David **Manzur:** *Bodegón*

**MAPASTEPEC,** mun. de México (Chiapas); 23 340 hab. Arroz, ajonjolí. Ganadería vacuna.

**MAPIMÍ,** mun. de México (Durango), en el área central de la altiplanicie Septentrional *(Bolsón de Mapimí)*; 28 093 hab. Algodón. Minas de oro.

**MAPLES ARCE** (Manuel), poeta mexicano (Papantla, Veracruz, 1900-México 1981). Fundador del estridentismo (*Andamios interiores,* 1922; *Urbe,* 1924; *Poemas interdictos,* 1927), adoptó un tono más intimista en *Memorial de la sangre* (1947). Escribió unas *Memorias* y varios ensayos sobre el arte mexicano.

**MAPOCHO,** r. de Chile (Santiago), afl. del Maipo; 110 km. A través del canal de Las Mercedes, abastece a la ciudad de Santiago.

**MAPUTO,** ant. **Lourenço Marques,** c., puerto y cap. de Mozambique, a orillas del océano Índico; 1 007 000 hab.

**Maqamat,** escenas de la vida árabe, en prosa rimada, del escritor al-Hariri, que inspiraron a numerosos pintores árabes.

**MAQUEDA,** v. de España (Toledo); 487 hab. Iglesia mudéjar reformada en el s. XVI; castillo del s. XV; torre de la Vela. En los alrededores, castillo de San Silvestre.

**MAQUIAVELO** (Nicolás), en ital. **Niccolò Machiavelli,** político, escritor y filósofo italiano (Florencia 1469-*id.* 1527). Secretario de la República de Florencia, llevó a cabo numerosas misiones diplomáticas (en Italia, Francia y Alemania) y reorganizó el ejército. La caída de la república por obra de los Médicis (1513) lo apartó del poder. Aprovechó esta retirada forzosa para escribir la mayor parte de su obra como historiador y escritor: *El príncipe** (1513, publicada en 1532), *Discursos sobre la primera década de Tito Livio* (1513-1519), *El arte de la guerra* (1519-1521), *Historia de Florencia* (1520-1525) y las comedias *La mandrágora* (1520) y *Clizia* (1525). Su obra constituye un retorno a la filosofía política heredada de los griegos. Desenmascarando las pretensiones de la religión en materia política, parte de realidades contemporáneas para definir un orden nuevo (moral, libre y laico) en el que la razón de estado tiene como objetivo último la mejora del hombre y de la sociedad.

**maquinista de la General** *(El)*, película norteamericana de B. Keaton y C. Bruckman (1926), una de las obras maestras del cine cómico.

**MAR** *(serra do)*, extremo meridional de la meseta brasileña.

**MAR** (José **de La**), militar y político peruano (Cuenca, Ecuador, 1777-en Costa Rica 1839). Luchó en la guerra de la independencia española y con las tropas realistas en Perú, pero se unió a San Martín y mandó la división peruana en Ayacucho (1824). Miembro de la Junta gubernativa del primer Congreso constitucional (1823), fue presidente en 1827. Vencido por Sucre (1829) en la guerra peruanocolombiana, fue derrocado por un golpe de estado (1829).

**MAR CHIQUITA,** laguna de Argentina (Córdoba), que recoge los aportes del río Dulce; 1 853 $km^2$. Sus aguas son ricas en sales. Turismo.

**MAR DEL PLATA,** c. y puerto de Argentina (Buenos Aires), cab. del partido de General Pueyrredón, a orillas del Atlántico; 511 852 hab. Turismo. Pesca. Industria textil y conservera. Base naval militar. Universidad. Museos.

**MAR MENOR,** albufera de España, en el litoral murciano; 185 $km^2$ y 1,70 m de profundidad. Salinas. Pesca. Turismo en *La Manga del Mar Menor.*

**MAR MUERTO,** albufera de México, en el golfo de Tehuantepec; 72 km de long.; 1,5-6 km de ancho.

**MARACAIBO** *(lago de)*, lago del NO de Venezuela; 14 000 $km^2$. Comunica a través de un gollete con la bahía del Tablazo, abierta al golfo de Venezuela, llamado también *golfo de Maracaibo.* Explotación de yacimientos petrolíferos sublacustres. El puente General Rafael Urdaneta (8 678 m) une la c. de Maracaibo, en la orilla O, a las regiones centrales. – En sus aguas tuvo lugar un combate naval de la guerra de independencia de la Gran Colombia (24 julio 1823), en el que la flota colombiana de José Padilla venció a la realista de Laborde.

**MARACAIBO,** c. y puerto de Venezuela, cap. del est. Zulia, en la boca del gollete que comunica el golfo de Venezuela con el lago Maracaibo; 1 249 670 hab. *(Maracaiberos.)* Gran centro comercial e industrial (textiles, cemento, químicas, alimentación). Aeropuerto. Universidad. La c. fue fundada por A. Ehinger en 1529.

**Maracaná,** estadio de Río de Janeiro, el mayor del mundo (entre 150 000 y 200 000 espectadores).

**MARACAY,** c. de Venezuela, cap. del est. Aragua; 354 196 hab. Centro industrial. Turismo. Gasoducto Guárico-Maracay-Valencia. Coso taurino.

**MARACENA,** mun. de España (Granada); 12 972 hab. *(Maracenenses.)* Chacinería. Mosaicos.

**MARACÓ,** dep. de Argentina (La Pampa); 44 239 hab. Cab. *General Pico.* Cereales. Ganado vacuno.

**MARADI,** c. del S de Níger; 112 965 hab.

**MARADONA** (Diego Armando), futbolista argentino (Buenos Aires 1960). Jugador zurdo de una técnica extraordinaria, fue campeón del mundo con la selección de su país (1986) y subcampeón en 1990. Ha jugado en los equipos Argentinos Juniors, Boca Juniors, Barcelona, Nápoles y Sevilla.

**MARAGALL** (Joan), poeta español en lengua catalana (Barcelona 1860-*id.* 1911). Principal exponente independiente y crítico del modernismo en Cataluña, sus discursos *Elogio de la palabra* (1903) y *Elogio de la poesía* (1907) contienen sus principios estéticos, dentro de la tradición europea de poetas-pensadores del s. XIX. Su obra recibió la influencia de los poetas alemanes a los que tradujo (Novalis y sobre todo Goethe) y de Nietzsche. En *Poesies* (1895) figura uno de sus títulos más populares: «La vaca ciega» («La vaca cega»), y en *Visiones y cantos* (*Visions i cants,* 1900) el comienzo de su extenso poema legendario de inspiración popular, *El conde Arnau (El comte Arnau).* Después publicó *Las dispersas* (*Les disperses,* 1903), *Allá* (*Enllà,* 1906) y *Secuencias* (*Seqüències,* 1911), que contiene el «Canto espiritual» («Cant espiritual»). Póstumo es su drama *Nausica* (1913).

**MARAGATERÍA (La),** comarca de España en el SO de la prov. de León. Dispersos en pequeñas aldeas y caseríos, sus habitantes (maragatos) conservan rasgos étnicos propios y un rico folklore (atuendo, ritos nupciales).

**MARAJÓ,** gran isla de Brasil, situada en la desembocadura del Amazonas; 40 000 $km^2$.

**MARAMUREŞ,** macizo montañoso de los Cárpatos, en Rumania; 2 305 m.

**MARANHÃO,** estado del NE de Brasil; 328 663 $km^2$; 4 922 339 hab. Cap. *São Luís.*

**MARAÑÓN,** r. de Perú; 1 800 km. Nace en la cordillera de Huayhuash, de la laguna de Lauricocha, y se une al Ucayali, con el que forma el Amazonas, aguas arriba de Iquitos. Sus principales afluentes son: Santiago, Morona, Pastaza y Tigre.

**MARAÑÓN** (Gregorio), médico y escritor español (Madrid 1887-*id.* 1960). Autor de trabajos científicos (*Estudios de endocrinología,* 1938) y de ensayos biográficos e históricos: *Amiel* (1932), *El condeduque de Olivares* (1936), *Don Juan* (1940), *Antonio Pérez* (1947), *El Greco y Toledo* (1957), en 1931, fue uno de los firmantes del *Manifiesto de los intelectuales al servicio de la República* (Real academia 1933).

**MARAT** (Jean-Paul), político francés (Boudry, cantón de Neuchâtel, 1743-París 1793). Formó parte del club de los Cordeliers. Fue un virulento defensor de los intereses populares, lo que le valió gran popularidad. Diputado por París en la Convención, consiguió la condena a muerte de Luis XVI. Entró en conflicto con los Girondinos, a los que eliminó. Fue asesinado por Charlotte Corday.

**Maratón** *(batalla de)* [490 a. J.C.], victoria del general ateniense Milcíades sobre los persas de Darío I, cerca de la *ciudad de Maratón,* a 40 km de Atenas. Según la leyenda, el corredor enviado a Atenas para anunciar la victoria, murió de agotamiento a su llegada.

**MARAVATÍO,** mun. de México (Michoacán); 40 660 hab. Minas de cobre y yeso. Textiles. Aeropuerto.

**MARBELLA,** c. de España (Málaga), cab. de p. j.; 84 410 hab. *(Marbellíes.)* Centro turístico y residencial en la Costa del Sol. Puerto deportivo y pesquero (salazones).

**MARBORÉ,** macizo de los Pirineos centrales, en la frontera franco-española; 3 355 m de alt. en el monte Perdido.

**MARBURGO,** en alem. **Marburg an der Lahn,** c. de Alemania (Hesse), junto al Lahn; 72 656 hab. Universidad. Santa Isabel (s. XIII), prototipo de iglesia gótica con tres naves. Museos.

**Marburgo** *(escuela de)*, movimiento filosófico neokantiano (*c.* 1875-1933), cuyos principales representantes fueron H. Cohen, P. Natorp y E. Cassirer.

**MARC** (Franz) → ***Blaue Reiter*** (Der).

**MARCA** (Pierre **de**), político e historiador francés (Gan, Béarn, 1594-París 1662). Fue visitador general de Cataluña (1644-1651), y tras el tratado de los Pirineos (1659) formó parte de la comisión que fijó las fronteras entre España y Francia.

**MARCA HISPÁNICA,** territorios de la península Ibérica incorporados al reino franco en tiempos de Carlomagno (s. VIII), que marcaban la frontera con el territorio musulmán. Fue el origen de los condados catalanes (s. IX-X).

**MARCAS,** en ital. **Marche,** región de Italia, que comprende las provincias de Pesaro y Urbino, Ancona, Macerata y Ascoli Piceno; 9 692 $km^2$; 1 427 666 hab. Cap. *Ancona.*

**MARCEAU** (Marcel **Mangel,** llamado **Marcel**), mimo francés (Estrasburgo 1923). Renovó el arte de la pantomima expresando la poesía de lo cotidiano.

**MARCEL** (Étienne), comerciante y político francés (*c.* 1316-París 1358). Prevoste de los comerciantes de París desde 1355, representó las aspiraciones de la burguesía y se enfrentó al delfín, el futuro Carlos V. Dueño de París en 1358, fue asesinado.

**MARCEL** (Gabriel), filósofo francés (París 1889-*id.* 1973), representante del existencialismo cristiano.

**MARCELINO** *(san)* [† Roma 304], papa de 296 a

**Maquiavelo**
(Rosso Fiorentino - col. part., Florencia)

Joan **Maragall**
(Pichot - galería de catalanes ilustres, Barcelona)

Gregorio **Marañón**
(por Horacio, copia de Benedito - Ateneo de Madrid)

**Marat**
(J. Boze - museo Carnavalet, París)

Leopoldo **Marechal**

304, martirizado durante la persecución de Maximiano.

**MARCELLO** (Benedetto), compositor italiano (Venecia 1686-Brescia 1739), autor de conciertos, sonatas, paráfrasis y salmos, y de una obra satírica, *Teatro de la moda*.

**MARCELO II** (Marcello **Cervini**) [Montepulciano 1501-Roma 1555], papa en 1555. Como legado pontificio desempeñó una función fundamental en el concilio de Trento (1545).

**MARCH** (Ausiàs), poeta valenciano en lengua catalana (¿Gandía? *c.* 1397-Valencia 1459). Su vida se vio envuelta en los típicos conflictos del señor feudal. Su obra, que recibió el influjo de los trovadores provenzales y del *dolce stil novo,* desborda los límites de estos movimientos; presenta dos ciclos: el primero (1427-1445) se centra en los poemas amatorios; el segundo incluye los seis *Cantos de muerte (Cants de mort),* los poemas sentenciosos y didácticos, y el extenso poema confesional *Canto espiritual (Cant espiritual).*

*San Sebastián,* supuesto retrato de Ausiàs **March** por Jacomart (colegiata de Játiva, Valencia)

**MARCH** (Juan), financiero español (Santa Margarita 1884-Madrid 1962). Dueño de compañías navieras, petroleras y de tabaco, financió el levantamiento militar de 1936. Creó la Fundación March (1952).

**Marcha sobre Roma** (27-30 oct. 1922), episodio decisivo de la conquista del poder por parte de Mussolini. Esta espectacular marcha de 40 000 Camisas negras hacia la capital italiana, organizada a partir de una idea de d'Annunzio, obligó al rey Víctor Manuel III a conceder a Mussolini la formación de un nuevo gobierno.

**MARCHAIS** (Georges), político francés (La Hoguette, Calvados, 1920-París 1997), secretario general del Partido comunista francés de 1972 a 1994.

**MARCHENA,** v. de España (Sevilla), cab. de p. j.; 17 045 hab. *(Marcheneros.)* Cereales y olivo. Iglesia de San Juan (s. XV).

**MARCHENA** (Antonio **de**), eclesiástico y cosmógrafo español del s. XV, famoso por su apoyo al proyecto de Colón y su defensa del mismo ante la reina Isabel la Católica.

**MARCHENA** (José), llamado **el abate Marchena,** escritor y político español (Utrera 1768-Madrid 1821). Afrancesado, incitó a España a unirse a la Revolución francesa (*Aviso al pueblo español,* 1792). Publicó *Lecciones de filosofía moral y elocuencia* (1820).

**MARCHENA** (José **Tejada,** llamado **Pepe** o **el Niño de**), intérprete del cante flamenco español (Marchena 1902-Sevilla 1976). Dominó todas las variantes del cante, y cultivó también la canción seudoflamenca, al dictado de la moda.

**MARCIAL,** poeta latino de origen hispano (Bílbilis, cerca de la actual Calatayud, *c.* 40 d. J.C.-*id. c.* 104). Sus *Epigramas* trazan un cuadro satírico de la sociedad romana de la época.

**MARCIANO** (Rocco Francis **Marchegiano,** llamado **Rocky**), boxeador norteamericano (Brockton, Massachusetts, 1923-cerca de Des Moines 1969), campeón del mundo de los pesos pesados (1952 a 1956), invicto en las categorías profesionales.

**MARCIÓN,** doctor heterodoxo cristiano (Sínope *c.* 85-† *c.* 160). Llegó a Roma hacia 140, pero sus enseñanzas provocaron su excomunión en 144. Su doctrina *(marcionismo),* combatida por Tertuliano, dejó huellas en Siria hasta el s. V.

**MARCO** (Tomás), compositor español (Madrid 1942). Trabajó como ayudante de K. Stockhausen en Colonia (1967). Su obra, que se inscribe en la experimentación de vanguardia, incluye piezas sinfónicas, instrumentales y corales, así como teatro musical (*Anna Blume,* 1967).

**MARCO ANTONIO,** general romano (83-30 a. J.C.). Lugarteniente de César en la Galia, pero enemistado con su heredero, Octavio, se reconcilió con él y ganó la batalla de Filipos (42). Recibió oriente en el reparto del triunvirato y se casó con la reina de Egipto, Cleopatra VII, repudiando a Octavia, hermana de Octavio. Vencido en Accio en 31, se suicidó.

**MARCO AURELIO** (Roma 121-Vindobona 180), emperador romano [161-180]. Adoptado por Antonino, le sucedió en el trono. Su reinado, durante el cual reforzó la centralización administrativa, estuvo dominado por guerras: campañas contra los partos (161-166) y contra los germanos que habían atravesado el Danubio y alcanzado Italia (168-175 y 178-180). En 177 asoció al imperio a su hijo Cómodo. Emperador filósofo, dejó unos *Pensamientos,* escritos en griego, en los que expresaba su adhesión al estoicismo.

estatua ecuestre de bronce del emperador **Marco Aurelio,** plaza del Capitolio, Roma

**Marco Aurelio** *(estatua ecuestre del emperador),* estatua de bronce, en otro tiempo dorada. Erigida en Letrán en vida de Marco Aurelio, fue restaurada por Miguel Ángel y trasladada a la plaza del Capitolio que él mismo había reordenado (1536-1538). Fue el prototipo de todas las estatuas ecuestres del renacimiento.

**MARCONI** (Guglielmo), físico italiano (Bolonia 1874-Roma 1937). Realizó las primeras comunicaciones, primero a corta distancia, después transatlánticas, mediante ondas hertzianas. (Premio Nobel de física 1909.)

**MARCOS** *(san),* uno de los cuatro evangelistas (s. I). Compañero de Pablo, de Bernabé y de Pedro, es el autor, según la tradición, del segundo Evangelio y el fundador de la Iglesia de Alejandría. Sus reliquias habrían sido transportadas a Venecia, de la que fue nombrado patrón, en el s. IX. Se le representa acompañado de un león alado.

**MARCOS** (Ferdinand), político filipino (Sarrat 1917-Honolulu 1989). Presidente de la república (1965-1986), combatió las guerrillas comunista y musulmana y gobernó con un régimen autocrático. Tuvo que dejar el poder en 1986 por la presión popular y se exilió a Honolulu.

**Marcos de Obregón** *(Relaciones de la vida del escudero),* novela de Vicente Espinel (1618), ligada al género picaresco. Domina la aventura y el afán moralizador.

**MARCOS JUÁREZ,** dep. de Argentina (Córdoba); 97 818 hab. Trigo, maíz; avicultura y ganadería.

**MARCOS PAZ,** partido de Argentina (Buenos Aires), integrado en el Gran Buenos Aires; 29 101 hab.

**MARCUSE** (Herbert), filósofo norteamericano de origen alemán (Berlín 1898-Starnberg, cerca de Munich, 1979). Es autor de una crítica radical de la civilización industrial a partir del freudomarxismo (*Eros y civilización,* 1955; *El hombre unidimensional,* 1964).

**MARDĀN,** c. de Pakistán; 147 977 hab.

**MARDANIŠ** (Muḥammad ibn 'Abd Allāh ibn Sa'ad **ibn**), llamado **el rey Lobo** o **Lupo** (Peñíscola 1124-Murcia 1172), rey de las segundas taifas [1147-1172]. Rey de Murcia y Valencia, amplió sus posesiones combatiendo a los almohades.

**MARDIJ** *(tell)* → ***Ebla.***

**MARDONIO,** general persa, vencido y muerto en Platea (479 a. J.C.).

**MARDOQUEO,** personaje legendario del libro bíblico de Ester.

**MARDUK,** dios de Babilonia, creador de la humanidad.

**MARÉ** (Rolf **de**), mecenas sueco (Estocolmo 1888-Kiambu, Kenya, 1964), cofundador de los Ballets suecos (1920) y de los Archivos internacionales de la danza (1931).

**MARECHAL** (Leopoldo), escritor argentino (Buenos Aires 1900-*id.* 1970). Poeta vanguardista vinculado a los grupos Martín Fierro y Proa, evolucionó hacia una poesía clasicista y religiosa (*Cinco poemas australes,* 1937; *Sonetos a Sophia,* 1940), reflejando luego la agria realidad de su mundo (*Heptamerón,* 1966). En sus novelas, extensos apólogos morales, construyó reelaboraciones míticas a través de personajes argentinos (*Adán* Buenosayres,* 1948; *El banquete de Severo Arcángelo,* 1965; *Megafón o la guerra,* 1970). Cultivó el teatro y el ensayo.

**MAREMMA,** región de Italia central, que se extiende a lo largo del mar Tirreno.

**Marengo** *(batalla de)* [14 junio 1800], victoria de Napoleón frente a los austríacos de Melas, cerca de Alessandria (Piamonte).

**MAREOTIS** *(lago)* → ***Maryūṭ.***

**MARÉS** (Federico), escultor español (Port-Bou 1893-Barcelona 1991). Autor academicista, realizó monumentos. En 1946 fundó en Barcelona el *museo Marés.*

**MARGALEF** (Ramón), ecólogo español (Barcelona 1919). Ha aplicado la teoría de la información a los estudios ecológicos y poblacionales (*Perspectivas en teoría ecológica,* 1968; *Ecología,* 1974; *Limnología,* 1982).

**MARGARIT** (Joan), eclesiástico catalán (Gerona 1421-Roma 1484). Fue embajador de Juan II de Aragón ante el papa (1459), obispo de Gerona (1462), canciller del rey (1472) y cardenal (1483).

**MARGARIT I DE BIURE** (Josep **de**), militar y político catalán (La Bisbal 1602-Perpiñán, 1665), nombrado gobernador de Cataluña por Luis XIII (1641-1659).

**MARGARITA,** isla de Venezuela (Nueva Esparta), en el E de la costa del Caribe; 1 072 km²; 118 000 hab. Principales núcleos: La Asunción y Porlamar. Pesca. Cultivo de perlas. Turismo. Descubierta por Colón (1498), fue colonizada en 1528 y donada en propiedad vitalicia a Aldonza Manrique (1542-1575). Se unió a la revolución contra España (1810), y por su heroísmo fue llamada Nueva Esparta.

SANTAS

**MARGARITA** o **MARINA** *(santa),* virgen y mártir (Antioquía de Pisidia s. III). Fue denunciada como cristiana por su padre, sacerdote pagano, y decapitada.

**MARGARITA** *(santa),* nombre de dos santas húngaras: **Margarita** (en Hungría *c.* 1045-Edimburgo 1093), descendiente de los reyes de Inglaterra. – **Margarita de Hungría** (Traú 1242-Nyúl 1271), hija de Bela IV, rey de Hungría; ingresó en las dominicas.

**MARGARITA MARÍA ALACOQUE** *(santa),* religiosa francesa (Lautecourt, Saône-et-Loire, 1647-Paray-le-Monial 1690). Salesa, manifestó haber tenido visiones del Sagrado Corazón de Jesús (1673), cuyo culto propagó.

DINAMARCA, NORUEGA, SUECIA

**MARGARITA I Valdemarsdotter,** reina de Dinamarca, Noruega y Suecia (Søborg 1353-Flensburg 1412). Hija de Valdemar IV de Dinamarca, se casó con el rey de Noruega Haakon VI (1363) y accedió al trono a la muerte de su hijo Olav (1387). Impuso la unión de Kalmar a los estados de Dinamarca, Noruega y Suecia (1397) en beneficio de su sobrino Erik de Pomerania. – **Margarita II,** reina de Dinamarca (Copenhague 1940), hija de Federico IX, al que sucedió en el trono en 1972.

ESPAÑA

**MARGARITA DE AUSTRIA** (Gratz 1584-El Escorial 1611), reina de España [1598-1611], hija del archiduque Carlos de Estiria y esposa de Felipe III.

FRANCIA

**MARGARITA DE PROVENZA** (1221-Saint-Marcel 1295), reina de Francia, esposa de Luis XI (1234). Jaime I de Aragón le cedió sus derechos sobre Provenza, excepto Montpellier (tratado de Corbeil, 1258).

INGLATERRA

**MARGARITA DE ANJOU,** reina de Inglaterra (Pont-à-Mousson 1430-castillo de Dampierre, Anjou, 1482). Hija de Renato de Anjou, rey de Sicilia, se casó con Enrique VI de Inglaterra en 1445. Defendió con energía el partido de los Lancaster durante la guerra de las Dos Rosas.

NAVARRA

**MARGARITA DE BORGOÑA** (1290-Château-Gaillard 1315), reina de Navarra [1305-1314], hija de Roberto II de Borgoña y esposa (1305) de Luis I de Navarra.

**MARGARITA DE ANGULEMA** (Angulema 1492-Odos, Bigorra, 1549), llamada **Margarita de Navarra,** reina de Navarra, hija de Carlos de Orleans y hermana mayor de Francisco I de Francia. En 1525 enviudó del duque de Alençon, y en 1527 casó con Enrique de Albret, rey de Navarra. Es autora de relatos *(El Heptamerón*),* poesías y obras de teatro.

**MARGARITA DE VALOIS,** llamada **la reina Margot,** reina de Navarra y de Francia (Saint-Germain-en-Laye 1553-París 1615). Hija de Enrique II de Francia y de Catalina de Médicis, casó con Enrique III de Navarra (el futuro Enrique IV de Francia), quien la repudió en 1599. Dejó *Memorias* y *Poesías.*

PARMA

**MARGARITA DE PARMA** (Oudenaarde 1522-Ortona, Abruzzo, 1586). Hija natural de Carlos Quinto, casó con el duque de Parma, Octavio Farnesio, y gobernó los Países Bajos de 1559 a 1567, en que, con el triunfo de la tendencia belicista, fue relevada por el duque de Alba.

SABOYA

**MARGARITA DE AUSTRIA,** duquesa de Saboya (Bruselas 1480-Malinas 1530), hija del emperador Maximiliano y de María de Borgoña. Casó con Juan (1497), primogénito de los Reyes Católicos, quien murió al poco tiempo, y con Filiberto II de Saboya. Gobernó los Países Bajos (1507-1515, 1519-1530) y desempeñó una importante función diplomática.

**MARGARITAS (Las),** mun. de México (Chiapas); 42 443 hab. Caña de azúcar, maíz, frijol.

**MARGATE,** c. de Gran Bretaña (Kent); 49 000 hab. Estación balnearia.

**MARGGRAF** (Andreas), químico alemán (Berlín 1709-*id.* 1782). Obtuvo el azúcar de remolacha en estado sólido y descubrió el ácido fórmico y el anhídrido fosfórico.

**MARGIL DE JESÚS** (*fray* Antonio), misionero franciscano español (Valencia *c.* 1657-México 1726). Recorrió el virreinato de Nueva España y escribió un notable diccionario de lenguas indígenas.

**MARI** *(República de),* república de la Federación de Rusia, al N del Volga, aguas arriba de la confluencia con el Kama; 23 200 km²; 750 000 hab. Cap. *Yoshkar-Olá.*

**MARÍ,** ant. **Merv,** c. de Turkmenistán; 87 000 hab. Algodón. Trabajo del cuero. Central eléctrica.

**MĀRI,** act. **Tell Ḥarīrī** (Siria), ant. c. de Mesopotamia, junto al Éufrates medio. Una de las grandes ciudades del antiguo oriente (IV milenio-s. XVIII a. J.C.), fue destruida por Hammurabi. Las excavaciones, iniciadas en 1933 por el arqueólogo francés André Parrot, confirmaron su importancia entre el IV milenio y el s. III a. J.C.

SANTAS

**MARÍA,** madre de Jesús, esposa de José, llamada también **la Virgen María.** La creencia en la concepción virginal de Jesús en el seno de María apareció desde los primeros tiempos de la Iglesia. El desarrollo de la fe cristiana destacó el papel de la Virgen, y el concilio de Éfeso, en 431, proclamó a María *Madre de Dios.* En la edad media se asistió a un gran auge de la piedad mariana. A pesar de la oposición de la Reforma (s. XVI) se constituyó una teología de la Virgen, la *mariología.* Pío IX definió el dogma de la *Inmaculada Concepción* (1854), y Pío XII, el de la *Asunción* (1950).

**MARÍA MAGDALENA** *(santa),* personaje del evangelio. No es fácil distinguir entre las tres Marías de las que hablan los Evangelios: la pecadora que bañó en perfume los pies de Jesús durante una cena; María de Magdala, que fue la primera en ver a Jesús resucitado, y María de Betania, hermana de Lázaro y de Marta, aunque la tradición las ha identificado.

**MARÍA Egipcíaca** *(santa)* [Egipto *c.* 345-Palestina *c.* 422], cortesana arrepentida tras una visión, pasó el resto de su vida retirada en el desierto.

**MARÍA MICAELA DEL SANTÍSIMO SACRAMENTO** *(santa)* → ***Micaela del Santísimo Sacramento.***

**MARÍA DE LA CABEZA** *(santa)* → ***Isidro*** (san).

SACRO IMPERIO

**MARÍA DE AUSTRIA** (Madrid 1528-*id.* 1603), emperatriz de Austria [1548-1576]. Hija de Carlos Quinto y de Isabel de Portugal, casó (1548) con el emperador Maximiliano II.

**MARÍA TERESA** (Viena 1717-*id.* 1780), emperatriz de Austria [1740-1780], reina de Hungría [1741-1780] y de Bohemia [1743-1780], hija de Carlos VI. Aunque según la pragmática sanción (1713) debía recibir todos los estados de los Habsburgo, tuvo que afrontar la guerra de Sucesión de Austria (1740-1748) contra Prusia, Sajonia y Baviera, ayudadas por Francia y España, que le costó Silesia. En 1745 consiguió que su esposo, Francisco I, fuese elegido emperador germánico. Luchó contra Federico II en la guerra de los Siete años (1756-1763), pero no pudo recuperar Silesia. Practicó el despotismo ilustrado: realizó importantes reformas centralizadoras y fue partidaria del mercantilismo. A partir de 1765 fue dejando el poder en manos de su hijo José II.

ARAGÓN

**MARÍA DE CASTILLA** (Segovia 1401-Valencia 1458), reina de Aragón [1416-1458], hija de Enrique III de Castilla y de Catalina de Lancaster, y esposa de Alfonso V de Aragón (1415). Fue lugarteniente general de Aragón (1420-1436) y de Cataluña (1420-1453).

BORGOÑA

**MARÍA** (Bruselas 1457-Brujas 1482), duquesa de Borgoña [1477-1482], hija de Carlos el Temerario. Por su boda con Maximiliano de Austria, futuro emperador, los Países Bajos y el Franco Condado pasaron a los Habsburgo.

CASTILLA

**MARÍA DE MOLINA** (*c.* 1265-Valladolid 1321), reina de Castilla [1284-1295], esposa de Sancho IV de Castilla (1281). Fue tutora de su hijo Fernando IV (1295-1301) y de su nieto Alfonso XI (1312-1321).

ESCOCIA

**MARÍA I ESTUARDO** (Linlithgow 1542-Fotheringay 1587), reina de Escocia [1542-1567]. Hija de Jacobo V, reina a los siete días, casó con el futuro rey de Francia Francisco II (1558). Enviudó en 1560 y regresó a Escocia, donde luchó contra la Reforma y contra las intrigas secretas de la reina de Inglaterra Isabel I. Su matrimonio con Bothwell, asesino de su segundo marido, lord Darnley, su autoritarismo y su catolicismo provocaron una insurrección y su posterior abdicación (1567). Buscó refugio en Inglaterra y se dejó implicar en varios complots contra Isabel, quien la mandó encarcelar y ejecutar. – **María II Estuardo** (Londres 1662-*id.* 1694), reina de Inglaterra, de Irlanda y de Escocia [1689-1694], hija de Jacobo II y esposa de Guillermo II de Nassau.

ESPAÑA

**MARÍA LUISA DE ORLEANS** (París 1662-Madrid 1689), reina de España [1679-1689], hija de Felipe de Orleans y esposa (1679) de Carlos II.

**MARÍA LUISA GABRIELA DE SABOYA** (Turín 1688-Madrid 1714), reina de España [1701-1714], hija de Víctor Amadeo II de Saboya y primera esposa de Felipe V. Fue gobernadora y lugarteniente del reino (1702).

**MARÍA AMALIA DE SAJONIA** (Dresde 1724-Madrid 1760), reina de Nápoles [1738-1759] y de España [1759-1760], esposa (1738) de Carlos III de España.

**MARÍA LUISA DE PARMA** (Parma 1751-Roma 1819), reina de España [1788-1808], hija de Felipe de Parma, esposa de Carlos IV (1765). Fue amante de Godoy.

**MARÍA JOSEFA AMALIA DE SAJONIA** (Dresde 1803-Aranjuez 1829), reina de España [1819-1829], hija de Maxiliano de Sajonia y tercera esposa de Fernando VII.

**MARÍA CRISTINA DE BORBÓN** (Palermo 1806-Sainte Adresse, Francia, 1878), reina [1829-1833] y regente [1833-1840] de España, sobrina y cuarta esposa de Fernando VII. Durante la primera guerra carlista (1833-1840) defendió el trono para su hija Isabel. Exiliada (1840-1843), conspiró contra Espartero.

**MARÍA VICTORIA** (París 1847-San Remo 1876), reina de España [1870-1873], esposa (1867) de Amadeo, duque de Aosta, futuro Amadeo I de España.

**MARÍA CRISTINA DE HABSBURGO-LORENA** (Gross-Seelowitz, Moravia, 1858-Madrid 1929), reina [1879-1885] y regente [1885-1902] de España.

la emperatriz **María Teresa** (M. Meytens - Kunsthistorisches Museum, Viena)

**María I Estuardo** (museo de arte, Glasgow)

**María Cristina de Borbón** (Vicente López - Prado, Madrid)

**María de Médicis** (Rubens - Prado, Madrid)

**María Antonieta** (A. U. Wertmüller - palacio de Versalles)

**María I Tudor** (A. Moro - Prado, Madrid)

**María Cristina de Habsburgo-Lorena**
(R. de Madrazo - casón del Buen Retiro, Madrid)

Hija del archiduque Carlos Fernando de Austria, esposa de Alfonso XII (1879) y madre de Alfonso XIII, durante su regencia se consolidó el régimen de la Restauración.

FRANCIA

**MARÍA DE MÉDICIS** (Florencia 1573-Colonia 1642), reina de Francia [1600-1610]. Hija del gran duque de Toscana, casó con Enrique IV de Francia (1600). Al morir el rey fue regente de su hijo Luis XIII, y llevó a cabo una política católica y proespañola. Apoyó a Richelieu, que pasó a ser ministro, aunque más tarde se enemistó con el cardenal y tuvo que exiliarse.

**MARÍA TERESA DE AUSTRIA** (Madrid 1638-Versalles 1683), reina de Francia [1660-1683]. Hija de Felipe IV de España, casó con Luis XIV (1660) en virtud del tratado de los Pirineos.

**MARÍA LESZCZYŃSKA** (Breslau 1703-Versalles 1768), reina de Francia [1725-1768], esposa de Luis XV.

**MARÍA ANTONIETA** (Viena 1755-París 1793), reina de Francia. Hija del emperador Francisco I y de María Teresa, casó con el futuro Luis XVI (1770). Impopular por sus escándalos y enemiga de las reformas, fue guillotinada.

**MARÍA LUISA DE HABSBURGO-LORENA** (Viena 1791-Parma 1847), emperatriz de los franceses [1810-1814], esposa de Napoleón I. Fue regente en 1813-1814.

HUNGRÍA

**MARÍA DE AUSTRIA** (Bruselas 1505-Cigales 1558), reina de Hungría [1522-1526], hija de Felipe el Hermoso y de Juana la Loca. Esposa de Luis II de Hungría (1522), enviudó en 1526 y fue nombrada gobernadora de los Países Bajos (1531-1555).

INGLATERRA

**MARÍA I TUDOR** (Greenwich 1516-Londres 1558), reina de Inglaterra e Irlanda [1553-1558], hija de Enrique VIII y de Catalina de Aragón. Contraria a la Reforma, persiguió a los protestantes y sus numerosas ejecuciones le valieron el sobrenombre de María la Sanguinaria. Su matrimonio con Felipe II de España (1554) provocó una guerra desastrosa contra Francia (1557-1558) y la pérdida de Calais.

NÁPOLES

**MARÍA CAROLINA,** reina de Nápoles (Viena 1752-Schönbrunn 1814). Hija del emperador Francisco I, casó con Fernando IV de Nápoles (1768). Fue la verdadera gobernante del país, al que sumió en una lucha cruel contra la Francia republicana y napoleónica.

NAVARRA

**MARÍA DE LUXEMBURGO** († 1324), reina de Francia y de Navarra [1322-1324], hija de Enrique de Luxemburgo y esposa (1322) de Carlos IV de Francia y I de Navarra.

PORTUGAL

**MARÍA I DE BRAGANZA** (Lisboa 1734-Río de Janeiro 1816), reina de Portugal [1777-1816], hija del rey José I y esposa de su tío Pedro III. Afectada de desequilibrios mentales, tuvo que ceder el poder a su hijo, el futuro Juan VI, regente a partir de 1792. – **María II de Braganza** (Río de Janeiro 1819-Lisboa 1853), reina de Portugal [1826-1853], hija de Pedro I, emperador de Brasil y esposa de Fernando de Sajonia-Coburgo-Gotha.

**María,** novela de Jorge Isaacs (1867), representativa del romanticismo en Latinoamérica, en la que lo importante no es la acción sino el estudio de las pasiones humanas y el sentimiento de la naturaleza.

**MARÍA DE FRANCIA,** poeta francesa (1154-1189), autora de *Fábulas* y de *Lais,* inspirados en leyendas célticas sobre temas amorosos.

**MARÍA GALANTE,** en fr. **Marie-Galante,** isla de las Antillas francesas, al SE de Guadalupe, de la que depende; 157 km²; 13 757 hab. Caña de azúcar.

**MARÍA LA BAJA,** mun. de Colombia (Bolívar); 30 849 hab. Centro agropecuario.

**MARÍA TRINIDAD SÁNCHEZ** *(provincia de),* prov. del N de la República Dominicana; 1 310 km²; 111 000 hab. Cap. *Nagua.*

**MARIAMNE** o **MARIAMNA,** en hebr. **Miriam,** segunda esposa de Herodes el Grande (Jerusalén *c.* 60-29 a. J.C.), quien la mandó matar, al igual que a los dos hijos que tuvo con ella.

**MARIANA** (Juan **de**), eclesiástico e historiador español (Talavera de la Reina 1536-Toledo 1624). Jesuita, es autor de una *Historia general de España* (1592) y cronista real de Felipe IV.

**MARIANA DE AUSTRIA** (Viena 1634-Madrid 1696), reina [1649-1665] y regente [1665-1675] de España, hija del emperador Fernando III, esposa de Felipe IV (1649) y madre de Carlos II.

**MARIANA DE JESÚS** *(santa)* [Mariana de Jesús **de Paredes y Flores**], virgen ecuatoriana (Quito 1618-*id.* 1645). Al no ser admitida en el convento dominicano de Santa Catalina, vivió en su casa como religiosa contemplativa. Fue canonizada en 1950.

**MARIANA DE NEOBURGO** (Düsseldorf 1667-Guadalajara 1740), reina de España [1689-1700], hija de Felipe Guillermo de Baviera-Neoburgo y segunda esposa de Carlos II (1689). Fue desterrada por Felipe V.

**MARIANAO,** c. de Cuba (La Habana), en el área urbana de La Habana; 219 278 hab. Industria.

**MARIANAS** *(fosa de las),* fosa del Pacífico occidental, la más profunda conocida (−11 034 m), al E del archipiélago de las Marianas.

**MARIANAS** *(islas),* archipiélago volcánico del Pacífico, al E de las Filipinas. Fueron descubiertas por Magallanes en 1521, ocupadas por España en 1565 y evangelizadas a partir de 1668 con la protección de la reina Mariana de Austria, de donde su nombre actual. A excepción de Guam, cedida a E.U.A. (1898), las otras fueron vendidas a Alemania (1899) y, en 1919, pasaron a Japón. En junio de 1944 fueron escenario de una violenta batalla aeronaval. En 1945 quedaron bajo la tutela de las Naciones unidas, que confió su administración a E.U.A. (1947). Desde 1977 formaron un estado asociado a E.U.A., la *Commonwealth de las Marianas del Norte* (477 km²; 19 000 hab.; cap. *Saipan*). En 1986 se retiró la tutela norteamericana.

**MARIANO** (Mariano Eusebio **González,** llamado **Luis**), cantante español (Irún 1914-París 1970). Desarrolló su carrera en Francia. Popular intérprete de opereta y revista, triunfó también en la canción y el cine *(Violetas imperiales).*

**MARIÁNSKÉ LÁZNĚ,** en alem. **Marienbad,** c. de la República Checa (Bohemia); 15 378 hab. Estación termal y centro de vacaciones.

**MARIARA,** c. de Venezuela (Carabobo), cab. del mun. de Diego Ibarra; 69 404 hab. Industrias.

**MARÍAS** *(islas)* → ***Tres Marías.***

**MARÍAS** (Javier), escritor español (Madrid 1951), autor de novelas (*Todas las almas,* 1989; *Corazón tan blanco,* 1993; *Mañana en la batalla piensa en mí,* 1994) y relatos (*Cuando fui mortal,* 1996). También ha publicado ensayos y colecciones de artículos. (Premio Rómulo Gallegos 1995.)

**MARÍAS** (Julián), filósofo español (Valladolid 1914), discípulo de Ortega y Gasset. Entre sus obras, destacan: *Historia de la filosofía* (1941), *Antropología filosófica* (1970), *La España inteligible* (1985) y *Ser español* (1987). [Real academia 1964.]

**MARIÁTEGUI** (José Carlos), político y ensayista peruano (Lima 1895-*id.* 1930). En 1928 fundó el Partido comunista de Perú. Reflejó su pensamiento, dominado por una conciencia americanista asimiladora del marxismo, en su revista *Amauta* y en *Siete ensayos de interpretación de la realidad peruana* (1929), junto al que destacan *La escena contemporánea* (1925) y *El alma matinal* (póstumo, 1950).

**MARIAZELL,** localidad de Austria (Estiria); 2 300 hab. Lugar de peregrinación. Estación de deportes de invierno (alt. 868-1 624 m).

**MARIBOR** o **MARBURGO,** c. de Eslovenia, a orillas del Drave; 105 000 hab. Construcción automovilística. Castillo de los ss. XV y XVIII (museo).

**MARICA** o **MARITZA,** en turco **Meric,** en gr. **Evros,** r. que nace en Bulgaria, tributario del mar Egeo. Su curso inferior separa Grecia y Turquía; 490 km. Es el *Hebre* de los antiguos.

**MARICHALAR** (Antonio), escritor español (Logroño 1893-Madrid 1973). Crítico de arte y literatura contemporánea, junto a sus ensayos (*Mentira desnuda,* 1933) destacan sus biografías históricas.

**MARIEL,** mun. de Cuba (La Habana), en la *bahía del Mariel;* 33 419 hab. Turismo (playa Salado).

**MARIEMMA** (Guillermina **Martínez,** llamada), bailarina española (Íscar, Valladolid, 1912). Destacada intérprete de folklore español, se consagró con la coreografía de *El amor brujo* de Falla (1947).

**MARIENBAD** → ***Mariánské Lázně.***

**MARIETTE** (Auguste), egiptólogo francés (Boulogne-sur-Mer 1821-El Cairo 1881). Descubrió muchos de los grandes yacimientos de Egipto y Nubia, y fundó en Būlāq un museo, núcleo del act. museo de El Cairo.

**Marignano** *(batalla de)* [13-14 set. 1515], victoria de Francisco I de Francia (en Marignano, act. Melegnano, Lombardía) sobre los suizos, durante las guerras de Italia.

**MARÍN,** v. de España (Pontevedra), cab. de p. j.; 23 218 hab. *(Marinenses.)* Puerto militar, comercial y pesquero, en la ría de Pontevedra.

**MARÍN** (Joaquín), arquitecto español activo en la segunda mitad del s. XVII en el virreinato del Río de la Plata, de estilo neoclásico (santuario de Nuestra Señora de Luján).

**MARÍN CAÑAS** (José), novelista costarricense (San José 1904-*id.* 1980). Representó la adaptación en Costa Rica de la novela indigenista, con su vertiente metafísica –la lucha del hombre con el medio hostil– y social (*El infierno verde,* 1935; *Pedro Arnáez,* 1942, y las memorias: *Valses nobles y sentimentales,* 1981).

**MARINA** → ***Malinche.***

**MARINELLO** (Juan), escritor cubano (San Diego del Valle 1898-La Habana 1977), poeta (*Liberación,* 1927) y ensayista (*Momento español,* 1939; *Once ensayos martinianos,* 1965).

**MARINEO SÍCULO** (Lucio), humanista italiano (Bidino, Sicilia, 1460-en España 1533), capellán y cronista de la corte de Fernando el Católico.

**Marinero en tierra,** libro de poemas de R. Alberti (1924). El poeta, expatriado a la ciudad desde la que no ve el mar, lo evoca con nostalgia. Es una poesía que añade lo popular a la tradición culta.

**MARINETTI** (Filippo Tommaso), escritor italiano (Alejandría, Egipto, 1876-Bellagio, Como, 1944), iniciador del futurismo.

**MARINGÁ,** c. de Brasil (Paraná); 239 930 hab.

**MARĪNÍES** → ***Benimerines.***

**MARINILLA,** mun. de Colombia (Antioquia); 31 310 hab. Centro agropecuario. Textiles.

**MARINO** o **MARINI** (Giambattista), poeta italiano (Nápoles 1569-*id.* 1625). Su poesía (*Adonis,* 1623), cargada de metáforas y antítesis, ejerció profunda influencia en la literatura preciosista francesa.

**MARIÑAS (Las),** comarca de España (La Coruña), que comprende la ribera marina de las rías de La Coruña, Betanzos, Ares y Ferrol. Agricultura. Pesca. Industrias en La Coruña y Ferrol.

**MARIÑO,** mun. de Venezuela (Nueva Esparta), en la isla Margarita; 67 144 hab. Cab. *Porlamar.**

**MARIÑO** (Santiago), militar y político venezolano (en isla Margarita, *c.* 1788-La Victoria 1854). Fue lugarteniente de Bolívar y jefe del estado mayor en la batalla de Carabobo (1821). Candidato a presidente (1834), fue derrotado por Vargas, a quien intentó derrocar en 1835, al frente de la revolución reformista.

**MARIO** (Cayo), general y político romano (Cereatae, cerca de Arpino, 157-Roma 86 a. J.C.). Perteneciente a una familia plebeya, rompió con Metelo, uno de los jefes de la aristocracia, y se erigió en líder del pueblo. En 107 obtuvo el consulado y dirigió el ejército de África; constituyó un auténtico ejército profesional, gracias al cual venció a Yugurta, a los teutones en Aix-en-Provence (102) y a los cimbrios en Verceil (101). Pero el partido aristocrático recuperó su ventaja con Sila, quien, tras haber vencido en oriente, marchó sobre Roma (88). Mario tuvo que exiliarse en África. Sila partió hacia oriente y Mario regresó a Roma (86) con la ayuda de Cinna. Fue nombrado cónsul por séptima vez y murió poco tiempo después.

**MARIOTTE** (Edme), físico francés (Dijon, *c.* 1620-París 1684). Enunció la ley de deformación elástica de los sólidos (1660), descubrió el punto ciego del ojo y, en 1676, estableció la ley de la compresibilidad de los gases *(ley de Boyle-Mariotte)*. También realizó investigaciones de hidrodinámica.

**MARIQUITA,** mun. de Colombia (Tolima); 24 125 hab. Agricultura y ganadería vacuna.

**MARISCAL** (Javier **Errando,** llamado Javier), dibujante y diseñador español (Valencia 1950). Uno de los renovadores del cómic español, se ha dedicado también al interiorismo y al diseño (*Cobi,* mascota de los Juegos olímpicos de 1992). [Premio nacional de diseño 1999.]

**MARISCAL ESTIGARRIBIA,** c. de Paraguay, cap. del dep. de Boquerón, en el Gran Chaco.

**MARISMAS (Las),** región fisiográfica de España (Huelva, Sevilla y Cádiz), en el valle inferior del Guadalquivir hasta su desembocadura. Es una región pantanosa, aprovechada en parte por la agricultura y la pesca (esturión).

**MARISOL** (Marisol **Escobar,** llamada), escultora norteamericana de origen venezolano (París 1930). Creó assemblages de materiales heterogéneos no exentos de ironía y se aproximó al pop art.

**MARITAIN** (Jacques), filósofo francés (París 1882-Toulouse 1973), defensor del neotomismo (*Elementos de filosofía,* 1923) e inspirador de la democracia cristiana (*Cristianismo y democracia,* 1943).

**MARÍTIMAS** *(provincias),* denominación dada a tres provincias de Canadá: Nuevo Brunswick, Nueva Escocia e Isla del Príncipe Eduardo.

**Maritornes,** personaje del *Quijote,* criada de la venta donde fue apaleado don Quijote. Cervantes acentuó en ella las tintas de lo feo y desagradable.

**MARITZA** → ***Marica.***

**MARIÚPOL,** de 1948 a 1989 **Zhdánov,** c. y puerto de Ucrania, junto al mar de Azov; 517 000 hab. Siderurgia.

**MARIVAUX** (Pierre **Carlet de Chamblain de**), escritor francés (París 1688-*íd.* 1763). Renovó la comedia con una refinada sicología y un lenguaje delicado (*La sorpresa del amor,* 1722; *El juego del amor y del azar,* 1730; *Las falsas confidencias,* 1737). Fue también autor de novelas (*La vida de Marianne,* 1731-1741).

**MARKHAM** *(monte),* uno de los puntos culminantes de la Antártida; 4 350 m.

**MARKHAM,** c. de Canadá (Ontario); 137 591 hab.

**MÁRKOV** (Andréi Andréievich), matemático ruso (Riazán 1856-Petrogrado 1922). Introdujo las cadenas de acontecimientos en el cálculo de probabilidades (*cadenas* [o *procesos*] *de Márkov*).

**MARL,** c. de Alemania (Renania del Norte-Westfalia), en el Ruhr; 90 725 hab. Química.

**MARLBOROUGH** (John **Churchill,** *duque* **de**), general inglés (Musbury 1650-Granbourn Lodge 1722). En junio de 1688 pasó del bando de Jacobo II al de Guillermo III de Nassau. Tras el advenimiento de la reina Ana (1702), fue nombrado comandante en jefe de las tropas británicas. Generalísimo de los ejércitos aliados, obtuvo importantes victorias durante la guerra de Sucesión de España (Blenheim, 1704; Oudenaarde, 1708; Malplaquet, 1709). Cayó en desgracia en 1710.

**MARLOWE** (Christopher), poeta y dramaturgo inglés (Canterbury 1564-Deptford, Londres, 1593), autor de *La trágica historia del doctor Fausto* (1588), *Eduardo II* (*c.* 1592), primera tragedia histórica del teatro inglés, *Hero y Leandro* (poema inacabado, publicado en 1598), etc.

**Marlowe** (Philip), detective privado creado por Raymond Chandler en 1939 como protagonista de sus novelas.

**MÁRMARA** *(mar de),* mar interior de la cuenca del Mediterráneo, entre las partes europea y asiática de Turquía; 11 500 km² aprox. Es la antigua *Propóntide.*

**MÁRMOL** (José), escritor argentino (Buenos Aires 1818-*íd.* 1871). Atacó a Rosas desde su exilio en versos románticos. Imitó a Byron en *Cantos del peregrino* (1844). En *Armonías* (1851-1854) los poemas políticos alternan con otros de tema personal. Su novela folletinesca *Amalia* (1855) interesa por la descripción del ambiente de la dictadura.

**MARMOLADA,** punto culminante de los Dolomitas (Italia); 3 342 m.

**MARMONT** (Auguste **Viesse de**), *duque* **de Ragusa,** mariscal de Francia (Châtillon-sur-Seine 1774-Venecia 1852). Comandó el ejército en Dalmacia (1806), en Portugal (1811) y en España (1812), donde fue derrotado y herido en los Arapiles. En 1814 negoció la capitulación de París.

**MARMORA** (Alfonso Ferrero **La**), general y político italiano (Turín 1804-Florencia 1878). Dirigió las fuerzas sardas durante las campañas de Crimea (1855) e Italia (1859), fue presidente del consejo (1864) y, en 1866, se alió con Prusia contra Austria.

**MARNE,** r. de Francia, afl. del Sena (or. der.); 525 km. Un canal lo enlaza con el Rin.

**MARNE,** dep. de Francia (Champagne-Ardenne); 8 162 km²; 558 217 hab. Cap. *Châlons-en-Champagne.*

**Marne** *(batalla del)* [set. 1914], conjunto de maniobras y combates victoriosos de las tropas francesas, dirigidas por Joffre, que detuvieron el avance alemán.

**MAROS** → ***Mureş.***

**MAROT** (Clément), poeta francés (Cahors 1496-Turín 1544). Fiel a las formas estróficas medievales (rondel, balada), fue también un elegante poeta cortesano *(Elegías; Epigramas; Epístolas).*

**MAROTO** (Rafael), militar español (Lorca 1783-en Chile 1847). Combatió en las guerras de independencia de América (1814-1824). Incorporado al ejército carlista en 1833, llevó a cabo las negociaciones que condujeron al convenio de Vergara (1839).

**MARQUÉS (El),** mun. de México (Querétaro); 40 160 hab. Cab. *La Cañada.* Cereales, alfalfa. Vacunos.

**MARQUÉS** (Pedro Miguel), compositor español (Palma de Mallorca 1843-*íd.* 1918), autor de cinco sinfonías (1869-1880) y de numerosas zarzuelas (*El anillo de hierro,* 1878).

**MARQUÉS** (René), escritor puertorriqueño (Arecibo 1919-*íd.* 1979). En sus cuentos y novelas (*La víspera del hombre,* 1959), en sus obras teatrales cargadas de simbolismo (*El sol y los MacDonald,* 1950; *La carreta,* 1952; *La casa sin reloj,* 1961) y en sus ensayos refleja la constante búsqueda de la identidad nacional frente al colonialismo norteamericano.

**MARQUESAS** *(islas),* archipiélago de la Polinesia francesa; 1 274 km²; 7 358 hab. Cap. *Taiohae.*

**MARQUETTE** (Jacques), jesuita francés (Laon 1637-a orillas del lago Michigan 1675), descubridor del río Mississippi (1673).

**MÁRQUEZ** (José Ignacio **de**), político y jurisconsulto colombiano (Ramiriquí, Boyacá, 1793-† 1880). Presidió el congreso de Cúcuta (1821), fue vicepresidente (1828) y presidente (1837-1841) de la república.

**MÁRQUEZ BUSTILLOS** (Victoriano), político venezolano (Guanare 1858-† 1941). Fue presidente provisional de la república (1915-1922), a la sombra de la dictadura de Gómez.

**MÁRQUEZ MIRANDA** (Fernando), arqueólogo argentino (Buenos Aires 1987-*íd.* 1961), especializado en las culturas precolombinas (*Los aborígenes de América del Sur,* 1940).

**MARQUINA** (Eduardo), escritor español (Barcelona 1879-Nueva York 1946). Poeta modernista (*Églogas,* 1902) inclinado luego hacia una temática civil, cultivó la novela y el teatro, destacando por sus dramas históricos en verso (*En Flandes se ha puesto el sol,* 1910). [Real academia 1931.]

**MARQUINA** (Félix Berenguer **de**), administrador español (Alicante 1738-*íd.* 1826), gobernador de Filipinas (1788) y virrey de Nueva España (1800-1803).

**MARRAKECH,** en ár. **Marrākuš,** c. de Marruecos, al pie del Alto Atlas; 549 000 hab. Centro comercial y turístico. Numerosos monumentos: la Kutūbiyya, mezquita del s. XII y tumbas de la dinastía Sa'dī (s. XVI). Fundada en 1062, fue hasta 1269 la capital de los Almorávides y de los Almohades.

**MARRATXÍ,** mun. de España (Baleares), en Mallorca; 11 585 hab. Cap. *La Cabaneta.* Almendros, cereales. Industrias agrícolas. Alfarería. Campo de aviación (Son Bonet).

**MARROQUÍN** (Francisco), prelado español del s. XVI († 1563). Primer obispo de Guatemala, fundó la primera escuela de Centroamérica (1532).

**MARROQUÍN** (José Manuel), escritor y político colombiano (Bogotá 1827-*íd.* 1908). Vicepresidente (1898), lideró la rebelión de los «históricos» (1899) y presidió el ejecutivo (1900-1904). Con los seudónimos **Gonzalo González de la Gonzalera** y **Pedro Pérez de Perales,** publicó novelas (*Blas Gil,* 1896), poemas y obras críticas e históricas.

**MARRUECOS,** en ár. **al-Magrib,** estado del NO de África, bañado por el Atlántico y el Mediterráneo; 710 000 km² (con el Sahara Occidental); 26 200 000 hab. *(Marroquíes.)* CAP. *Rabat.* C. PRAL. *Casablanca, Marrakech, Fez* y *Mequínez.* LENGUA OFICIAL: *árabe.* MONEDA: *dirham marroquí.*

**GEOGRAFÍA**

Las cadenas del Atlas separan el Marruecos oriental, meseta que domina la depresión del Muluya, del Marruecos atlántico, formado por mesetas y llanuras (a lo largo del litoral). El N está ocupado por la cadena del Rif, que cae abruptamente sobre el Mediterráneo. El S se adentra en el Sahara. La latitud y la disposición del relieve explican la relativa humedad del Marruecos atlántico y la aridez de la parte oriental y meridional.

La población, islamizada y predominantemente árabe (a pesar de la presencia beréber), experimenta un crecimiento rápido. La agricultura combina cereales (trigo), pastos (sobre todo para la cría de ganado ovino) y cultivos comerciales (cítricos). Los fosfatos constituyen la parte fundamental de las exportaciones. La industria de transformación está poco desarrollada, el desempleo es notable y genera tensiones sociales. El desarrollo del turismo y las remesas de los emigrantes no consiguen paliar el déficit comercial, al que se suma la gravosa carga de los gastos militares ligados al problema del Sahara Occidental.

**HISTORIA**

***El antiguo Marruecos.*** Ss. IX-VIII a. J.C.: los fenicios fundaron factorías en el litoral. S. VI: dichas factorías pasaron a manos de Cartago. 146 a. J.C.: Cartago fue destruida, pero su influencia se extendió al reino de Mauritania. 40 d. J.C.: Mauritania fue anexionada por Roma y dividida en dos provincias: Cesariana (cap. Cherchell) y Tingitana (cap. Tánger). 435-442: ambas fueron ocupadas por los vándalos. 534: Justiniano estableció el dominio bizantino.
***Del islam a las dominaciones francesa y española.*** 700-710: los árabes conquistaron el país e impusieron el islam a las tribus bereberes, cristianas, judías y animistas. 739-740: revuelta de los bereberes jāriŷíes. 789-985: la dinastía de los Idrīsíes gobernó el país. 1061-1147: los Almorávides unificaron el Mogreb y al-Andalus y formaron un vasto imperio. 1147-1269: con los Almohades se desarrolló una brillante civilización arábigo-andalusí que se expandió en Fez, Marrakech y Sevilla. 1269-1420: Marruecos, dominado por los Benimerines, tuvo que renunciar a España (1340). 1415: los portugueses conquistaron Ceuta. 1472-1554: con los Waṭṭāsíes se produjo un retroceso de la vida urbana, al tiempo que crecían el nomadismo, el particularismo tribal y la devoción por los morabitos. 1554-1659: con los Sa'díes los portugueses fueron derrotados en la batalla de Alcazarquivir (1578) por al-Manṣūr (1578-1603). 1591: conquista de Tombouctou. 1666: Mūlāy al-Rašīd fundó la dinastía de los 'Alawíes. Ss. XVII-XVIII: luchas por la sucesión y grave crisis económica. S. XIX: las potencias europeas (Gran Bretaña, España, Francia) obligaron a los sultanes a abrir el país a sus productos. 1873-1912: con Ḥasan I (1873-1894), 'Abd al-'Azīz (1900-1908) y Mūlāy Ḥāfiẓ (1908-1912) Marruecos mantuvo su independencia gracias a la rivalidad entre las grandes potencias. 1906-1912: tras los acuerdos de Algeciras, Marruecos quedó bajo control internacional, aunque fueron Francia y España las potencias que se repartieron de hecho el territorio marroquí.
***La época contemporánea.*** 1912: el tratado de Fez estableció el protectorado francés. España obtuvo la zona N (el Rif) y una zona del S (Ifni, Tarfaya). 1912-1925: el general Lyautey emprendió la pacificación del país. 1921-1926: 'Abd el-Krīm promovió la guerra del Rif y fue vencido por una coalición francoespañola. 1933-1934: fin de la resistencia de los bereberes en el Alto Atlas; Francia controló el país. 1944: el partido del Istiqlāl reclamó la inde-

pendencia. 1953-1955: el sultán Muḥammad V (1927-1961) fue depuesto y exiliado por las autoridades francesas. 1956: proclamación de independencia; España conservó Ceuta, Melilla, Ifni, Tarfaya (devuelta en 1958) y el Sahara Español. 1957: Marruecos se erigió en reino. 1961: Ḥasan II accedió al trono. 1969: España cedió Ifni. 1975-1979: después de la llamada marcha verde, Marruecos consiguió la cesión de la administración del N del Sahara Occidental* (antiguo Sahara Español), y la totalidad del territorio tras la retirada de Mauritania del S en 1979, que ocupó de facto, con la oposición del Frente polisario. 1989: el país integró la Unión del Mogreb Árabe. 1993: elecciones legislativas tras la reforma constitucional destinada a lograr que el gobierno refleje la composición de la cámara. 1998: primer gobierno de alternancia, presidido por el socialista A. Yussufi. 1999: tras la muerte de Ḥassan II, su hijo Muḥammad VI accedió al trono.

INSTITUCIONES

Monarquía constitucional. Constitución de 1972, revisada en 1992. Rey: jefe espiritual y temporal. Primer ministro: responsable ante el rey y la *cámara de representantes,* elegida cada 6 años.

**Marruecos** *(campañas de),* operaciones militares de las tropas españolas en el protectorado de Marruecos (1907-1927). En 1909 (guerra de Melilla), las derrotas españolas (barranco del Lobo) y la movilización de reservistas provocaron manifestaciones en España (Semana trágica de Barcelona). En 1912, Francia y España delimitaron sus zonas de influencia en Marruecos. Tras unos años de penetración pacífica, en 1919 los generales Berenguer y Silvestre recibieron la orden de intensificar las conquistas. Abd el-Krim se levantó en 1921 en la zona del Rif y derrotó a Silvestre en Annual, lo que aumentó el sentimiento de repulsa a la guerra en España. Las responsabilidades del desastre estuvieron en el trasfondo del golpe militar de Primo de Rivera de 1923. En 1925, tras el acuerdo entre Francia y España para una actuación conjunta, las tropas francoespañolas desembarcaron en Alhucemas y conquistaron Axdir, capital de la república de Abd el-Krim, que se rindió en junio de 1926. En 1927 concluyó la pacificación de Marruecos.

**MARSA EL-KEBIR (El-),** ant. **Mers el-Kébir,** en esp. **Mazalquivir,** c. y puerto de Argelia; 23 600 hab.

**MARSALA,** c. y puerto de Italia (Sicilia), a orillas del Mediterráneo; 77 218 hab. Vinos.

**MARSÉ** (Juan), escritor español (Barcelona 1933). La recreación de ambientes marginados de Barcelona y la crítica de la burguesía son constantes en sus novelas (*Últimas tardes con Teresa,* 1965; *Si te dicen que caí,* 1973; *El amante bilingüe,* 1990). [Premio Juan Rulfo 1997.]

**MARSELLA,** en fr. **Marseille,** c. de Francia, cap. de la región de Provenza-Alpes-Costa Azul y del dep. de Bouches-du-Rhône; 807 726 hab. (más de 1,5 millones en la aglomeración). *[Marselleses.]* Principal puerto comercial francés. Universidad. Colonia focea (s. VI a. J.C.), *Massalia* fue próspera en época romana. Formó parte del condado de Provenza y tuvo gran actividad durante las cruzadas. Pasó a Francia en 1481. Al abrirse el canal de Suez (1869), se convirtió en el principal puerto mediterráneo. Restos griegos y romanos (barrio del Vieux-port).

**MARSELLA,** mun. de Colombia (Risaralda); 19 614 hab. Plátanos, vacuno. Tostaderos de café.

**marsellesa** *(La),* himno nacional francés, letra y música de C. J. Rouget de Lisle, compuesto en 1792.

**MARSHALL,** archipiélago y estado de Micronesia; 181 $km^2$; 41 000 hab. CAP. *Majuro.* LENGUA OFICIAL: *inglés.* MONEDA: *dólar E.U.A.* Las islas Marshall, descubiertas por los españoles en el s. XVI (D. de Saavedra), y visitadas por los británicos (entre ellos Marshall), pertenecieron a Alemania de 1885 a 1914 y estuvieron bajo mandato japonés hasta 1944. Puestas por la O.N.U. bajo tutela de E.U.A. (1947), en 1986 pasaron a ser un estado libre asociado a E.U.A. En 1991 fueron admitidas en la O.N.U.

**MARSHALL** (Alfred), economista británico (Londres 1842-Cambridge 1924), considerado el principal representante de la escuela neoclásica.

**MARSHALL** (George Catlett), general y político norteamericano (Uniontown, Pennsylvania, 1880-Washington 1959). Jefe del estado mayor del ejército (1939-1945) y secretario de Estado del presidente Truman (1947-1949), dio su nombre al plan norteamericano de ayuda económica a Europa *(plan Marshall).* [Premio Nobel de la paz 1953.]

**Marshall** *(plan),* plan de ayuda económica a Europa lanzado a iniciativa del general G.C. Marshall en 1948. Concebido como un plan de reconstrucción de Europa tras la segunda guerra mundial y con una duración prevista de cuatro años, fue administrado por la Organización europea de cooperación económica (O.E.C.E.), a la que desde su creación se suscribieron 16 estados.

**MARSIAS,** músico frigio de la mitología griega, inventor de la flauta. Fue desollado vivo por Apolo, a quien había osado desafiar en un torneo musical.

**MARSILLACH** (Adolfo), actor y director de cine y teatro español (Barcelona 1928). Debutó en el cine como actor (1947), y a partir de *Flor de santidad* (1972) ha dirigido películas y sus propias obras teatrales. Ha sido director del Centro dramático nacional (1978-1979) y de la Compañía nacional de teatro clásico (1985-1989 y de 1992 a 1996).

**MARSTON** (John), poeta y dramaturgo inglés (Coventry *c.* 1575-Londres 1634), autor de sátiras y tragicomedias (*The malcontent,* 1604).

**MARTA** *(santa),* hermana de Lázaro y de María de Betania en el Evangelio.

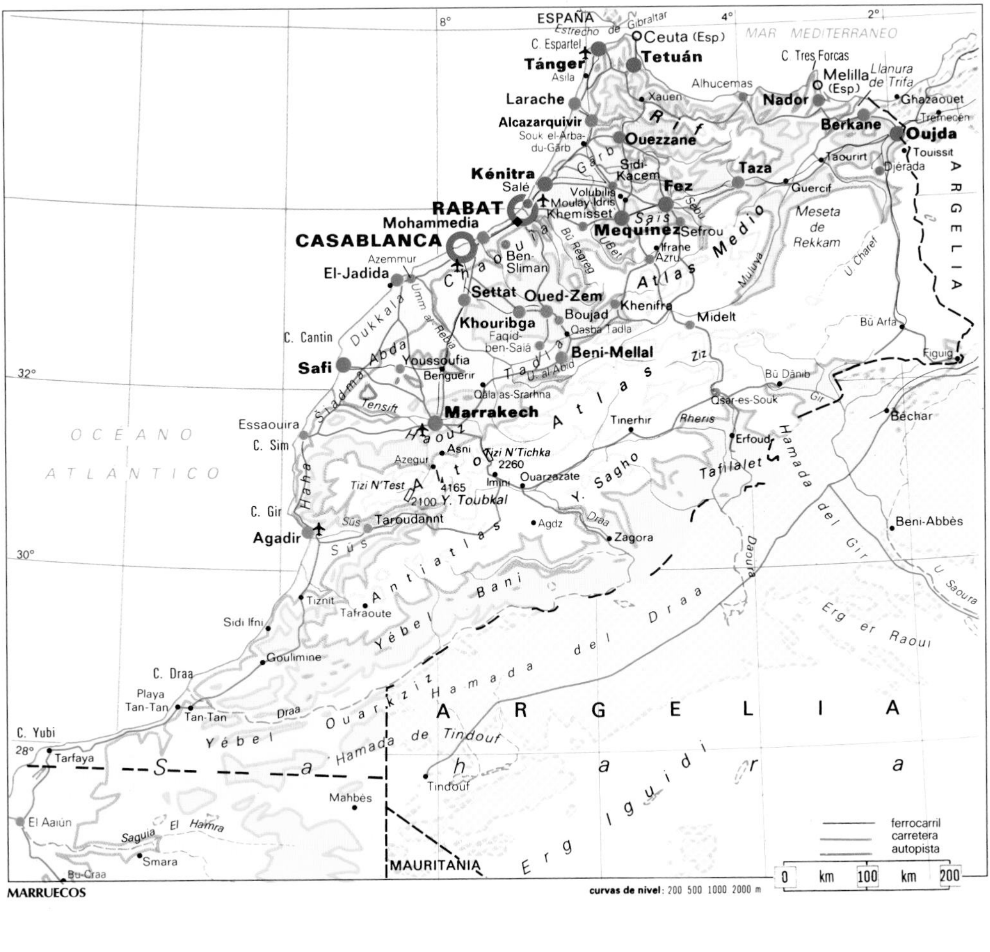


MARRUECOS

**MARTABÁN,** golfo de Birmania, al E y SE de Rangún.

**MARTE,** planeta del sistema solar, situado entre la Tierra y Júpiter. Su superficie es de un color rojizo muy característico, debido a la presencia de óxido de hierro. Posee los volcanes (extinguidos) más grandes del sistema solar. Está envuelto por una tenue atmósfera de gas carbónico y cuenta con dos satélites, Fobos y Deimos. El estudio de su superficie comenzó en 1976 (sondas Viking, E.U.A.) y se reanudó en 1997 (misión Mars Pathfinder, E.U.A.).

**MARTE,** en la mitología romana, dios de la guerra, identificado con el Ares de los griegos.

**MARTEL** (Édouard), espeleólogo francés (Pontoise 1859-cerca de Montbrison 1938), fundador de la espeleología.

vista del suelo de **Marte** tomada por la sonda norteamericana Viking 2

**MARTENS** (Wilfried), político belga (Sleidinge 1936), presidente del Partido socialcristiano flamenco (1972-1979) y primer ministro (1979-1992).

**MARTÍ,** ant. **Guamutas,** mun. de Cuba (Matanzas); 23 592 hab. Ciénagas de Sibanasí y Majaguillar, y numerosos cayos. Caña de azúcar, naranjas.

**MARTÍ** (Farabundo), político salvadoreño († San Salvador 1932). Militante revolucionario en México, Guatemala, El Salvador y Nicaragua, junto a Sandino, fue ejecutado a raíz de la insurrección salvadoreña de 1931.

**MARTÍ** (José), político y escritor cubano (La Habana 1853-Dos Ríos 1895), héroe de la independencia cubana. Sufrió la cárcel, deportaciones a España y largos exilios en Guatemala y Nueva York. Tras firmar el *Manifiesto de Monte Cristi* (1895), programa ideológico de la revolución, marchó a Cuba, donde murió combatiendo contra las tropas españolas. Su obra poética (*Ismaelillo,* 1882; *Versos sencillos,* 1891; *Versos libres* 1913) le convierte en un precursor del modernismo, al igual que su novela *Amistad funesta* (1885). Sus artículos *(Nuestra América)* y ensayos reflejan su profundo americanismo y su idea de la libertad basada en «un cambio de espíritu» con una perspectiva liberal (*El presidio en Cuba,* 1871; *La República Española ante la revolución cubana,* 1873; *Bases del partido revolucionario cubano,* 1892). También escribió obras teatrales, escritos sobre literatura y arte y *Cartas de Nueva York* (1881-1891).

**MARTÍ DE EIXALÁ** (Ramón), filósofo y jurista español (Cardona 1808-Madrid 1857), autor de un *Curso de filosofía elemental* (1841) influido por el empirismo anglosajón. Su obra principal es *Instituciones del derecho mercantil de España* (1848). Fundó la Academia de jurisprudencia y legislación de Barcelona.

José **Martí**

**MARTÍ I POL** (Miquel), poeta español en lengua catalana (Roda de Ter 1929), de temática personal y social. (Premio de honor de las letras catalanas 1991.)

**MARTÍN,** r. de España, afl. del Ebro (or. der.); 98 km. Desemboca junto a Escatrón (central térmica). Embalses de Híjar y Cueva Foradada.

SANTOS

**MARTÍN** *(san),* obispo de Tours (Sabaria, Panonia, *c.* 315-Candes, Turena, 397). Fundó numerosos monasterios y fue obispo de Tours (370 o 371). Se le considera el artífice del apostolado rural galo.

**MARTÍN DE PORRES** *(san),* religioso peruano (Lima 1579-*id.* 1639), llamado **fray Escoba.** Mulato, entró como servidor en el convento de los dominicos de Lima (*c.* 1600) y dedicó su vida a la oración y la penitencia. Fue canonizado en 1962.

PAPA

**MARTÍN V** (Odonne **Colonna**) [Genazzano 1368-Roma 1431], papa de 1417 a 1431. Su elección puso fin al cisma de occidente.

ARAGÓN

**MARTÍN I el Humano** (Gerona 1356-Barcelona 1410), rey de Aragón y de Cerdeña [1396-1410] y de Sicilia [1409-1410], segundo hijo de Pedro el Ceremonioso. Su muerte provocó una crisis sucesoria que se resolvió en el compromiso de Caspe (1412).

**MARTÍN el Joven** (1376-Cagliari 1409), rey de Sicilia [1396-1409]. Hijo único de Martín el Humano, casó con María, hija de Fadrique III de Sicilia (1390), y sucedió a Juan II como rey de la isla. Derrotó a los sardos en Sant Lluri (1409) poco antes de morir.

**MARTIN** (Frank), compositor suizo (Ginebra 1890-Naarden, Países Bajos, 1974), autor de música sinfónica, oratorios (*Gólgota,* 1949; *El misterio de la Navidad,* 1959) y conciertos.

**MARTIN** (Pierre), ingeniero e industrial francés (Bourges 1824-Fourchambault 1915). En 1865 inventó el procedimiento de elaboración del acero sobre solera *(procedimiento Martin),* basado en la refundición de chatarra de acero, con adición de hierro colado.

**MARTIN DU GARD** (Roger), escritor francés (Neuilly-sur-Seine 1881-Sérigny 1958), relator de las crisis intelectuales y sociales de su tiempo (*Los Thibault,* ciclo de novelas, 1922-1940). [Premio Nobel de literatura 1937.]

**Martín Fierro,** poema narrativo de José Hernández, compuesto de dos partes: *El gaucho Martín Fierro* (1872) y *La vuelta de Martín Fierro* (1879). En la primera, el protagonista recuerda el pasado arcádico de los gauchos y lo compara con su maltratada situación que lo obliga a refugiarse entre los indios. En la segunda narra la huida del protagonista y el encuentro con sus dos hijos, motivo de nuevas aventuras. El poema, escrito en un lenguaje de gran viveza popular, representa la culminación de la tradición gauchesca. Entre las ilustraciones más populares de la obra figuran las de C. Alonso (1959) y J. C. Castagnino (1962).

**MARTÍN GAITE** (Carmen), escritora española (Salamanca 1925-Madrid 2000). Su narrativa, introspectiva y confesional, incide en los temas de la incomunicación y la búsqueda de la identidad (*El balneario,* 1954; *Entre visillos,* 1958; *El cuarto de atrás,* 1978; *Nubosidad variable,* 1992). Es también ensayista. (Premio nacional de narrativa 1978, Premio nacional de las letras españolas 1994.)

**MARTÍN GARCÍA,** isla de Argentina, en el Río de la Plata, frente a la desembocadura del río Uruguay; 2 km². Debe el nombre a su descubridor (1516), un marinero de la expedición de Díaz de Solís.

**MARTÍN MUNICIO** (Ángel), químico español (Haro 1923), autor de importantes estudios sobre el metabolismo de aminoácidos y lípidos. Es presidente de la Academia de ciencias exactas, físicas y naturales desde 1985 y vicedirector de la Real academia de la lengua española (1992-1999). [Real academia 1982.]

**MARTÍN MUÑOZ DE LAS POSADAS,** v. de España (Segovia); 573 hab. Iglesia parroquial gótica, de ladrillo (s. XVI). Palacio renacentista del cardenal Diego de Espinosa (s. XVI).

**MARTÍN RECUERDA** (José), dramaturgo español (Granada 1926). Su obra es una búsqueda de las raíces del pueblo español, a través de una Andalucía negra y trágica (*El teatrito de don Ramón,* 1959; *Las arrecogías del beaterio de Santa María Egipciaca,* 1970).

***Martín Rivas,*** novela de A. Blest Gana (1862), que gira en torno a la confrontación del mundo de los ricos con el de la clase media en el marco de las luchas sociopolíticas chilenas del s. XIX.

**MARTÍN SANTOS** (Luis), escritor español (Larache 1921-Vitoria 1964). Su gran aportación a la narrativa española es la novela *Tiempo de silencio* (1962), despiadada crítica social que significó la superación de los moldes realistas imperantes. Póstumamente aparecieron: *Apólogos* (1970) y su novela inacabada *Tiempo de destrucción* (1975).

**MARTÍN Y SOLER** (Vicente), compositor español (Valencia 1754-San Petersburgo 1806). Recorrió Italia estrenando óperas y ballets; de allí pasó en 1785 a Viena, donde triunfó con su obra más conocida, la ópera *Una cosa rara* (1786). Se instaló en la corte de Catalina II de Rusia y fue consejero de Pablo I.

**MARTINAZZO** (Daniel), jugador de hockey sobre patines argentino (San Juan 1958). Campeón del mundo con la selección de su país en 1978 y 1984, con el Liceo La Coruña ha sido campeón de Europa y de la copa de la CERS.

**MARTINET** (André), lingüista francés (Saint-Albans-des-Villards, Saboya, 1908-Châtenay-Malabry, Hauts-de-Seine, 1999), autor de importantes trabajos de fonología y lingüística general.

**MARTÍNEZ** (Arturo), pintor guatemalteco (Cantel 1912-† 1956), de estilo naïf y onírico con influencia indigenista.

**MARTÍNEZ** (Celestino), pintor y litógrafo venezolano (1820-1885). Publicó los *Cuadros de costumbres granadinas* (1851) y divulgó la fotografía.

**MARTÍNEZ** (Concepción, llamada **Conchita**), tenista española (Monzón 1972). Vencedora con el equipo español en la copa Federación (1991, 1993, 1994, 1995 y 1998), ganó el torneo de Wimbledon en 1994, y, en la especialidad de dobles, la medalla de plata en los Juegos olímpicos de Barcelona (1992) y la de bronce en los de Atlanta (1996).

**MARTÍNEZ** (Efraín), pintor colombiano (Popayán 1898-*id.* 1956). Destacó en el retrato y en el dibujo de corte académico, con un notable colorido.

**MARTÍNEZ** (Francisco), pintor mexicano (México fines del s. XVII-*id.* 1758), retratista y autor de obras religiosas *(La Merced).*

**MARTÍNEZ** (Isidro), pintor y dibujante mexicano (Toluca 1861-*id.* 1937), autor de dos grandes cuadros históricos: *Los informantes de Moctezuma* (1894) y *El letargo de la princesa Papatzin* (1893).

**MARTÍNEZ** (José Luis), escritor mexicano (Atoyac, Jalisco, 1918). Director de la Academia mexicana, es un fecundo ensayista y crítico literario (*La técnica en literatura,* 1943; *La emancipación literaria de México,* 1955; *El ensayo mexicano moderno,* 1958; *Pasajeros de Indias,* 1982).

**MARTÍNEZ** (Juan), cartógrafo español, residente en Palermo, de la escuela mallorquina, que levantó numerosas cartas náuticas entre 1556 y 1618.

**MARTÍNEZ** (Jusepe), tratadista de arte y pintor español (Zaragoza *c.* 1602-*id.* 1682). Sus *Discursos practicables del nobilísimo arte de la pintura* son esenciales para el estudio de la pintura española del s. XVII.

**MARTÍNEZ** (Tomás), militar y político nicaragüense (León 1812-† 1873), presidente de la república junto con Máximo Pérez (1857-1859) y en solitario (1859-1867).

**MARTÍNEZ ALCUBILLA** (Marcelo), jurista español (Aranda de Duero *c.* 1820-Madrid 1900), autor del *Diccionario de la administración española* (1858-1862), que publica apéndices anuales.

Carmen **Martín Gaite**

Francisco **Martínez de la Rosa**
(M. de Ojeda - congreso de diputados, Madrid)

**MARTÍNEZ BARRIO** (Diego), político español (Sevilla 1883-París 1962). Durante la república fue ministro (1931 y 1933), jefe de gobierno (1933) y presidente interino (abril-mayo 1936), y luego presidente en el exilio (1945). Gran oriente de España de la masonería.

**MARTÍNEZ CAMPOS** (Arsenio), militar español (Segovia 1831-Zarauz 1900). En 1874 proclamó a Alfonso XII rey de España. Luchó contra los carlistas y negoció en Cuba la paz de Zanjón (1878). Ministro de la Guerra con Sagasta (1881-1883), en 1895 dirigió sin éxito la guerra contra la insurrección de Cuba.

**MARTÍNEZ DE ARRONA** (Juan), arquitecto y escultor español (1562-Lima 1635), activo en Perú. Siguió el clasicismo renacentista. Entre sus imágenes de talla destaca la de *San Laurencio* (1599).

**MARTÍNEZ DE IRALA** (Domingo), conquistador español (Vergara 1509-Río de la Plata 1556). Asistió a la primera fundación de Buenos Aires (1535). Participó en diversas expediciones y fundaciones por el Río de la Plata, el Paraná, el Paraguay, el Chaco y el Alto Perú desde 1536. Enemistado con diversos conquistadores, fue gobernador efectivo del Río de la Plata y por nombramiento real desde 1552 junto con Juan de Salazar. Fue el organizador colonial de Paraguay.

**MARTÍNEZ DE LA ROSA** (Francisco), político y escritor español (Granada 1787-Madrid 1862). Diputado en 1813, estuvo preso en 1814-1820. Ministro de estado (1822), se exilió (1823-1831). Como jefe del gobierno en 1834-1835, promulgó el estatuto real. Exiliado en París durante el régimen de Espartero, desde 1843 volvió a ocupar cargos públicos. Escribió poesía, novelas, comedias neoclásicas y dramas históricos románticos (*La conjuración de Venecia,* 1834). [Real academia 1821.]

**MARTÍNEZ DE LA TORRE,** mun. de México (Veracruz); 93 796 hab. Caña de azúcar, frutales, café.

**MARTÍNEZ DE OVIEDO** (Diego), escultor activo en Lima y en Cuzco durante el s. XVII. Colaboró en la portada de la iglesia de la Compañía en Cuzco y realizó el Jesús Nazareno de Santo Domingo de Lima.

**MARTÍNEZ DE PERÓN** (María Estela, también llamada **Isabel**), política argentina (La Rioja 1931). Esposa de Perón (1961), vicepresidenta de la república (1973-1974) y presidenta a la muerte de su marido (1974), fue destituida por la junta militar en 1976. Posteriormente presidió durante unos años el Movimiento justicialista.

**MARTÍNEZ DEL MAZO** (Juan Bautista) → ***Mazo.***

**MARTÍNEZ ESTRADA** (Ezequiel), escritor argentino (San José de la Esquina, Santa Fe, 1895-Bahía Blanca 1964). Poeta (*Nefelibal,* 1922), narrador (*Marta Riquelme,* 1956) y dramaturgo, desarrolló una brillante labor ensayística: *Radiografía* de la pampa* (1933), *Sarmiento* (1946), *Muerte y transfiguración de Martín Fierro* (1948), *Análisis funcional de la cultura* (1960).

**MARTÍNEZ MARINA** (Francisco Xavier), historiador español (Oviedo 1754-Zaragoza 1833). Autor de obras de historia del derecho, fue director de la Academia de la historia (1801-1804 y 1816-1819).

**MARTÍNEZ MONTAÑÉS** (Juan) → ***Montañés.***

**MARTÍNEZ MORENO** (Carlos), escritor uruguayo (Colonia del Sacramento 1917-1988), autor de cuentos y novelas en torno a la crisis sociopolítica uruguaya: *El Paredón* (1963), *La otra mitad* (1966), *Tierra en la boca* (1974).

**MARTÍNEZ RUIZ** (José) → ***Azorín.***

**MARTÍNEZ SIERRA** (Gregorio), escritor español (Madrid 1881-*id.* 1947). Poeta modernista y autor de novelas sentimentales, escribió numerosas comedias en la línea de Benavente (*Canción de cuna,* 1911; *Madame Pepita,* 1913; *Don Juan de España,* 1921) y el libreto de *El amor brujo* de Falla.

**MARTÍNEZ SILÍCEO** (Juan), eclesiástico y erudito español (Villagarcía de la Torre, Badajoz, *c.* 1486-Toledo 1557). Arzobispo de Toledo (1545), promulgó el primer estatuto de limpieza de sangre. Accedió al cardenalato en 1556. Es autor del manual de matemáticas *Ars arithmetica* (1514).

**MARTÍNEZ TRUEBA** (Andrés), político uruguayo (Florida 1884-† 1959). Presidente de la república desde 1950, aprobó una nueva constitución (1852) y presidió hasta 1955 el consejo nacional de gobierno.

**MARTÍNEZ VIGIL** (Carlos), escritor y lingüista uruguayo (San José de Mayo 1870-Montevideo 1949). Miembro fundador y vicepresidente de la Academia nacional de letras, es autor de *Sobre lenguaje* (1897) y *Arcaísmos españoles usados en América* (1939).

**MARTÍNEZ VILLENA** (Rubén), escritor y político cubano (Alquízar 1899-La Habana 1931). Comunista expulsado del país (1930), a su regreso dirigió la huelga general que precipitó la caída de la tiranía de Machado. Su poesía fue recogida póstumamente en *La pupila insomne* (1936) y sus cuentos y ensayos en *Un hombre* (1940).

**MARTÍNEZ VILLERGAS** (Juan), escritor español (Gomeznarro 1816-Zamora 1894). Escribió novelas, comedias, artículos de costumbres y sus populares *Poesías jocosas y festivas* (1842).

**MARTINI** (Arturo), escultor italiano (Treviso 1889-Milán 1947), innovador sutil bajo formas clásicas.

**MARTINI** (Francesco **di Giorgio**), arquitecto, pintor, escultor y teórico italiano (Siena 1439-*id.* 1501); al servicio de la corte de Urbino.

**MARTINI** (*padre* Giovanni Battista), monje franciscano italiano (Bolonia 1706-*id.* 1784). Compositor y teórico musical, tuvo a Mozart por alumno.

**MARTINI** (Simone), pintor italiano (Siena *c.* 1284-Aviñón 1344). Poseedor de un estilo gótico de gran elegancia, trabajó en Siena, Nápoles, Asís (frescos de la Vida de san Martín) y Aviñón. Ejerció una notable influencia.

Simone **Martini:** *San Martín renuncia a las armas,* fresco de la *Vida de san Martín* (*c.* 1330) en la basílica inferior de San Francisco en Asís

**MARTINICA,** en fr. **Martinique,** isla de las Pequeñas Antillas, que constituye un departamento francés de ultramar; 1 100 km²; 359 572 hab. Cap. *Fort-de-France.* Isla volcánica, de clima tropical. Agricultura (caña de azúcar, plátanos). Descubierta por Colón (1502), fue colonizada por Francia a partir de 1635. Desde 1982 cuenta con un consejo regional.

**MARTINSON** (Harry), escritor sueco (Jämshög 1904-Estocolmo 1978), novelista y poeta realista (*Caminos de Klockrike,* 1948). [Premio Nobel de literatura 1974.]

**MARTINŮ** (Bohuslav), compositor checo (Polička, Bohemia, 1890-Liestal, Basilea, 1959), autor de óperas, ballets, sinfonías y conciertos inspirados en el folklore moravo.

**MARTORELL,** v. de España (Barcelona), cab. de p. j.; 16 793 hab. (*Martorellenses.*) Centro industrial. Puente romano reconstruido. Museos de cerámica.

**MARTORELL** (Bernat), pintor catalán (Sant Celoni, fines del s. XIV-Barcelona 1452). Formado en el ámbito de Borrassà (retablo de *San Jorge y la princesa*), evolucionó hacia el gótico internacional con un sello propio de gracia narrativa, de tensión dramática y refinamiento formal y cromático (retablos de la *Transfiguración,* catedral de Barcelona y de *San Miguel,* catedral de Tarragona).

**MARTOS,** c. de España (Jaén), cab. de p. j.; 20 630 hab. (*Marteños.*) Centro olivarero; industrias derivadas. Fue la romana *Tucci.* Fuente monumental del s. XVI.

Bernat **Martorell:** las bodas de Caná, detalle del retablo de la Transfiguración (catedral de Barcelona)

**MARVELL** (Andrew), escritor inglés (Winestead, Yorkshire, 1621-Londres 1678), adversario de Dryden y defensor de Milton.

**MARWĀN (Banū),** familia descendiente de **Marwān al-Ŷilliqī,** gobernador de Mérida (s. IX). Sus descendientes fueron reconocidos señores del Algarve y de Badajoz, ciudad recuperada por Córdoba en 929.

**MARX** (*hermanos*), nombre adoptado por un cuarteto, posteriormente trío, de actores norteamericanos, formado por: **Leonard,** llamado **Chico** (Nueva York 1886-Los Ángeles 1961), **Adolph** [Arthur], llamado **Harpo** (Nueva York 1888-Los Ángeles 1964), **Julius,** llamado **Groucho** (Nueva York 1890-Los Ángeles 1977), y, hasta 1935, **Herbert,** llamado **Zeppo** (Nueva York 1901-Palm Springs 1979). Después de hacerse famosos en el music-hall, triunfaron en el cine, renovando el género cómico con su humor delirante basado en el absurdo: *Pistoleros de agua dulce* (1931), *Sopa de ganso* (1933), *Una noche en la ópera* (1935), *Los hermanos Marx en el Oeste* (1940), etc.

**MARX** (Karl), filósofo, economista y teórico del socialismo alemán (Tréveris 1818-Londres 1883). Inspirándose en la dialéctica de Hegel, aunque criticando su filosofía de la historia, descubrió la crítica de la religión en Feuerbach, el socialismo en Saint-Simon y la economía en Adam Smith. De esta forma, fue elaborando el *materialismo histórico,* teoría científica de toda ciencia social (*Tesis sobre Feuerbach,* 1845; *La ideología alemana,* 1846; *Miseria de la filosofía,* 1847). Entró en contacto con el mundo obrero y redactó con F. Engels el *Manifiesto comunista* (1848). Fue expulsado de Alema-

Karl **Marx**

nia y luego de Francia. Se refugió en Gran Bretaña, donde redactó *Las luchas de clases en Francia* (1850), *Fundamentos de la crítica de la economía política* (escrito en 1858; editado en 1939-1941) y sentó las bases de su obra maestra, *El capital**. En 1864 fue uno de los principales dirigentes de la I Internacional, a la que dotó de su objetivo primordial: abolir el capitalismo. Para Marx la historia humana se basa en la lucha de clases: el proletariado, para poder eliminar la explotación de la que es víctima, tiene que organizarse a escala internacional, hacerse con el poder y, durante esta fase (dictadura del proletariado), abolir las clases en sí mismas, lo que conducirá a la fase ulterior en la que el estado se extinguirá por sí mismo (comunismo). La doctrina de Marx fue llamada, en contra de su voluntad, marxismo.

**MARYLAND,** estado de Estados Unidos, en la fachada del Atlántico; 27 092 km$^2$; 4 781 468 hab. Cap. *Annapolis*. C. pral. *Baltimore*.

**MARYŪṬ** *(lago)*, ant. **Mareotis,** laguna del litoral egipcio, separada del mar por una franja de tierra sobre la que se erigió Alejandría.

**MARZAL DE SAX** o **DE SAS** (Andrés), pintor de origen alemán, documentado en Valencia entre 1393 y 1410. Aportó vigor expresionista al gótico internacional (retablo de san Jorge, museo Victoria y Alberto, Londres).

**Más allá del bien y del mal,** obra de Nietzsche (1886), en la que denuncia el espíritu científico y el humanismo cristiano.

**Más allá del principio del placer,** obra de Freud (1920). Marca un giro decisivo en el sicoanálisis al introducir la noción de pulsión de muerte.

**MASACCIO** (Tommaso **di Ser Giovanni di Mone Cassai,** llamado), pintor italiano (San Giovanni Valdarno, Arezzo, 1401-Roma 1428). Comparable a Brunelleschi o Donatello, su obra, que ejercía una considerable influencia, se caracterizó por la calidad espacial, la plenitud de las formas y un realismo expresivo (frescos de la iglesia de Santa Maria del Carmine en Florencia, en colaboración con Masolino da Panicale, 1426-1427).

**Masada,** fortaleza de Palestina, cerca del mar Muerto, último bastión de la resistencia judía frente a los romanos (66-73 d. J.C.). Ha sido objeto de importantes excavaciones arqueológicas.

**MASAN,** c. y puerto de Corea del Sur, junto al estrecho de Corea; 493 731 hab. Industrias alimentarias.

**MASANIELLO** (Tommaso **Aniello,** llamado), tribuno popular napolitano (Nápoles 1620-*id.* 1647). Jefe de una insurrección contra el virrey español (el duque de Arcos), se adueñó de Nápoles y consiguió la abolición de los nuevos impuestos, pero fue asesinado por sus antiguos partidarios. La revuelta que siguió a su muerte fue liquidada con la toma de Nápoles por la flota española de Juan José de Austria (abril 1648).

**MASARRA** (Muḥammad ibn 'Abd Allāh **ibn**), conocido por **Abenmasarra,** filósofo y místico hispanomusulmán (Córdoba 883-† *id.* 931). Autor de *El libro de la explicación perspicaz*, de influencias nósticas y neoplatónicas, creó una escuela esotérica que influyó en el sufismo andalusí.

**MASARYK** (Tomáš), político checoslovaco (Hodonín 1850-en el castillo de Lány 1937). En 1918 fundó la República Checoslovaca, de la que se convirtió en primer presidente. Dimitió en 1935. – Su hijo, **Jan** (Praga 1886-*id.* 1948), fue ministro de Asuntos Exteriores (1945-1948). Se suicidó tras el golpe de estado comunista de febrero de 1948.

**MAṢAWWĀ'** → ***Mitsiwa.***

**MASAYA,** volcán de Nicaragua (Masaya); 635 m de alt. Entre el volcán y la ciudad homónima se encuentra la *laguna de Masaya* (7,70 km$^2$).

**MASAYA** *(departamento de)*, dep. del O de Nicaragua; 581 km$^2$; 146 122 hab. Cap. *Masaya* (74 261 hab.).

**MASBATE,** isla de Filipinas (Visayas); 4 048 km$^2$; 492 900 hab.

**MASCAGNI** (Pietro), compositor italiano (Livorno 1863-Roma 1945), autor de *Caballería rusticana* (1890).

**MASCARA** → ***Mouaskar.***

**MASCAREÑAS** *(islas)*, ant. nombre de un archipiélago del océano Índico formado principalmente por las islas Reunión y Mauricio.

**MASCATE,** en ár. **Masqaṭ,** c. y cap. de Omán, junto al golfo de Omán; 85 000 hab.

**MASDEU** (Juan Francisco), jesuita e historiador español (Palermo 1744-Valencia 1817), autor de *Historia crítica de España y de la civilización española* (20 vols., 1783-1805).

**MASELLA** (Antonio), arquitecto italiano activo en Buenos Aires (Turín *c.* 1700-Buenos Aires 1774). Construyó o intervino en las construcciones del templo de San Telmo y el Colegio de Belén (1751-1755), entre otras obras. En 1754 le fue encargada la reedificación de la catedral de Buenos Aires.

**MASERU,** c. y cap. de Lesotho; 109 000 hab. Universidad. Talla de diamantes.

**MAŠHAD** → ***Mešhed.***

**MASÍAS** (Francisco), pintor peruano (1828-1894). Autor de retratos, cuadros religiosos, naturalezas muertas y paisajes, destacó en las marinas.

**MASINISA,** rey de los númidas (*c.* 238-Cirta 148 a. J.C.). Se alió con los romanos durante la segunda guerra púnica (218-201), lo que le permitió constituir un poderoso reino. Sus intrusiones llevaron a Cartago a declararle la guerra (150). Ello sirvió de pretexto a Roma para iniciar la tercera guerra púnica.

**MASIP,** familia de pintores españoles del s. XVI. – **Vicente** (*c.* 1480-*c.* 1545) aparece documentado en Valencia desde 1513 (retablo de la catedral de Segorbe). – **Vicente Juan** (llamado **Juan de Juanes**), hijo del anterior (Fuente de la Higuera ¿1523?-Bocairente 1579), creador de una temática religiosa fiel reflejo de la piedad popular, con figuras de modelado suave, contornos esfumados y paisajes de tipo renacentista (*La Santa cena*, Prado).

Vicente Juan **Masip, Juan de Juanes:**
*El Salvador eucarístico*
(museo de bellas artes, Valencia)

**MASLAMA AL-MAŶRĪṬĪ,** matemático y astrónomo hispanomusulmán (nacido en Madrid-† *c.* 1007), autor de recensiones de las tablas astronómicas de al-Jwārizmī y del *Planisferio* de Tolomeo.

**MASMA** *(golfo de la)*, golfo de España (Lugo), en la costa cantábrica. Alberga las rías de Foz y de Ribadeo.

**MASNOU (El),** v. de España (Barcelona); 18 351 hab. *(Masnouenses.)* Floricultura. Industria textil. Turismo.

**MASPALOMAS** *(punta de)*, extremidad S de la costa de Gran Canaria (España). Turismo. Estación de seguimiento de satélites artificiales.

**MASSA,** c. de Italia (Toscana), cap. de la prov. de *Massa e Carrara*; 65 287 hab. Cap. de un ant. ducado. Canteras de mármol.

**MASSACHUSETTS,** estado de Estados Unidos, en Nueva Inglaterra; 21 500 km$^2$; 6 016 425 hab. Cap. *Boston*.

**MASSAMAGRELL,** v. de España (Valencia), cab. de p. j.; 12 100 hab. Arroz, cultivos de huerta. Industrias.

**MASSANASSA,** mun. de España (Valencia); 7 632 hab. *(Masanaseros.)* Centro industrial.

**MASSÉNA** (André), *duque* **de Rivoli** y *príncipe* **de Essling,** mariscal de Francia (Niza 1758-París 1817). Mandó el ejército de Portugal (1810-1811), donde no logró detener la ofensiva británica, por lo que fue destituido.

**MASSENET** (Jules), compositor francés (Montaud 1842-París 1912). Autor de canciones y oratorios, destacó en el teatro lírico (*Manon*, 1884; *Werther*, 1892; *Don Quijote*, 1910).

**MASSERA** (Emilio), marino y político argentino (Buenos Aires 1925), miembro de la junta militar de gobierno (1976-1978).

**MASSINE** (Leonid), bailarín y coreógrafo ruso (Moscú 1896-Borken, Renania del Norte-Westfalia, 1979), nacionalizado norteamericano. Colaborador de Diáguilev y Rubinstein, sus obras alcanzaron éxito internacional (*El sombrero de tres picos*, 1919; *Choreartium*, 1933; *La sinfonía fantástica*, 1936).

**MASSINGER** (Philip), dramaturgo inglés (Salisbury 1583-Londres *c.* 1640), último autor destacado de la época isabelina (*La hija del honor*, 1621).

**MASSÓ** (Bartolomé), patriota cubano (Manzanillo 1830-*id.* 1907). Apoyó la insurrección de Martí en Baire y fue presidente de la república en armas.

**MASSYS** (Quinten) → ***Matsys.***

**MASTRETTA** (Ángeles), escritora mexicana (Puebla 1949), autora de novelas (*Arráncame la vida*, 1985) y relatos (*Mujeres de ojos grandes*, 1991). [Premio Rómulo Gallegos 1997]

**MASTROIANNI** (Marcello), actor italiano (Fontana Liri, cerca de Frosinone, 1924-París 1996). Comenzó en el teatro en la compañía de Visconti antes de imponerse en el cine, especialmente bajo la dirección de F. Fellini (*La dolce vita*, 1960; *Ocho y medio*, 1963), M. Antonioni (*La noche*, 1961), E. Scola (*Una jornada particular*, 1977) y T. Angelópulos (*El paso suspendido de la cigüeña*, 1991).

**MASTRONARDI** (Carlos), poeta y ensayista argentino (Gualeguay 1901-Buenos Aires 1976). Heredero del simbolismo tardío (*Tierra amanecida*, 1926), expuso sus ideas sobre la poesía como ejercicio perfectible en el ensayo *Valéry o la infinitud del método* (1954). Destaca su poemario *Conocimiento de la noche* (1937).

**MAS'ŪDĪ** (Abū-l-Ḥasan 'Alī **al-**), viajero y enciclopedista árabe (Bagdad *c.* 900-Fusṭāṭ *c.* 956).

**MASUKU,** ant. **Franceville,** c. del SE de Gabón; 16 500 hab. Cercana a yacimientos de manganeso y de uranio, está unida a Libreville por vía férrea.

**MASŶD-I SULAYMĀN,** c. de Irán (Jūzistān); 104 787 hab. Centro petrolero. Ruinas de la época aqueménida a la época sasánida.

**MATA** (Andrés), poeta venezolano (Carúpano 1870-París 1931), parnasiano (*Pentélicas*, 1896) e intimista (*Arias sentimentales* 1930).

**MATA** (Eduardo), director de orquesta mexicano (México 1942-*id.* 1995), desarrolló su trabajo principalmente en Europa y E.U.A., donde fue director titular de la orquesta sinfónica de Dallas.

**MATA** (Pedro), médico y escritor español (Reus 1811-Madrid 1877). Es autor de un *Tratado de medicina legal y toxicología* (1846) y de obras de sicología y siquiatría. Demócrata, intervino en política. Publicó varias novelas (*El poeta y el banquero*, 1842).

**MATA HARI** (Margaretha Geertruida **Zelle,** llamada), bailarina y aventurera neerlandesa (Leeuwarden 1876-Vincennes 1917). Fue fusilada por sus actividades de espionaje en favor de Alemania.

**MATABELÉ** o **MATABELELAND,** región de Zimbabwe, poblada por los *matabelé, tebelé*, o *ndebelé*; 140 000 km$^2$ aprox. C. pral. *Bulawayo*.

**MATACHEL,** r. de España (Badajoz), afl. del Guadiana (or. izq.); 124 km. Atraviesa la Tierra de Barros y desemboca aguas arriba de Mérida.

**matadero** *(El)*, novela corta de E. Echevarría (1838), que inaugura la narrativa rioplatense, feroz denuncia contra la dictadura de Rosas.

**MATADI,** c. de la Rep. Dem. del Congo (ex Zaire), a orillas del río Congo; 162 000 hab. Puerto.

**MATAGALPA** *(departamento de)*, dep. del centro de Nicaragua; 6 794 km$^2$; 217 417 hab. Cap. *Matagalpa*.

**MATAGALPA,** c. de Nicaragua, cap. del dep. homónimo; 80 951 hab. Centro agropecuario. Café.

**MATAMOROS,** c. de México (Tamaulipas), en la or. der. del Bravo del Norte; 266 055 hab. Centro de un área de regadío (presas Falcón y El Azúcar) y núcleo industrial. Puerto de salida de los campos petrolíferos de Reynosa. Aeropuerto.

**MATAMOROS,** ant. **Matamoros Laguna,** mun. de México (Coahuila); 71 771 hab. Fertilizantes.

**MATANZA (La),** partido de Argentina (Buenos Aires); 1 121 164 hab. En el Gran Buenos Aires.

**MATANZAS** *(provincia de),* prov. de Cuba; 12 122 $km^2$; 557 628 hab. Cap. *Matanzas.*

**MATANZAS,** c. y puerto de Cuba, cap. de la prov. homónima, en la *bahía de Matanzas;* 111 984 hab. Centro comercial, industrial y turístico. Fue fundada a fines del s. XVII.

**MATAPALO,** cabo de Costa Rica (Puntarenas), en el Pacífico, extremo SE de la península de Osa.

**MATAPÁN** *(cabo),* ant. **Ténaro,** en gr. **Matapas, Tenaron** o **Kavotenaro,** cabo de Grecia, en el S del Peloponeso. Victoria naval británica sobre los italianos (28 marzo 1941).

**MATARÓ,** c. de España (Barcelona), cab. de p. j.; 101 479 hab. *(Mataronenses.)* Agricultura (patatas, hortalizas); floricultura (invernaderos). Centro industrial (textil, química, metalurgia). Museo municipal. Es la *Iluro* ibérica y romana. La línea de ferrocarril Barcelona-Mataró fue la primera de España (1848).

**MATARRAÑA,** r. de España, afl. del Ebro (or. der.); 101 km. Nace en los Puertos de Beceite y avena la *comarca de Matarraña* (Valderrobres, Fabara).

**MATAS DE FARFÁN (Las),** mun. de la República Dominicana (San Juan); 47 273 hab. Café.

**MATATÍAS,** personaje bíblico, padre de los Macabeos.

**MATEHUALA,** mun. de México (San Luis Potosí); 61 272 hab. Centro minerometalúrgico e industrial.

**MATEO** *(san),* apóstol y evangelista (s. I), autor del primer Evangelio, en el orden canónico (*c.* 80-90). Llamado Leví en los Evangelios de Marcos y Lucas, era recaudador de impuestos cuando Jesús lo llamó para unirse a sus discípulos. Se cree que ejerció su apostolado en Palestina, Etiopía y Persia, donde murió mártir. Se le representa a menudo provisto de alas, o acompañado por un ángel, símbolo de la genealogía de Cristo que sirve de introducción a su Evangelio.

**MATEO** *(maestro),* arquitecto y escultor documentado en Galicia entre 1161 y 1217. Autor del pórtico de la Gloria* de Santiago de Compostela, fue maestro de obras en la catedral de León.

**MATERA,** c. de Italia (Basilicata), cap. de prov.; 53 775 hab. Catedral del s. XIII.

**MATHURĀ** o **MUTTRA,** c. de la India (Uttar Pradesh); 233 235 hab. Centro político, religioso y cultural durante la dinastía Kuṣāṇa, dio su nombre a una famosa escuela de escultura (ss. II-III). Se considera la cuna del dios Kriṣna.

**MATÍAS** *(san),* discípulo de Jesús († 61 o 64). Fue designado para remplazar a Judas en el colegio apostólico. Según la tradición, evangelizó Capadocia.

**MATÍAS** (Viena 1757-*id.* 1619), emperador germánico [1612-1619], rey de Hungría [1608] y de Bohemia [1611], hijo de Maximiliano II.

**MATÍAS I Corvino** (Kolozsvár 1440 o 1443-Viena 1490), rey de Hungría [1458-1490]. En 1479 obtuvo Moravia y Silesia y, en 1485, se estableció en Viena. Favoreció la difusión del renacimiento italiano en su reino.

**Matignon** *(hotel),* palacio de París, construido en 1721, sede del primer ministro francés.

**MATIGUÁS,** mun. de Nicaragua (Matagalpa); 29 665 hab. Caña de azúcar y patatas. Ganadería.

**MATILDE** *(santa)* [en Westfalia *c.* 890-Quedlinburg, Sajonia, 968], reina de Germania. Consagró su vida a obras de caridad.

**MATILDE** (1046-Bondeno di Roncore 1115), condesa de Toscana [1055-1115]. Recibió en Canossa al papa Gregorio VII y al emperador Enrique IV, quien había acudido para retractarse públicamente (1077). Legó todos sus estados al papado.

**MATILDE, MAHAUT** o **MAUD** (Londres 1102-Ruán 1167), emperatriz del Sacro imperio y, posteriormente, reina de Inglaterra. En 1114 casó con el emperador germánico Enrique V y en 1128 con Godofredo V Plantagenet, conde de Anjou, del que tuvo al futuro Enrique II. Luchó contra Esteban de Blois por la corona de Inglaterra.

**MATILDE** o **MAHAUT de Flandes** († 1083), reina de Inglaterra por su matrimonio (1053) con Guillermo I el Conquistador. Se le ha atribuido sin fundamento el tapiz de Bayeux*.

**MATISSE** (Henri), pintor y escultor francés (Le Cateau-Cambrésis 1869-Niza 1954). Pionero del fauvismo, está considerado el más importante artista plástico francés del s. XX. Realizó pinturas (*La danza,* 1910; *Los marroquíes,* 1916; *Gran interior rojo,* 1948), esculturas (*Ciervo,* 1903), *Collages* (*La tristeza del rey,* 1952), vidrieras, decoración, grabados, dibujos e ilustraciones (poemas de Mallarmé, *Ulises* de Joyce).

Henri **Matisse:** *La lección de piano* (1916). [Museo de arte moderno, Nueva York.]

Quinten **Matsys:** *El prestamista y su esposa* (1514). [Louvre, París.]

**MATO GROSSO,** estado del O de Brasil; 881 001 $km^2$; 20 073 000 hab. Cap. *Cuiabá.*

**MATO GROSSO DO SUL,** estado del SO de Brasil; 350 548 $km^2$; 1 778 494 hab. Cap. *Campo Grande.*

**MATOS RODRÍGUEZ** (Gerardo), compositor uruguayo (Montevideo 1898-*id.* 1971), creador de algunos tangos clásicos *(La cumparsita).*

**MÁTRA** *(montes),* macizo del N de Hungría; 1 015 metros.

**MATSUDO,** c. de Japón (Honshū); 456 210 hab.

**MATSUE,** c. de Japón (Honshū); 142 956 hab.

**MATSUMOTO,** c. de Japón (Honshū); 200 715 hab. Torreón del s. XVI.

**MATSUSHIMA,** bahía y archipiélago de Japón, en la costa E de Honshū. Turismo. Templo de 1610 (estatuas de época Heian).

**MATSUYAMA,** c. de Japón (Shikoku); 443 322 hab.

**MATSYS, MASSYS** o **METSYS** (Quinten o Quentin), pintor flamenco (Lovaina *c.* 1466-Amberes 1530). Instalado en Amberes, es autor de grandes retablos, retratista y promotor del tema de género (*El prestamista y su esposa,* Louvre). Aunó el arte flamenco del s. XV y las influencias italianas. – Tuvo dos hijos, también pintores, **Jan** (Amberes 1509-*id.* 1573), que se impregnó del espíritu manierista en Italia (*Lot y sus hijas,* museo de bellas artes de Bruselas), y **Cornelis** (Amberes 1510-† d. 1562), recreador de la vida popular y de los paisajes rurales.

**MATTA** (Roberto), pintor chileno (Santiago 1911). Descubrió y adoptó el surrealismo en París (*Morfologías sicológicas,* 1938). De 1938 a 1948 residió en Nueva York, donde su onirismo tendente a la abstracción automatista tuvo gran repercusión. Su pintura, de composición compleja y multiforme, combina recuerdos de lo orgánico y lo mecánico y remite a las tensiones de la condición humana y, desde los años sesenta, a la situación política.

**MATTEI** (Enrico), industrial y político italiano (Acqualagna, Pesaro, 1906-Bascapé, cerca de Pavía, 1962). Su influencia fue determinante en la elaboración de la política energética e industrial de Italia después de 1945. Murió en un accidente de aviación.

**MATTEOTTI** (Giacomo), político italiano (Fratta Polesine 1885-Roma 1924). Secretario general del Partido socialista (1922), fue asesinado por los fascistas.

**MATTERHORN** → *Cervino.*

**MATTO DE TURNER** (Clorinda), novelista peruana (Paullu 1854-en Argentina 1909). Influida por R. Palma, es autora de *Tradiciones cuzqueñas* (1875) y *Aves sin nido* (1889), anticipación de la novela indigenista.

**MATURÍN,** c. de Venezuela, cap. del est. Monagas; 206 654 hab. Petróleo. Centro industrial y comercial. Iglesia barroca de San Antonio.

**MATURIN** (Charles Robert), escritor irlandés (Dublín 1782-*id.* 1824), uno de los maestros de la novela gótica y del relato fantástico (*Melmoth el errabundo,* 1820).

**MATUSALÉN** o **MATUSALEM,** patriarca bíblico antediluviano. La Biblia le atribuye una longevidad de 969 años.

Roberto **Matta:** *El verbo América* (1981) [col. part.]

**MATUTE** (Ana María), escritora española (Barcelona 1926), autora de novelas (*Los hijos muertos,* 1958; la trilogía *Los mercaderes,* 1960-1969; *Aranmanoth,* 2000), cuentos y literatura infantil (*Sólo un pie descalzo,* 1984). [Real academia 1996.]

**MAUBEUGE,** c. de Francia (Nord), a orillas del Sambre; 35 225 hab. (más de 100 000 en la aglomeración). Metalurgia. Restos de fortificaciones de Vauban.

**MAUD** → ***Matilde.***

**MAUER,** localidad de Alemania (Baden-Württemberg), en el Odenwald. En 1907 se descubrió en ella una mandíbula que constituye uno de los más antiguos fósiles humanos conocidos en Europa (primer pleistoceno). El *hombre de Mauer* u *hombre de Heidelberg* está relacionado con el *Homo erectus.*

**MAUGHAM** (William Somerset), escritor británico (París 1874-Saint-Jean-Cap-Ferrat 1965). Describió a la alta sociedad inglesa y el Extremo oriente (*El filo de la navaja,* 1944).

**MAULBERTSCH** o **MAULPERTSCH** (Franz Anton), pintor austríaco (Langenargen, lago de Constanza, 1724-Viena 1796). Uno de los mejores representantes del barroco germánico, decoró diversas abadías de Austria, Moravia y Hungría.

**MAULE,** r. de Chile (Maule); 282 km. Nace en la *laguna de Maule* y desemboca en el Pacífico, junto a Constitución. Aprovechado para el riego y la producción de energía eléctrica junto a la c. de *Maule* (13 694 hab.).

**MAULE** *(región del),* región de Chile; 30 301 km$^2$; 834 053 hab. Cap. *Talca.*

**MAULLÍN,** r. de Chile (Los Lagos); 140 km. Nace en el lago de Llanquihue y desemboca en el Pacífico, junto a la ciudad de *Maullín* (17 258 hab.).

**MAUNA KEA,** volcán apagado de Hawai, punto culminante del archipiélago (4 208 m). Observatorio astronómico (telescopios Keck, los dos mayores del mundo [10 m de diámetro]; el primero entró en servicio en 1993).

**MAUNA LOA,** volcán activo de la isla de Hawai; 4 170 m.

**MAUPASSANT** (Guy **de**), escritor francés (en el castillo de Miromesnil 1850-París 1893). Del naturalismo (*Bola de sebo,* 1880) pasó al realismo, evocando la vida de los campesinos normandos y de la pequeña burguesía y narrando aventuras amorosas o alucinaciones de la locura que lo llevó a la muerte (*La casa Tellier,* 1881; *Una vida,* 1883; *Bel-Ami,* 1885).

**MAUPERTUIS** (Pierre Louis **Moreau de**), matemático francés (Saint-Malo 1698-Basilea 1759). Enunció el principio de la mínima acción (1744), que erigió en ley universal de la naturaleza.

**MAURA** (Antonio), político español (Palma de Mallorca 1853-Torrelodones 1925). Liberal, fue ministro de Ultramar (1892) y de Gracia y Justicia (1895). Ante la crisis de 1898 defendió posiciones reformistas. En 1902 pasó al Partido conservador, del que fue líder. Presidente del gobierno en 1904 y de nuevo desde 1907, su política represiva durante la Semana trágica le obligó a dimitir (1909). Desde entonces perdió su influencia política, aunque presidió el gobierno en 1918, 1919 y 1921.

**MAUREGATO,** rey astur [783-788], hijo ilegítimo de Alfonso I el Católico. Accedió al trono tras expulsar a Alfonso II, hijo de Fruela.

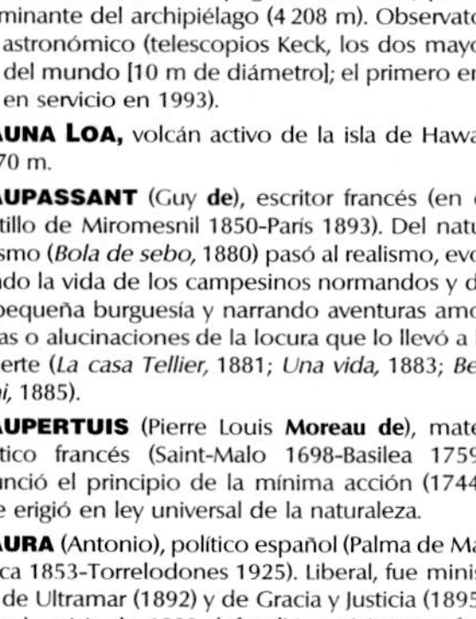

Antonio **Maura**
(Díaz Molina - ministerio de Justicia, Madrid)

**MAURI** (Emilio), pintor y dibujante venezolano (La Guaira 1857-Caracas 1908), dedicado al retrato (*Retrato ecuestre de Miranda,* 1889).

**MAURI** (Rosa, llamada **Rosita**), bailarina española (Reus 1849-París 1923). Primera bailarina de la ópera de París desde 1878, al retirarse, en 1897, fue profesora de ballet de su conservatorio.

**MAURIAC** (François), escritor francés (Burdeos 1885-París 1970), autor de novelas sobre la vida provinciana que evocan los conflictos entre las tentaciones de la carne y la fe (*Thérèse Desqueyroux,* 1927; *Nudo de víboras,* 1932). [Premio Nobel de literatura 1952.]

**MAURICIO** *(isla),* en ingl. **Mauritius,** estado insular del océano Índico, al E de Madagascar; 2 040 km$^2$; 1 100 000 hab. CAP. *Port Louis.* LENGUA OFICIAL: *inglés.* MONEDA: *rupia mauricia.* Gran producción de caña de azúcar.

HISTORIA

Inicios del s. XVI: la isla fue explorada por los portugueses (Alfonso de Albuquerque). 1598: los neerlandeses tomaron posesión de la isla y le dieron su nombre actual, en honor de Mauricio de Nassau. 1638-1710: se fundó un establecimiento neerlandés, que se convirtió en centro de deportación. 1715: la isla cayó en manos francesas y adoptó el nombre de Île de France. 1810: Gran Bretaña se apoderó de la isla. 1814: el tratado de París confirmó el dominio británico sobre la isla, que volvió a llamarse Mauricio. 1833: la liberación de esclavos produjo la inmigración masiva de trabajadores indios. 1947: se redactó una nueva constitución. 1961: la isla consiguió una semiautonomía. 1968: accedió a la independencia, pero conservó estrechos vínculos con Gran Bretaña. 1992: proclamación de la república. Cassam Uteem fue elegido presidente. 1995: Navim Ramgoolam, elegido primer ministro.

**MAURICIO** *(san),* mártir († Agaune [act. Saint-Maurice], Valais, fines del s. III). Jefe de la legión tebana, fue martirizado junto con varios de sus soldados por negarse a sacrificar a los dioses. — El Greco desarrolló este tema en una de sus obras más importantes, *El martirio de san Mauricio* (óleo, 4,48 × 4,01 m), pintado en 1580-1582 y conservado en el museo del monasterio de El Escorial.

**MAURICIO** (Arabissos, Capadocia, *c.* 539-en Calcedonia 602), emperador bizantino [582-602]. Reorganizó la administración del imperio, que defendió en todas sus fronteras.

**MAURICIO** (Freiberg 1521-Sievershausen 1553), duque y, más tarde, elector de Sajonia. Protestante, combatió en Mühlberg al servicio de Carlos Quinto, que le recompensó con el electorado (1447). Unido en secreto a la liga de Königsberg, en 1552 conquistó Augsburgo y obligó al emperador a firmar la paz de Passau.

**MAURICIO DE NASSAU** (Dillenburg 1567-La Haya 1625), estatúder de Holanda y Zelanda [1584-1625]. Durante la lucha contra la dominación española conquistó varias plazas (Breda, Nimega, etc.) y derrotó al archiduque Alberto (batalla de las Dunas, 1600). En 1619 hizo ejecutar al gran pensionario Oldenbarnevelt. En 1621 reemprendió la lucha contra España.

**MAURITANIA,** ant. país del NO de África, situado entre el Ampsagas (act. Rummel, en Argelia) al E y el Atlántico al O, y habitado por los mauritanos, tribus bereberes que formaron hacia el s. V a. J.C. un reino que se integró a Roma en el s. II a. J.C. Provincia romana en 40 d. J.C., fue dividida, en 42, en *Mauritania Cesariana* y *Mauritania Tingitana;* hacia 288, la parte oriental de la Cesariana fue separada, para constituir la Mauritania Sitifense. La región, ocupada por los vándalos en el s. V y por los bizantinos en 534, fue conquistada por los árabes en el s. VIII.

**MAURITANIA,** en ár. **al-Mūritāniyya,** en fr. **Mauritanie,** estado de África occidental; 1 080 000 km$^2$; 2 100 000 hab. *(Mauritanos.)* CAP. *Nouakchott.* LENGUAS OFICIALES: *árabe* y *francés.* MONEDA: *ouguiya.*

GEOGRAFÍA

Encuadrada en el occidente sahariano, es un país desértico, en el que predomina la ganadería nómada de ovinos, caprinos y camellos. Los yacimientos de hierro (en torno a F'Derick) proporcionan lo esencial de las exportaciones, expedidas a través de Nouadhibou.

HISTORIA

Fines del neolítico: la desecación de la región provocó la migración hacia el S de los primeros ha-

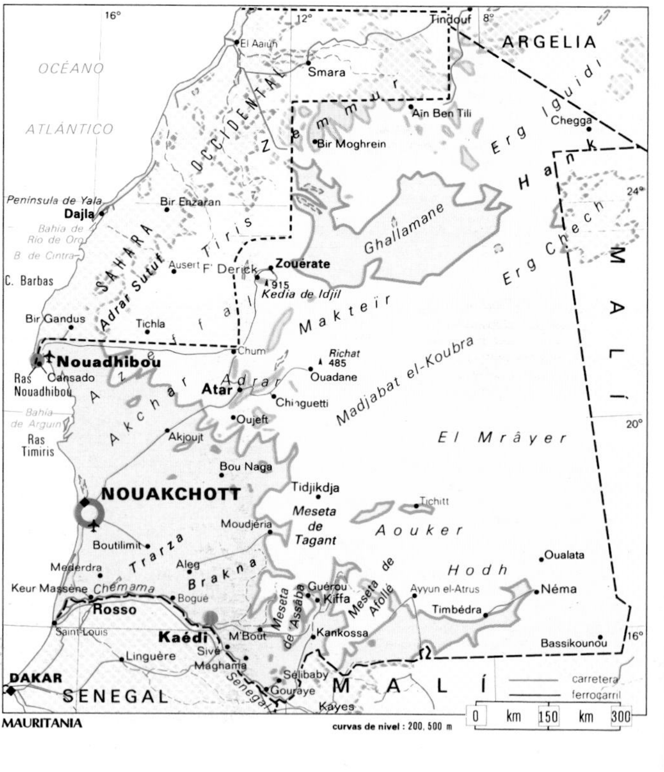


MAURITANIA

bitantes, negroides. Inicios de la era cristiana: fueron progresivamente remplazados por pastores bereberes. Ss. VII-IX: Mauritánia, tierra de contacto entre el África negra y el Mogreb, se convirtió al islam. S. XI: Abd Allāh ibn Yāsīn promovió la conquista almorávide y constituyó un inmenso imperio que iba de Senegal a España. Ss. XV-XVIII: los Hasaníes organizaron el país en emiratos; los europeos, y en primer lugar los portugueses, se instalaron en el litoral. 1902: la conquista francesa (iniciada en el s. XIX) se afirmó con Coppolani. 1920: Mauritania se constituyó en colonia en el seno del África occidental francesa. 1934: la totalidad del territorio mauritano se encontraba bajo dominio francés. 1946: Mauritania se convirtió en territorio de ultramar. 1957: se fundó Nouakchott. 1958: se proclamó la República islámica de Mauritania, con Moktar Ould Daddah' como presidente (1958-1978). 1960: el país accedió a la independencia. 1976: Mauritania ocupó la parte S del Sahara Occidental, iniciando así el conflicto con los saharauis del Frente polisario. 1979: renunció a las pretensiones sobre el Sahara Occidental. 1984: el coronel Ould Taya, que se impuso mediante un golpe de estado, gobernó el país. 1989: enfrentamientos interétnicos entre senegaleses y mauritanos provocaron una fuerte tensión con Senegal. 1991: se adoptó una nueva constitución y se instauró el multipartidismo. 1992: el coronel Ould Taya fue elegido presidente de la república; su partido obtuvo una amplia victoria en las elecciones legislativas, boicoteadas por la oposición. Mauritania restableció las relaciones diplomáticas con Senegal. 1997: reelección del coronel Ould Taya.

**MAUROIS** (André), escritor francés (Elbeuf 1885-Neuilly 1967), autor de recuerdos de guerra (*Los silencios del coronel Bramble,* 1918), novelas (*Climas,* 1928), ensayos y biografías noveladas.

**MAUROY** (Pierre), político francés (Cartignies 1928), primer ministro (1981-1984) y secretario general del Partido socialista francés (1988-1992).

**MAURRAS** (Charles), escritor y político francés (Martigues 1868-Saint-Symphorien 1952). Defendió una estética neoclásica (*Los amantes de Venecia,* 1902). Monárquico, fue el teórico del movimiento ultraconservador y nacionalista Acción francesa. Apoyó al régimen de Vichy, y en 1945 fue condenado a cadena perpetua.

**MAURYA,** dinastía de la India, fundada por Chandragupta *c.* 320 a. J.C. y derrocada *c.* 185 a. J.C.

**MAUSOLO** († 353 a. J.C.), sátrapa de Caria [*c.* 377-353 a. J.C.], célebre por su tumba *(Mausoleo)* en Halicarnaso.

**MAUSS** (Marcel), sociólogo y antropólogo francés (Epinal 1872-París 1950). Estudió los fenómenos de intercambio en las sociedades no industrializadas.

**MAUTHAUSEN,** localidad de Austria, cerca de Linz, a orillas del Danubio. Campo de concentración alemán de 1938 a 1945 (150 000 muertos aprox.).

**MĀVALIPURAM** → ***Mahābalipuram.***

**MAVROCORDATO** o **MAVROKORDHATOS** (Alexandros, *príncipe),* político griego (Constantinopla 1791-Egina 1865). Defensor de Missolonghi (1822-1823), líder del partido probritánico, fue primer ministro en 1833, 1841, 1844 y 1854-1855.

**MAXIM** (*sir* Hiram Stevens), industrial norteamericano (Brockway's Mills, Maine, 1840-Streatham, cerca de Londres, 1916). Fabricó en Gran Bretaña el primer fusil automático (1884).

**MAXIMIANO** (Panonia *c.* 250-Marsella 310), emperador romano [286-305 y 306-310]. Asociado al imperio por Diocleciano, abdicó con él en 305. Durante el período de anarquía posterior volvió a tomar el poder. Se enfrentó a su yerno Constantino, quien le mató o le obligó a suicidarse.

EMPERADORES

**MAXIMILIANO I** (Wiener-Neustadt 1459-Wels 1519), archiduque de Austria, emperador germánico [1508-1519]. Por su matrimonio con María de Borgoña (1477), heredó los Países Bajos y Borgoña, de los que sólo conservó el Artois y el Franco Condado (1493), tras una larga lucha contra Luis XI y Carlos VIII. Aunque tuvo que reconocer la independencia de los cantones suizos (1499), unificó sus estados hereditarios dotándoles de instituciones centralizadas. Casó a su hijo Felipe el Hermoso con Juana, hija de los Reyes Católicos. – **Maximiliano II** (Viena 1527-Ratisbona 1576), emperador germánico [1564-1576], hijo de Fernando I.

BAVIERA

**MAXIMILIANO I** (Munich 1573-Ingolstadt 1651), duque [1597] y elector [1623-1651] de Baviera. Aliado de Fernando II en la guerra de los Treinta años, derrotó al elector palatino en la Montaña Blanca (1620).

**MAXIMILIANO I JOSÉ** (Mannheim 1756-Nymphenburg, Munich, 1825), elector [1799-1806] y primer rey de Baviera [1806-1825]. Obtuvo de Napoleón el título de rey (1806) y las ciudades de Bayreuth y Salzburgo (1809). – **Maximiliano II José** (Munich 1811-*id.* 1864), rey de Baviera [1848-1864].

MÉXICO

**MAXIMILIANO** (Viena 1832-Querétaro 1867), archiduque de Austria (Fernando José **de Habsburgo**), emperador de México [1864-1867], hijo del archiduque Francisco Carlos y de Sofía de Baviera. Casó con Carlota de Bélgica (1857). Fue nombrado emperador de México por Napoleón III (tratado de Miramar, 1864). En 1864 E.U.A. reconoció al presidente Juárez y forzó la retirada de las tropas francesas (1867). Después de entregar el poder a los reaccionarios y romper con los franceses, fue sitiado por las tropas de Juárez y fusilado.

el emperador **Maximiliano** de México y su esposa Carlota

**MAXIMILIANO DE BADEN** o **MAX DE BADEN** *(príncipe),* político alemán (Baden-Baden 1867-cerca de Constanza 1929). Nombrado canciller por Guillermo II (3 oct. 1918), cedió el poder al gobierno provisional de Ebert (10 nov.).

**MAXIMINO** (173-Aquilea 238), emperador romano [235-238]. El final de su reinado abrió un período de anarquía militar.

**MAXIMINO DAYA** († Tarso 313), emperador romano [309-313], vencido por Licinio en Tracia. Persiguió a los cristianos.

**MÁXIMO** († 388), emperador romano [383-388]. Oficial de origen hispánico, usurpó el trono y reinó en Galia, Hispania y Bretaña. Conquistó Italia, pero fue derrotado y muerto por Teodosio I.

**MAXWELL** (James Clerk), físico británico (Edimburgo 1831-Cambridge 1879). Fue el primero en unificar las teorías de la electricidad y el magnetismo, al establecer las leyes generales del campo electromagnético (1873). Identificó la luz con un campo electromagnético, teoría confirmada poco después mediante la demostración experimental de la identidad entre velocidad de la luz y velocidad de una onda electromagnética. Asimismo contribuyó a la elaboración de la termodinámica con sus trabajos sobre la repartición de las velocidades de las moléculas gaseosas.

el emperador **Maximiliano I** (Durero - Kunsthistorisches Museum, Viena)

**MAXWELL** (Robert), editor y político británico (Selo Slatina [act. en Ucrania] 1923-en el mar, cerca de Gran Canaria, 1991). Propietario de Pergamon press, en 1984 compró el grupo Mirror group newspapers *(Daily mirror, Sunday mirror)* y participó en varios sectores del mundo de la comunicación europea. Su imperio se desmembró tras su muerte.

**MAYA** (Rafael), poeta colombiano (Popayán 1897-Bogotá 1980), academicista y parnasiano (*Coros del mediodía,* 1928; *Después del silencio,* 1938; *Navegación nocturna,* 1959; *El tiempo recobrado,* 1970).

**MAYAGÜEZ,** mun. de Puerto Rico; 100 371 hab. Centro industrial y de comunicaciones en la costa occidental.

**MAYANS Y SISCAR** (Gregorio), erudito español (Oliva 1699-*id.* 1781). Destacó como editor de autores clásicos y contemporáneos y por sus estudios filológicos y literarios (*Pensamientos literarios,* 1724; *Orígenes de la lengua española,* 1737; *Retórica,* 1757). Es autor de la primera biografía de Cervantes (1737).

**MAYAPÁN,** mun. de México (Yucatán); 1 299 hab. Fue cabeza de una liga de ciudades que mantuvo cierto predominio entre los pueblos mayas hasta 1641. Centro arqueológico maya posclásico (ss. XIII-XV).

**MAYARÍ,** r. de Cuba, de la vertiente N; 106 km. Pasa por Mayarí y desemboca en la bahía de Nipe.

**MAYARÍ,** mun. de Cuba (Holguín); 111 505 hab. Minas de hierro, cobre y níquel. Acerías. Azúcar.

**MAYENNE,** dep. de Francia (Pays de la Loire); 5 175 km²; 278 037 hab. Cap. *Laval.*

**MAYER** (Julius Robert **von**), físico y médico alemán (Heilbronn 1814-*id.* 1878). Calculó el equivalente mecánico de la caloría (1842) y enunció el principio de conservación de la energía.

**MAYERLING,** localidad de Austria, a 40 km al S de Viena. El 30 de enero de 1889 aparecieron muertos en ella, en un pabellón de caza, el archiduque Rodolfo de Austria y la baronesa María Vetsera.

**Mayflower,** navío inglés que partió de Southampton hacia América del Norte en 1620, con un grupo de puritanos ingleses. Este éxodo fue el primer paso para la colonización de Nueva Inglaterra.

**Mayo** *(plaza de),* plaza de Buenos Aires (Argentina), núcleo originario de la ciudad y centro político-administrativo (Casa Rosada, ministerios).

**mayo** *(revolución de),* sucesos acontecidos en Buenos Aires (22-25 mayo 1810) que dieron lugar a la independencia del Río de la Plata.

**mayo de 1808** *(sucesos de),* levantamiento del pueblo de Madrid contra Napoleón, inicio de la guerra de la Independencia (2-3 mayo 1808). – Los sucesos inspiraron a Goya *La lucha del pueblo con los mamelucos* y *Los fusilamientos en la montaña del Príncipe Pío* (1814, Prado), obras de gran dramatismo que constituyen una renovación de la pintura de historia. *(V. ilustración pág. 1506.)*

**mayo de 1937** *(sucesos de),* conflicto armado que enfrentó en Barcelona, durante la guerra civil española, al P.O.U.M. y diversos sectores anarquistas, que fueron derrotados, con los comunistas y la Generalidad.

**mayo de 1968** o **mayo francés,** movimiento de contestación política, social y cultural de Francia (mayo-junio 1968), iniciado por los estudiantes y apoyado por los obreros. La gravedad de los disturbios llevó a De Gaulle a disolver la Asamblea nacional, pero el régimen salió reforzado con la victoria de la derecha en las legislativas (junio).

**MAYOL** (Salvador), pintor español (Barcelona 1765-*id.* 1834), de tema costumbrista, con influencia goyesca *(La sombrerería).*

**MAYOR,** cabo de España, en la costa cantábrica (Cantabria), en el extremo N de la península de la Magdalena, en Santander.

**MAYOR,** isla de España, en Las Marismas del Guadalquivir (Sevilla), deshabitada. Arrozales.

**MAYOR** *(lago),* en ital. **lago Maggiore** o **Verbano,** lago subalpino entre Italia y Suiza; 216 km². En él se hallan las islas Borromeas. Turismo.

**MAYOR LUIS J. FONTANA,** dep. de Argentina (Chaco); 48 911 hab. Cab. *Villa Ángela.* Algodón.

El 3 de **mayo de 1808** en Madrid: *Los fusilamientos en la montaña del Príncipe Pío* (1814), por Goya. (Prado, Madrid.)

**MAYOR ZARAGOZA** (Federico), político español (Barcelona 1934). Ministro de Educación y Ciencia en 1981-1982, fue director general adjunto de la Unesco (1978-1981) y su director general de 1987 a 1999.

**MAYORGA** (Martín **de**), militar y administrador español del s. XVIII, capitán general de Guatemala (1773-1779) y virrey de Nueva España (1779-1783).

**MAYORIANO** o **MAYORINO** († cerca de Tortona 461), emperador de occidente [457-461]. Fracasó contra los vándalos de África.

**MAYOTTE,** isla francesa del archipiélago de Comores; 374 km$^2$; 52 000 hab. Cap. *Dzaoudzi.* A raíz del referéndum de 1976 para seguir ligada a Francia, obtuvo el estatuto de colectividad territorial en la República Francesa.

**MAYTA CÁPAC,** soberano inca (ss. XIII-XIV), que dominó la zona de Cuzco. Padre de Cápac Yupanqui.

**MAZAGÁN** → ***Jadida (El-).***

**MAZAPIL,** mun. de México (Zacatecas); 24 906 hab. Minería diversificada.

**MAZĀR-I ŠARĪF,** c. de Afganistán; 103 000 hab. Centro islámico de peregrinación al santuario (s. XV) del califa ʿAlī.

**MAZARINO** (Giulio Raimondo), en fr. **Jules Mazarin,** prelado y estadista francés de origen italiano (Pescina 1602-Vincennes 1661). Fue oficial del ejército pontificio. Nuncio en París, pasó, con el favor de Richelieu, al servicio de Francia, y en 1642 fue creado cardenal. Primer ministro durante la regencia de Ana de Austria, puso fin a la guerra de los Treinta años (paz de Westfalia, 1648). Con la Fronda se exilió, pero volvió fortalecido. Firmó la paz de los Pirineos con España (1659).

**MAZARRÓN,** v. de España (Murcia); 15 250 hab. *(Mazarroneros.)* Puerto exportador de minerales en *Puerto de Mazarrón,* situado en el *golfo de Mazarrón.* Pesca. Regadíos (tomates, cítricos). Próspero centro minero en el s. XIX, sufrió luego un fuerte declive. Turismo.

**MAZATÁN,** mun. de México (Chiapas); 17 363 hab. Cereales, arroz. Ganadería. Pesca.

**MAZATENANGO,** ant. **San Bartolomé Mazatenango,** c. de Guatemala, cap. del dep. de Suchitepéquez; 40 072 hab. Agricultura e industrias derivadas.

**MAZATLÁN,** c. y puerto de México (Sinaloa); 262 705 hab. Importante puerto de cabotaje. Pesca. Refinería de petróleo. Metalurgia. Centro turístico. Aeropuerto.

**MAZEPA** (Iván Stepánovich), atamán de los cosacos de Ucrania oriental (1639 o 1644-Bendery 1709). Si bien en un principio sirvió al zar Pedro I el Grande, se volvió posteriormente contra él, aliándose con Carlos XII de Suecia, quien se comprometió a reconocer la independencia de Ucrania. Derrotado en Poltava (1709), se refugió en país tártaro.

**MAZO** (Juan Bautista **Martínez del**), pintor español (¿Beteta? *c.* 1612-Madrid 1667), discípulo y yerno de Velázquez, fue el fiel continuador de su taller y su estilo, hasta el punto de complicar atribuciones como en la *Vista de Zaragoza* (1647, Prado), obra maestra del paisajismo español.

**MAZOVIA,** región de Polonia, en el curso medio del Vístula. Ducado hereditario de 1138 a 1526, en esta última fecha fue anexionado al reino de Polonia.

**MAZOWIECKI** (Tadeusz), político polaco (Płock 1927). Miembro influyente de Solidaridad, fue nombrado primer ministro (ag. 1989), convirtiéndose en el primer jefe de gobierno no comunista de la Europa del este después de cuarenta años. En noviembre de 1990, tras su fracaso en las elecciones presidenciales, dimitió.

**MAZURIA** o **MASURIA,** región del NE de Polonia, que perteneció a Prusia Oriental.

**MAZZANTINI Y EGUÍA** (Luis), matador de toros español (Elgóibar 1856-Madrid 1926). Recibió la alternativa en 1884 y toreó hasta 1905. Destacó en la suerte de matar, casi siempre al volapié.

**MAZZINI** (Giuseppe), patriota italiano (Génova 1805-Pisa 1872). Fundó, en el exilio, una sociedad secreta (Joven Italia), motor del Risorgimento, que pretendía el establecimiento de una república italiana unitaria (1831), y llevó una vida errante hasta que la revolución de 1848 le permitió transformar la Joven Italia en Asociación nacional italiana. En marzo de 1849 hizo proclamar la república en Roma y formó parte del triunvirato que la dirigía, pero la expedición francesa lo obligó a exiliarse (julio).

**M'BA** (Léon), político gabonés (Libreville 1902-París 1967), primer presidente de la República de Gabón (1961-1967).

**MBABANE,** c. y cap. de Swazilandia; 30 000 hab.

**MBANDAKA,** ant. **Coquilhatville,** c. de la Rep. Dem. del Congo (ex Zaire), a orillas del río Congo; 150 000 hab.

**MBARACAYÚ** *(cordillera de),* en port. **Serra de Maracajú,** sistema montañoso fronterizo entre Paraguay (Canendiyú) y Brasil (Mato Grosso do Sul). Culmina en el Pan de Azúcar (500 m).

**MBINI,** ant. **Río Muni,** parte continental de Guinea Ecuatorial.

**MBUJI-MAYI,** c. de la Rep. Dem. del Congo (ex Zaire), cap. del Kasai oriental; 613 027 hab.

**M.C.C.A.,** siglas de Mercado común centroamericano*.

**MEAD** (Margaret), antropóloga norteamericana (Filadelfia 1901-Nueva York 1978), especialista en problemas de la adolescencia y cambios culturales (*Macho y hembra,* 1949).

**MEADE** (James Edward), economista británico (Swanage, Dorset, 1907-Cambridge 1995), investigador del crecimiento y del intercambio internacional. (Premio Nobel de economía 1977.)

**MEANDRO** → ***Menderes.***

**MEANY** (George), sindicalista norteamericano (Nueva York 1894-Washington 1980). Fue el artífice de la constitución de la A.F.L.-C.I.O., de la que fue el primer presidente (1955-1979).

**MEAUX,** c. de Francia (Seine-et-Marne), a orillas del Marne; 49 409 hab. Restos de murallas galorromanas y medievales. Catedral de los ss. XIII-XIV.

**MECA (La),** en ár. **Makka,** c. de Arabia Saudí, cap. de la prov. de Ḥiŷāz; 618 000 hab. Cuna de Mahoma y ciudad santa del islam. La peregrinación a La Meca una vez en la vida es obligatoria para todos los musulmanes que dispongan de medios.

**MECENAS,** patricio romano (¿Arezzo? *c.* 69-8 a. J.C.). Amigo personal de Augusto, favoreció las letras y las artes. Virgilio, Horacio y Propercio se beneficiaron de su protección.

**MECHELEN** → ***Malinas.***

**MÉCHNIKOV** o **MIÉCHNIKOV** (Iliá), zoólogo y microbiólogo ruso (Ivánovka, cerca de Járkov, 1845-París 1916), descubridor del fenómeno de la fagocitosis. (Premio Nobel de fisiología y medicina 1908.)

**MEČIAR** (Vladimir), político eslovaco (Zvolen, Eslovaquia, 1942). Primer ministro de la república de Eslovaquia (1990), tuvo que dimitir en 1991. De nuevo primer ministro (1992), negoció la partición de Checoslovaquia y fue primer ministro de la Eslovaquia independiente (1993-1998).

Federico **Mayor Zaragoza**

Margaret **Mead**

**La Meca:** la gran mezquita; en el centro, la Kaʿba

**Meckel** *(divertículo de),* bolsa ciega suspendida del intestino delgado, vestigio, en ciertos individuos, del canal que une el intestino del feto a la placenta.

**MECKLEMBURGO,** en alem. **Mecklenburg,** región histórica de Alemania, que forma parte del Land de Mecklemburgo-Antepomerania. En 1520 fue dividida en dos ducados: *Mecklemburgo-Schwerin* y *Mecklemburgo-Güstrow* (posteriormente *Mecklemburgo-Strelitz,* constituido en 1701).

**MECKLEMBURGO-ANTEPOMERANIA,** en alem. **Mecklenburg-Vorpommern,** estado (Land) de Alemania, a orillas del Báltico; 22 500 km$^2$; 1 963 909 hab. Cap. *Schwerin.*

**Medal of honor** *(Medalla de honor del congreso),* la más alta condecoración militar de Estados Unidos, otorgada por el congreso a partir de 1862.

**MEDAN,** c. y puerto de Indonesia (Sumatra), junto al estrecho de Malaca; 1 686 000 hab.

**MÉDANO** *(playa del),* playa de la costa SE de la isla española de Tenerife (Canarias), entre la *punta del Médano,* al N, y la punta Roja, al S, en el mun. de Granadilla de Abona. En las proximidades, aeropuerto Reina Sofía.

**MEDAWAR** (Peter Brian), biólogo británico (Río de Janeiro 1915-Londres 1987), autor de trabajos sobre los trasplantes (Premio Nobel de fisiología y medicina 1960.)

**MÉDÉA** → ***Lemdiyya.***

**MEDEA,** hechicera legendaria del ciclo de los Argonautas. Huyó con Jasón y, abandonada por éste, se vengó degollando a sus hijos. Su leyenda inspiró a Eurípides (431 a. J.C.), Séneca (s. I d. J.C.), Corneille (1635), etc.

**MEDELLÍN,** c. de Colombia, cap. del dep. de Antioquia; 1 468 089 hab. *(Medellinenses.)* Centro industrial (exportación floral; orquídeas en el Jardín botánico y en El Ranchito), es el segundo núcleo urbano del país, enriquecido con el comercio del oro y el café. Catedral; Centro sudamericano (esculturas); universidades. Museos. — En 1968 fue sede de una conferencia del episcopado católico latinoamericano, que refrendó el compromiso de la Iglesia con los problemas sociales e inició una nueva línea pastoral latinoamericana.

**MEDELLÍN,** mun. de México (Veracruz); 25 436 hab. Agricultura, ganadería y avicultura.

**MEDELLÍN,** v. de España (Badajoz); 2 347 hab. *(Metilenses.)* Castillo de origen romano reconstruido en el s. XIV.

**MEDIA,** región del NO del antiguo Irán, habitada por los medos.

**Media luna roja,** en los países musulmanes, organización que tiene las mismas funciones que la Cruz roja y que, desde 1986, forma parte del *Movimiento internacional de la Cruz roja y de la Media luna roja.*

**médicas** *(guerras)* [490-479 a. J.C.], conflictos que enfrentaron a los griegos y persas. Tuvieron su origen en la rebelión de las ciudades griegas de Jonia (499), apoyadas por Atenas, y a la que Darío puso fin en 495. Los persas, para asegurar su dominio sobre el Egeo, tomaron por objetivo las ciudades de la Grecia europea. En 490 *(primera guerra médica),* Darío atravesó el Egeo y, a pesar de contar con importantes fuerzas, fue derrotado en Maratón. En 481 *(segunda guerra médica),* Jerjes, siguiendo la política de su padre, invadió Grecia con un gran ejército. Aunque los griegos intentaron en vano detenerlo en las Termópilas (ag. 480), Atenas fue tomada e incendiada; pero, gracias a Temístocles, la flota persa fue destruida ante la isla de Salamina (set. 480). Jerjes abandonó a su ejército, que fue vencido en Platea (479). Los griegos trasladaron entonces la guerra a Asia bajo la dirección de Atenas y consiguieron las victorias del cabo Micala (479) y de Eurimedonte (468). En 449 la paz de Calias ratificó la libertad de las ciudades griegas de Asia.

**MEDICINE HAT,** c. de Canadá (Alberta); 43 625 hab. Gas natural. Industrias químicas.

**MÉDICIS,** en ital. **Medici,** familia italiana de banqueros que dominó Florencia a partir de 1434, antes de adquirir el título ducal en 1532. Sus principales miembros fueron: **Cosme el Viejo** (Florencia 1389-Careggi 1464), jefe de Florencia a partir de 1434; — **Lorenzo I,** llamado **el Magnífico** (Florencia 1449-Careggi 1492), nieto del anterior, protector de las artes y las letras y poeta, que dirigió Florencia (1469-1492) y realizó el ideal del renacimiento; — **Juliano** (Florencia 1478-Roma 1516), nombrado duque de Nemours por el rey de Francia Francisco I. Con ayuda de las tropas pontificias y españolas (1512), restauró en Florencia el poder de los Médicis, expulsados desde la revolución de Savonarola; — **Lorenzo II,** *duque* **de Urbino** (Florencia 1492-*id.* 1519), padre de Catalina de Médicis; — **Alejandro,** primer duque de Florencia (Florencia *c.* 1510-*id.* 1537), asesinado por su primo Lorenzino *(Lorenzaccio);* — **Cosme I,** primer gran duque de Toscana (Florencia 1519-Villa di Castello, cerca de Florencia, 1574), a quien Carlos Quinto impuso la presencia de guarniciones españolas; — **Fernando I** (Florencia 1549-*id.* 1609), gran duque de Toscana (1587-1609); — **Fernando II** (Florencia 1610-*id.* 1670), gran duque de Toscana (1621-1670); — **Juan Gastón** (Florencia 1671-*id.* 1737), a cuya muerte el gran ducado de Toscana pasó a la casa de Lorena.

**Médicis, Medici** o **Medici-Riccardi** *(palacio),* palacio construido en Florencia en 1444 por Michelozzo para los Médicis (frescos de Gozzoli en la capilla), ampliado en el s. XVII para uno de los marqueses Riccardi.

**Médicos sin fronteras** (M.S.F.), organización no gubernamental con vocación internacional, fundada en 1971, que reúne a médicos y miembros de instituciones sanitarias voluntarios, y cuya misión es ayudar a las poblaciones afectadas por la guerra o víctimas de catástrofes. (Premio Nobel de la paz 1999.)

**MEDINA,** en ár. **al-Madīna** o **Madīnat al-Nabī,** c. de Arabia Saudí (Ḥiŷāz); 500 000 hab. Ciudad santa del islam, en la que se refugió Mahoma durante la *hégira* (622). Mezquita del profeta (tumba de Mahoma).

**MEDINA** (Bartolomé **de**), metalúrgico español (Sevilla principios s. XVI-*c.* 1580). Introdujo en América (Pachuca, 1554) el llamado *beneficio de patio,* para obtener plata por amalgamación a partir de minerales pobres.

**MEDINA** (Bartolomé), dominico y teólogo español (Medina de Rioseco *c.* 1528-Salamanca 1580). Sus comentarios a la *Summa* de santo Tomás de Aquino son clásicos en la enseñanza de la teología. En *Suma de casos de conciencia* (1580) formuló por primera vez la teoría del probabilismo.

**MEDINA** (Francisco **de**), humanista español (1544-1615). Poeta y traductor de clásicos, su prólogo a las *Anotaciones* que Herrera hizo a Garcilaso (1580), se considera como un manifiesto de la escuela poética sevillana.

**MEDINA** (José María), militar y político hondureño (1826-1878). Presidente de la república (1864-1872 y 1876), gobernó dictatorialmente. Fue fusilado.

**MEDINA** (José Ramón), escritor venezolano (nacido en 1921), autor de poemas intimistas y metafísicos (*La voz profunda,* 1954), y ensayos literarios.

**MEDINA** (José Toribio), erudito e historiador chileno (Santiago 1852-*id.* 1930), autor de *Historia de la literatura colonial de Chile* (1878) y *La primitiva Inquisición americana* (1914).

**MEDINA** (Pedro **de**), arquitecto español activo en Cuba (Cádiz 1738-La Habana 1796). Trabajó, desde 1772, en las principales obras de su tiempo en La Habana (catedral, Casa del gobierno, coliseo, Casa de correos, etc.).

**MEDINA** (Pedro **de**), cosmógrafo español (Sevilla 1493-*id.* 1567), autor de *Arte de navegar* (1545), obra traducida a varios idiomas y resumida en 1563 con el título *Regimiento de navegación.*

**MEDINA** (Vicente), poeta español (Archena 1866-*id.* 1937), de temática preferentemente regional (*Aires murcianos,* 1899; *La canción de la huerta,* 1905; *Aires argentinos,* 1927).

**MEDINA ANGARITA** (Isaías), militar y político venezolano (San Cristóbal 1879-Caracas 1953). Presidente de la república (1941-1945), fue derrocado por los militares.

**MEDINA AZARA,** en ár. **Madīnat al-Zahrā',** ant. c. fundada por 'Abd al-Raḥmān III en las afueras de Córdoba (España), de 936 a 976. De planta rectangular, tenía terrazas y un doble recinto amurallado. Destruida en 1010, en la revuelta contra los amiríes, desde comienzos del s. XX ha sido excavada y restaurada.

**MEDINA DE POMAR,** c. de España (Burgos); 5 584 hab. *(Medineses.)* Castillo palacio de los Velasco (ss. XIV-XVI); convento de Santa Clara (retablos).

**MEDINA DE RIOSECO,** c. de España (Valladolid), cab. de p. j.; 4 945 hab. *(Riosecanos.)* Fueron famosas sus ferias anuales (ss. XIV-XVI). Iglesias de Santa María (ss. XV-XVI), Santiago y Santa Cruz (barrocas).

**MEDINA DEL CAMPO,** v. de España (Valladolid), cab. de p. j.; 20 499 hab. *(Medinenses.)* Importante centro del comercio lanero en el s. XV, conserva el castillo de la Mota. Iglesia gótica de San Antolín (s. XIV). Edificio del s. XVI. Ayuntamiento (1660).

**MEDINACELI,** v. de España (Soria); 775 hab. *(Medinenses.)* Arco triunfal romano (ss. II-III). Recinto amurallado (restos de las murallas romanas). Colegiata de Santa María (s. XVI). Plaza porticada.

**MEDINACELI** *(casa de),* gran título de la aristocracia española que en 1931 figuraba a la cabeza de los propietarios españoles. Condes (1368) y luego duques (1479), en 1697 incorporaron los ducados de Cardona y Segorbe. A principios del s. XVIII el título pasó al linaje de los duques de Feria.

**MEDINACELI** (Carlos), escritor boliviano (1899-1949). Su única novela, *La Chaskañawi* (1947), expresa la irrupción mestiza en la conformación del carácter nacional boliviano. Escribió ensayos sobre la cultura americana.

**MEDINA-SIDONIA,** c. de España (Cádiz); 10 777 hab. *(Asidonenses.)* Restos de las murallas árabes. Iglesia de Santa María (s. XV), plateresca.

**MEDINASIDONIA** o **MEDINA-SIDONIA** *(duques de),* familia de la aristocracia castellana descendiente de Guzmán el Bueno. **Juan Alonso de Guzmán** (1410-1468) recibió el título de Juan II (1445). A la muerte del 14.º duque, **Pedro Alcántara de Guzmán** (1777), el título pasó a los marqueses de Villafranca.

**MEDIO** *(Imperio del),* nombre que se daba antiguamente a China (considerada como el centro del mundo).

**MEDIO OESTE,** en ingl. **Middle West** o **Midwest,** vasta región de Estados Unidos, entre los Apalaches y las Rocosas.

**Meditaciones metafísicas,** obra de Descartes (1641). Demuestra que se puede dudar de todo menos del sujeto que duda, y en ese acto afirma que Dios existe.

**MEDITERRÁNEO** *(mar),* mar continental del Atlántico, comprendido entre Europa meridional, N de África y Asia occidental; 2,5 millones de km$^2$ de extensión y 5 093 m de profundidad máxima. Se comunica con el océano Atlántico por el estrecho de Gibraltar y con el mar Rojo por el canal de Suez. Es un mar cálido, de salinidad elevada y mareas de escasa amplitud. El pequeño espacio existente entre Sicilia y Tunicia lo divide en dos cuencas: el *Mediterráneo occidental,* con su anexo, el mar Tirreno, y el *Mediterráneo oriental,* más compartimentado, con sus anexos (el mar Jónico, el Adriático y el Egeo). El Mediterráneo fue el centro vital de la antigüedad. Perdió parte de su importancia tras los grandes descubrimientos de los ss. XV y XVI, pero volvió a convertirse en una de las principales rutas mundiales de navegación gracias a la construcción del canal de Suez (1869).

**MEDJERDA,** en ár. **Maŷrada,** r. del N de África, que nace en Argelia y desemboca en el golfo de Túnez; 365 km.

**MÉDOC,** región vinícola francesa (Gironde) en la orilla izquierda del Gironda.

**MEDORO** (Angelino), pintor italiano activo en América (Roma 1565-¿Sevilla? *d.* 1631). Introductor del clasicismo renacentista en América, realizó su obra en diferentes ciudades, entre ellas Bogotá (*Anunciación* para la iglesia de Santa Clara), Tunja, Quito y Lima (convento de la Merced).

**MEDRANO** (Francisco **de**), poeta español (Sevilla 1570-*id.* 1607), autor de odas, sonetos y un dístico latino, publicados póstumamente (1617), de tema moral o amatorio.

**MEDUSA,** una de las tres Gorgonas de la mitología griega, la única cuya mirada era mortal. Perseo le cortó la cabeza, y de su sangre nació Pegaso.

**MEERUT** o **MIRATH,** c. de la India (Uttar Pradesh); 846 954 hab. Templos y mezquitas.

**Mefistófeles,** encarnación del diablo, popularizada por el *Fausto* de Goethe.

**MEGALÓPOLIS,** ant. c. de Arcadia (Grecia), fundada en 368 a. J.C. con la ayuda de Epaminondas. Fue el centro de la Confederación arcadia. Ruinas.

**MEGARA,** en gr. **Méghara,** c. de Grecia, en el istmo de Corinto; 26 562 hab. Floreciente en los ss. VII y VI a. J.C., fundó numerosas colonias, entre ellas Bizancio. Sus disensiones con Atenas desencadenaron la guerra del Peloponeso. Su escuela filosófica contribuyó, después de Aristóteles, al desarrollo de la lógica.

**MEGERA,** una de las tres Erinias de la mitología griega, personificación de la cólera.

**MEGHALAYA,** estado del NE de la India; 22 489 km$^2$; 1 760 626 hab. Cap. *Shillong.*

**MEGIDDÓ** o **MEGGIDO,** ant. c. cananea del N de Palestina. Situada en la ruta que unía Egipto y Siria, fue conquistada por varios faraones (Tutmés III, Necao II).

**MEHMET II,** llamado **Fātih** *(el conquistador)* [Edirne 1432-Tekfur Çayiri 1481], sultán otomano [1444-1446 y 1451-1481]. Tomó Constantinopla (1453) y la convirtió en su capital, antes de conquistar Serbia (1459), el imperio de Trebisonda (1461), Bosnia (1463) y Crimea (1475). – **Mehmet IV** (İstanbul 1642-Edirne 1692), sultán otomano [1648-1687]. Presidió el resurgimiento del imperio gracias a la obra de los Köprülü. – **Mehmet V Reşad** (İstanbul 1844-*id.* 1918), sultán otomano [1909-1918]. Dejó el poder en manos de los Jóvenes turcos. – **Mehmet VI Vahdettin** (İstanbul 1861-San Remo 1926), último sultán otomano [1918-1922], derrocado por Mustafá Kemal.

**MEHMET 'ALĪ,** en ár. **Muḥammad 'Alī** (Cavalla, Macedonia, 1769-Alejandría 1849), virrey de Egipto [1805-1848]. Acabó con los mamelucos (1811) y reorganizó, con la ayuda de técnicos europeos, la administración, la economía y el ejército egipcios. Prestó su apoyo a los otomanos en Arabia (1811-1819) y en Grecia (1824-1827), pero conquistó Sudán por su cuenta (1820-1823) y, respaldado por su alianza con Francia, intentó desplazar al sultán, al que su hijo Ibrāhīm bajá venció en Siria (1831-1839). Las potencias europeas le impusieron el tratado de Londres (1840), que sólo le dejaba Egipto y Sudán a título hereditario.

**MEHRGARH,** yacimiento arqueológico del Baluchistán paquistaní, al pie de los pasos de Bolan que unen el valle del Indo a Irán y Asia central. Esta aglomeración, de economía agrícola, estuvo ocupada de 7000 a 2000 a. J.C. aprox. y probablemente se originó en ella la civilización del Indo.

**MEHTA** (Zubin), director de orquesta indio (Bombay 1936). Director de las orquestas de Montreal (1960-1967), Los Ángeles (1961-1978) y filarmónica de Nueva York (1979-1991), desde 1981 dirige la orquesta filarmónica de Israel.

**MEIER** (Richard), arquitecto norteamericano (Neward 1934). En su obra prima la creación de espacios y el aprovechamiento de la luz natural (museo de arte contemporáneo, Barcelona; centro J. Paul Getty, Los Ángeles). [Premio Pritzker 1984.]

**MEIFRÉN** (Eliseo), pintor español (Barcelona 1859-*id.* 1940). Paisajista, pintó, con estilo impresionista, rincones de Mallorca y Canarias, y especialmente de la Costa Brava.

**MEIJI TENNŌ,** nombre póstumo de **Mutsuhito** (Kyōto 1852-Tōkyō 1912), emperador de Japón [1867-1912]. En 1868 inauguró la era Meiji y proclamó su voluntad de reforma y de occidentalización en la *Carta de los cinco artículos.* Suprimió posteriormente el shogunado y el régimen feudal, y se instaló en Tōkyō. En 1889 dotó a Japón de una constitución. Dirigió victoriosamente las guerras contra China (1895) y Rusia (1905), y se anexionó Corea (1910).

**Mein Kampf** *(Mi lucha),* obra de A. Hitler, escrita en prisión (1923-1924) y publicada en 1925. Expone los principios del nacionalsocialismo: antisemitismo, superioridad de la raza germánica, que necesita lo que él llama espacio vital para desarrollarse, y culto a la fuerza.

**MEIR** (Golda), política israelí (Kíev 1898-Jerusalén 1978). Laborista, fue primera ministra (1969-1974).

**MEIRA,** v. de España (Lugo); 1 833 hab. *(Meiregos.)* Monasterio cisterciense fundado en 1144 y dedicado en 1258 (iglesia).

**MEISSEN,** c. de Alemania (Sajonia), a orillas del Elba; 35 662 hab. Catedral gótica. Castillo del s. XV, en el que se instaló la primera manufactura europea de porcelana dura (1710).

**MEISSONIER** (Ernest), pintor francés (Lyon 1815-París 1891), autor de pequeños cuadros de género al estilo antiguo y de escenas militares.

**MEJÍA,** cantón de Ecuador (Pichincha); 38 258 hab. Cab. *Machachi.* Turismo (fuentes termales).

**MEJÍA** (Liborio), patriota colombiano (Rionegro 1792-Bogotá 1816). Presidente de la república (1816), fue fusilado por los españoles.

**MEJÍA COLINDRES** (Vicente), político hondureño (La Esperanza, Intibucá, 1878-Tegucigalpa 1966), presidente de la república (1929-1933).

**MEJÍA SÁNCHEZ** (Ernesto), escritor nicaragüense (Masaya 1923-Mérida, México, 1985). De la generación poética de los cuarenta (*Recolección a mediodía,* 1980), publicó ensayos sobre R. Darío, y ediciones de A. Nervo, Montalvo, Unamuno, J. Martí.

**MEJÍA VALLEJO** (Manuel), escritor colombiano (Jericó, Antioquia, 1923). En su narrativa se alternan una temática de la violencia civil (*El día señalado,* 1964; *Las noches de vigilia,* 1975; *Años de indulgencia,* 1989) con otra enmarcada en los ambientes populares urbanos (*Al pie de la ciudad,* 1958; *Aire de tango,* 1973). [Premio Rómulo Gallegos 1989.]

**MEJÍA VÍCTORES** (Óscar Humberto), militar y político guatemalteco (Guatemala 1930). Derrocó a Ríos Montt y se autoproclamó jefe del estado (1983-1986).

**MEJICANA (La)** o **GENERAL M. BELGRANO,** cumbre de Argentina (La Rioja), en la sierra de Famatina; 6 250 m. Minas de cobre, act. abandonadas.

**MEJICANOS,** mun. de El Salvador (San Salvador), al S del volcán de San Salvador; 117 568 hab. Constituye un barrio residencial de la capital.

**mejor alcalde, el rey** *(El),* comedia de Lope de Vega (c. 1623). Exalta la justicia real frente a los desmanes de los señores con sus vasallos.

**MEJORADA DEL CAMPO,** v. de España (Madrid); 13 597 hab. Centro agrícola e industrial.

**MEKHITHAR** (Vartapet Pedro **Manuk,** llamado), teólogo armenio (Sivas, Anatolia, 1676-Venecia 1749), fundador de la congregación de los mequitaristas (monjes católicos armenios).

**MEKONG,** r. del Sureste asiático; 4 200 km. Nace en el Tíbet, atraviesa el Yunnan por profundas gargantas, Laos (al que separa de Tailandia), Camboya y el S de Vietnam, y desemboca en el mar de la China Meridional.

**MELANCHTHON** (Philipp **Schwarzerd,** llamado), reformador alemán (Bretten 1497-Wittenberg 1560). Colaborador de Lutero, redactó la *Confesión de Augsburgo* (1530) y se convirtió en el principal jefe del luteranismo tras la muerte del reformador.

**Melancolía,** grabado al buril de Durero (1514), en el que al parecer intentó simbolizar los límites del pensamiento lógico y científico (geometría, artes que recurren a las medidas) y al genio creador.

**MELANESIA,** división de Oceanía, que comprende Nueva Guinea, el archipiélago Bismarck, las islas Salomón, Nueva Caledonia, Vanuatu y las islas Fidji.

**MELBOURNE,** c. y puerto de Australia, fundada en 1835, cap. del estado de Victoria; 3 002 300 hab. Centro comercial, industrial y cultural. Museo.

**MELBOURNE** (*vizconde* **de**) → ***Lamb.***

**MELCHOR,** nombre de uno de los tres Reyes magos.

**MELCHOR OCAMPO,** ant. **Ocampo** y **San Miguel Ocampo,** mun. de México (México); 17 990 hab. Centro agropecuario. – Mun. de México (Zacatecas), ant. **San Pedro Ocampo;** 3 904 hab. Centro minero (plata, oro, plomo y cobre).

**MELCHOR OCAMPO DEL BALSAS** → ***Lázaro Cárdenas.***

**MELÉNDEZ,** familia salvadoreña que gobernó el país en el primer cuarto del s. XX. **Carlos** (1861-1919) fue presidente de la república (1913-1914 y 1915-1918). Su hermano **Jorge** (1871-1953) lo fue en 1919-1923, y **Alfonso Quiñones** (1874-1950), cuñado de Carlos, en 1914-1915, 1918-1919 y 1923-1927.

**MELÉNDEZ** (Concha), escritora puertorriqueña (Caguas 1904-San Juan 1983), poeta y ensayista (*La novela indianista en Hispanoamérica,* 1934; *Literatura hispanoamericana,* 1967).

**MELÉNDEZ** o **MENÉNDEZ** (Luis), pintor español (Nápoles 1716-Madrid c. 1780). Miembro de una familia de pintores ligada a la corte y a la academia, se especializó en naturalezas muertas, a las que confirió un intenso realismo (*Bodegones,* Prado), y sobresalió además en el retrato (*Autorretrato,* Louvre).

**MELÉNDEZ VALDÉS** (Juan), poeta español (Ribera del Fresno 1754-Montpellier 1817). Pasó de temas anacreónticos y filosóficos (*Poesías,* 1785) a los de tipo social (*A Llaguno,* 1794; *Sobre el fanatismo,* 1795). En la guerra de la Independencia se unió al bando afrancesado, ocupó cargos y escribió *Odas* a José Bonaparte (1810-1811). [Real academia 1812.]

Luis **Meléndez:** *Bodegón: peras, granadas y uvas* (Prado, Madrid)

Juan **Meléndez Valdés** (Goya - Real academia de bellas artes de san Fernando, Madrid)

**MELERO** (Miguel), pintor y escultor cubano (La Habana 1836-*id.* 1907). Director de la Academia de san Alejandro de La Habana, ejerció una influencia notable en su país (estatua de Colón en la villa de Colón).

**MELGAR,** mun. de Colombia (Tolima); 15 339 hab. Agricultura y ganadería.

**MELGAR CASTRO** (Juan Alberto), político hondureño (Marcala 1930). Depuso a López Arellano en 1975 y se proclamó presidente. Fue derrocado en 1978.

**MELGAREJO** (Mariano), general y político boliviano (Cochabamba 1818-Lima 1871). En 1864 implantó una dictadura militar. Realizó costosas concesiones territoriales a Perú y Brasil. Derrocado por Morales en 1871, fue asesinado en Perú.

**MELIANA,** mun. de España (Valencia); 9 122 hab. Industria metalúrgica; fabricación de azulejos.

**Melibea,** protagonista femenina de *La Celestina* de F. de Rojas.

**MÉLIDA** (Enrique), pintor español (Madrid 1838-París 1892). Cultivó la pintura de género, siguiendo la técnica preciosista de Fortuny (*Procesión de penitentes en España en el s. XVIII*).

**MELIDE** o **MELLID,** v. de España (La Coruña); 8 210 hab. Bosques y pastos. Ganado vacuno. Serrerías.

**MÉLIÈS** (Georges), director de cine francés (París 1861-*id.* 1938), pionero de la realización cinematográfica, inventó numerosos trucajes y construyó los primeros estudios en Francia: más de 500 películas entre 1896 y 1914 (*Viaje a la Luna,* 1902).

**MELILLA,** c. de España, en el N de África, que constituye un municipio especial, cab. de p. j.; 63 670 hab. *(Melillenses.)* Emplazada en un saliente del litoral, una franja neutral de 500 m la separa de Marruecos. Puerto franco, pesca; industrias conserveras. Notables edificaciones modernistas. Fue factoría fenicia, ocupada posteriormente por romanos, visigodos y musulmanes. Fue conquistada en tiempos de los Reyes Católicos y pasó a la corona española en 1556. Plaza de soberanía después de la independencia de Marruecos, desde 1995 el municipio tiene un estatuto de autonomía.

**Melilla** *(guerra de)* → ***Marruecos*** (campañas de).

**MELIPILLA,** com. de Chile (Santiago); 80 086 hab. Centro agropecuario.

**MELITÓPOL,** c. de Ucrania; 174 000 hab.

**MELK,** c. de Austria (Baja Austria), a orillas del Danubio; 6 000 hab. Abadía benedictina fundada en 1089 y reconstruida a principios del s. XVIII por Jakob Prandtauer (1660-1726), grandiosa obra barroca.

**MELLA** (Ricardo), escritor español (Vigo 1861-*id.* 1925), teórico del anarquismo (*La anarquía: su pasado, su presente y su porvenir,* 1889) y fundador de diversos periódicos libertarios.

**MELLER** (Francisca **Marqués López,** llamada **Raquel**), tonadillera española (Tarazona 1888-Barcelona 1962), popular intérprete de cuplés como *Ven y ven, El relicario* y *La violetera.* Actuó en el cine (*Violetas imperiales,* 1922; *Carmen,* 1926).

**MELLIZO** (Enrique **Jiménez,** llamado **el**), intérprete de cante flamenco español (Cádiz 1825-*id.* 1903), introductor de los tientos o tangos lentos.

**MELLONI** (Macedonio), físico italiano (Parma 1798-Portici, junto a Nápoles, 1854). Inventó la pila termoeléctrica, que empleó para estudiar el calor radiante (radiación infrarroja).

Raquel **Meller** (Sorolla - museo Sorolla, Madrid)

Lola **Membrives** con Jacinto Benavente

**Melilla:** el puerto pesquero

**MELO,** c. de Uruguay, cap. del dep. de Cerro Largo; 38 300 hab. Industria frigorífica.

**MELO** (Francisco Manuel **de**), escritor, político y militar portugués (Lisboa 1611-*id.* 1667). Maestre de campo del marqués de los Vélez, escribió una crónica de la guerra de Separación de Cataluña.

**MELO** (José María), militar colombiano (Chaparral, Tolima, 1800-en Chiapas, México, 1860). Luchó en la guerra de la Independencia. Derrocó al presidente Obando (1854), pero no pudo mantenerse en el poder y fue desterrado.

**MELO DE PORTUGAL Y VILLENA** (Pedro), militar español (Badajoz 1733-Pando, Uruguay, 1798), virrey del Río de la Plata (1795-1798).

**MELÓN Y RUIZ DE GORDEJUELA** (Amando), geógrafo español (Zaragoza 1895-Madrid 1977). Fue director del instituto de geografía J. S. Elcano, del C.S.I.C., fundador de la revista *Estudios geográficos,* y autor de *Geografía histórica española* (1928) y *Los modernos nomenclátores de España* (1958).

**MELOZZO da Forlì** → ***Forlì*** (Melozzo da).

**MELPÓMENE,** musa de la tragedia.

**MELQART** o **MELKART,** principal dios de Tiro, adorado también en Cartago.

**MELQUISEDEK,** personaje bíblico contemporáneo de Abraham, rey sacerdote de Salem, ciudad que la tradición judía identifica con Jerusalén.

**MELUN,** c. de Francia, cap. del dep. de Seine-et-Marne, a orillas del Sena; 36 489 hab. (más de 100 000 en la aglomeración). Centro industrial. Iglesia de Notre-Dame (en parte de los ss. XI y XII). Museo.

**MELVILLE,** bahía del mar de Baffin, en la costa de Groenlandia. – Península de la parte septentrional de Canadá (océano Ártico). – Isla del archipiélago Ártico canadiense, al N del *estrecho de Melville.* – Isla australiana situada en la costa N de Australia.

**MELVILLE** (Herman), escritor norteamericano (Nueva York 1819-*id.* 1891). Antiguo marino, escribió novelas en las que la aventura adquiere un significado simbólico (*Moby* Dick,* 1851; *Billy Budd,* publicada en 1924).

**MEMBRIVES** (Lola), actriz argentina (Buenos Aires 1888-*id.* 1969), hija de españoles. Actuó en su país y en España, y en 1920 formó compañía propia, con la que actuó en América del Sur. Su repertorio incluía obras de los Quintero, Arniches y Benavente, del que fue una de las mejores intérpretes.

**MEMEL** → ***Kláipeda.***

**MEMLING** o **MEMLINC** (Hans), pintor flamenco (Seligenstadt, cerca de Aschaffenburg, *c.* 1433-Brujas 1494). Su carrera se desarrolló en Brujas, donde se conservan sus principales obras: composiciones religiosas de un estilo suave y sereno, retratos en los que el modelo está representado en su ambiente familiar.

**MEMNÓN,** héroe del ciclo troyano, muerto por Aquiles. Los griegos lo identificaron con uno de los dos colosos del templo de Amenofis III en Tebas. Esta estatua, agrietada en 27 a. J.C. a causa de un movimiento sísmico, dejaba oír al amanecer una vibración, el llamado *canto de Memnón,* que cesó tras la restauración de Septimio Severo.

**Memorables de Sócrates,** obra de Jenofonte, consagrada a sus recuerdos de Sócrates.

**Memorias de ultratumba,** obra de Chateaubriand (1809-1836, publicada en 1848-1850), que revive su época.

**Memorias de un hombre de acción,** serie de veinte novelas históricas de Pío Baroja (1913-1935), basadas en la vida del conspirador Eugenio de Aviraneta. Ofrecen un cuadro de la época de Fernando VII e Isabel II.

**MEMPHIS,** c. de Estados Unidos (Tennessee), a orillas del Mississippi; 610 337 hab.

**MENA** (Alonso **de**), escultor español (Granada 1587-*id.* 1646). Inició la revolución hacia el realismo, característico de la escuela granadina. Sus obras presentan un progresivo naturalismo, alcanzando gran expresividad (*Virgen de Belén,* retablos relicarios de la capilla real de Granada). – Su hijo

Alonso de **Mena:** *Cristo del desamparo* (iglesia de San José, Madrid)

Pedro de **Mena:** *Magdalena penitente*
(museo nacional de escultura, Valladolid)

**Pedro** (Granada 1628-Málaga 1688), también escultor, fue discípulo desde 1652 de A. Cano, que le influyó en la temática y tratamiento dramático. Instalado en Málaga, maduró su propio estilo, donde el misticismo ascético sustituye a la expresividad dramática, y creó tipos iconográficos originales *(San Francisco de Asís, Magdalena penitente, Ecce homo, Dolorosa).*

**MENA** (Juan **de**), poeta español (Córdoba 1411-Torrelaguna 1456). Gran conocedor de los clásicos, su poesía muestra una tendencia ultracultista y latinizante (*Laberinto* de Fortuna* o *Las trescientas,* en coplas de arte mayor). Destacan también su *Ilíada en romance,* traducción en prosa de la *Ilias latina* de autor desconocido, y sus comentarios a la *Coronación,* que ensalzan al marqués de Santillana.

**MENA** (Juan Pascual **de**), escultor español (Villaseca de la Sagra 1707-Madrid 1784), uno de los máximos representantes del academicismo neoclásico (fuente de Neptuno, Madrid).

**MENADO** → *Manado.*

**MENAM** o **CHAO PHRAYA,** principal río de Tailandia, que pasa por Bangkok y desemboca en el golfo de Tailandia; 1 200 km.

**MENANDRO,** comediógrafo griego (Atenas *c.* 342-*id. c.* 292 a. J.C.), el principal representante de la *nueva comedia,* conocido sobre todo a través de las imitaciones de Plauto y de Terencio.

**MENCHÚ** (Rigoberta), líder campesina guatemalteca (Chimel, Uspantán, 1959). Tras ser asesinados sus familiares (1979-1980), escogió el exilio y la lucha cívica para lograr la emancipación social y política de los pueblos indígenas y mestizos pobres de Guatemala y de toda América. (Premio Nobel de la paz 1992.)

**MENCIO** o **MENCIUS** → *Mengzi.*

**MENDAÑA DE NEIRA** (Álvaro **de**), navegante español (en Galicia *c.* 1541-en la isla de Santa Cruz 1595). Desde Perú realizó una expedición al archipiélago de las Salomón (1567-1568). Descubrió las islas Marquesas (1595).

**MENDEL** (Johann, en religión **Gregor**), religioso y botánico austríaco (Heinzedorf, Austria, 1822-Brünn 1884). Fue célebre por sus experiencias acerca de la herencia de los caracteres en los guisantes, llevadas a cabo entre 1856 y 1864 (*Ensayos sobre los híbridos vegetales,* 1866). Al cruzar cepas que diferían por un solo carácter (grano liso o rugoso, flores blancas o coloreadas, etc.), se propuso observar, en función de los nuevos crecimientos generacionales, las leyes de la reaparición del carácter en cuestión, es decir, de su transmisión *(leyes de Mendel).*

**MENDELE MOJER SEFARIM** → *Abramovitz.*

**MENDELÉIEV** (Dmitri Ivánovich), químico ruso (Tobolsk 1834-San Petersburgo 1907), autor de la clasificación periódica de los elementos químicos (1869), en la que dejó algunos lugares vacíos, completados posteriormente a medida que se descubrían nuevos elementos.

**MENDELSSOHN** (Moses), filósofo alemán (Dessau 1729-Berlín 1786). Buscó en vano el reconocimiento de la especificidad de las comunidades judías en el seno de la Prusia protestante y desarrolló una filosofía basada en la ley mosaica, en relación con la filosofía de la Ilustración (*Jerusalén o acerca de poder religioso y judaísmo,* 1783).

**MENDELSSOHN-BARTHOLDY** (Felix), compositor alemán (Hamburgo 1809-Leipzig 1847), nieto del anterior. Se hizo famoso por ser, a edad temprana, uno de los mejores pianistas de su tiempo y, posteriormente, por dirigir la versión íntegra de la *Pasión según san Mateo* de Bach (1829). Director del Gewandhaus y fundador del conservatorio de Leipzig, dejó una considerable obra basada en la tradición alemana, de un discreto romanticismo (*Concierto* para violín, 1822; *Romanzas sin palabras* para piano, 1830-1850), escritura moderna (*Variaciones serias,* 1841) y refinada orquestación (*Sueño de una noche de verano,* 1843; cinco sinfonías, entre las que destacan las llamadas *Reformación* [1832], *Italiana* [1833] y *Escocesa* [1842]).

**MENDERES,** ant. **Meandro,** r. de la Turquía asiática, que desemboca en el mar Egeo; 500 km.

**MENDERES** (Adnan), político turco (Aydin 1899-isla de Imrali 1961). Primer ministro (1950-1960), fue derrocado por el ejército, condenado a muerte y ejecutado. Fue rehabilitado en 1990.

**MENDÈS FRANCE** (Pierre), político francés (París 1907-*id.* 1982). Presidente del Consejo (1954-1955), puso fin a la guerra de Indochina y concedió autonomía interna a Tunicia.

**MENDES PINTO** (Fernão), viajero portugués (Montemor-o-Velho *c.* 1510-Almada 1583). Exploró las Indias orientales y escribió una relación de sus viajes (*Peregrinação,* 1614).

**MÉNDEZ** (Leopoldo), pintor y grabador mexicano (México 1902-† 1969). Cofundador del Taller de gráfica popular, destacó en el grabado y en los murales.

**MÉNDEZ** (Miguel), escritor norteamericano en lengua española (Bisbee, Arizona, 1930), integrante de corriente indigenista de la literatura mexicano-norteamericana (*Peregrinos de Aztlán,* 1974, novela; *Épica de los desamparados,* 1975; poesía).

**MÉNDEZ FERRÍN** (Xosé Luis), escritor español en lengua gallega (Orense 1938). Al igual que en su poesía, en su vasta obra narrativa mezcla lo fantástico, extraído del mundo mágico céltico, con lo político: *Percival y otras historias* (*Percival e outras historias,* 1958); *Amor de Artur* (1982).

**MÉNDEZ MAGARIÑOS** (Melchor), pintor español activo en el Río de la Plata (Pontevedra 1885-† 1945). Participó en las pinturas murales del teatro Colón de Buenos Aires. También realizó grabados.

**MÉNDEZ MONTENEGRO** (Julio César), político guatemalteco (Guatemala 1915-† 1996). Fundó el Frente popular libertador (1944), que derrocó a Ubico. Fue presidente de la república (1966-1970).

**MÉNDEZ NÚÑEZ** (Casto), marino español (Vigo 1824-*id.* 1869). Al mando de la flota española en el Pacífico (1865), tras la declaración de guerra de Perú a España (1866), bombardeó Valparaíso y El Callao.

**MÉNDEZ PLANCARTE** (Alfonso), escritor mexicano (Zamora 1909-México 1955). Sacerdote, escribió importantes ensayos sobre sor Juana Inés de la Cruz y Amado Nervo.

**MENDIETA** (Carlos), político cubano (Santa Clara 1873-La Habana 1960). Opuesto a Machado, fue deportado (1931). Fue presidente provisional en 1934-1935.

**MENDIETA** (Jerónimo **de**), franciscano e historiador español (Vitoria 1525-† 1604). En Nueva España redactó una *Historia eclesiástica indiana* (1573-1597).

**MENDILAHARZU** (Graciano), pintor argentino (Buenos Aires 1857-*id.* 1894), autor de la decoración de la Cámara de diputados en Buenos Aires (1887).

**MENDIVE** (Rafael María **de**), poeta cubano (La Habana 1821-*id.* 1886). Poeta romántico (*Poesías,* 1860), fue maestro de José Martí.

**MENDIZÁBAL** (Juan **Álvarez y Méndez,** llamado), político español (Cádiz 1790-Madrid 1853). Ministro de Hacienda y presidente del gobierno (1835), decretó la supresión de las comunidades religiosas masculinas y la desamortización de sus bienes *(desamortización de Mendizábal).* Intervino en el motín de La Granja (1836). Ministro en 1842, emigró tras la caída de Espartero (1843-1847).

**MENDOZA** *(provincia de),* prov. del O de Argentina; 148 827 km²; 1 414 058 hab. Cap. *Mendoza.*

**MENDOZA,** c. de Argentina, cap. de la prov. homónima, junto al *río Mendoza,* en un área de extensos viñedos; 121 696 hab. (605 623 en el *Gran Mendoza*). Industrias vitivinícolas (bodegas, fábricas de cerveza), químicas y petroquímica. Fundada en 1561 por Pedro del Castillo, prosperó en los ss. XVII-XVIII, gracias a la rica agricultura de su campiña, el comercio y la minería. Fue asolada por un terremoto en 1861.

**MENDOZA** *(familia),* linaje aristocrático castellano iniciado en el s. XI en Llodio, en tierra alavesa. Obtuvo grandes propiedades durante la Reconquista y estuvo muy vinculada a la dinastía Trastámara. – **Íñigo López de Mendoza** (1398-1458), escritor y político, recibió el título de marqués de Santillana (1445). – Su hijo **Pedro González de Mendoza** (Guadalajara 1428-*id.* 1494), político y eclesiástico, acumuló los obispados de Calahorra (1454), Sigüenza (1467) y Sevilla (1473). Fue cardenal (1472), canciller mayor de Enrique IV (1473-1494) y consejero de los Reyes Católicos. – Su hijo **Diego Hurtado de Mendoza** († Manzanares 1479) recibió de los Reyes Católicos el título de duque del Infantado.

**MENDOZA** (Antonio **de**), administrador español

Rigoberta **Menchú**

Gregor **Mendel** (biblioteca nacional, París)

**Mendelssohn-Bartholdy** (A. Talarico - conservatorio de música de San Pedro, Nápoles)

Carlos Saúl **Menem**

Marcelino **Menéndez Pelayo** (Moreno Carbonero - Real academia de la historia, Madrid)

Ramón **Menéndez Pidal** (anónimo - Ateneo de Madrid)

(¿Granada? *c.* 1490-Lima 1552 o 1553). Fue primer virrey de Nueva España (1535-1550), donde realizó una amplia tarea administrativa, y virrey del Perú (desde 1551).

**MENDOZA** (Cristóbal), político venezolano (Trujillo 1772-Caracas 1829). Fue miembro del triunvirato de la primera república (1811). Bolivariano, fue gobernador de Mérida y Caracas (1813) e intendente de Caracas (1821-1826).

**MENDOZA** (Eduardo), escritor español (Barcelona 1943). Humor e ironía, intriga y elementos de la picaresca, novela gótica y negra se mezclan en sus novelas, entre las que destaca *La ciudad de los prodigios* (1986), recreación de la Barcelona finisecular del s. XIX.

**MENDOZA** (*fray* Íñigo **de**), poeta español (*c.* 1425-*c.* 1507). Franciscano, fue predicador en la corte de Isabel la Católica. De su obra destacan: *Coplas de Vita Christi, Sermón trovado, Los gozos de Nuestra Señora* y *Coplas de la Verónica.*

**MENDOZA** (Jaime), escritor boliviano (Sucre 1874-*id.* 1940), autor de novelas de tema social (*En las tierras del Potosí,* 1911) y de ensayos (*La tragedia del Chaco,* 1933).

**MENDOZA** (Pedro **de**), capitán y conquistador español (Guadix *c.* 1487-en el Atlántico 1537). Nombrado adelantado del Río de la Plata para frenar el avance portugués (1534), fundó Buenos Aires (1536) y Nuestra Señora de la Esperanza.

**MENE GRANDE,** c. de Venezuela (Zulia), cap. del mun. Libertador; 31 558 hab. Extracción y refino de petróleo. Oleoducto a San Timoteo.

el monumento a Pedro de **Mendoza** en Buenos Aires

**MENEFTA, MENEPTAH** o **MERNEFTA,** faraón del Imperio nuevo [1235-1224 a. J.C.], sucesor de Ramsés II. Venció a los pueblos del mar. Puede que haya sido el faraón mencionado en el Éxodo.

**MENELAO,** héroe del ciclo troyano, hermano de Agamenón, rey de Esparta, y esposo de Helena, para cuya recuperación inició la guerra de Troya.

**MENELIK II** o **MĚNILĚK** (Ankober 1844-Addis Abeba 1913), negus de Etiopía. Rey del Šoa (1865), fundó Addis Abeba (1887). Negus (1889), firmó un acuerdo con Italia, que ésta consideró como un tratado de protectorado (1889). Menelik denunció este acuerdo (1893) y derrotó a las tropas italianas en Adua (1896). Se retiró en 1907.

**MENEM** (Carlos Saúl), político argentino (Anillaco, La Rioja, 1930). Presidente del Partido justicialista y de la república desde 1989, privatizó gran parte del sector público y promulgó el indulto a los implicados en la dictadura militar de 1976-1983. Reelegido en 1995, dejó el cargo en 1999.

**MENÉN DESLEAL** (Álvaro **Menéndez Leal,** llamado **Álvaro**), escritor salvadoreño (Santa Ana 1931). Poeta, narrador dotado de un humor cáustico (*Cuentos breves y maravillosos,* 1963; *La ilustre familia androide,* 1972) y dramaturgo (*Luz negra,* 1967), ha cultivado también el ensayo.

**MENÉNDEZ** (Francisco), general y político salvadoreño (1830-1890). Tras derrocar a Zaldívar (1885), fue presidente constitucional (1887-1890).

**MENÉNDEZ** (Miguel Ángel), escritor mexicano (Mérida 1904-México 1982). En 1928 publicó un libro de entrevistas, *Hollywood sin pijamas.* Su novela *Nayar* (1940), recreación del mundo mágico de los indios cora, le dio prestigio literario. Es también poeta y ensayista (*Yucatán, problema de patria,* 1965).

**MENÉNDEZ PELAYO** (Marcelino), historiador y erudito español (Santander 1856-*id.* 1912). Se propuso reconstruir el pasado cultural español, desde un ángulo nacionalista y católico. Entre sus estudios destacan: *La ciencia española* (1876), *Historia* de los heterodoxos españoles* (1880-1882), *Historia* de las ideas estéticas en España* (1882-1891), *Antología de poetas líricos castellanos* (1890-1906), *Antología de poetas hispanoamericanos* (1892), *Orígenes de la novela* (1905-1910) y *Estudios de crítica literaria* (1881-1892), además de sus estudios como latinista (*Bibliografía hispanolatina clásica,* 1902). [Real academia 1880.]

**MENÉNDEZ PIDAL** (Ramón), filólogo e historiador español (La Coruña 1869-Madrid 1968). Fundador de la *Revista de Filología española* (1914), es autor del *Manual de gramática histórica española* (1918) y de *Orígenes del español* (1926). En el campo de la historia literaria destacan: *La leyenda de los infantes de Lara* (1896), el *Cantar de Mío Cid* (1908, adiciones en 1944), y otros trabajos sobre el tema (*La España del Cid,* 1926) y sobre los cantares de gesta en general, y *Poesía juglaresca y orígenes de las literaturas románicas* (1924). Fue uno de los promotores del Centro de estudios históricos y dirigió la monumental *Historia de España* (1947). Miembro de la Real Academia (1901), fue su director (1947-1968).

**MENES,** nombre dado por los griegos al faraón Narmer.

**MENESES** (Guillermo), escritor venezolano (Caracas 1911-*id.* 1978), autor de relatos (*La balandra Isabel llegó esta tarde,* 1931) y novelas (*El mestizo José Vargas,* 1942; *La misa de Arlequín,* 1962).

**MENESES OSSORIO** (Francisco), pintor español (*c.* 1630-Sevilla *c.* 1705), discípulo y colaborador de Murillo (*San Cirilo de Alejandría*).

**MENFIS,** c. del antiguo Egipto, a orillas del Nilo, aguas arriba del Delta, cap. del Imperio antiguo. Fue el centro del culto de Ptah. En competencia con Alejandría, fundada en 331 a. J.C., fue destruida por los árabes.

**MENGA** *(cueva de)* → ***Antequera.***

**MENGER** (Carl), economista austríaco (Neusandez [act. Nowy Sacz], Galitzia, 1840-Viena 1921), cofundador de la escuela marginalista y primer representante de la escuela sicológica austríaca.

**MENGÍBAR,** v. de España (Jaén); 8 088 hab. *(Mengibareños.)* Agricultura e industrias derivadas.

**MENGISTU** (Hailé Mariam), político etíope (en la región de Harar 1937). Participó en la revolución de 1974 y se convirtió en vicepresidente (1974) y en presidente (1977) del Deurg (consejo militar), disuelto en 1987. Elegido presidente de la república (1987), tuvo que abandonar el poder (1991).

**MENGS** (Anton Raphael), pintor bohemio (Aussig [act. Ústí nad Labem], Bohemia, 1728-Roma 1779). Precursor del neoclasicismo, trabajó en Roma y en España como primer pintor de cámara de Carlos III (frescos del palacio real de Aranjuez; retratos).

**MENGZI, MENG-TSÊ** o **MONG-TSÊ,** más conocido por **Mencio,** de la forma latinizada **Mencius,** filósofo chino confuciano (*c.* 371-289 a. J.C.). Considera que el hombre nace bueno, pero que la educación lo corrompe.

**MENIA (El-),** ant. **El-Goléa,** oasis del Sahara argelino; 24 000 hab.

**meninas** *(Las),* cuadro de Velázquez, realizado en 1656 (3,18 × 2,76 m, Prado). Muestra a Velázquez pintando un lienzo con los retratos de Felipe IV y Mariana de Austria reflejados en el espejo del fondo, con las infantas, las meninas y otros personajes. Obra plenamente barroca por el tratamiento del tema y el juego de luces y penumbras, representa la cumbre pictórica del autor. – En 1957 Picasso realizó una serie de 58 pinturas y bocetos, inspirados en el cuadro de Velázquez (museo Picasso, Barcelona). *[V. ilustración pág. 1512.]*

**MENIPO,** poeta y filósofo griego de la escuela cínica (nacido en Gadara s. IV-III a. J.C.), autor de sátiras.

**MENNAIS** (Felicité **de La**) → ***Lamennais.***

**MENORCA** *(isla de),* isla de España, la más septentrional y oriental de las Baleares; 701,84 km$^2$; 65 109 hab. Las ciudades principales son Mahón, cap. de la isla, y Ciudadela. Relieve suave, con perfil costero poco accidentado, a excepción de la rada de Mahón. Agricultura de secano, ganadería (quesos). Turismo. Industria (lácteos, calzado, licores, bisutería y orfebrería). Yacimientos de la cultura

*Las* ***meninas*** por Velázquez (Prado, Madrid)

**Menorca:** un aspecto de Binibeca

megalítica (talayots, navetas, taulas). Ocupada por Gran Bretaña de 1708 a 1802, salvo en 1756-1763 (bajo soberanía francesa) y 1782-1798 (incorporada a España).

**MENOTTI** (Gian Carlo), compositor italiano (Cadegliano 1911), nacionalizado norteamericano. En la tradición de la ópera verista (*La médium,* 1946; *El cónsul,* 1950), creó el festival de Spoleto.

**MÉNSHIKOV** (Alexandr Danílovich), estadista y mariscal de campo ruso (Moscú 1673-Berezovo, Siberia, 1729). Dirigió la construcción de San Petersburgo. Verdadero amo del poder en época de Catalina I, Pedro II le deportó a Siberia (1728).

**MÉNSHIKOV** (Alexandr Serguéievich, *príncipe*), almirante ruso (San Petersburgo 1787-*id.* 1869). Al mando de la armada en Crimea, fue derrotado por las tropas francobritánicas.

**MENTON,** c. de Francia (Alpes-Maritimes), a orillas del Mediterráneo; 29 476 hab. Centro turístico. Museos.

**MENTOR,** amigo de Ulises y preceptor de Telémaco. Es el símbolo del buen consejero.

**MENUHIN** (*sir* Yehudi), violinista y director de orquesta de origen ruso, con doble nacionalidad, norteamericana y británica (Nueva York 1916-Berlín 1999). Presidió el Consejo internacional de música en la Unesco (1969-1975) y se ha mostrado activo defensor de causas humanitarias.

**MENZEL** (Adolf **von**), pintor y litógrafo alemán (Breslau 1815-Berlín 1905), de estilo realista y minucioso.

**MENZEL-BOURGUIBA,** ant. **Ferryville,** c. de Tunicia, a orillas del lago Bizerta; 42 000 hab. Arsenal. Siderurgia. Neumáticos.

**MEOQUI,** mun. de México (Chihuahua); 34 727 hab. Agricultura (algodón y frutales) y ganadería.

**MEÓTIDE** *(pantano),* en lat. **Palus Maeoticus,** antiguo nombre del mar de Azov.

**MEQUINENZA,** v. de España (Zaragoza); 2 699 hab. *(Mequinenzanos.)* En la confluencia del Ebro con el sistema Segre-Cinca. Minas de lignito. *Embalse de Mequinenza* sobre el Ebro; central eléctrica (310 000 kW).

**MEQUÍNEZ,** en ár. **Miknās,** c. de Marruecos, al SO de Fez; 320 000 hab. Monumentos antiguos (ss. XIV-XVIII) y murallas con magníficas puertas (Bāb-al-Mansūr). Fue capital de Marruecos de 1672 a 1727.

**MERA** (Juan León), escritor ecuatoriano (Ambato 1832-*id.* 1894). Fundó la Academia ecuatoriana y fomentó la conciencia literaria criollista (*Ojeada histórico-crítica sobre la poesía ecuatoriana,* 1868). Es autor de la novela indianista *Cumandá o un drama entre salvajes* (1879), de poesías (*Melodías indígenas,* 1858) y de la letra del himno nacional de Ecuador.

**MERANO,** c. de Italia (Bolzano); 32 600 hab. Estación termal. Monumentos de los ss. XIV-XV. Museo.

**MERCADANTE** (Lorenzo), llamado **de Bretaña,** escultor bretón que trabajó en la catedral de Sevilla a mediados del s. XV, ligado al gusto borgoñón.

**MERCADERES,** mun. de Colombia (Cauca); 23 480 hab. Yuca, frijol, maíz. Ganado. Minas de azufre.

**MERCADO** *(cerro del),* cerro de México (Durango), junto a la ciudad de Durango. Yacimiento de hierro; extracción de magnetita y hematites.

**MERCADO** (Tomás **de**), dominico y escritor español (nacido en Sevilla-San Juan de Ulúa, Veracruz, 1575), autor de *Tratos y contratos de mercaderes y tratantes* (1569), en la que plantea la teoría cuantitativa de la moneda.

**Mercado común,** denominación usual de la Comunidad europea. (→ ***Unión europea.***)

**MERCATOR** (Gerhard **Kremer,** llamado **Gerard**), matemático y geógrafo flamenco (Rupelmonde 1512-Duisburg 1594). Trazó diversos mapas, entre ellos el primer mapamundi para uso de los navegantes; utilizó un sistema de representación plana de la Tierra, en el cual la superficie de proyección corresponde a la de un cilindro tangente al ecuador esférico *(proyección de Mercator).*

**MERCATOR** (Nikolaus **Kauffman,** llamado), matemático alemán (Eutin *c.* 1620-París 1687), pionero en la utilización de las series enteras.

**MERCEDARIO** *(cerro),* cumbre de los Andes argentinos (San Juan); 6 769 m.

**MERCEDES,** c. y puerto de Uruguay, cap. del dep. de Soriano; 34 700 hab. Activo centro comercial.

**MERCEDES,** partido de Argentina (Buenos Aires); 55 685 hab. Industrias metalúrgicas, cemento. – Dep. de Argentina (Corrientes); 33 795 hab. Arroz, olivos y frutales. Canteras de piedra y sal.

**MERCEDES (Las),** mun. de Venezuela (Guárico), en los Llanos centrales; 21 032 hab. Yacimientos petrolíferos.

**MERCEDES DE ORLEANS** (Madrid 1860-*id.* 1878), reina de España [1878]. Hija de los duques de Montpensier, casó con Alfonso XII.

*Las **meninas*** por Picasso (museo Picasso, Barcelona)

**MERCEDES DÍAZ,** mun. de Venezuela (Trujillo); 33 964 hab. Centro agrícola.

**mercenarios** *(guerra de los),* también llamada **guerra inexpiable** (241-238 a. J.C.), guerra que sostuvo Cartago, tras la primera guerra púnica, contra sus mercenarios sublevados, que fueron derrotados con el apoyo de Roma.

**MERCIA,** reino anglo fundado entre 632 y 654, que sucumbió en el s. IX a consecuencia de las luchas contra los daneses.

**MERCIER** (Désiré Joseph), cardenal belga (Braine-l'Alleud 1851-Bruselas 1926). Pionero del neotomismo, abrió la vía del ecumenismo con las conversaciones de Malinas con los anglicanos (1921-1923).

**MERCKX** (Eddy), corredor ciclista belga (Meensel-Kiezegem, 1945). Fue campeón del mundo en 1967, 1971 y 1974, y ganó cinco vueltas a Francia (1969-1972 y 1974), cinco a Italia y una a España (1973). Récord mundial de la hora en 1972-1984.

**Mercosur,** acrónimo de *Mercado común del Sur,* constituido en 1991 por Argentina, Brasil, Paraguay y Uruguay (Chile y Bolivia se asociaron en 1996) para la libre circulación de bienes, capitales, servicios y personas. En 1996 Mercosur y la Unión europea firman un acuerdo de cooperación.

**MERCURIO,** planeta del sistema solar, el más cercano al Sol y cuya superficie es muy parecida a la de la Luna (numerosos cráteres).

**MERCURIO,** dios romano del comercio y de los viajeros, identificado con el *Hermes* griego.

**Mercurio** *(El),* diario chileno, fundado en 1827 en Valparaíso y editado en Santiago desde 1900, decano de la prensa continental.

**MEREDITH** (George), escritor británico (Portsmouth 1828-Box Hill, Surrey, 1909), autor de novelas sicológicas (*La prueba de Richard Feverel,* 1859; *El egoísta,* 1879).

**MERENDÓN** *(sierra del),* sistema montañoso del O de Honduras; forma frontera con Guatemala.

**MEREZHKOVSKI** (Dmitri Serguéievich), escritor ruso (San Petersburgo 1866-París 1941). Publicó el manifiesto del simbolismo ruso e intentó conciliar cristianismo y paganismo (*Juliano el Apóstata,* 1894).

**MERGENTHALER** (Ottmar), inventor norteamericano de origen alemán (Hachtel, Württemberg, 1854-Baltimore 1899), inventor de la linotipia (1884).

**MÉRIDA** *(cordillera de)* o **ANDES VENEZOLANOS,** sistema montañoso de Venezuela, que se extiende a lo largo de 450 km en dirección SO-NE, desde territorio colombiano hasta la depresión de Yaracuy; alt. máx. 5 007 m en el pico Bolívar.

**MÉRIDA** *(estado),* est. del O de Venezuela; 11 300 km$^2$; 609 771 hab. Cap. *Mérida.*

**MÉRIDA,** c. de España (Badajoz), cap. de Extremadura y cab. de p. j.; 51 135 hab. *(Emeritenses.)* Centro administrativo, industrial y comercial de una rica región agropecuaria. Floreciente c. romana *(Emerita Augusta),* fundada en 25 a. J.C.; capital del reino visigodo en 549-554; tomada por Muza (713) y reconquistada por Alfonso IX (1228). Numerosos monumentos romanos (teatro, anfiteatro, circo, puentes, acueductos). Del período califal queda la alcazaba (s. IX). Museo nacional de arte romano (edificio de R. Moneo).

**Mercurio** (mosaico de fotografías tomadas por la sonda norteamericana Mariner 10, en 1974, desde una distancia de aproximadamente 200 000 km)

**MÉRIDA,** c. de México, cap. del est. de Yucatán; 603 086 hab. Centro industrial, comercial, turístico y cultural (universidad). Fue fundada en 1542 por Francisco Montejo, cuyo palacio, con fachada plateresca, se levanta junto a la catedral (s. XVI) en una plaza porticada. Museo de arqueología e historia. Iglesias de los ss. XVII-XVIII.

**MÉRIDA,** c. de Venezuela, cap. del est. homónimo, a orillas del río Chama; 170 902 hab. *(Merideños.)* Centro comercial, cultural (universidad) y turístico. Refino de azúcar. Aeropuerto. Destacan los edificios de la catedral y la universidad.

**MÉRIDA** (Carlos), pintor guatemalteco (Guatemala 1891-México 1984). Preocupado por las raíces americanas y fascinado por el geometrismo de la decoración arquitectónica precolombina, creó una abstracción personal (murales del Banco central de Guatemala y del edificio social de México).

**MERIDIONAL** *(altiplanicie),* región fisiográfica de México, entre las sierras Madre occidental y Madre oriental y la cordillera Neovolcánica. Densamente poblada y urbanizada. Minería e industria, concentrada en Guanajuato y San Luis Potosí.

**MÉRIGNAC,** c. de Francia (Gironde); 58 684 hab. Aeropuerto de Burdeos. Industria aeronáutica.

**MÉRIMÉE** (Prosper), escritor francés (París 1803-Cannes 1870). Romántico por los temas y el localismo, y clásico por su estilo conciso, es autor de cuentos y novelas cortas *(Mateo Falcone,* 1829; *Tamango,* 1829; *Colomba,* 1840; *Carmen,* 1845).

**MERÍN** o **MERIM,** en port. **Mirim,** laguna litoral de Uruguay y Brasil; 2 966 km$^2$.

**MERINO** (Ignacio), pintor peruano (Piura 1817-París 1876). Se inspiró en temas del pasado para sus acuarelas y dibujos, de acentuado tono romántico. También trató temas populares autóctonos.

**MERINO** (Jerónimo **Merino,** llamado **el cura**), eclesiástico y guerrillero español (Villoviado, Burgos, 1769-Alençon 1844). Combatió contra los franceses (1808-1814), contra los liberales durante el trienio constitucional (1820-1823) y a favor de la causa carlista (1833-1838).

**MERIÑO** (Fernando Arturo), prelado y político dominicano (Llamasa 1833-† 1906), presidente de la república (1880-1882) y arzobispo de Santo Domingo (1885).

**Mérito** *(orden del),* nombre dado a diversas distinciones honoríficas para recompensar servicios civiles o militares. En España destacan la *orden del mérito militar,* creada en 1864, y la *orden del mérito civil,* creada en 1926.

**MERLEAU-PONTY** (Maurice), filósofo francés (Rochefort 1908-París 1961). Intentó definir el proceso sicológico en el que se basa la práctica científica *(Fenomenología de la percepción,* 1945).

**Merlín,** llamado **el mago Merlín,** mago de las leyendas célticas y del ciclo artúrico.

**MERLO,** partido de Argentina (Buenos Aires); 390 031 hab. En el Gran Buenos Aires.

**MERLO** (Tomás **de**), pintor guatemalteco (Guatemala 1649-*id.* 1739). En 1737 comenzó a pintar los once cuadros de la serie *La pasión de Cristo* para el templo del Calvario (museo nacional, Guatemala).

**MERMOZ** (Jean), aviador francés (Aubenton 1901-en el Atlántico sur 1936). Piloto de correo aéreo, estableció la línea Buenos Aires-Río de Janeiro (1928) y, tras atravesar los Andes (1929), una línea regular hasta Santiago. En 1930 enlazó Francia y América del Sur.

**MERNEFTA** → ***Menefta.***

**MEROE,** c. de Sudán, a orillas del Nilo, cap. del reino de Kuš, al N de Nubia. Se eclipsó bajo el influjo del reino etíope de Aksum (s. IV a. J.C.). Restos arqueológicos.

**MEROVEO, MEROWIG** o **MEROVECH,** jefe franco (s. V), que dio su nombre a la primera dinastía de los reyes de Francia (Merovingios).

**MEROVINGIOS,** primera dinastía de los reyes francos. Aunque Clodión († *c.* 460), fue rey de Cambrai, y Childerico I († *c.* 481) posiblemente hijo de Clodión, rey de Tournai, de hecho, el fundador de la dinastía fue Clodoveo I († 511). El último merovingio, Childerico III, fue destronado en 751 y encerrado en un monasterio por Pipino el Breve, que inició la dinastía de los Carolingios.

**MERRY DEL VAL** (Rafael), cardenal español (Londres 1865-Roma 1930), secretario de Estado durante el pontificado de Pío X, y secretario del Santo Oficio con Benedicto XV.

**MERS EL-KÉBIR** → ***Marsa el-Kebir (El-).***

**MERSEBURG,** c. de Alemania (Sajonia-Anhalt), a orillas del Saale; 44 367 hab. Centro industrial. Catedral reconstruida en los ss. XIII y XVI.

**MERSEY,** r. de Gran Bretaña, que desemboca en el mar de Irlanda por un estuario en el que se encuentra Liverpool; 110 km.

**MERSIN,** c. y puerto de Turquía, junto al Mediterráneo; 422 357 hab. Refino de petróleo.

**MERTHYR TYDFIL,** c. de Gran Bretaña (País de Gales); 55 000 hab. Metalurgia.

**MERTON** (Robert King), sociólogo norteamericano (Filadelfia 1910). Según su teoría (funcionalismo estructuralista), los comportamientos son la resultante de las informaciones y motivaciones inducidas por la estructura social *(Teoría y estructura sociales,* 1949).

**MERV** → ***Marí.***

**MERZ** (Mario), artista italiano (Milán 1925). Uno de los iniciadores del arte pobre, desarrolló, a partir de materiales brutos, de tubos de neón, etc., diversos temas simbólicos (como el del iglú, estructura simbólica del mundo y de la idea).

**MESA** (Cristóbal **de**), poeta español (Zafra 1562-Madrid 1633), autor de poemas épicos: *Las Navas de Tolosa* (1591), a imitación de Tasso.

**MESA** (Juan **de**), escultor español (Córdoba 1586-Sevilla 1627). Discípulo de Montañés y miembro destacado de la escuela barroca andaluza, aportó apasionamiento al estilo de su maestro (numerosos Cristos; *Jesús del Gran Poder,* 1620, iglesia de San Lorenzo, Sevilla).

**MESA** (Pedro **de**), entallador activo en Lima a principios del s. XVII. Tras realizar un retablo en la Merced de Lima, se estableció en Cuzco, donde formó escuela.

**MESA** (Víctor), jugador de béisbol cubano (Villa Clara 1960). Medalla de oro en los Juegos olímpicos de 1992, ha ganado cuatro campeonatos del mundo y tres veces la copa Intercontinental.

**MESA (La),** mun. de Colombia (Cundinamarca); 16 225 hab. Caña de azúcar, maíz y café. Vacunos.

**MESA VERDE,** meseta de Estados Unidos (Colorado). Parque nacional y museo arqueológico; importantes restos de la cultura pueblo en su época de apogeo (1000-1300).

**MESA Y ROSALES** (Enrique **de**), escritor español (Madrid 1878-*id.* 1929). Como poeta evocó el paisaje y el folklore de Castilla *(Cancionero castellano,* 1911; *La posada y el camino,* 1928). Cultivó el periodismo, la prosa y la crítica teatral.

**MESABI RANGE,** serie de colinas de Estados Unidos (Minnesota). Yacimientos de hierro.

**MESALINA** (*c.* 25 d. J.C.-48), esposa del emperador Claudio y madre de Británico y de Octavio. Ambiciosa y disoluta, fue asesinada a instancias del liberto Narciso.

**MESENIA,** ant. región de Grecia, en el SO del Peloponeso. Conquistada por Esparta (guerras de Mesenia, ss. VIII-VII a. J.C.), consiguió su independencia tras la batalla de Leuctra (371 a. J.C.).

**MESERER** (Asaf Mijáilovich), bailarín, coreógrafo y pedagogo soviético (Vilnius 1903-† 1979). Profesor de la escuela del Bolshói, creó numerosas coreografías *(Escuela de baile,* 1962; *La reina de las nieves,* 1970; *El gran paso clásico,* 1970).

**MESETA ESPAÑOLA** o **MESETA CENTRAL ESPAÑOLA,** unidad geoestructural que ocupa el centro de la península Ibérica; 223 000 km$^2$ y 600-900 m de alt. aprox. Está enmarcada al N por el macizo Galaico y la cordillera Cantábrica, al E por el sistema Ibérico y al S por sierra Morena. La cordillera Central la divide en *Meseta Norte* (León y Castilla la Vieja) y *Meseta Sur* (Castilla la Nueva y Extremadura).

**MESETA MARROQUÍ,** región de Marruecos, al O del Atlas Medio, en la que aflora en gran parte el zócalo antiguo.

**MEŠHED** o **MAŠHAD,** c. de Irán, cap. de Jurāsān; 1 463 508 hab. Centro de peregrinación chiita. Mausoleo del imán Riḍā, construido en el s. IX, y monumentos de los ss. XV-XVII. Rico museo.

**MESIA,** región balcánica de la Europa antigua, entre el Danubio y Macedonia.

**Mesías** *(El),* oratorio de Händel (1742), que contiene el famoso *Aleluya.*

**Mesilla** *(tratado de la)* o **convención Gadsden,** acuerdo por el que el *valle de la Mesilla,* situado junto al río Grande (Nuevo México), fue vendido por México a E.U.A. (1853).

**MESMER** (Franz Anton), médico alemán (Iznang 1734-Meersburg 1815), fundador de la teoría del magnetismo animal *(mesmerismo),* según la cual cada organismo posee un fluido magnético que puede ser transmitido a los demás.

**MESOAMÉRICA,** denominación de América Central, que designa el área cultural precolombina localizada entre la cordillera Neovolcánica (México) y el istmo de Panamá. Civilizaciones destacadas fueron la maya y la azteca.

**MESONERO ROMANOS** (Ramón), escritor español (Madrid 1803-*id.* 1882). Brillante costumbrista con el seudónimo de **El curioso parlante,** reunió sus artículos en *Panorama matritense* (1835), *Escenas matritenses* (1842), *Tipos y caracteres* (1862). Sus *Memorias de un setentón* datan de 1880.

**MESOPOTAMIA,** región de Asia occidental, entre el Tigris y el Éufrates, uno de los más brillantes núcleos de civilización entre el VI y el I milenio a. J.C. IX-VII milenio: neolitización con los primeros pueblos de agricultores (Mureybat). VI milenio: neolítico; aldeas, sistemas de irrigación, cerámica. V milenio: florecimiento de culturas (Sāmarrā, Halaf, El Obeid), en ocasiones con aldeas fortificadas, cerámica pintada y herramientas de cobre. Entre 2950 y 2350 la región entró en la historia: en el S, en el país de Sumer, nacimiento de ciudades estado —grandes aglomeraciones de tipo urbano—, que crearon un sistema de escritura cuneiforme y utilizaron el cilindrosello (Eridú, Nippur, Kiš, Ur, Uruk, Girsu, y en el N Māri y Ebla). *C.* 2340: hege-

Yehudi **Menuhin**

Mario **Merz:** *Igloo;* environment presentado en 1979 en el museo Folkwang de Essen; hierro, cristal, neón, tierra, sombrero de paja (col. part., Zurich)

Código de Hammurabi. Estela de basalto. *C.* 1750 a. J.C. (Louvre, París.) Coronada por un bajorrelieve que muestra al rey adorando al dios Šamaš, esta estela fue hallada en Susa en 1902. Contiene inscripciones cuneiformes con gran cantidad de información sobre la vida económica, social y religiosa.

Detalle del estandarte de Ur, mosaico con conchas de lapislázuli y de piedra roja. *C.* 2500 a. J.C. (Museo Británico, Londres.) Este panel decorativo, llamado impropiamente estandarte, se encontró en una de las tumbas reales de Ur del período de las dinastías arcaicas de las ciudades-estado. En uno de los lados se celebra la paz con libaciones y festejos y en el otro se describe la guerra. Como una tira de cómic, en uno de los registros aparece la infantería y probablemente el más antiguo combate con carros, con un tiro de caballos al paso y después al galope.

Vaso con boquilla. El-Obeid. Terracota. IV milenio. (Museo de Bagdad.) Esta civilización urbana, con una arquitectura elaborada, anuncia el florecimiento del país de los sumerios.

Estela de gres rosado que celebra la victoria de Narãm-Sin. *C.* 2250 a. J.C. (Louvre, París.) Muestra de la evolución después del estandarte de Ur, tanto en la forma (abandono de los registros por esta composición piramidal llena de fuerza) como en el fondo: el soberano, tocado, como un dios, con la tiara con cuernos, domina el conjunto y aplasta al adversario vencido. El arte se pone al servicio del poder real y desde ahora transmite la ideología del imperio de Acad. La inscripción de la derecha, cuneiforme, informa que esta estela formó parte del botín conseguido en Susa, en el s. XII a. J.C., por el rey de Elam.

Diosa del vaso manante. Piedra blanca. (Museo de Alepo.) Descubierta entre las ruinas de la época amorrita (primera mitad del s. XVIII a. J.C.), del palacio de Mãri, esta estatua, especie de fuente sagrada, representa la perennidad, desde la época neosumeria, del tema del agua benéfica y fertilizante, presente en todo, desde en el cilindrosello hasta en la pintura mural.

El zigurat de Ur; fines del III milenio a. J.C. El templo, en el centro de un amplio recinto, estaba compuesto de varios elementos, entre ellos el zigurat, probable símbolo de la montaña sagrada y lugar de unión del cielo y la Tierra. Testimonio del renacimiento neosumerio, después de la dominación de Acad, esta torre fue el prototipo de las de Babilonia, inmortalizadas por la célebre torre de Babel de la Biblia.

Estatuilla femenina de la necrópolis de Tell es-Sawaan. VI milenio, proveniente de Mesopotamia central. (Museo de Bagdad.)

Figurilla de fundición. *C.* 2150 a. J.C. (Louvre, París.) Esta estatuilla fue localizada en Girsu, baja Mesopotamia, en un depósito de fundición de un templo del príncipe sumerio Gudea. El dios hundiendo el clavo simboliza la fijación de los cimientos del edificio.

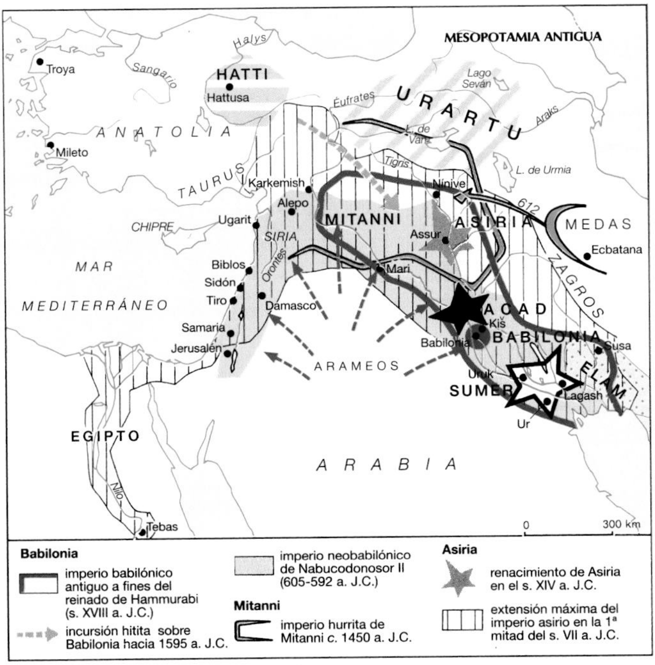


monía de Sargón de Acad y, posteriormente, de Narām-Sin. Fines del III milenio: III dinastía de Ur y construcción del zigurat; Gudea, soberano de Lagash. II milenio: supremacía de Babilonia (código de Hammurabi). I milenio: dominación asiria. Arquitectura palaciega (Nimrud, Jursabād, Nínive), decorada con ortostatos. 612: caída de Nínive. 539: caída de Babilonia.

**MESOPOTAMIA ARGENTINA,** región fisiográfica del NE de Argentina (Misiones, Corrientes y Entre Ríos), entre los ríos Paraná y Uruguay. Es una zona predominantemente llana, agrícola, ganadera y forestal.

**MESSAGER** (André), compositor y director de orquesta francés (Montluçon 1853-París 1929). Dirigió el Covent Garden de Londres y la ópera de París, y compuso operetas, óperas cómicas y ballets.

**MESSALÍ HADJ** (Ahmed), nacionalista argelino (Tremecén 1898-París 1974), fundador del Partido popular argelino (1937) y del Movimiento nacionalista argelino (1954).

**MESSERSCHMITT** (Willy), ingeniero alemán (Frankfurt del Main 1898-Munich 1978). En 1938 diseñó el caza a reacción, que entró en combate en 1944.

**MESSÍA DE LA CERDA** (Pedro), *marqués* **de la Vega de Armijo,** militar español (Córdoba 1700-Madrid 1783), virrey de Nueva Granada (1761-1773).

**MESSIAEN** (Olivier), compositor francés (Aviñón 1908-París 1992). Su lenguaje musical renovó la rítmica. Se inspiró en su fe católica, en músicas tradicionales de la India, Japón y América andina y en los cantos de los pájaros (*Turangalîla-Symphonie*, 1946-1948; *Catálogo de pájaros*, 1956-1968).

**MESSINA,** c. de Italia (Sicilia), cap. de prov., a orillas del *estrecho de Messina,* que separa la Italia peninsular de Sicilia y comunica el Tirreno y el Jónico; 272 461 hab. Catedral de época normanda. Museo. La ciudad debe su nombre a los mesenios, expulsados de su patria (486 a. J.C.). Fue ocupada por los mamertinos (288 a. J.C.). Su alianza con Roma (264 a. J.C.) originó la primera guerra púnica. En 1908 fue destruida por un terremoto.

**MESSINA** (Antonello **da**), pintor italiano (Messina *c.* 1430-*id. c.* 1479). Formado en Nápoles, aunó la amplitud de la composición con la observación minuciosa de los primitivos flamencos.

**MESSNER** (Reinhold), alpinista italiano (Bolzano 1944). Escaló los 14 picos de más de 8 000 m entre 1970 y 1986.

**MESTGHANEM,** ant. **Mostaganem,** c. y puerto de Argelia, cap. de vilayato; 102 000 hab.

**MESTRES** (Apel·les), escritor y dibujante español (Barcelona 1854-*id.* 1936). Poeta, dramaturgo y narrador, escribió gran parte de su obra en catalán. Cultivó el género autobiográfico y el cuento infantil. Caricaturista político, como dibujante ilustró obras literarias y fue uno de los introductores de las narraciones gráficas seriadas.

**MESTRES QUADRENY** (Josep), compositor español (Manresa 1929). Fundó el grupo Música oberta para promocionar la música contemporánea. Su obra se caracteriza por la variedad de los procedimientos compositivos, del ordenador (*IBeMia,* 1969) a la orquesta, música de cámara.

**MEŠTROVIĆ** (Iván), escultor yugoslavo (Vrpolje, Croacia, 1883-South Bend, Estados Unidos, 1962). Su obra, de gran lirismo, se inspiró en las leyendas y la historia de su país (museo en Split, taller del artista en Zagreb).

**META,** r. de América del Sur que nace en el macizo de Sumapaz, al S de Bogotá, señala parte de la frontera entre Colombia y Venezuela y desemboca en el Orinoco (or. izq.); 1 046 km. Navegable, se utiliza como vía de comunicación.

**META** *(departamento del),* dep. del centro de Colombia; 85 635 km²; 412 312 hab. Cap. *Villavicencio.*

**Metafísica,** obra de Aristóteles (s. IV a. J.C.), ordenada por Andrónico de Rodas «después» (*meta,* en gr.) de la *Física.* En ella plantea el problema de la búsqueda de «la ciencia del ser en cuanto ser».

**METÁLICOS** o **METALÍFEROS** *(montes),* nombre de varios macizos montañosos europeos, ricos en minerales: las **Colinas Metalíferas,** en ital. **Colline Metallifere,** de Italia, en Toscana (1 059 m); los **montes Metálicos** o **Metalíferos de Eslovaquia,** en checo **Slovenské Krušnohoří** o **Rudohoří,** en Eslovaquia, al S de los Tatras (1 480 m); los **montes Metálicos** o **Metalíferos de Bohemia** → ***Erzgebirge.***

**Metamorfosis** o **El asno de oro,** novela de Apuleyo (s. II a. J.C.) en once libros. Narra las aventuras de un joven convertido en asno por una bruja e incluye la leyenda de Psique.

**metamorfosis** *(Las),* poema mitológico en quince libros de Ovidio (1 o 2 d. J.C.).

**METÁN,** dep. de Argentina (Salta); 34 311 hab. Cereales, arroz. Ganaderías. Hornos de cal.

**METAPA** → ***Ciudad Darío.***

**METAPÁN,** mun. de El Salvador (Santa Ana), próximo al *lago Metapán;* 29 930 hab. Centro minero.

**METAPÁN-ALOTEPEQUE** *(montañas de),* cordillera de América Central, en la frontera entre Guatemala, El Salvador y Honduras; 2 416 m de alt. en el cerro Monte Cristo.

**METASTASIO** (Pietro **Trapassi,** llamado **Pietro**), poeta, libretista y compositor italiano (Roma 1698-Viena 1782), autor de oratorios, cantatas y melodramas con los que se hizo muy famoso (*Didone abbandonata,* 1724). Mozart utilizó sus textos.

**METAURO,** r. de Italia central, que desemboca en el Adriático; 110 km. En sus orillas, los romanos vencieron y mataron a Asdrúbal (207 a. J.C.).

Antonello da **Messina:** *Cristo muerto sostenido por un ángel* (museo del Prado, Madrid)

**Metz:** la puerta de los Alemanes

**METAXÁS** (Joánnis), general y político griego (Ítaca 1871-Atenas 1941). Presidente del consejo (1936-1941), asumió poderes dictatoriales.

**METEPEC,** mun. de México (México); 83 080 hab. Centro agrícola y ganadero. Cerámica (figurillas de arcilla policromada). Antiguo convento del s. XVI (iglesia con fachada barroca del s. XVII).

**METGE** (Bernat), escritor catalán (Barcelona entre 1340 y 1346-*id.* 1413). Su *Llibre de Fortuna e Prudència* (1381) manifiesta aún el espíritu medieval. El tránsito al humanismo se manifiesta en *Historia de Valter e Griselda* (1388), traducción de Petrarca. *Apología* es un primer intento de adaptar el diálogo ciceroniano a su propio lenguaje y borrador de su obra maestra: *El sueño** (*Lo somni,* 1399), en una prosa de elegante regusto clásico.

**METLATONOC,** mun. de México (Guerrero); 18 005 hab. Agricultura. Bosques.

**METODIO** *(san)* → ***Cirilo*** y ***Metodio*** (santos).

**METRAUX** (Alfred), antropólogo francés (Lausana 1902-París 1963), especializado en antropología religiosa (*El vudú haitiano,* 1958; *Religiones y magias indias de América del Sur,* 1967).

**metropolitano** *(museo)* [Metropolitan museum of art], museo de Nueva York, consagrado a las bellas artes, la arqueología y las artes decorativas, inaugurado en 1880.

**METSU** (Gabriël), pintor neerlandés (Leiden 1629-Amsterdam 1667), notable pintor de la vida familiar neerlandesa del s. XVII.

**METSYS** (Quinten) → ***Matsys.***

**METTERNICH-WINNEBURG** (Klemens, *príncipe* **de**), estadista austríaco (Coblenza 1773-Viena 1859). Embajador en París (1806-1809) y ministro de Asuntos Exteriores, negoció el matrimonio de María Luisa con Napoleón I (1810). En 1813 hizo entrar a Austria en la coalición contra Francia. Alma del congreso de Viena (1814-1815), restauró el equilibrio europeo y el poder austriaco en Alemania e Italia. Gracias a la Cuádruple alianza (1815) y al sistema de los congresos europeos pudo intervenir en todos aquellos lugares en los que el orden establecido se veía amenazado por el liberalismo. Canciller desde 1821, fue derrocado por la revolución de marzo de 1848.

**METTRIE** (Julien **Offroy de La**), médico y filósofo francés (Saint-Malo 1709-Berlín 1751). Publicó una *Historia natural del alma* (1745), de un materialismo mecanicista.

**Metternich-Winneburg**
(Th. Lawrence - cancillería, Viena)

**METZ,** c. de Francia, cap. de la región de Lorena y del dep. de Moselle, a orillas del Mosela; 123 920 hab. Universidad. Industria automovilística. Capital de Austrasia, pasó a Francia en 1559 y formó parte de Alemania entre 1871 y 1918. Restos galorromanos. Catedral (ss. XIII-XVI).

**METZTITLÁN,** mun. de México (Hidalgo), junto al *lago de Metztitlán;* 20 380 hab. Monasterio agustino del s. XVI, con portada plateresca, claustro renacentista y retablos del s. XVII. Fue ant. cap. de un señorío nahua y otomí.

**MEUDON,** mun. de Francia (Hauts-de-Seine), en la zona suburbana SO de París, junto al *bois de Meudon;* 46 173 hab. Castillo del s. XVIII. Museo Rodin.

**MEUNG** o **MEUN** (Jean **Clopinel** o **Chopinel,** llamado **Jean de**), escritor francés (Meung-sur-Loire *c.* 1240-París *c.* 1305), autor de la segunda parte del *Roman* de la rose.*

**MEURTHE-ET-MOSELLE,** dep. de Francia (Lorena); 5 241 km²; 711 822 hab. Cap. *Nancy.*

**MEUSE,** dep. de Francia (Lorena); 6 216 km²; 196 344 hab. Cap. *Bar-le-Duc* (18 577 hab.).

**MEXÍA** (Pero), escritor español (Sevilla *c.* 1500-*id.* 1551). Erasmista, es autor de *Silva de varia lección* (1540), sobre los temas más diversos, *Coloquios o Diálogos* (1547), *Historia imperial y cesárea* (1548) e *Historia de Carlos V,* inconclusa.

**MEXICALI,** c. de México, cap. del est. de Baja California, en la frontera con E.U.A.; 485 869 hab. Agricultura. Industrias alimentarias, químicas, plásticos y maquiladoras de capital estadounidense.

**MEXICANO** *(Altiplano),* altiplano de México, encuadrado por la sierra Madre occidental, la sierra Madre oriental y la cordillera Neovolcánica. Se divide en altiplanicie Septentrional* y altiplanicie Meridional*.

**MÉXICO** (*Cuenca* o *Valle de*), región fisiográfica de México, en la cordillera Neovolcánica (Distrito Federal, México e Hidalgo). Es una amplia depresión de origen volcánico, de clima templado, y la región más densamente poblada del país.

**MÉXICO** *(golfo de),* mar interior del océano Atlántico, entre las costas de México, Estados Unidos y Cuba. Las aguas templadas que provienen de la corriente norecuatorial penetran por el canal de Yucatán, salen por el estrecho de Florida y contribuyen a formar la corriente del Golfo.

**MÉXICO,** estado de América del Norte, entre el golfo de México y el océano Pacífico; 1 970 000 km²; 98 881 289 hab. *(Mexicanos.)* CAP. *México.* LENGUA OFICIAL: *español.* MONEDA: *peso mexicano.*

**GEOGRAFÍA**

El elemento dominante de la zona N del territorio es el Altiplano (1 700 m de alt. media), que más allá de la frontera del río Bravo o Grande del Norte, enlaza con las tierras altas centrales de E.U.A.; está enmarcado a E y O por dos grandes cadenas montañosas, que corren paralelas en dirección NS: la sierra Madre oriental y la sierra Madre occidental. Entre la primera y el golfo de México se abren la amplia planicie Tamaulipeca y la Huasteca; entre la sierra Madre occidental y una tercera alineación montañosa paralela, la cordillera Surcaliforniana, se sitúan el largo y angosto golfo de California y la planicie costera Noroccidental. La cordillera Neovolcánica, un relieve transversal de gran inestabilidad volcánica que se extiende del Atlántico al Pacífico y cuenta con las mayores alturas del país (Orizaba, 5 747 m), separa la zona N, templada, del S, tropical. Vertebra esta área la sierra Madre del sur, próxima a la costa del Pacífico, que se prolonga hasta el Portillo ístmico, entre los golfos de Tehuantepec y de México. Al E se sitúa la sierra Madre de Chiapas y, al N, la planicie costera del Suroeste se abre a la plataforma Yucateca, que ocupa toda la península del Yucatán. La población ha experimentado un intenso crecimiento demográfico a lo largo del s. XX, algo contenido a partir de los años ochenta. La región central concentra el mayor número de habitantes, en la capital y otros núcleos industriales (Guadalajara y Monterrey), mientras que las áreas mineras del altiplano norte y las agrarias del centro-oeste tienden a despoblarse. Predomina todavía la agricultura de subsistencia (maíz y frijol) según el sistema de explotación minifundista de los ejidos, nacido de la revolución. La extensión de los regadíos en el N ha permitido el cultivo de algodón, trigo, soja, hortalizas, etc., con una alta productividad; en el S se extienden los cultivos de plantación (café, caña de azúcar, palma cocotera y plátano). Importancia creciente ha adquirido la ganadería, en especial la bovina (unos 30 millones de cabezas). La riqueza del subsuelo es determinante para la economía: se extraen plata (primer productor mundial), oro, cinc, plomo, cobre, manganeso, mercurio, hierro, carbón, azufre, fluorita, uranio y en especial petróleo, que por sí solo representa más de un tercio del valor total de las exportaciones. México es, con Brasil, la primera potencia industrial de América latina. El Distrito Federal concentra casi la mitad de las industrias del país, mientras que Monterrey es el gran centro siderúrgico; la petroquímica se asienta en nuevos polos próximos a los yacimientos petrolíferos (Tampico, Coatzacoalcos, Lázaro Cárdenas, Salina Cruz). Por otra parte, en torno a la frontera con E.U.A. las maquiladoras se ocupan de una parte del proceso de elaboración de productos norteamericanos. México ha pasado a ser un exportador neto de maquinaria y de manufacturas. El turismo es una importante fuente de ingresos del país. En las relaciones comerciales exteriores, E.U.A. figura a la cabeza, con unos dos tercios tanto de las importaciones como de las exportaciones, posición reforzada tras la entrada en vigor en 1994 del Tratado de libre comercio (T.L.C.), entre México, E.U.A. y Canadá. Asimismo su vocación integradora regional ha presidido el principio de acuerdo (1994) con Venezuela y Colombia para crear una zona de libre comercio (Grupo de los Tres, G-3).

**HISTORIA**

***El poblamiento prehispánico.*** El México antiguo se organizó en tres grandes franjas. En el centro se situaba el México nuclear, que albergó diversas civilizaciones urbanas, desde Teotihuacán y Tula hasta el estado azteca de los mexicas, con capital en Tenochtitlan, que proyectó su dominio hacia el S, más allá del istmo de Tehuantepec. El México nuclear albergaba la mayor concentración humana de América en el s. XVI. En el SE, especialmente en el Yucatán, se desarrolló la civilización maya. Al N se extendían los pueblos chichimecas, con su ancestral modo de vida cazador y recolector.

***La conquista española.*** 1518: expedición de Juan de Grijalva, que recorrió la costa desde Cozumel hasta Tampico y se enteró de la existencia de un rico estado indígena, el azteca, en el interior. 1519-1521: Hernán Cortés llevó a cabo la conquista del estado azteca, con la ayuda de los tlaxcaltecas, a los que había vencido (1519); tras someter al soberano azteca Moctezuma y verse obligado a retirarse de Tenochtitlan (1520), Cortés puso cerco a la capital azteca y la conquistó definitivamente, con la derrota de su último soberano, Cuauhtémoc (1521). La conquista del Yucatán se realizó en 1547, y la región chichimeca fue objeto de una lenta penetración posterior.

***El virreinato de Nueva España.*** 1522-1528: Hernán Cortés gobernó como capitán general el territorio conquistado, hasta que las acusaciones en su contra de otros españoles llevó a la corona a desposeerle. 1535: Antonio de Mendoza inició su gobierno efectivo como virrey de Nueva España. 1546-1558: el descubrimiento de importantes yacimientos de plata en Zacatecas y Guanajuato configuró una importante región minera que determinó el desarrollo de la economía colonial en Nueva España. La expansión de la minería y la nueva ganadería perjudicó la agricultura tradicional y contribuyó, con los efectos directos de la conquista y la importación de enfermedades europeas, a la brutal caída de la población indígena.

1760-1808: la economía novohispana experimentó una gran expansión, reconocida en el comercio colonial por la apertura legal al exterior del puerto de Veracruz (1770-1789).

***La independencia.*** 1808-1810: ante la agitación criolla que suscitó la ocupación de la metrópoli por los franceses, la audiencia promovió un golpe a favor del mantenimiento de la autoridad española. 1810-1811: el levantamiento del cura Hidalgo en Dolores constituyó el primer movimiento emancipador efectivo. 1811-1815: Morelos prosiguió la rebelión tras la derrota de Hidalgo (1811), y proclamó la independencia de México (1813); la alianza entre los españoles y la aristocracia criolla, atemorizada por el carácter popular de los movimientos de Hidalgo y Morelos, determinó la derrota de ambos. 1820-1821: la reacción a la revolución liberal en España catalizó la independencia definitiva proclamada por Iturbide, con el apoyo de la aristocracia criolla, los españoles y la Iglesia.

***La construcción del estado.*** 1822-1823: Iturbide se proclamó emperador con el nombre de Agustín I; el pronunciamiento de Santa Anna (dic. 1822), que lo obligó a abdicar, inició una era de inestabilidad política. 1824-1836: la primera república federal asistió a la formación de los dos grandes partidos, el federalista o liberal y el centralista o conservador, entre los que Santa Anna maniobró constantemente para conservar el poder. 1836-1846: instauración de una república centralista, que asistió a la secesión de Texas (1837) y tuvo que hacer frente al expansionismo norteamericano. 1846-1848: guerra entre E.U.A. y México, tras la cual éste perdió su territorio al norte del río Bravo.

***La Reforma liberal.*** 1854: la revolución de Ayutla inició el ciclo del triunfo final del liberalismo. 1856-1857: la ley de desamortización y la constitución de 1857 sentaron las bases legales del estado liberal. 1858-1861: el golpe conservador de Zuloaga inició la guerra de Reforma; Juárez asumió la presidencia en el bando liberal y dictó las leyes de Reforma (1859), de nacionalización de los bienes del clero. 1861: triunfo de Juárez y ocupación posterior de Veracruz por tropas británicas, españolas y francesas. 1862: el ejército francés emprendió la ocupación militar de México, con el apoyo de los conservadores; Juárez tuvo que abandonar de nuevo la capital y reanudó la resistencia liberal. 1864-1867: Napoleón III de Francia entronizó a Maximiliano de Austria como emperador de México; la retirada de las tropas francesas dejó a Maximiliano I con el único apoyo de los conservadores (1866) poco después fue derrotado y ejecutado.

***La república restaurada y el porfiriato.*** 1867: el triunfo de Juárez restauró la república liberal. 1868: ley de tierras baldías que proseguía y ampliaba la privatización de los bienes raíces iniciada con la desamortización. 1872: la muerte de Juárez potenció la lucha interna entre los liberales, que finalizó con el triunfo del plan de Tuxtepec proclamado por Porfirio Díaz. 1876-1880: primera presidencia de Díaz, que, tras reformar la constitución, se hizo reelegir sucesivamente al frente de la república. El porfiriato (1876-1910) significó la integración de la aristocracia criolla en el estado liberal y la formación de una nueva oligarquía basada en la propiedad de la tierra y las finanzas, y constituyó una etapa de expansión económica protagonizada por la recuperación de la minería, el avance de la agricultura comercial, la articulación de la red ferroviaria y las inversiones extranjeras.

***La revolución.*** 1910-1911: F. I. Madero promovió un levantamiento popular que obligó a Díaz a abandonar el país. 1911-1913: nuevas elecciones dieron el triunfo a Madero (1912), cuyo gobierno tuvo que hacer frente a la rebelión zapatista y a la conspiración del ejército, que acabó derribándolo (1913). 1913-1914: la revolución constitucionalista, liderada por V. Carranza, con el apoyo de Zapata y Villa, derrotó al usurpador V. Huerta. 1914-1919: el bando revolucionario volvió a escindirse entre los que aceptaron a Carranza como presidente, y Zapata y Villa, que constituyeron una frágil alianza; el triunfo final fue para Carranza, aunque la constitución de 1917 estableció un régimen de tipo populista que Carranza no compartía.

***El estado populista.*** 1920: el pronunciamiento de Calles y Obregón depuso a Carranza e inició la articulación del nuevo estado. 1921-1924: Obregón estableció las líneas fundamentales de la política populista: apoyo en un movimiento obrero no revolucionario, reparto de tierras a las comunidades campesinas, modernización económica y búsqueda del entendimiento con E.U.A. 1924-1934: Calles se enfrentó a la Iglesia católica y a la insurrección cristera (1927-1930) y, tras el asesinato de Obregón (1928), estableció un dominio político personal *(maximato)*, que se extendió hasta mediados de los años treinta. 1934-1940: Lázaro Cárdenas rompió con Calles, culminó el reparto agrario, nacionalizó el petróleo (1938) y consolidó el sistema presidencialista, apoyado en la hegemonía del partido gobernante y el respeto, en su seno, de los turnos de acceso al poder.

***La revolución institucionalizada.*** 1940-1946: Ávila Camacho dio por finalizada la etapa de reforma, culminada en el sexenio cardenista, y decantó las prioridades hacia el fomento económico y la estabilización social. El Partido revolucionario institucional monopolizó de hecho la vida política del país, sin que el pluralismo llegara a constituir una realidad efectiva (1946-1952, presidencia de Miguel Alemán; 1952-1958, Ruiz Cortines; 1958-1964, López Mateos; 1964-1970, Díaz Ordaz). La matanza de la plaza de las Tres culturas (1968) abrió un paulatino proceso de revisión política (1970-1976, presidencia de L. Echeverría; 1976-1982, López Portillo; 1982-1988, M. de la Madrid), que se acentuó desde fines de los años setenta ante la creciente presión del conservador Partido de acción nacional y la lenta emergencia de una izquierda independiente. 1988-1994: Salinas de Gortari promovió el relevo generacional del P.R.I., la aceleración de la reforma económica y la firma del T.L.C.* (en vigor 1 en. 1994). Sin embargo, persistieron las tensiones sociales, como se puso de manifiesto con la rebelión campesina indígena de Chiapas (en. 1994) y el asesinato del candidato oficial del P.R.I. a la presidencia de la república, L. D. Colosio (marzo). 1994: el candidato presidencial del P.R.I., E. Zedillo, fue elegido presidente de la república; fuerte devaluación del peso y crac de la Bolsa, con repercusión en la economía mundial. 1997: el P.R.I. perdió por primera vez la mayoría absoluta en la cámara de diputados. 2000: la victoria del conservador Vicente Fox en las presidenciales puso fin a la hegemonía del P.R.I.

INSTITUCIONES

La constitución vigente es la de 1917, con modificaciones parciales. La república se constituye como un estado federal, con gobierno y legislaturas propias en cada estado. El presidente de la república asume el poder ejecutivo nacional y es elegido por sufragio universal para un mandato de seis años, sin posibilidad de reelección. La no reelección se aplica también al legislativo, cámara de diputados y senado.

LITERATURA

– *Literatura precolombina.* Poesía, prosa y teatro pertenecientes a las culturas maya y náhuatl.

– *Época colonial. Ss. XVI-XVII.* Cronistas e historiadores de Indias: Hernán Cortés, Bernal Díaz del Castillo, fray Toribio de Benavente (Motolinía), fray Bernardino de Sahagún, fray Bartolomé de Las Casas, H. Alvarado Tezozómoc, F. de Alva Ixtlilxóchitl. Poesía: Gutierre de Cetina, F. de Terrazas, Pedro de Trejo, Bernardo de Balbuena. Prosa: F. Bramón. Teatro: H. González de Eslava, J. Pérez Ramírez. Literatura barroca: sor Juana Inés de la Cruz (poesía, teatro y prosa), J. Ruiz de Alarcón (teatro), C. de Sigüenza y Góngora (poesía y prosa). – *S. XVIII.* Poesía y obras históricas de los jesuitas F. J. Alegre y F. J. Clavijero; prosa de fray Servando Teresa de Mier.

– *A partir de la independencia. S. XIX.* Poesía. Neoclasicismo: J. J. Pesado, M. Carpio. Romanticismo: M. Acuña, J. de D. Peza, M. M. Flores. Modernismo: M. Gutiérrez Nájera, S. Díaz Mirón, M. J. Othón, A. Nervo, J. E. Valenzuela, E. González Martínez. Narrativa: J. J. Fernández de Lizardi. Romanticismo: V. Riva Palacio, E. Ancona; Costumbrismo: M. Payno, L. O. Inclán. Entre el costumbrismo y el realismo: I. M. Altamirano, J. Díaz Covarrubias. Naturalismo: F. Gamboa. Realismo: J. López Portillo y Rojas, E. Rabasa, R. Delgado, A. del Campo (Micros), H. Frías. Teatro: M. E. de Gorostiza, F. Calderón, I. Rodríguez Galván, J. Ramírez. Ensayo: J. Sierra.

– *S. XX.* Poesía. Posmodernismo: L. G. Urbina, J. J. Tablada, R. López Velarde. Estridentismo: M. Maples Arce, A. Vela. Grupo en torno a la revista *Contemporáneos:* X. Villaurrutia, J. Gorostiza, B. Ortiz de Montellano, S. Novo, J. Torres Bodet, J. Cuesta, E. González Rojo, C. Pellicer. Otros poetas: A. Reyes, G. Owen, O. G. Barreda, E. Nandino. Grupo en torno a la revista *Taller poético:* O. Paz, E. Huerta, R. Solana. Grupo de *Tierra nueva:* A. Chumacero, J. González Durán, J. L. Martínez, J. Sabines, R. Bonifaz Nuño, T. Segovia, J. García Terrés, G. Amor. Grupo de la revista *Ábside:* los hermanos G. y A. Méndez Plancarte, C. Urquiza, E. Godoy, G. Riestra. Generaciones siguientes: M. A. Montes de Oca, S. Mondragón, G. Zaid, J. E. Pacheco, H. Aridjis, T. Nava, J. L. Rivas, Corral Bracho, R. Vallarino, J. Cervera, H. Manjárrez, I. Freire, J. Reyes.

Narrativa de la Revolución: M. Azuela, C. González Peña, J. R. Romero, M. I. Guzmán, R. F. Muñoz, J. Mancisidor, G. López y Fuentes, M. Magdaleno, J. Revueltas, A. Yáñez. Otros narradores: C. Fuentes, J. Rulfo, J. Torres Bodet, J. J. Arreola, R. Castellanos, R. Pozas, E. Carballido, L. Spota, S. Galindo, J. Ibargüengoitia, T. Mojarro, J. García Ponce, S. Elizondo, E. Poniatowska, S. Pitol, F. del Paso, J. E. Pacheco, G. Sáinz, J. Tovar, José Agustín.

Teatro: F. Monterde, J. Jiménez Rueda, X. Villaurrutia, S. Novo, Celestino Gorostiza, R. Usigli, E. Carballido, V. Leñero, S. Magaña, J. J. Arreola, J. García Ponce, J. Ibargüengoitia, L. G. Basurto, W. L. Cantón, E. Garro, M. Sabido.

Ensayo: J. Vasconcelos, A. Caso, A. Reyes, G. Méndez Plancarte, J. Rojas Garcidueña, O. Paz, M. León Portilla, C. Fuentes, E. Carballo, R. Xirau, C. Monsiváis.

BELLAS ARTES

***Principales ciudades y centros de interés artístico y arqueológico:*** Acolman, Bonampak, Chichén Itzá, Chihuahua, Cholula, Cuernavaca, Edzná, Guadalajara, Guanajuato, El Tajín, Kabah, Labná, Malinalco, Mérida, México, Mitla, Monte Albán, Oaxaca, Palenque, Puebla, Querétaro, San Cristóbal de Las Casas, San Luis Potosí, San Miguel Allende, Taxco, Tehuacán, Teotihuacán, Tepotzotlán, Tlaxcala, Toluca, Tula, Uxmal, Villahermosa, Xochicalco, Zacatecas.

***Artistas célebres.*** *Época colonial:* Arquitectura: C. de Arciniega, P. de Arrieta, J. de Balbás, M. C. Durán, L. Díez Navarro, Lorenzo Rodríguez, I. Casas, F. Guerrero y Torres, M. Tolsá, J. D. Ortiz de Castro, F. Tresguerras, A. González Velázquez. Pintura: J. Gerson, S. Pereyns, B. Echave Orio, A. Vázquez, L. Juárez, B. Echave Ibia, A. López de Herrera, S. L. de Arteaga, J. Juárez, N. Rodríguez Juárez, C. de Villalpando, J. Correa, N. Correa, M. Cabrera, R. Ximeno y Planes, J. L. Rodríguez Alconedo. Escultura: J. de Rojas, S. de Ocampo, J. de Balbás, M. Jiménez, M. Tolsá.

– *Período republicano. S. XIX.* Arquitectura: L. de la Hidalga, R. Reyes. Pintura: J. Cordero, P. Clavé, S. Rebull, J. Ruelas, J. M. de Velasco, J. Clausell, J. G. Posada. Escultura: M. Vilar, M. Soriano, F. Sojos, M. Noreña.

– *S. XX.* Arquitectura: J. Villagrán García, L. Barragán, M. Pani, E. de la Mora, E. del Moral, R. Cacho, F. Candela, P. Ramírez Vázquez, R. Mijares, A. Zabludovsky, T. González de León, M. Felguérez, O. Núñez, A. Artis, F. Sánchez, M. Schjetnan, A. Attolini, A. López Bar, J. Calleja, M. González Rul, I. Ordorika, R. Torres, S. Torres, S. de Alba, R. Legorreta, D. Muñoz Suárez, S. Santacruz, A. Zohn, F. Serrano, H. Mezz, H. Ricalde, G. Eichelmann. Pintura: Doctor Atl, R. Anguiano, J. M. Velasco, J. C. Orozco, D. Rivera, D. A. Siqueiros, R. Tamayo, J. O'Gorman, A. Ángel, M. Izquierdo, F. Khalo, J. Soriano, I. Maya Hernández, R. Martínez, G. Meza, G. Gerzso, M. Felguérez, V. Rojo, P. Coronel, L. Carrillo, A. Gironella, J. L. Cuevas, R. Coronel, R. Nieto, F. Corzas, F. Toledo, P. Feideberg, B. Nissen. Escultura: I. Asúnsolo, J. F. Olaguíbel, O. Martínez, J. O'Gorman, M. Goeritz, H. Escobedo, J. Dubón, J. L. Díaz, F. González Cortázar, H. Benjamín.

MÚSICA

– *Época colonial:* H. Franco, M. Zumaya, J. M. Aldana. – *S. XIX:* C. Paniagua, A. Ortega, M. Morales, F. Villanueva, J. Rosas. – *S. XX:* G. E. Campa, J. Carrillo, R. Castro, J. F. Vázquez Cano, J. Rolón, C. Huizar, M. M. Ponce, C. Chávez, S. Revueltas, D. Ayala, B. Galindo, S. Contreras, J. P. Moncayo, M. Enríquez, A. de Elías, R. Tello, J. Vázquez, H. Quintana, M. Lavista.

CINE

S. Toscano Barragán, M. Contreras Torres, F. de Fuentes, E. Gómez Muriel, Ch. Urueta, J. Bustillo Oro, J. Orol, M. Zacarías, L. Buñuel, E. Fernández, B. Alazraki, L. Alcoriza, C. Velo, A. Ripstein, A. Isaac, F. Cazals, J. H. Hermosillo, P. Leduc, J. Fons. *(V. mapa pág. 1518; v. anexo cartográfico.)*

**México** *(Ballet folklórico de),* compañía de ballet mexicana, fundada en 1961 por Amalia Hernández. Ha efectuado giras internacionales con un amplio repertorio inspirado en el folklore de México.

**México** *(Historia de la conquista de),* obra de A. de Solís (1684), que ensalza la figura de H. Cortés.

**MÉXICO** *(estado de),* est. de México central; 21 461 km²; 9 815 795 hab. Cap. *Toluca.*

**MÉXICO,** c. de México, cap. del país y del Distrito

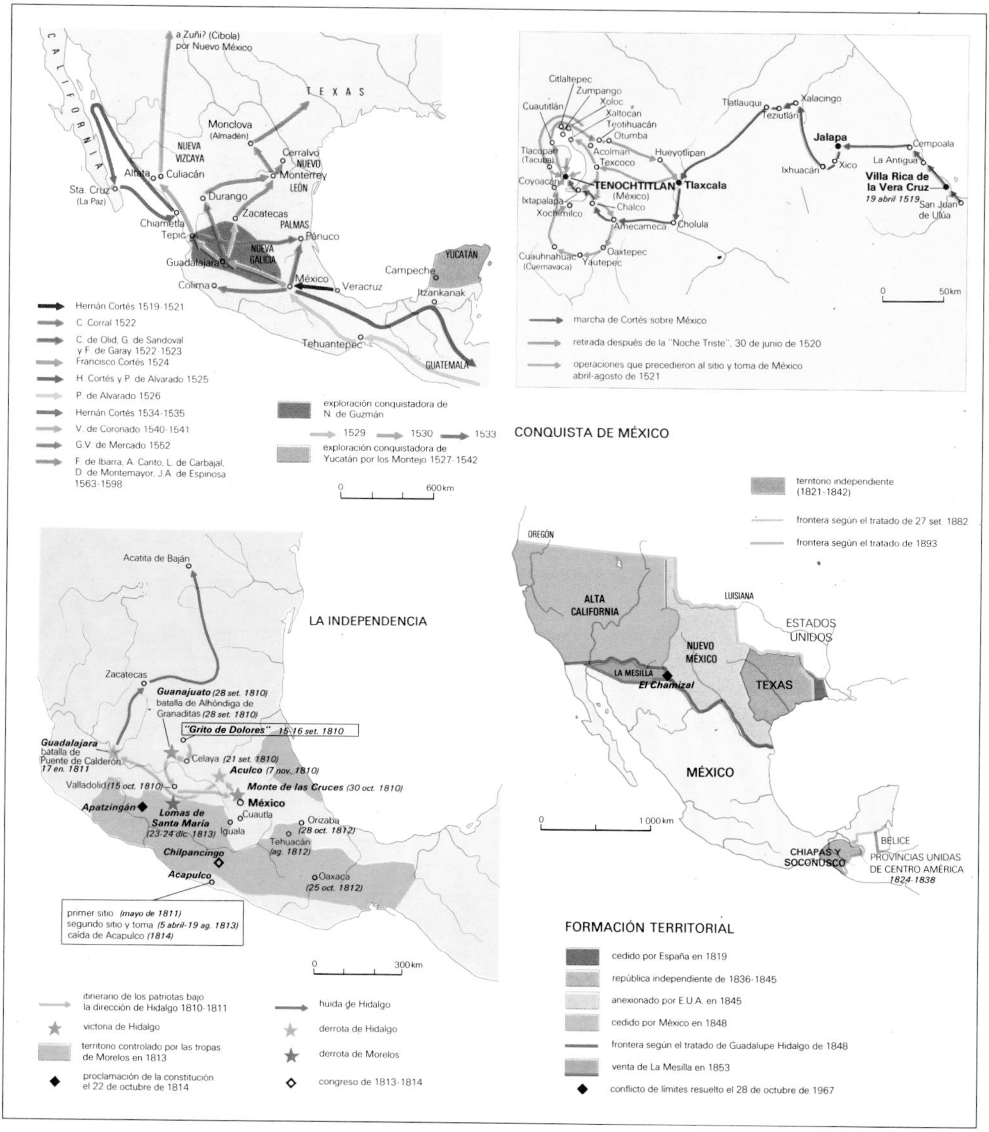


Federal; 8 235 744 hab. en el Distrito Federal (15 047 000 hab. en la aglomeración). *[Mexicanos.]* A partir del centro histórico, que agrupa el distrito comercial, administrativo y financiero, la aglomeración urbana e industrial ha rebasado los límites oficiales de la ciudad y del Distrito Federal. Es además el primer centro cultural (universidades, instituto politécnico nacional) y turístico del país. La antigua Tenochtitlan, destruida por Cortés (mayo 1521), fue reconstruida de nueva planta. Sede del virreinato y de la audiencia de Nueva España, tras la independencia fue capital de la nueva república. El terremoto de 1985 afectó a un amplio sector del centro urbano. Se conservan los restos del templo Mayor azteca, junto al Zócalo, donde se alzan la catedral (ss. XVI-XVIII), con la capilla barroca del Sagrario, y el palacio presidencial. Durante el s. XVII y a lo largo del s. XVIII la ciudad se enriqueció notablemente. Se ampliaron paseos, plazas y se ordenó la Alameda. Se construyeron numerosas iglesias y conventos. En arquitectura civil, el mejor monumento es el palacio de los Virreyes (1696-1703), que inauguró un nuevo período, el del floreciente México barroco. En esta época se construyeron magníficos palacios, lo que hizo que se llamara a México «la ciudad de los palacios». La antigua basílica de Guadalupe y la iglesia de la Profesa inauguran el estilo. El estilo neoclásico dejó como muestras el palacio de Minería, la Ciudadela y el templo de Loreto. En 1852 se comenzó la expansión hacia el bosque de Chapultepec*, y, en 1865, el paseo de la Reforma. Además de la arquitectura finisecular, la renovación moderna parte de la ciudad universitaria (1948-1952) con una impronta mexicana de la que la plaza de las Tres culturas es el paradigma. Entre los numerosos museos destacan el nacional de antropología, el del virreinato y la pinacoteca de San Diego, el de San Carlos, el de arte moderno, el nacional de historia, etc.

**MEXQUITIC DE CARMONA,** mun. de México (San Luis Potosí); 36 587 hab. Cereales, maguey. Mezcal.

**MEYER** (Viktor), químico alemán (Berlín 1848-Heidelberg 1897), investigador de las densidades de los vapores y de la química orgánica.

**MEYERBEER** (Jakob Liemann **Beer**, llamado **Giacomo**), compositor alemán (Berlín 1791-París 1864). Vivió en París, donde impulsó la gran ópera histórica: *Roberto el Diablo* (1831), *Los hugonotes* (1836), *El profeta* (1849), *La africana* (1865), etc.

**MEYERHOF** (Otto), fisiólogo alemán (Hannover 1884-Filadelfia 1951), premio Nobel de medicina (1922) por sus investigaciones sobre los músculos.

**MEYERHOLD** (Vsiévolod Emílievich), director de teatro soviético (Penza 1874-Moscú 1940). Debutó con Stanislavski, dirigió los teatros imperiales y se convirtió en el alma del teatro revolucionario, afirmando su constructivismo y su concepción biomecánica de la vida escénica.

**MEYERSON** (Emile), filósofo francés de origen polaco (Lublin 1859-París 1933). Contrario al positivismo, elaboró una teoría de la ciencia centrada en la causalidad, concebida como aplicación del principio de identidad (*Identidad y realidad*, 1908).

**MEZA** (Guillermo), dibujante y pintor mexicano (Ixtapalapa 1917), continuador de la línea de los grandes muralistas.

**Mezcala** *(estilo)*, estilo artístico del México precolombino, que aparece en la zona central del estado de Guerrero. Sus pequeños objetos de piedra esculpida reflejan las influencias de los estilos olmeca y de Teotihuacán.

**MEZCALAPA,** r. de América Central, en la vertiente del golfo de México; 600 km. Nace en Guatemala con el nombre de Chejel, y en México recibe los nombres de Grande de Chiapas, Mezcalapa y Grijalva. Presa de Netzahualcóyotl.

**MEZQUITIC,** mun. de México (Jalisco), avenado por el Mezquital; 15 040 hab. Cereales, chile.

**MEZZOGIORNO,** conjunto de regiones meridionales de la Italia peninsular e insular (S del Lacio, Abruzos, Molise, Campania, Apulia, Basilicata, Calabria, Sicilia y Cerdeña), caracterizado por un relativo subdesarrollo.

**MI FU** o **MI-FEI,** calígrafo, pintor y coleccionista chino (1051-1107). Por su caligrafía, heredada de los Tang, y su arte, subjetivo y austero, es un precursor de la pintura docta *(wenrenhva).*

**MIACATLÁN,** mun. de México (Morelos); 18 874 hab. Producción agropecuaria.

**MIAJA** (José), militar español (Oviedo 1878-México 1958). General desde 1932, fiel al régimen republicano, fue ministro de la Guerra (1936) y presidente de la Junta de defensa de Madrid (1936-1939).

**MIAJADAS,** v. de España (Cáceres); 9 619 hab. *(Miajadeños.)* Regadíos. Industria alimentaria.

**MIAMI,** c. de Estados Unidos (Florida); 358 548 hab. (1 937 094 hab. en la aglomeración). Gran estación balnearia (turismo). Aeropuerto. Constituye uno de los grandes focos hispanos de E.U.A., en especial de la emigración urbana.

**MIÁSS,** c. de Rusia, a orillas del *Miáss* (658 km), en el S de los Urales; 160 000 hab. Metalurgia.

**MICAELA DEL SANTÍSIMO SACRAMENTO** (*santa* María), conocida como **madre Sacramento,** religiosa española (Madrid 1809-Valencia 1885). Fundadora del Instituto de adoratrices esclavas del Santísimo Sacramento y de la Caridad en Madrid, fue canonizada en 1934.

**Micala** *(batalla del cabo)* [479 a. J.C.], victoria naval de los griegos sobre los persas en el mar Egeo, frente a Samos.

**MICENAS,** localidad de Grecia, en el Peloponeso (nomo de la Argólida) *[Micenos.]* Capital legendaria de los Átridas, a partir del s. XVI a. J.C., fue el centro de una civilización histórica *(Civilización micénica),* refrendada por numerosos restos (muralla, barrios de viviendas, tumbas, tesoro de Atreo), así como por la orfebrería y la cerámica, ejemplos de una estética original, liberada de la influencia minoica. La ciudad fue destruida por la invasión doria (fines del II milenio).

**MICERINOS** → ***Mikerinos.***

**MICHALS** (Duane), fotógrafo norteamericano (Mac Keesport, Pennsylvania, 1932). Reflejos, transparencias y superposiciones, textos, dibujos y pintura, todo en su obra sugiere un universo onírico (*Verdaderos sueños,* 1977).

**MICHAUX** (Henri), poeta y pintor francés de origen belga (Namur 1899-París 1984). Su obra poética es testimonio de sus viajes reales o imaginarios, sus sueños o sus alucinaciones (*Un bárbaro en Asia,* 1933; *En otros lugares,* 1948; *Connaissance par les gouffres,* 1961), al igual que su obra pictórica, precursora de las tendencias gestuales.

**MICHELET** (Jules), historiador francés (París 1798-Hyères 1874). De ideas liberales y anticlericales, es autor de una monumental y documentada *Historia de Francia* (1833-1846 y 1855-1867) y de una *Historia de la Revolución francesa* (1847-1853).

**Michelin,** empresa francesa fabricante de neumáticos para automóviles. Fundada en 1863, posteriormente fue dirigida por **André Michelin** (París 1863-*id.* 1931), creador de la *Guía* y los *mapas Michelin,* y su hermano **Édouard** (Clermont-Ferrand 1859-Orcines 1940), que ideó el neumático desmontable.

**MICHELOZZO** (Michelozzo **di Bartolomeo,** llamado), escultor, decorador y arquitecto italiano (Florencia 1396-*id.* 1472). Su obra más conocida es el palacio Médicis de Florencia (1444). Gran constructor, se inspiró en Brunelleschi y elaboró un estilo decorativo de gran elegancia.

**MICHELSON** (Albert Abraham), físico norteamericano (Strelno [act. Strzelno], Polonia, 1852-Pasadena 1931). Es autor, junto con E. W. Morley, de experimentos sobre la velocidad de la luz, fundamentales para la elaboración de la teoría de la relatividad. (Premio Nobel de física 1907.)

**MICHIGAN** *(lago),* uno de los cinco Grandes Lagos de América del Norte; 58 300 km$^2$.

**MICHIGAN,** estado de Estados Unidos, en el centro noreste del país; 150 780 km$^2$; 9 295 297 hab. Cap. *Lansing.* C. pral. *Detroit.*

**MICHIQUILLAY,** yacimiento de cobre de Perú (Cajamarca).

**MICHOACÁN** *(estado de),* est. de México, junto al océano Pacífico; 59 864 km$^2$; 3 548 199 hab. Cap. *Morelia.*

**MICHURIN** (Iván Vladimirovich), agrónomo ruso (Verchina, cerca de Dólgoie, 1855-Kozlov [act. Michúrinsk] 1935), autor de investigaciones sobre la selección de las plantas a partir de ideas que confirman la herencia general de los caracteres adquiridos.

**MICIPSA** († 118 a. J.C.), rey de Numidia [148-118 a. J.C.], hijo de Masinisa y tío de Yugurta, al que adoptó.

**Mickey mouse,** personaje de dibujos animados, creado por Walt Disney (1928), que representa a un ratón antropomórfico, revoltoso y travieso.

**MICKIEWICZ** (Adam), poeta polaco (Zaosie [act. Novogrúdok], Bielorrusia, 1798-Constantinopla 1855), el más prestigioso representante del romanticismo polaco (*Oda a la juventud,* 1820; *Pan Tadeusz,* 1834) y de la lucha por la independencia nacional (*Konrad Wallenrod,* 1828).

**MÍCONO,** en gr. **Mykonos** o **Mykono,** isla griega de la parte NO de las Cícladas; 85,5 km$^2$; 3 000 hab. Centro turístico.

**MICRONESIA,** conjunto de islas del Pacífico, de superficie muy reducida, entre Indonesia y Filipinas al O, Melanesia al S y Polinesia al E. Comprende las Marianas, las Carolinas, las Marshall y Kiribati.

**MICRONESIA** *(Estados Federados de),* archipiélago y estado de Micronesia, formado por las islas Truk, Yap, Kosrae y Pohnpei (Carolinas orientales); 707 km$^2$; 80 000 hab. CAP. *Palikir* (Pohnpei). LENGUA OFICIAL: *inglés.* MONEDA: *dólar.* El archipiélago, bajo tutela norteamericana desde 1947 por resolución de la O.N.U., se convirtió en estado libre asociado a E.U.A. (1986). En 1991 fue admitido en la O.N.U.

**Microsoft,** empresa norteamericana de informática, fundada en 1976 por Bill Gates. Es líder mundial en software para ordenadores personales (sistemas operativos MS/DOS y Windows).

**MIDAS,** rey de Frigia (738-696 o 675 a. J.C.). Su reino fue destruido por los cimerios. Según la leyenda, Dioniso le concedió el poder de convertir en oro todo lo que tocaba. Según otras narraciones, fue elegido juez de un concurso musical entre Marsias y Apolo, quien hizo que le crecieran orejas de burro por haber preferido la flauta del músico a la lira del dios.

**MIDDELBURG,** c. de Países Bajos, cap. de Zelanda; 39 617 hab. Ayuntamiento gótico (ss. XV-XVI).

**MIDDLE WEST** → ***Medio Oeste.***

**MIDDLESBROUGH,** c. y puerto de Gran Bretaña, en el estuario del Tees; 141 100 hab. Metalurgia.

**MIDDLETON** (Thomas), escritor inglés (Londres *c.* 1570-Newington Butts 1627), autor de comedias y dramas realistas.

**MIDEROS** (Luis), escultor ecuatoriano (San Antonio, Ibarra, 1898-† 1978), especializado en monumentos públicos (*Vicente Rocafuerte,* Quito y México).

**MIDI,** denominación dada al conjunto de regiones del S de Francia.

**MIDI-PYRÉNÉES,** región administrativa del S de Francia (dep. de Ariège, Aveyron, Haute-Garonne, Gers, Lot, Hautes-Pyrénées, Tarn y Tarn-et-Garonne); 45 348 km$^2$; 2 430 663 hab. Cap. *Toulouse.*

**MIDLANDS,** región del centro de Gran Bretaña (Inglaterra). C. pral. *Birmingham.*

**Midway** *(batalla de)* [3-5 junio 1942], victoria aeronaval norteamericana sobre Japón, junto al archipiélago de las Midway, al NO de las islas Hawai.

**MIDWEST** → ***Medio Oeste.***

**MIER** (*fray* Servando Teresa **de**), escritor y político mexicano (Monterrey 1765-México 1827). Independentista, tomó parte en la expedición de Mina (1817) y se opuso al imperialismo de Iturbide. Es autor de *Historia de la revolución de Nueva España* (1813).

**MIERES DEL CAMINO,** mun. de España (Asturias), cab. de p. j.; 53 170 hab. *(Mierenses.)* Centro minero, industrial y comercial.

**MIEROSŁAWSKI** (Ludwik), general polaco (Nemours 1814-París 1878). Dirigió las insurrecciones polacas de 1848 y 1863, en las que fue vencido.

**MIES VAN DER ROHE** (Ludwig), arquitecto alemán (Aquisgrán 1886-Chicago 1969), nacionalizado norteamericano. Discípulo de Behrens y racionalista, fue uno de los creadores del estilo internacional y director de la Bauhaus de Dessau (1930-1933). Emigró a E.U.A., donde edificó inmuebles caracterizados por grandes paneles de cristal sobre armazón de acero, principalmente en Chicago.

**MIESZKO I** o **MIECZYSŁAW** († 992), duque de Polonia [*c.* 960-992]. Con su bautismo (966) hizo entrar a Polonia en la cristiandad romana. Proporcionó a su estado las fronteras que, aproximadamente, volvió a poseer en 1945.

**MI-FEI** → ***Mi Fu.***

**MIGNARD** (Nicolas), llamado **Mignard de Aviñón,** pintor francés (Troyes 1606-París 1668). Trabajó en Aviñón, donde realizó pinturas religiosas y decoraciones. – Su hermano **Pierre,** llamado **el Romano** (Troyes 1612-París 1695), vivió en Roma

**México:** la catedral (ss. XVI-XVIII) en la plaza del Zócalo (centro histórico de la ciudad colonial)

**Mies Van der Rohe:** el Crown Hall (1952-1956) del instituto de tecnología de Illinois, Chicago

veinte años, y fue en París el retratista oficial de la nobleza.

**MIGNE** (Jacques Paul), eclesiástico y publicista francés (Saint-Flour 1800-París 1875), editor e impresor de la *Biblioteca universal del clero,* enciclopedia teológica que contiene principalmente la *Patrología latina* (218 vols., 1844-1855) y la *Patrología griega* (166 vols., 1857-1866).

SANTOS

**MIGUEL** *(san),* arcángel. En la Biblia, Miguel es el ángel por excelencia, el vencedor de Satán, el jefe de los ejércitos celestiales y el protector de Israel. Se convirtió en el protector de la Iglesia romana; su culto está extendido por toda la cristiandad, en particular en oriente.

IMPERIO BIZANTINO

**MIGUEL I Rangabé** († d. 840), emperador bizantino [811-813]. Su posición en favor del culto a las imágenes provocó la hostilidad del partido iconoclasta. Fue vencido y depuesto por los búlgaros. – **Miguel II el Tartamudo** (¿nacido en Amorio?-† 829), emperador bizantino [820-829], fundador de la dinastía de Amorio. – **Miguel III el Beodo** (838-867), emperador bizantino [842-867]. Obtuvo la conversión de los búlgaros. Su reinado estuvo marcado por el cisma con Roma (concilio de Constantinopla, 869-870). – **Miguel IV el Paflagonio** († Constantinopla 1041), emperador bizantino [1034-1041]. – **Miguel V el Kalafatēs,** emperador bizantino [1041-1042]. – **Miguel VI Estratioticós** († 1059), emperador bizantino [1056-1057]. – **Miguel VII Ducas,** llamado **Parapinakios,** emperador bizantino [1071-1078]. Tuvo que hacer frente a los ataques normandos. – **Miguel VIII Paleólogo** (1224-Pacomio 1282), emperador bizantino de Nicea [1258-1261] y de Constantinopla [1261-1282]. Destruyó el imperio latino de Constantinopla (1261) y provocó las Vísperas sicilianas (1282). – **Miguel IX Paleólogo** (1277-Tesalónica 1320), emperador bizantino [1295-1320], asociado a su padre Andrónico II.

PORTUGAL

**MIGUEL I** (Queluz 1802-Brombach, Alemania, 1866), rey de Portugal [1828-1834]. Fue obligado a exiliarse tras dos años de guerra civil.

RUMANIA

**MIGUEL I** (Sinaia 1921), rey de Rumania [1927-1930 y 1940-1947].

RUSIA

**MIGUEL III Fiódorovich** (Moscú 1596-*id.* 1645), zar de Rusia [1613-1645], fundador de la dinastía de los Románov, elegido en 1613 por el Zemski Sobor (asamblea de la tierra).

SERBIA

**MIGUEL III OBRENOVIĆ** → *Obrenović.*

VALAQUIA

**MIGUEL el Bravo** (1557-1601), príncipe de Valaquia [1593-1601]. Derrotó a los turcos (1595) y reunió bajo su mando Moldavia y Transilvania (1599-1600).

**MIGUEL ALEMÁN,** mun. de México (Tamaulipas), junto al Bravo, que lo separa de la ciudad norteamericana de Roma; 19 600 hab. Cap. *Ciudad Alemán.*

**MIGUEL ÁNGEL** (Michelangelo **Buonarroti,** llamado **Michelangelo** y, en español), escultor, pintor, arquitecto y poeta italiano (Caprese, cerca de Arezzo, 1475-Roma 1564), artista inigualable por la originalidad y fuerza de concepción de sus obras, que sorprenden tanto por su diversidad como por su carácter grandioso. Se le debe, entre otras obras, varias *Pietà*, el *David**, las tumbas de Lorenzo II y Juliano de Médicis para la nueva sacristía de San Lorenzo de Florencia (*c.* 1520-1533), las diversas estatuas destinadas a la tumba de Julio II (*Esclavos,* de gran patetismo [1513-1515, Louvre], *Moisés* [1516, iglesia de San Pietro in Vincoli de Roma], la *Victoria,* obra de sorprendente torsión [Palazzo Vecchio de Florencia]), los frescos de la capilla Sixtina*, la parte bajo la cúpula de la basílica de San Pedro de Roma (a partir de 1547) y otros trabajos de arquitectura en la ciudad papal, entre ellos, la disposición de la plaza del Capitolio. En sus cartas y poemas dejó constancia de su atormentada espiritualidad.

**MIGUEL AUZA,** ant. **San Miguel de Mezquital,** mun. de México (Zacatecas); 19 339 hab. Cereales.

**Miguel Ángel:** detalle de la *Pietà de Palestrina* (1553-1555) [Academia, Florencia]

**MIGUEL HIDALGO,** delegación de México (Distrito Federal); 543 062 hab.

**MIHAÍLOVIĆ** (Draža Dragoljub), oficial serbio (Ivanjica 1893-Belgrado 1946). Tras la derrota de 1941, luchó contra los alemanes organizando el movimiento de resistencia serbio de los četnici y se enfrentó a los partidarios de Tito. Fue acusado de traición y fusilado.

**MIHURA** (Miguel), escritor español (Madrid 1905-*id.* 1977), renovador del teatro cómico español (*Tres sombreros de copa;* 1952; *Maribel y la extraña familia,* 1959). [Real academia 1976.]

**MIJALKOV** (Nikita), director de cine y actor ruso (Moscú 1945). Realizador de películas de inspiración intimista y adaptaciones de obras literarias: *El esclavo del amor* (1975), *Partitura incompleta para pianola* (1976), *Cinco veladas* (1978), *Ojos negros* (1987), *Urga* (1991), *Quemado por el sol* (1994).

**MIJARES,** r. de España, en la vertiente mediterránea; 130 km. En su tercio alto riega la *comarca del Alto Mijares.* Aprovechamiento hidroeléctrico.

**MIJAS,** v. de España (Málaga); 32 835 hab. *(Mijeños.)* Yacimientos de amianto, mica y talco. Cultivos mediterráneos. Pesca. Turismo. Conjunto de arquitectura popular andaluza.

**MIKERINOS** o **MICERINOS,** faraón de la IV dinastía (*c.* 2600 a. J.C.), que mandó construir la tercera pirámide de Gizeh.

**MIKNĀS** → ***Mequínez.***

**Mil** *(expedición de los),* expedición emprendida en 1860 por Garibaldi y sus compañeros, que provocó la caída del reino de las Dos Sicilias.

**mil y una noches** *(Las),* colección de cuentos árabes, de origen persa. El rey persa Šāhriyār decide tomar cada noche una nueva esposa y hacerla estrangular al día siguiente. La hija de su visir, Šahrāzād, se ofrece para esta unión, pero a media noche comienza un cuento que apasiona al rey hasta tal punto que aplaza la ejecución hasta el día siguiente para conocer el final; así, durante otras mil noches los cuentos, entre los que destacan los de Aladino, Alí Babá y Simbad, fascinaron al monarca, que renunció a su cruel propósito.

**MILÁ Y FONTANALS** (Manuel), erudito y escritor español (Vilafranca del Penedès 1818-*id.* 1884). Autor de estudios filológicos de ámbito histórico (*De los trovadores provenzales en España,* 1861; *De la poesía heroico-popular castellana,* 1874), su discípulo, Menéndez Pelayo, editó sus obras completas.

**MILAGRO,** cantón de Ecuador (Guayas); 106 767 hab. Centro de una rica zona agrícola (caña, arroz).

**Milagros de Nuestra Señora,** obra poética de Gonzalo de Berceo, considerada la obra maestra del mester de clerecía.

**MILÁN,** en ital. **Milano,** c. de Italia, cap. de Lombardía, ant. cap. del Milanesado; 1 371 008 hab. (cerca de 4 millones en la aglomeración). *[Milaneses.]* Primer centro económico de Italia, es un gran centro industrial, comercial, intelectual (universidad, editoriales) y religioso (arzobispado). Catedral gótica *(duomo),* iniciada en 1386 y acabada a principios del s. XIX. Iglesias de origen paleocristiano (San Ambrosio) o medieval. Conjunto de Santa Maria delle Grazie, obra en parte de Bramante (*La Cena,* de Leonardo da Vinci). Castillo de los Sforza (1450; museo). Teatro de la Scala (s. XVIII). Biblioteca ambrosiana. Pinacoteca Brera y otros museos. Fundada por los galos insubros (*c.* 400 a. J.C.) y conquistada por Roma (222 a. J.C.), fue capital de la diócesis de Italia y metrópoli religiosa durante el bajo imperio. Arrasada por los bárbaros y por las luchas entre el pontificado y el imperio, obtuvo la independencia en 1183. En los ss. XIV-XV conoció una gran prosperidad con los Visconti y los Sforza. En 1535 Carlos Quinto anexionó el Milanesado y durante dos siglos Milán, arruinada y despoblada, permaneció bajo dominio español. Fue capital del reino de Italia (1805-1814), del reino lombardovéneto (1815) y, en 1861, se integró en el nuevo reino de Italia.

**MILÁN** (Luis **de**), vihuelista español (Valencia 1500-*id. c.* 1561), autor de *Libro de música de vihuela de mano intitulado «El maestro»* (1536), conocido por diversas transcripciones para guitarra.

**MILAN OBRENOVIĆ** → *Obrenović.*

**MILANÉS** (Pablo), cantante y guitarrista cubano (Bayamo 1943), miembro de la Nueva trova cubana y renovador de la música de su país.

**MILANES Y FUENTES** (José Jacinto), poeta cubano (Matanzas 1814-*id.* 1863), autor de obras dramáticas (poesía, narración costumbrista y teatro).

**MILANESADO,** región de Milán, que adquirió una importancia histórica. Territorio libre entre el Piamonte y Verona (s. XII), en los ss. XIII-XIV los Torriani y los Visconti llevaron a cabo una política de expansión. Ducado en 1395, independiente con Francisco Sforza (1454), tras la renuncia de Francia (1526 y 1529) y la muerte de Francisco II Sforza (1535), el ducado de Milán pasó a los reyes de España. Cedido a Austria (1713, tratado de Utrecht), se incorporó al reino lombardovéneto de los Habsburgo (1815) y luego a Cerdeña (1859) y al reino de Italia.

**MILCÍADES,** general ateniense (540-Atenas *c.* 489 a. J.C.), vencedor de los persas en Maratón.

**MILETO,** ant. c. jonia de Asia Menor, que, a partir del s. VII a. J.C., fue una gran metrópoli colonizadora, un importante centro comercial y un foco de cultura griega (escuela filosófica). Verdadero logro del urbanismo helenístico, se han conservado importantes restos, algunos de los cuales (puerta sur del ágora) están en el museo de Berlín.

**MILFORD HAVEN,** c. y puerto de Gran Bretaña (País de Gales); 14 000 hab. Importación y refino de petróleo. Petroquímica.

**Milán:** la catedral, iniciada en 1386 y acabada a principios del s. XIX

John **Milton** (galería nacional de retratos, Londres)

**MILHAUD** (Darius), compositor francés (Marsella 1892-Ginebra 1974). Residió en Brasil y recibió influencias suramericanas (*Saudades do Brazil,* 1921). Miembro del grupo de los Seis (*El buey sobre el tejado,* 1920), escribió óperas (*Cristóbal Colón,* 1930; *Bolívar,* 1943), cantatas, ballets, sinfonías y música de cámara.

**Military cross** y **Military medal,** condecoraciones militares británicas creadas en 1914 y 1916, respectivamente.

**MILIUKOV** (Pavel Nikoláievich), historiador y político ruso (Moscú 1859-Aix-les-Bains 1943). Uno de los principales dirigentes del Partido demócrata constitucional, fue ministro de Asuntos Exteriores del gobierno provisional (marzo-mayo 1917).

**MILL** (James), filósofo y economista británico (Northwater Bridge, Escocia, 1773-Londres 1836), seguidor de Hume y de Bentham (*Principios de economía política,* 1821).

**MILL** (John **Stuart**), filósofo y economista británico (Londres 1806-Aviñón 1873), hijo del anterior. Partidario del asociacionismo, fundamentó la inducción sobre la ley de la causalidad universal. Preconizó una moral utilitarista y es una figura representativa del liberalismo económico (*Principios de economía política,* 1848; *Utilitarismo,* 1863).

**MILLA,** mun. de Venezuela (Mérida); 20 003 hab. Su área urbana pertenece a la ciudad de Mérida.

**MILLAIS** (*sir* John Everett), pintor británico (Southampton 1829-Londres 1896). Miembro fundador de la cofradía prerrafaelista (*Ofelia,* 1852, galería Tate), fue una de las figuras más populares del arte victoriano.

**MILLÁN** (María del Carmen), escritora mexicana (1914-México 1982). Director de diversas obras colectivas (*Literatura mexicana,* 1972), fue la primera mujer miembro de la Academia mexicana.

**MILLÁN** (Pedro), escultor documentado en Sevilla entre 1487 y 1507. Practicó la escultura de barro cocido con un estilo ligado al realismo flamenco (*Virgen del Pilar,* catedral de Sevilla).

**MILLÁN ASTRAY** (José), militar español (La Coruña 1879-Madrid 1954). Combatió en Filipinas y Marruecos, y fundó la Legión española (1920).

**MILLÁN DE LA COGOLLA** *(san),* abad español (nacido en Matute, La Rioja-† 574). Tras desarrollar actividades pastorales, llevó una vida eremítica en las sierras de San Llorente, donde act. se alza el monasterio de Suso (San Millán de la Cogolla).

**Millares** (*cultura de* **Los**), cultura desarrollada en la edad del bronce (2000-1700 a. J.C.) en el SE de la península Ibérica, cuyo yacimiento epónimo es el de *Los Millares* (Gádor, Almería). Consta de un poblado y una necrópolis de sepulcros megalíticos, actualmente destruidos. Se han encontrado numerosos restos.

**MILLARES** (Manuel, llamado **Manolo**), pintor español (Las Palmas de Gran Canaria 1926-Madrid 1972), cofundador del grupo El Paso. Tras una etapa surrealista, elaboró un informalismo donde las arpilleras desgarradas y la tricromía negro, blanco y rojo creaban un tenso dramatismo.

**MILLARES CARLO** (Agustín), erudito y paleógrafo español (Las Palmas de Gran Canaria 1893-*id.* 1980). Profesor universitario en Venezuela y México, es autor de numerosas obras: *Paleografía española* (1929), *Manual antológico de la literatura latina* (1945), *Repertorio bibliográfico de los archivos mexicanos* (1959) y *Álbum de paleografía hispanoamericana.*

**MILLE** (Cecil Blount **de**) → ***De Mille.***

**MILLE-ÎLES,** archipiélago de Canadá, en el San Lorenzo, a la salida del lago Ontario.

**MILLER** (Arthur), dramaturgo norteamericano (Nueva York 1915). Los protagonistas de sus obras luchan por ser reconocidos y aceptados por la sociedad (*La muerte de un viajante,* 1949; *Las brujas de Salem,* 1953; *Panorama desde el puente,* 1955).

**MILLER** (Henry), escritor norteamericano (Nueva York 1891-Los Ángeles 1980). En sus obras denuncia las represiones sociales y morales y exalta la búsqueda de la realización humana y sensual (*Trópico de Cáncer,* 1934; *Trópico de Capricornio,* 1939).

**MILLERAND** (Alexandre), político francés (París 1859-Versalles 1943). Socialista, evolucionó hacia la derecha y fue presidente de la república (1920-1924).

**MILLET** (Jean-François), pintor, dibujante y grabador francés (Gruchy, Manche, 1814-Barbizon 1875), uno de los maestros de la escuela de Barbizon, de un realismo sensible y vigoroso (*Las espigadoras,* 1857; *El ángelus,* 1859; *La primavera,* 1873).

**MILLET** (Lluís), compositor español (Masnou 1867-Barcelona 1941). En 1891 fundó, con A. Vives, el Orfeó català, que dirigió hasta su muerte. Compuso música sacra, lieder y piezas corales.

**MILLIKAN** (Robert Andrews), físico norteamericano (Morrison, Illinois, 1868-San Marino, California, 1953). Midió la carga del electrón (1911) y realizó numerosos estudios sobre los rayos ultravioletas y cósmicos. (Premio Nobel de física 1923.)

**MILLOSS** (Aurél **Milloss de Miholý,** llamado **Aurel**), bailarín, coreógrafo y pedagogo húngaro (Ozora, Hungría, 1906), nacionalizado italiano. Fue maestro de ballet en los teatros más importantes del mundo y realizó 170 coreografías (*Sísifo rebelado,* 1977).

**MILO,** en gr. **Mêlos** o **Milo,** isla griega del mar Egeo (Cícladas); 161 $km^2$; 8 600 hab. Antiguas ruinas cerca de la capital, donde se descubrió la famosa *Venus de Milo.*

*Venus de* ***Milo.*** Mármol griego, s. II a. J.C. (Louvre, París.)

**MILÓN,** político romano (Lanuvium *c.* 95-Compsa 48 a. J.C.), yerno de Sila. Siendo tribuno (57) contribuyó al regreso de Cicerón del exilio. Acusado del asesinato de Clodio (52), fue defendido por aquel *(Pro Milone).*

**MILÓN de Crotona,** atleta griego (nacido en Crotona fines s. VI a. J.C.), discípulo y yerno de Pitágoras, famoso por sus numerosas victorias en los Juegos olímpicos. Al no poder soltar su brazo, atrapado en la hendidura de un árbol que pretendía arrancar, fue devorado por unas fieras salvajes.

**MILOŠ OBRENOVIĆ** → ***Obrenović.***

**MILOSEVIĆ** (Slobodan), político serbio (Požarevac, Serbia, 1941). Miembro de la Liga de los comunistas de Yugoslavia a partir de 1959, en 1990 fue elegido presidente de Serbia, y reelegido en 1992 y 1997. Fue presidente de la República Federal de Yugoslavia desde 1997 hasta 2000. En 2001 fue detenido acusado de malversación de fondos y abuso de poder.

**MIŁOSZ** (Czeslaw), escritor polaco (Szetejnie, Lituania, 1911), nacionalizado norteamericano. Poeta, novelista y ensayista (*El pensamiento cautivo,* 1953), se exilió en E.U.A. (Premio Nobel de literatura 1980.)

**MILOSZ** (Oscar Vladislas **de Lubicz-Milosz,** llamado **O. V. de L.**), escritor francés de origen lituano (Czereia 1877-Fontainebleau 1939). Autor de poemas elegíacos y místicos, y de obras de teatro, reveló al público occidental el folklore lituano.

**MILPA ALTA,** delegación de México (Distrito Federal), al SE de la capital; 53 616 hab.

**MILSTEIN** (César), biólogo argentino (Bahía Blanca 1927), nacionalizado británico. Con G. J. Köhler desarrolló un método para la producción de anticuerpos monoclonales, que les valió el premio Nobel de fisiología y medicina en 1984.

**MILTON** (John), poeta inglés (Londres 1608-Chalfont Saint Giles, Buckinghamshire, 1674). Autor de poemas filosóficos y pastoriles, se unió al bando de Cromwell y se convirtió en su apologista. Tras la restauración de los Estuardo, abandonó la vida política y, arruinado y ciego, dictó su gran poema bíblico *El paraíso* perdido* (1667), seguido de *El paraíso recobrado* (1671).

**Milvio** *(puente),* puente sobre el Tíber, situado a 3 km al N de Roma, en el que Constantino derrotó a Majencio (312 d. J.C.).

**MILWAUKEE,** c. y puerto de Estados Unidos (Wisconsin), a orillas del lago Michigan; 628 088 hab. (1 432 149 con el área metropolitana).

**MINA** (Francisco Xavier), guerrillero español (Idocín, Navarra, 1789-cerca de Pénjamo 1817). En la guerra de Independencia organizó la guerrilla en Navarra (1809) y fue comandante general de Navarra. Encarcelado de 1810 a 1813, rechazó el absolutismo y trató, con su tío Espoz* y Mina, de proclamar la constitución en Pamplona. Huyó a Gran Bretaña, y posteriormente se dirigió a México para continuar la lucha contra Fernando VII, pero fue apresado y fusilado.

**MINĀ' AL-AḤMADĪ,** c. y puerto petrolero de Kuwayt.

**MINAMOTO,** familia japonesa fundadora del shogunado de Kamakura (1192).

**MINAS** *(sierra de las),* sierra de Guatemala (Alta Verapaz y Zacapa); 3 000 m aprox. Está limitada por los ríos Polochic y Motagua.

**MINAS,** c. de Uruguay, cap. del dep. de Lavalleja; 37 700 hab. Centro turístico y comercial.

**MINAS DE MATAHAMBRE,** mun. de Cuba (Pinar del Río); 36 601 hab. Minas de cobre.

**MINAS DE RIOTINTO,** v. de España (Huelva); 5 374 hab. *(Mineros.)* Centro minero (piritas de cobre y hierro). Complejo metalúrgico y químico.

**MINAS GERAIS,** estado del SE de Brasil; 587 172 $km^2$; 15 746 200 hab. Cap. *Belo Horizonte.* Recursos mineros (hierro, manganeso, etc.).

**Minateda** *(abrigos de),* conjunto de cuatro abrigos rocosos (Hellín, Albacete) con pinturas rupestres de estilo levantino.

**MINATITLÁN,** c. de México (Veracruz); 199 840 hab. Yacimientos de azufre y petróleo. Refinerías. Oleoductos a México, Ciudad Pemex y Salina Cruz.

**MINCIO,** r. del N de Italia, afl. del Po (or. izq.); 194 km. Atraviesa el lago de Garda.

**MINDANAO,** isla de Filipinas; 99 000 $km^2$; 9 millones de hab. Fue descubierta por el español Martín Iñíguez (1562), sin llegar a someterla. En 1861 España estableció el gobierno político y militar de Mindanao, pero no consiguió dominar la isla (campañas de 1891 y 1894; pérdida definitiva en 1898).

**MINDEN,** c. de Alemania (Renania del Norte-Westfalia), a orillas del Weser; 76 321 hab. Catedral románico-gótica. Centro industrial.

**MINDORO,** isla de Filipinas; 10 000 $km^2$; 472 000 hab.

**MINDSZENTY** (József), prelado húngaro (Csehimindszent, cerca de Szombathely, 1892-Viena 1975). Arzobispo de Esztergom y primado de Hungría (1945), y cardenal (1946), estuvo en prisión de 1948 a 1955. Tras la revolución de octubre de 1956, y hasta 1971, se refugió en la embajada norteamericana de Budapest. Fue rehabilitado en 1990.

**MINERAL DEL MONTE,** mun. de México (Hidalgo); 13 296 hab. Centro minero (plata, cobre, piritas y oro). Fundiciones; industrias de explosivos.

**Minerva,** presa de Cuba (Villa Clara); 123 $Mm^3$. Riega un área de 1 780 ha.

**MINERVA,** diosa itálica, protectora de Roma y patrona de los artesanos, identificada con la *Atenea* griega.

**MING,** dinastía imperial china (1368-1644). Estableció su capital en Pekín (1409) y sus principales representantes fueron Hongwu (1368-1398) y Yongle (1403-1424). A partir de 1450 entró en decadencia y fue remplazada por la dinastía manchú de los Qing.

**MINGOTE** (Antonio), dibujante de humor y escritor español (Sitges 1919). Colaborador en revistas y diarios, en especial *ABC,* ha publicado libros de humor (*Historia de la gente,* 1954). [Real academia 1987.]

**MINGUS** (Charles, llamado **Charlie**), contrabajista, compositor y director de orquesta de jazz norteamericano (Nogales, Arizona, 1922-Cuernavaca, México, 1979), de raza negra. Durante la década de los cincuenta se impuso como un acompañante y un solista excepcionalmente dotado.

**MINHO,** región del N de Portugal. C. pral. *Braga.* Cuna de la nación portuguesa. Vinos *(vino verde).*

**MINISTRA** *(sierra),* sierra de España; 1 309 m. Forma parte de los relieves que enlazan la cordillera Central y el sistema Ibérico. Divisoria de aguas entre las cuencas del Henares y del Jalón.

**MINKOWSKI** (Hermann), matemático alemán (Kaunas 1864-Gotinga 1909), autor de una interpretación geométrica de la relatividad restringida de A. Einstein, que fue alumno suyo.

**MINNEAPOLIS,** c. de Estados Unidos (Minnesota), a orillas del Mississippi; 368 383 hab. Universidad. Museos. Centro industrial y de servicios. Junto con Saint Paul, situada en la otra orilla del río, constituye (zona suburbana incluida) una conurbación de 2 464 124 hab.

**MINNELLI** (Vincente), director de cine norteamericano (Chicago 1910-Los Ángeles 1986), especialista en la comedia musical cinematográfica: *Ziegfeld Follies* (1946), *Un americano en París* (1951), *Melodías de Broadway* (1953), etc.

**MINNESOTA,** estado de Estados Unidos, en el centro-noroeste del país; 217 735 $km^2$; 4 375 099 hab. Cap. *Saint Paul.* C. pral. *Minneapolis, Duluth.*

**MINO da Fiesole** → ***Fiesole*** (Mino da).

**MINOS,** rey legendario de Creta, famoso por su sabiduría y justicia, virtudes que le valieron, después de su muerte, el ser juez de los infiernos, junto con Eaco y Radamanto. Se cree que Minos era un título real o dinástico de los soberanos cretenses, de ahí la expresión civilización minoica.

**MINOTAURO,** monstruo de la mitología griega, con cuerpo de hombre y cabeza de toro, nacido de los amores de Pasífae, esposa de Minos, y de un toro blanco enviado por Poseidón. Minos lo encerró en el Laberinto construido por Dédalo, donde cada año se le ofrecían siete muchachos y siete doncellas de Atenas. Teseo lo mató.

**MINSK,** c. y cap. de Bielorrusia; 1 589 000 hab.

**Minsk** *(batalla de)* [28 junio-3 julio 1941], combates en los que el general alemán Von Bock se apoderó de 300 000 prisioneros, 3 000 carros y 3 000 cañones del ejército rojo.

**MINTOFF** (Dominic **Mintoff,** llamado **Dom**), político maltés (Cospicua 1916), líder del Partido laborista y primer ministro (1955-1958 y 1971-1984).

**MINUCIO FÉLIX** (Marco), apologista cristiano del s. III, autor de un diálogo, el *Octavio.*

**MINYA (Al-)** o **MINYA IBN AL-JAṢĪB,** c. de Egipto, a orillas del Nilo; 203 000 hab.

**MIÑO,** en port. **Minho,** r. de España y Portugal; 340 km. Nace en la laguna de Fuenmiña (Lugo), pasa por Lugo y, tras recibir el Sil, por Orense; forma frontera con Portugal hasta su desembocadura en el Atlántico entre La Guardia (España) y Caminha (Portugal). Embalses de Belesar, Los Peares, etc.

**MIQUEAS,** profeta bíblico, contemporáneo de Isaías. Ejerció su ministerio entre 740 y 687 a. J.C.

**Miquelet** *(El)* o *el* **Miguelete,** nombre popular del campanario (gótico; espadaña del s. XVII) de la catedral de Valencia (España).

**Mir,** estación orbital rusa, constituida por varios módulos puestos sucesivamente en órbita a partir de 1986. Entre 1995 y 1998, los tripulantes de la lanzadera espacial norteamericana se acoplaron a la Mir para realizar misiones destinadas a preparar el ensamblaje de la estación espacial internacional. En 2001 la Mir fue destruida.

**MIR** (Joaquín), pintor español (Barcelona 1873-*id.* 1940). Influido por el paisajismo de Vayreda y ligado al modernismo barcelonés, su obra evolucionó del naturalismo a un postimpresionismo con una paleta de gran intensidad y colorido.

**MIRA,** r. de Ecuador y Colombia, en la vertiente pacífica; 240 km aprox.

**MIRA DE AMESCUA** (Antonio), escritor español (Guadix 1574-*id.* 1644). Poeta y dramaturgo: autos sacramentales, dramas de santos (*El esclavo del demonio,* 1612), comedias históricas y de intriga y costumbres *(No hay burlas con las mujeres).*

**MIRA Y LÓPEZ** (Emilio), sicólogo y siquiatra español (Santiago de Cuba 1896-Petrópolis, Brasil, 1964). Introductor de la obra de Freud en España, se exilió a Brasil en 1939. Autor de *El psicoanálisis* (1926) y de un *Manual de psiquiatría* (1935).

**MIRABEAU** (Honoré Gabriel **Riqueti,** *conde* **de**), político francés (Le Bignon, Loiret, 1749-París 1791), hijo del marqués de Mirabeau. En 1789 fue elegido representante del tercer estado de Aix, a pesar de ser noble. Orador de prestigio, abogó en vano por una monarquía constitucional, lo que suscitó el recelo de los diputados, pero no logró el apoyo del rey, al que indujo a la contrarrevolución.

**MIRABEAU** (Victor **Riqueti,** *marqués* **de**), economista francés (Pertuis, Vaucluse, 1715-Argenteuil 1789), discípulo de Quesnay y de la escuela fisiocrática (*El amigo de los hombres, o Tratado sobre la población,* 1756-1758).

**MIRAFLORES,** c. de Perú (Arequipa), unida al núcleo urbano de Arequipa; 52 172 hab.

**Miraflores** *(cartuja de),* cartuja fundada en Burgos por Juan II (1442) y construida en el reinado de los Reyes Católicos (ss. XV-XVI). Alberga numerosas obras de arte gótico y plateresco.

**MIRAMAMOLÍN,** forma con que aparece en las crónicas cristianas el título árabe *amīr al-mu'minīn,* aplicado generalmente al califa almohade Muhammad ibn Ya'qūb al-Nāṣir.

**MIRAMBEL,** v. de España (Teruel); 138 hab. Conjunto monumental restaurado. La villa está rodeada de murallas con torreones; casas solariegas (ss. XVI-XVII); ayuntamiento renacentista; casas típicas de arquitectura popular aragonesa.

**MIRANDA** *(estado),* est. del N de Venezuela; 7 950 $km^2$; 2 019 566 hab. Cap. *Los Teques.*

**MIRANDA,** mun. de Colombia (Cauca); 17 567 hab. Agricultura (plátanos, frijol) y ganadería.

**MIRANDA** (Francisco **de**), prócer de la independencia venezolana (Caracas 1750-San Fernando, España, 1816). Participó en la guerra de independencia de E.U.A. y en la Revolución francesa. En 1797 presidió en París una junta de diputados americanos independentistas. Apoyado por Jefferson, organizó una fallida expedición a Venezuela (1806). En Gran Bretaña se unió a Bolívar, con quien llegó a Venezuela en 1810. Generalísimo y dictador (1812), capituló ante los realistas y, entregado por los revolucionarios, fue encarcelado hasta su muerte.

**MIRANDA DE EBRO,** c. de España (Burgos), cab. de p. j.; 37 197 hab. *(Mirandeses.)* Centro industrial (química, textil) y comercial. Nudo ferroviario.

**MIRATH** → ***Meerut.***

**MIRAVALLES,** volcán de Costa Rica, en la cordillera de Guanacaste; 2 020 m.

**MIRCEA el Grande** († 1418), príncipe de Valaquia [1386-1418]. Gran jefe militar, participó en la batalla de Nicópolis contra los otomanos (1396).

**Mireya,** poema épico en lengua provenzal de F. Mistral (1859).

**MIRO,** rey de los suevos [570-583], sucesor de Teodomiro. Se rindió al visigodo Leovigildo (583).

**MIRÓ** († 966), conde de Barcelona [947-966], hijo de Suñer. Cogobernó con su hermano Borrell II.

**MIRÓ** (Gabriel), escritor español (Alicante 1879-Madrid 1930). Escribió, con una prosa descriptiva de delicado estilismo, novelas y narraciones de ambiente mórbido y sensual (*Figuras de la Pasión del Señor,* 1916; *Nuestro padre san Daniel,* 1921; *El obispo leproso,* 1926).

**MIRÓ** (Joan), pintor español (Barcelona 1893-Palma de Mallorca 1983). Tras una primera etapa influida por Cézanne y el fauvismo, y el período llamado detallista (*La masía,* 1920), contactó con el surrealismo en París, pero pronto se distinguió por su personal estilo. Al desgarro de su etapa salvaje, le sucedió el onirismo evasivo de la serie de las Constelaciones (1940-1941), donde maduró su peculiar lenguaje sígnico y poético. Trabajó la cerámica con Llorens Artigas, el tapiz con J. Royo y la escultura. En 1975 creó en Barcelona el Centro de estudios de arte contemporáneo (C.E.A.C.), *Fundación Miró,* y en 1992 se inauguró en Palma de Mallorca la *Fundación Pilar y Joan Miró.*

**MIRÓ** (Pilar), directora de cine española (Madrid 1940-*id.* 1997), dotada de gran rigor profesional (*El crimen de Cuenca,* 1979; *Beltenebros,* 1992; *El perro del hortelano,* 1996).

**MIRÓ** (Ricardo), poeta panameño (Panamá 1883-*id.* 1940). Su obra periodística (fundador de *El heraldo*) y poética fomentó una conciencia nacional (*Caminos silenciosos,* 1929).

**MIRÓBRIGA,** nombre de varias antiguas ciudades de la península Ibérica. Existía una celta (San Thiago de Cacem, Portugal), una oretana (Capilla, Badajoz) y otra vetona (prov. de Salamanca).

**MIRÓN,** escultor griego (nacido en Ática en el segundo cuarto del s. V a. J.C.), autor del *Discóbolo* (copia en el museo de las Termas, Roma).

**MIRZĀPUR,** c. de la India (Uttar Pradesh), a orillas del Ganges; 169 368 hab. Centro de peregrinación. Tapices. Artesanía del cobre.

**MISANTLA,** mun. de México (Veracruz), en la Huasteca; 63 175 hab. Caña de azúcar, café, frutales. Refino de azúcar. Centro ceremonial totonaca, con construcciones piramidales decoradas con esculturas colosales de basalto (ss. XIII-XV).

**MISENO** *(cabo),* promontorio de Italia, que cierra el golfo de Nápoles por el O. Base naval durante el Imperio romano.

**miserables** *(Los),* novela de V. Hugo (1862), epopeya popular que denuncia la injusticia social.

**MISHIMA YUKIO** (**Hiraoka Kimitake,** llamado), escritor japonés (Tōkyō 1925-*id.* 1970). Novelista de la fascinación por la nada (*El marino que perdió la gracia del mar,* 1963) y autor dramático (*Cinco Nō modernos,* 1956), se suicidó públicamente tras el fracaso de un intento de golpe de estado.

**MISIA,** ant. región del NO de Asia Menor donde los griegos fundaron colonias. C. pral. *Pérgamo y Lampsaco.*

**MISIONES** *(departamento de),* dep. de Paraguay, lindante con Argentina; 9 556 $km^2$; 88 624 hab. Cap. *San Juan Bautista de Misiones.*

**MISIONES** *(provincia de),* prov. del NE de Argentina; 29 801 $km^2$; 789 677 hab. Cap. *Posadas.*

**MISKOLC,** c. del N de Hungría; 196 442 hab. Metalurgia. Monumentos góticos, barrocos y neoclásicos. Centro industrial.

**MISLATA,** mun. de España (Valencia), cab. de p. j.; 38 740 hab. Industria del papel, textil y alimentación.

**Mišná** o **Mishná** (voz hebrea que significa *enseñanza oral*), conjunto de sesenta y tres tratados del judaísmo rabínico. Compilación de las leyes no escritas transmitidas por la tradición, constituye, con sus dos comentarios (*Guemará*), el *Talmud**.

**MISNIA,** en alem. **Meissen,** antiguo margraviato alemán, integrado en Sajonia en 1423.

**MI-SON,** aldea de Vietnam central. Restos (los más destacables se remontan al s. X) de una importante ciudad religiosa sivaíta, que la convierten en uno de los yacimientos más importantes del antiguo reino de Shampa.

**MIṢR** → ***Egipto.***

**MISSISSAUGA,** c. de Canadá (Ontario), en el área metropolitana de Toronto; 430 770 hab.

**MISSISSIPPI,** r. que avena la parte central de Estados Unidos; 3 780 km (6 210 km con el Missouri; 3 222 000 $km^2$ avenados por el conjunto). Nace en Minnesota, pasa por Saint Paul, Minneapolis, Saint Louis, Memphis y Nueva Orleans, y desemboca en el golfo de México en un amplio delta. Importante tráfico fluvial.

**MISSISSIPPI,** estado de Estados Unidos, en el centro-sudeste del país; 123 500 $km^2$; 2 573 216 hab. Cap. *Jackson.*

Joan **Miró:** *El aire* (1938)
[col. part.]

**MISSOLONGHI** o **MISOLONGI,** en gr. **Messolongion** o **Mesolongi,** c. de Grecia, junto al mar Jónico; 12 674 hab. Es famosa por su resistencia frente a los turcos en 1822-1823 y en 1826.

**MISSOURI,** r. de Estados Unidos, afl. del Mississippi (or. der.); 4 370 km.

**MISSOURI,** estado de Estados Unidos, en el centro oeste del país; 180 500 km²; 5 117 073 hab. Cap. *Jefferson City.* C. pral. *Saint Louis, Kansas City.*

**MISTI,** volcán de Perú (Arequipa), en la cordillera occidental de los Andes; 5 842 m.

**MISTINGUETT** (Jeanne **Bourgeois,** llamada), actriz francesa de music-hall (Enghien-les-Bains 1875-Bougival 1956). Triunfó en revistas en el Moulin-Rouge, el Folies-Bergère y el Casino de París, e interpretó numerosas canciones de éxito (*Mon homme,* 1920; *La Java,* 1922). Trabajó también en el cine y el teatro.

**MISTRA,** en gr. **Mystras** o **Mistrás,** localidad de Grecia (Peloponeso), que conserva numerosos monumentos bizantinos (iglesias con frescos de los ss. XIV-XV; murallas y fortaleza del s. XIII). Se trata de la antigua capital del despotado de Mistra.

**MISTRA** *(despotado de)* o **DESPOTADO GRIEGO DE MOREA,** principado fundado en 1348 por el emperador Juan VI Cantacuceno para su hijo menor, Manuel, que comprendía todo el Peloponeso bizantino. En 1383 cayó en manos de los Paleólogos, que la conservaron hasta 1460, fecha de la toma de Mistra por Mehmet II.

**MISTRAL** (Frédéric), escritor francés en lengua provenzal (Maillane 1830-*id.* 1914). Autor de *Mireya* (1859) y *Calendal* (1867), es el más ilustre representante del felibrismo (Premio Nobel de literatura 1904).

**MISTRAL** (Lucila **Godoy,** llamada **Gabriela**), escritora chilena (Vicuña 1889-Nueva York 1957). Maestra de profesión, su consagración poética tuvo lugar cuando ganó en 1914 los Juegos florales de Santiago con *Los sonetos de la muerte,* incluidos en su libro *Desolación** (1924). Su poesía surge del modernismo y es de lenguaje coloquial. Sus temas predilectos fueron la maternidad, el amor, la muerte y un cierto panteísmo religioso (*Tala,* 1938; *Poemas de las madres,* 1950). [Premio Nobel de literatura 1945.]

Gabriela **Mistral** (Sofía Gandarias - col. part.)

**MISURĀTA** o **MISRĀTA,** c. y puerto de Libia; 121 700 hab.

**MITANNI, HANIGALBAT** o **HURRI,** imperio hurrita que, del s. XVI al XIV a. J.C., dominó en la alta Mesopotamia y en el N de Siria. Desapareció por los ataques hititas y asirios (s. XIII a. J.C.).

**MITAU** → *Jelgava.*

**MITCHELL,** pico culminante de los Apalaches (Carolina del Norte); 2 037 m.

**MITCHELL** (Arthur), bailarín y coreógrafo norteamericano (Nueva York 1934). Primer artista de raza negra que entró a formar parte de una compañía norteamericana (ballet de la ciudad de Nueva York, 1955), fue el fundador (1970) de la primera compañía de ballet clásico formada exclusivamente por bailarines negros (Dance theatre of Harlem).

**MITCHELL** (Margaret), novelista norteamericana (Atlanta 1900-*id.* 1949), autora de *Lo* que el viento se llevó* (1936).

**MITCHUM** (Robert), actor norteamericano (Bridgeport, Connecticut, 1917-Santa Bárbara, California, 1997). Creó un personaje de aventurero cínico: *Encrucijada de odios* (E. Dmytryk, 1947), *La noche del cazador* (Ch. Laughton, 1955).

**MITIDJA,** llanura de Argelia central, con ricos cultivos (cítricos, tabaco, forrajes).

**MITILENE** → *Lesbos.*

**MITLA,** centro arqueológico de las culturas zapoteca y mixteca (Oaxaca, México). Comprende cinco grupos de edificios, dos pertenecientes al período zapoteca clásico y los otros tres al mixteca. Sobresalen por su decoración de mosaico.

**MITO,** c. de Japón (Honshū); 234 968 hab.

**MITRA,** dios persa, que se encuentra ya en la religión india de la época védica (*c.* 1300 a. J.C.). Su culto se extendió durante la época helenística en Asia Menor, desde donde pasó a Roma, en el s. I a. J.C.; allí se le tributó uno de los más importantes cultos mistéricos. Mitra era representado normalmente tocado con un gorro frigio y sacrificando un toro. Su culto, cuyos elementos esenciales son la iniciación, compuesta por siete grados, los banquetes sagrados y los sacrificios de animales, fue durante un tiempo rival del cristianismo.

**MITRE** (Bartolomé), militar, político y escritor argentino (Buenos Aires 1821-*id.* 1906). Mandó las tropas porteñas que lucharon contra la Confederación argentina, y fue derrotado en Cepeda por Urquiza (1859). Gobernador de Buenos Aires (1860), derrotó a los confederados en Pavón (1861). Primer presidente de la República Argentina (1862-1868), firmó la Triple alianza con Brasil y Uruguay y luchó en la guerra del Paraguay (1865-1870). Periodista (fundador de *La nación*), su obra poética (*Rimas,* 1854) y narrativa (*Soledad,* 1847) se inscribe en el romanticismo. Son valiosas sus obras históricas sobre Belgrano, San Martín y el proceso independentista.

**MITRÍDATES,** nombre de varios príncipes y soberanos de la época helenística y romana.

**MITRÍDATES VI Eupátor,** llamado **el Grande** (*c.* 132-Panticapea 63 a. J.C.), rey del Ponto [111-63 a. J.C.]. El último y más importante soberano del reino del Ponto. Luchó contra la dominación romana en Asia: sus tres guerras (88-85, 83-81 y 74-66) acabaron en fracaso. Monarca culto, era proverbial su inmunidad a los venenos.

**MITSCHERLICH** (Eilhard), químico alemán (Neuende, Oldenburg, 1794-Schöneberg [act. en Berlín] 1863). Enunció la ley del isomorfismo, según la cual dos cuerpos que poseen formas cristalinas semejantes tienen estructuras químicas análogas.

**MITSIWA** o **MAṢAWWĀ',** c. y puerto de Eritrea, en el mar Rojo; 29 000 hab. Salinas.

**MITSOTAKIS** (Kostandinos), político griego (La Canea 1918). Presidente de Nueva democracia (1984), fue primer ministro (1990-1993).

**Mitsubishi,** trust japonés creado en 1870, especializado desde sus orígenes en transportes, minas y astilleros navales. Reconstituido tras la segunda guerra mundial, ocupa un lugar de primera fila en la industria japonesa (construcciones mecánicas, navales y aeronáuticas, química, automóviles, etc.).

**MITTELLAND,** región central de Suiza, entre el Jura y los Alpes, donde se concentran la mayor parte de los núcleos urbanos.

**Mittellandkanal,** canal de Alemania, que une el Elba con el canal Dortmund-Ems.

**MITTERRAND** (François), político francés (Jarnac 1916-París 1996). Varias veces ministro de la IV república, en 1965, 1974 y 1978 fue candidato de la izquierda en las elecciones presidenciales. Primer secretario del partido socialista (1971-1981), fue presidente de la república (1981-1995).

**MITÚ,** c. de Colombia, cap. del dep. del Vaupés; 13 192 hab. Explotación forestal (caucho y chicle). Turismo. Puerto fluvial en el Vaupés. Aeropuerto.

**MITXELENA** (Koldo), lingüista y escritor español en lengua vasca y castellana (Rentería 1915-San Sebastián 1987). Su obra literaria está recogida en *Obras selectas* (1972), pero su labor más importante es la de lingüista del euskera. Sentó las bases del euskera unificado. Su gran obra *Diccionario general de la lengua vasca* comenzó a publicarse en 1987.

**MIXCO,** mun. de Guatemala (Guatemala); 39 743 hab. Industrias alimentarias.

**MIXCO VIEJO,** yacimiento arqueológico mayatolteca de Guatemala (Chimaltenango), centro ceremonial y militar de los pocoman (ss. XIII-XIV).

**MIXCOATL,** una de las divinidades estelares de los pueblos nahuas. Su nombre *(serpiente de nubes)* le relaciona con la Vía Láctea.

**MIXQUIAHUALA,** mun. de México (Hidalgo); 24 782 hab. Cereales, hortalizas, maguey. Ganadería.

**MIXTECO** *(escudo),* región montañosa del S de México (Oaxaca), entre la sierra Madre del Sur y la sierra Madre de Oaxaca; 1 500 m de alt. media. Su núcleo principal es Oaxaca.

**MIYAZAKI,** c. de Japón (Kyūshū); 287 352 hab.

**MIZOGUCHI KENJI,** director de cine japonés (Tōkyō 1898-Kyōto 1956), autor de cerca de cien películas (*La vida por Saikaku,* 1952; *Cuentos de la*

**Mitla:** fachada del palacio de las columnas; arte zapoteca (950-1250)

Bartolomé **Mitre**

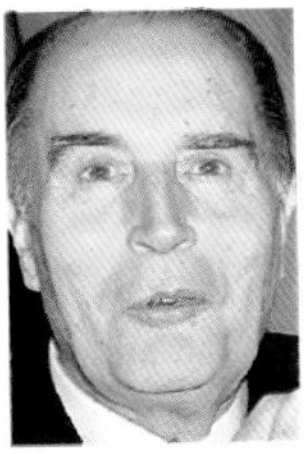
François **Mitterrand**

*luna pálida de agosto,* 1953), de realización refinada, poética y de un realismo minucioso.

**MIZORAM,** estado del NE de la India; 21 087 km²; 686 217 hab. Cap. *Aijal.*

**MJØSA,** lago de Noruega, el mayor del país, al N de Oslo; 360 km².

**MNEMOSINE,** diosa griega de la memoria y madre de las Musas.

**MNESICLES,** arquitecto del s. V a. J.C., constructor de los propileos de la Acrópolis de Atenas.

**M.N.R.** → ***Movimiento nacionalista revolucionario.***

**MOAB,** antepasado epónimo de los *moabitas,* que según la Biblia era hijo de Lot.

**MOAÑA,** mun. de España (Pontevedra); 16 781 hab. *(Moañeses.)* Cap. *Playa* o *Praia.* Pesca (conservas). Turismo (playas).

**MOBILE,** c. y puerto de Estados Unidos (Alabama), a orillas de la *bahía de Mobile;* 196 278 hab.

**MÖBIUS** (August Ferdinand), astrónomo y matemático alemán (Schulpforta 1790-Leipzig 1868). Desarrolló uno de los primeros aspectos del cálculo vectorial (1827) e inventó una superficie de una sola cara y un solo borde *(cinta de Möbius).*

**MOBUTU SESE SEKO,** político zaireño (Lisala 1930-Rabat 1997). Coronel y jefe de estado mayor (1960), tras un golpe de estado (1965), se proclamó presidente de la república. Sucesivamente reelegido, pero cada vez más cuestionado, la derrota de sus tropas le forzó al exilio en 1997.

**Moby Dick o la ballena blanca,** novela de H. Melville (1851): combate simbólico entre la ballena blanca y el capitán Achab.

**MOCA,** c. de la República Dominicana, cap. de la prov. de Espaillat; 31 270 hab. Café, cacao.

**MOCA,** mun. de Puerto Rico, en las colinas húmedas del N; 32 926 hab. Cultivo y elaboración de café.

**mocedades del Cid** *(Las),* comedia de Guillén de Castro (1618), sobre la vida y hazañas juveniles del héroe.

**MOCENIGO,** familia noble veneciana, que proporcionó cinco dux a la república de 1474 a 1778.

**MOCHICA** o **MOCHE,** cultura precolombina (330 a. J.C.-500 d. J.C.) que floreció en los valles de Chicama, Moche, Virú y Santa, en la costa N de Perú. De su arquitectura se conservan en Trujillo las pirámides religiosas llamadas *Huaca del Sol* y *Huaca de la Luna.* Su cerámica, naturalista, recrea múltiples temas de su vida cotidiana.

la cultura **Mochica:** vaso con asa en estribo que representa a un guerrero con tocado de pájaros; barro cocido (200-800). [Museo nacional de antropología y de arqueología, Lima.]

**MOCHIS (Los)** → *Ahome.*

**MOCIÑO** (José Mariano), médico y botánico mexicano (Real de Minas de Temascaltepec 1757-Barcelona, España, 1820). Participó en la expedición botánica de M. Sessé por el virreinato de Nueva España (1790-1804), y publicó sus resultados.

**MOCOA,** c. de Colombia, cap. del dep. de Putumayo; 20 325 hab. Explotación forestal. Minas de cobre.

**MOCORITO,** mun. de México (Sinaloa); 59 687 hab. Cereales, caña de azúcar y frutales; henequén.

**MOCTEZUMA,** r. de México. Nace en la confluencia del San Juan con el Tula, y tras recibir al Tamuín recibe el nombre de Pánuco*. Regadíos.

**MOCTEZUMA,** mun. de México (San Luis Potosí); 16 710 hab. Yacimientos de mercurio y cinabrio.

**MOCTEZUMA I** (1390-1469), emperador azteca [1440-1469], hijo de Huitzilihuitl. Jefe del ejército hasta 1440, consolidó la confederación azteca y el poder absoluto del soberano sobre la aristocracia.

**Moctezuma I:** terracota, cultura azteca (museo nacional de antropología, México)

**MOCTEZUMA II** (1466-1520), emperador azteca [1502-1520], hijo de Axayácatl y sucesor de Ahuítzotl. Sometió el área mesoamericana de Honduras y Nicaragua (1513), pero sus ansias de dominio desintegraron la confederación azteca y fomentaron las rebeliones internas. Intentó negociar con Cortés, quien lo apresó (1519); obligado a arengar al pueblo, fue apedreado.

**MODEL** (Walter), mariscal alemán (Genthin 1891-cerca de Duisburg 1945). Fue comandante en jefe del frente oeste (ag.-set. 1944) y, posteriormente, de un grupo de ejércitos armados en el mismo frente. Se suicidó después de haber capitulado.

**MÓDENA,** en ital. **Modena,** c. de Italia (Emilia-Romaña), cap. de prov.; 176 148 hab. Universidad. Construcciones mecánicas. Catedral románica iniciada en 1099 y otros monumentos. Museos. — El *ducado de Módena,* erigido en 1452, fue suprimido por Napoleón en 1796. Reconstituido en 1814 por los Habsburgo, decidió su unión al Piamonte en 1860.

**moderado** *(Partido),* ala derecha del partido liberal español (1836-1868). Aceptó el estatuto real (1834) y se opuso a la constitución de 1837. Apartado del poder por Espartero (1840-1843), gobernó de nuevo en la década moderada (1844-1854) y entre 1856 y 1868, alternándose con los unionistas.

**MODIANO** (Patrick), escritor francés (Boulogne-Billancourt 1945). Sus novelas constituyen una búsqueda de identidad a través de un pasado doloroso o enigmático (*La plaza de la Estrella,* 1968; *La calle de las tiendas oscuras,* 1978).

**MODIGLIANI** (Amedeo), pintor y escultor italiano (Livorno 1884-París 1920). Instalado en París (1906), su obra, consagrada a la figura humana, se distingue por su audacia y pureza de líneas.

**MOERIS,** lago del ant. Egipto, en el Fayum.

**MOERO** → *Mweru.*

**MOGADISCIO** o **MOGADISHU** → *Muqdisho.*

**MOGADOR** → *Essaouira.*

**MOGÁN,** mun. de España (Las Palmas), en Gran Canaria; 20 075 hab. Centro agrícola. Turismo.

**MOGODS** *(los),* región montañosa y boscosa de Tunicia septentrional.

**MOGOL** *(Gran),* título de los soberanos de una dinastía que reinó en la India de 1526 a 1857, y que contó con dos emperadores excepcionales, Akbar y Aurangzeb. Al período de los grandes mogoles se le debe un estilo de arquitectura islámica que conoció su apogeo durante el reinado de Sha Yahān (de 1628 a 1657), caracterizado por edificios de mármol blanco (Tāŷ Maḥall; mezquita de la Perla en Delhi) o gres rojo (fuerte de Delhi), con arcos polilobulados y calados finamente esculpidos en las fachadas e incrustaciones de piedras preciosas y semipreciosas en las cúpulas en forma de bulbo.

**MOGREB** o **MAGREB,** en ár. **Marhrib** o **Maghrib** *(poniente),* conjunto de países del NO de África: Marruecos, Argelia y Tunicia, pero que geopolíticamente comprende además Libia y Mauritania. — En 1989, los países del Mogreb crearon una unión económica, la *Unión del Mogreb Árabe* (U.M.A.).

**MOGUER,** c. de España (Huelva), cab. de p. j.; 12 193 hab. *(Moguereños.)* Centro agropecuario. Convento de Santa Clara, gótico con influencia mudéjar (s. XIV); iglesias de los ss. XV-XVI.

**MOGUILIOV,** c. de Bielorrusia, a orillas del Dniéper; 356 000 hab. Metalurgia.

**Mohács** *(batalla de)* [29 ag. 1526], batalla en la que Luis II de Hungría fue derrotado por Solimán el Magnífico, en Mohács (Hungría), a orillas del Danubio.

**MOHAMED** o **MOHAMMED** → *Muhammad.*

**MOHAMMADIA (El-),** ant. **Perrégaux,** c. de Argelia, al E de Orán; 54 000 hab.

**MOHAMMEDIA,** en ár. **Muhammadiyya,** ant. **Fédala,** c. y puerto de Marruecos; 105 000 hab. Refinería de petróleo.

**MOHAVE** o **MOJAVE** *(desierto de),* región desértica de Estados Unidos, en el SE de California.

**MOHAWK,** r. de Estados Unidos (Nueva York), afl. del Hudson (or. der.); 238 km. Su valle está ocupado por el canal de Erie.

**MOHENJO-DĀRO,** yacimiento protohistórico de la India (Sind), que alberga los restos de una de las ciudades más importantes de la civilización del Indo.

**MOHO,** mun. de Perú (Puno), en la altiplanicie del Titicaca; 20 441 hab. Quina. Ganado ovino; llamas.

**MOHOLY-NAGY** (László), pintor húngaro (Bácsborsód 1895-Chicago 1946). Profesor de la Bauhaus (1923-1928), en 1939 fundó el Instituto de diseño de Chicago. Constructivista y precursor del arte cinético, utilizó todas las técnicas y materiales modernos (dibujo, pintura, fotografía, *collage, assemblage,* cine).

**MOHOROVIČIĆ** (Andrija), geofísico yugoslavo (Volosko, cerca de Opatija, 1857-Zagreb 1936). Descubrió la discontinuidad entre la corteza terrestre y el manto *(discontinuidad de Mohorovičić),* la cual señala un cambio en las propiedades de las rocas de la corteza terrestre, alrededor de 35 km bajo los continentes y sólo a 5 km bajo los fondos oceánicos.

**MOI** (Daniel Arap), político de Kenya (Sacho 1924), presidente de la república desde 1978.

**Modigliani:** *Mujer de ojos azules* (1918). [Museo de arte moderno de la ciudad de París.]

**MOIRA,** divinidad griega que personifica el destino. Las tres hermanas, Cloto, Láquesis y Átropos, que presiden el nacimiento, la vida y la muerte de los humanos, también reciben el nombre de *Moiras;* corresponden a las *Parcas* latinas.

**MOISÉS,** en hebr. **Mošé** (s. XIII a. J.C.), personaje bíblico, una de las principales figuras de la historia de Israel. La Biblia lo presenta como el jefe que dio una patria, una religión y una ley a los hebreos. Nacido en Egipto, fue el alma de la resistencia a la opresión sufrida por los hebreos, a los que condujo en su partida de Egipto (Éxodo), que los historiadores sitúan *c.* 1250 a. J.C., cuando las llamadas diez plagas de Egipto obligaron al faraón a dejarlos partir. Durante muchos años, dirigidos por Moisés, los hebreos llevaron una existencia de pastores nómadas en la península del Sinaí. En este periodo la tradición sitúa la entrega de las Tablas de la Ley. Moisés murió en el país de Moab, en la cima del monte Nebo, muy cerca de la Tierra prometida. La tradición judeocristiana le considera no sólo guía y organizador, sino también autor de los elementos básicos de la Torá, de la ley llamada por ello *ley mosaica.*

**Moisés** de Miguel Ángel
(iglesia de San Pedro ad Víncula, Roma)

**Moisés y el monoteísmo,** obra de Freud (1939), en que el autor sostiene que la muerte del padre constituye el acto fundacional de la cultura.

**MOISSAC,** c. de Francia (Tarn-et-Garonne); 12 213 hab. Iglesia de los ss. XII y XV, con portada románica y claustro con capiteles historiados.

**MOISSAN** (Henri), químico francés (París 1852-*id.* 1907). El empleo del horno eléctrico le permitió la fusión de óxidos metálicos y la obtención del cromo, el titanio y el carburo cálcico. Aisló el flúor, el silicio y el boro. (Premio Nobel de química 1906.)

**MOISSÉIEV** (Ígor Alexándrovich), bailarín y coreógrafo ruso (Kiev 1906), creador del grupo folklórico más importante de la U.R.S.S.

**MOIVRE** (Abraham **de**), matemático británico de origen francés (Vitry-le-François 1667-Londres 1754). Precisó los principios del cálculo de probabilidades.

**MOIX** (Ramon Terenci **Moix,** llamado **Terenci**), escritor en lenguas catalana y castellana (Barcelona 1943). El mundo erótico y el tono autobiográfico caracterizan su obra (*El día que murió Marilyn,* 1969; *No digas que fue un sueño,* 1986).

**MOJAVE** → ***Mohave.***

**MOKA,** en ár. **al-Mujā,** c. y puerto del Yemen, junto al mar Rojo; 6 000 hab. Exportación de un famoso tipo de café en los ss. XVII y XVIII.

**MOKPO,** c. y puerto de Corea del Sur; 243 064 hab.

**MOLA** (Emilio), militar español (Placetas, Cuba, 1887-Castil de Peones 1937). Combatió en Marruecos y en 1924 ascendió a general. Apartado del ejército (1931), fue amnistiado (1934) y dirigió el alzamiento militar de 1936 en la Península. Murió en un misterioso accidente de aviación.

**MOLDAU** o **MOLDAVA** → ***Vltava.***

**MOLDAVIA,** en rumano **Moldova,** región de Europa, act. dividida entre Rumania y la República de Moldavia.

HISTORIA

*C.* 1352-1354: Luis I de Anjou, rey de Hungría, creó la marca de Moldavia. 1359: el territorio se emancipó de la tutela de Hungría bajo la égida de Bogdan. 1538: se convirtió en un estado autónomo vasallo del imperio otomano. 1774: pasó a estar bajo protección de Rusia. 1775: Austria anexionó Bucovina. 1812: Rusia consiguió la cesión de Besarabia. 1829-1831: Moldavia quedó bajo un doble protectorado otomano y ruso. 1859: Alejandro Cuza fue elegido príncipe de Moldavia y de Valaquia. 1862: se proclamó definitivamente la unión de ambos principados. 1918-1940: Besarabia fue anexionada a Rumania. (V. art. siguiente.)

**MOLDAVIA** *(República de),* estado de Europa oriental, limítrofe con Rumania; 34 000 km²; 4 300 000 hab. *(Moldavos.)* CAP. *Chişinău.* LENGUA OFICIAL: *rumano.* MONEDA: *leu.*

GEOGRAFÍA

Los dos tercios de su población son moldavos de origen, sin bien son importantes las minorías ucraniana y rusa. Es un país de clima bastante suave y húmedo, favorable a la agricultura (cereales, remolacha, fruta, verduras, vid) y la ganadería (bovina, porcina).

HISTORIA

1918: Besarabia fue anexionada por Rumania. 1924: los soviéticos crearon una República Autónoma de Moldavia, anexionada a Ucrania, en la or. izq. del Dniéster. 1940: de acuerdo con el pacto germano-soviético, los soviéticos anexionaron Besarabia, cuya parte S fue integrada a Ucrania. El resto de Besarabia y una parte de la República Autónoma de Moldavia formaron la República Socialista Soviética de Moldavia. 1941-1944: ésta fue ocupada por Alemania. 1989-1990: las aspiraciones nacionales antagónicas de moldavos, rusos y gagauzos de Moldavia se radicalizaron. 1991: el soviet supremo de Moldavia proclamó la independencia del país (ag.) –que se adhirió a la C.E.I.–, previendo la anexión progresiva de Moldavia a Rumania. 1992: se produjeron violentos combates en el Transdniéster, poblado por separatistas rusófonos. 1994: nueva constitución, con autonomía para Transdniéster. 1996: Petru Lucinschi fue elegido presidente de la república. 1997: acuerdo con los rusófilos del Transdniéster.

**MOLES** (Enrique), químico español (Barcelona 1883-*id.* 1953). Destacan sus aportaciones sobre el peso atómico del flúor y el bromo y sobre la determinación de temperaturas, pesos, volúmenes y presiones.

**MOLFETTA,** c. y puerto de Italia (Apulia), junto al Adriático; 66 658 hab. Catedral de los ss. XII-XIII. Construcciones navales.

**MOLIÈRE** (Jean-Baptiste **Poquelin,** llamado), dramaturgo francés (París 1662-*id.* 1673). Creó el Illustre-théâtre (1643) y dirigió un grupo de cómicos ambulantes que interpretaron sus primeras comedias, inspiradas en la commedia dell'arte italiana. Instalado en París (1658) y protegido por Luis XIV, creó y dirigió obras en prosa y verso, desde la comedia burlesca hasta el drama sicológico: *Las preciosas ridículas* (1659), *La escuela de las mujeres* (1662), *Tartufo* (1664), *Don Juan* (1665), *El misántropo* (1666), *El avaro* (1668), *El burgués gentilhombre* (1670), *El enfermo imaginario* (1673), etc.

**MOLINA,** com. de Chile (Maule); 35 622 hab. Vid, lino, frutales. Industrias del tabaco y vinícolas.

**MOLINA (La),** estación de deportes de invierno de España (alt. 1 436-2 530 m), en Alp (Gerona). Pionera de las pistas de esquí en España, inauguró su primer remonte en 1943.

**MOLINA** (Ángela), actriz española (Madrid 1955), polifacética y de gran registro dramático: *El corazón del bosque* (1978), de M. Gutiérrez Aragón; *Bearn* (1982), de J. Chávarri.

**MOLINA** (Antonio), cantante español (Málaga 1930-Madrid 1992). Popular intérprete de la canción española *(Soy minero, Adiós a España),* interpretó numerosas películas (*El pescador de coplas,* 1953; *Esta voz es una mina,* 1955).

**MOLINA** (Antonio **de**), escritor ascético español (Villanueva de los Infantes, 1560-Miraflores, Burgos, 1619). Agustino, sus *Ejercicios espirituales para personas ocupadas deseosas de su salvación,* tuvieron gran influencia en el s. XVII.

**MOLINA** (Arturo Armando), militar y político salvadoreño (San Salvador 1927), presidente de la república (1972-1977).

**MOLINA** (Enrique), escritor argentino (Buenos Aires 1910-*id.* 1996). Fue portavoz del surrealismo poético en su país (*Las cosas y el delirio,* 1941; *Las bellas furias,* 1966) y publicó una novela histórica (*Una sombra donde sueña Camila O'Gorman,* 1974).

**MOLINA** (Javier), guitarrista español (Jerez de la Frontera 1868-*id.* 1956), maestro de los más destacados guitarristas flamencos de su época.

**MOLINA** (Juan Ignacio), científico e historiador chileno (Guaraculén 1740-Bolonia 1829), considerado un clásico de la historia natural en Chile. Publicó anónimamente en italiano *Compendio de la historia geográfica natural y civil de Chile* (1776) y *Ensayo sobre la historia natural de Chile* (1782).

**MOLINA** (Luis **de**), teólogo español (Cuenca 1535-Madrid 1601). Jesuita, en su obra trató de conciliar la presencia divina y la eficacia de la gracia con la libertad humana, doctrina *(molinismo)* que fue adoptada por la Compañía de Jesús.

**MOLINA** (Mario José), químico mexicano (México 1943), nacionalizado norteamericano. Junto con F. S. Rowland, demostró la importancia del papel de los C.F.C. en la destrucción del ozono estratosférico. (Premio Nobel de química 1995.)

**MOLINA** (Miguel **Frías de Molina,** llamado **Miguel de**), cantante español (Málaga 1908-Buenos Aires 1993), máxima figura masculina de la canción española en los años treinta y cuarenta *(Ojos verdes, Triniá, La bien pagá).* Se exilió a Argentina en 1942.

**MOLINA** (Tirso **de**) → ***Tirso de Molina.***

**MOLINA DE SEGURA,** v. de España (Murcia), cab. de p. j.; 37 792 hab. *(Molinenses.)* Centro de un área hortofrutícola; conservas.

**MOLINARI** (Ricardo E.), poeta argentino (Buenos Aires 1898-*id.* 1979). En su obra influye desde el conceptismo español hasta Mallarmé y Elliot, ecos del ultraísmo (*El imaginero,* 1927; *Mundos de la madrugada,* 1943; *Una sombra antigua canta,* 1966).

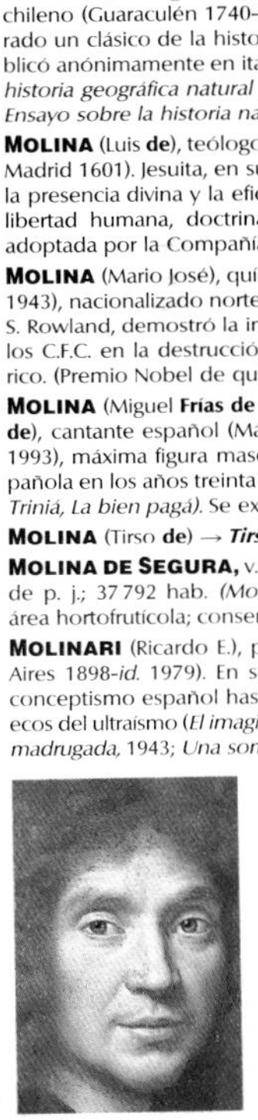

**Molière**
(P. Mignard - museo Condé, Chantilly)

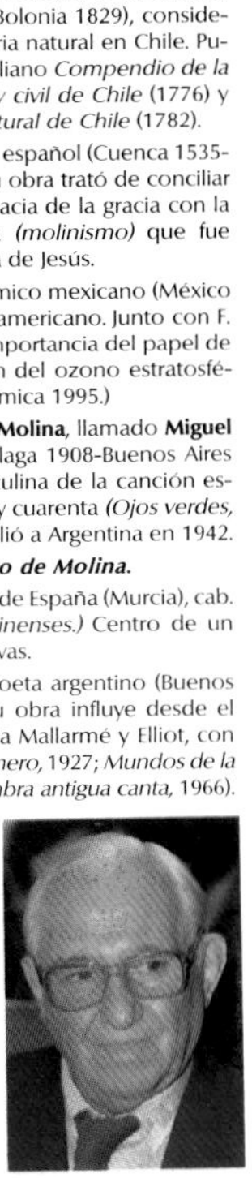

Enrique
**Molina**

**MOLINARI FLORES** (Luis), pintor ecuatoriano (nacido en 1929). Está considerado como uno de los mejores representantes del arte abstracto geométrico de su país.

**MOLINER** (María), lexicógrafa española (Paniza, Zaragoza, 1900-Madrid 1981), autora de un prestigioso *Diccionario de uso del español* (1966).

**MOLINOS** (Miguel **de**), teólogo español (Muniesa, Teruel, 1628-Roma 1696). Su doctrina, el quietismo, expuesta en su *Guía espiritual* (1675), preconizaba la contemplación y consideraba inútiles las prácticas exteriores de devoción. Obligado a retractarse (1687), murió en prisión.

**MOLINS DE REI,** v. de España (Barcelona); 17 771 hab. *(Molinenses.)* Centro industrial. Agricultura (regadíos).

**MOLISE,** región de Italia peninsular, formada por las prov. de Campobasso e Isernia; 4 438 km²; 327 893 hab. Cap. *Campobasso.*

**MOLL** (Francesc de Borja), filólogo español (Ciudadela 1903-Palma de Mallorca 1991). Colaboró con A. M. Alcover en el *Diccionario catalán-valenciano-balear* (10 vols., 1954-1962) y es autor de una *Gramática histórica catalana* (1952).

**MOLLENDO,** c. y puerto de Perú (Arequipa); 22 400 hab. Agricultura. Pesca (anchoveta). Industrias de conservas y harina de pescado; textiles.

**MOLLERUSA,** c. de España (Lérida); 9 108 hab. *(Mollerusenses.)* Centro agrícola e industrial.

**Molles (Los),** central hidroeléctrica de Chile (Coquimbo), cerca del nacimiento del río Limarí.

**MOLLET DEL VALLÈS,** v. de España (Barcelona), cab. de p. j.; 40 947 hab. *(Molletenses.)* Industria.

**MOLNÁR** (Ferenc), escritor húngaro (Budapest 1878-Nueva York 1952), autor de novelas realistas (*Los muchachos de la calle de Pál,* 1907) y de comedias (*Liliom,* 1909).

**MOLOC,** supuesta divinidad cananea y fenicia, a la que se ofrecían sacrificios humanos. Algunos historiadores consideraban que este término es el nombre dado a dichos sacrificios.

**MOLÓTOV** (Viacheslav Mijáilovich **Skriabin,** llamado), político soviético (Kukarki 1890-Moscú 1986). Miembro del politburó (1926) y comisario del pueblo para Asuntos Exteriores (1939-1949 y 1953-1957), firmó el pacto germano-soviético (1939). Primer vicepresidente del Consejo (1941-1957), fue apartado del poder tras haber participado en el intento de eliminación de Jruschov (1957).

**MOLTKE** (Helmuth, *conde* **von**), mariscal prusiano (Parchim 1800-Berlín 1891). Jefe de estado mayor (1857-1888), dirigió el ejército durante la guerra de los Ducados (1864), durante la guerra austro-prusiana (1866) y durante la guerra franco-prusiana (1870-1871). – Su sobrino **Helmuth,** general (Gersdorff 1848-Berlín 1916), jefe del estado mayor alemán de 1906 a 1914, fue derrotado en el Marne.

**MOLUCAS,** en indonesio **Maluku,** ant. **islas de las Especias,** archipiélago de Indonesia, separado de las Célebes por el mar de Banda y el *mar de las Molucas;* 75 000 km²; 1 589 000 hab. Las principales islas son *Halmahera, Ceram* y *Amboina.*

**MOMBASA,** c. y principal puerto de Kenya, en la *isla de Mombasa;* 425 600 hab.

**MOMMSEN** (Theodor), historiador alemán (Garding 1817-Charlottenburg 1903). Renovó el estudio de la antigüedad latina con sus estudios de epigrafía y filología y su *Historia romana* (1854-1885). [Premio Nobel de literatura 1902.]

**MOMOSTENANGO,** mun. de Guatemala (Totonicapán); 30 807 hab. Tejidos típicos de algodón y lana.

**MOMOTOMBO,** volcán de Nicaragua, en la cordillera de los Marrabios; 1 280 m. Central geotérmica (35 MW).

**MOMPER** (Joos **de**), pintor flamenco (Amberes 1564-*id.* 1635), autor de paisajes de montaña, vastos panoramas pintorescos.

**MOMPÓ** (Manuel **Hernández**), pintor y escultor español (Valencia 1927-Madrid 1992). Practicó la abstracción lírica, usando fondos blancos en pintura y soportes plásticos transparentes en escultura.

**MOMPÓS,** mun. de Colombia (Bolívar), en la depresión Momposina, junto al río Magdalena; 32 493 hab. Conjunto urbano de la época colonial.

**MOMPOSINA** *(depresión),* región fisiográfica de Colombia, que ocupa parte de los dep. del Magdalena, Bolívar, Sucre y Córdoba. Es una planicie aluvial en la que abundan las ciénagas. Ganado vacuno (pastos); cultivos de arroz y maíz.

**MOMPOU** (Frederic), compositor y pianista español (Barcelona 1893-*id.* 1987). Su obra, influida por Satie y Debussy, incluye piezas para piano (*Impresiones íntimas,* 1911-1914; *Fiestas lejanas,* 1920; *Música callada,* 1959-1967), lieder, como el ciclo *Combate del sueño* (1942-1951) o *Becqueriana* (1971), y el oratorio *Improperios* (1963), para barítono, coro y orquesta.

**MØN,** isla danesa, al SE de Sjaelland; 209 km².

**MON** (Alejandro), político español (Oviedo 1801-*id.* 1882). Ministro de Hacienda (1837-1838, 1844-1846, 1846 y 1849), implantó un nuevo sistema tributario que se mantuvo vigente durante más de un siglo (*reforma de Mon,* 1845).

**MONA** *(canal de la),* canal entre Puerto Rico y La Española, que comunica el Caribe con el Atlántico.

**MONA** *(isla),* isla de Puerto Rico, en el *canal de la Mona;* 40 km² aprox. Reserva forestal. El único núcleo de población es Playa Pájaro.

**MÓNACO,** estado situado en la costa mediterránea, entre Niza y la frontera italiana; 2 km²; 28 000 hab. *(Monegascos.)* CAP. *Mónaco.* LENGUA OFICIAL: *francés.* MONEDA: *franco francés* y *euro.* Gran centro turístico. Casino. Museo oceanográfico.

**HISTORIA**

La ciudad, ant. colonia fenicia, cayó en el s. XI bajo la dominación genovesa. Los Grimaldi la convirtieron en su señorío (1297), y a partir de 1419 la conservaron definitivamente. Francia reconoció su independencia en 1512. El principado siempre ha permanecido en la órbita de Francia, con la que constituyó una unión aduanera (1865). En 1911, un régimen liberal sustituyó el absolutismo principesco. Rainiero III, príncipe de Mónaco desde 1949, reformó en 1962 la constitución, por la que ocupa el poder ejecutivo y comparte el legislativo con un consejo nacional.

**MONACO** (Mario **del**), tenor italiano (Florencia 1915-Mestre, cerca de Venecia, 1982). Tras debutar en la Scala de Milán (1943), realizó una brillante carrera internacional como tenor dramático (*Otelo*).

**Monadología,** obra de Leibniz, escrita en francés en 1714, en la que expone la teoría de las mónadas y de la armonía preestablecida.

**MONAGAS** *(estado),* est. de Venezuela, junto al delta del Orinoco; 28 900 km²; 502 388 hab. Cap. *Maturín.*

**MONAGAS** (José Tadeo), militar y político venezolano (Maturín 1784-El Valle, Caracas, 1868). Alcanzó el generalato en la guerra de la Independencia. Presidente de la república (1847-1851), fue reelegido en 1855 e implantó un régimen dictatorial. Derrocado en 1858, se exilió hasta 1864. En 1868 encabezó la revolución azul contra Falcón, pero murió al poco de hacerse con el poder. – Su hermano **José Gregorio** (Maturín 1795-Maracaibo 1858), también general a las órdenes de Bolívar, sucedió en la presidencia a José Tadeo (1851-1855). Aprobó la abolición de la esclavitud (1854). Fue arrestado tras la revuelta de Castro (1858).

**MONARDES** (Nicolás Bautista), médico y botánico español (Sevilla *c.* 1493-*id.* 1588), uno de los fundadores de la farmacología experimental, por sus pruebas sobre las propiedades medicinales de drogas llegadas de América.

**MONASTERIO** (Jesús), compositor y violinista español (Potes 1836-*id.* 1903). En su obra, de inspiración nacionalista, destaca *Adiós a la Alhambra* (1861), para violín y piano.

**MONASTIR** → ***Bitola.***

**MONASTIR,** c. y puerto de Tunicia, junto al golfo de Hammāmāt; 27 000 hab. Ribāṭ (convento fortificado) de 796; gran mezquita, qaṣba de los ss. IX-X.

**MONCADA** o **MONTCADA DE L'HORTA,** c. de España (Valencia), cab. de p. j.; 18 073 hab. Naranjos y almendros. Centro industrial.

**MONCADA** o **MONTCADA** *(casa de),* uno de los linajes nobiliarios más poderosos de la Cataluña medieval. Iniciado en el s. XI, ostentó hereditariamente el cargo de senescal de la corte condal catalana. En el siglo XVIII el linaje se vinculó a la casa de Medinaceli.

**MONCADA** (Salvador), farmacólogo hondureño (Tegucigalpa 1945), notable por sus descubrimientos en relación con la prostaciclina y la función de la pared vascular.

**MONCADA** (Sancho **de**), economista español de la primera mitad del s. XVII. Publicó en 1619 ocho discursos sobre temas económicos, reeditados como *Restauración política de España,* en los que defiende el proteccionismo y la industrialización.

**MONCADA Y REIXACH** o **MONTCADA I REIXAC,** mun. de España (Barcelona); 26 265 hab. *(Moncadenses.)* Centro industrial.

**MONCAYO** *(sierra del),* macizo de España, en la cordillera Ibérica (Soria y Zaragoza); 2 313 m en el *pico Moncayo.* Circos glaciares en la vertiente N. Bosques de encinas, robles y hayas. Parque natural de la *Dehesa del Moncayo* (1 389 ha).

**MONCAYO GARCÍA** (José Pablo), compositor mexicano (Guadalajara 1912-México 1958), miembro del Grupo de los cuatro, con Ayala, Contreras y Galindo. Entre sus obras destacan *Huapango* (1941), *Sinfonietta* (1945) y la ópera *La mulata de Córdoba* (1948). Dirigió la orquesta sinfónica nacional (1949-1952).

**MONCEY** (Bon Adrien **Jeannot de**), *duque* **de Conegliano,** mariscal de Francia (Moncey, Doubs, 1754-París 1842). Al frente del ejército de los Piri-

**Mónaco:** vista general del principado con el puerto deportivo

Piet **Mondrian:** *Composición* (1913). [Museo Kröller-Müller, Otterlo, Países Bajos.]

neos occidentales (1794), ocupó Navarra y obligó a España a aceptar la paz de Basilea (1795). En 1808 tomó Valencia y en 1823, con los Cien mil hijos de san Luis, ocupó Barcelona.

**MÖNCHENGLADBACH,** c. de Alemania (Renania del Norte-Westfalia), al O de Düsseldorf; 255 905 hab. Metalurgia. Museo de arte moderno.

**Moncloa** *(palacio de la),* residencia del presidente del gobierno español, situada en el barrio homónimo, antiguo parque del NO de Madrid. Fue construido en 1945 por D. Méndez sobre las ruinas del de 1606.

**Moncloa** *(pactos de la),* acuerdos económicos, políticos y sociales firmados en España por el gobierno y los grupos parlamentarios (oct. 1977-dic. 1978) para afrontar la transición democrática.

**MONCLOVA,** ant. **Santiago de Mendoza,** c. de México (Coahuila); 177 792 hab. Centro siderúrgico: altos hornos, laminados. Planta petroquímica. Gasoducto.

**MONCTON,** c. de Canadá (Nuevo Brunswick); 54 841 hab. Centro universitario.

**monde** *(Le),* diario francés fundado en 1944 por Hubert Beuve-Méry, uno de los más influyentes del mundo.

**MONDEGO,** r. de Portugal central, tributario del Atlántico; 225 km.

**MONDÉJAR,** v. de España (Guadalajara); 2 084 hab. *(Mondejanos* o *mondejeros.)* Ruinas de la iglesia renacentista de San Antonio (ss. XV-XVI). Iglesia parroquial (s. XVI).

**MONDOÑEDO,** c. de España (Lugo), cab. de p. j.; 5 774 hab. *(Mindonienses.)* Mercado comarcal. Catedral (s. XIII), con frescos del s. XIV y retablo rococó; ayuntamiento (1584). Casas típicas.

**MONDOVÌ,** c. de Italia (Piamonte); 21 910 hab. Victoria de Napoleón sobre los piamonteses (21 abril 1796).

**MONDRAGÓN** o **ARRASATE,** v. de España (Guipúzcoa); 25 213 hab. *(Mondragonenses.)* Centro industrial metalúrgico. Ayuntamiento (1746).

**MONDRAGÓN** (Jerónimo **de**), escritor español (segunda mitad del s. XVI), autor de una *Censura de la locura humana y excelencias de ella* (1598), inspirada en Erasmo.

**MONDRIAN** (Pieter Cornelis **Mondriaan,** llamado **Piet**), pintor neerlandés (Amersfoort 1872-Nueva York 1944). Influido por el cubismo analítico, pasó de una figuración al estilo de Van Gogh a una abstracción geométrica que, a través de la ascesis espiritual del *neoplasticismo* y la fundación de De Stijl, consigue un rigor extremo (combinación de los tres colores primarios, del blanco y del gris sobre una trama ortogonal de líneas negras). Vivió en París (1919-1938), y posteriormente en Nueva York, donde su estilo evolucionó (*New York city I,* 1942).

**Moneda** *(palacio de la),* palacio presidencial chileno, en Santiago, erigido en 1783-1805 como antigua Casa de la Moneda, en estilo neoclásico, obra de J. Toesca.

**Monedas** *(cueva de las),* cueva prehistórica situada en el mun. español de Puente Viesgo (Cantabria) con pinturas, atribuidas al período magdaleniense, que representan animales y signos abstractos.

**MONEGRO** (Juan Bautista), escultor y arquitecto español (¿Monegro?, Cantabria, *c.* 1545-Toledo 1621), de estética manierista (esculturas para El Escorial).

**MONEGROS (Los),** comarca de España (Zaragoza y Huesca), en la depresión central de Aragón, de clima árido. Las obras de canalización del Cinca y el Gállego han creado 175 000 ha de regadío.

**MONEO** (Rafael), arquitecto español (Tudela 1937). Ha desarrollado una personal formulación posmoderna, elegante y polisémica: edificio Bankinter y estación de Atocha, Madrid; museo nacional de arte romano, Mérida; sede de la Fundación Pilar y Joan Miró, Palma de Mallorca. (Premio Pritzker 1996.)

**MONET** (Claude), pintor francés (París 1840-Giverny 1926). De su cuadro *Impresión, amanecer* (1872) proviene el nombre de la escuela impresionista, de la que es una de las principales figuras (*Mujeres en el jardín,* 1867; series sobre *La catedral de Ruán,* 1892-1893, y *Los nenúfares,* 1899-1926, paisajes).

**monetario europeo** *(Instituto)* [I.M.E.], organismo de la Unión europea activo desde 1994, con sede en Frankfurt, que coordina las políticas monetarias de los países miembros en función de la puesta en circulación de la moneda única (euro).

**MONFERO,** mun. de España (La Coruña); 2 975 hab. *(Monferanos.)* Cap. *Rebordelo.* Monasterio cisterciense (s. XII), reconstruido, con fachada barroca.

**MONFERRATO** *(casa* **de**), familia lombarda, que tiene su origen en Alerán, primer marqués de Monferrato († *c.* 991), quien desempeñó un papel importante en las cruzadas, al igual que **Conrado I*** y **Bonifacio I de Monferrato** († en Anatolia en 1207), rey de Tesalónica [1204-1207], que dirigió la cuarta cruzada.

**MONFORTE DE LEMOS,** mun. de España (Lugo), cab. de p. j.; 20 510 hab. *(Monfortinos.)* Cap. *Monforte.* Centro agropecuario. Restos de murallas y castillo. Colegio del Cardenal (1592-1624).

**MONFRAGÜE,** parque natural de España, en el NE de Extremadura (Cáceres), junto al río Tajo.

**MONGE** (Gaspard), *conde* **de Pelusa,** matemático francés (Beaune 1746-París 1818), creador de la geometría descriptiva.

**MONGE** (Luis Alberto), político costarricense (Palmares 1926). Fundador y secretario general del socialdemócrata Partido de liberación nacional (P.L.N.), fue presidente de la república (1982-1986).

**MONGKUT** o **RĀMA IV** (Bangkok 1804-*id.* 1868), rey de Siam [1851-1868]. Abrió su país a la influencia extranjera y evitó la colonización renunciando a Camboya, Laos y Malaysia.

**MONGOLIA,** región de Asia central, en general árida, de veranos calurosos e inviernos muy rigurosos, que corresponde al desierto de Gobi y a sus alrededores montañosos (Gran Xingan, Altái, Tian-Shan). Está repartida entre la República de Mongolia y China (Mongolia Interior).

**MONGOLIA** *(República de),* ant. **Mongolia Exterior,** estado de Asia central; 1 565 000 km²; 2 200 000 hab. *(Mongoles.)* CAP. *Ulan Bator.* LENGUA OFICIAL: *khalkha.* MONEDA: *tugrik.*

Situado en la parte septentrional de Mongolia, es un país fundamentalmente ganadero (ovino), cuya población está en vías de sedentarización.

Autónoma desde 1911, Mongolia Exterior, ayudada por la Rusia soviética, se proclamó república popular en 1921 y accedió a su independencia en 1945. Al frente del país estuvieron Choibalsan (1939-1952), Yumzhagiin Tsedenbal (1952-1984), Jambyn Batmunk (1984-1990) y P. Ochibai (desde 1990. En 1992 se aprobó una nueva constitución, que supuso el abandono del marxismo-leninismo. Las primeras elecciones presidenciales multipartidistas (1993) confirmaron a P. Ochibai. En 1997, Nachagyn Bagabandi fue elegido presidente de la república. *(V. mapa pág. 1528.)*

Rafael **Moneo:** la sala principal del museo nacional de arte romano de Mérida

**MONGOLIA INTERIOR,** en chino **Neimenggu,** región autónoma de China septentrional; 1 200 000 km²; 19 560 000 hab. Cap. *Hohhot.*

**MONGRELL** (José), pintor español (Valencia 1874-Barcelona 1937). Discípulo de Sorolla, practicó la pintura de historia con gran detallismo.

**MONG-TSÊ** → ***Mengzi.***

**MÓNICA** *(santa)* [Tagaste *c.* 331-Ostia 387]. Madre de san Agustín, se consagró a la conversión de su hijo.

**MONICELLI** (Mario), director de cine italiano (Viareggio 1915), autor de comedias llamadas a la italiana: *Rufufú* (1958), *La gran guerra* (1959), *Un burgués pequeño, muy pequeño* (1977).

**MONIQUIRÁ,** mun. de Colombia (Boyacá); 20 035 hab. Caña de azúcar, yuca, maíz. Ganado vacuno.

**MONISTROL** o **MONISTROL DE MONTSERRAT,** v. de España (Barcelona); 2 589 hab. El término incluye el monasterio y parte de la montaña de Montserrat*.

**MONIZ** (Egas), médico portugués (Avanca 1874-Lisboa 1955). Promotor de la arteriografía cerebral, recibió el premio Nobel de fisiología y medicina (1949) por sus investigaciones sobre la lobotomía prefrontal.

**MONK** o **MONCK** (George), *duque* **de Albermarle,** general inglés (Potheridge 1608-White Hall 1670). Lugarteniente de Cromwell, combatió contra los realistas. Dueño de la situación tras la muerte del lord protector, preparó el retorno de Carlos II (1660).

**MONK** (Thelonious Sphere), pianista, compositor y director de orquesta de jazz norteamericano (Rocky Mount, Carolina del Norte, 1917-Englewood, Nueva Jersey, 1982). Pionero del estilo be-bop en los años cuarenta, ejerció una influencia preponderante en el jazz moderno.

**MONLAU** (Pedro Felipe), médico y escritor español (Barcelona 1808-Madrid 1871), autor de numerosos trabajos de medicina legal, higiene, sanidad y sicología (*Higiene industrial,* 1856).

**MONMOUTH** (James **Scott,** *duque* **de**), hijo natural de Carlos II Estuardo (Rotterdam 1649-Londres 1685). Líder de la oposición protestante tras el advenimiento de Jacobo II (1685), intentó derrocarlo y, tras fracasar, fue ejecutado.

**MONNET** (Jean), economista y político francés (Cognac 1888-Bazoches-sur-Guyonne 1979), uno de los promotores de la idea de una Europa unida. Presidió la C.E.C.A. (1952-1955).

**MONOD** (Jacques), biólogo y médico francés (París 1910-Cannes 1976). Autor de trabajos de biología molecular, en 1965 recibió el premio Nobel de fisiología y medicina, con A. Lwoff y F. Jacob, por sus trabajos sobre los mecanismos de la regulación genética a nivel celular y el descubrimiento del A.R.N. mensajero. Autor de *El azar y la necesidad* (1970).

**Monet:** *Ensayo de figura al aire libre* (1886). [Museo de Orsay, París.]

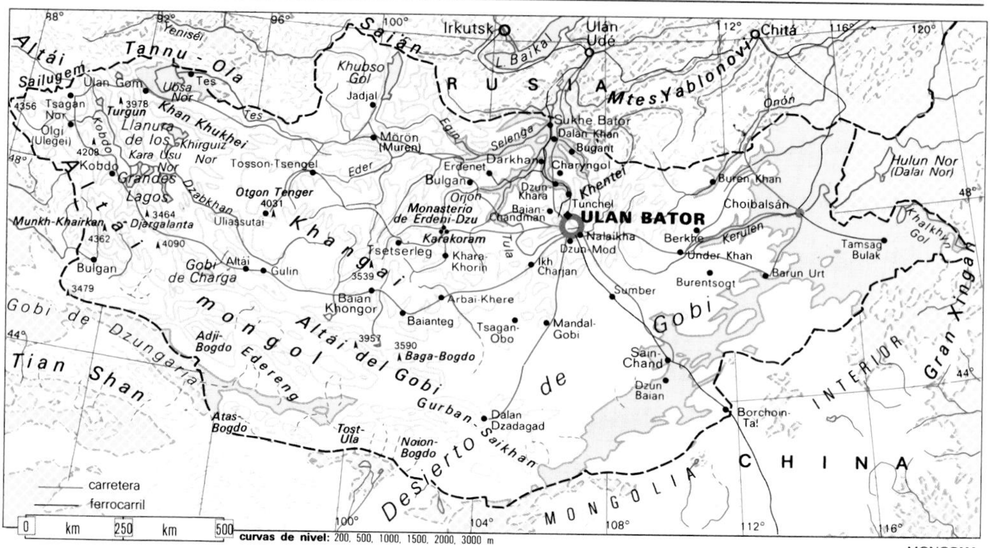

MONGOLIA

**MONOMOTAPA** *(imperio de),* antiguo estado de la región de Zambeze que se constituyó en el s. XV. Zimbabwe era su capital; se dividió en cuatro territorios en el s. XVI.

**MONÓVAR,** c. de España (Alicante); 12 137 hab. (*Monovarenses* o *monoveros.*) Canteras de piedra. Bodegas y destilerías.

**MONREALE,** c. de Italia (Sicilia); 25 537 hab. Catedral del s. XII (ricos mosaicos bizantinos; claustro románico).

**MONROE** (James), político norteamericano (Monroe's Creek, Virginia, 1758-Nueva York 1831), presidente republicano de E.U.A. de 1817 a 1825. Su nombre está ligado a la doctrina *(doctrina Monroe),* que enunció en 1823 y que rechaza cualquier intervención europea en los asuntos de América, así como de América en los asuntos europeos (aislacionismo).

**MONROE** (Norma Jean **Mortenson,** llamada **Marilyn**), actriz norteamericana (Los Ángeles 1926-*id.* 1962). Encarnó el mito de la estrella hollywoodense con toda su belleza y su vulnerabilidad: *Los caballeros las prefieren rubias* (H. Hawks, 1953); *La tentación vive arriba* (B. Wilder, 1955); *Vidas rebeldes* (J. Huston, 1961), etc.

**MONROVIA,** c., cap. y puerto de Liberia; 421 000 hab.

**MONS,** en neerlandés **Bergen,** c. de Bélgica, cap. de la prov. de Hainaut; 91 726 hab. Universidad. Colegiata (ss. XV-XVII). Museos.

**MONSEÑOR NOUEL** *(provincia de),* prov. de la República Dominicana; 1 004 km²; 124 000 hab. Cap. *Bonao.*

**MONSERRATE,** cerro de Colombia, unido por un funicular a la ciudad de Bogotá; 3 152 m de alt. En su cima, *santuario del Señor de Monserrate.*

**MONSIVÁIS** (Carlos), ensayista mexicano (México 1938), en la línea del Nuevo periodismo (*Días de guardar,* 1970; *A ustedes les consta,* 1979; *Sabor a PRI,* 1979; *Nuevo catecismo para indios remisos,* 1982).

Marilyn **Monroe**

**Montaigne**
(E. Martellange - col. part.)

**MONT BLANC,** cima culminante en Europa (aparte el Cáucaso), en los Alpes franceses (Haute-Savoie), en el *macizo del Mont Blanc,* cerca de la frontera con Italia; 4 807 m. Túnel de carretera entre Francia e Italia (11,6 km).

**MONTAGNIER** (Luc), médico francés (Chabris, Indre, 1932). En 1983 descubrió, con su equipo del instituto Pasteur, el virus V.I.H., asociado al sida (1983).

**MONTAIGNE** (Michel **Eyquem de**), escritor francés (en el castillo de Montaigne [act. Saint-Michel-de-Montaigne], Périgord, 1533-*id.* 1592). Desde 1572 se consagró a la redacción de sus *Ensayos**, obra que fue enriqueciendo hasta su muerte y en la que propugna un equilibrio moral basado en la prudencia y la tolerancia, y con la que configuró el género ensayístico en Europa. Filosóficamente profesó un escepticismo moderado y crítico.

**MONTALBÁN,** v. de España (Teruel); 1 647 hab. *(Montalbanenses.)* Minas de lignito (cuenca de Utrillas). Iglesia gótico-mudéjar.

**MONTALE** (Eugenio), poeta italiano (Génova 1896-Milán 1981). Su obra, precursora del hermetismo, constituye una tenaz resistencia frente a las convenciones de la retórica y de la vida (*Huesos de jibia,* 1925; *Las ocasiones,* 1939; *Satura,* 1971). [Premio Nobel de literatura 1975.]

**Montalegre** *(cartuja de),* cartuja situada en el mun. de Tiana (Barcelona, España), con notables capilla y claustro góticos (s. XV).

**MONTALVO** (Garci **Rodríguez de**) → ***Rodríguez de Montalvo.***

**MONTALVO** (Juan), escritor ecuatoriano (Ambato 1833-París 1889). Polemista político, se enfrentó sucesivamente a García Moreno y Veintemilla (*Catilinarias,* 1880). Su estilo como ensayista busca la frase sentenciosa y justa (*Capítulos que se le olvidaron a Cervantes,* 1885), la sintaxis rítmica y la anécdota erudita (*El espectador,* 1886).

**MONTANA,** estado del NO de Estados Unidos, en las Rocosas; 381 000 km²; 799 065 hab. Cap. *Helena.*

**MONTÁNCHEZ,** v. de España (Cáceres); 2 362 hab. *(Montanchegos.)* En la *sierra de Montánchez* (988 m de alt.). Dehesas. Vid (vinos). Jamones y embutidos.

**MONTAND** (Ivo **Livi,** llamado **Yves**), cantante y actor francés de origen italiano (Monsummano, Toscana, 1921-Senlis 1991). Triunfó como cantante con el apoyo de E. Piaf. En cine, rodó películas con A. Gance, G. Cukor, A. Resnais, J.-P. Melville, J. Losey y Costa-Gavras, entre otros.

**MONTANO,** en lat. **Montanus,** sacerdote frigio de Cibeles convertido al cristianismo. Se presentó como enviado del Espíritu Santo para completar la Revelación de Jesucristo y, con este propósito, desarrolló una doctrina *(montanismo),* llamada también herejía frigia, que profetizaba la inminencia del fin del mundo. Tertuliano (*c.* 207) se adhirió a sus ideas.

**MONTAÑA (La),** región fisiográfica de España (Burgos, Cantabria, Palencia y León), en la vertiente S de la cordillera Cantábrica; 2 648 m en los Picos de Europa. Avenada por los afl. del Duero (Esla, Carrión, Pisuerga) y por el Ebro, que nace en la región.

**MONTAÑA (La),** comarca histórica de España, en Cantabria, que comprende la mayor parte de la comunidad excepto la franja litoral (La Marina). Este término se aplica con frecuencia a toda Cantabria.

**montaña** *(Partido de la),* grupo político nacido de la Revolución francesa, dirigido por Danton, Marat y Robespierre. Preconizaban una república centralizada, y defendían los intereses de la pequeña burguesía y de las clases populares. Eliminaron a los girondinos y obtuvieron el poder durante la Convención.

**Montaña Blanca** *(batalla de)* [8 nov. 1620], derrota infligida cerca de Praga al ejército de los estados de Bohemia por el emperador austríaco Fernando II.

**MONTAÑÉS** (Juan **Martínez**), escultor español (Alcalá la Real 1568-Sevilla 1649). Iniciador de la escuela barroca sevillana, su obra, elegante y de perfecta ejecución, se caracteriza por la serenidad de las posturas y el dramatismo de las expresiones *(Cristo de la clemencia).* Creó tipos iconográficos como su *Inmaculada.* Sus esculturas fueron policromadas por prestigiosos pintores, entre ellos Francisco Pacheco.

Juan Martínez **Montañés:** *Cristo de la clemencia* (1603) [sacristía de la catedral de Sevilla]

**MONTAUBAN,** c. de Francia, cap. del dep. de Tarn-et-Garonne, a orillas del Tarn; 53 278 hab. Fue un importante centro protestante en los ss. XVI-XVII. Catedral (ss. XVII-XVIII). Museo Ingres.

**MONTBLANCH** o **MONTBLANC,** v. de España (Tarragona); 5 612 hab. *(Montblanquenses.)* Conjunto monumental. Recinto amurallado. Iglesias de San Miguel, románica, y de Santa María, gótico-renacentista; hospital de Santa Magdalena (s. XIII). Plaza mayor porticada.

**MONTE,** partido de Argentina (Buenos Aires), en la Pampa; 15 495 hab. Cab. *San Miguel del Monte.*

**MONTE (El),** com. de Chile (Santiago); 21 357 hab. Centro agrícola y ganadero.

**MONTE** (Philippus **de**), compositor flamenco (Malinas 1521-Praga 1603). Maestro de la música polifónica, es autor de misas, motetes y madrigales.

**MONTE ALBÁN,** centro arqueológico de la cultura zapoteca (Oaxaca, México), uno de los centros religiosos más antiguos de México (1000 a. J.C.-800 d. J.C.), con una secuencia que incluye desde una ocupación mixteca hasta los aztecas. Existen numerosos restos, entre los que sobresalen los templos elevados sobre pirámides, los juegos de pelota y las tumbas (algunas de ellas con pinturas al fresco). Se han encontrado estelas, rica cerámica y joyas.

**MONTE CASEROS,** dep. de Argentina (Corrientes); 29 471 hab. Centro agropecuario. Puerto fluvial en el Uruguay.

**MONTE CRISTI** *(provincia de),* prov. del NO de la República Dominicana; 1 989 km$^2$; 92 000 hab. Cap. *Monte Cristi* (9 932 hab.).

**MONTE LEÓN,** isla de Argentina, en la Patagonia (Santa Cruz). Guano.

**MONTE LINDO,** r. de Paraguay, afl. del Paraguay (or. der.); 400 km aprox.

**MONTE NEGRO,** yacimiento arqueológico de México (Tilantongo, Oaxaca) correspondiente a la cultura mixteca, contemporánea de la primera época de Monte Albán.

**MONTE PATRIA,** com. de Chile (Coquimbo); 28 206 hab. Centro agrícola y ganadero (vacuno).

**MONTE PLATA** *(provincia de),* prov. de la República Dominicana; 2 179 km$^2$; 173 500 hab. Cap. *Monte Plata* (27 263 hab.).

**MONTE Y APONTE** (Domingo **del**), escritor y crítico literario cubano (Maracaibo 1804-Madrid 1853), especializado en el ensayo histórico y político (*Centón epistolario,* publicado en 1923-1957; *Humanismo y humanitarismo,* 1936).

**MONTEAGUDO** (Bernardo **de**), patriota peruano (Tucumán 1786-Lima 1825). Redactó el acta de independencia de Chile (1818). Participó en la liberación de Perú, y fue ministro de Guerra y Marina (1820-1821).

**MONTEALEGRE** (José María), médico y político costarricense (San José 1815-San Francisco, E.U.A., 1887). Presidente de la república (1859-1863), promulgó una constitución liberal.

**MONTECARLO,** barrio del principado de Mónaco, donde se encuentra el casino. Da su nombre a un importante rallye automovilístico anual.

**MONTECARLO,** dep. de Argentina (Misiones), a orillas del Paraná; 30 166 hab. Maíz, yerba mate.

**MONTECASSINO,** colina de Italia meridional, cerca de Cassino; 516 m. En 529 san Benito fundó allí un monasterio benedictino, importante foco religioso y cultural en la edad media (copistas). Destruido durante la segunda guerra mundial (1944), fue reedificado.

**MONTECATINI-TERME,** estación termal y turística de Italia (Toscana); 20 209 hab.

**MONTECILLOS** *(sierra de),* alineación montañosa de Honduras. Forma el reborde O de la depresión central y se bifurca al N, en torno al lago Yojoa.

**MONTECRISTI,** cantón de Ecuador (Manabí); 31 686 hab. Bosques de palma. Cocoteros (copra).

**MONTECRISTO,** islote italiano situado al S de la isla de Elba, famoso por la novela de Dumas padre *(El conde de Monte Cristo).*

**MONTECUCCOLI** o **MONTECUCCULI** (Raimondo, *príncipe*), mariscal italiano al servicio del Sacro imperio (cerca de Módena 1609-Linz 1680). Mandó a las tropas católicas contra los turcos (San Gotardo 1664), y a los imperiales en la guerra de los Países Bajos.

**MONTEDERRAMO,** v. de España (Orense); 1 401 hab. Central hidroeléctrica. Monasterio cisterciense (s. XII), reconstruido en los ss. XVI-XVII.

**MONTEFORTE TOLEDO** (Mario), novelista guatemalteco (Guatemala 1911), cultivador del cuento preciosista de temática indigenista (*Entre la piedra y la cruz,* 1948; *Los desencontrados,* 1976) y del ensayo.

**MONTEFRÍO,** v. de España (Granada); 7 885 hab. *(Montefrieños.)* Iglesia trazada por D. de Siloe (1543).

**MONTEGO BAY,** c. de Jamaica; 43 000 hab. Estación balnearia. Aeropuerto internacional.

**MONTEJO** (Francisco **de**), conquistador español (Salamanca *c.* 1479-Sevilla *c.* 1553). Gobernador y capitán general del Yucatán (1526), realizó la conquista del territorio (1527-1535).

**MONTEJO DE LA SIERRA,** v. de España (Madrid); 311 hab. El *Hayedo de Montejo de la Sierra* es sitio natural de interés nacional.

**Montejurra** *(batallas de),* combates en el monte homónimo, cerca de Estella (Navarra), durante las guerras carlistas (1835, 1873 y 1876). Los carlistas conmemoran su victoria en 1873 con un acto político anual.

**MONTELÍBANO,** mun. de Colombia (Córdoba); 34 115 hab. Centro agropecuario. Explotación forestal.

**MONTEMAYOR** (Jorge **de**), escritor hispanoportugués (Montemor-o-Velho, cerca de Coimbra, *c.* 1520-Piamonte *c.* 1562). Autor de diversas *Epístolas* y poesía, destacó con la novela pastoril *Diana**.

**MONTEMOLÍN** (*conde* **de**), título adoptado por el pretendiente carlista al trono español Carlos VI.

**MONTEMORELOS,** mun. de México (Nuevo León); 43 874 hab. Agricultura (naranjas). Ganado vacuno.

**Monte Albán:** pirámide (en primer término estelas de los danzantes)

**MONTENEGRO,** en serbio **Crna Gora,** república federada de Yugoslavia; 13 812 km$^2$; 600 000 hab. *(Montenegrinos.)* Cap. *Podgorica.*

HISTORIA

S. XI: la región se constituyó en un estado llamado Dioclea y posteriormente Zeta. Ss. XIII-XIV: fue incorporada al reino de Serbia. 1360-1479: recuperó su independencia. 1479-1878: cayó bajo el dominio otomano. 1782-1918: con los príncipes Pedro I (1782-1830), Pedro II (1830-1851), Danilo I (1851-1860) y Nicolás I (1860-1918) se organizó un estado moderno. 1918: fue anexionado a Serbia. 1945: se convirtió en una de las seis repúblicas federadas de Yugoslavia. 1992: junto con Serbia formó la nueva República Federal de Yugoslavia, con Momir Bulatovic como presidente, sustituido en 1997 por Milo Djukanovic, quien fue reelegido en 1998.

**MONTENEGRO,** mun. de Colombia (Quindío); 29 406 hab. Agricultura y ganadería.

**MONTENGÓN** (Pedro), escritor español (Alicante 1745-Nápoles 1824), autor de poemas neoclásicos y de novelas (*Eusebio,* 1786-1788).

**MONTERDE** (Francisco), escritor mexicano (México 1894-*id.* 1985). Escribió poesía, teatro, narrativa y especialmente ensayo histórico y literario (*Perfiles de Taxo,* 1928; *Cultura mexicana,* 1946). Fue director de la Academia mexicana.

**MONTERÍA,** c. de Colombia, cap. del dep. de Córdoba; 224 147 hab. Puerto sobre el Sinú. Industrias (metalúrgicas, químicas, calzado y tabaco).

**MONTERO,** cantón de Bolivia (Santa Cruz), en los Llanos orientales; 37 393 hab. Agricultura.

**MONTERO** (José Pío), político paraguayo († 1927), vicepresidente de la república (1916) y presidente interino (1919-1920) a la muerte de Manuel Franco.

**MONTERO RÍOS** (Eugenio), político español (Santiago de Compostela 1832-Madrid 1914). Fluctuó de un grupo político a otro, hasta que se integró en el Partido liberal de Sagasta. Varias veces ministro, de Gracia y Justicia y de Fomento, y presidente del senado, negoció el tratado de París (1898), que puso fin a la guerra con E.U.A. En 1905 fue presidente del gobierno.

**MONTEROS,** dep. de Argentina (Tucumán); 51 941 hab. Centro agrícola.

**MONTERREY,** c. de México, cap. del est. de Nuevo León; 2 517 000 hab. Es uno de los primeros centros siderúrgicos del país, y cuenta además con industrias textiles, químicas, del plástico y del papel. Universidad, instituto tecnológico. Aeropuerto. Fundada por Diego de Montemayor, recibió su nombre actual en 1596. De la época colonial conserva el Obispado, barroco (1787-1790), y la catedral (concluida en 1796-1800). El palacio del gobierno (museo militar) data de 1908.

**MONTERROSO** (Augusto), escritor guatemalteco (Guatemala 1921). Practica un análisis irónico de la condición humana (*El concierto y el eclipse,* 1952; *La oveja negra y demás fábulas,* 1969; *La letra e. Fragmentos de un diario,* 1987). [Premio internacional de literatura Juan Rulfo 1996.]

**MONTES** (Francisco), llamado **Paquiro,** matador de toros español (Chiclana 1805-*id.* 1851). Tomó la alternativa en 1831, y se retiró en 1848, tras imponerse como primera figura del toreo de su época. Inspiró la reglamentación del espectáculo.

**MONTES** (Ismael), político boliviano (La Paz 1861-*id.* 1933). Dirigente liberal, participó en la revolución federalista de 1898. Fue presidente de la república en 1904-1909 y 1913-1917. Fundó el Banco central de Bolivia.

**MONTES** (María Dolores Eliza **Gilbert,** llamada **Lola**), aventurera irlandesa (Limerick 1818-Nueva York 1861). Sedujo al rey Luis I de Baviera, cuya

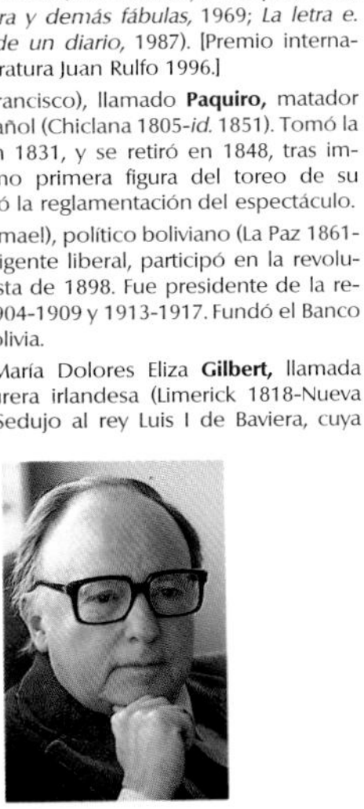

Augusto **Monterroso**

abdicación provocó (1848). Su vida inspiró a Max Ophüls la película *Lola Montes.*

**MONTES CLAROS,** c. de Brasil (Minas Gerais); 247 286 hab. Industrias alimentarias. Cemento.

**MONTES DE OCA,** cantón de Costa Rica (San José); 45 801 hab. Cab. *San Pedro.* Café y hortalizas.

**MONTES DE OCA** (Marco Antonio), escritor mexicano (México 1932). Su poesía se caracteriza por un extenso ámbito imaginativo, por la metáfora y por la precisión idiomática (*Delante de la luz cantan los pájaros,* 1959; *En honor de las palabras,* 1979; *Vaivén,* 1987). También ha cultivado la narrativa (*Las fuentes legendarias,* 1966).

**Montesa** *(orden militar de),* orden militar creada en 1317 en la Corona de Aragón, con las posesiones de la orden del Temple en Valencia, y que adoptó la regla de la orden de Calatrava. Sus bienes pasaron a la corona española a fines del s. XVI.

**MONTESINO** o **MONTESINOS** (Antonio **de**), dominico español († c. 1526). Fue célebre por sus sermones en La Española en defensa de los indios. Colaboró en la redacción de las leyes de Burgos (1512) que legalizaron las encomiendas.

**MONTESINO** (Pablo), pedagogo español (Fuente del Carnero, Zamora, 1791-Madrid 1849). Su obra *El manual del maestro del párvulo* (1840) es el primer tratado español centrado en la formación de los maestros y la educación de párvulos.

**MONTESINOS** (Rafael), escritor español (Sevilla 1920). Poeta intimista, el amor y la amistad son temas constantes en su obra (*El tiempo en nuestros brazos,* 1958). También ha escrito ensayos (*Bécquer, biografía e imagen,* 1977). [Premio nacional de ensayo 1977.]

**MONTESQUIEU** (Charles **de Secondat,** *barón* **de La Brède** y **de**), escritor francés (en el castillo de La Brède, cerca de Burdeos, 1689-París 1755). Autor de *Cartas* persas* (1721) y *El espíritu* de las leyes* (1748), obra que inspiró las doctrinas constitucionales y la división de poderes, también escribió *Consideraciones sobre las causas de la grandeza de los romanos y de su decadencia* (1734). Sentó las bases de las ciencias sociales.

**MONTESSORI** (Maria), médica y pedagoga italiana (Chiaravalle, cerca de Ancona, 1870-Noordwijk, Países Bajos, 1952). Creó un método de enseñanza destinado a favorecer el desarrollo de los niños a través de la manipulación de objetos y materiales, mediante el juego y la autoeducación (*Pedagogía científica,* 1909).

**MONTEVERDI** (Claudio), compositor italiano (Cremona 1567-Venecia 1643). Uno de los creadores de la ópera italiana, es autor de *Orfeo* (1607), *Ariadna* (1608), *Il ritorno d'Ulisse in patria* (1641), *La coronación de Poppea* (1642) y de nueve libros de madrigales y cantatas, que revolucionaron el lenguaje musical. Fue maestro de capilla de San Marcos de Venecia (misas, salmos).

**MONTEVIDEO** *(departamento de),* dep. del S de Uruguay; 543 km$^2$; 1 312 000 hab. Cap. *Montevideo.*

**MONTEVIDEO,** c. de Uruguay, cap. del país y del dep. homónimo; 1 251 647 hab. *(Montevideanos.)* Fundada en 1726, adquirió importancia comercial por su excelente puerto, en la bahía de Montevideo, en el Río de la Plata. La inmigración extranjera en el s. XIX y el aflujo de población de zonas rurales le han dado un peso demográfico determinante en el conjunto del país. Gran centro industrial, financiero, comercial y cultural (universidad). Centro de la Ciudad Vieja es la plaza de la constitución (catedral, 1790-1804; cabildo, 1804-1810) y de la moderna, la plaza de la Independencia (palacio del gobierno, teatro Solís, museo de historia natural).

**MONTEZUMA** → *Moctezuma.*

**MONTFORT,** familia señorial francesa. – **Simón IV el Fuerte** (c. 1150-Toulouse 1218), caudillo de la cruzada contra los albigenses (1209), tomó Carcasona y Béziers y derrotó en Muret al rey de Aragón Pedro II el Católico (1213). Murió en el sitio de Toulouse. – Su hijo **Simón de Monfort,** *conde* **de Leicester** (c. 1208-Evesham 1265), casó con Leonor, hermana de Enrique III de Inglaterra, y dirigió la revuelta de los nobles contra éste, pero fue derrotado.

**MONTGOLFIER** (*hermanos* **de**), industriales e inventores franceses. – **Joseph** (Vidalon-lès-Annonay 1740-Balaruc-les-Bains 1810) y **Etienne** (Vidalon-lès-Annonay 1745-Serrières 1799) inventaron el globo aerostático de aire caliente (*montgolfier,* 1783) e idearon una máquina para bombear agua (1792).

**MONTGOMERY,** c. de Estados Unidos, cap. de Alabama; 187 106 hab. Industrias alimentarias.

**MONTGOMERY OF ALAMEIN** (Bernard **Law Montgomery,** *1.er vizconde*), mariscal británico (Londres 1887-Isington Mill, Hampshire, 1976). Venció a Rommel en El-Alamein (1942), después comandó un grupo de ejércitos en Normandía, Bélgica y Alemania (1944-1945). Fue comandante adjunto de las fuerzas atlánticas en Europa de 1951 a 1958.

**MONTHERLANT** (Henry **Millon de**), escritor francés (París 1895-*id.* 1972). Es autor de novelas que exaltan el vigor físico y moral (*Las olímpicas,* 1924; *Los bestiarios,* 1926), de la tetralogía *Las jóvenes* (1936-1939), en que se expresa como un moralista decepcionado, y de dramas, a menudo de tema español, que recuerdan la austeridad de la tragedia clásica (*La reina muerta,* 1942; *El maestre de Santiago,* 1948; *Don Juan,* 1958; *El cardenal de España,* 1960).

**MONTI** (Vincenzo), poeta italiano (Alfonsine 1754-Milán 1828), principal representante de la estética neoclásica.

**MONTIANO Y LUYANDO** (Agustín **de**), escritor español (Valladolid 1697-Madrid 1764). Fundador de la Real academia de la historia (1735), escribió poesía, ensayo y tragedia neoclásica (*Virnia,* 1750; *Ataúlfo,* 1753). [Real academia 1742.]

**MONTIEL** *(Campo de),* comarca de España (Albacete y Ciudad Real), en La Mancha. Economía básicamente agrícola y ganadera; ovinos (quesos). En las lagunas de Ruidera, 5 centrales eléctricas.

**MONTIEL** (María Antonia **Abad Fernández,** llamada **Sara**), actriz y cantante española (Campo de Criptana 1928). Máxima diva del cine español de posguerra (*Locura de amor,* 1948; *El último cuplé,* 1957), trabajó también en México y en Hollywood.

**MONTIJO,** v. de España (Badajoz), cab. de p. j.; 15 054 hab. *(Montijanos.)* Regadíos *(canal de Montijo).* Agricultura, ganadería e industrias derivadas.

**MONTILLA,** c. de España (Córdoba), cab. de p. j.; 21 607 hab. *(Montillanos.)* Centro vinícola (afamados vinos). Palacio de los duques de Medinaceli.

**MONTJUÏC,** promontorio del S de Barcelona (España). Recinto ferial; instalaciones deportivas y culturales; parque de atracciones. Castillo del s. XVII (museo militar), que albergó a los dirigentes obreros y anarquistas catalanes condenados en los *procesos de Montjuïc* (1896-1897).

**Montmartre,** barrio de París, en la *colina de Montmartre,* donde se encuentra la basílica del Sagrado Corazón (1875).

**MONTMELÓ,** mun. de España (Barcelona); 7 470 hab. Centro industrial y agrícola. Avicultura. Circuito automovilístico y de motociclismo.

**MONTMORENCY** (*casa* **de**), familia francesa, cuyo miembro más destacado fue **Anne** (Chantilly 1493-París 1567), *duque* **de Montmorency,** mariscal y par de Francia (1522), consejero de Enrique II. Intervino en las negociaciones del tratado de Madrid (1526), defendió Provenza contra Carlos Quinto (1536) y fue vencido y apresado por los españoles en San Quintín (1557). Fue herido mortalmente en la batalla de Saint-Denis contra los calvinistas.

**MONTOLIU** (Valentí), pintor activo en la Corona de Aragón a mediados del s. XV. Su obra muestra el influjo de B. Martorell y del primer J. Huguet.

**Montoneros,** organización guerrillera argentina creada en 1969. Colaboró con el peronismo y, a partir de 1972, evolucionó de un nacionalismo católico hacia posturas de extrema izquierda para derrocar a la dictadura militar.

**Montevideo:** el palacio del gobierno

**Montesquieu** (palacio de Versalles)

Claudio **Monteverdi** (museo regional del Tirol, Innsbruck)

**Montgomery of Alamein**

Sara **Montiel**

Federica **Montseny**

Manuel **Montt**

**MONTORNÈS DEL VALLÈS,** mun. de España (Barcelona); 10 844 hab. *(Montornenses.)* Polígono industrial.

**MONTORO,** c. de España (Córdoba), cab. de p. j.; 9 548 hab. *(Montoreños.)* Centro agrícola y minero. Iglesia gótica de San Bartolomé, con torre barroca. Puente sobre el río Guadalquivir (1500).

**MONTPELLIER,** c. de Francia, cap. de la región de Languedoc-Rosellón y del dep. de Hérault; 210 866 hab. Universidad. En el s. XIII fue un centro comercial y científico (escuela de medicina). Posesión de la corona de Aragón (1204) y del reino de Mallorca (1276), fue vendida a Francia en 1349. Catedral (s. XIV). Conjunto urbano de los ss. XVII-XVIII.

**MONTPENSIER** (Antonio María **de Orleans,** *duque* **de**), hijo de Luis Felipe, rey de Francia (Neuilly 1824-Sanlúcar de Barrameda 1890). Su padre trató de casarle con Isabel II de España, a lo que se opuso Gran Bretaña. Casó entonces con la hermana de Isabel, María Luisa Fernanda (1846). Contribuyó al derrocamiento de su cuñada, y aspiró al trono español. Su hija Mercedes casó con Alfonso XII.

**MONTREAL,** en fr. **Montréal,** c. de Canadá (Quebec) a orillas del San Lorenzo; 1 017 666 hab. (2 900 000 en la aglomeración). Universidades. Centro financiero e industrial de Quebec. Puerto fluvial. Aeropuertos. Fundada en 1642. Museos (de bellas artes, de arte contemporáneo).

**MONTREUIL** o **MONTREUIL-SOUS-BOIS,** c. de Francia (Seine-Saint-Denis), al E de París; 95 038 hab. Iglesia gótica. Museo histórico del socialismo.

**MONTREUIL** (Pierre **de**), arquitecto francés († París 1267). Maestro del gótico radiante, dirigió las obras de Notre-Dame de París (1265).

**MONTREUX,** c. de Suiza (Vaud), junto al lago Léman; 22 917 hab. Centro turístico y cultural. – *La convención de Montreux* definió el régimen jurídico internacional de los estrechos turcos del Bósforo y de los Dardanelos (20 julio 1936).

**MONTROSE** (*marqués* **de**) → ***Graham*** (James).

**MONT-SAINT-MICHEL,** mun. de Francia (Manche); 72 hab. Es un islote rocoso, límite entre las costas de Normandía y Bretaña, en la bahía del Mont-Saint-Michel. Abadía benedictina fundada en 966, con notables construcciones románicas y góticas. Centro turístico.

Narciso **Monturiol**
(R. Martí Alsina - museo marítimo, Barcelona)

**MONTSALVATGE** (Xavier), compositor y crítico musical español (Gerona 1912). Su extensa obra se distingue por un eclecticismo que le permite adaptar música antillana (*Cinco canciones negras,* 1946) o el serialismo (*Sonata concertante* para violoncelo y piano, 1972). Destaca su música escénica, ballets (*La muerte enamorada,* 1943) y óperas (*El gato con botas,* 1948; *Una voz en off,* 1962).

**MONTSANT** *(sierra del),* sierra de España (Tarragona), en la cordillera Prelitoral catalana; 1 115 m. Accidenta la comarca del Priorato.

**MONTSEC** *(sierra del),* sierra de España, en el Prepirineo leridano; 1 678 m. Embalses de Terradets y Camarasa, sobre el Noguera Pallaresa.

**MONTSENY** *(macizo del),* macizo montañoso de España (Barcelona y Gerona), entre el Vallès y la Plana de Vic; 1 712 m en el Turó de l'Home y 1 706 en Les Agudes. Observatorio meteorológico. Parque natural.

**MONTSENY** (Federica), líder anarquista española (Madrid 1905-Toulouse 1994). Dirigente de la C.N.T. y de la F.A.I., fue ministra de Sanidad y Asistencia Social (1936-1937). Publicó obras sobre el anarquismo y la liberación de la mujer, narraciones y memorias.

**MONTSERRAT,** isla de las Pequeñas Antillas británicas; 106 km$^2$; 12 000 hab. Cap. *Plymouth.* En 1997, la erupción del volcán la Soufrière obligó a la población a evacuar la isla.

**MONTSERRAT,** macizo de España (Barcelona), en la cordillera Prelitoral catalana; 1 224 m. Constituido por una masa de conglomerados que forma un relieve característico de formas prismáticas redondeadas. Monasterio benedictino *(Santa María de Montserrat)* fundado por el abad Oliba de Ripoll (*c.* 1025).

**MONTT** (Manuel), político chileno (Petorca 1809-Santiago 1880). Fue ministro en varias ocasiones y fundador de la universidad de Chile (1843). Presidente de la república (1851-1861), fomentó el desarrollo económico y cultural, desamortizó los mayorazgos y suprimió los diezmos de la Iglesia. – Su hijo **Jorge** (Casablanca 1846-Santiago 1922) fue presidente de la república de 1891 a 1896. – Su otro hijo, **Pedro** (Santiago 1849-Bremen 1910), presidió la república de 1906 a 1910, y durante su mandato reprimió el movimiento revolucionario de Iquique (1910).

**MONTÚFAR,** cantón de Ecuador (Carchi), en la hoya del Chotá; 42 524 hab. Cab. *San Gabriel.*

**MONTURIOL** (Narciso), inventor español (Figueras 1819-Barcelona 1885). Ideó el submarino Ictíneo y construyó dos prototipos, con los que realizó entre 1859 y 1865 varias pruebas. Escribió un *Ensayo sobre el arte de navegar por debajo del agua* (1891).

**MONZA,** c. de Italia (Lombardía); 121 151 hab. Catedral de los ss. XII-XVIII. Circuito automovilístico.

**MONZÓN,** c. de España (Huesca), cab. de p. j.; 14 405 hab. *(Montisonenses.)* Agricultura e industrias derivadas. Química. Castillo con cuatro cuerpos de fortaleza (s. XII, reformado). Iglesia gótica.

**MONZÓN** (Carlos), boxeador argentino (Santa Fe 1942-en Santa Fe 1995). Campeón del mundo de los pesos medios (1970), fue invencible en su categoría hasta su retirada en 1977.

**MOORE** (Henry), escultor y grabador británico (Castleford, Yorkshire, 1898-Much Hadham, Hertfordshire, 1986). Célebre a partir de 1935 por su estilo, biomórfico y monumental, destacó por el equilibrio entre las formas vacías y llenas (*Figura tendida,* sede de la Unesco, París).

**MOORE** (Lillian), bailarina y teórica de la danza norteamericana (Chase City, Virginia, 1915-Nueva York 1967). Publicó interesantes monografías acerca de los primeros bailarines clásicos norteamericanos (s. XIX).

**MOORE** (Thomas), poeta irlandés (Dublín 1779-Sloperton, Wiltshire, 1852). Cantor de su país natal *(Melodías irlandesas),* es autor de un gran poema oriental *(Lalla Rookh).*

**MOOSE JAW,** c. de Canadá (Saskatchewan), al O de Regina; 33 593 hab. Centro industrial.

**MOPTI,** c. de Malí, junto al Níger; 73 979 hab.

**MOQUEGUA** *(departamento de),* dep. del S de Perú (José C. Mariátegui); 15 734 km$^2$; 138 800 hab. Cap. *Moquegua* (30 400 hab.).

**MORA,** v. de España (Toledo); 9 244 hab. *(Morachos.)* Agricultura. Manufacturas (mármol, textil).

**MORA (de),** familia de escultores españoles activos en Granada en los ss. XVII-XVIII. Destaca **José** (Baza 1642-Granada 1724), que trabajó en el taller de su padre, Bernardo, junto a A. Cano y P. de Mena. Sus tallas policromas de modelado suave adquieren expresiones doloridas *(Ecce homo, San Bruno, Dolorosas).*

**MORA** (Francisco **de**), arquitecto español (*c.* 1560-Madrid 1610). Discípulo de Herrera, su obra anuncia ya el barroco (proyecto de urbanización de Lerma, Segovia, e iglesia de San José, Ávila).

**MORA** (José Joaquín), escritor español (Cádiz 1783-Madrid 1864). Exiliado por sus ideas liberales, en Chile escribió la constitución del estado (1828). Fue periodista, ensayista y narrador (*Leyendas españolas,* 1840). [Real academia 1848.]

**MORA DE RUBIELOS,** v. de España (Teruel); 1 313 hab. *(Moranos.)* Gran castillo (ss. XIII-XV), restos de muralla medieval e iglesia gótica.

**MORA FERNÁNDEZ** (Juan), patriota y estadista costarricense (San José 1784-*id.* 1854). Primer jefe del estado (1824-1833), durante su mandato se produjo la anexión de Guanacaste.

**MORA PORRAS** (Juan Rafael), político costarricense (San José 1814-Puntarenas 1860). Presidente desde 1850 (reelegido en 1853), fue derrocado en 1859.

**MORĀDĀBĀD,** c. de la India (Uttar Pradesh); 416 836 hab. Metalurgia. Mezquita del s. XVII.

**moradas** *(Las)* o **Castillo interior,** tratado místico de santa Teresa de Jesús (1578). Bella alegoría sobre el camino que debe seguir el alma hasta llegar a la séptima morada y alcanzar la unión con Dios, que habita en el centro del castillo.

**MORAES** (o **MORAIS**) **CABRAL** (Francisco **de**), escritor portugués (Lisboa *c.* 1500-Évora 1572), autor de la novela de caballerías *Palmerín de Inglaterra* (1544).

**MORAGUES** (Pere), escultor y orfebre catalán (*c.* 1300-*c.* 1387). Su principal obra escultórica es el sepulcro del arzobispo Lope Fernández de Luna

un aspecto de **Montreal**
(a la derecha, el río San Lorenzo)

Henry **Moore:** *Hill arches.* Bronce (1973).
[Exposición en la Orangerie de las Tullerías, París, 1977.]

(iglesia de San Miguel, Zaragoza) y en orfebrería el relicario de los Corporales de Daroca.

**MORALEJA,** v. de España (Cáceres); 7 915 hab. *(Moralejanos.)* Algodón, tabaco y maíz; ganadería.

**MORALES,** mun. de Colombia (Cauca); 15 483 hab. Frijol, yuca, plátanos. Ganado vacuno y porcino.

**MORALES,** mun. de Guatemala (Izábal); 36 530 hab. Centro bananero. Minas de oro.

**MORALES** (Cristóbal **de**), compositor español (Sevilla *c.* 1500-Málaga o Marchena 1553), principal representante de la escuela sevillana. Autor de música religiosa (*Misas,* 16 *Magnificat* y más de 90 motetes), en la que emplea el contrapunto con estricto sometimiento al texto litúrgico, aunque no duda en utilizar textos profanos *(L'homme armé).*

**MORALES** (Darío), artista colombiano (Cartagena 1944). Su obra pictórica insiste en una figuración extremadamente realista, en la que el cuerpo femenino es el máximo protagonista, con la misma temática en su escultura.

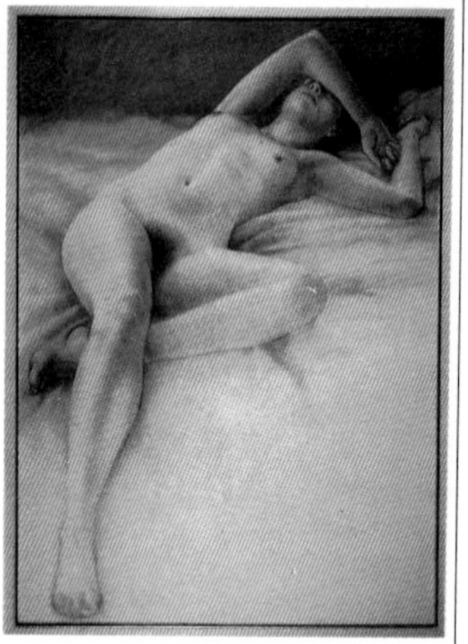

Darío **Morales:** *Desnudo*
(col. part.)

**MORALES** (Luis **de**), pintor español (Badajoz 1510-*id.* 1586). Su obra se inscribe en la corriente manierista de filiación italiana, por la idealización y elegancia de las figuras, pero anuncia el barroco en su detallismo de origen flamenco y en el tratamiento de la luz precursor del tenebrismo (*La Virgen con el Niño,* Prado; *Ecce homo,* Londres; *La Virgen con el Niño escribiendo,* México).

**MORALES** (Rafael), poeta español (Talavera de la Reina 1919). Su obra presenta una constante preocupación existencial (*Canción sobre el asfalto,* 1954; *La rueda y el viento,* 1971).

Luis de **Morales:** *La Virgen con el Niño escribiendo* (museo de San Carlos, México)

**MORALES** (Tomás), poeta español (Moya 1885-Las Palmas de Gran Canaria 1921). Poeta modernista, se inspiró en motivos del mar y de las islas (*Poemas de la gloria, del amor y del mar,* 1908; *Las rosas de Hércules,* 1919).

**MORALES BERMÚDEZ** (Francisco), militar y político peruano (Lima 1921). Nombrado primer ministro (1975), dio un golpe de estado y se proclamó presidente (1975-1980).

**MORALES BERMÚDEZ** (Remigio), político y militar peruano (1836-1894). Presidente de la república (1890-1894), mantuvo el orden con métodos represivos.

**MORANDI** (Giorgio), pintor y grabador italiano (Bolonia 1890-*id.* 1964). Creó obras de un tono personal de gran sobriedad y sutileza, especialmente naturalezas muertas.

**MORANTE** (Elsa), novelista italiana (Roma 1912-*id.* 1985), de inspiración realista (*La isla de Arturo,* 1957; *La Storia,* 1974; *Aracoeli,* 1983).

**MORATALLA,** v. de España (Murcia); 8 625 hab. *(Moratalleros.)* Frutales y hortalizas, forrajes.

**MORATÍN** (Leandro **Fernández de**), escritor español (Madrid 1760-París 1828), hijo de Nicolás. Fue el autor más representativo del teatro neoclásico, con obras de costumbres, de intención crítica y didáctica, según modelos franceses (*La comedia nueva* o *El café,* 1792; *El sí de las niñas,* 1806).

**MORATÍN** (Nicolás **Fernández de**), escritor español (Madrid 1737-*id.* 1780). Uno de los promotores del neoclasicismo en España, escribió teatro (*Guzmán el Bueno,* 1777) y poesía (recopilada por su hijo Leandro), entre la que figuran las quintillas *Fiestas de toros en Madrid* y *El arte de las putas.*

**MORAVA,** nombre de dos ríos de Europa central, afl. del Danubio: uno por la izquierda (República Checa, Eslovaquia y Austria); 365 km; y el otro, por la derecha (320 km), que atraviesa Serbia, formado a su vez por la unión del *Morava del Oeste* (298 km) y del *Morava del Sur* (318 km).

**MORAVIA,** en checo **Morava,** región oriental de la República Checa, atravesada por el Morava. C. pral. *Brno* y *Ostrava.*

**HISTORIA**

S. I a. J.C.: los celtas fueron expulsados de la región por los cuados. S. V a. J.C.: los eslavos se establecieron en la región. S. IX: constituyó el imperio de la Gran Moravia, fundado por Mojmir I († en 846) y que comprendía Moravia, Eslovaquia occidental, Panonia, Bohemia, Silesia y parte de Lusacia. 902-908: fue destruida por los húngaros. 1029: Moravia fue anexionada a Bohemia. 1182: fue erigida en margraviato del imperio. A partir de mediados del s. XII los colonos alemanes se establecieron en el N del país y en las ciudades. 1411: los reyes de Bohemia ejercieron el poder directo sobre Moravia.

**MORAVIA,** cantón de Costa Rica (San José); 38 040 hab. Cab. *San Vicente.* Café y hortalizas.

**MORAVIA** (Alberto **Pincherle,** llamado **Alberto**), escritor italiano (Roma 1907-*id.* 1990). Utilizó las técnicas de la filosofía y la sicología para tratar los problemas intelectuales y sociales del mundo moderno (*Los indiferentes,* 1929; *El tedio,* 1960).

**MORAVSKÁ OSTRAVA** → ***Ostrava.***

**MORAY** o **MURRAY** (Jacobo **Estuardo,** *conde* **de**), príncipe escocés (*c.* 1531-Linlithgow 1570), hijo natural del rey Jacobo V, consejero de su hermanastra María Estuardo, y más tarde regente de Escocia [1567-1570].

**MORAY FIRTH** *(golfo de),* golfo del NE de Escocia.

**MORAZÁN** *(departamento de),* dep. del N de El Salvador; 1 447 km$^2$; 166 772 hab. Cap. *San Francisco Gotera.*

**MORAZÁN** (Francisco), político hondureño (Tegucigalpa 1792-San José de Costa Rica 1842). Presidente de Honduras tras derrotar a Justo Milla (1827-1828), fue presidente de las Provincias Unidas de Centroamérica (1829 y 1830-1838) y, tras disolverse la Federación, presidente de El Salvador (1839-1840). En 1842 se hizo con el poder en Costa Rica e intentó resucitar la Federación. Derrocado por una revolución, fue juzgado y fusilado.

**MORBIHAN,** dep. de Francia (Bretaña); 6 823 km$^2$; 619 839 hab. Cap. *Vannes.*

**MORCELI** (Noureddine), atleta argelino (Tenes 1970). Campeón del mundo (1991, 1993 y 1995) y campeón olímpico (1996) de los 1 500 m, tiene el récord mundial de los 2 000 metros.

**MORDILLO** (Guillermo), dibujante argentino (Buenos Aires 1932). Cartelista, colabora en publicaciones de diferentes países como humorista gráfico en una línea depurada y colorista.

**MORDOVIA** *(República de),* república de la Federación de Rusia, habitada por los *mordvanos;* 26 200 km$^2$; 964 000 hab. Cap. *Saransk.*

**MORE** o **MORO** → ***Tomás More.***

**MOREA,** en gr. **Morias,** nombre con que se designaba la Élide y que, a partir de la cuarta cruzada, se extendió al Peloponeso. (→ ***Acaya.***)

**MOREAU** (Gustave), pintor francés (París 1826-*id.* 1898), creador de una mitología simbólica (*El rapto de Europa,* 1868).

**MOREAU** (Jeanne), actriz y directora de cine francesa (París 1928). Trabajó en el teatro y desde 1957 se dedicó al cine, donde ha interpretado películas de Malle, Truffaut, Buñuel, Losey, Welles y Fassbinder, entre otros, y ha dirigido algunos largometrajes.

**MOREL** (Carlos), pintor y litógrafo argentino (Buenos Aires 1813-Quilmes 1984), autor del álbum de litografías *Usos y costumbres del Río de la Plata* (1841).

**MORELIA,** c. de México, cap. del est. de Michoacán; 428 486 hab. Universidad. Fundada en 1540 con el nombre de Valladolid, en 1828 recibió el actual en memoria de José María Morelos y Pavón, nacido en la ciudad. Catedral (ss. XVII-XVIII) e iglesias barrocas; seminario, act. palacio del gobierno.

**MORELLA,** c. de España (Castellón); 2 717 hab. (*Bisgargitanos* o *morellanos.*) En los *Puertos de Morella.* Ganadería lanar. Industria y artesanía textil. Murallas y trazado urbano medieval. Iglesia arciprestal gótica (museo). Convento de San Francisco (ss. XIII-XIV). En los alrededores, poblados ibéricos y pinturas rupestres. Fue una disputada plaza militar en las guerras carlistas.

**MORELOS** *(estado de),* est. del centro de México; 4 941 km$^2$; 1 195 059 hab. Cap. *Cuernavaca.*

**MORELOS,** mun. de México (México); 19 068 hab. Cab. *San Bartolo Morelos.* Cereales, frutales.

**Morelos I** y **Morelos II,** satélites de comunicaciones de México, lanzados en 1985.

**MORELOS Y PAVÓN** (José María), patriota mexicano (Valladolid [act. Morelia] 1765-San Cristóbal Ecatepec 1815). Sacerdote, se unió a Hidalgo en 1810 y dirigió la insurrección en el S del país. Tras

Leandro Fernández de **Moratín**
(Goya - Real academia de bellas artes de san Fernando, Madrid)

Nicolás Fernández de **Moratín**
(Goya - museo de bellas artes, Bilbao)

José María **Morelos y Pavón**

el congreso de Chilpancingo (1813), asumió el poder ejecutivo y elaboró una constitución. Las derrotas de Lomas de Santa María (1813) y Puruarán (1814), y las pérdidas de Oaxaca y Acapulco marcaron su declive militar y la aparición de disidentes a su actuación. Apresado por los españoles cuando se dirigía al congreso de Tehuacán (nov. 1815), fue fusilado.

**MORENA** *(sierra),* sistema montañoso del S de España. Separa la Meseta de la Vega del Guadalquivir, con los únicos pasos de Despeñaperros y Aracena. Sierras de Aracena (867 m), Madrona (1 323 m) y Alcaraz (1 798 m).

**MORENO,** partido de Argentina (Buenos Aires), en el Gran Buenos Aires; 287 138 hab. – Dep. de Argentina (Santiago del Estero); 21 861 hab. Cab. *Quimilí.* Cereales. Ganadería. Explotación forestal.

**MORENO** (Jacob Levy), sicosociólogo norteamericano de origen rumano (Bucarest 1892-Beacon, Nueva York, 1974). Inventó el sicodrama y perfeccionó las técnicas de la sociometría (*Fundamentos de la sociometría,* 1934).

**MORENO** (Mariano), patriota argentino (Buenos Aires 1779-en el Atlántico 1811). Secretario de la Junta revolucionaria de Buenos Aires (1810), defendió una política radical, rivalizando con Saavedra, presidente de la Junta. Perdió popularidad debido a su postura unitarista y dimitió el mismo año.

**MORENO** (Mario) → ***Cantinflas.***

**MORENO** (Segundo Luis), musicólogo ecuatoriano (Cotacachi 1882-en Ecuador 1972), autor de investigaciones sobre las ceremonias y la música de los indígenas ecuatorianos (*Música y danzas autóctonas del Ecuador,* 1949).

**MORENO CARBONERO** (José), pintor español (Málaga 1860-Madrid 1942). Siguió un academicismo en la línea preciosista de Fortuny *(Alfonso XIII).*

**MORENO TORROBA** (Federico), compositor español (Madrid 1891-*id.* 1982). Compuso zarzuelas muy populares (*Luisa Fernanda,* 1932; *La chulapona,* 1934), óperas (*El poeta,* 1980), poemas sinfónicos y numerosas piezas para guitarra.

**MORENO VILLA** (José), escritor y artista español (Málaga 1887-México 1955). Posmodernista en sus comienzos, se vinculó a la aventura estética de la generación del 27. Cultivó la poesía (*Evoluciones,* 1918), el teatro, el cuento, el periodismo y el ensayo. Fue dibujante y pintor de talento.

**MORENTE** (Enrique), intérprete español del cante flamenco (Granada 1943), una de las figuras más completas del cante comprometido *(Cantes antiguos del flamenco).* [Premio nacional de música 1994].

**MORERA** (Enric), compositor español (Barcelona 1865-*id.* 1942). Fundó la agrupación coral Catalunya Nova (1892) y el Teatro lírico catalán, y compuso canciones y sardanas *(L'Empordà, La Santa Espina)* y obras de cariz nacionalista.

**Moreruela** *(monasterio de),* primer monasterio cisterciense español (1131), en Moreruela de Tábara (Zamora), actualmente en ruinas. Se conserva parte de la cabecera de la iglesia (ss. XII-XIII).

**MORETO** (Agustín), escritor español (Madrid 1618-Toledo 1669). Compuso poesía, obras religiosas e históricas y destacó en el género de la comedia de «carácter» (*El desdén con el desdén,* 1654; *El lindo Don Diego,* 1662), entresacando los mejores recursos de Lope y de Calderón.

**MORETO** (Juan **de**), escultor y arquitecto florentino, activo en Aragón en la primera mitad del s. XVI. Fue sobre todo tracista y decorador.

**MORFEO,** dios griego de los sueños, hijo de la Noche y el Sueño.

**MORGAGNI** (Giambattista), anatomista italiano (Forlì 1682-Padua 1771). Sus observaciones, que abrieron un nuevo camino a la medicina, fueron reunidas en *Opera omnia* (1762).

**MORGAN,** familia de financieros norteamericanos. – **John Pierpont,** industrial norteamericano (Hartford, Connecticut, 1837-Roma 1913), creó un gigantesco trust de la metalurgia y fundó numerosas instituciones filantrópicas. – Su hijo **John Pierpont** (Irvington, Nueva York, 1867-Boca Grande, Florida, 1943), contribuyó a sufragar el gasto de los aliados durante la primera guerra mundial. En 1924 legó a la ciudad de Nueva York la biblioteca museo de su padre (Pierpont Morgan library).

**MORGAN** (Lewis Henry), antropólogo norteamericano (cerca de Aurora, Nueva York, 1818-Rochester 1881). Autor de una concepción evolucionista de la antropología social, se interesó especialmente por los sistemas de parentesco (*La sociedad primitiva,* 1877).

**MORGAN** (*sir* Henry John), corsario inglés (Llanrhymney, Gales, *c.* 1635-Port Royal, Jamaica, 1688). Almirante de los bucaneros, destruyó Puerto Príncipe (act. Camagüey) y Portobelo (1668), y conquistó Panamá a los españoles (1671). Carlos II de Inglaterra le nombró lugarteniente general de Jamaica (1674-1683).

**MORGAN** (Thomas Hunt), biólogo norteamericano (Lexington 1866-Pasadena 1945). Fue el primero en usar la drosofila como material de experimento y creó la teoría cromosómica de la herencia. (Premio Nobel de fisiología y medicina 1933.)

**Morgarten** *(batalla de)* [15 nov. 1315], batalla que se desarrolló al N de Schwyz (Suiza), durante la cual los suizos de los Tres Cantones resistieron a Leopoldo I de Austria y aseguraron su independencia.

**MORGENSTERN** (Oskar), economista norteamericano de origen austríaco (Görlitz 1902-Princeton 1977). Es autor, junto con J. von Neumann, de una teoría matemática del comportamiento económico.

**MORI ŌGAI** (**Mori Rintāro,** llamado), escritor japonés (Tsuwano 1862-Tōkyō 1922), cuya obra novelesca (*La oca salvaje,* 1911-1913) constituye una reacción frente a la escuela naturalista.

**MÓRICZ** (Zsigmond), escritor húngaro (Tiszacsécse 1879-Budapest 1942). En sus novelas *(Fango y oro)* y sus obras de teatro *(El jabalí)* describió con estilo realista la vida campesina.

**MÖRIKE** (Eduard), escritor alemán (Ludwigsburg 1804-Stuttgart 1875), autor de poemas y novelas de inspiración popular y romántica.

**MORIN** (Edgar), sociólogo francés (París 1921). Ha reflexionado sobre los problemas de la cultura y de sus medios de difusión (*El espíritu de la época,* 1962; *El rumor de Orleans,* 1970; *Un año sísifo,* 1996).

**MORÍÑIGO** (Higinio), militar y político paraguayo (Paraguarí 1897-† 1983). Presidente provisional (1940), implantó una dictadura. Fue derrocado en 1948.

**MORIOKA,** c. de Japón (Honshū); 235 434 hab.

**MORISOT** (Berthe), pintora francesa (Bourges 1841-París 1895). Cuñada de Manet, se relacionó con los impresionistas y pintó escenas intimistas o al aire libre con un estilo delicado y luminoso.

**MORITZ** (Karl Philipp), escritor alemán (Hameln 1756-Berlín 1793), cuyos ensayos críticos influyeron en el Sturm und Drang.

**MORLANES** (Gil **de**), llamado **el Viejo,** arquitecto y escultor aragonés (*c.* 1450-*c.* 1517), trabajó en el retablo de Montearagón, de claras influencias renacentistas. – Su hijo, **Gil Morlanes el Joven,** arquitecto y escultor († *d.* 1544), trabajó en Zaragoza, Jaca (retablos) y Poblet.

**MORLEY** (Thomas), compositor inglés (Norwich 1557 o 1558-*id.* 1602). Maestro de música vocal, introdujo el estilo italiano en Inglaterra y compuso madrigales y ballets.

**MORNAY** (Philippe **de,** llamado **Duplessis-Mornay** y el **Papa de los hugonotes**), político francés (Buhy, Val-d'Oise, 1549-La Forêt-sur-Sèvre 1623). Consejero de Coligny y de Enrique IV de Francia antes de su conversión, fundó en Saumur la primera academia protestante (1599).

**MORO** (Aldo), político italiano (Maglie 1916-Roma 1978). Líder de la Democracia cristiana, fue presidente de gobierno (1963-1968 y 1974-1976) y ministro de Asuntos Exteriores (1969-1970 y 1973-1974). Fue secuestrado y asesinado por un comando terrorista de las Brigadas Rojas.

**MORO** (Alfredo **Quíspez Asín,** llamado **César**), poeta peruano (Lima 1904-*id.* 1955). Surrealista, escribió la mayor parte de su obra en francés (*El castillo de grisú,* 1943; *Trafalgar square,* 1954).

**MORO** (Antonio), nombre con que se conoce a **Anthonis Mor Van Dashorts,** pintor neerlandés activo en España (Utrecht *c.* 1519-Amberes 1576). Al servicio de Carlos Quinto y Felipe II, realizó numerosos retratos de personajes cortesanos, de gran objetividad y cierta influencia de Tiziano.

**moro expósito** *(El),* poema del duque de Rivas (1834) sobre la leyenda de los infantes de Lara. Tanto el prólogo de Alcalá Galiano como el libro marcan el inicio del romanticismo español.

**MOROLEÓN,** mun. de México (Guanajuato); 44 858 hab. Tabacalera; textiles; destilerías.

**MORÓN,** c. de Venezuela (Carabobo) en la costa; 52 288 hab. Refinería de petróleo. Petroquímica.

**MORÓN,** mun. de Cuba (Ciego de Ávila); 46 055 hab. Tabacalera, alimentación, artículos de cuero.

**MORÓN,** partido de Argentina (Buenos Aires), en el Gran Buenos Aires; 641 541 hab. Aeródromo militar.

**MORÓN DE LA FRONTERA,** v. de España (Sevilla), cab. de p. j.; 26 458 hab. *(Moronenses.)* Centro agropecuario; industrias derivadas. Iglesia gótica con portada plateresca. Canteras (materiales de construcción).

**MORONA,** r. de Ecuador y Perú que nace en territorio ecuatoriano (Morona-Santiago) y penetra en Perú, donde desemboca en el Marañón (or. izq.); 400 km.

**MORONA,** cantón de Ecuador (Morona-Santiago); 23 730 hab. Cab. *Macas.* Caucho, cacao y vainilla.

**MORONA-SANTIAGO** *(provincia de),* prov. del E de Ecuador; 29 140 km$^2$; 84 216 hab. Cap. *Macas.*

**MORONES** (Luis Napoleón), dirigente obrero mexicano (Tlalpán 1890-Tacubaya 1964). Fue secretario general de la Confederación regional obrera mexicana (1918-1949), fundador del Partido laborista (1919) y ministro de Industria (1924-1928).

**MORONI,** c. y cap. de las Comores, en la isla de Ngazidja (ant. Gran Comore); 20 000 hab.

**MORONI** (Giovanni Battista), pintor italiano (Albino, cerca de Bérgamo, *c.* 1528-Bérgamo 1578), autor de retratos de gran penetración sicológica, característicos del realismo lombardo.

**MORONOBU** (**Hishikawa Moronobu,** llamado), pintor y grabador japonés (Hota, Chiba, *c.* 1618-Edo *c.* 1694). Liberado de la influencia china, fue el primer maestro de la estampa japonesa.

**MOROSINI** (Francesco), noble veneciano (Venecia 1619-Nauplia 1694), famoso por su defensa de Candía contra los turcos (1667-1669), fue elegido dux en 1688.

**MOROVIS,** mun. del N de Puerto Rico; 25 288 hab. Destilerías y elaboración de tabaco.

**MORRIS** (Charles William), filósofo norteamericano (Denver 1901-Gainesville 1979). Se especializó, dentro de una orientación pragmatista, en estudios de semiótica (*Fundamentos de la teoría de los signos,* 1938; *Signos, lenguaje y conducta,* 1946).

**MORRIS** (Robert), artista norteamericano (Kansas City 1931). Pionero del arte minimal o pobre, se centró en los procesos constitutivos de la obra y en la poética del espacio, asociándolo más tarde a una preocupación moral por la decadencia del hombre.

**MORRIS** (William), artista y escritor británico (Walthamstow, Essex, 1834-Hammersmith, cerca de Londres, 1896). Contribuyó a la renovación de las artes decorativas (papel pintado, etc.) y del libro ilustrado. Escribió ensayos y novela de ideología socialista.

**MORRISON** (Chloe Anthony, llamada **Toni**), escritora norteamericana (Lorain, Ohio, 1931). Sus novelas inciden en la comunidad y raíces afroamericanas (*Beloved,* premio Pulitzer 1988; *Jazz,* 1992). [Premio Nobel de literatura 1993.]

**MORRO** *(canal del),* canal de Ecuador, en el golfo de Guayaquil, entre la *punta del Morro* y la isla de Puná.

**Morro** *(castillo del),* fortaleza cubana en la parte oriental de la bahía de La Habana, construida por los españoles a fines del s. XVI, obra de B. Antonelli.

**Morro** *(El),* denominación del castillo de San Felipe del Morro, fortaleza construida por los españoles en la entrada del puerto de San Juan de Puerto Rico (fines s. XVI-inicios s. XVII), que forma parte, con la Fortaleza (1540) y el Fuerte Cañuelo, del sistema defensivo de la isla de San Juan, según trazas de B. Antonelli. El conjunto fue declarado bien cultural por la Unesco (1983).

**MORSE** (Samuel), pintor e inventor norteamericano (Charlestown, Massachusetts, 1791-Nueva York 1872). Inventó el telégrafo eléctrico que lleva su nombre (1832, patentado en 1840).

**MORTIMER de Wigmore,** familia galesa, cuyo principal representante fue **Roger,** *conde* **de La Marche** (1286 o 1287-Tyburn, Londres, 1330). Amante de la reina Isabel, dirigió la insurrección que terminó con la abdicación forzada y el asesinato de Eduardo II (1327). Feudatario de Inglaterra, fue ejecutado en época de Eduardo III.

**MOS,** mun. de España (Pontevedra); 13 414 hab. Cap. *Regenjo* o *Reguengo*. Agricultura e industria.

**MOSA,** en fr. **Meuse,** en neerl. **Maas,** r. de Francia, Bélgica y Países Bajos; 950 km. Pasa por Verdún, Sedán, las Ardenas, Namur y Lieja. Su curso inferior, que atraviesa Países Bajos, acaba en un delta cuyas ramas se mezclan con el Rin. Es una importante vía de navegación.

**MOSCOVIA,** región histórica de Rusia, donde se desarrolló el gran principado de Moscú, cuyos soberanos se convirtieron en zares de Rusia (1547). Se habla de Moscovia o estado moscovita hasta la fundación del imperio ruso (1721).

**MOSCÚ,** en ruso **Moskvá,** c. y cap. de Rusia, en la llanura rusa, a orillas del Moskvá; 8 967 000 hab. *(Moscovitas.)* Centro administrativo, cultural, comercial e industrial. El Kremlin, en el centro, forma un conjunto de edificios administrativos y monumentos históricos (catedral, iglesias, palacios). Otros monumentos relevantes son la catedral de San Basilio el Bienaventurado (s. XVI), la iglesia de San Nicolás de los Tejedores (s. XVII) y el gran monasterio de Novodiévichi (iconos, tesoro). Se produjo un nuevo renacimiento de la arquitectura en la segunda mitad del s. XVIII y, más aún, a partir de 1812. Museo histórico, galería Tretiakov (arte ruso), museo Pushkin (bellas artes), etc. – La ciudad, mencionada por primera vez en 1147, se convirtió a partir del s. XIII en el centro del principado de Moscovia hasta 1712 en que fue abandonada como capital en beneficio de San Petersburgo. Fue incendiada durante la ocupación francesa (1812). En 1918 se convirtió en la sede del gobierno soviético y fue capital de la U.R.S.S. (1922-1991). En 1941 los alemanes fracasaron en su intento de tomar la ciudad. Tras el desmembramiento de la U.R.S.S., pasó a ser capital de Rusia.

**Moscú:** la catedral de San Basilio (s. XVI) en la plaza Roja

**MOSELA,** r. de Europa occidental (Francia y Alemania); 550 km. Nace en los Vosgos y se dirige hacia el N, pasando por Nancy y Metz, antes de formar la frontera entre Alemania y Luxemburgo. Atraviesa Tréveris y por un valle profundo recorre el macizo esquistoso Renano y se une al Rin (or. izq.) en Coblenza. Está canalizado entre Coblenza y Neuves-Maisons.

**MOSELEY** (Henry Gwyn Jeffreys), físico británico (Weymouth 1887-Gallípoli, Turquía, 1915). En 1913 estableció una relación entre el espectro de rayos X de un elemento químico y su número atómico.

**MOSELLE,** dep. del NE de Francia (Lorena); 6 216 km$^2$; 1 011 302 hab. Cap. *Metz.*

**MOSHINSKY** (Marcos), físico mexicano de origen ucraniano (Kíev 1921), autor de numerosos trabajos de física teórica, en particular sobre ecuaciones diferenciales no lineales.

**MOSKVÁ,** ant. en esp. **Moscova,** r. de Rusia que pasa por Moscú (a la que ha dado su nombre), afl. del Oká (or. der.); 502 km. – Victoria de Napoleón (7 set. 1812) sobre las tropas rusas de Kutúzov.

**MOSQUERA** (Joaquín), político colombiano (Popayán 1787-Bogotá 1877). Formó parte del consejo de gobierno de Bolívar (1828) y fue presidente de la república (mayo-set. 1830). – Su hermano **Tomás Cipriano** (Popayán 1798-*id.* 1878), militar y político, fue presidente de la república (1845-1849). Durante su mandato la hegemonía británica fue sustituida por la de E.U.A. De nuevo en el poder (1861-1864 y 1866-1867) implantó una dictadura. Fue derrocado por una revolución y desterrado. Perteneciente al liberalismo extremo, promovió la desamortización de los bienes eclesiásticos y fomentó las obras públicas.

**MOSQUITOS** *(Costa de los),* o **MOSQUITIA,** región pantanosa de América Central (Honduras y Nicaragua), en la planicie costera del Caribe, habitada por los indios misquitos o mosquitos. Minería. Yacimientos de petróleo.

**MOSSADEGH** → ***Muṣaddaq.***

**MÖSSBAUER** (Rudolf), físico alemán (Munich 1929). Descubrió un efecto de resonancia nuclear que permitió precisar la estructura de las transiciones nucleares. (Premio Nobel de física 1961.)

**MOST,** c. de la República Checa (Bohemia); 70 675 hab. Centro de extracción de lignito. Metalurgia.

**MOSTAGANEM** → ***Mestghanem.***

**MOSTAR,** c. de Bosnia-Herzegovina, a orillas del Neretva; 63 000 hab. Numerosas mezquitas.

**MÓSTOLES,** v. de España (Madrid), cab. de p. j.; 193 056 hab. *(Mostolenses* o *mostoleños.)* Ciudad dormitorio de Madrid. Industria electrónica, carpintería, maquinaria.

**MOSUL,** c. del N de Iraq, junto al Tigris; 600 000 hab.

**Mota** *(castillo de la),* castillo emplazado en el mun. español de Medina del Campo (Valladolid). Reconstruido en el reinado de Juan II (1440), fue residencia de los Reyes Católicos.

**MOTAGUA,** r. de Guatemala, en la vertiente del Caribe, el más largo del país; 400 km. Nace cerca de Chichicastenango y desemboca en el golfo de Honduras, donde marca la frontera con Honduras.

**MOTALA,** c. de Suecia, junto al lago Vätter; 41 994 hab. Estación de radiodifusión.

**MOTHERWELL,** c. de Gran Bretaña (Escocia); 75 000 hab. Minas de hulla. Industrias metalúrgicas.

**MOTHERWELL** (Robert), pintor norteamericano (Aberdeen, Washington, 1915-Provincetown, Massachusetts, 1991), uno de los principales representantes del expresionismo abstracto (serie de las «Elegías españolas» dedicadas a la república, iniciada en 1948).

**Motillas** *(cultura de las),* cultura de la edad del bronce de la Meseta sur de la península Ibérica, en La Mancha (1700-1300 a. J.C.), caracterizada por poblados fortificados elevados, construidos por gentes dedicadas a la agricultura y ganadería con inicios de urbanismo.

**MOTILONES** *(sierra de los),* sistema montañoso de Colombia (Cesar) y Venezuela (Zulia), enmarcado en la cordillera de Perijá (o *Motilones-Perijá*), ramal terminal de los Andes; 3 750 m en el pico Tetaría.

**MOTOLINÍA** (*fray* Toribio **de Paredes** o **de Benavente,** llamado), franciscano español (Benavente *c.* 1490-México *c.* 1568). En México, desde 1524, defendió a los indios pero tras la aprobación de las *Leyes nuevas* (1542) se enfrentó a los dominicos y al padre Las Casas. En su *Historia de los indios de la Nueva España* (1538) aporta conocimientos del mundo azteca.

**MOTOZINTLA** o **MOTOZINTLA DE MENDOZA,** mun. de México (Chiapas); 34 705 hab. Café, cacao. Ganadería.

**MOTRIL,** c. de España (Granada), cab. de p. j.; 45 880 hab. *(Motrileños.)* Agricultura. Activo puerto (El Varadero). Centro industrial y comercial. Turismo (playas).

**MOTTE-FOUQUÉ** (Friedrich, *barón* **de La**), escritor alemán (Brandeburgo 1777-Berlín 1843), autor de dramas, novelas y cuentos románticos *(Ondina).*

**MOTUL,** mun. de México (Yucatán); 24 362 hab. Cab. *Motul de Felipe Carrillo Puerto.* Henequén.

**MOUASKAR,** ant. **Mascara,** c. del O de Argelia, cap. de vilayato; 62 000 hab.

**MOULIN** (Jean), patriota francés (Béziers 1899-deportado, 1943). Primer presidente del Consejo nacional de la Resistencia (1943), fue traicionado y entregado a la Gestapo, y murió cuando era deportado a Alemania.

**Moulin-Rouge,** célebre sala de espectáculos de París. En 1889 pasó a ser sala de baile. La principal atracción era el grupo French-Cancan. En 1903 se convirtió en teatro de variedades o music-hall.

**MOULINS** *(maestro de)* [quizá el neerlandés Jean Hey], pintor anónimo francés de fines del s. XV, autor del famoso tríptico de la *Virgen en gloria* de la catedral de Moulins (*c.* 1498-1503) y de varios retratos de los Borbones (Louvre).

**MOULMEIN,** en birmano **Mawlamyaing,** c. y puerto de Birmania, junto al Saluén; 322 000 hab.

**MOUNANA,** localidad de Gabón. Uranio.

**MOUNIER** (Emmanuel), filósofo francés (Grenoble 1905-Châtenay-Malabry 1950), inspirador del personalismo, movimiento mezcla de cristianismo y socialismo que fue difundido por la revista *Esprit,* fundada por él en 1932.

**MOUNT VERNON,** lugar de Estados Unidos (Virginia, junto al Potomac). Ant. propiedad de G. Washington, donde se encuentra su tumba.

**MOUNTBATTEN OF BURMA** (Louis **Mountbatten,** *1.er conde*), almirante británico (Windsor 1900-en el mar, frente a la costa de Sligo, Irlanda, 1979). Dirigió las fuerzas aliadas del Sureste asiático (1943), conquistó Birmania e hizo capitular a los japoneses en Saigón (1945). Fue el último virrey de la India (1947), primer lord del almirantazgo y jefe del estado mayor de la defensa (1959-1965). Murió en un atentado del I.R.A.

**MOURE** (Francisco **de**), escultor español (Santiago de Compostela 1577-Monforte de Lemos 1636), figura destacada del barroco gallego (sillería del coro, catedral de Lugo).

**MOUSCRON,** en flamenco **Moeskroen,** c. de Bélgica (Hainaut); 53 513 hab. Textiles.

**MOUSTIER (Le),** yacimiento paleolítico del mun. francés de Peyzac-le-Moustier (Dordogne), donde en 1908 se halló un esqueleto e industria lítica del hombre de Neanderthal. Dio nombre al período *musteriense.*

**MOUTHE (La),** cueva prehistórica de la localidad francesa de Eyzies-de-Tayac-Sireuil (Dordogne). Grabados rupestres.

**Movimiento 19 de abril** (M-19), organización guerrillera colombiana, de ideología populista y bolivariana, que inició sus actividades en 1974, firmó la paz en 1990, se integró como organización política en Alianza democrática y formó parte del gobierno de concentración nacional (1991-1992).

**Movimiento nacional,** conjunto de fuerzas españolas que participaron en el alzamiento del 18 de julio de 1936 y que constituyeron el bando nacionalista durante la guerra civil. La secretaría general del Movimiento (1939), con carácter de ministerio, y el consejo nacional del Movimiento dirigieron durante el franquismo la política del país (organización sindical, prensa, radio y propaganda, etcétera).

**Movimiento nacionalista revolucionario** (M.N.R.), organización política boliviana fundada en 1943. Sus candidatos han ocupado la presidencia del país en 1952-1964, 1982-1989 y desde 1993. Sufrió diversas escisiones y cambios de ideología desde su fundación.

**Movimiento 26 de julio,** organización revolucionaria cubana fundada en México por Fidel Castro y Che Guevara (1955). Dirigió la lucha contra Batista.

**MOXOS,** región de Bolivia (Benil). Yacimientos correspondientes a pueblos agroalfareros (300 a. J.C.-1000 d. J.C.). Misiones jesuíticas (ss. XVII-XVIII), con iglesias construidas en madera.

**MOYA,** v. de España (Las Palmas), en Gran Canaria; 7 908 hab. Cultivos tropicales. Ganadería.

**MOYA** (Luis), arquitecto español (Madrid 1904-*id.* 1990). Se sirvió del orden clásico y de la tradición (universidad laboral de Gijón, 1946-1950).

**MOYA** (Miguel), periodista español (Madrid 1856-San Sebastián 1920). Dirigió *El liberal* (1890-1906) y fue el primer presidente de la Asociación de la prensa de Madrid.

**MOYA** (Pedro **de**), pintor español (Granada 1610-*id.* 1666), de la escuela barroca andaluza, en la línea de A. Cano *(Santa María Magdalena de Pazzi).*

**MOYANO** (Daniel), escritor y periodista argentino (Buenos Aires 1930-Madrid 1992). Perteneciente a la generación del 55, su novelística se adscribe al realismo mágico (*El oscuro,* 1969; *El vuelo del tigre,* 1981). También escribió cuentos.

**MOYANO SAMANIEGO** (Claudio), político español (Bóveda del Toro o Fuentelapeña 1809-Madrid

1890). Fue ministro de Fomento y autor de la ley de Instrucción Pública que declaraba obligatoria la enseñanza primaria (*ley Moyano,* 1857).

**MOYOBAMBA,** c. de Perú, cap. del dep. de San Martín; 9 699 hab. Destilerías; vinos. Pozos de petróleo y placeres de oro. Fundada en 1539.

**MOYUTA,** mun. de Guatemala (Jutiapa), al pie del *volcán Moyuta;* 22 164 hab. Café. Ganadería.

**MOZAMBIQUE** *(canal de),* brazo de mar del océano Índico, entre África *(Mozambique)* y Madagascar.

**MOZAMBIQUE,** estado de la costa E de África; 785 000 km²; 16 100 000 hab. *(Mozambiqueños.)* CAP. *Maputo.* LENGUA OFICIAL: *portugués.* MONEDA: *metical.*

GEOGRAFÍA

El país, bien irrigado, está formado fundamentalmente por una vasta llanura costera que se eleva hacia el interior. La economía es predominantemente agrícola (mandioca, caña de azúcar, algodón, té, copra). La situación económica del país, que es uno de los más pobres de África (endeudamiento, sequía, hambre), se vio agravada por la guerra civil.

HISTORIA

Ss. X-XV: el país, poblado por bantúes, estaba organizado en pequeños grupos gobernados por un jefe, perteneciente a una dinastía hereditaria, los reinos Maravi. Exportaba el marfil local hacia el sur. 1490: los portugueses se establecieron a lo largo de la costa; los comerciantes árabes desviaron el comercio hacia Zambeze. 1544: Lourenço Marques fundó una ciudad a la que dio su nombre (act. Maputo). Ss. XVII-XVIII: la influencia portuguesa se consolidó en los bajos valles orientales. 1886-1893: se fijaron las fronteras de la nueva colonia portuguesa mediante acuerdos con Alemania y Gran Bretaña. 1951: Mozambique se transformó en provincia portuguesa de ultramar. 1964: el Frente de liberación de Mozambique (Frelimo), fundado dos años antes, inició la guerrilla contra la dominación portuguesa. 1975: se proclamó la independencia. El presidente del Frelimo, Samora Machel, fue nombrado presidente de la república popular. La situación económica se agravó en los años siguientes y, a partir de 1979, se desarrolló una rebelión armada anticomunista, organizada por la Resistencia nacional de Mozambique (RENAMO), apoyada por Sudáfrica. 1986: S. Machel murió en un accidente de avión. J. Chissano le sucedió. 1990: una nueva constitución puso fin a quince años de régimen de partido único e instauró el pluralismo. 1992: Chissano y el líder de la rebelión firmaron un acuerdo de paz. 1993: la O.N.U. envió una fuerza de pacificación y observación del proceso electoral pluralista. 1994: Chissano fue elegido presidente de la república. 1995: ingresó en la Commonwealth.

**MOZART** (Wolfgang Amadeus), compositor austríaco (Salzburgo 1756-Viena 1791). Uno de los grandes maestros de la ópera, es autor de *El rapto en el serrallo* (1782), *Las bodas de Fígaro* (1786), *Don Juan* o *El libertino castigado* (1787), *Così fan tutte* (1790) y *La flauta mágica* (1791). Compuso

**Mozart** (casa Mozart, Salzburgo)

además sinfonías, sonatas y conciertos para piano, obras de música religiosa y de música de cámara, y un magnífico *Réquiem* (1791). Tras la elegancia del estilo, de la claridad, de la ironía y a menudo de la sonrisa se esconde un alma inquieta, en muchas ocasiones atormentada, que testimonia una fuerza y un hálito precursores del romanticismo.

**MOZI** o **MO-TSÊ,** filósofo chino (c. 479-c. 381 a. J.C.). Se opuso a Confucio y propuso una filosofía austera y pesimista. Su lógica tuvo una gran influencia en el pensamiento chino.

**mozos de escuadra** *(mossos d'esquadra),* cuerpo de policía propio de Cataluña, fundado a raíz de la guerra de Sucesión de España. Desde 1977 depende de la Generalidad de Cataluña, donde constituye la policía autonómica.

**MROŻEK** (Sławomir), escritor polaco (Borzęcin 1930). Autor de relatos satíricos (*El elefante,* 1957), en su teatro, se valió de lo grotesco para mostrar la tragedia de la condición humana.

**MU TAN-KIANG** → ***Mudanjiang.***

**MU'ĀWIYYA I** (La Meca c. 603-Damasco 680), califa [661-680], fundador de la dinastía omeya.

**MUBARAK** (Hosni), político egipcio (Kafr El-Moseilha 1928). Vicepresidente de la república (1975), fue elegido presidente tras el asesinato de Sadāt (1981).

**MUCHA** (Alfons), pintor y dibujante checo (Ivančice, Moravia, 1860-Praga 1939). Vivió en París de 1888 a 1904 y fue uno de los promotores del art nouveau (carteles para Sarah Bernhardt, etc.).

**MUCHAMIEL** → ***Mutxamel.***

**MUCIO ESCÉVOLA** (Cayo), héroe legendario romano (fines del s. VI a. J.C.). Penetró de noche en el campamento etrusco para matar al rey Porsenna. Fue descubierto y, para castigarse por su fracaso, metió la mano derecha en un brasero (de ahí el nombre de Escévola «el zurdo»).

**MUCUÑUQUE,** pico de Venezuela, máxima elevación de la sierra de Santo Domingo; 4 672 m.

**MUDANJIANG** o **MU TAN-KIANG,** c. de China (Heilongjiang); 571 705 hab. Centro industrial.

**MUDARRA** (Alonso), vihuelista español (Palencia 1510-Sevilla 1580). Publicó *Tres libros de música de cifra para vihuela* (1546), que contienen 70 composiciones, entre ellas transcripciones de piezas polifónicas de otros autores.

**MUDO** *(punta del),* extremidad N de la isla española de La Palma (Canarias).

**MUEL,** v. de España (Zaragoza); 1 179 hab. *(Muelenses.)* Cerámica tradicional, que se remonta al s. XVI. Ermita con murales de Goya.

**MUERTE** *(Valle de la),* en ingl. **Death Valley,** profunda depresión árida de California (Estados Unidos).

**muerte de Artemio Cruz** *(La),* novela de C. Fuentes (1962). Amarga crítica de los hombres que traicionaron la revolución mexicana.

**muerte de Virgilio** *(La),* novela de H. Broch (1945). Monólogo interior de un artista moribundo que se interroga acerca de las exigencias opuestas de la vida y de la creación.

**Muerte sin fin,** obra poética de José Gorostiza (1939), de hondo contenido metafísico y gran pureza lírica.

**MUERTO** *(mar),* lago de Palestina, entre Israel y Jordania, donde desemboca el Jordán; 1 015 km²; 390 m aprox. por debajo del nivel del mar, con un nivel de salinidad muy alto (30 % aprox.).

**Muerto** *(manuscritos del mar),* manuscritos escri-

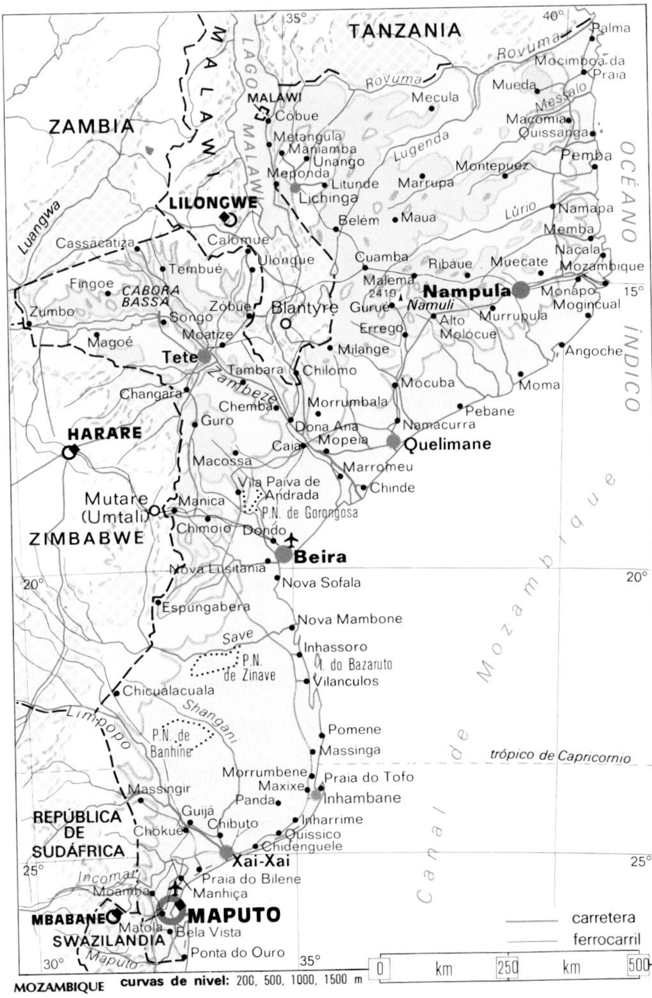


MOZAMBIQUE curvas de nivel: 200, 500, 1000, 1500 m

tos en hebreo y arameo, descubiertos entre 1946 y 1956 en las cuevas de las orillas del mar Muerto, cerca de Qumrān. Redactados entre el s. II a. J.C. y el s. I d. J.C., contienen textos bíblicos y apócrifos judíos y escritos propios de una secta religiosa judía que vivía en Qumrān, a la que la mayoría de historiadores identifica con los esenios. Estos manuscritos son de gran importancia para la historia del judaísmo y los orígenes del cristianismo.

**muertos** *(Libro de los),* conjunto de textos que constituían el ritual funerario del Egipto faraónico, que se consignaba sobre un papiro que se solía depositar en la tumba.

**MUFULIRA,** c. del NO de Zambia; 150 000 hab. Cobre.

**MUGABE** (Robert Gabriel), político de Zimbabwe (Kutama 1924). Primer ministro de Zimbabwe desde la independencia del país (1980), fue elegido en 1987, tras la reforma de la constitución, presidente de la república y reelegido en 1996.

**MUGELLO,** región de Toscana (Florencia).

ALMOHADES

**MUHAMMAD IBN YA'QŪB AL-NĀṢIR** (Sevilla 1179-en Marruecos 1213), llamado **Miramamolín,** califa almohade [1199-1213], derrotado por los cristianos (Navas de Tolosa, 1212).

CÓRDOBA

**MUḤAMMAD I** (¿Córdoba 823?-Córdoba 886), emir omeya de Córdoba [852-866], hijo de 'Abd al-Raḥmān II. Derrotó a los asturianos en Guazalete (858), pero cedió terreno ante el avance de Alfonso III.

**MUḤAMMAD II al-Mahdī** (Córdoba 980-*id.* 1010), califa omeya de Córdoba [1009-1010]. Hišām II, a quien derrocó, recuperó el trono tras su asesinato.

MARRUECOS

**MUHAMMAD V IBN YŪSUF** (Fez 1909-Rabat 1961). Sultán de Marruecos en 1927, fue depuesto por Francia en 1953 y estuvo exiliado hasta 1955, año en que fue rehabilitado en su cargo. Tras la proclamación de la independencia de Marruecos (1956) fue nombrado rey (1957).

TÚNEZ

**MUḤAMMAD AL-ṢADŪQ** (Túnez 1812-*id.* 1882), bey de Túnez [1859-1882]. Tuvo que firmar el tratado del Bardo (1881), por el que colocaba a Túnez bajo protectorado francés.

**MUḤAMMAD AḤMAD IBN 'ABD ALLĀH,** mahdī de Sudán (cerca Jartūm 1844-Omdurman 1885). Después de proclamarse mahdī (1881), declaró la guerra santa a los británicos y se apoderó de Jartūm (1885). El gobierno anglo-egipcio no pudo restablecerse en Sudán hasta 1898.

**MUḤAMMAD IBN 'ABD AL-WAHHĀB,** fundador de la corriente reformista y puritana de los wahhābíes (en el Naŷd 1703-1792). Fundó con los saudíes un estado independiente en Arabia (1744).

**Mühlberg** *(batalla de)* [24 abril 1547], victoria de Carlos Quinto (con los ejércitos de su hermano Fernando, de Mauricio de Sajonia y de Juan de Brandeburgo) frente a los protestantes de la liga de Smalkalda en Mühlberg an der Elbe. Tiziano retrató a Carlos Quinto victorioso en esta batalla.

**MUJICA LAINEZ** (Manuel), escritor argentino (Buenos Aires 1910-La Cumbre, Córdoba, 1984). Su obra narrativa trata de temas porteños (*Invitados en el paraíso,* 1957), europeos (*Bomarzo,* 1962; *El unicornio,* 1965), así como de recorrido por diversas etapas de la historia de occidente (*El laberinto,* 1974; *El escarabajo,* 1982).

Manuel
**Mujica Lainez**

**MUKALLĀ (al-),** c. y puerto de Yemen, junto al golfo de Adén; 50 000 hab.

**Mukden** *(batalla de)* [20 febr.-11 marzo 1905], victoria de Japón sobre Rusia, durante la guerra ruso-japonesa.

**MULA,** c. de España (Murcia), cab. de p. j.; 12 930 hab. *(Muleños.)* Regadíos. Industria textil (alfombras) y alimentaria.

**MULATAS** *(archipiélago de las),* archipiélago de Panamá, en el Caribe, frente al golfo de San Blas.

**Mūlāy** o **Muley** (voz árabe que significa *mi señor*), título que llevaban los sultanes de Marruecos de la dinastía alawí.

**MULCHÉN,** com. de Chile (Biobío), a orillas del *río Mulchén;* 30 524 hab. Centro agrícola. Harineras.

**MULEGÉ,** mun. de México (Baja California Sur); 26 983 hab. Cereales, caña de azúcar. Pesca. Salinas.

**MULHACÉN,** pico de España, en la sierra Nevada, máxima elevación de la península Ibérica; 3 478 m.

**MÜLHEIM AN DER RUHR,** c. de Alemania (Renania del Norte-Westfalia), en el Ruhr; 176 149 hab. Metalurgia, electrotecnia.

**MULHOUSE,** c. de Francia (Haut-Rhin), a orillas del Ill; 109 905 hab. (220 000 en la aglomeración). Universidad. Centro industrial. Museos. En las proximidades, minas de potasa.

**MULLER** (Hermann Joseph), biólogo norteamericano (Nueva York 1890-Indianápolis 1967). Sus investigaciones sobre genética y, en particular, sobre las mutaciones obtenidas por la acción de rayos X, le valieron el premio Nobel de fisiología y medicina en 1946.

**MÜLLER** (Paul Hermann), bioquímico suizo (Olten 1899-Basilea 1965), inventor del D.D.T. (Premio Nobel de fisiología y medicina 1948.)

**Müller** *(conductos de),* órganos del embrión cuya evolución en el sexo femenino tiene como consecuencia la formación de las trompas, del útero y de la vagina, y que se atrofian en los individuos de sexo masculino.

**MULLIKEN** (Robert Sanderson), químico norteamericano (Newburyport 1896-Arlington, Virginia, 1986). Introdujo las nociones de orbitales atómicos y de orbitales moleculares para explicar la estructura electrónica y el enlace de las moléculas. (Premio Nobel de química 1966.)

**MULTĀN,** c. de Pakistán (Panjāb); 730 000 hab. Centro industrial. Nudo ferroviario.

**MULTATULI** → ***Dowwes Dekker*** (Eduard).

**MULUYA,** r. de Marruecos, tributario del Mediterráneo; 450 km. Por el tratado de Monteagudo (1291) Sancho IV de Castilla y Jaime II de Aragón se repartieron el Mogreb, estableciendo como frontera el uadi Muluya. En el s. XX Francia y España lo utilizaron como divisoria entre las zonas de protectorado.

**MUMBAY** → ***Bombay.***

**MUMMIO** (Lucio), cónsul romano en 146 a. J.C. Tomó y arrasó Corinto.

**MUNCH** (Edvard), pintor y grabador noruego (Løten 1863-cerca de Oslo 1944). Sus temas dominantes son el dolor, la angustia y la dificultad de vivir (*El grito,* 1893, galería nacional de Oslo; *Angustia,* 1894, museo de Munch, *ibid.*). Precursor del expresionismo, ejerció una gran influencia en Alemania.

**MÜNCH** (Guido), astrónomo mexicano (San Cristóbal de las Casas 1921), nacionalizado norteamericano (1957). Es especialista en espectros y estructuras galácticas y en aplicaciones tecnológicas para la exploración del espacio.

**MÜNCHHAUSEN** (Karl Hieronymus, *barón* **von**), oficial alemán (Gut Bodenwerder, Hannover, 1720-*id.* 1797). Entró al servicio de Rusia y participó en la guerra contra los turcos (1740-1741). Célebre por sus fanfarronadas, se convirtió en un personaje legendario.

**Munda** *(batalla de),* derrota de los hijos de Pompeyo, Cneo y Sexto, ante César (45 a. J.C.), en la península Ibérica (alrededores de la actual Montilla, Córdoba). La victoria dio a César el dominio sobre la Bética.

**MUNDĪR (al-)** [Córdoba 844-Bobastro 888], sexto emir independiente de al-Andalus [886-888], hijo de Muḥammad I. Realizó una infructuosa campaña contra 'Umar ibn-Ḥafṣūn.

**MUNDO,** r. de España que nace en los relieves del *Calar del Mundo* y desemboca en el Segura (or. izq.); 94 km. Embalses de Talave y Camarillas.

**mundo** *(El),* diario matutino español, de línea independiente, fundado en Madrid en 1989, el tercero del país por su tirada y difusión; se edita simultáneamente en Madrid y Barcelona.

**mundo es ancho y ajeno** *(El),* novela de Ciro Alegría (1941), consagración de la novela indigenista en Latinoamérica.

**mundo feliz** *(Un),* novela de A. Huxley (1932), uno de los clásicos de la literatura utópica.

**MUNGUÍA** o **MUNGIA,** v. de España (Vizcaya); 12 995 hab. *(Munguienses.)* Centro industrial.

**MUNICH,** en alem. **München,** c. de Alemania, cap. de Baviera, junto al Isar; 1 206 363 hab. *(Muniqueses.)* Metrópoli cultural, comercial e industrial del

**Munich:** la catedral (s. XV) [a la izquierda] y el nuevo ayuntamiento (s. XIX)

el pico **Mulhacén** desde la cumbre del Veleta

S de Alemania (construcciones eléctricas y mecánicas, agroalimentaria, química.) – Catedral (s. XV) e iglesia de San Miguel (fines del s. XVI). Residencia (palacio real) de los ss. XV-XIX. Monumentos barrocos del s. XVIII construidos por los hermanos Asam o por F. de Cuvilliés, y neoclásicos por L. von Klenze. Universidad, antigua pinacoteca, gliptoteca, museo de las ciencias y de la técnica. – Fundada en 1158, en 1255 pasó a ser la residencia de los Wittelsbach. A partir de 1920 fue uno de los principales focos del nacionalsocialismo.

**Munich** *(acuerdos de)* [20-30 set. 1938], acuerdos firmados entre Francia, Gran Bretaña, Alemania e Italia en los que se contemplaba la evacuación de la población checa del territorio de los sudetes y su progresiva ocupación por las tropas alemanas. La aceptación por parte de los países democráticos de las exigencias alemanas tranquilizó a la opinión pública europea, que creyó haber evitado la guerra, pero este hecho alentó a Hitler en su política expansionista.

**MUNIQUIA,** en gr. **Munikhia,** una de las bahías del Pireo que los atenienses convirtieron en puerto militar.

**MUNK** (Andrzej), director de cine polaco (Cracovia 1921-Łowicz 1961). Esquivando el esquematismo y el formalismo ideológicos, dirigió *Un hombre en el camino* (1956), *Sinfonía heroica en dos tiempos* (1958), *Una suerte perra* (1960), *La pasajera* (1961-1963, acabada después de su muerte).

**MUNSTER,** prov. del SO de la República de Irlanda; 24 126 km²; 1 008 443 hab. Cap. *Cork.*

**MÜNSTER,** c. de Alemania (Renania del Norte-Westfalia), en la *cuenca del Münster;* 253 123 hab. Universidad. Monumentos antiguos. En 1648 se firmaron en Münster los preliminares de los tratados de Westfalia.

**MUNTANER** (Ramon), cronista y militar catalán (Perelada 1265-Ibiza 1336). Soldado en Menorca y Sicilia, marchó a Oriente con los almogávares y fue gobernador de Gallípoli, de Gelves y de Ibiza. Escribió una *Crónica* (1325-1332) de los reinados de Jaime I, Pedro III, Alfonso III y Jaime II.

**MUNTENIA,** región de Rumania, parte oriental de Valaquia, al E del Olt. Cap. *Bucarest.* Yacimientos de petróleo y centros industriales.

**MÜNZER, MUNTZER** o **MUNCER** (Thomas), reformador alemán (Stolberg, Harz, *c.* 1489-Mühlhausen, Turingia, 1525). Fue uno de los fundadores del anabaptismo, tomó las armas al frente de un grupo armado en la guerra de los campesinos, fue derrotado por los príncipes en Frankenhausen (1525) y ejecutado.

**MUÑECAS** *(cordillera de),* alineación montañosa de Bolivia, en la cordillera Real (La Paz). Yacimientos metalíferos.

**MUÑOZ** (Gil **Sánchez**) [Teruel *c.* 1380-Mallorca 1446], antipapa en 1424, con el nombre de **Clemente VIII.** Elegido por algunos cardenales al morir el antipapa Benedicto XIII, se estableció en Peñíscola y abandonó sus pretensiones en 1429.

**MUÑOZ** (Juan Bautista), historiador español (Museros, Valencia, 1745-† 1799). Escribió el primer volumen de una *Historia del Nuevo mundo* (1793).

**MUÑOZ** (Lucio), pintor español (Madrid 1929-*id.* 1998). Vinculado a los realistas madrileños, evolucionó hacia el informalismo matérico, siendo característica su utilización de la madera (mural del altar mayor de la basílica de Aránzazu).

**MUÑOZ DEGRAIN** (Antonio), pintor español (Valencia 1840-Málaga 1924). Su obra evolucionó del romanticismo al modernismo (paisajes; cuadros de historia: *Los amantes de Teruel*).

**MUÑOZ GAMERO,** península de Chile, en la Patagonia (Magallanes y Antártica Chilena), al S de Puerto Natales; 1 750 m en el monte Burney.

**MUÑOZ MARÍN** (Luis), político puertorriqueño (San Juan 1898-*id.* 1980). Fundador del Partido popular democrático, fue el primer gobernador elegido de Puerto Rico (1948-1964). Durante su mandato se elaboró la constitución de 1952.

**MUÑOZ MOLINA** (Antonio), escritor español (Úbeda 1956). Domina los resortes del lenguaje y de la intriga (*El invierno en Lisboa,* 1987; *Beltenebros,* 1988; *El jinete polaco,* 1991). [Premio nacional de narrativa 1988 y 1992.] (Real academia 1995.)

**MUÑOZ MOLLEDA** (José), compositor y pianista español (La Línea de la Concepción 1905-Madrid 1988). En su obra, de estilo neorromántico, destacan el oratorio *La resurrección de Lázaro* (1937) y las piezas de música de cámara y vocal.

**MUÑOZ RIVERA** (Luis), escritor y político puertorriqueño (Barranquitas 1859-Santurce 1916). Partidario de la autonomía de su país, poeta vanguardista (*Tropicales,* 1902), escribió sátiras políticas con el seudónimo **Demócrito.**

**MUÑOZ SECA** (Pedro), comediógrafo español (Puerto de Santa María 1881-Paracuellos del Jarama 1936). Cultivó la parodia y el disparate en un género de comedia que se denominó astracanada (*La venganza de don Mendo,* 1919).

**MUQAFFA'** ('Abd Allāh ibn **al-**), escritor árabe de origen iranio (Ŷur [act. Firozābād] *c.* 720-*c.* 757), uno de los creadores de la prosa literaria árabe *(Calila y Dimna).*

**MUQDISHO,** ant. **Mogadishu,** en ital. **Mogadiscio,** c. y cap. de Somalia, a orillas del océano Índico; 1 000 000 hab. Puerto. Aeropuerto. Refinería de petróleo. Industrias alimentarias. Universidad.

**MUR,** r. de Europa central (Austria, Eslovenia y Croacia), que atraviesa Graz y desemboca en el Drave (or. izq.); 445 km. Aprovechamiento hidroeléctrico.

**MUR** (Ramón **de**), pintor catalán, activo en los ss. XIV-XV. Fue conocido como *maestro de Guimerà* por el gran retablo que pintó allí (museo de Vic).

**MURĀD BEY,** jefe de los mamelucos (en Circasia *c.* 1750-cerca de Talsta 1801). Fue vencido por Napoleón en la batalla de las Pirámides (1798).

**Muralla** *(Gran)* o **Muralla china,** muralla de más de 5 000 km, cuya construcción entre China y Mongolia se inició en el s. III a. J.C. El trazado actual data de la época de la dinastía Ming (ss. XV-XVII).

**MURANO,** aglomeración del mun. de Venecia (Italia), en una isla de la laguna. Basílica del s. XII. Cristalería artística.

**MURASAKI SHIKIBU,** escritora japonesa (*c.* 978-*c.* 1014), autora del *Genji* monogatari.*

**MURAT I** (*c.* 1326-Kosovo 1389), sultán otomano [1359-1389], hijo de Orjān. Estableció su capital en Andrianópolis, sometió Tracia, Macedonia y Bulgaria, y arrasó a los serbios y a sus aliados en Kosovo (1389). – **Murat II** (Amasía 1404-Adrianópolis 1451), sultán otomano [1421-1451]. Restableció la autoridad otomana en los Balcanes y en Asia Menor. – **Murat III** (Manisa 1546-İstanbul 1595), sultán de 1574 a 1595. – **Murat IV** (İstanbul 1612-*id.* 1640), sultán de 1623 a 1640.

**MURAT** (Joachim), mariscal de Francia (Labastide-Fortunière [act. Labastide-Murat] 1767-Pizarro, Calabria, 1815). Ayudante de Napoleón, casó con Carolina Bonaparte. Jefe del ejército napoleónico en España, reprimió la sublevación madrileña del 2 de mayo de 1808. Fue rey de Nápoles (1808-1814) y dirigió la caballería en la campaña de Rusia. Intentó mantener sus estados después de la caída de Napoleón, pero fue capturado y fusilado.

**MURATORI** (Lodovico Antonio), historiador italiano (Vignola, cerca de Módena, 1672-Módena 1750). Fue el creador de la historiografía medieval italiana, fundamentalmente por la publicación de *Rerum Italicarum scriptores* (25 vols., 1723-1751).

**MURCIA** *(Huerta de),* comarca de España (Murcia). Rica región agrícola gracias a un extenso sistema de regadíos (río Segura).

**MURCIA** *(Región de),* región del SE de España, que constituye una comunidad autónoma uniprovincial; 11 317 km²; 1 059 612 hab. *(Murcianos.)* Cap. *Murcia.* P. j. de *Caravaca de la Cruz, Cartagena, Cieza, Jumilla, Lorca, Molina de Segura, Mula, Murcia, San Javier, Totana* y *Yecla.*

GEOGRAFÍA

Región montuosa, con elevaciones en general poco importantes (2 001 m en la sierra de Seca) y depresiones por las que fluyen el Segura y sus afluentes. Litoral llano. Clima árido. Agricultura de secano (cereales, almendro, olivo) y regadío (hortalizas, cítricos), con industrias agroalimentarias (conservas). Minas de plomo, salinas. El complejo Cartagena-Escombreras concentra industria pesada (metalurgia, astilleros), petroquímica y química. Turismo (La Manga del Mar Menor).

HISTORIA

Edad de bronce: culturas metalúrgicas. Los massienos fueron desplazados por los cortesanos y los bastetanos antes de la llegada de los cartagineses (s. III a. J.C.). 209 a. J.C.: Escipión conquistó Cartago Nova, capital de la Cartaginense con Diocleciano. 554: dominio bizantino. 621: provincia visigoda de Aurariola. S. IX: reino musulmán de Murcia*. 1172: conquista almohade. 1243: vasallaje hacia el reino de Castilla. 1266: conquista de Jaime I de Aragón y cesión a Castilla, en aplicación del tratado de Almizra (1244). S. XVII: expulsión de los moriscos; estructuración del reino en corregimientos. S. XVIII:

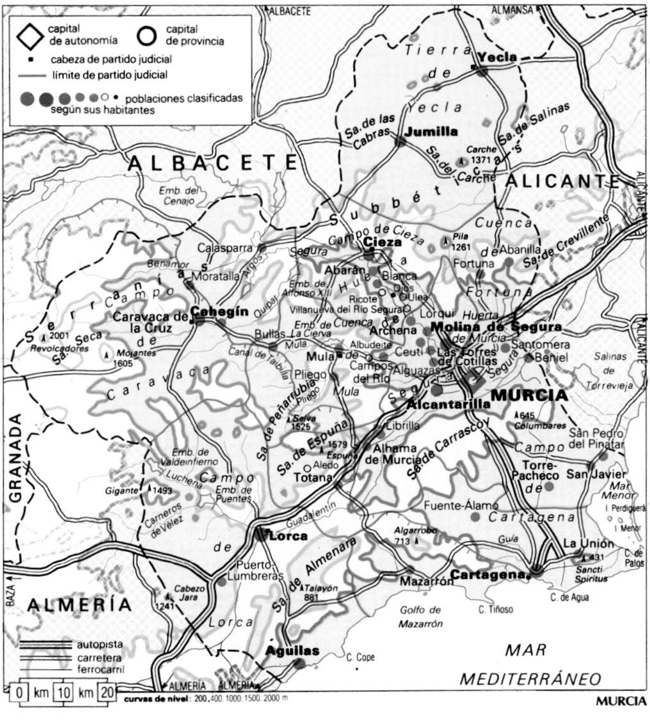

MURCIA

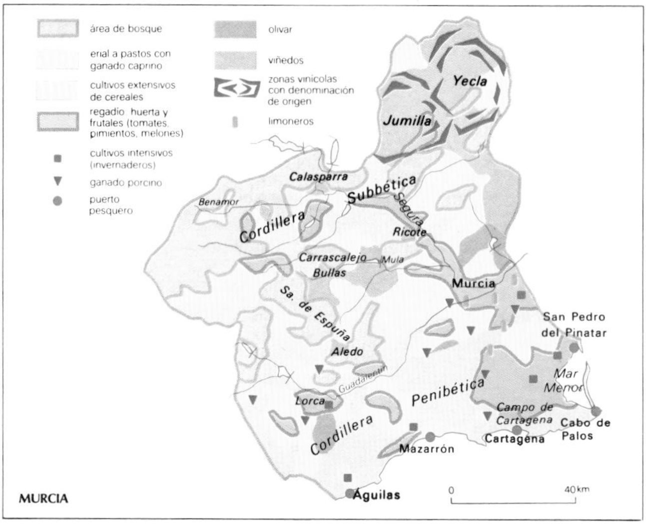

MURCIA

fortificación y acondicionamiento del puerto de Cartagena para el comercio con América. 1873: insurrección cantonalista en Cartagena. 1983: estatuto de autonomía.

**MURCIA** *(reino de)*, reino musulmán, con cap. en Murcia, que se constituyó durante la reconquista. Reino independiente en el s. XI, conquistado por los almorávides (1091) y los almohades (1172), en 1228-1238 formó un estado poderoso, pero en 1243 fue sometido a vasallaje por Castilla. Conquistado por Jaime I de Aragón (1266), éste lo cedió a su yerno Alfonso X el Sabio, quien conservándole el título de reino lo integró en sus posesiones.

**MURCIA,** c. de España, cap. de la comunidad autónoma uniprovincial de Murcia y cab. de p. j.; 338 250 hab. *(Murcianos.)* Regada por el Segura. Agricultura e industrias derivadas. Catedral gótica (1394-1465), con fachada barroca. Numerosos edificios e iglesias barrocas. Museos arqueológico, de bellas artes y de Salzillo.

**MURDOCH** (*Dame* Iris), escritora irlandesa (Dublín 1919-Oxford 1999). Sus relatos describen las contradicciones y el alejamiento de los seres, cuando a lo que aspiran es a la unión *(Bajo la red, Una muchacha italiana, El discípulo filósofo).*

**MURDOCH** (Rupert), hombre de negocios australiano (Melbourne 1931), nacionalizado norteamericano. Magnate de la prensa británica *(The Sun, The Times)*, al frente del grupo News corporation ha extendido también su actividad al sector audiovisual (fundamentalmente en E.U.A.)

**MURENA** (Héctor Álvarez), escritor argentino (Buenos Aires 1923-*id.* 1975). De su obra destaca el ensayo *El pecado original de América* (1954). También escribió poemas y relatos sicológicos como el ciclo inconcluso *El sueño de la razón.*

**MURES,** en húng. **Maros,** r. de Rumania y Hungría, afl. del Tisza (or. izq.); 803 km.

**Muret** *(batalla de)*, derrota de las tropas de Pedro II de Aragón ante los cruzados albigenses de Simón de Monfort en la ciudad francesa de Muret (1213). El rey murió en la batalla, que puso fin a la expansión de la Corona de Aragón en Occitania.

**MUREYBAT,** yacimiento arqueológico de Siria, anegado por las aguas de una presa en el curso medio del Éufrates. Allí se encontró la primera prueba de una actividad agrícola (*c.* 8000 a. J.C.).

**MURGUÍA** (Manuel **Martínez**), escritor y político gallego (Arteijo 1833-La Coruña 1923). Estuvo casado con Rosalía de Castro. Destaca su obra como historiador (*Historia de Galicia*, 1901-1907). Su acción galleguista le llevó a presidir la Asociación regionalista gallega (1891), la Liga gallega (1897) y la Real academia gallega (1905).

**MURIEDAS** → ***Camargo.***

**MURILLO** (Bartolomé Esteban), pintor español (Sevilla 1617-*id.* 1682). Primero ligado al tenebrismo de Zurbarán, creó pronto un estilo propio marcado por la suavidad y la delicadeza, no exento de realismo, pero siempre con un planteamiento amable e idealista. Son célebres la llamada *Cocina de los ángeles* (Louvre) y *La Sagrada Familia del pajarito* (Prado), así como sus pinturas sobre niños (*Muchachos comiendo melones y uvas,* Munich; *Niño Jesús,* Prado). Desarrolló especialmente el tema de la Inmaculada (*Inmaculada Soult,* Prado).

**MURILLO** (Gerardo) → ***Atl*** (Doctor).

**MURILLO** (Pedro Domingo), patriota boliviano (nacido en La Paz-*id.* 1810). Dirigió el levantamiento insurreccional de La Paz (1809) y fue ahorcado.

**Murillo** *(plaza de)*, plaza de La Paz (Bolivia), donde tienen su sede el palacio Quemado, residencia presidencial, y el palacio legislativo.

**MURILLO TORO** (Manuel), político y periodista colombiano (Chaparral 1816-Bogotá 1880). Miembro del Partido liberal, fue presidente de la república en 1864-1866 y 1872-1874. Implantó la enseñanza obligatoria y laica.

**MÚRMANSK,** c. y puerto de Rusia, a orillas del mar de Barents; 468 000 hab. Pesca.

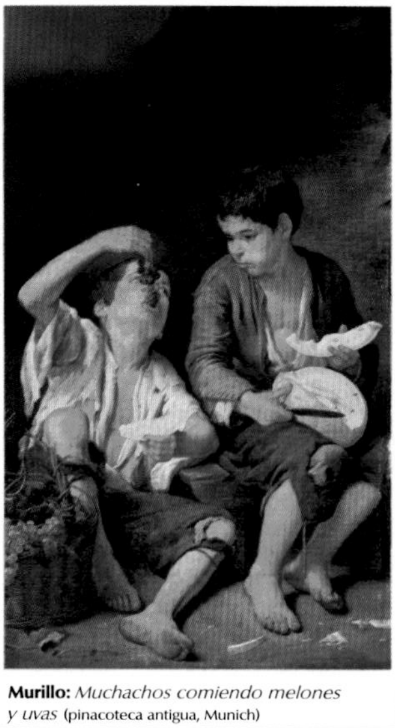
**Murillo:** *Muchachos comiendo melones y uvas* (pinacoteca antigua, Munich)

**MURNAU** (Friedrich Wilhelm **Plumpe,** llamado **Friedrich Wilhelm**), director de cine alemán (Bielefeld 1888-Santa Bárbara, California, 1931). Obsesionado por los temas de la fatalidad y la muerte, llevó el cine mudo a la plenitud de su capacidad expresiva: *Nosferatu, el vampiro* (1922), *El último* (1924), *Amanecer* (1927), *Tabú* (1931, junto a Flaherty).

**MURO,** v. de España (Baleares), en Mallorca; 5 934 hab. (*Murenses* o *mureros.*) Fue una antigua alquería musulmana. Iglesia católica (s. XIV.)

**Muro de las lamentaciones,** restos de la muralla occidental del templo de Herodes en Jerusalén, donde los judíos van a llorar por la destrucción del Templo y la diáspora del pueblo elegido.

**Muromachi** *(período de)* [1333-1582], período de la historia de Japón dominado por el gobierno de los shōgun Ashikaga, cuya corte estaba establecida en Muromachi, barrio de Kyōto.

**MURORAN,** c. y puerto de Japón (Hokkaidō); 117 855 hab. Metalurgia, astilleros.

**MUROS,** v. de España (La Coruña), cab. de p. j.; 10 178 hab. *(Muradanos.)* Pesca. Industria conservera y salazones. Turismo. Colegiata gótica de San Pedro.

**MUROS Y NOYA** *(ría de)*, ría de la costa atlántica española (La Coruña), en las Rías Bajas gallegas, con los puertos de Muros y de Noya.

**MURPHY** (Robert), ornitólogo norteamericano (Nueva York 1887-*id.* 1973). Explorador de las costas del Pacífico, reunió en el American museum más de un millón de especímenes de aves.

**MURRAY,** principal r. de Australia, que nace en la cordillera australiana y desemboca en el océano Índico austral; 2 589 km. (cuenca de 1 073 000 km$^2$).

**MURRAY** (Jacobo **Estuardo,** *conde* **de**) → ***Moray.***

**MURRAY** (James), general británico (Ballencrief, Escocia, 1721-Battle, Sussex, 1794). Primer gobernador de Canadá (1763-1766), respetó las tradiciones de los canadienses franceses. Siendo gobernador de Menorca (1774), capituló frente a las tropas francoespañolas (1781).

**MURRUMBIDGEE,** r. del SE de Australia, afl. del Murray (or. der.); 1 680 km. Regadío.

**MURUROA,** atolón de las islas Tuamotu (Polinesia Francesa). Desde 1966, base francesa de pruebas nucleares.

**MŪSÀ IBN MŪSÀ IBN FORTÚN,** gobernador de la frontera superior de al-Andalus (s. IX). Miembro de la familia de los Banū Qasī y hermanastro de Íñigo Arista, junto al cual luchó en Pamplona contra los francos (824). Se sublevó contra el emir de Córdoba (843), pero fue perdonado, y venció a los gascones en Albelda (851). Gobernador de Zaragoza y Tudela (852), en 856 saqueó el llano de Barcelona.

**MŪSÀ IBN NUṢAYR,** general musulmán (La Meca *c.* 640-*id.* 718). Gobernador de Ifrīqiyya (Túnez), conquistó toda el África menor, excepto Ceuta. Planeó la conquista de la península Ibérica (711), y sometió Andalucía, Extremadura, Aragón, el N de la Meseta y Galicia.

**MUṢADDAQ** o **MOSSADEGH** (Muḥammad **Hidāyāt,** llamado), político iraní (Teherán 1881-*id.* 1967). Fundador del Frente nacional (1949), abogó por la nacionalización del petróleo. Nombrado primer ministro en 1951, se enemistó con el sha, quien lo hizo arrestar (1953).

**MUSALA** *(pico)*, ant. **pico Stalin,** punto culminante de Bulgaria y del macizo del Ródope; 2 925 m.

**MUSIL** (Robert **von**), escritor austríaco (Klagenfurt 1880-Ginebra 1942). Analizó la crisis social y espiritual de la civilización europea (*Las tribulaciones del estudiante Törless,* 1906), y buscó en la creación literaria el medio de reencontrar una unidad personal y una comunión humana (*El hombre sin atributos,* 1930-1943).

**MÚSORGSKI** (Modest Petróvich), compositor ruso (Karevo 1839-San Petersburgo 1881), autor de óperas (*Borís Godunov,* 1868-1872; *Jovánschina,* 1872-1880), de melodías de un gran realismo y obras para piano (*Cuadros de una exposición,* 1874).

**MUSSET** (Alfred **de**), escritor francés (París 1810-*id.* 1857). Romántico, autor de *Cuentos de España e Italia* (1830), poemas líricos (*Las noches,* 1835-1837), obras dramáticas (*Lorenzaccio,* 1834; *El can-*

*delabro,* 1835) y de la novela autobiográfica *La confesión de un hijo del siglo* (1836).

**MUSSOLINI** (Benito), político italiano (Dovia di Predappio, Forlì, 1883-Giulino di Mezzegra, Como, 1945). Maestro de escuela, albañil, más tarde periodista y militante socialista, preconizó, en 1914, una política nacionalista y militarista. Después de la primera guerra mundial, fundó los Fascios italianos de combate, núcleo del Partido fascista (1919). Convenció al rey, después de la marcha sobre Roma, para que le confiara el gobierno (1922). A partir de 1925, habiendo obtenido plenos poderes, se convirtió en el verdadero *duce,* y ejerció una dictadura absoluta; mediante los acuerdos de Letrán (1929) consiguió el reconocimiento de los católicos. Rompió con las democracias occidentales después de la conquista de Etiopía (1935-1936) y formó el eje Roma-Berlín (1936), reforzado por el pacto de Acero (1939). En 1940, Italia entró en la guerra junto a la Alemania de Hitler. Desautorizado por los jefes fascistas y arrestado por orden del rey (1943), fue liberado por los paracaidistas alemanes y constituyó, en el N de Italia, en Salò, una república social italiana que no sobrevivió a la derrota alemana. Cuando intentaba huir a Suiza fue reconocido por miembros de la Resistencia italiana y fue ejecutado junto con su amante, Clara Petacci.

**Mussolini**
(en 1940)

**MUṢṬAFA KEMAL** → ***Kemal Paşa.***

**Musulmanes negros** *(Black muslims),* movimiento separatista negro norteamericano, fundado en 1930. Apela al islam y se opone a la integración de los negros en la sociedad norteamericana.

**MU'TAḌID** (Abū 'Amr 'Abbād ibn Muḥammad, llamado **al-**) [† 1069], rey de la taifa de Sevilla [1042-1069]. Intentó restablecer la unidad de al-Andalus. En 1063 Fernando I le obligó a pagar parias.

**MU'TAMID** (Muḥammad ibn 'Abbād **al-**) [Beja 1040-Agmāt 1095], rey de la taifa de Sevilla [1069-1095]. Hijo de al-Mu'taḍid, amplió las fronteras del reino. Protegió la literatura y la ciencia y escribió poesía.

**MUTANABBĪ (al-),** poeta árabe (Kūfa 915-cerca de Bagdad 965), autor de un *Diván,* que se cuenta entre las grandes obras poéticas clásicas.

**MUTARE,** ant. **Umtali,** c. del E de Zimbabwe; 70 000 hab. Refinería de petróleo. Industrias.

**MUTIS** (Álvaro), escritor colombiano (Bogotá 1923). Entre sus obras poéticas destacan *Los elementos del desastre* (1953), *Los trabajos perdidos* (1965) y *Summa de Maqroll el Gaviero* (1973), cuyo personaje se convertiría en protagonista de una serie de novelas (*La nieve del almirante,* 1986; *Amirbar,* 1991).

**MUTIS** (José Celestino Bruno), botánico y matemático español (Cádiz 1732-Santa Fe de Bogotá 1808). Médico del virrey de Nueva Granada desde 1760, dejó escrito el estudio *Flora de la real expedición botánica del Nuevo Reino de Granada.* Fundó en Bogotá una cátedra de matemáticas (1762) y un observatorio astronómico.

**MUTSUHITO** → ***Meiji tennō.***

**Mutún (El),** yacimiento de hierro de Bolivia (Santa Cruz). Sus reservas estimadas ascienden a unos 20 000 Mt de metal contenido.

**MUTXAMEL** o **MUCHAMIEL,** v. de España (Alicante); 10 346 hab. *(Muchameleros.)* Cereales, hortalizas y frutales.

**MUYBRIDGE** (Edward James **Muggeridge,** llamado **Eadweard**), inventor británico (Kingston-on-Thames 1830-*id.* 1904). Pionero de la fotografía del movimiento, logró registrar las diversas fases del galope de un caballo (1872-1878). Inventó el zoopraxinoscopio. Sus trabajos influyeron en científicos como Marey.

**MUZA** → ***Mūsà.***

**MUẒAFFAR AL-DĪN** (Teherán 1853-*id.* 1907), sha de Irán [1896-1907], de la dinastía de los Qāŷaríes.

**MUZAFFARPUR,** c. de la India (Bihār); 240 450 hab. Universidad. Nudo de comunicaciones.

**MUZO,** mun. de Colombia (Boyacá), en la cordillera Oriental; 15 069 hab. Renombradas minas de esmeraldas.

**MÚZQUIZ,** mun. de México (Coahuila); 53 906 hab. Cereales y caña de azúcar. Minas de carbón.

**MWANZA,** c. de Tanzania, a orillas del lago Victoria; 252 000 hab. Centro comercial. Central eléctrica.

**MWERU** o **MOERO,** lago de África, entre la Rep. Dem. del Congo (ex Zaire) y Zambia; 4 340 $km^2$.

**MY THO,** c. de Vietnam meridional; 120 000 hab.

**MYANMAR,** nombre oficial de Birmania.

**MYINGYAN,** c. de Birmania, junto al Irawadi; 220 000 hab. Cultivos de algodón.

**MYRDAL** (Karl Gunnar), economista y político sueco (Gustaf, Dalecarlia, 1898-Estocolmo 1987). Estudió fundamentalmente el problema de los países subdesarrollados. (Premio Nobel de economía 1974.)

**MYSORE,** ant. estado de la India que, en 1973, adoptó el nombre de Karnātaka.

**MYSORE** o **MISORE,** c. de la India (Karnātaka); 652 246 hab. Textil. Ant. capital del estado. Palacio de estilo indomusulmán (s. XIX), convertido en museo. Centro de peregrinación sivaíta.

**MYZEQE,** principal llanura litoral de Albania central.

**MZĀB,** grupo de oasis del N del Sahara argelino. (Hab. *mzābíes*). C. pral. *Ghardaïa.*

# N·Ñ

**NÁBEREZHNIE CHIOLNI,** ant. **Brézhnev,** c. de la Federación de Rusia, en Tatarstán, a orillas del Kama; 501 000 hab. Industria automovilística.

**NABIS,** tirano de Esparta (207-192 a. J.C.). Enemigo de Macedonia, intentó imponer una reforma social.

**NABOKOV** (Vladimir), escritor norteamericano en lenguas inglesa y rusa, de origen ruso (San Petersburgo 1899-Montreux, Suiza, 1977). Realizó una descripción irónica de las obsesiones, extravagancias o vicios de su época (*La verdadera vida de Sebastian Knight,* 1941; *Lolita**, 1955; *Ada o el ardor,* 1969).

**NABONIDES** o **NABŪ-NĀ'ID,** último rey de Babilonia (556-539 a. J.C.). Fue vencido por Ciro.

**NABOPOLASAR** o **NABU-APLA-UṢUR,** rey de Babilonia (626-605 a. J.C.), fundador de la dinastía caldea. Aliado de los medos, destruyó el imperio asirio (caída de Nínive, 612).

**Nabucco,** ópera de G. Verdi (1842) con libreto de T. Solera basado en la historia del rey Nabucodonosor, primera ópera patriótica del compositor.

**NABUCODONOSOR II,** rey de Babilonia (605-562 a. J.C.), hijo de Nabopolasar. La victoria de Karkemiš sobre los egipcios (605) y la toma de Jerusalén (587) le aseguraron el dominio de Siria y Palestina. Embelleció Babilonia y la convirtió en la capital del mundo oriental.

**NĀBULUS** o **NAPLUSA,** c. de Cisjordania; 50 000 hab. Ant. *Flavia Neapolis,* colonia romana fundada en 72 cerca de la antigua Siquem.

**NACAJUCA,** mun. de México (Tabasco); 29 821 hab. Fruticultura. Artesanía de sombreros de palma.

**NACAOME,** c. de Honduras, cap. del dep. de Valle, a orillas del *río Nacaome* (80 km); 22 644 hab.

**NACHTIGAL** (Gustav), explorador alemán (Eichstedt 1834-en el golfo de Guinea 1885). Exploró el Bornu y las inmediaciones del lago Chad (1869-1875).

**NACIMIENTO,** com. de Chile (Biobío); 25 171 hab. Explotación forestal, base de industrias de la madera, celulosa y papel.

**nacimiento de una nación** *(El),* película norteamericana de D. W. Griffith (1915). Primera gran epopeya del cine, describe varios episodios de la guerra de Secesión.

**nación** *(La),* diario argentino de línea liberal independiente, fundado en Buenos Aires por Bartolomé Mitre (1862).

**nación argentina** *(Banco de la),* institución bancaria argentina, de carácter público, fundada en 1891. Es la entidad oficial de crédito más importante del país.

**nacional** *(El),* diario venezolano de la mañana, fundado en Caracas en 1943, de línea liberal.

**nacional** *(galería)* [*national gallery*], museo de Londres, una de las más importantes pinacotecas de Europa.

**nacional** *(Partido),* nombre oficial del Partido blanco de Uruguay.

**nacional de arte** *(galería)* [*national gallery of art*], importante museo de Washington.

**nacionalista vasco** *(Partido)* [P.N.V.], partido político fundado por Sabino Arana en 1894. De ideología nacionalista y democratacristiana, preside el gobierno vasco desde 1980. En 1986 una escisión fundó el partido Eusko alkartasuna.

**Naciones unidas** *(Organización de las)* → ***O.N.U.***

**NADAR** (Félix **Tournachon,** llamado), fotógrafo y caricaturista francés (París 1820-*id.* 1910). Fotografió a los personajes célebres de su época y realizó las primeras fotografías aéreas desde un globo (1858).

**NADER** (Ralph), economista y abogado norteamericano (Winsted, Connecticut, 1934). Denunció los abusos de la sociedad de consumo, y en particular logró que se impusieran nuevas normas de seguridad en la industria automovilística norteamericana.

**NĀDIR SHA** (cerca de Kalāt 1688-Fatḥābād 1747), rey de Persia [1736-1747]. Después de expulsar a los afganos y restaurar a los Ṣafawíes en el trono, se hizo con el poder (1736). Conquistó Afganistán e invadió la India de los mogoles (1739); fue asesinado.

**NADOR,** c. del N de Marruecos, al S de Melilla; cap. de prov.; 36 000 hab.

**Nafinsa** (Nacional financiera, S.A.), institución bancaria mexicana de carácter público, creada en 1934. Interviene en todos los sectores económicos, como agencia financiera del estado y como banco industrial de desarrollo.

**N.A.F.T.A.** → *T.L.C.*

**NAGALAND,** estado del E de la India; 16 527 km²; 1 215 573 hab. Cap. *Kohīma.* Petróleo.

**NAGANO,** c. de Japón (Honshū); 347 026 hab. Templo budista (Zenko-ji), restaurado en el s. XVII (estatuas de madera, s. VII).

**NAGANO OSAMI,** almirante japonés (Kōchi 1880-Tōkyō 1947). Ministro de Marina (1936), fue jefe del estado mayor general de la marina durante la segunda guerra mundial.

**NAGAOKA,** c. de Japón (Honshū); 185 938 hab.

**NĀGĀRJUNA,** filósofo budista, en gran parte legendario. Al parecer vivió en la India a fines del s. I o a comienzos del s. II d. J.C., y fue uno de los fundadores del budismo del gran vehículo.

**NAGASAKI,** c. y puerto de Japón (Kyūshū); 444 599 hab. Astilleros. Monumentos antiguos (ss. XVII-XVIII). La segunda bomba atómica fue lanzada sobre esta ciudad por los norteamericanos el 9 de agosto de 1945 y provocó aproximadamente 70 000 muertos.

**NĀGERCOIL** o **NĀGARCOIL,** c. de la India (Tamil Nadu); 189 482 hab.

**NAGOYA,** c. y puerto de Japón (Honshū), junto al Pacífico; 2 154 793 hab. Metalurgia. Química. Santuario sintoísta de Atsuta. Castillo reconstruido; museo de arte Tokugawa.

**NĀGPUR,** c. de la India (Mahārāshtra); 1 661 409 hab. Centro industrial.

**NAGRELLA** (Šĕmuel **ibn**), político y escritor hebraicoespañol (Córdoba 993-Granada 1056), también conocido por **Šĕmuel ha-Nagid** *(el príncipe).* Fue secretario de los soberanos de la taifa zīrí de Granada, jefe *(nagib)* de las aljamas judías del reino de Granada (1027), visir y jefe del ejército. Autor de una extensa obra poética *(Diván)* y erudito (obras talmúdicas, de gramática, de polémica antiislámica). – Su hijo, **Yosef** (Granada 1035-*id.* 1066), le sucedió como visir del rey Bādīs de Granada. Fue muerto en un levantamiento musulmán en el que fueron asesinados 3 000 judíos (1066).

**NAGUA,** c. de la República Dominicana, cap. de la prov. de María Trinidad Sánchez; 60 194 hab. Centro comercial y agrícola.

**NAGUABO,** mun. de Puerto Rico, en el *valle de Naguabo-Humacao;* 22 620 hab. Mármol. Planta hidroeléctrica en Río Blanco.

**NAGUANAGUA,** mun. de Venezuela (Carabobo); 45 660 hab. Café y caña de azúcar; ganadería vacuna.

**NAGY** (Imre), político húngaro (Kaposvár 1896-Budapest 1958). Comunista, fue primer ministro (1953-1955). Partidario de una política liberal, se enfrentó a los estalinistas Rákosi y Gerő, quienes le expulsaron del partido (1956). Llamado de nuevo al poder durante la insurrección de octubre de 1956, fue detenido y ejecutado (1958). Fue rehabilitado en 1989.

**NAHA,** c. y cap. del archipiélago japonés de las Ryū Kyū, en la isla de Okinawa; 304 836 hab.

**NAḤḤĀS BAJÁ** (Muṣṭafā **al-**), político egipcio (Samannad 1876-El Cairo 1965). Jefe del Wafd, fue cinco veces primer ministro entre 1928 y 1944.

**NAHUALÁ,** mun. de Guatemala (Sololá), al NO del lago Atitlán; 23 754 hab. Artesanía.

**NAHUATZEN,** mun. de México (Michoacán); 16 610 hab. Tabaco. Explotación forestal; industria artesanal.

**NAHUEL HUAPI,** lago glaciar argentino (600 km²), al pie de los cerros Tronador, Mirador y Crespo. *Parque nacional Nahuel Huapi* (Neuquén y Río Negro). Turismo.

**NAHUIZALCO,** mun. de El Salvador (Sonsonate); 21 037 hab. Artesanía (sombreros de paja y cestería).

**NAHUM**, profeta bíblico de fines del s. VII a. J.C. Profetizó la caída de Nínive (612 a. J.C.).

**NAIGUATÁ**, pico de Venezuela, punto culminante de la cordillera de la Costa, al NE de Caracas; 2 765 m.

**NAIN (Le)**, nombre de tres pintores franceses, nacidos en Laon y muertos en París, los hermanos **Antoine** (*c.* 1588-1648), **Louis** (1595-1648) y **Mathieu** (1607-1677). A veces resulta difícil distinguir sus obras respectivas: cuadros de tema mitológico o religioso, retratos y, especialmente, escenas de la vida campesina, atribuidas a Louis.

**NAIPAUL** (Vidiadhar Surajprasad), escritor de Trinidad y Tobago (Trinidad 1932). Sus novelas evocan la doble imposibilidad, para los indios y para los negros, de la integración en la civilización británica y del regreso a los orígenes (*El curandero místico*, 1957; *Una casa para el sr. Biswas*, 1961).

**NAIROBI**, c. y cap. de Kenya, a 1 660 m de alt.; 1 504 900 hab. Aeropuerto. Universidad.

**NÁJERA**, c. de España (La Rioja); 6 901 hab. *(Najeranos* o *najerinos.)* Monasterio de Santa María la Real (s. XV), con claustro plateresco (s. XVI). Victoria de las tropas de Pedro I de Castilla frente a las de Enrique de Trastámara (1367) por el trono de Castilla.

**NÁJERA** o **SAN JUAN** (Andrés **de**), escultor activo en Castilla la Vieja en el primer tercio del s. XVI, experto en talla e imaginería (sillería alta del coro de la catedral de Burgos, con Bigarny, y sillería del coro de la catedral de Santo Domingo de la Calzada).

Andrés de **Nájera:** la sillería del coro de la catedral de Santo Domingo de la Calzada

**NÁJERA** (Antonio **de**), cosmógrafo castellano o portugués (s. XVII), autor de *Navegación especulativa y práctica* (Lisboa, 1628).

**NAJICHEVÁN**, república autónoma de Azerbaiján, enclave de población azerí en el SO de Armenia, en la frontera con Irán; 5 500 $km^2$; 295 000 hab. Cap. *Najicheván* (37 000 hab.).

**NAJODKA**, c. y puerto de Rusia, junto al Pacífico; 165 000 hab.

**NAKASONE YASUHIRO**, político japonés (Takasaki 1918). Presidente del Partido liberal democrático, fue primer ministro de 1982 a 1987.

**NAKHON PATHOM**, c. de Tailandia, al O de Bangkok; 45 000 hab. Museo arqueológico. Stūpa (s. XIX) de ladrillo esmaltado, centro de peregrinaciones.

**NAKURU**, c. de Kenya, al NO de Nairobi; 101 700 hab.

**NALCHIK**, c. de la Federación de Rusia, cap. de la República de Kabardino-Balkaria, al N del Cáucaso; 235 000 hab.

**NALÉ ROXLO** (Conrado), escritor argentino (Buenos Aires 1898-*id.* 1971). Cultivó el humorismo en sus poemas (*El grillo*, 1923), parodias (*Antología apócrifa*, 1969) y relatos (*Cuentos de Chamico*, 1941). Como autor teatral cultivó la farsa (*Una viuda difícil*, 1944) y el drama legendario (*Judith y las rosas*, 1956).

**NALÓN**, r. de España (Asturias), en la vertiente cantábrica; 153 km. Riega la cuenca minera de Sama, recibe al Caudal, Trubia y Narcea, y desemboca formando la *ría del Nalón*. Aprovechamiento hidroeléctrico.

**NAM DINH**, c. de Vietnam, a orillas del río Rojo; 90 000 hab. Centro textil.

**NAMANGAN**, c. de Uzbekistán, en la Ferganá; 308 000 hab.

**NAMAQUALAND** o **NAMALAND**, en afrikaans **Namakwaland**, región costera y árida, repartida entre la República de Sudáfrica y Namibia.

**NAMIB** *(desierto de)*, región costera y árida de Namibia.

**NAMIBIA**, ant. **África del Sudoeste**, estado de África austral, junto al Atlántico; 825 000 $km^2$; 1 500 000 hab. CAP. *Windhoek*. LENGUAS OFICIALES: *afrikaans* e *inglés*. MONEDA: *rand*.

GEOGRAFÍA

El país está formado principalmente por altas mesetas que dominan el desierto de Namib, y posee un rico subsuelo (diamantes, uranio). Es importante la riqueza pesquera del litoral. Habitado sobre todo por bantúes, durante mucho tiempo ha estado dominado por la minoría blanca.

HISTORIA

–Fines del s. XV-XVIII: algunos europeos, portugueses y posteriormente holandeses, se aventuraron en sus costas. Entretanto, los bantúes (herero y hotentotes) ocuparon el país, rechazando a bosquimanos y namaqua. 1892: Alemania se aseguró el dominio de la región (salvo un enclave convertido en colonia británica en 1878), que bautizó con el nombre de África del Sudoeste. 1904-1906: los alemanes reprimieron duramente las sublevaciones de los herero. 1914-1915: la Unión Sudafricana conquistó la región. 1920: la recibió como mandato de la S.D.N. 1922: el enclave británico fue anexionado al África del Sudoeste. 1949: la O.N.U. rechazó la anexión de la región a la Unión Sudafricana, que conservó su mandato sobre ella e implantó el apartheid. 1966: la O.N.U. revocó el mandato de la República de Sudáfrica. 1968: la O.N.U. cambió el nombre de África del Sudoeste por el de Namibia. La República de Sudáfrica ignoró esta decisión, pero no pudo impedir la formación de un partido independentista, S.W.A.P.O. (South West Africa people's organization). 1974: S.W.A.P.O. inició operaciones de guerrilla contra la República de Sudáfrica. 1988: acuerdos entre la República de Sudáfrica, Angola y Cuba provocaron un alto el fuego en el N de Namibia y abrieron el camino a la independencia del territorio. 1990: Namibia accedió a la independencia. El líder de S.W.A.P.O., Sam Nujoma, se convirtió en presidente de la república. 1994: el enclave sudafricano de Walvis Bay fue devuelto a Namibia.

**NAMIQUIPA**, mun. de México (Chihuahua); 32 987 hab. Cereales y frutales. Ganadería. Bosques.

**NAMPO** o **NAM-P'O**, c. y puerto de Corea del Norte, al SO de Pyongyang; 691 000 hab. Centro industrial.

**NAMPULA**, c. del N de Mozambique; 250 475 hab.

**NAMUR**, en flamenco **Namen**, c. de Bélgica, cap. de la prov. homónima, en la confluencia del Mosa y el Sambre; 103 443 hab. Universidad. Ciudadela. Iglesia barroca. — La *provincia de Namur* tiene 3 660 $km^2$ y 423 317 hab.

**NĀNAK**, llamado **Guru Nānak**, maestro espiritual indio (Talvandi, Lahore, 1469-Kartarpur 1538). Fundador de la religión de los sikh o nanekismo.

**NANA-SĀHIB** (**Dandhu Panth,** llamado), príncipe indio (*c.* 1825-*c.* 1860), que participó en la insurrección de los cipayos (1857).

**NANCHANG** o **NAN-CH'ANG**, c. de China, cap. de Jiangxi; 1 061 000 hab. Centro industrial. Museos.

**NANCHONG** o **NAN-CH'ONG**, c. de China (Sichuan); 180 273 hab.

**NANCY**, c. de Francia, cap. del dep. de Meurthe-et-Moselle, a orillas del Meurthe; 102 410 hab. (330 000 aprox. en la aglomeración). Universidad. Capital de los duques de Lorena, uno de ellos, Carlos III, la engrandeció (s. XVI). Conoció un período brillante con Estanislao Leszczyński, entre 1738 y 1766, año en que pasó a Francia. Iglesia de los Cordeliers (s. XV), catedral y plaza Stanislas (s. XVIII). Museos.

**NANDA DEVI**, pico del Himalaya (India); 7 816 m.

**NANDAIME**, mun. de Nicaragua (Granada); 21 298 hab. Cacao y caña de azúcar (ingenio azucarero).

**NANDINO** (Elías), poeta mexicano (Cocula 1903-Guadalajara, Jalisco, 1993). Tras su etapa vanguardista (*Color de ausencia*, 1932) cultivó una poesía de gran nitidez formal (*Nocturno amor*, 1958; *Cerca de lo lejos*, 1979).

**NĀNGA PARBAT** o **DIAMIR**, cumbre del Himalaya occidental (Cachemira); 8 126 m.

**NANKÍN**, en chino **Nanjing**, c. de China central, cap. del Jiangsu, puerto a orillas del Yangzi Jiang; 2 290 000 hab. Metalurgia. Tejidos. Química. Museos. En las proximidades, tumba del emperador Ming Hongwu (1381) y acantilado de los Mil Budas, conjunto monástico rupestre fundado en el s. V. La ciudad fue varias veces capital y alcanzó su apogeo en la época de los Ming. – El *tratado de Nankín* (29 ag. 1842) cedió Hong Kong a los británicos y abrió algunos puertos chinos al comercio europeo.

**NANNING** o **NAN-NING**, c. de China, cap. de Guangxi; 876 000 hab.

**NANSA**, r. de España (Cantabria), que desemboca en el Cantábrico formando la ría de Tina Menor; 46 km. Aprovechamiento hidroeléctrico.

**NANSEN** *(archipiélago de)* o **TIERRA DE FRANCISCO JOSÉ**, archipiélago ruso del Ártico, al N del mar de Barents.

**NANSEN** (Fridtjof), explorador noruego (Store-Fröen, cerca de Oslo, 1861-Lysaker 1930). Atravesó Groenlandia (1888), exploró el Ártico a la deriva a bordo del Fram e intentó alcanzar el polo N en trineo (1893-1896). Tuvo un papel importante en las empresas humanitarias de la S.D.N., en particular en beneficio de los refugiados. En 1922 hizo establecer el *pasaporte Nansen*, que permitía a estos últimos instalarse en el país que lo había expedido. (Premio Nobel de la paz 1922.)

**NANSHA QUNDAO** *(islas)*, archipiélago del mar de China meridional, entre Filipinas y Vietnam. Es reivindicado por estos dos países, así como por Brunei, China, Malaysia y Taiwan.

**NANTERRE**, c. de Francia, cap. del dep. de Hauts-de-Seine, al O de París; 86 627 hab. Universidad. Escuela de danza de la ópera de París.

**NANTES**, c. de Francia, cap. de la región Pays de la Loire y del dep. Loire-Atlantique, a orillas del Loira; 252 029 hab. Universidad (1460). Puerto y centro industrial. Fue la segunda capital de los duques de Bretaña. Activo centro comercial desde el s. XV, en el s. XVIII desarrolló un intenso tráfico portuario hacia África y América (trata de esclavos). Castillo de los duques de Bretaña. Catedral gótica (s. XV). Monumentos civiles de estilo neoclásico (s. XVII). Museos.

**Nantes** *(edicto de)*, edicto firmado en Nantes por Enrique IV de Francia (1598). Reguló la condición legal de los protestantes y concedió la libertad de culto, acabando así con las guerras de religión. Fue revocado por Luis XIV (1685).

**NANTONG** o **NAN-T'ONG**, c. de China (Jiangsu), junto al Yangzi Jiang; 343 341 hab.

**NANTUCKET**, isla de Estados Unidos (Massachusetts), en el Atlántico. Base de balleneros hasta el s. XIX.

**NAO** *(cabo de la)*, cabo de la costa mediterránea española (Alicante). Faro.

**NAPATA**, ant. c. de Sudán, de donde procedía la XXV dinastía, llamada cusita, que dominó Egipto. Necrópolis real. Restos de templos faraónicos.

**NAPIER** o **NEPER** (John), *barón* **de Merchiston,** matemático escocés (Merchiston, cerca de Edimburgo, 1550-*id.* 1617), introductor de los logaritmos (1614).

**NAPO**, r. de América del Sur; 885 km. Nace en territorio ecuatoriano, penetra en Perú y desemboca en el Amazonas (or. izq.).

**NAPO** *(provincia de)*, prov. del NE de Ecuador; 33 409 $km^2$; 103 387 hab. Cap. *Tena*.

**NAPOLEÓN I** (Ajaccio 1769-Santa Elena 1821), emperador de los franceses [1804-1814 y 1815]. Pertenecía a la familia corsa de los Bonaparte. Jacobino durante la revolución, se distinguió en Toulon contra los británicos (1793). En 1796 casó con Josefina de Beauharnais y recibió el mando del ejército de Italia, donde venció a austríacos y piamonteses y creó en 1797 la República Cisalpina (→ ***Italia*** [campañas de]). El Directorio quiso alejarlo y lo envió a Egipto (1798); a su regreso se convirtió en primer cónsul (golpe de estado del 18 de brumario [9 nov. 1799]), impuso una constitución autoritaria y centralizó la administración. Cónsul vitalicio (1802), firmó la paz con Austria y Gran Bretaña. Se proclamó emperador de los franceses (1804) y rey de Italia (1805), estableció una monarquía y prosiguió las reformas modernizadoras y de control ideológico. Tras su derrota en Trafalgar ante los británicos (1805), derrotó a los austrorrusos en Austerlitz (1805) y a los prusianos en Jena (1806). Intentó controlar Europa, colocando a miembros de su familia al frente de diversos estados, o mediante acciones militares contra sucesivas coaliciones, la mayoría capitaneadas por Gran Bretaña, contra la que decretó el bloqueo continental (1806). Las duras condiciones de las campañas, sobre todo en España (donde su intervención en 1808 provocó la guerra de la Independencia*) y en Rusia (desde 1812), y sus enormes gastos, desestabilizaron el régimen, que quiso salvar casándose (1810) con María Luisa de Austria, con quien tuvo un heredero, el rey de Roma, Napoleón II. Pero tras el fracaso de la campaña de Rusia, los aliados entraron en París (1814) y Napoleón, obligado a abdicar, fue confinado en la isla de Elba, mientras el congreso de Viena reorganizaba Europa. Huyó (1815) e intentó reconstruir el imperio (los Cien días), pero fue derrotado en Waterloo y deportado a la isla de Santa Elena.

**NAPOLEÓN II** (Francisco Carlos José **Bonaparte**), hijo de Napoleón I y de María Luisa de Austria (París 1811-Schönbrunn 1832). Recibió el título de rey de Roma al nacer y fue reconocido emperador tras la segunda abdicación de Napoleón I (1815) pero fue llevado por su madre a Viena donde, convertido en príncipe de Parma y después en duque de Reichstadt, pasó el resto de su vida.

**NAPOLEÓN III** (París 1808-Chislehurst, Gran Bretaña, 1873), emperador de los franceses [1852-1870]. Hijo de Luis Bonaparte, rey de Holanda, en 1836 y 1840 intentó proclamarse emperador. Encarcelado, se evadió y volvió a Francia después de la revolución de 1848. Presidente de la II república (dic. 1848), dio un golpe de estado (1851) y se proclamó emperador (1852). En 1853 casó con Eugenia de Montijo. Hasta 1860 su poder fue absoluto, pero posteriormente el régimen se liberalizó. Para ganarse el apoyo del pueblo, influido por Saint-Simon, favoreció las obras públicas y la beneficencia. Árbitro de Europa, intervino en Crimea (1854-1856) e Italia (1859) y se anexionó Saboya y Niza, pero fracasó militarmente en México (1862-1867) y, tras declarar la guerra a Alemania (1870), tuvo que capitular en Sedán. Fue encarcelado y pasó finalmente a Gran Bretaña.

**NÁPOLES,** en ital. **Napoli,** c. de Italia, cap. de prov. y de la Campania, junto al *golfo de Nápoles* (formado por el mar Tirreno) y cerca del Vesubio; 1 054 601 hab. *(Napolitanos.)* Universidad. Puerto comercial. Industrias metalúrgicas, textiles, químicas y alimentarias. Castel Nuovo (ss. XIII-XV). Numerosas iglesias de origen medieval. Palacio real (ss. XVII-XVIII). Teatro San Carlo (1737). Ant. cartuja de San Martín (decoración barroca; museo). Galería de Capodimonte (pintura, porcelanas, etc.). Museo nacional (colecciones de arte romano procedentes de Pompeya y Herculano). Fue fundada en el s. V a. J.C. por los atenienses y los calcidios con el nombre de Veapolis. En 326 a. J.C. fue conquistada por los romanos. Tomada por los bizantinos (353), formó, en 661, la capital de un ducado bizantino. En 1139 cayó en manos de los normandos de Sicilia, y en 1282 se convirtió en la capital del reino de Nápoles. Enriquecida por el auge del comercio y de la industria textil (s. XV), estuvo bajo la dominación aragonesa (1442) antes de ser capital de los Borbones (1734-1860), que la convirtieron en un brillante centro cultural.

**NÁPOLES** *(reino de),* ant. reino de Italia, parte peninsular del reino de Sicilia, que la dinastía angevina conservó tras su expulsión de la Sicilia insular (1282). Alfonso V de Aragón tomó Nápoles (1442) y se proclamó rey de las Dos Sicilias, convirtiendo la corte napolitana en uno de los principales focos culturales del s. XV. Tras la invasión francesa (1495), el dominio de Nápoles fue reintegrado a la Corona de Aragón. Carlos Quinto cedió este reino a su hijo Felipe II y, tras el tratado de Cateau-Cambrésis (1559), Nápoles perdió su independencia y se convirtió en virreinato, quedando durante dos siglos bajo dominación española. Nápoles estuvo en manos de la dinastía austríaca de los Habsburgo hasta 1734, fecha en que pasó a ser gobernada por los Borbones españoles. En 1799, los franceses instauraron en él la efímera República Partenopea; el reino de Nápoles, confiscado por Napoleón I, fue otorgado a José Bonaparte (1806) y luego a Murat (1808), quien intentó conservarlo sin éxito (1814-1815). Fernando IV, restaurado en 1815, estableció en 1816 la unión con Sicilia (reino de las Dos Sicilias), hasta que Garibaldi lo conquistó en 1860.

**NAQŠ-I RUSTAM,** lugar de sepultura de los reyes persas aqueménidas (s. V a. J.C.), próximo a Persépolis, donde, a partir de Darío I, se construyeron hipogeos rupestres cuyas fachadas aparecen decoradas con relieves.

**NARA,** c. de Japón (Honshū); 349 349 hab. Primera cap. estable de Japón de 710 a 784, construida según el modelo chino de Chang'an, cap. de los Tang. Numerosos templos, entre los que destaca el *Hōryūji,* que alberga tesoros artísticos del *período de Nara,* edad de oro de la civilización japonesa.

**NARĀM-SIN,** rey de Acad (*c.* 2225-2185 a. J.C.). Nieto de Sargón, extendió su imperio desde el Zagros hasta el N de Siria. Una estela inmortaliza una de sus victorias (Louvre).

**NARANCO,** sierra de España, al N de Oviedo; 634 m en el Paisano. En ella se hallan dos monumentos capitales del arte prerrománico asturiano: Santa María de Naranco y San Miguel de Lillo (s. IX), declarados patrimonio de la humanidad por la Unesco (1988).

**NARANJAL,** cantón de Ecuador (Guayas); 34 839 hab. Cacao, arroz y frutas tropicales.

**naranjas** *(guerra de las),* enfrentamiento entre España y Portugal (1801). Presionada por Francia, España tomó Olivenza, que desde entonces quedó incorporada a España, y ocupó el Alentejo, forzando a Portugal a cumplir el Bloqueo continental contra Gran Bretaña.

**NARANJITO,** cantón de Ecuador (Guayas); 21 259 hab. Plátanos y caña de azúcar.

**NARANJITO,** mun. de Puerto Rico, en la cuenca del Plata; 27 914 hab. Tabaco. Central hidroeléctrica.

**NARANJO,** cantón de Costa Rica (Alajuela); 28 152 hab. Café, cereales, caña de azúcar y tabaco.

**NARANJO DE BULNES** o **PICO URIELLO,** pico de España, en el sector central de los Picos de Europa (Asturias); 2 515 m. Es un difícil punto de ascensión para los montañistas.

**NARANJOS (Los),** yacimiento arqueológico de Honduras (lago Yojoa), centro ceremonial con distintas fases de ocupación, desde el 500 a. J.C. hasta el 1250 d. J.C. La fase Yojoa (550-950) es de influencia maya.

**NARAYANAN** (Kocheril R.), político indio (Ozhavoor, Kerala, 1921). Dirigente del Partido del congreso, fue ministro de Exteriores (1985-1986) y presidente de la India desde 1997.

**NĀRĀYANGANJ,** c. y puerto fluvial de Bangla Desh, al SE de Dacca; 288 008 hab. Algodón y yute.

**NARBADĀ,** r. de la India, tributario del mar de Omán, límite tradicional entre el Indostán y el Decán; 1 290 km.

**NARBONA,** en fr. **Narbonne,** c. de Francia (Aude); 47 086 hab. Tuvo una intensa relación con Cataluña durante la alta edad media. Decayó después de la cruzada de los albigenses. Catedral gótica (ss. XIII-XIV).

**NARBONENSE,** ant. provincia de la Galia romana, constituida a fines del s. II a. J.C. Provincia imperial (27 a. J.C.) y luego senatorial (22 a. J.C.), se extendía desde la región de Toulouse hasta el lago Léman, englobando Saboya, Delfinado, Provenza y Languedoc. En el s. IV fue dividida.

**NARCEA,** r. de España (Asturias), afl. del Nalón (or. izq.); 91 km. Aprovechamiento hidroeléctrico.

**NARCISO,** personaje de la mitología griega. Joven de gran belleza seducido por su propia imagen reflejada en una fuente, murió al no poder alcanzar el objeto de su pasión. En el lugar donde murió nació la flor que lleva su nombre.

**NARCISO** (54 d. J.C.), liberto del emperador Claudio. Tuvo una importante participación en el gobierno del imperio. Agripina le obligó a suicidarse al advenimiento de Nerón.

**NARCISO** *(san),* mártir (†Gerona *c.* 307). Obispo de Gerona, durante la persecución de Diocleciano marchó a Augsburgo, donde realizó tareas de evangelización. De vuelta en España, sufrió martirio.

**NARDI** (Angelo), pintor italiano (Razzo 1584-Madrid 1664). Pintor de cámara de Felipe IV, destacan sus pinturas de la iglesia de las bernardas de Alcalá de Henares, que denotan su manierismo.

**NAREW,** en ruso **Nárev,** r. de Europa oriental, afl. del Vístula (or. der.); 484 km.

**NARIÑO** *(departamento de),* dep. del SO de Colombia; 31 045 km$^2$; 1 019 098 hab. Cap. *Pasto.*

**NARIÑO,** mun. de Colombia (Antioquia); 15 346 hab. Caña de azúcar y plátanos. Ganadería.

**NARIÑO** (Antonio), patriota colombiano (Santa Fe de Bogotá 1765-Leiva 1823). Fue deportado y encarcelado por sus ideas liberales y nacionalistas. Secretario del Congreso en Santa Fe (1810), presidente de Cundinamarca (1811), se enfrentó al congreso de las Provincias Unidas y proclamó la independencia de aquel estado (1813). Derrotado por los realistas en Pasto (1814), fue deportado a Cádiz (1816-1820). Bolívar le nombró vicepresidente de la Gran Colombia (1821), pero dimitió meses después al no aprobarse sus tesis federalistas.

**Narita,** aeropuerto de Tōkyō.

**Nārmer** *(paleta del rey),* placa de esquisto (museo de El Cairo), de fines del IV milenio, procedente de Hieracónpolis (Alto Egipto), cap. del reino del Sur en esa época. Decorada con bajorrelieves, es el más antiguo documento que atestigua la unificación de los dos reinos del Alto y Bajo Egipto.

**NARÓN,** mun. de España (La Coruña); 31 306 hab. Cap. *Gándara.* Industria maderera.

**NARROS** (José María **de Eguía,** 3.$^{er}$ *marqués* **de**), ilustrado español (Azcoitia *c.* 1733-Vitoria 1833). Fundador y secretario perpetuo de la sociedad económica vascongada de Amigos del País, fue diputado general de Guipúzcoa (1758).

**NARSÉS,** general bizantino (*c.* 478-Roma 568). De origen armenio, hizo fracasar la sedición de Nika (532). Expulsó a los francos y a los alamanes de Italia, cuya administración reorganizó.

**Narva** *(batalla de)* [30 nov. 1700], victoria del ejército sueco de Carlos XII sobre el ruso de Pedro el Grande que tuvo lugar en Narva (Estonia) durante la guerra del Norte.

**NARVÁEZ** (Francisco), pintor y escultor venezolano (Porlamar 1908-†1982). Su escultura pasó de una reflexión sobre las culturas americanas a la abstracción (*Atleta,* 1952).

**NARVÁEZ** (Luis **de**), compositor y vihuelista español (Granada *c.* 1500-† *c.* 1550), autor de *Los seis libros del Delphín de música de cifra para tañer vihuela* (Valladolid, 1538), obra que incluye 14 fantasías y transcripciones y diferencias (variaciones) sobre canciones religiosas y profanas.

**NARVÁEZ** (Pánfilo **de**), conquistador español (Valladolid o Cuéllar *c.* 1470-en el golfo de México 1528). Participó en la conquista de Cuba (1514). Enviado a Nueva España para frenar a Cortés, fue de-

**Napoleón I**
(David - museo Bonnat, Bayona)

**Napoleón III**
(palacio de Compiègne)

Antonio **Nariño**
(por E. Vilardell)

**Nasser**

rrotado por éste en Cempoala (1520). Murió durante una fracasada expedición a Florida.

**NARVÁEZ** (Ramón María), *duque* **de Valencia,** político y militar español (Loja 1800-Madrid 1868). Jefe del gobierno (1844-1851), gobernó de modo dictatorial, imponiendo la represión y el predominio del ejército y suspendió la desamortización. Ocupó de nuevo el cargo en 1856-1857, 1864-1865 y 1866-1867.

**NARVIK,** c. y puerto del N de Noruega; 18 733 hab. Exportación del mineral de hierro sueco. Combates navales y terrestres entre alemanes y francobritánicos (abril-mayo 1940).

**N.A.S.A.** (National aeronautics and space administration), organismo norteamericano fundado en 1958, encargado de dirigir y coordinar las investigaciones aeronáuticas y espaciales civiles en E.U.A.

**NASARRE** (*fray* Pablo), organista español (nacido en 1664-Zaragoza 1724). Franciscano, autor de un prestigioso tratado (*Escuela música según la práctica moderna, dividida en dos partes,* 1724), compuso villancicos polifónicos y numerosas piezas sacras.

**NASCIMENTO** (Milton), cantautor y director de orquesta brasileño (Río de Janeiro 1942). Su obra es intimista y testimonial contra la injusticia *(Travessia, Missa dos Quilombos, Angelus).*

**NASH** (John), arquitecto y urbanista británico (¿Londres? 1752-en la isla de Wight 1835), representante del neoclasicismo y de un eclecticismo pintoresco (Regent street, reconstrucción del pabellón de Brighton, etc.).

**NASHE** o **NASH** (Thomas), escritor inglés (Lowestoft 1567-Yarmouth *c.* 1601), autor de libelos, de una novela picaresca (*El viajero infortunado o la vida de Jack Wilton,* 1594) y de obras de teatro.

**NASHVILLE,** c. de Estados Unidos, cap. de Tennessee; 488 374 hab.

**NĀSIK,** c. de la India (Mahārāshtra), al NE de Bombay; 722 139 hab. Santuarios búdicos rupestres (ss. I-II d. J.C.).

**NASSAU,** c. y cap. de las Bahamas, en isla *New Providence;* 172 196 hab. Centro turístico.

**NASSAU** *(familia de),* familia que se estableció en Renania en el s. XII y que se dividió en varias ramas a partir de 1255: la *rama de Walram,* una de cuyas subdivisiones reinó en Hesse-Nassau; la *de Otón* y la *de Orange-Nassau,* surgida de la anterior en el s. XVI, que destacó al frente de las Provincias Unidas.

**NASSAU** (Guillermo I, *príncipe* **de Orange** y *conde* **de)** → ***Guillermo I de Nassau.***

**NASSAU** (Mauricio **de)** → ***Mauricio de Nassau.***

**NASSER** *(lago),* embalse de Egipto y Sudán, formado sobre el Nilo por la presa de Asuán; 60 000 km².

**NASSER** (Gamal Abdel), en ár. **Ŷamāl 'Abd al-Nāṣir,** político egipcio (Beni Mor 1918-El Cairo 1970). Organizó a partir de 1943 el movimiento de los oficiales libres que llevó a cabo el golpe de estado contra el rey Faruk (1952) y proclamó la república (1953). Tras eliminar al presidente Naguib (1954), asumió todos los poderes. Nacionalizó el canal de Suez (1956), lo que provocó la intervención israelí y francobritánica. Aceleró el proceso de estatalización de la economía y comenzó la presa de Asuán con la ayuda soviética (1957). Al mismo tiempo, se constituyó en el adalid de la unidad árabe. Tras la derrota de Egipto ante Israel (1967), dimitió, pero, plebiscitado, volvió al poder.

**NATAGAIMA,** mun. de Colombia (Tolima); 17 863 hab. Plátanos, arroz, algodón, ganadería vacuna.

**NATAL,** c. y puerto de Brasil, junto al Atlántico, cap. del est. de Rio Grande do Norte; 606 541 hab.

**NATAL-KWAZULU,** ant. **Natal,** prov. de la República de Sudáfrica, en la costa SE del Índico; 92 180 km²; 7 537 000 hab. Cap. *Pietermaritzburg.* C. pral. *Durban* y *Richard's Bay.* Natal recibió el nombre de su descubridor Vasco da Gama (Navidad 1497). Fue colonizado por los británicos y luego por los bóers (1837), que vencieron a los zulúes. Colonia británica desde 1844, en 1897 se anexionó el territorio de los zulúes (Zululandia). En 1910 se adhirió a la Unión Sudafricana. Al territorio de los zulúes (Kwazulu) se le otorgó una autonomía especial en 1994.

**NATÁN,** profeta hebreo contemporáneo de David. Yahvé le encargó que censurara al rey su adulterio con Betsabé.

**National broadcasting company** → ***NBC.***

**NATIVITAS,** mun. de México (Tlaxcala); 16 912 hab. Área de regadío en la cabecera del Atoyac.

**N.A.T.O.** → ***O.T.A.N.***

**NATOIRE** (Charles), pintor francés (Nimes 1700-Castelgandolfo 1777). Decorador de amable virtuosismo, trabajó en París (palacio Soubise), en Versalles y en Roma (bóveda de San Luis de los franceses).

**NATORP** (Paul), filósofo alemán (Düsseldorf 1854-Marburgo 1924), principal representante de la escuela neokantiana de Marburgo.

**NATSUME SŌSEKI,** escritor japonés (Tōkyō 1867-*id.* 1916), autor de novelas sicológicas (*Sombra y luz,* 1916).

**NATTIER** (Jean-Marc), pintor francés (París 1685-*id.* 1766). Especializado en el retrato de inspiración mitológica, desde 1740 fue pintor oficial de la familia real.

**naturaleza de las cosas** *(De la) [De rerum natura],* poema didáctico de Lucrecio, uno de los textos fundamentales del epicureísmo.

**NATUSH** (Alberto), militar y político boliviano (Magdalena 1933). Derrocó al presidente Guevara (1979), pero tuvo que ceder el poder a Lidia Gueiler meses después.

**NAUCALPAN,** mun. de México (México); 730 170 hab. Cab. *Naucalpan de Juárez.* Importante centro industrial en la aglomeración de la ciudad de México.

**NAUCRATIS,** ant. c. egipcia del delta del Nilo. Convertida en el único puerto abierto a los extranjeros, principalmente los griegos (s. VI a. J.C.), fue la metrópolis comercial de Egipto hasta la fundación de Alejandría (331 a. J.C.).

**NAUMBURG,** c. de Alemania (Sajonia-Anhalt), a orillas del Saale; 30 706 hab. Catedral románica y gótica (esculturas del s. XIII).

**NAUPACTA,** en gr. **Naúpaktos** o **Épakhtos,** c. de Grecia, en la entrada del golfo de Corinto; 11 000 hab. Base naval de los atenienses en el s. V a. J.C., fue conocida desde la edad media con el nombre de **Lepanto.**

**NAUPLIA,** en gr. **Nauplion** o **Anapli,** c. de Grecia, en el Peloponeso (Argólida); 11 453 hab. Ciudadela. Turismo. Era el puerto de la ciudad de Argos.

**NAURU,** atolón de Micronesia, al S de las islas Marshall, que forma un estado independiente desde 1968; 21 km²; 8 000 hab. CAP. *Yaren.* LENGUAS OFICIALES: *inglés* y *nauruán.* MONEDA: *dólar australiano.* Fosfatos.

**NAUSICA** o **NAUSÍCAA,** personaje legendario griego, hija de Alcinoo, rey de los feacios, que acogió a Ulises náufrago.

**NAVA,** mun. de México (Coahuila); 5 682 hab. Minas de carbón; planta termoeléctrica.

**NAVACERRADA,** puerto de España, en la sierra de Guadarrama (1 860 m de alt.), aprovechado por la carretera Madrid-Segovia. Estación de deportes de invierno de *Navacerrada* (1 700-2 100 m), en Cercedilla (Madrid).

**NAVALCARNERO,** v. de España (Madrid), cab. de p. j.; 10 294 hab. *(Navalcarnereños.)* Ganado lanar. Avicultura. Iglesia gótica con torre mudéjar.

**NAVALMORAL DE LA MATA,** v. de España (Cáceres), cab. de p. j.; 15 211 hab. *(Moralos.)* Algodón, tabaco; curtidurías. Pastos.

**NAVARINO,** isla de Chile (Magallanes), entre el canal Beagle y la bahía de Nassau; 80 km de long. En la costa N se encuentra Puerto Williams.

**NAVARINO** → ***Pilos.***

**Navarino** *(batalla de)* [20 oct. 1827], derrota de la flota turco-egipcia por una escuadra franco-anglorusa en la rada de Navarino (Grecia), durante la guerra de independencia griega.

**NAVARRA,** en vasco **Naparra** o **Nafarroa,** región del NE de España que constituye una comunidad autónoma uniprovincial; 10 421 km²; 523 563 hab. Cap. *Pamplona.* P. j. de *Aoiz, Estella, Pamplona, Tafalla* y *Tudela.*

GEOGRAFÍA

Entre los Pirineos, al N, y la depresión del Ebro, que ocupa el S de la región, se extienden las tierras de transición de Estella y Tafalla, regadas por el Aragón y el Arga. Poblamiento disperso, en especial en el N; la aglomeración de la capital agrupa al 36 % del total provincial. Agricultura cerealista y hortofrutícola (en los regadíos de la Ribera), con altos rendimientos y calidades. Explotación forestal y ganadería vacuna en el Pirineo. La industria se concentra en torno a Pamplona, y un segundo eje en la Ribera (agroindustria, conservas) y Tudela (metalurgia).

HISTORIA

–S. III a. J.C.: pobladores suesetanos y vascones. Los vascones ofrecieron gran resistencia a las conquistas romana, visigoda y musulmana. 778: derrota de los francos carolingios por los vascones en Ron-

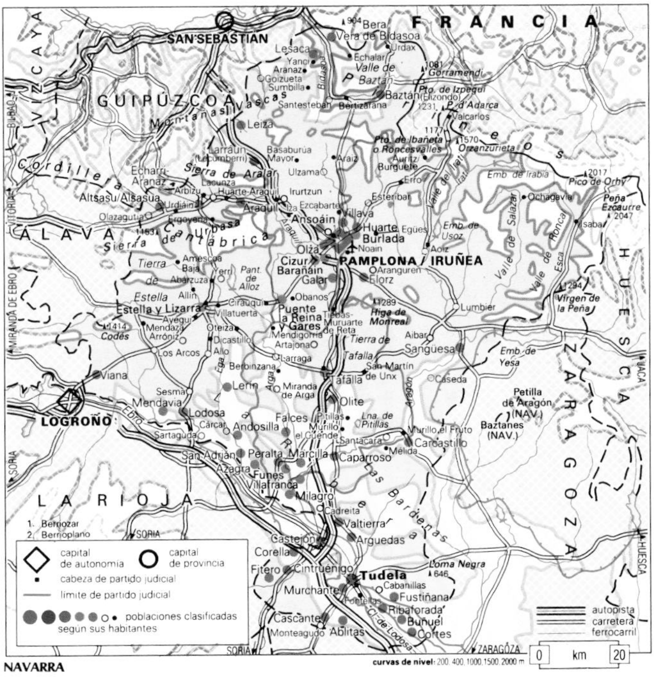

NAVARRA

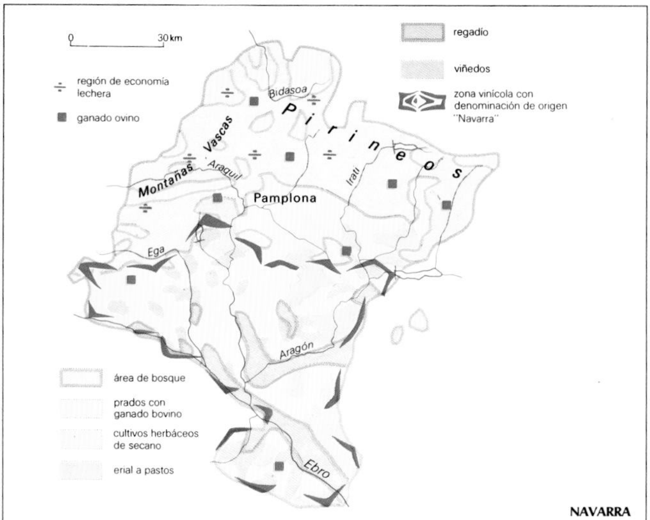

NAVARRA

cesvalles. S. IX: formación del reino de Navarra. 1515: anexión del reino de Navarra a Castilla, conservando sus instituciones y sus fueros. 1530: Carlos Quinto renunció a una de las seis merindades navarras, Ultrapuertos o Baja Navarra, que en 1607 se incorporó a Francia. Las otras merindades (Pamplona, Estella, Tudela, Sangüesa y Olite) conservaron sus cortes, leyes, moneda, privilegios y fronteras, mantenidas después de la guerra de Sucesión en el s. XVIII. Tuvo un gran papel en la guerra de la Independencia (Espoz y Mina). 1841: ley pactada de amejoramiento del fuero por la que se suprimieron las viejas instituciones y se creaba la provincia, pero Navarra conservó cierta autonomía administrativa (Diputación foral) y los fueros. Fue uno de los principales focos del carlismo (s. XIX) y de la insurrección militar de 1936 contra la república. 1982: ley de reintegración y amejoramiento del régimen foral, por la que se constituía Navarra en Comunidad autónoma foral.

**NAVARRA** *(reino de),* estado medieval a ambos lados de los Pirineos occidentales, aunque predominantemente peninsular. De 905 a 1076 suele denominarse *reino de Pamplona.* Sancho III el Mayor (1000-1035) impuso su hegemonía sobre Aragón y Castilla; Sancho VII el Fuerte participó con Castilla y Aragón en la batalla de las Navas de Tolosa (1212), pero tras su muerte tuvo que incorporarse a Francia para evitar su absorción por esos reinos (dinastía de Champaña, 1234). Recuperó su independencia en 1328, bajo la dinastía de los Evreux. S. XV: guerra civil entre agramonteses (El Llano, agrícola y castellano parlante) y beaumonteses (La Montaña, agrícola-ganadera y de habla euskera). 1512: conquista por el duque de Alba para Castilla. Catalina de Foix se mantuvo como reina de la Baja Navarra, incorporada a Francia entre 1589 y 1607. Los reyes de Francia conservaron el título de reyes de Navarra hasta 1789, y los de España hasta 1834.

**NAVARRA** *(dinastía),* ramas de la dinastía Jimena de Navarra. La rama castellanoleonesa empezó con Fernando I (1035-1065) y acabó con Urraca (1109-1126). La aragonesa se inició con Ramiro I (1035-1063) y acabó con Petronila (1137-1162).

**NAVARRETE** (Domingo **Fernández**), dominico y teólogo español (Peñafiel 1610-Santo Domingo 1698), misionero en Filipinas (1646) y China (1664) y arzobispo de Santo Domingo (1682). Tomó parte en la conferencia de Cantón sobre los ritos chinos (1668).

**NAVARRETE** (*fray* Manuel), poeta mexicano (1768-1809). Figuró en el grupo neoclásico de la Arcadia mexicana. Su poesía, pastoril y elegíaca, fue recopilada en *Entretenimientos poéticos* (1823 y 1835).

**NAVARRETE** (Juan **Fernández de**), llamado **el Mudo,** pintor español (Logroño *c.* 1526-Toledo 1579). Introdujo en España el gusto veneciano. Encargado de la decoración pictórica de El Escorial, evolucionó hacia un realismo de efectos tenebristas (*El bautismo de Cristo,* Prado).

**NAVARRO** (Juan), compositor español (Marchena *c.* 1525-Palencia 1580). Discípulo de C. de Morales, fue uno de los polifonistas más destacados del s. XVI (*Psalmi, Hymni et Magnificat,* 1590).

**NAVARRO** (Juan), pintor español (Altea 1903-Sitges 1989). Integrante de la escuela de París, pasó de la figuración a una abstracción concreta.

**NAVARRO** (Pedro), militar e ingeniero español (Garde, Navarra, 1460-Castelnuovo, Nápoles, 1528), inventor o perfeccionador de las minas militares.

**NAVARRO LLORENS** (José), pintor español (Valencia 1867-*id.* 1923). Primero ligado a Fortuny, se centró luego en paisajes luminosos de libre factura.

**NAVARRO ORTEGA** (Nicolás Eugenio), prelado venezolano (El Valle del Espíritu Santo, Nueva Esparta, 1867-Caracas 1960). Destacó en la historiografía eclesiástica de su país *(Anales eclesiásticos venezolanos, El patronato eclesiástico de Venezuela).*

**NAVARRO TOMÁS** (Tomás), filólogo español (La Roda 1884-Cambridge, Massachusetts, 1979), especialista en fonética (*Manual de pronunciación española,* 1918; *Estudios de fonología española,* 1946). [Real academia 1933.]

**NAVÁS** (Longinos), jesuita y naturalista español (Cabacés, Tarragona, 1858-Gerona 1938), especialista en el estudio de los neurópteros. Fundó la Sociedad entomológica española.

**Navas de Tolosa** *(batalla de las)* [16 julio 1212], victoria de los ejércitos de Castilla, Aragón y Navarra sobre los almohades mandados por al-Nāṣir en la aldea de Navas de Tolosa (La Carolina, Jaén), que acabó con el expansionismo musulmán en la Península.

**nave de los locos** *(La),* título de un poema satírico de Sebastian Brant (1494), así como de un cuadro del Bosco (act. en el Louvre).

**NAVIA,** r. de España (Lugo y Asturias), en la vertiente cantábrica; 111 km. Producción hidroeléctrica (embalses de Grandas de Salime y Doiras).

**NAVIA,** v. de España (Asturias); 8 914 hab. *(Naviegos.)* Madera (pasta de papel). Playas.

**NAVOJOA,** mun. de México (Sonora), junto al río Mayo; 106 221 hab. Centro agrícola (frutales).

**NAVRATILOVA** (Martina), jugadora de tenis norteamericana de origen checo (Řevnice, cerca de Praga, 1956). Entre otros, ha ganado nueve veces el torneo de Wimbledon (1978, 1979, 1982 a 1987, y 1990). Se retiró en 1994.

**NAXOS** o **NÁXO,** la mayor de las islas Cícladas (Grecia); 428 km²; 14 000 hab. C. pral. *Naxos* (3 000 hab.).

**NAXOS,** ant. c. griega de Sicilia, fundada en 735 a. J.C.

**NAŶAF (al-),** c. de Iraq, al S de Bagdad; 242 603 hab. Centro de peregrinación chiita.

**NAYAR,** mun. de México (Nayarit); 20 016 hab. Ganadería. Minería diversificada.

**NAYARIT** *(estado de),* est. del O de México; 27 621 km²; 824 643 hab. Cap. *Tepic.*

**Nayarit** *(cultura de),* cultura prehispánica desarrollada en la costa del estado mexicano de Nayarit. No posee restos arquitectónicos y sí en cambio abundante cerámica con temas cotidianos, que se remontan a los ss. XI-XIII d. J.C.

la cultura de **Nayarit:** grupo de figurillas de una ceremonia funeraria
(museo nacional de antropología, México)

**NAŶD,** ant. emirato, parte de Arabia Saudí. C. pral. *Riyād.* En el s. XVIII fue el centro del movimiento wahhābí.

**NAZARÉ,** c. y puerto de Portugal (Leiria), en la costa de Estremadura; 10 180 hab. Pesca. Turismo.

**NAZARET,** c. del N de Israel, en Galilea; 39 400 hab. *(Nazarenos.)* Jesús vivió en ella hasta el comienzo de su ministerio. Iglesia de la Anunciación (s. XVIII).

**NAZARÍ,** dinastía musulmana que reinó en Granada (1231-1492) tras el fin del imperio almohade. El primer soberano, Muḥammad I (1231-1272), inició la construcción de la Alhambra. Muḥammad II y Muḥammad III se enfrentaron a la oposición de los benimerines. Ismā'īl I (1313-1324) inició una segunda dinastía nazarí. Con Muḥammad V (1354-1390) floreció la cultura musulmana. Tras la guerra civil entre Muley-Hacén, el Zagal y Boabdil, el reino fue conquistado por los Reyes Católicos (1492).

**NAZAS,** r. de México (Durango); 300 km. Nace en la sierra Madre occidental y desemboca en la laguna del Mayrán, en vías de desaparición. Embalse Lázaro Cárdenas (3 000 Mm³).

**NAZCA** *(dorsal),* dorsal oceánica asísmica, de una longitud superior a los 1 000 km y dispuesta perpendicularmente a la costa de Perú.

**NAZCA** *(placa),* parte SE del océano Pacífico, delimitada por las dorsales de las Galápagos, del Pacífico este, y de Chile, y las fosas oceánicas de Chile y de Perú.

**NAZCA** o **NASCA,** c. de Perú (Ica); 27 300 hab. Centro agrícola y minero (hierro). Museo arqueológico. En la *Pampa de Nazca,* grandes figuras, trazadas en el suelo, de la cultura nazca.

**nazca** *(cultura),* cultura precolombina peruana desarrollada en los valles del río Nazca entre 300 a. J.C. y 1000 d. J.C. Es probable que se desarrollara a partir de la cultura de Paracas. Se caracteriza por una cerámica de gran calidad, policromada y de diseños preferentemente abstractos. También sobresale por los tejidos que cubrían las momias. Son notables las líneas y figuras de varios kilómetros de longitud trazadas en la arena (400-500 d. J.C.) en los alrededores de Nazca y que sólo son apreciables desde el aire.

**NAZOR** (Vladimir), escritor yugoslavo (Postire 1876-Zagreb 1949). Autor de novelas (*Stoimena,* 1916) y de poesías líricas y épicas, fue un renovador de la literatura croata.

**NBC** (National broadcasting company), una de las tres grandes cadenas de televisión norteamericanas (junto con la ABC y CBS), fundada en 1926.

**N'DJAMENA,** ant. **Fort-Lamy,** c. y cap. de Chad, a orillas del Chari; 687 800 hab. Puerto fluvial.

**NDOLA,** c. de Zambia; 376 311 hab. Cobre.

**NDZOUANI** o **NZWANI,** ant. **Anjouan,** isla del archipiélago de las Comores; 359 km²; 148 000 hab.

**NE WIN** (**Maung Shu Maung,** llamado **Bo**), general

y político birmano (Paungdale 1911). Primer ministro tras el golpe de estado de 1962 y jefe del estado (1974-1981), conservó hasta 1988, como líder del partido único, el poder efectivo.

**NEAGH** *(lough)*, lago de Irlanda del Norte, al O de Belfast; 388 km$^2$.

**Neanderthal** o **Neandertal** *(hombre de)*, esqueleto humano, descubierto en 1856 en el valle del Neander cerca de Düsseldorf. Es el primer fósil humano reconocido como distinto del hombre actual. Los neandertalenses vivieron entre 80000 y 35000 a. J.C. y están asociados a la facies musteriense.

**NEARCO,** navegante cretense, almirante de la flota de Alejandro Magno (s. IV a. J.C.). Dejó un relato de su navegación *(Periplo)*, desde las fuentes del Indo hasta el mar Rojo.

**NEBAJ,** mun. de Guatemala (Quiché); 22 773 hab. Curtidos y tejidos artesanales. Yacimiento arqueológico maya.

**NEBO,** montaña de Palestina, al NE del mar Muerto, lugar tradicional de la muerte de Moisés.

**NEBRA** (José **de**), organista y compositor español (Calatayud 1702-Madrid 1768), autor de zarzuelas, óperas, autos sacramentales y música religiosa (*Officium defunctorum*, 1758).

**NEBRASKA,** estado de Estados Unidos, en las grandes llanuras; 200 000 km$^2$; 1 578 385 hab. Cap. *Lincoln.*

**NEBRIJA** (Antonio **Martínez de Cala,** llamado **Elio Antonio de**), humanista español (Lebrija 1441-Alcalá de Henares 1522). Escribió *Gramática* de la lengua castellana* (1492), la primera sobre una lengua vulgar, y *Reglas de la ortografía castellana* (1517). Colaboró además en la redacción de la *Biblia políglota* y trató en sus obras cuestiones jurídicas, cosmológicas, arqueológicas e históricas.

**NECAO** o **NEKAU I,** uno de los príncipes saítas que gobernaron el Delta egipcio (s. VII a. J.C.). – **Necao** o **Nekau II** (594 a. J.C.), rey de Egipto de la XXVI dinastía [609-594]. Venció a Josías, rey de Judá, en Megiddó, pero fue vencido en Karkemish (605) por Nabucodonosor, y tuvo que renunciar a Palestina y a Siria.

**NECHÁIEV** (Serguéi Guennádievich), revolucionario ruso (Ivánovo 1847-San Petersburgo 1882). Redactó con Bakunin el *Catecismo revolucionario* (1869). Hizo asesinar a un miembro de una sociedad secreta que acababa de fundar, por lo que fue desautorizado por la I Internacional (1871) y condenado a cadena perpetua (1873).

**NECHAKO,** r. de Canadá (Columbia Británica), afl. del Fraser (or. der.); 400 km.

**NECKAR,** r. de Alemania, que atraviesa Tubinga y Heidelberg, y desemboca en el Rin (or. der.) en Mannheim; 371 km.

**NECKARSULM,** c. de Alemania (Baden-Württemberg), a orillas del Neckar; 22 109 hab. Automóviles.

**NECKER** (Jacques), financiero y político francés de origen suizo (Ginebra 1732-Coppet, Suiza, 1804). Banquero en París (1762), fue director general de Finanzas (1777). Publicó un informe sobre la deuda pública y los gastos de las clases privilegiadas, y tuvo que dimitir (1781). Llamado al gobierno por Luis XVI (1788), aconsejó la convocatoria de estados generales, pero no logró evitar la revolución y se retiró a Coppet, junto con su hija, Mme. de Staël.

la cultura **nazca:** detalle de un tejido procedente de Ica (museo de Ica, Perú)

**NECOCHEA,** c. de Argentina (Buenos Aires); 84 684 hab. Puerto pesquero (conservas). Turismo.

**NECOCLÍ,** mun. de Colombia (Antioquia); 25 987 hab.

**NECTANEBO I** († 360 a. J.C.), primer faraón de la XXX dinastía [378-360]. Defendió con éxito Egipto contra Artajerjes II y fue un gran constructor. – **Nectanebo II,** faraón de la XXX dinastía [359-341 a. J.C.]. Vencido por Artajerjes III, fue el último rey indígena de Egipto.

**NEDERLAND** → ***Países Bajos.***

**NÉEL** (Louis), físico francés (Lyon 1904-Brive 2000). Descubrió nuevos tipos de magnetismo y completó las teorías de P. Curie. (Premio Nobel de física 1970.)

**Neerwinden** *(batallas de)*, batallas que tuvieron lugar en Neerwinden (Brabante): en 1693 (29 julio), el mariscal de Luxemburgo derrotó a Guillermo de Orange; en 1793 (18 marzo), Federico de Sajonia-Coburgo venció a Dumouriez.

**NEFERTARI, NEFERTITI** o **NEFRETETE,** reina de Egipto, esposa del faraón Ramsés II.

**NEFERTITI,** reina de Egipto, esposa de Amenofis IV Ajnatón (s. XIV a. J.C.). Los museos de Berlín, El Cairo y el Louvre conservan hermosas representaciones esculpidas de esta reina.

**NEFTALÍ,** tribu del N de Palestina, cuyo antepasado epónimo era un hijo de Jacob.

**NEGRA** *(cordillera)*, cordillera de Perú, que se alza sobre la costa del Pacífico paralela a la cordillera Blanca, de la que la separa el Callejón de Huaylas; 5 187 m de alt. en el Rocarre.

**NEGRA** *(laguna)*, laguna glaciar de Venezuela, en el Páramo de Mucuchíes (sierra Nevada de Mérida). Turismo. Flora andina (frailejón).

**NEGRA** o **DE LOS DIFUNTOS** *(laguna)*, laguna del S de Uruguay (Rocha), en el litoral oriental.

**NEGRET** (Edgar), escultor colombiano (Popayán 1920). A partir de 1953 trabajó en sus aparatos mágicos (realizados a base de planchas metálicas o tubos policromados), que buscan reflejar el mundo contemporáneo en la estética de la máquina y en la geometría abstracta de lo científico.

**NEGRETE** (Jorge), cantante y actor mexicano (Guanajuato 1911-Los Ángeles 1953). Tras una famosa carrera como cantante, actuó con éxito en el cine de habla hispana: *¡Ay, Jalisco, no te rajes!* (1941), *Gran Casino* (1947), *Si Adelita se fuera con otro* (1948).

**NEGRI** (Cesare), maestro de ballet italiano (Milán c. 1536-† 1604), autor de *Nuove inventioni di Balli* (1604), donde menciona las cinco posiciones fundamentales de la danza académica.

**NEGRÍN** (Juan), médico y político español (Las Palmas 1892-París 1956). Miembro del P.S.O.E., durante la guerra civil fue ministro de Hacienda (1936) y presidente del gobierno (1937), cargo que conservó en el exilio hasta 1945.

**NEGRO,** nombre que recibe el curso alto del río Usumacinta* a su paso por Guatemala.

**NEGRO,** r. de América Central, que nace en las mesetas de Estelí (Nicaragua), forma frontera con Honduras y desemboca en el golfo de Fonseca; 100 km aprox.

**NEGRO,** r. de América del Sur, afl. del Amazonas (or. der.); 2 200 km. Nace en Colombia con el nombre de Guainía, forma un tramo de frontera con Brasil y se adentra en territorio de este país hasta desembocar aguas abajo de Manaus.

**NEGRO,** r. de Argentina (Río Negro), de la vertiente atlántica; 635 km. Formado por la confluencia del Neuquén y el Limay. Su curso es regulado por el complejo Chocón-Cerros Colorados, y aprovechado para el regadío de una extensa zona.

**NEGRO,** r. de Uruguay, afl. del Uruguay y el principal curso del interior del país; 800 km. Aprovechamiento hidroeléctrico (centrales de Rincón del Bonete, Rincón de Baigorria y Palmar).

**NEGRO** *(cerro)*, volcán activo de Nicaragua (León); 675 m de alt.

**NEGRO** *(mar)*, ant. **Ponto Euxino,** mar interior entre Europa y Asia, que se comunica con el Mediterráneo por el Bósforo y los Dardanelos; 461 000 km$^2$, dependencia del mar de Azov.

**NEGRO** *(Príncipe)* → ***Eduardo,*** el Príncipe Negro.

**NEGROPONTO** → ***Eubea.***

**NEGROS,** isla de Filipinas, al NO de Mindanao; 13 000 km$^2$; 2 700 000 hab.

**NEGRUZZI** (Costache), escritor rumano (Trifeşti 1808-Iaşi 1868), uno de los iniciadores de la literatura nacional rumana.

**NÉGUEV,** desierto del S de Israel, que llega hasta el golfo de 'Aqaba. Cultivos irrigados.

**NEHEMÍAS,** judío de Persia que organizó (445 a. J.C.) junto con el sacerdote Esdras la restauración de Jerusalén y de la comunidad judía tras el Exilio. El libro bíblico de Nehemías (s. III a. J.C.) relata esta restauración.

**NEHRU** (Jawajarlāl), político indio (Allahābad 1889-Nueva Delhi 1964). Discípulo de Gandhi, presidente del Congreso nacional indio a partir de 1929 y primer ministro (1947-1964), se convirtió en uno de los principales defensores del neutralismo. Tuvo un papel importante en las conferencias de Colombo (1950), Bandung (1955) y Belgrado (1961). Su prestigio y su popularidad se vieron afectados por la derrota de la India ante China (1962).

**NEIBA** *(sierra de)*, alineación montañosa del S de República Dominicana, que forma el reborde del lago Enriquillo; 2 262 m de alt. máxima.

**NEIBA,** c. de la República Dominicana, cap. de la prov. de Baoruco; 35 960 hab. Explotación forestal. Minas de sal.

**NEILL** (Alexander Sutherland), pedagogo británico (Forfar [act. Angus], Escocia, 1883-Aldeburgh, Suffolk, 1973), fundador de la escuela Summerhill, en la que puso en práctica la idea de que los niños son capaces de educarse con la mínima intervención de los adultos.

**NEIRA,** mun. de Colombia (Caldas), junto al Cauca; 24 895 hab. Café e industrias derivadas.

**NEIRA** (Juan José), militar y patriota colombiano (Guchantivá, Boyacá, 1793-Bogotá 1840). Tomó parte en la guerra de independencia y posteriormente defendió Bogotá en las luchas civiles.

**NEIRA VILAS** (Xosé), escritor español en lengua gallega (Gres, Pontevedra, 1928). Sus vivencias infantiles impregnan la trilogía de *O ciclo do neno: Memorias de un niño campesino* (*Memorias dun neno labrego,* 1961), *Cartas a Lelo* (1971), *Aquellos años del Moncho* (*Aqueles anos do Moncho,* 1977). El realismo está presente en sus novelas, poemas y cuentos infantiles.

**NEISSE** → ***Nysa Łużycka.***

**NEIVA,** c. de Colombia, cap. del dep. de Huila; 194 556 hab. Mercado del valle alto del Magdalena.

**Antonio de Nebrija**
(anónimo - biblioteca colombina, Sevilla)

**Nefertiti**
(museo egipcio, El Cairo)

Jorge
**Negrete**

Jawajarlāl
**Nehru**

Industria farmacéutica y de la construcción. Fue fundada en 1539.

**NEKRÁSOV** (Nikolái Alexéievich), poeta y publicista ruso (Iuzvino 1821-San Petersburgo 1877), director de las revistas liberales *El contemporáneo* y *Los anales de la patria*, que ejercieron gran influencia en la evolución política y literaria de Rusia.

**NELKEN** (Margarita), política y escritora española (Madrid 1896-México 1968). Militante del ala radical del P.S.O.E., fue diputada por Badajoz en las cortes republicanas. Se exilió en 1939. Escribió *La condición social de la mujer en España* (1919).

**NELSON,** r. del centro de Canadá, emisario del lago Winnipeg y tributario de la bahía de Hudson (en *Port Nelson*); 650 km. Central hidroeléctrica.

**NELSON** (Horatio, *vizconde*), *duque* **de Bronte,** almirante británico (Burnham Thorpe 1758-en el mar 1805). Sirvió en la India y participó en el bloqueo de Cádiz y en la batalla del Cabo San Vicente (1797). Después de conquistar Malta, logró la victoria decisiva de Trafalgar contra la unión de las flotas francesa y española (1805). Fue muerto durante esta batalla.

**NEMEA,** valle de la Argólida, donde se celebraban los *juegos nemeos*. Según la leyenda, Heracles mató allí un león que asolaba el lugar.

**NEMERY** o **NEMEIRY** (Yaffar **al-**) → ***Numeiry.***

**NÉMESIS,** diosa griega de la venganza.

**NEMROD** → ***Nimrud.***

**NEMROD** o **NIMRUD,** personaje legendario de la Biblia *(valiente cazador ante el Eterno)*, transposición, en la tradición hebrea, de un héroe o de un dios mesopotámico.

**NENNI** (Pietro), político italiano (Faenza 1891-Roma 1980). Secretario general del Partido socialista italiano en el exilio (1931), participó en la guerra de España (1936-1938). Vicepresidente del consejo italiano (1945), ministro de Asuntos Exteriores (1946-1947) y vicepresidente del consejo (1963), fue elegido, en 1966, presidente del Partido socialista reunificado. Ministro de Asuntos Exteriores (1968-1969), no pudo evitar en 1969 una nueva escisión del Partido socialista.

**NEOPATRIA** *(ducado de)*, señorío creado por los almogávares en Grecia en 1319. Abarcaba Ftiótide y el S de Tesalia, bajo la soberanía, junto con el ducado de Atenas, del reino catalán de Sicilia. Anexionado por la Corona de Aragón (1377), pasó a Florencia (1390) y luego a Turquía (1460).

**NEOPTÓLEMO** → ***Pirro,*** hijo de Aquiles.

**NEOVOLCÁNICA** *(cordillera)*, cordillera de México que forma el reborde S del Altiplano mexicano, desde el golfo de México hasta el Pacífico. Comprende numerosos volcanes: Orizaba (5 747 m), el pico más alto del país, Popocatépetl, Iztaccíhuatl, Paricutín.

**N.E.P.** (Nóvaia ekonomícheskaia politika), nueva política económica, más liberal, instaurada en la Rusia soviética desde 1921 hasta 1929.

**NEPAL,** estado de Asia, al N de la India; 140 000 $km^2$; 19 600 000 hab. *(Nepaleses.)* CAP. *Katmandú.* LENGUA OFICIAL: *nepalés.* MONEDA: *rupia nepalesa.* Nepal se extiende sobre el S del Himalaya. Su frontera con el Tíbet pasa por el Everest.

HISTORIA

S. IV-VIII: los newar del valle de Katmandu adoptaron la civilización india. Desde el s. XII: el resto del país, salvo los valles del N ocupados por tibetanos, fue colonizado paulatinamente por indonepaleses. 1744-1780: la dinastía de los gurkha unificó el país. 1816: por el tratado de Segowlie tuvo que aceptar una especie de protectorado de Gran Bretaña. 1846-1951: una dinastía de primeros ministros, los Rānā, detentó el poder efectivo. 1923: Gran Bretaña reconoció formalmente la independencia de Nepal. 1951: Tribhuvana Bir Bikram (1911-1955) restableció la autoridad real. 1955-1972: Mahendra Bir Bikram se proclamó rey. 1972: le sucedió Birendra Bir Bikram. 1990: autorizó la formación de partidos políticos. 1991: se celebraron las primeras elecciones multipartidistas.

**NEPEAN,** c. de Canadá (Ontario), zona suburbana de Ottawa; 105 684 hab.

**NEPEÑA,** mun. de Perú (Ancash); 7 650 hab. En el valle del *río Nepeña,* yacimientos arqueológicos de las culturas mochica (s. V: pirámides, pinturas murales) y Chavín (murallas, templo).

**NEPER** (John) → ***Napier.***

**NEPOTE** (Cornelio) → ***Cornelio Nepote.***

**NEPTUNO,** planeta del sistema solar situado después de Urano, descubierto en 1846 por el astrónomo alemán Galle, gracias a los cálculos de Le Verrier (diámetro ecuatorial: 49 500 km). Presenta numerosos rasgos de similitud con Urano, pero su atmósfera es mucho más turbulenta. Está rodeado de anillos de materia. Se le conocen ocho satélites.

**NEPTUNO,** dios romano del mar, identificado con el *Poseidón* griego.

**NEREIDAS,** divinidades marinas griegas, hijas de Nereo. Eran cincuenta y acudían en auxilio de los marinos.

**NEREO,** dios marino de la mitología griega, padre de las *Nereidas.*

**NERJA,** v. de España (Málaga); 14 334 hab. *(Nerjeños.)* En la Costa del Sol. Turismo (playa). En sus inmediaciones, la *cueva de Nerja,* con estalactitas y estalagmitas, en la que se han hallado pinturas rupestres, industrias líticas y restos humanos del paleolítico y neolítico.

**NERNST** (Walther), físico y químico alemán (Briesen, Prusia, 1864-cerca de Muskau 1941). Inventor de una de las primeras lámparas eléctricas de incandescencia, estudió un método de determinación de los calores específicos a muy baja temperatura. (Premio Nobel de química 1920.)

**NERÓN** (Antium 37 d. J.C.-Roma 68), emperador romano [54-68], hijo de Cneo Domicio Ahenobarbo y de Agripina la Joven. Fue adoptado por el emperador Claudio, a quien sucedió. A pesar de algunos actos de crueldad (asesinato de Británico [55] y de Agripina [59]), los comienzos del reinado fueron tranquilos y beneficiosos. Pero, después de la muerte de Burro y de la caída en desgracia de Séneca (62), Nerón se abandonó a un despotismo tal vez marcado por la locura: suicidio de Octavia (62), sustituida por Popea; condena a muerte de los ciudadanos ricos, cuyas fortunas pasaron a alimentar el tesoro público agotado por las extravagancias imperiales; primera persecución de los cristianos, acusados del incendio de Roma (64). Este régimen de terror dio lugar a conspiraciones (conjura de Pisón, 65) y, en 68, el ejército, con Galba en Hispania y Vindex en la Galia, se sublevó. Proclamado enemigo público se suicidó.

**NERUDA** (Neftalí Ricardo **Reyes,** llamado **Pablo**), poeta chileno (Parral 1904-Santiago 1973). Tras sus primeros poemas (*Veinte* poemas de amor y una canción desesperada,* 1924), encontró en el aislamiento de su labor diplomática el camino de la vanguardia (*Residencia en la tierra,* 1933 y 1935), en una poesía que expresa un estado de crisis y disolución personal. Su compromiso político de izquierda se manifestó en la serie *España en el corazón* (1937), que se integra en *Tercera residencia* (1942), y en el poema épico *Canto* general* (1950). Su poesía posterior se centró en lo cotidiano, el amor y la fantasía (*Odas elementales,* 1954-1957; *Estravagario,* 1958; *Memorial de Isla Negra,* 1964). En 1974 se editaron sus memorias *(Confieso que he vivido).* [Premio Nobel de literatura 1971.]

el almirante **Nelson**
(F. Abbott - galería nacional de retratos, Londres)

**Nerón**
(museo del Capitolio, Roma)

Pablo **Neruda**
(Sofía Gandarias - col. part.)

Amado **Nervo**
(dibujo por Vázquez Díaz)

**NERVA** (Marco Coceyo) [Narni *c.* 30-Roma 98], emperador romano [96-98], fundador de la dinastía de los Antoninos. Sucesor de Domiciano, practicó una política de colaboración con el senado y adoptó a Trajano (97) para que le sucediera.

**NERVAL** (Gérard **Labrunie,** llamado **Gérard de**), escritor francés (París 1808-*id.* 1855). Romántico, viajero (*Viaje a Oriente,* 1851), sus obras más conocidas son *Las quimeras* (1852), poemas, y *Las hijas del fuego* (1854), relatos.

**NERVI** (Pier Luigi), ingeniero y arquitecto italiano (Sondrio, Lombardía, 1891-Roma 1979). Especializado en el empleo del hormigón armado y el metal, entre sus obras cabe destacar el edificio de la Unesco en París (1954-1958), construido en colaboración con Breuer y Zehrfuss.

**NERVIÓN,** r. de España, en la vertiente cantábrica; 72 km. Nace en Peña Orduña (Álava), pasa por Bilbao y desemboca formando la *ría del Nervión,* zona de importante concentración industrial.

**NERVO** (Amado), poeta mexicano (Tepic 1870-Montevideo 1919). Como poeta se inició en el modernismo: *Perlas negras, Místicas,* ambas de 1898. Su estancia en París como corresponsal le imbuyó de una mística más literaria que real (*Los jardines interiores,* 1905). Sus obras posteriores adoptan un tono de sentimentalidad confidencial (*En voz baja,* 1909; *Plenitud,* 1918; *La amada inmóvil,* 1920). Escribió asimismo crónicas, crítica y novela corta.

**NESO,** centauro al que dio muerte Heracles por haber intentado violar a su esposa, Deyanira. Al morir, Neso dio a Deyanira su túnica, mojada con sangre, talismán que le aseguraría la fidelidad de su esposo. Cuando Heracles vistió dicha túnica sintió tales dolores que puso fin a su vida.

**NESS** *(loch)*, lago de Escocia, al SO de Inverness. Debe su celebridad a la presencia en sus aguas de un hipotético monstruo, que aparece intermitentemente *(el monstruo del lago Ness).*

**NESSELRODE** (Karl Robert, *conde* **von**), diplomático ruso (Lisboa 1780-San Petersburgo 1862). Ministro de Asuntos Exteriores (1816-1856), sirvió brillantemente a Alejandro I y a Nicolás I.

**Nestlé,** empresa suiza, la primera del mundo del sector alimentario, creada en 1867, que actualmente forma un grupo multinacional. Entre sus productos destacan chocolates, cafés, derivados lácteos y alimentos infantiles.

**NÉSTOR,** rey legendario de Pilos, héroe de la guerra de Troya, arquetipo del sabio consejero.

**NÉSTOR** (Néstor **Martín Fernández de la Torre,** llamado), artista español (Las Palmas de Gran Canaria 1887-*id.* 1938). Adscrito al simbolismo pictórico, destacó por la singular utilización de la luz *(Poema de los elementos).*

**NESTORIO,** monje y sacerdote de Antioquía (Germanica Cesarea [act. Kahramanmaraş] *c.* 380-Al-Jarŷa d. 451), patriarca de Constantinopla (428-431). Su doctrina sobre la relación de la divinidad y de la humanidad en Jesucristo *(nestorianismo)*, le valió ser depuesto por el concilio de Éfeso y luego desterrado.

**NETANYA** o **NATANYA,** c. y puerto de Israel, junto al Mediterráneo; 93 000 hab.

**NETANYAHU** (Benyamin), político israelí (Tel-Aviv 1949), embajador en E.U.A. entre 1982 y 1984, se convirtió en líder del Likud en 1993 y fue primer ministro de 1996 a 1999.

**NETO** (António Agostinho), político angoleño (Cachicane 1922-Moscú 1979). Fue presidente de la república desde 1975 hasta su muerte.

**NETZAHUALCÓYOTL,** c. de México → ***Nezahualcóyotl.***

**Netzahualcóyotl,** presa de México, sobre el río Mezcalapa o Grijalva (Chiapas). Regadío y abastecimiento de una central hidroeléctrica.

**NETZAHUALCÓYOTL** o **NEZAHUALCÓYOTL** (*c.* 1402-1472), soberano de Texcoco [1418-1472]. Hijo de Ixtlilxóchitl, luchó contra Tezozomoc y, aliado a los mexicas, se apoderó del reino en 1431. Fue poeta, filósofo y jurista.

**NETZAHUALPILLI** o **NEZAHUALPILLI** (1462-Tescotzinco 1516), soberano de Texcoco [1472-1516], hijo de Netzahualcóyotl. Su reinado coincide con la máxima prosperidad de Texcoco, que se anexionó reinos tributarios vecinos.

**NEUBRANDENBURG,** ant. en esp. **Neobrandeburgo,** c. de Alemania (Mecklemburgo-Antepomerania); 90 953 hab.

**NEUCHÂTEL,** en alem. **Neuenburg,** c. de Suiza, cap. del cantón homónimo, a orillas del *lago de Neuchâtel* (218 $km^2$); 33 579 hab. Universidad. Relojería. Turismo. – El *cantón de Neuchâtel* tiene 797 $km^2$ y 163 985 hab.

**NEUENGAMME,** localidad de Alemania, al SE de Hamburgo. Campo de concentración alemán (1938-1945).

**NEUILLY-SUR-SEINE,** c. de Francia (Hauts-de-Seine), al O de París; 62 033 hab. Centro residencial. Tratado entre los aliados y Bulgaria (1919).

**NEUMANN** (Johann Balthasar), arquitecto e ingeniero alemán (Cheb, Bohemia, 1687-Wurzburgo 1753), maestro del ilusionismo barroco (residencia de Wurzburgo, iglesia de Vierzehnheiligen en Baviera).

**NEUMANN** (Johann o John **von**), matemático norteamericano (Budapest 1903-Washington 1957). Autor de una teoría de los juegos, definió la estructura posible de una máquina automática para el tratamiento de la información.

**NEUMEIER** (John), bailarín y coreógrafo norteamericano (Milwaukee 1942). Creador inventivo y original, renovó la concepción y la puesta en escena coreográfica *(Dammem; Romeo y Julieta).*

**NEUMÜNSTER,** c. de Alemania (Schleswig-Holstein), al N de Hamburgo; 80 294 hab. Centro industrial.

**NEUNKIRCHEN,** c. de Alemania (Sarre); 51 277 hab. Centro industrial.

**NEUQUÉN,** r. de Argentina (Neuquén) que, con el Limay, forma el Negro; 400 km aprox. Obras de regadío e hidroeléctricas (Cerros Colorados).

**NEUQUÉN** *(provincia del),* prov. del E de Argentina; 94 078 $km^2$; 388 934 hab. Cap. *Neuquén.*

**NEUQUÉN,** c. de Argentina, cap. de la prov. homónima y del dep. de Confluencia; 167 078 hab. Centro de una rica zona agrícola (frutales y plantas forrajeras).

**NEURATH** (Konstantin, *barón* **von**), político alemán (Klein-Glattbach 1873-Leinfelder Hof 1956). Ministro de Asuntos Exteriores (1932-1938) y protector de Bohemia-Moravia (1939-1941), fue condenado a 15 años de prisión por el tribunal de Nuremberg.

**NEUSIEDL** *(lago),* en húng. **Fertö,** lago de Europa central, que forma frontera entre Austria y Hungría; 350 $km^2$.

**NEUSS,** c. de Alemania (Renania del Norte-Westfalia), a orillas del Rin; 145 665 hab. Iglesia del s. XIII (cripta del XI). Centro industrial.

**NEUSTRIA,** reino que agrupaba las regiones del N y NO de la Galia merovingia, formado a raíz del reparto de 561 en beneficio de Chilperico I. Fue rival de Austrasia. Pipino de Heristal realizó la unificación de ambos reinos.

**NEUTRA** (Richard Joseph), arquitecto norteamericano de origen austríaco (Viena 1892-Wuppertal 1970). Pionero de la prefabricación metálica y partidario del rigor del estilo internacional, en sus edificios logró una total armonía con la naturaleza.

**NEVÁ,** r. del N de Rusia. Nace en el lago Ladoga, pasa por San Petersburgo y desemboca en el golfo de Finlandia; 74 km.

**NEVADA** *(sierra),* cadena montañosa del O de Estados Unidos (California); 4 418 m en el monte *Whitney.*

**NEVADA** *(sierra),* sierra de España (Granada y Almería), en la zona central de la cordillera Bética. Destacan los picos Mulhacén (3 478 m), el más alto peninsular, Veleta (3 327 m) y loma de la Alcazaba (3 366 m). Deportes de invierno (estación de Solynieve, 2 100-3 470 m de alt.). *Observatorio de Sierra Nevada* (Granada), del Instituto de astrofísica de Andalucía, a 2 850 m, cercano al pico Veleta. *Parque nacional de Sierra Nevada* (86 208 ha).

**NEVADA** o **NEVADA DE MÉRIDA** *(sierra),* sierra del O de Venezuela, que forma parte de la cordillera de Mérida. Culmina en el pico Bolívar (5 007 m), el más alto del país.

**NEVADA,** estado del O de Estados Unidos; 295 000 $km^2$; 1 201 833 hab. Cap. *Carson City.* Turismo.

**NEVADA DE SANTA MARTA** *(sierra),* sierra del N de Colombia (Magdalena); 5 775 m en el pico Cristóbal Colón, máxima altura del país.

**NEVADA DEL COCUY** *(sierra),* sierra andina de Colombia (Boyacá y Arauca); 5 493 m de alt. Constituye la máxima elevación de la cordillera Oriental.

**NEVADO (El),** cerro de la cordillera Oriental de Colombia (Meta); 4 560 m.

**NEVADO DEL RUIZ** → ***Ruiz.***

**NEVERS,** c. de Francia, cap. del dep. de Nièvre, a orillas del Loira; 43 889 hab. Centro productor de cerámica desde el s. XVI. Catedral (ss. XI-XVI). Palacio ducal (ss. XV-XVI). Museos.

**NEVILLE** (Edgar), escritor español (Madrid 1899-*id.* 1967), autor dramático (*El baile,* 1952), guionista y realizador de cine y humorista.

**NEVILLE** (Richard), *conde* **de Warwick,** llamado **el Hacedor de reyes** (1428-Barnet 1471). Sobrino de Ricardo de York, le impulsó a reivindicar el trono de Inglaterra, y contribuyó a la victoria de Saint Albans (1455). Victorioso en Northampton (julio de 1460), capturó al rey Enrique VI. Al año siguiente hizo coronar a Eduardo IV, su primo. En 1470 restauró el reinado de Enrique, pero fue vencido por Eduardo y muerto.

**NEVIO** (Cneo), poeta latino (en Campania *c.* 270-Útica *c.* 201 a. J.C.), autor de una epopeya sobre la primera guerra púnica y creador de la tragedia de tema romano.

**NEVIS,** en esp. **Nieves,** isla de las Pequeñas Antillas; 93 $km^2$; 10 000 hab. Cap. *Charlestown.* Desde 1983 forma, con Saint Kitts, un estado independiente en el seno de la Commonwealth.

**New age,** corriente de base religiosa difusa, nacida en Estados Unidos hacia 1970, que anuncia la entrada en una *era nueva* de la humanidad, la «era de Acuario». Se inspira en el esoterismo, en la teosofía y en creencias extraordinarias propias de otros grupos religiosos contemporáneos.

**New deal** *(nuevo reparto),* nombre dado a las reformas emprendidas por Roosevelt en Estados Unidos, a partir de 1933, y que consagraron cierta intervención del estado en los ámbitos económico y social.

**NEW HAMPSHIRE,** estado de Estados Unidos, en Nueva Inglaterra; 24 000 $km^2$; 1 109 252 hab. Cap. *Concord.*

**NEW HAVEN,** c. y puerto de Estados Unidos (Connecticut), al NE de Nueva York; 130 474 hab. Universidad de Yale (con museo de arte).

**NEW JERSEY** → ***Nueva Jersey.***

**NEW MEXICO** → ***Nuevo México.***

**NEW ORLEANS** → ***Nueva Orleans.***

**NEW PROVIDENCE,** isla del archipiélago de las Bahamas; 207 $km^2$; 135 000 hab. C. pral. *Nassau.*

**NEW WESTMINSTER,** c. de Canadá (Columbia Británica); 43 585 hab. Construcción naval.

**NEW WINDSOR** → ***Windsor.***

**NEW YORK** → ***Nueva York.***

**New York times** *(The),* uno de los principales diarios norteamericanos, fundado en 1851.

**NEWARK,** c. y puerto de Estados Unidos (Nueva Jersey), en la *bahía de Newark,* cerca de Nueva York; 275 221 hab. Aeropuerto.

**NEWCASTLE,** c. y puerto de Australia (Nueva Gales del Sur); 422 100 hab. Universidad. Siderurgia.

**NEWCASTLE-UPON-TYNE, NEWCASTLE-ON-TYNE** o **NEWCASTLE,** c. y puerto del NE de Gran Bretaña, a orillas del Tyne; 204 000 hab. Universidad. Metalurgia.

**NEWCOMB** (Simon), matemático y astrónomo norteamericano (Wallace, Nueva Escocia, 1835-Washington 1909). Perfeccionó la teoría y las tablas de los movimientos de la Luna y de los planetas.

**NEWCOMEN** (Thomas), mecánico británico (Dartmouth 1663-Londres 1729). Construyó la primera máquina de vapor de aplicación práctica (1712).

**NEWFOUNDLAND** → ***Terranova.***

**NEWHAVEN,** c. y puerto de Gran Bretaña (Sussex), junto al canal de la Mancha; 10 000 hab. Tráfico marítimo hacia Dieppe. Estación balnearia.

**NEWMAN** (Arnold), fotógrafo norteamericano (Nueva York 1918), uno de los maestros del retrato fotográfico.

**NEWMAN** (Barnett), pintor norteamericano de origen polaco (Nueva York 1905-*id.* 1970), impulsor de la abstracción cromática y del arte minimal.

**NEWMAN** (John Henry), cardenal y teólogo británico (Londres 1801-Birmingham 1890). Pastor anglicano, ingresó en la Iglesia católica (1845), se ordenó sacerdote (1847) y fundó el Oratorio británico. Rector de la universidad católica de Dublín (1851-1858) y cardenal (1879), desarrolló en sus obras (*Gramática del asentimiento,* 1870) una alta espiritualidad abierta a las necesidades de la época.

**NEWMAN** (Paul), actor y director de cine norteamericano (Cleveland 1925). Ha impuesto su personaje abierto y complejo en numerosas películas: *El zurdo* (A. Penn, 1958), *El buscavidas* (R. Rossen, 1961), *Hud* (M. Ritt, 1963). Debutó como director con *Rachel, Rachel* (1968), a la que seguirían, entre otras, *Harry e hijo* (1983) y *El zoo de cristal* (1987).

**NEWPORT,** en galés **Monmouth,** c. y puerto de Gran Bretaña (País de Gales), junto al estuario del Severn; 117 000 hab. Iglesia parcialmente románica, act. catedral.

**NEWPORT NEWS,** c. de Estados Unidos (Virginia), junto a la bahía de Chesapeake; 170 045 hab. Astilleros.

**NEWTON** (*sir* Isaac), físico, matemático y astrónomo inglés (Woolsthorpe, Lincolnshire, 1642-Londres 1727). En 1669 estableció una teoría acerca de la composición de la luz blanca, a la que concibió como formada de corpúsculos. Su mecánica, expuesta en 1687 en los *Principios matemáticos de filosofía natural,* sería la base de todos los posteriores desarrollos de esta ciencia; está basada en el principio de la inercia, la proporcionalidad de la fuerza respecto a la aceleración y la igualdad de la acción y de la reacción. Descubrió la ley de la gravitación universal, identificando gravedad terrestre y atracción entre los cuerpos celestes. Según una anécdota de discutida veracidad, fue la observación de la caída de una manzana

Paul **Newman** en una escena de *Hud* (1963) de M. Ritt

Isaac **Newton**

debido a su peso (manzana de Newton) lo que le puso en el camino del descubrimiento de dicha ley. Inventó el telescopio (1671) y, al mismo tiempo que Leibniz, sentó las bases del cálculo diferencial moderno.

**NEXØ** (Martin Andersen), escritor danés (Copenhague 1869-Dresde 1954), principal representante de la novela proletaria (*Ditte, hija de los hombres,* 1917-1921).

**NEY** (Michel), *duque* **de Elchingen,** *príncipe* **del Moskova,** mariscal de Francia (Sarrelouis 1769-París 1815). Destacó en las guerras de la revolución y del imperio (Elchingen, 1805; Jena, 1806; Friedland, 1807), en España, donde conquistó Galicia y Asturias (1809), en Portugal (1810) y durante la campaña de Rusia (Borodinó, 1812). Fue nombrado par de Francia por Luis XVIII, pero se alió a Napoleón durante los Cien días y combatió en Waterloo. Fue fusilado.

**NEZAHUALCÓYOTL** o **NETZAHUALCÓYOTL,** mun. de México (México), en el NE de la aglomeración de la capital mexicana; 1 341 230 hab. Cab. *Ciudad Netzahualcóyotl.*

**NEẒAMI** o **NIẒĀMĪ,** poeta persa (Ganŷa c. 1140-*id.* c. 1209), autor de epopeyas novelescas (*Laylā y Maŷnūn).*

**NEZVAL** (Vítězslav), poeta checo (Biskupovice 1900-Praga 1958), de inspiración unas veces lírica y otras social y política.

**NGAN-HUEI** → ***Anhui.***

**NGAN-SHAN** → ***Anshan.***

**NGAN-TONG** → ***Andong.***

**NGAN-YANG** → ***Anyang.***

**NGAZIDJA,** ant. **Gran Comore,** la mayor y la más poblada de las islas del archipiélago de las Comores; 1 148 km$^2$; 190 000 hab.

**NGEU YANG-SIEU** → ***Ouyang Xiu.***

**NGÔ DINH DIÊM,** político vietnamita (Quang Binh 1901-Saigón 1963). Primer ministro de Vietnam del Sur (1954), proclamó la república (1955). Jefe del estado (1956-1963), apoyado por E.U.A., estableció un régimen autoritario. Murió durante un golpe militar.

**NHA TRANG,** c. y puerto de Vietnam; 216 000 hab.

**NI ZAN** o **NI-TS'AN,** pintor, calígrafo y poeta chino (Wuxi, Jiangsu, 1301-† 1374). Su desapego interior y su estilo sobrio hicieron de él uno de los más brillantes representantes de la estética letrada de la época Yuan.

**NIÁGARA,** en ingl. **Niagara,** r. de América del Norte, que limita Canadá y Estados Unidos y une los lagos Erie y Ontario; 56 km. Forma las *cataratas del Niágara* (50 m de alt. aprox.), importante centro turístico y emplazamiento de una gran central hidroeléctrica.

**NIAGARA FALLS,** c. de Estados Unidos (Nueva York), en la or. der. del *Niágara;* 73 077 hab. – La ciudad homónima, en la orilla canadiense (Ontario), cuenta con 61 840 hab.

**NIAMEY,** c. y cap. de Níger, a orillas del río Níger; 392 169 hab. Centro industrial, administrativo y comercial. Universidad. Aeropuerto.

**NIBELUNGOS,** enanos de la mitología germánica, poseedores de grandes riquezas subterráneas y que tenían por rey a *Nibelung.* Los guerreros del héroe Sigfrido, y posteriormente los burgundios en los poemas heroicos medievales, tomaron el nombre de *nibelungos* tras apoderarse de sus tesoros.

**nibelungos** *(Los),* epopeya germánica, escrita c. 1200 en alto alemán medio. Narra las hazañas de Sigfrido, dueño del tesoro de los nibelungos, para ayudar a Gunther a conquistar a Brunilda; su matrimonio con Crimilda, hermana de Gunther, su muerte a manos del traidor Hagen y la venganza de Crimilda.

**NICARAGUA** *(lago de),* lago de Nicaragua; 8 264 km$^2$. Entre sus tributarios, el Tipitapa lo comunica con el lago Managua; desagua en el Atlántico por el San Juan. Tiene más de un millar de islas.

**NICARAGUA,** estado de América Central; 148 000 km$^2$ (incluidos 9 000 de aguas interiores); 5 074 194 hab. *(Nicaragüenses.)* CAP. *Managua.* LENGUA OFICIAL: *español.* MONEDA: *córdoba oro.*

GEOGRAFÍA

En la región del Pacífico, una estrecha franja litoral da paso al Eje volcánico, que comprende varios grupos montañosos (alt. máx. 1 745 m en el volcán San Cristóbal) y la fosa tectónica de los lagos de Nicaragua, Managua y Tisma. El Escudo central es una amplia meseta que culmina en la sierra granítica de Dipilto-Jalapa (Mogotón, 2 107 m). Finalmente, al E la llanura del Caribe se extiende hasta la costa, baja y pantanosa, surcada por los principales ríos del país (Coco, Grande de Matagalpa). La población se concentra en las tierras bajas de la región del Pacífico, en tanto que la zona caribeña acoge sólo al 8 % de los habitantes. Las etnias amerindias (misquitos, sumo) representan un 5 % de la población. Managua concentra la cuarta parte del total. La agricultura es la principal actividad económica (algodón, café, azúcar, banano, ajonjolí). También tienen algún relieve la explotación forestal de las llanuras orientales, la ganadería, y la pesca. Del subsuelo se extrae bentonita, oro, plata y cinc. Las industrias, escasas, se localizan en los departamentos occidentales. Las gravosas herencias de la etapa somocista (importante deuda externa) y de la guerra civil agravan la precaria estructura de la economía. En 1998, un huracán causó la pérdida total de las cosechas, la muerte de tres mil personas y un millón de damnificados.

HISTORIA

***La población precolombina.*** El territorio estaba habitado por pueblos heterogéneos, fruto de las diversas migraciones. Los más importantes eran: nicarao, de origen nahua, en el istmo de Rivas; maribio, en el O, rama, de origen chibcha, y misquitos en el E; matagalpa en el macizo central; choluteca en el golfo de Fonseca; mangue al NO del gran lago, y ulúa en el Bocao.

***La conquista y colonización española.*** 1522: expedición de Gil González Dávila. 1524: F. Hernández de Córdoba inició la conquista del territorio y fundó, entre otras ciudades, Granada y León. 1527: se constituyó la gobernación de Nicaragua, con capital en León, bajo la jurisdicción de la audiencia de Guatemala. 1610: un terremoto obligó a trasladar León a su actual emplazamiento. 1786: constitución de la intendencia de León.

***La independencia.*** 1811: sustitución del intendente de León por una junta, y movimiento criollo en Granada. 1821: acta de independencia de Centroamérica. 1822-1823: anexión al imperio mexicano de Iturbide; inicio inmediato de un período de guerras civiles que, tras la integración de Nicaragua en las Provincias Unidas de Centroamérica (1824) se prolongó hasta 1829. 1838: Nicaragua fue el primer estado en proclamar su secesión de la federación centroamericana.

***Conservadores y liberales.*** 1838-1854: la constante rivalidad entre León, que se proclamaba liberal, y Granada, conservadora, marcó la historia del s. XIX; para neutralizarla se estableció la capital en Managua (1852). 1855-1857: apoyándose en las disensiones internas, el filibustero Walker se apoderó temporalmente de la república. 1858-1893: gobiernos conservadores; el proyecto de un canal interoceánico en Nicaragua y la explotación del oro revalorizó la débil economía del país, que entró en la órbita de E.U.A. 1893-1909: José Santos Zelaya impulsó la reforma liberal, aunque gobernó dictatorialmente, e intentó constituir una República Mayor de Centroamérica con El Salvador y Honduras (1895-1898).

***La intervención norteamericana.*** 1910: el apoyo de E.U.A. a la rebelión conservadora inició un período de constantes intervenciones. 1912-1916: la ocupación norteamericana forzó el tratado Bryan-Chamorro (1914). 1924-1927: la guerra civil entre Sacasa y Díaz, testaferro de E.U.A., dio paso al levantamiento de Sandino contra la presencia norteamericana (1927-1932); la guardia nacional, organizada por E.U.A., se convirtió en el poder fáctico tras el asesinato de Sandino (1934), instigado por Anastasio Somoza, jefe de la guardia.

***La dictadura somocista.*** 1936-1979: Anastasio Somoza instauró una dictadura familiar, apoyada en el control de la guardia nacional; los Somoza se adueñaron de los principales recursos económicos del país (azúcar, café, parte de la industria y el transporte) y reprimieron sangrientamente la oposición. 1972: el terremoto de Managua y la apropiación de la ayuda internacional por los Somoza recrudeció la oposición, en la que destacó la guerrilla del Frente sandinista. 1978: el asesinato del periodista liberal Pedro Joaquín Chamorro amplió el frente opositor y determinó la victoria de la guerrilla, que derrocó a la dictadura.

***El sandinismo y la conciliación.*** 1979-1980: constitución de una junta de reconstrucción nacional presidida por el sandinista Daniel Ortega; se expropiaron los bienes de los somocistas, se nacionalizó la banca y se inició la reforma agraria. 1981-1984: la salida de la junta del sector liberal inició una disensión interna que dio origen a una organización armada antisandinista, la contra, financiada por E.U.A. 1984-1990: la guerra erosionó gravemente la economía y el gobierno sandinista entró en una vía de negociación, amparada en los trabajos del grupo de Contadora (1986-1987) y las cumbres centroamericanas de Esquipulas (1987-1988); finalmente se acordó celebrar en 1990 elecciones con participación de la oposición, en las que ganó la Unión nacional opositora. 1990-1996: Violeta Chamorro asumió la presidencia y pactó una política de conciliación, manteniendo al sandinista Humberto Ortega al frente del ejército hasta 1995. Reforma constitucional que redujo el poder de intervención del gobierno en la propiedad privada (1995). 1996: el conservador Arnoldo Alemán fue elegido presidente de la república.

INSTITUCIONES

La constitución de 1987, reformada en 1995, establece un régimen presidencialista y reconoce los principios del pluralismo político. El presidente de la república, jefe del estado y del gobierno, es elegido para un período de cinco años; sólo puede ser elegido para dos mandatos consecutivos. El poder legislativo corresponde a la asamblea nacional, elegida por sufragio universal.

Oscar **Niemeyer:** la casa de la cultura de El Havre (1982)

LITERATURA
– *Ss. XIX y XX.* Poesía: M. Larreynaga, F. Quiñones Sunsín, J. D. Gámez. Modernismo: Rubén Darío, S. Argüello, J. de Dios Vanegas, A. Medrano, M. Tijerino, R. Umaña, L. Argüello, Azarías H. Pallais, S. de la Selva, A. Cortés. Vanguardismo: J. Coronel Urtecho, L. A. Cabrales, P. A. Cuadra, J. Pasos, M. Cuadra, A. Ordóñez Argüello, M. T. Sánchez. Generación de 1925: E. Cardenal, E. Mejía Sánchez, C. Martínez Rivas. Otros poetas: E. Gutiérrez, L. Rocha, B. Morales, L. Rugama, G. Belli.
Prosa: S. Calderón Ramírez, H. Robleto, A. Caleiro Orozco, S. de la Selva, F. Silva, P. J. Chamorro, L. Favilli, M. Cajina-Vega, L. Chávez Alfaro, R. Aguilar, S. Ramírez.

BELLAS ARTES
***Principales ciudades de interés artístico:*** Granada, León, Managua, Masaya.
***Artistas célebres.*** *Época colonial:* Pintura y escultura: T. Jerez, A. Sarria, F. León.
– *S. XX.* Pintura y escultura: R. Peñalba, O. de León, F. Saravia, A. Morales, A. Arostegui, C. Izquierdo, L. Sáenz, A. Arostegui, D. Aranda, L. Vanegas, N. Flores Castro, C. Montenegro, R. Pérez de la Rocha, O. Sabalvarro, G. Lugo, E. Medina, A. Canales, L. Cerrato, J. Quintero, A. Guillén, R. Pérez de la Rocha, B. Dreyfu, L. Urbina, M. Pierson, A. Morales, R. Castellón, Asilia Guillén.

MÚSICA
– *S. XX.* La figura más importante es L. A. Delgadillo; otros compositores destacados: A. Vega, J. Cruz Mena y F. J. Rosales. *(V. anexo cartográfico.)*

**NICEA,** ant. c. de Bitinia (Asia Menor), donde se celebraron dos concilios ecuménicos, uno de ellos convocado por Constantino (325), condenó el arrianismo y elaboró un símbolo de fe *(símbolo de Nicea)*; el otro, reunido por iniciativa de la emperatriz Irene (787), condenó a los iconoclastas y definió la doctrina ortodoxa sobre el culto de las imágenes. De 1204 a 1261, durante la ocupación de Constantinopla por los cruzados, fue la capital del *imperio de Nicea,* fundado por Teodoro I Láscaris, y que tuvo como último titular a Miguel VIII Paleólogo, quien reconquistó Constantinopla. (Es la actual *Iznik.*)

**NICÉFORO** *(san)* [Constantinopla *c.* 758-¿829?], patriarca de Constantinopla [806-815]. Fue depuesto a causa de su oposición a la iconoclasia y murió en el exilio. Escribió varios tratados sobre el culto de las imágenes y una historia del Imperio bizantino que abarca el período 602-769.

**NICÉFORO I el Logoteta** (Seleucia, Pisidia, en Bulgaria 811), emperador bizantino [802-811]. Restauró la autoridad bizantina en los Balcanes. Fue derrotado por Hārūn al-Rašīd y luego por los búlgaros, quienes lo mataron junto con su ejército. – **Nicéforo II Focas** (en Capadocia 912-Constantinopla 969), emperador bizantino [963-969]. Conquistó Cilicia, Chipre (964-965) y una parte de Siria (966 y 968). Fue asesinado por Juan Tzimisces. – **Nicéforo III Botaniates** († d. 1081), emperador bizantino [1078-1081]. Alejo Comneno le encerró en un convento.

**NICHIREN,** monje budista japonés (Kominato 1222-en Ikegami, Tōkyō, 1282), fundador de la secta que lleva su nombre. Intentó hacer del budismo una religión universal. Sus ideas ejercieron una gran influencia nacionalista en el Japón del s. XX.

**NICHOLSON** (William), químico y físico británico (Londres 1753-*id.* 1815). Descubrió, con Carlisle, la electrólisis del agua e inventó un aerómetro.

**NICIAS,** general ateniense (*c.* 470-Siracusa 413 a. J.C.), Se distinguió durante la guerra del Peloponeso, negoció la paz con Esparta (421) y murió durante una expedición a Sicilia que él mismo había desaconsejado.

**NICOBAR** *(islas),* archipiélago de la India, en el golfo de Bengala; 1 645 km²; 14 600 hab.

**NICODEMO** *(san)* [s. I], notable judío, miembro del sanedrín. Fariseo, fue en secreto discípulo de Jesús; ayudó a José de Arimatea a dar sepultura al cuerpo de Jesús.

**NICOL** (Eduardo), filósofo español (Barcelona 1907-México 1990), nacionalizado mexicano. Crítico de Ortega (*Historicismo y existencialismo,* 1950), se interesó por la antropología (*Metafísica de la expresión,* 1957) y por una nueva fundamentación de la ciencia en la relación entre verdad e historia (*Los principios de la ciencia,* 1965).

**NICOL** (William), físico británico (en Escocia *c.* 1768-Edimburgo 1851), inventor del prisma polarizador que lleva su nombre (1828).

**Nicolaier** *(bacilo de),* agente del tétanos.

**NICOLÁS** *(san)* [s. IV], obispo de Mira en Licia. Patrón de Rusia y de los niños. Su culto es muy popular en oriente y en Europa, especialmente en Bari (Italia), donde se encuentran sus reliquias. En el N de Europa se asimiló a papá Noel.

**NICOLÁS I** *(san)* [Roma *c.* 800-*id.* 867], papa de 858 a 867. Contribuyó a afirmar la primacía del papado frente a los grandes dignatarios eclesiásticos y reyes, y acogió a los búlgaros en la Iglesia romana. – **Nicolás II** (Gérard **de Bourgogne**) [Chevron *c.* 980-Florencia 1061], papa de 1059 a 1061. Combatió la simonía y el nicolaísmo, luchó contra la influencia imperial en Italia y se convirtió en defensor de los normandos. – **Nicolás IV** (Girolamo **Masci**) [Lisciano *c.* 1230-Roma 1292], papa de 1288 a 1292. Coronó a Carlos II de Anjou rey de Sicilia (1289) y otorgó el reino de Hungría a Carlos Martel. – **Nicolás V** (Tommaso **Parentucelli**) [Sarzana 1397-Roma 1455], papa de 1447 a 1455. Puso fin al cisma de Félix V (Amadeo de Saboya) y fundó la biblioteca vaticana.

**NICOLÁS I** (Tsárskoie Sieló 1796-San Petersburgo 1855), emperador de Rusia [1825-1855], tercer hijo de Pablo I. Sucedió a su hermano Alejandro I y se consagró a la defensa de la ortodoxia, de la autocracia y de la nacionalidad. Reprimió la revuelta polaca de 1830-1831 y aplastó la revolución húngara (1849), lo que le valió el sobrenombre de gendarme de Europa. Intentó acabar con el imperio otomano (1853), pero chocó con la resistencia de Francia y Gran Bretaña, que se lanzaron contra Rusia a la guerra de Crimea (1854). – **Nicolás II** (Tsárskoie Sieló 1868-Yekaterinburg 1918), emperador de Rusia [1894-1917], hijo y sucesor de Alejandro III. Reforzó la alianza francorrusa y arrastró a su país a la guerra contra Japón (1904-1905), que acabó con la derrota rusa. Obligado a conceder durante la revolución de 1905 el manifiesto de octubre, que prometía la reunión de una duma de estado, rehusó transformar Rusia en una verdadera monarquía constitucional. En 1915 tomó el mando supremo de los ejércitos y dejó que su esposa, Alexandra Fiodorovna, bajo la influencia de Rasputin, tuviese un papel preponderante en el gobierno. La insurrección de Petrogrado lo obligó a abdicar (marzo 1917). Trasladado a Yekaterinburg, fue asesinado junto con su familia (17 julio 1918). En 1998 sus restos mortales fueron trasladados a San Petersburgo.

**NICOLÁS** o **NIKITA I PETROVIĆ NJEGOŠ** (Njegoš 1841-Antibes 1921), príncipe y rey [1910-1918] de Montenegro.

**NICOLÁS NIKOLÁIEVICH ROMÁNOV** *(gran duque),* general ruso (San Petersburgo 1856-Antibes 1929). Tío del zar Nicolás II, fue generalísimo de los ejércitos rusos (1914-1915) y dirigió el frente del Cáucaso (1915-1917).

**NICOLÁS ROMERO,** mun. de México (México); 112 645 hab. Centro industrial (textil y papel).

**Nicolas-Favre** *(enfermedad de),* linfogranuloma inguinal o venéreo.

**NICOLAU** (Antoni), compositor español (Barcelona 1858-*id.* 1933), autor de obras corales: *La mort de l'escolà; La Mare de Déu; Divendres Sant; El noi de la mare,* etc.

**NICOLAU** (Pere), pintor valenciano documentado entre 1390 y 1405. Uno de los principales representantes del gótico internacional en Valencia (retablo de Sarrión, de influjo germánico).

**NICOLLE** (Charles), bacteriólogo francés (Ruán, 1866-Túnez 1936), descubridor del modo de transmisión de diversas enfermedades (tifus exantemático, fiebre recurrente). [Premio Nobel de fisiología y medicina 1928.]

Nicolás II, zar de Rusia (Vereschaguin - museo de Petrodvoriets)

Nietzsche

**NICOMEDES,** nombre de cuatro reyes de Bitinia.

**NICOMEDIA,** c. de Asia Menor (act. *İzmit*), fundada *c.* 264 a. J.C. Capital del reino de Bitinia, residencia imperial en tiempos de Diocleciano, en el s. IV fue un bastión del arrianismo.

**Nicópolis** *(batalla de)* [25 set. 1396], victoria de Bayaceto I en *Nicópolis* (act. *Nikopol,* en Bulgaria) sobre los cruzados de Segismundo de Luxemburgo.

**NICOSIA,** en gr. **Leukōsia** o **Lefkosía,** en turco **Lefkosha,** c. y cap. de Chipre, en el interior de la isla; 161 000 hab. Monumentos góticos de los ss. XIII y XIV; muralla veneciana del s. XVI.

**NICOYA,** golfo de Costa Rica, en el Pacífico, entre el cabo Blanco y la punta Judas. Puerto principal, Puntarenas. La *península de Nicoya* limita por el O la depresión ocupada por el golfo.

**NICOYA,** c. de Costa Rica (Guanacaste); 42 903 hab. Centro de una región agrícola, es una de las ciudades más antiguas del país. Su iglesia fue la primera del territorio, vicaría en 1544; arruinada por diversos incendios y un terremoto, fue reconstruida en 1827.

**NICUESA** (Diego **de**), explorador español (nacido en Baeza-† 1511). Tras fundar la ciudad de Nombre de Dios (1510) en el istmo de Panamá, asumió el mando del Darién.

**NIDWALDEN** → ***Unterwalden.***

**NIEBLA,** c. de España (Huelva); 3 832 hab. Castillo y muralla árabes. Iglesias y ayuntamiento de influencia árabe. Es la *Ilipa* romana. Fue taifa independiente (1023-1051; 1224-1261). Victoria de Alfonso X de Castilla sobre Ibn Mahfud, tras nueve meses de asedio (1261), que permitió al rey castellano la conquista de Huelva.

**NIELSEN** (Carl), compositor danés (Nørre-Lyndelse 1865-Copenhague 1931), autor de seis sinfonías, conciertos y óperas (*La madre,* 1920).

**NIEMAN,** en ruso **Neman,** r. de Bielorrusia y de Lituania, tributario del Báltico; 937 km.

**NIEMCEWICZ** (Julian Ursyn), político y escritor polaco (Skoki, Lituania, 1757-París 1841), autor de *Cantos históricos* (1816).

**NIEMEYER** (Oscar), arquitecto brasileño (Río de Janeiro 1907). Explotando las posibilidades del hormigón armado, construyó el centro de ocio de Pampulha, cerca de Belo Horizonte (*c.* 1943), los principales monumentos de Brasilia y, en el extranjero, la universidad de Constantina (1969), la sede del Partido comunista en París (1971) y la casa de la cultura de El Havre (1982). [Premio Pritzker 1988.]

**NIEPCE** (Nicéphore), físico francés (Chalon-sur-Saône 1765-Saint-Loup-de-Varennes 1833), inventor de la fotografía (1816). – Su sobrino **Abel Niepce de Saint-Victor** (Saint-Cyr 1805-París 1870) ideó un procedimiento de fotografía sobre vidrio.

**NIEREMBERG** (Juan Eusebio), escritor español (Madrid 1595-*id.* 1658). Jesuita, de amplia formación humanística y teológica, su obra, de estilo pulcro y retórico, abarca temas de política, filosofía y ascética (*Vida divina y camino real,* 1633).

**NIETO** (Ángel), motociclista español (Zamora 1947), campeón del mundo en trece ocasiones: de 50 cc en 1969, 1970, 1972, 1975, 1976 y 1977; y de 125 cc en 1971, 1972, 1979, 1981, 1982, 1983 y 1984.

**NIETO** (Manuel), compositor español (Reus 1844-Madrid 1915). Con Fernández Caballero y J. Jiménez, compuso populares zarzuelas: *La sonámbula* (1872), *Te espero en Eslava tomando café* (1887), *Certamen nacional* (1888), *El barbero de Sevilla* (1901).

**NIETO CABALLERO** (Luis Eduardo), escritor y político colombiano (Bogotá 1888-*id.* 1957). Intervino en el movimiento republicano que derrocó a Rafael Reyes (1909).

**NIETZSCHE** (Friedrich Wilhelm), filósofo alemán (Röcken, cerca de Lützen, 1844-Weimar 1900). Crítico de los prejuicios morales, desarrolló el tema del «espíritu libre» que se libera de la servidumbre moral y religiosa a través del pensamiento científico (*La gaya ciencia,* 1882-1887). Pero los temas de la transmutación de los valores, del super hombre y del eterno retorno, a través de los cuales se reafirma el espíritu libre, fueron desarrollados en *Así hablaba Zaratustra* (1883-1885), *Más allá del bien y el mal* (1886), *La genealogía de la moral* (1887) y *El crepúsculo de los ídolos* (1889). La crítica nietzscheana del idealismo metafísico se ejerce sobre las categorías fundamentales del idealismo (ser, esencia, sujeto) y sobre los valores morales que las condicionan. Según Nietzsche, la moral propuesta por Sócrates, Platón, el judaísmo, el cristianismo y el socialismo son expresiones de la negación de la vida por un ideal. Contra esta perspectiva negativa, propone una transmutación de los valores. Si ser es proponer un valor auténtico y querer su eterno retorno, entonces es necesario afirmar con alegría la vida, y aceptar su diversidad. Es esto lo esencial del super hombre que anuncia Zaratustra.

**NIEVA** (Diego **de Acevedo y Zúñiga,** *conde* **de**), administrador español († Lima 1564). Virrey del Perú (1561-1564), fue fundador de Arnedo y de Ica.

**NIEVA** (Francisco **Morales**), autor teatral y escenógrafo español (Valdepeñas 1929), que combina lo realista y lo barroco (*Malditas sean Coronade y su hija*, 1952; *Los baños de Argel*, 1979). [Real academia 1986.]

**NIÈVRE,** dep. del centro de Francia (Borgoña); 6 817 km²; 233 278 hab. Cap. *Nevers*.

**NÍGER,** r. de África occidental. Nace en Guinea, al pie del monte Loma. Describe un gran bucle, atravesando Malí (Bamako) y luego el SO de Níger (Niamey) antes de desembocar en Nigeria, en el golfo de Guinea, donde forma un amplio delta; 4 200 km (cuenca de 1 100 000 km²). Es navegable en algunos tramos y se aprovecha para riego.

**NÍGER,** estado de África occidental; 1 267 000 km²; 8 millones de hab. *(Nigerinos.)* CAP. *Niamey.* LENGUA OFICIAL: *francés.* MONEDA: *franco C.F.A.* El país, muy extenso, y estepario o desértico aparte del valle del Níger, vive muy pobremente de la ganadería y de algunos cultivos (mijo y cacahuete). El subsuelo contiene uranio.

HISTORIA

La ocupación humana de la región es muy antigua. I milenio a. J.C.: los bereberes se introdujeron a través de una de las rutas transaharianas, rechazando hacia el S a las poblaciones sedentarias o mezclándose con ellas. S. VII d. J.C.: creación del imperio songay, tempranamente islamizado. S. X: Gao capital. 1591: fue destruido por los marroquíes. Ss. XVII-XIX: los tuareg y los fulbé controlaron el país. 1897: la penetración francesa, iniciada en 1830, se afirmó con la instalación de establecimientos a orillas del Níger. 1922: una vez sometida la resistencia tuareg, Níger, III territorio militar y luego territorio del Níger, se convirtió en la colonia del África Occidental Francesa. 1960: Níger, autónoma desde 1956 y república desde 1958, se independizó. Hamani Diori, presidente. 1974: un golpe de estado militar lo sustituyó por el teniente coronel Seyni Kountché. 1987: muerte de S. Kountché. El coronel Ali Seibou le sucedió. 1990: a raíz de la presión popular, el poder puso en marcha la transición hacia el multipartidismo. Paralelamente, tuvo que hacer frente a la rebelión tuareg y a una situación económica catastrófica. 1992: se aprobó en referéndum una nueva constitución. 1993: M. Ousmane, elegido presidente. 1996: un golpe militar otorgó la presidencia a I. B. Mainasara. 1999: tras un golpe de estado fue asesinado I. B. Mainasara y se formó un gobierno militar.

**NIGERIA,** estado de África occidental, junto al golfo de Guinea, atravesado por el Níger; 924 000 km²; 88 514 500 hab. *(Nigerianos.)* CAP. *Abuja.* C. PRAL. *Lagos, Ibadan.* LENGUA OFICIAL: *inglés.* MONEDA: *naira.*

GEOGRAFÍA

Nigeria, el país más poblado de África, es un estado federal formado por etnias distintas (hausa, ibo, yoruba, etc.), en su mayoría islamizadas. El S, más húmedo, posee cultivos de plantación (cacao, caucho, cacahuete); el N, más seco, es el ámbito de la sabana, donde domina la ganadería. El petróleo (del que el país es el primer productor africano) constituye la riqueza esencial del país.

HISTORIA

***Los orígenes.*** 900 a. J.C.-200 d. J.C.: la civilización de Nok se expandió, y se difundió probablemente hacia Ifé y Benín. Ss. VII-XI: los hausa se instalaron en el N, y los yoruba en el SO. Ss. XI-XVI: en el N se organizaron reinos, pronto islamizados. Los más brillantes fueron los de Kanem (en su apogeo en el s. XIV) y más tarde de Kanem-Bornu (s. XVI). En el S, Ifé constituía el centro religioso y cultural común del reino de Oyo y del de Benín, que entró en relación con los portugueses a partir de 1486.

***La colonización.*** 1553: Inglaterra eliminó a Portugal (destrucción de las naves portuguesas), asegurándose así el monopolio de la trata de negros en la región. S. XVII-inicios del XIX: los fulbé musulmanes intervinieron en el N, y constituyeron un imperio en torno a Sokoto. 1851: los británicos ocuparon Lagos. 1879: la creación de la United African company, que se convirtió pronto en la Royal Niger company, permitió a Gran Bretaña excluir a las empresas extranjeras y asegurar la penetración y la administración de territorios cada vez más extensos. 1900: Nigeria se situó bajo la jurisdicción del Colonial office. 1914: se crearon la colonia y el protectorado de Nigeria, que englobaban el N y el S del país, más una parte de Camerún. 1951: se creó en la colonia un gobierno representativo. 1954: se promulgó una constitución federal. 1960: Nigeria accedió a la independencia.

***La Nigeria independiente.*** 1963: Nigeria aprobó una constitución republicana y decidió permanecer en la Commonwealth. 1966: un golpe de estado impuso en el poder a un ibo, el general Ironsi, asesinado unos meses más tarde. Siguieron sangrientas revueltas raciales contra los ibo. 1967-1970: la secesión de la región suroriental, de mayoría ibo, desencadenó la guerra de Biafra. La República de Biafra capituló en 1970 (en.). Desde entonces, salvo un breve período de retorno a la democracia (1979-1983), se sucedieron los golpes de estado militares. Desde 1985 el general Babangida controló el país hasta 1993 (ag.), en que entregó el poder a un gobierno de transición, derribado por el general S. Abacha, que instauró una dictadura militar. 1998: tras la muerte de S. Abacha, el general Abdulsalam Abubakar asumió la presidencia. 1999: Olusegun Obasanjo fue elegido presidente.

**NIGRÁN,** v. de España (Pontevedra); 14 008 hab. Manufactura de la madera. Turismo (playa).

**NIIGATA,** c. y puerto de Japón (Honshū); 486 097 hab. Centro industrial.

**NIIHAMA,** c. y puerto de Japón (Shikoku); 129 149 hab. Metalurgia. Química.

**NÍJAR,** v. de España (Almería); 12 636 hab. *(Nijareños.)* Yacimientos de plomo. Pesca y turismo.

**NIJINSKI** o **NIZHINSKI** (Vaslav Fómich), bailarín ruso de origen polaco (Kíev 1889-Londres 1950). Principal bailarín de su época, estrenó *Scheherazade*, *El espectro de la rosa* y *Petrushka* (con coreografías de M. Fokine) para los Ballets rusos. Convertido en coreógrafo, presentó *La siesta de un fauno* (1912) y *La consagración de la primavera* (1913). – Su hermana **Bronislava Nijinska** o **Niz-**

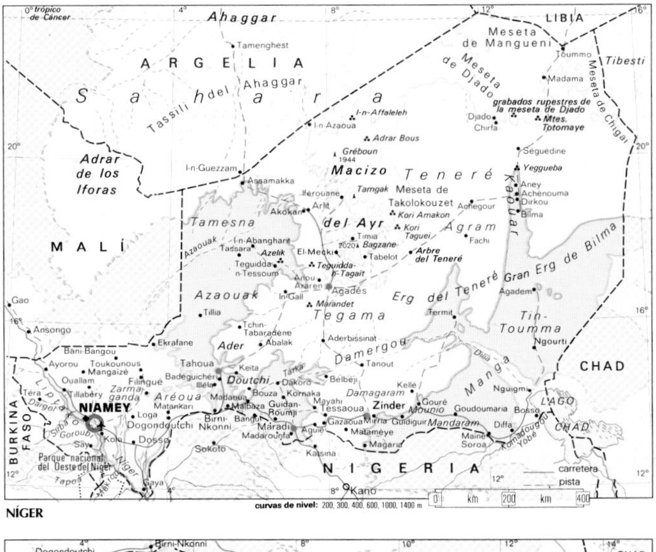

NÍGER

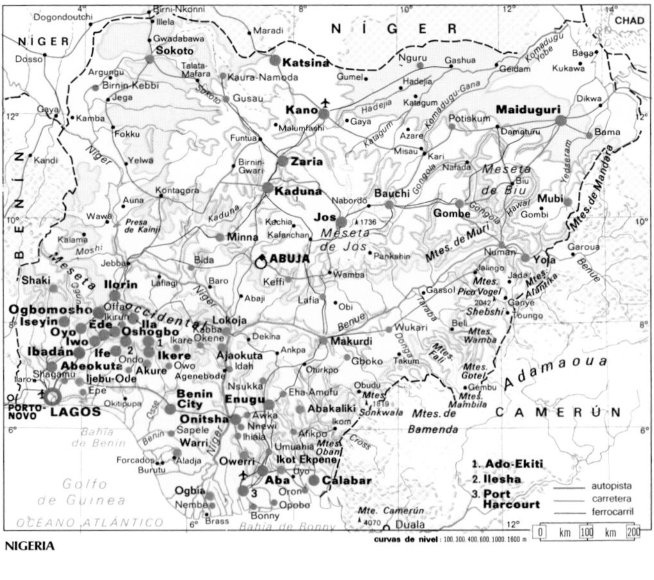

NIGERIA

**hinskaia** (Minsk 1891-Pacific Palisades, Los Ángeles, 1972), también bailarina (teatro Mariinski; Ballets rusos) y coreógrafa, es la autora de *La boda* (1923).

**Nika** o **Niké,** nombre que se da a la gran sublevación de Constantinopla (532) que estuvo a punto de derrocar el trono de Justiniano I. Debe su nombre a la contraseña de los sediciosos: *¡Nika!* (¡Victoria!).

**Nikkei** *(índice),* índice bursátil creado en 1950 en Japón, establecido a partir de la cotización en bolsa de 225 sociedades.

**NIKKŌ,** c. de Japón (Honshū); 20 128 hab. Parque nacional. Templos (ss. XVI-XVII) y mausoleos de los Tokugawa (Ieyasu y Iemitsu).

**NIKOLÁIEV,** c. y puerto de Ucrania, junto al mar Negro; 503 000 hab. Centro industrial.

**NIKOLAIS** (Alwin), compositor y coreógrafo norteamericano (Southington, Connecticut, 1912-Nueva York 1993). Paralelamente a la danza moderna dio vida a un «teatro total», en el que bailarines y accesorios conjugan sus gestos y sus formas para crear la ilusión *(Caleidoscopio, Imago, Structures Mechanical organ).*

**NIKÓN** (Nikita **Minov,** en religión), prelado ruso (Veldemanovo, cerca de Nizhni Nóvgorod, 1605-Yaroslavl 1681). Patriarca de Moscú (1652), fue partidario de la vuelta de la ortodoxia rusa a sus fuentes griegas. Impuso unas reformas que provocaron el cisma de los viejos creyentes *(raskol).* Fue depuesto en 1666.

**NIKOPOL,** c. de Ucrania, a orillas del Dniéper; 158 000 hab.

**NILGIRI** *(montes),* macizo montañoso del S de la India; 2 636 m.

**NILO,** en ár. **al-Nīl,** principal r. de África; 6 700 km (5 600 a partir del lago Victoria) [cuenca de 3 millones de km² aprox.]. Partiendo del lago Victoria (con el nombre de *Nilo Victoria*), donde vierte sus aguas su brazo madre, el Kagera, el Nilo discurre hacia el N. Tras atravesar los lagos Kioga y Alberto, toma el nombre de *Nilo Blanco* (Baḥr al-Abyaḍ) a la salida del cauce pantanoso del Sudán meridional. En Jartūm recibe al *Nilo Azul* (Baḥr al-Azraq), y, aguas abajo, al Atbara. Atraviesa Nubia y Egipto, y alcanza El Cairo, donde comienza el delta en el Mediterráneo. La presa de Sa'ad al-'Ālī (alta presa de Asuán) regulariza su curso inferior y crea aguas arriba un vasto lago artificial, con una longitud de 500 km (parcialmente en Sudán), que ha permitido extender un regadío que utiliza las crecidas estivales desde la antigüedad.

**NIMBA** *(montes),* macizo de África, en los límites de Costa de Marfil, Guinea y Liberia; 1 752 m. Yacimientos de hierro.

**NIMEGA,** en neerl. **Nijmegen,** c. de Países Bajos (Güeldres), a orillas del Waal; 145 782 hab. Capilla-baptisterio del s. VIII. Ayuntamiento y *Waag* de los ss. XVI y XVII. Museo de arqueología. – Fue sede del congreso que dio lugar a los *tratados de Nimega,* negociaciones de paz concluidas en 1678 entre Francia y las Provincias Unidas, España y el Imperio al final de la guerra de Holanda. La firma de los tratados fue perjudicial para España, que cedió a Francia el Franco Condado y 14 plazas fronterizas de los Países Bajos.

**NIMES,** en fr. **Nîmes,** c. de Francia, cap. del dep. de Gard; 133 607 hab. Centro industrial. Fue una de las principales ciudades de la Galia romana. Perteneció a Alfonso II de Aragón y a los condes de Toulouse (1185), y pasó a Francia en 1229. Importantes monumentos romanos: anfiteatro (Arenas), templo de estilo corintio, *Maison carrée.* Jardines de La Fontaine (s. XVIII).

**NIMITZ** (William), almirante norteamericano (Fredericksburg, Texas, 1885-San Francisco 1966). Al mando de las fuerzas aeronavales aliadas en el Pacífico de 1942 a 1945, venció a la flota japonesa.

**NIMRUD** o **NEMROD,** ant. ciudad de Asiria, a orillas del Tigris, en el emplazamiento de la ant. *Calach,* fundada en el s. XIII a. J.C. y cap., en el s. IX, de Asurnasirpal. Restos arqueológicos.

**NIN** (Anaïs), escritora norteamericana (Neuilly-sur-Seine 1903-Los Ángeles 1977). Sus novelas (*Escalas hacia el fuego,* 1946; *Seducción del minotauro,* 1961) y su *Diario* (1966-1982) componen el análisis de una personalidad dividida entre culturas y pasiones diferentes.

**NIN** (Andreu), político español (El Vendrell 1892-Alcalá de Henares 1937). Como secretario de la Internacional sindical roja vivió en Moscú de 1921 a 1930. Fundador del P.O.U.M. (1935), fue asesinado por agentes soviéticos. Es autor de escritos políticos (*Las dictaduras de nuestro tiempo,* 1930).

**NIN** (Joaquín), compositor y musicólogo cubano de origen español (La Habana 1879-*id.* 1949). Dejó numerosas piezas para piano y canciones, y armonizó tonadillas españolas antiguas. – Su hijo **Joaquín Nin-Culmell** (Berlín 1908) es autor de piezas para piano, música de cámara y obras sinfónicas de estilo impresionista.

**NINGBO** o **NING-PO,** c. y puerto de China (Zhejiang); 552 540 hab. Monumentos antiguos.

**NINGXIA** o **NING-HSIA,** región autónoma del NO de China; 66 400 km²; 4 655 451 hab. Cap. *Yinchuan.*

**NÍNIVE,** c. de la ant. Mesopotamia, a orillas del Tigris. *(Ninivitas.)* Fundada en el VI milenio, se convirtió en capital de Asiria durante el reinado de Senaquerib (705-680 a. J.C.). Su destrucción (612 a. J.C.) marcó el fin del imperio asirio. Restos (numerosos objetos, entre ellos los ortostatos decorados con escenas de caza en el museo Británico y en el museo de Bagdad).

**Niña,** carabela de Juan Niño que participó en el primer viaje de Colón, al mando de V. Yáñez Pinzón.

**NIÑA DE LOS PEINES** (Pastora **Pavón,** llamada **la**), intérprete española del cante flamenco (Sevilla 1890-*id.* 1969). Cultivó y enriqueció los diversos estilos flamencos, de las *siguiriyas* y *soleares* a los *tangos, cantiñas, peteneras, fandangos* y *bulerías.*

**NIÑO** *(corriente del),* prolongación meridional de la contracorriente ecuatorial del Pacífico, que circula frente a las costas de Colombia, de Ecuador y N de Perú. Su reforzamiento durante el verano austral (a partir de diciembre, de allí su nombre) puede adoptar el aspecto de excepcionales incursiones de agua cálida en la zona que corresponde a la corriente de Perú o de Humboldt. – En las aguas ecuatoriales del Pacífico se produce el fenómeno meteorológico de *El Niño* que, debido a un calentamiento anormal de las aguas, induce una corriente en chorro atmosférica e influye en el clima en zonas alejadas de diversos continentes.

**NIÑO** (Andrés), navegante español († *c.* 1532). Con González Dávila recorrió la costa de Nicaragua hasta volver a Panamá (1522-1523).

**NIÑO** (Pedro Alonso), navegante español (¿Moguer? *c.* 1468-† *c.* 1505). Participó en los viajes de Colón, y en 1499 realizó una expedición desde Palos a la isla Margarita y a Curiana (en Cumaná).

**NIÑO DE GUEVARA** (Fernando), eclesiástico español (Toledo 1541-Sevilla 1609), cardenal (1596) e inquisidor general (1599-1602).

**NÍOBE,** reina legendaria de Tebas. Orgullosa de sus catorce hijos, se burló de Leto, que sólo había dado a luz a Apolo y Artemisa. Éstos vengaron a su madre matando con sus flechas a todos los hijos de Níobe. Zeus la transformó en roca, de la que brotaba una fuente.

**NIORT,** c. de Francia, cap. del dep. de Deux-Sèvres; 58 660 hab. Torre del homenaje (ss. XII-XV). Antiguo ayuntamiento (ss. XIV-XVI).

**NIPE** *(sierra de),* conjunto montañoso de Cuba (Holguín), al S de la *bahía de Nipe;* 995 m de alt. en La Mensura. Yacimientos de hierro.

**NIPIGON,** lago de Canadá (Ontario), que desemboca en el lago Superior por el *río Nipigon;* 4 480 km². Instalaciones hidroeléctricas.

**NIPPON** → ***Japón.***

**NIPPUR,** ant. c. de la baja Mesopotamia. Centro religioso sumerio, ocupado desde el VI milenio, floreciente entre el III y el I milenio, donde se han encontrado numerosas tablillas cuneiformes. Ruinas.

**NIQUERO,** mun. de Cuba (Granma), en la península de Macaca; 38 842 hab. Caña de azúcar. Pesca.

**NIRGUA,** macizo de Venezuela (Yaracuy y Carabobo), en la cordillera de la Costa; 1 810 m en La Copa.

**NIRGUA,** mun. de Venezuela (Yaracuy), en el macizo de Nirgua; 40 638 hab. Destilerías de alcohol.

**NIŠ,** ant. **Naissus,** c. de Yugoslavia (Serbia); 248 000 hab. Restos antiguos; ant. fortaleza turca.

**NISART** (Pere), pintor activo en Palma de Mallorca entre 1468 y 1470. Combinó el influjo de Van Eyck con rasgos del primer renacimiento (retablo de san Jorge, museo diocesano, Palma de Mallorca).

**NISHINOMIYA,** c. de Japón (Honshū), junto a la bahía de Ōsaka; 426 909 hab. Siderurgia.

**NISIBIS,** c. de la antigua Persia. Plaza comercial y estratégica, fue un centro de difusión del nestorianismo. (Act. *Nusaybin,* Turquía.)

**NITERÓI,** c. y puerto de Brasil, junto a la bahía de Guanabara; 416 123 hab. Centro residencial e industrial.

**NITHARD** (Juan Everardo), jesuita alemán, confesor y valido de Mariana de Austria (Falkenstein, Tirol, 1607-Roma 1681). A la muerte de Felipe IV (1665) acumuló gran poder como miembro del consejo de regencia, inquisidor general y gobernador de Flandes. Enfrentado a la nobleza y a Juan José de Austria, fue destituido y nombrado embajador en Roma (1669).

**NITRA,** c. de Eslovaquia (Eslovaquia Occidental); 89 888 hab.

**NITRI** (Tomás **Medrano Vargas,** llamado **el**), intérprete de cante flamenco español, nacido en Arcos de la Frontera en el primer tercio del s. XIX. Destacó en *siguiriyas* y *tonás.* Recibió en Sevilla, *c.* 1875, la primera «Llave de oro» del cante.

**NIUE** o **SAVAGE,** isla del Pacífico (259 km²; 3 300 hab.), territorio asociado a Nueva Zelanda.

**NIXON** (Richard), político norteamericano (Yorba Linda, California, 1913-Nueva York 1994). Republicano y vicepresidente de E.U.A. (1953-1961), fue elegido presidente en 1968. Reelegido en 1972, estableció relaciones con China Popular y puso fin a

**Nijinski** (en *El espectro de la rosa* de M. Fokine, en 1911)

el **Nilo:**
un aspecto del curso del río en los alrededores de Luxor, en el Alto Egipto

Richard **Nixon**

la guerra del Vietnam (1973). Tuvo que dimitir en 1974 a consecuencia del escándalo Watergate.

**NIZA,** en fr. **Nice,** c. de Francia, cap. del dep. de Alpes-Maritimes, en la Costa Azul; 345 674 hab. Universidad. Centro turístico y residencial. Fundada por los massaliotas en el s. V a. J.C., formó parte del condado de Provenza (s. X), en 1176 fue conquistada por Alfonso II de Aragón y más tarde perteneció a la casa de Saboya (1388). Pasó a Francia en 1793-1814, y definitivamente en 1860. Monumentos de los ss. XVII y XVIII en la ciudad antigua. Museos de arte, historia y arqueología, además de los dedicados a Chagall y Matisse.

**NIZA** (Marcos **de**), franciscano italiano al servicio de España (nacido en Niza-México 1558). Desde México (1539) exploró Arizona, el O de Nuevo México y la región de los zuñi, a quienes atribuyó erróneamente una elevada cultura.

**NIẒĀMĪ** → ***Neẓamī.***

**NIZAN** (Paul), escritor francés (Tours 1905-Audruicq 1940). Autor de ensayos y de novelas (*La conspiración,* 1938), rompió con el comunismo tras la firma del pacto germanosoviético.

**NIZHNEKAMSK,** c. de la Federación de Rusia (República de Tatarstán), a orillas del Kama; 191 000 hab. Central hidráulica. Química.

**NIZHNE-TAGHIL,** c. de Rusia, en los Urales; 440 000 hab. Centro minero y metalúrgico.

**NIZHNEVARTOVSK,** c. de Rusia, en Siberia occidental, a orillas del Ob; 242 200 hab. Centro petrolero.

**NIZHNI NÓVGOROD,** de 1932 a 1990 **Gorki,** c. de Rusia, en la confluencia del Volga y del Oká; 1 438 000 hab. Puerto fluvial y centro industrial. Fundada en 1221. Antiguo kremlin. Catedrales e iglesias del s. XIII al XIX.

**N'KONGSAMBA,** c. del O de Camerún; 112 000 hab.

**NKRUMAH** (Kwane), político ghanés (Nkroful 1909-Bucarest 1972). Obtuvo la independencia de Costa de Oro (1957) y presidió la república de Ghana de 1960 a 1966. Partidario del panafricanismo, tuvo un papel importante en la creación de la O.U.A. (1963).

**NKVD,** siglas de las voces rusas que significan «comisariado del pueblo para Asuntos Interiores», organismo en el que se integró la GPU encargada de la seguridad del estado soviético (1934-1943/1946).

**NŌ** *(lago),* depresión pantanosa del Sudán meridional.

**NOAILLES,** familia francesa. Sus miembros más notables son: **Anne Jules,** *conde* **de Ayen** y *duque* **de Noailles,** mariscal de Francia (París 1650-Versalles 1708). Ocupó varias veces Cataluña, y fue gobernador del Rosellón y del Languedoc. Su hijo **Adrien Maurice,** mariscal de Francia (París 1678-*id.* 1766), combatió en Cataluña durante la guerra de Sucesión española y fue ministro de Estado y de Asuntos Exteriores.

**NOAILLES** (Anna, *princesa* **Brancovan,** *condesa* **Mathieu de**), escritora francesa (París 1876-*id.* 1933), autora de libros de poesía (*El corazón innumerable,* 1901), novelas y memorias.

**NOBEL** (Alfred), industrial y químico sueco (Estocolmo 1833-San Remo 1896). Dedicó toda su vida al estudio de las pólvoras y de los explosivos e inventó la dinamita. En su testamento dispuso la creación de cinco premios anuales para autores de obras literarias, científicas y filantrópicas. (V. lista de los laureados con el *premio Nobel* al final del volumen.)

**NOBILE** (Umberto), general, aviador y explorador

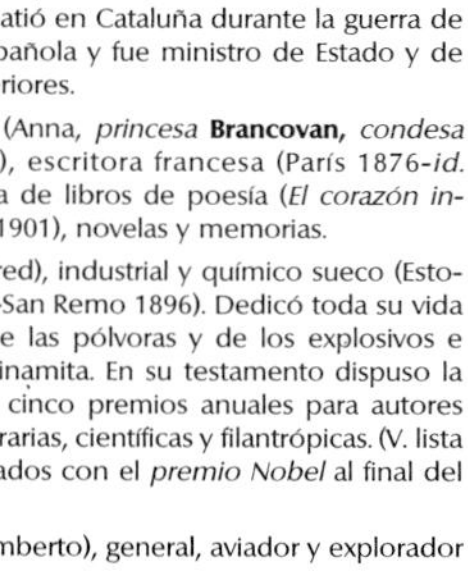

Alfred
**Nobel**

italiano (Lauro, Avellino, 1885-Roma 1978). En 1928 exploró el polo a bordo de un dirigible; se perdió en las costas de Spitzberg y fue salvado por un aviador sueco.

**NOBILI** (Leopoldo), físico italiano (Trassilico 1787-Florencia 1835). Inventó en 1826 el sistema llamado astático para galvanómetro, y diseñó en 1830 una pila termoeléctrica con la que estudió los rayos infrarrojos.

**NOBOA Y ARTETA** (Diego), patriota ecuatoriano (Guayaquil 1789-*id.* 1870). Presidente interino (1850) y constitucional (febr. 1851), fue destituido por la revolución de Urbina (julio).

**NOBUNAGA** → ***Oda Nobunaga.***

**NOCEDAL** (Cándido), político español (La Coruña 1821-Madrid 1885). Hombre fuerte del gobierno de Narváez (1856), militó en el carlismo desde 1869. Fundó el órgano carlista *El siglo futuro* (1875), y dirigió el partido carlista (1876-1885). — Su hijo, **Ramón** (Madrid 1846-*id.* 1907), expulsado del carlismo por acusar a Carlos VII de liberal, fue el iniciador del integrismo (1888).

**noche de san Bartolomé,** matanza de protestantes franceses ejecutada en París por orden de Carlos IX, la noche del 23 al 24 de agosto de 1572. Fue planeada por Catalina de Médicis y los Guisa, temerosos de la influencia sobre el rey de Coligny y por el apoyo de éste a los Países Bajos sublevados contra España. Hubo unas 3 000 víctimas.

**noche de san Daniel** *(sucesos de la),* represión policial ocurrida en Madrid de una manifestación estudiantil contra la destitución de Castelar de su cátedra (abril 1856), que provocó 9 muertos y la caída de Narváez.

**Noche oscura del alma,** poema místico de san Juan de la Cruz (*c.* 1578), que trata de la unión del alma con Dios. El poema suscitó dos comentarios en prosa, *Subida al monte Carmelo* y *Noche oscura,* publicados en *Obras espirituales* (1618).

**noche triste,** derrota de las tropas de Hernán Cortés ante los aztecas, en Tenochtitlan (30 junio-1 julio 1520), cuando aquéllas abandonaban la ciudad.

**Noche y niebla,** en alem. **Nacht und Nebel,** sistema creado en 1941 por los nazis con el fin de suprimir sin dejar rastro a ciertos deportados en los campos de concentración.

**noches** *(Las),* poema de Edward Young (1742-1745), meditación sobre la muerte.

**NOCHISTLÁN DE MEJÍA,** mun. de México (Zacatecas); 33 897 hab. Regadíos (presa de Las Tuzas).

**NODIER** (Charles), escritor francés (Besançon 1780-París 1844). Sus obras se adscriben al género de la novela de terror y el cuento fantástico (*Jean Sbogar,* 1818; *Trilby,* 1822; *El hada de las migajas,* 1832).

**NOÉ,** en hebr. **Noah,** patriarca bíblico. Cuando Dios resolvió hacer perecer el género humano con el diluvio, le perdonó y le hizo construir un arca (barco) para refugiarse con su familia y una pareja de todos los animales. Al finalizar el diluvio el arca se posó sobre el monte Ararat. Viticultor, se embriagó y maldijo a Canaán porque el padre de éste, Cam, se había burlado de él.

**NOÉ** (Luis Felipe), pintor argentino (Buenos Aires 1933). Formó con Deira, Macció y De la Vega el grupo Otra figuración. Su neofigurativismo es de un colorido brillante y contrastado.

**NOEL** (Martín), arquitecto, historiador del arte e investigador argentino (Buenos Aires 1888-*id.* 1963). Su arquitectura tiende a la modernización del estilo colonial (embajada argentina en Lima).

**NOETHER** (Emmy), matemática alemana (Erlangen 1882-Bryn Mawr, Pennsylvania, 1935), que intervino de forma destacada en la creación del álgebra moderna.

**NOGALES,** c. de México (Sonora), puesto fronterizo con E.U.A.; 105 873 hab. Centro industrial y minero. — Mun. de México (Veracruz); 31 137 hab. Industrias textiles y alimentarias.

**NOGOYÁ,** dep. de Argentina (Entre Ríos); 37 230 hab. Lino, vid; ganado vacuno. Harineras.

**NOGUERA** (Pedro **de**), arquitecto y escultor español activo en Perú (Barcelona 1580-Lima *c.* 1655-1660), adscrito al barroco limeño (obra de ensamblaje del coro de la catedral de Lima, 1623-1643).

**NOGUERA PALLARESA,** r. de España (Lérida), afl. del Segre (or. der.); 146 km. Embalses de Tremp, Camarasa y Terradets. Equipo eléctrico de 380 850 kW.

**NOGUERA RIBAGORZANA,** r. de España (Huesca y Lérida), afl. del Segre (or. der.); 130 km. Equipo eléctrico de más de 300 000 kW. En su cabecera, parque nacional de Aigües Tortes.

**NOGUÉS** (Xavier), pintor catalán (Barcelona 1873-*id.* 1940). Representante del novecentismo catalán, trabajó diversos campos artísticos (murales del ayuntamiento de Barcelona; dibujo de humor).

**NOK,** localidad del N de Nigeria, epónima de una cultura del E de África que data del I milenio a. J.C., caracterizada por unas estatuillas de terracota antropomorfas y zoomorfas muy estilizadas, obra de un pueblo de agricultores que fue el primero al S del Sahara que fundió el hierro.

**NOLASCO** (*fray* Pedro **de**), grabador francés activo en Perú a mediados del s. XVII. Fue el grabador peruano más notable de su época (*La ilustración de la Rosa del Perú,* plano de la ciudad de Lima).

**NOLDE** (Emil **Hansen,** llamado **Emil**), pintor y grabador alemán (Nolde, Schleswig-Holstein, 1867-Seebüll, Frisia del Norte, 1956), uno de los principales representantes del expresionismo.

**NOMBRE DE DIOS,** sierra de Honduras (Atlántico y Yoro), paralela a la costa del Caribe; 2 450 m.

**NOMBRE DE DIOS,** mun. de México (Durango); 20 763 hab. Cereales, legumbres y frutales. Ganadería.

**nombres** *(escuela de los),* corriente de pensamiento china (s. IV-III a. J.C.) que trataba de hacer coincidir las denominaciones de las cosas con las realidades.

**NONELL** (Isidro), pintor español (Barcelona 1873-*id.* 1911). Conocedor del impresionismo y el simbolismo francés, su estilo, próximo al expresionismo, está marcado por un realismo de valores dramáticos, ligado a una sensibilidad especial por lo humilde y marginal (serie de Gitanas).

**NONIUS** → ***Nunes.***

**NONO** (Luigi), compositor italiano (Venecia 1924-*id.* 1990). Representante del movimiento postserial y artista comprometido *(El canto suspendido, Canti di vita e d'amore),* se dedicó a la electroacústica (*Diario polaco.* «Cuando van a morir los hombres cantan», *Prometeo*).

**NORA** (Eugenio **García González de Nora,** llamado **Eugenio de**), escritor español (Zacos, León, 1923). Poeta de aproximación crítica a la problemática nacional (*España, pasión de vida,* 1954), su obra *La novela española contemporánea,* 3 vols. 1958-1962), es un estudio fundamental sobre el tema.

**NORBA CAESARINA,** colonia romana de España, correspondiente a la actual Cáceres.

**NORBERTO** *(san)* [Xanten, Renania, *c.* 1080-Magdeburgo 1134], fundador en 1120, en Prémontré, cerca de Laon, de la orden de los premonstratenses.

**NORD,** dep. de Francia (Nord-Pas-de-Calais); 5 742 km$^2$; 2 531 855 hab. Cap. *Lille.*

**NORDENSKJÖLD** o **NORDENSKIÖLD** (Adolf Erik, *barón*), explorador polar sueco (Helsinki 1832-Dalbyö 1901). Descubrió el paso del Noreste (1878-1879). — Su sobrino **Otto** (Sjögelö 1869-Göteborg 1928) exploró la Patagonia y la Tierra de Fuego (1895-1897) y luego dirigió una expedición a la Antártida (1902-1903).

**NORDESTE,** región de Brasil, entre los estados de Bahía y de Pará, que se extiende sobre más de 1,5 millones de km$^2$ y cuenta con 40 millones de hab. aprox. La alternancia de sequías y de inundaciones contribuye a un intenso éxodo rural.

**NÖRDLINGEN,** c. de Alemania (Baviera); 17 000 hab. Recinto medieval. Iglesia de San Jorge (s. XV). — Durante la guerra de los Treinta años, fue escenario de dos batallas: en la primera (5-6 set. 1634) las tropas imperiales vencieron a los suecos y en la segunda (3 ag. 1645) aquellas fueron derrotadas por los franceses.

**NORD-PAS-DE-CALAIS,** región administrativa del N de Francia (dep. de Nord y Pas-de-Calais); 12 414 km$^2$; 3 965 058 hab. Cap. *Lille.*

**NOREÑA** (Miguel), escultor mexicano (México 1843-*id.* 1894), autor de monumentos (a Hidalgo, en Guanajuato; al último emperador azteca, Cuauhtémoc).

**NORESTE** *(paso del),* ruta marítima del océano Ártico, al N de Siberia, que lleva del Atlántico al

Pacífico por el estrecho de Bering, abierta por A. E. Nordenskjöld (1878-1879).

**NORFOLK,** condado del E de Gran Bretaña, junto al mar del Norte; 5 355 km$^2$; 686 000 hab.; cap. *Norwich.*

**NORFOLK,** c. y puerto de Estados Unidos (Virginia); 261 229 hab. Centro comercial de frutas y verduras.

**NORFOLK** (Thomas **Howard,** 4.° *duque* **de**), político inglés (1538-Londres 1572). Conspiró contra Isabel I y fue decapitado.

**NÓRICA,** ant. prov. del imperio romano, entre el Danubio y los Alpes Cárnicos.

**NORIEGA** (Manuel Antonio), militar y político panameño (Panamá 1939). Comandante en jefe del ejército (1983), se hizo con el poder. En 1989, tras la invasión norteamericana de Panamá, fue capturado, juzgado y condenado por narcotráfico en E.U.A.

**NORILSK,** c. de Rusia, en Siberia; 180 000 hab. Centro minero y metalúrgico.

**Norma,** ópera de Bellini (1831). Destaca la cavatina *(Casta diva),* de la que Maria Callas hizo una genial interpretación.

**NORMANDÍA,** en fr. **Normandie,** región histórica del N de Francia, formada por las act. regiones administrativas de *Alta Normandía* y *Baja Normandía.* El E forma parte del macizo Armoricano y el O de la Cuenca de París. Los normandos invadieron la región (s. IX) y constituyeron un ducado (911). Francesa desde 1204, Inglaterra se la anexionó en 1420 y Francia la reconquistó entre 1436 y 1450.

**Normandía** *(desembarco y batalla de)* [6 junio-21 ag. 1944], conjunto de operaciones llevadas a cabo por las fuerzas aliadas del general Eisenhower durante la segunda guerra mundial, que desembarcaron en la costa normanda y lograron romper en dos meses el frente alemán del oeste.

**NORMANDÍA (Alta),** en fr. **Haute-Normandie,** región administrativa de Francia (dep. de Eure y Seine-Maritime); 12 317 km$^2$; 1 737 247 hab. Cap. *Ruán.*

**NORMANDÍA (Baja),** en fr. **Basse-Normandie,** región administrativa de Francia (dep. de Calvados, Manche y Orne); 17 589 km$^2$; 1 391 318 hab. Cap. *Caen.*

**NORMANTE Y CARCAVILLA** (Lorenzo), economista español del s. XVIII, autor de obras entre neomercantilistas y fisiocráticas (*Proposiciones de economía civil y comercio,* 1785).

**NOROCCIDENTAL** *(planicie costera),* región de México, al S del desierto de Sonora, limitada al E por la sierra Madre occidental. Costa baja, con numerosos esteros y albuferas. Principales núcleos urbanos: Ciudad Obregón, Los Mochis y Culiacán.

**NORODOM I** o **ANG VODDEY** (1835-1904), rey de Camboya [1859-1904]. En 1863, firmó con Francia un tratado de protectorado.

**NORODOM SIHANUK** (Phnom Penh 1922), rey [1941-1955 y desde 1993] y jefe de estado [1960-1970; 1991-1993] de Camboya. Hizo reconocer a Francia la independencia de su país (1953). Derrocado por un golpe de estado militar (1970) y exiliado en Pekín, se alió con los khmers rojos, pero fue apartado tras la llegada al poder de éstos (1975). Contrario al régimen provietnamita implantado en 1979, agrupó las distintas tendencias de la resistencia camboyana en una coalición (1982). A partir de 1987 aceptó negociar una solución política del conflicto, y en 1991 fue nombrado presidente del Consejo nacional supremo, encargado de administrar Camboya, y regresó a Phnom Penh. Fue confirmado en el cargo en 1993.

**NOROESTE** *(paso del),* ruta marítima que une el Atlántico y el Pacífico a través del archipiélago Ártico canadiense. Amundsen fue el primero en atravesarla (1903-1906).

**NOROESTE** *(Territorios del),* en ingl. **Northwest Territories,** una de las regiones septentrionales de Canadá, entre Nunavut y el Yukón; 1 180 000 km$^2$; 31 091 hab. Cap. *Yellowknife.*

**NOR-ORIENTAL DEL MARAÑÓN,** región administrativa de Perú que comprende los departamentos de Amazonas, Cajamarca y Lambayeque; 86 728 km$^2$; 2 582 000 hab.

**NORRIS** (Frank), escritor norteamericano (Chicago 1870-San Francisco 1902), el representante más sistemático de la novela realista y social norteamericana (*Mc Teague,* 1899; *El pulpo,* 1901).

**NORRKÖPING,** c. y puerto de Suecia, junto al Báltico; 120 522 hab. Centro industrial.

**NORRLAND,** parte septentrional de Suecia.

**NORTE,** punta de Argentina, en la costa atlántica (Buenos Aires). Constituye el límite S del Río de la Plata y de la bahía de Samborombón.

**NORTE** *(cabo),* cabo de Noruega, en la isla de Magerøy (Finnmark); es el punto más septentrional de Europa.

**NORTE** *(canal del),* en ingl. **North channel,** estrecho entre Escocia e Irlanda.

**NORTE** *(isla del),* en ingl. **North island,** una de las dos grandes islas de Nueva Zelanda; 114 600 km$^2$; 2 414 000 hab. C. pral. *Auckland* y *Wellington.*

**NORTE** *(mar del),* mar del NO de Europa, formado por el Atlántico. Baña Francia, Gran Bretaña, Noruega, Dinamarca, Alemania, Países Bajos y Bélgica. En los estuarios que desembocan en él se encuentran la mayor parte de los grandes puertos europeos (Rotterdam, Londres, Amberes, Hamburgo). El subsuelo contiene importantes yacimientos de hidrocarburos.

**NORTE** o **DE LA CULATA** *(sierra),* sierra de Venezuela que se extiende de SO a NE frente al lago Maracaibo; 4 762 m en Piedras Blancas o Pan de Azúcar.

**NORTE** *(Territorio del),* en ingl. **Northern Territory,** territorio desértico de Australia; 1 346 000 km$^2$; 175 253 hab. Cap. *Darwin.*

**Norte** *(guerra del)* [1700-1721], guerra que enfrentó a Suecia, que trataba de controlar la totalidad de las orillas meridionales del Báltico, con una coalición formada por Dinamarca, Rusia, Sajonia y Polonia. A pesar de las primeras victorias de Carlos XII, Suecia resultó muy debilitada.

**NORTE CHICO,** región fisiográfica de Chile (Atacama, Coquimbo y Valparaíso), entre los valles del Copiapó y el Aconcagua. Árida y accidentada por los Andes. Minas de cobre, hierro y manganeso.

**NORTE DE SANTANDER** *(departamento de),* dep. del NE de Colombia; 20 815 km$^2$; 883 884 hab. Cap. *Cúcuta.*

**NORTE GRANDE,** región fisiográfica de Chile (Tarapacá, Antofagasta, Atacama y Coquimbo), una de las áreas más áridas del mundo (desiertos y salares). Minería (cobre, molibdeno, nitrato), pesca.

**NORTH BAY,** c. de Canadá (Ontario), junto al lago Nipissing; 53 068 hab.

**NORTH YORK,** c. de Canadá (Ontario), en el área suburbana de Toronto; 562 564 hab.

**NORTHAMPTON,** c. de Gran Bretaña, cap. del condado de *Northamptonshire* (2 367 km$^2$; 572 900 hab.); 156 000 hab. Iglesia circular del s. XII.

**NORTHUMBERLAND** *(estrecho de),* estrecho que separa la isla del Príncipe Eduardo de Nuevo Brunswick y de Nueva Escocia (Canadá).

**NORTHUMBERLAND,** condado de Gran Bretaña, junto al mar del Norte; 5 033 km$^2$; 300 600 hab. Cap. *Newcastle-upon-Tyne.*

**NORTHUMBRIA,** reino anglo (ss. VI-IX), cuya capital era York; fue destruido por los invasores escandinavos.

**NORTON** (Thomas), dramaturgo inglés (Londres 1532-Sharpenhoe 1584). Escribió, en colaboración con Th. Sackville, la primera tragedia inglesa sujeta a reglas, *Gorboduc o Ferrex y Porrex* (1561).

**NORUEGA,** en noruego **Norge,** estado del N de Europa, junto al *mar de Noruega;* 325 000 km$^2$; 4 300 000 hab. *(Noruegos.)* CAP. *Oslo.* LENGUA OFICIAL: *noruego.* MONEDA: *corona.*

GEOGRAFÍA

Noruega, que ocupa la parte occidental de la península escandinava, se extiende sobre más de 1 500 km, y es una región montañosa (al margen del N, donde dominan las mesetas) y boscosa, con un litoral recortado por fiordos, en los que se ubican las principales ciudades (Oslo, Bergen, Trondheim y Stavanger). A pesar de la latitud, el clima, suavizado por la influencia oceánica, permite, por lo menos en el S, los cultivos (cereales y patatas). No obstante, la ganadería (bovina y ovina) reviste mayor importancia. Constituye uno de los fundamentos de la economía, que se basa aún en la explotación forestal y en las industrias derivadas de ésta, en la pesca (arenque sobre todo), en los beneficios obtenidos de la marina mercante y sobre todo en la explotación de los yacimientos de petróleo y gas natural del mar del Norte. La metalurgia y la química (relacionadas con la abundante producción hidroeléctrica) son los sectores industriales dominantes.

HISTORIA

***Los orígenes.*** Ss. VIII-XI: los vikingos se aventuraron hacia las islas Británicas, el imperio carolingio y Groenlandia. Estas expediciones pusieron a Noruega en contacto con la cultura occidental y contribuyeron a su constitución como estado. 995-1000: el rey Olav I inició la conversión al cristianismo de sus vasallos. 1016-1030: su obra fue proseguida por Olav II Haraldsson o san Olav, que murió luchando contra los daneses.

***La edad media.*** S. XII: las querellas dinásticas debilitaron el poder real. 1163: Magnus V Erlingsson fue consagrado rey de Noruega. La Iglesia otorgó así una autoridad espiritual a la monarquía noruega. 1223-1263: Haakon IV Haakonsson estableció su autoridad en las islas del Atlántico (Feroe, Orcadas y Shetland), así como en Islandia y en Groenlandia. 1263-1280: su hijo Magnus VI Lagaböte mejoró la legislación y la administración. S. XIII: los mercaderes de la Hansa establecieron su supremacía económica en el país. 1319-1343: Magnus VII Eriksson unió momentáneamente Noruega y Suecia. 1363: su hijo Haakon VI Magnusson (1343-1380) casó con Margarita, hija de Valdemar, rey de Dinamarca. 1380-1387: Margarita, regente, gobernó Dinamarca y Noruega en nombre de su hijo Olav, menor de edad. 1389: restableció los derechos de su marido en Suecia.

***De la Unión a la independencia.*** 1396: Erik de Pomerania fue proclamado soberano de los tres reinos, cuya unión se consagró en Kalmar (1397). 1523: Suecia recuperó su independencia. Durante tres siglos, Noruega permaneció bajo dominio de los reyes de Dinamarca, que le impusieron el luteranismo y la lengua danesa. S. XVII: Noruega se vio inmersa en los conflictos europeos; perdió Jämtland (1645) y Trondheim (1658) en beneficio de Suecia. S. XVIII: la economía noruega experimentó un auténtico auge. Maderas, metales y pescado se exportaron en grandes cantidades. 1814: por el tratado de Kiel, Dinamarca cedió Noruega a Suecia. Los noruegos denunciaron de inmediato este acuerdo, pero la invasión sueca les obligó a aceptar la unión. Noruega obtuvo una constitución propia, con una Asamblea (Storting), constituyendo cada estado un reino autónomo bajo la autoridad de un mismo rey. 1884: el jefe de la resistencia nacional, Johan Sverdrup, consiguió un régimen parlamentario. 1898: se instituyó el sufragio universal.

***La Noruega independiente.*** 1905: tras un plebiscito decidido por el Storting, se produjo la ruptura con Suecia. Noruega eligió a un príncipe danés, que se convirtió en rey con el nombre de Haakon VII. Rápidamente, el país se transformó en una democracia; se implantó una legislación social. 1935: la importancia de la clase obrera llevó a los laboristas al poder. 1940-1945: los alemanes ocuparon Noruega. El rey y el gobierno se instalaron en Gran Bretaña, mientras el jefe del partido pronazi, Quisling, tomaba el poder en Oslo. 1945-1965: los laboristas practicaron una política intervencionista. 1957: Olav V sucedió a su padre Haakon VII. 1965-1971: una coalición que agrupaba a conservadores, liberales y agrarios accedió al poder. 1972: un referéndum rechazó la entrada de Noruega en el Mercado común. 1991: Harald V sucedió a su padre Olav V. La vida política está dominada por los laboristas y los conservadores, que se alternan en el poder. 1992: Noruega solicitó de nuevo su adhesión a la C.E.E., rechazada por referéndum en 1994.

INSTITUCIONES

Monarquía constitucional. Constitución de 1814. Soberano: autoridad simbólica. Primer ministro, responsable ante el parlamento *(Storting),* que incluye una cámara baja *(Odelsting)* y una cámara alta *(Lagting)* elegidas cada 4 años. *(V. mapa pág. 1554.)*

**NORWICH,** c. de Gran Bretaña, cap. de Norfolk; 122 300 hab. Catedral, fundada en 1906, y otros monumentos. Museos.

**NORWID** (Cyprian), poeta polaco (Laskowo Gluchy 1821-París 1883), cuyo lirismo expresa su desesperación de profeta incomprendido (*Rapsodia fúnebre a la memoria de Bem,* 1850; *Las Siberias,* 1865).

**Nós,** revista cultural gallega (1920-1936), fundada por Castelao y V. Risco, que con Otero Pedrayo, R.

Cabanillas, etc., forman la llamada *generación Nós.* En contacto con la literatura europea, llevó a cabo la depuración de la cultura gallega y constituyó un núcleo del galleguismo político.

**NOSSI-BÉ** → *Nosy Bé.*

**NOSTRADAMUS** (Michel **de Nostre-Dame** o), astrólogo y médico francés (Saint-Rémy-de-Provence 1503-Salon 1566), célebre por las profecías de sus *Centurias astrológicas* (1555).

**NOSY BÉ,** ant. **Nossi-Bé,** isla del océano Índico, al NO de Madagascar, de donde depende; 290 km².

**NÔTRE** (André **Le**), arquitecto francés (París 1613-*id.* 1700). Diseñó jardines geométricos, con juegos de agua y estatuas (Versalles, las Tullerías).

**NOTTINGHAM,** c. de Gran Bretaña, a orillas del Trent, cap. del condado de *Nottinghamshire* (2 164 km²; 980 600 hab.); 271 000 hab. Centro industrial.

**NOUAKCHOTT** o **NUWAQŠOT,** c. y cap. de Mauritania, cerca del Atlántico; 393 325 hab.

**NOUMÉA,** c. y cap. de Nueva Caledonia; 65 110 hab. Puerto.

**nouvelle vague,** movimiento cinematográfico francés (1958) en defensa de un cine de autor entendido como la expresión de la mirada personal del realizador. El cine de sus principales representantes (J.-L. Godard, F. Truffaut, C. Chabrol, É. Rohmer) se caracteriza por un presupuesto bajo, una técnica sencilla y la naturalidad de la actuación en decorados reales.

**NOVA IGUAÇÚ,** c. de Brasil, cerca de Río de Janeiro; 1 286 337 hab.

**NOVA LISBOA** → *Huambo.*

**NOVACIANO,** sacerdote y teólogo romano (s. III). Considerando al papa Cornelio demasiado indulgente con los cristianos que habían apostatado durante la persecución, encabezó un partido rigorista y se hizo proclamar papa. Este cisma de los *novacianos* no finalizó hasta el s. VII.

**NÓVAIA ZEMLIÁ** → *Nueva Zembla.*

**NOVALIS** (Friedrich, *barón* **von Hardenberg,** llamado), escritor alemán (Wiederstedt 1772-Weissenfels 1801). Miembro del grupo romántico de Jena, unió el misticismo a una explicación alegórica de la naturaleza en sus poemas (*Himnos a la noche,* 1800; *Los discípulos de Saís*) y su novela inacabada (*Enrique de Ofterdingen,* 1802).

**NOVARA,** c. de Italia (Piamonte); 102 473 hab. Industria editorial. Monumentos. Museos.

**Novartis,** grupo farmacéutico suizo nacido de la fusión, en 1996, de Ciba-Geigy y Sandoz. Es uno de los mayores grupos mundiales del sector. En 2000 se fusionó con el grupo anglosueco AstraZeneca.

**NOVÁS CALVO** (Lino), escritor cubano (Granas de Sor, La Coruña, 1905-† 1982). Escribió novelas y cuentos realistas con técnicas cinematográficas (*El negrero,* 1933; *Maneras de contar,* 1970).

**Novedades,** diario independiente de la mañana, fundado en México en 1936, uno de los diarios más importantes del país por su tirada.

**Novelas ejemplares,** conjunto de narraciones de Cervantes, publicado en 1613. Comprende: *La Gitanilla, El amante liberal, Rinconete y Cortadillo, La española inglesa, El licenciado Vidriera, La fuerza de la sangre, El celoso extremeño, La ilustre fregona, Las dos doncellas, La señora Cornelia, El casamiento engañoso* y *El coloquio de los perros.*

**NOVELDA,** c. de España (Alicante), cab. de p. j.; 21 928 hab. *(Noveldenses.)* Fábricas de calzado.

**NOVERRE** (Jean Georges), bailarín y coreógrafo francés (París 1727-Saint-Germain-en-Laye 1810). Renovó las reglas del ballet y es autor de *Cartas sobre la danza y los ballets* (1760).

**NÓVGOROD,** c. de Rusia, al S de San Petersburgo; 229 000 hab. Tras liberarse de la tutela de Kíev (s. XII), fue una ciudad mercantil libre (1136-1478), donde se creó una factoría de la Hansa (s. XIII). Anexionada por Iván III (1478), fue devastada por Iván IV (1570). Conserva numerosos edificios religiosos medievales (ss. XI-XV) y es célebre por sus iconos (*escuela de pintura de Nóvgorod,* ss. XI-XVI).

**NOVI SAD,** c. de la República Federal de Yugoslavia, en Serbia, cap. del territorio autónomo de Vojvodina, a orillas del Danubio; 170 000 hab.

**novios** *(Los),* novela de Manzoni (1825-1827), que contribuyó a configurar el espíritu del Risorgimento.

**Novísima recopilación,** recopilación del derecho español, vigente desde 1805 hasta la aprobación del código civil (1889), y en América, en todo lo que no se opusiese a las leyes de Indias, hasta su emancipación. Plagada de errores, fue ineficaz.

**NOVO** (Salvador), escritor mexicano (México 1904-*id.* 1974). Perteneciente al grupo Contemporáneos, escribió poesía (*Nuevo amor,* 1933), relatos, obras teatrales (*La culta dama,* 1951; *Ha vuelto Ulises,* 1962), guiones de cine, crónicas y ensayos.

**NOVOA** (Leopoldo), pintor y ceramista uruguayo (Montevideo 1919), autor del inmenso mural del estadio del Cerro, de estilo informalista.

**NOVOCHERKASSK,** c. de Rusia, al NE de Rostov del Don; 187 000 hab. Material ferroviario.

**NOVOKUZNETSK,** de 1932 a 1961 **Stalinsk,** c. de Rusia, en Siberia, en el Kuzbass; 600 000 hab. Hulla.

**NOVOMOSKOVSK,** de 1934 a 1961 **Stalinogorsk,** c. de Rusia, al S de Moscú; 146 000 hab. Química.

**NOVONEIRA** (Uxío), poeta español en lengua gallega (Parada do Caurel, Lugo, 1930-Santiago de Compostela 1999). Sus obras principales, *Los campos* (*Os eidos,* 1955) y *Los campos 2* (*Os eidos 2,* 1974), se centran en la soledad del hombre frente a la naturaleza.

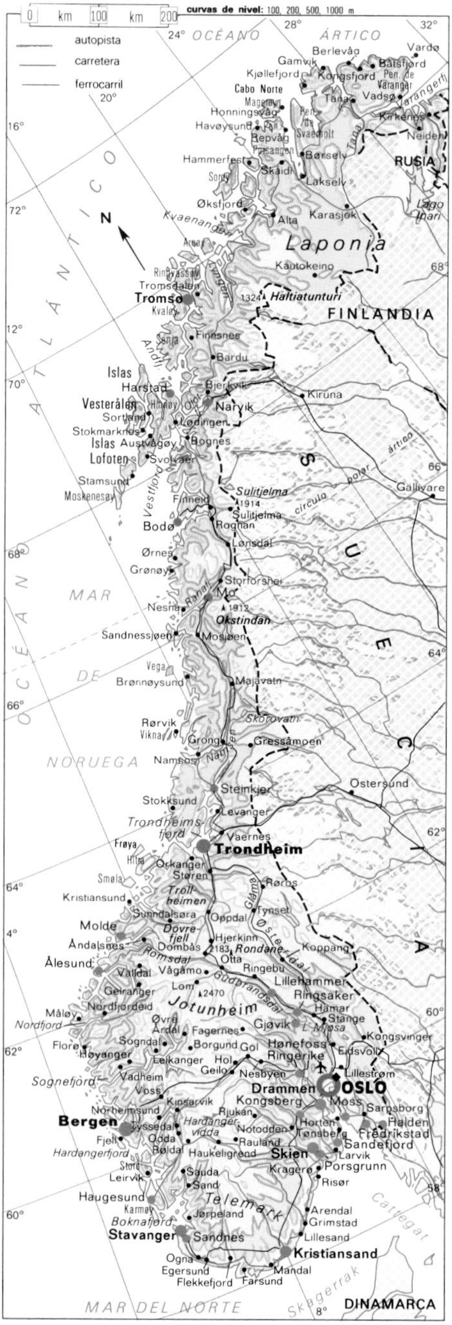


NORUEGA

Salvador **Novo**
(*Autorretrato* - col. part.)

**NOVOROSSISK,** c. y puerto de Rusia, junto al mar Negro; 186 000 hab. Terminal petrolífera.

**NOVOSIBIRSK,** c. de Rusia, en Siberia occidental, a orillas del Ob; 1 436 000 hab. Centro industrial, cultural y científico.

**NOVOTNÝ** (Antonin), político checo (Letnany 1904-Praga 1975). Primer secretario del Partido comunista (1953) y presidente de la república (1957), fue apartado del poder durante la primavera de Praga (1968).

**Novum organum scientiarum,** obra de Francis Bacon (Londres, 1620), en la que enuncia las reglas del método experimental e inductivo.

**NOWA HUTA,** centro siderúrgico del S de Polonia, en el área suburbana de Cracovia.

**NOYA** o **NOIA,** v. de España (La Coruña), cab. de p. j.; 14 082 hab. *(Noyenses.)* Pesca (mariscos). Central hidroeléctrica. Iglesia de San Martín (s. XV).

**nubes** *(Las),* comedia de Aristófanes (423 a. J.C.), sátira contra Sócrates, al que considera un sofista.

**NUBIA,** región del NE de África, correspondiente a la parte septentrional del estado de Sudán y al extremo S de Egipto. *(Nubios.)* Llamada por los egipcios «país de Kuš», comenzaba al S de la primera catarata; fue conquistada progresivamente por los faraones. En los ss. VI-II a. J.C., una dinastía cusita dominó Egipto. En el s. VI a. J.C., los nubios formaron el reino de Meroe, que desapareció debido al poderío de Aksum (*c.* 350 d. J.C.). Los importantes restos de las civilizaciones faraónica, cusita y cristiana, amenazados con quedar sumergidos por la puesta en servicio (1970) de la presa de Sa'ad al-'Ali, aguas arriba de Asuán, fueron objeto de una campaña de salvaguarda.

**NUBLEDO** → ***Corvera de Asturias.***

**Nuestra Señora de París,** novela histórica de V. Hugo (1831), ambientada en el París del s. XV.

**NUEVA AMSTERDAM,** nombre que los holandeses dieron en 1626 a la futura *Nueva York.*

**NUEVA ANDALUCÍA,** ant. denominación de los estados venezolanos de Anzoátegui, Sucre, Delta Amacuro, Monagas, Bolívar y Amazonas y las Guayanas. Fue división administrativa en tiempos de Felipe II y fue perdiendo paulatinamente territorios. En 1864 se dio este nombre a la provincia de Cumaná al convertirse en estado (act. Sucre).

**NUEVA ASUNCIÓN** *(departamento de),* ant. dep. del N de Paraguay, act. integrado en el departamento de Boquerón.

**NUEVA BRETAÑA,** en ingl. **New Britain,** isla de Melanesia, en el archipiélago Bismarck; 35 000 km$^2$; 253 200 hab. C. pral. *Rabaul.* Descubierta en 1606, fue un protectorado alemán de 1884 a 1914, con el nombre de *Neupommern (Nueva Pomerania).* Confiada a Australia (1921), formó parte de la Commonwealth australiana de 1946 a 1975. Desde entonces pertenece a Papúa y Nueva Guinea.

**NUEVA CALEDONIA,** en fr. **Nouvelle-Calédonie,** isla de Oceanía, en el Pacífico, territorio francés de ultramar; 16 750 km$^2$ (19 103 km$^2$ con sus dependencias); 164 173 hab. Cap. *Nouméa.* Producción de níquel. Poblada por los kanak (o canacos), Cook la descubrió en 1774, y fue francesa desde 1853. Ante el desarrollo de un importante movimiento independentista en 1988 se acordó iniciar un proceso de autodeterminación. En 1998 se aprobó en referéndum un estatuto de autonomía, base de una futura independencia.

**NUEVA CASTILLA,** nombre dado al Perú (act. Perú y Ecuador) cuando su gobierno fue entregado a F. Pizarro (1529), al capitular éste con la corona la conquista del imperio inca.

**NUEVA DELHI,** en ingl. **New Delhi,** c. y cap. de la India, englobada en la conurbación de Delhi; 301 297 hab.

**NUEVA ESCOCIA,** en ingl. **Nova Scotia,** una de las Provincias marítimas de Canadá, junto al Atlántico; 55 490 km$^2$; 899 942 hab. Cap. *Halifax.*

**NUEVA ESPAÑA,** virreinato español de Indias, correspondiente al actual México. Tras conquistar el imperio azteca, Hernán Cortés se convirtió en gobernador, capitán general y jefe judicial de la región (1522). Creado el virreinato (1535), el primer virrey fue Antonio de Mendoza. En 1763 fue dotado con un ejército permanente. En 1786 se realizó una ordenanza de intendentes para concentrar los órganos de gobierno. Las altas exigencias pecuniarias de España favorecieron la corriente emancipadora. Tras una efímera proclamación independentista del virrey Iturrigaray (1808), la guerra de independencia, iniciada por Hidalgo en 1810, fue también una revolución agraria contra las propiedades de los españoles en el virreinato.

**Nueva España** *(Historia verdadera de la conquista de la),* obra de Bernal Díaz del Castillo (1568, publicada en 1632). Réplica de la *Historia general de las Indias* de López de Gómara, narra el período 1517-1568 (especialmente de 1517 a 1521).

**NUEVA ESPARTA** *(estado),* est. insular del NE de Venezuela, en el Caribe (islas Margarita, Coche y Cubagua); 1 150 km$^2$; 281 043 hab. Cap. *La Asunción.*

**NUEVA EXTREMADURA,** nombre dado a la región mexicana que comprendía el act. estado de Coahuila y parte de Texas, organizada administrativamente en 1674.

**NUEVA EXTREMADURA,** nombre del actual Chile, conquistado por Valdivia (1540), que limitaba con el Pacífico, al O, Copiapó, al N, y Osorno, al S.

**Nueva federación madrileña,** asociación obrera fundada por los marxistas españoles expulsados de la I internacional (1872). Precedente del P.S.O.E.

**NUEVA FRANCIA,** en fr. **Nouvelle-France,** nombre de las tierras francesas de Canadá hasta 1763.

**NUEVA GALES DEL SUR,** en ingl. **New South Wales,** estado del SE de Australia; 801 428 km$^2$; 5 731 926 hab. Cap. *Sydney.*

**NUEVA GALICIA,** región del virreinato de Nueva España formada por Jalisco, Zacatecas, Nayarit, Aguascalientes y parte de San Luis Potosí, Sinaloa y Durango. Conquistada en 1529, su capital fue Compostela (1531). A fines del s. XVI la capital pasó a Guadalajara.

**NUEVA GERONA,** c. de Cuba, cap. del mun. de Isla de la Juventud; 30 898 hab. Puerto pesquero.

**NUEVA GRANADA,** virreinato español de Indias creado a principios del s. XVIII. Comprendía territorios separados del Perú y de las audiencias de Santo Domingo y de Panamá (actuales Colombia, Ecuador, Venezuela y Panamá, y parte de Perú y de Brasil), demasiado dispersos para permitir una viabilidad económica. En 1717 fue nombrado el primer virrey, Jorge de Villalonga, quién aconsejó la supresión del virreinato (1724). Reconstituido en 1739, Sebastián Eslora fue el nuevo virrey (1740). El virreinato desapareció tras la insurrección de Santa Fe (1810), y aunque el mismo territorio constituyó en el proceso de independencia la República de la Gran Colombia (1819), éste se fraccionó en diversas repúblicas en 1828-1830.

**NUEVA GRANADA** *(República de),* denominación de Colombia desde que, tras la disolución de la Gran Colombia bolivariana (1830), se reasumió la independencia (1831) y se estableció la constitución centralista de 1832. El nombre perduró hasta que en 1858 la nueva constitución federal denominó al país *Confederación Granadina,* cambiado por el de *Estados Unidos de Colombia,* por el pacto de Unión de 1861 y la constitución de 1863 surgida de la Convención de Rionegro. En la constitución de 1886 adoptó el nombre actual de *República de Colombia.*

**NUEVA GUINEA,** en ingl. **New Guinea,** gran isla de Oceanía (800 000 km$^2$ aprox.), al N de Australia. La parte occidental pertenece a Indonesia; la parte oriental constituye, con algunas islas próximas, el estado de Papúa y Nueva Guinea. La isla, montañosa y muy húmeda, está en gran parte cubierta de bosques.

HISTORIA

S. XVI: la isla fue descubierta por los portugueses. S. XVIII: Cook reconoció la insularidad de su territorio. 1828: los holandeses ocuparon la parte occidental de Nueva Guinea. 1884: Alemania estableció un protectorado en el NE, mientras que Gran Bretaña se anexionó el SE, que cedió a Australia (1906). 1921: la zona alemana fue confiada por mandato de la S.D.N. a Australia. 1946: fue confirmada en esta tutela por la O.N.U. 1969: la Nueva Guinea occidental neerlandesa fue definitivamente anexionada a Indonesia. 1975: la parte oriental accedió a la independencia, con el nombre de Papúa y Nueva Guinea, estado miembro de la Commonwealth.

**NUEVA IMPERIAL,** c. de Chile (La Araucanía), en el valle del río *Imperial;* 36 841 hab. Harineras, curtidurías. Puerto fluvial.

**NUEVA INGLATERRA,** en ingl. **New England,** nombre dado a los seis estados norteamericanos que corresponden a las colonias inglesas fundadas en el s. XVII en la costa atlántica: Maine, New Hampshire, Vermont, Massachusetts, Rhode Island y Connecticut; 13 206 943 hab.

**NUEVA IRLANDA,** en ingl. **New Ireland,** isla del archipiélago Bismarck (Melanesia), cercana a Nueva Guinea; 9 600 km$^2$; 66 000 hab.; cap. *Kavieng.* Es la ant. *Neumecklenburg (Nuevo Mecklenburg)* de los alemanes, que la ocuparon en 1884. De 1921 a 1975, estuvo bajo tutela australiana. Desde entonces, pertenece a Papúa y Nueva Guinea.

**NUEVA JERSEY,** en ingl. **New Jersey,** estado de Estados Unidos, junto al Atlántico; 20 295 km$^2$; 7 730 188 hab. Cap. *Trenton.* C. pral. *Newark.*

**NUEVA LOJA,** c. de Ecuador, cap. de la prov. de Sucumbíos; y cab. del cantón de Lago Agrio; 13 089 hab. Fundada en 1979, junto a los yacimientos de petróleo.

**NUEVA OCOTEPEQUE,** c. de Honduras, cap. del dep. de Ocotepeque, avenada por el Lempa; 9 570 hab.

**NUEVA ORLEANS,** en ingl. **New Orleans,** c. del S de Estados Unidos, en Luisiana, a orillas del Mississippi; 496 938 hab. (1 238 816 hab. en la aglomeración). Ciudad cosmopolita, es un gran centro comercial e industrial. Se desarrolló a partir de su antiguo núcleo francés, el *Vieux Carré.* Centro turístico. Fundada en 1718 por los franceses, capital de Luisiana, fue española de 1762 a 1800; en 1803, fue vendida (con Luisiana) por Francia a E.U.A.

**NUEVA PAZ,** mun. de Cuba (La Habana), en el litoral S de la provincia; 20 065 hab. Ingenio azucarero.

**Nueva planta,** régimen especial impuesto por Felipe V a los reinos de la Corona de Aragón tras su victoria en la guerra de Sucesión, para uniformar sus leyes con las de Castilla. Suprimidos los fueros de Valencia y Aragón (1707) y de Cataluña (1714), fueron aprobados decretos de Nueva planta para Aragón (1711), Mallorca e Ibiza (1715) y Cataluña (1716).

**Nueva recopilación,** recopilación de textos legales del derecho castellano, vigente de 1567 a 1805. Sustituyó al *Ordenamiento de Montalvo* (1484).

**NUEVA SAN SALVADOR,** c. de El Salvador, cap. del dep. de La Libertad; 116 575 hab. Centro comercial de un área agropecuaria. Sede del Centro nacional de Agronomía (cultivo experimental del café).

**NUEVA SEGOVIA** *(departamento de),* dep. del N de Nicaragua; 3 341 km$^2$; 93 400 hab. Cap. *Ocotal.*

**NUEVA SIBERIA,** en ruso **Novosibirskie Ostrová,** archipiélago de las costas árticas de Rusia, entre el mar de Láptiev y el mar de Siberia oriental.

**NUEVA VIZCAYA,** antigua denominación de los estados mexicanos de Durango y Chihuahua, conquistados por un grupo de vascos al mando de Francisco de Ibarra (1560).

**NUEVA YORK,** en ingl. **New York,** estado del NE de Estados Unidos, junto al Atlántico; 128 400 km$^2$; 18 197 000 hab. Cap. *Albany.* C. pral. *Nueva York, Buffalo, Rochester.*

**NUEVA YORK,** en ingl. **New York,** c. de Estados Unidos (Nueva York), junto al Atlántico, junto a la desembocadura del Hudson; 7 322 564 hab. *(Neoyorquinos.)* [18 087 251 hab. en el área metropolitana.] La ciudad se fundó en el extremo S de la isla de Manhattan, donde se extiende el barrio de los negocios (Wall street). Se desarrolló en el s. XIX hacia el N (Bronx, más allá del barrio negro de Harlem), alcanzando el estado de Nueva Jersey en la otra orilla del Hudson y las islas próximas: Long Island (barrios de Brooklyn y de Queens, en la orilla opuesta del East River) y Staten Island (Richmond). Ciudad cosmopolita, es el primer centro financiero del mundo: gran puerto, nudo aéreo y ferroviario, centro industrial y sobre todo terciario (comercios, administraciones, turismo). Es además una metrópoli cultural (universidades, museos: Metropolitan, de arte moderno, Guggenheim). La colonia de Nueva Amsterdam, holandesa en 1626, tomó el nombre de Nueva York (en honor del duque de York, el futuro Jacobo II) cuando pasó a los ingleses en 1664. La independencia norteamericana y la apertura del canal Erie (1825) propiciaron su desarrollo. La ciudad es la sede de la O.N.U. desde 1946. *(V. ilustración pág. 1556.)*

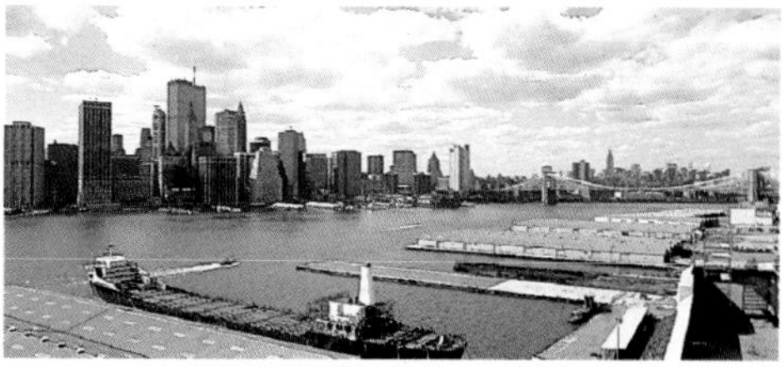

**Nueva York:** la isla de Manhattan vista desde Brooklyn. (Al fondo, el puente de Brooklyn sobre el East River.)

**NUEVA ZELANDA,** en ingl. **New Zealand,** estado de Oceanía, miembro de la Commonwealth; 270 000 km²; 3 500 000 hab. *(Neocelandeses* o *neozelandeses.)* CAP. *Wellington.* C. PRAL. *Auckland.* LENGUA OFICIAL: *inglés.* MONEDA: *dólar neocelandés.*

GEOGRAFÍA

Distante 2 000 km del SE de Australia, está situada casi en su totalidad en la zona templada del hemisferio austral. La población (de la que los maoríes representan aproximadamente el 12 %) se concentra en sus tres cuartas partes en la isla del Norte. La ganadería (principalmente ovina) constituye la base de la economía y sus derivados (lana carne, productos lácteos), la base de las exportaciones y de la industria (agroalimentaria y textil). Ésta se beneficia de una notable producción hidroeléctrica.

HISTORIA

1642: el holandés Tasman descubrió el archipiélago, habitado por maoríes. 1769-1770: James Cook exploró su litoral. 1814: misioneros católicos y protestantes emprendieron la evangelización del territorio. 1841: se designó a un gobernador británico. 1843-1847, 1860-1870: la dura política de expansión llevada a cabo por Gran Bretaña provocó las guerras maoríes. 1852: una constitución concedió a la colonia una amplia autonomía. 1870: la paz y el descubrimiento de oro (1861) propiciaron la prosperidad del país. 1889: se instauró el sufragio universal. 1891-1912: los liberales realizaron una política social avanzada. 1907: Nueva Zelanda se convirtió en dominio británico. 1914-1918: participó en los combates de la primera guerra mundial. 1929: el país se vio gravemente afectado por la crisis mundial. 1945: tras participar activamente en la derrota japonesa, Nueva Zelanda pretendió ser un interlocutor de pleno derecho en el Sureste asiático y en el Pacífico. 1951-1971: Nueva Zelanda apoyó la política norteamericana en el Sureste asiático y envió tropas a Corea y Vietnam. 1972: estableció relaciones diplomáticas con la República Popular China. 1974: tras la entrada de Gran Bretaña en el Mercado común europeo, Nueva Zelanda tuvo que diversificar sus actividades y buscar salidas hacia Asia, especialmente Japón. Desde los años ochenta Nueva Zelanda pasó a encabezar el movimiento antinuclear en el S del Pacífico. 1985: su participación en el A.N.Z.U.S. fue suspendida. 1997: Jenny Shipley es la primera mujer que consigue la jefatura del gobierno. 1999: la laborista Helen Clark sucedió a J. Shipley.

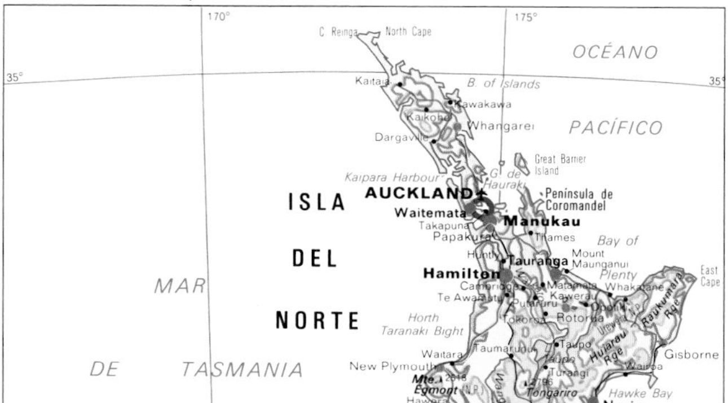


NUEVA ZELANDA

**NUEVA ZEMBLA,** en ruso **Nóvaia Zemliá** *(nueva tierra),* archipiélago de las costas árticas de Rusia, entre los mares de Barents y de Kara.

**NUEVAS HÉBRIDAS** → *Vanuatu.*

**NUEVE DE JULIO,** partido de Argentina (Buenos Aires); 44 015 hab. Ganado vacuno. Conservas de carne. – Dep. de Argentina (Santa Fe), en la or. izq. del Salado; 27 155 hab. Cereales, alfalfa y algodón. – Dep. de Argentina (Chaco); 24 737 hab. Cab. *Las Breñas.* Desmotado de algodón.

**NUEVITAS,** mun. de Cuba (Camagüey); 35 370 hab. Refino de azúcar. Cemento. Astilleros.

**NUEVO** *(golfo),* golfo de Argentina, en la costa atlántica (Chubut), entre la península de Valdés, al N, y la punta Ninfas, al S. En la costa O se halla Puerto Madryn.

**NUEVO BAZTÁN,** mun. de España (Madrid), en La Alcarria; 519 hab. Urbanización barroca de nueva planta en torno a la iglesia y el palacio, realizada por el arquitecto J. B. Churriguera (1709-1713).

**NUEVO BRUNSWICK,** en ingl. **New Brunswick,** una de las Provincias marítimas de Canadá; junto al Atlántico; 73 437 km²; 723 900 hab. Cap. *Fredericton.* Industria pesquera y maderera. Minas de cinc.

**NUEVO CASAS GRANDES,** mun. de México (Chihuahua); 36 871 hab. Minas de manganeso, plomo, plata y cinc; metalurgia. Curtidurías.

**NUEVO LAREDO,** c. de México (Tamaulipas), puesto fronterizo con E.U.A. en la or. der. del río Bravo; 218 413 hab. Centro comercial y punto de entrada preferente del turismo. Yacimientos de gas natural. Aeropuerto.

**NUEVO LEÓN** *(estado de),* est. del NE de México; 64 555 km²; 3 098 736 hab. Cap. *Monterrey.*

**NUEVO MÉXICO,** en ingl. **New Mexico,** estado del SO de Estados Unidos; 315 000 km²; 1 515 069 hab. Cap. *Santa Fe.* En los ss. XVI y XVII recibió el nombre de Nuevo México el conjunto de los actuales estados de E.U.A. de Nuevo México, Arizona, Utah, Texas y parte de Nevada y Colorado. La conquista española de estos territorios iniciada en 1595 chocó con una fuerte resistencia indígena. La zona se incorporó a México en 1821 y, tras la separación de Texas (1836), se integró en E.U.A. (1848). El territorio, creado en 1850, fue desgajándose en beneficio de Colorado (1861) y de Arizona (1863) y se convirtió en estado en 1912.

**NUEVO MUNDO,** cumbre de Bolivia, en la cordillera Real u Oriental (Potosí); 6 020 m.

**NUEVO MUNDO,** nombre que Pedro Mártir de Anglería dio a América en el momento de su descubrimiento, y que aún se sigue utilizando.

**NUEVO QUEBEC** o **UNGAVA,** en fr. **Nouveau-Québec,** región de Canadá (Quebec), al E de la bahía de Hudson. Mineral de hierro.

**NUEVO REINO DE GRANADA,** nombre dado en 1538 por los conquistadores a la zona que corresponde al actual núcleo territorial de Colombia*. En el s. XVIII formó parte del virreinato de Nueva* Granada.

**NUEVO REINO DE LEÓN,** territorio colonial de México (act. estado de Nuevo León), creado como reino en 1582 y constituido en provincia en 1595. Los pueblos indígenas más belicosos no fueron sometidos hasta el s. XVIII.

**NUEVO REINO DE TOLEDO,** provincia colonial de México, dependiente de Nueva Galicia, creada en 1721, también denominada *Nayarit.*

**NUEVO SANTANDER,** nombre que se dio en el período colonial al territorio mexicano correspondiente al actual estado de Tamaulipas.

**NUEVO TOLEDO,** nombre que recibió en 1534 el territorio de Chile al S de Nueva Castilla, hasta la actual Taltal, que debía conquistar Pedro de Almagro.

**NUEZ** (René **de la**), dibujante de humor cubano (San Antonio de los Baños 1938), contrario a la política imperialista (*¡Cuba sí!,* 1963).

**NUFŪD,** desierto de arena de Arabia Saudí.

**NUJOMA** (Sam), político namibio (Ongandjera, Ovamboland, 1929). Presidente del S.W.A.P.O. a partir de 1960, se convirtió, en 1990, en el primer presidente de la república de la Namibia independiente.

**NULES,** v. de España (Castellón), cab. de p. j.; 11 510 hab. *(Nulenses* o *nuleros.)* Agricultura de regadío (cítricos).

**NUMA POMPILIO,** rey legendario de Roma (c. 715-c. 672 a. J.C.), sucesor de Rómulo. La tradición le atribuye la organización de las instituciones religiosas de Roma.

**NUMANCIA,** antigua ciudad de los arévacos, cerca de la actual Soria. Resistió el cerco de Quinto Pompeyo (142-140 a. J.C.) y fue sitiada y conquistada por Escipión Emiliano (134-133 a. J.C.). Sobre las ruinas de la ciudad, incendiada, los pelendones erigieron una nueva Numancia. Localizada en 1860, desde 1905 se han realizado excavaciones arqueológicas (museo en Soria).

**NUMAZU,** c. de Japón (Honshū); 211 732 hab. Centro industrial.

**NUMEIRY, NUMAYRI** o **NEMERY** (Yaffar **al-**), militar y político sudanés (Omdurman 1930). Jefe del estado desde 1969, fue derrocado en 1985.

**Números** *(Libro de los),* cuarto libro del Pentateuco, que narra la vida errante de los hebreos desde su salida del Sinaí hasta la conquista de la Tierra prometida.

**NUMIDIA,** ant. región del N de África que se extendía desde el territorio de Cartago hasta el Muluya. Los númidas, pueblo beréber nómada, constituyeron en el s. III a. J.C. dos reinos que se unieron en 203 a. J.C. bajo la autoridad de Masinisa, aliado de los romanos. Numidia, debilitada por querellas dinásticas, fue conquistada progresivamente por Roma (derrota de Yugurta por Mario en 105 y de Juba en 46 por César), y se convirtió en una provincia romana. La invasión de los vándalos (429) y la conquista árabe (ss. VII-VIII) acarrearon su ruina económica.

**NUMITOR,** rey legendario de Alba, padre de Rea Silvia, madre de Rómulo y Remo.

**NUNAVUT,** una de las regiones septentrionales de Canadá, entre la bahía de Hudson y los Territorios del Noroeste; 2 200 000 $km^2$; 26 528 hab. Cap. *Iqaluit.*

**NUNES** o **NÚÑEZ** (Pedro, llamado **Nonius**), matemático portugués (Alcacer do Sal 1492-Coimbra 1577). En 1542 ideó un procedimiento para graduar con precisión los instrumentos de medición de ángulos (nonio).

**NUNES** (Pedro), pintor portugués en Cataluña desde 1513 hasta 1554. Su estilo deriva de los manieristas neerlandeses, con influencias italianas (retablos de san Eloy y de la Pasión, iglesia de San Justo, Barcelona).

**NÚÑEZ** (Hernán), humanista español (Valladolid c. 1475-Salamanca 1553), conocido también como **Pinciano** y como **el Comendador griego.** Helenista, realizó ediciones críticas y traducciones de autores clásicos. Compiló refranes castellanos.

**NÚÑEZ** (José), político nicaragüense (s. XIX). Jefe interino del estado (1834). Presidente (1838), durante su mandato Nicaragua se proclamó independiente de las Provincias Unidas de Centroamérica.

**NÚÑEZ** (Rafael), político y escritor colombiano (Cartagena de Indias 1825-*id.* 1894). Presidente de la república (1880-1882 y 1884-1886) por el Partido liberal, en su segundo mandato fundó el Partido conservador y promulgó una constitución centralista (1886). Se mantuvo en la presidencia hasta su muerte. Es autor de ensayos.

**NÚÑEZ** (Rubén), artista venezolano (Valencia 1930). En Europa siguió el cinetismo y a su regreso a Venezuela ha experimentado con el vidrio y la holografía.

**NÚÑEZ DE ARCE** (Gaspar), escritor y político español (Valladolid 1834-Madrid 1903). Político de la Unión liberal y luego de Sagasta, ocupó diversos cargos ministeriales. Escribió crónicas, obras teatrales y poesía, siendo en este género, con Campoamor, una figura muy representativa de la Restauración (*Gritos de combate,* 1875; *El vértigo,* 1879). [Real academia 1874.]

**NÚÑEZ DE BALBOA** (Vasco), descubridor español (Jerez de los Caballeros 1475-Acla, Panamá, 1517). Gobernador del Darién (1511), exploró e incorporó al dominio español el istmo de Panamá y descubrió el océano Pacífico, al que llamó mar del Sur (1513). Fue nombrado adelantado del mar del Sur y gobernador de Panamá y de Coiba (1514). Cuando se disponía a explorar la costa del mar del Sur, su suegro, el gobernador de Darién Pedrarias Dávila, le acusó de conspirar contra el rey y fue ejecutado.

**NÚÑEZ DE CÁCERES** (José), patriota dominicano (1772-México 1846). Proclamó la independencia de la zona occidental, a la que llamó Haití español (1821). Huyó del país tras la invasión francesa (1822).

**NÚÑEZ DE PINEDA Y BASCUÑÁN** (Francisco), escritor chileno (Chillán 1607-† 1682). Militar, hecho prisionero por los araucanos en la batalla de Cangrejeras (1629), evocó su experiencia en *Cautiverio feliz,* escrito en 1673 y publicado en 1863.

**NÚÑEZ DEL PRADO** (Marina), escultora boliviana (La Paz 1910-Lima 1995). Primero realista *(Mi madre),* luego interesada por el espíritu del Altiplano *(Guacatoris)* para pasar a lo social *(Los mineros),* practicó finalmente la abstracción *(Plenitud).*

**NÚÑEZ URETA** (Teodoro), pintor peruano (Arequipa 1912-† 1988). Destacado acuarelista, de técnica fluida y brillante colorido, ha realizado también murales.

**NÚÑEZ VELA** (Blasco), administrador español († Añaquito 1546), primer virrey del Perú (1544). Depuesto por la audiencia de Lima por su aplicación de las leyes de Indias de 1542, fue muerto por Pizarro.

**NUÑO RASURA,** juez castellano (s. X). Los castellanos le eligieron juez, junto a Laín Calvo, para romper con la autoridad asturleonesa.

**NŪR AL-DĪN MAḤMŪD** (1118-Damasco 1174), alto dignatario (atabeg) de Alepo (1146-1174). Reunificó Siria, luchó contra los francos y envió a Šīrkūh y Ṣalāḥ al-Dīn (Saladino) a conquistar Egipto (1163-1169).

**NURÉIEV** (Rudolf Gametovich), bailarín de origen ruso (Irkutsk 1938-París 1993), nacionalizado austríaco (1982). Dotado de una técnica ejemplar, fue uno de los mejores intérpretes del repertorio clásico *(Giselle; El lago de los cisnes);* afirmó asimismo su talento en la modern dance. Fue director de baile de la ópera de París (1983-1989).

Rudolf **Nuréiev** (en *Tristán* de Glen Tetley [París, 1974])

**NUREMBERG,** en alem. **Nürnberg,** c. de Alemania (Baviera), a orillas del Pegnitz; 485 717 hab. Centro industrial (construcciones mecánicas y eléctricas, química), universitario y cultural. Barrios medievales muy restaurados tras la segunda guerra mundial (iglesias que conservan notables esculturas). Museo nacional germánico. Ciudad libre imperial en 1219, núcleo activo del renacimiento en los ss. XV-XVI, fue muy afectada por la guerra de los Treinta años. Fue uno de los baluartes del nazismo y la sede del proceso de los grandes criminales de guerra nazis (1945-1946).

**Nuremberg** *(proceso* o *juicio de)* [20 nov. 1945-1 oct. 1946], proceso incoado ante un tribunal militar internacional contra veinticuatro miembros del partido nazi y ocho organizaciones de la Alemania de Hitler. Acusados principalmente de crímenes de guerra y de conspiración contra la humanidad, doce acusados fueron condenados a la horca (entre ellos Göring, Ribbentrop y Rosenberg) y siete a prisión (entre ellos Dönitz, Hess y Speer). También fueron condenadas cuatro organizaciones.

**NURIA** *(valle de),* valle de España (Gerona), en el Pirineo oriental, a 1 967 m de alt. Santuario de la Virgen de Nuria. Deportes de invierno.

**NŪRISTĀN,** ant. **Kāfiristān,** región montañosa de Afganistán, al E de Kabul.

**NURMI** (Paavo), atleta finlandés (Turku 1897-Helsinki 1973). Dominó la carrera a pie, de fondo y medio fondo, entre 1920 y 1930.

**NUUK,** ant. **Godthab,** c. y cap. de Groenlandia, en la costa O de la isla; 10 000 hab.

**NYASA** o **NYASSA** *(lago)* → ***Malawi*** (lago).

**NYASALANDIA** → ***Malawi.***

**NYERERE** (Julius Kambarage), político tanzano (Butiama 1922-Londres 1999). Presidente de la república de Tanganyika (1962), negoció la formación del estado federal de Tanzania (1964), que presidió hasta 1985 y al que orientó en el camino de un socialismo original.

**NYIRAGONGO,** volcán activo del E de la Rep. Dem. del Congo (ex Zaire); 3 470 m.

**NYÍREGYHÁZA,** c. del NE de Hungría; 114 152 hab.

**NYKÖPING,** c. y puerto de Suecia; 65 908 hab.

**NYSA ŁUŻYCKA,** en alem. **Neisse,** o **Lausitzer Neisse,** en checo **Lužická Nisa,** r. de Europa central, que nace en la República Checa, sirve de frontera entre Alemania y Polonia, y desemboca en el Odra (or. izq.); 256 km.

**Nystad** *(paz de)* [10 set. 1721], tratado firmado en *Nystad* (act. *Uusikaupunki,* Finlandia), que puso fin a la guerra del Norte, y por el que Suecia cedía a Rusia sus provincias bálticas.

# Ñ

**ÑEEMBUCÚ** *(departamento de),* dep. del SO de Paraguay; 12 147 $km^2$; 69 884 hab. Cap. *Pilar.*

**ÑUBLE,** r. de Chile (Biobío); 200 km. Confluye en el Itata (or. der.) y forma un sistema que desemboca en el océano Pacífico.

**ÑUÑOA,** c. de Chile (Santiago); 165 536 hab. Está englobada en el área metropolitana de Santiago.

# O

**O** (Genovevo **de la**), revolucionario mexicano (Ahuacatitlán, Morelos, 1876-Santa María, Morelos, 1952), el más importante jefe militar de Zapata, tras cuya muerte apoyó a Obregón.

**O lo uno o lo otro,** obra de Kierkegaard (1843), en la que analiza los fundamentos ético y estético de la existencia.

**OAHU,** isla del archipiélago de las Hawai, la más poblada y en donde están situados la capital del estado, *Honolulú,* y el puerto militar de *Pearl Harbor;* 1 564 km²; 763 000 hab.

**OAK RIDGE,** c. de Estados Unidos (Tennessee); 24 743 hab. Primer centro de investigaciones nucleares.

**OAKLAND,** c. y puerto de Estados Unidos (California), junto a la bahía de San Francisco; 372 242 hab. Centro industrial.

**OAKVILLE,** c. de Canadá (Ontario); 112 948 hab.

**O.A.S.** (Organisation armée sécrète, Organización ejército secreto), movimiento clandestino francés que trató de oponerse por la violencia a la independencia de Argelia. Fundado en Madrid (1961), se mantuvo activo hasta 1963.

**OATES** (Joyce Carol), escritora norteamericana (Lockport 1938), narradora de la violencia y las injusticias de la Norteamérica contemporánea *(Cuerpos; Ellos; Deseos cumplidos).*

**OATES** (Titus), aventurero inglés (Oakham 1649-Londres 1705). En 1678 simuló un complot papista, que desencadenó una ola de persecuciones contra los católicos.

**OAXACA** *(estado de),* est. del S de México; 95 364 km²; 3 019 560 hab. Cap. *Oaxaca de Juárez.*

**OAXACA DE JUÁREZ,** c. de México, cap. del est. de Oaxaca; 276 994 hab. *(Oaxaqueños.)* Centro agropecuario, comercial y turístico. Convento de Santo Domingo (s. XVII), con rica decoración interior; catedral (s. XVIII), iglesias barrocas del s. XVIII. Universidad; museos (arqueológico y Rufino Tamayo). En las cercanías, yacimiento arqueológico de Monte* Albán.

**OB** u **OBI,** r. de Rusia, que nace en el Altái y avena Siberia occidental. Recibe al Irtish (or. izq.) y desemboca en el océano Ártico formando el largo *golfo del Ob;* 4 345 km (cuenca de 3 millones de km²).

**OBALDÍA** (José Domingo **de**), político panameño (David, Chiriquí, 1845-Panamá 1910), representante de Panamá en el congreso colombiano antes de la independencia y presidente de la república (1908-1910).

**OBANDO** (José María), militar y político colombiano (Caloto, Cauca, 1795-Cruzverde 1861). Luchó contra las dictaduras de Bolívar y Urdaneta. Presidente del país con el apoyo de López (1853), fue destituido tras la sublevación de Melo (1854).

**OBANDO** (Miguel), prelado nicaragüense (La Libertad 1926). Arzobispo de Managua (1970) y cardenal (1985), se opuso al régimen de Somoza y actuó de mediador para la paz entre el gobierno sandinista y la contra.

**OBARENES,** montes de España (Burgos, La Rioja y Álava); 978 m. Desfiladero de Pancorbo.

**OBEID (El-),** centro arqueológico de la baja Mesopotamia, 6 km al O de Ur. Por la riqueza de su necrópolis se ha convertido en epónimo de la cultura del Obeid, floreciente entre 4500 y 3500 a. J.C., basada en la agricultura y la ganadería, y caracterizada por figurillas de terracota y cerámica de decoración policroma.

**OBEID (El)** o **AL - 'UBAYD,** c. de Sudán (Kordofān); 140 000 hab.

**OBERÁ,** dep. de Argentina (Misiones); 83 490 hab. Té, yerba mate y tabaco. Industria maderera.

**OBERAMMERGAU,** c. de Alemania (Baviera); 5 175 hab. Célebre representación popular de la Pasión cada diez años.

**OBERHAUSEN,** c. de Alemania (Renania del Norte-Westfalia), en el Ruhr; 222 419 hab. Siderurgia.

**OBERLAND BERNÉS,** región montañosa de Suiza, entre el Ródano y la cuenca superior del Aare, dominada por altas cimas (Jungfrau, Finsteraarhorn, Mönch, etc.). Turismo.

**OBERÓN, AUBERÓN** o **ALBERÓN,** rey de los elfos, en los cantares de gesta *(Huon de Bordeaux)* y en las obras de Chaucer, Spenser, Shakespeare y Wieland.

**OBERTH** (Hermann), ingeniero alemán (Hermannstadt [act. Sibiu], Rumania, 1894-Nuremberg 1989), precursor de la astronáutica.

**OBIANG NGUEMA** (Teodoro), militar y político de Guinea Ecuatorial (en Mongomo 1946). Tras derribar el régimen de Macías Nguema (1979), se convirtió en presidente de la república y jefe del gobierno. Renovó su mandato en 1993 y en 1996.

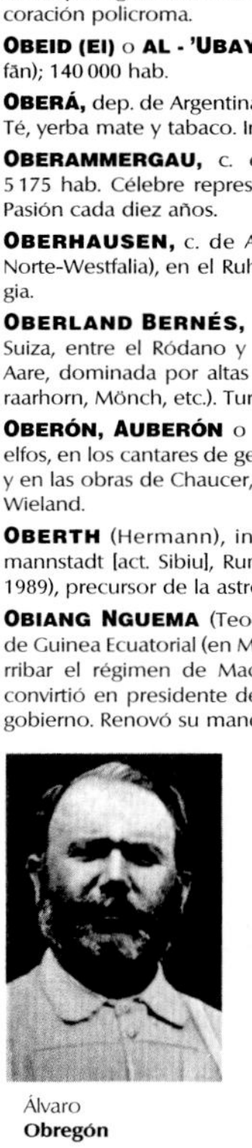

Álvaro
**Obregón**

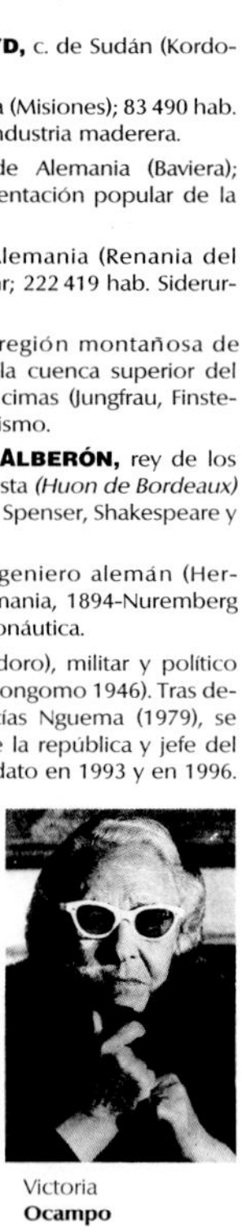

Victoria
**Ocampo**

**OBIHIRO,** c. de Japón (Hokkaidō); 167 384 hab.

**OBLIGADO** (Rafael), poeta argentino (Buenos Aires 1851-Mendoza 1920), cultivador de la poesía de tradición gauchesca (*El Negro Falucho, La cautiva* y *Santos Vega,* su poema más ambicioso).

**OBRADOVIĆ** (Dositej), escritor serbio (Cakovo c. 1740-Belgrado 1811), organizador de la enseñanza y uno de los renovadores de la literatura serbia.

**OBRAY** (Esteban **de**), escultor francés activo en España en el s. XVI, autor de la portada plateresca de la colegiata de Santa María de Calatayud.

**OBREGÓN** (Alejandro), pintor colombiano (Barcelona, España, 1920-Cartagena de Indias 1992). Su obra, próxima al expresionismo abstracto, estimuló la renovación pictórica colombiana. Su vigoroso paisajismo combina el intenso cromatismo con elementos de tradición autóctona.

**OBREGÓN** (Álvaro), político mexicano (Siquisiva, Sonora, 1880-México 1928). Maderista, a la muerte de Madero apoyó a Carranza contra Huerta y luchó contra los villistas (1915). Presidente del país desde 1920, aplicó la reforma agraria, consolidó las organizaciones obreras, expropió latifundios, creó el Banco único (1923) e impulsó la educación. En 1924 le sucedió en la presidencia Calles. Reelegido en 1928, fue asesinado por José de León Toral.

**OBRENOVIĆ,** dinastía que reinó en Serbia de 1815 a 1842 y de 1858 a 1903 y fue rival de los Karagjorgjević. Fundada por **Miloš Obrenović I** (Dobrinja 1780-Topcider 1860), príncipe de Serbia [1815-1839; 1858-1860], tuvo como soberanos a: **Miguel Obrenović III** (Kragujevac 1829-Topcider 1868), hijo del anterior, príncipe de Serbia [1839-1842 y 1860-1868]; – **Milan Obrenović IV** (Mărășești 1854-Viena 1901), primo de Miguel, príncipe [1868-1882] y rey de Serbia [1882-1889]. Después de que Serbia obtuviera su independencia en el congreso de Berlín (1878), tomó el título de rey (1882). Tuvo que abdicar (1889); – **Alejandro I Obrenović** → ***Alejandro.***

**O'BRIEN** (William Smith), político irlandés (Dromoland 1803-Bangor 1864). Se asoció, a partir de 1843, a la campaña de O'Connell en favor de la abrogación de la Unión e intentó organizar un levantamiento en 1848.

**OBWALDEN** → ***Unterwalden.***

**OCA,** r. de España, afl. del Ebro (or. der.); 72 km. Nace en la sierra de la Demanda y en La Bureba (Burgos) su curso se encaja al cruzar los *montes de Oca.*

**OCA** *(montes de),* ramal N de la cordillera de Perijá, en la frontera entre Colombia (Magdalena) y Venezuela (Zulia).

**O.C.A.M.** (Organización común africana y mauricia), organismo creado en 1965 con el nombre de Organización común africana y malgache, que reunía a los estados francófonos del África negra (salvo Mauritania) y Madagascar. La isla Mauricio se adhirió en 1970 y la organización cambió de nombre tras la retirada de Madagascar (1973). Se disolvió en 1985.

**OCAMPO,** mun. de México (Tamaulipas); 19 246 hab. Yacimientos petrolíferos y de gas natural.

**OCAMPO** (Andrés **de**), escultor español (Úbeda *c.* 1550-Sevilla 1623). Su obra representa en la escuela andaluza la transición del manierismo al barroco, con una técnica de gran detallismo (retablos de diversas iglesias de Sevilla).

**OCAMPO** (Miguel), pintor argentino (Buenos Aires 1922). Su pintura, inscrita en la abstracción geométrica, atravesó una etapa op art.

**OCAMPO** (Victoria), escritora argentina (Buenos Aires 1891-*id.* 1979). Además de cultivar la biografía y el ensayo literario, fundó la revista y editorial *Sur* (1930). – Su hermana **Silvina** (Buenos Aires 1909-*id.* 1994), esposa de Bioy Casares, fue excelente poeta (*Pequeña antología*, 1954) y escribió ensayo, teatro y cuentos fantásticos.

**OCAÑA,** mun. de Colombia (Norte de Santander); 66 058 hab. Centro agrícola. Textiles y alimentación.

**OCAÑA,** v. de España (Toledo), cab. de p. j.; 6 701 hab. *(Ocañenses* u *olcadenses.)* Iglesia de San Juan gótica. Plaza mayor (s. XVIII). Penal. Victoria francesa en la guerra de la Independencia (19 nov. 1809), que abrió a José I el camino hacia Andalucía.

**OCAÑA** (Luis), ciclista español (Priego, Cuenca, 1945-Mont-de-Marsan 1994). Venció en las vueltas de España (1970) y Francia (1973) y en el Gran premio de las naciones (1971). Se retiró en 1978.

**O'CASEY** (Sean), dramaturgo irlandés (Dublín 1880-Torquay, Devon, 1964). Su teatro, que trataba de los problemas políticos y sociales de su país (*El arado y las estrellas*, 1926; *La tacita de plata*, 1929), posteriormente se orientó hacia una representación simbólica de la vida (*Rosas rojas para mí*, 1946).

**OCCAM** (Guillermo **de**) → ***Ockham*** (Guillermo de).

**OCCIDENTAL** u **OCCIDENTAL DE LOS ANDES** *(cordillera)*, cordillera de América del Sur, que se extiende desde Colombia hasta Bolivia; máx. alt., 6 768 m en el Huascarán (Perú).

**OCCIDENTE** *(imperio de)*, parte occidental del imperio romano. Surgido de la partición del imperio a la muerte de Teodosio (395 d. J.C.), desapareció en 476 cuando Odoacro depuso a Rómulo Augústulo.

**OCCITANIA,** denominación del conjunto de regiones de lengua de oc, que se extiende por la mitad S de Francia, y que incluye parte del Piamonte (Italia) y el principado de Mónaco.

**O.C.D.E.** (Organización de cooperación y desarrollo económicos), agrupación constituida en París en 1961 por diecinueve estados europeos, miembros de la O.E.C.E. (Organización europea de cooperación económica), y por algunos países no europeos (Australia, Canadá, E.U.A. y Nueva Zelanda), incorporándose después Japón (1964), México (1994) y la República Checa (1995), con objeto de favorecer la expansión de los estados miembros y de los estados en vías de desarrollo.

**OCEANÍA,** una de las cinco partes del mundo, constituida por el continente australiano y una multitud de islas diseminadas por el Pacífico, entre Asia al O y América al E. Los archipiélagos oceánicos se dividen en tres grandes conjuntos: *Melanesia**, *Micronesia** y *Polinesia**. Estas divisiones son más etnográficas que geográficas. Oceanía cuenta con 28 millones de hab. aprox. y con una superficie de casi 9 millones de km$^2$. Aparte de Australia, Nueva Guinea y Nueva Zelanda, fragmento de un antiguo zócalo, a menudo afectado por movimientos tectónicos recientes, y de los atolones, de origen coralino, la mayoría de las islas de Oceanía deben su existencia a fenómenos volcánicos. Los archipiélagos gozan de un clima tropical, influido por la insularidad, que explica también el marcado carácter endémico de la flora y la fauna. Desde los puntos de vista humano y económico, Australia y Nueva Zelanda, con un nivel de vida elevado, contrastan con el resto de Oceanía, donde los indígenas (melanesios y polinesios) viven del cultivo del cocotero y de la pesca. El turismo se desarrolla localmente. *(V. mapa págs. 1560-1561.)*

**OCEÁNIDAS,** ninfas griegas del mar y de las aguas.

**OC-EO,** yacimiento arqueológico del S de Vietnam, cerca de Rach Gia, cuyo estudio atestigua relaciones comerciales (ss. I-VIII) con Extremo oriente y Oriente medio, así como con el mundo romano.

**Ocho y medio,** película italiana de F. Fellini (1963), variaciones abundantes y simbólicas de las angustias y los fantasmas de un director de cine (M. Mastroianni).

**OCHOA** (Eugenio **de**), escritor español (Lezo 1815-Madrid 1872). De inspiración romántica, traductor y editor de clásicos, cultivó el periodismo, el teatro y la novela histórica. (Real academia 1847.)

**OCHOA** (Severo), médico y bioquímico español (Luarca 1905-Madrid 1993), nacionalizado norteamericano. Emigró en 1941 a E.U.A., donde realizó trabajos de investigación y fue profesor de bioquímica en varias universidades. Regresó a España (1985) y dirigió un grupo de investigación en el Centro de biología molecular de Madrid. Premio Nobel de fisiología y medicina (1959), por su síntesis del ácido ribonucleico.

**OCKEGHEM** u **OKEGHEM** (Johannes), compositor flamenco (¿Dendermonde? *c.* 1410-Tours 1497), músico de la corte de Francia, autor de misas y de canciones polifónicas, uno de los maestros del contrapunto.

**OCKHAM** u **OCCAM** (Guillermo **de**), filósofo inglés (Ockham, Surrey, *c.* 1285-Munich *c.* 1349). Monje franciscano, excomulgado por su oposición al papa, partidario del nominalismo en la controversia de los universales y autor de una lógica que distingue los objetos del pensamiento de las ca-

Toda la región colindante al río Sepik, en Nueva Guinea, es célebre por la calidad y variedad de su producción artística. Aquí una gran choza de jefería, destinada a las ceremonias rituales de los hombres de Maprik. La pared de la fachada está constituida por hojas de palmera pintadas con cabezas humanas y pájaros y ordenadas con cierta complejidad.

Dintel en madera tallada, decorado con una figura de antepasado, procedente de Nueva Zelanda. (Museo Brooklyn, Nueva York.)

El rostro y el cuerpo humano han sido siempre la principal fuente de inspiración de todos los pueblos. No obstante, contrasta la austera esquematización de este tambor monumental de 4,20 m de altura (a la derecha) y la exuberancia de los entrelazos, espirales y tatuajes entremezclados de este antepasado mítico de los maoríes (arriba).

Tambor monumental procedente del oeste de la isla de Ambrym en Vanuatu. (Museo etnográfico, Basilea.)

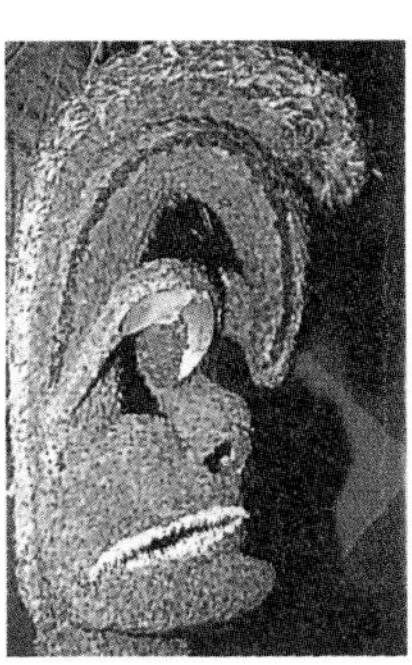

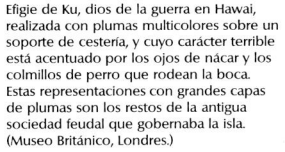

Efigie de Ku, dios de la guerra en Hawai, realizada con plumas multicolores sobre un soporte de cestería, y cuyo carácter terrible está acentuado por los ojos de nácar y los colmillos de perro que rodean la boca. Estas representaciones con grandes capas de plumas son los restos de la antigua sociedad feudal que gobernaba la isla. (Museo Británico, Londres.)

el arte de **Oceanía**

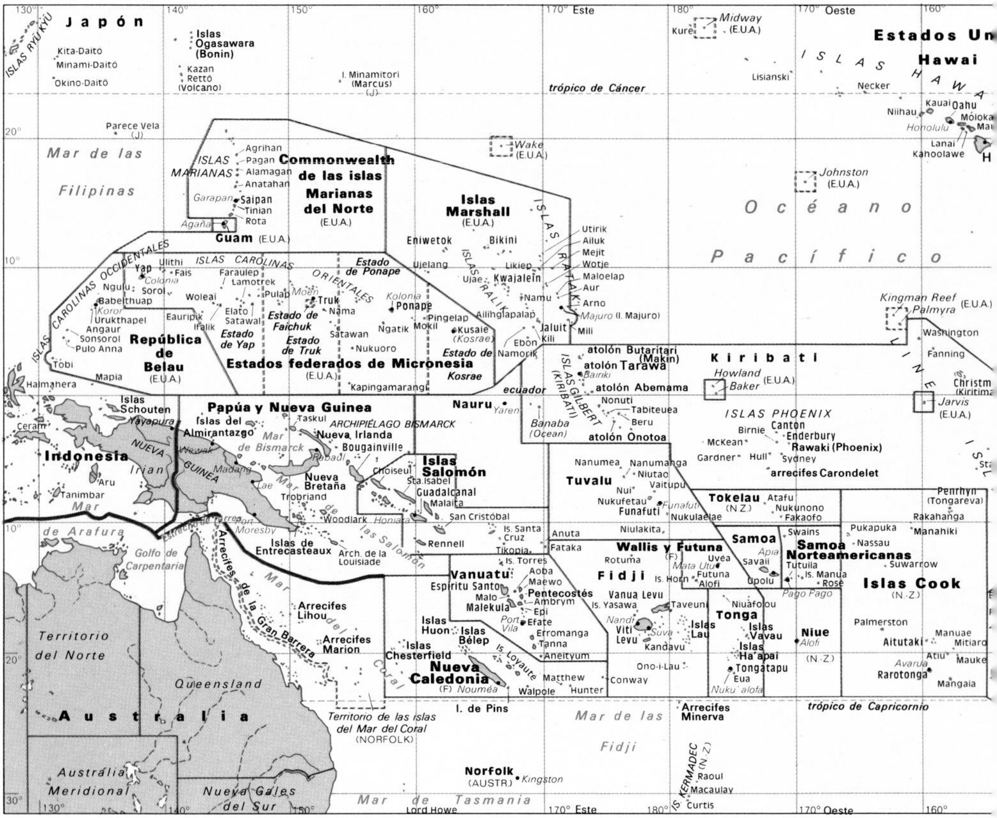


OCEANÍA

tegorías del conocimiento, su pensamiento influyó en la lógica medieval, conmocionó las bases de la teología medieval y preparó la doctrina de Lutero.

**O'CONNELL** (Daniel), político irlandés (cerca de Cahirciveen, Kerry, 1775-Génova 1847). Al frente de la Asociación católica, fundada en 1823, practicó la resistencia pasiva contra Gran Bretaña. Aunque no era elegible, fue votado diputado en 1828 y obtuvo el bill de emancipación de los católicos (1829); sin embargo, siendo lord alcalde de Dublín (1841) tuvo que ceder a las exigencias del gobierno de Londres.

**O'CONNOR,** clan irlandés que reinó en Connacht, y prácticamente en Irlanda, en los ss. XI y XII. El más célebre de sus miembros, **Rory** o **Roderic** (1116-1198), tuvo que reconocer la soberanía del rey de Inglaterra (1175).

**O'CONNOR** (Feargus), jefe cartista irlandés (Connorville 1796-Londres 1855).

**O'CONNOR** (Flannery), escritora norteamericana (Savannah, Georgia, 1925-Milledgeville, Georgia, 1964), que asocia la inspiración católica con la imaginación sudista *(El hábito de ser).*

**OCOSINGO,** mun. de México (Chiapas); 69 757 hab. Leguminosas; ganado vacuno. Explotación maderera. Aguardientes. Yacimiento arqueológico de Tonina.

**OCOTAL,** c. de Nicaragua, cap. del dep. de Nueva Segovia; 14 599 hab. Industrias del calzado, muebles y bebidas. Centro comercial.

**OCOTEPEQUE** *(departamento de),* dep. del O de Honduras; 1 680 km$^2$; 77 000 hab. Cap. *Nueva Ocotepeque.*

**OCOTLÁN,** mun. de México (Jalisco), junto al lago Chapala; 59 196 hab. Centro agropecuario.

**Ocotlán** *(santuario de),* notable iglesia barroca mexicana del s. XVIII en Tlaxcala. Fachada-retablo; camarín de Francisco Miguel y pinturas de Villalobos; exterior con azulejos.

**OCOYOACAC,** mun. de México (México); 33 952 hab. Agricultura y ganadería.

**OCOZÍAS** († 852 a. J.C.), rey de Israel [853-852 a. J.C.].

**OCOZÍAS** († 843 a. J.C.), rey de Judá [843], hijo de Atalía.

**OCOZOCOAUTLA DE ESPINOZA,** mun. de México (Chiapas); 24 678 hab. Centro ganadero (lácteos).

**OCTAVIA,** hermana de Augusto (c. 70-11 a. J.C.). Casó en segundas nupcias con Marco Antonio (40), que la repudió en 32.

**OCTAVIA** († 62 d. J.C.), hija de Claudio y de Mesalina, y esposa de Nerón, quien la repudió para casarse con Popea (62), la desterró y la obligó a suicidarse.

**OCTAVIANO,** nombre que tomó *Augusto* tras ser adoptado por César.

**OCTAVIO,** nombre de *Augusto* antes de ser adoptado por César.

**octubre** *(revolución de)* → ***revolución rusa de 1917.***

**octubre de 1934** *(revolución de),* movimiento revolucionario provocado por la entrada de miembros de la C.E.D.A. en el gobierno republicano español. Tras la convocatoria de huelga general por U.G.T. y P.S.O.E., la protesta derivó en Asturias y Cataluña en una sublevación, de signo proletario en Asturias, dirigida por la Alianza obrera, y encabezada en Cataluña por la Generalidad. La represión fue muy dura.

**OCUILAN,** mun. de México (México); 15 809 hab. Lagunas de Cempoala. Bosques.

**OCUMARE DEL TUY,** c. de Venezuela (Miranda); 76 880 hab. Centro comercial e industrial del valle del Tuy.

**ODA NOBUNAGA,** estadista japonés (Owari 1534-Kyōto 1582). Sustituyó al último Ashikaga en el shōgunado (1573) y unificó Japón bajo su inflexible autoridad.

**ODAWĀRĀ,** c. de Japón (Honshū); 193 417 hab.

**O.D.E.C.A.** (Organización de estados centroamericanos), asociación formada en 1951 por Costa Rica, El Salvador, Guatemala, Honduras y Nicaragua (carta de San Salvador, donde tiene su sede) para su integración política y económica. Su acción ha resultado inoperante.

**ODENAT** u **ODEYNAT** (Septimio), príncipe de Palmira († 267). Defendió el imperio romano en oriente contra los sasánidas. Le sucedió su mujer, Zenobia (267-272).

**ODENSE,** c. y puerto de Dinamarca, en la isla de Fionia; 171 000 hab. Catedral del s. XIII.

**ODENWALD,** macizo montañoso de Alemania (Hesse), que domina el valle del Rin; 626 m.

**ODER** → ***Odra.***

**Oder-Neisse** *(línea),* límite occidental de Polonia fijado por los acuerdos de Potsdam (1945). Reconocida por la R.D.A. en 1950 y por la R.F.A. en 1970, fue confirmada por un tratado germano-polaco concluido en 1990 y ratificado en 1991.

**ODESSA,** c. y puerto de Ucrania, junto al mar Negro; 1 115 000 hab. Centro cultural e industrial. Base naval y puerto fundados por los rusos en 1794, se convirtió en el segundo puerto del imperio ruso (fines del s. XIX) gracias a la exportación de cereales. Fue un importante centro revolucionario en 1905.

**ODIEL,** r. de España; 120 km. Nace en la sierra de Aracena, pasa por Huelva y unido al Tinto desemboca en el golfo de Cádiz. *Embalse del Odiel.*

**ODILÓN** *(san),* quinto abad de Cluny (Mercoeur 962-Souvigny 1049). Monje de Cluny (991), tras ser nombrado abad (994), fue uno de los personajes más influyentes de la cristiandad medieval. Estableció la tregua de Dios y la conmemoración del día de los difuntos (2 nov.).

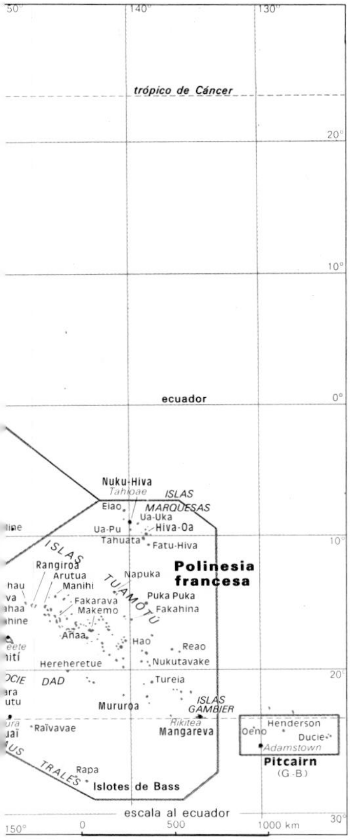


**ODÍN** u **ODÍNN,** gran dios escandinavo de la guerra y de la sabiduría. En el panteón germánico su nombre era Wotan.

**Odisea,** poema épico griego en veinticuatro cantos, atribuido, como la *Ilíada,* a Homero. Mientras Telémaco va en busca de su padre (cantos I-IV), Ulises, recogido después de un naufragio por Alcinoo, rey de los feacios, cuenta sus aventuras desde su salida de Troya (cantos V-XIII): en su largo viaje pasa del país de los lotófagos al de los cíclopes, permanece un tiempo en la isla de Circe, navega por el mar de las sirenas y es retenido, durante años, por Calipso. La tercera parte del poema (cantos XIV-XXIV) narra la llegada de Ulises a Ítaca y la astucia que hubo de emplear para desembarazarse de los pretendientes que cortejaban a su esposa Penélope.

**ODOACRO,** rey de los hérulos (*c.* 434-Ravena 493). Destronó a Rómulo Augústulo (476) poniendo fin así al imperio de occidente. Alarmado por su poder, el emperador de oriente, Zenón, mandó contra él a Teodorico, que le sitió en Ravena (490-493) y le obligó a capitular, tras lo cual fue asesinado.

**O'DONNELL** (Leopoldo), militar y político español (Santa Cruz de Tenerife 1809-Biarritz 1867), *duque* **de Tetuán.** Participó en la primera guerra carlista, en el bando isabelino y, siendo capitán general de Aragón y Valencia, expulsó a Cabrera del Maestrazgo. Conspiró contra Espartero (1841) y contra Narváez (1854, Vicalvarada). Durante el bienio progresista ocupó el ministerio de la Guerra, desde el que creó la Unión liberal. Ocupó de nuevo el poder en 1856, 1858-1863 y 1865-1866.

**O'DONOJÚ** (Juan), militar y administrador español (Sevilla 1762-México 1821). Virrey de México (1821). Firmó con Iturbide los tratados de Córdoba. Tras la independencia formó parte del consejo de regencia.

**ODORICO da Pordenone** *(beato),* teólogo franciscano (Pordenone, Friuli, *c.* 1265-Udine 1331). Después de recorrer Mongolia, China e India, narró sus viajes en *Descriptio terrarum* o *Itinerarium.*

**ODRA,** en alem. **Oder,** r. de Europa central, que nace cerca de Ostrava, atraviesa la Silesia polaca (pasando por Wrocław) y desemboca en el Báltico, en el golfo de Szczecin; 854 km. Su curso inferior (en cuya or. izq. se halla Frankfurt del Oder) forma frontera entre Polonia y Alemania.

**ODRÍA** (Manuel Arturo), militar y político peruano (Tarma 1897-Lima 1974). Dirigió el golpe contra Bustamante y asumió el poder (1948). Presidente electo del país (1950-1956), actuó dictatorialmente.

**ODUBER QUIRÓS** (Daniel), político costarricense (San José 1921-*id.* 1991). Del Partido de liberación nacional, fue presidente de la república (1974-1978), legalizó partidos de izquierda y se enfrentó a las compañías bananeras de E.U.A.

**OĒ KENZABURŌ,** escritor japonés (Ose, Shikoku, 1935). Su novelística, de corte moral, centrada en la esperanza y el temor, está caracterizada por una agresividad del lenguaje y las imágenes (*Una cuestión personal,* 1963; *El grito silencioso,* 1967; *Las cartas de los años de la nostalgia,* 1986). [Premio Nobel de literatura 1994.]

**O.E.A.** (Organización de estados americanos), en ingl. Organization of American States (O.A.S.), organización internacional americana, fundada en 1948 para solucionar los problemas comunes al conjunto de los estados del continente. Cuba fue excluida en 1962. En 1985 se reformó su carta dando mayores poderes al secretario general y al consejo permanente (protocolo de Cartagena).

**OEHLENSCHLÄGER** (Adam Gottlob), escritor danés (Copenhague 1779-*id.* 1850), representante del romanticismo danés con sus poemas (*Los cuernos de oro,* 1802) y dramas.

**OERSTED** u **ØRSTED** (Hans Christian), físico danés (Rudkøbing 1777-Copenhague 1851). En 1820 descubrió la existencia del campo magnético creado por las corrientes eléctricas.

**OERTER** (Al), atleta norteamericano (Nueva York 1936), cuatro veces campeón olímpico de lanzamiento de disco (1956, 1960, 1964 y 1968).

**OETA** o **ETA,** montaña de Grecia (Tesalia); 2 152 m.

**OFALIA** (Narciso **de Heredia y Begines de los Ríos,** *marqués* **de Heredia** y *conde* **de**), diplomático y político español (Gines, Sevilla, 1775-Madrid 1847). Varias veces ministro, presidió un gobierno moderado (1837-1838).

**O'FARRIL** (Gonzalo), militar español (La Habana 1754-París 1831). Ministro de la Guerra con Fernando VII (1808) y con José I.

**OFFENBACH** (Jacques), compositor alemán (Colonia 1819-París 1880), nacionalizado francés. Autor de más de 100 operetas (*Orfeo en los infiernos,* 1854; *La bella Helena,* 1864; *La vida parisiense,* 1866; *La Périchole,* 1868) y de la ópera *Los cuentos de Hoffmann* (estrenada en 1881).

**OFFENBACH AM MAIN,** c. de Alemania (Hesse), cerca de Frankfurt del Main; 113 990 hab.

**OFIUSA** *(país de las serpientes),* denominación dada, probablemente por los focenses, a la península Ibérica, y posteriormente a Formentera.

**OFQUI** *(istmo de),* istmo de Chile (Aisén del General Carlos Ibáñez del Campo), que une la península de Taitao al continente.

**OGADEN,** meseta esteparia que constituye el extremo E de Etiopía, en la frontera con Somalia.

**OGAKI,** c. de Japón (Honshū); 148 281 hab.

**OGBOMOSHO,** c. de Nigeria; 677 200 hab.

**OGINO KYUSAKU,** médico japonés (Toyohashi 1882-Niigata 1975), inventor de un método de control natural de natalidad *(método de Ogino-Knaus).*

**OGLIO,** r. de Italia (Lombardía), afl. del Po (or. izq.); 280 km.

**OGODAY** (*c.* 1185-1241), soberano mongol [1229-1241], tercer hijo de Gengis Kan. Anexionó Corea, el N de China, Azerbaiján y Georgia, y envió a Batū a conquistar occidente.

**OGOOUÉ,** r. de África ecuatorial, tributario del Atlántico, en Gabón; 1 170 km.

**O'GORMAN** (Edmundo), historiador mexicano (Coyoacán 1906-† 1995), autor entre otras obras de *Fundamentos de la historia de América.*

**O'GORMAN** (Juan), arquitecto y pintor mexicano (México 1905-*id.* 1982). Relacionado con el muralismo y el funcionalismo arquitectónico (derivando luego hacia el neobarroco), su obra paradigmática es la biblioteca central de la ciudad universitaria de México, monumental paralelepípedo recubierto de mosaico de teselas naturales.

**OHANA** (Maurice), compositor francés de origen español (Casablanca 1914-París 1992). Seguidor de M. de Falla, creó un lenguaje personal, de inspiración lírica mediterránea (*Silabario para Fedra,* 1967; *Auto de fe,* 1972; *La Celestina,* 1988).

**O. HENRY** (William Sydney **Porter,** llamado), escritor norteamericano (Greensboro, Carolina del Norte, 1862-Nueva York 1910), autor de cuentos caracterizados por el rasgo de sorpresa final *(La última hoja).*

**O'HIGGINS,** lago de Chile (Aisén del General Carlos Ibáñez del Campo), junto al *cerro O'Higgins* (2 910 m). La mitad oriental, que pertenece a Argentina (Santa Cruz), recibe el nombre de *lago San Martín.*

**O'HIGGINS,** dep. de Argentina (Chaco); 20 440 hab. Cab. *San Bernardo.* Ganadería.

**O'HIGGINS** (Ambrosio), militar y político español (Ballenary, Irlanda, *c.* 1720-Lima 1801). Gobernador y capitán general de Chile (1788-1796) y virrey del Perú (1796-1800), ocupó las islas Galápagos.

**O'HIGGINS** (Bernardo), prócer de la independencia americana (Chillán 1778-Lima 1842), hijo de Ambrosio. En 1810 colaboró con la Junta que debía gobernar Chile durante el cautiverio de Fernando VII, de la que fue vocal (1811). General en

Juan **O'Gorman:** *La ciudad de México* (1949). [Museo de arte moderno, México.]

Bernardo
**O'Higgins**

jefe del ejército (1814), con la victoria de Chacabuco (febr. 1817) inició la reconquista chilena. Fue nombrado director supremo y participó en la batalla de Maipo (abril 1818), que aseguró la independencia de Chile. Mandó ejecutar a importantes independentistas e hizo aprobar una constitución dictatorial. Las sublevaciones de Concepción y La Serena reflejaron el descontento popular. Dimitió (en. 1823) y fue desterrado a Perú.

**O'HIGGINS** (Pablo), pintor y grabador mexicano de origen norteamericano (Salt Lake City 1900-México 1983), adscrito al movimiento muralista.

**OHIO,** r. de Estados Unidos, afl. del Mississippi (or. izq.); 1 570 km. Formado en Pittsburgh por la unión del Allegheny y del Monongahela, pasa por Cincinnati.

**OHIO,** estado del NE de Estados Unidos; 107 000 km²; 10 847 115 hab. Cap. *Columbus.* C. pral. *Cleveland, Cincinnati, Toledo.*

**OHM** (Georg Simon), físico alemán (Erlangen 1789-Munich 1854). Enunció en 1827 las leyes fundamentales de las corrientes eléctricas e introdujo las nociones de cantidad de electricidad y de fuerza electromotriz.

**OHŘE,** en alem. **Eger,** r. de Europa central (Alemania y República Checa), afl. del Elba (or. izq.); 316 km.

**OHRID,** c. de Macedonia, junto al *lago de Ohrid* (367 km²), situado en la frontera entre Albania y Macedonia; 26 000 hab. Iglesias bizantinas decoradas con frescos (ant. catedral de Santa Sofía, s. XI, y la iglesia de San Clemente, s. XIII).

**OIHENART** (Arnauld **d'**), escritor vasco (Mauléon 1592-Saint Palais 1667). Publicó una colección de poesías y refranes en vasco (1657).

**OISE,** r. de Francia y Bélgica, afl. del Sena (or. der.); 302 km. Nace en la prov. belga de Hainaut. Importante vía navegable.

**OISE,** dep. del N de Francia (Picardía); 5 860 km²; 725 603 hab. Cap. *Beauvais.*

**OISTRAJ** u **OISTRAKH** (David), violinista soviético (Odessa 1908-Amsterdam 1974).

**O.I.T.** → ***Organización internacional del trabajo.***

**ŌITA,** c. y puerto de Japón (Kyūshū); 408 501 hab.

**O.J.D.** (Oficina de justificación de la difusión), asociación internacional fundada en Francia en 1922, cuyo objetivo es valorar y verificar las ventas de la prensa periódica.

**OJEDA** u **HOJEDA** (Alonso **de**), navegante y conquistador español (Cuenca 1468 o 1470-Santo Domingo 1515 o 1516). En 1499, con Vespucio y J. de la Cosa, reconoció las islas Trinidad y Margarita y descubrió Curaçao.

**OJEDA** (Juan **de**), conquistador español (Santo Domingo de la Calzada 1502-† 1558). Participó con Garay en la conquista de Pánuco, con Cristóbal de Olid en la de Honduras, y con Nuño de Guzmán en la de Nueva Galicia.

**OJÉN,** v. de España (Málaga); 1 976 hab. *(Ojenetes.)* En la Costa del Sol. Aguas termales. Turismo.

**OJINAGA,** mun. de México (Chihuahua), avenado por el río Bravo; 26 421 hab. Centro comercial.

**OJO DE LIEBRE** o **SCAMMON,** laguna de México (Baja California Sur), en la costa del Pacífico; 45 km de long. Salinas.

**OJO GUAREÑA,** complejo cársico de España (mun. de Merindad de Sotoscueva, Burgos), en la cordillera Cantábrica, uno de los de mayor extensión del mundo; unos 32 km de galerías, cavernas y simas. Tiene interés espeleológico, biológico (biotopos exclusivos de algunas especies) y arqueológico (pinturas rupestres, huellas de pisadas humanas, etc.).

**OJOCALIENTE,** mun. de México (Zacatecas); 27 678 hab. Centro minero. Aguas termales.

**OJOS DEL GUADIANA,** surgencias cársicas situadas al NE de Ciudad Real (España), que convencionalmente se consideran como nacimiento del río Guadiana.

**OJOS DEL SALADO,** volcán andino de 6 864 m de altura en el límite internacional chileno-argentino.

**OJOTSK** *(mar de),* mar que bordea el océano Pacífico, al NE de Asia.

**OJUELOS DE JALISCO,** mun. de México (Jalisco); 20 214 hab. Lino, maguey. Ganado caballar y porcino.

**OKÁ,** r. de Rusia, afl. del Volga (or. der.); 1 480 km.

**OKAYAMA,** c. de Japón (Honshū); 593 730 hab. Centro industrial. Parque (s. XVIII).

**OKAZAKI,** c. de Japón (Honshū); 306 822 hab.

**O'KEEFFE** (Georgia), pintora norteamericana (Sun Prairie, Wisconsin, 1887-Santa Fe, Nuevo México, 1986). Transfiguró la realidad hasta el límite de la abstracción, aunque no renunció a una visión lírica (paisajes de Nuevo México).

**OKEGHEM** (Johannes) → ***Ockeghem.***

**OKINAWA,** isla principal del archipiélago japonés de las Ryūkyū; 1 183 km². C. pral. *Naha.* En 1945 fue el escenario de una violenta batalla entre japoneses y norteamericanos.

**OKLAHOMA,** estado de Estados Unidos, al N de Texas; 181 000 km²; 3 145 585 hab. Cap. *Oklahoma City* (444 719 hab.). Petróleo.

**O.K.W.** (Oberkommando der Wehrmacht), mando supremo de los ejércitos alemanes (1938-1945).

**OLAF** → ***Olav*** y ***Olof.***

**OLAF I Hunger** (1052-1095), rey de Dinamarca [1086-1095]. — **Olaf II Haakonsson** (Akershus 1370-Falsterbo 1387), rey de Dinamarca [1376-1387] y de Noruega (Olav IV) [1380-1387]. Hijo del rey de Noruega Haakon VI y de Margarita Valdemarsdotter de Dinamarca.

**OLANCHITO,** mun. de Honduras (Yoro); 29 890 hab. Centro comercial de una extensa área bananera.

**OLANCHO** *(departamento de),* dep. del E de Honduras; 24 531 km²; 282 018 hab. Cap. *Juticalpa.*

**ÖLAND,** isla de Suecia, en el Báltico, unida al continente por un puente; 1 344 km²; 24 931 hab. C. pral. *Borgholm.*

**OLANO** (Abraham), ciclista español (Anoeta 1970), campeón del mundo de fondo en carretera en 1995, obtuvo la medalla de plata en la contrarreloj individual de los Juegos olímpicos de Atlanta, 1996. En 1998 ganó la vuelta a España y fue campeón del mundo de contrarreloj individual.

**OLAÑETA** (Casimiro), político boliviano (Sucre 1796-*íd.* 1860). Abanderado de la independencia del Alto Perú, limitó el poder de Bolívar y se opuso a Sucre.

**OLAUS PETRI** (Olof **Petersson,** llamado), reformador sueco (Örebro 1493-Estocolmo 1552). Propagador de la Reforma en Suecia (1520-1525), es autor de una traducción del Nuevo testamento y de una *Crónica sueca.*

**OLAV I Tryggvesson** (*c.* 969-Svolder 1000), rey de Noruega [995-1000]. Contribuyó a implantar el cristianismo en su reino. — **Olav II Haraldsson el Santo** (*c.* 995-Stiklestad 1030), rey de Noruega [1016-1028]. Murió luchando contra Canuto el Grande. — **Olav III Kyrro** († 1093), rey de Noruega [1067-1093]. — **Olav IV Magnusson** († 1115), rey de Noruega [1103-1115]. — **Olav V** (Appleton House, cerca de Sandringham, Inglaterra, 1903-Oslo 1991), rey de Noruega desde 1957 hasta su muerte.

**OLAVARRÍA,** c. de Argentina (Buenos Aires); 98 078 hab. Caolín, canteras de mármol. Cemento, lácteos, conservas cárnicas, industrias del calzado.

**OLAVIDE** (Pablo **de**), político y escritor español (Lima 1725-Baeza 1803). Ilustrado, como superintendente de las Nuevas poblaciones de Sierra Morena (1767) realizó una gran labor reformista. Autor de proyectos educativos y agrarios (*Informe sobre la ley agraria,* 1768), fue condenado por la Inquisición y huyó a Francia (1780-1798).

**OLAYA HERRERA** (Enrique), político y abogado colombiano (Guateque, Boyacá, 1880-Roma 1937). Fundador con Carlos A. Restrepo del Partido republicano (1909), fue presidente de la república (1930-1934).

**OLBRACHT** (Kamil **Zeman,** llamado **Iván**), escritor checo (Semily 1882-Praga 1952). En sus novelas evolucionó del análisis sicológico al compromiso político (*Nikola Šuhaj, el bandolero,* 1933).

**OLDENBURG,** ant. estado del N de Alemania. Condado a fines del s. XI, fue anexionado a Dinamarca (1667) y luego pasó a los Holstein-Gottorp (1773). Erigido en ducado (1777) y luego en gran ducado (1815), se convirtió en estado del imperio alemán (1871). El último gran duque abdicó en 1918.

**OLDENBURG,** c. de Alemania (Baja Sajonia); 142 233 hab. Castillo de los ss. XVII-XIX (museo).

**OLDENBURG** (Claes), artista norteamericano de origen sueco (Estocolmo 1929), uno de los representantes del pop art (esculturas blandas, monumentos incongruentes, etc.).

**OLDUVAI,** yacimiento paleontológico de Tanzania, cerca del lago Eyasi, con importantes restos prehistóricos, los más antiguos de los cuales se remontan a más de un millón de años (horizonte I). Leakey descubrió en él, en 1959 y 1960, dos tipos de australopitecos, el *Zinjantropus* y el *Homo habilis,* que datan de 1 750 000 y 1 850 000 años respectivamente.

**O'LEARY** (Daniel Florencio), militar y diplomático irlandés (Cork 1801-Bogotá 1854). Edecán de Bolívar (1819), le sirvió hasta 1830. Fue diplomático de Venezuela (1830-1839) y de Gran Bretaña (desde 1844).

**OLEIROS,** mun. de España (La Coruña); 18 727 hab. Cap. *Real.* Pesca (conservas). Ostricultura.

**OLENIOK,** r. de Rusia, en Siberia, tributario del mar de Láptiev; 2 292 km (cuenca de 222 000 km²).

**OLÈRDOLA,** mun. de España (Barcelona); 1 599 hab. Cap. *San Miguel de Olérdola* o *Sant Miquel d'Olèrdola.* Restos de poblado ibérico fortificado; muralla romana. Abrigo prehistórico con pinturas rupestres.

**OLÉRON,** isla de Francia, en el Atlántico (Charente-Maritime), unida al continente por un puente; 175 km²; 16 841 hab. Turismo.

**OLESA DE MONTSERRAT,** v. de España (Barcelona); 14 899 hab. (*Olesanenses* u *olesanos.*) Industria textil y química. Representación anual de la Pasión desde 1642.

**OLIANA,** v. de España (Lérida); 2 017 hab. *(Olianeros.)* Industrias mecánicas. Embalse (en el Segre) y central hidroeléctrica.

**OLIBA,** benedictino catalán (*c.* 971-abadía de Sant Miquel de Cuixà 1046). Fue abad de Ripoll (al que convirtió en centro cultural de primer orden) y de Cuixà (1008), y obispo de Vic (1018). Fundó el monasterio de Montserrat (1023).

**OLID** (Cristóbal **de**), conquistador español (Baeza o Linares 1488-Naco, Honduras, 1524). En 1519 se unió a Cortés en la conquista del imperio azteca, pero le traicionó al llegar a acuerdos con su enemigo Velázquez para repartirse las ganancias de la conquista de Honduras. Fue ajusticiado.

**OLIMPIA,** c. del Peloponeso, centro religioso panhelénico donde se celebraban cada cuatro años los Juegos olímpicos. Ruinas del templo de Zeus (s. V a. J.C.); metopas en el museo local y en el Louvre.

**OLIMPIA,** princesa de Epiro (*c.* 375-Pidna 316 a. J.C.), esposa de Filipo II de Macedonia y madre de Alejandro Magno. Intentó disputar el poder a los diadocos al morir su hijo (323) y fue asesinada por Casandro.

**OLIMPO,** en gr. **Olympos,** macizo montañoso de Grecia, en los confines de Macedonia y Tesalia (alt. 2 917 m). Según los antiguos griegos, era la morada de los dioses.

**OLINALÁ,** mun. de México (Guerrero); 16 302 hab. Agricultura (frutales). Artesanía (lacas).

**OLINDA,** c. del NE de Brasil, cerca de Recife; 340 673 hab. Monumentos religiosos de los ss. XVII-XVIII.

**OLINTO,** c. griega de Calcídica, destruida por Filipo de Macedonia (348 a. J.C.).

**OLITE,** c. de España (Navarra); 3 049 hab. *(Oliteros.)* Castillo palacio de los reyes de Navarra (restaurado en el s. XX); iglesia de Santa María la Real con atrio gótico y rica fachada (s. XIV) e iglesia románica (s. XIII).

**OLIVA,** c. de España (Valencia); 20 311 hab. Agrios. Restos del castillo palacio del s. XV, gótico. Iglesia de San Roque (1532). Restos de un poblado ibero (cerámica pintada).

**OLIVA (La),** mun. de España (Las Palmas), en Fuerteventura; 7 950 hab. Agricultura. Pesca.

**Oliva** *(monasterio de la),* monasterio español fundado en 1134 (Carcastillo, Navarra), con iglesia terminada en 1198; el claustro y otras dependencias son góticos (s. XV).

**Oliva** *(tratado de)* [3 mayo 1660], tratado firmado en *Oliva* (act. *Oliwa,* Polonia), por el que el rey de Polonia renunció a sus pretensiones sobre Suecia, y Prusia se convirtió en estado soberano.

**OLIVA NAVARRO** (Juan Carlos), escultor argentino (Montevideo 1888-Buenos Aires 1951), autor de monumentos como el del general Madariaga (Paso de los Libres, Corrientes).

**OLIVARES** *(cerro de),* cerro de la cordillera de los Andes, en la frontera entre Chile (Coquimbo) y Argentina (San Juan); 6 250 m de alt.

**OLIVARES** (Gaspar **de Guzmán y Pimentel,** *conde* **de Olivares** y *duque* **de Sanlúcar la Mayor,** llamado **conde-duque de**), político español (Roma 1587-Toro 1645). Convertido en cabeza de su linaje, renunció a dedicarse al estado eclesiástico y entró en la corte por su boda con una dama de honor de la reina. Nombrado gentilhombre del futuro Felipe IV, ganó su voluntad hasta el punto que cuando éste subió al trono (1621) le entregó el gobierno. De carácter enérgico, se propuso restaurar el prestigio y la autoridad de la monarquía mediante una política unificadora del imperio: ideó la Unión de armas, basada en una aportación de cada reino para la defensa común, que chocó con la resistencia de los países forales, y tras romper la tregua de los Doce años (1621), hizo entrar a España en la guerra de los Treinta años (1636). Tras alcanzar la cima de su poder con la derrota del ejército francés en Fuenterrabía (1638), los levantamientos de Portugal y Cataluña (1640) y la oposición de la corte marcaron su declive; después del fracaso de la expedición real a Cataluña fue expulsado de la corte (1643). Hombre culto, fue protector de artistas y literatos.

el conde-duque de **Olivares**
(Velázquez - Prado, Madrid)

**OLIVARI** (Nicolás), escritor argentino (Buenos Aires 1900-*id.* 1966). Cultivó la poesía (*Los poemas rezagados,* 1946) el relato (*La noche es nuestra,* 1952) y el drama, con tono humorístico e incluso agresivo.

**OLIVENZA,** c. de España (Badajoz), cab. de p. j.; 10 004 hab. *(Oliventinos.)* Industrias agropecuarias. Recinto amurallado. Iglesias y edificios de estilo manuelino. Ocupada por España a Portugal en la guerra de las Naranjas, el tratado de Badajoz (1801) ratificó su posesión.

**OLIVER** (Joan, conocido con el seudónimo de **Pere Quart** con el que firmó su obra poética), escritor español en lengua catalana (Sabadell 1899-Barcelona 1986). Cultivó la narrativa (*Vacaciones pagadas* [*Vacances pagades,* 1961]), la poesía (*Bestiario* [*Bestiari,* 1937]) y el teatro. (Premio de honor de las letras catalanas 1970.)

**OLIVER** (Joe, llamado **King**), compositor y director de orquesta de jazz norteamericano (Nueva Orleans 1885-Savannah 1938), de raza negra. Pionero del jazz, popularizó el estilo Nueva Orleans.

**OLIVER** (Juan), pintor activo en Navarra en el s. XIV, introductor del gótico lineal (retablo de la *Pasión,* catedral de Pamplona).

**OLIVER** (Miguel de los Santos), escritor español en lenguas castellana y catalana (Campanet, Mallorca, 1864-Barcelona 1920). Periodista de matiz conservador, alcanzó prestigio como comentarista y divulgador de temas políticos y culturales (*Hojas del sábado,* colección de artículos, 6 vols.). Publicó ensayos (*Entre dos Españas,* 1906), poesía y narraciones.

**Oliver Twist** *(Las aventuras de),* novela de Ch. Dickens (1838).

**OLIVERA** (Héctor), director, productor y guionista de cine argentino (Olivos 1931), autor de películas comerciales (*Psexoanálisis,* 1967), pero también de otras de denuncia política (*La Patagonia rebelde,* 1974; *No habrá más pena ni olvido,* 1983; *La noche de los lápices,* 1986).

**Oliveros,** en fr. **Olivier,** héroe del *Cantar de Roldán.* Frente a la fogosidad de Roldán, es el símbolo de la prudencia y la razón.

**Olivetti,** sociedad italiana, fundada en 1908, especializada, en sus orígenes, en la fabricación de máquinas de escribir, y más tarde de calculadoras. Desde los años ochenta es uno de los líderes europeos en el campo de la informática y de la ofimática.

**OLIVIER** (*sir* Laurence **Kerr,** llamado **Laurence**), actor y director de teatro y cine británico (Dorking, Surrey, 1907-Ashurst, Sussex, 1989). Brillante intérprete de Shakespeare, director del National theatre (1962-1973), realizó e interpretó numerosas películas (*Enrique V,* 1944; *Ricardo III,* 1955).

**OLIVIERI** (Giovanni Domenico), escultor italiano (Carrara 1708-Madrid 1762). Su taller participó activamente en la decoración escultórica de las fundaciones reales (Salesas Reales, Madrid).

**OLIVOS** *(monte de los),* colina al E de Jerusalén, a cuyo pie se encontraba el huerto de Getsemaní, donde Jesús fue a orar la víspera de su muerte.

**Ollantay,** drama de origen quechua, sobre el amor del guerrero Ollantay por la hija del Inca Pachacuti. Transmitido por tradición oral, se conservan manuscritos, uno de ellos del padre Antonio Valdez (editado en 1853).

**OLLANTAYTAMBO,** mun. de Perú (Cuzco); 5 233 hab. Restos de una fortaleza ciclópea incaica (s. XV), en la ladera de un cerro que domina un desfiladero por el que corre el río Urubamba.

**Ollantaytambo** *(conferencia de),* primera conferencia latinoamericana de pueblos indígenas (1980, Perú). Se decidió establecer un Comité latinoamericano de los movimientos indios y exigir una representación en la O.N.U.

**OLLER** (Francisco), pintor puertorriqueño (Bayamón 1833-San Juan de Puerto Rico 1917). Influido por Courbet, pintó escenas de costumbres puertorriqueñas y se fue orientando hacia el impresionismo *(Un mendigo, El estudiante, Paisaje francés).*

**OLLER** (Narcís), escritor español en lengua catalana (Valls 1846-Barcelona 1930). Vinculado con el grupo de la Renaixença, cultivó la novela realista próxima al naturalismo.

**OLLER** (Pere), escultor catalán del s. XV. Su obra, de transición entre los ss. XIV y XV, es de un acentuado realismo y suntuoso detallismo (retablo del altar mayor de la catedral de Vic).

**Ollin Yoliztli** *(premio),* galardón nacional mexicano a las letras, instituido en 1980, como reconocimiento al conjunto de la labor literaria en el ámbito de la cultura hispanoamericana.

**OLMEDO,** v. de España (Valladolid); 3 637 hab. *(Olmedanos.)* Edificios mudéjares. Iglesias del s. XIII. Capilla de la Mejorada (s. XV). Victorias de Álvaro de Luna sobre los infantes de Aragón (19 mayo 1445), y de Enrique IV de Castilla sobre los nobles que apoyaban al infante Alfonso (19 ag. 1467).

**OLMEDO** (José Joaquín), patriota y escritor ecuatoriano (Guayaquil 1780-*id.* 1847). Fue presidente de la Junta de gobierno de Guayaquil (1820-1822) y miembro del gobierno provisional en 1845. Sus poesías son de inspiración neoclásica (*Canto a Bolívar,* 1825).

**OLMI** (Ermanno), director de cine italiano (Bérgamo 1931), fiel testigo de la crisis de los valores morales: *El empleo* (1961), *Los novios* (1963), *Un cierto día* (1969), *El árbol de los zuecos* (1978), *La leyenda del santo bebedor* (1988).

**OLMO** (Gregorio **del**), pintor español (Madrid 1921-en accidente de carretera 1977). Perteneció a la escuela castellana, con una obra neofigurativa en paisajes y bodegones.

**OLMO** (Lauro), escritor español (O Barco de Valdeorras, 1922-Madrid 1994). Autor de poesía, cuentos y novelas (*Golfos de bien,* 1968), destacó como autor dramático (*La camisa,* 1962; *La pechuga de la sardina,* 1963; *El cuarto poder,* 1970; *La jerga nacional,* 1986).

**Olmütz** *(retirada de)* [29 nov. 1850], conferencia que se celebró en *Olmütz* (act. *Olomouc*) y durante la cual el rey de Prusia Federico Guillermo IV capituló ante el ultimátum austríaco, renunciando a sus ambiciones hegemónicas sobre Alemania.

**OLOF Skötkonung** († 1022), rey de Suecia [994-1022]. Favoreció la penetración del cristianismo en su país.

**OLOMOUC,** en alem. **Olmütz,** c. de la República Checa (Moravia); 105 690 hab. Monumentos (ss. XII-XVIII).

**OLOT,** c. de España (Gerona), cab. de p. j.; 26 613 hab. *(Olotenses.)* Agricultura e industria (textil, papel, alimentaria). Iglesia neoclásica de San Esteban. Museo (artistas de la escuela paisajística local del s. XIX).

**OLÓZAGA** (Salustiano), político español (Oyón, Álava, 1805-Enghien, Francia, 1873). Jefe del Partido progresista, apoyó a Espartero, pero posteriormente acaudilló la oposición de las cortes contra él, y presidió el primer ministerio tras su caída (1843). Contribuyó a la revolución de 1868.

**O.L.P.** (Organización para la liberación de Palestina), organización de la resistencia palestina fundada en 1964 por el Consejo nacional palestino reunido en Jerusalén. Al principio dirigida por Ahmad Šuqayrī, está presidida, desde 1969, por Yāsir 'Arafāt. La Liga árabe, que la subvenciona desde su creación, le concedió en 1976 el mismo estatuto que a un estado. Es miembro de la O.U.A. y está reconocida por la O.N.U. (desde 1988 con la denominación de Palestina). Administra la Autoridad nacional palestina desde su creación en 1994.

**OLSZTYN,** c. del NE de Polonia, cap. de voivodato; 164 800 hab.

**OLT,** r. de Rumania, afl. del Danubio (or. izq.); 690 km.

**OLTENIA,** región de Rumania, en Valaquia, al O del Olt.

**OLVERA,** c. de España (Cádiz); 8 702 hab. (*Ilipenses* u *olvereños.*) Producción de aceite.

**olvidados** *(Los),* película mexicana dirigida por L. Buñuel (1950). Supuso la reaparición triunfal de su autor en el cine, después de un paréntesis de casi veinte años.

**Olympia,** cuadro de Manet (1863, museo de Orsay, París), desnudo femenino que fue motivo de escándalo en su época.

**OM KALSUM** → ***Umm Kulthūm.***

**OMAHA,** c. de Estados Unidos (Nebraska), a orillas del Missouri; 335 795 hab.

**OMÁN** *(mar de)* → ***Arabia*** (mar de).

**OMÁN,** en ár. **'Umān,** estado del extremo oriental de Arabia, junto al *golfo* y al *mar de Omán;* 212 000 km$^2$; 1 600 000 hab. CAP. *Mascate.* LENGUA: *árabe.* MONEDA: *riyal de Omán.* Petróleo. Del s. XVII al s. XIX, los sultanes de Omán gobernaron un imperio marítimo, adquirido a expensas de Portugal y cuyo centro era Zanzíbar. A partir de 1970 el sultán Qābūs ibn Sa'īd emprendió la modernización del país.

**OMAR** → ***'Umar.***

**OMATE** o **HUAYNAPUTINA,** volcán de Perú (Moquegua); 6 175 m de alt.

**OMDURMAN,** c. de Sudán, junto al Nilo, cerca de Jarṭūm; 526 000 hab. Capital del Mahdī, fue reconquistada por los angloegipcios de lord Kitchener (1898).

**OMEALCA,** mun. de México (Veracruz); 21 550 hab. Centro agropecuario. Avicultura.

**OMETEPE,** isla de Nicaragua (Rivas), en el lago Nicaragua; 273 km$^2$. Formada por dos volcanes (*Ometepe,* 1 610 m, y Maderas).

**OMETEPEC,** mun. de México (Guerrero); 31 427 hab. Centro agrícola (frutas tropicales y hortalizas; café y tabaco).

**OMEYAS,** dinastía de califas árabes, que reinó en Damasco de 661 a 750. Extendió el imperio musulmán hasta la llanura del Indo (710-713), la Transoxiana (709-711) y España (711-714). Grandes constructores, embellecieron Damasco, Jerusalén y Kairuán. El imperio omeya, minado por luchas intestinas y por la oposición chiita, sucumbió ante los ataques de los Abasíes. Pero un superviviente de la familia, 'Abd al-Raḥmān I, fundó el emirato de Córdoba* (756-1031), erigido en califato rival de Bagdad a partir de 929.

**O.M.I.** → ***Organización marítima internacional.***

**OMIYA,** c. de Japón (Honshū); 403 776 hab.

**OMO,** r. del S de Etiopía, afl. del lago Turkana. En su valle se han encontrado yacimientos ricos en fósiles de homínidos (australopitecos).

**O.M.P.I.** → ***Organización mundial de la propiedad intelectual.***

**OMRI,** soberano del reino de Israel [885-874 a. J.C.]. Fundó Samaria.

**O.M.S.** (Organización mundial de la salud), institución especializada de las Naciones unidas (desde 1948), creada en 1946, cuya finalidad es promover el desarrollo sanitario y la lucha contra la enfermedad en todo el mundo. Tiene su sede en Ginebra.

**OMSK,** c. de Rusia, en Siberia occidental, junto al Irtish; 1 148 000 hab. Centro industrial.

**OMUTA,** c. de Japón (Kyūshū); 150 453 hab. Aluminio.

**ONDA,** v. de España (Castellón); 17 852 hab. *(Ondenses.)* Agrios. Cerámica y vidrio. Restos de un castillo árabe. Barrio judío medieval. Iglesia de la Sang, con portal románico.

**ONDARROA,** v. de España (Vizcaya); 10 265 hab. *(Ondarreses.)* Pesca (conservas). Turismo.

**ONEGA** *(lago),* lago del NO de Rusia, unido al lago Ladoga por el Svir; 9 900 $km^2$.

**O'NEILL,** dinastía real irlandesa que, a partir de la segunda mitad del s. V, conquistó la mayor parte del Ulster. Destacan entre sus miembros **Hugh O'Neill,** *conde* **de Tyrone** (*c.* 1540-Roma 1616), que, convertido en el principal jefe del Ulster, venció a los ingleses en Yellow Ford (1598), – y **Owen Roe O'Neill** (*c.* 1590-1649), su sobrino, jefe del Partido de la independencia y comandante del ejército del Ulster (1642).

**O'NEILL** (Eugene), dramaturgo norteamericano (Nueva York 1888-Boston 1953). Su teatro pasó del realismo (*Anna Christie,* 1922; *El deseo bajo los olmos,* 1924) a una visión esencialmente poética del esfuerzo humano para integrarse a un universo (*El emperador Jones,* 1921) que sólo dominan los seres excepcionales capaces de asumir su destino (*A Electra le sienta bien el luto,* 1931). [Premio Nobel de literatura 1936.]

**ONETTI** (Juan Carlos), escritor uruguayo (Montevideo 1909-Madrid 1994). Con influencias de la narrativa moderna (Céline, Faulkner, Joyce, Dos Passos), recreó en sus novelas el drama existencial del individuo metropolitano. Su primera novela *El pozo* (1939) supuso una renovación de la técnica en la novela latinoamericana. Con *La vida breve* (1943) inauguró el ciclo de Santa María, territorio mítico concebido como refugio de la soledad, y que culmina en *El astillero* (1961) y *Juntacadáveres* (1964). Publicó libros de cuentos, relatos y otras novelas (*Cuando entonces,* 1987; *Cuando ya no importe,* 1993). [Premio Cervantes 1980.]

**ONFALIA,** reina de Lidia de la que Heracles fue esclavo durante un tiempo; la leyenda representa al héroe hilando lana a los pies de Onfalia.

**ONGANÍA** (Juan Carlos), militar argentino (Marcos Paz, Buenos Aires, 1914-Buenos Aires 1995). Jefe del ejército (1962-1965), derrocó a Illia (1966) e inició un régimen dictatorial. Fue derrocado por Lanusse (1970).

**ONÍS** (Federico **de**), profesor y crítico español (Salamanca 1885-San Juan de Puerto Rico 1966). Uno de los creadores de la *Revista de filología española,* divulgó la cultura española en E.U.A., y fue editor de la *Revista hispánica moderna* a partir de 1934.

**ONITSHA,** c. de Nigeria, a orillas del Níger; 345 000 hab.

**ONK** *(yébel)* → ***Elounq*** (yébel).

**ONSAGER** (Lars), químico norteamericano de origen noruego (Cristianía 1903-Miami 1976). Sentó las bases de la termodinámica de los procesos irreversibles que tiene, especialmente, aplicaciones en biología. (Premio Nobel de química 1968.)

**ONTARIO,** lago de América del Norte, entre Canadá y Estados Unidos. Se comunica con el lago Erie a través del Niágara y vierte sus aguas en el San Lorenzo; 18 800 $km^2$.

**ONTARIO,** provincia de Canadá, la más rica y poblada del país; 1 068 582 $km^2$; 10 084 885 hab. Cap. *Toronto.* C. pral. *Hamilton, Ottawa, Windsor, London.*

**ONTENIENTE** u **ONTINYENT,** c. de España (Valencia), cab. de p. j.; 29 511 hab. *(Ontenienses.)* Centro comercial, agrícola e industrial.

**O.N.U.** (Organización de las Naciones unidas), organización internacional constituida en 1945 (para suceder a la Sociedad de naciones, creada por el tratado de Versalles en 1919) por los estados que aceptaron cumplir las obligaciones previstas por la *Carta de las Naciones unidas* (firmada en San Francisco el 26 de junio de 1945), a fin de salvaguardar la paz y la seguridad internacionales, y de instituir entre las naciones una cooperación económica, social y cultural. La O.N.U., cuya sede se halla en Nueva York, comenzó a existir oficialmente el 24 de octubre de 1945. China, E.U.A., Francia, Gran Bretaña y Rusia ocupan un escaño permanente y poseen derecho de veto en el Consejo de seguridad. Órganos principales: la *asamblea general* (todos los estados miembros [actualmente, 185]), principal órgano de deliberación que emite las recomendaciones; el *consejo de seguridad* (5 miembros permanentes y 10 elegidos cada 2 años por la Asamblea general), órgano ejecutivo cuyo fin es el mantenimiento de la paz internacional; el *consejo económico y social,* que coordina las actividades económicas y sociales de la O.N.U., bajo la autoridad de la asamblea general; el *Tribunal* internacional de justicia;* el *secretariado* o *secretaría,* que asegura las funciones administrativas de la O.N.U.; está dirigido por el *secretario general,* designado por un plazo de cinco años por la asamblea general según recomendación del consejo de seguridad. La O.N.U. cuenta con organismos especializados, como las comisiones económicas regionales, F.A.O., Unesco, Unicef, UNCTAD, etc.

**ONUBA, ONOBA** u **OLBA,** ant. ciudad tartesia de la península Ibérica. Se trata de la actual Huelva.

**OÑA,** mun. de España (Burgos); 1 909 hab. *(Oñenses.)* Antiguo monasterio de San Salvador, con elementos góticos de los ss. XIII al XVI.

**OÑA** (Pedro **de**), poeta chileno (Angol de los Infantes 1570-Cuzco o Lima *c.* 1643). Intentó continuar *La Araucana* de Ercilla, con *Arauco domado* (1596), pero con predominio de motivos cortesanos y líricos.

**OÑATE** u **OÑATI,** v. de España (Guipúzcoa); 10 264 hab. *(Oñatiarras.)* Iglesia de San Miguel (ss. XV-XVI), gótica, con un sepulcro obra de Diego de Siloe. Universidad plateresca. — En el término, santuario de Aránzazu, donde se venera la Virgen de Aránzazu, patrona de Guipúzcoa; iglesia por F. Sáenz de Oiza y L. Laorga.

**OÑATE** (Juan **de**), conquistador de Nuevo México (¿Minas de Pánuco, Zacatecas, 1550?-† *c.* 1625), hijo de **Cristóbal de Oñate** (¿1540?-1567), gobernador de Nueva Galicia. Impuso la soberanía española a los caciques indígenas de Nuevo México (1598). Emprendió nuevas exploraciones (territorios de Texas, Oklahoma, Missouri, Nebraska e Iowa, 1601), alcanzó el río Colorado y fundó Santa Fe (1605).

**OORT** (Jan Hendrik), astrónomo neerlandés (Franeker 1900-Wassenaar 1992). Demostró la rotación (1927) y la estructura espiral (1952) de nuestra Galaxia. Desarrolló la teoría según la cual en los confines del sistema solar existe una enorme concentración de cometas *(nube de Oort).*

**OPANAL,** siglas de Organismo para la proscripción de armas nucleares en América Latina, organismo internacional creado en 1969, y nacido del tratado de Tlatelolco de 1967, con sede en México, cuya finalidad es promover el desarme y asegurar la ausencia de armas nucleares en la región.

**OPARIN** (Alexandr Ivánovich), químico y biólogo soviético (Uglish, Rusia, 1894-Moscú 1980), autor de una teoría sobre el origen de la vida a partir de los compuestos químicos de la atmósfera terrestre primitiva (1924).

**OPAVA,** en alem. **Troppau,** c. de la República Checa; 63 601 hab. Monumentos antiguos.

**O.P.E.P.** (Organización de países exportadores de petróleo), organización creada en 1960 y que agrupa actualmente a doce estados (Argelia, Arabia Saudí, Unión de Emiratos Árabes, Gabón, Indonesia, Irán, Iraq, Kuwayt, Libia, Nigeria, Qaṭar y Venezuela).

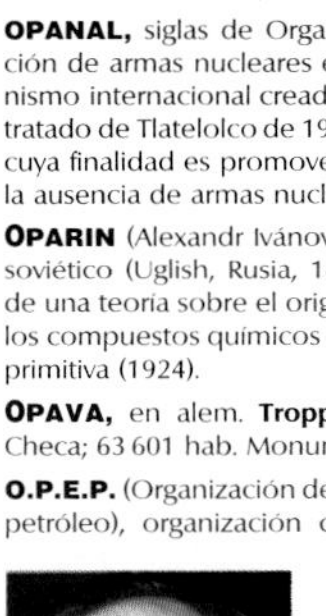

Juan Carlos **Onetti**
(Sofía Gandarias - col. part.)

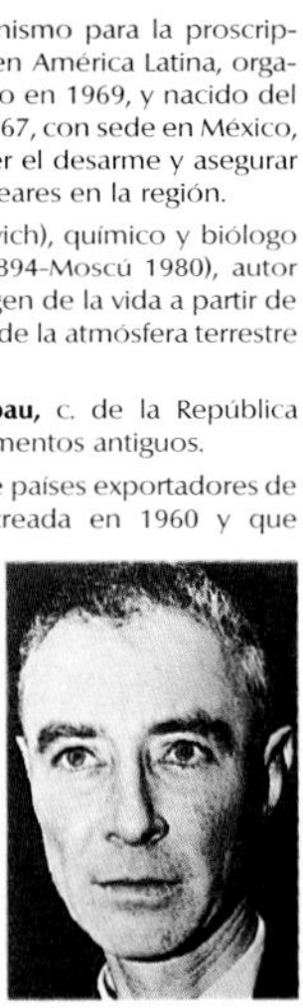

Julius Robert **Oppenheimer**

**ópera de cuatro cuartos** *(La),* obra teatral de B. Brecht (1928), inspirada en la *Ópera del mendigo* (1728) de John Gay, con música de Kurt Weill. El realizador G. W. Pabst adaptó la obra al cine (1931).

**OPHÜLS** (Maximilian **Oppenheimer,** llamado **Max**), director de cine francés de origen alemán (Saarbrücken 1902-Hamburgo 1957). Barroco y refinado, consagró su obra a una búsqueda apasionada de la felicidad: *Amoríos* (1932), *Carta de una desconocida* (1948), *La ronda* (1950), *El placer* (1952), *Madame de...* (1953), *Lola Montes* (1955).

**opio** *(guerra del)* [1839-1842], conflicto que estalló entre Gran Bretaña y China, que había prohibido la importación de opio. Los británicos ocuparon Shanghai e impusieron a China el tratado de Nankín*.

**OPISSO** (Ricardo), dibujante y caricaturista español (Tarragona 1880-Barcelona 1966). Integrante del grupo Els quatre gats, sus dibujos son una crónica sutil de la vida barcelonesa.

**OPITZ** (Martin), poeta alemán (Bunzlau 1597-Dantzig 1639), reformador de la métrica.

**OPOLE,** c. de Polonia, cap. de voivodato, junto al Odra; 128 900 hab. Monumentos antiguos.

**OPORTO,** en port. **Porto,** c. y puerto de Portugal, en la or. der. del Duero, cerca de su desembocadura; 350 000 hab. (Casi un millón en la aglomeración.) Es la segunda ciudad del país. Centro industrial. Comercialización en la zona suburbana de vinos del valle del Duero *(oporto).* La *Portus Cale* romana fue tomada por el visigodo Teodorico (456) y ocupada por los musulmanes (716) hasta pasar a manos de Alfonso I de Asturias a mediados del s. VIII. Alfonso III la repobló (*c.* 880) y a mediados del s. XI se convirtió en capital del condado portugués. En las diversas guerras contra España apoyó siempre la causa portuguesa (1383, 1580 y 1640) y en 1809 Soult la convirtió en cuartel general de los franceses en la Península, para convertirse posteriormente en bastión de los liberales contra los absolutistas (1822-1833). Catedral románica transformada en época barroca (ss. XVII-XVIII); varias iglesias construidas o transformadas en esta época (torre de los Clérigos). Iglesia del antiguo convento del Pilar (ss. XVI-XVII), con claustro circular. Puente Luis I, metálico, obra de Eiffel. Museo Soares dos Reis.

**OPPENHEIM** (Dennis), artista norteamericano (Mason City, Washington, 1938). Pionero del land art y del arte corporal, desde 1972 realiza instalaciones a partir de diversos materiales, elementos y energías.

**OPPENHEIMER** (Julius Robert), físico norteamericano (Nueva York 1904-Princeton 1967). Autor de trabajos sobre la teoría cuántica del átomo, tuvo un papel importante en las investigaciones nucleares.

**Opus Dei,** prelatura personal de la Iglesia católica, fundada como asociación sacerdotal en 1942 por el beato Josemaría Escrivá de Balaguer. En 1947 fue aprobada como instituto secular por la Santa Sede, y en 1982 erigida como *Prelatura de la Santa Cruz y Opus Dei* por Juan Pablo II.

**OQUENDO** (Antonio **de**), marino español (San Sebastián 1577-La Coruña 1640). Durante la guerra de los Treinta años mandó la escuadra española, derrotada por la neerlandesa en la batalla de las Dunas (1639).

**OQUENDO** (Manuel **de**), pintor peruano activo en Chuquisaca en la segunda mitad del s. XVIII. Autor de *El éxtasis de santa Teresa* (Potosí), se aproxima a la corriente dieciochesca española.

**OQUENDO** (Miguel **de**), marino español (San Sebastián 1534-Pasajes 1588). Felipe II le dio el mando de la escuadra de Guipúzcoa (1587), que se unió a la Armada invencible, con cuyo jefe se enfrentó.

**OQUENDO DE AMAT** (Carlos), poeta peruano (Puno 1906-Madrid 1936). Su única obra, *5 metros de poemas* (1927), integra a la vez la corriente nativista y las libertades de vanguardia.

**ORADEA,** c. del NO de Rumania; 220 848 hab. Centro industrial. Monumentos barrocos del s. XVIII.

**ORÁN,** dep. de Argentina (Salta); 100 734 hab. Cab. *San Ramón de la Nueva Orán.* Accidentado por la *sierra de Orán.* Minería (oro, plata y cobre). Industria maderera.

**ORÁN,** en ár. **Wahrān,** c. de Argelia, cap. de vilayato; 663 000 hab. *(Oraneses.)* Universidad. Puerto en el Mediterráneo. Centro administrativo, comercial e industrial. – Fundada por musulmanes de al-Andalus (*c.* 903), fue conquistada por los españoles (1509-1708; 1732-1790). En 1831 fue ocupada por los franceses.

**ORANESADO,** región occidental de Argelia.

**ORANGE,** r. de África austral, tributario del Atlántico; 2 250 km. Aprovechamiento para la hidroelectricidad y el regadío.

**ORANGE** *(Estado Libre de),* desde 1995 **Estado Libre,** prov. del centro de la República de Sudáfrica; 129 480 km²; 2 403 000 hab. Cap. *Bloemfontein.* Oro, uranio y carbón. La colonia, fundada por bóers hacia 1836, fue reconocida independiente en 1854. En 1899 se unió al Transvaal para luchar contra los británicos. Convertida en colonia británica (1902), en 1910 se integró en la Unión Sudafricana.

**ORANGE,** c. de Francia (Vaucluse); 28 136 hab. Teatro y arco de triunfo romanos (s. I). Catedral románica. Museos.

**ORANGE-NASSAU,** familia noble de Alemania, de la que surgió la casa real de Países Bajos. (→ *Nassau.*)

**Orange-Nassau** *(orden de),* orden neerlandesa civil y militar creada en 1892.

**ORANIENBURG,** c. de Alemania (Brandeburgo); 28 978 hab. Campo de concentración alemán (Oranienburg-Sachsenhausen) [1933-1945].

**ORBAY** (François **d'**), arquitecto francés (París 1631 o 1634-*id.* 1697). Construyó la catedral de Montauban y participó en las grandes construcciones francesas de su época (Louvre, Versalles).

**ORBEGOSO** u **ORBEGOZO** (Luis José **de**), general y político peruano (Chuquisongo, Huamachuco, 1795-Trujillo 1847). Presidente del país (1833), creó, con Santa Cruz, la confederación Perú-boliviana (1836). Derrotado por los chilenos (1838), huyó.

**ORBIGNY** (Alcide **Dessalines d'**), naturalista francés (Couëron, Loire-Atlantique, 1802-Pierrefitte-sur-Seine 1857), discípulo de Cuvier y uno de los fundadores de la paleontología estratigráfica (*El hombre americano,* 1840). – Su hermano **Charles** (Couëron 1806-París 1876), botánico y geólogo, es autor de un *Diccionario universal de historia natural* (1839-1849).

**ÓRBIGO,** r. de España (León), afl. del Esla (or. der.); 97 km. Riega la comarca de la *Ribera del Órbigo.* Embalse y central de Barrios de Luna (40 700 kW).

**ORBÓN** (Julián), compositor cubano de origen español (Avilés 1925-Miami 1991), autor de *Tres versiones sinfónicas* (1954), una sinfonía inédita, obras corales y piezas para piano y guitarra.

**ORCADAS,** en ingl. **Orkney,** archipiélago británico, al N de Escocia, que comprende 90 islas, la mayor de las cuales es *Mainland.* Ganadería. Pesca. Constituyen una región administrativa; 975 km²; 19 000 hab.; cap. *Kirkwall* (en Mainland). Terminal petrolera.

**ORCADAS DEL SUR,** islas subantárticas de Argentina, al NE de la península antártica; 750 km². Estación meteorológica.

**ORCAGNA** (Andrea **di Cione,** llamado **el**), pintor, escultor y arquitecto italiano, activo en Florencia de 1343 a 1368. Menos innovador que Giotto, aparece por sus pinturas y esculturas como el último gran representante del gótico florentino. – Tuvo dos hermanos pintores, **Nardo** y **Jacopo di Cione.**

**Orce** *(hombre de),* supuesto homínido descubierto en 1982 en el yacimiento español de Venta Micena (mun. de Orce, Granada), de una antigüedad de 1,3-1,6 millones de años. Los fragmentos de cráneo interpretados como pertenecientes a un homínido han sido objeto de debate.

**ORCHILA (La),** isla de Venezuela, en el Caribe; 13 km de long.; 27 hab. Depósitos de guano.

**ORCÓMENO,** ant. c. de Beocia, que fue el centro más importante de la región en la época micénica. Imponentes murallas (ss. VII-IV a. J.C.).

**ORDÁS** (Diego **de**), conquistador español (Castroverde de Campos *c.* 1480-† en el mar 1532). Durante ocho años fue compañero de Velázquez en Cuba, pero se enemistó con él (1519) y se puso al servicio de Cortés. En 1530 firmó unas capitulaciones para conquistar tierras, e intentó llegar a El Dorado (1531), recorriendo el Orinoco.

**Ordenanzas reales de Castilla,** primera recopilación del derecho castellano (1484), obra de Alfonso Díaz de Montalvo, realizada por mandato de los Reyes Católicos.

**ÓRDENES** u **ORDES,** v. de España (La Coruña), cab. de p. j.; 11 693 hab. *(Ordenenses.)* Bosques, prados. Serrerías.

**Órdenes** *(consejo de),* consejo de la corona de Castilla, creado por los Reyes Católicos (1489) para administrar el patrimonio de las órdenes militares y asesorar a los monarcas. Fue abolido en 1931.

**Ordesa y Monte Perdido** *(parque nacional de),* parque nacional de España (Huesca), en el Pirineo; 15 608 ha. Se extiende a lo largo del valle del río Arazas, cuyas paredes casi verticales dan lugar a cascadas (Cola de Caballo y Gradas de Soaso). Bosques. Parador de turismo. Declarado patrimonio mundial por la Unesco en 1998.

**ORDIZIA,** v. de España (Guipúzcoa); 8 966 hab. Centro comercial e industrial.

**ORDÓÑEZ,** familia de toreros españoles entre cuyos miembros destacan: **Cayetano,** llamado **Niño de la Palma** (Ronda 1904-Madrid 1961), típico exponente de la escuela rondeña, que recibió la alternativa en 1925. – **Antonio** (Ronda 1932-Sevilla 1998), que recibió la alternativa en 1951, es considerado uno de los toreros más clásicos de los años sesenta.

**ORDÓÑEZ** (Bartolomé), escultor español (nacido en Burgos-Barcelona 1520). Figura capital del renacimiento español por su libertad de expresión y fina ejecución, trabajó en la sillería del coro y en los relieves del trascoro de la catedral de Barcelona, en la capilla de G. Caracciolo (Nápoles) con D. Siloe, y realizó sepulcros como el de Felipe el Hermoso y Juana la Loca (capilla real, Granada).

Bartolomé **Ordóñez:** detalle de la sillería del coro de la catedral de Barcelona

**ORDÓÑEZ** (Julián), pintor mexicano (Puebla 1780-*id.* 1856). Entre sus obras destacan *Los cuatro evangelistas,* y la *Perspectiva,* gran estructura de lienzos, ambas en la catedral de Puebla.

**ORDOÑO I** († Oviedo 866), rey de Asturias [850-866], hijo de Ramiro I. Llevó el dominio efectivo de los reyes de Oviedo más allá de los montes Cantábricos. Debilitó a los Banū Qasī, y llegó hasta los montes de Oca. La frontera retrocedió tras su derrota ante las tropas cordobesas (856). – **Ordoño II** († León 924), rey de León [914-924], hijo de Alfonso III. Sometió a una autoridad única los territorios del reino asturleonés y Galicia, con cap. en León. Fue derrotado en Valdejunquera (920). – **Ordoño III** († Zamora 956), rey de León [951-956], hijo de Ramiro II. Respondió a las reiteradas aceifas musulmanas con una gran expedición que llegó a Lisboa (955). – **Ordoño IV, el Malo** o **el Jorobado** († Córdoba 960), rey de León [958-960], hijo de Alfonso IV. Proclamado rey por los magnates rebeldes a Sancho I el Craso, con el apoyo de Fernán González, fue destronado por las tropas cordobesas, llamadas por Toda de Navarra.

**ORDOS,** meseta de China, en la gran curva del Huang He.

**ORDUÑA** *(puerto de),* puerto de montaña de España en la cordillera Cantábrica (Vizcaya), en la carretera de Burgos a Bilbao; 900 m de alt.

**OREA** (Juan **de**), arquitecto y escultor español del s. XVI, yerno de Pedro Machuca. Dirigió las obras de la catedral de Almería (1550-1573).

**OREAMUNDO** (Yolanda), novelista costarricense (San José 1916-† 1956), de esmerada técnica narrativa (*La ruta de su evasión,* 1948).

**OREAMUNO,** cantón de Costa Rica (Cartago); 28 695 hab. Pastos. Ganado vacuno e industrias derivadas.

**ÖREBRO,** c. de Suecia, al O de Estocolmo; 120 944 hab. Iglesia de San Nicolás (ss. XII-XIII).

**OREGÓN,** ant. nombre del río Columbia.

**OREGÓN,** estado del NO de Estados Unidos, junto al Pacífico, bordeado al N por el r. Columbia (ant. *Oregón*); 251 000 km²; 2 842 321 hab. Cap. *Salem.* C. pral. *Portland.*

**oreja de Jenkins** *(guerra de la),* conflicto entre España y Gran Bretaña (1739), a consecuencia del desacuerdo en la forma de realizar el comercio.

**ORELLANA,** prov. del E de Ecuador, creada en 1998; 20 681 km²; 70 000 hab. Cap. *Francisco de Orellana.*

**ORELLANA** (Francisco **de**), explorador español (Trujillo 1511-† 1546). Tras poblar Santiago (Guayaquil) [1538], se unió a Gonzalo Pizarro en busca de El Dorado y la tierra de la canela, pero abandonó la expedición con el pretexto de ir a buscar alimentos (1542) y navegó por el Amazonas hasta su desembocadura. Nombrado gobernador de Nueva Andalucía, murió durante otra expedición al Amazonas desde la desembocadura, que fracasó.

el monumento a Francisco de **Orellana** en Quito

**ORENBURG,** c. de Rusia, junto al Ural; 547 000 hab. Gas natural.

**ORENSANZ** (Ángel), escultor español (Larués, Huesca, 1945). Ha centrado su trabajo en el metal, con cilindros agujereados y agrupados (*Boca rastón,* mural para I.B.M. en Florida; centro comercial de Atlanta). Reside en E.U.A.

**ORENSE** *(provincia de),* prov. de España, en Galicia; 7 278 km²; 354 474 hab. Cap. *Orense.* P. j. de *Bande, Celanova, Ginzo de Limia, O Barco de Valdeorras, O Carballiño, Orense, Puebla de Trives, Ribadavia, Verín.* Terreno montañoso, con depresiones y valles por los que corren el Miño, el Sil, el Limia y sus afluentes. Clima húmedo y templado. La agricultura (cereales, vid [vinos de Ribeiro y Valdeorras], patata, forrajes) y ganadería emplea a más de la mitad de la población activa. Producción hidroeléctrica. Industria en torno a la cap. *(V. mapa pág. 1566.)*

**ORENSE** u **OURENSE,** c. de España, cap. de la prov. homónima y cab. de p. j.; 108 382 hab. (*Orensanos* o *aurienses*.) Junto al Miño. Centro comercial. Industrias derivadas de la agricultura. Aguas termales. Catedral románica (ss. XII-XIII); iglesia de la Trinidad y puente sobre el Miño (s. XIII); iglesia de San Francisco (s. XIV). Museo arqueológico.

**ORENSE** (José María), político español (Laredo 1803-Astillero 1880), *marqués* **de Albaida.** Cofundador del Partido demócrata español (1849), intervino en la revolución de 1854 y preparó la de 1868. Presidió las cortes de la primera república.

**ORESME** (Nicolás **de**), obispo de Lisieux (Oresme, Normandía, *c.* 1325-Lisieux 1382). Propagador y crítico de las obras de Aristóteles, fue el más destacado representante del primer renacimiento en los campos científico y humanista.

**ORESTES,** en la mitología griega, hijo de Agamenón y de Clitemnestra, hermano de Electra. Para vengar la muerte de su padre, mató a su madre y al amante de ésta, Egisto, asesino de Agamenón.

**Orestíada** u **Orestía,** trilogía dramática de Esquilo, estrenada en Atenas (458 a. J.C.), que comprende tres tragedias (*Agamenón, Las coéforas,* y *Las Euménides*), y cuyo tema son las aventuras de Orestes.

**ØRESUND** o **SUND,** estrecho que comunica el Cattegat con el mar Báltico, entre la isla danesa de Sjaelland y el litoral sueco. Desde 2000 es atravesado por un puente que enlaza Copenhague y Malmö.

**ORETANIA,** región de la Tarraconense, al E de las act. prov. de Jaén y Ciudad Real, habitada por los oretanos. Su cap. era *Oretum* (cerca de Granátula de Calatrava, Ciudad Real).

**ORFEO,** en la mitología griega, príncipe tracio, hijo de Calíope, poeta, músico y cantante. Su genio era tal que encantaba incluso a los animales salvajes. Bajó a los Infiernos para buscar a Eurídice, muerta por la picadura de una serpiente. Allí encantó a los guardianes y logró el retorno de Eurídice al mundo de los vivos; pero tenía prohibido volver su mirada hacia ella antes de cruzar el umbral de los infiernos y lo olvidó, por lo que perdió a Eurídice para siempre. Inconsolable, fue destrozado por las Bacantes, furiosas por su amor exclusivo. El mito de Orfeo dio origen a una corriente religiosa *(orfismo).*

**Orfeo,** drama lírico en 5 actos de Monteverdi (1607), considerada la primera ópera perfecta.

**ORFF** (Carl), compositor alemán (Munich 1895-*id.* 1982). Autor de la cantata *Carmina burana* (1937), adaptación de poemas goliárdicos, creó un método de educación musical basado en el ritmo.

**ORFILA** (Alejandro), político y diplomático argentino (Mendoza 1925), secretario general de la O.E.A. (1975-1983).

**ORFILA** (Mateo José Buenaventura), químico y médico español (Mahón 1787-París 1853), nacionalizado francés, autor de *Tratado de los venenos extraídos de los reinos mineral, vegetal y animal o toxicología general* (1813-1815).

**O.R.G.A.** (Organización republicana gallega autónoma), partido político, galleguista y federalista, fundado en 1929, dirigido por Casares Quiroga. En 1934 se integró en la Izquierda republicana de Azaña.

**ORGAMBIDE** (Pedro), escritor argentino (Buenos Aires 1929). Su narrativa equidista del realismo y de la literatura fantástica (*El encuentro,* 1957).

**Organización común africana y mauricia** → *O.C.A.M.*

**Organización de cooperación y desarrollo económicos** → *O.C.D.E.*

**Organización de estados americanos** → *O.E.A.*

**Organización de estados centroamericanos** → *O.D.E.C.A.*

**Organización de la aviación civil internacional** (O.A.C.I.), institución especializada de la O.N.U. (desde 1947), creada por la convención de Chicago en 1944, cuya finalidad principal consiste en desarrollar y reglamentar los transportes aéreos internacionales y su seguridad. Sede: Montreal.

**Organización de la unidad africana** → *O.U.A.*

**Organización de las Naciones unidas** → *O.N.U.*

**Organización de las Naciones unidas para la alimentación y la agricultura** → *F.A.O.*

**Organización de las Naciones unidas para la educación, la ciencia y la cultura** → *Unesco.*

**Organización de países exportadores de petróleo** → *O.P.E.P.*

**Organización del tratado del Atlántico norte** → *O.T.A.N.*

**Organización internacional de policía criminal** (O.I.P.C.) → *Interpol.*

**Organización internacional del trabajo** (O.I.T.), institución especializada de la O.N.U. (desde 1946), creada en 1919 por el tratado de Versalles. Sus estados miembros están representados por delegados de los gobiernos, de los empresarios y de los trabajadores. Tiene como objetivo la promoción de la justicia social a través de la mejora de las condiciones de vida y laborales. Su secretaría permanente, la *oficina internacional del trabajo (B.I.T.),* tiene su sede en Ginebra. (Premio Nobel de la paz 1969.)

**Organización marítima internacional** (O.M.I.), nombre que recibe desde 1982 una institución especializada de la O.N.U. (desde 1959), creada en 1948. Su finalidad es asistir a los gobiernos en la reglamentación técnica de la navegación marítima. Sede: Londres.

**Organización mundial de la propiedad intelectual** (O.M.P.I.), institución especializada de la O.N.U. (desde 1974), creada en 1967, cuyo fin es promover la protección de la propiedad intelectual en el mundo. Sede: Ginebra.

**Organización mundial de la salud** → *O.M.S.*

**Organización mundial del comercio** (O.M.C.) → *G.A.T.T.*

**Organización para la liberación de Palestina** → *O.L.P.*

**Organización para la seguridad y cooperación en Europa** → *C.S.C.E.*

**Organización republicana gallega autónoma** → *O.R.G.A.*

**Organon,** conjunto de los tratados sobre lógica de Aristóteles.

**ÓRGANOS** *(punta de los),* punta de la costa N de la isla española de Gomera (Canarias), formada por coladas basálticas en forma de órganos.

**ÓRGANOS** *(sierra de los),* sierra de Cuba (Pinar del Río), parte occidental de la cordillera de Guaniguanico. Originales formas cársicas (órganos).

**Orgañá** *(Homilías de)* [*Homilies d'Organyà*], sermonario catalán (fines s. XII o inicios s. XIII), primera manifestación literaria escrita en lengua catalana.

**ORIBASIOS,** médico griego (Pérgamo *c.* 325-Bizancio 403). Vinculado al emperador Juliano, recopiló los conocimientos médicos de su época.

**ORIBE** (Emilio), poeta uruguayo (Melo 1893-Montevideo 1975). Tras sus libros iniciales, de claro signo modernista (*Letanías extrañas,* 1915, *El nunca usado mar,* 1922), evolucionó hacia el vanguardismo (*Rapsodia bárbara,* 1954; *Ars Magna,* 1960).

**ORIBE** (Manuel), político uruguayo (Montevideo 1796-*id.* 1857). Su presidencia de la república (1835-1838) originó el enfrentamiento (1836) entre *blancos* (sus seguidores) y *colorados* (partidarios de Rivera). Inició el bloqueo de Montevideo (guerra grande, 1843-1851). Firmó la paz con Urquiza.

**ORIENTAL** u **ORIENTAL DE LOS ANDES** *(cordillera),* cordillera andina que se extiende de Venezuela (cordilleras de Perijá y Mérida) a Bolivia, donde recibe el nombre de *cordillera Real* y alcanza las mayores cotas (Illimani, 6 882 m).

**ORIENTE** *(imperio de),* parte oriental del imperio

ORENSE

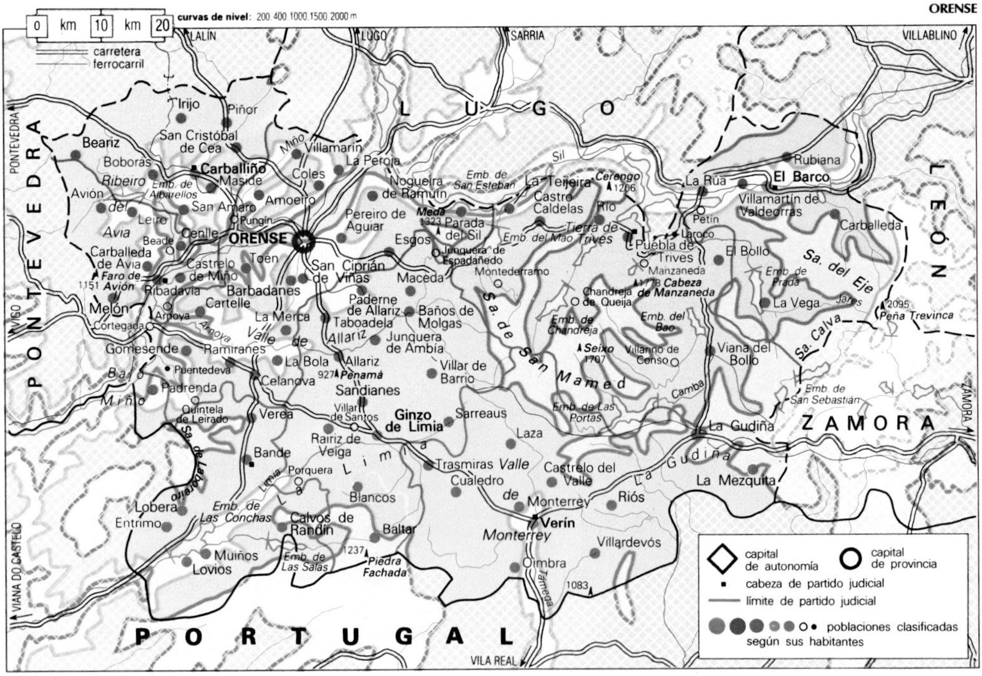

romano, que se organizó, a partir de 395, como estado independiente. (→ ***bizantino*** [*imperio*].)

**oriente** *(cuestión de),* conjunto de los problemas planteados, a partir del s. XVIII, por el desmembramiento del imperio otomano y la lucha de las grandes potencias para dominar la Europa balcánica y el Mediterráneo oriental.

**oriente** *(expedición a),* expedición de los almogávares, enviados por Federico II de Sicilia en ayuda del emperador de Bizancio, Andrónico II (1303), para frenar el avance turco. El asesinato de su capitán Roger de Flor desencadenó la Venganza* catalana.

**ORIENTE MEDIO,** expresión que abarca diversas acepciones. La más amplia engloba la totalidad de los países ribereños del Mediterráneo oriental (Siria, Líbano, Israel y también Egipto y Turquía), la península de Arabia, y los estados de Asia occidental hasta Pakistán (es decir: Jordania, Iraq, Irán e incluso Afganistán). En un sentido más restringido se excluyen Irán, Afganistán, Turquía y Egipto. Esta expresión se acerca entonces a la de *Próximo oriente,* que designaba en un principio a los estados ribereños del Mediterráneo oriental, pero que indica actualmente también a los productores de petróleo del golfo Pérsico.

**origen de la familia, la propiedad privada y el estado** *(El),* obra de F. Engels (1884), donde esboza una historia de las formaciones sociales hasta la sociedad moderna.

**origen de las especies por medio de la selección natural** *(El),* obra de Ch. Darwin (1859), donde demuestra el papel de la competencia vital y de la selección natural en la evolución de la fauna y de la flora.

**ORÍGENES,** exegeta y teólogo, padre de la Iglesia griega (Alejandría *c.* 185-Cesarea o Tiro *c.* 252/254). Convirtió a la escuela de Alejandría en una célebre escuela de teología, pero sus ideas, muy personales, recuperadas y sistematizadas en los siglos sucesivos en una corriente de pensamiento llamada *origenismo,* suscitaron vivas controversias y finalmente fueron condenadas.

**Orígenes del español,** obra de R. Menéndez Pidal (1926), donde analiza los primeros escritos en castellano y traza una gramática histórica.

**ORIHUELA,** c. de España (Alicante), cab. de p. j.; 49 642 hab. (*Orcelitanos* u *oriolanos*.) Hortalizas, agrios. Industria textil y conservera. Subsiste la vieja traza árabe. Castillo medieval. Catedral (ss. XIV-XV) con portada plateresca. Antigua universidad (s. XVI). Iglesia gótica de Santiago y barroca de Santo Domingo. Necrópolis de la cultura de El Argar.

**ORINOCO,** r. de América del Sur, en la vertiente atlántica; 2 060 km. Su cuenca abarca 880 000 km² en Colombia y Venezuela, y recibe las aguas de 194 afl. y 520 subafl. Nace en el macizo de la Guayana, cerca de la frontera entre Venezuela y Brasil; en el curso alto, el Casiquiare lo comunica con el Amazonas por el Guainía-Negro; forma frontera entre Venezuela y Colombia (entre el Guaviare y el Meta); en su curso medio, entre el Guaviare y el Apure, las crecidas de la estación lluviosa inundan extensas zonas; y a 70 km del Atlántico se abre en un extenso delta de 230 000 km² *(Bocas del Orinoco).* Es navegable para buques de gran tonelaje hasta Ciudad Bolívar. Cristóbal Colón avistó su delta (1498). Fue descubierto por Vicente Yáñez Pinzón (1500) y recorrido por Diego de Ordás (1531).

**ORIOL** u **ORIEL,** c. de Rusia, junto al Oká; 337 000 hab. Acerías.

**ORIÓN,** en la mitología griega, cazador gigante que fue asesinado por Artemisa y convertido en constelación *(Orión).*

**ORISSA,** estado del NE de la India; 156 000 km²; 31 659 736 hab. Cap. *Bhubaneswar.*

**ORITO,** mun. de Colombia (Putumayo); 15 115 hab.

**ORIZABA** o **CITLALTÉPETL** *(pico de),* volcán de México, máx. alt. del país, en la cordillera Neovolcánica; 5 747 m.

**ORIZABA,** c. de México (Veracruz); 204 307 hab. Industrias textiles y metalúrgicas; construcciones mecánicas, cemento y manufacturas de tabaco. Iglesias barrocas del s. XVIII.

**ORIZATLÁN,** mun. de México (Hidalgo), en la Huasteca; 26 494 hab. Agricultura y pesca.

**ORJĀN GĀZĪ** (1281-1359 o 1362), soberano otomano [1326-1359 o 1362]. Hizo de Brusa su capital y logró instalarse en Europa (cerca de Gallípoli, 1354).

**ORLANDI** (Nazareno), pintor italiano (Ascoli Piceno 1861-Buenos Aires 1952). Realizó diversas decoraciones murales en Buenos Aires.

**ORLANDO,** c. de Estados Unidos (Florida); 164 693 hab. En las proximidades, parque de atracciones de Disney World.

**ORLANDO** (Vittorio Emanuele), político italiano (Palermo 1860-Roma 1952). Presidente del Consejo (1917-1919), representó a su país en la conferencia de Versalles (1919).

**Orlando enamorado,** poema inacabado de Boiardo (1495), y continuado por Ariosto *(Orlando furioso)* que se inspiró en la epopeya carolingia y en los temas del ciclo bretón.

**Orlando furioso,** poema caballeresco de Ariosto (publicado en 1516, y en su forma definitiva en 1532), continuación del poema de Boiardo; es una de las obras más representativas del renacimiento italiano.

**ORLEANESADO,** en fr. **Orléanais,** ant. prov. de Francia, que comprendía los act. dep. de Loiret, Loir-et-Cher y Eure-et-Loir. Patrimonio de la casa de Orleans, constituyó un ducado. Cap. *Orleans.*

**ORLEANS,** en fr. **Orléans,** c. de Francia, cap. de la región Centro y del dep. de Loiret, a orillas del Loira; 107 965 hab. (más de 240 000 en la aglomeración). Universidad. Metrópoli religiosa desde el s. IV. Durante la guerra de los Cien años fue sitiada por los ingleses, y liberada por Juana de Arco (1429). Catedral gótica (ss. XIII-XIX). Iglesias medievales. Museos.

**ORLEANS** *(casas de),* familias principescas de Francia. La primera tiene como único miembro a Felipe I, hijo del rey Felipe VI. La segunda la inició Luis de Orleans († 1407), hermano de Carlos VI y abuelo de Luis XII; de esta familia derivó la rama de Angulema, que llegó al trono con Francisco I (→ ***Valois***). La tercera familia tuvo como único miembro a Gastón de Orleans († 1660), hermano de Luis XIII. La cuarta, iniciada por Felipe I († 1701), hermano de Luis XIV, asumió la legitimidad dinástica con Luis Felipe I, al extinguirse la línea directa de los Borbones.

**ORLEANS** (Carlos **de**), poeta francés (París 1394-Amboise 1465), *duque* **de Orleans** (1407), sobrino de Carlos VI y padre de Luis XII. Estuvo encarcelado en Inglaterra (1415-1440). Compuso baladas y rondeaux melancólicos, de estilo refinado.

**ORLEANS** (Felipe II, *duque* **de**) [Saint-Cloud 1674-Versalles 1723], regente de Francia [1715-1723]. Participó con éxito en la guerra de Sucesión de España (1707), pretendió la corona española y negoció con el archiduque Carlos, pero Felipe V lo apartó. Regente de Francia durante la minoría de Luis XV, anuló el testamento de Luis XIV y consiguió la autoridad absoluta. Entró en guerra con España (1719-1720).

la torre del **Oro**

**ORLEANSVILLE** → ***Cheliff*** (Ech-).

**ORLICH** (Francisco José), militar y político costarricense (San Ramón, Alajuela, 1908-San José de Costa Rica 1969), presidente de la república (1962-1966).

**ORLOV** (Grigori Grigórievich, *conde*), ayuda de campo ruso (1734-Moscú 1783). Favorito de la futura Catalina II, participó en el complot contra Pedro III (1762) con su hermano **Alexéi Grigórievich** (Liublino 1737-Moscú 1807), quien obtuvo la victoria naval de Çeşme (1770) sobre los otomanos.

**ORLY,** c. de Francia (Val-de-Marne), al S de París; 21 824 hab. Aeropuerto internacional.

**ORMAECHEA** (Nicolás), escritor español en lengua vasca (Oreja, Guipúzcoa, 1888-San Sebastián 1961). Con el seudónimo de **Orixe,** es autor de una copiosa producción en verso en la que describe la vida rural (*Los vascos* [*Euskaldunak*], 1950).

**ORMONDE** (James **Butler,** 1.$^{er}$ *duque* **de**), político irlandés (Londres 1610-1688). Protestante pero realista ferviente, se dedicó como lord lugarteniente de Irlanda (1641-1647, 1662-1669, 1677-1684), a la defensa de los intereses irlandeses.

**ORMUZ** u **HORMUZ,** isla iraní del golfo Pérsico, en el *estrecho de Ormuz,* que comunica el golfo Pérsico y el golfo de Omán.

**ORMUZD** → ***Ahura-Mazdā.***

**ORNE,** dep. de Francia (Baja Normandía); 6 103 km²; 293 204 hab. Cap. *Alençon* (31 139 hab.).

**ORO** (*provincia de* **El**), prov. del SO de Ecuador; 5 826 km²; 412 572 hab. Cap. *Machala.*

**ORO (El),** mun. de México (México); 22 753 hab. Cab. *El Oro de Hidalgo.* Industrias extractivas de oro, plata, hierro, manganeso y piritas. – Mun. de México (Durango); 18 461 hab. Cab. *Santa María del Oro.* Minería y metalurgia.

**Oro** *(museos del),* denominación de diversos museos de América latina, entre los que sobresalen: el *museo del Oro de Bogotá* fundado en 1939, que alberga más de 28 000 piezas de oro y piedras preciosas pertenecientes a las culturas prehispánicas colombianas (sobre todo chibcha y quimbayá), y el *museo del Oro de Lima,* que expone piezas de orfebrería, vajilla, objetos ceremoniales, etc., de las principales culturas peruanas.

**Oro** *(torre del),* torre de Sevilla (España), de época almohade (iniciada en 1220-1221). Formaba parte de las fortificaciones del alcázar y, parece que estaba revestida de azulejos dorados.

**ORÓ** (Juan), bioquímico español (Lérida 1923). Profesor de la universidad de Houston es autor de numerosos trabajos sobre el origen de la vida, síntesis no biológica de sustancias orgánicas y sobre el análisis de los sedimentos orgánicos en rocas.

**oro del Rin** *(El)* → ***Tetralogía.***

**OROCOVIS,** mun. del centro de Puerto Rico; 21 158 hab. Cultivos de piña y tabaco. Centro residencial.

**ORONTES,** en ár. **Nahr al-'Āsi,** r. del Próximo oriente (Líbano, Siria, Turquía), tributario del Mediterráneo; 570 km. Atraviesa Homs y Antioquía.

**OROPESA,** v. de España (Toledo); 2 911 hab. *(Oropesanos.)* Bordados. Gran castillo de los ss. XIV-XV, restaurado (parador de turismo).

**OROPESA** (Manuel Joaquín **Álvarez de Toledo y Portugal,** *conde* **de**), político español († Barcelona 1707). Primer ministro (1685-1691) y presidente del Consejo de Castilla (1696-1699), apoyó a José Fer-

Juan **Oró**

nando de Baviera como aspirante al trono español y luego a Carlos de Austria. El partido francés promocionó un motín en su contra (1699), y fue desterrado.

**OROSIO** (Paulo), historiador y teólogo visigodo (Braga o Tarragona *c.* 390-† d. 418). Discípulo de san Agustín, escribió *Historia contra los paganos* (*c.* 418).

**OROTAVA (La),** v. de España (Santa Cruz de Tenerife), cab. de p. j., en Tenerife; 34 871 hab. *(Orotavenses.)* Casas señoriales (s. XVII) y típicas balconadas; iglesias de San Agustín (s. XVII) y la barroca de la Concepción (s. XVIII). El mun. se extiende por el *valle de La Orotava,* en la vertiente N del Teide, con extensas plantaciones de plátanos. Turismo.

**OROYA (La),** c. de Perú (Junín); 26 075 hab. Centro metalúrgico. Central hidroeléctrica de Malpaso. Industria química y fertilizantes.

**OROZCO** (*beato* Alonso **de**), escritor místico español (Oropesa 1500-Madrid 1591), precursor de la mística española. (*Desposorio espiritual y regimiento del alma,* 1565).

**OROZCO** (José Clemente), pintor mexicano (Ciudad Guzmán, antes Zapotlán el Grande, 1883-México 1949). Protagonista del muralismo mexicano con Siqueiros y Rivera, su obra se fundamenta en la revalorización de la cultura precolombina y la voluntad revolucionaria. Su estilo, monumentalista, de gran influencia en E.U.A., es de un vigoroso realismo expresionista (frescos en Guadalajara; frescos de la Escuela preparatoria nacional y para la Suprema corte de justicia, ciudad de México; paneles móviles del museo de arte moderno, Nueva York).

José Clemente **Orozco:**
*Las soldaderas* (1929).
[Museo de arte moderno, México.]

**OROZCO** (Olga), poeta argentina (Toay, 1920-Buenos Aires 1999). Ligada al surrealismo, su poesía es un desgarrado canto a la soledad y a la muerte (*Las muertes,* 1952; *Cantos a Berenice,* 1977; *Mutaciones de la realidad,* 1979). Cultivó también el relato. (Premio Juan Rulfo 1998.)

**OROZCO** (Pascual), revolucionario mexicano (en Chihuahua 1882-El Paso, Texas, 1916). Se sublevó contra Díaz (1911) y Madero (1912), y reconoció a Huerta (1913-1914). Fue asesinado.

**ORPÍ** (Joan), conquistador español (Piera 1593-Nueva Barcelona 1645). Asesor en Cumaná y Caracas, derrotó a los cumanagotos y fundó Nueva Barcelona (1638).

**ORREGO LUCO** (Luis), escritor y político chileno (Santiago 1886-*id.* 1948). Adscrito al realismo, publicó novelas de tema histórico (*A través de la tempestad,* 1914) y costumbristas (*Casa grande,* 1908).

**ORREGO SALAS** (Juan), compositor chileno (Santiago 1919), autor de la ópera-ballet *El retablo del rey pobre* (1952), de *Cantata de Navidad* (1945) y de cuatro sinfonías.

**ORRENTE** (Pedro), pintor español (Montealegre 1580-Valencia 1645). Su obra muestra influencias de la pintura veneciana de Bassano y de El Greco y del realismo tenebrista de Caravaggio (*Martirio de san Sebastián,* 1616, catedral de Valencia; *Aparición de santa Leocadia,* 1617, sacristía de la catedral de Toledo).

**ORRY** (Jean), *señor* **de Vignory** y *conde* **de Vinaroz,** político francés al servicio de España (París 1652-*id.* 1719). Consejero de Felipe V, actuó como primer ministro (1713-1715).

**ORS** (Eugenio **d'**), escritor español (Barcelona 1881-Vilanova i la Geltrú 1954). En su primera etapa, en catalán, a menudo bajo el seudónimo de **Xènius,** postuló una actitud mesurada frente a los excesos del modernismo, que animó el noucentisme catalán. De esta época data su colección de artículos *Glosario (Glossari).* Cultivó también la novela (*La bien plantada* [*La ben plantada,* 1911]) y el ensayo. A partir de 1920 empezó a escribir en castellano. *Lo barroco* (1936), publicado en francés, es uno de sus libros más originales. (Real academia 1927.)

**Orsay** *(museo de),* museo de París inaugurado en 1986, dedicado a las artes plásticas del periodo 1848-1905 aprox.

**ORSINI,** familia romana güelfa, rival de los Colonna. Dio a la Iglesia tres papas: Celestino III, Nicolás III y Benedicto XIII.

**ORSK,** c. de Rusia, junto al Ural; 271 000 hab. Siderurgia.

**ØRSTED** (Hans Christian) → ***Oersted.***

**ORTEGA,** mun. de Colombia (Tolima); 32 354 hab. Yacimientos petrolíferos.

**ORTEGA** (Daniel), político nicaragüense (La Libertad, Chontales, 1945). Miembro desde 1966 de la directiva del Frente sandinista de liberación nacional (F.S.L.N.), fue coordinador de la junta de gobierno (desde 1981) y presidente de la república (1985-1990). Promulgó la constitución de 1987.

**ORTEGA** (Domingo **López**), matador de toros español (Borox 1906-Madrid 1988). Tomó la alternativa en 1931 y se retiró en 1954. Fue un consumado estoqueador y director de lidia.

**ORTEGA** (*fray* Juan **de**), matemático español (Palencia *c.* 1480-*id.* 1568). En su *Tractado subtilíssimo de arismética y geometría* (1512) expuso un sistema nuevo para la extracción de raíces cuadradas.

**ORTEGA** (Gabriela), intérprete del baile flamenco española, de raza gitana (nacida en Cádiz *c.* 1820). Fue madre de Joselito, Fernando y Rafael *El Gallo.* Dio a conocer algunas de las más puras formas del baile flamenco; fue una de las iniciales forjadoras de las *alegrías y soleares,* tal como hoy se conocen.

**ORTEGA** (José), pintor y grabador español (Arroba de los Montes, Ciudad Real, 1921-París 1990). Adscrito a fórmulas cercanas al realismo socialista, lo trascendió hacia una pintura más esencial.

**ORTEGA** (Julio), escritor peruano (Casma 1942). Consagrado al ensayo (*La cultura peruana* 1981), ha cultivado también el teatro (*La ley,* 1954), la poesía (*De este reino,* 1964) y la narrativa (*Tierra en el día,* 1975).

**ORTEGA MONTAÑÉS** (Juan), administrador y eclesiástico español (Llanes 1627-México 1708), virrey de Nueva España (1696-1697 y 1701-1702).

**ORTEGA MUNILLA** (José), escritor español (Cárdenas, Cuba, 1856-Madrid 1922), padre de J. Ortega y Gasset. Fue director y copropietario de *El imparcial,* y periodista de gran influencia. (Real academia 1901.)

**ORTEGA MUÑOZ** (Godofredo), pintor español (San Vicente de Alcántara 1905-Madrid 1982), de estilo figurativo espontáneo y emotivo (paisajes, bodegones y tipos populares).

**ORTEGA Y GASSET** (José), filósofo español (Madrid 1883-*id.* 1955). Fue catedrático de metafísica en las universidades de Madrid, Leipzig, Berlín y Marburgo. Inicialmente neokantista y luego influido por la fenomenología alemana, la vida, concebida como unidad dinámica y contemplada desde una perspectiva histórica, aparece como el centro de su sistema filosófico, el raciovitalismo, que expuso en *El tema de nuestro tiempo* (1923) y *Ni vitalismo ni racionalismo* (1924). Otras obras que resumen su pensamiento histórico, social y artístico, son *El espectador* (1916-1935), *España invertebrada* (1921), *La deshumanización del arte* (1925) y *La rebelión* de las masas* (1930).

**ORTEGAL** *(cabo),* cabo de la costa atlántica española (La Coruña), enmarcando la ría de Santa Marta.

**ORTIGUEIRA,** v. de España (La Coruña), cab. de p. j.; 9 658 hab. *(Orteganos.)* Pesca y derivados (conservas, salazones, harinas). Astilleros.

**ORTIZ** (Adalberto), escritor y diplomático ecuatoriano (Esmeraldas 1914). El tema indigenista centra su producción, tanto poética (*Tierra, son y tambor,* 1945) como narrativa (*El espejo y la ventana,* 1967; *La envoltura del sueño* 1892). Ha cultivado también el teatro.

**ORTIZ** (Diego), compositor español (Toledo *c.* 1510-† d. 1570). Su *Tratado de glosas sobre cláusulas y otros géneros de puntos en la música de violines* (1533) es una excelente muestra del arte de la variación en los instrumentos de arco.

**ORTIZ** (José Joaquín), escritor colombiano (Tunja 1814-Bogotá 1842). Cultivó el periodismo, el ensayo, la narrativa y la poesía; en esta última representa el paso del neoclasicismo al romanticismo en su país (*Horas de descanso,* 1834; *Poesías,* 1880).

**ORTIZ** (Roberto Mario), político argentino (Buenos Aires 1886-*id.* 1942). Presidente de la república (1938-1942), incorporó a los radicales a la vida política y se alineó con Gran Bretaña.

**ORTIZ DE CASTRO** (José Damián), arquitecto mexicano (Jalapa 1750-Tacubaya 1793). Intervino en la remodelación de la ciudad de México emprendida por Revillagigedo. Concluyó las torres y la fachada de la catedral de México.

**ORTIZ DE DOMÍNGUEZ** (Josefa **de**), patriota mexicana, llamada **la Corregidora** (Morelia 1764-México 1829). Actuó de enlace entre los caudillos de la independencia. Fue detenida en 1810.

**ORTIZ DE MONTELLANO** (Bernardo), poeta mexicano (México 1899-*id.* 1949). Su obra poética está

el museo de **Orsay:** un aspecto del acondicionamiento interior, obra de la arquitecta italiana Gae Aulenti

**Ōsaka:** un aspecto del puerto y de la ciudad

recogida en *Sueño y poesía* (1952). Escribió también teatro (*La cabeza de Salomé,* 1943), ensayos y relatos (*Cinco horas sin corazón,* 1940).

**ORTIZ DE ZÁRATE** (Juan), conquistador español (Orduña ¿1521?-Asunción, Paraguay, 1576). Participó con los almagristas en la conquista del Perú. Gobernador y capitán general del Río de la Plata (1567), obtuvo jurisdicción sobre un gran territorio (1572), que denominó Nueva Vizcaya. Fundó la ciudad de Zaratina de San Salvador (1574).

**ORTIZ DE ZÁRATE** (Manuel), pintor chileno (Santiago 1887-París 1946). Formó con otros artistas chilenos el llamado grupo de Montparnasse, que introdujo el postimpresionismo en Chile.

**ORTIZ RUBIO** (Pascual), político mexicano (Morelia 1877-México 1963). Diputado maderista (1912), participó en la revolución contra Carranza (1919). Miembro del Partido nacional republicano, presidió la república (1930-1932) bajo la dirección de Calles.

**ORTIZ Y FERNÁNDEZ** (Fernando), escritor cubano (La Habana 1881-*id.* 1969), especializado en temas folklóricos afrocubanos y sociológicos.

**ORTLER** u **ORTLES,** macizo de los Alpes italianos (Trentino); 3 899 m.

**ORTUELLA** → ***Santurce-Ortuella.***

**ORURO** *(departamento de),* dep. del O de Bolivia; 53 588 km$^2$; 338 893 hab. Cap. *Oruro.*

**ORURO,** c. de Bolivia, cap. del dep. homónimo; 183 194 hab. Centro comercial, industrial (fundiciones, textiles, alimentarias) y minero. Universidad.

**ORVIETO,** c. de Italia (Umbría); 21 362 hab. Catedral románica y gótica (frescos de Signorelli) y otros monumentos. Museo municipal (colecciones etruscas).

**ORWELL** (Eric **Blair,** llamado **George**), escritor británico (Motihāri, India, 1903-Londres 1950), autor de relatos satíricos (*Rebelión en la granja,* 1945) y de anticipación (*1984,* 1949), descripción de un mundo totalitario.

**ORY** (Carlos Edmundo **de**), poeta español (Cádiz 1923). Fundó con Eduardo Chicharro el postismo, movimiento poético de vanguardia (*Energeia [1940-1977],* 1978).

**ORZESZKOWA** (Eliza), escritora polaca (Milkowszczyźna 1841-Grodno 1910), autora de relatos de tema social y humanitario *(Marta).*

**OSA,** cantón de Costa Rica (Puntarenas); 31 112 hab. Cab. *Puerto Cortés.* Puerto fluvial en el Grande de Térraba.

**OSA** (*Mayor* y *Menor*), nombre de dos constelaciones boreales cercanas al polo N celeste. En la Osa Menor se encuentra la estrella *Polar,* muy cercana al polo; esta estrella se halla aproximadamente en la prolongación de una línea que une las dos estrellas que forman la parte trasera de la Osa Mayor, y a una distancia igual a cinco veces la de las dos estrellas.

**ŌSAKA,** c. y puerto de Japón, en el S de Honshū, en el Pacífico; 2 623 801 hab. Segundo polo económico de Japón y centro industrial. Museos.

**OSASCO,** zona suburbana industrial de São Paulo; 563 419 hab.

**OSBORNE** (John), escritor británico (Londres 1929-Shrewsbury 1994), el más significativo miembro de los Angry young men (*Mirando hacia atrás con ira,* 1956; *Evidencia inadmisible,* 1964).

**OSBORNE** (Thomas), *conde* **de Danby,** conocido generalmente como **lord Danby,** político inglés (Kiveton, Yorkshire, 1632-Easton, Northamptonshire, 1712). Partidario de Guillermo de Orange, y uno de los principales artífices de la revolución de 1688, fue prácticamente primer ministro de 1690 a 1696.

**ÓSCAR I** (París 1799-Estocolmo 1859), rey de Suecia y de Noruega [1844-1859], hijo de Carlos XIV (Bernadotte). Afecto de alienación mental (1857), dejó la regencia a su primogénito, Carlos (XV). – **Óscar II** (Estocolmo 1829-*id.* 1907), rey de Suecia [1872-1907] y de Noruega [1872-1905]. Hermano y sucesor de Carlos XV, tuvo que aceptar la ruptura de la unión sueco-noruega (1905).

**O.S.C.E.,** siglas de Organización para la seguridad y cooperación en Europa, organización surgida en 1995 del conjunto de negociaciones mantenidas a partir de 1973 bajo el nombre de C.S.C.E. *(Conferencia sobre la seguridad y cooperación en Europa)* entre los estados europeos, Canadá y Estados Unidos con el fin de establecer un sistema de seguridad y de cooperación en Europa. En la cumbre de 1975 se aprobó el *Acta final* de Helsinki, en la que se concretan los principios que rigen las relaciones entre los estados signatarios (en particular la inviolabilidad de las fronteras y el respeto de los derechos humanos). En la segunda cumbre (París, 1990) se firmó la *Carta para una nueva Europa.* Actualmente, después de la adhesión de nuevos países (en particular los surgidos a partir de 1991-1992 del desmembramiento de la U.R.S.S. y de Yugoslavia), la organización cuenta con 55 estados miembros. Su secretariado permanente está en Praga.

**OSEAS,** profeta bíblico. Ejerció su ministerio durante los años anteriores a la caída de Samaria (722-721 a. J.C.).

**OSEAS,** último rey de Israel [732-724 a. J.C.]. Conspiró con Egipto contra Asiria; fue hecho prisionero y murió en el exilio.

**Osera** *(monasterio de),* monasterio cisterciense español (San Cristóbal de Cea, Orense), fundado hacia 1135-1140. La iglesia (s. XIII) es de tres naves con cúpula; sala capitular (s. XVI); tres claustros. Fachada barroca (s. XVIII).

**OSETIA,** región del Cáucaso, habitada por los osetos, repartida entre la *república de Osetia del Norte,* integrada en la Federación de Rusia (8 000 km$^2$; 637 000 hab. Cap. *Vladikavkás),* y la *región autónoma de Osetia del Sur,* de Georgia (3 900 km$^2$; 99 000 hab. Cap. *Tsjinvali*).

**OSH,** c. de Kirguizistán; 213 000 hab.

**OSHAWA,** c. y puerto de Canadá (Ontario), junto al lago Ontario; 127 082 hab. Industria del automóvil.

**OSHIMA NAGISA,** director de cine japonés (Kyōto 1932). Fustiga los valores tradicionales y los tabúes de la sociedad japonesa: *La ejecución* (1968), *La ceremonia* (1971), *El imperio de los sentidos* (1976), *Feliz navidad, Mr. Lawrence* (1983).

**OSHOGBO,** c. del SO de Nigeria; 444 400 hab.

**OSIANDER** (Andreas **Hosemann,** llamado **Andreas**), teólogo protestante y científico alemán (Gunzenhausen, Brandeburgo, 1498-Königsberg 1552). Suscribió los artículos de Smalkalda y publicó la astronomía de Copérnico.

**OSIJEK,** c. de Croacia, junto al Drave; 104 000 hab.

**OSIO,** prelado hispanorromano (Córdoba *c.* 257-*id. c.* 358). Obispo de Córdoba (296), fue consejero del emperador Constantino en asuntos eclesiásticos. Intervino en el concilio de Arles (314) y presidió el de Nicea (325). Muerto Constantino, fue desterrado a Sirmium (355).

**OSIRIS,** dios del ant. Egipto, esposo de Isis y padre de Horus. El mito de su muerte y resurrección hizo de él un dios salvador que garantizaba sobrevivir en el más allá. Su culto, asociado al de Isis, se extendió por el mundo grecorromano.

**OSLO,** c. y cap. de Noruega, junto a un golfo formado por el Skagerrak; 467 441 hab. Centro administrativo e industrial. Puerto. Castillo de Akershus (*c.* 1300 y s. XVII). Museos, entre ellos el de folklore, al aire libre, en la isla de Bygdøy. – La ciudad, incendiada en el s. XVII, fue reconstruida por Cristián IV de Dinamarca, con el nombre de *Cristianía.* Capital de la Noruega independiente (1905), tomó de nuevo el nombre de Oslo en 1925.

**Oslo** *(acuerdo de)* → ***Washington*** (acuerdo de).

**OSMA** → ***Burgo de Osma-Ciudad de Osma.***

**OSMÁN** o **'UTMÁN I Gāzī** (Söğüt *c.* 1258-† 1326), fundador de la dinastía otomana.

**OSNABRÜCK,** c. de Alemania (Baja Sajonia); 161 317 hab. Monumentos de la época gótica. Fue la sede, al mismo tiempo que Münster, de las negociaciones de la paz de Westfalia (1644-1648), que puso fin a la guerra de los Treinta años.

**OSO** *(gran lago del),* lago del N de Canadá (Territorios del Noroeste); 31 100 km$^2$.

**OSONA** (Rodrigo **de**), llamado **el Viejo,** pintor activo en Valencia durante la segunda mitad del s. XV. Influido por la pintura del N de Italia y la flamenca, su obra se sitúa entre el gótico y las innovaciones renacentistas (*Calvario,* iglesia de San Nicolás, Valencia). – Su hijo, **Rodrigo de Osona el Joven** (ss. XV-XVI), ejecutó una pintura influida por la de su padre (*Adoración de los Reyes,* Prado).

**OSORIO** (Miguel Ángel), poeta colombiano (Santa Rosa de Osos, Antioquia, 1883-México 1952). Romántico y rebelde, fundó diferentes revistas en Colombia y México. Perteneciente a los últimos modernistas, su espíritu desgarrado y sincero queda reflejado en su obra, publicada con el seudónimo de **Porfirio Barba Jacob** (*Poemas intemporales,* 1944).

**OSORIO** (Óscar), militar y político salvadoreño (Sonsonate 1910-Houston, Texas, 1969), presidente de la república (1950-1956).

**OSORIO LIZARAZO** (José Antonio), escritor colombiano (Bogotá 1900-*id.* 1964), autor de novelas sociales impregnadas de naturalismo (*El árbol turbulento,* 1954).

**OSORNO,** volcán de Chile (Los Lagos); 2 720 m de alt. Estación de deportes de nieve.

**OSORNO,** c. de Chile (Los Lagos); 128 709 hab. Industrias lácteas, madereras; cerveza, conservas de carne. Turismo. Fundada en 1553, fue destruida por los indios en 1601 y reconstruida en 1792.

**OSPINA** (Pedro Nel), militar y político colombiano (Bogotá 1858-Medellín 1927). Conservador, fue presidente de la república (1922-1926).

**OSPINA PÉREZ** (Mariano), político colombiano (Medellín 1891-Bogotá 1976). Conservador, fue presidente de la república (1946-1950). Su gobierno se basó en la represión; ésta culminó con el asesinato de J. E. Gaitán (1948), que motivó la insurrección de Bogotá *(Bogotazo).*

Eugenio **d'Ors**

José **Ortega y Gasset**

**Oslo:** vista parcial

**OSPINA RESTREPO** (Marcos), pintor y muralista colombiano (Bogotá 1912-*id.* 1983), de tendencia abstracta, decoró la iglesia de Fátima de Bogotá.

**OSPINA RODRÍGUEZ** (Mariano), político colombiano (Guasca, Cundinamarca, 1805-Medellín 1885), adversario de Bolívar y dirigente del Partido conservador. Presidente de la república (1857-1861), apoyó a los federalistas frente a los centralistas.

**OSSA,** montaña de Grecia, en Tesalia; 1 978 m.

**OSSAYE** (Roberto), pintor guatemalteco (Guatemala 1927-† 1954). Se inició en el surrealismo para pasar a un riguroso geometrismo *(La Verónica).*

**osservatore romano** *(L'),* diario del Vaticano, fundado en 1861.

**OSSIÁN** u **OISIN,** bardo escocés legendario del s. III, con cuyo nombre publicó el poeta James Macpherson (Ruthven, Inverness, 1736-Belville, Inverness, 1796), en 1760, unos *Fragmentos de poesía antigua,* traducidos del gaélico y del erse, y cuya influencia en la literatura romántica fue notable.

**OSTENDE,** en flamenco **Oostende,** c. de Bélgica (Flandes Occidental), a orillas del mar del Norte; 68 500 hab. Estación balnearia. Puerto muy activo. Museos. Casa del pintor J. Ensor.

**OSTIA,** estación balnearia de Italia, en el emplazamiento del puerto de la Roma antigua (act. cerrado), cerca de la desembocadura del Tíber. En un principio puerto militar (s. III a. J.C.), fue durante el imperio un gran puerto comercial, de gran importancia para el abastecimiento de Roma. Restos antiguos (s. IV a. J.C.-s. IV d. J.C.), reflejo del urbanismo romano.

**OSTRAVA,** c. de la República Checa (Moravia), junto al Odra; 327 553 hab. Centro hullero y metalúrgico.

**OSTROGORSKI** (Georgije), historiador yugoslavo (San Petersburgo 1902-Belgrado 1976), especialista en Bizancio.

**OSTROŁĘKA,** c. de Polonia, junto al Narew; 51 800 hab. Victoria de los rusos sobre los polacos sublevados (1831).

**OSTROVSKI** (Alexandr Nikoláievich), dramaturgo ruso (Moscú 1823-Shlíkovo 1886), fundador del repertorio nacional (*Entre los suyos, uno se las arregla,* 1850).

**OSTROVSKI** (Nikolái Alexéievich), escritor ruso (Vilia, Volinia, 1904-Moscú 1936), uno de los principales representantes del realismo socialista (*Cómo se templó el acero,* 1932-1935).

**OSTWALD** (Wilhelm), químico alemán (Riga 1853-Grossbothen, cerca de Leipzig, 1932). Recibió el premio Nobel de química en 1909 por sus trabajos sobre los electrólitos y la catálisis.

**OSUNA,** v. de España (Sevilla), cab. de p. j.; 16 240 hab. (*Osuneses* o *ursaonenses.*) Cereales y olivos. Colegiata plateresca (s. XVI, cuadros de José Ribera y notable órgano). Poblado iberorromano de Urso.

**OSUNA** *(duques de),* familia aristocrática española, descendiente de los Acuña y de los Téllez de Meneses. En 1562 Felipe II nombró duque a **Pedro Téllez-Girón,** virrey de Nápoles (1582-1586). Sus descendientes ocuparon cargos de relevancia política.

**OSUNA** (Francisco **de**), escritor místico español (Osuna 1497-† ¿1540?). Franciscano, fue autor del *Abecedario espiritual* (1528-1554), obra intimista que ejerció gran influencia sobre otros místicos.

**OŚWIĘCIM** → ***Auschwitz.***

**O.T.A.N.** (Organización del tratado del Atlántico norte) [en ingl. **NATO:** *North Atlantic Treaty organization*], tratado de alianza firmado en Washington el 4 de abril de 1949 por Bélgica, Canadá, Dinamarca, E.U.A., Francia, Gran Bretaña, Islandia, Italia, Luxemburgo, Noruega, Países Bajos y Portugal, a los que se unieron en 1952 Turquía y Grecia, en 1955, Alemania Federal, y, en 1982, España. Francia abandonó la organización militar de la O.T.A.N. en 1966. Tras la disolución del pacto de Varsovia (abril) en noviembre de 1991 se creó el *Consejo de cooperación noratlántica* (en inglés N.A.C.C.) y en enero de 1994, la *Asociación para la paz,* a fin de establecer una fórmula de participación en la defensa común de Europa a los antiguos países comunistas. En 1996, el español Javier Solana fue nombrado secretario general. En 1999 Hungría, Polonia y la República Checa se integraron en la organización. En 2000 George Robertson fue nombrado secretario general.

**OTAÑO** (José María Nemesio), compositor y musicólogo español (Azcoitia 1880-San Sebastián 1956). Fundador y director de la revista *Música sacra hispana* (1907-1922), su obra comprende música religiosa, piezas para órgano y piano y armonizaciones de canciones populares vascas.

**OTARU,** c. y puerto de Japón (Hokkaido); 163 211 hab.

**O.T.A.S.E.** (Organización del tratado del Sureste asiático), alianza defensiva concertada en Manila entre Australia, E.U.A., Francia, Gran Bretaña, Nueva Zelanda, Pakistán, Filipinas y Tailandia (8 set. 1954). Fue disuelta en 1977.

**OTAVALO,** cantón de Ecuador (Imbabura); 62 616 hab. Comprende el lago San Pablo. Centro turístico. Artesanía.

**OTEIZA** (Jorge **de**), escultor y escritor español (Orio 1908). Su obra evolucionó de la figuración al expresionismo hasta llegar a una abstracción compleja donde reinterpreta la relación masa-vacío *(Desocupación de la esfera).* Ha practicado también la cerámica y es autor de diversos ensayos y de poesía.

**Otelo,** *el moro de Venecia,* tragedia en cinco actos, de Shakespeare (c. 1604). Otelo, general moro al servicio de Venecia, es amado por Desdémona a la que da muerte en un acceso de celos provocado por la astucia del traidor Yago.

**Otelo,** ópera en 3 actos de Rossini, libreto italiano del conde Berio, basado en el *Otelo* de Shakespeare (1816). — Ópera en 4 actos, según la obra de Shakespeare, libreto de Arrigo Boito, música de G. Verdi (1887).

**OTERO** (Alejandro), artista venezolano (El Manteco 1921-† 1990). Se inició en la pintura (murales de la cuidad universitaria de Caracas) y posteriormente pasó a la realización de grandes esculturas, a menudo móviles (*Solar delta,* 1977; *Aguja solar,* 1982).

**OTERO** (Blas **de**), poeta español (Bilbao 1916-Madrid 1979). Tas una etapa existencial y religiosa (*Ángel fieramente humano,* 1950), evolucionó hacia una poesía de denuncia social con *Pido la voz y la palabra* (1955). En sus últimos años cultivó también la prosa (*Historias fingidas y verdaderas,* 1970).

**OTERO PEDRAYO** (Ramón), escritor español en lengua gallega (Orense 1888-*id.* 1976). Perteneciente a la generación *Nós,* entre sus novelas, de prosa imaginista y barroca, destacan *Los caminos de la vida* (*Os camiños da vida,* 1928) y *El señorito de la Reboraina* (*O señorito da Reboraina,* 1960). Escribió un *Ensayo histórico sobre la cultura gallega* (1933) y prosa científica.

**OTERO SILVA** (Miguel), escritor venezolano (Barcelona 1908-Caracas 1985). Sus obras, de tendencia realista y social, combinan aspectos poéticos y de narrativa oral (*Fiebre,* 1941; *Casas muertas,* 1955; *Oficina n.º 1,* 1961; *La piedra que era Cristo,* 1985). También escribió poesía (*Obra poética,* 1977) y humorismo social.

**OTHÓN** (Manuel José), escritor mexicano (San Luis de Potosí 1858-*id.* 1906). Cultivó el periodismo, el teatro, el cuento y la poesía (*Poemas rústicos,* 1902) de sensibilidad clásica y tema paisajístico.

**OTHÓN P. BLANCO** → ***Chetumal.***

**OTOMANO** *(imperio),* conjunto de territorios sobre los que los sultanes otomanos ejercían su autoridad.

***La formación y el apogeo.*** *C.* 1299: Osmán se independizó de los Selyúcidas. 1326: Orjān conquistó Brusa, que convirtió en su capital. 1354: penetró en Europa (Gallípoli). 1359-1389: Murat I conquistó Adrianópolis, Tracia, Macedonia y Bulgaria. 1402: Bayaceto I (Bāyazīd) [1389-1403] fue derrotado por Tīmūr Lang (Tamerlān). 1413-1421: Mehmed I reconstituyó el imperio de Anatolia. 1421-1451: Murat II continuó la expansión por Europa. 1453: Mehmed II (1451-1481) conquistó Constantinopla, que se convirtió en una de las metrópolis del islam. 1454-1463: sometió Serbia y Bosnia. 1475: sometió a vasallaje Crimea. 1512-1520: Selīm I conquistó Anatolia oriental, Siria y Egipto. El último califa abasí se sometió a Constantinopla. Hasta el s. XVIII los sultanes otomanos no ostentaron el título de Califa. 1520-1566: con Solimán el Magnífico el imperio alcanzó su apogeo: dominio sobre Hungría (victoria de Mohács [1526]), Argelia, Túnez y Tripolitania, y sitio de Viena (1529).

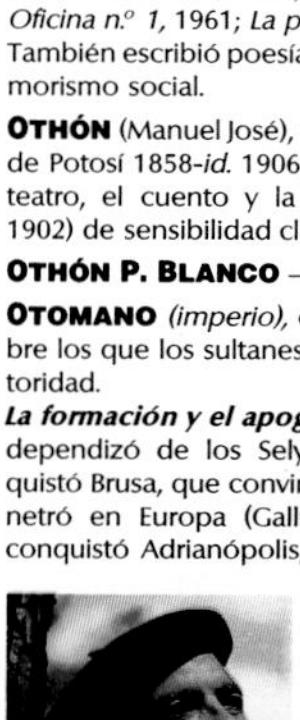

Blas de **Otero**

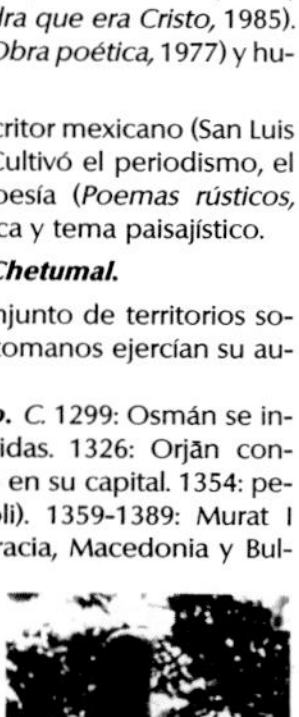

Miguel **Otero Silva**

***El estancamiento y el declive.*** 1570-1571: a la conquista de Chipre siguió el desastre de Lepanto. 1669: el imperio conquistó Creta. 1683: el fracaso ante Viena originó la formación de una liga santa contra los turcos (Austria, Venecia, Polonia y Rusia). 1699: el tratado de Karlowitz marcó el primer retroceso de los otomanos. 1718: el tratado de Passarowitz consagró la victoria austríaca. 1774: el tratado de Kuchuk-Kainarzhi confirmó el ascenso del imperio ruso. 1808-1839: Mahmud II se desembarazó de los jenízaros (1826), pero tuvo que reconocer la independencia de Grecia (1830) y aceptar la conquista de Argelia por Francia. 1839: Abdülmecid (1839-1861) promulgó el rescripto que abrió la era de las reformas: *Tanzīmāt* (1839-1876). 1840: Egipto se independizó. 1856: el congreso de París situó al imperio bajo la garantía de las potencias. 1861-1909: en tiempos de Abdülaziz (1861-1876) y Abdülhamid II (1876-1909) el endeudamiento del imperio provocó una mayor injerencia de los occidentales. Los otomanos perdieron Serbia, Rumania, Túnez y Bulgaria. 1909: los Jóvenes turcos tomaron el poder. 1912-1913: después de las campañas de los Balcanes, los otomanos sólo conservaban en Europa Tracia oriental. 1914: en la primera guerra mundial, el imperio se alió con Alemania. 1918-1920: tras el armisticio de Müdhros, el imperio fue ocupado y desmembrado por los aliados, quienes impusieron el tratado de Sèvres. 1922: Mustafa Kemal abolió el sultanato. 1924: suprimió el califato. (→ ***Turquía.***)

**OTOMANOS,** dinastía de soberanos turcos descendientes de Osmán I, que reinaron en el imperio otomano.

**OTÓN** (Ferentinum 32 d. J.C.-Brixellum 69), emperador romano en 69, después de la muerte de Galba. Vencido en Bedriac por las legiones de Vitelio, se suicidó.

**OTÓN I el Grande** (912-Memleben 973), rey de Germania [936-973] y de Italia [951/961-973], primer emperador del Sacro imperio [962-973], hijo de Enrique I. Dueño de la situación en Alemania, intervino en Italia para realizar su ideal de reconstitución del imperio carolingio. Detuvo a la invasión húngara en Lechfeld (955) y fue coronado emperador en Roma por el papa Juan XII (962), e inició el Sacro imperio romano germánico. – **Otón II** (955-Roma 983), hijo del anterior, rey de Germania [961-973], emperador germánico [973-983]. Fue derrotado por los musulmanes en el cabo Colonna (982). – **Otón III** (980-Paterno 1002), rey de Germania [983], emperador germánico [996-1002], hijo de Otón II. Trasladó la sede de su gobierno a Roma y, bajo la influencia del erudito francés Gerbert, al que luego hizo papa (Silvestre II), soñó con establecer un imperio universal y cristiano. – **Otón IV de Brunswick** (en Normandía 1175 o 1182-Harzburg, Sajonia, 1218), emperador germánico [1209-1218]. Excomulgado por Inocencio III (1210), quien apoyaba la candidatura de Federico II de Hohenstaufen, fue vencido en Bouvines (julio 1214) por Felipe Augusto de Francia y sólo conservó Brunswick.

**OTÓN I** (Salzburgo 1815-Bamberg 1867), rey de Grecia [1832-1862], hijo de Luis I de Baviera. Tuvo que abdicar en 1862.

**Otopeni,** aeropuerto de Bucarest.

**OTRANTO,** c. del S de Italia (Apulia), junto al *canal de Otranto* (que comunica el Adriático y el Jónico); 5 152 hab. Catedral del s. XI.

**ŌTSU,** c. de Japón (Honshū); 260 018 hab.

**OTTAWA,** c. y cap. federal de Canadá (Ontario) desde 1867, junto al *río Ottawa* u *Outaouais,* afl. del San Lorenzo (or. izq.) [1 120 km]; 313 987 hab. (750 710 en la aglomeración, que engloba a Hull, en la prov. de Quebec.) Centro administrativo y cultural con algunas industrias (imprentas, editoriales, telecomunicaciones). Museos. En 1932, tras la *conferencia de Ottawa,* el Reino Unido, los dominios y la India firmaron una serie de tratados comerciales *(acuerdos de Ottawa)* que favorecían, a través de los aranceles, los intercambios comerciales entre los distintos países de la Commonwealth.

**OTTERLOO,** agregado del mun. de Ede (Países Bajos). En el parque de la alta Veluwe, museo Kröller-Müller (pinturas, especialmente de Van Gogh; parque de esculturas modernas).

**OTTO** (Nikolaus), ingeniero alemán (Holzhausen 1832-Colonia 1891). Construyó el primer motor de cuatro tiempos (1876).

**OTTO** (Rudolf), filósofo e historiador de las religiones alemán (Peine 1869-Marburgo 1937). Aplicó el análisis fenomenológico al sentimiento religioso (*Lo santo. Lo racional y lo irracional en la idea de Dios,* 1917).

**OTTOBEUREN,** c. de Alemania (Baviera), en los Prealpes del Allgäu; 1 525 hab. Abadía benedictina fundada en el s. VIII, reconstruida en estilo barroco en el s. XVIII (iglesia abacial de J. M. Fischer, ricamente decorada).

**OTTOKAR** → ***Přemysl Otakar II.***

**OTUMBA,** mun. de México (México); 12 349 hab. Convento franciscano del s. XVI (iglesia con pórtico plateresco).

**Otumba** *(batalla de),* victoria de las tropas de Hernán Cortés sobre los aztecas (7 julio 1520), en la llanura entre Otumba y Ajapusco, una de las más decisivas en la conquista de México.

**OTUZCO** u **OTUSCO,** mun. de Perú (La Libertad); 20 274 hab. Caña de azúcar, algodón y maíz. Ganado lanar.

**OTWAY** (Thomas), dramaturgo inglés (Trotten 1652-Londres 1685). Influido por los clásicos franceses, mantuvo la fuerza del teatro isabelino (*Venecia salvada,* 1682).

**OTZOLOTEPEC,** mun. de México (México); 29 112 hab. Cab. *Villa Cuahtémoc.* Centro agropecuario.

**ÖTZTAL,** macizo de los Alpes austríacos, en el Tirol; 3 774 m.

**O.U.A.** (Organización de la unidad africana), organización intergubernamental, creada en 1963, destinada a reforzar la unidad, la solidaridad y la estabilidad de los estados africanos independientes. En 1998 acoge 53 estados.

**OUADAÏ** u **OUADDAÏ,** región de Chad, al E del lago Chad.

**OUAGADOUGOU,** c. y cap. de Burkina Faso; 441 514 hab.

**OUARGLA** → ***Wargla.***

**OUARSENIS,** macizo montañoso de Argelia, al S del Chélif; 1 985 m.

**OUDENAARDE,** en fr. **Audenarde,** c. de Bélgica (Flandes Oriental), a orillas del Escalda; 27 162 hab. Ayuntamiento (1526) y otros monumentos y mansiones góticos. Museo. Fabricación de tapices en los ss. XV-XVII. – Conquistada por Alejandro Farnesio (1582), pasó sucesivamente a Francia (tratado de Aquisgrán, 1668) y de nuevo a España (tratado de Nimega, 1678). Victoria de Marlborough y de Eugenio de Saboya sobre los franceses (1708).

**OUDH, AUDH** o **AVADH,** región histórica de la India, act. incorporada a Uttar Pradesh.

**OUDINOT** (Nicolas Charles), *duque* **de Reggio,** mariscal de Francia (Bar-le-Duc 1767-París 1847). Se distinguió en Austerlitz, Friedland y Wagram. Con los Cien mil hijos de San Luis entró en España (1823) y ocupó Burgos, Valladolid, Segovia y Madrid, desde donde dirigió las fuerzas que cubrían Castilla, Extremadura, León, Galicia y Asturias.

**OUDONG,** localidad de Camboya, cerca del Mekong (Kompong Speu). Ant. cap. del reino de Camboya. Necrópolis real.

**OUDRID** (Cristóbal), compositor español (Badajoz 1825-Madrid 1877). Autor de zarzuelas, se le recuerda sobre todo por su pieza orquestal *El sitio de Zaragoza.*

**OUED (El-)** → ***Wad*** (El-).

**OUED-ZEM,** c. de Marruecos; 59 000 hab. Minas de hierro y antimonio.

**OUENZA** *(yébel)* → ***Wanza*** (yébel **Al-**).

**OUEZZANE** u **OUEZZAN,** c. de Marruecos, cerca de Sebu; 40 000 hab. Minas de hierro.

**OUJDA** u **OUDJDA,** c. de Marruecos, cap. de prov., cerca de la frontera argelina; 260 000 hab.

**OULU,** c. y puerto de Finlandia, junto al golfo de Botnia; 96 000 hab.

**OUM-ER-REBIA** u **OUM-ER-R'BIA,** r. de Marruecos occidental, tributario del Atlántico; 556 km. Presas.

**OURENSE** → ***Orense.***

**Ourique** *(batalla de),* victoria de Alfonso I Enríquez de Portugal sobre los musulmanes, cerca de Lisboa (julio 1139), que le valió ser proclamado rey.

**OURO PRÊTO,** c. de Brasil (Minas Gerais); 62 483 hab. Rica arquitectura colonial (iglesias barrocas del s. XVIII).

**OUTAOUAIS** → ***Ottawa.***

**OUTES,** mun. de España (La Coruña); 8 247 hab. Cap. *A Serra de Oute.* Agricultura, ganadería y pesca.

**OUYANG XIU** o **NGEU YANG-SIEU,** escritor y alto funcionario chino (Luling 1007-Yingzhu 1072), uno de los principales poetas de la dinastía Song.

**OVALLE,** c. de Chile (Coquimbo); 84 855 hab. Centro agropecuario y comercial. Minas de cobre. Fábricas de zapatos, curtidurías. Aeropuerto.

**OVALLE** (Alonso **de**), escritor chileno (Santiago 1601-Lima 1651). Jesuita, se le considera el primer historiador chileno (*Histórica relación del reino de Chile,* 1646).

**OVALLE** (José Tomás), político chileno (Santiago 1788-*id.* 1831). Fue presidente de la república tras la dimisión de Ruiz-Tagle (1830-1831).

**OVANDO** (Alfredo), militar y político boliviano (Cobija 1918-La Paz 1982). Fue presidente de la república (mayo 1965-en. 1966; en.-julio 1966 y set. 1969-oct. 1970), siempre tras dar un golpe de estado.

**OVANDO** (Nicolás **de**), aristócrata español (Brozas ¿1451?-† 1511). Gobernador de Indias en La Española (1502-1509), introdujo el régimen de encomienda de indios.

**OVEJAS,** mun. de Colombia (Sucre); 20 664 hab. Tabaco, maíz y yuca. Ganado vacuno y porcino.

**OVERIJSSEL,** prov. del E de Países Bajos; 3 811 km$^2$; 1 045 000 hab.; cap. *Zwolle.*

**OVIDIO,** poeta latino (Sulmona 43 a. J.C.-Tomes [act. Constanța], Rumania, 17 o 18 d. J.C.). Autor favorito de la sociedad mundana de los inicios del imperio, por sus poemas ligeros o mitológicos *(Arte de amar, Heroidas, Las metamorfosis, Fastos),* fue desterrado por motivos que se desconocen y murió en el exilio a pesar de las súplicas de sus últimas elegías (*Tristes* y *Pónticas*).

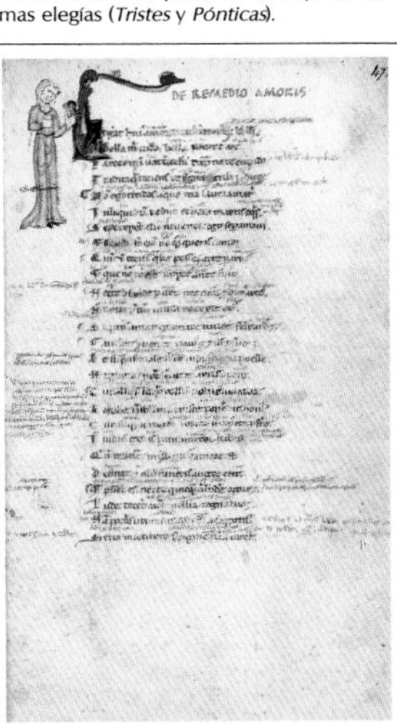

**Ovidio:** página de un manuscrito del s. XIV de los *Remedios de amor*
(biblioteca municipal, Perpiñán)

**OVIEDO,** c. de España, cap. de Asturias y cab. de p. j.; 204 276 hab. *(Ovetenses.)* Centro administrativo, comercial e industrial. Monumentos prerrománicos del arte asturiano en el Naranco. Catedral gótica (ss. XIV-XV; retablo mayor [s. XVI] y Cámara santa [célebres tesoros]). Abundantes monumentos civiles y religiosos (ss. XV-XVIII). Museo de bellas artes. Fue sede de la corona del reino astur (s. IX). El casco histórico fue declarado patrimonio de la humanidad por la Unesco en 1998.

**OVIEDO Y DE LA BANDERA** (Juan **de**), llamado **Oviedo el Mozo,** escultor español (Sevilla 1565-Brasil 1625), de estilo de transición entre el manierismo y el barroco (retablo de Azuaga).

**OWEN** (Gilberto), poeta mexicano (El Rosario, Sinaloa, 1905-Filadelfia 1952). En *Desvelo* (1925), *Línea* (1930) y *Libro de Ruth* (1944) evoca, a veces irónicamente, un mundo mítico de raíz surrealista.

**OWEN** (Robert), teórico socialista británico (Newtown 1771-*id.* 1858). Rico fabricante, creó las primeras cooperativas de consumo y se interesó por el naciente sindicalismo. Sus ideas impregnaron al cartismo.

**OWEN** (*sir* Richard), naturalista británico (Lancaster 1804-Londres 1892), estudioso de los vertebrados (actuales y fósiles).

**OWENS** (James **Cleveland,** llamado **Jesse**), atleta norteamericano (Danville, Alabama, 1913-Tucson 1980), cuádruple campeón olímpico (100 m, 200 m, relevos 4 × 100 m, salto de longitud) en Berlín, en 1936.

**OXCHUC,** mun. de México (Chiapas); 24 879 hab. Cereales y leguminosas. Industria alcoholera.

**OXENSTIERNA** (Axel), *conde* **de Södermöre,** estadista sueco (Fånö 1583-Estocolmo 1654). Canciller (1612), fue consejero del rey Gustavo Adolfo y jefe del Consejo de regencia de la reina Cristina (1632). Impuso a Dinamarca el tratado de Brömsebro (1645).

**OXFORD,** c. de Gran Bretaña (Inglaterra), en la confluencia del Támesis y del Cherwell, cap. del condado de *Oxfordshire* (2 608 km$^2$; 553 800 hab.); 109 000 hab. Ciudad pintoresca por sus numerosos colleges. Catedral románica y gótica. Museos. La universidad de Oxford se fundó en el s. XII.

**Oxford** *(movimiento de),* movimiento ritualista, nacido en la universidad de Oxford en el s. XIX y que llevó a algunos clérigos a renovar la Iglesia anglicana establecida. Unos, como Edward Pusey y John Keble, le permanecieron fieles; otros, como Newman, se convirtieron al catolicismo.

**Oxford** (*provisiones* o *estatutos de*) [10 junio 1258], condiciones impuestas a Enrique III en Oxford por los barones ingleses dirigidos por Simon de Montfort. Confirmaban la carta magna y exigían la reunión del Parlamento tres veces al año. Los estatutos de Oxford fueron suprimidos por Enrique III (1266).

**OXTOTIPAC,** mun. de México (México), cerca de Teotihuacán. Iglesia del s. XVI con retablos; convento con pinturas populares de fines del s. XVIII.

**OXUS** → ***Amú Daryá.***

**OYAMA IWAO,** mariscal japonés (Kagoshima 1842-Tōkyō 1916). Victorioso sobre China en Port-Arthur (1894), fue comandante en jefe durante la guerra ruso-japonesa (1904-1905).

**OYAMBRE** *(cabo),* cabo de España, en el litoral de Cantabria, entre las rías de San Vicente y de la Rabia. La *comarca de Oyambre* es parque natural.

**OYARZUN** u **OIARTZUN,** mun. de España (Guipúzcoa); 8 393 hab. Cap. *Elizalde.* Centro industrial.

**OYA-SHIO** u **OYA-SHIVO,** corriente fría del Pacífico, que bordea las costas nororientales de Asia.

**OYO,** c. del SO de Nigeria; 237 900 hab.

**ÖZAL** (Turgut), político turco (Malatya 1927-Ankara 1993). Primer ministro (1983-1989), fue presidente de la república (1989-1993).

**OZARK** *(montes),* macizo de Estados Unidos, al O del Mississippi. Bauxita.

**OZU YASUJIRŌ,** director de cine japonés (Tōkyō 1903-*id.* 1963). Debutó con películas cómicas antes de orientarse hacia retratos sutiles y sobrios de la vida familiar: *Y sin embargo hemos nacido* (1932), *Primavera tardía* (1949), *Historia de Tōkyō* (1953), *Una tarde de otoño* (1962).

**OZULUAMA,** mun. de México (Veracruz); 24 182 hab. Petróleo.

**OZUMBA,** mun. de México (México), en la ladera O del Popocatépetl; 19 258 hab. Hortalizas, frutas.

# P

**pabellón del Fénix** (u **Hōō-dō**), santuario en el recinto del Byōdō-īn, templo búdico, en Uji (Japón). Convertido en santuario (1053), este pabellón de la villa de Fujiwara Yorimichi, cuya forma evoca el fénix con las alas desplegadas, es uno de los más bellos ejemplos de la integración de la arquitectura medieval japonesa en el paisaje. Decoración pintada interior, típica del yamato-e.

El **pabellón del Fénix** (Hōō-dō), en el recinto del Byōdō-īn en Uji, Japón.

**Pabellones negros,** soldados no regulares chinos, que lucharon contra Francia en Tonkín, sobre todo entre 1883 y 1885.

**PABLO** *(san),* llamado **el Apóstol de los gentiles** (Tarso, Cilicia, entre 5 y 15 d. J.C.-Roma entre 62 y 67). Una visión de Cristo en el camino de Damasco (*c.* 36) convirtió a este fariseo ferviente, cuyo nombre judío era Saulo, en un apóstol de Jesucristo. Su actividad misionera se articuló en torno a tres grandes viajes (46-48, 49-52 y 53-58), durante los cuales visitó Chipre, Asia Menor, Macedonia y Grecia, estableciendo iglesias en las ciudades importantes. En 58 Pablo, detenido a instigación de las autoridades judías, fue conducido, como ciudadano romano, ante el tribunal del emperador y enviado a Roma, donde pasó dos años en libertad vigilada. Algunos autores sostienen que Pablo murió en Roma hacia 64; otros, basándose en una antigua tradición romana, afirman que murió en 67, después de nuevos viajes de evangelización a España. Las cartas que san Pablo escribió a las comunidades que había fundado ofrecen un compendio de su personalidad y de su pensamiento. La tradición ha conservado catorce epístolas de san Pablo: a los romanos, a los corintios (2), a los gálatas, a los efesios, a los filipenses, a los colosenses, a los tesalonicenses (2), a Timoteo (2), a Tito, a Filemón y a los hebreos. Es dudosa la autenticidad de algunas de ellas (a Timoteo, a Tito y a los hebreos).

**PABLO de la Cruz** *(san)* [Ovada, Liguria, 1694-Roma 1775], fundador de la congregación misionera de los pasionistas.

**PABLO I** (Atenas 1901-*id.* 1964), rey de Grecia [1947-1964], sucesor de su hermano Jorge II y padre de la reina Sofía de España.

**PABLO I Petróvich** (San Petersburgo 1754-*id.* 1801), emperador de Rusia [1796-1801], hijo de Pedro III y de Catalina II. Tras enviar a Suvórov a combatir en el N de Italia junto a los austríacos (1799), se aproximó políticamente a Francia. Murió asesinado.

**PABLO** (Luis **de**), compositor español (Bilbao 1930). Adscrito al serialismo y posteriormente a la música aleatoria y electroacústica, ha abordado todos los géneros con una actitud permanente de investigación e innovación.

**PABLO DIÁCONO** (Paul **Warnefried,** llamado), historiador y poeta en lengua latina (en Friul *c.* 720-Montecassino *c.* 799), autor del *De gestis Longobardorum* y del himno *Ut queant laxis.*

**Pablo y Virginia,** novela de Bernardin de Saint-Pierre (1788). Su elemento exótico y sentimental le proporcionó un gran éxito. La primera versión española es de 1798.

**PABST** (Georg Wilhelm), director de cine austríaco (Raudnitz, República Checa, 1885-Viena 1967). Se impuso con *Bajo la máscara del placer* (1925), inaugurando un realismo social muy influido por el expresionismo: *Lulú* (1929), *Cuatro de infantería* (1930) y *La ópera de cuatro cuartos* (1931).

**P.A.C.,** siglas de *política agrícola común,* conjunto de disposiciones tomadas por la Comunidad europea en materia agrícola (producción y funcionamiento de los mercados).

**PACARAIMA** *(sierra de),* cadena montañosa del sur de la Guayana, situada entre Venezuela y Brasil.

**PACASMAYO,** mun. de Perú (La Libertad); 15 400 hab. Puerto exportador. Restos de una ciudad chimú (1000-1440 d. J.C.), al N de Chanchán, con templos pirámide.

**PACAYA,** volcán de Guatemala (Escuintla), en la sierra Madre centroamericana; 2 552 m de alt.

**Pacem in terris,** encíclica de Juan XXIII (11 abril 1963). Es un llamamiento a «todos los hombres de buena voluntad» en favor de la paz y la justicia.

**PACHACAMAC,** mun. de Perú (Lima); 11 171 hab. Canteras de mármol. Turismo. Gran templo piramidal dedicado a Pachacamac, centro de peregrinación en época preincaica e incaica.

**PACHACAMAC,** divinidad preincaica de la vida y creador del mundo.

**PACHACUTI** o **PACHACUTEC INCA YUPANQUI,** soberano inca [*c.* 1438-1471], hijo de Viracocha. Fue el gran constructor civil de Cuzco y amplió los dominios del imperio.

**PACHECO** (Basilio), pintor cuzqueño del s. XVIII, activo entre 1738 y 1752. Su obra, de estilo barroco, está dispersa en Cuzco, Lima y Ayacucho (*La vida de san Agustín* para el convento agustino de Cuzco).

**PACHECO** (Francisco), pintor español (Sanlúcar de Barrameda 1564-Sevilla 1644). En su pintura, de un frío manierismo, destaca el ciclo sobre san Pedro Nolasco. Fue también teórico *(Arte de pintura).* En su taller sevillano se formaron Velázquez y A. Cano.

**PACHECO** (Gregorio), político boliviano (Sud Chichas, Potosí, 1823-La Paz 1899). Presidente de la república (1884-1888), estableció un régimen de franquicias aduaneras con Chile, pero no pudo recuperar la salida boliviana al mar.

**PACHECO** (José Emilio), escritor mexicano (México 1939). Su poesía es testimonio crítico del mundo (*Los elementos de la noche,* 1963; *No me pregunten cómo pasa el tiempo,* 1969; *Isla a la deriva,* 1976; *Ciudad de la memoria,* 1989). Asimismo, ha publicado cuentos y novelas (*Las batallas del desierto,* 1981).

**PACHECO** (María), dama castellana († Oporto 1531). Esposa de Juan de Padilla, a la muerte de éste lideró la revuelta de las Comunidades en Toledo (abril 1521-febr. 1522).

**PACHECO** (María Luisa), pintora boliviana (La Paz 1919). Adoptó la abstracción lírica para las representaciones de paisajes del Altiplano.

**PACHECO ARECO** (Jorge), político uruguayo (Montevideo 1921-*id.* 1998), presidente de la república (1967-1972) y embajador en España, Suiza y E.U.A.

**PACHELBEL** (Johann), organista y compositor alemán (Nuremberg 1653-*id.* 1706), autor de obras para teclado, motetes y cantatas.

**PACHER** (Michael), pintor y escultor austríaco (Bruneck, Alto Adigio, *c.* 1435-Salzburgo 1498), autor del retablo de la iglesia de Sankt Wolfgang (Salzkammergut).

**PACHITEA,** r. de Perú (Pasco y Huánuco), afl. del Ucayali; 320 km.

**PACHO,** mun. de Colombia (Cundinamarca); 24 284 hab. Centro agropecuario. Minas de hierro.

**PACHUCA DE SOTO,** c. de México, cap. del est. de Hidalgo; 186 230 hab. Centro minero-metalúrgico (plomo, plata y oro). Iglesias (ss. XVI-XVII). Casa de la Caja (1670) y casa Colorada (s. XVIII). Museo histórico de las minas de plata (cuya producción se inició en el s. XVI).

**PACÍFICO** *(cordillera del),* alineación montañosa del O de Nicaragua, que forma parte de la sierra Madre centroamericana.

**PACÍFICO** *(océano),* la mayor masa marítima del globo, entre América, Asia y Australia; 180 millones de $km^2$ (la mitad de la superficie oceánica total). Descubierto por Balboa (1513), Magallanes lo cruzó por primera vez en 1520. De forma toscamente circular, ampliamente abierto al S hacia el Antártico, comunicado con el Ártico por el estrecho de Bering y recorrido por dorsales cuyas cimas constituyen islas (Hawai, Tuamotu, isla de Pascua), está rodeado, al N y al O, por una guirnalda insular y volcánica que bordea profundas fosas marinas, y salpicado, entre los trópicos, de formaciones coralinas (atolones, arrecifes).

**Pacífico** *(campañas del)* [dic. 1941-ag. 1945], conjunto de las operaciones aeronavales y anfibias que enfrentaron, después de Pearl Harbor, a Japón y E.U.A., junto con sus aliados. Los episodios más importantes son las batallas del mar de Coral (mayo 1942), la de Midway (junio), la de Guadalcanal (ag.), la de Leyte (oct. 1944), la de Iwo Jima (en. 1945) y los bombardeos atómicos de Hiroshima y Nagasaki (6 y 9 ag. 1945).

**Pacífico** *(Consejo del)* → ***A.N.Z.U.S.***

**Pacífico** *(guerra del)*, conflicto marítimo entre España, Perú y Chile (1864-1866), iniciado con la ocupación española de las peruanas islas Chincha (1864) en garantía de la deuda peruana no satisfecha a España. Chile declaró la guerra a España y se alió con Perú (1865). La flota española bombardeó Valparaíso y El Callao (1866). La paz se firmó en 1871.

**Pacífico** *(guerra del)*, conflagración entre Chile, de una parte, y Perú y Bolivia, de otra (1879-1883). En 1879 Bolivia decidió expropiar las compañías salitreras de su región litoral (en su mayor parte de capital británico y mano de obra chilena), que desde 1866 gozaban de amplias concesiones. Chile reaccionó invadiendo Bolivia, país aliado de Perú. La guerra, que finalizó en 1883, tuvo graves consecuencias para Perú (contenciosos de Tacna y Arica), y supuso para Bolivia la pérdida de su salida al mar.

**PACIOLI** (Luca), llamado **Luca di Borgo,** matemático italiano (Borgo San Sepolcro 1445-Roma c. 1510). Algebrista, reunió el conjunto del conocimiento árabe en *Suma de aritmética, geometría, proporciones y proporcionalidad* (1494). También estudió la sección áurea.

**PACOMIO** *(san)* [en el Alto Egipto 287-*id.* 347], fundador, con san Antonio, del cenobitismo. Soldado convertido al cristianismo, fundó el primer monasterio de la historia cristiana en Tabennisi, a orillas del Nilo. Su regla, traducida al latín por san Jerónimo, influyó en el monaquismo occidental.

**PÁCORA,** mun. de Colombia (Caldas); 18 140 hab. Centro agropecuario (café y plátanos). Oro.

**PACTOLOS,** r. de Lidia, junto al cual se construyó Sardes. Arrastraba pepitas de oro, origen de la riqueza de Creso.

**PACUARE,** r. de Costa Rica, que nace en la cordillera de Talamanca y desemboca en el Caribe; 105 km.

**PADANG,** c. y puerto de Indonesia, en la costa O de Sumatra; 481 000 hab.

**PADERBORN,** c. de Alemania (Renania del Norte-Westfalia); 116 604 hab. Residencia frecuente de Carlomagno, que reunió allí la dieta de 777. Catedral en su mayor parte del s. XIII.

**PADEREWSKI** (Ignacy), compositor, pianista y político polaco (Kury Łówka 1860-Nueva York 1941), primer presidente del consejo de la República Polaca (1919).

**PADILLA** (Heberto), escritor cubano (La Habana 1932-Auburn, Alabama, 2000). Principalmente poeta (*El justo tiempo humano,* 1962; *Fuera de juego,* 1968; *El hombre junto al mar,* 1981), ha escrito novela y el volumen autobiográfico *La mala memoria* (1989).

**PADILLA** (José), marino y patriota colombiano (Riohacha 1778-Bogotá 1828). Combatió en Trafalgar (1805). Luchó por la independencia de Nueva Granada, pero fue ejecutado por conspirar contra Bolívar.

**PADILLA** (José), músico español (Almería 1889-Madrid 1960), autor de canciones populares de gran éxito (*El relicario,* 1914; *La violetera; Valencia,* de la zarzuela *La bien amada,* 1916).

**PADILLA** (Juan **de**), aristócrata castellano (Toledo 1484-Villalar 1521). Capitán general del ejército de las Comunidades de Castilla (1520), fue derrotado en Villalar (1521) y ejecutado.

**PADILLA** (Juan **de**), poeta español (Sevilla 1468-*id.* 1520), llamado **el Cartujo,** cultivador de la poesía alegórica (*Retablo de la vida de Cristo,* 1513).

**PADILLA** (María **de**), dama castellana († Sevilla 1361). Amante de Pedro I de Castilla, éste, casado con Blanca de Borbón (1353), la reconoció como reina, y a sus hijos como herederos de Castilla (1362).

**PADMA,** brazo principal del delta del Ganges.

**PADORNELO-LA CANDA** *(puerto del)*, paso de montaña de España (Zamora), en los montes de León, acceso natural a Galicia. Túnel (5,9 km).

**PADRE ABAD** *(paso del)*, paso de los Andes peruanos, en la carretera Lima-Tingo María-Pucallpa. Comunica la zona costera con la Amazonia.

**PADRE LAS CASAS,** ant. **Túbano,** mun. de la Rep. Dominicana (Azua); 26 081 hab. Tabaco; café.

**PADRÓN,** v. de España (La Coruña), cab. de p. j.; 10 147 hab. *(Padroneses.)* Agricultura (hortalizas). Industrias. Es la ant. *Iria Flavia,* fundada por los fenicios y romanizada.

**PADRÓN** (Julián), escritor venezolano (San Antonio, Oriente, 1910-Caracas 1954), autor de novelas realistas (*Clamor campesino,* 1944) y de ambiente urbano (*Primavera nocturna,* 1950).

**PADUA,** en ital. **Padova,** c. de Italia (Véneto), cap. de prov.; 215 025 hab. *(Paduanos.)* Universidad. Basílica de San Antonio, llamada *il Santo,* del s. XIII (obras de arte). Catedral del s. XVI (baptisterio del s. XIII) y otros monumentos. Frescos de Giotto en la capilla de la *Arena.* Museo.

**PADUA** (Marsilio **de**), teólogo y teórico político italiano (Padua c. 1275/1280-Munich c. 1343), autor del *Defensor pacis* (1324), que atacaba las pretensiones del papado (Juan XXII) en los asuntos temporales.

**PAESTUM,** ant. c. de Italia, junto al golfo de Salerno. Colonia griega (s. VII a. J.C.), pasó a Roma en 273 a. J.C. Monumentos antiguos, entre ellos varios templos griegos, que representan los mejores ejemplos del orden dórico. Museo arqueológico (pinturas murales del s. V a. J.C., procedentes de la necrópolis griega).

**PÁEZ,** c. de Venezuela (Aragua), que forma parte de la ciudad de Maracay*; 80 296 hab.

**PÁEZ** o **BELALCÁZAR,** mun. de Colombia (Cauca); 20 485 hab. Caña de azúcar, plátanos y fríjol.

**PÁEZ** (José Antonio), militar y político venezolano (Curpa, cerca de Acarigua, 1790-Nueva York 1873). En 1812 se incorporó al ejército patriota. General en jefe tras la victoria de Carabobo (1821) y comandante general de Venezuela, se enfrentó a Santander y fue el primer presidente de Venezuela tras la escisión de la Gran Colombia (1830-1835). Ocupó de nuevo la presidencia en 1839-1843. En 1848-1850 intentó derribar del poder a los liberales, pero fue vencido. En 1861-1863 ocupó de nuevo la jefatura civil y militar del estado, e implantó un régimen dictatorial, pero tuvo que pactar y exiliarse.

**PÁEZ** (José **de**), pintor mexicano (México 1720-*id.* d. 1790), autor de numerosos lienzos para los religiosos betlemitas de Oaxaca.

**PÁEZ VILARÓ** (Carlos), pintor uruguayo (Montevideo 1923), realizador de importantes murales (*El éxodo del pueblo oriental,* Montevideo; *Raíces de la paz,* Washington) y fundador del taller de artesanos del Uruguay (1954).

**PAFLAGONIA,** ant. región costera del N del Asia Menor. (C. pral. *Sinope.*)

**PAFOS,** ant. c. del S de Chipre, famosa por su templo de Afrodita.

**PAGALU** → ***Annobón.***

**PAGAN,** ant. cap. de los birmanos (ss. XI-XIII), en Birmania central, junto al curso medio del Irawadi, célebre por sus miles de stūpa, llamados pagodas.

**PAGANINI** (Niccolò), violinista italiano (Génova 1782-Niza 1840). De prodigioso virtuosismo, es autor de veinticuatro *Caprichos* (1820) y de conciertos para violín.

**PAGANO** (José León), escritor y crítico de arte argentino (Buenos Aires 1875-*id.* 1964), autor de estudios fundamentales sobre el arte argentino.

**PAGAZA** (Joaquín Arcadio), poeta y prelado mexicano (Valle de Bravo 1839-Jalapa 1918), cultivador de una poesía clásica y bucólica (*Murmurios de la selva,* 1887; *María,* 1890).

**PAGÈS** (Amedée), hispanista francés (Estagel, Pyrénées-Orientales, 1865-Rabat 1954). Discípulo de Morel Fatio, estudió la literatura catalana antigua, e hizo ediciones críticas de varias obras.

**Paget** *(enfermedad de)*, nombre de diversas afecciones. La *enfermedad de Paget ósea* u *osteítis deformante* es una afección reumatológica caracterizada por una modificación anárquica del tejido óseo, que afecta principalmente al cráneo, la columna vertebral y la pelvis, y que se manifiesta por dolores óseos y en ocasiones por sordera. La *enfermedad de Paget de la mama* es una afección cancerosa localizada generalmente alrededor del pezón.

**PAGNOL** (Marcel), escritor y director de cine francés (Aubagne, Bouches-du-Rhône, 1895-París 1974), autor de comedias (*Topaze,* 1928; *Marius,* 1929; *Fanny,* 1931), películas (*César,* 1936) y libros de recuerdos de infancia (*La gloria de mi padre*).

**PAHISSA** (Jaume), compositor español (Barcelona 1880-Buenos Aires 1969). Representante del modernismo catalán, abordó todos los géneros, desde la ópera (*Canigó,* 1910; *Gala Placidia,* 1918) hasta la música instrumental (*Suite intertonal,* 1926) y vocal (*El cant de la tardor, Per un bes*).

**PAHLAWĪ, PAHLAVĪ** o **PEHLEVI,** dinastía que reinó en Irán de 1925 a 1979. Fue fundada por Riḍā o Rezā kan (1925-1941). – Su hijo, **Muḥammād Riḍā** o **Rezā** (Teherán 1919-El Cairo 1980), sha de Irán [1941-1979], le sucedió. Fue derrocado por la revolución islámica (1979).

**PAIK** (Nam Jun-paek, llamado **Nam June**), artista coreano de la escuela norteamericana (Seúl 1932), autor de acciones y environments en los que interviene la electrónica (a partir de los años sesenta) y el vídeo (*Moon is the oldest TV,* 1976).

**PAINE,** com. de Chile (Santiago); 37 420 hab. Regadíos (frutales y vid).

**PAINE** (Thomas), publicista norteamericano de origen británico (Thetford 1737-Nueva York 1809). Tras luchar por la independencia de E.U.A., se refugió en Francia, donde obtuvo la nacionalidad francesa y un escaño en la Convención (1792). Encarcelado durante el Terror, regresó a E.U.A.

**PAINLEVÉ** (Paul), matemático y político francés (París 1863-*id.* 1933). Especialista en análisis matemático y mecánica, fue pionero de la aeronáutica. En 1917 y 1925 fue presidente del gobierno y ministro de la Guerra.

**PAIPA,** mun. de Colombia (Boyacá), a orillas del Grande; 20 669 hab. Fuentes termales.

**PAIPORTA,** mun. de España (Valencia); 15 627 hab. Cerámica, materiales para la construcción, muebles.

**PAIPOTE,** c. de Chile (Atacama), cerca de Copiapó; 3 300 hab. Fundición de cobre, oro y plata, en tiempos la más importante del país.

**país** *(El)*, diario matutino español, de línea independiente, fundado en Madrid en 1976, el primero del país por su tirada y difusión; se edita simultáneamente en varias capitales, y tiene además una edición internacional (desde 1983). A partir de 1994 publica una edición en México *(El país, México)*.

**PAÍSES BAJOS,** nombre dado a lo largo de la historia a una serie de territorios de extensión variable del NO de Europa, situados entre el Ems, el mar del Norte, las colinas de Artois y el macizo de las Ardenas.

HISTORIA

***De los orígenes al imperio carolingio.*** La presencia antigua del hombre en esta zona está atestiguada por monumentos megalíticos (dólmenes) y túmulos de la edad del bronce. 57 a. J.C.: César conquistó la región, poblada por tribus celtas y germánicas (bátavos, frisones). 15 a. J.C.: la región se convirtió en una provincia imperial, la Galia belga. S. IV: las invasiones germánicas se extendieron por la zona: los sajones al E, los francos en los territorios meridionales. Ss. VII-VIII: la cristianización de estos pueblos se realizó con Carlomagno.

***De Carlomagno a la época borgoñona.*** S. IX: las invasiones normandas y las divisiones territoriales (tratado de Verdún, 843) debilitaron la región. Ss. X-XII: ésta se desmembró en numerosos principados feudales (ducados de Güeldres y de Brabante, condados de Holanda, de Flandes y de Hainaut, obispados de Utrecht y de Lieja). Ss. XII-XIII: mientras se ganaban nuevas tierras al mar, las ciudades experimentaron un notable auge, especialmente gracias al comercio de telas (Gante, Ypres, Brujas). S. XIV: en Flandes, los trabajadores del sector textil se enfrentaron al patriciado urbano, que se alió con el rey de Francia. 1369: el duque de Borgoña, Felipe el Atrevido, casó con la hija del conde de Flandes. 1382: las milicias comunales fueron vencidas en Roosebeke por el rey de Francia Carlos VI.

***El período borgoñón y el período español.*** S. XV: a través de compras, enlaces y herencias, los duques de Borgoña se anexionaron poco a poco todos los Países Bajos. 1477: María de Borgoña, hija y heredera de Carlos el Temerario, casó con Maximiliano de Austria. El país pasó a formar parte de las posesiones de los Habsburgo. 1515: Carlos Quinto heredó de su padre, Felipe I el Hermoso, los Países Bajos, que convirtió en un círculo del Imperio (el de Borgoña, 1548) con diecisiete provincias, y lo puso bajo el mando sucesivo de dos gobernadoras: Margarita de Austria (1519-1530), y María de Hungría (1531-1555). El país experimentó una fuerte expansión económica, extendiéndose ampliamente las ideas de la Reforma.

***La rebelión de los Países Bajos y el nacimiento de las Provincias Unidas.*** 1555: Felipe II sucedió a su padre como príncipe de los Países Bajos. 1559-1567: a través de la gobernadora, Margarita de Parma, llevó a cabo una política absolutista y hostil a los protestantes, que levantó contra él al pueblo y a la nobleza. 1566: se sublevaron Flandes, Hainaut y las provincias del Norte. 1567-1573: el duque de Alba, sucesor de Margarita de Parma, llevó a cabo una represión brutal, que desembocó en la rebelión general de Holanda y Zelanda (1568), dirigida por Guillermo de Orange. Los sublevados ganaron para su causa Brabante, Hainaut, Flandes y Artois. 1576: la pacificación de Gante marcó la expulsión de las tropas españolas y el retorno a la tolerancia religiosa. 1579: las provincias del S, católicas en su mayoría, se sometieron a España (Unión de Arras); las del Norte, calvinistas, proclamaron la Unión de Utrecht, base de las Provincias Unidas.

***Los Países Bajos en los ss. XVII y XVIII.*** 1581: después de repudiar solemnemente la autoridad de Felipe II, las Provincias Unidas prosiguieron su lucha contra España, salvo la interrupción de la tregua de los Doce años (1609-1621). 1648: el tratado de Münster reconoció oficialmente la independencia de las Provincias Unidas. Los Países Bajos meridionales o del S continuaron siendo españoles. 1714: tras la guerra de Sucesión de España por los tratados de Utrecht (1713) y Rastadt (1714), los Países Bajos del S fueron entregados a Austria. 1795: los Países Bajos meridionales fueron anexionados por Francia; las Provincias Unidas se convirtieron en la República bátava. 1815: el congreso de Viena decidió reunir el conjunto de las provincias en el reino de Países Bajos.

**PAÍSES BAJOS,** en neerl. **Nederland,** estado de Europa, junto al mar del Norte; 34 000 km²; 15 millones de hab. *(Neerlandeses.)* CAP. *Amsterdam.* Sede de los poderes públicos y de la Corte, *La Haya.* LENGUA OFICIAL: *neerlandés.* MONEDA: *florín.*

GEOGRAFÍA

La historia, la escasa superficie y la excepcional densidad (más de 400 hab. por km²) explican la apertura económica de este país, nación comerciante, que exporta más de la mitad de su producción. Los servicios (finanzas y transportes) y la industria (construcciones eléctricas, agroalimentaria, química, a las que se añade un importante yacimiento de gas natural) ocupan a más del 90 % de una población, muy urbanizada, concentrada en un cuadrilátero delimitado por las cuatro principales ciudades (Amsterdam, La Haya, Rotterdam [primer puerto mundial] y Utrecht). La agricultura, muy intensiva, explota la abundancia de terrenos llanos (en ocasiones ganados al mar mediante pólders) y se beneficia de un clima suave y húmedo. Asocia ganadería (vacuna y porcina) y cultivos tradicionales florales y de hortalizas. El comercio exterior se efectúa principalmente con los socios de la U.E. (especialmente Alemania y Bélgica). Su economía es equilibrada, pero muy dependiente del mercado mundial, vulnerabilidad que constituye, junto con el paro, una preocupación básica de un país con abundantes reservas de divisas frente a un endeudamiento exterior moderado.

HISTORIA

***El reino de Países Bajos hasta 1830.*** 1815: el reino se constituyó con la unión de las antiguas Provincias Unidas, de los antiguos Países Bajos austríacos y del gran ducado de Luxemburgo. Guillermo de Orange, convertido en Guillermo I, rey de Países Bajos, concedió una constitución a sus súbditos. Pero la unión de Bélgica y Holanda se enfrentó con múltiples antagonismos. 1830: Bélgica se sublevó y proclamó su independencia.

***De 1830 a 1945.*** 1839: Guillermo I reconoció la independencia de Bélgica. 1840: abdicó en favor de su hijo Guillermo II. 1848: una nueva constitución estableció un sistema de elección censitaria para las dos cámaras. 1849: Guillermo III accedió al poder. Durante su reinado, liberales (Thorbecke) y conservadores se alternaron en el poder. 1851: la reconstitución de la jerarquía católica permitió la integración de los católicos en la vida política. 1862: la instauración del librecambio favoreció el auge económico. 1872: tras la muerte de Thorbecke, el abanico político se diversificó y complicó, debido especialmente a la cuestión escolar. 1890: Guillermina, de 10 años de edad, sucedió a Guillermo III y reinó bajo la regencia de la reina madre Emma hasta 1898. 1894: Troelstra fundó el partido socialdemócrata. 1897-1901: por influencia de los liberales se implantó una importante legislación social mientras se desarrollaba un poderoso sindicalismo. 1905-1913: el fraccionamiento de los partidos dificultó la vida política. 1913-1918: un gobierno extraparlamentario mantuvo la neutralidad neerlandesa durante la primera guerra mundial. 1917: se instauraron el sufragio universal y el voto femenino (1918). 1925: ruptura de relaciones diplomáticas con el Vaticano. 1925-1926, 1933-1939: el gobierno de H. Colijn, líder del partido antirrevolucionario, se enfrentó a las repercusiones de la crisis económica mundial y a los progresos del nacionalismo en Indonesia. 1939: la escalada de la crisis permitió la reconstitución de la coalición cristiana. 1940-1945: el país, invadido por los alemanes, sufrió una trágica ocupación.

***Desde 1945.*** 1944-1948: el país participó en la formación del Benelux. 1948: la reina Guillermina abdicó en su hija Juliana. 1949: Indonesia accedió a la independencia. 1951-1953: Países Bajos se adhirió a la C.E.C.A. 1957: el país entró en la C.E.E. 1973-1977: un gobierno de coalición dirigido por el socialista Joop Den Uyl tuvo que hacer frente a los efectos de la primera crisis del petróleo. 1980: la reina Juliana abdicó en su hija Beatriz. A partir de 1982: el democristiano Rudolf Lubbers dirigió gobiernos de coalición (centro derecha [1982-1989]; centro izquierda [1989-1994]). 1994: el socialista Wim Kok formó un gobierno de coalición que excluía a los democristianos. 1998: Kok fue reelegido.

INSTITUCIONES

Monarquía parlamentaria. Constitución de 1815. El soberano ejerce ciertos poderes, especialmente cuando ha de formarse gobierno. Primer ministro, responsable ante el Parlamento, que consta de una *primera cámara* elegida cada 6 años y una *segunda cámara* elegida cada 4 años.

LITERATURA

Edad media: Thomas Kempis, Jan Van Ruusbroec. – S. XVI: Carel Van Mander. – S. XVII: Hooft, Joost Van den Vondel. – S. XIX: Multatuli, Louis Couperus. – S. XX: A. Van Schendel, S. Vestdijk, J. J. Slauerhoff.

BELLAS ARTES

***Principales ciudades de interés artístico:*** Alkmaar, Amsterdam, 's-Hertogenbosch, Delft, Gouda, Haarlem, La Haya, Leiden, Maastricht, Middelburg, Nimega, Rotterdam, Utrecht.

***Algunos pintores, escultores y arquitectos célebres.*** Ss. XIV-XV: Sluter, Malouel, los hermanos de Limbourg. – S. XVI: Lucas de Leiden, Van Scorel, Van Heemskerck, Aertsen, Vredeman de Vries, Goltzius. – S. XVII: Bloemaert, Hals, Avercamp, Terbrugghen, los Van de Velde, H. Seghers, Van Goyen, P. Claesz., Saenredam, Van Laer, los Ruisdael, Rembrandt, los Van Ostade, G. Dou, Terborch, Wouwerman, Berchem, A. Cuyp, J. B. Weenix, Dujardin, Potter, Steen, Metsu, P. De Hooch, Vermeer, Hobbema. – Ss. XIX y XX: Jongkind, Van Gogh, Berlage, Mondrian, B. Van Velde. (Ver también el grupo De Stijl*.)

**PAISIELLO** (Giovanni), compositor italiano (Tarento 1740-Nápoles 1816), autor de óperas (*El barbero de Sevilla,* 1782).

**PAISLEY,** c. de Gran Bretaña (Escocia); 85 000 hab. Aeropuerto de Glasgow. Iglesia del s. XV, ant. abadía.

**PAITA,** c. de Perú (Piura), en la *bahía de Paita;* 37 098 hab. Puerto pesquero y comercial.

**PAIVA** (Félix), político paraguayo (Caazapá 1877-Asunción 1965). Liberal, fue nombrado presidente constitucional del gobierno por el ejército (1937-1939) tras el derrocamiento militar de R. Franco.

PAÍSES BAJOS

**PAJACUARÁN,** mun. de México (Michoacán); 20 206 hab. Distrito de riego de la laguna de Chapala.

**PAJÁN,** cantón de Ecuador (Manabí); 43 505 hab. Café y cacao. Vacunos.

**PÁJARA,** mun. de España (Las Palmas), en Fuerteventura; 13 103 hab. *(Pajareños.)* Agricultura. Turismo. Dunas de Jandía. Iglesia renacentista.

**PAJARES** *(puerto de),* puerto de montaña de España, en la cordillera Cantábrica, entre León y Asturias; 1 379 m de alt. Estación de deportes de invierno (Valgrande-Pajares). Parador de turismo.

**pájaro de fuego** *(El),* ballet de Igor Stravinski (1910), con libreto y coreografía de M. Fokine. M. Béjart realizó una nueva versión en 1970.

**PAKANBARU,** c. de Indonesia, en el interior de Sumatra; 341 328 hab.

**PAKISTÁN,** estado de Asia meridional; 803 000 $km^2$; 117 500 000 hab. (*Paquistaníes* o *pakistaníes*) CAP. *Islāmābād.* C. PRAL. *Karachi* y *Lahore.* LENGUAS OFICIALES: *urdu* e *inglés.* MONEDA: *rupia pakistaní.*

GEOGRAFÍA

Los sectores irrigados del S y sobre todo del NE (Panjāb), que corresponden a la llanura aluvial del Indo y de sus afluentes, constituyen las zonas vitales de Pakistán; proporcionan trigo, sorgo, arroz y algodón (principal producto de exportación y base de la única industria notable, la textil). Su entorno está formado sobre todo por montañas poco pobladas (Baluchistán al O, parte del Hindū Kūš al N). Los problemas económicos se añaden a la tensión persistente con la India.

HISTORIA

1940: 'Alī Ŷinna reclamó la creación de un estado que reagrupase a los musulmanes del subcontinente indio. 1947: en el momento de la independencia y partición de la India se creó Pakistán. Se constituyó a partir de dos provincias: *Pakistán occidental* y *Pakistán oriental,* formadas respectivamente por los antiguos territorios de Sind, de Baluchistán, de Panjāb oriental y de la Provincia del Noroeste, por un lado, y por Bengala Oriental, por otro. 'Alī Ŷinna fue su primer gobernador general. 1947-1949: una guerra enfrentó a la India y Pakistán a propósito de Cachemira. 1956: la constitución estableció la República islámica de Pakistán, federación de las dos provincias que la constituían. Iskandar Mīrzā fue su primer presidente. 1958: se instauró la ley marcial. Ayyūb kan se hizo con el poder y se convirtió en presidente de la república. 1962: se aprobó una constitución de tipo presidencialista. 1965: estalló la segunda guerra indo-paquistaní. 1966: Mujibur Raḥmān, jefe de la liga Awami, reclamó la autonomía de Pakistán Oriental. 1969: el general Yaḥyā kan sucedió al mariscal Ayyūb kan. 1971: Pakistán Oriental se separó y se convirtió en Bangla Desh. La India intervino militarmente en su apoyo. 1971-1977: 'Alī Bhutto puso en marcha el llamado socialismo islámico. Se desarrolló la agitación conservadora y religiosa. 1977: un golpe de estado derrocó a 'Alī Bhutto. 1978: el general Zia Ul-Hāq se convirtió en presidente de la república. 1979: Bhutto fue ejecutado. Se implantó la ley islámica. 1986: se levantó la ley marcial, pero la oposición al régimen, procedente sobre todo de los medios chiitas, continuó siendo fuerte. 1988: Zia Ul-Hāq murió en un accidente aéreo. Gulam Išaq Kan le sucedió al frente del estado y Benazir Bhutto se convirtió en primera ministra. 1990: B. Bhutto fue destituida. La Alianza democrática islámica ganó las elecciones; Nawaz Sharif fue nombrado primer ministro. 1993: dimisión de G. I. Kan y N. Sharif; elecciones: B. Bhutto, primera ministra, y Farup Legari, presidente. 1996: Legari destituyó a B. Bhutto por corrupción. 1997: elecciones: N. Sharif, nombrado primer ministro. Tras una nueva crisis política, Mohamed Rafiq Tarar sucedió a F. Legari. 1998: Pakistán realizó cinco pruebas nucleares en respuesta a otras pruebas de India. 1999: tras un golpe de estado, se estableció un régimen militar.

**PALACIO** (Gaspar), pintor argentino (Santiago del Estero *c.* 1828-Zárate 1892). Practicó la pintura de costumbres *(Escenas de rancho)* y el retrato.

**PALACIO** (Manuel **de**), escritor español (Lérida 1831-Madrid 1906). Cultivó el periodismo satírico y la poesía festiva. (Real academia 1890.)

**PALACIO VALDÉS** (Armando), escritor español (Entralgo 1853-Madrid 1938). Sus primeras novelas tienen un aire costumbrista (*Marta y María,* 1883; *La hermana San Sulpicio,* 1889). Posteriormente, adoptó un tono conservador de aire católico (*Tristán o el pesimismo,* 1906). [Real academia 1906.]

**PALACIOS (Los),** mun. de Cuba (Pinar del Río); 34 645 hab. Caña de azúcar. Presa La Juventud, sobre el río San Diego.

**PALACIOS** (Alfredo), político y jurisconsulto argentino (Buenos Aires 1880-*id.* 1965). Primer diputado socialista del país (1904), desde 1958 fue, con Muñiz, el máximo dirigente del Partido socialista argentino.

**PALACIOS** (Antonio), arquitecto español (Porriño 1876-Madrid 1945), representante del eclecticismo decimonónico (Banco central, Círculo de bellas artes, palacio de Correos y telégrafos, Madrid).

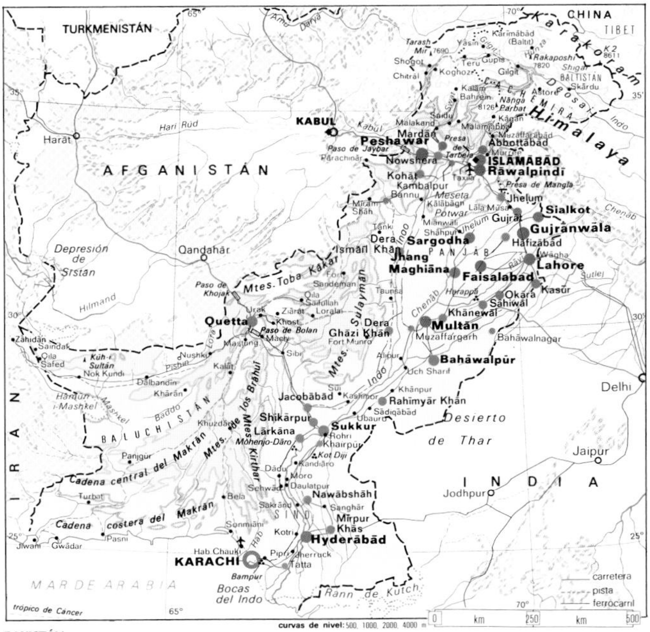


PAKISTÁN

**PALACIOS** (Eloy), escultor venezolano (Maturín 1847-Camagüey, Coba, 1919), autor del *Monumento a Carabobo,* llamado *La India del paraíso* (Caracas).

**PALACIOS** (Julio), físico y matemático español (Paniza 1891-Madrid 1970). Entre sus publicaciones, que abarcan todos los campos de la física, destacan sus críticas a la teoría de la relatividad y su *Análisis dimensional* (1956). [Real academia 1952.]

**PALACIOS** (Pedro Bonifacio) → ***Almafuerte.***

**PALACIOS Y VILLAFRANCA (Los),** v. de España (Sevilla); 29 417 hab. *(Palaciegos.)* Algodón, arroz, maíz, hortalizas. Alfarería.

**PALACKÝ** (František), historiador y político checo (Hodslavice 1798-Praga 1876). Su *Historia de Bohemia* (1836-1867) contribuyó al despertar nacional checo. Presidió el congreso paneslavo (1848).

**PALAFOX** (José **Rebolledo de**), general español (Zaragoza 1776-Madrid 1847). Capitán general de Aragón, defendió Zaragoza durante los sitios franceses de 1808-1809. Estuvo preso en Francia hasta 1813.

**PALAFOX Y MENDOZA** (Juan **de**), prelado y administrador colonial español (Fitero 1600-Burgo de Osma 1659). Obispo de Puebla (1639) y visitador general, fue virrey de Nueva España (1642), es autor de obras históricas.

**PALAFRUGELL,** v. de España (Gerona); 17 343 hab. *(Palafrugellenses.)* En la Costa Brava. Industria corchotaponera. Centro turístico.

**PALAMÁS** (Gregorio), teólogo de la Iglesia griega (Constantinopla *c.* 1296-Tesalónica 1359). Monje en el monte Athos y arzobispo de Tesalónica (1347-1359), dedicó su vida a la defensa y a una profundización original de la doctrina hesiquiasta.

**PALAMÁS** (Kostís), escritor griego (Patrás 1859-Atenas 1943). Partidario del empleo literario de la lengua popular, es autor de obras poéticas *(Sepultura; Las noches de Femio).*

**PALAMÓS,** v. de España (Gerona); 13 258 hab. *(Palamosenses.)* En la Costa Brava. Industria del corcho. Puerto pesquero y deportivo. Turismo.

**PALAOS** o **PALAU** *(archipiélago de las),* archipiélago de Micronesia. (→ ***Belau.***)

**PALAS,** liberto favorito del emperador Claudio († 63 d. J.C.), siguiendo su consejo, Claudio se casó con Agripina y adoptó a Nerón. De acuerdo con Agripina, Palas hizo envenenar a Claudio, pero fue envenenado a su vez por Nerón.

**PALATA** (Melchor **Navarra y Rocafull,** *duque* **de la**), administrador español (Torrelacárcel, Teruel, 1626-Portobello 1691). Fue miembro de diversos consejos (1660-1680), de la junta de gobierno durante la minoría de Carlos II, y virrey del Perú (1680-1689).

**PALATINADO,** en alem. **Pfalz,** región de Alemania, situada a orillas del Rin, al N de Alsacia. Constituye desde 1946 una parte del estado de *Renania-Palatinado.* En el Sacro imperio, el término palatinado designaba el dominio de los condes palatinos. A partir del s. XII se reservó sólo al del conde palatino del Rin (cap. Heidelberg). Después de pasar a los Wittelsbach de Baviera (1214), el Palatinado fue dotado de la dignidad electoral (1356). Limitado en 1648 al Palatinado renano (el Alto Palatinado siguió unido a Baviera), a partir de 1795 fue repartido entre Francia y los ducados de Baden y de Hesse-Darmstadt. En 1815 Baviera recuperó una parte del Palatinado.

Armando **Palacio Valdés** (R. Moreno - Ateneo de Madrid)

el general **Palafox** (Goya - museo Zuloaga, Zumaya, Guipúzcoa)

**PALATINO** *(monte),* una de las siete colinas de Roma, la más antiguamente habitada (s. VIII a. J.C.). El Palatino, barrio aristocrático durante la república, se convirtió durante el imperio en la residencia de los emperadores. Restos con pinturas murales.

**PALAU** (Manuel), compositor español (Alfara del Patriarca 1893-Valencia 1967). Su obra evolucionó desde el folklorismo a una línea sinfónica impresionista (*Sinfonía en re mayor,* 1944; *Concierto levantino,* 1947; *Maror,* ópera, 1953-1956).

**PALAU FABRE** (Josep), escritor español en lengua catalana (Barcelona 1917). Su poesía revela una profunda crisis de valores: *Cáncer* (*Càncer,* 1946), *Poemas del alquimista* (*Poemes de l'alquimista,* 1952), *Cuadernos del alquimista* (*Quaderns de l'alquimista,* 1984).

**PALAWAN** o **PALAUAN,** isla del SO de Filipinas; 14 000 $km^2$; 237 000 hab.

**PALAZUELO** (Pablo), pintor español (Madrid 1916), cuya obra, basada en un geometrismo abstracto, presenta gran rigor y una compleja formulación de resonancias musicales (*Tiempo azul,* 1958; *Composición,* 1968; *Orto IV,* 1971). [Premio nacional de artes plásticas 1999.]

**PALE,** c. de Bosnia-Herzegovina, al S-SE de Sarajevo. 25 000 hab.

**PALEMBANG,** c. y puerto de Indonesia, en el S de Sumatra; 1 084 483 hab. Petróleo. Abonos.

**PALENA,** nombre que en Chile recibe el río que nace en Argentina como Carrenleufú* y el lago andino cuya parte argentina se denomina General Vintter.

**PALENCIA** *(provincia de),* prov. de España, en Castilla y León; 8 029 $km^2$; 184 396 hab. Cap. *Palencia.* P. j. de *Carrión de los Condes, Cervera de Pisuerga* y *Palencia.* Se suceden de N a S: La Montaña, vertiente S de la cordillera Cantábrica, El Páramo, surcado por los valles de los afl. del Duero, y la Tierra de Campos, en un paisaje de suaves colinas. Economía agropecuaria (cereales, remolacha y patata). Minas de carbón; producción hidroeléctrica en el Pisuerga y el Carrión.

**PALENCIA,** c. de España, cap. de la prov. homónima y cab. de p. j.; 81 988 hab. *(Palentinos.)* Junto al río Carrión. Centro comercial y administrativo. Industrias agropecuarias. Construcciones metálicas. Restos paleolíticos y romanos. Catedral gótica con numerosas esculturas y pinturas (sepulcros, retablos). Iglesias góticas. Museo arqueológico.

**PALENCIA** (Benjamín), pintor español (Barrax 1900-Madrid 1980). Creador de la escuela de Vallecas, centrada en el paisaje, su estilo es austero y expresivo *(Vista de Toledo, Paisajes, Niños, Perdices).*

**PALENQUE,** mun. de México (Chiapas); 35 430 hab. Centro arqueológico maya clásico (ss. VII-VIII d. J.C.). Templos pirámide del Sol, de la Cruz, de la Cruz foliada y de las Inscripciones, en cuya base se descubrió una tumba real ricamente decorada. Palacio con torre-observatorio. Museo.

**Palenque:** el palacio. Arte maya clásico.

**PALEÓLOGOS,** familia de la aristocracia bizantina que reinó en el imperio bizantino de 1258 a 1453. Miembros de esta familia fueron soberanos del despotado de Mistra (1383-1460).

**PALERMO,** c. y puerto de Italia, cap. de Sicilia y de prov., en la costa N de la isla; 697 162 hab. Universidad. Centro administrativo y turístico. Notables monumentos, especialmente de estilos bizantino, árabe (capilla palatina de Rogelio II, 1132) y barroco (iglesias y palacios de los ss. XVII-XVIII). Rico museo arqueológico. Galería nacional de Sicilia. – Ocupada por los normandos (1072), fue conquistada por los Anjou (1266) y en ella se inició la sublevación de las Vísperas* sicilianas (1282). La ciudad, con el resto de Sicilia, fue unida a la corona de Aragón en 1412. Posteriormente (tratados de Utrecht-Rastadt, 1713-1714) España perdió sus posesiones y Sicilia pasó a Víctor Amadeo de Saboya.

PALENCIA

**PALERMO,** mun. de Colombia (Huila); 15 489 hab. Cultivos tropicales. Ganadería.

**Palermo,** barrio residencial del E de Buenos Aires (Argentina), que comprende instalaciones deportivas, parques, jardines y lagunas.

**PALÉS MATOS** (Luis), poeta puertorriqueño (Guayama 1889-San Juan 1959). Del modernismo (*Azaleas,* 1915) evolucionó hacia una poesía de inspiración afroamericana (*Tuntún de pasa y grifería,* 1937).

**PALESTINA,** región del Oriente medio, entre Líbano al N, el mar Muerto al S, el Mediterráneo al O y el desierto de Siria al E.

HISTORIA

1220-1200 a. J.C.: los hebreos conquistaron el país de los cananeos. 64-63: Roma sometió la región. 132-135 d. J.C.: a consecuencia de la sublevación de Barcokebas, numerosos judíos fueron deportados. S. IV: tras la conversión de Constantino, Palestina se convirtió para los cristianos en Tierra Santa. 634-640: con la conquista árabe el país se liberó de la dominación bizantina y se integró en el imperio musulmán. 1099: los cruzados fundaron el reino latino de Jerusalén. 1291: los mamelucos de Egipto reconquistaron las últimas posesiones latinas y dominaron el país hasta la conquista otomana. 1516: el imperio otomano dominó durante cuatro siglos la región. A partir de 1882: los po-

Benjamín **Palencia:** *Paisaje.* (Col. part.)

Ricardo **Palma** (biblioteca nacional, Madrid)

groms rusos provocaron la inmigración judía alentada por el movimiento sionista. 1916: los británicos alentaron la sublevación árabe contra los otomanos. 1917-1918: Gran Bretaña ocupó la región. 1922: la S.D.N. le confió el mandato sobre Palestina, que estipulaba el establecimiento en la región de un hogar nacional judío, de acuerdo con la declaración Balfour (nov. 1917). 1928-1939: sangrientos disturbios enfrentaron a los palestinos árabes con los inmigrantes judíos. 1939: el *Libro blanco* británico impuso restricciones a la inmigración judía y provocó la oposición del movimiento sionista (acción terrorista del Irgún). 1947: la O.N.U. decidió una partición de Palestina en un estado judío y un estado árabe, rechazada por los árabes. 1948-1949: se creó el estado de Israel y, tras la derrota árabe en la primera guerra árabe-israelí, los palestinos huyeron masivamente hacia los estados limítrofes. 1950: Cisjordania se integró en el reino de Jordania. 1964: se fundó la Organización para la liberación de Palestina (O.L.P.). 1967: Cisjordania y la banda de Gaza fueron ocupadas por Israel. 1979: el tratado de paz egipcio-israelí preveía cierta autonomía para estas dos regiones. Desde 1987: los territorios ocupados fueron escenario de una insurrección popular palestina *(intifada)*. 1988: el rey Ḥusayn rompió los vínculos legales y administrativos entre su país y Cisjordania, reconociendo a la O.L.P. como única y legítima representante del pueblo palestino (julio). La O.L.P. proclamó la creación de un estado independiente «en Palestina» (nov.). 1989: Y. 'Arafāt fue nombrado presidente del «estado palestino». 1991: los palestinos y los países árabes participaron con Israel en la conferencia de paz sobre Oriente medio, abierta en Madrid en octubre. 1992-1993: negociaciones entre Israel y la O.L.P. en Washington y acuerdo (set. 1993) para la retirada israelí de Gaza y Jericó y la autonomía parcial de los territorios ocupados. 1994: se establece en ellos la Autoridad nacional palestina (A.N.P.), presidida por 'Arafāt. 1995: ampliación de la autonomía de Gaza y Cisjordania. 1996: 'Arafāt fue confirmado en su cargo por sufragio universal. El endurecimiento de la política israelí (sobre todo por autorizar la implantación de nuevas colonias) bloqueó el plan de paz. 2000: una nueva *intifada* provocó más de 400 muertos.

**PALESTINA,** mun. de Colombia (Caldas); 16 738 hab. Cultivos tropicales. Apicultura.

**PALESTRINA** (Giovanni Pierluigi **da**), compositor italiano (Palestrina 1525-Roma 1594). Uno de los grandes maestros de la música polifónica, compuso un centenar de misas *(Misa del papa Marcelo)*, motetes, himnos y madrigales.

**Palestro** *(batalla de)* [30 y 31 mayo 1859], victoria de los piamonteses, ayudados por tropas francesas, sobre los austríacos en Lombardía, cerca de Pavía.

**PĀLGHĀT** *(paso de)*, depresión de la India, en el Decán, entre la costa de Malabār y el golfo de Bengala.

**PALISSY** (Bernard), ceramista francés (Agen *c.* 1510-París 1589 o 1590), conocido por sus piezas, decoradas en relieve, con peces, reptiles y plantas.

**PALK** *(estrecho de)*, brazo de mar que separa la India y Srī Lanka.

**PALLADIO** (Andrea **di Pietro,** llamado), arquitecto italiano (Padua 1508-Vicenza 1580), el más destacado representante del último período del clasicismo renacentista, sus construcciones más importantes están en Vicenza (basílica, a partir de 1545; varios palacios; teatro Olímpico), en Venecia (iglesias de San Giorgio Maggiore [1566-1580], del Redentor, etc.) y en las proximidades de estas dos ciudades (villas la Rotonda*, La Malcontenta, Barbaro, etc.). Autor de un tratado, *Los cuatro libros de la arquitectura* (1570), ejerció gran influencia en la arquitectura europea, sobre todo inglesa.

la isla de **La Palma:** el puerto y la ciudad de Santa Cruz de la Palma

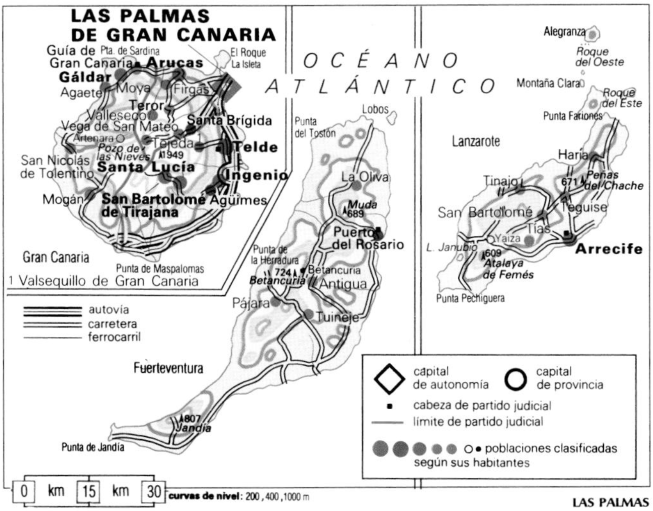


LAS PALMAS

**PALLANTIA, PALANTIA** o **PALENTIA,** ciudad fortificada de los vacceos, sitiada por los romanos en 151 y 136 a. J.C. Es la actual Palencia.

**PALLANZA,** estación turística de Italia, a orillas del lago Mayor.

**PALLARS** *(condado de)*, condado medieval catalán formado en la cuenca del Noguera Pallaresa por los condes de Tolosa (s. IX), independiente de los francos desde *c.* 884. Se dividió en Pallars Jussà y Pallars Sobirà (*c.* 1011), condados feudatarios del de Barcelona desde el s. XI, incórporados a la Corona de Aragón en 1192 y 1491, respectivamente.

**PALLARS JUSSÁ,** comarca fisiográfica de España (Lérida), en el Prepirineo, recorrida por el Noguera Pallaresa. Producción hidroeléctrica.

**PALLARS SOBIRÁ,** comarca fisiográfica de España (Lérida), en la zona axial pirenaica, limitada al N por la frontera con Francia. Parque nacional de Aigüestortes. Deportes de invierno.

**PALLAVA,** dinastía de la India que reinó en el Decán oriental (ss. III-IX).

**PALLEJÁ** (Miguel), pintor uruguayo (Montevideo 1861-Barcelona 1887). Trabajó en un estilo realista de corte académico sobre temas costumbristas.

**PALM BEACH,** estación balnearia y turística de Estados Unidos, en Florida; 67 625 hab.

**PALMA (La),** isla de España, en las Canarias (Santa Cruz de Tenerife); 728 km²; 75 577 hab. Cap. *Santa Cruz de la Palma.* De origen volcánico, la parte N está ocupada por la Caldera de Taburiente (parque nacional), que culmina en el Roque de los Muchachos (2 423 m, observatorio astrofísico del IAC). Agricultura e industrias derivadas. Turismo. Fue conquistada por A. Fernández de Lugo en 1491-1492.

**PALMA (La),** ant. **Consolación del Norte,** mun. de Cuba (Pinar del Río); 32 221 hab. Caña de azúcar.

**PALMA (La),** c. de Panamá, cap. de la prov. de Darién; 1 634 hab. Puerto pesquero.

**PALMA el Viejo** (Jacopo **Nigretti,** llamado), pintor italiano (Serina, Bérgamo, *c.* 1480-Venecia 1528). Establecido en Venecia, pintó escenas religiosas, retratos y desnudos de una serena plenitud. – Su sobrino nieto, **Jacopo Nigretti,** llamado **Palma el Joven** (Venecia 1544-*id.* 1628), fue el más activo de los pintores venecianos de fines del s. XVI.

**PALMA** (José Joaquín), poeta y revolucionario cubano (Bayamo 1844-Guatemala 1911). Perteneciente a la segunda generación romántica cubana, cultivó en especial la elegía *(A María Granados; Las tinieblas del alma).*

**PALMA** (Ricardo), escritor peruano (Lima 1833-Miraflores 1919). Autor de teatro y poesía, su obra principal pertenece a la narración histórica, que se inicia con *Anales de la Inquisición de Lima* (1863) y culmina con la serie *Tradiciones* peruanas* (1872-1918).

**PALMA DE MALLORCA,** c. de España, cap. de la comunidad autónoma de Baleares y de la isla de Mallorca, y cab. de p. j.; 308 616 hab. *(Palmesanos.)* Puerto en la *bahía de Palma.* Centro administrativo, comercial e industrial. Turismo. Aeropuerto internacional. Catedral gótica (ss. XIII-XVI). Iglesias góticas y barrocas. Castillo de Bellver (ss. XIII-XIV), lonja (s. XV), Consulado de mar, renacentista (act. museo marítimo), palacio de la Almudaina* (ss. XIII-XIV). Casas señoriales. Ayuntamiento con fachada barroca. Palacio de Marivent, residencia veraniega de los reyes de España. Museos.

**PALMA DEL CONDADO (La),** c. de España (Huelva), cab. de p. j.; 9 331 hab. *(Palmerinos* o *palmesinos.)* Centro agrícola y comercial (vinos).

**PALMA DEL RÍO,** c. de España (Córdoba); 17 978 hab. *(Palmeños.)* Agricultura e industrias derivadas.

**PALMA SORIANO,** mun. de Cuba (Santiago de Cuba); 120 727 hab. Café y azúcar. Bosques.

**PALMAR DE BRAVO,** mun. de México (Puebla); 20 296 hab. Cereales y maguey. Ganadería.

**PALMARES,** cantón de Costa Rica (Alajuela); 20 985 hab. Tabaco, café y caña de azúcar.

**PALMAROLI** (Vicente), pintor español (Zarzalejo 1834-Madrid 1896). Practicó la pintura de historia, el retrato y la pintura de género con un estilo clasicista.

**PALMAS** *(península de* **Las**), península de Panamá, en la costa del Pacífico.

**PALMAS** *(provincia de* **Las**), prov. de España, en Canarias; 4 099,34 km²; 853 628 hab. Cap. *Las Palmas de Gran Canaria.* P. j. de *Arrecife, Arucas, Las Palmas de Gran Canaria, Puerto del Rosario, San*

**Palmira:** vista parcial del templo de Bēl (s. I-II d. J.C.)

*Bartolomé de Tirajana, Santa María de Guía de Gran Canaria* y *Telde.* Comprende las islas orientales del archipiélago: Gran Canaria, Fuerteventura y Lanzarote, más seis islotes (Alegranza, Graciosa, Montaña Clara, Roque del Oeste o del Infierno, Roque del Este y Lobos). Economía agrícola (plátano, tomate, tabaco) y turismo.

**PALMAS DE GRAN CANARIA (Las),** c. de España, cap. de la comunidad autónoma de Canarias (alternativamente con Santa Cruz de Tenerife), de la prov. de Las Palmas y de la isla de Gran Canaria, y cab. de p. j.; 360 483 hab. *(Palmenses.)* Centro comercial y de servicios. Industria. Puerto comercial (Puerto de la Luz). Turismo. Catedral gótica (1497), renovada en estilo neoclásico. Castillo de la Luz (s. XVI). Casa de Colón (museo, archivo histórico). Iglesias de los ss. XVII-XVIII. Museo Canario. Centro atlántico de arte moderno.

**PALME** (Olof), político sueco (Estocolmo 1927-*id.* 1986). Presidente del partido socialdemócrata, fue primer ministro de 1969 a 1976 y de 1982 a 1986, fecha en que fue asesinado. *(V. ilustración pág. 1580.)*

**PALMER** (Roundell, *conde* **de Selborne**), jurista y político británico (Mixbury 1812-Petersfield 1895). Lord canciller (1872-1874 y 1880-1885), reformó el sistema judicial británico y creó el Tribunal supremo.

**PALMERÍN** (Ricardo), compositor mexicano (en Yucatán 1883-México 1944), autor de populares composiciones y canciones *(Peregrina; Las golondrinas; El rosal enfermo).*

**Palmerines,** ciclo de novelas de caballerías formado por el *Palmerín de Oliva* (1511) que narra los amores de Palmerín y Polinarda, el *Primaleón* (1512), que cuenta las hazañas de los hijos de Palmerín y de Don Duardos de Inglaterra, y el *Palmerín de Inglaterra* (1547, versión castellana de una obra del portugués F. de Moraes Cabral no publicada hasta 1567 en su lengua original) salvada del fuego en el escrutinio de la biblioteca del Quijote.

**PALMERSTON** (Henry **Temple,** *vizconde*), político británico (Broadlands 1784-Brocket Hall 1865). Ministro de Asuntos Exteriores (1830-1841 y 1846-1851), frenó la influencia de Francia y de Rusia, en especial durante el conflicto turco-egipcio (1839-1840). Primer ministro (1855-1858 y 1859-1865), no pudo impedir que Napoleón III interviniese en favor de la independencia italiana (1860).

**PALMIRA** *(la ciudad de las palmeras),* c. ant. de Siria, entre Damasco y el Éufrates. Como oasis del desierto sirio y encrucijada de ruta de caravanas monopolizó, tras la caída de Petra (106 d. J.C.), la mayor parte del comercio con la India. Con Odenat (267) y la reina Zenobia (*c.* 267-272) se convirtió en la capital de un estado que, junto con Siria, llegó a controlar parte del Asia Menor. El emperador Aureliano acabó con este dominio y Palmira, saqueada (273), fue destruida por los árabes (634). Ruinas helenísticas y romanas. Rica necrópolis.

**PALMIRA,** c. de Colombia (Valle del Cauca); 214 395 hab. Centro agrícola (caña de azúcar, algodón y vid). Destilerías de alcohol. Universidad.

**PALMIRA,** c. de Cuba (Cienfuegos), junto al río Caunao; 28 648 hab. Industria azucarera.

**PALMITOS (Los),** mun. de Colombia (Sucre); 15 257 hab. Yuca y maíz. Ganado vacuno y porcino.

**PALO NEGRO,** c. de Venezuela (Aragua), en la cuenca del lago Valencia; 50 718 hab. Mercado agrícola.

**PALOMAR** *(monte),* montaña de Estados Unidos (California); 1 871 m. Observatorio astronómico (telescopio de 5,08 m de abertura).

**PALOMINO** (Antonio), pintor y tratadista de arte español (Bujalance 1655-Madrid 1726). Su estilo, dentro del barroco, pasó del ornamentalismo a un gusto italianizante y luego se aproximó al rococó. Escribió *El museo pictórico y escala óptica* (1715-1724) con unas imprescindibles biografías de artistas.

**PALOS,** cabo de la costa mediterránea española (Murcia), en el extremo de una pequeña península al S del Mar Menor. Faro.

**PALOS DE LA FRONTERA,** ant. **Palos de Moguer,** c. de España (Huelva); 7 335 hab. (*Palenses* o *palermos.*) Refinería de petróleo; industria química. En su término se halla el monasterio de La Rábida*. De su puerto partió la expedición de Colón (3 ag. 1492).

**PALPALÁ,** c. de Argentina (Jujuy); 43 622 hab. Siderurgia que utiliza el hierro de Zapla.

**PALS,** v. de España (Gerona); 1 675 hab. *(Palenses.)* Conjunto medieval restaurado. Turismo.

**PALTAS,** cantón de Ecuador (Loja), en la hoya de Catamayo; 44 315 hab. Cab. *Catacocha.*

**PAMIR,** región montañosa de Asia central, dividida entre Tadzhikistán (7 495 m en el pico del Comunismo) y China (7 710 m en el Kongur Tagh).

**PAMPA** (la), región fisiográfica de Argentina (Buenos Aires, La Pampa, Santa Fe y Córdoba). Es una región llana, que abarca el 14 % del territorio y el 60 % de la población del país. Clima templado y uniforme, con precipitaciones que se distribuyen desigualmente: abundantes en la *Pampa oriental* o *Pampa húmeda,* de praderas y pastos tiernos, y escasas en la árida *Pampa occidental.* Tienen gran importancia la ganadería vacuna, los cultivos cerealistas y la industria en los grandes núcleos urbanos (Buenos Aires, Rosario, Córdoba).
Poblada por tribus nómadas hasta la llegada de los conquistadores, Sebastián Caboto inició las exploraciones en la región en 1528, y en 1536 se introdujo la ganadería, origen del gaucho. En 1828 el gobierno argentino emprendió el sometimiento de los indios, realizado en gran parte durante el segundo mandato de Rosas (1835-1852).

**PAMPA** (*provincia de* **La**), prov. del centro de Argentina; 143 440 km²; 260 034 hab. Cap. *Santa Rosa.*

**PAMPEANAS** *(sierras),* conjunto de sierras del NO de la Pampa argentina, entre ellas la de Famatina (alt. máx. 6 250 m) y Aconquija (5 550 m).

**PAMPITE** (José **Olmos,** llamado), escultor ecuatoriano (*c.* 1670-† 1730). Sus Cristos se caracterizan por policromía y realismo acentuados (*Cristo de la agonía,* iglesia de San Roque, Quito).

**PAMPLONA** *(reino de),* denominación del núcleo originario del reino de Navarra hasta el s. XI.

**PAMPLONA** o **IRUÑA,** c. de España, cap. de la comunidad autónoma de Navarra y cab. de p. j.; 191 197 hab. (*Pamploneses* o *pamplonicas.*) A orillas del Arga. Centro comercial, industrial, cultural (universidades) y sanitario. Catedral gótica (ss. XIV-XVI), con fachada neoclásica. Iglesias góticas y edificios barrocos. Museos diocesano y de Navarra (edificio plateresco).

**PAMPLONA,** c. de Colombia (Norte de Santander); 39 436 hab. Centro minero (hulla, cobre y oro).

**PAMUKKALE,** yacimiento arqueológico de Turquía, en el emplazamiento de la ant. Hierápolis, c. de Frigia. Ruinas antiguas en las proximidades de pintorescas fuentes termales.

la **Pampa:** explotación agrícola

**P.A.N.** → *acción nacional* (Partido de).

**PAN** *(Tierra del)*, comarca de España (Valladolid y Zamora), en la submeseta N, regada por el Valderaduey y el Bajoz. Cereales.

**PAN**, dios griego de los campos, de los pastores y de los rebaños. Los poetas y los filósofos lo convirtieron en una de las grandes deidades de la naturaleza.

**PAN DE AZÚCAR** → *Pão de Açúcar.*

**PAN DE AZÚCAR**, pico de la cordillera Central de Colombia (Huila); 4 670 m.

**PAN DE AZÚCAR** → *Piedras Blancas.*

**PANADÉS** → *Penedès.*

**PANAJI** o **PANJIM**, c. de la India, cap. del estado de Goa; 43 000 hab.

**PANAMÁ** *(golfo de)*, amplio golfo de la costa pacífica panameña, entre las puntas Mala, al O, y Piñas, al E. Alberga las ciudades de Panamá y Balboa y una de las entradas del Canal de Panamá.

**PANAMÁ** *(istmo de)*, istmo entre el Atlántico y el Pacífico, que une América Central con América del Sur, en territorio de Panamá; 700 km de longitud y entre 50 y 200 km de ancho.

**PANAMÁ**, estado de América Central, entre Colombia y Costa Rica; 77 000 km$^2$; 2 855 683 hab. *(Panameños.)* CAP. *Panamá.* LENGUA OFICIAL: *español.* MONEDA: *balboa.*

GEOGRAFÍA

El país ocupa una estrecha franja de tierra en forma de S, con el Caribe al N y el Pacífico al S que engloba el archipiélago de las Perlas, accidentada al E por la serranía del Darién y al O por prolongaciones de la sierra Madre centroamericana (sierras de Veraguas y Tabasará: 3 478 m en el volcán Chiriquí). Poco poblado, alcanza las densidades más altas junto al canal y en la vertiente del Pacífico, y las más bajas en el SE (Darién) y NO (Bocas del Toro). Los núcleos más populosos son la ciudad de Panamá, Colón, David y La Chorrera. La agricultura sólo representa un 11 % del P.I.B., pero mantiene su importancia exportadora: caña de azúcar, bananas, café. También la pesca (camarón) se orienta a la exportación y ofrece buenas perspectivas, en tanto que la minería (oro, plata, hierro y volframio), que cuenta con una larga tradición, está en decadencia. La actividad industrial tiene dimensiones muy modestas, y su principal asiento es la ciudad de Colón; por el contrario, la favorable localización del país y una legislación tributaria propicia han convertido el país en un activo centro financiero y sede de numerosas compañías transnacionales. Esta capitalización de la economía ha supuesto un aumento sostenido de la deuda externa y graves riesgos para la autodeterminación real del país. Son importantes los ingresos por el tránsito del canal.

HISTORIA

***El poblamiento precolombino.*** La región estaba habitada por los chocó, de posible ascendencia fueguina, al S; los chibchas, en las tierras altas del O, y los caribes, en el E.

***Conquista y colonización.*** 1501-1502: primeras exploraciones de la costa por Rodrigo de Bastidas y Colón. 1510-1511: fundación del fortín de Nombre de Dios y de Santa María la Antigua del Darién. 1513-1535: Castilla del Oro o Tierra Firme, como se conoció inicialmente la región, fue encomendada a la gobernación de Pedrarias Dávila, que fundó Panamá (1519). 1535: constitución de la audiencia, adscrita desde 1565 sucesivamente a los virreinatos del Perú y de Nueva Granada. Fue un importante núcleo colonial, primero como centro de irradiación de la conquista hacia Centroamérica y Perú, y después como región de enlace entre Perú y Extremo oriente, con el sistema de flotas que desde las Antillas unía América y España, a través del eje terrestre Panamá-Portobelo; ello le valió los ataques de Drake (1572, 1591), Morgan (1671) y Vernon (1739-1742).

***El s. XIX.*** 1821: proclamación de la independencia e integración en la república de la Gran Colombia, tras cuya disolución se mantuvo dentro de la república de Colombia; las crisis internas colombianas se reflejaron en las efímeras secesiones de 1841 y 1853, como Estado del Istmo. El descubrimiento de oro en California revalorizó su papel como enlace interoceánico. 1846: concesión a E.U.A. del derecho de construcción de un ferrocarril a través del istmo. 1882-1889: primera fase de la construcción del canal por Lesseps.

***La independencia en la órbita de E.U.A.*** 1902: el gobierno colombiano acordó con E.U.A. la construcción del canal; primera intervención militar norteamericana. 1903: proclamación de la independencia de acuerdo con E.U.A.; el tratado Hay-Bunau-Varilla estableció el control de la Zona del canal durante un siglo y el derecho de una intervención militar norteamericana en todo Panamá, derogado en 1936. El dominio de E.U.A. se completó con la expansión de empresas agrícolas multinacionales.

***La época de la guardia nacional.*** 1941-1947: el ejército norteamericano depuso a Arnulfo Arias, favorable a Alemania, y ocupó la república; durante la ocupación se creó la guardia nacional (1946), que dominó la política panameña en las décadas siguientes. 1946-1955: Remón, jefe de la guardia, controló el poder, destituyó a varios presidentes, incluido de nuevo Arias (1951), y ocupó él mismo la jefatura del estado (1952-1955). 1955-1968: la reducida oligarquía panameña se sucedió en el poder en período de supuesta constitucionalidad, hasta que en 1968 el jefe de la guardia nacional, Omar Torrijos, dio un nuevo golpe contra el ultraconservador Arias y asumió el poder.

***El torrijismo.*** 1968-1978: el general Torrijos se apoyó en el campesinado y en los sectores nacionalistas para emprender una política populista y reclamó la recuperación de la soberanía en la Zona del canal; en 1977 el acuerdo Torrijos-Carter estableció la devolución en 1999. 1978-1984: el acceso a la presidencia de A. Royo, mientras Torrijos siguió desde la guardia controlando el poder, inició el proceso de institucionalización del torrijismo, frustrado por el asesinato de Torrijos (1981), el cual debilitó al bloque populista devolviendo a la guardia su estricto carácter pretoriano.

***El retorno de E.U.A.*** 1984-1994: el despotismo del nuevo hombre fuerte, el general Noriega, facilitó la reacción de E.U.A., que en 1986 reclamó su extradición bajo acusación de narcotráfico. 1989: el ejército norteamericano ocupó Panamá, capturó a Noriega y entregó el poder a G. Endara, representante de las fuerzas políticas tradicionales; ello no devolvió estabilidad al país, por las disensiones en el seno del bloque gobernante, pero retornó la hegemonía norteamericana. En las elecciones presidenciales democráticas de 1994 (mayo) resultó vencedor E. Pérez Balladares, del torrijista Partido revolucionario democrático. 1999: Mireya Moscoso, viuda de A. Arias, fue elegida presidenta.

INSTITUCIONES

La reforma constitucional de 1983 estableció un régimen presidencialista. El presidente de la república, que asume la jefatura del gobierno, es elegido por sufragio universal para un mandato de cinco años. El congreso, unicameral, es una Asamblea legislativa, elegida cada cinco años.

LITERATURA

– *Ss. XIX.* Poesía: J. M. Alemán, M. J. Pérez, T. Martín Feuillet, A. Denis de Icaza, G. Andreve, D. Herrera, A. García, I. A. Soto; Prosa: G. Colunge, S. Ponce Aguilera. – *S. XX.* Poesía: R. Miró, G. O. Hernández, M. O. de Obaldía, D. Korsi, M. Castillo, L. Bárcena, Rogelio Sinán, R. J. Bermúdez, D. Herrera Sevillano, M. E. Osses, E. Ritter Aislán, S. Sierra, T. Díaz Blaitry, C. F. Chang Marín, G. Sánchez Borbón, J. de J. Martínez, J. Franco, V. M. Franceschi, A. Menéndez Franco, A. Martínez Ortega, P. Rivera, R. Fernández Iglesias, A. del Rosario, R. Turner, A. Figueroa Navarro. Narrativa: I. J. Valdés, R. Ozores, J. A. Cajar, J. M. Sánchez, M. Riera, Rogelio Sinán, R. H. Jurado, J. Beleño, G. Guardia, E. Chuez, G. López, L. C. Varela Jiménez, P. Rivera, B. Peralta, D. L. Pitty, A. Turpana, E. Jaramillo Levi, R. McKay.

BELLAS ARTES

***Principales ciudades de interés artístico:*** Colón, Panamá, Portobelo.

***Artistas célebres.*** – *S. XX:* R. J. Bermúdez, J. B. Cárdenas, E. Brown, A. Sinclair, M. Chong, G. Trujillo, M. Á. Morales.

MÚSICA

– *S. XX:* N. Garay, J. Santos (himno nacional), P. Rebolledo, A. Galimany, H. de Castro, R. Fábrega, R. Cordero, E. Charpentier. *(V. anexo cartográfico.)*

**Panamá** *(canal de)*, canal que comunica el Atlántico y el Pacífico, entre la bahía de Limón (Caribe) y el golfo de Panamá; 79,6 km de long. y unos 12-13,7 km de profundidad. Las esclusas de Gatún, Pedro Miguel y Miraflores permiten salvar las diferencias de nivel, y los puertos de Cristóbal y Balboa aseguran los servicios de mantenimiento. Un oleoducto construido en 1982 entre Puerto Armuelles (Pacífico) y Chiriquí Grande ha obviado las dificultades del tránsito de petroleros. (→ ***Panamá*** [Zona del canal de].)

**PANAMÁ** *(Zona del canal de)*, en ingl. **Canal Zone**, territorio situado a ambos lados del canal de Panamá, bajo jurisdicción norteamericana a partir de 1903 en concepto de arriendo a perpetuidad. En virtud del acuerdo Carter-Torrijos de 1977 (en vigor desde el 1 de oct. de 1979), E.U.A. reconoció la soberanía panameña sobre la Zona, reservándose hasta 1999 el control militar.

**PANAMÁ** *(provincia de)*, prov. de Panamá; 11 292 km$^2$; 1 168 492 hab. Cap. *Panamá.*

**PANAMÁ**, c. de Panamá, cap. de la república y de la prov. homónima; 411 549 hab. *(Panameños.)* Cuenta con industrias (alimentarias, textiles), pero es ante todo un gran centro financiero y de comunicaciones. Universidad. Su origen se remonta a 1519, aunque el antiguo núcleo colonial fue trasladado al emplazamiento actual en 1673. La apertura del ferrocarril del istmo (1855) y la construcción del canal crearon un gran auge económico e impulsaron la independencia del país, del que se convirtió en capital. De la época colonial se conservan varios templos, entre ellos la catedral (1690-1762) y la iglesia de Santa Ana (s. XVIII).

**Panamá** *(congreso de)*, asamblea convocada por Bolívar (1826) en Panamá para lograr una federación de los países americanos. Los países participantes (México, Guatemala, Bolivia y la Gran Colombia) firmaron un tratado de confederación que pronto chocó con las hostilidades entre los estados, fomentadas por los recelos de E.U.A.

**panamericana** *(carretera)*, red de carreteras que comunica entre sí los diferentes países del continente americano. Su construcción comenzó en 1936. Parte de E.U.A. y pasa por la ciudad de México, toda América Central, Bogotá (Colombia), Quito (Ecuador), Lima (Perú) y Santiago (Chile), y atraviesa los Andes (a más de 3 500 m de alt.) para terminar en Buenos Aires (Argentina). Varios ramales enlazan esta vía principal con Bolivia, Paraguay, Uruguay, Brasil y Venezuela.

**Panamá:** la catedral (1690-1762)

**panamericanas** *(conferencias),* congresos para fomentar las relaciones entre los estados americanos. La primera tuvo lugar en Nueva York en 1889-1890.

**panamericanos** *(Juegos)* → ***Juegos panamericanos.***

**Panateneas** *(friso de las),* franja de mármol esculpido que coronaba el muro de la naos del Partenón y que representa las distintas fases de las fiestas de Atenea. El conjunto, probablemente realizado entre 443 y 438 a. J.C. bajo la dirección de Fidias, es una acabada muestra del clasicismo griego armonioso y sereno. El friso occidental se conserva en su lugar original; la mayor parte del resto está repartido entre el museo de la Acrópolis de Atenas, el museo Británico y el Louvre.

**PANAY,** isla de Filipinas; 12 500 $km^2$ aprox.; 1 600 000 hab.

**PANČEVO,** c. de Yugoslavia, en Serbia (Vojvodina); 70 000 hab. Química.

**PANDATARIA,** islote del mar Tirreno, frente a la costa de Campania. En él estuvieron desterradas Julia, Agripina la Mayor y Octavia.

**PANDO** *(departamento de),* dep. del N de Bolivia; 63 827 $km^2$; 37 785 hab. Cap. *Cobija.*

**PANDO,** c. de Uruguay (Canelones); 19 654 hab. Centro agrícola.

**PANDO** (José Manuel), militar y político boliviano (La Paz 1848-*id.* 1917). Liberal, lideró la revuelta federal de 1898. Presidente de la república (1899-1904), mantuvo guerras con Brasil (1899-1900 y 1902-1903). Fundó el Partido republicano (1915). Fue asesinado.

**PANDORA,** en la mitología griega, la primera mujer de la humanidad. Ofrecida a los hombres para castigarles por su orgullo, fue esposa de Epimeteo, hermano de Prometeo. Es la responsable de la venida del mal a la Tierra, por haber abierto la caja en la que Zeus había encerrado todos los males. En la *caja de Pandora* sólo quedó la esperanza.

**PANE** (Gina), artista francesa (Biarritz 1939-París 1990), figura representativa del arte corporal (acciones, a partir de 1968).

**PANERO** (Leopoldo), poeta español (Astorga 1909-*id.* 1962). Su poesía es una emocionada evocación del paisaje natal y de sus creencias religiosas (*Escrito a cada instante,* 1949; *Canto personal,* 1953). – Sus hijos **Leopoldo María** (Madrid 1948) y **Juan Luis** (Madrid 1942) también cultivan la poesía.

**PANFILIA,** ant. región meridional del Asia Menor, entre Licia y Cilicia. C. pral. *Aspendos.*

**PANGEO,** en gr. **Pangaion,** macizo montañoso de Grecia (Macedonia), al E de Tesalónica, célebre en la antigüedad por sus minas de oro y plata.

**PANGUIPULLI,** com. de Chile (Los Lagos), junto al *lago Panguipulli;* 31 269 hab. Explotación maderera. Pesca. Minas de cobre. Turismo.

**PANI** (Mario), arquitecto mexicano (México, D.F., 1911-*id.* 1993). Es autor junto con L. Barragán y M. Goeritz de las torres de la Ciudad satélite y de la facultad de filosofía y letras de la Ciudad universitaria de México (con E. del Moral), síntesis del racionalismo con los vastos espacios de influencia precolombina.

**PANICALE** (Tommaso **di Cristoforo Fini,** llamado **Masolino da**), pintor italiano (Panicale 1383-† c. 1447). Supo combinar la influencia de Masaccio con la del estilo gótico internacional (frescos del baptisterio de Castiglione Olona, Varese, 1435).

**PANIN** (Nikita Ivánovich, *conde*), estadista ruso (Dantzig 1718-San Petersburgo 1783). Dirigió, durante el reinado de Catalina II, la diplomacia rusa (1763-1781).

**PANINDÍCUARO,** mun. de México (Michoacán); 18 054 hab. Cereales, hortalizas. Ganado vacuno.

**PĀṆINI,** gramático indio (NO de la India, s. V o IV a. J.C.), autor de un tratado de gramática sánscrita, notable por la precisión y el rigor del análisis morfológico y fonético.

**PANJĀB, PENDJAB** o **PUNJAB,** región de Asia meridional, bañada por los afluentes del Indo (los «cinco ríos»: el Jhelum, el Chenāb, el Rāvi, el Sutlej y el Bias) y dividida desde 1947 entre la India (estados de *Panjāb* [50 362 $km^2$; 20 190 975 hab. Cap. *Chandigarh*] y de *Haryana*) y Pakistán (prov. de Panjāb [205 345 $km^2$; 50 312 000 hab.] Cap. *Lahore*). Cultivos irrigados de arroz, algodón y caña de azúcar.

**PANKHURST** (Emmeline **Goulden,** Mrs.), sufragista británica (Manchester 1858-Londres 1928), fundadora de la Unión femenina social y política (1903).

**Pankow,** barrio de Berlín, junto al río *Panke.* Ant. sede del gobierno de la R.D.A.

**PANMUNJOM,** localidad de Corea, cerca de Kaesong, en la zona desmilitarizada creada tras la guerra de Corea, donde tuvieron lugar las negociaciones que pusieron fin a ésta (1951-1953).

**PANNINI** (Giovanni Paolo), pintor italiano (Piacenza c. 1691-Roma 1765). Discípulo de los Bibiena, fue, antes que Canaletto, el primero de los grandes *veduttisti* con sus vistas de Roma, sus composiciones idealizadas de las ruinas romanas y sus representaciones de cortejos y fiestas.

**PANOFSKY** (Erwin), historiador de arte norteamericano de origen alemán (Hannover 1892-Princeton 1968), maestro del método iconológico de «lectura» de la obra de arte (*Ensayos de iconología, temas humanistas en el arte del renacimiento,* 1939; *Vida y arte de Alberto Durero,* 1943).

**PANONIA,** ant. región de Europa central, a orillas del Danubio medio, conquistada por los romanos entre 35 a. J.C. y 10 d. J.C.

**PANÓNICA** *(cuenca),* conjunto de llanuras, entre los Alpes orientales y los Cárpatos.

**Pantagruel** *(Horribles y espantosos hechos y proezas del famosísimo),* novela de Rabelais (5 libros, 1532-1564), parodia de las novelas de caballería.

**Pantalón,** personaje de la comedia italiana. Viste calzones largos, a los que ha dado su nombre.

**PANTELLERIA,** isla de Italia, entre Sicilia y Túnez; 83 $km^2$; 7 316 hab.

**Panteón,** templo de Roma dedicado a las siete divinidades planetarias y construido por Agripa en 27 a. J.C. Destruido en 80 y restaurado por Adriano, fue consagrado al culto cristiano en el s. VII. Es una de las obras maestras de la arquitectura romana: su plano circular y su gran cúpula rebajada influyeron profundamente en la arquitectura occidental, desde el renacimiento hasta el neoclasicismo.

**Panteras negras** *(Black panthers),* organización paramilitar formada en 1966, en Estados Unidos, por militantes negros revolucionarios que reivindican el «poder negro» *(black power).*

**PANTICOSA,** estación balnearia de España, en el Pirineo de Huesca. Aguas termales. Estación de deportes de invierno (alt. 1 185-1 986 m).

**PANTOJA DE LA CRUZ** (Juan), pintor español (Valladolid 1553-Madrid 1608). Discípulo de Sánchez Coello, destacó como retratista, dentro de un marcado manierismo donde contrasta la calidez de rostros y manos con el frío detallismo de las vestimentas, y con una progresiva preocupación por la luz (retratos de *Felipe II* y de *Isabel Clara Eugenia, Resurrección*).

Juan **Pantoja de la Cruz:** *Retrato de dama desconocida.* (Museo de bellas artes, Sevilla.)

Olof **Palme**

Leopoldo **Panero** (A. Delgado - ateneo de Madrid)

Denis **Papin** (Bildarchiv Preussischer Kulturbesitz)

**PÁNUCO,** r. de México, el más caudaloso del país, en la vertiente atlántica; 600 km. Se dirige de SO a NE y a lo largo de su recorrido recibe los nombres de Tula, cerca de su nacimiento, Moctezuma, al unírsele el San Juan, y Pánuco, al confluir el Moctezuma con el Tamuín. Desemboca en el golfo de México junto a Tampico.

**PÁNUCO,** mun. de México (Veracruz); 75 429 hab. Petróleo (campos de Pánuco, Cacalilao y Topila). Refinería de azúcar; conservas cárnicas.

**PÁNUCO DE CORONADO,** mun. de México (Durango); 16 688 hab. Minería (oro, plata, cobre y plomo).

**PAO (El),** centro de minería de hierro de Venezuela (Bolívar), en la Guayana, al E del río Caroní.

**PÃO DE AÇÚCAR** o **PAN DE AZÚCAR,** relieve granítico, en la entrada de la bahía de Guanabara, en Río de Janeiro; 395 m.

**PAO-T'EU** → ***Baotou.***

**PAO-TING** → ***Baoding.***

*Interior del* **Panteón** *de Roma* (G. P. Pannini)

**Papá Noel,** personaje legendario que distribuye regalos a los niños la noche de Navidad.

**PAPADOPOULOS** (Georgios), político griego (Eleochorion 1919-Atenas 1999). Organizó el golpe de estado militar de abril de 1967. Verdadero jefe del «gobierno de los coroneles», hizo proclamar la república (1973), de la que fue presidente hasta ser destituido y encarcelado.

**PAPAGOS** o **PAPAGHOS** (Alexandros), mariscal y político griego (Atenas 1883-*id.* 1955). Ministro de la Guerra (1935), dirigió con éxito la ofensiva contra los italianos (1940), y luego las operaciones contra los comunistas durante la guerra civil (1949-1951). Fue primer ministro (1952-1955).

**PAPALOAPAN,** r. de México, de la vertiente del golfo de México, que desemboca en la laguna de Alvarado; 900 km aprox. Recibe los nombres de *Grande, Tomellín* y *Santo Domingo.* Embalses.

**PAPANDREU** (Georgios), político griego (Patrás 1888-Atenas 1968). Republicano, fue el jefe del gobierno griego en el exilio (1944). Fue presidente del consejo de 1963 a 1965. – Su hijo, **Andreas** (Quíos 1919-Atenas 1996), fue primer ministro de 1981 a 1989 y de 1993 a 1996.

**PAPANIN** (Iván), explorador soviético (Sebastopol 1894-Moscú 1986). Viajó en un banco de hielo a la deriva, del polo N a las costas de Groenlandia.

**PAPANTLA,** mun. de México (Veracruz), en la Huasteca; 146 131 hab. Cab. *Papantla de Olarte.* Petróleo. Centro arqueológico de El Tajín*.

**PAPEETE,** c. y cap. de la Polinesia Francesa, en la costa NO de la isla de Tahití; 23 555 hab.

**PAPEN** (Franz **von**), político alemán (Werl 1879-Obersasbach 1969). Diputado del Centro católico, canciller del Reich en 1932 y vicecanciller (1933-1934), apoyó el nazismo, creyendo poder compartir el poder con Hitler. Embajador en Viena (1934-1938) y luego en Ankara (1939-1944), fue juzgado y absuelto en Nuremberg (1946).

**PAPIN** (Denis), inventor francés (Chitenay, cerca de Blois, 1647-¿Londres? *c.* 1712). Ideó la *marmita de Papin,* predecesor de los autoclaves (1679), realizó un prototipo de máquina de vapor de pistón (1690) y construyó el primer barco de vapor (1707).

**PAPINI** (Giovanni), escritor italiano (Florencia 1881-*id.* 1956), polemista y satírico, fue uno de los principales animadores del futurismo antes de su conversión al catolicismo (*Un hombre acabado,* 1912; *Gog,* 1931; *El diablo,* 1953).

**PAPINIANO,** jurisconsulto romano († Roma 212 d. J.C.). Prefecto del pretorio, fue condenado a muerte por orden de Caracalla.

**PAPO** o **PAPPO,** matemático griego de Alejandría (s. IV). Su *Colección matemática* es una de las fuentes para el conocimiento de las matemáticas griegas.

**PAPÚA Y NUEVA GUINEA,** estado de Oceanía, formado por la mitad E de la isla de Nueva Guinea y varias islas; 463 000 km²; 3 900 000 hab. CAP. *Port Moresby.* LENGUA OFICIAL: *neo-melanesio.* MONEDA: *kina.* El país es montañoso al N, pantanoso al S, de clima tropical húmedo y está cubierto en gran parte por el bosque y habitado por tribus diseminadas. Plantaciones (café, cacao, etc.) cerca del litoral. El subsuelo contiene cobre, oro, plata e hidrocarburos. Se independizó en 1975 en el marco de la Commonwealth.

**PAPUASIA** o **PAPÚA,** parte SE de Nueva Guinea, ant. dependencia de Australia.

**PAQŪDA** (Baḥyà **ibn**), conocido como **Abenpakuda,** filósofo y teólogo hebraicoespañol nacido en el s. XI. En su *Guía a los deberes de los corazones* intentó conjugar razón y revelación, a través de su propia biografía espiritual.

**PAQUIRO** → ***Montes*** (Francisco).

**PAQUIRRI** (Francisco **Rivera,** llamado), matador de toros español (Zahara de los Atunes 1948-Córdoba 1984). Fue un torero de grandes facultades, excelente banderillero y estoqueador. Murió de una cornada recibida en Pozoblanco.

**PARÁ,** estado del N de Brasil; 1 250 000 km²; 5 182 000 hab. Cap. *Belém.*

**PARÁ** → ***Belém.***

**Paracas** *(cultura de),* complejo cultural precolombino peruano (*península de Paracas,* al S de Pisco), (500 a. J.C.-500 d. J.C.). Presenta dos tipos distintos de enterramiento y de cerámica en *Paracas Cavernas* y *Paracas Necrópolis.* Son notables los tejidos que envolvían a las momias, y la fina cerámica.

**PARACELSO** *(islas)* → ***Xisha Qundao.***

**PARACELSO** (Theophrastus **Bombastus von Hohenheim,** llamado), alquimista y médico suizo (Einsiedeln *c.* 1493-Salzburgo 1541). Su terapéutica se basaba en una pretendida correspondencia entre el mundo exterior *(macrocosmos)* y las diferentes partes del organismo humano *(microcosmos).*

**PARACHO,** mun. de México (Michoacán); 23 586 hab. Ganadería bovina. Industrias lácteas y cárnicas.

**PARÁCUARO,** mun. de México (Michoacán); 21 090 hab. Cab. *Parácuaro de Morelos.* Caña de azúcar, arroz, frutales. Artesanía.

**Paradiso,** novela de J. Lezama Lima (1966).

**PARADZHANOV** (Serguéi), director de cine soviético (Tbilisi 1924-Erevan 1990). Obtuvo un triunfo internacional con *La sombra de nuestros olvidados antepasados* (1965). De obras posteriores, sobresale *Sayat Nova o el color de las granadas* (1968-1971).

**PARAGUA,** r. de Venezuela, que nace en la sierra de Pacaraima, junto a la frontera con Brasil, discurre por la Guayana y desemboca en el Caroní (or. izq.); 580 km. Su curso es muy accidentado.

**PARAGUANÁ** *(península de),* península de Venezuela (Falcón), en el Caribe. Cierra por el E el golfo de Venezuela y se une al continente por un estrecho istmo rocoso (istmo de Médanos). Refinerías de petróleo.

**PARAGUARÍ** *(departamento de),* dep. del SO de Paraguay; 8 705 km²; 203 000 hab. Cap. *Paraguarí* (13 743 hab.).

**PARAGUAY,** en port. **Paraguai,** r. de América del Sur, tributario del Paraná (or. der.); 2 500 km. Nace en el Mato Grosso, en Brasil, marca parte de la frontera de este país con Bolivia primero y Paraguay después, y, tras atravesar Paraguay, desemboca en territorio argentino, cerca de Corrientes. Navegable, destacan los puertos de Corumba (Brasil), Asunción (Paraguay) y Formosa (Argentina). Sus principales afluentes son: Juaru, Apa, Cuiabá, Negro, Monte Lindo, Pilcomayo, Bermejo, Jejuí-Guazú y Tebicuary.

**PARAGUAY,** estado de América del Sur, situado entre Brasil, Bolivia y Argentina; 407 000 km²; 5 496 453 hab. *(Paraguayos.)* CAP. *Asunción.* LENGUA OFICIAL: *español.* OTRA LENGUA: *guaraní.* MONEDA: *guaraní.*

GEOGRAFÍA

La porción oriental, la Selva, cubierta de denso bosque tropical húmedo, prolonga el Mato Grosso y sólo presenta elevaciones de escasa altitud. Al O se extiende la planicie del Chaco, marcada por la aridez, donde la principal actividad económica es la explotación maderera. El Campo, en el centro sur, está regado por el Paraguay, el Paraná y el Pilcomayo, que inundan periódicamente grandes extensiones y originan suelos pantanosos; en esta zona se concentran las principales áreas de cultivo y se dan las mayores densidades de población, que en el conjunto del país son aún muy bajas (menos de 11 hab./km²), a pesar del alto ritmo de crecimiento (3 % anual). La cría de ganado vacuno y la explotación forestal (quebracho) han perdido su importancia tradicional en el sector primario, en beneficio de la agricultura (algodón, semillas oleaginosas [soja], mandioca, maíz, tabaco y arroz). Es notable la producción hidroeléctrica (central de Itaipú*, sobre el Paraná). La actividad industrial es muy modesta, a pesar de los incentivos concedidos al establecimiento de empresas extranjeras. El comercio exterior, que se desarrolla sobre todo con Brasil y Argentina, arroja un fuerte déficit. En 1991 Paraguay constituyó Mercosur*.

HISTORIA

***La población precolombina.*** El territorio estaba habitado por pueblos diversos, frecuentemente enfrentados. En el Chaco vivían cazadores, recolectores y pescadores, como los chané, de lengua arawak, y el grupo lingüístico guaicurú; los agacé ocupaban la desembocadura del río Paraguay; el pueblo más extendido era el guaraní, agricultor, cuyo enemigo tradicional eran los guaicurúes.

***Conquista y colonización.*** 1524: expedición de Alejo García desde Brasil. 1528: viaje de Sebastián Caboto remontando el Paraná-Paraguay. 1535: Pedro de Mendoza inició la colonización, apoyándose en los guaraníes. 1537: fundación de Asunción, por Juan de Salazar, y posterior potenciación de la ciudad por Martínez de Irala como centro de irradiación de la conquista del Río de la Plata. Sin metales preciosos, la colonia paraguaya fue una sociedad rural basada en la explotación del indígena a través de la encomienda; las misiones o reducciones jesuíticas (desde 1604) se convirtieron en áreas de refugio de los guaraníes, lo que suscitó diversos conflictos con los encomenderos (1649; revolución de los comuneros, 1717-1735), hasta la guerra guaraní de 1753-1756, tras de la cual fue expulsada la Compañía de Jesús. 1777: creación del virreinato del Río de la Plata y desplazamiento de la capital colonial a Buenos Aires.

***La independencia y el régimen de J. G. Rodríguez de Francia.*** 1810-1811: guerra con la Junta de Buenos Aires. 1811: constitución de una junta en Asunción. 1813: proclamación de la independencia frente a España y Buenos Aires. Se creó el consulado, presidido por F. Yegros y J. G. Rodríguez de Francia. 1814-1840: Rodríguez de Francia se proclamó dictador supremo y estableció un control político férreo, que derivó en terror tras la frustrada conspiración de la aristocracia criolla (1820); pero aseguró la independencia del Paraguay, y su política de aislamiento favoreció el desarrollo de la agricultura, la artesanía y la pequeña industria.

***Los López y la guerra de la Triple alianza.*** 1840-1862: Carlos Antonio López mantuvo la política de independencia nacional aunque inició la apertura al exterior, en particular a Europa; emprendió la construcción del ferrocarril e impulsó el desarrollo industrial. 1862-1870: le sucedió su hijo, Francisco Solano López, que asumió una posición intervencionista en los conflictos de la región; la guerra de la Triple alianza –Argentina, Brasil, Uruguay– contra el Paraguay (1865-1870) tuvo consecuencias humanas y económicas catastróficas, y Paraguay perdió parte de su territorio.

***De 1870 a la guerra del Chaco.*** 1870-1876: durante la ocupación argentino-brasileña se promulgó la constitución liberal de 1870, y empezaron a configurarse las principales corrientes políticas. 1880-1904: el general Caballero asumió el poder e inició la primera etapa de dominio del Partido colorado, que él mismo constituyó; durante su gestión se expandió la gran propiedad a expensas de la tierra pública y se impulsó la penetración de capital extranjero. 1904-1932: revolución liberal (1904) apoyada por Argentina; la inestabilidad política culminó en la guerra civil de 1922-1923; el régimen liberal fracasó ante su incapacidad para frenar la progresiva invasión del Chaco por Bolivia, que desembocó en la guerra del Chaco* (1932-1935).

***La época del autoritarismo.*** 1936-1948: la guerra y las demandas populares de reforma agraria propiciaron el golpe del coronel R. Franco (1936), que abrió una época de intervencionismo militar; la constitución presidencialista de 1940 favoreció el establecimiento del régimen autoritario del general Moríñigo (1940-1948). 1940-1989: el Partido colorado volvió al poder. 1954: el general Stroessner, apoyado en los colorados, instauró una férrea dictadura en beneficio de la oligarquía agraria. 1989-1994: Stroessner fue derribado por un golpe del general Andrés Rodríguez (febr. 1989); se restablecieron las libertades políticas, aunque prosiguió la hegemonía colorada. 1992: nueva constitución. 1993: en las elecciones presidenciales venció el candidato del Partido colorado, Juan Carlos Wasmosy. 1996: fracaso del golpe de estado del general L. Oviedo. 1998: Raúl Cubas, del Partido colorado, ganó las elecciones presidenciales. 1999: tras la dimisión de R. Cubas, Luis González Macchi fue elegido presidente. 2000: fracaso de un nuevo golpe instigado por L. Oviedo.

INSTITUCIONES

La constitución de 1992 establece un régimen presidencialista, con reconocimiento pleno de las libertades políticas. El presidente asume la jefatura del gobierno; elegido por sufragio popular para un mandato de cuatro años, no reelegible. El Congreso nacional está compuesto por dos cámaras: la cámara de los diputados y el senado.

LITERATURA

– *S. XIX.* Poesía: N. Talavera, I. A. Pane, A. Guanes, E. Fariña Núñez, M. Ortiz Guerrero. Prosa: M. A. Molas, J. S. Decoud, J. S. Godoi, C. Báez, M. Gondra.
– *S. XX.* Poesía: J. E. O'Leary, H. Campos Cervera, J. Pla, H. Rodríguez Alcalá, J. L. Appleyard, F. Pérez-Maricevich, M. A. Fernández, E. Romero, R. Domínguez, R. Vallejos, R. Dávalos, A. Ferreiro, P. Gamarra Roldán. Prosa: R. Barret, J. Rodríguez Alcalá, J. Stefanich, J. N. González, G. Casaccia, A. Roa Bastos, A. Valdovinos, R. Martínez, J. Villarejo, J. M. Rivarola Matto, J. Pla, M. Halley Mora, J. L. Appleyard, R. Bareiro Saquier, C. Villagrá, F. Pérez-Maricevich.

BELLAS ARTES

***Principales ciudades de interés artístico:*** Asunción, Caacupé, Caipatá, Itauguá, San Ignacio (reducción jesuítica), Trinidad, Yaguarón.

***Artistas célebres.*** – *Siglo XX:* C. Colombino, S. Carlos, E. Careaga, G. Kettener, H. B. Guggiari, J. Laterza Pardo, O. Blinder, L. Abramo.

MÚSICA

– *S. XX.* Á. Menchaca, R. Giménez, J. Asunción Silva, J. C. Moreno, F. Giménez. *(V. anexo cartográfico.)*

**PARAGUAY** (*departamento del* **Alto**), dep. del N de Paraguay; 82 349 km²; 11 816 hab. Cap. *Fuerte Olimpo.*

**PARAÍBA,** estado de Brasil; 53 958 km²; 3 200 620 hab. Cap. *João Pessoa.*

**PARAÍSO** (*departamento de* **El**), dep. de Honduras; 7 218 km²; 277 000 hab. Cap. *Yuscarán.*

**PARAÍSO,** cantón de Costa Rica (Cartago); 33 394 hab. Cereales y leguminosas. Ganadería.

**PARAÍSO,** mun. de México (Tabasco); 41 252 hab. Café y cacao. Pesca. Explotación forestal.

**PARAÍSO (Gran),** macizo de Italia, en los Alpes occidentales; 4 061 m. Parque nacional.

**paraíso perdido** *(El),* poema épico de Milton, publicado en diez cantos en 1667 y en doce en 1674; su tema está constituido por la caída de Adán y Eva. – En su continuación, *El paraíso recobrado* (1671), Satán tienta a Cristo.

**PARAMARIBO,** c., cap. y puerto de Surinam, junto al r. Surinam; 152 000 hab.

**PARANÁ,** r. de América del Sur; 4 500 km aprox. Su cuenca abarca 890 000 km$^2$ en Brasil, 55 000 km$^2$ en Paraguay y 565 000 km$^2$ en Argentina, y su curso marca parte de la frontera entre los tres países. Nace en la confluencia del Paranaíba y el Grande, y desemboca en el Río de la Plata formando un extenso delta. Sus principales afluentes son: Iguazú, Verde, Pardo, Paraguay, Corrientes, Gualeguay y Salado. Explorado por J. Díaz de Solís (1515), tras la llegada de Ayolas a las bocas del Paraguay (1537) el río se convirtió en vía preferente para la colonización del área del Río de la Plata. Actualmente sigue siendo una importante arteria de comunicación y transporte; su equipamiento hidroeléctrico incluye la central de Itaipú*, y está en construcción la presa de Yacyretá-Apipé, en el tramo paraguayo-argentino.

**PARANÁ,** estado del S de Brasil; 200 000 km$^2$; 8 415 659 hab. Cap. *Curitiba.* Café.

**PARANÁ** (*departamento del* **Alto**), dep. de Paraguay; 14 895 km$^2$; 403 858 hab. Cap. *Ciudad del Este.*

**PARANÁ,** c. de Argentina, cap. de la prov. de Entre Ríos; 277 338 hab. Puerto en el Paraná. Unida a Santa Fe por el túnel subfluvial R. Uranga-C. C. Silvestre Begnis. Centro agropecuario e industrial. La ciudad fue fundada en 1730.

**PARAVICINO** (*fray* Hortensio Félix), escritor español (Madrid 1580-*id.* 1633). Utilizando recursos del culteranismo y del conceptismo, destacó como retórico *(Elogios fúnebres)* y poeta (*Obras póstumas divinas y humanas,* 1641).

**PARCAS,** divinidades latinas del destino, identificadas con las *Moiras* griegas Cloto, Láquesis y Átropos (en lat. Nona, Décima y Morta), que presidían sucesivamente el nacimiento, la vida y la muerte de los humanos.

**PARDIÑAS** (Manuel), anarquista español (El Grado 1880-Madrid 1912). Asesinó al jefe del gobierno José Canalejas (12 nov. 1912), y se suicidó.

**PARDO (El),** ant. v. y mun. de España, incorporado a Madrid, alrededor del *palacio de El Pardo,* con el Real Sitio. El palacio fue remodelado en los ss. XVII y XVIII y acondicionado en 1983 para residencia de los jefes de estado extranjeros; notable museo. En el *bosque de el Pardo,* sitio natural, se encuentran el palacio de la Zarzuela (s. XVII), residencia de la familia real, la Casita del Príncipe (1786) y un convento de franciscanos del s. XVII.

**Pardo** (*pacto de* **El**), entrevistas entre Cánovas y Sagasta a la muerte de Alfonso XII (nov. 1885), en las que se acordó sustituir el gabinete conservador por uno liberal.

**PARDO** (Manuel), político peruano (Lima 1834-*id.* 1878). Presidente de la república (1872-1876), decretó el impuesto del salitre. Creó la guardia nacional, reformó el ejército y firmó un pacto de defensa con Bolivia. Fundó el Banco del Perú. – Su hijo **José** (Lima 1864-*id.* 1947), fue presidente de la república (1904-1908 y 1915-1919) y en su segundo mandato adoptó métodos dictatoriales. Fue derrocado.

Emilia **Pardo Bazán** (anónimo - ateneo de Madrid)

Nicanor **Parra**

**PARDO BAZÁN** (Emilia), escritora española (La Coruña 1851-Madrid 1921). Sus primeras novelas están marcadas por el naturalismo (*Los pazos* de Ulloa,* 1886; *La madre naturaleza,* 1887). Posteriormente, influida por la novela rusa, adoptó un tono espiritualista (*La quimera,* 1905). Cultivó también el cuento (*Cuentos de Marineda,* 1892), el ensayo y los libros de viaje.

**PARDO GARCÍA** (Germán), poeta colombiano (Ibagué 1902-México 1992). Poeta mesurado y sincero, su obra representa la conciencia atormentada de la inseguridad del presente (*Presencia,* 1938; *Poemas contemporáneos,* 1949; *Iris pagano,* 1973).

**PARDO Y ALIAGA** (Felipe), escritor peruano (Lima 1806-*id.* 1868). Cultivó la sátira costumbrista en poemas y comedias (*Frutos de la educación,* 1829).

**PARDUBICE,** c. de la República Checa (Bohemia), a orillas del Elba; 94 857 hab. Castillo renacentista.

**PARÉ** (Ambroise) cirujano francés (Bourg-Hersent c. 1509-París 1590), considerado el padre de la cirugía moderna.

**PAREJA** (Juan **de**), pintor español (Sevilla 1610-Madrid 1670). Discípulo de Velázquez, algunas obras le ligan a su maestro (*La vocación de san Mateo,* 1661, Prado), pero otras manifiestan más la influencia de los venecianos y Rubens (*La huida a Egipto,* 1658).

**PAREJA DIEZCANSECO** (Alfredo), escritor ecuatoriano (Guayaquil 1908-Quito 1993). Después de cultivar la novela de denuncia social, publicó sus novelas más importantes: *Don Balón de Baba* (1939), *Hombres sin tiempo* (1941) y *Las tres ratas* (1946). En la serie novelística *Los nuevos años* (1956-1964), abordó la crónica de la sociedad ecuatoriana a partir de 1925.

Alfredo **Pareja Diezcanseco**

**PARET Y ALCÁZAR** (Luis), pintor español (Madrid 1746-*id.* 1799). Su estilo, vinculado al rococó francés, se caracteriza por su detallismo, el cuidado y refinado cromatismo y su gracia narrativa (*La comida de Carlos III, La tienda).* Pintó una destacable serie de paisajes en Bilbao.

**PARETO** (Vilfredo), sociólogo y economista italiano (París 1848-Céligny, Suiza, 1923). Sucesor de Walras en Lausana, basó la economía en los métodos matemáticos y profundizó en el concepto de óptimo económico.

**PARETS DEL VALLÈS,** mun. de España (Barcelona); 10 928 hab. *(Paretenses.)* Centro industrial.

**PARIA** *(golfo de),* golfo de Venezuela y Trinidad y Tobago, en el Atlántico, limitado por la *península de Paria* al N y la isla de Trinidad al E. Debido a su riqueza petrolífera, en 1942 se delimitaron las aguas jurisdiccionales.

**PARICUTÍN,** volcán de México (Michoacán), en la cordillera Neovolcánica; 2 250 m de alt. Surgió en 1943 (20 febr.), en medio de un campo cultivado, y arrasó, entre otros, el pueblo de Parangaricutiro.

**PARINACOTA,** pico de Chile y Bolivia, en la cordillera Occidental de los Andes; 6 330 m de alt.

**PARINI** (Giuseppe), poeta italiano (Bosisio 1729-Milán 1799), autor de *El día,* sátira de la nobleza milanesa.

**PARÍS** *(Cuenca de),* unidad geológica de Francia que se extiende entre el macizo Central, los Vosgos, las Ardenas, el Artois y el macizo Armoricano.

**PARÍS,** en fr. **Paris,** c. de Francia, cap. del país y de la región Île-de-France, a orillas del Sena. Constituye un dep.; 2 152 423 hab. *(Parisinos.)* La aglomeración tiene más de 9 millones de hab. Primer centro financiero, comercial e industrial de Francia, capital política y cultural (sede de numerosas instituciones y universidades, biblioteca nacional). Centro de servicios, la población tiende a reducirse, mientras que aumenta en los alrededores.

HISTORIA

52 a. J.C.: Roma conquistó *Lutecia,* donde vivían los *parisii.* S. VI: capital de los francos. Los condes de París dieron origen a la dinastía de los Capetos (987), y convirtieron la ciudad en cap. de Francia. 1215: creación de la universidad. Con la sublevación de E. Marcel (1356-1358), la burguesía intentó conseguir el poder político. Destacado centro humanista, fue núcleo protestante, diezmado la noche de san Bartolomé (1572). 1588: París, aliada de la Liga, obligó a Enrique III a huir. 1594: Enrique IV abrazó el catolicismo, entró en la ciudad y la embelleció. 1648: jornada de las barricadas e inicio de la Fronda. Ss. XVII-XVIII: París se convirtió en el centro cultural de Europa. 1789: toma de la Bastilla; desde París se dirigió la Revolución. 1814-1815: entrada de los aliados en París después de la abdicación de Napoleón. 1830 y 1848: jornadas revolucionarias. 1870-1871 (set.-en.): los alemanes asediaron París. 1871 (marzo-mayo): establecimiento y derrota de la Comuna de París. 1940-1944: ocupación alemana. Mayo de 1968: manifestaciones de estudiantes y obreros.

BELLAS ARTES

***La época galorromana:*** termas «de Cluny». *Románico:* Saint-Germain-des-Prés. *Gótico:* catedral de Notre-Dame (ss. XII-XIII), Santa Capilla y Conserjería (en parte del s. XIV). *Renacimiento:* palacio del Louvre. *S. XVII:* palacio del Luxemburgo, diversas plazas y edificios. *S. XVIII:* plaza de la Concordia, edificios clásicos o neoclásicos (Panteón, Odeón). *Ss. XIX y XX:* eclecticismo (Ópera), empleo del hierro (estaciones, torre Eiffel, Centro Georges Pompidou) y del hormigón. Numerosos museos; destacan los del Louvre, Orsay, Cluny, Guimet, del Hombre, Rodin, Picasso, Cernuschi, Carnavalet, de arte moderno y la ciudad de las ciencias de la Villette.

**París:** la plaza Charles de Gaulle con el arco de triunfo y, arriba a la derecha, la avenida de los Campos Elíseos.

**París** *(escuela de),* denominación creada para designar a los artistas procedentes de diversos países que vivían en París hacia 1925 (Chagall, Soutine, Modigliani, Foujita, Brâncuși).

**París** *(tratados de),* diversos acuerdos firmados en dicha ciudad. Destacan los de 1229 (conclusión de la cruzada contra los albigenses); 1515 (concertación del casamiento del futuro Carlos I de España con Renata, hija de Francisco I de Francia); 1763 (fin de la guerra de los Siete años); 1814-1815 (fin de las guerras napoleónicas); 1898 (fin de la guerra entre España y E.U.A.); 1947 (tratados firmados por las potencias aliadas, victoriosas, con los países del Eje) y 1973 (retirada norteamericana del Vietnam).

**PARIS,** en la mitología griega, héroe del ciclo troyano, hijo de Príamo y de Hécuba. Elegido árbitro de la disputa que sostenían Hera, Atenea y Afrodita por la manzana de la Discordia, destinada por los dioses a la más bella, Paris resolvió a favor de Afrodita, que le había prometido el amor de Helena. Valiéndose de esta promesa, raptó a Helena, lo que provocó la guerra de Troya.

**PARK** (Mungo), viajero británico (Foulshiels, cerca de Selkirk, Escocia, 1771-Busa, Nigeria, 1806). Realizó dos grandes viajes de exploración a África. Se ahogó en el Níger.

**PARK CHUNG HEE,** general y político surcoreano (Sonsan-gun 1917-Seúl 1979), presidente de la república de Corea desde 1963 hasta su asesinato.

**PARKER** (Charles **Christopher,** llamado **Charlie**), saxofonista norteamericano (Kansas City 1920-Nueva York 1955). Apodado **Bird** o **Yardbird,** fue a la vez el pionero y el principal solista del be-bop, que transformó radicalmente el jazz en 1945 (*Lover man; Parker's mood,* 1948; *Love for sale,* 1954).

**Parkinson** *(enfermedad de),* afección degenerativa del sistema nervioso caracterizada por cierto temblor en las extremidades y rigidez muscular.

**PARLA,** v. de España (Madrid), cab. de p. j.; 70 048 hab. *(Parleños.)* Centro industrial. Yacimiento arqueológico de la edad del bronce (1500-1000 a. J.C.).

**Parlamento europeo,** órgano legislativo de la Unión europea, compuesto por 518 parlamentarios elegidos cada 5 años, por sufragio universal directo (desde 1979) en cada uno de los estados miembros. Controla la Comisión y el Consejo, y vota los presupuestos.

**PARLER,** familia de arquitectos alemanes, el más conocido de los cuales es **Peter,** arquitecto y escultor (Schwäbisch Gmünd 1330-Praga 1399), quien, como sucesor de Mathieu d'Arras, realizó obras originales en la catedral de Praga.

**PARMA,** c. de Italia (Emilia), cap. de prov.; 168 905 hab. *(Parmesanos.)* Conjunto románico-gótico de la catedral (cúpula pintada por Correggio) y del baptisterio, con esculturas de Antelami. Iglesias, entre ellas la Steccata (cúpula del Parmigianino). Palacio de la Pilotta, de los ss. XVI-XVII (museos; teatro Farnesio). Fue fundada por los etruscos; cedida a la Santa Sede (1512), Paulo III la separó de ésta en 1545 y formó con ella un ducado para su sobrino Pier Luigi Farnesio, cuya dinastía se mantuvo hasta 1731. Pasó entonces a Carlos I (futuro Carlos III de España), quien gobernó hasta 1734. Entregado a Francisco de Habsburgo-Lorena (1735-1745), en 1748 pasó a Felipe I, hermano de Carlos I, y fundador de la dinastía de los Borbón-Parma. A éste le sucedió su hijo Fernando I (1765). Administrado por los franceses desde 1802, fue cedido en 1815, a título vitalicio, a la ex emperatriz María Luisa (1847). En 1860 fue anexionado al Piamonte.

**PARMÉNIDES de Elea,** filósofo griego (Elea, Magna Grecia, *c.* 515-*c.* 440 a. J.C.). En su poema *Sobre la naturaleza* formuló la proposición fundamental de la ontología: el ser es uno, continuo y eterno.

**PARMENIÓN,** general macedonio (*c.* 400-Ecbatana *c.* 330 a. J.C.). Lugarteniente de Filipo II, y luego de Alejandro, fue asesinado por oponerse a la política expansionista oriental de Alejandro.

**PARMIGIANINO** (Francesco **Mazzola,** llamado **el**), pintor italiano (Parma 1503-Casalmaggiore, Cremona, 1540). Dibujante de gran elegancia y refinado pintor, llevó a cabo una angustiada búsqueda de la perfección; fue uno de los maestros del manierismo europeo.

**PARNASO,** en gr. **Parnassós,** montaña de Grecia, al NE de Delfos; 2 457 m. En la antigüedad, el Parnaso, monte de las Musas, estaba consagrado a Apolo.

**PARNELL** (Charles Stewart), político irlandés (Avondale 1846-Brighton 1891). Elegido para la cámara de los comunes (1875), tomó la dirección del Partido nacionalista (1877) y empleó con éxito la táctica de la obstrucción parlamentaria. Presidente de la Liga agraria irlandesa (1879), defendió, con Gladstone, la idea del Home rule. Su vida privada (su relación con la esposa de uno de sus lugartenientes que condujo a un proceso de divorcio) arruinó su carrera política.

**PAROPAMISOS,** en afgano **Firuz koh,** cadena de montañas de Afganistán; 3 135 m.

**PAROS,** isla griega del grupo de las Cícladas, cuyas canteras proporcionaron a los artistas de la Grecia antigua el más bello mármol para sus estatuas; 195 $km^2$; 7 000 hab. Turismo.

**Parpalló** *(cueva del),* cueva situada en el mun. de Gandía (Valencia), con restos del paleolítico superior: pinturas de animales, signos geométricos y alguna representación antropomorfa de estilo entroncado con el francocantábrico.

**PARRA** (Ana Teresa **Parra Sanojo,** llamada **Teresa de la**), escritora venezolana (París 1890-Madrid 1936). Cultivó la novela social de inspiración autobiográfica (*Memorias de Mamá Blanca,* 1929).

**PARRA** (Aquileo), político colombiano (Barichara, Santander, 1825-Pacho, Cundinamarca, 1900). Ministro en varias ocasiones, siendo presidente del país (1876-1878) se enfrentó a una guerra civil.

**PARRA** (Nicanor), poeta chileno (Chillán 1914). En 1937 publicó *Cancionero sin nombre.* En *Poemas y antipoemas* (1954) aparecen rasgos de un humor cáustico y directo. *Sermones y prédicas del Cristo de Elqui* (1977) es una poesía dolorosa. (Premio Juan Rulfo 1991.) – Su hermana **Violeta** (San Carlos, Ñuble, 1917-Santiago 1966), cantautora de temática social, realizó una gran labor de investigación musical. Se suicidó.

**PARRA LEÓN** (Caracciolo), historiador y escritor venezolano (Pamplona, Colombia, 1901-Caracas 1939), editor de *Analectas de historia patria,* sobre historia cultural venezolana.

**PARRAL,** c. de Chile (Maule), a orillas del *río Parral;* 38 044 hab. Centro comercial e industrial.

**PARRAS,** mun. de México (Coahuila); 39 677 hab. Cab. *Parras de la Fuente.* Industria vinícola.

**PARRASIO,** pintor griego (Éfeso fines del s. V a. J.C.), rival de Zeuxis. Sólo se le conoce por textos antiguos que alaban la fuerza expresiva de sus obras.

**PARRAVICINI** (Florencio), actor y autor dramático argentino (Buenos Aires 1876-*id.* 1941). Se inició en las variedades y llegó a convertirse en el actor más importante de la escena rioplatense. Escribió algunas obras cómicas y adaptó otras del teatro francés de *boulevard.*

**PARRY** *(islas),* parte del archipiélago Ártico canadiense.

**PARRY** (*sir* William Edward), marino y explorador británico (Bath 1790-Bad Ems 1855). Dirigió varias expediciones al Ártico.

**Parsifal,** drama musical en tres actos, poema y música de R. Wagner (Bayreuth 1882). En esta acción, mitad sacra mitad profana, se combinan la solemnidad ritual y el sentimiento poético *(Preludio; Los encantos del viernes santo).*

**PARSONS** (*sir* Charles), ingeniero británico (Londres 1854-Kingston, Jamaica, 1931). Construyó la primera turbina de vapor de reacción (1884).

**PARSONS** (Talcott), sociólogo norteamericano (Colorado Springs 1902-Munich 1979). Fundó una sociología definida como ciencia de la acción, para la que recurrió a algunas tesis del funcionalismo (*Estructura social y personalidad,* 1964).

**Partenón,** templo de Atenea Pártenos, en la Acrópolis de Atenas, construido por iniciativa de Pericles, en el s. V a. J.C., por Fidias, quien, ayudado por numerosos artistas, entre ellos los arquitectos Ictino y Calícrates, se ocupó de su rica decoración esculpida (friso de las panateneas). Este templo períptero, de mármol pentélico, representa la perfección y el equilibrio del orden dórico.

**PARTENOPEA** *(República),* república fundada por Francia en Nápoles en enero de 1799 y que desapareció en junio, al expulsar Nelson a las tropas francesas.

**Partidas** (*código de* **las Siete**) → ***Siete Partidas.***

**PAS DE LA CASA,** localidad turística en la frontera de Francia y Andorra, a 2 091 m de alt. Centro de deportes de invierno.

**PASADENA,** c. de Estados Unidos (California), cerca de Los Ángeles; 131 591 hab. Centro de investigaciones espaciales *(jet propulsion laboratory).* Museo. – En las proximidades, observatorio del monte Wilson (alt. 1 740 m).

**PASAJE,** cantón de Ecuador (El Oro); 45 418 hab. Bananos. Vacunos. Yacimientos de manganeso.

**PASAJES** o **PASAIA,** mun. de España (Guipúzcoa); 18 203 hab. *(Pasaitarras.)* Cap. *Pasajes de San Juan* o *Pasai Donibane.* Puerto pesquero y comercial. Centro industrial. Central térmica (214 000 kW).

**PASARGADA,** ant. c. de Irán, una de las capitales del imperio aqueménida, fundada *c.* 550 a. J.C. por Ciro el Grande; en ella se halla su mausoleo.

**PASAY,** c. de Filipinas, en el área suburbana de Manila; 354 000 hab. Aeropuerto internacional.

**PASCAL** (Blaise), matemático, físico, filósofo y escritor francés (Clermont-Ferrand 1623-París 1662). Inventor de una máquina aritmética a los dieciocho años, investigó, entre otros temas, el vacío, la presión atmosférica, los líquidos y el cálculo de probabilidades. Desde 1646 entró en contacto con el jansenismo. Escribió *Las provinciales* (1656-1657), cartas contra los jesuitas, y una apología de la religión cristiana (*Pensamientos,* 1670).

**PASCH** (Moritz), lógico y matemático alemán (Wroclaw 1843-Bad Homburg 1930), autor de una primera axiomatización de la geometría (1882).

**PASCO** *(nudo de),* relieve montañoso de Perú. Constituye una cordillera que en la actualidad recibe el nombre de Huayhuash.

**PASCO** *(departamento de),* dep. de Perú central (Andrés A. Cáceres); 25 320 $km^2$; 287 600 hab. Cap. *Cerro de Pasco.*

**PASCOLI** (Giovanni), poeta italiano (San Mauro, Romaña, 1855-Bolonia 1912), autor de poemas de carácter místico *(Myricae).*

**PASCUA** *(isla de)* o **RAPA NUI,** isla de Chile (Valparaíso), en el Pacífico, a 3 200 km de la costa continental; 163,6 $km^2$; 2 770 hab. Cap. *Hanga Roa.* Parque nacional. Turismo. Gigantescas esculturas *(moai)* talladas en piedra volcánica, que se cree anteriores a la colonización polinésica (*c.* s. V d. J.C.).

**PASCUAL II** (Bieda, Rávena, *c.* 1050-Roma 1118), papa [1099-1118]. Su pontificado estuvo marcado por un recrudecimiento de la lucha contra el Imperio, en la que se enfrentó sucesivamente a los emperadores Enrique IV y Enrique V.

**PAS-DE-CALAIS,** dep. de Francia (Nord-Pas-de-Calais); 6 671 $km^2$; 1 433 203 hab. Cap. *Arras.*

**Pasiega** *(cueva de la)* → ***Puente Viesgo.***

**PASÍFAE,** en la mitología griega, esposa de Mi-

el **Partenón** (447-432 a. J.C.)
en la Acrópolis de Atenas

**Pascal**
(palacio de Versalles)

la isla de **Pascua:** *moai* de uno de los santuarios de la isla nos, madre de Ariadna, de Fedra y del Minotauro.

**PASIÓN** *(río de la)*, r. de Guatemala (Petén), afl. del Usumacinta; 300 km. En su curso alto recibe los nombres de Santa Isabel y Cancuén.

**PASIONARIA** → ***Ibárruri*** (Dolores).

**PASKIÉVICH** (Iván Fiódorovich), mariscal ruso (Poltava 1782-Varsovia 1856). Fue nombrado gobernador de Polonia tras reprimir la sublevación polaca de 1831, e impuso a los insurgentes húngaros la capitulación de Világos (1849).

**PASO** (Fernando **del**), escritor mexicano (México 1935). En sus novelas, *José Trigo* (1966) y *Palinuro de México* (1980), se aprecian influencias de Rabelais y Joyce. Ha escrito también novela histórica (*Noticias del imperio,* 1987) y poesía. (Premio Rómulo Gallegos 1982.)

**PASO** (Juan José), político argentino (Buenos Aires 1758-*id.* 1833), integrante de los dos primeros triunviratos (1811-1815) y redactor del proyecto de constitución de 1819.

**Paso** *(El)*, grupo de artistas españoles de vanguardia (1957-1960), compuesto por los pintores A. Saura, R. Canogar, M. Millares, L. Feito, M. Rivera, M. Viola, Juana Francés y los escultores P. Serrano y M. Chirino. Reanudaron la vinculación de España con las tendencias internacionales más innovadoras, introduciendo el informalismo.

**PASO DE LOS LIBRES,** dep. de Argentina (Corrientes); 41 126 hab. El *puente internacional Paso de los Libres,* sobre el río Uruguay, comunica con la ciudad brasileña de Uruguayana.

**PASO DE LOS TOROS,** ant. **Santa Isabel,** c. de Uruguay (Tacuarembó), a orillas del río Negro; 12 695 hab. Embalse del Rincón del Bonete.

**PASO DE OVEJAS,** mun. de México (Veracruz), en la planicie costera de Sotavento; 26 946 hab.

**PASO DEL MACHO,** mun. de México (Veracruz); 17 823 hab. Industrias alimentarias (azúcar).

**PASO DEL NORTE** → ***Juárez.***

**PASO Y TRONCOSO** (Francisco **del**), historiador mexicano (Veracruz 1842-Florencia 1916). Publicó numerosa documentación inédita e investigó sobre el período colonial en Nueva España (*Epistolario de la Nueva España,* 16 vols.).

**Pasok,** acrónimo de *Movimiento socialista panhelénico,* partido político fundado en 1974 por A. Papandreu a partir de los grupos políticos de resistencia a la dictadura de los coroneles, caracterizado por el socialismo democrático y el neutralismo.

**PASOLINI** (Pier Paolo), escritor y director de cine italiano (Bolonia 1922-Ostia 1975). Sus poemas (*Las cenizas de Gramsci,* 1957), sus novelas (*Una vida violenta,* 1959) y sus películas (*Accatone,* 1961; *El evangelio según san Mateo,* 1964; *Edipo rey,* 1967; *Teorema,* 1968; *El decamerón,* 1971; *Salò o los 120 días de Sodoma,* 1976) llevan la impronta de una personalidad desgarrada y contradictoria, inspirada tanto en la realidad proletaria de los suburbios de Roma (donde murió asesinado), como en los mitos universales o en los textos sagrados.

**PASOS** (Joaquín), escritor nicaragüense (Granada 1914-Managua 1947). Destacó por su poesía vanguardista, recogida póstumamente (*Poemas de un joven,* 1962).

**PASSAMAQUODDY** *(bahía de)*, golfo de la costa oriental de Estados Unidos (Maine) y de Canadá (Nuevo Brunswick).

**Passarowitz** *(paz de)* [21 julio 1718], tratado firmado en *Passarowitz* (act. *Požarevac,* en Yugoslavia, rep. de Serbia) que consagraba la victoria de Austria y Venecia sobre los otomanos, y la expansión territorial austríaca en Valaquia y Serbia.

**PASSAU,** c. de Alemania (Baviera), a orillas del Danubio; 49 846 hab. Universidad. Catedral (gótica y barroca) y otros monumentos.

**PASSERO,** cabo del extremo SE de Sicilia, en la *isla de Passero.* Derrota de la escuadra española frente a la británica (1718), a raíz de la cual los españoles evacuaron Sicilia y Cerdeña.

**PASTAZA,** r. de Ecuador y Perú, afl. del Marañón (or. izq.); 600 km aprox. Nace en la región andina ecuatoriana y penetra en territorio brasileño. Su principal afluente es el Bobonaza.

**PASTAZA** *(provincia de)*, prov. del E de Ecuador; 29 870 km$^2$; 41 811 hab. Cap. *Puyo.*

**pasteles** *(guerra de los)*, conflicto entre México y Francia (1838-1839), originado por la reclamación de indemnizaciones por parte de franceses residentes en México, llamado así por la profesión de uno de los reclamantes. Tras el bombardeo de Veracruz se acordó un pago de 600 000 pesos.

**PASTERNAK** (Boris Leonídovich), escritor ruso (Moscú 1890-Peredélkino 1960). Poeta futurista (*Mi hermana la vida,* 1922; *El segundo nacimiento,* 1932), publicó en Italia, sin autorización de la U.R.S.S., una novela, *El doctor Zhivago* (1957), que desencadenó contra él una dura campaña de críticas. Se vio obligado a rechazar el premio Nobel que le fue concedido en 1958. Este mismo año fue expulsado de la Unión de escritores de la U.R.S.S.; fue rehabilitado en 1987.

**PASTEUR** (Louis), químico y biólogo francés (Dole 1822-Villeneuve-l'Etang 1895). Efectuó investigaciones sobre estereoquímica y sobre fermentaciones, demostrando que se deben a la acción de microorganismos, e ideó un método para conservar los alimentos *(pasteurización).* Entre 1870 y 1886 se consagró al estudio de las enfermedades infecciosas, y descubrió diversas vacunas. La vacuna contra la rabia (1885) le dio la definitiva celebridad. Sus descubrimientos transformaron la medicina y la veterinaria, la cirugía, la obstetricia y la higiene, así como la química y la industria de las fermentaciones.

**Pasteur** *(Instituto)*, institución científica, con sede en París, fundada en 1888. Prosigue la obra de Pasteur en el campo de la investigación sobre microbiología y enfermedades infecciosas.

**PASTO** *(nudo de)* o **ALTIPLANO DE NARIÑO,** elevación de los Andes, donde convergen los tres ramales andinos colombianos, cerca de la frontera entre Colombia y Ecuador.

**PASTO** o **SAN JUAN DE PASTO,** c. de Colombia, cap. del dep. de Nariño; 244 700 hab. Junto al río Pasto. En el término, laguna de La Cocha y cascada del río Bobo, lugares turísticos. Universidad. Catedral (1667).

**PASTOR** *(san)* → ***Justo y Pastor.***

**PASTOR** (Vicente), matador de toros español (Madrid 1879-*id.* 1966). Recibió la alternativa en Madrid en 1902 y se retiró en 1918. Fue un torero valeroso, aunque sin adornos.

**PASTRANA,** v. de España (Guadalajara); 1 092 hab. (*Pastranenses* o *pastraneros.*) Conjunto histórico-artístico. Importante grupo de tapices (s. XV) de la iglesia parroquial (s. XVI). Palacio ducal (s. XVI).

**PASTRANA BORRERO** (Misael), político colombiano (Neiva 1924). Presidente de la república por el Partido conservador (1970-1974), debido a la oposición de Rojas sólo pudo ocupar el cargo con el apoyo del ejército.

**PATAGONES,** partido de Argentina (Buenos Aires); 27 637 hab. Cab. *Carmen de Patagones.* Ganadería.

**PATAGONIA,** región fisiográfica de América del Sur, que se extiende desde el estrecho de Magallanes, al S, hasta el río Colorado en Argentina y la región de Los Lagos en Chile. Atravesada de N a S por los Andes patagónicos, el E desciende hacia el mar en mesetas escalonadas. Ganadería ovina (lana, carne). Hidrocarburos y gas natural.

HISTORIA

1520: llegada de Magallanes. 1561: exploración de Juan Jufré. 1601: derrota de Hernandarias de Saavedra ante los patagones. 1684: el virrey Sotomayor organizó una expedición evangelizadora de jesuitas, que estableció una organización política y administrativa. S. XVIII: se fundó la colonia Carmen de los Patagones, destruida en las guerras de independencia (1810). 1879-1883: «guerra del desierto», exterminio de los indios nómadas. 1884: Chubut fue declarado territorio de la República Argentina.

**PATALIPUTRA** o **PALIBOTHRA,** ant. c. de la India (cerca de Patna), cap. búdica de las dinastías indias Maurya y Gupta, floreciente durante el reinado de Aśoka, que construyó en ella la muralla y el palacio cuyas ruinas se conservan.

**PĀTAN,** ant. cap. de Nepal; 49 000 hab. Templos y monasterios budistas y brahmánicos. Palacio del s. XVII (museo).

**PATAÑJALI,** gramático indio (s. II a. J.C.), continuador de Pāṇini.

**PATARROYO** (Manuel Elkin), médico e inmunólogo colombiano (Ataco 1947), inventor de una vacuna contra la malaria (1987).

**PATATE** *(hoya del)*, hoya de Ecuador, en la región central de los Andes, avenada por el *río Patate,* formador del Pastaza. Fértiles valles.

**PATENIER** → ***Patinir.***

**PATER** (Walter Horatio), escritor y crítico británico (Londres 1839-Oxford 1894), autor de estudios sobre el renacimiento italiano y los románticos británicos.

**PATERNA,** v. de España (Valencia), cab. de p. j.; 42 855 hab. *(Paterneros.)* Núcleo agrícola e industrial. Cerámica. Ciudad dormitorio de la c. de Valencia. Cuarteles militares. En los ss. XIII-XVI fue un centro mudéjar de fabricación de loza *(cerámica de Paterna);* destacan las piezas decoradas en colores verde y negro sobre fondo vidriado blanco.

**PATERNOSTO** (César Pedro), pintor argentino (La Plata 1931). En 1961 integró el movimiento informalista *Sí,* de proyección internacional.

**PATERSON,** c. de Estados Unidos (Nueva Jersey); 137 970 hab. Centro industrial.

**PATHÉ,** hermanos franceses, pioneros de la industria fonográfica y cinematográfica de su país: **Emile** (París 1860-*id.* 1937) y **Charles** (Chevry-Cossigny, Seine-et-Marne, 1863-Montecarlo 1957), que fue el primer fabricante de películas para el cine.

**Pathelin** *(La farsa del abogado Pierre)*, farsa francesa anónima escrita entre 1461 y 1469, que estableció en Francia el modelo del género.

**Pathet Lao,** movimiento nacionalista y progresista de Laos, fundado en 1950 para luchar contra Francia con el apoyo del Vietminh.

**PATÍA,** r. de Colombia; 450 km. Nace en la cordillera Central, al S de Popayán, y desemboca en el Pacífico, formando varios brazos. Navegable.

**PATÍA** o **EL BORDO,** mun. de Colombia (Cauca); 26 802 hab. Agricultura (plátanos y caña de azúcar).

**PATIĀLA,** c. de la India (Panjāb); 268 521 hab. Palacios del s. XVIII.

**PATINIR, PATENIER** o **PATINIER** (Joachim), pintor flamenco (Dinant o Bouvignes *c.* 1480-Amberes 1524). Inscrito en la guilda de Amberes (1515), fue el primer pintor que concedió un papel preponderante al paisaje en sus cuadros, de temas bíblicos.

**PATINKIN** (Don), economista israelí (Chicago 1922), autor de un modelo de equilibrio económico, que tiene en cuenta los mercados de trabajo, de bienes y servicios, de moneda y de títulos.

**PATIÑO,** estero de Paraguay y Argentina, que se extiende a lo largo del río Pilcomayo.

**PATIÑO,** dep. de Argentina (Formosa); 58 401 hab. Cab. *Comandante Fontana.* Industria maderera.

**PATIÑO** (Francisco, llamado **el maestro**), guitarrista español nacido en Cádiz en el s. XIX. Fue uno de los «tocaores» que más contribuyeron a dotar a la guitarra de sus actuales cualidades flamencas.

**PATIÑO** (José), estadista español (Milán 1666-La Granja de San Ildefonso 1736). Inspirador de los decretos de Nueva planta y del catastro, fue presidente de la Junta de gobierno de Cataluña (1714-1716) e intendente general de la marina y del ejército (1717). Secretario de Marina e Indias (1725), de Hacienda (1726) y de Guerra (1830), y primer secretario de Estado (1734), dirigió la política española desde 1726 hasta poco antes de su muerte.

**PATIÑO** (Simón Ituri), hombre de negocios y diplomático boliviano (Cochabamba 1860-Buenos Aires 1947). Magnate de la industria del estaño boliviano, controló trusts mineros en varios países. — A su hijo **Antenor** (nacido en 1894-Nueva York 1892) en 1952 le fueron nacionalizadas sus minas en Bolivia, pero conservó su monopolio al fijar, con el apoyo de E.U.A., la cotización internacional del estaño, lo que provocó el hundimiento de la economía boliviana.

**PATIÑO IXTOLINQUE** (Pedro), escultor mexicano (San Pedro Ecatzingo 1774-México 1835). Su obra más importante es el retablo y el altar mayor del Sagrario metropolitano (1827).

**PATIVILCA,** r. de Perú, uno de los más caudalosos del país, que nace en la cordillera Blanca y desemboca en el Pacífico; 110 km.

**PATIVILCA,** mun. de Perú (Lima), junto a la desembocadura del río Pativilca; 23 664 hab.

**PÁTMOS,** isla griega de las Espóradas, donde, según la tradición, san Juan escribió el Apocalipsis.

**PATNĀ,** c. de la India, cap. de Bihār, a orillas del Ganges; 1 098 572 hab. Universidad. Museo.

**pato salvaje** *(El)*, drama en 5 actos, en prosa, de H. Ibsen (1884).

**PATRÁS,** c. y puerto de Grecia (Peloponeso), en el *golfo de Patrás,* formado por el mar Jónico; 155 180 hab.

**Patria boba,** nombre dado a un período de la lucha de independencia de Nueva Granada (1810-1816), por la ingenuidad de sus planteamientos políticos.

**Patria nueva,** período de la historia de Chile (1817-1820), que consolidó su independencia, caracterizado por el mandato de O'Higgins, y de Perú (1908-1930), con supresión de las libertades políticas durante los gobiernos de A. B. Leguía.

**Patria vieja,** nombre aplicado al primer período de la sublevación chilena hasta la independencia (1810-1814), y en Argentina al período entre 1810 y 1816, de lucha independentista, y a la etapa presidencial de José Artigas en Uruguay (1811-1820), en la que fueron expulsados los españoles y se implantó un régimen federal.

**PATRICIO** *(san),* apóstol de Irlanda (en Gran Bretaña *c.* 385-en Irlanda *c.* 461), evangelizador de la isla, y su patrón.

**Patrimonio del estado,** grupo empresarial público español creado en 1964 para agrupar las participaciones empresariales del ministerio de Hacienda. Tiene cuatro divisiones, que en 1993 se constituyeron en sociedades anónimas: financiera (Argentaria, CESCE), industrial (Tabacalera, Cetarsa), servicios (Telefónica, Agencia Efe, Mercasa) y otras (Minas de Almadén, Tragsa).

**PATROCINIO** (María de los Dolores Rafaela **Quiroga,** llamada **la Monja de las llagas** y **Sor**), religiosa española (*c.* 1809-Guadalajara 1891). Pese a ser juzgada por impostora (1835) tuvo gran ascendencia política sobre Isabel II y su esposo.

**PATROCLO,** en la mitología griega, héroe del ciclo troyano, compañero de Aquiles. Fue muerto por Héctor junto a las murallas de Troya.

**PATTI** (Adelina), cantante italiana (Madrid 1843-Craig-y-Nos Castle, Gales, 1919). De hermosa voz de soprano, triunfó en los principales escenarios de Europa y América interpretando obras de Mozart, Rossini y Verdi.

**PATTON** (George), general norteamericano (San Gabriel, California, 1885-Heidelberg 1945). Especialista en carros de combate, fue jefe del III ejército norteamericano en la batalla de Normandía y llegó hasta Metz (1944). Cruzó el Rin y entró en Bohemia (1945).

**PATUCA,** r. de Honduras, que nace con el nombre de Guayape, toma el de Patuca tras recibir al Guayambre y desemboca en el Caribe a través de varios brazos; 525 km.

**PÁTZCUARO,** lago de México (Michoacán), en la cordillera Neovolcánica; 20 km de long. y 14 de anch. Alberga cinco islas. Pesca. Turismo. Fue centro de la cultura de los tarasco.

**PÁTZCUARO,** mun. de México (Michoacán), junto al lago Pátzcuaro; 53 287 hab. Edificios coloniales con influencia de la cultura de los tarascos.

**PAU,** c. de Francia, cap. del dep. de Pyrénées-Atlantiques; 83 928 hab. Universidad. Castillo (ss. XIII-XVI). Estación climática. Fue capital de los reyes de Navarra.

**Paular** *(monasterio del),* cartuja española, act. monasterio benedictino (Rascafría, Madrid) construida en el s. XV, con intervención de Juan de Guas. Claustro e iglesia góticos con elementos barrocos.

**PAULI** (Wolfgang), físico suizo de origen austríaco (Viena 1900-Zurich 1958), premio Nobel de física en 1945 por sus trabajos sobre los electrones de los átomos. En 1931 emitió la hipótesis de la existencia del neutrino.

**PAULING** (Linus Carl), químico norteamericano (Portland, Oregón, 1901-Palo Alto, California, 1994), autor de trabajos sobre las macromoléculas orgánicas y los enlaces químicos. (Premio Nobel de química 1954 y premio Nobel de la paz 1962.)

**PAULINO de Nola** *(san),* prelado y poeta franco (Burdeos 353-Nola 431), obispo de Nola, en Campania (*c.* 410). Poeta notable, sus cartas son un testimonio importante de la historia religiosa de su tiempo.

**PAULO III** (Alessandro **Farnese**) [Canino 1468-Roma 1549], papa [1534-1549]. Encargó a Miguel Ángel el Juicio final de la capilla Sixtina y dio un fuerte impulso a la contrarreforma al convocar el concilio de Trento (1545). – **Paulo IV** (Gian Pietro **Carafa**) [Sant'Angelo della Scala 1476-Roma 1559], papa [1555-1559]. Fundó, con san Cayetano de Thiene, la orden de los teatinos. – **Paulo VI** (Giovanni Battista **Montini**) [Concesio, cerca de Brescia, 1897-Castel Gandolfo 1978], papa [1963-1978]. Prosecretario de estado (1952) y colaborador de Pío XII, arzobispo de Milán (1954) y cardenal (1958), sucedió en 1963 a Juan XXIII, cuya obra de reforma profundizó en el seno del concilio Vaticano II, que clausuró en 1965. Su encuentro en Jerusalén, en 1964, con el patriarca de Constantinopla Atenágoras constituyó una muestra de su voluntad de lograr la reunificación cristiana.

**PAULO EMILIO,** general romano (216 a. J.C.). Cónsul en 219 y en 216, murió en la batalla de Cannas. – Su hijo **Paulo Emilio el Macedónico** (*c.* 228-160 a. J.C.), cónsul en 182 y en 168, obtuvo frente a Perseo, último rey de Macedonia, la victoria de Pydna (168).

**PAULUS** (Friedrich), mariscal alemán (Breitenau 1890-Dresde 1957). Al mando del VI ejército en Rusia, capituló en Stalingrado (31 en. 1943). Prisionero en la U.R.S.S. hasta 1953, en 1944 dirigió una llamada al pueblo alemán contra Hitler.

**PAUSANIAS,** príncipe lacedemonio (*c.* 467 a. J.C.). Venció a los persas en Platea (479), y ocupó Chipre y Bizancio (478). Regresó a Esparta, donde, convicto de colusión con los persas, se refugió en el templo de Atenea, donde fue emparedado.

**PAUSANIAS,** escritor griego (s. II d. J.C.), autor de una *Descripción de Grecia,* que proporciona valiosos datos para el conocimiento de la Grecia antigua.

**PAUSTOVSKI** (Konstantín Gueórgievich), escritor ruso (Moscú 1892-*id.* 1968), autor de novelas de aventuras *(Las nubes centelleantes)* y de relatos autobiográficos *(Historia de una vida).*

**PAUTE,** cantón de Ecuador (Azuay), avenado por el *río Paute;* 35 853 hab. Caña de azúcar y cereales.

**PAVAROTTI** (Luciano), tenor italiano (Módena 1935). Tras debutar en la Scala de Milán (1965), ha triunfado en los principales escenarios del mundo, en el repertorio romántico italiano.

**PAVELIĆ** (Ante), político croata (Bradina 1889-Madrid 1959). Fue jefe del estado croata independiente creado en 1941 bajo control alemán e italiano.

**PAVESE** (Cesare), escritor italiano (San Stefano Belbo, Piamonte, 1908-Turín 1950), autor de novelas (*La playa,* 1942; *El bello verano,* 1949) y de un diario íntimo *(El oficio de vivir),* en el que el realismo de la observación se une a la angustia creada por la evolución del mundo contemporáneo.

**PAVÍA,** c. de Italia (Lombardía), cap. de prov., a orillas del Ticino; 76 418 hab. Universidad. Iglesias, sobre todo de estilo lombardo. Castillo de los Visconti (ss. XIV-XV). En las proximidades, cartuja de los ss. XV-XVI. Francisco I fue derrotado y apresado en esta ciudad por las tropas de Carlos Quinto (*batalla de Pavía,* 23-24 febr. 1525). Desde 1526 (tratado de Madrid) hasta 1706, en que pasó a Austria, Pavía estuvo en poder de los españoles.

**PAVÍA** (Manuel), militar español (Cádiz 1827-Madrid 1895). Opuesto al federalismo, siendo capitán general de Castilla la Nueva irrumpió en las cortes de la I república y las disolvió (3 en. 1874).

**PAVLODAR,** c. de Kazajstán; 331 000 hab.

**PAVLOTZKY** (Raúl), pintor uruguayo (en Palestina 1918). Miembro fundador del Grupo 8, su obra se inscribe en el movimiento abstracto uruguayo.

**PÁVLOV** (Iván Petróvich), fisiólogo ruso (Riazán 1849-Leningrado 1936). Es autor de trabajos sobre la digestión y la «secreción síquica», que le llevaron al descubrimiento del reflejo condicionado y a su concepción general de la actividad nerviosa superior. (Premio Nobel de fisiología y medicina 1904.)

**PAVLOVA** (Anna), bailarina rusa (San Petersburgo 1881-La Haya 1931). Primera compañera de Nijinski en los Ballets rusos de Diáguilev, en 1928 estrenó *La muerte del cisne* (C. Saint-Saëns – M. Fokine).

**Pavón** *(batalla de),* victoria del ejército de Buenos Aires, dirigido por Mitre, sobre el de la Confederación argentina mandado por Urquiza (1861), que representó la unión de las provincias de la Confederación bajo la autoridad de Buenos Aires. Se desarrolló a orillas del *arroyo Pavón* (Santa Fe).

**PAXTON** (*sir* Joseph), ingeniero y arquitecto británico (Milton Bryant, Bedfordshire, 1801-Sydenham, cerca de Londres, 1865). Precursor de la arquitectura de hierro, construyó, para la Exposición de 1851 en Londres, el palacio de Cristal (act. destruido).

**PAYNO** (Manuel), escritor y político mexicano (México 1810-San Ángel 1894). Fue el introductor del folletín de aventuras en México (*El fistol del diablo,* 1845-1846; *Los bandidos de Río Frío,* 1889-1891).

**PAYRO** (Julio E.), escritor y crítico de arte argentino (Buenos Aires 1899-*id.* 1971), autor de *Arte y artistas de Europa y América* (1946) y diversas monografías.

**PAYRÓ** (Roberto J.), escritor argentino (Mercedes 1867-Buenos Aires 1928). Cultivó la novela realista de ambiente gaucho (*El casamiento de Laucha,* 1906), la novela de tema colonial (*El capitán Vergara,* 1925), así como el drama naturalista (*Marco Severi,* 1902) y el cuento satírico (*Pago Chico,* 1908).

**PAYS DE LA LOIRE,** región administrativa del O de Francia (dep. de Loire-Atlantique, Maine-et-Loire, Mayenne, Sarthe y Vendée); 32 082 $km^2$; 3 059 112 hab. Cap. *Nantes.*

**PAYSANDÚ** *(departamento de),* dep. del O de Uruguay; 14 106 $km^2$; 103 763 hab. Cap. *Paysandú.*

**PAYSANDÚ,** c. de Uruguay, cap. del dep. homónimo; 76 191 hab. Puerto. Aeropuerto. El puente internacional General Artigas, sobre el río Uruguay, la une a la ciudad argentina de Colón. Centro comercial e industrial.

**PAZ,** r. de Guatemala y El Salvador, en la vertiente del Pacífico, que forma un tramo de la frontera entre ambos países.

**PAZ** (*departamento de* **La**), dep. del O de Bolivia; 133 985 $km^2$; 1 883 122 hab. Cap. *La Paz.*

**PAZ** (*departamento de* **La**), dep. de El Salvador; 1 202 $km^2$; 246 147 hab. Cap. *Zacatecoluca.*

**PAZ** (*departamento de* **La**), dep. de Honduras; 2 331 $km^2$; 112 000 hab. Cap. *La Paz* (8 876 hab.).

**PAZ (La),** c. de Bolivia, cap. administrativa de la república y del dep. homónimo; 1 115 403 hab. *(Pa-*

Pier Paolo **Pasolini**

Boris **Pasternak**

Louis **Pasteur** (por L. E. Fournier)

Wolfgang **Pauli**

Linus Carl **Pauling**

**Paulo VI**

**La Paz** (Bolivia): la iglesia de San Francisco

*ceños.)* Situada a 3 632 m de alt., al pie del Illimani, es el principal centro industrial y comercial del país. Universidad. Fundada en 1548 por Alonso de Mendoza, fue un próspero centro minero y comercial que tras la revolución de 1898-1899 se convirtió en capital efectiva de Bolivia, frente a la constitucional Sucre. Conserva su carácter colonial: iglesias del s. XVIII, convento de San Francisco (iglesia con portada barroca), casas señoriales. Palacio Quemado y catedral del s. XIX. Museos nacional de arte, colonial y de Tiahuanaco.

**PAZ (La),** c. de Uruguay (Canelones); 14 400 hab. Ciudad dormitorio de Montevideo.

**PAZ (La),** c. y puerto de México, cap. del est. de Baja California Sur; 137 641 hab. Pesca de altura. Central termoeléctrica. Industrias. – Mun. de México (México), en el área suburbana de la ciudad de México; 99 436 hab. Cab. *Los Reyes.*

**PAZ (La),** dep. de Argentina (Entre Ríos), a orillas del Paraná; 62 063 hab. Maíz, girasol y maní; ganado. Puerto fluvial. – Dep. de Argentina (Catamarca); 17 060 hab. Cab. *San Antonio.*

**PAZ (La),** mun. de Colombia (Santander); 16 874 hab. Agricultura y ganadería.

**PAZ** (José Camilo), periodista y político argentino (Buenos Aires 1842-Montecarlo 1912). Luchó en la guerra civil junto a Mitre. En 1869 fundó en Buenos Aires el diario *La prensa* y en 1874 encabezó el alzamiento revolucionario. Fue diputado y embajador en Madrid (1883-1885) y París (1885-1893).

**PAZ** (José María), militar y político argentino (Córdoba 1791-Buenos Aires 1854). Ministro de la Guerra (1828), prisionero de Rosas (1831-1839), organizó contra éste un ejército (1841-1842) y tomó Entre Ríos. Defendió Montevideo durante la guerra Grande (1843-1851) y fue ministro de Guerra y Marina (1853-1854).

**PAZ** (Juan Carlos), compositor argentino (Buenos Aires 1897-*id.* 1972). En 1930 fundó el grupo Renovación, y en 1936 la agrupación Nueva música, de tendencia dodecafónica. Compuso música de cámara, piezas para piano y composiciones orquestales (*Canto de Navidad,* 1927; *Invenciones,* 1961).

**PAZ** (Octavio), escritor mexicano (México 1914-*id.* 1998). Diplomático hasta 1968. En 1960 publicó la recopilación de su primer corpus poético, *Libertad* bajo palabra.* La crítica ocupa un lugar importante en su obra de esta época (*El laberinto* de la soledad,* 1950; *El arco y la lira,* 1956; *Las peras del olmo,* 1957). La poesía de su segunda etapa entronca con el surrealismo (*Salamandra,* 1962) antes de entrar en contacto con lo oriental, el erotismo y el conocimiento (*Ladera de este,* 1969; *Pasado en claro,* 1975). En 1989 recopiló buena parte de su poesía en *El fuego de cada día.* Entre sus restantes ensayos destacan *Puertas al campo* (1966), *Los hijos del limo* (1974) y *Convergencias* (1991), en los que trata temas literarios y sociales. (Premio Cervantes 1981; premio Nobel de literatura 1990.)

**PAZ ANDRADE** (Valentín), escritor y político español (Pontevedra 1899-Vigo 1987). Economista y militante del Partido galleguista, escribió ensayos (*Galicia como tarea,* 1959; *La marginación de Galicia,* 1970; *Castelao, na luz e na sombra,* 1982) y poesía.

**PAZ ESTENSSORO** (Víctor), político boliviano (Tarija 1907). Fundador (1941) del Movimiento nacionalista revolucionario (M.N.R.), que dirigió hasta 1990. Presidente del país (1952-1956), aprobó el sufragio universal, concedió tierras a los campesinos y nacionalizó las minas de estaño. Fue de nuevo elegido presidente en 1960 (derrocado en 1964) y para el período 1985-1989.

**PAZ ZAMORA** (Jaime), político boliviano (Cochabamba 1939). Líder del Movimiento de izquierda revolucionaria (M.I.R.), fue presidente de la república en 1989-1993.

**pazos de Ulloa** *(Los),* novela de E. Pardo Bazán (1886), que describe la decadencia, biológica y social, de una familia aristocrática gallega.

**PAZZI,** familia güelfa de Florencia, rival de los Médicis. En 1478, uno de sus miembros, **Iacopo,** urdió contra Lorenzo y Julián de Médicis la *conspiración* llamada *de los Pazzi.* El asesinato de Julián de Médicis provocó una represión inmediata: los Pazzi fueron ejecutados o desterrados.

**P.C.Ch.** → ***comunista chino*** (Partido).

**P.C.E.** → ***comunista de España*** (Partido).

**P.C.F.** → ***comunista francés*** (Partido).

**P.C.I.** (Partido comunista italiano) → ***P.D.S.***

**P.C.U.S.** → ***comunista de la Unión Soviética*** (Partido).

**P.D.S.** (Partito democratico della sinistra, Partido democrático de la izquierda), partido político italiano. En 1991 tomó el relevo del Partido comunista italiano (P.C.I.), fundado en 1921. En 1998 pasó a denominarse Demócratas de izquierda.

**PEACE RIVER,** r. de Canadá, afl. del r. del Esclavo (or. der.); 1 600 km. aprox. Aprovechamiento hidroeléctrico.

**PEACOCK** (Thomas Love), escritor británico (Weymouth 1785-Lower Halliford 1866). En sus obras ridiculiza los excesos del romanticismo (*La abadía de Pesadilla,* 1818).

**PEAL DE BECERRO,** v. de España (Jaén); 5 152 hab. *(Pealenses.)* Necrópolis ibérica.

**PEANO** (Giuseppe), lógico y matemático italiano (Cuneo 1858-Turín 1932). Su *Formulario matemático* (1895-1908), que utiliza un lenguaje formalista, es una exposición axiomática y deductiva de la aritmética, de la geometría proyectiva, de la teoría general de los conjuntos, del cálculo infinitesimal y del cálculo vectorial.

**Peares** (*embalse de* **Los**), presa de España (Lugo y Orense), en el Miño. Central hidroeléctrica.

**PEARL HARBOR,** ensenada de las islas Hawai (isla Oahu), en la que la escuadra norteamericana del Pacífico fue destruida, por sorpresa, por los japoneses (7 dic. 1941), lo que provocó la intervención de E.U.A. en la segunda guerra mundial.

**PEARY** (Robert), explorador norteamericano (Cresson Springs, Pennsylvania, 1856-Washington 1920). Demostró la insularidad de Groenlandia y fue el primero en alcanzar el polo norte (6 abril 1909).

**PECES** o **PISCIS,** constelación zodiacal. – Duodécimo signo del Zodíaco, que el Sol abandona en el equinoccio de primavera.

**PECHORA,** r. de Rusia, que nace en los Urales y desemboca en el mar de Barents; 1 790 km (cuenca de 322 000 km²).

Octavio **Paz** recibiendo el premio Nobel de literatura de manos de Carlos Gustavo de Suecia

**PECKINPAH** (Sam), director de cine norteamericano (Madera County, California, 1926-Inglewood, California, 1984), creador de un nuevo tipo de western (violento y pesimista): *Duelo en la alta sierra* (1963), *Mayor Dundee* (1965), *Grupo salvaje* (1969), *Perros de paja* (1971), *La huida* (1972), etc.

**P.E.C.O.,** siglas que designan el grupo de países de Europa central y oriental (Hungría, Polonia, República Checa y Eslovaquia).

**PECOS** *(río),* r. de Estados Unidos (Nuevo México y Texas), afl. del Bravo o Grande del Norte (or. izq.), que atraviesa el Llano Estacado; 1 490 m.

**PÉCS,** c. del S de Hungría; 170 039 hab. Universidad. Centro industrial. Monumentos de la época paleocristiana al barroco.

**PEDERNALES,** prov. del SO de la República Dominicana; 1 011 km²; 17 000 hab. Cap. *Pedernales* (7 880 hab.).

**PEDRAFORCA,** pico de España, en el Prepirineo catalán, entre las prov. de Lérida y Barcelona; 2 497 m de alt.

**Pedralbes** *(monasterio de),* monasterio español de clarisas en Barcelona, fundado en 1326 por la reina Elisenda de Moncada, uno de los mayores exponentes de la arquitectura gótica catalana (claustro; decoración de Ferrer Bassa [1346] de la capilla de San Miguel). En la actualidad alberga parte de la colección Thyssen-Bornemisza.

**PEDRARIAS DÁVILA** (Pedro **Arias Dávila,** llamado), conquistador español (Segovia ¿1440?-León, Nicaragua, 1531). Gobernador y capitán general de Tierra Firme o Castilla del Oro (1514-1526), fundó la capital del territorio, Nuestra Señora de la Asunción de Panamá (1519). En 1526 se atribuyó el gobierno de Nicaragua, tras imponerse a su descubridor, Gil González Dávila. Confirmado en el cargo por el rey (1527), introdujo la ganadería y diversas simientes, aunque gobernó con crueldad.

**PEDRAYES** (Agustín **de**), matemático español (Lastres 1744-Madrid 1815). En 1798-1800 contribuyó en París a la fijación de los patrones del sistema métrico decimal (*Nuevo y universal método de cuadraturas determinadas,* 1777).

**PEDRAZA,** v. de España (Segovia); 448 hab. Conjunto histórico-artístico. Parador de turismo.

**PEDRELL** (Felipe), compositor y musicólogo español (Tortosa 1841-Barcelona 1922). A pesar de su gran actividad compositora, sobresalió por su obra musicológica, que creó escuela: *Salterio sacro-hispánico* (1882), *Por nuestra música* (1894).

**Pedrera** *(la),* nombre con que se conoce la casa Milá, una de las mejores obras de Gaudí en Barcelona (1906-1910).

SANTOS

**PEDRO** *(san),* apóstol de Jesús († Roma entre 64 y 67). Primado del colegio apostólico según los Evangelios, es considerado el primer papa. Pescador galileo, se llamaba en realidad Simón, y el nombre de Pedro, que le fue dado por Jesús, simboliza la fundación de la Iglesia cristiana (Evangelio de san Mateo). Ejerció su actividad misionera en Palestina, Antioquía y Roma, donde, según la tradición, murió mártir durante la persecución de Nerón. Su influencia se extendió también a la comunidad de Corinto. Las excavaciones emprendidas entre 1939 y 1949 bajo la basílica vaticana de San Pedro demostraron que hacia 120 ya se veneraba el recuerdo del apóstol Pedro en este lugar.

**PEDRO DAMIÁN** *(san),* doctor de la Iglesia (Ravena 1007-Faenza 1072). Monje camaldulense, cardenal obispo de Ostia, legado en Milán, fue, en el N de Italia, el promotor de la reforma del clero, junto a Hildebrando, el futuro Gregorio VII.

**PEDRO GONZÁLEZ** *(san),* dominico español (Astorga *c.* 1190-Tuy 1246). Se granjeó fama de predicador en la corte de Fernando III y entre los marineros, que lo invocan como **san Telmo.**

**PEDRO NOLASCO** *(san)* [† en Barcelona 1249], fundador de la orden de la Merced (1218), dedicada a la redención de cristianos cautivos, con la ayuda de Jaime I y de san Raimundo de Peñafort.

**PEDRO CELESTINO** *(san)* → ***Celestino V.***

**PEDRO DE ARBUÉS** *(san),* religioso español (Épila *c.* 1400-Zaragoza 1485). Sus condenas y confiscaciones como inquisidor provocaron el descontento de los conversos. Fue asesinado.

**PEDRO de Alcántara** *(san)* [Pedro **Garavito**], reformador español (Alcántara 1499-Las Arenas 1562). Franciscano, a partir de 1557 inició la reforma de su orden; así nació la rama de los «alcantarinos». Apoyó decididamente a santa Teresa de Ávila y escribió obras de espiritualidad.

**PEDRO CANISIO** *(san),* jesuita neerlandés (Nimega 1521-Friburgo, Suiza, 1597), doctor de la Iglesia. Provincial de Alemania, desempeñó un papel de primer orden en la Contrarreforma en los países germánicos. Fue canonizado en 1925.

**PEDRO CLAVER** *(san),* misionero jesuita español (Verdú 1580-Cartagena de Indias 1654). Marchó a Perú en 1610, y desde 1615 se dedicó en Cartagena de Indias a la evangelización de los esclavos negros. Es patrón de Colombia.

IMPERIO LATINO DE ORIENTE

**PEDRO II de Courtenay** (*c.* 1167-1217), emperador latino de oriente [1217], esposo de Yolanda de Flandes.

ARAGÓN

**PEDRO I** (*c.* 1070-en el valle de Arán 1104), rey de Aragón y Navarra [1094-1104], hijo de Sancho I Ramírez. Aliado del Cid y de Castilla, conquistó Huesca (1096) y Barbastro (1101). Bajo su reinado se creó la institución del justicia mayor de Aragón.

**PEDRO II el Católico** [**I** de Cataluña] (*c.* 1177-Muret 1213), rey de la Corona de Aragón [1196-1213], hijo de Alfonso el Casto y de Sancha de Castilla. Casado con María de Montpellier (1204) y señor de los condados de Occitania, fue derrotado y muerto en la batalla de Muret.

**PEDRO III el Grande** [**II** de Cataluña, **I** de Valencia y Sicilia] (Valencia 1240-Vilafranca del Penedès 1285), rey de la Corona de Aragón [1276-1285], hijo de Jaime I y de Violante de Hungría. Casado con Constanza de Sicilia, fue nombrado rey de Sicilia en 1282, tras las Vísperas sicilianas, y fue excomulgado por el papa. Derrotó en Panissars (1285) a los cruzados franceses de Felipe III.

**PEDRO IV el Ceremonioso** [**III** de Cataluña, **II** de Valencia, **I** de Mallorca y Cerdeña] (Balaguer 1319-Barcelona 1387), rey de la Corona de Aragón [1336-1387], hijo de Alfonso IV y de Teresa de Entenza. Se apoderó de Mallorca y Rosellón (1344), derrotó a los nobles de las *Uniones* aragonesa y valenciana (1348) y se enfrentó a Castilla (*guerra de los dos Pedros,* 1356-1357) y a diversas revueltas en Cerdeña. Escribió una *Crónica* de su reinado.

BRASIL

**PEDRO I** (Queluz, Portugal, 1798-*id.* 1834), emperador de Brasil [1822-1831], rey de Portugal [1826] con el nombre de Pedro IV. Hijo de Juan VI de Portugal, emigró a Brasil con su familia, a raíz de la invasión francesa (1807). Cuando su padre regresó a Lisboa (1821) quedó como príncipe regente de Brasil. Tras proclamar la independencia, fue coronado emperador (1822). A la muerte de su padre (1826), heredó la corona portuguesa, pero abdicó en favor de su hija, María II. Sin embargo, renunció a la corona brasileña en 1831, reconquistó (1834) en Portugal el poder del que se había apoderado su hermano en 1828 y restauró a su hija María. — **Pedro II** (Río de Janeiro 1825-París 1891), emperador de Brasil [1831-1889]. Abolió la esclavitud (1888); su liberalismo le forzó a abdicar (1889).

CASTILLA

**PEDRO I el Cruel** (Burgos 1334-Montiel 1369), rey de Castilla y León [1350-1369], hijo de Alfonso XI y de María de Portugal. Nombró herederos a los hijos habidos con María de Padilla: Alfonso (1359-1362), Beatriz, Constanza e Isabel. Sometió a la nobleza (1353), que volvió a rebelarse durante la guerra con Aragón (1356-1357), y se enfrentó a su hermano Enrique de Trastámara, que se proclamó rey de Castilla (1366) apoyado por Francia. Abandonado por sus aliados, fue asesinado.

MONTENEGRO

**PEDRO II PETROVIĆ NJEGOŠ,** príncipe-obispo y poeta de Montenegro (Njegoš 1813-Cetinje 1851). Se le considera uno de los creadores de la literatura nacional de su país por su poema dramático *Los laureles de la montaña* (1847).

PORTUGAL

**PEDRO I el Justiciero** (Coimbra 1320-Estremoz 1367), rey de Portugal [1357-1367]. Tras la muerte de su esposa, Constanza de Castilla (1345), casó con su amante, Inés de Castro, que fue muerta por orden del rey Alfonso IV (1355). Al subir al trono hizo ajusticiar a los asesinos y, según la tradición, obligó a la corte rendir homenaje al cadáver de Inés (1361). — **Pedro II** (Lisboa 1648-*id.* 1706), rey de Portugal [1683-1706]. Firmó con Carlos II de España el tratado de Madrid (1668), que aseguraba la independencia portuguesa. Hizo valer sus derechos a la corona de España, y durante la guerra de sucesión de España firmó una alianza con el archiduque Carlos (1703). — **Pedro III** (Lisboa 1717-*id.* 1786), rey de Portugal [1777-1786]. Casó con la hija de su hermano (1760) y reinó junto con ella (María I). — **Pedro IV,** rey de Portugal en 1826 → ***Pedro I,*** emperador de Brasil. — **Pedro V** (Lisboa 1837-*id.* 1861), rey de Portugal [1853-1861]. Modernizó el país.

RUSIA

**PEDRO I el Grande** (Moscú 1672-San Petersburgo 1725), zar [1682-1725] y emperador [1721-1725] de Rusia. Relegado por la regente Sofía, eliminó a ésta en 1689. A su regreso de un primer viaje a Europa occidental (1697-1698), se dedicó a la modernización y occidentalización de Rusia. Tras vencer a Carlos XII de Suecia en Poltava (1709), consolidó sus conquistas en el Báltico (tratado de Nystadt, 1721). Dotó a Rusia de una nueva capital, San Petersburgo (1712), sede de las instituciones que creó: el Senado y los colegios encargados de los diversos departamentos del estado, entre ellos el Santo sínodo. Transformó Rusia en un imperio (1721), cuyo gobierno confió a su muerte a Catalina I, su esposa.

**PEDRO III Fiodoróvich** (Kiel 1728-castillo de Ropcha, cerca de San Petersburgo, 1762), emperador de Rusia [1762]. Fue asesinado a instigación de su esposa, Catalina II.

SERBIA Y YUGOSLAVIA

**PEDRO I KARAGJORGJEVIĆ** (Belgrado 1844-*id.* 1921), rey de Serbia [1903-1918] y más tarde de los serbios, croatas y eslovenos [1918-1921]. — **Pedro II Karagjorgjević** (Belgrado 1923-Los Ángeles 1970), rey de Yugoslavia [1934-1945], hijo de Alejandro I. Se refugió en Londres (1941) y no pudo regresar a Yugoslavia.

DIVERSOS

**PEDRO AGUIRRE CERDA,** com. de Chile (Santiago); 128 342 hab.

**PEDRO BETANCOURT,** mun. de Cuba (Matanzas); 30 481 hab. Pastos. Cítricos. Ingenios azucareros.

**PEDRO ESCOBEDO,** mun. de México (Querétaro); 29 503 hab. Ganadería vacuna e industrias lácteas.

**PEDRO JUAN CABALLERO,** c. de Paraguay, cap. del dep. de Amambay; 51 092 hab. Centro cafetalero.

**PEDRO MARÍA MORANTES,** mun. de Venezuela (Táchira); 35 874 hab. Forma parte de San Cristóbal.

**Pedro Páramo,** novela de Juan Rulfo (1955). A partir del mito de la búsqueda del padre, Rulfo construyó esta poética novela donde se borran las fronteras entre realidad e irrealidad, presente y futuro, vida y muerte.

**PEDROLO** (Manuel **de**), escritor español en lengua catalana (Aranyo, Lérida, 1918-Barcelona 1990). Poeta y dramaturgo, de sus obras en prosa destaca el ciclo narrativo *Tiempo abierto (Temps obert),* iniciado en 1968.

**Pedros** *(guerra de los dos),* conflicto entre Pedro I de Castilla, apoyado por Inglaterra y Granada, y Pedro IV el Ceremonioso de Aragón, aliado con Francia, Marruecos y Enrique de Trastámara (1356-1369).

**PEEL** (*sir* Robert), político británico (Chamber Hall, cerca de Bury, 1788-Londres 1850). Diputado tory (1809), secretario para Irlanda (1812-1818), y dos veces ministro del Interior (1822-1830), humanizó la legislación criminal e hizo aprobar la ley de emancipación de los católicos (1829). Primer ministro (1834-1835 y 1841-1846), favorable al librecambio, llevó a cabo numerosas reformas e hizo votar la ley de abolición de los aranceles sobre los cereales (1846).

**Pedro I el Grande**
(Rijksmuseum, Amsterdam)

**Pedro I,**
emperador de Brasil

**PEENEMÜNDE,** c. y puerto de Alemania (Mecklemburgo-Antepomerania), en el estuario del *Peene* (tributario del Báltico; 180 km). Base de experimentación de los ingenios autopropulsados alemanes (V1 y V2) durante la segunda guerra mundial.

**Peer Gynt,** drama lírico y satírico de Ibsen, música de Grieg (1867).

**PEGASO,** en la mitología griega, caballo alado, nacido de la sangre de Medusa, que sirvió de montura a Belerofonte. Es el símbolo de la inspiración poética.

**PEGO,** v. de España (Alicante); 9 062 hab. *(Pegolinos.)* Agricultura (naranjos, arroz, hortalizas) e industrias derivadas.

**PEGU,** c. de Birmania; 255 000 hab. Monumentos búdicos.

**PÉGUY** (Charles), escritor francés (Orleans 1873-Villeroy 1914). De ideología socialista, se convirtió al catolicismo y dejó una obra que ilustra el espiritualismo francés (*Eva,* 1913).

**PEHUAJÓ,** partido de Argentina (Buenos Aires); 38 293 hab. Girasol, cereales. Vacunos.

**PEI** o **PEI IEOH MING,** arquitecto y urbanista norteamericano de origen chino (Cantón 1917). Partidario de un modernismo flexible, construyó importantes conjuntos en E.U.A. y en Asia (Singapur). Es autor de la remodelación del Louvre (Pirámide, 1986-1988) y del proyecto del centro internacional de negocios en el puerto de Barcelona. (Premio Pritzker 1983.)

**PEIPUS** *(lago),* **LAGO CHUDSKOIE** o **LAGO DE LOS CHUDIÉS,** lago de Estonia y Rusia que desagua en el golfo de Finlandia a través del Narva; 2 670 km².

**PEIRCE** (Charles Sanders), filósofo y lógico norteamericano (Cambridge, Massachusetts, 1839-Milford, Pennsylvania, 1914). Contribuyó al desarrollo del cálculo de las relaciones y es el principal creador de la semiótica. Fundó el pragmatismo lógico (*Collected papers,* 1931).

**PEITIEU** (Guilhem **de**) → ***Guillermo IX*** de Aquitania.

**PEIXOTO** (Floriano), político y mariscal brasileño (Maceió 1842-cerca de Río de Janeiro 1895), uno de los autores de la revolución de 1889. Fue presidente de la república de 1891 a 1894.

**PEKALONGAN,** c. y puerto de Indonesia (Java); 227 535 hab.

**PEKÍN,** en chino **Beijing** o **Pei-king,** c. y cap. de China, que constituye un municipio autónomo de 17 000 km² aprox. y 9 830 000 hab. Centro administrativo, universitario e industrial. Los barrios centrales están formados por la yuxtaposición de la *ciudad china,* o *exterior,* y de la *ciudad tártara,* o *interior;* en el centro de esta última, la *ciudad imperial* alberga la antigua *ciudad prohibida,* que estaba reservada a la familia imperial. Ricos museos. — Situada cerca de la capital del estado Yan (s. IV a. J.C.), fue a partir de la dominación de los mongoles (s. XIII) la capital de China a excepción de algunos períodos en que la sustituyó Nankín. Fue el escenario del saqueo del palacio de Verano (1860), de la revuelta de los bóxers (1900) y de la proclamación de la República Popular China por Mao Zedong (1949). *[V. ilustración pág. 1588.]*

**PELA** o **PELLA,** ant. c. de Palestina, en Perea.

**PELA** o **PELLA,** c. y cap. de Macedonia del s. V hasta 168 a. J.C. Ruinas y bellos mosaicos (fines s. IV-s. III a. J.C.).

**PELADA** *(montaña),* en fr. **montagne Pelée** o **mont Pelé,** volcán del N de la isla Martinica (1 397 m). Su erupción de 1902 destruyó Saint-Pierre.

**PELÁEZ** (Amelia), pintora cubana (Yaguajay 1897-La Habana 1968). Su etapa en París refleja la influencia de Modigliani. Al regresar a La Habana (1934) incorporó a su estilo innovador la temática cubana *(Muchacha rubia, Frutas).*

**PELAGIO,** monje de origen británico (en Gran Bretaña *c.* 360-en Palestina *c.* 422). Residió en

Roma, Egipto y Palestina. Su doctrina sobre el papel de la gracia divina y de la voluntad humana *(pelagianismo)* tuvo en san Agustín un temible adversario.

**PELAGIO I** (Roma *c.* 500-*id.* 561), papa de 556 a 561, impuesto por Justiniano.

**PELÁSGICO** *(golfo),* act. **golfo de Vólos,** al SE de Tesalia.

**PELAYO** († 737), fundador del reino de Asturias [718-737], hijo del duque Fáfila. Se refugió en Asturias tras la derrota de Guadalete y alentó la rebelión de los astures contra los musulmanes, a los que derrotó en Covadonga (*c.* 722).

**PELÉ** (Edson Arantes **do Nascimento,** llamado), futbolista brasileño (Três Corações, Minas Gerais, 1940), estratega y goleador, tres veces vencedor de la copa del mundo (1958, 1962 y 1970).

**PELEO,** rey legendario de Tesalia, padre de Aquiles.

**PELIÓN,** macizo montañoso de Tesalia; 1 548 m.

**PELLEGRINI,** dep. de Argentina (Santiago del Estero); 16 034 hab. Vacuno. Conservas cárnicas.

**PELLEGRINI** (Aldo), escritor y crítico argentino (Rosario, Santa Fe, 1903-Buenos Aires 1973). Poeta y crítico, fue teórico y propulsor del surrealismo en Argentina (*La valija del fuego,* 1952; *Distribución del silencio,* 1966). Fue también teórico y crítico de arte.

**PELLEGRINI** (Carlos Enrique), pintor francés activo en Argentina (Chambéry 1800-Buenos Aires 1906). Proyectó numerosos edificios públicos en Buenos Aires. Realizó también retratos, dibujos, acuarelas y litografías.

**PELLEGRINI** (Carlos), político argentino (Buenos Aires 1846-*id.* 1906). Ministro de Guerra y Marina (1879-1885) y presidente de la república (1890-1892).

**PELLICER** (Carlos), poeta mexicano (Villahermosa 1899-México 1977). Católico y de izquierdas, su poesía, entregada a la imagen y al humor, es de las más significativas del vanguardismo mexicano (*Material poético,* 1962).

**PELLICER** (José), escritor español (Zaragoza 1602-Madrid 1679). Escribió poesía (*El Fénix,* 1630), libros de historia (*Avisos históricos,* 1639-1644) y de economía (*Comercio impedido,* 1639).

**PELLICO** (Silvio), escritor italiano (Saluzzo 1789-Turín 1854). El relato de su encarcelamiento en Spielberg (*Mis prisiones,* 1832) contribuyó a ganar la opinión internacional para la causa de los patriotas italianos.

**PELÓPIDAS,** general tebano (*c.* 410-Cinoscéfalos 364 a. J.C.). Cooperó con Epaminondas para liberar Tebas del yugo lacedemonio (379) y restableció la democracia.

**PELOPONESO** o **MOREA,** península del S de Grecia, dividida a su vez en varias penínsulas, unida al continente por el istmo de Corinto. Está constituido por Argólida, Laconia, Mesenia, Élide, Acaya y Arcadia; 21 500 $km^2$; 1 077 002 hab. En el II milenio, fue el centro de la civilización micénica. Su historia, en la época clásica, se confunde con la de Esparta y Grecia. El desmembramiento del Imperio bizantino convirtió al Peloponeso en el despotado de Mistra (o de Morea).

**Peloponeso** *(guerra del)* [431-404 a. J.C.], conflicto que enfrentó a Esparta y a Atenas por la hegemonía sobre el mundo griego. En un primer período (431-421), los beligerantes alternaron victorias y derrotas, y esta confusa etapa acabó con la paz de Nicias, especie de tregua. Tras algunos años de guerra larvada, se recrudecieron las hostilidades con la aciaga expedición de Sicilia (415), que acabó con el aplastamiento del ejército y de la flota atenienses ante Siracusa (413). El tercer período (413-404) marcó el final del conflicto y la caída de Atenas, cuya flota, a pesar de los éxitos de Alcibíades (410 y 408) y la victoria de las Arginusas (406), fue aniquilada por Lisandro en la desembocadura del Egospótamos (405). Atenas, asediada, tuvo que firmar una paz (404) que la despojó de su imperio.

**PÉLOPS** o **PÉLOPE,** en la mitología griega, héroe epónimo del Peloponeso, antepasado de los Atridas.

**PELOTAS,** c. de Brasil (Río Grande do Sul); 289 494 hab.

**PELTON** (Lester Allen), ingeniero norteamericano (Vermilion, Ohio, 1829-Oakland, California, 1908). Inventó la turbina de acción hidráulica que lleva su nombre, utilizada para saltos de agua de gran altura y escaso caudal.

**PELUSIO,** ant. c. de Egipto, en el extremo E del delta del Nilo.

**PEMÁN** (José María), escritor español (Cádiz 1898-*id.* 1981). Cultivó el drama en verso (*El divino impaciente,* 1933; *Cuando las cortes de Cádiz,* 1934), la poesía, la novela y el teatro (*La viudita naviera,* 1961), y destacó como articulista y autor de crónicas. (Real academia 1936.)

**PEMATANGSIANTAR,** c. de Indonesia (Sumatra); 203 834 hab.

**PEMBA,** isla del océano Índico (Tanzania), al N de Zanzíbar; 984 $km^2$; 206 000 hab. Principal centro mundial del cultivo de clavo.

**Pemex,** siglas de **Petróleos mexicanos,** empresa mexicana de carácter estatal creada en 1938 para llevar a término la nacionalización de los recursos petrolíferos del país. Actúa como organismo autónomo y es, por el volumen de recursos económicos, una de las primeras corporaciones de México.

**PENA** (Antonio), escultor, pintor y grabador uruguayo (Montevideo 1894-*id.* 1947). Destaca su *Monumento a Hernandarias* (Montevideo).

**PENAGOS** (Rafael **de**), dibujante y cartelista español (Madrid 1889-*id.* 1954). Alcanzó gran fama como cartelista.

**PENALBA** (Alicia), escultora argentina (Buenos Aires 1918-Dax, Francia, 1982). En París desde 1948, desarrolló una obra abstracta *(Tótems),* a veces integrada en la arquitectura.

**PENANG** o **PINANG,** estado de Malaysia, que comprende la *isla de Penang* (ant. Prince of Wales); 1 031 $km^2$; 1 065 000 hab. Cap. *Penang, Pinang* o *George Town.*

**PENANG, PINANG** o **GEORGE TOWN,** c. y puerto de Malaysia, cap. del estado de Penang; 251 000 hab.

**PENAS** *(golfo de),* golfo de Chile (Aisén del General Carlos Ibáñez del Campo), junto a la península de Taitao.

**PENCK** (Albrecht), geógrafo alemán (Leipzig 1858-Praga 1945). Definió las grandes glaciaciones de los Alpes.

**PENCO,** com. de Chile (Biobío); 40 383 hab. Forma parte del área industrial de Concepción.

**PENDERECKI** (Krzysztof), compositor polaco (Debica 1933). Uno de los iniciadores del movimiento «tachista» en música (*Trenos para las víctimas de Hiroshima,* 1960; *Pasión según san Lucas,* 1965; *Los diablos de Loudun,* 1969; *El paraíso perdido,* 1978).

**PENDJAB** → ***Panjāb.***

**Pendo** *(cueva del),* cueva de España (Escobedo, Cantabria), con grabados paleolíticos de animales.

**PENEDÈS** o **PANADÉS,** comarca histórica de España (Barcelona y Tarragona), en el sector S de la depresión Prelitoral. Vid (industria vitivinícola).

**PENÉLOPE,** en la mitología griega, esposa de Ulises y madre de Telémaco. Durante los veinte años que duró la ausencia de Ulises, rehusó con astucia las proposiciones de matrimonio de los pretendientes, aplazando su respuesta para el día en que hubiese terminado la tela que estaba tejiendo: por la noche deshacía el trabajo del día. Es el símbolo de la fidelidad conyugal.

**PENG-PU** → ***Bengbu.***

**PENIBÉTICA** *(cordillera),* cordillera del S de España, paralela a la costa mediterránea, entre Gibraltar y Cartagena. Forma parte del sistema Bético. Está constituida por una serie de macizos (serranía de Ronda, sierras de Alhama, Tejada, Baza, Filabres) separados por valles transversales. Culmina en sierra Nevada, a 3 478 m (Mulhacén).

**PENINOS,** cadena de montañas de Gran Bretaña, que se extienden, de N a S, entre Escocia y los Midlands. Culmina en el *Cross Fell* (893 m).

**PENÍNSULA ANTÁRTICA** o **TIERRA DE SAN MARTÍN,** península del O de la Antártida argentina, limitada al O por el mar de Weddell. Bases del Instituto antártico argentino.

**PENJAMILLO,** mun. de México (Michoacán); 21 270 hab. Cap. *Penjamillo de Degollado.* Vacunos.

**PÉNJAMO,** mun. de México (Guanajuato); 105 105 hab. Cereales y leguminosas. Ganadería.

**PEN-K'I** → ***Benxi.***

**PENN** (Arthur), director de cine norteamericano (Filadelfia 1922). Fue uno de los primeros en romper con los esquemas estilísticos y temáticos de Hollywood: *El zurdo* (1958), *El milagro de Ana Sullivan* (1962), *La jauría humana* (1966), *Pequeño gran hombre* (1970), *Georgia* (1981), etc.

**PENN** (William), cuáquero inglés (Londres 1644-Jordans 1718). Obtuvo la concesión de un territorio norteamericano al que llamó *Pennsylvania* (1681), y al que dotó de una legislación que fue modelo de las instituciones norteamericanas. Fundó Filadelfia.

**PENNSYLVANIA,** estado de Estados Unidos que se extiende del lago Erie al Delaware; 117 400 $km^2$; 11 881 643 hab. Cap. *Harrisburg.* C. pral. *Filadelfia, Pittsburgh.*

**PENONOMÉ,** c. de Panamá, cap. de la prov. de Coclé; 48 335 hab. Explotación forestal (caucho).

**PENSACOLA,** c. de Estados Unidos (Florida), en la *bahía de Pensacola,* en la costa del golfo de México; 57 600 hab. Importante base naval. Puerto pesquero y comercial. Colonia española desde el s. XVI, pasó a Gran Bretaña por la paz de París (1763) y volvió a España por la de Versalles (1783). Se incorporó definitivamente a E.U.A. en 1819.

**Pensamientos,** obra de Pascal (1670), sobre la debilidad de la naturaleza humana y apología de la religión cristiana.

**PENSILVANIA,** mun. de Colombia (Caldas); 27 623 hab. Ganadería vacuna. Minería (oro). Calzado.

**Pentágono,** edificio de Washington, así denominado a causa de su forma, que alberga desde 1942 el secretariado de Defensa y el estado mayor de las fuerzas armadas de E.U.A.

**Pentateuco,** nombre dado a los cinco primeros libros de la Biblia: Génesis, Éxodo, Levítico, Números y Deuteronomio. La tradición judía lo denomina *Torá* (ley), porque contiene lo esencial de la legislación hebrea.

**PENTÉLICO,** montaña de Ática, célebre por sus canteras de mármol blanco.

**PENTESILEA,** en la mitología griega, reina de las Amazonas, muerta por Aquiles ante Troya.

**Pekín:** un aspecto de la ciudad prohibida (construida en 1406; restaurada del s. XVII al XIX) con la puerta central de acceso al patio del palacio imperial

José María de **Pereda** (por A. Clapés)

**PENZA,** c. de Rusia, al SE de Moscú; 543 000 hab.

**PENZIAS** (Arno), radioastrónomo norteamericano (Munich 1933). En colaboración con R. Wilson descubrió, en 1965, de forma fortuita, la radiación térmica del fondo del cielo a 3 kelvins, confirmando así la teoría cosmológica del big bang. (Premio Nobel de física 1978.)

**PEÑA** o **TAMBORIL,** mun. de la República Dominicana (Santiago), en el Cibao; 24 285 hab. Tabaco y café.

**PEÑA,** mun. de Venezuela (Yaracuy), junto al río Turbio; 72 958 hab. Cap. *Yaritagua.* Azúcar.

**PEÑA BLANCA** *(macizo de),* macizo de Nicaragua, máxima alt. de la cordillera Isabelia; 1 745 m.

**PEÑA DE FRANCIA** *(sierra de la),* sierra de España (Salamanca y Cáceres), en la cordillera Central; 1 723 m en la *Peña de Francia.*

**PEÑA GANCHEGUI** (Luis), arquitecto español (en Guipúzcoa 1926). Su obra entronca con la tradición vasca al tiempo que se adapta al entorno geográfico y social (viviendas y plaza del Tenis en San Sebastián, 1976; plaza de los Fueros en Vitoria, 1977; parque de la España industrial en Barcelona, 1982-1985).

**PEÑA LABRA** *(sierra de),* sierra de España (Cantabria y Palencia), en la cordillera Cantábrica, divisoria de aguas entre el Cantábrico y el Mediterráneo; culmina en *Peña Labra* (2 018 m).

**PEÑAFIEL,** v. de España (Valladolid); 5 003 hab. *(Peñafielenses.)* Notable castillo (s. XI, reformado en los ss. XIV-XV). Iglesia de San Pablo (ss. XIV y posteriores).

**PEÑAFLOR,** c. de Chile (Santiago); 76 603 hab. Cereales y frutales en regadío.

**PEÑAFLORIDA** (Xavier María **de Munibe e Idiáquez,** *conde* **de**), ilustrado español (Azcoitia 1723-Vergara 1785). Fue diputado general de Guipúzcoa y fundador de la academia (*c.* 1748) que se convertiría en la Real sociedad bascongada de Amigos del país (1763-1765).

**PEÑAGOLOSA** o **PENYAGOLOSA,** pico de España (Castellón), en la cordillera Ibérica; 1 813 m.

**PEÑALARA,** pico de España (Madrid y Segovia); 2 430 m. El circo y la laguna (522 ha) han sido declarados sitio natural de interés nacional.

**PEÑALOLÉN,** com. de Chile (Santiago); 178 728 hab.

**PEÑALOSA** (Francisco **de**), compositor español (Talavera de la Reina *c.* 1470-Sevilla 1528). Adaptó la polifonía francoflamenca a las características nacionales. En su obra sacra destacan seis misas a 4 voces; su producción profana se conserva en el *Cancionero musical de palacio.*

**PEÑARANDA CASTILLO** (Enrique), militar y político boliviano (Larecaja, La Paz, 1892-Madrid 1969). Comandante en jefe del ejército (1933 y 1935-1938), fue presidente de la república en 1940 y derrocado en 1943.

**PEÑARANDA DE BRACAMONTE,** c. de España (Salamanca), cab. de p. j.; 6 290 hab. *(Peñarandinos.)* Iglesia renacentista de San Miguel, con retablo mayor (1618). Convento de carmelitas descalzas (s. XVII).

**PEÑARANDA DE DUERO,** v. de España (Burgos); 609 hab. *(Peñarandinos.)* Restos del castillo gótico (s. XV). Palacio del s. XVI. Farmacia del s. XVII.

**PEÑARROYA,** pico de España (Teruel), máxima elevación de la sierra de Gúdar; 2 024 m.

**PEÑARROYA-PUEBLONUEVO,** c. de España (Córdoba), cab. de p. j.; 13 946 hab. Fundiciones de hierro y plomo. Central termoeléctrica.

**PEÑAS** *(cabo de),* cabo de España (Asturias), en la costa cantábrica, entre Avilés y Gijón. Faro.

***Peñas arriba,*** novela de J. M. de Pereda (1893).

**PEÑÍSCOLA,** c. de España (Castellón); 3 677 hab. *(Peñiscolanos.)* Pesca. Centro turístico. En un promontorio rocoso, gran fortaleza (s. XIII), que fue residencia papal de Benedicto XIII. Murallas (s. XVI).

**PEÑUELAS,** mun. de Puerto Rico, en la costa meridional; 22 515 hab. Refinería de petróleo e industria química. Central hidroeléctrica (Las Garzas).

**PEORIA,** c. de Estados Unidos (Illinois); 113 504 hab. Centro industrial.

**PEPE** (Guglielmo), general napolitano (Squillace, Calabria, 1783-Turín 1855). Dirigió la insurrección napolitana de 1820, pero fue derrotado en Rieti por las tropas austríacas.

**PEPE BOTELLAS,** nombre dado por el pueblo español a José I (1808-1813) por la afición a la bebida que se le atribuía.

**PEPE EL DE LA MATRONA** (José **Núñez,** llamado), intérprete de cante flamenco (Sevilla 1887-Madrid 1980), famoso por las soleares de Triana y las serranas.

**PEPE-HILLO** (José **Delgado Guerra,** llamado), matador de toros español (Sevilla 1754-Madrid 1801). Desde su debut en 1777 actuó ininterrumpidamente hasta su muerte, consecuencia de una cornada. Torero alegre, osado e improvisador, se le atribuye la *Tauromaquia* o *Arte de torear* (1796).

***Pepita Jiménez,*** novela de Juan Valera (1874), narración irónica del triunfo del amor humano sobre el divino.

**PEPYS** (Samuel), escritor inglés (Londres 1633-Clapham 1703), autor de un *Diario,* con la vida en Londres como telón de fondo.

**PERAK,** estado de Malaysia, junto al estrecho de Malaca; 1 762 000 hab. Cap. *Ipoh.*

**PERAL** (Isaac), militar y científico español (Cartagena 1851-Berlín 1895). Prosiguiendo los trabajos de N. Monturiol, puso a punto un submarino propulsado por un motor eléctrico y alimentado por acumuladores de su invención. Las pruebas fueron satisfactorias, pero el ministerio de Marina desestimó finalmente el proyecto.

**PERALADA** o **PERELADA,** v. de España (Gerona); 1 118 hab. *(Pereladenses.)* Vinos (cava). El castillo del s. XVI posee una capilla gótica (ss. XIII-XV) y rica biblioteca. Casino.

**PERALTA** (Ángel), rejoneador español (Puebla del Río 1926). Se presentó en Sevilla en 1945 y fue un rejoneador brillante, con un gran dominio como jinete y en todas las suertes.

**PERALTA** (Ángela), soprano mexicana (México 1845-Mazatlán 1883). Debutó en 1860, actuó en España e Italia hasta 1865, año en que regresó a México y fundó su propia compañía.

**PERALTA** (Pedro **de**), escritor peruano (Lima 1663-*id.* 1743), poeta, dramaturgo (*Afectos vencen finezas,* 1720), autor de libros científicos y prosista (*Pasión y triunfo de Cristo,* 1738).

**PERALTA AZURDIA** (Enrique), militar y político guatemalteco (Guatemala 1908-*id.* 1997), presidente de la junta que derrocó a Ydígoras (1963-1967).

**PERATALLADA,** v. de España (Gerona), en el mun. de Forallac; 218 hab. Conjunto medieval restaurado, que conserva el recinto amurallado, el castillo y la iglesia románica de San Esteban.

**PERAVIA** *(provincia de),* prov. del S de la Rep. Dominicana; 1 621 km²; 166 000 hab. Cap. *Baní.*

***Perceval*** *(Perceval ou Li contes del Graal),* novela inacabada de Chrétien de Troyes (*c.* 1182-1190). El poeta alemán Wolfram von Eschenbach retocó el tema en su *Percival,* en el que se inspiró Wagner para su *Parsifal.*

**PERDICAS,** nombre de tres reyes del antiguo reino de Macedonia.

**PERDICAS,** general macedonio († 321 a. J.C.). Intentó mantener la unidad del imperio de Alejandro, pero fue asesinado por los diadocos.

**PERDIDO** *(monte),* macizo del Pirineo central situado entre España (Huesca) y Francia; 3 355 m de alt. Incluido en el parque nacional de Ordesa y Monte Perdido.

**PERDIGUERO,** pico del Pirineo, situado entre España (Huesca) y Francia; 3 321 m de alt.

**PEREA,** ant. provincia judía, al E del Jordán, antiguo país de los ammonitas.

**PEREA** (*maestro* **de**), pintor activo en Valencia durante el último cuarto del s. XV. En su obra confluyen influencias hispanoflamencas e italianas (retablo de *La Epifanía, Virgen de la Leche*).

**PEREDA** (Antonio **de**), pintor español (Valladolid 1608-Madrid 1678). Su estilo, dentro del más puro barroco madrileño, es de una gran sobriedad a la vez que detallista y preocupado por los efectos lumínicos *(San Jerónimo, El sueño del caballero).* Son notables también sus bodegones.

**PEREDA** (José María **de**), escritor español (Polanco 1833-Santander 1906). Sus novelas, con una visión idílica y nostálgica del medio rural, están dentro de un realismo alejado de los métodos naturalistas (*Pedro Sánchez,* 1883; *Sotileza,* 1885; *Peñas arriba,* 1893). [Real academia 1896.]

**PEREIRA,** c. de Colombia, cap. del dep. de Risaralda; 287 999 hab. Mercado cafetalero. Centro cultural (universidad). Aeropuerto de Matecaña.

**PEREIRA** (Gabriel Antonio), político uruguayo (Montevideo 1794-*id.* 1861). Firmó la declaración de independencia (1825) y fue vicepresidente de la asamblea constituyente (1828-1830). Presidente de la república en 1856-1860, reprimió la revolución de 1857-1858.

**PEREIRA** (Gómez), médico y filósofo español (¿Medina del Campo? *c.* 1500-† d. 1558). En *Antoniana Margarita* (1555) concibió a los animales como autómatas carentes de sensibilidad. Es autor también de *Novae veraeque medicinae* (1558), en que cuestionó la doctrina galénica de las fiebres.

**PEREIRA** (Manuel), escultor portugués (Oporto 1588-Madrid 1683). Trabajó fundamentalmente en Madrid, desarrollando una imaginería religiosa de gran realismo no exento de dulzura *(San Bruno).*

**PEREKOP** *(istmo de),* istmo que une Crimea al continente; 8 km de anchura.

**PERELLÓS** (Ramón **de**) → ***Purgatorio*** (Viaje al).

**PERES** (Shimon), político israelí (Polonia 1923). Presidente del partido laborista (1977-1992), ha sido primer ministro (1984-1986). Ha desempeñado varios cargos ministeriales (Asuntos Exteriores, 1986-1988, 1992-1995 y desde 2001; Finanzas, 1988-1990). Es uno de los principales artífices del acuerdo palestino-israelí de Oslo de 1993. Tras el asesinato de I. Rabin (1995), fue de nuevo presidente del partido laborista (1995-1997) y primer ministro (1995-1996). [Premio Nobel de la paz 1994.]

**PEREYNS** (Simón), pintor flamenco activo en México (Amberes *c.* 1530-México *c.* 1600). Su estilo está influido por Rafael y los rafaelistas sevillanos (retablo de Huejotzingo, con influencias de Durero; *San Cristóbal,* catedral de México).

**PEREYRA** (Carlos), historiador mexicano (Saltillo 1871-Madrid 1942), autor de *Historia de la América española* (1920-1924) y *Hernán Cortés* (1931).

**PÉREZ** (Alonso), escritor español (Salamanca s. XVI), autor de una *Segunda parte de la Diana* (1564), continuación de la obra homónima de J. de Montemayor.

**PÉREZ** (Antonio), político español (Madrid 1540-París 1611). Secretario de Estado para los asuntos de Italia (1566), abusó de la confianza de Felipe II y, de acuerdo con la princesa de Éboli, ordenó el asesinato de Juan Escobedo (1578). Encarcelado por el rey, logró escapar a Aragón (1590) y, al ser reclamado por la Inquisición, fue liberado por el pueblo y huyó a Francia. Sus *Cartas* y *Relaciones* contribuyeron a la Leyenda* negra.

**PÉREZ** (Bartolomé), pintor español (Madrid 1634-*id.* 1693). Realizó cuadros de flores barrocos.

**PÉREZ** (Carlos Andrés), político venezolano (Rubio 1922). Dirigente de Acción democrática, fue presidente de la república en 1974-1978. Reelegido en 1988, superó dos golpes de estado en 1992. En 1993 fue destituido del cargo por el parlamento y condenado por corrupción en 1996.

**PÉREZ** (Felipe), escritor colombiano (Sotaquirá 1836-Bogotá 1891), autor de poemas, ensayos y novelas históricas (*Atahualpa,* 1856).

**PÉREZ** (*fray* Juan), religioso franciscano español del s. XV. Recibió a Colón en La Rábida (1485) e influyó en Isabel la Católica para que favoreciera la empresa de Colón, en cuyo nombre firmó las capitulaciones de Santa Fe (1492).

**PÉREZ** (José Joaquín), político chileno (Santiago 1801-*id.* 1889). Ministro del gobierno de Bulnes

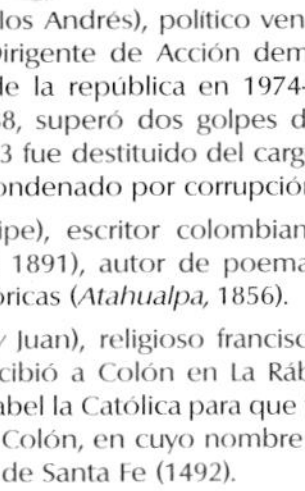

Antonio **Pérez**
(Sánchez Coello - hospital Tavera, Toledo)

(1845-1850) y consejero de Estado del de Montt (1851-1861), fue presidente de la república (1861-1871) por la alianza liberal-conservadora.

**PÉREZ** (Santiago), político colombiano (Zipaquirá 1830-París 1900). Presidente de la república (1874-1876), fue desterrado en 1893 por Caro. – Su hijo **Santiago Pérez Triana** (Bogotá 1958-Londres 1916) fue novelista (*Un enigma antioqueño,* 1908).

**PÉREZ** (Silvestre), arquitecto español (Épila 1767-Madrid 1825), exponente del neoclasicismo español (ayuntamiento de San Sebastián).

**PÉREZ BALLADARES** (Ernesto), político panameño (Panamá 1946). Candidato del torrijista Partido revolucionario democrático, fue presidente de la república de 1994 a 1999.

**PÉREZ BAYER** (Francisco), erudito español (Valencia 1714-*id.* 1794), relevante hebraísta (*Del alfabeto y lengua de los fenicios,* 1772).

**PÉREZ BONALDE** (Juan Antonio), poeta venezolano (Caracas 1846-La Guaira 1892), adscrito al romanticismo (*Estrofas,* 1877; *Ritmos,* 1880).

**PÉREZ CASAS** (Bartolomé), compositor y director español (Lorca 1873-Madrid 1956). Fundador y director de la orquesta filarmónica de Madrid (1915-1936) y director de la nacional de España, compuso *A mi tierra (Suite murciana)* [1898].

**PÉREZ COMENDADOR** (Enrique), escultor español (Hervás 1900-Madrid 1981), tradicionalista e influido por la imaginería barroca (diversos monumentos: *Pedro de Valdivia,* Santiago de Chile).

**PÉREZ DE ALESIO** o **ALESSIO** (Mateo), llamado también **Mateo de Lecce,** pintor y grabador italiano (Roma *c.* 1547-¿Lima 1628?). Discípulo de Miguel Ángel, instalado en Lima (*c.* 1590), introdujo las técnicas renacentistas italianas en Perú.

**PÉREZ DE AYALA** (Ramón), escritor español (Oviedo 1881-Madrid 1962). En sus primeras obras se encuentran elementos satíricos y autobiográficos (*A.M.D.G.,* 1910; *Troteras y danzaderas,* 1913). Posteriormente acentúa los aspectos simbólicos y experimentales (*Belarmino y Apolonio,* 1921; *Los trabajos de Urbano y Simona,* 1923). [Real academia 1928.]

**PÉREZ DE CASTRO** (Evaristo), político y diplomático español (Valladolid 1771-Madrid 1849), autor del *Manifiesto* de Cevallos. Fue ministro de Estado en 1820-1821 y jefe del gobierno entre 1838 y 1840.

**PÉREZ DE CUÉLLAR** (Javier), diplomático peruano (1920). Fue representante permanente de Perú en la O.N.U. en 1971-1975 y secretario general de la O.N.U. de 1981 a 1991. En 2000 fue nombrado primer ministro.

Ramón **Pérez de Ayala** (I. Zuloaga - col. part.)

Javier **Pérez de Cuéllar**

Benito **Pérez Galdós** (Sorolla - museo Pérez Galdós, Las Palmas)

**PÉREZ DE GUZMÁN** (Fernán), *señor* **de Batres,** escritor español (*c.* 1376-Batres ¿1460?), autor de poesía y prosa histórica (*Mar de historias; Generaciones y semblanzas*).

**PÉREZ DE HITA** (Ginés), escritor español (¿Mula? *c.* 1544-† *c.* 1619), autor de la novela histórica *Guerras civiles de Granada,* en dos partes (1595 y 1619).

**PÉREZ DE HOLGUÍN** (Melchor), pintor boliviano (Cochamba *c.* 1665-Potosí *d.* 1724). Formado en Sevilla con Murillo, su pintura entronca con el claroscurismo de Zurbarán. Su *San Francisco entre Jesús y los ángeles* refleja la idea de ascetismo místico. Son destacables sus pinturas narrativas con grandes grupos (*El juicio final, Entrada del arzobispo Morcillo en Potosí*), así como sus cuadros de evangelistas, de gran luminosidad.

**PÉREZ DE MONTALBÁN** (Juan), escritor español (Madrid 1602-*id.* 1638). Poeta y novelista, destacó en la composición de comedias de tipo histórico (*Los amantes de Teruel; La Monja Alférez*), en donde la influencia de Lope de Vega es patente.

**PÉREZ DE OLIVA** (Fernán), escritor español (Córdoba *c.* 1494-*id.* 1533). Erudito humanista, escribió teatro, tratados y abordó la función del hombre en el universo en *Diálogo de la dignidad del hombre.*

**PÉREZ DE QUESADA** (Hernán), conquistador español del s. XVI. Con su hermano Jiménez de Quesada exploró Nueva Granada, de la que fue gobernador (1539).

**PÉREZ DE URDININEA** (José María), militar y político boliviano (Anquioma 1782-La Paz 1865). Combatió por la independencia y fue colaborador de Sucre. Ministro de la Guerra (1827-1828 y 1838-1843), presidió el gobierno (1827-1828) y fue presidente interino de la república (1828 y 1842).

**PÉREZ DE VARGAS** (Bernardo), científico y metalúrgico español (Madrid *c.* 1500-† *c.* 1569), autor del tratado *De re metallica.*

**PÉREZ DE ZAMBRANA** (Luisa), escritora cubana (¿El Cobre 1835?-Regla 1922). Escribió novela aunque destacó como poeta (*Poesías,* 1856; 1860; 1920; 1937).

**PÉREZ DE ZORITA** (Juan), conquistador y administrador español (Córdoba *c.* 1516-† d. 1584). Gobernador de Tucumán (1557), fundó Londres, Cañete y Córdoba de Calchaquí.

**PÉREZ DEL PULGAR** (Hernán), llamado **el de las Hazañas,** militar español (Ciudad Real 1451-Granada 1531). Célebre en las guerras de Granada, escribió *Breve parte de las hazañas del excelente nombrado Gran Capitán* (1526).

**PÉREZ ESCRICH** (Enrique), escritor español (Valencia 1829-Madrid 1897). Se consagró como autor de novelas por entregas (*El mártir del Gólgota; La esposa mártir*).

**PÉREZ ESQUIVEL** (Adolfo), pacifista argentino (Buenos Aires 1931), impulsor del movimiento de cristianos de base Servicio paz y justicia y militante en pro de los derechos humanos en Latinoamérica. (Premio Nobel de la paz 1980.)

**PÉREZ GALDÓS** (Benito), escritor español (Las Palmas de Gran Canaria 1843-Madrid 1920). Con una concepción de la novela como imagen de la vida e influido por el realismo de Balzac, abordó temas históricos (*Episodios* nacionales,* 1873-1879 y 1898-1923) y religiosos, desde una perspectiva liberal y algo anticlerical (*Doña Perfecta,* 1876). En una segunda etapa sus novelas tendieron hacia el naturalismo (*La desheredada,* 1881), culminando con una narrativa cada vez más espiritualizada (*Fortunata y Jacinta,* 1887; la serie *Torquemada,* 1889-1895; *Misericordia,* 1897). Por otra parte, su radicalismo anticlerical congregó a su alrededor a los jóvenes intelectuales iconoclastas de la generación del 98. Entre sus últimas obras figuran «novelas dialogadas» (*La loca de la casa,* 1892) y obras teatrales (*Electra,* 1901). [Real academia 1897.]

**PÉREZ JIMÉNEZ** (Marcos), político venezolano (Michelena, Táchira, 1914). Nombrado presidente por los militares (1953), implantó una férrea dictadura. Destituido en 1958, fue juzgado (1963) y encarcelado por malversación de fondos hasta 1968.

**PÉREZ LUGÍN** (Alejandro), escritor español (Madrid 1870-El Burgo, La Coruña, 1926), autor de novelas de gran difusión popular (*La casa de la Troya,* 1915; *Currito de la Cruz,* 1921).

**PÉREZ VILLAAMIL** (Jenaro), pintor español (Ferrol 1807-Madrid 1854). Desarrolló un paisajismo romántico con escenarios monumentales.

**PÉREZ VILLALTA** (Guillermo), pintor español (Tarifa 1948). Personalidad clave de la nueva figuración española, cultiva una pintura narrativa con ilustraciones simbólicas.

**PÉREZ Y PÉREZ** (Rafael), escritor español (Cuatretondeta, Alicante, 1891-*id.* 1984), representante de la «novela rosa» en España (*Doña Sol,* 1931; *Madrinita buena,* 1932, etc.).

**PÉREZ ZELEDÓN,** cantón de Costa Rica (San José); 100 419 hab. Cab. *San Isidro del General.*

**perfecta casada** (*La*), obra en prosa de fray Luis de León (1583), que traza el modelo de la mujer y esposa cristiana.

**PERGAMINO,** c. de Argentina (Buenos Aires); 95 021 hab. Industria agropecuaria y metalúrgica.

**PÉRGAMO,** ant. c. de Misia (Asia Menor), capital del reino de los Atálidas, también llamado *reino de Pérgamo* (*c.* 282-133 a. J.C.). El reino fue legado a Roma por su último rey, Atalo III. La ciudad era célebre por su biblioteca de 400 000 volúmenes. Sus monumentos, entre ellos el gran altar de Zeus y su impresionante friso esculpido (Pergamon Museum, Berlín), se cuentan entre las grandes realizaciones del urbanismo y de la escultura helenísticos.

**PERGOLESI** (Giovanni Battista), compositor italiano (Iesi 1710-Pozzuoli 1736). Uno de los maestros de la escuela napolitana, es autor de obras dramáticas (*La criada patrona*), de música para concierto y de obras religiosas.

**PERIANDRO,** tirano de Corinto de 627 a 585 a. J.C., que llevó su ciudad a su apogeo. Fue uno de los siete sabios de Grecia.

**Peribáñez y el comendador de Ocaña,** drama de Lope de Vega (1641, *Doce comedias*), sobre el tema del honor campesino.

Melchor **Pérez de Holguín:** *Entrada del arzobispo Morcillo en Potosí.* Detalle. (Museo de América, Madrid.)

**PERICLES,** estadista ateniense (*c.* 495-Atenas 429 a. J.C.). Jefe del partido democrático (461 a. J.C.) y reelegido estratega durante treinta años, democratizó la vida política, permitiendo el acceso de todos los ciudadanos a las altas magistraturas. Convirtió la liga de Delos en un imperio ateniense, cuyos recursos se utilizaron sobre todo en un programa de grandes obras. A su alrededor se agrupó un equipo de artistas, entre ellos su amigo Fidias; las obras que éstos aportaron al arte griego y la brillante vida intelectual de Atenas le valieron a esta época el nombre de *siglo de Pericles*. En política exterior, Pericles intentó desarrollar el poderío ateniense, luchando al mismo tiempo contra los persas y contra Esparta. Considerado responsable de los primeros infortunios de la guerra del Peloponeso, fue apartado del poder. Reelegido estratega (429), murió poco después a causa de la peste.

**PERICO,** mun. de Cuba (Matanzas); 29 282 hab. Plantaciones de caña; ingenios azucareros.

**PERICOT** (Luis), prehistoriador español (Gerona 1899-Barcelona 1978), autor de *La civilización megalítica catalana y la cultura pirenaica* (1925) y *La España primitiva y romana* (1934), entre otras obras.

**PÉRIGNON** (*dom* Pierre), benedictino francés (Sainte-Menehould 1639-en la abadía de Hautvillers 1715), que mejoró las técnicas de fabricación del champaña.

**PÉRIGNON** (Dominique Catherine, *marqués* **de**), militar y diplomático francés (Grenade-sur-Garonne 1754-París 1818). Luchó en el Rosellón y el Ampurdán (1793-1795) y fue embajador en Madrid (1795-1797). Mariscal en 1804, fue gobernador de Parma y Piacenza (1806) y comandante en jefe de Nápoles (1808).

**PÉRIGORD,** región de Francia, en el N de la cuenca de Aquitania, que constituye la parte central y meridional de Dordogne.

**PERIJÁ** o **MOTILONES-PERIJÁ** *(cordillera de),* cordillera de América del Sur, extremo septentrional de los Andes, en la frontera entre Colombia y Venezuela. La constituyen la *sierra de los Motilones,* la serranía de Valledupar, la *sierra de Perijá* (3 490 m de alt.) y los montes de Oca.

**PERIM,** isla fortificada del estrecho de Bāb al-Mandab (dependencia de Yemen).

**Periódico de Catalunya** *(El),* diario español fundado en Barcelona (1979). De gran aceptación popular, desde 1997 tiene dos ediciones, una en castellano y otra en catalán.

**Periquillo Sarniento** *(El),* novela picaresca de J. J. Fernández de Lizardi (1816; ed. completa, 1830-1831). Describe en primera persona la sociedad mexicana de la época.

**PERIS** (Vicenç), jefe de la germanía valenciana († Valencia 1522). Lideró la germanía a la muerte de Joan Llorenç. En 1521 derrotó al virrey Hurtado de Mendoza en Gandía y se hizo fuerte en Játiva, pero en Valencia fue capturado y muerto.

**PERIS MENCHETA** (Francisco), periodista español (Valencia 1844-Barcelona 1916). Destacó como corresponsal de guerra y fue el introductor del reporterismo en España. Fundó varios periódicos y una agencia de noticias en Madrid.

**PERKIN** (*sir* William Henry), químico británico (Londres 1838-Sudbury 1907). Descubrió en 1856 el primer colorante a base de anilina (malveína).

**PERLAS** *(archipiélago de las),* archipiélago de Panamá, en el Pacífico (golfo de Panamá). Lo forman 39 islas mayores, 63 menores y numerosos islotes; 600 $km^2$; 3 000 hab. Pesquerías de perlas.

**PERLAS** *(laguna de),* laguna de Nicaragua, en el litoral caribe; 50 km de long. y 8 de anch. En su orilla se asienta la c. de *Laguna de Perlas.*

**PERM,** de 1940 a 1957 **Molótov,** c. de Rusia, en los Urales, a orillas del Kama; 1 091 000 hab. Gran centro industrial (mecánica, petroquímica).

**PERMEKE** (Constant), artista belga (Amberes 1886-Ostende 1952), principal exponente del expresionismo flamenco (paisajes, marinas y escenas de la vida de campesinos y pescadores).

**PERMOSER** (Balthasar), escultor alemán (Kammer bei Traunstein 1651-Dresde 1732). Formado en Viena e Italia, fue llamado como escultor de la corte a Dresde en 1689. Su arte es de un barroco complejo y atormentado (*Apoteosis del príncipe Eugenio,* museo del barroco, Viena).

**PERNAMBUCO,** estado del NE de Brasil; 101 023 $km^2$; 7 109 626 hab. Cap. *Recife* (ant. *Pernambuco*).

**PERNIK,** de 1949 a 1962 **Dimitrovo,** c. de Bulgaria, al SO de Sofía; 96 000 hab. Metalurgia.

**PERNIS,** mun. de Países Bajos, en la zona suburbana de Rotterdam. Refinerías de petróleo; petroquímica.

**PEROJO** (Benito), productor y director de cine español (Madrid 1894-*id.* 1974). Desde 1913, llevó a cabo una fecunda y plural carrera, con trabajos en España, Francia, Alemania, E.U.A. y Argentina (*La verbena de la Paloma,* 1935; *Goyescas,* 1942).

**PEROJO** (José **del**), escritor español (Santiago de Cuba 1853-Madrid 1908). Combatió el krausismo y defendió la autonomía de Cuba desde la dirección de la *Revista contemporánea* (1875-1879) y de los diarios *La opinión* y *Nuevo mundo,* fundados por él.

**PERÓN** (Eva) → ***Duarte*** (María Eva).

**PERÓN** (Isabel) → ***Martínez de Perón*** (María Estela).

**PERÓN** (Juan Domingo), militar y político argentino (Lobos, Buenos Aires, 1895-Buenos Aires 1974). Participó en el golpe militar de 1943 y desde la secretaría de Trabajo y Previsión controló el sindicato C.G.T. Ministro de la Guerra y vicepresidente (1944), en 1945 fue destituido de sus cargos y extrañado a Martín García, de donde regresó triunfalmente poco después gracias a la actuación de su futura esposa Eva Duarte, se impuso en las elecciones presidenciales de 1946 y fue reelegido en 1951. Implantó un régimen populista y personalista con un Partido único de la revolución, y nacionalizó los ferrocarriles y los teléfonos. La crisis económica incrementó la oposición al régimen, que acentuó la represión. Derrocado por los militares en 1955, se exilió en España. Tras el triunfo del Frente justicialista de liberación, dirigido por H. Cámpora (1973), regresó a Argentina (junio) y asumió de nuevo la presidencia del país tras los comicios de setiembre. Muerto a los pocos meses, fue sustituido por su viuda y vicepresidenta de la república, María Estela Martínez. (V. parte n.c., ***peronismo.***)

**PEROTE,** mun. de México (Veracruz); 34 495 hab. Trigo y maíz. Textiles. Productos químicos.

**PEROTTI** (José), escultor y pintor chileno (Santiago 1898-† 1956). Tras perfeccionarse con Bourdelle, integró el grupo Montparnasse (monumento a *Pasteur*).

**PÉROUSE** (Jean François **de Galaup,** *conde* **de La**), navegante francés (en el castillo de Guo, cerca de Albi, 1741-en la isla de Vanikoro 1788). Héroe de la guerra de la independencia americana, en 1785 Luis XVI le encargó una expedición que recorrió el Pacífico (isla de Pascua, Hawai, Macao, Filipinas, Japón, Corea, Samoa, Tonga). Al parecer murió en un naufragio.

**PEROVANI** (José), pintor italiano (Brescia 1765-México 1835), activo en Cuba (murales para la catedral de La Habana, 1810) y en México (retratos).

**PERPENNA** (Marco Vento), general romano († Osca [act. Huesca] 72 a. J.C.). Fiel al partido de Mario, apoyó a Sertorio, al que más tarde hizo asesinar. Fue vencido y muerto por Pompeyo.

**PERPIÑÁ GRAU** (Román), economista español (Reus 1902-*id.* 1991). Ocupó cargos en diversos organismos oficiales y de investigación (*De estructura económica y de economía hispánica,* 1935; *Corología,* 1954).

**PERPIÑÁN,** en fr. **Perpignan,** en cat. **Perpinyà,** c. de Francia, cap. del dep. de Pyrénées-Orientales y cap. histórica del Rosellón, a orillas del Têt; 108 049 hab. Universidad. Fue capital del reino de Mallorca (1276-1344). Pasó a Francia por el tratado de los Pirineos (1659). Palacio de los reyes de Mallorca (ss. XIII-XIV), catedral (ss. XIV-XV) y ayuntamiento (ss. XIII-XVII), bronces de Maillol).

**Pericles** (museo Británico, Londres)

Juan Domingo **Perón** (en 1973)

**PERRAULT** (Charles), escritor francés (París 1628-*id.* 1703), famoso por sus *Cuentos* (1697), destinados al público infantil.

**PERRET** *(hermanos),* arquitectos franceses, nacidos en Bruselas y muertos en París: **Auguste** (1874-1954), **Gustave** (1876-1952) y **Claude** (1880-1960), que utilizaron por vez primera el hormigón armado en estructura aparente.

**PERRICHOLI** o **PERRICHOLA** (Micaela **Villegas,** llamada **la**), actriz peruana (Lima 1748-*id.* 1819), amante del virrey de Perú, Manuel de Amat.

**PERRIN** (Jean), físico francés (Lille 1870-Nueva York 1942). Estudió los rayos catódicos y aportó pruebas decisivas sobre la existencia de los átomos. (Premio Nobel de física 1926.)

**perro andaluz** *(Un)* [*Un chien andalou*], película francesa dirigida por L. Buñuel (1928), con guión de S. Dalí y el propio Buñuel, una de las obras más importantes del surrealismo cinematográfico.

**PERROUX** (François), economista francés (Lyon 1903-Stains 1987). Renovó los métodos del análisis económico, destacando los fenómenos de dominación y de poder (*La economía del s. XX,* 1961).

**persas** *(Los),* tragedia de Esquilo (472 a. J.C.), relato de la desesperación de Jerjes tras el desastre de Salamina.

**PERSÉFONE** o **CORÉ,** divinidad griega del mundo subterráneo, hija de Deméter. Los romanos la adoraban con el nombre de *Proserpina.*

**PERSEO,** héroe de la mitología griega, hijo de Zeus y de Dánae. Decapitó a Medusa, liberó a Andrómeda, a la que se unió, y reinó en Tirinto y Micenas.

**PERSEO** (*c.* 212-Alba Fucens *c.* 165 a. J.C.), último rey de Macedonia [179 a 168 a. J.C.]. Fue vencido en Pidna por Pablo Emilio (168), y murió cautivo en Italia.

**PERSÉPOLIS,** capital del Imperio persa aqueménida. Fundada por Darío I, fue incendiada durante la conquista de Alejandro Magno (330 a. J.C.). Ruinas del complejo palacial. Decoración esculpida.

**PERSHING** (John Joseph), general norteamericano (cerca de Laclede, Missouri, 1860-Washington 1948). Estuvo al mando de las tropas de E.U.A. que penetraron en territorio mexicano (1916-1917) y de las tropas norteamericanas en el frente francés en 1918.

**PERSIA,** ant. nombre de Irán.

**PÉRSICO** *(golfo),* llamado también **golfo Arábigo,** o simplemente **Golfo,** parte del océano Índico, entre Arabia, Irán e Iraq. Importantes yacimientos de petróleo. La zona ha sido escenario de crisis y conflictos (guerra irano-iraquí* y guerra del Golfo*).

**Persiles y Sigismunda** *(Los trabajos de Persiles y Sigismunda, historia setentrional),* novela de Cervantes (póstuma, 1617), de género bizantino.

**PERSIO,** poeta latino (Volterra 34-Roma 62), autor de *Sátiras* inspiradas en la moral estoica.

**Persona,** película sueca de I. Bergman (1966), juego de espejos, vertiginoso, entre una actriz y su enfermera, entre la máscara y el rostro, entre lo real y lo aparente.

**PERTH,** c. de Australia, cap. del estado de Australia Occidental; 1 118 000 hab. Centro industrial.

**PERTH,** c. de Gran Bretaña (Escocia); 43 000 hab. Turismo.

**PERTHARITE** († 688), rey de los lombardos [661 y 671-688]. Durante su reinado los lombardos se convirtieron al catolicismo.

**PERTHUS** o **PORTÚS** *(collado del),* paso de los Pirineos orientales, en la frontera hispano-francesa; 290 m de alt.

**PERTINAX** (Publio Helvio) [Alba Pompeia 126-Roma 193], emperador romano [193]. Sucesor de Cómodo, fue asesinado por los pretorianos después de tres meses de reinado.

**PERTINI** (Alessandro, llamado **Sandro**), político italiano (Stella, cerca de Génova, 1896-Roma 1990). Socialista, fue presidente de la república (1978-1985).

**PERÚ** *(corriente del)* → ***Humboldt*** (corriente de).

**PERÚ** *(fosa del),* zona oceánica de América del Sur (6 262 m en la depresión de Lima), producida por la subducción de la placa Nazca bajo el continente suramericano.

**PERÚ,** estado de América del Sur, en la fachada del Pacífico; 1 285 000 km²; 25 661 669 hab. *(Peruanos.)* CAP. *Lima.* LENGUAS OFICIALES: *español* y *quechua.* MONEDA: *nuevo sol.*

GEOGRAFÍA

La cordillera de los Andes, que recorre el país de N a S, vertebra tres grandes regiones fisiográficas: la Costa, al O; la Sierra, en el centro, y la Montaña o Selva, al E. La primera es una estrecha franja de planicies arenosas y áridas, entre el océano y el pie de monte andino. La Sierra va ganando hacia el S en anchura (altiplanos de Junín y del Titicaca) y altitud (6 758 m en el Huascarán). La Selva incluye la vertiente E de la cordillera y la Amazonia peruana, y es en general llana, con un clima tropical lluvioso. La población tiende a desplazarse de la Sierra –su asiento tradicional– a la Costa; en la Selva se registran las densidades más bajas. Con la excepción de algunas zonas de regadío en la Costa (algodón, tabaco, caña de azúcar) y cafetales, predomina la agricultura de subsistencia, con bajos rendimientos; el cultivo de la coca en la vertiente oriental andina se ha incrementado por impulso del tráfico ilegal. La pesca sufrió un brusco bajón en los años setenta, debido al cambio de las condiciones climáticas y a la sobreexplotación, pero se recuperó en el decenio siguiente. La minería es la espina dorsal de la economía: se extraen metales (cobre, hierro, plata, plomo, oro, cinc, bismuto, mercurio, volframio, molibdeno, antimonio), productos no metálicos (fosfatos, guano), y también petróleo (yacimientos de Loreto y Ucayali) y gas natural. Las industrias principales se relacionan con la pesca (conservas, harinas de pescado), la metalurgia, el refino del petróleo y la petroquímica, y se concentran en la Costa, en particular en el complejo urbano-portuario de Lima-El Callao.

HISTORIA

***La población prehispánica.*** Las culturas de Chavín de Huantar en el N y Paracas en el S constituyeron los principales centros formativos de la civilización centroandina, que presentó un doble esquema de desarrollo: N-S y Costa-Sierra-Altiplano-Selva. Al período clásico corresponden las culturas mochica en el N y nazca en el S, las civilizaciones interregionales de Tiahuanaco y Huari y la nueva dispersión regional representada por las culturas chimú, en la costa N, de Chancay en la central, y chincha en el S. A comienzos del s. XV se inició la expansión del Tahuantinsuyu, el estado inca constituido en el Altiplano, que abarcó del S de Colombia y Ecuador hasta Chile y el NE argentino. (V. parte n. c., ***inca.***)

***Conquista y colonización.*** 1524-1527: primeras expediciones de Pizarro. 1531-1535: Pizarro conquistó Perú favorecido por la guerra civil del imperio incaico (1526-1531). 1536-1537: rebelión de Manco Cápac. 1537-1548: guerras civiles entre los conquistadores. 1544: instauración del primer virrey del Perú, Blasco Núñez de Vela. Las bases de la economía colonial fueron la plata, y en menor medida el oro, y el monopolio comercial de Lima; su instrumento fue la mita, que sometió a trabajos obligados a la población indígena, que fue diezmada; ello originó la rebelión de Túpac Amaru I (1572). La fundación del virreinato del Río de la Plata (1776), la liberalización del comercio (1778) y el declive de la explotación minera supusieron el fin de la hegemonía peruana en las colonias hispanoamericanas de América del Sur. 1780-1781: sublevación de Túpac Amaru II.

***La independencia.*** Perú se mantuvo bajo el control del poder colonial hasta que San Martín lo ocupó (1820-1821) y proclamó la independencia. 1822-1827: tras el fracaso del proyecto monárquico de San Martín, Perú cayó bajo la influencia de Bolívar, quien derrotó definitivamente a los realistas en Junín y Ayacucho (1824). 1827: Santa Cruz sucedió a Bolívar cuando éste partió a Colombia; afirmación de la independencia de la república peruana, que perdió definitivamente el control del Altiplano boliviano.

***De la Confederación Perú-boliviana a la guerra del Pacífico.*** 1827-1840: el nuevo estado cayó en manos de caudillos militares, como Gamarra, favorecidos por la falta de una conciencia nacional definida; el intento de constituir una confederación entre Perú y Bolivia (Confederación Perú-boliviana, 1837-1839) fracasó ante las tendencias centrífugas de la aristocracia criolla, y la hostilidad de Chile y Argentina. 1841: el inicio de la explotación del guano proporcionó el nuevo recurso económico para la consolidación del estado y la formación de una oligarquía exportadora; Ramón Castilla (1845-1851 y 1854-1862) sentó las bases del estado liberal, que reforzó el latifundismo y bloqueó el desarrollo industrial. 1865-1866: guerra del Pacífico contra España. 1879-1883: Perú y Bolivia, coligados, se enfrentaron a Chile, en la segunda guerra del Pacífico, por el control de la región salitrera, de importancia creciente ante el agotamiento de la explotación del guano; tras la ocupación de Lima (1881), se consumó la derrota de Perú, que tuvo que ceder a Chile Arica y Tarapacá.

***La república aristocrática.*** 1884-1895: la crisis de posguerra facilitó el retorno del caudillismo militar, encarnado en A. Cáceres; la agricultura costeña y la ganadería de la Sierra encabezaron la recuperación económica. 1895-1919: la revolución de 1895 devolvió el poder a la oligarquía exportadora, aglutinada en torno al partido civilista; el caucho, el algodón y sobre todo el cobre se añadieron como nuevos productos de exportación, y E.U.A. desplazó a Gran Bretaña como metrópoli.

***Leguía y la emergencia del A.P.R.A.*** 1919-1930: un golpe militar, con amplio apoyo popular, instauró al general Leguía en el poder; tras una primera fase de gobierno populista, la rebelión indígena y la agitación obrera y estudiantil llevaron a Leguía a renunciar a sus promesas reformistas y a instaurar la dictadura, frente a la cual Haya de la Torre fundó el A.P.R.A. (1924) y Mariátegui el Partido comunista (1928). 1930-1968: el ejército derribó a Leguía, reprimió la insurrección del A.P.R.A. en el N (1932) y mediatizó, con apoyo del sector exportador, la política peruana, para impedir el acceso al poder del aprismo, influyente entre la pequeña burguesía y el movimiento obrero; la moderación del A.P.R.A. desde 1948 no modificó la hostilidad militar, pero propició el desarrollo de la izquierda de orientación comunista y la aparición de guerrillas durante las presidencias de Odría y Belaúnde Terry.

***Del populismo militar al autoritarismo.*** 1968-1980: el régimen militar instaurado por el golpe de Velasco Alvarado desarrolló una política populista y nacionalista; impulsó la reforma agraria en todo el país, limitó la presencia económica norteamericana y promovió un sector de empresa estatal; 1975: el sector conservador del ejército desplazó a Velasco Alvarado, dio marcha atrás en su política de reformas y devolvió el poder a las fuerzas políticas tradicionales. 1980-1990: la crisis económica volcó al electorado en favor del A.P.R.A. en las elecciones de 1985; su líder, Alan García, accedió a la presidencia, pero perdió rápidamente apoyo ante la persistencia de la crisis y el incremento de la violencia en la lucha contra el grupo Sendero luminoso, lo que facilitó, en 1990, el triunfo electoral de A. Fujimori, al frente de un movimiento populista. 1990-1993: autogolpe de Fujimori, apoyado por el ejército (1992), de orientación autoritaria; represión de la guerrilla; disolución del parlamento; elecciones constituyentes; nueva constitución (1993). 1995: conflicto armado con Ecuador en la cordillera del Cóndor, solucionado por la firma de la Declaración de Itamaraty. Reelección de A. Fujimori. 1997: el ejército liberó a los rehenes de la embajada japonesa en Lima, tomada por el Movimiento revolucionario Tupac Amaru. 1998: Perú y Ecuador firmaron en Brasilia un acuerdo de paz que delimitó su frontera común. 2000: Fujimori dimitió y convocó unas elecciones en las que, tras un irregular proceso electoral, volvió a vencer. Acusado de corrupción, anunció su dimisión desde Japón. Valentín Paniagua fue nombrado presidente.

INSTITUCIONES

La constitución de 1993 establece un sistema político presidencialista. El presidente es elegido por sufragio universal para un período de 5 años, renovable, y tiene poderes para determinar la promoción interna de las fuerzas armadas. El poder legislativo se reduce a una sola cámara, elegida mediante listas nacionales. El Congreso aprobó en 1998 la posibilidad de un tercer mandato presidencial.

LITERATURA

– *Literatura precolombina.* En lengua quechua, poesía (cantos a Huiracocha, saga sobre la muerte de Atahualpa), leyendas y el drama *Ollantay.*

– *Época colonial.* Crónicas de Indias, P. Cieza de León (español), C. de Molina, J. de Santa Cruz Pachacuti, F. Huamán Poma de Ayala, Garcilaso de la Vega; *Lazarillo de ciegos caminantes* (Concolorcorvo). Poesía: J. de Espinosa Medrano, Amarilis, E. de Terralla y Landa, J. del Valle y Caviedes, también dramaturgo con P. de Peralta y Barnuevo y L. de las Llamosas.

– *S. XIX.* Poesía: M. Melgar, M. Ascensio Segura, F. Pardo Aliaga, C. A. Salaverry, J. A. Márquez, C. Althaus, P. Paz Soldán *(Juan de Arona),* M. González Prada, J. Santos Chocano, J. M. Eguren, C. Pezoa Velis, J. Lora y Lora, E. Bustamante y Ballivián, R. Morales de la Torre, A. Valdelomar. Narrativa: N. Aréstegui, F. Casós, R. Palma, C. Matto de Turner, M. Cabello, R. Morales de la Torre.

– *S. XX.* Poesía: J. Parra del Riego, A. Hidalgo, A. Guillén, C. Vallejo, C. Moro, X. Abril, E. A. Wesphalen, M. Adán, C. Miró, C. Oquendo de Amat, L. Valle Goicoechea, F. Xammar, A. Romualdo, C. G. Belli, F. Bendezú, J. Sologuren, J. E. Eielson, W. Delgado, J. G. Rose, R. Naranjo, R. Hinostroza, W. Orrillo, A. Cisneros, J. Heraud, A. Castillo, O. Aramayo, C. Toro Montalvo, N. Yorovi, E. O'Hara.

Narrativa: V. García Calderón, A. Valdelomar, E. López Albújar, C. Alegría, J. M. Arguedas, S. Salazar Bondy, J. Díez Canseco, E. Vargas Vicuña, C. Zavaleta, M. Scorza, J. Ramón Ribeyro, E. Congrains Martín, O. Reynoso, J. B. Adolph, M. Vargas Llosa, A. Bryce Echenique, M. Gutiérrez, E. González Viaña, G. Martínez, H. Belevan, F. Ampuero.

Teatro: M. Ascensio Segura, F. Pardo Aliaga, F. Sassone, L. Yerovi, J. Chioino, P. Gibson, M. Solari Swayne, S. Salazar Bondy, B. Boca Rey, J. Ríos, J. Ortega.

Ensayo: M. González Prada, J. Prado, F. García Calderón, V. García Calderón, V. Andrés Belaúnde, J. de la Riva, A. Orrego, R. Porras Barrenechea, L. A. Sánchez, J. C. Mariátegui, V. R. Haya de la Torre, L. E. Valcárcel, M. Vargas Llosa, S. Salazar Bondy, E. Núñez, J. Ortega.

BELLAS ARTES

***Principales ciudades y centros de interés artístico y arqueológico:*** Arequipa, Ayacucho, Cajamarca, Chanchán, Chavín de Huantar, Chincha, Cuzco, Huari, Ica, Juli, Lima, Machu Picchu, Nazca, Ollantaytambo, Pachacamac, Paracas, Pisco, Puno, Trujillo.

***Artistas célebres.*** *Época colonial.* Arquitectura: F. Becerra, J. Martínez de Arrona, P. Noguera, J. del Corral, J. de la Sida, F. C. Caballero, B. Carrión, C. de Vasconcellos, M. de Escobar, F. P. Galeano, J. B. Egidiano, A. de Salas, S. Rosales, V. Coco, Omonte, M. Maestro, P. Fernández Valdez, Isidro Luzio. Escultura: P. Noguera, M. A. de Mesa, L. Ortiz de Vargas, D. de Medina, J. Toledano, M. de Torre, J. Rodríguez Samames, A. de Rivas, J. T. Tuyri Túpac, M. Huaman y Machucama. Pintura: D. de Mora, A. Medoro, M. Pérez de Alesio, J. de Illescas, F. Bejarano, J. Rodríguez, D. Quispe Tito, B. Pacheco, J. Espinosa de los Monteros, L. Sánchez, C. Lozano, M. Zapata.

– *Siglo XIX.* Pintura: J. Gil de Castro, P. Fierro, M. Carrillo, P. Rojas, I. Merino, L. Montero, F. Masías, E. San Cristóbal.

– *Siglo XX.* Arquitectura: R. Marquina, E. Harh-Terré, J. Álvarez Calderón, L. Miró Quesada, C. Ciriani, M. Rodrigo, F. Cooper Llosa, E. Nicolini, A. Córdova, J. Crousse, J. García Bryce, M. A. Llona, G. Málaga, O. Núñez, S. Ortiz, J. Páez, R. Pérez León y Williams, D. Robles Rivas. Escultura: L. Agurto, R. Espino, L. Valdetaro, J. Roca Rey, A. Guzmán. Pintura: D. Hernández, T. Castro, J. Málaga, C. Baca Flor, D. Barreda, J. Sabogal, F. de Szyszlo, R. Grau, H. Braun, Tilsa, C. Revilla, L. Villanueva, V. Shinki, A. Maro, G. Chávez, C. Laos Brache, J. Eiselson, A. Dávila, J. Piqueras, E. Moll, R. Aprijaskis, A. Kubotta, L. Arias Vega.

MÚSICA

– *Época colonial:* P. J. de Orejón. – *S. XIX:* M. Tapia, M. Melgar, B. Llaque, J. B. Alzedo (himno nacional). – *S. XX:* J. M. Valle, M. Aguirre, D. Alomía, T. Valcárcel, A. Sas, A. Maguiña, J. Díaz Orihuela, R. Carpio Valdés, C. Sánchez Málaga, E. Valcárcel Arce. *(V. anexo cartográfico.)*

**PERÚ** *(virreinato del),* circunscripción territorial colonial que comprendía toda la América del Sur bajo dominio español, excepto la costa venezolana. Su capital era Lima y agrupaba los reinos o provincias de Nueva Castilla (Perú), Tierra Firme (Panamá y Costa N de Colombia), Quito (Ecuador), Charcas (Bolivia y países del Río de la Plata) y Chile. Fue creado en 1542 para poner fin a los enfrentamientos entre Pizarro y Almagro y ratificar la autoridad del estado sobre los conquistadores, que se hizo efectiva en 1551. Su principal recurso económico era la minería, y en Lima se formó una corte fastuosa. La separación de los territorios que constituyeron los virreinatos de Nueva Granada (1717) y del Río de la Plata (1776) y la capitanía general de Chile (1798) marcó el ocaso del virreinato y de Lima.

**Perú-boliviana** *(Confederación),* estado formado por la unión de Perú y Bolivia (1837-1839) y estructurado en tres repúblicas confederadas, Norte peruano, Sur peruano y Bolivia. Tras una guerra contra Chile y Argentina y el levantamiento de Velasco en Bolivia (1839), la Confederación fue disuelta.

**PERUGIA,** c. de Italia, cap. de Umbría y de prov.; 143 698 hab. Ruinas etruscas y romanas. Monumentos medievales y renacentistas. Museo nacional arqueológico y galería nacional de Umbría.

**PERUGINO** (Pietro **Vannucci,** llamado **el**), pintor italiano (Città della Pieve, Perugia, *c.* 1448-Fontignano, Perugia, 1523), activo en Florencia, Roma y Perugia. Discípulo de Verrocchio y uno de los maestros de Rafael, sus composiciones destacan por la suavidad de formas, el equilibrio y el tenue colorido.

**PERUZZI** (Baldassare), arquitecto, ingeniero, pintor y decorador italiano (Siena 1481-Roma 1536), activo principalmente en Roma (villa Farnesina*; palacio Massimo alle Colonne).

**PESADO** (José Joaquín), poeta mexicano (San Agustín, Puebla, 1801-México 1861). Fue ministro del Interior y de Relaciones Exteriores. Conservador en política, es un tardío exponente del neoclasicismo en poesía *(Las aztecas,* 1854; *Poesías originales y traducidas).*

**PESARO,** c. de Italia (Marcas), cap. de prov., a orillas del Adriático; 88 500 hab. Estación balnearia. Palacio y fortaleza de los Sforza. Museo (pinturas y mayólica). Festival Rossini.

**PESCADORES,** en chino **Penghu** o **P'eng-hu,** archipiélago perteneciente a Taiwan, en el estrecho de Taiwan.

**PESCARA,** c. de Italia (Abruzos), cap. de prov., a orillas del Adriático; 121 367 hab. Estación balnearia.

**PESHĀWAR** o **PEŠĀWAR,** c. de Pakistán, punto estratégico a la entrada de los pasos de Jaybar, que llevan a Afganistán; 555 000 hab. Museo de arte de Gandhāra.

**PESQUERA** (Diego **de**), escultor español activo en Andalucía durante la segunda mitad del s. XVI, de estilo manierista (*Sagrada Familia,* museo metropolitano, Nueva York).

**PESSAC,** c. de Francia (Gironde); 51 424 hab. Producción de vinos tintos (vinos de Burdeos). Universidad. Ciudad jardín de Le Corbusier (1925).

**PESSOA** (Fernando), poeta portugués (Lisboa 1888-*id.* 1936). Publicó con diversos seudónimos una obra que después de su muerte ejerció una influencia considerable en la lírica portuguesa *(Poesías de Álvaro de Campos; Poemas de Alberto Caeiro; Odas de Ricardo Reis; Libro del desasosiego de Bernardo Soares).*

Fernando **Pessoa** (por Almada Negreiros – fundación Gulbenkian, Lisboa)

**PEST,** parte baja de Budapest, en la or. izq. del Danubio.

**PESTALOZZI** (Johann Heinrich), pedagogo suizo (Zurich 1746-Brugg 1827). Su pedagogía se fundamenta en el trabajo manual y la enseñanza mutua.

**PESTAÑA** (Ángel), dirigente obrero español (Santo Tomás de las Ollas [act. Ponferrada] 1886-Begas, Barcelona, 1937). Director de *Solidaridad obrera* (1917-1919) y dirigente de la C.N.T., promovió la ruptura de ésta con la III Internacional (1922). Reformista, se opuso a la F.A.I.

**peste** *(La),* novela de A. Camus (1947), que ofrece una visión patética de la condición humana.

**peste negra** o **gran peste,** epidemia de peste que asoló Europa entre 1347 y 1351-1352. La peste, propagada por unos buques genoveses procedentes de Crimea, afectó en primer lugar a Sicilia (1347) y se extendió en 1348-1349 a Francia, Inglaterra, Italia, España y Europa central. Alcanzó posteriormente Escandinavia y las fronteras polaco-rusas. Causó la muerte de unos 25 millones de personas en Europa occidental (un tercio de población).

**PETAH TIQWA,** c. de Israel, cerca de Tel-Aviv-Jaffa; 124 000 hab.

**PÉTAIN** (Philippe), militar y estadista francés (Cauchy-à-la-Tour 1856-isla de Yeu 1951). Durante la primera guerra mundial dirigió la defensa de Verdún y fue comandante en jefe. Mariscal desde 1918, combatió a Abd el-Krim en Marruecos (1925) y fue ministro de la Guerra (1934). Nombrado primer ministro (1940), firmó un armisticio con Alemania e Italia y se convirtió en jefe del estado de Vichy durante la ocupación alemana. Deportado por los alemanes a Sigmaringen (1944), volvió a Francia en 1945, fue condenado a muerte y, finalmente, a cadena perpetua.

**PETARE,** c. de Venezuela (Miranda), en el área urbana de Caracas; 338 417 hab. Industrias.

**PETATLÁN,** mun. de México (Guerrero); 34 263 hab. Cereales, café y tabaco. Yacimientos de titanio.

**PETÉN** *(departamento del),* dep. del N de Guatemala; 35 854 km$^2$; 253 000 hab. Cap. *Flores.*

**PETERBOROUGH,** c. de Gran Bretaña, al N de Londres; 115 000 hab. Catedral romana y gótica.

**PETERHOF** → ***Petrodvoriets.***

**PETERMANN** (August), geógrafo alemán (Bleicherode 1822-Gotha 1878), promotor de numerosas expediciones a África, fue el fundador de la revista *Petermanns Mitteilungen.*

**PETERS** (Karl), viajero y colonizador alemán (Neuhaus an der Elbe 1856-Woltorf 1918), uno de los artífices del África oriental alemana.

**PÉTION** (Anne Alexandre **Sabès,** llamado), político haitiano (Puerto Príncipe 1770-*id.* 1818). Habiendo participado en la sublevación contra los «blancos» (1791), fundó la República de Haití (1807), de la que fue el primer presidente.

**PETIPA** (Marius), bailarín y coreógrafo francés (Marsella 1818-San Petersburgo 1910), uno de los creadores de la escuela rusa de ballet (*El lago de los cisnes,* 1895).

**PETIT** (Roland), bailarín y coreógrafo francés (Villemomble 1924), uno de los renovadores de la coreografía de las últimas décadas. Creó el Ballet nacional de Marsella y dirigió el de la Ópera de París.

**PETLIURA** (Simón Vasílievich), político ucraniano (Poltava 1879-París 1926). Militante nacionalista, comandante en jefe y presidente del Directorio ucraniano (1919), se alió con Polonia y fue derrotado por los bolcheviques (1920). Fue asesinado.

**PETO,** mun. de México (Yucatán); 15 159 hab. Caña de azúcar, maíz, frutales (naranjas).

**PETŐFI** (Sándor), poeta húngaro (Kiskőrös 1823-Segesvár 1849), héroe de la lucha revolucionaria y patriótica de 1848-1849.

**PETRA,** ant. c. de Arabia, 70 km al S del mar Muerto. Capital del reino de los nabateos, fue un importante centro de caravanas y una rica ciudad comercial. Los romanos la ocuparon en 106 d. J.C. Arquitectura rupestre helenístico-romana (templos, tumbas, etc.).

**PETRARCA** (Francesco), poeta y humanista italiano (Arezzo 1304-Arqua, Padua, 1374). Historiador, arqueólogo y estudioso de manuscritos antiguos, fue el primero de los grandes humanistas del renacimiento. Su fama se debe sobre todo a sus poemas en toscano, los sonetos de las *Rimas* y de los *Triunfos,* compuestos en honor de Laura de Noves y reunidos en el *Cancionero,* publicado en 1470.

**PETRASSI** (Goffredo), compositor italiano (Zagarolo 1904-Roma 1995). Profesor de la academia de Santa Cecilia y del conservatorio de Roma, compuso 8 célebres *Conciertos para orquesta* (1934-1972).

**PETRER,** v. de España (Alicante); 24 383 hab. *(Petrolaneros.)* Calzado; plásticos. Alfarería.

**PETRÉS** (*fray* Domingo **de**), capuchino y arquitecto español activo en Bogotá (Petrés, Valencia, 1750-Santa Fe de Bogotá 1811). Terminó la construcción de la iglesia de San Francisco. Realizó el Observatorio nacional y reconstruyó San Ignacio.

**PETRODVORIETS,** ant. **Peterhof,** c. de Rusia, junto al golfo de Finlandia, cerca de San Petersburgo; 43 000 hab. Fundada por Pedro el Grande, fue residencia de los zares. Palacio, parque, pabellones y juegos de agua inspirados en Versalles.

**Petroecuador,** empresa pública ecuatoriana de hidrocarburos creada en 1972 como Corporación estatal petrolera ecuatoriana (Cepe) y refundada en 1989 al revertir a propiedad estatal las concesiones a empresas petroleras privadas.

**PETROGRADO** → ***San Petersburgo.***

**PETRÓLEA,** localidad de Colombia (Norte de Santander), en el mun. de Cúcuta. Campos petrolíferos; oleoducto hasta el puerto de Coveñas.

**Petróleo brasileiro (Petrobrás),** empresa petrolera estatal de Brasil, fundada en 1953, con sede en Río de Janeiro. Es el primer grupo industrial latinoamericano por el volumen de ventas.

**petróleos** *(Empresa colombiana de)* **[Ecopetrol],** empresa petrolera estatal de Colombia, creada en 1951, que tiene a su cargo la exploración, producción y refino de todos los recursos del país.

**Petróleos de Venezuela** → ***Petroven.***

**PETRONILA** (1136-1174), reina de Aragón [1137-1164] y condesa de Barcelona [1150-1162], hija de Ramiro II. Su matrimonio con Ramón Berenguer IV, acordado en 1137, aunque la boda se celebró en 1150, significó la unión de Aragón y Cataluña.

**PETRONIO,** escritor latino († Cumas 66 d. J.C.), autor del *Satiricón*.* Comprometido en la conjuración de Pisón, se abrió las venas.

**PETROPÁVLOVSK,** c. de Kazajstán; 241 000 hab.

**PETROPÁVLOVSK-KAMCHATSKI,** c. y puerto de Rusia, en la costa de Kamchatka; 269 000 hab.

**Petroperú,** acrónimo de **Petróleos del Perú,** empresa estatal de Perú, fundada en 1969, que gestiona las concesiones y explotación de los recursos petroleros del país y su distribución y comercialización.

**PETRÓPOLIS,** c. de Brasil (Río de Janeiro); 255 211 hab. Catedral y ant. palacio imperial.

**Petroven** (Petróleos de Venezuela), holding venezolano para la industria petrolera fundado en 1975. En 1978 asumió también el control de la empresa estatal Petroquímica de Venezuela.

**PETROZAVODSK,** c. de la Federación de Rusia, cap. de la República de Carelia; 270 000 hab.

**PETRUCCI** (Ottaviano), impresor italiano (Fossombrone 1466-Venecia 1539). Publicó en 1501 el primer libro de música impreso *(Odhecaton).*

**PETSAMO,** en ruso **Péchenga,** localidad de Rusia, en Laponia, cedida por Finlandia a la U.R.S.S. en 1944.

**Petrarca**
(galería Borghese, Roma)

Francis **Picabia** *Udnie* (1913) [museo nacional de arte moderno, París]

**PETTORUTI** (Emilio), pintor argentino (La Plata 1892-París 1971). En Europa participó en exposiciones vanguardistas. A través del futurismo y del cubismo, se fue orientando hacia la abstracción.

**Peugeot,** holding francés cuyo origen se remonta a 1810, especializado desde 1897 en la producción de automóviles. En 1976 se fusionó con Citroën, en 1978 compró la división europea de Chrysler, y en 1980 se fusionó con Talbot.

**PEUTINGER** (Konrad), humanista alemán (Augsburgo 1465-*id.* 1547). Publicó una copia medieval del mapa itinerario del imperio romano (ss. III y IV), llamada *Tabla de Peutinger,* act. en Viena.

**PEVSNER** (Anton), escultor y pintor ruso (Ôriol 1886-París 1962), nacionalizado francés. Su obra, adscrita al constructivismo, es célebre por las monumentales «superficies desarrolladas», en cobre o bronce. Redactó el *Manifiesto realista* (1920) junto con su hermano **Naoum,** llamado **Naum Gabo** (Briansk 1890-Middleburg 1977), escultor, nacionalizado norteamericano, que se hizo famoso por sus esculturas con plástico y fibra de nylon.

**PEZA** (Juan de Dios), poeta mexicano (México 1852-*id.* 1910). Periodista y diputado, fue un prolífico escritor de poesía (*Cantos del hogar,* 1884; *Hojas de margarita,* 1910).

**PEZET** (Juan Antonio), militar y político peruano (Lima 1810-Chorrillos 1879). Vicepresidente (1862) y presidente de la república (1863), fue derrocado por Prado por su moderación en la guerra del Pacífico (1865).

**PEZOA VELIZ** (Carlos), poeta chileno (Santiago 1879-*id.* 1908). Su poesía, de testimonio y protesta social, fue recopilada póstumamente (*Alma chilena,* 1912).

**PFANDL** (Ludwig), hispanista alemán (Rosenheim 1881-Kaufbezen 1942). Especialista en la mística y el teatro del siglo de oro (*Historia de la literatura nacional española en la edad de oro,* 1929).

**PFORZHEIM,** c. de Alemania (Baden-Württemberg), al N de la Selva Negra; 110 865 hab. Joyería (museo).

**PHAM VAN DÔNG,** político vietnamita (Mô Duc 1906-Hanoi 2000), primer ministro de Vietnam del Norte (desde 1955) y del Vietnam reunificado (1976-1987).

**PHILADELPHIA** → ***Filadelfia.***

**PHILIPE** (Gérard), actor francés (Cannes 1922-París 1959). Triunfó en el Teatro nacional popular con *Calígula* de Camus (1945), *El Cid* de Corneille, etc., y en el cine (*Le diable au corps* de C. Autant-Lara, 1946; *Fanfán el invencible* de Christian-Jaque, 1951).

**PHILIPPEVILLE** → ***Skikda.***

**PHILIPPOPOLIS** → ***Plovdiv.***

**Philips,** empresa neerlandesa fundada en 1891 en Eindhoven. Importante productor de lámparas eléctricas, y luego de tubos electrónicos y de aparatos de radio, es uno de los principales fabricantes mundiales de material eléctrico, que se ha diversificado en la electrónica y en los componentes.

**PHNOM PENH,** c. y cap. de Camboya, en la confluencia del Mekong y del Tonlé Sap; 800 000 hab.

**PHOENIX** o **FÉNIX** *(islas),* pequeño archipiélago de Polinesia, que forma parte de Kiribati.

**PHOENIX,** c. de Estados Unidos, cap. de Arizona, en un oasis regado por el Salt River; 983 403 hab. (2 122 101 hab. en la aglomeración). Centro industrial, universitario y turístico.

**PHUKET,** isla y prov. de Tailandia; 543 km²; 155 367 hab. Estaño.

**PI Y MARGALL** (Francisco), político español (Barcelona 1824-Madrid 1901). Divulgador de las doctrinas socialistas y federalistas desde la prensa y dirigente del Partido republicano federal, fue ministro de Gobernación (febr.-junio 1873) y presidente del gobierno (junio-julio 1873) durante la Primera república. Es autor de *La reacción y la revolución* (1854) y *Las nacionalidades* (1876).

**PI Y SUNYER** (Augusto), fisiólogo español (Barcelona 1879-México 1965). Fundó el instituto de fisiología de Barcelona (1920) y el de medicina experimental de Caracas. Es autor de *Tratado de fisiología general* (1909) y *Sistema neurovegetativo* (1947).

**PIACENZA,** c. de Italia (Emilia), cap. de prov., cerca del Po; 102 252 hab. Palacio municipal gótico. Catedral románica y gótica. Palacio Farnesio, del s. XVI (museo). En 1545 constituyó con Parma un ducado; desaparecido en el s. XIX.

**PIAF** (Edith Giovanna **Gassion,** llamada **Edith**), cantante francesa (París 1915-*id.* 1963), famosa por su voz desgarrada, llena de emoción y fuerza expresiva (*La vie en rose; Hymne à l'amour).*

**PIAGET** (Jean), sicólogo y pedagogo suizo (Neuchâtel 1896-Ginebra 1980). Estudió el desarrollo intelectual de los niños y fundó la sicología genética y la epistemología genética, que analizó en numerosas obras.

**PIAMONTE,** región del NO de Italia, formada por las prov. de Alessandria, Asti, Cuneo, Novara, Turín y Vercelli; 25 399 km²; 4 290 412 hab. *(Piamonteses.)* Cap. *Turín.* Ocupa la mayor parte de la cuenca superior del Po y goza de un clima continental; comprende una parte montañosa *(Alpes piamonteses),* donde domina la ganadería y el bosque (localmente, turismo invernal), y una parte más baja, formada por colinas y llanuras, donde se han desarrollado los cultivos (trigo, maíz, viña [Asti]). Turín, la única gran ciudad, capital regional, acoge a más del 25 % de la población. Centro de los estados de la casa de Saboya, fue anexionado por Francia en 1799 y devuelto a Víctor Manuel I en 1814-1815.

**PIAN CARPINO** (Juan **del**), en ital. **Giovanni del Piano dei Carpini,** franciscano italiano (Pian del Carpino, Umbría, *c.* 1182-Antivari, Montenegro, 1252), legado de Inocencio IV cerca del kan de Tartaria (1245-1246) y autor de la más antigua descripción histórico-geográfica de Asia central.

**PIANO** (Renzo), arquitecto italiano (Génova 1937). Su obra conjuga la ingeniería experimental con el respeto estilístico por el entorno: Centro* nacional de arte y cultura Georges Pompidou, París, junto con Richard Rogers; Colección Meni, Houston; Centro Jean-Marie Tjibaou, Numea (Nueva Caledonia). [Premio Pritzker 1998.]

**PIAR** (Manuel Carlos), patriota venezolano (Willemstaat, Curaçao, 1782-Angostura [act. Ciudad Bolívar] 1817). Mulato, imprimió un carácter racial a las guerras de liberación. Fue ejecutado por orden de Bolívar, al que había disputado el poder.

**PIAST,** dinastía fundadora del primer estado polaco (ss. X-XIV).

**PIATRA NEAMT,** c. de Rumania (Moldavia); 123 175 hab. Iglesia de estilo moldavo bizantino (1498). Museos.

**PIAUÍ,** estado del NE de Brasil; 251 000 km²; 2 581 054 hab. Cap. *Teresina.*

**PIAVE,** r. de Italia (Véneto), que nace en los Alpes y desemboca en el Adriático; 220 km. Combates entre italianos y austríacos (1917).

**PIAZZA ARMERINA,** c. de Italia (Sicilia); 22 384 hab. A 6 km, ciudad romana de Casale (3 000 m² de mosaicos del s. IV).

**PIAZZETTA** (Giovanni Battista), pintor y dibujante italiano (Venecia 1682-*id.* 1754). Formado en parte en Bolonia, practicó dentro de la escuela veneciana un arte vigoroso con un marcado claroscuro (*La adivina,* Academia, Venecia).

**PIAZZOLA** (Astor), bandoneonista y compositor argentino (Mar del Plata 1921-Buenos Aires 1992), figura decisiva en la evolución del tango, que enriqueció con influencias clásicas y del jazz *(Concierto para bandoneón, Tangos futuros).*

**PICABIA** (Francis) pintor francés (París 1879-*id.* 1953), de padre cubano y madre francesa. Inicialmente impresionista, pasó al cubismo y después se convirtió en un pionero del arte abstracto y animador del dadaísmo.

**Picadilly,** gran arteria de Londres, entre Hyde Park y Regent street.

**PICAÑA** o **PICANYA,** mun. de España (Valencia); 7 789 hab. *(Picañeros.)* Muebles, mosaicos.

**pícara Justina** *(Libro de entretenimiento de la),* novela de F. López de Úbeda (1605), en la que se introduce la figura de la mujer como protagonista de la novela picaresca.

**PICARD** (Jean), astrónomo y geodesta francés (La Flèche 1620-París 1682). Midió el arco de meridiano de París (1669-1670), que proporcionó un valor muy exacto del radio de la Tierra.

**PICARDÍA,** en fr. **Picardie,** región histórica y administrativa del N de Francia (dep. de Aisne, Oise y Somme); 19 399 km²; 1 810 687 hab. Cap. *Amiens.* Territorio objeto de rivalidades franco-inglesas y franco-borgoñonas durante la guerra de los Cien años, pasó definitivamente a Francia en 1477.

**PICARDO** (León), pintor francés, activo en Castilla en la primera mitad del s. XVI († 1547). Su obra

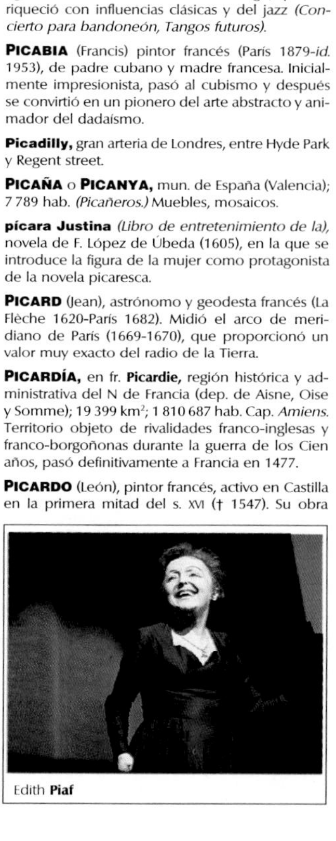

Edith **Piaf**

muestra el influjo de los rafaelistas flamencos (retablo de San Vicente, catedral de Burgos).

**PICASSENT,** v. de España (Valencia); 14 604 hab. *(Picasenteros.)* Industria alimentaria. Piensos.

**PICASSO** (Pablo Ruiz), pintor español (Málaga 1881-Mougins 1973). Tras una primera fase ligada al modernismo y las etapas azul y rosa (arlequines y mundo del circo), su interés por la plástica primitiva abrió las puertas al cubismo (*Les demoiselles* d'Avignon,* 1907). Con Braque desarrolló el cubismo analítico y el cubismo sintético, introduciendo el collage. Pasó luego por una etapa clasicista y otra de conexiones con el surrealismo. El *Guernica** (1937) culminó sus investigaciones cubistas; también destaca de esta época el *Retrato de Dora Maar* (1937). Sus últimas obras reinterpretan la tradición (serie de *Las meninas*) o adoptan un personal hedonismo. Cultivó también la escultura *(Cabeza de mujer),* el grabado (*La tauromaquia,* 1958) y la cerámica. En 1963 se inauguró el museo Picasso de Barcelona; en 1985, el de París, y en 1993, el de Céret (Francia); notable colección en el museo de Antibes.

**Picasso:** *Retrato de Dora Maar* (1937).
[Museo Picasso, París.]

**PICAZO (El),** v. de España (Cuenca); 740 hab. *(Picaceños.)* Central hidroeléctrica en el Júcar.

**PICCARD** (Auguste), físico suizo (Basilea 1884-Lausana 1962). Exploró la estratosfera e ideó el batiscafo para llegar a los fondos submarinos.

**PICCINNI** (Niccolò), compositor italiano (Bari 1728-París 1800). Autor de óperas *(Rolando, Ifigenia en Táuride, Dido),* su rivalidad con Gluck dio lugar a la famosa querella entre *gluckistas* (partidarios de la ópera en francés y de una música sobria) y *piccinistas* (defensores del virtuosismo y de la lengua italiana).

**PICCOLOMINI** (Enea Silvio) → ***Pío II.***

**PICCOLOMINI** (Ottavio), *príncipe* **del Sacro imperio** (Pisa 1600-Viena 1656). General italiano al servicio de los Habsburgo, desveló al emperador los proyectos de Wallenstein y contribuyó así al asesinato de éste (1634). Apoyó a los españoles en los Países Bajos y tomó parte en la invasión de Picardía. De 1643 a 1648 estuvo al servicio del rey de España y después volvió al del emperador. Felipe V le concedió el título de duque de Amalfi.

**PICENUM,** ant. región de Italia, a orillas del Adriático. (Act. en las Marcas.)

**PICHARDO MOYA** (Felipe), escritor y arqueólogo cubano (Camagüey 1892-La Habana 1957), autor de novelas (*La ciudad de los espejos,* 1925), poesía (*Poemas de los cañaverales* y *Canto de isla,* 1942) y teatro (*La oración,* 1941).

**PICHINCHA,** macizo volcánico de Ecuador (Pichincha), en la cordillera Occidental de los Andes. Famoso por sus erupciones, en especial la de 1660; la última tuvo lugar en 1881.

**PICHINCHA** *(provincia de),* prov. del N de Ecuador; 19 543 km²; 1 756 228 hab. Cap. *Quito.*

**Pichincha** *(batalla de),* victoria junto a Quito de los independentistas mandados por Sucre sobre los realistas de Aymerich (1822), que determinó la liberación de Ecuador y el paso de Sucre a Perú.

**PICHUCALCO,** mun. de México (Chiapas); 19 304 hab. Cereales, leguminosas, cacao y café.

**Pickwick** *(Los documentos póstumos del club),* novela de Dickens (1837). Relata las peripecias de un club de excéntricos, cuyos principales miembros son Mr. Pickwick y su criado Sam Weller.

**PICO DE LA MIRANDOLA** (Giovanni **Pico della Mirandola,** llamado en español **Juan**), humanista italiano (Mirandola, Módena, 1463-Florencia 1494). Procedente de una familia principesca, estudió en la universidad de Bolonia, frecuentó los círculos aristotélicos de Padua y los medios neoplatónicos de Florencia, donde gozó de la protección de Lorenzo el Magnífico. Su inmensa erudición y su tolerancia lo convierten en uno de los principales pensadores del renacimiento.

**PICÓN** (Jacinto Octavio), escritor español (Madrid 1852-*id.* 1923). Con un ideario republicano y anticlerical, sus novelas están próximas al naturalismo francés (*La hijastra del amor,* 1884). [Real academia 1899.]

**PICÓN FEBRES** (Gonzalo), escritor venezolano (Mérida 1860-Curaçao 1918). Destacó como novelista adscrito al realismo (*Fidelia,* 1893; *El sargento Felipe,* 1899).

**PICÓN-SALAS** (Mariano), escritor venezolano (Mérida 1901-Caracas 1965). Ensayista panamericanista (*Hispanoamérica, posición crítica,* 1931), es autor de importantes ensayos sobre la historia venezolana y narraciones.

**PICOS DE EUROPA,** sistema montañoso de España, en la parte central de la cordillera Cantábrica (Asturias, Cantabria y León), formado por los macizos de Covadonga, Bulnes y Andara; 2 648 m en Torre Cerredo. *Parque nacional de Picos de Europa* (64 660 ha).

**PICOS DE URBIÓN,** sistema montañoso de España (Burgos, La Rioja y Soria), en la cordillera Ibérica; culmina en el *pico de Urbión* (2 228 m). En su vertiente E nace el río Duero. Lagunas *de Urbión,* de la Oruga, Larga y Negra. Pinos.

**PIDNA,** ant. c. de Macedonia. En ella Paulo Emilio venció a los persas, poniendo fin a la independencia de Macedonia (168 a. J.C.).

**PIECK** (Wilhelm), político alemán (Guben 1876-Berlín 1960), presidente de la R.D.A. desde 1949 hasta su muerte.

**PIEDAD CABADAS (La),** c. de México (Michoacán); 63 608 hab. Centro agropecuario. Quesos.

**PIEDECUESTA,** mun. de Colombia (Santander); 48 286 hab. Industria del calzado; tenerías.

**Piedra** *(monasterio de),* monasterio cisterciense español (Nuévalos, Zaragoza), enclavado en un parque natural. Fundado en 1164, está rodeado por un recinto amurallado. La iglesia (ss. XIII-XIV) es de transición del románico al gótico, con decoración exterior barroca (s. XVIII).

**Piedra del Sol** → ***Sol*** (Piedra del).

**Piedra y pueblo** *(Harri eta herri),* libro de poemas de G. Aresti (1964), que renovó la poesía vasca.

**PIEDRAFITA** o **PEDRAFITA** *(puerto de),* puerto de montaña de España (Lugo y León); 1 110 m de alt. Aprovechado por la carretera Madrid-La Coruña.

**PIEDRAS (Las),** c. de Uruguay (Canelones), en la periferia N de Montevideo; 58 288 hab. Vinos.

**PIEDRAS (Las),** mun. del E de Puerto Rico; 27 896 hab. Caña de azúcar, café y tabaco.

**PIEDRAS BLANCAS** o **PAN DE AZÚCAR,** pico de Venezuela (Mérida), punto culminante de la sierra del Norte; 4 762 m.

**PIEDRAS BLANCAS** → ***Castrillón.***

**PIEDRAS NEGRAS,** ant. ciudad maya de Guatemala, en el valle del río Usumacinta. Monumentos conmemorativos fechados desde 608 hasta 810, numerosas esculturas, placas con escenas en relieve y monolitos con figuras esculpidas.

**PIEDRAS NEGRAS,** ant. **Porfirio Díaz,** c. de México (Coahuila), en la or. der. del río Bravo, en la frontera con E.U.A.; 96 178 hab. Centro minero (hierro y carbón) e industrial (siderometalurgia).

**piel de toro** *(La)* [*La pell de brau*], obra poética de S. Espriu (1960), que recrea la dramática situación colectiva de los pueblos de España durante el franquismo.

**PIÉLAGOS,** mun. de España (Cantabria); 9 537 hab. Cap. *Renedo.* Agricultura y ganadería. Industria vidriera.

**PIENDAMÓ,** ant. **Tunia,** mun. de Colombia (Cauca); 19 129 hab. Cultivos tropicales. Vacunos. Bosques.

**PIERO DELLA FRANCESCA** o **DE' FRANCESCHI,** pintor italiano (Borgo San Sepolcro, Arezzo, *c.* 1416-*id.* 1492). Su obra se considera la síntesis más elevada del arte pictórico del s. XV (frescos de *La leyenda de la cruz,* 1452-c. 1466, San Francisco de Arezzo; Madona de Senigallia, galería de Urbino).

**PIÉROLA** (Nicolás **de**), político peruano (Cumaná 1839-Lima 1913). Durante la guerra con Chile se proclamó dictador en ausencia de M. I. Prado

Emilio **Pettoruti:** *El quinteto* (1972).
[Museo de arte moderno, San Francisco.]

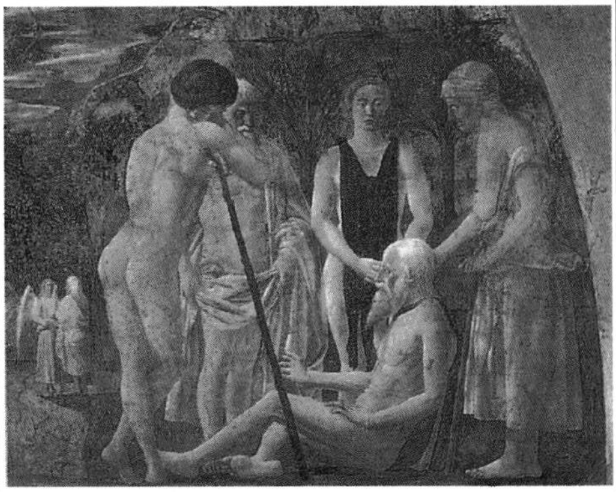

**Piero della Francesca:** *La muerte de Adán,* fresco de *La leyenda de la cruz* (1452-*c* 1466) de la iglesia de San Francisco de Arezzo

(1879), pero, sin apoyo de los militares y la aristocracia, se exilió (1881). Fundador del Partido demócrata (1884), fue presidente constitucional (1895-1899).

**PIERRI** (Orlando), pintor argentino (Buenos Aires 1913), uno de los fundadores del grupo Orión. Partió del surrealismo y creó una síntesis personal de los distintos movimientos de vanguardia.

**Pierrot,** nombre francés de un personaje de la commedia dell'arte (Pedrolino) y posteriormente de las pantomimas, vestido de blanco y con el rostro enharinado.

**PIERVOURALSK,** c. de Rusia, en los Urales; 142 000 hab.

**PIETERMARITZBURG,** c. de la República de Sudáfrica, cap. de Natal-Kwazulu; 114 000 hab. Universidad. Centro industrial.

**PIGMALIÓN,** rey legendario de Chipre. Enamorado de una estatua que él mismo había esculpido, logró que Afrodita le diese vida, y se casó con ella. El tema ha inspirado a numerosos artistas y escritores (Voltaire, Rousseau, Shaw).

**PIGOU** (Arthur Cecil), economista británico (Ryde, isla de Wight, 1877-Cambridge 1959). Representante de la escuela neoclásica, analizó la economía del bienestar y los problemas del subempleo.

**PIHUAMO,** mun. de México (Jalisco); 17 469 hab. Minas de hierro y metales preciosos.

**PIJIJIAPAN,** mun. de México (Chiapas); 28 896 hab. Cereales, café. Vacunos. Pesca de mariscos.

**PIJOAN** (José), historiador del arte español (Barcelona 1881-Lausana 1963), destacado autor de obras de síntesis.

**PÍLADES,** héroe foceo amigo de Orestes. Los autores griegos hicieron de él el arquetipo del amigo fiel.

**PILAGÁS,** dep. de Argentina (Formosa); 17 395 hab. Alfalfa, sorgo, maní, algodón, vacunos.

**PILAR,** c. de Paraguay, cap. del dep. de Ñeembucú, a orillas del río Paraguay; 18 339 hab.

**PILAR,** partido de Argentina (Buenos Aires), en el Gran Buenos Aires; 130 177 hab. Metalurgia.

**Pilar** *(basílica del),* templo situado en Zaragoza (España), bajo la advocación de la Virgen del Pilar. El templo actual, según proyecto de Francisco Herrera el Mozo (1681), muy modificado en el s. XVIII por Domingo Yarza y Ventura Rodríguez, destaca por sus obras de arte (retablo de Damián Forment, pinturas, frescos de Bayeu y Goya).

**PILAR DE LA HORADADA,** mun. de España (Alicante); 7 636 hab. Cultivos de huerta. Cítricos.

**PILAS,** v. de España (Sevilla); 10 503 hab. *(Pileños.)* Agricultura. Elaboración de aceite.

**PILATOS** (Poncio), procurador romano (s. I d. J.C.). Fue procurador de Judea de 26 a 36. Se le menciona en los Evangelios por haber pronunciado la sentencia de muerte contra Jesús, a propuesta del sanedrín. Se le representa lavándose las manos, en señal de irresponsabilidad.

**PILCOMAYO,** r. de América del Sur, afl. del Paraguay (or. der.); 1 100 km. Nace al E del lago Poopó (Bolivia), y desde Esmeralda hasta su desembocadura marca frontera entre Argentina y Paraguay. – El *parque nacional Pilcomayo* (Argentina) comprende la parte S de la desembocadura del río.

**PILCOMAYO,** dep. de Argentina (Formosa); 66 781 hab. Cab. *Clorinda,* unida a Asunción mediante un puente internacional sobre el Pilcomayo. Puerto fluvial *(Puerto Pilcomayo).* Parque nacional.

**PILNIAK** (Borís Andréievich **Vogau,** llamado **Borís**), escritor ruso (Mojaisk 1894-† ¿1937?). Ensalzó la revolución de octubre (*El año desnudo,* 1921) e intentó adaptarse al realismo socialista, antes de desaparecer durante una purga estalinista.

**PILON** (Germain), escultor francés (París *c.* 1528-*íd.* 1590), manierista y de efectos prebarrocos.

**PILOÑA,** mun. de España (Asturias), cab. de p. j.; 9 517 hab. *(Piloñeses.)* Cap. *Infiesto.* Maíz, patatas, forrajes, lúpulo. Vacunos. Industria alimentaria.

**PILOS,** ant. **Navarino,** c. y puerto de Grecia, en la costa O del Peloponeso (Mesenia); 3 000 hab. Ruinas del palacio de Néstor.

**PILPĀY** → ***Bidpāi.***

**PILSEN** → ***Plzeň.***

**PIŁSUDSKI** (Józef), mariscal y político polaco (Zułowo 1867-Varsovia 1935). Tuvo un papel determinante en la restauración de Polonia de 1918 a 1922 como jefe del estado y comandante en jefe (1919-1923). Recuperó el poder en 1926 tras un golpe de estado y, como ministro de la Guerra, fue hasta 1935 el verdadero dueño de Polonia.

**PIMENTEL** (Luis), poeta español en lengua gallega (Lugo 1895-*íd.* 1958). Su obra, póstuma, interpreta el pequeño mundo provinciano *Sombra del aire en la hierba* (*Sombra do aire na herba,* 1959).

**PIMENTEL CORONEL** (Manuel), poeta y periodista venezolano (Valencia 1863-Caracas 1907), autor de los libros de poesía *Primeros versos* y *Vislumbres* (1905), con claro acento parnasiano.

**PIMERÍA ALTA,** territorio pima situado entre Sonora (México) y Arizona (E.U.A.). Tras el levantamiento de los janos en 1694, atribuido a los pimas, éstos fueron perseguidos, por lo que se rebelaron. El territorio fue pacificado tras la intervención de Gálvez (1768).

**PINAL** (Silvia), actriz mexicana (México 1930). Se consagró en el cine con *Un extraño en la escalera* (1954), de Demicheli, a la que siguieron, entre otras películas, *Maribel y la extraña familia* (1960), de Forqué, y *Viridiana* (1961), *El ángel exterminador* (1962) y *Simón del desierto* (1965), de Buñuel.

**PINAL DE AMOLES,** ant. **Amoles,** mun. de México (Querétaro); 22 642 hab. Cereales, frutales.

**PINAR DEL RÍO** *(provincia de),* prov. del extremo O de Cuba; 10 901 km²; 640 740 hab. Cap. *Pinar del Río.*

**PINAR DEL RÍO,** c. de Cuba, cap. de la prov. homónima, a orillas del río Guamá; 144 206 hab. Centro industrial. Manufacturas de tabaco. Teatro de operaciones durante la guerra de independencia de Cuba (1895-1896).

**PINAZO CAMARLENCH** (Ignacio), pintor español (Valencia 1849-Godella 1916). Su obra, inicialmente de tipo histórico, se centró en temas populares con un tratamiento de la luz y la pincelada que le integra en los impresionistas valencianos. – Su hijo **José Pinazo Martínez** (Roma 1879-Madrid 1933) siguió la línea de su padre, con gran preciosismo técnico.

**PINCUS** (Gregory Goodwin), médico norteamericano (Woodbine, Nueva Jersey, 1903-Boston 1967), inventor del primer anticonceptivo oral en 1956.

**PÍNDARO,** poeta griego (Cinoscéfalos 518-¿Argos? 438 a. J.C.). De familia aristocrática, fue huésped de varios tiranos de Sicilia y murió colmado de honores. Cultivó todos los géneros del lirismo coral. Su único libro conservado es el de las *Odas triunfales* o *Epinicios,* que comprenden 45 poemas y diversos fragmentos, que en relatos míticos desarrollan verdades religiosas y morales.

**PINDO,** macizo montañoso de Grecia occidental; 2 636 m.

**PINEDA** (Mariana), heroína española (Granada 1804-*íd.* 1831). Denunciada por haber bordado una bandera con el lema «Ley. Libertad. Igualdad», fue ejecutada. Se convirtió en heroína de la causa liberal, y su figura pasó al folklore.

**PINEDA DE MAR,** v. de España (Barcelona); 16 317 hab. Horticultura. Textiles. Turismo (playas).

**PINEDA DUQUE** (Roberto), compositor colombiano (Santuario 1910-Bogotá 1977). Profesor en el conservatorio de la universidad de Colombia, y autor de obras para orquesta, coros, piano y música de cámara.

**PINEL** (Philippe), médico francés (cerca de Gibrondes [act. Jonquières] 1745-París 1826), fundador de la siquiatría moderna. Preconizó el aislamiento de los alienados en instituciones especializadas.

**PINGDONG** o **P'ING-TONG,** c. de Taiwan; 250 000 hab.

**PINILLA (La),** estación de deportes de invierno de España (Segovia), en la sierra de Ayllón, en la cordillera Central; 1 500-2 500 m de alt.

**PINILLOS** o **PALOMINO,** mun. de Colombia (Bolívar); 26 377 hab. Agricultura (arroz, maíz, plátanos) y ganadería (vacuna y porcina).

**PINILLOS** (José Luis), sicólogo español (Bilbao 1919), autor de *Introducción a la psicología contemporánea* (1961), *La mente humana* (1973) y de trabajos sobre la repercusión sicológica de la organización urbano-industrial. (Real academia 1988.)

**PINO HACHADO,** paso de los Andes, entre Argentina (Neuquén) y Chile (La Araucanía); 1 884 m de alt.

**PINOCHET** (Augusto), militar y político chileno (Valparaíso 1915). Comandante en jefe del ejército, derrocó al presidente Allende (1973) y asumió la presidencia del consejo de gobierno y de la república. Instauró un régimen dictatorial, derrotado en un referéndum popular (1988). En 1990 abandonó la presidencia de la república, pero mantuvo la jefatura del ejército, que se había asegurado por la nueva constitución promulgada bajo su mandato. En 1998 abandonó la jefatura del ejército y fue designado senador vitalicio. En octubre de este año, a petición de la justicia española, fue detenido en Londres acusado de genocidio y tortura. Liberado en 2000 por razones de salud (feb.), fue procesado por la justicia chilena en diciembre.

**Pinocho,** novela para jóvenes (1883) del escritor italiano C. Collodi. Una marioneta de madera se transforma en un niño travieso.

**PINOS** *(isla de)* → ***Isla de la Juventud.***

**PINOS,** mun. de México (Zacatecas); 53 944 hab. Minas de oro.

**PINOS-PUENTE,** v. de España (Granada); 12 995 hab. *(Pinenses.)* Puente árabe (s. IX).

**Pinta,** nave capitaneada por Martín Alonso Yáñez Pinzón desde la que se divisó primero tierra (12 oct. 1492) en el primer viaje de Colón.

**PINTADOS** *(salar de),* salar de Chile (Tarapacá). Boratos y otras sales.

**PINTANA (La),** com. de Chile (Santiago); 153 506 hab.

**PINTER** (Harold), actor, dramaturgo y guionista de cine británico (Londres 1930). Sus obras (*El portero,* 1960; *The collection,* 1962; *Retorno al hogar,* 1965), que denuncian la dificultad de comunicación entre las personas en el mundo moderno, ilustran el «teatro del absurdo».

san **Pío V**
(col. part.)

**Pío VII**
(David - Louvre, París)

**Pío IX**
(museo del Risorgimento, Milán)

san **Pío X**

**Pío XI**

**Pío XII**

**PINTO,** v. de España (Madrid); 22 305 hab. *(Pintenses.)* Centro industrial en el área metropolitana de Madrid.

**PINTO** (Francisco Antonio), político chileno (Santiago 1775-*id.* 1858). Liberal moderado, fue elegido presidente de la república en 1827. Dimitió en 1829. – Su hijo **Aníbal** (Santiago 1825-Valparaíso 1884) fue ministro de Guerra y Marina (1871) y presidente de la república (1876-1881). Promulgó la ley de educación de 1879 y declaró la guerra a Perú y Bolivia (guerra del Pacífico).

**Pinturas negras,** nombre con que se conocen las catorce pinturas al óleo realizadas por Goya en los muros de dos salas de la Quinta del Sordo (*c.* 1821-1822), pasadas a lienzo en 1873 y actualmente en el museo del Prado, en una plástica novedosa que anticipa el impresionismo y el expresionismo.

**PINTURICCHIO** (Bernardino **di Betto,** llamado **il**), pintor italiano (Perugia 1454-Siena 1513), fue un ilustre decorador de estilo brillante y vivo colorido (Vaticano, catedral de Siena).

**PINZÓN** (Martín Alonso **Yáñez**), navegante español (Palos de Moguer 1440-La Rábida 1493). Mandó la carabela Pinta en el primer viaje a América. Enfermo, murió a los pocos días de su regreso. – Su hermano **Vicente,** también navegante († *c.* 1519), mandó la carabela Niña en el primer viaje a América y realizó uno de los viajes menores (1499-1500). Fue el primero en cruzar el ecuador y en la costa de Brasil descubrió las bocas del Amazonas y del Orinoco. Exploró la costa del Yucatán (1508) y llegó por el S hasta el Río de la Plata (1509).

**PIÑAS,** cantón de Ecuador (El Oro); 30 252 hab. Agricultura y ganadería.

**PIÑERA** (Virgilio), escritor cubano (Cárdenas, 1912-La Habana 1979). Poeta y dramaturgo (*Dos viejos pánicos,* 1968), destacó como narrador por su fantasía onírica (*Cuentos fríos,* 1956).

**PÍO II** (Enea Silvio **Piccolomini**) [Corsignano, act. Pienza, 1405-Ancona 1464], papa de 1458 a 1464. Dejó una importante obra poética e histórica. Intentó promover una nueva cruzada contra los turcos. – **Pío IV** (Giovanni Angelo **de Médicis**) [Milán 1499-Roma 1565], papa de 1559 a 1565. Su nombre va unido a la profesión de fe del concilio de Trento, cuya última sesión presidió (1562-1563). – **Pío V** *(san)* [Antonio **Ghislieri**] (Bosco Marengo 1504-Roma 1572), papa de 1566 a 1572. Dominico, inquisidor general, y sucesor de Pío IV, exigió la aplicación de los decretos del concilio de Trento, cuyo *Catecismo* publicó (1566) y se ocupó de la reforma de la Iglesia; formó la Liga santa entre los Estados Pontificios, Venecia y España, que obtuvo contra el Imperio otomano la victoria de Lepanto* (1571). – **Pío VI** (Giannangelo **Braschi**) [Cesena 1717-Valence, Francia, 1799], papa de 1775 a 1799. Combatió la política de José I *(josefinismo),* aunque su viaje a Viena (1782) fue un fracaso; condenó el jansenismo en la persona de Scipione de' Ricci, obispo de Pistoia. Condenó en Francia la constitución civil del clero (10 marzo 1791). Al invadir Francia los Estados de la Iglesia, tuvo que firmar con el Directorio el tratado de Tolentino (1797). En 1798 fue detenido, por orden del Directorio y encarcelado en Valence, donde murió. – **Pío VII** (Gregorio Luigi Barnaba **Chiaramonti**) [Cesena 1742-Roma 1823], papa de 1800 a 1823. Firmó con Francia un concordato (15 julio 1801), que Bonaparte acompañó, por su propia iniciativa, de «artículos orgánicos». Consagró en París al emperador Napoleón (2 dic. 1804), quien, al no aceptar el papa el bloqueo continental, mandó ocupar sus estados (1808), que se anexionó. Pío VII excomulgó al emperador, quien lo encarceló en Savona (1809) y luego (1812) en Fontainebleau, donde el papa se negó a retractarse. Volvió a Roma el 25 de mayo de 1814. – **Pío IX** (Giovanni Maria **Mastai Ferretti**) [Senigallia 1792-Roma 1878], papa de 1846 a 1878. Popular gracias a ciertas medidas liberales, se negó a encabezar, en 1848, el movimiento unitario italiano, lo que causó graves disturbios en Roma. Se refugió en Gaeta antes de ser restablecido en su poder temporal por las tropas francesas (1849-1850). Desde entonces, apareció como el defensor del orden y de la religión frente a la revolución, el liberalismo, el laicismo y el socialismo. Proclamó el dogma de la Inmaculada Concepción (1854) y manifestó su intransigencia frente a las ideas modernas en el *Syllabus* (1864). En 1869 (dic.) reunió el primer concilio Vaticano, que definió el dogma de la infalibilidad pontificia (1870). Durante veinte años se desarrolló, entre el papa y los piamonteses, una lucha que condujo a la ocupación de Roma (20 set. 1870) y a la anexión de los Estados Pontificios al reino de Italia. El papa se consideró entonces prisionero en el Vaticano. En 2000 fue beatificado. – **Pío X** *(san)* [Giuseppe **Sarto**] (Riese 1835-Roma 1914), papa de 1903 a 1914. En 1906 condenó la ruptura del concordato por parte del gobierno francés. Poco partidario de la democracia, condenó el movimiento social francés «Sillon» en 1910. Condenó asimismo el modernismo, en 1907, en el decreto *Lamentabili* y la encíclica *Pascendi.* Renovó la música sacra (1903), favoreció la comunión cotidiana y la comunión de los niños, reformó el breviario y llevó a cabo una refundición del derecho canónico. Fue canonizado en 1954. – **Pío XI** (Achille **Ratti**) [Desio 1857-Roma 1939], papa de 1922 a 1939. Firmó numerosos concordatos, entre ellos uno con Alemania (1933), y, otro con el gobierno italiano, los acuerdos de Letrán (1929), que devolvían a la Santa Sede su independencia territorial al crear el estado del Vaticano. Dio un vigoroso impulso al clero indígena y a las misiones, y definió y alentó la Acción católica especializada. Condenó la Acción francesa (1926), el fascismo italiano (1931), el comunismo ateo y el nacionalsocialismo (1937). – **Pío XII** (Eugenio **Pacelli**) [Roma 1876-Castelgandolfo 1958], papa de 1939 a 1958, tras ser secretario de Estado (1930-1939). Diplomático, implicado muy pronto en los asuntos de la curia, se interesó por todos los aspectos del mundo moderno, que se esforzó por cristianizar. Durante la segunda guerra mundial dio asilo a numerosos judíos, pero se le reprochó su «silencio» oficial ante las atrocidades nazis. Llevó a cabo una importante actividad dogmática y proclamó, entre otros, el dogma de la Asunción de la Virgen (1950).

**PIOMBINO,** c. y puerto de Italia (Toscana), frente a la isla de Elba; 36 527 hab. Siderurgia.

**PIOMBO** (Sebastiano **Luciani,** llamado **Sebastiano del**), pintor italiano (¿Venecia? *c.* 1485-Roma 1547). Fue discípulo de Giorgione y amigo de Miguel Ángel. Establecido en Roma (1511), sobresalió por su arte monumental (retratos, cuadros religiosos).

**PIOTRKÓW TRYBUNALSKI,** c. de Polonia, cap. de voivodato; 81 000 hab. Centro industrial.

**PIPÍNIDAS,** familia de Austrasia que descendía de Pipino de Landen († 640) y que fundó la dinastía carolingia al proclamarse rey Pipino el Breve. (→ ***Carolingios.***)

**PIPINO de Heristal** (**Pipino el Joven,** llamado) [*c.* 635/640-Jupille 714], mayordomo de palacio de Austrasia (680). Tras derrotar a Teodorico III, rey de Neustria (687), se apoderó de este país. Fue el padre natural de Carlos Martel.

**PIPINO el Breve** (Jupille *c.* 715-Saint-Denis 768), hijo de Carlos Martel. Recibió Austrasia tras la abdicación de su hermano Carlomán (747). Proclamado rey de los francos (751) con el acuerdo del papa Zacarías, recibió la unción de san Bonifacio, depuso a Childerico III y obligó a los lombardos a donar al papa Esteban II el exarcado de Ravena (756). A su muerte, su reino quedó dividido entre sus dos hijos, Carlomán y Carlos (Carlomagno).

**PIQUER** (Andrés), filósofo y médico español (Fórnoles, Teruel, 1711-Madrid 1772), autor de *Medicina vetus et nova* (1735) y *Lógica moderna* (1747).

**PIQUER** (Concepción, llamada **Concha**), cantante española (Valencia 1908-Madrid 1990). Tonadillera popular *(Eugenia de Montijo, Tatuaje),* actuó asimismo en el cine (*La Dolores,* 1939, de Florián Rey). Se retiró en 1957.

**PIQUER** (José), escultor español (Valencia 1806-Madrid 1871). Pasó del neoclasicismo al romanticismo realista *(El sacrificio de Jefté, San Jerónimo).*

Concha
**Piquer**

Luigi
**Pirandello**

**PIQUERAS** *(puerto de),* puerto de montaña de España (Soria y La Rioja), en la cordillera Ibérica; 1 709 m de alt. Carretera de Soria a Logroño.

**PIQUET** (Nelson), corredor automovilístico brasileño (Río de Janeiro 1952), campeón del mundo de fórmula 1 en 1981, 1983 y 1987.

**PIRALA** (Antonio), historiador español (Madrid 1824-*id.* 1903). Secretario del rey Amadeo I, es autor de obras sobre la historia española del s. XIX, en especial sobre las guerras carlistas (*Historia de la guerra y de los partidos liberal y carlista,* 1868).

**Pirámides** *(batalla de las)* [21 julio 1798], victoria de Napoleón sobre los mamelucos, cerca de las pirámides de Gizeh.

**PIRANDELLO** (Luigi), escritor italiano (Agrigento 1867-Roma 1936). Autor de novelas y relatos breves en la tradición del verismo (*La excluida,* 1901), destacó por su teatro, donde presenta la personalidad humana dislocada en facetas y opiniones contradictorias, incapaz de recomponerse lógicamente (*Así es si así os parece,* 1917; *El placer de la honradez,* 1917; *Seis personajes en busca de autor,* 1921; *Esta noche se improvisa,* 1930). [Premio Nobel de literatura 1934.]

**PIRANÉ,** dep. de Argentina (Formosa); 57 268 hab. Arroz, maíz y algodón. Ganado vacuno.

**PIRANESI** (Giovanni Battista), grabador y arquitecto italiano (Mogliano Veneto, cerca de Venecia, 1720-Roma 1778). Es autor de más de dos mil aguafuertes (*Prisiones; Vistas de la Roma antigua,* etc.) de carácter a menudo visionario, en los que se inspiraron los artistas neoclásicos, pero que también lo convierten en un precursor del romanticismo.

**PIRATAS** *(Costa de los)* → ***Emiratos Árabes*** (Unión de).

**PIRENNE** (Henri), historiador belga (Verviers 1862-Uccle 1935). Renovó la investigación histórica mediante un enfoque global, que atribuye una función esencial a los aspectos económicos y sociales (*Historia económica y social de la edad media,* 1933).

**PIREO (El),** c., puerto y gran centro industrial de la aglomeración de Atenas; 169 622 hab. Se convirtió en la época de las guerras médicas (s. V a. J.C.) en el principal puerto de Atenas, a la cual estaba unido por un sistema defensivo.

**PIRIBEBUY,** distr. de Paraguay (Cordillera); 21 537 hab. Confección artesanal. Centro turístico.

**PIRINEOS** o **PIRINEO,** en fr. **Pyrénées,** en cat. **Pirineu,** cordillera del SO de Europa, entre el Atlántico y el Mediterráneo, frontera natural y política entre España y Francia. Con una long. de 430 km, culmina en el Aneto (3 404 m), en la zona axial central, donde se encuentran las principales cumbres, así como profundos valles y circos glaciares con pequeños lagos *(ibones).* Al E se abren las de-

paisaje del **Pirineo** aragonés en el nacimiento del río Ésera en el valle de Benasque, Huesca presiones de la Cerdaña, Capcir, Vallespir y Conflent. Al N y S de la zona axial se halla el *Prepirineo.* En el Prepirineo español se suceden, de N a S, las sierras interiores (zonas del Monte Perdido y Pallars Sobirá, con los parques nacionales de Ordesa y de Aigüestortes; sierras de Boumort y Cadí), la depresión intermedia (Cuenca de Pamplona, Canal de Berdún, Conca de Tremp) y las sierras exteriores (Montsec, Guara, Orel). El Prepirineo francés tiene alturas inferiores a las del español (Saint-Barthélemy, 2 349 m; Petits-Pyrénées, en el borde de la llanura de Aquitania). La red fluvial forma profundos valles, aprovechados como ejes de comunicación. Hacia el O, la cordillera enlaza con las montañas Vascas en la región cantábrica, mientras hacia el E pierde rápidamente altura y termina junto al Mediterráneo en los montes Alberes (975 m). La población se distribuye, en la zona axial, en las laderas de los valles y en el fondo de los anchos valles fluvioglaciares: Seo de Urgel, Puigcerdá, en España; Prades y Ceret, en Francia. En el Prepirineo destacan Pamplona, Jaca, Berga, Ripoll y Olot (España) y Lourdes, Pau y Perpiñán (Francia). Las actividades económicas predominantes son la agricultura y la ganadería, la producción hidroeléctrica y la explotación forestal. Hay que destacar también la explotación de gas natural (Jaca y Lacq). Turismo (deportes de invierno y centros de veraneo).

**Pirineos** *(paz de los)* [7 nov. 1659], tratado firmado en la isla de los Faisanes, en el Bidasoa (Guipúzcoa), por Mazarino y Luis de Haro, y que puso fin, tras largas negociaciones, a las hostilidades entre Francia y España. Ésta cedía a Francia el Rosellón, el Capcir, el Vallespir, el Conflent y parte de La Cerdaña, así como Artois y ciudades fronterizas de los Países Bajos; los franceses se comprometían a no ayudar a los sublevados de Portugal y Nápoles. También se acordó el matrimonio de Luis XIV con la infanta María Teresa, hija de Felipe IV.

**PIRITOO,** en la mitología griega, rey de los lapitas, amigo de Teseo. Su boda con Hipodamia se vio ensangrentada por el combate de los centauros y los lapitas.

**PIRMASENS,** c. de Alemania (Renania-Palatinado); 47 178 hab.

**PIRONIO** (Eduardo), prelado argentino (Nueve de Julio 1920-Roma 1998). Consagrado obispo en 1964, fue presidente del C.E.L.A.M. (1972-1975). Nombrado cardenal (1976), presidió diversos dicasterios de la curia romana.

**PIRQUET** (Clemens **von**), médico austríaco (Hirschstetten, cerca de Viena, 1874-Viena 1929). Estudió las reacciones cutáneas a la tuberculina e inventó el término alergia (1906).

**PIRRA,** en la mitología griega, hija de Epimeteo y de Pandora, esposa de Deucalión, junto con quien sobrevivió al diluvio.

**PIRRO,** también denominado **Neoptólemo,** en la mitología griega, hijo de Aquiles. Tras la conquista de Troya, casó con Andrómaca, viuda de Héctor, y murió víctima de los celos de Hermione. Se le considera fundador del reino de Epiro.

**PIRRO II** (*c.* 318-Argos 272 a. J.C.), rey de Epiro [295-272]. Tras intentar ampliar su reino hacia Macedonia, se dirigió hacia el S de Italia y, gracias a la sorpresa causada por sus elefantes, obtuvo las victorias de Heraclea (280) y Ausculum (279) [sus éxitos, logrados a costa de enormes pérdidas, son el origen de la expresión «victoria pírrica»); pero, vencido por los romanos en Benevento (275), tuvo que regresar al Epiro. Murió accidentalmente durante una expedición contra Esparta.

**PIRRÓN,** filósofo griego (Élide *c.* 365-*c.* 275 a. J.C.). Siguió a Alejandro en su expedición a Asia. Su filosofía (escepticismo) se basa en los argumentos de los sofistas, quienes consideran que no es posible conocer nada con certeza, ya que todo cambia a cada instante. Se caracteriza por el rechazo de toda afirmación dogmática.

**PISA,** c. de Italia (Toscana), cap. de prov., a orillas del Arno; 98 006 hab. Universidad. Excepcional conjunto de la plaza de los Milagros, con monumentos decorados con arcadas características del estilo pisano: catedral románica (ss. XI-XII); baptisterio románico y gótico (ss. XII-XIV); campanile, o torre inclinada (ss. XII-XIII), y camposanto con galerías góticas decoradas con frescos. Monumentos diversos. Museo nacional. Gran potencia mediterránea en el s. XI, entró en decadencia tras la destrucción de su flota por Génova (1284). Anexionada por Florencia (1406), en 1409 fue sede de un concilio destinado a poner fin al cisma de occidente.

**PISAC,** localidad de Perú (Cuzco), en el valle del Urubamba. Mercado. Turismo. Parque arqueológico de la antigua ciudad incaica, con numerosas construcciones de la época imperial: templo del Sol, palacios, cementerio, puente y obras de encauzamiento del Urubamba, y qollqas (depósito de alimentos).

**PISADOR** (Diego), vihuelista español (Salamanca *c.* 1508-† 1577). Su *Libro de música para vihuela* (1552) recoge composiciones extranjeras y propias (romances con diferencias, fantasías, motetes).

**PISAN** (Christine **de**), escritora francesa (Venecia *c.* 1364-† *c.* 1430). Escribió baladas, una obra histórica y un poema *(Dictado de Juana de Arco),* testimonio del estado de ánimo reinante durante la guerra de los Cien años.

**PISANELLO** (Antonio **Pisano,** llamado **il**), pintor y medallista italiano (*c.* 1395-*c.* 1455). Solicitado por todas las cortes de Italia (Verona, Venecia, Roma, Ferrara y Mantua), es un exponente de la unión, propia del estilo gótico internacional, entre afán realista (dibujos de animales, retratos) y magia imaginativa (fresco de la iglesia Santa Anastasia, Verona).

**PISANO** (Andrea), escultor y arquitecto italiano (Pontedera, cerca de Pisa, *c.* 1290-Orvieto *c.* 1348). Su principal obra es una de las puertas de bronce del baptisterio de Florencia. — Su hijo, **Nino** († *c.* 1368), fue su jefe de taller. Es autor de estatuas de la Virgen de influencia francesa o germánica.

**PISANO** (Nicola), escultor italiano (Apulia *c.* 1220-Pisa *c.* 1284), iniciador del primer renacimiento pisano (púlpito del batisterio de Pisa, de estilo inspirado en la tradición clásica, 1260). — Su hijo **Giovanni** (Pisa *c.* 1248-Siena *c.* 1314), escultor y arquitecto, activo sobre todo en Pisa y Siena, de gran temperamento, se inspiró ampliamente en el gótico: estatuas de la catedral de Siena, púlpitos de Pistoia (acabado en 1301) y de la catedral de Pisa.

**PISCATOR** (Erwin), director de cine y teatro alemán (Ulm 1893-Starnberg 1966). Director de la Volksbühne en Berlín, empleó audaces innovaciones técnicas (escenario giratorio, proyecciones cinematográficas, etc.) para mostrar la imbricación de los problemas estéticos, sociales y políticos. Emigrado a E.U.A., regresó a la R.F.A. después de la segunda guerra mundial.

**PISCO,** c. de Perú (Ica), en la desembocadura del *río Pisco;* 74 300 hab. Puerto pesquero y comercial (exportación de guano). Fabricación de aguardiente *(pisco).* Edificios del barroco colonial (iglesia y antiguo colegio de la Compañía de Jesús, s. XVIII).

**PISÍSTRATO,** tirano de Atenas (*c.* 600-527 a. J.C.). Estableció la tiranía en 560. Continuador de la obra de Solón, estimuló el comercio y la industria, y favoreció a las clases populares. Dio a Atenas sus primeros grandes monumentos y fomentó las grandes fiestas religiosas (panateneas y dionisias).

**PISÓN** → ***Calpurnio Pisón.***

**PISSARRO** (Jacob Abraham, llamado **Camille**), pintor francés (Saint-Thomas, Antillas, 1830-París 1903), uno de los maestros del impresionismo. Pintó paisajes y temas rurales.

**PISSIS** *(monte),* volcán de Argentina, en los Andes (Catamarca y La Rioja); 6 779 m de alt.

**PISTOIA,** c. de Italia (Toscana), cap. de prov.; 87 275 hab. Centro industrial. Monumentos medievales, entre los que destacan la catedral (ss. XII-XIII) y otras iglesias, ricas en obras de arte.

**PISTOIA** (Cino **da**), jurisconsulto y poeta italiano (Pistoia 1270-*c.* 1337), amigo de Dante y uno de los representantes del *dolce stil novo.*

**PISUERGA,** r. de España, afl. del Duero (or. der.); 283 km. Nace en Peña Labra, baña la *Campiña del Pisuerga* y pasa por Valladolid. Principales afl.: Carrión, Odra, Arlanzón, Esgueva. Embalses de La Requejada, Aguilar de Campoo y Ruesga. Canales de regadío.

**PITA** (Mayor **Fernández de la Cámara y Pita,** llamada **María**), heroína española del s. XVI, que defendió La Coruña de los ataques ingleses de Norris y Drake (1589). Felipe II le concedió el grado de alférez.

**PITA RODRÍGUEZ** (Félix), escritor cubano (Bejucal 1909-La Habana 1990), poeta vanguardista (*Corcel de fuego,* 1947) y revolucionario (*Las crónicas, poesía bajo consigna,* 1961).

**PÍTACO,** tirano de Mitilene, en la isla de Lesbos (*c.* 650-*c.* 570 a. J.C.). Ejerció el poder durante diez años (*c.* 595-585), y abdicó. Se le considera uno de los siete sabios de Grecia.

**PITÁGORAS,** filósofo y matemático griego (Samos *c.* 570 a. J.C.-Metaponte *c.* 480 a. J.C.). No dejó ninguna obra escrita. El llamado teorema de Pitágoras era conocido ya por los babilonios un milenio antes. La aritmética pitagórica, limitada a los números enteros, incluía una teoría de las proporciones. Consideraba que los números son el principio, la fuente y la raíz de todas las cosas.

**Pitágoras** *(teorema de),* teorema según el cual *el cuadrado construido sobre la hipotenusa de un triángulo rectángulo equivale a la suma de los cuadrados construidos sobre los lados del ángulo recto.*

**PITAL (El),** centro precolombino del golfo de México, descubierto en 1994, a 65 km de El Tajín, de una secuencia cronológica anterior a éste.

**PITALITO,** mun. de Colombia (Huila); 51 107 hab. Centro agrícola.

**PITARRA** (Frederic **Soler,** llamado **Serafí**), dramaturgo español en lengua catalana (Barcelona 1839-*id.* 1894), cultivador de la parodia, la sátira y la comedia.

**PITCAIRN,** isla de Oceanía, al SE de Tahití; 4,6 km$^2$; 60 hab.

**PITE ÄLV,** r. de Suecia, que desemboca en el golfo de Botnia, en el puerto de *Piteå* (39 000 hab.); 370 km.

**PITEAS,** navegante y geógrafo griego nacido en Massalia [act. Marsella] (s. IV a. J.C.), cuyas observaciones sobre latitudes y mareas fueron duraderas.

**PITEŞTI,** c. de Rumania, junto a los Cárpatos; 179 479 hab. Centro industrial.

**PITIUSAS,** denominación griega y romana de las islas de Ibiza y Formentera (Baleares).

**PITOL** (Sergio), escritor mexicano (Puebla 1933). Los personajes de sus novelas están desarraigados y torturados por la soledad y el miedo (*Los climas,* 1966; *Vida conyugal,* 1991). [Premio internacional de literatura Juan Rulfo 1999.]

**PITÓN,** en la mitología griega, serpiente monstruosa que emitía oráculos en Delfos. Apolo le dio muerte, estableció su propio oráculo e instituyó los *juegos píticos.*

**PITOT** (Henri), ingeniero y físico francés (Aramon, Languedoc, 1695-*id.* 1771). Inventó el *tubo de Pitot* que permite calcular las velocidades y caudales de los fluidos.

**PITRUFQUÉN,** com. de Chile (Araucanía); 20 187

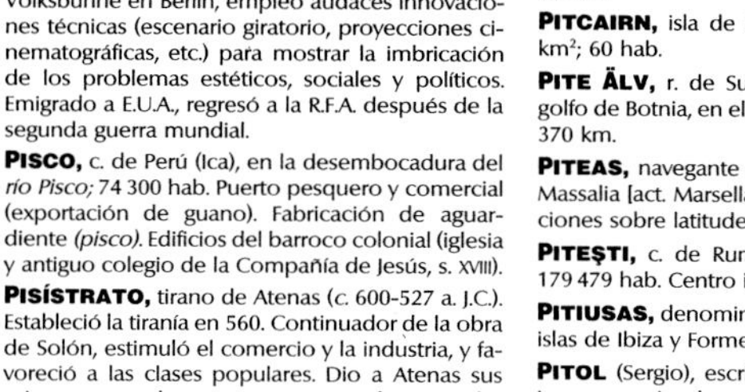

**Pisa:** la catedral (ss. XI-XII)
y el campanile o torre inclinada (ss. XII-XIII)

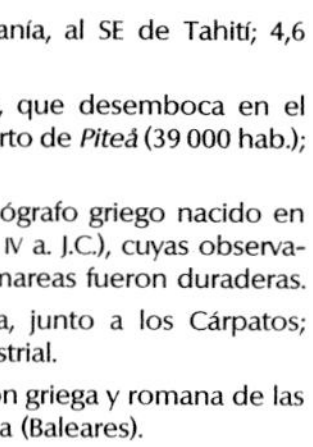

William **Pitt,**
llamado Pitt el Joven
(G. Healy - palacio de Versalles)

hab. Centro comercial agrícola, ganadero y forestal.

**PITT** (William), 1.er *conde* **de Chatham,** llamado **Pitt el Viejo,** político británico (Londres 1708-Hayes 1778). Diputado whig (1735), se convirtió en líder del nacionalismo inglés frente a los Borbones franceses y españoles. Al inicio de la guerra de los Siete años fue nombrado primer ministro y ministro de la Guerra (1756), y condujo el país a la victoria. Tras dimitir en 1761, estuvo de nuevo en el poder (1766-1768).

**PITT** (William), llamado **Pitt el Joven,** político británico (Hayes 1759-Putney 1806), hijo del anterior. Canciller del Exchequer (1782) y primer ministro (1783-1801), dirigió la lucha contra la Francia revolucionaria desde 1793. Pero esta guerra, a pesar de grandes éxitos (Abukir, 1798) era un desastre económico, por lo que Pitt optó por una tregua, el tratado de Amiens (1802), que fue firmado cuando él ya había dimitido. Frente al nacionalismo irlandés, logró la integración política de la isla en el reino británico (Acta de unión, 1800). De nuevo primer ministro (1804), combatió contra Napoleón, cuya flota sufrió un nuevo desastre en Trafalgar (1805).

**PITTALUGA** (Gustavo), compositor y crítico musical español (Madrid 1906-*id.* 1976). Autodidacta, formó parte del llamado Grupo de la república (*La romería de los cornudos,* ballet, 1920; *Concierto militar* para violín, 1930; *Pequeña suite,* 1933).

**PITTI,** familia florentina, rival de los Médicis. – El *palacio Pitti* de Florencia, iniciado en 1458, es en la actualidad un importante museo de cuadros y objetos de arte procedentes en parte de la colección de los Médicis (quienes lo adquirieron y ampliaron en el s. XVI).

**PITTSBURGH,** c. de Estados Unidos (Pennsylvania), a orillas del Ohio; 369 879 hab. (2 056 705 hab. en la aglomeración). Centro siderúrgico y metalúrgico. Museo de arte del instituto Carnegie.

**PIUQUENES,** centro andino en la frontera de Chile (Santiago) y Argentina (Mendoza); 6 000 m.

**PIURA** *(departamento de),* dep. de Perú (Grau); 35 892 km$^2$; 1 548 100 hab. Cap. *Piura.*

**PIURA,** c. de Perú, cap. del dep. homónimo, a orillas del *río Piura;* 186 354 hab. Centro algodonero. Fundada en 1532 por Francisco Pizarro, en 1912 fue destruida por un terremoto. Aeropuerto.

**PIVIJAY,** mun. de Colombia (Magdalena), en el delta del Magdalena; 35 328 hab. Agricultura.

**PIZARNIK** (Alejandra), poeta argentina (Buenos Aires 1936-*id.* 1972). Su poesía destaca por la luminosa imaginería surrealista (*La tierra más ajena,* 1955; *Árbol de Diana,* 1962; *El infierno musical,* 1971).

**PIZARRO** (Francisco), conquistador español (Trujillo 1478-Lima 1541). Lugarteniente de Alonso de Ojeda (1510) y de Núñez de Balboa, exploró Centroamérica y fue alcalde de Panamá (*c.* 1522), donde exploró el SE. Realizó expediciones al Perú: la de 1524-1525, fracasó; en la de 1526-1528, con los Trece de la fama obtuvo resultados y consiguió de Carlos Quinto los títulos de gobernador, capitán general y adelantado de las nuevas tierras. Aprovechando la guerra civil entre Atahualpa y Huáscar, emprendió la conquista del Incario en 1531 con la ayuda de Almagro y 180 hombres. Ocupó Cajamarca y apresó a Atahualpa, al que ejecutó en 1533, y fundó la Ciudad de los Reyes o Lima (1535); amplió los territorios hacia Ecuador. Superó una sublevación de Manco Inca, que sitió Lima y Cuzco (1536), y se impuso en la guerra civil con Almagro (1538). Fue asesinado por seguidores de Almagro. – Su hermano **Hernando** (Trujillo ¿1478?-*id.* d. 1578), también conquistador de Perú, fue depuesto de su cargo de gobernador de Cuzco por Almagro, derrotó a éste en la batalla de las Salinas (1538). De regreso a España, fue encarcelado (1540-1560). – Su otro hermano **Gonzalo** (Trujillo 1502-Xaquixaguana 1548) fue nombrado gobernador de Quito (1539) por Francisco. Encabezó un levantamiento de los encomenderos contra las Leyes nuevas de Indias y decapitó al virrey Núñez Vela (1546). Fue derrotado por el ejército de La Gasca, enviado por el consejo de Indias, y ejecutado.

**PLA** (Josefina), escritora y ceramista paraguaya de origen español (Las Palmas de Gran Canaria 1909-Asunción 1999). Ha publicado poesía intimista (*El precio de los sueños,* 1934; *Rostros del agua,* 1963), teatro (*Aquí no ha pasado nada,* 1942), narrativa (*La mano en la tierra,* 1963) y ensayo de gran rigor. Como ceramista evolucionó hacia un constructivismo decorativo.

**PLA** (Josep), escritor español en lenguas catalana y castellana (Palafrugell 1897-Llofriu, Gerona, 1981). La prosa directa y expresiva de sus diarios y crónicas de viajes hacen de él un extraordinario observador social. Su primera obra fue *El cuaderno gris* (*El quadern gris,* 1918-1919), diario de su formación intelectual. De su etapa de madurez destacan libros de corte autobiográfico y la serie de retratos literarios *Grandes tipos* (*Homenots,* 1958-1962).

**PLACETAS,** c. de Cuba (Villa Clara); 74 748 hab. Centrales azucareras. Manufacturas de tabaco.

**PLÁCIDO** → ***Valdés*** (Gabriel de la Concepción).

**PLANA SEPTENTRIONAL (La)** y **LA PLANA MERIDIONAL,** comarcas de España (Castellón), en la orla costera. *La Plana Septentrional* o *La Plana Baixa* abarca desde Torreblanca hasta el río Mijares, y *La Plana Meridional* o *La Plana Alta* desde el Mijares hasta Almenara. Regadíos (arroz, naranjos). Turismo.

**PLANADAS,** mun. de Colombia (Tolima); 21 473 hab. Café, caña de azúcar, maíz. Explotación forestal.

**PLANCHÓN** *(paso del),* paso de los Andes, entre Argentina (Mendoza) y Chile (Maule); 2 850 m de alt.

**PLANCK** (Max), físico alemán (Kiel 1858-Gotinga 1947). Para resolver el problema del cuerpo negro (equilibrio térmico de la radiación), formuló la hipótesis según la cual los intercambios de energía se efectúan de forma discontinua, creando así la teoría de los cuantos. (La *constante de Planck,* base de dicha teoría, tiene el valor de: $h = 6{,}626 \times 10^{-34}$ julios/seg.) [Premio Nobel de física 1918.]

**PLANETA RICA,** mun. de Colombia (Córdoba); 44 267 hab. Agricultura y ganadería.

**PLANTAGENET,** sobrenombre del conde de Anjou Godofredo V, empleado para nombrar a su descendencia constituida por la estirpe de los reyes de Inglaterra de Enrique II a Ricardo III (1154-1485). La historia de los Plantagenet estuvo dominada al principio por el conflicto entre Francia e Inglaterra, y luego, en el s. XV, por la rivalidad entre las ramas colaterales de los Lancaster y de los York (guerra de las Dos Rosas). Ésta condujo, en 1485, a la eliminación de los Plantagenet por los Tudor.

**PLANTIN** (Christophe), impresor flamenco de origen francés (Saint-Avertin, cerca de Tours, *c.* 1520-Amberes 1589), editor en Amberes de la famosa *Biblia regia* o *Biblia políglota* (1572).

**PLANUDES** (Máximo), escritor bizantino (Nicomedia *c.* 1260-Constantinopla 1310), compilador de la *Antología griega* y de las *Fábulas de Esopo.*

**PLASENCIA,** c. de España (Cáceres), cab. de p. j.; 36 826 hab. *(Placentinos.)* Centro comercial, agrícola y ganadero. Restos de murallas. Catedral constituida por la antigua (ss. XIII-XIV) y la nueva (iniciada en 1498). Casas señoriales.

**PLATA** (el), nombre con que se designa la región del Río* de la Plata, el estuario y la cuenca.

**PLATA (La),** c. de Argentina, cap. de la prov. de Buenos Aires, en el estuario del Río de la Plata; 542 567 hab. en el *Gran La Plata.* Centro administrativo y universitario en cuya periferia se han implantado industrias (frigoríficos, metalurgia, petroquímica), asociadas a la actividad portuaria.

**PLATA (La),** mun. de Colombia (Huila); 34 442 hab. Minas de plata, explotadas desde la época colonial.

**PLÁTANO** *(río),* r. de Honduras, tributario del Caribe. Su cuenca (350 000 ha), que incluye variados ecosistemas, fue declarada reserva de la biosfera por la Unesco (1982).

**Platea** *(batalla de)* [ag. 479 a. J.C.], victoria obtenida sobre los persas por la Confederación griega dirigida por Pausanias junto a las murallas de Platea, en Beocia.

**Platero y yo,** libro de prosa poética de J. R. Jiménez (1914), en torno a la vida y muerte del burro Platero.

**PLATO,** mun. de Colombia (Magdalena), junto al Magdalena; 62 126 hab. Agricultura y ganadería.

**PLATÓN,** filósofo griego (Atenas *c.* 427-*id.* 348/347 a. J.C.). Discípulo de Sócrates, viajó a Egipto y a Sicilia, regresó a Atenas donde fundó *c.* 387 una escuela, la Academia, y luego intentó en vano aconsejar al tirano Dionisio de Siracusa. Su obra filosófica está formada por unos treinta diálogos que ponen en escena a discípulos y adversarios frente a Sócrates. Por medio de la dialéctica, éste les hace descubrir, a través de sus contradicciones, ideas que tenían en sí mismos sin saberlo, y les hace progresar hacia un ideal en el que lo bello, lo justo y el bien son las verdades últimas de la existencia terrenal del alma humana, y de las que el hombre sólo percibe en la tierra las apariencias. Se trata de crear en este mundo una ciudad ideal, en la que el orden de justicia sea garantizado por los filósofos. Las principales obras de Platón, *El banquete; Fedón; La república; Fedro; Parménides; El sofista; El Timeo,* y *Las leyes,* han marcado el pensamiento occidental, pasando por Aristóteles, los padres de la Iglesia, el islam, la edad media y el renacimiento, hasta ciertos aspectos del idealismo lógico contemporáneo.

**PLATÓN SÁNCHEZ,** mun. de México (Veracruz); 18 192 hab. Yacimientos petrolíferos.

**PLÁTONOV** (Andréi Plátonovich **Klímentov,** llamado), escritor ruso (Vorónezh 1899-Moscú 1951), autor de relatos al margen del realismo socialista (*Las esclusas de Epifano).*

**Platt** *(enmienda),* anexo impuesto a la constitución cubana de 1901, a instancias del senador norteamericano Orville H. *Platt,* por el que se cedía a E.U.A. el control de la política exterior cubana y el derecho de intervención militar en la isla. Aunque derogada en 1934, estuvo vigente en la práctica hasta 1959.

**PLAUEN,** c. de Alemania (Sajonia); 73 971 hab. Centro industrial.

**PLAUTO,** poeta cómico latino (Sársina, Umbría, 254-Roma 184 a. J.C.). De las ciento treinta obras que se le atribuyeron, Varrón sólo reconoció veintiuna como auténticas. Las más conocidas son: *Anfitrión; Vidularia; Los Menecmos,* y *El soldado fanfarrón.* Sus argumentos en general están tomados de los autores griegos de la comedia nueva. Sus personajes anuncian los tipos de la *commedia dell'arte.*

**PLAYA BONITA** *(bahía de),* bahía del NO de Costa Rica (Guanacaste), en el Pacífico.

**PLAYA DE ARO,** centro turístico de España (Gerona), en la Costa Brava, cab. del mun. de Castillo de Aro (Castell-Platja d'Aro).

**PLAYA VICENTE,** mun. de México (Veracruz), avenado por el Suchiapan; 51 231 hab. Cereales, arroz.

**PLAZA** (Daniel), atleta español (El Prat de Llobregat 1966). Conquistó la medalla de oro en 20 km

Francisco **Pizarro** (anónimo - museo de América, Madrid)

Josep **Pla**

Max **Planck**

marcha en los Juegos olímpicos de Barcelona (1992) y la medalla de bronce en los campeonatos del mundo de Stuttgart (1993).

**PLAZA** (Galo), diplomático y político ecuatoriano (Nueva York 1906-Quito 1987). Presidente de la república en 1948-1952, fue diplomático en la O.N.U. y secretario general de la O.E.A. (1968-1975).

**PLAZA** (Juan Bautista), organista y compositor venezolano (Caracas 1898-*id.* 1965). Fue organista de la catedral de Caracas, profesor del conservatorio nacional y musicólogo. Es autor de una orquestación para el himno nacional.

**PLAZA** (Leónidas), militar y político ecuatoriano (Charapotó, Manabí, 1866-Guayaquil 1932). Presidente de la república en 1901-1905, practicó una política reformista. En un segundo mandato (1912-1916), acentuó el moderantismo del Partido liberal.

**PLAZA** (Nicanor), escultor chileno (Santiago 1844-Florencia 1918). Expuso en el Salón de París de 1867 *(Caupolicán, Susana y Hércules).* Su obra maestra es la escultura en mármol *La quimera.*

**PLAZA** (Victorino **de la**), político argentino (Salta 1840-Buenos Aires 1919). Vicepresidente (1910) y presidente de la república (1914-1916), favoreció los intereses económicos de Gran Bretaña y E.U.A.

**plaza del Diamante** *(La),* [*La plaça del Diamant*], novela de Mercè Rodoreda (1962), visión de la guerra civil española y la posguerra a través de la vida de una mujer de un barrio barcelonés.

**PLAZA DEL MORO ALMANZOR,** pico de España (Ávila y Toledo), que constituye el punto más elevado de la sierra de Gredos; 2 592 m.

**PLEJÁNOV** (Gueorgui Valentínovich), socialista ruso (Gudálovka 1856-Terijoki 1918). Populista y posteriormente marxista, fundó en Ginebra el grupo Emancipación del trabajo (1883). Principal divulgador de las ideas marxistas en Rusia, se alineó en 1903 junto a los mencheviques.

**Plesetsk** o **Plessetsk,** base rusa de lanzamiento de ingenios espaciales, principalmente militares, al S del mar Blanco.

**PLEVEN,** ant. **Plevna,** c. del N de Bulgaria; 136 000 hab.

**Pléyade,** denominación que tomaron dos grupos de poetas. El primero formado en el s. III a. J.C. en la Alejandría de los Tolomeos, comprendía a Licofrón de Calcis, Alejandro el Etolio, Filisco de Corcira, Sosífanes de Siracusa, Homero de Bizancio, Sositeo de Alejandría y Dionisíade de Tarso. El segundo reunió, en Francia y durante el renacimiento, alrededor de P. Ronsard y J. du Bellay, a Rémi Belleau, Jodelle, Baïf, Pontus de Tyard y J. Peletier du Mans, sustituido a su muerte por Dorat.

**PLÉYADES,** en la mitología griega, nombre de las siete hijas de Atlas, a las que Zeus metamorfoseó en estrellas para sustraerlas a la persecución de Orión.

**PLEYEL** (Ignaz), compositor austríaco (Ruppersthal, Baja Austria, 1757-París 1831). Fundador de una fábrica de pianos en París (1807), compuso sinfonías, conciertos y cuartetos.

**PLINIO el Viejo,** naturalista y escritor latino (Como 23 d. J.C.-Stabiae 79). Era almirante de la flota de Mesina cuando sobrevino la erupción del Vesubio, en la que murió. Es autor de una *Historia natural,* vasta compilación científica en 37 libros.

**PLINIO el Joven,** escritor latino (Como 61 o 62 d. J.C.-*c.* 114), sobrino del anterior. Abogado célebre, fue cónsul. Es autor de un *Panegírico de Trajano* y de *Epístolas,* valioso documento sobre la sociedad de su época.

**PLISIÉTSKAIA** (Maia Mijáilovna), bailarina rusa (Moscú 1925), nacionalizada española. Intérprete de grandes cualidades técnicas y artísticas *(La muerte del cisne, El lago de los cisnes, Carmen suite),* dirigió el Ballet del teatro lírico nacional de la Zarzuela (1987-1989).

**PŁOCK,** c. de Polonia, cap. de voivodato, a orillas del Vístula; 125 300 hab. Refino de petróleo. Petroquímica.

**PLOIEŞTI** o **PLOEŞTI,** c. de Rumania, al N de Bucarest; 252 073 hab. Centro petrolero e industrial.

**PLOMO,** cerro de los Andes, entre Argentina (Mendoza) y Chile (Santiago); 6 120 m.

**PLOTINO,** filósofo alejandrino (Licópolis [act. Asiut], Egipto, *c.* 205-en Campania 270). Su filosofía neoplatónica influyó en los padres de la Iglesia *(Enéadas).*

**PLOVDIV,** ant. **Philippopolis,** c. de Bulgaria, a orillas del Marica; 367 000 hab. Centro agrícola e industrial. Feria internacional. Pintoresca parte antigua. Museos arqueológico y etnográfico.

**PLÜCKER** (Julius), matemático y físico alemán (Eiberfeld [act. en Wuppertal] 1801-Bonn 1868). Propuso un enfoque algebraico de la geometría proyectiva y amplió la noción de coordenadas.

**Plus Ultra** *(vuelo del),* primera travesía del Atlántico sur realizada por el hidroavión español Plus Ultra, pilotado por Ramón Franco y su equipo (1926).

**PLUTARCO,** escritor griego (Queronea *c.* 50 d. J.C.-*id. c.* 125). Viajó a Egipto, residió en varias ocasiones en Roma, y formó parte del colegio sacerdotal de Delfos. Escribió numerosas obras, que se dividen, ya desde la antigüedad, en dos grupos: las *Obras morales* y las *Vidas* paralelas.*

**PLUTO,** divinidad griega de la riqueza.

**PLUTÓN,** planeta más alejado del Sol que Neptuno, descubierto en 1930 por el norteamericano Clyde Tombaugh. Es el más pequeño de los planetas principales del sistema solar (2 200 km de diámetro). En 1978 se descubrió un satélite.

**PLUTÓN** *(el rico),* epíteto ritual del dios griego de los Infiernos, Hades.

**PLYMOUTH,** c. y puerto de Gran Bretaña (Devon); 238 800 hab. Base militar. Centro industrial.

**PLZEŇ,** en alem. **Pilsen,** c. de la República Checa (Bohemia); 173 129 hab. Fábricas de cerveza. Metalurgia. Monumentos antiguos.

**PNIX,** colina al O de Atenas, donde se celebraba la asamblea del pueblo.

**P.N.V.** → ***nacionalista vasco*** (Partido).

**PO,** r. de Italia septentrional, el más importante del país; 652 km. Nace en los Alpes, en el monte Viso, discurre en dirección general O-E, penetra en la llanura (aguas arriba de Turín) y avena con sus afluentes (Tesino, Adda), entre los Alpes y los Apeninos, una vasta región baja, la *llanura del Po* o *llanura Padana,* zona vital de Italia, antes de desembocar en el Adriático formando un amplio delta.

**PO KIU-YI** → ***Bo Juyi.***

**POANAS,** mun. de México (Durango), avenado por el *río Poanas;* 25 243 hab. Cab. *Villa Unión.*

**POÁS,** volcán de Costa Rica (Alajuela), en la cordillera Central; 2 737 m de alt. La laguna del cráter contiene ácido sulfúrico.

**POBIEDA** *(pico),* punto culminante del Tian Shan, en la frontera entre Kirguizistán y China; 7 439 m.

**POBIEDONÓSTSEV** (Konstantín Petróvich), político ruso (Moscú 1827-San Petersburgo 1907). Preceptor de Alejandro III (1865), en quien ejerció una influencia reaccionaria, fue procurador general del Santo Sínodo (1880-1905).

**POBLA (Sa),** v. de España (Baleares), en Mallorca; 10 052 hab. Agricultura. Pesca.

**Poblet** *(monasterio de),* monasterio cisterciense español (Vimbodí, Tarragona) fundado por Ramón Berenguer IV, panteón real de la Corona de Aragón. Su construcción, iniciada en el s. XII en estilo cisterciense (iglesia), fue continuada en los siglos posteriores en estilos gótico (claustro), renacentista (retablo de D. Forment) y barroco (fachada). En 1991 fue declarado bien cultural del Patrimonio mundial por la Unesco.

**POCATERRA** (Rafael), escritor venezolano (Valencia 1888-Montreal 1955), creador de la novela urbana venezolana (*Vidas oscuras,* 1916; *La casa de los Abila,* 1946).

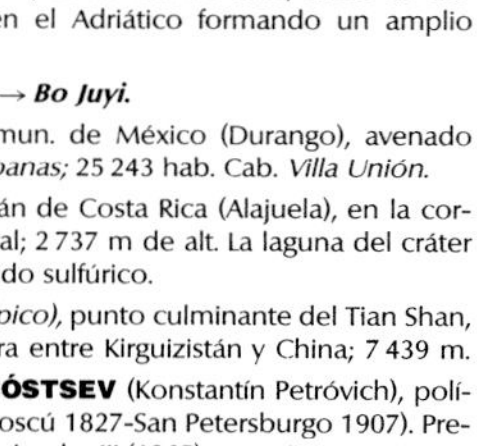

Edgar Allan **Poe**
(Lefort - biblioteca nacional, París)

**POCITO,** dep. de Argentina (San Juan), en la cuenca del San Juan; 30 684 hab. Cab. *Villa Aberastain.*

**POCOCI,** cantón de Costa Rica (Limón); 54 874 hab. Cab. *Guápiles.* Plantaciones de bananas y cacao.

**PODESTÁ,** familia argentina de actores rioplatenses. – **José** (Montevideo 1858-*id.* 1937) consiguió popularidad en el circo, al que incorporó contenidos teatrales. – Su hermano **Pablo** (Montevideo 1875-*id.* 1923) pasó del espectáculo circense y la pantomima a la interpretación de textos de mayor envergadura (*Barranca abajo* de Florencio Sánchez).

**PODGORICA,** ant. **Titograd,** c. de la República Federal de Yugoslavia, cap. de Montenegro; 96 000 hab. Centro industrial.

**PODGORNY** (Nikolái Viktórovich), político soviético (Karlovka, Ucrania, 1903-Moscú 1983), presidente del presidium del soviet supremo de 1965 a 1977.

**PODOLIA,** región del O de Ucrania, en la cuenca superior del Dniéster.

**PODOLSK,** c. de Rusia, al S de Moscú; 210 000 hab.

**POE** (Edgar Allan), escritor norteamericano (Boston 1809-Baltimore 1849). Poeta (*El cuervo,* 1845), en sus cuentos aplicó sistemáticamente una técnica de la sensación llevada hasta los límites de lo morboso creando el modelo de estas construcciones paralógicas que siguió la novela policíaca (*Las aventuras de Arthur Gordon Pym,* 1838; *Narraciones extraordinarias,* 1840).

**Poética,** obra de Aristóteles (s. IV a. J.C.), que trata de la poesía en general, de la tragedia y de la epopeya.

**Poética,** obra de preceptiva literaria de I. de Luzán (1737), influida por Aristóteles y los preceptistas neoclásicos.

**POGGENDORFF** (Johann Christian), físico alemán (Hamburgo 1796-Berlín 1877). Director de los *Anales de física y química,* inventó la pila de bicromato y un dispositivo de espejo que permite evaluar los pequeños ángulos de rotación.

**POGGIO** (Gian Francesco **Poggio Bracciolini,** llamado **el**), humanista italiano (Terranuova, Florencia, 1380-Florencia 1459). Descubrió numerosas obras de la antigüedad romana. Escribió una *Historia de Florencia,* que abarca de 1350 a 1455, y *Cuentos de Poggio Florentino.*

**PO-HAI** → ***Bohai*** (golfo del).

**POHANG,** c. y puerto de Corea del Sur; 317 768 hab.

**POINCARÉ** (Henri), matemático francés (Nancy 1854-París 1912). Estudió las ecuaciones diferenciales y su utilización en física matemática y mecánica celeste, y fundó la topología algebraica.

**POINCARÉ** (Raymond), político francés (Bar-le-Duc 1860-París 1934). Como jefe de gobierno (1912-1913), adoptó una política de firmeza frente a Alemania. Durante su presidencia de la república (1913-1920) Francia recuperó Alsacia y Lorena. De nuevo primer ministro en 1922-1924 y 1926-1929, ordenó la ocupación del Ruhr (1923).

**POINTE-NOIRE,** c., puerto y centro económico de la República del Congo; 576 206 hab. Terminal del ferrocarril Congo-Océano.

**Poirot** (Hercule), detective protagonista de algunas novelas policiacas de A. Christie.

**POISSON** (Siméon Denis), matemático francés (Pithiviers 1781-París 1840), uno de los creadores de la física matemática y autor de trabajos sobre mecánica celeste, elasticidad, capilaridad, cálculo de probabilidades y magnetismo.

**POITIERS,** c. de Francia, cap. de la región Poitou-Charentes y del dep. de Vienne; 82 507 hab. Universidad. Ant. cap. de los *pictavi,* fue un importante centro religioso de la Galia. Carlos Martel venció en ella a los musulmanes (732). Monumentos medievales (baptisterio de San Juan). Iglesias románicas y catedral gótica. Palacio condal.

**POITOU,** ant. prov. de Francia que comprendía los act. dep. de Deux-Sèvres, Vendée y Vienne. Cap. *Poitiers.* Ducado en el s. X, pasó a Inglaterra en 1152. Fue anexionada a Francia en 1369-1373.

**POITOU-CHARENTES,** región administrativa del

O de Francia (dep. de Charente, Charente-Maritime, Deux-Sèvres y Vienne); 25 810 km²; 1 595 109 hab. Cap. *Poitiers.*

**POKROVSK,** de 1931 a 1991 **Engels,** c. de Rusia, junto al Volga; 182 000 hab.

**POL POT** (**Saloth Sar,** llamado), político camboyano (Kompong Thom 1925-en Camboya, en el extremo norte de la frontera con Tailandia, 1998). Secretario general del partido comunista khmer (1962) y primer ministro (1976-1979), tras la invasión vietnamita, fue jefe de la guerrilla como comandante en jefe de los khmer rojos hasta 1985. Fue el responsable de las atrocidades cometidas durante su régimen.

**POLA** → *Pula.*

**POLA DE LAVIANA** → *Laviana.*

**POLA DE LENA** → *Lena.*

**POLA DE SIERO** → *Siero.*

**POLABÍ,** llanura de la República Checa, en Bohemia, a ambos lados del Labe (Elba), región agrícola e industrial.

**polaco-soviética** *(guerra),* guerra que enfrentó, en 1920, a Polonia y a la Rusia soviética. Provocada por el avance polaco en Ucrania y más tarde por la amenaza soviética sobre Varsovia, acabó con el tratado de Riga (1921), que fijó la frontera oriental de Polonia hasta 1939.

**POLANSKI** (Roman), director de cine polaco (París 1933), nacionalizado francés. Desarrolla un universo irónico e inquietante a la vez: *Repulsión* (1965), *El baile de los vampiros* (1967), *La semilla del diablo* (1968), *Chinatown* (1974), *La muerte y la doncella* (1994).

**POLANYI** (Karl), economista británico de origen húngaro (Viena 1886-Pickering, Ontario, 1964). Interesado en los sistemas económicos precapitalistas, propugnó una economía planificada, inspirada en un humanismo socialista.

**POLAR** o **ESTRELLA POLAR,** la estrella más brillante de la constelación de la Osa Menor. Debe el nombre a su proximidad (menos de 1°) al polo celeste boreal.

**POLARES** *(regiones),* regiones próximas a los polos. Su límite se considera la isoterma de 10 °C en el mes más caluroso. Están ocupadas principalmente por el mar en el Ártico, y por tierra en el Antártico. Las regiones polares han sido objeto de numerosas expediciones con fines de descubrimiento e investigación científica, y posteriormente, con fines estratégicos. – Entre las principales expediciones hacia el polo N, cabe citar las de Parry (1827), Nordenskjöld (1879), Nansen (1893-1896), Peary (que alcanzó el polo en 1909), y, hacia el polo S, las de Dumont d'Urville (1840), R. F. Scott (1902), Shackleton (1909) y Amundsen (quien alcanzó el polo en 1911, un mes antes que Scott).

**POLAVIEJA** (Camilo **García Polavieja,** *marqués* **de**), militar español (Madrid 1838-*id.* 1914). Reprimió la guerra Chiquita de Cuba (1879-1880). Capitán general de Cuba (1890-1892) y de Filipinas (1896-1898), de regreso a España, elaboró un programa regeneracionista y fue ministro de la Guerra (1899).

**POLE** (Reginald), prelado inglés (Stourton Castle 1500-Lambeth 1558). Cardenal (1536), presidió en 1545 el concilio de Trento; fue arzobispo de Canterbury (1556) y trabajó en pro de la Contrarreforma.

**POLEO** (Héctor), pintor venezolano (Caracas 1918). Familiarizado con el muralismo en México, realizó un gran mural en la Ciudad universitaria de Caracas (1952). Destacan también sus obras *Los novios* (Venecia) y *Autorretrato* (Washington).

**POLESELLO** (Rogelio), artista plástico argentino (Buenos Aires 1939). En su escultura estudia las distintas calidades de los materiales.

**POLESIA,** región de Bielorrusia y Ucrania, bañada por el Prípiat.

**POLIBIO,** historiador griego (Megalópolis, Arcadia, *c.* 200-*c.* 120 a. J.C.). Formó parte de los mil rehenes entregados a los romanos después de la derrota de Pidna (168) y vivió dieciséis años en Roma. Sus *Historias,* dedicadas a analizar metódicamente los hechos y buscar sus causas, lo sitúan entre los grandes historiadores griegos.

**POLICARPO** *(san),* obispo de Esmirna y mártir (*c.* 69-Esmirna *c.* 167). El relato de su martirio es el más antiguo testimonio de la muerte de un mártir.

**Polichinela,** en ital. **Pulcinella,** personaje de la commedia dell'arte. Jorobado, representa al glotón y fanfarrón.

**POLICLETO,** escultor y arquitecto griego del s. V a. J.C., nacido en Sicione o en Argos. Su teoría del canon, que aplicó a sus estatuas masculinas (Diadumeno, Doríforo), es una de las bases del clasicismo griego.

**POLÍCRATES,** tirano de Samos († Magnesia del Meandro 522 a. J.C.). Durante su reinado (533/532-522 a. J.C.) Samos conoció una gran prosperidad: atrajo a su corte a artistas y escritores (Anacreonte).

**POLIEUCTO** *(san),* oficial romano, mártir († Melitene, Armenia, *c.* 250). Convertido por su amigo Nearco, fue ejecutado por haber derribado los ídolos.

**POLIFEMO,** cíclope que, en la *Odisea,* retuvo prisionero a Ulises y a sus compañeros. Para huir de él, Ulises cegó su único ojo con una estaca, después de emborracharlo.

**Polifemo y Galatea** *(Fábula de),* poema de Luis de Góngora (1627, *Obras*), espléndida recreación culterana de la fábula Acis y Galatea de Ovidio.

**POLIGNAC** (Jules Auguste Armand, *príncipe* **de**), político francés (Versalles 1780-París 1847). Presidente del gobierno (1829), ordenó la expedición a Argel y firmó las ordenanzas que provocaron la revolución de julio de 1830.

**POLIGNOTO,** pintor griego (isla de Tasos s. V a. J.C.-† Atenas). Autor de grandes composiciones mitológicas conocidas a través de las descripciones de Pausanias y de Plinio, se le considera el creador de la pintura mural griega.

**POLIMNIA,** musa griega de los himnos sagrados.

**POLINESIA,** parte de Oceanía, que comprende las islas y archipiélagos situados entre Nueva Zelanda, las islas Hawai y la isla de Pascua; 26 000 km² (dos tercios de los cuales corresponden a las Hawai). Las plantaciones de cocoteros, la pesca y el turismo son los principales recursos de estas islas, generalmente de origen volcánico y coralino.

**POLINESIA FRANCESA,** en fr. **Polynésie Française,** territorio francés de ultramar en Oceanía, que comprende las islas de la Sociedad (Tahití y dependencias), Tuamotú, con las Gambier, Marquesas y las Tierras Australes y Antárticas Francesas; 4 000 km²; 188 814 hab. Cap. *Papeete* (en Tahití).

**POLINICES,** hermano de Eteocles en la leyenda tebana.

**polisario** *(Frente),* siglas de **Frente popular de liberación de Saguía el-Hamra y Río de Oro,** movimiento político-militar saharaui de liberación nacional, fundado en 1973. Tras la cesión por parte de España del Sahara* Occidental a Marruecos y Mauritania (1975), el Frente polisario proclamó la República Árabe Saharaui Democrática (R.A.S.D.) e inició una guerra de guerrillas contra Marruecos. La O.N.U. (1978) y la conferencia de países no alineados (1979) lo reconocieron como parte en el conflicto. En 1982 la R.A.S.D. ingresó en la O.U.A. En 1997 acordó con Marruecos celebrar un referéndum de autodeterminación.

**politburó,** órgano político del comité central del Partido comunista de Rusia (creado en 1917), y después de la U.R.S.S.

**Política,** obra de Aristóteles, en la que analiza tres formas de gobierno (monarquía, aristocracia y democracia), a partir de las cuales demuestra la superioridad de una democracia sin demagogia.

**POLÍTIS** (Nikòlaos), jurista y diplomático griego (Corfú 1872-Cannes 1942). Profesor de la facultad de derecho de París y más tarde ministro de Asuntos Exteriores de Grecia (1917-1920), fue presidente de la S.D.N. en 1932 y del Instituto de derecho internacional desde 1937 hasta su muerte.

**POLIZIANO** (Angelo **Ambrogini,** llamado **il**), humanista italiano (Montepulciano 1454-Florencia 1494), autor de *Las estancias para una justa* (1478) y *Fábula de Orfeo,* en la que se inspiró Monteverdi.

**POLK** (James Knox), político norteamericano (en Mecklenburg, Carolina del Norte, 1795-Nashville, Tennesse, 1849). Presidente demócrata de E.U.A. (1845-1849), anexionó Texas a la Unión (1845), provocando la guerra contra México (1846-1848).

**POLLACK** (Sydney), director de cine norteamericano (South Bend, Indiana, 1934). Sus películas perpetúan un cine humanista y nostálgico: *Propiedad condenada* (1966), *Danzad, danzad, malditos* (1969), *Las aventuras de Jeremiah Johnson* (1972), *Los tres días del Cóndor* (1975), *Memorias de África* (1985), etc.

**POLLAIOLO** o **POLLAIUOLO** (Antonio **Benci,** llamado **Antonio del**), pintor, escultor, grabador y orfebre italiano (Florencia *c.* 1432-Roma 1498), apasionado por el movimiento y la precisión anatómica, tanto en pintura *(Trabajos de Hércules),* como en escultura (pequeños bronces; tumbas de Sixto IV y de Inocencio VIII) y grabado. – Su hermano, **Piero** (Florencia *c.* 1443-Roma 1496), colaboró con él, sobre todo en pintura.

**POLLENSA** o **POLLENÇA,** v. de España (Baleares), en Mallorca; 11 256 hab. *(Pollensines.)* Agricultura, ganadería. Industria (textil, calzados). Turismo (playas).

**POLLENTIA,** ant. c. de Mallorca, junto a la actual Alcudia. Se conserva un teatro romano.

**POLLOCK** (Jackson), pintor norteamericano (Cody, Wyoming, 1912-Springs, Long Island, 1956). Influido por los muralistas mexicanos, por Picasso, por la cultura amerindia, y posteriormente (*c.* 1942, en Nueva York) por el automatismo surrealista, llegó, hacia 1947, a una pintura gestual *(action painting),* ejemplo del expresionismo abstracto, que se distingue por la práctica del *dripping* (goteo de color líquido sobre tela colocada en el suelo).

Jackson **Pollock** realizando una de sus obras (práctica del *dripping*) en 1952

**POLO** (Marco), viajero veneciano (Venecia 1254-*id.* 1324). A partir de 1271, atravesó toda Asia por Mongolia y regresó por Sumatra, tras permanecer dieciséis años al servicio de Qūbīlāy kan. El relato de sus viajes, escrito en francés (*El libro de las maravillas del mundo,* o *El descubrimiento del mundo*), primer documento europeo sobre la China de los mongoles, acreditó el mito de un Extremo oriente fabulosamente rico.

**POLO DE MEDINA** (Salvador Jacinto), escritor español (Murcia 1603-Alcantarilla 1676), poeta culterano de fino humor (*Academias de jardín,* 1630).

**POLOCHIC,** r. de Guatemala, en la vertiente atlántica; 240 km. Nace en el cerro Xucanelo (Alta Verapaz) y desemboca en el lago de Izabal. Navegable en su curso bajo.

**POLONIA,** en polaco **Polska,** estado de Europa central, a orillas del Báltico; 313 000 km²; 38 200 000 hab. *(Polacos.)* CAP. *Varsovia.* LENGUA OFICIAL: *polaco.* MONEDA: *zloty.*

GEOGRAFÍA

País limítrofe con la U.R.S.S., se individualizó en el área socialista por el mantenimiento del predominio del sector privado en el ámbito agrícola y sobre todo por la implantación de un catolicismo militante en la mayor parte de su población. La industria se beneficia de algunos recursos mineros: cobre, cinc, sal gema y sobre todo carbón, riqueza esencial y principal producto de exportación. Siderurgia y metalurgia, química y textil son los sectores dominantes. Los cereales, la patata y la remolacha azucarera constituyen las grandes producciones agrícolas, condicionadas por un clima frío en invierno (más duro a medida que se avanza hacia el E) y a veces asociadas a la ganadería (bovina y porcina). Los intercambios siguen siendo importantes con los demás países de la Europa oriental. Ello no impide un notable endeudamiento respecto a occidente, ligado al marasmo de una economía sacudida por los conflictos sociopolíticos de los años ochenta. El paso a la economía de mercado (que provocó el aumento del paro) planteó, a partir de 1990, nuevos problemas.

HISTORIA

***De la protohistoria a los Piast.*** En la región, ocupada desde el III milenio, se sucedieron las civilizaciones lusaciana (ss. XIII-IV a. J.C.) y pomerania (ss. VI-II a. J.C.). Ss. I-II d. J.C.: el territorio, atravesado por la ruta del ámbar, entró en contacto con el mundo romano. Ss. V-VI: los eslavos se establecieron entre el Odra y el Elba. 966: el duque Mieszko I (c. 960-992), fundador de la dinastía de los Piast, hizo entrar a Polonia en la cristiandad romana. 1025: Boleslao I el Valiente (992-1025) fue coronado primer rey de Polonia 1034-1058: Casimiro I estableció la capital en Cracovia. S. XII: los germanos aprovecharon el desmembramiento del país, así como la anarquía política y social, para reemprender su avance hacia N y el E. 1226: Conrad de Mazovia dio en feudo la tierra de Chełmo a la orden Teutónica. 1230-1283: ésta conquistó Prusia. 1308-1309: se apoderó de Pomerania oriental. 1320-1333: Ladislao I Łokietek restauró la unidad del país, aunque no englobaba ya Silesia ni Pomerania. 1333-1370: Casimiro III el Grande llevó la expansión hacia el E (Rutenia, Volinia) y fundó la universidad de Cracovia (1364). 1370: la corona pasó a Luis I de Anjou, rey de Hungría.

***Los Jagellón y la república nobiliaria.*** 1385-1386: el acta de Krewo estableció una unión personal entre Lituania y Polonia; Jogaila (Jagellón), duque de Lituania, y rey de Polonia con el nombre de Ladislao II (1386-1434), fundó la dinastía de los Jagellón. 1410: obtuvo sobre los caballeros teutónicos la victoria de Grunwald. 1466: Casimiro IV (1445-1492) ganó la Pomerania de Gdańsk y Warmia. 1506-1572: el apogeo de Polonia se alcanzó durante los reinados de Segismundo I el Viejo (1506-1548) y de Segismundo II Augusto (1548-1572). Estuvo marcado por la difusión del humanismo, la tolerancia religiosa y el auge económico. 1526: el ducado de Mazovia fue incorporado al reino. 1569: la Unión de Lublin aseguró la fusión de Polonia y de Lituania en una «república» gobernada por una dieta única y un soberano elegido en común. 1572-1573: tras la muerte de Segismundo II, último de los Jagellón, la nobleza impuso un control riguroso sobre la autoridad real. 1587-1632: Segismundo III Vasa llevó a cabo guerras ruinosas contra Rusia, los otomanos y Suecia. 1632-1648: durante el reinado de Ladislao IV Vasa se sublevaron los cosacos (1648). 1648-1660: Rusia conquistó Bielorrusia y Lituania, mientras que Suecia ocupó casi todo el país. Fueron los llamados años del diluvio *(potop),* de los que la Polonia liberada salió arruinada. 1674-1696: Juan III Sobieski venció a los turcos que sitiaban Viena. Tras su reinado, la práctica del *liberum veto* instituida en 1652 acarreó una gran anarquía; las potencias extranjeras intervinieron en los asuntos internos del país. 1697-1733: el elector de Sajonia, Augusto II, apoyado por Rusia, fue expulsado por Estanislao I Leszczyński, apoyado por Suecia (1704), y más tarde regresó a Varsovia (1709), gracias a Pedro el Grande. 1733-1738: la guerra de Sucesión de Polonia acabó con la derrota de Estanislao I (apoyado por Francia) ante Augusto III (candidato de Rusia). 1733-1763: durante el reinado de Augusto III comenzó la recuperación económica.

***Los tres repartos y la dominación extranjera.*** 1764-1795: durante el reinado de Estanislao II Augusto Poniatowski se formó la confederación de Bar dirigida contra Prusia (1768-1772). 1772: Rusia, Austria y Prusia procedieron al primer reparto de Polonia. 1788-1791: los patriotas reunieron la gran dieta e impusieron la constitución del 3 de mayo de 1791. 1793: Rusia y Prusia procedieron el segundo reparto de Polonia. 1794: la insurrección de Kościuszko fue aplastada. 1795: el tercer reparto suprimió el país. 1807-1813: Napoleón creó el gran ducado de Varsovia. 1815: el congreso de Viena cedió Posnania a Prusia y Cracovia se convirtió en república libre; con el resto se formó un reino de Polonia anexionado al imperio ruso. 1830: la insurrección de Varsovia fue duramente reprimida, lo que ocasionó la llamada gran emigración hacia occidente. 1863-1864: nueva insurrección, duramente reprimida. 1864-1918: la parte prusiana y la parte rusa de Polonia fueron sometidas a una política de asimilación; la Galitzia-Rutenia austríaca sirvió de refugio a la cultura polaca. 1918: Piłsudski proclamó en Varsovia la República independiente de Polonia.

***La Polonia independiente.*** 1918-1920: Dantzig fue convertida en ciudad libre. Silesia fue repartida entre Checoslovaquia y Polonia. 1920-1921: tras la guerra polaco-soviética, la frontera se trasladó 200 km al E de la línea Curzon. 1926-1935: Piłsudski, que había dimitido en 1922, volvió al poder mediante un golpe de estado y lo conservó hasta 1935. Polonia firmó pactos de no agresión con la U.R.S.S. (1932) y Alemania (1934). 1938: obtuvo de Checoslovaquia la Silesia de Cieszyn. 1939: al negarse a ceder Dantzig y su corredor, fue invadida por las tropas alemanas, que cruzaron la frontera

curvas de nivel: 100, 200, 300, 500, 1000 m

POLONIA

(1 set.); Alemania y la U.R.S.S. se repartieron Polonia de acuerdo con el pacto germano-soviético. 1940: el gobierno en el exilio, dirigido por Sikorski, se estableció en Londres. Stalin hizo ejecutar a miles de militares y civiles polacos (matanza de Katyn). 1943: insurrección y aniquilación del ghetto de Varsovia. 1944: la insurrección de Varsovia fracasó a falta del apoyo soviético. La ciudad fue destruida y la población, deportada. 1945: las tropas soviéticas penetraron en Varsovia e instalaron allí el comité de Lublin, que se transformó en gobierno provisional. Las fronteras del país se fijaron en Yalta y Potsdam.

***Polonia desde 1945.*** La organización del país fue acompañada de traslados masivos de población (los polacos de las regiones anexionadas por la U.R.S.S. fueron transferidos a los territorios recuperados de Alemania). 1948: Gomułka, partidario de una vía polaca hacia el socialismo, fue apartado en beneficio de Bierut, quien se convirtió en primer secretario del P.O.U.P. (Partido obrero unificado polaco). Éste se alineó según el modelo soviético. 1953-1956: la lucha del estado contra la Iglesia católica culminó con el encarcelamiento del cardenal Wyszyński. 1956: tras el XX congreso del P.C.U.S. y las revueltas obreras de Poznań, el partido recurrió a Gomułka para evitar un levantamiento anticomunista y antisoviético. Fue el llamado octubre polaco. 1970: Gomułka fue sustituido por Gierek. Éste quiso remediar los problemas de la sociedad polaca modernizando la economía con la ayuda de occidente. 1978: la elección de Karol Wojtyła, arzobispo de Cracovia, como papa con el nombre de Juan Pablo II, alentó las aspiraciones de los polacos a la libertad intelectual y política. 1980: tras las huelgas, se firmó el acuerdo de Gdańsk y se creó el sindicato Solidaridad (Solidarność) con L. Wałesa al frente. 1981: los soviéticos amenazaron con una intervención militar. El general Jaruzelski, primer secretario del P.O.U.P., instauró el estado de guerra, suspendido en 1982. 1988: se desarrollaron huelgas para protestar contra los aumentos de precios y reclamar la legalización de Solidaridad. 1989: negociaciones entre el poder y la oposición condujeron al restablecimiento del pluralismo sindical (legalización de Solidaridad) y a la democratización de las instituciones (abril). El nuevo parlamento surgido de las elecciones (junio), en el que la oposición obtuvo un amplio éxito, eligió a Jaruzelski presidente de la república (julio). Tadeusz Mazowiecki, dirigente de Solidaridad, se convirtió en jefe de un gobierno de coalición (ag.). El papel dirigente del partido fue abolido; el país recuperó oficialmente el nombre de República de Polonia (dic.). 1990: Lech Wałesa fue elegido presidente de la república por sufragio universal. 1991: tras las primeras elecciones legislativas libres, unos treinta partidos obtuvieron representación en la Dieta. 1992: las unidades rusas llevaron a cabo su retirada del país. 1995: elecciones presidenciales, en las que Aleksander Kwasniewski, ex comunista de la Alianza de la izquierda democrática, resultó vencedor. 1998: victoria de la conservadora Acción electoral de solidaridad en las elecciones legislativas; J. Buzek, primer ministro. 2000: A. Kwasniewski fue reelegido.

INSTITUCIONES

República. Constitución de 1997. El presidente de la república, elegido cada 5 años, nombra un primer ministro. Parlamento bicameral, Dieta y Senado, elegidos por sufragio directo cada 4 años.

LITERATURA

*S. XVI:* M. Rej, J. Kochanowski, P. Skarga. *S. XVIII:* I. Krasicki. *S. XIX:* A. Mickiewicz, J. Sowacki, C. Norwid, B. Prus, E. Orzeszkowa, H. Sienkiewicz. *S. XX:* S. Wyspianski, W. Reymont, S. Żeromski, S. I. Witkiewicz, M. Dabrowska, W. Gombrowicz, J. Iwaszkiewicz, J. Andrzejewski, A. Rudnicki, T. Róicz, C. Miosz, S. Mrożek, W. Szymborska.

BELLAS ARTES

***Principales ciudades de interés artístico:*** Cracovia, Gdańsk, Kielce, Lublin, Poznań, Sandomierz, Toruń, Varsovia, Wrocław.

MÚSICA

*S. XIX:* Chopin. *S. XX:* Szymanowski, Lutosawski, Penderecki.

CINE

A. Ford, J. Kawalerowicz, A. Munk, A. Wajda, W. Has, R. Polanski, J. Skolimowski, K. Zanussi.

**POLONIO,** cabo de Uruguay (Rocha), en la costa atlántica. Sus alrededores constituyen el parque nacional *Dunas del Polonio.* Faro.

**POLONNARUWA,** c. de Srī Lanka, cap. de Ceilán en el s. VIII y del s. XI al XIII. Numerosos templos búdicos de los ss. XII-XIII, entre ellos el Vaṭadāgē y el Gal Vihāra (gigantescas estatuas rupestres de Buda).

**POLTAVA,** c. de Ucrania, al SO de Járkov; 315 000 hab. Carlos XII, rey de Suecia, fue vencido allí por Pedro el Grande (8 julio 1709).

**PÓLUX** → ***Cástor.***

**POMA DE AYALA** (Felipe **Huamán**), cronista peruano (región de Huánuco *c.* 1534-† 1615), nieto de Túpac Yupanqui. Escribió *Nueva corónica* (1600), compendio de la historia preincaica del Perú, y *Buen gobierno* (1615), donde denuncia los abusos contra los indios de los encomenderos y funcionarios españoles.

**POMARAPA,** pico de Bolivia (Oruro); 6 222 m.

**POMBAL** (Sebastião José **de Carvalho e Melo,** *marqués* **de**), estadista portugués (Lisboa 1699-Pombal 1782). Secretario de Asuntos Exteriores y de la Guerra (1750) y secretario para los Asuntos del Reino (1756) –es decir, primer ministro–, llevó a cabo, durante el reinado de José I (1750-1777), una política de despotismo ilustrado. Desarrolló la economía nacional y emprendió grandes obras. En 1759 hizo expulsar a los jesuitas. Al subir al trono María I, cayó en desgracia.

**POMBO** (Rafael), poeta colombiano (Bogotá 1833-*id.* 1912). Se inició como romántico, pero lentamente evolucionó hacia una mayor profundidad y flexibilidad formal. Sus temas fueron el amor y la naturaleza, aunque también escribió poesías elegíacas y filosóficas (*De noche; Elvira Tracy; La hora de las tinieblas* [1864]). Fue secretario perpetuo de la Academia colombiana.

**POMERANIA,** región histórica a orillas del Báltico, dividida por el Odra en *Pomerania occidental* y *Pomerania oriental.* Fue disputada durante mucho tiempo por Brandeburgo y Polonia. Atribuida en gran parte a Suecia en 1648, fue cedida a Prusia en 1815; la mayor parte se convirtió en polaca en 1945. El oeste forma parte desde 1990 del Land de Mecklemburgo-Pomerania occidental.

**POMONA,** divinidad romana de los frutos y de los jardines.

**POMPADOUR** (Jeanne Antoinette **Poisson,** *marquesa* **de**), favorita de Luis XV de Francia (París 1721-Versalles 1764). Su papel político fue importante, y protegió a filósofos, escritores y artistas.

**POMPAELO,** ant. c. de Hispania cuya fundación se atribuye a Pompeyo (74 a. J.C.) Es la actual Pamplona.

**POMPEYA,** en ital. **Pompei,** ant. c. de Campania, al pie del Vesubio, cerca de Nápoles. Fundada en el s. VI a. J.C. y colonia romana en 89 a. J.C., se convirtió en lugar de recreo de los romanos ricos. Sepultada, junto con sus habitantes, bajo una densa capa de cenizas por la erupción del Vesubio (79), fue redescubierta y excavada a partir del s. XVIII. Templos, edificios civiles, barrios de viviendas, residencias patricias, así como numerosas pinturas murales la convierten en uno de los conjuntos documentales más completos de la vida en la antigüedad.

**POMPEYO,** general y estadista romano (106-Pelusium 48 a. J.C.). Realizó campañas en Sicilia y África contra los partidarios de Mario, obtuvo del senado el gobierno de Hispania Citerior (77-71) y restableció el orden en Hispania, donde acabó con la guerra de Sertorio (77-72). Después de vencer a Espartaco, obtuvo el consulado (70) junto a Craso, y limpió de piratas el Mediterráneo (67). Dirigió la guerra contra Mitrídates VI, rey del Ponto (66), y conquistó Asia Menor, Siria y Palestina, en donde tomó Jerusalén (63). De vuelta en Italia, tuvo que enfrentarse a la desconfianza del senado, receloso de su prestigio, y formó con Craso y César un triunvirato (60), renovado en 56; la muerte de Craso (53) le dejó frente a frente con César. Mientras César estaba en la Galia, Pompeyo recibió en 52 plenos poderes para luchar contra la anarquía romana (asesinato de Clodio). La ambición de ambos hizo inevitable la guerra civil. César cruzó el Rubicón (en. 49) y marchó sobre Roma. Pompeyo fue derrotado en Farsalia (48), tras lo que se refugió en Egipto, donde fue asesinado por orden de Tolomeo XIII.

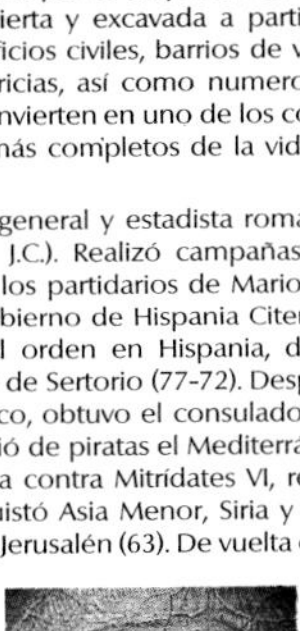

el marqués de **Pombal** (archivos de la torre del Tombo, Lisboa)

**POMPEYO** (Cneo), patricio romano (*c.* 75 a. J.C.-Hispania 45 a. J.C.), hijo del anterior. A la muerte de su padre, ocupó las Baleares y prosiguió la guerra contra César en la península Ibérica. Fue derrotado en Munda y muerto por Letón. – Su hermano, **Sexto** (75 a. J.C.-Mileto 35 a. J.C.), a la muerte de César (44), pasó a Italia y fue proscrito por los triunviros. Ocupó Sicilia, Córcega y Cerdeña. Fue derrotado por Agripa (36) y huyó a Mileto, donde fue asesinado.

**POMPIDOU** (Georges), político francés (Montboudif 1911-París 1974). Colaborador de De Gaulle, fue primer ministro en 1958 y 1962, y presidente de la república desde 1969 hasta su muerte.

**Pompidou** (*Centro* **Georges**) → ***Centro nacional de arte y de cultura Georges Pompidou.***

**PONÇ** (Joan), pintor español (Barcelona 1927-Saint-Paul-de-Vence, Alpes-Maritimes, 1984). Uno de los fundadores de Dau al set, su obra (ligada al principio a Miró) está marcada por el onirismo y el esoterismo.

**PONCE,** c. del S de Puerto Rico; 159 151 hab. Centro industrial. Puerto *(Playa Ponce).* Universidad, museo de arte.

**PONCE** (Aníbal), escritor argentino (Buenos Aires 1898-México 1938). Escribió ensayos literarios (*La vejez de Sarmiento,* 1927), políticos y sobre educación y sicología (*Educación y lucha de clases,* 1936).

**PONCE** (Manuel María), compositor mexicano (Fresnillo, Zacatecas, 1886-México 1948). Muy influyente en la música mexicana por su labor musicológica y docente, sus piezas sinfónicas e instrumentales (*Chapultepec,* 1929; *Ferial,* 1940; *Concierto del Sur* para guitarra y orquesta, 1941) se inspiran en el folklore autóctono.

**PONCE** (Pedro **de**), benedictino español († 1584), inventor de un método de enseñanza para los sordomudos.

**PONCE DE LEÓN,** familia de la nobleza castellana con grandes propiedades en Andalucía occidental, donde rivalizaba con los Guzmán. Iniciada por **Ponce Velaz de Cabrera** (s. XII), su hijo **Pedro Ponce** casó con Aldonza, hija de Alfonso IX de León, y desde entonces la familia llevó el apellido **Ponce de León.**

**PONCE DE LEÓN** (Hernán), conquistador español del s. XVI. Participó en la expedición a la costa O del istmo de Panamá y, junto con Bartolomé Hurtado, llegó al golfo de Nicoya (Costa Rica) en 1516. Posteriormente tomó parte en la conquista del Perú.

**PONCE DE LEÓN** (Juan), conquistador español (Santervás de Campos, Valladolid, 1460-en Cuba 1521). Participó en la conquista de La Española (1502) y en 1508 conquistó Borinquén (Puerto Rico), de donde fue nombrado gobernador (1510-1512) e impuso por la fuerza la encomienda. En 1521 tocó las costas de Florida, pero fue herido en combate.

**PONCE DE LEÓN** (Rodrigo), *conde* **de Arcos** y *marqués* y *duque* **de Cádiz** (Cádiz 1443-Sevilla 1492). Luchó contra los Guzmán y apoyó a Enrique IV contra la nobleza. Capitán general en la guerra de Granada, fue consejero de Fernando el Católico.

**PONCE ENRÍQUEZ** (Camilo), político ecuatoriano (Quito 1912-*id.* 1976). Ministro en varias ocasiones, fue elegido presidente de la república (1956-1960) con el apoyo de los conservadores.

**PONCELET** (Jean Victor), general y matemático francés (Metz 1788-París 1867). Sentó las bases de la geometría proyectiva, de la que se le considera uno de los fundadores.

**PONCITLÁN,** mun. de México (Jalisco), en la margen N del lago Chapala; 26 905 hab. Regadíos. Pesca.

**PONDAL** (Eduardo), poeta español en lengua gallega y castellana (Puente Ceso 1835-La Coruña 1917). Figura sobresaliente del Rexurdimento, renacimiento cultural gallego del s. XIX, sus únicos libros publicados en vida fueron *Rumores de los pinos* (1877) y *Quejumbres de los pinos* (*Queixumes dos pinos*, 1886). *Os Eoas (Los hijos de la Aurora)*, poema épico, quedó inacabado.

**PONDICHERRY,** c. de la India, ant. cap. de los Establecimientos franceses en la India, en la costa de Coromandel; 202 648 hab. Adquirida por los franceses en 1674, se convirtió en sede de la Compañía de las Indias orientales. Conquistada por los británicos en varias ocasiones en la segunda mitad del s. XVIII, pasó definitivamente a Francia en 1815. Fue cedida a la India en 1956.

**PONFERRADA,** c. de España (León), cab. de p. j.; 59 702 hab. *(Ponferradinos.)* Capital comarcal de El Bierzo. Industria metalúrgica y química. Centrales térmicas. Castillo templario (s. XIII).

**PONIATOWSKA** (Elena), escritora mexicana de origen francés (París 1933). Narradora y periodista, su obra trasciende las técnicas del nuevo periodismo (*La noche de Tlatelolco*, 1971; *Domingo 7*, 1982; *La flor de lis*, 1988).

**PONIATOWSKI** (Józef, *príncipe*), general polaco y mariscal de Francia (Viena 1763-Leipzig 1813). Estuvo al mando de los polacos contra Austria (1809) y del 5.º cuerpo del gran ejército francés en la campaña de Rusia (1812). Fue nombrado mariscal por Napoleón (1813).

**PONS** (Juan), barítono español (Ciudadela 1947). Inició su carrera como bajo, y cambió a la cuerda de barítono en 1977. Su repertorio se basa en la ópera italiana.

**PONTA DELGADA,** c., cap. y puerto de las Azores, en la isla São Miguel; 22 000 hab.

**PONTA GROSSA,** c. de Brasil (Paraná); 233 517 hab.

**PONTANO** (Giovanni o Gioviano), político y humanista italiano (Cerreto, Umbría, *c.* 1426-Nápoles 1503). Agregado a la cancillería de Alfonso V de Aragón y secretario y educador de los hijos de Fernando I, escribió numerosas obras en latín (astronomía, filosofía, política, etc.).

**PONT-AVEN,** mun. de Francia (Finistère); 3 054 hab. – La *escuela de Pont-Aven* reunió en torno a Gauguin, *c.* 1886-1891, a numerosos pintores como E. Bernard y P. Sérusier (sintetismo).

**PONTE** (Emanuele **Conegliano,** llamado **Lorenzo da**), libretista italiano (Ceneda [act. Vittorio Veneto] 1749-Nueva York 1838), autor de numerosos libretos para Salieri y Mozart *(Las bodas de Fígaro, Don Giovanni, Così fan tutte).*

**PONTEAREAS** → ***Puenteareas.***

**PONTEDEUME** → ***Puentedeume.***

**PONTES DE GARCÍA RODRÍGUEZ (As)** → ***Puentes de García Rodríguez.***

**PONTEVEDRA** *(ría de)*, ría de España (Pontevedra), formada por el río Lérez. En la parte interna se halla Pontevedra y, en la orilla S, Marín.

**PONTEVEDRA** *(provincia de)*, prov. de España, en Galicia; 4 477 km²; 886 949 hab. Cap. *Pontevedra.* P. j. de *A Estrada, Caldas de Reyes, Cambados, Cangas, Lalín, Marín, Negreira, O Porriño, Pontevedra, Puenteareas, Redondela, Tuy, Vigo* y *Villagarcía de Arosa.* La economía agropecuaria de las montañas interiores, reborde O del valle del Miño, contrasta con la pesca, el turismo y las industrias de la franja costera, muy articulada (Rías Bajas). Vigo es el principal núcleo de población.

**PONTEVEDRA,** c. de España, cap. de la prov. homónima y cab. de p.j.; 75 148 hab. *(Pontevedreses.)* Puerto accesible a pequeñas embarcaciones. Iglesias góticas del s. XIV, basílica de Santa María la Grande (s. XVI) y capilla barroca de la Virgen Peregrina (s. XVIII).

**PONTI** (Giovanni, llamado **Gio**), arquitecto, diseñador y publicista italiano (Milán 1891-*id.* 1979). Promotor del diseño moderno en Italia, fundó la revista *Domus* (1928). En colaboración con Nerei realizó la Torre Pirelli en Milán.

**PONTIANAK,** c. y puerto de Indonesia (Borneo); 387 112 hab.

**pontificado y el imperio** *(lucha entre el)* [1157-1250], conflicto que enfrentó, en Alemania e Italia, al poder eclesiástico (pontificado) con el poder civil (imperio). Se inició con la lucha entre el papa Alejandro III y el emperador Federico I Barbarroja, y finalizó con la victoria aparente del papa Inocencio IV sobre el emperador Federico II; de hecho, la influencia del papado quedó mermada.

**PONTINA** *(llanura)*, ant. **pantanos Pontinos,** llanura de Italia, en el Lacio. Agricultura y ganadería. Entre 1928 y 1939 se efectuó la bonificación integral de la llanura.

**PONTO,** región del NE de Asia Menor, junto al Ponto Euxino. Convertido en un reino (301 a. J.C.), durante el reinado de Mitrídates VI (111-63), fue el estado más poderoso de Asia Menor.

**PONTO EUXINO,** nombre griego ant. del mar Negro.

**PONTOPPIDAN** (Henrik), escritor danés (Fredericia 1857-Copenhague 1943), autor de novelas naturalistas *(Pedro el Afortunado).* [Premio Nobel de literatura 1917.]

**PONTORMO** (Iacopo **Carucci,** llamado **il**), pintor italiano (Pontormo, Florencia, 1494-Florencia 1556). Inspirándose en Miguel Ángel y en Durero, elaboró una pintura de dibujo sinuoso, contrastada con extraños efectos, que le convirtieron en una de las personalidades dominantes del manierismo florentino (*El descendimiento de la cruz*, iglesia Santa Felicità).

**Ponza** *(batallas de)*, combates navales frente a la isla de Ponza (Italia). En 1300 la flota catalanoaragonesa mandada por Roger de Llúria derrotó a la de Federico II de Sicilia. En 1435 la escuadra genovesa mandada por Biogio Assereto venció a la aragonesa y apresó al rey Alfonso el Magnánimo y a sus hermanos Enrique y Juan.

**POOL MALEBO** → ***Malebo*** (Pool).

**POOLE,** c. y puerto de Gran Bretaña (Dorset); 130 900 hab.

**POONA** → ***Pune.***

**POOPÓ** o **PAMPA AULLAGAS,** lago de Bolivia (Oruro), en el Altiplano, a 3 600 m de alt; 3 130 km². Comunica con el Titicaca por el río Desaguadero. En su centro, *isla de Panza.*

**POPAYÁN** *(peniplano de)*, altiplano de Colombia (Cauca), entre las cordilleras Central y Occidental de los Andes; 1 000 m de alt. aprox.

**POPAYÁN,** c. de Colombia, cap. del dep. del Cauca; 158 336 hab. Centro agropecuario, comercial, industrial y turístico. Fundada por S. de Belalcázar en 1536, el centro histórico conserva rasgos coloniales; iglesias de San Francisco, Santo Domingo y la Encarnación (s. XVIII); casas señoriales. Museo de arte religioso. Fue muy dañada por el seísmo de 1983.

**POPE** (Alexander), escritor británico (Londres 1688-Twickenham 1744). Sus poemas didácticos *(Ensayo sobre la crítica; Ensayo sobre el hombre)*, heroico-cómicos *(El rizo robado)* y satíricos *(La Dunciada)* le convirtieron en maestro y teórico del clasicismo.

**POPEA,** emperatriz romana († 65 d. J.C.). Esposa de Othón, fue amante de Nerón, quien la desposó en 62. Éste la mató en un arrebato de ira, y luego la hizo divinizar.

**POPOCATÉPETL,** volcán de México, en la cordillera Neovolcánica, al SE de la ciudad de México; 5 452 m de alt. Cumbre cubierta por nieves perpetuas. En 2000 entró en erupción.

cono de la cumbre y cráter del **Popocatépetl**

**Popol-Vuh,** obra literaria en lengua maya-quiché y alfabeto latino, de mediados del s. XVI. Su autor, al parecer un indio instruido por los españoles, recopiló antiguos mitos maya sobre la creación del mundo y noticias sobre la historia y tradiciones de los indígenas guatemaltecos antes de la conquista española.

**POPOV** (Alexandr Stepánovich), ingeniero ruso (Turinski Rudnik [act. Krasnoturinsk], cerca de Yekaterinburg, 1859-San Petersburgo 1906). Inventó la

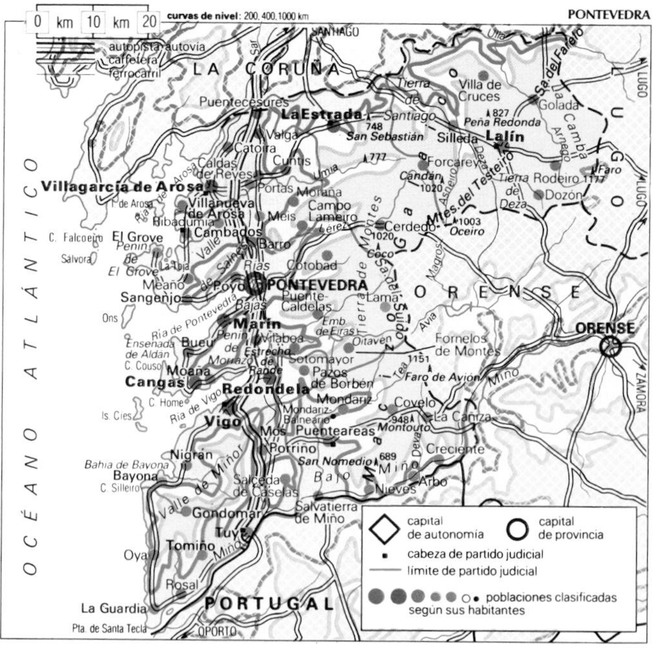

antena radioeléctrica al perfeccionar el cohesor de Branly.

**PÖPPELMANN** (Matthäus Daniel), arquitecto alemán (Herford 1662-Dresde 1736). Maestro del barroco tardío, hizo de Dresde la capital de este estilo (Conjunto del Zwinger, 1711-1728).

**POPPER** (*sir* Karl Raimund), filósofo británico de origen austríaco (Viena 1902-Londres 1994). Próximo a los neopositivistas, rompió con ellos demostrando la especificidad de la teoría científica (*La lógica de la investigación científica,* 1934). Criticó a la escuela de Frankfurt (*La miseria del historicismo,* 1956) y renovó la epistemología (*La búsqueda sin término,* 1974).

**popular** *(Partido)* [P.P.], partido político español, fundado en 1989. Su precedente fue Alianza popular, formada en 1976 como una federación de grupos políticos derechistas o franquistas, liderados por M. Fraga. En 1989 se refundó como Partido popular, adoptó una línea de centro-derecha y se alineó posteriormente con la Internacional democratacristiana. Venció en las elecciones legislativas de 1996 y 2000.

**popular italiano** *(Partido)* → ***democracia cristiana.***

**PORDENONE,** c. de Italia (Véneto), cap. de prov.; 49 746 hab.

**PORDENONE** (Giovanni Antonio **de' Sacchis,** llamado **il**), pintor italiano (Pordenone *c.* 1484-Ferrara 1539). Activo en Treviso, Cremona, Piacenza, Venecia, etc., fue un pintor de iglesia de estilo vigoroso, que influyó en Tintoretto.

**PORFIRIO,** filósofo platónico griego (Tiro 234-Roma 305). Editó las *Enéadas* de su maestro Plotino. Defensor del helenismo, inspiró toda la obra anticristiana de los ss. IV y V.

**Porgy and Bess,** ópera en 3 actos de G. Gershwin sobre un libreto de Ira Gershwin y DuBose Heymard (1935). Es una de las primeras óperas escritas para cantantes negros; contiene la célebre canción de cuna *Summertime an' the Livin' is easy.*

**PORI,** c. y puerto de Finlandia, junto al golfo de Botnia; 79 000 hab. Centro administrativo e industrial.

**PORLAMAR,** c. de Venezuela (Nueva Esparta), en la isla Margarita; 62 732 hab. Pesca (conservas).

**PŌROS,** nombre griego (en lat. **Porus**) dado al rey indio Paurava († *c.* 317 a. J.C.), vencido por Alejandro (326).

**PORRAS** (Belisario), político panameño (Las Tablas 1852-Panamá 1942). Líder de los liberales colombianos, tras la secesión de Panamá fue presidente de este país en 1912-1916, 1918 y 1920-1924.

**PORRES** o **PORRAS** (Diego **de**), arquitecto guatemalteco (*c.* 1678-*c.* 1776). Fue el principal arquitecto de Antigua Guatemala durante la primera mitad del s. XVIII (Casa de la Moneda, portada de San Agustín) y construyó la catedral de León en Nicaragua.

**PORRIÑO (O),** v. de España (Pontevedra), cab. de p. j.; 15 093 hab. *(Porriñeses.)* Canteras de granito rosado para la exportación.

**PORSENA,** rey etrusco del s. VI a. J.C. Intentó restablecer a los Tarquinos en Roma.

**PORT BLAIR,** c. de la India, cap. del territorio de las islas Andaman y Nicobar; 50 000 hab.

**PORT DEL COMTE,** estación de esquí de España (Lérida), en el Pirineo; alt. 1 700-2 380 m.

**PORT ELIZABETH,** c. y puerto de la República de Sudáfrica (prov. de El Cabo Oriental); 585 000 hab. Centro industrial.

**PORT HARCOURT,** c. y puerto del SE de Nigeria, en el delta del Níger; 380 300 hab. Refino de petróleo y petroquímica.

**PORT LOUIS,** c. y cap. de la isla Mauricio; 144 000 hab. Centro comercial y agrícola (caña de azúcar).

**PORT MORESBY,** c. y cap. de Papúa y Nueva Guinea, junto al mar de Coral; 144 000 hab.

**PORT OF SPAIN,** c. de la isla Trinidad, cap. del estado de Trinidad y Tobago; 56 000 hab.

**PORT SAID,** c. y puerto de Egipto, junto al Mediterráneo, a la entrada del canal de Suez; 449 000 habitantes.

**PORT SUDAN,** c. y principal puerto de Sudán, junto al mar Rojo; 207 000 hab. Refino de petróleo.

**PORT TALBOT,** c. y puerto de Gran Bretaña (Gales), junto al canal de Bristol; 55 000 hab. Siderurgia.

**PORTA** (Giacomo **della**), arquitecto italiano (¿en Lombardía? *c.* 1540-Roma 1602). Finalizó, en Roma, algunos edificios iniciados por Miguel Ángel (basílica de San Pedro, *c.* 1585-1590). La fachada que elevó para el Gesù de Vignola es típica del estilo de la Contrarreforma.

**Portaceli,** cartuja española (Serra, Valencia), fundada en 1272. La iglesia primitiva, gótica del s. XIV, fue reformada en estilo neoclásico (1780).

**Portaespadas,** orden de caballería fundada en 1202 por el obispo de Riga, Alberto de Buxhövden, para dirigir una cruzada contra los paganos de Livonia. En 1237 se unió a la orden Teutónica, pero conservó a su gran maestre. En 1561 la orden fue secularizada.

**PORTALES** (Diego), político chileno (Santiago 1793-Cabritería, Valparaíso, 1837). Líder de los estanqueros y luego de los pelucones, fue ministro (1830) y defendió los intereses de la oligarquía terrateniente. Fue fusilado en el transcurso de la sublevación militar del Quillota (junio 1937).

**PORT-ARTHUR,** en chino **Lüshun** o **Liu-shuen,** c. y puerto del NE de China (Liaoning), parte de la conurbación de Lüda. Después de ser ocupado sucesivamente por Japón (1894-1895; 1904-1945) y Rusia (1898-1905), a partir de 1945 el territorio estuvo bajo administración chino-soviética hasta 1954 en que fue cedido a China.

**PORT-AU-PRINCE** → ***Puerto Príncipe.***

**PORTBOU,** mun. de España (Gerona); 1 908 hab. *(Portbouenses.)* En la frontera francesa. Terminal de ferrocarril internacional. Turismo estival.

**Port-Bouêt,** emplazamiento del aeropuerto de Abidján.

**PORTELA VALLADARES** (Manuel), político español (Pontevedra 1868-† 1952). Ministro de Gobernación de Lerroux en 1935 (abril-set.), fue nombrado jefe de gobierno (dic.) y convocó las elecciones presidenciales que dieron el triunfo al Frente popular (febr. 1936).

**PORTER** (Katherine Anne), escritora norteamericana (Indian Creek, Texas, 1890-Silver Spring, Maryland, 1980), autora de relatos (*El árbol de Judas,* 1930) y de novelas (*La nave de los locos,* 1962) que abordan el conflicto entre los valores sociales y espirituales.

**PORTES GIL** (Emilio), político mexicano (Ciudad Victoria, Tamaulipas, 1891-México 1978). Presidente provisional tras el asesinato de Obregón (1928-1930), defendió la separación de la Iglesia y el estado (*El conflicto entre el poder civil y el clero,* 1935).

**PORT-GENTIL,** c. y puerto de Gabón, en la desembocadura de Ogooué; 164 000 hab. Centro de una zona de explotación petrolera.

**PORTICI,** c. y puerto de Italia, en Campania; 67 824 hab. Industrias alimentarias y metalmecánicas.

**PORTILLO (El),** estación de deportes de invierno de Chile (Valparaíso), en los Andes; alt. 2 850-3 550 m. Sede de los campeonatos mundiales de esquí de 1966.

**PORTILLÓ (El)** o **EL PORTILLÓN,** en fr. **col du Portillon,** puerto de los Pirineos (Lérida), en la frontera francoespañola; 1 305 m de alt. Carretera de Viella a Bagnères de Luchon.

**PORTILLO** (Álvaro **del**), prelado español (Madrid 1914-Roma 1994). Fue elegido en 1975 presidente general del Opus Dei a la muerte del fundador, el beato Josemaría Escrivá de Balaguer, del que fue colaborador. En 1982 fue consagrado obispo de la prelatura del Opus Dei.

**PORTINARI** (Cândido), pintor brasileño (Brodósqui, São Paulo, 1903-Río de Janeiro 1962), autor de pinturas murales de estilo expresionista e inspiración social o histórica.

**PORTLAND,** península británica del canal de la Mancha (Dorset) de donde se extrae una caliza arcillosa que ha dado nombre a una variedad de cemento.

**PORTLAND,** c. de Estados Unidos (Oregón); 437 319 hab. (1 239 842 hab. en la aglomeración). Centro cultural e industrial. Electrónica.

**PORT-LYAUTEY** → ***Kénitra.***

**PORTO** → ***Oporto.***

**PÔRTO ALEGRE,** c. de Brasil, cap. del est. de Río Grande do Sul; 1 262 631 hab. (3 015 960 hab. en la aglomeración). Metrópoli económica del S de Brasil.

**PORTO DO SON** → ***Puerto del Son.***

**PÔRTO VELHO,** c. de Brasil, cap. del territorio de Rondônia; 286 400 hab.

**PORTOBELO,** c. de Panamá (Colón); 2 000 hab. El lugar fue descubierto por Colón en 1502. La ciudad, fundada en 1597 *(San Felipe de Portobelo),* fue punto de arribada de los galeones españoles y centro comercial, atacada en varias ocasiones por los corsarios ingleses. Decayó en el s. XVIII. Las fortificaciones de Portobelo, junto con el Fuerte San Lorenzo fueron declaradas bien cultural por la Unesco (1980).

**PORTOCARRERO** (Luis Manuel **Fernández de**), cardenal y político español (1635-Toledo 1709). Fue virrey de Sicilia (1677), arzobispo de Toledo y primado de España. Miembro del consejo de Estado, ejerció una gran influencia durante el reinado de Carlos II.

**PORTOCARRERO** (Réné), pintor cubano (La Habana 1912-*id.* 1985). Permaneció fiel al geometrismo. Fue autor de murales en edificios públicos de Cuba, y de acuarelas, retratos y marinas.

**PORTOCARRERO LASSO DE VEGA** (Melchor), *conde* **de la Monclova,** militar y administrador español (Madrid 1636-Lima 1705). Virrey de Nueva España (1686-1688) y del Perú (1689-1705), mandó construir el puerto de El Callao (1693-1696).

**PORTOLÁ** (Gaspar **de**), explorador y conquistador español (Balaguer 1717-Lérida 1786). Gobernador de la Baja California (1767), exploró la Alta California con fray Junípero Serra; descubrieron la bahía de San Francisco y fundaron San Diego (1769) y Monterrey (1770).

**PORTOMARÍN** → ***Puertomarín.***

**PORTO-NOVO,** c. y cap. de Benín, junto al golfo de Guinea; 163 260 hab.

**PORTOVIEJO,** c. de Ecuador, cap. de la prov. de Manabí; 132 937 hab. Centro de región agrícola. Industrias artesanas. Universidad técnica de Manatí. Fue fundada en 1535.

**Port-Royal,** abadía francesa de religiosas cistercienses, fundada en 1204 cerca de Chevreuse (Yvelines). En el s. XVII fue reformada y se trasladó a París (1625) hasta su supresión (1710). Foco jansenista y activo centro cultural; cerca del monasterio se instalaron las *escuelas de Port-Royal,* que publicaron obras didácticas notables (*Gramática de Port-Royal* y *Lógica de Port-Royal*).

**PORTSMOUTH,** c. y puerto de Estados Unidos (Virginia); 103 907 hab. Astilleros.

**PORTSMOUTH,** c. y puerto del S de Gran Bretaña (Hampshire); 174 700 hab. Construcción naval, civil y militar. Museo del Victory, buque almirante de Nelson.

**Portsmouth** *(tratado de)* [5 set. 1905], tratado firmado en Portsmouth (E.U.A., New Hampshire), entre Japón y Rusia, que puso fin a la guerra ruso-japonesa.

**PORTUGAL,** estado de Europa meridional, en el O de la península Ibérica y los archipiélagos de Madeira y Azores, en el Atlántico; 92 000 km$^2$; 10 400 000 hab. *(Portugueses.)* CAP. *Lisboa.* LENGUA OFICIAL: *portugués.* MONEDA: *escudo* y *euro.*

GEOGRAFÍA

Portugal, miembro desde 1986 de la C.E.E., sigue siendo un país de población básicamente rural. El clima es de zona mediterránea con influencia atlántica, que atenúa la sequía estival; en el Algarve el clima es árido y el N pertenece a la zona húmeda. Los principales productos agrícolas son los cereales (maíz al N, trigo al S), la vid, el olivo, frutas y hortalizas. Ganadería ovina, porcina y bovina. Producción y exportación de vino y corcho. El litoral vive de la pesca y del turismo, contribuyendo este último recurso, junto con las remesas de los emigrantes, a compensar el tradicional déficit comercial. Lisboa y Oporto son las principales ciudades. El sector industrial se está desarrollando: el textil se sitúa en cabeza, siguiéndole la confección, metalurgia, montaje de automóviles, electrónica y marroquinería. Las importaciones superan a las exportaciones y el país está endeudado. Existen grandes desequilibrios regionales y un importante índice de paro.

HISTORIA

***La formación de la nación.*** El territorio estuvo ocupado por unas tribus relacionadas con los fenicios, los cartagineses y los griegos. S. II a. J.C.: se creó la provincia romana de Lusitania. S. V d. J.C.: la provincia fue invadida por los suevos y los alanos, y posteriormente por los visigodos, que se establecieron allí de forma permanente. 711: los musulmanes conquistaron la zona. 866-910: Alfonso III de Asturias reconquistó la región de Oporto. 1064: Fernando I de Castilla liberó la región situada entre el Duero y el Mondego. Fines del s. XI: Alfonso VI, rey de Castilla y de León, confió el condado de Portugal a su yerno, Enrique de Borgoña. 1139-1185: Alfonso Henriques, hijo de Enrique de Borgoña, tomó el título de rey de Portugal tras su victoria de Ourique contra los musulmanes (1139) e hizo reconocer la independencia de Portugal. 1212: Después de la derrota almohade de las Navas de Tolosa, se constituyeron las cortes en Coimbra. 1249: Alfonso III (1248-1279) acabó la reconquista ocupando el Algarve. 1290: Dionisio I (1279-1325) fundó la universidad de Lisboa, que se trasladaría, en 1308, a Coimbra. 1383: con Fernando I (1367-1383) se extinguió la dinastía de Borgoña. 1385: Juan I (1385-1433) fundó la dinastía de Avís, tras la victoria sobre los castellanos en la batalla de Aljubarrota, que consolidó la independencia portuguesa.

***La edad de oro.*** Portugal prosiguió en el s. XV y a comienzos del s. XVI su expansión marítima y tuvo un papel importante en los viajes de descubrimientos, estimulados por Enrique el Navegante (1394-1460). 1487: Bartolomeu Dias dobló el cabo de Buena Esperanza. 1494: el tratado de Tordesillas estableció una línea divisoria entre las posesiones extraeuropeas de España y las de Portugal. 1497: Vasco de Gama descubrió la ruta de las Indias. 1500. P. Álvares Cabral tomó posesión de Brasil. 1505-1515: se constituyó el Imperio portugués de las Indias. 1521-1557: durante el reinado de Juan II, el mundo intelectual y artístico experimentó el mismo auge que la economía.

***Las crisis y la decadencia.*** 1578: Sebastián I (1557-1578) murió en la batalla de Alcazarquivir, en Marruecos. 1580: al extinguirse la dinastía de Avís, Felipe II de España se convirtió en rey de Portugal, uniendo así los dos reinos. 1640: los portugueses se sublevaron contra España y proclamaron rey al duque de Braganza, Juan IV (1640-1656). 1668: por el tratado de Lisboa, España reconoció la independencia de Portugal, mediante la cesión de Ceuta. Fines del s. XVII: resignándose al hundimiento de sus posiciones en Asia y a su retroceso en África, Portugal se dedicó a la explotación de Brasil. 1703: el tratado de Methuen vinculó económicamente a Portugal y a Gran Bretaña. 1707-1750: durante el reinado de Juan V, el oro de Brasil no logró estimular la economía metropolitana. 1750-1777: José I confió el gobierno a Carvalho y Melo, marqués de Pombal, quien impuso un enérgico régimen de despotismo ilustrado y reconstruyó Lisboa tras el terremoto de 1755. 1792: María I (1777-1816) dejó el poder a su hijo, el futuro Juan VI. 1801: guerra de las Naranjas entre Portugal y España. 1807: el país fue invadido por las tropas francesas de Junot; la familia real se trasladó a Brasil. 1808: Wellesley (después duque de Wellington) desembarcó en Portugal. 1811: el país fue liberado de los franceses; la corte permaneció en Brasil y Portugal se vio sometido a un régimen militar controlado por Gran Bretaña. 1822: Juan VI (1816-1826) regresó a Lisboa a petición de las cortes y aceptó una constitución liberal. Su primogénito, Pedro I, se proclamó emperador de Brasil, cuya independencia fue reconocida en 1825. 1826: a la muerte de Juan VI, Pedro I se convirtió en rey de Portugal con el nombre de Pedro IV; abdicó en favor de su hija María II y confió la regencia a su hermano Miguel. 1828: Miguel se proclamó rey con el nombre de Miguel I e intentó restablecer el absolutismo. 1832-1834: Pedro I desembarcó en Portugal y restableció a María II (1826-1853). 1834-1853: continuaron la tensión política y las luchas civiles. 1852-1908: tras el establecimiento del sufragio censual, Portugal conoció durante los reinados de Pedro V (1853-1861), Luis I (1861-1889) y Carlos I (1889-1908) un verdadero régimen parlamentario; el país intentó emprender su «regeneración» y reconstituir un imperio colonial en torno a Angola y Mozambique. 1907-1908: João Franco instauró una dictadura. Carlos I fue asesinado junto con su primogénito. 1908-1910: su segundo hijo, Manuel II, renunció al régimen autoritario pero fue destituido por la revolución cívico-militar republicana.

***La república.*** 1910-1911: se proclamó la república. El gobierno provisional estableció la separación Iglesia-estado y concedió el derecho de huelga. 1911-1926: reinó una gran inestabilidad política durante la I república; Portugal no obtuvo ventajas sustanciales de su participación, junto a los aliados, en la primera guerra mundial. 1926: el golpe de estado del general Gomes da Costa acabó con el régimen, fue desplazado por el general Antonio Oscar de Fragoso Carmona. 1928: Carmona, presidente de la república, entregó la cartera de Finanzas a Antonio Oliveira Salazar, quien logró una espectacular recuperación. 1933-1968: Salazar, presidente del gobierno, gobernó según la constitución de 1933, que instauraba «el estado nuevo», corporativista y nacionalista. 1968-1974: Salazar fue sustituido por Caetano, quien combatió las rebeliones de Guinea, Mozambique y Angola. 1974: una junta, dirigida por el general de Spínola, se hizo con el poder e inauguró la llamada revolución de los claveles; fue eliminada por las fuerzas de izquierdas. 1975: el Consejo nacional de la revolución aplicó un programa socialista. Las antiguas colonias portuguesas accedieron a la independencia. 1976-1986: R. Eanes presidió la república, mientras se sucedían los gobiernos de M. Soares (socialista, 1976-1978), Sá Carneiro (centro-derecha, 1979-1980), F. Pinto Balsemão (socialdemócrata, 1981-1983), M. Soares (1983-1985) y A. Cavaco Silva (socialdemócrata, 1986). La nueva constitución (1982) abolió la tutela de los militares. 1986: M. Soares fue elegido presidente de la república. Portugal entró en la C.E.E. En las elecciones de 1987 y 1991, el partido socialdemócrata obtuvo la mayoría absoluta; Cavaco Silva reforzó su posición de primer ministro. 1995: el socialista António Guterres fue elegido primer ministro. 1996: el socialista Jorge Sampaio fue elegido presidente de la república. 1999: reelección de A. Guterres. 2001: reelección de J. Sampaio.

INSTITUCIONES

República. Constitución de 1976, enmendada en 1989. Presidente de la república elegido cada 5 años. Primer ministro designado por el presidente de la república. *Asamblea de la república,* elegida cada 4 años.

LITERATURA

*S. XVI:* Sá de Miranda, G. Vicente, F. de Morais, Camões. *S. XVII:* A. Vieira. *S. XIX:* A. Herculano, Castelo Branco, J. M. Eça de Queirós. *S. XX:* F. Pessoa, J. Saramago.

BELLAS ARTES

***Principales ciudades de interés artístico:*** Alcobaça, Batalha, Belém, Braga, Coimbra, Évora, Guimarães, Lisboa, Mafra, Óbidos, Oporto, Santarém, Setúbal, Sintra, Tomar.

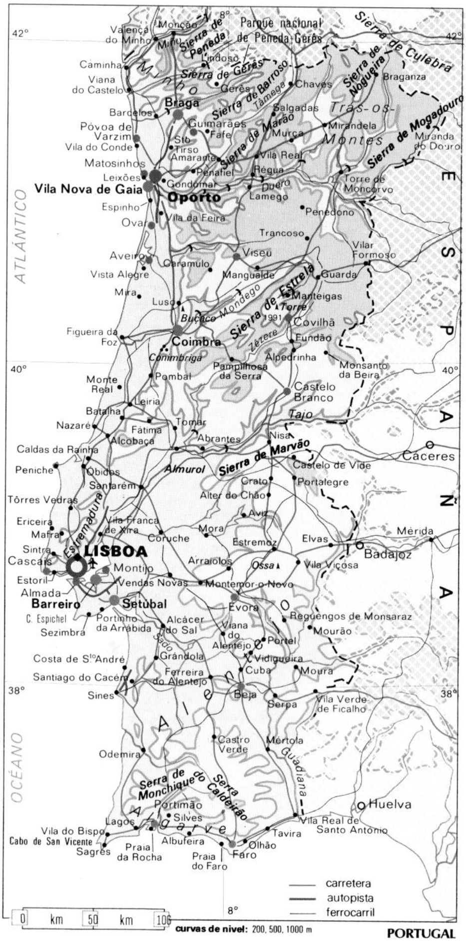

PORTUGAL

Ezra Pound

**PORTUGALETE,** v. de España (Vizcaya); 55 404 hab. *(Portugalujos.)* Centro portuario e industrial en la aglomeración de Bilbao. Iglesia gótica de Santa María.

**PORTUGUESA** *(estado),* est. de Venezuela; 15 200 km²; 622 250 hab. Cap. *Guanare.*

**PORTUONDO** (José Antonio), escritor cubano (Santiago 1911-† 1996), estudioso de la literatura de su país (*Bosquejo histórico de las letras cubanas,* 1960).

**PORT-VILA** → ***Vila.***

**PORVENIR (El)** → ***San Blas*** (comarca de).

**POSADA** → ***Llanera.***

**POSADA** (José Guadalupe), grabador mexicano (Aguascalientes 1852-México 1931). Continuador del grabado popular, realizó numerosísimos grabados, de entre los que destacan sus calaveras, representación de seres vivos, cosas o ideas abstractas en forma de esqueletos de valor emblemático (*calavera huertista,* contra V. Huerta).

**POSADA HERRERA** (José), político español (Llanes 1815-*id.* 1885). Ministro de Gobernación, organizó las elecciones de 1858, caracterizadas por la corrupción. Presidió un efímero gobierno de «izquierda dinástica» (1883-1884).

**POSADAS,** c. de Argentina, cap. de la prov. de Misiones, a orillas del Paraná; 219 824 hab. Activo comercio con Paraguay (un puente internacional sobre el Paraná la une con Encarnación) y Brasil.

**POSADAS** (Gervasio Antonio **de**), patriota argentino (Buenos Aires 1757-*id.* 1833). Miembro de la asamblea general constituyente (1813) y director supremo de las Provincias Unidas (1814), no supo resolver la sedición de Artigas. Dimitió en 1815.

**P.O.S.D.R.** → ***socialdemócrata de Rusia*** (Partido obrero).

**POSEIDÓN,** dios griego del mar, que se representaba armado de un tridente. Corresponde al Neptuno de los romanos.

**POSETS** o **LARDANA,** macizo de España, en el Pirineo de Huesca; 3 375 m de alt.

**POSIDONIO,** historiador y filósofo estoico griego (Apamea, Siria, *c.* 135-Roma 51 a. J.C.). Fundó una escuela en Rodas, donde tuvo por discípulos a Cicerón y Pompeyo.

**POSNANIA,** ant. prov. de Prusia, cuya capital era Poznań. Atribuida al reino de Prusia en el segundo reparto de Polonia (1793), fue devuelta a Polonia en 1919.

**POSSE** (Abel Parentini), escritor argentino (Córdoba 1939), autor de *Los bogavantes* (1968), *Daimon* (1978), basada en la figura de Lope de Aguirre, *Momento de morir* (1979), *Los perros del paraíso* (1983) y *La reina del Plata* (1992). [Premio Rómulo Gallegos 1987.]

**PÓSTUMO** (Marco Casiano Latino), oficial galo († 268), que se hizo proclamar emperador de la Galia por sus tropas (258). Galieno toleró la usurpación de Póstumo, que fue asesinado por sus propios soldados.

**Potala,** palacio del dalai lama en Lhassa que evoca la residencia divina de Avalokiteśvara, el celeste patrón del Tíbet. Fundado en el s. VII, el edificio actual (museo), de 13 plantas y 178 m de altura, edificado *c.* 1645, constituye una verdadera ciudadela que alberga santuarios, pagodas funerarias, estancias y bibliotecas.

**POTEMKÍN** o **POTIOMKIN** (Grigori Alexándrovich), político y mariscal de campo ruso (cerca de Smoliensk 1739-cerca de Iaşi 1791). Favorito de Catalina II, logró su apoyo para su proyecto de restauración del Imperio bizantino en beneficio de Rusia. Llevó a cabo la anexión de Crimea (1783).

**Potemkín** o **Potiomkin,** acorazado de la flota rusa del mar Negro, cuyos marineros se amotinaron en junio de 1905. Al no conseguir el apoyo del resto de la escuadra, se rindieron a las autoridades rumanas en Constanţa. Este episodio inspiró la película de Eisenstein *El acorazado* Potemkín.*

**POTENZA,** c. de Italia (Basilicata), cap. de prov.; 65 603 hab. Iglesias de los ss. XI-XVIII. Museo arqueológico.

**POTIDEA,** ant. c. de Macedonia. Su sublevación contra Atenas (432 a. J.C.), fue una de las causas de la guerra del Peloponeso.

**POTOCKI,** familia de magnates polacos, entre cuyos miembros destacan varios estadistas y un escritor, **Jan** (Pików 1761-Uładówska 1815), que estudió el origen de las civilizaciones eslavas y escribió en francés un relato fantástico, *El manuscrito encontrado en Zaragoza* (1804-1805).

**POTOMAC,** r. de Estados Unidos, que pasa por Washington y desemboca en la bahía de Chesapeake; 460 km.

**POTOSÍ** *(cerro de)* o **CERRO RICO DE POTOSÍ,** cerro de Bolivia, en la cordillera Real de los Andes; 4 739 m de alt. Antiguas minas de plata (agotadas).

**POTOSÍ** *(departamento de),* dep. del SO de Bolivia; 118 218 km²; 645 817 hab. Cap. *Potosí.*

**POTOSÍ,** c. de Bolivia, cap. del dep. homónimo, al pie del cerro de Potosí; 112 291 hab. Su época de esplendor (ss. XVI y XVII) estuvo ligada a la explotación de las minas de plata. Templos y mansiones con típica ornamentación barroca. Casa de la Moneda (s. XVIII) y catedral (s. XIX), también barrocas.

**POTSDAM,** c. de Alemania, cap. de Brandeburgo, al SO de Berlín; 141 430 hab. Centro industrial. Antiguamente llamada el *Versalles prusiano,* conserva diversos monumentos, museos y sobre todo, en el parque de Sans-Souci, el pequeño palacio homónimo (joya del rococó, construido por Georg Wenzeslaus von Knobelsdorff para Federico II en 1745) así como el enorme palacio nuevo (1763).

**Potsdam** *(conferencia de)* [julio-ag. 1945], conferencia entre Truman, Stalin y Churchill (posteriormente Attlee) en la que se definieron los principios políticos y económicos para controlar Alemania tras su rendición. La U.R.S.S. se asoció al ultimátum angloamericano para exigir a Japón la capitulación.

**POTT** (Percival), cirujano británico (Londres 1713-*id.* 1788). Describió la tuberculosis vertebral *(mal de Pott).*

**POTTER** (Paulus), pintor neerlandés (Enkhuizen 1625-Amsterdam 1654), el más famoso pintor de animales de la escuela holandesa.

**POULENC** (Francis), compositor francés (París 1899-*id.* 1963), autor de composiciones para orquesta, melodías sobre la obra de diversos poetas, música religiosa y ballets.

**POULO CONDORE** → ***Côn Dao.***

**P.O.U.M.** (Partido obrero de unificación marxista), partido político catalán fundado en 1935. Formó parte del Frente popular (1936). Fue ilegalizado tras los hechos de mayo de 1937.

**POUND** (Ezra Loomis), poeta norteamericano (Hailey, Idaho, 1885-Venecia 1972). Buscó en la unión de culturas (*El espíritu de las literaturas románicas,* 1910) y lenguajes el antídoto contra el desgaste y la disgregación que el mundo moderno impone al hombre (*Cantos,* 1919-1969).

**POURBUS,** familia de pintores flamencos. – **Pieter** (Gouda 1523-Brujas 1584) es autor de composiciones religiosas italianizantes y de retratos. – Su hijo **Frans,** llamado **el Viejo** (Brujas 1545-Amberes 1581), discípulo de F. Floris en Amberes, fue sobre todo un buen retratista de tendencia manierista. – **Frans II,** llamado **el Joven** (Amberes 1569-París 1622), hijo del anterior, siguió su carrera de retratista en diversas cortes europeas.

**POUSSEUR** (Henri), compositor belga (Malmédy 1929), el principal representante en su país de las corrientes seriales y postseriales (*Vuestro Fausto,* 1967; *Las efemérides de Ícaro II,* 1970; *Invitación a la utopía,* 1971; *Proceso del joven perro,* 1977).

**POUSSIN** (Nicolas), pintor francés (Villers 1594-Roma 1665). Vivió desde 1624 en Roma. De formación manierista, recibió la influencia de los venecianos y de Tiziano, y evolucionó hacia el clasicismo (*Las cuatro estaciones,* 1660-1664).

**POVEDA** (Alfredo), militar y político ecuatoriano (Ambato 1926-Miami 1990). Presidió la junta militar que gobernó tras un golpe de estado (1976-1979).

**POVEDA** (José Manuel), escritor cubano (Santiago de Cuba 1888-Manzanillo 1926). Su única obra, *Versos precursores* (1917) le sitúa en el modernismo innovador.

**POVEDA** (Pedro), sacerdote y pedagogo español (Jaén 1874-Granada 1936). Fundó la institución teresiana (1917), dedicada a la educación de la mujer.

**POWELL** (Cecil Frank), físico británico (Tonbridge 1903-Casargo, Italia, 1969), premio Nobel de física (1950) por su descubrimiento del «mesón pi», gracias al empleo de la placa fotográfica aplicada al estudio de los rayos cósmicos.

**POWELL** (Earl, llamado **Bud**), pianista de jazz norteamericano (Nueva York 1924-*id.* 1966), de raza negra. Se impuso durante los años cuarenta como creador del piano bop *(Bouncing with Bud).*

**POWELL** (John Wesley), geólogo, etnólogo y lingüista norteamericano (Mount Morris, Nueva York, 1834-Haven, Maine, 1902). Explorador del Oeste americano, organizó el servicio geológico y la oficina de etnología de E.U.A. Es autor de la primera clasificación de las lenguas amerindias de América del Norte.

**POWYS** (John Cowper), escritor británico (Shirley, Derbyshire, 1872-Blaenau Ffestiniog, Gales, 1963). Su obra, mística y sensual, intenta describir el funcionamiento del pensamiento en contacto con los seres, los paisajes y los objetos (*Los encantamientos de Glastonbury,* 1932; *Autobiografía,* 1934).

**POYANG** o **P'O-YANG,** lago de China, en el valle medio del Yangzi Jiang; 2 700 km² en su máxima extensión.

**POYO** o **POIO,** mun. de España (Pontevedra); 12 978 hab. *(Poyeses.)* Cap. *O Convento.* Pesca. Cerámica. Monasterio barroco.

**POZA RICA DE HIDALGO,** c. de México (Veracruz); 172 232 hab. Extracción de petróleo y gas natural (oleoductos). Refinería y planta petroquímica.

**POZNAŃ,** c. de Polonia, en Posnania, cap. de voivodato, a orillas del Warta; 589 700 hab. Centro comercial (feria internacional) e industrial. Ayuntamiento renacentista. Iglesias góticas y barrocas. Museos.

**POZO** *(sierra del),* sierra de España (Jaén), al E de la sierra de Cazorla; 2 031 m de alt. en el monte Cabañas. En ella nace el río Guadalquivir.

**POZO COLORADO,** c. de Paraguay, cap. del dep. de Presidente Hayes; 3 878 hab.

**POZO DE LAS NIEVES,** pico culminante de la isla de Gran Canaria (España); 1 949 m de alt.

**POZO MORO,** yacimiento ibérico (Chinchilla, Albacete), con restos de una necrópolis utilizada entre los ss. V a. J.C. y I d. J.C. Debajo de ella se encuentra el *monumento de Pozo Moro,* de planta cuadrada, de más de 5 m de altura, probablemente sepulcral, con restos de esculturas, relieves y un ajuar funerario de joyas y cerámica griega del s. VI a. J.C.

**POZOBLANCO,** c. de España (Córdoba), cab. de p. j.; 15 445 hab. *(Pozoblanqueros.)* Centro agropecuario. Chacinería. Aceites.

**POZUELO DE ALARCÓN,** v. de España (Madrid); 48 297 hab. Centro industrial en el área metropolitana de Madrid.

**POZZUOLI,** c. y puerto de Italia, junto al golfo de Nápoles; 75 706 hab. Estación termal y balnearia. Ruinas antiguas, entre las que destaca el anfiteatro del s. I, uno de los mejor conservados del mundo romano.

**P.P.** → ***popular*** (Partido).

**PRADA OROPEZA** (Renato), escritor boliviano (Potosí 1937), autor de novelas, donde recoge el impacto de las conmociones sociales (*Larga hora: la vigilia,* 1979), cuentos y ensayos.

**PRADERA** *(La),* **LAS PRADERAS** o **GRANDES PRADERAS,** nombre dado a las regiones (antiguamente cubiertas de hierba) de Estados Unidos, comprendidas entre el Mississippi y las Rocosas (corresponde al Midwest).

**PRADERA,** mun. de Colombia (Valle del Cauca); 34 117 hab. Agricultura; ganado vacuno y equino.

**PRADES,** en cat. **Prada,** mun. de Francia (Pyrénées-Orientales); 6 445 hab. Festivales de música. Abadía de Sant* Miquel de Cuixà.

**PRADES,** v. de España (Tarragona); 475 hab. Restos del castillo y murallas medievales. Iglesia de Santa María, románica y gótica.

**PRADO (Lo),** com. de Chile (Santiago); 110 883 hab.

**PRADO** (Blas **de**), pintor español (Toledo *c.* 1545-*id.* d. 1600), autor de retratos y obras religiosas de estilo manierista.

**PRADO** (Mariano Ignacio), militar y político peruano (Huánuco 1826-París 1901). Nombrado presidente por la asamblea (1867), fue forzado a dimitir por la revolución conservadora (1868). Reelegido en 1876, la crisis política le llevó al exilio en 1879.

**PRADO** (Mariano), político salvadoreño del s. XIX. Presidió la primera junta de gobierno (1823-1824) y fue vicejefe de estado con Villacarta (1824-1825) y jefe del estado (1826-1829 y 1832-1833). En 1827 invadió Guatemala, reacia a la confederación de las Provincias Unidas de Centro América.

**Prado** *(museo del),* museo de Madrid, instalado en un edificio neoclásico (Juan de Villanueva, 1785), inaugurado como museo de pintura en 1819, con fondos de las colecciones reales. Destaca la pintura española (especialmente Velázquez, Goya), flamenca, italiana, holandesa y alemana. También posee escultura y artes menores. La pintura del s. XIX se encuentra en el anexo Casón del Buen* Retiro; otro anexo lo constituye la colección Thyssen*-Bornemisza (palacio de Villahermosa). *[V. ilustración pág. 1608.]*

**PRADO** (Pedro), escritor chileno (Santiago de Chile 1886-† 1952). Su poesía fue innovadora (*Flores de cardo,* 1905; *Los pájaros errantes,* 1913). Escribió poesía en prosa (*Androvar,* 1925) y novela (*Alsino,* 1920).

**PRADO Y UGARTECHE** (Manuel), político peruano (Lima 1889-París 1967), hijo de Mariano Ignacio Prado. Presidente de la república entre 1939 y 1945, fue reelegido con el apoyo del A.P.R.A. (1956) y derrocado por el ejército (1962).

**PRADOS** (Emilio), poeta español (Málaga 1889-México 1962). Sus primeros libros (*Tiempo,* 1925) lo sitúan entre los poetas de la generación del 27. La guerra civil española le inspiró *Llanto subterráneo* (1936) y *Llanto de sangre* (1937). Desde 1939 residió en México (*Memoria del olvido,* 1940; *Jardín cerrado,* 1946; *Transparencia,* 1962).

**PRADOS ARRARTE** (Jesús), economista español (Bilbao 1908-Madrid 1983), autor de una vasta obra sobre análisis de la estructura económica de España (*Tratado de economía política,* 1971 y siguientes). [Real academia 1981.]

**PRAETORIUS** (Michael), compositor, organista y teórico alemán (Creuzburg an der Werra *c.* 1571-Wolfenbüttel 1621), autor de motetes, himnos, danzas y canciones polifónicas al estilo italiano.

**PRAGA,** en checo **Praha,** c. y cap. de la República Checa, junto al Vltava; 1 212 010 hab. Metrópoli histórica e intelectual de Bohemia, centro comercial e industrial. Recinto del Hradčany (castillo y ciudad real), catedral gótica, puente Carlos, monumentos civiles y religiosos de estilo barroco. Numerosos museos, entre ellos la galería nacional. Residencia de los duques de Bohemia (1061-1140) y luego capital del imperio durante el reinado de Carlos IV (1346-1378), entró en decadencia tras la defenestración de Praga (1618) y la batalla de la Montaña Blanca (1620). Fue de 1918 a 1992 la capital de Checoslovaquia.

**Praga** *(círculo lingüístico de),* grupo de lingüistas (entre ellos R. Jakobson y N. Trubetzkoi), activo de 1926 a 1939, estructuralistas. Sus trabajos son importantes, sobre todo en el campo de la fonología.

**Pragmática sanción de 1713,** documento redactado por el emperador Carlos VI (19 abril 1713), que establecía la indivisibilidad de todos los reinos y países que había heredado el soberano de Habsburgo y que regulaba la sucesión al trono por orden de primogenitura para los descendientes directos, masculinos o femeninos. En virtud de este documento le sucedió su hija María Teresa.

**Pragmática sanción de 1789,** disposición legal adoptada por las cortes españolas (1789) que anulaba la ley sucesoria de Felipe V (ley sálica, Auto acordado de 1713) y admitía a las mujeres en el orden de sucesión a la corona. Publicada por Fernando VII en 1830, permitió acceder al trono a Isabel II.

**PRAIA,** c. y cap. del archipiélago de Cabo Verde, en la isla de São Tiago; 61 797 hab.

**PRANDTAUER** (Jakob) → ***Melk.***

**PRANDTL** (Ludwig), físico alemán (Freising, Baviera, 1875-Gotinga 1953). Autor de trabajos sobre la mecánica de los fluidos, estableció la teoría hidrodinámica del ala sustentadora.

**PRAT DE LA RIBA** (Enric), político español (Castellterçol 1870-*id.* 1917). Fundador del periódico *La veu de Catalunya* (1899) y de la Lliga regionalista (1901), fue presidente de la diputación de Barcelona (desde 1907) y de la Mancomunidad (1914-1917). Escribió *La nacionalidad catalana* (1906).

**PRAT DE LLOBREGAT (El),** mun. de España (Barcelona), cab. de p. j.; 64 336 hab. *(Pratenses.)* Agricultura intensiva (horticultura) e industria (papel, textil). Aeropuerto de Barcelona.

**PRATO,** c. de Italia (Toscana), cerca de Florencia; 165 364 hab. Centro textil. Catedral románica y gótica (frescos de Lippi). Museos.

**PRATOLINI** (Vasco), escritor italiano (Florencia 1913-Roma 1991), autor de novelas sociales (*Crónica familiar,* 1947; *La crónica de los pobres amantes,* 1947, etc.).

**Pravda** *(La verdad),* diario ruso cuyo origen se remonta a 1912. Fue el órgano del Comité central del partido comunista de la U.R.S.S. de 1922 a 1991.

**PRAVIA,** v. de España (Asturias), cab. de p. j.; 9 831 hab. *(Pravianos.)* Agricultura. Iglesia de San Juan (774-783), primer edificio de arte asturiano.

**PRAXITELES** o **PRAXÍTELES,** escultor griego, nacido en Atenas, activo en el s. IV a. J.C. Sus obras *(Apolo Sauróctono; Afrodita de Cnido; Hermes con Dionisio niño),* de formas ondulantes y gracia indolente, conocidas sólo a través de réplicas, ejercieron una influencia considerable en los artistas de la época helenística.

**Praxiteles:** *Hermes con Dioniso niño.*
Copia antigua; mármol, *c.* 340-330 a. J.C.
(Museo arqueológico, Olimpia.)

**P.R.D.** → ***revolución democrática*** (Partido de la).

**PREALPES,** conjunto de macizos montañosos, sobre todo calizos, que constituyen las estribaciones O y N de los Alpes centrales.

**PREBISCH** (Raúl), economista argentino (Tucumán 1901-Santiago de Chile 1986). Especializado en el estudio del desarrollo económico desde una perspectiva tercermundista, participó en diversas conferencias y comisiones de las Naciones unidas: CEPAL (1948-1962), U.N.C.T.A.D. (1964-1969), Secretaría general de problemas del desarrollo y de las operaciones de emergencia. Dirigió el instituto latinoamericano de planificación económica y social en 1962-1964 y en 1969. Obras principales: *Hacia una dinámica del desarrollo latinoamericano* (1963), *Transformación y desarrollo, la gran tarea de América latina* (1970-1972).

**PRECIADO DE LA VEGA** (Francisco), pintor español (Écija *c.* 1713-Roma 1789). Su obra se aproxima a la estética neoclásica *(Alegoría de la paz).*

**PRECORDILLERA,** sistema montañoso de Argentina, al E de los Andes y paralelo a ellos, entre la sierra de Punilla al N, y el río Mendoza al S. Se le llama también *Precordillera de La Rioja, San Juan y Mendoza* o *Precordillera Salto-jujeña.*

**PRELOG** (Vladimir), químico suizo de origen yugoslavo (Sarajevo 1906-Zurich 1998). Fue autor de un sistema de nomenclatura estereoquímica, en colaboración con C. K. Ingold.

**PREM CHAND** (Chanpat Rāy, llamado **Nawāb Rāy,** o), escritor indio en lengua urdu, hindī e inglesa (Lamahi 1880-Benarés 1936). Se opuso al sistema de castas y apoyó el movimiento nacionalista de Gāndhī en unas narraciones influidas por la novela rusa (*Godān,* 1936).

**PREMIÀ DE MAR,** mun. de España (Barcelona); 22 740 hab. *(Premianenses.)* Floricultura. Industria (textil, metalurgia). Turismo.

**PREMINGER** (Otto), director de cine norteamericano de origen austríaco (Viena 1906-Nueva York 1986). Procedente del teatro, expresó, a lo largo de su abundante y variada obra, una constante preocupación por la objetividad unida a un estilo fluido y sutil: *Laura* (1944), *El hombre del brazo de oro* (1955), *Éxodo* (1960), *Tempestad sobre Washington* (1961), *El cardenal* (1963), etc.

**PŘEMYSL OTAKAR II** (1230-cerca de Dürnkrut 1278), rey de Bohemia [1253-1278]. Se apoderó de Austria (1251) y pretendió la corona imperial. Fue desposeído por Rodolfo de Habsburgo (1273), quien lo venció y lo mató.

**PŘEMYSLIDAS,** dinastía checa que reinó en Bohemia de 900 a 1306.

**PRENESTE,** ant. c. del Lacio. (Act. *Palestrina.*) Ruinas del templo de la Fortuna (ss. II-I a. J.C.). Museo arqueológico.

**prensa** *(La),* diario mexicano fundado en México en 1928.

**PREPUNA, SUBPUNA, REGIÓN DE LOS VALLES** o **PUNA DESGARRADA,** región fisiográfica de América del Sur, especialmente de Bolivia y una pequeña parte del S de Perú y del N de Argentina, que forma la parte oriental del Altiplano andino.

**PRÉS** (Josquin **des**), compositor francés (Beaurevoir *c.* 1440-Condé-sur-l'Escaut *c.* 1521/1524). Autor de misas y motetes, y uno de los creadores de la canción polifónica, su obra refleja una doble influencia, flamenca e italiana.

**PRESAS** (Leopoldo), pintor argentino (Buenos Aires 1915). Uno de los fundadores del grupo Orión (1946), a partir de 1952 su pintura fue haciéndose cada vez más abstracta.

**PRESBURGO,** forma española de **Pressburg,** nombre alemán de **Bratislava.**

**Presburgo** *(tratado de)* [26 dic. 1805], tratado impuesto tras la victoria de Austerlitz por Napoleón a Austria, que cedía a Francia el Véneto, una parte de Istria y Dalmacia, y a Baviera el Tirol, Voralberg y el Trentino.

**PRESCOTT** (William Hickling), historiador norteamericano (Salem 1796-Boston 1859), autor de *Historia de los Reyes Católicos, Fernando e Isabel* (1837), *Historia de la conquista de México* (1843) e *Historia de la conquista del Perú* (1847).

**PRESIDENTE HAYES** *(departamento de),* dep.

el museo del **Prado:** la fachada principal, construida por Juan de Villanueva (iniciada en 1785)

**Praga:** el puente Carlos y sus dos torres (s. XV) en la orilla izquierda del río Vltava de Paraguay; 72 907 km²; 59 100 hab. Cap. *Pozo Colorado.*

**PRESIDENTE ROQUE SÁENZ PEÑA,** dep. de Argentina (Córdoba), que comprende los bañados de la Amarga; 34 519 hab. Cab. *Laboulaye* (18 854 hab.).

**PRESLEY** (Elvis), cantante y actor de cine norteamericano (Tupelo 1935-Memphis 1977). Cantante de rock and roll y crooner de blues, logró una enorme popularidad a partir de 1956 e influyó profundamente en los gustos musicales de la juventud de su época. Intervino en numerosas películas.

**PREŠOV,** c. del E de Eslovaquia; 87 788 hab.

**préstamo y arriendo** *(ley de)* o **Lend-Lease act,** ley votada por el Congreso de Estados Unidos en marzo de 1941 y aplicada hasta agosto de 1945, que autorizaba al presidente a vender, ceder, intercambiar y prestar el material de guerra y todo tipo de mercancías a los estados en guerra contra el Eje.

**PRESTON,** c. de Gran Bretaña, cap. del condado de Lancashire; 144 000 hab. Centro industrial.

**PRETE** (Juan **del**), pintor y escultor argentino de origen italiano (Chietti 1897-Buenos Aires 1987), precursor de la abstracción en Argentina.

**PRETI** (Mattia), pintor italiano (Taverna, Calabria, 1613-La Valletta, Malta, 1699). Trabajó sobre todo en Roma, Nápoles y Malta. Elaboró unas formas dramáticas y apasionadas, con vigorosos efectos de claroscuro.

**PRETORIA,** c. y cap. administrativa de la República de Sudáfrica (Gauteng), sede del gobierno; 528 000 hab. Centro universitario e industrial. – Pretoria, junto con el Witwatersrand, conforma la *provincia de Gauteng* (18 810 km²; 6 165 000 hab.).

**PRETORIUS** (Andries), político sudafricano (cerca de Graaff Reinet 1798-Magalies berg 1853), uno de los fundadores de la República de Transvaal. – su hijo **Marthinus** (Graff Reinet 1819-Potchefstroom 1901), presidente de Transvaal [1857-1871] y de Orange [1859-1863], formó, en 1880, con Kruger y Joubert, el triunvirato que proporcionó amplia autonomía al Transvaal (1881).

**PRÉVERT** (Jacques), poeta francés (Neuilly-sur-Seine 1900-Omonville-la-Petite 1977), en cuya obra amalgama surrealismo y realismo populista (*Palabras,* 1946; *Espectáculo,* 1951; *Fatras,* 1966).

**PREVOST D'EXILES** (*abate* Antoine François), escritor francés (Hesdin 1697-Courteuil 1763). Autor de numerosas novelas de costumbres y de aventuras, se hizo célebre con *Manon* Lescaut* (1731).

**P.R.I.** (Partido revolucionario institucional), principal partido político de México. Creado en 1929 por Calles y Lázaro Cárdenas, con el nombre de *Partido nacional revolucionario,* entre 1938 y 1946 se denominó *Partido de la Revolución mexicana.* Desde 1934 ha dominado la vida política mexicana. En 2000 perdió por primera vez las elecciones presidenciales.

**PRÍAMO,** último rey mitológico de Troya, esposo de Hécuba y padre de Héctor, Paris y Casandra.

**PRÍAPO,** dios grecorromano de la fecundidad, la fertilidad y la virilidad física. Sus fiestas *(priapeyas)* tenían en Roma carácter licencioso.

**PRIBILOF** *(islas),* archipiélago del mar de Bering (dependencia de Alaska).

**PRIEGO DE CÓRDOBA,** c. de España (Córdoba), cab. de p. j.; 20 823 hab. *(Prieguenos.)* Agricultura e industrias derivadas. Cerámica. Castillo (ss. XIII-XV); iglesias rococó.

**PRIENE,** ant. c. de Jonia (act. *Samsun Kalesi*). Ruinas (fines del s. IV a. J.C.) ejemplo del urbanismo helenístico sobre plano ortogonal.

**PRIESTLEY** (Joseph), químico y filósofo británico (Birstall Fieldhead, cerca de Leeds, 1733-Northumberland, Pennsylvania, 1804). Descubrió la respiración de los vegetales y aisló el oxígeno (1774).

**PRIETO** (Claudio), compositor español (Muñeca de la Peña, Palencia, 1934). Adscrito primero al serialismo, lo abandonó en favor de un estilo de gran intensidad de expresión y solidez constructiva (dos sinfonías, 1976 y 1982; *Nebulosa* para orquesta, 1972; *Concierto de otoño,* 1989).

**PRIETO** (Gregorio), artista español (Valdepeñas 1897-*id.* 1992). Su obra (paisajes de La Mancha, retratos) siguió constantes clasicistas.

**PRIETO** (Guillermo), político y escritor mexicano (México 1818-Tacubaya 1897). Ministro de Hacienda (1855 y 1857), divulgó las teorías de Adam Smith y J. B. Say. Liberal, anticlerical y populista, escribió poesía, cuadros costumbristas (*Los San Lunes de Fidel,* 1923) y *Memorias de mis tiempos* (1906).

**PRIETO** (Indalecio), periodista y político español (Oviedo 1883-México 1962). Militante del P.S.O.E., fue ministro de Hacienda y de Obras Públicas con Azaña (1931-1933). Durante la guerra civil ocupó las carteras de Marina y Aire con Largo Caballero (1936-1937) y de Defensa con Negrín (1937-1938). Al finalizar la guerra se exilió a América.

**PRIETO** (Jenaro), escritor chileno (Santiago de Chile 1889-† 1946). Periodista de comentario humorístico, es autor de las novelas *Un muerto de mal criterio* (1926) y *El socio* (1928).

**PRIETO** (Joaquín), militar y político chileno (Concepción 1786-Santiago 1854). Presidente de la república (1831-1841), promulgó la constitución de 1833, que restableció después de la guerra con la Confederación Perú-boliviana (1836-1839).

**PRIGOGINE** (Ilya), físico y químico belga de origen ruso (Moscú 1917). Estudió los fenómenos aleatorios y construyó una nueva metodología científica. (Premio Nobel de química 1977.)

**PRIM** (Juan), militar y político español (Reus 1814-Madrid 1870). Diputado progresista en varias ocasiones desde 1841, fue capitán general de Puerto Rico (1847) y de Granada (1855-1856). Participó en las campañas de Marruecos (1859-1860), por la que recibió el título de marqués de Castillejos. Tomó parte como plenipotenciario en la guerra de intervención de México (1862). Jefe de los progresistas, intentó diversos pronunciamientos y fue uno de los cabecillas de la revolución de 1868. Triunfante ésta, fue ministro de la Guerra (1868) y jefe del gobierno (1869), logró que Amadeo de Saboya aceptara el trono español y reprimió los levantamientos republicanos. Murió en un atentado. *(V. ilustración pág. 1610.)*

**PRIMATESTA** (Raúl Francisco), prelado argentino (Capilla del Señor, Buenos Aires, 1919). Arzobispo de Córdoba en 1965, fue creado cardenal en 1973.

**PRIMATICCIO** (Francesco), pintor, escultor y arquitecto italiano (Bolonia 1504-París 1570). Alumno de Julio Romano, en 1532 entró en el taller de Fontainebleau, y lo dirigió tras la muerte de Rosso Fiorentino (dibujos en el Louvre).

**primavera** *(La),* gran pintura de Botticelli (*c.* 1478, Uffizi, Florencia) sobre un tema mitológico y simbólico.

**Primero sueño,** poema de sor Juana Inés de la Cruz (1689, *Inundación castálida*), obra cumbre del barroco hispanoamericano, que describe la aventura del espíritu en busca del conocimiento.

**PRIMO DE RIVERA** (Miguel), militar y político español (Jerez de la Frontera 1870-París 1930), 2.º *marqués* **de Estella.** Estuvo destinado en Cuba, Filipinas y África, y fue capitán general de Valencia y Madrid (1919) y de Barcelona (1922). En setiembre de 1923 dio un golpe de estado. Nombrado jefe del gobierno, implantó una dictadura militar con la aquiescencia de Alfonso XIII. Pese a sus éxitos en las campañas de Marruecos, tuvo que dimitir en 1930 y se exilió a París. – Su hijo **José Antonio** (Madrid 1903-Alicante 1936) fue el fundador del partido Falange española (1933). Encarcelado en marzo de 1936, ordenó a los falangistas su adhesión al alzamiento militar del 18 de julio. Fue condenado a muerte y ejecutado.

**PRIMOLI** (Juan Bautista), arquitecto italiano activo en Argentina (Milán 1673-reducción de La Candelaria 1747). Solo o junto con Andrés Blanqui, construyó numerosos edificios en Buenos Aires, Montevideo, Córdoba y en misiones jesuíticas.

**PRINCETON,** c. de Estados Unidos (Nueva Jersey); 25 718 hab. Universidad fundada en 1746. Museos.

**PRÍNCIPE** *(isla del),* isla del golfo de Guinea (128 km²) que forma parte de *Santo Tomé y Príncipe.*

**príncipe** *(El),* obra de Maquiavelo (escrita en 1513 y publicada en 1532), en la que el autor defiende la idea del ejército nacional y expone el principio según el cual el estado debe, en primer lugar, fijarse un fin, calesquiera que sean los medios para alcanzarlo.

**PRÍNCIPE DE GALES** *(isla del),* en ingl. **Prince of Wales Island,** isla del archipiélago ártico canadiense, en cuyas proximidades se halla el polo N magnético.

**PRÍNCIPE EDUARDO** *(isla del),* en ingl. **Prince Edward Island,** isla y provincia marítima (Isla del Príncipe Eduardo) de Canadá; 5 657 km²; 129 765 hab. Cap. *Charlottetown.*

**PRÍNCIPE EDUARDO** *(islas del),* archipiélago del S del océano Índico, dependencia de la República de Sudáfrica.

**príncipe Igor** *(El),* ópera inacabada de Borodín (1887), terminada por Glazunov y Rimski-Kórsakov (1890), que incluye las *Danzas polovtsianas* (coreogr. de Michel Fokine, 1909).

**PRÍNCIPE NEGRO** → ***Eduardo.***

**Principia mathematica,** obra de Russell y Whitehead (1910-1913), que marcó la cumbre de la teoría de los tipos en lógica.

**Principios de la filosofía del derecho,** obra de Hegel (1821), en la que el autor describe el paso del derecho del espíritu subjetivo al espíritu objetivo, es decir, de lo personal a lo histórico.

**Principios de una ciencia nueva sobre la naturaleza común de las naciones,** obra de Vico

**Primaticcio:** *Mascarada de Persépolis* (dibujo para la decoración [desaparecida] del palacio de Fontainebleau). Pluma y aguada. (Louvre, París.)

*La* **primavera** (*c.* 1478), por Botticelli. (Uffizi, Florencia.)

(1725), en la que el autor analiza las tres etapas por las cuales pasaría la civilización: divina, heroica y humana. Esta obra ejerció una gran influencia en los economistas del s. XIX.

**principito** *(El),* cuento de Saint-Exupéry (1943).

**PRINZAPOLKA,** mun. de Nicaragua (Zelaya); 20 366 hab. Centro minero (oro, cobre y hierro). Puerto.

**PRÍO SOCARRÁS** (Carlos), político cubano (Bahía Honda 1903-Miami Beach 1977). Dirigente del Partido revolucionario cubano, primer ministro (1945-1947) y presidente de la república (1948-1952), fue derrocado por Batista. Se opuso al régimen castrista.

**PRIOR,** cabo de España, en la costa atlántica (La Coruña), formado por un acantilado de 200 m de alt.

**PRÍPIAT,** r. de Bielorrusia y Ucrania, afl. del Dniéper (or. der.); 775 km (cuenca de 114 300 $km^2$).

**PRISCILIANO,** eclesiástico hispano (*c.* 340-Tréveris 385). Al parecer, nació en la Hispania occidental. Sus predicaciones en la Hispania occidental y en Aquitania obtuvieron un notable éxito, especialmente entre las clases populares, y se le nombró obispo de Ávila (380). Su doctrina, el *priscilianismo,* fue condenada en parte en el concilio de Zaragoza (380). El concilio de Burdeos (384) lo condenó como hereje. Prisciliano, junto con algunos discípulos, fue ejecutado en Tréveris.

**prisiones** *(Las),* serie de aguafuertes de Piranesi publicadas en 1750: vertiente «negra» de la escenografía barroca, precursora del romanticismo.

**PRIŠTINA,** c. de la República Federal de Yugoslavia (Serbia), cap. de Kosovo; 70 000 hab. Núcleo antiguo de carácter oriental (mezquitas turcas).

**PRITCHARD** (George), misionero británico (Birmingham 1796-islas Samoa 1883). Siendo misionero protestante y cónsul en Tahití (1824), hizo que Pomaré IV expulsara a los misioneros católicos (1836). Tras el establecimiento del protectorado francés, prosiguió su acción contra Francia.

**PROBO** (Marco Aurelio) [Sirmium 232-*id.* 282], emperador romano [276-282]. Buen administrador, contuvo el avance de los bárbaros. Sus soldados, cansados de su severa disciplina, le asesinaron.

**proceso** *(El),* novela inacabada de Kafka, publicada en 1925: Sobre Joseph K pesa una oscura acusación y ni él mismo sabe si es culpable o inocente.

**PRÓCIDA,** isla de Italia (golfo de Nápoles); 3,9 $km^2$; 10 440 hab.

**PRÓCLIDAS** o **EURIPÓNTIDAS,** dinastía de Esparta que, junto con la de los Ágidas, ejerció el poder del s. VI al s. III a. J.C.

**PROCLO,** filósofo griego (Constantinopla 412-Atenas 485), autor de *Teología platónica.*

**PROCOPIO,** historiador bizantino (Cesarea, Palestina, fines del s. V-Constantinopla *c.* 562). Fue el principal historiador de la época de Justiniano, durante cuyo reinado escribió el *Libro de las guerras.* Su *Anecdotario* o *Historia secreta* es un libelo en el que trata sin contemplaciones al emperador y sobre todo a la emperatriz Teodora.

**PROCRUSTES** o **PROCUSTO,** bandido legendario del Ática que torturaba a los viajeros. Los extendía sobre un lecho (tenía dos, uno corto y uno largo) y mutilaba o estiraba sus miembros hasta hacerlos coincidir con la medida del lecho *(lecho de Procusto).* Teseo le sometió al mismo suplicio.

**PRODI** (Romano), economista y político italiano (Scandiano, Reggio nell'Emilia, 1939). Líder de la coalición de centro izquierda El Olivo, fue primer ministro de 1996 a 1998. En 1999 fue elegido presidente de la Comisión europea.

**progresista** *(Partido),* partido político español del s. XIX, que agrupó al ala izquierda del liberalismo. Accedió al poder en 1835 con el apoyo de sectores del ejército. Tras la caída de Espartero (1843) se escindió el Partido democrático. Gobernó de nuevo en 1854-1856, e impulsó la revolución de 1868. Desde 1870 se dividió en varios grupos, que desaparecieron durante la Restauración.

**PROGRESO** (*departamento de* **El**), dep. del centro de Guatemala; 1 922 $km^2$; 104 500 hab. Cap. *El Progreso* (11 910 hab.).

**PROGRESO,** mun. de México (Yucatán); 30 183 hab. Puerto de cabotaje y de altura. Aduana marítima.

**PROGRESO (El),** c. de Honduras (Yoro); 63 400 hab. Centro comercial del sector bananero del N.

**PROGRESO (El),** mun. de México (Hidalgo); 15 026 hab. En el distrito de riego de Tula.

**PROKÓFIEV** (Serguéi Serguéievich), compositor y pianista ruso (Sontsovka 1891-Moscú 1953). En sus obras para piano y para orquesta (siete sinfonías), así como en su música de cámara, sus ballets (*Romeo y Julieta,* 1936, estrenado en 1938) y sus óperas (*El ángel de fuego,* 1927, estrenada en 1954), destaca una gran fuerza rítmica y un lenguaje tan pronto abierto a las concepciones occidentales avanzadas como fiel a la tradición rusa.

**PROKOP el Grande** o **el Calvo,** jefe husita de los taboritas (*c.* 1380-Lipany 1434). Defendió Bohemia contra las cruzadas católicas de 1426, 1427 y 1431 y fue vencido.

**PROKÓPIEVSK,** c. de Rusia, en el Kuzbass; 274 000 hab. Centro hullero e industrial.

**proliferación de armas nucleares** *(tratado de no),* acuerdo aprobado por la O.N.U. en 1968, ratificado en 1970 y firmado actualmente por más de 185 países que se comprometen a negarse a suministrar o aceptar armamento nuclear. En 1995 se prorrogó indefinidamente.

**PROME,** en birmano **Pyin,** c. de Birmania, a orillas del Irawadi; 148 000 hab.

**PROMETEO,** personaje de la mitología griega, uno de los titanes, iniciador de la primera civilización humana. Robó del cielo el fuego y lo transmitió a los hombres. Zeus, para castigarle, le encadenó en una cima del Cáucaso, donde un águila le mordía el hígado, que volvía a crecer sin cesar. Heracles le liberó. El mito de Prometeo inspiró numerosas obras pictóricas y literarias.

**Prometeo encadenado,** tragedia de Esquilo.

**propaganda fide** *(Congregación de la),* o, desde 1967, **Congregación para la evangelización de los pueblos,** congregación romana fundada por Clemente VIII (1599) y organizada en su forma definitiva por Gregorio XV (1622). Presidida por un cardenal prefecto, gobierna y administra las misiones.

**PROPERCIO,** poeta latino (Umbría *c.* 47-† *c.* 15 a. J.C.), autor de *Elegías.*

**PROPÓNTIDE,** ant. denominación griega del **mar de Mármara.**

**Prosas profanas,** libro de poemas de Rubén Darío (1896; ed. definitiva, 1901), que significó la consolidación de la estética modernista. Se trata de una poesía profundamente musical y colorista, exótica y refinada, sensual y cosmopolita.

**PROSERPINA,** diosa romana, asimilada muy pronto a la griega *Perséfone.*

**PROST** (Alain), piloto automovilístico francés (Lorette 1955), campeón del mundo de fórmula 1 en 1985, 1986, 1989 y 1993.

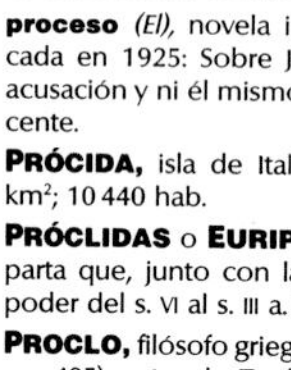

el general **Prim**
(L. Madrazo - palacio del senado, Madrid)

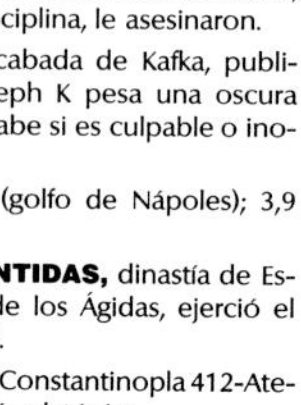

**Prokófiev**
(ópera de París)

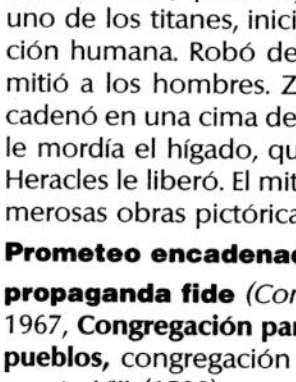

**Proudhon**
(Courbet - Petit palais, París)

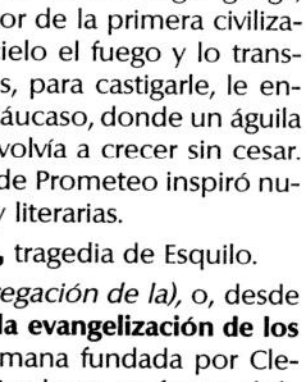

Marcel **Proust**
(J.-E. Blanche - museo de Orsay, París)

**PROTÁGORAS,** filósofo griego (Abdera *c.* 486-*c.* 410 a. J.C.). Escribió un tratado, *Sobre el ser,* act. desaparecido, en el que afirmaba que el hombre es la medida de todas las cosas.

**PROTASIO** *(san)* → ***Gervasio.***

**PROTEO,** dios marino griego que había recibido de su padre Poseidón el don de cambiar de forma según su voluntad y el de predecir el porvenir, lo que hacía sólo cuando se le obligaba.

**PROUDHON** (Pierre Joseph), socialista francés (Besançon 1809-París 1865). Publicó en 1840 *¿Qué es la propiedad?,* obra individualista y anticapitalista. Defendió tesis federalistas, mutualistas y obreristas (*La filosofía de la miseria,* 1846), pero su rechazo de la acción revolucionaria como medio para la reforma social lo enemistó con Marx.

**PROUST** (Joseph Louis), químico francés (Angers 1574-*id.* 1826), uno de los fundadores del análisis químico. En 1808, enunció la ley de las proporciones definidas.

**PROUST** (Marcel), escritor francés (París 1871-*id.* 1922). Autor de traducciones, ensayos y relatos (*Los placeres y los días,* 1896), se consagró a la redacción de su gran obra, el ciclo novelesco *En* busca del tiempo perdido* (7 vols., 1913-1927). Escrita en primera persona, su héroe, el narrador, busca la felicidad, sin conseguirlo, en la vida mundana, y la descubre en el poder de evocación de la memoria instintiva, que reúne pasado y presente en una misma sensación reencontrada (el sabor de la magdalena mojada en el té le recuerda su infancia). Es, junto con Joyce, el renovador de la novela en el s. XX.

**PROUT** (William), químico y médico británico (Horton 1785-Londres 1850). En 1815 formuló la hipótesis de que todos los elementos químicos estaban formados de hidrógeno condensado.

**PROVENZA,** en fr. **Provence,** región histórica del S de Francia, que corresponde a la casi totalidad de la act. región de Provenza-Alpes-Costa Azul. Cap. *Aix-en-Provence.* Colonizada por los griegos y muy romanizada, fue pronto cristianizada. Pipino el Breve la integró en el imperio franco y estuvo en la órbita de los condados de Toulouse y de Barcelona, que lucharon entre ellos para anexionarla. Después de la cruzada contra los albigenses (s. XIII), concluyó la influencia de la Corona de Aragón y pasó a la casa de Anjou. Fue anexionada por Francia en 1481.

**PROVENZA-ALPES-COSTA AZUL,** en fr. **Provence-Alpes-Côte d'Azur,** región administrativa del SE de Francia (dep. de Alpes-de-Haute-Provence, Hautes-Alpes, Alpes-Maritimes, Bouches-du-Rhône, Var y Vaucluse); 31 400 $km^2$; 4 257 907 hab. Cap. *Marsella.*

**PROVIDENCE,** c. de Estados Unidos, cap. de Rhode Island; 160 728 hab.

**PROVIDENCIA,** isla de Colombia → ***San Andrés y Providencia.***

**PROVIDENCIA,** com. de Chile (Santiago); 110 954 hab. Zona residencial de la capital.

**provinciales** *(Las),* cartas de B. Pascal (1656-1657), en las que ataca los abusos de la casuística y el laxismo de los jesuitas, con el fin de defender a los jansenistas de Port-Royal.

**PROVINCIAS DE LAS PRADERAS,** denominación que se aplica al conjunto de tres provincias de Canadá: Alberta, Saskatchewan y Manitoba.

**PROVINCIAS MARÍTIMAS,** denominación de las provincias canadienses de Nuevo Brunswick, Nueva Escocia e Isla del Príncipe Eduardo.

**PROVINCIAS UNIDAS,** nombre dado a la parte septentrional de los Países Bajos desde 1579 hasta 1795. 1579: la Unión de Utrecht consagró la secesión de las siete provincias calvinistas del N (Zelanda, Overijsel, Holanda, Güeldres, Frisia, Groninga y Utrecht), que rechazaron solemnemente (1581) la autoridad de Felipe II de España. 1585-1625: el estatúder Mauricio de Nassau prosiguió la lucha contra los españoles. 1621-1648: tras la tregua de los Doce años (1609-1621), las Provincias Unidas reanudaron las hostilidades, en adelante unidas a la guerra de los Treinta años. 1648: por el tratado separado de Münster, España reconoció la independencia de las Provincias Unidas. 1653-1672: a la muerte de Guillermo II de Orange, las siete provincias decidieron dejar de nombrar estatúder y la oligarquía comerciante llegó al poder con el gran pensionario Juan de Witt. Durante este período, el rápido crecimiento del imperio colonial neerlandés y las intervenciones de las Provincias Unidas contra Dinamarca, Suecia e Inglaterra proporcionaron al país el dominio de los mares. 1672: la invasión francesa provocó la caída de Juan de Witt y la restauración de Guillermo III como estatúder. 1678-1679: los tratados de Nimega pusieron fin a la guerra de Holanda. 1689: Guillermo III, convertido en rey de Inglaterra, sacrificó los intereses del país a su política inglesa. 1702: a su muerte no se nombró ningún estatúder. El poder pasó a ser ejercido por los grandes pensionarios (Heinsius). 1740-1747: la guerra de Sucesión de Austria y la ocupación francesa provocaron la restauración de la casa de Orange. 1780-1784: la guerra contra Gran Bretaña fue catastrófica para el comercio neerlandés. 1786: este fracaso provocó levantamientos revolucionarios. 1795: la invasión francesa provocó la caída del régimen. Las Provincias Unidas se convirtieron en la República Bátava, transformada (1806) en reino de Holanda en beneficio de Luis Bonaparte, y situada (1810) bajo la administración directa de Francia. (→ ***Países Bajos.***)

**PROVINCIAS UNIDAS DE CENTRO AMÉRICA** → ***Centro América.***

**PROVINCIAS UNIDAS DE NUEVA GRANADA,** entidad política federalista de Nueva Granada, creada en noviembre de 1811 por un congreso de diputados para contrarrestar las tendencias centralistas de Nariño. Fue suprimida virtualmente con la ocupación de Bogotá por el realista Morillo (1816).

**PROVINCIAS UNIDAS DEL RÍO DE LA PLATA,** entidad política formada por parte de los territorios del virreinato del Río de la Plata. Proclamó su independencia en el congreso de Tucumán (julio 1816). En 1825 (ag.) se incorporó a ella la Banda Oriental del Plata, para librarse de la dominación brasileña. (→ ***Argentina.***)

**PRÓXIMA,** estrella de la constelación austral del Centauro, la más cercana al sistema solar (su distancia es de 4,22 años-luz).

**PRÓXIMO ORIENTE,** conjunto de los países ribereños del Mediterráneo oriental (Turquía, Siria, Líbano, Israel, Egipto). Se incluye a veces Jordania y los países del golfo Pérsico.

**PRUDENCIO,** poeta latino de origen hispano (Calagurris [act. Calahorra] 348-en España *c.* 415). Su poesía, de inspiración cristiana, está influida por la de Horacio y Virgilio *(Himnario del día; El combate del alma).*

**PRUDHOE** *(bahía de),* bahía de la costa N de Alaska. Yacimientos de petróleo.

**PRUD'HON** (Pierre Paul), pintor francés (Cluny 1758-París 1823), cuya obra es precursora del romanticismo.

**PRUS** (Alexander **Głowacki,** llamado **Bolesław**), escritor polaco (Hrubieszów 1847-Varsovia 1912), autor de novelas sociales *(La muñeca)* e históricas *(El faraón).*

**PRUSA** → ***Bursa.***

**PRUSIA,** antiguo estado del N de Alemania. Cap. *Berlín.*

***De los orígenes al reino de Prusia.*** El territorio original de Prusia, situado entre el Vístula y el Nieman, estuvo habitado desde los ss. IV-V por un pueblo báltico, los borusios o prusianos. 1230-1280: fue conquistado por la orden Teutónica, que instaló a colonos alemanes. 1410: los polaco-lituanos obtuvieron sobre la orden la victoria de Grunwald (Tannenberg). 1466: por la paz de Toruń la orden reconocía la soberanía de Polonia. 1525: su gran maestre, Alberto de Brandeburgo, disolvió la orden y convirtió su territorio en ducado hereditario de la corona de Polonia. 1618: éste pasó a Juan Segismundo, elector de Brandeburgo. 1660: Federico Guillermo, el gran elector (1640-1688), logró que Polonia renunciase a su soberanía sobre Prusia. 1701: su hijo, Federico III de Brandeburgo fue coronado con el nombre de Federico I, rey de Prusia. 1713-1740: Federico Guillermo I, rey sargento, dotó al país del ejército más moderno de Europa. 1740-1786: Federico II, el rey filósofo, hizo de Prusia, a la que anexionó Silesia y los territorios que recibió en el primer reparto de Polonia, una gran potencia europea. 1806: Prusia fue derrotada por Napoleón en Auerstedt y Jena. 1806-1813: el país llevó a cabo un espectacular «resurgimiento moral» bajo la égida de los ministros Stein y Hardenberg y de los generales Scharnhorst y Gneisenau. 1813-1814: Prusia tuvo un papel determinante en la lucha contra Napoleón.

***La hegemonía prusiana en Alemania.*** 1814-1815: Prusia obtuvo en el congreso de Viena el N de Sajonia, Westfalia y los territorios renanos más allá del Mosela. Se convirtió en el estado más fuerte de la confederación germánica. 1834: mediante la Unión aduanera *(Zollverein),* preparó la unión política con los restantes estados de la Alemania del norte bajo su égida. 1862: Guillermo I (1861-1888) llamó a Bismarck a la presidencia del consejo. 1866: Austria fue derrotada en Sadowa. 1867: se creó la Confederación de la Alemania del norte. 1871: tras su victoria en la guerra franco-alemana, Guillermo I fue proclamado emperador de Alemania en Versalles. 1933-1935: el nacionalsocialismo puso fin a la existencia de Prusia como estado autónomo.

**PRUSIA OCCIDENTAL,** ant. prov. alemana. Cap. *Dantzig.* Organizada en 1815, agrupaba los territorios que correspondieron a Prusia en los dos primeros repartos de Polonia (1772, 1793). Fue atribuida, salvo Dantzig, a Polonia en 1919.

**PRUSIA ORIENTAL,** ant. prov. alemana repartida en 1945 entre la U.R.S.S. y Polonia. Cap. *Königsberg.*

**PRUSIA RENANA** → ***Rin*** (provincia del).

**PRUSIAS I el Cojo** († *c.* 182 a. J.C.), rey de Bitinia [*c.* 230/227-182 a. J.C.]. Para obtener el apoyo de Roma quiso entregarle a Aníbal, que había pedido asilo en su corte; pero éste se envenenó. – Su hijo **Prusias II el Cazador** († Nicomedia 149 a. J.C.), rey de Bitinia [*c.* 182-149 a. J.C.], se sometió a la tutela de Roma, pero fue asesinado por su hijo, Nicomedes II.

**PRUSINER** (Stanley B.), biólogo y neurólogo norteamericano (Des Moines 1942), descubridor de un agente (prión) causante de nuevas infecciones. (Premio Nobel de medicina 1997.)

**PRUT,** afl. del Danubio (or. izq.), frontera entre Moldavia y Rumania; 989 km.

**PRZEMYSL,** c. de Polonia (Galitzia), cap. de voivodato; 69 200 hab. Catedral de los ss. XV-XVIII.

**PRZHEVALSKI** (Nikolái Mijáilovich), oficial y explorador ruso (Kimborovo 1839-Karakol [act. Przhevalsk] 1888). Dirigió numerosas expediciones a Asia central y los confines tibetanos.

**PSELO** (Miguel), estadista y escritor bizantino (Constantinopla 1018-*id.* 1078). Consejero de Isaac I Comneno y de sus sucesores, contribuyó a difundir la filosofía platónica en el imperio bizantino. Su *Cronografía,* crónica de los acontecimientos acaecidos entre 976 y 1077, constituye una importante fuente histórica.

**PSIQUE,** en la mitología griega, doncella de gran belleza, amada por Eros. Una noche encendió una lámpara desobedeciendo al dios que le había prohibido ver su rostro; Eros la abandonó y ella no volvió a encontrarle hasta el final de una larga serie de pruebas. El *mito de Psique* representa el mito del alma perdida que, después de pruebas de purificación, se une para siempre al amor divino.

**PSKOV,** c. de Rusia, al SO de San Petersburgo; 204 000 hab. Muralla fortificada. Iglesias medievales.

**P.S.O.E.** → ***socialista obrero español*** (Partido).

**P.S.R.** → ***socialrevolucionario*** (Partido).

**PTAH,** dios del antiguo Egipto, adorado en Menfis, considerado el Verbo creador, y representado en forma humana, con el cuerpo envuelto en un sudario.

**PTOLEMAIDA** → ***Tolemaida.***

**PTOLOMEO** → ***Tolomeo.***

**PUÁN,** partido de Argentina (Buenos Aires), en la Pampa húmeda; 17 644 hab. Cereales. Ganadería.

**PUCALLPA,** c. de Perú, cap. del dep. de Ucayali; 94 000 hab. Centro maderero (laminados, prensados). Refinería de petróleo. Puerto. Central térmica.

**PUCARÁ,** mun. de Perú (Puno), en la altiplanicie del lago Titicaca; 6 658 hab. Yacimiento arqueológico de la *cultura Pucará* (300 a. J.C.-600 d. J.C.): centro ceremonial amurallado con cuatro tumbas abovedadas y figuras humanas y de animales esculpidas en piedra. Cerámica semejante a la de Tiahuanaco.

**PUCCINI** (Giacomo), compositor italiano (Lucca 1858-Bruselas 1924), autor de música religiosa, obras para piano y orquesta y sobre todo óperas, entre las que destacan *La Bohème* (1896), *Tosca* (1900), *Madame Butterfly* (1904) y *Turandot* (estrenada en 1926), de concepción verista y de rico colorido orquestal y armónico.

**PUCELLE** (Jean), miniaturista francés († París 1334). Introdujo figuraciones naturalistas y anecdóticas, y la ilusión tridimensional (*Libro de horas del duque de Berry, c.* 1325).

**PUDAHUEL,** com. de Chile (Santiago); 136 642 hab. Aeropuerto internacional de Santiago.

**PUDOVKIN** (Vsiévolod), director de cine soviético (Penza 1893-Moscú 1953). Teórico del montaje, que convirtió en ley absoluta, evocó con un notable lirismo el tema de la toma de conciencia revolucionaria: *La madre* (1926), *El fin de San Petersburgo* (1927) y *Tempestad sobre Asia* (1929).

**PUEBLA** *(estado de),* est. del centro de México; 33 919 km$^2$; 4 126 101 hab. Cap. *Puebla.*

**PUEBLA, PUEBLA DE ZARAGOZA** o **PUEBLA DE LOS ÁNGELES,** c. de México, cap. del est. de Puebla; 1 688 000 hab. Centro industrial (textiles), comercial y de comunicaciones entre la capital federal y Veracruz. Artesanía (porcelana, ónice). Universidad. La ciudad fue fundada en 1530 por Motolinía. Resistió a los franceses de Maximiliano, que la tomaron en 1863; Porfirio Díaz la liberó en 1867. Notable conjunto artístico de numerosos edificios religiosos y civiles de estilo barroco de la época de esplendor poblano (ss. XVII y XVIII), continuado –más sencillo– en el s. XIX. La decoración típica de la arquitectura de Puebla, en ladrillo rojo y azulejos, data del s. XVIII. Catedral ss. XVI-XVII.

**PUEBLA DE CAZALLA (La),** v. de España (Sevilla); 10 369 hab. *(Puebleños.)* Olivar, cereales.

**PUEBLA DE MONTALBÁN (La),** v. de España (Toledo); 6 131 hab. *(Puebleños.)* Agricultura y ganadería. Industrias agroalimentarias. Central solar.

**PUEBLA DE SANABRIA,** v. de España (Zamora), cab. de p. j.; 1 696 hab. *(Sanabreses.)* Pesca fluvial (truchas). Turismo. Iglesia con portada románica. Castillo (ss. XIV-XV).

**PUEBLA DE VALLBONA** o **LA POBLA DE VALLBONA,** v. de España (Valencia); 8 085 hab. Material electrónico.

**PUEBLA DEL CARAMIÑAL,** v. de España (La Coruña); 9 863 hab. *(Pueblenses.)* Puerto pesquero en la ría de Arosa (conservas).

**PUEBLA DEL RÍO (La),** v. de España (Sevilla); 16 170 hab. Arroz y algodón. Reses bravas.

**PUEBLO,** c. de Estados Unidos (Colorado); 98 640 hab. Siderurgia.

**PUEBLO BONITO,** yacimiento arqueológico de la región de Chaco Canyon (Nuevo México). Imponentes ruinas de una ciudad precolombina construida durante la secuencia cultural de Anasazi, y abandonada *c.* 1300.

**PUEBLO LIBRE,** c. de Perú (Lima), comprendida en el área urbanizada de Lima; 69 267 hab.

**PUEBLO NUEVO,** mun. de Colombia (Córdoba), en las Sabanas; 17 392 hab. Arroz, maíz, plátano.

**PUEBLO NUEVO,** mun. de México (Durango), avenado por el San Pedro; 33 530 hab. Cab. *El Salto.*

**PUEBLO NUEVO COMALTITLÁN,** mun. de México (Chiapas); 16 578 hab. Ganado vacuno. Pesca.

**PUEBLO VIEJO** o **VILLA CUAUHTÉMOC,** mun. de México (Veracruz); 32 386 hab. Junto a la *laguna de Pueblo Viejo.* Petróleo. Bananas. Pesca.

**PUENTE ALTO,** c. de Chile (Santiago); 254 534 hab. Industrias. Planta hidroeléctrica.

**Puente Bibey** *(central de),* central hidroeléctrica de España (Orense) sobre el *río Bibey,* afl. del Sil; 250 000 kW.

**PUENTE DE IXTLA,** mun. de México (Morelos); 34 810 hab. Frutales, cereales. Centro comercial.

**PUENTE DEL ARZOBISPO (El),** v. de España (Toledo); 1 578 hab. *(Puenteños.)* Cerámica tradicional, que se remonta al s. XVI. Victoria de las tropas francesas durante la guerra de la Independencia (8 ag. 1809).

**PUENTE LA REINA** o **GARES,** v. de España (Navarra); 2 155 hab. *(Puentesinos.)* Centro agropecuario (vinos). En el Camino de Santiago. Puente románico sobre el Arga (s. XI). Iglesias románicas.

**PUENTE NACIONAL,** mun. de Colombia (Santander); 15 237 hab. Agricultura y ganadería. Aguas termales.

**PUENTE VIESGO,** mun. de España (Cantabria); 2 464 hab. *(Torranceses.)* Cuevas del Castillo, las Chimeneas, las Monedas y la Pasiega, con pinturas y grabados de arte rupestre francocantábrico.

**PUENTEAREAS** o **PONTEAREAS,** v. de España (Pontevedra), cab. de p. j.; 15 630 hab. *(Puenteareneses.)* Yacimientos de feldespato.

**PUENTEDEUME** o **PONTEDEUME,** v. de España (La Coruña); 8 851 hab. *(Puentedeumeses.)* Centro comercial y pesquero. Puente sobre el Eume.

**PUENTE-GENIL,** v. de España (Córdoba), cab. de p. j.; 25 969 hab. (*Pontanenses* o *puenteños*) Olivares. Industria alimentaria y química. Alfarería.

**PUENTES DE GARCÍA RODRÍGUEZ** o **AS PONTES DE GARCÍA RODRÍGUEZ,** v. de España (La Coruña); 13 214 hab. Minas de lignito. Central térmica (32 000 kW).

**Puerta** (*batallas de* **La**), victoria del realista Boves sobre Simón Bolívar (1814) en Venezuela, cerca de San Juan de los Morros (Guárico). – Victoria del realista Morillo sobre las tropas de Bolívar (1818).

**Puerta** o **Sublime Puerta** (la), puerta monumental de İstanbul (palacio del Gran Visir, 1478), que designaba también al gobierno otomano.

**PUERTAS DE HIERRO,** en rumano **Porțile de Fier,** en serbio **Djerdap,** desfiladero del Danubio, en el extremo S de los Cárpatos, emplazamiento de una importante central hidroeléctrica.

**PUERTO ARGENTINO,** c. de Argentina, la principal de las islas Malvinas, en la isla Soledad; 1 400 hab.

**PUERTO ARMUELLES,** c. de Panamá (Chiriquí), en el Pacífico; 12 562 hab. Puerto exportador (bananas).

**PUERTO ASÍS,** mun. de Colombia (Putumayo); 43 187 hab. Productos forestales (caucho, goma, maderas).

**PUERTO AYACUCHO,** c. de Venezuela, cap. del est. Amazonas, a orillas del Orinoco; 48 914 hab. Centro comercial de región maderera.

**PUERTO BAQUERIZO MORENO,** c. de Ecuador, cap. de la prov. de Galápagos, cantón Isla San Cristóbal, en la isla de San Cristóbal; 1 665 hab. Puerto. Turismo.

**PUERTO BARRIOS,** c. de Guatemala, cap. del dep. de Izabal; 46 782 hab. Puerto exportador de bananas del valle del Motagua. Refinería de petróleo.

**PUERTO BELGRANO,** c. de Argentina (Buenos Aires), en la conurbación de Bahía Blanca. Base naval en el Atlántico.

**PUERTO BERRÍO,** mun. de Colombia (Antioquia); 28 470 hab. Mármol. Cemento. Central eléctrica.

**PUERTO BOYACÁ,** mun. de Colombia (Boyacá); 32 060 hab. Ganadería. Yacimientos petrolíferos.

**PUERTO CABELLO,** c. de Venezuela (Carabobo); 128 825 hab. Centro industrial y puerto exportador.

**PUERTO CARREÑO,** c. de Colombia, cap. del dep. del Vichada; 8 081 hab. Puerto fluvial con aduana en la frontera venezolana. Aeropuerto.

**PUERTO COLOMBIA,** mun. de Colombia (Atlántico), en la costa del Caribe; 18 994 hab. Minas de oro y canteras de mármol. Turismo.

**PUERTO CORTÉS,** mun. de Honduras (Cortés); 28 958 hab. Puerto exportador y terminal de ferrocarril.

**PUERTO DE LA CRUZ,** c. de España (Santa Cruz de Tenerife), cab. de p. j., en Tenerife; 39 549 hab. *(Porteros.)* Al pie del valle de la Orotava, es el principal centro turístico de la isla.

**PUERTO DE SANTA MARÍA (El),** c. de España (Cádiz), cab. de p. j.; 69 663 hab. (*Porteños* o *portuenses*) Agricultura. Industria vinícola. Turismo. Castillo de San Marcos (ss. XIII-XIV). Iglesia gótica y barroca. Casas señoriales.

**PUERTO DEL ROSARIO,** mun. de España (Las Palmas), cap. de Fuerteventura y cab. de p. j.; 16 883 hab. Principal población de la isla. Pesca. Turismo.

**PUERTO DEL SON** o **PORTO DO SON,** v. de España (La Coruña); 10 414 hab. En la ría de Muros y Noya. Pesca de bajura. Centro turístico.

**PUERTO DESEADO,** c. de Argentina (Santa Cruz), cab. del dep. de Deseado, junto a la desembocadura del río Deseado. Puerto pesquero y de embarque de ganado. Aeropuerto.

**PUERTO INÍRIDA,** c. de Colombia, cap. del dep. de Guainía; 9 214 hab. Creada en 1964. Caucho.

**PUERTO LA CRUZ,** c. y puerto de Venezuela (Anzoátegui); 155 731 hab. Refino de petróleo. Forma una aglomeración con Barcelona y Guanta.

**PUERTO LEMPIRA,** c. de Honduras, cap. del dep. de Gracias a Dios; 3 854 hab. En el delta del Coco.

**PUERTO LÓPEZ,** mun. de Colombia (Meta), en la cabecera del Meta; 17 953 hab. Ganado vacuno.

**PUERTO MIRANDA,** puerto de Venezuela en el lago Maracaibo (mun. Altagracia, Zulia). Exportación de petróleo (terminal del oleoducto de Mene de Mauroa).

**PUERTO MONTT,** c. y puerto de Chile, cap. de la región de Los Lagos; 130 730 hab. Centro comercial e industrial. Turismo.

**PUERTO NARE,** mun. de Colombia (Antioquia); 15 622 hab. Puerto fluvial en el Magdalena.

**PUERTO ORDAZ** → ***Ciudad Guayana.***

**PUERTO PADRE,** mun. de Cuba (Las Tunas), en la costa N; 85 641 hab. Centrales azucareras.

**PUERTO PEÑASCO,** mun. de México (Sonora); 26 755 hab. Puerto pesquero en el golfo de California.

**PUERTO PLATA** *(provincia de),* prov. del N de la República Dominicana; 1 881 km²; 230 000 hab. Cap. *Puerto Plata.*

**PUERTO PLATA** o **SAN FELIPE DE PUERTO PLATA,** c. de la República Dominicana, cap. de la prov. homónima; 75 310 hab. Puerto exportador en la costa N. Industrias alimentarias.

**PUERTO PRESIDENTE STROESSNER** → ***Ciudad del Este.***

**PUERTO PRÍNCIPE,** en fr. **Port-au-Prince,** c., cap. y puerto de Haití, en la *bahía de Puerto Príncipe;* 1 144 000 hab. (en la aglomeración). Catedral (s. XVIII, palacio del gobierno, neoclásico.

**PUERTO REAL,** v. de España (Cádiz), cab. de p. j.; 29 914 hab. *(Puertorrealeños.)* Pesca. Astilleros.

**PUERTO RICO** *(fosa de),* fosa oceánica del Atlántico occidental tropical (9 218 m), que se extiende por más de 1 500 km en el límite N de la isla homónima.

**PUERTO RICO,** isla de América, la menor y más oriental de las Grandes Antillas, que junto con las islas Vieques, Mona, Culebra y otras menores constituye un estado libre asociado a E.U.A.; 8 897 km²; 3 522 037 hab. (*Puertorriqueños* o *portorriqueños*) CAP. *San Juan.* LENGUAS OFICIALES: *español e inglés.* MONEDA: *dólar de E.U.A.*

GEOGRAFÍA

La cordillera Central (1 338 m en el cerro de Punta) recorre la isla O a E. Ríos cortos y caudalosos (Grande de Loíza, Grande de Arecibo, La Plata, Manatí). País densamente poblado, entre los años cincuenta y setenta se produjo una intensa emigración a E.U.A., pero en la actualidad es mucho menor. La economía, tradicionalmente basada en la agricultura (caña de azúcar, tabaco, piña, café), ha experimentado una industrialización acelerada gracias a las inversiones de capital norteamericano, atraído por las condiciones favorables (exención de impuestos, bajo coste de la mano de obra); las principales ramas son la textil, equipo eléctrico, electrónica, química, farmacéuticas, petroquímica y alimentaria. Paralelamente se han desarrollado las actividades terciarias, en especial el turismo. Un 80 % de las exportaciones se dirigen a E.U.A.

HISTORIA

***El poblamiento indígena y la conquista.*** Antes de la llegada de los españoles, Borinquén, nombre indígena de la isla, estaba ocupada por indios taínos, gobernados por un solo cacique que dominaba las ricas explotaciones de sal del S de la isla. 1493: Colón la descubrió en su segundo viaje, y le dio el nombre de isla de San Juan Bautista. 1508: Ponce de León fundó el primer establecimiento español, Villa Caparra (llamada luego Ciudad de Puerto Rico), y llevó a cabo la conquista de la isla. 1511: levantamiento indígena dirigido por el cacique Guariney, sofocado por los españoles.

***La colonia española.*** Los recursos agrícolas naturales constituyeron la base de la explotación colonial y se recurrió a la importación regular de esclavos africanos, ante el drástico descenso de la población aborigen; ello originó una sociedad multirracial, con un alto grado de mestizaje. 1815: la nueva legislación comercial española estimuló las exportaciones de frutas a la metrópoli; la inmigración procedente de Santo Domingo, Venezuela y Luisiana, atraída a Puerto Rico por el mantenimiento de su status colonial, reforzó el crecimiento económico de la isla en el s. XIX. 1835: primer levantamiento independentista, derrotado, como los posteriores (1839, 1867). 1873: abolición de la esclavitud. 1897: concesión de un régimen de autonomía y constitución del primer gobierno de Puerto Rico, presidido por F. M. Quiñones.

***La ocupación norteamericana.*** 1898: ocupación de la isla por el ejército de E.U.A. a raíz de la guerra hispano-norteamericana. La paz de París (1899) estableció la cesión de Puerto Rico a E.U.A., que en 1917 otorgó la ciudadanía norteamericana a los puertorriqueños. La resistencia a la ocupación, que se expresó en la constitución del Partido nacionalista, culminó en la masacre Ponce en la que murieron 22 personas y más de 200 fueron heridas. (1937). 1938: la fundación del Partido popular democrático de Muñoz Marín, que preconizaba la autonomía interna sin poner en cuestión el dominio estadounidense, abrió una nueva etapa política y dejó a los sectores independentistas en minoría.

***El estado libre asociado.*** 1950: concesión a Puerto Rico del estatuto de estado asociado, y elaboración de la constitución interior (1952). El P.P.D. dominó la política puertorriqueña hasta que en 1969 ganó las elecciones el Partido nuevo progresista, partidario de la plena integración en E.U.A. como estado de la unión; a partir de ese momento ambas formaciones se han alternado en el gobierno. El tema constante de la política puertorriqueña es la cuestión de la relación con E.U.A. El referéndum de 1993 dio una ajustada victoria a los partidarios de la continuidad del estado libre asociado frente a los partidarios de constituirse en nuevo estado de E.U.A. En 1998, un nuevo referéndum volvió a dar la victoria a los partidarios de la continuidad como estado libre asociado.

INSTITUCIONES

Los E.U.A. están representados por un comisionado residente, elegido cada cuatro años, que es miembro de la Cámara de representantes norteamericana. En el gobierno interior, el poder ejecutivo corresponde a un gobernador, elegido por sufragio universal cada cuatro años; al igual que el legislativo, compuesto de Cámara y Senado.

LITERATURA

– *S. XIX.* Poesía: A. Tapia y Rivera, S. Vidarte, J. G. Padilla, J. Gautier Benítez; modernistas: L. Muñoz Rivera, J. de Diego Padró, V. Dávila, L. Lloréns Torres. Narrativa y ensayo: M. Alonso, F. Mariano Quiñones, E. M. de Hostos, M. Méndez Quiñones, M. Zeno Gandía, M. González García, L. Bonafoux, N. Canales.

– *S. XX.* Poesía: E. Ribera Chevremont, L. Palés Matos, L. Hernández Aquino, G. Miranda Archilla, F. Franco Oppenheimer, F. Matos Paoli, J. de Burgos, N. Vientós, F. Lluch, H. Margenat, O. Nolla, A. Castro Ríos, J. Sáez de Burgos, I. Silén, J. M. Ruscalleda. Narrativa y ensayo: N. Vientos, E. A. Laguerre, R. Marqués, T. Blanco, A. Díaz Alfaro, E. S. Belaval, J. L. González, P. J. Soto, E. Díaz Valcárcel, L. R. Sánchez, C. Rodríguez Torres. Teatro: E. S. Belaval, M. Méndez Ballester, F. Sierra Berdecía, R. Marqués, F. Arrivi, M. Casas.

BELLAS ARTES

***Principales ciudades de interés artístico:*** Ponce, San Juan, San Germán, Utado.

***Artistas célebres:*** B. Antonelli, F. Oller, M. Jordán, M. Baéz, R. Tufiño, F. Rodón, O. Delgado, L. Homar.

MÚSICA

– *S. XIX-XX.* B. Dueño Colón, J. Morel Campos, J. C. de Arteaga, A. Chavier, R. Balseiro, F. Cortés González, J. I. Quintón, N. Figueroa, A. Veray, H. Campos Parsi. *(V. anexo cartográfico.)*

**PUERTO RICO,** mun. de Colombia (Caquetá); 26 692 hab. Arroz, maíz y yuca. Explotación forestal.

**PUERTO SANDINO,** hasta 1979 **Puerto Somoza,** c. de Nicaragua, en el mun. de Nagarote (León). Puerto comercial, canaliza la importación de petróleo (depósitos).

**PUERTO TEJADA,** mun. de Colombia (Cauca); 30 407 hab. Agricultura. Ganado vacuno. Minería.

**PUERTO VALLARTA,** mun. de México (Jalisco), en el Pacífico; 93 503 hab. Puerto comercial y turístico.

**PUERTO VARAS,** com. de Chile (Los Lagos), junto al lago Llanquihue; 26 597 hab. Turismo.

**PUERTO WILCHES,** mun. de Colombia (Santander); 21 125 hab. Explotación forestal y petrolera.

**PUERTOLLANO,** c. de España (Ciudad Real), cab. de p. j.; 49 459 hab. *(Puertollaneros.)* Centro minero e industrial: petroquímica (refinería), metalurgia y alimentación. Central térmica.

**PUERTO-LUMBRERAS,** mun. de España (Murcia); 9 824 hab. Agricultura e industrias alimentarias.

**PUERTOMARÍN** o **PORTOMARÍN,** v. de España (Lugo); 2 159 hab. Junto al pantano de Belesar. Central hidroeléctrica. Iglesia románica.

**PUEYRREDÓN,** lago de Argentina (Santa Cruz) y de Chile (Aisén del General Carlos Ibáñez del Campo), donde se llama *lago Cochrane.*

**PUEYRREDÓN** (Carlos Alberto), historiador argentino (Buenos Aires 1887-*id.* 1962). Fue presidente de la Academia nacional de historia y autor de *Los cabildos coloniales* (1910) y *En tiempos de los virreyes* (1932).

**PUEYRREDÓN** (Juan Martín **de**), patriota argentino (Buenos Aires 1776-*id.* 1850). Jefe del ejército del Alto Perú (1811-1812), miembro del triunvirato (marzo-oct. 1812) y director supremo del nuevo estado (1816-1819). Su política centralista y sus tendencias monárquicas (constitución de 1819) provocaron la insurrección de las provincias, y tuvo que dimitir.

**PUEYRREDÓN** (Prilidiano), pintor y arquitecto argentino (Buenos Aires 1823-*id.* 1870). Dirigió numerosas obras en Buenos Aires (planos de la casa del Gobierno, restauración de la capilla de la Recoleta). Pintó retratos *(Retrato de Manuelita Rosas)* y paisajes rioplatenses.

**PUFENDORF** (Samuel, *barón* **von**), jurista e historiador alemán (Chemnitz 1632-Berlín 1694). Su gran obra, *Del derecho de la naturaleza y de las gentes* (1672), fundamenta el derecho en un contrato social.

**PUGA** (Antonio), pintor español (Orense 1602-Madrid 1648). Probablemente ligado a Velázquez, formó parte de la escuela barroca madrileña.

**PUGACHEV** o **PUGACHOV** (Yemelián Ivánovich), jefe de la insurrección popular rusa de 1773-1774 (Zimoiévskaia *c.* 1742-Moscú 1775). Haciéndose pasar por el zar Pedro III sublevó a los cosacos del Don y del Bajo Ural, a los que se unieron campesinos y pueblos alógenos. Catalina II envió sus tropas y Pugachev fue arrestado y ejecutado.

**PUGET** (Pierre), escultor, pintor y arquitecto francés (Marsella 1620-*id.* 1694). Barroco y realista, es autor de los grupos escultóricos *Milón de Crotona* y *Perseo liberando a Andrómeda* (Louvre).

**PUGET SOUND,** fiordo de la costa O de Estados Unidos (Washington).

**PUGIA** (Antonio), escultor argentino de origen italiano (Polia, Italia, 1929). Su escultura se caracteriza por el tratamiento etéreo de la materia en figuras y grupos que aprovechan el vacío.

**PUGLIESE** (Osvaldo), compositor argentino (Buenos Aires 1905-*id.* 1995). Renovador del tango, especialmente en su vertiente orquestal, con composiciones como *Recuerdo, La mariposa, La Beba* y *La Yumba.*

**PUIG** (Andrés), matemático español (nacido en Vic, s. XVIII). Su *Aritmética especulativa y práctica y arte de álgebra* (1672) contiene la resolución de ecuaciones de grado superior al segundo.

**PUIG** (Manuel), escritor argentino (General Villegas 1932-Cuernavaca 1990). Sus novelas, influidas por el cine y el folletín, giran en torno al mundo sentimental de una sórdida clase media (*Boquitas pintadas,* 1970; *El beso de la mujer araña,* 1976; *Pubis angelical,* 1979).

**PUIG D'ES MOLINS,** necrópolis púnica con numerosos hipogeos, en el cerro homónimo (Ibiza, España). Interesantes esculturas en terracota. Museo.

**PUIG MAJOR,** pico de España (Baleares), alt. máx. de la isla de Mallorca, en la sierra de Tramuntana; 1 445 m.

**PUIG Y CADAFALCH** (José), arquitecto, arqueólogo y político español (Mataró 1867-Barcelona 1957). En arquitectura siguió un eclecticismo de tendencias modernistas (casas Ametller, Macaya y de les Punxes, en Barcelona). Impulsó las excavaciones de Ampurias. Es autor de *La arquitectura románica en Cataluña* (1909-1918).

**PUIGCERDÀ,** v. de España (Gerona), cab. de p. j.; 6 414 hab. *(Puigcerdaneses.)* Agricultura y ganadería. Serrerías. Puesto fronterizo con Francia. Centro comercial y turístico.

**PUIGMAL,** pico de España (Gerona), en los Pirineos, entre los valles del Segre y del Ter; 2 913 m.

**PUIGPEDRÓS,** macizo de España (Gerona), en los Pirineos, junto a Francia y Andorra; 2 911 m.

**PUIGVERT** (Antonio), médico español (Santa Coloma de Gramanet 1905-Barcelona 1990). En 1966 creó la fundación Puigvert, especializada en urología. Inventó nuevas técnicas operatorias e instrumental quirúrgico.

**PUJILÍ,** cantón de Ecuador (Cotopaxi), en la Hoya del Patate; 75 570 hab. Viñedos, frutales.

**PUJOL** (Emili), guitarrista y compositor español (Granadella 1886-Barcelona 1980). Discípulo de Tárrega, compuso piezas para guitarra y estudios de concierto. Es asimismo autor de *Escuela razonada de la guitarra* (1932-1933).

**PUJOL** (Jordi), político español (Barcelona 1930). Fundador y dirigente de Convergència democràtica de Catalunya (1974), es presidente de la Generalidad de Cataluña desde 1980. Asimismo fue presidente de la Asamblea de las regiones de Europa entre 1992 y 1996.

**PULA,** en ital. **Pola,** c. de Croacia, en Istria; 56 000 hab. Monumentos romanos. Catedral y fortaleza reconstruidas en el s. XVII. Museo arqueológico. Astilleros.

**PULAR (El),** cerro de Chile (Antofagasta), en los Andes, al S del salar de Atacama; 6 225 m de alt.

**PULCI** (Luigi), poeta italiano (Florencia 1432-Padua 1484), autor de una epopeya burlesca, parodia de las novelas de caballería *(Morgante).*

**PULGAR** (Hernando **del**), humanista e historiador español (¿Toledo? 1436-† 1493). Hijo de conversos, fue cronista de los Reyes Católicos (1481). Es autor de *Crónica de los Reyes Católicos* (1481-1490) y *Los claros varones de Castilla* (1486).

**Pulgarcito,** cuento de Perrault (1697).

**Pulitzer** *(premio),* galardón instituido por el periodista norteamericano Joseph *Pulitzer* (1847-1911); los premios, que recompensan a periodistas, escritores y compositores de música, son adjudicados anualmente, desde 1917, por el consejo de administración de la universidad de Columbia.

**PULLMAN** (George Mortimer), industrial norteamericano (Brocton, estado de Nueva York, 1831-Chicago 1897), inventor, junto con su amigo Ben Field, de los coches cama (1863-1865).

**PULQUERIA** *(santa),* emperatriz de oriente (Constantinopla 399-† 453). Hija de Arcadio, se hizo con el poder a la muerte de su hermano Teodosio II (450). Defendió la ortodoxia contra los nestorianos y los monofisitas.

**PUNÁ,** isla de Ecuador (Guayas), en el golfo de Guayaquil, frente a la desembocadura del Guayas; 920 $km^2$. Pesca y caza. La principal población es *Puná.*

**PUNA,** nombre que a veces recibe el Altiplano andino.

**PUNA,** región del NO de Argentina, enmarcada por los Andes al O, zona desértica de unos 3 800 m de alt. media.

**PUNĀKHA,** c. del O de Bhután. Ant. cap.

**Punch** *(The)* o **The London Charivari,** semanario satírico ilustrado británico, fundado en 1841. Dejó de publicarse en 1992.

**PUNE** o **POONA,** c. de la India (Mahārāshtra); 1 566 651 hab. (2 495 000 hab. en la aglomeración). Centro universitario e industrial. Cap. del imperio mahrātta en el s. XVIII.

**PUNGARABATO,** mun. de México (Guerrero); 19 250 hab. Cab. *Ciudad Altamirano.* Centro agropecuario e industrias derivadas. Explotación forestal.

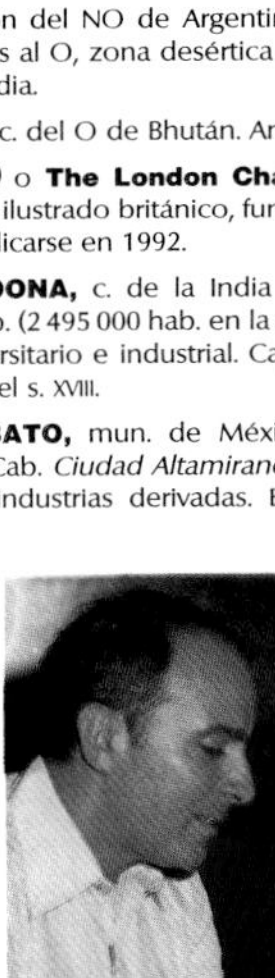

Manuel
**Puig**

**púnicas** *(guerras),* guerras que enfrentaron a Roma y Cartago (264-146 a. J.C.) y que terminaron con la destrucción de esta última. Su origen fue la rivalidad de las dos ciudades que se disputaban la hegemonía del Mediterráneo occidental. – **La primera guerra púnica** (264-241 a. J.C.). Tuvo por escenario Sicilia, de donde los romanos trataban de expulsar a los cartagineses. Los romanos, reforzados por las victorias de su flota (Milas en 260, Ecnome en 256), desembarcaron en África, pero sufrieron una serie de reveses: derrota y muerte de Régulo (255) en África, destrucción de parte de la flota (Drepanum, 249) y del ejército en Sicilia luchando contra Amílcar Barca. Pero la decisiva victoria de la flota romana en las islas Égates (241) llevó a Cartago a pedir la paz; Sicilia pasó bajo el control de Roma. – **La segunda guerra púnica** (218-201 a. J.C.). Estuvo marcada por la ofensiva de Aníbal. Partiendo de Hispania (toma de Sagunto, 219), atravesó los Pirineos y los Alpes y entró en Italia, donde derrotó a los romanos en Tesino y Trebia (218), en el lago Trasimeno (217) y en Cannas (216); pero, al no recibir refuerzos, tuvo que detenerse en Capua y renunciar a tomar Roma (211). Mientras tanto, los romanos conquistaron Sicilia e Hispania. Asdrúbal, que intentó llegar junto a su hermano Aníbal, fue vencido y muerto a orillas del Metauro (207). En 204, Escipión el Africano llevó la guerra hasta África, tras aliarse con el rey númida Masinisa. Llamado desde Italia, Aníbal fue vencido en Zama (202). La paz de 201 hizo perder a Cartago sus posesiones de Hispania e hizo de ella un estado vasallo de Roma. – **La tercera guerra púnica** (149-146 a. J.C.). Dio el golpe definitivo a la metrópoli púnica. El senado romano, que temía el renacimiento de Cartago *(delenda est Carthago),* tomó como pretexto el conflicto que enfrentaba a los cartagineses y a Masinisa, aliado de Roma, y envió a Escipión Emiliano a África. Después de tres años de asedio, Cartago fue tomada y arrasada.

**PUNILLA,** dep. de Argentina (Córdoba); 121 173 hab. Cab. *Cosquín.* Vacuno e industrias lácteas. Yacimientos de uranio. Central hidroeléctrica.

**PUNO** *(departamento de),* dep. de Perú (José Carlos Mariátegui); 72 012 $km^2$; 1 014 600 hab. Cap. *Puno.*

**PUNO** o **SAN CARLOS DE PUNO,** c. de Perú, cap. del dep. homónimo, a orillas del Titicaca; 48 470 hab. Puerto lacustre más alto del mundo (3 837 m). Astilleros, conservas. Catedral barroca (s. XVIII).

**PUNT,** voz que, en el antiguo Egipto, designaba la costa de los Somalíes.

**PUNTA** *(cerro de),* pico culminante de Puerto Rico, en la cordillera Central, en el bosque nacional del Caribe; 1 338 m.

**PUNTA ARENAS,** c. y puerto de Chile, cap. de la región de Magallanes y Antártica Chilena, en el estrecho de Magallanes; 113 661 hab. Petroquímica.

**PUNTA CARDÓN,** mun. de Venezuela (Falcón); 40 888 hab. Refinerías de petróleo. Puerto petrolero.

**Punta de Vaca** *(necrópolis de),* necrópolis cartaginesa de Cádiz con importantes restos arqueológicos (joyas, cerámica, vidrio; sarcófago antropoide del s. VI a. J.C. [museo de Cádiz]).

**PUNTA DEL ESTE,** c. de Uruguay (Maldonado), en el extremo N de la desembocadura del Río de la Plata; 6 500 hab. Centro turístico. Sede de tres reuniones de la O.E.A. (1961, 1962 y 1967), en las que se fundó la Alianza para el progreso y se tomaron acuerdos de integración económica entre los países latinoamericanos.

**PUNTA GORDA,** r. de Nicaragua, de la vertiente del Caribe; 120 km. Navegable.

**PUNTA UMBRÍA,** v. de España (Huelva); 9 897 hab. Mariscos. Salazón de pescado. Turismo (playas).

**PUNTARENAS** *(provincia de),* prov. de Costa Rica; 11 000 $km^2$; 321 920 hab. Cap. *Puntarenas.*

**PUNTARENAS,** c. de Costa Rica, cap. de la prov. homónima; 88 342 hab. Puerto exportador y pesquero en el Pacífico. Industrias mecánicas y alimentarias. Turismo.

**PUNTO FIJO,** mun. de Venezuela (Falcón); 88 681 hab. Refinerías de petróleo. Puerto petrolero.

**PUPIN** (Michael), físico norteamericano de origen serbio (Idvor, Banato, 1858-Nueva York 1935). Utilizó bobinas para mejorar las transmisiones telefónicas *(pupinización).*

**PURACÉ,** volcán de Colombia (Cauca y Huila), en la cordillera Central de los Andes; 4 756 m de alt.

**Purāṇa,** epopeyas anónimas de carácter religioso (ss. IV-XV), cuya influencia en el hinduismo fue tan importante como la de los *Veda.* Estaban dirigidas a todo el mundo y no sólo a los brahmanes.

**PURCELL** (Edward Mills), físico norteamericano (Taylorville, Illinois, 1912-Cambridge, Massachusetts, 1997). Ideó un método de propagación de las ondas radioeléctricas y determinó los momentos magnéticos de los núcleos de los átomos. (Premio Nobel de física 1952.)

**PURCELL** (Henry), compositor inglés (Londres 1659-*id.* 1695), autor de obras dramáticas (*Dido y Eneas,* 1689; *El rey Arturo,* 1691; *La reina de las hadas,* 1692), de obras de música vocal religiosa y profana (odas y *anthems*), de sonatas, de fantasías para violas, de *suites* para clave.

**PURÉPERO,** mun. de México (Michoacán); 16 133 hab. Cereales, frutales. Avicultura y apicultura.

**Purgatorio** *(Viaje al) [Viatge al Purgatori],* obra en catalán (1398, publicada en 1486) de Ramón de Perellós. Narra el viaje del autor al legendario Purgatorio de San Patricio, en Irlanda, donde el alma del rey Juan I de Aragón le hace una serie de reflexiones sobre la justicia de los gobernantes.

**PURIFICACIÓN,** mun. de Colombia (Tolima), en el curso medio del Magdalena; 22 173 hab.

**PURISCAL,** cantón de Costa Rica (San José); 27 519 hab. Cab. *Santiago.* Centro agrícola.

**PURÍSIMA DEL RINCÓN,** mun. de México (Guanajuato); 23 211 hab. Industria textil.

**Purkinje** *(células de),* grandes neuronas que se encuentran en la corteza del cerebelo.

**PURRANQUE,** com. de Chile (Los Lagos); 20 177 hab. Cereales, ganado vacuno. Industrias lácteas.

**PURUÁNDIRO,** mun. de México (Michoacán); 55 853 hab. Centro agrícola y ganadero. Artesanías.

**PURUS** o **PURÚS,** r. de América del Sur (Perú y Brasil), afl. del Amazonas (or. der.); 3 380 km.

**PUSAN,** en jap. **Fusan,** c. y principal puerto de Corea del Sur; 3 200 000 hab. Centro industrial.

**PUSEY** (Edward Bouverie), teólogo británico (Pusey, cerca de Oxford, 1800-Ascot Priory, Berkshire, 1882), uno de los creadores del movimiento ritualista, que llevó a una fracción de la Iglesia anglicana hacia el catolicismo, aunque él permaneció fiel al anglicanismo.

**PUSHKIN,** ant. **Tsárskoie Seló,** c. de Rusia, cerca de San Petersburgo; 50 000 hab. Ant. residencia de los zares (palacios y parques del s. XVIII).

**PUSHKIN** (Alexandr Serguéievich), escritor ruso (Moscú 1799-San Petersburgo 1837). Funcionario imperial, sus ideas liberales le ocasionaron numerosas sanciones, pero alcanzó rápidamente gran prestigio por su obra literaria: poesía lírica *(Ruslan y Liudmila),* una novela en verso (*Eugenio Oneguín,* 1825-1833), un drama histórico (*Boris Godunov,* 1825, publicado en 1831) y varias novelas cortas *(La dama de picas, La hija del capitán).* Fue mortalmente herido en un duelo. Es el fundador de la literatura rusa moderna.

**PUSZTA,** nombre con el que se conocía a la gran llanura de la estepa húngara, cuando todavía no estaba cultivada.

**PUTIFAR,** según la Biblia, oficial de la guardia del faraón, a cuyo servicio entró José. Su esposa, enamorada de José e irritada por su indiferencia, le acusó de haber querido seducirla y José fue encarcelado.

**PUTIN** (Vladímir), político ruso (Leningrado [act. San Petersburgo] 1952). Nombrado primer ministro en 1999 (agosto), accedió a la presidencia tras la retirada de B. Yeltsin (dic.).

**PUTLA DE GUERRERO,** mun. de México (Oaxaca); 18 468 hab. Mercado ganadero. Artesanías.

**PUTNIK** (Radomir), mariscal serbio (Kragujevac 1847-Niza 1917). Estuvo al frente del ejército serbio de 1912 a 1915.

**PUTUMAYO,** r. de América del Sur, afl. del Amazonas (or. izq.), cuya cuenca se extiende por Ecuador, Colombia, Perú y Brasil (donde recibe el nombre de Içá); 1 600 km. Navegable.

**Pushkin** (Kiprenski - galería Tretiakov, Moscú)

**PUTUMAYO** *(departamento del),* dep. del S de Colombia; 24 885 km²; 119 815 hab. Cap. *Mocoa.*

**PUUC,** nombre con que se conoce un estilo arquitectónico maya del período reciente (ss. VI-X d. J.C.), que se desarrolló en la zona de Yucatán (México), caracterizado por el trabajo de mosaico con grandes losas de piedra ensambladas. Destacan los edificios de Sayil, Kabah, Labná y Uxmal.

**PUVIS DE CHAVANNES** (Pierre), pintor francés (Lyon 1824-París 1898). Con un estilo de sobrio clasicismo cargado de símbolos, realizó grandes lienzos para numerosos edificios civiles (*Vida de santa Genoveva,* Panteón de París).

**PUY DE DÔME,** cumbre volcánica de Francia, en el macizo Central, al O de Clermont-Ferrand; 1 465 m.

**PUYANA** (Rafael), clavecinista colombiano (Bogotá 1931). Discípulo de Wanda Landowska, ha desarrollado a partir de 1955 una carrera internacional. Destaca por su dominio de los distintos estilos.

**PUY-DE-DÔME,** dep. de Francia (Auvernia); 7 970 km²; 598 213 hab. Cap. *Clermont-Ferrand.*

**PUYEHUE,** lago de Chile (Los Lagos). Al NE se levanta el *volcán Puyehue* (2 240 m) y en su orilla se asienta la localidad de *Puyehue.*

**PUYI** o **P'UYI** (Pekín 1906-*id.* 1967), último emperador de China [1908-1912]. Fue nombrado por los japoneses regente (1932) y luego emperador [1934-1945] de Manchukuo. Prisionero de los soviéticos, internado de 1949 a 1959 en Fushun, trabajó en el jardín botánico de Pekín y en su despacho de asuntos culturales.

**PUYO,** c. de Ecuador, cap. de la prov. de Pastaza; 27 679 hab. Centro comercial. Puerto fluvial.

**PUZOL** o **PUÇOL,** v. de España (Valencia); 12 432 hab. *(Puzolenses.)* Arroz, naranjos. Cerámica.

**PYM** (John), político inglés (Brymore 1584-Londres 1643). Diputado en la cámara de los comunes, fue el principal autor de la Petición del derecho (1628). Fue el jefe de la oposición parlamentaria al despotismo de Carlos I y al catolicismo.

**PYONGYANG** o **P'YŎNG-YANG,** c. y cap. de Corea del Norte; 2 355 000 hab. Centro administrativo e industrial. Museos. Monumentos antiguos.

**PYRÉNÉES-ATLANTIQUES,** dep. de Francia (Aquitania); 7 645 km²; 578 516 hab. Cap. *Pau.*

**PYRÉNÉES-ORIENTALES,** dep. de Francia (Languedoc-Rosellón); 4 116 km²; 363 796 hab. Cap. *Perpiñán.*

# Q

**QACENTINA** → *Constantina.*

**QADEŠ, KADESH** o **KINZA,** ant. c. de Siria, cerca de Homs. Junto a sus murallas Ramsés II libró una dura batalla contra los hititas (*c.* 1299 a. J.C.).

**QAL'AT SIM'ĀN** o **QALA'AT SIM'ĀN,** yacimiento del N de Siria, donde se hallan los restos del conjunto monumental (basílicas, edificios conventuales, etc.) erigido en memoria de san Simeón Estilita, obra maestra del arte paleocristiano del s. V.

**QĀMIŠLIYYA (al-),** c. del NE de Siria; 93 000 hab.

**QANDAHĀR** o **KANDAHAR,** c. del S de Afganistán; 209 000 hab.

**QASĪ (Banū),** familia de muladíes aragoneses, descendientes de un conde visigodo convertido al islam. Gobernaron, en el s. IX, el valle del Ebro y se sublevaron contra los Omeyas. Muerto Lope ibn Muḥammad ibn Lope (907), la familia se disgregó.

**QĀŠIM (al-),** califa beréber de Córdoba [1018-1023]. Huyó a causa de una sublevación popular.

**QATAR,** estado de Arabia, que ocupa una península junto al golfo Pérsico; 11 400 $km^2$; 500 000 hab. CAP. *Ḍuḥā.* LENGUA OFICIAL: *árabe.* MONEDA: *rial de Qaṭar.* Petróleo y gas natural. Con la dinastía de los al-Ṯānī, que tomó el poder en 1868, los diferentes centros independientes de la península se reagruparon en un estado. Unido a Gran Bretaña por un tratado en 1868, Qaṭar se independizó en 1971.

**QĀYĀRÍES,** dinastía que reinó en Irán de 1796 a 1925, fundada por Āga Muḥammad sha, jefe de la tribu turcomana homónima.

**QAZVĪN** o **KAZVIN,** c. de Irán, al S del Elburz; 248 591 hab. Capital de Persia en el s. XVI. Monumentos antiguos.

**QIANLONG** o **K'IEN-LONG** (Pekín 1711-*id.* 1799), emperador chino [1736-1796] de la dinastía Qing. Continuó la expansión por Asia Central, el Tíbet y Birmania y llevó al imperio a su apogeo.

**QING** o **TS'ING,** dinastía china de origen manchú (1644-1911).

**QINGDAO** o **TS'ING-TAO,** c. y puerto de China (Shandong); 1 500 000 hab. Centro cultural e industrial.

**QINGHAI, TS'ING-HAI** o **KUKU NOR,** vasta depresión pantanosa del centro de China (Qinghai), a 3 200 m de alt.

**QINGHAI** o **TS'ING-HAI,** prov. del O de China; 720 000 $km^2$; 3 896 000 hab. Cap. *Xining.*

**QINLING** o **TS'IN-LING** *(montes),* macizo de China central, entre las cuencas del Huang He y del Yangzi Jiang; 3 767 m.

**QIQIHAR** → *Tsitsihar.*

**QOM** → *Qum.*

**QU YUAN** o **K'IU YUAN,** poeta chino (Chu *c.* 340-*c.* 278 a. J.C.), autor del primer poema firmado de la literatura china *(Lisao).*

**QUANTZ** (Johann Joachim), compositor y flautista alemán (Oberscheden 1697-Potsdam 1773), autor de sonatas, conciertos y de un método para tocar la flauta, escritos en su mayoría cuando estaba al servicio de Federico II de Prusia.

**QUARENGHI** (Giacomo), arquitecto italiano (Valle Imagna, Bérgamo, 1744-San Petersburgo 1817). Construyó numerosos edificios de estilo neoclásico palladiano para Catalina II, sobre todo en San Petersburgo.

**QUARNARO** → *Kvarner.*

**QUART** (Pere) → ***Oliver*** (Joan).

**QUART DE POBLET,** v. de España (Valencia), cab. de p. j.; 27 404 hab. *(Cuartanos.)* Cultivos de huerta; centro industrial de descongestión de Valencia. Victoria de las tropas del Cid frente a los almorávides (1094).

**Quasimodo,** personaje de *Nuestra Señora de París,* de Victor Hugo, campanero tras cuya deformidad se esconde una gran delicadeza de sentimientos.

**QUASIMODO** (Salvatore), poeta italiano (Siracusa 1901-Nápoles 1968). Uno de los principales representantes de la escuela hermética, conjugó los mitos antiguos con la evocación de las angustias actuales. (Premio Nobel de literatura 1959.)

**quatre gats** *(Els),* cenáculo barcelonés formado a fines del s. XIX. Frecuentado por diferentes artistas (Utrillo, Casas, Nonell, Picasso, Granados, Albéniz, etc.), celebraba certámenes literarios y musicales, exposiciones de pintura, etc.

**QŪBĪLĀY KAN, KŪBĪLĀY KAN** o **KUBLAI KAN** (1214-1294), emperador mongol [1260-1294], nieto de Gengis Kan, fundador de la dinastía de los Yuan de China. Estableció su capital en Pekín (1264) y concluyó la conquista de China (1279). Se mostró tolerante frente al budismo y el cristianismo. Recibió a Marco Polo y le confió misiones administrativas y diplomáticas.

**¿Qué hacer?,** novela de Nikolái Chernishevski (1863), fue durante mucho tiempo el libro de cabecera de la juventud revolucionaria rusa.

**¿Qué hacer?,** obra de Lenin (1902), en la que expone su concepción de un partido revolucionario, fuertemente organizado y clandestino.

**QUEBEC** *(provincia de),* en fr. **Québec,** prov. del E de Canadá; 1 540 680 $km^2$; 6 895 963 hab. Cap. *Quebec.* La presencia francesa se inició en el s. XVI. El Bajo Canadá, francófono, estuvo separado del Alto Canadá, anglófono, hasta 1840, en que se unificaron por el acta de la Unión. 1867: con la creación de la Confederación canadiense pasó a tener un estatuto provincial. El referéndum sobre la soberanía (1980) determinó que la provincia continuara unida a Canadá. La reforma de la constitución canadiense, iniciada en 1982, que otorgaba mayor autonomía a Quebec en el marco institucional de soberanía-asociación, no fue ratificado. 1995: fue rechazado el referéndum sobre la soberanía de la provincia.

**QUEBEC,** en fr. **Québec,** c. de Canadá, cap. de la prov. homónima, a orillas del San Lorenzo; 167 517 hab. Centro industrial y cultural (universidad). Fue fundada por el francés Champlain en 1608.

**QUEBRADILLAS,** mun. del N de Puerto Rico; 21 425 hab. Caña de azúcar, tabaco. Industria textil.

**QUECHOLAC,** mun. de México (Puebla); 23 683 hab. Explotación forestal. Elaboración de pulque.

**QUECHULTENANGO,** mun. de México (Guerrero); 22 275 hab. Centro agrícola.

**Queens,** barrio de Nueva York; 1 962 700 hab.

**QUEENSLAND,** estado del NE de Australia; 1 727 500 $km^2$; 2 978 617 hab. Cap. *Brisbane.*

**QUEGUAY,** r. de Uruguay, que desagua en el Uruguay (or. izq.) frente a la *isla de Queguay;* 255 km. Forma cascadas cerca de la desembocadura.

**QUEIPO DE LLANO** (Gonzalo), militar español (Tordesillas 1875-Sevilla 1951). Capitán general de Madrid durante la segunda república, en la guerra civil mandó el ejército del S de los sublevados.

**QUEIROZ** (José Maria **Eça de**) → ***Eça de Queiroz.***

**QUEIROZ** (Rachel **de**), escritora brasileña (1910), autora de novelas (*Las tres Marías,* 1939), obras teatrales y ensayos.

**QUEIXA** o **QUEIJA** *(sierra de),* sierra de España (Orense), en el macizo Galaico; culmina a 1 778 m de alt. (Cabeza de Manzaneda).

**QUELIMANE,** c. y puerto de la costa central de Mozambique; 146 206 hab.

**QUELLINUS, QUELLIN** o **QUELLIEN,** familia de escultores y pintores flamencos de Amberes del s. XVII.

**QUEMADO** *(punta del),* saliente de Cuba (Guantánamo), que constituye el extremo E de la isla.

**QUEMADO DE GÜINES,** mun. de Cuba (Villa Clara); 23 773 hab. Caña de azúcar (ingenios) y ganadería.

**QUEMOY** o **JINMENDAO,** isla de Taiwan, en el estrecho de Formosa; 175,37 $km^2$; 60 100 hab.

**QUENEAU** (Raymond), escritor francés (Le Havre 1903-París 1976). Hizo de su obra novelesca (*Lejos de Rueil,* 1945; *Zazie en el metro,* 1959) y poética (*Los Ziaux,* 1943; *Cien billones de poemas,* 1961) una continua experiencia sobre el lenguaje.

**QUENTAL** (Antero **de**), escritor portugués (Ponta Delgada, Azores, 1842-*id.* 1891), poeta de inspiración romántica y revolucionaria.

**QUER** (José), naturalista español (Perpiñán 1695-Madrid 1764). Profesor del Jardín botánico de Madrid, creado en 1755 con su aportación, es autor de *Flora española o historia de las plantas que se crían en España* (1762-1784).

**QUERCIA** (Jacopo **di Pietro d'Agnolo della**), escultor italiano (Quercia Grossa, Siena, *c.* 1374-Siena 1438). Trabajó, en un estilo monumental, en Lucca, Siena (Fonte Gaia) y Bolonia (relieves de la portada de San Petronio).

**QUERCY,** región de Francia, en la cuenca de Aquitania, junto al macizo Central. Policultivo.

**QUERÉTARO** *(estado de),* est. del centro de México; 11 769 km$^2$; 1 051 235 hab. Cap. *Querétaro.*

**QUERÉTARO,** c. de México, cap. del est. homónimo; 545 050 hab. Industrias derivadas de la agricultura (harinas, conservas), textiles, maquinaria agrícola. Centro importante del barroco mexicano: iglesias de Santa Rosa y Santa Clara, convento de San Agustín (claustro). Palacios y casas nobles.

**QUEROL** (Agustín), escultor español (Ulldecona 1860-Madrid 1909). Creó numerosos monumentos en España y Latinoamérica, de un realismo anecdótico (frontón de la biblioteca nacional, Madrid; *Independencia,* Guayaquil; *Garibaldi,* Montevideo).

**Queronea** *(batallas de),* batallas que tuvieron lugar en Queronea, en Beocia. En 338 a. J.C., Filipo de Macedonia, venció a los atenienses y a los tebanos. En el 86 a. J.C., Sila derrotó a las tropas de Mitrídates VI, rey del Ponto.

**QUERSONESO,** nombre que daban los griegos a varias penínsulas. Las más célebres son: el *Quersoneso de Tracia* (act. península de Gallípoli) y el *Quersoneso Táurico* (act. Crimea).

**QUESADA,** c. de España (Jaén); 6 085 hab. (*Quesadenses* o *quesadeños*) Restos romanos y medievales. Santuario de Nuestra Señora de Tíscar (romerías). Museo Zabaleta.

**QUESADA** (Rafael **Romero Quesada,** llamado **Alonso**), escritor español (Las Palmas de Gran Canaria 1886-Santa Brígida 1925), poeta posmodernista (*El lino de los sueños,* 1915), periodista, narrador y dramaturgo.

**QUESADA LOYNAZ** (Manuel **de**), patriota cubano (Camagüey 1833-Costa Rica 1884). Dirigió la primera expedición para luchar contra los españoles (1868) y fue nombrado general en jefe del ejército libertador (1869).

**QUESNAY** (François), médico y economista francés (Méré 1694-Versalles 1774). Inspirador de la escuela fisiocrática. Su obra *Tabla económica* (1758), en la que demuestra que la tierra es la fuente primaria de riqueza, es básica para la historia del pensamiento económico.

**QUESNEL** (Pasquier), teólogo francés (París 1634-Amsterdam 1719). Tras la muerte de Arnauld (1694), fue considerado el jefe del jansenismo. Sus *Reflexiones morales* (1671) fueron condenadas por la bula *Unigenitus* (1713).

**QUETTA,** c. de Pakistán, cap. del Baluchistán; 285 000 hab. Industria textil lanera.

**QUETZALCÓATL,** divinidad de diversos pueblos precolombinos de Mesoamérica, desde los teotihuacanos hasta los aztecas. Su símbolo era la serpiente emplumada y los toltecas lo adoraron como personaje histórico y héroe civilizador. Entre los mayas de Chichén Itzá tomó el nombre de Kukulcán.

**QUEVEDO,** cantón de Ecuador (Los Ríos); 161 029 hab. Cab. *Quevedo* (75 813 hab.). Agricultura.

**QUEVEDO Y QUINTANO** (Pedro), prelado español (Villanueva del Fresno 1736-Orense 1818). Presidió el Consejo de regencia cuando los reyes de España fueron conducidos a Bayona por Napoleón, pero renunció (1810), negando la soberanía de la nación.

**QUEVEDO Y VILLEGAS** (Francisco), escritor español (Madrid 1580-Villanueva de los Infantes 1645). Su poesía figuró en la antología de Pedro Espinosa *Flores de poetas ilustres* (1605), aunque su propia obra fue editada póstumamente (1640 y 1670). En su poesía, inscrita en la corriente conceptista del barroco, se da cita lo grave de los poemas amorosos y metafísicos, y lo burlesco de muchos de sus sonetos, letrillas y romances. Como prosista escribió con una gran capacidad crítica y pesimismo propios del barroco: novela picaresca (*Historia de la vida del Buscón* llamado don Pablos,* 1626), obra ascética (*Los sueños*,* 1627, *La cuna y la sepultura,* 1635), obras burlescas (*La culta latiniparla,* 1631), contra Góngora y el culteranismo *(Aguja de navegar cultos)* y obras de contenido

Francisco **Quevedo y Villegas**
(atribuido a Velázquez - instituto Valencia de Don Juan, Madrid)

político (*Política de Dios, gobierno de Cristo,* 1626; *Vida de Marco Bruto,* 1632-1644).

**QUEZALTENANGO** *(departamento de),* dep. del E de Guatemala; 1 951 km$^2$; 557 873 hab. Cap. *Quezaltenango.*

**QUEZALTENANGO,** c. de Guatemala, cap. del dep. homónimo; 93 439 hab. Centro comercial e industrial. Universidad. Un seísmo la destruyó en 1902.

**QUEZALTEPEQUE,** volcán de Guatemala (Chiquimula); 1 907 m.

**QUEZALTEPEQUE,** mun. de El Salvador, en el Eje volcánico guatemalteco-salvadoreño; 26 401 hab.

**QUEZÓN** (Manuel Luis), político filipino (Baler, Tayabas, 1878-Saranac Lake, Nueva York, 1944). Luchó contra la dominación española y fundó el Partido nacionalista. Primer presidente de la república filipina (1935, reelegido en 1941), se exilió tras la invasión japonesa (1942).

**QUEZÓN CITY,** c. de Filipinas, en el área metropolitana de Manila, cap. del país entre 1948 y 1976; 1 666 766 hab.

**QUI NHON,** c. y puerto del S de Vietnam; 214 000 hab.

**QUIBDÓ,** mun. de Colombia, cap. del dep. de Chocó; 75 524 hab. Centro comercial de una región minera (oro, platino). Planta hidroeléctrica.

**QUICHÉ** *(departamento del),* dep. del NE de Guatemala; 8 378 km$^2$; 574 843 hab. Cap. *Santa Cruz del Quiché.*

**QUIJANO** (Jerónimo), arquitecto y escultor español, activo en la primera mitad del s. XVI, de influencia manierista (capilla de los Junterones, catedral de Murcia).

**Quijote** *(El),* novela de Miguel de Cervantes, en dos partes (1605 y 1615), cuyo título completo es *El ingenioso hidalgo don Quijote de la Mancha.* Concebida como una parodia de los libros de caballerías, trata de un hidalgo manchego, Alonso Quijano, que se vuelve loco leyendo libros de caballerías y decide emular las hazañas de sus héroes. Toma el nombre de don Quijote, da a su flaco caballo el de Rocinante, se inventa una dama enamorada, Dulcinea del Toboso, y toma a Sancho Panza como escudero. Su locura estriba en pensar y actuar como los seres literarios, que confunde con los reales, y ello da pie a que en el transcurso de la obra se debata con gran frecuencia sobre problemas literarios e incluso en la segunda parte se discute sobre la primera y se menciones al *Quijote apócrifo* de Avellaneda (1614), aparecido entre las dos partes. – Entre las ediciones ilustradas, sobresalen la de la Real academia española (1780) en la que colaboraron los dibujantes Arnal, Barranco, Carnicero y Castillo; las ilustradas por Cruikshank (1834), Nanteuil (1845), Doré (1863) y A. Mestres (1879). El tema ha inspirado a Daumier, Picasso, Grau Sala, Cocteau y Dalí. – En el terreno musical cabe citar las óperas de Teleman y Massenet, el *Retablo de Maese Pedro* de Falla, *Don Quijote velando las armas* de Esplá, etc. Crearon ballets de tema quijotesco Favart (1743), Noverre (1750), Taglione (1850) y Petipa (1860), entre otros.

**QUILAMBÉ** o **KILAMBÉ,** cordillera de Nicaragua, formada por el *macizo de Quilambé* (1 750 m), y los de Guamblón y Galán.

**QUILICURA,** com. de Chile (Santiago); 40 659 hab. Cereales, vid, frutales; ganadería.

**QUILLACOLLO,** cantón de Bolivia (Cochabamba), en el valle de Tamborana; 41 598 hab. Centro agrícola.

**QUILLOTA,** com. de Chile (Valparaíso); 68 284 hab. Industria química, textil y alimentaria (vinos).

**QUILMES,** partido de Argentina (Buenos Aires), comprendido en el Gran Buenos Aires; 509 445 hab.

**QUILON,** c. y puerto de la India (Kerala); 168 000 hab.

**QUILÓN,** estadista de Esparta, uno de los Siete sabios de Grecia (s. VI a. J.C.).

**QUILPUÉ,** com. de Chile (Valparaíso); 102 824 hab. Zona residencial e industrial del área de Valparaíso.

**QUIMBAYA,** mun. de Colombia (Quindío); 29 408 hab. Producción agropecuaria.

**quimera del oro** *(La),* película norteamericana dirigida e interpretada por Charles Chaplin (1925), en la que el personaje de Charlot, buscador de oro en Klondike en 1898, alcanza una gran dimensión cómica y trágica a la vez.

**QUIMPER,** c. de Francia (Finistère), a orillas del Odet; 62 541 hab. Cerámica. Catedral gótica. Museos.

**QUINATZIN,** soberano chichimeca (¿1298?-1397). Sucedió a Tlotzin Pochotl. Llevó la capital a Texcoco, y su territorio fue invadido por los mixtecas.

**QUINCHÍA,** mun. de Colombia (Risaralda); 27 065 hab. Agricultura; ganadería vacuna y porcina.

**Quincke** *(edema de),* forma de edema cutáneomucoso, de la misma naturaleza que la urticaria.

**QUINDÍO** *(nevado del),* cumbre volcánica de Colombia, en la cordillera Central; 5 150 m de alt.

**QUINDÍO** *(departamento del),* dep. del centro de Colombia; 1 845 km$^2$; 377 860 hab. Cap. *Armenia.*

**QUINE** (Willard **Van Orman**), lógico y filósofo norteamericano (Akron, Ohio, 1908-Boston 2000), autor de una teoría sobre los fundamentos de la lógica, y más concretamente sobre sus aspectos semánticos (*Palabra y objeto,* 1960).

**QUINO** (Joaquín **Salvador Lavado,** llamado), dibujante de humor argentino (Mendoza 1932), nacionalizado español, creador del personaje de *Mafalda* (1962).

**QUINQUELA MARTÍN** (Benito), pintor argentino (Buenos Aires 1890-*id.* 1977). Practicó especialmente la pintura mural. Sus obras reflejan la vida del barrio bonaerense de La Boca *(Actividad en La Boca, A pleno sol).*

**QUINTA NORMAL,** com. de Chile (Santiago), en el Gran Santiago; 115 964 hab.

*Dulcinea triunfante,* dibujo a la tinta de Salvador Dalí, para una edición de *El* ***Quijote*** (1958)

**QUINTANA** (Manuel), político argentino (Buenos Aires 1836-*id.* 1906). Presidente de la república (1904-1906), reprimió la oposición anarquista y liberal.

**QUINTANA** (Manuel José), escritor español (Madrid 1772-*id.* 1857). Imbuido de la estética neoclásica, escribió odas de corte humanitario, patriótico y académico (*A la paz entre España y Francia,* 1795). En 1833 fue coronado por Isabel II como poeta nacional. Escribió también obra en prosa. (Real academia 1814.)

**QUINTANA ROO** *(estado de),* est. del SE de México, en la península del Yucatán; 50 350 km²; 493 277 hab. Cap. *Chetumal.*

**QUINTANA ROO** (Andrés), político y escritor mexicano (Mérida 1787-† 1851). Ocupó importantes cargos desde la independencia. Es autor de artículos y prosa oratoria, y especialmente poesía (oda neoclásica *Al dieciséis de septiembre de 1821*).

**QUINTANAR DE LA ORDEN,** v. de España (Toledo), cab. de p. j.; 8 991 hab. *(Quintanareños.)* Centro agropecuario e industrias derivadas.

**QUINTANILLA DE LAS VIÑAS,** lugar de España (Burgos), en el mun. de Mambrillas de Lara. Ermita visigótica de Santa María (s. VII), de la que quedan en pie la cabecera y el transepto, con numerosos motivos escultóricos.

**QUINTANILLA QUIROGA** (Carlos), militar y político boliviano (Cochabamba 1888-*id.* 1964). Jefe del estado mayor del ejército (1938), sucedió a Busch en la presidencia de la república (1939-1940).

**QUINTERO,** com. de Chile (Valparaíso); 17 135 hab. Base aérea militar. Estación balnearia.

**QUINTILIANO,** retórico hispanorromano (Calagurris [act. Calahorra] *c.* 30-† *c.* 100, autor de un tratado de oratoria *(De institutione oratoria),* en doce libros, basado en la retórica de Cicerón.

**QUINTILIO VARO** (Publio) → ***Varo.***

**Quintín Durward,** novela histórica de Walter Scott (1823).

**QUIÑONES** (Alfonso) → ***Meléndez,*** familia salvadoreña.

**QUIÑONES** *(familia),* linaje español originario de la casa de Asturias (s. XI), señores del castillo de Luna desde 1369. – **Diego Fernández de Quiñones** fue hecho conde de Luna por Enrique IV de Castilla en 1466.

**QUIÑONES** (Fernando), escritor español (Chiclana de la Frontera 1931-Cádiz 1998). Ha cultivado la novela (*Las mil noches de Hortensia Romero,* 1979), el relato, el teatro, el ensayo y sobre todo, la poesía (*Crónicas de Hispania,* 1985).

**QUIÑONES** (Francisco de los Ángeles), prelado español (León 1475-Veroli 1540), hijo de los condes de Luna. Ingresó en la orden franciscana, de la que fue ministro general (1523). Interlocutor entre Carlos Quinto y el pontífice, a quien intentó alejar de la alianza antiimperial (1526), su gestión consiguió la liberación de Clemente VII y el tratado de Cambrai (1529). Cardenal en 1526, reformó el breviario por encargo del papa.

**QUIÑONES DE BENAVENTE** (Luis), comediógrafo español (Toledo *c.* 1589-Madrid 1651). Especializado en el entremés, cultivó la farsa *(El boticario),* el costumbrismo *(La muestra de los carros)* y la alegoría.

**QUÍOS, QUÍO, CHÍOS** o **CHÍO,** isla griega del mar Egeo; 904 km²; 54 000 hab. C. pral. *Quíos* (25 000 hab.)

Horacio **Quiroga**

Juan Facundo **Quiroga**

**QUÍPAR,** r. de España, afl. del Segura (or. der.); 97 km. Embalse de Alfonso XIII (31,2 Mm³).

**Quipaypán** *(batalla de),* victoria de Atahualpa sobre su hermano Huáscar (abril 1532), cerca del Cuzco.

**QUIRIGUÁ,** ciudad arqueológica maya del período clásico (ss. VI-IX d. J.C.), situada en el valle del Motagua en Guatemala, cerca de Los Amates. Destaca por las esculturas zoomórficas y las grandes estelas esculpidas con figuras y glifos. Actualmente es parque arqueológico, declarado bien cultural de la humanidad por la Unesco (1981); museo.

**Quirinal** *(monte),* una de las siete colinas de Roma, al NO de la ciudad.

**Quirinal** *(palacio del),* palacio de Roma, en el monte Quirinal, iniciado en 1574 y ampliado varias veces. Residencia de verano de los papas antes de 1870, act. residencia de los presidentes de la República italiana.

**QUIRINO,** antigua divinidad romana. La tradición clásica la identifica a veces con Rómulo.

**QUIROGA,** mun. de México (Michoacán), en la margen NE del lago de Pátzcuaro; 19 748 hab. Artesanía (madera laqueada). Turismo.

**QUIROGA** (Elena), escritora española (Santander 1921-La Coruña 1995). La narrativa de sus novelas es objetiva y clásica (*Viento del norte,* 1951; *Tristura,* 1960; *Presente profundo,* 1973). [Real academia 1983.]

**QUIROGA** (Horacio), escritor uruguayo (Salto 1878-Buenos Aires 1937). Tras iniciarse como poeta modernista (*Arrecifes de coral,* 1901), escribió cuentos en los que, influido por Poe, Maupassant y Chéjov, recreó situaciones de horror y locura surgidas de una naturaleza exuberante (*Cuentos de la selva,* 1918; *Anaconda,* 1921; *Los desterrados,* 1925). Escribió también novela corta (*Pasado amor,* 1929).

**QUIROGA** (Juan Facundo), caudillo argentino (en La Rioja 1793-Barranca Yaco, Córdoba, 1835), conocido como **el Tigre de los Llanos.** Jefe de las milicias provinciales de La Rioja, se enfrentó al gobernador (1823) y se hizo con el NO del país. Finalmente se alió con Rosas. Murió asesinado. Su figura inspiró el *Facundo* de Sarmiento.

**QUIROGA** (Manuel **López-**), compositor español (Sevilla 1899-Madrid 1988). Cultivó la zarzuela y la comedia musical, pero debe su fama a las canciones que compuso, casi siempre con letras de A. Quintero y R. de León (*María de la O; Ojos verdes; Tatuaje; A la lima y al limón,* etc.).

**QUIROGA** (Rodrigo), conquistador y administrador español (San Juan de Boime, Galicia, 1512-Santiago de Chile 1580). Compañero de Valdivia durante la conquista de Chile, posteriormente alcalde de Santiago y gobernador interino de Chile (1565-1567) y en propiedad de 1575 a 1580.

**QUIROGA** (Vasco **de**), administrador y eclesiástico español (Madrigal de las Altas Torres ¿1470?-Urupan 1565). Oidor de Nueva España y visitador y obispo de Michoacán (1534), fundó la comunidad indígena de Santa Fe, y fomentó industrias locales en Michoacán.

**QUIROGA PLA** (José María), escritor español (Madrid 1902-Ginebra 1955). Autor de ensayos y artículos, su poesía conserva las formas métricas clásicas (*La realidad reflejada,* 1955).

**QUIRÓN,** en la mitología griega, centauro educador de Aquiles.

**QUISLING** (Vidkun), político noruego (Fyredal 1887-Oslo 1945). Partidario del nazismo, fue jefe de gobierno tras la invasión alemana (febr. 1942), y condenado a muerte y ejecutado tras la liberación.

**QUISPE TITO** (Diego), pintor peruano (¿nacido en Cuzco? 1611). Fue uno de los más destacados pintores de la escuela cuzqueña, en la que introdujo su característico gusto por la naturaleza y las flores, y el pintor indígena más importante de América (*Inmaculada,* Lima; *La Sagrada Familia,* Santo Domingo de Cuzco).

**QUISQUIS,** guerrero peruano del s. XVI. Jefe del ejército de Atahualpa en Quipaypán (1532), se sublevó contra Pizarro (1533) y fue vencido por Almagro.

**QUITILIPI,** dep. de Argentina (Chaco); 29 751 hab. Explotación forestal. Algodón y maíz.

**QUITO,** c. de Ecuador, cap. de la república y de la prov. de Pichincha; 1 110 847 hab. Centro comercial, industrial, administrativo y financiero. Dos universidades, escuela politécnica, observatorio astronómico. Fue capital de un reino precolombino, incorporado al imperio inca. Tomada por Belalcázar (1533), formó parte del virreinato de Nueva Granada (1739) y fue un reducto realista durante las guerras de Independencia. Bella arquitectura colonial religiosa (catedral, iglesia de la Compañía, conventos de San Francisco, San Agustín y La Merced) y civil (palacio del Gobierno, Real de Lima). Museo nacional, con magníficas muestras del arte colonial de la escuela quiteña; museo del Oro.

**QUITO** *(reino de),* nombre de un estado precolombino, con capital en Quito (Ecuador). Se supone que fue fundado por los indios caras, mandados por Caran. Huayna Cápac lo incorporó al imperio inca.

**QUIVICÁN,** mun. de Cuba (La Habana); 21 905 hab. Cereales, caña de azúcar. Ingenio azucarero.

**QUM** o **QOM,** c. de Irán, al S de Teherán; 543 149 hab. Ciudad santa chiita. Monumentos antiguos.

**QUMRĀN,** yacimiento arqueológico, en la or. NO del mar Muerto. Tras el descubrimiento, en las grutas de los alrededores, de los manuscritos del mar Muerto*, salieron a la luz un conjunto de edificaciones, posibles restos de un convento esenio.

**QUNAYTIRA (al-), KUNITRA** o **KUNEITRA,** c. de Siria, al SO de Damasco; 30 000 hab.

**Quo vadis?,** novela de Sienkiewicz (1895), que tiene como marco histórico la Roma imperial en tiempos de las persecuciones de los cristianos por Nerón.

**QUṬIYYA** (Ibn **al-**), llamado **Abenalcutía,** poeta y cronista musulmán († Córdoba 977), descendiente de Witiza, autor de *Historia de la conquista al-Andalus* y el *Libro de los verbos,* que terminó Ibn Ṭarīf.

**Quito:** un aspecto de la plaza de la Independencia. En primer término, la catedral.

# R

**RA,** gran dios solar del antiguo Egipto, representado en forma de hombre con cabeza de halcón, con un disco a modo de tocado. Su culto y su teología, que se desarrollaron en Heliópolis, tuvieron una considerable influencia en la historia de Egipto.

**RAAB** (Julius), político austríaco (Sankt Pölten 1891-Viena 1964), presidente del Partido popular austríaco (1945-1960) y canciller (1953-1961).

**RAABE** (Wilhelm), escritor alemán (Eschershausen, Brunswick, 1831-Brunswick 1910). En sus novelas (*La crónica del callejón de los gorriones,* 1857) y cuentos describió con toques de humor la vida del hombre medio.

**RAB,** isla de Croacia, en el Adriático; 93,5 km²; 7 800 hab. Turismo.

**RABAH,** emir sudanés (en Jarṭūm *c.* 1840-Kousseri, Camerún, 1900). Jefe guerrero musulmán, creó un vasto reino esclavista en las sabanas centroafricanas. Fue derrotado y muerto por los franceses (1900).

**RABAL** (Francisco), actor español (Águilas 1926). De gran maestría interpretativa, ha trabajado con destacados realizadores como L. Buñuel (*Nazarín,* 1959; *Viridiana,* 1961), M. Antonioni (*El eclipse,* 1962), C. Saura o M. Camus (*Los santos inocentes,* 1984).

**RABANO MAURO** *(beato),* teólogo y hombre de ciencia alemán (Maguncia *c.* 780-Winkel, Renania, 856). Abad de Fulda (822) y arzobispo de Maguncia (847), escribió numerosas obras (*De rerum naturis,* 842-847). Se le considera el precursor de los estudios teológicos en Alemania.

**RABASA** (Emilio), escritor y jurista mexicano (Ocosocoantla 1856-México 1930). Publicó bajo el seudónimo de **Sancho Polo** novelas de un realismo costumbrista (*Moneda falsa,* 1888). Como jurista es esencial su tratado *La organización política de México.*

Francisco **Rabal** en una escena de *Los santos inocentes* (1984)

**RABAT,** en ár. **Rabāṭ,** c. y cap. de Marruecos, puerto del Atlántico, en la desembocadura del Bou Regreg; 520 000 hab. (más de 800 000 hab. en la aglomeración). Centro administrativo, comercial e industrial. Monumentos del s. XII al s. XVIII. Murallas (s. XII), con puertas fortificadas. Museos.

**Rabat:** la torre Ḥasan (fines del s. XII), alminar de una mezquita inacabada

**RABAUL,** c. y puerto de Papúa y Nueva Guinea, en la isla de Nueva Bretaña; 15 000 hab. Base aeronaval japonesa de 1942 a 1945.

**RABELAIS** (François), escritor francés (La Devinière, Turena, *c.* 1494-París 1553). Fue franciscano, benedictino, médico y aventurero. Con una vasta cultura clásica y gran conocimiento de la tradición popular, un espíritu tolerante y humanista, no exento de ironía y mordacidad, en un rico e imaginativo lenguaje escribió sus dos novelas entrelazadas, *Los horribles y espantosos hechos y proezas del muy famoso Pantagruel, rey de los dipsodas* (1532, 1546 y 1562) y el *Gargantúa* (1534).

**Rábida** (*monasterio de* **La**), monasterio franciscano español (Palos de la Frontera, Huelva). Muy restaurado, conserva la iglesia gótica mudéjar (ss. XIV-XV). Museo colombino, ya que sus frailes fray Juan Pérez y fray Antonio de Marchena apoyaron a Cristóbal Colón.

**RABIN** (Itzhak), general y político israelí (Jerusalén 1922-Tel-Aviv 1995). Jefe de estado mayor (1964-1967), fue primer ministro al frente de un gobierno laborista (1974-1977). De 1984 a 1990 fue ministro de Defensa. De 1992 a 1995 asumió la dirección del Partido laborista y fue de nuevo primer ministro (y ministro de Defensa). Fue asesinado. (Premio Nobel de la paz 1994.)

**Rabinal Achí,** obra dramática en lengua quiché. Transmitida oralmente, fue dictada por el actor indio Bartolo Zig (o Ziz) al abate francés Brasseur y publicada por primera vez en 1862.

**RACH GIA,** c. y puerto del S de Vietnam, en el golfo de Tailandia; 104 000 hab.

**RACHMANINOF** → ***Rajmáninov.***

**RACINE** (Jean), escritor francés (La Ferté-Milon 1639-París 1699). Fue discípulo de los solitarios de Port-Royal. Se consagró totalmente al teatro y con *Andrómaca* (1667) alcanzó gran fama. Siguió con *Británico* (1669), *Berenice* (1670), *Mitrídates* (1673), *Ifigenia* (1675) y *Fedra* (1677). Fue historiógrafo de Luis XIV. Más tarde escribió dos tragedias bíblicas *Ester* (1689) y *Atalía* (1691). Realizando el ideal de la tragedia clásica, presenta una acción simple y clara, nacida de la pasión de los personajes. Escribió también una comedia, *Los litigantes* (1668). Ra-

**Rabelais**
(palacio de Versalles)

**Racine**
(palacio de Versalles)

cine ha sido considerado uno de los mejores poetas líricos franceses, siempre dentro del registro dramático.

**RACOVIȚĂ** (Emil), biólogo rumano (Iași 1868-Bucarest 1947). Creó la *bioespeleología* o estudio científico de los animales que viven en las grutas.

**RADAMANTO,** personaje legendario griego, uno de los tres jueces de los infiernos con Minos y Eaco.

**RADCLIFFE** (Ann **Ward,** *Mrs.*), escritora británica (Londres 1764-*id.* 1823), autora de novelas de intriga y de terror (*Los misterios de Udolfo,* 1794).

**RADCLIFFE-BROWN** (Alfred Reginald), antropólogo británico (Birmingham 1881-Londres 1955). Demostró la relación entre los sistemas de parentesco y la organización social. Su concepción funcionalista dio lugar al estructuralismo (*Estructura y función en la sociedad primitiva,* 1952).

**RADEGUNDA** *(santa),* reina de los francos (en Turingia *c.* 520-Poitiers 587). Princesa germánica, se casó con Clotario I (538) y se hizo religiosa en 555.

**RADETZKY VON RADETZ** (Joseph, *conde*), mariscal austriaco (Trzebnitz 1766-Milán 1858). Venció a los piamonteses en Custozza (1848) y en Novara (1849).

**radical** *(Partido),* nombre de diversas organizaciones políticas españolas. La ideología radical fue defendida por los exaltados durante el trienio liberal, por la izquierda del Partido progresista y más tarde por el Partido democrático. Durante el reinado de Amadeo I Ruiz Zorrilla creó el Partido radical o demócrata-radical, que se eclipsó durante la Restauración. En 1908, vinculado a la persona de A. Lerroux, surgió un nuevo Partido radical, que tuvo gran audiencia entre la pequeña burguesía y una parte del movimiento obrero. Implicado en varios casos de corrupción, decayó, y, a partir de 1931, dio un giro a la derecha que significó su definitivo desprestigio.

**radical** *(Partido),* partido político chileno creado en 1888. Aliado de los liberales, entre los gobiernos Alessandri (1924-1930) y Videla (1946-1952) se alió al frentepopulismo. Apoyó el gobierno de Allende y fue disuelto tras el golpe militar de 1973.

**radical** *(Unión cívica)* → ***Unión cívica radical.***

**radical-socialista** *(Partido),* partido político español fundado en 1929, tras una escisión del Partido radical. En el gobierno en 1931-1933, en 1933 se integró en Izquierda republicana.

**Radio nacional de España** (R.N.E.), red de emisoras españolas dependientes del estado.

**Radiografía de la pampa,** ensayo de Ezequiel Martínez Estrada (1933), visión desesperanzada y amarga de la realidad social argentina de los años treinta.

**radiotelevisión** *(Unión europea de)* [U.E.R.], organismo internacional no gubernamental fundado en 1950 (con el nombre de Unión europea de radiodifusión), que dirige Eurovisión y Mundovisión. (Sede: Ginebra.)

**RADOM,** c. de Polonia, cap. de voivodato, al S de Varsovia; 229 700 hab. Centro industrial.

**RADZIWIŁŁ,** familia polaca oriunda de Lituania que desempeñó un papel importante en Lituania y Polonia desde fines del s. XV hasta principios del s. XX.

**RAEBURN** (*sir* Henry), pintor británico (Stockbridge, cerca de Edimburgo, 1756-Edimburgo 1823), retratista de personalidades escocesas con un estilo ágil.

**RAEDER** (Erich), almirante alemán (Wandsbeck, Hamburgo, 1876-Kiel 1960). Comandante en jefe de la marina (1935-1943), fue condenado en 1946 por crímenes de guerra y liberado en 1955.

**R.A.F.** (Royal air force), nombre dado desde 1918 al ejército del aire británico.

**RAFAEL,** uno de los siete arcángeles de la tradición judía. Aparece en el libro bíblico de Tobías. Es venerado como santo por los católicos.

**RAFAEL** (Raffaello **Santi** o **Sanzio,** llamado), pintor italiano (Urbino 1483-Roma 1520). Discípulo de Perugino, trabajó en Perugia, Florencia y Roma, y fue arquitecto en la corte de los papas Julio II y León X (villa Madama, 1517). Maestro del clasicismo, aúna precisión de dibujo, armonía de líneas y delicadeza de colorido con una amplitud espacial y expresiva totalmente nueva. Entre sus obras maestras, además de retratos y de madonas célebres, destacan *Los desposorios de la Virgen* (1504, Brera, Milán), *El triunfo de Galatea* (1511, Farnesina), *La transfiguración* (1518-1520, pinacoteca vaticana) y una parte de los frescos de las estancias del Vaticano (*La disputa del Sacramento, La escuela* de Atenas, El Parnaso, Expulsión de Heliodoro del templo,* etc.) [1509-1514]; el resto de la decoración (como la de las logias) fue ejecutada por sus discípulos, entre ellos Julio Romano, bajo su dirección. También realizó los cartones de los tapices de los *Hechos de los apóstoles.* Su influencia fue considerable hasta fines del s. XIX.

**RAFAEL FREIRE,** mun. de Cuba (Holguín); 48 057 hab. Caña de azúcar. Pastos.

**RAFAELA PORRAS** *(santa),* religiosa española (Pedro Abad 1850-Roma 1925). En 1877 fundó en Madrid la congregación de las Esclavas del Sagrado Corazón, dedicadas a la enseñanza. Fue canonizada en 1977.

**RÀFOLS CASAMADA** (Alberto), pintor español (Barcelona 1923). De la estética poscubista pasó a una abstracción lírica de sutiles matices cromáticos, trabajando también el collage y unos personales poemas gráficos.

**RAFSANJANI** (Hāshemi), político iraní (Rafsanjān, Kirmān, 1934). Ayatollah, fue presidente de la república de 1989 a 1997.

**RAGLAN** (*lord* James Henry **Somerset,** *barón*), mariscal británico (Badminton 1788-frente a Sebastopol 1855), comandante de las tropas británicas en Crimea (1854).

**RAGUSA** → ***Dubrovnik.***

**RAGUSA,** c. de Italia (Sicilia), cap. de prov.; 64 195 hab. Monumentos barrocos del s. XVIII.

**RAHMAN** (Mujibur), político de Bangla Desh (Tungipara 1920-Dacca 1975). Jefe de la Liga awami, movimiento autonomista de Pakistán Oriental, dirigió la lucha por la independencia frente al gobierno central. Fundador de la República de Bangla Desh (1971), abandonó la presidencia para convertirse en primer ministro (en. 1972). Incapaz de detener el incremento de la crisis económica, instauró un régimen presidencial, con un partido único (en. 1975). Fue derrocado por un golpe de estado (ag. 1975) y asesinado.

**RAHNER** (Karl), teólogo y jesuita alemán (Friburgo 1904-Innsbruck 1984). Situó al ser humano en el centro de la teología (*Escritos de teología,* 1954-1975). Contribuyó a hacer madurar las ideas que prevalecieron en el Vaticano II.

**RAIMONDI** (Marcantonio), grabador italiano (Bolonia 1480-*id. c.* 1534). Realizó grabados al buril en Roma, donde se instaló hacia 1510. Reprodujo y difundió las obras de Rafael.

**RAIMONDI** (Ruggero), cantante italiano (Bolonia 1941). Se afianzó en los principales escenarios mundiales con un vasto repertorio de papeles de barítono-bajo.

**RAIMUNDO,** nombre de siete condes de Tolosa. – **Raimundo IV,** llamado **Raimundo de Saint-Gilles** (Toulouse 1042-Trípoli 1105), conde de Tolosa [1093-1105], participó en la primera cruzada y sentó las bases del futuro condado de Trípoli. – **Raimundo VI** (1156-Toulouse 1222), conde de Tolosa [1194-1222], casó con Leonor, hermana de Pedro II de Aragón. Protegió a los albigenses ante Simón de Montfort. – **Raimundo VII** (Beaucaire 1197-Millau 1249), conde de Tolosa [1222-1249]. Luis IX le obligó a firmar el tratado de Lorris que significó el final de la independencia del condado (1243).

**Rafael:** *La Madona de Foligno* (1511-1512). [Museo del Vaticano.]

**RAIMUNDO DE BORGOÑA,** noble francés al servicio de Castilla († Grajal 1107), *conde* **de Amaous.** Recibió de Alfonso VI los condados de Galicia (1092) y Portugal (1093), aunque tuvo que ceder este último a su primo Enrique. Casado con la infanta Urraca, fue padre de Alfonso VII.

**RAIMUNDO de Fitero** *(san),* religioso cisterciense español (¿Tarazona?-Ciruelos 1163), abad de Fitero y fundador de la orden militar de Calatrava.

**RAIMUNDO DE PEÑAFORT** *(san),* religioso catalán (Penyafort, Monjos, *c.* 1175-Barcelona 1275). Confesor de Jaime I y penitenciario del papa, que le encargó la compilación de las decretales, obtuvo la aprobación de la orden mercedaria (1255).

**RAINIER** *(monte),* cumbre volcánica de Estados Unidos, en la cordillera de las Cascadas; 4 392 m. Parque nacional.

**RAINIERO** → ***Raniero.***

**RAIPUR,** c. de la India (Madhya Pradesh); 461 851 hab. Centro industrial. Monumentos antiguos.

**RAISŪLĪ** o **RAISŪNĪ** (Aḥmad ibn Muḥammad **al-Raysūnī,** llamado), jefe cabileño marroquí (Zinat 1875-† 1925). Encarcelado por el sultán (1914-1919), fue rival de Abd el-Krim y combatió el protectorado español. Fue apresado en 1924.

**RĀJAHMUNDRY,** c. y puerto de la India (Āndhra Pradesh), junto al estuario del Godāvari; 403 781 hab.

**RĀJASTHĀN,** estado del NO de la India; 342 000 km$^2$; 43 880 640 hab. Cap. *Jaipur.*

**RĀJKOT,** c. de la India (Gujarāt); 651 007 hab.

**RAJMÁNINOV** (Serguéi Vasilievich), pianista y compositor ruso (cerca de Nóvgorod 1873-Beverly Hills 1943), autor de conciertos para piano, sinfonías y poemas sinfónicos de tinte posromántico y de influencias rusas.

**RAJSHAHI,** c. de Bangla Desh, a orillas del Ganges; 324 532 hab. Centro comercial y agrícola.

**RÁKÓCZI** o **RÁKÓCZY,** familia de aristócratas húngaros. Uno de sus miembros, **Ferenc** o **Francisco II** (Borsi 1676-Rodosto 1735), en 1703 se puso al frente de la revuelta de los húngaros contra los Habsburgo. Tuvo que exiliarse tras la firma del tratado de paz de Szatmár (1711).

**RÁKOSI** (Mátyás), político húngaro (Ada 1892-Gorki 1971). Primer secretario del Partido comunista (1945-1956), a partir de 1953 luchó contra la línea liberal de I. Nagy. Se refugió en la U.R.S.S. tras la insurrección de 1956.

**RALEIGH,** c. de Estados Unidos, cap. de Carolina del Norte; 207 951 hab. Universidad.

**RALEIGH** (*sir* Walter), navegante, político y escritor inglés (Hayes, Devon, *c.* 1554-Londres 1618), favorito de Isabel I. En 1584-1585 intentó colonizar Virginia. Mantuvo una estrategia naval ofensiva, multiplicó las expediciones y las incursiones contra los españoles (Cádiz, 1596). Cayó en desgracia durante el reinado de Jacobo I y fue encarcelado de 1603 a 1616. De su obra escrita destaca *Historia del mundo* (1614).

**RAMA (El),** mun. de Nicaragua (Zelaya); 42 541 hab. Agricultura y ganadería. Explotación forestal.

**RĀMA,** una de las encarnaciones del dios Viṣṇu en la mitología hindú y héroe del *Rāmāyaṇa.*

**RĀMAKRIṢNA** (**Gadadhar Chattopadhyaya,** llamado), brahmán bengalí (Karmapukur, Bengala Occidental, 1836-Calcuta 1886). Llevó una vida ascética y retirada. Aseguró haber contemplado a Jesús y a Mahoma en sus visiones y predicó la unidad de todas las religiones.

**RAMALLO,** partido de Argentina (Buenos Aires); 27 023 hab. Central eléctrica. Puerto fluvial.

**RAMAN** (*sir* **Chandrasekhara Venkata**), físico indio (Trichinopoly [act. Tiruchchirāppalli] 1888-Bangalore 1970). Descubrió el *efecto Raman,* relacionado con la difusión de la luz por las moléculas, los átomos y los iones, en los medios transparentes. (Premio Nobel de física 1930.)

**RĀMĀNUJA,** filósofo indio (*c.* 1050-*c.* 1137). Afianzó el culto a Viṣṇu y preconizó la meditación y la devoción *(bhakti).* Ejerció una gran influencia en el hinduismo.

**RAMAT GAN,** c. de Israel, en el área suburbana de Tel-Aviv-Jaffa; 120 000 hab.

**Rāmāyana,** epopeya india en lengua sánscrita (s. V a. J.C.-s. III d. J.C.) que relata la vida de Rāma, rey de Ayudhyā.

**RAMBERT** (Miriam **Ramberg,** llamada **Marie**), bailarina británica de origen polaco (Varsovia 1888-Londres 1982), fundadora del *Ballet Rambert,* la compañía de ballet británica más antigua. El *Nuevo Ballet Rambert,* que creó en 1967, se dedica a la producción de obras modernas.

**RAMEAU** (Jean Philippe), compositor francés (Dijon 1683-París 1764). Clavicembalista y organista, escribió un tratado de armonía (1722). Compuso óperas (*Cástor y Pólux,* 1737; *Zoroastro,* 1749), óperas-ballets, cantatas y tragedias líricas.

**RAMÍREZ** (Ignacio), escritor y político mexicano (San Miguel de Allende 1818-México 1879). Liberal revolucionario, fue miembro de la Suprema corte de justicia y ministro de Justicia de Juárez y de Porfirio Díaz. Fundador de la biblioteca nacional, autor de escritos políticos y de poemas de corte clásico con el seudónimo *el Nigromante.*

**RAMÍREZ** (Joaquín), pintor mexicano (México 1834-*id.* 1886), de inspiración academicista.

**RAMÍREZ** (Juan), dominico español (nacido en Murillo, La Rioja-Guatemala 1609). Fue a América como misionero y se le atribuye la traducción de la *Doctrina cristiana* a la lengua mexica.

**RAMÍREZ** (Norberto), político nicaragüense († en Nicaragua 1856). Presidente de El Salvador (1840-1841) y de Nicaragua (1849-1851), permitió la intromisión de E.U.A. (tratado Clayton-Bulwer, 1850).

**RAMÍREZ** (Pedro Pablo), militar y político argentino (La Paz, Entre Ríos, 1884-Buenos Aires 1962). Ministro de la Guerra (1942-1943), fue presidente de la república (1943-1944).

**RAMÍREZ** (Pedro), pintor activo en México entre 1633 y 1678. Destacan sus cuadros del retablo principal de la capilla de La Soledad de la catedral de México.

**RAMÍREZ** (Sergio), escritor y político nicaragüense (Masatepe 1942). Autor de relatos cortos y novelas de ambiente nicaragüense (*Tiempo de fulgor,* 1969; *Castigo divino,* 1988). Fue vicepresidente de la república en el gobierno sandinista (1984-1990).

**RAMÍREZ DE ARELLANO** (Diego), cosmógrafo y navegante español (s. XVII). Exploró el cabo de Hornos (1619) y, navegando hacia el S, descubrió las islas actualmente llamadas de Diego Ramírez.

**RAMÍREZ VÁZQUEZ** (Pedro), arquitecto mexicano (México 1919). Entre sus obras más notables destacan el museo nacional de antropología y etnología (1964) y el estadio Azteca (México) y la nueva basílica de Nuestra Señora de Guadalupe (1976).

**RAMIRO I** († Graus 1063), rey de Aragón [1035-1063], hijo bastardo de Sancho III de Navarra. Primer rey privativo de Aragón, fue sometido en Tafalla por García Sánchez III de Navarra (1043). – **Ramiro II el Monje** († Huesca 1157), rey de Aragón [1134-1137], hijo de Sancho I Ramírez. Obispo de Pamplona (1115), sucedió a su hermano Alfonso I el Batallador. Casado con Inés de Poitiers (1136), abdicó en su hija Petronila (1137).

**RAMIRO I** (791-Liño 850), rey de Asturias [842-850], primo y sucesor de Alfonso II. Venció a los normandos (844). – **Ramiro II** († 951), rey de León [931-951], hijo de Ordoño II y sucesor de su hermano Alfonso IV, que había abdicado. En 932 abortó un intento de Alfonso de recuperar el trono. Realizó expediciones contra los reinos musulmanes (Pamplona, Zaragoza) y derrotó un levantamiento de Fernán González. – **Ramiro III** (961-Astorga 985), rey de León [966-984], hijo y sucesor de Sancho I. En 982 la nobleza nombró rey a Vermudo, hijo bastardo de Ordoño III, que se apoderó de León en 984.

**RAMÓN BERENGUER I el Viejo** (c. 1024-1076), conde de Barcelona y Gerona [1035-1076], hijo de Berenguer Ramón I. Durante su minoría gobernó su abuela Ermessenda (1035-1040). Derrotó la revuelta de Mir Geribert (1041-1058), se apoderó de Ausona (1054) y adquirió Carcasona-Razés (1068). Publicó los *Usatges.* – **Ramón Berenguer II Cap d'estopes** (1053-Gualba, Gerona, 1082), conde de Barcelona [1076-1082], hijo del anterior. Compartió el condado con su hermano Berenguer Ramón II. Murió asesinado. – **Ramón Berenguer III el Grande** (1028-1131), conde de Barcelona [1096-1131] y de Provenza [1112-1131], hijo del anterior. Consolidó la unificación de Cataluña, incorporando los condados de Besalú (1111) y Cerdaña (1117). Tomó Mallorca e Ibiza (1114). – **Ramón Berenguer IV** (c. 1114-Burgo de San Dalmacio, Piamonte, 1162), conde de Barcelona [1131-1162], príncipe de Aragón [1137-1162] y marqués de Provenza [1144-1162], hijo de Ramón Berenguer III. Su matrimonio con Petronila unió Aragón y Cataluña.

**RAMÓN BERENGUER III** (¿1136?-Niza 1166), conde de Provenza [1144-1166], hijo de Berenguer Ramón I. Durante su minoría gobernó su tío Ramón Berenguer IV de Barcelona. – **Ramón Berenguer V** (1198-1245), conde de Provenza [1209-1245], sucesor de Alfonso II. Sometió a su autoridad a la nobleza provenzal.

**RAMÓN BORRELL** (972-1018), conde de Barcelona, Gerona y Ausona [992-1018]. Hijo de Borrell II y hermano y tutor de Ermengol, conde de Urgel.

**RAMÓN Y CAJAL** (Santiago), médico español (Petilla de Aragón 1852-Madrid 1934). Fue catedrático de histología en Barcelona (1887) y Madrid (1892-1922). Su *Textura del sistema nervioso del hombre y los vertebrados* (1894-1904) sentó las bases citológicas e histológicas de la neurología moderna. Fue autor asimismo de *Manual de histología normal y técnica micrográfica* (1897), *Manual de anatomía patológica general* (1890), un volumen de memorias (*Recuerdos de mi vida*) y *El mundo visto a los ochenta años* (1934). Compartió con C. Golgi el premio Nobel de fisiología y medicina en 1906. (Real academia 1905.)

Santiago **Ramón y Cajal** (fotografía elaborada experimentalmente por él mismo)

**RAMOS,** mun. de México (San Luis Potosí); 24 231 hab. Cab. *Villa de Ramos.* Cobre, hierro y plomo.

**RAMOS** (José Antonio), escritor cubano (La Habana 1885-*id.* 1946). Influido por Ibsen y Hauptmann, sus dramas tratan con sensibilidad los problemas políticos y sociales del país (*Tembladera,* 1918). También escribió novela (*Caniquí,* 1936).

**RAMOS** (Samuel), filósofo mexicano (Zitácuaro 1897-México 1959). Discípulo de A. Caso, se especializó en estudios de estética y antropología filosófica (*El perfil del hombre y la cultura en México,* 1934; *Hacia un nuevo humanismo,* 1940).

**RAMOS ARIZPE,** mun. de México (Coahuila); 23 092 hab. Cereales y vid. Explotación ganadera.

**RAMOS MARTÍNEZ** (Alfredo), pintor mexicano (Monterrey 1872-Los Ángeles 1946). Destacó en el retrato y la pintura de flores (*La primavera*).

**RAMOS MEJÍA** (Francisco), sociólogo argentino (Buenos Aires 1847-*id.* 1893). Intentó una sistematización de la sociología argentina desde una perspectiva positivista (*Historia de la evolución argentina,* póstuma, 1921). – Su hermano **José María** (Buenos Aires 1849-*id.* 1914) aplicó el positivismo sociológico al campo de la actuación de las masas populares (*Las multitudes argentinas,* 1889).

**RAMOS OLIVEIRA** (Antonio), periodista e historiador español (Zalamea la Real 1907-México 1973). Militante del P.S.O.E., se exilió en 1939 a México, donde dirigió la *Revista de historia de América.* Autor de *Historia de España* (3 vols., 1954) y otras obras.

**RAMOS SUCRE** (José Antonio), poeta venezolano (Cumaná 1890-Ginebra 1930). Sus poemas (*El cielo de esmalte,* 1929), de carácter intimista y hermético, fueron recopilados póstumamente (*Obras,* 1956).

**RĀMPUR,** c. de la India (Uttar Pradesh), al E de Delhi; 242 752 hab.

**RAMSAY** (*sir* William), químico británico (Glasgow, Escocia, 1852-High Wycombe 1916). Atribuyó el movimiento browniano a los choques moleculares y participó en el descubrimiento de los gases raros. (Premio Nobel de química 1904.)

**RAMSDEN** (Jesse), físico británico (Salterhebble, Yorkshire, 1735-Brighton 1800), inventor del teodolito y de una máquina electrostática.

**RAMSÉS, RAMESÉS** o **RAMOSIS,** nombre de once faraones de las XIX y XX dinastías egipcias. Los más importantes son: **Ramsés I** (c. 1314-1312 a. J.C.), fundador de la XIX dinastía. – **Ramsés II** (1301-1235 a. J.C.). Se opuso al poder de los hititas en Palestina y Siria y, posteriormente, firmó con ellos una alianza (1284). Realizó grandes construcciones en el valle del Nilo (sala hipóstila de Karnak, templos de Abū Simbel). – **Ramsés III** (1198-1166 a. J.C.). Frenó la invasión de los pueblos del mar e hizo construir el templo de Madīnat Ḥabū.

**Ramsés II**
(museo egipcio, Turín)

**RAMSGATE,** c. de Gran Bretaña (Kent), cerca de la desembocadura del Támesis; 40 000 hab. Estación balnearia. Regatas de yates.

**RAMUS** (Pierre de **La Ramée,** llamado **Petrus**), humanista, matemático y filósofo francés (Cuts 1515-París 1572). Contrario al aristotelismo, buscó en la razón el criterio de la verdad. Se adhirió a la Reforma y fue asesinado durante la Noche de san Bartolomé.

**ranas** *(Las),* comedia de Aristófanes (405 a. J.C.), sátira del arte y de las ideas de Eurípides.

**RANAVALONA III** (Tananarive 1862-Argel 1917), reina de Madagascar [1883-1897].

**RANCAGUA,** c. de Chile, cap. de la región Libertador General Bernardo O'Higgins; 181 000 hab. Cultivos intensivos, agroindustria, minería (*El Teniente,* la mina subterránea más grande del mundo). – Derrota de los patriotas chilenos de O'Higgins ante los realistas de Osorio (act. 1814), que cerró el período de la Patria vieja.

**RĀNCHĪ,** c. de la India (Bihār); 614 454 hab. Centro agrícola e industrial.

**RANCHUELO,** mun. de Cuba (Villa Clara); 60 810 hab. En la región tabacalera de Remedios.

**RANCO,** lago de Chile (Los Lagos). Bosques y pesca. Turismo.

**RANDERS,** c. y puerto de Dinamarca (Jutlandia); 62 000 hab. Núcleo urbano antiguo.

**RANDSTAD HOLLAND,** región del O de Países Bajos, que engloba principalmente las ciudades de Amsterdam, La Haya, Rotterdam y Utrecht. Es una región densamente poblada que concentra la mayor parte de la actividad del país.

**RANGPUR,** c. del N de Bangla Desh; 220 849 hab.

**RANGÚN,** en birmano **Yangun,** en ingl. **Rangoon,** c. y cap. de Birmania, cerca de la desembocadura del Irawadi; 2 459 000 hab. Centro económico del país. Peregrinación budista. Pagoda de Shwedagon. Museo nacional.

**RANIERO** o **RAINIERO III** (Mónaco 1923), príncipe de Mónaco desde 1949. De la familia de los Grimaldi, sucedió a su abuelo Luis II. En 1956 casó con la actriz norteamericana Grace Kelly (1928-1982).

**RANJĪT SINGH,** fundador del imperio de los sikhs (Panjāb 1780-Lahore 1839). Anexionó Lahore (1799), Amritsar (1802) y Cachemira (1819), pero los británicos frenaron su expansión hacia el SE.

**RANK** (Otto **Rosenfeld,** llamado **Otto**), sicoanalista austríaco (Viena 1884-Nueva York 1939), autor de *El trauma del nacimiento* (1924), donde recusa el complejo de Edipo en favor de la angustia del nacimiento.

**RANKE** (Leopold **von**), historiador alemán (Wiehe 1795-Berlín 1886), de confesión luterana y de tendencia conservadora. Autor de *Papas romanos* (1834-1836) y de *Historia de Alemania durante la Reforma* (1839-1847), fue uno de los grandes creadores de la historiografía alemana del s. XIX.

**RANKINE** (William John Macquorn), ingeniero y físico británico (Edimburgo 1820-Glasgow 1872), inventor de la energética al diferenciar las energías mecánica, potencial y cinética.

**RAO** (Narashima), político indio (Karimnagar, Āndhra Pradesh, 1921), presidente del Partido del Congreso y primer ministro de la India de 1991 a 1996.

**RAOULT** (François), químico y físico francés (Fournes-en-Weppes, Nord, 1830-Grenoble 1901), creador de la crioscopia, la tonometría y la ebulloscopia.

**RAPA NUI** → *Pascua.*

**Rapallo** *(tratado de)* [16 abril 1922], tratado firmado en Rapallo (Génova) entre Alemania y la Rusia soviética, por el que se restablecieron las relaciones diplomáticas y económicas entre los dos países.

**RAPEL,** r. de Chile, formado por el Cachapoal y el Tinguiririca; 200 km. Embalse y central eléctrica (350 000 kW).

**Rapto de las sabinas,** grupo en mármol de Juan de Bolonia (1579-1583, loggia dei Lanzi, Florencia). Inspirada en el arte helenístico, es quizás la primera escultura moderna destinada a contemplarse desde todos sus ángulos.

**RAQQA** o **RAKKA,** c. de Siria, cerca del Éufrates; 130 000 hab.

**RAQUEL,** esposa de Jacob, y madre de José y Benjamín.

**RĀ'S AL-JAYMA,** emirato de Arabia, que forma parte de la Unión de Emiratos Árabes; 1 625 km²; 74 000 hab. Cap. *Ra's al-Jayma.*

**RĀ'S ŠAMRA** → *Ugarit.*

**RA'S TANNŪRA,** c. y puerto de Arabia Saudí, junto al golfo Pérsico; 6 300 hab. Gran centro petrolífero.

**Rashōmon,** película japonesa de Kurosawa (1950), exposición en cuatro versiones de un mismo acontecimiento.

**RASK** (Rasmus Christian), lingüista danés (Bröndekilde, cerca de Odense, 1787-Copenhague 1832). Uno de los fundadores de la gramática comparada, estableció el parentesco de numerosas lenguas indoeuropeas.

**RASMUSSEN** (Knud), explorador y antropólogo danés (Jakobshavn, Groenlandia, 1879-Copenhague 1933). Dirigió varias expediciones en el Ártico y estudió las culturas esquimales.

**RASPAIL** (François), científico y político francés (Carpentras 1794-Arcueil 1878). Popularizó diversos aspectos de la medicina. Miembro de clubs republicanos, fue detenido varias veces y se exilió a Bélgica (1853-1863).

**RASPUTÍN** (Grigori Yefimovich), aventurero ruso (Pokróskoie 1864 o 1865-Petrogrado 1916). Tras adquirir fama de taumaturgo y curar al zarevich Alejo aquejado de hemofilia, fue protegido por la emperatriz Alejandra Fiódorovna. Contribuyó a desacreditar la corte y fue asesinado por el príncipe Yussupov.

**RAŠT,** c. de Irán, cerca del Caspio; 290 897 hab.

**Rastadt** *(tratado de),* tratado firmado por el Imperio y Francia, que, junto con el de Utrecht, puso fin a la guerra de Sucesión de España (6 marzo 1714). Austria adquiría las posesiones españolas en Italia y los Países Bajos, además de Cerdeña; Francia obtuvo Alsacia y Estrasburgo.

**RASTATT** o **RASTADT,** c. de Alemania (Baden Württemberg), al N de Baden-Baden; 41 332 hab. De 1797 a 1799 fue sede de una conferencia que debía establecer el nuevo estatuto territorial de Alemania y de Italia, pero fue un fracaso y dos de los representantes franceses fueron asesinados.

**RASTRELLI** (Bartolomeo Francesco), arquitecto italiano (París c. 1700-San Petersburgo 1771), activo en Rusia. A partir de 1741 elaboró, para la zarina Isabel, una brillante arquitectura (catedral Smolni y el palacio de Invierno en San Petersburgo y el palacio de Verano en Tsárskoie Seló).

**RATHENAU** (Walter), político alemán (Berlín 1867-*id.* 1922). Ministro de Asuntos Exteriores (1922), siguió una política de aproximación a los aliados y firmó el tratado de Rapallo con Rusia. Murió asesinado.

**RÄTIKON,** macizo de los Alpes, en la frontera de Suiza, Liechtenstein y Austria; 2 965 m.

**RATISBONA,** en alem. **Regensburg,** c. de Alemania (Baviera), a orillas del Danubio; 120 006 hab. Universidad. Centro comercial. Catedral gótica iniciada en el s. XIII; ant. ayuntamiento de los ss. XIV-XV; iglesia de San Emmerando, románica con decoración barroca. Museos. – Ciudad libre imperial desde 1245, en 1541 se reunió en ella una dieta que trató de acercar a católicos y protestantes, sin éxito. En 1663 se convirtió en la sede permanente de la dieta del imperio *(Reichstag).* Fue incorporada a Baviera en 1810.

**Ratisbona** *(tregua de),* acuerdo firmado entre Francia, Austria y España (15 ag. 1684) que puso fin a la guerra franco-española de 1683-1684, y por el que España cedió a Francia Estrasburgo, el Luxemburgo y las plazas de Hainaut.

**RATSIRAKA** (Didier), político malgache (Vatomandry 1936). Oficial de marina y presidente del Consejo supremo de la revolución (1975). Presidente de Madagascar entre 1976 y 1993 y desde 1997.

**RATZEL** (Friedrich), geógrafo alemán (Karlsruhe 1844-Ammerland 1904), autor de una *Antropogeografía* (1882-1891).

**RATZINGER** (Joseph), prelado alemán (Marktl, Baviera, 1927). Arzobispo de Munich y cardenal (1977), y prefecto de la congregación romana para la doctrina de la fe (desde 1981), impuso una estricta fidelidad a la tradición y presidió la comisión de redacción del catecismo universal publicado en 1992.

**R.A.U.** → *Árabe Unida* (República).

**RAURICH** (Nicolás), pintor español (Barcelona 1871-*id.* 1945). Desde un sobrio realismo evolucionó a un impresionismo paisajístico (*Visión mediterránea,* 1919).

**RAURKELA,** c. de la India (Orissā); 215 489 hab. Siderurgia.

**RAUSCHENBERG** (Robert), pintor y litógrafo norteamericano (Port Arthur, Texas, 1925). Fusionando expresionismo abstracto y pop art, utilizó materiales de desecho y el reportaje fotográfico (*Tracer,* 1964). También se ha interesado por la relación entre arte y tecnología.

**RAVA RÚSSKAIA,** c. de Ucrania, al N de Lvov. Campo de castigo alemán para prisioneros de guerra (1940-1945).

**RÁVAGO** (Francisco), político y jesuita español (Tresabuela, Santander, 1685-Madrid 1763). Confesor de Fernando VI, gozó de una gran influencia en la corte. Fue miembro del consejo de la Inquisición.

**RAVEL** (Maurice), compositor francés (Ciboure 1875-París 1937), el más clásico de los compositores modernos franceses. Entre las obras líricas destaca *La hora española* (1911); entre las sinfónicas *El vals* (1919-1920), *Bolero* (1928), suites de *Dafnis y Cloe* (1909-1912); entre las obras para piano *Concerto para la mano izquierda* (1931), y entre las melódicas, *Scheherezade* (1903).

**RAVELLO,** c. de Italia (Salerno), en Campania; 2 422 hab. Monumentos de estilo arábigo-normando (ss. XI-XIII) y jardines en un marco incomparable, dominando el golfo de Salerno.

**RAVENA,** en ital. **Ravenna,** c. de Italia (Emilia-Romaña), cap. de prov., cerca del Adriático; 135 435 hab. Ciudad rica en monumentos bizantinos de los s. V y VI (San Vital, San Apolinar Nuevo, mausoleo de Gala Placidia, San Apolinar in Classe y dos baptisterios), célebres por sus mosaicos, algunos con fondo de oro. Tumba de Dante. Fue el centro del imperio romano de occidente con Honorio (402) y capital de Teodosio I (493), rey de los ostrogodos. En 584, tras ser tomada por Bizancio (540), se convirtió en la sede de un exarcado que agrupaba las posesiones bizantinas de Italia. Fue conquistada por los lombardos (751) y donada al papa por Pipino el Breve (756). En 1860 se unió al Piamonte.

**RAVENSBRÜCK,** localidad de Alemania (Brandeburgo). Campo de concentración alemán reservado a mujeres (1939-1945).

**RĀVI,** r. de la India y de Pakistán, uno de los «Cinco ríos» del Panjāb, afl. del Chenāb (or. izq.); 725 km.

**RAVIZZA** (Alejandro), arquitecto italiano del s. XIX, activo en Paraguay. Realizó importantes edificios públicos en Asunción (Oratorio, teatro municipal, palacio del gobierno, etc.).

**RĀWALPINDI,** c. del N de Pakistán (Panjāb); 928 000 hab. Centro universitario y turístico con algunas industrias.

**RAWLS** (John), filósofo norteamericano (Baltimore 1921). Es autor de un análisis sobre las difíciles relaciones entre la justicia social y la eficacia económica, para el que concibió un importante sistema conceptual (*Teoría de la justicia,* 1971).

**RAWSON,** c. y puerto de Argentina, cap. de la prov. de Chubut; 100 132 hab. Pesca (conservas). Centro comercial y administrativo.

**Rangún:** la pagoda Shwedagon (reformada en diferentes épocas)

Robert **Rauschenberg:** *Tracer* (1964). Serigrafía sobre tela. (Col. part.)

Maurice **Ravel** (H. Manguin - M.N.A.M., París)

**RAWSON,** dep. de Argentina (San Juan); 90 492 hab. Cab. *Villa Krause* (66 506 hab.), integrada en el Gran San Juan.

**RAWSON** (Arturo), militar argentino (Santiago del Estero 1884-Buenos Aires 1952). Jefe del movimiento militar que derrocó a Castillo, ocupó dos días la presidencia, para cederla a P. P. Ramírez (1943).

**RAY** (Emmanuel **Rudnitsky,** llamado **Man**), pintor y fotógrafo norteamericano (Filadelfia 1890-París 1976). Integrado en el movimiento dadá de Nueva York, se instaló posteriormente en París (1921). Sus rayografías, o rayogramas (siluetas de objetos, desde 1922) se cuentan entre las primeras fotografías abstractas. La influencia del surrealismo marcó sus cortometrajes, así como sus pinturas y *collages.*

**RAY** (Raymond Nicholas **Kienzle,** llamado **Nicholas**), director de cine norteamericano (Galesville, Wisconsin, 1911-Nueva York 1979), describió la violencia y la soledad: *Johnny Guitar* (1954), *Rebelde sin causa* (1955), *Chicago año 30* (1959).

**RAY** (Satyājit), director de cine indio (Calcuta 1921-*id.* 1992). Mostró con gran sentido plástico al hombre indio que vive entre las tradiciones del pasado y la realidad contemporánea: *El lamento del sendero* (1955), *El invencible* (1956), *El mundo de Apu* (1959).

**RAY** o **WRAY** (John), naturalista inglés (Black-Notley, Essex, 1627-*id.* 1705). Fue el primero en distinguir entre plantas monocotiledóneas y dicotiledóneas.

**RAYLEIGH** (John William **Strutt,** *lord*), físico británico (cerca de Maldon, Essex, 1842-Witham, Essex, 1919). Descubrió el argón, junto con Ramsay, estudió la difusión de la luz y dio un valor del número de Avogadro. (Premio Nobel de física 1904.)

**Raynaud** *(enfermedad de),* síndrome caracterizado por la aparición de trastornos vasomotores que modifican la circulación en las extremidades; éstas se vuelven primero blancas y después cianóticas (azules) bajo el efecto del frío.

**RAYO** (Omar), pintor y caricaturista colombiano (Roldanilla 1928). En su pintura domina un cierto geometrismo y los mecanismos ópticos.

**RAYÓN,** mun. de México (San Luis Potosí); 19 260 hab. Cereales y leguminosas. Ganado porcino.

**Rayuela,** novela de Julio Cortázar (1966). Obra abierta y lúdica, que ofrece múltiples lecturas.

**RAZIN** (Stepán Timoféievich, llamado **Stenka**), jefe cosaco (Zimovéieskaia *c.* 1630-Moscú 1671). Héroe de la revuelta campesina de 1670-1671, fue capturado y ejecutado.

**Razón de amor** o *Razón feita de amor,* poema juglaresco (*c.* 1205), considerado como la más primitiva muestra de la lírica castellana antes de que se descubrieran las jarchas.

**R.D.A.** → ***Alemana*** (República Democrática).

**RÉ** *(isla de),* isla de Francia, en el Atlántico (Charente-Maritime); 85 km²; 11 400 hab.

**REA,** en la mitología griega, esposa de Cronos, madre de Zeus y de los dioses del Olimpo.

**REA SILVIA,** en la mitología romana, madre de Rómulo y Remo.

**READE** (Charles), escritor británico (Ipsden, Oxfordshire, 1814-Londres 1884), autor de novelas realistas (*Terrible tentación,* 1871).

**READING,** c. de Gran Bretaña, cap. del Berkshire; 122 600 hab. Centro europeo de meteorología.

**REAGAN** (Ronald Wilson), político norteamericano (Tampico, Illinois, 1911). Fue actor de cine. Afiliado al partido republicano (1962), fue gobernador de California (1967-1974) y presidente del país (1981-1989). Su gobierno se caracterizó al principio por un relanzamiento económico, una reducción de los impuestos y por la firmeza en la política exterior (Oriente medio y América central). Reelegido en 1984, se desacreditó con el escándalo del suministro de armas a Irán (1987). En diciembre del mismo año firmó un acuerdo con Gorbachov sobre los misiles de alcance medio.

**Reagrupamiento por la república** (R.P.R.), formación política francesa, fundada por J. Chirac (1976) para renovar la corriente gaullista, de orientación conservadora.

**REAL** o **DE LA PAZ** *(cordillera),* sistema montañoso de Bolivia (La Paz), en la cordillera Oriental de los Andes; 6 882 m en el Illimani.

**REAL** *(teatro),* teatro de ópera de Madrid, fundado en 1708. Carlos III ordenó su clausura en 1777. Fue reinaugurado en 1850 y cerrado en 1925 por amenaza de ruina. Abierto de nuevo como sala de conciertos en 1967, cerró en 1988 para ser habilitado como teatro de ópera. Fue reabierto en 1997.

**REALEJOS (Los),** mun. de España (Santa Cruz de Tenerife), en Tenerife; 29 481 hab. *(Realejeros.)* Cap. *Realejo Alto.* En la Orotava. Plátanos. Tabaco.

**RÉAUMUR** (René Antoine **Ferchault de**), físico y naturalista francés (La Rochela 1683-Saint-Julien-du-Terroux 1757). Demostró la posibilidad de transformar el hierro fundido en acero y fundó la metalografía. Construyó un termómetro de alcohol, para el que ideó una escala 0-80 *(escala de Réaumur).* Se interesó por las ciencias naturales.

**REBECA,** personaje bíblico, esposa de Isaac, madre de Esaú y de Jacob.

**rebelión de las masas** *(La),* obra de José Ortega y Gasset (1930), en la que relaciona los conceptos sociológicos de masa y minoría con la situación política europea y la función del estado.

**REBOLLEDO** (Efrén), diplomático y escritor mexicano (Actopan, Hidalgo, 1877-Madrid 1929). Adscrito al modernismo, escribió poesía, de tema preferentemente erótico (*Cuarzos,* 1902; *Estela,* 1907; *Libro de loco amor,* 1916), novela y teatro.

**REBULL** (Joan), escultor español (Reus 1899-Barcelona 1981). Sus obras reflejan un realismo sobrio y muestran una gran perfección de ejecución.

**REBULL** (Santiago), pintor mexicano (en el Atlántico 1829-México 1902). Decoró las terrazas del castillo de Chapultepec con murales de temas clasicistas. Su obra maestra es *La muerte de Marat.*

**RECABARREN** (Luis Emilio), dirigente obrero chileno (1876-1924). Fundador del Partido socialista obrero de Chile (1912), tuvo que exiliarse tras las acciones obreras de 1916-1918 y fundó el Partido socialista internacionalista, que en 1922 tomó el nombre de Partido comunista de Chile.

**RECABARREN** (Manuel), abogado y político chileno (Santiago 1827-*id.* 1901). Ministro del Interior (1880) y presidente del Partido radical, colaboró en la revolución contra Balmaceda (1891).

**RÉCAMIER** (Julie **Bernard, Madame**) [Lyon 1777-París 1849]. Durante la Restauración abrió un célebre salón literario.

**RECAREDO I** († Toledo 601), rey de los visigodos [586-601]. Asociado al gobierno por su padre Leovigildo (573), dirigió las campañas militares en la Narbonense y ocupó Carcasona (586). Se convirtió al catolicismo para acabar la unidad hispana (587) y derrotó las insurrecciones arrianas de Septimania (587), de Lusitania (588) y de la viuda de Leovigildo, Godsuinta (589). Abjuró del arrianismo en el III concilio de Toledo (589). – **Recaredo II,** rey de los visigodos († 621), hijo y sucesor de Sisebuto. Ocupó el trono durante un mes.

**RECASENS SICHES** (Luis), jurista español (Guatemala 1903-México 1977). Discípulo de Ortega, interpretó la filosofía del derecho en función de la existencia humana y de un sistema universal de valores (*Fundamentación de la filosofía del derecho,* 1940).

**RECEMUNDO** → ***Zaīd (ibn-).***

**RECESVINTO** († Gerticos, Valladolid, 672), rey de los visigodos [653-672]. Asociado al trono por su padre Chindasvinto (651), convocó tres concilios en Toledo (653, 655 y 656) y unificó la legislación visigoda con la promulgación del *Liber iudiciorum.*

**RECIFE,** ant. **Pernambuco** o **Fernambuco,** c. y puerto del NE de Brasil, cap. del estado de Pernambuco, a orillas del Atlántico; 1 290 149 hab. (2 859 469 hab. en la aglomeración). Centro comercial e industrial. Iglesias barrocas del s. XVIII.

**RECKLINGHAUSEN,** c. de Alemania (Renania del Norte-Westfalia), en el Ruhr; 123 528 hab. Centro industrial. Museo de iconos.

**Recklinghausen** (*enfermedad de* **von**), nombre de diversas anomalías en la formación del embrión, o neurofibromatosis.

**RECOLETA,** com. de Chile (Santiago); 162 964 hab.

**Reconquista,** denominación que se da a la conquista, por parte de los reinos cristianos, del territorio de la península Ibérica invadido por los musulmanes en 711. Se inició en los núcleos montañosos del N de la península, Cantábrico y Pirineos, que no habían sido ocupados por los musulmanes. Ss. VIII-IX: formación de los reinos de Asturias, León, Navarra y Aragón, y de los condados catalanes. S. X: ocupación de la despoblada meseta del Duero. S. XI: reino de Castilla. S. XII: conquista de los enclaves musulmanes del valle del Ebro (Lérida, Zaragoza, Tortosa). Diversos tratados (Tudellén, 1115; Cazola, 1179) fijaron las zonas de expansión de los distintos reinos cristianos. S. XII: descomposición del califato de Córdoba y creación de los reinos de taifa; Castilla y León llevó la frontera al Tajo, y la Corona de Aragón consolidó su dominio del valle del Ebro. S. XIII: desintegrado el imperio almorávid, Fernando III de Castilla y León, Alfonso III de Portugal y Jaime I de Aragón realizaron definitivos avances territoriales. La reconquista culminó bajo los Reyes Católicos (toma de Granada, 1492).

**RECREO (El),** parroquia foránea de Venezuela (Distrito Federal), en el área metropolitana de Caracas; 113 583 hab.

**Recuay** *(cultura),* cultura precolombina peruana (callejón de Huaylas y *valle de Recuay*), datada entre 300 a. J.C. y 500 d. J.C. Se caracteriza por una cerámica con decoración en negativo y formas muy variadas.

**RED DEER,** c. de Canadá (Alberta); 58 134 hab.

**RED RIVER,** r. de Estados Unidos (Texas y Luisiana), tributario del golfo de México; 1 638 km. – R. de Estados Unidos y Canadá, tributario del lago Winnipeg; 860 km.

**REDFIELD** (Robert), antropólogo norteamericano (Chicago 1897-*id.* 1958). Estudió los cambios en las sociedades campesinas en contacto con la cultura urbano-industrial (*Tepotzlán, un pueblo mexicano,* 1930; *La cultura folk de Yucatán,* 1941).

**REDFORD** (Robert), actor norteamericano (Santa Mónica, California, 1937). Encarnó los valores del norteamericano medio: *Las aventuras de Jeremiah Johnson* (1972), de S. Pollack; *Todos los hombres del presidente* (1976), de A. J. Pakula. También ha destacado como director (*Gente corriente,* 1980).

**REDON** (Odilon), pintor, dibujante y grabador francés (Burdeos 1840-París 1916). Practicó un arte simbolista y visionario (*La araña sonriente,* 1881; serie de los *Carros de Apolo*).

**REDONDELA,** v. de España (Pontevedra), cab. de p. j.; 27 751 hab. *(Redondelanos.)* Pesca. Industria alimentaria, maderera, textil. Fundiciones.

**REDONDO** (Marcos), barítono español (Pozoblanco 1893-Barcelona 1976), destacado intérprete de zarzuela.

**REDONDO** (Nicolás), sindicalista español (Baracaldo 1927). Obrero metalúrgico, fue secretario general de la U.G.T. (1976-1994).

**Reducciones jesuíticas,** centros de población amerindia creados por la Compañía de Jesús en el SE de Paraguay y la provincia argentina de Misiones

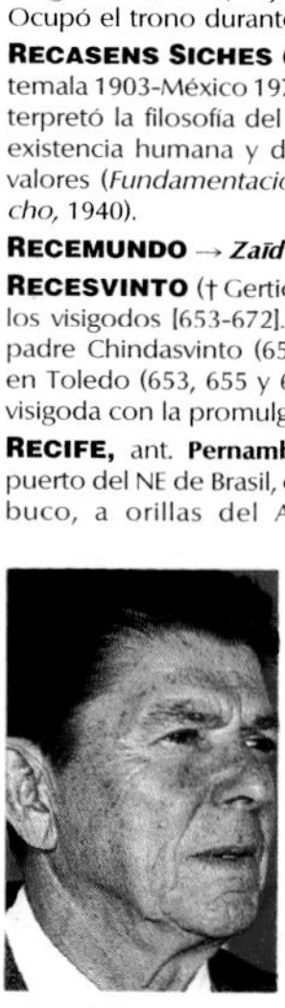

Ronald **Reagan**

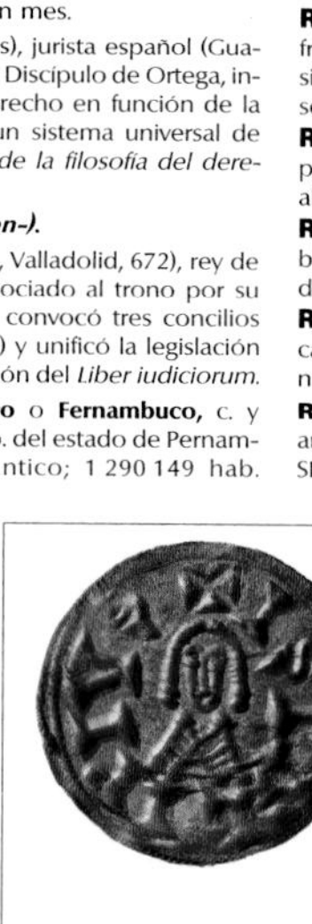

triente de **Recaredo I** (museo arqueológico nacional, Madrid)

la cultura **Recuay:** vaso con cabeza de felino (col. part.)

(ss. XVII-XVIII). Albergaron hasta 300 000 guaraníes bajo un sistema socioeconómico comunitario que los ponía a salvo de las encomiendas. Al margen de la evangelización católica, el idioma y la cultura guaraní les fueron respetados. Las primeras reducciones fueron creadas en 1608 en la provincia jesuítica de Paraguay (1604), que se convirtió en una potencia económica, caracterizada por la perfecta organización del trabajo y los elevados rendimientos. Se formó un ejército de indios que protagonizó la revolución comunera (1717-1747) y una guerra (1753-1756) contra la nueva frontera (1750), que cedía a Portugal parte del territorio de las reducciones. Las misiones desaparecieron tras la expulsión de los jesuitas (1767).

**REED** (John), escritor y periodista norteamericano (Portland, Oregón, 1887-Moscú 1920). Sus reportajes políticos alcanzaron gran notoriedad e influencia. Es autor de los libros *México insurgente* (sobre la revolución mexicana, 1913) y *Diez días que conmovieron al mundo* (sobre la revolución soviética, 1919).

**REED** (*sir* Carol), director de cine británico (Londres 1906-*id.* 1976). Sus mejores películas abordan el tema del hombre acosado (*Larga es la noche,* 1947; *El tercer hombre,* 1949).

**Reforma,** movimiento religioso del s. XVI, por el que una gran parte de Europa se sustrajo a la obediencia del papa, dando origen a las Iglesias protestantes. En un principio, fue obra personal de Lutero, pero se extendió rápidamente por Alemania. Zwinglio y Bucero la introdujeron en Zurich y Estrasburgo, respectivamente. Ambas ciudades se convirtieron en dos focos importantes. El movimiento se extendió a los países francófonos, gracias a Calvino, que llevó a cabo la reforma religiosa; su obra prevaleció tanto en Ginebra como entre los hugonotes franceses, convirtiendo a Suiza y Francia en baluartes de una nueva forma de protestantismo que se propagó por Polonia, Bohemia, Hungría y las islas Británicas. Calvino determinó la reforma anglicana. En España, sólo surgieron focos aislados de luteranismo (Valladolid y Sevilla), los cuales fueron prontamente reprimidos.

**Reforma** (*guerra y leyes de),* período de la historia de México en que se enfrentaron liberales y conservadores en una guerra civil (1858-1861). Inicialmente el conservador Miramón se alzó con el poder. Juárez se hizo fuerte en Veracruz y aprobó las leyes de Reforma (1859); aunque favorable a la burguesía y los hacendados, la política liberal tuvo el apoyo popular, y Juárez entró en la capital en 1861 (en.).

**Reforma** (*paseo de la),* principal arteria de la ciudad de México, entre el centro histórico y Chapultepec. Entre sus monumentos destacan los de Cuauhtémoc (1887) y de la Independencia (1909), coronado por el Ángel, símbolo de la ciudad.

**REGALADO** (Tomás), militar y político salvadoreño (Santa Ana 1860-en Guatemala 1906), presidente de la república (1899-1903) y jefe del ejército.

**regencia** (*Consejo supremo de),* organismo que recibió los poderes supremos de la Junta central durante la guerra de la Independencia de España (1810). Se sucedieron cuatro regencias distintas hasta el retorno de Fernando VII (1814).

**Regencia absolutista de 1823,** la instaurada en España a raíz de la invasión de los Cien mil hijos de san Luis. Con sede en Oyarzun, inició la reacción absolutista tras el trienio constitucional.

**Regencia de Espartero,** período de la historia de España tras la renuncia de la regente María Cristina (1840-1843). El regente Espartero reprimió levantamientos de moderados y carlistas (1841) y la sublevación republicana de Barcelona (1842). Derrocado Espartero por progresistas y moderados en 1843, Isabel II fue proclamada mayor de edad.

**Regencia de María Cristina de Borbón,** período de la historia de España (1833-1840), tras la muerte de Fernando VII, que coincidió con la primera guerra carlista. El gobierno moderado de Martínez de la Rosa aprobó el Estatuto real (1834), y el progresista de Mendizábal estableció la desamortización (1835). En 1840 las insurrecciones progresistas provocaron la renuncia y exilio de María Cristina.

**Regencia de María Cristina de Habsburgo,** período del reinado de Alfonso XIII en que su madre, María Cristina de Habsburgo-Lorena, ejerció de regente (1885-1902). Estuvo marcado por el turno de conservadores y liberales y la crisis colonial de 1898.

**Regencia de Mariana de Austria,** período de la historia de España (1665-1675) en que, a la muerte de Felipe IV, la reina asumió la regencia de su hijo Carlos II. El gobierno lo ejercieron Nithard (1665), el conde de Peñaranda (1668) y Fernando de Valenzuela (desde 1674).

**Regencia de Serrano,** gobierno provisional de España tras la revolución de 1868, presidido por el general Francisco Serrano (6 junio 1869-2 en. 1871), que terminó con la entronización de Amadeo I.

**Regencia de Urgel,** regencia absolutista española contra el régimen constitucional (1822). Presidida por Mataflorida, fue disuelta poco antes de la llegada de los Cien mil hijos de san Luis (1823).

**REGENSBURG** → ***Ratisbona.***

**Regenta** (*La),* novela de Clarín (1884-1885). A través de la historia de Ana Ozores, esposa del regente de la audiencia de Vetusta –nombre bajo el que se oculta la ciudad de Oviedo–, ofrece una implacable visión de la sociedad represiva y clerical de la época.

**regentes del hospicio de ancianos** (*Los),* cuadro de F. Hals, obra maestra realizada en la vejez del autor, que, al igual que su correspondiente *Las regentas del hospicio de ancianas,* posee una gran libertad expresiva (ambos son de 1664, museo Frans Hals, ant. hospicio de ancianos, Haarlem).

**REGER** (Max), compositor alemán (Brand, Baviera 1873-Leipzig 1916), que adaptó las formas clásicas (corales, sonatas, suites, cuartetos y piezas para órgano) al lenguaje romántico.

**REGGAN,** ant. **Reggane,** oasis del Sahara argelino, en el Touat; 22 700 hab. Ant. centro de experimentación nuclear francés (en 1960 fue explosionada la primera bomba atómica francesa).

**REGGIO DI CALABRIA,** c. de Italia (Calabria), cap. de prov., junto al estrecho de Messina; 169 709 hab. Museo nacional de arqueología. Un sismo destruyó la ciudad en 1908.

**REGGIO NELL'EMILIA,** c. de Italia (Emilia), cap. de prov.; 131 419 hab. Monumentos de los ss. XIII-XVIII.

**REGILO,** en lat. **Regillum,** ant. c. de la Italia peninsular. En sus alrededores se encontraba el *lago Regilo* (cerca de Tusculum), en cuyas orillas los romanos derrotaron a los latinos sublevados (*c.* 496 a. J.C.).

**REGINA,** c. de Canadá, cap. de Saskatchewan; 179 178 hab. Universidad. Refinería de petróleo. Metalurgia.

**REGIOMONTANO** (Johann **Müller,** llamado), astrónomo y matemático alemán (cerca de Königsberg 1436-Roma 1476). Perfeccionó la trigonometría, introduciendo el uso de las tangentes y creando el término seno.

**REGLA,** mun. de Cuba (La Habana), en la bahía de La Habana; 41 435 hab. Refinería de petróleo.

**REGNITZ,** r. de Alemania, afl. del Main (or. izq.); 168 km. Pasa por Fürth, en donde recibe al Pegnitz, y por Bamberg.

**REGOYOS** (Darío **de**), pintor español (Ribadesella 1875-Barcelona 1913). Ligado en Bélgica al grupo Les XX y en Barcelona a Els quatre gats, practicó un impresionismo próximo al divisionismo al tiempo que aclaraba su paleta (*Pancorbo; Paisaje).* Son notables sus xilografías para *La España negra* (1899).

**RÉGULO** (Marco Atilio), general romano, célebre por su abnegación y por su lealtad. Apresado por los cartagineses (256 a. J.C.) durante la primera guerra púnica, fue enviado a Roma, bajo palabra, para negociar el rescate de los prisioneros y la paz. Disuadió al senado de que aceptara las condiciones del adversario y volvió a Cartago, donde murió torturado.

**REHE, JEHOL** o **JO-HO,** ant. provincia de China, dividida entre Hebei y Liaoning.

**Reich,** voz alemana que significa estado y que dio nombre a diversas épocas de la historia de Alemania: *I Reich,* o *Sacro imperio romano germánico (962-1806), II Reich* (1871-1918), obra de Bismarck, y *III Reich* (1933-1945), o régimen nacionalsocialista.

**REICH** (Wilhelm), médico y sicoanalista austríaco (Dobrzcynica, Galitzia, 1897-en la penitenciaria de Lewisburg, Pennsylvania, 1957). Intentó elaborar una síntesis entre marxismo y sicoanálisis (*Materialismo dialéctico y sicoanálisis,* 1929), criticó la moral burguesa (*La lucha sexual de los jóvenes,* 1932) y analizó el fascismo (*Sicología de masas del fascismo,* 1933).

**REICHA** (Anton), compositor y teórico musical checo (Praga 1770-París 1836), nacionalizado francés. Dejó una abundante producción de música instrumental y realizó innovaciones en los campos de la armonía, el contrapunto y la melodía.

**REICHENBACH** (Hans), filósofo y lógico alemán (Hamburgo 1891-Los Ángeles 1953). Uno de los fundadores del círculo de Viena y del neopositivismo norteamericano. Precisó el concepto de probabilidad.

**Reichsrat,** consejo del imperio (1848-1861) y posteriormente parlamento (1861-1918) del imperio de Austria. – En Alemania, en la república de Weimar, órgano legislativo federal (1919-1934).

**Reichstag,** dieta del Sacro imperio romano germánico hasta 1806. – Cámara legislativa federal alemana con sede en Berlín (1867-1945). El incendio del palacio del Reichstag (1933) sirvió de pretexto a los nazis para ilegalizar el partido comunista alemán.

**Reichswehr** (voz alemana que significa *defensa del imperio*), denominación que designó, de 1921 a 1935, al ejército de 100 000 hombres que fue concedido a Alemania por el tratado de Versalles.

**REID** (Thomas), filósofo británico (Strachan, Escocia, 1710-Glasgow 1796). Estableció su filosofía a partir de las convicciones del sentido común.

**REID** (Thomas Mayne), escritor británico (Ballyroney, condado de Down, 1818-Londres 1883), autor de relatos de aventuras protagonizadas por los indios (*Los cazadores de cabelleras,* 1851).

**REILLE** (Honoré, *conde*), mariscal de Francia (Antibes 1775-París 1860). Intervino en la invasión de España, especialmente en Cataluña (sitios de Gerona) y Levante. Fue gobernador de Navarra (1810) y de Aragón (1812), y se distinguió en Wagram y Waterloo.

**REIMS,** c. de Francia (Marne), a orillas del Vesle; 185 164 hab. Universidad. Elaboración de champaña. Los reyes de Francia acudían a Reims para ser consagrados (en honor de Clodoveo I, allí bautizado *c.* 496). Su catedral es una obra maestra de la arquitectura y escultura góticas (s. XIII). Abadía de Saint-Remi (ss. XI-XIII).

**REINA (La),** com. de Chile (Santiago); 88 132 hab. Comprendida en el Gran Santiago.

**REINA** (Carlos Roberto), político hondureño (Comayagüela 1926). Liberal, fue presidente de la república (1994-1998).

Darío de **Regoyos:** *Paisaje.*
(Museo de bellas artes, Bilbao.)

**REINA ADELAIDA** *(archipiélago de la),* archipiélago de Chile (Magallanes y Antártica Chilena), entre los estrechos de Magallanes y Nelson. Deshabitado.

**REINA BARRIOS** (José María), político guatemalteco (San Marcos 1853-Guatemala 1898). Presidente de la república (1892-1897), practicó inicialmente una política liberal favorable a la población indígena. Fue asesinado.

**REINA CARLOTA** *(archipiélago de la),* en ingl. **Queen Charlotte Islands,** archipiélago canadiense del Pacífico (Columbia Británica).

**Reina Sofía** *(museo nacional centro de arte),* organismo museístico español, creado en 1986, con sede en el antiguo hospital general de Madrid (Sabatini, s. XVIII) remodelado por A. Fernández Alba, A. Vázquez de Castro y J. L. Iñíguez de Onzoño. Posee fondos propios, los del antiguo museo español de arte contemporáneo y la colección de arte del s. XX del Prado.

interior del museo nacional centro de arte **Reina Sofía**

**REINHARDT** (Jean Baptiste, llamado **Django**), guitarrista, compositor y director de orquesta de jazz francés (Liberchies, Bélgica, 1910-Samois-sur-Seine 1953). De origen gitano y autodidacto, fue uno de los escasos músicos de jazz europeos que creó un estilo original.

**REINHARDT** (Max **Goldmann,** llamado **Max**), director de teatro austríaco (Baden, cerca de Viena, 1873-Nueva York 1943). Director del Deutsches Theater de Berlín (1905), innovó la técnica teatral.

**REINO UNIDO DE GRAN BRETAÑA E IRLANDA,** o abrev. **REINO UNIDO,** nombre oficial del reino constituido el 1 enero 1801 por la unión de Gran Bretaña y de Irlanda (acta de 1800). Después de la secesión de la mayor parte de Irlanda en 1922, el título oficial pasó a ser *Reino Unido de Gran Bretaña e Irlanda del Norte* (1 en. 1923).

**REINOSA,** c. de España (Cantabria), cab. de p. j.; 12 852 hab. *(Reinosanos.)* Mercados y ferias ganaderas. Industria metalúrgica y alimentaria.

**REINOSA** o **REYNOSA,** c. de México (Tamaulipas); 332 755 hab. Regadíos (algodón). Industrias (refino de petróleo, química). Puesto fronterizo con E.U.A.

**REINOSO** (Félix José), escritor español (Sevilla 1772-Madrid 1841). Su poema épico *La inocencia perdida* (1804) se adscribe al clasicismo de la escuela sevillana.

**REISZ** (Karel), director de cine británico de origen checo (Ostrava 1926). Representante del *free cinema,* es autor de *Sábado noche, domingo mañana* (1960), *Morgan, un caso clínico* (1966), *La mujer del teniente francés* (1981), etc.

**REJ** (Mikołaj), escritor polaco (Żórawno, junto al Dniéster, 1505-Rejowiec 1569), considerado el padre de la literatura nacional (*El espejo de todos los estados,* 1568).

**Relaciones de Indias,** narraciones histórico-geográficas de las Indias a cargo de conquistadores y administradores españoles desde Colón. El consejo de Indias fijó su redacción sistemática (1542).

**Religión** *(guerras de),* conflictos armados que enfrentaron, en Francia, a católicos y protestantes (1562-1598). La extensión del calvinismo y la represión de la Reforma por Enrique II y Francisco I, junto con la matanza de Wassy (1562), condujeron a una lucha abierta. Cabe destacar la matanza de protestantes de la noche de san Bartolomé (1572), el asesinato del duque de Guisa (1588) y el de Enrique III (1589). El edicto de Nantes (1598) puso fin a la lucha.

**RELIZANE** → ***Ghilizane.***

**Reloj de príncipes** o *Libro áureo del emperador Marco Aurelio,* obra de fray Antonio de Guevara (1529), biografía ideal y novelada de Carlos Quinto.

**RELONCAVÍ** *(seno),* amplio entrante de la costa de Chile (Los Lagos), en la parte más interna del golfo de Ancud. En él se halla Puerto Montt.

**REMACHA** (Fernando), compositor español (Tudela 1898-Pamplona 1984). Influido por Stravinski y Falla, en su obra destacan un *Concierto* para guitarra (1955) y *Jesucristo en la cruz* (1963) para solistas, coro y orquesta.

**REMARQUE** (Erich Paul **Remark,** llamado **Erich María**), escritor alemán (Osnabrück 1898-Locarno 1970), nacionalizado norteamericano, célebre por sus novelas sobre la guerra (*Sin novedad en el frente,* 1929; *Arco de triunfo,* 1946).

**REMBRANDT** (Rembrandt Harmenszoon **Van Rijn,** llamado), pintor y grabador neerlandés (Leiden 1606-Amsterdam 1669), establecido en Amsterdam (*c.* 1631). Se le considera uno de los más grandes maestros de la pintura por la fuerza expresiva tanto de sus composiciones como de sus retratos, gracias a su dominio del claroscuro, y por el valor universal de su reflexión sobre el destino del hombre. Entre sus obras maestras destacan: en el Rijksmuseum de Amsterdam, *La madre de Rembrandt* (1631), *La ronda* de noche* (1642), *La negación de san Pedro* (1660), *Los síndicos del gremio de los pañeros* (1662), *La novia judía* (*c.* 1665); en el Louvre, *Los peregrinos de Emaús* (dos versiones), *Retrato de Hendrickje Stoffels* (*c.* 1652), *Betsabé en el baño* (1654), *El buey abierto en canal* (1655), *Autorretrato* (1668). Fue, además, un prestigioso dibujante, y, probablemente, el más famoso especialista en la técnica del aguafuerte *(Las tres cruces, La moneda de cien florines, Jesús curando a los enfermos).*

**Rembrandt:**
*La negación de san Pedro* (1660).
[Rijksmuseum, Amsterdam.]

**REMEDIOS,** mun. de Colombia (Antioquia); 17 736 hab. Región auroargentífera.

**REMIGIO** *(san),* obispo de Reims (Laon *c.* 437-Reims *c.* 530). Desempeñó un papel destacado en la conversión de Clodoveo, al que probablemente bautizó (496).

**REMINGTON** (Philo), industrial norteamericano (Lichtfield, Nueva York, 1816-Silver Springs, Florida, 1889). Creó un fusil con sistema de retrocarga. Introdujo modificaciones en la máquina de escribir de Sholes y Glidden y la fabricó en serie.

**REMISA** (Gaspar **de**), financiero español (San Hipólito de Voltregá 1784-Madrid 1847), director general del Tesoro (1826-1833), banquero e impulsor del canal de Castilla y del canal de Urgel.

**REMISMUNDO** († d. 468), rey suevo [460-d. 468], hijo de Maldra. Alcanzó el trono aliado a los visigodos, pero éstos limitaron sus dominios a Galicia.

**REMO,** personaje legendario romano, hermano gemelo de Rómulo.

**REMOLINOS,** mun. de España (Zaragoza); 1 242 hab. Iglesia parroquial con pinturas de Goya (*c.* 1770).

**REMÓN** (José Antonio), militar y político panameño (Panamá 1908-*id.* 1955), jefe de la policía nacional desde 1947 y presidente de la república (1952-1955).

**REMSCHEID,** c. de Alemania (Renania del Norte-Westfalia), en el Ruhr; 121 786 hab. Metalurgia.

**Renaixença,** movimiento de renacimiento cultural de la lengua catalana, surgido en Cataluña hacia 1830. Fue básicamente un movimiento poético, iniciado con la *Oda a la pàtria* (1830) de Aribau.

**RENAN** (Ernest), escritor e historiador francés (Tréguier 1823-París 1892). Estudió los pueblos semíticos y la historia de las religiones desde un punto de vista racionalista (*El porvenir de la ciencia,* 1890). Escribió *Vida de Jesús,* primer volumen de *Historia de los orígenes del cristianismo* (1863-1881).

**RENANIA,** en alem. **Rheinland,** región histórica de Alemania, a orillas del Rin, que se extiende desde la frontera francesa a la neerlandesa. La región, anexionada por Francia (1793-1814), fue restituida a Prusia en 1815. Desmilitarizada tras el tratado de Versalles (1919), volvió a ser ocupada por Hitler en 1936.

**RENANIA DEL NORTE-WESTFALIA,** en alem. **Nordrhein-Westfalen,** estado *(Land)* de Alemania; 34 000 $km^2$; 17 103 588 hab. Cap. *Düsseldorf.* Es el estado más poblado de Alemania y se extiende al S por el extremo del macizo esquistoso Renano, en el centro por la gran región industrial y urbana del Ruhr y al N por la cuenta de Münster.

**RENANIA-PALATINADO,** en alem. **Rheinland-Pfalz,** estado *(Land)* de Alemania que se extiende por el macizo esquistoso Renano; 20 000 $km^2$; 3 701 661 hab. Cap. *Maguncia.*

**RENANO** *(macizo esquistoso),* en alem. **Rheinisches Schiefergebirge,** macizo de Alemania, a ambos lados del Rin, en la prolongación de las Ardenas. Está formado por mesetas cubiertas de bosques y recortadas por valles (Rin, Mosela, Lahn), donde se cultiva, entre otros productos, la vid. Turismo.

**RENARD** (Jules), escritor francés (Châlons, Mayenne, 1864-París 1910), autor de novelas realistas, de un humor cruel (*El pelirrojo,* 1894) y de un *Diario,* testimonio de la vida literaria de su época.

**Renard** *(serie de),* progresión geométrica de razón particular, que constituye una de las bases de la normalización de las medidas en la industria.

**RENATO I el Bueno** (Angers 1409-Aix-en-Provence 1480), duque de Anjou, de Bar [1430-1480] y de Lorena [1431-1453], conde de Provenza [1434-1480], rey efectivo de Nápoles [1438-1442] y titular de Sicilia [1434-1480], rey de Cataluña [1466-1472]. Alfonso el Magnánimo de Aragón le arrebató el reino de Nápoles (1442). Se retiró a Aix-en-Provence y escribió tratados, narraciones y poemas. En 1466 la Generalidad de Cataluña le ofreció la corona en su lucha contra Juan II.

**RENAU** (Josep), pintor y cartelista español (Valencia 1907-Berlín Este 1982). Responsable del pabellón español en la exposición internacional de París de 1937, en sus carteles y fotomontajes amalgamó mensaje social y realismo.

**Renault,** empresa pública francesa especializada en la fabricación de automóviles. Fue fundada en 1898 por los hermanos Renault y nacionalizada en 1945. El estado posee actualmente la mayoría del capital.

**RENCA,** com. de Chile (Santiago); 129 173 hab. Agricultura (fresas). Centro de veraneo.

**Renfe** (Red nacional de ferrocarriles españoles), empresa pública española de explotación del ferrocarril, creada en 1941.

**RENGO,** com. de Chile (Libertador General Bernardo O'Higgins); 43 602 hab. Siderurgia, conservas.

**RENI** (Guido), pintor italiano (Bolonia 1575-*id.* 1642). Trabajó en Roma y sobre todo en Bolonia, influido por los Carracci, pero fascinado por Rafael, llevó el clasicismo a un elevado nivel de refinamiento y lirismo (*Sansón victorioso, La matanza de los inocentes,* pinacoteca de Bolonia; *El rapto de Deyanira,* Louvre).

**Renmin ribao** *(Diario del pueblo),* órgano del comité central del Partido comunista chino, fundado en 1948.

**RENNER** (Karl), político austríaco (Untertannowitz, Moravia, 1870-Viena 1950). Socialdemócrata, fue canciller (1918-1920) y presidente de la república (1945-1950).

**RENNES,** c. de Francia, cap. de Bretaña y del dep. de Ille-et-Vilaine, en la confluencia del Ille y del Vilaine; 203 533 hab. Universidad. Ant. capital de los duques de Bretaña, en ella se consumó la unión del ducado a Francia (1532). Palacio de justicia (s. XVII) y ayuntamiento (s. XVIII). Iglesias. Museos.

**RENO,** c. de Estados Unidos (Nevada); 254 667 hab. Centro turístico (juego, divorcios rápidos, deportes).

**RENOIR** (Auguste), pintor francés (Limoges 1841-Cagnes-sur-Mer 1919), uno de los maestros del impresionismo. Pintó figuras y escenas alegres (*Le moulin de la Galette,* 1876; *El baile de Bougival,* 1883, etc.), y su vitalidad sensual se afirmó en las figuras femeninas y los desnudos. De sus obras destacan *Lisa con sombrilla* (1867), *El palco* (1874) y *Las bañistas* (c. 1918).

Auguste **Renoir:** *El baile de Bougival* (1883). (Museo de bellas artes, Boston.)

**RENOIR** (Jean), director de cine francés (París 1894-Beverly Hills, California, 1979), hijo del anterior. Se interesó por la forma y creó un estilo propio, mezcla de realismo y fantasía (*La gran ilusión,* 1936; *La regla del juego,* 1939; *El río,* 1951).

**Renovación española,** partido político español monárquico, fundado por los alfonsinos durante la segunda república (1933). Fracasó en las elecciones de 1936 y colaboró con el alzamiento militar.

**RENTERÍA,** v. de España (Guipúzcoa); 41 163 hab. *(Renterianos.)* Centro industrial (metalurgia, textil, maquinaria, papel).

**REOCÍN,** mun. de España (Cantabria); 6 490 hab. Cap. *Puente San Miguel.* Minería (plomo y cinc) que sirve el complejo químico de Torrelavega.

**REPELÓN,** mun. de Colombia (Atlántico), en el delta del Magdalena; 16 385 hab. Ganadería caballar.

**RÉPIDE** (Pedro **de**), escritor español (Madrid 1882-*id.* 1948), popular por sus artículos y libros de ambiente madrileño (*Del Rastro a Maravillas,* 1907).

**REPIN** (Iliá Yefímovich), pintor ruso (Chuguyev, Járkov, 1844-Kúokkala [act. Répino], Carelia, 1930). Miembro de los Ambulantes, es conocido por sus obras de tema histórico o social (*Los sirgadores del Volga* [1872], museo ruso, San Petersburgo) y por sus retratos.

**Repsol YPF,** empresa petroquímica española creada en 1987 como un grupo de hidrocarburos. En 1989 comenzó su privatización y expansión internacional. Después de su fusión con la argentina YPF en 1999 adoptó su denominación actual.

**repubblica** *(La),* diario italiano de izquierdas fundado en Roma en 1976.

**república** *(La),* diálogo de Platón. Tratado de filosofía política que expone un modelo de régimen ideal, a partir de las nociones de bien, justicia y alma.

**república española** *(primera),* régimen instalado en España tras la abdicación de Amadeo I (11 febr. 1873). Su primer presidente, Figueras, se enfrentó a las tensiones en el gobierno entre federales y radicales, a las divisiones del Partido republicano federal y a la guerra carlista. Tras la victoria federal en las elecciones, Pi y Margall ocupó la presidencia (11 junio) y formó un gobierno de conciliación, pronto abandonado por el centro y la izquierda. El tercer presidente, Salmerón (18 julio), formó un gobierno derechista que dio lugar a la expansión de la insurrección cantonalista. Su sucesor, Castelar (6 set.), intensificó el viraje a la derecha. El 3 de enero de 1874 el general Pavía desalojó las cortes y puso fin al régimen republicano. La monarquía fue restaurada en diciembre.

**república española** *(segunda),* régimen político instaurado en España en abril de 1931 y vigente hasta el fin de la guerra civil (1939). Tras la victoria de los partidos republicanos en las elecciones municipales (12 abril 1931), Alfonso XIII abandonó el país y fue proclamada la república (14 abril). Las elecciones constituyentes (julio) dieron la mayoría a republicanos de izquierda, radicales y socialistas. En diciembre se promulgó una nueva constitución y Alcalá Zamora fue nombrado presidente. Se realizaron importantes reformas (ejército, enseñanza laica, divorcio, intento de reforma agraria, autonomía de Cataluña), que provocaron el enfrentamiento con la derecha, el ejército y las jerarquías eclesiásticas. La abstención anarcosindicalista y la división de la izquierda posibilitaron el triunfo electoral de la derecha (nov. 1933), que aprobó una legislación regresiva. La entrada de ministros de la C.E.D.A. en el gobierno Lerroux (oct. 1934) provocó la insurrección en Asturias y Cataluña (revolución de octubre de 1934), reprimida por el ejército. Los escándalos (estraperlo, caso Nombela) desprestigiaron al gobierno, y el triunfo del Frente popular (febr. 1936) dio el gobierno a Azaña, mientras en el campo la C.N.T. impulsaba un proceso de apropiación de tierras. Alcalá Zamora dimitió en abril, y Azaña ocupó la presidencia de la república. El 18 de julio de 1936, los militares (Mola, Goded, Franco) dieron un golpe de estado contra la república, inicio de la guerra civil.

**republicano** *(Partido),* uno de los dos partidos más importantes de Estados Unidos, de tendencia conservadora, que se fundó en Pittsburgh en 1856 bajo el signo del abolicionismo. El resultado de la guerra de Secesión confirmó la superioridad de los republicanos sobre los demócratas, y los mantuvo en el poder prácticamente sin interrupción de 1861 a 1912, y luego de 1921 a 1933. Desde entonces del partido republicano han surgido varios presidentes: Eisenhower (1953-1961), Nixon (1969-1974), G. Ford (1974-1977), R. Reagan (1981-1989), G. Bush (1989-1993) y G. W. Bush (desde 2001).

**republicano federal** *(Partido)* → ***federal.***

**republicano socialista** *(conjunción),* alianza electoral española de republicanos y socialistas (1909), basada en el republicanismo y el rechazo a la guerra de Marruecos. Fue rota por el P.S.O.E. (1918).

**REPULLÉS** (Enrique María), arquitecto español (Ávila 1845-Madrid 1922), de estilo neoclásico (bolsa de Madrid, ayuntamiento de Valladolid).

**REQUENA,** c. de España (Valencia), cab. de p. j.; 17 014 hab. *(Requenenses.)* Viñedos (bodegas y destilerías). Industria sedera y apicultura. Iglesias góticas. Ayuntamiento (ss. XIV-XVI).

**REQUESENS** (*familia* **de**), familia noble catalana que participó en las campañas de reconquista desde el s. XII. – **Lluís** († 1426) participó en las expediciones a Sicilia (1396) y Cerdeña (1409) y fue gobernador general de Cataluña (1413). – Destacan sus hijos **Bernat** (c. 1395-c. 1468), virrey de Nápoles, y **Galcerà** (c. 1400-Valencia 1465), hombre de confianza de Alfonso el Magnánimo, gobernador de Mallorca y gobernador general de Cataluña (1442-1465), donde fue lugarteniente del rey (1453-1454). – **Lluís** (c. 1435-1509), gobernador de Cataluña (1472-1509). – **Luis de Requesens y Zúñiga** (Barcelona 1528-Bruselas 1576) fue consejero privado de Felipe II, lugarteniente general de Juan de Austria y gobernador de Milán (1571-1573). Sucedió al duque de Alba en el gobierno de los Países Bajos (1573) y decretó una amnistía, pero su política moderada fracasó.

**REQUIARIO** († Oporto 456), rey suevo [448-456]. Hijo y sucesor de Requila, fue preso por Teodorico II.

**REQUILA** († 448), rey suevo [441-448], hijo y sucesor de Hermerico. Conquistó Andalucía.

**Rerum novarum** (15 mayo 1891), encíclica promulgada por León XIII relativa a la condición de los obreros, auténtica normativa del catolicismo social.

**Residencia en la tierra,** obra poética de Pablo Neruda (1933 y 1935). Mediante metáforas audaces e imágenes herméticas, el poeta expresa su desolación ante el caos del mundo y la angustia frente a la muerte.

**Resistencia,** nombre que recibió la acción clandestina llevada a cabo durante la segunda guerra mundial, por organizaciones civiles y militares de varios países de Europa (Checoslovaquia, Francia, Italia, Noruega, Polonia, Dinamarca, Grecia, Bélgica, Países Bajos, etc.), que se opusieron a la ocupación de su territorio por los alemanes. Contribuyó notablemente con sus actividades a la liberación del territorio.

**RESISTENCIA,** c. de Argentina, cap. de la prov. de Chaco y cab. del dep. de San Fernando, en la or. der. del río Negro; 228 199 hab. Centro comercial e industrial. Universidad.

**REŞIŢA,** c. del O de Rumania; 104 400 hab.

**RESNAIS** (Alain), director de cine francés (Vannes 1922). Tras el gran impacto de su primer largometraje, *Hiroshima mon amour* (1959), realizó *El año pasado en Marienbad* (1961) y *Mi tío de América* (1980).

**RESPIGHI** (Ottorino), compositor italiano (Bolonia 1879-Roma 1936), autor de poemas sinfónicos (*Las fuentes de Roma,* 1916; *Los pinos de Roma,* 1924) y de obras líricas.

**Restauración,** período de la historia de España iniciado con la subida al trono de Alfonso XII (1874) y que se extiende hasta los inicios del reinado de Alfonso XIII (1902) o, según algunos autores, hasta la dictadura de Primo de Rivera (1923). En diciembre de 1874 Martínez Campos proclamó en Sagunto la monarquía de Alfonso XII. Cánovas del Castillo, nombrado jefe del gobierno, promulgó la constitución de 1876 e implantó un sistema parlamentario basado en la alternancia del Partido conservador, del propio Cánovas, y el liberal de Sagasta. La apariencia democrática del sistema estaba desvirtuada por la práctica del caciquismo en los procesos electorales. Cánovas ocupó el poder hasta 1881 y aprobó la ley electoral de 1878. En 1881-1890 los gobiernos liberales elaboraron el ordenamiento jurídico-político vigente hasta 1923 (libertad de expresión, reunión y asociación, sufragio universal). En la década de 1890 la aparición o auge de diversos movimientos (republicanismo, anarquismo, socialismo, regionalismo) plantearon los primeros síntomas de decadencia del sistema, y el malestar por la crisis económica en el campo. No obstante, serían las guerras coloniales (Marruecos, y especialmente Cuba y Filipinas) las que evidenciaron la decadencia del sistema canovista y su alejamiento de la realidad de la sociedad española del s. XX. Sin embargo, el marco institucional no fue alterado hasta la proclamación de la segunda república (1931).

**Restauración francesa,** régimen político de Francia durante los reinados de Luis XVIII y Carlos X, desde la caída del Imperio (1814) hasta la revolución de julio de 1830.

**RESTIF** o **RÉTIF DE LA BRETONNE** (Nicolas **Restif,** llamado), escritor francés (Sacy, Yonne, 1734-París 1806). Impresor, en sus novelas se revela como un agudo observador de la sociedad francesa prerrevolucionaria (*El señor Nicolas* o *El corazón humano al descubierto,* 1794-1797).

**RESTREPO** (Antonio José), escritor y diplomático colombiano (Concordia 1855-Barcelona, España, 1933). Autor de obras políticas, recopilaciones y estudios de folklore, fue delegado en la S.D.N.

**RESTREPO** (Carlos Emilio), abogado y político colombiano (Medellín 1867-† 1937). Conservador, fue presidente de la república (1910-1914). Reorganizó la vida pública.

**RESTREPO** (Ernesto), etnólogo colombiano (Medellín 1862-Bogotá 1949), autor de trabajos sobre los pueblos amerindios colombianos.

**RESTREPO** (Félix), jesuita y filólogo colombiano (Medellín 1887-† 1965). Fue director de la Academia colombiana (1955) y autor de estudios lingüísticos (*El castellano en los clásicos; La ortografía en América).*

**RESTREPO** (José Félix), político colombiano (1760-1832), presidente del congreso constituyente (1821) que abolió la esclavitud.

**RESTREPO** (José Manuel), político e historiador colombiano (Envigado, Antioquia, 1781-Bogotá 1863). Ministro (1822-1827), es autor de *Historia de la revolución de la república de Colombia* (1827).

**RESTREPO JARAMILLO** (José), escritor colombiano (1896-1945), introductor de la novela sicológica en Colombia (*La novela de los tres, y varios cuentos,* 1926; *David, hijo de Palestina,* 1931).

**RETALHULEU** *(departamento de),* dep. del SO de Guatemala; 1 856 km²; 238 887 hab. Cap. *Retalhuleu* (35 246 hab.).

**RETIA,** ant. región de los Alpes centrales correspondiente al Tirol y al S de Baviera, sometida a los romanos por Tiberio y Druso (15 a. J.C.).

**RÉTICOS** *(Alpes),* parte de los Alpes centrales que comprende los macizos de Albula, Bernina y Ortler.

**Retiro** *(El),* parque de Madrid. Su origen se remonta a los jardines del palacio del Buen Retiro (s. XVII). En la segunda mitad del s. XIX se añadieron los palacios de Velázquez (1883) y de Cristal (1887). En el s. XX adquirió su actual fisonomía.

**RETZ** (Jean-François Paul **de Gondi,** *cardenal* **de**), político y escritor francés (Montmirail 1613-París 1679). Tuvo un papel destacado durante La Fronda. Fue nombrado cardenal por Luis XIV (1652). Escribió sus *Memorias,* en las que se reveló como moralista y observador político.

**REUCHLIN** (Johannes), humanista alemán (Pforzheim 1455-Stuttgart 1522), uno de los promotores de los estudios hebraicos y griegos en occidente.

**REUNIÓN** o **LA REUNIÓN,** en fr. **Réunion,** isla del archipiélago de las Mascareñas, al E de la isla de Madagascar, en el Índico, que constituye un dep. francés de ultramar; 2 511 km²; 597 823 hab. Cap. *Saint-Denis.* Descubierta por los portugueses (1528), en 1638 fue ocupada por los franceses, que la denominaron isla Bourbon. Desde 1983 goza de un régimen especial de autonomía.

**REUS,** c. de España (Tarragona), cab. de p. j.; 88 595 hab. *(Reusenses.)* Centro agropecuario, comercial e industrial (alimentaria, textil, metalmecánica, construcción). Avicultura. Aeropuerto. Iglesias del s. XVI. Edificios modernistas. Universidad.

**Reuter,** agencia de prensa británica fundada en 1851 en Londres por J. Reuter, una de las mayores agencias mundiales de información.

**REUTLINGEN,** c. de Alemania (Baden-Württemberg), al S de Stuttgart; 101 987 hab. Iglesias góticas.

**REVAL** o **REVEL** → ***Tallinn.***

**REVENTAZÓN,** r. de Costa Rica (Cartago y Limón), que nace en la cordillera de Talamanca y desemboca en el Caribe; 145 km.

**REVERÓN** (Armando), pintor venezolano (Caracas 1899-*id.* 1954). Tras estudiar en Francia y España, cultivó cierto impresionismo. Su obra suele dividirse en tres etapas: azul, blanca (la más importante: *Oleaje; Playas de Macuto*) y sepia *(Desnudo).*

**REVILLAGIGEDO** o **REVILLA GIGEDO,** archipiélago de México (Colima), en el Pacífico, de origen volcánico. Islas principales: Socorro o Santo Tomás, San Benedicto y Clarión o Santa Rosa. Deshabitado.

**revoltosa** *(La),* zarzuela del género chico en un acto de R. Chapí sobre texto de J. López Silva y C. Fernández Shaw (1897).

**revolución cubana,** período de la historia de Cuba iniciado con la insurrección armada contra el régimen de Batista (1953) y que culminó con la implantación de un estado socialista (1961). En 1953 se produjo el fallido asalto de Castro al cuartel de Moncada. En 1956 los revolucionarios desembarcaron desde el barco Granma y organizaron una guerrilla en sierra Maestra. Los insurgentes (Castro, Che Guevara, Camilo Cienfuegos) se apoderaron de La Habana (1 en. 1960). Una vez en el poder, Castro y sus colaboradores emprendieron la reforma agraria, un amplio programa de culturalización y la nacionalización de las empresas privadas. El 16 de abril de 1961 fue proclamada la república socialista.

**revolución cultural proletaria** (1966-1976), período de la historia de China en la que las autoridades administrativas y políticas tradicionales fueron destituidas, como Deng Xiaoping y Liu Shaoqi, mientras que los jóvenes de las escuelas y de las universidades (cerradas de 1966 a 1972) se organizaban en asociaciones de guardias rojos, en nombre del pensamiento de Mao Zedong. Marcada por el desplazamiento masivo de la población del campo hacia la ciudad y de la ciudad hacia el campo, por sangrientos enfrentamientos en las provincias, la encarcelación o el asesinato de artistas e intelectuales y la destrucción de obras de arte tradicionales (monumentos y libros), acabó con la muerte de Mao y la detención de la Banda de los cuatro (1976).

**revolución de octubre de 1934** → ***octubre de 1934.***

**revolución democrática** *(Partido de la)* [P.R.D.], partido político mexicano de centro-izquierda, dirigido por Cuauhtémoc Cárdenas, creado en 1989 de una escisión del P.R.I. (Corriente democrática), a la que se sumaron otros grupos de izquierda.

**revolución española de 1820,** movimiento que llevó al restablecimiento de la constitución de 1812 durante el trienio liberal. Tras diversos pronunciamientos fallidos, el general Riego se sublevó en Cabezas de San Juan. Fue neutralizado, pero desencadenó un vasto movimiento revolucionario que forzó a Fernando VII a jurar la constitución.

**revolución española de 1854,** movimiento revolucionario español que derrocó al gobierno moderado y dio lugar al bienio progresista (1854-1856). Ante un intento de Isabel II de abolir la constitución, progresistas y clases populares apoyaron el pronunciamiento de O'Donnell en Vicálvaro, e Isabel aceptó un gobierno dirigido por Espartero y O'Donnell.

**revolución española de 1868,** llamada también **revolución de setiembre,** o **la Gloriosa,** proceso iniciado con el derrocamiento de Isabel II (set. 1868). Demócratas, progresistas y la Unión liberal, que habían formado el pacto de Ostende (1866), apoyaron el alzamiento iniciado por Prim y Topete. Isabel II abandonó el país, y Serrano ocupó la regencia y Prim la presidencia de gobierno. El levantamiento federal (1869) y la debilidad de la monarquía de Amadeo I culminaron con su abdicación y la proclamación de la primera república (1873).

**Revolución francesa,** movimiento revolucionario francés que puso fin al Antiguo régimen en Francia (1789-1799).

***Los estados generales y la asamblea constituyente.*** En la reunión de los estados generales (5 mayo 1789), convocada por el rey, el tercer estado, dominado por la burguesía, se proclamó asamblea nacional (14 junio) y se transformó en constituyente. El pueblo tomó la Bastilla (14 julio). Se redactó una Declaración de los derechos del hombre y del ciudadano y una constitución, aceptada por el rey después de intentar huir (1791).

***La asamblea legislativa.*** Las dificultades con los contrarios a las transformaciones, tanto en el interior como del exterior (Prusia y Austria), se agudizaron. Se declaró la guerra (20 abril 1792) realimentándose la revolución: cayó la monarquía (10 ag.) y Francia venció en Valmy a los ejércitos extranjeros (20 set.).

***La convención nacional.*** Se proclamó la república (22 set.) y se ejecutó a Luis XVI (21 en. 1793). La Montaña (Robespierre) controló el poder, eliminando a los girondinos. Tuvieron lugar insurrecciones federales y la Vendée. Se redactó una constitución democrática (24 junio) y se formó el Comité de salud pública (Terror) hasta la reacción termidoriana, llevada a cabo por parte de la burguesía (1794).

***El Directorio.*** Se redactó una constitución moderada (22 ag.). Desprestigiado el régimen, el general Napoleón Bonaparte se convirtió en un héroe nacional. Se hizo con el poder al llegar de la campaña de Egipto: golpe de estado de Brumario (9-10 nov. 1799).

**revolución francesa de 1830,** movimiento revolucionario que se desarrolló durante tres jornadas (27-29 julio 1830, llamadas las tres gloriosas), que finalizó con la abdicación de Carlos X y la instauración de la monarquía de julio (Luis Felipe I).

**revolución mexicana,** período de la historia de México entre la caída de Porfirio Díaz y el acceso de la burguesía al poder. 1906-1911: los motines populares dirigidos por E. Zapata, Orozco y Pancho Villa provocaron la caída de Porfirio Díaz y el acceso al poder de Ignacio Madero (acuerdos de Ciudad Juárez, 1911). 1911-1913: Madero se sirvió del ejército porfirista para reprimir la revolución zapatista planteada en el plan de Ayala. 1913-1914: El general Huerta asumió la presidencia y mandó asesinar a Madero. Carranza se proclamó (plan de Guadalupe, marzo 1913) continuador de la política de Madero y, unido a Villa, se enfrentó a Huerta, mientras Zapata continuaba su lucha en el S. Carranza logró la huida de Huerta (julio 1914). 1914-1915: En la convención de Aguascalientes (oct. 1914) Villa y Zapata otorgaron la presidencia a Gutiérrez, lo que no fue aceptado por Carranza. Éste y Obregón formaron gobierno en Veracruz. Villa y Zapata se distanciaron en diciembre y las tropas de Obregón y Carranza tomaron la capital; el nuevo gobierno fue reconocido por E.U.A. (oct. 1915). Zapata dirigió una revolución agraria en el estado de Morelos, pero tuvo que retirarse a Puebla tras una fuerte ofensiva gubernamental. 1916-1919: Carranza fue elegido presidente en Querétaro, y en febrero de 1917 fue aprobada una constitución, pero el agrarismo zapatista continuaba activo. En diciembre de 1918 el gobierno lanzó un último ataque militar contra los zapatistas y Carranza, para poner fin a la insurrección campesina, ordenó el asesinato de Zapata (1919).

**revolución rusa de 1905,** conjunto de manifestaciones que sacudieron Rusia en 1905. A fines de 1904 la agitación iniciada por los ziémstvos se propagó por los ambientes obreros que reclamaban una constitución. Tras el llamado domingo rojo (9 [22] en. 1905), durante el cual el ejército disparó sobre los manifestantes, se multiplicaron las huelgas y estallaron algunos motines (el del acorazado Potemkín, junio). Esta crisis, agravada por las derrotas de la guerra contra Japón, obligó a Nicolás II a promulgar el manifiesto de octubre en el que prometía la constitución de una duma de estado elegida por sufragio universal. Los soviets de los diputados obreros intentaron una insurrección que fue aplastada (dic. 1905-en. 1906).

**revolución rusa de 1917,** conjunto de movimientos revolucionarios que desembocaron en la abdicación de Nicolás II, la toma del poder por los bolcheviques y la creación de la República Socialista Soviética Federativa de Rusia. La *revolución de febrero* que se desarrolló en Petrogrado acabó con el zarismo (abdicación de Nicolás II, 2 [15] marzo 1917). El poder pasó a un gobierno provisional, dominado por los demócratas constitucionales, y por los soviets, en su mayoría mencheviques y socialrevolucionarios. Los obreros y los soldados se manifestaron en abril, y posteriormente en julio, contra la continuación de la guerra. Lenin, que había vuelto a Rusia en abril, consiguió que los mencheviques adoptasen su táctica. Éstos tomaron el poder en Petrogrado (25 oct. [7 nov.]) y, tras la *revolución de octubre,* el II congreso de los soviets eligió al consejo de los comisarios del pueblo, presidido por Lenin.

**revolucionario institucional** *(Partido)* → ***P.R.I.***

**revoluciones democráticas de 1989,** conjunto de acontecimientos que llevaron a la caída de los regímenes comunistas en Europa central y oriental. La U.R.S.S. no se opuso a ellas, aceptando así la pérdida del control que ejercía sobre esta parte de Europa desde el final de la segunda guerra mundial. Iniciadas en Polonia (victoria de Solidarność en las elecciones de junio), seguidas por Hungría (quien abrió el telón de acero en mayo), por la R.D.A. (desmantelamiento del muro de Berlín en noviembre) y por Checoslovaquia, los movimientos de oposición de los regímenes en el poder y la lucha por la instauración de la democracia fueron pacíficos. Otras evoluciones más complejas provocaron la caída de los gobiernos comunistas de Bulgaria y Rumania.

**revoluciones europeas de 1848,** conjunto de movimientos revolucionarios, de inspiración liberal o democrática, que estallaron en diversos países europeos en la primavera de 1848. Las principales etapas fueron: la insurrección de Palermo (12 en. 1848), la promulgación de constituciones en Nápoles (10 febr.), Toscana (17 febr.) y Piamonte (5 marzo), la declaración de guerra a Austria por Carlos Alberto (24 febr.), las revoluciones que estallaron en Viena (13 marzo), en Venecia (17-22 marzo), en Berlín (18 marzo), en Milán (18-22 marzo), en Munich (19 marzo), el reconocimiento del estatuto húngaro por parte de Viena (11 abril), la apertura del parlamento de Franckfurt (18 mayo), del Congreso paneslavo de Praga (2 junio) y de la Asamblea constituyente en Viena (22 julio). La reacción se organizó a partir de junio; consiguió la victoria en los estados alemanes, en Viena (30-31 oct. 1848) y en Hungría (capitulación de Világos, 13 ag. 1849). En Italia, Fernando II restableció el poder en Sicilia (15 mayo 1848) y Carlos Alberto fue derrotado por los austríacos (Custoza, 25 julio 1848; Novara 23 marzo 1849). Las revoluciones de 1848 abolieron los últimos vínculos serviles en Europa central y aceleraron el proceso de formación de uniones nacionales.

**revoluciones inglesas,** nombre dado a dos períodos de la historia inglesa del s. XVII. *Primera revolución inglesa o gran rebelión* (1642-1649). 1640: el rey Carlos I convocó al parlamento para obtener el dinero que necesitaba para vencer a Escocia. 1641: el parlamento negó la ayuda y dirigió al rey la «Grand Remontrance» que limitaba el poder real. 1642: el rey se retiró a York, al no poder detener a los jefes de la oposición parlamentaria, lo que desencadenó la guerra civil. 1644: a la victoria de los parlamentarios en Marston Moor siguió la reorganización de su ejército, que aplastó al del rey en Naseby (1645). 1646: el rey se refugió junto a los presbiterianos escoceses. 1647: estos últimos lo entregaron a los representantes del parlamento inglés. El rey logró escapar. 1648: se desencadenó una segunda guerra civil. Cromwell, victorioso, marchó sobre Londres y depuró el parlamento, aunque estaba dispuesto a negociar con el rey. 1649: el parlamento aprobó la acusación de Carlos I, que fue ejecutado (en.). Cromwell se convirtió entonces en dueño del país. *Segunda revolución inglesa,* llamada *la revolución gloriosa* (1688-1689). 1688: Jacobo II, católico, concedió la libertad de culto a los católicos y a los protestantes disidentes (mayo). El nacimiento de un heredero, Jacobo Eduardo (junio), permitió el establecimiento de una dinastía católica. Guillermo de Orange respondió a la llamada de algunos importantes whigs y tories y desembarcó el 5 de noviembre. Jacobo II huyó a Francia. 1689: el parlamento reconoció como nuevos soberanos a María II y Guillermo III. Con esta revolución se instauró una monarquía constitucional en Inglaterra.

**revolutionibus orbium coelestium libri VI** *(De),* obra de Copérnico, publicada en 1543, en la que expone su concepción heliocéntrica del universo.

**REVUELTAS** (José), escritor mexicano (Durango 1914-México 1976). Su obra se centra en los problemas sociales y en sus experiencias personales. Autor de ensayos y obras teatrales, destacó por sus relatos (*Dormir en tierra,* 1960) y novelas (*El luto humano,* 1943; *El Apando,* 1969).

**REVUELTAS** (Silvestre), compositor mexicano (Santiago Papasquiaro 1899-México 1940). Fundó la orquesta nacional mexicana y compuso obras vinculadas al folklore de su país (*Cuauhnahuac,* 1926) y a España (*Homenaje a García Lorca,* 1935).

**REXACH** (Joan), pintor español, activo en Valencia entre 1431 y 1482. Su estilo, dentro del gótico hispanoflamenco, adolece de cierta rigidez.

**Rexurdimento,** renacimiento cultural gallego de la segunda mitad del s. XIX. Figuras destacadas fueron J. M. Pintos, R. de Castro, E. Pondal, V. Lamas Carvajal y M. Curros Enríquez, en la poesía; en la prosa ideológica, B. Vicetto, M. Murguía y A. Brañas.

**REY** *(isla del)* o **SAN MIGUEL** *(isla de),* isla de Panamá, en el archipiélago de las Perlas; 32 km². Pesquerías de perlas.

**REY** (Antonio **Martínez del Castillo,** llamado **Florián**), director de cine español (La Almunia de Doña Godina 1894-Alicante 1962), que obtuvo grandes éxitos dirigiendo a su esposa, Imperio Argentina: *La aldea maldita* (1929), *Nobleza baturra* (1935), *Morena Clara* (1936).

**REY** (Fernando **Casado d'Arambillet Veiga Rey,** llamado **Fernando**), actor español (La Coruña 1917-Madrid 1994), de dilatada carrera profesional (debutó en el cine en 1936) tanto en España como en el extranjero (*Locura de amor,* 1948, de J. de Orduña; *Cómicos,* 1954, de J. Bardem; *Viridiana,* 1961, *Tristana,* 1970, etc., de L. Buñuel; *Contra el imperio de la droga,* 1971, de W. Friedkin; *Padre nuestro,* 1985, de F. Regueiro).

**REY DE ARTIEDA** (Andrés), escritor español (Valencia 1549-*id.* 1613). Publicó el drama en verso *Los amantes* (1581), sobre la leyenda de los amantes de Teruel, y diversas obras poéticas.

**REY GUILLERMO** *(isla del),* en ingl. **King William Island,** isla del archipiélago ártico canadiense.

**rey Lear** *(El),* tragedia en cinco actos de Shakespeare (*c.* 1606). Un rey deshereda a su hija menor en favor de las dos mayores, quienes le pagan con ingratitud. Tragedia del absurdo y del poder, mezcla el simbolismo cósmico con el melodrama.

**REY PASTOR** (Julio), matemático español (Logroño 1888-Buenos Aires 1962). Autor de *Teoría geométrica de la polaridad* (1912) y *Fundamentos de la geometría proyectiva superior* (1914). [Real academia 1953.]

**REY ROSA** (Rodrigo), escritor guatemalteco (Guatemala 1958), autor de una narrativa de marcado tono onírico (*Lo que soñó Sebastián,* 1994; *Que me maten si...,* 1997).

**REYES** *(valle de los),* yacimiento arqueológico de Egipto en la orilla O del Nilo, frente a Luxor. Lugar elegido como sepultura por los soberanos del Imperio nuevo. De sus hipogeos se ha extraído mobiliario funerario, como el de Tut Anj Amón.

**REYES (Los)** → ***Paz (La),*** mun. de México.

**Reyes** *(Libro de los),* nombre dado a dos libros bíblicos redactados entre el s. VII y fines del s. VI a. J.C., que narran la historia del reinado de Salomón y la de los reinos de Israel y Judá, mezclando elementos legendarios, históricos y hagiográficos.

**REYES** (Alfonso), escritor mexicano (Monterrey 1889-México 1959). Diplomático desde 1914, vivió en España hasta 1924, donde estudió con Menéndez Pidal y se especializó en temas literarios del siglo de oro. Su producción abarca muy diversos géneros, especialmente el ensayo: reflexión sobre los clásicos (*Discurso por Virgilio,* 1931); sobre estética (*Cuestiones estéticas,* 1911; *En torno a la estética de Descartes,* 1958); sobre literatura española (*Capítulos de literatura española,* 1939-1945) o sobre cultura mexicana (*Visión de Anáhuac,* 1915; *Letras de la Nueva España,* 1948). Es autor, también, de libros de poemas (*Ifigenia cruel,* 1924).

**REYES** (Bernardo), militar y político mexicano (Guadalajara 1850-México 1913). Ministro de Guerra y Marina (1901-1903), se exilió en 1909. Fue encarcelado tras un fallido golpe de estado (1911).

**REYES** (Luz **Flores Acevedo,** llamada **Lucha**), cantante mexicana (Guadalajara 1906-México 1942). Creó escuela de interpretación de la canción popular mexicana. Se suicidó.

**REYES** (Neftalí) → ***Neruda*** (Pablo).

**REYES** (Salvador), escritor chileno (Copiapó 1899-Santiago 1969), de temas marítimos, con vigorosa imaginación (*Tres novelas de la costa,* 1934; *Mónica Sanders,* 1951).

**REYES PRIETO** (Rafael), militar y político colombiano (Santa Rosa de Viterbo, Boyacá, 1850-Bogotá 1921). General en jefe del ejército, reprimió los alzamientos del Cauca y Panamá (1895). Elegido presidente de la república (1904), gobernó dictatorialmente y fue apartado del poder en 1909.

**REYES PROSPER** (Ventura), matemático y lógico español (Castuera 1863-Toledo 1922). Introdujo en España el estudio de las geometrías no euclídeas y se ocupó de la lógica simbólica (1891).

**REYKJAVÍK,** c. y cap. de Islandia, en el SO de la isla; 125 800 hab. en la aglomeración, que concentra a más de la mitad de la población del país.

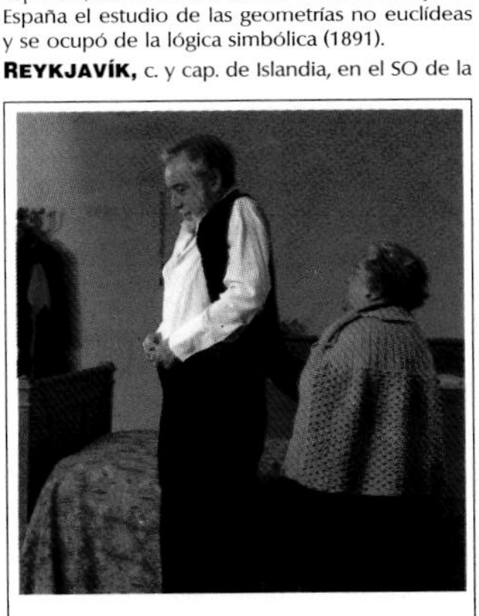

Fernando **Rey** en una escena de *Padre nuestro* (1985) de F. Regueiro

**REYLES** (Carlos), escritor uruguayo (Montevideo 1868-*id.* 1938). Influido por el naturalismo, su narrativa es representativa del modernismo. Trata a menudo temas rurales (*El terruño,* 1916; *El gaucho florido,* 1932). *El embrujo de Sevilla* (1922) revive sus recuerdos andaluces.

**REYMONT** (Władysław Stanisław), escritor polaco (Kobiele Wielkie 1867-Varsovia 1925), autor de novelas sobre la vida rural polaca (*Los campesinos,* 1902-1909) y de relatos históricos (*El año 1794,* 1913-1918). [Premio Nobel de literatura 1924.]

**REYNOLDS** (Osborne), ingeniero y físico británico (Belfast 1842-Watchet, Somersetshire, 1912). Estudió el comportamiento dinámico de los fluidos viscosos, demostró la existencia de una velocidad crítica y subrayó la importancia de un coeficiente sin dimensión *(número de Reynolds).*

**REYNOLDS** (*sir* Joshua), pintor británico (Plympton, Devon, 1723-Londres 1792). Fecundo retratista, admirador de Rembrandt, en 1768 fue cofundador y presidente de la Academia real.

**REYNOSA** → ***Reinosa.***

**REZĀ** → ***Pahlawī.***

**REZĀ'IYEH** → ***Urmia.***

**R.F.A.** → ***Alemania*** (República Federal de).

**RHEE** (Lee Sŭng-man, llamado **Syngman**), político coreano (en Hwanghal 1875-Hawai 1965), presidente de Corea del Sur (1948-1960).

**RHINE** (Joseph Banks), parasicólogo norteamericano (en Juniata, Pennsylvania, 1895-Hillsborough, Carolina del Norte, 1980). Trató de dar bases científicas a la parasicología.

**RHODE,** factoría griega fundada por los rodios en el NE de la península Ibérica, en el golfo de Rosas, antes de 776 a. J.C. Los restos arqueológicos indican una intensa actividad comercial. En la edad media se levantó en el lugar el monasterio románico de Santa María y un recinto amurallado.

**RHODE ISLAND,** estado del NE de Estados Unidos, en Nueva Inglaterra; 3 144 km²; 1 003 464 hab. Cap. *Providence.*

**RHODES** (Cecil), financiero y colonialista británico (Bishop Stortford 1853-Muizenberg, cerca de El Cabo, 1902). En 1870 se instaló en la colonia de El Cabo. Fundó la British South Africa company que, en 1889, obtuvo las concesiones mineras de una parte de la cuenca del Zambeze, llamada Rhodesia en su honor. Fue primer ministro de El Cabo (1890), y fracasó en una operación contra los bóers (1895), por lo que se vio obligado a dimitir.

**RHODESIA,** territorio del África oriental, en la cuenca del Zambeze. Había constituido dos territorios de la Commonwealth, que, en 1953, se integraron en una federación, junto con Nyasalandia, hasta 1963. En 1964 *Rhodesia del Norte* se independizó con el nombre de *Zambia,* y Nyasalandia adoptó el nombre de *Malawi; Rhodesia del Sur* se independizó unilateralmente en 1970 como República de Rhodesia y desde 1980 constituye el estado independiente de *Zimbabwe.*

**RHÖN,** macizo volcánico de Alemania, al O de Turingia; 950 m.

**RHONDDA,** c. de Gran Bretaña, en el S del País de Gales; 82 000 hab. Minas de carbón.

**RHÔNE** → ***Ródano.***

**RHÔNE** *(departamento de),* dep. del E de Francia (Ródano-Alpes); 3 249 km²; 1 508 966 hab. Cap. *Lyon.*

**RIAD** → ***Riyāḍ.***

Alfonso **Reyes** (por Roberto Montenegro)

Carlos **Reyles**

**Rialto** *(puente de)*, puente de Venecia, en el gran canal, construido en el s. XVI.

**RIANCHO** (Diego), pintor español (Entrambasmestas, Santander, 1841-Ontaneda 1930). Discípulo de Haes, cultivó el paisaje con una pincelada suelta.

**RIANJO** o **RIANXO,** v. de España (La Coruña); 11 812 hab. *(Rianjeiros.)* Mariscos. Conservas.

**RIAÑO** (Diego), arquitecto español († Valladolid 1534). A pesar de sus estructuras góticas, es una figura primordial del plateresco (ayuntamiento de Sevilla).

**RÍAS ALTAS,** comarca de España (La Coruña), desde el cabo de Estaca de Bares (ría de Santa Marta de Ortigueira) hasta el de Finisterre (ría de Corcubión).

**RÍAS BAJAS** o **RÍAS BAIXAS,** comarca de España (La Coruña y Pontevedra), desde la ría de Muros y Noya, al N, hasta la ría de Vigo, al S.

**RIAZA,** r. de España, afl. del Duero (or. izq.); 104 km. Presa de Linares del Arroyo, que alimenta una central de 1 536 kW.

**RIAZÁN,** c. de Rusia, al SE de Moscú; 515 000 hab. Metalurgia. Química. Antiguos monasterios del Kremlin, act. museos.

**RIBA** (Carles), escritor español en lengua catalana (Barcelona 1893-*id.* 1959). Estudioso y traductor de los clásicos griegos, como creador se distingue por la pureza hermética de su poesía: *Estancias* (*Estances,* 1919 y 1933) y *Elegías de Bierville* (*Elegies de Bierville,* 1942).

**RIBADAVIA,** v. de España (Orense), cab. de p. j.; 5 946 hab. (*Ribadavienses* o *riberavianos.*) Vinos (*ribeiro*). Industria maderera. Restos de murallas; calles porticadas. Iglesias románicas y góticas.

**RIBADENEIRA** (Pedro **de**) → ***Rivadeneyra.***

**RIBADEO,** v. de España (Lugo); 8 761 hab. *(Ribadenses.)* Puerto pesquero e industria alimentaria. Coto nacional de pesca en el Eo. Turismo.

**RIBADESELLA,** v. de España (Asturias); 6 182 hab. *(Ribadesellenses.)* Puerto pesquero. En el término, cueva de Tito Bustillo, con pinturas rupestres del paleolítico superior.

**RIBAGORZA** *(condado de),* antiguo condado pirenaico situado entre los de Urgel y Pallars, al que estuvo unido hasta *c.* 922. Se independizó de los francos *c.* 884. Tuvo sede episcopal propia (Roda, *c.* 956-1006). Perteneció a Sancho III de Navarra (*c.* 1018) antes de incorporarse a Aragón (1044).

**RIBALTA** (Francisco), pintor español (Solsona 1565-Valencia 1628). Su obra refleja el paso de un manierismo híbrido a un primer naturalismo tenebrista, ya en su madurez artística, caracterizado por el efectismo lumínico y la plasticidad de las figuras (*Cristo abrazando a san Bernardo, c.* 1620; *La visión de san Francisco*). Ejerció una influencia decisiva en la escuela valenciana. Si bien su papel en la génesis del barroco es relativo, su estilo sobrio y monumental hace de él uno de los mejores pintores de su tiempo en España. – Su hijo **Juan** (Madrid 1596 o 1597-Valencia 1628), también pintor, fue uno de los primeros seguidores en España del tenebrismo caravaggista *(Clavamiento de Cristo en la cruz; San Jerónimo).*

Francisco **Ribalta:** *Cristo abrazando a san Bernardo* (*c.* 1620). [Prado, Madrid.]

**RIBA-ROJA DE TÚRIA,** v. de España (Valencia); 9 815 hab. Fábricas de cemento, cerámica y porcelana.

**RIBAS** (Felipe **de**), escultor español (Sevilla 1609-*id.* 1648). Discípulo de A. Cano, sus retablos barrocos (Sevilla) destacan por la factura arquitectónica.

**RIBAS** (José Félix), prócer de la independencia venezolana (Caracas 1775-Tamanaco 1814 o 1815). Miembro de la Junta suprema de Caracas (1810), derrotó en varias ocasiones a los realistas y, con Piar, destituyó a Bolívar y Mariño (set. 1814). Fue derrotado por Boves (dic.) y asesinado poco después.

**RIBAS DE FRESER** o **RIBES DE FRESER,** v. de España (Gerona); 2 358 hab. *(Ribenses.)* Estación balnearia (termas). Tren cremallera hasta Nuria.

**RIBBENTROP** (Joachim **von**), político y diplomático alemán (Wesel 1893-Nuremberg 1946). Ministro de Asuntos Exteriores del III Reich (1938-1945), fue condenado a muerte por el tribunal de Nuremberg.

**RIBEIRA,** mun. de España (La Coruña), cab. de p. j.; 23 255 hab. *(Ribeirenses.)* Cap. *Santa Eugenia* o *Santa Uxía.* Pesca e industrias derivadas. Playas.

**RIBEIRÃO PRÊTO,** c. de Brasil (São Paulo); 430 805 hab. Centro comercial e industrial.

**RIBEIRO (El)** u **O RIBEIRO,** comarca de España (Orense), que abarca los valles del río Avia y parte del Miño. Cultivos intensivos de viñedos (vino *ribeiro*). Avicultura. Industria de la madera en Ribadavia, capital comarcal.

**RIBEIRO** (Darcy), escritor, antropólogo y político brasileño (Montes Claros 1922-Brasilia 1997). Asesor del gobierno chileno de S. Allende, en su país fue senador y gobernador de Río de Janeiro. Reflexionó sobre la realidad de América Latina (*Utopía salvaje,* 1982).

**RIBERA (La),** comarca de España (Burgos y Soria), en el valle del Duero. Agricultura e industrias derivadas. El núcleo principal es Aranda de Duero.

**RIBERA (La)** o **RIBERA D'EBRE,** comarca de España (Tarragona), a ambas orillas del Ebro.

**RIBERA (La),** comarca de España (Navarra), avenada por el río Ebro y sus afl. Ega, Aragón y Arga. Horticultura; industria vinícola y conservera. El núcleo más importante es Tudela.

**RIBERA** (Anastasio Pantaleón **de**), poeta satírico español (Zaragoza *c.* 1600-Madrid 1629). Poeta culterano de muy azarosa vida, sus *Obras* fueron impresas póstumamente (1634).

**RIBERA** (José o Jusepe), llamado **el Españoleto,** pintor y grabador español (Játiva 1591-Nápoles 1652). En 1610 marchó a Italia, instalándose en 1616 en Nápoles, donde alcanzó extraordinario renombre. Su estilo se basa en violentos contrastes de luz, un denso plasticismo de las formas, un gran detallismo y una propensión a la monumentalidad compositiva (*Martirio de San Felipe; Sileno ebrio, Apolo y Marsias*; El alegre bebedor; serie de *Filósofos*). Al final de su producción adoptó un estilo más colorista y amable, de filiación veneciana y boloñesa. Sus grabados fueron muy difundidos (*Martirio de san Bartolomé*).

José **Ribera:** *Arquímedes* (1630). [Prado, Madrid.]

**RIBERA** (Juan Antonio), pintor español (Madrid 1779-*id.* 1860). Pintor de historia esencialmente, siguió un neoclasicismo davidiano (frescos de los palacios reales de Madrid y El Pardo). – Su hijo **Carlos Luis** (Roma 1815-Madrid 1891) fue un pintor romántico (retrato de Federico Madrazo, pinturas del Congreso de los diputados).

**RIBERA** (Pedro **de**), arquitecto español (Madrid 1683-*id.* 1742), fiel exponente del ornamentalismo churrigueresco (hospicio de San Fernando, act. museo municipal, Madrid).

**RIBERA ALTA (La),** comarca de España (Valencia), entre los valles bajos del Júcar y el Magro. Regadíos (acequias Real y de Escalona, embalses de Alarcón, Contreras y Tous).

**RIBERA BAJA (La),** comarca de España (Valencia), en la orla litoral, desde la confluencia Júcar-Magro hasta el mar.

**RIBERALTA,** c. de Bolivia (Beni); 18 032 hab. Caucho, nueces de Brasil, arroz. Aeropuerto.

**RIBEYRO** (Julio Ramón), escritor peruano (Lima 1929-*id.* 1994). Sus cuentos, influidos por Chéjov y Kafka, fueron reunidos en *La palabra del mudo* (1973). También publicó novela (*Cambio de guardia,* 1976) y ensayos (*Prosas apátridas,* 1975). [Premio Juan Rulfo 1994.]

**RÍBINSK,** de 1946 a 1957 **Sherbakov** y de 1984 a 1991 **Andrópov,** c. de Rusia, a orillas del Volga; 252 000 hab. Central hidroeléctrica.

**RIBOT** (Alexandre), político francés (Saint-Omer 1842-París 1923), artífice de la alianza francorrusa, fue cinco veces presidente del gobierno entre 1892 y 1917.

**RICARDO I Corazón de León** (Oxford 1157-Châlus, Lemosín, 1199), rey de Inglaterra [1189-1199], hijo de Enrique II. Desempeñó un importante papel en la tercera cruzada y, de regreso, fue hecho prisionero (1192-1194) por el emperador Enrique VI, que lo liberó a cambio de un enorme rescate. Una vez en libertad, emprendió la recuperación de las posesiones que Felipe II Augusto de Francia le había usurpado en el continente. Murió en el asedio del castillo de Châlus.

**RICARDO II** (Burdeos 1367-Pontefract 1400), rey de Inglaterra [1377-1399], hijo de Eduardo, el Príncipe Negro. Reinó al principio bajo la regencia de su tío, Juan de Lancaster, y después gobernó (1389) como monarca absoluto. En 1399, su primo Enrique de Lancaster lanzó una ofensiva contra él. Capturado y obligado a abdicar, murió en prisión.

**Ricardo II,** drama histórico de Shakespeare (*c.* 1595), representación de la debilidad de un rey dominado por nefastos consejeros.

**RICARDO III** (Fotheringhay 1452-Bosworth 1485), rey de Inglaterra [1483-1485], tras el asesinato de los hijos de su hermano Eduardo IV, de los que era tutor. Reinó mediante el terror y fue vencido y muerto en Bosworth por Enrique Tudor.

**Ricardo III,** drama histórico de Shakespeare (*c.* 1592), descripción de la ambición que conduce al criminal soberano hasta los límites de la violencia.

**RICARDO** (David), economista británico (Londres 1772-Gatcomb Park, Gloucestershire, 1823). Uno de los primeros teóricos de la economía política clásica. Estableció la ley de la renta de los bienes raíces y vio en el trabajo la fuente de cualquier valor.

**RICAURTE,** mun. de Venezuela (Zulia); 22 589 hab. Cap. *Santa Cruz de Mara.* Centro de redistribución del petróleo de los campos de Lagunillas y Mara.

**RICCI** o **RIZI** (Juan), pintor español (Madrid 1600-abadía de Montecassino 1681). Benedictino, pintó en diversos conventos españoles de su orden y luego pasó a Italia. Su estilo destaca por el vigoroso realismo y la monumentalidad de concepción (series de San Millán de la Cogolla y de la catedral de Burgos, *La cena de San Benito,* Prado). – Su hermano **Francisco** (Madrid 1608-El Escorial 1685), pintor de la casa real y de la catedral de Toledo, representante del barroco de la escuela madrileña, es autor de frescos (Descalzas reales, Madrid), cuadros de altar y obras de gran valor histórico (*Auto de fe en la plaza Mayor de Madrid,* 1683, Prado).

**RICCI** (Lorenzo), general de los jesuitas (Florencia 1703-Roma 1775). Fue elegido general de la Compañía en 1758 y fue testigo de cómo su orden era expulsada de varios países católicos y suprimida por Clemente XIV (1773), que lo encarceló en el castillo de Sant'Angelo, donde murió.

**RICCI** (Matteo), misionero italiano (Macerata 1552-Pekín 1610). Jesuita, fundó la misión católica en China. Adoptó una actitud sincrética que originó la controversia de los ritos chinos.

**RICCI** (Scipione **de'**), prelado italiano (Florencia 1741-*id.* 1809). Obispo de Pistoia y de Prato (1780-1794), fue el principal representante del jansenismo en Italia.

**RICCI** (Sebastiano), pintor italiano (Belluno 1659-Venecia 1734). En Venecia, a principios del s. XVIII, fue el creador (junto a Giovanni Antonio Pellegrini) de una nueva pintura decorativa, luminosa y animada, que influiría en todo el rococó europeo. – Su sobrino **Marco,** pintor y grabador (Belluno 1676-Venecia 1730), fue el iniciador de la pintura paisajística veneciana del s. XVIII.

**RICCIARELLI** (Daniele) → ***Volterra*** (Daniele da).

**RICCI-CURBASTRO** (Gregorio), matemático italiano (Lugo 1853-Bolonia 1925), creador, junto con su discípulo Levi-Civita, del cálculo tensorial.

**RICHARD'S BAY,** en afrikaans **Richardsbaai,** c. y puerto de la República de Sudáfrica (Natal-Kwazulu) junto al océano Índico. Centro industrial.

**RICHARSON** (Samuel), escritor británico (Macworth, Derbyshire, 1689-Londres 1761). Sus novelas, en las que mezcla realismo y sentimentalismo moralizador, gozaron de gran éxito en la Europa del s. XVIII (*Pamela o la virtud recompensada,* 1740; *Clarisa o la historia de una señorita,* 1747-1748).

**RICHARDSON** (*sir* Owen Williams), físico británico (Dewsbury, Yorkshire, 1879-Alton, Hampshire, 1959), premio Nobel de física en 1928 por su descubrimiento de las leyes de la emisión de electrones por los metales incandescentes.

**RICHARDSON** (Tony), director de cine británico (Shipley, Yorkshire, 1928-Los Ángeles 1991). Uno de los fundadores, junto con L. Anderson y K. Reisz, del movimiento *free cinema,* entre sus realizaciones destacan *Un sabor a miel* (1961), *La soledad del corredor de fondo* (1962) y *Tom Jones* (1963).

**RICHELIEU** (Armand Emmanuel **du Plessis,** *duque* **de**), político francés (París 1766-*id.* 1822). Emigró a Rusia y fue gobernador de Odessa. Al volver a Francia, fue primer ministro (1815-1818).

**RICHELIEU** (Armand Jean **du Plessis,** *cardenal* **de**), prelado y estadista francés (París 1585-*id.* 1642). Creado cardenal (1620), durante el reinado de Luis XIII se convirtió en el principal miembro del consejo del rey. Gobernó Francia entre 1624 y 1642. Sus objetivos fueron reforzar la autoridad de la monarquía y la seguridad e independencia de Francia. Venció a los protestantes, creó compañías de comercio exterior e intervino en todos los sectores de la actividad política, económica y cultural (creación de la Academia francesa, 1642). En el exterior luchó contra la casa de Austria, declaró la guerra a España (1635) y apoyó las sublevaciones de Cataluña y Portugal.

**RICHELIEU** (Louis François Armand **de Vignerot du Plessis,** *duque* **de**), mariscal de Francia (París 1696-*id.* 1788). Participó en las guerras de Sucesión de Polonia y Austria. Conquistó Menorca a los británicos (1759).

**RICHET** (Charles), fisiólogo francés (París 1850-*id.* 1935). Investigó, junto con Portier, los mecanismos de la alergia y las reacciones anafilácticas. Fue precursor de la medicina aeronáutica. (Premio Nobel de fisiología y medicina 1913.)

**RICHMOND,** c. de Canadá (Columbia Británica), en el área suburbana de Vancouver; 126 624 hab.

**RICHMOND,** c. de Estados Unidos, cap. de Virginia, a orillas del James River; 203 056 hab. Capitolio construido según planos de Th. Jefferson. Capital de los sudistas durante la guerra de Secesión, fue conquistada por Grant en 1865.

**RICHMOND UPON THAMES,** distr. del sector del Gran Londres; 160 000 hab. Parque.

**Richter** *(escala de),* escala logarítmica numerada de 1 a 9, que se utiliza para medir la magnitud de los sismos. La magnitud 9 es excepcional; el único ejemplo conocido es el del terremoto de Lisboa de 1755.

**RICHTER** (Gerhard), pintor alemán (Dresde 1932). Explotó todas las variedades estéticas del arte contemporáneo en una especie de investigación sobre las relaciones entre imagen y realidad.

**RICHTER** (Hans Werner), escritor alemán (Bansin, Uzanan, 1908-Munich 1993), novelista (*Los vencidos,* 1949), fundador del grupo 47.

**RICHTER** (Jeremías Benjamin), químico alemán (Hirschberg, Silesia, 1762-Berlín 1807). Aisló el indio y descubrió la ley de los números proporcionales.

**RICHTER** (Johann Paul Friedrich, llamado **Jean Paul**), escritor alemán (Wundsiedel, Baviera, 1763-Bayreuth 1825). Uno de los más originales representantes del romanticismo alemán, combina sensibilidad, humor e ironía (*Hesperus,* 1795; *Titán,* 1800-1803).

**RICHTER** (Sviatoslav Teofílovich), pianista ruso (Zhitómir 1915-Moscú 1997). Realizó la primera grabación íntegra del *Clave bien temperado* de J. S. Bach.

**RICHTOFEN** (Ferdinand, *barón* **von**), geógrafo alemán (Karlsruhe, Alta Silesia, 1833-Berlín 1905). Viajó por Asia y publicó estudios sobre China.

**RICIMER** o **RICIMERO,** general romano de origen suevo († en 472). De 456 a 472 fue dueño de Italia, nombrando y deponiendo emperadores.

**RICO** (Francisco), erudito español (Barcelona 1942), especialista en literatura medieval castellana y en novela picaresca (*Predicación y literatura en la España medieval,* 1977), ha realizado notables ediciones críticas de clásicos españoles. (Real academia 1986.)

**RICO** (Martín), pintor español (Madrid 1833-Venecia 1908). Su obra paisajista partió del realismo para aproximarse al impresionismo.

**Ricobayo,** embalse del río Esla, en Zamora (España). Abastece la *central de Ricobayo* (134 000 kW).

**RICOEUR** (Paul), filósofo francés (Valence 1913), autor de una crítica fenomenológica de la sicología (*Finitud y culpabilidad,* 1960; *De la interpretación. Ensayo sobre Freud,* 1965; *Tiempo y relato,* 1983-1985).

**RIDĀ** → ***Pahlawī.***

**RIDĀ** o **REZĀ KAN PAHLAWĪ** (Sevād Kūh 1878-Johannesburgo 1944), sha de Irán [1925-1941]. Rezā kan, coronel del regimiento iraní de los cosacos, organizó el golpe de estado de 1921 y se hizo proclamar sha (dic. 1925). Inspirándose en las reformas de Mustafa Kemal, impuso la modernización y occidentalización de Irán. Tuvo que abdicar en 1941.

**RIDGWAY** (Matthew Bunker), general norteamericano (Fort Monroe, Virginia, 1895-Fox Chapel, Pittsburgh, 1993). Estuvo al mando de las fuerzas de la O.N.U. en Corea (1951-1952) y de las fuerzas de la O.T.A.N. en Europa (1952-1953).

**RIDRUEJO** (Dionisio), escritor español (Burgo de Osma 1912-Madrid 1975). Fundó la revista *Escorial* (1940), de inspiración falangista, para, a partir de 1951, seguir una política divergente del régimen (confinamiento, exilio). Como poeta, pasó del clasicismo (*En once años,* 1950) a una poesía de conciencia ética (*Casi en prosa,* 1972).

**RIEGO** (Rafael **del**), militar y político español (Santa María de Tuñas, Asturias, 1785-Madrid 1823). Su pronunciamiento en Cabezas de San Juan y su posterior campaña militar por Andalucía dieron lugar a la revolución liberal de 1820. Fue ejecutado tras la entrada de los Cien mil hijos de san Luis.

**Riego** *(himno de),* marcha militar encargada por Riego, con letra de E. San Miguel y música de J. M. Gomis Colomer (1820). Prohibido por Fernando VII, pasó a ser un himno de la revolución española, y fue el himno nacional durante la segunda república.

**RIEMANN** (Bernhard), matemático alemán (Breselenz, Hannover, 1826-Selasca, junto al lago Mayor, 1866). Sus trabajos han tenido una gran resonancia, sobre todo en la teoría de las funciones de variable compleja, en la teoría de la integración y en los fundamentos de la geometría. Estableció asimismo las bases de la topología.

**RIEMENSCHNEIDER** (Tilman), escultor alemán (Heiligenstadt, Erfurt, *c.* 1460-Wurzburgo 1531), maestro del último florecimiento gótico.

**RIENZO** o **RIENZI** (Cola **di**), político italiano (Roma 1313 o 1314-*id.* 1354). Fue un apasionado de la antigüedad y quiso restaurar la grandeza romana haciéndose proclamar tribuno y liberador del estado romano (1347); murió en una revuelta.

**RIERA LLORCA** (Vicenç), escritor español en lengua catalana (Barcelona 1903-Malgrat 1991). Su novelística está marcada por el exilio (*Los tres salen por Ozama* (*Els tres surten per Ozama,* 1946).

**RIESCO,** isla de Chile (Magallanes y Antártica Chilena); 120 km de long. y 32 km de anch. Ganado ovino. Minas de carbón.

**RIESCO** (Germán), político y abogado chileno (Rancagua 1854-† 1916). Líder del Partido liberal, fue presidente de la república (1901-1906).

**RIESENGEBIRGE** → ***Karkonosze.***

**RIF,** cordillera del N de Marruecos, que se extiende a lo largo de 350 km aprox. – Poblada por tribus nómadas y piratas bereberes, la región del Rif fue difícilmente sometida por los romanos. Sujeta a la penetración cristiana desde el s. XV (toma de Ceuta y Melilla), la resistencia de los rifeños se prolongó hasta fines del s. XIX y culminó con la sublevación de Abd el-Krim contra los españoles (1921-1924) [campañas de Marruecos*] y posteriormente contra los franceses (1925-1926).

**RIFBJERG** (Klaus), escritor danés (Copenhague 1931). Reflejó las crisis sociales y estéticas de su tiempo y practicó todos los géneros: poesía (*Confrontación,* 1960), novela (*El aficionado a la ópera,* 1966) y teatro, incluyendo comedias musicales (*Estancia discreta,* 1964).

**RIFT-VALLEY,** nombre dado por los geólogos a una serie de fosas tectónicas (parcialmente ocupadas por lagos) que se extienden desde el valle del Jordán hasta el curso inferior del Zambeze. Yacimientos prehistóricos, entre ellos el del Olduvai.

**RIGA,** c. y cap. de Letonia, puerto del Báltico, en el *golfo de Riga;* 915 000 hab. Centro industrial.

**RIGALT** (Pablo), pintor español (Barcelona 1788-*id.* 1845), autor de cuadros, decoraciones y escenografías de estilo neoclásico (*Venus, Pastoral*). – Su hijo **Luis** (Barcelona 1814-*id.* 1894) mezcló la tradición romántica con la pintura al natural.

**RIGAUD** (Hyacinthe **Rigau y Ros,** llamado **Hyacinthe**), pintor francés (Perpiñán 1659-París 1743), gran maestro del retrato (*Luis XIV,* Louvre).

**RIGIL KENTARUS,** la tercera estrella más brillante del cielo, en la constelación de Centauro.

**Rigoletto,** ópera de Verdi (1851), con libreto de Piave. La acción está inspirada en el drama de Víctor Hugo *El rey se divierte* (1832).

**Rigveda** o **Veda de las estrofas,** la más antigua recopilación de himnos sagrados del vedismo (entre 1500 y 800 a. J.C.).

**RIJEKA,** ant. en ital. **Fiume,** c. y puerto de Croacia,

David **Ricardo**
(Th. Phillips - col. part.)

el cardenal **Richelieu**
(Ph. de Champaigne - rectorado de París)

Dionisio **Ridruejo**

Rafael del **Riego**
(anónimo)

junto al Adriático; 193 100 hab. Monumentos (de la edad media al barroco). Museos.

**RILA** *(macizo del),* montaña de Bulgaria, que constituye la parte occidental del Ródope; 2 925 m. Monasterio medieval, reconstruido en el s. XIX.

**RILEY** (Terry), compositor norteamericano (Colfax, California, 1935), uno de los iniciadores de la música repetitiva, influido posteriormente por la música india.

**RILKE** (Rainer Maria), escritor austríaco (Praga 1875-en el sanatorio de Valmont, Montreux, 1926). Pasó del simbolismo a la búsqueda de la significación concreta del arte y de la muerte en sus poemas (*El libro de las horas,* 1905; *Elegías de Duino, Los sonetos a Orfeo,* 1923) y su novela (*Los cuadernos de Malte Laurids Brigge,* 1910).

**RÍMAC,** r. de Perú, que pasa por la ciudad de Lima y desemboca en el Pacífico; 160 km.

**Rimado de palacio,** poema didáctico de P. López de Ayala (*c.* 1365). Consta de tres partes: una confesión personal seguida de una sátira de la sociedad de la época, un conjunto de composiciones devotas y un tratado didáctico.

**Rimas,** libro de poesía de G. A. Bécquer (1871, póstumo). Composiciones generalmente breves y de tono íntimo que giran en torno a la vida sentimental del autor.

**RIMBAUD** (Arthur), poeta francés (Charleville 1854-Marsella 1891). En 1869 escribió sus primeros poemas *(El barco ebrio),* que presentó a Verlaine, con quien mantuvo una relación amorosa hasta 1873, año en que publicó *Una estancia en el infierno.* Con sólo 19 años abandonó la literatura y llevó una vida errante por Europa y África. Su obra, rebelde y aureolada de leyenda, fue reivindicada por el surrealismo.

**RÍMINI,** c. de Italia (Emilia-Romaña), en la costa del Adriático; 128 119 hab. Estación balnearia. Arco de Augusto. Templo de Malatesta, iglesia del s. XIII, remodelada en el s. XV por L. B. Alberti.

**RIMSKI-KÓRSAKOV** (Nikolái Andréievich), compositor ruso (Tijvin, Nóvgorod, 1844-Liúbensk, cerca de San Petersburgo, 1908). Sus obras orquestales (*Capricho español,* 1887; *Scheherazade,* 1888) demuestran un gran dominio de la sonoridad. Autor de un concierto para piano (1882) y de algunas obras de música de cámara, destacó en la ópera, en la que, basándose en los mitos de la Rusia pagana, buscó el realismo popular tan apreciado por el grupo de los cinco, del que formaba parte (*El gallo de oro,* 1909).

**RIN,** en alem. **Rhein,** en neerlandés **Rijn,** en fr. **Rhin,** r. de Europa occidental; 1 320 km. Se forma en Suiza por la conjunción de dos torrentes alpinos (el *Rin anterior,* que nace en el macizo de San Gotardo, y el *Rin posterior,* en el macizo de Adula), atraviesa el lago Constanza, franquea el Jura (saltos de Schaffhausen) y recibe al Aar (or. izq.) antes de llegar a Basilea. Aguas abajo, discurre hacia el N, por un amplio valle, siguiendo la fosa de hundimiento de Alsacia y Baden, y recibe al Ill (or. izq.), al Neckar (or. der.) y al Main (or. der.). Tras rebasar Maguncia, se encaja al pasar por el macizo esquistoso Renano por el llamado paso heroico y recibe las aguas del Mosela (or. izq.) y del Lahn (or. der.). A la altura de Bonn entra en terreno llano, recibe al Ruhr (or. der.) y al Lippe (or. der.), penetra en Países Bajos para desembocar en el mar del Norte a través de tres brazos principales (el más importante de ellos, el Lek, prolongado por el Nieuwe Waterweg). El régimen se modifica desde el curso alto al bajo: aguas arriba de Basilea presenta el régimen más alto en verano y bajo en invierno; aguas abajo, presenta un caudal más estacionario, y, a partir de Colonia, es muy regular. Este río desempeña un importante papel económico. Es la arteria navegable más importante de Europa occidental, que comunica Suiza, el E de Francia, una parte de Alemania (Ruhr) y Países Bajos. Está unido al Danubio por un canal, que ocupa parcialmente el valle del Main. Es navegable hasta Basilea por embarcaciones de 5 000 t, y está jalonado de puertos muy activos: los principales son, además de Rotterdam, Duisburgo, Mannheim y Ludwigshafen, Estrasburgo y Basilea. También alimenta centrales eléctricas y suministra el agua para la refrigeración de centrales nucleares.

**RIN** *(Provincia del)* o **PRUSIA RENANA,** ant. prov. alemana dentro del reino de Prusia en 1824 y que act. está repartida entre Renania del Norte-Westfalia y Renania-Palatinado. C. pral. *Coblenza.*

**RINCÓN** (César), matador de toros colombiano (Bogotá 1965). Tomó la alternativa en 1982 en su ciudad natal. Es torero valeroso y completo.

**RINCÓN DE LA VICTORIA,** mun. de España (Málaga); 13 007 hab. En la Costa del Sol. Turismo.

**RINCÓN DE LA VIEJA,** volcán de Costa Rica, en la cordillera de Guanacaste; 1 895 m. Solfataras.

**RINCÓN DE ROMOS,** mun. de México (Aguascalientes); 26 995 hab. Industrias agropecuarias.

**RINCONADA (La),** v. de España (Sevilla); 21 195 hab. *(Rinconeros.)* Remolacha azucarera, olivos (aceite).

**RINTALA** (Paavo), escritor finlandés (Viipuri 1930), autor de novelas sociales y de novelas documento en las que la reconstitución épica de un acontecimiento se combina con los procedimientos de la entrevista periodística o la investigación científica (*Sobre la línea de los curtidores,* 1976-1979).

**RÍO** (Andrés Manuel **del**), geólogo y químico español (Madrid 1765-México 1849). Profesor desde 1795 del seminario de minería de México, descubrió el elemento que se llamaría vanadio.

**RÍO** (Ángel **del**), profesor, ensayista y crítico literario español (Soria 1901-Nueva York 1962) nacionalizado norteamericano, gran promotor de la cultura hispánica en E.U.A.

**RÍO** (Dolores **Asúnsolo Martínez,** llamada **Dolores del**), actriz mexicana (Durango 1905-Los Ángeles 1983). Llevó a cabo una dilatada carrera, tanto en E.U.A. como en su país: *Ave del paraíso* (1932), *María Candelaria* (1943), *El fugitivo* (1947), *La malquerida* (1949).

**RÍO BEC,** centro arqueológico maya de la península del Yucatán (Campeche, México), caracterizado por un estilo arquitectónico con altas torres laterales y una ornamentación original.

**RÍO BRANCO,** c. de Uruguay (Cerro Largo); 5 697 hab. Un puente internacional sobre el Yaguarón la une a la ciudad brasileña de Jaguarão. Aeropuerto.

**RÍO BRAVO,** mun. de México (Tamaulipas), en el distrito de riego del bajo Bravo; 83 522 hab.

**RÍO BUENO,** com. de Chile (Los Lagos); 33 384 hab. Centro maderero. Lácteos y curtidos.

**RÍO CARIBE,** c. de Venezuela (Sucre); 21 387 hab. Centro agrícola. Puerto pesquero. Salinas.

**RÍO CHICO,** dep. de Argentina (Tucumán); 46 389 hab. Industria azucarera. Central hidroeléctrica.

**RÍO CUARTO,** dep. de Argentina (Córdoba); 217 717 hab. Centro agropecuario e industrial.

**RÍO DE JANEIRO,** en port. **Rio de Janeiro,** c. de Brasil, cap. del *estado de Río de Janeiro* (43 305 $km^2$ y 12 584 108 hab., que en 1975 englobó el estado de Guanabara); 5 487 346 hab. (9 600 528 en la aglomeración urbana). Situada en un lugar excepcional, en ella se unen las playas, la vegetación tropical y los relieves graníticos aislados (Corcovado [704 m], Pão de Açúcar [390 m]). Capital de Brasil hasta 1960, su función política favoreció el desarrollo de los servicios y de la industria. La insuficiente industrialización explica el paro y la extensión de sus suburbios *(favelas),* que contrastan con los lujosos barrios residenciales del sur de la aglomeración, al borde del Atlántico. Dejó de ser la capital y también la principal ciudad del país, al ser superada por São Paulo. No obstante, sigue siendo la metrópoli cultural (cuenta con seis universidades) y turística (célebre carnaval) del país. Segundo puerto del país, dos aeropuertos, uno internacional (Galeão) y otro nacional (Santos Dumont). Edificios modernos (palacio de cultura, obra de Niemeyer, estadio Maracaná, etc.). El lugar fue descubierto en 1502 por el portugués Andrés Gonçalves. En 1992 acogió la Conferencia de las Naciones unidas sobre medio ambiente y desarrollo (llamada *Cumbre de Río*).

**Río de Janeiro** *(tratado de),* pacto interamericano de no agresión y ayuda mutua (T.I.A.R., tratado interamericano de asistencia recíproca), firmado en Río de Janeiro por los países de la O.E.A. (1947).

**RÍO DE LA PLATA,** estuario de América del Sur, formado por la desembocadura del Paraná y el Uruguay. Se extiende entre Argentina (or. der.) y Uruguay (or. izq.), con una longitud de 287 km y una anchura de 220 km entre Punta del Este, al N, y el cabo San Antonio, al S.

El área de alimentación del Río de la Plata recibe el nombre de *Cuenca del Plata.* Ésta abarca unos 3 100 000 $km^2$, desde el Altiplano boliviano hasta el océano Atlántico y desde la llanura de Parecís hasta el S de Buenos Aires. El área de la Cuenca del Plata no coincide con la de la *región del Plata,* expresión que, aunque de sentido bastante impreciso, designa usualmente los dos países que circundan el estuario (Argentina y Uruguay).

**HISTORIA**

1535: el adelantado Pedro de Mendoza inició la colonización española; Asunción era la capital del territorio. S. XVI: división del territorio en dos gobernaciones dependientes del virreinato del Perú, Tucumán y Paraguay, de la que en 1617 se escindió el Río de la Plata. Buenos Aires se convirtió en el eje comercial y político del territorio, mientras en Paraguay se desarrollaba el sistema de reducciones. S. XVII: lucha contra el expansionismo portugués. S. XVIII: litigio con los británicos por las Malvinas. 1777: creación del virreinato del Río de la Plata. 1806-1807: invasiones británicas del Río de la Plata.

**RÍO DE LA PLATA** *(virreinato del),* virreinato creado por España en 1777. Comprendía las delegaciones de Buenos Aires, Paraguay, Santa Cruz de la Sierra, Tucumán, el distrito de la audiencia de Charcas y los territorios bajo la jurisdicción de las ciudades de Mendoza y San Juan del Pico. Fue creado para frenar el expansionismo de Portugal hacia Uruguay y la creciente presencia de comerciantes británicos y neerlandeses en el territorio. El virreinato, que proclamó su independencia de España en 1814, tuvo, pese a su brevedad, una fuerte pujanza económica y social.

**RÍO DE ORO** *(bahía de),* golfo del África occiden-

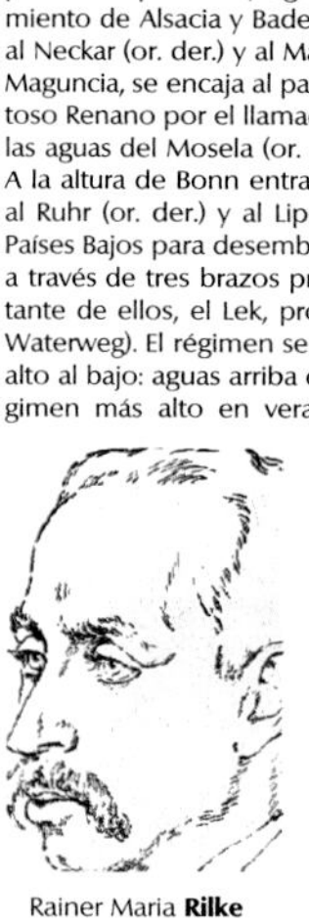

Rainer Maria **Rilke**
(E. Orlik - biblioteca nacional, Viena)

Arthur **Rimbaud**
(Fantin-Latour - Louvre, París)

**Río de Janeiro:** la estatua del Cristo Redentor (obra de Paul Landowski) en la cumbre del Corcovado dominando el lago Rodrigo de Freitas tal, en la costa del Sahara Occidental. En la parte occidental se halla Dajla (ant. Villa Cisneros).

**Río de Oro,** territorio colonial español en la bahía homónima que, con Saguía el-Hamra, constituyó el Sahara Español. Cedido por Portugal (1509), colonizado desde 1884, en 1934 dio lugar al África Occidental Española.

**Río Gallegos,** c. y puerto de Argentina, cap. de la prov. de Santa Cruz y del dep. de Güer-Aike; 64 628 hab. Petróleo. Industrias cárnicas.

**Río Grande,** brazo S del delta del Orinoco; 200 km. Se utiliza como vía de navegación.

**Río Grande,** dep. de Argentina (Tierra del Fuego, Antártida e Islas del Atlántico Sur); 39 627 hab.

**Río Grande,** mun. de México (Zacatecas); 47 806 hab. Centro agrícola y ganadero.

**Río Grande,** mun. de Puerto Rico, en el extremo NE de la isla; 45 648 hab. Industrias textiles, químicas y eléctricas.

**Rio Grande do Norte,** estado del NE de Brasil; 53 000 km²; 2 413 618 hab. Cap. *Natal.*

**Rio Grande do Sul,** estado del S de Brasil; 282 000 km²; 9 127 611 hab. Cap. *Porto Alegre.* Disputado por españoles y portugueses en el s. XVIII, fue cedido por España a Portugal en el tratado de San Ildefonso (1777).

**Río Hondo,** dep. de Argentina (Santiago del Estero); 45 096 hab. Cab. *Termas de Río Hondo.* Turismo (aguas termales).

**Río Hortega** (Pío **del**), médico español (Portillo 1882-Buenos Aires 1945), discípulo de Ramón y Cajal. En 1918 introdujo una técnica histológica de tinción mediante carbonato de plata, que aplicó al estudio de las células del sistema nervioso.

**Río Muni,** territorio colonial español en África occidental, correspondiente al sector continental de Guinea Ecuatorial (Mbini). 1469-1474: expediciones portuguesas. S. XVIII: Portugal concedió a España libre comercio en Guinea. 1901: tratado de límites que concedía a España el territorio continental. 1963: concesión de autonomía. 1968: independencia del territorio que, con Fernando Poo, constituyó Guinea Ecuatorial.

**Río Negro** *(departamento de),* dep. del O de Uruguay; 9 637 km²; 50 123 hab. Cap. *Fray Bentos.*

**Río Negro** *(provincia de),* prov. del S de Argentina; 203 013 km²; 506 796 hab. Cap. *Viedma.*

**Río Negro,** embalse de Uruguay (Tacuarembó y Durazno), sobre el río Negro. Centrales de Rincón del Bonete (128 MW) y Rincón de Baigorria (108 MW).

**Río Piedras,** barrio de San Juan de Puerto Rico, situado al S del núcleo urbano. Antiguo municipio incorporado a la capital en 1951. Universidad.

**Río Primero,** dep. de Argentina (Córdoba); 36 883 hab. Cab. *Santa Rosa de Río Primero.*

**Río San Juan** *(departamento de),* dep. del S de Nicaragua; 7 448 km²; 27 821 hab. Cap. *San Carlos.*

**Río Segundo,** dep. de Argentina (Córdoba); 84 357 hab. Cab. *Villa del Rosario.*

**Río Tercero,** c. de Argentina (Córdoba); 42 646 hab. Fabricación de material de transporte y elementos para la industria petrolera.

**Río Viejo,** mun. de Colombia (Bolívar); 17 482 hab.

**Riobamba,** c. de Ecuador, cap. de la prov. de Chimborazo; 149 757 hab. Centro comercial e industrial. Fundada en 1575, fue sede de la primera asamblea constituyente de la república (1830).

**Rioblanco,** mun. de Colombia (Tolima); 23 735 hab. Café, caña de azúcar, frutales y legumbres.

**Riofrío** *(palacio de),* palacio real español (mun. de San Ildefonso, Segovia), obra de V. Ravaglio, según los esquemas del palacio real de Madrid (1754).

**Riohacha,** c. y puerto de Colombia, cap. del dep. de La Guajira; 76 943 hab. Centro comercial. Salinas. Yacimientos de gas natural. Fundada en 1545.

**Rioja (La),** comarca del N de España que abarca la comunidad autónoma de La Rioja y la parte S de la prov. de Álava *(Rioja Alavesa).* En el valle del Ebro, entre La Bureba al O y La Ribera navarra al E, la enmarcan las sierras de la cordillera Ibérica y los derrames meridionales de la Cantábrica.

**Rioja (La),** región del N de España que constituye una comunidad autónoma uniprovincial; 5 034 km²; 267 943 hab. Cap. *Logroño.* P. j. de *Calahorra, Haro* y *Logroño.*

**GEOGRAFÍA**

El territorio abarca la comarca de La Rioja, excluida la zona alavesa, y el sector NO de la cordillera Ibérica (sierra de la Demanda, Picos de Urbión, sierra Cebollera), de la que descienden los afluentes del Ebro: Cidacos, Leza, Iregua, Najerilla, Oja. El curso del Ebro es el principal eje demográfico y econó-

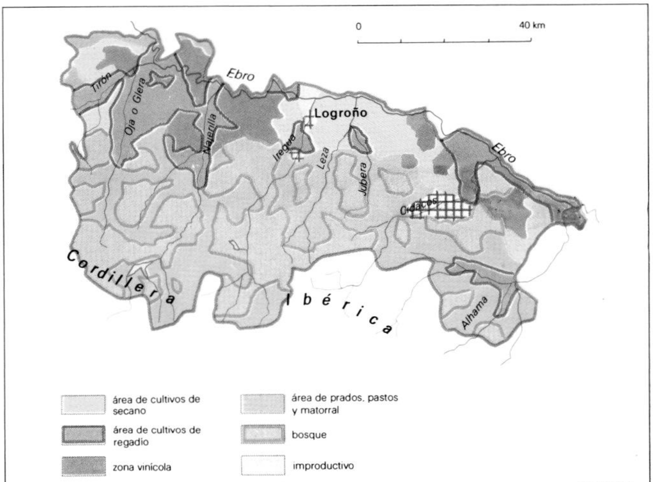

LA RIOJA

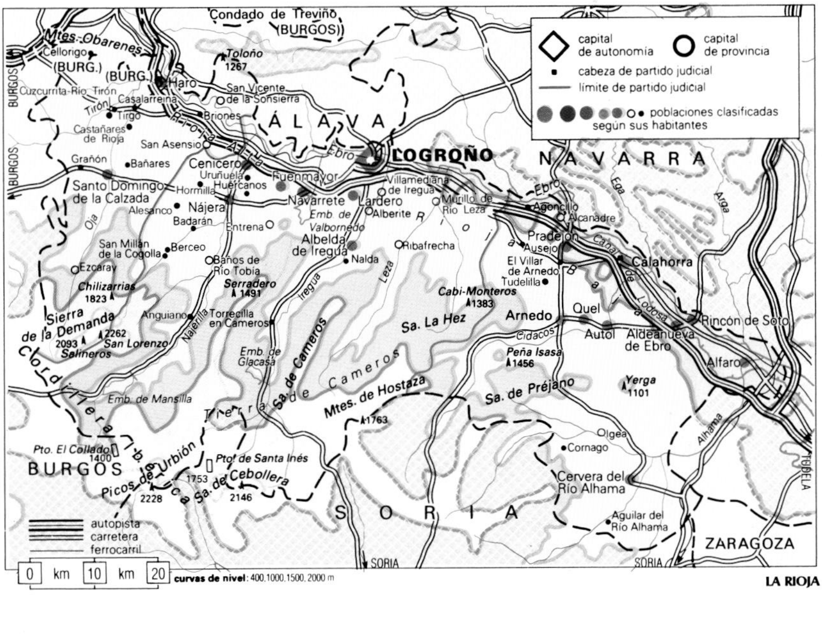

LA RIOJA

Dolores del **Río** en una escena de *El fugitivo* (1947) de John Ford

mico. Destacan la agricultura en regadío (hortalizas, frutales y remolacha) y en secano (trigo y vid), y las industrias derivadas (elaboración de vinos y conservas vegetales).

HISTORIA

Varea era la capital de los berones antes de la conquista romana (180 a. J.C.). S. II a. J.C.: fundación de Iuliobriga (Logroño). 923: Ordoño II de León y Sancho Garcés de Pamplona conquistaron la Rioja alta a los musulmanes. Alfonso VI de Castilla completó la conquista (1076). 1163: Sancho el Sabio de Navarra ocupó Logroño. 1179: arbitraje de Enrique II de Inglaterra, que atribuyó La Rioja a Castilla. 1368-1373: Navarra aprovechó los enfrentamientos entre Pedro I y Enrique de Trastámara para conquistar La Rioja, devuelta a Castilla en la paz de Briones (1379). 1833: se constituyó la provincia de Logroño en La Rioja (sin la zona alavesa). 1982: aprobación del estatuto de autonomía.

**RIOJA** (*provincia de* **La**), prov. del NO de Argentina; 89 680 $km^2$; 220 729 hab. Cap. *La Rioja.*

**RIOJA (La),** c. de Argentina, cap. de la prov. homónima; 106 281 hab. Frutales, olivo y algodón. Industrias alimentaria, textil y artes gráficas. Fundada en 1591.

**RIOJA** (Francisco), escritor español (Sevilla 1600-Madrid 1659). Protegido del conde-duque de Olivares, al que defendió *(Aristarco),* destacó como poeta, seguidor de Herrera, con sus sonetos amorosos y filosóficos y silvas *(A la rosa).*

**RION** o **RIONI,** r. de Georgia, que desciende del Cáucaso y desemboca en el mar Negro; 327 km. Su curso inferior corresponde a la ant. Cólquida.

**RIONEGRO,** mun. de Colombia (Antioquia), en el *altiplano de Rionegro;* 56 195 hab. Centro agrícola. — Mun. de Colombia (Santander); 27 488 hab. Agricultura y ganadería.

**RÍOS** (*provincia de* **Los**), prov. centrooccidental de Ecuador; 5 912 $km^2$; 527 559 hab. Cap. *Babahoyo.*

**RÍOS** (Blanca **de los**), escritora española (Sevilla 1862-Madrid 1956). Feminista, es autora de libros de poemas (*Esperanzas y recuerdos,* 1881), novelas (*Sangre española,* 1902) y ensayos literarios.

**RÍOS** (Fernando **de los**), político español (Ronda 1879-Nueva York 1949). Dirigente del P.S.O.E., participó en el pacto de San Sebastián y fue ministro de la segunda república (1931-1933) y del gobierno republicano en el exilio (1945-1947).

**RÍOS** (Juan Antonio), político chileno (Cañete 1888-Santiago 1946). Miembro del Partido radical, fue ministro en varias ocasiones. Elegido presidente de la república por el Frente popular (1942), practicó una política moderada. Renunció al cargo en 1946.

**RÍOS** (Saturio), pintor uruguayo (nacido *c.* 1840-San Lorenzo de Campo Grande 1922), destacado retratista *(Retrato del obispo Palacios).*

**RÍOS MONTT** (Efraín), militar y político guatemalteco (Huehuetenango 1927). Asumió la presidencia del país tras dar un golpe de estado (marzo 1982). Fue derrocado por O. Mejía (ag. 1983).

**ríos profundos** *(Los),* novela de José María Arguedas (1958), bella evocación del mundo mítico indigenista.

**RIOSUCIO,** mun. de Colombia (Caldas); 42 877 hab. Yacimientos de carbón, sal y yeso. Fundiciones. — Mun. de Colombia (Chocó); 20 450 hab. Junto a la desembocadura del Atrato. Maderas. Minería.

**RIOTINTO (Minas de)** → *Minas de Riotinto.*

**RIOVERDE,** mun. de México (San Luis Potosí); 76 888 hab. Centro agropecuario y comercial.

**RIPALDA** (Jerónimo **Martínez de**), jesuita español (Teruel 1535-Toledo 1618), autor de un *Catecismo* (1618) muy difundido en la enseñanza religiosa.

**RIPOLL,** v. de España (Gerona), cab. de p. j.; 11 204 hab. *(Ripolleses.)* Industria metalúrgica, textil y química. Monasterio de Santa María fundado en 879; iglesia (ss. X-XI), con rico conjunto escultórico en la portada (s. XII); claustro (ss. XII-XIV). El monasterio fue reconstruido en el s. XIX.

**RIPOLLET,** v. de España (Barcelona); 26 385 hab. Centro industrial y ciudad dormitorio.

**RIPPERDÁ** (Johan Willem, *barón* y después *duque* **de**), aventurero de origen neerlandés (Oldehove, Groninga, 1680-Tetuán 1737). Al servicio de Felipe V (1718) negoció los tratados de Viena (1725). Ministro universal en 1726, ese mismo año fue encarcelado por incumplimiento de los tratados. Huyó en 1728.

**RIPSTEIN** (Arturo), director de cine mexicano (México 1943), autor de una larga y apasionante filmografía: *Tiempo de morir* (1965), *El lugar sin límites* (1977), *La viuda negra* (1983), *Principio y fin* (1993), *Profundo carmesí* (1996), *La perdición de los hombres* (2000).

**RIQUER** (Martín **de**), erudito español (Barcelona 1914). Catedrático especializado en literatura medieval, editor de clásicos y antólogo de los poetas provenzales, ha escrito, entre otras, una *Historia de la literatura catalana* (4 vols., 1964) y una *Historia de la literatura universal* (10 vols., 1984-1986) en colaboración con J. M. Valverde. (Real academia 1965.) [Premio nacional de ensayo 1991; Premio nacional de las letras 2000.]

**riqueza de las naciones** *(Investigación de la naturaleza y causas de la),* obra de Adam Smith (1776), considerada uno de los pilares de la economía política. El autor desarrolla en ella la idea de que el interés personal es el motor principal de la actividad económica, que conduce al interés general.

**RISARALDA** *(departamento del),* dep. centrooccidental de Colombia; 4 140 $km^2$; 625 451 hab. Cap. *Pereira.*

**RISARALDA,** mun. de Colombia (Caldas); 19 524 hab. Maíz, plátanos, café. Pastos (ganado vacuno).

**RISCO** (Manuel), eclesiástico e historiador español (Haro 1735-Madrid 1801). Continuó la obra *España sagrada* del padre Flórez, y escribió *La Castilla y el más famoso castellano* (1792).

**RISCO** (Vicente), escritor español en lenguas castellana y gallega (Orense 1884-*id.* 1963). Cofundador de la revista *Nós* (1920), impulsó la prosa gallega moderna. Escribió las novelas *El puerco de pie* (*O porco de pe,* 1928) y, en castellano, *La puerta de paja* (1953), y ensayos sobre temas gallegos (*El problema político de Galicia,* 1930).

**RISI** (Dino), director de cine italiano (Milán 1916), autor de comedias cáusticas y delirantes (*Vida difícil,* 1961; *La escapada,* 1962; *Monstruos de hoy,* 1963; *Perfume de mujer,* 1974).

**Risorgimento,** voz italiana que significa *Renacimiento,* aplicada al movimiento ideológico y político que culminó con la unificación y democratización de Italia, entre la segunda mitad del s. XVIII y 1860.

**RISUEÑO** (José), escultor y pintor español (Granada 1665-*id.* 1732). Discípulo de A. Cano, destaca su escultura *San Juan Bautista* (catedral de Granada).

**RITACUVA** *(alto de),* punto culminante de la sierra Nevada del Cocuy (Colombia); 5 493 m.

**ritos chinos** *(controversia de los)* [1610-1742], gran debate en el que los dominicos y los poderes eclesiásticos se enfrentaron a los jesuitas franceses e italianos de China que querían permitir que los chinos convertidos al cristianismo continuasen practicando algunos ritos tradicionales. El debate duró desde la muerte del padre M. Ricci, que había autorizado la práctica de estos ritos, hasta la condena de los jesuitas por el papa Benedicto XIV.

**RITSOS** (Yannis), poeta griego (Malvasia, Peloponeso, 1909-Atenas 1990). Reinterpretó los mitos clásicos a través de las luchas sociales y políticas modernas (*Epitafios,* 1936; *Helena,* 1972; *El muro en el espejo,* 1973).

**RITTER** (Carl), geógrafo alemán (Quedlinburg, Prusia, 1779-Berlín 1859). Estudió la correlación entre los fenómenos físicos y humanos.

**RIÚRIK** o **RURIK,** jefe varego, señor de Nóvgorod a partir de 862.

**RIÚRIKOVICHI,** dinastía surgida del príncipe varego Riúrik, que reinó en Rusia de 882 a 1598.

**RIUS** (Eduardo **del Río,** llamado), dibujante de humor mexicano (México 1937), autor de historietas didácticas que reflejan el lenguaje popular.

**RIVA AGÜERO** (José Mariano **de la**), historiador y político peruano (Lima 1783-*id.* 1858). Primer presidente de la república (febr. 1823), fue destituido tras la caída de Lima (ag.). Fue presidente del estado Norperuano dentro de la Confederación Perú-boliviana (1838-1839).

**RIVA PALACIO** (Vicente), militar y escritor mexicano (México 1832-Madrid 1896). Escribió novelas folletinescas de tema histórico (*Los piratas del golfo,* 1869), narraciones, mordaces biografías, y dirigió una obra histórica *(México a través de los tiempos).*

**RIVADAVIA,** dep. de Argentina (San Juan); 57 273 hab. En el área metropolitana de San Juan. Vinos. — Dep. de Argentina (Mendoza); 47 032 hab. Agricultura e industrias derivadas (vino, aceite y harina). Petróleo. — Dep. de Argentina (Salta); 21 002 hab. En el Chaco occidental. Ganadería, bosques. — Partido de Argentina (Buenos Aires); 15 017 hab. Ganadería, molinos harineros. Cerámicas.

**RIVADAVIA** (Bernardino), político argentino (Buenos Aires 1780-Cádiz 1845). Tomó parte en la revolución de mayo (1810) y fue ministro en 1811-1814 y 1820-1824. Inició la emancipación de los esclavos, favoreció la adquisición de tierras por los campesinos y creó la universidad de Buenos Aires. Elegido presidente de la república (1826), sancionó una constitución de carácter unitario y reorganizó el ejército para conseguir la independencia e incorporación de la Banda Oriental de las Provincias Unidas, pero una insurrección federalista le obligó a dimitir (julio 1827) y a exiliarse.

**RIVADENEYRA** (Manuel), editor español (Barcelona 1805-Madrid 1872), iniciador de la publicación de la colección *Biblioteca de autores españoles.*

**RIVADENEYRA** o **RIBADENEIRA** (Pedro **de**), escritor español (Toledo 1527-Madrid 1611). Su verdadero apellido era **Ortiz de Cisneros.** Escribió obras ascético-morales (*Flos sanctorum,* 1599) e histórico-apologéticas, de una prosa muy fluida.

**RIVAROLA** (Cirilo Antonio), político paraguayo († Asunción 1878). Miembro del triunvirato de gobierno (1869-1870), elegido presidente (1870), disolvió el congreso (oct. 1871) y dimitió (dic.).

Francisco **Rioja** (anónimo - biblioteca colombina, Sevilla)

Fernando de los **Ríos**

Bernardino **Rivadavia** (anónimo)

el duque de **Rivas** (por A. M. Esquivel - Casón del Buen Retiro, Madrid)

Amparo **Rivelles**

**RIVAS** *(departamento de),* dep. del SO de Nicaragua; 2 149 km$^2$; 105 844 hab. Cap. *Rivas* (32 901 hab.).

**RIVAS** (Ángel **de Saavedra,** *duque* **de**), escritor español (Córdoba 1791-Madrid 1865). Después de una etapa neoclásica, escribió poemas románticos, entre los que destaca *El moro* expósito* (1831). De su obra teatral destaca el drama en prosa y verso *Don* Álvaro o la fuerza del sino* (1834). [Real academia 1847.]

**RIVAS** (Manuel), escritor español en lengua gallega (La Coruña 1957). Su obra poética (*Ningún cisne,* 1988; *Costa da morte blues,* 1995) y narrativa (*Un millón de vacas,* 1989) combina la realidad cotidiana y los temas de la tradición popular. (Premio nacional de narrativa 1996.)

**RIVAS GROOT** (José María), escritor colombiano (Bogotá 1863-Roma 1923). Modernista y decadentista, escribió novela corta (*Resurrección,* 1905) y poesía.

**RIVAS-VACIAMADRID,** v. de España (Madrid); 14 925 hab. Embalse del Rey.

**RIVEL** (José **Andreu,** llamado **Charlie**), payaso español (Cubellas 1896-San Pedro de Ribas 1983). Destacado acróbata cómico, se hizo popular por su tierno humorismo.

**RIVELLES** (Rafael), actor español (El Cabañal, Valencia, 1888-Madrid 1971). Junto a su esposa María Fernanda Ladrón de Guevara destacó en el género de la alta comedia. – Su hija **Amparo** (Madrid 1925) fue una estrella del cine español en los años cuarenta y trabajó más tarde en México y, ya en los años setenta, de nuevo en España. Ha trabajado también en teatro y televisión. (Premio nacional de teatro 1996.)

**RIVERA** *(departamento de),* dep. del NE de Uruguay; 9 099 km$^2$; 89 475 hab. Cap. *Rivera.*

**RIVERA,** c. de Uruguay, cap. del dep. homónimo, junto a la frontera con Brasil; 57 316 hab. Constituye una conurbación con la ciudad brasileña de Santa Anna do Livramento. Turismo.

**RIVERA** (Diego), pintor mexicano (Guanajuato 1886-México 1957). Impresionado por los frescos renacentistas italianos, fundó, con Orozco, Siqueiros y otros, el sindicato de pintores, del cual arrancó el muralismo mexicano. Su obra se fundamenta en la revalorización de las raíces indígenas y el espíritu revolucionario, con un estilo monumental y colorista (murales de *La creación,* 1922, en la escuela nacional preparatoria; murales del palacio nacional, 1929-1935 y 1941; *Vendedoras de flores, Zapatistas,* obras de caballete).

**RIVERA** (José Eustasio), escritor colombiano (Neiva del Huila 1889-Nueva York 1928). Sus viajes por tierras del Orinoco y del Amazonas inspiraron sus dos únicos libros: la colección de sonetos *Tierra de promisión* (1921) y *La vorágine** (1924).

**RIVERA** (José Fructuoso), militar y político uruguayo (¿1784 o 1788?-Montevideo 1854). Líder del Partido colorado, fue el primer presidente de la república (1830-1834) y se impuso en la guerra civil contra Lavalleja. Sustituido por Oribe, se levantó contra él y se hizo con el poder (1836). Elegido de nuevo presidente (1839-1843), una nueva guerra lo exilió a Brasil. Miembro, con Lavalleja y Flores, del triunvirato pactado al finalizar la guerra Grande (1851), murió antes de su constitución.

**RIVERA** (Luis **de**), pintor español del s. XVI activo en Quito, donde realizó varios cuadros para la catedral y la iglesia de San Francisco.

**RIVERA** (Manuel), pintor español (Granada 1927-Madrid 1995). Cofundador del grupo El paso, experimentó con los efectos ópticos de telas metálicas.

**RIVERA DE HUELVA,** r. de España, afl. del Guadalquivir (or. der.); 115 km. Sobre uno de sus afl., el *Rivera de Cala,* embalse de Guillena (central eléctrica de 216 MW).

**RIVERA PAZ** (Mariano), político guatemalteco (1804-1849). Presidente (1839-1844), durante su mandato anuló el pacto federal de las Provincias Unidas de Centro América y México se anexionó Soconusco.

**RIVERO** (Juan), eclesiástico e historiador español (Miraflores de la Sierra 1681-† 1736), autor de *Historia de las misiones de los llanos de Casanare y de los ríos Orinoco y Meta* (1883).

**RIVERO** (Nicolás María), político español (¿Morón de la Frontera 1814?-Madrid 1878), fundador del Partido democrático (1849). Fue presidente de las cortes (1869-1870 y 1872-1873) y ministro de Gobernación (en.-dic. 1870) y participó en la fracasada insurrección radical de Madrid (abril 1873).

**RIVERS** (William Halse Rivers), antropólogo británico (Luton, Kent, 1864-Londres 1922). Partidario del difusionismo, enmarcó los problemas de parentesco en el contexto de la sociedad en su globalidad (*Historia de la sociedad melanesia,* 1914).

**RIVET** (Paul), etnólogo francés (Wasigny, Ardenas, 1876-París 1958), autor de trabajos de lingüística, etnología y arqueología americanas (*Los orígenes del hombre americano,* 1943).

**RIVIERA (La),** nombre que recibe el litoral italiano del golfo de Génova, desde la frontera francesa hasta el golfo de La Spezia. En ella se distinguen la *Riviera di Ponente,* al O de Génova, y la *Riviera di Levante,* al E. – Denominación dada a veces a la Costa Azul.

**RIYĀD** o **RIAD,** c. y cap. de Arabia Saudí; 1 308 000 hab. Centro comercial. Refinería de petróleo.

**RIZAL** (José), médico, político y escritor filipino (Calamba 1861-Manila 1896). Denunció los abusos de la administración española en las novelas *Noli me tangere* (1886) y *El filibusterismo* (1891), ésta abiertamente nacionalista. Residió en Londres y Madrid y fundó en Hong Kong la Liga filipina (1892). Fue arrestado y fusilado a raíz de la insurrección del Katipunan, y se convirtió en bandera de los independentistas filipinos.

**R.N.E.** → ***Radio nacional de España.***

**ROA,** v. de España (Burgos); 2 264 hab. *(Rivereños.)* Restos del palacio de los reyes de Castilla, donde murió el cardenal Cisneros. Iglesia gótica de Santa María la Mayor (s. XV).

**ROA BARCENA** (José María), escritor mexicano (Jalapa 1827-México 1908), autor de poesías (*Poesías líricas,* 1859) y novelas publicadas en una recensión (*Novelas,* 1870).

**ROA BASTOS** (Augusto), escritor paraguayo (Asunción 1917). Su infancia en el pueblo de Iturbe marca casi constantemente el escenario de su mundo novelístico, que inició con *Fulgencio Miranda* (1941) y alcanzó su madurez con *Hijo de hombre* (1960). Posteriormente destacan *El baldío* (1966), *Cuerpo presente* (1971), *Yo* el Supremo* (1974), su novela más conocida, *La vigilancia del almirante* (1992), *El fiscal* (1993). [Premio Cervantes 1989.]

**ROATÁN,** c. de Honduras, cap. del dep. de Islas de la Bahía, en la *isla de Roatán;* 3 572 hab.

**ROB ROY** (Robert **MacGregor Campbell,** llamado), héroe escocés (Buchanam 1671-Balquhidder 1734), famoso bandido.

**ROBBE-GRILLET** (Alain), escritor francés (Brest 1922). Teórico del *nouveau roman,* en sus obras (*La doble muerte del profesor Dupont,* 1953; *La bella cautiva,* 1977; *Djinn,* 1981, etc.) refleja un universo inmóvil donde la realidad consta de una serie de interpretaciones yuxtapuestas.

**ROBBIA** (Luca **della**), escultor y ceramista italiano (Florencia 1400-*id.* 1482). Participó en la decoración de la catedral de Florencia y fue el promotor de la escultura en terracota esmaltada. Tuvo como continuadores a su sobrino **Andrea** (Florencia 1435-*id.* 1525) y a los hijos de éste.

**ROBBINS** (Jerome), bailarín y coreógrafo norteamericano (Nueva York 1918-*id.* 1998). Incorporó al ballet norteamericano la fusión de los estilos clásico y moderno (*The cage,* 1951; *La siesta de un fauno,* 1953; *West side story,* 1957), revelándose maestro de la composición académica (*Dances at a gathering,* 1969; *In the night,* 1970; *The Goldberg variations,* 1971; *En sol,* 1975; *In memory of...,* 1985).

**ROBERT** (Paul Charles Jules), lexicógrafo y editor francés (Ech-Cheliff, Argelia, 1910-Mougins 1980), director del *Dictionnaire alphabétique et analogique de la langue française* (1953-1964).

**ROBERTI** (Ercole **de'**), pintor italiano (Ferrara *c.* 1450-*id.* 1496), discípulo de del Cossa, de quien se distinguió por la delicadeza de ejecución.

SANTOS

**ROBERTO BELARMINO** *(san),* teólogo, doctor de la Iglesia y cardenal italiano (Montepulciano 1542-Roma 1621). Jesuita y arzobispo de Capua (1602), importante teólogo de la Contrarreforma.

IMPERIO LATINO DE ORIENTE

**ROBERTO I DE COURTENAY** († en Morea 1228), emperador latino de Oriente [1221-1228].

DOS SICILIAS

**ROBERTO el Prudente** (1278-Nápoles 1343), duque de Anjou y rey de Nápoles [1309-1343]. Jefe del partido güelfo, se enfrentó victoriosamente al emperador Enrique VII (1310-1313). Fue nombrado vicario imperial por el papa Clemente V (1314) y gobernó en Italia hasta 1324.

ESCOCIA

**ROBERTO I BRUCE** (Turnberry, Strathclyde, 1274-en el castillo de Cardross, cerca de Dumbarton, 1329), rey de Escocia [1306-1329]. Estuvo al frente de la resistencia escocesa (1306), y derrotó al ejército inglés en Bannockburn (1314).

FRANCIA

**ROBERTO el Fuerte** († Brissarthe 866), conde de

Diego **Rivera:** *La molendera* (1924). [Museo nacional de arte, México.]

José Eustasio **Rivera**

Augusto **Roa Bastos**

Anjou y de Blois, marqués de Neustria, antepasado de los Capetos. Luchó contra los normandos.

**ROBERTO I** (*c.* 866-Soisson 923), rey de Francia [922-923]. – **Roberto II el Piadoso** (Orleans *c.* 972-Melun 1031), rey de Francia [996-1031].

NORMANDÍA

**ROBERTO I el Liberal** o **el Magnánimo** (*c.* 1010-Nicea, Asia Menor, 1035), duque de Normandía [1027-1035]. Padre de Guillermo (el futuro Conquistador), su hijo natural y heredero.

SICILIA

**ROBERTO GUISCARDO** (*c.* 1015-1085), conde [1057-1059], después duque de Apulia, Calabria y Sicilia [1059-1085]. Tras conseguir del papa Nicolás II la investidura ducal, expulsó a los bizantinos de Italia (1071) y arrebató Sicilia a los árabes.

**ROBERTS** (*lord* Frederick **Sleigh**), mariscal británico (Cawnpore, India, 1832-Saint-Omer 1914). Se distinguió en Afganistán (1880) y dirigió las tropas británicas en la guerra contra los bóers (1899).

**ROBERTSON** (*sir* William Robert), mariscal británico (Welbourn 1860-Londres 1933), jefe del estado mayor imperial británico (1916-1918).

**ROBERTSON** (William), historiador escocés (Borthwick 1721-Edimburgo 1793). Sus libros *Historia del emperador Carlos Quinto* (1769) e *Historia de América* (1777) fueron condenados por la Inquisición.

**ROBERVAL** (Gilles **Personne** o **Personier de**), matemático y físico francés (Roberval 1602-París 1675). Precursor de la geometría infinitesimal, demostró la regla de composición de las fuerzas e ideó una balanza con dos astiles y platillos sueltos (1670).

**ROBESPIERRE** (Maximilien **de**), político francés (Arras 1758-París 1794). Fue miembro de la Asamblea constituyente de 1789 y uno de los líderes del club de los jacobinos, con unos ideales inspirados en Rousseau. Diputado de la Convención, miembro de la Montaña, eliminó a los girondinos. Principal dirigente del Comité de salvación pública, centralizó todo el poder e inició el período del Terror, eliminando a los grupos políticos de Danton, Hébert, etc. Sus enemigos de la Convención lo encarcelaron y fue guillotinado el 9 de termidor (27 de julio) de 1794.

**Robespierre** (museo Carnavalet, París)

**Robin Hood** *(Robín de los Bosques)*, héroe legendario inglés de la edad media, que simboliza la resistencia de los sajones frente a los invasores normandos.

**ROBINSON** (*sir* Robert), químico británico (Bufford, cerca de Chesterfield, 1886-Great Missenden, cerca de Londres, 1975). Premio Nobel de química (1947) por la síntesis de la penicilina.

**ROBINSON** (Walker **Smith,** llamado **Ray Sugar**), boxeador norteamericano (Detroit 1920-Los Ángeles 1989), campeón del mundo en varias ocasiones (en pesos welters y medios).

**ROBINSÓN CRUSOE,** ant. **Más a Tierra,** isla de Chile (Valparaíso), que forma parte del archipiélago de Juan* Fernández.

**Robinsón Crusoe** *(Vida y extraordinarias y portentosas aventuras de)*, novela de Daniel Defoe (1719), inspirada en la historia real de un marino escocés, Alexander Selkirk, abandonado durante cinco años en una de las islas Juan Fernández. Robinsón naufraga y llega a una isla desierta, donde vive durante veintiocho años con una relativa comodidad antes de encontrar a Viernes, que le sirve de criado hasta que logra regresar a su patria.

**ROBLA (La),** mun. de España (León); 5 459 hab. Central térmica de carbón (270 000 kW).

**ROBLE,** cerro de Costa Rica, en la cordillera de Talamanca; 2 732 m de alt.

**ROBLEDO DE CHAVELA,** v. de España (Madrid); 1 791 hab. *(Robledanos.)* Estación de seguimiento de satélites; radiotelescopios.

**ROBLES,** dep. de Argentina (Santiago del Estero); 32 805 hab. Cab. *Fernández.* Centro agrícola.

**ROBLES,** mun. de Colombia (Cesar), junto al río Cesar; 22 392 hab. Algodón, maíz y plátanos.

**ROBLES** (Francisco), militar y político ecuatoriano (Guayaquil 1811-*id.* 1893), presidente de la república en 1856-1859. En 1876 participó en el pronunciamiento contra el presidente Borrero.

**ROBLES** (Marco Aurelio), político panameño (Aguadulce 1906-† 1990). Presidente de la república (1964-1968), fue derrocado por un golpe de estado.

**ROBLES SOLER** (Antonio) → ***Antoniorrobles.***

**ROBOAM,** rey de Judá [931-913 a. J.C.], hijo y sucesor de Salomón. Su falta de visión política provocó la secesión de las tribus del norte y la división del país en dos reinos: Israel y Judá.

**ROCA** *(cabo de)*, cabo de Portugal, al O de Lisboa, el promontorio más occidental de Europa.

**ROCA** → ***Inca Roca*** y ***Sinchi Roca.***

**ROCA** (Julio Argentino), militar y político argentino (Tucumán 1843-Buenos Aires 1914). Dirigió la «guerra del desierto» contra los indios de la Pampa (1878-1879). Presidente de la república (1880-1886 y 1898-1904), impulsó la red ferroviaria, realizada con capital británico, y rompió relaciones con el Vaticano por la enseñanza laica. Resolvió el problema fronterizo con Chile (1902).

**ROCA** (Vicente Ramón), político ecuatoriano (Guayaquil 1792-*id.* 1858), presidente de la república (1845-1849).

**ROCA DELGADO** (Mariano **de la**), pintor español (Sevilla 1825-Madrid 1872), autor de cuadros de historia de estilo realista.

**ROCAFORT** (Bernat **de**), militar catalán († Aversa, Nápoles, *d.* 1309). Jefe de los almogávares en oriente (1305), saqueó Tracia. Sus hombres se sublevaron contra él y fue entregado a Roberto I de Nápoles, que lo encerró en el castillo de Aversa.

**ROCAFUERTE,** cantón de Ecuador (Manabí); 51 552 hab. Área de regadío (algodón y caña de azúcar).

**ROCAFUERTE** (Vicente), político ecuatoriano (Guayaquil 1783-Lima 1847). Elegido presidente de la república (1835) con el apoyo de la burguesía comercial, fue derrocado por el general Flores (1839) y obligado a exiliarse.

**ROCARD** (Michel), político francés (Courbevoie 1930). Secretario general del Partido socialista unificado (P.S.U.) de 1967 a 1973, se adhirió al Partido socialista francés en 1974 (secretario general 1993-1994). Ministro en varias ocasiones, fue primer ministro de 1988 a 1991.

**ROCA-REY** (Joaquín), escultor peruano (Lima 1923). Influido por H. Moore, es autor de los monumentos *Al prisionero político desconocido* (Panamá) y al inca *Garcilaso de la Vega* (villa Borghese, Roma).

**ROCHA** *(departamento de)*, dep. del SE de Uruguay; 10 991 $km^2$; 66 601 hab. Cap. *Rocha* (21 672 hab.).

**ROCHA** (Glauber), director de cine brasileño (Vitória de Conquista, Bahía, 1938-Río de Janeiro 1981). Uno de los fundadores del movimiento *cinema nôvo,* realizó películas líricas, simbólicas, barrocas y contestatarias (*António das Mortes,* 1968; *Cabezas cortadas,* 1970; *A idade da terra,* 1980).

**ROCHDALE,** c. de Gran Bretaña, al NE de Manchester; 93 000 hab. Centro textil.

**ROCHEFOUCAULD** (François, *duque* **de La**), escritor francés (París 1613-*id.* 1680). Sus *Reflexiones o sentencias y máximas morales* (1664-1678) expresan su pesimismo sobre un mundo donde los sentimientos son siempre interesados.

**ROCHELA (La),** en fr. **La Rochelle,** c. de Francia, cap. del dep. de Charente-Maritime, a orillas del Atlántico; 73 744 hab. Centro industrial. Segundo puerto pesquero francés. Fue un importante centro protestante. Hasta la pérdida del Canadá su comercio fue muy activo. Torres del viejo puerto (ss. XIV y XV), ayuntamiento renacentista, catedral (s. XVIII).

**ROCHESTER,** c. de Estados Unidos (Nueva York); 231 636 hab. (1 002 410 en la aglomeración). Industria fotográfica. Museo de la fotografía.

**Rocinante,** nombre del caballo de don Quijote.

**ROCKEFELLER** (John Davison), industrial norteamericano (Richford, Nueva York, 1839-Ormond Beach, Florida, 1937). Fue uno de los primeros que intuyó el futuro del petróleo. En 1870 fundó la Standard oil y amasó una de las mayores fortunas del mundo, una parte de la cual repartió entre varias instituciones, especialmente la universidad de Chicago.

**ROCKFORD,** c. de Estados Unidos (Illinois), al NO de Chicago; 139 426 hab.

**ROCOSAS** *(montañas)*, en ingl. **Rocky Mountains,** sistema montañoso del O de América del Norte. A veces se aplica este nombre al conjunto de tierras altas del Oeste americano desde la frontera de México hasta Alaska, pero, en sentido estricto, sólo se aplica a su parte oriental, que domina sobre las Grandes Llanuras.

**Rocroi** *(batalla de)*, derrota de los tercios españoles bajo el mando de Francisco de Melo, gobernador de los Países Bajos, por las tropas francesas del duque d'Enghien (19 mayo 1643), en la c. de Rocroi (Ardennes, Francia).

**RODA (La),** v. de España (Albacete), cab. de p. j.; 12 938 hab. (*Rodenses* o *rodeños.*) Centro agropecuario e industrial.

**RODA DE ISÁBENA** → ***Isábena.***

**RÓDANO,** en fr. **Rhône,** r. de Suiza y Francia; 812 km. Nace en el macizo de San Gotardo, fluye hacia el O y atraviesa el lago Léman, que regulariza su caudal, atraviesa Francia y desemboca en el Mediterráneo en un delta. Entre sus afluentes figuran el Ain, el Saona y el Ardèche, por la derecha, y el Isère y el Durance, por la izquierda. Desempeña un importante papel económico como gran vía fluvial navegable, para el regadío y para la producción hidroeléctrica.

**RÓDANO-ALPES,** en fr. **Rhône-Alpes,** región económica y administrativa del SE de Francia (dep. de Ain, Ardèche, Drôme, Haute-Savoie, Isère, Loire, Rhône y Savoie); 43 698 $km^2$; 5 350 701 hab. Cap. *Lyon.*

**RODAS,** en gr. **Rhodos,** isla griega del mar Egeo (Dodecaneso), cerca de Turquía; 1 400 $km^2$; 67 000 hab. Importante escala comercial entre Egipto, Fenicia y Grecia, conoció una gran prosperidad en la antigüedad, frenada en el s. IV a. J.C. por las luchas internas, y recuperada durante el período helenístico (ss. III-I a. J.C.). En 1309 se instalaron en ella los caballeros hospitalarios de San Juan de Jerusalén, que habían sido expulsados de Chipre. La isla, bajo dominio turco después del largo asedio de 1522, pasó a ser posesión italiana en 1912 y griega en 1947. – La ciudad de *Rhodas* (43 619 hab.), cap. del Dodecaneso, es un centro turístico (restos antiguos, murallas y barrios medievales). En 1522, fue objeto de un tenaz asedio por Solimán II.

**Rodas** *(Coloso de)*, una de las siete maravillas del mundo antiguo. Esta estatua de bronce de Helios, de 32 m de altura, colocada en la entrada al golfo de Rodas, conmemoraba la victoria de los rodios sobre Demetrio I Poliorcetes. Fue destruida por un sismo en 227 a. J.C.

**RODAS,** mun. de Cuba (Cienfuegos); 30 785 hab. Caña de azúcar. Pastos. Balneario.

**RODCHENKO** (Alexandr Mijáilovich), artista ruso (San Petersburgo 1891-Moscú 1956). Constructivista, a partir de 1920 participó en la promoción de los nuevos institutos de arte de Moscú. Desde 1924 se consagró al diseño y a la fotografía, para la que creó un estilo realista realzado con insólitas perspectivas dinámicas.

**RODEO,** mun. de México (Durango); 15 818 hab. Centro agrícola.

**RODERO** (José María), actor español (Madrid 1922-*id.* 1991). Actuó en diversas compañías y teatros y a mediados de los años cincuenta formó compañía propia. También intervino en numerosas películas.

**RODEZNO** (Tomás **Domínguez Arévalo,** *conde* **de**), político español (Madrid 1882-Villafranca de Navarra 1952). Dirigente de los carlistas, negoció la participación de éstos en el alzamiento de 1936 y su fusión con la Falange (1937). Fue ministro de Justicia del primer gobierno franquista (1938).

**RODIN** (Auguste), escultor francés (París 1840-

Meudon 1917). Mezcló realismo y romanticismo en sus figuras y monumentos, con un lirismo sensual *(El beso)* pero también con una gran intensidad trágica *(Los burgueses de Calais)*. Cabe destacar también *El pensador* (1888) destinada a la *Puerta del infierno,* iniciada en 1880 e inacabada.

**RODÓ** (José Enrique), escritor uruguayo (Montevideo 1872-Palermo, Italia, 1917). Se le considera el gran ensayista del modernismo y un defensor de Hispanoamérica frente a las influencias norteamericanas. Su ensayo más conocido, *Ariel* (1900), fue guía intelectual para su generación.

**RODOGUNE** o **RODOGUNA,** princesa parta (s. II a. J.C.). Se casó con Demetrio II de Siria, prisionero de su padre Mitrídates I.

**RODOLFO** *(lago)* → ***Turkana.***

**RODOLFO I DE HABSBURGO** (Limburgo 1218-Spira 1291), rey de romanos [1273-1291]. Extendió su reino (Austria, Estiria, Carniola) en detrimento de Otakar II de Bohemia y fundó así el dominio de los Habsburgo. – **Rodolfo II** (Viena 1552-Praga 1612), emperador germánico [1576-1612], rey de Hungría [1572-1608] y de Bohemia [1575-1611], hijo de Maximiliano II. Favoreció la Contrarreforma. Residió en Praga, rodeado de sabios y artistas; fue desplazado paulatinamente por su hermano Matías.

**RODOLFO DE HABSBURGO,** archiduque de Austria (Laxenburg 1858-Mayerling 1889), hijo único de Francisco José I. Se suicidó junto con su amante María Vetsera.

**RÓDOPE,** en búlgaro **Rodopi,** en gr. **Rodhopi,** macizo montañoso de la península balcánica; 2 925 m en el Musala (Bulgaria).

**RODOREDA** (Mercè), escritora española en lengua catalana (Barcelona 1927-Gerona 1983). Sus obras más conocidas son *Aloma* (1938), *La plaza del Diamante* (*La plaça del Diamant,* 1962) y *La calle de las camelias* (*El carrer de les camèlies,* 1966). También escribió cuentos.

**RODRIGO** († 711), último rey godo [710-711]. Duque de la Bética, se apoderó del trono a la muerte de Witiza. Los fieles de éste pidieron ayuda al beréber Ṭāriq, que derrotó a las huestes rodriguistas en Gibraltar y Guadalete (711), donde murió Rodrigo, e inició la conquista de la Península.

**RODRIGO** († ¿873?), primer conde de Castilla [c. 850-¿873?]. Repobló la fortaleza de Amaya (860).

**RODRIGO** (Joaquín), compositor español (Sagunto 1901-Madrid 1999), ciego desde los tres años de edad. Discípulo de P. Dukas, su obra se inscribe en una tendencia casticista y neorromántica, de neto clasicismo formal. Alcanzó una gran popularidad internacional con el *Concierto de Aranjuez** para guitarra (1939). Otras obras: *Concierto de estío* para violín (1943), *Fantasía para un gentilhombre* (1954), *Concierto pastoral* para flauta (1978), *Homenaje a Turina* (1982).

**RODRÍGUEZ** (Abelardo), militar y político mexicano (San José de Guaymas, Sonora, 1889-La Jolla, E.U.A., 1967). En 1913 se unió a la revolución, en las filas constitucionalistas. En 1928 participó en el gobierno de Ortiz Rubio, a quien remplazó en la presidencia (1932-1934).

**RODRÍGUEZ** (Andrés), militar y político paraguayo (San Salvador 1925-Nueva York 1997). Colaborador de Stroessner desde 1954, en 1989 lo depuso y asumió la presidencia de la república; convocó elecciones, en las que triunfó apoyado en el Partido colorado. Cesó en la presidencia en 1993.

**RODRÍGUEZ** (Antonio), pintor mexicano del s. XVII, de estilo colorista y teatral *(Santa Magdalena)*. – Su hijo **Nicolás Rodríguez Juárez** (México 1667-*id.* 1734) fue su continuador. – Su otro hijo, **Juan Rodríguez Juárez** (México 1675-*id.* 1728), es considerado el último gran pintor barroco de la colonia (*Escenas de la vida de san Ignacio,* catedral de Puebla).

José Enrique **Rodó**

Joaquín **Rodrigo**

**RODRÍGUEZ** (Cayetano), sacerdote y escritor argentino (San Pedro 1761-Buenos Aires 1823). Profesor de teología en la universidad de Córdoba y poeta, redactó las actas de la asamblea de 1816, con la declaración de independencia.

Juan **Rodríguez** Juárez: *Autorretrato.* (Pinacoteca virreinal, México.)

**RODRÍGUEZ** (Claudio), poeta español (Zamora 1934-*id.* 1999). Su obra es esencialista y de rigurosa construcción formal (*Conjuros,* 1958; *Casi una leyenda,* 1991). [Real academia 1987.] (Premio nacional de poesía 1983.)

**RODRÍGUEZ** (*fray* Antonio), arquitecto quiteño del s. XVII. Su obra maestra es el templo y santuario de Guápulo*.

**RODRÍGUEZ** (José Joaquín), político costarricense (San José 1838-† 1917). Presidente de la república (1890-1894), suprimió el monopolio del tabaco.

**RODRÍGUEZ** (Juan), escultor español († 1544), renacentista, destacó en la imaginería religiosa.

**RODRÍGUEZ** (Lorenzo), arquitecto español, activo en México (Guadix 1704-México 1774). Fue el introductor del estípite en la fachada retablo, característica de la arquitectura barroca mexicana. Es autor de la iglesia del Sagrario, contigua a la catedral de México, cumbre del barroco mexicano.

**RODRÍGUEZ** (Martín), político argentino (Buenos Aires 1771-Montevideo 1884). Luchó contra los británicos (1806 y 1808) y en la revolución de 1810. Fue gobernador de Buenos Aires (1820-1823).

**RODRÍGUEZ** (Simón), pedagogo venezolano (Caracas 1771-Amotape, Perú, 1854). Fue maestro de Simón Bolívar, en cuya formación influyó poderosamente. En ensayos como *El suelo y sus habitantes* o *Sobre la educación republicana* defendió las ideas de Rousseau y de los socialistas utópicos.

**RODRÍGUEZ** (Ventura), arquitecto español (Ciempozuelos 1717-Madrid 1785). Evolucionó de un barroquismo de influencia italiana (iglesias de San Marcos [1753] y de la Encarnación [1755] de Madrid) a un patente clasicismo, de fuerte inspiración arqueológica (palacio de Liria de Madrid, 1773; fachada de la catedral de Pamplona, 1783).

**RODRÍGUEZ ADRADOS** (Francisco), filólogo español (Salamanca 1922), autor de numerosos estudios sobre la cultura griega (*El mundo de la lírica griega antigua,* 1981) y las lenguas indoeuropeas (*Lingüística indoeuropea,* 1975). [Real academia 1990.]

**RODRÍGUEZ ALCALÁ** (Hugo), escritor paraguayo (Asunción 1927), cultivador de la poesía (*Abril que cruza el mundo,* 1960) y el ensayo.

**RODRÍGUEZ ALCONEDO** (José Luis), pintor y grabador mexicano (Puebla 1761-Apan 1815), influido por Goya y con gran dominio del pastel.

**RODRÍGUEZ CARNERO** (José), pintor mexicano (Ciudad de México c. 1650-Puebla 1725). Su obra, conservada en Puebla, es de un barroco arcaizante.

**RODRÍGUEZ CASTELAO** (Alfonso) → ***Castelao.***

**RODRÍGUEZ DE FONSECA** (Juan), eclesiástico y político español (Toro 1451-Burgos 1524). Favorecido por los Reyes Católicos, se encargó de la dirección de las expediciones americanas (1493), y se ocupó desde 1503 (a través de la casa de Contratación) de los asuntos comerciales con América, hasta la fundación del consejo de Indias (1524).

**RODRÍGUEZ DE FRANCIA** (José Gaspar) → ***Francia*** (Rodríguez de).

**RODRÍGUEZ DE HITA** (Antonio), compositor español (Madrid 1724-*id.* 1787). Su obra incluye música religiosa (misas, motetes, magnificat) y para el teatro (*Las segadoras de Vallecas,* 1768). Como teórico, publicó *Diapasón instructivo* (1757).

**RODRÍGUEZ DE LA FUENTE** (Félix), naturalista español (Poza de la Sal 1928-Shaktoolik, Alaska, 1980). Desarrolló una importante labor de divulgación científica, sobre todo en documentales y series televisivas (*El hombre y la tierra,* 1974-1979).

**RODRÍGUEZ DE MONTALVO** (Garci), escritor castellano de fines del s. XV y principios del XVI (a veces llamado erróneamente **Garci Ordóñez de Montalvo**), refundidor del *Amadís de Gaula* (1510).

**RODRÍGUEZ DE TOLEDO,** pintor castellano de fines del s. XIV y principios del XV, representante del estilo italogótico en Toledo.

**RODRÍGUEZ ERDOIZA** (Manuel), patriota chileno (Santiago 1785-Til-Til 1818). Teniente coronel (1817), organizador del escuadrón Húsares de la muerte, fue detenido y asesinado por orden de O'Higgins, celoso de su popularidad.

**RODRÍGUEZ ETCHART** (Severo), pintor argentino (Buenos Aires 1865-*id.* 1903). Su estilo, de luminoso colorido, estuvo ligado al academicismo.

**RODRÍGUEZ HERNÁNDEZ** (Julio Antonio) → ***Julio Antonio.***

**RODRÍGUEZ LARA** (Guillermo), militar y político ecuatoriano (Pujilí, Cotopaxi, 1923). Lideró el golpe militar de 1972 y presidió el gobierno. En 1976 fue obligado a renunciar por los conservadores.

**RODRÍGUEZ MONEGAL** (Emir), crítico literario uruguayo (Montevideo 1921-Cambridge, Massachusetts, 1985). Profesor de Yale y Harvard, se dedicó a la difusión de la literatura iberoamericana.

**RODRÍGUEZ PEÑA** (Nicolás), patriota argentino (Buenos Aires 1775-en Chile 1853). Miembro del segundo triunvirato, presidió el consejo de Estado (1814).

**RODRÍGUEZ TORICES** (Manuel), patriota colombiano (Cartagena de Indias 1788-Popayán 1816). Firmó el acta de independencia (1811). Dictador (1811-1812 y 1814), miembro del triunvirato de las Provincias Unidas de Nueva Granada (1814), fue ahorcado por los españoles.

Ventura **Rodríguez:** la fachada del palacio de Liria de Madrid (1773)

**RODRÍGUEZ-MOÑINO** (Antonio), erudito español (Calzadilla de los Caños 1910-Madrid 1970). Bibliófilo, editor y ensayista (*Las fuentes del Romancero general,* 1957). [Real academia 1968.]

**ROELAS** o **RUELAS** (Juan **de** o **de las**), pintor español (c. 1560-Olivares 1625). Influido por la pintura veneciana en su vivo y delicado colorido, su representación de personajes populares tuvo gran repercusión en la pintura andaluza posterior (*Adoración de los pastores,* 1606, universidad de Sevilla).

**ROENTGEN,** familia de ebanistas alemanes, entre los que destaca **David** (Herrenhag, cerca de Frankfurt, 1743-Wiesbaden 1807), que abrió una sucursal en París y trabajó para María Antonieta. Se le deben muebles con artilugios mecánicos y adornos de marquetería.

**ROENTGEN** (Wilhelm Conrad), físico alemán (Lennep 1845-Munich 1923). Descubrió los rayos X en 1895. (Premio Nobel de física 1901.)

**ROESELARE,** en fr. **Roulers,** c. de Bélgica (Flandes Occidental); 52 872 hab. Centro industrial.

**ROF CARBALLO** (Juan), médico y ensayista español (Lugo 1905-Madrid 1994), autor de ensayos sobre medicina sicosomática (*Urdimbre afectiva y enfermedad,* 1960; *El hombre como encuentro,* 1968) y sobre temas literarios y humanísticos. (Real academia 1983.)

**ROGAGUA,** lago de Bolivia (Beni); unos 35 km de long. y 11 km de anch. Su emisario es el río Negro.

**ROGENT** (Elías), arquitecto español (Barcelona 1821-*id.* 1897), representante del estilo neorrománico catalán (universidad de Barcelona, 1863-1889).

**ROGER I** (Normandía 1031-Mileto, Calabria, 1101), conde de Sicilia [1062-1101], hijo de Tancredo de Hauteville. Conquistó Calabria (1061) y Sicilia (1091), junto con su hermano Roberto Guiscardo. – **Roger II** (c. 1095-Palermo 1154), hijo del anterior, fue el primer rey de Sicilia [1130-1154].

**ROGERS** (Carl Ransom), sicopedagogo norteamericano (Oak Park, Illinois, 1902-La Jolla, California, 1987). Definió un método sicoterapéutico sin distanciamiento médico entre el terapeuta y el enfermo, y sin intervención (terapia no directiva).

**ROGERS** (Richard), arquitecto británico (Florencia 1933). Junto con el italiano Renzo Piano, realizó el Centro* nacional de arte y cultura Georges Pompidou, París (1971-1976).

**ROGOAGUADO,** lago de Bolivia (Beni); unos 40 km de long. y 12 km de anch. Comunica con los lagos San Nicolás y Caimanes. Su emisario es el Yata.

**ROH TAE WOO,** militar y político de Corea del Sur (Taegu 1932), presidente de la república (1988-1993).

**ROHAN** (Enrique II o I, *duque* **de**), *príncipe* **de Léon** (Blain 1579-Königsfelden 1638), ferviente hugonote, dirigió las luchas protestantes en época de Richelieu. Tras la paz de Alès (1629), entró al servicio de Venecia, y más tarde de los imperiales.

**RÓHEIM** (Géza), antropólogo y sicoanalista húngaro (Budapest 1891-Nueva York 1953). Afirmó que el complejo es una estructura universal (*Origen y función de la cultura,* 1943: *Sicoanálisis y antropología,* 1950).

**RÖHM** (Ernst), oficial y político alemán (Munich 1887-*id.* 1934). En 1921 creó las secciones de asalto (S.A.) del partido nazi. Fue asesinado por orden de Hitler durante la llamada noche de los cuchillos largos.

**ROHMER** (Jean-Marie Maurice **Scherer,** llamado **Eric**), director de cine francés (Nancy 1920). Organizada en ciclos, su obra presenta una serie de variaciones sobre los comportamientos afectivos: *La marquesa de O.* (1976), *Paulina en la playa* (1983), *El amigo de mi amiga* (1987), *Cuento de invierno* (1992), *El árbol, el alcalde y la mediateca* (1993).

Ricardo **Rojas** (dibujo a lápiz por A. Lubkin)

Francisco **Rojas Zorrilla** (biblioteca nacional, Madrid)

**ROHTAK,** c. de la India (Haryana); 215 844 hab.

**ROIG** (Jaume), escritor valenciano (¿Valencia? c. 1400-Benimàmet, Horta, 1478). Entre 1456 y 1461 escribió el poema *El espejo (Spill),* virulenta acusación contra las mujeres.

**ROIS DE CORELLA** (Joan), escritor valenciano (Gandía c. 1438-Valencia 1497). Último de los humanistas en catalán, su obra incluye prosa intrincada y latinizante y poesía de filiación petrarquista.

**Roja** *(plaza),* plaza principal de Moscú, junto al Kremlin. Mausoleo de Lenin.

**ROJAS,** partido de Argentina (Buenos Aires); 22 811 hab. Maíz, trigo y lino. Maquinaria.

**ROJAS** (Cristóbal), pintor venezolano (Cúa 1858-Caracas 1890). Si bien en los grandes formatos siguió el academicismo, en los pequeños se acercó al impresionismo *(Muchacha vistiéndose).*

**ROJAS** (Diego **de**), conquistador español (nacido en Burgos-Tucma 1544). Vaca de Castro le ordenó explorar el Río de la Plata con Lope de Aguirre (1543). Fundó Chuquisaca en el país de los chunchos y descubrió la región de Tucumán. Murió en lucha con los juríes.

**ROJAS** (Fernando **de**), escritor español (nacido en Puebla de Montalbán-Talavera de la Reina 1541). Judío converso, es el autor principal de *La Celestina*.*

**ROJAS** (Jorge), poeta colombiano (Santa Rosa de Viterbo 1911-† 1995), autor de *La forma de su huida* (1939), *Soledades I* (1949), *Soledades II* (1954), etc.

**ROJAS** (Manuel), escritor chileno (Buenos Aires 1896-Santiago 1973). En su narrativa acoge vivencias personales y descripciones de la vida de los trabajadores (*Hijo de ladrón,* 1950; *Cuentos,* 1970).

**ROJAS** (Ricardo), escritor argentino (Tucumán 1882-Buenos Aires 1957). Escribió poesía, narrativa y teatro. Sobresalió en el ensayo, la crítica y la biografía (*La argentinidad,* 1916; *Historia de la literatura argentina,* 1924-1925).

**ROJAS GARRIDO** (José María), periodista, abogado y político colombiano (Agrado, Tolima, 1824-Bogotá 1883). Diplomático, fue ministro de Relaciones Exteriores (1860, 1867) y presidente interino de la república (1866).

**ROJAS PAÚL** (Juan Pablo), político y jurista venezolano (Caracas 1829-*id.* 1905) Fue ministro de Hacienda y de Relaciones Exteriores y presidente de la república (1888-1890).

**ROJAS PINILLA** (Gustavo), militar y político colombiano (Tunja 1900-Melgar 1975). Dirigió el golpe de estado contra Gómez (1953) y tomó el poder. Derrocado en 1957, se exilió hasta 1963. En 1965 fundó el partido Alianza nacional y popular (Anapo).

**ROJAS VILLANDRANDO** (Agustín **de**), escritor español (Madrid 1572-Paredes de Nava c. 1618). Su principal obra, *El viaje entretenido* (1603), es un excepcional documento de la vida teatral de la época.

**ROJAS ZORRILLA** (Francisco), dramaturgo español (Toledo 1607-Madrid 1648). Aunque se suele emparentar su teatro con el de Calderón, se singulariza por su carácter violento y trágico. Escribió el drama de honor *Del rey abajo, ninguno,* la comedia costumbrista *Donde hay agravios no hay celos* y la comedia *Entre bobos anda el juego.*

**ROJO,** cabo de Puerto Rico, que constituye el extremo SO de la isla.

**ROJO** *(mar),* ant. **golfo Arábigo,** mar intercontinental del NO del océano Índico, que comunica con el Mediterráneo a través del canal de Suez. Debe su origen a una fosa de hundimiento invadida por las aguas.

**ROJO** *(río),* en vietnamita **Sông Koi** o **Sông Nhi Ha,** r. del Sureste asiático, que nace en Yunnan (China) y desemboca en el golfo de Tonkín a través de un vasto delta (arroz); 1 200 km.

**ROJO** (Vicente), pintor mexicano de origen español (Barcelona 1932). Destacado representante de la abstracción mexicana, en su obra trata de hacer aflorar lo orgánico de los colores y las formas.

***Rojo y negro,*** novela de Stendhal (1830) en la que se describe la sociedad francesa en la época de la Restauración borbónica.

**ROKHA** (Carlos **Díaz Loyola,** llamado **Pablo de**), poeta chileno (Curicó 1894-Santiago 1968), comunista y rebelde, maestro de poetas (entre ellos Neruda), cultivó una poesía militante, abundante en metáforas y de gran riqueza rítmica (*Gemidos,* 1922; *Morfología del espanto,* 1942; *Fuego negro,* 1952).

**ROKOSSOVSKI** (Konstantín Konstantínovich), mariscal soviético (Varsovia 1896-Moscú 1968). Tras haber dirigido varias ofensivas victoriosas durante la segunda guerra mundial, fue ministro de Defensa de Polonia (1949-1956) y ministro de Defensa de la U.R.S.S. (1958-1962).

**ROLAND** → ***Roldán*** *(El cantar de).*

**Roland Garros,** estadio de tenis de París, sede de los campeonatos internacionales de Francia.

**Rolando** *(cisura de),* cisura situada en la cara externa de los hemisferios cerebrales, que separa los lóbulos frontal y parietal y está bordeada por dos circunvoluciones correspondientes a la zona matriz (parte delantera) y a la zona sensitiva (parte trasera).

**Roldán** *(El cantar de),* el más antiguo de los cantares de gesta franceses (s. XII). Amplifica un hecho histórico (la matanza de la retaguardia del ejército de Carlomagno por los vascos en Roncesvalles, 778) y exalta la fidelidad al rey del héroe Roldán (fr. *Roland*) y el sentimiento religioso ante el islam.

**ROLDÁN** (Amadeo), violinista y compositor cubano (París 1900-La Habana 1939). Su música incorpora elementos afrocubanos, como en el ballet *La rebambaramba* (1928) o la serie *Rítmicas* (1930), escrita enteramente para percusión.

**ROLDÁN** (Belisario), escritor argentino (Buenos Aires 1873-*id.* 1922). Famoso orador, su poesía es algo melodramática y siempre patética. Alcanzó su mejor registro en *El rosal de las ruinas* (1916).

**ROLDÁN** (Pedro), escultor español (Antequera 1624-Sevilla 1670). Discípulo de A. de Mena, el vivo movimiento y el sentido dramático que aporta a sus figuras le ligan al barroco pleno (retablo de la iglesia del hospital de la Caridad de Sevilla, 1670-1674).

**ROLDANA** (Luisa **Roldán,** llamada **la**), escultora española (Sevilla 1656-Madrid 1704), hija y discípula de Pedro Roldán. Cultivó la terracota policromada en pequeñas figuras de gusto barroco, caracterizado por su dinamismo (*Desposorios de santa Catalina,* Hispanic society, Nueva York).

**ROLDANILLO,** mun. de Colombia (Valle del Cauca); 29 942 hab. Agricultura. Elaboración de tabaco.

**ROLDÓS** (Jaime), abogado y político ecuatoriano (Guayaquil 1940-Guachanama 1981). Presidente de la asociación de abogados, fue uno de los redactores de la constitución de 1978. Elegido presidente de la república (1979), murió en un accidente antes de finalizar su mandato.

**ROLLAND** (Romain), escritor francés (Clamecy 1866-Vézelay 1944), autor de obras dramáticas, filosóficas y novelísticas donde exalta a los héroes y personajes excepcionales. (Premio Nobel de literatura 1915.)

**Rolling Stones** *(The),* grupo británico de rock integrado originariamente por Mick Jagger (nacido en 1943), Keith Richards (nacido en 1943), Brian Jones (1942-1969) [sustituido por Mick Taylor (nacido en 1949) hasta 1974, y desde entonces por Ron Wood (nacido en 1947)], Bill Wyman (nacido en 1941) y Charlie Watts (nacido en 1941). Este grupo marcó el renacimiento del rock tras el período de Elvis Presley.

**ROLÓN** (José), compositor mexicano (Ciudad Guzmán 1883-México 1945). Director del conservatorio nacional de México (1930-1938), en su obra utiliza elementos folklóricos autóctonos (*Sinfonía en mi menor,* 1923; *Cuauhtémoc,* poema sinfónico, 1929).

**ROMA,** uno de los principales estados de la antigüedad, que surgió de la ciudad homónima.

HISTORIA

***La Roma de los orígenes y de la realeza (753-509 a. J.C.).*** Ss. VIII-VII: primeros establecimientos en el Palatinado (753, fecha legendaria de la fundación de Roma por Rómulo), que se extendieron en el s. VII por las siete colinas. Reino de reyes latinos y sabinos. S. VI: los reyes etruscos organizaron la ciudad y erigieron sus primeros monumentos. La República (509-27 a. J.C.). Ss. V-III: Roma conquistó la Italia peninsular. 264-146: las guerras púnicas le permitieron derrotar a su gran enemiga, Cartago. Ss. II-I: convirtió a Grecia en una provincia romana, después conquistó Asia Menor, Judea, Siria, Hispania y Galia. Las luchas internas no tardaron en debilitar a la República. 107-86: Mario y posteriormente Sila (82-79) impusieron ilegalmente su autoridad con la ayuda del ejército. 60: Pompeyo, Craso y César concertaron un pacto privado para repartirse el poder (primer triunvirato) y renovaron el acuerdo en 55. 49-48: guerra civil. César venció a Pompeyo en Farsalia (48). 48-44: César, dictador, fue asesinado por Bruto y Casio (44). 43: segundo triunvirato: Marco Antonio, Octavio y Lépido. 31: Después de vencer a Marco Antonio en Actium, Octavio, sobrino e hijo adoptivo de César, se convirtió en único dueño del mundo romano.

***El imperio romano (27 a. J.C.-476 d. J.C.).*** Ss. I y II: *el alto imperio.* El emperador gobernó con el apoyo de una administración fuerte y se reservó todos los poderes de las magistraturas republicanas *(principado).* Se sucedieron cuatro grandes dinastías: 27 a. J.C.-68 d. J.C.: los Julio Claudios, de Augusto a Nerón; fue un período fundamental para la organización del imperio. 69-96: los Flavios, de Vespasiano a Domiciano; la burguesía de las provincias accedió al poder. 96-192: los Antoninos, de Nerva a Cómodo; fue el siglo de oro del imperio romano gracias a Trajano, Adriano, Antonio y Marco Aurelio. 193-235: los Severos, se Septimio Severo a Severo Alejandro. 212: el edicto de Caracalla otorgó el derecho de ciudadanía a todos los hombres libres del imperio. Ss. III-IV: *el bajo imperio.* 235-284: atacado por los germanos y los persas, el imperio estuvo a punto de dividirse. Durante ese período de anarquía militar, los emperadores Galieno (260-268) y Aureliano (270-275) salvaron la situación. 284-305: Diocleciano consiguió una recuperación duradera y estableció la *tetrarquía* (293), sistema colegiado de gobierno compartido por dos augustos y dos césares. Los cristianos fueron objeto de persecuciones. 306-337: Constantino, nombrado emperador, concedió a los cristianos el derecho de practicar su religión (313). 324-330: creó una nueva capital, Constantinopla, rival de Roma. 395: a la muerte de Teodosio el imperio romano fue definitivamente dividido entre el imperio de occidente (cap. Roma) y el imperio de oriente (cap. Constantinopla). S. V: las invasiones bárbaras afectaron gravemente al

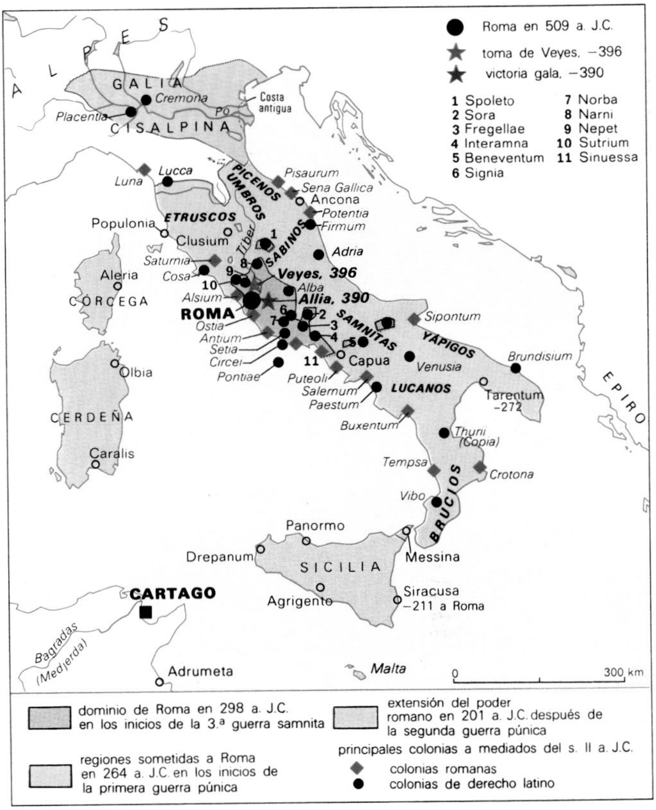


LA CONQUISTA ROMANA DE ITALIA

EL IMPERIO EN TIEMPOS DE LOS ANTONINOS

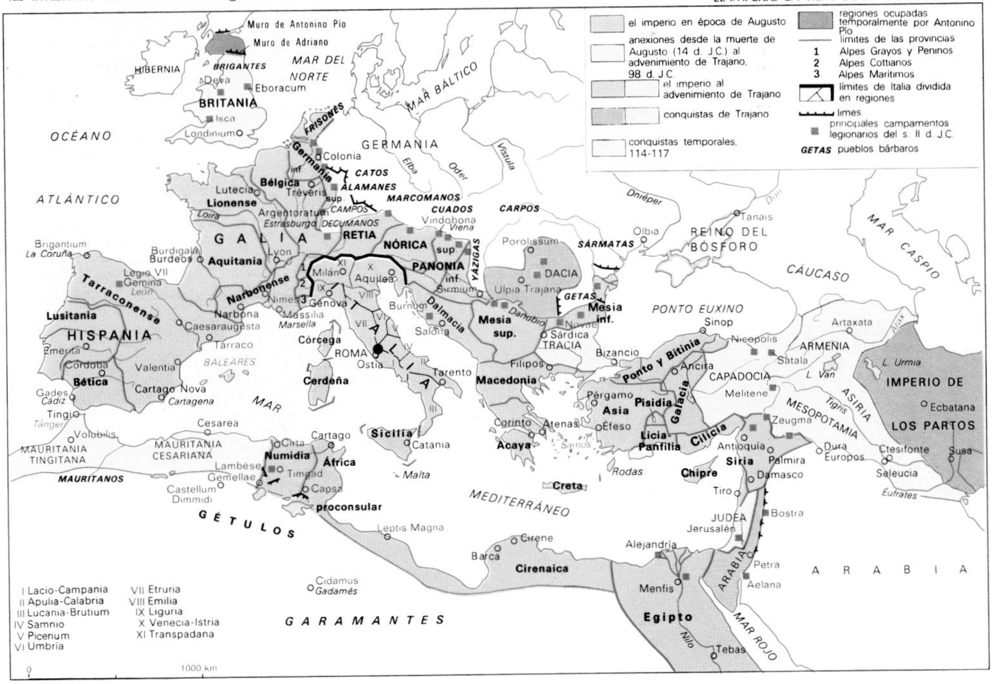

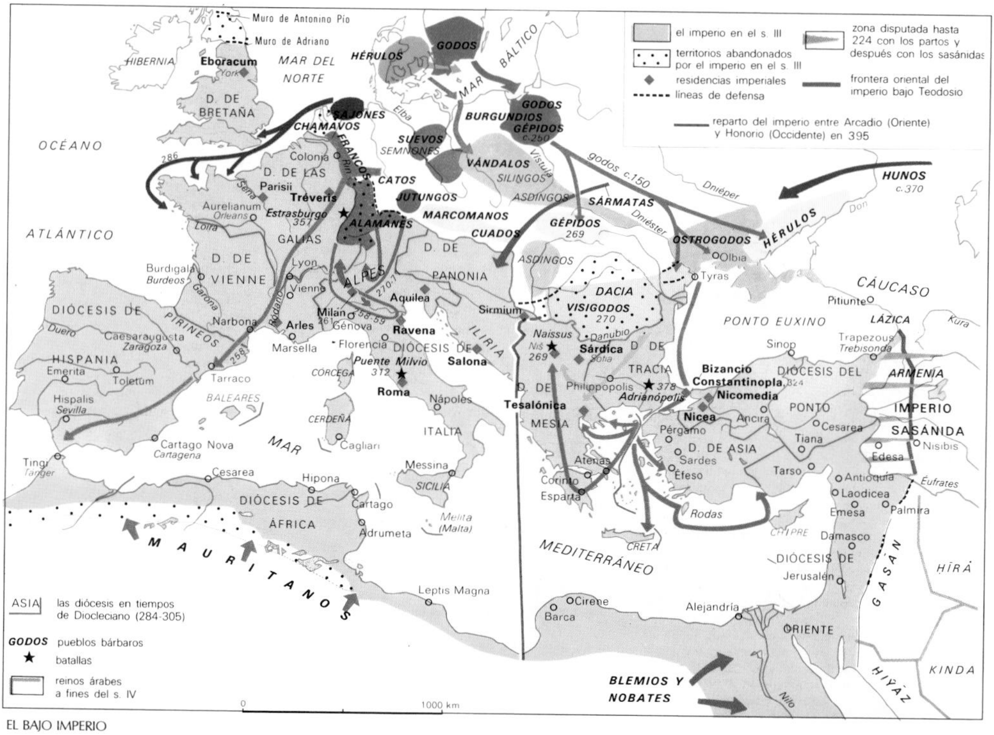


EL BAJO IMPERIO

imperio de occidente; saqueo de Roma por parte de Alarico (410). 476: el rey bárbaro Odoacro depuso al último emperador, Rómulo Augústulo; fin del imperio de occidente. En oriente, el imperio bizantino resistió hasta 1453.

ARQUEOLOGÍA Y ARTE

Los etruscos hasta el s. III a. J.C., y más tarde el mundo helenístico son la base del arte romano marcado ante todo por los designios políticos del estado.

***Del s. II a. J.C. a los primeros siglos del imperio.*** Templos construidos según dos fórmulas: el templo circular (Roma, templo de Vesta) y el templo seudoperíptero con columnas adosadas en la cella (Roma, templo de la Fortuna viril); creación de los órdenes dórico romano, toscano y compuesto. El realismo presidió las artes plásticas que, en la época de Augusto, evolucionaron hacia un clasicismo frío y oficial (Ara pacis). Elementos decorativos murales pintados (imitación de revestimientos de mármol, más tarde se introdujeron los espacios imaginarios), adornan las domus con atrio de Pompeya y de Herculano o la villa rural.

***El arte imperial.*** Auge de la arquitectura sujeta al urbanismo: ciudades construidas según un plano ortogonal (Timgad), engalanadas con arcos de triunfo y teatros, templos, vastas termas, y anfiteatros. La utilización de bloques de piedras unidas por cemento permitió la construcción de arcos, bóvedas y cúpulas de grandes dimensiones (Coliseo). En Roma, junto al foro, construcción de otros foros como el de Trajano con la columna Trajana. Los dos últimos siglos del imperio estuvieron marcados por la afición a lo colosal (termas de Caracalla, palacio del Diocleciano en Split, basílica de Majencio en Roma). Para resistir a las invasiones de los bárbaros se construyeron murallas con puertas fortificadas (Tréveris, Porta Nigra). Desapareció el estilo pictórico sobrio, dando paso, con Nerón, a una yuxtaposición de arquitecturas barrocas y de paisajes imaginarios: abundantes elementos decorativos de mosaico (Roma, Ostia, Piazza Armerina); brillante escuela en el N de África. El arte plástico estuvo dominado por la eficacia sicológica, moderada por el helenismo o exaltada por la tendencia hacia un realismo plebeyo, antes de predominar una tendencia hacia lo patético, llevada a su apogeo en épocas de Antonino y Marco Aurelio para, finalmente, volver a un clasicismo precursor de un renacimiento en la época de Constantino, orientado con el arte paleocristiano hacia un nuevo ideal espiritual.

LITERATURA Y FILOSOFÍA

***La República.*** Livio Andrónico, Nevio, Plauto, Ennio, Catón el Viejo, Cicerón, César, Salustio, Terencio, Lucilio, Accio, Varrón, Lucrecio, Catulo.

***El imperio romano.*** *El alto imperio:* Virgilio, Horacio, Tíbulo, Propercio, Ovidio, Fedro, Séneca, Quintiliano, Tácito, Suetonio, Plinio el Viejo, Persio, Lucano, Marcial, Estacio, Petronio, Columela, Juvenal, Plinio el Joven, Apuleyo, Epícteto, Marco Aurelio. *El bajo imperio:* Aulo Gelio, Ausonio, Claudiano, Macrobio, Vegecio.

***El imperio cristiano.*** San Justino, Tertuliano, Orígenes, Arnobio, san Jerónimo, Prudencio, san Sidonio Apolinar, Casiodoro, Fortunato, san Ambrosio, san Agustín. *(V. ilustración pág. 1640.)*

**ROMA,** c. y cap. de Italia y de la región del Lacio, a orillas del Tíber; 2 693 383 hab. *(Romanos.)* Residencia papal y ciudad importante por la abundancia de monumentos antiguos y obras de arte. Capital de Italia desde 1870, es un centro político, intelectual, artístico, religioso y turístico, y cuenta con algunas industrias.

HISTORIA

Roma nació en el s. VIII a. J.C. con la unión de varios pueblos latinos y sabinos establecidos en las colinas, siete según la tradición. Los etruscos contribuyeron en gran medida a hacer de Roma una ciudad bien organizada, provista de murallas y monumentos (ss. VII-VI s. J.C.). La ciudad se convirtió pronto en la capital de un inmenso imperio que, en la época de los emperadores, contaba con un millón de habitantes. La invasión de los bárbaros la obligó a organizar su defensa (s. III) y a replegarse tras la muralla fortificada de Aureliano. Constantino le asestó un golpe mortal al convertir Constantinopla en la segunda capital (330). Roma, privada de la presencia imperial, entró en declive antes de ser saqueada por los bárbaros (410, 455 y 472). La ciudad, centro del cristianismo, capital de los Estados Pontificios y sede del papado (salvo en la época del papado de Aviñón y del gran cisma, 1309-1420), volvió a tener un gran prestigio. Roma se convirtió en el punto de encuentro de los grandes artistas del renacimiento a partir del s. XV, época en que los papas le dieron un nuevo impulso. A partir de 1848 se planteó la Cuestión romana*; esta última, aparentemente bloqueada por la entrada de las tropas italianas –que convirtieron a Roma en la capital del reino de Italia (1870)–, fue regulada por los acuerdos de Letrán (1929), que crearon el estado independiente del Vaticano.

BELLAS ARTES

De la Roma republicana quedan pocos restos, a excepción de los templos de Vesta y de la Fortuna, al pie del Capitolio. La Roma imperial se expandió alrededor de los foros, con sus diversas basílicas (Emilia, Julia y de Majencio), los arcos de triunfo de Septimio Severo, Tito y Constantino, el inmenso Coliseo*, y, no muy lejos, el teatro de Marcelo. También son destacables el Panteón, las termas de Diocleciano (iglesia de Santa María de los Ángeles y museo nacional), las de Caracalla, con hermosos mosaicos y la *Domus aurea* de Nerón, cuyas pinturas murales están emparentadas con las de prin-

**Roma:** la plaza de España y la iglesia de la Trinità dei Monti (s. XVI-restaurada en el s. XIX)

cipios del arte paleocristiano en las catacumbas (de San Calixto, San Sebastián, Santa Priscila, etc.). Las primeras basílicas cristianas (posteriormente muy reconstruidas en general) se impregnaron de la grandeza imperial: San Juan de Letrán, Santa María la Mayor (mosaicos de los ss. IV, V y XIII), San Pablo Extramuros, San Lorenzo Extramuros (decoración cosmatense, claustro románico), San Clemente (mosaicos y frescos). Muchas pequeñas iglesias asocian las tradiciones paleocristiana y bizantina: Santa Sabina (s. V), Santa Maria in Cosmedin (campanario del s. XII), Santa María la Antigua (frescos de los ss. VI-VIII), Santa Práxedes (s. IX), Santa Maria in Trastevere (mosaicos, algunos debidos a P. Cavallini), etc. La primera manifestación del renacimiento fue la construcción del palacio Venecia (*c.* 1455), seguida por la primera decoración de la capilla Sixtina*. Las iniciativas del papa Julio II, confiadas a Bramante, Rafael y Miguel Ángel, convirtieron a Roma en la cuna del Renacimiento: obras del Vaticano*, inicio de la reconstrucción de la basílica de San Pedro, esbozo de un nuevo urbanismo en el que se incluyen iglesias y edificios nobles (palacio Farnesio). Iniciada en 1568 por Vignola, la iglesia del Gesù se convirtió en el monumento típico de la Contrarreforma. El estilo barroco nació en Roma con las obras de Maderno, y se desarrolló con las de Bernini, Borromini y P. de Cortona (palacio Barberini, 1625-1639, con intervención de estos cuatro artistas). Uno de los conjuntos característicos del estilo barroco es la plaza Navona (ant. circo de Domiciano), con las fuentes de Bernini y la iglesia de Santa Inés. En el s. XVIII y a principios del XIX se multiplicaron, en la línea de las creaciones anteriores, las fuentes, perpectivas, fachadas, y escaleras monumentales: fuente de Trevi, 1732; plaza del Popolo, al pie de los jardines del Pincio, 1816. Principales museos de Roma (además de los del Vaticano): museos del conjunto del Capitolio, concebido por Miguel Ángel (antigüedad); museo nacional de las Termas de Diocleciano (antigüedad); museo de la villa Giulia (arte etrusco); galería y museo Borghese (pintura y escultura); galería nacional de arte antiguo, en los palacios Barberini y Corsini; galería Doria-Pamphili.

**Roma** *(Club de)*, organismo privado fundado en 1968, que reúne a economistas, hombres de negocios, investigadores, etc., preocupados por los problemas del futuro de la humanidad.

**Roma** *(saco de)* [mayo 1527], conquista y saqueo de Roma, llevado a cabo por las tropas imperiales de Carlos Quinto y dirigida por el condestable de Borbón, tras la alianza del papa Clemente VII y Francisco I contra el emperador.

**Roma** *(tratados de)* [25 marzo 1957], tratados por los que se crearon la Comunidad económica eu-

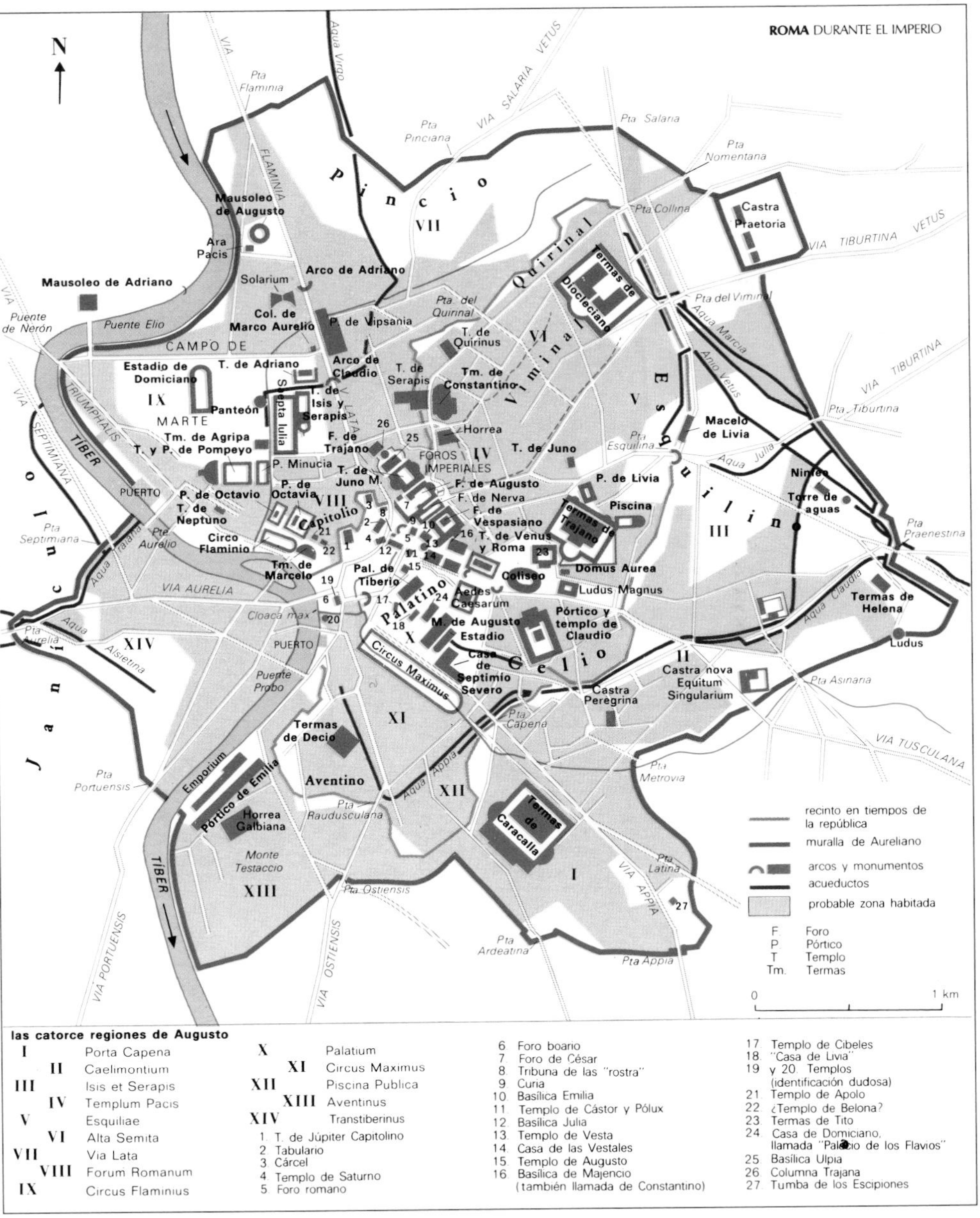

Los etruscos fueron los primeros que se instalaron en la llanura pantanosa al pie del Palatino, que más tarde se convirtió en el foro: centro, desde los orígenes de la vida religiosa, política, judicial y económica de Roma. Esta vista (orientada NO/SE) muestra: en primer término a la izquierda, las columnas del templo de Saturno; en el centro, los restos de la basílica Julia; en segundo plano a la derecha, las tres columnas de mármol del templo de los Dioscuros (Cástor y Pólux); al fondo, el templo de Vesta y la vía sacra que atravesaba todo el foro.

La casa del Fauno, en Pompeya (debe su nombre a la estatuilla de un fauno que adorna su impluvium). Construida hacia el s. II a. J.C., es uno de los ejemplos más perfectos de la vivienda (domus) patricia en la que se alían armoniosamente elementos itálicos y helenísticos.

A pesar de su transformación en iglesia, el Panteón de Roma (117-138 d. J.C.) ha conservado su aspecto original. A diferencia del templo griego, fue concebido para ser visto desde el interior: arcos de descarga y pilastras sostienen la cúpula y las exedras animan la enorme circunferencia, recubierta de preciosos casetones de mármol.

*A la derecha*: en oposición a la domus, la ínsula, edificio de renta romano, aquí situado en Ostia. Destinada al pueblo, aunque su construcción estaba regida por varios reglamentos, no poseía ninguna comodidad. (Su altura podía alcanzar los 20 m.)

Detalle de la decoración de la columna trajana de Roma —logro del arte triunfal— que representa una escena de sacrificio al pie de un puente construido por el ejército sobre el Danubio (destacan los fuertes pilares de piedra y las partes altas del armazón). Realismo y pragmatismo se corresponden: libre del helenismo, el arte romano se manifiesta en su apogeo.

Estatua de mármol de un patricio que porta dos bustos, llamada estatua Barberini. Fines del s. I a. J.C. (la cabeza de la estatua es de época posterior). Mientras que el retrato apareció tardíamente en Grecia, en Roma participa del ritual funerario y del culto a los antepasados, especialmente entre los patricios, para llegar a un realismo más incisivo que seduzca a las clases medias en ascenso.

el arte en el **imperio romano**

ropea (C.E.E.) y la Comunidad europea de energía atómica (Euratom).

**ROMAINS** (Jules), escritor francés (Saint-Julien-Chapteuil 1885-París 1972). Escribió novelas de humor paródico (*Danogoo Tonka,* 1920), poemas, ensayos y teatro (*Knock,* 1923).

**Roman de la rose,** poema alegórico y didáctico francés, en dos partes, la primera atribuida a Guillaume de Lorris (1230-1235) y la segunda a Jean de Meung (1275-1280).

**Roman de Renart,** serie de narraciones humorísticas e irónicas francesas en verso (ss. XII y XIII), cuyos protagonistas son animales.

**ROMANA** (*provincia de* **La**), prov. de la República Dominicana; 658 km$^2$; 169 223 hab. Cap. *La Romana.*

**ROMANA (La),** c. de la República Dominicana, cap. de la prov. homónima, junto a la costa del Caribe; 136 000 hab. Puerto exportador de azúcar. Pesca.

**romana** (*Cuestión*), conjunto de problemas planteados en el s. XIX por la supervivencia de los Estados Pontificios, o estados de la Iglesia, en una Italia empeñada en conseguir su unidad nacional.

**romana** (*I república*) [15 febr. 1798-29 set. 1799], república fundada por el Directorio francés en Roma, a la que puso fin la intervención napolitana.

**romana** (*II república*) [9 febr.-4 julio 1849], régimen republicano instaurado en Roma por Mazzini. Desapareció tras la intervención militar francesa.

**Romancero gitano,** libro de poemas de F. García Lorca (1928), inspirado en motivos andaluces y en la situación marginal o trágica de la comunidad gitana.

**ROMANIA,** conjunto de países de lengua latina y de cultura romana, posteriormente románica, resultante del desmembramiento del imperio romano.

**ROMANO el Méloda,** poeta bizantino (s. VI d. J.C.). Sus himnos lo convirtieron en un clásico de la poesía litúrgica.

**ROMANO I LECAPENO** († en Proti 944), emperador de oriente [920-944]. Fue derrocado por sus hijos. — **Romano II** (939-963), emperador de oriente [959-963]. Dejó gobernar a su mujer, Teófano. — **Romano III Argiro** (*c.* 970-1034), emperador de oriente [1028-1034]. — **Romano IV Diógenes** († en 1072), emperador bizantino [1068-1071]. Fue derrotado por Miguel II, quien le mandó cegar.

**ROMANO** (Giulio **Pippi,** llamado **Julio**), pintor y arquitecto italiano (Roma 1499-Mantua 1546). Discípulo de Rafael, y de tendencia manierista, su principal obra es el palacio del Té en Mantua (1525-1534).

**ROMANONES** (Álvaro **de Figueroa,** *conde* **de**), político español (Madrid 1863-*id.* 1950). Diputado liberal, alcalde de Madrid y ministro en varias ocasiones, fue jefe de gobierno (1912-1913 y 1915-1917). Fundó el *Diario universal* (1903). Defendió la participación en la primera guerra mundial en el bando aliado. Aconsejó a Alfonso XIII que abandonara el trono en 1931. Escribió obras históricas y memorias políticas.

**ROMÁNOV,** dinastía que reinó en Rusia de 1613 a 1917. Familia de boyardos moscovitas que accedió al trono de Rusia con Miguel Fiódorovich (1613-1645), fue sustituida por la rama de los Holstein-Románov, de Pedro III a Nicolás II (1762-1917).

**ROMAÑA,** en ital. **Romagna,** prov. de Italia, a orillas del Adriático, que forma act., junto con Emilia, la región de *Emilia-Romaña*. Cedida al papado por Pipino el Breve (754), fue anexionada al reino de Cerdeña (1860).

**ROMAY** (Miguel **de**), escultor español de fines del s. XVII y principios del XVIII, especializado en retablos de inspiración barroca (retablo de San Martín Pinario, Santiago de Compostela).

**ROMEA** (Julián), actor español (Aldea de San Juan, Murcia, 1813-*id.* 1868). Destacó como actor trágico. Con su esposa, la también actriz Matilde Díez, dirigió el teatro del Príncipe de Madrid.

**Romeo y Julieta,** tragedia en cinco actos de Shakespeare (1594-1595). A pesar del odio que separa a sus familias, los Capuleto y los Montesco, Romeo y Julieta se aman y se casan en secreto, pero la fatalidad los conduce a la muerte. – Berlioz (1839) y Gounod (1867) musicaron este drama. Prokófiev compuso una partitura para ballet con este tema (1938), en la que se basaron varias coreografías, como las de L. Lavrovski (1940), F. Ashton (1955) y P. Van Dijk (1961). M. Béjart utilizó en su versión (1966) la partitura de Berlioz y diversos efectos sonoros.

**RÖMER** (Olaüs u Ole), astrónomo danés (Aarhus 1644-Copenhague 1710). En 1676, gracias a sus observaciones de los satélites de Júpiter, descubrió que la luz se propaga a una velocidad definida y evaluó por primera vez dicha velocidad.

**Romeral** *(cueva del)* → ***Antequera.***

**Romeral** *(El)*, centro de extracción de hierro de Chile (Coquimbo), al N de La Serena.

**ROMERO** (Carlos Humberto), militar y político salvadoreño (Chalatenango 1924). Presidente de la república (1977), fue derrocado por un golpe militar (1979).

**ROMERO** (Francisco), filósofo argentino (Sevilla, España, 1891-Martínez, Buenos Aires, 1962). Definió la intencionalidad como la característica primaria del hombre en *Filosofía de la persona* (1944) y *Teoría del hombre* (1952-1958).

**ROMERO** (Francisco, llamado **Curro**), matador de toros español (Camas 1935). Tomó la alternativa en 1959. Torero de gran personalidad pero con actuaciones muy irregulares. Se retiró en 2000.

**ROMERO** (José Rubén), escritor mexicano (Cotija de la Paz 1890-México 1952). Cultivó una narrativa de tema regional y autobiográfico (*Apuntes de un lugareño,* 1932) y la novela de humorismo picaresco (*La vida inútil de Pito Pérez,* 1938).

**ROMERO** (Mateo), compositor español de origen flamenco (Lieja 1575-Madrid 1647), conocido con el nombre de **Maestro Capitán.** Es autor de piezas religiosas (*Misa* a nueve voces y tres coros).

**ROMERO** (Óscar Arnulfo), prelado salvadoreño (Ciudad Barrios 1917-San Salvador 1980). Arzobispo de San Salvador desde 1977, se caracterizó por su defensa de los derechos humanos en un clima de guerra civil. Fue asesinado mientras oficiaba en la catedral de San Salvador.

**ROMERO** (Pedro), matador de toros español (Ronda 1754-*id.* 1839). Activo a partir de 1776, su carrera alcanzó ribetes legendarios por su rivalidad con Costillares y Pepe-Hillo. – Su padre **Juan** (Ronda *c.* 1722-*id.* 1824) y su hermano **José** (Ronda *c.* 1756-d. 1818) fueron también toreros.

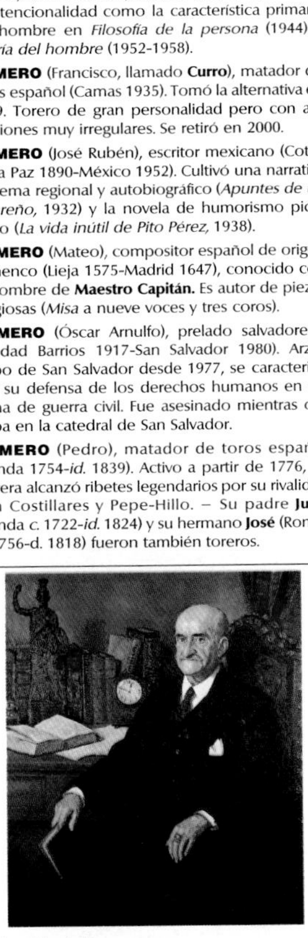

el conde de **Romanones**
(Eduardo Chicharro - Academia de bellas artes de san Fernando, Madrid)

**ROMERO BARCELÓ** (Carlos Antonio), abogado y político puertorriqueño (San Juan 1932). Dirigente del Partido nuevo progresista, partidario de la anexión de la isla por E.U.A., fue gobernador de Puerto Rico (1977-1984) y representante en el congreso de E.U.A. desde 1993.

**ROMERO BREST** (Jorge), crítico e historiador de arte argentino (Buenos Aires 1905-† 1989), impulsor de la vanguardia en su país (*El arte en la Argentina,* 1969).

**ROMERO DE TORRES** (Julio), pintor español (Córdoba 1880-*id.* 1930). Inició su producción con un tono melodramático que pronto trocó por un estilo sensual e idealizado. Se hizo célebre por sus retratos de mujer, obteniendo el apoyo de los círculos modernistas *(Musa gitana).*

**ROMERO MURUBE** (Joaquín), poeta español (Villafranca y Los Palacios 1904-Sevilla 1969), de raíces andaluzas (*Kasidas del olvido,* 1945).

**ROMERO ROBLEDO** (Francisco), político español (Antequera 1838-Madrid 1906). Miembro de la junta revolucionaria de Madrid (1868), ingresó en el Partido conservador. Fue ministro de Gobernación (1875-1885), de Ultramar (1891-1892) y de Gracia y Justicia (1895).

**ROMITA,** mun. de México (Guanajuato); 34 984 hab. En el distrito de riego del Alto Lerma.

**ROMMEL** (Erwin), mariscal de campo alemán (Heidenheim, Württemberg, 1891-Ulm 1944). Dirigió el cuartel general de Hitler en 1939, y se distinguió en Francia (1942), Libia y Egipto, donde fue derrotado en El-Alamein (1942). En 1944 dirigió el frente de Normandía, pero su simpatía por los conjurados del 20 de julio provocó su arresto y su suicidio por orden de Hitler.

**ROMNEY** (George), pintor británico (Dalton in Furness, Lancashire, 1734-Kendal, Westmoreland, 1802). Retratista académico, su brillante paleta insinúa cierta frialdad estilizada, precursora del neoclasicismo.

**ROMUALDO** *(san),* sacerdote italiano (Ravena *c.* 950-Val-di-Castro, cerca de Fabriano, 1027), fundador de la congregación de los camaldulenses.

**RÓMULO,** fundador legendario de Roma (753 a. J.C.), de la que fue primer rey. Tras su muerte, fue identificado con el dios Quirino.

**RÓMULO AUGÚSTULO** (nacido *c.* 461 o 462), último emperador romano de occidente [475-476], depuesto por Odoacro.

**RONALDO** (Ronaldo **Luiz Nazario da Lima,** llamado), futbolista brasileño (Bento Ribeiro 1976). Jugador de gran técnica ha sido campeón del mundo con la selección de su país (1994). Ha jugado en los equipos Cruzeiro, P.S.V., Barcelona e Inter.

**RONCAL** *(Valle del),* comarca de España, en el Pirineo navarro, entre los valles de Ansó y Salazar, avenado por el Esca. Producción de queso.

**RONCESVALLES** o **IBAÑETA** *(puerto de),* paso pirenaico de España; 1 177 m. Al pie se encuentra la villa de *Roncesvalles* u *Orreaga.* Colegiata gótica de la hospedería (ss. XIII-XIV), con importante tesoro-museo. Silo románico.

**Roncesvalles** *(batalla de),* derrota del ejército de Carlomagno (778) en su retirada tras una expedición por la Península. Los vascos, aliados a los sarracenos, atacaron la retaguardia del ejército, en el desfiladero de Roncesvalles, donde murieron Oliveros y Roldán, héroe de *El cantar de Roldán.*

**RONDA** *(serranía de),* macizo de España, en el extremo O de la cordillera Penibética. Comprende las sierras Oreganal, Blanquilla y Prieta, más la zona costera (sierras Bermeja, Palmitera y Real). En la sierra de Tolox, al E, se halla el *coto nacional de la serranía de Ronda.*

**RONDA,** c. de España (Málaga), cab. de p. j.; 35 788 hab. (*Arundenses* o *rondeños.*) Se extiende a ambos lados de la garganta del río Guadalevín (*«Tajo» de Ronda).* Cría de caballos. Turismo. Restos romanos y árabes. Palacios renacentistas. Puente sobre el «Tajo» (s. XVIII).

**ronda de noche** *(La),* título dado a fines del s. XVIII a una tela realizada por Rembrandt para el gremio de arcabuceros de Amsterdam, representación (diurna) de *La compañía de arcabuceros del capitán Frans Banning Cocq* (1642, Rijksmuseum, Amsterdam).

**RONDEAU** (José), patriota y militar uruguayo de origen argentino (Buenos Aires 1773-Montevideo 1844). Fue presidente del directorio de las Provincias Unidas (1815 y 1819-1820), presidente de Uruguay (1828-1830), jefe del estado mayor del ejército (1835-1838) y ministro de la Guerra (1839).

**RONDÔNIA,** estado del O de Brasil; 243 000 km$^2$; 1 130 400 hab. Cap. *Porto Velho.*

**RONSARD** (Pierre **de**), poeta francés (en el castillo de Possonnière 1524-Saint-Cosme-en-l'Isle 1585). Estudió a los clásicos y, junto con el grupo de la Pléyade, se propuso renovar la inspiración y la forma de la poesía francesa. Erudito (*Odas,* 1550-1552), lírico (*Los amores,* 1552-1556), épico (*Himnos,* 1555-1556), fue poeta de la corte y se mantuvo hostil a la Reforma.

**RÖNTGEN** → ***Roentgen.***

**ROODEPOORT,** c. de la República de Sudáfrica, al S de Pretoria (prov. de Gauteng); 170 000 hab. Extracción de oro.

**ROON** (Albrecht, *conde* **von**), mariscal prusiano (Pleushagen, cerca de Kolberg, 1803-Berlín 1879). Ministro de la Guerra (1859-1873), fue, junto con Moltke, el reorganizador del ejército prusiano.

**ROOSEVELT** (Franklin Delano), político norteamericano (Hyde Park, Nueva York, 1882-Warm Springs 1945), primo y sobrino por matrimonio de Theodore Roosevelt. Demócrata, secretario adjunto de la Marina (1913-1920) y gobernador del estado de Nueva York (1929-1933), fue elegido presidente de E.U.A. en 1933 y reelegido en 1936, 1940 y 1944. Intentó recuperar la economía *(New Deal)* tras la crisis de 1929-1932. Decidió la participación de E.U.A. en la segunda guerra mundial (1941) y fue uno de los artífices de la victoria aliada.

**ROOSEVELT** (Theodore), estadista norteamericano (Nueva York 1858-Oyster Bay, Nueva York, 1919). Republicano, participó en la guerra hispano-norteamericana (1898). Gobernador del estado de Nueva York (1898), fue nombrado vicepresidente de E.U.A. (1900) y, a la muerte de Mckinley, presidente (1901, reelegido 1904). En el exterior, practicó una política imperialista e intervencionista (Panamá, Filipinas y Santo Domingo). [Premio Nobel de la paz 1906.]

**ROQUE DE LOS MUCHACHOS,** cumbre de España en la isla de La Palma (Canarias); 2 423 m. Observatorio astronómico del Instituto de astrofísica de Canarias.

**ROQUE NUBLO,** cumbre española del centro de la isla de Gran Canaria (Canarias); 1 700 m de alt.

**ROQUES** (*archipiélago de* **Los**), archipiélago venezolano del Caribe (dependencia federal), formado por cayos y 45 islas. Centro de investigaciones de la plataforma continental.

**ROQUETAS DE MAR,** mun. de España (Almería), cab. de p. j.; 32 361 hab. Puerto pesquero. Turismo.

Óscar Arnulfo **Romero**

el mariscal **Rommel**
(J. Gietze - Bildarchiv Preussischer Kulturbesitz)

**Ronsard**
(museo de Blois, Francia)

Franklin D. **Roosevelt**

**RORAIMA,** macizo de América del Sur, en el límite entre Brasil, Guyana y Venezuela. Presenta un relieve típico (tepui), en mesas de areniscas; 2 810 m en el monte Roraima, punto culminante de Guyana.

**RORAIMA,** estado federal del N de Brasil; 225 017 km²; 215 790 hab. Cap. *Bōa Vista.*

**Rorschach** *(test de),* test proyectivo, constituido por una serie de láminas que representan manchas de tinta que el individuo debe interpretar. El análisis de las respuestas permite discernir algunos aspectos de la personalidad.

**ROS DE OLANO** (Antonio), militar y escritor español (Caracas 1808-Madrid 1886). Como autor de novelas, participó del ideal de la fantasía romántica (*El doctor Lañuela,* 1836). Escribió también cuentos y un libro de memorias (*Episodios militares,* 1833).

**ROSA** *(monte),* macizo de los Alpes Peninos (Suiza e Italia); 4 638 m en la *punta Dufour.*

**ROSA de Lima** *(santa),* mística limeña (Lima 1586-*id.* 1617). Destacó desde pequeña por sus dones místicos. Tomó el hábito de terciaria dominica y vivió recluida en su casa, dedicada a la oración. Primera santa canonizada de América (1671), es patrona del continente y de Lima.

santa **Rosa** de Lima
(Murillo - museo Lázaro Galdiano, Madrid)

**ROSA** (Salvatore), pintor italiano (Arenella, Nápoles, 1615-Roma 1673), cuya obra (paisajes, marinas, batallas) está llena de vivacidad y de un expresivo colorido.

**Rosa blanca de Finlandia** *(orden de la),* orden nacional finlandesa, fundada en 1919.

**Rosacruz** o **Rosa-Cruz,** movimiento místico fundado presumiblemente por Christian Rosencreutz (s. XV) del que surgieron posteriormente varias sociedades, como la *Antigua y mística orden Rosacruz* (AMORC), cuya filosofía tiene por objeto despertar todas las facultades del hombre en relación con las leyes cósmicas y naturales.

**ROSALES** (Antonio), compositor español (Madrid *c.* 1740-*id.* 1801), autor de tonadillas, sainetes y de la zarzuela *El tío y la tía* (1776), con letra de Ramón de la Cruz.

**ROSALES** (Eduardo), pintor español (Madrid 1836-*id.* 1873), que pasó del romanticismo a un realismo histórico (*El testamento de Isabel la Católica,* 1863-1864).

**ROSALES** (Luis), poeta español (Granada 1910-Madrid 1992). Junto con Panero y Vivanco, pertenece a la promoción poética de 1936, de orientación católica e intimista. Entre sus obras destacan *La casa escondida* (1949), los poemas en prosa de *El contenido del corazón* (1969) y *Un rostro en cada ola* (1982). [Premio Cervantes 1982.] (Real academia 1962.)

**ROSAMORADA,** mun. de México (Nayarit); 34 695 hab. Maderas finas. Minería (oro, plata y plomo).

**ROSAMUNDA** (s. VI), esposa de Alboíno, rey de los lombardos. De la tribu de los gépidos, casó a la fuerza con Alboíno, que había matado a su padre, y luego lo asesinó.

**ROSARIO,** c. de Argentina (Santa Fe), a orillas del Paraná; 1 078 374 hab. *(Rosarinos.)* Centro comercial y puerto cerealista. Industrias localizadas en su periferia N. Centro financiero y cultural. Ciudad ligada a la lucha por la independencia y a la construcción de la nación (1812, creación de la bandera argentina; 1856, juramento de la Segunda constitución santafecina, etc.). Su desarrollo se inició al ser proclamada por Urquiza (1854) puerto de las once provincias del interior, y al ser establecida la ley de derechos diferenciales en perjuicio de Buenos Aires (1857).

**ROSARIO,** mun. de México (Sinaloa), en el golfo de California; 44 740 hab. Camarones y ostrones. Industria minerometalúrgica. Puerto de cabotaje.

**ROSARIO,** mun. de Venezuela (Zulia); 24 369 hab. Centro agrícola (caña de azúcar, maíz y cambur).

**ROSARIO (El),** mun. de España (Santa Cruz de Tenerife), en Tenerife; 8 856 hab. *(Rosarieros.)* Cap. *La Esperanza.* Pesca. Centro agropecuario. Industria alimentaria. Cemento.

**ROSARIO** (Florencia **Pérez,** llamada), bailarina española (Sevilla 1918-Madrid 2000). Tras formar pareja de ballet español con Antonio (1938-1953), creó su propia compañía.

**ROSARIO DE LA FRONTERA,** dep. de Argentina (Salta); 25 860 hab. Aserraderos. Aguas termales.

**ROSARIO DE LERMA,** dep. de Argentina (Salta); 26 242 hab. Central hidroeléctrica en el *río Rosario.*

**ROSAS** *(valle de las),* parte del valle del Tundža, en Bulgaria, alrededor de Kazanlăk.

**ROSAS (Las),** mun. de México (Chiapas); 15 925 hab. En el valle del Salado. Maíz, café. Bosques.

**ROSAS** o **ROSES,** v. de España (Gerona); 10 303 hab. *(Rosenses.)* En la costa N del *golfo de Rosas.* Puerto pesquero. Centro turístico (playas) en el sector N de la Costa Brava.

**ROSAS** (Juan Manuel **de**), militar y político argentino (Buenos Aires 1793-Swathling, Hampshire, 1877). Terrateniente, al frente de un ejército personal se levantó en 1828 contra los unitarios y se apoderó del Litoral. Gobernador de Buenos Aires (1829-1832 y 1835), en 1842 implantó su poder dictatorial en Argentina, apoyándose en las masas federales (campesinos, gauchos, negros), y creó el Partido restaurador apostólico. Intervino en Uruguay a favor del derrocado Oribe y sufrió un bloqueo de Buenos Aires por británicos y franceses (1845). En 1850 pactó con éstos, y cuando parecía que iba a ocupar Montevideo, Urquiza, gobernador de Entre Ríos, lo derrotó en Caseros (1852). Rosas se exilió a Gran Bretaña. Sus bienes fueron confiscados y se le condenó a muerte en rebeldía.

**ROSCELINO,** en fr. **Roscelin,** filósofo escolástico francés (Compiègne *c.* 1050-Tours de Besançon *c.* 1120), uno de los fundadores del nominalismo.

**ROSCIO** (Juan Germán), abogado y patriota venezolano (Caracas 1769-Rosario de Cúcuta 1821). Presidió el congreso de Angostura (1819). Fue vicepresidente de Venezuela (1819) y de la Gran Colombia (1820).

**ROSEGGER** (Peter), escritor austríaco (Alpl, Estiria, 1843-Krieglach 1918), autor de novelas sobre la vida y las costumbres tradicionales de su país.

**ROSELLÓ** (Pedro), médico y político puertorriqueño (San Juan 1944). Presidente del Partido nuevo progresista, es gobernador de Puerto Rico desde 1993. Su propuesta de integración de Puerto Rico en E.U.A. fue derrotada en referéndum (nov. 1993).

**ROSELLÓN,** en fr. **Roussillon,** en cat. **Rosselló,** región histórica del S de Francia (Languedoc-Rosellón) que corresponde al territorio cedido por España a Francia en 1659. Condado independiente (s. IX) y vasallo de Barcelona (s. XI), en 1172 fue incorporado a la Corona de Aragón. En 1276-1344 formó parte del reino de Mallorca. Anexionado por Francia (1463) y devuelto por el tratado de Barcelona (1493), fue cedido definitivamente a Francia en el tratado de los Pirineos (1659). Durante la Revolución francesa fue integrado en el departamento de Pyrénées-Orientales.

Luis **Rosales**

Gioacchino **Rossini**
(Academia Rossini, Bolonia)

**Rosellón** *(guerra del),* enfrentamiento entre España y la República francesa (1793-1795). Declarada por Godoy tras la ejecución de Luis XVI, la guerra tuvo otros frentes en el País Vasco, Navarra y Aragón. Dufommier derrotó al ejército español en Montroig (nov. 1794), pero los catalanes frenaron el avance francés y recuperaron la Cerdaña. El tratado de Basilea (1795) puso fin a la guerra.

**ROSENBERG** (Alfred), teórico nazi y político alemán (Revel 1893-Nuremberg 1946). Uno de los principales ideólogos del nacionalsocialismo (*El mito del siglo XX,* 1930), fue condenado a muerte por el tribunal de Nuremberg y ejecutado.

**Rosenberg** *(asunto),* caso judicial norteamericano que desencadenó una campaña de opinión internacional a favor del matrimonio Julius y Ethel Rosenberg, que fueron acusados de haber entregado secretos atómicos a la U.R.S.S., condenados a muerte en 1951 y ejecutados en 1953.

**ROSENBLAT** (Ángel), filólogo venezolano de origen polaco (1902-Caracas 1984). Destacó como historiador *(La población indígena y el mestizaje en América)* y por sus investigaciones filológicas del castellano en América y en especial de Venezuela (*Buenas y malas palabras,* 1956).

**ROSENBLUETH** (Emilio), ingeniero mexicano (México 1925-† 1994), especialista en arquitectura antisísmica.

**ROSENQUIST** (James), pintor norteamericano (Grand Forks, Dakota del Norte, 1933), adscrito al pop art.

**ROSENZWEIG** (Franz), filósofo alemán (Kassel 1886-Frankfurt del Main 1929). Precursor de la renovación del pensamiento judío, su obra tuvo gran influjo en las relaciones entre judíos y cristianos (*La estrella de la redención,* 1921).

**Rosetta** *(piedra de),* fragmento de una estela (museo Británico) descubierta en Rosetta (en ár. Rašīd, en el brazo O del Nilo), durante la ocupación francesa en Egipto (1799). Contiene un decreto de Tolomeo V Epifanes, grabado en caracteres jeroglíficos, demóticos y griegos, lo que permitió a Champollion descifrar la escritura jeroglífica (1822).

**ROSI** (Francesco), director de cine italiano (Nápoles 1922), especialista en un cine de análisis político y social: *Salvatore Giuliano* (1961), *Las manos sobre la ciudad* (1963), *El caso Mattei* (1972), *Excelentísimos cadáveres* (1976), *Carmen* (1984), *Crónica de una muerte anunciada* (1987), *Olvidar Palermo* (1990), etc.

**Rosita la Pastelera** → ***Martínez de la Rosa.***

**ROSKILDE,** c. de Dinamarca (Sjaelland); 49 000

Juan Manuel de **Rosas** (por F. García del Molino)

hab. Capital del país del s. X al s. XV. Catedral románica y gótica (sepulturas reales). Museo de barcos vikingos.

**ROSLIN** (Alexander), pintor sueco (Malmö 1718-París 1793), especializado en retratos.

**ROSS** *(barrera de),* acantilados de hielo de la Antártida en la costa del *mar de Ross,* limitados por la *isla de Ross* (volcanes *Erebus* y *Terror*).

**ROSS** (*sir* John), marino y explorador británico (Inch, Escocia, 1777-Londres 1856). Descubrió el extremo N del continente americano. – Su sobrino *sir* **James Clarke** (Londres 1800-Aylesbury 1862) localizó el polo magnético del hemisferio N (1831), bordeó el mar que lleva su nombre y descubrió Tierra Victoria (1841).

**ROSS** (*sir* Ronald), médico británico (Almora, India, 1857-Putney Heath, Londres, 1932). Sus investigaciones sobre la transmisión del paludismo por un mosquito permitieron perfeccionar la profilaxis de la enfermedad. (Premio Nobel de fisiología y medicina 1902.)

**Rossbach** *(batalla de)* [5 nov. 1757], victoria de Federico II de Prusia sobre los franceses y los imperiales en Rossbach (Sajonia).

**ROSSELLINI** (Roberto), director de cine italiano (Roma 1906-*id.* 1977). Tras darse a conocer dentro del neorrealismo con *Roma, ciudad abierta* (1945) y *Paisà* (1946), se impuso como uno de los grandes maestros del cine italiano: *Europa 51* (1952), *Te querré siempre* (1953), *El general de la Rovere* (1959), *La toma del poder por Luis XIV* (1967, para televisión), *El Mesías* (1978), etc.

**ROSSELLINO** (Bernardo), arquitecto y escultor florentino (Settignano, cerca de Florencia, 1409-Florencia 1464). Discípulo de Alberti, construyó el palacio Rucellai en Florencia y trabajó en Pienza para Pío II. – Su hermano y discípulo **Antonio** (Settignano 1427-Florencia 1479), escultor, es el autor de la capilla del cardenal de Portugal en San Miniato de Florencia.

**ROSSETTI** (Dante Gabriel), pintor, dibujante y poeta británico de origen italiano (Londres 1828-Birchington-on-Sea, Kent, 1882). Uno de los precursores del movimiento prerrafaelista, se inspiró en leyendas medievales y en la poesía antigua inglesa e italiana.

**ROSSI** (Aldo), arquitecto italiano (Milán 1931-*id.* 1997), defensor de un concepto de arquitectura *racional,* que integra componentes históricos, regionales y simbólicos. (Premio Pritzker 1990.)

**ROSSI** (Luigi), llamado también **Aloysius de Rubeis,** compositor italiano (Torremaggiore, cerca de Foggia, *c.* 1598-Roma 1653), maestro de la cantata, del oratorio y de la ópera (*Orfeo,* 1647).

**ROSSINI** (Gioacchino Antonio), compositor italiano (Pesaro 1792-París 1868), autor de óperas (*El barbero de Sevilla,* 1816; *Otelo,* 1816; *La garza ladrona,* 1817; *El conde Ory,* 1828; *Guillermo Tell,* 1829) y de un *Stabat mater* (1832-1842), caracterizados por su gracia, vivacidad, intencionalidad y, a menudo, sentido del humor.

**ROSSO FIORENTINO** (Giovanni Battista di Iacopo **de Rossi,** llamado), pintor italiano (Florencia 1494-París 1540). Uno de los maestros del manierismo, desde 1531 dirigió los trabajos de decoración del castillo de Fontainebleau (frescos y estucos de la *galería Francisco I*).

**ROSTAND** (Edmond), poeta y dramaturgo francés (Marsella 1868-París 1918), autor de comedias y dramas poéticos llenos de reminiscencias románticas (*Cyrano de Bergerac,* 1897; *L'Aiglon,* 1900). – Su hijo **Jean** (París 1894-Saint-Cloud 1977), biólogo, realizó importantes trabajos sobre la partenogénesis experimental.

**ROSTOCK,** c. y puerto de Alemania (Mecklemburgo-Antepomerania), en el estuario del Warnow; 252 956 hab. (con su antepuerto *Warnemünde,* a orillas del Báltico). Centro industrial. Iglesia de los ss. XIII-XV y otros monumentos.

**ROSTOPCHÍN** (*conde* Fiódor Vasílievich), general y político ruso (en Orel 1763-Moscú 1826). Gobernador de Moscú (1812), se le considera autor del incendio de la ciudad cuando los franceses entraron en ella.

**ROSTOV DEL DON,** en ruso **Rostov na Donú,** c. de Rusia, cerca del mar de Azov; 1 020 000 hab. Puerto fluvial. Centro administrativo, cultural e industrial.

**ROSTOW** (Walt Whitman), economista norteamericano (Nueva York 1916). Estudió la evolución que atraviesa la economía para llegar a la industrialización (*Las etapas del crecimiento económico,* 1960).

**ROSTROPÓVICH** (Mstislav Leopóldovich), violonchelista y director de orquesta ruso (Bakú 1927). Su virtuosismo ha servido de inspiración a varios compositores contemporáneos (Shostakóvich, Dutilleux, Britten, Lutoslawski, etc.).

**ROTA,** v. de España (Cádiz), cab. de p. j.; 27 139 hab. *(Roteños.)* Base aeronaval. Cabecera de oleoducto. Restos romanos y musulmanes.

**Rota de la nunciatura apostólica** *(tribunal de la),* también llamado **Rota española,** tribunal supremo y de apelación eclesiástico constituido en España en 1771 por privilegio de la Santa Sede, a petición de Carlos III. Fue suprimido en 1932 y restablecido en 1947. Tiene su sede en Madrid.

**ROTARIO** o **ROTHARIS** († 652), rey de los lombardos [636-652]. Promulgó un edicto (643) que fue la base de la legislación lombarda.

**ROTH** (Joseph), periodista y escritor austríaco (Brody, Galitzia, 1894-París 1939). Describió el declive de la civilización austríaca (*La marcha de Radetzky,* 1932).

**ROTH** (Philip), escritor norteamericano (Newark 1933), uno de los novelistas más representativos de la «escuela judía» norteamericana (*El lamento de Portnoy,* 1969; *La lección de anatomía,* 1983; *Pastoral americana,* premio Pulitzer 1998).

**ROTHENBURG OB DER TAUBER,** c. de Alemania (Baviera), al O de Nuremberg; 11 350 hab. Muralla, monumentos y conjunto de viviendas góticas y renacentistas.

**ROTHKO** (Mark), pintor norteamericano de origen ruso (Dvinsk [act. Daugavpils] 1903-Nueva York 1970), conocido por la fórmula de abstracción cromática que estableció hacia 1950.

**ROTHSCHILD** (Meyer Amschel), banquero alemán (Frankfurt del Main 1743-*id.* 1812), fundador de una dinastía financiera de fama internacional.

**Rotonda (la),** nombre con que se conoce una villa construida cerca de Vicenza por Palladio (*c.* 1569). Obra maestra por su armonía, debe su apelativo a la sala circular cubierta por una gran cúpula (con iluminación cenital) que señala su centro, limitada por cuatro estancias, y que se abre al exterior por cuatro pórticos jónicos simétricos.

la **Rotonda,** villa edificada por Palladio cerca de Vicenza

**ROTTERDAM,** c. y puerto de Países Bajos (Holanda Meridional), a orillas del Nuevo Mosa (Nieuwe Maas), brazo del delta común al Rin y al Mosa; 582 266 hab. (1 040 000 hab. en la aglomeración). Experimentó un gran desarrollo en el s. XIX con el acondicionamiento del Rin para la navegación y el desarrollo industrial del Ruhr. Primer puerto del mundo (tráfico hacia Alemania y Suiza) y centro industrial (petroquímica principalmente), comercial y financiero. Museo Boymans-Van Beuningen.

**ROUAULT** (Georges), pintor francés (París 1871-*id.* 1958). Practicó un expresionismo con gran dominio colorista (serie de grabados *Miserere,* 1922-1927).

**ROUBAIX,** c. de Francia (Nord), en el NE de Lille; 98 179 hab. Industria textil.

**ROUEN** → ***Ruán.***

**ROUGET DE LISLE** (Claude), militar francés (Lons-le-Saunier 1760-Choisy-le-Roi 1836), autor de *La marsellesa.*

**ROUSSEAU** (Henri, llamado **el Aduanero**), pintor francés (Laval 1844-París 1910). Uno de los principales representantes de las tendencias neoprimitivas y del arte naïf, sus cuadros combinan la nitidez del dibujo y una armoniosa sutileza de los colores (*La encantadora de serpientes,* 1907; *El sueño,* 1910).

**ROUSSEAU** (Jean-Jacques), escritor, pedagogo y filósofo suizo en lengua francesa (Ginebra 1712-Ermenonville 1778). De su experiencia vital concluyó el principio de su filosofía: la de ser un hombre libre. Su celebridad llegó con el *Discurso sobre las ciencias y las artes* (1750), en el que, junto con el *Discurso sobre el origen de la desigualdad* (1755), criticó los fundamentos de una sociedad corruptora. Expuso, por otra parte, los principios éticos de la vida pública y privada en sus obras filosóficas (*El contrato social,* 1762; *Emilio o de la educación,* 1762), narrativas (*Julia o la nueva Eloísa,* 1761) o autobiográficas (*Meditaciones de un paseante solitario,* 1782).

Jean-Jacques **Rousseau**
(Quentin de La Tour - Louvre, París)

**ROUSSEAU** (Théodore), pintor francés (París 1812-Barbizon 1867). Maestro de la escuela de Barbizon, a la vez realista y romántico, se especializó en el paisaje.

**ROUSSEL** (Albert), compositor francés (Tourcoing 1869-Royan 1937), autor de sinfonías, del poema sinfónico *Evocaciones* (1911), de piezas para ballet, para música de cámara, de la *Suite en «fa»* (1926) y de la ópera-ballet *Padmâvatî* (1923).

**ROUSSEL** (Raymond), escritor francés (París 1877-Palermo 1933). Su obra se considera precursora del surrealismo, del nouveau roman y del estructuralismo (*Impressions d'Afrique,* 1910; *Locus solus,* 1914).

**ROUX** (Emile), bacteriólogo francés (Confolens 1853-París 1933). Colaborador de Pasteur, es autor de importantes trabajos sobre las toxinas.

**ROUX** (Guillermo), pintor argentino (Buenos Aires 1929), surrealista con un extremo cuidado del dibujo.

**ROVERE (Della),** familia italiana, originaria de Savona, que estuvo en posesión del ducado de Ur-

**Rotterdam:**
un aspecto de los nuevos barrios

bino de 1508 a 1631 y contó entre sus miembros con dos papas: Sixto IV y Julio II.

**ROVIGO,** c. de Italia (Véneto); 52 058 hab.

**ROVIRA,** mun. de Colombia (Tolima); 22 437 hab. Maíz y yuca; ganadería. Yacimientos auríferos.

**ROVNO,** c. de Ucrania, al NE de Lvov; 228 000 hab.

**ROWLAND** (Henry Augustus), físico norteamericano (Honesdale, Pennsylvania, 1848-Baltimore 1901). Construyó unas redes de difracción para estudiar el espectro solar y demostró que una carga eléctrica móvil crea un campo magnético.

**ROWLANDSON** (Thomas), pintor, dibujante y grabador británico (Londres 1756-*id.* 1827). Fue el gran maestro del dibujo satírico y humorístico, género floreciente en su época en Gran Bretaña.

**ROXANA,** esposa de Alejandro Magno († en Anfípolis *c.* 310 a. J.C.), muerta junto con su hijo por orden de Casandro.

**ROXELANA** (*c.* 1505-Edirne *c.* 1558), esposa favorita de Solimán II el Magnífico y madre de Selīm II.

**Royal Dutch-Shell,** grupo petrolero internacional (el segundo del mundo) constituido en 1907 al unir sus intereses la Royal Dutch co., empresa neerlandesa fundada en 1890, y la sociedad británica Shell transport and trading co. Sus actividades, además del petróleo (exploración, refino, transporte y distribución), se extienden a la extracción de carbón y de metales y a la industria química.

**ROYO** (Arístides), abogado y político panameño (La Chorrera 1940). Presentado por Torrijos, fue presidente de la república (1978-1982).

**ROZAS DE MADRID (Las),** mun. de España (Madrid); 35 211 hab. Zona residencial de Madrid.

**RÓZEWICZ** (Tadeusz), escritor polaco (Radomsko 1921). Su poesía y su teatro (*El Laocoonte,* 1960; *El matrimonio blanco,* 1975) denuncian el absurdo de las convenciones sociales y sicológicas.

**RÚA,** (Fernando **de la**), político argentino (Córdoba 1937). Miembro de la Unión cívica radical, fue elegido presidente de la república en 1999.

**RUÁN,** en fr. **Rouen,** c. de Francia, cap. de la Alta Normandía y del dep. de Seine-Maritime, a orillas del Sena; 105 470 hab. Universidad. Centro industrial. Puerto. Fue una importante ciudad pañera medieval, residencia de los duques de Normandía. En ella Juana de Arco fue condenada a la hoguera (1431) durante la ocupación inglesa (1419-1449). Catedral gótica (ss. XII-XVI), iglesias de Saint-Ouen (vidrieras de los ss. XIV y XVI), Saint-Maclou (flamígera), y el Gros-Horloge (ss. XIV y XVI), pabellón renacentista.

**RUANDA** o **RWANDA,** estado de África central; 26 338 km²; 7 500 000 hab. *(Ruandeses.)* CAP. *Kigali.* LENGUAS OFICIALES: *inglés, francés y rwanda.* MONEDA: *franco ruandés.* El 90 % de la población, muy densa y en rápido crecimiento, es rural y está compuesta por dos etnias principales: los tutsi (pastores) y los hutu (agricultores). El cafe y el té proporcionan la parte más importante de las exportaciones.

HISTORIA

Ss. XIV-XIX: Ruanda entró en la historia con la dinastía de los reyes Nyiginya, procedentes de la etnia guerrera y de pastoreo de los tutsi. 1894: los alemanes enviaron una primera expedición militar. Luego intentaron integrar la región en el África oriental alemana, pero no consiguieron controlarla totalmente. 1916: enfrentamientos entre alemanes y belgas obligaron a Alemania a replegarse hacia Urundi (act. Burundi). 1923: la región estuvo bajo mandato belga y adoptó el nombre de Ruanda-Urundi. Fue unida al Congo Belga. 1960: Ruanda-Urundi fue separada del Congo Belga. 1962: Ruanda accedió a la independencia al mismo tiempo que Burundi. Kayibanda fue su primer presidente. Graves conflictos enfrentaron a los hutu y a los tutsi, que emigraron o fueron apartados de los puestos de decisión. A partir de 1973: el país estuvo dirigido por el general Juvenal Habyarimana, que había llegado al poder mediante un golpe de estado. Desde 1990: mientras la guerra civil paralizaba Ruanda, el país se comprometía, en 1991, a iniciar un proceso de democratización. En abril de 1994, y tras la muerte de los presidentes de Ruanda y de Burundi, rebrotó la guerra entre las etnias tutsi y hutu. Tras la victoria tutsi, los hutu fueron acusados de genocidio y huyeron en masa a la Rep. Dem. del Congo (1994-1995). En 2000 el tutsi Paul Kagame fue elegido presidente.

**RUBBIA** (Carlo), físico italiano (Gorizia 1934). En 1983, en el Cern, descubrió los bosones intermediarios W y Z. (Premio Nobel de física 1984.)

**RUBCOVSK** o **RUBTSOVSK,** c. de Rusia, al pie del Altái; 172 000 hab.

**RUBÉN,** tribu israelita que habitaba al E del Jordán. Su antepasado epónimo era el primogénito de los doce hijos de Jacob.

**RUBENS** (Petrus Paulus), pintor flamenco (Siegen, Westfalia, 1577-Amberes 1640). Trabajó para los Gonzaga, el archiduque Alberto, María de Médicis (para la que realizó una serie de cuadros, 1622-1625, act. en el Louvre), Carlos I de Inglaterra y, en España, para Felipe IV y la nobleza hispana (una parte importante de su obra se conserva en el Prado). Jefe de un importante taller en Amberes, afirmó su personalidad con un estilo fogoso y vivaz, tan expresivo en la plenitud sensual como en la violencia, que respondía al gusto de la Contrarreforma. Su obra, ejemplo de la corriente barroca, realiza una síntesis del realismo flamenco y del estilo de los grandes maestros italianos: *Bautismo de Cristo* (1604, Amberes), *El descendimiento de la Cruz* (1612, catedral de Amberes), *Entierro de Cristo* (1616, iglesia de St-Géry, Cambrai), *Combate de amazonas* (1617, Munich), *La adoración de los reyes* (versiones de Bruselas, Malinas, Lyon, Amberes), *La lanzada* (1620, Amberes), *Jardines del amor* (1635, Prado), *La Kermesse* (1636, Louvre), diversos retratos de *Elena Fourment.*

**Rubens:** *La toilette de Venus* (*c.* 1613).
[Galería Liechtenstein, Vaduz.]

**RUBÍ,** v. de España (Barcelona), cab. de p. j.; 50 384 hab. *(Rubinenses.)* Centro industrial.

**RUBIALES** (Pedro), pintor español (nacido en Extremadura ¿1511?), activo en Roma y Nápoles. Su estilo renacentista evolucionó hacia un recio manierismo (frescos en Castel Capuano, Nápoles).

**RUBICÓN,** r. que separaba Italia de la Galia Cisalpina. César lo atravesó con su ejército en la noche del 11 o 12 de enero de 49 a. J.C., sin autorización del senado, lo cual provocó el inicio de la guerra civil. La expresión *pasar el Rubicón* significa tomar una decisión grave y aceptar sus consecuencias.

**RUBINSTEIN** (Anton Grigórievich), pianista y compositor ruso (Vejvotinetz, cerca de Podolsk, 1829-Petergof 1894), fundador del conservatorio de San Petersburgo.

**RUBINSTEIN** (Artur), pianista polaco (Łódź 1887-Ginebra 1982), nacionalizado norteamericano, famoso por sus interpretaciones de Chopin.

**RUBINSTEIN** (Ida), bailarina rusa (Járkov *c.* 1885-Vence, Alpes-Maritimes, 1960), Estrenó numerosos ballets escritos especialmente para ella: *Bolero* de M. Ravel, *Perséfona* de Í. Stravinski.

**RUBIO,** c. de Venezuela (Táchira); 41 784 hab. Centro agrícola, minero (carbón) e industrial.

**RUBIÓ I ORS** (Joaquim), escritor español en lengua catalana (Barcelona 1818-*id.* 1899). En el marco de la Renaixença, publicó dos volúmenes de poesía (*Lo gaiter del Llobregat,* 1841 y 1858).

**RUBIO Y GALÍ** (Federico), cirujano español (Puerto de Santa María 1827-Madrid 1902). Fundó el instituto de terapéutica operatoria de Madrid, y en su *Manual de clínica quirúrgica* (1894) sentó las bases científicas de esta disciplina.

**RUBLIOV** (Andréi), pintor ruso (*c.* 1360-Moscú 1427 o 1430). Gran representante de la escuela medieval moscovita, es famoso por su icono de la *Trinidad* (los tres ángeles en la mesa de Abraham) [galería Tretiakov, Moscú]. Fue canonizado por la Iglesia ortodoxa rusa en 1988.

**RUBROEK, RUBROUCK** o **RUBRUQUIS** (Guillermo **de**) → ***Ruysbroek*** (Guillermo de).

**RÜCKERT** (Friedrich), poeta y orientalista alemán (Schweinfurt 1788-Neuses, cerca de Coburgo, 1866), autor de poemas patrióticos y líricos (*Canciones de los niños muertos,* 1872; musicado por G. Mahler).

**RUDA** (José María), jurista argentino (Buenos Aires 1924-S'Agaró, España, 1994). Fue profesor de derecho internacional, representante de Argentina en la O.N.U. (1966-1971), juez del Tribunal internacional de justicia (desde 1973) y su presidente (1988-1991).

**RUDA ŚLASKA,** c. de Polonia, en la Alta Silesia; 171 600 hab. Hulla. Metalurgia.

**RŪDAKĪ** (Abu' Abd Allāh Ỳa'far), poeta persa (cerca de Rūdak, Samarkanda, fines del s. IX-† 940), el primer gran poeta lírico de su país.

**RUDE** (François), escultor francés (Dijon 1784-*id.* 1855). De formación clásica, fue uno de los maestros del romanticismo (*Los voluntarios de 1792* o *La marsellesa,* relieve del arco de triunfo de París).

**RUDNICKI** (Adolf), escritor polaco (Varsovia 1912-*id.* 1990), autor de crónicas (*Las hojas azules*) y de relatos (*El mercader de Łódź,* 1963).

**RUDOMÍN** (Pablo), neurofisiólogo mexicano (nacido en 1943), especialista en los mecanismos de trasmisión de información en el sistema nervioso central.

**Rueda** *(monasterio de),* monasterio cisterciense español (Escatrón, Zaragoza). Destacan su iglesia (1225-*c.* 1238), el claustro (1350) y el refectorio.

**RUEDA** (Gerardo), pintor español (Madrid 1926-*id.* 1996). Miembro destacado del arte abstracto español. Utilizó diversos materiales, con los que creó contrastes de texturas.

**RUEDA** (Lope **de**), dramaturgo español (Sevilla *c.* 1500-Córdoba 1565). Las obras de este cómico y autor, editadas en 1567 y 1588, se dividen entre italianizantes *(Armelina),* pastoriles *(Prendas de amor),* y los llamados *pasos,* piezas para ser intercaladas en sus comedias, que incorporan tipos populares *(El rufián cobarde, Las aceitunas).*

**RUEDA** (Salvador), escritor español (Madrid 1857-*id.* 1933). Destacó como poeta descriptivo y sensual, en la línea de los primeros modernistas hispanoamericanos (*En tropel,* 1892; *Fuente de salud,* 1906).

**ruedo ibérico** *(El),* ciclo novelesco de Valle-Inclán formado por *La corte de los milagros* (1927), *Viva mi dueño* (1928) y *Baza de espadas* (1958, póstuma). Ofrece una visión esperpéntica de España desde la época de Isabel II a Alfonso XIII.

**RUEIL-MALMAISON,** c. de Francia (Hauts-de-Seine); 67 323 hab. Centro industrial. Castillo (act. museo) residencia de la emperatriz Josefina tras divorciarse de Napoleón.

**RUELAS** (Julio), pintor y grabador mexicano (Zacatecas 1870-París 1907). Realizó sus mejores obras al aguafuerte, técnica que estudió en París *(Cabeza de medusa, La esfinge).* Destacan también sus retratos *(Francisco de Alba, Autorretrato).*

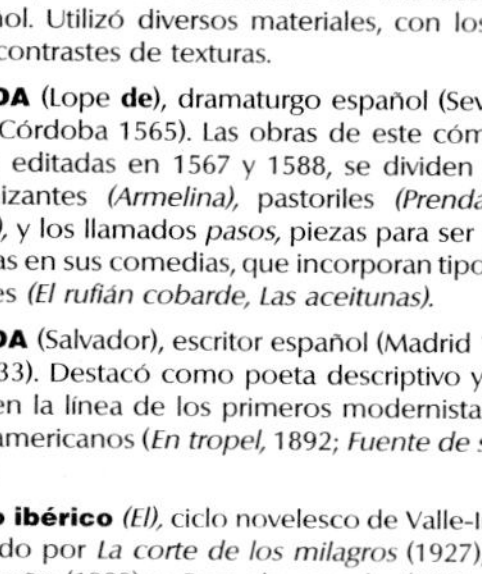

Andréi **Rubliov:** icono de *La Trinidad*
[galería Tretiakov, Moscú]

**RUFINO,** político romano (Elusa [act. Eauze] *c.* 335-Constantinopla 395). Prefecto del pretorio de Teodosio I y regente de Arcadio, entró en conflicto con Estilicón, quien lo mandó asesinar.

**RUFISQUE,** c. y puerto de Senegal, al E de Dakar; 125 500 hab. Centro comercial.

**RUFO** (Juan **Gutiérrez,** llamado **Juan**), escritor español (Córdoba *c.* 1547-*id. c.* 1620). Entre su obra en verso destaca el poema épico *La Austriada* (1584) y *Las seiscientas apotegmas* (1596), de interés para conocer las costumbres del s. XVI.

**RUGBY,** c. de Gran Bretaña, al SE de Birmingham, junto al Avon; 59 000 hab. Célebre colegio (cuna del *rugby,* 1823).

**RUGELES** (Manuel Felipe), poeta venezolano (San Cristóbal 1904-Caracas 1959), de temática intimista y nativista (*Aldea en la niebla,* 1944).

**RÜGEN,** isla de Alemania (Mecklemburgo-Antepomerania), en el mar Báltico, unida al continente por un dique; 926 km$^2$; 87 000 hab. C. pral. *Bergen.*

**RUGENDAS** (Johann Moritz), pintor y grabador alemán activo en América del Sur (Augsburgo 1802-Weilheim 1858). Realizó las litografías tituladas *Viaje pintoresco a Brasil,* y pintó escenas costumbristas, paisajes y retratos, sobre todo en Chile y Perú.

**RUHMKORFF** o **RÜHMKORFF** (Heinrich Daniel), físico alemán (Hannover 1803-París 1877), inventor de la bobina de inducción que lleva su nombre (1851).

**RUHR,** r. de Alemania, afl. del Rin (or. der.), al que se une en Duisburg; 218 km.

**RUHR,** región de Alemania (Renania del Norte-Westfalia), atravesada por el *Ruhr.* Es una región muy industrializada (hulla, metalurgia y química) y urbanizada (Essen, Duisburg, Düsseldorf y Dortmund), con un desarrollo reciente de los servicios.

**RUIDERA** *(lagunas de),* lagunas de España, en La Mancha (mun. de Argamasilla de Alba, Ciudad Real), que se comunican entre sí y tienen una disposición escalonada, con 128 m de desnivel total. En ellas nace el Guadiana. Parque natural (3 772 ha).

**ruido y la furia** *(El),* novela de W. Faulkner (1929).

**RUISDAEL** → ***Van Ruysdael.***

**RUIZ** *(nevado del),* cumbre de Colombia (Tolima y Caldas), en la cordillera Central; 5 400 m. Nieves perpetuas (estación de deportes). Parque nacional. Volcán activo, su erupción en 1985 causó numerosas muertes y la destrucción de la c. de Armero.

**RUIZ,** mun. de México (Nayarit); 20 295 hab. Explotación de maderas finas. Minas de oro y plata.

**RUIZ** *(familia),* familia de banqueros castellanos que en el s. XVI realizó grandes empréstitos a la corona. – **Simón** (1525-1597) se asoció a los banqueros franceses Rocaz y Le Lou. Proveedor de fondos de Felipe II, le salvó de la quiebra en 1575.

**RUIZ** (Hernán), llamado **el Viejo,** arquitecto español (¿nacido en Burgos?-Córdoba 1547). Evidencia el paso del gótico tardío al plateresco (capilla mayor y crucero, catedral de Córdoba). – Su hijo **Hernán,** llamado **el Joven** († Sevilla 1569), trabajó sobre todo en Sevilla (campanario y remate de la Giralda).

**RUIZ** (Juan) → ***Hita*** (Arcipreste de).

**RUIZ AGUILERA** (Ventura), escritor español (Salamanca 1820-Madrid 1881), que destacó en la poesía popular romántica (*Ecos nacionales,* 1849 y 1854; *Elegías,* 1873).

**RUIZ CONTRERAS** (Luis), escritor español (Castelló de Ampurias 1863-Madrid 1953), especialista en libros de memorias (*Memorias de un desmemoriado,* 1916, 1928, 1946; *La tierra natal,* 1931; *Día tras día,* 1950).

Lope de **Rueda** (Manuel Borrás - biblioteca colombina, Sevilla)

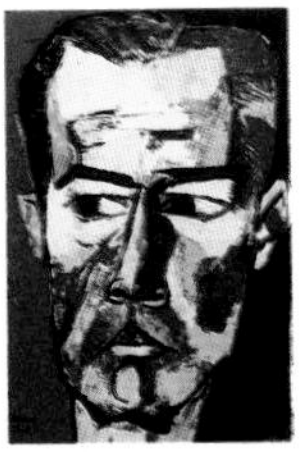

Juan **Rulfo** (O. Guayasamín - col. part.)

**RUIZ CORTINES** (Adolfo), político mexicano (Veracruz 1890-México 1973). Presidente de la república (1952-1958), realizó una política agrarista y social.

**RUIZ DE ALARCÓN** (Juan), dramaturgo español (México 1581-Madrid 1639). Su obra, unas veinte comedias editadas entre 1628 y 1634, destaca por su finura sicológica y su carácter moral y crítico. *La verdad sospechosa* (1630), contra la mentira, y *Las paredes oyen* (1628), contra la maledicencia, son sus dos obras más famosas. Cultivó también la comedia de enredo, heroica y dramática.

Juan **Ruiz de Alarcón** (grabado de 1878)

**RUIZ DE APODACA** (Juan), *conde* **de Venadito,** marino y administrador español (Cádiz 1754-Madrid 1835). Capitán general de Cuba (1812-1815), fue virrey de Nueva España (1815-1821), donde sofocó la rebelión de Javier Mina. En 1824 fue nombrado virrey de Navarra y en 1830 capitán general de la armada.

**RUIZ DE GAMBOA** (Martín), colonizador y administrador español (Durango 1531 o 1533-† d. 1593). Gobernador de Chile (1580-1583), suprimió las prestaciones personales de los indios.

**RUIZ DE LA IGLESIA** (Francisco Ignacio), pintor español (Madrid 1640-*id.* 1740). Discípulo de Carreño, pertenece al final del barroco madrileño.

**RUIZ DE LEÓN** (Francisco), poeta mexicano (Puebla 1683-*id.* 1765), autor del poema épico culterano *Hernandía* (1755), sobre la conquista española.

**RUIZ DE MONTOYA** (Antonio), religioso español (1584-1651), autor de una *Gramática de la lengua guaraní.*

**RUIZ DEL PERAL** (Torcuato), escultor español (Esfiliana, Granada, 1708-† 1773). Su estilo representa la última fase del barroco granadino.

**RUIZ IRIARTE** (Víctor), comediógrafo español (Madrid 1912-*id.* 1982), autor de obras de humor evasivo (*El puente de los suicidas,* 1944).

**RUIZ PICASSO** (Pablo) → ***Picasso.***

**RUIZ PIPÓ** (Antonio), compositor y pianista español (Málaga 1934-París 1997), nacionalizado francés. Investigó la música española del s. XVIII y compuso *Tablas* (1975) para guitarra y orquesta, y piezas para piano *(Suite grotesca, Caleidoscopio).*

**RUIZ ZORRILLA** (Manuel), político español (Burgo de Osma 1833-Burgos 1895). Dirigió la insurrección del cuartel de San Gil (1866) y participó en la revolución de 1868. Jefe de gobierno con la monarquía de Amadeo I (1871-1873), fue expulsado de España en 1875. Fundó el Partido republicano progresista (1880) y regresó del exilio en 1895.

**RUIZ-GALLARDÓN** (Alberto), político español (Madrid 1958). Miembro del comité ejecutivo del Partido popular, es presidente de la Comunidad autónoma de Madrid desde 1995.

**RUIZ-GIMÉNEZ** (Joaquín), jurista y político español (Hoyo de Manzanares 1912). Demócratacristiano, fue ministro de Educación (1951-1956) y el primer defensor del pueblo (1982-1988).

**RULFO** (Juan), escritor mexicano (Sayula, Jalisco, 1918-México 1986). Un volumen de cuentos, *El llano en llamas* (1953), y una novela breve, *Pedro** *Páramo* (1955), bastaron para convertirle en figura esencial de la literatura contemporánea latinoamericana. Ambos títulos se funden, centrados en un miserable mundo rural; el mundo cruel y vertiginoso de los cuentos coexiste con el caos inmutable de la novela. Realizó, asimismo, guiones cinematográficos (*El gallo de oro,* 1980). Fue un excelente fotógrafo que captó la realidad social y el paisaje mexicanos. En 2000 se publicó *Aire de las colinas,* una recopilación de cartas a su mujer.

**RUMANIA** o **RUMANÍA,** en rumano **România,** estado de Europa oriental; 237 500 km$^2$; 23 400 000 hab. *(Rumanos.)* CAP. *Bucarest.* LENGUA OFICIAL: *rumano.* MONEDA: *leu.*

**GEOGRAFÍA**

La parte oriental de los Cárpatos forma un arco que encierra la cuenca de Transilvania, de la que emerge el macizo de los Apuseni. Mesetas y llanuras (Moldavia, Muntenia, Dobrudja y Valaquia) rodean el conjunto. El clima es continental. El sector agrícola proporciona trigo, maíz y caña de azúcar. Los recursos energéticos (gas, petróleo, lignito y energía hidroeléctrica) alimentan una industria, cuyas ramas dominantes son la metalurgia, la petroquímica y la mecánica. Turismo en el mar Negro. La economía del país sigue sin despegar.

**HISTORIA**

***Los principados de Moldavia, Valaquia y Transilvania.*** Los dacios fueron los primeros habitantes conocidos de la actual Rumania. S. I a. J.C.: Trajano conquistó Dacia. 271: ésta fue evacuada por los romanos. S. VI: los eslavos se establecieron en la región. S. XI: el cristianismo se expandió; la Iglesia adoptó la liturgia eslavona. Ss. X-XIII: las invasiones turco-mongoles afectaron a la región, mientras que los húngaros conquistaron Transilvania (s. XI). S. XIV: se fundaron los principados de la soberanía de Valaquia y Moldavia y se emanciparon de la soberanía húngara; el primero *c.* 1330, con Basarab I, y el segundo, *c.* 1359, con Bogdán I. 1386-1418: con Mircea el Grande, Valaquia tuvo que aceptar el pago de un tributo a los otomanos. 1455: Moldavia corrió la misma suerte. 1457-1504: Esteban III el Grande consiguió una liberación temporal de este dominio. 1526: Después de la victoria de Mohács, Transilvania se convirtió en un principado vasallo de los turcos. 1599-1600: Miguel el Bravo (1593-1601) venció a los otomanos y se adueñó de las coronas de Valaquia, Transilvania y Moldavia. 1691: Transilvania fue anexionada por los Habsburgo. 1711: tras la derrota de D. Cantemir, aliado de Rusia contra los otomanos, éstos impusieron un régimen más duro sobre Moldavia y Valaquia, gobernadas a partir de entonces por los fanariotas. 1775: Austria se anexionó Bucovina. 1812: Besarabia fue cedida a Rusia. 1829-1856: Moldavia y Valaquia se sometieron a un doble protectorado otomano y ruso. 1859: los principados unidos nombraron príncipe reinante a Alejandro Juan I Cuza (1859-1866), y Napoleón III apoyó su unión.

***Rumania contemporánea.*** 1866: el país estableció su unidad constitucional y administrativa. El poder fue confiado al príncipe Carlos de Hohenzollern-Sigmaringen (Carlos I). 1878: se reconoció la independencia del país. 1881: Carlos I fue elegido rey de Rumania. 1914: Fernando I (1914-1927) le sucedió en el trono. 1916: Rumania participó en la primera guerra mundial junto a los aliados. Fue ocupada por Alemania. 1918: las tropas rumanas penetraron en Transilvania. 1919-1920: los tratados de Neuilly, Saint-Germain y Trianón concedieron a Rumania Dobrudja, Bucovina, Transilvania y Banato. 1921: Rumania se adhirió a la Pequeña entente, dirigida por Francia. 1930-1940: con Carlos II se desarrolló un movimiento fascista dirigido por la Guardia de Hierro. 1940: Antonescu instauró una dictadura. Rumania, a pesar de ser aliada de Alemania, perdió Besarabia y Bucovina del Norte (anexionadas por la U.R.S.S.), una parte de Transilvania (recuperada por Hungría) y de Dobrudja meridional (cedida a Bulgaria). 1941: Rumania entró en guerra contra la U.R.S.S. 1944: Antonescu fue derrocado. Se firmó un armisticio con la U.R.S.S. 1947: el tratado de París aprobó la anexión de Besarabia y de Bucovina del Norte por la U.R.S.S. El rey Miguel (1927-1930; 1940-1947) abdicó y se proclamó una república popular. 1965: Ceaușescu fue elegido secretario general del Partido comunista rumano. 1967: accedió a la presidencia del Consejo de estado. 1968: se negó a participar en la invasión de Checoslovaquia. 1974: Ceaușescu fue elegido presidente de la república. El país pasó por dificultades económicas que provocaron un clima muy enrarecido, sobre todo porque el régimen seguía siendo centralista y represivo. 1985: Ceaușescu relanzó el «programa de sistematización del territo-

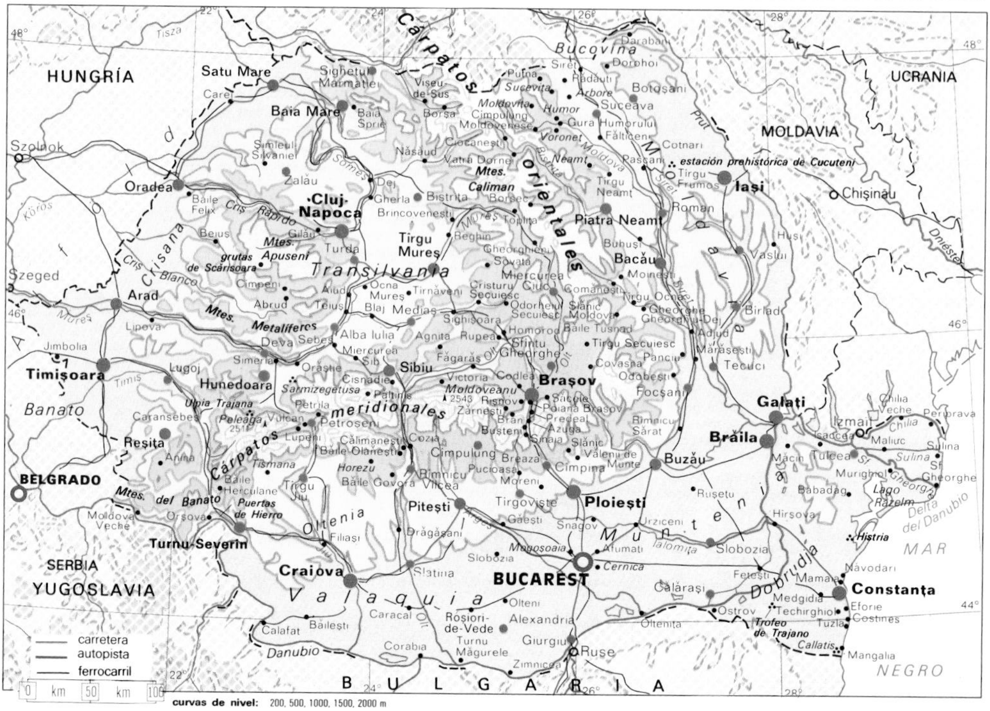

RUMANIA

rio» (destrucción de miles de pueblos). 1987: se desarrolló una oposición (motines obreros de Brașov). 1989: una insurrección (dic.) derrocó al régimen; Ceaușescu y su esposa fueron detenidos y ejecutados. Un consejo del Frente de salvación nacional, presidido por Ion Iliescu, garantizó la dirección del país, que adoptó oficialmente el nombre de República de Rumania. 1990: el Frente de salvación nacional venció en las primeras elecciones libres; Iliescu fue nombrado presidente. 1992: reelección de Iliescu. 1996: el democristiano Constantinescu fue elegido presidente; formación de un gobierno de coalición de centro-derecha que integró por primera vez a la minoría húngara. 2000: reelección de Illiescu.

**RUMBLAR,** r. de España, afl. del Guadalquivir (or. der.); 96 km. En su cabecera, *embalse del Rumblar* o Lóbrega (126 Mm³).

**RUMELIA,** nombre dado por los otomanos al conjunto de sus provincias europeas hasta mediados del s. XVI. El congreso de Berlín (1878) creó una provincia de *Rumelia oriental* que se unió a Bulgaria en 1885.

**RUMFORD** (Benjamin **Thompson,** *conde*), físico y químico norteamericano (Woburn, Massachusetts, 1753-Auteuil, Francia, 1814). Estudió el problema del calor en la combustión y la vaporización, e invalidó la teoría del calórico al demostrar la constancia de masa del hielo fundente.

**RUMIÑAHUI,** cumbre de Ecuador (Pichincha), en la cordillera Occidental; 4 722 m.

**RUMIÑAHUI,** cantón de Ecuador (Pichincha), avenado por el río Rumiñahui; 32 640 hab. Cab. *Sangolquí.*

**RUMIÑAHUI,** caudillo inca († 1534). Luchó contra Pizarro y se proclamó inca a la muerte de Atahualpa (1533). Incendió Quito y se apoderó de sus tesoros. Fue apresado y muerto por los españoles.

**RUMMEL** *(uadi),* uadi de Argelia oriental, que desemboca en el Mediterráneo; 250 km. Sus gargantas rodean Constantina y en su curso bajo toma el nombre de *uadi al-Kebir.*

**RUNDSTEDT** (Gerd **von**), mariscal alemán (Aschersleben 1875-Hannover 1953). Estuvo al mando de un cuerpo de ejército en Polonia, Francia y Prusia (1939-1941). Dirigió la última ofensiva de la Wehrmacht en las Ardenas (dic. 1944).

**RUNEBERG** (Johan Ludvig), poeta finlandés en lengua sueca (Pietarsaari 1804-Porvoo 1877). Sus poemas líricos y patrióticos (*Relatos del alférez Stål,* 1848-1860) le convirtieron en el poeta nacional de Finlandia.

**RUPANCO,** lago de Chile (Los Lagos); 30 km de long. y 7 km de anch. En sus orillas se asientan las ciudades de *Rupanco* y Puerto Rico. Turismo.

**RUPERT,** r. de Canadá (Quebec) que desemboca en la bahía James; 610 km.

**RUPERTO** (Roberto, *conde palatino,* llamado **el Príncipe**), almirante inglés (Praga 1619-Londres 1682). Participó con eficacia en la guerra contra los imperiales (1638-1641) antes de servir bajo las órdenes de su tío Carlos I durante la primera revolución inglesa.

**RUṢĀFA,** localidad de Siria, al SE del lago Asad. Restos (basílica, catedral, etc.) erigidos en el s. VI; lugar de peregrinación consagrado a san Sergio.

**RUSE,** c. de Bulgaria, a orillas del Danubio; 179 000 hab. Puerto fluvial y centro industrial.

**RUSHDIE** (Salman), escritor indio (Bombay 1947) nacionalizado británico. Mago de la lengua, cuyos relatos giran en torno a la imaginación (*Hijos de la medianoche,* 1980; *Harún y el mar de las historias,* 1990). Su novela *Los versos satánicos* (1988), considerada como una blasfemia contra el islam, significó su condena a muerte dictada por el ayatollah Jomeini.

**RUSHMORE** *(monte),* monte de Estados Unidos, al SO de Rapid City (Dakota del Sur), en el que, sobre una pared de granito, se esculpieron los rostros, de 20 m de altura, de los presidentes Washington, Jefferson, Lincoln y Th. Roosevelt.

**RUSIA** o **FEDERACIÓN RUSA,** estado que se extiende por Europa oriental (Rusia europea) y Asia septentrional (Siberia); 17 075 000 km²; 150 000 000 hab. *(Rusos.)* CAP. *Moscú.* LENGUA OFICIAL: *ruso.* MONEDA: *rublo.*

**GEOGRAFÍA**

Rusia es el país más grande del mundo, se extiende a lo largo de 10 000 km aprox. de O a E, del Báltico al Pacífico (once franjas horarias). Aunque está formado fundamentalmente por mesetas y llanuras, existen montañas en el S (Cáucaso, frontera entre Mongolia y China) y en el E (en la costa del Pacífico). Los Urales constituyen una barrera tradicional entre Rusia y Europa al O y entre Rusia y Asia (Siberia) al E. La latitud, la distancia hasta el océano y la disposición del relieve explican la continentalidad del clima, acentuada hacia el este, con inviernos muy rigurosos, así como la distribución por zonas de las formaciones vegetales: de norte a sur se suceden la tundra, la taigá, el bosque mixto y las estepas boscosas. La dureza de las condiciones climáticas explica que la media de población sea relativamente baja (menos de 10 hab. por km²), localizada preferentemente al O de los Urales y, a menudo, en las latitudes meridionales. El 80 % de la población está formada por rusos de origen; no obstante, la suma de todas las minorías totaliza 30 millones de individuos, que en ocasiones se benefician, al menos en teoría, de un cierto grado de autonomía. Un número casi igual de rusos vive en los territorios periféricos (fundamentalmente en Kazajstán y en Ucrania). En la actualidad, la mayor parte de la población está urbanizada. Moscú y San Petersburgo predominan en la red urbana; y existen alrededor de una docena de ciudades que cuentan con más de un millón de habitantes. Los recursos naturales están en proporción a la extensión del territorio. Rusia está situada entre los primeros productores mundiales de petróleo, gas natural y mineral de hierro (también de acero). La situación es menos brillante en el sector industrial más elaborado (electrónica, química, plásticos o automóviles) y en la agricultura, en la que el volumen de la producción (principalmente trigo y patata) y el de su riqueza ganadera (bovina y porcina) no pueden paliar el bajo rendimiento. Rusia está pagando un alto precio por una planificación excesivamente centralizada y dirigida (ligada al desarrollo de la burocracia), así como por la ausencia de estímulos, de innovación y de responsabilidad derivadas de la apropiación colectiva de los medios de producción y de su gestión, que ignora las leyes del mercado en un espacio que durante mucho tiempo ha estado aislado comercialmente. Sufre las consecuencias de la reducción de los intercambios con los territorios limítrofes y con la antigua Europa del este, a la vez clientes y proveedores obligados. También se ve afectada por causas más naturales: los factores climáticos y las grandes distancias (causa de una frecuente disociación espacial entre los recursos, sobre todo mineros y energéticos, y las necesidades). Tras la disolución de la U.R.S.S., Rusia emprendió un proceso de tránsito rápido a la economía de mercado.

**HISTORIA**

***Los orígenes y los principados medievales.*** S. V d. J.C.: los eslavos del E descendieron hacia el SE, en donde asimilaron los restos de las civilizaciones escita y sármata. Ss. VIII-IX: los varegos, normandos de Escandinavia, dominaron las dos vías del comercio entre el Báltico y el mar Negro, el Dniéper y el Volga. *C.* 862: Riúrik se estableció en Nóvgorod. 882: Oleg, príncipe de la dinastía Riúrikovichi, fundó el estado de Kíev. 989: Vladímir I (*c.* 980-1015) impuso a sus súbditos el «bautismo de Rusia». 1019-1054: con Yaroslav el Sabio, la Rusia de Kíev conoció una brillante civilización, inspirada en la de Bizancio. S. XI: las incursiones de los nómadas (pechenegos y cumanos) provocaron la huida de una parte de la población hacia Galitzia, Volinia o el NE. 1169: Vladímir fue elegida capital del segundo estado ruso, el principado de Vladímir-Súzdal. 1238-1240: los mongoles conquistaron el país, a excepción de los principados de Pskov y Nóvgorod. Rusia central estuvo bajo dominio de la Horda de Oro durante más de dos siglos. 1242: Alejandro Nevski logró detener a los caballeros teutones. S. XIV: comenzó a concretarse la diferenciación entre bielorrusos, pequeños rusos (o ucranianos) y grandes rusos.

***El estado moscovita.*** S. XIV: el principado de Moscú cobró supremacía sobre los otros principados rusos. 1326: el metropolitano se estableció en Moscú. 1380: Dimitri Donskói (1362-1389) venció a los mongoles en Kulikovo. 1425-1462: durante el reinado de Vasili II, la Iglesia rusa rechazó la unión con Roma. 1462-1505: Iván III, que tomó el título de autócrata, organizó un estado poderoso y centralizado y puso fin a la soberanía mongol (1480). 1547: Iván IV (1533-1584) fue proclamado zar. 1552-1556: reconquistó los kanatos de Kazán y de Astraján. 1582: Yermak esbozó la expansión de Siberia. 1598: a la muerte de Fiódor I desapareció la dinastía Riúrikovichi. 1605-1613: tras el reinado de Borís Godunov (1598-1605), Rusia conoció un período de inestabilidad política y social, y fue invadida por suecos y polacos. 1613: Miguel Fiódorovich (1613-1645) fundó la dinastía de los Románov. 1645-1676: durante el reinado de Alejo Mijáilovich la anexión de Ucrania oriental desencadenó una guerra con Polonia (1654-1667). 1649: el código institucionalizó la servidumbre. 1666-1667: la condena de los viejos creyentes por la Iglesia ortodoxa rusa provocó el cisma, o *raskol.*

***El imperio ruso.*** 1682-1725: Pedro el Grande, tras haber apartado del poder a la regente Sofía (1689), emprendió la occidentalización del país, al que dotó de un acceso al Báltico y una nueva capital, San Petersburgo. Creó el imperio ruso en 1721. 1725-1741: sus sucesores, Catalina I (1725-1727), Pedro II (1727-1730) y Ana Ivánovna (1730-1740), continuaron su obra. 1741-1762: durante el reinado de Isabel Petrovna predominó la influencia francesa. 1762: Pedro III restituyó a Federico II los territorios conquistados en Prusia por el ejército; fue asesinado. 1762-1796: Catalina II emprendió una política de expansión y de prestigio. Por el tratado de Kuchuk-Kainarzhi (1774) Rusia obtuvo un acceso al mar Negro; como resultado de la división en tres partes de Polonia, adquirió Bielorrusia, Ucrania occidental y Lituania. El empeoramiento de la situación de los siervos provocó la revuelta de Pugachev (1773-1774). 1796-1801: reinado de Pablo I y adhesión de Rusia a las dos primeras coaliciones contra Francia. 1807: Alejandro I (1801-1825) concluyó con Napoleón el tratado de Tilsit. 1809: anexionó Finlandia. 1812: comenzó la llamada «guerra patriótica» contra el invasor francés. 1815: Alejandro I participó en el congreso de Viena y se adhirió a la Santa alianza. 1825: el complot decembrista fracasó. 1825-1855: Nicolás I llevó a cabo la expansión por el Cáucaso (1828), reprimió la revolución polaca de 1831 y la insurrección húngara de 1849. La intelligentsia se dividió en eslavófilos y occidentalistas. 1854-1856: Rusia fue derrotada por Francia y Gran Bretaña, aliadas del imperio otomano durante la guerra de Crimea.

***La modernización y el mantenimiento de la autocracia.*** 1860: Rusia se adueñó de la región comprendida entre el Amur, el Ussuri y el Pacífico, y luego conquistó Asia central (1865-1897). 1861-1864: Alejandro II (1855-1881) liberó a los siervos, que todavía representaban un tercio de la población campesina e instituyó los *zemstvos.* Estas reformas no contentaron a la intelligentsia revolucionaria que adoptó el nihilismo y, más tarde, en los años setenta, el populismo. 1878: el congreso de Berlín limitó la influencia que Rusia había adquirido en los Balcanes gracias a sus victorias sobre los otomanos. 1881: Alejandro II fue asesinado. 1881-1894: Alejandro III limitó la aplicación de las reformas del reinado anterior y llevó a cabo una política de rusificación y de proselitismo ortodoxo respecto a las minorías. El país conoció una rápida industrialización a fines de los años ochenta. Se concluyó la alianza franco-rusa. 1894. Nicolás II accedió al poder. 1898: se fundó el Partido obrero socialdemócrata de Rusia (P.O.S.D.R.). 1901: se creó el Partido socialrevolucionario (P.S.R.). 1904-1905: la guerra ruso-japonesa resultó desastrosa para Rusia. 1905: la agitación social en demanda de una constitución y las huelgas obligaron al zar a prometer la reunión de una duma de estado. 1907: la modificación de la ley electoral permitió la elección de la tercera duma, llamada «duma de los señores». Rusia se alió con Gran Bretaña para formar con ella y Francia la Triple entente. 1915: Rusia, implicada en la primera guerra mundial, sufrió grandes pérdidas durante las ofensivas austroalemanas en Polonia, Galitzia y Lituania. 1917: la revolución de octubre dio el poder a los bolcheviques.

***La Rusia soviética.*** 1918-1920: el nuevo régimen se defendió de los ejércitos blancos dirigidos por Denikin, Kolchak, Yudiénich y Wrangel. Reconoció la independencia de Finlandia, Polonia y los países Bálticos. La República Socialista Federativa Soviética de Rusia (R.S.F.S.R.), creada en 1918, organizó en su territorio repúblicas o regiones autónomas en Crimea, Cáucaso del Norte, en los Urales y en Asia central. 1922: la R.S.F.S.R. se adhirió a la U.R.S.S. Rusia, que constituyó desde entonces el centro de la Unión Soviética, desempeñó un papel federativo respecto de las repúblicas periféricas (14 después de la segunda guerra mundial), en las que el empleo de la lengua rusa y el establecimiento de rusos se consideraban como los vectores de la consolidación de los valores soviéticos. (→ **U.R.S.S.**). Sin embargo, desde 1985, las aspiraciones a la democracia aumentaron rápidamente, provocando la ruptura con el sistema soviético.

***La Rusia poscomunista.*** 1990: el soviet supremo, surgido de las primeras elecciones republicanas libres, eligió a Boris Yeltsin como presidente. 1991: Yeltsin, elegido presidente de la República de Rusia, se opuso al intento de golpe de estado contra Gorbachov (ag.). Tras la disolución de la U.R.S.S. (dic.), Rusia se adhirió a la C.E.I., en cuyo seno intentó desempeñar un papel preponderante, y adoptó el nombre oficial de Federación de Rusia. 1992: Rusia sucedió a la U.R.S.S. como potencia nuclear y como miembro permanente del Consejo de seguridad de la O.N.U. El tránsito a la economía de mercado implicó una fuerte alza de los precios y el aumento de la pobreza y la corrupción. Un nuevo tratado federal se concluyó entre el centro y dieciocho repúblicas de la Federación. El Tatarstán y las repúblicas de Chechenia e Ingushia se negaron a firmarlo. Rusia se enfrentó al afán de independencia de diversos pueblos de la región del Volga y del Cáucaso del Norte. Los conflictos de intereses la enfrentaron con Ucrania (estatuto de Crimea, división de la flota del mar Negro) y con

**RUSIA**

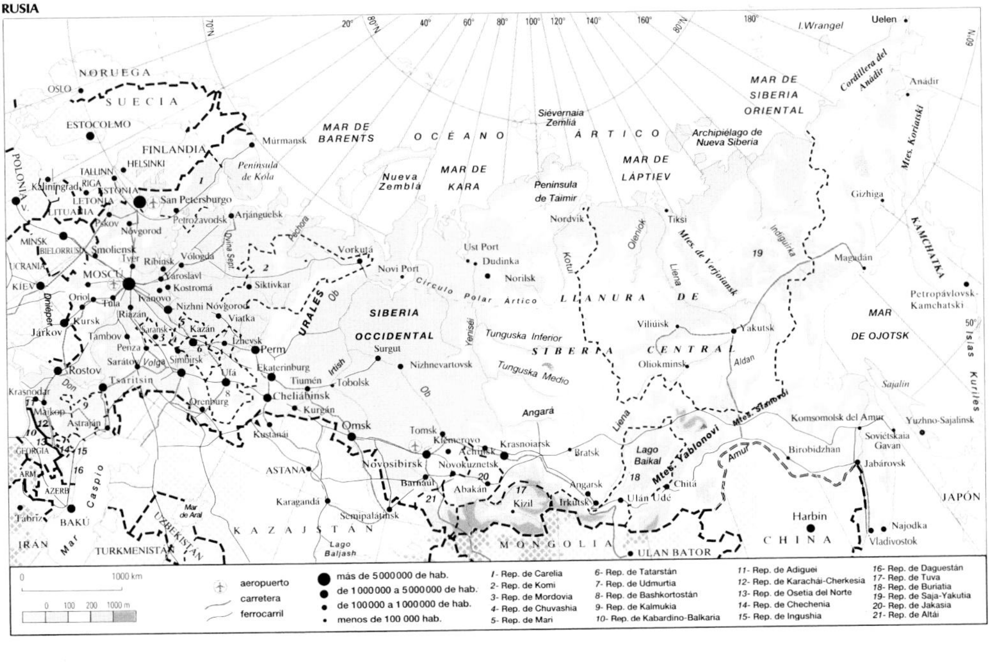

Moldavia (problema de Transdniéster). 1993: el tratado S.T.A.R.T. II fue firmado por G. Bush y B. Yeltsin. Enfrentado al congreso de los diputados del pueblo y al soviet supremo por el control del poder ejecutivo, Yeltsin asumió poderes especiales (referéndum, abril), disolvió el parlamento, cuya rebelión fue aplastada por el ejército (oct.), y convocó elecciones legislativas (dic.), que dieron como resultado la aprobación de una nueva constitución y el triunfo de los ultranacionalistas. 1994: estalló la guerra en la república secesionista de Chechenia. 1995: las elecciones legislativas dieron mayoría en la Duma a los comunistas. 1996: Rusia y Bielorrusia crearon la Comunidad de repúblicas soberanas (C.R.S.), que prevé una mayor integración de ambos países. Yeltsin fue reelegido y concluyó un acuerdo de paz con los independentistas chechenos. 1999: estalló un nuevo conflicto en Chechenia. Dimisión de B. Yeltsin y acceso a la presidencia de V. Putin. 2000: Rusia y Bielorrusia constituyeron una entidad confederal. V. Putin venció en las elecciones presidenciales (marzo).

INSTITUCIONES

República federal (21 repúblicas, 6 territorios, 49 regiones, 1 región autónoma, 10 distritos autónomos y dos ciudades con estatus federal: Moscú y San Petersburgo). Constitución de 1993: presidente de la Federación elegido por sufragio universal cada 4 años, reelegible una vez, que nombra al primer ministro, responsable ante la Duma; el parlamento (asamblea federal), bicameral, compuesto por la Duma del estado (450 miembros, elegidos cada 4 años), con poderes legislativos y presupuestarios; y el Consejo de la Federación (178 miembros, elegidos cada 4 años), sede del poder de las repúblicas y las regiones. Tribunal constitucional de 19 magistrados.

LITERATURA

S. XVII: Avvakum. S. XVIII: Lomonósov, Sumarókov, Fonvizin, Derzhavin. 1.ª mitad del s. XIX: Karamzín, Zhukovski, Krilov, Griboiédov, Pushkin, Lérmontov, Bielinski, Gógol. Fines del s. XIX: Turguéniev, Dostoievski, Tolstói, Saltikov-Schedrin, Herzen, A. N. Ostrovski, Goncharov, Nekrásov, Chernishevski. De 1880 a 1917: Chéjov, Gorki, Bunin, Andréiev, Balmont, Blok, Merezhkovski. De la revolución de 1917 a la segunda guerra mundial: Zamiatín, Mandelstam, Ajmátova, Esenin, Maiakovski, Pilniak, Bábel, Platonov, Bulgákov, N. A. Ostrovski, A. N. Tolstói, Katáiev, Fadéiev, Símonov. La época contemporánea: Leónov, Ehrenburg, Pasternak, Shólojov, Fedin, Paustovski, Kazakov, Yevtushenko, Solzhenitsin.

BELLAS ARTES

***Principales ciudades de interés artístico:*** Yaroslavl, Kazán, Kostromá, Moscú, Nizhni Nóvgorod, Petrodvoriets, Pskov, Rostov, San Petersburgo, Sarátov, Súzdal, Tsárskoie Seló, Vladímir.

***Algunos pintores célebres:*** Rubliov, Repin, Vrúbel, Kandinsky, Maliévich, Goncharova, Lariónov, Tatlin, El Lissitzky, Rodchenko. (Ver ***constructivismo.***)

MÚSICA

S. XIX: Balakirev, Borodín, Cui, Dargomizhski, Glinka, Músorgski, Rimski-Kórsakov, Chaikovski. S. XX: Shostakóvich, Glazunov, Kabalievski, Jachaturián, Prokófiev, Rajmáninov, Skriabin.

EL CINE RUSO Y SOVIÉTICO

D. Vertov, L. Kúlechov, G. Kózintsev, S. Eisenstein, V. Pudovkin, A. Dovzhenko, B. Barnet, M. Donskói, G. Chujrai, S. Bondarchuk, A. Tarkovski, A. Mijálkov-Konchalovski, S. Paradzhanov, G. Panfílov, N. Mijálkov.

**Rusia** *(campaña de)* [24 junio-30 dic. 1812], expedición llevada a cabo en Rusia por los ejércitos de Napoleón (600 000 hombres). Tras ganar la batalla de Borodinó y tomar Moscú, hubieron de iniciar una larga y desastrosa retirada, marcada por el paso del Berezina.

**RUSIA BLANCA** → ***Bielorrusia.***

**RUSIÑOL** (Santiago), pintor y escritor español en lengua catalana (Barcelona 1861-Aranjuez 1931). Vivió la bohemia modernista, de la que sacó inspiración para sus obras. De sus pinturas paisajísticas destacan los jardines. Como literato, escribió teatro y la novela *Las aleluyas del señor Esteve* (*L'auca del senyor Esteve,* 1907).

**RUSKIN** (John), crítico e historiador de arte, sociólogo y escritor británico (Londres 1819-Brantwood, Cumberland, 1900). En su reflexión sobre el arte asoció las argumentaciones morales y las iniciativas prácticas; defendió la arquitectura gótica, el movimiento prerrafaelista y el renacer de las obras de artesanía.

**ruso-japonesa** *(guerra),* conflicto que enfrentó a Rusia y Japón (febr. 1904-set. 1905), marcado por el asedio de Port-Arthur y las derrotas rusas de Mukden y Tsushima. El tratado de Portsmouth obligó a los rusos a evacuar Manchuria y estableció el protectorado japonés sobre Corea.

**ruso-turcas** *(guerras),* guerras entre los imperios otomano y ruso, especialmente en 1736-1739, 1768-1774, 1787-1791 (por las que Rusia adquirió el litoral septentrional del mar Negro); en 1828-1829 (intervención en favor de la independencia griega); en 1853/1854-1856 (guerra de Crimea), y en 1877-1878 (intervención en los Balcanes).

**RUSSELL** (Bertrand, 3.er *conde*), filósofo británico (Trelleck, País de Gales, 1872-Penrhyndeudraeth, País de Gales, 1970). En 1927, fundó una escuela experimental, donde llevó a la práctica sus ideas pedagógicas; desde 1916 militó en favor del pacifismo. Su actividad más significativa se sitúa en el terreno científico y lógico: fundó el logicismo y la teoría de los tipos. Escribió *Principia mathematica,* en colaboración con Whitehead (1910-1913). [Premio Nobel de literatura 1950.]

**RUSSELL** (Henry Norris), astrónomo norteamericano (Oyster Bay, Nueva York, 1877-Princeton, Nueva Jersey, 1957). Sus trabajos sobre física estelar le permitieron establecer, independientemente de Hertzsprung, una clasificación de las estrellas en función de su luminosidad y de su tipo espectral (*diagrama de Hertzsprung-Russell,* 1913).

**RUSSELL** (John, 1.er *conde*), político británico (Londres 1792-Pembroke Lodge, Richmond Park, 1878). Líder del Partido whig, primer ministro (1846-1852 y 1865-1866) y ministro de Asuntos Exteriores (1852-1855 y 1860-1865), combatió la influencia rusa en Europa (guerra de Crimea, 1854) y completó la obra librecambista de Peel.

**RUSSELL** (Ken), director de cine británico (Southampton 1927), autor de películas de gran barroquismo (*Mujeres enamoradas,* 1969; *La pasión de vivir,* 1970; *La pasión de China Blue,* 1984).

**RÜSSELSHEIM,** c. de Alemania (Hesse), a orillas del Main; 58 849 hab. Automóviles.

**RUSTAVI,** c. de Georgia; 159 000 hab. Metalurgia.

**RUSTENBURG,** c. de la República de Sudáfrica, (Noroeste); 22 000 hab. Centro minero.

**RUT** o **RUTH,** mujer moabita, que por su casamiento con Booz, y los hijos que tuvo de éste, se convirtió en antepasada de Jesús. Su historia se narra en el libro bíblico homónimo (s. V a. J.C.).

lord Bertrand
**Russell**

**RUTE,** v. de España (Córdoba); 9 703 hab. *(Ruteños.)* Elaboración de aguardientes y aceites.

**RUTEBEUF,** poeta francés del s. XIII, autor de poemas satíricos, de una parte del *Roman* de Renart (Renart le Bestourné)* y de uno de los más antiguos milagros de Nuestra Señora (*Milagro de Teófilo, c.* 1260).

**RUTENIA** o **RUTENIA SUBCARPÁTICA** → ***Ucrania Subcarpática.***

**RUTHERFORD OF NELSON** (Ernest, *lord*), físico británico (Nelson, Nueva Zelanda, 1871-Cambridge 1937). En 1899 descubrió la radiactividad del torio y enunció, en colaboración con Soddy, la ley de los desplazamientos radiactivos. Diferenció los rayos beta y alfa, utilizando estos últimos, en 1919, para realizar la primera transmutación provocada, la del nitrógeno en oxígeno. Propuso un modelo de átomo compuesto de un núcleo central y electrones satélites. (Premio Nobel de química 1908.)

**RÜTLI** o **GRÜTLI,** prado de Suiza, al SE del lago Cuatro Cantones, donde los patriotas de tres cantones (Uri, Nidwald y Schwyz) juraron liberarse de la tiranía de Alberto de Austria (1291).

**RUWENZORI,** macizo montañoso de África, entre la Rep. Dem. del Congo (ex Zaire) y Uganda; 5 119 m en el pico Marguerita.

**Ruy Blas,** drama en verso de Victor Hugo (1838).

**RUYRA** (Joaquim), escritor español en lengua catalana (Gerona 1858-Barcelona 1939). Autor representativo de la narrativa regionalista, alcanzó gran prestigio con las narraciones de *Del mar y del bosque* (*Marines i boscatges,* 1903), ampliado en 1920 con el título *Piña de rosa (Pinya de rosa).*

**RUYSBROECK** (Jan **Van**) → ***Van Ruysbroeck*** (Jan).

**RUYSBROEK, RUBROEK, RUBROUCK** o **RUBRUQUIS** (Guillermo **de**), franciscano flamenco (Rubroek *c.* 1220-† d. 1293). San Luis de Francia lo envió como misionero en 1254 a la corte del gran kan de Mongolia. Escribió un interesante relato de su viaje (1256).

**RUYTER** (Michiel Adriaanozoon **de**), almirante neerlandés (Flessinga 1607-Siracusa 1676). Sembró el pánico en Londres al incendiar los navíos ingleses (1667), detuvo a la flota anglofrancesa en Zelanda (1673) y en 1676 fue derrotado en aguas de Agosta por la escuadra francesa de Duquesne.

**RUZZANTE** o **RUZANTE** (Angelo **Beolco,** llamado), actor y dramaturgo italiano (Padua 1500-*id.* 1542), que escribió comedias populares en dialecto paduano.

**RWANDA** → ***Ruanda.***

**RYBNIK,** c. del S de Polonia, en la Alta Silesia; 144 800 hab. Centro hullero.

**RYDBERG** (Johannes Robert), físico sueco (Halmstad 1854-Lund 1919). Estableció una relación entre los espectros de diferentes elementos químicos.

**RYDZ-ŚMIGŁY** (Edward), mariscal polaco (Lvov 1886-Varsovia 1941), comandante en jefe de las fuerzas polacas en 1939.

**RYLE** (Gilbert), filósofo y lógico británico (Brighton 1900-Whitby, North Yorkshire, 1976). Amplió la filosofía analítica británica con su concepción del lenguaje (*El concepto de lo mental,* 1949).

**Ryswick** *(tratados de)* [1697], tratados firmados en Ryswick, cerca de La Haya, que pusieron fin a la guerra de la liga de Augsburgo. El primero (20 set.) fue firmado por Francia con las Provincias Unidas, Inglaterra y España; el segundo (30 oct.) por Francia con el emperador. Luis XIV restituía los territorios ocupados (Lorena, Palatinado y Cataluña) o anexionados gracias a su política de las Reuniones, excepto Sarrelouis y Estrasburgo.

**RYŪKYŪ,** archipiélago japonés del Pacífico, entre Kyūshū y Taiwan; 2 250 km²; 1 222 398 hab. Cap. *Naha* (en la isla de Okinawa).

**RZESZÓW,** c. del SE de Polonia, a orillas del Wisłok, cap. de voivodato; 154 800 hab. Industria textil.

# S

**S.A.** (siglas de *Sturm Abteilung*, sección de asalto), formación paramilitar de la Alemania nazi, creada en 1921 por Röhm. En 1933 superaba los 3 millones de miembros. Tras la eliminación de Röhm y sus principales subordinados (noche de los cuchillos largos, 30 junio 1934), su papel quedó muy reducido.

**SÁ DE MIRANDA** (Francisco **de**), humanista y escritor portugués (Coimbra *c.* 1480-Quinta de Tapada 1558). Introductor en Portugal de las formas métricas italianas, entre sus obras destacan: *Fábula de Mondego* y la égloga *Alexo*.

**SAADI** → ***Sa'di.***

**SAALE,** r. de Alemania, afl. del Elba (or. izq.); 427 km.

**SAAREMAA,** isla de Estonia, que cierra por el NO el golfo de Riga; 2 714 $km^2$.

**SAARINEN** (Eero), arquitecto y diseñador norteamericano de origen finlandés (Kirkkonummi 1910-Ann Arbor, Michigan, 1961). En colaboración con su padre, **Eliel** (1873-1950), establecido en E.U.A. (1923), desempeñó un papel importante en la evolución de la arquitectura norteamericana moderna (terminal de la T.W.A. en Idlewild, 1956).

**SAAVEDRA,** partido de Argentina (Buenos Aires); 19 354 hab. Cab. *Pigüé*. Ganado vacuno y ovino.

**SAAVEDRA** (Ángel **de**) → ***Rivas*** (duque de).

**SAAVEDRA** (Cornelio **de**), político y general argentino (Potosí 1761-Buenos Aires 1829). Participó en la revolución de mayo (1810) y presidió las dos primeras juntas gubernativas. Fue destituido por sus ideas conservadoras. Rehabilitado, fue jefe del estado mayor del ejército (1818-1821).

**SAAVEDRA** (Francisco **de**), político español (Sevilla 1746-*id.* 1819). Intendente de Caracas, en España Godoy le confió la secretaría de Hacienda (1797-1798) y la de Estado (1798). Tras la invasión francesa, dirigió la Junta de Sevilla (1808) y fue miembro de la Junta Central y del consejo de regencia (1810).

**SAAVEDRA** (Juan Bautista), político boliviano (La Paz 1870-† 1939), presidente de la república (1920-1925).

**SAAVEDRA FAJARDO** (Diego **de**), escritor y político español (Algezares, Murcia, 1584-Madrid 1648). Escribió obras de análisis socioeconómico de España *(Empresas políticas)* y una alegoría satírica, editada póstumamente (1655), en la que ofrece una visión estética del barroco.

**SABA,** en ár. **Saba',** ant. reino del SO de la península arábiga (Yemen) [cap. *Mā'rib*]. Conoció una gran prosperidad entre los ss. VIII-I a. J.C.

**Saba** *(reina de)*, reina legendaria de Arabia, que según la Biblia, fue a visitar al rey Salomón. El Corán recoge este episodio y da a la reina el nombre de Balkis.

**SABA** (Umberto **Poli,** llamado **Umberto**), poeta italiano (Trieste 1883-Gorizia 1957). Encontró en su doble experiencia del sicoanálisis y de la persecución racista temas para una poesía centrada en los sueños de la infancia *(El cancionero)*.

**SABADELL,** c. de España (Barcelona), cab. de p. j.; 189 184 hab. (*Sabadellenses* o *sabadelleses*) Centro tradicional de la industria textil lanera, a la que se han añadido otras ramas (metalurgia, maquinaria eléctrica, química y electrónica), forma con Tarrasa una gran conurbación. Museo de arte.

**SABAH,** ant. **Borneo Septentrional,** estado de Malaysia, al N de Borneo; 73 700 $km^2$; 1 176 000 hab. Cap. *Kota Kinabalu*. Colonia británica de 1877 a 1963.

**SABANA DE TORRES,** mun. de Colombia (Santander); 19 956 hab.

**SABANA GRANDE,** mun. del O de Puerto Rico; 22 843 hab. Licores y manufacturas de cigarrillos.

**SABANA GRANDE DE BOYA,** mun. de la República Dominicana (San Cristóbal); 31 147 hab. Café.

**SABANA-CAMAGÜEY** *(archipiélago de)* o **JARDINES DEL REY,** archipiélago de Cuba, en la costa N, constituido por unos 400 cayos coralinos, entre ellos los de Fragoso, Romano, Coco y Sabinal.

**SABANALARGA,** mun. de Colombia (Atlántico); 50 925 hab. Centro agropecuario. Industrias alimentarias.

**SABANETA,** c. de la República Dominicana, cap. de la prov. de Santiago Rodríguez; 42 088 hab. Centro comercial.

**SABANETA,** mun. de Colombia (Antioquia); 20 491 hab. Agricultura.

**SÁBAT ERCASTY** (Carlos), poeta uruguayo (Montevideo 1887-*id.* 1982). Dejó el modernismo (1912) para reflejar una visión exuberante de la vida (*Pantheos,* 1917; *Los adioses,* 1929; *Poemas del hombre,* 1921-1937).

**SABATINI** (Francisco), arquitecto italiano (Palermo 1722-Madrid 1797), activo en España desde 1760. Director de las obras de la corte de Carlos III, pasó del barroco italiano al neoclasicismo (puerta de Alcalá, 1764-1778; fachada de San Francisco el Grande, ambos en Madrid).

**SÁBATO** (Ernesto), escritor argentino (Rojas 1911). Tras su primer libro de ensayos: *Uno y el universo* (1945), orientó su obra hacia una crítica humanística sobre la ciencia y una preocupación sociocultural (*Heterodoxia,* 1953; *La cultura en la encrucijada nacional,* 1976). Escribió, asimismo, novelas intelectualistas y experimentales (*El túnel,* 1948; *Sobre héroes y tumbas,* 1961; *Abaddón el exterminador,* 1974). [Premio Cervantes 1984.]

**SABELIO,** heresiarca del s. III, iniciador de una doctrina que tendía a reducir la distinción de las tres personas de la Trinidad (*sabelianismo, modalismo* o *monarquianismo*).

**SABICAS** (Agustín **Castellón,** llamado **el Niño**), guitarrista español (Pamplona 1912-Nueva York 1990). Destacó desde muy joven en diferentes estilos flamencos, y actuó acompañando a «cantaores» o como solista.

**Sabiduría** *(libro de la)*, libro del Antiguo testamento redactado en griego (*c.* 50 a. J.C.) por un judío de Alejandría, exhortación a la búsqueda de la verdadera sabiduría que emana de Dios.

**SABIN** (Albert Bruce), médico norteamericano de origen ruso (Białystok 1906-Washington 1993), descubridor de la vacuna antipoliomielítica por vía oral.

**ŠABĪN AL-QAWM,** c. de Egipto, cap. de prov.; 153 000 hab.

**SABINA,** ant. región de Italia central, habitada por los sabinos.

**SABINAS,** mun. de México (Coahuila), avenado por el *río Sabinas;* 39 515 hab. Minas de carbón.

**SABINAS HIDALGO,** mun. de México (Nuevo León); 24 893 hab. Algodón, cereales y caña de azúcar.

**SABINES** (Jaime), poeta mexicano (Tuxtla Gutiérrez 1926-México 1999). Desde *Horal* (1950), su obra se destaca por lo oral y cotidiano. Su poesía, recopilada en *Nuevo recuento de poemas* (1977), destaca por el humor y prosaísmo, *Tarumba* (1956), y por el poder evocador, *Algo sobre la muerte del mayor Sabines* (1973).

**SABINO** (Julio) [† en Roma en 79 d. J.C.], jefe galo que, en 69-70, intentó devolver la independencia a la Galia. Vespasiano ordenó su muerte.

**SABINOS** *(montes)*, macizo de Italia (Lacio).

**SABIÑÁNIGO,** c. de España (Huesca); 9 917 hab. Es el principal núcleo industrial del Pirineo español. Yacimiento de gas natural en El Serrablo.

Ernesto **Sábato**

**sabios de Grecia** *(los siete),* nombre dado por la tradición griega a siete personajes, filósofos o políticos del s. VI a. J.C.: los más conocidos son Solón de Atenas y Tales de Mileto.

**SABOGAL** (José), pintor y grabador peruano (Cajabamba 1888-Lima 1956). Trabajó con Rivera y Orozco en México (1922-1925) y fue una destacada figura de la tendencia indigenista.

**SABOYA,** en fr. **Savoie,** en ital. **Savoia,** región del SE de Francia (Haute-Savoie y Savoie). Cap. *Chambéry.* Formó parte de la Narbonense romana. Conquistada por los francos (534), fue integrada a la casa de Borgoña y posteriormente (1032) al Imperio. A partir del s. X, los condes de Saboya (duques desde 1416) emprendieron una política expansiva (estados de la casa de Saboya). Ss. XV-XVI: el Piamonte adquirió el predominio sobre los restantes estados de la casa. S. XVII: diversos territorios de Saboya pasaron a Francia. 1720: el duque de Saboya se convirtió en rey de Cerdeña. 1792-1814: Saboya fue anexionada a Francia. 1814-1860: se reunió nuevamente con el Piamonte. 1860: pasó definitivamente a Francia.

**SABOYA** (*casa* **de**), familia que poseyó Saboya, con el título de condado (s. XI), posteriormente de ducado (1416), gobernó el Piamonte-Cerdeña y reinó en Italia de 1860 a 1946.

**SABUNDE** (Ramón) → ***Sibiuda.***

**SACASA** (Juan Bautista), médico y político nicaragüense (León 1874-Los Ángeles 1946). Liberal, fue presidente de la república (1932-1936). Logró la evacuación de las tropas de E.U.A. y pactó con Sandino. Fue derrocado por A. Somoza.

**SACATEPÉQUEZ** *(departamento de),* dep. del centro de Guatemala; 465 km$^2$; 190 950 hab. Cap. *Antigua Guatemala.*

**SACCHETTI** (Franco), escritor italiano (Ragusa, Dalmacia, *c.* 1330-San Miniato 1400), autor de cuentos realistas *(Los trescientos cuentos).*

**SACCHETTI** (Giovanni Battista), arquitecto italiano (nacido en Turín-Madrid 1764). Discípulo de Juvara, dirigió las obras del palacio real de Madrid.

**Sacco y Vanzetti** *(caso),* asunto judicial norteamericano. La ejecución, en 1927, de dos emigrantes anarquistas italianos, Nicola *Sacco* (nacido en 1891) y Bartolomeo *Vanzetti* (nacido en 1888), condenados a muerte (1921) por un doble asesinato sin pruebas concluyentes, provocó vivas protestas en todo el mundo.

**SACEDÓN,** v. de España (Guadalajara); 1 632 hab. *(Sacedonenses.)* Embalse de Entrepeñas, en el Tajo.

**SACHER-MASOCH** (Leopold, *caballero* **von**), escritor austríaco (Lemberg 1836-Lindheim, Hesse, 1895), autor de cuentos y novelas *(La Venus de las pieles)* en los que expresó un erotismo dominado por la voluptuosidad del sufrimiento (masoquismo).

**SACHS** (Hans), poeta alemán (Nuremberg 1494-*id.* 1576). Escribió obras líricas *(El ruiseñor de Wittenberg),* farsas y dramas de tradición medieval. Wagner lo convirtió en el protagonista de *Los maestros cantores de Nuremberg.*

**SACHS** (Leonie, llamada **Nelly**), escritora sueca de origen alemán (Berlín 1891-Estocolmo 1970), autora de poemas y dramas inspirados en la tradición bíblica y judía. (Premio Nobel de literatura 1966.)

**SACKVILLE** (Thomas), *barón* **de Buckhurst** y *conde* **de Dorset,** estadista y poeta inglés (Buckhurst, Sussex, *c.* 1536-Londres 1608), autor, en colaboración con Thomas Norton, de la primera tragedia inglesa en versos blancos, *Gorboduc o Ferrex y Porex* (1561).

**SACO Y LÓPEZ** (José Antonio), escritor y político cubano (Bayamo 1797-Barcelona 1879). Reformista, desterrado a Trinidad por su oposición a la esclavitud (1834), pasó a España, donde fue diputado a cortes y luchó por el desarrollo de Cuba. Es autor de *Historia de la esclavitud* (4 vols., 1875-1879).

**SACRAMENTO** *(Colonia del),* factoría y hinterland establecidos por los portugueses (1679-1680) en la Banda Oriental del Plata (gobernación española del Río de la Plata), alrededor de la actual Colonia (Uruguay). Cedida en calidad de colonia a Portugal por el tratado de Alfonza (1701), en el s. XVIII se la disputaron españoles y portugueses (recuperada por España en el tratado de San Ildefonso, 1777). Cayó en poder de portugueses y brasileños (1817-1828), hasta que pasó a Uruguay.

**SACRAMENTO,** c. de Estados Unidos, cap. de California, junto al *río Sacramento* (620 km); 369 365 hab. (1 481 102 hab. en la aglomeración).

**SACRISTÁN** (José), actor español (Chinchón 1937). Ha cultivado con igual talento la comedia y el drama (*Asignatura pendiente,* 1976; *Un hombre llamado Flor de Otoño,* 1977; *La colmena,* 1982; *Un lugar en el mundo,* 1992). Es también director: *Soldados de plomo* (1983), *Cara de acelga* (1986).

**SACRO** *(monte),* colina al NE de Roma, en donde se refugiaron los plebeyos en 494 a. J.C., hasta la creación de los tribunos de la plebe.

**SACRO IMPERIO ROMANO GERMÁNICO,** nombre oficial del imperio fundado por Otón I el Grande (962), que comprendía los reinos de Germania, Italia y, a partir de 1032, el de Borgoña. Debilitado por la querella de las Investiduras (1076-1122) y las luchas entre el pontificado y el imperio (1157-1250), perdió, desde fines del s. XIII al XV, sus posesiones italianas, borgoñonas y suizas, y tendió a identificarse cada vez más con el reino germánico. Los siete electores instituidos por la Bula de oro (1356) fueron los verdaderos árbitros del poder imperial. Los tratados de Westfalia (1648) significaron el desmembramiento territorial del imperio, que no pudo resistir las conquistas napoleónicas y fue disuelto en 1806 con la renuncia de Francisco II a la corona imperial de Alemania.

**Sacromonte,** barrio típico de la ciudad de Granada (España), en un cerro frente al Generalife, con cuevas abiertas en la ladera y enjalbegadas. Numerosa comunidad gitana.

**Sacsahuamán,** fortaleza incaica en un altozano de la ciudad de Cuzco (s. XII), construida con enormes bloques monolíticos, ensamblados y pulidos.

**SADA,** c. de España (La Coruña); 9 190 hab. Puerto pesquero (conservas).

**SÁDABA,** v. de España (Zaragoza); 1 628 hab. En las Cinco Villas. Restos de la ciudad romana (sepulcro del s. II). Castillo. Iglesia gótica.

**SADĀT** (Anwār **al-**), político egipcio (en Minūfiyya, 1918-El Cairo 1981). Tras haber participado en el golpe de estado de 1952, fue presidente de la asamblea nacional (1960-1969) y en 1970 sucedió a Nasser al frente del estado. Tras la cuarta guerra árabe-israelí (1973), rompió con la U.R.S.S. (1976) e inició un acercamiento a Israel, con quien firmó el tratado de Washington (1979). Fue asesinado. (Premio Nobel de la paz 1978.)

**Sadd al-Ālī** *(presa alta),* nombre árabe de la segunda o alta presa de Asuán (Egipto).

**SADDIQ DE ARÉVALO** (Yosef **ben**), escritor hebraicoespañol de la segunda mitad del s. XV, autor del *Compendio del recuerdo del justo,* libro ritual que da noticia del pueblo judío en los ss. XII-XV.

**SADE** (Donatien Alphonse François, *marqués* **de**), escritor francés (París 1740-Charenton 1814). Su obra, que es a la vez la teoría y la ilustración del *sadismo,* censurada durante años, fue recuperada por los surrealistas, y valorada como símbolo de una rebelión del hombre contra la sociedad y el Creador, y como análisis sicológico: *Los ciento veinte días de Sodoma* (1782-1785), *Justine o las desventuras de la virtud* (1791) y *La filosofía en el tocador* (1795), entre otras novelas y relatos.

**SA'DI** o **SAADI,** dinastía que reinó en Marruecos de 1554 a 1659.

**SA'DĪ** (Mušarrif ibn Muṣliḥ), poeta persa (Šīrāz *c.* 1213-*id.* 1292), autor de recopilaciones líricas y didácticas (*Gulistān* y *Bustān*).

**SADOLETO** (Iacopo), cardenal y humanista italiano (Módena 1477-Roma 1547). Preconizó la reconciliación con los protestantes.

**SADOVEANU** (Mihail), escritor rumano (Paşcani, Moldavia, 1880-Bucarest 1961). Sus novelas evocan la vida de las campiñas moldavas.

**Sadowa** *(batalla de)* [3 julio 1866], victoria del ejército prusiano de Federico Carlos sobre los austríacos de Benedek en Sadowa (en checo *Sadová*), en Bohemia oriental. Esta batalla tuvo gran resonancia en Europa, porque puso de manifiesto el poder del armamento prusiano.

**SAENREDAM** (Pieter), pintor y dibujante neerlandés (Assendelft, Holanda Septentrional, 1597-Haarlem 1665). Sus cuadros, paisajes urbanos e interiores de iglesias, destacan por su sencillez, transparencia y poesía latente.

**SÁENZ DE OIZA** (Francisco Javier), arquitecto español (Cáseda 1918-Madrid 2000). Partiendo del funcionalismo, ha seguido una línea innovadora (edificio Torres Blancas, Banco Bilbao-Vizcaya, en el centro Azca y viviendas de la M-30, en Madrid).

**SÁENZ DE THORNE** (Manuela), llamada **Doña Manolita,** patriota ecuatoriana (Quito 1793-Paita, Perú, 1859). Amante de Bolívar (1822), le salvó la vida (1828) y fue nombrada «Libertadora del Libertador».

**SÁENZ PEÑA** (Luis), abogado y político argentino (Buenos Aires 1822-*id.* 1907). Miembro del Partido nacional, presidió el país (1892-1895) y reprimió a los radicales. – Su hijo **Roque** (Buenos Aires 1851-*id.* 1914) se alzó contra la doctrina de Monroe con su *América para la humanidad* (1889), en la conferencia panamericana de Washington. Miembro del Partido nacional y presidente de la república (1910-1913), estableció el sufragio universal (1912).

**SAER** (Juan José), escritor argentino (Serodino, Santa Fe, 1937). Tras unos primeros textos realistas, da paso a un universo donde la memoria es la protagonista (*Unidad de lugar,* 1967; *Cicatrices,* 1969; *Limonero real,* 1974; *La ocasión,* 1988).

**SAETABIS,** localidad prerromana de la península Ibérica, llamada también *Saetabicula* (act. *Játiva*).

**SÁEZ** (Víctor Damián), eclesiástico y político español (s. XIX). Ministro de Estado en la regencia absolutista y ministro universal de Fernando VII (1823), dirigió con rigor la reacción absolutista.

**ṢAFAWÍES,** dinastía que reinó en Irán de 1501 a 1736. Fundada por Ismā'īl I, jefe de la cofradía ṣafawī (en persa Ṣafavi), impuso el chiismo duodecimano en Irán, que logró proteger de los otomanos por el O y de los uzbekos por el E.

**ṢAFFĀR** (Abū-l-Qāsim Aḥmad **ibn al-**), astrónomo hispanoárabe de principios del s. XI, autor de un tratado sobre el uso del astrolabio.

**SAFI,** en ár. **Aṣfī,** c. y puerto de Marruecos, en la costa del Atlántico; 197 000 hab. Monumentos antiguos. Centro comercial e industrial.

**SAFO,** poeta griega (Lesbos fines del s. VII-*id.* s. VI a. J.C.). De sus nueve libros de poemas, muy célebres en la antigüedad, sólo se conservan algunos fragmentos.

**SAFONT** (Marc), arquitecto catalán de la primera mitad del s. XV, autor del palacio de la Generalidad de Cataluña en Barcelona.

**SAGA,** c. de Japón (Kyūshū); 169 963 hab.

**SAGAMIHARA,** c. de Japón (Honshū); 531 542 hab.

**SAGAN** (Carl), astrofísico norteamericano (Nueva York 1934-Seattle 1996). Especialista en el estudio de los planetas y en exobiología, desempeñó un importante papel en la creación de los programas

la fortaleza de **Sacsahuamán:** recintos de estructura ciclópea

Anwār **al-Sadāt**

norteamericanos de sondas planetarias. Publicó también obras de divulgación científica.

**SAGAN** (Françoise **Quoirez,** llamada **Françoise**), escritora francesa (Carjac 1935), autora de novelas (*Buenos días, tristeza,* 1954) y de obras teatrales (*Un castillo en Suecia,* 1960).

**SĀGAR** o **SAUGOR,** c. de India (Madhya Pradesh); 256 878 hab. Serrerías y material ferroviario. Universidad.

**S'AGARÓ** o **SEGUERÓ,** localidad de España, en el mun. de Castell-Platja d'Aro (Gerona). Centro de veraneo en la Costa Brava. Festival de música.

**SAGARRA** (Josep Maria **de**), escritor español en lengua catalana (Barcelona 1894-*id.* 1961). Sus obras dramáticas, como *El hostal de la Gloria* (*L'hostal de la Glòria,* 1931) o *El café de la Marina* (1933), tienen gran lirismo y carga romántica. También escribió novelas (*Vida privada,* 1933).

**SAGASTA** (Práxedes Mateo), político español (Torrecilla en Cameros, Rioja, 1825-Madrid 1903). Progresista, tras la revolución de 1868 participó en el gobierno provisional y en el de Amadeo I, que presidió en 1871-1872. Con la Restauración organizó un Partido liberal dinástico. Presidente del gobierno (1881-1883), integró en su partido la Izquierda dinástica. Durante la regencia de María Cristina funcionó el turno de partidos entre el suyo y el conservador. Fue de nuevo presidente del gobierno (1885-1890, 1891-1895, 1897-1899 y 1901-1902).

**SAGITARIO,** constelación zodiacal cuya dirección corresponde a la del centro de la Galaxia. – Noveno signo zodiacal, que el Sol abandona en el solsticio de invierno.

**SAGRA** *(sierra de la),* sierra de España (Granada), perteneciente a la cordillera Subbética; 2 381 m en el *monte Sagra.*

**SAGRA** (Ramón **de la**), naturalista y sociólogo español (La Coruña 1798-París 1871). Escribió una *Historia física, política y natural de la isla de Cuba* (14 vols., 1832-1863). En *Lecciones de economía social* (1840) defendió un socialismo no violento.

**Sagrada Familia** *(templo expiatorio de la),* templo inacabado de Barcelona (España). Iniciado en 1882 con proyecto neogótico, en 1883 se hizo cargo de las obras A. Gaudí, quien en 1893 transformó el proyecto inicial según su personal estilo. Inacabada a su muerte (1926), continúan sus obras (fachada de la Pasión, por J. M. Subirachs).

**sagradas** *(guerras),* nombre que reciben cuatro guerras entabladas entre las ciudades griegas, que tuvieron lugar entre 590 y 339 a. J.C. Desencadenadas por los anfictiones de Delfos para defender los derechos del templo de Apolo, su auténtico objetivo era asegurar el control de las riquezas del santuario. Terminaron con la intervención de Filipo de Macedonia, que sometió a las ciudades griegas.

**Sagrajas** o **Zalaca** *(batalla de),* derrota del ejército castellano frente a los almorávides (23 oct. 1086), que acudieron en ayuda de los reinos de taifas. Éstos dejaron de pagar tributos a Castilla.

**SAGRERA** (Guillem), arquitecto y escultor catalán (Felanitx ¿1380?-Nápoles 1454). Uno de los máximos representantes del gótico flamígero en Cataluña, su escultura sigue el realismo borgoñón (Lonja de Palma de Mallorca).

**SAGUA DE TÁNAMO,** mun. de Cuba (Holguín); 61 190 hab. Industria azucarera. Níquel.

**SAGUA LA GRANDE,** mun. de Cuba (Villa Clara), junto al *río Sagua la Grande* (150 km); 59 152 hab. Destilerías de alcohol; tabaco; fundiciones.

**SAGUÍA EL HAMRA,** antiguo protectorado español, con capital en El Aaiún, actualmente integrado en el Sahara Occidental. Se extendía en torno al *uadi de Saguía el Hamra* (420 km).

**SAGUNTO** o **SAGUNT,** c. de España (Valencia), cab. de p. j.; 555 957 hab. *(Saguntinos.)* Naranjos, frutales y arroz. Cemento. Astilleros. Puerto. Teatro romano (restaurado). Ruinas del castillo medieval. Ciudad edetana aliada de Roma, su toma por Aníbal, tras ocho meses de asedio (219 a. J.C.), provocó la segunda guerra púnica. Victoria francesa sobre las tropas de Blake (25 oct. 1811) en la guerra de la Independencia. El pronunciamiento del general Martínez Campos (29 dic. 1874) dio paso a la restauración monárquica en España.

**SAHAGÚN,** mun. de Colombia (Córdoba); 58 059 hab. Maíz, arroz. Pastos. Ganado vacuno y porcino.

**SAHAGÚN,** v. de España (León), cab. de p. j.; 3 351 hab. *(Sahagunenses.)* Ganadería lanar. Restos de un monasterio benedictino (ss. XI-XII); iglesias mudéjares de San Tirso (s. XII) y San Lorenzo (s. XIII).

**SAHAGÚN** (*fray* Bernardino **de**), eclesiástico e historiador español (Sahagún 1500-México 1590). En Nueva España desde 1529, su *Historia* general de las cosas de Nueva España* recoge la explicación indígena de su cultura en lengua náhuatl y en escritura jeroglífica.

**SAHARA,** el desierto más extenso del mundo, en África. Ocupa más de 8 millones de km² entre el África mediterránea y el África negra, el Atlántico y el mar Rojo. A ambos lados del trópico de Cáncer, se extiende por Marruecos, Argelia, Tunicia, Libia, Egipto, Sudán, Chad, Níger, Malí, Mauritania y Sahara Occidental. Su unidad se basa en la extrema aridez del clima (menos de 100 mm de agua por año), que imposibilita el cultivo, salvo en los oasis. El Nilo es el único río que atraviesa el desierto. El relieve es diversificado: en el centro y E, grandes macizos, en parte volcánicos, como el *Ahaggar,* el *Aïr* y el *Tibesti;* en el N, las dunas del *Gran Erg;* en otras regiones predominan las vastas llanuras y las mesetas cubiertas de piedras (regs). Un millón y medio de personas aprox. viven en el Sahara, en el que ha disminuido el nomadismo, y se ha desarrollado la industria extractiva (hidrocarburos esencialmente).

HISTORIA

La abundancia de fósiles y de utillaje neolítico atestigua una época floreciente. En la antigüedad, la sequía obligó a abandonar el caballo por el dromedario a partir del s. II a. J.C. Los árabes, que penetraron en el Sahara a partir del s. VII, implantaron el islam. A fines del s. XIX la mayor parte del Sahara fue conquistado por Francia, que tomó Tombouctou (1894). España organizó su colonia del Sahara Occidental a partir de 1884 e Italia se estableció en Cirenaica y Tripolitania en 1911-1912. La descolonización se produjo entre 1951 y 1976.

**SAHARA OCCIDENTAL,** ant. **Sahara Español,** territorio del NO de África administrado por Marruecos; 266 000 km²; 200 000 hab. *(Saharauis).*

GEOGRAFÍA

El territorio constituye una vasta planicie árida y desértica desde el desierto hasta el Atlántico. La población es araboberéber. De agricultura prácticamente inexistente, sus principales recursos son la pesca y la explotación de los fosfatos de Bu-craa, uno de los yacimientos más importantes del mundo.

HISTORIA

Portugal cedió a España el derecho de establecerse en la franja costera (1509), no ocupada hasta 1884, en torno a las factorías de Villa Cisneros y de la Bahía del Oeste. Establecidos sus límites (1920), se denominó protectorado de Río de Oro, y en 1934, junto con Ifni, constituyó el África Occidental Española, que en 1957 pasó a ser una provincia española con El Aaiún como capital. España aplazó la descolonización planteada por la O.N.U. (1966), y cedió la administración del territorio a Marruecos y Mauritania (1975). El Frente polisario proclamó (1976) la República Árabe Saharaui Democrática (R.A.S.D.) y declaró la guerra a ambos países. Mauritania firmó la paz y abandonó el territorio (1979), pero Marruecos radicalizó la lucha y fomentó el asentamiento de marroquíes. La O.N.U. estableció la necesidad de un referéndum para la autodeterminación (1985), pospuesto indefinidamente por Marruecos. 1991: despliegue de la misión de la O.N.U. para el referéndum en el Sahara Occidental. 1996: la O.N.U. decidió suspender el proceso hacia un referéndum. 1997: Marruecos y el Polisario acordaron celebrar en 2000 el referéndum. 1999: el referéndum volvió a aplazarse por los recursos planteados por Marruecos al censo elaborado por la O.N.U.

**SAHARANPUR,** c. de la India (Uttar Pradesh); 373 904 hab. Centro comercial e industrial.

**SAHEL,** término que designa tanto a las regiones próximas a la costa de Argelia y Tunicia como, en la actualidad, a la zona de transición entre el Sahara y las regiones tropicales húmedas, afectada por pertinaces sequías.

**ŠĀHIN** (Yūsuf), director de cine egipcio (Alejandría 1926), una de las más importantes figuras del cine egipcio, autor de *Estación central* (1958), *La Tierra* (1969), *Adiós Bonaparte* (1985), *El sexto día* (1986), *Eskenderya Kamen we Kamen* (1990).

**Šāh-nāmā** *(Libro de los reyes),* epopeya persa de Firdūsī (s. X), de 60 000 versos.

**ŠĀHPŪR** → ***Sapor.***

**Šahrāzād,** personaje de *Las mil* y una noches.* Es el personaje central del ballet de Rimski-Kórsakov *Scheherazade*.*

**SAHUAYO,** mun. de México (Michoacán); 46 099 hab. Ganado porcino. Yacimientos de carbón.

**SAIÁN,** conjunto montañoso de Rusia, en el S de Siberia oriental.

**SA'ĪD AL-MAGRIBĪ** ('Alī ibn Mūsā **ibn**), conocido por **Abensaid,** erudito y crítico literario hispanoárabe (Alcalá la Real 1208-Damasco o Túnez 1286). Realizó una antología literaria *(Libro de la esfera de la literatura).*

**SA'ĪD AL-MUNDIR,** político hispanoárabe del s. X, visir de 'Abd al-Raḥmān III.

**SA'ĪD BAJÁ** (Muḥammad) [El Cairo 1822-Alejandría 1863]. Hijo de Mehmet 'Alī, virrey de Egipto [1854-1863], apoyó el proyecto del canal de Suez.

**SAÏDA** → ***Ṣaydā'.***

**SAÏDA,** c. de Argelia, cap. de vilayato, al pie de los *montes de Saïda;* 62 000 hab.

**SAIGÓN** → ***Ciudad Hô Chi Minh.***

**SAIKAKU** (**Ihara Saikaku,** llamado), escritor japonés (Ōsaka 1642-*id.* 1693). Creó la novela de costumbres realista y satírica japonesa (*Una mujer del placer,* 1686).

**SAILER** (Toni), esquiador austríaco (Kitzbühel 1935), triple campeón olímpico en 1956.

**SAÍN ALTO,** mun. de México (Zacatecas); 16 074 hab. Minas de mercurio.

**SAINT ALBANS,** c. de Gran Bretaña, al N de Londres; 51 000 hab. Catedral de los ss. XI-XII, ant. iglesia de una abadía benedictina, fundada en 793, que dio a Inglaterra algunos de sus historiadores medievales (Roger of Wendover, John Wheathampstead). Durante la guerra de las Dos Rosas fue escenario de dos batallas: una ganada por los York (1455), la otra, por los Lancaster (1461).

**SAINT ANDREWS,** c. de Gran Bretaña (Escocia), junto al mar del Norte; 12 000 hab. Universidad. Golf. Ruinas de la catedral (ss. XII-XIV).

**SAINT CATHARINES,** c. de Canadá (Ontario), al S de Toronto; 129 300 hab. Industria del automóvil.

**SAINT CHRISTOPHER** → ***Saint Kitts-Nevis.***

**SAINT DENIS** (Ruth **Dennis,** llamada **Ruth**), bailarina norteamericana (Newark 1877-Hollywood 1968). Fundó junto con su marido, Ted Shawn, la Denishawn school (1915), donde se formaron las grandes figuras de la *modern dance.*

**SAINT ELIAS,** cordillera de América del Norte, en los límites de Canadá y Alaska; 6 050 m en el *monte Logan,* punto culminante de Canadá.

Francisco Javier **Sáenz de Oiza:** viviendas junto a la M-30 de Madrid (1988-1991)

**SAINT GEORGE** *(canal),* estrecho entre Gran Bretaña e Irlanda, que comunica el S del mar de Irlanda con el Atlántico.

**SAINT HELENA** → ***Santa Elena.***

**SAINT HELENS,** volcán activo del NO de Estados Unidos (Washington), al NE de Portland.

**SAINT HELENS,** c. de Gran Bretaña (Inglaterra), cerca de Liverpool; 99 000 hab. Gran centro de la industria vidriera (museo del vidrio).

**SAINT JOHN** o **SAINT JEAN,** r. de Estados Unidos (Maine) y de Canadá (Nuevo Brunswick), tributario de la bahía de Fundy; 700 km aprox.

**SAINT JOHN** o **SAINT-JEAN,** c. y puerto de Canadá (Nuevo Brunswick), junto a la bahía de Fundy, en la desembocadura del *río Saint John;* 68 254 hab.

**SAINT JOHN'S** o **SAINT-JEAN,** c. de Canadá, cap. de la prov. de Terranova, en la costa SE de la isla; 95 770 hab.

**SAINT JOHN'S,** c. y cap. de Antigua y Barbuda, en el NO de Antigua; 30 000 hab.

**SAINT KILDA,** pequeña isla británica deshabitada del Atlántico, a la altura de Escocia.

**SAINT KITTS-NEVIS,** oficialmente **Saint-Christopher and Nevis,** estado insular de las Antillas; 261 km²; 50 000 hab. CAP. *Basseterre.* LENGUA OFICIAL: *inglés.* MONEDA: *dólar del Caribe oriental.* Está formado por las islas de Saint Christopher (168 km²), o Saint Kitts, y la de Nevis. Caña de azúcar. Estado independiente en el marco de la Commonwealth desde 1983.

**SAINT LOUIS,** c. de Estados Unidos (Missouri), cerca de la confluencia del Mississippi y el Missouri; 396 685 hab. (2 444 099 hab. en la aglomeración). Puerto fluvial, nudo ferroviario y centro comercial e industrial. Museos.

**SAINT LUCIA** → ***Santa Lucía.***

**SAINT PAUL,** c. de Estados Unidos, cap. de Minnesota, junto al Mississippi; 272 235 hab. Forma con Minneapolis una conurbación de 2 464 124 hab.

**SAINT PETERSBURG,** c. y puerto de Estados Unidos (Florida), junto a la bahía de Tampa; 238 629 hab.

**SAINT THOMAS,** la isla más poblada del archipiélago de las islas Vírgenes norteamericanas (Antillas); 44 000 hab. Cap. *Charlotte Amalie.*

**SAINT-CLAIR,** r. y lago (1 270 km²) de América del Norte, que separa Canadá (Ontario) de Estados Unidos (Michigan).

**SAINT-DENIS,** c. y cap. de la isla y departamento francés de ultramar de Reunión; 122 875 hab.

**SAINT-DENIS,** mun. de Francia (Seine-Saint-Denis); 90 806 hab. Importante centro industrial. Catedral gótica y antigua abadía que debe su nombre a san Dionisio, primer obispo de París, necrópolis de los reyes de Francia.

**SAINTE-BEUVE** (Charles Augustin), escritor francés (Boulogne-sur-Mer 1804-París 1869). De inspiración romántica, escribió libros de poesía, una novela (*Voluptuosidad,* 1834) y obras de crítica e historia literaria (*Retratos literarios,* 1844; *Port-Royal,* su obra capital, 6 vols., 1840-1859).

**SAINT-ETIENNE,** c. de Francia, cap. del dep. de Loire; 201 569 hab. Universidad. Museos.

**SAINT-EXUPÉRY** (Antoine **de**), aviador y escritor francés (Lyon 1900-desaparecido en una misión aérea en 1944). Sus novelas (*Vuelo nocturno,* 1931; *Tierra de hombres,* 1939; *Piloto de guerra,* 1942) y sus narraciones simbólicas (*El principito*,* 1943) evocan los valores del humanismo.

**SAINT-GALL** → ***Sankt Gallen.***

**Saint-Germain-des-Prés** *(abadía de),* antigua abadía de París, fundada por Childeberto I (558). Iglesia románica (s. XI).

**SAINT-GERMAIN-EN-LAYE,** mun. de Francia (Yvelines); 41 710 hab. Castillo renacentista con capilla gótica, act. museo arqueológico nacional.

**SAINT-HÉLIER,** c. y cap. de la isla de Jersey; 28 000 hab. Turismo. Castillo de los ss. XVI-XVII.

**SAINT-JEAN** *(lago),* lago de Canadá que desagua en el San Lorenzo a través del Saguenay (Quebec); 1 000 km² aprox.

**SAINT-JEAN-DE-LUZ** → ***San Juan de Luz.***

**SAINT-JOHN PERSE** (Alexis **Léger,** conocido primero como **Alexis Saint-Léger Léger,** y posteriormente llamado), diplomático y poeta francés (Pointe-à-Pitre 1887-Giens 1975). Su obra constituye una meditación sobre el destino del hombre y su relación con la naturaleza (*Elogios,* 1911; *Anábasis,* 1924; *Destierro,* 1942; *Amargos,* 1957; *Pájaros,* 1963). [Premio Nobel de literatura 1960.]

**SAINT-JUST** (Louis Antoine), político francés (Decize 1767-París 1794). Diputado de la Convención, miembro de la Montaña y del Club de los jacobinos, era partidario de una república igualitaria. Formó parte del Comité de Salvación pública e intentó conseguir la democracia social a través del Terror. Con Robespierre, fue derrotado y guillotinado.

**SAINT-LAURENT** → ***San Lorenzo.***

**SAINT-LAURENT** (Yves), modisto francés (Orán, Argelia, 1936). Colaborador de Dior, desde 1961 dirigió su propia firma de alta costura, perfumes y complementos.

**SAINT-LOUIS,** c. y puerto de Senegal; 125 000 hab. Lugar de paso hacia Mauritania.

**SAINT-MALO,** mun. de Francia (Ille-et-Vilaine), junto al Canal de la Mancha; 49 274 hab. Puerto pesquero y comercial. Turismo. Castillo y murallas medievales. Fue punto de partida en el s. XVI de las expediciones hacia América.

**SAINT-MAUR-DES-FOSSÉS,** mun. de Francia (Val-de-Marne); 77 492 hab.

**SAINT-MAURICE,** r. de Canadá (Quebec), afl. del San Lorenzo (or. izq.); 520 km.

**SAINT-MORITZ,** en alem. **Sankt Moritz,** en romanche **San Murezzan,** mun. de Suiza (Grisones); 5 426 hab. Estación de deportes de invierno (alt. 1 856-3 303 m).

**SAINT-NAZAIRE,** c. de Francia (Loire-Atlantique), en la desembocadura del Loira; 66 087 hab. Construcciones navales y aeronáuticas.

**SAINT-PAUL** o **SAINT-PAUL-DE-VENCE,** mun. de Francia (Alpes-Maritimes), al S de Vence; 2 936 hab. Centro turístico y artístico (fundación Maeght).

**SAINT-PIERRE Y MIQUELON,** en fr. **Saint-Pierre-et-Miquelon,** archipiélago del Atlántico septentrional, al S de Terranova; 242 km²; 6 277 hab. Cap. *Saint-Pierre.* Fue un dep. francés de ultramar de 1976 a 1985, en que pasó a ser una colectividad territorial con estatuto especial.

**SAINT-QUENTIN,** mun. de Francia (Aisne), a orillas del Somme; 62 085 hab. Escenario de la batalla de San* Quintín (1557). Colegiata gótica (ss. XIII-XV). Ayuntamiento gótico flamígero (ss. XIV-XVI). Museo (colección de M. Quentin la Tour).

**SAINT-SAËNS** (Camille), compositor francés (París 1835-Argel 1921), autor de numerosas obras para órgano y piano, una ópera-oratorio (*Sansón y Dalila,* 1877), conciertos, sinfonías y poemas sinfónicos (*Danza macabra,* 1874; *El carnaval de los animales,* 1886).

**SAINT-SIMON** (Claude Henri **de Rouvroy,** *conde* **de**), filósofo y economista francés (París 1760-*id.* 1825). Propugnó un socialismo planificador y tecnocrático, fundado sobre una religión de la ciencia y una nueva clase de industriales (*Catecismo de los industriales,* 1823-1824). Su doctrina (sansimonismo) se incluye en la corriente del socialismo utópico.

**SAINT-SIMON** (Louis **de Rouvroy,** *duque* **de**), historiador y político francés (París 1675-*id.* 1755). En sus *Memorias,* que van de 1694 a 1723, relata en un estilo elíptico y lleno de imágenes la vida en la corte de Luis XIV.

**SAINT-TROPEZ,** mun. de Francia (Var), a orillas del Mediterráneo; 5 790 hab. Puerto pesquero. Importante centro turístico. Ciudadela (ss. XVI-XVII). Museo.

**SAINZ** (Carlos), piloto de automóviles español (Madrid 1962), campeón del mundo de rallies, con Toyota, en 1990 y 1992.

**SAINZ DE LA MAZA** (Regino), guitarrista español (Burgos 1896-Madrid 1981). Concertista internacional, es autor de *La guitarra y su historia* (1955).

**SAIS,** ant. c. del Bajo Egipto, situada en el Delta, cuyos príncipes fundaron la XXVI dinastía (663-525 a. J.C.).

**SAIZARBITORIA** (Ramón), escritor español en lengua vasca (San Sebastián 1944), autor de novelas *Porque comienza cada día (Eugenero hasten delako),* 1969; *Ay de mí, Jesús [Ene Jesus],* 1976) y poesía.

**SAJA** o **YAKUTIA** *(República de),* república de la Federación de Rusia, en Siberia oriental, constituida por la antigua república de *Yakutia;* 3 103 200 km²; 1 099 000 hab. Cap. *Yakutsk* (180 000 hab.). Su población está integrada principalmente por rusos y *yakutos.*

**SAJALÍN** *(isla),* isla montañosa de Rusia, al E de Asia, entre el mar de Ojotsk y el de Japón; 87 100 km²; 693 000 hab. Pesca. Hulla y petróleo. Dividida en 1905 entre Japón y Rusia –que la ocupaba desde 1850–, fue anexionada por la U.R.S.S. en 1945.

**SAJAMA** *(nevado),* cumbre volcánica de Bolivia (Oruro), en la cordillera Occidental de los Andes; 6 542 m de alt. Es el pico más alto del país.

**SAJÁROV** (Andréi Dmitriévich), físico soviético (Moscú 1921-*id.* 1989). Colaboró en la construcción de la bomba H soviética. Defensor de los derechos humanos en la U.R.S.S., de 1980 a 1986, fue confinado en Gorki. En 1989 fue elegido diputado para el Congreso del pueblo. (Premio Nobel de la paz 1975.)

**SAJONIA,** en alem. **Sachsen,** Land de Alemania que se extiende por la vertiente NO del Erzgebirge y por su antepaís; 17 000 km²; 4 900 675 hab. (*Sajones.*) CAP. *Dresde.* Está jalonado por centros urbanos (Leipzig, Dresde, Chemnitz y Zwickau), donde la industria se desarrolló a partir de los recursos del subsuelo, en la actualidad parcialmente agotados.

HISTORIA

S. IX: se constituyó en ducado. 843: se integró en el reino de Germania. 919: el duque de Sajonia, Enrique el Pajarero, elegido rey de Germania, fundó la dinastía sajona. 962-1024: la dinastía sajona reinó en el Sacro imperio. 1142-1180: Enrique el León dotó al ducado de su máxima extensión. 1180: Federico I Barbarroja destruyó su poder. 1260: el ducado fue dividido entre los de Sajonia-Lauenburg (Baja Sajonia) y Sajonia-Wittenberg (Alta Sajonia). 1356: el duque de Sajonia-Wittenberg fue elegido elector de imperio. 1485: tras una nueva división, aparecieron las ramas Ernestina (Turingia, electorado de Wittenberg) y Albertina (Misnia). 1547: el electorado pasó a la rama Albertina. 1697-1763: los electores de Sajonia fueron a la vez reyes de Polonia (Augusto I y Augusto II). 1806: Napoleón I hizo a Federico Augusto rey de Sajonia. 1815: en el congreso de Viena, el reino de Sajonia fue reducido en beneficio de Prusia. 1871: fue integrado en el imperio alemán. 1918: proclamación de la república. 1949-1990: Sajonia fue integrada en la R.D.A. y repartida a partir de 1952 entre diversos distritos.

**SAJONIA (Baja),** en alem. **Niedersachsen,** Land del N de Alemania, junto al mar del Norte; 47 400 km²; 7 283 795 hab. Cap. *Hannover.*

**SAJONIA-ANHALT,** en alem. **Sachsen-Anhalt,** Land de Alemania; 25 000 km²; 2 964 971 hab. Cap. *Magdeburgo.*

**SAJONIA-COBURGO** (Federico Josias, *príncipe* **de**), mariscal austríaco (Coburgo 1737-*id.* 1815). Vencedor de Dumouriez en Neerwinden (1793), fue derrotado por Jourdan en Fleurus (1794).

**SAJONIA-WEIMAR** (Bernardo, *duque* **de**), general alemán (Weimar 1604-Neuenburg 1639). Durante la guerra de los Treinta años sucedió a Gustavo Adolfo al frente del ejército sueco; tras su derrota en Nördlingen (1634), pasó al servicio de Francia, derrotó a los españoles (1636) y arrebató Brisach a los imperiales (1638).

**SAKAI,** c. de Japón (Honshū), al S de Ōsaka; 807 765 hab. Centro industrial. Refino de petróleo.

**SAKARYA,** r. de Turquía, que desemboca en el mar Negro; 790 km. Aprovechamiento hidroeléctrico.

**Śakuntalā,** drama sánscrito de Kālidāsa (ss. IV-V d. J.C.).

**ŚĀKYAMUNI** → ***Buda.***

**SALA Y GÓMEZ,** isla de Chile (Valparaíso), en el Pacífico, al NE de la isla de Pascua y a unos 3 000 km del continente. Está deshabitada.

**SALACROU** (Armand), dramaturgo francés (Ruán 1899-El Havre 1989). Sus obras evocan problemas humanos y sociales de la vida moderna (*La desconocida de Arras,* 1935).

**SALADAS,** dep. de Argentina (Corrientes); 19 652 hab. En la or. izq. del Paraná. Cereales y arroz.

**SALADILLO,** partido de Argentina (Buenos Aires), avenado por el *arroyo Saladillo;* 26 048 hab.

**SALADINO I,** en ár. **Ṣalāh al-Dīn Yūsuf** (Takrīt 1138-Damasco 1193), primer sultán ayubí [1171-1193]. Reunió bajo su autoridad Egipto, Hiŷaz, Siria y Mesopotamia, y se erigió en adalid de la guerra santa. Reconquistó Jerusalén a los cruzados (1187), con los que después firmó una paz de compromiso (1192).

**SALADO,** r. de Argentina. → ***Desaguadero.***

**SALADO** o **SALADO DEL NORTE,** r. de Argentina, afl. del Paraná (or. der.); 2 000 km. En su curso alto se denomina Pasaje o Juramento.

**SALADO,** r. de Argentina (Buenos Aires), tributario del Río de la Plata; 700 km. Nace en una serie de lagunas (Chañar y Mar Chiquita) y desemboca en la bahía de Samborombón.

**SALADO** *(Gran Lago),* en ingl. **Great Salt Lake,** pantano salado de Estados Unidos (Utah), cerca de *Salt Lake City;* 4 000 km² (con fuertes variaciones).

**Salado** *(batalla del),* victoria de los ejércitos cristianos sobre los benimerines cerca del *río Salado,* en Cádiz (30 oct. 1340). Puso fin al peligro de nuevas invasiones musulmanas.

**SALAM** (Abdus), físico paquistaní (Jhang 1926-Oxford 1996). En 1967 postuló una teoría que permitió unificar la interacción electromagnética y la interacción débil. (Premio Nobel de física 1979.)

**SALAMÁ,** c. de Guatemala, cap. del dep. de Baja Verapaz, avenado por el *río Salamá;* 23 559 hab.

**SALAMANCA** *(isla de),* isla de Colombia (Magdalena), entre la ciénaga de Santa Marta y el Caribe; 250 km². Parque nacional.

**SALAMANCA** *(provincia de),* prov. de España, en Castilla y León; 12 336 km²; 371 493 hab. Cap. *Salamanca.* P. j. de *Béjar, Ciudad-Rodrigo, Peñaranda de Bracamonte, Salamanca* y *Vitigudino.* En la parte occidental de la Meseta, es una vasta llanura limitada al S por las estribaciones del sistema Central. Agricultura cerealista y ganadería. Minas de estaño, volframio y uranio. Producción hidroeléctrica. Industrias alimentaria, textil lanera (Béjar) y química.

**SALAMANCA,** c. de España, cap. de la prov. homónima y cab. de p. j.; 186 322 hab. *(Salmantinos.)* Junto al Tormes, es un centro administrativo, comercial y cultural (universidad fundada por Alfonso IX en 1200). Destacan entre sus riquezas monumentales el puente romano, iglesias románicas, la catedral vieja (románica, s. XII) y la catedral nueva (gótica, s. XVI), con el rico museo diocesano, las iglesias platerescas de San Benito, Santa Isabel, de las Úrsulas, y San Esteban, la universidad con fachada plateresca (1533) y diversos colegios relacionados con ella (del Arzobispo y de Huérfanos, s. XVI; de Calatrava y de San Bartolomé, s. XVIII), la Clerecía barroca, diversos palacios (casa de las Conchas, s. XVI; platerescos de Monterrey, Orellana, Fonseca) y la plaza mayor porticada, barroca (s. XVIII), con el ayuntamiento. Museo provincial en edificio gótico. Es la ant. *Elmántica* y *Salmantica.*

**Salamanca** *(escuela de),* conjunto de filósofos y juristas que durante el s. XVI y principios del s. XVII, en la universidad y el colegio de jesuitas de Salamanca, revitalizaron la escolástica tomista (F. de Vitoria, D. de Soto, M. Cano, D. de Báñez, L. de Molina, M. de Azpilcueta y T. de Mercado).

**Salamanca** *(tratado de),* acuerdo firmado tras la muerte de Isabel I entre Fernando el Católico y Felipe el Hermoso (24 nov. 1505). Estableció que Fernando regiría en Castilla y León como gobernador perpetuo, y Felipe y Juana como reyes.

**SALAMANCA,** c. de México (Guanajuato); 123 190 hab. Refino de petróleo, petroquímica y metalurgia. Oleoducto desde Poza Rica. Iglesia parroquial (s. XVIII), con bella fachada barroca.

**SALAMANCA,** com. de Chile (Coquimbo); 22 589 hab. Cereales y frutales. Ganado lanar. Minas de cobre.

**SALAMANCA** (Daniel), político boliviano (Cochabamba 1863-La Paz 1935). Tras el golpe republicano liberal (1930), fue presidente de la república (1931-1934).

**SALAMANCA** (José, *marqués* **de**), financiero y político español (Málaga 1811-Madrid 1883). Adherido al ideario liberal, formó el primer gabinete puritano (marzo-ag. 1847), en el que fue ministro de Hacienda. Gran financiero, llegó a reunir una de las mayores fortunas de su tiempo, centrado en las empresas ferroviarias (línea Madrid-Aranjuez) y en proyectos urbanísticos como el del barrio de Madrid que lleva su nombre *(barrio de Salamanca).*

**SALAMINA,** isla de Grecia, en la costa O de Ática, frente a Atenas. En 480 a. J.C., Temístocles consiguió en ella una victoria decisiva sobre la flota persa de Jerjes I (segunda guerra médica).

**SALAMINA,** ant. c. de Chipre, de la que fue capital hasta 58 a. J.C. Necrópolis (ss. VIII-VII a. J.C.) y ruinas (ss. II-VI d. J.C.).

**SALAMINA,** mun. de Colombia (Caldas); 23 511 hab. Agricultura y ganadería. Región auroargentífera.

**SALANG** *(paso de),* paso de Afganistán, al N de Kabul. Túnel de carretera.

**SALARRUÉ** (Salvador **Salazar Arrué,** llamado), escritor salvadoreño (San Salvador 1899-*id.* 1976), autor de colecciones de relatos sobre la vida y costumbres de los indios (*Cuentos de cipotes,* 1958).

**SALAS,** v. de España (Asturias); 8 021 hab. Junto al río Narcea. Bosques y pastos. Colegiata del s. XVI.

**Salas** *(leyenda de los infantes de)* → ***infantes de Lara.***

**SALAS** (Antonio), pintor ecuatoriano (Quito 1795-*id.* 1860). Pintó numerosos cuadros religiosos y retratos de próceres (Simón Bolívar).

**SALAS** (Carlos), escultor español (Barcelona 1728-Zaragoza 1788), de un estilo barroco cada vez más depurado (*El IV concilio de Toledo,* relieve, Prado).

**SALAS** (Juan **de**), escultor español del siglo XVI, discípulo de Damián Forment, trabajó con importantes maestros en Aragón y Mallorca.

**SALAS** (Tito), pintor venezolano (Antímano 1889-Caracas 1974). Pintor colorista de temas históricos, decoró la casa de Bolívar y el panteón nacional en Caracas.

**SALAS BARBADILLO** (Alonso Jerónimo **de**), escritor español (Madrid 1581-*id.* 1635). Destacó con novelas italianizantes y de tema picaresco (*La hija de Celestina,* 1612; *El caballero puntual,* 1614 y 1619; *Don Diego de noche,* 1624).

**SALAVARRIETA** (Policarpa), llamada **la Pola,** patriota colombiana (Guaduas 1795-Santa Fe 1817).

SALAMANCA

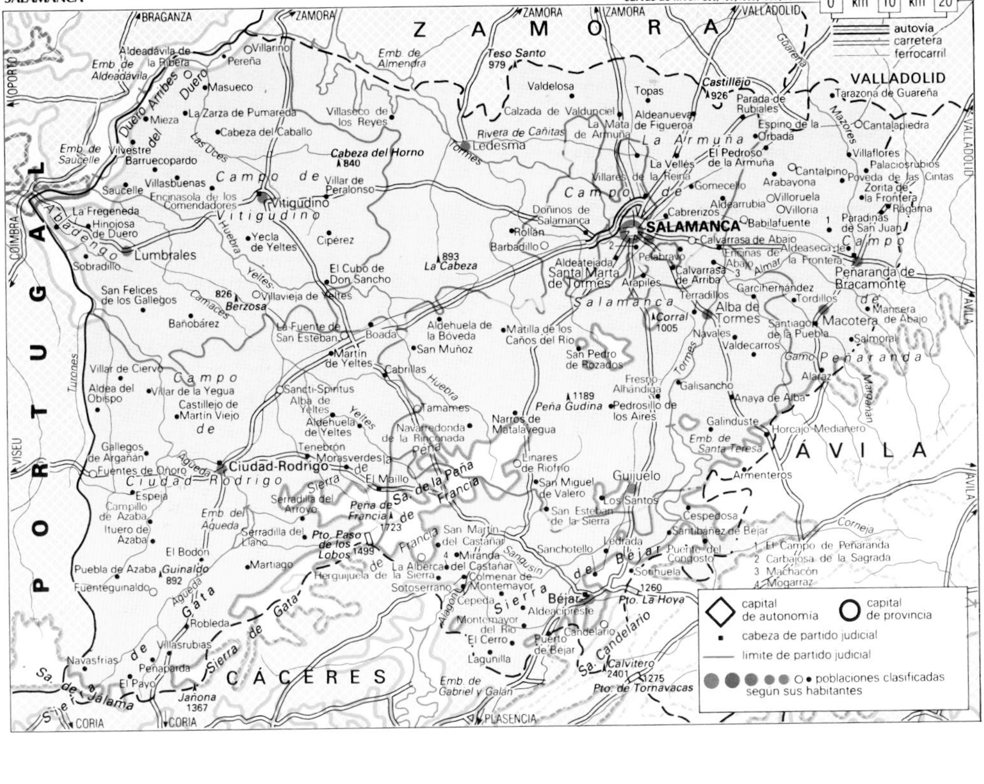

Maestra, colaboró con las guerrillas independentistas, por lo que fue apresada y fusilada.

**SALAVAT,** c. de la Federación de Rusia, en la República de Bashkortostán; 150 000 hab. Petroquímica.

**SALAVERRÍA** (José María), escritor español (Vinaroz 1873-Madrid 1940). Ligado en sus comienzos a la generación del 98 (*Vieja España,* 1907), posteriormente exaltó valores tradicionales (*La afirmación española,* 1917).

**SALAVERRY** (Felipe Santiago **de**), general peruano (Lima 1805-Arequipa 1836). Destituyó al presidente Orbegoso (1835) y le sucedió. Abolió la contribución de castas. Fue fusilado por el general Santa Cruz. – Su hijo **Carlos Augusto** (Piura 1830-París 1891) fue autor de poemas y dramas históricos.

**SALAZAR** *(Valle de),* comarca pirenaica de España (Navarra), entre los valles del Roncal y del Irati, regada por el *río Salazar.*

**SALAZAR** (Adolfo), musicólogo y compositor español (Madrid 1890-México 1958). Residente en México desde 1939, es autor de composiciones para piano y guitarra, y de tratados musicográficos.

**SALAZAR** (Ambrosio **de**), escritor español de la primera mitad del s. XVII. Publicó con fines pedagógicos colecciones de cuentos y leyendas.

**SALAZAR** (António **de Oliveira**), político portugués (Vimieiro, cerca de Santa Comba Dão, 1889-Lisboa 1970). Profesor de economía política, ministro de Finanzas (1928) y presidente del consejo (1932), dirigió la política portuguesa a partir de 1933, instituyó el *estado novo,* régimen autoritario basado en el nacionalismo, el catolicismo, el corporativismo y el anticomunismo. A partir de 1953 tuvo que enfrentarse a una creciente oposición interna y, a partir de 1960, a los movimientos nacionales en el África portuguesa. Dimitió en 1968.

**SALAZAR ARRUÉ** (Salvador) → ***Salarrué.***

**SALAZAR BONDY** (Sebastián), escritor peruano (Lima 1924-*id.* 1965). Preocupado por la condición social del hombre americano, escribió ensayos (*Lima la horrible,* 1964), novelas (*Pobre gente de París,* 1958), poesía y, en especial, teatro (*Amor, gran laberinto,* 1948; *Flora Tristán,* 1964). – Su hermano **Augusto** (Lima 1925-*id.* 1974), filósofo, exploró el pensamiento latinoamericano en *La filosofía en el Perú* (1954) y *¿Existe una filosofía de nuestra América?* (1970).

**SALAZAR DE ESPINOSA** (Juan), conquistador español (Espinosa de los Monteros 1508-Asunción 1560). Realizó expediciones a Paraguay, donde fundó Santa María de la Asunción (1537).

**SALCANTAY** *(nevado de),* pico de Perú (Cuzco), en la cordillera de Vilcabamba; 6 271 m de alt.

**SALCEDO** *(provincia de),* prov. del N de la República Dominicana; 494 km²; 99 200 hab. Cap. *Salcedo* (40 026 hab.).

**SALCEDO** o **SAN MIGUEL DE SALCEDO,** cantón de Ecuador (Cotopaxi); 41 837 hab. Centro agrícola y comercial. Ganado vacuno.

**SALCEDO** (Juan **de**), conquistador español (México 1549-† 1576), nieto de Legazpi. Acaudilló la conquista de Filipinas y expulsó a los piratas chinos.

**SALCILLO** (Francisco) → ***Salzillo.***

**SALDANHA** (João **de Oliveira Daun,** *duque* **de**), político y mariscal portugués (Azinhaga 1790-Londres 1876). Fue el auténtico dueño del país de 1835 a 1836, de 1846 a 1849 y de 1851 a 1856.

*Policarpa* ***Salavarrieta*** *hacia el cadalso.*
Pintura anónima. (Museo de arte colonial, Bogotá.)

**SALDONI** (Baltasar), compositor y crítico musical español (Barcelona 1807-Madrid 1889). Contribuyó al resurgimiento de la zarzuela (*Boabdil,* 1845; *La corte de Mónaco,* 1857). Su *Efemérides de músicos españoles* es fundamental para el conocimiento de la música española hasta 1880.

**SALÉ,** c. de Marruecos, en la desembocadura del Bū Regreg, frente a Rabat; 290 000 hab. Aeropuerto. Fortificaciones del s. XIII. – Fundada en el s. XI, cayó en poder de los almohades (s. XII) y de los benimerines (s. XIV), para convertirse en el s. XVII en refugio de numerosos moriscos andaluces, que introdujeron en ella destacados elementos de la civilización arabigoandaluza.

**SALEM,** c. de Estados Unidos, cap. de Oregón, junto al Willamette, al S de Portland; 107 786 hab.

**SALEM,** c. de la India (Tamil Nadu), al SO de Madrás; 363 934 hab. Centro industrial.

**SALEM,** c. y puerto de Estados Unidos (Massachusetts), en la costa atlántica, al NO de Boston; 38 200 hab. Instituto Essex (arte de Nueva Inglaterra). Museo Peabody (mar). En 1692 tuvo lugar en esta ciudad un importante proceso por brujería.

**Saler** *(El),* playa de la ciudad de Valencia (España). La *dehesa de El Saler* es una reserva ecológica, en parte urbanizada.

**SALERNO,** c. de Italia (Campania), cap. de prov., al SE de Nápoles, junto al *golfo de Salerno;* 153 436 hab. Centro comercial, industrial y turístico. Catedral de fines del s. XI. Museos. Escuela de medicina célebre en la edad media.

**SALFORD,** c. de Gran Bretaña, en el área suburbana O de Manchester; 98 000 hab. Textil.

**SALGADO** (Luis H.), compositor ecuatoriano (Cayambe 1903-Quito 1977), autor de óperas (*Cumandá,* 1940-1954), sinfonías, ballets, piezas para piano y la obra musicológica *Música vernácula ecuatoriana* (1952).

**SALGADO** (Sebastião), fotógrafo brasileño (Aimorés, Espírito Santo, 1944). Tras un primer reportaje sobre la sequía en el Sahel (1973), recorre el mundo mostrando, en blanco y negro, la dignidad humana en la miseria (*Otros continentes,* 1983; *Una cierta gracia,* 1990).

**SALGAR,** mun. de Colombia (Antioquia); 20 865 hab. Industrias alimentarias y de la confección.

**SALGAR** (Eustorgio), político colombiano (Bogotá 1831-*id.* 1885). Presidente de la república (1870-1872), protegió los intereses de la burguesía.

**SALIERI** (Antonio), compositor italiano (Legnano 1750-Viena 1825), director de los teatros de Viena, compuso óperas (*Las danaides,* 1784; *Falstaff,* 1799) y música religiosa. La leyenda según la cual habría envenenado a su rival, Mozart, carece de fundamento.

**Salime,** embalse de España (mun. de Grandas de Salime, Asturias), en el río Navia; 266 Mm³. Central eléctrica de 126 000 kW de potencia.

**SALINA CRUZ,** c. de México (Oaxaca), junto al golfo de Tehuantepec; 61 656 hab. Refino de petróleo, petroquímica. Puerto pesquero y exportador de petróleo.

**Salinar** *(cultura de),* cultura precolombina peruana (400 a. J.C.-300 d. J.C.), desarrollada especialmente en el valle de Chicama, período de transición entre las etapas culturales Cupisnique y de los mochica. Cerámica pintada.

**SALINAS** o **CHIXOY,** r. de Guatemala y México, que junto con el r. de la Pasión forma el Usumacinta.

**SALINAS,** cantón de Ecuador (Guayas), en la bahía de Santa Elena; 67 395 hab. Puerto exportador de La Libertad (sal, azufre y petróleo). Turismo.

**SALINAS,** mun. de México (San Luis Potosí); 21 016 hab. Ganadería. Salinas. Industria química.

**SALINAS,** mun. de Puerto Rico, junto a la costa del Caribe; 28 335 hab. Caña de azúcar, coco. Pesca. Salinas.

**SALINAS** (Francisco), organista y teórico musical español (Burgos 1513-Salamanca 1590). Ciego de nacimiento, ocupó la cátedra de música de la universidad de Salamanca (1567) y escribió *De musica, libri septem* (1574).

**SALINAS** (Pedro), poeta español (Madrid 1891-Boston 1951). Perteneciente a la generación del 27, su poesía, intelectual y emotiva y adicta a la «poesía pura», aborda la metafísica amorosa. *Presagios* (1923) y *La voz a ti debida* (1934), son algunos de los títulos de su primera época. A partir de su exilio se muestra más sensible a la crisis histórica del momento (*Todo más claro,* 1949). Cultivó también la narración, el teatro y los estudios literarios.

**SALINAS DE GORTARI** (Carlos), político mexicano (México 1948). Fue elegido presidente de la república como candidato del P.R.I. Durante su sexenio presidencial (1988-1994) liberalizó la estatalizada economía mexicana y se firmó el Tratado de libre comercio con E.U.A. y Canadá (T.L.C.).

**SALINGER** (Jerome David), escritor norteamericano (Nueva York 1919). Sus cuentos y su novela (*El guardián entre el centeno,* 1951) plasman las obsesiones y las preocupaciones de la juventud norteamericana.

**SALISBURY** → ***Harare.***

**SALISBURY,** c. de Gran Bretaña (Wiltshire), a orillas del Avon; 36 000 hab. Catedral de estilo gótico primitivo (s. XIII). Mansiones antiguas.

**SALISBURY** (Robert **Gascoyne-Cecil,** *marqués* **de**), político británico (Hatfield 1830-*id.* 1903). Líder del partido conservador tras la muerte de Disraeli (1881), ministro de Asuntos Exteriores y primer ministro (1885-1892, 1895-1902), atacó el nacionalismo irlandés y tuvo que hacer frente a la crisis francobritánica originada en Fachoda (1898). Dirigió la guerra contra los bóers (1899-1902).

**SALLE** (Juan Bautista **de la**) → ***Juan Bautista de la Salle*** (san).

**SALLE** (Robert **Cavelier de La**), explorador francés (Ruán 1643-en Texas 1687), de Luisiana y el curso del Mississippi.

**SALLENT,** v. de España (Barcelona); 7 659 hab. *(Sallentinos.)* Minas de potasas. Industria textil y química.

**SALMANASAR** o **ŠULMĀN-AŠARĪD,** nombre de cinco reyes asirios. El más importante fue **Salmanasar III** (858-823 a. J.C.), que continuó las conquistas de su padre, Asurnasirpal (883-858). Las excavaciones, fundamentalmente las de Nemrod, dan testimonio de su gran labor como constructor.

**SALMERÓN** (Alfonso), teólogo español (Toledo 1515-Nápoles 1585). Formó parte del grupo originario de la Compañía de Jesús (1534) y fue teólogo pontificio en el concilio de Trento (1543-1563). Es autor de *Comentarios al Nuevo testamento* (1598-1615).

**SALMERÓN** (Nicolás), político español (Alhama la Seca, Almería, 1838-Pau 1908). Krausista, dirigente del Partido democrático, fue ministro de Gracia y Justicia y jefe del gobierno de la primera república (julio-set. 1873). En el exilio, desde 1875, colaboró con Ruiz Zorrilla. Amnistiado, intentó reagrupar el republicanismo y creó el Partido republicano centralista (1887) y la Unión republicana (1903), sin éxito.

**SALMONA** (Rogelio), arquitecto colombiano (nacido en 1927). Sus obras se caracterizan por el cuidado de los detalles y la sensibilidad espacial (Casa de Huéspedes, Cartagena de Indias, 1988).

**salmos** *(libro de los),* libro bíblico que recoge los 150 cantos litúrgicos *(salmos)* de la religión de Israel. Su composición se escalona desde la época monárquica al período posterior a la restauración del Templo de Jerusalén tras el exilio (ss. X-IV a. J.C.).

**Salò** *(República de)* o **República social italiana** (set. 1943-abril 1945), régimen político establecido por Mussolini, tras ser liberado por los alemanes, cuyo centro era la ciudad de Salò, en Lombardía, en la orilla O del lago de Garda.

**SALOBREÑA,** v. de España (Granada); 9 220 hab. (*Salambinenses, salobreñeros* o *salobreños.*) Caña de azúcar. Ganado lanar. Pesca. Playas.

**SALOMÉ,** princesa judía († en 72 a. J.C.), hija de Herodías. Instigada por su madre, obtuvo de su padrastro, Herodes Antipas, como recompensa por haber bailado ante él, la cabeza de san Juan Bautista.

**SALOMÓN** *(islas),* en ingl. **Solomon Islands,** archipiélago de Melanesia, dividido, en 1899, entre Gran Bretaña (parte oriental) y Alemania (Bougainville y Buka). Actualmente, la antigua parte alemana, bajo tutela australiana desde 1921, depende de Papúa y Nueva Guinea. De 1942 a 1945 fue escenario de violentos combates entre norteamericanos y japoneses. La parte británica accedió a la independencia en 1978; 30 000 km²; 300 000 hab.

CAP. *Honiara*. LENGUA OFICIAL: *inglés*. MONEDA: *dólar de las Salomón*.

**SALOMÓN**, tercer rey de los hebreos (*c*. 970-931 a. J.C.), hijo y sucesor de David. Fortificó y organizó el reino de su padre, garantizó su prosperidad económica y mandó construir el Templo de Jerusalén. El despertar de un antagonismo entre las tribus del N y las del S provocó, a su muerte, la escisión del reino en Judá e Israel.

**SALOMON** (Erich), fotógrafo alemán (Berlín 1886-Auschwitz 1944). La utilización de una cámara de pequeño formato, sus instantáneas con luz natural en interiores y su afán por captar la realidad le convirtieron en el padre del reportaje fotográfico moderno.

**SALOMON** (Noël), hispanista francés (Plurien, Bretaña, 1917-Essac, Gironde, 1977). Integró la literatura en el contexto sociopolítico de la época (*La vida castellana en tiempos de Felipe II*, 1973).

**SALONA**, act. **Solin**, ant. c. de Iliria, cap. de la provincia romana de Dalmacia, en las afueras de la actual Split. Restos romanos y paleocristianos.

**SALÓNICA** → ***Tesalónica.***

**SALOR**, r. de España (Cáceres), que desemboca en el Tajo (or. izq.), en la frontera con Portugal; 125 km.

**SALOU**, mun. de España (Tarragona); 8 236 hab. Centro turístico.

**SALOUM**, r. de Senegal que desemboca en el Atlántico; 250 km.

**SALPO**, mun. de Perú (La Libertad); 27 334 hab. Minas de oro y plata, unidas mediante un cable aéreo a la planta metalúrgica de Samne.

**S.A.L.T.** (strategic arms limitation talks), negociaciones llevadas a cabo de 1969 a 1979 entre E.U.A. y la U.R.S.S. sobre la limitación de armas estratégicas.

**SALT**, mun. de España (Gerona); 21 939 hab. En la aglomeración de Gerona. Polígono industrial.

**SALT LAKE CITY**, c. de Estados Unidos, cap. de Utah, cerca del Gran Lago Salado; 159 936 hab. Centro comercial e industrial fundado en 1847 por los mormones.

**SALTA** *(provincia de)*, prov. del NO de Argentina; 155 488 $km^2$; 863 688 hab. Cap. *Salta*.

**SALTA**, c. de Argentina, cap. de la prov. homónima, en el valle del Lerma; 373 857 hab. *(Salteños.)* Centro comercial, industrial, financiero, cultural y de comunicaciones, cuenta entre sus monumentos con la iglesia de San Francisco (1759), el cabildo y casas del s. XVIII. Fue fundada por Hernando de Lerma en 1582. Victoria de Belgrano en la guerra de la independencia (20 febr. 1813).

**SALTÉS**, isla de España (Huelva), en la desembocadura del Tinto y el Odiel, al S de Huelva. En la isla se formó la *taifa de Saltés* (1031), que en 1052 pasó a depender del rey de Sevilla.

**SALTIKOV-SCHEDRÍN** (Mijaíl Yevgráfovich **Saltikov**, llamado), escritor ruso (Spas-Úgol 1826-San Petersburgo 1889). Describió de forma satírica la sociedad de provincias rusa (*La familia Golovliov*, 1880).

**SALTILLO**, c. de México, cap. del est. de Coahuila; 437 743 hab. Centro agropecuario, industrial, minero y comercial. Fundada a mediados del s. XVI. Universidad. Catedral barroca (1746-1800).

**SALTO** *(departamento de)*, dep. del NO de Uruguay; 14 163 $km^2$; 108 487 hab. Cap. *Salto*.

**SALTO**, c. de Uruguay, cap. del dep. homónimo; 80 787 hab. Puerto fluvial en el río Uruguay. Frutas. Industria alimentaria; frigoríficos.

**SALTO**, partido de Argentina (Buenos Aires); 28 077 hab. Cereales y alfalfa. Ganado vacuno.

**SALTO (El)** → ***Pueblo Nuevo.***

**SALTO DE AGUA**, mun. de México (Chiapas); 26 114 hab. Agricultura y ganadería.

**SALTO DEL GUAIRÁ**, c. de Paraguay, cap. del dep. de Canendiyú; 6 650 hab.

**SALUÉN** o **SALWEEN**, r. de Asia central y del SE, que nace en el Tíbet y separa Birmania de Tailandia. Desemboca en el océano Índico; 2 800 km.

**SALUSTIO**, historiador romano (Amiternum, Sabina, 86 a. J.C.-*c*. 35 a. J.C.). Protegido de César, fue gobernador de Numidia (46), donde acumuló una fortuna. Se hizo construir en Roma, en el Quirinal, una magnífica casa rodeada de jardines *(Horti Sallustiani)*. A la muerte del dictador (44), se retiró de la vida política y se dedicó a los estudios históricos (*Guerra de Yugurta; Conjuración de Catilina; Historias*).

**SALVÁ Y CAMPILLO** (Francisco), médico y científico español (Barcelona 1751-*id*. 1828). Popularizó en España la inoculación antivariólica y, por sus investigaciones sobre la electricidad, fue precursor de la invención del telégrafo.

**salvación** *(Ejército de)*, organización religiosa, de origen metodista, que al afán proselitista une la acción caritativa y social. Fue fundada en Londres por W. Booth (1865).

**SALVADOR**, ant. **São Salvador** o **Bahía**, c. y puerto de Brasil, cap. del estado de Bahía; 2 056 013 hab. (2 472 131 hab. en la aglomeración). Centro industrial, comercial y turístico. Numerosas iglesias barrocas en la ciudad alta (ss. XVII-XVIII).

**SALVADOR (El)** → ***El Salvador.***

**SALVADOR ALVARADO**, mun. de México (Sinaloa); 52 079 hab. Cab. *Viles de Guamúchil*. Regadíos.

**SALVAT PAPASSEIT** (Joan), poeta español en lengua catalana (Barcelona 1894-*id*. 1924). Autodidacta, su obra, influida por el futurismo italiano y Apollinaire, culminó en el poema erótico *Poema de la rosa en los labios* (*Poema de la rosa als llavis*, 1923).

**SALVATIERRA**, mun. de México (Guanajuato); 94 732 hab. Ganadería. Industria textil. Fundada en 1647 por el conde de Salvatierra.

**SALVATIERRA** o **AGURAIN**, v. de España (Álava); 3 677 hab. *(Salvaterranos.)* Iglesia gótica con retablo renacentista de los ss. XVI-XVII.

**SALVATIERRA** (García **Sarmiento y Sotomayor**, *conde* **de**), administrador español del s. XVII. Virrey de Nueva España (1642-1648) y del Perú (1648-1655), fundó la ciudad de Salvatierra (1647).

**SALVATIERRA DE MIÑO** o **SALVATERRA DE MIÑO**, mun. de España (Pontevedra); 8 252 hab. Cap. *Castillo*. Paso fronterizo con Portugal. Manufactura de la madera. Feldespatos.

**SALVIATI** (Francesco **de' Rossi**, llamado **Cecchino**), pintor italiano (Florencia 1510-Roma 1563), manierista de la segunda generación y fecundo decorador.

**SALVOCHEA** (Fermín), revolucionario español (Cádiz 1842-*id*. 1907). Intervino en la revolución de 1868 y en la insurrección federal de 1869, y fue alcalde de Cádiz (1871-1873). Organizó el 1.º de mayo de 1890. Fue encarcelado varias veces.

**SALZACH**, r. de Austria y de Alemania, afl. del Inn (or. der.), que atraviesa Salzburgo; 220 km.

**SALZBURGO**, en alem. **Salzburg**, c. de Austria, cap. de la *prov. de Salzburgo*, al pie de los *Prealpes de Salzburgo*, a orillas del Salzach; 139 000 hab. Universidad. Monumentos medievales y barrocos. Museos. Casa natal de Mozart, en honor del cual se celebra un festival de música anual.

**SALZGITTER**, c. de Alemania (Baja Sajonia), al N del Hartz; 112 686 hab. Industrias (metalurgia y automóviles).

**SALZILLO** o **SALCILLO** (Francisco), escultor español (Murcia 1707-*id*. 1783), autor de pasos procesionales (museo Salzillo de Murcia) en un barroco italianizante que combina naturalismo hispano y gracia rococó.

**SALZKAMMERGUT**, región de Austria, en el E de los prealpes de Salzburgo, en la cuenca superior del Traun. Salinas. Instalaciones hidroeléctricas. Turismo.

**Sam** *(Tío)*, en ingl. **Uncle Sam**, personificación irónica de Estados Unidos, cuyo nombre proviene de las iniciales *U.S. Am (United States of America)*.

**SAMA** → ***Langreo.***

**SAMAIPATA**, c. de Bolivia (Santa Cruz), cap. de la prov. de Florida; 7 533 hab. Restos arqueológicos preincaicos del *Fuerte de Samaipata*, probable centro ceremonial (canales y esculturas de pumas).

**SAMALÁ**, r. de Guatemala, en la vertiente del Pacífico; 150 km.

**SAMANÁ** *(península de)*, península de la República Dominicana, en la costa NE (Samaná). El extremo E forma el *cabo de Samaná*.

**SAMANÁ** *(provincia de)*, prov. del NE de la República Dominicana; 989 $km^2$; 65 700 hab. Cap. *Santa Bárbara de Samaná* o *Samaná*.

**SAMANÁ**, mun. de Colombia (Caldas); 32 870 hab. Agricultura y ganadería. Bosques. Región aurífera.

**SAMANIEGO**, mun. de Colombia (Nariño), en la región andina; 43 745 hab. Agricultura y ganadería.

**SAMANIEGO** (Félix María), fabulista español (Laguardia 1745-*id*. 1801). Influido por las ideas enciclopedistas, escribió una colección de 137 *Fábulas morales* (1781-1784), entre las que figuran *La cigarra y la hormiga* y *La lechera*.

**SAMANIEGO Y JARAMILLO** (Manuel), pintor ecuatoriano (Quito 1767-*id*. 1824), autor de lienzos de tema religioso (catedral de Quito).

**SĀMĀNÍES**, dinastía iraní que reinó en Transoxiana y en Jurāsān de 874 a 999.

**SÁMANO** (Juan **de**), militar y administrador español (Selaya 1753-Panamá 1821). Virrey de Nueva Granada (1817-1819), huyó tras la batalla de Boyacá.

**SAMAR**, isla de Filipinas, al N de Mindanao; 470 000 hab.

**SAMARA**, de 1935 a 1990 **Kuíbishev**, c. de Rusia, a orillas del Volga; 1 257 000 hab. Puerto fluvial. Central hidroeléctrica. Centro industrial.

**SAMARANCH** (Juan Antonio), político y empresario español (Barcelona 1920). Embajador en Moscú (1977-1980), desde 1980 es presidente del Comité olímpico internacional.

**SAMARIA**, región de Palestina central. *(Samaritanos.)* La *ciudad de Samaria*, fundada *c*. 880 a. J.C., fue la capital del reino de Israel. Tomada y destruida por Sargón II, fue reconstruida por Herodes, quien le dio el nombre de *Sebastē*.

**SAMARINDA**, c. y puerto de Indonesia, cap. de la prov. de Kalimantan Oriental, cerca de la costa E de Borneo; 335 016 hab.

**samaritano** *(El buen)*, personaje principal de una parábola del Evangelio, modelo de la verdadera caridad hacia el prójimo.

**SAMARKAND** o **SAMARCANDA**, c. de Uzbekistán, en el gran oasis de Zeravshán, en Asia central; 370 500 hab. Industria agroalimentaria. Turismo. Monumentos de los ss. XIV-XVII, entre los cuales se hallan los mausoleos con cúpula de la necrópolis del Šāh-i-Zanda y el mausoleo de Tīmūr Lang, el Gur-e Mir. Tīmūr Lang la convirtió en su capital a fines del s. XIV. Fue conquistada por los rusos en 1868.

**SĀMARRĀ**, c. de Iraq, en la or. izq. del Tigris, al N de Bagdad. Capital de los califas abasíes en el s. IX. Ruinas de mezquitas y palacios.

**SAMBOROMBÓN** *(bahía de)*, bahía de Argentina (Buenos Aires), en el Río de la Plata, entre la punta Piedras y el cabo de San Antonio.

**SAMBORONDÓN**, cantón de Ecuador (Guayas); 25 438 hab. Agricultura. Industria arrocera.

**SAMBRE**, r. de Francia y de Bélgica, afl. del Mosa (or. izq.); 190 km.

**SAMÉTICO**, nombre de tres faraones de la XXVI dinastía egipcia. **Samético I** (*c*. 663-609 a. J.C.), fundador de la dinastía, liberó Egipto de los asirios. – **Samético III** (526-525 a. J.C.) fue vencido y muerto por el rey persa Cambises, que conquistó Egipto.

**SĀMIL** o **CHAMIL**, héroe de la independencia del Cáucaso (Guimry, Daguestán, 1797-Medina

Francisco **Salzillo:** *El prendimiento.*
(Museo Salzillo, Murcia.)

1871). Imán del Daguestán (1834-1859), frenó el avance ruso en el Cáucaso.

**SAMMARTINI** (Giovanni Battista), compositor italiano (Milán 1700 o 1701-*id.* 1775). Contribuyó en gran medida al desarrollo del arte instrumental clásico (sonatas, sinfonías, conciertos).

**SAMNIO,** ant. región montañosa de Italia central habitada por los samnitas.

**SAMOA,** archipiélago de Oceanía, dividido entre el *estado de Samoa* (ant. **Samoa occidental**) [2 842 km$^2$; 170 000 hab. CAP. *Apia.* LENGUAS OFICIALES: *samoano* e *inglés.* MONEDA: *tala (dólar de Samoa)*] y las *Samoa Norteamericanas* (ant. **Samoa oriental**), que pertenece a Estados Unidos (197 km$^2$; 32 000 hab.). CAP. *Fagatogo.* El archipiélago, descubierto en 1722 por los neerlandeses, fue dividido en 1900 entre los norteamericanos (Samoa oriental) y los alemanes (Samoa occidental). En 1920, Samoa occidental quedó bajo tutela neocelandesa; en 1962 obtuvo su independencia y en 1970 entró en la Commonwealth. Desde 1976 forma parte de la O.N.U. y en 1997 adoptó el nombre de Samoa. Samoa oriental está administrada desde 1951 por un gobernador dependiente de Washington.

**SAMORY TURÉ,** jefe sudanés (Manyambaladougou, Guinea, *c.* 1830-N'Djolé 1900). De 1861 a 1881 constituyó un imperio al E de Níger, pero su política de islamización forzada provocó la insurrección de su imperio (1888-1890). Tras una nueva ofensiva francesa (1891), abandonó sus antiguos territorios y conquistó una parte de Costa de Marfil y Ghana. Fue detenido (1898) por los franceses y desterrado a Gabón.

**SAMOS,** isla griega del mar Egeo, en las Espóradas; 472,5 km$^2$; 7 828 hab. Cap. *Samos.* Museo. – La isla, uno de los principales centros comerciales y culturales del mar Egeo, alcanzó gran prosperidad durante la tiranía de Polícrates (s. VI a. J.C.).

**SAMOS,** v. de España (Lugo); 2 324 hab. *(Samienses.)* Monasterio benedictino, esencialmente barroco del s. XVIII, reconstruido, con elementos románicos y góticos, claustros gótico y barroco.

**SAMOTRACIA,** isla griega del N del mar Egeo, cerca de las costas de Tracia; 178 km$^2$; 3 000 hab. En 1863 se descubrió allí la famosa estatua de la *Victoria de Samotracia* (Louvre), escultura griega en mármol, obra maestra de la época helenística (s. II a. J.C.), que representa a una mujer alada (Niké) sobre un pedestal en forma de proa de nave.

**SAMPAIO** (Jorge Fernando), político portugués (Lisboa 1939). Secretario general del Partido socialista (1989-1992), alcalde de Lisboa (1990-1995), fue elegido presidente de la república en 1996 y reelegido en 2001.

**SAMPEDRO** (José Luis), economista y escritor español (Barcelona 1917). Catedrático de estructura económica y analista de las relaciones económicas internacionales, ha destacado además como novelista (*Octubre, octubre,* 1982; *La sonrisa etrusca,* 1985; *Real sitio,* 1993). [Real academia 1990.]

**SAMPER** (Ernesto), político colombiano (Bogotá 1951). Liberal, fue presidente de la república (1994-1998).

**SAMPER** (José María), escritor y político colombiano (Honda 1831-Anapoima 1888). Estudió la historia política colombiana (*Los partidos políticos en Colombia,* 1869) y escribió poesía, teatro y novela (*Martín Flores,* 1866).

**SAMPRAS** (Pete), tenista norteamericano (Washington 1971). Vencedor del Masters (1991, 1994, 1996, 1997 y 1999), ha ganado el Open de E.U.A. (1990, 1993, 1995 y 1996), el Open de Australia (1994 y 1997) y el torneo de Wimbledon (1993, 1994, 1995, 1997, 1998, 1999 y 2000).

**SAMPUÉS,** mun. de Colombia (Sucre); 21 955 hab. Yuca, maíz y plátano. Ganadería vacuna.

**SAMSÓNOV** (Alexandr Vasílievich), general ruso (Yekaterinoslav 1859-Willenberg 1914). Comandante del II ejército ruso en Prusia oriental, fue derrotado en Tannenberg y se suicidó.

**SAMSUN,** c. y puerto de Turquía, junto al mar Negro; 303 979 hab. Textiles. Fertilizantes.

**SAMUEL,** profeta y último de los jueces de Israel (s. XI a. J.C.). Desempeñó un papel importante en la institución de la monarquía hebrea. Los dos libros bíblicos llamados de *Samuel* abarcan el período que se extiende desde los orígenes de la monarquía israelita hasta el final del reinado de David.

**SAMUEL,** zar de Bulgaria (*c.* 997-† 1014). Basilio II le infligió una terrible derrota, que le permitió anexionar Bulgaria al imperio bizantino.

**SAMUEL HA-LEVÍ,** político castellano (Toledo 1320-Sevilla 1360). Ministro de Pedro I, fue el último judío con un alto cargo político en la Península.

**SAMUELSON** (Paul Anthony), economista norteamericano (Gary, Indiana, 1915), autor de trabajos en donde utiliza la formulación matemática para analizar los fenómenos económicos. (Premio Nobel de economía 1970.)

**SAN ADRIÁN DE BESÓS** o **SANT ADRIÀ DE BESÒS,** mun. de España (Barcelona); 33 906 hab. En la aglomeración de Barcelona. Centrales térmicas. Industrias.

**SAN AGUSTÍN,** mun. de Colombia (Huila); 20 894 hab. Agricultura; bosques y pastos; ganadería. Centro arqueológico de la cultura de San Agustín.

**San Agustín** *(cultura de),* cultura precolombina desarrollada en Colombia (Huila y Cauca) desde mediados del s. VI a. J.C. La zona arqueológica está caracterizada por estructuras llamadas *mesitas* (montículos que recubren pequeños templos o sepulturas), que dan nombre a las diversas fases (s. VI a. J.C.-s. V d. J.C., metalurgia del oro; ss. V-XII d. J.C., urnas funerarias; posterior, casas circulares). Se conservan grafismos por incisión, monolitos antropomorfos estilizados y naturalistas, templos y sepulturas megalíticas, cerámicas sencillas, objetos de oro. Es notable el santuario de Lavapatas.

la cultura de **San Agustín:**
el monolito denominado la diosa madre

**SAN AGUSTÍN,** parroquia urbana de Venezuela (Distrito Federal), en el Gran Caracas; 46 483 hab.

**SAN AGUSTÍN TLAXIACA,** mun. de México (Hidalgo); 17 668 hab. Cereales y legumbres. Pastos y bosques.

**SAN ALBERTO,** dep. de Argentina (Córdoba); 24 588 hab. Yacimientos de mica y cuarzo.

**SAN ANDRÉS** *(falla de),* fractura de la corteza terrestre que se extiende desde el golfo de California hasta el N de San Francisco.

**San Andrés,** parque nacional de Perú (Cajamarca); 25 km$^2$. Bosque andino virgen. Reserva de fauna.

**SAN ANDRÉS,** c. de Colombia, cap. del dep. de San Andrés y Providencia, en el NE de la *isla de San Andrés,* en el Caribe; 32 282 hab. Pesca. Aeropuerto. Turismo.

**SAN ANDRÉS CHOLULA,** mun. de México (Puebla); 26 032 hab. Artesanía textil y cerámica.

**SAN ANDRÉS DE GILES,** partido de Argentina (Buenos Aires); 18 260 hab. En la Pampa húmeda. Ganado.

**SAN ANDRÉS DE LA BARCA** o **SANT ANDREU DE LA BARCA,** mun. de España (Barcelona); 14 547 hab. Centro industrial.

**SAN ANDRÉS DE SOTAVENTO,** mun. de Colombia (Córdoba); 43 774 hab. En las Sabanas. Maíz; ganado.

**SAN ANDRÉS DEL RABANEDO,** mun. de España (León); 21 643 hab. Centro residencial de León e industrial.

**SAN ANDRÉS TUXTLA,** c. de México (Veracruz); 112 104 hab. Centro comercial de una región agrícola y ganadera (industrias derivadas). Artesanía.

**SAN ANDRÉS Y PROVIDENCIA** *(departamento de),* dep. insular de Colombia, en el Caribe, 44 km$^2$; 35 936 hab. Cap. *San Andrés.* Está integrado por un archipiélago de las islas de San Andrés, Providencia, Santa Catalina e islotes.

**SAN ANTONIO,** cabo de Argentina, en el Atlántico (Buenos Aires), extremo S de la boca del Río de la Plata (bahía de Samborombón).

**SAN ANTONIO,** cabo de Cuba, en el extremo O de la isla (Pinar del Río).

**SAN ANTONIO,** punta de España, en la costa cantábrica (Asturias), al NE de Candás. Faro.

**SAN ANTONIO,** c. de Chile (Valparaíso), junto al Pacífico; 77 719 hab. Industria. Puerto exportador de cobre. Central térmica. Planta hidroeléctrica.

**SAN ANTONIO,** c. de Estados Unidos (Texas); 933 000 hab. Centro turístico e industrial. Fue fundada por los españoles en 1718.

**SAN ANTONIO,** dep. de Argentina (Río Negro); 24 297 hab. Yacimientos de hierro y petróleo. Gasoducto.

**SAN ANTONIO,** mun. de Colombia (Tolima); 17 664 hab. Agricultura tropical.

**SAN ANTONIO,** mun. de Venezuela (Falcón); 30 485 hab. Pertenece al área urbanizada de Coro*.

**SAN ANTONIO DE ARECO,** partido de Argentina (Buenos Aires); 18 872 hab. Cereales y forrajes. Ganado.

**San Antonio de la Florida,** iglesia neoclásica madrileña, obra de F. Fontana (1798), con pinturas murales al fresco de Goya, una de sus obras maestras.

**SAN ANTONIO DE LOS BAÑOS,** mun. de Cuba (La Habana); 35 436 hab. Tabaco, caña de azúcar y madera.

**SAN ANTONIO DEL TÁCHIRA,** c. de Venezuela (Táchira), en la frontera con Colombia; 32 787 hab. Núcleo industrial y comercial. Puente internacional sobre el Táchira. Aeropuerto.

**SAN BARTOLO,** mun. de Guatemala (Totonicapán); 9 281 hab. Minas de oro, cinabrio y hierro.

**SAN BARTOLO DE TUTOTEPEC,** mun. de México (Hidalgo); 17 838 hab. Cereales y pastos. Artesanía.

**SAN BARTOLOMÉ DE TIRAJANA,** v. de España (Las Palmas), cab. de p. j.; en Gran Canaria; 60 316 hab. Agricultura y pesca. Industria alimentaria. Turismo (playas de Maspalomas y las Burras).

**San Baudel, Baudelio** o **Baudilio de Berlanga,** ermita mozárabe española (Casillas de Berlanga-Caltojar, Soria), construida a principios del s. XI. Pinturas murales del s. XII (Prado y museos de E.U.A.).

**SAN BAUDILIO DE LLOBREGAT** o **SANT BOI DE LLOBREGAT,** v. de España (Barcelona), cab. de p. j.; 77 894 hab. *(Samboyanos.)* Núcleo industrial.

**SAN BENITO ABAD,** mun. de Colombia (Sucre); 18 351 hab. En la depresión Momposina. Arroz y yuca.

**SAN BERNARDINO,** en alem. **Sankt Bernhardin,** paso de los Alpes suizos, que une los Grisones con el Ticino; 2 063 m. Túnel de carretera a 1 600 m de altura.

**SAN BERNARDINO,** c. de Estados Unidos (California), al E de los Ángeles; 164 164 hab. Industrias alimentarias y aeronáuticas.

**SAN BERNARDINO,** distr. de Paraguay (La Cordillera), junto al lago Ypacaraí; 6 582 hab. Turismo.

**SAN BERNARDO (Gran),** paso de los Alpes, entre Suiza e Italia, a 2 469 m de alt. Túnel de carretera a 1 915 m de alt.

**SAN BERNARDO (Pequeño),** en fr. **Petit-Saint-Bernard,** paso de los Alpes, entre Francia e Italia; 2 188 m de alt.

**San Bernardo** *(raza de),* raza de perros de salvamento, de gran tamaño y de pelo largo y suave.

**SAN BERNARDO,** c. de Chile (Santiago); 188 580 hab. Incluida en el área metropolitana de Santiago.

**SAN BERNARDO DEL VIENTO,** mun. de Colombia (Córdoba); 21 890 hab. Agricultura y ganado vacuno.

**SAN BLAS** o **MANDINGA** *(golfo de),* golfo de Panamá en el Caribe (Comarca de San Blas), en cuya boca se sitúa el *archipiélago de San Blas* (ant. archipiélago de las Mulatas), coralino.

**SAN BLAS** *(Comarca de),* intendencia de Panamá, en la costa del Caribe; 3 206 $km^2$; 34 134 hab. Cap. *El Porvenir.*

**SAN BLAS,** mun. de México (Nayarit), en la costa del Pacífico; 41 805 hab. Salinas. Pesca. Turismo.

**SAN BLAS,** mun. de Venezuela (Carabobo), en el área urbana de Valencia; 83 495 hab.

**SAN BUENAVENTURA,** mun. de México (Coahuila), en la sierra Madre oriental; 15 193 hab. Minas de plomo.

**SAN CALIXTO,** mun. de Colombia (Norte de Santander); 22 104 hab. Ganadería vacuna y porcina.

**SAN CARLOS,** r. de Costa Rica, afl. del San Juan (or. der.); 125 km. Avena las *llanuras de San Carlos.*

**SAN CARLOS,** c. de Nicaragua, cap. del dep. de Río San Juan, junto al lago Nicaragua; 10 383 hab.

**SAN CARLOS,** c. de Uruguay (Maldonado); 19 854 hab. Centro agropecuario e industrias derivadas.

**SAN CARLOS,** c. de Venezuela, cap. del est. Cojedes; 50 708 hab. Centro agropecuario. Aeropuerto.

**SAN CARLOS,** cantón de Bolivia (Santa Cruz); 28 900 hab. Centro agropecuario y comercial.

**SAN CARLOS,** cantón de Costa Rica (Alajuela); 92 999 hab. Cab. *Ciudad Quesada.* Centro comercial.

**SAN CARLOS,** com. de Chile (Biobío), entre los ríos Ñuble y Changaral; 48 796 hab. Industria alimentaria. Curtidos. Central hidroeléctrica.

**SAN CARLOS,** dep. de Argentina (Mendoza); 24 151 hab. Vid. Ganadería vacuna. Minería.

**SAN CARLOS,** mun. de Colombia (Antioquia); 26 616 hab. Caña de azúcar, maíz, yuca y plátanos. – Mun. de Colombia (Córdoba); 17 095 hab. Maíz, arroz. Pastos (ganadería vacuna y equina).

**SAN CARLOS** (José Miguel **de Carvajal y Vargas,** *duque* **de**), militar y político español (Lima 1771-París 1828), colaborador de Fernando VII. Ministro de Estado (1814), fue virrey de Navarra (1824-1827).

**SAN CARLOS DE BARILOCHE,** c. de Argentina (Río Negro), cab. del dep. de Bariloche, junto al lago Nahuel Huapi; 77 750 hab. Centro turístico (deportes de invierno).

**SAN CARLOS DE LA RÁPITA** o **SANT CARLES DE LA RÀPITA,** c. de España (Tarragona); 10 574 hab. Puerto pesquero. Plataforma petrolera en alta mar.

**SAN CARLOS DEL ZULIA,** c. de Venezuela (Zulia), junto al lago de Maracaibo; 35 231 hab.

**SAN CEBRIÁN DE MAZOTE,** v. de España (Valladolid); 230 hab. Iglesia mozárabe anterior a 916.

**SAN CLEMENTE,** com. de Chile (Maule); 36 358 hab. En el valle Central. Cereales, vid y legumbres.

**SAN CRISTÓBAL** o **CHATHAM,** isla volcánica de Ecuador, en el archipiélago de Galápagos; 430 $km^2$; 2 321 hab. Cap. *Puerto Baquerizo Moreno.*

**SAN CRISTÓBAL** *(provincia de),* prov. de la República Dominicana; 3 743 $km^2$; 446 100 hab. Cap. *San Cristóbal* (34 929 hab.).

**SAN CRISTÓBAL,** c. de Venezuela, cap. del est. Táchira; 220 675 hab. Centro de comunicaciones, comercial, industrial, universitario y turístico. Fue fundada en 1561. – Mun. de Venezuela (Anzoátegui), en el área urbana de Barcelona; 43 432 hab.

**SAN CRISTÓBAL,** dep. de Argentina (Santa Fe); 63 407 hab. Agricultura y ganadería.

**SAN CRISTÓBAL,** mun. de Cuba (Pinar del Río); 55 096 hab. Tabaco, azúcar y café. Apicultura.

**SAN CRISTÓBAL DE LA LAGUNA** → ***Laguna*** (La).

**SAN CRISTÓBAL DE LAS CASAS,** c. de México (Chiapas); 60 550 hab. Centro comercial y agropecuario. Artesanía. Elaboración de licores. Turismo. Conventos de Santo Domingo (s. XVI, reconstruido en el s. XVII) y de la Encarnación (s. XVII); catedral con decoración barroca; casona construida por Luis de Mazariegos (s. XVI) con portada plateresca. Fue la capital de Chiapas desde su fundación (1527) hasta 1892.

**SAN DIEGO,** cabo de Argentina, en el Atlántico, en el extremo S de la isla Grande de Tierra del Fuego.

**SAN DIEGO,** c. y puerto de Estados Unidos (California), junto al Pacífico *(bahía de San Diego);* 1 110 549 hab. (2 498 016 hab. en la aglomeración). Base naval y puerto pesquero (atún). Construcciones aeronáuticas. Instituto oceanográfico. Museo de bellas artes (amplia representación de pintura española). – En el lugar explorado por Rodríguez Cabrillo (1542), fray Junípero Serra fundó la misión de San Diego de Alcalá (1769). Ocupada por los norteamericanos durante la guerra de Texas (1846), pasó definitivamente a su poder.

**SAN DIEGO DE LA UNIÓN,** mun. de México (Guanajuato); 23 474 hab. Cereales y legumbres. Ganadería.

**SAN DIMAS,** mun. de México (Durango); 22 474 hab. Yacimientos mineros. Industria maderera.

**SAN ESTANISLAO,** distr. de Paraguay (San Pedro); 45 303 hab. Tabaco y yerba mate. Canteras de caliza.

**San Esteban,** embalse de España (Orense), sobre el Sil, que abastece una central eléctrica (265 MW).

**SAN ESTEBAN DE GORMAZ,** v. de España (Soria); 3 515 hab. Iglesias románicas de San Miguel, con pórtico de siete arcos, y del Rivero (ss. XI-XII). Arquitectura tradicional castellana.

**SAN FELIPE,** c. de Chile (Valparaíso); 54 550 hab. En el valle del *río San Felipe.* Centro agrícola.

**SAN FELIPE,** c. de Venezuela, cap. del est. Yaracuy; 65 680 hab. Centro comercial e industrial. Parque nacional de Yurubí en sus cercanías.

**SAN FELIPE,** mun. de México (Guanajuato); 64 291 hab. Centro comercial y agrícola. Minas de estaño.

**SAN FELIPE DEL PROGRESO,** mun. de México (México); 94 862 hab. Agricultura e industrias derivadas.

**SAN FÉLIX,** isla de Chile, en el Pacífico, descubierta por Juan Fernández en 1574. Deshabitada.

**SAN FERNANDO,** c. de Chile (Libertador General Bernardo O'Higgins); 56 322 hab. Centro de almacenamiento de petróleo y gas natural. Oleoducto.

**SAN FERNANDO,** c. de España (Cádiz), cab. de p. j.; 91 696 hab. En la Isla* de León, que le dio nombre en 1769. Salinas. Construcciones navales y aeronáuticas. Centros de la armada. Trazado urbanístico del s. XVIII. Observatorio astronómico (1798).

**SAN FERNANDO,** c. de México (Tamaulipas); 45 343 hab. Cereales, legumbres y algodón. Ganadería. – Mun. de México (Chiapas); 18 883 hab. Maíz, frijol, henequén. Explotación forestal.

**SAN FERNANDO** o **SAN FERNANDO DE APURE,** c. de Venezuela, cap. del est. Apure; 72 716 hab. Centro comercial y de comunicaciones (puente General Páez sobre el Apure, puerto fluvial, aeropuerto).

**SAN FERNANDO,** dep. de Argentina (Chaco) → ***Resistencia.***

**SAN FERNANDO,** partido de Argentina (Buenos Aires), comprendido en el Gran Buenos Aires; 144 761 hab. Zona residencial (parques). Aeródromo.

**SAN FERNANDO DE HENARES,** v. de España (Madrid); 25 477 hab. En el área metropolitana de Madrid.

**SAN FERNANDO DE MONTE CRISTI** o **MONTE CRISTI,** c. de la República Dominicana, cap. de la prov. de Monte Cristi; 15 144. Puerto exportador.

**SAN FERNANDO DEL VALLE DE CATAMARCA** → ***Catamarca.***

**SAN FRANCISCO** *(nevado),* cumbre volcánica andina de Argentina (Catamarca) y Chile (Atacama); 6 005 m de alt. El *paso de San Francisco* (4 720 m), es utilizado por la carretera Tinogasta-Copiapó.

**SAN FRANCISCO,** c. de Estados Unidos (California), junto al Pacífico, en la *bahía de San Francisco* (abierta al Pacífico por el Golden Gate); 723 959 hab. (1 603 678 hab. en la aglomeración). Puerto importante, situado en la desembocadura del único paso entre el Pacífico y el O norteamericano. Centro industrial (refino de petróleo, construcción naval y automovilística). Museos de arte. – La ciudad, fundada en 1776 por el misionero español J. B. de Anza, pasó de México a E.U.A. por el tratado de Guadalupe Hidalgo (1846) y tomó el nombre de San Francisco (1847). Conoció un gran desarrollo durante la fiebre del oro (1849). Fue destruida por un terremoto en 1906 y rápidamente reconstruida. En 1989, se vio afectada de nuevo por un sismo.

**San Francisco** *(conferencias de),* reuniones internacionales celebradas a raíz del fin de la segunda guerra mundial. – La *primera conferencia* (1945) estableció la carta de las Naciones unidas; – la *segunda conferencia* (1951) elaboró el tratado de paz entre Japón y los aliados.

**SAN FRANCISCO,** mun. de Venezuela (Zulia); 100 525 hab. Industrias derivadas del petróleo. Cemento.

**SAN FRANCISCO DE MACORÍS,** c. de la República Dominicana, cap. de la prov. de Duarte; 64 906 hab. Centro comercial de un área agrícola.

**SAN FRANCISCO DEL RINCÓN,** c. de México (Guanajuato); 66 575 hab. Explotación maderera. Artesanía.

**SAN FRANCISCO GOTERA,** c. de El Salvador, cap. del dep. de Morazán; 5 987 hab. Minas de oro y plata.

**SAN GABRIEL,** mun. de Venezuela (Falcón), en el área urbana de la ciudad de Coro; 22 032 hab.

**SAN GERMÁN,** mun. del O de Puerto Rico; 34 962 hab. Centro agropecuario e industrias derivadas.

**SAN GIL,** mun. de Colombia (Santander); 31 872 hab. Centro agrícola. Minas de carbón y cobre.

**San Gil** *(sublevación de los sargentos del cuartel de),* insurrección militar antimonárquica preparada por Prim, ayudado por progresistas y demócratas (22 junio 1866). Sólo se sublevó este cuartel de Madrid. El movimiento fue reprimido con gran dureza.

**SAN GIMIGNANO,** c. de Italia (Toscana); 7 043 hab. Ciudad medieval bien conservada, coronada por trece austeras torres. Catedral (s. XII); iglesias: San Agustín (frescos de Gozzoli).

**SAN GOTARDO,** en fr. **Saint-Gothard,** en alem. **Sankt Gotthard,** paso de los Alpes suizos que comunica el alto valle del Reuss (cuenca de Andermatt) con el valle del Tesino; 2 112 m. Túnel de carretera (16,9 km).

**San Gregorio el Grande** *(orden de),* orden pontificia creada en 1831.

**SAN IGNACIO,** dep. de Argentina (Misiones); 46 344 hab. Ganado vacuno. Ruinas de una misión jesuítica (templo barroco con ornamentos indígenas).

**SAN IGNACIO,** distr. de Paraguay (Misiones); 17 255 hab. Antigua reducción jesuítica (museo).

**SAN IGNACIO,** mun. de México (Sinaloa); 24 825 hab. Agricultura y ganadería. Explotación forestal.

**SAN ILDEFONSO** o **LA GRANJA,** mun. de España (Segovia); 4 949 hab. Fabricación de vidrio. Debe su origen al real sitio y palacio de La Granja*. En el término, palacio de Riofrío*.

**San Ildefonso** *(tratados de),* acuerdos firmados en el sitio real de La Granja o San Ildefonso durante los reinados de Carlos III y Carlos IV. *1777* (1 oct.). Repartición de colonias y territorios entre España y Portugal. *1796* (18 ag.). Alianza ofensivo-defensiva entre España y Francia contra Gran Bretaña. Francia revisaría el tratado de Basilea. *1800* (1 oct.). Tratado preliminar y secreto entre España y Francia. Napoleón cedería Toscana al duque de Parma, futuro rey de Etruria; España entregaría navíos de guerra y devolvería Luisiana a Francia.

**SAN ISIDRO,** c. de Argentina (Buenos Aires), que forma parte del Gran Buenos Aires; 299 022 hab.

**SAN ISIDRO,** mun. de Perú (Lima), en la zona costera; 38 300 hab. Región agrícola.

**SAN JACINTO,** mun. de Colombia (Bolívar); 23 246 hab. Agricultura y ganadería.

**San Jacinto** *(batalla de),* victoria, a orillas del *río San Jacinto* (Texas), de las tropas norteamericanas de Houston sobre las mexicanas de Santa Anna (21 abril 1836). Éste fue hecho prisionero y Texas consiguió la independencia.

**SAN JAVIER,** dep. de Argentina (Córdoba), avenado por el Conlara; 42 244 hab. Agricultura y ganadería. Turismo. – Dep. de Argentina (Santa Fe); 26 284 hab. Ganadería vacuna y ovina. – Dep. de Argentina (Misiones); 17 650 hab. Maíz, arroz; vacunos.

**SAN JAVIER,** v. de España (Murcia), cab. de p. j.; 15 277 hab. Salinas. Industrias varias. Aeropuerto de Murcia. Academia general del aire. Turismo.

**SAN JAVIER DE LONCOMILLA,** com. de Chile (Maule); 35 620 hab. Cereales, vid. Industria alimentaria.

**SAN JERÓNIMO,** dep. de Argentina (Santa Fe), avenado por el Paraná; 69 731 hab. Cab. *Coronda.*

**SAN JOAQUÍN,** com. de Chile (Santiago); 112 353 hab. En el Gran Santiago.

**SAN JORGE,** golfo de Argentina, en el Atlántico (Chubut y Santa Cruz). Cuenca petrolífera. Gasoducto a Buenos Aires (1 600 km de long.).

**SAN JORGE,** r. de Colombia, afl. del Magdalena (or. izq., brazo de Loba); 400 km aprox.

**SAN JOSÉ,** volcán andino de Argentina (Mendoza) y Chile (Metropolitana de Santiago); 6 070 m de alt.

**SAN JOSÉ** *(departamento de),* dep. del S de Uruguay; 4 994 km²; 89 893 hab. Cap. *San José* o *San José de Mayo.*

**SAN JOSÉ** *(provincia de),* prov. de Costa Rica; 4 960 km²; 1 055 611 hab. Cap. *San José.*

**SAN JOSÉ,** c. de Costa Rica, cap. del país y de la prov. homónima; 284 550 hab. *(Josefinos.)* Centro político-administrativo, comercial e industrial. Universidad. Aeropuerto. Parques (nacional y de Morazán). Catedral, iglesia de la Merced, palacio del gobierno, biblioteca nacional, teatro nacional, etc. Fue fundada en 1738.

**SAN JOSÉ,** c. de Estados Unidos (California), al SE de San Francisco; 782 248 hab. (1 497 577 hab. en la aglomeración). Fundada en 1777 por los españoles.

**SAN JOSÉ** o **SAN JOSÉ DE MAYO,** c. de Uruguay, cap. del dep. de San José; 31 732 hab. Centro comercial y de comunicaciones. Industrias alimentarias.

**SAN JOSÉ,** mun. de España (Baleares), en Ibiza; 9 890 hab. Salinas. Aeropuerto de Ibiza. Turismo.

**SAN JOSÉ,** parroquia urbana de Venezuela (Distrito Federal), en el área de Caracas; 72 750 hab. – Mun. de Venezuela (Carabobo); 44 826 hab. Forma parte de la aglomeración de Valencia.

**SAN JOSÉ DE CÚCUTA** → ***Cúcuta.***

**SAN JOSÉ DE LAS LAJAS,** mun. de Cuba (La Habana); 49 058 hab. Centrales azucareros.

**SAN JOSÉ DE LAS MATAS,** mun. de la República Dominicana (Santiago); 48 316 hab. Agricultura.

**SAN JOSÉ DE OCOA,** mun. de la República Dominicana (Peravia); 48 251 hab. Economía agropecuaria.

**SAN JOSÉ DE SURCO,** mun. de Perú (Lima); 42 814 hab. Cap. *Barranco.* Agricultura.

**SAN JOSÉ DEL GUAVIARE,** mun. de Colombia, cap. del dep. del Guaviare; 31 082 hab. Aeropuerto.

**SAN JOSÉ ITURBIDE,** mun. de México (Guanajuato); 28 796 hab. Agricultura y ganadería (pastos).

**SAN JUAN,** bahía de la costa N de Puerto Rico, entre la isla de Cabras y la *isla San Juan.*

un aspecto de **San José** de Costa Rica

**SAN JUAN** o **LA CUCA,** pico de Cuba, altura máxima de las sierras de Trinidad (Cienfuegos); 1 156 metros.

**SAN JUAN,** r. de América Central, que nace en el lago Nicaragua, forma frontera con Costa Rica y desemboca en el Caribe en un amplio delta; 198 km.

**SAN JUAN,** r. de Argentina, afl. del Desaguadero o Salado (or. der.); 250 km aprox. (unos 500 km si se consideran otros cursos). Hidroelectricidad.

**SAN JUAN,** r. de Colombia que nace en la cordillera Occidental y desemboca en el Pacífico formando un delta (Chocó); 380 km aprox. Placeres de oro y platino.

**SAN JUAN** *(provincia de),* prov. de Argentina; 89 651 km²; 526 263 hab. Cap. *San Juan.*

**SAN JUAN** *(provincia de),* prov. de la República Dominicana; 3 561 km²; 240 000 hab. Cap. *San Juan de la Maguana* (49 764 hab.).

**SAN JUAN,** c. de Argentina, cap. de la prov. y del dep. homónimos; 119 399 hab. Centro administrativo y comercial. Fue destruida por un terremoto en 1944 y reconstruida con anchas avenidas y parques.

**SAN JUAN,** c. de Costa Rica (San José), cab. del cantón de Tibás; 26 292 hab.

**SAN JUAN,** c. de Puerto Rico, cap. del estado libre asociado; 437 745 hab. *(Sanjuaneros.)* Es uno de los principales núcleos comerciales e industriales del Caribe. Puerto y aeropuerto internacional. Universidad de Río Piedras. Bellos edificios coloniales: catedral (s. XVI, reconstruida), convento e iglesia de San José (s. XVI); cabildo, ant. diputación provincial, Casa de Beneficencia, hospital de la Concepción, teatro Tapia, s. XIX. Sobresale el conjunto de fortificaciones de las que forma parte El Morro y que abrazaba el casco histórico de San Juan. La ciudad fue fundada en 1508 y trasladada a su actual emplazamiento en 1587.

**San Juan** de Puerto Rico:
un aspecto de la ciudad moderna

**SAN JUAN,** parroquia urbana de Venezuela (Distrito Federal), en el área de Caracas; 115 198 hab.

**SAN JUAN BAUTISTA,** mun. de Venezuela (Táchira), en el área urbana de San Cristóbal; 45 770 hab.

**SAN JUAN BAUTISTA DE LAS MISIONES,** c. de Paraguay, cap. del dep. de Misiones; 12 572 hab. Agricultura y ganadería (pastos). Escuela de agricultura.

**SAN JUAN BAUTISTA TUXTEPEC,** c. de México (Oaxaca); 62 788 hab. Minería (cobre y hierro). Fábrica de papel. En sus proximidades, presa Miguel Alemán y planta hidroeléctrica El Temazcal.

**SAN JUAN COTZOCON,** mun. de México (Oaxaca), en la cuenca del Papaloapan; 15 773 hab. Ganadería.

**SAN JUAN DE ACRE** → ***Acre.***

**SAN JUAN DE ALICANTE,** v. de España (Alicante); 14 369 hab. Huerta. Muebles. Turismo (playas).

**SAN JUAN DE AZNALFARACHE,** v. de España (Sevilla); 21 916 hab. Cereales y naranjos. Hierro y cobre.

**SAN JUAN DE COLÓN** o **COLÓN,** c. de Venezuela (Táchira); 22 577 hab. Economía agropecuaria.

**San Juan de Jerusalén de Rodas y de Malta** *(orden soberana militar y hospitalaria de)* → ***Malta*** (orden soberana de).

**San Juan de la Peña** *(monasterio de),* monasterio español enclavado en la *sierra de San Juan de la Peña* (Jaca, Huesca). Fundado con anterioridad al s. X, la iglesia consta de dos pisos: la iglesia baja (mozárabe, s. X) y la iglesia alta (románica, s. XI). Panteón real de los monarcas aragoneses (s. XII). El monasterio nuevo es del s. XVIII.

**SAN JUAN DE LAS ABADESAS** o **SANT JOAN DE LES ABADESSES,** v. de España (Gerona); 3 898 hab. Monasterio románico (iglesia, s. XII; claustro gótico) restaurado.

**SAN JUAN DE LOS LAGOS,** c. de México (Jalisco); 36 577 hab. Economía agropecuaria. Comercio.

**SAN JUAN DE LOS MORROS,** c. de Venezuela, cap. del est. Guárico, al pie de los *Morros de San Juan;* 67 791 hab. Centro comercial y de comunicaciones. Manantiales termales. Turismo.

**SAN JUAN DE LUZ,** en fr. **Saint-Jean-de-Luz,** c. de Francia (Pyrénées-Atlantiques); 13 181 hab. Estación balnearia. Puerto de pesca.

**SAN JUAN DE SABINAS,** c. de México (Coahuila); 37 127 hab. Carbón y cinc. Centro industrial.

**San Juan de Ulúa,** fortaleza situada en el *islote de San Juan de Ulúa,* a la entrada de Veracruz (México). El primer virrey de Nueva España, Antonio de Mendoza (1530-1549), elevó un castillo, reforzado en 1690 y ampliado en el s. XVIII. Fue el último reducto español en el continente americano, ya que resistió desde 1821, año en que México accedió a la independencia, hasta 1825, en que los realistas capitularon.

**SAN JUAN DE VILATORRADA** o **SANT JOAN DE VILATORRADA,** mun. de España (Barcelona); 7 979 hab. Centro industrial.

**SAN JUAN DEL CESAR,** mun. de Colombia (La Guajira); 25 798 hab. Agricultura y ganadería.

**SAN JUAN DEL RÍO,** c. de México (Querétaro); 61 652 hab. Región agrícola y ganadera (lácteos). Muebles y artesanía. Comercio. – Mun. de México (Durango); 16 535 hab. Cereales, legumbres. Ganadería.

**SAN JUAN DESPÍ** o **SANT JOAN DESPÍ,** mun. de España (Barcelona); 24 809 hab. Centro industrial.

**SAN JUAN EVANGELISTA,** mun. de México (Veracruz); 34 823 hab. Centro agropecuario y comercial.

**SAN JUAN NEPOMUCENO,** distr. de Paraguay (Caazapá); 20 283 hab. Maderas. Fábricas de almidón.

**SAN JUAN NEPOMUCENO,** mun. de Colombia (Bolívar); 27 097 hab. Economía agropecuaria.

**SAN JUAN OPICO,** mun. de El Salvador (La Libertad); 27 287 hab. Centro comercial. Artesanía textil.

**SAN JUAN SANTEPÉQUEZ,** mun. de Guatemala (Guatemala); 36 697 hab. Materiales de construcción.

**SAN JUAN Y MARTÍNEZ,** mun. de Cuba (Pinar del Río); 48 126 hab. Agricultura e industrias derivadas.

**SAN JUSTO,** dep. de Argentina (Córdoba); 176 723 hab. Centro agrícola y ganadero. Maderas. Industria. – Dep. de Argentina (Santa Fe); 36 866 hab. Economía agropecuaria.

**SAN JUSTO DESVERN** o **SANT JUST DESVERN,** mun. de España (Barcelona); 12 427 hab. Floricultura. Industrias.

**San Lázaro de Jerusalén** *(orden de),* orden hospitalaria y militar, fundada en Jerusalén (*c.* 1120), unida a la orden de Nuestra Señora del Monte Carmelo (1608). Secularizada por Clemente XIV (1772).

**SAN LORENZO,** cumbre de España (La Rioja), punto culminante de la sierra de la Demanda; 2 262 m.

**SAN LORENZO,** en ingl. **Saint-Lawrence,** en fr. **Saint-Laurent,** r. de América del Norte, emisario del lago Ontario, tributario del Atlántico, en el que desemboca por un largo estuario que se abre en el *golfo de San Lorenzo;* 1 140 km. Avena el SE de Canadá y pasa por Montreal y Quebec. Vía accesible para navíos de 25 000 t durante ocho meses al año.

**SAN LORENZO,** c. de Paraguay (Central); 133 311 hab. Agroindustria, industria maderera. Facultad de agronomía y veterinaria.

**SAN LORENZO,** c. y puerto de Ecuador (Esmeraldas); 21 667 hab. Industrias de la madera y del papel.

**SAN LORENZO,** dep. de Argentina (Santa Fe), en la aglomeración de Rosario; 130 242 hab. Siderurgia. Terminal del oleoducto de Campo Durán (Salta). Refinería de petróleo.

**SAN LORENZO,** mun. de Puerto Rico, en el valle del Caguas; 35 163 hab. Es el ant. *San Miguel de Hato Grande.*

**San Lorenzo,** yacimiento arqueológico precolombino de México, al S de Minatitlán (Veracruz), ocupado a partir de 1500 a. J.C. Se han encontrado colosales esculturas de cabezas de estilo olmeca. Una fase posterior (600-400 a. J.C.) ha aportado cerámica también de influencia olmeca.

**SAN LORENZO DE EL ESCORIAL,** v. de España (Madrid), cab. de p. j.; 8 704 hab. Monasterio de El Escorial*. Conjunto urbanizado en el s. XVIII: hospital de la Alcaldesa, Coliseo Carlos III, Casita de Arriba. – Por el *tratado de San Lorenzo de El Escorial* España renunció a parte de Florida en favor de E.U.A.

**SAN LORENZO DE MORUNYS** o **SANT LLORENÇ DE MORUNYS,** v. de España (Lérida); 839 hab. Iglesia abacial del s. XI (retablo de L. Borrassà, 1419). Santuario gótico de la Piedad.

**SAN LUCAS,** cabo de México en el Pacífico, extremo S de la península de Baja California.

**SAN LUCAS,** isla de Costa Rica (Puntarenas), en el golfo de Nicoya. Establecimiento penal.

**SAN LUCAS,** serranía de Colombia (Bolívar), que constituye la parte N de la cordillera Central de los Andes; 2 350 m en el Alto de Tamar.

**SAN LUCAS,** mun. de México (Michoacán); 16 756 hab. Agricultura, ganadería e industrias derivadas.

**San Lucas pintando a la Virgen,** cuadro de Van der Weyden del que se conservan varias versiones muy semejantes (Boston, Munich, San Petersburgo), todas en paneles de madera. El original, realizado *c.* 1440, decoraba la capilla de la corporación de pintores en Bruselas. La composición se inspira en *La Virgen del canciller Rolin* de J. Van Eyck.

**SAN LUIS** *(sierra de),* sierra de Argentina (San Luis), que forma parte de las sierras Pampeanas. Yacimientos auríferos y de volframio.

**SAN LUIS** *(provincia de),* prov. de Argentina, en la región centro-occidental; 76 748 km²; 286 379 hab. Cap. *San Luis.*

**SAN LUIS,** c. de Argentina, cap. de la prov. homónima; 121 146 hab. Centro administrativo, comercial y de comunicaciones (ferrocarril, aeródromo). Arquitectura colonial.

**SAN LUIS,** mun. de Cuba (Santiago de Cuba); 82 725 hab. Azúcar, café. Industria manufacturera. Artesanía. – Mun. de Cuba (Pinar del Río); 30 836 hab. Ganadería. Industria manufacturera.

**SAN LUIS ACATLÁN,** mun. de México (Guerrero), al SE de la sierra Madre del Sur; 24 459 hab. Minería.

**SAN LUIS DE LA PAZ,** mun. de México (Guanajuato); 53 469 hab. Industrias vinícolas. Minas de oro y plata.

**SAN LUIS POTOSÍ** *(estado de),* est. del N de México; 62 848 km²; 2 003 187 hab. Cap. *San Luis Potosí.*

**SAN LUIS POTOSÍ,** c. de México, cap. del est. homónimo; 613 181 hab. Importante centro minero en la época colonial, predominan ahora las actividades industriales (química, siderurgia) y comerciales. Nudo de comunicaciones. Fundada en 1576, en ella organizó Juárez su gobierno al ocupar México las tropas francesas (1863), y en ella se fechó (15 oct. 1910) el *plan de San Luis Potosí,* proclama de F. Madero que inició la revolución mexicana. Bellos edificios barrocos de los ss. XVII-XVIII: catedral, convento de San Francisco, iglesias de San Sebastián, el Carmen, Loreto y santuario de Guadalupe; ant. Casa de Moneda. Edificios neoclásicos, obra de Tresguerras; palacio de gobierno.

**SAN LUIS RÍO COLORADO,** c. de México (Sonora); 95 461 hab. Puesto fronterizo con E.U.A. Comercio. Área de regadío (aprovechamiento del Colorado).

**SAN MAMED** o **SAN MAMEDE,** sierra de España (Orense); 1 618 m de alt.

**SAN MAMED** o **SÃO MAMEDE,** sierra de España y Portugal, en el extremo O de los Montes de Toledo; 1 025 m de alt. Carretera de Cáceres a Santarem.

**SAN MARCOS** *(departamento de),* dep. del O de Guatemala; 3 791 km²; 702 646 hab. Cap. *San Marcos* (16 962 hab.).

**SAN MARCOS,** mun. de Colombia (Sucre); 31 419 hab. Agricultura y ganadería. Aeropuerto.

**SAN MARCOS,** mun. de México (Guerrero); 42 649 hab. Agricultura. Salinas. Hierro. Pesca. Alfarería.

**San Marcos** *(universidad mayor nacional de),* universidad estatal peruana, inicialmente fundada en Lima (1551), en un edificio de la Compañía de Jesús (claustro renacentista). El salón de grados es la antigua capilla (decoración rococó). Panteón de los próceres. Museo arqueológico.

**SAN MARINO,** estado independiente de Europa enclavado en territorio italiano, al E de Florencia; 61 km²; 21 000 hab. CAP. *San Marino* (5 000 hab.). LENGUA OFICIAL: *italiano.* MONEDA: *lira* y *euro.* La ciudad accedió a la autonomía en el s. IX. Su territorio se convirtió en *república* en el s. XIII. Esta república, cuyas relaciones con Italia están reguladas por varias convenciones, está gobernada por dos capitanes regentes elegidos por el Gran Consejo (60 miembros) para un mandato de seis meses. En 1992, la república de San Marino fue admitida en la O.N.U.

**SAN MARTÍN,** nombre que recibe la parte argentina (Santa Cruz) del lago andino de América del Sur, cuya parte chilena (Aisén del General Carlos Ibáñez del Campo), se denomina *lago O'Higgins;* 1 013 km² en total.

**SAN MARTÍN,** región administrativa del N de Perú, que constituye el dep. homónimo; 51 253 km²; 486 000 hab. Cap. *Moyobamba.*

**SAN MARTÍN,** dep. de Argentina (Mendoza); 98 378 hab. Olivo y vid; caprinos. – Dep. de Argentina (Santa Fe); 57 140 hab. Agricultura y ganadería.

**SAN MARTÍN,** mun. de Colombia (Meta), en la llanura oriental; 19 313 hab. Café, cacao; pastos (vacuno).

**SAN MARTÍN** (Cosme), pintor chileno (Valparaíso 1850-Santiago 1906), autor de retratos y cuadros de tema histórico.

**SAN MARTÍN** (José Francisco **de**), llamado **el Libertador** y, en Perú, **el Protector,** héroe argentino de la independencia americana (Yapeyú, Corrientes, 1778-Boulogne-sur-Mer, Francia, 1850). Tras una rápida carrera militar en España, regresó a América y se unió a los movimientos independentistas (1812). Sustituyó a Belgrano al frente del ejército del Norte (1813), fue gobernador de Cuyo (1814) y formó el ejército de los Andes. Pueyrredón le nombró general en jefe tras la declaración de independencia (9 julio 1816). Venció a los realistas en Chacabuco y entró en Santiago de Chile (1817). Tras la batalla de Maipú (1818) conquistó Perú, donde intentó crear una monarquía cuyo trono ocuparía un miembro de la familia real española; no lo consiguió, declaró la independencia (28 julio 1821) y adoptó el título de *Protector del Perú.* Ante las dificultades internas y el desacuerdo con Bolívar, se estableció en Europa (1822), aunque intentó regresar a Argentina en 1829.

el general **San Martín**
(José Gil - museo histórico nacional, Buenos Aires)

**San Martín** (*orden del* **Libertador**), condecoración argentina creada en 1943. Recompensa a los extranjeros por sus servicios al país o a la humanidad.

**SAN MARTÍN CHALCHICUAUTLA,** mun. de México (San Luis Potosí); 20 319 hab. Pastos. Ganadería.

**San Martín de Castañeda** *(monasterio de),* monasterio español (mun. de Galende, Zamora). Fue ocupado por monjes mozárabes (916) y en 1150 reformado y cedido a los benedictinos. Notable iglesia románica.

**SAN MARTÍN DE LOBA,** mun. de Colombia (Bolívar); 22 756 hab. Arroz. Ganado vacuno, equino y porcino.

**San Martín de Mondoñedo,** iglesia románica española (mun. de Foz, Lugo); serie de capiteles historiados.

**SAN MARTÍN DE MONTALBÁN,** v. de España (Toledo); 739 hab. Castillo (s. XIV). En el término, en el despoblado de Melque, iglesia mozárabe de Santa María, con ábside abovedado.

**SAN MARTÍN DE PORRES,** mun. de Perú (Lima), en el área metropolitana de Lima; 98 253 hab. Cap. *Barrio Obrero.*

**SAN MARTÍN DE VALDEIGLESIAS,** v. de España (Madrid); 5 428 hab. Embalses de San Juan y Picadas, en el Alberche (producción eléctrica y regadío).

**SAN MARTÍN DEL REY AURELIO,** mun. de España (Asturias); 23 616 hab. Cap. *Sotrondio.* Centro minero. Industria siderúrgica.

**SAN MARTÍN HIDALGO,** mun. de México (Jalisco); 21 779 hab. Industrias agropecuarias. Maderas.

**SAN MARTÍN JILOTEPEQUE,** mun. de Guatemala (Chimaltenango); 26 184 hab. Turismo (Mixco Viejo, centro arqueológico).

**SAN MARTÍN TEXMELUCAN,** c. de México (Puebla); 79 504 hab. Industria textil. Sarapes. Vinos. Convento del s. XVII. Iglesia parroquial de fachada y retablo churriguerescos.

**SAN MATEO,** mun. de Venezuela (Aragua); 27 832 hab. Constituye un núcleo urbano satélite de Maracay.

**SAN MATEO** o **SANT MATEU,** v. de España (Castellón); 1 816 hab. Centro comarcal del Bajo Maestrazgo. Fue señorío de la orden de Montesa desde 1319. Iglesia arciprestal románica, terminada en el s. XV. Edificios góticos (ayuntamiento y palacio del marqués de Villores).

**SAN MATEO ATENCO,** mun. de México (México); 33 719 hab. Cereales, ganado vacuno, equino y porcino.

**SAN MAURICIO,** lago pirenaico de España (Lérida), en el *parque nacional de Aigüestortes y lago San Mauricio.*

**SAN MIGUEL** o **CHAPARRASTIQUE,** volcán de El Salvador (San Miguel), en el Eje volcánico guatemalteco-salvadoreño; 2 132 m de alt.

**SAN MIGUEL** *(departamento de),* dep. de El Salvador; 2 077 km²; 380 442 hab. Cap. *San Miguel.*

**SAN MIGUEL,** c. de El Salvador, cap. del dep. homónimo; 182 817 hab. Centro industrial y comercial. Famosa por sus ferias en la época colonial.

**SAN MIGUEL,** cantón de Ecuador (Bolívar); 28 222 hab. Economía agropecuaria.

**SAN MIGUEL,** com. de Chile (Santiago); 82 461 hab. En la aglomeración de Santiago.

**SAN MIGUEL,** mun. de Perú (Cajamarca); 26 464 hab. Cereales. Ganadería. – Mun. de Perú (Lima), barrio residencial de Lima; 23 725 hab.

**SAN MIGUEL DE ALLENDE,** c. de México (Guanajuato), cab. del mun. de Allende*.

**San Miguel de Escalada,** iglesia mozárabe española (913) situada en Gradefes (León), faro del s. XI; pórtico con arcos de herradura y capiteles ornamentados.

**SAN MIGUEL DE TUCUMÁN,** c. de Argentina, cap. de la prov. de Tucumán; 473 014 hab. Centro industrial, administrativo, comercial y cultural (universidad). Ciudad de trazado en damero, con amplios espacios verdes (parques 9 de Julio y Avellaneda).

**SAN MIGUEL EL ALTO,** c. de México (Jalisco); 23 053 hab. Cereales, legumbres y frutas. Ganado porcino.

**SAN MIGUEL TOTOLAPAN,** mun. de México (Guerrero); 21 023 hab. Caña de azúcar y tabaco. Ganadería.

**SAN MIGUEL Y VALLEDOR** (Evaristo), *duque* **de San Miguel,** militar y político español (Gijón 1785-Madrid 1862). Antiabsolutista, es el autor de la letra del himno de Riego. Luchó contra la invasión francesa de Cataluña (1823) y contra los carlistas (1834). Afiliado al Partido progresista, participó en varios gobiernos. Intervino a favor de la reina en la revolución de 1854.

**SAN MIGUELITO,** distr. de Panamá (Panamá), en el área urbana de la ciudad de Panamá; 242 529 hab.

**SAN MILLÁN DE LA COGOLLA,** v. de España (La Rioja); 299 hab. Monasterios de Suso, fundado en 931 (iglesia mozárabe, ss. X-XI, con el sepulcro de san Millán, s. XII) y de Yuso (s. XVI), con marfiles románicos (s. XI), pinturas del s. XV y trascoro barroco.

**SAN NICOLÁS,** c. de Argentina (Buenos Aires); 133 503 hab. Puerto exportador de cereales. Centro industrial (siderurgia, química). Central térmica.

**SAN NICOLÁS** (Lorenzo **de**), arquitecto y tratadista de arquitectura español (1595-1679). Su tratado *Arte y uso de arquitectura* (1633-1664) tuvo gran influencia en el barroco hispanoamericano.

**SAN NICOLÁS DE LOS GARZA,** c. de México (Nuevo León); 436 603 hab. Centro de una región agrícola (cítricos). Industrias alimentarias.

**SAN ONOFRE,** mun. de Colombia (Sucre), en las sabanas de Bolívar; 41 723 hab. Agricultura.

**SAN PABLO,** volcán andino de Chile (Antofagasta); 6 118 m de alt.

**SAN PABLO,** mun. de Colombia (Nariño); 17 120 hab. Agricultura y ganadería. – Mun. de Colombia (Bolívar); 15 714 hab.

**SAN PABLO DEL MONTE,** mun. de México (Tlaxcala); 29 908 hab. Cab. *Vicente Guerrero.* Frutas y hortalizas.

**SAN PEDRO** o **MEZQUITAL,** r. de México, en la vertiente del Pacífico; 700 km aprox. Nace por la unión del Canatlán y del Sauceda y desemboca en la laguna Grande de Mexcaltitlán, en el Pacífico.

**SAN PEDRO,** volcán andino de Chile (Antofagasta); 6 159 m.

**SAN PEDRO,** volcán de Guatemala (Sololá), en el Eje volcánico guatemalteco-salvadoreño; 3 020 m de alt.

**SAN PEDRO** *(departamento de),* dep. del SE de Paraguay; 20 002 km²; 277 110 hab. Cap. *San Pedro* (26 593 hab.).

**SAN PEDRO,** c. de México (Coahuila); 93 410 hab. Centro agrícola (algodón, vid) e industrial.

**SAN PEDRO,** dep. de Argentina (Jujuy), en el valle del San Francisco; 66 138 hab. Hierro. Serrerías. – Partido de Argentina (Buenos Aires); 48 650 hab. Cereales y forrajes. Vacunos. Gasoducto. – Dep. de Argentina (Misiones); 18 065 hab. Maíz, alfalfa, sorgo. Ganado vacuno. Bosques.

**SAN PEDRO** (Diego **Fernández de**), escritor español de la segunda mitad del s. XV, autor de poesías y de dos novelitas sentimentales: *Tratado de amores de Arnalte y Lucenda* (1491) y *Cárcel de amor* (1492).

**SAN PEDRO CARCHÁ,** mun. de Guatemala (Alta Verapaz); 69 019 hab. Tenerías, fábricas de calzado.

**SAN PEDRO DE ALCÁNTARA,** lugar de España, en el mun. de Marbella (Málaga). Restos de la ant. c. romana *(Silviana)* y de una basílica cristiana (s. VI).

**San Pedro de Arlanza** *(monasterio de),* monasterio español (Hortigüela, Burgos), fundado en 912 y actualmente en gran parte en ruinas; iglesia gótica (s. XV).

**San Pedro de Cardeña** *(monasterio de),* monasterio benedictino español (Castrillo del Val, Burgos), fundado en 889 y reconstruido posteriormente: iglesia con elementos románicos (torre, s. XI) y naves góticas (s. XV); sala capitular (s. XII); dependencias monacales (s. XVIII). Sepulcro del Cid y de doña Jimena (restos en la catedral de Burgos).

**San Pedro de la Nave,** iglesia situada en el mun. de San Pedro de la Nave-Almendra (Zamora), interesante ejemplo del arte visigodo, probablemente de fines del s. VII. Tiene tres naves con bóvedas de cañón y frisos y capiteles esculpidos.

**San Pedro de las Dueñas** *(monasterio de),* monasterio español (mun. de Sahagún, León). La iglesia, iniciada *c.* 1100, contiene elementos románicos, mudéjares y góticos.

**SAN PEDRO DE MACORÍS** *(provincia de),* prov. de la República Dominicana; 1 166 km²; 152 900 hab. Cap. *San Pedro de Macorís.*

**SAN PEDRO DE MACORÍS,** c. de la República Dominicana, cap. de la prov. homónima; 78 560 hab. Centro comercial e industrial. Pesca. Puerto exportador.

**SAN PEDRO DE PELILEO,** cantón de Ecuador (Tungurahua); 37 000 hab. Frutales y vid. Vacunos.

**SAN PEDRO DE RIBAS** o **SANT PERE DE RIBES,** mun. de España (Barcelona); 13 722 hab. Viticultura. Casino. Planta de energía solar.

**San Pedro de Roda** *(monasterio de),* monasterio español (El Port de la Selva, Gerona), de estilo románico, actualmente en ruinas.

**San Pedro de Roma,** en ital. **San Pietro in Vaticano,** basílica del Vaticano, el más vasto de los templos cristianos. Unas excavaciones (1940-1949) revelaron la existencia de una tumba sagrada que podría ser la de san Pedro. La basílica, consagrada en 326 con Constantino, fue reconstruida a partir de 1506 según planos de Bramante, después de Miguel Ángel (edificio en forma de cruz griega bajo cúpula) y por último de Maderno (nave prolongada en forma de cruz latina y fachada). Numerosas obras de arte. Delante del templo, plaza rodeada por la columnata de Bernini.

**San Pedro de Roma:** fachada en la plaza de San Pedro, obra de C. Maderno (cúpula de Miguel Ángel y G. della Porta)

**SAN PEDRO DEL PARANÁ,** distr. de Paraguay (Itapúa); 31 700 hab. Cereales, yerba mate. Ganadería.

**SAN PEDRO DEL PINATAR,** v. de España (Murcia); 12 221 hab. Salinas. Puerto pesquero. Turismo.

**SAN PEDRO PINULA,** mun. de Guatemala (Jalapa); 20 181 hab. Agricultura e industrias derivadas.

**SAN PEDRO POCHUTLA,** c. de México (Oaxaca); 17 692 hab. Café, plátano. Yacimientos de hierro y cobre.

**SAN PEDRO SACATEPÉQUEZ,** mun. de Guatemala (San Marcos); 24 054 hab. Industrias textiles.

**SAN PEDRO SULA,** c. de Honduras, cap. del dep. de Cortés; 372 800 hab. Activo centro industrial. Fundada en 1536.

**SAN PEDRO URABÁ,** mun. de Colombia (Antioquia); 20 602 hab.

**SAN PELAYO,** mun. de Colombia (Córdoba), en el valle del Sinú; 29 136 hab. Agricultura. Pastos.

**SAN PETERSBURGO,** de 1914 a 1924 **Petrogrado** y de 1924 a 1991 **Leningrado,** c., puerto y ant. cap. de Rusia, en la desembocadura del Neva;

**San Petersburgo:** el palacio de Invierno, construido de 1754 a 1762 por Bartolomeo Francesco Rastrelli

**San Salvador:** el palacio nacional

5 020 000 hab. Centro industrial: construcciones mecánicas, industrias textiles y químicas, etc. – San Petersburgo, fundada por Pedro el Grande, se convirtió en la capital de Rusia en 1712. Las principales construcciones del s. XVIII y de principios del s. XIX son obra de los italianos Rastrelli (palacio de Invierno) y Quarenghi (teatro del Ermitage), de los franceses Vallin de La Mothe (academia de bellas artes, pequeño Ermitage) y Thomas de Thomon (bolsa), de los rusos Adrian Zajárov (almirantazgo) y Karl Rossi, etc. Museo del Ermitage y Museo ruso. – La ciudad desempeñó un papel decisivo en las revoluciones de 1905 y 1917. El soviet de los comisarios del pueblo la abandonó (1918) para establecerse en Moscú. Resistió un duro asedio de los alemanes de 1941 a 1944.

**San Quintín** *(batalla de),* victoria de las tropas imperiales de Felipe II de España, mandadas por Manuel Filiberto de Saboya, sobre las francesas de Montmorency (10 ag. 1557), en Saint-Quentin (Francia). Para conmemorarla se construyó el monasterio de San Lorenzo de El Escorial.

**SAN QUIRICO DEL VALLÉS** o **SANT QUIRZE DEL VALLÈS,** mun. de España (Barcelona); 9 047 hab. Industrias.

**SAN RAFAEL,** pico de Paraguay (Itapúa), la máxima elevación del país; 850 m de alt.

**SAN RAFAEL,** c. de Argentina (Mendoza); 158 410 hab. Minas de cinc, plomo, cobre y plata. Yacimiento de uranio. Salinas. Aeropuerto.

**SAN RAFAEL,** cantón de Costa Rica (Heredia); 26 915 hab. Centro comercial.

**SAN RAFAEL,** mun. de Colombia (Antioquia); 18 866 hab. Región auroargentífera.

**SAN RAFAEL DEL SUR,** mun. de Nicaragua (Managua); 35 065 hab. Centro agropecuario y comercial.

**SAN RAMÓN,** cantón de Costa Rica (Alajuela); 47 638 hab. Ganadería (pastos).

**SAN RAMÓN,** com. de Chile (Santiago); 101 119 hab. En el Gran Santiago.

**SAN REMO** o **SANREMO,** c. de Italia (Liguria), junto al Mediterráneo; 55 786 hab. Estación turística y balnearia. En ella tuvo lugar una conferencia interaliada [19-26 abril 1920], para discutir la ejecución del tratado de Versalles y preparar el tratado de Sèvres con el imperio otomano.

**SAN ROMÁN,** cabo de Venezuela, en el Caribe (Falcón), extremo N de la península de Paraguaná.

**SAN ROMÁN** (Miguel **de**), militar y político peruano (Puno 1802-Chorillos 1863). Partidario de Gamarra, fue presidente de la república (1862-1863) y realizó la reforma monetaria que creó el sol.

**SAN ROQUE,** c. de España (Cádiz), cab. de p. j.; 23 092 hab. Complejo refinero-petroquímico. Turismo.

**SAN ROQUE,** dep. de Argentina (Corrientes); 16 053 hab. Cereales (maíz, arroz), forrajes, tabaco.

**SAN ROQUE,** mun. de Colombia (Antioquia); 18 551 hab. Yuca y maíz. Ganado vacuno y caballar.

**SAN SADURNÍ DE NOYA** o **SANT SADURNÍ D'ANOIA,** v. de España (Barcelona); 9 283 hab. Principal centro de elaboración de vinos espumosos (cava).

**SAN SALVADOR** *(departamento de),* dep. de El Salvador; 886 $km^2$; 1 477 766 hab. Cap. *San Salvador.*

**SAN SALVADOR,** c. de El Salvador, cap. de la república y del dep. homónimo; 422 570 hab. Dominada por los volcanes de San Salvador y San Jacinto, en un área de intensa actividad sísmica, que ha provocado su reconstrucción y cambio de emplazamiento en varias ocasiones; fue fundada por Pedro de Alvarado en 1525. Principal centro industrial, administrativo y cultural del país. Universidad. Templos coloniales de Jesucristo, San Ignacio, el Rosario, La Merced y Nuestra Señora de Guadalupe. Palacio nacional neoclásico (1905). Otros edificios notables: la catedral, el palacio arzobispal, el teatro nacional y el palacio municipal.

**SAN SALVADOR,** mun. de México (Hidalgo); 20 356 hab. Horticultura, frutales. Ganadería.

**SAN SALVADOR DE JUJUY,** c. de Argentina, cap. de la prov. de Jujuy; 182 663 hab. Centro financiero, industrial y de comunicaciones con Bolivia y Perú. Turismo. Catedral (s. XVII) y edificios coloniales. Fue fundada en 1561, y refundada en 1593 por F. de Argañaraz.

**SAN SALVADOR EL SECO,** mun. de México (Puebla); 17 660 hab. Ganadería y explotación maderera.

**SAN SEBASTIÁN** o **DONOSTIA,** c. de España, cap. de la prov. de Guipúzcoa y cab. de p. j.; 176 019 hab. *(Donostiarras.)* En la bahía de San Sebastián, junto a la desembocadura del Urumea. Centro administrativo, comercial y turístico (playas). Universidad. Festival internacional de cine desde 1953. Iglesia barroca de Santa María (s. XVIII); ayuntamiento neoclásico. Museo municipal de arqueología, etnología y pintura en el convento de San Telmo (s. XVI). Conocida por los antiguos como *Oiarso, Olarso, Ocaso* o *Easo,* durante los ss. XIII-XIV fue el principal puerto cantábrico.

**San Sebastián** *(pacto de),* acuerdo entre partidos republicanos españoles, celebrado en San Sebastián (17 ag. 1930) para derrocar a la monarquía. Se acordó la formación de un comité revolucionario y la constitución de unas futuras cortes constituyentes.

**SAN SEBASTIÁN,** ant. **Pepino,** mun. del NE de Puerto Rico; 38 799 hab. Centro agropecuario; productos derivados (azúcar).

**SAN SEBASTIÁN DE LA GOMERA,** v. de España (Santa Cruz de Tenerife), cap. de la Gomera y cab. de p. j.; 6 337 hab. Plátanos. Puerto. Industria alimentaria. Turismo.

**SAN SEBASTIÁN DE LOS REYES,** mun. de España (Madrid); 53 794 hab. Centro residencial. Industrias.

**SAN SEVERO,** c. de Italia (Apulia), al E del Gargano; 55 376 hab.

**SAN SIMÓN,** mun. de Venezuela (Monagas); 133 036 hab. Cab. *Maturín*.*

**San Stefano** *(tratado de)* [3 marzo 1878], tratado concluido en San Stefano (act. *Yeşilköy,* cerca de İstanbul) entre la Rusia victoriosa y el imperio otomano derrotado, al final de la guerra ruso-turca (1877-1878). Fue revisado en el congreso de Berlín.

**SAN VALENTÍN** o **SAN CLEMENTE,** cerro de Chile (Aisén del General Carlos Ibáñez del Campo); 4 058 m de alt. Importante nudo orográfico; glaciares.

**SAN VICENTE** o **SÃO VICENTE,** cabo del S de Portugal, que constituye el extremo SO de Europa.

**San Vicente** *(batallas del cabo de),* combates navales frente a dicho cabo portugués. 1606: victoria de la flota hispanoportuguesa de L. Fajardo sobre la neerlandesa. 1780: derrota española ante la escuadra británica de Rodney. 1797: derrota española ante la escuadra británica de Jervis y Nelson.

**SAN VICENTE** *(departamento de),* dep. de El Salvador; 1 184 $km^2$; 135 471 hab. Cap. *San Vicente.*

**SAN VICENTE,** c. de El Salvador, cap. del dep. homónimo; 39 921 hab. Centro comercial e industrial (alimentarias, textiles). Ferias anuales. Edificios barrocos (Hospicio, iglesia del Pilar).

**SAN VICENTE,** com. de Chile (Libertador General Bernardo O'Higgins); 35 117 hab. Agricultura.

**SAN VICENTE,** mun. de Colombia (Antioquia); 19 643 hab. Maíz, papa, café, tabaco. Ganado vacuno.

**SAN VICENTE,** partido de Argentina (Buenos Aires); 74 890 hab. Cereales, forrajes y oleaginosas.

**SAN VICENTE DE CHUCURÍ,** mun. de Colombia (Santander); 50 078 hab. Economía agropecuaria. Yacimientos de fosfatos, carbón y plomo.

**SAN VICENTE DE LA BARQUERA,** v. de España (Cantabria), cab. de p. j.; 4 349 hab. En la *ría de San Vicente.* Importante puerto comercial en la edad media. Iglesia de Santa María de los Ángeles (ss. XII-XIII).

**SAN VICENTE DEL CAGUÁN,** mun. de Colombia (Caquetá); 18 214 hab. Maíz, plátano. Ganadería (pastos).

**SAN VICENTE DEL RASPEIG,** v. de España (Alicante), cab. de p. j.; 30 119 hab. Industria alimentaria, cemento, muebles, calzados. Campus universitario.

**SAN VICENTE DELS HORTS** o **SANT VICENÇ DELS HORTS,** mun. de España (Barcelona); 20 715 hab. Industrias.

**SAN VICENTE Y LAS GRANADINAS,** estado de las Pequeñas Antillas, formado por la isla de San Vicente y una parte de las Granadinas; 388 $km^2$; 100 000 hab. CAP. *Kingstown.* LENGUA OFICIAL: *inglés.* MONEDA: *dólar del Caribe oriental.* (V. mapa ***Antillas.***) – Las islas, descubiertas por Cristóbal Colón (1498), pertenecieron a Francia a lo largo del s. XVII; desde 1783 constituyeron la colonia británica de San Vicente. En 1979 se convirtieron en un estado independiente en el seno de la Commonwealth.

**SAN'Ā** o **SANAA,** c. y cap. de Yemen, en la meseta interior; 500 000 hab.

**SANABRIA, SAN MARTÍN DE CASTAÑEDA** o **VILLACHICA** *(lago de),* lago de España (Zamora); 3,2 $km^2$. En la sierra Segundera. Parque natural (5 027 ha).

**SANAGA,** principal r. de Camerún, tributario del golfo de Guinea; 520 km. Instalaciones hidroeléctricas.

**SANCHÉ** *(cerro),* pico de Guatemala (Quiché), punto culminante de la sierra de Chuacús; 2 500 metros.

**SÁNCHEZ,** mun. de la República Dominicana (Samaná); 22 519 hab. Cacao y coco. Pesca. Puerto exportador.

**SÁNCHEZ** (Alberto) → ***Alberto.***

**SÁNCHEZ** (Florencio), dramaturgo uruguayo (Montevideo 1875-Milán 1910). Sus obras, influidas por Ibsen, abordan desde una perspectiva naturalista los problemas de su tierra natal (*La pobre gente, Nuestros hijos,* comedias; *La Gringa, Barranca abajo, Los muertos,* dramas; *Mano santa, El desalojo,* sainetes).

**SÁNCHEZ** (Ideal), artista argentino (Buenos Aires 1916). Miembro fundador del grupo Orión (1939), practicó un surrealismo de matices personales.

**SÁNCHEZ** (Luis Alberto), político y escritor peruano (Lima 1900-*id.* 1994). Dirigente del A.P.R.A., lo representó en la cámara de diputados y en el senado, y dirigió la comisión que redactó la constitución de 1979. Ensayista notable sobre la historia general y literaria de América latina, especialmente del Perú, obras de crítica, memorias y biografías noveladas.

**SÁNCHEZ ALBORNOZ** (Claudio), historiador y político español (Madrid 1893-Ávila 1984). Liberal, miembro de Acción republicana, durante la segunda república presidió la comisión de Instrucción Pública (1931-1933) y fue ministro de Estado (1933). Exiliado en Argentina (1940-1983), fue presidente de la república en el exilio (1959-1970). Autor, entre numerosas obras, de *En torno a los orígenes del feudalismo* (1942) y *España, un enigma histórico* (2 vols., 1957).

**SÁNCHEZ CANTÓN** (Francisco Javier), historiador del arte español (Pontevedra 1891-*id.* 1971), autor de *Fuentes literarias para la historia del arte español* (1923-1941).

**SÁNCHEZ CERRO** (Luis M.), político peruano (Piura 1894-Lima 1933). Derrocó a Leguía (1930) y ocupó la presidencia, que abandonó a causa de la presión popular en 1931, aunque ese mismo año ganó las elecciones y recuperó el poder. Murió en un atentado.

**SÁNCHEZ COELLO** (Alonso), pintor español (Benifayó 1531 o 1532-Madrid 1588). Discípulo de An-

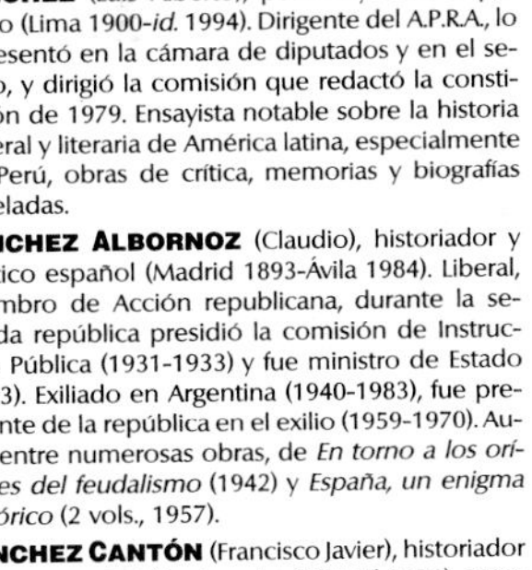

Alonso **Sánchez Coello:** *Desposorios místicos de santa Catalina* (1578). [Prado, Madrid.]

tonio Moro, cultivó con distinción un manierismo ágil y sutil. Fue pintor de cámara y retratista de Felipe II y pintó obras religiosas (*El príncipe Carlos, La Infanta Isabel Clara Eugenia, Desposorios místicos de santa Catalina,* todos en el Prado).

**SÁNCHEZ COTÁN** (Juan), pintor español (Orgaz 1560-Granada 1627). Fue discípulo de Blas de Prado y en 1603 ingresó en los cartujos. Su pintura religiosa combina arcaísmo y modernidad. Es célebre por sus bodegones, caracterizados por su detallismo, sobrio color y rica gradación lumínica.

**SÁNCHEZ DE BADAJOZ** (Diego), dramaturgo español de la primera mitad del s. XVI, autor de autos sacramentales, alegorías y farsas moralizantes y realistas.

**SÁNCHEZ DE BADAJOZ** (Garci), poeta español (¿Écija 1460?-† *c.* 1526), cuyas obras figuran en el *Cancionero general (Sueño).*

**SÁNCHEZ DE BUSTAMANTE Y SIRVÉN** (Antonio) → ***Bustamante y Sirvén.***

**SÁNCHEZ DE LAS BROZAS** → ***Brocense*** (el).

**SÁNCHEZ DE LOZADA** (Gonzalo), político boliviano (Cochabamba 1930). Empresario minero, líder del M.N.R. desde 1990, fue elegido presidente de la república en 1993.

**SÁNCHEZ ELIA** (Santiago), arquitecto argentino (Buenos Aires 1911). Cofundador del innovador estudio SEPRA, construyó sobre todo en Buenos Aires (sede del diario *La nación*).

**SÁNCHEZ FERLOSIO** (Rafael), escritor español (Roma 1927). Su fama proviene de la novela *El Jarama* (1956). Ha escrito también relato infantil, ensayos y artículos periodísticos. (Premio nacional de ensayo 1993.)

**SÁNCHEZ GUERRA** (José), político español (Cabra 1859-Madrid 1935). Liberal, pasó al Partido conservador y fue ministro de Gobernación (1903-1904, 1913-1915 y 1917) y de Fomento (1908), y presidente del gobierno (1922). Se opuso a la Dictadura (1923-1930), y en 1931 medió sin éxito entre Alfonso XIII y el comité republicano.

**SÁNCHEZ HERNÁNDEZ** (Fidel), militar y político salvadoreño (El Divisadero, Morazán, 1917). Presidente de la república (1967-1972), tuvo que afrontar la llamada guerra del fútbol con Honduras.

**SÁNCHEZ MAZAS** (Rafael), escritor español (Madrid 1894-*id.* 1966), autor de novelas (*La vida nueva de Pedrito de Andía,* 1951), ensayos y un volumen póstumo de poesía. (Real academia 1940.)

**SÁNCHEZ PERRIER** (Emilio), pintor español (Sevilla 1855-Alhama de Granada 1907). Autor de paisajes realistas, se aproximó al impresionismo.

**SÁNCHEZ RAMÍREZ** *(provincia de),* prov. de la Rep. Dominicana; 1 174 km$^2$; 126 600 hab. Cap. *Cotuí.*

**SÁNCHEZ ROMÁN** (Felipe), jurista español (Valladolid 1850-Madrid 1916), autor de *La codificación civil en España* (1890) y *Estudios de derecho civil* (1899-1911). – Su hijo **Felipe** (1893-México 1956), miembro del tribunal de justicia de La Haya, diputado republicano por Madrid (1931) y ministro con Martínez Barrio (1936), se exilió a México en 1939.

**SÁNCHEZ VÁZQUEZ** (Adolfo), filósofo español (Algeciras 1915). Profesor de estética en la universidad nacional autónoma de México, ha profundizado en la teoría marxista desde una perspectiva no dogmática (*Del socialismo científico al socialismo utópico,* 1975; *Ciencia y revolución,* 1978).

**SÁNCHEZ VIAMONTE** (Carlos), jurista argentino (La Plata 1892-*id.* 1972). Miembro fundador de la Unión latinoamericana y representante del liberalismo argentino, entre sus obras destacan: *Democracia y socialismo* (1933), *Manual de derecho intersocial* (1944).

**SÁNCHEZ VICARIO** (Arantxa), tenista española (Barcelona 1971), primera española vencedora en Roland Garros (1989, 1994 y 1998), ha ganado numerosos torneos individuales (medalla de plata en los Juegos olímpicos de Atlanta, 1996) y dobles (obtuvo las medallas de plata en los Juegos olímpicos de Barcelona, 1992, y de bronce en los de Atlanta, 1996).

**SĀNCHĪ,** célebre yacimiento arqueológico del arte budista indio (Madhya Pradesh). Numerosos stūpa esculpidos (vedikā y torana), santuarios y monasterios (s. II a. J.C.-s. XI d. J.C.) Museo.

**SANCHIS GUARNER** (Manuel), filólogo español (Valencia 1911-*id.* 1981). Estudioso de la historia, la lengua y el folklore de la Comunidad Valenciana, es autor de *Gramática valenciana* (1950) y *Aproximación a la historia de la lengua catalana* (1980). [Premio de honor de las letras catalanas 1974.]

ARAGÓN

**SANCHO I RAMÍREZ** (1043-Huesca 1094), rey de Aragón [1063-1094] y de Navarra (Sancho V) [1076-1094], hijo de Ramiro I de Aragón. Alfonso VI de Castilla y León le discutió la sucesión de Navarra y se apoderó de La Rioja. Conquistó numerosas plazas a los musulmanes.

CASTILLA Y LEÓN

**SANCHO I el Craso** († 965), rey de León [956-958; 960-965], hijo de Ramiro II. Depuesto por la nobleza apoyada por Fernán González, recuperó el trono con la ayuda de ʻAbd al Raḥmān III.

**SANCHO I GARCÍA** († 1017), conde de Castilla [955-1017], hijo de García Fernández. Luchó contra los musulmanes, llegó hasta Córdoba e instaló en el trono a Hišām II, a cambio de importantes plazas fuertes.

**SANCHO II el Fuerte** (¿1038?-1072), rey de Castilla [1066-1072] y de León [1072], hijo de Fernando I. Para ampliar su reino, luchó contra sus hermanos Alfonso, rey de León, y García, de Galicia. Vellido Adolfo lo asesinó en el sitio de Zamora.

**SANCHO III el Deseado** (1113-Toledo 1158), rey de Castilla [1157-1158], hijo de Alfonso VII. Fundó la orden de Calatrava (1158).

**SANCHO IV el Bravo** (1258-Toledo 1295), rey de Castilla [1284-1295], hijo de Alfonso X el Sabio. Tras la muerte de su hermano Fernando de la Cerda (1275), fue proclamado heredero del trono en contra de los derechos de sus sobrinos, los infantes de la Cerda. Éstos fueron apoyados por Felipe III de Francia y Alfonso el Liberal de Aragón.

MALLORCA

**SANCHO I** († Formiguera, Foix, 1324), rey de Mallorca [1311-1324], hijo de Jaime II. Ayudó a su hermano Fernando a conquistar Morea.

NAVARRA

**SANCHO I GARCÉS** († 925), rey de Pamplona [905-925], hijo de García Jiménez. Esposo de la reina Toda, casó a sus hijas con reyes asturleoneses. Incorporó a su reino Viguera y Nájera.

**SANCHO II GARCÉS ABARCA** († 994), rey de Pamplona [970-994] y conde de Aragón [a. 970-994]. Fundó el monasterio de San Millán de la Cogolla.

**SANCHO III el Mayor** (¿992?-1035), rey de Pamplona [1000-1035] y conde de Aragón [1000-1035], de Sobrarbe-Ribagorza [*c.* 1018-1035] y de Castilla [1029-1035], hijo de García III Sánchez. Fijó las fronteras entre Pamplona y Castilla (1016). Por su política de alianzas matrimoniales, acuerdos y conquistas, gobernó un vasto territorio. Al testar, dividió el reino entre sus tres hijos, bajo condición de obediencia al primogénito, García de Nájera.

**SANCHO IV el de Peñalén** (*c.* 1039-Peñalén 1076), rey de Pamplona [1054-1076], hijo de García IV Sánchez III. A su muerte, el reino se dividió entre Alfonso VI de Castilla y Sancho I Ramírez de Aragón.

**SANCHO V** → ***Sancho I Ramírez*** de Aragón.

**SANCHO VI el Sabio** († 1194), rey de Navarra [1150-1194], hijo de García Ramírez. Se enfrentó a los reyes de Castilla y Aragón, aliados para repartirse Navarra (pacto de Tudellén, 1151).

**SANCHO VII el Fuerte** († Tudela 1234), rey de Navarra [1194-1234], hijo de Sancho VI el Sabio. Su participación en la batalla de las Navas de Tolosa fue decisiva, consiguió el botín de Miramamolín, con lo que incrementó su poder.

PORTUGAL

**SANCHO I el Poblador** (Coimbra 1154-*id.* 1211), rey de Portugal [1185-1211]. Colonizó y organizó los territorios del S (Algarve) conquistados a los almohades. En 1190 se alió con León y Aragón contra Castilla, pero cambió la alianza (1196), pactando con Castilla y ocupando plazas gallegas; Alfonso IX de León respondió con el sitio de Braganza (1199); finalmente se firmó la paz (1200).

**SANCHO II el Capelo** (Coimbra 1207-Toledo 1248), rey de Portugal [1233-1248]. Concluyó la conquista de Alentejo y del Algarve desarrollando una acción conjunta con León y Castilla. Fue depuesto por el papa Inocencio IV en 1245, en beneficio de su hermano menor.

**Sancho Panza,** personaje del *Quijote.* Su cordura práctica es el contrapunto del idealismo de Don Quijote, a quien acompaña como escudero.

**SANCLEMENTE** (Manuel Antonio), político y abogado colombiano (Buga 1814-Villeta 1902). Legitimista en 1860 y 1865, fue revolucionario en

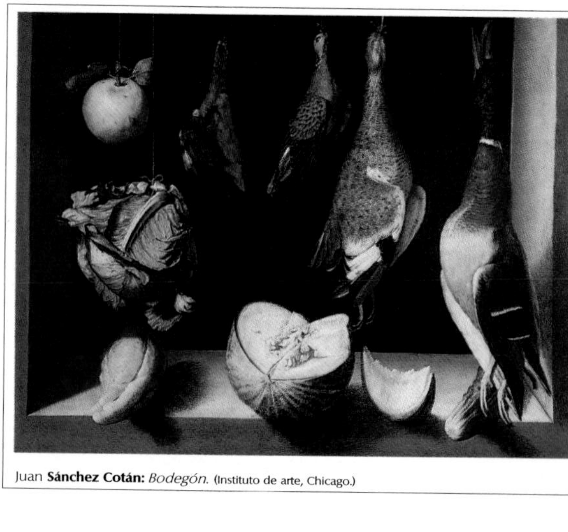

Juan **Sánchez Cotán:** *Bodegón.* (Instituto de arte, Chicago.)

**Sancho Panza:** litografía por C. Nanteuil para una edición de 1845 de *El Quijote.* (Biblioteca nacional, Madrid.)

1876. Ministro de Hacienda (1883-1885), jefe militar de la 3.ª división (1896-1898) y presidente de la república de 1898 a 1990, en que fue depuesto.

**SANCTI SPÍRITUS** *(provincia de)*, prov. de Cuba; 6 775 km²; 399 700 hab. Cap. *Sancti Spíritus.*

**SANCTI SPÍRITUS,** c. de Cuba, cap. de la prov. homónima; 100 174 hab. Centro agropecuario e industrial (azúcar, metalurgia, química). Turismo. Fundada por Diego de Velázquez (1514), sufrió grandes incendios en 1741, 1742 y 1754.

**SAND** (Aurore **Dupin,** *baronesa* **Dudevant,** llamada **George**), escritora francesa (París 1804-Nohant 1876). Autora de novelas sentimentales (*Lélia,* 1833), sociales (*Consuelo,* 1842-1843) y rústicas (*El pantano del diablo,* 1846; *François le Champi,* 1848). Mantuvo relaciones, entre otros, con Musset (*Ella y él,* 1859) y Chopin, con el que residió una temporada en la cartuja de Valldemosa (*Un invierno en Mallorca,* 1842).

George **Sand**
(A. Charpentier - museo Carnavalet, París)

**SANDAGE** (Allan Rex), astrofísico norteamericano (Iowa City 1926). Descubrió el primer quásar (1960).

**SANDBURG** (Carl), poeta norteamericano (Galesburg, Illinois, 1878-Flat Rock, Carolina del Sur, 1967). Su obra se inspiró en la civilización urbana e industrial de la Norteamérica moderna (*Humo y acero,* 1920).

**SANDER** (August), fotógrafo alemán (Herdorf, Renania-Palatinado, 1876-Colonia 1964). El carácter realista, a veces despiadado, de su personalidad constituye la base de su infalible testimonio de todas las capas sociales de la Alemania prenazi.

**SANDGATE,** estación balnearia de Gran Bretaña, junto al paso de Calais.

**Sandhurst** *(academia militar de),* academia general militar británica fundada en 1801 en Sandhurst y transferida en 1947 a Camberley (act. *Frimley Camberley*).

**sandinista de liberación nacional** *(Frente)* [F.S.L.N.], organización política nicaragüense creada en 1962 como continuadora del ideario de Sandino, y para dirigir la lucha contra los Somoza. En 1979 asumió el poder y organizó un régimen revolucionario pragmático hasta 1990, en que fue derrotado en las urnas.

**SANDINO,** mun. de Cuba (Pinar del Río); 35 130 hab. Pastos naturales. Embalse Laguna Grande (23,3 Mm³).

**SANDINO** (Augusto César), patriota nicaragüense (Niquinohomo 1893-Managua 1934). Se alzó contra el gobierno y desde 1926 luchó victoriosamente contra el ejército, apoyado por los marines de E.U.A. Tras la elección del presidente liberal J. B. Sacasa (1933) y la repatriación de los marines, pactó con el gobierno, pero fue asesinado por el jefe de la guardia nacional, Tacho Somoza.

Augusto César **Sandino**

**SANDOMIERZ,** c. del SE de Polonia (Kielce), a orillas del Vístula; 24 700 hab. Catedral y ayuntamiento de los ss. XIV-XVII.

**SANDONÁ,** mun. de Colombia (Nariño); 26 708 hab. Región agrícola y ganadera. Industrias domésticas.

**SANDOVAL** *(familia),* familia noble castellana, cuyo origen es el conde **Gonzalo Téllez,** pariente de Fernán González. — **Rodrigo Gómez** tomó el apelativo de Sandoval al ser hecho señor de esta villa. — **Francisco de Sandoval y Rojas** (1552-1623) fue 1.er *duque* **de Lerma,** y su hijo **Cristóbal** († 1624), *duque* **de Uceda.**

**SANDOVAL** (Gonzalo **de**), conquistador español (Medellín 1497-Palos 1527). Participó en la conquista de México y dirigió la retirada de la Noche triste (1520). Fundó Medellín (1521).

**SANDRINI** (Luis), actor argentino (Buenos Aires 1905-*id.* 1980). Fue payaso de circo y luego popular actor de comedia: *Palabra de honor* (1939), *Olé, torero* (1949), *Los placeres conyugales* (1964).

**SANDWICH** *(islas)* → ***Hawai.***

**SANDWICH DEL SUR,** islas antárticas de Argentina (Tierra del Fuego, Antártida e Islas del Atlántico Sur); 307 km². De origen volcánico, en su lado E están bordeadas por la *fosa de las Sandwich del Sur* o *fosa del Meteor,* de 8 262 m de prof. máxima.

**SANFUENTES** (Juan Luis), político chileno (Santiago 1858-*id.* 1930). Presidente del Partido balmacedista, fue presidente de la república (1915-1919). Al final de su mandato abortó una conjura militar.

**SANGALLO,** familia de arquitectos florentinos, maestros del renacimiento clásico. — **Giuliano Giamberti,** llamado **Giuliano de Sangallo** (Florencia *c.* 1443-*id.* 1516), creó las dos obras más representativas de fines del s. XV, la villa de Poggio a Caiano (entre Florencia y Pistoia), precursora de Palladio, y la iglesia Santa Maria delle Carceri en Prato. — **Antonio,** llamado **Antonio da Sangallo el Viejo** (Florencia *c.* 1453-*id. c.* 1534), hermano del anterior, con el que colaboró (por ej., en San Pedro de Roma), erigió fortalezas y construyó la iglesia San Biagio en Montepulciano (1518). — **Antonio Cordini,** llamado **Antonio da Sangallo el Joven** (Florencia 1484-Roma 1546), sobrino de los anteriores, desarrolló la empresa familiar al servicio de los papas Médicis. El palacio Farnesio, en Roma, muestra un dominio total de las lecciones de la antigüedad.

**SANGAY,** volcán de Ecuador, en la cordillera Oriental andina, al SE de Riobamba; 5 410 m. El *parque nacional Sangay* (270 000 ha), que incluye ecosistemas andinos y amazónicos, fue declarado bien natural del patrimonio mundial por la Unesco (1983).

**SANGENJO** o **SANXENXO,** v. de España (Pontevedra); 14 659 hab. *(Sangenjinos.)* Pesca. Turismo (playas).

**SANGHA,** r. de África central, afl. del Congo (or. der.); 1 700 km aprox.

**SĀNGLI,** c. de la India (Mahārāshtra), al NE de Kalhāpur; 193 181 hab. Centro comercial.

**SANGRÓNIZ, ZANGRÓNIZ** o **SANGRONES** *(familia),* antiguo linaje vizcaíno, uno de los fundadores del señorío de Vizcaya, fundado por **Jimeno Urtiz de Sangróniz** (s. XIII). Era una rama de la casa de Basurto, que se extendió por todo el País Vasco.

**SANGÜESA,** c. de España (Navarra); 4 447 hab. *(Sangüesinos.)* Iglesias románicas de Santiago y Santa María la Real (s. XII). Palacios del duque de Granada (s. XIV-XV) y de Vallesantoro (s. XVIII).

**SANGUINETTI** (Julio María), político y periodista uruguayo (Montevideo 1936). Miembro del Partido colorado, del que fue secretario general, ocupó la presidencia de la república (1985-1989 y 1995-1999).

**SANIN CANO** (Baldomero), escritor y diplomático colombiano (Rionegro 1861-Bogotá 1957). Destacó como ensayista (*Indagaciones e imágenes,* 1926; *Divagaciones filosóficas y apólogos literarios,* 1934).

**SANJURJO** (José), militar español (Pamplona 1872-Estoril 1936). Marqués del Rif, fue comisario superior del ejército en África (1925-1928). Director de la Guardia civil, se alzó contra la república (1932). Amnistiado en 1934, se estableció en Portugal. Murió en accidente de avión cuando regresaba a España para dirigir el alzamiento de julio de 1936.

**SANKT ANTON AM ARLBERG,** estación de deportes de invierno de Austria (Tirol) [alt. 1 304-2 811 m]; 2 100 hab.

**SANKT FLORIAN** o **MARKT SANKT FLORIAN,** c. de Austria (Alta Austria), al SE de Linz; 15 000 hab. Famosa abadía reconstruida en el s. XI y restaurada en estilo barroco (1686-1751) por Carlo Antonio Carlone y Jakob Prandtauer.

**SANKT GALLEN,** en fr. **Saint-Gall,** c. de Suiza, cap. del cantón homónimo; 75 237 hab. Abadía benedictina, fundada en el s. VIII, que conoció un gran florecimiento en los ss. X-XII (talleres de copistas, escuelas de canto). En 1451-1454 la abadía y la ciudad se unieron a la Confederación Helvética. — El *cantón de Sankt Gallen* tiene 2 014 km² y 427 501 hab.

**SANKT PÖLTEN,** c. de Austria, cap. de Baja Austria, al O de Viena; 51 000 hab. Monumentos barrocos, entre ellos la catedral (de origen románico).

**SANLIURFA,** ant. **Urfa,** c. de Turquía, cerca de la frontera siria; 276 528 hab. Es la ant. *Edesa**.

**SANLÚCAR DE BARRAMEDA,** c. de España (Cádiz), cab. de p. j.; 57 044 hab. *(Sanluqueños.)* En Las Marismas, junto a la desembocadura del Guadalquivir. Vinicultura. Fue punto de partida de las flotas de Indias. Iglesias de Santa María (s. XIV) y La Merced (s. XVII); palacio gótico de Medinasidonia (s. XV).

**SANLÚCAR LA MAYOR,** c. de España (Sevilla), cab. de p. j.; 9 448 hab. *(Sanluqueños.)* Ganado de lidia. Iglesias gótico-mudéjares de Santa María y San Pedro.

**SANNAZZARO** (Iacopo), poeta y humanista italiano (Nápoles 1455-*id.* 1530). Su novela la *Arcadia,* escrita en prosa y en verso, ejerció una considerable influencia en la novela pastoril europea.

**SANRAKU** (Kanō) → ***Kanō.***

**SANSÓN,** juez de Israel (s. XII a. J.C.) cuya vida se narra en el libro de los Jueces. Alma de la resistencia contra los filisteos, se supone que sucumbió al amor de una de sus esposas, Dalila, quien le cortó el pelo, fuente de su fuerza hercúlea. Cuando volvió a crecerle el cabello recuperó su fuerza y provocó la caída del templo donde estaba cautivo muriendo aplastado junto con los príncipes filisteos.

**SANSOVINO** (Andrea **Contucci,** llamado **il**), escultor italiano (Monte San Savino, Arezzo, 1460-*id.* 1529). Su obra se caracteriza por un delicado clasicismo; trabajó en Florencia (*Bautismo de Cristo* del baptisterio, 1502-1505), Roma y Loreto. — Su hijo adoptivo, **Jacopo Tatti,** llamado también **il Sansovino,** escultor y arquitecto (Florencia 1486-Venecia 1570), trabajó sobre todo en Venecia (*loggeta* del campanario de San Marcos [1536-1540]; *librería Vecchia*).

**SANT,** voz catalana que aparece en numerosos topónimos → ***San.***

**Sant' Angelo** *(castillo),* mausoleo de Adriano, acabado en 139. Sirvió de sepultura a los emperadores hasta Septimio Severo. Fortificado en el bajo imperio, fue utilizado como ciudadela papal, cuartel militar y prisión de estado. Fue restaurado y modificado varias veces (sólo la estructura cilíndrica central data de la época romana).

**SANT ANTONI DE PORTMANY,** v. de España (Baleares), en Ibiza; 14 663 hab. Centro turístico.

**SANT BOI DE LLOBREGAT** → ***San Baudilio de Llobregat.***

**SANT CELONI,** v. de España (Barcelona); 11 937 hab. Al pie del Montseny. Horticultura, industrias.

**SANT CUGAT DEL VALLÈS,** v. de España (Barcelona); 38 834 hab. Monasterio benedictino con iglesia (ss. XII-XIV) de tres naves y cimborio octogonal, y claustro románico (s. XII).

**SANT FELIU DE GUÍXOLS,** c. de España (Gerona), cab. de p. j.; 16 088 hab. Industria del corcho. Centro turístico y comercial en la Costa Brava.

**SANT FELIU DE LLOBREGAT,** c. de España (Barcelona), cab. de p. j.; 36 330 hab. Centro industrial en la conurbación de Barcelona.

**SANT JORDI** (Jordi **de**), poeta en lengua catalana (en el reino de Valencia, fines del s. XIV-† *c.* 1425). Su poesía es de temática casi exclusivamente amorosa y trovadoresca. En Nápoles escribió *Prisionero* (*Presoner,* 1423).

**Sant Martí del Canigó,** monasterio benedictino situado en el macizo del Canigó (mun. de Casteil,

Francia) con iglesia románica (s. XI) y claustro con capiteles escultóricos.

**Sant Miquel de Cuixà,** abadía benedictina situada al S de Prades (Francia), en el Pirineo. Fundada en 751, conserva la iglesia de estilo románico (s. X, reedificada; capilla central del s. XVI); cripta del s. XI; claustro del s. XII (reconstruido, en parte en Nueva York).

**SANTA,** r. de Perú; 328 km. Discurre por el callejón de Huaylas, cerca de Yuracmarca forma el Cañón del Pato (central hidroeléctrica de 50 MW), y desemboca en el Pacífico, junto a Chimbote.

**SANTA** o **SANTA DE CASTILLA (Peña),** pico de España (León y Asturias), punto culminante del macizo de Covadonga (Picos de Europa); 2 596 m de alt.

**Santa alianza** → ***alianza*** (Santa).

**SANTA ANA** o **ILAMATEPEC,** volcán de El Salvador (Santa Ana); 2 365 m de alt. En el Eje volcánico guatemalteco-salvadoreño.

**SANTA ANA** *(departamento de),* dep. de El Salvador; 2 023 km²; 451 620 hab. Cap. *Santa Ana.*

**SANTA ANA,** c. de El Salvador, cap. del dep. homónimo; 202 337 hab. Centro agropecuario (café y caña de azúcar), industrial y comercial.

**SANTA ANA,** c. de Estados Unidos (California), al SE de Los Ángeles, al pie de la *sierra de Santa Ana,* en el *valle de Santa Ana;* 293 742 hab.

**SANTA ANA,** cantón de Costa Rica (San José); 23 287 hab. Cereales, legumbres, frutas. Aguas minerales.

**SANTA ANA,** cantón de Ecuador (Manabí); 57 715 hab. Cultivos tropicales. Bosques de tagua.

**SANTA ANA,** mun. de Colombia (Magdalena); 27 544 hab. En la depresión Momposina. Ganadería.

**SANTA ANA DE CORO,** c. de Venezuela (Falcón); 124 506 hab. Forma parte del área urbana de Coro.

**SANTA ANNA** (Antonio **López de**), militar y político mexicano (Jalapa, Veracruz, 1791-México 1876). Se rebeló contra Iturbide (1822), proclamó la república y declaró la guerra a España (1824). Fue presidente de la república de 1833 a 1834. Luchó en la guerra de Texas (1836) y contra la invasión francesa (1838), y desde 1841 impuso su poder personal, hasta que fue desterrado (1845). Volvió al poder (1846-1847) y luchó contra E.U.A. Dimitió y marchó a Colombia, pero fue reclamado por conservadores y liberales (1853) y asumió el título de alteza serenísima y la posibilidad de elegir sucesor; pero el auge de la guerrilla y el plan liberal de Ayutla (1854) acabaron con su gobierno (1855). Fue desterrado hasta 1874.

**SANTA BÁRBARA** *(departamento de),* dep. del NO de Honduras; 5 115 km²; 305 000 hab. Cap. *Santa Bárbara* (10 511 hab.).

**SANTA BÁRBARA,** dep. de Argentina (Jujuy); 15 665 hab. Minas de hierro.

**SANTA BÁRBARA,** mun. de Colombia (Antioquia); 25 882 hab. Maíz, fríjol, yuca, café. Vacunos.

**SANTA BÁRBARA,** mun. de México (Chihuahua); 17 365 hab. Centro minero (plomo, cinc, plata, cobre).

**SANTA BÁRBARA,** mun. de Venezuela (Barinas); 21 792 hab. Agricultura y ganadería. Aeródromo.

**SANTA BÁRBARA DE SAMANÁ** o **SAMANÁ,** c. de la República Dominicana, cap. de la prov. de Samaná; 30 901 hab. Canteras de mármol. Centro agrícola y pesquero.

**SANTA BRÍGIDA,** v. de España (Las Palmas), en Gran Canaria; 12 224 hab. Ganadería. Elaboración de quesos.

**SANTA CATALINA,** mun. de Venezuela (Sucre), en el área urbana de Carúpano; 36 239 hab.

**SANTA CATARINA,** estado del S de Brasil; 95 985 km²; 4 536 433 hab. Cap. *Florianópolis.*

**SANTA CATARINA,** mun. de México (Nuevo León); 89 488 hab. Agricultura y ganadería.

**SANTA CLARA,** cerro de Guatemala (Sololá), en la orilla O del lago Atitlán; 2 400 m de alt.

**SANTA CLARA,** c. de Cuba, cap. de la prov. de Villa Clara; 194 354 hab. Centro industrial, turístico y cultural (universidad). Catedral, iglesias del Carmen y de la Pastora, palacio de justicia.

**SANTA CLARA,** mun. de México (Michoacán); 29 398 hab. Cab. *Villa Escalante* (ant. *Santa Clara del Cobre*). Centro comercial. Trabajo del cobre.

**SANTA CLAUS,** en los países anglosajones, nombre dado a San Nicolás de Bari en sus funciones de patrón de los niños, análogas a las de Papá Noel.

**SANTA COLOMA DE FARNERS,** c. de España (Gerona), cab. de p. j.; 8 111 hab. Industrias textiles, serrerías.

**SANTA COLOMA DE GRAMENET,** c. de España (Barcelona), cab. de p. j.; 129 722 hab. En el área suburbana de Barcelona. Industrias.

**SANTA COLOMA DE QUERALT,** v. de España (Tarragona); 2 553 hab. Iglesia gótica de Santa María de Bell-Lloch (sepulcros de los condes de Queralt).

**SANTA COMBA,** mun. de España (La Coruña); 11 347 hab. Cap. *Santa Catalina de Armada.* Minería.

**Santa Comba de Bande** → ***Bande.***

**SANTA CRUZ,** archipiélago del Pacífico, en Melanesia, que forma parte del estado de Islas Salomón; 3 000 hab.

**SANTA CRUZ,** en ingl. **Saint Croix,** la mayor de las islas Vírgenes norteamericanas; 217 km²; 50 000 hab.

**SANTA CRUZ** *(departamento de),* dep. del SE de Bolivia; 370 621 km²; 1 351 191 hab. Cap. *Santa Cruz de la Sierra.*

**SANTA CRUZ** *(provincia de),* prov. de Argentina, en la Patagonia; 243 943 km²; 159 726 hab. Cap. *Río Gallegos.*

**SANTA CRUZ,** cantón de Costa Rica (Guanacaste); 36 271 hab. Agricultura y ganadería (lácteos).

**SANTA CRUZ,** com. de Chile (Libertador General Bernardo O'Higgins); 28 754 hab. Viticultura.

**SANTA CRUZ** (Alonso **de**), cosmógrafo español (Sevilla 1505-Madrid 1567). Trazó una carta de desviaciones magnéticas (*c.* 1530) y compuso un *Islario general del mundo* (1560).

**SANTA CRUZ** (Andrés), mariscal y político boliviano (a orillas del Titicaca 1792-Saint-Nazaire, Francia, 1865). Liberó el Alto Perú. Constituida Bolivia, fue partidario de la unión con Perú, en contra de Sucre y los independentistas, y se opuso a la presidencia vitalicia de Bolívar. Tras la invasión peruana fue nombrado presidente de Bolivia (1829), e impulsó la unión con Perú (confederación Perú-boliviana). Entró en Perú como Protector (1836), lo que provocó la guerra de Restauración contra Chile y Argentina. Fue vencido (1839) y desterrado.

**SANTA CRUZ** (Basilio **de**), pintor peruano natural del Cuzco, activo a partir de la segunda mitad del s. XVII. De inspiración europea y adscrito a la corriente barroca erudita, de su vasta obra destacan el *San Laureano* (1662) para La Merced del Cuzco y sus obras para la catedral (desde 1690).

**SANTA CRUZ** *(marqués* **de)** → ***Bazán*** (Álvaro de).

**SANTA CRUZ DE EL SEIBO,** c. de la República Dominicana, cap. de la prov. de El Seibo; 12 219 hab.

**SANTA CRUZ DE JUVENTINO ROSAS,** c. de México (Guanajuato); 38 222 hab. Textiles. Minería.

**SANTA CRUZ DE LA PALMA,** c. de España (Santa Cruz de Tenerife), cap. de La Palma y cab. de p. j.; 17 069 hab. Puerto exportador. Turismo. Aeropuerto de Mazo. Iglesia barroca de El Salvador; ayuntamiento (s. XV); castillo de Santa Catalina.

**SANTA CRUZ DE LA SERÓS,** mun. de España (Huesca); 137 hab. Iglesia románica de un antiguo monasterio (s. XII).

**SANTA CRUZ DE LA SIERRA,** c. de Bolivia, cap. del dep. de Santa Cruz; 694 616 hab. Centro comercial y de servicios de una región agrícola y petrolera, e importante núcleo industrial. Universidad. Fundada en 1560 fue trasladada a su act. emplazamiento en 1595.

**Santa Cruz de Ribas** *(monasterio de),* monasterio español (mun. de Ribas de Campos, Palencia), fundado en 1176. Amplia iglesia gótica; notables son la sacristía y la sala capitular.

**SANTA CRUZ DE TENERIFE** *(provincia de),* prov. insular de España, en Canarias; 3 208 km²; 784 013 hab. Comprende las islas de Tenerife, La Palma, Gomera y Hierro. Cap. *Santa Cruz de Tenerife.* P. j. de *Granadilla de Abona, Güímar, Icod, La Laguna, La Orotava, Los Llanos de Aridane, Puerto de la Cruz, San Sebastián de la Gomera, Santa Cruz de la Palma, Santa Cruz de Tenerife* y *Valverde.* Agricultura (plátano, tomate, tabaco). Pesca. Turismo y comercio son las mayores fuentes de ingresos.

**SANTA CRUZ DE TENERIFE,** c. de España, cap. de Canarias (alternativamente con Las Palmas de Gran Canaria), de la prov. de Santa Cruz de Tenerife y de la isla de Tenerife, y cab. de p. j.; 202 674 hab. (*Tinerfeños* o *santacruceños*) Centro administrativo y comercial. Activo puerto. Turismo. Su origen se remonta al fortín emplazado por Fernández de Lugo en 1493. Iglesias de los ss. XVII-XVIII. Edificios del s. XVIII. Museos.

**SANTA CRUZ DEL NORTE,** mun. de Cuba (La Habana); 24 365 hab. Canteras de yeso. Turismo (playas).

**SANTA CRUZ DEL QUICHÉ,** c. de Guatemala, cap. del dep. de Quiché; 38 080 hab. Industria maderera.

**SANTA CRUZ DEL SUR,** mun. de Cuba (Camagüey); 50 885 hab. Astilleros. Puerto. Turismo.

**SANTA CRUZ DEL ZULIA,** c. de Venezuela (Zu-

SANTA CRUZ DE TENERIFE

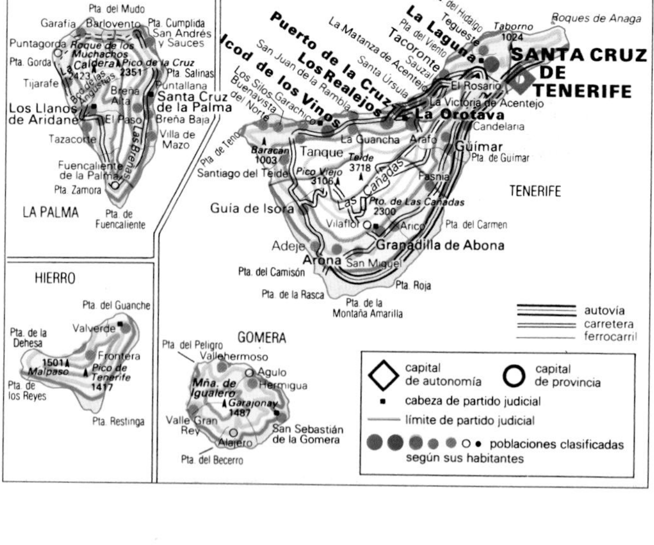

lia); 23 793 hab. Caña de azúcar y cacao. Ganadería.

**SANTA CRUZ WILSON** (Domingo), compositor chileno (La Cruz, Valparaíso, 1899-Santiago 1987), autor de *Sinfonía concertante* para flauta y orquesta (1945), *Cantata de los ríos de Chile* para coro mixto y orquesta (1949).

**SANTA CRUZ Y ESPEJO** (Francisco Javier Eugenio **de**), escritor ecuatoriano (*c.* 1747-1795). Ilustrado, fue fundador del primer periódico de Quito, *Primicias de la cultura de Quito* (1792) y revisó críticamente las bases del colonialismo español en escritos político-literarios, de pedagogía y de medicina. Murió en prisión.

**SANTA ELENA,** en ingl. **Saint Helena,** isla británica del Atlántico sur, a 1 850 km de las costas de África; 122 km²; 5 300 hab. Cap. *Jamestown.* A ella fue deportado Napoleón (1815-1821).

**SANTA ELENA** *(cabo de),* cabo de Costa Rica (Guanacaste), en la costa del Pacífico, extremo NE del país.

**SANTA ELENA,** cantón de Ecuador (Guayas); 74 268 hab. Campos petrolíferos.

**SANTA EUGENIA** → ***Ribeira.***

**SANTA EULALIA DEL RÍO,** v. de España (Baleares), en Ibiza; 15 545 hab. Iglesia-fortaleza. Turismo.

**SANTA FE** *(provincia de),* prov. de Argentina, entre el Chaco y la Pampa; 133 007 km²; 2 782 809 hab. Cap. *Santa Fe.*

**SANTA FE,** c. de Argentina, cap. de la prov. homónima; 442 214 hab. (*Santafesinos* o *santafecinos.*) En la confluencia del río Salado del Norte y el Paraná, es una ciudad moderna, con amplios espacios verdes. Centro administrativo y de servicios, unido a Paraná por el túnel subfluvial Hernandarias. Fue fundada por Juan de Garay (1573). En ella se reunió el primer congreso constituyente de las 13 provincias que formaron la Confederación (1853). Catedral (s. XIX), iglesias de la Compañía (s. XVIII, fachada barroca) y de San Francisco.

**SANTA FE,** c. de España (Granada), cab. de p. j.; 11 645 hab. *(Santafesinos.)* Fundada en 1491 por los Reyes Católicos, en ella se firmó la rendición de Granada y las Capitulaciones* de Colón (1492). Conserva tres puertas de la muralla.

**SANTA FE,** c. de Estados Unidos, cap. del estado de Nuevo México, al O de Las Vegas; 55 859 hab. Museos, como el de Nuevo México. – Sobre el emplazamiento de un pueblo indio, Pedro de Peralta fundó en 1609 la Ciudad Real de Santa Fe de San Francisco. Después del proceso independentista de Nueva España, la ciudad quedó incorporada a México (1821) y, en 1846, pasó a formar parte del territorio de E.U.A.

**SANTA FE DE BOGOTÁ** → ***Bogotá.***

**Santa hermandad** → ***hermandad,*** parte n. c.

**SANTA INÉS,** mun. de Venezuela (Sucre), en el área urbana de Cumaná*; 35 009 hab.

**SANTA ISABEL,** nevado de Colombia, en la cordillera Central de los Andes; 5 100 m de alt.

**SANTA ISABEL** → ***Malabo.***

**SANTA ISABEL,** cantón de Ecuador (Azuay); 30 848 hab. Caña de azúcar y cereales. Ovinos.

**Santa liga** → ***liga*** (Santa).

**SANTA LUCÍA,** en ingl. **Saint Lucia,** isla de las Pequeñas Antillas (islas de Barlovento), que constituye un estado; 616 km²; 145 000 hab. CAP. *Castries.* LENGUA OFICIAL: *inglés.* MONEDA: *dólar del Caribe oriental.* – Descubierta por Colón (1502), los ingleses se establecieron en ella (1639) y se convirtió en colonia británica en 1803. Desde 1979 constituye un estado independiente en el seno de la Commonwealth.

**SANTA LUCÍA,** r. de Uruguay, que nace en la Cuchilla Grande y desemboca en el Río de la Plata; 230 km. El puente Santiago Vázquez, construido en 1925, fue el primer gran puente del país (540 m).

**SANTA LUCÍA,** c. de Uruguay (Canelones); 12 647 hab. Ciudad dormitorio de Montevideo.

**SANTA LUCÍA,** dep. de Argentina (San Juan), en la aglomeración de San Juan; 38 429 hab.

**SANTA LUCÍA,** mun. de España (Las Palmas), en Gran Canaria; 32 732 hab. Industrias alimentarias.

**SANTA LUCÍA,** mun. de Venezuela (Zulia), en el área urbana de Maracaibo; 42 704 hab.

**SANTA LUCÍA COTZUMALGUAPA,** mun. de Guatemala (Escuintla); 36 779 hab. Yacimiento arqueológico de El Baúl, con numerosos monumentos y esculturas del pueblo pipil, del período clásico reciente (600-900 d. J.C.).

**SANTA MARGARITA,** isla de México, en la costa O de la península de Baja California. Su principal núcleo es Puerto Cortés.

**SANTA MARGARITA DE MONTBUY** o **SANTA MARGARIDA DE MONTBUI,** mun. de España (Barcelona); 9 336 hab. Canteras. Industria textil.

**SANTA MARÍA,** volcán de Guatemala (Quezaltenango), en el Eje volcánico guatemalteco-salvadoreño; 3 772 m de alt.

**SANTA MARÍA,** dep. de Argentina (Córdoba); 69 418 hab. Cab. *Alta Gracia.* Minería. Industria mecánica. Turismo. – Dep. de Argentina (Catamarca); 16 978 hab. Olivos, algodón. Minería del cobre.

**SANTA MARÍA** (Andrés **de**), pintor colombiano (Bogotá 1860-Bruselas 1945). Discípulo de Zuloaga y Rusiñol, introdujo el impresionismo en Colombia.

**SANTA MARÍA** (Domingo), abogado y político chileno (Santiago 1825-*id.* 1889). Presidente de la república (1881-1886), promulgó las leyes sobre el matrimonio civil y sobre el sufragio.

**SANTA MARÍA** (*fray* Tomás **de**), organista y compositor español (Madrid *c.* 1510-Ribadavia 1570), autor del *Libro llamado Arte de tañer fantasía, así para tecla como para vihuela* (1565), sobre teoría y técnica compositiva.

**Santa María,** embarcación que utilizó Colón en su primer viaje a América; era la mayor de la expedición, y en ella viajó el descubridor.

**Santa Maria de Benifassà,** monasterio benedictino español (act. de monjas cartujas), situado en Pobla de Benifassà (Castellón), del que se conserva el claustro, la iglesia y el palacio abacial realizados en estilo gótico del s. XIII, la puerta de acceso (románica) y el palacio nuevo (s. XVII).

**SANTA MARÍA DE GAROÑA,** localidad de España (mun. de Valle Tobalina, Burgos). Central nuclear (460 MW). Gasoducto.

**SANTA MARÍA DE GUÍA DE GRAN CANARIA,** c. de España (Las Palmas), cab. de p. j., en Gran Canaria; 12 120 hab. *(Guienses.)* Plátanos, tomates y patatas.

**SANTA MARÍA DE HUERTA,** v. de España (Soria); 611 hab. Monasterio cisterciense (ss. XII-XIII), con notable refectorio gótico; claustro y otras dependencias posteriores.

**Santa Maria de l'Estany,** iglesia románica (s. XII), situada en el mun. español de l'Estany (Barcelona).

**SANTA MARÍA DEL BUEN AIRE,** ant. nombre de Buenos Aires.

**SANTA MARÍA DEL CAMPO,** v. de España (Burgos); 676 hab. Iglesia gótica (s. XV), obra de D. de Siloe y J. de Salas, que alberga tablas de P. Berruguete.

**SANTA MARÍA DEL ORO,** c. de México → ***Oro*** (El).

**SANTA MARÍA DEL RÍO,** mun. de México (San Luis Potosí); 33 153 hab. Estaño, plomo y plata.

**SANTA MARÍA LA ANTIGUA DEL DARIÉN,** loc. de Colombia (mun. de Acandí, Chocó), junto al río Urabá. Fue centro de las expediciones de Balboa hacia el Pacífico.

**Santa María la Blanca,** antigua sinagoga de Toledo (España) [ss. XII-XIII], de cinco naves separadas por arcos de herradura con decoración de yeso mudéjar; motivos platerescos en las capillas de la cabecera.

**SANTA MARÍA LA REAL DE NIEVA,** v. de España (Segovia); cab. de p. j.; 1 507 hab. Iglesia de Santa María la Real (ss. XIV-XV).

**SANTA MARTA,** c. de Colombia, cap. del dep. del Magdalena; 218 205 hab. *(Samarios.)* Centro comercial, favorecido por la actividad del puerto (pesca, exportación de bananas), y turístico. Universidad tecnológica. En la quinta de San Pedro Alejandrino murió Bolívar (act. museo Bolivariano).

**SANTA MÓNICA,** c. de Estados Unidos (California), junto al Pacífico, al O de Los Ángeles, de la que es una ciudad satélite; 88 000 hab. Estación balnearia. Construcciones aeronáuticas.

**SANTA PAU,** v. de España (Gerona); 1 381 hab. Plaza mayor porticada. Castillo. Monasterio románico de San Martín. Iglesia de Santa María (s. XV).

**SANTA PERPÈTUA DE MOGODA,** v. de España (Barcelona); 16 710 hab. Industria textil y química.

**SANTA POLA,** v. de España (Alicante); 15 365 hab. Turismo. En el término, *cabo de Santa Pola* (faro).

**SANTA ROSA** *(departamento de),* dep. de Guatemala; 2 955 km²; 279 417 hab. Cap. *Cuilapa.*

**SANTA ROSA,** c. de Argentina, cap. de la prov. de La Pampa; 78 057 hab. Centro comercial, administrativo y cultural (universidad).

**SANTA ROSA** o **SANTA ROSA DE COPÁN,** c. de Honduras, cap. del departamento de Copán; 19 680 hab.

**SANTA ROSA,** cantón de Ecuador (El Oro); 43 022 hab. Comprende el archipiélago de Jambelí.

**SANTA ROSA,** mun. de Venezuela (Carabobo), en el área urbana de Valencia; 39 593 hab.

**Santa Rosa** *(parque nacional),* parque nacional de Costa Rica (Guanacaste), al NO de Liberia. Comprende sabanas, bosques galería, esteros y manglares, de gran riqueza faunística.

**SANTA ROSA DE CABAL,** mun. de Colombia (Risaralda); 60 696 hab. Yacimientos de oro y plata.

**SANTA ROSA DE OSOS,** mun. de Colombia (Antioquia); 23 537 hab. Centrales eléctricas.

**SANTA ROSALÍA,** parroquia urbana de Venezuela (Distrito Federal), en el área de Caracas; 150 405 hab.

**Santa Sede,** también llamada **Sede apostólica romana,** conjunto formado por el romano pontífice y la curia romana, que constituye el órgano supremo de gobierno de la Iglesia católica. Es una entidad con personalidad jurídica reconocida por el derecho internacional, por poseer territorio propio en el pasado (→ ***Estados Pontificios***) y en la actualidad (→ *Ciudad del **Vaticano***).

**Santa Sofía** *(basílica),* iglesia de Constantinopla, consagrada a la Sabiduría divina, obra maestra de la arquitectura bizantina con una inmensa cúpula central de 31 m de diámetro, a 55 m del suelo, única en el mundo. Construida (523-537), por orden de Justiniano, por Antemio de Tralles e Isidoro de Mileto, fue transformada en mezquita por los turcos. Act. museo.

**SANTA ÚRSULA,** mun. de España (Santa Cruz de Tenerife), en Tenerife; 8 734 hab. *(Santurseleros.)* Plátanos y legumbres. Pesca.

**SANTA VERA CRUZ** o **VERA CRUZ** *(cordillera de),* sistema orográfico de Bolivia, en la cordillera Real; 5 550 m en el *pico Santa Vera Cruz.* Estaño.

el general **Santa Anna** (museo nacional de historia, México)

la basílica de **Santa Sofía** de Constantinopla, construida en el s. VI por Antemio de Tralles e Isidoro de Mileto (los alminares fueron añadidos por los turcos en el s. XV)

**SANTALÓ** (Luis Antonio), matemático español (Gerona 1911). Sus trabajos de investigación en geometría ha tenido importantes aplicaciones prácticas en otras disciplinas, como la biología y la estereología.

**SANTAMARÍA** *(familia)*, familia castellana de conversos, de origen burgalés, que desempeñó un papel muy importante en la vida política, eclesiástica y cultural de Castilla en el s. XV. El fundador fue **Salomón ha-Leví** (¿1350?-1435), que se bautizó como **Pablo de Santamaría** o **de Burgos** (1390), obispo de Cartagena y de Burgos.

**SANTANA** (Manuel), tenista español (Madrid 1938), vencedor en los torneos de Roland Garros (1961 y 1964), Forest Hills (1965) y Wimbledon (1966).

**SANTANA** (Pedro), político dominicano (Hiucha 1801-† 1864). Presidente de la república (1843-1848, 1853-1856 y 1858-1861), al final de su mandato quiso unir la isla a España, e Isabel II le nombró capitán general y marqués de las Carreras.

**SANTANDER** *(bahía de)*, bahía de España (Cantabria), en el Cantábrico. En ella desembocan los ríos Miera y Pisueña. En la orilla N se encuentra la ciudad de Santander.

**SANTANDER** *(departamento de)*, dep. del N de Colombia; 30 537 $km^2$; 1 438 226 hab. Cap. *Bucaramanga.*

**SANTANDER,** c. de España, cap. de Cantabria y cab. de p. j.; 196 218 hab. *(Santanderinos.)* La ciudad moderna se extiende frente a la bahía. Puerto comercial. Industrias. Sede de la universidad internacional Menéndez y Pelayo (en el palacio de la Magdalena). Catedral gótica. Museos. Fue un importante puerto medieval hasta el s. XVI, exportador de la lana castellana.

**SANTANDER** (Francisco de Paula), político y militar colombiano (Rosario de Cúcuta 1792-Bogotá 1840). Fue uno de los líderes de los *llaneros,* que tuvieron un papel destacado en el ejército de Bolívar que atravesó los Andes y derrotó a los realistas en Boyacá (1819). Bolívar le nombró vicepresidente de Nueva Granada, con funciones de presidente por la ausencia del Libertador. Partidario de un gobierno federalista, se enfrentó al centralismo de Bolívar, quien le desterró (1828). Tras la muerte de éste fue presidente de Nueva Granada (1832-1837), y gobernó dictatorialmente. En el congreso dirigió la oposición al presidente Márquez.

**SANTANDER DE QUILICHAO,** mun. de Colombia (Cauca); 53 954 hab. Yacimientos de cobre.

**SANTÁNGEL** (Luis **de**), destacado colaborador de los Reyes Católicos en las tareas financieras († 1498). Tuvo una decisiva intervención en las Capitulaciones de Santa Fe y en la empresa colombina.

**SANTARÉM,** c. de Portugal (Ribatejo), a orillas del Tajo; 23 690 hab. Museo (restos de la colonia romana de *Scallabis*).

**SANTARÉM,** c. y puerto fluvial de Brasil (Pará), en la confluencia del Amazonas y del Tapajós; 265 105 hab. Centro comercial.

**SANTAYANA** (Jorge **Ruiz de**), filósofo y escritor norteamericano de origen español (Madrid 1863-Roma 1952). Su filosofía se centra en la explicación del mundo material como un lenguaje acerca de lo real, y a la ciencia le corresponde el papel ordenador de ese lenguaje. (*La vida de la razón,* 1905-1906; *Escepticismo y fe animal,* 1923; *Los reinos del ser,* 1942). Escribió también la novela *El último puritano* (1935), poemas y prosas autobiográficas.

**SANTER** (Jacques), político luxemburgués (Wasserbillig 1937). Líder del Partido cristiano-social de Luxemburgo, primer ministro de su país desde 1984 a 1995, fue presidente de la Comisión europea de 1994 a 1999.

**Santes Creus,** monasterio cisterciense situado en el mun. español de Aiguamurcia (Tarragona), fundado en 1150. Sus construcciones, notables en la arquitectura gótica catalana, datan de los ss. XII-XIV. Iglesia (iniciada en 1174) con los sepulcros de Pedro el Grande y Jaime II. Palacio real (s. XIII-XIV).

**SANTI Y GARCÍA** (Mario), escultor cubano (Holguín 1911). Destaca por su obra monumental (*Monumento funerario a Martí,* Santiago de Cuba, 1945).

**SANTIAGO,** cerro de Panamá (Darién), punto culminante de la serranía de Tabasará; 2 826 m.

**SANTIAGO,** r. de México → ***Lerma-Santiago.***

**SANTIAGO** *(provincia de)*, prov. del N de la República Dominicana; 3 112 $km^2$; 550 400 hab. Cap. *Santiago.*

**SANTIAGO** *(región metropolitana de)*, región de Chile central; 15 348 $km^2$; 5 170 293 hab. Cap. *Santiago.*

**SANTIAGO,** c. de Chile, cap. del país y de la región metropolitana de Santiago; 4 385 481 hab. *(Santiaguinos.)* Situada en el valle Longitudinal, junto al río Mapocho, es el centro de la vida económica chilena y concentra el 50 % del P.I.B. del país. Tres universidades. Fundada por P. de Valdivia en 1540, tuvo un papel destacado en la independencia chilena (junta gubernativa de 1811). Castigada por los terremotos, apenas conserva restos coloniales; la catedral y el palacio de la Moneda son de fines del s. XVIII. Muestra del urbanismo actual es el barrio cívico de Santiago.

**Santiago** de Chile:
la ciudad desde el cerro de San Cristóbal

**SANTIAGO** o **SANTIAGO DE COMPOSTELA,** c. de España (La Coruña), cap. de Galicia y cab. de p. j.; 105 851 hab. *(Santiagueses.)* Centro administrativo, universitario y turístico. Su origen se remonta al s. IX. La primitiva basílica (910) fue saqueada por Almanzor en 997. La catedral (s. XII), joya del arte románico, fue centro de peregrinación al sepulcro del apóstol Santiago; destaca la puerta de las Platerías (1104) y el Pórtico de la Gloria (1188), obra del maestro Mateo; de épocas posteriores, tras diversas reformas, sobresalen la fachada barroca del Obradoiro (ss. XVII-XVIII), la torre del reloj (1676-1680) y el claustro renacentista plateresco (museo catedralicio). Otros monumentos notables, entre iglesias y edificios civiles son el hospital Real (s. XVI, actual parador de turismo, palacio Rajoy, colegiata de Santa María la Real de Sar (s. XV), colegio mayor de Fonseca, plateresco, el monasterio barroco de San Martín Pinario, y los edificios neoclásicos de la universidad y el ayuntamiento. Centro gallego de arte contemporáneo. El núcleo de Santiago fue declarado bien cultural del patrimonio mundial por la Unesco (1985).

**Santiago** *(Camino de)*, itinerario seguido por los peregrinos que acudían a venerar el sepulcro del apóstol Santiago en Santiago de Compostela. Según el *Códice calixtino* iban de los confines de Europa a través de Francia por cinco vías, que bajaban hasta Somport o Roncesvalles, de donde partían dos itinerarios que se reunían en Puente la Reina. De allí continuaba por un único camino: Estella, Logroño, Nájera, Sahagún, León, Astorga, el Bierzo, Puertomarín, Palas de Rey, Labacolla y Santiago. En el s. XIV se abrieron dos nuevos caminos: uno por Irún y Vitoria a Burgos, y el otro siguiendo la cornisa cantábrica. La comunicación de la Península con el resto de Europa a través del Camino fue muy fecunda, tanto en el aspecto cultural (arte románico, cantares de gesta, lírica castellana y gallega) como en el social, al favorecer la repoblación de las ciudades situadas a lo largo de la ruta.

**Santiago** *(orden militar de)*, orden militar española, fundada por el caballero leonés Pedro Fernández (1170), que adoptó la regla de san Agustín. Se creó para proteger a los peregrinos del Camino de Santiago, pero básicamente para luchar contra los musulmanes. Con sede en Uclés, fue reconocida por el papa Alejandro III (1175). Por su participación en la reconquista fue la primera potencia económica de Castilla, y controló las zonas de pasto de la Mesta. Tuvo bienes en Inglaterra, Flandes, Normandía, Francia y Portugal.

**SANTIAGO,** ant. **Santiago de los Caballeros,** c. de la República Dominicana, cap. de la prov. homónima; 467 000 hab. Centro comercial.

**SANTIAGO** o **SANTIAGO DE VERAGUAS,** c. de Panamá, cap. de la prov. de Veraguas; 49 074 hab. Industria maderera. Centro comercial.

**SANTIAGO,** mun. de México (Nuevo León); 28 585 hab. Economía agropecuaria. Minería.

**SANTIAGO el Mayor,** apóstol de Jesús, hijo de Zebedeo y hermano de san Juan Evangelista, martirizado en el año 44 *(Hechos de los apóstoles).* Según la tradición predicó en Hispania y el obispo de Iria Flavia halló su sepulcro en la actual Santiago de Compostela. Es el patrón de España. (En castellano, otros nombres equivalentes al de Santiago son YAGO, DIEGO, JAIME y JACOBO.)

**Santiago** el Mayor
(Greco - catedral de Toledo)

**SANTIAGO el Menor** o **el Justo,** discípulo de Jesús, uno de los doce apóstoles, jefe de la comunidad judeocristiana de Jerusalén. Según Flavio Josefo fue lapidado hacia el año 62. Algunos críticos distinguen a Santiago el apóstol de un homónimo, que fue el primer obispo de Jerusalén; otros exegetas identifican estas dos figuras.

**SANTIAGO** (Miguel **de**), pintor quiteño (Quito 1626-*id.* 1706). Su vasta obra refleja la influencia del barroco sevillano, sobre todo de Murillo. Destacan sus lienzos del convento de San Agustín de Quito sobre la vida del santo y la serie *Milagros de Nuestra Señora de Guadalupe* en el santuario de Guápulo.

**SANTIAGO DE CHUCO,** c. de Perú (La Libertad); 31 064 hab. Ganadería. Cuna de César Vallejo.

**SANTIAGO DE CUBA** *(provincia de)*, prov. de Cuba, en el extremo E de la isla; 6 187 $km^2$; 909 506 hab. Cap. *Santiago de Cuba.*

**SANTIAGO DE CUBA,** c. de Cuba, cap. de la prov. homónima; 394 011 hab. *(Santiagueros.)* Activo centro industrial, comercial (puerto exportador) y cultural (universidad). Central térmica. Turismo (playas, parque nacional Gran Piedra). Catedral (1807), iglesias de San Francisco, Santo Tomás, la Trinidad y el Carmen. Casas coloniales. Fundada en 1514, fue la primera capital de Cuba.

**Santiago de Cuba** *(combate naval de)*, derrota de la escuadra española frente a la de E.U.A., durante la guerra hispano-norteamericana (3 jul. 1898). Llevó a la capitulación de Santiago de Cuba (16 julio).

**SANTIAGO DE PÍLLARO,** cantón de Ecuador (Tungurahua); 31 411 hab. Cab. *Píllaro.* Frutales y alfalfa.

**SANTIAGO DE SURCO,** mun. de Perú (Lima); 49 168 hab. Cap. *Surco.* Algodón y caña de azúcar. Vacunos.

**SANTIAGO DEL ESTERO** *(provincia de)*, prov. del N de Argentina; 136 351 $km^2$; 670 388 hab. Cap. *Santiago del Estero.*

**SANTIAGO DEL ESTERO,** c. de Argentina, cap. de la prov. homónima; 201 709 hab. Centro industrial (textiles), turístico, comercial, político-administrativo y cultural. Fue fundada en 1553.

**SANTIAGO IXCUINTLA,** c. de México (Nayarit); 98 935 hab. Industrias agropecuarias. Centro comercial.

**SANTIAGO JAMILTEPEC,** c. de México (Oaxaca); 15 385 hab. Café, algodón. Ganadería. Salinas. Pesca.

**SANTIAGO JUXTLAHUACA,** c. de México (Oaxaca); 20 022 hab. Elaboración de licores. Hilados.

**SANTIAGO NONUALCO,** mun. de El Salvador (La Paz); 20 626 hab. Industrias agropecuarias. Textiles.

**SANTIAGO PAPASQUIARO,** mun. de México (Durango); 37 895 hab. Economía agropecuaria. Centro comercial.

**SANTIAGO RODRÍGUEZ** *(provincia de),* prov. de la República Dominicana; 1 020 km²; 55 400 hab. Cap. *Sabaneta.*

**SANTIAGO TUXTLA,** mun. de México (Veracruz), junto al volcán de San Martín; 43 380 hab. Agricultura.

**SANTILLÁN** (Ramón **de**), político y hacendista español (Lerma 1791-Madrid 1863). Ministro de Hacienda (1840 y 1847) y primer gobernador del Banco de España (1849), y autor de *Memoria histórica de las reformas hechas en el sistema de impuestos* (1888).

**SANTILLANA** (Íñigo **López de Mendoza,** *marqués* **de**), escritor español (Carrión de los Condes 1398-Guadalajara 1458). Hijo del almirante de Castilla Diego de Mendoza, intervino en la política de su tiempo. Se distinguió como poeta de tradición medieval: serranillas y canciones que publicó prologadas por una *Carta proemio,* primer ensayo de historia literaria en castellano (1449). Escribió también poemas didáctico-morales (*Diálogo de Bías contra Fortuna; Doctrinal de privados,* contra Álvaro de Luna) y alegóricos (*Comedieta de Ponza,* 1436), así como unos *Sonetos fechos al itálico modo.*

el marqués de **Santillana**
(Jorge Inglés - col. part.)

**SANTILLANA DEL MAR,** mun. de España (Cantabria); 3 839 hab. Cap. *Santillana.* Colegiata románica (s. XII), con bello claustro. Conjunto monumental (palacios, parador de Gil Blas). Museo de arte contemporáneo. En el término se encuentra la cueva de Altamira*. Turismo.

**Santimamiñe** *(cueva de),* yacimiento prehistórico del arte francocantábrico situado en el mun. español de Guernica y Luno (Vizcaya), con pinturas y grabados magdalenienses.

**SANTIPONCE,** v. de España (Sevilla); 6 171 hab. Monasterio de San Isidoro del Campo, con dos iglesias góticas, patio mudéjar, y refectorio del s. XV. En el término, ruinas de la ciudad romana de Itálica*.

**SANTO ANDRÉ,** c. de Brasil, centro industrial en el área suburbana de São Paulo; 613 672 hab.

**SANTO DOMINGO,** sierra de Venezuela, en la cordillera de Mérida; 4 672 m en el pico Mucuñuque.

**SANTO DOMINGO** o **SANTO DOMINGO DE GUZMÁN,** c. de la República Dominicana, cap. del país y del distrito nacional; 1 318 172 hab. *(Dominicanos.)* Junto al Caribe, en la desembocadura del Ozama, en un gran centro industrial y comercial. Universidad de Santo Tomás de Aquino (la más antigua de América, 1530). La ciudad fue fundada en 1496 por Bartolomé Colón, y albergó la primera audiencia de América (1511). Fue llamada *Ciudad Trujillo* entre 1936 y 1961. Monumentos coloniales del s. XVI (catedral, hospital de San Nicolás de Bari, iglesia de La Merced, casa del Almirante).

**SANTO DOMINGO,** cantón de Costa Rica (Heredia); 27 841 hab. Industrias agropecuarias.

**SANTO DOMINGO,** mun. de Colombia (Antioquia); 15 233 hab. Caña de azúcar, plátanos. Ganadería.

**SANTO DOMINGO,** mun. de Cuba (Villa Clara); 50 205 hab. Presa Alacranes, en el río Sagua la Grande.

**SANTO DOMINGO DE LA CALZADA,** c. de España (La Rioja); 5 308 hab. Catedral románica, con torre y portada barrocas; en el interior sobresalen el retablo mayor, obra de D. Forment, la sillería del coro y la tumba-capilla de Santo Domingo (gótica).

**SANTO DOMINGO DE LOS COLORADOS,** cantón de Ecuador (Pichincha); 132 258 hab. Explotación forestal.

**SANTO DOMINGO DE SILOS,** v. de España (Burgos); 328 hab. Monasterio benedictino románico, fundado en 919 por Fernán González, con notable claustro de dos pisos y riquísimo repertorio escultórico; iglesia reconstruida en el s. XVIII; museo.

**SANTO DOMINGO TEHUANTEPEC,** c. de México (Oaxaca); 28 443 hab. Centro comercial y turístico. Mercado tradicional. Edificios coloniales. Catedral. Centro zapoteca.

**Santo Oficio** *(congregación del),* congregación romana creada por Paulo III en 1542 con el nombre de *Congregación de la suprema Inquisición* para combatir el avance del protestantismo. Constituyó un tribunal universal, con sede en Roma. En 1965, la congregación del Santo oficio se convirtió en *Congregación para la doctrina de la fe.*

**Santo Oficio** *(tribunal del)* → ***Inquisición española.***

**Santo Sepulcro** (el), el más importante santuario cristiano de Jerusalén, erigido en el lugar donde según la tradición fue sepultado Jesús. Allí Constantino hizo construir una gran basílica (s. IV), desaparecida en la actualidad. El edificio actual (en parte del s. XIX) conserva algunos elementos de la época de las cruzadas.

**Santo Sepulcro de Jerusalén** *(orden de caballería),* orden de caballería pontificia cuyo origen se remonta a Godofredo de Bouillon, quien creó (1099) una congregación de religiosos, para proteger la tumba de Cristo. En la península Ibérica, la orden, instalada en un principio en Cataluña y Aragón, empezó a tener importancia en el s. XII. En 1847, Pío IX la dotó de nuevos estatutos. Realiza numerosas obras de caridad, culturales y sociales de la iglesia católica en Tierra Santa.

**SANTO TOMÁS,** volcán de Guatemala, en el Eje volcánico guatemalteco-salvadoreño; 3 505 m.

**SANTO TOMÁS,** mun. de Colombia (Atlántico); 16 206 hab. Cereales y algodón. Vacuno.

**SANTO TOMÁS** (Domingo **de**), dominico español (Sevilla 1499-Lima 1571), autor de una *Gramática* del quechua (1560).

**SANTO TOMÁS** (Juan **de**), filósofo y teólogo portugués (Lisboa 1589-Fraga, España, 1647), destacado comentarista de la obra de santo Tomás de Aquino (*Cursus philosophicus,* 1637; *Cursus theologicus,* 1663).

**SANTO TOMÉ,** c. de Argentina (Santa Fe), en el área urbana de Santa Fe; 43 678 hab. – Dep. de Argentina (Corrientes); 43 329 hab. Maíz, forrajes.

**SANTO TOMÉ Y PRÍNCIPE,** en port. **São Tomé e Principe,** estado insular del golfo de Guinea, cerca del Ecuador, formado por las islas de *Santo Tomé* (836 km²) y de *Príncipe* (128 km²); 120 000 hab. CAP. *Santo Tomé.* LENGUA OFICIAL: *portugués.* MONEDA: *dobra.* Cacao, café, aceite de palma y copra. Antigua colonia portuguesa, es independiente desde 1975.

**Santo Toribio de Liébana** *(monasterio),* situado en el mun. español de Camaleño (Cantabria). Existía ya en el s. VII y fue famoso por sus códices miniados *(beatos).* La iglesia actual, gótica, iniciada en 1256, conserva portadas románicas.

**SANTOMERA,** v. de España (Murcia); 8 488 hab. Horticultura y fruticultura. Industria del mueble.

**SANTOÑA** *(bahía de),* bahía de España (Cantabria), en el Cantábrico, cerrada al N por el *tómbolo de Santoña.* En su fondo, *rías de Santoña y de Treto.*

**SANTOÑA,** v. de España (Cantabria), cab. de p. j.; 10 929 hab. *(Santoñeses.)* En la *ría de Santoña.* Centro pesquero (conservas). Iglesia de Santa María (iniciada *c.* 1135). Penal del Dueso.

**SANTORÍN,** archipiélago de la parte meridional de las Cícladas, cuya isla principal es *Santorín o Thēra.* Volcán activo. Se conservan restos (hábitat, pintura mural) de Akrotíri, ciudad cretomicénica, destruida por un sismo (*c.* 1500 a. J.C.).

**SANTOS** (*provincia de* **Los**), prov. de Panamá; 3 867 km²; 70 261 hab. Cap. *Las Tablas.*

**SANTOS,** c. y puerto de Brasil (São Paulo), en la isla de São Vicente; 428 526 hab. Exportación de café.

**SANTOS** (Eduardo), abogado, político y periodista colombiano (Bogotá 1888-*id.* 1974). Miembro del Partido liberal y presidente de la república (1938-1942), en 1941 rompió las relaciones con el Eje; firmó un concordato con la Santa Sede.

**SANTOS** (Francisco), escritor español de la segunda mitad del s. XVII, autor de relatos costumbristas (*Día y noche en Madrid,* 1663).

**SANTOS** (José Eduardo **dos**), político angoleño (Luanda 1942), presidente de la república desde 1979.

**SANTOS** (Máximo), político y militar uruguayo (Canelones 1847-Buenos Aires 1889), primer capitán general de la república y su presidente (1882-1886).

**SANTOS CHOCANO** (José) → ***Chocano.***

**SANTOS DE CARRIÓN** → ***Šem Ṭob.***

**SANTOS DE MAIMONA (Los),** v. de España (Badajoz); 7 604 hab. *(Agachados.)* Ganado lanar y de cerda.

**SANTOS DUMONT** (Alberto), aeronauta y aviador brasileño (Palmira [act. Santos Dumont], Minas Gerais, 1873-São Paulo 1932). Tras haber creado numerosos modelos de dirigibles (1898-1905), fue pionero de la aviación, al efectuar el 23 octubre

**Santo Domingo,** República Dominicana: la fachada de la casa del Almirante

1906 el primer vuelo a propulsión homologado en Europa.

**santos inocentes** *(Los),* novela de Miguel Delibes (1982), conmovedor relato sobre la marginación en la España rural.

**SANTOS LUGARES,** localidades y santuarios vinculados al recuerdo de Jesús, en Palestina (cueva de Belén, Nazaret, monte Tabor, Cenáculo, Calvario, Santo Sepulcro, cueva de la Asunción, tumba de La Virgen). Estos lugares son santos para cristianos, judíos y musulmanes. Los papas confiaron el cuidado de los Santos Lugares a un órgano especial, la Custodia de Tierra Santa.

**SANTUARIO,** mun. de Colombia (Antioquia), en el altiplano de Rionegro; 22 690 hab. Agricultura y ganadería. – Mun. de Colombia (Risaralda); 15 357 hab. Cultivos de maíz, plátano, café y frijol.

**SANTURCE-ANTIGUO** o **SANTURTZI,** mun. de España (Vizcaya); 50 124 hab. Pesca. Industrias. Centrales térmicas.

**SANTURCE-ORTUELLA** u **ORTUELLA,** mun. de España (Vizcaya); 8 851 hab. Minas de hierro. Fundiciones.

**SANŪSÍES** o **SENUSÍES,** cofradía musulmana fundada en 1837 por Muḥammad ibn ʿAlī al-Sanūsī, que luchó contra Italia en Libia (desde 1919-1920 hasta su disolución en 1930).

**SANXENXO** → ***Sangenjo.***

**SANZ DEL RÍO** (Julián), filósofo español (Torre Arévalo 1814-Madrid 1869). Estudió en Heidelberg la obra de F. Krause, cuyas tesis introdujo en España (*Lecciones sobre el sistema de filosofía analítica de F. Krause,* 1849). Su pensamiento laicista, propugnador de la libertad de conciencia, inspiró la Institución libre de enseñanza.

**SAÑA,** mun. de Perú (Lambayeque); 23 951 hab. Agricultura y ganadería.

**SÃO BERNARDO DO CAMPO,** c. de Brasil (São Paulo), en el área suburbana industrial de São Paulo (Brasil); 565 171 hab. Industria automovilística.

**SÃO FRANCISCO,** r. de Brasil, que nace en Minas Gerais y desemboca en el Atlántico entre Recife y Salvador; 2 624 km. Instalaciones hidroeléctricas.

**SÃO GONÇALO,** c. de Brasil (Río de Janeiro), en el área centrourbana de Río de Janeiro; 747 891 hab. Sector residencial e industrial.

**SÃO JOÃO DE MERITÍ,** c. de Brasil (Río de Janeiro), en el área suburbial de Río de Janeiro; 425 038 hab.

**SÃO JOSÉ DOS CAMPOS,** c. de Brasil (São Paulo) entre São Paulo y Río; 442 728 hab.

**SÃO LUÍS** o **SÃO LUÍS DO MARANHÃO,** c. y puerto del N de Brasil, cap. del estado de *Maranhão,* en la *isla de São Luís;* 695 780 hab. Catedral del s. XVII.

**SÃO MIGUEL,** la mayor de las islas Azores; 747 km²; 150 000 hab. Cap. *Ponta Delgada.*

**SÃO PAULO,** c. de Brasil, cap. del *estado de São Paulo;* 9 480 427 hab. (15 199 423 hab. en la aglomeración). Universidad. Es la mayor ciudad y la primera metrópoli económica de Brasil (textil, metalurgia, construcciones mecánicas y eléctricas, química, alimentación y editoriales). Museos. Bienal de arte moderno. – El *estado de São Paulo,* en el litoral atlántico, el más poblado de Brasil, sigue siendo un gran productor de café, a pesar del relativo retroceso de este cultivo; 248 000 km²; 31 192 818 hab.

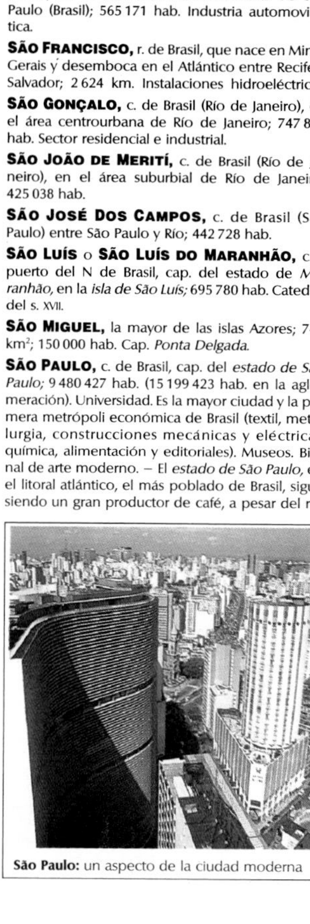

**São Paulo:** un aspecto de la ciudad moderna

**SAONA,** isla de la República Dominicana (La Altagracia), junto a la costa SE; 125 km² aprox.; 600 hab.

**SAONA,** en fr. **Saône,** r. de Francia, afl. del Ródano (or. der.), con el que confluye en Lyon; 480 km.

**SAÔNE-ET-LOIRE,** dep. de Francia (Borgoña); 8 575 km²; 559 413 hab. Cap. *Mâcon* (38 508 hab.).

**SAPIR** (Edward), lingüista norteamericano (Lauenburg, Alemania, 1884-New Haven, Connecticut, 1939). Partiendo de la descripción de las lenguas amerindias, elaboró la noción de fonema y propuso una nueva tipología de las lenguas basada en criterios formales (sintaxis y semántica) y no históricos. Fue uno de los precursores del estructuralismo.

**SAPOR** o **ŠĀHPŪR,** nombre de varios reyes sasánidas de Persia: Sapor I (241-272), derrotado por el emperador Gordiano III, venció e hizo prisionero al emperador Valeriano (260), pero no logró conquistar Siria y Asia Menor. – **Sapor II** (310-379) fue el protector del mazdeísmo y persiguió el cristianismo. Arrebató Armenia a los romanos (después del 338). – **Sapor III** (383-388) firmó la paz con Teodosio I y reconoció la independencia de Armenia.

**SAPPORO,** c. de Japón, cap. de la prefectura insular de Hokkaidō; 1 671 742 hab. Centro administrativo, comercial e industrial.

**SAQQĀRA,** localidad de Egipto, zona suburbana de la ant. Menfis. Inmensa necrópolis, con numerosas pirámides, entre ellas la pirámide escalonada del gran complejo funerario de Zoser (s. XXVIII a. J.C.). La época tardía está representada por el Serapeum.

**Saqqāra:** entrada del recinto que rodea el complejo funerario del rey Zoser y su pirámide escalonada. Imperio antiguo, III dinastía.

**SARA,** personaje bíblico, esposa de Abraham y madre de Isaac.

**SARABIA** (José), pintor español (Sevilla 1608-Córdoba 1669). Siguió el realismo barroco andaluz del s. XVII, con predilección por los temas populares.

**SARAGAT** (Giuseppe), político italiano (Turín 1898-Roma 1988). Fundador del partido socialista democrático italiano (1947), fue presidente de la república (1964-1971).

**SARAGOSSA Y DOMÈNECH** (Agustina) → ***Aragón*** (Agustina de).

**SARAGURO,** cantón de Ecuador (Loja), en la Hoya del Jubones; 25 622 hab. Agricultura y ganadería.

**SARAJEVO,** c. y cap. de Bosnia-Herzegovina; 448 000 hab. Universidad. Centro artesanal e industrial. Mezquitas turcas. Museos. En la guerra de 1992-1995 la ciudad fue asediada y bombardeada por las milicias separatistas serbias.

**Sarajevo** *(atentado de)* [28 junio 1914], atentado perpetrado por el serbio G. Princip contra el archiduque Francisco Fernando de Austria, origen de la primera guerra mundial.

**SARAMAGO** (José), escritor portugués (Azinhaga, Santarém, 1922). En sus novelas (*Memorial del convento,* 1982; *El año de la muerte de Ricardo Reis,* 1984; *Historia del cerco de Lisboa,* 1989) conjuga la oralidad narrativa con cierta visión interior y mágica de la realidad. (Premio Nobel de literatura 1998.)

**Sarandí** *(batalla de)* [set. 1825], victoria a orillas del *río Sarandí* de las tropas de la Provincia Oriental (act. Uruguay), al mando del general Lavalleja, sobre el ejército brasileño, con la que se consolidó la independencia de la Banda Oriental.

**SARANDÍ GRANDE,** c. de Uruguay (Florida); 5 295 hab. Centro comercial agrícola y ganadero. Aeropuerto.

**SARANSK,** c. de la Federación de Rusia, cap. de la República de Mordovia, al O del Volga; 312 000 hab. Industrias mecánicas y electrónicas.

**SARAPIQUÍ,** cantón de Costa Rica (Heredia); 23 175 hab. Cab. *Puerto Viejo.*

**SARASATE** (Martín Melitón, llamado **Pablo de**), violinista español (Pamplona 1844-Biarritz 1908). Desde 1857 en París siguió una carrera de virtuoso. Compuso piezas para violín inspiradas en el folklore español (*Navarra, Jota aragonesa, El zapateado, Serenata andaluza).*

**SARASOLA** (Ibon), escritor español en lengua vasca (San Sebastián 1946). En *Construcción del poema* (*Poemagintza,* 1969) intentó la superación de la poesía social. Como narrador ha seguido en *Juan y Ana fumando un cigarro* (*Jon eta Ane zigarro bat erretzen,* 1977) las pautas del realismo. También es crítico literario.

**SARATOGA** o **SARATOGA SPRINGS,** c. de Estados Unidos (Nueva York), al N de Albany; 23 906 hab. Capitulación del general británico Burgoyne frente a las tropas norteamericanas, que aseguró la independencia de Estados Unidos (17 oct. 1777).

**SARÁTOV,** c. de Rusia, a orillas del Volga; 905 000 hab. Puerto fluvial y centro industrial. Monumentos de los ss. XVII-XIX. Museos.

**SARAVENA,** mun. de Colombia (Arauca); 19 308 hab.

**SARAVIA** (Aparicio), político uruguayo (1855-1904). Dirigente del Partido blanco, promovió las revueltas de 1897 y 1903, y murió durante esta última, en la batalla de Masoller (1904).

**SARAWAK,** estado de Malaysia, en el NO de Borneo; 125 000 km²; 1 295 000 hab. Cap. *Kuching.* Petróleo y gas natural.

**SARCELLES,** mun. de Francia (Val d'Oise); 57 121 hab. Conjunto residencial.

**SARDÁ DEXEUS** (Joan), economista español (Barcelona 1910-*id.* 1995). Experto en temas monetarios, tuvo un papel destacado en la elaboración del plan de estabilización español de 1959. Obras: *La crisis monetaria internacional* (1969), *Una nueva economía de mercado* (1980).

**SARDANÁPALO,** según la tradición griega, legendario rey asirio identificado como *Assurbanipal.*

**SARDANYOLA** o **CERDANYOLA DEL VALLÈS,** v. de España (Barcelona), cab. de p. j.; 47 612 hab. Industrias.

**SARDES,** ant. c. de Asia Menor, en el valle del Pactolo, residencia de los reyes de Lidia y, más tarde, capital de una satrapía. Restos helenísticos del templo de Artemisa.

**SARDINATA,** mun. de Colombia (Norte de Santander); 21 934 hab. Plátano y caña de azúcar. Ganadería.

**SARDOU** (Victorien), dramaturgo francés (París 1831-*id.* 1908), autor de comedias burguesas y dramas históricos (*La Tosca,* 1887; *Madame Sans-Gêne,* 1893).

**SARDUY** (Severo), escritor cubano (Camagüey 1937-París 1993). Es autor de ensayos (*Barroco,* 1974), poemas y novelas (*De donde son los cantantes,* 1962; *Colibrí,* 1984; *Cocuyo,* 1990) mezcla de erotismo y parodia lúdica y vanguardista.

**Sargadelos** *(cerámica de),* cerámica producida en la fábrica de Sargadelos (Cervo, Lugo) de 1804 a 1862. Produjo lozas y porcelanas cuidadas y sobrias y, más tarde, una famosa loza de inspiración inglesa, decorada con temas románticos y chinescos, y piezas antropomorfas. Junto al antiguo recinto (declarado conjunto histórico-artístico) se instaló en 1968 una escuela experimental y una nueva fábrica (loza y porcelana de diseño moderno, basadas en formas tradicionales gallegas).

**SARGAZOS** *(mar de los),* vasta región del Atlántico, al NE de las Antillas, cubierta de algas.

**SARGODHA,** c. de Pakistán, al NO de Lahore; 294 000 hab.

**SARGÓN el Grande** o **ŠARRUKĪN,** fundador del imperio de Acad (inicios del s. XXIII a. J.C.).

**SARGÓN II** o **ŠARRUKĪN,** rey de Asiria (722/721-705 a. J.C.). En 721 tomó Samaria, conquistó Israel, Siria y Urartu, y restableció la autoridad asiria en Babilonia. Hizo construir el palacio de Dur-Šarrukin (act. *Jursabad*).

**SARH,** ant. **Fort-Archambault,** c. del Chad meridional; 37 000 hab. Textil.

**ŠARĪ'ATI** ('Alī), filósofo iraní (en el Jurāsān 1933-Londres 1977), renovador del chiismo.

**SARIÑENA,** v. de España (Huesca); 4 092 hab. (*Sariñenenses.*) Cabecera de la comarca de Los Monegros. Convento de la Cartuja (s. XVI).

**SARIÑENA** (Juan **de**), pintor español (Valencia *c.* 1545-*id.* 1628), introductor del realismo tenebrista en Valencia (retratos colectivos de miembros de la Generalidad valenciana).

**SARMACIA,** ant. región de Rusia meridional, ocupada en la antigüedad por los sármatas.

**SARMIENTO,** dep. de Argentina (San Juan); 16 081 hab. Horticultura.

**SARMIENTO** (Domingo Faustino), escritor y político argentino (San Juan 1811-Asunción, Paraguay, 1888). Debido a su actividad periodística y a su enfrentamiento con Rosas primero y con Urquiza después, tuvo que exiliarse varias veces a Chile. Finalmente su regreso a Argentina lo hizo como presidente de la república (1868-1874). Durante su mandato potenció la educación y luchó contra el caudillismo. Su obra literaria fue una constante lucha contra la ignorancia y la intolerancia. «Civilización y barbarie» es el elocuente subtítulo de su obra maestra: *Facundo** (1845), biografía del jefe gaucho Juan Facundo Quiroga. Ensayista notable (*De la educación popular,* 1849; *Las ciento y una,* 1853; *Conflictos y armonías de las razas en América,* 1883, una de sus mejores obras sociológicas), cultivó la narración de evocación autobiográfica (*Mi defensa,* 1850; *Recuerdos de provincia,* 1850).

Domingo Faustino **Sarmiento** (por E. Querciola)

**SARMIENTO DE GAMBOA** (Pedro), navegante español (en Galicia 1532-en el Atlántico 1592). Dirigió expediciones a las regiones del S del Pacífico (1567-1569) y al estrecho de Magallanes (1579 y 1584), donde fundó dos ciudades. Escribió una *Historia de los incas.*

**SARMIENTO Y VALLADARES** (José), *conde* **de Moctezuma y de Tula,** administrador español de los ss. XVII y XVIII. Fue virrey de Nueva España (1697-1701) y casó con una descendiente de Moctezuma.

**SĀRNĀTH,** lugar sagrado del budismo (India, al N de Benarés), en donde Buda predicó por primera vez. Pilar conmemorativo del emperador Aśoka (capitel esculpido, en el museo local).

**SARNEY** (José), político brasileño (São Luís 1930). Vicepresidente de la república con T. Neves, tras la muerte de éste accedió a la presidencia (1985-1990).

**SARNIA,** c. de Canadá (Ontario), en el extremo S del lago Hurón; 70 938 hab. Petroquímica.

**SAROYAN** (William), escritor norteamericano (Fresno 1908-*id.* 1981), autor de novelas (*La comedia humana,* 1942) y de obras de teatro (*Los mejores años de nuestra vida,* 1939; *La hermosa gente,* 1941) caracterizadas por sus postulados románticos y su tono poético.

**SARRAILH** (Jean), hispanista francés (Monein, Pyrénées-Atlantiques 1891-Bayona 1964), estudioso de la Ilustración española (*La España ilustrada de la segunda mitad del siglo XVIII,* 1954).

**SARRATEA** (Manuel **de**), político argentino (Buenos Aires 1774-Limoges 1849). Formó parte del triunvirato que sustituyó a la junta de gobierno (1811) y fue general en jefe del ejército de la Banda Oriental.

**SARRAUTE** (Nathalie), escritora francesa (Ivanovo, Rusia, 1900-París 1999). A partir de los textos de *Tropismos* (1939), su obra, que se inscribe en el nouveau roman, busca «las sensaciones en su estado naciente», y rechaza la teorización formalista y la novela tradicional (*Infancia,* 1983). Autora también de teatro (*Por un sí o por un no,* 1982).

**SARRE,** en alem. **Saar,** r. de Francia y de Alemania, que nace en los Vosgos y atraviesa el S de Sarre antes de llegar al Mosela (or. der.); 246 km.

**SARRE,** en alem. **Saarland,** Land de Alemania; 2 570 km²; 1 064 906 hab. Cap. *Sarrebruck.* La región fue en gran parte francesa en época de Luis XIV; en 1814-1815 pasó a dominio prusiano. A partir de 1871 se desarrolló la explotación de la cuenca hullera. En 1919 por el tratado de Versalles fue separada de Alemania durante quince años y confiada a la S.D.N., mientras que los yacimientos hulleros pasaban a manos de Francia. En 1935 se anexionó a Alemania. En 1947 quedó bajo ocupación francesa, con un estatuto de autonomía, pero en 1957 se reintegró a Alemania.

**SARREBRUCK,** en alem. **Saarbrücken,** c. de Alemania, cap. del Sarre; 359 056 hab. Centro administrativo, cultural e industrial.

**SARRELOUIS,** en alem. **Saarlouis,** c. de Alemania (Sarre); 38 059 hab. Metalurgia.

**SARRIA,** v. de España (Lugo), cab. de p. j.; 12 437 hab. (*Sarrianos.*) En la comarca del *Valle de Sarria* o *Terra de Sarria.* Centro comercial e industrial.

**SARTHE,** r. de Francia, una de las ramas madres del Maine; 285 km.

**SARTHE,** dep. de Francia (Pays de la Loire); 6 206 km²; 513 654 hab. Cap. *Le Mans.*

**SARTINE** (Antoine **de**), *conde* **de Albi,** político francés († Barcelona 1744). Intervino en la guerra de Sucesión española y, al servicio de Felipe V, fue superintendente de Cataluña (1726-1744), donde contribuyó a la aplicación del catastro.

**SARTO** (Andrea **Vanucci,** llamado **Andrea del**), pintor italiano (Florencia 1486-*id.* 1530). Su arte, lleno de ritmo y serena monumentalidad, se sitúa entre el clasicismo florentino y el manierismo toscano.

**SARTORIUS** (Luis), *conde* **de San Luis,** político español (Sevilla 1820-Madrid 1871). Ministro de la Gobernación con Narváez (1847-1851) y presidente del gobierno en 1853, su política represiva provocó la revolución de 1854, que acabó con su mandato.

**SARTRE** (Jean-Paul), filósofo y escritor francés (París 1905-*id.* 1980). Su filosofía conoce dos fases: la primera, existencialista, considera la libertad como fundamento del hombre (*El ser* y la nada,* 1943); la segunda se inspira en el materialismo dialéctico y preconiza el compromiso como único comportamiento auténtico (*Crítica de la razón dialéctica,* 1960). Desarrolló sus ideas en novelas y relatos (*La náusea,* 1938; *El muro,* 1939), dramas (*A puerta cerrada,* 1944; *Las manos sucias,* 1948), ensayos, una narración autobiográfica (*Las palabras,* 1964) y un estudio sobre Flaubert. En 1964 rechazó el premio Nobel de literatura.

**SARTROUVILLE,** mun. de Francia (Yvelines); 50 440 hab.

**SARŪQ** (Mĕnaḥem **ibn**), gramático hebraicoespañol (nacido en Tortosa, s. X), iniciador de los estudios de gramática hebrea en España (*La composición,* diccionario de la lengua bíblica).

**ŠĀRŶA,** emirato de la Unión de Emiratos Árabes; 2 500 km²; 268 000 hab. Cap. *Šārŷa.* (125 000 hab.). Petróleo.

Pablo de **Sarasate**

Jean-Paul **Sartre**

**SAS** (Andrés), compositor y folklorista peruano (París 1900-Lima 1967), autor de un *Curso de gramática musical* (1935) y de trabajos sobre la música de los incas y del Perú colonial.

**SASAMÓN,** v. de España (Burgos); 1 463 hab. Iglesia gótica (ss. XIII-XIV), con portada copia de la del Sarmental de Burgos, y retablo del s. XVI.

**SASÁNIDAS,** dinastía persa que reinó en un imperio que se extendía desde Mesopotamia hasta el Indo, de 224/226 a la conquista árabe (651).

**SASEBO,** c. y puerto de Japón (Kyūshū); 244 677 hab. Astilleros. Base militar.

**SASKATCHEWAN,** r. de Canadá que desemboca en el lago Winnipeg; está formado por la unión del *Saskatchewan del Norte* y del *Saskatchewan del Sur.*

**SASKATCHEWAN,** prov. del centro de Canadá; 652 000 km²; 988 928 hab. Cap. *Regina.* Es una de las tres provincias de la Pradera canadiense. Recursos agrícolas (cereales, plantas forrajeras, ganadería) y mineros (petróleo y gas natural, carbón, uranio y potasa).

**SASKATOON,** c. de Canadá (Saskatchewan); 186 058 hab. Centro de una importante región agrícola.

**SASOLBURG,** c. de la República de Sudáfrica (Estado libre), al S de Johannesburgo; 300 000 hab. Química.

**SASSARI,** c. de Italia (Cerdeña), al NO de la isla, cap. de prov.; 116 989 hab. Museo nacional (arqueología).

**SASSETTA** (Stefano **di Giovanni,** llamado **il**), pintor italiano (Siena *c.* 1400-*id.* 1450). Adoptó ciertos principios del renacimiento conservando el espíritu religioso y el tono preciosista de fines de la edad media.

**SASSOU-NGUESSO** (Denis), militar y político congoleño (Edu 1943). Presidente de Congo Brazzaville (1979-1992), gobernó el país de modo dictatorial. En 1997 retomó el poder por la fuerza de las armas.

**SASTRE** (Alfonso), escritor español (Madrid 1926). En su teatro, expresionista, existencial y social, incluye obras como *La mordaza* (1954), *La taberna fantástica* (1966), *Oficio de tinieblas* (1967) o *El viaje infinito de Sancho Panza* (1984). También ha escrito ensayos.

**ŚĀTAKARNI** o **ŚĀTAVĀHANA** → ***Āndhra.***

**SATANÁS** o **SATÁN,** el príncipe de los demonios según la Biblia.

**SATIE** (Alfred Erik **Leslie-Satie,** llamado **Erik**), compositor francés (Honfleur 1886-París 1925). Precursor del dadaísmo y del surrealismo, propuso un nuevo ideal basado en claridad, concisión y humor (*Gymnopédies,* 1888; ballet *Parada,* 1917, y drama sinfónico *Sócrates,* 1918). Influyó en el grupo de los Seis*.

**Sátiras** de Horacio (*c.* 41-35 y 35-30 a. J.C.). Son dieciocho y se inspiraron al principio en el realismo de Lucilio para adoptar después el tono burlón de un poeta cortesano. El autor propone la moral epicúrea del hombre honesto de la corte de Augusto.

**Satiricón,** novela de Petronio, mezcla de prosa y verso (s. I d. J.C.): relato realista de las andanzas de un joven libertino, durante el reinado de Nerón.

**SATLEDJ** → ***Sutlej.***

**SATŌ EISAKU,** político japonés (Tabuse, Yamaguchi, 1901-Tōkyō 1975), primer ministro de 1964 a 1972. (Premio Nobel de la paz 1974.)

**SĀTPURA** (*montes*), macizo montañoso de la India, al N del Decán; 1 350 m aprox.

**ŠAṬṬ AL-'ARAB,** r. de Oriente medio, que se forma en Iraq por la unión del Tigris y del Éufrates, y en su último tramo marca la frontera con Irán; 200 km. Pasa por Basora y Ābādān y desemboca en el golfo Pérsico. Palmerales en sus orillas.

**SATU MARE,** c. del NO de Rumania, cap. de distr., junto al Somes; 131 859 hab. Industrias mecánicas y textiles.

**SATURNO,** planeta del sistema solar situado a continuación de Júpiter (9,4 veces el diámetro ecuatorial de la Tierra; 95,2 veces su masa). Al igual que Júpiter está constituido principalmente de hidrógeno y helio. Está rodeado de un gran sistema de anillos constituidos por multitud de bloques de

**Saturno** y sus anillos (fotografía tomada por la sonda norteamericana Voyager 1, en 1980, desde una distancia de 21 millones de km)

hielo, mezclados con residuos de polvo, fragmentos minerales, etc. Se ha identificado alrededor de Saturno a una familia de más de veinte satélites.

**SATURNO,** antigua divinidad itálica, identificada con el *Cronos* griego. Expulsado del cielo por Júpiter, se refugió en el Lacio, en donde creó la *edad de oro.* Las fiestas celebradas en su honor se denominaban *saturnales.*

**Saucelle,** embalse de España (Salamanca), sobre el Duero, en el mun. de *Saucelle;* 169 $Mm^3$. Abastece la *central eléctrica de Saucelle* (240 MW).

**SAUCILLO,** mun. de México (Chihuahua); 31 095 hab. Industria química. Centro comercial.

**SA'ŪD (Ibn)** → ***'Abd al-'Azīz III ibn Sa'ūd.***

**SAUER,** en fr. **Sûre,** r. de Europa occidental, que nace en Bélgica, atraviesa Luxemburgo y forma frontera entre este país y Alemania antes de desembocar en el Mosela (or. izq.); 170 km.

**SAUERLAND,** región de Alemania, al S del Ruhr.

**SAÚL,** primer rey de los hebreos (*c.* 1030-1010 a. J.C.). Fue al principio un jefe local cuyos éxitos le permitieron afirmar su autoridad sobre las tribus israelitas, pero su derrota frente a los filisteos puso en peligro la unidad nacional.

**SAULT SAINTE MARIE,** nombre de dos ciudades gemelas –una, canadiense, centro siderúrgico de Ontario (72 822 hab.); otra, norteamericana, en Michigan (14 000 hab.). Metalurgia. Situadas junto al *río Sainte Marie.* – El *canal de Sault Sainte Marie* o *Soo Canal,* une los lagos Superior y Hurón.

**SAUMUR,** c. de Francia (Maine-et-Loire); 31 894 hab. Vinos. Castillo (ss. XIV-XVI). Iglesias románicas y góticas. Escuela nacional de equitación.

**SAURA** (Antonio), pintor español (Huesca 1930-Cuenca 1998). Cofundador del grupo El Paso (1957-1960), del surrealismo pasó a un informalismo gestual primero abstracto y luego ligado a una figuración austera y dramática (serie Retratos imaginarios).

**SAURA** (Carlos), director de cine español (Huesca 1932). Realizó un cine poblado de símbolos, apto para burlar la férrea censura franquista (*Los golfos,* 1959; *La caza,* 1965; *La madriguera,* 1969; *La prima Angélica,* 1973; *Cría cuervos,* 1975). Otras obras: *Elisa, vida mía* (1977), *Bodas de sangre* (1980), *El Dorado* (1987), *Ay, Carmela* (1990), *Marathon* (1992), *Dispara* (1993), *Tango* (1998).

**SAUSSURE** (Ferdinand **de**), lingüista suizo (Ginebra 1857-Vufflens, Vand, 1913), cuyo *Curso de lingüística general* (1916) fue el punto de partida del estructuralismo.

**SAUVY** (Alfred), demógrafo y economista francés (Villeneuve-de-la-Raho, Pyrénées-Orientales, 1898-París 1990), autor de importantes obras sobre población y crecimiento económico (*Teoría general de la población,* 2 vols., 1952-1954).

**SAVAIL,** la más extensa de las islas Samoa; 1 715 $km^2$; 39 900 hab.

**SAVANNAH,** c. y puerto de Estados Unidos (Georgia), junto al estuario del *río Savannah,* que desemboca en el Atlántico (505 km); 137 560 hab.

**SAVANNAKHET,** c. de Laos, en la or. izq. del Mekong; 51 000 hab. Industria alimentaria. Puerto fluvial.

**SAVARY** (Anne), *duque* **de Rovigo,** general francés (Marcq, Ardenas, 1774-Pau 1833). Se distinguió en Ostrołęka (1807). En 1808 Napoleón le envió a España y convenció a Fernando VII para que se desplazara a Francia, donde fue conminado a abdicar. Ese mismo año sucedió a Murat en el mando de las fuerzas francesas de la Península.

**SAVE** o **SAVA,** r. de la península de los Balcanes, afluente del Danubio en Belgrado, que nace en los Alpes eslovenos; 945 km.

**SAVIGNY** (Friedrich Karl **von**), jurista alemán (Frankfurt del Main 1779-Berlín 1861). Le fue encomendada la revisión del código de derecho prusiano y creó la escuela histórica alemana (*Tratado de derecho romano,* 1840-1849).

**SAVINIO** (Andrea **de Chirico,** llamado **Alberto**), escritor, compositor y pintor italiano (Atenas 1891-Roma 1952). Hermano de G. de Chirico, su narrativa posee un carácter fantástico cercano al surrealismo y se nutre de la cultura clásica (*Hermaphrodito,* 1918).

**SAVOIE,** dep. de Francia (Ródano-Alpes); 6 028 $km^2$; 348 261 hab. Cap. *Chambéry.*

**SAVONA,** c. y puerto de Italia (Liguria), cap. de prov., junto al golfo de Génova; 67 137 hab.

**SAVONAROLA** (Girolamo), dominico italiano (Ferrara 1452-Florencia 1498). Prior del convento de San Marcos de Florencia (1491), fue un predicador ardiente cuyos sermones atacaban la inclinación por el arte y las vanidades del mundo. Estableció en Florencia una nueva constitución, mitad teocrática, mitad democrática (1494-1497). Excomulgado por Alejandro VI y abandonado por el pueblo cansado de sus excesos, fue colgado y quemado.

**ŠAWIYYA** *(la),* llanura del Marruecos atlántico, traspaís de Casablanca.

**SAX,** v. de España (Alicante); 8 257 hab. *(Sajeños.)* Cultivos mediterráneos. Cuero y madera.

**SAX** (Antoine Joseph, llamado **Adolphe**), flautista y fabricante de instrumentos belga (Dinant 1814-París 1894), nacionalizado francés. Mejoró los instrumentos de viento y creó el *saxófono* (1845).

**SAY** (Jean-Baptiste), economista francés (Lyon 1767-París 1832), partidario del librecambismo y el liberalismo económico (*Tratado de economía política,* 1803).

**ṢAYDĀ'** o **SAÏDA,** ant. **Sidón,** c. y puerto del Líbano, junto al Mediterráneo; 70 000 hab. Ruinas de un castillo de los cruzados (s. XIII). — Fue conquistada por los árabes (637), quienes la convirtieron en uno de los puertos de Damasco.

**SAYRI TUPAC,** soberano inca del s. XVI [1554-1558]. Hijo legítimo y sucesor de Manco Cápac II, fue convencido por el virrey Cañete para que abandonara sus derechos al trono. Le sucedió su hermano Ṭitu Cusi Yupanqui.

**SAYULA,** c. de México (Jalisco); 24 603 hab. Jabón y productos lácteos. Yacimientos de carbón.

**SCALA (Della),** familia italiana, algunos de cuyos miembros, pertenecientes al partido gibelino, fueron señores o alcaldes de Verona. El más famoso, **Cangrande I** (Verona 1291-Treviso 1329), vicario imperial y jefe de los gibelinos en Lombardía, ofreció asilo a Dante exiliado.

**Scala Dei,** cartuja fundada por Alfonso II de Aragón en 1162 e instalada definitivamente en La Morera (Tarragona) donde se hallan sus ruinas (ss. XIII-XIV; reformas del s. XVIII). Fue la matriz de casi todas las cartujas de la península Ibérica.

**SCALFARO** (Oscar Luigi), político italiano (Novara 1918). Democratacristiano, varias veces secretario de estado y ministro (1983-1987), fue presidente de la república (1992-1999).

**SCALIGERO** → ***Escalígero.***

**SCANDERBERG, SCANDERBEG** o **SKANDERBERG** (Jorge **Castriota,** llamado), príncipe albanés (1405-Allessio 1468). Dirigió la lucha contra los otomanos y contó con el apoyo del papado, de Alfonso V de Aragón y de Venecia.

**Scapa flow,** base naval británica construida en 1914 en el archipiélago de las Orcadas, al N de Escocia; la flota alemana fue concentrada allí tras la victoria aliada de 1918 y fue hundida por sus propias tripulaciones el 21 de junio de 1919.

**Scaramuccia,** personaje de la commedia del' arte completamente vestido de negro, mezcla de espadachín y arlequín, popularizado en Francia como *Scaramouche.*

**SCARBOROUGH,** c. de Canadá (Ontario), zona suburbana de Toronto; 524 598 hab.

**SCARLATTI** (Alessandro), compositor italiano (Palermo 1660-Nápoles 1725). Uno de los fundadores de la escuela napolitana y maestro de capilla en la corte, fue autor de óperas destacables por sus oberturas y la calidad melódica de sus composiciones. Compuso un gran número de cantatas, oratorios y piezas para clave. – Su hijo **Domenico** (Nápoles 1685-Madrid 1757), clavecinista y compositor, vivió en la corte de Lisboa, y después en Madrid. Además de óperas, escribió cerca de 600 *Ejercicios* o sonatas para clave de gran virtuosismo.

**SCARPA** (Antonio), cirujano italiano (Motta di Livenza, Treviso, 1752-Pavía 1832). Describió numerosas estructuras anatómicas, fundamentalmente vasculares y nerviosas, que llevan su nombre.

**SCARRON** (Paul), escritor francés (París 1610-*id.* 1660). Puso de moda la poesía burlesca e imitó en sus comedias el teatro español (*La novela cómica,* 1651).

**SCÈVE** (Maurice), poeta francés (Lyon 1501-*id. c.* 1560), autor de una epopeya *(Microcosmos)* y de poesías amorosas *(Delia).*

**SCHAARBEEK,** en fr. **Schaerbeek,** mun. de Bélgica (Brabante); 102 702 hab. Centro industrial.

**SCHACHT** (Hjalmar), financiero y político alemán (Tingleff, Schleswig, 1877-Munich 1970). Presidente del Reichsbank (1924-1930 y 1933-1939) y ministro de Economía del Reich (1934-1937), fue encarcelado (1944-1945) y absuelto en el proceso de Nuremberg (1946).

**SCHAEFFER** (Pierre), compositor francés (Nancy 1910-Les Milles, Aix-en-Provence, 1995), uno de los iniciadores de la música concreta (*Sinfonía para un hombre solo,* con P. Henry, 1950), y autor de *Tratado de los objetos musicales* (1966).

**SCHAERER** (Eduardo), político uruguayo (Caazapá 1873-† 1941). Presidente de la república (1912-1916), durante su mandato fomentó la política agraria y las obras públicas.

**SCHAFFHAUSEN,** c. de Suiza, cap. del cantón homónimo; 32 225 hab. Catedral románica. — El *cantón de Schaffhausen* tiene 298 $km^2$ y 72 160 hab.

**SCHARNHORST** (Gerhard **von**), general prusiano (Bordenau, Hannover, 1755-Praga 1813), reorganizador del ejército prusiano, junto con Gneisenau (1807-1813).

**SCHEEL** (Walter), político alemán (Solingen 1919). Presidente del partido liberal (1968), vicecanciller y ministro de Asuntos Exteriores (1969), fue presidente de la R.F.A. (1974-1979).

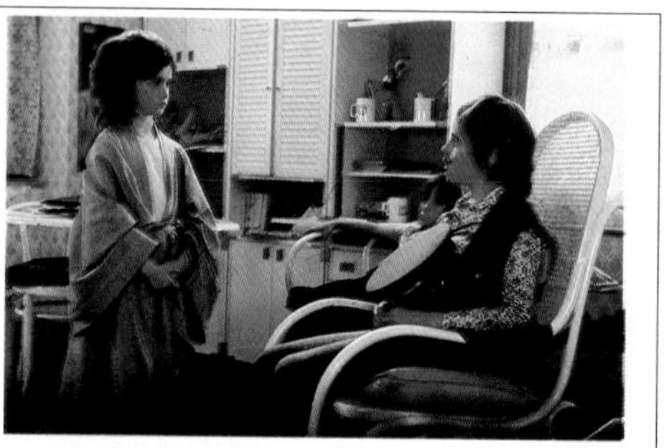

Carlos **Saura:** fotograma de *Cría cuervos* (1975)

Alessandro **Scarlatti** (biblioteca musical, Bolonia)

**SCHEELE** (Carl Wilhelm), químico sueco (Stralsund 1742-Köping 1786). Descubrió el oxígeno en 1773, el cloro, la glicerina y el ácido cianhídrico, y aisló diversos ácidos orgánicos, entre ellos el ácido láctico.

**Scheherazade** o **Scheherazada,** suite sinfónica de Rimski-Kórsakov (1889), inspirada en *Las mil y una noches.*

**SCHEIDT** (Samuel), compositor alemán (Halle 1587-*id.* 1654). Compuso música vocal y para órgano (*Tabulatura nova,* 1624).

**SCHEIN** (Johann Hermann), compositor alemán (Grünhain, Sajonia, 1586-Leipzig 1630), autor de una importante obra vocal profana y religiosa.

**SCHEINER** (Christoph), jesuita y astrónomo alemán (Wald, Suabia, 1575-Neisse, Silesia, 1650). Fue uno de los primeros en observar las manchas solares con una lente astronómica y estudió la rotación del Sol. Inventó el pantógrafo (1603).

**SCHELER** (Max), filósofo alemán (Munich 1874-Frankfurt del Main 1928). Autor de análisis fenomenológicos, dio un enfoque nuevo de la simpatía, la empatía (*Esencia y formas de la simpatía,* 1923).

**SCHELLING** (Friedrich Wilhelm Joseph **von**), filósofo alemán (Leonberg, Württemberg, 1775-Bad Ragaz, Suiza, 1854). Panteísta, inauguró, frente al formalismo de las filosofías del sujeto (Kant, Fichte), la era de las filosofías del absoluto, recuperando el sentido del arte, los mitos y los ritos (*Ideas para una filosofía de la naturaleza,* 1797; *Filosofía y religión,* 1804; *Las edades del mundo,* 1811).

**Schengen** *(acuerdos de),* acuerdos firmados en 1985 –y completados en 1990– en Schengen (Luxemburgo) por Alemania, Bélgica, Francia, Luxemburgo y Países Bajos, a los que se unieron posteriormente Italia, España, Portugal y Grecia, con vistas a la supresión progresiva de los controles en las fronteras para permitir la libre circulación de personas dentro del espacio comunitario así definido *(espacio Schengen).* Entraron en vigor en 1995 y fueron integrados en el tratado de Amsterdam en 1997. Austria se incorporó en 1998.

**SCHERCHEN** (Hermann), director de orquesta alemán (Berlín 1891-Florencia 1966), promotor de la música contemporánea.

**SCHIAFFINO** (Eduardo), pintor y crítico de arte argentino (Buenos Aires 1858-*id.* 1935). Publicó *La pintura y la escultura en la Argentina* (1933).

**SCHIAPARELLI** (Giovanni), astrónomo italiano (Savigliano 1835-Milán 1910). Demostró que los conjuntos de meteoritos están formados por restos de cometas (1886), aunque su fama sigue vinculada al descubrimiento, que creyó haber hecho, de canales en Marte (1877).

**SCHICKARD** o **SCHICKHARDT** (Wilhelm), científico alemán (Herrenberg 1592-Tubinga 1635). Inventó una máquina calculadora de ruedas dentadas con transferencia de las decenas (1623).

**SCHIDLOWSKI** (León), compositor chileno (Santiago 1931). Entre sus obras destacan: *Soliloquios* para ocho solistas (1961), *Llaqui,* elegía para orquesta (1965), *Golem* para violín solista y cinta magnetofónica (1975).

**SCHIEDAM,** c. y puerto de Países Bajos (Holanda Meridional) al O de Rotterdam; 70 207 hab.

**SCHIELE** (Egon), pintor y dibujante austríaco (Tulin, cerca de Viena, 1890-Viena 1918). Su intenso grafismo, mezcla de erotismo y morbidez, le convirtió en un maestro del expresionismo.

**SCHILLER** (Friedrich **von**), escritor alemán (Marbach 1759-Weimar 1805). Fue autor de dramas históricos, compromiso entre la tragedia clásica y el drama de Shakespeare (*Los bandidos,* 1782; *La conjura de Fiesco en Génova,* 1783; *Don Carlos,* 1787; *Wallenstein,* 1798-1799; *María Estuardo,* 1800; *La doncella de Orleans,* 1801; *La novia de Messina,* 1803; *Guillermo Tell,* 1804), de una *Historia de la guerra de los Treinta años* (1791-1793) y de poesías líricas (*Himno a la alegría,* 1785; *Baladas,* 1798). Sus teorías dramáticas influyeron en gran medida en los escritores románticos.

**SCHINKEL** (Karl Friedrich), arquitecto y pintor alemán (Neuruppin 1781-Berlín 1841). Discípulo de D. y F. Gilly, neoclásico (cuerpo de guardia y museo antiguo de Berlín), evolucionó hacia un eclecticismo de tendencia romántica.

**SCHIPA** (Raffaele Tito, llamado **Tito**), tenor italiano (Lecce 1889-Nueva York 1965). Su carrera se desarrolló principalmente en E.U.A. (Civic opera de Chicago, 1920-1932, y Metropolitan opera, hasta 1941).

**Schiphol,** aeropuerto de Amsterdam.

**SCHLEGEL** (August Wilhelm **von**), escritor alemán (Hannover 1767-Bonn 1845), miembro del primer grupo romántico alemán y autor de un *Curso sobre el arte dramático,* en el que condenaba la tragedia clásica. – Su hermano **Friedrich** (Hannover 1772-Dresde 1829), escritor y orientalista, fundó, con él, la revista *Athenaüm* (1798).

**SCHLEICHER** (August), lingüista alemán (Meiningen 1821-Jena 1868). Especialista en gramática comparada, intentó reconstruir el indoeuropeo primitivo (*Compendio de gramática comparada de las lenguas indoeuropeas,* 1861).

**SCHLEIERMACHER** (Friedrich), teólogo protestante alemán (Breslau 1768-Berlín 1834). Su teología de la experiencia religiosa, basada en el sentimiento y la intuición, encontró fuerte oposición; pero influyó en las corrientes teológicas modernas, tanto católicas como protestantes.

**SCHLESWIG-HOLSTEIN,** Land de Alemania, en la llanura del N y la parte meridional de Jutlandia; 15 720 km$^2$; 2 594 606 hab. Cap. *Kiel.* – En 1460 el rey de Dinamarca se anexionó a título personal el ducado de Schleswig (o Slesvig) y el condado de Holstein (ducado en 1474). En 1815 el congreso de Viena cedió los ducados de Holstein y Lauenburg al rey de Dinamarca, a título personal, en compensación por la pérdida de Noruega. Estos ducados fueron al mismo tiempo integrados en la Confederación germánica. Los intentos del rey de Dinamarca de anexionar los ducados a partir de 1843-1845 desencadenaron la guerra de los Ducados (1864), y más tarde la guerra austro-prusiana (1866). Prusia, que salió vencedora, se anexionó los ducados. En 1920, por un plebiscito, el norte de Schleswig fue devuelto a Dinamarca.

**SCHLICK** (Moritz), filósofo alemán (Berlín 1882-Viena 1936). Neopositivista, fue uno de los representantes más destacados del círculo de Viena.

**SCHLIEFFEN** (Alfred, *conde* **von**), mariscal alemán (Berlín 1833-*id.* 1913). Jefe de estado mayor de 1891 a 1906, dio su nombre al plan de campaña aplicado por Alemania en 1914.

**SCHLIEMANN** (Heinrich), arqueólogo alemán (Neubukow 1822-Nápoles 1890), descubridor de las ruinas de Troya y Micenas.

**SCHLÖNDORFF** (Volker), director de cine alemán (Wiesbaden 1939). Se dio a conocer con *El joven Törless* (1966), que confirmó el renacimiento del cine alemán. Posteriormente ha dirigido, entre otras películas, *El honor perdido de Katharina Blum* (1975), *El tambor de hojalata* (1979), *Un amor de Swann* (1984), *La muerte de un viajante* (1985), *Viejos recuerdos de Lousiana* (1987), etc.

**SCHLÜTER** (Poul), político danés (Tønder 1929). Presidente del partido conservador, fue primer ministro de 1982 a 1993.

**SCHMIDT** (Bernhard), óptico alemán (Naisaar, Estonia, 1879-Hamburgo 1935), inventor de un telescopio fotográfico de gran campo (1930).

**SCHMIDT** (Helmut), político alemán (Hamburgo 1918). Miembro del partido socialdemócrata, ministro de Defensa (1969-1972) y de Finanzas (1972-1974), fue canciller de la R.F.A. de 1974 a 1982.

**SCHNABEL** (Artur), pianista austríaco nacionalizado norteamericano (Lipnik 1882-Morschach, Suiza, 1951), intérprete destacado de Beethoven.

**SCHNEBEL** (Dieter), compositor y teórico alemán (Lahr 1930). Impuso medios de composición muy personales (participación colectiva, utilización de materiales ópticos, liberación de la voz): *Glosolalia,* 1961; *Mo-No,* 1969; *Maulwerke,* 1974.

**SCHNEIDER** (Rosemarie **Albach-Retty,** llamada **Romy**), actriz austríaca (Viena 1938-París 1982). Tras revelarse en el cine mediante la serie de *Sissi* (1955-1958), se impuso como una gran actriz y una estrella internacional (*El proceso,* de O. Welles, 1962; *Las cosas de la vida,* de C. Sautet, 1970; *Luis II de Baviera. El rey loco,* de L. Visconti, 1972).

**SCHNITZLER** (Arthur), escritor austríaco (Viena 1862-*id.* 1931), autor de obras dramáticas *(Un amorío)* y novelas *(La señorita Elsa)* que evocan la Viena de antaño.

**SCHOBERT** (Johann), compositor alemán (Silesia *c.* 1735-París 1767). Autor de sonatas y conciertos para clave, influyó en el joven Mozart.

**SCHÖFFER** (Peter), impresor alemán (Gernsheim, Hesse-Darmstadt, *c.* 1425-Maguncia 1502 o 1503). Socio de Fust y Gutenberg, perfeccionó la imprenta en colaboración con ellos.

**SCHOLEM** (Gershom), filósofo israelí (Berlín 1897-Jerusalén 1982), autor de numerosos estudios sobre la cábala.

**SCHÖMBERG** (Charles), militar francés de origen alemán (Nanteuil-le-Haudoin, Oise, 1601-París 1656), *duque* **de Halluin** y mariscal de Francia. Fue protegido de Luis XIII. Gobernador de Languedoc (1632), derrotó a los españoles (Leucata, 1636) y, durante la guerra de Separación de Cataluña, fue virrey del principado (1648-1650).

**SCHÖMBERG** (Frédéric Armand, *duque* **de**), mariscal de Francia (Heidelberg 1615-cerca del Boyne 1690), de origen alemán. Al servicio de Francia desde 1635, luchó en Portugal, España (Rosellón, 1674; Figueras, 1675) y los Países Bajos. Protestante, en 1685 se exilió a Inglaterra.

**SCHOMMER** (Alberto), fotógrafo español (Vitoria 1928). Conocido por sus retratos sicológicos y fotorreportajes, es miembro de la Real academia de bellas artes de san Fernando (1996).

**SCHÖNBERG** (Arnold), compositor austríaco (Viena 1874-Los Ángeles 1951). Teórico de la atonalidad, basada en el dodecafonismo serial, compuso *Gurrelieder* (1900-1911), *Pierrot lunaire* (1912), música de cámara (cuartetos para cuerda), y óperas (*Erwartung,* 1909; *Moisés y Aarón,* inacabada).

**Schönbrunn,** palacio del s. XVIII en los alrededores de Viena, ant. residencia de verano de los Habsburgo. Estancias decoradas; jardines.

**SCHONGAUER** (Martin), grabador alemán (Colmar *c.* 1450-Brisach 1491), autor de famosos grabados al buril *(La muerte de la Virgen, San Antonio)* muy admirados por Durero. Fue también pintor (*La virgen de la rosaleda,* 1473) y dibujante.

**SCHOPENHAUER** (Arthur), filósofo alemán (Danzig 1788-Franckfurt del Main 1860). Distinguió una voluntad de vivir común a todos los seres vivos, fuente de sufrimiento; consideró la obra de arte como el medio para superar este sufrimiento. Su estética marcó a Nietzsche e influyó en el s. XX. (*El mundo como voluntad y como representación,* 1818).

**SCHRÖDER** (Gerhard), político alemán (Mossenberg, Westfalia, 1944). Miembro del partido socialdemócrata, primer ministro de Baja Sajonia (1990-1998), fue elegido canciller en 1998.

**SCHRÖDINGER** (Erwin), físico austríaco (Viena 1887-*id.* 1961). En sus cuatro memorias publicadas en 1926 dio una formalización nueva de la teoría cuántica, introduciendo la ecuación fundamental que lleva su nombre y en la que se basan todos los cálculos de la espectroscopia. (Premio Nobel de física 1933.)

**SCHUBERT** (Franz), compositor austríaco (Lichtental [act. en Viena] 1797-*id.* 1828). Debe su celebridad a más de 600 lieder, de inspiración espontánea y profunda, a menudo de origen popular (*El rey de los elfos,* 1815; *La trucha,* 1817; *La joven y la muerte,* 1817; *La bella molinera,* 1823; *Viajes de invierno,* 1827). También es autor de diez sinfonías (entre ellas la «inacabada»), obras para piano y música de cámara (cuartetos, quintetos).

**SCHULTEN** (Adolf), historiador y arqueólogo alemán (Elberfeld 1870-Erlangen 1960). Estudioso de la arqueología hispana, dirigió la excavación de Numancia (1905-1912). Es autor de *Fontes Hispaniae antiquae* (1922) y *Tartessos* (1924).

**SCHUMAN** (Robert), político francés (Luxemburgo 1886-Scy-Chazelles 1963). Ministro de Asuntos Exteriores (1948-1953), fue el autor del plan (1951) sobre la creación de la Comunidad europea del carbón y del acero (CECA), precedente del Mercado común europeo.

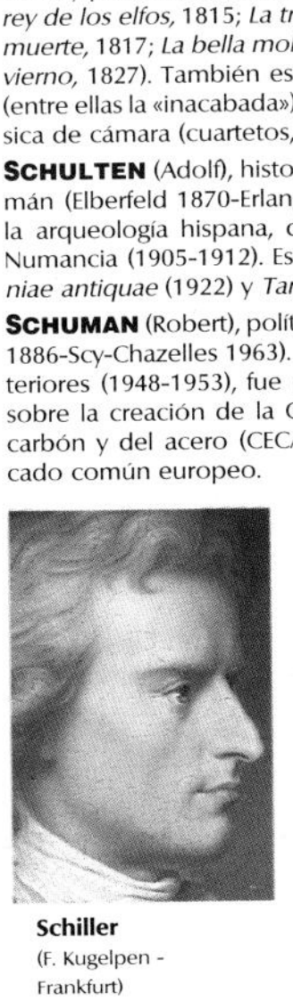

**Schiller**
(F. Kugelpen - Frankfurt)

Franz
**Schubert**
(por W. A. Rieder)

**SCHUMANN** (Robert), compositor alemán (Zwickau 1810-Endenich, cerca de Bonn, 1856). Estudió derecho pero luego se orientó hacia la música. Al principio escribió obras para piano (de 1829 a 1840) de carácter espontáneo, poético y lírico: *Carnaval* (1835), *Estudios sinfónicos, Escenas de niños, Fantasía Kreisleriana* (1838), *Álbum para la juventud* (1838). Tras su matrimonio con Clara Wieck, el período más sereno de su existencia, se consagró al lied: *Vida amorosa de una mujer.* A partir de 1841 amplió su horizonte y escribió música para orquesta y música de cámara (conciertos para piano y para violín).

**SCHUMPETER** (Joseph Alois), economista austríaco (Třešť, Moravia, 1883-Salisbury, Connecticut, 1950). Realizó importantes contribuciones sobre el papel del empresario, la innovación y el crecimiento.

**SCHUSCHNIGG** (Kurt **von**), político austríaco (Riva, lago de Garda, 1897-Muters 1977). Canciller de Austria en 1934, luchó contra el Anschluss (1938) y fue encarcelado de 1938 a 1945.

**SCHÜTZ** (Heinrich), compositor alemán (Köstritz 1585-Dresde 1672). Maestro de capilla del elector de Sajonia en Dresde, compuso numerosas obras religiosas (*Salmos de David,* 1619; *Resurrección,* 1623; *Musikalische Exequien,* 1636; *Siete palabras de Cristo, c.* 1645; tres *Pasiones*), en las que se fusionan el estilo polifónico del motete protestante y el lenguaje innovador de Monteverdi.

**SCHWÄBISCH GMÜND,** c. de Alemania (Baden-Württemberg); 58 892 hab. Iglesia-lonja de Santa Cruz (s. XIV), prototipo del gótico alemán tardío, obra de Heinrich Parler.

**SCHWANN** (Theodor), biólogo alemán (Neuss am Rhein 1810-Colonia 1882), autor de la teoría de la célula, constituyente fundamental del organismo animal (1839).

**SCHWARTZ** (Laurent), matemático francés (París 1915). Sus trabajos de análisis funcional le valieron la medalla Fields (1950). Es el fundador de la teoría de las distribuciones.

**SCHWARZ** (Berthold), monje alemán (Friburgo en Brisgau *c.* 1310-Venecia 1384). Aunque se le atribuyó erróneamente la invención de la pólvora para cañón, fue el que fundió los primeros cañones de bronce de los venecianos.

**SCHWARZENBERG** (Karl Philipp, *príncipe* **zu**), general y diplomático austríaco (Viena 1771-*id.* 1820). Estuvo al mando de los ejércitos aliados que vencieron a Napoleón en Leipzig (1813) e invadieron Francia (1814). – Su sobrino **Felix** (Krumau 1800-Viena 1852), canciller de Austria (1848-1852), restauró la autoridad de los Habsburgo y se opuso a la hegemonía de Prusia en Alemania.

**SCHWARZKOPF** (Elisabeth), cantante alemana (Jarocin, Posnania, 1915), nacionalizada británica. Gran intérprete de Mozart y Strauss.

**SCHWARZKOPF** (Norman), general norteamericano (Trenton, Nueva Jersey, 1932), que estuvo al mando de la coalición militar multinacional que derrotó a Iraq en la guerra del Golfo (1990-1991).

**Schwechat,** aeropuerto de Viena.

**SCHWEDT,** c. de Alemania (Brandeburgo), al NE de Berlín, junto al Oder; 52 569 hab. Refinerías de petróleo. Petroquímica.

**SCHWEINFURT,** c. de Alemania (Baviera), junto al Main; 56 636 hab. Centro industrial.

**SCHWEINFURTH** (Georg), viajero alemán (Riga 1836-Berlín 1925). Exploró los países del Nilo, Eritrea y Arabia del Sur. Fundó el instituto egipcio de El Cairo.

**SCHWEITZER** (Albert), médico, teólogo protestante y musicólogo francés (Kaysersberg 1875-Lambaréné 1965). Fundó el hospital de Lambaréné (Gabón) y publicó numerosas obras de musicología y de teología, influido por el liberalismo protestante. (Premio Nobel de la paz 1952.)

**SCHWERIN,** c. de Alemania, cap. del land de Mecklemburgo-Antepomerania; 129 492 hab. Centro industrial. Catedral gótica. Museo.

**SCHWITTERS** (Kurt), pintor, escultor y escritor alemán (Hannover 1887-Ambleside, Gran Bretaña, 1948). Su contribución al dadaísmo y al constructivismo se basa en collages, ensamblajes y construcciones Merz, realizados a partir de desechos, cuyo principio aplicó a la poesía fonética.

**SCHWYZ,** c. de Suiza, cap. del cantón homónimo; 12 872 hab. – El *cantón de Schwyz* tiene 908 $km^2$ y 111 964 hab. El nombre de Suiza deriva del cantón, que fue uno de los cantones originarios de la Confederación (1291).

**SCIASCIA** (Leonardo), escritor italiano (Racalmuto 1921-Palermo 1989). Su obra constituye, en los registros históricos (*Los tíos de Sicilia,* 1958; *El trinquete de la locura,* 1979), novelescos (*Todo modo,* 1974) o dramáticos (*El obispo, el virrey o los garbanzos,* 1970), una sátira de las opresiones sociales y políticas a través de la historia de Sicilia.

**SCILLY** *(islas),* archipiélago del SO de Gran Bretaña, entre el canal de la Mancha y el de Bristol.

**SCOLA** (Ettore), director de cine italiano (Treviso, Véneto, 1931), autor de obras llenas de delicadeza y austeridad (*El demonio de los celos,* 1974; *Una jornada particular,* 1977; *La nuit de Verennes,* 1982; *La familia,* 1987; *La sala de baile,* 1983; *Splendor,* 1989, etc.).

**SCORSESE** (Martin), director de cine norteamericano (Nueva York 1942). Sitúa la mayor parte de la acción de sus películas en la Norteamérica urbana y nocturna de los marginados (*Taxi Driver,* 1976; *New York, New York,* 1977; *El color del dinero,* 1986; *La última tentación de Cristo,* 1988; *Uno de los nuestros,* 1990; *El cabo del miedo,* 1992; *La edad de la inocencia,* 1993).

**SCORZA** (Manuel), escritor peruano (Lima 1928-Madrid 1983), autor de un ciclo novelístico sobre temas tradicionales andinos: *Balada* (*Redoble por Rancas,* 1970; *Historia de Garabombo el invisible,* 1972).

**SCOTLAND,** nombre inglés de Escocia.

**Scotland Yard (New),** sede de la policía londinense junto al Támesis, cerca del puente de Westminster. La creación de este organismo fue obra del ministro R. Peel (1829).

**SCOTT** (Robert Falcon), explorador británico (Devonport 1868-en la Antártida 1912). Dirigió dos expediciones a la Antártida (1901-1904 y 1910-1912) y murió durante el regreso de una expedición al polo sur, donde consiguió llegar un mes después de R. Amundsen.

**SCOTT** (*sir* Walter), escritor británico (Edimburgo 1771-Abbotsford 1832). Abogado y poeta apasionado por las leyendas escocesas *(El canto del último trovador; La dama del lago),* se hizo famoso desde la publicación de *Wawerley* (1814) por sus novelas históricas, que ejercieron una gran influencia en los escritores románticos *(La novia de Lammermoor; Ivanhoe; Quintín Durward; La hermosa doncella de Perth).*

**SCRANTON,** c. de Estados Unidos (Pennsylvania), en los Apalaches; 81 805 hab. Centro industrial.

**SCRIABIN** → ***Skriabin.***

**SCUTARI,** nombre italiano de Shkodër.

**Scutari** → ***Üsküdar.***

**S.D.N.** → ***Sociedad de naciones.***

**SEABORG** (Glenn), químico norteamericano (Ishpeming, Michigan, 1912-Berkeley 1999). Descubrió, junto con McMillan, el plutonio y elementos transuránicos. (Premio Nobel de química 1951.)

**SEARLE** (John Rogers), filósofo norteamericano (Denver, Colorado, 1932), autor de una teoría que pone de relieve las diferentes clases de intención que caracterizan la comunicación lingüística (*Actos de habla,* 1969).

**SEATTLE,** c. y puerto de Estados Unidos (Washington), junto al Puget Sound; 516 259 hab. (1 972 961 hab. en la aglomeración). Construcciones navales y aeronáuticas; industrias electrónicas. Centro universitario. Museos.

**SEBASTIÁN** *(san),* mártir romano (s. III). Oficial del ejército, fue denunciado como cristiano y asaeteado. Por lo común se le representa como un joven desnudo, atado a un árbol o a una columna y traspasado por las flechas.

**SEBASTIÁN** (Lisboa 1554-Alcazarquivir 1578), rey de Portugal [1557-1578]. Emprendió la primera expedición contra Marruecos (1574), fallida, e intentó vivamente convencer a Felipe II de España de la necesidad de organizar una nueva expedición, que llevó a cabo solo. Murió en la batalla de Alcazarquivir, aunque la leyenda popular dice que un día volverá *(sebastianismo).*

**SEBASTOPOL,** c. y puerto de Ucrania, en Crimea; 341 000 hab. Construcciones navales. Tras un largo asedio, la ciudad fue tomada por los franco-británicos en 1855 y por los alemanes en 1942.

**SEBHA,** oasis de Libia, en el Fezzán; 36 000 hab.

**SECCHI** (Angelo), jesuita y astrónomo italiano (Reggio nell'Emilia 1818-Roma 1878). Creador de la espectroscopia estelar, fue el primero en clasificar las estrellas según su espectro (1868).

**Secesión** *(guerra de)* [1861-1865], guerra civil de E.U.A. que, con motivo de la supresión de la esclavitud de los negros, enfrentó a los estados esclavistas del Sur –que formaron una confederación en Richmond [Estados confederados de América]–, llamados confederados o sudistas, y a los estados abolicionistas del Norte, llamados federales o nordistas. Estos últimos triunfaron tras una larga lucha que costó más de 600 000 muertos.

**SECO** (Manuel), gramático y lexicógrafo español (Madrid 1928). De su obra destacan *Metodología de la lengua y la literatura españolas en el bachillerato* (1961) y *Gramática esencial del español* (1972). [Real academia 1979.]

**SECUNDUS** (Jan **Everaerts,** llamado **Johanes**), humanista flamenco (La Haya 1511-Tournai 1536). Fue secretario del cardenal arzobispo de Toledo y acompañó a Carlos Quinto a Túnez (1534). Sus *Basia,* pequeños poemas eróticos en latín, fueron muy imitados en el s. XVI.

**seda** *(ruta de la),* itinerario de caravanas que comunicaba la región de las capitales chinas (próximas a la actual Xi'an) con Europa. Fue abierta en el s. II a. J.C. y abandonada a fines del s. XIII. Se convirtió en una vía de intercambios culturales entre las tradiciones helenísticas (Āy-Janūm) y las del mundo budista. Estaba jalonada por monasterios (Bāmiyān, Taxila, Yungang, Dunhuang, etc.).

**SEDAN,** c. de Francia (Ardennes); 22 407 hab. Escenario de la derrota de las tropas francesas frente a las prusianas (1 set. 1870), que comportó la caída de Napoleón III. En los inicios de la segunda guerra mundial fue el punto principal de la penetración alemana hacia el O (13 mayo 1940).

**SEDANO** (Alonso **de**), pintor castellano, activo a fines del s. XV, en cuya obra se combinan elementos del gótico hispanoflamenco y rasgos renacentistas (tesoro de la catedral de Burgos).

**SEDAVÍ,** mun. de España (Valencia); 8 069 hab. *(Sedavienses.)* Horticultura. Metalurgia ligera. Muebles.

**SEDECÍAS** († Babilonia 587 a. J.C.), último soberano del reino de Judá [597-587 a. J.C.]. Tras la destrucción de Jerusalén por Nabucodonosor (587), fue deportado a Babilonia.

**SEEBECK** (Thomas Johann), físico alemán (Reval, [act. Tallinn], 1770-Berlín 1831). Descubrió la termoelectricidad (1821) e inventó el polariscopio.

**SEECKT** (Hans **von**), general alemán (Schleswig 1866-Berlín 1936). Jefe de la Reichswehr (1920-1926), reorganizó el ejército alemán.

**SEFARAD,** nombre bíblico (libro de Abdías) relacionado tradicionalmente con la península Ibérica, aunque parece tratarse de Asia Menor.

**SEFARDÍ** (Mošé) → ***Alfonso*** (Pedro).

**SEFERIS** (Georgios **Seferiadis,** llamado **Georgios**), diplomático y poeta griego (Esmirna 1900-Atenas 1971). Conjugó los mitos antiguos con los problemas del mundo moderno (*Estrofa,* 1931; *Diario de a bordo,* 1940-1955). [Premio Nobel de literatura 1963.]

**Segadores** *(guerra de los)* → ***Separación de Cataluña*** (guerra de).

**SEGANTINI** (Giovanni), pintor italiano (Arco, Trento, 1858-Schafberg, Engadina, 1899). Pasó del naturalismo (escenas rurales) al neoimpresionismo y al simbolismo.

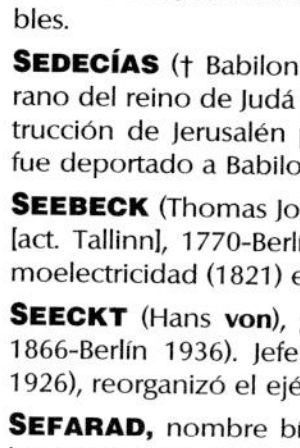

Walter **Scott** (galería nacional de retratos, Londres)

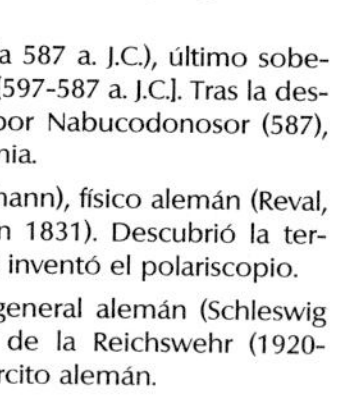

Anna **Seghers**

**SEGESTA,** ant. c. de Sicilia, en la costa NO del mar Tirreno. Aliada de Atenas y después de Cartago, fue destruida por Agatocles, tirano de Siracusa (307 a. J.C.). Durante las guerras púnicas fue aliada de los romanos. Templo dórico inacabado (fines del s. V a. J.C.) en un marco incomparable. Teatro de la época helenística.

**SEGHERS** (Hercules), pintor y grabador neerlandés (Haarlem 1589/1590-Amsterdam *c.* 1638). Uno de los grandes paisajistas de su época que, en sus grabados, combinó varios procedimientos para obtener planchas de un carácter visionario y dramático.

**SEGHERS** (Netty **Radvanyi,** llamada **Anna**), escritora alemana (Maguncia 1900-Berlín Este 1983). Contraria al régimen nazi, después de la guerra se estableció en la R.D.A., donde fue una destacada figura literaria (*La séptima cruz,* 1942).

**SEGISMUNDO** *(san)* [† cerca de Orleans en 523], rey de los burgundios [516-523], hijo de Gundebaldo. Renegó del arrianismo y se convirtió al catolicismo. Fue muerto por orden de Clodomiro.

**SEGISMUNDO de Luxemburgo** (Nuremberg 1368-Znaim 1437), rey de Hungría [1387-1437], rey de romanos [1411-1433], emperador germánico [1433-1437] y rey de Bohemia [1419-1437]. Hizo condenar al reformador checo Jan Hus, en el concilio de Constanza (1414), que él mismo había convocado. No fue reconocido rey de Bohemia hasta 1436.

**SEGISMUNDO I JAGELLÓN el Viejo** (Kozienice 1467-Cracovia 1548), gran duque de Lituania y rey de Polonia [1506-1548]. – **Segismundo II Augusto Jagellón** (Cracovia 1520-Knyszyn 1572), gran duque de Lituania y rey de Polonia [1548-1572]. Preparó la Unión de Lublin (1569). – **Segismundo III Vasa** (Gripsholm 1566-Varsovia 1632), rey de Polonia [1587-1632] y rey de Suecia [1592-1599].

**Segismundo,** protagonista de *La vida* es sueño* de Calderón de la Barca. Simboliza el triunfo del libre albedrío y del control moral sobre la fatalidad y el caos del instinto ciego.

**SEGÓBRIGA,** ant. c. de la península Ibérica, en el término municipal de Saelices (Cuenca), de origen celta. Aliada de Roma, fue tomada por Viriato (140-139 a. J.C.). Restos arqueológicos del doble recinto amurallado y de la basílica visigoda de Cabeza del Griego (s. VI).

**SEGORBE,** c. de España (Castellón), cab. de p. j.; 7 435 hab. (*Segorbinos, segobricenses* o *segobrigenses.*) Centro agropecuario y comercial. Textiles. Catedral e iglesia de San Pedro, góticas. Ruinas de la cartuja de Valdecristo.

**SEGORBE** *(señorío de),* antiguo título nobiliario aragonés concedido a los miembros de la casa real de Aragón. Fue establecido por Pedro III.

**SÉGOU** o **SEGU,** c. del SO de Malí, junto al Níger; 65 000 hab. Puerto fluvial y centro comercial.

**SEGOVIA,** nombre que se da en partes de su recorrido al río Coco* (Honduras y Nicaragua).

**SEGOVIA** *(provincia de),* prov. de España, en Castilla y León; 6 949 $km^2$; 146 554 hab. Cap. *Segovia.* P. j. de *Cuéllar, Santa María la Real de Nieva, Segovia* y *Sepúlveda.* Está situada en la Submeseta N, al SE de la cuenca del Duero, accidentada al S por las alineaciones del sistema Central (Guadarrama, Ayllón). Agricultura cerealista y ganadería (ovinos y bovinos) en las tierras llanas; explotación forestal e instalaciones turísticas en la Sierra.

**SEGOVIA,** c. de España, cap. de la prov. homónima y cab. de p. j.; 57 617 hab. *(Segovianos.)* Asentada sobre una colina, el alcázar domina un espolón que excavan los ríos Eresma y Clamores. Centro administrativo y comercial; industria ligera. Antigua ciudad vaccea, conserva el acueducto romano de época de Augusto, con dos hileras de arcos superpuestos. Del recinto amurallado sobresale el alcázar (ss. XI-XVI, reconstruido en el XIX). Bellas iglesias románicas y mozárabes. Catedral del gótico tardío. Palacios de los ss. XV-XVI. En las afueras, monasterio del Parral (s. XV). El acueducto romano y el conjunto histórico de Segovia fue declarado por la Unesco bien cultural del patrimonio mundial (1985).

**SEGOVIA,** mun. de Colombia (Antioquia); 20 862 hab. Yacimientos de cobre, plomo y cinc.

**SEGOVIA** (Andrés), guitarrista español (Linares 1894-Madrid 1987). A partir de los recitales que dio en París y Bruselas (1924) consolidó su reputación internacional, con un amplio repertorio de obras para guitarra o transcritas por él mismo para este instrumento.

**SEGOVIA** (Juan **de**), pintor castellano, activo durante la segunda mitad del s. XV, seguidor del gótico hispanoflamenco (*Virgen de la leche,* Prado).

**SEGOVIA** (Tomás), escritor mexicano de origen español (Valencia 1927). Su labor literaria se centra en la poesía, de temática generalmente amorosa (*Luz de aquí,* 1958; *Figura y secuencias,* 1979). Ha cultivado también la novela, el teatro y el ensayo.

**SEGRE,** r. de España, afl. del Ebro (or. izq.); 265 km. Nace en la ladera N del Puigmal, en Francia; en Pons, de donde arranca el canal de Urgel, recibe al Noguera Pallaresa (or. der.), pasa por Lérida y, tras recibir al Cinca (or. der.), desemboca en el Ebro aguas arriba de Mequinenza. Centrales eléctricas de Oliana, San Lorenzo y Serós.

**SEGRE** (Emilio), físico norteamericano de origen italiano (Tívoli 1905-Lafayette, California, 1989). Descubrió el tecnecio (primer elemento artificial) y el astato, y en 1955 realizó la producción del antiprotón en Berkeley. (Premio Nobel de física 1959.)

**SEGUÍ** (Antonio), pintor argentino (Córdoba 1934). Inscrito en la nueva figuración, su obra combina factura expresionista con elementos de signo conceptual (ilustraciones de numerosas revistas latinoamericanas).

**SEGUÍ** (Salvador), llamado **el Noi del Sucre,** anarcosindicalista español (Lérida 1890-Barcelona 1923). Dirigente de la C.N.T., promovió las huelgas de 1916 y 1917.

**SEGUIN** (Edouard), médico norteamericano de origen francés (Clamecy 1812-Nueva York 1880). Se interesó por la educación de los niños deficientes mentales y diferenció la idiocia de la demencia.

**SÉGUR** (Sophie **Rostopchín,** *condesa* **de**), escritora francesa (San Petersburgo 1799-París 1874), autora de novelas infantiles (*Memorias de un asno,* 1860; *Las desgracias de Sofía,* 1864).

**SEGURA,** r. de España, en la vertiente mediterránea; 341 km. Nace en Fuente Segura (Jaén) y desemboca cerca de Guardamar (Alicante). Sus aguas se aprovechan para el regadío (40 000 ha) y la producción eléctrica (80 MW de potencia). Una red de canales y embalses lo une al Júcar y, a través de éste, al Tajo (trasvase Tajo-Segura).

**seguridad** *(consejo de),* organismo de la Organización de las Naciones unidas, encargado de mantener la paz. Consta de 15 miembros, cinco de ellos permanentes (China, Francia, Gran Bretaña, Rusia y E.U.A.), con derecho de veto.

**SEI SHŌNAGON,** poeta japonesa (*c.* 965-1020 aprox.), autora de una especie de diario *(Notas de cabecera),* primera obra maestra del género *zuihitsu* (escritos a manera de pintura).

**SEIBO** *(provincia de* **El**), prov. de la República Dominicana; 2 989 $km^2$; 157 900 hab. Cap. *Santa Cruz de El Seibo.*

**SEIFERT** (Jaroslav), poeta checo (Praga 1901-*id.* 1986). Evolucionó desde una poesía revolucionaria y proletaria a un lirismo melancólico. (Premio Nobel de literatura 1984.)

**Seikan,** túnel ferroviario de Japón, en parte submarino, que une las islas de Honshū y de Hokkaidō (54 km).

**SEINE-ET-MARNE,** dep. de Francia (Île-de-France); 5 915 $km^2$; 1 078 166 hab. Cap. *Melun* (36 489 hab.).

**SEINE-MARITIME,** dep. de Francia (Alta Normandía); 6 278 $km^2$; 1 223 429 hab. Cap. *Ruán.*

**SEINE-SAINT-DENIS,** dep. de Francia (Île-de-France); 236 $km^2$; 1 381 197 hab. Cap. *Bobigny* (44 881 hab.).

**SEIPEL** (Ignaz), prelado y político austríaco (Viena 1876-Pernitz 1932). Presidente del partido socialcristiano (1921), fue canciller de Austria (1922-1924 y 1926-1929).

**Seis** *(grupo de los),* asociación fundada en París, en 1918, por seis compositores franceses, L. Durey, A. Honegger, D. Milhaud, F. Poulenc, G. Auric y G. Tailleferre, quienes, como reacción a la influencia de Debussy, tomaron como modelo a E. Satie.

**SEISTAN** → *Sīstān.*

**SEJANO,** prefecto del pretorio romano y favorito de Tiberio (Volsini [act. Bolsena] entre 20 y 16 a. J.C.-† 31 d. J.C.). Intrigó para suceder a Tiberio, pero éste lo hizo ejecutar.

**SEKONDI-TAKORADI,** c. y puerto de Ghana, al O de Accra; 255 000 hab. Centro comercial e industrial.

**SELA** (Sistema económico latinoamericano), organismo regional latinoamericano, constituido en Panamá en 1975, con sede en Caracas, para la integración económica regional y la defensa de una política económica común.

**SELANGOR,** estado de Malaysia, en la costa O, junto al estrecho de Malaca; 7 956 $km^2$; 1 831 000 hab. Cap. *Shah Alam.* Carbón y estaño.

**SELES** (Monica), tenista serbia (Novi Sad 1973), nacionalizada norteamericana. Ha ganado los torneos de Roland Garros (1990-1992), Masters (1990-1992), Flushing Meadow (1991, 1992) y open de Australia (1991, 1992, 1993, 1996).

**SELEUCIA,** nombre de varias ciudades del oriente helenístico fundadas por Seleuco I, entre las que destacan: *Seleucia de Pieria,* c. y puerto de Antioquía, y *Seleucia del Tigris,* en Mesopotamia, que eclipsó a Babilonia.

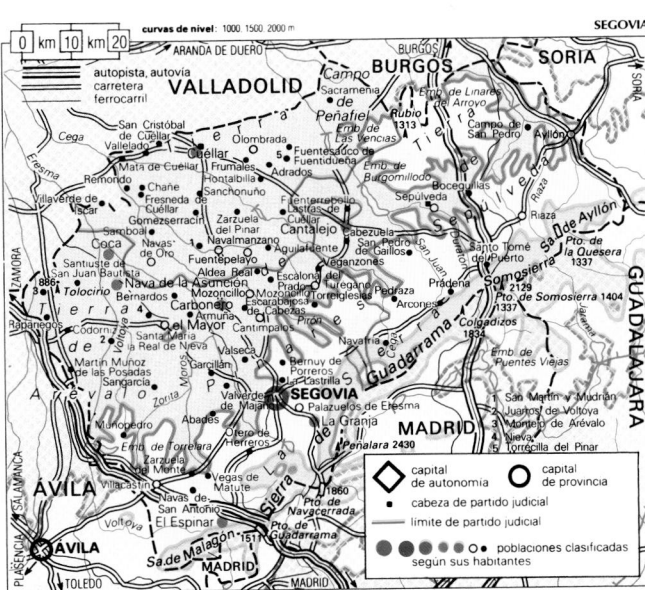

SEGOVIA

**SELÉUCIDAS,** dinastía helenística, que reinó de 312/305 a 64 a. J.C. Su imperio, que se extendía desde el Indo al Mediterráneo, se redujo finalmente a Siria, anexionada a Roma por Pompeyo (64 a. J.C.).

**SELEUCO,** nombre de seis reyes seléucidas, de entre los que destaca el fundador de la dinastía: **Seleuco I Nicátor** (Europo *c.* 355-cerca de Lisimaquia 280 a. J.C.). Rey desde 305, reconstituyó el imperio de Alejandro a excepción de Egipto y Grecia. Fundó numerosas ciudades griegas y estableció su capital en Antioquía, junto al Orontes.

**SELĪMI** o **SALĪM I el Cruel** (Amasía 1466-Constantinopla 1520), sultán otomano [1512-1520]. Conquistó Siria, Palestina y Egipto (1516-1517), y se hizo reconocer protector de las ciudades santas de Arabia. – **Selīm II** (İstanbul 1524-*id.* 1574), sultán otomano [1566-1574]. – **Selīm III** (İstanbul 1761-*id.* 1808), sultán otomano [1789-1807].

**SELINONTE,** ant. c. de Grecia, en la costa SO de Sicilia, muy próspera hasta el s. V a. J.C. Sufrió la dominación cartaginesa y las guerras púnicas. Ruinas de templos griegos.

**SELKIRK** *(montes),* cordillera del O de Canadá (Columbia Británica); 3 533 m.

**SELKIRK** (Alexander), marino escocés (Largo, Fifeshire 1676-en el mar 1721). En 1704, tras una disputa con su capitán, fue desembarcado en la isla desierta de Más a Tierra (archipiélago de Juan Fernández), donde sobrevivió hasta 1709. Su aventura inspiró el *Robinsón Crusoe* de Defoe.

**ŠELOMÓ DE TORRUTIEL** (Abraham **ben**), cronista hebraicoespañol (nacido en Torrutiel *c.* 1482). Relató la expulsión y el éxodo de los judíos de la península Ibérica en *Libro de la tradición* (1510).

**selva** *(El libro de la)* → ***libro de las tierras vírgenes*** *(El).*

**SELVA NEGRA,** en alem. **Schwarzwald,** macizo montañoso de Alemania (Baden-Württemberg), frente a los Vosgos, de los que lo separa la llanura del Rin; 1 493 m en el *Feldberg.*

**SELYÚCIDAS** o **SELŶŪQUÍES,** dinastía turca, que dominó en el oriente musulmán del s. XI al XIII. El imperio selyúcida, que se extendía por Irán, Iraq, Siria, Armenia y Asia Menor, se desmoronó en el s. XII. Tan sólo el sultanato de Rūm pervivió en Anatolia hasta 1308.

**SEM,** primogénito de Noé que, según la Biblia, fue el antepasado epónimo de los pueblos semitas.

**ŠEM ṬOB,** llamado también **Santos de Carrión,** escritor hebraicoespañol del s. XIV. Debe su fama a *Proverbios morales,* su única obra escrita en español, de carácter sapiencial, en la que exhorta al rey Pedro I a la benevolencia para la comunidad judía.

**Semana trágica,** nombre dado a la insurrección popular, en Barcelona y otras localidades catalanas, como reacción al envío de nuevas tropas a la guerra de Marruecos (26-31 julio 1909). La huelga inicial fue contestada con el estado de sitio y la ocupación de la ciudad por el ejército.

**SEMARANG,** c. y puerto de Indonesia, cap. de la prov. de Java Central, en la costa N de Java; 1 027 000 hab. Centro industrial.

**SÉMELE,** diosa griega amante de Zeus y madre de Dioniso.

**SEMERU,** volcán de Java (Indonesia), punto culminante de la isla; 3 676 m.

**Seminara** *(batallas de),* combates que tuvieron lugar cerca de esta ciudad italiana (Reggio Calabria). En 1495, las tropas francesas del gobernador de Calabria derrotaron al Gran Capitán, pero en 1503 la victoria española le aseguró la posesión de Calabria.

Ramón
J. **Sender**

Lucio Anneo
**Séneca**
(casa Rubens, Amberes)

**SEMIPALÁTINSK,** c. de Kazajstán, cap. de región, junto al Irtish; 334 000 hab. Centro industrial.

**SEMÍRAMIS,** reina legendaria de Asiria, esposa de Ninos, a quien la tradición griega atribuye la fundación de Babilonia y sus jardines colgantes.

**SEMMELWEIS** (Ignác Fülöp), médico húngaro (Buda 1818-Viena 1865). Preconizó la asepsia durante el parto y reconoció, antes que Pasteur, el carácter infeccioso de la fiebre puerperal.

**SEMMERING,** puerto de los Alpes austríacos, utilizado por la carretera y el ferrocarril que va de Viena a Trieste y Zagreb; 980 m.

**SEMPÉ** (Jean-Jacques), dibujante de humor francés (Burdeos 1932), agudo y tierno, critica el absurdo de la vida actual.

**SEMPRÚN** (Jorge), político y escritor español en lengua española y francesa (Madrid 1923). Dirigente del partido comunista en el exilio (1953-1964), es autor de una serie de novelas, en francés, centradas en su memoria histórica como activista político, y de una autobiografía política en castellano, así como de varios guiones cinematográficos. Fue ministro de cultura en España entre 1988 y 1991. (Academia Goncourt 1996.)

**SEN** (Mrinal), director de cine indio (Faridpur, Bangladesh, 1923). Precursor del llamado nuevo cine indio con *El señor Shome* (1969), es un crítico radical de la sociedad india (*Calcutta 71,* 1972; *Los marginales,* 1977; *Un día como los demás,* 1979; *Las ruinas,* 1984; *De pronto un día,* 1989).

**SENA,** en fr. **Seine,** r. de Francia, que riega la mayor parte de la Cuenca de París; 776 km. Nace en la meseta de Langres, a 471 m de alt., atraviesa el S de la Champaña y París, describiendo después grandes meandros, y desemboca, formando un estuario, en el canal de la Mancha, al S de El Havre.

**SENAHÚ,** mun. de Guatemala (Alta Verapaz), avenado por el Candelaria; 27 214 hab. Café. Vacunos.

**SENANAYAKE** (Don Stephen), político cingalés (Colombo 1884-*id.* 1952). Primer ministro (1947), continuó en el cargo tras la independencia de Ceilán (1948-1952).

**SENAQUERIB,** rey de Asiria (705-680 a. J.C.). Mantuvo la hegemonía asiria a pesar de los ataques de los medos y los arameos. Arrasó Babilonia (689), que había recuperado su independencia. Emprendió grandes obras en Nínive, la capital de su reino.

**SENDAI,** c. de Japón (Honshū); 918 398 hab. Metrópoli del N de la isla.

**SENDER** (Ramón José), escritor español (Chalamera, Huesca, 1901-San Diego, California, 1982). Sus novelas tienen una visión satírica y descarnada de la realidad. Escribió obras sobre la guerra civil (*Réquiem por un campesino español,* 1960), de temas americanos (*La aventura equinoccial de Lope de Aguirre,* 1968), de evocación autobiográfica (*Crónica del alba,* 1942) y fabulaciones alegórico-simbólicas (*En la vida de Ignacio Morel,* 1969, premio Planeta).

**Sendero luminoso,** organización guerrillera peruana de tendencia maoísta, fundada por Abimael Guzmán en 1978.

**SÉNECA,** llamado **Séneca el Viejo** o **el Retórico** (Córdoba *c.* 60 a. J.C.-Roma *c.* 39 d. J.C.), autor de *Controversias,* valiosos documentos sobre la educación oratoria en el s. I.

**SÉNECA** (Lucio Anneo), escritor, filósofo y político latino (Córdoba *c.* 4 a. J.C.-65 d. J.C.), hijo del anterior. Senador durante el reinado de Calígula, fue preceptor de Nerón. Estuvo implicado en la conjura de Pisón y se cortó las venas por orden del emperador. De su obra conservada destacan sus tratados filosóficos *(Diálogos; La clemencia),* obras de tono moral y sus nueve tragedias *(Hércules furioso; Las troyanas; Las fenicias; Medea; Fedra; Edipo; Agamenón; Tiestes,* y *Hércules en el Eta).* Su ideario estoico, que exalta la autosuficiencia del individuo y pone como ideal al varón fuerte capaz de sobreponerse para alcanzar la paz del ánimo *(De la tranquilidad del alma),* ejerció una considerable influencia en el pensamiento posterior.

**SENEFELDER** (Aloys), inventor austríaco (Praga 1771-Munich 1834). Descubrió la técnica de la litografía (1796-1799).

**SENEGAL,** r. de África que nace en Futa Ŷallon, atraviesa el SO de Malí, forma frontera entre Mauritania y Senegal, y desemboca en el Atlántico; 1 700 km.

**SENEGAL,** estado de África occidental, al S del río *Senegal;* 197 000 km²; 7 500 000 hab. *(Senegaleses.)* CAP. *Dakar.* LENGUA OFICIAL: *francés.* MONEDA: *franco C.F.A.*

GEOGRAFÍA

Senegal es un país llano, de clima tropical, y cuya población está concentrada en el O del país. Los dos tercios de la población activa se dedican a la agricultura (cacahuetes, arroz, mijo y ganadería). Industria, en la península de Cabo Verde. Fosfatos. El turismo no consigue paliar el déficit comercial.

HISTORIA

S. XIV: el país estaba englobado dentro del imperio de Malí. S. XV: los portugueses llegaron a Cabo Verde, e instalaron factorías en sus costas (Rufisque). S. XVI: los holandeses fundaron la factoría de Gorea. S. XVII: los franceses fundaron Saint-Louis (1659) y ocuparon Gorea (1677). 1857: creación de Dakar. 1879-1890: Francia conquistó todo el país. 1895: Senegal ocupó un lugar privilegiado en el seno del imperio colonial francés.

***El Senegal independiente.*** 1958: después de un referéndum, Senegal se convirtió en una república autónoma en el seno de la Comunidad francesa. 1960: accedió a la independencia y su primer presidente fue Léopold S. Senghor. 1970: una enmienda constitucional instituyó un sistema tripartito. 1981: Senghor dimitió y Abdou Diouf le sucedió en el poder (reelegido en 1988 y 1993); se legalizó el multipartidismo. 2000: Abdulaye Wade fue elegido presidente.

**SENEGAMBIA,** confederación formada por los estados africanos de Senegal y Gambia de 1982 a 1989.

**SENGHOR** (Léopold Sédar), político y escritor senegalés (Joal 1906). Fue presidente de Senegal

SENEGAL

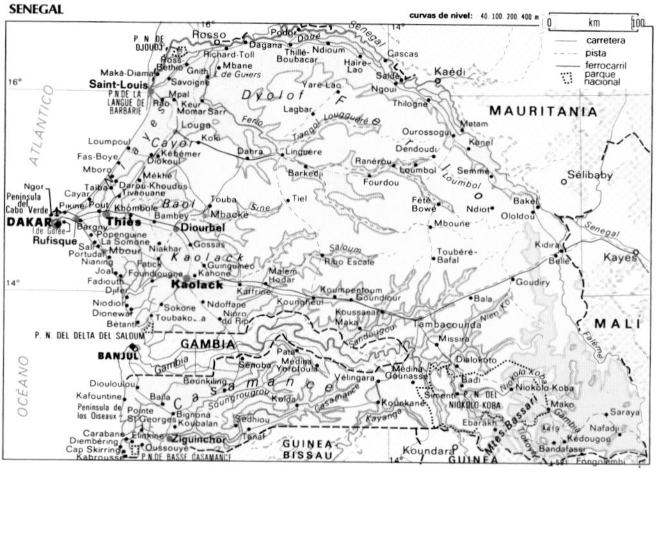

desde su independencia (1960) hasta que se retiró en 1980. Publicó ensayos y colecciones de poemas (*Etiópicas,* 1956; *Nocturnos,* 1961).

**SENGUERR,** r. de Argentina, en la Patagonia (Chubut), emisario de los lagos La Plata y Fontana; en su último tramo forma dos brazos que desembocan en los lagos Musters y Colhué-Huapí; 338 km.

**SENNA** (Ayrton), corredor automovilístico brasileño (São Paulo 1960-Bolonia 1994), campeón del mundo de fórmula 1 en 1988, 1990 y 1991.

**SENNETT** (Michael **Sinnott,** llamado **Mack**), director de cine norteamericano (Richmond, Quebec, 1880-Hollywood 1960). Fue el gran creador del cine cómico; produjo y dirigió numerosos cortometrajes cómicos. En 1912 fundó la Keystone company y lanzó a la mayoría de estrellas cómicas del cine mudo: Chaplin, Langdon, Fatty, W. C. Fields.

**SENSUNTEPEQUE,** c. de El Salvador, cap. del dep. de Cabañas; 31 739 hab. Agricultura y ganadería. Cobre. Industria (cerámica, vidrio y aguardiente).

**sentimiento trágico de la vida** *(Del),* obra filosófica de Miguel de Unamuno (1912). Pone de relieve la contradicción «trágica» entre las vertientes pasional y pensante del hombre (conflictos fe-razón y tiempo-eternidad).

**SENUSRET** o **SESOSTRIS,** nombre de tres faraones de la XII dinastía (ss. XX-XIX a. J.C.), entre los que destaca **Senusret III** (1887-1850), que realizó expediciones a Siria y a Nubia, donde fundó factorías egipcias hasta la tercera catarata.

**señor presidente** *(El),* novela de M. Á. Asturias (1946), inspirada en el dictador Estrada Cabrera.

**SEO DE URGEL** o **LA SEU D'URGELL,** c. de España (Lérida), cab. de p. j.; 11 195 hab. Centro comercial e industrial. Turismo. Fue residencia de los condes de Urgel y fortaleza militar. Catedral románica (s. XII). El obispo de Seo de Urgel es copríncipe de Andorra.

**SEOANE** (Luis), pintor, grabador y escritor español en lengua gallega (Buenos Aires 1910-La Coruña 1979). Su plástica tiende al expresionismo y la abstracción (murales en Buenos Aires). Su obra poética es de carácter testimonial: *Hato de exiliado* (*Fardel de eisiliado,* 1952).

**Separación de Cataluña** *(guerra de),* alzamiento secesionista catalán (1640-1652) contra la monarquía española, también llamado *guerra de los Segadores.* La oposición entre el conde duque de Olivares y los órganos de gobierno catalanes con respecto a la contribución de Cataluña al estado, y la posterior actuación del ejército mercenario castellano en Cataluña durante la guerra contra Francia (1635), provocaron la sublevación de los campesinos (1640), que tomaron Barcelona *(Corpus de sangre)* y asesinaron al virrey. Pau Claris se alió con Francia contra Felipe IV, pero la caída de Barcelona (1652) puso fin a la contienda. Por el tratado de los Pirineos (1659) Francia obtuvo el Rosellón y parte de la Cerdaña.

**Separación de Portugal** *(guerra de),* conflicto bélico desatado por la secesión de Portugal de la corona española, que enfrentó a este país y sus aliados (Inglaterra, Provincias Unidas, Francia, Suecia y Dinamarca) con España (1640-1668). En 1668 se firmó la paz y se reconoció la independencia portuguesa.

**SEPTENTRIONAL** *(altiplanicie),* región de México (Chihuahua, Durango y parte de Coahuila, Zacatecas y San Luis Potosí), entre las sierras Madre oriental y occidental, y el río Bravo al N. Constituye la porción N del altiplano Mexicano.

Léopold Sédar **Senghor**

fray Junípero **Serra** (monumento en Querétaro, México)

**SEPTIMANIA,** ant. región costera de la Galia meridional, entre el Ródano y los Pirineos, en la que se asentaron los visigodos en el s. V. Invadida por los musulmanes (725), fue anexionada al reino franco (759). Perteneció al reino de Aquitania (s. IX) y, sucesivamente, se convirtió en ducado y marquesado, con capital en Narbona. En el s. X se creó el ducado de Narbona dependiente del de Tolosa.

**SEPTIMIO SEVERO** (Leptis Magna 146-Eburacum [act. York] 211), emperador romano [193-211]. Entronizado por las legiones de Iliria, gobernó como monarca absoluto. Tomó Mesopotamia a los partos y fortificó la frontera N de Bretaña. Favoreció los cultos orientales.

**SEPÚLVEDA,** v. de España (Segovia), cab. de p. j.; 1 378 hab. *(Sepulvedanos.)* El conde Sancho García le otorgó un fuero latino, ratificado por Alfonso VI (1076). Ruinas del castillo. Iglesias románicas de El Salvador, Virgen de la Peña y San Justo.

**SEPÚLVEDA** (Juan Ginés **de**), historiador y eclesiástico español (Pozoblanco *c.* 1490-*id.* 1572 o 1573). Cronista de Carlos Quinto, es autor de *De rebus gestis Caroli Quinti* (30 vols.) y *De rebus Hispanorum gestis ad Novum Orbem,* en que se opuso al padre Las Casas.

**ser y el tiempo** *(El),* obra de Heidegger (1927), en la que el autor propone sustituir la metafísica por una auténtica reflexión ontológica sobre el ser.

**ser y la nada** *(El),* obra filosófica de J.-P. Sartre (1943), que analiza los problemas de la existencia del hombre en sus relaciones con el mundo (temporalidad y libertad), fundamentando la doctrina existencialista.

**SERAFÍ** (Pere), pintor y poeta español en lengua catalana (en Grecia 1505-Barcelona 1567). Su obra pictórica es renacentista. Como poeta, combinó la línea renacentista con la tradicional culta catalana medieval.

**Serafines** *(orden de los),* la más importante orden sueca, creada en el s. XIII.

**SERAING,** c. de Bélgica (Lieja); 60 838 hab.

**Serapeum,** necrópolis excavada cerca de Menfis en Egipto, que encierra en sus galerías subterráneas los sarcófagos de los bueyes Apis. Fue descubierta (1850-1851) por A. Mariette y en ella se han hallado gran número de estelas, sarcófagos y mobiliario funerario del Imperio nuevo.

**SERAPIS** o **SARAPIS,** dios griego-egipcio, cuyo culto, instituido a fines del s. IV a. J.C., reunía las religiones griega y egipcia; sus atributos fueron tomados de Osiris y de Zeus.

**SERBIA** o **SERVIA,** república federada de Yugoslavia; 55 968 km²; 5 744 000 hab. (*Serbios* o *servios.*) [88 361 km² y 9 464 000 hab. englobando las regiones de Vojvodina y Kosovo]. Cap. *Belgrado.*

GEOGRAFÍA

Situada en la or. der. del Danubio, constituye un país de colinas y de montañas medias, todavía muy rural. Su población está compuesta en más de un 60 % de serbios, no obstante también engloba a una importante minoría húngara en Vojvodina y sobre todo una amplia mayoría de origen albanés en Kosovo.

HISTORIA

***La Serbia medieval y otomana.*** La región, poblada por ilirios, tracios y posteriormente celtas, se integró en el s. II a. J.C. en el Imperio romano. Ss. VI-VII: fue sometida por los eslavos. 2.ª mitad del s. IX: los serbios fueron cristianizados bajo la influencia de Bizancio. *C.* 1170-*c.* 1196: Esteban Nemanja emancipó las tierras serbias de la tutela bizantina. 1217: su hijo Esteban I Nemanjić (*c.* 1196-1227) se convirtió en rey y creó la Iglesia serbia independiente. 1321-1331: Esteban VIII Uroš III Dečanski aseguró la hegemonía serbia en los Balcanes. 1331-1355: Esteban IX Uroš IV Dusǎn dominó Macedonia y Tesalia, y tomó el título de zar (1346). 1389: los serbios fueron derrotados por los turcos en Kosovo. 1389-1459: un principado de Serbia, vasallo de los otomanos, subsistió gracias al apoyo de los húngaros. 1459: Serbia se integró en el Imperio otomano. Ss. XV-XIX: para protestar contra el yugo otomano, algunos serbios se unieron a los «fuera de la ley» *(haïduks),* y otros huyeron hacia el N, hacia Hungría o el Adriático. La Iglesia serbia mantuvo la cultura nacional. 1690: los serbios abandonaron Kosovo para establecerse en Vojvodina.

***La liberación y la independencia.*** 1804-1813: los serbios se rebelaron conducidos por Karagjorgje. 1815: Miloš Obrenović (1815-1839; 1858-1860) fue reconocido como príncipe de Serbia por los otomanos. 1830: obtuvo la autonomía total. 1842-1889: sangrientas luchas enfrentaron a los Karagjorgjević y a los Obrenović, que se alternaron en el poder (Alejandro Karagjorgjević, 1842-1858; Miguel Obrenović, 1860-1868; Milan Obrenović, 1868-1889). 1867: las últimas tropas turcas evacuaron el país. 1878: Serbia obtuvo la independencia en el congreso de Berlín. 1882: Milan Obrenović fue proclamado rey. 1889: abdicó en favor de su hijo Alejandro (1889-1903). 1903: asesinato de Alejandro Obrenović; le sucedió Pedro Karagjorgjević (1903-1921), que inició un acercamiento a Rusia. 1908: tuvo que aceptar la anexión de Bosnia-Herzegovina por Austria. 1912-1913: Serbia participó en las dos guerras balcánicas y obtuvo la mayor parte de Macedonia. 1914: a consecuencia del atentado de Sarajevo, Serbia rechazó el ultimátum austríaco, desencadenando así la primera guerra mundial. 1915-1918: fue ocupada por las fuerzas de las potencias centrales y de Bulgaria.

***Serbia en el seno de Yugoslavia.*** 1918: se creó el reino de los serbios, croatas y eslovenos. 1921: Alejandro Karagjorgjević, que había asumido la regencia, ciñó la corona. 1929: el reino adoptó el nombre de Yugoslavia. 1945: Serbia constituyó una de las repúblicas federadas de Yugoslavia. Numerosos serbios vivían fuera de la república de Serbia, particularmente en Croacia (Eslavonia, Krajina) y en Bosnia-Herzegovina. 1986: Slobodan Milosević se convirtió en presidente de la Liga comunista serbia. 1989: una revisión de la constitución redujo la autonomía de Kosovo. 1990: el partido socialista serbio, ex comunista, ganó las primeras elecciones libres. S. Milosević fue elegido presidente. 1991-1992: Serbia se opuso a la independencia de Eslovenia, Croacia (hizo intervenir al ejército federal junto a las milicias serbias de Croacia), Bosnia-Herzegovina (apoyó a los secesionistas serbios) y Macedonia. Finalmente, formó, junto a Montenegro, la República Federal de Yugoslavia (1992). Milosević fue reelegido presidente y el país sufrió un embargo internacional, como consecuencia de su implicación en la guerra bosnia, levantado en 1995. 1997: tras el acceso de S. Milosević a la presidencia de Yugoslavia (julio), Milan Milutinović fue elegido presidente de la república (dic.). 1998: represión sangrienta contra los albaneses en Kosovo. 1999: un ataque militar de la O.T.A.N. obligó a Milosević a retirar las tropas serbias de Kosovo y a aceptar un régimen de autonomía bajo control internacional para la región. 2000: la victoria en las presidenciales de una coalición encabezada por Vojislav Kostunica obligó a Milosević a entregar el poder.

**SEREMBAN,** c. de Malaysia, al S de Kuala Lumpur; 136 000 hab.

**SERENA (La),** c. de Chile, cap. de la región de Coquimbo; 120 336 hab. Puerto exportador; astilleros. Fundición de cobre. Central térmica. Turismo (balneario Peñuelas). Museo arqueológico.

**Serena** (*embalse de* **La**), embalse de España, en el río Zújar (Badajoz, Ciudad Real y Córdoba). Es el mayor embalse de España (14 000 ha; 3 232 hm³).

**Serengeti** *(parque nacional del),* el mayor parque nacional de Tanzania (15 000 km²), al NO del país.

**SERGIO** († en 638), patriarca de Constantinopla [610-638], consejero de Heraclio I e inspirador del monotelismo.

**SERGIO Rádonezhski** o **de Rádonezh** *(san),* santo ortodoxo ruso (cerca de Rostov *c.* 1321-Serguéi Posad 1931). Hizo del monasterio de la Trinidad y de San Sergio el centro de la ortodoxia rusa.

**SERGIPE,** estado del NE de Brasil, junto al Atlántico; 21 994 km²; 1 492 400 hab. Cap. *Aracajú.*

**SERGUÉI POSAD,** de 1930 a 1991 **Zagorsk,** c. de Rusia, al NE de Moscú; 111 000 hab. Importante conjunto monumental del monasterio de la Trinidad y de San Sergio (ss. XV-XVIII).

**SERLIO** (Sebastiano), arquitecto italiano (Bolonia 1475-Lyon o Fontainebleau 1554-1555). Autor de un importante tratado de arquitectura, traducido en España por F. de Villalpando (1552). En 1541 se trasladó a Francia, donde trabajó en el palacio de Fontainebleau.

**SERPA PINTO** (Alexandro Alberto **da Rocha**), explorador portugués (Tendaes 1846-Lisboa 1900). Viajó por las regiones del curso superior del Zambeze y llevó a cabo la colonización de Mozambique y Angola.

**SÉRPUJOV,** c. de Rusia, al S de Moscú, a orillas del Oká; 144 000 hab. Observatorio astronómico. Centro de investigaciones nucleares.

**SERRA** (*beato* Junípero), llamado **fray Junípero Serra,** religioso y colonizador español (Petra 1713-San Carlos de Monterrey, California, 1784), nacido **Miguel Serra y Ferrer.** Ingresó en los franciscanos en 1730, y en 1749 fue enviado a Nueva España, desde la que partió en 1769 hacia la Alta California como responsable religioso de la expedición de Gaspar de Portolá; allí fundó las misiones de San Diego (1769), San Carlos de Monterrey (1770), San Francisco (1776) y San Gabriel (act. Los Ángeles). Fue beatificado en 1988.

**SERRA,** familia de pintores catalanes de los ss. XIV-XV. **Jaume** y **Pere,** únicos con obra conservada, son representantes de la pintura italogótica catalana, narrativa y delicada (relacionada con la de los Lorenzetti).

**SERRALLONGA** (Joan **Sala i**), bandolero español (Viladrau 1592-Barcelona 1634). Tuvo en jaque a los virreyes durante los reinados de Felipe III y Felipe IV. Apresado y ejecutado, su figura pasó al folklore y la literatura catalanes.

**SERRANO** (Emilio), compositor español (Vitoria 1850-Madrid 1939), autor de óperas (*Mitrídates,* 1882; *Gonzalo de Córdoba,* 1898), zarzuelas (*La Bejarana,* 1924) y música instrumental.

**SERRANO** (Francisco), *duque* **de la Torre,** militar y político español (Isla de León 1810-Madrid 1885). Participó en el ascenso y caída de Espartero en 1840 y 1842, y le apoyó de nuevo en 1854. Dos años más tarde colaboró en el pronunciamiento contrarrevolucionario. Presidente del gobierno y regente tras la caída de Isabel II (1868), fue también presidente del gobierno con Amadeo I (1871, 1872). Apoyó el golpe de estado de Pavía contra la primera república y presidió el ejecutivo (en.-dic. 1874).

**SERRANO** (Jorge), político guatemalteco (Guatemala 1945). En 1986 fundó el Movimiento de acción solidaria (M.A.S.). Elegido presidente de la república en 1991, en 1993, tras disolver el parlamento, fue obligado a dimitir por el ejército.

**SERRANO** (José), compositor español (Sueca 1873-Madrid 1941), autor de zarzuelas muy populares (*La reina mora,* 1903; *La canción del olvido,* 1916; *Los de Aragón,* 1927; *La Dolorosa,* 1930).

**SERRANO** (José Mariano), político boliviano (Chuquisaca 1788-† 1851). Representante de Chuquisaca, firmó el acta de independencia argentina (1817) y presidió la asamblea en la que se proclamó la independencia de Bolivia (1825).

**SERRANO** (Pablo), escultor español (Crivillén, Teruel, 1910-Madrid 1985), su obra en bronce y piedra, seudofigurativa (con caracteres expresionistas) o abstracta, busca la interacción entre los volúmenes sólidos y el espacio que los envuelve.

**SERRANO PONCELA** (Segundo), escritor español (Madrid 1912-Caracas 1976). Publicó ensayos sobre literatura española y narraciones (*Seis relatos y uno más,* 1954; *El hombre de la cruz verde,* 1970).

**SERRANO SÚÑER** (Ramón), político español (Cartagena 1901). Dirigente de la C.E.D.A., era cuñado de Franco, y participó en los primeros gobiernos de éste (1939-1942). Defendió la alineación con el Eje e impulsó la División azul. Escribió unas *Memorias* (1977).

**SERRAT** (Joan Manuel), cantautor español en lenguas castellana y catalana (Barcelona 1943). Integrante de la *nova cançó* catalana, en sus canciones conjuga vivencias íntimas y una visión agridulce de la sociedad.

**SERRATO** (José), político, ingeniero y economista uruguayo (Montevideo 1868-*id.* 1960). Miembro del Partido colorado, fue presidente de la república (1923-1927). Es autor de *Problemas económicos* (1902).

**SERRE** (Jean-Pierre), matemático francés (Bages, Pyrénées-Orientales, 1926). Ha estudiado fundamentalmente la teoría de los números y la topología algebraica. (Medalla Fields 1954.)

**SERRES** (Michel), filósofo francés (Agen 1930). Historiador de la ciencia, se ha interesado por los problemas de la comunicación y ha definido una filosofía dirigida tanto a la sensibilidad como a la inteligencia conceptual (*El contrato natural,* 1990).

**SERT** (José María), pintor español (Barcelona 1874-*id.* 1945). Centrado en la pintura mural monumental, su estilo es imaginativo e incluso expresionista pero ligado a la tradición de un Goya o un Tiépolo (catedral de Vic; hotel Waldorf y Rockefeller center, Nueva York). — Su sobrino **José Luis** (Barcelona 1902-*id.* 1983), arquitecto, se nacionalizó norteamericano. Formado con Le Corbusier y cofundador del G.A.T.E.P.A.C., partió de un racionalismo que matizó con la tradición mediterránea (pabellón español de la exposición internacional de París de 1937; fundación Miró, Barcelona).

**SERTORIO** (Quinto), general romano (Nursia *c.* 123-Osca, Hispania, 72 a. J.C.). Lugarteniente de Mario, fue nombrado pretor de Hispania Citerior (83 a. J.C.). Al instaurarse la dictadura en Roma, Sila le proscribió y tuvo que huir. Llamado por los lusitanos, regresó a la Península para dirigir la resistencia frente a Roma (80), que envió a la Península a Cneo Pompeyo, quien fue imponiéndose a Sertorio (75). Fue asesinado por su lugarteniente Perpenna.

**SÉRUSIER** (Paul), pintor y teórico francés (París 1864-Morlaix 1927). Difundió las ideas de Gauguin, a quien conoció en Pont-Aven, y fue uno de los teóricos del grupo de los nabis.

**SERVANDONI** (Giovanni Niccolò), arquitecto, decorador y pintor italiano (Florencia 1695-París 1766). Se estableció en París *c.* 1728. Muy barroco en sus decoraciones, como arquitecto fue uno de los primeros en rechazar este estilo (fachada de la iglesia San Sulpicio, París).

**SERVET** (Miguel), médico y teólogo español (Tudela o Villanueva de Sigena 1511-Ginebra 1553). En *De Trinitatis erroribus* (1531) expuso la doctrina unitaria de la Trinidad, condenada tanto por los católicos como por los protestantes. Estudió luego medicina en París, y en un tratado teológico, *Christianismo restitutio* (1553), al tratar de la introducción del espíritu divino en la sangre, señaló la existencia de la circulación pulmonar o menor. Denunciado a la Inquisición, huyó hacia Italia, pero en Ginebra fue reconocido, acusado de hereje por Calvino y condenado a la hoguera.

**SERVIA** → ***Serbia.***

**servicios distinguidos** *(orden de)* → ***Distinguished service order.***

**SERVIO TULIO,** sexto rey de Roma (según la tradición 578-535 a. J.C.). Se le atribuye la división de la sociedad romana en centurias y las murallas que rodeaban las siete colinas de Roma.

**SESOSTRIS** → ***Senusret.***

**SESSÉ** (Martín **de**), botánico español (Baraguás 1751-Madrid 1808). Fue director de la expedición botánica a Nueva España y del Jardín botánico de México (1787). Es autor con J. M. Mociño de *Plantae Novae Hispaniae* (1893) y de *Flora Mexicana* (1894).

**SESSHŪ,** monje pintor japonés (región de Bitchū, Okayama, 1420-Yamaguchi 1506). Lirismo japonés, realismo matizado y espiritualidad china se funden en la obra de este creador del paisaje en Japón (*Paisaje de Ama no Hashidate,* Tōkyō, Comisión para la protección de los bienes culturales).

**SESTAO,** mun. de España (Vizcaya); 35 537 hab. Centro industrial en la margen izquierda de la ría de Bilbao.

**SESTO SAN GIOVANNI,** c. de Italia (Lombardía), en el área industrial del N de Milán; 85 175 hab.

**SESTRIÈRE,** estación de deportes de invierno de Italia (Piamonte); alt. 2 035-2 850.

**SET,** personaje bíblico, tercer hijo de Adán y Eva, hermano de Caín y Abel.

**SÈTE,** c. y puerto de Francia (Hérault), junto al Mediterráneo; 41 916 hab. Escuela de hidrografía. Museo Paul Valéry.

**Setenta** *(versión de los),* la más antigua e importante traducción griega del Antiguo testamento, realizada entre 250 y 130 a. J.C. por los judíos del mundo griego; fue utilizada por la Iglesia cristiana antigua.

**SETI,** nombre de dos faraones de la XIX dinastía. El más importante fue **Seti I** (1312-1298 a. J.C.), padre de Ramsés II, que reconquistó Siria.

**setiembre** *(revolución del* **4 de)** [1870], jornada revolucionaria, en París, que siguió al anuncio del desastre de Sedan y que determinó la caída del Segundo imperio francés.

**setiembre de 1714 (11 de),** fecha en que las tropas de Felipe V, bajo el mando del duque de Berwick, tomaron Barcelona en la guerra de Sucesión. Desde 1886 este día es la fiesta nacional de Cataluña *(diada).*

**SÉTIF** → ***Stif.***

**SETO NAIKAI, MEDITERRÁNEO JAPONÉS** o **MAR INTERIOR,** parte del Pacífico, entre las islas japonesas de Honshū, Shikoku y Kyūshū.

**SETTAT,** c. de Marruecos, cap. de prov., en las mesetas del alto Sawiyya; 65 000 hab. Gran mercado agrícola.

**SETÚBAL,** c. y puerto de Portugal, en la orilla N del estuario del Sado; 83 548 hab. Ant. monasterio de Jesús (iglesia gótica y manuelina de fines del s. XV; museo). Conquistada por el duque de Alba (1580), de 1807 a 1808 fue ocupada por los franceses.

**SEÚL, SÖUL** o **KYÖNGSON,** c. y cap. de Corea del Sur, junto al Han; 10 612 277 hab. Centro administrativo e industrial. Museo nacional.

**SEURAT** (Georges), pintor y dibujante francés (París 1859-*id.* 1891). Neoimpresionista, utilizó los colores sin mezclar, yuxtaponiendo diversos toques aislados, que se sintetizan ópticamente en la retina del espectador (puntillismo o divisionismo): *El baño* (1884), *Un domingo de verano en la Grande Jatte* (1884-1885), *Las modelos* (1888).

**SEVÁN** *(lago),* lago de Armenia; 1 416 $km^2$.

**SEVERINI** (Gino), pintor italiano (Cortona, Arezzo, 1883-París 1966). En 1906 se instaló en París, donde fue el principal representante del futurismo, aunque se interesó también por el cubismo. Desde 1920 se consagró principalmente a la pintura religiosa y al mosaico.

**SEVERINO** *(san),* apóstol de Nórica († *c.* 482), originario de oriente, su cuerpo se venera en Nápoles.

**Seúl:** la puerta sur (reconstruida en los ss. XIX-XX) de las antiguas murallas del s. XVI

Georges **Seurat:** *Un domingo de verano en la Grande Jatte* (1884-1885). [Instituto de arte, Chicago.]

**SEVERN,** r. de Gran Bretaña, que desemboca en un largo estuario que prolonga el canal de Bristol (Atlántico); 290 km.

**SEVERO** (nacido en Iliria-† Roma 307), emperador romano [306-307]. Fue nombrado césar por Diocleciano, luego elevado al rango de augusto por Galero. Majencio lo venció y le dio muerte.

**SEVERO** (nacido en Lucania-† Roma 465), emperador romano de occidente [461-465].

**SEVERO ALEJANDRO** (Arca Caesarea, Fenicia, 205 o 208-Germania 235), emperador romano [222-235]. Fue partidario del sincretismo religioso y tolerante con el cristianismo. Fue muerto a raíz de una revuelta militar.

**SEVEROS,** dinastía romana (193-235) a la que pertenecieron los emperadores Septimio Severo, Caracalla, Geta, Heliogábalo y Severo Alejandro.

**SEVESO,** c. de Italia (Lombardía), al N de Milán; 17 672 hab. Contaminación química (dioxina) en 1976.

**SÉVIGNÉ** (Marie **de Rabutin-Chantal,** *marquesa* **de**), escritora francesa (París 1626-Grignan 1696). Sus *Cartas,* escritas a su hija durante más de treinta años, describen las costumbres de la época.

**SEVILLA** *(provincia de),* prov. de España, en Andalucía; 14 001 km$^2$; 1 638 218 hab. Cap. *Sevilla.* P. j. de *Alcalá de Guadaira, Carmona, Cazalla de la Sierra, Coria del Río, Dos Hermanas, Écija, Estepa, Lebrija, Lora del Río, Marchena, Morón de la Frontera, Osuna, Sanlúcar la Mayor, Sevilla* y *Utrera.* En el valle del Guadalquivir, jalonado por marismas en su tramo final. Agricultura de secano en el N y centro (cereales, olivo, vid) y de regadío en las marismas (arroz, remolacha). Reses bravas. Minería (carbón, cobre, cinc, plomo). Industrias en la capital.

**SEVILLA,** c. de España, cap. de Andalucía, cap. de la prov. homónima y cab. de p. j.; 704 857 hab. *(Sevillanos.)* Primer centro industrial, político-administrativo y de servicios de Andalucía. Puerto fluvial en el Guadalquivir. Aeropuerto. Turismo. Fundada por los turdetanos, *Hispalis* adquirió un gran auge en época romana y visigoda. Formó una taifa musulmana (reino de Sevilla*, 1035-1248). Fue punto de partida y llegada de las expediciones de América hasta 1717. De la época musulmana conserva restos de las murallas, la Giralda*, la torre del Oro*, y una parte del alcázar, reformado por los reyes cristianos (Reales Alcázares). En la arquitectura religiosa sobresalen la grandiosa catedral gótica (s. XV), con rico tesoro catedralicio, y numerosas iglesias barrocas. Entre los edificios civiles, el ayuntamiento plateresco, el archivo de Indias (ant. Lonja), la casa de Pilatos (s. XVI), la casa de las Dueñas (s. XV), el hospital de los Venerables (sala de exposiciones), el hospital de las Cinco llagas (parlamento andaluz) y el palacio de San Telmo (s. XVII), la antigua fábrica de tabacos (s. XVIII) y los edificios y realizaciones urbanísticas de la exposición iberoamericana de 1929 (plaza de España y parque de María Luisa) y de la universal de 1992 (Isla de la Cartuja, puentes). Numerosos e importantes museos: de bellas artes, arqueológico, de arte contemporáneo, del palacio de Lebrija, etc.

**SEVILLA** *(reino de),* entidad política surgida tras la caída del califato de Córdoba (1035). Dirigido por los abadíes, el reino sufrió las invasiones almorávides y almohades, hasta que fue conquistado por Fernando III (1248) e integrado en la corona de Castilla.

**SEVILLA,** mun. de Colombia (Valle del Cauca); 50 825 hab. Industrias extractivas (cobre, mercurio).

**SEVILLA** (Juan **de**), pintor español (Granada 1643-*id.* 1695), representativo del realismo barroco granadino de fines del s. XVII (*Inmaculada,* museo de Granada).

**SEVILLA DEL ORO,** antigua ciudad de la audiencia de Quito fundada por Juan de Salinas (s. XVI). Fue devastada en un ataque de los indios jíbaros.

**SÈVRES,** c. de Francia (Hauts-de-Seine); 22 057 hab. Oficina internacional de pesos y medidas. Manufactura de porcelana fundada en 1756. Museo nacional de cerámica.

**Sèvres** *(tratado de)* [10 ag. 1920], tratado firmado entre el Imperio otomano y los aliados, que reducía considerablemente el territorio otomano; este tratado se revisó y sustituyó en 1923 por el tratado de Lausana.

**SEXI,** antigua localidad de la península Ibérica (act. *Almuñécar*), fundada por los fenicios (¿s. VIII a. J.C.?) y ocupada por los cartagineses (s. VI a. J.C.).

**SEXTO Empírico,** filósofo y médico griego (¿Mitilene? s. II-III d. J.C.). Vivió en Alejandría y Atenas. Desarrolló una forma de escepticismo práctico con respecto a las ciencias; en medicina, preconizó la observación de los fenómenos patológicos para la elección de los remedios.

**SEYCHELLES,** estado insular del océano Índico, al NE de Madagascar, constituido por un archipiélago granítico; 410 km$^2$; 100 000 hab. CAP. *Victoria* (en la isla Mahé). LENGUAS OFICIALES: *criollo, francés* e *inglés.* MONEDA: *rupia de las Seychelles.* El archipiélago, ocupado por los franceses en 1756, pasó bajo control británico en 1814. Desde 1976 forma un estado independiente, miembro de la Commonwealth.

**SEYMOUR** (Edward), *duque* **de Somerset** (*c.* 1500-Londres 1552), hermano de Juana Seymour. Nombrado protector de Inglaterra (regente) durante la minoría de edad de Eduardo VI, consolidó la reforma protestante y se esforzó por ayudar a las clases populares. Fue derrocado por Dudley, encarcelado y ejecutado.

SEVILLA

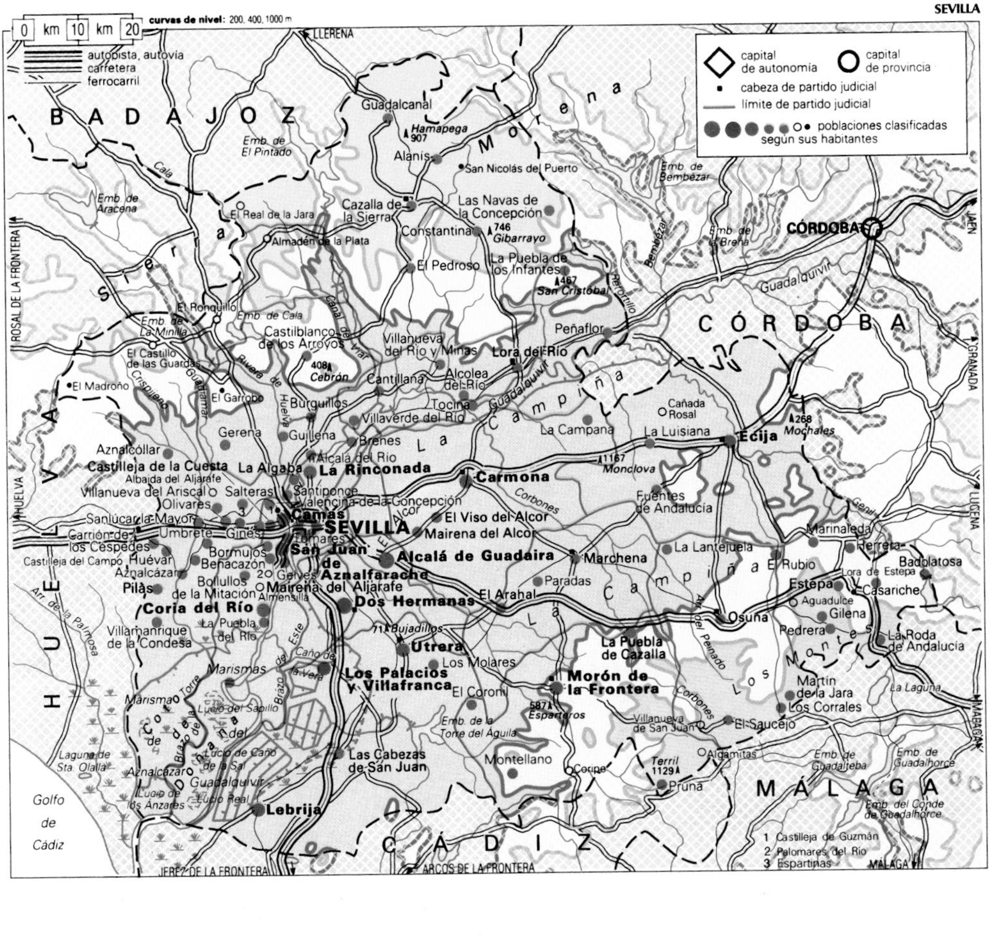

**SEYMOUR** (Juana) → ***Juana Seymour.***

**SFAX,** c. y puerto de Tunicia, en la costa N del golfo de Gabes; 232 000 hab. Química. Exportación de fosfatos. Murallas del s. IX. Gran mezquita (ss. IX-XI).

**SFORZA,** segunda dinastía ducal de Milán (1450-1535). Surgida con **Muzio** (o **Giacomo**) **Attendolo** (Cotignola 1369-cerca de Pescara 1424), condottiero italiano que sirvió a Milán, Florencia, Ferrara y Nápoles. Sus descendientes más conocidos son: **Francisco I** (San Miniato 1401-Milán 1466), duque en 1450, hijo de Muzio; – **Galeazzo María** (Fermon 1444-Milán 1476), hijo del anterior, duque en 1466, murió asesinado; – **Juan Galeazzo** (Abbiategrasso 1469-Pavía 1494), hijo de Galeazzo María, que reinó bajo la regencia de su madre, fue desposeído por su tío Ludovico (→ ***Ludovico* Sforza*** *el Moro*); – **Maximiliano** (1493-París 1530), hijo de Ludovico, duque en 1512, que fue derrotado en Marignano (1515) y tuvo que ceder sus estados al rey de Francia, Francisco I; – **Francisco II** (1495-1535), segundo hijo de Ludovico el Moro, que recuperó su ducado gracias a Carlos Quinto, a quien lo legó a su muerte.

**SHA ŶAHĀN** (Lahore 1592-Āgra 1666), soberano mongol de la India (1628-1658), que mandó construir el Tāŷ Maḥall.

**SHAANXI** o **SHEN-SI,** prov. de China del Norte; 200 000 km²; 28 904 000 hab. Cap. *Xi'an.* Carbón. Industria textil.

**SHABA** → ***Katanga.***

**SHACHE** → ***Yarkand.***

**SHACKLETON** (*sir* Ernest), explorador británico (Kilkee, Irlanda, 1874-en Georgia del Sur 1922). Intentó, sin éxito, llegar al polo S y murió durante una expedición.

**SHAFTESBURY** (Anthony **Ashley Cooper,** *conde* **de**), estadista inglés (Wimborne 1621-Amsterdam 1683). Jefe de la oposición whig a Carlos II y partidario de Monmouth, tuvo que huir a Holanda en 1682.

**SHĀJAHĀNPUR,** c. de la India (Uttar Pradesh); 237 663 hab. Nudo ferroviario y de carreteras.

**SHAJTI,** c. de Rusia, en el Donbass; 224 000 hab. Hulla.

**SHAKESPEARE** (William), poeta dramático inglés (Stratford-on-Avon 1564-*id.* 1616). Se dispone de tan poca información precisa sobre su vida, que algunos le han negado la paternidad de su obra y consideran que prestó su nombre a personajes ilustres, como Francis Bacon o el conde de Oxford: sin embargo, se sabe que era hijo de un comerciante arruinado, que se casó a los dieciocho años y que, en 1594, era actor y accionista de la compañía de los Lord Chamberlain's men. En 1598 se instaló en el teatro del Globo y, en 1613, se retiró a Stratford. Su obra, que comprende poemas (*Venus y Adonis*) y una recopilación de sonetos, es esencialmente dramática. En su teatro se pueden distinguir tres épocas: la juventud (1590-1600), marcada por un entusiasmo muy isabelino, que es la época de las comedias ligeras y los frescos históricos (*Enrique VI; Ricardo* III; La fierecilla* domada; Romeo* y Julieta; El sueño* de una noche de verano; El mercader de Venecia; Mucho ruido para nada; Julio César; Las alegres* comadres de Windsor; Como gustéis; Noche de Reyes*); una segunda época (1600-1608) en la que, por efecto de algunas decepciones políticas y personales, se alternan las grandes tragedias con algunas comedias (*Hamlet*; Otelo*; Macbeth*; El rey* Lear; Antonio* y Cleopatra; Coriolano; Timón de Atenas*); a partir de 1608, retorno al sosiego con las obras *Cimbelino; El cuento de invierno; La tempestad**. Su teatro, escrito para un público compuesto de gente del pueblo y aristócratas, sorprende por la variedad y el vigor del estilo, por la abundancia de los personajes y su diversidad social y sicológica, y por el dominio de la construcción dramática.

**SHAMIR** (Ytzhak), político israelí (en Polonia 1915), ministro de Asuntos Exteriores (1980-1986) y primer ministro (1983-1984; 1986-1992).

**SHAMPA** o **CHAMPA,** reino hindú de Indochina central, fundado en 192 en la región de Huê y que fue absorbido paulatinamente por Vietnam a partir de 1471; desapareció en 1822.

**SHAN** (*estado de los*) o **ESTADO SHAN,** estado del E de Birmania; 158 222 km²; 3 726 000 hab.

**SHANDONG** o **SHAN-TONG,** prov. de China oriental, junto al mar de la China; 150 000 km²; 74 840 000 hab. Cap. *Jinan.* Agricultura. Carbón.

**SHANGHAI,** c. y primer puerto de China, junto al río Huangpu, en la desembocadura del Yangzi Jiang. Constituye una municipalidad (6 000 km², 11 860 000 hab.) administrada directamente por el gobierno central. Primer centro industrial de China (química, metalurgia, construcciones eléctricas, textil y alimentación).

**SHANKAR** (Ravi), compositor e instrumentista de sitar indio (Benarés 1920), autor de conciertos para sitar y ballets.

**SHANNON,** principal r. de Irlanda, tributario del Atlántico; 368 km. Forma varios lagos.

**SHANNON** (Claude Elwood), matemático norteamericano (Gaylord, Michigan, 1916), autor, junto con W. Weawer, de *Teoría matemática de la comunicación* (1949).

**SHAN-TONG** → ***Shandong.***

**SHANTOU, SHAN-T'EU** o **SWATOW,** c. y puerto de China (Guangdong), en el delta del Han Shui; 500 000 hab.

**SHANXI** o **SHAN-SI,** prov. del N de China, entre Mongolia y la Gran Llanura; 156 000 km²; 25 291 000 hab. Cap. *Taiyuan.* Minas de hierro y de carbón.

**SHAPE** (abrev. de *supreme headquarters allied powers Europe*), cuartel general de la O.T.A.N. en Europa. Instalado en 1951 en Rocquencourt (Francia), su sede fue transferida, en 1967, a Casteau (act. en el mun. de Mons, Bélgica) al retirarse Francia del mando militar integrado.

**SHAPLEY** (Harlow), astrofísico norteamericano (Nashville, Missouri, 1885-Boulder, Colorado, 1972). Calibró la relación período-luminosidad de las cefeidas, descubierta por H. Leavitt, y pudo determinar así la distancia de numerosos conjuntos globulares y precisar la estructura de la Galaxia.

**SHÁPOSHNIKOV** (Borís Mijáilovich), mariscal soviético (Zlatoúst 1882-Moscú 1945). Jefe de estado mayor del ejército rojo (1937-1942), fue consejero militar de Stalin.

**SHARAKU** → ***Tōshūsai Sharaku.***

**SHARON,** llanura del litoral del estado de Israel, desde el monte Carmelo hasta la frontera egipcia.

**SHAW** (George Bernard), escritor irlandés (Dublín 1856-Ayot Saint Lawrence, Hertfordshire, 1950). Autor de novelas y ensayos, destacó por sus obras de teatro (*Héroes,* 1894; *Pigmalión,* 1913; *Santa Juana,* 1923), donde, con hábiles intrigas y chispeantes diálogos, combate con cáustica ironía los tabúes de la sociedad. (Premio Nobel de literatura 1925.)

**SHAWN** (Ted), bailarín y coreógrafo norteamericano (Kansas City, Missouri, 1891-Orlando, Florida, 1972), uno de los fundadores de la danza moderna norteamericana.

**She Ki** → ***Shiji.***

**SHE KIA-CHUANG** → ***Shijiazhuang.***

**She King** → ***Shijing.***

**SHE T'AO** → ***Shi Tao.***

**SHEBELI** o **ŠIBELI,** r. de Etiopía y de Somalia; 1 900 km aprox.

**SHEFFIELD,** c. de Gran Bretaña (Yorkshire), a orillas del Don; 536 000 hab. Centro metalúrgico. Museos.

**SHELLEY** (Percy Bysshe), poeta británico (Field Place, Sussex, 1792-en el golfo de La Spezia 1822), autor de ensayos, poemas (*La reina Mab; Prometeo liberado; Oda al viento del oeste*) y dramas (*Los Cenci*), en los que la inspiración romántica, imbuida del afán de unir al hombre y la naturaleza en un mismo ritmo vital, se combina con la influencia de Platón. – Su mujer, **Mary Wollstonecraft** (Londres 1797-*id.* 1851), es autora de la novela gótica *Frankenstein o el Prometeo moderno* (1818).

**SHEN ZHOU** o **SHEN-CHEU,** pintor chino (Suzhou 1427-1509). El más destacado pintor de la escuela Wu (escuela de letras de Suzhou), su obra es una interpretación fecunda de las obras de los maestros del pasado.

**SHENYANG,** ant. **Mukden,** c. de China, cap. de Liaoning; 4,5 millones de hab. aprox. Metrópoli del NE de China, centro administrativo, universitario e industrial.

**SHENZEN** o **SHEN-CHEN,** c. de China (Guangdong), al N de Hong Kong; 350 727 hab. Zona franca industrial.

**SHEPP** (Archie), saxofonista de jazz norteamericano (Fort Lauderdale, Florida, 1937), de raza negra. Se impuso como uno de los representantes de más talento del free jazz. En los años sesenta experimentó un espectacular cambio hacia las fuentes de la música afroamericana.

**SHERATON** (Thomas), ebanista y decorador británico (Stockton on Tees, Durham, 1751-Londres 1806), autor de obras sobre diseño de muebles y decoración.

**Sheremétievo,** aeropuerto internacional de Moscú.

**SHERIDAN** (Richard Brinsley), dramaturgo y político británico (Dublín 1751-Londres 1816). Autor de comedias (*Los rivales; La escuela de la maledicencia*), abandonó las letras por la política y formó parte de diversos ministerios whigs.

**SHERMAN** (William), general norteamericano (Lancaster, Ohio, 1820-Nueva York 1891), famoso militar federal de la guerra de Secesión: gran marcha hacia el mar (1864).

**SHERRINGTON** (*sir* Charles Scott), fisiólogo británico (Londres 1875-Eastbourne 1952), premio

**Shakespeare** (supuesto retrato - galería nacional de retratos, Londres)

**Shanghai:** un aspecto del antiguo barrio de las «concesiones internacionales» a orillas del Huangpu

George Bernard **Shaw**

Nobel de fisiología y medicina por sus investigaciones sobre el sistema nervioso (1932).

**SHETLAND** o **ZETLAND,** archipiélago británico al N de Escocia; 1 425 $km^2$; 23 000 hab. Cap. *Lerwick.* Terminal petrolera (Sullom Voe).

**SHETLAND DEL SUR** *(islas),* archipiélago al N de la península Antártica. En Chile pertenece a la Provincia Antártica Chilena en la XII Región de Magallanes y de la Antártica Chilena. Base de operaciones para flotas pesqueras.

**SHEVARDNADZE** (Eduard Ambrósievich, a partir de nov. de 1992, **Gueorgui**), político georgiano (Mamati 1928). Ministro de Asuntos Exteriores de la U.R.S.S. (1985-1990 y nov.-dic. 1991), en 1992 fue elegido presidente del consejo de estado de Georgia (marzo) y del parlamento (oct.), ejerciendo así la función de jefe de estado. En 1995 y 2000 fue reelegido presidente de Georgia.

**SHEVCHENKO** → ***Aktau.***

**SHEVCHENKO** (Tarás Grigorievich), poeta ucraniano (Morintsi [act. Zvenígorod] 1814-San Petersburgo 1861). Promotor de las ideas democráticas, fue el creador de la literatura nacional ucraniana.

**SHEWA** → ***Šoa.***

**SHI HUANGDI, SHE HUANG-TI, QIN SHI HUANGDI** o **TS'IN SHE HUANG-TI** (259-210 a. J.C.), primer emperador de China [221-210], fundador de la dinastía Qin (221-206). Unificó los países chinos y fue el creador del imperio (221). Junto a su túmulo funerario, cerca de Xi'an, se descubrió una réplica en terracota de su ejército (1974).

**SHI TAO** o **SHE T'AO,** pintor, calígrafo, poeta y teórico chino (en Guangxi 1641-† c. 1720). El más inventivo de los «individualistas» de la época Qing, es autor de un famoso *Discurso sobre la pintura.*

**Shiji** o **She Ki** *(Memorias históricas),* historia de China redactada por Sima Qian (fines del s. II y principios del s. I a. J.C.), compuesta de *Anales, Cuadros cronológicos,* monografías y biografías.

**SHIJIAZHUANG** o **SHE KIA-CHUANG,** c. de China, al SO de Pekín, cap. de Hebei; 1 070 000 hab. Nudo ferroviario y centro industrial.

**Shijing** o **She King,** uno de los cinco libros «clásicos» o «canónicos» chinos; antología de la antigua poesía china, recoge canciones de amor e himnos religiosos (ss. VI-II a. J.C.). Fue traducido al español con el título de *Romancero chino* (1985).

**SHIKOKU,** la menor y menos poblada de las cuatro islas principales del Japón, al S de Honshū; 18 800 $km^2$; 4 195 069 hab.

**SHILLONG,** c. de la India, cap. de Meghalaya, en la *meseta de Shillong;* 222 273 hab.

**SHIMAZAKI TŌSON,** escritor japonés (Magome 1872-Ōiso 1943). Poeta romántico en sus inicios, fue el líder del movimiento naturalista con su novela *Hakai (Felonía)* [1906].

**SHIMIZU,** c. y puerto de Japón (Honshū); 241 523 hab.

**SHIMONOSEKI** o **SIMONOSEKI,** c. y puerto de Japón (Honshū), en el *estrecho de Shimonoseki,* que separa Honshū de Kyūshū; 262 635 hab. Astilleros. – En ella se firmó un tratado [17 abril 1895] entre Japón y China al final de la guerra chino-japonesa, por el que China reconocía la independencia de Corea y cedía Formosa a Japón.

**SHISHA PANGMA** → ***Xixabangma.***

**SHIZUOKA,** c. de Japón (Honshū), cerca del Pacífico; 472 196 hab. Centro comercial, industrial y universitario.

**SHKODËR** o **SHKODRA,** en ital. **Scutari,** c. de Albania septentrional, junto al *lago Shkodër* o *Skadar;* 62 000 hab. Ciudadela medieval.

**SHLONSKY** (Abraham), escritor israelí en lengua hebrea (Kremenchug, Ucrania, 1900-Tel-Aviv 1973), adalid de la poesía israelí moderna *(Las piedras de la nada; El libro de las escalas).*

**SHO OYU** → ***Cho Oyu.***

**SHOLĀPUR,** c. de la India (Mahārāshtra), en la meseta del Decán, al SE de Bombay; 620 499 hab. Nudo ferroviario y de carreteras.

**SHOLES** (Christopher Latham), inventor norteamericano (Mooresburg, Pennsylvania, 1819-Milwaukee, Wisconsin, 1890). Inventó junto con S. Soulé y C. Glidden la máquina de escribir (1867).

**SHÓLOJOV** (Mijaíl Alexándrovich), escritor soviético (Vechénskaia, Ucrania, 1905-*id.* 1984), autor de *El Don apacible* (1928-1940) y de *Campos roturados* (1932-1960). [Premio Nobel de literatura 1965.]

**SHOSTAKÓVICH** (Dimitri), compositor soviético (San Petersburgo 1906-Moscú 1975). Escribió obras de circunstancia y de inspiración nacional, quince sinfonías y música para piano y de cámara.

**SHŌTOKU TAISHI** (573-622), título póstumo dado al *príncipe* **Umayado,** regente de Japón de 600 a 622. Favoreció la propagación del budismo e hizo entrar a Japón en la órbita cultural de China.

**SHQIPËRIA,** nombre albanés de Albania.

**SHREVEPORT,** c. de Estados Unidos (Luisiana); 198 525 hab. Centro de una región algodonera y forestal.

**SHREWSBURY,** c. de Gran Bretaña (Inglaterra), cap. del condado de Shorpshire, a orillas del Severn; 56 200 hab. Iglesias y mansiones medievales.

**SHUISKI,** familia noble rusa (ss. XV-XVII), separada del poder por Iván IV. Dio a Rusia un zar, Basilio Shuiski.

**SHUMWAY** (Norman Edward), cirujano norteamericano (Kalamazoo, Michigan, 1923), precursor de las técnicas quirúrgicas a corazón abierto y de los trasplantes cardíacos.

**sí de las niñas** *(El),* comedia en prosa de Leandro Fernández de Moratín (1806), sobre el tema de la libertad amorosa.

**SIALKOT,** c. de Pakistán (Panjāb), al N de Lahore, cerca de Cachemira; 296 000 hab.

**SIAM** *(golfo de),* ant. nombre del golfo de Tailandia.

**SIAM** → ***Tailandia.***

**SIAN** → ***Xi'an.***

**SIANG-KA'AN,** región costera de la península de Yucatán (México), declarada reserva de la biosfera por la Unesco; 5 000 $km^2$ aprox. Bosque tropical, manglar y arrecifes de coral. Fauna (felinos, mono araña). Yacimientos mayas.

**SIANG-T'AN** → ***Xiangtan.***

**SIBATÉ,** mun. de Colombia (Cundinamarca); 20 049 hab. Agricultura.

**ŠIBELI** → ***Shebeli.***

**SIBELIUS** (Johan Julius Christian, llamado **Jan**), compositor finlandés (Hämeenlinna 1865-Järvenpää 1957). De rica inspiración, compuso un concierto para violín, siete sinfonías, poemas sinfónicos *(Tapiola)* y música de escena de carácter romántico.

**SIBERIA,** en ruso **Sibir,** parte septentrional de Asia.

GEOGRAFÍA

Situada entre los Urales y el Pacífico, el océano Ártico y las cordilleras de Asia central, Siberia, que se extiende sobre 12,5 millones de $km^2$, es casi exclusivamente rusa (entra en Kazajstán). Las mesetas entre el Yeniséi y el Liena separan una región occidental, baja y pantanosa, de otra oriental, montañosa. El rigor del clima, con inviernos muy fríos y largos, se exacerba generalmente con la longitud y la latitud. El clima y la disposición del relieve explican la sucesión zonal de la vegetación: tundra, taigá y estepa. Las condiciones climáticas limitan las posibilidades agrícolas (aunque las estepas del SO están parcialmente explotadas) y han dificultado el poblamiento. Éste (25 millones de hab. aprox.), iniciado con la construcción del transiberiano, se ha desarrollado con rapidez, pero localmente, con la explotación de importantes recursos mineros (especialmente el carbón de Kuzbass) y con la construcción de grandes centrales hidráulicas (Bratsk, Krasnoiarsk) y la extracción de hidrocarburos, que han favorecido la implantación de la industria pesada.

PREHISTORIA E HISTORIA

Con la progresiva liberación de los hielos, Siberia fue cuna de numerosas culturas prehistóricas, entre ellas la de Malta (24 000-22 000 a. J.C.), con abundancia de estatuillas femeninas en marfil que figuran entre las más antiguas formas de arte mobiliario. En el E, las culturas del Baikal participaron en el neolítico chino. En algunas sepulturas principescas (ss. VI-II a. J.C.), encontradas al N de Altái, se encontró un rico mobiliario funerario con elementos decorativos semejantes a los de los escitas. 1428: nacimiento del kanato mongol de Siberia, a consecuencia del desmembramiento de la Horda de Oro. *C.* 1582: comienzo de la colonización rusa (expedición de Yermak). 1598: los cosacos destruyeron el kanato de Siberia. 1639: los rusos llegaron al mar de Ojotsk. 1860: China reconoció el dominio ruso sobre los territorios de Amur y del Ussuri. 1891-1916: construcción del transiberiano. 1918-1922: los soviéticos eliminaron a los ejércitos de Kolchak y a los japoneses.

**SIBIU,** c. de Rumania, en Transilvania; 169 696 hab. Restos de murallas y construcciones medievales. Museos.

**SIBIUDA** (Ramon), conocido también como **Ramón Sabunde,** filósofo, teólogo y médico catalán (¿nacido en Barcelona o Gerona?-Toulouse 1436). Próximo a las ideas de Llull, defendió en *Theologia naturalis seu liber creaturarum* (1434-1436) la contemplación de la naturaleza y del hombre como vía para acceder a las verdades reveladas.

**SICA** (Vittorio **de**), actor y director de cine italiano (Sora, Frosinone, 1901-París 1974). Representante del neorrealismo, entre sus realizaciones destacan *El limpiabotas* (1946), *Ladrón de bicicletas* (1948), *Milagro en Milán* (1951), *Umberto D* (1952), *Matrimonio a la italiana* (1964) y *El jardín de los Finzi-Contini* (1970).

**SICHUAN** o **SSÊ-CH'UAN,** la provincia más poblada de China; 569 000 $km^2$; 99 731 000 hab. Cap. *Chengdu.*

**SICILIA,** isla de Italia, en el Mediterráneo, que constituye una región formada por nueve provincias: Agrigento, Caltanissetta, Catania, Enna, Mesina, Palermo, Ragusa, Siracusa y Trapani; 25 708 $km^2$; 4 961 383 hab. *(Sicilianos.)* Cap. *Palermo.*

GEOGRAFÍA

El N de la isla, prolongación de los Apeninos, es montañoso, parcialmente volcánico (Etna) y bastante húmedo. El centro y el S, más secos, están formados por colinas. El litoral, donde se encuentran las ciudades principales (Palermo, Catania y Mesina), está jalonado por pequeñas llanuras. La densidad de población sigue siendo elevada, a pesar de la emigración. La agricultura está diversificada, la industria está poco desarrollada y el turismo está en auge.

HISTORIA

***La prehistoria y la antigüedad.*** III-II milenio. Sicilia estuvo poblada por los sicanos (en el O), los sículos (en el E) y los elinos (en el NO). S. IX a. J.C.: los fenicios la colonizaron. S. VIII: los griegos establecieron en la costa factorías comerciales y colonias de poblamiento. Ss. V-IV: Siracusa, fundada por Corinto (734), fue la principal ciudad de la isla, sobre la que ejerció su hegemonía. 212 a. J.C.: tras la expulsión definitiva de los cartagineses (primera guerra púnica), con la conquista de Siracusa por Marcelo Sicilia pasó a Roma, que la convirtió en su principal granero.

***La edad media.*** S. V d. J.C.: la isla sufrió sucesivamente las incursiones de los vándalos y de los ostrogodos. 535: Belisario reconquistó Sicilia para Bizancio. Ss. IX-X: la conquista árabe la transformó en un emirato próspero y convirtió a Palermo en un brillante centro de cultura islámica. 1061-1091: Roger de Hauteville, hermano de Roberto Guiscardo, estableció el dominio normando sobre la isla. S. XII: Sicilia se convirtió en el centro de una monarquía rica y poderosa, que extendió sus posesiones fuera de la isla y vio extenderse una civilización brillante y diversificada. 1194-1250: con la dinastía imperial de los Hohenstaufen, y especialmente con Federico II (1197-1250), la cultura siciliana mantuvo su esplendor. 1266: el papa coronó rey de Sicilia a Carlos I Anjou, hermano de Luis IX. 1282: tras levantarse contra la dominación francesa durante las Vísperas sicilianas, la isla fue conquistada por Pedro III de Aragón. 1442: Alfonso el Magnánimo, rey de la Corona de Aragón y de Sicilia, constituyó oficialmente con la corona de Nápoles y Sicilia, el reino de las Dos Sicilias.

***La época moderna y contemporánea.*** A la muerte de Alfonso, su hermano Juan heredó Sicilia y Nápoles pasó a un hijo bastardo. 1504: Fernando el Católico, heredero de Sicilia a la muerte de su padre, recuperó Nápoles, expulsó a los franceses y unió los dos reinos, que estuvieron bajo el dominio de España hasta los tratados de Utrecht y Rastadt (1713-1714). 1713: la isla fue adjudicada a la casa de Saboya. 1718-1734: dependió de la casa de Austria. 1734: se reconstituyó el reino de las Dos Sicilias con los Borbones de España. 1860: Sicilia se incorporó mediante plebiscito al reino de Italia. 1948: Castigada por la pobreza y la Mafia, recibió un estatuto especial de autonomía.

**SICIÓN,** ant. c. de Grecia (Peloponeso). Conoció un período brillante de 670 a 570 y en tiempos de la liga aquea (s. III a. J.C.). Ruinas de las épocas helenística y romana.

**SICUANI,** c. de Perú (Cuzco); 32 541 hab. Centro agropecuario. Industria alimentaria. Textiles.

**SIDA (Ibn),** filólogo hispanoárabe (Murcia 1007-Denia 1065), autor de un difundido diccionario ideológico de la lengua árabe.

**SIDI BEL ABBÈS,** c. de Argelia, cap. de vilayato; 154 745 hab. Guarnición de la Legión extranjera francesa (1843-1962).

**SIDI IFNI** → ***Ifni.***

**SIDNEY** (*sir* Philip), diplomático y escritor inglés (Penshurst 1554-Arnhem 1586), autor de sonetos y de una novela pastoril (*La Arcadia,* 1590).

**SIDÓN,** act. **Ṣaydā,** ant. c. de Fenicia, mencionada como capital de un reino cananeo (s. XV a. J.C.), rival de Tiro. Conoció su apogeo del s. XII al X a. J.C., y fue destruida por los asirios (677) y por los persas (343). Necrópolis.

**SIDONIO APOLINAR** *(san),* obispo (Lyon *c.* 431-Clermont-Ferrand *c.* 487). Fue prefecto de Roma y después patricio. Elegido obispo de Clermont, defendió Auvernia de los visigodos. Dejó una importante obra poética y epistolar.

**SIEGBAHN** (Manne), físico sueco (Örebro 1886-Estocolmo 1978). Estudió los espectros de los rayos X y descubrió su refracción. (Premio Nobel de física 1924.)

**SIEGEN,** c. de Alemania (Renania del Norte-Westfalia), a orillas del Sieg; 107 039 hab. Altos hornos.

**SIEMENS (von),** familia de ingenieros e industriales alemanes. – **Werner** (Lenthe, cerca de Hannover, 1816-Berlín 1892) instaló el primer tendido telegráfico europeo entre Berlín y Frankfurt (1848-1849), y realizó la primera locomotora eléctrica (1879). – **Wilhelm** (Lenthe 1823-Londres 1883), hermano del anterior. Emigró a Gran Bretaña (1844), donde perfeccionó el procedimiento de elaboración de acero. – **Friedrich** (Menzendorf 1826-Dresde 1904), hermano de los anteriores, ideó, junto con Wilhelm, el horno de regeneración para la fundición de acero y vidrio (1856).

**Siemens A. G.,** empresa alemana de construcciones eléctricas fundada en Berlín en 1847. Es una de las principales productoras de material eléctrico del mundo.

**SIENA,** ant. c. de Egipto, que cambió su nombre por el de Asuán después de la conquista árabe.

**SIENA,** c. de Italia (Toscana), cap. de prov.; 56 969 hab. *(Sieneses.)* El aspecto actual de la antigua ciudad es aún el de los ss. XIII y XIV. Catedral de los ss. XIII-XIV (púlpito de Nicola Pisano, pavimento historiado y numerosas obras de arte). En la famosa plaza del Campo, en forma de abanico, se halla el palacio comunal (s. XIV) con un alto campanile (frescos de S. Martini y A. Lorenzetti; relieves de la *Fuente Gaia* de Iacopo della Quercia). Iglesias y palacios. Museo de la obra de la catedral. *(Maestà* de *Duccio).* Pinacoteca.

**SIENKIEWICZ** (Henryk), novelista polaco (Wola Okrzejska 1846-Vevey, Suiza, 1916), famoso por su obra *Quo Vadis?* (1896). [Premio Nobel de literatura 1905.]

**SIERO,** mun. de España (Asturias), cab. de p. j.; 45 324 hab. Cap. *Pola de Siero* o *La Pola.* Ganadería (lácteos). Minería (fluorita). Siderurgia.

**SIERPINSKI** (Wacław), matemático polaco (Varsovia 1882-*id.* 1969), principal representante de la escuela matemática polaca moderna.

**SIERRA** (Terencio), general y político hondureño (Comayagua 1849-Tegucigalpa 1907), presidente de la república entre 1899 y 1903.

**SIERRA LEONA,** estado de África occidental; 72 000 km²; 4 300 000 hab. CAP. *Freetown.* LENGUA OFICIAL: *inglés.* MONEDA: *león.* En este país próximo al ecuador, de clima tropical húmedo, predominan las industrias extractivas (hierro, bauxita y diamantes) sobre los cultivos comerciales (café y cacao).

HISTORIA

1462: el portugués Pedro de Sintra descubrió la península, entonces ocupada por el reino Sapes, y le dio su nombre actual (Serra Leõa). S. XVI: guerreros de origen mandé, procedentes del traspaís, invadieron la región y abastecieron de esclavos a los negreros europeos. S. XVII: los comerciantes británicos desplazaron a los portugueses. 1787: como consecuencia de las campañas antiesclavistas, el gobierno británico creó Freetown para los primeros esclavos libertos de Nueva Inglaterra y las Antillas. 1808: Sierra Leona se convirtió en colonia de la corona. S. XIX: el interior del país constituyó un protectorado, entidad distinta de la colonia, mientras se fijaba la frontera con Liberia y Guinea. 1924: Sierra Leona fue dotada de constitución. 1947: segunda constitución que entró en vigor en 1951. 1961: Sierra Leona accedió a la independencia dentro del marco de la Commonwealth. 1971: tras diez años de inestabilidad política, se proclamó la república; su presidente, y al mismo tiempo primer ministro, fue Siaka Stevens, que instauró un sistema de partido único en 1978. 1985: el general Joseph Momoh sucedió a S. Stevens, que dimitió. 1992: a pesar de la transición democrática emprendida en 1991, el general Momoh fue derrocado por un golpe de estado militar, liderado por el capitán Strasser. 1996: nuevo golpe de estado militar que condujo a elecciones presidenciales bajo observación internacional; Ahmad Tejan Kabbah fue elegido presidente. 1997: otro golpe de estado apartó del poder a A. Tejan Kabbah, repuesto en el cargo tras la intervención militar interafricana, en 1998.

**SIERRA O'REILLY** (Justo), escritor, abogado y político mexicano (Tixcacaltuyú, Yucatán, 1814-Mérida 1861). Organizó la alianza de los estados sureños contra el centralismo (1841). Fundó periódicos y escribió novelas, crónicas de viajes y obras históricas. – Su hijo **Justo Sierra Méndez** (Campeche 1848-Madrid 1912) fue embajador en Madrid y autor de ensayos históricos (*Evolución política del pueblo mexicano,* 1900-1902), poemas y narraciones. Fundó la universidad nacional de México (1910).

**Siete años** *(guerra de los)* [1756-1763], conflicto que enfrentó a Gran Bretaña y Prusia contra Francia, Austria y sus aliados. Estuvo marcada por las derrotas francesas en Alemania (Rossbach, 1757), en Canadá (caída de Quebec y Montreal) y en la India (1761). Ante ello, Francia logró la alianza de España (1761), que también fue derrotada (toma de Florida, La Habana y Manila, 1762), aunque conquistó Sacramento. Francia perdió Canadá, la India y Luisiana por el tratado de París (10 febr. 1763) y Prusia conservó Silesia por el tratado de Hubertsburg (15 febr. 1763).

**Siete jefes** *(guerra de los),* conflicto legendario que enfrentó a los dos hijos de Edipo, Eteocles y Polinices, por la posesión del trono de Tebas. Siete jefes griegos participaron en la guerra, en la que perecieron seis de ellos y los dos hermanos se mataron entre sí. Este tema inspiró a Esquilo *(Los siete contra Tebas)* y a Eurípides *(Las fenicias).*

**siete obras de misericordia** *(Las),* gran cuadro de Caravaggio (1607) en la iglesia del Pio Monte de Nápoles. El realismo de las figuras, los ritmos inestables y la dramatización mediante sombras y luz componen una visión alucinada de la condición humana.

**Siete partidas** *(código de las),* código jurídico castellano de la baja edad media (1256-1348), glosado por Gregorio López en 1555. En él se distinguen seis redacciones, las primeras de las cuales se deben a Alfonso X (1252-1284). También se conoce como *Código de Partidas de Alfonso el Sabio.*

**SIÉVERNAIA ZEMLIÁ** *(tierra del norte),* archipiélago ártico de Rusia, al N de la península de Taimir, entre el mar de Kara y el de Láptiev; 36 700 km².

**SIEVERODVINSK,** c. de Rusia, al NO de Vologda, junto al mar Blanco; 249 000 hab.

**SIEYÈS** (Emmanuel Joseph), político francés (Fréjus 1748-París 1836). Se hizo célebre con el opúsculo *¿Qué es el tercer estado?* (1789). Fue partidario de una monarquía constitucional, pero como diputado en la Convención votó la muerte del rey (1792). Preparó con Napoleón el golpe de estado del 18 de brumario (1799), pero desde 1800 fue apartado del poder.

**SIFAX** († en Roma *c.* 202 a. J.C.), rey de Numidia occidental, esposo de Sofonisbe. Fue derrotado por Masinisa (203) y entregado a Escipión el Africano.

**SIGEBERTO I** (535-Vitry-en-Artois 575), rey de Austrasia [561-575], hijo de Clotario I y esposo de Brunhilda. Fue asesinado por orden de Fredegunda, amante de su hermanastro. – **Sigeberto II** (*c.* 601-613), rey de Borgoña y Austrasia [613]. — **Sigeberto III** (631-656), rey de Austrasia [634-656], hijo de Dagoberto I. Reinó bajo la tutela de Grimoaldo, mayordomo de palacio.

**SIGFRIDO,** héroe mítico germánico *(Los nibelungos),* que corresponde al escandinavo *Sigurd.*

**Sigfrido** → ***Tetralogía.***

**Sigfrido** *(línea),* posición fortificada construida por Alemania de 1936 a 1940 en su frontera occidental. Fue conquistada por los aliados durante el invierno de 1944-1945.

**SĪGIRIYĀ,** yacimiento arqueológico de Srī Lanka (Provincia central). Fortaleza real, cuyas salas, cortadas en la roca, están decoradas con frescos (s. V).

**siglo de las luces** *(El),* novela de Alejo Carpentier (1962), inspirada en la Revolución francesa y sus ecos en el mundo antillano.

**SIGNAC** (Paul), pintor francés (París 1863-*id.* 1935). Amigo y seguidor de Seurat, la misma búsqueda de la luz caracteriza sus telas, divisionistas, y sus acuarelas, de realización más libre.

curvas de nivel: 100, 200, 400, 600, 1000 m

SIERRA LEONA

**SIGNORELLI** (Luca), llamado **Luca de Cortona,** pintor italiano (Cortona *c.* 1445-*id.* 1523). Discípulo de Piero della Francesca y de A. del Pollaiolo, adquirió un estilo personal de poderosa tensión, que lo convirtió en el más importante realizador de frescos toscano de fines del s. XV (capilla Sixtina, en Roma, 1481; claustro de Monte Oliveto Maggiore, cerca de Siena; capilla de san Brizio de la catedral de Orvieto, 1499-1504).

**SIGNORET** (Simone **Kaminker,** llamada **Simone**), actriz francesa (Wiesbaden, Alemania, 1921-Autheuil-Authouillet 1985). Debutó en 1942 y participó en numerosas películas, de Y. Allegret, M. Carné, S. Lumet, M. Ophüls (*París, bajos fondos* [*Casque d'or*], 1951), H. G. Clouzot, (*Las diabólicas*, 1954), etc. Publicó una autobiografía y una novela.

**SIGSIG,** cantón de Ecuador (Azuay); 23 869 hab. Lavaderos de oro; cobre. Industria alimentaria.

**SIGÜENZA,** c. de España (Guadalajara), cab. de p. j.; 5 426 hab. *(Seguntinos.)* Catedral románico-gótica (ss. XII-XIV), con notables obras artísticas y sacristía de A. de Covarrubias; museo diocesano. Castillo medieval (parador de turismo) y murallas. Ayuntamiento y plaza porticada. Es la *Seguntia* romana.

**SIGÜENZA** (José **de**), escritor español (Sigüenza 1544-El Escorial 1606). Ingresó en 1567 en la orden de los jerónimos, cuya crónica dejó escrita en *Vida de san Jerónimo* (1595) e *Historia de la orden de San Jerónimo* (1600-1605), de notable prosa.

**SIGÜENZA** *(maestro de),* pintor español activo en la primera mitad del siglo XV. Su obra se encuadra en el estilo gótico internacional (retablo de san Juan y santa Catalina, Prado).

**SIGÜENZA Y GÓNGORA** (Carlos **de**), científico y escritor mexicano (México 1645-*id.* 1700), sobrino de Luis de Góngora. Fue profesor de astrología y matemáticas en la universidad de México. Escribió poemas, relatos y obras sobre astronomía e historia, y levantó el mapa de Nueva España.

**SIGURD,** héroe mítico de los escandinavos, uno de los personajes del *Edda* y de *Los nibelungos.* Se trata del *Sigfrido* germánico.

**SIHANUK** (Norodom) → ***Norodom Sihanuk.***

**SIJOTÉ-ALÍN,** macizo montañoso del E de Rusia, al extremo E del bajo Amur y del Ussuri, orientado paralelamente a la costa del Pacífico; 2 078 m.

**SIKELIANOS** (Angelos), poeta griego (Leucas 1884-Atenas 1951), simbolista *(Prólogo a la vida; Dédalo en Creta).*

**SI-KIANG** → ***Xi Jiang.***

**SIKKIM,** estado de la India, en el Himalaya oriental, al E del Nepal; 7 300 km²; 403 612 hab. Cap. *Gangtok.*

HISTORIA

*C.* 1641: una dinastía tibetana se estableció en Sikkim, donde impuso el budismo como religión de estado. 1774-1816: el país fue parcialmente anexionado por Nepal. 1861-1950: estuvo bajo protectorado británico. 1950-1974: pasó a ser protectorado de la India. 1975: se convirtió en estado de la Unión India.

**SIKORSKI** (Władysław), general y político polaco (Tuszow Narodowy 1881-Gibraltar 1943). Tras la derrota de 1939, dirigió el gobierno polaco refugiado primero en Francia y después en Londres (1940), y tuvo enfrentamientos con el gobierno soviético. Murió en un accidente aéreo.

**SIKTIVKAR,** c. de la Federación de Rusia, cap. de la República de Komi, al O de los Urales; 233 000 hab.

**SIL,** r. de España, afl. del Miño (or. izq.); 228 km. Nace en el extremo O de la cordillera Cantábrica, que cruza abriendo profundas gargantas, y desemboca aguas arriba de Orense. Aprovechamiento hidroeléctrico.

**SILA** o **SULA** (Lucio Cornelio), general y estadista romano (138-Cumas 78 a. J.C.). Lugarteniente y después rival de Mario, fue cónsul en 88 a. J.C. y puso fin a la guerra social. Vencedor de Mitrídates VI Eupátor, rey del Ponto (86), se convirtió en jefe del partido aristocrático y derrotó al partido de Mario (82). Proscribió a sus enemigos, reforzó los poderes del senado y se atribuyó una dictadura vitalicia (82). En el apogeo de su poder renunció súbitamente y se retiró a Campania (79 a. J.C.).

**SILAO,** c. de México (Guanajuato); 77 036 hab. Centro agrícola (cereales y leguminosas) y comercial. Textiles, calzado. Iglesia del s. XVIII.

**SILENO,** divinidad griega que fue el padre nutricio de Dioniso. Pertenecía a un grupo de divinidades de los bosques, similares a los sátiros.

**SILES** (Hernando), político boliviano (Sucre 1882-Lima 1942). Miembro del Partido nacional, fue ministro de Guerra y Colonización y de Educación, senador y presidente de la república (1926-1930).

**SILES SALINAS** (Luis Adolfo), político boliviano (La Paz 1925). Presidente de la república en 1969 (abril-set.), fue derrocado por el general Ovando y se exilió hasta 1978.

**SILES ZUAZO** (Hernán), político boliviano (La Paz 1914-Montevideo 1996). Fundador, junto con Paz Estenssoro, del movimiento nacionalista revolucionario (M.N.R.), destacó en la revolución nacionalista de 1952. Fue vicepresidente (1952-1956) y presidente de la república (1956-1960). Posteriormente dirigió una escisión izquierdista del M.N.R. Tras un interludio de poder militar, que pasó en gran parte en el exilio (1964-1978, 1980-1982), ocupó de nuevo la presidencia entre 1982 y 1985.

**SILESIA,** en polaco **Śląsk,** en checo **Slezko,** en alem. **Schlesien,** región de Europa, atravesada por el Odra, dividida entre Polonia (la mayor parte) y la República Checa (alrededor de Ostrava). En Polonia, la *Alta Silesia,* al E, es una gran región hullera e industrial (metalurgia y química), en torno a Katowice. La *Baja Silesia,* al O, alrededor de Wrocław, sigue siendo más rural.

HISTORIA

Fines del s. X: después de una fuerte presión checa, Polonia se anexionó la región. S. XIII: colonos alemanes aseguraron su explotación. S. XIV: los principados de Silesia reconocieron la soberanía de Bohemia. 1526: entraron, con esta última, a formar parte del estado austríaco de los Habsburgo. 1742: Prusia se apoderó de la casi totalidad de Silesia. Austria sólo conservó la parte meridional de la Alta Silesia. 1815: Silesia se anexionó una parte de Lusacia. La explotación de las minas de hulla le supusieron un considerable auge económico. 1921: mediante un plebiscito se decidió la división de la antigua Silesia austríaca entre Checoslovaquia y Polonia; Prusia conservaba sus posiciones. 1939: Hitler ocupó la totalidad de Silesia. 1945: al fijarse la frontera Oder-Neisse, Silesia quedó incluida en el territorio administrado por Polonia; la población alemana (3 millones de personas) fue expulsada.

**SILLA,** c. de España (Valencia); 16 525 hab. *(Sillanos.)* En la Huerta de Valencia. Regadíos. Industria.

**Silla** (*observatorio de* **La**), observatorio astrofísico chileno del N de Coquimbo (Elqui), a 2 400 m de alt. *(cerro La Silla),* gran telescopio europeo del ESO.

**SILLAMPÄÄ** (Frans Emil), escritor finlandés (Hämeenkyrö 1888-Helsinki 1964), autor de relatos y novelas que describen la vida y la naturaleza finlandesas *(Santa miseria; Silja o un destino breve).* [Premio Nobel de literatura 1939.]

**SILLEDA,** v. de España (Pontevedra); 9 619 hab. *(Silledanos.)* Minas de volframio y estaño.

**SILLITOE** (Alan), escritor británico (Nottingham 1928), uno de los escritores más representativos del grupo de los angry young men (*Sábado por la noche y domingo por la mañana,* 1958; *La soledad del corredor de fondo,* 1959).

**SILO** o **SILÔH,** ant. c. de Palestina central, centro religioso de los hebreos hasta el reinado de David.

**SILO** († 783), rey de Asturias [774-783]. A él se debe el primer documento firmado del reino asturiano de que se tiene constancia.

**SILOE** o **SILOEE** (Gil **de**), escultor, probablemente de origen flamenco, activo en el último cuarto del s. XV. Maestro del último gótico castellano, en sus obras, de densa composición y exuberante decoración, el naturalismo maravilla por su minuciosidad y la exquisitez de la labra. Destacan sus obras en Burgos (catedral e iglesia de la cartuja de Miraflores). – Su hijo **Diego** (¿Burgos? *c.* 1495-Granada 1563) fue escultor y arquitecto. En Italia, donde colaboró con B. Ordóñez, asimiló la estética renacentista. En la catedral de Burgos realizó la escalera dorada y el retablo mayor de la capilla del Condestable (con F. Bigarny). Su arquitectura de la etapa granadina (catedrales de Gra-

Gil de **Siloe:** detalle del sepulcro de Juan de Padilla (museo de Burgos)

Diego de **Siloe:** la escalera dorada de la catedral de Burgos nada, Guadix, Sevilla [sacristía]) tuvo gran influencia en Hispanoamérica.

**SILONE** (Secondo **Tranquilli**, llamado **Ignazio**), escritor italiano (Pescina, Aquila, 1900-Ginebra 1978), autor de novelas realistas *(Pan y vino; La semilla bajo la nieve; La zorra y las camelias).*

**SILTEPEC,** mun. de México (Chiapas); 21 008 hab. Cereales y café. Ganado vacuno.

**SILVA** (Feliciano **de**), escritor español (Ciudad Rodrigo 1492-*id. c.* 1558). Revivió en sus novelas los ciclos de la Celestina *(Segunda Celestina)* y del Amadís de Gaula.

**SILVA** (José Asunción), poeta colombiano (Bogotá 1865-*id.* 1896). Su obra, perdida y luego recompuesta, es, pese a su brevedad, fundamental en la primera etapa del modernismo latinoamericano. Sus *Poesías* fueron editadas póstumamente (1908). También escribió una novela autobiográfica (*De sobremesa 1887-1896,* 1925).

**SILVA** (Medardo Ángel), escritor ecuatoriano (Guayaquil 1898-*id.* 1919). Figura modernista e iniciador del vanguardismo, escribió poesía (*El árbol del bien y del mal,* 1918) y novela (*María Jesús,* 1919).

**SILVA HENRÍQUEZ** (Raúl), prelado chileno (Talca 1907-Santiago 1999). Arzobispo de Santiago (1961-1983) y cardenal (1962), mantuvo una firme defensa de los derechos humanos después del golpe militar de 1973. Es autor de *La misión social del cristianismo: conflicto de clases o solidaridad cristiana* (1973).

**SILVA HERZOG** (Jesús), economista mexicano (San Luis Potosí 1892-México 1983). Fue director de la revista *Cuadernos americanos* desde 1942 y autor de *El pensamiento económico en México* (1947) y *El agrarismo mexicano y la reforma agraria* (1959). – Su hijo **Jesús** (México 1935), economista y político, ha desarrollado una importante labor académica en la U.N.A.M. y en el Colegio de México, al tiempo que diseñaba las grandes líneas de la política económica mexicana de los años ochenta, desde sus cargos de subsecretario (1979-1982) y ministro (1982-1986) de Finanzas y Crédito.

**SILVANIA,** mun. de Colombia (Cundinamarca); 15 287 hab. Bosques. Ganado equino y porcino.

**SILVANO,** divinidad romana, protectora de los bosques y los campos.

**SILVELA** (Francisco), político español (Madrid 1843-*id.* 1905). Miembro del grupo liberal-conservador liderado por Cánovas, fue ministro en los diversos gobiernos de éste. Se escindió del grupo en 1892 y formó un movimiento silvelista. Presidió un gobierno de regeneración nacional entre 1899 y 1900, y de nuevo fue presidente del gobierno en 1902-1903.

**Silverstone,** circuito automovilístico de Gran Bretaña, en el SO de Northampton.

**SILVESTRE I** *(san)* [† en Roma en 335], papa de 314 a 335. Durante su pontificado el cristianismo se convirtió, con Constantino I, en la religión del Imperio. – **Silvestre II** (Gerberto **de Aurillac**) [en Auvernia *c.* 938-Roma 1003], papa de 999 a 1003. Célebre por su erudición (especialmente en matemáticas), tuvo como alumno al futuro emperador Otón III. Fue el papa del año 1000.

**SILVESTRE** (Gregorio), poeta español (Lisboa 1520-Granada 1569). Su obra poética representa la tendencia tradicionalista de la poesía española de la época.

**SILVESTRE** (Manuel **Fernández**), militar español (1871-Annual 1921). Destacó en las campañas de Cuba (1895-1898) y Marruecos (1908-1914). Enviado de nuevo a Marruecos por Alfonso XIII en 1920, fue derrotado por Abd el-Krim en la batalla de Annual, donde murió.

**SILVIA,** mun. de Colombia (Cauca); 20 259 hab. Cereales (trigo y maíz), pastos. Ganadería.

**Sima de los Huesos,** yacimiento paleontológico español, en la sierra de Atapuerca* (Burgos).

**SIMA QIAN** o **SSÊ-MA TS'IEN,** escritor chino (*c.* 145-*c.* 86 a. J.C.), autor del *Shiji**, libro histórico de la China antigua.

**SIMA XIANGRU** o **SSÊ-MA SIANG-JU,** poeta chino (Chengdu 179-Muling 117 a. J.C.), uno de los más célebres autores del género *fu,* poesía aristocrática y culta.

**SIMANCAS,** v. de España (Valladolid); 2 031 hab. *(Simanquinos.)* Castillo medieval, sede actual del archivo general histórico de España. Iglesia gótica del Salvador (s. XVI). Victoria del ejército cristiano sobre 'Abd al-Raḥmān III (939), seguida al parecer de otra en el lugar de Alhandega, que permitió a Ramiro II de León avanzar la frontera hasta el Tormes.

**SIMBIRSK,** de 1924 a 1991 **Uliánovsk,** c. de Rusia, en la or. der. del Volga entre Kazán y Samara; 625 000 hab. Patria de Lenin.

**SIMENON** (Georges), escritor belga en lengua francesa (Lieja 1903-Lausana 1989), autor de novelas policíacas con el célebre protagonista comisario Maigret, que le dio fama internacional.

**SIMEÓN,** tribu de Israel desaparecida en tiempos de David; su antepasado epónimo era el segundo hijo de Jacob.

**SIMEÓN** *(san),* personaje del Evangelio de san Lucas, que, durante la presentación de Jesús en el Templo, lo proclamó como el Mesías anunciado por los profetas.

**SIMEÓN Estilita, el Viejo** *(san),* asceta sirio (Sis, Cilicia, *c.* 390-*c.* 459), que vivió durante muchos años sobre la cima de una columna, dedicado a la oración y la predicación.

**SIMEÓN I el Grande** († en 927), kan de los búlgaros [893-927]. Sitió Constantinopla (913) para hacerse consagrar *basileus,* luego invadió Tracia y Macedonia y sometió a Serbia (924).

**SIMFERÓPOL,** c. de Ucrania, en Crimea; 344 000 hab.

**SIMLA,** c. de la India, cap. de Himāchal Pradesh, a 2 205 m de alt.; 109 860 hab.

**SÍMMACO,** orador y político romano (Roma *c.* 340-*c.* 410). Prefecto (384) y cónsul (391), fue uno de los últimos defensores del paganismo contra el cristianismo.

**SIMOCA,** dep. de Argentina (Tucumán), junto al río Salí; 30 565 hab. Centro agropecuario.

**SIMOJOVEL DE ALLENDE,** mun. de México (Chiapas); 17 043 hab. Café, caña de azúcar. Industria maderera.

**SIMÓN** *(san),* llamado **Zelotes,** apóstol de Jesucristo. Según la tradición, murió mártir en Persia, junto con san Judas.

**SIMON** (Claude), escritor francés (Tananarive [act. Antananaribo], Madagascar, 1913), uno de los principales representantes del nouveau roman (*La ruta de Flandes,* 1960; *Las geórgicas,* 1981; *La invitación,* 1988). [Premio Nobel de literatura 1985.]

**SIMON** (François, llamado **Michel**), actor francés de origen suizo (Ginebra 1895-Bry-sur-Marne 1975). Se inició en el teatro, y desde 1925 triunfó en el cine (*La golfa,* 1931, de J. Renoir; *El muelle de las brumas,* 1938, de M. Carné).

**SIMON** (Herbert), economista norteamericano (Milwaukee 1916). Sus trabajos versan, fundamentalmente, sobre los procesos de la toma de decisión económica. (Premio Nobel de economía 1978.)

**Simón Bolívar** *(premio),* galardón bianual, creado por la Unesco en 1983 para reconocer las acciones de hombres o instituciones en pro de la libertad social, de la independencia y de la colaboración entre los pueblos.

**SIMÓN el Mago,** personaje de los *Hechos de los Apóstoles.* Mago convertido al cristianismo, quiso comprar a san Pedro los poderes del Espíritu Santo: de ahí que el tráfico de objetos sagrados reciba el nombre de *simonía.* Los autores antiguos vieron en Simón al iniciador del nosticismo.

**SIMÓNIDES de Ceos,** poeta lírico griego (Yulis, isla de Ceos, *c.* 556-Siracusa 467 a. J.C.), uno de los creadores del treno y de la oda triunfal.

**SÍMONOV** (Kirill Mijáilovich, llamado **Konstantín**), escritor ruso (Petrogrado 1915-Moscú 1979), autor de poemas, novelas *(Días y noches)* y obras de teatro enmarcadas en la segunda guerra mundial.

**SIMONSTOWN,** c. de la Rep. de Sudáfrica, al S de El Cabo. Ant. base naval británica, transferida a Sudáfrica en 1957 y modernizada a partir de 1969.

**Simplicissimus** *(El aventurero Simplex),* novela picaresca de H. J. C. von Grimmelshausen (1669), con el trasfondo de la guerra de los Treinta años.

**SIMPLON,** paso de los Alpes suizos, a 2 009 m de alt. Atravesado por una carretera, accesible todo el año, y por un túnel ferroviario de 19,8 km de long.

**SINAÍ,** península montañosa y desértica de Egipto, junto al mar Rojo, entre los golfos de Suez y de 'Aqaba; 2 641 m. Yacimientos de petróleo. Una tradición antigua localiza en Sinaí la montaña donde Moisés recibió de Yahvé las tablas de la ley. En el s. V, fue un centro importante de monaquismo cristiano. Escenario de violentos combates durante las guerras árabe israelíes de 1967 y de 1973, fue ocupada por Israel y más tarde restituida a Egipto (1982).

**SINALOA,** r. de México, que nace en la sierra Madre occidental y desemboca en el golfo de California, junto a Boca del Río; 500 km. Obras de regadío.

**SINALOA** *(estado de),* est. de México, en la fachada del Pacífico; 58 092 km$^2$; 2 204 054 hab. Cap. *Culiacán.*

**SINALOA,** mun. de México (Sinaloa); 80 820 hab. Minería (cobre, cinc y plomo).

**SINÁN** (Bernardo **Domínguez Alba,** llamado **Rogelio**), escritor panameño (en la isla de Taboga 1904-† 1994). Exponente de la poesía de vanguardia (*Incendio,* 1944) o intimista (*Saloma sin sal o mar,* 1969) destacó como narrador introspectivo (*Plenilunio,* 1947) y en los relatos breves (*Cuentos,* 1971).

**SINÁN** (Mimar), arquitecto turco (cerca de Kayseri 1489-İstanbul 1588). Su espíritu de síntesis que supo conjugar las tradiciones arquitectónicas del Próximo oriente antiguo con las de Bizancio dio a sus obras la elegancia típica de la arquitectura otomana clásica (mezquita Selimiya [1569-1574] en Edirne).

**SINATRA** (Frank), cantante y actor de cine norteamericano (Hoboken, Nueva Jersey, 1915-Los Ángeles 1998). Su cálida voz y su repertorio de melodías sentimentales le convirtieron en uno de los más célebres cantantes populares del mundo. Ha intervenido en numerosas películas.

**SINCÉ,** mun. de Colombia (Sucre); 23 271 hab. Industrias alimentarias.

José Asunción **Silva**

Francisco **Silvela** (anónimo - Ateneo de Madrid)

Georges **Simenon**

Claude **Simon**

Frank **Sinatra**

**SINCELEJO,** c. de Colombia, cap. del dep. de Sucre; 135 857 hab. Centro comercial y administrativo.

**SINCHI ROCA,** emperador inca de Perú (s. XI), hijo y sucesor de Manco Cápac. Formó una confederación de los incas con los cana y los conchi, y dividió en cuatro partes el imperio inca (Tahuantinsuyu). Murió en la campaña de conquista de Chile.

**SINCLAIR** (*sir* John), economista británico (Thurso Castle, Highland, Escocia, 1754-Edimburgo 1835), uno de los fundadores de la estadística.

**SINCLAIR** (Upton), escritor norteamericano (Baltimore 1878-Bound Brook, Nueva Jersey, 1968), autor de novelas sociales (*La jungla,* 1906; *Petróleo,* 1927; *El fin del mundo,* 1940).

**SIND,** región árida del SE de Pakistán, parcialmente cultivada (arroz y algodón) gracias al regadío. C. pral. *Karāchi.*

**SINDELFINGEN,** c. de Alemania (Baden-Württemberg), al SO de Stuttgart; 58 240 hab. Industria del automóvil.

**SI-NGAN** → *Xi'an.*

**SINGAPUR,** en ingl. **Singapore,** isla del Sureste asiático, que forma un estado, en el extremo S de la península de Malasia; 618 km²; 2 700 000 hab. CAP. *Singapur.* LENGUAS OFICIALES: *inglés, chino, malayo* y *tamil.* MONEDA: *dólar de Singapur.* Base naval, importante puerto de tránsito de mercancías (caucho y estaño), centro financiero e industrial. La población es densa y en su mayoría de origen chino. La isla, posesión británica desde 1819, fue ocupada por los japoneses de 1942 a 1945. En 1963 se convirtió en uno de los catorce estados de la Federación de Malasia, y más tarde se transformó en república independiente (1965). La isla experimentó un gran desarrollo económico durante el mandato de Lee Kuan Yew, primer ministro desde 1959; en 1990, éste cedió su cargo a Goh Chok Tong.

**Singapur:** aspectos tradicional y moderno de la ciudad

**SINGER** (Isaac Bashevis), escritor norteamericano en lengua yiddish (Radzymin, cerca de Varsovia, 1904-Miami 1991). En sus novelas y relatos revive la Polonia de su infancia, con el ritmo de los cuentistas judíos tradicionales (*La familia Moskat,* 1950; *El mago de Lublin,* 1960). [Premio Nobel de literatura 1978.]

**SINGER** (Isaac Merrit), inventor norteamericano (Pittstown, Nueva York, 1811-Torquay, Devon, 1875). Perfeccionó los primeros modelos prácticos de la máquina de coser (1851).

**SIN-HIANG** → *Xinxiang.*

**SI-NING** → *Xining.*

**SIN-KIANG** → *Xinjiang.*

**Sinn Féin,** movimiento nacionalista irlandés fundado hacia 1902. A partir de 1916 agrupó, en torno a Eamon De Valera, a los partidarios de la independencia y de la república. Tras su victoria electoral de 1918, el partido constituyó un gobierno republicano provisional, dirigido por De Valera, y formó una organización militar, el I.R.A. El Sinn Féin, dividido a causa del reparto del Ulster (1921), casi fue anulado por el Fianna Fáil (1927), pero resurgió en 1968 con ocasión de las movilizaciones que se desarrollaron en Irlanda del Norte. En 1970, el movimiento se dividió entre «oficiales» y «provisionales». A partir de 1981 el Sinn Féin provisional optó por participar en las elecciones y, en 1985, entró a formar parte de las instituciones locales. En 1997 se incorporó a las conversaciones para la pacificación de Irlanda del Norte, que desembocaron, en 1998, en el acuerdo de Stormont*.

**SINOP,** ant. **Sinope,** c. y puerto de Turquía, junto al mar Negro, al NO de Samsum; 25 537 hab. Derrota naval de los turcos por los rusos (1853).

**SINT-JANS-MOLENBEEK,** en fr. **Molenbeek-Saint-Jean,** mun. de Bélgica (Brabante); 68 759 hab.

**SINT-MARTENS-LATEM,** en fr. **Laethem-Saint-Martin,** mun. de Bélgica (Flandes Oriental); 8 203 hab. A fines del s. XIX, se constituyó allí un grupo de escritores y artistas simbolistas. Tras la primera guerra mundial, otro grupo marcó la máxima expansión del expresionismo pictórico flamenco.

**SINT-NIKLAAS,** en fr. **Saint-Nicolas,** c. de Bélgica (Flandes Oriental); 68 203 hab. Museo.

**SINTRA,** c. de Portugal, al O de Lisboa; 16 000 hab. Declarada patrimonio de la humanidad por la Unesco (1995). Estación balnearia. Ant. palacio real de los ss. XIV-XVI y palacio da Pena del s. XIX. En 1808 Francia firmó con Gran Bretaña la *capitulación de Sintra,* que preveía su retirada de Portugal.

**SINÚ** *(cultura),* cultura precolombina de Colombia, desarrollada en la cuenca del *río Sinú* (Bolívar), caracterizada por una orfebrería en oro de gran calidad y cerámica con dibujos incisos.

**SINUIJU** o **SIN-EUI-JU,** c. de Corea del Norte, en la frontera china; 165 000 hab. Textiles.

**SIÓN,** una de las colinas de Jerusalén. Este término es a menudo sinónimo de *Jerusalén.*

SINGAPUR

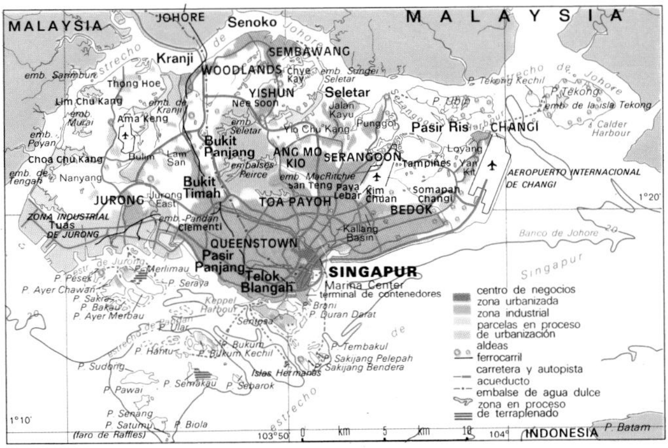


**Sipán,** yacimiento mochica de la costa N de Perú (100 a. J.C.-600 d. J.C.). Posee dos sepulturas de gran riqueza, provistas de ofrendas y de oro.

**SIQUEIROS** (David **Alfaro**), pintor mexicano (Chihuahua 1896-Cuernavaca 1974). Profundamente comprometido con las ideologías igualitaristas, la identidad de la cultura hispanoamericana afincada en el indigenismo, y el desarrollo de la modernidad, encontró en el muralismo una nueva orientación para la pintura y su papel social. Su estilo, que entendía como realista, sintetiza las aportaciones vanguardistas, combinando intensidad expresiva y habilidad narrativa (*Proceso al fascismo,* 1939, México; *Muerte al invasor,* 1940, Chile; *Cuauhtémoc contra el Mito,* Centro de arte realista moderno, México, fundado por él en 1944; *Historia de la humanidad,* 1966, México).

David Alfaro **Siqueiros:** *El eco de una queja* (1937).
[Museo de arte moderno, Nueva York.]

**SIQUEM,** ant. c. cananea de Palestina central, célebre en la Biblia por los patriarcas hebreos que residieron en su territorio. Metrópoli religiosa de los samaritanos después del exilio, fue destruida en el s. II a. J.C. En 72 d. J.C., Vespasiano construyó Nābulus, cerca de la antigua Siquem.

**SIQUIRRES,** cantón de Costa Rica (Limón), avenado por el río Pacuare; 35 286 hab. Cacao y plátanos.

**SIRACUSA,** c. y puerto de Italia (Sicilia), cap. de prov.; 126 136 hab. Restos griegos y romanos (templos, teatro, anfiteatro, latomías, etc.), y monumentos de la edad media y de la época barroca. Museos. – Colonia corintia fundada *c.* 734 a. J.C., en el s. V impuso su hegemonía sobre Sicilia al rechazar a los cartagineses. Con Dionisio el Viejo (405-367 a. J.C.) su influencia se extendió a las ciudades griegas de Italia meridional. Fue conquistada por Roma durante la segunda guerra púnica, tras sufrir uno de los mayores asedios de la antigüedad (213-212 a. J.C.).

**ŠIRĀZ,** c. de Irán, en el Zagros; 848 289 hab. Monumentos del s. XVIII. Jardines. Alfombras.

**SIRET** o **SERET,** r. de Rumania, que nace en los Cárpatos, y avena Moldavia antes de llegar al Danubio (or. izq.); 700 km.

**SIRIA** *(desierto de),* región árida del O de Asia, en la frontera entre Siria, Iraq y Jordania.

**SIRIA,** región histórica de Asia occidental, que engloba los estados actuales de Siria, Líbano, Israel y Jordania.

HISTORIA

***La Siria antigua.*** II milenio: los cananeos (de los que los fenicios son una rama), los amorritas, los hurritas, los arameos (a los que pertenecen los hebreos) y los pueblos del mar se infiltraron en oleadas sucesivas. 539 a. J.C.: la toma de Babilonia por Ciro II puso fin al dominio asirio-babilónico y convirtió Siria en una satrapía persa. 332: el país fue conquistado por Alejandro; Siria pasó a poder de los Seléucidas. 301: se fundó su capital, Antioquía. 64-63 a. J.C.: tras la conquista romana, se creó la provincia de Siria. 395 d. J.C.: fue unida al imperio de oriente. 636: los árabes, vencedores de los bizantinos en el río Yamūk, conquistaron el país.

***La Siria musulmana.*** 661-750: los Omeyas convirtieron Siria y Damasco en el centro del imperio musulmán. S. VIII: con los Abasíes, Bagdad fue la capital del imperio en detrimento de Damasco. S. X: los Ḥamdaníes de Alepo no pudieron contener los ataques de la reconquista bizantina. 1076-1077: los turcos selyúcidas tomaron Damasco y Jerusalén. Ss. XI-XIII: los cruzados fundaron allí el principado de Antioquía (1098-1268), el reino de Jerusalén (1099-1291) y el condado de Trípoli (1109-1289). Saladino (1171-1193) y sus sucesores Ayyubíes mantuvieron relaciones pacíficas con los francos. 1260-1291: los mamelucos detuvieron a los mongoles en 'Ayn Djālūt y reconquistaron las últimas posesiones francas de Palestina y Siria. Gobernaron la región hasta la conquista otomana (1516). 1400-1401: Timūr Lang (Tamerlán) arrasó el país. 1516: los otomanos conquistaron Siria, que conservaron hasta 1918. 1831-1840: fueron temporalmente expulsados del país por Mehmet 'Alī e Ibrāhīm bajá. 1860: Francia intervino en el Líbano en favor de los maronitas. 1916: los acuerdos Sykes-Picot delimitaron las zonas de influencia de Francia y de Gran Bretaña en Oriente medio. Los sirios se unieron a las fuerzas anglofrancesas y hachemíes. 1920: Faysal I, elegido rey de Siria, fue expulsado por los franceses. 1920-1943: Francia ejerció el mandato que le había confiado la S.D.N. sobre el país en el que, a partir de 1928, estableció una república siria (con Damasco y Alepo), una república de los Alawíes y el ŷabal Druso.

**SIRIA,** en ár. **Sūriya,** estado de Asia occidental, junto al Mediterráneo; 185 000 km²; 12 800 000 hab. *(Sirios.)* CAP. *Damasco.* LENGUA OFICIAL: *árabe.* MONEDA: *libra siria.*

GEOGRAFÍA

Una barrera montañosa (el ŷabal Anṣāriyya, que se prolonga hacia el S por las estribaciones del Antilíbano y el Hermón) separa una estrecha llanura litoral, de clima mediterráneo, de las mesetas del E, desérticas. Los principales cultivos (trigo y cebada principalmente, algodón, tabaco, viña y olivo) dependen de la irrigación y provienen del Gāb (depresión avenada por el Orontes), de los pie de monte montañosos, emplazamientos de las principales ciudades (Damasco, Alepo, Homs, Hamā, aparte del puerto de Latakia) y del valle del Éufrates (con presa en Ṭabqa). La ganadería ovina, practicada por los nómadas, es (con los hidrocarburos) el recurso fundamental de Siria oriental. Las tensiones internacionales y regionales (especialmente los gastos militares) aumentan las dificultades económicas, ligadas también al fuerte crecimiento de la población.

HISTORIA

1941: el general Catroux, en nombre de Francia, proclamó la independencia del país. 1943-1944: el mandato francés sobre Siria llegó a su fin. 1946: las últimas tropas francesas y británicas abandonaron el país. 1948: Siria participó en la primera guerra árabe-israelí. 1949-1956: varios golpes de estado llevaron al poder a jefes de estado favorables u hostiles a los Hachemíes. 1958-1961: Egipto y Siria formaron la república árabe unida. 1963: el partido Ba'at tomó el poder. Lo conservó con las presidencias de Amīn al-Ḥāfiẓ (1963-1966), Nūr al-Dīn al-'Atāsī (1966-1970) y Ḥāfiẓ al-Asad (desde 1970). 1967: la guerra de los seis días provocó la ocupación del Golán por Israel. 1973: Siria participó en la cuarta guerra árabe-israelí. A partir de 1976 intervino en el Líbano. 1980: se desarrolló la oposición islamista de los Hermanos musulmanes. A partir de 1985 Siria reforzó su tutela sobre el Líbano, ratificada en 1991 por un tratado de fraternidad siriolibanés. 1991: durante la guerra del Golfo, Siria participó con las fuerzas multinacionales y asistió a la conferencia de Madrid*. 2000: tras la muerte de Asad, le sucedió su hijo Bachar.

**SIRICIO** *(san)* [Roma *c.* 320-*id.* 399], papa [384-399], autor de la decretal más antigua de la historia de la Iglesia.

**SĪRINGA,** ninfa de Arcadia que, para escapar del amor de Pan, fue transformada en caña; de esta caña Pan hizo una flauta.

**SIRIO,** estrella α de la constelación del Can Mayor y la más brillante del cielo.

**SIRMIONE,** c. de Italia (Lombardía), junto al lago de Garda; 5 231 hab. Estación termal. Ruinas romanas.

**SIROS** o **SIRA,** isla griega del archipiélago de las Cícladas. Cap. *Hermúpolis.*

**SIRTE** o **SYRTE** *(golfo de),* ensenada del litoral de Libia entre Bengazi y Misurāta.

**SISBERTO,** noble visigodo de los ss. VII-VIII, hermano de Witiza. Al acceder Rodrigo al trono recurrió al musulmán Ṭāriq para derrocarle, y en plena batalla de Guadalete (711) abandonó a Rodrigo.

**SISEBUTO** († 621), rey de los visigodos [612-621]. Protector del catolicismo y la cultura, reprimió las rebeliones de astures, rucones y vascones, promulgó leyes contra los judíos y luchó contra los bizantinos. Escribió una *Vida de san Desiderio* y el poema *Astronomicon.*

**SISENANDO** († 636), rey de los visigodos [631-636]. Fue proclamado rey (Zaragoza, 631) tras derrocar a Suintila, y reconocido como tal en el IV concilio de Toledo, presidido por san Isidoro (633).

**SÍSIFO,** rey legendario de Corinto, célebre por sus crímenes. Fue condenado a permanecer en los Infiernos y a empujar una roca hasta la cima de una montaña, que siempre volvía a caer antes de llegar arriba. El *mito de Sísifo* simboliza lo absurdo de la condición humana que tropieza siempre con la voluntad divina. Albert Camus trató este tema en *El mito de Sísifo* (1942).

**SISLEY** (Alfred), pintor británico de la escuela francesa (París 1839-Moret-sur-Loing 1899), uno de los principales maestros del paisaje impresionista.

**SISMONDI** (Jean Charles Léonard **Simonde de**), historiador y economista suizo (Ginebra 1773-*id.* 1842). Autor de *Nuevos principios de economía política* (1819), su obra constituye un precedente de las teorías marxistas.

**SĪSTĀN** o **SEISTAN,** región árida en la frontera entre Irán y Afganistán; 30 000 km².

**Sistema económico latinoamericano** → *SELA.*

**SITGES,** v. de España (Barcelona); 13 096 hab. (*Sitgesanos, sitgetanos* o *suburenses.*) Fundada por los romanos *(Subur),* es un importante centro turístico (playas). Museos del Cau Ferrat, creado por S. Rusiñol, y Maricel. Museo romántico. – En ella se firmó en 1957 el *pacto de Sitges,* acuerdo entre los partidos liberal y conservador de Colombia para establecer la alternancia en el poder. En 1963 formaron la coalición Frente nacional, que se disolvió en 1974, rompiéndose el pacto.

**SITIO NUEVO,** mun. de Colombia (Magdalena); 16 530 hab. Puerto fluvial en el Magdalena.

**Sitios Reales** o **Reales Sitios,** nombre con que se conocen varios palacios construidos por los Austrias o los Borbones españoles alrededor de Madrid: El Pardo*, El Escorial*, Aranjuez*, La Granja* y Riofrío*.

**SITTER** (Willem **de**), astrónomo y matemático neerlandés (Sneek 1872-Leiden 1934), uno de los primeros en aplicar la teoría de la relatividad a la cosmología.

**SITTING BULL** *(toro sentado),* sobrenombre de **Tatanka Yotanka,** jefe de los siux de Dakota (Grand River, Dakota del Sur, *c.* 1831-*id.* 1890), adversario de los colonos norteamericanos en la conquista del Oeste.

**SITTWE,** ant. **Akyab,** c. y puerto de Birmania, junto al golfo de Bengala; 143 000 hab. Arroz.

**situación de la clase obrera en Inglaterra** *(La),* obra de F. Engels (1845), cuyo método de observación e ideas constituyen una de las bases del marxismo.

**SIUAN-HUA** → *Xuanhua.*

**SIU-CHEU** → *Xuzhou.*

**ŚIVA,** tercera gran divinidad de la Trinidad hindú, dios de la Destrucción.

**SIVAS,** ant. **Sebastē,** c. de Turquía (Anatolia), junto al Kizil Irmak; 221 512 hab. Centro industrial. Monumentos selyúcidas como la madrasa Gök (1271).

**SIVORI** (Eduardo), pintor y grabador argentino (Buenos Aires 1847-*id.* 1918), cultivó temáticas rurales con un naturalismo de raíz francesa.

**SĪWA,** c. de Egipto, en el *oasis de Sīwa* (el *oasis de Amón* de los antiguos); 6 000 hab.

**SIWĀLIK,** sistema montañoso de la India y de Nepal, que constituye el antepaís del Himalaya.

**SIXAOLA,** r. de Costa Rica (Limón), que nace en la cordillera de Talamanca, forma frontera con Panamá y desemboca en el Caribe; 140 km. En su curso alto se denomina *Tarire.*

**Sixtina** *(capilla),* capilla del Vaticano construida por orden de Sixto IV, con frescos de Botticelli, Ghirlandaio, Signorelli, Perugino (1481-1482) y Miguel Ángel (célebres escenas de la Creación en la bóveda, 1508-1512; *Juicio final* en la pared del fondo, 1536-1541).

**SIXTO IV** (Francesco **Della Rovere**) [Celle Ligure, cerca de Savona, 1414-Roma 1484], papa de 1471 a 1484. Combatió a los turcos. Mecenas y humanista, embelleció Roma y encargó la construcción de la capilla Sixtina. – **Sixto V** (Felice **Peretti**) [Grottammare, Marcas, 1520-Roma 1590], papa de 1585 a 1590. Trabajó en la reforma de la Iglesia siguiendo el espíritu del concilio de Trento, intervino en las querellas religiosas de Francia (apoyó a la Liga y excomulgó a Enrique de Navarra), financió la Armada Invencible contra Inglaterra (1588). Dio al Sacro colegio su forma definitiva, dividió la ad-

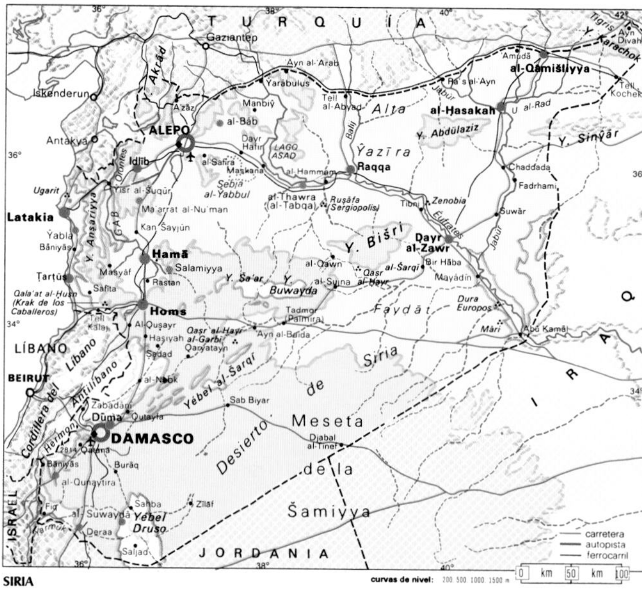

SIRIA

ministración romana en quince congregaciones y mandó editar la Vulgata (1588).

**SIYAD BARREH** (Mohamed), general y político somalí (en Lugh 1919-Abuja, Nigeria, 1995). En 1969 se hizo con el poder y se convirtió en jefe de estado. Fue derrocado en 1991.

**SIZA** (Álvaro), arquitecto portugués (Matosinhos 1933). Entre el racionalismo y el organicismo, su obra prima los volúmenes y el espacio. (Premio Pritzker 1992.)

**SJAELLAND,** en alem. **Seeland,** la mayor de las islas danesas, en el Báltico; 7 444 km$^2$; 2 142 000 hab. C. pral. *Copenhague.*

**SJÖSTRÖM** (Victor), director de cine y actor sueco (Silbodal 1879-Estocolmo 1960), uno de los grandes pioneros del arte cinematográfico. Autor lírico y visionario, dirigió *Los proscritos* (1917), *La carreta fantasma* (1920), *El viento* (1928), etc.

**SKAGERRAK** o **SKAGERAK,** estrecho entre Jutlandia y Noruega que une el mar del Norte con el Cattegat.

**SKANDERBERG** → *Scanderberg.*

**SKÁRMETA** (Antonio), escritor chileno (Antofagasta 1940). Sus novelas (*Soñé que la nieve ardía,* 1975; *Ardiente paciencia,* 1986) y relatos (*El entusiasmo,* 1967; *Tiro libre,* 1973) recrean experiencias personales en un lenguaje vivo y colorista.

**SKELLEFTEÅ,** c. y puerto de Suecia, a orillas del golfo de Botnia; 75 257 hab.

**SKHIRRA (La),** puerto petrolero de Tunicia, junto al golfo de Gabes.

**SKIKDA,** ant. **Philippeville,** c. y puerto de Argelia oriental, cap. de vilayato, junto al golfo de Stora; 108 000 hab. Refinería de petróleo y petroquímica. Licuefacción y exportación de gas natural.

**SKINNER** (Burrhus Frederic), sicólogo norteamericano (Susquehanna, Pennsylvania, 1904-Cambridge, Massachusetts, 1990), autor de trabajos sobre el aprendizaje y el condicionamiento operante. Desarrolló una forma del conductismo.

**SKOLEM** (Albert), lógico noruego (Sandsvaer 1887-Oslo 1963), autor de trabajos axiomáticos.

**SKOPJE** o **SKOPLJE,** c. y cap. de la República de Macedonia, junto al Vardar; 406 000 hab. Universidad. Siderurgia. Museos. – En el s. X, la ciudad fue capital del Imperio macedonio de Samuel. Conquistada por los búlgaros (1915), fue liberada por los franceses en 1918. – En los alrededores, monasterios bizantinos (el de Sveti Panteleimon, s. XII, frescos).

**SKRIABIN** o **SCRIABIN** (Alexandr Nikoláievich), pianista y compositor ruso (Moscú 1872-*id.* 1915). Sus obras para piano y orquesta, llenas de misticismo, presentan interesantes investigaciones de orden armónico. (*Prometeo,* o *Poema del fuego,* 1908-1910.)

**SKYE,** isla de Gran Bretaña del archipiélago de las Hébridas; 155 km$^2$; 7 500 hab.

**Skylab,** estación espacial norteamericana que fue puesta en órbita alrededor de la Tierra en 1973. Fue ocupada sucesivamente por tres tripulaciones (1973-1974) y se llevaron a cabo gran número de experiencias científicas. Efectuó su reentrada en la atmósfera y se desintegró en 1979.

**SLÁNSKÝ** (Rudolf), político checoslovaco (Nezvestice, Plzeň, 1901-Praga 1952). Secretario general del partido comunista (1945-1951), fue acusado de ser el líder de una conspiración contra el estado y ejecutado (1952). Rehabilitado en 1968.

**SLAUERHOFF** (Jan Jacob), escritor neerlandés (Leeuwarden 1898-Hilversum 1936), autor de novelas y poemas de inspiración romántica.

**SLAVEJKOV** (Penčo), escritor búlgaro (Trjavna 1866-Brunate 1912). En sus ensayos y poesías líricas *(Canto ensangrentado)* se entrevé la influencia de Nietzsche.

**SLAVIANSK,** c. de Ucrania, en el N del Donbass; 135 000 hab.

**SLIPHER** (Vesto Melvin), astrónomo norteamericano (Mulberry, Indiana, 1875-Flagstaff, Arizona, 1969). Aplicó la espectrografía al estudio de los planetas y las nebulosas, y determinó la velocidad radial de las galaxias (1912-1914).

**SLIVEN,** c. del E de Bulgaria; 101 000 hab. Industria.

**SLOCHTEREN,** c. de Países Bajos (Groninga); 14 080 hab. Gas natural.

**SLODTZ** (René Michel, llamado **Michel-Ange**), escultor francés (París 1705-*id.* 1764), autor del mausoleo barroco de Languet de Gergy de la iglesia de San Sulpicio de París y de un *San Bruno* para San Pedro del Vaticano.

**SLOUGH,** c. de Gran Bretaña, al O de Londres; 98 600 hab. Automóviles. Metalurgia.

**SŁOWACKI** (Juliusz), escritor polaco (Krzemienec 1809-París 1849), autor de poemas *(Rey espíritu)* y de dramas *(Kordian)* románticos.

**Sluis** *(batalla de)* [1340], conocida como **de l'Ecluse** por los franceses, victoria de la flota inglesa de Eduardo III sobre la francesa, frente a la ciudad neerlandesa de Sluis.

**SŁUPSK,** c. de Polonia, cap. de voivodato; 102 400 hab. Metalurgia.

**SLUTER** (Claus), escultor borgoñón de origen flamenco (Haarlem *c.* 1340/1350-Dijon 1405/1406). Su obra maestra es el conjunto de los seis profetas del *Pozo de Moisés* o *Pozo de los profetas* (cartuja de Champmol, Dijon) probablemente acabada por su sobrino Claus de Werve (*c.* 1380-1439). Su fuerza dramática y realismo ejercieron una notable influencia en el arte europeo del s. XV.

Claus **Sluter:** el profeta Jeremías. Detalle del *Pozo de Moisés,* realizado de 1395 a 1404 para la cartuja de Champmol, Dijon, Francia.

**Smalkalda** *(artículos de),* confesión de fe redactada por Lutero en 1537, uno de los textos básicos del luteranismo.

**Smalkalda** *(liga de)* [1531-1547], liga religiosa y política formada por ciudades y príncipes protestantes de Alemania en Smalkalda (en alem. Schmalkalden), Turingia. Fue disuelta tras la victoria de Carlos Quinto en Mühlberg.

**S.M.E.,** abrev. de sistema monetario* europeo (V. parte n. c.).

**SMETANA** (Bedřich), compositor y pianista checo (Litomyšl 1824-Praga 1884), autor de la ópera *La novia vendida* (1866) y de poemas sinfónicos (*Mi patria,* 1874-1879), es el principal representante de la música romántica de Bohemia.

**SMITH** (Adam), economista británico (Kirkcaldy, Escocia, 1723-Edimburgo 1790). En su obra principal, *Investigación sobre la naturaleza y causas de la riqueza de las naciones* (1776), señaló que la búsqueda por los hombres de su interés personal les lleva a la realización del interés general, por lo que está a favor de la libertad; profundizó en la noción de valor, distinguiendo entre valor de uso y valor de cambio.

**SMITH** (David), escultor norteamericano (Decatur, Indiana, 1906-Bennington, Vermont, 1965). En 1933 inició la escultura en metal soldado y, a partir de 1945, alcanzó un rigor abstracto que anunciaba el arte minimal.

**SMITH** (Elizabeth, llamada **Bessie**), cantante de jazz norteamericana (Chattanooga, Tennessee, 1894-Clarksdale, Mississippi, 1937). Apodada *la emperatriz del blues,* fue una de las voces más bellas de la canción negra norteamericana (*Saint Louis blues; Nobody knows when you're down and out,* 1929).

**SMITH** (Ian Douglas), político rodesiano (Selukwe 1919). Primer ministro de Rhodesia (1964-1979), proclamó unilateralmente la independencia de su país (1965), rompiendo con Gran Bretaña.

**SMITH** (James), químico e ictiólogo sudafricano (Graaff-Reinet 1897-Grahamstown 1968). Identificó el celacanto, única especie viva de crosopterigio.

**SMITH** (Joseph), fundador del movimiento religioso de los mormones (Sharon, Vermont, 1805-Carthage, Illinois, 1844). Acusado de favorecer la poligamia, fue linchado.

**SMOLIENSK,** c. de Rusia, a orillas del Dniéper, al O de Moscú; 341 000 hab. Centro industrial.

**SMOLLET** (Tobias George), escritor británico (Dalquhurn, Dumbarton, Escocia, 1721-Livorno, Italia, 1771). Autor de comedias, adaptó a su país la novela picaresca (*Roderick Random,* 1748).

**SMUTS** (Jan Christiaan), político sudafricano (Bovenplaats 1870-Irene 1950). Tras haber luchado en las filas de los bóers (1899-1902), participó en la unificación de las colonias británicas de Sudáfrica (1910). Fue primer ministro de 1919 a 1924 y de 1939 a 1948.

**SNAKE RIVER,** r. del NO de Estados Unidos, afl. del Columbia (or. izq.); 1 600 km. Instalaciones hidroeléctricas y regadío.

**SNAYERS** (Pieter), pintor flamenco (Amberes 1592-Bruselas 1667). En su obra destacan vastas composiciones con pequeñas figuras (*El sitio de Gravelinas; Toma de Yprès; Cacería del cardenal-infante,* todos en el Prado).

**SNELL VAN ROYEN** (Willebrord), llamado **Willebrordus Snellius,** astrónomo y matemático neerlandés (Leiden 1580-*id.* 1626). Descubrió la ley de la refracción de la luz (1620) e introdujo el método de triangulación en geodesia.

**SNOILSKY** (Carl, *conde*), poeta sueco (Estocolmo 1841-*id.* 1903), autor de sonetos y poemas históricos *(Imágenes suecas).*

**SNORRI STURLUSON,** poeta islandés (Hvamm *c.* 1179-Reykjaholt 1241), autor de *Edda prosaica* y de una colección de sagas de reyes de Noruega.

**SNOWDON,** macizo de Gran Bretaña, en el NO del País de Gales. Culmina en el Moel-y-Wydda (1 085 m), el pico más elevado de la región.

**SNYDERS** o **SNJDERS** (Frans), pintor flamenco (Amberes 1579-*id.* 1657). Sus bodegones poseen una amplitud decorativa y un dinamismo similares a los de Rubens, para quien trabajó. También pintó animales y escenas de caza.

Adam **Smith**

Frans **Snyders:** *Tres monos ladrones de frutas.* (Louvre, París.)

**ŠOA** o **SHEWA,** prov. de Etiopía; 85 500 km$^2$; 10 800 000 hab. Cap. *Addis-Abeba.*

**SOACHA,** mun. de Colombia (Cundinamarca); 109 051 hab. Centro minero (carbón) e industrial.

**SOARES** (Mário), político portugués (Lisboa 1924). Secretario general del partido socialista (1973-1986), ministro de Asuntos Exteriores (1974-1975), primer ministro (1976-1978 y 1983-1985) y presidente de la república de 1986 a 1996.

**Sobibór,** campo de exterminio alemán, al N de Lublin (1942-1943), en el que murieron 150 000 judíos.

**SOBRADO,** mun. de España (La Coruña); 2 739 hab. Monasterio cisterciense del s. XII, con edificaciones anexas de los ss. XVI-XVIII (iglesia del s. XVII).

**SOBRARBE,** comarca de España (Huesca), entre la frontera de Francia y el Somontano, avenada por el Cinca, el Cinqueta y el Ara. Parque nacional de Ordesa y Monte Perdido. El *condado de Sobrarbe* dependió en los ss. VIII-IX del de Tolosa, y desde 916 del de Ribagorza.

**SOBREMONTE** (Rafael **de**), *marqués* **de Sobremonte,** administrador y militar español (Sevilla 1745-Cádiz 1827). Virrey del Río de la Plata (1804-1807), huyó a Córdoba durante la invasión británica de Buenos Aires (1806).

**SOBRINO** (Francisco), escultor español (Guadalajara 1932). Formado artísticamente en Argentina, se instaló posteriormente en París, participando en el desarrollo del arte cinético y del op art.

**SOCHI,** c. de Rusia, junto al mar Negro; 337 000 hab. Centro turístico.

**social** *(guerra)* [del lat. *bellum sociale,* guerra de los aliados] (91-89/88 a. J.C.), insurrección de las ciudades de Italia federadas contra la dominación romana. Los pueblos de Italia, aliados *(socii)* de Roma, no gozaban del derecho de ciudadanía romana, pero soportaban las mismas cargas que los ciudadanos. Formaron una confederación y obtuvieron la ciudadanía romana a pesar de su derrota.

**socialconservador** *(Partido)* → ***conservador*** (Partido social).

**socialdemócrata alemán** *(Partido)* [S.P.D.], partido político alemán fundado en 1875. Disuelto por Hitler (1933), renació en 1945. En Alemania oriental se fusionó con el partido comunista para formar el S.E.D. (Partido socialista unificado de Alemania) en 1946. En Alemania occidental, el S.P.D., anticomunista, eliminó progresivamente toda referencia al marxismo y estuvo en el poder de 1969 a 1982. El partido socialdemócrata de Alemania oriental, renacido en 1989, se fusionó en 1990 con su homólogo de la R.F.A. Ganó las elecciones legislativas de 1998.

**socialdemócrata de Rusia** *(Partido obrero)* [P.O.S.D.R.], partido político ruso fundado en 1898. En 1903 se dividió en bolcheviques y mencheviques. En marzo de 1918, el grupo bolchevique pasó a denominarse partido comunista ruso (bolchevique).

**socialista francés** *(Partido)* [P.S.F.], partido político francés, nacido en 1969 de la fusión entre la S.F.I.O. (creada en 1905, a raíz de la unificación de todos los partidos socialistas franceses) y diversos grupos de izquierda.

**socialista obrero español** *(Partido)* [P.S.O.E.], partido político español fundado en 1879, bajo la dirección de Pablo Iglesias. En 1886 apareció su órgano de prensa, *El socialista.* Participó en el gobierno de la segunda república y se adhirió al Frente popular, con dirigentes como Besteiro, Prieto, Negrín o Largo Caballero. Clandestino desde 1939, fue legalizado en 1976. Venció en las elecciones de 1982, y su líder, Felipe González, secretario general desde 1974 hasta 1997, asumió la presidencia del gobierno hasta 1996.

**socialista unificat de Catalunya** *(Partit)* [P.S.U.C.], organización política catalana fundada en 1936 a raíz de la fusión del Partit comunista de Catalunya (dependiente del P.C.E.), la federación catalana del P.S.O.E., la Unió socialista de Catalunya y el Partit comunista proletari. En 1987 se integró en la coalición de izquierda-nacionalista Iniciativa per Catalunya.

**socialistas latinoamericanos** *(partidos).* Entre las primeras organizaciones políticas de tendencia socialista de América latina cabe citar: el Partido socialista mexicano (1878), el Partido socialista de Argentina (1895), el Partido reformista uruguayo (1910), el Partido socialista chileno (1912) y el Partido socialista brasileño (1916). Tras el auge del comunismo después de la revolución rusa, renacieron los movimientos socialistas: el Partido socialista argentino mantuvo su influencia hasta el desarrollo del peronismo, y en Chile se creó un Partido socialista (1933), que participó en el Frente popular (1938-1947) y que, integrado en la Unidad popular, gobernó de 1970 a 1973. Destacan también diversos partidos socialistas o socialdemócratas de Costa Rica, República Dominicana, Uruguay, Ecuador y Perú (A.P.R.A.), Frente sandinista en Nicaragua, el Partido trabalhista (1964) de Brasil y Acción democrática en Venezuela.

**socialrevolucionario** *(Partido)* [P.S.R.], partido político ruso (1901-1922) surgido de la fusión de diferentes grupos populistas. Después de octubre de 1917, se escindió en el S.R. de izquierdas, aliados con los bolcheviques, y el S.R. de derechas, que los combatieron.

**SOCIEDAD** *(islas de la),* principal archipiélago de la Polinesia Francesa; 1 647 km$^2$; 162 573 hab. Cap. *Papeete.* Descubierto por Wallis y Cook, pasó a Francia entre 1843 y 1887.

**Sociedad de naciones** (S.D.N.), organismo creado en 1920 entre los estados signatarios del tratado de Versalles para desarrollar la cooperación entre las naciones y garantizar la paz y la seguridad. Fue sustituida en 1946 por la O.N.U. Tenía su sede en Ginebra.

**Sociedades económicas de Amigos del país,** organismos españoles no estatales surgidos en la segunda mitad del s. XVIII con el fin de promover el desarrollo, en especial económico, del país. *La Sociedad económica bascongada,* nacida del grupo de los Caballeritos de Azcoitia y aprobada en 1765, contó entre sus miembros con ilustres reformistas españoles y científicos extranjeros (Seminario de Vergara). Hasta la guerra de la Independencia se crearon cerca de 100 sociedades de este tipo, entre ellas las de Sevilla, Madrid, Granada, Cantabria y Vera. En Hispanoamérica estas sociedades fueron importantes focos independentistas. Decayeron en el s. XIX.

**Sociedades patrióticas,** organizaciones políticas liberales nacidas en Madrid durante el trienio constitucional.

**SOCINO** (Lelio **Sozzini** o **Socini,** llamado), reformador religioso italiano (Siena 1525-Zurich 1562). Negó la divinidad de Cristo y el dogma de la Trinidad porque los consideraba contrarios al monoteísmo. – Su sobrino **Fausto** (Siena 1539-cerca de Cracovia 1604), que defendió las mismas ideas, se refugió en Polonia, donde organizó una Iglesia antitrinitaria (Hermanos polacos).

**SOCOMPA,** volcán de Argentina (Salta) y Chile (Antofagasta); 6 031 m de alt. El *paso de Socompa* (3 858 m), entre el volcán y el *cerro Socompa Caipis* (4 878 m), es aprovechado por el ferrocarril y la carretera Salta-Antofagasta.

**SOCONUSCO,** región de México (Chiapas), entre la sierra Madre de Chiapas, la costa del Pacífico y la frontera guatemalteca. Cultivos de café y cacao.

**SOCORRO,** mun. de Colombia (Santander); 23 026 hab. Yacimientos de cobre y hierro. Centro comercial.

**SOCOTORA** o **SOCOTRA,** isla de Yemen, en el océano Índico; 3 580 km$^2$; 15 000 hab.

**SÓCRATES,** filósofo griego (Alōpekē, Ática, 470-Atenas 399 a. J.C.). No dejó nada escrito y sólo se le conoce por tres de sus contemporáneos: Aristófanes, que se burló de él, Jenofonte, que lo consideró un moralista simplón, y su discípulo Platón, que lo convirtió en el personaje central de sus *Diálogos.* La imagen que se perfila a través de este triple testimonio es la de un hombre que interroga, a la vez que enseña (es lo que se denomina la «ironía socrática»), que hace descubrir a su interlocutor lo que creía ignorar (se trata de la *mayéutica,* o *arte de alumbrar los espíritus*) y lo hace avanzar en el camino de la verdad *(dialéctica).* En el contexto de la guerra del Peloponeso y los desastres de Atenas, fue considerado como un enemigo de la ciudad: le condenaron a beber la cicuta por impiedad hacia los dioses y por corromper a la juventud.

Mário **Soares**

busto de **Sócrates** (Louvre)

**SOCUÉLLAMOS,** v. de España (Ciudad Real); 10 904 hab. *(Socuellaminos.)* Minas de lignito. Embalse en el Záncara.

**SODDY** (*sir* Frederick), químico británico (Eastbourne 1877-Brighton 1956). Explicó el mecanismo de desintegración de los átomos radiactivos (1902) y descubrió la isotopía. (Premio Nobel de química 1921.)

**SÖDERTÄLJE,** c. de Suecia (Estocolmo); 81 786 hab.

**SODOMA,** ant. c. cananea (act. *Sedom*), que fue destruida, junto con Gomorra y otras ciudades del S del mar Muerto, por un cataclismo en el s. XIX a. J.C. La Biblia narra la historia legendaria de esta catástrofe como un castigo de Dios contra los habitantes de dichas ciudades, infieles e inmorales.

**SODOMA** (Giovanni Antonio **Bazzi,** llamado **il**), pintor italiano (Vercelli 1477-Siena 1549). Sucesor de Signorelli en el claustro del convento de Monteoliveto Maggiore, trabajó en la villa Farnesina en Roma y posteriormente en Siena.

**SOEKARNO** → ***Sukarno.***

**SOFÍA,** c. y cap. de Bulgaria, en una llanura fértil, al pie del monte de Vitoša; 1 183 000 hab. Centro administrativo e industrial. Museos. – En los alrededores, iglesia medieval de Bojana (frescos) y algunos monasterios antiguos.

**SOFÍA ALEXÉIEVNA** (Moscú 1657-*id.* 1704), regente de Rusia [1682-1689]. Habiendo conseguido que se le confiase la regencia de su hermano Iván V (1682), fue apartada del poder por su hermanastro Pedro el Grande (1689).

**SOFÍA de Grecia** (Psixico, Ática, 1938), reina de España [desde 1975], hija de Pablo I de Grecia y de Federica de Hannover. Casó con Juan Carlos de Borbón (1962), actual Juan Carlos I, rey de España.

**SÓFOCLES,** poeta trágico griego (Colona *c.* 495-Atenas 406 a. J.C.). Sólo se conservan siete de sus obras *(Antígona; Áyax; Edipo en Colona; Edipo rey; Electra; Filoctetes; Las traquinias)* y un fragmento de *Los sabuesos.* Dio a la tragedia su forma definitiva: introdujo un tercer actor y aumentó de doce a quince el número de componentes del coro. Sustituyó la trilogía encadenada (tres episodios del mismo mito) por la trilogía libre (cada drama es autónomo). Modificó el sentido trágico haciendo

**Sófocles** (museo vaticano)

de la evolución del protagonista y de su carácter una parte esencial de la manifestación del destino y de la voluntad de los dioses.

**SOFONISBE,** reina de Numidia (Cartago 235 a. J.C.-203). Esposa de Masinisa, se envenenó para no ser entregada a los romanos.

**SOGAMOSO,** mun. de Colombia (Boyacá); 81 226 hab. Minas de carbón. Textiles, calzados, cervecerías.

**SOGDIANA,** ant. región de Asia central, al N de Bactriana. Corresponde a Uzbekistán. C. pral. *Samarkand.*

**SOGNEFJORD,** el mayor de los fiordos de Noruega, al N de Bergen; 200 km aprox.

**SOHĀG,** c. de Egipto, en el Alto Egipto, junto al Nilo, cap. de prov.; 102 000 hab.

**Soho,** barrio del centro de Londres.

**SOISSONS,** c. de Francia (Aisne); 32 144 hab. Construcciones mecánicas. Neumáticos. En ella, en 1728, se celebró una reunión entre España, Francia, Gran Bretaña y el Imperio, en la que el británico Walpole aceptó la paz con España, aunque soslayó la cuestión de Gibraltar; el Imperio no transigió en las cláusulas sobre la herencia de los ducados italianos y Francia renovó su amistad con España.

**SOJO** (Vicente Emilio), compositor venezolano (Guatire 1887-Caracas 1974), pedagogo, antólogo de composiciones tradicionales venezolanas y autor de música religiosa *(Requiem in memoriam patriae).*

**SOKOLOVSKI** (Vasili Danílovich), mariscal soviético (Kozliki 1897-Moscú 1968). Dirigió las fuerzas soviéticas en Alemania (1946-1949) y fue jefe del alto estado mayor (1952-1960).

**SOKOTO,** c. del NO de Nigeria, cap. del *estado de Sokoto;* 190 100 hab. En el s. XIX fue el centro del imperio fulbé de Sokoto, fundado por Usmán Dan Fodio (1804).

**Sol** *(Piedra del),* o **Calendario azteca,** disco de casi 3,5 m de diámetro, de lava basáltica, esculpido durante el reinado de Moctezuma II, soberano azteca (1502-1520), cubierto de signos religiosos y astrológicos en torno al Sol-Tonatiuh (museo nacional de antropología de México).

La Piedra del **Sol** (en el centro el rostro del dios Sol Tonatiuh). Período posclásico reciente. (Museo nacional de antropología, México.)

**SOLÁ** (Antonio), escultor español (Barcelona 1787-Roma 1861) de estilo neoclásico.

**SOLANA (La),** v. de España (Ciudad Real); 13 892 hab. *(Solaneros.)* Yacimientos de lignito.

**SOLANA** (Javier), político español (Madrid 1942). Socialista, ministro de Cultura (1982-1988), de Educación (1988-1992) y de Asuntos Exteriores (1992-1995), fue secretario general de la O.T.A.N. (1996-1999). En 1999 se hizo cargo de la política exterior y de seguridad común de la Unión europea.

**SOLANA** (José **Gutiérrez**) → ***Gutiérrez Solana.***

**SOLANAS** (Fernando Ezequiel), director de cine argentino (Olivos, Buenos Aires, 1936). Realizador de acentuado matiz político (*La hora de los hornos,* 1968; *Los hijos de Fierro,* 1982), en 1976 se instaló en Francia, y reflejó el desgarro del exilio en *Tangos/El exilio de Gardel* (1984). De nuevo en Argentina, rodó *Sur* (1988) y *El viaje* (1992).

**SOLANO LÓPEZ** → ***López*** (Francisco Solano).

**SOLAR** (Alberto **del**), escritor chileno (Santiago 1860-Buenos Aires 1920), autor de poesía (*El firmamento,* 1908), novela (*Huincahual,* 1888), teatro (*Chacabuco,* 1907) y ensayo.

**Soldado desconocido,** combatiente no identificado, muerto en el campo de batalla. Desde la primera guerra mundial, es el símbolo de los muertos de una nación en una o más guerras.

**SÖLDEN,** estación de deportes de invierno de Austria, en el Tirol (alt. 1 377-3 040 m).

**SOLDEVILA** (Ferran), historiador español (Barcelona 1894-*id.* 1971), especializado en historia medieval de Cataluña (*Historia de Cataluña,* 3 vols., 1934-1935, 1962-1963); *Historia de España,* 8 vols., 1952-1958, 1968).

**SOLDI** (Raúl), pintor argentino (Buenos Aires 1905-*id.* 1994). Su estilización lineal y tratamiento de la gama pastel apoyan el onirismo de su temática fantástica (cúpula del teatro Colón de Buenos Aires, óleo).

**SOLEDAD,** mun. de Colombia (Atlántico); 165 791 hab. Ciudad dormitorio próxima a Barranquilla.

**SOLEDAD DE DOBLADO,** mun. de México (Veracruz); 26 363 hab. Café, caña de azúcar y maíz.

**SOLEDAD DÍEZ GUTIÉRREZ,** mun. de México (San Luis Potosí), cuya cab. está integrada en San Luis Potosí; 64 417 hab.

**Soledades,** libro de poemas de Antonio Machado (1903), ampliado con el título de *Soledades, galerías y otros poemas* (1907). Poesía intimista y evocadora en torno a la soledad, el paso del tiempo, el camino, la melancolía y el sueño.

**Soledades,** poema de L. de Góngora, en dos partes: la *Soledad de los campos* (escrita en 1613) y la *Soledad de las riberas* (inacabada). Describe el contraste entre la vida en la ciudad y en el campo con rupturas sintácticas y abundantes neologismos, típicos del culteranismo.

**ŠOLEM** o **ŠALOM ALEKEM** (Šalom **Rabinovitz,** llamado), escritor en lengua yiddish (Pereiaslav, Ucrania, 1859-Nueva York 1916), autor de relatos sobre la vida de los ghettos de Europa central (*Tévié el lechero,* 1899-1911).

**SOLENTINAME** *(islas),* archipiélago de Nicaragua (Río San Juan), en el lago Nicaragua. Está constituido por cuatro islas y numerosos islotes.

**SOLER** (Antonio), eclesiástico y compositor español (Olot 1729-San Lorenzo de El Escorial 1783). Sus conciertos, quintetos y en especial las 120 sonatas que compuso para clavicémbalo prosiguen la obra de D. Scarlatti en España. Su tratado teórico *Llave de la modulación* (1762) tuvo una importancia decisiva en la renovación musical de su época.

**SOLER** (Frederic) → ***Pitarra.***

**SOLER** (Miguel Estanislao), militar argentino (Buenos Aires 1783-† 1849). Activo en la revolución de mayo (1810) y en la campaña de la Banda Oriental, fue gobernador de Montevideo (1814) y Buenos Aires (1820).

**SOLESMES,** mun. de Francia (Sarthe); 1 284 hab. Abadía benedictina fundada *c.* 1010, suprimida en 1790 y restaurada en 1833. Centro de investigación sobre liturgia y canto gregoriano.

**SOLEURE** → ***Solothurn.***

**Solferino** *(batalla de)* [24 junio 1859], victoria de las tropas francesas de Napoleón III sobre los austríacos de Francisco José en Solferino (prov. de Mantua, Lombardía). El carácter sangriento de esta batalla dio origen a la fundación de la Cruz Roja.

**Solidaridad obrera,** organización obrera española fundada en 1907 en Barcelona. Reunió a diversos sindicatos catalanes hasta la fundación de la C.N.T. en 1910.

**Solidaritat catalana,** movimiento catalanista (1906-1909) integrado por la Lliga regionalista, la Unió nacionalista, el Centre nacionalista republicà, los carlistas, los federales y una parte de Unión republicana. Logró una gran victoria electoral en Cataluña en 1907.

**Sofía** de Grecia (R. Macarrón - palacio de la Generalidad, Barcelona)

**Solimán I** el Magnífico (biblioteca Millet, Istanbul)

**Solidarność** (en español *Solidaridad*), unión de sindicatos polacos, constituida en Gdańsk en 1980, independiente y autogestionada. Prohibida en 1982, pasó a la clandestinidad. Fue legalizada de nuevo en 1989 y desempeñó un papel importante en el seno de las nuevas instituciones y del gobierno. Lech Wałesa fue su presidente (1981-1990).

**SOLIHULL,** c. de Gran Bretaña, al SE de Birmingham; 112 000 hab.

**SOLIMÁN I el Magnífico,** en turco **Süleyman I Qānūni** *(el legislador)* [Trebisonda 1494-Szigetvár, Hungría, 1566], sultán otomano [1520-1566]. En 1521 tomó Belgrado y en 1522, Rodas. Después de derrotar a los húngaros en Mohács (1526), entró en Buda y entregó la corona de Hungría a Juan Zápolya. Durante la lucha contra los Habsburgo sitió Viena (1529) y avanzó hasta Estiria (1532). Las luchas se reiniciaron a la muerte de Juan Zápolya (1540) y siguieron hasta 1562: a partir de entonces, casi toda Hungría pasó bajo la dominación otomana. Solimán se alió con Francisco I contra su enemigo común, Carlos Quinto, a quien combatieron en el Mediterráneo (Niza, 1543). La flota otomana, dirigida por el corsario Barbarroja, salió victoriosa en Argel, Túnez y Trípoli (1551). Los otomanos, después de haber ocupado Bagdad (1534) y el litoral del Yemen hasta Adén (1538), dominaban ya todo el mundo árabe, a excepción de Marruecos. Fue también un gran legislador.

**SOLIMANA,** pico de Perú (Arequipa), en la cordillera Occidental de los Andes; 6 117 m de alt.

**SOLIMENA** (Francesco), pintor italiano (Canale di Serino, Avellino, 1657-Barra, cerca de Nápoles, 1747), una de las principales figuras del barroco napolitano (vigorosos frescos para iglesias, cuadros de altar, retratos).

**SOLINGEN,** c. de Alemania (Renania del Norte-Westfalia), en el Ruhr; 162 928 hab. Cuchillería.

**SOLÍS FOLCH DE CARDONA** (José), *duque* **de Montellano,** militar y administrador español (Madrid 1716-Santa Fe 1762). Mariscal de campo, fue virrey de Nueva Granada (1753-1761).

**SOLÍS Y RIVADENEYRA** (Antonio **de**), escritor, eclesiástico y político español (Alcalá de Henares 1610-Madrid 1686). Cronista mayor de Indias (1665), es autor de *Historia de la conquista de México* (1684).

**SÓLLER,** c. de España (Baleares), en Mallorca; 10 021 hab. *(Sollerenses.)* Naranjas, olivos. En el núcleo del Port, base naval y centro turístico.

**SOLLERS** (Philippe), escritor francés (Talence 1936). Reflexionó sobre la literatura y su relación con la realidad (*El parque,* 1961; *Sobre el materialismo,* 1974) y, más tarde, adoptó un estilo más novelesco (*Mujeres,* 1983; *La fiesta en Venecia,* 1991; *El secreto,* 1992).

**SOLOGUREN** (Javier), poeta peruano (Lima 1921), en una línea postsurrealista, caracterizada por el hermetismo (*Estancias,* 1960; *Poeisis,* 1981).

**SOLOLÁ** *(departamento de),* dep. del E de Guatemala; 1 061 km$^2$; 242 100 hab. Cap. *Sololá* (26 755 hab.).

**SOLOMOS** (Dionisios, *conde*), poeta griego (Zante 1798-Corfú 1857). Después de haber escrito en italiano, comenzó a escribir en griego, su lengua materna, desde el inicio de la guerra de la independencia (1821). Su *Himno a la libertad* (1823) se convirtió en el himno nacional griego. Es el primer gran poeta de la Grecia moderna.

**SOLÓN,** estadista ateniense (*c.* 640-*c.* 558 a. J.C.). Su nombre ha quedado unido a la reforma social y política que proporcionó el auge de Atenas. Estableció las bases de lo que sería, a partir de Clístenes (fines del s. VI a. J.C.), la democracia ateniense. Es uno de los siete sabios de Grecia.

**SOLÓRZANO** (Carlos), escritor guatemalteco (nacido en 1922), establecido en México desde 1939. Destacado dramaturgo (*Las manos de Dios,* 1956; *Los fantoches,* 1958; *El crucificado,* 1958; *El sueño del ángel,* 1960), cultiva también la novela (*Esos falsos demonios,* 1966; *Las celdas,* 1971) y el ensayo.

**SOLÓRZANO PEREIRA** (Juan **de**), administrador y jurisconsulto español (Madrid 1575-*id.* 1655). Fiscal del consejo de Indias (1627) y del de Castilla (1642), se caracterizó por su flexibilidad e independencia de criterio frente a la intolerancia oficial.

Participó en la recopilación de las leyes de Indias, promulgada en 1680. Escribió *Política indiana* (1647).

**SOLOTHURN,** en fr. **Soleure,** c. de Suiza, cap. del cantón homónimo; 15 748 hab. Catedral barroca. — El *cantón de Solothurn* tiene 791 km² y 231 746 hab.

**SOLOW** (Robert Merton), economista norteamericano (Nueva York 1924). Estudió la relación entre el crecimiento y el progreso técnico. (Premio Nobel de economía 1987.)

**SOLSONA,** c. de España (Lérida), cab. de p. j.; 6 601 hab. *(Solsonenses* o *solsoninos.)* La catedral (ss. XIV-XV) guarda la imagen románica de la *Virgen del Claustro* (s. XII). Museo diocesano.

**SOLTI** (*sir* Georg), director de orqueta húngaro (Budapest 1912-Antibes 1997), nacionalizado británico. Dirigió, entre otras, las orquestas Covent Garden de Londres (1979-1983) y sinfónica de Chicago (1969-1991).

**SOLVAY** (Ernest), industrial belga (Rebecq-Rognon 1838-Bruselas 1922), que logró la fabricación industrial del carbonato de sodio *(sosa Solvay).*

**SOLZHENITSIN** (Alexandr Issáievich), escritor ruso (Kislovodsk 1918). Su obra, donde denuncia el régimen de Stalin y el sistema de pensamiento en el que se basa, provocó su expulsión de la U.R.S.S. (*Un día en la vida de Iván Denisóvich,* 1962; *Pabellón del cáncer,* 1968; *Archipiélago Gulag,* 1973-1976). Regresó a Rusia en 1994. [Premio Nobel de literatura 1970.]

**SOMALIA,** estado del NE de África que forma el Cuerno de África; 638 000 km²; 7 700 000 hab. *(Somalíes.)* CAP. *Mogadishu.* LENGUA OFICIAL: *somalí.* MONEDA: *shilling.*

**GEOGRAFÍA**

El país es semiárido, salvo en el S (cultivos irrigados [caña de azúcar, algodón y plátano]). La ganadería nómada (ovina), en retroceso, aún permite alguna exportación. El sector industrial es muy modesto; el país, fuertemente endeudado (hambrunas), depende en gran medida de la ayuda internacional.

**HISTORIA**

La región fue ocupada por pueblos nómadas y ganaderos, autores de pinturas rupestres. Fines del III milenio-II milenio: estos pueblos se vieron obligados a emigrar hacia el S por la desecación de la región. Ss. IX-XII d. J.C.: mercaderes musulmanes, y más tarde pastores, los somalíes, repoblaron el país desde la costa. Ss. XV-XVI: desarrollo de las ciudades musulmanas. El reino de Īfāt venció a la Abisinia cristiana. S. XIX: Egipto, Gran Bretaña e Italia se disputaron el país. Finalmente, se constituyó una Somalia británica (Somaliland, cap. Hargeisa, 1887) y una Somalia italiana (Somalia, 1905). 1900-1920: Gran Bretaña tuvo que hacer frente a la revuelta de los derviches. 1925: la Somalia italiana se anexionó el Trans-Ŷuba y Kismaayo. 1936: Somalia fue incluida en el África oriental italiana, junto a Etiopía y Eritrea. 1940: Gran Bretaña tuvo que evacuar Somaliland. 1941: ésta reconquistó la región; ocupó la Somalia italiana y Ogadén. 1950: tras nueve años de administración británica, Italia recibió de la O.N.U. la tutela del país durante diez años. 1960: proclamación de la república independiente; Aden Osman fue su primer presidente. El nuevo estado, formado por Somaliland y Somalia, reclamó Ogadén. 1969: una junta militar, con el general Siyad Barreh al frente, se hizo con el poder. 1977-1978: un conflicto enfrentó a Etiopía (apoyada por la U.R.S.S.) y a Somalia por la posesión de Ogadén, que tuvo que ser evacuado por el ejército somalí. Continuaron los enfrentamientos. 1988: Somalia y Etiopía firmaron un acuerdo de paz. 1991: el general Siyad Barreh fue derrocado. El país quedó destrozado por la guerra civil y devastado por el hambre. En el N se proclamó una república independiente (Somaliland). 1992-1994: por iniciativa de E.U.A. se desplegó una fuerza internacional, autorizada por la O.N.U., para garantizar la distribución de ayuda alimentaria y la interposición entre los bandos enfrentados. 1997: acuerdo de paz que prevé un estado federal.

**SOMBART** (Werner), filósofo y economista alemán (Ermsleben, Halle, 1863-Berlín 1941). Favorable a las reformas sociales, analizó algunas formas del capitalismo (*Socialismo y movimientos sociales en el s. XIX,* 1896; *El burgués,* 1913).

**SOMBRERETE,** mun. de México (Zacatecas); 59 687 hab. Minería (cromo, plomo, cobre).

**sombrero de tres picos** *(El),* novela de Pedro Antonio de Alarcón (1874) que narra la vieja historia del corregidor y la molinera, tomada de una canción popular. El tema inspiró el ballet del mismo título de Manuel de Falla, según un libreto de Martínez Sierra, estrenado en 1917 por J. Turina.

**sombreros y gorros,** nombre de dos facciones que se disputaron el poder en las dietas suecas de 1738 a 1772. Los *gorros* eran partidarios de una política pacifista y de negociar con Rusia, mientras que los *sombreros* deseaban recuperar los territorios arrebatados por los rusos. Ambas facciones fueron eliminadas por Gustavo III (1772).

**SOMERS** o **SOMMERS** (John, *barón*), político inglés (cerca de Worcester 1651-Londres 1716). Líder whig, fue lord canciller (1697-1700) y presidente del consejo (1708-1710).

**SOMERSET,** condado de Gran Bretaña (en el SO de Inglaterra); 3 451 km²; 459 000 hab. Cap. *Taunton.*

SOMALIA

**SOMEȘ** o **SZAMOS,** r. de Rumania y Hungría, afl. del Tisza (or. izq.); 411 km.

**SOMME,** r. de Francia, en la Cuenca de París, en Picardía, que desemboca en el canal de la Mancha; 245 km. Escenario de una ofensiva francobritánica (julio-nov. 1916) que abrió el frente de Verdún y de violentos combates en junio de 1940.

**SOMME,** dep. de Francia (Picardía); 6 170 km²; 547 825 hab. Cap. *Amiens.*

**SOMMERFELD** (Arnold), físico alemán (Königsberg 1868-Munich 1951). Aplicó al átomo la mecánica relativista y la mecánica cuántica.

**SOMOSIERRA,** sierra de España, en la cordillera Central; 2 129 m de alt. El *puerto de Somosierra* (1 404 m) la separa de la sierra de Guadarrama.

**SOMOTO,** c. de Nicaragua, cap. del dep. de Madriz; 19 962 hab. Cacao, tabaco y caña de azúcar.

**SOMOZA** (Anastasio, llamado **Tacho**), político nicaragüense (San Marcos 1896-Panamá 1956). Intervino en la revolución que encumbró al Partido liberal (1925). En 1937, tras el golpe de estado contra Sacasa, accedió a la presidencia. Gobernó dictatorialmente (1937-1947 y 1951-1956). Aliado de E.U.A., amasó una gran fortuna. Murió asesinado. — Su hijo, **Luis Somoza Debayle** (Lede 1922-Managua 1968), fue presidente del congreso (1951-1956) y de la república (1957-1963). Durante su mandato se realizaron obras de infraestructura y se firmó la ley de reforma agraria. — **Anastasio Somoza Debayle,** llamado **Tachito** (León 1925-Asunción 1980), hermano del anterior, fue presidente de la república (1967-1972 y 1974-1979). Su política represiva y autoritaria provocó una guerra civil que terminó con su caída y huida del país (1979). Murió asesinado.

**SOMOZA** (José), escritor español (Piedrahita 1781-*id.* 1852), poeta y prosista (*Recuerdos e impresiones,* 1843).

**SOMPORT** *(puerto de),* puerto de montaña de España (Huesca), en el Pirineo, entre Canfranc y la frontera francesa; 1 640 m de alt.

**SONÁ,** distr. de Panamá (Veraguas); 23 567 hab. Economía agropecuaria. Serrerías.

**Sonatas,** serie novelesca de Valle-Inclán, correspondiente a las cuatro estaciones (1902-1905), subtitulada *Memorias del marqués de Bradomín.* Destaca por el exotismo de los ambientes, el preciosismo estilístico y cierto decadentismo.

**SONDA** *(archipiélago de la),* islas de Indonesia que prolongan la península de Malaca hasta las Molucas. Las principales son Sumatra y Java, separadas de las *pequeñas islas de la Sonda* (Bali, Timor, etc.) por el *estrecho de la Sonda.*

**Sonderbund,** liga separatista formada en 1845 por los siete cantones católicos suizos (Lucerna, Uri, Schwyz, Unterwalden, Zug, Friburgo y Valais). Fue disuelta por el ejército en 1847.

**SONG,** dinastía que reinó en China de 960 a 1279 y que en 1127 tuvo que refugiarse en el S. Fue eliminada por los mongoles.

**SÔNG KOI** o **SÔNG NHI HA** → ***Rojo*** (río).

**SONORA,** r. de México (Sonora), de la vertiente del Pacífico; 425 km aprox. Tras formar, en la región de Hermosillo, un embalse de 290 Mm³, sus aguas desaparecen en el desierto, y sólo desaguan en el mar en ocasión de grandes avenidas.

**SONORA** *(estado de),* est. del NO de México; 184 934 km²; 1 823 606 hab. Cap. *Hermosillo.*

**SONSECA,** v. de España (Toledo); 8 499 hab. *(Sonsecanos.)* Industria alimentaria, textil y maderera.

**SONSÓN,** mun. de Colombia (Antioquia); 39 107 hab. Minería (hierro, plata y oro). Centro industrial.

**SONSONATE** *(departamento de),* dep. de El Salvador; 1 226 km²; 354 641 hab. Cap. *Sonsonate.*

**SOPELANA,** mun. de España (Vizcaya); 8 164 hab. Junto a la costa cantábrica. Yacimientos de cuarzo. Centro industrial.

**SOPEÑA** (Federico), musicólogo y crítico musical español (Valladolid 1917-Madrid 1991). Director del conservatorio de Madrid (1951-1956) y del Prado (1981-1983). Obras: *La música europea contemporánea* (1952) y de *Historia de la música española contemporánea* (1976). [Real academia 1958.]

**SOPOT,** c. de Polonia, cerca de Gdańsk; 45 800 hab. Estación balnearia.

**SOPRON,** c. de Hungría, cerca de la frontera austríaca; 55 083 hab. Iglesias y mansiones góticas y renacentistas.

Alexandr
**Solzhenitsin**

**SORATA** *(macizo de),* extremo N de la cordillera Real (Bolivia). Sus principales cumbres son el Illampu (6 650 m) y el Ancohuma (6 550 m).

**Sorbona,** establecimiento público de enseñanza superior de París, fundado en 1257 por el teólogo Robert de Sorbon. Desde 1968 es sede de tres universidades de París. El edificio de la universidad sufrió diversas reconstrucciones desde el s. XVII.

**SOREL** (Georges), sociólogo francés (Cherburgo 1847-Boulogne-sur-Seine 1922), uno de los teóricos del sindicalismo revolucionario (*Reflexiones sobre la violencia,* 1908).

**SØRENSEN** (Søren), químico danés (Havrebjers 1868-Copenhague 1939). Definió el pH, índice de acidez, y estudió la síntesis de los aminoácidos.

**SORIA** *(provincia de),* prov. de España, en Castilla y León; 10 287 km²; 94 130 hab. Cap. *Soria.* P. j. de *Almazán, Burgo de Osma-Ciudad de Osma* y *Soria.* En el SE de la Meseta norte, territorio montañoso (sistemas Ibérico y Central), atravesado por el valle del Duero. Economía agrícola y ganadera (ovinos). Explotación forestal.

**SORIA,** c. de España, cap. de la prov. homónima y cab. de p. j.; 35 540 hab. *(Sorianos.)* Junto al Duero. En la edad media pasaba por la c. una de las principales cañadas de la Mesta. Notables iglesias románicas. Restos del convento de San Juan de Duero. Catedral gótica. Palacios e iglesias renacentistas. Museo Numantino.

**SORIA** (Arturo), urbanista español (Madrid 1843-*id.* 1920), creador de la ciudad lineal de Madrid y autor de obras sobre un urbanismo abierto y social.

**SORIA** (Martín **de**), pintor activo en Aragón entre 1471 y 1486, cuyo estilo hispanoflamenco refleja la huella de Jaume Huguet (retablo para el monasterio de Piedra, museo de Chicago).

**SORIANO** *(departamento de),* dep. del O de Uruguay; 9 008 km²; 79 439 hab. Cap. *Mercedes.*

**SORIANO** (Juan), artista mexicano (Guadalajara 1920). Su pintura, de tonos sombríos y austeros, no puede deslindarse en su figurativismo de los grandes maestros muralistas (*Las calaveras,* 1980). Ha practicado asimismo el grabado y la cerámica. *(V. ilustración pág. 1690.)*

**SORIANO** (Osvaldo), escritor argentino (Mar del Plata 1943-Buenos Aires 1997). Periodista y autor de novelas caracterizadas por el humor y el esperpento (*Triste y solitario final,* 1973; *Una sombra ya pronto serás,* 1991).

**SOROCABA,** c. de Brasil (São Paulo); 377 270 hab.

**SOROKIN** (Pitirim), sociólogo norteamericano de origen ruso (Turia, cerca de Siktivkar, 1889-Winchester, Massachusetts, 1968). Se interesó por el fenómeno del cambio social.

**SOROLLA** (Guillem), agermanado valenciano (San Mateo 1490-Játiva 1521). Miembro del consejo de los Trece (1519), dirigió el ataque agermanado contra el palacio del virrey de Valencia (1520). Luchó contra los realistas y, hecho prisionero, fue ejecutado.

**SOROLLA** (Joaquín), pintor español (Valencia 1863-Cercedilla 1923). Partió del realismo historicista, pero formuló pronto un estilo concentrado en los efectos lumínicos, trabajados con una pincelada suelta y matizada sin prescindir del dibujo (*Y aún dicen que el pescado es caro; Niños en la playa*).

**SOROZÁBAL** (Pablo), compositor y director de orquesta español (San Sebastián 1897-Madrid 1988), autor de zarzuelas de éxito (*Katiuska,* 1931; *La del manojo de rosas,* 1934; *La tabernera del puerto,* 1936; *Black el payaso,* 1942) y de piezas sinfónicas (*Suite vasca,* 1923).

**SORRENTO,** c. de Italia (Campania), en el S del golfo de Nápoles; 17 015 hab. Turismo. Museo en un palacio del s. XVIII. Catedral.

**SORS** o **SOR** (Fernando), guitarrista y compositor español (Barcelona 1778-París 1839). Emigrado a Londres, Moscú (donde estrenó el ballet *Hércules y Onfalia* con ocasión de la coronación de Nicolás I) y París, escribió un *Método para guitarra* en francés (1830), muy apreciado, y numerosas piezas y estudios para este instrumento.

**SOS DEL REY CATÓLICO,** v. de España (Zaragoza); 974 hab. *(Sopicones.)* En las Cinco Villas. Conjunto medieval: murallas, iglesia de San Esteban (ss. XI-XIII); palacio de Sada (ss. XVI-XVII), ayuntamiento (s. XVI). Cuna de Fernando el Católico.

**SOSA** (Mercedes), cantante argentina (San Miguel de Tucumán 1935), intérprete de canción testimonial, y de canciones tradicionales y de cantautores, con un estilo de honda raíz folklórica (*Gracias a la vida,* 1979; *Como un pájaro libre,* 1983).

**SOSIA,** sirviente de Anfitrión en las obras de Plauto y de Molière. Mercurio, que había adoptado la apariencia de Sosia, hizo dudar a este último de su propia identidad.

**SOSNOWIEC,** c. de Polonia (Katowice), en la Alta Silesia; 259 000 hab.

**SOTA** (Alejandro **de la**), arquitecto español (Pontevedra 1913-Madrid 1996). Sus obras recurren a los nuevos materiales y soluciones tecnológicas respondiendo a la función y el entorno (pueblo de Esquivel, 1955; Gobierno civil de Tarragona, 1957; gimnasio del colegio Maravillas de Madrid, 1961; edificio de Correos de León, 1984; juzgados de Zaragoza, 1990).

**SOTATSU,** pintor japonés (Kyōto, primera mitad del s. XVII). Inspirado en la tradición de la época Heian, por su estilo colorista y decorativo se le considera el precursor de Kōrin y del arte decorativo de los Tokugawa.

**SOTAVENTO** *(islas de),* conjunto de islas de las Antillas, extendidas frente a la costa de Venezuela, formado por Aruba, Curaçao, Bonaire (Antillas Neerlandesas) y las islas venezolanas de Margarita y otras pequeñas. – Los británicos llaman islas de Sotavento *(Leeward Islands)* al conjunto que se extiende de Puerto Rico a la Martinica, que en la denominación española pertenece al conjunto de las islas de Barlovento*.

**SOTAVENTO** *(planicie costera de),* región fisiográfica del S de México (Veracruz y Oaxaca), entre la sierra Madre de Oaxaca, el golfo de México, la Huasteca y la cordillera Neovolcánica.

**SOTEAPAN,** mun. de México (Veracruz); 15 397 hab. En la planicie costera de Sotavento. Vacuno.

**Sotheby and co.** o **Sotheby's,** la mayor empresa mundial de almoneda, fundada en Londres en 1733. Especializada en la venta por subasta de obras de arte, act. está controlada por capital norteamericano.

**SOTO** (Domingo **de**), teólogo y jurista español (Segovia 1494-Salamanca 1570). Dominico pertene-

SORIA

Joaquín **Sorolla:** *El baño del caballo* (1909). [Museo Sorolla, Madrid.]

ciente a la escuela de Salamanca, de cuya universidad fue catedrático de teología, participó en el concilio de Trento. En *De iustitia et de iure* (1557) sentó las bases del derecho de gentes.

**SOTO** (Hernando **de**), conquistador español (Villanueva de Barcarrota, Badajoz, *c.* 1500-a orillas del Mississippi 1542). En América estuvo a las órdenes de Pedrarias Dávila (1516-1520). Participó en el descubrimiento de Nicaragua y en su conquista por Hernández de Córdoba. En 1532 intervino en la conquista del Perú con Pizarro. Posteriormente fue adelantado de Florida y gobernador de Cuba. Luchando con los indios llegó a Alabama (1540) y descubrió el Mississippi; murió durante la expedición.

**SOTO** (Jesús Rafael), artista venezolano (Ciudad Bolívar 1923). Tras su intento de «dinamizar el neoplasticismo», investigó en sus *Metamorfosis* (1954) los valores armónicos de la repetición de signos plásticos. Integrado en el arte cinético creó obras en las que el desplazamiento del espectador provoca el movimiento virtual de las líneas y las masas (*Dinámica del color,* 1957).

**SOTO** (Marco Aurelio), político hondureño (Tegucigalpa 1846-París 1908). Tras intervenir en el derrocamiento del general Medina (1871), ocupó varios ministerios y fue presidente de la república (1876-1883).

**SOTO DE ROJAS** (Pedro), poeta español (Granada 1584-*id.* 1658), relacionado con Lope de Vega y Góngora, cuya estética culterana asimiló (*Desengaño de amor en rimas,* 1625; *Los rayos de Faetón,* 1639).

**SOTO LA MARINA,** mun. de México (Tamaulipas); 15 230 hab. Maíz, frijol. Pesca. Bovinos.

**SOTO Y ALFARO** (Bernardo), político costarricense (Alajuela 1854-San José 1931). Presidente de la república (1885-1889), impulsó la educación y la estadística nacional.

**SOTOMAYOR** (Javier), atleta cubano (Matanzas 1967). Ha batido tres veces el récord mundial de salto de altura, con un mejor registro de 2,45 m. Fue campeón olímpico en 1992 y campeón mundial en 1993 y 1997.

**SOTOMAYOR** (Pedro **Álvarez de**), noble gallego († Alba de Tormes 1486). Partidario de Juana la Beltraneja, fue conocido como **Pedro Madruga** por sus reiterados asaltos y correrías, generalmente de madrugada.

**SOTRONDIO** → ***San Martín del Rey Aurelio.***

**SOTTSASS** (Ettore), arquitecto y diseñador italiano (Innsbruck 1917). Iniciado en el diseño industrial, se interesó seguidamente por las formas lúdicas, casi provocativas, del *nuovo design.* Es uno de los fundadores del movimiento Memphis.

**SOUBLETTE** (Carlos), patriota venezolano (La Guaira 1789-Caracas 1870). Tras luchar por la independencia junto a Miranda (1812), y Bolívar (1819), fue secretario de Guerra y Marina de la Gran Colombia (1819-1829), y gestionó en España el reconocimiento de la independencia (1835-1837). Fue presidente del país (1843-1847).

**SOUFFLOT** (Germain), arquitecto francés (Irancy 1713-París 1780), iniciador del neoclasicismo (edificios en Lyon, Panteón de París).

**SOUFRIÈRE (La),** nombre de dos volcanes de las Antillas, puntos culminantes de las islas de Guadalupe (1 467 m) y de San Vicente (1 219 m).

**SOULE, SUBEROA** o **ZUBEROA,** región histórica del País Vasco, en Francia (Pyrénées-Atlantiques), que forma parte de Euzkadi Norte.

**SOULOUQUE** (Faustin) [Petit-Goâve 1782-*id.* 1867], emperador de Haití [1849-1859] con el nombre de Faustino I. Su despotismo provocó su caída.

**SOULT** (Jean de Dieu Nicolas), *duque* **de Dalmacia,** mariscal de Francia (Saint-Amans-la-Bastide [act. Saint-Amans-Soult] 1769-*id.* 1851). Destacó en Austerlitz (1805) y de 1808 a 1813 combatió en la península Ibérica (Portugal, 1809; Andalucía, donde fue jefe del ejército, 1810, y Extremadura, 1811). En 1813-1814 estuvo al frente de todas las tropas francesas en la Península. Fue varias veces ministro de la Guerra y presidente del gobierno.

**SOUPAULT** (Philippe), escritor francés (Chaville 1897-París 1990), uno de los iniciadores del surrealismo.

**SOUSTELLE** (Jacques), etnólogo francés (Montpellier 1912-Neuilly-sur-Seine 1990). Especializado en etnología azteca (*La familia otomí-pame del México central,* 1937; *El arte de México antiguo,* 1966; *Los aztecas,* 1970).

**SOUTH BEND,** c. de Estados Unidos (Indiana), en el SE de Chicago; 105 511 hab.

**SOUTH SHIELDS,** c. y puerto de Gran Bretaña (Tyne and Wear), junto al estuario del Tyne; 101 000 hab. Estación balnearia y centro industrial.

**South West Africa people's organization** → ***S.W.A.P.O.***

**SOUTHAMPTON,** c. y puerto de Gran Bretaña (Hampshire), junto al canal de la Mancha; 194 400 hab. Puerto comercial y de viajeros. Centro industrial.

**SOUTHEND-ON-SEA,** c. de Gran Bretaña (Essex), en la desembocadura del Támesis; 153 700 hab. Estación balnearia.

**SOUTHEY** (Robert), escritor británico (Bristol 1774-Keswick 1843), autor de poemas líricos y épicos (*Juana de Arco; Roderick, el último de los godos*) y de biografías (*Vida de Nelson*).

**SOUTHPORT,** c. de Gran Bretaña (Lancashire), al N de Liverpool, junto al mar de Irlanda; 90 000 hab. Estación balnearia.

**SOUTINE** (Chaïm), pintor francés de origen lituano (Smilovich, Minsk, 1893-París 1943), de un expresionismo violento, no exento de refinamiento cromático.

**SOUTO** (Arturo), pintor español (Pontevedra 1901-México 1964). Pintor de la cotidianeidad gallega, practicó un realismo de valor social con gran cromatismo (*Máscaras*).

**SOUTULLO** (Reveriano), compositor español (Puenteareas 1884-Madrid 1932). A menudo en colaboración con J. Vert, compuso zarzuelas muy populares (*La leyenda del beso,* 1924; *La del soto del Parral,* 1927; *El último romántico,* 1928).

**SOUVANNA PHOUMA** o **SUVANNA FUMA** (*príncipe* Tiao), político laosiano (Luang Prabang 1901-Vientiane 1984). Primer ministro en varias ocasiones (desde 1951), practicó una política neutralista. Tras el alto el fuego (1973), dirigió un gobierno provisional de unión nacional, pero fue derrocado en 1975.

**SOWETO,** área suburbana de Johannesburgo (Rep. de Sudáfrica), con 2 millones de hab. aprox., de raza negra. Escenario de manifestaciones, saldadas cruentamente (1976-1977).

**SOYAPANGO,** c. de El Salvador (San Salvador), en el área suburbana de San Salvador; 104 470 hab.

**SOYINKA** (Wole), escritor nigeriano en lengua inglesa (Abeokuta 1934). En su obra (teatro, poesía, narrativa, autobiografía) presenta un cuadro satírico del África descolonizada y evoca la desaparición de la cultura ancestral. (Premio Nobel de literatura 1986.)

**Soyuz,** familia de naves espaciales pilotadas soviéticas, utilizadas para la comunicación con las estaciones orbitales.

**SPAAK** (Paul Henri), político belga (Schaarbeek 1899-Bruselas 1972). Diputado socialista, y secretario general de la O.T.A.N. (1957-1961), fue primer ministro (1961-1965).

**Spacelab,** laboratorio espacial modular europeo concebido para funcionar en el compartimiento interior de la lanzadera espacial norteamericana. Su primera misión tuvo lugar en 1983.

**SPALATO** → ***Split.***

**SPALLANZANI** (Lazzaro), biólogo italiano (Scandiano 1729-Pavía 1799). Estudió la circulación de la sangre, la digestión, la fecundación y los animales microscópicos.

**Spandau,** barrio de Berlín, a orillas del Spree. En la prisión de Spandau estuvieron internados los criminales de guerra alemanes condenados en 1946 por el tribunal de Nuremberg (hasta la muerte de R. Hess, 1987).

**Spanish institute of New York,** organización cultural privada norteamericana, fundada en 1954 con sede en Nueva York, cuya finalidad es el acercamiento cultural entre E.U.A. y España y la cultura hispánica.

**S.P.D.** → ***socialdemócrata alemán*** (Partido).

**SPEARMAN** (Charles), sicólogo y matemático británico (Londres 1863-*id.* 1945), introductor del análisis factorial en sicología.

**spectator** *(The),* periódico británico publicado por Addison y Steele de 1711 a 1714, retrato de las costumbres de la sociedad inglesa.

**SPEKE** (John Hanning), explorador británico (Bidegord 1827-cerca de Corsham 1864). Exploró el centro de África, junto con Burton, y descubrió el lago al que llamó *Victoria.*

**SPEMANN** (Hans), biólogo alemán (Stuttgart 1869-Friburgo de Brisgovia 1941), premio Nobel de fisiología y medicina en 1935 por sus investigaciones sobre los mecanismos de la evolución de los seres vivos.

**SPENCER** (Herbert), filósofo y sociólogo británico (Derby 1820-Brighton 1903), autor de una filosofía que considera el paso de lo homogéneo a lo heterogéneo como el principal factor de la evolución.

**SPENGLER** (Oswald), filósofo e historiador alemán (Blanckenburg, Harz, 1880-Munich 1936), autor de *La decadencia de Occidente* (1918-1922), donde compara a las civilizaciones con los seres vivos.

**SPENSER** (Edmund), poeta inglés (Londres 1552-*id.* 1599), autor del poema pastoril *El calendario del pastor* y de la epopeya alegórica *La reina de las hadas.*

**SPESÍVTSEVA** (Olga), bailarina rusa (Rostov del Don 1895-Nueva York 1991), la principal bailarina romántica del s. XX.

**SPEZIA (La),** c. y puerto de Italia (Liguria), cap. de prov., en el *golfo de La Spezia;* 101 701 hab. Construcción naval. Refino de petróleo.

**Spielberg,** en checo **Špilberk,** fortaleza de la ciudad de Brno, en Moravia. Los Habsburgo la utilizaron como prisión de estado (1742-1855), y en ella fueron encarcelados algunos patriotas italianos, como S. Pellico.

**SPIELBERG** (Steven), director de cine norteamericano (Cincinnati 1947), especialista en películas de aventuras, terror o ciencia ficción (*Tiburón,* 1975; *Encuentros en la tercera fase,* 1977; *En busca del arca perdida,* 1981; *E.T.,* 1982; *Indiana Jones y el templo maldito,* 1984; *El imperio del Sol,* 1987; *Indiana Jones y la Última Cruzada,* 1989; *Hook,* 1991; *Parque jurásico,* 1993; *La lista de Schindler,* 1994, Oscar).

**SPILIMBERGO** (Lino Eneas), pintor argentino (Buenos Aires 1896-Unquillo 1964). Influido por Lothe, destaca por la solidez escultórica de sus figuras, con predominio del dibujo sobre el color.

Juan **Soriano:** *El pescado.* (Museo de arte moderno, México.)

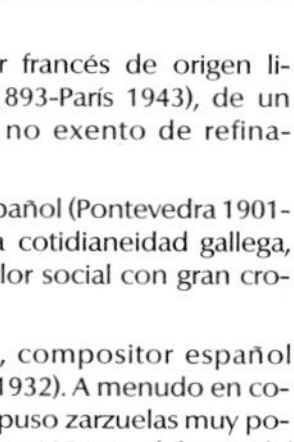

Hernando de **Soto** (grabado según un dibujo de J. Maea)

**SPÍNOLA,** familia de banqueros y mercaderes genoveses conocida desde la alta edad media. Algunos de sus miembros se instalaron durante el s. XV en Andalucía. Junto con los Fugger, fueron los principales financiadores de las empresas imperiales hispanas.

**SPÍNOLA** (Ambrosio **de**), militar español (Génova 1569-Castelnuovo di Scrivia, Italia, 1630), *duque* **de Sesto** y 1.er *marqués* **de los Balbases.** Activo en los Países Bajos, se distinguió en la toma de Ostende (1604) y participó en las negociaciones de la tregua de los Doce años (1609), tras la cual tomó Breda (1625), cuya rendición fue inmortalizada por Velázquez. En 1620 conquistó el Palatinado.

**SPÍNOLA** (António Sebastião **Ribeiro de**), mariscal y político portugués (Estremoz 1910-Lisboa 1996). Gobernador de Guinea (1968-1973), dirigió en Portugal el golpe de estado militar de 1974 y se convirtió en presidente de la república; enfrentado a las fuerzas de izquierda, tuvo que dimitir y exiliarse (1975). Volvió a Portugal (1976) y fue ascendido a mariscal (1981).

**SPINOZA** (Baruch), filósofo neerlandés (Amsterdam 1623-La Haya 1677). Educado para ser rabino, se inició en todas las ramas del saber, contactando con los maestros del pensamiento de su tiempo (Leibniz). En su vida sólo publicó *Principios de la filosofía de Descartes* (1663) y *Tractatus* theologico-politicus* (1670). Sus obras póstumas son: *Ética*; De la reforma del entendimiento,* y *Tratado político.* Su objetivo fundamental fue transmitir un mensaje liberador frente a todas las servidumbres y portador del placer que proporciona el conocimiento (bienaventuranza). Para llegar al conocimiento de la naturaleza, es decir, de Dios, es necesario acceder al de la casualidad, que da a cada ser, también al hombre, su especificidad. El hombre sólo puede percibir dos atributos de esta naturaleza, llamada sustancia: la extensión y el pensamiento. Existen tres formas de conocimiento: la creencia, el razonamiento y la intuición racional. La vida en sociedad sólo se puede concebir como la unión de los seres que se han aceptado mutuamente; por esta razón, existe el derecho a la rebelión cuando la libertad pública es desatendida.

Spinoza

**SPIRA,** en alem. **Speyer,** c. de Alemania (Renania-Palatinado), junto al Rin; 45 674 hab. Catedral del s. XI (restaurada). Ciudad libre imperial (1294) fue sede de varias dietas, la más célebre de las cuales fue la de 1529, en la que los príncipes reformistas se opusieron a la decisión de Carlos Quinto que restringía la libertad religiosa.

**SPITTELER** (Carl), poeta suizo en lengua alemana (Liestal 1845-Lucerna 1924), autor de poemas épicos y alegóricos (*Primavera olímpica,* 1900-1905). [Premio Nobel de literatura 1919.]

**SPITZ** (Mark), nadador norteamericano (Modesto, California, 1950), siete veces campeón olímpico en Munich (1972).

**SPITZ** (René Arpad), médico y sicoanalista norteamericano de origen austrohúngaro (Viena 1887-Denver, Colorado, 1974). Sus investigaciones se centraron en la importancia de la relación madre-hijo y las carencias afectivas.

**SPITZBERG** o **SPITSBERG,** principal isla de las Svalbard; 39 400 km².

**SPLIT,** en ital. **Spalato,** c. y puerto de Croacia, junto al Adriático; 169 000 hab. Turismo. Iglesias prerrománicas (ss. IX-XI). Palacios góticos (s. XV). Museos. – A principios del s. IV Diocleciano mandó construir un vasto conjunto palaciego rectangular, utilizado desde el s. VII por los ant. habitantes de Salona como núcleo de una nueva ciudad.

**SPOKANE,** c. de Estados Unidos (Washington); 177 196 hab. Metalurgia del aluminio.

**SPOLETO,** c. de Italia, en Umbría (Perugia); 37 057 hab. Catedral románica (reconstruida en los ss. XVI-XVII) y otros monumentos. – Sede de un ducado lombardo fundado en 571, en el que la Santa Sede establecería su autoridad en el s. XIII.

**SPONTINI** (Gaspare), compositor italiano (Majolati, Ancona, 1774-*id.* 1851), autor de las óperas *La vestal* (1807) y *Hernán Cortés.*

**SPOTA** (Luis), escritor mexicano (México 1925-*id.* 1985). Periodista, sus novelas, realistas, se centran en el examen crítico de los problemas sociales (*Las horas violentas,* 1958).

**SPRANGER** (Bartholomeus), pintor flamenco (Amberes 1546-Praga 1611), nacionalizado checo (1593). Trabajó en Roma y en Viena, antes de establecerse en Praga (1581), y contribuyó, con su genio brillante y sensual, a convertir a esta última ciudad en una de las capitales del manierismo tardío.

**SPRATLY** *(islas)* → ***Nansha Qundao.***

**SPREE,** r. de Alemania que atraviesa Berlín y confluye en el Havel (or. der.) en Spandau; 403 km.

**Springer Verlag,** grupo editorial y periodístico fundado en 1945 por Axel Caesar Springer (1912-1985), que controla la mayoría de la prensa alemana (*Bild Zeitung, Die Welt,* etc.).

**SPRINGFIELD,** c. de Estados Unidos, cap. de Illinois, al SO de Chicago; 105 227 hab.

**SPRINGFIELD,** c. de Estados Unidos (Massachusetts), junto al río Connecticut; 156 983 hab. Museo de arte.

**SPRINGFIELD,** c. de Estados Unidos (Missouri), al SO de Saint Louis; 140 494 hab.

**SPRINGS,** c. de la República de Sudáfrica (Pretoria-Witwatersrandvaal), al E de Johannesburgo; 154 000 hab. Minas de oro. Centro industrial.

**Spútnik,** nombre de los tres primeros satélites artificiales soviéticos. El Spútnik 1, lanzado el 4 de octubre de 1957, fue el primer satélite artificial de la Tierra.

**SQUAW VALLEY,** estación de deportes de invierno de Estados Unidos (California), al N de sierra Nevada.

**SRAFFA** (Piero), economista italiano (Turín 1898-Cambridge 1983). Renovó los estudios sobre la formación de los precios y difundió el pensamiento de Ricardo.

**SRĪ LANKA,** hasta 1972 **Ceilán,** estado insular de Asia meridional, al SE de la India; 66 000 km²; 17 400 000 hab. *(Cingaleses.)* CAP. *Colombo.* LENGUAS OFICIALES: *cingalés* y *tamil.* MONEDA: *rupia de Srī Lanka.*

GEOGRAFÍA

La isla está formada por llanuras y colinas alrededor de un macizo montañoso central y goza de un clima tropical, cálido y húmedo en el que el régimen de lluvias varía según la exposición al monzón. La agricultura, recurso casi exclusivo, asocia cultivos de subsistencia (arroz) y de exportación (caucho y sobre todo té). La región está inmersa en los enfrentamientos entre la mayoría cingalesa y la minoría tamil (20 % de la población, concentrados en el N).

HISTORIA

S. III a. J.C.: el budismo se introdujo en la isla. Fines del s. X d. J.C.: la monarquía de Anurādhapura fue derrocada por un rey chola. 1070: la isla fue reconquistada por un príncipe cingalés. Ss. XIV-XVI: un

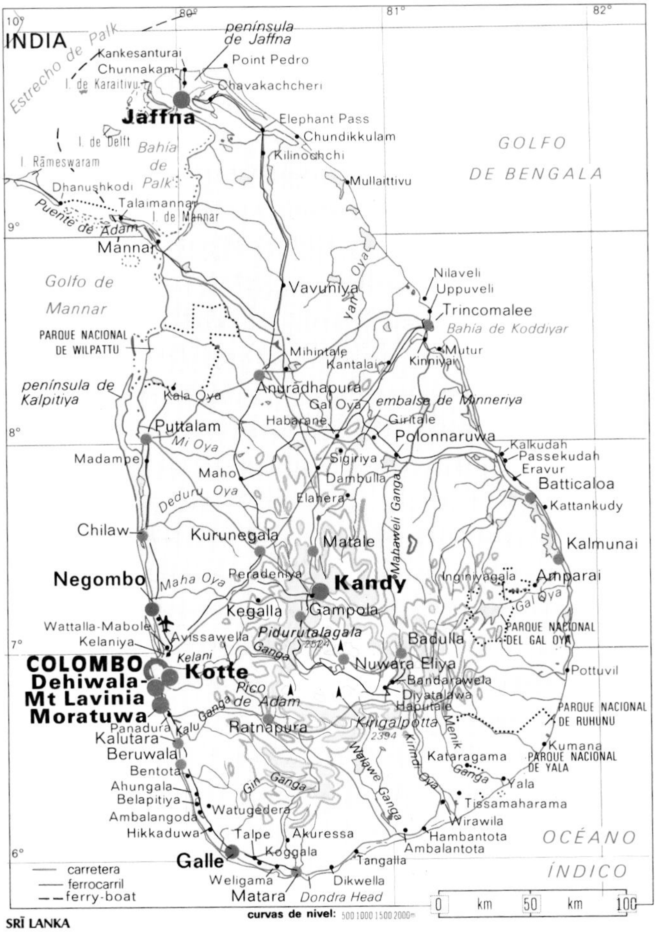

SRĪ LANKA

reino tamil independiente ocupó la península de Jaffna. S. XVI: Portugal ocupó la costa, mientras el rey de Kandy dominaba el centro. 1658: los neerlandeses sustituyeron a los portugueses. 1796: Gran Bretaña anexionó la isla. 1815: se apoderó del reino de Kandy. 1931: Ceilán fue dotado de un estatuto de autonomía interna. 1948: accedió a la independencia. 1948-1956: los conservadores ocuparon el poder con D. S. Senanayake (1948-1952), posteriormente con su hijo, Dudely Senanayake (1952-1953), y J. Kotelawala (1953-1956). 1956-1965: la izquierda, dirigida por Salomon Bandaranaike y, tras su asesinato (1959), por su viuda Sirimavo Bandaranaike, gobernó el país. 1965-1970: D. Senanayake volvió al poder. 1970-1977: S. Bandaranaike le sucedió. Desde 1974: algunas organizaciones tamiles militaron en favor de la creación de un estado tamil independiente. 1977: el conservador J. R. Jayawardene se convirtió en primer ministro e instauró un régimen presidencialista. 1978: fue elegido presidente de la república. Ranasinghe Premadasa fue primer ministro. Desde 1983: enfrentamientos entre tamiles y cingaleses amenazaron la unidad del país. 1989: R. Premadasa se convirtió en presidente de la república. La intervención de las tropas indias (1987-1990) no consiguió resolver el conflicto interior vinculado al separatismo tamil. 1993: R. Premadasa murió en un atentado y le sucedió el primer ministro, D. Banda Wijetunga. 1994: tras las elecciones (ag.), Chandrika B. Kumaratunga accedió a la presidencia y nombró primera ministra a su madre, S. Bandaranaike. 1995: los tamiles lanzaron una nueva ofensiva, que fue reprimida por el ejército. 2000: C. Kumaratunga fue reelegida.

**SRĪNAGAR,** c. de la India, cap. (con Jammu) del estado de Jammu y Cachemira; 588 000 hab. Situada a más de 1 500 m de alt., es un centro turístico. Museo. Monumentos antiguos (mezquita Madani, s. XV); jardines de los emperadores mogoles.

**S.S.** (siglas de *SchutzStaffel,* escalón de protección), policía militarizada del partido nazi alemán creada en 1925. Dirigida por Himmler (1929), permitió a Hitler acabar con Röhm y las S.A. en 1934. Las unidades S.S. se encargaron de la seguridad interior del Reich y, a partir de 1939, del control de los territorios ocupados. Aseguraron asimismo la gestión y vigilancia de los campos de concentración. A partir de 1940 se constituyeron además unidades militares, llamadas *Waffen-S.S.,* tropas de choque que tomaron parte en todas las operaciones decisivas y en las que fueron incluidos todos los voluntarios extranjeros del ejército alemán.

**SSÊ-MA TS'IEN** → ***Sima Qian.***

**SSÊ-CH'UAN** → ***Sichuan.***

**SSÊ-MA SIANG-JU** → ***Sima Xiangru.***

**STABIAS,** ant. c. de Campania, cerca de Pompeya, destruida en 79 d. J.C. por la erupción del Vesubio. (Act. *Castellammare di Stabia.*) Villas (pinturas murales).

**STAËL** (Germaine **Necker,** *baronesa* **de Staël-Holstein,** llamada **Madame de**), escritora francesa (París 1766-*id.* 1817). Su salón parisino fue, en 1789, un centro de reunión política. Posteriormente se exilió y recorrió Europa. Su obra (*Delphine,* 1802; *Corinne o Italia,* 1807, novelas; *De Alemania,* 1810) tuvo una gran influencia sobre el romanticismo.

**STAFFA,** isla deshabitada del archipiélago escocés de las Hébridas. Destaca la gruta de Fingal.

**STAFFORD,** c. de Gran Bretaña, al NO de Birmingham, cap. del condado de *Staffordshire* (2 716 km²; 1 020 300 hab.); 55 497 hab. Iglesia gótica.

**STAHL** (Georg Ernst), médico y químico alemán (Ansbach 1660-Berlín 1734), autor de la teoría del *animismo* en medicina y de la teoría del *flogisto* en química.

**STAJÁNOV** → ***Kádievka.***

**STALIN** (Iósiv Vissariónovich **Dzhugachvili,** llamado), político soviético (Gori, Georgia, 1879-Moscú 1953). Antiguo alumno del seminario ortodoxo de Tbilisi, a partir de 1898 militó en la socialdemocracia georgiana, para tomar posteriormente partido por los bolcheviques. En 1917 se adhirió a las tesis de abril de Lenin y aseguró, junto con Sverdlov, la dirección del partido dado que Lenin tuvo que huir a Finlandia. Comisario del pueblo para las Nacionalidades (1917-1922), puso en marcha una política de centralización en relación con las demás repúblicas soviéticas. Secretario general del partido desde 1922, fue eliminando, de 1924 a 1929, a los demás candidatos a la sucesión de Lenin, aliándose con Kámenev y Zinóviev contra Trotski: excluyó a los tres en 1927 antes de eliminar a Bujarín y Ríkov (1929). En 1929-1930 emprendió una política de colectivización total de las tierras y de eliminación de los kulaks. Llevó a la práctica el primer plan quinquenal, que pretendía el desarrollo de la industria pesada. Recurrió a los trabajos forzados, realizados en los campos del Gulag, y procedió a purgas masivas a través de procesos falseados (fines 1934-1938). Firmó con Alemania el pacto germano-soviético (ag. 1939), pero, tras el ataque alemán de junio 1941, consiguió reencauzar una situación inicialmente comprometida recurriendo al patriotismo ruso. Extendió la influencia soviética a los países europeos liberados por su ejército, creó el Kominform (1947) e inició la etapa de la guerra fría con occidente. Fue objeto de culto, tanto en la U.R.S.S. como en los partidos comunistas de las democracias populares y de los países occidentales. Antes de morir, en marzo 1953, procedió a nuevas purgas (proceso de Praga, complot de los blusas blancas). El XX congreso del partido comunista (1956) esbozó la desestalinización y, en 1961, el cuerpo de Stalin fue retirado del mausoleo de Lenin, en el que había sido enterrado.

**STALINGRADO** o **STALINGRAD** → ***Tsaritsin.***

**Stalingrado** *(batalla de)* [set. 1942-febr. 1943], victoria, tras duros combates —en los alrededores de Stalingrado (act. *Tsaritsin*)—, de los soviéticos sobre el VI ejército alemán (von Paulus), que capituló. Marcó un giro total de la guerra en el frente ruso.

**STAMBOLIJSKI** (Alexander), político búlgaro (Slavovica 1879-*id.* 1923). Jefe del partido agrario (desde 1905), fue primer ministro (1919-1920 y 1920-1923). Fue fusilado al producirse el golpe de estado de 1923.

**STAMFORD,** c. y puerto de Estados Unidos (Connecticut), en el área suburbana residencial de Nueva York; 108 056 hab.

**STAMITZ** (Johann Wenzel Anton o Jan Václav Antonin), compositor checo (Německý Brod, Bohemia, 1717-Mannheim 1757), director de la orquesta de la corte en Mannheim, uno de los focos del arte sinfónico en Europa, origen del estilo galante.

**Stamp act** (1765), ley británica, que impuso el derecho de timbre en las actas públicas en las colonias de América del Norte. Fue muy impopular y desencadenó la guerra de la Independencia.

**stampa** *(La),* periódico italiano de tendencia liberal progresista, creado en Turín en 1894.

**STANHOPE** (James, *conde* **de**), militar y político británico (París 1673-Londres 1721). Luchó en la guerra de Sucesión de España desde 1705; en 1706 fue nombrado por Ana I embajador en la corte del archiduque Carlos y en 1707 recibió el mando de las tropas británicas en Cataluña. Condicionó siempre la alianza británica a la concesión por parte de Carlos de un preferente tratado comercial, que obtuvo en 1707. En 1708 se apoderó de Menorca, cuyo dominio se aseguró con la amenaza de retirar el apoyo británico. A partir de 1710 participó activamente en el desarrollo de la guerra, pero fue derrotado y hecho prisionero. Canjeado por el virrey de Nápoles, volvió a Gran Bretaña (1712) y fue secretario de Estado (1714-1721).

**STANISLAVSKI** (Konstantín Serguéievich **Alexéiev,** llamado), actor y director teatral ruso (Moscú 1863-*id.* 1938). Fundador y promotor del Teatro de arte de Moscú, pedagogo y teórico (*Mi vida en el arte,* 1925), emprendió una renovación sistemática del arte teatral basándose en el análisis sicológico que realiza el actor para identificarse con su personaje.

**STANKOVIC** (Borisav), escritor serbio (Vranja 1875-Belgrado 1927), autor de novelas (*Sangre impura*) y dramas que describen la vida de Serbia bajo el dominio turco.

**STANLEY** (John **Rowlands,** *sir* **Henry Morton**), explorador británico (Denbigh, Gales, 1841-Londres 1904). Periodista del *New York herald* (1867), fue enviado a África en busca de Livingstone, al que encontró (1871). En un segundo viaje (1874-1877) atravesó África ecuatorial de E a O y descubrió el Congo. En 1879 se puso al servicio del rey de los belgas Leopoldo II y creó para él el Estado independiente del Congo (1885).

**STANLEY** (Wendell Meredith), bioquímico norteamericano (Ridgeville 1904-Salamanca 1971). Descubrió el virus del mosaico del tabaco en estado cristalizado. (Premio Nobel de química 1946.)

**STANLEY POOL** → ***Malebo*** (Pool).

**STANLEYVILLE** → ***Kisangani.***

**STANOVÓI** *(montes),* cadena montañosa de Siberia oriental; 2 412 m. Yacimientos de oro y acero.

**STARA PLANINA,** nombre búlgaro de los Balcanes.

**STARA ZAGORA,** c. de Bulgaria, al S de los Balcanes; 142 000 hab.

**STARK** (Johannes), físico alemán (Schickenhof 1874-Traunstein 1957). Descubrió el desdoblamiento de las rayas espectrales bajo la influencia de un campo eléctrico. (Premio Nobel de física 1919.)

**S.T.A.R.T.** *(strategic arms reduction talks),* negociaciones mantenidas de 1982 a 1991 entre E.U.A. y la U.R.S.S. sobre la reducción de las armas estratégicas. En 1992 se emprendieron nuevas negociaciones, que concluyeron en 1993 con un nuevo tratado (S.T.A.R.T. II), por el que los dos países se comprometían a proceder a nuevas e importantes reducciones de sus arsenales en los próximos diez años.

**STASSFURT,** c. de Alemania (Sajonia-Anhalt); 26 466 hab. Minas de potasa y de sal.

**STATEN ISLAND,** isla de Estados Unidos, en la bahía de Nueva York, entre Long Island y la bahía de Ronitan, al SO de Manhattan; 155 km²; 295 500 hab.

**STAUDINGER** (Hermann), químico alemán (Worms 1881-Friburgo de Brisgovia 1965), premio Nobel de química (1953) por sus investigaciones sobre las macromoléculas.

**STAUDT** (Karl Georg Christian **von**), matemático alemán (Rothenburg ob der Tauber 1798-Erlangen 1867). Intentó reconstituir el conjunto de la geometría proyectiva independientemente de cualquier relación métrica.

**STAUFEN** → ***Hohenstaufen.***

**STAUFFENBERG** (Claus **Schenk,** *conde* **von**), oficial alemán (Jettingen 1907-Berlín 1944). Preparó y ejecutó el atentado del 20 julio de 1944 contra Hitler, en el que éste sólo recibió heridas sin importancia. Fue fusilado.

**STAVANGER,** c. y puerto del SE de Noruega, junto al Atlántico; 99 808 hab. Puerto pesquero, comercial, petrolero y de viajeros. Centro industrial. Catedral románica y gótica.

**STÁVROPOL,** c. de Rusia, al N del Cáucaso; 318 000 hab. Centro industrial. Gas natural y petróleo en la región.

**STEELE** (*sir* Richard), escritor y periodista irlandés (Dublín 1672-Carmathen, Gales, 1729), fundador, junto con Addison, de *The tatler* (1709-1711) y *The spectator* (1711-1712).

**STEEN** (Jan), pintor neerlandés (Leiden *c.* 1626-*id.* 1679), autor de escenas de la vida popular.

**STEFAN** (Josef), físico austríaco (Sankt Peter, cerca de Klagenfurt, 1835-Viena 1893). Enunció la ley de la radiación del cuerpo negro, relacionando la potencia irradiada con la temperatura.

**STEICHEN** (Edward), fotógrafo norteamericano (Luxemburgo 1879-West Redding, Connecticut, 1973). Partidario de la fotografía pura, su trabajo directo, sin manipulaciones, y su estilo riguroso tuvieron gran influencia en el lenguaje fotográfico.

**STEIN** (Gertrude), escritora norteamericana (Allegheny, Pennsylvania, 1874-Neuilly-sur-Seine 1946). Se estableció en París y se relacionó con el movimiento literario y pictórico de vanguardia. Tuvo una gran influencia en los novelistas de la generación perdida (*Autobiografía de Alice B. Toklas,* 1933).

**STEIN** (Karl, *barón* **von und zum**), político prusiano (Nassau 1757-Kappenberg 1831). Fue ministro de Estado (1804-1808) y realizó importantes reformas liberales, en especial, la abolición de la servidumbre. Napoleón consiguió su destitución (1808).

**STEINBECK** (John), escritor norteamericano (Salinas, California, 1902-Nueva York 1968). Sus novelas describen los ambientes populares californianos (*Tortilla flat,* 1935; *Hombres y ratones,* 1937; *Las uvas de la ira,* 1939; *La perla,* 1948; *Al este del Edén,* 1952). [Premio Nobel de literatura 1962.]

**STEINBERG** (Saul), dibujante norteamericano de origen rumano (Rîmnicu Sărat 1914-Nueva York 1999). Renovó el humor y la sátira con su excepcional inventiva plástica, alimentada con antiguas tradiciones caligráficas e influencias cubistas.

**STEINER** (Jakob), matemático suizo (Utzenstorf 1796-Berna 1863), gran especialista en geometría.

**STEINER** (Rudolf), filósofo y pedagogo austríaco (Kraljević, Croacia, 1861-Dornach, cerca de Basilea, 1925), autor de un sistema, la antroposofía, y de una pedagogía que ofrece una imagen menos rígida de las materias tradicionales e integra la actividad artesanal.

**STEINERT** (Otto), fotógrafo alemán (Sarrebruck 1915-Essen 1978). Sus teorías sobre la *fotografía subjetiva* (objetividad ilusoria, irrealidad presente y perceptible por doquier) fueron el origen de la fotografía abstracta.

**STEINITZ** (Ernst), matemático alemán (Laurahütte 1871-Kiel 1928), fundador de la teoría algebraica de los cuerpos.

**Steinway,** fábrica norteamericana de pianos fundada en Nueva York en 1853 por el constructor alemán Heinrich Engelhard Steinweg (Wolshagen 1797-Nueva York 1871).

**STEKEL** (Wilhelm), médico y sicoanalista austríaco (Boian, Bucovina, 1868-Londres 1940). Se separó de Freud y preconizó una cura más corta dirigida por un terapeuta de forma más activa.

**STELLA** (Frank), pintor norteamericano (Malden, Massachusetts, 1936). Partió de un minimalismo estricto, luego trabajó las formas y las franjas paralelas de color en sus «telas cortadas» de los años sesenta, y, a fines de los setenta, llegó al barroco desbocado de los relieves metálicos policromos.

**STELVIO** *(puerto del),* puerto de los Alpes italianos, entre Milán e Innsbruck; 2 757 m de alt. Parque nacional.

**STENDHAL** (Henri **Beyle,** llamado), escritor francés (Grenoble 1783-París 1842). Militar durante las guerras napoleónicas, se instaló en Milán y escribió sobre música y pintura, y el libro de viajes *Roma, Nápoles y Florencia* (1817). Autor de un ensayo sobre el romanticismo (*Racine y Shakespeare,* 1823-1825) y un tratado *Sobre el amor* (1922), en 1830 publicó *Rojo y negro,* una de sus novelas capitales, y *La cartuja de Parma* (1839). Su obra póstuma lo consagró definitivamente (*Vida de Henry Brulard,* 1890; *Lucien Leuwen,* 1894).

**STEPHENSON** (George), ingeniero británico (Wylam, cerca de Newcastle, 1781-Tapton House, Chesterfield, 1848). Inventor de la tracción a vapor sobre vía férrea (locomotora Rocket, 1829), su logro más importante fue el establecimiento del ferrocarril de Liverpool a Manchester (1826-1830).

**STERLITAMAK,** c. de la Federación de Rusia, en la república de Bashkortostán, al S de Ufá; 248 000 hab. Centro industrial.

**STERN** (Isaac), violinista ucraniano (Kremenets, Ucrania, 1920), nacionalizado norteamericano. Fundó un trío con Eugene Istomin y Leonard Rose, para interpretar el repertorio romántico.

**STERN** (Otto), físico norteamericano de origen alemán (Sohnau [act. Zory] 1888-Berkeley 1969). Descubrió, junto con W. Gerlach, las propiedades magnéticas de los átomos y confirmó el concepto, introducido por de Broglie, de onda asociada a una partícula. (Premio Nobel de física 1943.)

**STERNBERG** (Josef **von**), director de cine norteamericano de origen austríaco (Viena 1894-Los Ángeles 1969). Describió las pasiones violentas y los ambientes opresivos, y fue un mago de la imagen y la luz. Convirtió a Marlene Dietrich en el prototipo de mujer fatal: *El ángel azul* (1930), *El expreso de Shangai* (1932), *Capricho imperial* (1934).

Josef von **Sternberg** con Marlene Dietrich (*c.* 1931)

**STERNE** (Laurence), escritor británico (Clonmel, Irlanda, 1713-Londres 1768), autor de *Vida y opiniones del caballero Tristram Shandy* (1759-1767) y de *Viaje sentimental por Francia e Italia* (1768), en su obra mezcla humor y fantasía con un estilo ágil y vivaz.

**STETTIN** → ***Szczecin.***

**STEVENAGE,** c. de Gran Bretaña, al N de Londres; 73 700 hab. Construcción de ingenios espaciales. Electrónica.

**STEVENS** (John), industrial norteamericano (Nueva York 1749-Hoboken, Nueva Jersey, 1838). Creó la primera legislación federal sobre patentes en Norteamérica (1790) y construyó (1808) un barco de vapor, el Phoenix, que realizó el primer recorrido a vapor por el Atlántico, entre Nueva York y Filadelfia.

**STEVENS** (Siaka Probyn), político de Sierra Leona (Moyamba 1905-Freetown 1988), primer ministro (1968-1971) y presidente de la república (1971-1985).

**STEVENS** (Stanley Smith), sicólogo norteamericano (Ogden 1906-Vail, Colorado, 1973). Analizó las diferentes clases de escalas usadas en sicología.

**STEVENSON** (Robert Louis **Balfour**), escritor británico (Edimburgo 1850-Vailima, islas Samoa, 1894), que alcanzó gran éxito con novelas de aventuras (*La isla* del tesoro,* 1883) y relatos fantásticos (*El extraño caso del doctor Jekyll y Mr. Hyde,* 1886).

**STEVENSON** (Teófilo), boxeador cubano (Delicias 1952), único peso pesado de la historia olímpica que consiguió tres títulos consecutivos (1972-1980).

**STEVIN** (Simon), llamado **Simon de Brujas,** matemático y físico flamenco (Brujas 1548-La Haya 1620). Estudió la hidrostática y las fracciones decimales (1585) y demostró la imposibilidad del movimiento perpetuo (1586).

**STEWART** → ***Estuardo.***

**STEWART** (James **Maintland,** llamado **James**), actor norteamericano (Indiana, Pennsylvania, 1908-Beverly Hills 1997). En sus personajes encarnó la inocencia, la tenacidad y el coraje púdico (*Vive como quieras,* 1938, de F. Capra; *Vertigo,* 1958, de A. Hitchcock; *El hombre que mató a Liberty Valance,* 1962, de J. Ford).

**STEYR,** c. de Austria (Alta Austria), en la confluencia del *Steyr* y del Enns; 40 000 hab. Metalurgia. Monumentos antiguos.

**STIEGLITZ** (Alfred), fotógrafo norteamericano (Hoboken 1864-Nueva York 1946). Su obra, sobria y sin artificio, es buen ejemplo de la fotografía pura, sin manipular.

**Stalin**
(col. part.)

**Stendhal**
(O. J. Södermark - palacio de Versalles)

**Stevenson**
(W. B. Richmond - galería nacional de retratos, Londres)

Karlheinz
**Stockhausen**

**STIERNHIELM** (Georg), poeta sueco (Vika 1598-Estocolmo 1672). Dio una forma culta a la poesía sueca, que le valió el título de padre de la poesía sueca.

**STIF,** ant. **Sétif,** c. del O de Argelia, cap. de vilayato; 144 000 hab. Centro comercial e industrial.

**STIFTER** (Adalbert), escritor austríaco (Oberpland, Horní Planá, Bohemia, 1805-Linz 1868). Sus novelas ofrecen una transposición poética de la realidad cotidiana (*Veranillo de San Martín,* 1857).

**STIGLER** (George Joseph), economista norteamericano (Renton, Washington, 1911-Chicago 1991). Defendió la libre competencia y profundizó en las teorías de la producción y los costes, de los oligopolios, de la información y de las estructuras industriales. (Premio Nobel de economía 1982.)

**Stijl** *(De),* revista y grupo de artistas neerlandeses creados en 1917 por Mondrian y Theo Van Doesburg, sobre las bases teóricas de una abstracción estrictamente construida, llamada neoplasticismo. En este movimiento (disuelto a la muerte de Van Doesburg) participaron entre otros los arquitectos Jacobus Johannes Pieter Oud (1890-1963) y Gerrit Thomas Rietveld (1888-1964) y el pintor y escultor belga Georges Vantongerloo (1886-1965).

**STILLER** (Mauritz), director de cine sueco (Helsinki 1883-Estocolmo 1928), uno de los maestros de la escuela sueca, en la época del cine mudo: *El tesoro de Arne* (1919), *Erotikon* (1920), *La leyenda de Gösta Berling* (1924), que dio a conocer a Greta Garbo.

**STILWELL** (Joseph), general norteamericano (Palatka, Florida, 1883-San Francisco 1946). Jefe de estado mayor de Chang Kai-shek (1941-1945), fue al mismo tiempo adjunto de Mountbatten y comandante en jefe del campo de operaciones Indochina-Birmania.

**STIRLING,** c. de Gran Bretaña (Escocia), al NE de Glasgow; 30 000 hab. Universidad. Castillo.

**STIRLING** (James), arquitecto británico (Glasgow 1926). Sus realizaciones (museos, bibliotecas y espacios públicos culturales) se inscriben dentro del racionalismo, en una línea próxima al brutalismo y posteriormente al posmodernismo (ampliación de la galería Tate de Londres, 1982-1985). [Premio Pritzker 1981.]

**STIRNER** (Max), filósofo alemán (Bayreuth 1806-Berlín 1856), autor de una filosofía anarquista (*El Único y su propiedad,* 1845), que influyó en Marx a pesar de la hostilidad que éste le profesaba.

**STOCKHAUSEN** (Karlheinz), compositor alemán (Mödrath, cerca de Colonia, 1928). Comenzó en el Studio de música electrónica de Colonia (*Klavierstücke,* 1952-1962) y llevó a cabo la primera utilización simultánea de cinta magnética e instrumentos tradicionales. Con *Gruppen,* para tres orquestas (1958), se orientó hacia la música aleatoria. *Stimmung* (1968) es una obra típica del período meditativo, influido por la música de la India. También recurrió a la danza: *Inori* (1974). Tras *Sirius* (1977), se ha dedicado a componer una sola obra: *Luz,* cuya ejecución durará una semana (*Jueves,* 1981; *Sábado,* 1984; *Lunes,* 1988; *Martes,* 1991).

**STOCKPORT,** c. de Gran Bretaña, al SE de Manchester, junto al Mersey; 136 000 hab.

**STOCKTON-ON-TEES,** c. y puerto de Gran Bretaña (Cleveland), a orillas del Tees; 155 000 hab.

**STOKE-ON-TRENT,** c. de Gran Bretaña, cerca de Manchester; 244 800 hab. Cerámicas.

**STOKER** (Abraham, llamado **Bram**), escritor británico (Dublín 1847-Londres 1912), autor de la novela *Drácula* (1897).

**STOKES** (*sir* George), físico irlandés (Skreen 1819-Cambridge 1903). Autor de trabajos sobre hidrodinámica, estudió la fluorescencia y los rayos X.

**STOKOWSKI** (Leopold), director de orquesta británico (Londres 1882-Nether Wallop, Hampshire, 1977), nacionalizado norteamericano. Dirigió la orquesta sinfónica de Filadelfia (1912-1938), con la que dio a conocer a Stravinski.

**STOLIPIN** (Piotr Arkádievich), político ruso (Dresde 1862-Kiev 1911). Presidente del Consejo (1906), reprimió con dureza la oposición, logró que fuese disuelta la segunda duma (1907) y favoreció el desmantelamiento de la comuna rural (*mir*) a fin de luchar contra la pobreza campesina. Fue asesinado por un revolucionario.

**STONE** (*sir* John Richard Nicholas), economista británico (Londres 1913-Cambridge 1991), analista de los mecanismos del crecimiento y de los diferentes sistemas de contabilidad nacional. (Premio Nobel de economía 1984.)

**STONEHENGE,** yacimiento arqueológico de Gran Bretaña, cerca de Salisbury (Wiltshire). Monumento megalítico compuesto por monolitos dispuestos en círculos. Sufrió numerosas modificaciones sucesivas entre fines del neolítico (*c.* 2400 a. J.C.) y principios de la edad de bronce. Se supone que se trata de un santuario de culto solar.

**Stonehenge:** el conjunto megalítico (III-II milenios a. J.C.)

**STOPH** (Willi), político alemán (Berlín 1914-*íd.* 1999), jefe del gobierno de la R.D.A. (1964-1973 y 1976-1989) y presidente del consejo de estado (1973-1976).

**STORM** (Theodor), escritor alemán (Husum 1817-Hademarschen 1888), autor de poemas y de novelas que ensalzan la naturaleza del N de Alemania y analizan la lucha del hombre con su destino (*Immensee,* 1850).

**Stormont** *(acuerdo de),* acuerdo entre los gobiernos británico e irlandés y los partidos políticos norirlandeses, alcanzado en el castillo de Stormont de Belfast (10 abr. 1998), con el objetivo de acabar con la violencia política y dotar de organismos autónomos a Irlanda del Norte.

**STORNI** (Alfonsina), poeta argentina (Sala Capriasca, Suiza, 1892-Mar del Plata 1938). Su poesía, tras sus inicios románticos (*La inquietud y el rosal,* 1916), ofrece rasgos posmodernistas (*Languidez,* 1920; *Ocre,* 1925). El tema amoroso persiste en su poesía posterior, caracterizada por cierto hermetismo verbal (*Mundo de siete pozos,* 1934; *Mascarilla y trébol,* 1938). También cultivó el teatro infantil. Se suicidó.

Alfonsina **Storni** en una edición de sus *Poesías inéditas y éditas*

**STOSS** (Veit), en polaco **Wit Stwosz,** escultor, probablemente de origen suabo (*c.* 1448-Nuremberg 1533). Su obra maestra es el gran retablo gótico en madera policromada de Nuestra Señora de Cracovia (1477-1486, *Dormición de la Virgen* en el centro).

**STOYANOV** (Petar), político búlgaro (1952). Fundador de la Unión de fuerzas democráticas (1989), fue elegido presidente de la república en 1996.

**STRADELLA** (Alessandro), compositor y cantante italiano (Roma 1644-Génova 1682), autor de cantatas, óperas, oratorios (*Suzanna,* 1681) y sinfonías.

**STRADIVARIUS** (Antonio), violero italiano (¿Cremona? 1644-*íd.* 1737). Sus mejores violines salieron de su taller de Cremona entre 1700 y 1725.

**STRAFFORD** (Thomas **Wentworth,** *conde* **de**), político inglés (Londres 1593-*íd.* 1641). Lord diputado de Irlanda (1632-1639), practicó una política arbitraria y brutal. Consejero del rey, junto con Laud, secundó la política de Carlos I. Fue acusado de traición por el parlamento y ejecutado.

**STRAITS SETTLEMENTS** → ***Estrechos*** (Establecimientos de los).

**STRALSUND,** c. y puerto de Alemania (Mecklemburgo-Antepomerania), junto al Báltico; 74 566 hab. Iglesias y ayuntamiento góticos.

**STRAND** (Paul), fotógrafo y director de cine norteamericano (Nueva York 1890-Orgeval, Francia, 1976). Su obra está marcada por un lenguaje fuertemente realista e hierático. Realizó (1935), en colaboración con Fred Zinnemann y E. Gómez Muriel, la película *Los rebeldes de Alvarado.*

**STRASBOURG** → ***Estrasburgo.***

**STRASSBURG** (Gottfried **von**), poeta cortesano alemán (principios del s. XIII), autor de un *Tristán,* inconcluso.

**STRATFORD-UPON-AVON** o **STRATFORD-ON-AVON,** c. de Gran Bretaña (Inglaterra), al SE de Birmingham; 20 000 hab. Casas antiguas, entre ellas la casa natal de Shakespeare (museo). Shakespeare Memorial (teatro, biblioteca, pinacoteca).

**STRAUSS,** familia de músicos austríacos. **Johann I** (Viena 1804-*íd.* 1849), director de orquesta y de los bailes de la corte, compuso valses, polcas, galops y la célebre *Marcha de Radetzky.* – Su hijo **Johann II** (Viena 1825-*íd.* 1899) continuó la tradición paterna componiendo más de 200 valses (*El Danubio azul,* 1867; *Sangre vienesa,* 1873; *Vals del emperador,* 1889) y operetas (*El murciélago,* 1874).

**STRAUSS** (David Friedrich), teólogo y exegeta alemán (Ludwigsburg 1808-*íd.* 1874). En *Vida de Jesús* (1835) lanzó la idea de que los Evangelios son documentos destinados a propagar la fe y no biografías, por lo que deben interpretarse como expresión de ideas simbólicas y mitos.

**STRAUSS** (Richard), director de orquesta y compositor alemán (Munich 1864-Garmisch-Partenkirchen 1949). Es autor de óperas (*Salomé,* 1905; *Electra,* 1909; *El caballero de la rosa,* 1911) y poemas sinfónicos (*Don Juan,* 1889; *Muerte y transfiguración,* 1890; *Till Eulenspiegel,* 1895) de una orquestación muy colorista. Del romanticismo pasó a un clasicismo de gran estilo en las *Metamorfosis* (1945).

**STRAVINSKI** (Ígor), compositor ruso (Oranienbaum, cerca de San Petersburgo, 1882-Nueva York 1971), nacionalizado francés, y posteriormente norteamericano. Fue un gran creador en el campo del ritmo y de la orquestación. Su música está esencialmente destinada a la danza. Es autor de *El pájaro de fuego* (1910), *Petrushka* (1911), *La consagración de la primavera* (1913), *El zorro* (1916), *Historia del soldado* (1918), *La boda* (1923), de la *Sinfonía de los salmos* (1930), de la ópera *The rake's progress,* sonatas y conciertos, en los que adopta diferentes estilos estéticos.

**STRAWSON** (Peter Frederick), lógico británico (Londres 1919). Interesado en las relaciones entre la lógica y la gramática natural (*Individuos,* 1959), es uno de los principales representantes de la filosofía analítica.

**STREHLER** (Giorgio), actor y director teatral italiano (Barcola, cerca de Trieste, 1921-Lugano 1997). Cofundador (1947) y director del Piccolo teatro de Milán, se consagró a renovar las formas del espectáculo teatral.

**STRESA,** c. de Italia, en el Piamonte, junto al lago Mayor; 4 636 hab. Centro turístico. – Conferencia entre Francia, Gran Bretaña e Italia, que pretendía hacer frente al rearme alemán (11-14 abril 1935). No se obtuvo ningún resultado como consecuencia de la negativa de Francia y Gran Bretaña a reconocer la conquista italiana de Etiopía.

**STRESEMANN** (Gustav), político alemán (Berlín 1878-*íd.* 1929). Ministro de Asuntos Exteriores (1923-1929), hizo que Poincaré aceptara el plan Dawes (1924) y la evacuación del Ruhr (1925). Como consecuencia de las negociaciones de Locarno (1925), logró el ingreso de Alemania en la S.D.N. (Premio Nobel de la paz 1926.)

Ígor **Stravinski** (J. E. Blanche - museo de bellas artes, Ruán)

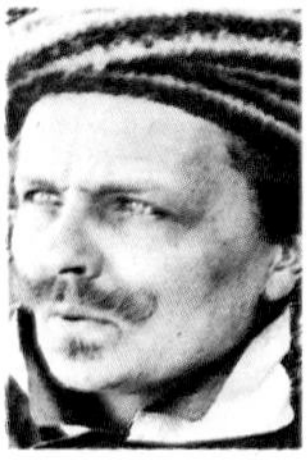

August **Strindberg** (museo August - Strindberg, Estocolmo)

**STRINDBERG** (August), escritor sueco (Estocolmo 1849-*íd.* 1912). Tras una infancia difícil, que describió en *El hijo de la sierva,* publicó la primera novela naturalista sueca (*La sala roja,* 1879). Una vida amorosa y conyugal agitada centró su desequilibrio nervioso y nutrió sus narraciones *(Esposos);* relatos autobiográficos *(El alegato de un loco, Infierno)* y teatro (*El padre,* 1887; *La señorita Julia,* 1888). Autor de obras históricas *(Erik XIV, Cristina)* y naturalistas (*La danza de muerte,* 1901), introdujo el simbolismo en Suecia *(Sueño),* evolucionó hacia el misticismo y fundó el Teatro íntimo de Estocolmo, en el que hizo representar las Kammerspiel *(La sonata de los espectros, El pelícano).* Su obra influyó notablemente en el teatro moderno.

**STROESSNER** (Alfredo), político y militar paraguayo (Encarnación 1912). Comandante en jefe del ejército (1951), en 1954 se proclamó presidente del país y dirigente del Partido colorado. Practicó una política autoritaria y represiva, y fue reelegido sistemáticamente en el cargo, hasta que en 1989 fue derrocado por su consuegro, el general Andrés Rodríguez. Se exilió en Brasil. En 1997 un tribunal paraguayo ordenó su detención bajo la acusación de delitos durante su gobierno.

**STROHEIM** (Erich Oswald **Stroheim,** llamado **Erich von**), director de cine y actor norteamericano de origen austríaco (Viena 1885-Maurepas, Francia, 1957). El fasto y la osadía de sus películas (*Esposas frívolas,* 1922; *Avaricia,* 1923-1925; *La viuda alegre,* 1925; *La marcha nupcial,* 1927; *La reina Kelly,* 1928), y su realismo implacable lo enfrentaron a la industria de Hollywood. Más tarde se consagró a su carrera de actor (*La gran ilusión,* de J. Renoir, 1937; *El crepúsculo de los dioses,* de B. Wilder, 1950).

Erich von **Stroheim** (a la izquierda) con Jean Gabin y Pierre Fresnay en *La gran ilusión* (1937) de Jean Renoir

**STROMBOLI,** isla de Italia, en el mar Tirreno, la más septentrional de las islas Eolias, formada por un volcán activo (926 m).

**ŠTROSMAJER** o **STROSSMAYER** (Josip Juraj), prelado croata (Osijek 1815-Djakovo 1905). Obispo de Djakovo (1849) y fundador de la universidad de Zagreb (1874), fue el promotor de la idea nacional yugoslava.

**STROZZI,** familia florentina rival de los Médicis (ss. XV-XVI), cuyos miembros también forjaron su fortuna en la banca. Sus miembros más famosos son: **Palla di Noferi** (Florencia 1373-Padua 1462), que tuvo que exiliarse en Padua por su oposición a Cosme de Médicis; – **Filippo el Viejo** (Florencia 1428-*íd.* 1491), constructor del palacio Strozzi en Florencia.

**STROZZI** (Bernardo), llamado **el Capuchino** o **el fraile genovés,** pintor y grabador italiano (Génova 1581-Venecia 1644). Influido por la escuela flamenca (*La cocinera,* palazzo Rosso, Génova), después, instalado en Venecia (1630), se orientó hacia un estilo más nítido y brillante, de tendencia barroca (decoraciones monumentales, retratos).

**STRUENSEE** (Joann Friedrich, *conde* **de**), político danés (Halle 1737-Copenhague 1772). Médico del rey Cristián VII y consejero de Estado, fue el amante de la reina. Realizó importantes reformas antes de ser inculpado de complot contra el rey y decapitado.

**STRUMA,** en gr. **Strymon,** r. de Bulgaria y de Grecia, tributario del mar Egeo; 430 km.

**STRUVE,** familia de astrónomos rusos. – **Friedrich Georg Wilhelm von Struve** (Altona, Holstein, 1793-San Petersburgo 1864) se dedicó al estudio de las estrellas dobles y múltiples. – Su hijo **Otto**

**von Struve** (Dorpat 1819-Karlsruhe 1905) continuó sus trabajos. – El nieto de este último, **Otto Struve** (Járkov 1897-Berkeley 1963), nacionalizado norteamericano en 1927, destacó por sus trabajos de astrofísica estelar.

**STRYMON** → ***Struma.***

**STUART** → ***Estuardo.***

**STÚÑIGA** (Lope **de**), poeta español (*c.* 1415-*c.* 1465). Sus composiciones de carácter político, moral y amoroso, figuran en varios Cancioneros y encabezan el *Cancionero de Stúñiga* (1458).

**STURE,** nombre de dos grandes familias suecas de origen danés. Varios de sus miembros fueron regentes de Suecia en los ss. XV y XVI. – **Sten Svantesson,** llamado **el Joven** (¿1493?-cerca de Estocolmo 1520), regente en 1512, venció a los daneses en Brännkyrka (1518).

**STURM** (Charles), matemático francés, de origen suizo (Ginebra 1803-París 1855). Determinó, junto con J. D. Colladon (1802-1893), la velocidad de propagación del sonido en el agua, y estableció, junto con Liouville, una teoría general de las oscilaciones.

**Sturm und Drang** (*Tempestad e impulso,* título de una tragedia de Klinger), movimiento literario creado en Alemania hacia 1770 en reacción contra el racionalismo ilustrado *(Aufklärung).* Goethe y Schiller participaron en él.

**STURZO** (Luigi), sacerdote y político italiano (Caltagirone, Sicilia, 1871-Roma 1959). Fundador del partido popular italiano (1919), tuvo que exiliarse en 1924. Volvió a Italia (1946), y fue el teórico y promotor de la democracia cristiana.

**STUTTGART,** c. de Alemania, cap. de Baden-Württemberg, junto al Neckar; 570 699 hab. Centro industrial (automóviles y electrónica), de servicios y cultural. Monumentos, muy restaurados: colegiata gótica, palacios Antiguo y Nuevo, etc. Museos.

**Stuttgart:** la nueva galería de arte del estado, construida (1979-1984) por el arquitecto británico James Stirling

**Stutthof,** en polaco **Sztutowo,** cerca de Danzig, act. Gdańsk (Polonia). Campo de concentración alemán (1939-1944).

**STWOSZ** (Wit) → ***Stoss*** (Veit).

**STYRON** (William), escritor norteamericano (Newport News 1925). Sus novelas y relatos denuncian el universo traumatizante de la sociedad norteamericana *(Tendidos en la oscuridad, Las confesiones de Nat Turner, La decisión de Sophie).*

**SU SHI** o **SU SHE,** llamado también **Su Dongpo** o **Su Tong p'o,** poeta chino (en Sichuan 1036-Changzhou 1101), el más importante de la dinastía de los Song *(Acantilado rojo).*

**SUABIA,** en alem. **Schwaben,** región histórica de Alemania, situada entre el O de Baviera y Baden-Württemberg. Cap. *Augsburgo.* El ducado, creado a principios del s. X, fue adquirido por los Hohenstaufen (1079). Tras la extinción de dicha familia (1268), la anarquía reinó en el país. La Gran liga suaba, constituida en 1488 con el apoyo de los Habsburgo, fue disuelta en 1534. El antiguo ducado fue desmantelado por los tratados de Westfalia (1648).

**SUABIA Y FRANCONIA** *(cuenca de),* cuenca sedimentaria de Alemania (engloba el *Jura suabo* y el de *Franconia*), al N del Danubio, entre la Selva Negra y el macizo de Bohemia, dividida entre Baviera, Baden-Württemberg y Hesse.

**SUANCES,** v. de España (Cantabria); 5 842 hab. Central termoeléctrica (4 000 kW). Química.

**SUÁREZ** (Adolfo, *duque* **de**), político español (Cebreros 1932). A la muerte de Franco ocupó la secretaría general del Movimiento (1975) y Juan Carlos I le nombró presidente del gobierno (1976). Dirigió la reforma política de la transición a la democracia y fundó la Unión de centro democrático (U.C.D.), vencedora en las elecciones legislativas de 1977 y 1979. Dejó la presidencia del gobierno en 1981. En 1982 fundó el Centro democrático y social, partido que presidió hasta 1991.

**SUÁREZ** (Francisco), jesuita y filósofo español (Granada 1548-Lisboa 1617). Emprendió la tarea de refundar y sistematizar la metafísica escolástica en *Disputaciones metafísicas* (1597), buscando soluciones integradoras a los problemas planteados por la filosofía de su tiempo. Como teólogo mantuvo un molinismo moderado en *De Deo uno et trino* (1606), y como jurista distinguió entre ley natural, ley de gentes y ley civil en *Tractatus de legibus ac Deo legislatore* (1612).

**SUÁREZ** (Joaquín), político uruguayo (Villa Canelones 1781-Montevideo 1868). Intervino en la revolución de 1810 y en 1811 se unió a Artigas. Dirigió el país en ausencia del presidente Rivera (1839) y defendió Montevideo del asedio de Manuel Oribe (1843-1851).

**SUÁREZ** (Marco Fidel), escritor y político colombiano (Bello 1856-Bogotá 1927). Dirigente conservador, ocupó la presidencia de la república (1918-1921), cargo que dejó para dedicarse a la literatura (*Sueños de Luciano Pulgar,* artículos periodísticos).

**SUÁREZ DE FIGUEROA** (Cristóbal), escritor español (Valladolid *c.* 1571-† *c.* 1644). Prosista de espíritu crítico, escribió poesía épica (*España defendida,* 1612), miscelánea y novela pastoril (*La divina Amarilis,* 1609).

**suave patria** *(La),* poema de R. López Velarde, incluido en *El son del corazón* (1921). Canto íntimo a México a través de una serie de estampas de la vida nacional.

**SUAZO CÓRDOVA** (Roberto), político hondureño (La Paz 1928). Afiliado al Partido liberal, lo dirigió a la muerte de su líder M. Rodas Alvarado (1979). Fue presidente de la república (1981-1985).

**SUBANDINAS** *(sierras),* sistema fisiográfico de América del Sur, que se extiende desde el SE de Perú hasta el NO de Argentina. Alcanzan sus mayores alturas (3 164 m en la sierra de Santa Bárbara, en Jujuy, Argentina) hacia el O, por donde entran en contacto con la cordillera andina, y las menores hacia el E, en dirección al Chaco.

**SUBBÉTICA** *(cordillera)* o **SERRANÍAS SUBBÉTICAS,** conjunto montañoso del S de España, que se extiende desde el golfo de Cádiz hasta Alicante. Está formado por las sierras de Grazalema, Parapanda, Mágina, Arana, Segura, Cazorla, Sagra y Espuña, con una altura entre los 1 500 y los 2 400 m.

**SUBEROA** → ***Soule.***

**SUBIACO,** c. de Italia (Lacio), al E de Roma; 8 981 hab. Monasterio del s. XIII y frescos sieneses de los ss. XIII-XIV. A fines del s. V, san Benito fundó un monasterio, origen de la orden de los benedictinos. En 1872, Subiaco se convirtió en el centro de una congregación benedictina.

**SUBIRACHS** (Josep Maria), escultor español (Barcelona 1927). Cultiva un neofigurativismo que juega con lo cóncavo-convexo. Desde 1984 trabaja en el templo de la Sagrada Familia de Barcelona (fachada de la Pasión).

**Sublime Puerta** → ***Puerta.***

**SUBOTICA,** c. de la República Federal de Yugoslavia, en Serbia (Vojvodina); 100 000 hab.

**SUCEAVA,** c. del NE de Rumania, en Bucovina; 114 355 hab. Iglesias (ss. XVI-XVII). Industrias (papel y celulosa, mecánica, química).

Adolfo **Suárez**

Francisco **Suárez** (biblioteca nacional, París)

**Sucesión de Austria** *(guerra de)* [1740-1748], conflicto que enfrentó en Europa, a Prusia, Francia, Baviera, Sajonia y España con Austria y que se vio agravado por una guerra, en parte marítima y colonial, entre Gran Bretaña, aliada de Austria, y Francia, aliada de Prusia. El origen de este conflicto se halla en la impugnación de la pragmática sanción de 1713 que daba el trono a María Teresa, hija del emperador Carlos VI († en 1740). Austria cedió Silesia a Prusia (1742) y luego firmó la paz con Baviera, vencida (1745). María Teresa consiguió que su marido, Francisco de Lorena, fuera elegido emperador (1745); pero el conflicto con Francia y España prosiguió hasta que el tratado de Aquisgrán (1748) puso fin a la guerra; el infante español Felipe fue entronizado en Parma, Piacenza y Guastalla, y Carlos VII, en Nápoles y Sicilia.

**Sucesión de España** *(guerra de),* conflicto que enfrentó a Francia y la Corona de Castilla, que apoyaba a los Borbones y una coalición europea (Imperio, Provincias Unidas, Inglaterra, Portugal y Saboya) que apoyaba a la Corona de Aragón, partidarios del acceso al trono español del archiduque Carlos de Austria (1701-1715). La sucesión de Carlos II reflejó que las potencias europeas, y en especial Inglaterra, veían con malos ojos la unión de Francia y España, por lo que en 1701 se aliaron contra los Borbones. En la Península, este conflicto internacional derivó en una guerra civil entre Castilla y Aragón. En 1705, el archiduque Carlos desembarcó en Barcelona y fue reconocido como Carlos III por Cataluña y Valencia y, más tarde, Aragón. Tras importantes batallas (Almansa, Almenar), la contienda se decantó en España del bando borbónico. Por los tratados de Utrecht (1713) y Rastadt (1714), España y Francia renunciaron a la unión de sus coronas, y medio imperio español fue repartido entre el Imperio (territorios italianos), Gran Bretaña (Menorca, Gibraltar), Portugal y Saboya. La contienda, que se prolongó en Cataluña y las Baleares, culminó con el asedio y toma de Barcelona por las tropas de Felipe V y Luis XIV (11 set. 1714) y la ocupación de Mallorca e Ibiza (1715).

**Sucesión de Polonia** *(guerra de)* [1733-1738], conflicto que enfrentó a Francia, España, Cerdeña y Baviera, con Rusia y Austria, con motivo de la sucesión de Augusto II (1733), rey de Polonia. Rusia y Austria apoyaron a Augusto III, mientras que Estanislao Leszczyński era proclamado rey de Polonia por la dieta de Varsovia, con el apoyo francés. Augusto III venció y expulsó a su rival. Francia se alió con Cerdeña, España (primer pacto de familia, 1733) y Baviera. Por la paz de Viena (1738) se reconoció a Augusto III rey de Polonia; Estanislao recibía los ducados de Lorena y Bar, que, a su muerte, volverían a Francia. El emperador cedía Nápoles y Sicilia al infante Carlos, primogénito de Isabel Farnesio, con el título de rey, pero éste renunciaba a Parma y Piacenza, que pasaban a Austria, y a Toscana que pasaba a la casa de Lorena.

**SUCHET** (Louis), *duque* **de la Albufera,** mariscal de Francia (Lyon 1770-Marsella 1826). Se distinguió en Italia, Austerlitz y Jena. Jefe del III cuerpo de ejército francés en la península Ibérica, en 1810 fue nombrado gobernador de Aragón. Tomó Lérida, Tortosa y Sagunto, y finalmente entró en Valencia (1812). Tras la retirada francesa, negoció el retorno de Fernando VII, y en 1814 firmó el armisticio con Wellington.

**SU-CHEU** → ***Suzhou.***

**SUCHITEPÉQUEZ** *(departamento de),* dep. del S de Guatemala; 2 510 km²; 361 760 hab. Cap. *Mazatenango.*

**SUCHITOTO,** mun. de El Salvador (Cuscatlán), en el valle del Lempa; 29 837 hab. Agricultura.

**SUCRE** *(departamento de),* dep. del N de Colombia; 10 523 km²; 529 059 hab. Cap. *Sincelejo.*

**SUCRE** *(estado),* est. del NE de Venezuela; 11 800 km²; 720 240 hab. Cap. *Cumaná.*

**SUCRE,** c. de Bolivia, cap. constitucional del país, sede de la Corte suprema de justicia y cap. del dep. de Chuquisaca; 130 952 hab. *(Sucreños.)* Fundada en 1538, llevó los nombres de La Plata, Charcas y Chuquisaca antes del actual. Primera ciudad americana en levantarse contra los españoles (1809), en ella se proclamó la independencia del Alto Perú (1825). Rico conjunto de arte colonial: la catedral (ss. XVI-XVII), el colegio de San Miguel (s. XVII, act. universidad), iglesias, conventos y edificios civiles de los ss. XVII-XVIII.

**SUCRE,** cantón de Ecuador (Manabí); 88 293 hab. Arroz, cacao y café. Industria alimentaria.

**SUCRE,** mun. de Colombia (Sucre); 19 681 hab. Centro agropecuario.

**SUCRE** (Antonio José **de**), héroe de la independencia americana (Cumaná, Venezuela, 1795-Berruecos, Colombia, 1830). Hijo del patriota venezolano Vicente de Sucre y Urbaneja (Cumaná 1761-*id.* 1824), en 1810 era oficial del ejército independentista y acompañó a Miranda; más tarde se unió a Mariño, Bermúdez y Piar, para emprender la campaña de Venezuela (1813) y Caracas (1814). Participó en la defensa de Cartagena de Indias (ag.-dic. 1815), y en Angostura se unió a Bolívar (1818) convirtiéndose en un gran amigo suyo y en jefe del ejército bolivariano. En Pichincha* venció al realista Aymerich (mayo 1822) liberando las provincias de Ecuador. Participó junto al Libertador en la batalla de Junín (ag. 1824) y derrotó al virrey La Serna en Ayacucho* (dic. 1824), que representó la culminación de la independencia de Sudamérica.

Antonio José de **Sucre**

El congreso peruano le otorgó, por ello, el título de gran mariscal de Ayacucho y fue ascendido a general en jefe. Al entrar en La Paz (Alto Perú), Sucre promulgó un decreto de independencia (febr. 1825) y convocó una asamblea en Chuquisaca (actual Sucre) que proclamó (6 ag.) la independencia de las provincias del Alto Perú. Bolívar acabó por reconocer la independencia de Bolivia* (1826) y Sucre fue elegido presidente vitalicio, pero un levantamiento militar le hizo renunciar al cargo (1828) y exiliarse en Ecuador. Cuando se dirigía a Quito para impedir la culminación de la independencia de Ecuador, fue asesinado al parecer por instigación de José María Obando.

**SUCUMBÍOS** *(provincia de),* prov. del NE de Ecuador; 18 327 km²; 76 952 hab. Cap. *Nueva Loja.*

**SUDÁFRICA** *(República de),* en afrikaans **Republiek van Suid-Afrika,** en ingl. **Republic of South Africa,** estado de África austral; 1 221 000 km²; 40 786 000 hab. *(Sudafricanos.)* CAP. *Pretoria* (cap. administrativa), *El Cabo* (cap. legislativa) y *Bloemfontein* (cap. judicial). LENGUAS OFICIALES: *afrikaans* e *inglés.* MONEDA: *rand.*

GEOGRAFÍA

El país es la primera potencia económica del continente africano, pero su relativa prosperidad ha estado siempre amenazada por las tensiones raciales, relacionadas con el predominio político y económico de la minoría blanca, mientras que la evolución demográfica no ha dejado de incrementar el predominio numérico de los negros (75 % de la población total). La política de segregación racial *(apartheid),* combatida durante mucho tiempo por los negros, los mestizos y los indios, así como por la mayor parte de la comunidad internacional, ha sido oficialmente abolida. La evolución política de este país tiene una gran carga simbólica para el conjunto del continente. La República de Sudáfrica ocupa también una situación geoestratégica esencial (control de la llamada ruta de El Cabo) y, sobre todo, posee importantes yacimientos de minerales preciosos o raros (oro y diamantes, titanio, vanadio, cromo, manganeso). La industria de transformación trabaja sobre todo para el mercado nacional y se localiza principalmente en las proximidades de Johannesburgo y en los puertos. La agricultura, que cerca de El Cabo se beneficia de un clima mediterráneo (el resto del país es de dominante tropical, pero templada por la altitud) y localmente de la irrigación, satisface la mayor parte de las necesidades (trigo y maíz, vid, caña de azúcar, importante ganadería bovina y ovina).

HISTORIA

***Los períodos africano y neerlandés.*** Sudáfrica, habitada muy pronto en la prehistoria, fue ocupada por los bosquimanos, los nama u hotentotes (s. XII) y más tarde por los bantúes (s. XVI). S. XVI: los portugueses arribaron a las costas del país, pero no establecieron factorías. 1652: los neerlandeses fundaron El Cabo, escala de la Compañía de las Indias orientales. 1685: la revocación del edicto de Nantes provocó la emigración masiva de hugonotes franceses, que se unieron a los colonos neerlandeses (bóers). Se desarrolló la esclavitud. 1779-1780: la emigración de los bantúes hacia el S provocó la guerra cafre (por el nombre de una etnia) entre éstos y los blancos.

***La dominación británica.*** 1814: por el tratado de París, el país pasó bajo administración británica. 1834: la abolición de la esclavitud (1833) disgustó a los bóers, quienes emigraron hacia el N (Grand Trek). Nacieron tres repúblicas: Natal, Transvaal y Orange, cuya autonomía se reconoció provisionalmente tras un primer conflicto (1877-1881). 1884: el descubrimiento de las minas de oro provocó la afluencia de extranjeros. 1890: Cecil Rhodes, gobernador de El Cabo, cercó a las repúblicas bóers, cortando el acceso del Transvaal al mar. 1899-1902: la guerra del Transvaal, difícil para los británicos terminó con la derrota de los bóers. 1910: los bóers resurgieron con vida cultural y política propia mediante la creación de la Unión Sudafricana (estados de El Cabo, Natal, Orange y Transvaal), integrada en la Commonwealth. 1913: las primeras leyes de segregación afectaron a los negros, muy mayoritarios. 1948: el gobierno nacionalista del Dr. Malan endureció las leyes de apartheid (prohibición de los matrimonios mixtos, etc.).

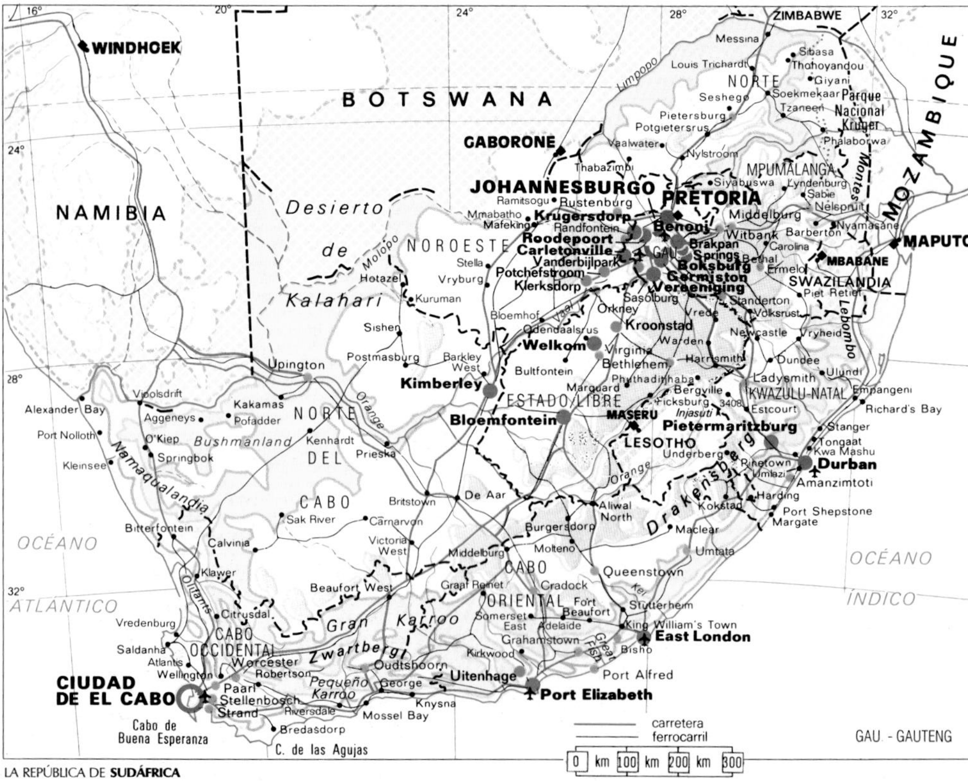


LA REPÚBLICA DE **SUDÁFRICA**

1949: se anexionó el territorio alemán de África del Sudoeste (Namibia).

***La independencia.*** 1961: tras un referéndum, la Unión Sudafricana se transformó en república independiente y se retiró de la Commonwealth. A partir de 1966, como primeros ministros y luego como presidentes, Vorster y Botha continuaron con la política de apartheid, a costa de un creciente aislamiento del país. 1985-1986: los disturbios antiapartheid causaron numerosas víctimas. La instauración del estado de emergencia y la violencia de la represión fueron condenadas por varios países occidentales que adoptaron sanciones económicas contra Sudáfrica. 1988: Sudáfrica firmó un acuerdo con Angola y Cuba que supuso un alto el fuego en Namibia. 1989: Frederik De Klerk sucedió al frente del estado a P. Botha, tras la dimisión de éste. 1990: De Klerk puso en marcha una política de apertura hacia la mayoría negra (legalización de las organizaciones antiapartheid, liberación de N. Mandela, negociaciones directas con el A.N.C., abolición de la segregación racial en los lugares públicos). Se levantó el estado de emergencia. Namibia accedió a la independencia. 1991: se abolieron las tres últimas leyes que regían el apartheid. Se iniciaron negociaciones para la elaboración de una nueva constitución. 1992: las sanciones económicas impuestas por la comunidad internacional fueron levantadas en gran parte. Un referéndum (marzo), reservado al electorado blanco, aprobó masivamente la continuación de la política de reformas que debía abrir el camino para el reparto del poder entre los blancos y los negros. 1993: el parlamento votó una constitución provisional. 1994: primeras elecciones multirraciales libres. El A.N.C. logró la mayoría absoluta y Nelson Mandela fue nombrado presidente. 1996: aprobación por referéndum de una nueva y definitiva constitución, que consagra a Sudáfrica como una democracia multirracial. 1999: T. Mbeki sucedió a N. Mandela en la presidencia.

**SUDAFRICANA** *(Unión)* → ***Sudáfrica*** (República de).

**SUDAMÉRICA** → ***América del Sur.***

**SUDÁN,** zona bioclimática de África tropical, intermedia entre el Sahel y la zona ecuatorial, caracterizada por el paso, de N a S, de la estepa a la sabana, como consecuencia de la diferencia de duración de la estación de lluvias (verano).

**SUDÁN,** en ár. **as-Sūdān,** estado de África oriental que ocupa la región del alto Nilo; 2 506 000 km²; 24 900 000 hab. *(Sudaneses.)* CAP. *Jarṭūm.* LENGUA OFICIAL: *árabe.* MONEDA: *libra sudanesa.*

GEOGRAFÍA

El país, el más extenso de África, cuenta con más de 500 etnias repartidas entre la población blanca, islamizada y de lengua árabe, en el N, y la población negra, animista o cristiana, sin unidad lingüística, en el S. Esta diversidad explica las graves tensiones internas. El regadío (a partir del Nilo y el Nilo Azul) ha permitido el desarrollo de la agricultura (fundamentalmente algodón) en el centro, mientras que el N, desértico, se dedica a la ganadería nómada.

HISTORIA

***La antigüedad:*** la historia de Sudán se confunde con la de Nubia, que ocupa la parte septentrional. S. VI d. J.C.-fines del s. XIV: en Meroe se sucedieron varios reinos cristianos, que fueron progresivamente invadidos y destruidos por los árabes. Ss. XV-XIX: se constituyeron sultanatos (Fung); por la trata de esclavos grandes zonas quedaron despobladas. 1820-1840: Mehmet-'Alī, virrey de Egipto, conquistó la región. 1883-1898: Gran Bretaña, que había ocupado Egipto en 1882, tuvo que hacer frente a la insurrección de Mahdi, a quien Kitchener derrotó finalmente en Omdurman, antes de obligar a los franceses a retirarse de Fachoda. 1899: Sudán se convirtió en condominio angloegipcio. 1951: Egipto denunció el condominio. 1953: los acuerdos entre los representantes de Sudán, de Egipto y de Gran Bretaña establecían la autodeterminación de los sudaneses. 1956: proclamación de la república independiente de Sudán. 1958-1964: tras un golpe de estado militar, el país fue dirigido por el general Ibrāhīm 'Abbud. 1964-1969: varios gobiernos civiles se sucedieron en el poder. 1969: Ŷaffar 'al-Numeiry dirigió un golpe de estado militar e instauró un régimen de inspiración socialista. 1972: se firmó un acuerdo con la rebelión sudista activa desde la independencia. 1977: un acuerdo de reconciliación nacional permitió el regreso a Sudán de los líderes de la oposición islámica en exilio. 1983: los combates se reactivaron en el S a causa de la adopción de diversas medidas, como las leyes inspiradas por la *šarī'a* (imposición de la ley islámica estricta). 1985: una insurrección popular derrocó al régimen de Numeiry. 1986: se formó un gobierno civil dirigido por Sadiq al-Mahdī. 1989: los militares recuperaron el poder e instauraron un régimen autoritario de tendencia islamista. 1992: el ejército consiguió importantes victorias frente a la rebelión sudista. Las poblaciones del S se vieron seriamente afectadas por el hambre. 1993: el hombre fuerte de la junta militar Omar Hasán al-Bashir fue nombrado presidente de la república (reelegido en 1996).

SUDÁN

**SUDÁN FRANCÉS,** nombre de *Malí** antes de su independencia, de 1920 a 1958.

**SUDBURY,** c. de Canadá (Ontario), al N de la bahía Georgiana; 89 255 hab. Centro minero (níquel y cobre).

**Süddeutsche Zeitung,** periódico liberal alemán creado en Munich en 1945.

**SUDERMANN** (Hermann), escritor alemán (Matzicken 1857-Berlín 1928), autor de dramas y de novelas naturalistas *(El honor, Historias lituanas).*

**SUDETES** *(montes de los),* sistema montañoso del borde NE de Bohemia (Rep. Checa). – Históricamente, el nombre de Sudetes se aplicó a todo el borde de Bohemia (donde los alemanes representaban una importante parte de la población) y a su correspondiente población alemana. La *región de los Sudetes* fue anexionada por Alemania de 1938 a 1945. Cuando fue restituida a Checoslovaquia, la población alemana fue transferida a Alemania.

**SUE** (Marie-Joseph, llamado **Eugène**), escritor francés (París 1804-Annecy 1857), autor de novelas folletinescas (*Los misterios de París,* 1842-1843; *El judío errante,* 1844-1845).

**SUECA,** c. de España (Valencia), cab. de p. j.; 22 932 hab. *(Suecanos.)* Arroz. Centro industrial.

**SUECIA,** en sueco **Sverige,** estado del N de Europa que ocupa la parte E de la península escandinava; 450 000 km²; 8 600 000 hab. *(Suecos.)* CAP. *Estocolmo.* LENGUA OFICIAL: *sueco.* MONEDA: *corona sueca.*

GEOGRAFÍA

El país es muy extenso y poco poblado. La población, estancada, se concentra en el S, muy urbanizado y de clima más templado. La industria se beneficia de la extensión del bosque (industrias madereras), que cubre alrededor de la mitad del territorio, de la presencia de hierro y del potencial hidráulico. Predominan las construcciones mecánicas y eléctricas. El sector agropecuario (cereales, patatas, ganadería bovina y porcina) satisface la mayor parte de las necesidades nacionales. La importancia del comercio exterior (se exporta un 30 % de la producción), equilibrado y realizado principalmente con los países europeos, se debe al reducido mercado interior y a la tradicional vocación marítima, al tiempo que liga la prosperidad del país a las fluctuaciones de la economía mundial.

HISTORIA

***Los orígenes.*** *C.* 1800 a. J.C.: Suecia, poblada desde el neolítico, estableció relaciones con los países mediterráneos. Ss. IX-XI: mientras daneses y noruegos saqueaban el O europeo, los suecos, conocidos con el nombre de varegos, comerciaban sobre todo con Rusia. El cristianismo, predicado *c.* 830 por Anscario, no se extendió realmente hasta el bautismo del rey Olof Skötkonung (1008).

***La formación de la nación sueca.*** Ss. XI-XII: tras la desaparición de la familia de Stenkil, los Sverker y los Erik se disputaron el trono de Suecia. 1157: Erik IX el Santo (1156-1160) emprendió una cruzada contra los fineses paganos. 1164: se creó el arzobispado de Uppsala, que se convirtió en la capital religiosa de Suecia. 1250-1266: Birger Jarl, fundador de la dinastía de los Folkung, estableció su capital en Estocolmo y unificó la legislación. 1319-1363: los Folkung unieron Suecia y Noruega. 1397: Margarita de Dinamarca hizo coronar rey de Suecia, Dinamarca y Noruega (Unión de Kalmar) a su sobrino nieto y corregente, Erik de Pomerania. El país se convirtió en un importante líder del comercio hanseático. 1440-1520: la oposición sueca se reagrupó en torno a los Sture. 1520-1523: Gustavo Vasa expulsó a los daneses de Suecia.

***La época de la Reforma.*** 1523-1560: Gustavo I Vasa, elegido rey, suprimió los privilegios comer-

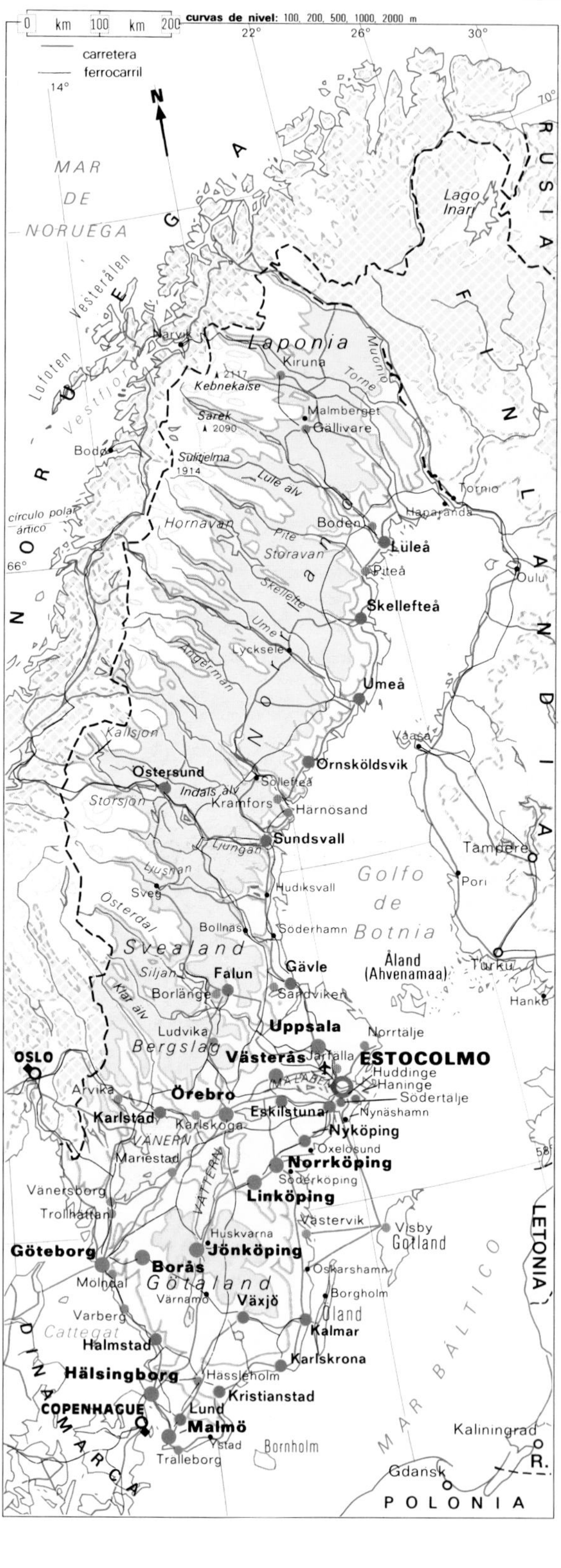


SUECIA

ciales de la Hansa y declaró la corona hereditaria (1544); el luteranismo se convirtió en la religión oficial del estado. 1568-1592: Juan III Vasa emprendió la construcción de un imperio sueco en el Báltico. 1607-1611: esta política de expansión fue continuada por Carlos IX.

***El período de esplendor.*** 1611-1632: Gustavo II Adolfo dotó a Suecia de un régimen parlamentario y forjó un poderoso ejército, que le permitió intervenir victoriosamente en la guerra de los Treinta años. 1632-1654: Cristina de Suecia le sucedió con la regencia de Oxenstierna. 1648: los tratados de Westfalia ratificaron la anexión por Suecia de Pomerania y de las islas danesas. 1654-1660: Carlos X Gustavo aplastó a los daneses, que tuvieron que firmar el tratado de Roskilde (1658); Suecia se convirtió en la dueña del Báltico. 1660-1697: Carlos XI estableció una monarquía absoluta. 1697-1718: Carlos XII emprendió la guerra del N (1700-1721) y agotó al país en costosas campañas. Los tratados de Frederiksborg (1720) y Nystad (1721), marcaron el comienzo del retroceso sueco en Alemania y en el Báltico.

***La era de la libertad y la epopeya gustaviana.*** S. XVIII: la economía y la cultura suecas se desarrollaron influidas por las nuevas ideas. Los reinados de Federico I de Hesse (1720-1751) y de Adolfo Federico (1751-1771) estuvieron marcados por el enfrentamiento entre el partido pacifista de los Gorros y el partido de los Sombreros, militar y profrancés. 1771-1792: Gustavo III puso en práctica el despotismo ilustrado y restableció el absolutismo (1789); murió asesinado. 1792-1809: Gustavo IV Adolfo tuvo que ceder Finlandia a Rusia (1808), lo que provocó su abdicación. 1809-1818: su tío Carlos XIII continuó su política antifrancesa y nombró (1810) como sucesor al mariscal francés Bernadotte (Carlos XIV). 1812: este último se alió con Gran Bretaña y Rusia contra Napoleón.

***La unión con Noruega.*** 1814: Noruega se unió a Suecia por el tratado de Kiel. 1818-1844: Carlos XIV puso en práctica una política pacifista. 1844-1859: Oscar I aceleró la modernización del país. 1859-1872: Carlos XV continuó esta política y dotó a Suecia de una constitución liberal (1865). 1872-1907: con Oscar II la transformación económica y social resultó favorecida por la adopción del librecambismo (1888). 1905: Noruega se separó de Suecia.

***La democracia moderna.*** 1907-1950: con Gustavo V Suecia conoció un período de prosperidad económica sin precedentes. Se creó una legislación política y social muy avanzada, gracias al predominio casi constante del partido socialdemócrata, fundado en 1889 (socialismo «a la sueca»). Suecia conservó su neutralidad durante las dos guerras mundiales. 1950-1973: el reinado de Gustavo VI Adolfo estuvo marcado por el desgaste de la socialdemocracia y la subida al poder de los partidos burgueses. 1973: Carlos XVI Gustavo se convirtió en rey de Suecia. 1975: la nueva constitución sólo reservó al rey una función honorífica. 1969-1976: la socialdemocracia de Olof Palme, primer ministro, se enfrentó a una grave crisis social y económica. 1976-1982: los partidos conservadores (liberales y centristas) accedieron al poder. 1982: O. Palme volvió a ser primer ministro. 1986: tras el asesinato de O. Palme, Ingvar Carlsson se convirtió en jefe de gobierno, confirmado en las elecciones de 1988. 1991: Carl Bildt, líder de los conservadores, formó un gobierno de coalición de centro derecha. 1992: el gobierno, de acuerdo con la oposición socialdemócrata, adoptó un severo plan de austeridad. 1994: elecciones legislativas con la victoria de los socialdemócratas de I. Carlsson. 1995: ingreso en la U.E. 1996: el socialdemócrata G. Persson sustituye a Carlsson al frente del gobierno.

INSTITUCIONES

Monarquía parlamentaria. Constitución de 1975. Soberano: autoridad simbólica. Primer ministro, responsable ante el Parlamento. Una *Asamblea (Riksdag)* elegida por tres años.

**sueño** *(El) [Lo somni]*, obra de Bernat Metge (1399).

**sueño de Polifilo** *(Discurso del)*, obra del humanista Francesco Colonna (1433-1527), publicada en 1499 por Aldo Manuzio, que constituye una valoración estética del Renacimiento.

**sueño de una noche de verano** *(El)*, comedia fantástica de Shakespeare (*c.* 1595). – Inspiró a Mendelssohn una partitura (1826-1842).

**sueño en el pabellón rojo** *(El)* → ***Honglou Meng.***

**sueños** *(Los),* obra de Quevedo (1627 y 1629). Comprende seis discursos narrativo-descriptivos en los que el autor satiriza, en estilo conceptuoso y elíptico, tipos y costumbres de la época.

**SUESS** (Eduard), geólogo austríaco (Londres 1831-Viena 1914), autor de *La faz de la Tierra* (1885-1909).

**SUETONIO,** historiador latino (fines del s. I-s. II d. J.C.). Protegido por Plinio el Joven, archivero del emperador Adriano, cayó en desgracia y se dedicó a la redacción de las *Vidas de los doce Césares* y *De viris illustribus.*

**SUEUR** (Eustache **Le**), pintor francés (París 1616-*id.* 1655). De su obra destaca una serie sobre la *Vida de san Bruno* (Louvre) y decoraciones de tema mitológico (*Gabinete de las musas* e *Historia de Tobías,* Louvre).

**SUEUR** (Jean-François **Le**), compositor francés (Drucat, cerca de Abbeville, 1760-París 1837). Teórico del romanticismo, es autor de óperas y de música religiosa (misas, motetes).

**suevos** *(Reino de los)* entidad política de la Península ibérica creada en 411 por Hermerico y desaparecida en 585, anexionada por Leovigildo al reino visigodo. Desde la Gallaecia (Galicia y N de Portugal), los suevos se expandieron durante los reinados de Requila (441-448) y Requiario (448-456), al que derrotó el visigodo Teodorico II, quien entró en la capital del reino, Braga. Las derrotas de otro rey posterior, Andeca, en Oporto y Braga, a manos de Leovigildo, supusieron el fin del Reino de los suevos y su integración en el de los visigodos.

**SUEZ** *(istmo de),* istmo entre el mar Rojo y el Mediterráneo, que separa Asia y África.

**Suez** *(canal de),* vía navegable que atraviesa el *istmo de Suez.* El canal tiene 161 km de long. desde Port-Said a Suez (195 km en total incluidos los canales en el Mediterráneo y en el mar Rojo); reduce a casi la mitad el trayecto entre el golfo Pérsico y el mar del Norte. Fue realizado de 1859 a 1869 bajo la dirección de Ferdinand de Lesseps. Gran Bretaña se convirtió en la principal accionista (1875) y conservó el control militar hasta 1954/1956. La nacionalización de la Compañía del canal por Nasser (julio 1956) provocó una guerra (oct.-nov.) entre Israel y Egipto alentada y favorecida por Francia y Gran Bretaña; la oposición diplomática de la U.R.S.S. y de E.U.A. impuso el alto el fuego y la sustitución del contingente franco-británico por fuerzas de la O.N.U. El canal permaneció cerrado para la navegación de 1967 a 1975, como consecuencia de las guerras árabe-israelíes.

**SUEZ,** c. y puerto de Egipto, junto al mar Rojo, en el *golfo de Suez,* en la entrada S del *canal de Suez;* 264 000 hab.

**SUFANUVONG** *(príncipe),* político laosiano (Luang Prabang 1909-† 1995). Fundador del Patet-lao (1950), fue presidente de la república popular de Laos desde la abolición de la monarquía (1975) hasta 1986.

**SUFFOLK,** condado de Gran Bretaña en el SE de Inglaterra, junto al mar del Norte; 3 797 km²; 629 900 hab. Cap. *Ipswich.*

**SUGER,** monje francés (Saint-Denis o Argenteuil *c.* 1081-Saint-Denis 1151). Abad de Saint-Denis y consejero de Luis VI y Luis VII, fue regente de Francia durante la segunda cruzada (1147-1149). Se le atribuyen *Historia de Luis el gordo,* e *Historia de Luis VII.*

**SUHARTO,** general y político indonesio (cerca de Yogyakarta 1921). En 1966-1967 apartó a Sukarno del poder y, en 1968, se convirtió en presidente de la república. En 1998 dimitió a causa de las protestas populares.

**SUHRAWARDĪ,** filósofo místico del islam (*c.* 1155-Alepo 1191). Integró la tradición nóstica, el hermetismo y el neoplatonismo en la filosofía del islam y ejerció una gran influencia.

**SUINTILA** († d. 631), rey de los visigodos [621-631]. Sometió a los vascones y expulsó a los bizantinos de la Península. Sus arbitrariedades soliviantaron al clero y a la nobleza, que se agruparon en torno al duque de Septimania, Sisenando, quien lo derrocó.

**Suipacha** *(batalla de),* victoria de las tropas independentistas de Charcas contra los realistas (1810), en el cantón boliviano de *Suipacha* (Potosí).

**SUITA,** c. de Japón, en el S de Honshū; 345 206 hab.

**SUIZA,** en alem. **Schweiz,** en fr. **Suisse,** en ital. **Svizzera,** en romanche **Svizzra,** estado de Europa; 41 293 km²; 6 800 000 hab. *(Suizos.)* CAP. *Berna.* LENGUAS OFICIALES: *alemán, francés, italiano* y *romanche.* MONEDA: *franco suizo.* Suiza es una confederación *(Confederación Helvética),* formada por 23 cantones.

GEOGRAFÍA

Suiza se encuentra en medio de Europa, y testimonio de ello son la diversidad lingüística de su población (65 % de lengua alemana, 20 % de lengua francesa, 10 % de lengua italiana y 1 % de lenguaromanche) y el porcentaje, a partes iguales, de católicos y protestantes. Es un país densamente poblado, pero es en la llanura central donde se concentran los núcleos de población más importantes. Su prosperidad se basa en la tradición comercial y financiera y en la neutralidad política. La industria se concentra en la metalurgia de transformación, instrumentos de precisión, la química y farmacéutica y la agroalimentación (productos lácteos). Completan las actividades un dinámico sector turístico, principal fuente de riqueza de las zonas de montaña, la ganadería y la producción eléctrica. Suiza, sede de organizaciones internacionales, es un país neutral, que no pertenece a la O.N.U., ni a la Unión europea, ni se adhirió con los demás países de la E.F.T.A. al Espacio económico europeo.

HISTORIA

***Los orígenes de la Confederación.*** Durante la edad del hierro se desarrollaron las civilizaciones de Hallstatt y de La Tène. Fue ocupada por Roma (58-15 a. J.C.), por burgundios y alamanes (s. V), y cristianizada (ss. VII-IX). Formó parte del reino de Borgoña (888) y del Imperio (1032). Ss. XI-XIII: la casa de Habsburgo adquirió grandes posesiones en la región. Fin del s. XIII: en circunstancias legendarias (Guillermo Tell), los cantones defendieron sus libertades ante los representantes de los Habsburgo. 1291: tres cantones forestales *(Waldstätte),* Uri, Schwyz y Unterwalden, pactaron una alianza perpetua: fue el acta de nacimiento de la Confederación Helvética. A mediados del s. XIV los cantones confederados eran ya ocho, y varias victorias ante los austríacos reforzaron su independencia. 1499: Maximiliano I firmó la paz de Basilea con los confederados; la soberanía del Imperio pasó a ser sólo nominal. Con la entrada del cantón de Appenzell (1513), ya eran trece los cantones aliados. La introducción de la Reforma desencadenó enfrentamientos entre cantones católicos y protestantes, aunque finalmente se llegó a un equilibrio. A pesar de estas tensiones, la Confederación se mantuvo neutral durante los ss. XVI y XVII. El tratado de Westfalia (1648) reconoció jurídicamente la independencia de la Confederación.

***La época contemporánea.*** 1798: el Directorio francés impuso una República Helvética, pronto ingobernable. 1815: veintidós cantones firmaron un pacto federal. El congreso de Viena reconoció la neutralidad suiza. 1845-1847: una liga de los cantones católicos *(Sonderbund)* fue reprimida militarmente. 1848: constitución federal; formación de un gobierno central en Berna. Durante la primera y la segunda guerra mundial la neutralidad y la vocación humanitaria de Suiza fueron respetadas. 1979: creación de un nuevo cantón, el Jura. 1992: los electores ratificaron, a través de referéndum, la entrada de Suiza en el F.M.I. y el Banco mundial, pero votaron contra la integración en el Espacio económico europeo.

INSTITUCIONES

República. Constitución de 1874 de régimen federal: cada cantón tiene soberanía interna y una constitución. La *Asamblea federal* (formada por el *Consejo nacional,* elegido cada 4 años, y el *Consejo de los estados,* elegido por los cantones) elige el ejecutivo *(Consejo federal).*

LITERATURA

**Lengua alemana:** *s. XVIII:* J. J. Bodmer, S. Gessner, J. K. Lavater, J. D. Wyss. *S. XX:* G. Keller, C. F. Meyer, C. Spitteler, R. Walser, M. Frisch, F. Dürrenmatt.

**Lengua francesa:** *ss. XVIII-XIX:* C. V. de Bonstetten. *S. XIX:* R. Toepffer, J. Olivier, H. F. Amiel, F. Rod. *S. XX:* R. Morax, C. F. Ramuz, A. Cohen, D. de Rougemont, M. Zermatten, M. Chappaz, G. Haldas, R. Pinget, Ph. Jaccotet, A. Voisard, J. Chessex.

**Lengua italiana:** F. Chiesa, R. Roedel, G. Calgari.

**Lengua romanche:** P. Lansel.

BELLAS ARTES

***Principales ciudades de interés artístico:*** Basilea, Berna, Coira, Einsiedeln, Friburgo, Ginebra, Lausana, Lucerna, Lugano, Neuchâtel, Payerne, Sankt-Gall, Schaffhausen, Sion, Solothurn, Thun, Wettingen, Zug, Zurich.

**Artistas célebres:** N. Manuel Deutsch, U. Graf, Liotard, Füssli, L. Robert, Calame, Böcklin, Hodler, Vallotton, Klee, Giacometti, Bill, Tinguely. *(V. mapa págs. 1700 y 1701.)*

**SUIZA SAJONA,** región de Alemania y de la República Checa, a ambos lados del Elba.

**SUJUMI,** c. y puerto de Georgia, cap. de la rep. de Abjasia, junto al mar Negro; 121 000 hab.

**SUKARNO** o **SOEKARNO,** político indonesio (Surabaya, Java, 1901-Yakarta 1970). Fundador del partido nacional indonesio (1927), en 1945 proclamó la independencia de la república indonesia de la que fue el primer presidente. A partir de 1948 instauró una forma de gobierno dictatorial e intentó imponerse como líder revolucionario del Sureste asiático. Fue desposeído de sus títulos y funciones por Suharto (1966-1967).

**SUKHOTHAI,** c. del N de Tailandia; 15 000 hab. Ant. cap. del primer reino thai (ss. XIII-XV). Museo. Numerosos monumentos.

**SUKKUR,** c. de Pakistán (Sind), a orillas del Indo; 190 551 hab. Presa para regadío.

**SULA** → ***Sila.***

**SULAWESI** → ***Célebes.***

**SULAYMĀN AL-MUSTA'ĪN,** califa omeya de Córdoba [1009-1016]. Tras una larga guerra, destronó a Muḥammad II y a Hišām II.

**SULLANA,** c. de Perú (Piura), junto al río Chira; 87 000 hab. Centro algodonero. Industria textil.

**SULLIVAN** (Louis), arquitecto y teórico norteamericano (Boston 1856-Chicago 1924). Su Wainwright building en Saint Louis (realizado con el ingeniero Dankmar Adler, 1890) aportó la solución tipo del problema del rascacielos. Obras como los almacenes Carson, Pirie y Scott and Co., de Chicago (1899) unen el funcionalismo a una decoración de estilo art nouveau.

**Sullom Voe,** terminal petrolero del archipiélago de las Shetland.

**SULLY** (Maximilien **de Béthune,** *barón* **de Rosny,** *duque* **de**), político francés (Rosny-sur-Seine 1559-Villebon 1641). Protestante, ministro de Enrique IV, fue el consejero preferido del rey. Administró con eficacia las finanzas, favoreció el comercio y la agricultura y fomentó las vías de comunicación.

**SULLY PRUDHOMME** (René François Armand **Prudhomme,** llamado), poeta francés (París 1839-Châtenay-Malabry 1907), de inspiración intimista (*Las Soledades,* 1869) y luego didáctica (*Los vanos afectos,* 1875; *La justicia,* 1878). [Premio Nobel de literatura 1901.]

**SULÚ** o **JOLÓ** *(archipiélago),* archipiélago de las Filipinas, entre Borneo y Mindanao, que limita al N con el *mar de Sulú;* 1 600 km²; 360 588 hab. C. pral. *Joló.*

**Suma teológica** *(Summa theologicae),* obra de santo Tomás de Aquino (*c.* 1266-*c.* 1273), que expone con rigor, en forma de silogismos, las principales cuestiones de la teología.

**SUMAPAZ** *(macizo de),* región de Colombia (Cundinamarca, Huila y Tolima), constituida por serranías (3 820 m en el *páramo de Sumapaz;* 4 180 m en el alto de Torquita), cuyas aguas alimentan las cabeceras del Magdalena, Meta y Guaviare.

**SUMARÓKOV** (Alexandr Petróvich), dramaturgo ruso (San Petersburgo 1717-Moscú 1777). Con su obra *Jorev* (1749) se inauguró el primer teatro ruso.

el duque de **Sully**
(atribuido a F. Quesnel - museo Condé, Chantilly)

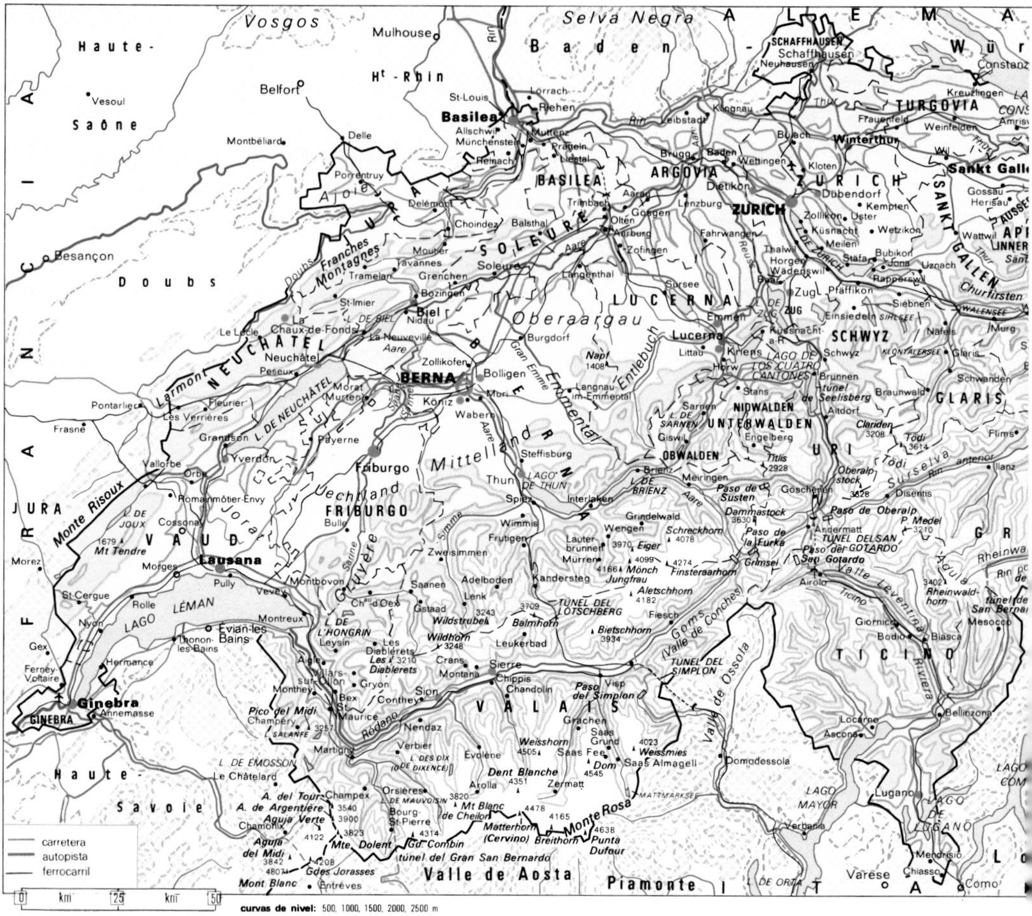


**SUMATRA,** isla de Indonesia, la mayor de las islas de la Sonda; 473 600 km²; 28 016 000 hab. C. pral. *Medan, Palembang.* Cultivos de subsistencia (arroz) y para la exportación (especias, café, caucho). Petróleo y gas natural.

**ŠUMAVA,** en alem. **Böhmerwald,** macizo montañoso de la República Checa, que constituye el sector SO de Bohemia; 1 380 m.

**SUMBAWA,** isla de Indonesia, al E de Java; 15 448 km²; 400 000 hab. C. pral. *Raba.*

**ŠUMEN,** ant. **Kolarovgrad,** c. del NE de Bulgaria; 100 000 hab.

**SUMER,** ant. región de la baja Mesopotamia. (V. parte n. c., ***sumerio.***)

**SUMGAÍT,** c. de Azerbaiján, al N de Bakú; 231 000 hab. Centro industrial.

**SUMI,** c. de Ucrania, al NO de Járkov; 291 000 hab.

**SUMIDERO** *(Cañón del),* cañón de México (Chiapas), atravesado por el río Grande de Chiapas (curso alto del Grijalva), depresión profunda a varios niveles; 15 km de long.

**Sun** *(The),* diario británico conservador, el de mayor tirada, surgido del *Daily herald* en 1966.

**SUN YAT-SEN, SUN ZHONG-SHAN** o **SUEN CHONG-SHAN,** llamado también **Sunwen** o **Suen Wen,** político chino (Xiangshan, Guangdong, 1866-Pekín 1925). Fundó la Asociación para la regeneración de China (1894), luego transformado en Liga de unión de los revolucionarios (1905) cuyo programa político le sirvió de base para crear el Guomindang, en 1912. Durante la revolución de 1911 fue elegido presidente de la República en Nankín, pero tuvo que ceder ante Yuan Shikai (1912). Elegido presidente de la república (1921), se impuso en Pekín en 1925 tras haber realizado la unión del Guomindang y del partido comunista chino (1923-1924).

**SUND** → ***Øresund.***

**SUNDERLAND,** c. y puerto de Gran Bretaña (Tyne and Wear), junto al mar del Norte; 196 000 hab. Construcciones navales.

**SUNDSVALL,** c. y puerto de Suecia, junto al golfo de Botnia; 93 808 hab. Madera y celulosa.

**SUNGARI,** en chino **Songhua Jiang,** r. del NE de China, afl. del Amur (or. der.); 1 800 km.

**SUNION** *(cabo),* promontorio del extremo SE de Ática (Grecia). Ruinas de un templo de Poseidón (mediados del s. V a. J.C.).

**SUNYER** (Joaquín), pintor español (Sitges 1874-*id.* 1956). Representante del novecentismo catalán, desarrolló temas mediterráneos con un primitivismo idealizador *(Cala Forn, Paisajes de Mallorca, Primavera).*

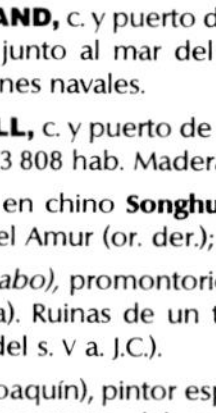

**Sun Yat-sen**

**SUÑER** († 950), conde de Barcelona [897-947], hijo de Wifredo el Velloso, a cuya muerte recibió, junto con su hermano Wifredo II Borrell, los condados de Barcelona, Osona y Gerona.

**SUÑOL** (Gregorio), musicólogo y benedictino español (Barcelona 1879-Roma 1946), autor de un *Método completo de canto gregoriano* (1905).

**SUÑOL** (Jerónimo), escultor español (Barcelona 1839-Madrid 1902), de estilo academicista (monumento sepulcral de O'Donnell, Salesas de Madrid).

**SUOMI** → ***Finlandia.***

**SUPERIOR** *(lago),* el más extenso y occidental de los grandes lagos de América del Norte, entre Estados Unidos y Canadá, que se comunica con el lago Hurón por el río Sainte Marie; 82 700 km².

**Superman,** héroe de un cómic creado en E.U.A. en 1938 por el dibujante Joe Shuster y el guionista Jerry Siegel.

**SUPERVÍA** (Conchita), cantante española (Barcelona 1891-Londres 1936), intérprete destacada de óperas de Rossini y Bizet *(Carmen)* y de canciones populares españolas.

**SUPÍA,** mun. de Colombia (Caldas), avenado por el Cauca; 21 338 hab. Agricultura.

**Suprema corte de justicia** o **Corte suprema,** máximo órgano judicial de los países latinoamericanos, con competencias en los diversos ámbitos del derecho, incluida la de tribunal constitucional, excepto en Colombia a partir de la constitución de 1991, que segregó las funciones del Tribunal constitucional.

**supremacía** *(Acta de)* [1534], ley que convirtió al rey en el jefe supremo de la Iglesia de Inglaterra.

SUIZA

**SUQUÍA** (Ángel), prelado español (Zaldivia 1916). Arzobispo de Santiago (1973-1983) y de Madrid-Alcalá (1983-1993), en 1985 fue creado cardenal.

**SUR** *(isla del)*, la más extensa (154 000 km² con las dependencias), pero la menos poblada (900 000 hab.) de las dos grandes islas que constituyen Nueva Zelanda.

**SUR** *(mar del)*, nombre que dio Balboa al océano Pacífico y que se ha mantenido aplicado a la porción meridional de ese océano *(mares del Sur)*.

**Sur,** revista literaria argentina, fundada en 1930 por Victoria Ocampo, en torno a la cual se reunieron J. L. Borges, A. Bioy Casares, E. Mallea, O. Girondo, J. Bianco, etc. Cosmopolita y elitista, desempeñó un gran papel en el desarrollo de la cultura argentina.

**SURABAYA,** c. y puerto de Indonesia (Java), cap. de la prov. de Java Oriental; 2 421 000 hab. Centro industrial.

**SURAKARTA,** ant. **Solo,** c. de Indonesia (Java Oriental); 504 176 hab.

**SURAMÉRICA** → ***América del Sur.***

**SURAT,** c. y puerto de la India (Gujarāt); 1 517 076 hab. Monumentos antiguos (ss. XVI-XVII).

**SURCALIFORNIANA** *(cordillera)*, conjunto de sierras, eje orográfico de la península de Baja California (México), orientadas de NO a SE.

**SURESTE** *(planicie costera del)*, región fisiográfica de México (Veracruz, Tabasco, Oaxaca, Chiapas y Campeche). Constituye una amplia llanura situada junto al golfo de México. Yacimientos de petróleo.

**SURESTE ASIÁTICO,** región del extremo SE de Asia, que comprende una parte continental (Vietnam, Laos, Camboya, Tailandia, Birmania, Malaysia occidental y Singapur) y otra insular (Indonesia, Malaysia oriental, Brunei y Filipinas), correspondientes a la Indochina y a la Insulindia tradicionales.

**Sureste asiático** *(Asociación de naciones del)* → ***A.S.E.A.N.***

**Sureste asiático** *(Organización del tratado del)* → ***O.T.A.S.E.***

**SURGUT,** c. de Rusia, en Siberia occidental, a orillas del Ob; 248 000 hab. Centro petrolero.

**SURINAM,** ant. **Guayana neerlandesa,** estado del N de América del Sur; 163 265 km²; 400 000 hab. CAP. *Paramaribo.* LENGUA OFICIAL: *neerlandés.* MONEDA: *guinea de Surinam.* El territorio, de clima ecuatorial, ocupa el extremo oriental de la meseta de las Guayanas, bordeada en el N por una llanura cenagosa. Importantes yacimientos de bauxita.

**HISTORIA**

1667: la región, ocupada por los ingleses, fue cedida a los neerlandeses a cambio de Nueva Amsterdam. S. XVIII: se desarrolló gracias a las plantaciones de caña de azúcar. 1796-1816: ocupación británica. 1863: se abolió la esclavitud; el país fue poblado por indios e indonesios. 1954: una constitución le confirió una amplia autonomía. 1975: Surinam accedió a la independencia; Henck Arron se convirtió en primer ministro. 1980: tras un golpe de estado militar, Hendrik R. Chin A Sen ocupó a la vez el cargo de presidente de la república y el de primer ministro. 1982: tras un nuevo golpe de estado, el poder pasó a manos del teniente coronel Desi Bouterse. La guerrilla se desarrolló en el S y el E del país. 1987: fue aprobada una nueva constitución por referéndum. 1988: Ramsewak Shankar fue elegido presidente de la república. 1990: los militares volvieron a tomar el poder. 1991: Ronald Venetia, candidato de una coalición multiétnica contraria a los militares, fue elegido jefe de estado. 1992: se firmó un acuerdo de paz entre el gobierno y la guerrilla. 1996: J. Wijdenbosch, presidente.

**SURIÑACH** (Carlos), compositor norteamericano de origen español (Barcelona 1915-New Haven 1997). Su afición al flamenco se refleja en *Danza andaluza,* 1946; *Ritmo jondo,* ballet, 1953; *Meditaciones flamencas* para soprano y piano, 1965.

**SUROCCIDENTAL** *(planicie costera)*, región fisiográfica de México (Jalisco, Colima, Michoacán, Guerrero y Oaxaca). Es una faja litoral que se extiende al pie de la sierra Madre del sur, junto al océano Pacífico.

**SURREY,** condado de Gran Bretaña (Inglaterra), al S de Londres; 1 679 km²; 1 000 000 hab. Cap. *Kingston-upon-Thames.*

**SURREY,** c. de Canadá, en la zona suburbana de Vancouver; 189 384 hab.

**SURREY** (Henry **Howard,** *conde* **de**), político y poeta inglés (c. 1518-Londres 1547). Introdujo el uso del verso blanco en la poesía inglesa y creó la forma inglesa del soneto (tres cuartetos y un dístico).

**SŪRYA,** dios Sol del panteón hindú.

**SUSA,** ant. c. y cap. de Elam fundada en el IV milenio y destruida en 639 a. J.C. por Asurbanipal. A fines del s. VI a. J.C. Darío I la convirtió en la capital del Imperio aqueménida. En las ruinas (Jūzistān, Irán), excavadas a partir de 1884, se han hallado capiteles, relieves, esculturas, orfebrería, etc., de las ciudades elamita y aqueménida.

**SUSA,** c. de Italia (Piamonte); 6 709 hab. La ciudad está situada en la intersección de las carreteras de Mont Cenis y Montgenèvre, llamado *paso de Susa.* Arco romano. Catedral del s. XI.

**SUSA** o **SOUSSE,** c. y puerto de Tunicia, junto al golfo de Ḥammāmāt; 84 000 hab. Turismo. El ribāt (convento fortificado) es uno de los monumentos islámicos más antiguos (s. VIII).

**SUSANA,** heroína del libro bíblico de Daniel, prototipo de la inocencia calumniada y reconocida gracias a la intervención divina. El episodio principal de su historia, Susana en el baño espiada por dos ancianos, ha sido representado por numerosos artistas.

**SUSIANA,** nombre griego de la satrapía persa, más tarde seléucida, cuya capital era Susa, y que corresponde al Jūzistān actual.

**SUSQUEHANNA,** r. de Estados Unidos (Nueva York y Pennsylvania), que desemboca en la bahía de Chesapeake; 715 km.

**SUSSEX,** región de Gran Bretaña, al S de Londres, junto al canal de la Mancha, dividida en dos condados: *Sussex Occidental* (1 989 km²; 692 800 hab. Cap. *Chichester*) y *Sussex Oriental* (1 795 km²; 690 600 hab. Cap. *Lewes*). El reino sajón de Sussex, fundado en el s. V, fue conquistado por el reino de Wessex, que lo anexionó definitivamente hacia finales del s. VIII.

**SUTHERLAND** (Graham), pintor británico (Londres 1903-*id.* 1980), maestro de una tendencia que conjuga el neorromanticismo con el surrealismo.

**SUTLEJ** o **SATLEDJ,** r. de la India y de Pakistán, el más largo de los cinco ríos del Panjāb; 1 600 km.

**SUVA,** c. y cap. de las islas Fidji, en la costa S de la isla de Viti Levu; 71 000 hab. Universidad.

**SUVANNA FUMA** → ***Souvanna Phouma.***

**SUVÓROV** (Alexandr Vasílievich, *conde,* luego *príncipe*), general ruso (Moscú 1729 o 1730-San Petersburgo 1800). Derrotó a los turcos varias veces (1787-1789), reprimió la insurrección polaca (1794), y más tarde luchó contra los franceses en Italia, pero fue frenado por éstos en Zurich (1799).

**SUWON,** c. de la República de Corea, al S de Seúl; 644 805 hab.

**SÚZDAL,** c. de Rusia, al NE de Moscú; 10 000 hab. Uno de los focos de la civilización del *principado de Vladímir-Súzdal* (iglesias de los ss. XII-XVIII).

**SUZHOU** o **SU-CHEU,** llamada también **Soochow** o **Suchow,** c. de China (Jiangsu), junto al Gran canal; 670 000 hab. Centro industrial. Famosos jardines.

**SUZUKA,** c. de Japón, en la isla de Honshū, junto a la bahía de Ise; 174 105 hab.

**SVALBARD,** archipiélago noruego del océano Ártico, al NE de Groenlandia, cuya isla principal es la de Spitzberg, en donde se encuentra un yacimiento de hulla; 62 700 km²; 3 500 hab. C. pral. *Longyearbyen.*

**SVEALAND,** región central de Suecia.

**SVEN** o **SVEND,** nombre de varios reyes de Dinamarca, entre los que destaca **Sven I Tveskägg** o **Svend I Tveskaeg** *(Barba bifurcada)* [c. 960-Gainsborough 1014], que se apoderó de toda Inglaterra (1013).

**SVERDLOVSK** → ***Yekaterinburg.***

**SVERDRUP** *(islas)*, parte del archipiélago ártico canadiense, al O de la isla de Ellesmere.

**SVERDRUP** (Harald Ulrik), meteorólogo y oceanógrafo noruego (Sogndal 1888-Oslo 1957), autor de un importante tratado de oceanografía.

**SVEVO** (Ettore **Schmitz,** llamado **Italo**), escritor italiano (Trieste 1861-Motta di Livenza, Treviso, 1928), maestro de la literatura introspectiva e intimista (*La conciencia de Zeno,* 1923).

**SWAMMERDAM** (Jan), naturalista holandés (Amsterdam 1637-*id.* 1680), autor de trabajos sobre los insectos.

**SWAN** (*sir* Joseph Wilson), químico británico (Sunderland 1828-Warlingham 1914). Realizó la lámpara incandescente con filamento de carbón en 1878, un año antes que Edison, y el papel fotográfico de bromuro de plata.

**SWANSEA,** c. y puerto de Gran Bretaña (País de Gales), junto al canal de Bristol; 168 000 hab.

**S.W.A.P.O.** (South West Africa people's organization), movimiento de liberación de Namibia, fundado en 1958 y que, a partir de 1966, emprendió la lucha armada contra el gobierno sudafricano, con Sam Nujoma como líder. Como organización política consiguió la dirección del país mediante elecciones (1989, 1990), al acceder Namibia a la independencia.

**SWART** (Charles Robberts), político sudafricano (Winburg, Orange, 1894-Bloemfontein 1982), primer presidente de la República de Sudáfrica (1961-1967).

**SWATOW** → ***Shantou.***

**SWAZILANDIA,** estado de África austral, entre la República de Sudáfrica y Mozambique; 17 363 km²; 800 000 hab. CAP. *Mbabane.* LENGUAS OFICIALES: *swazi, inglés.* MONEDA: *lilangeni.* Reino bantú fundado en 1815, habitado mayoritariamente por los swazi, pero controlado por los zulúes desde 1820, pasó a ser protectorado británico en 1902. Accedió a la independencia en 1968. Sobhuza II fue proclamado rey en 1921, y reconocido por Gran Bretaña en 1967. Tras su muerte (1982) le sucedieron la reina Ntombi (1983-1986) y Mswati III (1986). El país está vinculado económicamente a la República de Sudáfrica.

**SWEDENBORG** (Emmanuel), teósofo sueco (Estocolmo 1688-Londres 1772). Como consecuencia de las visiones que tuvo en 1743 y que relató en *Arcanas coelestia,* desarrolló una doctrina, llamada de la nueva Jerusalén, que predica que todo tiene un sentido espiritual, pero que sólo Dios puede descubrirlo.

**SWEELINCK** (Jan Pieterszoon), organista y compositor neerlandés (Deventer 1562-Amsterdam 1621). Enriqueció el arte vocal (salmos y canciones) pero destacó sobre todo en sus composiciones para clavecín y para órgano (tocata y variaciones) con perspectivas que se realizaron plenamente con Bach.

**SWIFT** (Jonathan), escritor irlandés (Dublín 1667-*id.* 1745). Secretario de un diplomático, y luego preceptor de una joven a la que dedicó *El diario para Stella,* ingresó en el clero anglicano y tomó parte en las luchas literarias *(La batalla de los libros),* religiosas *(El cuento del tonel)* y políticas *(Las cartas del pañero).* Sus ambiciones frustradas le inspiraron una violenta sátira de la sociedad inglesa y de la civilización de su época, *Los viajes de Gulliver** (1726).

**SWINBURNE** (Algernon Charles), poeta británico (Londres 1837-*id.* 1909). Poeta erudito, heredero de la tradición romántica *(Atalanta en Calidón, Poemas y baladas),* evolucionó hacia un ideal humanitario *(Cantos de antes del alba).* Dejó una importante obra crítica.

Emmanuel **Swedenborg**

Jonathan **Swift**
(Ch. Jervas - galería nacional de retratos, Londres)

**SWINDON,** c. de Gran Bretaña (Wiltshire), al O de Londres; 91 000 hab. Centro ferroviario. Aeronáutica.

**SYBARIS,** ant. c. griega de la Italia peninsular, junto al golfo de Tarento, cuya prosperidad era proverbial. Su rival, Crotona, la destruyó en 510 a. J.C.

**SYDENHAM** (Thomas), médico inglés (Wynford Eagle 1624-Londres 1689). Descubrió la corea infantil *(corea de Sydenham)* y preconizó el uso del láudano.

**SYDNEY,** c. y puerto de Australia, cap. de Nueva Gales del Sur, junto a una bahía formada por el océano Pacífico; 3 596 000 hab. Gran centro industrial y comercial. Universidad.

**SYLHET,** c. de Bangla Desh, al NE de Dacca; 167 000 hab.

**Syllabus** (8 dic. 1864), sumario, en 80 proposiciones, publicado por Pío IX, de los principales «errores» contemporáneos (liberalismo, socialismo, naturalismo, etc.).

**SYLT,** isla alemana del mar del Norte (Schleswig-Holstein) unida al continente por un dique.

**SYNGE** (John Millington), dramaturgo irlandés (Rathfarnham 1871-Dublín 1909). En sus dramas combina los temas folklóricos con la observación realista de la vida cotidiana en provincias (*El botarate del mundo occidental,* 1907).

**SYR DARYÁ, SYR DARIÁ** o **SIR DARIÁ,** ant. **Yaxartes,** r. de Asia central; 3 019 km. Nace en Kirguizistán (con el nombre de Narín) y atraviesa Kazajstán, antes de llegar al mar de Aral.

**SYRACUSE,** c. de Estados Unidos (Nueva York), 163 860 hab. Universidad. Metalurgia. Automóviles.

**SYZRÁN,** c. de Rusia, cerca de Samara, junto al Volga; 174 000 hab. Centro de una cuenca petrolera.

**SZASZ** (Thomas Stephen), siquiatra y sicoanalista norteamericano de origen húngaro (Budapest 1920). A partir de sus concepciones se ha renovado la reflexión sobre la enfermedad mental (*La fabricación de la locura,* 1970).

**SZCZECIN,** en alem. **Stettin,** c. y puerto de Polonia, cap. de voivodato, junto a la desembocadura del Odra; 414 200 hab. Importante puerto comercial y pesquero. Centro industrial. Iglesias góticas y castillo del Renacimiento, muy restaurado.

**SZEGED,** c. de Hungría, cap. del dep. de Csongrád, en la confluencia del Tisza y del Maros; 175 301 hab. Universidad.

**SZÉKESFEHÉRVÁR,** ant. **Alba Real,** c. de Hungría, cap. del dep. de Fejér, al NE del lago Balaton; 108 958 hab. Iglesia gótica. Construcciones barrocas y neoclásicas.

**SZENT-GYÖRGYI** (Albert), bioquímico norteamericano de origen húngaro (Budapest 1893-Woods Hole, Massachusetts, 1986), premio Nobel de fisiología y medicina en 1937 por su descubrimiento de la vitamina C.

**SZIGLIGETI** (József **Szathmáry,** llamado **Ede**), dramaturgo húngaro (Váradolaszi 1814-Budapest 1878), creador del drama popular en Hungría *(El desertor, El pretendiente).*

**SZILARD** (Leo), físico norteamericano de origen húngaro (Budapest 1898-La Jolla, California, 1964). Realizó la reacción de los rayos gamma sobre el berilio y participó en la construcción de la primera pila atómica.

**SZOLNOK,** c. de Hungría, cap. de dep., al SO de Budapest, a orillas del Tisza; 78 328 hab.

**SZOMBATHELY,** c. de Hungría, cap. del dep. de Vas, cerca de la frontera austríaca; 85 617 hab. Ruinas romanas. Monumentos góticos y barrocos.

**SZYMANOWSKI** (Karol), compositor polaco (Tymoszówka 1882-Lausana 1937), una de las máximas figuras de la escuela sinfónica y dramática polaca, autor de dos conciertos para violín.

**SZYMBORSKA** (Wislawa), poeta polaca (Poznań 1923). Su obra se caracteriza por un tono escéptico e irónico y la conjunción de la conciencia histórica y los interrogantes existencialistas: *Sal* (1962), *Cien consuelos* (1967), *Gente en el puente* (1986) y *Fin y principio* (1993). [Premio Nobel de literatura 1996.]

**SZYSZLO** (Fernando **de**), pintor y crítico de arte peruano (Lima 1925). Su pintura ha evolucionado desde el informalismo, la abstracción y el expresionismo hacia una plástica de raíces latinoamericanas *(El volcán americano, El fuego, Abstracto puro).*

# T

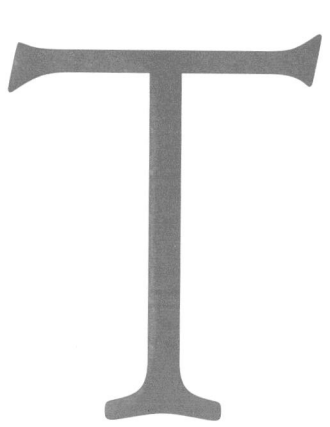

**TABARCA, NOVA TABARCA** o **PLANA,** isla de España (Alicante), en el Mediterráneo; 0,5 km². Pesca. Faro.

**Tabaré,** poema épico de J. Zorrilla de San Martín, compuesto entre 1879 y 1886 (ed. definitiva 1923), de gran riqueza lírica.

**TABASARÁ** *(serranía de),* sistema montañoso de Panamá, en la cordillera Central; 2 826 m en el cerro Santiago.

**TABASCA,** mun. de Venezuela (Monagas); 3 437 hab. Campos petrolíferos.

**TABASCO** *(estado de),* est. del SE de México, junto al Caribe; 24 661 km²; 1 501 744 hab. Cap. *Villahermosa.*

**TABERNAS,** v. de España (Almería); 3 227 hab. *(Tabernenses.)* Horno y centrales solares. Cerámica tradicional. Poblado prehistórico megalítico.

**Tabla redonda** *(caballeros de la),* conjunto de los caballeros de la corte del rey Artús, que se reunían en torno a una mesa redonda.

**TABLADA** *(llanura de),* llanura de España, al S de la c. de Sevilla, entre las dos ramas del Guadalquivir. Base aérea militar. Victoria de las tropas cordobesas mandadas por Naṣr sobre grupos normandos que habían saqueado Sevilla (843).

**TABLADA** (José Juan), escritor mexicano (México 1871-Nueva York 1945). Tras una primera etapa modernista, viajó a Japón (1900) e introdujo en castellano el *haiku.* Se anticipó al ultraísmo y participó del vanguardismo. Escribió prosa pero sobre todo poesía (*El florilegio,* 1899, 1904 y 1918; *Li-Po y otros poemas,* 1920; *La feria,* 1928).

**TABLAS (Las),** c. de Panamá, cap. de la prov. de Los Santos; 5 235 hab. Centro comercial.

**Tablas de Daimiel** *(parque nacional de las),* parque nacional de España (mun. de Daimiel, Ciudad Real), en la confluencia del Guadiana y el Gigüela; 22 km². Región de lagunas y marismas, de importancia en la emigración estacional de las aves.

**Tablas de la ley,** piedras en que Dios escribió la ley del Decálogo en el Sinaí y las entregó a Moisés.

**TABLAZO** *(bahía del),* bahía de Venezuela (Zulia), entre el lago Maracaibo y el golfo de Venezuela. En sus orillas, *complejo petroquímico de El Tablazo.*

**TABOADA** (Luis), escritor español (Vigo 1848-Madrid 1906). Autor de artículos costumbristas, sus narraciones y novelas suelen ser una sátira de la clase media madrileña (*La vida cursi,* 1891).

**TABOGA,** isla de Panamá (Panamá), en la bahía de Panamá; 3 km de long. Turismo.

**TABOR** *(monte),* montaña de Israel, al O del Jordán y del lago Tiberíades; 588 m. La tradición sitúa en este lugar la Transfiguración de Jesús.

**TABORA,** c. de Tanzania; 214 000 hab.

**Tabqa (al-)** o **Tabka,** presa de Siria, en el Éufrates. Central hidroeléctrica.

**TABRĪZ,** c. de Irán, principal centro del Azerbaiján iraní; 971 482 hab. Mezquita azul, con bella decoración de cerámica esmaltada (s. XV).

**TABURIENTE** *(caldera de),* caldera volcánica de España (Canarias), en la isla de La Palma. Constituye el *parque nacional* de la *Caldera de Taburiente* (46,9 km²), con diversos picos (Roque de los Muchachos, 2 423 m; observatorio del Instituto de astrofísica de Canarias), valles abarrancados y flora típica del archipiélago.

**TACÁMBARO,** mun. de México (Michoacán); 42 777 hab. Minas de oro y plata. Industria azucarera.

**TACANÁ** o **SOCONUSCO,** volcán de América Central, en la sierra Madre centroamericana, en la frontera entre México y Guatemala; 4 092 m. Solfataras.

**TACANÁ,** mun. de Guatemala (San Marcos); 27 874 hab. Centro agrícola. Ganadería lanar.

**TACARIGUA** *(lago de)* → ***Valencia*** (lago de).

**TACARIGUA** *(laguna de),* albufera de la costa caribe de Venezuela (Miranda), con una isla interior.

**TACCA** (Pietro), escultor italiano (Carrara 1577-Florencia 1640). Realizó en Madrid estatuas ecuestres de Felipe III y Felipe IV.

**TÁCHIRA** *(estado),* est. del SO de Venezuela; 11 100 km²; 855 780 hab. Cap. *San Cristóbal.*

**TACIANO,** apologista nóstico (en Siria *c.* 120-† d. 173). Discípulo de san Justino y partidario de un ascetismo extremo (fundó la secta de los encratitas), en su obra *Diatessaron* compiló los cuatro Evangelios en un solo texto.

**TACIO,** rey legendario de los sabinos que reinó con Rómulo sobre los romanos y los sabinos unidos.

**TÁCITO,** historiador latino (*c.* 55-*c.* 120). Procedente de una familia senatorial, llegó a ser procónsul de Asia. Escribió *Anales, Historias, Vida de Agrícola* (que era su suegro), *Germania* y *Diálogo de los oradores.* Su estilo expresivo, denso y conciso, lo convirtió en un maestro de la prosa latina.

**TÁCITO** (Amiterno *c.* 200-Tarso o Tiana 276), emperador romano [275-276]. Sucedió a Aureliano y murió en una campaña contra los godos.

**TACNA** *(departamento de),* dep. del S de Perú (José C. Mariátegui); 16 063 km²; 222 000 hab. Cap. *Tacna.*

**TACNA,** c. de Perú, cap. del dep. homónimo; 97 200 hab. Centro agrícola, en un oasis del valle del Caplina. Tras la guerra del Pacífico (1879-1883), fue cedida a Chile junto con Arica. En 1929, pasó a Perú, y Arica quedó en poder de Chile.

**TACOMA,** c. de Estados Unidos (Washington); 176 664 hab. Metalurgia y maderera.

**TACOPAYA,** c. de Bolivia (Cochabamba); 4 390 hab. Centro minero (estaño, cobre y plomo).

**TACORA,** volcán andino de América del Sur, ubicado en Chile; 5 988 m de alt.

**TACORONTE,** c. de España (Santa Cruz de Tenerife), en Tenerife; 17 161 hab. *(Tacoronteros.)* Tabaco, hortalizas, frutales y vid (afamados vinos). Pesca. Fábricas de turrón y manufacturas de tabaco.

**TACOTALPA,** mun. de México (Tabasco); 25 138 hab. Agricultura y ganadería. Explotación forestal.

**TACUAREMBÓ** o **TACUAREMBÓ GRANDE,** r. de Uruguay, que nace en la frontera con Brasil y desemboca en el río Negro (or. der.); 230 km. Navegable por pequeñas embarcaciones.

**Tacuarembó** *(batalla de),* derrota de las fuerzas uruguayas de Latorre ante el ejército brasileño de Figueira, a orillas del río homónimo (1820), durante la guerra de independencia de Uruguay.

**TACUAREMBÓ** *(departamento de),* dep. del N de Uruguay; 15 969 km²; 83 498 hab. Cap. *Tacuarembó.*

**TACUAREMBÓ,** ant. **San Fructuoso,** c. de Uruguay, cap. del dep. homónimo; 40 470 hab. Centro comercial. Industrias agropecuarias. Aeropuerto.

**TACUBAYA,** ant. villa cerca de la ciudad de México. En 1841, Santa Anna, Paredes y Valencia afirmaron el centralismo contra el sistema federal *(bases de Tacubaya).* Tras la victoria y la represión de Leonardo Márquez sobre los liberales (*acción de Tacubaya,* 1859), la ciudad pasó a llamarse *Tacubaya de los Mártires.*

**TADLA,** llanura del O de Marruecos.

**TADZHIKISTÁN** *(República del)* o **TADZHIKIA,** estado de Asia central, en la frontera con China y Afganistán; 143 000 km²; 5 100 000 hab. *(Tadzhik.)* CAP. *Dushanbe.* LENGUA OFICIAL: *Tadzhik.* MONEDA: *rublo tadzhik.*

**GEOGRAFÍA**

Tadzhikistán es un país montañoso, donde se asocia la ganadería (fundamentalmente ovina) y la agricultura (algodón). La población está constituida por casi dos terceras partes de origen tadzhik y una importante minoría de uzbekos.

**HISTORIA**

La frontera entre las regiones del SE de Asia central conquistadas por los rusos (a partir de 1865) y el kanato de Bujará por una parte, y Afganistán, por otra, fue fijada entre 1886 y 1895 por una comisión anglorrusa. 1924: la república autónoma del Tadzhikistán fue creada en el seno de Uzbekistán. 1925: anexión del Pamir septentrional. 1929: Tadzhikistán se convirtió en una república federada de la U.R.S.S. 1990: los comunistas ganaron las primeras elecciones republicanas libres. 1991: el soviet supremo proclamó la independencia de la república (set.), que se adhirió a la C.E.I. 1992: una guerra civil enfrentó a islamistas y demócratas contra los procomunistas. 1997: acuerdo de paz bajo la égida de la O.N.U. y Rusia.

**TAEGU** o **TÄ-GU,** c. de la República de Corea; 2 229 000 hab. Centro comercial e industrial.

**TAEJON** o **TÄ-ČŎN,** c. de la República de Corea; 1 049 578 hab.

**TAFALLA,** c. de España (Navarra), cab. de p. j.; 10 249 hab. *(Tafalleses.)* Centro agrícola e industrial. Restos de murallas medievales. Iglesia gótica de Santa María (retablo, s. XVI) y del convento de Recoletas. Mansiones.

**TAFÍ VIEJO,** dep. de Argentina (Tucumán); 79 193 hab. Ganadería. Talleres ferroviarios.

**TAFILALET, TĀFILĀLT** o **TAFILETE,** región del Sahara marroquí, al S del Alto Atlas. Oasis.

**TAFT** (William Howard), político norteamericano (Cincinnati 1857-Washington 1930), presidente de E.U.A. (1909-1913). – Su hijo, **Robert Alphonso** (Cincinnati 1889-Nueva York 1953), fue el promotor de la *ley Taft-Hartley,* que limitaba el derecho de huelga.

**TAGANROG,** c. y puerto de Rusia, junto al mar de Azov; 291 000 hab.

**TAGLE Y PORTOCARRERO** (José Bernardo **de**), político peruano (Lima 1779-El Callao 1825), *marqués* **de Torre Tagle.** Gobernador de Trujillo (1819), proclamó la independencia (1820) y fue presidente (1823-1824) antes de que Bolívar fuera nombrado dictador.

**TAGLIONI** (Filippo), bailarín y coreógrafo italiano (Milán 1777-Como 1871), autor del primer ballet romántico, *La sílfide,* que su hija **María** o **Marie** (Estocolmo 1804-Marsella 1884) interpretó en París (1832).

**TAGORE** (Rabindranāth **Thakur,** llamado **Rabindranāth**), escritor indio (Calcuta 1861-Santiniketan 1941), autor de poemas de inspiración mística o patriótica (*La ofrenda lírica,* 1913), de novelas y obras de teatro. (Premio Nobel de literatura 1913.)

**TAHITÍ,** isla principal del archipiélago de la Sociedad (Polinesia Francesa); 1 042 km²; 131 308 hab. Cap. *Papeete.* Fue anexionada a Francia en 1880.

**TAHUANTINSUYU,** conjunto del imperio inca o Incario, que se dividía en cuatro provincias o regiones, siguiendo los cuatro puntos cardinales: Antisuyu, Collasuyu, Contisuyu y Chinchasuyu, en el centro de las cuales estaba Cuzco.

**TAHULL** o **TAÜLL,** lugar de España en el mun. de Barruera (Lérida). Iglesias románicas de San Clemente y de Santa María (s. XII); frescos en el museo nacional de arte de Cataluña (Barcelona).

**TAIBEI** o **T'AI-PEI,** c. y cap. de Taiwan; 2 445 000 hab. Centro comercial e industrial. Museo nacional (rica colección de pintura china antigua).

**TAIBILLA,** r. de España, afl. del Segura (or. der.); 60 km. Desde el embalse de Turrilla (Albacete), el *canal de Taibilla,* usado para el riego, atraviesa la región murciana hasta Cartagena.

**T'AI-CHONG** → *Taizhong.*

**TĀ'IF,** c. de Arabia Saudí, en el Hiŷāz; 300 000 hab.

**taifas** *(reinos de)* o **primeras taifas,** entidades políticas musulmanas de la península Ibérica surgidas tras la guerra civil que puso fin al califato de Córdoba (1009-1031). Pese a que Sevilla agrupó diversos de esos reinos en 1031-1091, la unidad musulmana sólo fue restablecida con las conquistas almorávide y almohade. Los árabes dominaron los valles del Ebro y Guadalquivir, los bereberes las tierras altas y los eslavos el Levante (Denia, Almería). Respetaron a los judíos, pero no a los mozárabes. Por su inferioridad militar, los reinos de taifas fueron obligados a pagar tributos a los cristianos. Las taifas imitaron la organización estatal de oriente. Destacaron en su labor de mecenazgo de las letras, las ciencias y las artes, y en la producción de objetos suntuarios.

**taifas** *(segundas),* reinos independientes musulmanes de la península Ibérica entre las dominaciones almorávide y almohade. Tras la sublevación de Abū-l-Qāsim ibn Ḥusayn ibn Qasī (1143-1144), que dominó desde el Algarve hasta Córdoba, se formaron núcleos independientes en Córdoba (hasta 1153), Málaga (hasta 1151), Murcia y Valencia (hasta 1172) y Baleares (hasta 1203).

**taifas** *(terceras),* reinos musulmanes de la península Ibérica surgidos al desintegrarse el imperio almohade tras la batalla de las Navas de Tolosa (1212). Los reinos de Murcia (1228), Valencia (1229), Córdoba, Sevilla, Niebla y Jaén fueron conquistados por castellanos y catalanes en 1236 y 1266. El reino nazarí de Granada perduró hasta 1492.

**TAIGETO,** en gr. **Tayghetos,** macizo montañoso de Grecia, al S del Peloponeso; 2 404 m.

**TAILANDIA** *(golfo de),* golfo del Sureste asiático, que baña principalmente las costas de Tailandia.

**TAILANDIA** o **THAILANDIA,** en thai **Muang Thai,** ant. **Siam,** estado del Sureste asiático; 514 000 km²; 58 800 000 hab. *(Tailandeses.)* CAP. *Bangkok.* LENGUA OFICIAL: *thai.* MONEDA: *baht* (o *tical*).

GEOGRAFÍA

Los thai (80 % de la población total) viven en la llanura central (avenada por el Chao Phraya), zona vital del país, en la que se practica el cultivo intensivo de arroz y se encuentran ubicadas las grandes ciudades (Bangkok). El N y el O, montañosos, proporcionan madera de teca, mientras que las plantaciones de hevea y las minas de estaño se sitúan en el S del istmo de Kra. La pesca es activa. El sector industrial se ha desarrollado (agroalimentario, textil, montaje automovilístico). El turismo ha aumentado y el crecimiento económico reciente ha sido notable. Sin embargo, el país se enfrenta desde 1997 a una grave crisis financiera, que afecta a otros países de la región.

HISTORIA

***De los reinos thai a la monarquía Shakri.*** S. VII: se desarrolló el reino de Dvāravatī, de población môn y de cultura budista. Ss. XI-XII: los khmers conquistaron la región. S. XIII: los thai, conocidos con el nombre de syām (siameses), fundaron los reinos de Sukhotai y de Lan Na (cap. Chiangmai). C. 1350: crearon el reino de Ayuthia. C. 1438: este último se anexionó a Sukhothai. 1592: el país, que había sido ocupado por los birmanos, fue liberado. Ss. XVI-XVII: mantuvo relaciones con occidente. 1767: los birmanos saquearon Ayuthia. 1782: Rāma I fue coronado en Bangkok, la nueva capital, y fundó la dinastía Shakri. 1782-1851: Rāma I, II y III dominaron en parte Camboya, Laos y Malasia. 1893-1909: Tailandia tuvo que reducir sus fronteras en favor de la Indochina Francesa y de Malasia.

***La Tailandia contemporánea.*** 1932: un golpe de estado desembocó en la creación de un sistema dominado por los autores del golpe. 1938: el maris-

TAILANDIA

cal Pibul Songgram tomó el poder. 1941-1944: se alió con Japón. 1948: volvió al poder. 1950: Bhumipol Adulyadet fue coronado rey con el nombre de Rāma IX. 1957-1973: el poder continuó en manos de los militares, Sarit Thanarat (1957-1963) y Thanom Kittikachorn (1963-1973). A partir de 1962 se desarrolló la guerrilla comunista. 1976: el ejército volvió a tomar el poder. 1979: tras la invasión de Camboya por Vietnam, hubo una gran afluencia de refugiados. 1980: el general Prem Tinsulanod se convirtió en primer ministro. 1988: Chatichai Choonhavan le sucedió. 1991: fue derrocado por un golpe de estado militar. 1992: se reprimieron de forma violenta algunas manifestaciones de oposición al régimen; sin embargo, fueron seguidas por una revisión constitucional que redujo el papel de los militares en la vida política. Chuan Leekpai fue elegido primer ministro. 1995: el derechista Banharn Silpa Archa fue nombrado primer ministro. 1996: Chabvalith Yongchaiyuth venció en las legislativas anticipadas. 1997: C. Leekpai fue elegido primer ministro para frenar la crisis financiera. 2000: Thaksin Shinawatra fue elegido primer ministro.

**TAIMIR** *(península de),* región de Rusia, en la costa N de Siberia central.

**TAINAN** o **T'AI-NAN,** c. y puerto de la isla de Taiwan; 689 541 hab.

**TAINE** (Hippolyte), filósofo, crítico e historiador francés (Vouziers 1828-París 1893). Su obra, *De la inteligencia* (1870), le convirtió en un representante del determinismo geográfico. Se interesó por la estética y la historia (*Ensayos de crítica y de historia,* 1858).

**T'AI-PEI** → *Taibei.*

**Taiping** o **T'ai-p'ing** *(gran paz),* movimiento político y religioso que agitó China de 1851 a 1864. Fue fundado por Hong Xiuquan (1814-1864), que quería salvar a China de la decadencia. Fue apoyado por las sociedades secretas opuestas a la dinastía de los Qing. Fue aplastado por las tropas imperiales en 1864.

**TAIROV** (Alexándr Yakóvlevich **Kornblit,** llamado), actor y director de teatro soviético (Rommy, Poltava, 1885-Moscú 1950). Fundador del teatro de cámara, inspirado en el Kammerspiel alemán, asoció a la técnica dramática otros modos de expresión: danza, música, cine.

**TAISHŌ TENNŌ,** nombre póstumo de **Yoshihito** (Tōkyō 1879-Hayama 1926), emperador de Japón [1912-1926]. En 1921 cedió la regencia a su hijo Hiro-Hito.

**TAITAO** *(península de),* península de Chile (Aisén del General Carlos Ibáñez del Campo), unida al continente por el istmo de Ofqui.

**TAIWAN,** ant. **Formosa,** estado insular de Asia oriental, separado de China por el *estrecho de Taiwan;* 36 000 km²; 20 500 000 hab. *(Chinos.)* CAP. *Taibei.* LENGUA OFICIAL: *chino.* MONEDA: *dólar de Taiwan.*

GEOGRAFÍA

La isla recibe intensas precipitaciones debido al monzón de verano. Está formada por elevadas montañas en el E, y en el O por colinas y llanuras muy explotadas (caña de azúcar, arroz, hortalizas y frutas). El sector industrial (textil, material eléctrico y electrónico, plásticos, juguetes) se dedica principalmente a la exportación y se ha convertido en el motor de la economía.

HISTORIA

Desde el s. XII: mercaderes y piratas chinos frecuentaron la isla. S. XVII: emigrantes chinos poblaron la isla; los holandeses se establecieron en el S (1624), y los españoles en el N (1626-1642). 1683: la isla pasó a manos de los emperadores Qing. 1895: el tratado de Shimonoseki cedió Formosa a Japón. 1945: la isla fue devuelta a China. 1949: sirvió de refugio al gobierno Guomindang, presidido por Chang Kai-shek. 1950-1971: dicho gobierno representó a China en el Consejo de seguridad de la O.N.U. 1975: Chang Ching-kuo sucedió a su padre, Chang Kai-shek. 1979: E.U.A. reconoció la República Popular de China y rompió sus relaciones diplomáticas con Taiwan. La isla rechazó la integración pacífica que le propuso la China popular. 1987: se inició un proceso de democratización. 1988: muerte de Chang Ching-kuo. Lee Tenghui le sucedió. 1991: cese del estado de guerra con China. 1996: elecciones presidenciales libres que confirman a Lee Tenghui. 2000: el independentista Chen Shui-bian fue elegido presidente.

**TAIYUAN** o **T'AI-YUAN,** c. de China, cap. de Shanxi; 1 930 000 hab. Siderurgia. Química.

**Taizé** *(comunidad de),* comunidad fundada en 1940 en Francia, en Taizé (Saône-et-Loire), por el hermano Roger Schutz, que reúne a católicos y protestantes en la llamada Iglesia de la reconciliación. Centro del ecumenismo, acoge a jóvenes y organiza encuentros en todo el mundo.

**TAIZHONG** o **T'AI-CHONG,** c. de Taiwan; 626 000 hab. Zona franca industrial.

**TA'IZZ,** c. de Yemen; 178 430 hab.

**Tāj Mahal** → *Taŷ Mahall.*

**TAJES** (Máximo), militar y político uruguayo (Canelones 1859-Montevideo 1912). Ministro de Guerra y Marina (1886), fue presidente de la república (1886-1890).

**TAJÍN (El),** centro arqueológico mexicano de la cultura totonaca (Papantla, Veracruz). Posee construcciones desde 100 a. J.C. hasta 1200 d. J.C. Entre sus edificios sobresale la *Pirámide de los nichos,* con numerosas hornacinas, y el juego de pelota.

**TAJO,** en port. **Tejo,** r. de la península Ibérica, de la vertiente atlántica; 1 120 km (910 km en suelo español). Nace en los montes Universales, discurre por la Meseta y después de formar frontera penetra en Portugal para desembocar en un amplio estuario (mar de la Paja) en Lisboa. Gran aprovechamiento hidroeléctrico (embalses de Entrepeñas-Buendía, Bolarque, Valdecañas, Alcántara, Cedillo) y para regadío (trasvase Tajo-Segura). Afluentes: Jarama, Guadarrama, Alberche, Tiétar, Alagón, Zêzere (or. der.), y Algodor, Almonte, Salor, Muge (or. izq.).

**Tajo de las Figuras** *(cuevas del),* abrigo prehistórico neolítico español (Medina-Sidonia, Cádiz) con más de 500 pinturas de figuras humanas y de animales, notables las de estilo esquemático.

**TAJUMULCO,** volcán de Guatemala (San Marcos), en la sierra Madre centroamericana, la cumbre más alta de América Central; 4 220 m.

**TAJUÑA,** r. de España, afl. del Jarama (or. izq.); 206 km. Nace en las Parameras de Molina y su valle forma la *Vega del Tajuña,* fértil comarca agrícola.

**TAKAMATSU,** c. y puerto de Japón (Shikoku); 329 684 hab. Famoso jardín del s. XVIII.

**TAKAOKA,** c. de Japón (Honshū); 175 466 hab.

**TAKASAKI,** c. de Japón (Honshū); 236 461 hab.

**TAKATSUKI,** c. de Japón (Honshū); 359 867 hab.

**TAKESHITA NOBORU,** político japonés (Kakeya, Shimane, 1924-Tōkyō 2000). Presidente del Partido liberal demócrata, fue primer ministro de 1987 a 1989.

**TA-K'ING** → *Daqing.*

TAIWAN

**El Tajín:** la Pirámide de los nichos. Fines de la época clásica (600-950).

El río **Tajo** cerca de Toledo. Al fondo, el puente de Alcántara.

**TAKLA-MAKAN** o **TAKLINAKAN,** desierto de China, en el S de Xinjiang.

**TAKORADI** → ***Sekondi-Takoradi.***

**TALA,** dep. de Argentina (Entre Ríos), avenado por el Gualeguay; 24 244 hab. Cab. *Rosario del Tala.*

**TALA,** mun. de México (Jalisco); 40 458 hab. Agricultura, ganadería y apicultura.

**Tala,** libro de poemas de Gabriela Mistral (1938).

**TALAGANTE,** com. de Chile (Santiago), junto al Mapocho; 43 755 hab. Centro de veraneo.

**TALAIGUA NUEVO,** mun. de Colombia (Bolívar); 18 815 hab.

**TALAMANCA** *(cordillera de),* sistema montañoso de Costa Rica, en la sierra Madre centroamericana (cerro Chirripó, 3 819 m de alt., punto culminante del país). Divisoria de aguas entre las cuencas del Caribe y del Pacífico. Hacia el Caribe se extiende La Amistad, el *valle de Talamanca.* El conjunto de parques nacionales (*parque nacional de la cordillera de Talamanca,* parque nacional Chirripó), reservas biológicas, reservas indígenas (restos arqueológicos) y la zona de protección forestal de Las Tablas fue declarado bien cultural-natural del patrimonio mundial por la Unesco (1983) con el nombre de *cordillera de Talamanca-La Amistad.*

**TALARA,** c. y puerto de Perú (Piura), en la costa del Pacífico; 33 900 hab. Complejo petroquímico. Aeródromo.

**TAL'AT BAJÁ** (Mehmet), político otomano (Edirne 1874-Berlín 1921). Miembro del movimiento de los Jóvenes turcos, formó junto a Enver y Ŷamāl el triunvirato que rigió el destino del imperio otomano a partir de 1913 y fue gran visir (1917-1918). Fue asesinado por un armenio.

**TALAVERA,** mun. de Perú (Ayacucho); 37 500 hab. Agricultura. Ganado vacuno y ovino.

**TALAVERA** (Alfonso **Martínez de Toledo,** llamado **Arcipreste de**), escritor español (Toledo 1398-† *c.* 1470). Tuvo un papel importante en la corte castellana. Escribió obras piadosas e históricas, aunque su obra fundamental es el *Corbacho** o *Reprobación del amor mundano.*

**TALAVERA** (Hernando **de**), prelado español (Talavera de la Reina 1428-Granada 1507). Judío converso, ingresó en los jerónimos (1466), fue confesor de Isabel la Católica y llegó a arzobispo de Granada (1492). La tolerancia de que dio pruebas irritó a Cisneros, y la inquisición lo acusó de judaizante (1507). Fue autor de obras ascéticas.

**TALAVERA DE LA REINA,** c. de España (Toledo), cab. de p. j.; 69 136 hab. *(Talaveranos.)* Centro agrícola y comercial. Es célebre su cerámica, del tipo de loza vidriada, conocida desde el s. XII y que alcanzó su mayor esplendor en los ss. XVI-XVII. Colegiata gótica (ss. XIV-XV), iglesia gótica de Santiago (azulejos, s. XVIII) y ermita de la Virgen de Prado (azulejos, s. XVII). – En la guerra de la Independencia, victoria angloespañola sobre el ejército francés de José Bonaparte (28 julio 1809).

**TALAYUELA,** v. de España (Cáceres); 7 567 hab. Regadíos (plantas industriales). Ganado lanar.

**TALBOT** (William Henry Fox), físico británico (Lacock Abbey, cerca de Chippenham, 1800-*íd.* 1877). De 1835 a 1841 perfeccionó la fotografía con negativo y en papel *(talbotipia).*

**TALCA,** c. de Chile, cap. de la región de Maule, junto al río Claro; 171 467 hab. Centro industrial. Turismo (Altos de Vilches). Aeródromo. Central hidroeléctrica.

**TALCAHUANO,** c. de Chile (Biobío); 246 566 hab. Forma parte de la aglomeración de Concepción. Puerto de cabotaje, pesquero y militar.

**TALES de Mileto,** matemático y filósofo griego de la escuela jónica (Mileto *c.* 625 a. J.C.-*c.* 547 a. J.C.). Se supone que importó de Egipto y Babilonia los elementos de la geometría y del álgebra. Se le atribuye la primera medida exacta del tiempo con el *nomon* y algunos conocimientos sobre las relaciones de los ángulos con los triángulos a los que pertenecen.

**Talgo** (tren articulado ligero Goicoechea Oriol), tren oruga inventado por el ingeniero español Alejandro Goicoechea, fabricado y explotado por la empresa *Talgo, S.A.,* con participación financiera de J. L. Oriol. Inició su servicio regular en 1950.

**TALÍA,** musa de la comedia.

**TA-LIEN** → ***Dalian.***

**TALLAHASSEE,** c. de Estados Unidos, cap. de Florida; 124 773 hab. Universidad.

**TALLCHIEF** (Maria), bailarina norteamericana de origen indio (Fairfax, Oklahoma, 1925). Considerada como la mejor intérprete de la técnica clásica en E.U.A.

**TALLET** (José Zacarías), escritor cubano (Matanzas 1893-† 1988), autor del poemario *La semilla estéril* (1951), exponente del prosaísmo irónico y sentimental de la lírica cubana.

**TALLEYRAND-PÉRIGORD** (Charles Maurice **de**), *príncipe* **de Benevento,** político francés (París 1754-*íd.* 1838). Fue diputado del clero en los Estados generales (1789) y aprobó la confiscación de los bienes eclesiásticos. Condenado por el papa, rompió con la Iglesia. Exiliado (1792-1796), a su regreso fue ministro de Asuntos Exteriores (1797-1807; 1814-1815) y colaboró con Napoleón. Tuvo un papel decisivo en el congreso de Viena, y fue embajador en Londres (1830-1834).

**TALLIEN** (Jean Lambert), político francés (París 1767-*íd.* 1820). Diputado de la Montaña en la Convención, volvió a posiciones más moderadas al enamorarse de Teresa Cabarrús, con la que se casó en 1794. Fue uno de los instigadores del golpe de 9 de termidor. – Su esposa, **Teresa Cabarrús,** *marquesa* **de Fontenay** (Carabanchel Alto, cerca de Madrid, 1773-Chimay, Bélgica, 1835), hija de Francisco Cabarrús*, fue apodada *Nuestra Señora de Termidor.* Tras su divorcio de Tallien (1802), casó con el futuro príncipe de Chimay (1805).

**TALLINN,** en ruso **Tallin,** ant. **Reval** o **Revel,** c. y cap. de Estonia, junto al golfo de Finlandia; 482 000 hab. Centro industrial. Universidad. Ciudadela medieval y otros monumentos.

Rufino **Tamayo:** *El hombre radiante de alegría* (1968). [Museo de arte moderno, México.]

**TALLON** (Roger), diseñador francés (París 1929). Ha trabajado en los más diversos campos del diseño industrial (vagones del metro de México, 1969; T.G.V.-Atlantique, 1986-1988).

**Talmud** (voz hebrea que significa *estudio*), compilación de comentarios sobre la ley mosaica que fija la enseñanza de las grandes escuelas rabínicas. Está constituido por la *Mišná* (ss. II-III), codificación de la ley oral, y la *Guemará* (ss. IV-V), comentario de la *Mišná.* Es una de las obras más importantes del judaísmo.

**TALTABULL** (Cristóbal), compositor español (Barcelona 1888-*íd.* 1964), autor de la ópera *La vida es sueño* (1906), el ballet *Noctambules* (1930) y tres sinfonías, entre otras obras.

**TAMALE,** c. de Ghana; 168 000 hab.

**TÁMARA DE CAMPOS,** v. de España (Palencia); 96 hab. Restos de época medieval (castillo, murallas). Iglesia gótica de San Hipólito (s. XIV).

**TAMARIT** (Francesc **de**), político catalán (Barcelona *c.* 1600-† d. 1653). Encarcelado por su condición de diputado de la Generalidad, fue liberado por el pueblo (mayo 1640) antes del estallido del Corpus de sangre y de la guerra de Separación de Cataluña.

**TAMARITE DE LITERA,** v. de España (Huesca); 3 988 hab. (*Tamaritanos* o *tamaritenses*) Iglesia románica (s. XII), con añadidos renacentistas y barrocos.

**TAMARUGAL** *(pampa del),* pampa de Chile (Tarapacá y Antofagasta). Se extiende entre las cordilleras de los Andes y de la Costa, desde el extremo N del país hasta el Loa. Recursos mineros (nitratos).

**TAMASOPO,** mun. de México (San Luis Potosí); 24 167 hab. Industrias agropecuarias. Artesanía.

**TAMATAVE** → ***Toamasina.***

**TAMAULIPAS** *(estado de),* est. del NE de México, junto al golfo de México; 79 829 km$^2$; 2 249 581 hab. Cap. *Ciudad Victoria.*

**TAMAULIPECA** *(planicie),* región fisiográfica de México, entre la sierra Madre oriental y el golfo de México, y desde el río Bravo, al N, hasta la cordillera Neovolcánica, al S. Está accidentada por la *sierra de Tamaulipas* y la de San Carlos.

**TAMAYO** (Franz), escritor y político boliviano (La Paz 1880-*íd.* 1956). Representó a su país en la S.D.N. Considerado el mayor poeta modernista boliviano (*Odas,* 1898; *Proverbios,* 1905; *Scherzos,* 1932). Es también autor de tragedias y de ensayos socioculturales.

**TAMAYO** (José), director teatral español (Granada 1920). Director del Teatro español de Madrid (1954-1962), en 1970 se hizo cargo del Teatro lírico nacional, con el que ha montado grandes espectáculos internacionales de zarzuela.

**TAMAYO** (José Luis), político ecuatoriano (Guayas 1859-† 1947). Ministro de Estado, fue presidente de la república (1920-1924).

**TAMAYO** (Rufino), pintor mexicano (Oaxaca 1899-México 1991). Su profunda admiración por el arte precolombino y los motivos inspirados en el folklore mexicano, marcaron su aproximación a las vanguardias, especialmente al cubismo. Expresó su estilo enérgico y colorista en excepcionales murales y óleos (frescos del conservatorio nacional de México, 1933; *Animales,* 1943; mural del palacio de Bellas artes de México, 1953). Sus *mixografías* son grabados en altorrelieve y papel. Posee un museo monográfico en la ciudad de México.

**TAMAYO Y BAUS** (Manuel), dramaturgo español (Madrid 1829-*íd.* 1898). Se inició con obras románticas e históricas (*Locura de amor,* 1855). Su segunda etapa es realista y moralizadora (*Lances de honor,* 1863; *Un drama nuevo,* 1867). Ocupó los cargos de secretario de la Real academia (1874) y de director de la biblioteca nacional (1884).

**TAMAZULA,** mun. de México (Durango), en la sierra Madre occidental; 20 647 hab. Centro agropecuario.

**TAMAZULA DE GORDIANO,** mun. de México (Jalisco); 40 377 hab. Región agrícola y ganadera. Artesanía.

**TAMAZUNCHALE,** mun. de México (San Luis Potosí); 76 643 hab. Región agrícola, ganadera y forestal.

**TAMBO (El),** mun. de Colombia (Cauca); 35 222 hab. Minas de sal, hierro, carbón y oro. Caucho. –

Mun. de Colombia (Nariño); 18 282 hab. Agricultura y ganadería. Minería (oro, carbón, hierro).

**TAMBO COLORADO,** yacimiento arqueológico de Perú, en el valle de Pisco (Ica), que en época anterior a la conquista inca formaba parte de la cultura chibcha.

**TAMBO GRANDE,** mun. de Perú (Piura); 20 999 hab. Arroz, caña de azúcar, trigo, algodón y tabaco.

**tambor de hojalata** *(El),* novela de Günter Grass (1959): el hitlerismo y la guerra en Danzig vistos por un enano que hace de la existencia cotidiana una epopeya picaresca. Fue llevada al cine por V. Schlöndorff (1979).

**TAMBOV,** c. de Rusia, al SE de Moscú; 305 000 hab. Centro industrial.

**TAMBRE,** r. de España, en la vertiente del Atlántico; 110 km. Tras atravesar el macizo Galaico, desemboca en la ría de Muros. Embalse y central de Berrié de la Maza.

**TAME,** mun. de Colombia (Arauca); 15 010 hab. Pastos. Ganado vacuno y caballar. Cueros.

**TÁMEGA,** r. de España y Portugal, afl. del Duero (or. der.); 145 km. Nace en la sierra de San Mamed (Orense) y desemboca en Portugal, cerca de Amarante.

**TAMERLÁN** → ***Tīmūr Lang.***

**TAMESÍ,** r. de México, en la vertiente del golfo de México (Tamaulipas); 430 km. Desemboca, junto con el Pánuco, cerca de Tampico.

**TÁMESIS,** en ingl. **Thames,** r. de Gran Bretaña que atraviesa Londres y desemboca en el mar del Norte a través de un amplio estuario; 338 km.

**TÁMESIS,** mun. de Colombia (Antioquia); 20 018 hab. Pastos (ganado bovino). Explotación maderera.

**TAMIAHUA,** mun. de México (Veracruz), en la Huasteca, junto a la *laguna de Tamiahua;* 34 886 hab. Agricultura y ganadería. Pesca. Petróleo.

**TAMIL NADU,** ant. **Madras** y **Tamizhagan,** estado de la India; 130 000 km²; 55 638 318 hab. Cap. *Madras.*

**TAMINANGO,** mun. de Colombia (Nariño); 16 151 hab. Maíz, frijol. Artesanía textil.

**TAMMERFORS** → ***Tampere.***

**TAMMŪZ** → ***Dumuzi.***

**TAMPA,** c. y puerto de Estados Unidos (Florida), junto al golfo de México; 280 015 hab. Fue un punto estratégico durante la guerra hispano-norteamericana (1898) y su importancia creció considerablemente con la apertura del canal de Panamá (1914).

**TAMPERE,** en sueco **Tammerfors,** c. de Finlandia; 170 100 hab. Centro industrial. Monumentos de los ss. XIX y XX. Museos.

**TAMPICO,** c. y puerto de México (Tamaulipas), cerca de la desembocadura del Pánuco; 486 960 hab. Centro industrial, financiero y comercial de una región petrolera. Pesca. Forma una conurbación con Ciudad Madero.

**TAMUÍN,** mun. de México (San Luis Potosí); 26 384 hab. Yacimientos de petróleo. Turismo. Zona arqueológica huasteca (montículos ordenados alrededor de plazas y unidos por escaleras).

**TANA,** el mayor lago de Etiopía (3 000 km² aprox.), donde nace el Nilo Azul.

Manuel **Tamayo y Baus**
(E. Balaca - biblioteca nacional, Madrid)

**TANA** o **TENO,** r. de Laponia, que separa Finlandia y Noruega; 310 km.

**TANAGRA,** c. de Grecia (Beocia). Centro de producción de elegantes estatuillas de terracota (s. IV a. J.C.).

**TÁNAIS,** ant. nombre del Don.

**Tanaka** *(plan),* plan japonés de dominación mundial redactado por el general Tanaka (1863-1929) y llevado a cabo parcialmente durante la segunda guerra mundial.

**TANANARIVE** → ***Antananarivo.***

**TANCÍTARO,** volcán de México (Michoacán), en la cordillera Neovolcánica; 3 845 m de alt. En su base se encuentra el Paricutín.

**TANCÍTARO,** mun. de México (Michoacán); 16 578 hab. Bosques.

**TANCREDO DE HAUTEVILLE** († en Antioquía 1112), príncipe de Galilea [1099-1112], príncipe de Antioquía [1111-1112], nieto de Roberto Guiscardo. Tasso lo convirtió en el prototipo del caballero en *Jerusalén libertada.*

**TANDIL,** partido de Argentina (Buenos Aires); 101 231 hab. Metalurgia. Canteras de granito. Turismo.

**TANDILIA** *(sistema de),* sistema orográfico de Argentina (Buenos Aires), sucesión de cerros (sierras La Juanita, de la Tinta, de Tandil) que se extienden al S de la región Pampeana hasta el cabo Corrientes, en Mar del Plata. Zona turística.

**TANEGASHIMA,** isla de Japón, al S de Kyūshū. Base de lanzamiento de ingenios espaciales.

**TANG** o **T'ANG,** dinastía que reinó en China de 618 a 907. Fue fundada por Tang Gaozu (Li-Yuan [618-626]) y extendió su territorio por Asia central, Vietnam, Mongolia y Manchuria meridional.

**TANG TAIZONG** o **T'ANG T'AI-TSONG,** nombre póstumo de Li Shimin, segundo emperador Tang [626-649]. Extendió considerablemente el imperio chino.

**TANGA,** c. y puerto de Tanzania; 187 634 hab.

**TANGAMANDAPIO,** mun. de México (Michoacán); 16 503 hab. Cultivos subtropicales. Artesanía.

**TANGANCÍCUARO,** mun. de México (Michoacán); 30 947 hab. Cab. *Tangancícuaro de Arista.* Centro comercial de una región agropecuaria. En su término, el lago Camécuaro.

**TANGANYIKA** *(lago),* gran lago de África oriental, entre la Rep. Dem. del Congo (ex Zaire), Burundi, Tanzania y Zambia, que desagua en el Congo (or. der.) a través del Lukuga; 31 900 km².

**TANGANYIKA,** ant. territorio del África oriental alemana que, desde 1920, estuvo bajo tutela británica y act. constituye la parte principal de Tanzania.

**TANGE KENZŌ,** arquitecto y urbanista japonés (Imabari 1913). Utiliza con audacia el cemento armado y practica una arquitectura aditiva y expansible en el seno del organismo urbano. (Premio Pritzker 1987.)

**TÁNGER,** en ár. **Tanŷa,** c. y puerto de Marruecos, cap. de prov., junto al estrecho de Gibraltar; 312 000 hab. Turismo. Fue ciudad internacional de 1923 a 1956, excepto durante la ocupación española (1940-1945). Desde 1962 es un puerto franco.

**TANGSHAN** o **T'ANG-SHAN,** c. de China (Hebei), al E de Pekín; 400 000 hab. La ciudad fue destruida por un terremoto en 1976 y reconstruida posteriormente.

**TANGUY** (Yves), pintor francés (París 1900-Woodbury, Connecticut, 1955), nacionalizado norteamericano. Surrealista, experimentó con el automatismo.

**TANIS,** c. del antiguo Egipto, en el Delta. Fue la capital de la XXI y XXIII dinastías y, posiblemente, la capital de los hicsos. En la necrópolis se conservan tumbas no profanadas de la XXI y XXII dinastías.

**TANIT,** importante divinidad del panteón cartaginés, diosa de la fertilidad.

**TANIZAKI JUNICHIRŌ,** escritor japonés (Tōkyō 1886-Yugawara 1965). Influido por el realismo occidental, supo reencontrar las formas de expresión tradicionales en novelas donde describió los conflictos del mundo moderno y la civilización ancestral (*Nieve fina,* 1948).

**TANJORE** → ***Thanjāvūr.***

**TANJUNG KARANG** o **TANDJUNGKARANG,** c. y puerto de Indonesia (Sumatra), cap. de la prov. de Lampung; 284 000 hab.

**Tannenberg** *(batalla de)* [1410] → ***Grunwald.***

**Tannenberg** *(batalla de)* [26-29 ag. 1914], victoria decisiva de los alemanes de Hindenburg sobre el II ejército ruso, conseguida en Tannenberg [act. Stębarsk, Polonia], en el frente E, a principios de la primera guerra mundial.

**TANNER** (Alain), director de cine suizo (Ginebra 1929). Destacada figura del nuevo cine suizo, ha realizado, entre otras películas, *Charles, muerto o vivo* (1969), *La salamandra* (1971), *Messidor* (1978), *En la ciudad blanca* (1983), *No man's land* (1985), *El diario de lady M.* (1992).

**TANNHÄUSER,** poeta alemán (Tannhausen *c.* 1205-† *c.* 1268). Cantor errante, autor de poemas líricos y de canciones, se convirtió en el héroe legendario de muchas narraciones populares.

**Tannhäuser,** ópera en tres actos de Richard Wagner (cuatro versiones, de 1845 a 1875), a partir de un libreto del compositor.

**ṬANṬĀ,** c. de Egipto, en el centro del delta del Nilo; 372 000 hab. Nudo ferroviario y de carreteras.

**TÁNTALO,** rey legendario de Frigia o de Lidia que, por haber ofendido a los dioses, fue arrojado a los infiernos y condenado a sufrir un hambre y una sed devoradoras.

**TANTIMA,** mun. de México (Veracruz), en la Huasteca; 15 149 hab. Yacimientos petrolíferos.

**TANTOYUCA,** mun. de México (Veracruz); 76 785 hab. Yacimientos petrolíferos. Centro comercial.

**TANUCCI** (Bernardo, *marqués*), político napolitano (Stia nel Casentino, Toscana, 1698-cerca de Nápoles 1783). Secretario de Justicia (1752) del rey de Nápoles y Sicilia, Carlos V, fue de hecho jefe del estado. Al heredar Carlos el trono de España (Carlos III, 1759), fue miembro del consejo de regencia de Fernando I de Dos Sicilias, y más tarde primer ministro, hasta 1776.

**TANZANIA,** estado de África oriental; 940 000 km²; 26 900 000 hab. *(Tanzanos.)* CAP. *Dar es Salam.* CAP. DESIGNADA: *Dodoma.* LENGUA OFICIAL: *swahili.* MONEDA: *shilling.*

GEOGRAFÍA

La parte continental del estado (ant. Tanganyika) está formada por una llanura costera limitada por una vasta meseta recortada por fosas tectónicas y dominada por altos macizos volcánicos (Kilimanjaro). La ganadería y la agricultura de subsistencia se complementan con los cultivos comerciales (café, algodón, sisal, té, anacardo, y clavo de especia de Zanzíbar y Pemba). La balanza comercial es deficitaria y el país, con un fuerte crecimiento demográfico, está muy endeudado.

HISTORIA

***Los orígenes y la época colonial.*** S. XII: la costa, poblada por bantúes e integrada en el comercio árabe, estaba jalonada por prósperos puertos, Kilwa y Zanzíbar. Fines del s. XIII: el poder estaba en manos de la dinastía Mahdali. 1498: tras el descubrimiento del país por Vasco de Gama, Portugal estableció guarniciones en los puertos. 1652-fines del s. XVIII: la dominación árabe sustituyó a la de Portugal. S. XIX: el sultanato de Omán se estableció en Zanzíbar y en la costa; los árabes dominaron las rutas comerciales del interior, cuyos pueblos intercambiaban marfil y esclavos por armas, y en las que se aventuraron los exploradores británicos (Speke, Burton, Livingstone y Stanley). 1890-1891: el protectorado británico se estableció en la costa y el de Alemania en el interior (África oriental alemana).

***El s. XX.*** 1920-1946: el África oriental alemana, que se había convertido, tras la primera guerra mundial, en el territorio de Tanganyika, y había sido separada de la región NO (Ruanda-Urundi) y confiada a Bélgica, fue otorgada en mandato a Gran Bretaña por la S.D.N. 1946: Tanganyika quedó bajo tutela de la O.N.U. 1958: el partido nacionalista de Julius Nyerere, la Unión nacional africana de Tanganyika (T.A.N.U.), obtuvo su primer gran éxito electoral. 1961: se proclamó la independencia (de la que quedó excluido el sultanato de Zanzíbar, que permaneció bajo protectorado británico hasta 1963). 1962: Nyerere fue elegido presidente de la nueva república. 1964: se creó Tanzania por la unión de Zanzíbar y Tanganyika. 1965-1967: Nyerere instauró un régimen socialista de partido único y firmó un tratado de amistad con China

TANZANIA

(1966). 1977: una nueva constitución instauró un régimen más liberal. 1985: Nyerere se retiró y en las elecciones salió elegido su sucesor, Alí Hassan Mwinyi. 1992: este último introdujo el multipartidismo y el liberalismo económico en el país. 1995: Benjamin Mkapa es elegido presidente.

**TAO QIAN** o **T'AO TS'IEN,** llamado también **Tao Yuanming** o **T'ao Yuan-ming,** poeta chino (en Jiangxi *c.* 365-*id.* 427). En un estilo luminoso y transparente, celebra la unión profunda entre la naturaleza y el hombre. Es el poeta más apreciado de la literatura china.

**Tao Tê-king** o **Daodejing** *(Libro de la vía y de la virtud),* obra china atribuida a Laozi, principal texto del taoísmo. Probablemente se trata de una recopilación de textos anteriores, efectuada en el s. III a. J.C.

**TAO YUANMING** o **T'AO YUAN-MING** → *Tao Qian.*

**TAORMINA,** c. de Italia (Sicilia); 9 979 hab. Ruinas antiguas (teatro) en un magnífico emplazamiento, junto al mar Jónico. Turismo.

**TAOYUAN** o **T'AO-YUAN,** c. de Taiwan, al SO de Taibei; 246 056 hab. Aeropuerto.

**TAPACHULA,** c. de México (Chiapas), en la planicie costera de Tehuantepec; 138 858 hab. Industrias derivadas de la agricultura. Centro comercial.

**TAPAJÓS,** r. de Brasil, afl. del Amazonas (or. der.); 1 992 km.

**TÀPIES** (Antoni), pintor español (Barcelona 1923). Tras el surrealismo de Dau al set se decantó por el informalismo, desarrollando su vertiente matérica. Su abstracción, enriquecida por numerosos elementos simbólicos, adquiere dramáticos matices expresivos gracias a su libertad técnica. Ha trabajado la escultura, marcadamente objetual. La Fundación Antoni Tàpies en Barcelona (1990) exhibe parte de su obra.

**Tapso** *(batalla de)* [46 a. J.C.], victoria decisiva de César sobre los partidarios de Pompeyo, en el África proconsular.

**TARANCÓN,** c. de España (Cuenca), cab. de p. j.; 10 891 hab. (*Taranconenses* o *taranconeros.*)

**TARANCÓN** (Vicente **Enrique y**), prelado español (Burriana 1907-Valencia 1994). Consagrado obispo (1945), fue arzobispo de Oviedo (1964). En 1969 fue creado cardenal y nombrado primado de España y arzobispo de Toledo. De 1971 a 1983 fue arzobispo de Madrid-Alcalá. Durante su etapa de presidente de la Conferencia episcopal española (1971-1981) mantuvo una actitud de independencia de la Iglesia respecto al estado, y abogó por la democratización de la sociedad. (Real academia 1969.)

**TARAPACÁ** *(región de),* región del N de Chile; 58 698 km²; 341 112 hab. Cap. *Iquique.*

**Tarás Bulba,** novela de N. Gógol (1835). El viejo jefe cosaco Tarás Bulba mata a su hijo Andréi, quien, por el amor de una joven polaca, había traicionado a su país y a los suyos.

**TARAZONA,** c. de España (Zaragoza), cab. de p. j.; 10 638 hab. *(Turiazonenses.)* Centro agropecuario e industrial. Catedral gótica con cimborio mudéjar y torre mudéjar renacentistas. Palacio episcopal. – La *sentencia arbitral de Tarazona* (1304) zanjó las pretensiones de Alfonso de la Cerda a la corona de Castilla y puso fin al apoyo que le prestaba Jaime II de Aragón.

**Tarbela,** presa construida sobre el Indo, en Pakistán, al NO de Rāwalpindi.

**TARBES,** c. de Francia, cap. del dep. de Hautes-Pyrénées, a orillas del Adour; 50 228 hab. Catedral.

Antoni **Tàpies:** *Tres sillas* (1967). [Col. part.]

**TARDE** (Gabriel **de**), sociólogo francés (Sarlat 1843-París 1904), uno de los fundadores de la sociología social y de la criminología.

**TARENTO,** en ital. **Taranto,** c. y puerto de Italia (Apulia), cap. de prov., junto al *golfo de Tarento,* formado por el mar Jónico; 232 200 hab. Centro industrial. Museo nacional (arqueología). Fue fundada *c.* 708 a. J.C. por colonos procedentes de Esparta, y se convirtió en una de las ciudades más ilustres de la Magna Grecia. Fue conquistada por los romanos en 272 a. J.C. a pesar de la intervención de Pirro de Espiro. Aliada de Aníbal, fue tomada de nuevo por Roma en 209.

**TÁRIBA,** mun. de Venezuela (Táchira); 25 340 hab. Canteras de cal y azufre.

**ṬARĪF IBN MALLUK,** oficial beréber de los ss. VII-VIII, subalterno de Ṭāriq ibn Ziyād. Por encargo de Mūsà ibn Nuṣayr, exploró las costas de la península Ibérica antes de la invasión musulmana (710), y recorrió Tarifa y Gibraltar.

**TARIFA** *(punta de)* o **PUNTA MARROQUÍ,** punta de España (Cádiz), en el estrecho de Gibraltar, extremo S de Europa. Protege el puerto militar y pesquero de la ciudad de Tarifa. Faro.

**TARIFA,** c. de España (Cádiz); 15 528 hab. *(Tarifeños.)* Pesca e industria alimentaria. Puerto militar. Parque de energía eólica. Es la *Iulia Traducta,* colonia romana. Ṭarīf la recorrió en 710 y los musulmanes la fortificaron por su importancia de puerto estratégico. En la c. se produjo el episodio de Guzmán el Bueno (1294).

**TARIJA** *(departamento de),* dep. del S de Bolivia; 37 623 km²; 290 851 hab. Cap. *Tarija.*

**TARIJA,** c. de Bolivia, cap. del dep. homónimo, junto al *río Tarija;* 68 493 hab. Centro comercial.

**TARIM,** r. de China, en el Xinjiang; 2 179 km. Desciende del Karakoram y termina en la depresión del Lob Nor.

**TARÍMBARO,** mun. de México (Michoacán); 25 503 hab. Agricultura y ganadería. Artesanía.

**TARIMORO,** mun. de México (Guanajuato); 32 355 hab. Agricultura y ganadería. Artesanía.

**ṬĀRIQ IBN ZIYĀD,** caudillo persa o beréber de los ss. VII-VIII. Gobernador de Tánger, dirigió el desembarco musulmán en la península Ibérica (711). Se refugió inicialmente en la montaña que fue bautizada con su nombre, *ŷabal Ṭāriq* (Gibraltar). Posteriormente instaló su base en *al-Ŷazīra al-Jaḍrā'* (Cádiz). Derrotó al rey visigodo Rodrigo en Guadalete (711) y llegó hasta Toledo.

**TARKOVSKI** (Andréi), director de cine soviético (Moscú 1932-París 1986). Su obra está impregnada de una profunda espiritualidad: *La infancia de Iván* (1962), *Andréi Rublev* (1966), *El espejo* (1974), *Stalker* (1979), *Nostalghia* (1983), *Sacrificio* (1986).

**TARMA,** mun. de Perú (Junín); 28 933 hab. Cereales y frutales. Ganadería.

**TARN,** r. de Francia, afl. del Garona (or. der.); 375 km.

**TARN,** dep. de Francia (Midi-Pyrénées); 5 758 km²; 342 723 hab. Cap. *Albi.*

**TARN-ET-GARONNE,** dep. de Francia (Midi-Pyrénées); 3 718 km²; 200 220 hab. Cap. *Montauban.*

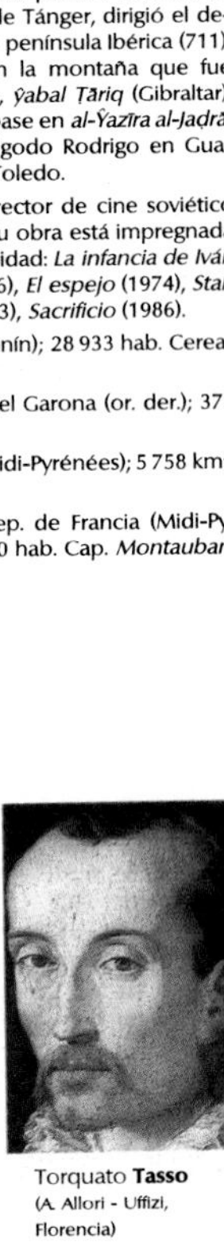
Torquato **Tasso** (A. Allori - Uffizi, Florencia)

**TARNOBRZEG,** c. del SE de Polonia, junto al Vístula; 42 000 hab. Yacimientos de azufre. Química.

**TĂRNOVO** → ***Veliko Tărnovo.***

**TARNÓW,** c. del SE de Polonia, cap. de voivodato; 113 000 hab. Centro industrial. Ayuntamiento de los ss. XIV-XVI, catedral gótica del s. XVI.

**Tarpeya** *(roca),* extremidad SO del Capitolio de Roma, desde donde eran arrojados algunos condenados a muerte.

**TARPEYA,** joven vestal romana que, según la leyenda, entregó la ciudadela de Roma a los sabinos, que luego la mataron.

**TARQUINIA,** c. de Italia (Lacio); 13 784 hab. Fue una de las más importantes ciudades etruscas. Necrópolis con tumbas (ss. VI-I a. J.C.) adornadas con pinturas.

**TARQUINO el Viejo** o **el Antiguo,** quinto rey de Roma, según la tradición semilegendaria [616-579 a. J.C.]. Primer rey etrusco de Roma, a la que fortificó y embelleció con grandes obras (cloaca máxima y templo de Júpiter Capitolino).

**TARQUINO el Soberbio,** séptimo y último rey de Roma, al que la tradición presenta como un tirano [534 a 509 a. J.C.]. Tras la violación de Lucrecia por su hijo Sexto, los romanos sublevados lo expulsaron y se instauró la república.

**TARRACO,** ant. c. de la península Ibérica (act. Tarragona). En 45 a. J.C. se estableció en ella una colonia cesárea. Capital de las provincias Citerior y Tarraconense, fue destruida por los francos en el s. III. Importantes restos romanos.

**TARRACONENSE,** antigua provincia romana de Hispania, surgida a partir de la división territorial de Augusto, que englobaba la antigua Citerior y las tierras cántabras. Su capital era Tarraco.

**TARRADELL** (Miquel), prehistoriador y arqueólogo español (Barcelona 1920-*id.* 1995), especialista en estudios sobre poblaciones prerromanas y romanizadas de la península Ibérica (*Arte ibérico,* 1968; *Primeras culturas e Hispania romana,* 1980). Premio de honor de las letras catalanas 1977.

**TARRADELLAS** (Josep), político español (Cervelló 1899-Barcelona 1988). Miembro de Esquerra republicana de Catalunya, fue consejero de la Generalidad (1931-1932, 1936-1939) y jefe del gobierno autónomo (1936-1937). Desde 1954 fue presidente de la Generalidad en el exilio. Negoció con el gobierno de Suárez el restablecimiento de la Generalidad (1977), que presidió hasta 1980.

**TARRAGONA** *(provincia de),* prov. del NE de España, en Cataluña; 6 283 km²; 544 457 hab. Cap. *Tarragona.* P. j. de *Amposta, El Vendrell, Falset, Gandesa, Reus, Tarragona, Tortosa* y *Valls.* La cordillera Prelitoral y, al SO, el sistema Ibérico enmarcan la llanura costera y el valle bajo del Ebro, con la región del delta. Cultivos de vid, olivo, arroz (en el delta) y frutos secos. Pesca. Producción eléctrica de origen térmico y nuclear. Petróleo frente a la costa. Industrias en Tarragona (petroquímica), Reus y Tortosa. Turismo (Costa Dorada).

**TARRAGONA,** c. de España, cap. de la prov. homónima y cab. de p. j.; 112 801 hab. *(Tarraconenses.)* Centro de servicios y de comunicaciones. Puerto comercial y pesquero. Industrias (refino de petróleo, química y petroquímica). Universidad. La antigua *Tarraco,* de origen ibérico, fue capital de la prov. Tarraconense y conserva numerosos restos romanos: murallas, foro, anfiteatro, circo, teatro y, fuera de la ciudad, torre de los Escipiones, acueducto de las Farreras y arco de Bará* (declarados Patrimonio mundial por la Unesco en 2000). De la época medieval destaca la catedral románico-gótica (ss. XII-XIV). Museos diocesano, arqueológico, paleocristiano y de historia.

**TARRASA** o **TERRASSA,** c. de España (Barcelona), cab. de p. j.; 157 442 hab. (*Tarrasenses* o *egarenses.*) Centro industrial (textil, metalurgia, química). Fue municipio romano *(Egara).* Iglesias paleocristianas de Santa María, San Miguel y San Pedro (s. VI), con pinturas murales románicas (ss. X-XIII) y retablos (s. XV). Castillo cartuja de Vallparadís (s. XIV), reconstruido en 1959, act. museo municipal de arte.

**TÀRREGA,** c. de España (Lérida); 11 344 hab. *(Tarreguenses.)* Mercado agrícola e industrias derivadas. Ayuntamiento e iglesia de Santa María (s. XVII). Hospital (1740).

**TÁRREGA** (Francisco Agustín), dramaturgo español (Valencia *c.* 1554-*id.* 1602). Escribió obras de tema histórico *(El cerco de Rodas)* y comedias costumbristas *(La enemiga favorable).*

**TÁRREGA** (Francisco), guitarrista y compositor español (Villarreal 1859-Barcelona 1909). Creó en Barcelona una escuela guitarrística de gran prestigio y compuso piezas para dicho instrumento (*Recuerdos de la Alhambra, Capricho árabe,* etc.).

**TARRÉS** (Jordi), motociclista español (Rellinars 1966). Ha sido siete veces campeón del mundo de trial (1987, 1989, 1990, 1991, 1993, 1994 y 1995), lo que supone un récord, y subcampeón en 1992.

**TARSIS, TARŠIŠ** o **THARSIS,** nombre con que la tradición bíblica y fenicia designa el «país de las piedras preciosas» y el «de los metales», término que se aplicó al emporio occidental que los griegos llamaron Tartessos*.

TARRAGONA

**TARSKI** (Alfred), lógico y matemático norteamericano de origen polaco (Varsovia 1902-Berkeley 1983). Fundador de la lógica semántica, estuvo ligado al círculo de Viena.

**TARSUS,** c. de Turquía, al O de Adana; 187 508 hab. Ruinas de la antigua *Tarso,* cuna de san Pablo.

**TARTAGLIA** (Niccolò **Fontana,** llamado), matemático italiano (Brescia *c.* 1499-Venecia 1557). Fue uno de los primeros algebristas que resolvieron las ecuaciones de tercer grado y establecieron su teoría. También aplicó las matemáticas al arte militar y desarrolló la aritmética comercial.

**TARTARIA** *(estrecho de),* estrecho del Pacífico, entre Siberia y la isla Sajalín.

**Tartarín de Tarascón,** novela de A. Daudet (1872), sátira de las costumbres de la burguesía rural.

**TÁRTARO,** en la mitología griega y romana región de los Infiernos, lugar de castigo de los grandes culpables.

**TARTESSOS,** nombre con que los griegos designaban al país de occidente donde los fenicios obtenían el estaño, el oro y la plata que negociaban en los mercados orientales. En realidad, el nombre correspondía a una cultura urbana, asentada en el bajo Betis, que floreció a fines de la edad de bronce gracias a una monarquía que llegó a extender sus dominios desde *Mastia* (Cartagena) hasta *Olisipo* (Lisboa). Bajo la dinastía histórica de Argantonio (630-550 a. J.C.) mantuvo relaciones comerciales con los griegos focenses por espacio de medio siglo. Desarrolló un arte de influencia oriental, muy original; destaca la orfebrería (tesoros de El Carambolo, Sevilla, y Aliseda, Cáceres), la eboraria y la industria del bronce. Desapareció *c.* 500 a. J.C. Se considera la primera cultura urbana occidental.

**TARTINI** (Giuseppe), violinista y compositor italiano (Pirano 1692-Padua 1770), autor de conciertos y sonatas para su instrumento *(El trino del diablo),* y tratados.

**TARTU,** ant. **Dorpat,** c. de Estonia; 104 000 hab.

**Tartufo,** comedia de Molière, cuya primera versión se representó en 1664. Tartufo es el arquetipo del hipócrita que consigue dominar a una familia burguesa y obtener de ella todo lo que quiere.

**TARVISIO** *(paso de),* paso de los Alpes orientales, que une Italia (Friul) con Austria (Carintia); 812 m.

**Tarzán,** personaje de la novela de E. R. Burroughs (1914), amigo de todos los animales salvajes, popularizado por los cómics y el cine.

**TASHKENT,** c. y cap. de Uzbekistán, en Asia central; 2 073 000 hab. Nudo ferroviario, centro administrativo, cultural e industrial.

**TASILÓN III** (*c.* 742-d. 794), duque de Baviera [748-788]. Quiso liberarse de la tutela franca, pero Carlomagno lo derrotó y se apoderó de su ducado.

**TASMAN** (Abel Janszoon), navegante neerlandés (Lutjegast, Groninga, 1603-Batavia 1659). Descubrió Tasmania, Nueva Zelanda y las islas Fidji (1642-1643).

**TASMANIA,** ant. **Tierra de Van Diemen,** isla separada del continente australiano por el estrecho de Bass, que constituye el estado más suroriental de Australia; 68 000 km²; 452 847 hab. *(Tasmanos.)* Cap. *Hobart.* La isla, poblada por melanesios, fue abordada por A. Tasman en 1642 y ocupada por los británicos a comienzos del s. XIX. En 1901 se incorporó a la Commonwealth australiana.

**TASOS** o **THASO,** isla griega del N del mar Egeo; 378 km²; 13 300 hab. Restos antiguos.

**Tass,** agencia de prensa soviética fundada en 1925. En 1992 se fusionó con la agencia rusa RIA-Novosti para formar la Itar-Tass, Agencia de información telegráfica de Rusia-Agencia telegráfica de los países soberanos. Es una de las mayores agencias mundiales, con sede en Moscú.

**TASSO** (Torquato), escritor italiano (Sorrento 1544-Roma 1595), autor de la fábula pastoril *Aminta* (1573) y del poema épico *Jerusalén libertada* (1581), en la que se mezclan episodios heroicos y novelescos.

**TASSONI** (Alessandro), poeta italiano (Módena 1565-*id.* 1635), autor del poema heroico-cómico *El cubo rodado* (1622).

**TATA** (Jamshedji Nasarwanji), industrial indio (Navsāri, Gujarāt, 1839-Bad Nauheim 1904), promotor de la industrialización de su país.

**TATABÁNYA,** c. de Hungría, al O de Budapest; 74 277 hab. Lignito.

**TATARSTÁN** *(República de),* república de la Federación de Rusia, junto al Volga medio; 68 000 km²; 3 640 000 hab. Cap. *Kazán.* Petróleo.

**Tate** *(galería),* en ingl. **Tate gallery,** museo nacional de Londres (Chelsea), fundado en 1897 con la colección del industrial sir Henry *Tate.* Alberga colecciones de pintura británica (entre ellas el legado Turner en la *galería Clore,* anexa, inaugurada en 1987), de arte moderno (desde el impresionismo) y contemporáneo. En 1988 parte de sus fondos pasaron a la galería Tate de Liverpool.

**TATI** (Jacques **Tatischeff,** llamado **Jacques**), director de cine francés (Le Pecq 1907-París 1982). Observador de la realidad cotidiana, renovó el cine cómico francés (*Las vacaciones de Mr. Hulot,* 1953; *Mi tío,* 1958; *Tráfico,* 1971).

**TATLIN** (Vladímir Yevgráfovich), pintor, escultor y arquitecto ruso (Moscú 1885-*id.* 1953), gran maestro del constructivismo.

**TA-T'ONG** → ***Datong.***

**TATRAS** o **TATRY,** macizo montañoso, el más elevado de los Cárpatos, en la frontera entre Polonia y Eslovaquia; 2 655 m. Parque nacional.

**TATUM** (Arthur, llamado **Art**) pianista de jazz norteamericano (Toledo, Ohio, 1910-Los Ángeles 1956), de raza negra. Por su profundo sentido musical, su sentido del swing y la riqueza de sus concepciones armónicas, se le considera uno de los más brillantes virtuosos de la historia del jazz.

**TAUBATÉ,** c. de Brasil (São Paulo); 205 070 hab.

**TAUERN,** cordillera de los Alpes austríacos, en la que se distinguen los *Hohe Tauern* (Grossglockner, 3 796 m), al O, y los *Niedere Tauern,* al E.

**Taula de canvi** *(Mesa de cambio),* banco público de cambios y depósitos, fundado en Barcelona en 1401. Fue el primer banco oficial de la península Ibérica. Reducida a banco privado bajo la dinastía de los Borbones, fue liquidado en 1853.

**TAULER** (Johannes), llamado **Taulero,** místico alemán (Estrasburgo *c.* 1300-*id.* 1361). Dominico, discípulo del maestro Eckart, gran predicador, fue uno de los fundadores de la espiritualidad ascética cristiana y de la mística alemana.

**TAUNUS,** parte SE del macizo esquistoso Renano, al N de Frankfurt del Main; 880 m.

**TAUPO** *(lago),* el mayor lago (606 km²) de Nueva Zelanda, en la isla del Norte.

**TÁURIDE,** ant. nombre de Crimea.

**TAURO** o **TORO,** constelación zodiacal, cuya estrella más brillante es *Aldebarán.* — Segundo signo del zodíaco, que el Sol atraviesa del 20 abril al 20 mayo.

**TAURUS,** en turco **Toros,** sistema montañoso de Turquía, que domina el Mediterráneo; 3 734 m en el Ala Dag.

**TAUSTE,** v. de España (Zaragoza); 6 943 hab. *(Taustanos.)* Iglesia gótico-mudéjar de Santa María, con torre octogonal. Casas señoriales del s. XVII.

**TAUTAVEL,** localidad de Francia (Pyrénées-Orientales), al NO de Perpiñán; 743 hab. En la cueva de l'Aragó se hallaron en 1971 fragmentos de un cráneo humano de más de 300 000 años de antigüedad, que podría pertenecer a la línea que dio origen al hombre de Neandertal. Museo.

**TAVERA** (Juan **Pardo de**), eclesiástico y político español (Toro 1472-Toledo 1545). Obispo de Ciudad Rodrigo (1514) y de Osma, arzobispo de Santiago (1524) y de Toledo (1534), presidente del consejo de Castilla (1524-1539) e inquisidor general (1539-1540). Fue creado cardenal en 1531.

**TAVERNES BLANQUES,** mun. de España (Valencia); 8 012 hab. Industria alimentaria, cerámica.

**TAVERNES DE LA VALLDIGNA,** c. de España (Valencia); 16 062 hab. *(Taberneros.)* Cerámica.

**TAVERNIER** (Bertrand), director de cine francés (Lyon 1941). En sus películas examina la historia contemporánea y la sociedad actual de su país (*Un domingo en el campo,* 1984; *La vida y nada más,* 1989; *Ley 627,* 1992).

**TAVIANI** (Paolo y Vittorio), directores de cine italianos (San Miniato 1931 y 1929). Han realizado en colaboración películas que tratan preferentemente temas sociohistóricos: *Bajo el signo de escorpión* (1969), *Allonsafan* (1974), *Padre padrone* (1977), *Kaos* (1984), *Good morning, Babilonia* (1987).

**TAVIRA** (Antonio), eclesiástico español (Iznatoraf 1737-Salamanca 1807). Prior de la orden de Santiago, obispo de Canarias (1792), Osma (1797) y Salamanca (1798), defendió una política religiosa regalista y episcopalista.

**TAVOLIERE,** llanura de Italia, en Apulia.

**TAVOY,** c. y puerto de Birmania (Tenasserim); 102 000 hab.

**TAWFĪQ** (Muḥammād) [El Cairo 1852-† 1892], jedive de Egipto [1879-1892], hijo de Ismā'īl Bajá. Cedió en 1881 ante el movimiento nacionalista de 'Arābī Bajá, lo que provocó la intervención de los británicos (1882).

**TAXCO,** mun. de México (Guerrero); 75 912 hab. Cab. *Taxco de Alarcón.* En la *sierra de Taxco.* Minería. Orfebrería. Turismo. Iglesia de Santa Prisca (s. XVIII), joya del barroco colonial. Caserío colonial.

**TAXILA,** yacimiento arqueológico de Pakistán, al NO de Rāwalpindi, en la ruta de la seda. Restos del s. VI a. J.C. al s. XI d. J.C.

**TAY,** r. de Gran Bretaña, el principal de Escocia; desemboca en el mar del Norte por un amplio estuario *(Firth of Tay)* y su cuenca constituye la *región de Tayside* (7 643 km²; 385 300 hab. C. pral. *Dundee*); 193 km.

**Tāŷ Mahall** o **Tāj Mahal,** mausoleo de mármol blanco con incrustaciones de piedras de color, erigido en el s. XVII, cerca de Āgra, en la India, por el emperador Šāh Ŷahān en memoria de su esposa, Mumtāz-i Maḥall. Constituye uno de los mayores logros de la arquitectura mogol.

el **Tāŷ Maḥall** (1630-1652), cerca de Āgra

**TAYLOR** (Brook), matemático inglés (Edmonton, Middlesex, 1685-Londres 1731). Uno de los fundadores del cálculo de las diferencias finitas, su nombre está ligado a un desarrollo en serie de una función.

**TAYLOR** (Charles), político liberiano (Monrovia 1948). Líder del Frente nacional patriótico de Liberia, en 1997 fue elegido presidente de la república.

**TAYLOR** (Elizabeth), actriz norteamericana de origen británico (Londres 1932). Debutó en el cine a la edad de diez años, y se impuso como una de las últimas estrellas de Hollywood (*De repente el último verano,* de J. Mankiewicz, 1959; *Una mujer marcada,* de D. Mann, 1960; *¿Quién teme a Virginia Woolf?,* de M. Nichols, 1966).

**TAYLOR** (Frederick Winslow), ingeniero y economista norteamericano (Filadelfia 1856-*id.* 1915). Promotor de la organización científica del trabajo *(taylorismo),* llevó a cabo la primera medida del tiempo de ejecución de un trabajo. Perfeccionó la composición de los aceros de corte rápido.

**TAYLOR** (Paul), bailarín y coreógrafo norteamericano (Allegheny, Pennsylvania, 1930). Formado según las técnicas de los «pioneros» (M. Graham, D. Humphrey), de J. Limón y de la danza clásica, es uno de los principales representantes de la vanguardia coreográfica en E.U.A.

**TAZA,** c. de Marruecos, cap. de prov., entre el Rif y el Atlas Medio, en el *corredor de Taza;* 77 000 hab.

**TAZOULT,** ant. **Lambèse,** c. de Argelia, al N del Aurès; 9 000 hab. Importantes ruinas romanas.

**TBESSA,** ant. **Tébessa,** c. del E de Argelia, al N de los *montes de Tbessa,* cap. de vilayato; 67 000 hab. Ruinas romanas.

**TBILISI,** ant. **Tiflis,** c. y cap. de la República de Georgia; 1 260 000 hab. Centro administrativo, cultural e industrial. Catedral y basílica (s. VI). Museos.

**TCHICAYA U TAM'SI** (Gérald), escritor congoleño (Mpili 1931-Bazancourt, Francia, 1988). Poeta exigente y dramaturgo acerbo, renovó la narrativa a través de sus relatos y novelas (*La mano seca,* 1980).

**TEAPA,** mun. de México (Tabasco); 26 376 hab. Cacao, plátanos, caña de azúcar. Ganadería.

**TEAYO,** mun. de México (Veracruz), en la Huasteca; 19 309 hab. Yacimientos petrolíferos.

**TEBAIDA,** parte meridional del antiguo Egipto, cuya capital era Tebas. Durante los primeros siglos del cristianismo fue un centro importante del monaquismo.

**TEBAIDA (La),** mun. de Colombia (Quindío); 18 503 hab. Plantaciones de plátanos.

**TEBAS,** ant. c. del Alto Egipto, junto al Nilo. Su esplendor data del Imperio medio con la subida al trono de los príncipes tebanos (s. XXII a. J.C.); en el Imperio nuevo se convirtió en capital política y religiosa de los faraones (con el dios Amón y su influyente casta sacerdotal). La reforma religiosa de Ajnatón y los excesos de los ricos sacerdotes de Amón propiciaron el declive de la ciudad, que en 663 a. J.C. fue invadida por los asirios. En la orilla oriental se conservan los santuarios de Luxor y Karnak. En el lado occidental del Nilo se encuentra la inmensa necrópolis (templos funerarios de Dayr al-Baḥāri, hipogeos del Valle de los Reyes, de las Reinas, de los Nobles, etc.).

**TEBAS,** en gr. **Thēbai** o **Thiva,** c. de Grecia, en Beocia; 18 191 hab. La leyenda la convirtió en el escenario del ciclo de Edipo. Gracias a Epaminondas y a Pelópidas, conoció una época de hegemonía sobre las ciudades griegas (371-362 a. J.C.). Alejandro Magno la destruyó en 336 a. J.C.

**TÉBESSA** → ***Tbessa.***

**TEBICUARY,** r. de Paraguay, afl. del Paraguay (or. izq.), que atraviesa de E a O la región meridional; 235 km. Es navegable en su último tramo.

**TECALITLÁN,** mun. de México (Jalisco); 17 287 hab. Centro comercial y de servicios de área agropecuaria.

**TECÁMAC,** mun. de México (México); 84 129 hab. Agricultura y ganadería. Elaboración de licores.

**TECAMACHALCO,** mun. de México (Puebla); 31 330 hab. Artesanía. Iglesia de San Francisco, del s. XVI (bóveda decorada por J. Gerson).

**TECATE,** mun. de México (Baja California); 30 540 hab. Cultivo de vid e industria destilera.

**TECHOTLALA, TECHOLLALA** o **TECHOTLALATZIN,** rey de los chichimecas de Texcoco [1357-1409], hijo y sucesor de Quinatzin. En su época el reino se dividió en principados soberanos. Adoptó los patrones culturales de los antiguos toltecas y fomentó la agricultura.

**TECOANAPA,** mun. de México (Guerrero); 29 602 hab. Productos de ixtle y palma.

**TECOLUCA,** mun. de El Salvador (San Vicente); 21 485 hab. Algodón, caña de azúcar, café y frutas.

**TECOLUTLA,** mun. de México (Veracruz), en la Huasteca; 26 092 hab. Yacimientos petrolíferos.

**TECOMÁN,** mun. de México (Colima); 67 064 hab. Centro turístico (balnearios). Salinas. Pesca.

**TECOZAUTLA,** mun. de México (Hidalgo); 22 650 hab. Cereales, frutas y hortalizas.

**TECPAN DE GALEANA,** mun. de México (Guerrero); 52 881 hab. Artesanía. Salinas. Pesca.

**TECPÁN GUATEMALA,** mun. de Guatemala (Chimaltenango); 21 510 hab. Industrias textiles y tenerías.

**TECPATÁN,** mun. de México (Chiapas); 21 451 hab. Café, frutos tropicales. Explotación forestal.

**TECUALA,** mun. de México (Nayarit), en la planicie costera; 46 341 hab. Artesanía. Pesca. Explotación maderera.

**TECUMSEH,** jefe indio de la tribu de los shawnee (Old Piqua, Ohio, 1768-en la región del lago Erie 1813), que apoyó a los británicos en la guerra contra los norteamericanos (1812).

**TEDDER** (Arthur William, 1.er *barón* **de Glenguin**), mariscal británico (Glenguin, Stirlingshire, Escocia, 1890-Banstead, cerca de Londres, 1967). Estuvo al frente de la aviación aliada en Túnez e Italia (1943), y fue comandante adjunto de Eisenhower de las fuerzas que liberaron Europa occidental (1944-1945).

**TEGEA,** ant. c. griega de Arcadia, sometida por Esparta (*c.* 550 a. J.C.).

**TEGETTHOFF** (Wilhelm, *barón* **von**), almirante austríaco (Maribor 1827-Viena 1871). Derrotó cerca de Lissa a la flota italiana (1866).

**TEGLATFALASAR** o **TUKULTI-APAL-ISARRA,** nombre de tres reyes de Asiria. El más notable fue Teglatfalasar III (745-727 a. J.C.), que convirtió a Asiria en un imperio sólidamente organizado. Venció al imperio medio de Urartu, a Israel y a Damasco. Reprimió la revuelta de Babilonia.

**TEGNÉR** (Esaias), poeta sueco (Kyrkerud 1782-cerca de Växjö 1846), autor de poemas patrióticos y de la popular *Saga de Frithiof* (1820-1825).

**TEGUCIGALPA,** c. de Honduras, cap. del país y del dep. de Francisco Morazán y cab. del Distrito Central; 608 100 hab. *(Tegucigalpenses.)* Centro industrial, comercial y cultural (universidad). Edificios coloniales: catedral (s. XVII), iglesia del Calvario de San Francisco y Virgen de los Dolores (s. XVIII). Palacio presidencial (1919); universidad (1847). Museo nacional (arqueología y arte colonial). En 1998 un huracán devastó la ciudad.

**TEGUESTE,** mun. de España (Santa Cruz de Tenerife), en Tenerife; 7 979 hab. *(Teguesteros.)* Materiales para la construcción. Cerámica.

**TEGUISE,** v. de España (Las Palmas), en Lanzarote; 13 568 hab. Pesca. Industria alimentaria. Turismo.

**TEHERÁN,** en persa **Tehrān,** c. y cap. de Irán (desde 1788); 5 734 000 hab. Centro administrativo, comercial e industrial. Palacio y jardín del Golestān (ss. XVIII-XIX); museos. Conferencia (nov. 1943) entre Stalin, Roosevelt y Churchill, para fijar la estrategia aliada durante la segunda guerra mundial.

Un aspecto de **Teherán.**
(Al fondo, la cadena montañosa del Elburz.)

**TEHUACÁN** *(valle de),* valle de México (Puebla y Oaxaca), que constituye una región fisiográfica, avenado por el *río Tehuacán;* es de clima árido y vegetación escasa. Importante centro del poblamiento primitivo de Mesoamérica, se han descubierto numerosos yacimientos que ilustran el proceso del neolítico americano desde *c.* 10 000 a. J.C. En el valle se encuentran los primeros indicios de una agricultura incipiente, domesticación de vegetales (calabaza; cruce del Teocintle con el maíz) y del perro, aparición de la cerámica, primeras aldeas y una compleja organización social, que culmina entre 700 y 1500 d. J.C. con el desarrollo urbano (calzadas, centros ceremoniales) y el comercio exterior.

**TEHUACÁN,** c. de México (Puebla); 139 450 hab. Aguas minerales. Vinos y licores. Metalurgia. Artesanía de tecalli (alabastro). Turismo. Fue fundada en 1540.

**TEHUANTEPEC,** r. de México (Oaxaca), en la vertiente del Pacífico; 335 km. La presa Presidente Suárez (942 Mm³) riega 65 000 ha.

**TEHUANTEPEC** *(istmo de),* istmo del SE de México (Oaxaca, Veracruz, Tabasco y Chiapas), entre el *golfo de Tehuantepec,* en el Pacífico, y la bahía de Campeche. En la parte SE (Oaxaca y Chiapas) se extiende la *planicie costera de Tehuantepec,* entre la costa y la sierra Madre de Chiapas.

**TEIDE** *(macizo del),* macizo de España, en la isla de Tenerife (Canarias); 3 718 m en el *pico del Teide,* máx. elevación de España. Se halla en el interior de una gran caldera (las Cañadas), con puntos de vulcanismo latente. *Parque nacional de las Cañadas del Teide* (13 571 ha). Observatorio del Instituto de astrofísica de Canarias.

**TEILHARD DE CHARDIN** (Pierre), antropólogo, filósofo y teólogo francés (Sarcenat 1881-Nueva York 1955). Jesuita, intentó adaptar el catolicismo al mundo científico moderno, elaboró una teoría original de la evolución (*El fenómeno humano,* 1955).

**TEIXEIRA DE PASCOAES** (Joaquim **Pereira de Vasconcelos,** llamado **Joaquim**), escritor portugués (Amarante Gatão 1878-San João de Gatão 1952). Tanto en su poesía intimista (*Siempre,* 1898; *Vida etérea,* 1906; *Elegía del amor,* 1924, y *Regreso al paraíso,* póstuma) como en su ideario (*Arte de ser portugués,* 1915) defendió la identidad cultural portuguesa a través de la saudade.

**TEJADA SORZANO** (José Luis), político boliviano (La Paz 1881-† 1938). Ministro de Hacienda (1917-1919), proyectó la unificación monetaria de Hispanoamérica. Vicepresidente (1931-1934) y presidente de la república (1934-1936), fue derrocado por el ejército.

**TEJAS** → ***Texas.***

**TEJEDA** *(caldera de),* región de España, en la isla de Gran Canaria. Es una depresión con paredes abruptas (Roque Nublo, 1 700 m). Parador de turismo en la *Cruz de Tejeda.*

**TEJEDA** (José Simeón), abogado y político peruano (Arequipa 1826-† 1872), ministro de Justicia con Pezet y secretario del gobierno durante la dictadura de M. I. Prado.

**TEJEDA** (Luis **de**), poeta argentino (Córdoba 1604-*íd.* 1680), autor del libro de poemas testimoniales, recopilados por Ricardo Rojas, *El peregrino en Babilonia.*

**TEJEO** (Rafael), pintor español (Caravaca 1798-Madrid 1856). De formación neoclásica, se aproximó al romanticismo, sobre todo en sus retratos.

**TEJERA** (Enrique), médico venezolano (Valencia 1890-Caracas 1981), descubridor de la cloromicetina o cloramfenicol, antibiótico de amplio espectro.

**TEJERA** (Nivaria), escritora cubana (Cienfuegos 1930), autora de poesías (*Innumerables voces,* 1964) y narraciones (*Sonámbulos al sol,* 1972).

**Tejera Negra** *(Hayedo de),* parque natural de España, situado en la *sierra de Tejera Negra,* en el NO de la prov. de Guadalajara; 1 389 ha.

**TEJIAMTEPEC,** r. de México (Oaxaca), en la vertiente del Pacífico; 335 km. La presa Presidente Suárez (942 Mm³) riega 65 000 ha.

**TEJUPILCO,** mun. de México (México); 57 303 hab. Minas de plomo y plata. Yacimientos arqueológicos precolombinos en la zona.

**TEKAX,** mun. de México (Yucatán); 23 651 hab. Caña de azúcar, plátano y tabaco. Ganadería.

**TELA,** mun. de Honduras (Atlántida); 27 900 hab. Puerto exportador. Minería (titanio).

**TEL-AVIV-JAFFA,** principal ciudad de Israel, junto al Mediterráneo; 400 000 hab. (1 200 000 hab. en la aglomeración). Centro administrativo, cultural e industrial, desarrollada a partir de 1909.

**TELDE,** c. de España (Las Palmas), cab. de p. j., en Gran Canaria; 77 640 hab. *(Teldenses.)* Centro agrícola (tomate, naranja) e industrial (química). Turismo. Aeropuerto de Gando.

**telecomunicaciones** *(Unión internacional de)* [U.I.T.], agencia especializada de la O.N.U. (desde 1947) creada en Madrid en 1932, y encargada de establecer la reglamentación internacional sobre telecomunicación. Sede: Ginebra.

**Telefónica de España, S.A.,** empresa española fundada en 1924 con el nombre de *Compañía telefónica nacional de España* mediante convenio entre el estado y la empresa norteamericana IT&T. Participa en compañías de telefonía de diversos países latinoamericanos. En 1995 perdió el monopolio y en 1997 fue privatizada.

**TELÉMACO,** héroe del ciclo troyano, hijo de Ulises y Penélope, educado por Mentor. Ayudó a su padre, a su vuelta de la guerra de Troya, en la lucha contra los pretendientes de su madre y le ayudó a recobrar sus estados.

**TELEMANN** (Georg Philipp), compositor alemán (Magdeburgo 1681-Hamburgo 1767). Realizó una síntesis del arte musical europeo, especialmente a través de óperas, pasiones y música instrumental (sonatas, suites, conciertos y oberturas).

**TELEMARK,** región montañosa del S de Noruega.

**Televisa,** cadena televisiva mexicana fundada en 1973. Consta de cuatro canales y está ligada al grupo financiero O'Farrill y Azcarraga.

**Televisión española** (T.V.E.), organismo estatal español de televisión, fundado en 1952 y convertido en sociedad anónima estatal en 1980. Empezó su emisión en 1956 y consta de dos cadenas.

**TELL,** conjunto de regiones húmedas del N de África, donde predominan las llanuras litorales.

**TELL** (Guillermo) → ***Guillermo Tell.***

**TÉLLEZ** (Gabriel) → ***Tirso de Molina.***

**TELLIER** (Michel **Le**), *señor* **de Chaville,** estadista francés (París 1603-*íd.* 1685). Ministro de la Guerra y canciller de Luis XIV, reformó la administración militar, y junto con su hijo, el marqués de Louvois, fue el creador del ejército monárquico.

**TELLO,** nombre actual de las ruinas de la ciudad sumeria de Girsu*.

**Tegucigalpa**

el pico del **Teide**

**TELLO** (Julio), arqueólogo peruano (Huarochirí 1880-† 1947), estudioso de las culturas precolombinas *(El origen de las civilizaciones andinas; Introducción al estudio de las civilizaciones de Paracas).*

**TELMO** *(san)* → ***Pedro González*** (san).

**TELOLOAPAN,** mun. de México (Guerrero); 53 315 hab. En una región montañosa de gran riqueza hidroeléctrica.

**TELUK BETUNG,** c. y puerto de Indonesia que forma una aglomeración con Tanjung Karang.

**TEMA,** c. y puerto de Ghana; 109 975 hab. Centro industrial.

**TEMAPACHE,** mun. de México (Veracruz); 91 478 hab. Cab. *Álamo.* Industrias cárnicas. Petróleo. Oleoducto.

**TEMASCALCINGO,** mun. de México (México); 45 719 hab. Cab. *Santiago Coachochitlán.* Agricultura.

**TEMASCALTEPEC,** mun. de México (México); 19 853 hab. Cereales, legumbres. Pastos y bosques.

**Temazcal** o **Temascal,** presa de México (Oaxaca), sobre el río Tonto, afl. del Papaloapan (8 000 $Mm^3$ y planta hidroeléctrica de 154 MW).

**TEMESVÁR** → ***Timişoara.***

**TEMIN** (Howard), bioquímico norteamericano (Filadelfia 1934-Madison 1994). Descubrió la transcriptasa inversa, enzima que explica la cancerización de las células por virus de A.R.N., y los efectos de los retrovirus en el sida. (Premio Nobel de fisiología y medicina 1975.)

**TEMIRTÁU,** c. de Kazajstán; 212 000 hab. Metalurgia.

**TEMIS,** diosa griega del derecho y de la justicia. Sus atributos son la espada y la balanza.

**TEMÍSTOCLES,** general y estadista ateniense (Atenas *c.* 525-Magnesia de Meandro *c.* 460 a. J.C.). Convirtió a Atenas en la gran potencia naval del mundo helénico, construyendo El Pireo y reorganizando la flota. Con la victoria de Salamina (480) liberó a Grecia del peligro persa *(guerras médicas).* Fue objeto de las intrigas de sus adversarios políticos y de Esparta, y a instancias de Cimón (partidario del reparto de la hegemonía sobre Grecia entre Esparta y Atenas) fue desterrado y se refugió en la corte de Artajerjes I.

**TEMIXCO,** mun. de México (Morelos); 45 147 hab. Caña de azúcar, legumbres. Ganadería.

**TEMOAYA,** mun. de México (México), en la cordillera Neovolcánica; 34 120 hab. Agricultura y ganadería.

**TEMPELHOF,** aglomeración del S de Berlín. Aeropuerto.

**tempestad** *(La),* drama en verso y prosa de W. Shakespeare (1611-1612).

**tempestad** *(La),* pintura de Giorgione (*c.* 1507), una de sus obras maestras, pequeña escena de acento prerromántico (Academia de Venecia).

**TEMPISQUE,** r. de Costa Rica, en la vertiente del Pacífico, que desemboca en el golfo de Nicoya; 130 km aprox. Navegable desde Bolsón.

**Temple** *(orden del),* orden militar y religiosa fundada en Jerusalén en 1119, cuyos miembros se distinguieron particularmente en Palestina. Adquirieron importantes riquezas y se convirtieron en banqueros del papado y de numerosos príncipes. En el mismo s. XII se establecieron en Aragón, Cataluña y Navarra, y luego en Castilla y León. Su función fue la defensa de los territorios fronterizos y participaron en la reconquista acompañando a los reyes en sus empresas (Valencia, Mallorca, Sevilla, etc.). Felipe IV el Hermoso de Francia, deseando apoderarse de sus bienes y acabar con su poder, hizo detener a ciento treinta y ocho templarios (1307). Tras un largo proceso (1307-1314), condenó a la hoguera a un gran número de ellos, así como a su general, Jacques de Molay, y consiguió que el papa Clemente V suprimiera la orden (1312). En la corona de Aragón sus bienes y miembros pasaron a formar parte de otras órdenes, mientras que en Castilla sus bienes pasaban a la corona.

**TEMPLE** (*sir* William), diplomático y escritor inglés (Londres 1628-cerca de Farnham 1699). Embajador en La Haya (1668-1671 y 1674-1679), negoció la Triple alianza con las Provincias Unidas y Suecia (1668), y el matrimonio de María II Estuardo con Guillermo III de Orange (1677). Escribió ensayos sobre política, de gran riqueza literaria.

**TEMPOAL,** mun. de México (Veracruz); 58 494 hab. Caña de azúcar y tabaco. Yacimientos petrolíferos.

**TEMPRANILLO** (José María **Hinojosa,** llamado **el**), bandolero español (Jauja, junto a Lucena, *c.* 1800-† d. 1832). Contrabandista y salteador, controló sierra Morena. Fue indultado por Fernando VII (1832). Prototipo del bandido romántico, su figura se hizo célebre en Europa a través de las obras de diversos autores (Merimée, Dozy, Cook, etc.).

**TEMUCO,** c. de Chile, cap. de la región de La Araucanía; 240 880 hab. Centro comercial de una región agrícola. Industrias alimentarias y de la madera.

**TENA** *(Valle de),* comarca de España (Huesca), en el Pirineo axial, avenada por el Gállego y sus afluentes, con numerosos lagos (ibones). Aprovechamiento hidroeléctrico. Turismo de invierno.

**TENA,** c. de Ecuador, cap. de la prov. de Napo, junto al río Napo; 26 061 hab. Frutales. Madera.

**TENA** (Lucero), bailarina española de origen mexicano (Durango ¿1938?). Formó parte de la compañía de Carmen Amaya, y creó después su propio cuadro flamenco. Virtuosa de las castañuelas, de las que es profesora en el conservatorio de Madrid.

**TENANCINGO,** mun. de México (México); 46 331 hab. Centro agropecuario e industrias derivadas. Basílica de Nuestra Señora de Tenancingo (S. XIX); convento carmelita del Santo Desierto (s. XVIII).

**TENANGO DEL VALLE,** mun. de México (México); 38 381 hab. Centro agrícola y ganadero. Artesanía.

**TENARES,** mun. de la República Dominicana (Salcedo); 24 609 hab. Agricultura. Bosques.

**TÉNARO** *(cabo),* ant. nombre del cabo Matapán.

**TENASSERIM,** región meridional de Birmania. C. pral. *Tavoy.*

**TENAYUCA,** centro arqueológico de los chichimecas situado en las afueras de México capital (Tlalnepantla), de los ss. XIII-XIV, con una pirámide escalonada (formada por siete estructuras superpuestas) y dos templos gemelos en su parte superior. A 3 km de Tenayuca, pirámide de Santa Cecilia.

**TÈNE (La),** yacimiento protohistórico de Suiza, en la orilla N del lago de Neuchâtel, epónimo de la segunda edad del hierro (450 a. J.C.-s. I d. J.C.). Rica necrópolis (mobiliario funerario).

**TENEBROSO** *(mar),* nombre que se dio al océano Atlántico en la época de los descubrimientos.

**TENEJAPA,** mun. de México (Chiapas); 20 682 hab. Ganado vacuno y lanar. Explotaciones forestales.

**Téneo, S.A.,** holding empresarial público español creado en 1992 para agrupar las empresas del I.N.I. consideradas rentables, susceptibles de privatización parcial. En 1996 se acordó su disolución.

**TENERÉ,** región del Sahara (Níger).

**TENERIFE,** isla de España, en las Canarias (Santa Cruz de Tenerife); 1 928 $km^2$; 685 583 hab. Cap. *Santa Cruz de Tenerife.* Constituida por materiales eruptivos, culmina con el pico del Teide (3 718 m). Al N se abren los valles de La Orotava, Icod y La Guancha; y hacia el E, el de Güímar. Agricultura (plátano, tomate, vid, tabaco). Industrias manufactureras (tabaco) y refino de petróleo. Poblada por guanches desde el neolítico, y conocida por los musulmanes desde el s. XI, la isla fue atribuida a Castilla en el tratado de Alcaçobas-Toledo (1479). Isabel la Católica encomendó su conquista a Alonso Fernández de Lugo (1491), que venció en 1496 al jefe Bencomo. Fue anexionada a la corona por Carlos III.

**TENERIFE,** mun. de Colombia (Magdalena); 17 201 hab. Maíz, tabaco, yuca. Ganado vacuno y porcino.

**TENG HSIAO-PING** → ***Deng Xiaoping.***

**Teniente (El),** yacimiento de cobre de Chile (com. de Machalí, Libertador General Bernardo O'Higgins). Su complejo minero se halla diseminado a lo largo de 40 km, con unos 340 km de galerías; fue nacionalizado en 1971.

**TENIERS,** familia de pintores flamencos. El más célebre fue **David II,** llamado **el Joven** (Amberes 1610-Bruselas 1690). De obra, abundante y refinada, destacan las escenas de género (interiores de taberna, fiestas campesinas).

**TENNESSEE,** r. de Estados Unidos, afl. del Ohio (or. izq.); 1 600 km. Su cuenca está explotada por la Tennessee Valley authority (T.V.A.): centrales hidroeléctricas, regadío, lucha contra la erosión, desarrollo industrial, etc.

**TENNESSEE,** estado del centro este de Estados Unidos avenado por el *Tennessee;* 109 152 $km^2$; 4 877 185 hab. Cap. *Nashville-Davidson.* C. pral. *Memphis.*

**TENNYSON** (Alfred, *lord*), poeta británico (Somersby 1809-Aldworth 1892). Autor de *Los idilios del rey* (1859-1885) y *Enoch Arden* (1864), fue el poeta aristocrático y nacional de la época victoriana.

**TENO,** com. de Chile (Maule); 24 059 hab. Cereales, legumbres, vid, frutas. Industria alimentaria.

**TENOCH,** caudillo azteca del s. XIV al que la leyenda atribuye la fundación de Tenochtitlan.

**TENOCHTITLAN,** ant. c. de México, capital de los aztecas, situada en una de las islas del lago de Texcoco. Los aztecas llegaron allí *c.* 1325. Con el soberano Acamapichtli (1376) se inició el desarrollo de la ciudad: se alió con Texcoco y Tlacopan, y se impuso a numerosas ciudades, de las que recibía tributos, lo que contribuyó a enriquecerla; se engrandeció mediante chinampas y con la anexión de Tlatelolco. Era una de las ciudades más grandes

**Tenayuca:** la pirámide de Santa Cecilia

**Tenerife:** plantación de plátanos en Garachico

y bellas del mundo antes de ser destruida por los españoles (1521). Sobre sus cimientos se levantó el México colonial.

**TENOS** → *Tínos.*

**TENOSIQUE,** mun. de México (Tabasco), en la región selvática del Usumacinta; 38 299 hab. Ganadería.

**TENZIN GYATSO,** decimocuarto dalai-lama del Tíbet (Taktser, Qinghai, 1935). Subió al trono en 1940 y ejerció su poder a título personal a partir de 1950. Se exilió a la India en 1959. (Premio Nobel de la paz 1989.)

**TEO,** mun. de España (La Coruña); 13 066 hab. Cap. *Ramallosa.* Explotación forestal. Ganado vacuno.

**TEOBALDO I el Trovador** (Troyes 1201-Pamplona 1253), conde de Champagne y de Brie (Teobaldo IV) [1201-1253] y rey de Navarra [1234-1253]. Hijo de Teobaldo III de Champagne, sucedió en Navarra a su tío Sancho VII. Ordenó la compilación *Cartulario magno.* Notable trovador, compuso poesías amorosas. – **Teobaldo II** (nacido en 1253-Trápani 1270), conde de Champagne y de Brie (Teobaldo V) y rey de Navarra [1253-1270], hijo de Teobaldo I y Margarita de Borbón.

**TEOCALTICHE,** mun. de México (Jalisco); 33 174 hab. Centro comercial de un área agrícola y ganadera.

**TEÓCRITO,** poeta griego (Siracusa *c.* 310-*c.* 250 a. J.C.). Creador de la poesía bucólica *(Los idilios),* expresó, en el seno de una civilización refinada, su añoranza de la vida sencilla en la naturaleza.

**TEODATO** († Ravena 536), rey de los ostrogodos [534-536], sobrino de Teodorico el Grande.

**teodicea** *(Ensayos de),* obra de Leibniz (1710), en la que el autor desarrolla su teoría según la cual el mal es una deficiencia imputable al hombre, no a Dios, que ha creado el mejor de los mundos posibles.

**TEODOMIRO** († 570), rey de los suevos [559-570]. Restauró el catolicismo y convocó el primer concilio de Braga (561).

**TEODOMIRO,** noble visigodo, también conocido como **Todmir** o **Tudmir** († *c.* 743). Gobernador de Murcia en tiempos de Égica y Vitiza, resistió inicialmente a los musulmanes. En 713 concertó la capitulación de Orihuela, pero conservó la autonomía política *(cora y reino de Teodomiro),* mediante el pago de tributos. El reino se mantuvo hasta principios del s. IX.

**TEODORA** (Constantinopla, principios del s. VI-*id.* 548), emperatriz bizantina [527-548], esposa de Justiniano I. Figura clave durante el reinado de su marido, éste le debió el haber conservado su trono durante la sedición Nika (532).

**TEODORA** († 867), emperatriz regente de Bizancio [842-856] durante la minoría de su hijo Miguel III. Convocó un concilio que restableció definitivamente el culto a las imágenes (843).

**TEODORICO I** († en los campos Cataláunicos 451), rey de los visigodos [418-451]. A la muerte de Honorio (423), aprovechó la guerra civil para romper con Roma, emprendió dos campañas para conquistar la Narbonense (423-426 y 435-439) y se unió a romanos y francos para vencer a Atila. – **Teodorico II** (466), rey de los visigodos [453-466]. Hijo de Teodorico I, renovó el pacto con Roma y recibió la Narbonense a cambio del reconocimiento del emperador Severo. Firmó un tratado con el suevo Remismundo (462) en el que delimitaban las respectivas zonas de ocupación de la Península. Su hermano Eurico le asesinó.

**TEODORICO I el Amalo,** llamado **el Joven** o **el Grande** (*c.* 454-Ravena 526), rey de los ostrogodos [493-526]. Educado en Constantinopla e impregnado de la cultura grecorromana, hizo renacer el imperio de occidente durante una época. El emperador Zenón le confió la tarea de arrebatar Italia a Odoacro (193) y Teodorico se convirtió en el dueño de la península y de las costas dálmatas. Con la ayuda de sus ministros, Casiodoro y Boecio, intentó en vano unir a los romanos y a los godos. Durante su reinado, Ravena fue una capital brillante.

**TEODORO I LÁSCARIS** († 1222), primer emperador bizantino de Nicea [1204, de hecho 1208-1222]. – **Teodoro II Ducas Láscaris** (1222-1258), emperador bizantino de Nicea [1254-1258], nieto del anterior.

**TEODOROS** o **TEODORO II** (Sarge, Kuwara, 1818-Magdala 1868), emperador de Etiopía [1855-1868]. Derrotado por el ejército británico en Magdala, se suicidó.

**teodosiano** *(código),* código de leyes redactado por orden de Teodosio II entre 435 y 438, en el que se reúnen las constituciones imperiales promulgadas desde Constantino.

**TEODOSIO I,** llamado **el Grande** (Cauca [act. Coca] *c.* 347-Milán 395), emperador romano [379-395]. Convirtió al cristianismo en una religión de estado (380) y prohibió el paganismo. Las concesiones otorgadas a los bárbaros, que introdujo en el territorio imperial y en el ejército, frenaron durante un tiempo la disgregación del imperio, que a su muerte se dividió entre sus dos hijos, Honorio y Arcadio. —**Teodosio II** (401-450), emperador de oriente [408-450], nieto del anterior. Dio su nombre al *código teodosiano.* – **Teodosio III** († Éfeso 722), emperador de oriente [715-717].

**TEODULFO** (en Cataluña c. 750-¿Angers? 821), obispo de Orleans desde 781 y abad de Fleury. Poeta y teólogo, fue uno de los principales representantes del renacimiento carolingio.

**TEOFRASTO,** filósofo griego (Ereso, en la isla de Lesbos, *c.* 372-Atenas 287 a. J.C.). Discípulo de Platón y de Aristóteles, escribió importantes obras de botánica, pero destaca sobre todo como autor de los *Caracteres,* colección de estudios morales y retratos pintorescos.

***Teogonía*** o ***Genealogía de los dioses,*** poema de Hesíodo (s. VIII a. J.C.): un intento de armonizar el orden del mundo y las creencias humanas.

**TEOLOYUCAN,** mun. de México (México); 28 836 hab. Fue sede de los acuerdos *(convenios de Teoloyucan)* que pusieron fin a la fase huertista de la revolución mexicana (13 ag. 1914).

**TEÓN de Alejandría,** matemático y astrónomo griego de fines del s. IV. Su hija fue la célebre Hipatia.

**TEOPANZOLCO,** localidad arqueológica de México (Cuernavaca, Morelos) que conserva una pirámide azteca de base rectangular con restos del templo en su plataforma superior.

**TEOPOMPO,** orador e historiador griego (Quíos *c.* 378-en Egipto d. 323 a. J.C.). Dicípulo de Isócrates, se hizo famoso por su elogio a Mausolo (352). Sus *Historias helénicas* y sus *Filípicas* abarcan los años 409 a 394 y 359 a 336, respectivamente.

***Teoría general de la ocupación, el interés y el dinero,*** obra de J. M. Keynes (1936), en la cual introduce la idea de un subempleo permanente y destaca el papel del estado, el único capaz de aumentar la demanda al nivel requerido para la consecución del pleno empleo.

**teosófica** *(Sociedad),* sociedad religiosa fundada en 1875 en Nueva York por Elena Blavatsky (1813-1891), con sede en Adyār, cerca de Madrás, en la India, desde 1886. Afirma la eternidad del universo y la universalidad divina, e intenta desarrollar en el hombre los poderes que posee de forma latente.

**TEOTIHUACÁN,** mun. de México (México); 30 140 hab. *(Teotihuacanos.)* Cab. *Teotihuacán de Arista.* A 2 km de la cabecera se encuentra la zona arqueológica de *Teotihuacán,* el gran centro arqueológico de las culturas prehispánicas de México, en el altiplano central. Hacia 500 a. J.C. se producen los primeros establecimientos formados por agricultores. Entre 200 a. J.C. y 100 d. J.C. construyeron enormes templos pirámide, las llamadas pirámides del Sol (200 a. J.C.) y de la Luna (100 d. J.C.), planificaron la ciudad y realizaron figurillas en barro cocido y cerámica pintada. Entre 100 d. J.C. y 350 d. J.C. alcanzó su cenit: ciudadela con el templo de Tlaloc-Quetzalcóatl, palacio de Quetzalpapalotl, grandes piezas de cerámica y talla de piedras duras. En 450 fue saqueada por pueblos extraños e inició su decadencia; las invasiones chichimecas forzaron su abandono *c.* 700. Fue una verdadera ciudad estado que ejerció una gran influencia cultural en el área totonaca, zapoteca y maya.

**TEPALCATEPEC,** mun. de México (Michoacán); 23 717 hab. Cereales, hortalizas, frutas tropicales.

**TEPALCINGO,** mun. de México (Morelos); 18 786 hab. Economía agropecuaria. Artesanía. Iglesia barroca del Señor de las Tres Caídas (s. XVIII), con profusa portada escultórica.

**TEPATITLÁN DE MORELOS,** mun. de México (Jalisco); 78 364 hab. Industria alimentaria. Artesanía.

**TEPEACA,** mun. de México (Puebla); 36 549 hab. Convento fortificado (s. XVI), con portada gótica. Rollo mudéjar. Mansiones del s. XVIII con azulejos poblanos. Es la *Tepeyacac* indígena, donde Cortés fundó *Segura de la Frontera.* – Victoria del realista Hevia sobre Herrera y Nicolás Bravo (*acción de Tepeaca,* abril 1821).

**TEPEAPULCO,** ant. **Tepepulco,** mun. de México (Hidalgo); 37 888 hab. Industria metalmecánica. Convento franciscano con iglesia del s. XVI. Depósito de agua del s. XVI.

**TEPECOACUILCO DE TRUJANO,** mun. de México (Guerrero); 31 566 hab. Viticultura. Plata y mercurio.

**TEPEHUACÁN DE GUERRERO,** mun. de México (Hidalgo); 19 580 hab. Ganadería y explotación forestal.

**TEPEJI DE OCAMPO,** mun. de México (Hidalgo); 37 777 hab. Explotación forestal. Restos arqueológicos.

**TEPEPUL II,** soberano quiché de los ss. XV-XVI. Fue ejecutado por los cakchiqueles de Guatemala.

**TEPETLIXPA,** mun. de México (México); 19 580 hab. Cereales, legumbres y frutas. Ganadería.

**TEPEXPAN,** localidad de México (mun. de Acolman, México), situada en la orilla N del ant. lago (desecado) de Texcoco, en cuyas cercanías fueron hallados, en unas excavaciones efectuadas en 1947, los restos humanos más antiguos de México *(hombre de Tepexpan),* mezclados con huesos de mamut. Junto a ellos apareció una industria lítica correspondiente a la cultura prehistórica norteamericana de Cochise (10000 a. J.C.).

**TEPIC,** c. de México, cap. del est. de Nayarit; 206 697 hab. Centro comercial y de servicios de un área agrícola y ganadera. Aeropuerto. Catedral (1750), iglesia de Santa Cruz (s. XVIII). Conquistada por Nuño de Guzmán (1531), fue capital de Nueva Galicia y de Compostela.

**TEPLICE,** en alem. **Teplitz,** c. de la República Checa (Bohemia); 53 039 hab. Estación termal.

**TEPOTZOTLÁN,** mun. de México (México); 27 089 hab. Iglesia de San Martín (s. XVII), con fachada barroca ricamente decorada.

**TEPOZTLÁN,** mun. de México (Morelos); 19 122 hab. Criaderos de plata. Turismo. Restos de asentamientos humanos de la cultura de Zacatenco, y

la emperatriz **Teodora** (iglesia de San Vital, Ravena)

**Teotihuacán:** parte central del centro arqueológico con la plaza de la Luna y la calle de los Muertos. A la izquierda, la pirámide del Sol. Época clásica, 250-650 d. J.C.

ruinas de un templo azteca. Convento fortaleza (s. XVI).

**TEQUENDAMA** *(salto del)*, catarata de Colombia (Cundinamarca), en el río Bogotá; 147 m de alt. Central hidroeléctrica. Turismo.

**TEQUES (Los),** c. de Venezuela, cap. del est. Miranda, en la cordillera del Norte; 140 617 hab. Centro comercial y residencial.

**TEQUILA,** mun. de México (Jalisco), junto al *volcán Tequila;* 26 718 hab. Elaboración de tequila.

**TEQUISQUIAPAN,** mun. de México (Querétaro); 27 710 hab. Toros de lidia. Aguas termales. Turismo.

**TEQUIXQUIAC,** mun. de México (México); 15 486 hab. Cereales, ganadería. Pequeñas industrias.

**TER,** r. de España; 209 km. Nace en los Pirineos, pasa por Gerona y desemboca en el Mediterráneo. Pantano de Sau y Susqueda.

**TERA,** r. de España, afl. del Esla (or. der.); 151 km. Centrales hidroeléctricas de Ribadelago (36 MW) y Cernadilla (30 MW).

**TERÁMENES,** estadista ateniense (Ceos a. 450-Atenas 404 a. J.C.). Contribuyó a la desaparición de la democracia en 411. Fue miembro del gobierno de los Treinta, se opuso a los excesos de Critias y fue condenado a muerte.

**TERAMO,** c. de Italia (Abruzos), cap. de prov.; 51 432 hab. Catedral de los ss. XII y XIV.

**TERÁN** (Manuel **de**), geógrafo español (Madrid 1904-id. 1984). Su extensa obra está centrada casi exclusivamente en el ámbito de la península Ibérica: *Geografía histórica de España, Marruecos y colonias* (1943), en colaboración, y *Geografía de España y Portugal* (6 vols., 1951-1967), obra colectiva realizada bajo su dirección. (Real academia 1975.)

**TERAUCHI HISAICHI** *(conde)*, mariscal japonés (Tōkyō 1879-Saigón 1946). Dirigió el ejército japonés en China, y después en el Pacífico (1942-1945). Capituló en Saigón (1945).

**TERBORCH** o **TER BORCH** (Gerard), pintor neerlandés (Zwolle 1617-Deventer 1681), retratista y más tarde autor de escenas de intimidad burguesa de una poesía refinada (*Atenciones maternales,* Mauritshuis, La Haya).

**TERBRUGGHEN** o **TER BRUGGHEN** (Hendrik), pintor neerlandés (Deventer 1588-Utrecht 1629). Se afincó en Utrecht después de haber trabajado en Italia, donde recibió la influencia de Caravaggio (*El dúo,* Louvre).

**TERCEIRA,** isla de las Azores; 400 km²; 124 400 hab. Cap. *Angra do Heroísmo.* Base aérea norteamericana.

**TERCERO ARRIBA,** dep. de Argentina (Córdoba), avenado por el *río Tercero;* 103 671 hab. Cab. *Oliva.*

**TERENCIO,** comediógrafo latino (Cartago *c.* 185-159 a. J.C.). Esclavo liberto, miembro del círculo de Escipión Emiliano, compuso seis comedias *(Andria, El eunuco, Hecira, El que se atormenta a sí mismo, Heautontimorumenos, Formión, Los adelfos),* en las que imitaba a los autores griegos y se basaba en el análisis sicológico.

**TERESA ANSÚREZ** († 997), reina de León [960-966], hija del conde de Monzón Asur Fernández y esposa de Sancho I de León. A la muerte de su hijo Ramiro III (984) se opuso a Vermudo II.

**TERESA DE CALCUTA** (Inés Gonxha **Bojaxhiu,** llamada **madre**), religiosa india de origen albanés (Skopje 1910-Calcuta 1997). Su trabajo en favor de los pobres le valió el premio Nobel de la paz (1979).

**TERESA DE JESÚS** *(santa)*, religiosa y escritora española (Gotarrendura, Ávila, 1515-Alba de Tormes 1582), también llamada **Teresa de Ávila,** cuyo nombre de nacimiento era **Teresa de Cepeda y Ahumada.** Tras una grave enfermedad, entró en 1535 en la orden de las carmelitas. De su juventud escribió en *El libro de mi vida* (1588) y en *El libro de las fundaciones* (1610). En 1562 fundó su primer convento de carmelitas descalzas e inició una fase contemplativa a la vez que reformadora de la orden (*Constituciones,* 1563; aprobadas en 1565), para lo que contó con la colaboración de san Juan de la Cruz, aunque también se granjearía problemas con las autoridades eclesiásticas. Entre tanto escribió el *Camino* de perfección* (entre 1562 y 1564 y publicado en 1583). En un contexto de erasmismo e iluminismo, Teresa escribió la que sería su obra maestra: *Las moradas** o *El castillo interior,* la más ambiciosa y elaborada obra de inspiración mística que escribiera, de gran riqueza metafórica a la vez que de expresión llana y directa de su doctrina. Fue beatificada en 1614, canonizada en 1622, y proclamada doctora de la Iglesia en 1970.

**TERESA DE PORTUGAL** (*c.* 1177-1250), reina de León [1191-1194], hija de Sancho I de Portugal. Su matrimonio con Alfonso IX de León (1191) fue anulado por Clemente III. Renunció a la sucesión al trono de sus hijas en favor de Fernando III de Castilla.

**TERESA DEL NIÑO JESÚS** *(santa)*, religiosa francesa (Alençon 1873-Lisieux 1897). En 1888 ingresó en las carmelitas de Lisieux. Su autobiografía, *Historia de un alma* (1897), muestra una elevada espiritualidad.

**TERESHKOVA** (Valentina Vladimirovna), astronauta rusa (Masleunikovo, cerca de Yaroslav, 1937). Fue la primera mujer que realizó un viaje espacial (16-19 junio 1963).

**TERESINA,** c. de Brasil, cap. del estado de Piauí, a orillas del Parnaíba; 598 449 hab.

**termidor del año II** *(jornadas de los días* **9 y 10 de**) [27-28 julio 1794], jornadas revolucionarias de Francia que provocaron la caída de Robespierre y el fin de la Convención dominada por la Montaña. Robespierre y sus aliados fueron ejecutados entre el 10 y el 12 de termidor.

**TERMINI IMERESE,** c. y puerto de Italia (Sicilia); 26 327 hab. Estación balnearia y termal.

**TÉRMINOS** *(laguna de)*, laguna de México (Campeche), en el golfo de México. Pesca.

**TERMÓPILAS,** desfiladero de Grecia central, donde el rey de Esparta Leónidas, con trescientos hoplitas lacedemonios, intentó detener a las tropas de Jerjes I en 480 a. J.C.

**TERNEUZEN,** c. y puerto de Países Bajos (Zelanda), junto al estuario del Escalda, a la entrada del *canal Terneuzen-Gante;* 35 065 hab.

**TERNI,** c. de Italia (Umbría), cap. de prov.; 107 333 hab. Metalurgia.

**TERNÓPOL,** c. de Ucrania; 205 000 hab.

**TEROR,** v. de España (Las Palmas), en Gran Canaria; 10 341 hab. *(Terorenses.)* Industria maderera. Basílica de Nuestra Señora del Pino.

**TERPANDRO,** poeta y músico griego (Lesbos, primera mitad del s. VII a. J.C.). Se le atribuye la fundación de la escuela citarédica de Esparta y numerosas invenciones musicales (lira de siete cuerdas).

**TERPSÍCORE,** musa de la danza, los coros dramáticos y la poesía lírica. Su atributo es la lira.

**TERRA** (Gabriel), político uruguayo (Montevideo 1873-*id.* 1942). Presidente de la república en 1931-1934, en un segundo mandato (1934-1938) sofocó una revuelta del Partido nacional (1935). Buscó la confianza popular con una avanzada legislación social.

**TÉRRABA, GRANDE DE TÉRRABA** o **TIQUIS,** r. de Costa Rica, en la vertiente del Pacífico; 160 km aprox. Formado por la unión del río General con el Coto Brus.

**TERRADAS** (Esteban), físico español (Barcelona 1883-Madrid 1950). Catedrático en España y Argentina, coordinó la publicación de una serie de monografías científicas.

**TERRADELLAS** (Domingo Miguel Bernabé), compositor español (Barcelona 1713-Roma 1751). Radicado en Italia desde 1732, su obra se inserta plenamente en la escuela operística napolitana del s. XVIII (*Astarté,* 1739; *Merope,* 1743; *Annibale in Capua,* 1746; *Mitridate,* 1946).

la madre **Teresa de Calcuta**

santa **Teresa de Jesús** (Real academia de la lengua, Madrid)

**TERRANOVA,** en ingl. **Newfoundland,** prov. del E de Canadá, que comprende la *isla de Terranova* (112 299 km² con los islotes vecinos) y el E de la península del Labrador; 404 517 km²; 568 474 hab. Cap. *Sanit John's (Saint-Jean).* De clima frío, vive principalmente de la explotación del bosque y la pesca *(bancos de Terranova);* en el subsuelo existen grandes yacimientos de hierro.

HISTORIA

La isla fue descubierta en 1497 por Jean Cabot y fue motivo de disputa a partir del s. XVI entre colonos franceses e ingleses. Fue cedida a Gran Bretaña por el tratado de Utrecht (1713), pero Francia conservó el monopolio de la pesca en la costa N hasta 1904. Terranova recibió el estatuto de dominio en 1917 y se le anexionó la costa NE del Labrador en 1927. En 1949 se convirtió en la décima provincia de Canadá.

**TERRASSA** → *Tarrasa.*

**TERRAZAS** (Francisco **de**), poeta mexicano (*c.* 1549-*c.* ¿1604?). Uno de los primeros poetas criollos. De su obra se conservan fragmentos de un poema épico en octavas, *Nuevo Mundo y conquista,* y un *Canto de Calíope,* inserto en *La Galatea* de Cervantes.

**Terror,** nombre dado a dos períodos de la Revolución francesa. El *primer Terror* (10 ag.-20 set. 1792) se caracterizó por el dominio de la Comuna y la puesta en vigor de numerosas leyes revolucionarias (supresión de órdenes religiosas, laicización del estado, divorcio), así como por el arresto del rey y las matanzas de setiembre. Durante el *segundo Terror* (5 set. 1793-28 julio 1794), Robespierre eliminó a los girondinos e impuso un régimen de excepción que acabó con hebertistas y dantonistas; miles de sospechosos fueron juzgados por los tribunales revolucionarios, y muchos de ellos guillotinados.

**Terror blanco** (1815), nombre dado a las persecuciones y matanzas contra bonapartistas, republicanos y protestantes por parte de los realistas del SE de Francia durante el verano que siguió a la segunda abdicación de Napoleón I.

**TERTULIANO,** padre de la Iglesia de occidente y primer escritor cristiano en lengua latina (Cartago *c.* 155-*id.* 222). Pagano convertido, ejerció un verdadero magisterio doctrinal en el N de África. Autor de *Apologética* y *Contra Marción,* su ascetismo le hizo desviarse hacia el montanismo. Influyó en la formación de la lengua teológica latina.

**TERUEL** *(provincia de)*, prov. de España, en Aragón; 14 803 km²; 141 320 hab. Cap. *Teruel.* P. j. de *Alcañiz, Calamocha* y *Teruel.* En el límite NE de la Meseta, accidentada por el sistema Ibérico (sierras de Albarracín, montes Universales, Javalambre, Gúdar); el sector NE corresponde a la depresión del Ebro. Economía agropecuaria. Minería (hierro, lignito). Centrales térmicas.

**TERUEL,** c. de España, cap. de la prov. homónima y cab. de p. j.; 31 068 hab. *(Turolenses.)* Situada en la confluencia del Turia y el Alfambra, es sobre todo un centro administrativo y comercial. Conserva varia torres mudéjares de iglesias de los ss. XIII-XIV) y de la catedral gótico-mudéjar: este conjunto mudéjar fue declarado bien cultural del patrimonio mundial por la Unesco (1986). Acueducto (s. XVI). Museo arqueológico.

**Teruel** *(batalla de)*, batalla de la guerra civil española (dic. 1937-febr. 1938). Las tropas franquistas frenaron la iniciativa republicana, lo que les permitió avanzar hacia el Mediterráneo.

**TERZIEFF** (Laurent), actor francés (Toulouse 1935), muy exigente en la elección de sus interpretaciones (*La Vía Láctea,* 1969, de L. Buñuel; *Medea,* 1970, de P. P. Pasolini). También ha dirigido obras de teatro.

**TESALIA,** en gr. **Thessalia,** región de Grecia continental, al S del Olimpo, junto al mar Egeo; 14 037 km²; 731 230 hab. C. pral. *Larisa* y *Volo* y, ant., *Farsalia* y *Feres.*

**TESALÓNICA** o **SALÓNICA,** en gr. **Tessaloníki,** c. y puerto de Grecia (Macedonia), junto al *golfo de Tesalónica,* formado por el mar Egeo; 377 951 hab. (739 998 hab. en la aglomeración). Centro industrial. Bellas iglesias bizantinas, como la de Santa Sofía (s. VIII). De 1204 a 1224 fue la capital de un reino latino. Durante la dominación otomana (1430-1913) se llamó *Salónica.* Base de operaciones de las fuerzas aliadas de oriente (1915-1918).

**TESEO,** rey legendario de Atenas, héroe del Ática. Los historiadores griegos le atribuían la agrupación de las ciudades del Ática en una sola en torno a Atenas. Aparece en numerosas leyendas: expedición de los argonautas, lucha contra las amazonas y contra los centauros, Minotauro, etc.

**TESINO** → *Ticino.*

**TESLA** (Nikola), ingeniero electrónico yugoslavo (Smiljan, Croacia, 1856-Nueva York 1943). Ideó las corrientes polifásicas y el acoplamiento de dos circuitos oscilantes por inducción mutua.

**TESPIS,** poeta trágico griego (cerca de Maratón s. VI a. J.C.), se le considera el creador de la tragedia.

**TESSAI,** pintor japonés (Kyōto 1836-*id.* 1924) que se inspiró en los textos antiguos, sin olvidar el arte occidental, y renovó el arte pictórico japonés de su tiempo.

**TESSIN el Joven** (Nicodemus), arquitecto sueco (Nyköping 1654-Estocolmo 1728). Terminó la decoración del palacio de Drottningholm, cerca de Estocolmo (emprendido en 1662 por su padre, Nicodemus el Viejo) y a partir de 1697, construyó el palacio real de la capital sueca, síntesis de los estilos italiano y francés.

**Test act** (1673), ley aprobada por el Parlamento inglés, que imponía a todo candidato a un puesto público la pertenencia a la fe anglicana. Fue abrogada en 1828-1829.

**TESTA** (Clorindo), arquitecto y pintor argentino de origen italiano (Nápoles 1923). Su pintura es vanguardista, pero destaca sobre todo por su arquitectura (casa del gobierno de Santa Rosa, 1955; centro cultural de Buenos Aires, 1982).

**TESTIGOS (Los),** archipiélago de Venezuela (Dependencias Federales); 10 km²; 58 hab. Situado al NE de la isla Margarita.

**TETELA DE OCAMPO,** mun. de México (Puebla); 21 834 hab. Agricultura y ganadería. Tejidos.

**TETIS,** en la mitología griega, una de las Nereidas, madre de Aquiles. – Una de las Titánidas, diosa del mar.

**Tetralogía,** título con el que se designa habitualmente el ciclo de óperas de Richard Wagner, *El anillo del nibelungo,* que incluye *El oro del Rin, La Valquiria, Sigfrido* y *El crepúsculo de los dioses,* según libretos del mismo Wagner, inspiradas en una antigua epopeya germánica. El conjunto fue interpretado íntegramente en Bayreuth en 1876 y en él Wagner aplica su reforma del drama musical, utilizando el leitmotiv, la declamación continua y una orquestación rica y colorida.

**TETUÁN,** en beréber **Tiṭṭāwīn,** c. de Marruecos, cerca del Mediterráneo; 365 000 hab. En 1860 fue ocupada por las tropas españolas de O'Donnell tras una batalla (4 febr.), en la que se distinguió Prim, y la firma de la paz (*tratado de Tetuán,* 26 abril), por la que España obtuvo algunas ventajas territoriales y una indemnización. De 1913 a 1956 fue capital del Protectorado español de Marruecos.

**TETZEL** (Johannes), dominico alemán (Pirna *c.* 1465-Leipzig 1519). Sus excesos en la predicación de las indulgencias originaron las 95 tesis de Lutero (1517), preludio de la Reforma.

**TEUDIS** († Sevilla 548), rey de los visigodos [531-548]. De origen ostrogodo, expulsó a los francos (541). Le sucedió **Teudiselo** [548-549].

**TEUTATES,** dios celta de la tribu, y dios de la guerra.

**Teutónica** *(orden),* orden hospitalaria y más tarde militar (1198), fundada en Tierra Santa e integrada por miembros de la aristocracia alemana. En 1237 absorbió a los caballeros portaespadas, propagó la cultura germánica en Prusia y constituyó un vasto estado, cuya capital fue Marienburg (s. XIV). Su poder se vio reducido por la derrota frente a los polacos en Grunwald (1410). Tras el tratado de Toruń (1466), la orden sólo conservó Prusia oriental bajo soberanía polaca. En 1525 fue secularizada por su gran maestre, Alberto de Brandeburgo.

**TEWKESBURY,** c. de Gran Bretaña (Gloucestershire); 9 000 hab. Iglesia románica y gótica, ant. abacial. Eduardo IV de York venció en esta ciudad a las tropas de Enrique IV de Lancaster (3 mayo 1471).

**TEXAS,** estado del S de Estados Unidos; 690 000 km²; 16 986 510 hab. Cap. *Austin.* C. pral. *Houston* y *Dallas.* Es el mayor de los estados norteamericanos (excluida Alaska). Grandes yacimientos de petróleo y gas natural.

HISTORIA

1519: descubrimiento de la costa por Álvarez de Pineda. 1685: Cavelier de La Salle fundó un establecimiento francés. 1821: concesión a los Austin para la implantación de colonos norteamericanos. 1835-1836: sublevación de los esclavos tejanos contra el gobierno mexicano, y consolidación de la independencia del territorio (El Álamo, 26 abril 1836). 1845: incorporación a E.U.A., reconocida por México en 1848 (tratado de Guadalupe Hidalgo). 1861: adhesión de Texas a la Confederación sudista. 1870: reincorporación a la Unión.

**TEXCOCO,** lago de México, en la cuenca de México, el E de la ciudad de México, actualmente desecado y del que sólo quedan unas ciénagas de desagüe.

**TEXCOCO** *(reino de),* entidad política precolombina gobernada por los chichimecas. Subsistió

TERUEL

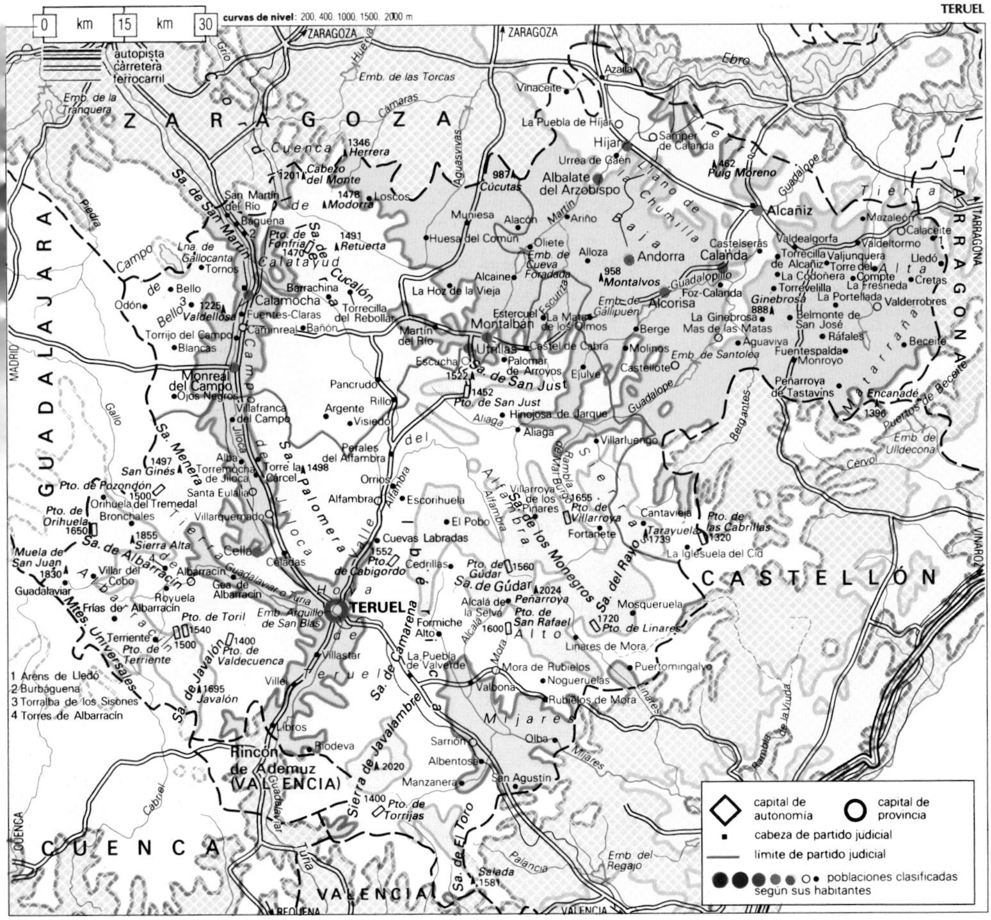

hasta la conquista de México por Hernán Cortés (1520).

**TEXCOCO** o **TEXCOCO DE MORA,** c. de México (México), próxima al lago homónimo; 105 851 hab. En época precolombina fue capital de un señorío chichimeca (*reino de Texcoco,* 1327) que con Netzahualcóyotl se integró en la confederación azteca (1431). Cortés la conquistó en 1520. Convento franciscano (s. XVI). Catedral (s. XVII). Restos arqueológicos en sus cercanías.

**TEXEL,** isla neerlandesa del mar del Norte; 183,5 km$^2$; 12 800 hab. Pesca.

**TEXISTEPEC,** mun. de México (Veracruz); 16 071 hab. Centro comercial agrícola. Artesanía.

**TEZCATLIPOCA,** divinidad astral de los mixtecas y de los aztecas. Era el dios de la noche, las tinieblas, el invierno y el norte. Su símbolo era el jaguar, y su color el negro.

**TEZIUTLÁN,** mun. de México (Puebla); 50 572 hab. Criaderos de cobre y plata. Artesanía. Comercio.

**TEZONTEPEC DE ALDAMA,** mun. de México (Hidalgo); 25 050 hab. Agricultura cerealista. Ganadería.

**TEZOZÓMOC** († 1426), soberano tepaneca de Azcapotzalco. Conquistó los estados del Valle de México y las ciudades del Chalco (1932), Cuautitlán (1408) y Colhuacan (1413), y atacó Texcoco (1418).

**THACKERAY** (William Makepeace), escritor británico (Calcuta 1811-Londres 1863), periodista y caricaturista, autor de ensayos y de novelas que satirizan la hipocresía y la ridiculez de la sociedad británica (*La feria de las vanidades,* 1847-1848).

**THAIS** o **TAIS,** cortesana griega del s. IV a. J.C., amiga de Menandro, de Alejandro, y luego de Tolomeo I.

**THAMES** → ***Támesis.***

**THĀNA,** c. de la India (Mahārāshtra); 796 620 hab.

**THANJĀVŪR** o **TANJORE,** c. de la India (Tamil Nadu); 200 216 hab. Monumentos antiguos, entre ellos el santuario de Śiva Brihadīśvara construido hacia el año 1000 y formado por una vimāṇa de 13 pisos (museo). Conoció su apogeo con el rey Rājarāja I (895-1014), de la dinastía Chola, que la convirtió en su capital.

**THANT** (Sithu U), político birmano (Pantanau 1909-Nueva York 1974), secretario general de la O.N.U. (1961-1971).

**THAON DI REVEL** (Paolo), almirante italiano (Turín 1859-Roma 1948). Estuvo al mando de las fuerzas navales aliadas en el Adriático (1917-1918) y fue ministro de Marina de Mussolini.

**THAR** *(desierto de),* región árida de Pakistán y de la India, entre el Indo y los montes Aravalli.

**THARRATS** (Joan Josep), pintor español (Gerona 1918). Miembro fundador del Dau al set, tras un surrealismo inicial, evolucionó hacia un informalismo ligado a su experiencia como grabador *(maculaturas).*

**THASO** → ***Tasos.***

**THATCHER** (Margaret), política británica (Grantham 1925). Abogada y diputada conservadora (1959), sucedió a E. Heath al frente del Partido conservador (1975-1990). Se convirtió en primera ministra tras las elecciones de 1979, que aseguraron la mayoría a su partido, y llevó a cabo una política de rigor y de austeridad. Su enérgica actuación en el conflicto de las Malvinas (1983) le valió el apoyo de una gran parte de la opinión británica. Reelegida en 1983 y 1987, se convirtió en el único jefe de gobierno británico desde 1945 en obtener un tercer mandato. En 1990 dimitió de sus funciones de primera ministra.

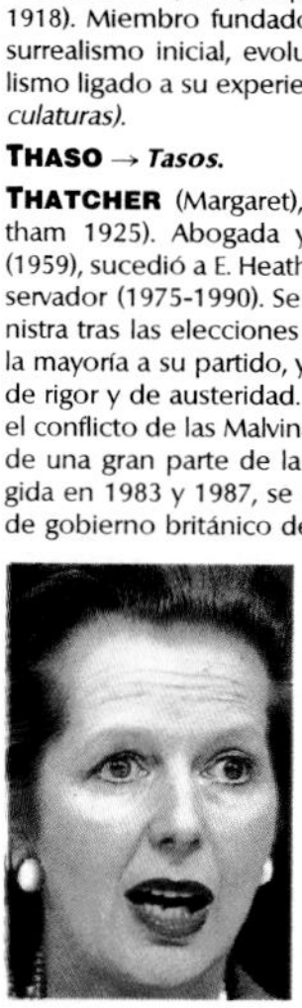

Margaret **Thatcher**

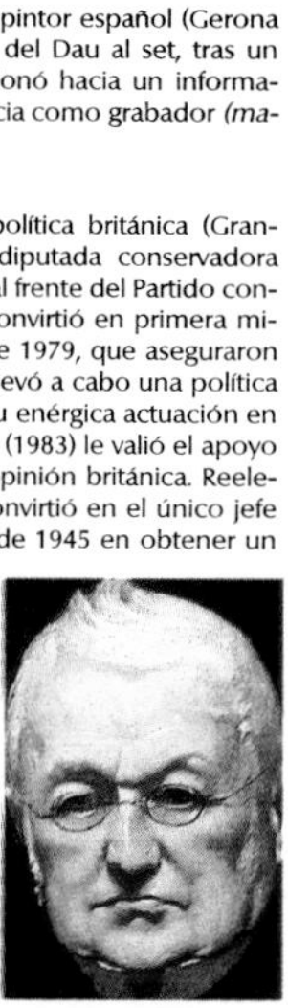

Adolphe **Thiers**
(L. Bonnart - palacio de Versalles)

**THENARD** (Louis Jacques, *barón*), químico francés (La Louptière 1777-París 1857). Descubrió el agua oxigenada (1818) y, en colaboración con Gay-Lussac, el boro, y estableció una clasificación de los metales.

**THEOTOCÓPULI** (Jorge Manuel), pintor y arquitecto español (¿Toledo? 1570-*id.* 1631). Discípulo y colaborador de su padre, El Greco, trabajó en la catedral de Toledo.

**THIBAUD** (Jacques), violinista francés (Burdeos 1880-en accidente de avión 1953). En 1905 formó un trío, que logró gran fama, con el pianista Cortot y el violoncelista P. Casals.

**THIBON DE LIBIAN** (Valentín), pintor y grabador argentino (Tucumán 1889-Buenos Aires 1931). Postimpresionista, su temática es costumbrista y festiva.

**THIERRY** o **THIERRI I** († 533 o 534), rey de Reims [511-c. 534], hijo de Clodoveo. Sometió Albi, Rouergue y Auvernia (507-508). – **Thierry II** (587-Metz 613), rey de Borgoña [595 o 596-613] y de Austrasia [612-613]. – **Thierry III** († 690 o 691), rey de Neustria y Borgoña [673 y 675-690 o 691]. Destronado por Childerico II, volvió a ocupar el trono en 675, pero fue derrotado en Tertry por Pipino de Heristal (c. 687.) – **Thierry IV** († 737), rey de los francos [721-737]. Carlos Martel gobernó en su nombre. Fue el último rey merovingio.

**THIERS** (Adolphe), político e historiador francés (Marsella 1797-Saint-Germain-en-Laye 1877). Defendió la monarquía parlamentaria y fue varias veces ministro y primer ministro entre 1830 y 1848. Entre 1848 y 1851 fue el máximo representante de los conservadores. Jefe del poder ejecutivo en 1871 (febr.), aplastó la insurrección de la Comuna de París y firmó la paz con Prusia. Presidente de la república (ag. 1871), se mostró favorable al régimen republicano, y fue vencido por una coalición de partidos monárquicos y conservadores (1873).

**THIÈS,** c. de Senegal, el NE de Dakar; 201 350 hab. Industrias mecánicas y textiles.

**THIMBU** o **THIMPHU,** c. y cap. de Bhután; 60 000 hab.

**THOM** (René), matemático francés (Montbéliard 1923). Creador de la teoría de las catástrofes, recibió la medalla Fields por sus trabajos sobre topología diferencial (1958).

**THOMAS de Inglaterra,** trovador anglonormando del s. XII, autor de un *Tristán,* que contiene el relato de la muerte del héroe.

**THOMAS** (Dylan Marlais), poeta británico (Swansea 1914-Nueva York 1953). Además de libros de poemas (*Defunciones y nacimientos,* 1946), escribió un drama radiofónico (*Bajo el bosque lácteo,* 1953) y una novela inacabada (*Con distinta piel,* 1955). Narró sus primeras experiencias literarias en *Retrato del artista cachorro* (1940).

**THOMAS** (Hugh), historiador británico (Windsor 1931), autor de *La guerra civil española* (1961).

**THOMAS** (Sidney Gilchrist), inventor británico (Londres 1850-París 1885). Descubrió, en colaboración con su primo Percy Gilchrist, el procedimiento para desfosforar la fundición de hierro, a partir de minerales fosfóricos (1876).

**THOMAZ** o **TOMÁS** (Américo Deus **Rodrigues**), político y militar portugués (Lisboa 1894-*id.* 1987). Marino, íntimo colaborador de Salazar, fue presidente de la república (1958-1974).

**THOMPSON** (*sir* John Eric Sidney), arqueólogo británico (Londres 1898-Cambridge 1975), cuyos trabajos permitieron descifrar la lengua maya.

**THOMSEN** (Christian Jürgensen), arqueólogo danés (Copenhague 1788-*id.* 1865), autor de una *Guía de las antigüedades nórdicas* (1836), primera obra sistemática de prehistoria europea, en la que muestra la sucesión de las edades de piedra, de bronce y de hierro.

**THOMSON** (Elihu), ingeniero norteamericano de origen británico (Manchester 1853-Swampscott, Massachusetts, 1937). Autor de numerosos inventos en el campo de las aplicaciones industriales de la electricidad, fue uno de los fundadores de la Thomson-Houston company (1883).

**THOMSON** (James), poeta británico (Ednam, Escocia, 1700-Richmond 1748), autor de las *Estaciones* (1726-1730).

**THOMSON** (*sir* Joseph John), físico británico (Cheetham Hill, cerca de Manchester, 1856-Cambridge 1940). Midió el cociente *e/m* de la carga y la masa del electrón (1897), e inventó el espectrógrafo de masas, que serviría para descubrir los isótopos. (Premio Nobel de física 1906.) – Su hijo, *sir* **George Paget Thomson,** físico (Cambridge 1892-*id.* 1975), descubrió la difracción de los electrones rápidos en los cristales, confirmando así el principio fundamental de la mecánica ondulatoria. (Premio Nobel de física 1937.)

**THOMSON** (*sir* William), *lord* **Kelvin,** físico británico (Belfast 1824-Netherhall, Strathclyde, 1907). En 1852 descubrió el enfriamiento de los gases por expansión y contribuyó a establecer una escala teórica de las temperaturas (temperatura absoluta). Estudió las mareas terrestres, ideó el galvanómetro de imán móvil y fabricó un dispositivo mecánico de integración de las ecuaciones diferenciales.

**THON BURI,** ant. c. y cap. de Tailandia, act. en el área suburbana de Bangkok (695 000 hab.). Templos (ss. XVII-XIX).

**THOR** o **TOR,** dios guerrero escandinavo, señor del trueno. Su símbolo, el martillo, se encuentra sobre las piedras rúnicas.

**THORBECKE** (Johan Rudolf), político neerlandés (Zwolle 1798-La Haya 1872). Diputado liberal, dirigió el gobierno de 1849 a 1853, de 1862 a 1866 y en 1871-1872. Fue partidario del librecambismo y llevó a cabo una política laica.

**THOREAU** (Henry David), escritor norteamericano (Concord, Massachusetts, 1817-*id.* 1862). Discípulo de Emerson e influido por los místicos hindúes y los idealistas alemanes, puso en práctica sus doctrinas de retorno a la naturaleza (*Walden o la vida en los bosques,* 1854).

**THOREZ** → ***Torez.***

**THOREZ** (Maurice), político francés (Noyelles-Godault 1900-cerca de Odessa 1964). Secretario general del Partido comunista francés (1930-1950; 1953-1964), fue miembro del Frente popular y de 1939 a 1944 se refugió en la U.R.S.S. De regreso en Francia fue ministro de Estado (1945-1946) y vicepresidente del gobierno hasta 1947.

**THORNDIKE** (Edward Lee), sicólogo norteamericano (Williamsburg, Massachusetts, 1974-Montrose, Nueva York, 1949), autor de trabajos sobre el comportamiento y el aprendizaje que han contribuido al desarrollo de la pedagogía.

**THORVALDSEN** (Bertel), escultor danés (Copenhague 1770-*id.* 1844). Afincado en Roma, fue un maestro del neoclasicismo. Museo en Copenhague.

**THULE,** nombre con el que en la antigüedad se designaba una isla del N de Europa (Islandia o una de las Shetland) y que se suponía el confín del mundo *(última Thule).*

**THULE,** base polar del NO de Groenlandia. Base aérea norteamericana.

**THUN,** c. de Suiza (Berna), cerca del *lago de Thun* (48 km$^2$) formado por el Aar; 38 211 hab. Castillo en parte de fines del s. XII (museo); iglesia gótica y barroca.

**THUNDER BAY,** c. y puerto de Canadá (Ontario), junto al lago Superior, formado por la fusión de Port Arthur y Fort William; 109 333 hab.

**THURGAU** → ***Turgovia.***

**THURROCK,** c. de Gran Bretaña (Essex), junto al estuario del Támesis; 126 000 hab.

**THURSTONE** (Louis Leon), sicólogo norteamericano (Chicago 1887-Chapel Hill, Carolina del Norte, 1955), uno de los primeros en utilizar el análisis factorial para medir la inteligencia.

**THYSSEN** (August), industrial alemán (Eschweiler 1842-castillo de Landsberg [act. en Essen] 1926). En 1871 fundó en Mülheim una empresa de la que surgió un importante konzern (consorcio) siderúrgico.

**Thyssen-Bornemisza** *(colección),* colección de arte reunida por el barón Heinrich *Thyssen-Bornemisza* y su hijo Hans Heinrich, de pintura occidental desde el s. XIV y contemporánea, conservada en Lugano (Suiza). Parte de la colección se exhibe en España desde 1992 en el palacio de Villahermosa, anexo al Prado (Madrid) y en el monasterio de Pedralbes (Barcelona).

**Tiahuanaco** *(cultura de),* cultura precolombina desarrollada en el Altiplano boliviano (lago Titicaca) entre 500-1000 d. J.C. Destaca por sus esculturas monolíticas monumentales y la arquitectura en piedra. Los principales monumentos son restos de pirámides (Acapana) y de templos, el Calasasaya (recinto con muros de piedra labrada), que incluye la Puerta del Sol, monolítica con signos esculpidos.

la cultura de **Tiahuanaco:** vista parcial de los restos de la pirámide de Acapana

**Tian'anmen** o **T'ien ngan-men,** gran plaza pública de Pekín que en la primavera de 1989 fue escenario de manifestaciones de estudiantes que reclamaban la liberalización del régimen comunista chino, saldadas por la intervención del ejército (3 y 4 de junio) y una sangrienta represión.

**TIAN SHAN** o **T'IEN-SHAN,** cadena montañosa de Asia central que se extiende por China (Xinjiang) y Kirguizistán; 7 439 m en el pico Pobiedi.

**TIANGUISTENCO,** mun. de México (México), en el valle del Toluca; 37 017 hab. Bosques.

**TIANJIN** o **T'IEN-TSIN,** c. de China, principal puerto de China del Norte, en la desembocadura del Hai He; 5 130 000 hab. (7 764 000 hab. en la aglomeración). Centro comercial e industrial. En 1858 se firmó en esta ciudad un tratado que abría China a los europeos.

**T.I.A.R.C.** (Tratado interamericano de asistencia recíproca) → ***Río de Janeiro*** (tratado de).

**TIARET** → ***Tihert.***

**TÍAS,** mun. de España (Las Palmas), en Lanzarote; 23 126 hab. Agricultura.

**TIBALDI** (Pellegrino), pintor y arquitecto italiano (Puria in Valsolda 1527-Milán 1596). Manierista, trabajó en El Escorial, donde realizó pinturas en el claustro, la biblioteca y el altar mayor de la iglesia.

**TIBÁS,** cantón de Costa Rica (San José), en el N de San José; 68 233 hab. Cab. *San Juan.*

**TÍBER,** en lat. **Tiberis,** en ital. **Tevere,** r. de Italia, tributario del mar Tirreno; 396 km. Pasa por Roma.

**TIBERÍADES,** en ár. **Tabariyya,** en hebr. **Teverya,** c. de Galilea, fundada *c.* 18 d. J.C., a orillas del lago de Kinnereth, llamado *lago de Tiberíades,* o mar de Galilea. Tras la destrucción de Jerusalén (70), se convirtió en un importante centro de la vida intelectual y nacional judía. La actual ciudad israelí de Tiberíades (25 000 hab.) está situada un poco al N de la ciudad antigua.

**TIBERIO** (Roma *c.* 42 a. J.C.-Misena 37 d. J.C.), emperador romano [14-37 d. J.C.]. Hijo de Livia, fue adoptado por Augusto (4 d. J.C.), a quien sucedió. Ejerció una rigurosa administración financiera. En política exterior, extendió la frontera del Imperio hasta el Rin (17). Pero en el 27, receloso y enfermo, se retiró a Capri y dejó al prefecto del pretorio Sejano la dirección de gran parte de los asuntos. Tras la ejecución de Sejano (31), la actuación de Tiberio se caracterizó por un régimen de terror y persecución a familiares y senadores.

**TIBESTI,** macizo montañoso (3 415 m) del Sahara, en el N del Chad.

**TÍBET,** región autónoma del O de China, al N del Himalaya, formada por altas mesetas desérticas dominadas por elevadas cordilleras OE (Kunlun y Transhimalaya); 1 221 000 $km^2$; 1 892 000 hab. *(Tibetanos.)* Cap. *Lhassa.* La ganadería es el recurso esencial.

HISTORIA

S. VII: el rey Srong-btsan Sgam-po dotó al país de una organización centralizada y fundó Lhassa. S. VIII: los tibetanos realizaron incursiones en China y ampliaron su imperio. 1042: el budista indio Atīśa llegó a Lhassa; fue el creador de las sectas lamaístas del Tíbet. 1207: el país se sometió a los mongoles. 1447: se fundó el monasterio de Tashilhunpo (centro del lamaísmo rojo, y luego sede del panchen-lama). 1543-1583: el príncipe mongol Altan Kan organizó la iglesia tibetana bajo la autoridad del dalai-lama. 1642: el dalai-lama acaparó también el poder temporal e instauró un régimen teocrático. 1751: los emperadores Qing dominaron el país. 1912: los tibetanos, con ayuda de los británicos, expulsaron a los chinos. 1950: China popular ocupó el Tíbet. 1959: el dalai-lama partió al exilio. 1965: el Tíbet fue dotado de un estatuto de región autónoma. La resistencia tibetana permaneció viva (levantamiento de 1970, revueltas desde 1987).

**TIBIDABO,** macizo de España (Barcelona), en la sierra de Collserola, que constituye un parque de la c. de Barcelona. Parque de atracciones.

**TIBU,** mun. de Colombia (Norte de Santander); 33 327 hab.

**TIBULO,** poeta latino (Gabios *c.* 55-† 19 o 18 a. J.C.), autor de tres libros de *Elegías.*

**TIBUR** → ***Tívoli.***

**TIBURÓN,** cabo de América del Sur, en el Caribe, entre Colombia y Panamá.

**TIBURÓN** *(isla del),* isla de México (Sonora), en el golfo de California; 1 208 $km^2$. Clima desértico.

**TICINO** o **TESINO,** r. de Suiza y de Italia que atraviesa el lago Mayor, pasa por Pavía y desemboca en el Po (or. izq.); 248 km. Aníbal derrotó a Cornelio Escipión en sus orillas (218 a. J.C.).

**TICINO** o **TESINO,** en alem. y fr. **Tessin,** cantón de Suiza, en la vertiente meridional de los Alpes; 2 811 $km^2$; 282 181 hab. Cap. *Bellinzona.* Formado en 1803 de la unión de los cantones de Lugano y Bellinzona.

**TICUL,** mun. de México (Yucatán); 21 154 hab. Hortalizas, frutas y cítricos. Apicultura.

**TIDIKELT,** región del Sahara argelino, al S del Tademait. C. pral. *In Salah.*

**TIECK** (Ludwig), escritor alemán (Berlín 1773-*id.* 1853). Orientó el romanticismo alemán hacia lo fantástico (*Phantasus,* 1812-1816).

**tiempo** *(El),* periódico colombiano fundado en Bogotá en 1911. Órgano oficioso del Partido liberal, es el primer diario colombiano por su circulación.

**TIEMPO** (Israel **Zeitlin,** llamado **César**), escritor argentino de origen ucraniano (Ekaterinoslav 1906-Buenos Aires 1980). En su poesía reflejó la vida de la comunidad judía en Argentina (*Sabatión argentino,* 1933; *Sadomingo,* 1938; *Sábado pleno,* 1955). También cultivó el teatro, el ensayo y fue un prolífico guionista cinematográfico.

**T'IEN-SHAN** → ***Tian Shan.***

**T'IEN-TSIN** → ***Tianjin.***

**TIEPOLO** o **TIÉPOLO** (Giovanni Battista o Giambattista), pintor y grabador italiano (Venecia 1696-Madrid 1770). Fresquista virtuoso, amante del movimiento y la fastuosidad, dotado de un refinado sentido del color, fue el último de los grandes decoradores barrocos italianos. Trabajó en Udine, Venecia (palacio Labia), Wurzburgo, Madrid, adonde se trasladó en 1762 para decorar el palacio real, y Aranjuez. También fue autor de aguafuertes, como las series de los *Caprici* y de los *Scherzi di fantasia.* – Su hijo, **Domenico** o **Giandomenico** (Venecia 1727-*id.* 1804), fue su colaborador, reflejando con sensibilidad e ironía la vida veneciana.

**Tiepolo:** *El encuentro de Antonio y Cleopatra.* Detalle de la decoración (1747-1750) del palacio Labia en Venecia.

**TIERMES,** yacimiento arqueológico de España (Montejo de Tiermes, Soria) que contiene los restos de un poblado celtíbero (arévaco), más tarde convertido en ciudad romana. De ésta sobresalen un acueducto, un depósito de agua y una villa.

**TIERNO GALVÁN** (Enrique), filósofo y político español (Madrid 1918-*id.* 1986). Catedrático de derecho político, fundó el Partido socialista del interior (1967), después Partido socialista popular (1974). Diputado por Madrid (1977), su partido se integró en el P.S.O.E. y él fue elegido alcalde de Madrid en 1979 (reelegido en 1983). Es autor, entre otras obras, de: *Sociología y situación* (1955) y *Estudios de pensamiento político* (1976).

**tierra** *(La),* película soviética de A. Dovzhenko (1930), obra maestra del cine mudo, que celebra con lirismo la fecundidad de la naturaleza y la reconciliación de la humanidad con ella.

**Tierra baja** *(Terra baixa),* drama de tema rural de Àngel Guimerà (1897).

**TIERRA BLANCA,** mun. de México (Veracruz); 70 427 hab. Yacimientos petrolíferos.

**TIERRA DEL FUEGO** *(archipiélago de),* archipiélago de América del Sur, al S del estrecho de Magallanes; 70 470 $km^2$. Lo integran la *isla Grande de Tierra del Fuego* y una serie de islotes que la rodean por el S y el O. Descubierto por Magallanes en 1520, está repartido entre Argentina y Chile.

**TIERRA DEL FUEGO, ANTÁRTIDA E ISLAS DEL ATLÁNTICO SUR,** *(provincia de),* provincia del S de Argentina; 1 002 445 $km^2$; 69 450 hab. Cap. *Ushuaia.*

**TIERRA FIRME,** territorio continental situado al S de las Antillas, entre la isla Margarita (Venezuela) y el río Atrato (Colombia), descubierto por Rodrigo de Bastidas (1501). Jurídicamente, el nombre se aplicó a la gobernación de Castilla del Oro (1514) y a la audiencia de Panamá (1563), territorios englobados después en el virreinato de Nueva Granada (1739).

**Tierra Santa** *(Custodia de),* custodia franciscana de los Santos Lugares, establecida por el primer capítulo general (1217). Desde el s. XVI, los franciscanos contaron con la protección de España, Austria y Francia; los religiosos de la custodia dependían económicamente de la corona española. Al final de la década de 1970, el gobierno español firmó una renuncia condicionada a sus derechos de patronato sobre Tierra Santa, no ratificada por las cortes.

**Tierradentro** *(cultura de),* cultura precolombina de Colombia (fuentes de los ríos Cauca y Magdalena). Sobresale por sus hipogeos excavados en la piedra y policromados con signos abstractos. En el área próxima floreció la cultura de San Agustín, por lo que tuvieron contactos.

**TIERRALTA,** mun. de Colombia (Córdoba); 53 317 hab. Agricultura y ganadería. Maderas finas.

**TIESTES,** personaje legendario griego, hijo de Pelops, hermano de Atreo y padre de Egisto. El odio que lo enfrentó a su hermano marcó el comienzo del drama de los Atridas.

**TIÉTAR,** r. de España, afl. del Tajo (or. der.); 150 km. Nace en la sierra de Gredos y riega la comarca del *Valle del Tiétar* (Ávila y Toledo). Embalse de Rosarito.

**TIFLIS** → ***Tbilisi.***

**TIGHINA** → ***Bender.***

**TIGRANES I** o **II el Grande** (*c.* 121-*c.* 54 a. J.C.), rey arsácida de Armenia [95-54 a. J.C.]. Se alió con Mitrídates, conquistó Siria, el N de Mesopotamia y una parte de Asia Menor. Derrotado por Pompeyo, se convirtió en vasallo de Roma (66).

**TIGRE,** r. de América del Sur (Ecuador y Perú), afl. del Marañón (or. izq.); 550 km aprox. Navegable.

**TIGRÉ,** región del N de Etiopía.

**TIGRE,** partido de Argentina (Buenos Aires); en el Gran Buenos Aires; 256 005 hab. Zona recreativa.

**TIGRE (El),** c. de Venezuela (Anzoátegui), en Los Llanos orientales; 93 229 hab. Petróleo.

**TIGRIS,** en ár. **Diŷla,** en turco **Dicle,** r. de Turquía y de Iraq, que pasa por Bagdad y forma, con el Éufrates, el Šaṭṭ al-'Arāb; 1 950 km.

**TIHERT,** ant. **Tiaret,** c. de Argelia, cap. de vilayato, al pie del Ouarsenis; 105 562 hab.

**TIHUATLÁN,** mun. de México (Veracruz), en la Huasteca; 77 798 hab. Yacimientos de petróleo.

**TIJUANA,** c. de México (Baja California), junto a la frontera con E.U.A.; 698 752 hab. Industrias alimentarias, textiles y mecánicas (maquiladoras). Centro turístico y comercial.

**TIKAL,** centro arqueológico de la cultura maya clásica desarrollada en la región del Petén (Guatemala) entre 300 y 950 d. J.C., situado en la selva tropical. De las 3 000 estructuras destacan los templos pirámide y las estelas esculpidas. El *parque nacional Tikal* fue declarado bien cultural-natural del patrimonio mundial por la Unesco (1979).

**TILA,** mun. de México (Chiapas), en la mesa central de Chiapas; 34 866 hab. Agricultura y ganadería.

**TILBURG,** c. de Países Bajos (Brabante Septentrional); 158 846 hab. Centro industrial.

**TILBURY,** antepuerto de Londres, en la orilla N del estuario del Támesis.

**TILDEN** (William Tatem), tenista norteamericano (Filadelfia 1893-Hollywood 1953), vencedor en tres ocasiones en Wimbledon (1920, 1921 y 1930) y de la copa Davis en siete ocasiones (de 1920 a 1926).

**TILIMSEN,** en esp. **Tremecén, Tlemcén** o **Tlemecén,** c. de Argelia, cap. de vilayato; 109 000 hab. Centro artesanal e industrial. Fue la capital del Mogreb central del s. XIII al s. XVI. Gran mezquita de los almorávides (ss. XI-XII), de influencia cordobesa.

**Till Eulenspiegel,** personaje legendario de origen alemán (s. XIV), famoso por sus bromas. Simboliza la resistencia flamenca contra la dominación española.

**TILLICH** (Paul), teólogo protestante norteamericano de origen alemán (Starzeddel, Prusia, 1886-Chicago 1965). En *Teología sistemática* (1951-1966) propone un pensamiento religioso exento de dogmatismo y de los símbolos incomprensibles para el hombre contemporáneo.

**TILLY** (Jean **t'Serclaes,** *conde* **de**), general valón al servicio del Imperio (en el castillo de Tilly, Brabante, 1559-Ingolstadt 1632). Dirigió el ejército de la Liga católica durante la guerra de los Treinta años, venció en la batalla de la Montaña Blanca (1620) a los checos y en la de Lutter a los daneses. Sustituyó a Wallenstein al mando de las tropas imperiales (1630). Fue derrotado (Breitenfeld, 1631) y muerto por los suecos.

**Tilsit** *(tratados de)* [julio 1807], tratados firmados en Tilsit, Prusia oriental (act. Sovietsk, Rusia). El primero de ellos, entre Napoleón I y la Rusia de Alejandro I (el día 7), confirmó la reconciliación entre ambos emperadores. El segundo se firmó entre Napoleón I y Prusia (el día 9).

**TIMANÁ,** mun. de Colombia (Huila); 15 434 hab. Ganado vacuno. Yacimientos de carbón.

**TIMANFAYA,** macizo volcánico de España, en el SO de la isla de Lanzarote (Canarias). *Parque nacional de Timanfaya* (5 107 ha), creado en 1974. Paisaje de dunas volcánicas. Actividad geotérmica.

**TIMBÍO,** mun. de Colombia (Cauca); 21 747 hab. Agricultura.

**TIMBUKTU** → ***Tombouctou.***

**times** *(The)*, periódico británico conservador moderado, fundado en 1785, que goza de un gran prestigio. En 1981, fue comprado por R. Murdoch.

**TIMGAD,** c. de Argelia, al E de Batna; 800 hab. Colonia romana fundada en 100 d. J.C., la ciudad fue destruida por los árabes en el s. VI. Importantes restos de la época trajana (mosaicos).

**TIMIŞOARA,** en húng. **Temesvár,** c. del O de Rumania, cap. del distr. de Timiş (Banato); 334 278 hab. Centro industrial. Universidad. Museo del Banato en el ant. castillo.

**TIMOLEÓN,** estadista griego (Corinto *c.* 410-Siracusa *c.* 336 a. J.C.). Fue enviado a Siracusa para derrocar al tirano Dionisio el Joven; posteriormente venció a los cartagineses (341 o 339 a. J.C.). Después de haber realizado su cometido, renunció al poder (337-336).

**Timón de Atenas,** drama en prosa y verso de Shakespeare (1607-1608).

**TIMONEDA** (Juan **de**), escritor y editor español (Valencia *c.* 1520-† 1583). Divulgador de cancioneros, romanceros y comedias, se le atribuyen poemas, colecciones de cuentos (*Patrañuelo*, 1667), comedias, pasos, farsas y autos sacramentales (*La oveja perdida,* 1575).

**TIMOR,** isla de Indonesia, al N del *mar de Timor*; 30 000 km$^2$; 1 600 000 hab. Desde el s. XVII quedó dividida entre los portugueses y los holandeses y en 1946 la parte neerlandesa fue integrada en Indonesia, a la que también se incorporó, en 1976, la parte portuguesa. En 1999 un referéndum decidió la independencia de Timor Oriental, lo que desató una oleada de represión por parte de milicias proindonesias.

**TIMOSHENKO** (Semión Konstantínovich), mariscal soviético (Fúrmanka 1895-Moscú 1970). Compañero de Stalin y Voroshílov (1919), fue comisario de Defensa (1940), dirigió la reconquista de Ucrania (1943-1944), y entró en Rumania y en Hungría.

**TIMOTEO** *(san)*, discípulo de san Pablo († ¿Éfeso 97?). Según la tradición, fue el primer obispo de Éfeso, donde probablemente murió martirizado. Las dos Epístolas de san Pablo, llamadas *Epístolas a Timoteo,* se refieren a la vida espiritual y material de las Iglesias; su autenticidad ha sido cuestionada por numerosos historiadores.

**TĪMŪR LANG** *(el cojo)*, llamado también **Tamerlán,** emir de Transoxiana [1370-1405] y conquistador turco (Kesh, cerca de Samarkand, 1336-Otrār 1405). Se declaró heredero y continuador de Gengis Kan, y conquistó Jwārizm (1379-1388), Irán y Afganistán (1381-1387). Derrotó a la Horda de Oro (1391-1395), al sultanato de Delhi (1398-1399) y a los otomanos (1402). Su imperio, repartido entre sus descendientes, se desmembró con rapidez.

**TĪMŪRÍES,** dinastía descendiente de Tīmūr Lang, que reinó en el Jurāsān y en Transoxiana (1405-1507). Su capital, Harāt, fue un brillante centro cultural.

**TINA MAYOR** o **TINAMAYOR** *(ría de)*, ría de España (Cantabria), en la desembocadura del Deva.

**TINA MENOR** o **TINAMENOR** *(ría de)*, ría de España (Cantabria), en la desembocadura del Nansa.

**TINACO,** mun. de Venezuela (Cojedes), en los Llanos occidentales; 27 032 hab. Centro agropecuario.

**TINAQUILLO,** c. de Venezuela (Cojedes); 45 600 hab. Yacimientos de asbesto.

**TINBERGEN** (Nikolaas), etólogo británico de origen neerlandés (La Haya 1907-Oxford 1988). Sus investigaciones sobre el comportamiento instintivo de los animales en su medio natural lo convierten en uno de los fundadores de la etología moderna. (Premio Nobel de fisiología y medicina 1973.)

**TÍNDARO,** rey legendario de Esparta, esposo de Leda, amada por Zeus. Fue padre de los Dioscuros y de Helena. Menelao fue su sucesor.

**TINDEMANS** (Léo), político belga (Zwijndrecht 1922). Socialcristiano, fue presidente del gobierno (1974-1978).

**TINEO,** v. de España (Asturias), cab. de p. j.; 14 857 hab. *(Tinetenses.)* Minas de carbón y caolín.

**TINGI, TINGE** o **TINGIS,** antigua c. del N de África, capital de la Mauritania Tingitana (act. Tánger).

**TINGUELY** (Jean), escultor suizo (Friburgo 1925-Berna 1991), miembro del grupo de los «nuevos realistas». Concibió máquinas de espíritu dadaísta, lúdicas e inquietantes (*Metamatics,* 1955-1959; *Homenaje a Nueva York,* máquina happening autodestruible, 1960; *Rotozazas,* 1967-1969).

**TINOGASTA,** dep. de Argentina (Catamarca); 18 768 hab. Minas de cobre (Filo de la Cortadera).

**TÍNOS** o **TENOS,** isla griega de las Cícladas; 195 km$^2$; 10 000 hab.

**Tintín,** personaje de cómic creado en 1929 por el belga Hergé. Con su perro Milú vive aventuras en todo el mundo.

**TINTO,** r. del S de España (Huelva), en la vertiente atlántica; 80 km. Desemboca junto al Odiel en la ría de Huelva. Navegable en su último tramo.

**TINTORETTO** (Jacopo **Robusti,** llamado **il**), pintor italiano (Venecia 1518-*id.* 1594). Sus numerosas obras religiosas destacan por la fogosidad inventiva, el virtuosismo manierista de los escorzos y los efectos de la luz (palacio de los dux y scuola di san Rocco, en Venecia).

il **Tintoretto:** *La subida al Calvario,* una de las escenas del Nuevo testamento pintadas para la scuola di san Rocco en Venecia entre 1564 y 1587

perspectiva axonométrica de **Tikal**

**TIPITAPA,** mun. de Nicaragua (Managua); 47 503 hab. Artesanía, cerámica. Turismo (aguas termales).

**TIPPERARY,** c. del S de la República de Irlanda; 4 783 hab.

**TIPPET** (*sir* Michael), compositor británico (Londres 1905-*id.* 1998), autor de ballets, sinfonías, y obras dramáticas (*El hijo de nuestro tiempo,* 1941; *La boda del verano,* 1952; *El rey Príamo,* 1962; *La rotura del hielo,* 1973-1976).

**TĪPŪ ṢĀHIB,** llamado **Bhadur** *(el bravo)*, sultán de Mysore (Devanhalli 1749-Seringapatam 1799). Aliado de Francia, expulsó a los ingleses de Mysore (1784), pero fue muerto cuando defendía Seringapatam.

**TIQUICHEO,** mun. de México (Michoacán); 15 174 hab. Caña de azúcar, tabaco, algodón, frutas.

**TIQUISATE,** mun. de Guatemala (Escuintla); 71 765 hab. Vacunos (lácteos). Industria del calzado.

**TIRAJANA** *(caldera de),* región del sector central de la isla española de Gran Canaria, al pie del Pozo de las Nieves.

**TĪRĀN** *(estrecho de),* estrecho que comunica el golfo de 'Aqaba con el mar Rojo.

**TIRANA,** en albanés **Tiranë,** c. y cap. de Albania; 206 000 hab. Museo de arqueología y etnografía.

**Tirano Banderas,** novela de Valle-Inclán (1926), paradigma del caudillaje americano. En su lenguaje el autor amalgama americanismos de diversas procedencias.

**Tirante el Blanco** *(Tirant lo Blanc),* novela caballeresca escrita en catalán por el valenciano Joanot Martorell, entre 1450 y 1460, y retocada y concluida por Joan de Galba. Narra con verosimilitud e ironía las aventuras de un caballero bretón. Fue traducida muy pronto al italiano y al castellano.

**TIRÁSPOL,** c. de Moldavia, a orillas del Dniéster; 162 000 hab.

**TIRESIAS,** adivino ciego de Tebas. En la antigüedad, su tumba fue la sede de un afamado oráculo.

**TÎRGOVIȘTE,** c. de Rumania (Muntenia); 82 000 hab. Iglesias valacas típicas (ss. XVI-XVII).

**TÎRGU MUREȘ,** c. de Rumania (Transilvania), junto al Mureș; 163 625 hab. Edificios barrocos del s. XVIII. Yacimiento de hidrocarburos.

**TIRÍDATES,** nombre de algunos soberanos partos Arsácidas y de los reyes de Armenia. Una rama de la familia arsácida reinó en Armenia; su representante más célebre fue **Tirídates II** (o **III**), rey de 287 a 330 d. J.C. aprox. Se convirtió al cristianismo.

**TIRINTO,** c. griega de la Argólida, uno de los centros de la civilización micénica, famosa por sus impresionantes murallas ciclópeas, restos del complejo de palacios del s. XIII a. J.C.

**TIRNOVO** → ***Veliko Tărnovo.***

**TIRO,** act. **Ṣūr,** c. del Líbano, al S de Beirut. Arzobispados católicos (ritos maronita y griego). Ruinas fenicias, helenísticas y romanas. Puerto de la antigua Fenicia, fundó (a partir del s. XI a. J.C.), numerosos establecimientos en las orillas del Mediterráneo, como el de Cartago. Rival de Sidón, luchó durante mucho tiempo contra los imperios asirio y babilónico. Fue sometida por Alejandro (332 a. J.C.) y disputada por lágidas y selyúcidas. A pesar de la competencia de Alejandría siguió siendo un centro cultural y comercial importante hasta la invasión árabe (638 d. J.C.).

**TIRO** (Guillermo **de**), historiador de las cruzadas (Siria c. 1150-Roma 1185), arzobispo de Tiro, es autor de una crónica del oriente latino.

**TIRO** (Marino **de**), geógrafo griego de fines del s. I d. J.C., uno de los creadores de la geografía matemática.

**TIROL,** ant. prov. alpina del imperio austríaco que corresponde a la cuenca superior del Inn, del Drave y del Adigio. Act. el nombre tiende a designar sólo una provincia de Austria (12 649 km²; 594 000 hab.; cap. *Innsbruck*) que se extiende por el valle superior del Inn, cuya principal actividad es el turismo de invierno. Parte integrante del patrimonio hereditario de los Habsburgo (desde 1363), fue cedido a Baviera en 1805, y devuelto a Austria en 1814. En 1919, el tratado de Saint-Germain cedió a Italia, además del Trentino, la provincia de Bolzano, cuya población alemana planteó el problema del Alto Adigio. Los acuerdos austroitalianos de 1946 (completados en 1969 y 1992) garantizaron una amplia autonomía a la región y la igualdad de derechos de los dos grupos étnicos.

**TIRPITZ** (Alfred **von**), almirante alemán (Küstrin 1849-Ebenhausen, Baviera, 1930). A partir de 1898 fue ministro de Marina, creó la flota de alta mar alemana y dirigió la guerra submarina de 1914 hasta su dimisión en 1916.

**TIRRENO** *(mar),* parte del Mediterráneo occidental comprendida entre la península italiana y las islas de Córcega, Cerdeña y Sicilia.

**TIRSO DE MOLINA** (Gabriel **Téllez,** llamado), dramaturgo español (Madrid c. 1571-Almazán 1648). Hacia 1600 ingresó en la orden de la Merced, en la que llegó a ocupar cargos de importancia, a pesar de las acusaciones de que fue objeto por el carácter profano de su obra. Entre 1627 y 1636 se imprimieron las cinco partes de sus comedias, unos 300 títulos en total. Sutil e intelectualmente disciplinado, sometió la intriga dramática a una estructura cuidadosa, entre la comedia lopesca y lo intrincado de Calderón. *El condenado por desconfiado, El burlador* de Sevilla* (sobre el tema de Don Juan), *La prudencia en la mujer, El vergonzoso en palacio* o *Don Gil de las calzas verdes,* son algunos de sus títulos, donde aparecen entremezclados el drama, la sátira y los temas teológicos.

**TIRTEO,** poeta elegíaco griego (nacido en Ática s. VII a. J.C.). Con sus cantos reavivó el valor de los espartanos en la segunda guerra de Mesenia.

**TIRUCHCHIRĀPPALLI** o **TIRUCHIRAPALLI,** ant. **Trichinopoly,** c. de la India meridional (Tamil Nadu); 386 628 hab. Centro industrial y universitario. Santuarios rupestres sivaítas (s. VII). En el área suburbana N se encuentra Srīrangam, con un gran templo de Viṣṇú (Raṅganātha Swami, ss. X-XVI), con numerosos recintos adornados de gopura, famoso lugar de peregrinaje.

**TISAFERNES,** sátrapa persa († Colosa 395 a. J.C.). Derrotó a Ciro el Joven en Cunaxa (401), pero, al ser vencido por Agesilao II, rey de Esparta, fue destituido y ejecutado por Artajerjes II.

**TISZA** o **TISA,** r. de Europa central que nace en Ucrania Subcarpática y atraviesa Hungría y el NE de Serbia antes de unirse al Danubio (or. izq.); 966 km.

**TISZA** (Kálmán), político húngaro (Geszt 1830-Budapest 1902). Líder del Partido liberal húngaro, dirigió el gobierno de 1875 a 1890. — Su hijo **István** (Budapest 1861-*id.* 1918), jefe de gobierno de 1903 a 1905 y de 1913 a 1917, fue asesinado.

**Titán,** principal satélite del planeta Saturno, descubierto en 1655 por C. Huygens. Diámetro: 5 150 km. Posee una atmósfera espesa a base de nitrógeno, que también contiene metano y diversos componentes orgánicos producidos por la acción de los rayos solares.

**TITANES,** divinidades primitivas de la mitología griega que gobernaron el mundo antes de Zeus y los dioses del Olimpo, que los vencieron. Algunos fueron precipitados al Tártaro y otros se unieron a los dioses del Olimpo.

**Titanic,** transatlántico británico que, durante su primer viaje, se hundió la noche del 14 al 15 de abril de 1912, al chocar con un iceberg al S de Terranova. Fue localizado en 1985 a 4 000 m de profundidad.

**TITCHENER** (Edward Bradford), sicólogo norteamericano de origen británico (Chichester 1867-Ithaca, Nueva York, 1927), principal representante de la sicología experimental.

**TITICACA,** lago de América del Sur (Bolivia y Perú), en el Altiplano andino; 8 340 km². Recibe el aporte de numerosos ríos (Coata, Ilave, Ramis, Suches), y su emisario es el Desaguadero. Rica fauna piscícola y de aves acuáticas.

**TITISEE,** lago de Alemania, en la Selva Negra.

**TITO** *(san),* discípulo de san Pablo (s. I). La carta de san Pablo, llamada *Epístola a Tito,* se considera posterior a la muerte del apóstol.

**TITO** (Roma 39 d. J.C.-Aquae Cutiliae, Sabina, 81), emperador romano [79-81]. Hijo de Vespasiano, tomó Jerusalén (70). Su reinado, muy liberal, destacó por las grandes construcciones (Coliseo, arco de Tito) y por la erupción del Vesubio (79), que destruyó Pompea, Herculano y Stabias.

**TITO** (Josip **Broz,** llamado), mariscal y político yugoslavo (Kumrovec, Croacia, 1892-Ljubljana 1980). Fue secretario general del Partido comunista yugoslavo desde 1936 y organizó la lucha contra la ocupación alemana (1941-1944). Como jefe de gobierno (1945), rompió con Stalin (1948) y se erigió en líder de la política neutralista y de los países no alineados. Presidente de la república (1953), fue nombrado presidente vitalicio en 1974. Intentó practicar un socialismo autogestionado.

**Tito Bustillo** *(cueva de),* yacimiento prehistórico de España (Ribadesella, Asturias), con pinturas y grabados rupestres del arte francocantábrico (paleolítico superior, entre 12 500 y 11 500 a. J.C.) y una interesante industria ósea del mismo período.

**TITO LIVIO,** historiador latino (Padua 64 o 59 a. J.C.-Roma 17 d. J.C.), su principal obra es *Ab urbe condita libri...* (conocida por el nombre de *Décadas*), historia de Roma (desde los orígenes hasta 9 a. J.C., en 142 libros, de los que sólo se conservan 35. En esta obra maestra, el autor utiliza, además de la obra de los historiadores anteriores, los antiguos anales de Roma e intenta revivir con un estilo dinámico el pasado romano.

**TITOGRAD** → ***Podgorica.***

**TITU CUSI YUPANQUI,** inca de Vilcabamba [1563-1569], sucesor de su hermano Sayri Tupac e hijo de Manco Cápac II. Aunque bautizado por misioneros españoles, se mantuvo independiente y luchó contra tropas del virrey Francisco de Toledo.

**TIUMÉN,** c. de Rusia, en Siberia occidental; 477 000 hab. Centro industrial.

**TIURATAM,** c. de Kazajstán, al NE del mar de Aral. En sus proximidades, base de lanzamiento de ingenios espaciales de Baikonur.

**TÍVOLI,** ant. **Tibur,** c. de Italia (prov. de Roma); 50 559 hab. Uno de los principales lugares de veraneo de los romanos, donde Mecenas, Horacio, Catulo y Adriano (villa Adriana) construyeron sus villas. Templos romanos. Jardines de la villa de Este.

**TIXTLA DE GUERRERO,** mun. de México (Guerrero); 25 795 hab. Economía agropecuaria. Artesanía.

**TIZAPÁN EL ALTO,** mun. de México (Jalisco), en la orilla S de la laguna de Chapala; 17 531 hab.

**TIZATLÁN,** centro arqueológico de México (Tlaxcala). Ruinas precolombinas de construcciones en ladrillo y piedra. Pinturas de los ss. XV o XVI.

**TIZAYUCA,** mun. de México (Hidalgo); 16 454 hab. Cereales, hortalizas y frutas. Ganadería.

**TIZIANO** o **TICIANO** (Tiziano **Vecellio**), pintor italiano (Pieve di Cadore, Venecia, 1487/1490-Venecia 1576). Tras un primer período influido por su maestro Giorgione, se convirtió en un artista internacional al servicio de los papas, Francisco I y sobre todo de Carlos Quinto y Felipe II. Al final de su vida su arte alcanzó un alto grado de lirismo, unido a la audacia de sus innovaciones técnicas. Influyó profundamente en el arte europeo. Entre sus pinturas, aparte de numerosos retratos, destacan: *Amor sagrado y amor profano* (1515, galería Borghese, Roma), *Asunción* (1518, iglesia Santa Maria dei Frari, Venecia), *Bacanal* (1518-1519, Prado), *Entierro de Cristo* (1523-1525, Louvre), *La Venus de Urbino* (1538, Uffizi), *Dánae* (Nápoles y Prado), *La ninfa y el pastor* (c. 1570, Viena), *Piedad* (terminada por Palma el Joven, Academia de Venecia).

**TIZIMÍN,** mun. de México (Yucatán); 45 486 hab. Frutos tropicales; explotaciones forestales.

**TIZI-OUZOU,** c. de Argelia, cap. de vilayato, en la Gran Cabilia; 93 025 hab.

**TIZOC** († 1486), soberano azteca [1481-1486]. Sucesor de su hermano Axayácatl, encargó la reconstrucción del templo de Tenochtitlan (1483) e hizo grabar sus gestas en la llamada *Piedra de Tizoc* (1487).

**Tizoc** *(Piedra de),* monumento votivo azteca al Sol, erigido en 1487, que se encontraba al pie de la escalinata del templo mayor de Tenochtitlan (museo nacional de antropología, México). Conmemoraba las hazañas de los soberanos aztecas hasta la muerte del séptimo.

**Tirso de Molina**
(anónimo - biblioteca nacional, Madrid)

**Tito**

la Piedra de **Tizoc**
(museo nacional de antropología, México)

**Tizona,** una de las espadas del Cid Campeador.

**TLACHICHUCA,** mun. de México (Puebla); 19 188 hab. Cereales, legumbres, frutas. Ganadería.

**TLACOLULA DE MATAMOROS,** mun. de México (Oaxaca); 11 326 hab. Aceites. Artesanía. Centro arqueológico zapoteca y mixteca de Mitla*.

**TLACOPAN,** antigua ciudad tepaneca del valle de México, en el actual casco urbano de México (*Tacuba).* Sucedió a Azcapotzalco después de la caída de este reino frente a los aliados del Valle de México (1430), y estuvo aliada a Culhuacán y Tenochtitlan.

**TLACOTALPAN,** mun. de México (Veracruz); 18 896 hab. Caña de azúcar. Industria papelera.

**TLACOTEPEC DE BENITO JUÁREZ,** mun. de México (Puebla); 23 985 hab. Ganadería. Bosques.

**TLÁHUAC,** delegación de México (Distrito Federal); 146 923 hab. En el antiguo lago de Chalco.

**TLAHUALILO,** mun. de México (Durango); 28 449 hab. Algodón y cereales.

**TLAHUAPAN,** mun. de México (Puebla); 19 415 hab. Explotación forestal. Vinos y sidras. Tejidos.

**TLAHUELILPA,** localidad de México (mun. de Tlaxcoapan, Hidalgo). Convento de San Francisco (1539), con claustro y capilla de gran belleza decorativa.

**TLAJOMULCO,** mun. de México (Jalisco); 50 697 hab. Economía agropecuaria. Alfarería.

**TLALIXCOYAN,** mun. de México (Veracruz); 37 735 hab. Cultivos tropicales. Ganadería. Avicultura.

**TLALMANALCO,** mun. de México (México); 34 071 hab. Industria del papel. Convento franciscano (s. XVI), con iglesia y capilla abierta platerescas.

**TLALNEPANTLA,** mun. de México (México); 778 173 hab. Centro industrial (fundición, química, mecánica). Convento franciscano (s. XVI), con elementos barrocos. En el término, centro arqueológico de Tenayuca*.

**TLÁLOC,** volcán de México, que forma parte de la cordillera Neovolcánica; 3 687 m de alt.

**TLÁLOC,** dios de la lluvia entre los pueblos nahua de la meseta de México, adorado ya en Teotihuacán como símbolo de la fertilidad agrícola. Los aztecas mantuvieron su culto junto al de Huitzilopochtli en el templo mayor de Tenochtitlan.

**TLALPAN,** delegación de México (Distrito Federal); 368 974 hab. Barrio residencial SO de la capital.

**TLALPUJAHUA,** mun. de México (Michoacán); 19 174 hab. Centro minero (oro). Metalurgia.

**TLALTIZAPÁN,** mun. de México (Morelos), avenado por el Yantepec; 29 302 hab. Balneario. Turismo.

**TLANCHINOL,** mun. de México (Hidalgo); 22 843 hab. Café, caña de azúcar, cereales, frutales.

**TLAPA DE COMONFORT,** mun. de México (Guerrero); 33 581 hab. Cultivos tropicales; ganadería.

**TLAPACOYAN,** mun. de México (Veracruz); 32 483 hab. Agricultura tropical. Ganadería. Bosques.

**TLAPEHUALA,** mun. de México (Guerrero); 16 699 hab. Explotación forestal. Alfarería. Tejidos típicos.

**TLAQUEPAQUE,** c. de México (Jalisco); 328 031 hab. Centro industrial.

**TLAQUILTENANGO,** mun. de México (Morelos); 24 136 hab. Caña de azúcar, ganado vacuno. Minería.

**TLATELOLCO** o **TLALTELOLCO,** antigua colonia mexicana situada en una isla del lago Texcoco. Formada a fines del s. XIII, en 1473 fue sometida por los aztecas e incorporada a la ciudad de Tenochtitlan-Tlatelolco. Sobre el templo mayor, construido por los chichimecas, los franciscanos levantaron la iglesia de Santiago Tlatelolco (1609). En su emplazamiento se halla el barrio de *Nonoalco-Tlatelolco,* con la plaza de las Tres culturas.

**Tlatelolco** *(tratado de),* acuerdo firmado en México (febr. 1967) por catorce países latinoamericanos, que prohibía la fabricación y uso de armas nucleares en América latina. Entró en vigor (parcialmente) en 1979, bajo el control del OPANAL.

**TLATENANGO DE SÁNCHEZ ROMÁN,** mun. de México (Zacatecas); 19 436 hab. Cereales, avicultura.

**TLATILCO,** zona arqueológica de las culturas preclásicas del Valle de México (*c.* 1500 a. J.C.-*c.* 300 a. J.C.). Se han descubierto enterramientos que han proporcionado figurillas esculpidas representando mujeres, niños, jugadores de pelota y vasos esculpidos.

**TLATLAUQUITEPEC,** mun. de México (Puebla); 31 323 hab. Bosques. Agricultura y ganadería.

**TLATLAYA,** mun. de México (México); 31 752 hab. Cultivos tropicales. Ganadería.

**TLAXCALA** *(estado de),* est. del centro de México; 3 914 km$^2$; 761 277 hab. Cap. *Tlaxcala* o *Tlaxcala de Xicoténcatl.*

**TLAXCALA** o **TLAXCALA DE XICOTÉNCATL,** c. de México, cap. del est. de Tlaxcala; 103 324 hab. Centro agrícola, ganadero e industrial. Fue capital de los tlaxcaltecas y aliada de los españoles en la conquista. Convento de San Francisco (1537), palacio municipal (1550), catedral (s. XVIII). Santuario de Ocotlán. El *lienzo de Tlaxcala* es un códice del s. XVI que narra en lengua náhuatl la historia de la ciudad y de la conquista española (museo nacional de antropología de México).

**TLAXCO,** mun. de México (Tlaxcala); 20 384 hab. Ganado de lidia. Bebidas. Tejidos típicos.

**TLAXCOAPAN,** mun. de México (Hidalgo); 15 156 hab. Cereales y legumbres. Ganadería.

**T.L.C.** (Tratado de libre comercio), en ingl. **N.A.F.T.A.** (North American free trade agreement), acuerdo firmado en 1992 entre E.U.A., Canadá y México con el fin de crear una zona de libre comercio entre estos tres países. Entró en vigor en enero de 1994.

**TLEMCÉN** o **TLEMECÉN** → ***Tilimsen.***

**TOA ALTA,** mun. del N de Puerto Rico; 44 101 hab. Industria química, textil y electrónica.

**TOA BAJA,** mun. del N de Puerto Rico, en la llanura litoral; 89 454 hab. Conservas y materiales para la construcción.

**TOAMASINA,** ant. **Tamatave,** c. y puerto de Madagascar, junto al océano Índico; 145 431 hab.

**ṬOB** (Šem) → ***Šem Ṭob.***

**TOBA** *(lago),* lago de Indonesia (Sumatra); 1 240 km$^2$.

**TOBAGO,** una de las Pequeñas Antillas; 301 km$^2$; 40 000 hab. (V. ***Trinidad y Tobago.***)

**TOBAR** (Alonso Miguel **de**), pintor español (Higuera, Huelva, 1678-Madrid 1758). Continuó la tradición pictórica del barroco andaluz y de Murillo.

**TOBAR** (Carlos R.), político y diplomático ecuatoriano (Quito 1854-Barcelona, España, 1920). Fue embajador y varias veces ministro de Asuntos Exteriores y representante de su país en la S.D.N. Se le debe la *doctrina Tobar,* que subordinaba el reconocimiento internacional de un gobierno surgido de una insurrección o de un golpe de estado a su legitimación constitucional.

**TOBAR** (Martín), patriota venezolano (Caracas 1772-*id.* 1843). Tomó parte en la proclamación de independencia (1810) y fue miembro de los congresos de Angostura (1819) y Cúcuta (1821). Participó en el movimiento revolucionario contra Páez (1835).

**TOBEY** (Mark), pintor norteamericano (Centerville, Wisconsin, 1890-Basilea 1976). Apasionado por el arte de Extremo oriente, transformó la caligrafía zen en una especie de emanación no figurativa.

**Tobías** *(libro de),* libro del Antiguo testamento escrito en los ss. III-II a. J.C. Narra la historia de una familia judía deportada a Babilonia (Tobías es el nombre del padre, ciego, y del hijo, que viaja en busca de un remedio a su ceguera). En él aparecen los temas de la vida religiosa de las comunidades judías en la Diáspora.

**TOBIN** (James), economista norteamericano (Champaign, Illinois, 1918), autor de una teoría general del equilibrio entre los activos financieros y reales. (Premio Nobel de economía 1981.)

**TOBOL,** r. de Rusia, afl. del Irtish (or. izq.); 1 591 km.

**TOBRUK** → ***Tubruq.***

**TOCAIMA,** mun. de Colombia (Cundinamarca); 15 874 hab. Algodón y arroz. Ganadería.

**TOCANTINS,** r. de Brasil, afl. del Pará (or. der.); 2 640 km. Central hidroeléctrica de Tucuruí.

**TOCANTINS,** estado del centro de Brasil; 277 322 km$^2$; 920 133 hab. Cap. *Palmas do Tocantins.*

**TOCHIMILCO,** mun. de México (Puebla); 13 748 hab. Convento fortificado con murallas almenadas (s. XVI), iglesia con portada renacentista y capilla abierta.

**TOCINA,** v. de España (Sevilla); 8 404 hab. *(Tocinenses.)* Remolacha azucarera. Bosques.

**TOCOPILLA,** com. de Chile (Antofagasta); 24 767 hab. Puerto pesquero (conservas, harinas de pescado) y exportador de salitre. Industria química y metalúrgica. Planta termoeléctrica. Aeródromo.

**TOCORPURI** *(cerro de),* cerro andino de Chile (Antofagasta) y Bolivia (Potosí); 6 755 m de alt.

**TOCQUEVILLE** (Charles Alexis **Clérel de**), escritor y político francés (París 1805-Cannes 1859). Escribió *De la democracia en América* (1835-1840) y *El Antiguo régimen y la revolución* (1856), obras que le convirtieron en uno de los principales teóricos del liberalismo. Fue diputado y ministro.

**Tocumen,** aeropuerto internacional de Panamá, a 15 km de la capital.

**TOCUYITO,** mun. de Venezuela (Carabobo); 25 847 hab. Textiles. Materiales para la construcción.

**TOCUYO (El),** c. de Venezuela (Lara); 28 471 hab. En el valle del *río Tocuyo* (350 km). Iglesias del s. XVIII; la del convento de San Francisco con interesante claustro. Fundada por Juan de Carvajal (1545), fue sede del gobernador de Venezuela.

**TODA AZNAR** († d. 960), reina de Navarra, nieta de Fortún Garcés de Pamplona. Casada con Sancho I Garcés de Navarra, a la muerte de éste (925) ejerció la regencia de su hijo García Sánchez I.

**TODI** (Iacopo **dei Benedetti,** llamado **Iacopone da**), escritor italiano (Todi *c.* 1230-Collazzone, Um-

TOGO

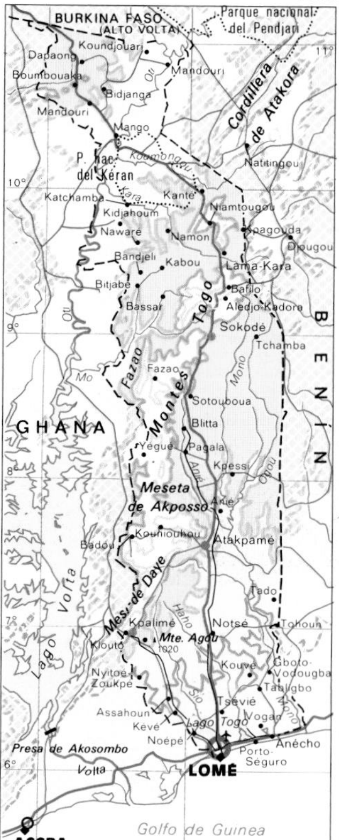

oría, 1306). Sus laudes dialogados constituyen el primer esbozo del teatro sacro italiano.

**TODLEBEN** → *Totleben.*

**TODT** (Fritz), general e ingeniero alemán (Pforzheim 1891-Rastenburg 1942). Constructor de autopistas (1933-1938) y de la línea Sigfrido (1938-1940), dio su nombre a la organización paramilitar que, con la colaboración forzada de trabajadores extranjeros, construyó el muro del Atlántico.

**TOESCA Y RICCI** (Joaquín), arquitecto italiano (Roma 1745-Santiago de Chile 1799), activo en Chile. En España trabajó con Sabatini. Neoclásico, es, junto con Tolsá, el arquitecto más importante del s. XVIII en Hispanoamérica (fachada de la catedral, el templo de la Merced y los planos de la casa de la Moneda en Santiago de Chile).

**TOGLIATTI,** en ruso **Toliatti,** hasta 1964 **Stávropol,** c. de Rusia, a orillas del Volga; 630 000 hab.

**TOGLIATTI** (Palmiro), político italiano (Génova 1893-Yalta 1964). Contribuyó a la creación del Partido comunista italiano (1921), del que fue secretario general. Tuvo que exiliarse en tiempos del fascismo, fue vicepresidente del gobierno en 1944-1945 y ministro de Justicia en 1945-1946. Se mostró a favor de la desestalinización y el «policentrismo» en el seno del movimiento comunista.

**TOGO,** estado de África occidental, junto al golfo de Guinea; 56 600 km$^2$; 3 800 000 hab. *[Togoleses.]* CAP. *Lomé.* LENGUA OFICIAL: *francés.* MONEDA: *franco C.F.A.* Es un país de sabanas y esencialmente rural. Las exportaciones de productos agrícolas (aceite de palma, café, cacao, algodón) siguen en importancia a las de fosfatos del *lago Togo.*

HISTORIA

Antes del s. XV: numerosos pueblos, ninguno de ellos creador de un gran reino. S. XV: los portugueses y después los daneses llegaron a las costas. S. XVI: llegaron los misioneros portugueses, pero Dinamarca ejerció un protectorado de hecho. El comercio de esclavos prosperó. Segunda mitad del s. XIX: se desarrolló el comercio de aceite de palma. *C.* 1870 se crearon establecimientos franceses, alemanes y británicos. 1884: el explorador Nachtigal estableció el protectorado alemán en el país, al que dio su nombre actual. 1897: se estableció la capital en Lomé. 1914: los aliados conquistaron fácilmente el protectorado. 1919: el país fue dividido entre Francia (que obtuvo la costa de Lomé) y Gran Bretaña (que consiguió las tierras del O). 1922: el reparto fue confirmado por la concesión de mandatos de la S.D.N. 1946: Togo quedó bajo la tutela de la O.N.U. 1956-1957: el N del Togo británico fue anexionado a Costa de Oro, que se convirtió en el estado independiente de Ghana. El resto del país formó una república autónoma. 1960: dicha república obtuvo la independencia. Sylvanus Olympio fue su primer presidente. 1963: Olympio fue asesinado y sustituido por Nicolas Grunitzky, originario del N, quien practicó una política liberal en el interior, y abrió el país al exterior. 1967: un golpe de estado condujo al poder al teniente coronel Eyadéma, originario también del N, que gobernó con un partido único. 1991: bajo la presión de la oposición, Eyadéma tuvo que restaurar el multipartidismo. 1992: la puesta en marcha de un proceso democrático generó una fuerte resistencia. 1994: la oposición venció en las elecciones legislativas. 1996: Eyadéma recuperó gran parte de su poder absoluto.

**TŌGŌ HEIHACHIRO,** almirante japonés (Kagoshima 1847-Tōkyō 1934). Derrotó a los rusos en Port-Arthur y en Tsushima (1905).

**Toisón de oro** *(orden del),* orden creada en 1429 por el duque Felipe el Bueno de Borgoña, en recuerdo del vellocino de oro de Jasón. Vinculada a la casa de Habsburgo desde 1477, se mantuvo en Austria hasta 1918, y en España, aunque fue suprimida en 1931, reanudó su vigencia desde el reinado de Juan Carlos I.

**TOJA (La),** isla de España (Pontevedra), en la ría de Arosa, unida a la costa por un puente. Turismo. Balneario de aguas termales (casino).

**TŌJŌ HIDEKI,** general y político japonés (Tōkyō 1884-*id.* 1948). Jefe de gobierno (1941-1944), decidió la participación de su país en la segunda guerra mundial. Fue ejecutado como criminal de guerra por los norteamericanos.

**Tōkaidō,** antiguo camino feudal de Japón que unía Kyōto y Edo (act. Tōkyō), y que el pintor Hiroshige inmortalizó (1833-1834) en su célebre serie de estampas *Cincuenta y tres estaciones en el camino de Tōkaidō.* La antigua vía ha dado nombre a un ferrocarril que enlaza Tōkyō con Ōsaka por Kyōto y Nagoya.

**TOKAY,** c. del NE de Hungría, junto al Tisza; 5 358 hab. Vino blanco.

**TOKUGAWA,** clan aristocrático japonés, surgido de los Minamoto, que constituyó la tercera y última de las dinastías de los shōgunes (1603-1867).

**TOKUGAWA IEYASU** (1542-1616), fundador de la dinastía de los Tokugawa. Se proclamó shōgun hereditario (1603) después de haber derrotado a los fieles de Toyotomi Hideyoshi.

**TOKUSHIMA,** c. de Japón (Shikoku); 263 356 hab. Centro industrial. Castillo y jardín del s. XVI.

**TŌKYŌ** o **TOKIO,** ant. **Edo** o **Yedo,** c. y cap. de Japón (Honshū), puerto al fondo de la bahía de Tōkyō, formada por el Pacífico; 11 855 563 hab. Gran centro administrativo, cultural, comercial e

**Tōkyō:** el barrio de Ginza, en el centro de la ciudad

industrial. Bellos jardines paisajísticos. Museos, entre ellos el museo nacional. Centro olímpico y otras edificaciones realizadas por Tange Kenzō. La ciudad, dotada de un castillo en 1457, se convirtió en la capital de Japón en 1868. Fue destruida por un sismo (1923), reconstruida y bombardeada en 1945 por la aviación norteamericana.

**TOLBUJIN** (Fiódor Ivánovich), mariscal soviético (Andronik 1894-Moscú 1949). Se distinguió en la batalla de Stalingrado (1942), entró en Sofía y en Belgrado (1944), y en Austria (1945).

**TOLDRÁ** (Eduardo), compositor y director de orquesta español (Vilanova i la Geltrú 1885-Barcelona 1962). Director de la orquesta municipal de Barcelona desde su creación en 1944, es autor de la ópera *La piruleta de mayo* (1928), con texto de J. Carner, y de composiciones vocales de gran lirismo.

**TOLÉ,** distr. de Panamá (Chiriquí); 23 066 hab. Industria maderera.

**TOLEDO** *(montes de),* sistema orográfico de España, en la Meseta S, entre las cuencas del Tajo y del Guadiana; 1 603 m de alt. en Las Villuercas (sierra de Guadalupe).

**TOLEDO** *(reino visigodo de),* nombre por el que se conoce el reino visigodo de la península Ibérica, con capital en Toledo. Regido por Leovigildo en 573, perduró hasta la invasión musulmana en 711.

**TOLEDO** *(taifa de),* reino musulmán formado tras la descomposición del califato de Córdoba (1035). Fue conquistado por Alfonso VI de Castilla (1085).

**TOLEDO** *(provincia de),* prov. de España, en el NO de Castilla-La Mancha; 15 368 km$^2$; 491 117 hab.

TOLEDO

Cap. *Toledo.* P. j. de *Illescas, Ocaña, Orgaz, Quintanar de la Orden, Talavera de la Reina, Toledo* y *Torrijos.* En la Meseta S, entre la sierra de Gredos, al N, y los montes de Toledo, al S, y avenada por el Tajo. Agricultura (cereales, vid, olivo, en secano; huertas en las riberas del Tajo). Industrias tradicionales de armas (Toledo), cerámica (Talavera de la Reina) y bordados (Lagartera). Industrias metalúrgicas y del cemento, desarrolladas por su proximidad a Madrid.

**TOLEDO,** c. de España, cap. de Castilla-La Mancha, cap. de la prov. homónima y cab. de p. j.; 63 561 hab. *(Toledanos.)* Situada en una elevación, junto al Tajo. Industrias tradicionales (tejidos, armas, damasquinados). Turismo. La *Toletum* romana fue capital del reino hispanovisigodo y de un reino de taifa en el s. XI. Carlos Quinto la convirtió en centro de su imperio y construyó el Alcázar (act. reconstruido y sede de la biblioteca de Castilla-La Mancha). Destacan de su recinto amurallado las puertas del Sol (s. XIV), de Bisagra y del Cambrón (s. XVI), y el puente de Alcántara (de origen romano). La iglesia del Cristo de la Luz, ant. mezquita (s. X), las iglesias mozárabes de Santa Justa y Santa Eulalia, las sinagogas del Tránsito* (museo Sefardí) y Santa* María la Blanca, y las iglesias de Santiago del Arrabal, Santo Tomé (*El entierro del conde de Orgaz,* de El Greco) y la ermita del Cristo de la Vega, todas con elementos mudéjares, además de la catedral (ss. XIII-XIV), obra maestra de la arquitectura gótica (que alberga el Transparente* barroco, rico tesoro artístico en la sacristía), recuerdan la época en que Toledo fue la «ciudad de las tres religiones»; San Juan de los Reyes (1490-1495), en estilo Isabel; el hospital de Santa Cruz (1504-1514, actual museo arqueológico y de bellas artes); el hospital Tavera (museo); la casa de El Greco (s. XVI, museo) y el ayuntamiento (ss. XVI-XVII), son otras muestras del riquísimo conjunto monumental de la ciudad, declarado bien cultural del patrimonio mundial por la Unesco (1986). Museo de artesanía mudéjar en el Taller del Moro; museo de los Concilios y de la cultura visigoda (ant. templo de San Román); museo de arte contemporáneo (Casa de las Cadenas, s. XVII).

**Toledo** *(concilios de),* asambleas generales político-religiosas que constituían el máximo organismo legislativo y normativo de la Hispania visigoda. El primer concilio general fue el III (589), que incorporó a los hispanorromanos a la dirección del país, y es considerado el fundador del reino visigodo. En el IV (633) se reguló la sucesión al trono. En el V (636) y el VI (638) se negó el acceso al trono a los que no pertenecieran a la nobleza goda. El XVII y último concilio se celebró en 694.

**Toledo** *(escuela de traductores de),* centro cultural que en los ss. XII-XV realizó versiones latinas de obras hebreas y árabes. Sus principales promotores fueron el arzobispo de Toledo Raimundo de Sauvetat (1126-1152) y Alfonso X el Sabio, que fomentó la sustitución del latín por el romance.

**TOLEDO,** c. y puerto de Estados Unidos (Ohio), junto al Maumee; 332 943 hab. Centro industrial, universidad. Museo de arte.

**TOLEDO,** mun. de Colombia (Norte de Santander); 16 150 hab. Ganado vacuno. Yacimientos de carbón.

**TOLEDO** *(casa de),* antigua familia de la nobleza española fundada en el s. XI por **Pedro,** conde de Carrión. De esta rama nacieron diversas líneas que poseyeron numerosos títulos, entre ellos el ducado de Alba*. – **Pedro de Toledo** (Alba de Tormes 1484-Florencia 1553) fue virrey de Nápoles (1532-1553). – Su hijo **García** (Villafranca del Bierzo 1514-Nápoles 1578) fue virrey de Cataluña (1558-1564) y de Sicilia (1565-1566). – **Fadrique de Toledo Osorio Ponce de León** (Madrid 1635-*id.* 1705) fue virrey de Sicilia (1674-1676) y presidente del consejo de Italia (1698).

**TOLEDO** (Francisco), artista mexicano (Juchitán 1940). Sus figuraciones se inspiran en la naturaleza, expresada con un simbolismo personal.

**TOLEDO** (Francisco **de**), *conde* **de Oropesa,** administrador español (Oropesa 1516-Escalona 1582). Virrey del Perú (1569-1581), centralizó la concesión de las encomiendas y reguló el trabajo forzoso en las minas (mita). Reactivó la economía del virreinato aumentando la producción de plata del Potosí. Sus reformas chocaron con el consejo de Indias y con insurrecciones indígenas (Túpac Amaru, 1571).

**TOLEDO** (Juan Bautista **de**), arquitecto español († Madrid 1567). Trabajó en San Pedro de Roma a las órdenes de Miguel Ángel. Por encargo de Felipe II, realizó el proyecto para el monasterio de El Escorial.

**TOLEMAIDA** o **PTOLEMAIDA,** nombre de varias ciudades fundadas en la época helenística por los Tolomeos o en su honor.

**TOLIARA,** ant. **Tuléar** y **Toliary,** c. y puerto de Madagascar, junto al canal de Mozambique; 49 000 hab.

**TOLIATTI** → *Togliatti.*

**TOLIMA** *(nevado del),* pico de Colombia (Tolima), en la cordillera Central; 5 215 m. Parque nacional.

**TOLIMA** *(departamento de),* dep. del centro de Colombia; 23 562 km², 1 051 852 hab. Cap. *Ibagué.*

**TOLIMÁN,** volcán de Guatemala (Sololá), al S del lago Atitlán. Se distinguen dos picos, de 3 158 m y 3 134 m de alt.

**TOLIMÁN,** mun. de México (Querétaro); 15 312 hab. Ganadería, apicultura. Artesanía.

**TOLKIEN** (John Ronald Reuel), escritor británico (Bloemfontein, Sudáfrica, 1892-Bournemouth 1973). Es autor de una epopeya fantástica que constituye una desmitificación del género (*El señor de los anillos,* 1954-1955).

**TOLMAN** (Edward Chace), sicólogo norteamericano (West Newton, Massachusetts, 1886-Berkeley 1959). Perfeccionó el behaviorismo con ayuda del concepto de finalidad que se propone todo ser vivo en su comportamiento (*Conducta intencional en los animales y en el hombre,* 1932).

**TOLOMEO,** nombre de los soberanos griegos de la dinastía de los Lágidas, que reinaron en Egipto tras la muerte de Alejandro (323 a. J.C.) Dieciséis soberanos llevaron este nombre. Los más célebres son: **Tolomeo I Sōtēr** (en Macedonia *c.* 367-283 a. J.C.), fundador de la dinastía, dueño de Egipto tras la muerte de Alejandro Magno (323). Rey (305), conquistó Palestina, Siria, Chipre y Cirenaica. Hizo de Alejandría una gran capital. – **Tolomeo II Filadelfo** (Cos *c.* 309-246 a. J.C.), rey de Egipto [283-246 a. J.C.]. Dio a Egipto la hegemonía en el Mediterráneo oriental. Hizo construir el faro de Alejandría. – **Tolomeo III Evergetes** (*c.* 280-221 a. J.C.), rey de Egipto [246-221 a. J.C.]. Durante su reinado, el Egipto lágida alcanzó su apogeo. – **Tolomeo IV Filopátor I** (*c.* 244-203 a. J.C.), rey de Egipto [221-204/203 a. J.C.]. – **Tolomeo V Epífanes** (*c.* 210-181 a. J.C.), rey de Egipto [204-181 a. J.C.]. Perdió definitivamente Siria y Palestina. – **Tolomeo VI Filométor** (186-145 a. J.C.), rey de Egipto [181-145 a. J.C.]. – **Tolomeo VIII** (o **VII**) **Evergetes II** († 116 a. J.C.), rey de Egipto [143-116 a. J.C.]. Su reinado fue el último del gran período del Egipto lágida. – A fines del s. II y en el s. I a. J.C., los Tolomeos se sometieron a la política romana. – **Tolomeo XIV** (o **XV**) [59-44 a. J.C.], rey de Egipto [47-44 a. J.C.], fue el esposo de su hermana, Cleopatra VII. – **Tolomeo XV** (o **XVI**) **Cesarión** (47-30 a. J.C.), hijo de César y de Cleopatra VII, rey nominal de Egipto [44-30 a. J.C.], fue asesinado por Octavio después de Actium.

**TOLOMEO** (Claudio), astrónomo, geógrafo y matemático griego (Tolemaida de Tebaida *c.* 100-Cánope *c.* 170), autor de la *Composición matemática* o *Gran sintaxis* (conocida como *Almagesto*), vasta compilación de los conocimientos astronómicos de los Antiguos, y de una *Geografía* que fue autoridad hasta el final de la edad media y el renacimiento. Imaginó la Tierra inmóvil en el centro del universo y desarrolló un ingenioso sistema cosmológico, apto para dar cuenta de los movimientos astronómicos observados en su época mediante una combinación de movimientos circulares.

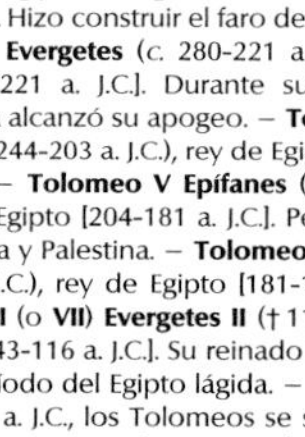

Liev **Tolstói**
(I. N. Kramskoi - galería Tretiakov, Moscú)

**TOLÓN,** forma españolizada de Toulon.

**TOLOSA,** forma languedociana de Toulouse, utilizada también en castellano.

**TOLOSA** *(condado de),* antiguo principado originado en la marca carolingia de Tolosa. Formado en el s. VIII, en 1271 fue anexionado a la corona francesa.

**TOLOSA** *(reino visigodo de),* organización política creada por Valia (418), que perduró hasta la derrota de Alarico II ante los merovingios (507).

**TOLOSA,** v. de España (Guipúzcoa), cab. de p. j.; 18 085 hab. *(Tolosanos.)* Centro industrial (papel, construcciones mecánicas, metalurgia).

**TOLSÁ** (Manuel), escultor y arquitecto español (Énguera 1757-México 1816). Introductor en México del neoclasicismo, que matizó con rasgos del barroco italiano, construyó la fachada y la cúpula de la catedral y el palacio de la Minería (1797-1813). Su escultura más célebre es el retrato ecuestre de Carlos IV *(el Caballito).*

**TOLSTÓI** (Alexéi Nikoláievich), escritor ruso (Nikoláievsk 1883-Moscú 1945), autor de relatos que describen la vida de los intelectuales rusos durante la revolución (*El camino de los tormentos,* 1927-1941) y de novelas históricas (*El pan,* 1935; *Iván el Terrible,* 1943).

**TOLSTÓI** (Liev Nikoláievich), escritor ruso (Yásnaia Poliana, Tula, 1828-Astápovo, Riazán, 1910). Su obra, en la que retrata la sociedad y el alma rusas mediante una descripción de sorprendente diversidad, es, en el fondo, un intento de análisis personal y de ascesis, fruto de los impulsos místicos y del rechazo contestatario que lo convirtieron en el ídolo de la juventud rusa (*Guerra* y paz,* 1865-1869); *Ana* Karénina,* 1875-1877; *Sonata a Kreutzer,* 1890; *Resurrección,* 1899).

**TOLÚ,** mun. de Colombia (Sucre); 24 329 hab. Antiguo centro del comercio del *bálsamo de Tolú.*

**TOLUCA** *(nevado de)* o **XINANTECATL,** cumbre volcánica de México (México), en la cordillera Neovolcánica; 4 392 m de alt.

**TOLUCA** *(valle de),* región fisiográfica de México, en la cordillera Neovolcánica, al O del Valle de México; 2 620 m de alt. media. Cultivos comerciales en regadío. Núcleos principales: Toluca de Lerdo, Lerma y Metepec. – Habitado desde el s. VII por los matlatzincas, sufrió en el s. XII la invasión de los chichimecas, y en 1475 se incorporó al imperio azteca. Hernán Cortés envió contra ellos a Sandoval, que los redujo a sangre y fuego.

**TOLUCA DE LERDO** o **TOLUCA,** c. de México, cap. del est. de México; 544 626 hab. Centro agropecuario, comercial e industrial; mercado de artesanía. Universidad. Museos de artes populares, arqueología y bellas artes. Iglesia del Carmen (s. XVIII). Fue fundada en 1520.

**TOMAKOMAI,** c. y puerto de Japón (Hokkaidō); 160 118 hab.

**TOMAR,** c. de Portugal (Santarém), en Estremadura, al NE de Lisboa; 14 003 hab. Fue la sede principal de los templarios (iglesia y convento de los ss. XII-XVI). En la ciudad, Felipe II convocó cortes (1581), por las que fue reconocido rey de Portugal y juró fidelidad a los fueros y leyes portuguesas.

**TOMARES,** v. de España (Sevilla); 13 226 hab. Agricultura. Ebanistería.

**TOMÁS** *(santo),* apodado **Dídimo,** uno de los doce apóstoles (s. I). Según una tradición apócrifa habría evangelizado Persia y la India. Una interpretación del Evangelio según san Juan lo ha convertido en el prototipo del escéptico, que sólo cree lo que ve.

**TOMÁS BECKET** o **BECKETT** *(santo),* prelado inglés (Londres 1118-Canterbury 1170). Amigo de Enrique II Plantagenet, que lo nombró canciller de Inglaterra (1155), y luego arzobispo de Canterbury (1162). Defensor del clero contra el rey, rompió con este último, que lo mandó asesinar.

**TOMÁS DE AQUINO** *(santo),* teólogo italiano (Roccasecca, cerca de Aquino, 1225-en la abadía de Fossanuova 1274), llamado **el Doctor Angélico.** Dominico y maestro en teología (1256), profesó sobre todo en París, donde había recibido la enseñanza de san Alberto Magno. Lo fundamental de su doctrina (tomismo) se encuentra en su obra principal *Suma teológica* (1266-1273), organizada en torno al tema central de la conciliación entre la fe y la razón. Doctor de la Iglesia.

**TOMÁS MORE** o **MORO** *(santo)*, político y humanista inglés (Londres 1478-*id.* 1535). Fue jurisconsulto y tomó parte en el movimiento humanista. Enrique VIII lo nombró canciller del reino (1529). Permaneció fiel al catolicismo durante los disturbios que marcaron el comienzo de la Reforma y desaprobó el divorcio de Enrique VIII. Cayó en desgracia (1532) y fue encarcelado y ejecutado. Escribió una obra fundamental en la historia de las ideas políticas, *Utopía* (1516).

**TOMASELLO** (Luis), pintor argentino (La Plata 1915). Miembro fundador del Salón de arte nuevo en París, su cinetismo se basa en la sugerencia de los reflejos y la variedad de las sombras.

**TOMATLÁN,** mun. de México (Jalisco); 23 586 hab. Caña de azúcar, tabaco, cereales. Ganadería.

**TOMBOUCTOU,** llamada también **Timbuktu, Tombuktu** o **Tumbuctu,** c. de Malí; 20 000 hab. Centro comercial cerca del r. Níger. Mezquita del s. XIV. Fue fundada probablemente *c.* 1100 y en los ss. XV-XVI se convirtió en un importante centro religioso e intelectual.

**TOMÉ,** com. de Chile (Biobío); 49 140 hab. Centro minero (carbón) e industrial. Puerto pesquero.

**TOMÉ** (Narciso), arquitecto y escultor español (¿nacido en Toro?-Toledo 1742). Participando todavía de la teatralidad barroca, colaboró con su hermano Diego en la fachada de la universidad de Valladolid (*c.* 1717-1718). En su obra maestra, el Transparente* de la catedral de Toledo, combinó las diferentes artes para crear un espacio efectista e ilusorio definido por la luz.

**TOMELLOSO,** c. de España (Ciudad Real), cab. de p. j.; 27 936 hab. *(Tomelloseros.)* Centro vinícola.

**TOMIÑO,** mun. de España (Pontevedra); 10 130 hab. *(Tomineses.)* Cap. *Seijo* u *O Seixo.* Maderas.

**TOMIS** o **TOMES,** en lat. **Tomi,** ant. c. griega, en la costa O del Ponto Euxino, donde Ovidio murió en el exilio. (Es la actual *Constanța*, en Rumania.)

**TOMSK,** c. de Rusia, en Siberia occidental, junto al *Tom* (afl. del Ob [or. der.]; 827 km); 502 000 hab. Universidad. Petroquímica.

**TONALÁ,** mun. de México (Jalisco), avenado por el Santiago; 52 158 hab. Alfarería. – Mun. de México (Chiapas); 44 673 hab. Centro comercial de los recursos pesqueros de la región (camarón).

**TONANTZINTLA,** localidad de México, en el mun. de San Andrés Cholula (Puebla). Observatorio astronómico. Santuario de Santa María (s. XVII), muestra del barroco popular poblano, decorado con azulejos y yeserías.

**TONATIUH,** divinidad solar del panteón azteca.

**TONG K'I-CH'ANG** → ***Dong Qichang.***

**TONGA,** ant. **Islas de los Amigos,** estado insular de Polinesia; 700 km²; 110 000 hab. CAP. *Nuku'Alofa.* LENGUAS OFICIALES: *inglés y tongano.* MONEDA: *pa'anga.* Descubiertas en 1616, tuvieron un régimen de monarquía polinesia, bajo protectorado británico desde 1900. En 1970 obtuvieron la independencia en el seno de la Commonwealth.

El asesinato de santo **Tomás Becket** en la catedral de Canterbury. Detalle de una miniatura del maestro de Boucicaut (*c.* 1405-1410). [Museo Jacquemart - André, París.]

**TONGHUA** o **T'ONG-HUA,** c. del NE de China (Jilin); 324 600 hab. Centro industrial.

**TONG-T'ING** → ***Dongtin.***

**TONINÁ,** centro arqueológico mexicano de la cultura maya (Chiapas), que alcanzó su apogeo a fines del s. VIII. Sobresalen los restos de templos y las estelas esculpidas.

**TONKÍN,** región del N de Vietnam, que corresponde al delta del Sông Koi (río Rojo) y a las montañas que lo rodean. El delta está densamente poblado; los diques y el regadío permiten el cultivo intensivo de arroz.

**TONLÉ SAP** *(gran lago)*, lago de Camboya que desagua en el Mekong (del que recibe las aguas en período de crecida). Su superficie oscila entre 2 700 km² y 10 000 km². Pesca.

**TÖNNIES** (Ferdinand), sociólogo alemán (Riep [act. Oldenswort], Schleswig, 1835-Kiel 1936), autor de *Comunidad y sociedad* (1887), donde distingue la relación social de tipo natural y orgánica *(comunidad)* de la que va dirigida a un objetivo *(sociedad).*

**TOPEKA,** c. de Estados Unidos, cap. de Kansas, a orillas del Kansas; 119 883 hab.

**TOPELIUS** (Zacharias), escritor finlandés en lengua sueca (Kuddnäs 1818-Sipoo 1898), contrario al naturalismo y autor de poemas (*Flores de la landa,* 1845-1853) y cuentos.

**TOPETE** (Juan Bautista), marino y político español (Tlacotalpa, Yucatán, 1821-Madrid 1885). Encabezó el pronunciamiento de la escuadra en setiembre de 1868. Ministro de Marina (1869-1873), renunció al proclamarse la república. Volvió al gobierno en 1874.

**TOPILTZIN** (Ce Acatl) [947-999], soberano de los toltecas [977-999]. Sumo sacerdote del dios Quetzalcóatl, reinó en Tula en su período de máximo esplendor. Se trasladó a Chichén Itzá por razones desconocidas, pero regresó a Tula. Identificado en la mitología azteca con el dios Quetzalcóatl, Moctezuma le creyó reencarnado en Cortés, y algunos españoles le consideraron un apóstol cristiano precolombino. – **Topiltzin,** último soberano tolteca de Tula [1111-1116], que sucumbió al ataque de los chichimecas.

**Topkapi,** palacio de los sultanes otomanos construido (ss. XV-XIX) en İstanbul, uno de los museos más importantes del arte islámico.

**TOPOR** (Roland), dibujante francés de origen polaco (París 1938-*id.* 1997). En sus álbumes, ilustraciones y películas de dibujos animados desarrolló un humor cáustico basado en el absurdo.

**Toquepala,** yacimientos de cobre de Perú (Tacna). Planta de concentración del mineral, que envía su producción a la refinería de Ilo (Moquegua).

**TOR** → ***Thor.***

**Torá,** nombre dado en el judaísmo a los cinco primeros libros de la Biblia o Pentateuco, que contienen lo esencial de la ley mosaica. Generalmente, dicho término designa el conjunto de la Ley judía.

**TORBAY,** c. y estación balnearia de Gran Bretaña (Devon), junto al canal de la Mancha; 116 000 hab.

**TORCAL** o **TORCAL DE ANTEQUERA** *(sierra del)*, sierra de España (Málaga), en la cordillera Penibética; 1 368 m de alt. en Camorra Alto. Presenta una morfología cársica que le da su peculiar aspecto (torcas, puentes naturales, etc.). Parque natural (1 200 ha).

**TORCELLO,** pequeña isla de la laguna de Venecia. Catedral de los ss. VII-XI, de estilo véneto-bizantino (mosaicos de los ss. XII-XIII).

**TORDERA,** v. de España (Barcelona); 8 144 hab. *(Torderenses.)* Corcho, fibras artificiales, carrocerías.

**TORDESILLAS,** v. de España (Valladolid); 7 637 hab. *(Tordesillanos.)* Antracita. Vinos. Textiles. Parador de turismo. Convento mudéjar de Santa Clara (s. XIV), que fue palacio de Alfonso XI; iglesia de San Antolín (s. XVI), con retablo de Juan de Juni. En su castillo fue recluida Juana la Loca desde 1509 hasta su muerte. En el *tratado de Tordesillas,* acuerdo firmado por los representantes de Juan II de Portugal y de los Reyes Católicos (junio 1494), se fijó la línea de demarcación entre la colonización portuguesa y la española a 370 leguas al O de las islas de Cabo Verde.

**TORELLI** (Giuseppe), violinista y compositor italiano (Verona 1658-Bolonia 1709). Fue iniciador en la rama de la sonata, de los *concerti grossi* y del concierto para solista.

**TORELLÓ,** v. de España (Barcelona); 11 453 hab. *(Torellonenses.)* Industria textil, madera, plásticos.

**TORENO** (José María **Queipo de Llano,** *conde* **de**), político español (Oviedo 1786-París 1843). Estuvo exiliado en París (1822-1832). Ministro de Hacienda (1834-1835), negoció la concesión de las minas de Almadén a los Rothschild. Jefe de gobierno a la caída de Martínez de la Rosa (1835), dimitió a los pocos meses.

**TOREZ** o **THOREZ,** ant. **Chistiakovo,** c. de Ucrania, en el Donbass; 116 000 hab. Centro hullero.

**TORGA** (Adolfo **Correia da Rocha,** llamado **Miguel**), escritor portugués (São Martinho de Anta 1907-Coimbra 1995). Describe la dureza de la vida rural, especialmente en sus cuentos. Su poesía evoca los lazos entre los hombres y la naturaleza (*Poemas ibéricos,* 1965). *La creación del mundo* (1937-1981) es una autobiografía novelada. Destaca, asimismo, su monumental *Diario* (1932-1994).

**TORGAU,** c. de Alemania (Sajonia), junto al Elba; 22 742 hab. Castillo renacentista. Punto de encuentro de los ejércitos soviético y norteamericano (25 abril 1945).

**TORIBIO ALFONSO DE MOGROVEJO** *(santo)*, prelado español (Mayorga 1538-Saña Grande, Perú, 1606). Arzobispo de Lima (1579), publicó un catecismo en las lenguas quechua y aymara para facilitar la evangelización, y fundó el primer seminario americano (Lima, 1591).

**TORMES,** r. de España, afl. del Duero (or. izq.); 284 km. Nace en la sierra de Gredos (Ávila), y pasa por la c. de Salamanca. Embalses de Santa Teresa (496 Mm³; central de 22,7 MW) y de Almendra (2 649 Mm³; central de Villarino, 810 MW).

**TORNE,** r. de Laponia que desemboca en el golfo de Botnia; 510 km. Separa a Suecia de Finlandia.

**TORO** *(cerro* **El**), cerro de la cordillera de los Andes, en la frontera entre Argentina (San Juan) y Chile (Coquimbo); 6 160 m de alt.

**TORO,** c. de España (Zamora), cab. de p. j.; 9 649 hab. *(Toresanos.)* Junto al Duero. Vinos. Colegiata de Santa María (1160-1240). Iglesias mudéjares. Palacios de Ulloa y Santa Cruz de Aguirre, hospital de la Cruz (1522), ayuntamiento (1778). Victoria del ejército de Isabel I de Castilla y Fernando II de Aragón sobre la coalición de Alfonso V de Portugal y la nobleza castellana (1476), durante la guerra civil de Castilla.

**Toro** *(leyes de)*, disposiciones aprobadas por las cortes de Toro (en. 1505) a la muerte de Isabel I. El trono de Castilla fue ofrecido a Juana y Felipe el Hermoso. La aprobación de las normas sucesorias y la regulación del mayorazgo ratificó las aspiraciones de la burguesía frente a la nobleza.

**TORO** (David), militar y político boliviano (Sucre 1898-*id.* 1977). Jefe del estado mayor general durante la guerra del Chaco, encabezó el golpe contra Tejada Sorzano y presidió la junta de gobierno (1936-1937). Es autor de obras de técnica e historia militar.

**TORO** (Fermín), político y escritor venezolano (Caracas 1807-*id.* 1865). Participó en la revolución que derrocó a los Monagas (1858) y fue presidente de la convención de Valencia. Su obra literaria, que incluye poemas *(Oda a la zona tórrida)* y novelas históricas (*Sibila de los Andes,* 1849), se sitúa entre el neoclasicismo y el romanticismo.

**TORO SENTADO** → ***Sitting Bull.***

**TORONTO** *(lago)*, embalse de México (Chihuahua), en el río Conchos; 2 982 Mm³. Hidroelectricidad (central de La Boquilla, 25 MW). Regadíos.

**TORONTO,** c. de Canadá, cap. de la prov. de Ontario, junto al lago Ontario, y principal aglomeración de Canadá; 635 395 hab. (3 550 733 hab. en la aglomeración). Universidades. Centro financiero, comercial e industrial. Museos.

**TORQUEMADA** (Antonio **de**), escritor español († 1569), costumbrista (*Jardín de flores curiosas,* 1570) y autor de una novela de caballerías (*Olivante de Laura,* 1564).

**TORQUEMADA** *(fray* Tomás **de**), inquisidor español (Valladolid 1420-Ávila 1498). Dominico, fue confesor honorífico de los Reyes Católicos e inquisidor general de Castilla y Aragón (1483). Du-

Fray Tomás de **Torquemada.** Detalle de *La Virgen de los Reyes Católicos,* anónimo hispanoflamenco. (Prado, Madrid.)

rante su mandato fueron condenadas a muerte 3 000 personas por motivos religiosos, y se expulsó a los judíos. Redactó las *Instrucciones inquisitoriales* (1484).

**TORQUEMADA** (Juan **de**), eclesiástico español (1557-en Nueva España 1624). Fue provincial de la orden franciscana en México. Su *Monarquía indiana* (1615) es una defensa de los indios y una fuente para el conocimiento de la cultura totonaca.

**TORRALBA DEL MORAL,** localidad de España (mun. de Medinaceli, Soria), en la que se encuentra un yacimiento prehistórico del achelense inferior con instrumentos de piedra y hueso y restos de animales.

**TORRANCE,** c. de Estados Unidos (California); 130 000 hab.

**TORRAS Y BAGES** (José), eclesiástico y escritor español en lengua catalana (Les Cabanyes, Barcelona, 1846-Barcelona 1916). Obispo de Vic (1899), es autor de *La tradición catalana* (1892), texto básico del movimiento catalanista conservador.

**TORRE** (Alfonso **de la**), escritor español (¿Burgos?-† *c.* 1460), autor de un tratado filosófico-alegórico con influencias árabes, hebreas y cristianolatinas (*Visión delectable de la filosofía y artes liberales,* publicada *c.* 1485).

**TORRE** (Claudio **de la**), escritor español (Las Palmas de Gran Canaria 1898-Madrid 1973). Su obra, de gran fantasía poética, incluye novelas (*En vida del señor Alegre,* 1924) y teatro (*Tic-Tac,* 1930; *Tren de madrugada,* 1946).

**TORRE** (Francisco **de la**), poeta español (¿nacido en Torrelaguna? *c.* 1535). Su poesía *(Bucólica del Tajo),* de tono garcilasista, fue editada por Quevedo en 1631.

**TORRE** (Guillermo **de**), escritor y crítico literario español (Madrid 1900-Buenos Aires 1971). Fue propulsor del ultraísmo con su libro de poesía *Hélices* (1923), difusor de la vanguardia (*Literaturas europeas de vanguardia,* 1925; ed. aumentada 1965) y destacado periodista y ensayista literario.

**TORRE** (Lisandro **de la**), político y periodista argentino (Rosario 1868-Buenos Aires 1939). Director de *El argentino* de Buenos Aires y *La república* de Rosario, fundó la Liga del sur (1908) y el Partido demócrata progresista (1914).

**TORRE** (Manuel **Soto Loreto,** llamado **el Niño de Jerez** o **Manuel**), cantaor flamenco español (Jerez de la Frontera 1878-Sevilla 1933). Está considerado el mejor intérprete del cante en su época.

**TORRE** (Miguel **de la**), *conde* **de Torrepando,** militar español († 1838). Luchó contra los neogranadinos y los venezolanos. En 1820 recibió el mando del ejército, y fue derrotado por Bolívar en Carabobo (1821). Fue gobernador de Puerto Rico (1823-1837).

**TORRE** (Pedro **de la**), arquitecto español del s. XVII activo en Madrid (capilla de San Isidro en la iglesia de San Andrés).

**TORRE ANNUNZIATA,** c. de Italia (Campania), junto al golfo de Nápoles; 50 346 hab. Estación balnearia y termal. Ruinas de Oplonti (villas romanas).

**TORRE DEL GRECO,** c. de Italia (Campania), junto al golfo de Nápoles; 101 456 hab.

**TORREDELCAMPO,** v. de España (Jaén); 11 144 hab. *(Torrecampeños.)* Industria alimentaria, madera.

**TORREDONJIMENO,** c. de España (Jaén); 13 003 hab. (*Torrejimenudos* o *torrejimeneños*) Salinas. Aceite, cemento. En el término se halló un tesoro de orfebrería visigoda (cruces y coronas votivas).

**TORREJÓN** (Andrés), conocido por **el alcalde de Móstoles** (Móstoles, Madrid, 1736-*id.* 1812), labrador elegido alcalde de Móstoles junto a Simón Hernández. Los dos firmaron un bando en que se incitaba a la guerra contra los franceses (2 mayo 1808).

**TORREJÓN DE ARDOZ,** v. de España (Madrid), cab. de p. j.; 82 807 hab. *(Torrejoneros.)* Centro industrial. Base aérea militar.

**TORREJÓN Y BLASCO** (Tomás **de**), compositor español (Villarrobledo 1644-Lima 1728). Compuso la primera ópera americana, *La púrpura de la rosa* (1701), con texto de Calderón de la Barca.

**TORRELAVEGA,** c. de España (Cantabria), cab. de p. j.; 59 520 hab. (*Torrelaveganos* o *torrelaveguenses*) Centro comercial, industrial y ferias de ganado.

**TORRELOBATÓN,** v. de España (Valladolid); 642 hab. *(Torrenos.)* Castillo del s. XVI.

**TORREMOLINOS,** mun. de España (Málaga); 35 309 hab. En la Costa del Sol. Centro turístico.

**TORRE-NILSSON** (Leopoldo), director de cine argentino (Buenos Aires 1928-*id.* 1978), el más internacional del país: *La casa del ángel* (1957), *La mano en la trampa* (1961), *Martín Fierro* (1968), *Los siete locos* (1972), *Boquitas pintadas* (1974), *La guerra del cerdo* (1975).

**TORRENT** (Montserrat), organista española (Barcelona 1926), especialista en la interpretación de los compositores españoles de los ss. XVI-XVII.

**TORRENTE** o **TORRENT,** c. de España (Valencia), cab. de p. j.; 56 191 hab. *(Torrentinos.)* Industrias.

**TORRENTE BALLESTER** (Gonzalo), escritor español (Ferrol 1910-Salamanca 1999). Inició su carrera literaria en el teatro. Ha cultivado la novela y la crítica literaria. La publicación entre 1957 y 1962 de la trilogía novelesca *Los gozos y las sombras,* de estética realista, marca un punto de inflexión en su carrera: *Off-side* (1969) y *La saga/fuga de J. B.* (1972) le consagraron, en una nueva etapa de predominio de imaginación y humor de raigambre cervantina. Otros títulos: *La isla de los jacintos cortados* (1980), *Filomeno, a mi pesar* (1988, premio Planeta), *La muerte del decano* (1992). (Premio nacional de narrativa 1981, Premio Cervantes 1985.) [Real academia 1975.]

**TORREÓN,** c. de México (Coahuila); 720 688 hab. Forma una conurbación con Gómez Palacio y Lerdo. Centro minero, comercial e industrial (alimentaria, textil, química). En la revolución mexicana, victorias de Pancho Villa sobre los federales (30 set. 1913 y marzo-abril 1914).

**TORRE-PACHECO,** v. de España (Murcia); 16 710 hab. *(Pachequenses.)* En el Campo de Cartagena. Industrias.

**TORREPEROGIL,** v. de España (Jaén); 7 355 hab. *(Torreños.)* Industria alimentaria. Iglesia del s. XI, con portada renacentista.

**TORRES,** cabo de España (Asturias), en la costa cantábrica, al NO de Gijón. Faro.

**TORRES** *(estrecho de),* brazo de mar entre Australia y Nueva Guinea, que une el Pacífico y el Índico.

**TORRES** (Camilo), patriota y político colombiano (Popayán 1766-Bogotá 1816). Asesor del cabildo de Santa Fe (1808), pidió una representación igualitaria para Hispanoamérica en las cortes. Presidente del congreso de las Provincias Unidas de Nueva Granada (1812-1814), asumió el poder a la caída de Nariño (1815), pero dimitió ante el avance de los realistas (1816). Fue capturado y ejecutado.

Gonzalo **Torrente Ballester** (por A. Delgado Ramos)

Jaime **Torres Bodet**

**TORRES** (Camilo), sacerdote y guerrillero colombiano (Bogotá 1929-San Vicente de Chucurí 1966). Organizador de un movimiento de unidad popular, en 1965 se incorporó a la lucha de guerrillas y murió en un enfrentamiento con el ejército.

Camilo **Torres:** monumento en Bogotá

**TORRES** (Juan José), militar y político boliviano (Cochabamba 1919-Buenos Aires 1976). Presidente provisional (1970), populista y antiimperialista, fue derrocado por un golpe militar (1971). Lo asesinó en el exilio un comando ultraderechista.

**TORRES** (Luis **Váez de**), navegante portugués al servicio de España († a. 1613). Arribó con Fernando de Quirós a las Nuevas Hébridas (1606). Posteriormente descubrió el estrecho al que Cook dio el nombre de Torres (1770).

**TORRES** (Pedro León), patriota venezolano (Carora 1788-Yaguanquer 1822). En 1814 se unió a Bolívar, participó en la campaña de Nueva Granada (1819) y mandó la división S en Popayán (1820-1822).

**TORRES** (Xohana), escritora gallega en lengua gallega (Santiago 1931). Su poesía es intimista *(El tiempo y la memoria [O tempo e a memoria,* 1972]). Ha escrito novela (*Adiós María,* 1970) y teatro.

**TORRES BODET** (Jaime), escritor mexicano (México 1902-*id.* 1974). Perteneció al grupo literario surgido de la revista *Contemporáneos* (1928-1931). Cultivó la poesía (*Cripta,* 1937), la narración (*Proserpina rescatada,* 1931), la crítica y el ensayo (*Tres inventores de la realidad,* 1955) y las memorias (*Tiempo de arena,* 1955).

**TORRES DE COTILLAS (Las),** v. de España (Murcia); 14 014 hab. Agricultura e industrias derivadas.

**Torres del Paine** *(parque nacional),* parque nacional de Chile (Magallanes y Antártica Chilena), formado por circos glaciares, valles ocupados por ventisqueros y altos picos, entre los que destaca el macizo granítico Cuernos del Paine (2 670 m de alt.). Comprende los lagos Nodenskjold, Pehoé, Sarmiento, Grey y Toro.

**TORRES DEL RÍO,** v. de España (Navarra); 190 hab. Iglesia románica del Santo Sepulcro (s. XII), de influencia califal.

**TORRES GARCÍA** (Joaquín), pintor uruguayo (Montevideo 1874-*id.* 1949). Estudió bellas artes en Barcelona, desarrollando una primera etapa bajo el influjo de Puvis de Chavannes. Pionero de la abstracción, en 1934 perteneció en París al grupo Cercle et carré. Ya en Montevideo alcanzó la madurez creativa en su personal estilo, síntesis de geometría y naturaleza, teorizado en su libro *El universalismo constructivo* y divulgado en su Taller del arte constructivo.

**TORRES MARTÍNEZ** (Manuel **de**), economista español (La Unión 1903-Almoradí 1960), uno de los introductores del keynesianismo en España, en especial con su obra *Teoría general del multiplicador* (1943).

**TORRES MÉNDEZ** (Ramón), pintor colombiano (Bogotá 1809-*id.* 1885). Destacó como dibujante y pintor de retratos. Sus *Cuadros de costumbres granadinas* plasman fielmente lo popular.

**TORRES MONSÓ** (Francesc) escultor español (Gerona 1922). Practica un expresionismo con técnicas heterogéneas y claras referencias al pop art.

**TORRES NAHARRO** (Bartolomé), dramaturgo español (La Torre de Miguel Sesmero, Badajoz, segunda mitad del s. XV-† c. 1530). En 1520 apareció el título conjunto de su producción, *Propalladia* (poesías y comedias «a noticia» *[Tinellaria]* y «a fantasía» *[Seraphina]*). Su «prohemio» contiene la primera exposición de preceptiva dramática del siglo de oro.

**TORRES QUEVEDO** (Leonardo), ingeniero y matemático español (Santa Cruz de Iguña 1852-Madrid 1936). Autor de varios inventos notables, entre ellos un dirigible trilobulado (1902-1909), una máquina para resolver ecuaciones algebraicas (1901) y un jugador de ajedrez autómata (1912). Se le debe asimismo la construcción del teleférico de las cataratas del Niágara (1914-1916).

**TORRES RIOSECO** (Arturo), escritor chileno (Talca 1897-Berkeley, California, 1971). Profesor universitario, publicó crítica y ensayo literario (*Ensayos sobre la literatura latinoamericana,* 1953).

**TORRES VEDRAS,** c. de Portugal, al N de Lisboa; 13 300 hab. Punto estratégico de las fortificaciones establecidas por Wellington para cubrir Lisboa en 1810.

**TORRES Y VILLARROEL** (Diego **de**), escritor español (Salamanca 1693-*id.* 1770). Se interesó por la retórica y las matemáticas. Con el nombre de Gran Piscator salmantino publicó desde 1721 sus augurios y predicciones. En sus obras se mezcla lo científico y lo literario, lo serio y lo jocoso (*Los desahuciados del mundo y de la gloria,* 1736-1737). Escribió poesía satírica, teatro, narración y ensayo. Su *Vida, ascendencia, nacimiento, crianza y aventuras de don Diego Torres de Villarroel* (1743-1751) se inscribe en la mejor tradición de la picaresca.

**TORREVIEJA,** c. de España (Alicante); 25 891 hab. (*Torrevejenses* o *torreviejanos.*) Pesca. Turismo. *Salinas de Torrevieja* (30 $km^2$), objeto de explotación intensiva.

**TORRI** (Julio), escritor mexicano (Saltillo, Coahuila, 1889-México 1970), autor de ensayos y cuentos que destacan por el cuidado del estilo y el lirismo de su prosa (*Diálogo de los libros,* 1980).

**TORRICELLI** (Evangelista), matemático y físico italiano (Faenza 1608-Florencia 1647). Discípulo de Galileo, enunció implícitamente el principio de conservación de energía, descubrió los efectos de la presión atmosférica y calculó el área de la cicloide (1644).

**TORRIGIANO** (Pietro), escultor italiano (Florencia 1472-Sevilla 1528). Trabajó en Roma y Londres, instalándose en Sevilla hacia 1520. Creó obras de estilo renacentista que contenían elementos realistas que influyeron luego en la imaginería barroca sevillana (*San Jerónimo penitente*).

**TORRIJOS,** v. de España (Toledo), cab. de p. j.; 9 522 hab. (*Torrijeños.*) Colegiata gótico-plateresca (1509-1518).

**TORRIJOS** (José María **de**), militar español (Madrid 1791-Málaga 1831). Liberal exaltado, combatió las guerrillas absolutistas y fue ministro de la Guerra (1823) en el trienio constitucional. Exiliado desde 1824, en 1830-1831 encabezó un levantamiento popular. Fue capturado y fusilado.

**TORRIJOS** (Omar), militar y político panameño (Santiago 1929-Panamá 1981). Teniente coronel de la guardia nacional, se puso al frente del régimen militar tras derrocar al presidente Arias (1968). Impulsó medidas nacionalistas, y firmó con E.U.A. los acuerdos de devolución de la soberanía del canal de Panamá (1977-1978, *acuerdos Carter-Torrijos*). Cedió el poder en 1978, pero retuvo el mando de la guardia nacional e inspiró la fundación del Partido revolucionario democrático (1979).

Leonardo
**Torres Quevedo**

Omar
**Torrijos**

**TORROELLA** (Pere), poeta español en lenguas castellana y catalana (del s. XV). Su obra más conocida es el poema de tema misógino *Maldezir de mujeres.* Escribió un soneto en catalán, quizás el primero en una lengua romance peninsular, a imitación de los italianos.

**TORROJA** (Eduardo), ingeniero y arquitecto español (Madrid 1899-*id.* 1961). Pionero en la creación de estructuras constructivas en hormigón armado y pretensado (mercado de Algeciras, 1935; viaducto del Aire en la Ciudad universitaria madrileña; Táchira club de Caracas, 1957).

**TORROX,** v. de España (Málaga), cab. de p. j.; 10 539 hab. (*Torroseños.*) Industrias alimentarias.

**TORSTENSSON** (Lenhart), *conde* **de Ortala,** mariscal sueco (castillo de Torstena 1603-Estocolmo 1651). Destacó en la guerra de los Treinta años (victorias de Breitenfeld [1642] y de Jankowitz [1645]).

**TÓRTOLA,** isla de Venezuela (Delta Amacuro), en el delta del Orinoco, entre el río Grande y el *caño Tórtola* y el Tapioca; 35 km de long. y 10 de anch.

**TÓRTOLAS** (*cerro de las),* pico andino de Argentina (San Juan) y Chile (Coquimbo); 6 323 m. Al N se abre el *paso de las Tórtolas* (4 810 m de alt.).

**TORTOSA,** c. de España (Tarragona), cab. de p. j.; 29 717 hab. (*Tortosinos.*) Centro agrícola e industrial, junto al Ebro. De origen ibérico (*Ilerca),* fue la *Dertosa* romana y centro de una taifa musulmana en 1035-1148. Núcleo carlista en el s. XIX. Castillo de San Juan o de la Zuda (parador de turismo). Edificios góticos (convento de Santa Clara, lonja, palacio episcopal). Convento de Santo Domingo (s. XIV), act. museo-archivo municipal. Catedral (1347-s. XVIII), con capilla barroca de la Cinta (1672-1725).

**TORTUGA** (*isla de la),* isla de Haití, separada de su litoral N por el *canal de la Tortuga;* 13 700 hab. Fue base de los bucaneros franceses en las Antillas.

**TORTUGA (La),** isla de Venezuela (Dependencias Federales), en el Caribe; 171 $km^2$.

**TORTUGUERO,** laguna de la costa N de Puerto Rico. Junto a ella, base militar de E.U.A.

**TORUŃ,** c. de Polonia, cap. de voivodato, junto al Vístula; 202 000 hab. Numerosos monumentos y viviendas góticos. Fundada en 1233 por los caballeros teutónicos, perteneció a la Hansa y fue anexionada por Polonia en 1454.

**TORUÑO** (Juan Felipe), escritor nicaragüense (León 1898-San Salvador 1980). Escribió poesía simbolista (*Senderos espirituales,* 1922), novela (*El silencio,* 1933) y ensayo.

**TOSA,** escuela de pintura japonesa cuyo origen se remonta al s. XIV y que mantuvo hasta el s. XIX la tradición de la pintura nacional profana, o *yamato-e,* en la corte imperial de Kyōto. Su principal representante, **Tosa Mitsunobu** (c. 1430-1522), fue el creador de este estilo nuevo, basado en la asociación de un vivo colorido y de los juegos de tinta.

**TOSAR** (Héctor), compositor uruguayo (Montevideo 1923). Su producción comprende obras sinfónicas (*Toccata,* 1940; *Concertino* para piano y orquesta, 1941), música de cámara (*Cuarteto de cuerda,* 1944), piezas para piano y obras vocales.

***Tosca,*** ópera en 3 actos de G. Puccini, sobre un libreto de G. Giacosa y L. Illica (Roma, 1900), inspirada en la obra de V. Sardou.

**TOSCA** (Tomás Vicente), científico, arquitecto y filósofo español (Valencia 1651-*id.* 1723). Como arquitecto introdujo el academicismo preneoclásico en Valencia, patente en las iglesias de Santo Tomás y de San Felipe Neri. Publicó un *Compendio matemático* (1670) y sus ideas filosóficas se adscriben al eclecticismo antiescolástico.

**TOSCANA,** región de Italia central (que comprende las provincias de Arezzo, Florencia, Grosseto, Livorno, Lucca, Massa y Carrara, Pisa, Pistoia y Siena); 23 000 $km^2$; 3 510 114 hab. Cap. *Florencia.*

**HISTORIA**

1115: la condesa Matilde legó Toscana al papado. Ss. XII-XIV: gracias a las luchas de influencia entre el papado y el imperio, se desarrollaron las repúblicas urbanas (Florencia, Siena, Pisa y Lucca). 1569: se constituyó el gran ducado de Toscana en beneficio de los Médicis. 1737: a la muerte de Juan Gastón de Médicis, Toscana quedó bajo dominio de los Habsburgo. 1807: Napoleón I anexionó Toscana a Francia y la confió a su hermana Elisa. 1814: regreso del gran duque austríaco Fernando III. 1848-1849: fracaso de la revolución (restauración del gran duque Leopoldo II). 1859: el último gran duque, Leopoldo II, fue expulsado del país. 1860: Toscana se unió al Piamonte.

**TOSCANELLI** (Paolo **Dal Pozzo**), geógrafo italiano (Florencia 1397-*id.* 1482). Basándose en cálculos de Marco Polo concibió la idea de llegar a Asia por el Atlántico a partir de Portugal. Parece que Cristóbal Colón tuvo noticias de este proyecto.

**TOSCANINI** (Arturo), director de orquesta italiano (Parma 1867-Nueva York 1957). Director de la Scala de Milán (1898-1903; 1920-1929), del Metropolitan opera de Nueva York, y de la orquesta sinfónica de Nueva York, favoreció la interpretación de muchas obras líricas de su tiempo.

**TOSES** (*puerto de),* puerto de montaña de España (Gerona), en el Pirineo, en la carretera de Barcelona a Puigcerdà; 1 800 m de alt.

**TŌSHŪSAI SHARAKU,** dibujante de estampas japonés, activo en 1794 y 1795, famoso por sus retratos de actores, cuya sobriedad técnica hace resaltar la riqueza sicológica.

**TOSSA DE MAR,** v. de España (Gerona); 3 406 hab. Centro turístico (playas). Fortificaciones medievales. Iglesia gótica (s. XIV). Museo municipal.

**TOSTADO (El)** → ***Madrigal*** (Alonso de).

**TOT** o **THOT,** divinidad egipcia de la sabiduría, representada con cabeza de ibis. En la época grecorromana fue identificada con *Hermes Trimegisto.*

Anubis (a la izquierda) y **Tot.** Detalle de una decoración en madera pintada. Época saíta. (Louvre, París.)

**TOTANA,** c. de España (Murcia), cab. de p. j.; 20 288 hab. (*Totaneros.*) Industria alimentaria.

**TOTILA** o **BADUILA** (*el inmortal*) [† Caprara 552], rey de los ostrogodos [541-552]. A pesar de la oposición de Belisario, se instaló en Roma (549) y extendió su dominio al S de Italia, Sicilia, Cerdeña y Córcega, pero fue derrotado y muerto por Narsés.

**TOTLEBEN** o **TODLEBEN** (Eduard Ivánovich), general ruso (Mitau 1818-Bad Soden 1884). Dirigió la defensa de Sebastopol (1855) y el sitio de Plevna (1877).

**TOTÒ** (Antonio **de Curtis,** llamado), actor italiano (Nápoles 1898-Roma 1967). Fue, tanto en el teatro como en el cine (series de *Totò*), uno de los actores cómicos más populares de Italia.

**TOTONICAPÁN** (*departamento de),* dep. del O de Guatemala; 1 061 $km^2$; 297 531 hab. Cap. *Totonicapán* (53 788 hab.).

**TOTOTLÁN,** mun. de México (Jalisco); 17 419 hab. Cereales, legumbres, hortalizas y cítricos.

**TOTTORI,** c. de Japón (Honshū); 142 467 hab.

**TOUBKAL** (*yébel),* pico del Alto Atlas (Marruecos), punto culminante del N de África; 4 165 m.

**TOUGGOURT,** c. de Argelia, en un oasis del Sahara; 76 000 hab. Centro comercial y turístico.

**TOULON,** c. de Francia, cap. del dep. de Var, a orillas del Mediterráneo (*rada de Toulon);* 170 167 hab. Primer puerto militar francés. En 1942, la flota francesa fue hundida en Toulon, voluntariamente, para evitar su caída en manos de los alemanes. Museos.

**TOULOUSE,** c. de Francia, cap. de la región Midi-Pyrénées y del dep. de Haute-Garonne, a orillas del Garona; 365 933 hab. Universidad. Construcciones aeronáuticas. Basílica románica de Saint-Sernin (s. XI); catedral e iglesias góticas. Palacios y casas renacentistas. Capitolio (1750, ayuntamiento y teatro). Museos. Incorporada al mundo romano *c.* 120-100 a. J.C., fue cap. del reino visigodo de Tolosa* (s. V), del reino franco de Aquitania (s. VIII) y del condado de Tolosa* (s. IX). La cruzada contra los albigenses puso fin a su autonomía, y en 1271 fue incorporada al dominio real francés. En ella se libró la última batalla de la guerra de la Independencia española (abril 1814), entre el ejército anglohispanoportugués de Wellington y el francés de Soult. El desenlace fue incierto, pero los aliados entraron en Toulouse.

**TOULOUSE** (Luis Alejandro **de Borbón**, *conde* **de**), príncipe francés (Versalles 1678-Rambouillet 1737), hijo de Luis XIV y de Mme. de Montespan. Almirante de Francia (1683), dirigió una escuadra que intervino en favor de Felipe V durante la guerra de Sucesión española, e impuso la autoridad de éste en Sicilia. En 1706 sitió Barcelona.

**TOULOUSE-LAUTREC** (Henri **de**), pintor francés (Albi 1864-castillo de Malromé 1901). Pintó escenas de los cabarés y burdeles de París (*En el Moulin Rouge,* 1892; *Jane Avril bailando,* 1892), así como del circo o las carreras, con trazo sobrio, incisivo y fulgurante. Renovador del arte de la litografía, fue pionero del cartelismo moderno.

**Toulouse-Lautrec:** *Jane Avril bailando* (*c.* 1892) [óleo sobre cartón]. (Museo de Orsay, París.)

**TOUR** (Georges **de La**), pintor francés (Vic-sur-Seille 1593-Lunéville 1652). Influido por el caravaggismo, es autor de obras religiosas (*San Sebastián y santa Irene*) o de género (*La Buenaventura*).

**TOUR** (Maurice **Quentin de la**), pintor francés (Saint-Quentin 1704-*id.* 1788), famoso por sus retratos al pastel llenos de vida, y por su tratamiento de la luz.

**TOURAINE** → ***Turena.***

**TOURAINE** (Alain), sociólogo francés (Hermanville-sur-Mer, Calvados, 1925). Estudioso de los movimientos sociales contemporáneos, propugna una sociología de la acción, con un método que denomina *accionalista* (*Sociología de la acción,* 1965; *La conciencia obrera,* 1966; *El postsocialismo,* 1980; *La palabra y la sangre. Política y sociedad en América latina,* 1988).

**TOURANE** → ***Da Nang.***

**TOURCOING,** c. de Francia (Nord); 94 425 hab.

**TOURÉ** (Sékou), político guineano (Faranah 1922-Cleveland, Ohio, 1984). Presidente de la Confederación general de trabajadores del África negra (1956), rechazó la entrada de Guinea en la Communauté y consiguió su independencia (1958). Ejerció un poder dictatorial hasta su muerte.

**TOURMALET** *(collado del),* collado de los Pirineos centrales franceses (Hautes-Pyrénées); 2 115 metros.

**TOURNAI,** en flamenco **Doornik,** c. de Bélgica (Hainaut); 67 732 hab. Fue capital del reino merovingio (s. V). Se enriqueció gracias a sus manufacturas de paños y tapices (ss. XV-XVIII) y de porcelana (ss. XVIII-XIX). Catedral románica y gótica.

**TOURNEUR** (Cyril), dramaturgo inglés (*c.* 1575-Kinsale, Irlanda, 1626), que ilustró el gusto por lo atroz del teatro isabelino (*La tragedia del vengador,* 1607).

**TOURNIER** (Michel), escritor francés (París 1924), autor de novelas (*Viernes o los limbos del Pacífico,* 1967; *El rey de los alisos,* 1970; *Los meteoros,* 1975) y relatos (*Medianoche de amor,* 1989).

**TOURS,** c. de Francia, cap. del dep. de Indre-et-Loire, a orillas del Loira; 133 403 hab. Centro industrial. Universidad. Ant. cap. de Turena, fue un importante centro religioso. Catedral (ss. XIII-XVI). Museos.

**TOUSSAINT** (Manuel), historiador del arte mexicano (México 1890-Nueva York 1955), especialista en arte mexicano (*La pintura en México en el siglo XVI, La catedral y las iglesias de Puebla, Arte colonial en México).*

**TOUSSAINT LOUVERTURE,** político y general haitiano (Santo Domingo 1743-en el fuerte de Joux, cerca de Pontarlier, 1803). Tras unirse al gobierno francés que acababa de abolir la esclavitud (1794), proclamó su intención de crear una república negra. Gobernó la isla desde 1801, capituló ante Leclerc, y murió en prisión en Francia.

**TOVAR,** mun. de Venezuela (Mérida); 30 850 hab. Centro agrícola y ganadero.

**TOVAR** (Antonio), filólogo y ensayista español (Valladolid 1911-Madrid 1985). Humanista traductor de clásicos grecolatinos, fue estudioso de las lenguas prelatinas (*Estudio sobre las primitivas lenguas hispánicas,* 1949) especialmente del euskera, de la España romana y de las lenguas amerindias (*Catálogo de las lenguas de América del Sur,* 1961 y 1982). [Real academia 1967.]

**TOVAR** (Juan **de**), jesuita mexicano (Texcoco 1540-en Nueva España 1626), autor de *Historia antigua de México,* según fuentes indígenas.

**TOVAR** (Manuel Felipe **de**), político venezolano (Caracas 1803-París 1866). Conservador, fue ministro (1858-1859) y presidente de la república (1859-1861). Dimitió como resultado de la agitación federalista.

**TOVAR Y TOVAR** (Martín), pintor venezolano (Caracas 1828-† 1902), autor de cuadros sobre la independencia hispanoamericana (*Firma del acta de la Independencia,* Capitolio nacional, Caracas; *La batalla de Ayacucho*) y retratos de próceres.

**TOWNES** (Charles Hard), físico norteamericano (Greenville, Carolina del Sur, 1915). En 1954 realizó la primera emisión máser. (Premio Nobel de física 1964.)

**TOWNSVILLE,** c. y puerto de Australia (Queensland), junto al mar de Coral; 109 700 hab. Metalurgia. Petroquímica.

**TOYAMA,** c. de Japón (Honshū), cerca de la *bahía de Toyama* (mar de Japón); 321 254 hab. Centro comercial e industrial.

**TOYNBEE** (Arnold), historiador británico (Londres 1889-York 1975), autor de obras sobre las civilizaciones, de las que estableció una teoría cíclica (*Estudio de la historia,* 12 vols., 1934-1961).

**TOYOHASHI,** c. de Japón (Honshū); 337 982 hab.

**TOYONAKA,** c. de Japón (Honshū), área suburbana de Ōsaka; 409 837 hab.

**TOYOTA,** c. de Japón (Honshū), cerca de Nagoya; 332 336 hab. Automóviles.

**TOYOTOMI HIDEYOSHI,** general y estadista japonés (Nakamura 1536-Fushimi 1598). Sucesor de Oda Nobunaga (1582) y primer ministro (1585-1598), pacificó y unificó Japón, pero fracasó en sus expediciones a Corea (1592; 1597).

**TRABA** (Pedro **Froaz** o **Froilaz,** *conde* **de**), noble gallego del s. XII. Logró que Alfonso Raimúndez (futuro Alfonso VII de León y Castilla) fuera coronado rey de Galicia (1111).

**trabajos y los días** *(Los),* poema didáctico de Hesíodo (s. VIII a. J.C.) con sentencias morales y preceptos de economía doméstica.

**TRACIA,** en gr. **Thrakē** o **Thráki,** en turco **Trakya,** región del E de Europa, repartida entre Bulgaria, Grecia (donde constituye una región de 8 678 km² y de cerca de 221 690 hab.) y Turquía (que corresponde a su parte europea).

**Tractatus logico-philosophicus,** obra de Wittgenstein (1921), que pretende definir un universo lógicamente perfecto por medio del lenguaje empleado para describirlo.

**Tractatus theologico-politicus,** tratado de Spinoza (publicado en 1670), donde expone los elementos de la crítica bíblica y distingue entre revelación y razón.

**Tradiciones peruanas,** colección de narraciones de R. Palma, publicada entre 1872 y 1918, mezcla de crónica, leyenda y relato.

**TRAFALGAR** *(cabo de),* cabo de España, en el Atlántico, entre Cádiz y Tarifa. Faro.

**Trafalgar** *(batalla de),* combate naval, junto al cabo homónimo, en que la armada británica de Nelson derrotó a la flota francoespañola dirigida por Villeneuve (oct. 1805). La derrota supuso el fin de la marina de guerra española (perdió 10 de sus 15 navíos), el fin de las aspiraciones francesas de conquistar Gran Bretaña y la implantación del Bloqueo continental. Nelson murió durante la batalla.

**Trafalgar square,** plaza del centro de Londres, donde se encuentra la galería nacional y el monumento a Nelson.

**Tragicomedia de Calisto y Melibea** → ***Celestina*** (La).

**TRAIGUÉN,** com. de Chile (Araucanía); 20 610 hab. Centro maderero. Industria alimentaria.

**TRAIGUERA,** v. de España (Castellón); 1 580 hab. *(Traiguerinos.)* Edificios góticos y renacentistas: antiguo hospital, ayuntamiento, iglesia de Santa María.

**trajana** *(columna),* columna triunfal de mármol (diámetro: 4 m), erigida en 113 en el foro de Trajano en Roma para conmemorar las victorias (101 y 107) del emperador sobre los dacios. Prototipo de todos los monumentos ulteriores de este género, está decorada con un relieve (alrededor de 2 500 personajes) que se despliega en espiral por toda la columna.

**TRAJANO** (Itálica 53-Selinonte, Cilicia, 117), emperador romano [98-117], sucesor de Nerva. Con la conquista de Dacia (101-107) aseguró las fronteras del Danubio y, en oriente (114-116), luchó contra los partos y extendió el imperio hasta la Arabia nabatea, Armenia y Mesopotamia. Fue un excelente administrador y un gran constructor.

**Trajano** (museo arqueológico, Venecia)

**TRAKL** (Georg), poeta austríaco (Salzburgo 1887-Cracovia 1914). Influido por Rimbaud, Hölderlin y los expresionistas, es el poeta de la angustia de la muerte y de la añoranza de la inocencia (*Helian,* 1912; *Poemas,* 1919).

**TRALLES** (Antemio **de**) → ***Antemio de Tralles.***

**TRAMUNTANA** *(sierra de),* sierra de España, al N de la isla de Mallorca; 1 445 m en el Puig Major y 1 349 m en el Puig de Massanella.

**TRANSALÁI,** macizo de la parte N del Pamir, en Tadzhikistán.

**transamazónica** *(carretera),* carretera que atraviesa la Amazonia brasileña, y une Recife (Pernambuco), situada en la costa, con Cruzeiro de Sul (Acre) y la frontera peruana; 5 000 km aprox. Actualmente forma una compleja red viaria más amplia.

**transandino** *(ferrocarril),* ferrocarril de América del Sur que franquea los Andes a través de varios ramales: Buenos Aires-Valparaíso por el puerto de la Cumbre (3 842 m de alt.); Buenos Aires-La Paz; Puno-Cuzco-Mollendo, etc. Destaca la línea que une Salta con Antofagasta (4 475 m de alt.).

**TRANSCAUCASIA,** conjunto formado por las regiones situadas al S del Cáucaso y constituido por las repúblicas de Georgia, Armenia y Azerbaiján.

**TRANSHIMALAYA** → ***Himalaya.***

**transiberiano,** gran línea de ferrocarril de Rusia que une Moscú y Vladivostok (9 297 km). Fue construida entre 1891 y 1916.

**TRANSILVANIA** *(Alpes de),* parte meridional de los Cárpatos, entre Transilvania y Valaquia; 2 543 m en el *Moldoveanu,* punto culminante de Rumania.

**TRANSILVANIA,** en rumano **Transilvania** o **Ardeal,** en húngaro **Erdély,** región de Rumania situada en el interior del arco formado por los Cárpatos. C. pral. *Braşov, Cluj.* Integrada en el reino de Hungría a principios del s. XI, fue principado vasallo de los otomanos (1526-1691). Anexionada por los Habsburgo (1691) y unida al reino de Hungría (1867), su incorporación a Rumania (1918) fue aprobada por el tratado de Trianon (1920).

**Tránsito** *(sinagoga del),* sinagoga de Toledo, construida a partir de 1357 por Samuel Ha-Leví, con decoración mudéjar, yeserías y un rico artesonado. Museo sefardí.

**TRANSJORDANIA,** ant. estado del Próximo oriente. Emirato creado en 1921, pasó bajo mandato británico en 1922. Erigido en reino (1946), se convirtió en el reino de Jordania en 1949.

**TRANSKEI,** ant. bantustán del E de la República de Sudáfrica, habitado por los xosa.

**TRANSLEITHANIA,** parte del Imperio austrohúngaro (1867-1918) situada al E del Leitha (por op. a *Cisleithania*). Comprendía Hungría, Transilvania y Croacia-Eslavonia.

**TRANSNISTRIA,** nombre que de 1941 a 1944 llevó la Moldavia ucraniana, anexionada por Rumania.

**TRANSOXIANA,** región de Asia central situada al NE del Oxus (Amu Daryá), cuya principal ciudad fue Samarkand. Correspondía aprox. a Sogdiana.

**Transparente** (el), estructura arquitectónica del barroco exuberante, situada en el deambulatorio de la catedral de Toledo, realizada por Narciso Tomé (segundo cuarto del s. XVIII) para iluminar el sagrario de la capilla mayor.

**TRANSVAAL,** región del NE de la República de Sudáfrica, minera y agrícola, administrativamente dividida en las provincias de *Norte* (123 280 km$^2$; 4 432 000 hab.) y *Mpumalanga* (78 370 km$^2$; 2 449 000 hab.). Las zonas en torno a Pretoria y Johannesburgo, que históricamente formaban parte del Transvaal, forman la provincia de Gauteng.

HISTORIA

1834-1839: época del Gran Trek, emigración de los bóers hacia el N. 1852: Gran Bretaña reconoció la independencia del Transvaal, la región situada más allá del Vaal, donde se establecieron definitivamente los bóers. 1857-1877: se instauró una primera república sudafricana a iniciativa de M. Pretorius, que estuvo respaldada por el Transvaal y, durante una época, por Orange. 1877: la fragilidad de dicha república permitió que Gran Bretaña se anexionara el Transvaal. 1880-1881: los bóers emprendieron una lucha victoriosa contra Gran Bretaña, que tuvo que reconocer la autonomía del Transvaal. 1883: Paul Kruger fue elegido presidente de la república reconstituida, a la que acudieron los uitlanders atraídos por el oro. 1895-1896: las tensiones aumentaron entre Gran Bretaña, deseosa de anexionar el Transvaal, y el gobierno Kruger, contra el que el emisario de Cecil Rhodes, el doctor Jameson, lanzó un ataque. 1899-1902 (mayo): la guerra de los bóers finalizó con la victoria británica. La paz de Vereeniging convirtió al Transvaal en una colonia de la Corona, dotada, a partir de 1906, de instituciones propias. 1910: el general Botha, que ocupaba el poder en el Transvaal desde 1907, fue uno de los artífices de la Unión Sudafricana.

el ***Transparente***

**Trapa,** orden cisterciense reformada en 1664 por el abate Armand de Rancé; en 1816 la abadía francesa de Nuestra Señora de la Trapa (Soligny, Orne) se convirtió en la abadía principal de los cistercienses de la estricta observancia llamados *trapenses.*

**TRAPANI,** c. y puerto de Sicilia, cap. de prov.; 69 273 hab. Es la antigua *Drepanum.* Iglesias desde la época gótica hasta el barroco.

**TRAPICHE (El),** yacimiento arqueológico precolombino de El Salvador (Usulután), con restos de cerámica, figurillas y esculturas desde *c.* 300 a. J.C. a 550 d. J.C.

**TRASÍBULO,** general ateniense (*c.* 445-Aspendo 388 a. J.C.). Con ayuda de los tebanos expulsó a los Treinta de Atenas (403 a. J.C.) y restableció la democracia.

**TRASIMENO** *(lago),* lago de Italia (Umbría), al O de Perugia. Victoria de Aníbal (217 a. J.C.) frente al cónsul romano Cayo Flaminio durante la segunda guerra púnica.

**TRÁS-OS-MONTES,** ant. prov. de Portugal septentrional, en el actual distr. de Braganza.

**TRASTÁMARA** *(familia),* familia de la nobleza castellana que reinó en Castilla (1369-1504) y Aragón (1412-1516). El condado de Trastámara concedido a Enrique, hijo ilegítimo de Alfonso XI de Castilla y Leonor de Guzmán, dio nombre a la dinastía, entronizada en Castilla con Enrique II (1369). A la muerte de Enrique III (1406), los Trastámara cedieron gran parte de su poder en Castilla ante la nobleza (Álvaro de Luna). Fernando de Antequera, regente de Juan II en Castilla, situó a sus hijos en puestos claves de la economía, la política y la milicia castellanas, y fue elegido rey de Aragón (1412). En Aragón, Juan II se enfrentó a una guerra civil (1462-1472). El matrimonio de su hijo Fernando con Isabel de Castilla (1469) unió las dos ramas de la dinastía.

**TRAVANCORE,** región histórica de la India, en el S del estado de Kerala.

**Traviata** *(La),* ópera de Verdi (1853), sobre un libreto de Piave, adaptación de *La dama de las camelias* de A. Dumas hijo.

**TRAYAMAR,** yacimiento arqueológico de España (mun. de Algarrobo, Málaga), necrópolis fenicia (*c.* s. VIII a. J.C.) con cámaras mortuorias de suelo pavimentado y nichos en las paredes.

**TREBIA,** en ital. **Trebbia,** r. de Italia, afl. del Po (or. der.); 115 km. Victorias de Aníbal frente al cónsul romano Sempronio Longo (218 a. J.C.) y en 1799 de Suvórov frente a Mac Donald.

**TREBISONDA,** en turco **Trabzon,** c. y puerto de Turquía, junto al mar Negro; 143 941 hab. Monasterios e iglesias (transformadas en mezquitas en la época otomana) de estilo bizantino de los ss. XIII-XIV. Capital de un imperio griego (1204-1461) fundado por Alejo y David Comneno, que mantuvo luchas contra los latinos, el imperio de Nicea y los turcos selyúcidas. En 1461, la ciudad fue conquistada por los otomanos.

**Treblinka,** localidad de Polonia, a orillas del Bug. Campo de exterminio alemán (1942-1945) situado a 80 km de Varsovia, en el que murieron alrededor de 750 000 judíos.

**TŘEBOŇ** *(maestro de),* pintor checo que trabajó en Praga *c.* 1380-1390, figura dominante del arte gótico de su tiempo en Europa central.

**Treinta** o **Treinta tiranos** *(los),* nombre dado a los treinta miembros de un consejo oligárquico impuesto por los espartanos a los atenienses (404 a. J.C.). Destacaron por su despotismo y por ordenar numerosas ejecuciones. Critias fue el más destacado. Trasíbulo los expulsó (dic. 404 o en. 403) y se restableció la democracia.

**Treinta años** *(guerra de los),* conflicto europeo que afectó especialmente al Imperio, desarrollado entre 1618 y 1648, y que se prolongó entre Francia y España hasta 1659. Las principales causas fueron el antagonismo de los protestantes y los católicos y las inquietudes surgidas en Europa a causa de las ambiciones de la casa de Austria. El conflicto estalló en Bohemia, tras la defenestración de Praga (1618). Se divide en cinco períodos: el *período palatino* (1618-1623), durante el cual Federico, elector palatino, elegido rey de Bohemia, fue derrotado en la Montaña Blanca (1620) y desposeído de sus estados; el *período danés* (1625-1629), durante el cual Cristián IV de Dinamarca se puso al frente de los luteranos; el *período sueco* (1630-1635), en el transcurso del cual Gustavo Adolfo, vencedor en Breitenfeld (1631) y en Lech, fue muerto en Lutzen (1632); el *período francés* (1635-1648), llamado así porque Richelieu, tras haber apoyado en secreto a los enemigos de la casa de Austria, intervino directamente contra esta última. Las victorias francesas de Rocroi (1643) y de Lens (1648) obligaron a los Habsburgo a firmar el tratado de Westfalia. Alemania acabó arruinada y devastada a causa de esos treinta años de guerra; el *período español* (1648-1659), tras la victoria de la coalición francobritánica sobre los españoles en la segunda batalla de las Dunas (1658), Felipe IV tuvo que firmar el tratado de los Pirineos (1659), consolidando así la preponderancia francesa en España.

**TREINTA Y TRES** *(departamento de),* dep. del E de Uruguay; 9 676 km$^2$; 46 869 hab. Cap. *Treinta y Tres* (30 956 hab.).

**Treinta y tres orientales** *(expedición de los),* incursión de patriotas uruguayos, al mando de Lavalleja, que dio lugar al levantamiento contra Brasil (abril 1825). En junio se formó un gobierno provisional presidido por Lavalleja, y en agosto la Banda Oriental proclamó su secesión del Brasil.

**TREJO** (Mario), escritor argentino (La Plata 1926). Perteneciente a la generación del cuarenta, su obra poética es surrealista e invencionista (*Celdas de sangre,* 1946; *El uso de la palabra,* 1964).

**TREJO Y SANABRIA** (Hernando **de**), prelado argentino (d. 1555-Córdoba de Tucumán 1614). Franciscano, fue el primer religioso del Río de la Plata que llegó a ser obispo de Tucumán. Protector de indios, legó sus bienes para la fundación de la universidad de Córdoba.

**Trek** (el **Gran**) [1834-1839], movimiento de emigración de los bóers de la colonia de El Cabo hacia el Vaal y Orange tras el empuje de los británicos en Sudáfrica.

**TRELEW,** c. de Argentina (Chubut), en el dep. de Rawson; 78 089 hab. Centro industrial y comercial.

**TREMECÉN** → ***Tilimsen.***

**TREMP,** c. de España (Lérida), cab. de p. j.; 6 514 hab. *(Trempolines.)* Centro comercial. Restos de murallas medievales. Colegiata del s. XVII. Embalse en el Noguera Pallaresa (227 Mm$^3$), que alimenta la central eléctrica de Talarn (30 MW).

**TRENQUE LAUQUEN,** partido de Argentina (Buenos Aires); 35 272 hab. Vacunos (lácteos).

**TRENT,** r. de Gran Bretaña que se une al Ouse para formar el estuario del Humber; 270 km.

**TRENTINO,** región de Italia continental que corresponde a la actual provincia de Trento y que forma, junto al Alto Adigio (prov. de Bolzano), la región histórica de *Venecia Tridentina.* Este conjunto, anexionado al Tirol en 1816, y por el que Italia entró en guerra en el bando de los aliados en 1915, le fue devuelto por el tratado de Saint-Germain-en-Laye (1919). Act., constituye la región autónoma del *Trentino-Alto Adigio* (13 620 km²; 886 914 hab.; cap. *Trento*), que corresponde a la cuenca superior del Adigio, entre Ortler, Adamello y los Dolomitas.

**TRENTO,** c. de Italia, cap. del *Trentino-Alto-Adigio* y cap. de prov., junto al Adigio; 101 430 hab. Catedral románico-gótica de los ss. XIII-XVI. Castillo del Buon Consiglio (museo nacional del Trentino).

**Trento** *(concilio de),* concilio ecuménico que tuvo lugar en Trento de 1545 a 1547, en Bolonia de 1547 a 1549, y de nuevo en Trento de 1551 a 1552 y de 1562 a 1563. Fue convocado por Paulo III en 1545 y concluido por Pío IV. Constituyó la pieza clave de la Contrarreforma, por la cual la Iglesia de Roma opuso a los protestantes una revisión de su disciplina y una reafirmación de sus dogmas.

**TRENTON,** c. de Estados Unidos, cap. de Nueva Jersey, junto al Delaware; 88 675 hab.

**TRES ARROYOS,** partido de Argentina (Buenos Aires); 62 179 hab. Pesca. Cerámica, muebles.

**TRES CANTOS,** mun. de España (Madrid); 19 300 hab. Polígono industrial. Campus universitario.

**TRES CRUCES,** pico andino de Argentina (Catamarca) y Chile (Atacama); 6 749 m de alt.

**TRES CRUCES** *(cordillera de),* cordillera de Bolivia (La Paz), que forma parte de cordillera Oriental de los Andes; 5 900 m en el cerro Jachacunocollo.

**Tres culturas** *(plaza de las),* plaza de la ciudad de México, que incluye ruinas de la antigua Tlatelolco*, la iglesia de Santiago Tlatelolco y los modernos edificios construidos por Mario Pani (ministerio de Asuntos Extranjeros). En la noche del 2 de octubre de 1968 se produjo en ella una matanza al tirotear la fuerza pública una marcha de protesta estudiantil contra la ocupación por el ejército del Instituto politécnico nacional.

**TRES DE FEBRERO,** partido de Argentina (Buenos Aires), en el Gran Buenos Aires; 349 221 hab. Cab. *Caseros.* Automóviles, industria química, muebles.

**Tres garantías** *(plan de las)* → ***Iguala*** (plan de).

**Tres Gargantas,** embalse chino → ***Yangzi Jiang.***

**TRES MARÍAS** o **MARÍAS** *(islas),* archipiélago de México (Nayarit), en el Pacífico, a 100 km aprox. de la costa, constituido por las islas *María Madre, María Magdalena, María Cleofás* y *San Juanito.*

**TRES MONTES,** golfo de Chile (Aisén del General Carlos Ibáñez del Campo), en la costa S de la península de Taitao.

**tres mosqueteros** *(Los),* novela de A. Dumas, padre (1844).

**Tres Zapotes,** yacimiento arqueológico de México (Veracruz) de la cultura olmeca, desarrollado entre 850 y 175 a. J.C., en el que se encontraron cabezas monumentales en piedra volcánica, estelas y cerámica.

**TRESGUERRAS** (Francisco Eduardo **de**), arquitecto, pintor y escultor mexicano (Celaya 1759-*id.* 1833). Destacó por sus obras arquitectónicas, de estilo neoclásico, realizadas principalmente en Celaya (iglesia del Carmen) y San Luis Potosí.

**TRÉVERIS,** en alem. **Trier,** c. de Alemania (Renania-Palatinado), junto al Mosela; 96 721 hab. Restos romanos (*Porta nigra,* termas, basílica), catedral (ss. IV-XII; tesoro), iglesia de Nuestra Señora (s. XIII), etc. Museos. Fundada por Augusto (*c.* 15 a. J.C.) e integrada en el Sacro imperio, en 1257 sus arzobispos se convirtieron en príncipes electores.

**TREVINCA** *(peña),* monte de España (León, Orense y Zamora), entre las sierras del Eje y Segundera; 2 095 m de alt. Estación invernal.

**TREVIÑO** → ***Condado de Treviño.***

**TREVISO,** c. de Italia (Véneto), cap. de prov.; 83 222 hab. Monumentos renacentistas. Museo.

**TREVITHICK** (Richard), ingeniero británico (Illogan, Cornualles, 1771-Dartford, Kent, 1833). En 1803 construyó la primera locomotora de vapor.

**TREZZO** (Jacopo **da**), escultor y orfebre italiano, llamado en España **Jacome Trezo** o **Jacometrezo** (Trezo 1515-Madrid 1589). De estilo renacentista, trabajó en El Escorial (tabernáculo) y con P. Leoni.

**Triana,** barrio típico de Sevilla (España), en la or. der. del Guadalquivir.

**TRIANA** (José), dramaturgo cubano (Bayamo 1931). La mayor parte de su obra se inscribe en el teatro del absurdo (*La casa ardiendo,* 1962), con una evolución hacia maneras expresionistas (*La noche de los asesinos,* 1966).

**TRIANA** (José Jerónimo), naturalista colombiano (Zipaquirá 1826-París 1890). Miembro de la comisión encargada de preparar un mapa geográfico de Colombia, elaboró un herbario que presentó en 1855 y que dio a conocer en Europa.

**TRIANA** (Juan **Rodríguez Bermejo,** llamado **Rodrigo de**), marino español de los ss. XV-XVI, el primero que vio tierra en el primer viaje de Colón. Fue a las Molucas en la expedición de Loaisa (1525).

**TRIÁNGULO DE ORO,** nombre que a menudo recibe la región del sureste asiático, en la frontera con Birmania, Tailandia y Laos, gran productora de opio.

**Trianón** (*gran* y *pequeño*), nombre de dos palacios construidos en el parque de Versalles, el primero por J. H. Mansart en 1687 y el segundo por J. A. Gabriel en 1762.

**Trianón** *(tratado de)* [4 junio 1920], tratado que delimitó, tras la primera guerra mundial, el territorio de Hungría.

**TRIBONIANO,** jurisconsulto y estadista bizantino (nacido en Panfila-† *c.* 545). Dirigió la redacción del *Código de Justiniano,* del *Digesto* y de los *Instituta* o *Instituciones.*

**Tribunal constitucional,** órgano judicial español, establecido en la constitución de 1978 y creado en 1980, competente para establecer el acuerdo o desacuerdo de las normas legales y actuaciones respecto de la propia constitución.

**Tribunal de justicia de las Comunidades europeas,** órgano jurídico internacional, con sede en Luxemburgo, encargado de velar por el respeto a los tratados constitutivos de la Unión europea.

**Tribunal europeo de derechos humanos,** instancia jurídica internacional creada en 1959, órgano jurídico del Consejo de Europa. A él pueden apelar tanto la Comisión europea para los derechos humanos, como los estados miembros.

**Tribunal internacional de justicia,** órgano jurídico de las Naciones unidas, con sede en La Haya, compuesto por quince miembros elegidos cada nueve años y que juzga litigios entre estados.

**Tribunal penal internacional,** órgano jurídico internacional, creado en 1998, con sede en La Haya, encargado de juzgar los delitos de genocidio y crímenes de guerra y contra la humanidad.

**Tribunal penal internacional para la ex Yugoslavia** (TPIY o, más habitualmente, TPI), jurisdicción internacional creada en 1993 bajo el auspicio de las Naciones unidas para juzgar a las personas presuntamente responsables de crímenes (genocidio, crímenes contra la humanidad) cometidos en la ex Yugoslavia a partir de 1991. Su sede está en La Haya. — Siguiendo el mismo modelo se creó en 1994 el **Tribunal penal internacional para Ruanda** (TPIR), que tiene su sede en Arusha (Tanzania). Estas instancias prefiguraron la constitución del Tribunal* penal internacional permanente, cuyo principio se adoptó en 1998.

**Tribunal permanente de arbitraje,** órgano jurídico internacional creado en La Haya en 1899, para arbitrar los litigios internacionales.

**Tribunal supremo,** órgano jurisdiccional español, el superior en todos los órdenes salvo lo dispuesto en materia de garantías constitucionales, con jurisdicción en toda España y sede en Madrid.

**Tribunal supremo de Estados Unidos,** el más alto órgano jurídico federal norteamericano (9 miembros vitalicios nombrados por el presidente de la nación), encargado de controlar la constitucionalidad de las leyes.

**TRICHINOPOLY** → ***Tiruchchirāppalli.***

**Tricontinental de La Habana** *(conferencia),* reunión en La Habana de representantes de 82 organizaciones políticas de África, América y Asia (1966). Condenó el colonialismo y dio lugar a la Organización latinoamericana de solidaridad (O.L.A.S.).

**trienio constitucional** o **liberal** → ***constitucional*** (trienio).

**TRIESTE,** c. y puerto de Italia, cap. de Friul-Venecia Julia y cap. de prov., junto al Adriático, en el *golfo de Trieste;* 229 216 hab. Centro industrial (refinerías de petróleo). Restos romanos; catedral de los ss. XI y XIV; castillo de los ss. XV-XVII. Museos. La ciudad, principal salida al mar de Austria, fue cedida a Italia en 1919-1920. En 1945 fue conquistada por los yugoslavos. El tratado de paz de 1947 estableció el *territorio libre de Trieste.* En 1954 la ciudad volvió a formar parte de Italia.

**TRIGO** (Felipe), escritor español (Villanueva de la Serena 1865-Madrid 1916) de corte naturalista. Escribió novela erótica (*Las ingenuas,* 1901) y de crítica social (*Jarrapellejos,* 1914).

**TRIGUEROS,** v. de España (Huelva); 7 016 hab. *(Triguereños.)* Dolmen de Zancarrón de Soto, sepulcro de corredor con monolitos grabados.

**TRIGUEROS** (Cándido María), escritor español (Orgaz 1736-† *c.* 1801). Poeta de pretensiones épicas, es autor de varios dramas y de una continuación de *La Galatea* cervantina.

**Trilce,** libro de poemas de César Vallejo (1922), de sintaxis y léxico vanguardista.

**TRILLO Y FIGUEROA** (Francisco **de**), escritor español (La Coruña, s. XVII-Granada d. 1660). Admirador de Góngora, es autor de *Poesías varias* (1652).

**TRIMBLE** (David), político británico (Belfast 1944). Dirigente del Partido unionista del Ulster desde 1995, participó en el proceso de paz en Irlanda del Norte. (Premio Nobel de la paz 1998.)

**TRIMŪRTI,** trinidad hindú compuesta por los dioses Brahmā (que preside la creación del universo), Viṣṇu (principio de conservación) y Śiva (principio de destrucción).

**TRINIDAD,** golfo de Chile (Magallanes y Antártica Chilena), en el Pacífico.

**TRINIDAD,** c. de Bolivia, cap. del dep. de Beni; 27 487 hab. Centro comercial. Puerto fluvial.

**TRINIDAD,** c. de Cuba (Sancti Spíritus); 65 901 hab. Ingenio azucarero. Tabacalera e industria del cuero. Puerto. Turismo (playa Ancón).

**TRINIDAD,** c. de Uruguay, cap. del dep. de Flores; 18 271 hab. Centro comercial y residencial.

**TRINIDAD Y TOBAGO,** en ingl. **Trinidad and Tobago,** estado insular de América, en las Antillas, frente a la costa de Venezuela; 5 128 km²; 1 300 000 hab. CAP. *Port of Spain.* LENGUA OFICIAL: *inglés.* MONEDA: *dólar de la Trinidad.* La isla de la Trinidad abarca 4 827 km², en los que se concentra el 96 % de la población; la de Tobago (301 km²) se encuentra a 35 km al NE. Petróleo y gas natural. Turismo. Las islas de la Trinidad y Tobago fueron descubiertas en el tercer viaje de Colón (1498). La conquista de la primera fue completada por Jiménez Quesada, y fue dominio español hasta 1802. Pasaron a manos de los británicos en 1814. Forman un estado independiente en el seno de la Commonwealth desde 1962.

**TRINIL,** localidad de Indonesia, en el E de la isla de Java, cerca de la cual fue descubierta en 1891 la primera bóveda craneana de un pitecántropo del tipo *Homo erectus.*

**TRINITARIA (La),** ant. **Zapaluta,** mun. de México (Chiapas); 35 272 hab. Economía agropecuaria.

**tripartito** *(pacto)* [27 set. 1940], pacto firmado entre Alemania, Italia y Japón que preveía la instauración de un nuevo orden en Europa y en Extremo oriente. Hungría, Rumania y Eslovaquia se adhirieron en noviembre y Bulgaria en marzo de 1941.

**Triple alianza** *(guerra de la),* enfrentamiento entre Paraguay y las fuerzas de la Triple alianza, Argentina, Brasil y Uruguay (1864-1870). Tras la intervención de Paraguay en la guerra civil uruguaya (1865) fue firmado el pacto de la Triple alianza, que contemplaba el reparto de Paraguay. La guerra acabó con la derrota ante Brasil en Cerro Corá (1870), y supuso para Paraguay la pérdida de dos tercios de la población y la cesión de territorios a Brasil (1872) y Argentina (1876).

**Tríplice** → ***alianza*** (Triple).

**TRÍPOLI** *(condado de),* estado latino fundado en la ant. Siria por los condes de Tolosa entre 1102 y 1109. Fue reconquistado por los musulmanes de 1268 a 1289.

**TRÍPOLI,** c. y cap. de Libia, junto al Mediterráneo; 980 000 hab. Puerto comercial. — Cartaginesa y después romana, se convirtió en la ciudad más floreciente de la Tripolitania tras la conquista árabe. En 1510 fue ocupada por los españoles, que la cedieron a la orden de Malta en 1530.

**TRÍPOLI,** c. y puerto del Líbano; 240 000 hab.

**TRÍPOLIS** o **TRIPOLITSÁ,** c. de Grecia (Peloponeso), cap. del nomo de Arcadia; 21 772 hab.

**TRIPOLITANIA,** ant. prov. del NO de Libia. C. pral. *Trípoli,* junto al Mediterráneo. Estuvo bajo la dominación de Cartago (s. V a. J.C.), de Roma (106 a. J.C.) y fue conquistada por los árabes (643). Ant. regencia turca de *Trípoli,* cedida por los otomanos por el tratado de Ouchy-Lausana (1912), fue unida a Cirenaica para constituir la *Libia italiana* (1934). Bajo control británico a partir de 1943, fue integrada en el reino de Libia, que obtuvo la independencia en 1951.

**TRIPURA,** estado del NE de la India; 10 477 $km^2$; 2 744 827 hab. Cap. *Agartala.*

**TRISSINO** (Gian Giorgio), escritor italiano (Vicenza 1478-Roma 1550), autor de la primera tragedia que seguía las reglas de las tres unidades, *Sofonisba* (1524).

**TRISTAM** o **TRISTÃO** (Nunho), navegante portugués († en Río de Oro en 1447). En 1444 llegó a la desembocadura del río Senegal.

**TRISTÁN** (Luis), pintor español (c. 1586-Toledo 1624), discípulo del Greco. En sus obras, a pesar de las reminiscencias manieristas, se evidencia la aproximación al nuevo realismo tenebrista de origen caravaggiesco (retablos de la iglesia parroquial de Yepes y del convento de Santa Clara de Toledo, *San Luis repartiendo limosna*).

Luis **Tristán:** *Trinidad* (1624). [Catedral de Sevilla.]

**TRISTÁN DA CUNHA,** archipiélago británico del Atlántico sur, descubierto en 1506; 209 $km^2$; 315 hab. La isla principal lleva también el nombre de *Tristán da Cunha.*

**Tristán e Iseo,** leyenda medieval de origen céltico, conocida por varias versiones (en verso y en prosa) de los ss. XII y XIII. Narra los amores de Tristán de Leonís e Iseo la Rubia, unidos por un filtro mágico que provoca amor eterno, y su muerte a causa de los celos de la esposa de Tristán, Iseo la de las Blancas Manos.

**Tristán e Isolda,** drama lírico en tres actos de Richard Wagner, sobre un libreto del compositor, inspirado en las leyendas célticas (Munich 1865).

**TRISTÁN L'HERMITE** (François **Hermite,** llamado), escritor francés (castillo de Soliers, Marche, c. 1601-París 1655), autor de tragedias (*Mariana,* 1636), de una autobiografía novelada (*El paje en desgracia,* 1642) y de poesías (*Los amores de Tristán,* 1638).

**Tristram Shandy** (*Vida y opiniones del caballero*), novela de L. Sterne (1759-1767), compendio de escenas, diálogos y descripciones humorísticas.

**TRIVANDRUM** o **TIRVANANTAPURAM,** c. de la India, cap. de Kerala, en el mar de Omán; 523 733 hab. Universidad.

**TRIVULZIO,** nombre de varios señores originarios de Milán que lucharon en el bando francés durante las guerras de Italia. Uno de ellos, **Giangiacomo** (Milán 1448-Arpajon 1518), estuvo al servicio de Luis XII de Francia, del rey de Nápoles, Fernando, hijo de Alfonso el Magnánimo, y posteriormente del rey de Francia Carlos VIII.

**TRNKA** (Jiří), director de cine de animación checoslovaco (Plzeň 1912-Praga 1969), autor de numerosas películas de marionetas (*El ruiseñor del emperador,* 1948; *Viejas leyendas checas,* 1952; *La mano,* 1965).

**TRÓADE,** ant. región del NO de Asia Menor; c. pral. *Troya.*

**TROLLOPE** (Anthony), escritor británico (Londres 1815-*id.* 1882), autor de novelas sobre la vida de provincias (*Las torres de Barchester,* 1857).

**TROMP** (Maarten Harpertszoon), almirante neerlandés (Brielle 1598-Ter Heide 1653). En la guerra de los Treinta años, derrotó cerca de Gravelines a una flota española (febr. 1639) y también obtuvo la victoria de las Dunas (oct. 1639). – Su hijo **Cornelis** (Rotterdam 1629-Amsterdam 1691) derrotó a la flota inglesa de Monk en Dunkerque (1666) y a los suecos en la isla de Öland (1676).

**TROMSØ,** c. y puerto del N de Noruega, en el *fiordo de Tromsø.*

**TRONADOR,** pico de los Andes patagónicos, situado en la frontera entre Argentina (Río Negro) y Chile (Los Lagos); 3 478 m de alt.

**TRONDHEIM,** c. y puerto de Noruega central; 139 630 hab. Universidad. Metalurgia. Catedral de los ss. XII-XIV. Museos. Fundada en el s. X, fue capital de Noruega hasta el s. XIV.

**Troppau** (*congreso de*) [20 oct.-30 dic. 1820], congreso europeo que se reunió en Troppau [act. *Opava*] y en el transcurso del cual Metternich consiguió la aprobación de una acción colectiva de la Santa alianza contra los revolucionarios.

**TROTSKI** (Lev Davidovich **Bronstein,** llamado), político soviético (Yánovka, Ucrania, 1879-Coyoacán, México, 1940). Estudiante de matemáticas, y, más tarde, de derecho, fue detenido por su actividad revolucionaria (1898) y deportado a Siberia (1900), de donde se evadió para unirse en Londres con Lenin y Martov. Presidió el soviet de San Petersburgo durante la revolución de 1905. Fue arrestado, pero escapó y vivió en el exilio a partir de 1907, fundamentalmente en Viena. De regreso a Rusia (mayo 1917), se unió a los bolcheviques (ag.) y fue uno de los organizadores de la revolución de octubre. Como comisario del pueblo para la guerra (1918-1925), creó el ejército rojo y lo dirigió durante la guerra civil (1918-1920). A partir de 1925, denunció el creciente poder de Stalin y se opuso a la «construcción del socialismo en un solo país» en nombre de «la revolución permanente». Fue relevado de sus funciones (1925-1927) y se exilió en Alma Atá (1927). Expulsado del territorio soviético (1929), se instaló en Francia (1933-1935), en Noruega (1935-1936) y, en 1936, en México. Fundó la IV Internacional en 1938, pero en agosto de 1940 fue asesinado por su secretario, Ramón Mercader, quien, al parecer, era agente de Stalin.

**trovador** (*El*), drama en cinco actos de Antonio García Gutiérrez (1836), uno de los de mayor éxito del romanticismo español. Verdi se inspiró en él para su ópera *Il trovatore* (Roma, 1853).

**TROYA** o **ILIÓN,** en gr. **Troia** o **Ilion,** ant. c. de Asia Menor, situada en el emplazamiento de la actual Hissarlik. Era una ciudad floreciente ya en el III milenio, devastada en varias ocasiones por guerras o catástrofes naturales hasta su destrucción a fines del s. XIII o principios del s. XII a. J.C. Descubierta en el s. XIX por Schliemann, presenta nueve niveles arqueológicos superpuestos, desde el simple pueblo fortificado del IV milenio hasta la aldea de Troya IX, que desapareció hacia 400 d. J.C. Troya II, verdadera ciudad amurallada (2300-2100 a. J.C.), poseyó una civilización brillante, cuya prosperidad queda demostrada por los numerosos objetos valiosos recogidos en este nivel.

**Troya** (*guerra de*), guerra legendaria que conserva el recuerdo de las expediciones de los aqueos a las costas de Asia Menor, en el s. XIII a. J.C., y cantada por Homero en *La Ilíada.*

**TROYES,** c. de Francia, cap. del dep. de Aube y ant. cap. de la Champagne, a orillas del Sena; 60 755 hab. Catedral (ss. XIII-XVI). Museos.

**TROYES** (Chrétien **de**), escritor francés (c. 1135-c. 1183), autor de novelas de caballerías y literatura cortés (*Perceval* o *El cuento del Graal*), obras pertenecientes a la materia de Bretaña.

**TRUBETZKOI** (Nikolái Serguéievich), lingüista ruso (Moscú 1890-Viena 1938). Participó en el círculo lingüístico de Praga junto a R. Jakobson. Influido por Saussure y por Baudouin de Courtenay, definió con rigor la noción de fonema y estableció la distinción entre fonética y fonología (*Principios de fonología,* 1939).

**TRUCIAL STATES** → ***Emiratos Árabes*** (Unión de).

**TRUDEAU** (Pierre Elliott), político canadiense (Montreal 1919-*id.* 2000), líder del Partido liberal y primer ministro (1968-1979 y 1980-1984).

**TRUEBA** (Antonio **de**), escritor español (Montellano 1819-Bilbao 1889). Su poesía (*Libro de cantares,* 1852) influyó en Rosalía de Castro. Como narrador cultivó relatos de costumbrismo rural (*Cuentos de varios colores,* 1866).

**TRUEBA** (Fernando), director de cine español (Madrid 1955), autor, entre otras obras, de: *Ópera prima* (1980), *Sé infiel y no mires con quién* (1985), *El año de las luces* (1986), *El sueño del mono loco* (1989) y *Belle époque* (1992, Oscar a la mejor película de habla no inglesa 1993).

**TRUETA** (Josep), médico español (Barcelona 1897-*id.* 1977). Desarrolló un procedimiento para el tratamiento de las fracturas abiertas (*método Trueta*) que fue adoptado por los ejércitos aliados en la segunda guerra mundial.

**TRUFFAUT** (François), director de cine francés (París 1932-Neuilly-sur-Seine 1984). Con *Los cuatrocientos golpes* (1959) se impuso como una de las figuras destacadas de la nouvelle vague (*Jules y Jim,* 1961; *Fahrenheit 451,* 1966; *La noche americana,* 1973; *La piel dura,* 1976; *El último metro,* 1980).

François **Truffaut** en el rodaje de *La piel dura* (1976)

**TRUJILLO** (*cordillera de*), cordillera de Venezuela, prolongación E de la sierra de Santo Domingo. Culmina en la Teta de Niquitao, a 4 000 m de alt.

**TRUJILLO** (*estado*), est. del O de Venezuela; 7 400 $km^2$; 518 762 hab. Cap. *Trujillo.*

**TRUJILLO,** c. de España (Cáceres), cab. de p. j.; 8 919 hab. (*Trujillanos.*) Restos del castillo (ss. XIII-XIV) y de las murallas medievales. Iglesias góticas. Notable grupo de palacios (marqués de La Conquista, duques de San Carlos, Escobar, Orellana-Pizarro), ayuntamiento.

**TRUJILLO,** c. de Honduras, cap. del dep. de Colón; 9 781 hab. Centro comercial. Próspera en el s. XVI, los ataques piratas precipitaron su decadencia.

**TRUJILLO,** c. de Perú, cap. del dep. de La Libertad, en la Costa; 532 000 hab. Antigua ciudad colonial, destacó como centro religioso y cultural

**Trotski**

Fernando **Trueba:** una escena de *Belle époque* (1992)

(universidad). Catedral (s. XVII), iglesias barrocas de estilo limeño y casas nobles (s. XVIII).

**TRUJILLO,** c. de Venezuela, cap. del est. homónimo; 40 103 hab. Centro agrícola y administrativo. Fundada en el s. XVI. Tras la batalla de Boyacá, se firmó en ella (nov. 1820) el armisticio entre realistas e independentistas.

**TRUJILLO,** mun. de Colombia (Valle del Cauca); 18 804 hab. Caña de azúcar y café. Ganadería.

**TRUJILLO** (Diego), conquistador e historiador español (Trujillo, Cáceres, 1505-en el Cuzco 1574 o 1575). Estuvo en Perú en 1529-1535 y desde 1547, y, por encargo del virrey F. de Toledo, escribió *Relaciones del descubrimiento del Reyno del Perú* (1571).

**TRUJILLO** (Julián), militar y político colombiano (Popayán 1828-Bogotá 1883). Presidente del Cauca (1867-1869 y 1873-1875), fue general en jefe del ejército y presidente de la república (1878-1880).

**TRUJILLO** (Rafael Leónidas), militar y político dominicano (San Cristóbal 1891-Santo Domingo 1961). Autoproclamado presidente de la república, implantó una dictadura personal anticomunista y pronorteamericana de apariencia parlamentaria (1930-1938 y 1942-1952). Condenado por la O.E.A., rompió relaciones con E.U.A. (1960). Fue derrocado y ejecutado por los militares. – Su hermano **Héctor Bienvenido** (San Cristóbal 1908) fue presidente de la república en 1952-1957.

**TRUJILLO ALTO,** mun. de Puerto Rico, en la llanura costera septentrional; 61 120 hab. Industrias químicas.

**TRUMAN** (Harry S.), político norteamericano (Lamar, Missouri, 1884-Kansas City 1972). Senador demócrata (1935) y vicepresidente de F. D. Roosevelt, fue presidente de E.U.A. de 1945 a 1953. Puso fin a la segunda guerra mundial al utilizar la bomba atómica contra Japón (1945). Favoreció la ayuda a Europa occidental (plan Marshall) e intentó limitar la expansión soviética. Reaccionó inmediatamente al ataque de Corea del Sur (junio 1950) enviando tropas norteamericanas a las órdenes de MacArthur, pero se opuso al bombardeo de las bases chinas. Firmó la paz con Japón (1951).

**TSARITSIN,** de 1925 a 1961 **Stalingrado** y de 1961 a 1992 **Volgogrado,** c. de Rusia, a orillas del Volga (or. der.); 999 000 hab. Centro industrial. Instalaciones hidroeléctricas. (V. ***Stalingrado.***)

**TSÁRSKOIE SELÓ** → ***Pushkin.***

**TS'Ê-HI** → *Ci Xi.*

**TSÊ-KONG** → ***Zigong.***

**TSELINOGRAD** → ***Astana.***

**TSÊ-PO** → ***Zibo.***

**TSHIKAPA,** c. de la Rep. Dem. del Congo (ex Zaire), junto al Kasai; 39 000 hab. Diamantes.

**TSI-NAN** → ***Jinan.***

**TS'ING** → ***Qing.***

**TS'ING-HAI** → ***Qinghai.***

**TS'ING-TAO** → ***Qingdao.***

**TS'IN-LING** → ***Qinling.***

**TSIOLKOVSKI** (Konstantin Eduardovich), científico ruso (Izhévskoie 1857-Kaluga 1935). Precursor y teórico de la astronáutica, fue el primero en enunciar las leyes del movimiento de un cohete (1903) e ideó las estaciones orbitales.

**TSIRANANA** (Philibert), político malgache (Anahidrano 1910-Tananarive 1978), presidente de la república (1959-1972).

**TSITSIHAR** o **QIQIHAR,** ant. **Longjiang,** c. del NE de China (Heilongjiang); 1 200 000 hab. Nudo ferroviario y gran centro industrial.

Harry **Truman**

**Turgot** (palacio de Versalles)

**TSU,** c. de Japón (Honshū); 157 177 hab.

**TSUBOUCHI SHŌYŌ,** escritor japonés (Ōta 1859-Atami 1935). Teórico del realismo (*La esencia de la novela,* 1885), fue también uno de los fundadores del teatro japonés moderno.

**TSUGARU** *(estrecho de),* estrecho que separa las islas Honshū y Hokkaidō. Está atravesado por un túnel submarino.

**TSUSHIMA,** archipiélago japonés frente a las costas de Corea, al NO del *estrecho de Tsushima.* Los japoneses destruyeron allí una escuadra rusa (27-28 mayo 1905).

**TU DUC** (Hoang Nham, llamado) [1830-1883], emperador de Annam [1848-1883]. Cedió Cochinchina a Francia (1862-1867) y no pudo evitar la intervención francesa en Annam y Tonkín (1883).

**TU FU** → ***Du Fu.***

**TUAMOTÚ** o **TOUAMOTOU,** archipiélago de la Polinesia Francesa, al NE de Tahití; 880 $km^2$; 11 754 hab. C. pral. *Rotoava.*

**TUARA,** lago de Nicaragua (Zelaya), en la zona costera del Caribe; 15 km de long. y 4 de anch.

**TUBINGA,** en alem. **Tübingen,** c. de Alemania (Baden-Württemberg), junto al Neckar; 78 643 hab. Universidad. Monumentos medievales.

**TUBMAN** (William Vacanarat Shadrach), político liberiano (Harper 1895-Londres 1971). Presidente de la república (1944-1971), ejerció una política autoritaria.

**TUBRUQ,** en ital. **Tobruch,** en ingl. **Tobruk,** c. y puerto de Libia, en Cirenaica; 16 000 hab. Combates entre los británicos y las fuerzas del Eje (1941-1942).

**TUCÍDIDES,** historiador griego (Atenas *c.* 465-† 395 a. J.C.). En *Historia de la guerra del Peloponeso* relató los hechos con rigor e intentó explicar sus causas. Fue el primer historiador griego que concedió a los hechos económicos y sociales su auténtica importancia.

**TUCSON,** c. de Estados Unidos (Arizona); 405 390 hab. Centro turístico e industrial.

**TUCUMÁN** *(provincia de),* prov. del N de Argentina; 22 524 $km^2$; 1 142 247 hab. Cap. *San Miguel de Tucumán.*

**Tucumán** *(batalla de),* enfrentamiento (24-25 set. 1812) entre las tropas realistas y el ejército patriota argentino de Belgrano, que se hizo fuerte en San Miguel de Tucumán contra las órdenes del gobernador de Buenos Aires.

**Tucumán** *(congreso de),* asamblea de los representantes de las Provincias Unidas del Río de la Plata, con la excepción de Paraguay y los partidarios de Artigas, inaugurada en marzo de 1816 en San Miguel de Tucumán. Eligió director supremo a Pueyrredón y declaró la independencia respecto a España (9 julio). En 1817 el congreso se trasladó a Buenos Aires y elaboró una constitución centralista (1819), que dio lugar a una revolución de los partidarios de una estructura federal (1820).

**TUCUPIDO,** c. de Venezuela (Guárico); 23 629 hab. Yacimientos petrolíferos. Maderas.

**TUCUPITA,** c. de Venezuela, cap. del est. Delta Amacuro, situada junto al *caño Tucupita* o *Cocuina;* 68 845 hab. Refino de petróleo. Puerto y aeropuerto. Varias veces destruida por inundaciones.

**TUDELA,** c. de España (Navarra), cab. de p. j.; 26 163 hab. *(Tudelanos.)* Centro agrícola e industrial. De origen romano, fue una plaza fuerte musulmana independiente de Córdoba desde 871, tomada por Alfonso el Batallador (1119). Colegiata-catedral (ss. XII-XIII).

**Tudellén, Tudillén** o **Tudején** *(tratado de),* pacto entre Alfonso VII de Castilla y Ramón Berenguer IV de Barcelona por el que declararon la guerra a Navarra y se repartieron las zonas de reconquista en el Levante peninsular (1151).

**TUDENSE (el)** → ***Tuy*** (Lucas de).

**TUDJMAN** (Franjo), político croata (Veliko Trgovisce, N de Croacia, 1922-Zagreb 1999). Fundador y líder de la Comunidad democrática croata (H.D.Z.), fue elegido por el parlamento primer presidente de la Croacia independiente y reelegido por sufragio universal en 1992 y 1997.

**TUDOR,** familia inglesa originaria del País de Gales, cuyo primer representante fue **Owen Tudor** († 1461) y que, de 1485 a 1603, dio cinco soberanos a Inglaterra: Enrique VII (1485-1509), Enrique VIII (1509-1547), Eduardo VI (1547-1553), María (1553-1558) e Isabel I (1558-1603).

**TUDOR** (William **Cook,** llamado **Anthony**), bailarín y coreógrafo británico (Londres 1909-Nueva York 1987), fundador del London ballet y director asociado del American ballet theatre (1974), es autor de *Columna de fuego* (1942).

**TUEN-HUANG** → ***Dunhuang.***

**ṬUFAYL AL-QAYSĪ** → ***Abentofail.***

**TUI** → ***Tuy.***

**TUIRA,** r. de Panamá; 182 km. Nace en la cordillera de Darién y desemboca en el Pacífico formando un estuario de 40 km de longitud.

**TUJACHEVSKI** (Mijaíl Nikoláievich), mariscal soviético (Pensa, Smoliensk, 1893-Moscú 1937). Oficial del zar, dirigió el frente occidental contra los polacos (1920). Jefe de estado mayor general (1925-1928) y adjunto del comisario del pueblo para la defensa (1931), en 1935 fue nombrado mariscal y fue uno de los creadores del ejército rojo. Acusado de traición (1937) y fusilado, fue rehabilitado en 1961.

**TU-K'EU** → ***Dukou.***

**TULA,** c. arqueológica mexicana de la cultura tolteca (mun. de Tula de Allende, Hidalgo). Fundada a principios del s. X d. J.C., tal vez por emigrantes de Teotihuacán, su período de máximo esplendor coincidió con el reinado de Topiltzin (947-999), y fue destruida por hordas chichimecas en el s. XII. Las excavaciones han permitido conocer las originales estructuras toltecas: pilastras del templo de la Estrella Matutina, y cuatro figuras de atlantes (12 m de alt.); el Coatepantli, o muro de las serpientes; varios juegos de pelota, figuras de atlantes, chacmool, relieves, etc.

**Tula:** detalle de un relieve policromo (museo nacional de antropología, México)

**TULA,** c. de Rusia, al S de Moscú; 540 000 hab. Centro industrial.

**TULA,** mun. de México (Tamaulipas); 28 517 hab. Curtidos. Elaboración de licores.

**TULA DE ALLENDE,** mun. de México (Hidalgo); 57 604 hab. Refinería de petróleo. Centro comercial. Restos arqueológicos toltecas de la ant. *Tula.*

**TULANCINGO,** c. de México (Hidalgo); 70 782 hab. Centro comercial. Estación de telecomunicaciones. Catedral (s. XVIII). Fue c. de origen tolteca. Yacimiento arqueológico de Huapalcalco.

**TULCÁN,** c. de Ecuador, cap. de la prov. de Carchi; 59 533 hab. Ganadería (lácteos). Comercio.

**TULÉAR** → ***Toliara.***

**Tullianum,** cárcel de la antigua Roma, lugar de cautiverio de los condenados a muerte. Yugurta y Vercingetórix y, según la leyenda, san Pedro, fueron encarcelados allí. Se ha identificado con la sala subterránea de la *prisión Mamertina,* del Capitolio.

**TULO** o **TULIO HOSTILIO,** tercer rey de Roma que, según la tradición, reinó *c.* 673-640 a. J.C. Conquistó Alba Longa (combate legendario de los Horacios y los Curiacios) y mandó construir la curia.

**TULSA,** c. de Estados Unidos (Oklahoma), junto al Arkansas; 367 302 hab. Centro petrolero.

**TULSĪDAS,** poeta místico indio en lengua hindī. (¿Rajpur? *c.* 1532-¿Benarés? *c.* 1623).

**TULTEPEC,** mun. de México (México); 22 910 hab. Cereales y hortalizas. Ganado (lácteos).

**TULTITLÁN,** mun. de México (México); 136 829 hab. Economía agropecuaria e industrias derivadas.

**TULUÁ,** c. de Colombia (Valle del Cauca); 121 490 hab. Centro agrícola (cultivos tropicales).

**TULUM,** centro arqueológico mexicano de la cultura maya del NE de Yucatán (Quintana Rao), perteneciente al período posclásico final (1224-1461 d. J.C.). Su templo principal (El castillo) es uno de los más espectaculares del arte maya; templo de los frescos.

**TŪLŪN** (Aḥmad **ibn**) [835-Antioquía 884], fundador de la dinastía de los tūlūníes. Oficial del gobernador abasí de Egipto, agrupó bajo su autoridad a Egipto y Siria. Hizo construir en El Cairo la mezquita que lleva su nombre.

**ṬŪLŪNÍES,** dinastía de gobernadores autónomos de Egipto y de Siria (868-905), fundada por Aḥmad ibn Tūlūn. Fue un período de prosperidad para Egipto.

**TUMA,** r. de Nicaragua, afl. del Grande de Matagalpa; 193 km. Embalse de Mancotal (central eléctrica).

**TUMACO,** mun. de Colombia (Nariño); 94 230 hab. Aluviones auríferos. Refino de petróleo. Puerto petrolero, unido a Orito por un oleoducto.

**tumaco** *(cultura),* cultura precolombina desarrollada en el SO de Colombia, en la costa del Pacífico. Forma parte del complejo cultural Tolita-Esmeraldas y Acamas del N de Ecuador. Está caracterizada por las figuras de cerámica, antropomorfas y zoomorfas, realizadas con gran realismo y riqueza de detalles ornamentales y las cabezas truncadas.

**TUMB** *(islas),* islas del estrecho de Ormuz, en el golfo Pérsico. Fueron ocupadas por Irán en 1971.

**TUMBADOR (El),** mun. de Guatemala (San Marcos); 24 423 hab. Cereales, café. Ganadería. Artesanía.

**TUMBALÁ,** mun. de México (Chiapas); 16 090 hab. Café, caña de azúcar. Explotación forestal.

**TUMBES** o **TÚMBEZ,** r. de América del Sur, de la vertiente del Pacífico; 250 km. Nace en los Andes ecuatorianos, forma frontera con Perú y penetra en este país. Desemboca en la *bahía de Tumbes.*

**TUMBES** *(departamento de),* dep. del N de Perú (Grau); 4 669 km²; 150 500 hab. Cap. *Tumbes.*

**TUMBES** o **TÚMBEZ,** c. de Perú, cap. del dep. homónimo; 45 300 hab. Centro comercial y turístico. Aeropuerto. Disputada por Ecuador, en 1942, por el protocolo de Río de Janeiro, pasó definitivamente a Perú.

**TUMBUCTU** → ***Tombouctou.***

**tumultos** *(tribunal de los)* o **tribunal de la sangre,** organismo judicial creado en los Países Bajos por el duque de Alba para reprimir las sublevaciones antiespañolas (1567). Alba condenó a muerte a cientos de personas. Su sucesor, Luis de Requesens, practicó una política de moderación y logró de Felipe II la supresión del tribunal (1576).

**TUNAS** *(provincia de* **Las**), prov. del S de Cuba; 6 584 km²; 436 341 hab. Cap. *Las Tunas.*

**TUNAS (Las),** ant. **Victoria de Las Tunas,** c. de Cuba, cap. de la prov. homónima; 107 555 hab. Centro administrativo y turístico. Tabaco, ingenios azucareros.

**TÚNEZ,** en ár. **Ṭūnis,** c. y cap. de Tunicia, junto al *golfo de Túnez,* formado por el Mediterráneo; 774 000 hab. Centro administrativo, comercial, cultural e industrial. Monumentos antiguos, entre ellos la Gran mezquita al-Zaytūna (ss. IX-XVII). Museo del Bardo. Desarrollada a partir del suburbio de *Tynes,* tras la conquista árabe de Cartago (*c.* 698), se convirtió en la floreciente capital económica de la Ifrīqiyya. Capital de los Ḥafṣíes en el s. XIII, asediada en vano por Luis IX en 1270, Fernando el Católico le impuso el vasallaje (1510) y en el s. XVI fue el centro de la lucha en el Mediterráneo entre España y el imperio otomano. Se mantuvo como la capital del país bajo la dominación otomana y francesa, y después de la independencia.

**TUNG CHEE-HWA,** hombre de negocios y político chino (Shanghai 1937). Gobernador de Hong Kong desde que el territorio retornó a la soberanía de China (1997).

**TUNGURAHUA,** volcán de Ecuador (Tungurahua y Chimborazo), en los Andes; 5 033 m de alt.

**TUNGURAHUA** *(provincia de),* prov. del centro de Ecuador; 3 212 km²; 361 980 hab. Cap. *Ambato.*

**TUNGUSKA,** nombre de tres ríos de Siberia, afl. del Yeniséi (or. der.): el *Tunguska inferior* (2 989 km), el *Tunguska medio* o *Pedregoso* (1 865 km) y el *Tunguska superior* o *Angará.* El 30 de junio de 1908 se produjo en la región del Tunguska Pedregoso un cataclismo debido probablemente a la explosión en la atmósfera de un fragmento de un cometa.

**TUNICIA,** en ár. **al-Tūnisiyya,** estado del N de África, junto al Mediterráneo; 164 000 km²; 8 400 000 hab. *(Tunecinos.)* CAP. *Túnez.* LENGUA OFICIAL: *árabe.* MONEDA: *dinar de Tunicia.*

GEOGRAFÍA

La zona N está relativamente irrigada y es en general montañosa; el centro y el S están formados por mesetas y llanuras de estepas y desiertos. Las precipitaciones abundantes explican la concentración de la agricultura (cereales, vid y olivo) y de la ganadería bovina en el N y en el litoral, donde se concentra la mayoría de la población. En el S predomina la ganadería ovina nómada, excepto en los oasis, que proporcionan dátiles. La pesca está en vías de desarrollo, pero aún es de importancia secundaria, al igual que la industria, salvo la actividad extractiva (fosfatos y petróleo) y textiles. El turismo y las remesas de los emigrantes sólo palían parcialmente el déficit comercial y el país, con un desempleo considerable, está endeudado. Excepto Kairuán, las principales ciudades son puertos.

HISTORIA

***La Tunicia antigua.*** *C.* 814 a. J.C.: los fenicios fundaron Útica y Cartago. 146 a. J.C.: Cartago fue destruida y se organizó la provincia romana de África. 193-235 d. J.C.: ésta conoció una gran prosperidad en época de los Severos. Ss. III-IV: se desarrolló el cristianismo. 429-533: los vándalos ocuparon el país. 533: los bizantinos restablecieron su dominio en la región de Cartago.

***La Tunicia musulmana.*** 669-705: los árabes conquistaron el país y fundaron Kairuán (670), donde residieron los gobernadores omeyas de Ifrīqiyya. 800-909: los Aglabíes gobernaron el país. 909: fueron eliminados por los Fatimíes. 969: éstos conquistaron Egipto y cedieron Ifrīqiyya a sus vasallos zīríes. Segunda mitad del s. XI: las invasiones de los Banū Hilāl arruinaron el país, gobernado por los Zīríes, que habían conseguido la independencia (1051). 1160-1229: los almohades reinaron en Tunicia. 1229-1574: con los Ḥafṣíes, la capital, Túnez, se desarrolló gracias al comercio y a los establecimientos que fundaron diversas naciones cristianas. En 1535 fue conquistada por Carlos Quinto, y en 1556-1558, por los corsarios turcos. 1574: Tunicia constituyó un bajalato del imperio otomano, la regencia de Túnez, gobernada primero por un dey, y, a partir del s. XVIII, por un bey. 1869: el endeudamiento provocó la bancarrota, y se creó una comisión financiera anglo-franco-italiana.

***El protectorado francés.*** 1881: el bey Muḥammad al-Ṣadūq (1859-1882) firmó el tratado del Bardo, que establecía el protectorado francés en Tunicia. 1920: el Destur de Habīb Burguiba se separó de él. Nov. 1942-mayo 1943: el país fue ocupado por los alemanes.

***La Tunicia independiente.*** 1956: acceso a la independencia. 1957: Burguiba proclamó la república y se convirtió en su presidente, elegido sucesivamente. 1964: Las tierras de los colonos fueron nacionalizadas. 1970-1978: creció la oposición al régimen de Burguiba, presidente vitalicio desde 1975; estallaron huelgas y disturbios. 1982: Tunicia acogió a los organismos directivos de la O.L.P. 1983: el gobierno tuvo que hacer frente al desarrollo del islamismo. Burguiba fue destituido por su primer ministro, Ben Ali, quien los sustituyó al frente del estado. 1988: Ben Ali inició una política de democratización. El partido socialista desturiano se convirtió en el Reagrupamiento constitu-

**Túnez:** el centro de la ciudad moderna con la plaza de la Independencia, la catedral de San Vicente de Paúl (s. XIX) y la avenida Ḥabīb ibn ʿAlī Burguiba

**Tulum.** En primer término, el templo de los frescos; en segundo término, El castillo.

cional democrático (R.C.D.). 1989: Ben Ali fue elegido presidente de la república. Las elecciones fueron ganadas por el R.C.D. 1992: el gobierno llevó a cabo una política represiva frente a los islamistas. Ben Ali fue reelegido presidente en 1994 y 1999.

**TUNJA,** c. de Colombia, cap. del dep. de Boyacá; 93 792 hab. Fue sede del Congreso de las Provincias Unidas de Nueva Granada (1812) y escenario de la batalla de Boyacá (1819) y de la victoria de los federalistas sobre los unionistas (7 abril 1861). Catedral (s. XVI) y conventos de Santa Clara, San Francisco, San Agustín y Santo Domingo. Mansiones renacentistas.

**TUNUYÁN,** dep. de Argentina (Mendoza); 35 788 hab. Agricultura, ganadería. Industria vinícola.

**TUÑÓN DE LARA** (Manuel), historiador español (Madrid 1915-Lejona, Vizcaya, 1997), autor de una extensa obra sobre la España contemporánea: *La España del s. XIX* (1961), *España bajo la dictadura franquista* (1980), *Claves de la historia social* (1985), etcétera.

**TÚPAC AMARU I** († en el Cuzco 1572), soberano inca de Vilcabamba [1571-1572], hermano y sucesor de Titu Cusi Yupanqui. Tras diversos levantamientos, Martín de Hurtado de Arbieto, enviado por el virrey Toledo, lo ejecutó y con ello puso fin a su dinastía.

**Túpac Amaru** *(rebelión de),* insurrección de los indígenas de Perú (1780-1781) dirigida por José Gabriel Condorcanqui, llamado **Túpac Amaru** (Tungasuca 1740-Cuzco 1781), descendiente por línea materna de Túpac Amaru I. Mandó ejecutar al corregidor Arriaga y trató de negociar la rendición del Cuzco. Derrotado por las tropas enviadas desde Lima, fue ejecutado. La lucha prosiguió con su hermano Diego Cristóbal y los levantamientos de Bolivia, N de Argentina y Nueva Granada. Aunque firmó un pacto con las autoridades españolas (1782), Diego Cristóbal fue apresado y ejecutado (1783).

**TÚPAC HUALLPA** († 1533), soberano inca [1533], hijo de Huayna Cápac. Fue designado soberano por Pizarro tras la muerte de sus hermanos Huáscar (1532) y Atahualpa (1533). Se trasladó al Cuzco junto a Pizarro y el general quechua Calcuchima. Muerto al poco tiempo, le sucedió su hermano Manco Inca.

**TÚPAC INCA YUPANQUI** *(rey memorable y resplandeciente)* [† 1493], soberano inca [1471-1493], tercer hijo de Pachacuti. Realizó la primera gran expansión inca (1462-1471) hacia el N y el O y, una vez inca, sobre las tribus aymaras del S y la Araucania. Implantó en su vasto imperio el sistema de los *curacas* (gobernadores de un ayllu).

**Tupamaros,** nombre popular, derivado de Túpac Amaru, del Movimiento nacional de liberación de Uruguay, fundado en 1962 por Raúl Sendic. Desde 1968 practicó la lucha urbana. Al término de la dictadura militar (1984) entró en la legalidad política.

**TÚPOLIEV** (Andréi Nikoláievich), constructor aeronáutico soviético (Pustomázobo 1888-Moscú 1972). Bajo su dirección se concibieron y construyeron más de 120 tipos de aviones civiles y militares.

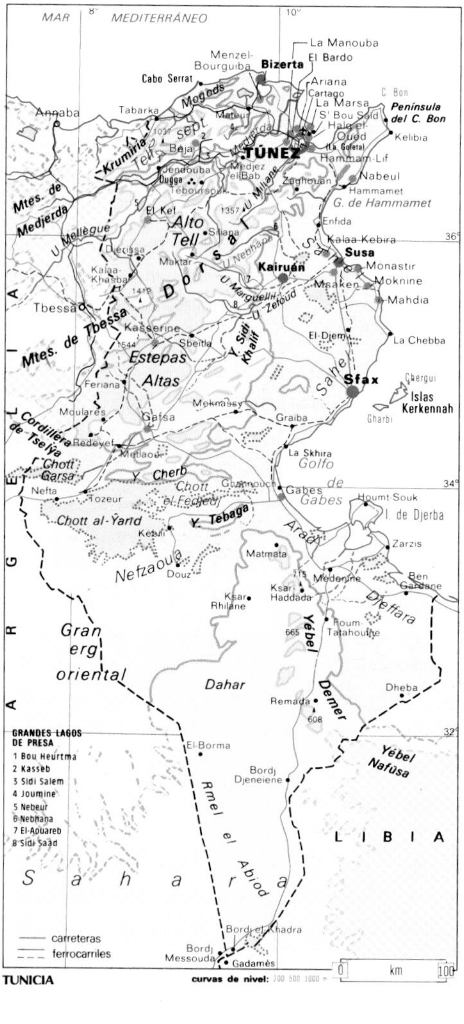


TUNICIA

**TUPUNGATO,** pico andino de Argentina (Mendoza) y Chile (Santiago); 6 800 m de alt. En la ladera N se abre el *portezuelo del Tupungato* (4 800 m de alt.)

**TUPUNGATO,** dep. de Argentina (Mendoza); 22 416 hab. Centro agrícola.

**TÚQUERRES,** mun. de Colombia (Nariño), en el *altiplano Túquerres-Ipiales;* 33 202 hab. Cereales.

**TURA** (Cosimo, llamado **Cosmè**), pintor italiano (Ferrara c. 1430-*id.* 1495). Adalid de la escuela de Ferrara, la Dureza del trazo y la densidad de los volúmenes contribuyen al carácter irreal de su estilo.

**TURATI** (Filippo), político italiano (Canzo 1857-París 1932). En 1892 fue uno de los líderes del Partido socialista, en cuyo seno desempeñó un papel importante. Excluido del partido en 1922, fundó el Partido socialista unitario, opuesto al fascismo.

**TURBACO,** mun. de Colombia (Bolívar), en el delta del Magdalena; 34 205 hab. Agricultura y ganadería.

**TURBAY AYALA** (Julio César), político colombiano (Bogotá 1916). Del Partido liberal, fue ministro (1957-1961), embajador (1967-1976) y presidente de la república (1978-1982).

**TURBO,** mun. de Colombia (Antioquia); 70 113 hab. Centro comercial. Puerto. Carretera panamericana.

**TURCIOS** (Froilán), escritor hondureño (Juticalpa 1875-San José, Costa Rica, 1943). Modernista, cultivó la poesía descriptiva (*Floresta sonora,* 1915) y la narración de tema regional (*Annabel Lee,* 1906).

**TURDETANIA,** ant. región de la península Ibérica, en el curso medio y bajo del Guadalquivir, habitada por pueblos ibéricos descendientes de los tartesios (turdetanos y túrdulos). Durante la dominación romana densamente poblada, alcanzó un gran poderío económico y fue el corazón de la Bética.

**TURÉGANO,** v. de España (Segovia); 1 082 hab. (*Tureganenses* o *turéganos.*) Castillo medieval en cuyo recinto se encuentra una iglesia del s. XIII.

**TURENA,** en fr. **Touraine,** ant. prov. de Francia, al SO de la cuenca de París. C. pral. *Tours.* Condado (s. X), anexionado al dominio real en 1259.

**TURENA** o **TURENNE** (Henri **de La Tour d'Auvergne,** *vizconde* **de**), mariscal de Francia (Sedan 1611-Sasbach 1675) se distinguió en la guerra de los Treinta años y en la de Separación de Cataluña. Reorganizó el ejército de Alemania, donde derrotó a los imperiales en Nördlingen (1645). En la Fronda luchó primero contra Mazarino, aunque posteriormente se reconcilió con él. Sus éxitos militares (Arras, 1654; las Dunas, 1658) obligaron a Felipe IV de España a firmar el tratado de los Pirineos (1659), por lo que fue nombrado mariscal general. Dirigió las tropas francesas durante las guerras de Devolución (1667) y de Holanda (1672).

**TURFÁN,** en chino **Turpan,** c. de China (Xinjiang), ant. etapa de la ruta de la seda. Mezquita (s. XVIII). En los alrededores, cuevas de los Mil budas, conjunto monástico (ss. VI-X), y restos de los ant. centros caravaneros de Yar (Jiahoe) y Kotcho (Gaochang).

**TURGOT** (Anne Robert Jacques), *barón* **de l'Eaulne,** político y economista francés (París 1727-*id.* 1781). Fisiócrata, defendió la libertad de trabajo y comercio y combatió el fanatismo religioso. En Limoges realizó algunas reformas que luego aplicó a escala nacional (construcción de carreteras, implantación de la industria textil, etc.). Expresó sus teorías en *Reflexiones sobre la formación y la distribución de las riquezas* (1766). Luis XVI lo nombró controlador general de Finanzas (1774). Sus medidas liberales suscitaron la oposición de la Iglesia y de los privilegiados; además, una cosecha mediocre produjo alteraciones del orden (1775) y Turgot perdió el favor popular y, luego el del rey (1776). [V. *ilustración pág. 1730.*]

**TURGOVIA,** en alem. **Thurgau,** cantón de Suiza, junto al lago de Constanza; 1 013 km²; 209 362 hab. Cap. *Frauenfeld.* Miembro de la Confederación desde 1803.

**TURGUÉNIEV** o **TURGUENEV** (Iván Serguéievich), escritor ruso (Oriol 1818-Bougival 1883). Autor de novelas y relatos (*Apuntes de un cazador,* 1852; *Padres e hijos,* 1862; *Aguas primaverales,* 1872) y de obras de teatro (*Un mes en el campo,* 1879), es el escritor ruso más influido por el pensamiento occidental.

**Turguéniev**
(I. I. Repin - galería Tretiakov, Moscú)

**TURIA,** r. de España, de la vertiente mediterránea; 243 km. Nace en Teruel con el nombre de Guadalaviar, riega la comarca del *Campo del Turia* y desemboca junto a la ciudad de Valencia, a la que abastece (presa de Manises). Regadíos.

**Turiamo,** base naval militar de Venezuela, en el Caribe, en la *bahía de Turiamo,* parte del parque nacional Rancho Grande (Aragua).

**TURICATO,** mun. de México (Michoacán); 31 514 hab. Cereales y legumbres. Ganadería.

**TURIMIQUIRE** o **TURIMAQUIRE,** cerro de Venezuela (Sucre y Monagas), punto culminante del macizo de Cumaná; 2 596 m de alt.

**TURÍN,** en ital. **Torino,** c. de Italia, cap. del Piamonte y cap. de prov., a orillas del Po, ant. cap. de los estados de la casa de Saboya (1563), del reino de Piamonte-Cerdeña, y del de Italia (1861-1865); 961 916 hab. (1,5 millones aprox. en la aglomeración.) Universidad. Centro administrativo, cultural, turístico e industrial (automóviles). Catedral renacentista; palacio ducal, después real, del s. XVII; monumentos barrocos de Guarini (capilla del Santo sudario en la catedral) y Juvara. Ricos museos.

**TURINA** (Joaquín), compositor español (Sevilla 1882-Madrid 1949). Por consejo de Albéniz se orientó hacia la música española. Sus composiciones, de un nacionalismo pintoresco, alcanzaron su momento más inspirado en piezas sinfónicas como *Danzas fantásticas* y *Sinfonía sevillana* (ambas de 1920) y en «cuadros de género», generalmente para piano, de gran lirismo (*Sevilla,* 1909; *Jardines de Andalucía,* 1924; *Danzas gitanas,* 1934).

**TURING** (Alan Mathison), matemático británico (Londres 1912-Wilmslow, Cheshire, 1954). Autor de trabajos de lógica matemática, elaboró una máquina calculadora *(máquina de Turing)* que simula los procedimientos de tratamiento de la información al nivel más analítico.

**TURINGIA,** en alem. **Thüringen,** Land de Alemania; 15 200 km$^2$; 2 683 877 hab. Cap. *Erfurt.* Se extiende por el *Thüringer Wald* (bosque de Turingia) y la *cuenca del Turingia.* Incorporada al reino de Germania al final de la época carolingia, se constituyó en landgraviato en 1130. Después de 1264, su historia se confunde con la de Misnia y luego con la de Sajonia. El estado de Turingia fue reconstituido en 1920. El territorio formó parte de la R.D.A. de 1949 a 1990.

**TURKANA** *(lago),* ant. **lago Rodolfo,** lago del N de Kenya; 8 500 km$^2$.

**TURKESTÁN,** denominación histórica de la región de Asia central habitada por pueblos turcos, que se extiende entre el mar Caspio y el desierto de Gobi. En la actualidad comprende la región septentrional de Afganistán y el conjunto de territorios formados por el S de Kazajstán, Kirguizistán, Uzbekistán, Tadzhikistán y Turkmenistán. El Turkestán chino corresponde al actual Xinjiang.

**TURKMENISTÁN** *(República de),* estado de Asia central, junto al Caspio; 488 000 km$^2$; 3 500 000 hab. *(Turcomanos.)* CAP. *Ashjabad.* LENGUA OFICIAL: *turcomano.* MONEDA: *manat.*

GEOGRAFÍA

La mayor parte del país es desértica y su población es en un 75 % de origen turcomano. Asocia la ganadería ovina, cultivos de regadío (algodón principalmente) e industria extractiva (hidrocarburos).

HISTORIA

La región Transcaspiana, conquistada por los rusos (1863-1885), fue integrada en el Turkestán en 1897. 1924: se creó la República Socialista Soviética de Turkmenistán. 1990: los comunistas ganaron las primeras elecciones republicanas libres. 1991: el soviet supremo proclamó la independencia de la república (oct.), que se adhirió a la C.E.I.

**TURKS** *(islas),* archipiélago, al N de Haití, que forma con las islas vecinas, las *Caicos,* una colonia británica (430 km$^2$; 7 500 hab.).

**TURKU,** en sueco **Åbo,** c. y puerto de Finlandia, junto al Báltico; 163 000 hab. Centro cultural e industrial. Catedral y castillo del s. XIII. Museos.

**TURMEDA** (Anselm), escritor catalán (Palma de Mallorca mediados s. XIV-Túnez d. 1423). Franciscano, se convirtió al islam y escribió alegatos contra el cristianismo. Su *Disputa del asno* (*Disputa de l'ase, c.* 1418) parodia el compromiso de Caspe.

**TURMERO,** c. de Venezuela (Aragua); 174 280 hab. Industrias.

**TURNER** (William), pintor británico (Londres 1775-*id.* 1851). Paisajista, tendió cada vez más, sobre todo después de sus viajes a Italia (1819 y 1828), a disolver las formas en la atmósfera con una paleta luminosa (*El incendio del Parlamento,* 1835; *Lluvia, niebla, velocidad,* 1844, galería nacional de Londres; importante fondo Turner en la galería Clore, anexo de la galería Tate).

**TURQUÍA,** en turco **Türkiye,** estado de Asia occidental (que engloba el extremo SE de la península balcánica en Europa; 780 000 km$^2$; 58 500 000 hab. *(Turcos.)* CAP. *Ankara.* C. PRAL. Istanbul. LENGUA OFICIAL: *turco.* MONEDA: *libra turca.*

GEOGRAFÍA

Exceptuando la parte europea, que representa menos de una trigésima parte de la superficie total, Turquía es un país de tierras altas. La cadena Póntica al N y el Taurus al S rodean la meseta anatolia, que se eleva escalonadamente por encima del mar Egeo y da paso, hacia el E, al macizo armenio, zócalo dominado por formaciones volcánicas (monte Ararat). Salvo el litoral, de clima mediterráneo, el país se caracteriza por inviernos rigurosos. El verano es cálido y en general seco. Estas características repercuten en la hidrografía (lagos salados, frecuente endorreísmo), la vegetación (estepas), la población (concentrada fundamentalmente en el litoral, principalmente junto al mar de Mármara) y la economía. El país, en su mayoría rural, produce cereales, fruta y algodón, que constituyen la parte esencial de las exportaciones, junto a los productos de la ganadería bovina y, en especial, ovina, muy desarrolladas (alfombras). Los recursos del subsuelo son diversificados, aunque escasos (excepto el cromo), o poco explotados, lo cual dificulta la industrialización. Se han realizado avances que, sin embargo, se han visto frenados por la falta de técnicos, de capital y por la frágil infraestructura económica (transporte). El déficit de la balanza comercial sólo se atenúa parcialmente gracias al turismo y a las remesas de los trabajadores emigrados (principalmente a Alemania).

HISTORIA

1918: desmembramiento del imperio otomano*; el país fue ocupado por los aliados. 1919: Mustafá Kemal inició la construcción de un estado nacional turco a partir de Anatolia. 1920: la gran asamblea nacional de Ankara lo eligió presidente (abril). Los griegos, apoyados por Gran Bretaña, desembarcaron en Asia Menor (junio). El sultán Mehmet VI firmó el tratado de Sèvres (ag.). 1922: los griegos, derrotados, firmaron el armisticio de Mudanya. Mustafá Kemal abolió el sultanato. 1923: el tratado de Lausana fijó las fronteras de Turquía. Los armenios y los kurdos fueron abandonados por los aliados, que los apoyaban. Se instauró la república; Mustafá Kemal se convirtió en presidente y gobernó con el Partido republicano del pueblo, recién fundado. Inició una revolución nacional con el fin de convertir Turquía en un estado laico, moderno y occidentalizado. 1924: el califato fue abolido. 1938: a la muerte de Mustafá Kemal, llamado Atatürk, Ismet Inönü fue presidente de la república. 1947: Turquía, que se había declarado neutral durante la segunda guerra mundial, se benefició del plan Marshall. 1950: Menderes, al frente del partido democrático, accedió al poder. Rompió con el dirigismo del estado y permitió la vuelta a las tradiciones islámicas. 1952: Turquía entró en la O.T.A.N. 1960: el general Gürsel tomó el poder y fue presidente de la república (1961-1966). 1961-1971: I. Inönü (1961-1965) y S. Demirel (1965-1971) formaron gobiernos de coalición. 1970-1972: estallaron graves disturbios; el ejército restauró el orden. 1974: B. Ecevit, primer ministro, ordenó a las tropas turcas desembarcar en Chipre. 1975-1980: Demirel y Ecevit se alternaron en el poder. 1980: el agravamiento de los disturbios, causados por una doble agitación de marxistas y de integristas musulmanes, así como de separatistas kurdos, provocaron un golpe de estado militar, dirigido por Kenan Evren. 1983: los partidos políticos fueron autorizados de nuevo y Turgut Özal formó un gobierno civil. 1989: Turgut Özal fue elegido presidente. 1991: la rebelión kurda se intensificó. 1993: Demirel fue elegido presidente. 1996: entrada en vigor de la unión aduanera con la Unión europea. El islamista N. Erbakan formó gobierno con el apoyo de la derecha. 1997: tras la retirada de los islamistas, Mesut Yilmaz formó un gobierno de coalición. 1998: disolución del partido islamista. 1999: Bulent Ecevit formó un nuevo gobierno de coalición. 2000: tras la dimisión de S. Demirel, Necdet Sezer fue elegido presidente.

INSTITUCIONES

República desde 1923. Constitución de 1982. El presidente de la república, elegido cada 7 años, nombra al primer ministro. *Asamblea nacional,* elegida cada 5 años.

LITERATURA

S. XIV: Yunus Emre. S. XVI: Baki, Fudulî. S. XX: Nâzim Hikmet, Mahmut Makal, Yasar Kemal.

ARQUEOLOGÍA Y ARTE

***Principales emplazamientos prehistóricos, hititas y grecorromanos:***
Çatal Höyük, Karkemish, Boğazköy, Yazilikaya, Troya, Sardes, Escamandro, Cnido, Priene, Gordion, Mileto, Dídimo, Halicarnaso, Pérgamo, Éfeso, Manisa, Antioquía, Tarso, Pamukkale, Nemrut Dağ.
***Emplazamientos bizantinos e islámicos:***
Constantinopla, con Santa Sofía, Ani, Iznik, Capadocia, Trebisonda, Erzurum, Konya, Diyarbakir, Malatya, Sivas, Kayseri, Bursa, Edirne e Istanbul con sus obras maestras de Sinán y Topkapi. Museos de Ankara e Istanbul. *(V. mapa pág. 1734.)*

**TURQUINO** *(sierra de),* sierra del S de Cuba (Granma y Santiago de Cuba), en sierra Maestra; máx. alt. en el *pico real de Turquino* (1974 m), punto culminante de la isla.

**TURRIALBA,** volcán de Costa Rica (Cartago), en la cordillera Central; 3 328 m de alt.

**TURRIALBA,** cantón de Costa Rica (Cartago); 60 506 hab. Industrias azucarera y maderera.

**TURRÓ Y DARDER** (Ramón), biólogo y filósofo

Joaquín **Turina**

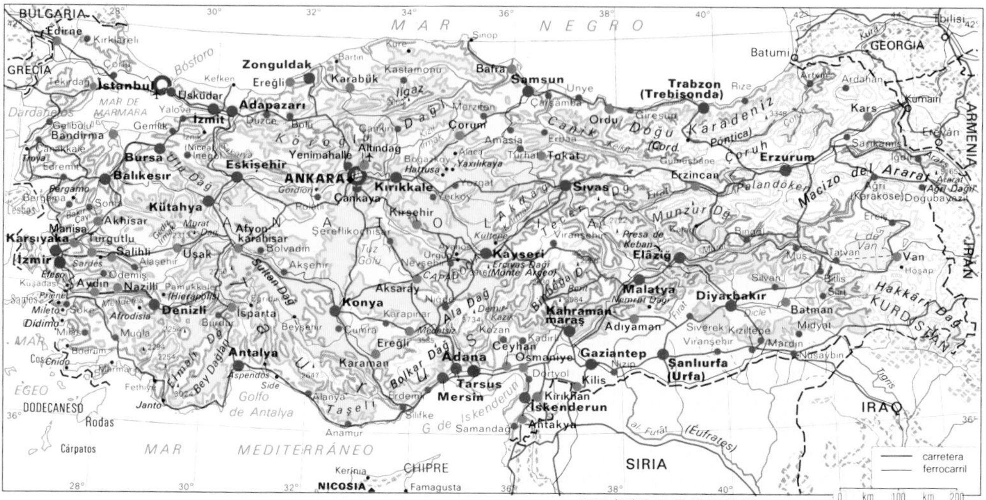

TURQUÍA

español (Gerona 1845-Barcelona 1926). Realizó estudios de bacteriología e inmunología y es autor de *Orígenes del conocimiento: el hambre* (1912).

**TUT ANJ AMÓN, TUTANKAMÓN** o **TUTANKAMEN,** faraón de la XVIII dinastía [*c.* 1354-1346 a. J.C.]. Yerno de Amenofis IV Ajnatón, tuvo que restablecer el culto al dios Amón, bajo la presión del clero. Muerto a los 18 años, debe su fama al descubrimiento (1922) de su tumba, en el valle de los Reyes.

**TUTICORIN,** c. y puerto de la India (Tamil Nadu); 284 193 hab.

**TUTMÉS** o **TUTMOSIS,** nombre de cuatro faraones de la XVIII dinastía, el más importante de los cuales fue **Tutmés III** (1505/1484-1450 a. J.C.). Al principio fue apartado del poder por su tía Hatšepsut, regente del reino. Conquistó Palestina y Siria hasta el Éufrates y sometió definitivamente Nubia.

**TUTU** (Desmond), obispo sudafricano (Klerksdorp, Transvaal, 1931), de raza negra. Obispo de Johannesburgo (1985-1986), jefe de la Iglesia anglicana de África austral y arzobispo de El Cabo (1986-1996), se caracterizó por su lucha activa pero pacífica contra el apartheid. (Premio Nobel de la paz 1984.)

**TUTUPACA,** volcán de Perú (Tacna y Moquegua), en la cordillera Occidental; 5 806 m de alt.

**TUVA** *(República de),* república de la Federación de Rusia, en la cuenca superior del Yeniséi (170 500 km$^2$; 309 000 hab. Cap. *Kizil*).

**TUVALU** *(islas),* ant. **Ellice,** archipiélago de Micronesia, al N de las Fidji, que constituye un estado independiente desde 1976 (24 km$^2$; 8 000 hab.). CAP. *Funafuti.* LENGUAS OFICIALES: *inglés* y *tuvaluan.* MONEDA: *dólar australiano.*

**TUXPAN,** mun. de México (Nayarit); 34 079 hab. Industria alimentaria. — Mun. de México (Jalisco); 29 340 hab. Economía agropecuaria.

**TUXPAN DE RODRÍGUEZ CANO,** c. de México (Veracruz); 69 224 hab. Centro comercial. Petróleo. Astilleros.

**TUXTLA** o **SAN MARTÍN TUXTLA,** volcán de México (Veracruz), en la llanura costera; 1 764 m.

**TUXTLA CHICO,** mun. de México (Chiapas), en la planicie costera de Tehuantepec; 22 361 hab.

**TUXTLA GUTIÉRREZ,** c. de México, cap. del est. de Chiapas; 289 626 hab. Centro industrial (harineras, tabaco, textiles y calzado) y comercial.

**TUY,** r. de Venezuela, que nace en la serranía del Interior y desemboca en el Caribe; 200 km. El *valle del Tuy* es una rica región agrícola.

**TUY** o **TUI,** c. de España (Pontevedra), cab. de p. j.; 15 346 hab. *(Tudenses.)* Un puente internacional (carretera y ferrocarril) la une a Valença do Miño (Portugal). Parador de turismo. Catedral románico-gótica (ss. XII-XIII).

**TUY** (Lucas **de**), llamado **el Tudense,** cronista castellano († 1249). Obispo de Tuy (1239-1249), combatió el catarismo. Escribió el *Chronicon mundi,* que abarca desde el origen del mundo hasta 1236.

**Tuŷibíes,** familia de origen árabe que ocupó la Marca Superior de al-Andalus (s. VIII) y creó la taifa de Zaragoza (s. IX). Apartados del poder en 1039, crearon un nuevo dominio al S de la Península.

**TUZANTÁN,** mun. de México (Chiapas); 16 044 hab. Café, caña de azúcar, cacao. Ganadería.

**TUZANTLA,** mun. de México (Michoacán); 16 429 hab. Cereales, frutas tropicales. Minería.

**TUZLA,** c. de Bosnia-Herzegovina; 65 000 hab.

**T.V.E.** → ***Televisión española.***

**TVER,** de 1933 a 1990, **Kalinin,** c. de Rusia, junto al Volga, al NO de Moscú; 451 000 hab. Central nuclear.

**TWAIN** (Samuel Langhorne **Clemens,** llamado **Mark**), escritor norteamericano (Florida, Missouri, 1835-Redding, Connecticut, 1910). Primer gran escritor del oeste norteamericano, fue el maestro de los novelistas que quisieron «descubrir» América a través de sus paisajes y su folklore (*Las aventuras de Tom Sawyer,* 1876; *Las aventuras de Huckleberry Finn,* 1884).

**TWEED,** r. de Gran Bretaña, en el SE de Escocia, tributario del mar del Norte; 156 km.

**TWICKENHAM,** aglomeración residencial del SO del Gran Londres.

**TXILLARDEGI** (José Luis **Álvarez Enparantza,** llamado), escritor español en lengua vasca (San Sebastián 1929). Ha escrito novelas existencialistas en una prosa rica y sugestiva: *Diario secreto de Leturia* (*Leturiaren egunkari ezkutua,* 1957), *Más allá del viento* (*Haizeaz bestaldetik,* 1979), y ensayos.

**TYLER** (John), político norteamericano (Charles City County, Virginia, 1790-Richmond 1862). Presidente del país (1841-1845), durante su mandato Texas se integró en el territorio norteamericano (1845).

**TYLER** (Wat o Walter), caudillo popular inglés († 1381). Fue uno de los dirigentes de la revuelta de los campesinos de Kent (1381). Consiguió de Ricardo II importantes medidas sociales, pero fue condenado a muerte por el alcalde de Londres ya que los insurrectos habían cometido saqueos.

**TYLOR** (*sir* Edward Burnett), antropólogo británico (Camberwell, Londres, 1832-Wellington, Somerset, 1917). Partidario de las teorías evolucionistas, se interesó por la mitología comparada y propuso una teoría del animismo (*Cultura primitiva,* 1871).

**TYNDALL** (John), físico irlandés (Leighlin-Bridge 1820-Hindhead 1893). Descubrió el fenómeno del rehielo así como el efecto provocado por la difusión de la luz a través de las suspensiones coloidales.

**TYNE,** r. de Gran Bretaña, en el N de Inglaterra, que pasa por *Newcastle-upon-Tyne* y desemboca en el mar del Norte; 100 km.

**TYNEMOUTH,** c. y puerto de Gran Bretaña, junto al estuario del *Tyne;* 60 000 hab. Estación balnearia.

**TZARA** (Tristan), escritor francés de origen rumano (Moineşti 1896-París 1963), uno de los animadores del movimiento dadá (*Siete manifiestos dadá,* 1924).

**TZINTZUNTZAN,** mun. de México (Michoacán), junto al lago de Pátzcuaro; 10 440 hab. Pesca. Antigua capital de los tarascos. Restos arqueológicos (pirámides fines s. XIV-s. XV).

**TZITZI PANDÁCUARE,** soberano tarasco (s. XV), hijo y sucesor de Tangaxoan I. Reunificó el reino.

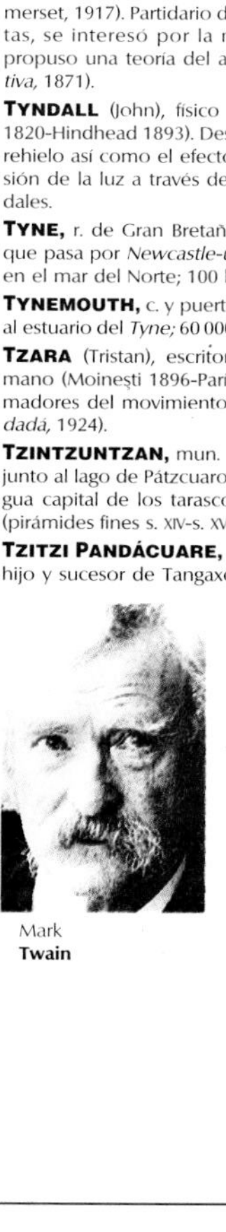
Mark **Twain**

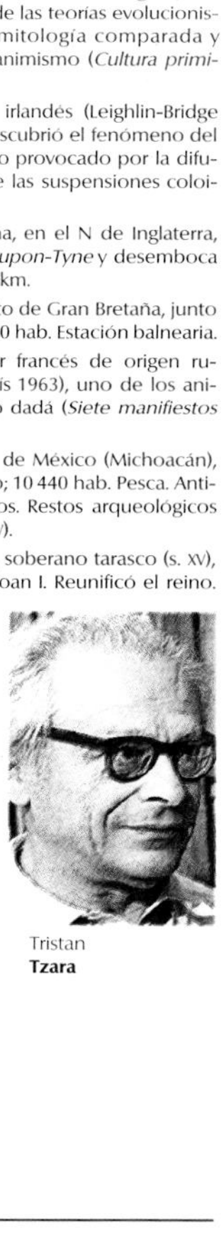
Tristan **Tzara**

# U

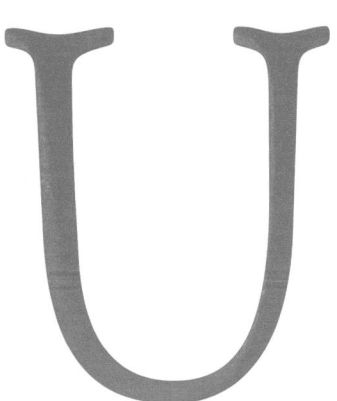

**UAD MEDANI,** c. de Sudán, junto al Nilo Azul; 141 000 hab.

**UAXACTÚN,** centro arqueológico maya de Guatemala (Petén, a 18 km de Tikal), de principios del período clásico. En él se ha encontrado el ejemplo más antiguo de pirámide truncada escalonada descubierta, y estelas de los ss. IV-IX d. J.C.

**UBANGUI,** r. de África ecuatorial, afl. del Congo (or. der.); 1 160 km.

**UBANGUI-CHARI,** ant. territorio del África ecuatorial francesa, que constituye act. la República Centroafricana.

**UBATÉ,** mun. de Colombia (Cundinamarca); 20 242 hab. Economía agropecuaria.

**UBE,** c. y puerto de Japón (Honshū); 175 053 hab.

**ÚBEDA,** c. de España (Jaén), cab. de p. j.; 31 962 hab. *(Ubetenses.)* Centro comercial de área agrícola olivarera. Parador de turismo. Iglesias góticas y conjunto monumental renacentista: colegiata de Santa María, hospital de Santiago, ayuntamiento, numerosos palacios.

**UBERABA,** lago de Bolivia y Brasil, en el curso alto del río Paraguay; 15 km de long. y 8 de anch.

**UBICO** (Jorge), militar y político guatemalteco (Guatemala 1878-Nueva Orleans 1946). Elegido presidente de la república (1931), estableció una dictadura, favoreció los intereses de E.U.A. y de las compañías norteamericanas. Fue derrocado por un movimiento cívico-militar en 1944.

**UBINAS,** volcán de Perú (Moquegua y Arequipa), en la cordillera Occidental de los Andes; 5 672 m.

**UBIÑA** *(peña),* monte de España, en la cordillera Cantábrica; 2 417 m de alt. En la vertiente E se abre el puerto de Pajares.

**UBRIQUE,** v. de España (Cádiz); 17 669 hab. (*Serranos* o *ubriquenses.*) Trabajo artesanal del cuero. En el término, restos prehistóricos y romanos.

**Ubú rey,** comedia de A. Jarry (1896). Su protagonista encarna la estupidez burguesa y el totalitarismo.

**UCAYALI** o **APU-PARU,** r. de Perú (Ucayali y Loreto); 1 500 km aprox. Se forma tras la unión del Urubamba con el Apurímac, y al unirse al Marañón, forma el Amazonas. Importante vía de comunicación y transporte.

**UCAYALI,** región administrativa del E de Perú que comprende el departamento homónimo; 102 411 km²; 284 900 hab. Cap. *Pucallpa.*

**UCCELLO** o **UCELLO** (Paolo **di Dono,** llamado **Paolo**), pintor italiano (¿Florencia? 1397-*id.* 1475). Su tratamiento de las figuras y de la perspectiva revela un agudo y complejo juego intelectual (frescos de la vida de Noé, claustro verde de Santa Maria Novella, Florencia; tres paneles de la batalla de san Romano).

**UCCLE,** en flamenco **Ukkel,** mun. de Bélgica (Brabante); 73 721 hab. En la conurbación de Bruselas.

**U.C.D.** (Unión de centro democrático), partido político español, formado en 1977 por Adolfo Suárez con la oposición moderada al franquismo (conservadores, democristianos, liberales, un sector de socialdemócratas), como alternativa al reformismo franquista y a la oposición de izquierda. Vencedor en las elecciones de 1977 y 1979 (presidencias de Suárez hasta 1981 y de L. Calvo Sotelo, 1981-1982), se disolvió en 1983.

**UCEDA** (Cristóbal **Sandoval y Rojas,** *duque* **de**), político español († Alcalá de Henares 1624). Hijo del duque de Lerma, conspiró contra su padre y fue nombrado valido de Felipe III (1618). Destituido por Felipe IV (1621), fue procesado por su nepotismo y venalidad. Murió en prisión.

**UCELAY** (José María), pintor español (Bermeo 1903-Busturia 1979). Su obra (retratos, bodegones y paisajes vascos) es de un estilo realista geometrizado.

**UCLÉS,** v. de España (Cuenca); 297 hab. *(Uclese-ños.)* Restos del castillo medieval. Monasterio de Santiago (ss. XVI-XVIII). Derrota de Alfonso VI de Castilla ante los almorávides (1108). Derrota del ejército español del duque del Infantado ante los franceses en la guerra de la Independencia (13 en. 1809).

**UCRANIA,** estado de Europa oriental, a orillas del mar Negro; 604 000 km²; 51 700 000 hab. *(Ucranianos.)* CAP. *Kíev.* LENGUA OFICIAL: *ucraniano.* MONEDA: *grivna.*

GEOGRAFÍA

Ucrania es un país de relieve poco accidentado, que abarca la zona de las fértiles tierras negras. Engloba la mayor parte de la cuenca hullera del Donbass y posee importantes yacimientos de hierro en Krivói-Rog y grandes instalaciones hidroeléctricas. Es una importante región agrícola e industrial, productora de trigo, carbón y acero. La población está formada por un 75 % de origen ucraniano, aunque cuenta con una notable minoría rusa.

HISTORIA

Ss. IX-XII: desarrollo del estado de Kíev. S. XII: el principado de Galitzia-Volinia recogió la tradición de Kíev. 1238-1240: la conquista mongol arrasó la región de Kíev. Ss. XIII-XIV: Lituania y Polonia se anexionaron todas las regiones donde se desarrolló la civilización ucraniana, excepto Rutenia Subcarpática, que se encontraba bajo dominio húngaro desde el s. XI. Ss. XV-XVI: las comunidades cosacas se organizaron en el Don y en el Dniéper. 1654: el atamán Jmelnitski consiguió la protección de Moscú. 1667: Ucrania fue dividida entre Polonia y Rusia. 1709: Pedro el Grande derrotó en Poltava al atamán Mazepa, que había intentado crear una Ucrania reunificada e independiente. 1764: el ata-

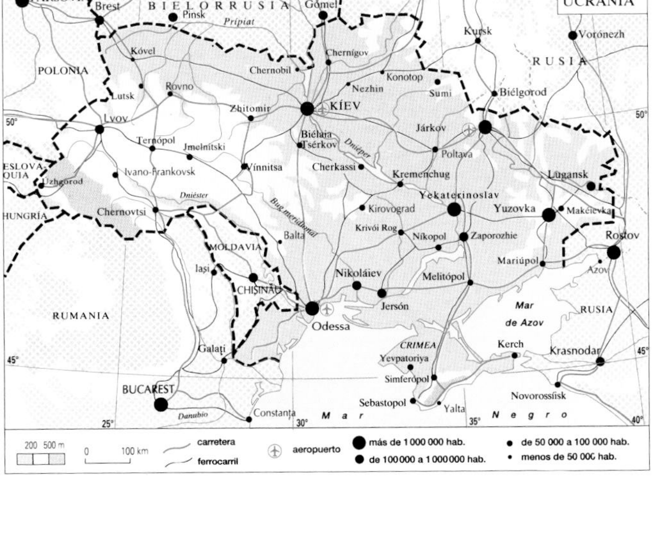

mán fue abolido por Catalina II. 1793-1795: a raíz de los repartos de Polonia, Ucrania quedó bajo dominio de los imperios ruso y austríaco. Fines de 1917-inicios de 1918: los bolcheviques crearon una república soviética en Járkov, y los nacionalistas, una república independiente en Kíev. 1919-1920: los ejércitos rusos blancos y luego los polacos intervinieron en Ucrania. 1922: la república soviética de Ucrania se adhirió a la Unión Soviética. 1939-1940: la U.R.S.S. se anexionó los territorios polacos poblados por ucranianos, así como el N de Bucovina y Besarabia. 1941-1944: los nazis impusieron un régimen de ocupación muy riguroso. 1945: Ucrania se anexionó Rutenia Subcarpática. 1954: anexión de Crimea.* 1990: los comunistas ganaron las primeras elecciones republicanas libres. 1991: el soviet supremo proclamó la independencia del país (ag.), que se adhirió a la C.E.I. El comunista Leonid Kravchuk fue elegido presidente de la república. 1994: Leonid Kuchma accedió a la presidencia tras las elecciones de julio. El parlamento ratificó el tratado de no proliferación nuclear. 1996: aprobación de una nueva constitución.

**UCRANIA SUBCARPÁTICA** o **RUTENIA,** región de Ucrania. En el s. XI fue anexionada a Hungría. De 1919 a 1938 estuvo integrada en Checoslovaquia; posteriormente fue cedida a la U.R.S.S. y anexionada a Ucrania (1945).

**UDAIPUR,** c. de la India (Rājasthān), al NE de Ahmadābād; 307 682 hab. Ant. cap. rājpūta. Monumentos: palacio real (ss. XVI-XVIII). Universidad.

**UDINE,** c. de Italia, ant. cap. de Friul-Venecia Julia, cap. de prov.; 99 157 hab. Monumentos de la edad media al s. XVIII.

**UDINE** (Giovanni **da**), pintor y estucador italiano (Udine 1487-Roma *c.* 1564). Colaborador de Rafael en Roma (logias del Vaticano) y de J. Romano en Mantua, se inspiró en la decoración clásica descubierta en las «grutas» del Esquilino para crear los grutescos.

**UDMURTIA** *(República de),* república de la Federación de Rusia, en la cuenca superior del Kama; 42 100 km$^2$; 1 609 000 hab. *(Udmurtos.)* Cap. *Ízhevsk.*

**U.E.** → ***Unión europea.***

**UEDA AKINARI,** escritor japonés (Ōsaka 1734-Kyōto 1809). Confirió un nuevo estilo a las leyendas tradicionales (*La luna de las lluvias,* 1776).

**UÉLÉ** o **UELLÉ,** r. de la Rep. Dem. del Congo (ex Zaire) que forma una de las corrientes de cabecera del Ubangui (or. izq.); 1 300 km.

**UFÁ,** c. de la Federación de Rusia, cap. de la república de Bashkortostán, en la confluencia del Biélaia y del *Ufá* (918 km); 1 083 000 hab. Refino de petróleo.

**Uffizi** *(palacio de los),* edificio construido en Florencia a partir de 1560 por G. Vasari. Alberga una galería de pinturas y esculturas, creada por los Médicis, rica en obras de artistas italianos.

**UGANDA,** estado de África oriental; 237 000 km$^2$; 18 700 000 hab. *(Ugandeses.)* CAP. *Kampala.* LENGUA OFICIAL: *inglés.* MONEDA: *chelín ugandés.* Situado al N del lago Victoria, es un país de mesetas, cubiertas de sabanas, cuyos principales recursos son la ganadería, el algodón, el té y sobre todo el café.

HISTORIA

La población de la actual Uganda es el resultado del mestizaje de bantúes y pueblos nilóticos. Ss. XVI-XIX: estos pueblos constituían pequeños estados muy poco estructurados. 1856-1884: Mutesa, rey, o *kabaka,* de Buganda, acogió favorablemente a los europeos. 1894: a pesar de la actitud más reticente de su hijo Mwanga, que luchó contra las influencias religiosas extranjeras, musulmanas y cristianas, Gran Bretaña estableció su protectorado en Uganda. 1953-1955: el *kabaka* Mutesa II, que reclamó la independencia para Buganda, fue deportado a Gran Bretaña. 1962: Uganda, que agrupaba Buganda, Bunyoro, Ankola, Toro y Busoga, se convirtió en un estado federal independiente, con Mutesa al frente (1963). 1966: Milton Obote sucedió a Mutesa mediante un golpe de estado y puso fin a la federación de los reinos. 1967: se proclamó la república. 1971: un nuevo golpe de estado llevó al poder al general Idi Amin Dada, quien instauró un régimen tiránico. 1979: la oposición, con la ayuda del ejército de Tanzania, tomó el poder con Yusuf Lule, pronto eliminado por Godfrey Binaisa. 1980: Obote volvió al poder gracias a unas elecciones discutidas. 1985-1986: tras varios años de anarquía, rebeliones tribales y represión, un golpe de estado llevó al poder a Y. Musevini. 1995: nueva constitución que consagra una democracia autoritaria. 2001: Y. Museveni fue reelegido.

**UGARIT,** ant. c. de la costa siria, 16 km al N de Latakia, junto al tell de Ra's Šamra. Fundada *c.* 6000 a. J.C., fue un importante centro comercial y cultural en el II milenio. Fue destruida en el s. XII a. J.C. por los pueblos del mar. En barrios de viviendas, palacios y templos se han descubierto depósitos de archivos y textos literarios, entre ellos muestras de escritura alfabética fenicia.

**UGARTE** (Antonio), político español (nacido en Vizcaya *c.* 1780-† 1833). Miembro destacado de la camarilla de Fernando VII, ejerció gran influencia en el gobierno desde 1823, hasta que en 1825 fue nombrado embajador en Cerdeña.

**UGARTE** (Floro), compositor argentino (Buenos Aires 1884-*id.* 1975), autor de obras inspiradas en el folklore de su país (*Saika,* ópera, 1920; *Tango* para orquesta sinfónica, 1951).

**UGARTE** (Manuel), escritor argentino (Buenos Aires 1878-Niza 1951). Encuadrable dentro del modernismo, escribió poesía (*Poesías completas,* 1921), relato (*Cuentos argentinos,* 1910) y ensayo cultural y sociopolítico.

**U.G.T.** (Unión general de trabajadores), organización sindical española, de orientación socialista, fundada en Barcelona en 1888. Afín al P.S.O.E. y muy influyente durante la Segunda república, fue poco activa en la etapa franquista. A partir de 1976 se reconstituyó bajo la dirección de Nicolás Redondo (hasta 1994), compitió por la hegemonía sindical con Comisiones obreras, aunque a partir de 1987 acercaron sus posiciones, e iniciaron un abierto enfrentamiento con la política de gobierno del P.S.O.E.

**U.G.T.** (Unión general de trabajadores), organización sindical argentina socialista, creada en 1903. En 1909 se autodisolvió para formar la Confederación obrera regional argentina (C.O.R.A.).

**UHLAND** (Ludwig), poeta alemán (Tubinga 1787-*id.* 1862), autor de poemas populares, inspirados en las leyendas suabas.

**UHURU** → ***Kilimanjaro.***

**Uilenspiegel** *(Till)* → ***Till Eulenspiegel.***

**UJI,** c. de Japón (Honshū); 177 010 hab. Pabellón* del Fénix.

**UJJAIN,** c. de la India (Madhya Pradesh); 367 154 hab. Universidad. Monumentos antiguos (observatorio del s. XVIII). Es una de las ciudades santas de la India.

**UJUNG PANDANG** o **UJUNGPANDANG,** ant. **Makasar,** c. y puerto de Indonesia, en el SO de la isla de Célebes, junto al *estrecho de Ujungpandang* que separa Borneo y Célebes; 913 196 hab.

**ULAN BATOR,** ant. **Urga,** c. y cap. de Mongolia, junto al Tola; 600 900 hab.

**ULÁN-UDÉ,** c. de la Federación de Rusia, cap. de la República de Buriatia; 353 000 hab.

**ULATE BLANCO** (Otilio), político costarricense (Alajuela 1895-San José 1973). Elegido presidente de la república en 1948 al frente de la Unión nacional y, tras una breve guerra civil que liquidó el calderonismo, ocupó la presidencia (1949-1953).

**ULBRICHT** (Walter), político alemán (Leipzig 1893-Berlín 1973). Uno de los fundadores del Partido comunista alemán (1919), fue primer secretario del Partido socialista unificado (S.E.D.) [1950-1971] y presidente del consejo de estado de la R.D.A. (1960-1973).

**ULFILAS, ULFILA** o **WULFILA,** obispo arriano, apóstol de los godos (*c.* 311-Constantinopla 383). Tradujo al gótico el Nuevo testamento.

**ULHASNAGAR,** c. de la India (Mahārāshtra), al NE de Bombay; 368 822 hab. Centro industrial y comercial.

**ULIÁNOVSK** → ***Simbirsk.***

**ULISES,** en gr. **Odysseus,** héroe griego, rey legendario de Ítaca, hijo de Laertes, esposo de Penélope, padre de Telémaco y uno de los principales personajes de los poemas homéricos. En la *Ilíada* aparece como un guerrero hábil y astuto, autor de la estratagema del caballo de Troya. El regreso de Ulises a su patria fue el tema de la *Odisea.*

**Ulises,** novela de James Joyce (1922), versión moderna y parodia de la *Odisea,* rica en simbología y en superposiciones temporales y espaciales, que intenta unificar todos los procedimientos de estilo.

UGANDA curvas de nivel: 500 1000 1500 2000 3000 4000 m

**ULLA,** r. de España, en la vertiente atlántica gallega; 115 km. Nace en Fonte Ulla (Lugo) y desemboca en la ría de Arosa.

**ULLATE** (Víctor), bailarín y coreógrafo español (Zaragoza 1947). Tras actuar con la compañía de Antonio y con el Ballet du XX^e^ siècle de M. Béjart (1966), dirigió el Ballet clásico nacional español (1978-1983) y creó su propia compañía (1988).

**ULLESTRET** o **ULLASTRET,** mun. de España (Gerona); 256 hab. Poblado ibérico fortificado.

**ULLOA** (Antonio **de**), científico y marino español (Sevilla 1716-Isla de León [act. San Fernando] 1795). Participó en la expedición de Jorge Juan al Perú para medir un arco de meridiano (1735-1745). Fue superintendente general de las minas de Huancavelica (1758), gobernador de Luisiana (1763) y de Florida (1766), y capitán general de la armada diversas obras(1780). Es autor de obras sobre astronomía, botánica, química, navegación, electricidad, etc. En sus *Noticias americanas* (1772) hizo un inventario de las riquezas naturales del Nuevo mundo.

**ULLOA** (Bernardo **de**), economista español (nacido en Sevilla-Madrid 1740). Representante del mercantilismo español, escribió *Restablecimiento de las fábricas y comercio español* (1740), dedicado a la economía peninsular y de las Indias.

**ULLOA** (Martín **de**), jurisconsulto y erudito español (Sevilla 1719-† 1787), autor de *Memoria sobre el origen y genio de la lengua castellana* y *Memoria sobre la cronología de los diferentes reinos de España.*

**ULM,** c. de Alemania (Baden-Württemberg), a orillas del Danubio; 108 930 hab. Centro industrial. Catedral, obra maestra del gótico flamígero (fines s. XIV-inicios s. XVI).

**ULPIANO,** jurisconsulto romano (nacido en Tiro-Roma 228). Prefecto del pretorio en la época de Severo Alejandro, fue asesinado por los pretorianos.

**ULSAN,** c. y puerto de la República de Corea, al N de Pusan; 682 411 hab. Centro industrial.

**ULSTER,** región histórico-geográfica del N de Irlanda. Desde 1921, la parte NE del Ulster constituye Irlanda* del Norte, unida a Gran Bretaña. Tres condados, *Cavan, Donegal* y *Monaghan,* se unieron a la República de Irlanda, formando así la *provincia del Ulster* (8 011 km$^2$; 232 012 hab.).

**ÚLTIMA ESPERANZA** *(seno),* fiordo de Chile (Magallanes y Antártica Chilena); 65 km de long. y 5 km de anch. En su orilla E se halla Puerto Natales.

**Últimas noticias,** diario venezolano, fundado en 1948 en Caracas, el primero del país por su difusión. Con *El mundo* (fundado en 1958), forma parte de la cadena Capriles.

**último mohicano** *(El),* novela de aventuras de Fenimore Cooper (1826).

**ULÚA,** r. de Honduras; 257 km. Nace en la cuenca del lago Yojoa y, tras un amplio tramo navegable, desemboca en el golfo de Honduras.

**UMAN,** mun. de México (Yucatán); 17 278 hab. Henequén y frutales. Ganadería.

**UMANGO** *(sierra de),* sierra de Argentina (La Rioja), en la Precordillera; 4 500 m de alt.

**'UMAR I** (Abū Ḥafṣa ibn al-Jaṭṭāb) [La Meca *c.* 581-Medina 644], segundo califa de los musulmanes [634-644]. Conquistó Siria, Persia, Egipto y Mesopotamia.

**UMBRAL** (Francisco), escritor y periodista español (Madrid 1935), agudo observador de la realidad cotidiana (*Travesía de Madrid,* 1966; *Los helechos arborescentes,* 1980; *Capital del dolor,* 1996). [Premio Cervantes 2000.]

**UMBRÍA,** región de Italia central, atravesada por el Tíber, formada por las provincias de Perugia y Terni; 8 456 km$^2$; 804 054 hab. *(Umbros.)* Cap. *Perugia.*

**UME ÄLV,** r. de Suecia que desemboca en el golfo de Botnia, al S de *Umeå* (82 000 hab.); 460 km.

**UMM KULTHŪM** u **OM KALSUM** (Fāṭima **Ibrāhīm**), cantante egipcia (Ṭamāy al-Zahīra, Daqahliyya, 1898-El Cairo 1975), la cantante más popular del mundo árabe en los años setenta.

**UMTALI** → ***Mutare.***

**UMTATA,** c. de la República de Sudáfrica (Natal-Kwazulu), ant. cap. de Transkei; 50 000 hab.

**UNAMUNO** (Miguel **de**), escritor y filósofo español (Bilbao 1864-Salamanca 1936). Fue catedrático de griego (1891) y filología comparada en la universidad de Salamanca, y por su oposición a la dictadura de Primo de Rivera estuvo desterrado en Fuerteventura y Hendaya (1924-1930). Los títulos más representativos de su pensamiento, de raíz existencial, profundamente influido por Kierkegaard, son *Del sentimiento* trágico de la vida* (1913) y *La agonía del cristianismo* (1931). La misma actitud vital se refleja en su poesía (*El Cristo de Velázquez,* 1920; *Romancero del destierro,* 1928) y en su narrativa (*Amor y pedagogía,* 1902; *Niebla,* 1914; *La tía Tula,* 1921; *San Manuel Bueno, mártir,* 1933). [Real academia 1932.]

***Unamuno*** *de la cuartilla blanca*
(por D. Vázquez Díaz)

**UNANUE** (José Hipólito), científico y político peruano (Arica 1755-Lima 1833). Profesor de anatomía en la universidad de San Marcos, promovió una decisiva reforma de la educación médica y científica, y fue editor del *Mercurio peruano* (1791-1794), que contribuyó grandemente a la difusión de las ideas científicas en Perú. Desempeñó un importante papel en la lucha de su país por la independencia. En 1821 fue ministro de Hacienda con San Martín, pero apoyó a Bolívar y ocupó la presidencia del consejo de ministros (1826-1827). Autor de *Guía política, eclesiástica y militar del virreinato del Perú* (1793-1797) y de *Observaciones sobre el clima de Lima* (1806).

**UNARE** *(laguna de),* albufera de Venezuela, en el Caribe (Anzoátegui), de 22 km de long. y 5 km de anch., al O de la desembocadura del *río Unare* (250 km).

**UNCASTILLO,** v. de España (Zaragoza); 834 hab. En las Cinco Villas. Restos romanos. Notables iglesias románicas.

**U.N.C.T.A.D.** (Conferencia de Naciones unidas sobre el comercio y el desarrollo), organismo subsidiario permanente de la Organización de las Naciones unidas creado en 1964. Su objetivo es favorecer el desarrollo del comercio internacional teniendo en cuenta los intereses específicos de los países en vías de desarrollo.

**UNDSET** (Sigrid), escritora noruega (Kalundborg, Dinamarca, 1882-Lillehammer 1949), autora de novelas históricas (*Kristin Lavrandsdatter,* 1920-1922) y de relatos inspirados en sus convicciones religiosas (*El matorral en llamas,* 1930). [Premio Nobel de literatura 1928.]

**UNDURRAGA** (Antonio **de**), escritor chileno (Santiago 1911-*id.* 1993). Su obra poética arranca del creacionismo (*La siesta de los peces,* 1938; *Red en el Génesis,* 1946). También ha cultivado el relato (*El mito de Jonás,* 1963) y el ensayo literario.

**Unesco** (United nations educational scientific and cultural organization, organización de las Naciones unidas para la educación, la ciencia y la cultura), institución especializada de la O.N.U., creada en 1946 con el objetivo de contribuir al mantenimiento de la paz y de la seguridad internacionales, estrechando la colaboración entre las naciones a través de la educación, la ciencia y la cultura, con el fin de garantizar el respeto de los derechos humanos y las libertades fundamentales. E.U.A. se retiró de ella en 1984, y Gran Bretaña y Singapur, en 1985. Sede: París.

**UNGARETTI** (Giuseppe), poeta italiano (Alejandría, Egipto, 1888-Milán 1970), figura principal del hermetismo (*Sentimiento del tiempo,* 1933; *Un grito y unos paisajes,* 1952-1954).

**UNGAVA** → ***Nuevo Quebec.***

**Unicef** (United nations international children's emergency fund, Fondo internacional de las Naciones unidas para el socorro de la infancia), organismo con fines humanitarios de la O.N.U., instituido en 1946 para promover la ayuda a la infancia en los países del tercer mundo. Sede: Nueva York. (Premio Nobel de la paz 1965.)

**Unidad popular** (U.P.), coalición chilena de socialistas, comunistas, socialdemócratas, radicales y otros grupos (1970). Alcanzó la presidencia con Salvador Allende y desarrolló un programa populista. Fue desarticulada tras el golpe militar de 1973.

**Unigenitus** *(bula)* [8 set. 1713], constitución promulgada por el papa Clemente XI en respuesta a los escritos jansenistas del oratoriano P. Quesnel.

**UNIÓN** (*departamento de* **La**), dep. del SE de El Salvador; 2 074 km$^2$; 251 143 hab. Cap. *La Unión.*

**UNIÓN,** dep. de Argentina (Córdoba); 96 139 hab. Cab. *Bell Ville.* Centro agrícola y ganadero.

**UNIÓN,** mun. de Venezuela (Lara), cuya área urbana forma parte de Barquisimeto; 66 753 hab.

**UNIÓN (La),** c. de Chile (Los Lagos); 38 778 hab. Vacunos. Pesca deportiva. Carbón.

**UNIÓN (La)** o **SAN CARLOS DE LA UNIÓN,** c. de El Salvador, cap. del dep. homónimo; 26 580 hab. Centro comercial y de servicios. Puerto principal del país.

**UNIÓN (La),** c. de España (Murcia); 13 732 hab. *(Unionenses.)* Centro minero (plomo).

**UNIÓN (La),** cantón de Costa Rica (Cartago); 48 931 hab. Agricultura (banano y café) y ganadería.

**UNIÓN (La),** mun. de Colombia (Valle del Cauca); 20 395 hab. Plátanos, maíz y frijol. Ganadería vacuna. – Mun. de Colombia (Nariño); 19 623 hab. Economía agropecuaria.

**UNIÓN (La),** mun. de México (Guerrero), en la Planicie costera; 19 239 hab. Ganadería. Pesca.

**Union act** *(Acta de unión),* nombre de dos leyes que establecieron la primera, la unión de Inglaterra y Escocia (1707), que formaron el reino de Gran Bretaña, y la segunda, la unión de Gran Bretaña e Irlanda (1800), que formaron el Reino Unido de Gran Bretaña e Irlanda.

**Unión aragonesa,** agrupación formada por los nobles aragoneses, en la baja edad media, para defender sus privilegios frente a los monarcas. Creada en 1283, fue disuelta en 1348.

**Unión cívica radical,** partido político argentino, fundado en 1890 por Leandro Alem. Accedió al poder con Yrigoyen (1916-1922) y Alvear (1922-1928), y sufrió diversas escisiones tras el golpe militar de 1930. De nuevo ocupó la presidencia con A. Frondizi (1958-1962), A. U. Illía (1963-1966), R. Alfonsín (1983-1989) y F. de la Rúa desde 1999.

**Unión de centro democrático** → ***U.C.D.***

**UNIÓN DE EMIRATOS ÁRABES** → ***Emiratos Árabes*** (Unión de).

**UNIÓN DE REPÚBLICAS SOCIALISTAS SOVIÉTICAS** → ***U.R.S.S.***

**UNIÓN DE REYES,** mun. de Cuba (Matanzas); 42 542 hab. Caña de azúcar. Ingenio azucarero.

**Unión europea** (U.E.), organización supranacional europea instituida por el tratado de Maastricht en 1992 y que entró en vigor el 1 nov. 1993. Estado actual del proceso de construcción europea iniciado poco después de la segunda guerra mundial, la Unión europea se apoya en tres pilares: las comunidades europeas (C.E.C.A., C.E. y Euratom), la política exterior y de seguridad común (P.E.S.C.) y la cooperación en materia de justicia e interior.

La **C.E.C.A.** (Comunidad europea del carbón y del acero), fue creada por el tratado del 18 abr. 1951, por iniciativa del plan Schuman (1949), elaborado por J. Monnet y R. Schuman, con vistas al establecimiento de un mercado común del carbón y del acero. La **C.E.E.** (Comunidad económica europea), fue creada por el *tratado de Roma* (25 mar. 1957) con el fin de establecer progresivamente una unión aduanera y económica y un mercado común. En 1979 entró en vigor el sistema monetario europeo (S.M.E.) destinado a estabilizar el tipo de cambio de las monedas participantes (con una unidad de cuenta europea: el ecu o E.C.U. [Euro-

pean Currency Unit]). El *Acta única europea* (firmada en 1985 y ratificada en 1986-1987), que abría la perspectiva de un gran mercado interior (que entró en vigor el 1 en. 1993), reflejaba la voluntad de proseguir la obra comenzada. El *tratado de Maastricht* (7 febr. 1992) consagró el nacimiento de la Unión europea, en el marco institucional único de la Comunidad europea, o **C.E.**, la cual sucedió a la C.E.E. El tratado fija el 1 en. 1999 como fecha límite para la Unión económica y monetaria, o U.E.M. (concebida desde 1988 y puesta en marcha en 1990), para la adopción de una moneda única, y sienta las bases de una unión política. El tratado de Maastricht fue revisado y completado por el tratado de Amsterdam (2 oct. 1997). El **Euratom** (Comunidad europea de la energía atómica) fue creado por el tratado de 25 mar. 1957 con el fin de desarrollar la industria nuclear.
**Estados miembros:** Alemania (la ex R.D.A. se integró en 1990), Bélgica, Francia, Italia, Luxemburgo y Países Bajos (1958), Gran Bretaña, Dinamarca e Irlanda (1973), Grecia (1981), España y Portugal (1986), Austria, Finlandia y Suecia (1995). **Principales órganos institucionales:** el Parlamento europeo, el Consejo de ministros, la Comisión europea, el Tribunal de justicia, Tribunal de cuentas, Consejo europeo y Banco central europeo. **Moneda:** el euro es desde en. de 1999 la moneda oficial de los 11 países (todos excepto Dinamarca, Gran Bretaña, Grecia y Suecia) que en 1998 cumplieron los criterios de convergencia en materia de déficit público, deuda pública, inflación, etc. Grecia se incorporó en 2000. Pero hasta el 1 en. 2002 la moneda única sólo existirá bajo su forma escritural y las monedas nacionales seguirán teniendo curso legal.

**Unión europea occidental** (U.E.O.), organización política y militar fundada en 1954 que agrupa en la act. a Alemania, los países del Benelux, España, Francia, Gran Bretaña, Italia y Portugal. En 1992, Grecia se adhirió a la organización. En 1993 su sede se trasladó de Londres a Bruselas.

**UNIÓN FRANCESA,** nombre dado de 1946 a 1958 al conjunto formado por la República Francesa (Francia, departamentos y territorios de ultramar) y los territorios y estados asociados. Fue sustituida por la Communauté.

**Unión general de trabajadores** → *U.G.T.*

**Union Jack,** bandera del Reino Unido que asocia la cruz inglesa de san Jorge (roja ribeteada de blanco), con la cruz escocesa de san Andrés (blanca ribeteada de azul) y la cruz irlandesa de san Patricio (roja ribeteada de blanco).

**Unión liberal,** agrupación política española creada por O'Donnell (1854). Gobernó en 1858-1863 y 1865-1866, y colaboró con la revolución de 1868 y el gobierno de Serrano. Posteriormente perdió importancia y se unió al Partido liberal-conservador de Cánovas.

**Unión panamericana,** organización interamericana creada en la conferencia panamericana de Buenos Aires (1910). Controlada por E.U.A. desde 1929, en 1948 fue sustituida por la Organización de estados americanos (O.E.A.).

**Unión postal universal** (U.P.U.), institución especializada de la O.N.U. (desde 1948), cuyo origen se remonta a 1874. Se encarga de garantizar las relaciones postales entre los estados miembros y de favorecer la cooperación internacional en materia postal. Sede: Berna.

**Unión republicana,** nombre dado a diversos intentos de agrupación de los republicanos españoles. Con el precedente de la coalición electoral de 1886 entre los partidarios de Ruiz Zorrilla, Pi y Margall y Salmerón, se formaron diversas coaliciones republicanas con ese nombre entre 1893 y 1934.

**UNIÓN SOVIÉTICA** → ***U.R.S.S.***

**UNIÓN SUDAFRICANA** → ***Sudáfrica*** (República de).

**U.N.I.T.A.** (Unión nacional para la independencia total de Angola), organización de lucha armada contra el gobierno angoleño, creada por J. Savimbi en 1965.

**UNITED STATES OF AMERICA,** nombre ingl. de Estados Unidos de América.

**universal** *(El)*, diario mexicano, fundado en la ciudad de México en 1916.

**UNIVERSALES** *(montes)*, sierra de España, en la cordillera Ibérica; 1 830 m de alt. en la Muela de San Juan. Importante nudo hidrográfico.

**UNKEI,** escultor japonés (Kyōto *c.* 1148-† 1223), artífice de la renovación de la escultura de la época Kamakura y de la difusión del realismo.

**Unkiar-Skelessi** *(tratado de)* [8 julio 1833], tratado firmado entre el imperio otomano y Rusia, que había acudido en socorro del Sultán. Por él se cerraban los estrechos a los buques de guerra extranjeros; Gran Bretaña consiguió que el acuerdo fuera inoperante (tratado de Londres, 1841).

**Unter den Linden** *(bajo los tilos)*, avenida de Berlín, que une la puerta de Brandeburgo con la Alexanderplatz.

**UNTERWALDEN,** cantón de Suiza, al S del lago de los Cuatro Cantones, formado por dos semicantones: *Obwalden* (491 km$^2$; 29 025 hab.; cap. *Sarnen*) y *Nidwalden* (276 km$^2$; 33 044 hab.; cap. *Stans*). En 1291 firmó un pacto con otros dos cantones, Uri y Schwyz, que constituyó el núcleo originario de Suiza.

**UPALA,** cantón de Costa Rica (Alajuela); 32 553 hab. Cacao. Ganadería. Explotación forestal.

**Upaniṣad,** voz sánscrita con que se designan los textos sagrados hindúes considerados como revelados, que datan de fines del período védico (700-300 a. J.C.). Pretenden liberar al hombre del ciclo de los renacimientos.

**UPATA,** mun. de Venezuela (Bolívar); 44 030 hab. Yacimientos de hierro. Industrias madereras.

**UPDIKE** (John), escritor norteamericano (Shillington, Pennsylvania, 1932). Sus relatos y novelas describen los fantasmas y mitos de la sociedad norteamericana (*Corre, Conejo,* 1960; *El centauro,* 1963; *Parejas,* 1968; *Las brujas de Eastwick,* 1984; *Brasil,* 1994).

**UPI** (United press International), agencia de prensa norteamericana.

**UPOLU,** isla de Samoa; 1 127 km$^2$; 108 600 hab. C. pral. *Apia.*

**UPPSALA,** c. de Suecia, al N del lago Mälar; 167 508 hab. Universidad (1477). Una de las ant. capitales de Escandinavia. Sede del arzobispado primado del reino; catedral gótica iniciada a fines del s. XIII.

**UR,** ant. c. de la baja Mesopotamia y, según la Biblia, patria de Abraham. El período histórico empieza en el III milenio, con las dos primeras dinastías de Ur, que sucumbieron ante el imperio de Acad (*c.* 2325-*c.* 2200). La III dinastía de Ur (2111-*c.* 2003) extendió su imperio por toda Mesopotamia. Minada por los amorritas y los elamitas, no recuperó su prestigio. Durante las excavaciones iniciadas en 1919 se hallaron innumerables tesoros (museo Británico y museo de Bagdad) en sus ruinas (zigurat, palacio, etc.) y en la extensa necrópolis (60 ha).

**URABÁ** *(golfo de)*, profundo golfo de Colombia (Antioquia y Chocó), en la costa del Caribe, en la parte más interna del golfo de Darién. La boca alcanza unos 55 km de anch. En la orilla O desemboca el río Atrato.

**URAL,** r. de Rusia y de Kazajstán, que nace en los montes Urales y desemboca en el Caspio; 2 428 km (cuenca de 231 000 km$^2$).

**URALES** *(montes)*, cadena montañosa de Rusia, que se extiende del N al S sobre 2 000 km y constituye un límite tradicional entre Europa y Asia; 1 894 m. La riqueza del subsuelo de la montaña y de sus inmediaciones (hierro, carbón, petróleo, etc.) hace de la región uno de los grandes centros industriales de Rusia (siderurgia y metalurgia, industrias químicas) con grandes ciudades (Yekaterinburg, Cheliábinsk, Magnitogorsk, Ufá, Perm, etc.).

**URALSK,** c. de Kazajstán, a orillas del Ural; 200 000 hab.

**URANIA,** musa de la astronomía.

**URANO,** planeta del sistema solar, descubierto por Herschel en 1781, entre Saturno y Neptuno (diámetro ecuatorial: 51 200 km). Posee una densa atmósfera de hidrógeno, helio y metano, y está rodeado por delgados anillos de materia oscura. Se han descubierto 15 satélites a su alrededor.

**URANO,** personificación del Cielo en la mitología griega. Desempeña un gran papel en la teogonía de Hesíodo y en el orfismo.

**URARTU,** reino del oriente antiguo (ss. IX-VII a. J.C.), cuyo centro estaba en la cuenca del lago de Van, en Armenia. Rival de los asirios en el s. VIII a. J.C., fue devastado por las invasiones cimerias. Convertido en protectorado asirio, fue ocupado finalmente por los armenios (s. VII a. J.C.). Ciudadelas en ruinas, bronces, pinturas murales y cerámica atestiguan la originalidad de su civilización, a pesar de las influencias asirias y escitas.

**URAWA,** c. de Japón (Honshū), en el área suburbana al N de Tōkyō; 418 271 hab.

**URBANEJA ACHELPOHL** (Luis Manuel), escritor venezolano (Caracas 1875-*id.* 1937). Impulsor del modernismo en su país, es autor de novelas (*En este país,* 1910) y cuentos.

**URBANO II** *(beato)* [Odón o Eudes **de Lager**] (Châtillon-sur-Marne *c.* 1042-Roma 1099), papa de 1088 a 1099, promotor de la primera cruzada en el concilio de Clermont (1095). – **Urbano III** (Uberto **Crivelli**) [Milán *c.* 1120-Ferrara 1187], papa de 1185 a 1187, luchó contra Federico Barbarroja. – **Urbano IV** (Jacques **Pantaléon**) [Troyes *c.* 1200-Perugia 1264], papa de 1261 a 1264, instituyó la fiesta del Corpus Christi. – **Urbano V** *(beato)* [Guillaume **de Grimoard**] (castillo de Grizac, Lozère, 1310-Aviñón 1370), papa de 1362 a 1370, residió en Aviñón durante la mayor parte de su pontificado a pesar de un intento de volver a Roma (1367-1370). – **Urbano VI** (Bartolomeo **Prignano**) [Nápoles *c.* 1318-Roma 1389], papa de 1378 a 1389, su elección, impuesta por el pueblo romano, que deseaba un papa italiano, marcó el inicio del gran cisma de occidente. – **Urbano VIII** (Maffeo **Barberini**) [Florencia 1568-Roma 1644], papa de 1623 a 1644, contrario al jansenismo, condenó el *Augustinus* de Jansenio (1643).

**URBINA** (José María), político ecuatoriano (Quito 1808-Guayaquil 1891). Jefe supremo de la república (1851-1856), practicó una política liberal y abolió la esclavitud. Exiliado en 1859-1875, dirigió la revolución que dio el poder a Veintemilla (1876).

**URBINA** (Luis Gonzaga), escritor mexicano (México 1864-*id.* 1934). Su obra poética, con ecos románticos, se sitúa dentro del modernismo y tiene un carácter melancólico y crepuscular (*Puesta de sol,* 1910; *Los últimos pájaros,* 1924). Cultivó también el ensayo literario.

**URBINA JADO,** cantón de Ecuador (Guayas); 40 307 hab. Cab. *El Salitre.* Bananas, maní.

**URBINO,** c. de Italia, en las Marcas (prov. de Pesaro y Urbino); 15 125 hab. Palacio ducal del s. XV, obra maestra del Renacimiento (act. galería nacional de las Marcas: Piero della Francesca, P. Berruguete, Barocci, etc.; cerámicas de Urbino). Ant. cap. del *ducado de Urbino,* creado en 1443, e incorporado en 1631 a los Estados Pontificios.

**URDANETA,** cantón de Ecuador (Los Ríos); 20 988 hab. Cab. *Catarama.* Cacao y arroz. Ganadería.

**URDANETA** (Alberto), dibujante y pintor colombiano (Bogotá 1845-*id.* 1887). Trabajó en París con Meissonier. Fundó el Instituto de bellas artes y la Escuela de bellas artes de Bogotá. Notable dibujante, realizó numerosos retratos a lápiz de personajes de su época. Inició el género de historia en su país *(Balboa descubriendo el mar del Sur).*

**URDANETA** (Andrés **de**), navegante, cosmógrafo y religioso español (Villafranca de Oria [act. Villafranca de Ordizia] 1508-México 1568). Viajó con Elcano y realizó estudios cosmográficos en el archipiélago malayo (1526-1535). En Nueva España desde 1541, embarcó en la expedición al Pacífico de López de Legazpi (1559) y exploró Oceanía. De regreso a Nueva España (1565), descubrió la ruta más rápida de Asia a América (hasta California y Acapulco), lo que permitió la colonización de las Filipinas.

**URDANETA** (Rafael), patriota y político venezolano (Maracaibo 1789-París 1845). Participó en el movimiento independentista al lado de Bolívar. Ocupó diversos cargos militares en la Gran Colombia, pero se opuso a la reelección de Bolívar (1830). Tras el pronunciamiento de un batallón venezolano en Nueva Granada, fue nombrado secretario de Guerra y Marina de Nueva Granada y presidente provisional (set. 1830-abril 1831); convocó un congreso constitucional en Villa de Leyva. De vuelta en Venezuela (mayo 1837) fue ministro de Guerra y Marina (1837-1839 y 1842-1845).

**URDANETA ARBELÁEZ** (Roberto), político colombiano (Bogotá 1890-*id.* 1972). Varias veces ministro entre 1930 y 1951, fue presidente de la república (1951-1953), derrocado por el golpe de estado que llevó al poder a Rojas Pinilla.

**UREY** (Harold Clayton), químico norteamericano (Walkerton, Indiana, 1893-La Jolla, California, 1981). Descubrió el agua pesada y el deuterio. (Premio Nobel de química 1934.)

**URFA** → ***Sanliurfa.***

**URFÉ** (Honoré **d'**), escritor francés (Marsella 1567-Villefranche-sur-Mer 1625), autor de una novela pastoril en prosa y verso, *La Astrea* (3 vols., 1607-1619), inspirada en la *Diana* de Montemayor.

**URGA** → ***Ulan Bator.***

**URGEL** o **URGELL** *(condado de)*, condado de la Marca hispánica, en el alto Valle del Segre, creado por los francos en el s. VIII. Unido al de Cerdaña hasta 897 y vasallo del de Barcelona (1063), fue incorporado a la corona de Aragón por Fernando de Antequera (1413).

**Urgel** *(canal de)*, canal de regadío de España (Lérida), que aprovecha las aguas del Segre; 144 km.

**URGELL** (Modesto), pintor y dibujante español (Barcelona 1839-*id.* 1919). Influido por J. Vayreda y la escuela de Olot, se dedicó básicamente al paisaje, al que dio un tratamiento desolado, crepuscular y melancólico.

**URI,** cantón de Suiza, avenado por el Reuss; 1 076 km²; 34 208 hab. Cap. *Altdorf.* Uno de los tres primeros cantones de la Confederación (1291).

**URIANGATO,** mun. de México (Guanajuato); 30 311 hab. Caña de azúcar, cereales. Artesanía.

**URIBANTE,** r. de Venezuela, que al confluir con el Sarare forma el Apure viejo; 280 km. Complejo hidroeléctrico Uribante-Caparo (1 210 MW).

**URIBE HOLGUÍN** (Guillermo), compositor colombiano (Bogotá 1880-*id.* 1971). Organizó y dirigió en Bogotá la que sería la Orquesta nacional. Es autor, en la línea de un modernismo postimpresionista, de estética nacionalista, de obras sinfónicas, música de cámara, ballets *(Tres ballets criollos)* y la ópera *Furatena.* Entre su producción pianística sobresale *Trazos en el sentimiento popular.*

**URIBE PIEDRAHÍTA** (César), escritor colombiano (Medellín 1897-*id.* 1953). Médico, escribió dos novelas sociales: *Toá* (1933) y *Mancha de aceite* (1935).

**URIBÍA,** mun. de Colombia (La Guajira); 21 871 hab. Explotaciones petroleras.

**URIBURU** (José Evaristo), político argentino (Salta 1831-Buenos Aires 1914), ministro de Justicia e Instrucción Pública (1867-1868) y representante de su país en Perú y Bolivia (1876-1883). Vicepresidente (1892), se hizo cargo de la presidencia tras la dimisión de Sáenz Peña (1895-1898).

**URIBURU** (José Félix), militar y político argentino (Salta 1868-París 1932). Derrocó a Yrigoyen (1930) y quiso implantar un régimen fascista. En 1932 convocó elecciones, en las que se impuso su candidato, el general Justo.

**URMIA,** ant. **Rezā'iyeh,** c. del NO de Irán, junto al *lago de Urmia;* 164 000 hab.

**urnas** *(cultura de los campos de)*, cultura de la segunda edad del bronce (ss. XIV-XII a. J.C.) y primera del hierro, asentada en Centroeuropa, que tuvo una expansión en el S de Europa (hasta el NO de la península Ibérica) y Anatolia y Egipto. Debe su nombre a las zonas de enterramientos con urnas de arcilla que contienen las cenizas procedentes de la incineración de los cadáveres, junto con ajuares funerarios.

**UROLA** *(Valle del)*, comarca de España (Guipúzcoa), que abarca la cuenca del *río Urola* (61 km), hasta el Cantábrico.

Andrés de **Urdaneta** (monasterio de El Escorial)

Justo José de **Urquiza**

**URONDO** (Francisco), escritor argentino (Santa Fe 1930-† 1976). Además de poesía coloquial (*Del otro lado,* 1967; *Adolecer,* 1968), cultivó la narrativa y el teatro.

**URQUIJO,** familia de financieros españoles. **Estanislao** (Murga 1817-Madrid 1914), 1.^er^ *marqués* **de Urquijo,** reunió una considerable fortuna con empresas navieras y ferroviarias. – Su hijo **Juan Manuel** (Murga 1843-Madrid 1914), 2.º *marqués* **de Urquijo,** fundó en 1870 la *Banca Urquijo y Arenzana* (luego *Banco Urquijo*).

**URQUIJO** (Julio **de**), filólogo español (Deusto 1871-San Sebastián 1950). Autor de estudios sobre refranes vascos y de obras históricas de temática vasca. En 1907 fundó la *Revista internacional de estudios vascos* (Real academia 1927).

**URQUIJO** (Mariano Luis **de**), político español (Bilbao 1768-París 1817). Primer ministro de Carlos IV con el apoyo de Godoy (1798), se enfrentó a la Inquisición y a Roma, se enemistó con Godoy y fue encarcelado (dic. 1800). Fue ministro de Estado de José I (1808), pero en 1813 tuvo que emigrar.

**URQUIOLA** *(puerto de)*, puerto de montaña de España (Vizcaya), en la cordillera Cantábrica (700 m de alt.), en la carretera Vitoria-Durango.

**URQUIZA** (Justo José **de**), militar y político argentino (Concepción del Uruguay, Entre Ríos, 1801-San José 1870). Gobernador de Entre Ríos (1841), derrotó a Rosas en Monte Caseros (1852) y pasó a ser presidente provisional de la Confederación (1852-1854). De acuerdo con la constitución de 1853, el congreso constituyente le eligió presidente de la Confederación (1854) con el rechazo de la provincia de Buenos Aires, por lo que prosiguió la guerra civil; abandonó el poder en 1860. Fue de nuevo gobernador de Entre Ríos (1861-1864 y 1868-1870). Su defección en el conflicto entre Paraguay y Argentina aceleró su desprestigio. Murió asesinado.

**URRACA** (1080 o 1081-Saldaña 1126), reina de Castilla y León [1109-1126], hija de Alfonso VI y de Constanza de Borgoña. Casada con Raimundo de Borgoña (1090), fue regente de su hijo Alfonso Raimúndez (el futuro Alfonso VII) en Galicia (1107), y heredó Castilla y León. Su boda con Alfonso I el Batallador de Aragón (1109) provocó una guerra civil, por lo que fue repudiada (1114). Desde entonces se enfrentó a su esposo, a su hijo, a su hermana Teresa, condesa de Portugal, y al obispo Gelmírez de Santiago.

**URRACA,** cacique centroamericano (s. XVI), de Burica (Costa Rica). Se enfrentó a los españoles enviados a sus dominios por Pedrarias Dávila (1520-1529).

**URRAO,** mun. de Colombia (Antioquia); 25 912 hab. Bosques. Frijol y caña de azúcar. Vacunos.

**URRÍES** (Pedro **de**), *marqués* **de Ayerbe,** economista ilustrado español (Zaragoza 1743-Alfranca 1799), director de la Sociedad económica aragonesa de Amigos del País y autor de *Mejoramiento de España.*

**URRIOLAGOITIA** (Mamerto), político boliviano (Sucre 1895-*id.* 1974). Vicepresidente (1947-1949) y presidente de la república (1949-1951).

**URRUELLA** (Julio), pintor y escultor guatemalteco (Guatemala 1910). Realizó las vidrieras del palacio nacional de Guatemala.

**URRUTIA** (Francisco José), político colombiano (Popayán 1870-† 1950). Como ministro de Relaciones exteriores firmó el *tratado Urrutia-Thompson* (1914), que restablecía las relaciones con E.U.A., alteradas desde la separación de Panamá.

**URRUTIA** (Manuel), político cubano (Yaguajay 1901-Nueva York 1981). Exiliado en la época de Batista (1952), fue elegido presidente de Cuba al triunfar la revolución asumió la presidencia de la república (en. 1959), pero dimitió por desacuerdo con Castro (julio). En 1963 se exilió.

**URSINOS** (Marie-Anne **de La Trémoille,** *princesa* **degli Orsini** o **de los**), política francesa (París 1642-Roma 1722). Camarera mayor de María Luisa de Saboya, esposa de Felipe V de España, de 1701 a 1714, ejerció gran influencia sobre el rey. Fue alejada de la corte por la segunda esposa del rey, Isabel de Farnesio.

**U.R.S.S.** (Unión de Repúblicas Socialistas Soviéticas), en ruso **S.S.S.R.** *(Soïouz Sovietskij Sotsialisticheskij Respúblik)*, antiguo estado federal del bloque euroasiático. Compuesto por 15 repúblicas a partir de la segunda guerra mundial (Armenia, Azerbaiján, Bielorrusia, Estonia, Georgia, Kazajstán, Kirguizistán, Letonia, Lituania, Moldavia, Uzbekistán, Rusia, Tadzhikistán, Turkmenistán y Ucrania), se extendía por 22 400 000 km² y contaba, en 1990, con 292 millones de hab. *(Soviéticos.)* CAP. *Moscú.*

HISTORIA

***Los inicios del régimen soviético.*** 1917: tras la revolución de Octubre, se formó el consejo de los comisarios del pueblo, compuesto exclusivamente por bolcheviques y presidido por Lenin. 1918: se proclamó la República Socialista Federativa Soviética de Rusia. Alemania le impuso el tratado de Brest-Litovsk. En la guerra civil se enfrentaron el Ejército rojo y los ejércitos blancos. Se instauró el llamado comunismo de guerra y se generalizaron las nacionalizaciones. 1919: se fundó en Moscú la Internacional comunista. 1920: la Rusia soviética reconoció la independencia de los estados bálticos. El último ejército blanco evacuó Crimea. 1921: el Ejército rojo ocupó Armenia y Georgia; se firmó la paz con Polonia. Se adoptó la nueva política económica (N.E.P.). 1922: Stalin se convirtió en secretario general del partido comunista. Rusia, Transcaucasia (formada por Azerbaiján, Armenia y Georgia), Ucrania y Bielorrusia se integraron en la U.R.S.S. 1924: muerte de Lenin. 1925-1927: Stalin eliminó de la dirección del partido a Zinóviev, Kámenev y Trotski.

***El período de Stalin.*** 1929: la N.E.P. fue abandonada. El primer plan quinquenal dio prioridad a la industria pesada y se emprendió la colectivización masiva de las tierras. 1930: liquidación de los kulaks como clase. 1934: la U.R.S.S. fue admitida en la S.D.N. 1936: una nueva constitución estableció la organización de la U.R.S.S. en 11 repúblicas federadas: Rusia, Ucrania, Bielorrusia, Kazajstán, Kirguizistán, Uzbekistán, Tadzhikistán, Turmenistán, Armenia, Azerbaiján y Georgia. 1936-1938: la G.P.U. envió a los campos del Gulag a numerosos deportados e hizo desaparecer a la vieja guardia del partido. 1939: se concluyó el pacto germano-soviético. 1939-1940: la U.R.S.S. anexionó Polonia oriental, los estados bálticos, Carelia, Besarabia y el N de Bucovina. 1941: fue atacada por Alemania. 1943: venció en la batalla de Stalingrado. 1944-1945: las fuerzas soviéticas progresaron en Europa central y, conforme a los acuerdos de Yalta (febr. 1945), ocuparon la parte oriental de Alemania. 1947-1949: se creó el Kominforn y en el conjunto de la Europa del este se constituyeron regímenes calcados del de la U.R.S.S. Los soviéticos bloquearon Berlín Oeste (1948-1949). Se desarrolló la guerra fría. 1950: se firmó un tratado de amistad con la China popular. 1953: muerte de Stalin.

***Los límites de la desestalinización y la distensión.*** 1953: Jruschov fue elegido primer secretario del partido. 1955: la U.R.S.S. firmó el pacto de Varsovia con siete democracias populares. Las relaciones con China comenzaron a deteriorarse. 1956: el XX congreso denunció algunos aspectos del estalinismo. Se disolvió el Kominform. El ejército soviético aplastó el intento de liberalización de Hungría. 1957: se lanzó el primer satélite artificial de la Tierra (Spútnik I). 1962: la instalación en Cuba de misiles soviéticos provocó una grave crisis con E.U.A. 1964: Jruschov fue destituido; Brézhnev lo sustituyó al frente del partido. 1968: la U.R.S.S. intervino militarmente en Checoslovaquia. 1969: aumentó la tensión con China. 1972-1979: la U.R.S.S. firmó los acuerdos S.A.L.T. I y S.A.L.T. II que pretendían limitar la carrera armamentística. 1979: las tropas soviéticas ocuparon Afganistán. 1982: a la muerte de Brézhnev, Andrópov se convirtió en secretario general del partido. 1984: le sucedió Chernenko.

***La perestroika.*** 1985-1987: Gorbachov asumió la dirección del partido y emprendió la renovación de sus dirigentes. Puso en marcha la reestructuración *(perestroika)*, promovió reformas con el fin de conseguir una mayor eficacia económica y una democratización de las instituciones, y reanudó la desestalinización. Volvió a entablar el diálogo con E.U.A. (encuentros con Reagan), país con el que firmó un acuerdo sobre la eliminación en Europa de misiles de medio alcance (1987). Después de 1988: la U.R.S.S. finalizó la retirada de sus tropas de Afganistán (febr. 1989) y continuó su acercamiento a China. Se celebraron las primeras elecciones con candidaturas múltiples (marzo 1989). Se desarrollaron las reivindicaciones nacionalistas, principalmente en los países bálticos y en el Cáucaso. Se agravaron las tensiones entre las nacionalidades y se exacerbaron en Armenia y Azerbaiján. 1990: se abolió el papel dirigente del partido y se instauró

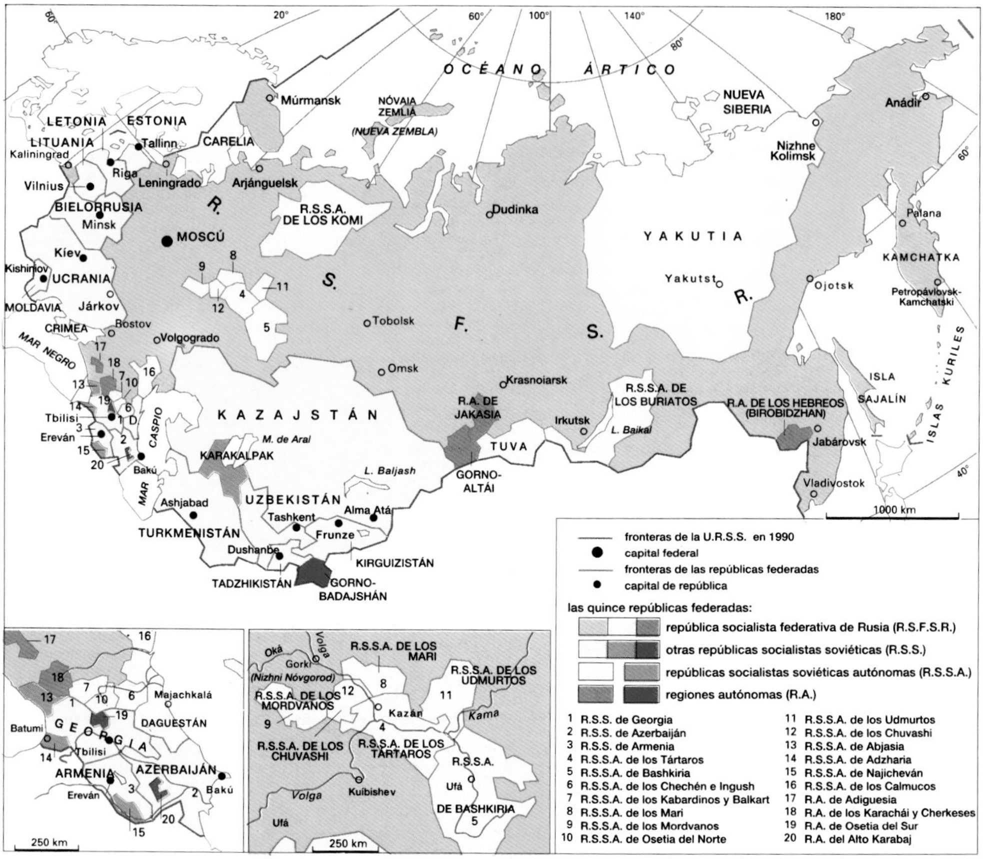


LA **U.R.S.S.** EN 1990: LA ORGANIZACIÓN FEDERAL

un régimen presidencial. Gorbachov fue elegido presidente de la U.R.S.S. por el Congreso de los diputados del pueblo (marzo). La U.R.S.S. aceptó la unificación de Alemania, al firmar el tratado de Moscú. La desorganización económica, que cuestionaba la eficacia de la reforma con vistas a instaurar una economía de mercado, y las tensiones entre el gobierno central y las repúblicas federadas hicieron peligrar la supervivencia de la federación soviética.

***La disolución de la Unión Soviética.*** 1991: fracasó el intento de golpe de estado de los conservadores contra Gorbachov, gracias a la resistencia llevada a cabo por Yeltsin (ag.). La restauración de la independencia de los países bálticos (Estonia, Letonia y Lituania), reconocida por la comunidad internacional (set.), fue seguida de la disolución de la U.R.S.S. y la dimisión de Gorbachov (dic.). Rusia, Ucrania, Bielorrusia, Moldavia, las repúblicas de Asia central y las del Cáucaso (excepto Georgia), que habían proclamado su independencia, crearon la Comunidad de Estados Independientes (C.E.I.).

**ÚRSULA** *(santa)* [¿s. III?], mártir en Colonia. Según una leyenda que alcanzó gran popularidad, fue martirizada junto con otras once mil vírgenes.

**ÚRSULO GALVÁN,** mun. de México (Veracruz); 23 633 hab. Fruticultura y explotación maderera.

**URUAPAN DEL PROGRESO** o **URUAPAN,** c. de México (Michoacán), al S de la sierra de Uruapan; 187 623 hab. Centro comercial de área maderera. Aeropuerto. Fundada en 1532. Antiguo hospital (s. XVI) con portada plateresca y bello patio (museo).

**URUBAMBA,** r. de Perú, una de las ramas del Uyacali; 725 km. Nace en la cordillera de Vilcanota, pasa por la c. minera de *Urubamba* (Cuzco) y se une al Apurímac. Aprovechamiento hidroeléctrico (central Machu Picchu).

**URUGUAY,** r. de América del Sur, de la vertiente atlántica; 1 900 km. Nace en Brasil con el nombre de Pelotas, y marca, sucesivamente, la frontera entre este país y Argentina, y entre Argentina y Uruguay, hasta su desembocadura en el Río de la Plata. Su régimen, exclusivamente pluvial, se caracteriza por crecidas y estiajes muy acusados. Aprovechamiento hidroeléctrico (Salto Grande).

**URUGUAY,** estado de América del Sur, junto a la costa atlántica, en la región del Río de la Plata; 177 500 km$^2$; 3 337 058 hab. *(Uruguayos.)* CAP. *Montevideo.* LENGUA OFICIAL: *español.* MONEDA: *peso uruguayo.*

GEOGRAFÍA

Situado en el extremo S del macizo brasileño, el país comprende terrenos llanos, en parte anegadizos, y algunas sierras y cerros poco elevados (513 m en el cerro Catedral, máx. alt. del país). La red fluvial es densa y ramificada; destacan el río Negro y el Uruguay. La población, mayoritariamente urbana, se concentra en el litoral del Río de la Plata y en particular en la capital, Montevideo. La economía se orienta tradicionalmente al sector agropecuario, en especial ganadero (exportación de carnes, cueros y lana). Entre los cultivos, cabe mencionar el trigo, maíz, arroz, caña de azúcar y vid. El país es pobre en recursos mineros: extracción de dolomita, cuarzo, mármoles y piedras finas. Destaca la producción hidroeléctrica, cuyos excedentes se exportan a los países vecinos. La industria se limita a las ramas ligeras (alimentación, textil, construcciones mecánicas), con excepción de la petroquímica (refinería de Montevideo) y el cemento. Turismo en el litoral platense y Punta del Este. Uruguay es miembro de Mercosur (1991).

HISTORIA

***El poblamiento precolombino.*** El territorio uruguayo estaba ocupado por diversos pueblos, de filiación lingüística incierta, dedicados a la caza y la recolección, que disponían de una cultura material rudimentaria: los charrúas, los más característicos; los chaná, los arachán, etc.

***Conquista y colonización.*** 1516: expedición de Díaz de Solís al Río de La Plata; 1520: descubrimiento de la bahía de Montevideo por Magallanes. S. Caboto fundó el primer establecimiento (1527-1529). La hostilidad de los indios, en particular los charrúas, y la falta de riquezas, retrasó la colonización, que tuvo sus primeros impulsores en los franciscanos; el ganado bovino, introducido en el s. XVII, y el contrabando constituyeron las bases iniciales de la economía colonial. La región fue objeto de la competencia entre españoles y portugueses, que en 1680 fundaron la Colonia del Sacramento, cedida a la corona española por el tratado de San Ildefonso (1777). 1778: el reglamento de libre comercio impulsó el desarrollo de Montevideo y la Banda Oriental, integrada en el virreinato del Río de La Plata.

***La independencia.*** 1807: ocupación británica de Montevideo. 1808-1811: Montevideo se constituyó en centro de defensa de los intereses realistas. 1811-1816: Artigas (grito de Asencio, 1811), inició el movimiento de independencia en la Banda Oriental, que consiguió la capitulación de Montevideo (1814); la oposición entre el federalismo reformista de Artigas y el centralismo de Buenos Aires abrió una nueva disidencia. 1816-1827: el ejército portugués ocupó la Banda Oriental y la anexionó como provincia Cisplatina (1821), pasando luego al imperio brasileño; el levantamiento antibrasileño de los Treinta y tres orientales (1825), y la posterior guerra argentino-brasileña, acabó con la intervención de Gran Bretaña y la constitución de Uruguay como estado interpuesto entre Argentina y Brasil (1828).

***Blancos y colorados.*** 1830-1876: el nuevo estado

se dividió en dos grandes facciones, la de los blancos y la de los colorados, que reflejaron la preeminencia del caudillismo y la contraposición de intereses entre los sectores campesinos del interior y los grupos comerciales de Montevideo; las guerras civiles fueron constantes (guerra Grande, 1843-1851, marcada por el sitio de Montevideo) hasta que la caída de Rosas en Argentina y la derrota del Paraguay en la guerra de la Triple alianza dejaron a los blancos sin sus apoyos externos y facilitaron el predominio colorado (V. Flores). 1876-1904: los regímenes militares de Latorre y Santos (1876-1886) reforzaron la hegemonía colorada; la estabilización política facilitó el desarrollo de la economía exportadora, basada en los recursos ganaderos, y la inmigración europea. La marginación del Partido blanco suscitó las infructuosas rebeliones de Saravia (1897, 1904).

***Del batllismo al retorno de los blancos al poder.*** 1904-1933: las reformas del colorado Batlle y Ordóñez (1903-1907 y 1911-1915) y las de Williman (1907-1911) y Viera (1915-1919) iniciaron una nueva etapa caracterizada por un programa económico modernizador, la introducción de una legislación social reformista y la constitución de 1918, que estableció el ejecutivo colegiado (presidencias de Brum, 1919-1923; Serrato, 1923-1927; Campisteguy, 1927-1931). 1933-1952: el golpe incruento del general Terra sustituyó el sistema colegiado por un régimen presidencialista (constitución de 1934), que mantuvo la hegemonía colorada. 1952-1966: restablecido el sistema colegiado por la constitución de 1952, los blancos volvieron al poder en las elecciones de 1958, con un programa de defensa de las clases medias rurales, que no pudieron desarrollar en un país que se había terciarizado; en 1966 se volvió a una constitución presidencialista.

***La radicalización política y el militarismo.*** 1967-1984: la agitación social y la eclosión de la guerrilla de los Tupamaros marcaron el final de los años sesenta. El ejército, favorecido por el colorado Bordaberry, se hizo con el poder frente a un fuerte bloque de izquierdas (el Frente amplio, de L. Seregni) e instauró una dictadura militar (1976-1984).

***El retorno a la democracia.*** 1985-1995: la recuperación democrática restableció la alternancia de colorados (J. M. Sanguinetti, 1985-1990) y blancos (A. Lacalle, 1990-1995). 1995: los colorados recuperaron el poder (J. M. Sanguinetti, 1995-1999; y Jorge Batlle, desde 1999).

INSTITUCIONES

Según la constitución de 1966, presidencialista, el presidente de la república elegido por sufragio universal para un período de cinco años, asume la jefatura del ejecutivo. El parlamento es bicameral (senado y cámara de diputados).

LITERATURA

– *S. XIX.* Poesía: F. Acuña de Figueroa, B. Hidalgo, A. Berro, J. C. Gómez, J. Zorrilla de San Martín, J. Herrera y Reissig. Narrativa: A. Margariños Cervantes, A. Acevedo Díaz, J. de Viana. Teatro: F. Sánchez, E. Herrera.

– *S. XX.* Poesía: Á. A. Vasseur, E. Frugoni, M. E. Vaz Ferreira, D. Agustini, J. de Ibarbourou, C. Silva, S. de Ibáñez, I. Vilariño, I. Vitale, M. Benedetti, H. E. Pedemonte, C. M. Gutiérrez, W. Benavides, J. Medina Vidal, C. Peri Rossi, E. Estrázulas, R. Echevarren, C. Carneiro, E. Milán. Narrativa: C. Reyles, H. Quiroga, E. Amorim, Felisberto Hernández, J. C. Onetti, A. Gravina, C. Martínez Moreno, M. Arregui, A. Somers, M. Benedetti, M. I. Silva Vila, S. Lago, H. Conteris, E. Galeano, C. Peri Rossi, E. Estrázulas, F. Butazzoni. Teatro: A. Larreta, C. Maggi, J. Langsner, M. Rosencof. Ensayo: J. E. Rodó, C. Vaz Ferreira, A. Zum Felde, A. Ardao, C. Real de Azúa, E. Rodríguez Monegal, A. Rama, E. Galeano, M. Benedetti.

BELLAS ARTES

***Principales ciudades de interés artístico:*** Colonia del Sacramento, Montevideo.

***Artistas célebres.*** *Época republicana:* Pintura: J. M. Blanes, R. Barradas, P. Blanes, P. Figari, J. Torres García, C. Arden Quin; R. Rothfuss, J. Páez Vilaró, C. Páez Vilaró, A. Torres, H. Sabat, N. Ramos, V. Martín, J. Gamarra, L. Camnitzer, J. Cuneo, O. García Reino, J. Damiani, A. H. Riboira, M. A. Pareja, F. Matto, L. Solari, A. Frasconi. Escultura: J. M. Ferrari, A. Pena, G. Furest, P. Mañe, V. Morelli, W. Barcala, G. Fonseca, J. U. Alpuy, G. Cabrera, B. Michelena, N. Ramos, E. Broglia. Arquitectura: J. Vilamajó, C. Surracho, E. Dieste, M. Payssé Reyes, W. Chappe, E. Monestier, R. Lorenzo, M. Facello, I. Singer.

MÚSICA

– *Época colonial:* fray Manuel Úbeda. – *S. XIX:* J. C. Barros, C. Luna, J. Furriol, F. J. Debalí, D. Costa, O. Pféiffer, P. Faget, T. Giribaldi, L. Ribeiro. – *S. XX:* E. Fabini, A. Broqua, V. Ascone, C. Estrada, H. Tosar, S. Baranda, M. Maidanik. *(V. anexo cartográfico.)*

**URUGUAY,** dep. de Argentina (Entre Ríos); 86 457 hab. Cab. *Concepción* del Uruguay.*

**URUK,** ant. c. de la baja Mesopotamia. El legendario Gilgamés habría sido su primer rey (*c.* 2700). El apogeo del poder de Uruk se sitúa entre 2375 y 2350 aprox. Siempre fue un gran centro religioso. Ruinas de templos, las primeras esculturas exentas, una glíptica notable (cilindrosellos), etc., se descubrieron en los tells de esta ciudad, que fue uno de los focos de la cultura urbana y donde apareció, a fines del IV milenio, el primer ejemplo de escritura pictográfica.

**URUMEA** *(Valle del),* comarca de España (Guipúzcoa y Navarra), que abarca la cuenca del *río Urumea* (50 km), hasta su desembocadura en el Cantábrico después de atravesar San Sebastián.

**URUMTSI,** en chino **Wulumuqi,** c. de China, cap. del Xinjiang; 1 046 898 hab.

**URUNDI** → ***Burundi.***

**U.S.A.,** siglas de *United States of America* (Estados Unidos de América).

**USA Today,** periódico norteamericano creado en 1982 por el grupo Gannett Newspapers; uno de los periódicos de mayor tirada de E.U.A.

**USANDIZAGA** (José María), compositor español (San Sebastián 1887-*id.* 1915). Sus óperas (*Mendi Mendiyan,* 1911, y *Las golondrinas,* 1914) y algunas piezas para orquesta (*En el mar,* 1904) lo configuran como el creador, con Guridi, de la escuela musical vasca.

**Usatges de Barcelona,** primer código de derecho catalán, compilado probablemente a mediados del s. XII y ampliado en el reinado de Jaime I. Estuvo vigente en su totalidad hasta 1776, y desde entonces en algunos puntos de derecho civil.

**USHUAIA,** c. de Argentina, cap. de la prov. de Tierra del Fuego, Antártida e Islas del Atlántico Sur; 29 696 hab. Es la ciudad más austral del mundo. Pesca. Refinería de petróleo. Base naval.

**USIGLI** (Rodolfo), escritor mexicano (México 1905-*id.* 1979). En su obra dramática, de notable rigor técnico, abordó con realismo situaciones históricas (*Corona de sombra,* 1943; *Corona de fuego,* 1960; *Corona de luz,* 1964) y sociales (*El gesticulador,* 1937; *¡Buenos días, señor presidente!,* 1972); escribió comedias (*La función de despedida,* 1949) y cultivó también la poesía, el ensayo y la novela policíaca (*Ensayo de un crimen,* 1944).

**USINGER** (Robert), entomólogo norteamericano (Fort Bragg, California, 1912-San Francisco 1968). Frenó la propagación de la fiebre amarilla en el Pacífico durante la segunda guerra mundial, protegió la fauna de las islas Galápagos y publicó numerosos trabajos.

**ÜSKÜDAR, ŠKODËR** o **SCUTARI,** sector asiático de İstanbul, en la or. der. del Bósforo.

**USLAR PIETRI** (Arturo), escritor, economista y político venezolano (Caracas 1906-*id.* 2001). Su obra narrativa incluye cuentos descriptivos de la vida campesina (*Treinta hombres y sus sombras,* 1949; *Pasos y pasajeros,* 1966) y novelas históricas (*Las lanzas coloradas,* 1930; *Oficio de difuntos,* 1976; *La isla de Robinson,* 1981). Con *La visita en el tiempo,* obtuvo el premio Rómulo Gallegos de novela (1991). Destacó en el ensayo sobre temática americanista y nacional, y escribió obras teatrales.

**USMAN DAN FODIO,** letrado musulmán (Marata 1754-? 1817), fundador del imperio fulbé de Sokoto. Declaró en 1804 la guerra santa (*ŷihād*) y se apoderó de las ciudades hausa.

**USPANTÁN,** mun. de Guatemala (Quiché); 28 104 hab. Café y caña de azúcar. Ganadería. Textiles.

**USSURI,** afl. del Amur (or. der.); 897 km. Forma frontera entre China y Rusia.

**USSURIISK,** c. de Rusia, al N de Vladivostok; 162 000 hab. Nudo ferroviario.

**USTÁRIZ** (Jerónimo **de**) → ***Uztáriz.***

**Ustaša** o **Ustachá,** sociedad secreta croata, fundada en 1929. Organizó el atentado contra Alejandro I (1934). Sus miembros *(ustaši)* dirigieron el estado croata independiente (1941-1945), aliado de las potencias del Eje.

**ÚSTÍ NAD LABEM,** c. de la República Checa (Bohemia), junto al Elba; 99 739 hab. Centro industrial.

**USTÍNOV** → ***Ízhevsk.***

**UST-KAMENOGORSK,** c. de Kazajstán; 324 000 hab.

**UST-URT,** meseta desértica de Asia central (Kazajstán y Uzbekistán), situada entre los mares Caspio y Aral.

**USULUTÁN** *(departamento de),* dep. del SE de El Salvador; 2 130 km²; 317 079 hab. Cap. *Usulután.*

**USULUTÁN,** c. de El Salvador, cap. del dep. homónimo; 27 200 hab. Ciudad colonial, fundada en el s. XVI. Yacimientos mayas en los alrededores.

**USUMACINTA,** r. de América Central, de la vertiente del golfo de México; 800 km aprox. Nace en Guatemala con el nombre de río Negro, Salinas o Chixoy, y penetra en territorio mexicano; tras recibir al r. de la Pasión (or. der.) se denomina Usumacinta en su curso bajo, navegable. El valle ha sido un eje de poblamiento de Mesoamérica desde la época maya.

**UTAH,** estado del O de Estados Unidos, en las montañas Rocosas; 220 000 km²; 1 722 850 hab. Cap. *Salt Lake City.* Recursos mineros (cobre). La mayor parte de la población está formada por mormones, que la colonizaron desde 1847.

**UTAMARO KITAGAWA,** grabador y pintor japonés (1753-Edo 1806), uno de los maestros de la estampa japonesa, famoso por la sensualidad y elegancia de sus retratos femeninos.

**UTEBO,** mun. de España (Zaragoza); 7 766 hab. *(Uteberos.)* Junto al Ebro. Notable torre mudéjar (1544).

**ÚTICA,** ant. c. del N de África, al NO de Cartago. Se alió con Roma durante la tercera guerra púnica y se convirtió en la capital de la provincia romana de África.

**UTIEL,** c. de España (Valencia); 11 392 hab. *(Utielanos.)* Centro vinícola e industrial. Santuario de Nuestra Señora del Remedio (s. XVI).

**'UTMĀN IBN 'AFFĀN** († Medina 656), tercer califa musulmán [644-656]. Ordenó realizar la versión definitiva del Corán. Fue asesinado durante el conflicto entre los Omeyas y los partidarios de 'Alī.

**Utopía,** obra de Tomás Moro, escrita en latín (1516) y traducida al inglés en 1551. En ella, el autor realizó un análisis crítico de la sociedad inglesa y europea e imaginó una tierra en donde se llevaría a cabo la organización ideal del estado.

**UTRECHT,** c. de Países Bajos, cap. de la *prov. de Utrecht* al S del Zuiderzee; 231 231 hab. (500 000 hab. en la aglomeración). Universidad. Centro administrativo, comercial (feria) e industrial. Catedral gótica. Museos (pintores de la escuela de Utrecht, como Van Scorel, Terbrugghen, Van Honthorst). A principios del s. XVIII, la difusión en esta ciudad del jansenismo provocó un cisma y la formación de la Iglesia de los católicos viejos (1723).

**Utrecht** *(tratados de),* conjunto de tratados firmados en Utrecht (1713) que, junto con los de Rastadt (1714) y Amberes (1715), pusieron fin a la guerra de Sucesión de España. Felipe V, reconocido como rey de España y de las Indias, cedió Gibraltar y Menorca a Gran Bretaña. El duque de Saboya recobró sus estados y recibió el título de rey de Sicilia. El elector de Brandeburgo fue reconocido rey de Prusia. Las Provincias Unidas recibieron una línea de ocho fortalezas en la frontera francesa. Carlos VI recibió de España los Países Bajos del sur, parte del Milanesado, Nápoles y los presidios de Toscana y Cerdeña. Juan V de Portugal recibió de Felipe V la Colonia de Sacramento. Gran Bretaña hizo reconocer el derecho al trono britá-

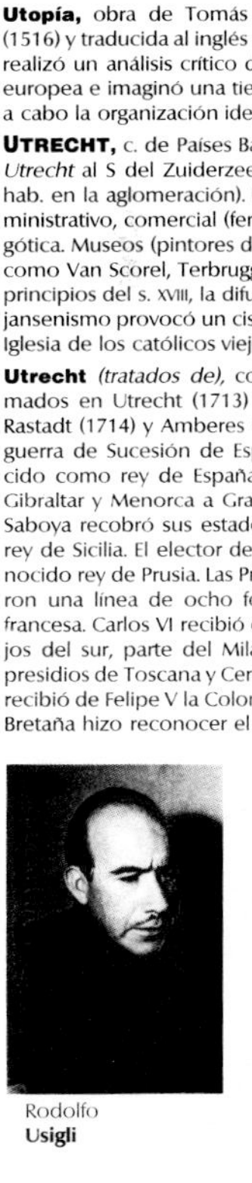

Rodolfo **Usigli**

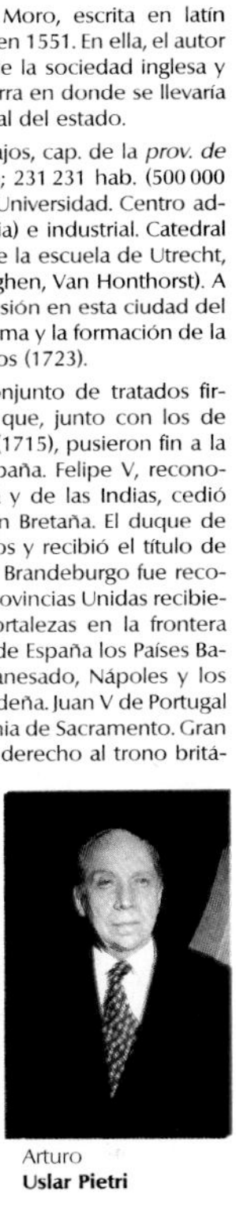

Arturo **Uslar Pietri**

nico de la reina Ana, y obtuvo de Francia Terranova, Acadia y la bahía de Hudson. Estos tratados acabaron con el imperio español en Europa; en adelante Gran Bretaña tendría la supremacía, mientras que Prusia y Saboya pasaban a un primer plano.

**UTRECHT** *(Unión de)* [23 en. 1579], unión de las siete provincias protestantes de los Países Bajos para rechazar la autoridad de cualquier príncipe extranjero, en respuesta a la Unión de Arras (6 en. 1579), formada por las provincias católicas de los Países Bajos. Fue el origen de las Provincias Unidas, act. reino de Países Bajos.

**UTRERA,** c. de España (Sevilla), cab. de p. j.; 43 151 hab. *(Utreranos.)* Centro agropecuario en la Campiña del bajo Guadalquivir; toros de lidia.

**UTRILLAS,** v. de España (Teruel); 3 723 hab. Minas de lignito. Central térmica (183 MW).

**UTRILLO** (Maurice), pintor francés (París 1883-Dax 1955), hijo de la pintora Suzanne Valadon. Pintó paisajes urbanos, principalmente de París, de estilo a la vez naïf y refinado.

**UTRILLO** (Miguel), pintor y crítico de arte español (Barcelona 1862-Sitges 1934). Destacó sobre todo como cronista de arte. Fundó con Ramón Casas las revistas *Forma* y *Pèl i ploma.* Dio su apellido al hijo de Suzanne Valadon, Maurice Utrillo.

**UTSUNOMIYA,** c. de Japón (Honshū), al N de Tōkyō; 426 795 hab.

**UTTAR PRADESH,** estado del N de la India, el más poblado del país en la llanura del Ganges; 294 400 $km^2$; 138 760 417 hab. Cap. *Lucknow.* C. pral. *Kānpur, Benarés, Āgra* y *Allahābad.*

**UTUADO,** mun. del centro de Puerto Rico; 34 980 hab. Turismo (parque o bosque nacional del Caribe).

**UTURUNCO,** cerro de Bolivia (Potosí), en la cordillera de Lípez; 6 010 m de alt.

**UUSIKAUPUNKI,** nombre finés de Nystad.

**uvas de la ira** *(Las),* novela de J. Steinbeck (1939), popularizada por una película de John Ford (1940), que trata sobre la gran depresión norteamericana vivida por los campesinos.

**UXMAL,** centro arqueológico maya de México, en el NO del Yucatán, del período clásico tardío (600 a 900 d. J.C.). Destaca por la magnificencia de sus edificios, en estilo Puuc: Casa de las Monjas, palacio del Gobernador y pirámide del Adivino, con cinco estructuras superpuestas.

**UYUNI** *(salar de),* salar del SO de Bolivia (Potosí), cerca de la frontera con Chile, a 3 656 m de alt.; 10 582 $m^2$.

**UZBEKISTÁN,** estado de Asia central, entre Turkmenistán y Kazajstán; 447 000 $km^2$; 19 800 000 hab. *(Uzbekos.)* CAP. *Tashkent.* C. PRAL. *Samarcanda, Bujará.* LENGUA OFICIAL: *uzbeko.* MONEDA: *som.*

GEOGRAFÍA

El país, situado entre el mar de Aral y las montañas del T'ien-shan y del Pamir, está habitado en más del 75 % por uzbekos. El clima es a menudo árido, aunque el regadío permite la producción de algodón, fruta y vinos, junto a la ganadería (bovina y sobre todo ovina). El subsuelo produce cobre, carbón, petróleo y principalmente gas natural.

HISTORIA

1918: una república autónoma del Turkestán, dependiente de la república de Rusia, se creó en la parte occidental de Asia central conquistada por los rusos a partir de 1860. 1924: la república socialista soviética de Uzbekistán se instauró en el territorio de la república del Turkestán y de la mayor parte de los antiguos kanatos de Bujará y de Jiva (Jarezm). 1929: Tadzhikistán se separó de ella para formar una república federada de la U.R.S.S. 1936: la república autónoma de Karakalpak se anexionó Uzbekistán. 1990: los comunistas ganaron las primeras elecciones republicanas libres. 1991: el soviet supremo proclamó la independencia de Uzbekistán (ag.), que se adhirió a la C.E.I.

**UZTÁRIZ** o **USTÁRIZ** (Jerónimo **de**), economista y político español (Santesteban, Navarra, 1670-Madrid 1732). Mercantilista, fue el principal inspirador de la política económica de Felipe V. Escribió *Teórica y práctica de comercio y de marina* (1724).

# V

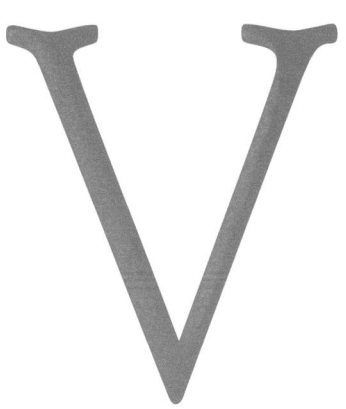

**VAAL,** r. de la República de Sudáfrica, afl. del Orange (or. der.); 1 200 km.

**VAASA,** c. y puerto de Finlandia, a orillas del golfo de Botnia; 54 000 hab.

**VACA DE CASTRO** (Cristóbal), administrador español (Izagre, León, ¿1492?-Valladolid 1566). Enviado a Perú (1540) para mediar en las luchas civiles, reformó la audiencia de Panamá, medió entre Belalcázar y Andagoya en Colombia, venció a Almagro el Mozo (set. 1542) y mandó ejecutarlo. Sin embargo, el intento de aminorar la presión de las encomiendas sobre los indios le acarreó la animadversión de los colonizadores, y fue apresado por el nuevo virrey, Núñez de Vela. Rehabilitado, fue presidente del Consejo de Castilla (1557-1561).

**VACAREZZA** (Alberto), escritor argentino (Buenos Aires 1886-*id.* 1959), autor de sainetes de ambiente porteño (*Los cardales,* 1913).

**VADODARA,** ant. **Barōda,** c. de la India (Gujarāt), al SE de Ahmadābād; 1 115 265 hab. Química. Museo.

**VADUZ,** c. y cap. de Liechtenstein; 5 000 hab. Centro turístico y financiero.

**VAGÁNOVA** (Agrippina Yakóvlevna), bailarina y pedagoga soviética (San Petersburgo 1879-*id.* 1951). Su magisterio y su tratado *Los fundamentos de la danza clásica* (1934) ejercieron una gran influencia.

**VÁH,** r. de Eslovaquia, afl. del Danubio (or. izq.); 378 km. Centrales hidroeléctricas.

**VAJÁN,** extremo NE de Afganistán.

**VALADÉS** (Edmundo), escritor y periodista mexicano (Guaymas 1915-México 1994), dedicado básicamente a la narrativa breve (*Adriana,* 1957).

**VALAIS,** en alem. **Wallis,** cantón de Suiza, en los Alpes, en el alto valle del Ródano; 5 226 km²; 249 817 hab. Cap. *Sion* (25 336 hab.).

**VALAQUIA,** ant. principado danubiano que formó con Moldavia el reino de Rumania. – *C.* 1310-1352: Juan Basarab I creó el voivodato de Valaquia. 1396: los otomanos le obligaron a pagar tributos. 1774: Valaquia quedó bajo la protección de Rusia. 1859: Alejandro Cuza fue elegido príncipe de Moldavia y Valaquia, que proclamaron su unión en 1862.

**VALBUENA DE DUERO,** v. de España (Valladolid); 501 hab. Monasterio cisterciense fundado en 1144, con iglesia (ss. XII-XIII) y bello claustro.

**VALBUENA PRAT** (Ángel), escritor español (Barcelona 1900-Madrid 1977), especialista en la literatura española del siglo de oro y autor de *Historia de la literatura española* (1936) y de *Historia de la literatura española e hispanoamericana* (1965, en colaboración con A. de Saz).

**VALCOTOS,** estación de deportes de invierno de España, en el sistema Central, al N de Navacerrada (alt. 1 785-2 271 m).

**VALDÁI,** meseta de Rusia, al NO de Moscú, donde nacen el Volga y el Dniéper; 343 m.

**VALDEAVELLANO** (Luis **García de**), historiador español (Madrid 1904-*id.* 1985). Vinculado a la escuela de medievalistas de C. Sánchez Albornoz, fue especialista en instituciones y economía castellanoleonesas medievales.

**Valdecañas** *(embalse de),* embalse de España (Cáceres), en el río Tajo (1 249 Mm³), que abastece a la *central de Valdecañas* (225 MW).

**VALDEDIÓS,** lugar de España (mun. de Villaviciosa, Asturias). Iglesia prerrománica de San Salvador (s. IX). Monasterio cisterciense de Santa María (iniciado en el s. XIII).

**VALDELOMAR** (Abraham), escritor peruano (Ica 1888-Ayacucho 1919), conocido por el seudónimo de **Conde de Lemos.** Escribió cuentos de asunto rural y alegorías de tema quechua (*Los hijos del sol,* 1921).

**VALDEMAR I el Grande** (Schleswig 1131-Vordingborg 1182), rey de Dinamarca [1157-1182]. Restableció el poder y la unidad interior de Dinamarca. – **Valdemar II Sejr** (1170-Vordingborg 1241), rey de Dinamarca [1202-1241]. Hizo codificar las leyes y establecer un inventario fiscal del reino. – **Valdemar IV Atterdag** (*c.* 1320-1375), rey de Dinamarca [1340-1375]. No pudo impedir que la Hansa extendiese su influencia en Dinamarca.

**VAL-DE-MARNE,** dep. de Francia (Île-de-France); 245 km²; 1 215 538 hab. Cap. *Créteil.*

**VALDEMORO,** v. de España (Madrid); 17 954 hab. Cultivos de secano. Producción de yeso y escayola.

**VALDEPEÑAS,** c. de España (Ciudad Real), cab. de p. j.; 25 067 hab. *(Valdepeñeros.)* Industria vinícola y de licores. Elaboración de quesos.

**VALDERADUEY** o **ARADUEY,** r. de España, afl. del Duero (or. der.); 185 km. Riega la Tierra del Vino y desemboca cerca de Zamora.

**VALDERRÁBANO** (Enrique **de**), vihuelista español (Peñaranda de Duero *c.* 1500-† d. 1557), autor de *Silva de sirenas* (1547), que contiene transcripciones de obras célebres de maestros extranjeros y españoles, y una serie de fantasías propias.

**VALDERROBRES,** v. de España (Teruel); 1 870 hab. *(Valderrobrenses.)* Restos del castillo palacio (1390-1410) y de la iglesia anexa de Santa María, gótica (s. XV). Ayuntamiento renacentista.

**VALDÉS** *(península de),* península de Argentina (Chubut), entre los golfos de San Matías y Nuevo.

**VALDÉS,** mun. de España (Asturias), cab. de p. j.; 16 672 hab. Cap. *Luarca.* En la desembocadura del río Negro. Ganado vacuno. Pesca. Conservas de pescado.

**VALDÉS** (Alfonso **de**), humanista español (Cuenca ¿1490?-Viena 1532). Erasmista, es autor de *Diálogo de las cosas ocurridas en Roma* (1527), sobre el saco de Roma, y *Diálogo de Mercurio y Carón* (1528-1529). – Su hermano **Juan** (Cuenca ¿1499?-Nápoles 1541), también erasmista, es autor de *Diálogo de la lengua,* tratado esencial del ideal de lengua renacentista, escrito en 1535 (publicado en el s. XVIII) y de obras religiosas.

**VALDÉS** (Gabriel de la Concepción), poeta cubano (La Habana 1809-Matanzas 1844). Con el seudónimo de **Plácido** atacó la injusticia (*El hijo de maldición,* 1843). Fue fusilado.

**VALDÉS** (Manuel, llamado **Manolo**), pintor español (Valencia 1942). Componente del Equipo Crónica, evolucionó desde un neofigurativismo de intenciones críticas hacia la enfatización de los valores plásticos.

**VALDÉS LEAL** (Juan **de**), pintor español (Sevilla 1622-*id.* 1690). Destacado representante del barroco andaluz, en su obra acentuó los elementos expresivos, adoptando progresivamente una mayor riqueza cromática, dinamismo compositivo y libertad de factura (posible influencia italiana): seis lienzos para el convento de Santa Clara de Carmona, cuadros de las postrimerías (*Finis gloria mundi* e *In ictu oculi*) para el hospital de la Caridad de Sevilla, y vanidades *(Alegorías).*

**VALDESQUÍ,** estación de deportes de invierno de España, en el sistema Central, cerca del puerto de Navacerrada (alt. 1 876-2 263 m de alt.).

**VALDEZ,** c. y puerto de Estados Unidos, en la costa S de Alaska, terminal del oleoducto de la bahía de Prudhoe.

**VALDEZCARAY,** estación de deportes de invierno de España (La Rioja), en la sierra de la Demanda, en el mun. de Ezcaray (alt. 1 550-1 955 m).

**VAL-D'ISÈRE,** mun. de Francia (Savoie); 1 702 hab. Estación de deportes de invierno (1 850-3 650 m).

**VALDIVIA,** r. de Chile (Los Lagos), formado por el Cruces y el Callecalle y que desemboca en el Pacífico, junto a la ciudad de Valdivia.

**VALDIVIA,** c. de Chile (Los Lagos), junto a la ría de Valdivia; 120 706 hab. Centro agropecuario e industrial. Puerto pesquero y comercial. Universidad. Fue fundada en 1552 por Pedro de Valdivia, destruida posteriormente, y reconstruida a mediados del s. XVII.

**Valdivia** *(cultura de),* cultura precolombina de la Costa de Ecuador (3 200-1 800 a. J.C.), de la que se conservan figurillas femeninas de piedra y cerámica, vasijas de barro, herramientas líticas y adornos. Se trata de una cultura de pueblos sedentarios, principalmente pescadores.

**VALDIVIA** (Pedro **de**), conquistador y colonizador español (La Serena 1497-Tucapel 1553). Maestre de campo de Pizarro (1537), combatió contra Almagro. En 1539 preparó una expedición a Chile, donde fundó la primera ciudad, Santiago de la Nueva Extremadura (1541). Aliado de La Gasca contra Gonzalo Pizarro, fue nombrado gobernador de Chile (1549), exploró el territorio hasta el estrecho de Magallanes, y fundó La Concepción (1550) y Valdivia (1552). Fue derrotado y muerto por los araucanos.

**VALDO** o **VALDÈS** (Pierre), en lat. **Valdesius,** llamado **Pierre de Vaux,** heresiarca francés (Lyon 1140-¿en Bohemia? *c.* 1217), fundador de la secta de los valdenses.

**VAL-D'OISE,** dep. de Francia (Île-de-France); 1 246 km²; 1 049 598 hab. Cap. *Pontoise* (28 463 hab.).

**VALÉE** (Sylvain Charles, *conde* **de**), mariscal de Francia (Brienne-le-Château, Aube, 1773-París 1846). Participó en el sitio de Zaragoza (1808) y dirigió los de Tarragona y Tortosa.

**VALENÇA DO MINHO,** v. del N de Portugal, junto a la frontera con España, frente a Tuy; 2 000 hab. Puente internacional sobre el Miño. Ciudad fortaleza, es un conjunto artístico-monumental. Turismo.

**Valençay** *(tratado de),* acuerdo entre el duque de San Carlos y A. R. de Mathurin (1813), en la c. francesa de *Valençay* (Indre), por el que Napoleón reconocía a Fernando VII rey de España y de las Indias. Las cortes y la regencia española se negaron a ratificar el tratado hasta que Fernando VII jurase la constitución de 1812.

**VALENCE,** c. de Francia, cap. del dep. de Drôme, a orillas del Ródano; 65 026 hab. Catedral románica.

**VALENCIA** *(golfo de),* golfo de España, en la costa mediterránea, desde el delta del Ebro (Tarragona), al N, hasta el cabo de La Nao (Alicante), al S.

**VALENCIA** *(lago de),* o **LAGO DE TACARIGUA,** lago de Venezuela (Carabobo y Aragua); 378 km² aprox. Su principal tributario es el Aragua. La *Cuenca del lago de Valencia* es una región fisiográfica comprendida entre la cordillera de la Costa y la serranía del Interior.

**VALENCIA** *(reino de),* uno de los reinos autónomos de la Corona de Aragón formado tras la conquista de Valencia por Jaime I (1232-1245). En el s. XV fue el reino más próspero de la Corona, pero la derrota de las Germanías (1535) y la expulsión de los moriscos (1609) marcaron su decadencia. Fue suprimida su autonomía y el régimen foral en 1707 durante la guerra de Sucesión española.

**VALENCIA** *(taifa de),* reino musulmán, con capital en Valencia, formado tras la desintegración del califato (1010-1011). Se anexionó Murcia (1038-1063) y Almería (1039-1041), y entre 1094 y 1099 estuvo gobernada por el Cid. Dominada posteriormente por almorávides y almohades, fue conquistada por Jaime I de Aragón (1238).

**VALENCIA** *(provincia de),* prov. del E de España, en la Comunidad Valenciana; 10 763 km²; 2 141 114 hab. Cap. *Valencia.* P. j. de *Alcira, Carlet, Catarroja, Gandía, Játiva, Liria, Massamagrell, Mislata, Moncada, Onteniente, Paterna, Quart de Poblet, Requena, Sagunto, Sueca, Torrente* y *Valencia.* Comprende la costa, baja y arenosa, y un sector montañoso (sistema Ibérico). Regadíos en la costa (agrios, arroz) y secano en el interior. Industrias en torno a la c. de Valencia. Turismo.

**VALENCIA** *(Huerta de),* comarca de España (Valencia), que comprende la vega del curso bajo del Turia, desde Puzol hasta la Albufera, en el Mediterráneo. Rica región agrícola de regadío.

**VALENCIA** o **VALÈNCIA,** c. de España, cap. de la Comunidad Valenciana, cap. de la prov. homónima y cab. de p. j.; 777 427 hab. *(Valencianos.)* En la llanura costera del Mediterráneo, es centro administrativo, comercial y financiero (Bolsa) de la región, y núcleo industrial. Activo puerto (El Grao). Universidades. De origen romano (*Valentia,* 137 a. J.C.), tuvo un gran desarrollo en época musulmana, y fue sede de una taifa desde el s. XI. Conquistada por Jaime I de Aragón (1238), fue capital del reino de Valencia y en el s. XV se convirtió en capital financiera de la Corona de Aragón. Durante la guerra civil fue capital de facto de la segunda república (1937-1939). Entre la arquitectura religiosa destacan: la catedral, esencialmente gótica, con elementos del románico (1262) al neoclásico (1774), torre del Miguelete, museo catedralicio; numerosas iglesias góticas, remodeladas en el barroco; monasterio de San Miguel de los Reyes y basílica de los Desamparados, s. XVII; iglesias neoclásicas. Entre los edificios civiles: puerta de Serranos (1396) y torres de Quart (1460); de los ss. XV-XVI son la Lonja (declarada patrimonio de la humanidad por la Unesco en 1996), el Consulado de Mar, el palacio de la Generalidad y el Almudín (museo paleontológico); el ant. Colegio del Patriarca (museo), el ant. Colegio de San Pío V (museo de bellas artes); el rococó palacio del marqués de Dos Aguas (museo nacional de cerámica); el barroco palacio de justicia (s. XVIII) y diversos edificios del modernismo y eclecticismo (ayuntamiento, 1929). Instituto valenciano de arte moderno (I.V.A.M.), museo de arte del s. XX.

**VALENCIA,** c. de Venezuela, cap. del est. Carabobo; 903 621 hab. Centro comercial de una rica región agropecuaria y activo centro industrial. Universidad. Fue fundada por Alonso Díaz Moreno en 1555. Capital federal (1812-1830), en sus inmediaciones se libró la batalla de Carabobo (24 junio 1821).

**VALENCIA,** mun. de Colombia (Córdoba), en el Valle del Sinú; 20 709 hab. Plátano, arroz, maíz y yuca.

**VALENCIA** (Guillermo), escritor y político colombiano (Popayán 1873-*id.* 1943). Su poesía se sitúa en la vertiente más parnasiana del modernismo (*Poesías,* 1898; *Ritos,* 1914). Fue ministro y plenipotenciario de su país. — Su hijo **Guillermo León** (Popayán 1908-Rochester, E.U.A., 1971), dirigente del Partido conservador, fue presidente de la república (1962-1966).

**VALENCIA DE ALCÁNTARA,** v. de España (Cáceres), cab. de p. j.; 6 456 hab. *(Valencianos.)* Estuvo en poder de Portugal de 1654 a 1668. Restos romanos y árabes. Castillo. Iglesia de Rocamador.

**VALENCIA DE DON JUAN,** c. de España (León); 3 920 hab. (*Coyantinos* o *valencianos.*) Castillo (s. XV). Iglesia de San Pedro (retablo renacentista) e iglesias mudéjares de San Juan y Santa María.

**VALENCIANA** *(Comunidad)* o **COMUNITAT VALENCIANA,** región del E de España que constituye una comunidad autónoma, integrada por las prov. de Castellón, Valencia y Alicante; 23 646 km²; 3 923 841 hab. *(Valencianos.)* Cap. *Valencia.*

GEOGRAFÍA

El territorio se divide en dos sectores diferenciados: la costa y la montaña, correspondiente al sistema Ibérico en el N y centro (Maestrazgo, puertos de Morella, sierra de Espadán) y a estribaciones de los sistemas Béticos en el S (Carrasqueta y Aitana). En la llanura costera predominan los tramos aluviales, con albuferas y playas arenosas. La economía se basa en la agricultura para la exportación (cítricos y hortalizas en las huertas litorales) y la gran industria (construcción naval, petroquímica, automóvil), que ha venido a sumarse a las ramas tradicionales (calzado, cerámica, textil, mueble, juguetes, turrones). No obstante, el sector más pujante de la economía es el terciario, en particular el turismo en la costa alicantina.

HISTORIA

Ss. VII-V a. J.C.: contactos con fenicios, griegos y cartagineses. S. III a. J.C.: destrucción de Sagunto por Aníbal (219 a. J.C.) y conquista romana (209 a. J.C.). Ss. VI-VIII: invasión visigoda; dominio bizantino en el S del Júcar (*c.* 554-630). Conquista musulmana (714). S. XI: reinos de taifa (Denia, Alpuente, Valencia). S. XII: dominación almorávide (1102) y almohade (1171). 1232-1245: conquista de Jaime I de Aragón (reino de Valencia, 1240, integrado en la Corona de Aragón). 1519-1523: sublevación de la Germanía. 1707: derrota de Almansa y decreto de Nueva planta. 1808: junta revolucionaria. Suchet formó en Valencia un gobierno en colaboración con la aristocracia local (1812). S. XIX: núcleos carlistas en el Maestrazgo y Ports (Cabrera, Cucala) y

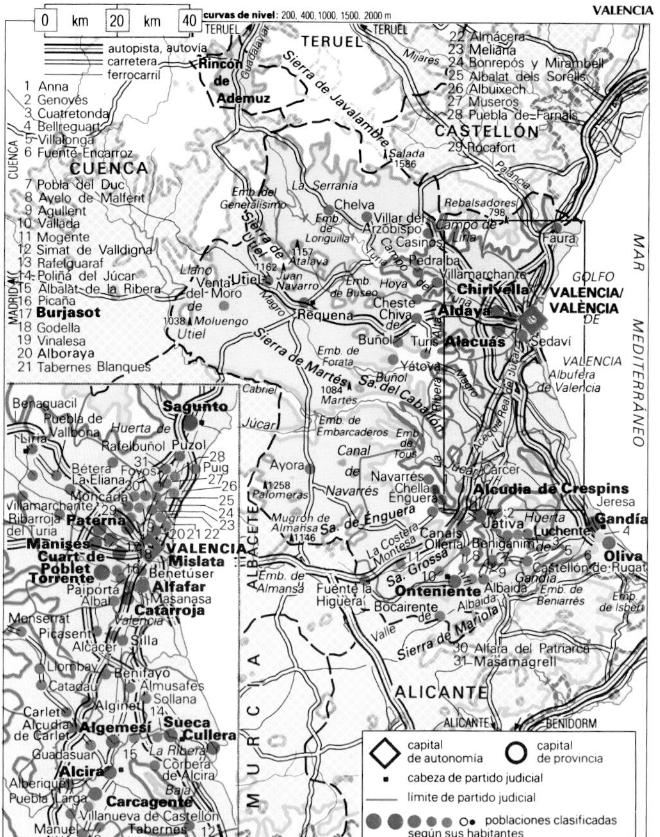

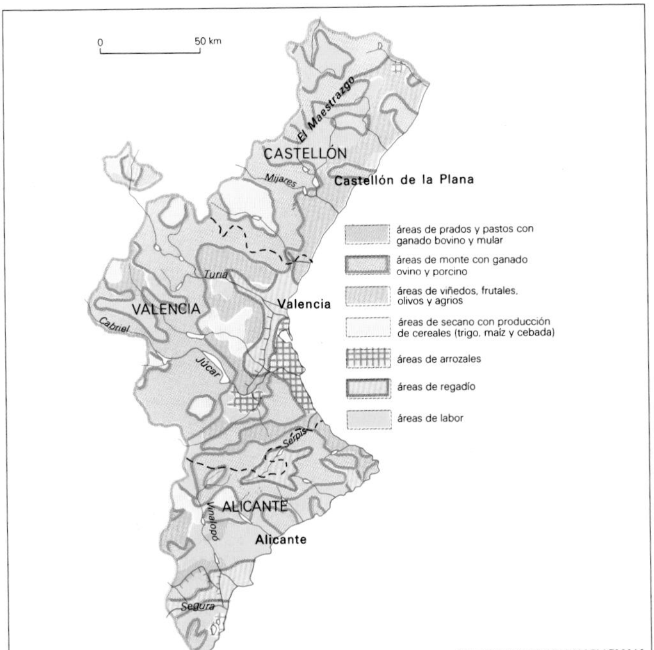

LA COMUNIDAD VALENCIANA

liberales en Valencia y Alcoy (levantamientos en 1836, 1854, 1856, 1867, 1869, 1873). S. XX: hegemonía política del blasquismo. Durante la guerra civil española Valencia fue la capital y sede del gobierno republicano (nov. 1936-marzo 1939). 1982: estatuto de autonomía.

**VALENCIENNES,** mun. de Francia (Nord), a orillas del Escalda; 39 276 hab. (más de 330 000 en la aglomeración). Metalurgia. Química. Museo de bellas artes.

**VALENTE** (Flavio) [Cibalae, Panonia, *c.* 328-Adrianópolis 378], emperador romano [364-378]. Gobernó las provincias orientales del imperio junto con su hermano Valentiniano I. Se convirtió al arrianismo y fue vencido y muerto por los visigodos.

**VALENTE** (José Ángel), poeta español (Orense 1929-Ginebra 2000). Su obra presenta gran rigor crítico e intelectual y un lenguaje depurado (*La memoria y los signos,* 1966; *El fulgor,* 1984; *No amanece el cantor,* 1992). [Premio nacional de poesía 1993.]

**VALENTIA,** en irlandés **Dairbhe,** isla de la costa O de Irlanda. Punto de partida de la línea de cables trasatlánticos hacia Terranova. Estación meteorológica.

**VALENTÍN,** nóstico de origen egipcio († *c.* 160). Su doctrina, difundida en Italia, Roma y Oriente, fue combatida por san Ireneo y Tertuliano.

**VALENTÍN** *(san),* mártir romano (s. III). Tradicionalmente la fiesta de San Valentín es el día de los enamorados (14 febr.)

**VALENTÍN VALIENTE,** mun. de Venezuela (Sucre); 20 170 hab. Integrado en la ciudad de Cumaná.

**VALENTINIANO I** (Cibalae, Panonia, 321-Brigetio, Panonia, 375), emperador romano [364-375]. Asociado a su hermano Flavio Valente, se estableció en Milán. Mantuvo a los bárbaros fuera del imperio, cuyas fronteras fortaleció, y se esforzó por mejorar las condiciones de las clases populares. – **Valentiniano II** (*c.* 371-Viena 392), hijo del anterior, emperador romano [375-392]. Reinó en occidente; probablemente, su tutor, Arbogasto, lo mandó asesinar. – **Valentiniano III** (Ravena 419-Roma 455), emperador romano de occidente [425-455]. Perdió la Galia, Hispania y África. Fue asesinado por los militares fieles a Aecio, al que él había matado, a pesar de su victoria frente a Átila (451).

**VALENTINO** (Rodolfo **Guglielmi,** llamado **Rodolfo**), actor norteamericano de origen italiano (Castellaneta 1895-Nueva York 1926), prototipo del seductor latino en Hollywood (*Los cuatro jinetes del Apocalipsis,* 1921; *El caíd,* 1921; *Arenas sangrientas,* 1922).

**VALENTINUS** (Basileus), personaje legendario. Monje y alquimista del s. XV, se le atribuye la obtención del ácido clorhídrico y la destilación del aguardiente.

**VALENZANI** (Pedro), pintor italiano activo en Uruguay (Milán 1827-Montevideo 1898), dedicado al retrato y a los temas históricos.

**VALENZUELA** (Fernando **de**), político español (Nápoles 1636-México 1692). Confidente de la reina Mariana de Austria (conocido como **el Duende de palacio**), dirigió la política estatal (1676-1677). Apresado por orden de Juan José de Austria, fue desterrado a Filipinas (hasta 1689) y México.

**VALENZUELA** (Fernando), jugador de béisbol mexicano (Etchohuaquila, Sonora, 1960). Triunfador con Los Angeles dodgers, con los que ganó dos títulos (1981 y 1988), considerado uno de los mejores lanzadores de las World series de E.U.A.

**VALERA,** c. de Venezuela (Trujillo); 97 012 hab. Centro comercial, industrial y de comunicaciones.

**VALERA** (Eamon **de**) → ***De Valera.***

**VALERA** (Juan), escritor y diplomático español (Cabra, Córdoba, 1824-Madrid 1905). Espíritu culto, dejó abundantes obras de crítica en que recopiló su labor periodística. Su producción narrativa, intelectualista y fluida, se inició con *Pepita Jiménez* (1874). Con *Juanita la larga* (1895), encabezó un ciclo novelístico más costumbrista. Escribió también cuentos y un extenso epistolario. (Real academia 1861.)

Juan **Valera**
(R. Casas - museo de arte moderno, Barcelona)

Paul **Valéry**

**VALERIANO** († 260), emperador romano [253-260]. Asoció al imperio a su hijo Galieno, a quien confió occidente. Persiguió a los cristianos (edictos de 257 y 258) y fue derrotado por los persas en Edesa. Fue hecho prisionero por Sapor I y ejecutado.

**VALERIO MÁXIMO,** historiador latino (s. I a. J.C.-s. I d. J.C.), autor de nueve libros de *Hechos y dichos memorables,* colección de anécdotas morales, dedicados a Tiberio.

**VALERIO PUBLÍCOLA** (Publio), político romano († 503 a. J.C.). Según la tradición, fue uno de los cónsules del primer año de la República. Las medidas que adoptó en favor del pueblo le valieron el sobrenombre de **Publícola** *(amigo del pueblo).*

**VALÉRY** (Paul), escritor francés (Sète 1871-París 1945). Discípulo de Mallarmé, tras publicar sus primeros poemas, se decantó un tiempo por el estudio de las matemáticas. Se reintegró a la creación artística con *Introducción al método de Leonardo da Vinci* (1895) y volvió a la poesía de inspiración simbolista (*La joven Parca,* 1917; *Cármenes,* 1922, que contiene el célebre poema *El cementerio marino,* considerado un modelo de «poesía pura»). Escribió también numerosos ensayos sobre arte, música, ciencia y filosofía.

**VALHALA, VALHALLA** o **VALL-HOLL,** en alem. **Walhalla,** en la mitología germánica, morada eterna de los guerreros muertos heroicamente.

**VALIA,** rey de los visigodos [415-418]. Sucesor de Ataúlfo, puso fin a la independencia de los vándalos silingos y de los alanos, y pactó con Roma.

**VALIENTE Y CUEVAS** (Porfirio), patriota y jurista cubano (Santiago de Cuba 1807-en Jamaica 1870 o 1871). Impulsó (1836) al gobernador de Oriente, Lorenzo, a implantar la constitución de 1812, en 1848 apoyó a Betancourt Cisneros en sus proyectos de anexionar Cuba a E.U.A. Desde 1868 fue delegado de la República en armas en Europa. Autor de *Las reformas en las islas de Cuba y Puerto Rico* (1868).

**VALIRA** o **GRAN VALIRA,** r. de Andorra y España, afl. del Segre (or. der.); 45 km. Central hidroeléctrica de Les Escaldes (25 MW).

**VALL DE UXÓ** o **LA VALL D'UIXÓ,** c. de España (Castellón); 27 387 hab. *(Vallenses.)* Industria del calzado. Iglesias barrocas. Palacio de los duques de Medinaceli. Cuevas de San José (turismo).

**VALLA** (Lorenzo), en lat. **Laurentius Vallensis,** humanista italiano (Roma 1407-Nápoles 1457). Intentó conciliar la sabiduría antigua y la fe cristiana (*De voluptate,* 1431).

**VALLADOLID** *(provincia de),* prov. de España, en Castilla y León; 8 201 km²; 506 093 hab. Cap. *Valladolid.* P. j. de *Medina de Rioseco, Medina del Campo* y *Valladolid.* Constituye una extensa llanura en el centro de la Meseta norte regada por el Duero y sus afluentes. Agricultura de secano (cereales, patata y vid); ganadería ovina y avicultura. Industrias en torno a la capital: metalúrgicas (automóviles, construcciones mecánicas, fundición de aluminio), químicas, alimentarias y textiles. *(V. mapa pág. 1746.)*

**VALLADOLID,** c. de España, cap. de Castilla y León, cap. de la prov. homónima y cab. de p. j.; 345 891 hab. *(Vallisoletanos.)* En la confluencia del Pisuerga y el Esgueva. Centro industrial, administrativo y cultural (universidad). Centro cultural de Castilla y sede del consejo real, perdió sus privilegios tras apoyar a las Comunidades. Felipe II trasladó la capital a Madrid con lo que se inició la decadencia de Valladolid. Rico conjunto monumental: iglesia de Santa María la Antigua (ss. XII-XV), la gótica de Santiago, y el convento de Santa Clara (ss. XIII-XV); del gótico final son el convento de San Pablo (ss. XIII-XV) y el colegio de San Gregorio (s. XV, museo nacional de escultura); del s. XVI son la iglesia de la Magdalena, la catedral, inacabada, e iniciada en 1585, el convento de las Huelgas (1579-1600), la iglesia de la Cruz (1595); iglesias barrocas. En arquitectura civil destacan también el colegio mayor de Santa Cruz, que combina elementos góticos, renacentistas y barrocos (museo arqueológico), y

VALLADOLID

numerosos palacios renacentistas; la universidad, con portada barroca (1715). Museo Cervantino.

**VALLADOLID,** mun. de México (Yucatán); 36 397 hab. Convento franciscano (1552-1560).

**VALLADOLID DE MICHOACÁN,** nombre que recibió la ciudad mexicana de *Morelia* hasta 1828. Fue importante foco independentista desde 1809 (conspiración de Obeso, Michelena y Quevedo).

**VALLBONA DE LAS MONJAS** o **VALLBONA DE LES MONGES,** mun. de España (Lérida); 270 hab. Monasterio cisterciense (ss. XII-XIV), con elementos góticos (cimborio, parte del claustro).

**VALLDEMOSA** o **VALLDEMOSSA,** v. de España (Baleares), en Mallorca; 1 370 hab. Cartuja (1399), reformada en los ss. XVIII-XIX (recuerdos de F. Chopin y G. Sand, antigua farmacia).

**VALLE** *(monte del),* parque natural de España, en el SO de Murcia; 1 900 ha.

**VALLE** *(departamento de),* dep. del S de Honduras; 1 565 km$^2$; 119 889 hab. Cap. *Nacaome.*

**VALLE** (Adriano **del**), poeta español (Sevilla 1895-Madrid 1958), encuadrado dentro de la tradición poética andaluza (*Arpa fiel,* 1941).

**VALLE** (Evaristo), pintor español (Gijón 1873-*id.* 1951). En su obra predominan los temas populares asturianos, de un realismo austero y sencillo *(La romería).*

**VALLE** (Rafael Heliodoro), escritor hondureño (Tegucigalpa 1891-México 1959). Escribió poesía posmodernista (*Anfora sedienta,* 1917) y ensayos históricos y literarios de tema latinoamericano.

**VALLE DE BRAVO,** mun. de México (México); 36 762 hab. En el término, *presa de Valle de Bravo.*

**VALLE DE LA PASCUA,** c. de Venezuela (Guárico); 67 100 hab. Centro agropecuario y petrolero.

**VALLE DE SANTIAGO,** c. de México (Guanajuato); 100 733 hab. Industria agropecuaria. Mercado.

**VALLE DE TRÁPAGA** o **TRAPAGARAN,** ant. **San Salvador del Valle,** mun. de España (Vizcaya); 13 147 hab. Minas de hierro. Metalurgia.

**VALLE DEL CAUCA** o **VALLE** *(departamento del),* dep. del O de Colombia; 22 140 km$^2$; 2 847 087 hab. Cap. *Cali.*

**VALLE DEL CIBAO** → ***Vega Real*** (La).

**VALLE HERMOSO,** mun. de México (Tamaulipas); 48 343 hab. Agricultura e industrias derivadas.

**VALLE VIEJO,** dep. de Argentina (Catamarca); 17 284 hab. Cab. *San Isidro.* Olivo, vid y frutales.

**VALLE Y CAVIEDES** (Juan **del**), poeta peruano (Porcuna, España, *c.* 1652-Lima *c.* 1698), influido por los barrocos españoles y sor Juana Inés de la Cruz *(Carta en verso).*

**VALLE-ARIZPE** (Artemio **del**), escritor mexicano (Saltillo 1888-México 1961). Cronista oficial de la ciudad de México (1942), sus ensayos y narraciones son de tema colonial (*Cuando había virreyes,* 1956).

**VALLEDUPAR,** c. de Colombia, cap. del dep. del Cesar; 192 049 hab. Centro comercial de rica región agrícola e industrial. Yacimientos de petróleo en su proximidad.

**VALLE-INCLÁN** (Ramón **del Valle y Peña,** llamado **Ramón María del**), escritor español (Villanueva de Arosa 1866-Santiago de Compostela 1936). La estética modernista y decadentista preside su primera producción, de la que es paradigma la poesía de *La lámpara maravillosa* (1916) y la narrativa de las *Sonatas** (1902-1905), retablo narrativo protagonizado por el alter ego del autor, el marqués de Bradomín. Otra vertiente de una Galicia intemporal, folklórica y mágica, es la de la serie narrativa *La guerra carlista* (1908-1909) y la serie de las *Comedias bárbaras* (1907-1922). Posteriormente evolucionó hacia posturas ideológicas comprometidas, pasando su estilo de la estilización al expresionismo, donde se inscribe el esperpento, que deforma la realidad desde un punto de vista crítico y que encuentra su medio de expresión especialmente en el teatro (*Divinas pala-*

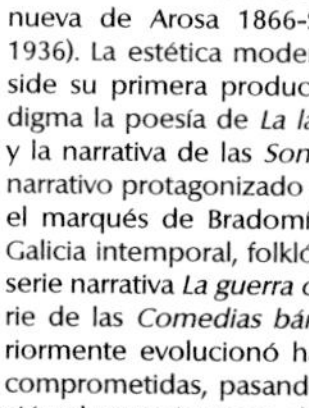
Ramón María del **Valle-Inclán**
(I. Zuloaga - col. part.)

César **Vallejo**
(por Picasso)

*bras,* 1920; *Luces* de bohemia,* 1924). De su novelística posterior cabe destacar el ciclo *El ruedo* ibérico,* iniciado en 1927, y la novela de tema latinoamericano *Tirano* Banderas* (1926).

**VALLEJO** (César), escritor peruano (Santiago de Chuco 1892-París 1938). Su primera selección poética, *Los heraldos negros* (1918), tiene influencias del modernismo, con el que rompe en *Trilce* (1922), donde ofrece un tono personal de intimismo y solidaridad que no abandonará en sus colecciones de cuentos (*Escalas melografiadas,* 1923), su novela *Tungsteno* (1931) o sus crónicas. Póstumamente se editaron algunos libros de poemas abiertos a planteamientos más directos y orales (*Poemas humanos,* 1939; *España, aparta de mí este cáliz,* 1940).

**VALLEJO** (Francisco Antonio), pintor mexicano del s. XVIII, activo entre 1752 y 1784, autor de telas murales en México y en San Luis Potosí *(Vida de san Lorenzo).*

**VALLEJO** (José Joaquín), escritor chileno (Copiapó 1811-Santiago 1858), más conocido por el seudónimo **Jotabeche,** autor de artículos satíricos y de costumbres en la línea de Larra.

**VALLEJO-NÁGERA** (Juan Antonio), siquiatra español (Oviedo 1926-Madrid 1990). Además de obras de su especialidad (*Introducción a la siquiatría,* 1960; *Ante la depresión,* 1987), publicó novelas y ensayos.

**VALLENAR,** com. de Chile (Atacama); 47 094 hab. Yacimientos de cobre, molibdeno, plata, oro y manganeso; minas de hierro. Industria metalúrgica, química y vinícola. Central térmica.

**VALLÉS** o **VALLÈS (El),** comarca de España (Barcelona), entre las cordilleras Litoral y Prelitoral. Se distinguen *El Vallés Occidental,* con núcleos industriales como Tarrasa y Sabadell, y *El Vallés Oriental,* con actividades agropecuarias e industrias.

**VALLÉS** (Francisco), médico y filósofo español (Covarrubias 1524-Burgos 1592). Escribió obras científicas y expuso su pensamiento filosófico, de carácter escolástico, en *Sacra filosofía* (1587).

**VALLÈS** (Jules), escritor y periodista francés (Le Puy 1832-París 1885). Varias veces encarcelado, apoyó a la Comuna de París, y se exilió hasta 1883. Escribió novelas autobiográficas, en las que exalta el espíritu revolucionario.

**VALLESPIR,** región de Francia, en los Pirineos orientales, que corresponde al valle del Tech.

**VALLETTA (La)** o **LA VALETTA,** c., cap. y puerto de la isla de Malta, en la costa E; 14 000 hab. Turismo. Ciudad nueva, fortificada, construida a partir de 1566. – Fundada por el gran maestro de la orden de Malta, J. Parisot de la Valette en 1565.

**VALLFOGONA** *(El Rector de)* → ***García*** (Francesc Vicent).

**VALLMITJANA,** familia de artistas catalanes de los ss. XIX-XX. **Venancio** (Barcelona 1828-*id.* 1919) y su hermano **Agapito** (Barcelona 1830-*id.* 1905), fueron escultores de tradición neoclásica y romántica.

**VALLOTTON** (Félix), pintor y grabador francés, de origen suizo (Lausana 1865-París 1925). Vinculado a los nabis, realizó grabados sobre madera y pinturas realistas estilizadas.

**VALLS,** c. de España (Tarragona), cab. de p. j.; 20 124 hab. *(Vallenses.)* Junto al río Francolí. Industrias. Iglesia gótica de San Juan (s. XVI).

**VALLSECA** (Gabriel), cartógrafo catalán (nacido en Barcelona-† en Mallorca *d.* 1449). Su carta náutica de 1439 es un claro exponente del estilo náutico geográfico.

**Valltorta** *(barranco de la)* → ***Albocácer.***

**VALMASEDA** (Juan **de**), escultor español (*c.* 1487-d. 1547). Su estilo, de tradición gótica, se caracteriza por la expresividad de los personajes y el dramatismo de la composición (*Calvario,* retablo mayor de la catedral de Palencia, 1519).

**VĀLMĪKI,** sabio de la antigua India que vivió probablemente en el s. IV a. J.C. y al que se atribuye el *Rāmayāna**.

**VALOIS,** dinastía francesa, sucesora de los Capetos y anterior a los Borbones, que reinó en Francia desde Felipe VI (1328) hasta la muerte de Enrique III (1589).

**VALOIS** (Ninette **de**) → ***De Valois.***

**VALONIA,** en fr. **Wallonie,** en flamenco **Walloniё,**

región federal de Bélgica constituida por las provincias de lengua francesa: Hainaut, Namur, Lieja, Luxemburgo, y el S de Brabante; 16 845 $km^2$; 3 234 767 hab. *(Valones.)* Cap. *Lieja.*

**valor militar** *(medalla del),* condecoración italiana instituida en 1833.

**VALPARAÍSO** *(región de),* región de Chile; 16 396 $km^2$; 1 373 967 hab. Cap. *Valparaíso.* Las islas de Juan Fernández, de Pascua y de Sala y Gómez dependen administrativamente de la región.

**VALPARAÍSO,** c. de Chile, cap. de la región homónima; 276 736 hab. Forma con Viña del Mar una conurbación de más de 600 000 hab. Segundo centro económico del país. Puerto en el Pacífico. Base naval. Refino de petróleo, metalurgia del cobre, astilleros, cemento. Turismo. Fue fundada por Juan de Saavedra en 1536.

**VALPARAÍSO,** mun. de México (Zacatecas); 44 183 hab. Cereales, legumbres y frutas tropicales.

**valquiria** *(La)* → ***Tetralogía.***

**Valsequillo** o **presa Manuel Ávila Camacho,** presa mexicana sobre el río Atoyac (Puebla); 20 km de long. y 405 $Mm^3$.

**VALTELINA,** en ital. **Valtellina,** región de Italia, en los Alpes, formada por el alto valle del Adda. C. pral. *Sondrio.* Durante la guerra de los Treinta años Richelieu la ocupó para impedir la unión entre las posesiones de los Habsburgo de España y de Austria; expulsó a los españoles, a los que conminó a firmar el tratado de Milán (1637), por el que España renunciaba al derecho de tránsito por el valle.

**VALVERDE** *(provincia de),* prov. del NO de la República Dominicana; 580 $km^2$; 111 470 hab. Cap. *Mao* (ant. *Valverde*).

**VALVERDE** (José María), escritor español (Valencia de Alcántara 1926-Barcelona 1996). Alternó su labor como poeta (*Poesías reunidas,* 1990) con la de ensayista, traductor e historiador literario.

**VALVERDE** (Juan), médico español (Hamusco *c.* 1515-¿Roma? *c.* 1588). Su *Historia de la composición del cuerpo humano* (1556) introduce correcciones a Vesalio y proporciona una descripción correcta y precisa de la circulación pulmonar.

**VALVERDE DEL CAMINO,** c. de España (Huelva), cab. de p. j.; 12 372 hab. *(Valverdeños.)* Yacimientos de manganeso. Industrias del calzado y la madera.

**VAMBA** → ***Wamba.***

**VAN,** lago del E de Turquía, a 1 646 m de alt.; 3 700 $km^2$.

**VAN ACKER** (Achille H.), político belga (Brujas 1898-*id.* 1975). Socialista, fue primer ministro (1945-1946 y 1954-1958).

**VAN ALLEN** (James Alfred), físico norteamericano (Mount Pleasan, Iowa, 1914). Descubrió las bandas de radiación de la alta atmósfera, a las que se dio su nombre *(cinturón de Van Allen).*

**VAN BUREN** (Martin), político norteamericano (Kinderhook, Nueva York, 1782-*id.* 1862). Presidente del país (1837-1841), continuó la obra de Jackson.

**VAN CLEVE** (Joos), pintor flamenco (¿Clèves? *c.* 1490-Amberes *c.* 1541). Maestro en Amberes (1511), es autor de obras religiosas (retablos de *La muerte de la Virgen,* Munich y Colonia) y de retratos.

**VAN COEHOORN** (Menno, *barón*), ingeniero militar neerlandés (Britsum, cerca de Leeuwarden, 1641-La Haya 1704). Diseñó las fortificaciones de Nimega, Breda y Bergen op Zoom.

**VAN DE GRAAFF** (Robert Jemison), físico norteamericano (Tuscaloosa, Alabama, 1901-Boston 1967). Realizó las primeras grandes máquinas electrostáticas destinadas a la aceleración de partículas.

**VAN DE VELDE,** familia de pintores paisajistas neerlandeses del s. XVII. Los más célebres fueron **Esaias** (Amsterdam *c.* 1590-La Haya 1630), iniciador de la visión realista del paisaje holandés, y su sobrino **Willem el Joven** (Leiden 1633-Greenwich 1707), pintor de marinas de una gran calidad poética.

**VAN DE VELDE** (Henry), arquitecto, decorador y pintor belga (Amberes 1863-Zurich 1957), uno de los principales animadores del movimiento modernista en Europa. Dedicado a las artes industriales, dirigió la escuela de artes aplicadas de Weimar, y formó parte del Werkbund alemán.

**VAN DEN BOSCH** (Johannes, *conde*), administrador neerlandés (Herwijnem, Güeldres, 1780-La Haya 1844). Gobernador de las Indias neerlandesas (1830-1833), donde impuso un sistema de cultivos forzados; fue ministro de las colonias (1835-1839).

**VAN DEN VONDEL** (Joost), poeta neerlandés (Colonia 1587-Amsterdam 1679), autor de poesías líricas y satíricas y de veinticuatro tragedias con coros, de inspiración cristiana (*Lucifer,* 1654; *Adán exiliado,* 1664).

**VAN DER GOES** (Hugo), pintor flamenco († en el monasterio de Auderghem 1482). Maestro pintor en Gante en 1467, monumental y patético, dejó impresa la huella de su espíritu angustiado en el realismo flamenco (*Tríptico Portinari, c.* 1475, Uffizi; *La muerte de la Virgen,* Brujas).

**VAN DER HAMEN** (Juan), pintor español (Madrid 1596-† 1631). Dentro del realismo barroco español se especializó en bodegones de destacada sobriedad y precisión técnica.

**VAN DER WAALS** (Johannes Diderik), físico neerlandés (Leiden 1837-Amsterdam 1923). Estudió las fuerzas de atracción entre moléculas y dio una ecuación del estado de los fluidos. (Premio Nobel de física 1910.)

**VAN DER WEYDEN** (Roger **de La Pasture,** o Rogier), pintor flamenco (Tournai *c.* 1400-Bruselas 1464), discípulo de R. Campin e influido por Van Eyck, su originalidad reside en el patetismo y la ternura de sus cuadros, en los que sitúa a los personajes sobre fondo de oro o de paisajes irreales (*Descendimiento de la cruz, c.* 1435, Prado; retrato de *El hombre de la flecha,* Bruselas).

**VAN DIEMEN** (Anthony), administrador neerlandés (Culemborg 1593-Batavia 1645). Gobernador general de la Compañía de las Indias neerlandesas, extendió su influencia a Ceilán y Malaca.

**VAN DIJK** (Peter), bailarín y coreógrafo alemán (Bremen 1929). Gran intérprete *(Giselle, Petrushka)* y coreógrafo de rara musicalidad *(La sinfonía inacabada),* se consagró como director de compañía (Ballet de la ópera de Hamburgo, Ballet del Rin).

**VAN DONGEN** (Kees), pintor neerlandés (Delfshaven, cerca de Rotterdam, 1877-Montecarlo 1968), nacionalizado francés. Fauvista y gran colorista, realizó numerosos retratos e ilustraciones.

**VAN DYCK** o **VAN DIJCK** (Antonio), pintor flamenco (Amberes 1599-Londres 1641). Colaborador de Rubens (*c.* 1618-1621), se estableció sucesivamente en Génova, Amberes (pinturas religiosas, retratos) y Londres, donde se convirtió en pintor de Carlos I y de la corte de Inglaterra (1632), para la que realizó retratos llenos de virtuosismo y distinción.

**Van Dyck:** *Retrato del joven príncipe Ruperto* (1631). [Museo de bellas artes, Viena.]

**VAN EYCK** (Jan), pintor flamenco (*c.* 1390-Brujas 1441). Al servicio primero de Juan de Baviera, futuro conde de Holanda, y luego de Felipe el Bueno (1425), fue encargado de misiones diplomáticas y *c.* 1430 se estableció en Brujas. Su fama creció con la inauguración en 1432 del retablo de El cordero místico (que, según parece, había empezado Hubert Van Eyck, su hermano mayor) en Gante. Mezcló varias técnicas (entre ellas el óleo) para dar a la materia pictórica una fuerza de sugestión inédita, liberada, en provecho de un realismo minucioso, del manierismo ornamental del estilo gótico internacional. Junto con el maestro de Flémalle (R. Campin), es el fundador de la gran escuela flamenca, tanto por sus cuadros religiosos (La *Virgen del canciller Rolin,* Louvre) como por sus retratos *(Los esposos Arnolfini).*

**VAN GOGH** (Vincent), pintor neerlandés (Groot-Zundert, Brabante, 1853-Auvers-sur-Oise 1890). Su vida, marcada por la inquietud espiritual, fue breve y trágica. Intentó obtener la máxima intensidad y vibración cromática en sus naturalezas muertas y ramos de flores *(Girasoles),* retratos y paisajes *(Puente del Inglés en Arles, El campo de trigo y ciprés, El olivar);* fue asimismo el precursor de fauvistas y expresionistas.

**Van Gogh:** *La iglesia de Auvers-sur-Oise* (1890). [Museo de Orsay, París.]

**VAN GOYEN** (Jan), pintor neerlandés (Leiden 1596-La Haya 1656). Discípulo de E. Van de Velde, es famoso por los paisajes fluviales con reflejos plateados o dorados.

**VAN HEEMSKERCK** (Maarten), pintor y grabador neerlandés (Heemskerk, cerca de Haarlem, 1498-Haarlem 1574). Influido por el arte italiano, es autor de grandes retablos, de un expresionismo atormentado, y de retratos.

**VAN HELMONT** (Jan Baptist), médico y químico flamenco (Bruselas 1579-Vilvoorde 1644). Descubrió el gas carbónico y el ácido clorhídrico, y reconoció la función del jugo gástrico en la digestión.

**VAN LAER** o **VAN LAAR** (Pieter), llamado **il Bamboccio** (en España, **el Bambocho**), pintor neerlandés (Haarlem 1599-*id.* 1642). Se estableció en Roma, donde destacó por sus escenas populares, llamadas *bambochadas* debido a su sobrenombre.

**VAN LEEUWENHOEK** (Antony), naturalista neerlandés (Delft 1632-*id.* 1723). Estudió con microscopios fabricados por él mismo los espermatozoides, numerosos protistos, la circulación capilar, los glóbulos de la sangre y otras estructuras microscópicas.

**VAN LOO** o **VANLOO,** familia de pintores franceses de origen neerlandés. El más célebre fue **Charles André,** llamado **Carle** (Niza 1705-París 1765). Formado en Italia, desde 1735 hizo una brillante carrera en la corte de París, como representante de la estética rococó. – Su hermano **Jean-Baptiste** (Aix-en-Provence 1684-*id.* 1745) fue pintor de temas históricos y retratista. – **Louis Michel** (Toulon 1707-París 1771) destacó como retratista de la corte de Felipe V de España y como pintor de temas mitológicos.

**VAN MANDER** (Carel), pintor y tratadista de arte flamenco (Meulebeke, Flandes Occidental, 1548-Amsterdam 1606). Cofundador, junto a Goltzius, de la academia de Haarlem (1587), su obra maestra, *El libro de los pintores* (Haarlem 1604), es un testimonio sobre los pintores flamencos, holandeses y alemanes de los ss. XV y XVI.

**VAN MUSSCHENBROEK** (Petrus), físico neerlandés (Leiden 1692-*id.* 1761), inventor de la botella de Leiden, primer condensador eléctrico.

**VAN OLDENBARNEVELT** (Johan), político neerlandés (Amersfoort 1547-La Haya 1619). Gran consejero de Holanda (1586), obtuvo de Francia, Inglaterra (1596), y posteriormente de España (1609), el reconocimiento de las Provincias Unidas. Mauricio de Nassau le hizo ejecutar.

**VAN ORLEY** (Barend o Bernard), pintor flamenco (Bruselas *c.* 1488-*id.* 1541). Artista oficial con un estilo de transición, es autor de retablos y retratos, y de cartones para vidrieras y tapices.

**VAN OSTADE** (Adriaen), pintor neerlandés (Haarlem 1610-*id.* 1685), autor de interiores al estilo de Brouwer. – Su hermano **Isaac** (Haarlem 1621-*id.* 1649) estuvo influido por él y, posteriormente, se especializó en el paisaje.

**VAN RUYSBROECK, VAN RUUSBROEC** o **VAN RUISBROECK** (Jan), llamado **el Admirable,** teólogo y escritor brabanzón (Ruusbroec, cerca de Bruselas, 1293-Groenendaal, cerca de Bruselas, 1381). Sus escritos místicos, que figuran entre las primeras grandes obras en lengua neerlandesa, marcaron profundamente la corriente de la Devotio moderna.

**VAN RUYSDAEL** o **VAN RUISDAEL** (Jacob), pintor neerlandés (Haarlem *c.* 1628-*id.* 1682). Su obra marca el auge de la escuela paisajista holandesa y al mismo tiempo la superación de ésta por la fuerza de una visión dramática o lírica que preludia el romanticismo (*Cementerio israelita,* versiones de Dresde y Detroit; *Orilla del río,* Louvre). Era sobrino de otro paisajista, **Salomon Van Ruysdael** (Naarden *c.* 1600-Haarlem 1670).

**VAN SCHENDEL** (Arthur), novelista neerlandés (Batavia 1874-Amsterdam 1946), pintor de la vida de provincias (*La fragata Juana María,* 1930).

**VAN SCOREL** (Jan), pintor neerlandés (Schoorl, cerca de Alkmaar, 1495-Utrecht 1562). Tras varios viajes (estancias en Venecia y, sobre todo, en Roma), se estableció en Utrecht (*c.* 1525) y fue uno de los primeros en introducir la influencia italiana en los Países Bajos. Su obra también está marcada por el realismo nórdico y el expresionismo.

**VAN THIÊU** (Nguyên), general y político vietnamita (Phan Rang 1923), presidente de Vietnam del Sur (1967-1975).

**VAN VELDE** (Bram), pintor y litógrafo neerlandés (Zoeterwoude, cerca de Leiden, 1895-Grimaud, Var, 1981), uno de los principales representantes de la abstracción lírica europea.

**VAN ZEELAND** (Paul), político belga (Soignies 1893-Bruselas 1973). Miembro del Partido católico, fue primer ministro (1935-1937).

**VANBRUGH** (*sir* John), arquitecto y dramaturgo inglés (Londres 1664-*id.* 1726). Palladiano y barroco, construyó el palacio de Blenheim en Woodstock (1705).

**VANCOUVER** *(isla),* gran isla de Canadá, en el Pacífico, que depende de Columbia Británica; 32 137 km². C. pral. *Victoria.*

**VANCOUVER,** c. y puerto de Canadá (Columbia Británica), junto al estrecho de Georgia y cerca de la desembocadura del Fraser, frente a la isla homónima; 471 844 hab. (1 409 361 hab. en la aglomeración, la tercera del país). Universidad. Salida del Canadá al Pacífico, es un centro industrial (madera, construcción naval, mecánica y alimentación) y turístico.

**VANCOUVER** (George), navegante británico (King's Lynn 1757-Richmond 1798). Hizo la primera descripción exacta de la costa O de Canadá (1791-1795).

**VANDELLÒS I L'HOSPITALET DE L'INFANT,** mun. de España (Tarragona); 4 129 hab. Central nuclear.

**VANDELVIRA** o **VANDAELVIRA** (Andrés **de**), arquitecto español (Alcaraz 1509-Jaén 1575). Su estilo renacentista derivó hacia el manierismo (iglesia del Salvador, hospital de Santiago, ayuntamiento y palacios de Úbeda).

**Vandenberg,** base norteamericana de lanzamiento de ingenios espaciales, en la costa del Pacífico (California).

**VANDERVELDE** (Emile), político belga (Ixelles 1866-Bruselas 1938). Diputado socialista (1894) y presidente de la II Internacional (1900), fue varias veces ministro de 1914 a 1937.

**VÄNERN,** lago de Suecia, el mayor de Escandinavia, tributario del Cattegat a través del Göta älv; 5 585 km².

**VANES,** divinidades germánicas agrarias, enfrentadas a los dioses *Ases.*

**vanguardia** *(La),* diario matutino de Barcelona, fundado en 1881 por Bartolomé Godó y representativo de los sectores conservadores de la burguesía catalana.

**VANIKORO,** isla británica de Melanesia, al N de Vanuatu, dependencia de las Salomón, en la que, probablemente, pereció la expedición de La Pérouse en 1788.

**VANINI** (Giulio Cesare), filósofo italiano (Taurisano, Lecce, 1585-Toulouse 1619). Sacerdote, de espíritu cáustico, propuso una filosofía naturalista. Fue acusado de ateísmo y quemado vivo.

**VANNES,** c. y puerto de Francia, cap. del dep. de Morbihan; 48 454 hab. Catedral (ss. XIII-XVIII). Museos. Murallas y castillo de los duques de Bretaña.

**VAN'T HOFF** (Jacobus Henricus), químico neerlandés (Rotterdam 1852-Berlín 1911). Creador, junto con Le Bel, de la estereoquímica, estableció las bases de la cinética química y enunció una teoría de la presión osmótica. (Premio Nobel de química 1901.)

**VANTAA,** c. de Finlandia, en la zona suburbana del N de Helsinki; 139 000 hab. Aeropuerto.

**VANUA LEVU,** una de las islas Fidji; 5 535 km²; 94 000 hab. Caña de azúcar. Copra.

**VANUATU,** ant. **Nuevas Hébridas,** archipiélago de Melanesia, al NE de Nueva Caledonia, que constituye un estado; 14 760 km²; 200 000 hab. CAP. *Port-Vila.* LENGUAS OFICIALES: *bislamar* (pidgin), *inglés* y *francés.* MONEDA: *vatu.* Pesca. Copra. El archipiélago, descubierto en 1606 por los portugueses, fue colonizado tardíamente. La comisión naval franco-británica, instaurada en 1887, estableció un condominio (1906), que remplazó a la administración militar por dos altos comisarios residentes. La independencia del archipiélago, que adoptó el nombre de *Vanuatu,* tuvo lugar en 1980.

**VAQUERO PALACIOS** (Joaquín), pintor español (Oviedo 1900-Madrid 1998). Sus paisajes, marcados por la soledad, son de una gran sobriedad formal y cromática. – Su hijo **Joaquín Vaquero Turcios** (Madrid 1933) es también pintor y muralista.

**VAR,** dep. de Francia (Provenza-Alpes-Costa Azul); 5 973 km²; 815 449 hab. Cap. *Toulon.*

**VĀRĀNASI** → ***Benarés.***

**VARDÁNEGA** (Gregorio), artista argentino de origen italiano (Passagno, Venecia, 1923). Miembro del grupo argentino Arte concreto-Invención (1946-1947), en París se adscribió al arte cinético.

**VARDAR,** r. de Macedonia y Grecia que desemboca en el mar Egeo en el golfo de Tesalónica; 420 km.

**VARELA** *(familia),* familia de políticos, escritores y periodistas argentinos. Destacan: **Juan Cruz** (Buenos Aires 1794-Montevideo 1839), que colaboró con Rivadavia y en 1826 fue secretario del congreso general constituyente; fundó diarios liberales y escribió obras líricas y dramáticas de corte neoclásico. – Su hermano **Florencio** (Buenos Aires 1807-Montevideo 1848), fue una figura destacada del Partido unitario y combatió a Rosas, a manos de cuyos agentes murió; autor de ensayos (*Escritos políticos y literarios,* 1859). – **Mariano** (Montevideo 1834-Buenos Aires 1902), hijo del anterior, fue ministro de Relaciones Exteriores (1868-1874) y fundó en Buenos Aires el periódico *La tribuna.*

**VARELA** (José Pedro), pedagogo uruguayo (Montevideo 1845-*id.* 1879). Reformó la enseñanza primaria en su país e introdujo los conceptos de laicidad, obligatoriedad y gratuidad en la enseñanza (*La educación del pueblo,* 1874).

**VARELA** (Pedro José), político uruguayo (La Florida 1837-Montevideo 1906), jefe del gobierno interino (1868) y presidente de la república (1875-1876).

**VARELA** (Xesús **Varela Vázquez,** llamado **Lorenzo**), poeta español en lengua gallega (La Habana 1916-Madrid 1978), autor de *Lejos* (*Lonxe,* 1954).

**VARESE,** c. de Italia (Lombardía), cap. de prov., cerca del *lago de Varese;* 85 461 hab. Centro turístico e industrial. Ant. palacio de Este (s. XVIII), con bellos jardines.

**VARESE** (Edgar), compositor norteamericano de origen francés (París 1883-Nueva York 1965). Estudió en París y Berlín y en 1916 se estableció en E.U.A. Renovó la orquesta y revolucionó el uso de los instrumentos, a los que añadió, por primera vez, ruidos de máquina (*Integrales,* 1925; *Ionización,* 1931). Posteriormente abordó la electroacústica (*Desiertos,* 1952).

**VARGAS** *(estado),* est. del N. de Venezuela, constituido en 1998; 1 496 km²; 230 103 hab. Cap. *La Guaira.*

**VARGAS** (Chavela), cantante mexicana (nacida en 1918). Aborda canción mexicana y latinoamericana enfatizando el texto sobre la música *(Volver, volver; Luz de luna; Sombras; La llorona; El último trago).*

**VARGAS** (Getúlio), político brasileño (São Borja, Rio Grande do Sul, 1883-Río de Janeiro 1954). Presidente de la república (1934), promulgó una constitución autoritaria, aunque realizó reformas sociales. Depuesto en 1945, fue reelegido en 1950; se suicidó.

**VARGAS** (Luis **de**), pintor español (Sevilla *c.* 1505-*id. c.* 1567). La complejidad y el dinamismo de su obra le ligan al manierismo italiano (*Crucifixión,* catedral de Sevilla).

**VARGAS** (Manuel, llamado **Manolo**), bailarín mexicano de origen español (*c.* 1925-Madrid 1970). Actuó en las compañías de la Argentinita y de Pilar López (1946), y destacó como intérprete de flamenco.

**VARGAS** (Manuela **Hermoso Vargas,** llamada **Manuela**), bailaora española (Sevilla 1941). Ha destacado por su sobriedad y elegancia en el flamenco y por su peculiar interpretación de las bulerías. Con su compañía de danza española ha realizado espectáculos de gran éxito (*Antología del flamenco,* 1963; *El sur y la petenera,* 1986).

**VARGAS** (Pedro), cantante mexicano (San Miguel de Allende 1908-México 1989). Debutó como tenor operístico (1928), aunque pronto se dedicó a la música ligera, popularizando rancheras, corridos y otras modalidades de la canción mexicana *(Arena de otras playas; Abrázame; No me amenaces).* También protagonizó varias películas.

**VARGAS LLOSA** (Mario), escritor peruano (Arequipa 1936), nacionalizado español (1993). Su obra narrativa parte de la relectura de los grandes autores del realismo europeo y se inició con el relato *Los jefes* (1958) alcanzando su madurez novelística con *La ciudad* y los perros* (1962). Con creciente dominio de la técnica narrativa (*Conversación en la Catedral,* 1969), se inspiró en materiales reales (*Pantaleón y las visitadoras,* 1973; *La tía Julia y el escribidor,* 1977; *Lituma en los Andes,* 1993; *La Fiesta del Chivo,* 2000), para abordar proyectos más ambiciosos en *La guerra del fin del mundo* (1981). [Premio Rómulo Gallegos 1967; premio Cervantes 1994.] (Real academia 1994.)

**VARNA,** c. y puerto de Bulgaria, junto al mar Negro; 295 000 hab. Estación balnearia y centro industrial. Victoria de los otomanos sobre las fuerzas cristianas mandadas por Ladislao III Jagellón y Juan Hunyadi (10 nov. 1444).

**VARO** (Publio Quintilio), general romano (*c.* 46 a. J.C.-Teutoburgo 9 d. J.C.). Los germanos de Arminio aniquilaron a sus legiones en el bosque de Teutoburgo.

**VARO** (Remedios), pintora española (Anglès 1913-México 1963). Relacionada con los grupos surrealistas españoles y franceses e instalada en México (1942), su obra aportó una singular y onírica combinación de poesía e ironía.

**VARONA** (Enrique José), escritor y político cubano (Puerto Príncipe, Camagüey, 1849-La Habana 1933). Independentista, fue vicepresidente de la república (1913-1917). Escribió ensayo filosófico influido

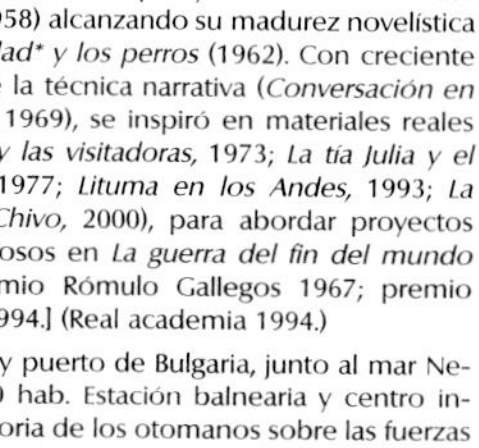

Mario **Vargas Llosa**

por el empirismo (*Conferencias*, 1880-1888) y político (*Los cubanos en Cuba*, 1889), así como poesía y narrativa.

**VARRÓN,** cónsul romano, derrotado en la batalla de Cannas por Aníbal (216 a. J.C.).

**VARRÓN,** escritor latino (Reate [act. Rieti] 116 a. J.C.-† 27 a. J.C.). Lugarteniente de Pompeyo durante la guerra civil, se reconcilió con César, quien le encargó organizar la primera biblioteca pública de Roma. De su obra enciclopédica sólo se conservan tres libros de un tratado de economía rural, una parte de un tratado de filología y fragmentos de obras históricas.

**VARSOVIA,** en polaco **Warszawa,** c. y cap. de Polonia, a orillas del Vístula; 1 653 500 hab. Metrópoli política, cultural, comercial e industrial, fue reconstruida casi en su totalidad tras la segunda guerra mundial. Museos. Capital de Polonia (1596), cedida a Prusia en 1795, capital del gran ducado de Varsovia (1807) y del reino de Polonia (1815), cuyo soberano era el emperador de Rusia, se sublevó en 1830 y en 1863. Capital de la república polaca (1918), en 1939 fue ocupada por los alemanes. Sufrió graves daños y pérdidas humanas durante la destrucción del ghetto de Varsovia (1943) y el aplastamiento de la insurrección de 1944. La ciudad fue liberada por las fuerzas polaco-soviéticas en 1945 (en.).

**Varsovia:** la plaza del Mercado (reconstruida) en la ciudad antigua

**Varsovia** *(convención de)* [1929], convención que instituyó un régimen jurídico del transporte aéreo internacional que unificó las normas de responsabilidad de los transportistas.

**Varsovia** *(pacto de)*, acuerdos militares concluidos en 1955 entre la U.R.S.S., Albania, la R.D.A., Bulgaria, Hungría, Polonia, Rumania y Checoslovaquia. El mando supremo de las fuerzas del pacto recaía en un general soviético. Albania se separó en 1968 y la R.D.A. en 1990; fue disuelto en 1991.

**VASA** → ***Gustavo I Vasa.***

**Vasaloppet,** célebre carrera de esquí nórdica, disputada cada año en Suecia, de 85,8 km de recorrido.

**VASARELY** (Victor), pintor húngaro (Pécs 1908-París 1997), nacionalizado francés. Es uno de los maestros del arte cinético virtual *(op art)*.

**VASARI** (Giorgio), pintor, arquitecto e historiador de arte italiano (Arezzo 1511-Florencia 1574), autor de una valiosa colección de *Vidas* de artistas, en la que destaca la escuela florentina. Trabajó sobre todo en Roma y en Florencia.

**VASCAS** *(montañas)*, conjunto de alineaciones montañosas del N de España, entre la cordillera Cantábrica, al O, los Pirineos, al E, y la Llanada de Vitoria, al S; 1 544 m en el pico de Aitzgorri. Nudo hidrográfico del País Vasco.

**VASCO** *(País)*, en vasc. **Euskal Herria** o **Euskadi,** región geográfico-histórica del extremo O de los Pirineos. Comprende el País Vasco español (→ art. siguiente) y el País Vasco francés (Euskadi Norte), que se extiende al E del pico de Anie y por el antepaís pirenaico hasta el valle del Adour y que comprende Soule, Labourd (unidas a Francia en 1541) y Baja Navarra (en 1607).

**VASCO** *(País)* o **EUSKADI,** comunidad autónoma del NE de España, que abarca las prov. de Álava, Guipúzcoa y Vizcaya; 7 254 km²; 2 109 009 hab. *(Vascos.)* Cap. *Vitoria.*

GEOGRAFÍA

Abarca el macizo de las montañas Vascas, con cuencas y llanos en el interior (Llanada de Vitoria) y estrechos valles en los cursos de los ríos (Bidasoa, Urumea, Deva, Oria, Nervión). Clima templado oceánico, con abundantes precipitaciones. Gran implantación industrial (siderurgia, construcción naval y bienes de equipo en Vizcaya; máquinas-herramienta, papel y química en Guipúzcoa). Cultivos de hortalizas y frutales en regadío, y vid, cereales y patata en secano; ganadería bovina y porcina. Pesca. Centrales térmicas.

HISTORIA

Los vascones habitaban el Pirineo Oriental, la cordillera cantábrica y el N del Ebro. Las conquistas romanas, bárbaras y musulmanas no sometieron a los vascones de las tierras altas. S. VII: ducado de Vasconia, vasallo de los francos, origen del reino de Navarra (s. IX). S. XII: apertura del camino de Santiago y expansión castellana hacia la costa (1180, fundación de San Sebastián). S. XIV: firma de alianzas jurídicas con Castilla (fueros). S. XV: victoria de las hermandades de campesinos sobre la nobleza. S. XIX: comerciantes e industriales defendieron el liberalismo; nobleza y campesinado fueron el principal apoyo social del carlismo (Zumalacárregui). 1872: abolición de los fueros. S. XIX: formación de una poderosa burguesía industrial (siderurgia, construcción naval) y financiera. 1894: Sabino Arana fundó el Partido nacionalista vasco. 1936: aprobación de un estatuto de autonomía que prácticamente no entró en vigor. 1979: estatuto de autonomía.

**VASCONCELOS** (José), político, escritor y filósofo mexicano (Oaxaca 1882-México 1959). Participó activamente en la revolución mexicana. En *La raza cósmica* (1925) expresa su mesianismo panamericano. Cultivó el ensayo estético, la crítica histórica y literaria, el teatro y las memorias, iniciadas con *Ulises criollo* (1936), su producción más importante.

**VASCONGADAS** *(Provincias)*, denominación del conjunto de provincias españolas de Álava, Guipúzcoa y Vizcaya, que desde 1979 forman la comunidad autónoma del País Vasco o Euskadi.

**VASILEVSKI** o **VASSILIEVSKI** (Alexandr Mijáilovich), mariscal soviético (Novaïa Golchija 1895-Moscú 1977), jefe de estado mayor del ejército rojo (1943-1945 y 1946-1947), y ministro adjunto y ministro de Defensa (1947-1953).

**VÁSQUEZ BRITO** (Ramón), pintor venezolano (Porlamar 1927). Su pintura de rígida abstracción geométrica evolucionó hacia una abstracción más lírica.

**VASSILIEV** (Vladímir), bailarín ruso (Moscú 1940). Técnico y virtuoso de la danza clásica *(El lago de los cisnes; Espartaco; Iván el Terrible)*, estrenó también la versión de *Petruchka* de M. Béjart (1977), antes de debutar como coreógrafo.

**VÄSTERÅS,** c. de Suecia, cerca del lago Mälar; 119 761 hab. Centro industrial. Electromecánica.

**VASTO** (Alonso **de Ávalos,** *marqués* **de Pescara** y *marqués* **del**), militar español (Ischia 1502-Milán 1546). Defendió Viena de los turcos (1535), y fue uno de los jefes de la expedición que conquistó La Goleta y Túnez. Fue gobernador del Milanesado (1538-1546).

**VATANEN** (Ari), corredor automovilístico finlandés (Tuupovaara 1952), vencedor de la mayoría de los grandes rallyes internacionales (entre ellos el París-Dakar en 1987, 1990 y 1991).

**VATÉ** o **EFATE,** isla del archipiélago de Vanuatu en la que se encuentra la capital, Port-Vila; 915 km².

**Vater** *(ampolla de)*, dilatación de la extremidad inferior del canal colédoco, donde desemboca el conducto de Wirsung.

**VATICANO** *(Ciudad del)*, estado cuya soberanía temporal fue reconocida al papa por los acuerdos de Letrán entre la Santa Sede y Mussolini (11 febr. 1929); 700 hab. aprox. Su territorio (44 ha), dentro de la ciudad de Roma, en la or. der. del Tíber, comprende la plaza y la basílica de San Pedro, el palacio del Vaticano y sus anexos, y los jardines del Vaticano. A ello hay que añadir la propiedad de doce edificios en Roma y Castelgandolfo (derechos extraterritoriales). El papa ejerce sus poderes, a la vez legislativos y ejecutivos, a través de una comisión de cardenales. *(V. ilustración pág. 1750.)*

**Vaticano,** residencia de los papas, en Roma. Conjunto palaciego de diversas fechas y estilos (principalmente del Renacimiento: ss. XV y XVI). Importantes museos (antigüedades y pinturas). Biblioteca que conserva valiosos manuscritos. En el Vaticano se encuentra la capilla Sixtina* y las estancias y las logias de Rafael.

**Vaticano I** *(concilio)* [8 dic. 1869-18 julio 1870], concilio ecuménico celebrado en la basílica de San Pedro de Roma, durante el pontificado de Pío IX, en el que fue proclamado el dogma de la infalibilidad pontificia. Esta definición provocó el cisma de los Viejos católicos.

**Vaticano II** *(concilio)* [11 oct. 1962-8 dic. 1965], concilio ecuménico celebrado en la basílica de San Pedro de Roma, en cuatro sesiones, durante los pontificados de Juan XXIII y Paulo VI. Reunido para propiciar la renovación de la Iglesia frente al mundo moderno y para restablecer la unidad cristiana, contó, por primera vez en un concilio, con la presencia de observadores no católicos.

**VATNAJÖKULL,** región del SE de Islandia cubierta por un casquete glaciar.

**VÄTTERN,** lago de Suecia, tributario del Báltico; 1 912 km².

**VAU** (Louis **Le**), arquitecto francés (París 1612-*id.* 1670). Autor de mansiones señoriales, trazó los planos del palacio de Versalles.

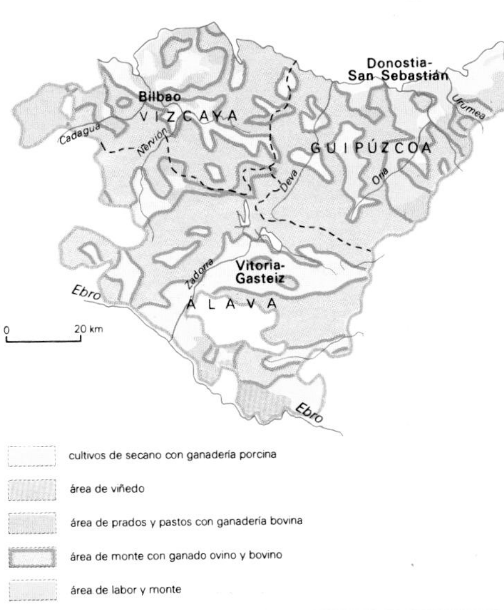


**EL PAÍS VASCO**

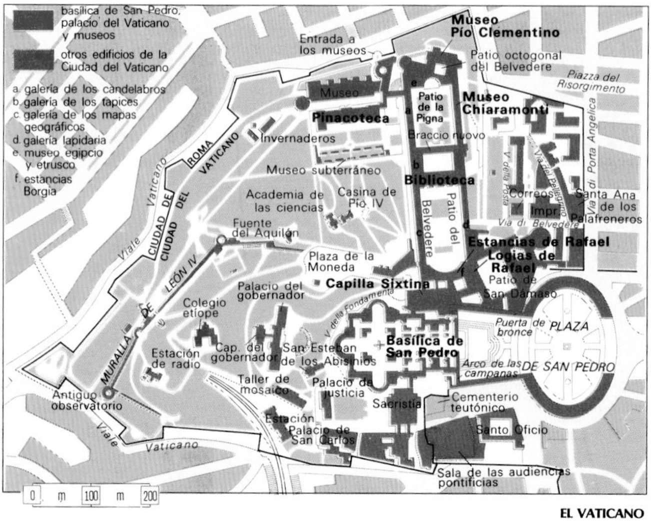


EL VATICANO

**VAUBAN** (Sébastien **Le Prestre de**), mariscal de Francia (Saint-Léger-Vauban 1633-París 1707). Ingeniero del rey, fortificó numerosas plazas fronterizas y dirigió numerosos asedios y defensas.

**Vaucelles** *(tregua de),* paz entre Carlos Quinto y Enrique II de Francia (febr. 1556). La tregua, prevista para cinco años, fue rota por el ataque del duque de Alba a los Estados Pontificios (nov. 1556).

**VAUCLUSE,** dep. de Francia (Provenza-Alpes-Costa Azul); 3 567 km$^2$; 467 075 hab. Cap. *Aviñón.*

**VAUD,** en alem. **Waadt,** cantón de Suiza; 3 219 km$^2$; 601 816 hab. Cap. *Lausana.*

**VAUGHAN,** c. de Canadá (Ontario); zona suburbana de Toronto; 103 535 hab.

**VAUGHAN** (Sarah), cantante de jazz norteamericana (Newark, Nueva Jersey, 1924-Los Ángeles 1990). Su versátil registro de voz y su técnica muy trabajada le permitieron interpretar un amplio repertorio (canciones populares, virtuosas improvisaciones, bop y swing).

**VAUGHAN WILLIAMS** (Ralph), compositor británico (Down Ampney, Gloucestershire, 1872-Londres 1958). Se inspiró en el folklore y fue el creador de una escuela musical nacional (seis óperas, nueve sinfonías, sesenta melodías y tres ballets).

**VAULX** (*conde* Henry **de La**), aeronauta francés (Bierville, Seine-Maritime, 1870-cerca de Jersey City, Nueva Jersey, 1930). Famoso por sus ascensiones y viajes en globo, fundó la Federación aeronáutica internacional (1906).

**VAUPÉS,** en port. **Uaupés,** r. de Colombia y Brasil; 1 126 km. Nace en Colombia al E de la cordillera Oriental, cruza el dep. del Vaupés, penetra en Brasil y desemboca en el río Negro.

**VAUPÉS** *(departamento del),* dep. del SE de Colombia; 65 268 km$^2$; 18 935 hab. Cap. *Mitú.*

**VAYREDA** (Joaquín), pintor español (Gerona 1843-Olot 1894). Fue fundador de la escuela paisajística de Olot, junto con su hermano **Marià** (Olot 1853-*id.* 1903). Su realismo (heredado de R. Martí Alsina), ganó, tras el contacto con Corot, en contenido poético y libertad técnica y expresiva.

**VAZ FERREIRA** (Carlos), filósofo uruguayo (Montevideo 1872-*id.* 1958). Su pensamiento evolucionó desde posiciones positivistas al vitalismo (*Lógica viva,* 1920; *Racionalidad y genialidad,* 1947).

**VAZOV** (Iván), escritor búlgaro (Sopot [act. Vazovgrad] 1850-Sofía 1921), fundador de la novela moderna búlgara (*Bajo el yugo,* 1890) y autor de poemas y dramas históricos (*Borislav,* 1909).

**VÁZQUEZ** (Alonso), pintor español (Roma *c.* 1564-México 1608). Colaboró en la construcción del catafalco de Felipe II, y ejerció gran influencia en México como difusor del manierismo andaluz.

**VÁZQUEZ** (David), bioquímico español (Tucumán, Argentina, 1931-Madrid 1986). Investigó los fundamentos moleculares de la biosíntesis proteica y contribuyó a la comprensión de los mecanismos de acción de los antibióticos.

**VÁZQUEZ** (Horacio), militar y político dominicano (Ciudad Moca 1860-en Puerto Rico 1936). Asumió el poder con un golpe militar (1902-1903) y fue presidente de la república (1924-1930), derrocado por Trujillo.

**VÁZQUEZ** o **VÁSQUEZ** (Juan), compositor español (Badajoz 1500-¿Sevilla? 1560), autor de villancicos y madrigales, algunos transcritos para vihuela por Mudarra y Valderrábano.

**VÁZQUEZ** (Juan Bautista), llamado **el Viejo,** escultor y pintor español († 1589). Introdujo y difundió en Sevilla la estética manierista italiana (retablo mayor de la catedral de Sevilla, 1562).

**VÁZQUEZ** (Lorenzo), arquitecto español, activo en Castilla la Nueva y Andalucía a fines del s. XV y principios del s. XVI. Introdujo en el ámbito castellano el estilo quattrocentista italiano (fachada del Colegio de Santa Cruz de Valladolid, *c.* 1491; palacio de los Mendoza en Guadalajara, *c.* 1507).

**VÁZQUEZ** (Pura), escritora española en lengua gallega (Orense 1918). Su poesía se caracteriza por un lirismo neorromántico (*La saudade y otros poemas, [A saudade e outros poemas]* 1963). Con su hermana **Dora** (Orense 1913) ha cultivado la literatura infantil (*Fantasías infantiles,* 1980).

**VÁZQUEZ DE ARCE Y CEBALLOS** (Gregorio), pintor colombiano (Santa Fe de Bogotá 1638-*id.* 1711). En sus composiciones marianas se aprecia el influjo de Murillo y por el uso del claroscuro está ligado a Zurbarán *(Desposorios místicos de Santa Catalina).* Realizó expresivos dibujos a pincel.

**VÁZQUEZ DE CORONADO,** cantón de Costa Rica (San José); 29 199 hab. Cab. *San Isidro.*

**VÁZQUEZ DE CORONADO** (Francisco), explorador español (Salamanca 1510-México ¿1554?). Gobernador de Nueva Galicia (1538), realizó una expedición por el N de Nuevo México. Descubrió el Gran Cañón del Colorado y exploró el valle del río Grande y los territorios entre el O del Mississipi y las Rocosas (actuales estados norteamericanos de Texas, Oklahoma y Kansas). – Su hermano **Juan** (Salamanca 1532-en alta mar 1565), alcalde mayor de Nicaragua (1561), conquistó Costa Rica.

**VÁZQUEZ DE MELLA** (Juan), político español (Cangas de Onís 1861-Madrid 1928). Diputado a cortes (1893-1916), fue apartado del carlismo por su germanofilia, y fundó el Partido tradicionalista (1919). Fue un destacado orador y escritor. (Real academia 1907.)

**VÁZQUEZ DÍAZ** (Daniel), pintor español (Nerva 1882-Madrid 1969). Su obra se caracterizó por un colorido luminoso, un dibujo firme y una volumetría vigorosa, de influencia cubista (frescos de *El poema del Descubrimiento,* monasterio de La Rábida, 1929-1930; *La cuadrilla de Juan Centeno,* 1953).

**VÁZQUEZ MONTALBÁN** (Manuel), escritor español (Barcelona 1939). Articulista político, ha escrito poesía y especialmente narrativa (*El pianista,* 1985; *Galíndez,* 1990) y novela policíaca con la figura del detective Carvalho. (Premio nacional de narrativa 1991, Premio nacional de las letras españolas 1995.)

**VEBLEN** (Thorstein Bunde), economista y sociólogo norteamericano (condado de Manitowoc, Wisconsin, 1857-cerca de Menlo Park, California, 1929). Observador de la sociedad norteamericana, denunció la explotación de las masas ejercida por la «clase ociosa».

**VECELLIO** (Tiziano) → ***Tiziano.***

**vecindad** *(política de buena),* nombre dado a la política iniciada por F. D. Roosevelt en la VII conferencia panamericana (Montevideo, 1933). Defendía la normalización de relaciones entre E.U.A. y los países latinoamericanos y el abandono de la política norteamericana de intervención.

**Veda,** textos sagrados del hinduismo, escritos en sánscrito a partir de 1800 a. J.C., en cuatro libros atribuidos a la revelación de Brahmā. Se trata de colecciones de rezos, himnos y fórmulas relacionados con el sacrificio y con la conservación del fuego sagrado.

**VEGA** *(provincia de* **La**), prov. del centro de la República Dominicana; 2 373 km$^2$; 303 000 hab. Cap. *Concepción de la Vega.*

**VEGA (La),** mun. de Colombia (Cauca); 17 905 hab. Maíz, café, plátano. Ganadería vacuna.

**VEGA (La),** parroquia urbana de Venezuela (Distrito Federal); 106 630 hab. En el área de Caracas.

**VEGA** (Carlos), musicólogo argentino (Cañuelas, Buenos Aires, 1898-*id.* 1966), fundador de la investigación folklórica latinoamericana (*Danzas y canciones argentinas,* 1936; *Música sudamericana,* 1946; *La ciencia del folklore,* 1960).

**VEGA** (Garcilaso **de la**) → ***Garcilaso.***

**VEGA** (Jorge **de la**), pintor argentino (Buenos Aires 1930-*id.* 1971). Fue uno de los integrantes del grupo Nueva figuración y su obra posee elementos tomados del pop art.

**VEGA** (Ventura **de la**), escritor español (Buenos Aires 1807-Madrid 1865). Escribió, en la línea de Moratín, comedia costumbrista (*El hombre de mundo,* 1845) y de género histórico (*La muerte de César,* 1865). [Real academia 1845.] – Su hijo **Ricardo** (Madrid 1839-*id.* 1910) fue libretista de sainetes y zarzuelas (*La verbena de la Paloma,* 1894).

**VEGA ALTA,** mun. del N de Puerto Rico; 34 559 hab. Industrias varias. Elaboración de tabaco.

**VEGA BAJA,** mun. del N de Puerto Rico; 55 997 hab. Molinos de azúcar; tabaco. Centro turístico.

**VEGA DE ALATORRE,** mun. de México (Veracruz), en la Huasteca; 15 706 hab. Cereales, ganadería. Pesca.

**VEGA REAL (La)** o **VALLE DEL CIBAO,** depresión de la República Dominicana, entre la cordillera Septentrional y el macizo de Cibao.

**VEGA Y CARPIO** (Félix Lope **de**), escritor español (Madrid 1562-*id.* 1635). De vida muy agitada, su prolífica producción conjuga la tradición popular con la vertiente cultural del renacimiento. La variedad de su poesía es grande: épica (*Jerusalén conquistada,* 1609), mitología (*La hermosura de Angélica),* parodia (*La gatomaquia,* 1634), y todo tipo de poema breve, que le sirve muchas veces de vehículo de expresión autobiográfica (series de las *Rimas*). Como prosista su primera obra fue la novela pastoril *La Arcadia* (1598). Otra de sus obras capitales se acomoda a la tradición que impulsó *La Celestina (La Dorotea*).* Su extensísima obra dra-

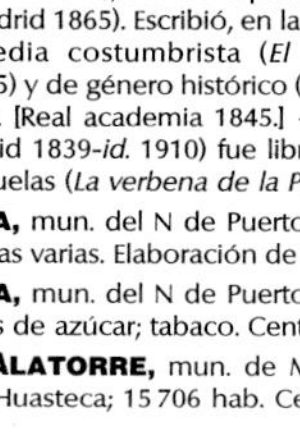

Lope de **Vega y Carpio**
(por F. Pacheco)

mática crea las bases de la llamada comedia española, principios que quedaron definidos en su *Arte nuevo de hacer comedias* (1609). Temáticamente se pueden agrupar en comedias de capa y espada (*La dama boba,* 1613), amorosas *(El perro del hortelano, La moza del cántaro),* mitológicas, pastoriles o bíblicas. Capítulo aparte merecen las obras que hacen referencia al caos político de la España del s. XV, cuyo argumento principal son los casos de abusos por parte de los nobles del código del honor *(Fuente* Ovejuna, El mejor* alcalde, el rey, Peribáñez y el comendador de Ocaña, El caballero de Olmedo).*

**VEGAS (Las)** → *Las Vegas.*

**VEGECIO,** escritor latino (fines del s. IV d. J.C.), autor de un *Tratado sobre el arte militar.*

**Vehme** o **Santa Vehme,** tribunales secretos que, surgieron en Westfalia en el s. XI, se extendieron por el Sacro imperio en el s. XIII y desaparecieron en el s. XVI.

**Veinte poemas de amor y una canción desesperada,** libro de poemas de Pablo Neruda (1924).

**VEINTEMILLA** (José Ignacio **de**), militar y político ecuatoriano (Quito 1830-en Perú 1909). Presidente de la república tras liderar la revolución liberal contra Borrero (1876-1883), fue depuesto por los militares.

**VEINTICINCO DE MAYO,** partido de Argentina (Buenos Aires); 33 649 hab. Ganadería e industrias derivadas (lácteos, conservas de carne). – Dep. de Argentina (Misiones); 24 537 hab. Cab. *Alba Posse.* Ganado vacuno. Apicultura. Bosques. – Dep. de Argentina (Chaco); 24 251 hab. Cab. *Machagai.* Agricultura y ganadería vacuna.

**VEINTICUATRO DE MAYO,** cantón de Ecuador (Manabí), en la Costa; 33 514 hab. Cacao, algodón y café.

**VEINTITRÉS DE ENERO,** parroquia urbana de Venezuela (Distrito Federal); 113 865 hab. Está comprendida en el área metropolitana de Caracas.

**VEJER DE LA FRONTERA,** c. de España (Cádiz); 12 773 hab. *(Vejeriegos.)* Central eléctrica.

**VEKSLER** (Vladímir Yósifovich), físico soviético (Zhitomir 1907-Moscú 1966), que enunció el principio del sincrotrón.

**VELA** *(cabo de la),* cabo de Colombia, en el Caribe, en el NO de la península de La Guajira. Faro.

**VELARDE** (Pedro), militar español (Muriedes 1779-Madrid 1808). Planeó con Daoíz un levantamiento militar contra la invasión francesa, y fue muerto en los hechos del 2 de mayo de 1808.

**VELARDE FUERTES** (Juan), economista español (Salas, Asturias, 1927). Catedrático de estructura económica, es autor de estudios sobre la economía española (*Economía y sociedad de la transición,* 1978; *La hacienda pública en la dictadura,* 1986).

**VELAS** o **MORRO HERMOSO** *(cabo),* cabo de Costa Rica (Guanacaste), en el Pacífico.

**VELASCO** *(familia),* estirpe castellana originaria del Pirineo occidental. En el s. VIII, *Ibn Belascot* fue señor de Ribagorza y *Velasco el Gascón* gobernador de Pamplona. – **Pedro Fernández de Velasco,** *conde* **de Haro,** tomó el mando de la facción nobiliaria (1417) y en 1462 fue nombrado condestable de Castilla, dignidad que desde entonces quedó en poder de este linaje. – **Íñigo de Velasco** (ss. XV-XVI), condestable de Castilla, combatió a los comuneros (1520). – **Luis de Velasco** (Carrión de los Condes 1511-México 1564), virrey de Navarra (1547-1548) y de Nueva España (1550-1564), veló por el cumplimiento de las leyes Nuevas de 1542 y activó la explotación de las minas de plata de Zacatecas. – Su hijo **Luis,** *marqués* **de Salinas** (Carrión de los Condes 1539-Sevilla 1616), fue virrey de Nueva España (1590-1595 y 1607-1611) y del Perú (1596-1604), organizó en 1611 una expedición al Japón. Fue presidente del Consejo de Indias (1611).

**VELASCO** (José María), compositor boliviano (La Paz 1900). Fundador de la orquesta nacional de La Paz, su obra recoge elementos indígenas (ballet *Amerindia,* 1938; obertura *Los hijos del Sol,* 1942).

**VELASCO** (José María), pintor mexicano (Temascalcingo 1840-Guadalupe 1912). Uno de los mejores paisajistas de su país *(El ferrocarril mexicano y el pico de Orizaba),* publicó e ilustró *Flora de los alrededores del Valle de México.*

**VELASCO** (José Miguel), patriota y político boliviano (Santa Cruz 1795-*id.* 1859). Fue presidente de la república en 1828-1829, 1837-1839 (dentro de la Confederación Perú-boliviana) y en 1848 (febr.-dic.).

**VELASCO ALVARADO** (Juan), militar y político peruano (Piura 1910-Lima 1977). Derrocó a Belaúnde Terry e implantó un régimen militar populista (1968). Fue destituido por un golpe militar derechista (1975).

**VELASCO IBARRA** (José María), político ecuatoriano (Quito 1893-*id.* 1979). Presidente de la república en cinco ocasiones (1934-1935, 1944-1947, 1952-1956, 1960-1961 y 1968-1972), autoritario y demagogo, con gran carisma popular, fue derrocado varias veces por el ejército y vivió sus exilios en Argentina.

**VELÁSQUEZ** (Antonio), pintor hondureño (Valle 1900-Tegucigalpa 1983). Su temática de paisaje y campesinado le consolidó internacionalmente como gran pintor naïf.

**VELA-ZANETTI** (José), pintor español (Milagros, Burgos, 1913-Burgos 1999), dedicado al muralismo (murales de la O.N.U. en Nueva York, de la O.I.T. en Ginebra, palacio de Don Juan Manuel en México).

**VELÁZQUEZ** (Diego **de**), conquistador español (Cuéllar 1465-Santiago de Cuba 1524). Designado adelantado para la conquista de Cuba (1509), llegó a la isla en 1511 y fundó varias ciudades, entre ellas La Habana (1514).

**VELÁZQUEZ** (Diego **Rodríguez de Silva y Velázquez,** llamado **Diego**), pintor español (Sevilla 1599-Madrid 1660). Creó durante su etapa juvenil de Sevilla obras claroscuristas de un realismo minucioso con una inclinación por lo popular (influencia caravaggiesca), inicio del realismo barroco español. Pintor de cámara de Felipe IV desde 1623, realizó numerosos retratos según el modelo tradicional y *El triunfo de Baco* o *Los borrachos* (1628), de temática ambivalente. Sus dos viajes a Italia (1629-1631 y 1649-1651) le sirvieron para aclarar su paleta y dar gran soltura a la pincelada (*La fragua* de Vulcano;* vistas de la *villa Médicis*). Allí pintó retratos, como el de *Inocencio X* (1650), de aguda penetración sicológica. Fue dando entonces a su retratística (bufones, familia real, personajes como *La dama del abanico*) una mayor perfección en naturalidad y frescura. En *La rendición de Breda** llenó de vida un solemne episodio histórico. Al final de su vida trabajó la perspectiva aérea: *Las hilanderas* (*c.* 1657) y *Las meninas** (*c.* 1656), donde culmina la plasmación compleja del espacio, la luz y el retrato de grupo, así como su dominio de la técnica de la pincelada. Su original composición y sutil colorido confieren a *La Venus* del espejo* (*c.* 1650) una gran rareza dentro de la escasa temática del desnudo en la pintura española.

**Velázquez:** *La infanta Margarita* (1654).
[Louvre, París.]

**VELÁZQUEZ BOSCO** (Ricardo), arquitecto español (Burgos 1843-Madrid 1923). Cultivó un eclecticismo monumentalista (palacio de Cristal, Madrid; restauración de la mezquita de Córdoba).

**VELEDA,** profetisa germánica que contribuyó a la revuelta de Civilis y de los bátavos contra los romanos en 69-70. Más tarde fue capturada y figuró en el triunfo de Domiciano. Su personaje inspiró a Chateaubriand uno de los episodios de los *Mártires.*

**VELEIO PATÉRCULO,** historiador latino (*c.* 19 a. J.C.-*c.* 31 d. J.C.), autor de una historia de Roma desde sus orígenes hasta el año 30 d. J.C.

**VELETA,** pico de España (Granada), en sierra Nevada; 3 327 m de alt. Deportes de invierno. *Puerto de Veleta* (3 300 m de alt.), en la carretera de Granada a Órgiva, el más elevado de la Península.

**VÉLEZ,** mun. de Colombia (Santander); 16 218 hab. Yacimientos de carbón, hierro y cobre.

**VÉLEZ** (*marqueses* **de los**), familia de la aristocracia castellana cuyos dominios radicaban en la comarca del Marquesado de los Vélez (Almería). – **Pedro Fajardo,** miembro del Consejo de Castilla y adelantado mayor de Murcia, recibió el título en 1507. – **Fernando** (nacido en Zaragoza-Madrid 1693) fue virrey de Cerdeña (1675) y Nápoles (1675-1683), presidente del Consejo de Indias (1685-1687) y superintendente de Hacienda.

**VÉLEZ** (Manuel José **Anguita Téllez,** llamado **Fray Rafael de**), capuchino y prelado español (Vélez-Málaga 1777-Hebrón 1850), destacado doctrinario del absolutismo (*Apología del altar y el trono,* 1820-1825).

**VÉLEZ DE GUEVARA** (Luis), escritor español (Écija 1579-Madrid 1644). Su obra más famosa, *El diablo* cojuelo* (1641), es una novela costumbrista entroncada con el género picaresco. Fue además prolífico dramaturgo: drama histórico *(El diablo está en Cantillana, Reinar después de morir),* comedias religiosas y entremeses.

**VÉLEZ DE LA GOMERA** *(peñón de),* tómbolo español en la costa de Alhucemas (Marruecos), que forma parte de Melilla. Conquistado por los españoles en 1508, fue tomado por los marroquíes en 1522; en 1564 volvió a España.

**VÉLEZ SÁRSFIELD** (Dalmacio), jurista y político argentino (Amboy de Calamuchita, Córdoba, 1800-Buenos Aires 1875). Fue diputado en el congreso de 1825 y en las constituyentes (1826). Exiliado durante el gobierno de Rosas, a su caída (1852) ocupó diversas carteras en el gobierno de la capital, y fue coautor del código de comercio y autor del código civil de 1869.

**VÉLEZ-MÁLAGA,** c. de España (Málaga), cab. de p. j.; 52 150 hab. *(Veleños.)* Regadíos y vid (pasas). Ganadería.

**VELIKO TĂRNOVO,** ant. **Tărnovo** o **Tirnovo,** c. del N de Bulgaria; 65 000 hab. Fue la capital del segundo imperio búlgaro (1187-1393). Iglesias de este período.

**VELLIDO ADOLFO** o **BELLIDO DOLFOS,** noble leonés del s. XI. Personaje legendario, personifica la traición, por haber asesinado al rey Sancho II.

**vellocino de oro,** vellocino maravilloso de un carnero alado que, custodiado por un dragón, la mitología griega situaba en la Cólquida. Jasón, al frente de los argonautas, organizó una expedición en su busca.

**VELLUR** o **VELLORE,** c. de la India (Tamil Nadu); 172 467 hab. Centro comercial de una región agrícola.

**VELO** (Carlos), director de cine español (Santiago de Compostela 1905-México 1988). Exiliado en México tras la guerra civil, es autor de documentales (*Almadrabas,* 1935; *Galicia,* 1937) y de largometrajes: *Torero* (1956), *Pedro Páramo* (1966).

**VELSEN,** c. de Países Bajos (Holanda Septentrional), al NO de Amsterdam; 60 135 hab.

**VELUWE,** región de colinas boscosas de Países Bajos, al N del Rin. Parque nacional.

**VENADO TUERTO,** c. de Argentina (Santa Fe), en el dep. General López; 58 678 hab. Químicas.

**VENCESLAO** *(san),* en checo **Václav** (*c.* 907-Castillo de Boleslao 935), duque de Bohemia [924-935], asesinado por su hermano Boleslao el Cruel. Es el patrón de Bohemia.

**VENCESLAO IV** (Nuremberg 1361-Praga 1419), rey de Bohemia [1378-1419] y rey de romanos [1376-1400], de la casa de Luxemburgo. Fue depuesto por los príncipes alemanes (1400). En Bohemia adoptó una actitud favorable ante el incipiente movimiento husita.

**VENDA,** ant. bantustán de la República de Sudáfrica, en la frontera con Zimbabwe, habitado por los venda o bavenda.

**VENDÉE,** dep. de Francia (Pays de la Loire); 6 720 $km^2$; 509 356 hab. Cap. *La Roche-sur-Yon.*

**Vendée** *(guerra de la),* insurrección contrarrevolucionaria que asoló, de 1793 a 1796, la zona francesa en torno a la Vendée. Tuvo su origen en la leva de 300 000 hombres votada por la Convención. Bajo el mando de campesinos y de nobles, se organizó un ejército católico y realista que fue vencido (oct. 1793), pero que retomó la lucha en 1794-1795.

**VENDRELL (El),** v. de España (Tarragona), cab. de p. j.; 15 456 hab. *(Vendrellenses.)* Industria alimentaria y de la piel. Turismo. Museo Pau Casals.

**VENDRELL** (Emili), tenor español (Barcelona 1893-*id.* 1962). Cultivó el lied internacional y la canción popular de extracción nacionalista. Autor de *El cant* (1955), sobre la interpretación vocal.

**VENECIA,** en ital. **Venezia,** c. de Italia, cap. del Véneto y cap. de prov., construida sobre un grupo de islotes, en medio de la *laguna de Venecia* (dependencia del *golfo de Venecia,* formado por el Adriático); 308 717 hab. *(Venecianos.)* Centro administrativo, cultural, turístico e industrial (artesanado, metalurgia y química). Considerada una de las ciudades más bellas del mundo, conserva numerosos monumentos y magníficos conjuntos arquitectónicos: la basílica de San Marcos (reconstruida según una concepción bizantina desde el s. XI; mosaicos, obras de arte) y la plaza homónima, el campanario, el palacio de los dux (ss. XIV-XV; ricas decoraciones pintadas), 90 iglesias (entre ellas el Redentore, de Palladio, y la Salute, de Longhena), los palacios del Gran canal (principalmente de la época que va del gótico al barroco), el puente del Rialto, etc. Posee ricos museos (como el de la Academia), en los que destaca la escuela veneciana de pintura (los Bellini y Carpaccio, Giorgione, Tiziano, Veronese, y Tintoretto; Canaletto y F. Guardi, Piazzetta, los Tiepolo y los Ricci). Famoso teatro de la Fenice, destruido por un incendio en 1996. Bienal de arte. Festival anual de cine.

HISTORIA

S. VI: los islotes de la laguna, hasta entonces refugios provisionales de los pueblos costeros contra los invasores bárbaros, se transformaron en un lugar de poblamiento permanente. S. IX: el *dux* bizantino accedió de hecho a la independencia. 1082: Constantinopla concedió importantes privilegios comerciales a Venecia. 1143: se creó el Gran consejo. 1204: la participación de Venecia en la cuarta cruzada a Constantinopla, le valió la concesión de las principales escalas en las rutas hacia oriente. 1204-1453: apogeo de Venecia, que controlaba las costas del Adriático y las rutas mediterráneas. S. XV: declive de la república de Venecia. 1797: Napoleón abolió el estado veneciano. El Véneto pasó a ser austríaco. 1815: se constituyó el reino lombardo-véneto austríaco. 1848-1849: fracaso de la revolución liderada por Daniele Manin. 1866: Venecia se integró en el reino de Italia.

**Venecia:** detalles de la fachada (decorada en los ss. XII-XV) y de las cúpulas de la basílica de San Marcos (s. XI)

**VENECIA JULIA** → *Friul.*

**VÉNETO,** en ital. **Veneto,** región del N de Italia formada por las prov. de Belluno, Padua, Rovigo, Treviso, Venecia, Verona y Vicenza; 18 364 $km^2$; 4 363 157 hab. Cap. *Venecia.* Ant. territorio de la República de Venecia, que comprendía además *Venecia Tridentina* (Trentino-Alto Adigio) y *Venecia Julia.* Cedido a Austria por el tratado de Campoformio (1797) e integrado en el reino de Italia (1805), fue devuelto a los Habsburgo (1815) y anexionado a Italia (1866).

**VENEZIANO** (Domenico), pintor italiano (Venecia *c.* 1400-Florencia 1461). Maestro de Piero della Francesca, en su obra se manifiesta un nuevo sentido del color, ligero y claro, y una concepción más etérea del espacio.

**VENEZIANO** (Paolo), pintor italiano, activo en Venecia de 1310 a 1360 aprox. Se le considera el fundador de la escuela veneciana por haber iniciado una reacción contra la tradición bizantina. Su arte preciosista reaparece entre sus discípulos, que, como **Lorenzo Veneziano** (activo en Venecia de 1357 a 1372), se aproximan al gótico internacional.

**VENEZUELA** *(golfo de),* golfo del Caribe, entre las puntas Espada (Colombia) y Macolla (Venezuela). Comunica con el lago Maracaibo por la bahía del Tablazo, al S.

**VENEZUELA,** estado de América del Sur, bañado por el Caribe; 912 050 $km^2$; 24 169 722 hab. *(Venezolanos.)* CAP. *Caracas.* LENGUA OFICIAL: *español.* MONEDA: *bolívar.*

GEOGRAFÍA

En el N del país, dos ramales de la cordillera andina encierran la cuenca del lago de Maracaibo: al O la sierra de Perijá, y al E la cordillera de Mérida (5 007 m en el pico Bolívar), que luego de una zona de transición enlaza con la cordillera Caribe, paralela al litoral hasta la isla de Trinidad, y compuesta por dos cadenas, la cordillera de la Costa y la serranía del Interior, separadas por la depresión del lago de Valencia y el valle del Tuy. En el centro del país se extiende la región de Los Llanos, avenada por el Orinoco y sus afluentes, y en el SE, el macizo de la Guayana, con sierras y relieves tabulares (tepui). La población, urbana en un 85 %, se concentra en las regiones del centro-N y el O, especialmente en las áreas urbanas de Caracas, Maracaibo y Valencia. La agricultura tiene una importancia secundaria y no alcanza a cubrir las necesidades alimentarias de la población; destacan el arroz, maíz, patata, yuca; y entre los cultivos para la exportación, cacao, café, tabaco, algodón y caña de azúcar. Ganadería extensiva de vacunos en Los Llanos. El petróleo domina la economía venezolana (más de la mitad del valor de las exportaciones); los principales yacimientos se encuentran en las cuencas del lago Maracaibo, Orinoco oriental, Apure-Barinas y Falcón. Las mayores reservas se localizan en la faja del Orinoco. Otros recursos energéticos son gas natural, carbón, hierro, aluminio y la hidroelectricidad (centrales del Guri y Uribante-Caparo). También se extrae aluminio y hierro. La industria, bastante diversificada y en la que destaca la petroquímica, se localiza en la región del centro N (área metropolitana de Caracas, eje Valencia-Maracay, Zulia) y en Ciudad Guayana, en el Oriente. En 1999 unas inundaciones provocadas por la lluvia ocasionaron 30 000 muertos y graves daños económicos.

HISTORIA

***La población precolombina.*** La población aborigen fue el resultado de diversas oleadas migratorias (arawak, caribes), que se sumaron a un sustrato primitivo mal conocido. Antes de la conquista existía una gran diversidad de tribus: los guayqueríes, en el litoral oriental; los cumanagotos, en el interior; los caracas, en el valle del Guaire, con una desarrollada agricultura y elevada densidad; los tacariguas, en la región del lago Valencia; los timotecuicas en los Andes, con elevada densidad.

***Conquista y colonización.*** 1498: Colón descubrió la isla Trinidad y la península de Paria. 1499: expediciones de Alonso de Ojeda y P. A. Niño a las costas venezolanas. 1500-1550: primera etapa de la conquista, marcada por una débil colonización y la concesión del gobierno y explotación de la colonia a los Welser (1528-1546). 1550-1600: intensificación de la colonización, fundación de Caracas (1567), e inicio de la explotación del cacao, base de la economía colonial. Adscrita en los ss. XVI-XVII a la audiencia de Santo Domingo, en 1718 fue incorporada al virreinato de Nueva Granada. 1777: constitución de la capitanía general de Venezuela. 1786: audiencia de Caracas. El comercio del cacao estuvo controlado, de 1728 a 1781, por la Real compañía guipuzcoana de Caracas. La rebelión en Santo Domingo (1791) y la ocupación británica de Trinidad (1797) estimularon la expansión de nuevos cultivos en Venezuela (café, algodón, añil y azúcar), para abastecer estos mercados.

***La independencia.*** 1797: conspiración frustrada de Gual y España. 1806: fracaso del intento insurreccional de Miranda. 1810-1812: constitución de la Junta suprema de Caracas, que proclamó la independencia (1811), y reacción realista que restableció el dominio español. 1813-1814: segunda república y nueva derrota del movimiento emancipador. 1817-1823: las campañas de Bolívar liberaron Nueva Granada y Venezuela (batallas de Boyacá, 1819, y Carabobo, 1821), que se incorporó a la república de la Gran Colombia. 1830: separación de Venezuela de la Gran Colombia.

***De la era de Páez a la revolución federal.*** 1830-1846: el general Páez, promotor de la ruptura con Bolívar, dominó la política venezolana en beneficio de la oligarquía conservadora, integrada por terratenientes y comerciantes; el café se convirtió en el producto de exportación básico, desplazando al cacao, perjudicado por la pérdida del mercado español. 1847-1858: J. T. Monagas, tras derrotar la reacción conservadora encabezada por Páez (1848), abrió la primera experiencia de gobierno de la oligarquía liberal, en la que se abolió la esclavitud y se impulsó la privatización de las tierras baldías, lo que incrementó la propiedad terrateniente. 1859-1870: con el retorno al poder del conservadurismo, los liberales se organizaron en el Partido federal, impulsor de una nueva rebelión (Revolución federal, 1859-1863); el triunfo del federalista Falcón abrió un período de inestabilidad, que facilitó la restauración conservadora (1868).

***El triunfo del liberalismo.*** 1870-1888: el liberalismo se impuso con Guzmán Blanco. Acabó con el caudillismo militar, reforzado desde la época de la Revolución federal, pactó con los caciques regionales la centralización del poder e impulsó un programa de obras públicas, gracias a la expansión de las exportaciones de café. 1888-1908: el derrocamiento de Guzmán Blanco abrió otro período de inestabilidad, que los conservadores no pudieron aprovechar para recuperar el poder, y el liberalismo adoptó a su vez una característica autoritaria con el gobierno del general Castro (1899-1908).

***La era de las dictaduras.*** 1908-1935: J. V. Gómez estableció un régimen dictatorial, apoyado en el ejército y los terratenientes; el petróleo pasó a sustituir al café como exportación fundamental, en términos tales además que generó un caudal de ingresos fiscales crecientes que permitió a Gómez potenciar el ejército y articular la red de carreteras del país. El desarrollo del sector petrolero y la crisis de la agricultura de exportación potenciaron la terciarización y la masiva migración a las ciudades. 1935-1948: tras la muerte de Gómez, las fuerzas que le apoyaron retuvieron el poder (E. López Contreras, 1935-1941; I. Medina Angarita, 1941-1945) hasta que el golpe militar de 1945 lo entregó a Acción democrática (A.D.), fundada por R. Betancourt, con un masivo apoyo popular, que impulsó el intervencionismo económico del estado, basado en un mayor control sobre los beneficios petroleros. 1948-1958: un nuevo golpe, derechista, que derrocó a Rómulo Gallegos (1948) e inició un período de dictadura militar que culminó en el gobierno de Pérez Jiménez (1952-1958).

***De la expansión a la crisis de la sociedad petrolera.*** 1958-1978: un levantamiento popular, con apoyos militares, acabó con la dictadura de Pérez Jiménez y devolvió la hegemonía a Acción democrática. Rómulo Betancourt (1959-1964) y R. Leoni (1964-1969) prosiguieron la política de crecimiento económico apoyado en los beneficios del petróleo, dependiente por tanto de la evolución del sector exterior; la nacionalización del petróleo durante el mandato de C. A. Pérez (1974-1979) fue el momento culminante de ese modelo. De 1968 a 1974, ocupó la presidencia R. Caldera, del demócristiano COPEI. 1977-1994: el COPEI se consolidó como partido alternativo a A.D., al tiempo que la caída de los beneficios del petróleo indujo la crisis del modelo económico (presidencia de L. Herrera Campins, 1979-1984, de COPEI; presidencia de J. Lusinchi, 1974-1989, de A.D.). La adopción de un duro programa de ajuste por parte de C. A. Pérez en su segunda presidencia (1988-1993) y la proliferación de escándalos determinaron la crisis de A.D. y del turno tradicional con el COPEI, y el inicio de una nueva etapa política. Tras la destitución de C. A. Pérez por el congreso (set. 1993) se convocaron elecciones presidenciales (dic.), en las que venció R. Caldera, que concurrió como independiente tras ser expulsado del COPEI. 1998: el ex teniente coronel golpista Hugo Chávez venció en las presidenciales. 1999: se aprobó una nueva constitución en referéndum y el estado pasó a denominarse República Bolivariana de Venezuela.

INSTITUCIONES

La constitución de 1999 otorga un mandato presidencial de 6 años, con posibilidad de reelección inmediata. El parlamento es unicameral. Reconoce los derechos culturales, lingüísticos y territoriales de los indígenas.

LITERATURA
– *S. XIX.* Poesía: Andrés Bello, F. Toro, R. M. Baralt, J. V. González, J. A. Maitín, A. Lozano, J. Gutiérrez Coll, J. A. Pérez Bonalde, G. E. Muñoz, A. Mata, M. Pimentel Coronel, F. Lazo Martí. Narrativa: F. Toro, J. A. Calcaño, J. R. Yepes, G. Picón Febres, M. V. Romero García, P. E. Coll, P. C. Domínici, M. Díaz Rodríguez. Ensayo: Andrés Bello, Simón Rodríguez, R. M. Baralt, C. Acosta, A. Rojas, L. Alvarado.
– *S. XX.* Poesía: R. Blanco Fombona, E. Planchart, A. E. Blanco, J. Fombona Pachano, A. Arráiz, A. M. Queremel, Otto d'Sola, V. Gerbasi, M. F. Rugeles, M. Otero Silva, A. Arvelo Torrealba, J. Liscano, A. Nazca, J. Sánchez Peláez, R. Palomares, J. Calzadilla, R. Cadenas, C. Ovalle, R. Ordaz, A. Rojas Guardia, Y. Pantín, A. J. Segura.
Narrativa: R. Blanco Fombona, T. de la Parra, J. R. Pocaterra, R. Gallegos, R. Díaz Sánchez, M. Otero Silva, C. Meneses, A. Uslar Pietri, A. Márquez Salas, A. Mariño Palacios, A. Armas Alfonzo, O. Guaramato, O. Trejo, S. Garmendia, A. González León, R. Izaguirre, I. Chocrón, L. Britto García, G. González Vera, D. Alizo.
Teatro: L. Ayala Michelena, R. Díaz Sánchez, A. Certad, C. Rengifo, R. Chalbaud, I. Chocrón, R. Pineda, A. Uslar Pietri, E. Schön, J. I. Cabrujas, L. Rossell.
Ensayo: R. Blanco Fombona, J. Gil Fortoul, C. Parra León, L. Correa, M. Picón Salas, A. Uslar Pietri.
BELLAS ARTES
***Principales ciudades de interés artístico:*** Caracas, Cumaná, Maracaibo, Mérida, Trujillo, Valencia. ***Artistas célebres.*** – *S. XIX.* Pintura: J. Lovera, M. Tovar y Tovar, A. Michelena, C. Rosa.
– *S. XX.* Arquitectura: C. R. Villanueva, J. Castillo, D. Bornhorst, P. Albers, A. Faillace, M. Breto, M. Bemmergui, P. Nenberger. Escultura: E. Lote, E. Toth, F. Narváez, Gego, V. Valera, M. Floris, H. Abend, E. Guinard, D. Álvarez. Pintura: T. Salas, E. Monsanto, R. Monasterios, M. Cabré, M. Vidal, A. Reverón, R. Ramón, A. Alcántara, M. Castillo, H. Poleo, E. Monsanto, A. Barrios, M. Abreu, O. Vigas, M. Pardo, M. Espinosa, J. R. Soto, C. Cruz Díez, A. Otero, E. Sardá, A. Oramas, M. Pardo, G. Leufert, L. Ritcher, M. Manaure, R. Vásquez Brito, A. Hurtado, N. Deabourg, L. Chacón, C. Contramestre, M. Von Daugel, R. Pérez, J. Borges, E. Sánchez, L. Guevara Moreno, H. Baptista, C. Prada, A. Barrios.
MÚSICA
– *S. XVIII:* P. Palacios y Sojo, J. M. Olivares, J. E. Velázquez, J. A. Caro de Boeri. – *S. XIX:* J. J. Landaeta, J. L. Landaeta, J. A. Lamas, C. Carreño, F. Larrazábal, F. Villena, J. Á. Montero, T. Carreño, Delgado Palacios, R. Hahn. – *S. XX:* V. E. Sojo, J. B. Plaza, J. V. Lecuna, M. L. Escobar, C. Figueredo, G. Planchart, J. A. Abreu. *(V. anexo cartográfico.)*

**Venganza catalana,** acción represiva realizada por la Compañía de almogávares catalanes durante su expedición a oriente, después del asesinato de su jefe, Roger de Flor (1305). Los almogávares se hicieron fuertes en Gallípoli y realizaron expediciones devastadoras por toda Grecia.

**VENING MEINESZ** (Felix), geofísico y geodesta neerlandés (Scheveningen 1887-Amersfoort 1966).

**VENIZÉLOS** (Eleuterios), político griego (La Canea, Creta, 1864-París 1936). Miembro activo del movimiento emancipador de Creta, se convirtió en primer ministro (1910); otorgó al país una constitución liberal y obtuvo, tras las guerras balcánicas (1912-1913), importantes ventajas territoriales. Partidario de la entente, se vio obligado a dimitir (1915), pero formó un gobierno disidente en Tesalónica (1916) y declaró la guerra a los imperios centrales (1917). Presidente del Consejo (1928-1932), tuvo que exiliarse después de un frustrado golpe de estado de sus partidarios en Creta (1935).

**VENLO,** c. de Países Bajos (Limburgo), junto al Mosa; 64 392 hab. Monumentos antiguos.

**Venta (La),** centro arqueológico mexicano de la cultura olmeca (Villahermosa, Tabasco) desarrollado hacia 900 a. J.C., floreció entre 800-300 a. J.C. Posee el más antiguo templo pirámide de México. Se han encontrado numerosas figurillas de jade pulido y cabezas monumentales de basalto.

**VENTA DE BAÑOS,** mun. de España (Palencia); 6 960 hab. Nudo ferroviario. Iglesia visigótica en Baños* de Cerrato.

**VENTA MICENA,** localidad de España (mun. de Orce, Granada). Yacimiento arqueológico del paleolítico inferior, con abundantes restos óseos de fauna cuaternaria y fragmentos de un cráneo de homínido (*hombre de Orce, c.* 1,3-1,6 millones de años), cuya identificación es objeto de debate.

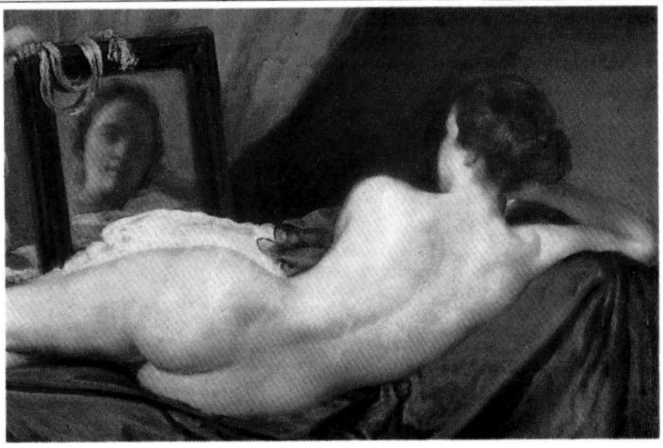

*La **Venus del espejo*** por Velázquez. (Galería nacional, Londres.)

**VENTADORM** (Bernat **de**), trovador provenzal (¿nacido en Ventadorm? [act. Ventadour] mediados s. XI-quizás en el monasterio de Dalon, principios del s. XII). Radicado en la corte de Leonor de Aquitania, a la que cantó en numerosos poemas, destacó por la expresión simple y delicada de los versos, llenos de dulzura y suavidad.

**VENTANA** *(sierra de la),* sierra de Argentina (Buenos Aires); 1 427 m en el *cerro de la Ventana.*

**VENTANAS,** cantón de Ecuador (Los Ríos); 50 598 hab. Agricultura. Ganado vacuno.

**VENTIMIGLIA,** c. de Italia (Liguria), prov. de Imperia, junto al golfo de Génova, junto a la desembocadura del Roia, en la frontera francoitaliana; 25 221 hab.

**VENTUARI,** r. de Venezuela, afl. del Orinoco (or. der.); 520 km. Nace en las vertientes del cerro Vemachu y desemboca junto a Santa Bárbara.

**VENTURA** (José, llamado **Pep**), compositor español (Alcalá la Real 1817-Figueras 1875). Introdujo la tenora en la cobla sardanista. Compuso canciones navideñas y cerca de doscientas sardanas.

**VENTURI,** historiadores de arte y profesores italianos. **Adolfo** (Módena 1856-Santa Margherita Ligure 1941), escribió una monumental *Historia del arte italiano* (1901-1941). – Su hijo **Lionello** (Módena 1885-Roma 1961) se expatrió de 1932 a 1945. Su pensamiento, ampliación vigorosa del de B. Croce se refleja sobre todo en su *Historia de la crítica del arte* (1936).

**VENTURI** (Giovanni Battista), físico italiano (Bibiano, cerca de Reggio nell'Emilia, 1746-Reggio nell'Emilia 1822). Construyó la tobera de conos divergentes que lleva su nombre y estudió la extensión de los sonidos audibles.

**Venturi** *(tubo de),* tubo provisto de un estrechamiento, utilizado para la medida del caudal de los fluidos.

**VENTURI** (Robert), arquitecto y teórico norteamericano (Filadelfia 1925). Al igual que su colega y asociado (desde 1964) **John Rauch** (nacido en 1930), es uno de los maestros del posmodernismo (museo de Seattle, 1984; Orchestra hall de Filadelfia, 1987; ampliación de la galería nacional de Londres, 1991). [Premio Pritzker 1991.]

**VENUS,** planeta del sistema solar situado entre

La **Venta:** figurilla femenina con un niño en brazos (museo de antropología, Jalapa, Veracruz)

Mercurio y la Tierra (diámetro: 12 104 km). Visible tanto a la salida como a la puesta de sol, a menudo recibe el nombre de *Lucero del alba.* Está envuelto por una densa atmósfera de gas carbónico. En su superficie se alcanzan temperaturas cercanas a los 500 °C y presiones del orden de los 90 bar.

**VENUS,** divinidad itálica de los jardines, que pasó a serlo del amor y la belleza, al ser asimilada a la *Afrodita* de los griegos.

**Venus del espejo** *(La),* lienzo pintado por Velázquez hacia 1650 (1,22 × 1,77 m, galería nacional de Londres), representando una mujer desnuda (Venus) mirándose en un espejo sostenido por un amorcillo.

**VENUSTIANO CARRANZA,** delegación de México (Distrito Federal), al E de la ciudad de México; 692 836 hab. – Mun. de México (Chiapas); 33 059 hab. Agricultura. Ganadería. Avicultura.

**VERA (La),** comarca de España (Cáceres), en el extremo NE de la provincia. Rica agricultura de regadío. Principales núcleos: Jaraíz, Jarandilla y Villanueva de la Vera.

**VERA,** dep. de Argentina (Santa Fe); 46 997 hab. En el término, lagos del Palmar, del Oso y Gallardo. Ganadería vacuna extensiva. Centro comercial.

**VERA** (Pedro Jorge), escritor ecuatoriano (Guayaquil 1914-† 1999). Escritor social, ha cultivado la poesía (*Nuevo itinerario,* 1937), pero sobre todo la novela (*Los animales puros,* 1946; *El pueblo soy yo,* 1976) y el relato corto.

**VERACRUZ** *(estado de),* est. del E de México; 72 815 km²; 6 228 239 hab. Cap. *Jalapa.*

**VERACRUZ,** oficialmente **Veracruz Llave,** c. de México (Veracruz); 438 821 hab. Puerto en el golfo de México. Centro industrial y comercial. Pesca. Fundada por Hernán Cortés en 1519, fue un próspero centro de comercio marítimo en época colonial. Durante la guerra de Reforma, Juárez instaló en ella su capital. Sus principales monumentos son el fuerte de San* Juan de Ulúa, la ant. casa de la Inquisición, la iglesia de la Asunción (s. XVIII) y el ayuntamiento. *(V. ilustración pág. 1754.)*

**VERACRUZ** (*fray* Alonso **de la**), filósofo y agustino español (Caspueñas, Toledo, 1507-en México 1584). Catedrático de la universidad real y pontificia de México (1553), fue el primer filósofo que enseñó en América el aristotelismo.

**VERAGUA,** nombre que dio Colón a la zona occidental del istmo de Panamá, descubierta en su cuarto viaje (1502). J. Vázquez de Coronado sometió a los indígenas. Fue la provincia más oriental de Tierra Firme y en 1718 el territorio se incorporó al virreinato de Nueva Granada.

**VERAGUAS** *(provincia de),* prov. de Panamá central; 11 086 km²; 218 870 hab. Cap. *Santiago.*

**Veraguas** *(cultura de),* cultura precolombina desarrollada entre 800 y 1525 d. J.C. en Tanamá (Veraguas, Panamá). Joyería en oro fundido y tumbaga.

**VERAPAZ** (*departamento de* **Alta**), dep. del N de Guatemala; 8 686 km²; 591 975 hab. Cap. *Cobán.*

**VERAPAZ** (*departamento de* **Baja**), dep. de Guatemala central; 3 124 km²; 184 491 hab. Cap. *Salamá.*

**verbena de la Paloma** *(La),* zarzuela de Tomás

**Veracruz:** la fortaleza de San Juan de Ulúa

Bretón, libreto de Ricardo de la Vega, estrenada en Madrid en 1894. Obra maestra del género, goza de gran popularidad por su perfección formal y por la originalidad y lirismo de sus melodías.

**VERBITSKY** (Bernardo), escritor argentino (Buenos Aires 1907-*id.* 1979). Su obra, realista, describe el ambiente y los personajes de Buenos Aires (*En esos años,* 1946; *Villamiseria también es América,* 1958; *Hermana y sombra,* 1977).

**VERBOOM** o **WERBOOM** (Jorge Próspero, *marqués* **de**), ingeniero militar español (Bruselas 1667-Barcelona 1744), de origen brabanzón. Ingeniero jefe de los ejércitos de Felipe V, planeó el sitio de Barcelona (1714), realizó la Ciudadela de esta ciudad (1715) e intervino en el sitio de Gibraltar (1727).

**VERBRUGGEN,** familia de escultores flamencos de Amberes, cuyos miembros más conocidos son: **Pieter el Viejo** (1615-1686) y sus hijos **Pieter el Joven** (*c.* 1640-1691) y **Hendrik Frans** (1655-1724), todos ellos representantes del arte barroco religioso (sillas de coro y confesionarios de Grimbergen, por Hendrik Frans).

**VERCELLI,** c. de Italia (Piamonte), cap. de prov.; 48 597 hab. Monumentos religiosos de los ss. XIII-XVI. Museos (pintores de la escuela piamontesa, como G. Ferrari). – Victoria de Mario sobre los cimbrios (101 a. J.C.).

**VERCINGETÓRIX,** jefe galo (*c.* 72 a. J.C.-Roma 46 a. J.C.). Durante la revuelta de 52 consiguió unir bajo su mando a los pueblos galos contra César. Defendió con éxito Gergovia, pero fue sitiado por César en Alesia, tuvo que rendirse. Fue conducido a Roma y ejecutado.

**VERCORS,** macizo de los Prealpes franceses (2 341 m en el *Grand-Veymont*).

**VERCORS** (Jean **Bruller,** llamado), escritor y dibujante francés (París 1902-*id.* 1991). Se dio a conocer por *El silencio del mar* (1942), que escribió en la clandestinidad; realizó una meditación continua y amarga sobre la condición humana en su obra gráfica, novelesca, dramática, crítica y biográfica.

**verdad sospechosa** *(La),* comedia de Ruiz de Alarcón (1630). Obra moralizadora y crítica contra la mentira, con el título de *El mentiroso* fue adaptada por Corneille y por Goldoni.

**VERDAGUER** (Jacint), poeta español en lengua catalana (Folgarolas 1845-Vallvidriera, Barcelona, 1902). En 1870 se ordenó sacerdote. Fue el mayor poeta de la Renaixença y en 1877 ganó los Juegos florales con el poema épico *La Atlántida**. Escribió epopeyas (*Canigó*,* 1886) y poesía lírica de tema místico.

**VERDE** *(cabo),* promontorio de la costa de Senegal, cerca de Dakar. Es el extremo O de África.

**VERDE** *(cerro),* volcán de El Salvador (Ahuachapán y Sonsonate), en la cadena Meridional; 2 030 m.

**VERDES** (*cueva de* **Los**), cueva volcánica de España, en la isla de Lanzarote (Canarias); la mayor del mundo en su género (6 100 m de long.). Turismo.

**verdes** (los), denominación dada a los miembros de diversas organizaciones europeas de carácter ecologista, surgidas en los años ochenta y constituidos en partido político.

**VERDI** (Giuseppe), compositor italiano (Roncole 1813-Milán 1901). Escribió numerosas óperas (*Rigoletto,* 1851; *La Traviata,* 1853; *Il trovatore,* 1853; *Las vísperas sicilianas,* 1855; *Un ballo in maschera,* 1859; *Don Carlo,* 1867; *Aida,* 1871; *Otelo,* 1887; *Falstaff,* 1893) y un famoso *Réquiem* (1874). Dramaturgo nato, impuso, frente a la corriente wagneriana, la tradición italiana heredada de Bellini y Rossini. Dio cada vez mayor protagonismo a la orquesta y la hizo evolucionar, en una línea melódica continua, entre el recitativo y el arioso.

**VERDÚN,** en fr. **Verdun,** mun. de Francia (Meuse), a orillas del Mosa; 23 427 hab. En 843, los tres hijos de Ludovico Pío, Lotario, Carlos el Calvo y Luis el Germánico, firmaron en esta c. un tratado que dividía el Imperio carolingio.

**Verdún** *(batalla de),* combate de la primera guerra mundial (febr.-dic. 1916). Las tropas francesas resistieron victoriosamente a las ofensivas alemanas en dirección a Verdún, en ambas orillas del Mosa.

**VERDUN** (Nicolás **de**), orfebre lorenés (ss. XII-XIII), que firmó y fechó el púlpito de Klosterneuburg, cerca de Viena (1181), así como el relicario de Notre-Dame de Tournai (1205), y que fue sin duda el autor del relicario de los Reyes Magos de la catedral de Colonia.

**VEREENIGING,** c. de la República de Sudáfrica (Pretoria-Witwatersrandvaal), al S de Johannesburgo; 149 000 hab. Metalurgia. Allí se firmó el tratado de Pretoria, que ponía fin a la guerra de los bóers (1902).

Bernardo **Verbitsky**

Giuseppe **Verdi** (G. Barchetta - Scala, Milán)

**Verlaine** (Fantin - Latour - Louvre, París)

**VERGA** (Giovanni), escritor italiano (Catania 1840-*id.* 1922), fue el mejor representante del verismo (*Los Malavoglia,* 1881; *Mastro don Gesualdo,* 1889).

**VERGA** (Šělomó **ibn**), historiador hebraicoespañol (nacido en Sevilla-† *c.* 1506), autor principal de *La vara de Judá,* recopilación de relatos sobre la persecución contra los judíos en diversas épocas.

**VERGARA** o **BERGARA,** v. de España (Guipúzcoa), cab. de p. j.; 15 121 hab. *(Vergareses.)* En el Valle del Deva. Industria metalúrgica. Iglesias de Santa María (1542) y de San Pedro; casas platerescas. Tomada por Zumalacárregui en la primera guerra carlista (1835), fue sede del *abrazo de Vergara,* convenio de paz suscrito por Espartero y Maroto (31 ag. 1839).

**VERGARA,** familia de artistas españoles del s. XVIII. Destaca **Ignacio** (Valencia 1715-*id.* 1776), hijo del escultor **Francisco Vergara el Viejo.** Superando la tradición barroca familiar, entra de lleno en la estética del rococó (fachada del palacio del marqués de Dos Aguas, Valencia).

**VERGARA Y VERGARA** (José María), escritor colombiano (Bogotá 1831-*id.* 1872). Organizó y dirigió la Academia colombiana de la lengua y fue editor de *El Parnaso colombiano* (1866-1867). Es autor de poemas (*Versos en borrador,* 1869), novelas, cuadros costumbristas y crítica literaria.

**VERGENNES** (Charles **Gravier,** *conde* **de**), político francés (Dijon 1719-Versalles 1787). Ministro de Asuntos Exteriores de Luis XVI (1774-1787), fue uno de los artífices de la independencia de E.U.A. (tratados de Versalles, 1783).

**VERGÓS,** familia de pintores españoles, activos en Barcelona en los ss. XIV-XVI. **Jaume II** († 1503) fue pintor de retablos en colaboración con sus hijos **Pau** († 1495) y **Rafael** († 1500).

**VERHAEREN** (Emile), poeta belga en lengua francesa (Sint-Amands 1855-Ruán 1916). Simbolista, su poesía evolucionó del naturalismo (*Las flamencas,* 1883) y el misticismo (*Las antorchas negras,* 1891) a un lirismo social (*Las fuerzas tumultuosas,* 1902). Describió los paisajes flamencos (*Todo Flandes,* 5 vols., 1904-1911) y publicó cuentos, crítica literaria y teatro. De 1888 a 1891 viajó por España con D. de Regoyos, y relató sus impresiones en *La España negra* (1899).

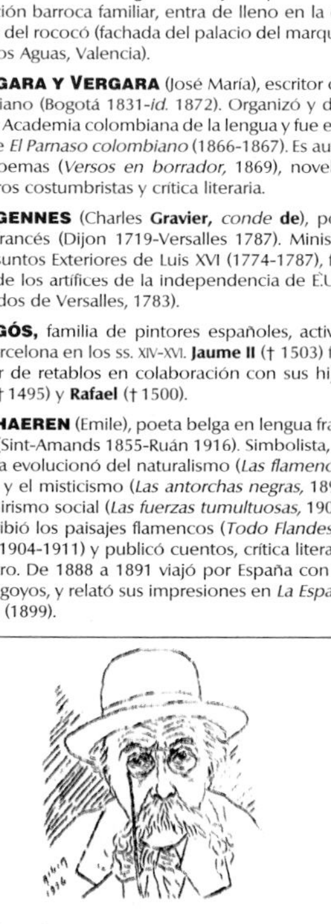

Emile **Verhaeren** (por Albin)

**VERÍN,** v. de España (Orense), cab. de p. j.; 11 018 hab. *(Verinenses.)* Minas de volframio y estaño. Balnearios.

**VERJOIANSK,** localidad de Rusia, en Siberia oriental. Uno de los puntos más fríos del globo, donde se han registrado temperaturas cercanas a −70 °C.

**VERLAINE** (Paul), poeta francés (Metz 1844-París 1896). Tras publicar sus primeras obras (*Poemas saturnianos,* 1866; *Fiestas galantes,* 1869; *La buena canción,* 1870), inició una tempestuosa relación con Rimbaud, que acabó dramáticamente; en 1873, Verlaine disparó sobre Rimbaud, que quería separarse de él. Posteriormente se refugió en la fe católica (*Romanzas sin palabras,* 1874) y recuperó su genio creador (*Antaño y hogaño,* 1884; *Los poetas malditos,* 1884; *Invectivas,* 1896).

**VERMEER** (Johannes), llamado **Vermeer de Delft,** pintor neerlandés (Delft 1632-*id.* 1675). Después de permanecer mucho tiempo en el olvido, se le considera como uno de los más grandes pintores del s. XVII. Su obra, escasa, comprende interiores, algunos retratos y dos paisajes urbanos que ponen de relieve una sensibilidad contenida. Su gusto por la esencia silenciosa de las cosas queda plasmado mediante el rigor de una técnica tan sutil en los juegos de luz y del espacio como en la calidad visual y táctil de las materias y la armonía de las tonalidades (*El caballero y la joven,* Berlín; *Vista de Delft,* La Haya; *La encajera,* Louvre; *La carta de amor,* Amsterdam; *La alegoría de la pintura,* Viena; *Mujer en pie junto al virginal,* galería nacional de Londres).

**VERMONT,** estado del NE de Estados Unidos, en Nueva Inglaterra; 24 887 km$^2$; 562 758 hab. Cap. *Montpelier.*

**VERMUDO I el Diácono** († ¿797?), rey de Asturias [788 o 789-791], hijo del príncipe Fruela y sucesor de Mauregato. Abdicó en su sobrino Alfonso II. – **Vermudo II el Gotoso** (a. 956-en el Bierzo 999), rey de Galicia [982-999] y de León [985-999]. Bastardo, al parecer, de Ordoño III, fue proclamado rey por la nobleza. – **Vermudo III** (1016-en el valle de Tamarón 1037), rey de León [1027-1037], hijo de Alfonso V. Luchó con Sancho III de Navarra y Fernando I de Castilla.

**VERNE** (Jules), escritor francés (Nantes 1828-Amiens 1905), creador de la literatura de ciencia ficción: *Cinco semanas en globo* (1863); *Viaje al centro de la Tierra* (1864); *De la Tierra a la Luna* (1865); *Veinte mil leguas de viaje submarino* (1870); *La vuelta al mundo en ochenta días* (1873); *Miguel Strogoff* (1876), etc.

**VERNET** (Joseph), pintor francés (Aviñón 1714-París 1789). Realizó numerosos paisajes, sobre todo marinas, de un clasicismo austero o de estilo prerromántico.

**VERNTALLAT** (Francesc **de**), caudillo remensa catalán (en la Garrotxa 1438-† *d.* 1488). Capitán de Juan II, luchó contra la nobleza de Gerona y negoció la sentencia arbitral de Guadalupe (1486).

**VERO** (Lucio) [Roma 130-169], emperador romano [161-169]. Asociado al imperio por Marco Aurelio, dirigió victoriosamente la campaña contra los partos (161-166).

**VERONA,** c. de Italia (Véneto), cap. de prov., junto al Adigio; 252 689 hab. Centro comercial y turístico. Anfiteatro romano, iglesia románica de San Zenón, catedral, monumentos góticos y renacentistas como las plazas delle Erbe y dei Signori. Museo de Castelvecchio (pinturas de las escuelas veronesa y veneciana). República independiente en los ss. XIII y XIV estuvo durante mucho tiempo bajo la dominación de Venecia. En el s. XIX constituyó una de las plataformas integrantes del cuadrilátero veneciano, formado con Mantua, Pescara y Legnano. En 1822, se celebró en esta ciudad un congreso de las potencias de la Santa alianza, en el que se decidió la retirada de las tropas austríacas del Piamonte, la sucesión de Carlos Alberto al trono de Cerdeña, el reconocimiento del sultán como soberano de Grecia y la intervención en España. La intervención se confió a Francia que realizó la expedición de los Cien mil hijos de san Luis.

**VERONÉS** (Paolo **Caliari,** llamado **el**), pintor italiano (Verona 1528-Venecia 1588), uno de los maestros de la escuela veneciana. Sus cuadros, a menudo adornados con perspectivas arquitectónicas suntuosas, destacan por su movimiento, su amplitud armoniosa y la riqueza de su colorido. Se distinguió por las espectaculares telas pintadas para refectorios de varias comunidades, como las *Bodas de Caná* (1563) del Louvre y *La comida en casa de Leví* de la Academia de Venecia.

**Vermeer:** *El astrónomo* o *El astrólogo* (?) [Louvre, París]

**Versalles:** la fachada principal del palacio que da a los jardines

**VERÓNICA** *(santa),* mujer judía que, según la leyenda, limpió el rostro de Jesús cuando subía al Calvario con un paño en el que quedó marcada la imagen del Salvador.

**VERRAZANO** o **VERRAZZANO** (Giovanni **da**), navegante y explorador italiano (Val di Greve, cerca de Florencia, 1485-Brasil 1528). Al servicio de Francisco I de Francia, exploró en 1524 el estuario del Hudson y la isla de Terranova.

**VERRES** (Cayo Licinio), político romano (Roma *c.* 119 a. J.C.-† 43 a. J.C.). Propretor en Sicilia (73-71), se granjeó el odio de todos por sus malversaciones; al abandonar su cargo, fue acusado de concusión por los sicilianos, y Cicerón fue el abogado de la acusación *(Verrinas).* Verres se exilió incluso antes de ser condenado (70).

**VERRIER** (Urbain **Le**), astrónomo francés (Saint-Lô 1811-París 1877). Especialista en mecánica celeste, sus cálculos fueron fundamentales para el descubrimiento del planeta Neptuno por el alemán Galle (1846). Elaboró una teoría del movimiento de la Luna.

**VERROCCHIO** (Andrea **di Cione,** llamado **Andrea del**), escultor, pintor y orfebre italiano (Florencia 1435-Venecia 1488). Desde 1465 dirigió en Florencia un importante taller, rival del de los Pollaiolo. Una de sus obras más conocidas es la estatua ecuestre del condotiero B. Colleoni en Venecia, fundida después de su muerte. Leonardo da Vinci fue uno de sus mejores discípulos.

**VERSALLES,** en fr. **Versailles,** c. de Francia, cap. del dep. de Yvelines, a 14 km al SO de París; 91 029 hab. Residencia real desde 1662, en la c. se reunieron los Estados generales (1789), fue proclamado el imperio alemán (1871) y se firmaron diversos tratados. El palacio real, hecho construir por Luis XIV, obra de Le Vau, D'Orbay, J. H. Mansart y J. A. Gabriel, y decorado inicialmente bajo la dirección de Le Brun, fue uno de los centros del clasicismo francés (museos de pintura y escultura, y de música barroca). Los jardines diseñados por Le Nôtre, cuentan con numerosas esculturas (Girardon, Coysevox). Estancias de los ss. XVII y XVIII. En el parque se hallan el gran y el pequeño Trianón. Caballerizas. Iglesias de Nuestra Señora y de San Luis, act. catedral.

**Versalles** *(tratados de),* diversos acuerdos que tuvieron lugar en esta ciudad francesa: en 1756-1758, para concluir la alianza francoaustríaca; en 1768, entre Génova y Francia, por el que ésta recibió Córcega; en 1783 se firmó la paz que puso fin a la guerra de Independencia norteamericana, entre Gran Bretaña, Francia y España: por este acuerdo España recuperó La Florida, Menorca, las costas de Nicaragua, Honduras y Campeche, a cambio de la cesión a Gran Bretaña de las islas de la Providencia y las Bahamas. El tratado más famoso fue el de 1919, entre las potencias aliadas, vencedoras de la primera guerra mundial, y Alemania.

**VERT** (Juan), compositor español (Onteniente 1890-Madrid 1931), autor de zarzuelas, generalmente en colaboración con R. Soutullo (*La leyenda del beso,* 1924; *La del soto del Parral,* 1927).

**VERTIENTES,** mun. de Cuba (Camagüey); 42 647 hab. Centro agrícola e industrias derivadas.

**VÉRTIZ** o **BÉRTIZ** (Juan José), administrador español (Mérida de Yucatán 1718-Madrid 1798). Fue gobernador de Buenos Aires (1759) y de Montevideo (1777), y virrey del Río de la Plata (1777-1784). Reformista ilustrado, fomentó la industria, la cultura y las mejoras urbanísticas.

**VERTOV** (Denís Arkadiovich **Kaufman,** llamado **Dziga**), director de cine soviético (Białystok 1895-Moscú 1954). Uno de los grandes pioneros del documental, practicó un cine que captaba la vida real filmada por el «cine-ojo» (Kino-Glaz): *Adelante soviet* (1926), *El hombre de la cámara* (1929), *Tres cantos sobre Lenin* (1934).

**VERTUMNO,** dios de origen probablemente etrusco o itálico, protector de la vegetación y, en particular, de los árboles frutales.

**Veruela** *(monasterio de),* monasterio cisterciense español (Vera de Moncayo, Zaragoza), fundado en 1147 y edificado en estilos románico y gótico.

**VERVIERS,** c. de Bélgica (Lieja); 53 482 hab. Centro industrial. Monumento de los ss. XVI-XIX.

**Vervins** *(paz de),* tratado de paz francoespañol, firmado en 1598 en la ciudad francesa de Vervins (Aisne). Puso fin a la intervención española en las guerras de religión.

**VESAAS** (Tarjei), escritor noruego (Ytre Vinje 1897-Oslo 1970). Poeta y dramaturgo, en sus novelas describió la vida rural (*El gran juego,* 1934), para después evolucionar hacia un misticismo alegórico (*Kimen,* 1940) y lírico (*Los pájaros,* 1957; *El castillo de hielo,* 1963).

**VESALIO** (Andrés), en neerlandés **Andries Van Wesel,** anatomista flamenco (Bruselas 1514 o 1515-isla de Zante 1564). Médico de Carlos Quinto, fue uno de los primeros en practicar la disección del cuerpo humano y atacó las opiniones tradicionales de Galeno.

**VESPASIANO** (cerca de Reate [act. Rieti] 9-Aquae Cutiliae, Sabina, 79), emperador romano [69-79]. Su reinado puso fin a la guerra civil que había estallado a la muerte de Nerón. Perteneciente a la burguesía italiana, enérgico y de costumbres sencillas, pacificó Judea, reorganizó la administración, recuperó la economía, comenzó la construcción del

Jules **Verne** (por Nadar)

Coliseo o anfiteatro flavio y reconstruyó el Capitolio. Reprimió la sublevación gala, envió a Agrícola a Britania y emprendió la conquista de los campos Decumanos. Debilitó la oposición de la aristocracia al favorecer la entrada de provinciales en el senado. Instauró el sistema de sucesión hereditaria en favor de sus hijos Tito y Domiciano, quienes formaron con él la dinastía Flavia.

**VESPUCCI** (Amerigo), conocido en España como **Américo Vespucio,** navegante italiano (Florencia 1451-Sevilla 1512). Agente de los Médicis en Sevilla (*c.* 1487), se dedicó a la navegación y realizó dos viajes (1499-1500 y 1501-1502), en los que exploró la costa de América del Sur, recorrió Brasil y llegó hasta el sur de la Patagonia. Así comprobó que esas tierras no pertenecían a Asia, sino que formaban un continente distinto. En su honor, M. Waldseemüller dio su nombre al Nuevo continente en su *Cosmographie introductio* (1507). Hacia 1505 le fue concedida la ciudadanía castellana.

**VESTA,** diosa romana del hogar, a cuyo culto se dedicaban las vestales.

**VESTDIJK** (Simon), escritor neerlandés (Harlingen 1898-Utrecht 1971), célebre por sus novelas sicológicas (*Anton Wachter,* 1934-1960) e históricas (*El quinto sello,* 1937).

**VESTERÅLEN,** archipiélago noruego, al N de las islas Lofoten; 2 400 km$^2$; 35 000 hab. Pesca.

**VESTMANNAEYJAR,** archipiélago volcánico de la costa S de Islandia (isla pral.: *Heimaey*).

**VESTRIS** (Gaetano), bailarín de origen italiano (Florencia 1729-París 1808), apodado *el Dios de la danza.* Tanto él como su hijo **Auguste** (París 1760-*id.* 1842) estuvieron vinculados a la Ópera de París.

**VESUBIO,** en ital. **Vesuvio,** volcán activo de Italia, a 8 km al SE de Nápoles; 1 277 m. La erupción del año 79 d. J.C. sepultó Herculano, Pompeya y Stabias.

**VESZPRÉM,** c. de Hungría, al SO de Budapest, cerca del lago Balaton; 64 867 hab. Monumentos medievales y urbanismo del s. XVIII.

**VEYES,** en lat. **Veii,** en ital. **Veio,** ant. c. etrusca a 15 km al N de Roma, cerca de la actual Isola Farnese. Fue sometida definitivamente por Roma tras un largo asedio (405-395 o 396-386 a. J.C.). Importantes restos y necrópolis con tumbas adornadas con pinturas murales.

**VÉZELAY,** mun. de Francia (Yonne); 575 hab. Ant. iglesia abacial de la Magdalena, uno de los más bellos ejemplos del románico (tímpano esculpido de la puerta central del nártex, *c.* 1120). Etapa del camino de Santiago.

**VÍA LÁCTEA** o **CAMINO DE SANTIAGO,** vasta nebulosidad en forma de banda discontinua, formada por millones de estrellas, que da la vuelta completa a la esfera celeste.

**Viaje de Turquía,** obra literaria española (*c.* 1559), tradicionalmente atribuida a Cristóbal de Villalón, aunque parece que el autor fue Andrés Laguna. Escrita en forma de diálogo, es una de las obras más significativas del erasmismo español. Fue publicada en 1905.

**viaje del peregrino** *(El),* alegoría mística de J. Bunyan (1678-1684) que ejerció una influencia considerable en la evolución del espíritu religioso de Inglaterra.

**viaje sentimental por Francia e Italia** *(Un),* de Sterne (1768), serie de descripciones o de reflexiones, una de las obras maestras del humor inglés.

**VIAN** (Boris), escritor francés (Ville-d'Avray 1920-París 1959). Fue ingeniero, actor y trompetista de jazz, y escribió novelas (*Escupiré sobre vuestra tumba,* 1946; *La espuma de los días* y *El otoño en Pekín,* 1947), poemas, canciones y dramas precursores del teatro del absurdo.

**Vespasiano** (museo del Capitolio, Roma)

el príncipe de **Viana** (V. J. Masip - museo Lázaro Galdiano, Madrid)

**VIANA,** c. de España (Navarra); 3 276 hab. *(Vianeses.)* Murallas medievales. Iglesia de Santa María, con fachada renacentista (s. XVI).

**VIANA** (Carlos, *príncipe* **de**) [Peñafiel 1421-Barcelona 1461], duque de Gandía y rey titular de Navarra (**Carlos IV**) [1444-1461]. Hijo de Juan II de Aragón y Blanca de Navarra, fue desheredado por su padre (1455) y encarcelado (1460). Fue liberado tras ser nombrado heredero por la Generalidad catalana, que defendió su causa (concordia de Vilafranca, 1461). Cortesano y humanista, su figura fue glosada por los románticos.

**VIANA** (Javier **de**), escritor uruguayo (Canelones 1868-Montevideo 1926). Autor de novelas (*Gaucha,* 1899), cuentos (*Leña seca,* 1905), teatro *(Puro campo)* y poesía (*Cardos,* 1914), se le considera el iniciador del realismo en Uruguay.

**VIANA DO CASTELO,** c. y puerto del N de Portugal, junto a la desembocadura del Limia; 15 100 hab. Iglesia románica (1400-1440). Monumentos del gótico al barroco. Museo. Centro turístico, industrial y pesquero.

**VIAR,** r. de España, afl. del Guadalquivir (or. der.); 124 km. Embalse de El Pintado (central 33 MW). Utilizado para riego (*canal de Viar,* 85 km).

**VIAREGGIO,** c. de Italia (Toscana), prov. de Luca, junto al mar Tirreno; 57 099 hab. Estación balnearia.

**VIATKA,** r. de Rusia, afl. del Kama (or. der.); 1 314 km.

**VIATKA,** de 1934 a 1991 **Kírov,** c. de Rusia, a orillas del *Viatka;* 441 000 hab. Metalurgia.

**VÍBORG,** en finlandés **Viipuri,** c. y puerto de Rusia, junto al golfo de Finlandia; 65 000 hab. Fue cedida por Finlandia a la U.R.S.S. en 1947.

**VIC,** c. de España (Barcelona), cab. de p. j.; 29 113 hab. (*Vicenses* o *ausetanos.*) Centro industrial. Ferias ganaderas. Municipio romano *(Vicus Ausonensis),* fue sede del condado de Ausona. Murallas y puente medievales. Catedral neoclásica. Museo episcopal.

**VÍCAR,** mun. de España (Almería); 11 976 hab. Centro agrícola en el Campo de Dalías.

**VICENS VIVES** (Jaume), historiador español (Gerona 1910-Lyon 1960). Autor de estudios sobre el s. XV y sobre los aspectos económicos y sociales de la historia de España (*Noticia de Cataluña,* 1954; *El siglo XV. Los Trastámara,* 1956; *Industriales y políticos del s. XIX,* 1958; *Manual de historia económica de España,* 1959), renovó la metodología histórica española. En 1953 fundó la revista *Índice histórico español.*

**VICENTA MARÍA LÓPEZ VICUÑA** *(santa),* religiosa española (Cascante 1847-Madrid 1890). En 1876 fundó el Instituto de las religiosas de María Inmaculada, dedicado a la protección de las empleadas del hogar. Canonizada en 1975.

**VICENTE** (Gil), poeta y comediógrafo portugués en lenguas portuguesa y castellana (*c.* 1465-*c.* 1536). Su teatro representa la secularización del drama religioso medieval. Sus obras primerizas son de carácter rústico (*Auto pastoril castellano,* 1502; *Auto de los Reyes Magos,* 1503). En *Auto de la sibila Casandra* (1513) supera el arte de sus predecesores. Cultivó además la alegoría (*Trilogía de las barcas,* 1517-1519), la sátira anticlerical y el tema sentimental *(Don Duardos, Amadís de Gaula).*

**VICENTE** (Paulino), llamado **el Mozo,** pintor español (Oviedo 1924-*id.* 1956), hijo del también pintor **Paulino Vicente el Viejo** (Oviedo 1900-*id.* 1990). En su obra predominan los retratos de tipos populares asturianos de estilo realista.

**VICENTE de Lérins** *(san),* escritor eclesiástico († Saint-Honorat *c.* 450). Contrario al pensamiento de san Agustín sobre la gracia, se dio a conocer como defensor de una forma atenuada de pelagianismo *(semipelagianismo).*

**VICENTE DE PAÚL** *(san),* sacerdote francés (Pouy [act. Saint-Vincent-de-Paul] 1581-París 1660). En 1619 fue capellán general de las galeras. Dedicado a las obras de caridad, creó la Congregación de los sacerdotes de la Misión (1625), los lazaristas o paúles, y, con santa Luisa de Marillac, la Congregación de las Hijas de la Caridad (1633).

**VICENTE FERRER** *(san),* eclesiástico y predicador español (Valencia 1350-Vannes, Francia, 1419). Ingresó en la orden dominicana en 1367, y fue nombrado predicador general en 1389. Llamado por Benedicto XIII a la corte papal de Aviñón, fue uno de los compromisarios de Caspe en 1412, e influyó decisivamente en la elección de Fernando de Antequera. Sus predicaciones fueron famosas y obtuvieron conversiones multitudinarias.

**VICENTE GUERRERO,** mun. de México (Durango); 17 483 hab. Cereales, legumbres y frutas. Ganado vacuno.

**VICENTE LÓPEZ,** partido de Argentina (Buenos Aires), en el Gran Buenos Aires; 289 505 hab.

**VICENZA,** c. de Italia (Véneto), cap. de prov.; 107 076 hab. Iglesias y palacio del s. XII al XVI; edificios de Palladio, entre ellos el palacio Chiericati (museo) y la villa la Rotonda.

**VICHADA,** r. de Colombia, afl. del Orinoco (or. izq.); 720 km. Formado por la unión de los ríos Planas y Tigre, desemboca en la frontera con Venezuela, junto a Puerto Nariño. Pesca.

**VICHADA** *(departamento del),* dep. de Colombia; 100 242 km$^2$; 13 770 hab. Cap. *Puerto Carreño.*

**VICHY,** c. de Francia (Allier); 28 048 hab. Estación termal (aguas bicarbonatadas sódicas). Turismo. – Sede del *gobierno de Vichy,* bajo la dirección del general Pétain, que constituyó el régimen político de Francia durante la ocupación alemana (1940-1944). Después de firmar el armisticio con Alemania, Pétain, como jefe del estado según una nueva Constitución, instauró un régimen próximo al fascismo, que desde 1942 estuvo totalmente controlado por los alemanes.

**VICKSBURG,** c. de Estados Unidos (Mississippi), junto al Mississippi; 25 434 hab. Plaza sudista durante la guerra de Secesión, capituló en 1863.

**VICO** (Giambattista), historiador y filósofo italiano (Nápoles 1668-*id.* 1744). En *Principios de una ciencia nueva relativa a la naturaleza común de las naciones* (1725) distinguió en la historia cíclica de cada pueblo tres edades: la edad divina, la edad heroica y la edad humana.

**VICTOR** (Claude **Perrin,** llamado), *duque* **de Belllune,** mariscal francés (Lamarche, Vosges, 1764-París 1841). Al mando del primer cuerpo de ejército francés en España, obtuvo las victorias de Uclés y Medellín (1809), y ocupó Sevilla (1810). En 1823 organizó la expedición de los Cien mil hijos de san Luis contra los liberales españoles.

**VÍCTOR II** (Gebhard, *conde* **de Dollnstein-Hirschberg**) [† Arezzo 1057], papa de 1055 a 1057. Defendió la causa del imperio contra los normandos. – **Víctor III** *(beato)* [Desiderio **da Montecassino**] (Benevento *c.* 1027-Montecassino 1087). Elegido papa en 1086 y consagrado en 1087, continuó la obra reformadora de Gregorio VII.

**VÍCTOR AMADEO I** (Turín 1587-Vercelli 1637), duque de Saboya de 1630 a 1637. Desarrolló una política favorable a Francia y contraria a España. – **Víctor Amadeo II** (Turín 1666-Rivoli 1732), duque de Saboya en 1675, rey de Sicilia (1713), y de Cerdeña (1720). En 1730 abdicó, pero intentó recuperar el poder y acabó sus días en una fortaleza. – **Víctor Amadeo III** (Turín 1726-Moncalieri 1796), rey de Cerdeña de 1773 a 1796. Luchó contra la Revolución francesa, que le impuso el tratado de París y le arrebató Saboya y Niza (1796).

**VÍCTOR MANUEL I** (Turín 1759-Moncalieri 1824), rey de Cerdeña [1802-1821]. Los tratados de 1815 le devolvieron todos sus estados, pero la insurrección de 1821 le obligó a abdicar. – **Víctor Manuel II** (Turín 1820-Roma 1878), rey de Cerdeña [1849] y de Italia [1861], hijo de Carlos Alberto, que abdicó en su favor. Fue aliado de Francia contra Austria (1859) y el verdadero artífice, junto con su ministro Cavour, de la unidad italiana. Tuvo que ceder a Francia Saboya y Niza (1860). – **Víctor Manuel III** (Nápoles 1869-Alejandría, Egipto, 1947), rey de Italia [1900-1946], emperador de Etiopía [1936] y rey de Albania [1939]. Hijo de Humberto I, de 1922 a 1943 dejó el poder real a Mussolini favoreciendo así el desarrollo del fascismo en Italia. En 1943 mandó arrestar a Mussolini pero no consiguió unir a los partidos políticos. Nombró a su hijo Humberto (II) lugarteniente general antes de abdicar (1946) y exiliarse.

**VICTORIA,** gran isla del archipiélago ártico canadiense (Territorios del Noroeste y Nunavut); 212 000 km$^2$.

**VICTORIA** *(cataratas),* cataratas del Zambeze (108 m de alt.), en la frontera entre Zimbabwe y Zambia.

**VICTORIA** *(lago)*, ant. **Victoria Nyanza,** gran lago de África ecuatorial, donde nace el Nilo, entre Uganda, Tanzania y Kenia; 68 100 km$^2$.

**VICTORIA,** estado del SE de Australia; 228 000 km$^2$; 4 243 719 hab. Cap. *Melbourne.*

**VICTORIA,** c. y puerto de Canadá, cap. de Columbia Británica, en la isla de Vancouver; 71 228 hab. (262 223 hab. en la aglomeración). Universidad.

**VICTORIA,** com. de Chile (Araucanía); 32 966 hab. Yacimientos de petróleo. Destilerías.

**VICTORIA,** dep. de Argentina (Entre Ríos); 31 323 hab. Agricultura. Ganado vacuno y ovino. Pesca.

**VICTORIA,** mun. de México (Tamaulipas); 207 830 hab. Cab. *Ciudad* Victoria.* – Mun. de México (Guanajuato); 16 823 hab. Explotación forestal. Minería. Canteras.

**VICTORIA (La),** c. de Venezuela (Aragua); 77 326 hab. Centro industrial (montaje de automóviles).

**VICTORIA (La),** mun. de Perú (Lima), en el área urbana de Lima; 212 448 hab. Industrias textiles y alimentarias. Universidad nacional mayor de San Marcos.

**VICTORIA (La),** yacimiento arqueológico precolombino de Guatemala en la costa del Pacífico (1500 a. J.C.-900 d. J.C.), con restos de distintas fases culturales, en relación con las culturas del golfo de México y de las tierras altas de Guatemala (agricultura, tejidos, cerámica).

**VICTORIA I** (Londres 1819-Osborne, isla de Wight, 1901), reina de Gran Bretaña e Irlanda [1837-1901] y emperatriz de las Indias [1876-1901], nieta de Jorge III. Accedió al trono tras la muerte de su tío Guillermo IV. En 1840 casó con Alberto de Sajonia-Coburgo-Gotha († 1861). Fue la última soberana que dejó su huella personal en la vida política y restauró el prestigio de la monarquía; la era victoriana correspondió al auge del poder británico. En 1876 Disraeli la hizo coronar emperatriz de las Indias.

**VICTORIA** (Miguel **Fernández Félix,** llamado **Guadalupe**), patriota y político mexicano (Tamazula 1786-Perote 1843). Presidente de la república (1824-1829), decretó la expulsión de los españoles y abolió la esclavitud.

**VICTORIA** (Tomás Luis **de**), compositor español (Ávila *c.* 1548-Madrid 1611). Fue maestro de capilla en Roma y capellán de la emperatriz María de Austria. Su producción, exclusivamente religiosa, lo sitúa como el mayor de los polifonistas españoles y uno de los más grandes de la Europa de su época. Compuso himnos, motetes, salmos, magnificat, misas, un *Oficio de Semana Santa* (1585) a 3 y 8 voces y un *Oficio de difuntos* (1605).

**Victoria Cross,** la más alta distinción militar británica, creada en 1856.

**VICTORIA DE LOS ÁNGELES** (Victoria de los Ángeles **López,** llamada), soprano española (Barcelona 1923). Debutó en 1944 y ha seguido una brillante carrera con un repertorio que incluye ópera (de la italiana a Wagner), *lieder,* oratorios y canciones de todas las épocas. En 1978 obtuvo el premio nacional de música.

**VICTORIA EUGENIA DE BATTENBERG** (en el castillo de Balmoral, Gran Bretaña, 1887-Lausana 1969), reina de España [1906-1931], nieta de la reina Victoria de Gran Bretaña, esposa de Alfonso XIII y madre de don Juan de Borbón.

**Victoria y Alberto** *(museo),* museo londinense de artes decorativas y de bellas artes. Fue fundado en 1852 y ubicado en 1909 en un edificio nuevo del barrio de South Kensington.

**Víctor Manuel II** (museo del Risorgimento, Macerata, Italia)

**Victoria I** (*c.* 1870)

**VICTORICA** (Miguel Carlos), pintor argentino (Buenos Aires 1884-*id.* 1955). Tras su contacto con el postimpresionismo en París, desarrolló un estilo lírico, intimista y colorista *(Flores, Balcón gris).*

**VICUÑA,** com. de Chile (Coquimbo); 21 596 hab. Yacimientos de cobre y hierro. Licores.

**VICUÑA** (Pedro Félix), periodista y político chileno (Santiago 1806-*id.* 1874), fundador del diario más antiguo de la América hispana, *El Mercurio* (1827).

**VICUÑA MACKENNA** (Benjamín), político chileno (Santiago 1831-Santa Rosa de Colmo, Valparaíso, 1886), diputado y organizador del Partido liberal democrático (1875), y autor de obras históricas.

**VICUS,** yacimiento arqueológico precolombino de Perú (Piura). Importante necrópolis con ajuar funerario de metal y cerámica, especialmente vasos silbadores. Las tumbas se emparentan con las de Chavín, Mochica y Recuay.

**vida es sueño** *(La),* drama filosófico de Calderón de la Barca, estrenado en 1635. Trata los temas del libre albedrío y del predominio de la razón, que triunfan en la figura del protagonista. Segismundo*, así como el tema barroco de la vida como representación teatral y apariencia engañosa.

**Vida nueva,** obra de Dante (*c.* 1294) que une en la trama de un comentario en prosa poemas que convierten al amor en la fuente de toda aventura espiritual y poética.

**VIDAL** o **VITAL** *(san),* mártir († Ravena s. I), uno de los primeros cristianos de Milán. Patrón de Ravena.

**VIDAL** (Francisco Antonio), político uruguayo (San Carlos, Maldonado, 1827-† 1889). Ministro, fue presidente provisional en 1865-1866, 1878-1879 y 1880, y presidente de la república en dos ocasiones (1881-1882 y 1886).

**VIDAL DE BESALÚ** (Ramon), en provenzal **Raimon Vidal de Bezaudum,** trovador catalán en lengua provenzal, cuya producción se sitúa entre 1212 y 1252. Escribió, además, la primera gramática conocida en una lengua romance *(Las rasós de trobar).*

**VIDAL DE LA BLACHE** (Paul), geógrafo francés (Pézenas 1845-Tamaris 1918). Fundador de la escuela geográfica francesa, que analiza las relaciones entre la actividad humana y el medio físico *(Principios de geografía humana).*

**VIDAL I BARRAQUER** (Francesc), eclesiástico español (Cambrils 1868-Friburgo 1943). Como arzobispo de Tarragona (desde 1919) se negó a firmar la carta pastoral colectiva del episcopado español (1937) de apoyo a Franco, y tuvo que exiliarse.

**VIDALES** (Luis), poeta colombiano (Calarcá, Caldas, 1904-Bogotá 1990). En la línea irónica y experimental de L. de Greiff, su libro *Suenan timbres* (1926) representó una posición de ruptura. Posteriormente publicó entre otros *La insurrección desplomada* (1946), así como ensayos sobre arte.

**Vidas paralelas** (generalmente conocidas como *Vidas de hombres ilustres*), obra de Plutarco (s. I d. J.C.), relatos biográficos de grandes figuras de Grecia y Roma, agrupados de dos en dos (Demóstenes-Cicerón, Alejandro-César, etc.).

**VIDAURRE** (Manuel), político peruano (Lima 1773-† 1841). Presidente de la suprema corte del Perú (1825), escribió una crítica de la administración virreinal (*Plan del Perú,* 1810, ed. en 1823).

**VIDELA** (Jorge Rafael), militar argentino (Mercedes 1925). Fue presidente de la república tras derrocar a María Estela Martínez (1976-1981). Procesado en 1983, fue condenado a cadena perpetua (1986) e indultado (1991).

**VIDIO,** cabo de España (Asturias), en el Cantábrico, al NO de Pravia. Faro.

**VIDOR** (King), director de cine norteamericano (Galveston 1894-Pablo Robles, California, 1982). Su abundante obra refleja un lirismo y un vigor épico: *Y el mundo marcha* (1928), *¡Aleluya!* (1929), *El pan nuestro de cada día* (1934), *Duelo al sol* (1947).

**VIEDMA** *(lago),* lago de Argentina (Santa Cruz), en los Andes patagónicos, a 250 m de alt. Tiene su origen en el *glaciar de Viedma.*

**VIEDMA,** c. de Argentina, cap. de la prov. de Río Negro y cab. del dep. de Adolfo Alsina, a orillas del río Negro; 40 457 hab.

**VIEIRA** (António), escritor y político portugués (Lisboa 1608-Bahía [act. Salvador] 1697), jesuita, defensor de los indios y uno de los clásicos de la prosa portuguesa *(Sermones, Cartas).*

**VIEIRA DA SILVA** (Maria Elena), pintora portuguesa (Lisboa 1908-París 1992), nacionalizada francesa. Su agudo grafismo vacío de presencia humana, está poblado de resonancias fantásticas.

**VIEJA (Peña),** pico de España, en la cordillera Cantábrica (Picos de Europa); 2 615 m de alt.

**VIEJO,** r. de Nicaragua (Jinotega, Matagalpa y León), que nace al E de Estelí y desemboca en la orilla N del lago de Managua; 168 km.

**VIEJO** *(pico)* o **MONTAÑA DE CHAHORRA,** pico de España, en la isla de Tenerife (Canarias), en el macizo del Teide; 3 106 m de alt.

**VIEJO (El),** mun. de Nicaragua (Chinandega); 34 234 hab. Antiguo centro de la época colonial, conserva un santuario mariano, centro de peregrinación.

**Viejo de la montaña,** nombre dado por los cruzados y los historiadores occidentales al jefe de la secta chiita ismailí de los Asesinos.

**viejo y el mar** *(El),* novela de Hemingway (1952): un mano a mano entre un viejo pescador y un pez espada que ilustra el tema, favorito del autor, de la lucha solitaria por la vida y las vanas ilusiones del hombre frente al destino.

**VIELLA-MITG-ARÁN** o **VIELHA E MIJARAN,** mun. de España (Lérida), cab. de p. j.; 3 220 hab. *(Araneses.)* Cap. *Vielha.* En el Valle de Arán. Bosques y prados. Turismo (parador). Deportes de invierno. *Túnel de Viella* (5 km), en la carretera de Lérida.

**VIENA,** en alem. **Wien,** c. y cap. de Austria, junto al Danubio; 1 512 000 hab. *(Vieneses.)* Universidad. Centro administrativo, cultural y comercial. Catedral reconstruida en los ss. XIV-XVI. Numerosos edificios barrocos, construidos por J. B. Fischer, von Erlach y Hildebrandt. Obras de O. Wagner y de sus discípulos. Museos, como el Kunsthistorisches Museum, la colección Albertina y, en los dos palacios del Belvedere, el museo del barroco y la galería de arte austríaco de los ss. XIX-XX (obras de Klimt, Kokoschka y otros artistas de la escuela de Viena). La ciudad, fortaleza romana en la frontera de Panonia, se desarrolló en la edad media. Residencia de los emperadores del Sacro imperio (asiduamente desde 1438 y de manera definitiva a partir de 1611), fue sitiada por los turcos (1529, 1683). En su apogeo, en el s. XIX, se convirtió en la primera ciudad germánica. De 1945 a 1955 estuvo dividida en cuatro sectores de ocupación aliada.

**Viena:** el Burgtheater (Semper y Hasenauer, 1874-1888), en el Ring

**Viena** *(círculo de),* grupo de intelectuales formado entre la primera y la segunda guerra mundial que se marcaron como objetivo la constitución de un saber organizado a partir de los descubrimientos de la ciencia y formalizado según las concepciones de Russell y Wittgenstein. Sus principales miembros fueron los físicos M. Schlick y Ph. Frank, el matemático H. Hahn, los lógicos K. Gödel y R. Carnap, y el economista O. Neurath.

**Viena** *(congreso de)* [1814-1815], congreso que reorganizó Europa tras la derrota de Napoleón I, según los principios del derecho monárquico y del equilibrio europeo defendidos por los cuatro vencedores y sus representantes: Austria (Metternich),

Rusia (Nesselrode), Gran Bretaña (Castlereagh), Prusia (Hardenberg).

**Viena** *(tratados de),* convenios firmados en Viena. • *Tratados de 1725,* convenios de paz y comercio entre España y Austria por los que Carlos VI renunciaba al trono de España y Felipe V a Flandes y los dominios italianos. • *Tratados de 1731,* acuerdos bilaterales de Austria con Gran Bretaña y con España para aprobar la sucesión de María Teresa a la corona austríaca. • *Tratado de 1738,* paz general que puso fin a la guerra de Sucesión de Polonia.

**VIENENSE** o **VIENNENSIS,** diócesis de la Galia romana en el Bajo imperio, que se extendía de Aquitania a los Alpes; cap. *Vienna* (Vienne).

**VIENNE,** r. de Francia, afl. del Loira (or. izq.), que pasa por Limoges; 350 km.

**VIENNE,** dep. de Francia (Poitou-Charentes); 6 990 km²; 380 005 hab. Cap. *Poitiers.*

**VIENNE,** c. de Francia (Isère), junto al Ródano; 30 386 hab. Cap. del reino de Borgoña y Provenza (s. IX). Pasó a Francia en 1349. Ruinas romanas. Iglesias medievales; abadía de Saint-André-le-Bas (capiteles románicos; museo de arte cristiano); San Mauricio, ant. catedral (s. XII-XVI). Museo de bellas artes.

**VIENTIANE,** c. y cap. de Laos, junto al Mekong; 377 000 hab. Centro comercial. Aeropuerto.

**Viento del pueblo,** libro de poemas de Miguel Hernández (1937), que recoge su poesía más combativa y apasionada.

**VIENTOS** *(paso de los),* canal que comunica el mar Caribe con el océano Atlántico, entre Cuba y Haití; 85 km de anch.

**VIEQUES,** mun. de Puerto Rico; 8 602 hab. Corresponde a la *isla de Vieques, Crab* o *de los Cangrejos,* a 16 km al SE de la isla de Puerto Rico. Base militar norteamericana.

**VIERA** (Feliciano), político uruguayo (Salto 1872-†1927). Dirigente del Partido colorado, fue ministro (1911-1915) y presidente de la república (1915-1919) y del consejo nacional (1919-1921).

**VIESCA,** mun. de México (Coahuila); 21 095 hab. Algodón, cereales, vid y frutales. Salinas.

**Vietcong** (del vietnamita *Viet*-nam y *công*-san, rojo), nombre que se dio durante la guerra de Vietnam a los comunistas y a sus aliados reagrupados en 1960 en el Frente nacional de liberación de Vietnam del Sur.

**VIÈTE** (François), matemático francés (Fontenay-le-Comte 1540-París 1603). Transformó completamente el álgebra al introducir el uso de las letras para representar los valores numéricos.

**Vietminh** (Liga por la independencia del Vietnam), formación política vietnamita, surgida en 1941 de la unión del partido comunista indochino y elementos nacionalistas. Dirigió el primer gobierno vietnamita (1945), y al principio transigió contra Francia (1946), antes de ponerse al frente de la lucha armada contra las fuerzas francesas y sus aliados vietnamitas. Se impuso en Vietnam del Norte con Hô Chi Minh.

**VIETNAM,** estado del Sureste asiático; 335 000 km²; 67 600 000 hab. *(Vietnamitas.)* CAP. *Hanoi.* LENGUA OFICIAL: *vietnamita.* MONEDA: *dông.*

**GEOGRAFÍA**

En este país que se extiende al S del trópico a lo largo de 1 400 km, la población propiamente vietnamita se concentra en las llanuras: delta del Tonkín, creado por el río Rojo, y el delta del Mekong, que corresponde esencialmente a la Cochinchina. Entre los dos, las mesetas del Annam aíslan algunas llanuras litorales. Algunas minorías étnicas ocupan las regiones montañosas. La agricultura es la actividad dominante, con el arroz como base de la alimentación, y existen algunas plantaciones (té y caucho). La industria dispone de pocos recursos mineros y está subdesarrollada. La urbanización ha progresado con el rápido crecimiento demográfico. Pero el país está arruinado por la guerra y la productividad es baja.

**HISTORIA**

***De los orígenes al imperio de Vietnam.*** En el neolítico, la mezcla de muongs, thais y chinos en la cuenca del río Rojo dio origen al pueblo vietnamita. 208 a. J.C.: se creó el reino del Nam-Viêt. 111 a. J.C.: se integró al imperio chino. 939 d. J.C.: Ngo Quyên fundó la primera dinastía nacional. 968-980: la dinastía de los Dinh reinó en el país, llamado Dai-Cô-Viêt, todavía vasallo de China. 980-1225: con las dinastías imperiales de los Lê (980-1009) y los Li (1010-1225) el país, convertido en el Dai-Viêt (1054), se organizó y adoptó las estructuras feudales y del mandarinato. Se extendió hacia el S a costa de los shampa. 1225-1413: con la dinastía de los Trân los mongoles fueron expulsados (1257, 1287), pero China restableció su dominio (1406). 1428: Lê Loi reconquistó la independencia y fundó la dinastía de los Lê posteriores (1428-1789). 1471: el Dai-Viêt consiguió una victoria decisiva contra los shampa. Ss. XVI-XVII: los clanes señoriales rivales, Mac, Nguyên (que gobernaban en el S) y Trinh (que dominaban el N), se enfrentaron. El catolicismo se extendió gracias a la obra de los jesuitas. 1773-1792: los tres hermanos Tây Son dirigieron la revuelta contra los Nguyên y los Trinh. 1802-1820: Gia-long fundó la dinastía de los Nguyên (1802-1945) y unificó el país, que se convirtió en el imperio de Vietnam.

***La dominación francesa.*** 1859-1883: Francia ocupó Cochinchina, que erigió en colonia, y estableció su protectorado en Annam y en Tonkín. 1885: China reconoció estas conquistas en el tratado de Tianjin. 1885-1896: un levantamiento nacionalista sacudió el país, que fue integrado en la Unión Indochina, formada por Francia en 1887. 1930: Hô Chi Minh creó el partido comunista indochino. 1932: Bao Dai se convirtió en emperador.

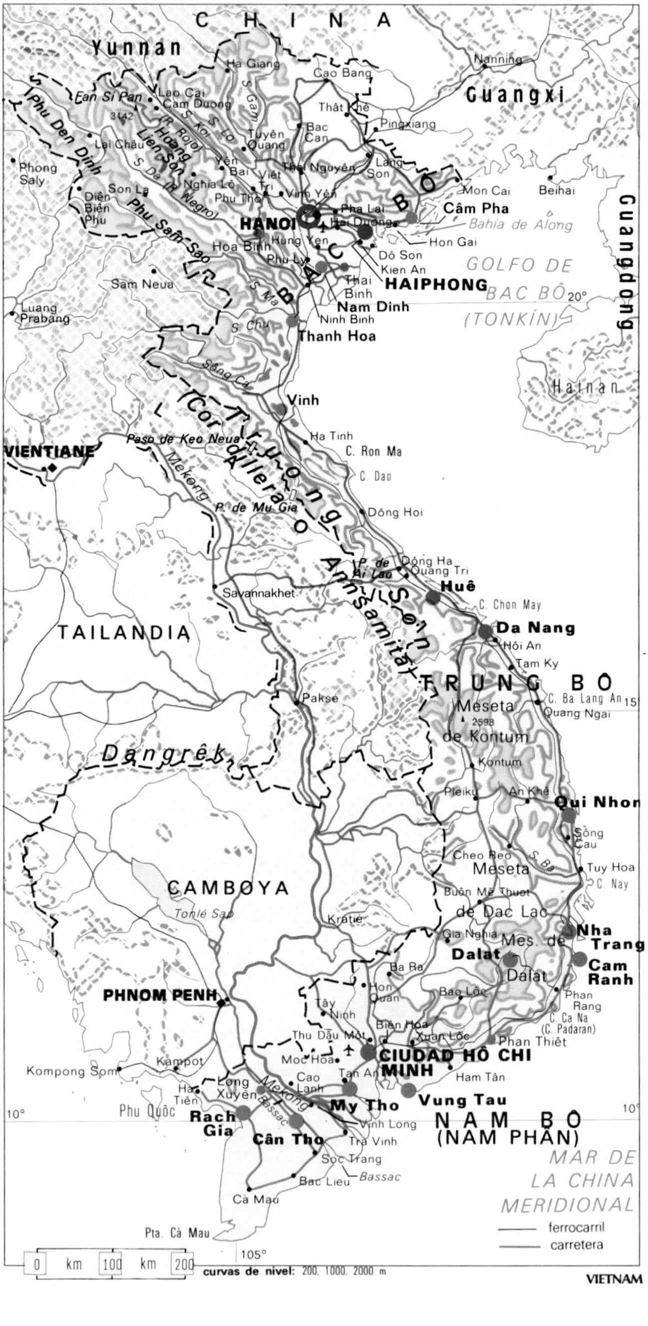

VIETNAM

1941: se fundó la Liga por la independencia del Vietnam (Vietminh). 1945: el golpe de estado japonés puso fin a la autoridad francesa: Bao Dai abdicó y se proclamó una república independiente. Francia reconoció el nuevo estado pero se negó a incluir en él a Cochinchina. 1946-1954: la guerra de Indochina enfrentó al Vietminh y a Francia, que impuso de nuevo a Bao Dai y reconoció la independencia y unidad de Vietnam en el seno de la Unión francesa. 1954: la derrota de Diên Biên Phu condujo a los acuerdos de Ginebra, que dividieron el país en dos partes por el paralelo 17.

***Vietnam del Norte y Vietnam del Sur.*** 1955: en el S, el emperador Bao Dai fue depuesto por Ngô Dinh Diem, y se instauró en Saigón la República de Vietnam. Se benefició de la ayuda norteamericana. En el N, la República Democrática de Vietnam (cap. Hanoi) fue dirigida por Hô Chi Minh. 1956: los comunistas se unieron a los oponentes del régimen de Ngô Dinh Diem en el seno del Vietcong. 1960: se creó el Frente nacional de liberación de Vietnam del Sur. 1963: el asesinato de Ngô Dinh Diem abrió un período de anarquía política y de conflictos entre budistas y católicos. 1964: E.U.A. decidió intervenir directamente en la guerra de Vietnam junto a los survietnamitas. 1969: tras la muerte de Hô Chi Minh, Pham Van Dông se convirtió en primer ministro y Lê Duan en primer secretario del partido de los trabajadores (comunista). 1973-1975: a pesar de los acuerdos de París y de la retirada norteamericana, la guerra continuó. 1975: las tropas del Norte tomaron Saigón.

***El Vietnam reunificado.*** 1976: Vietnam se convirtió en una república socialista. Miles de emigrantes intentan huir *(boat people)*, mientras se multiplican los «campos de reeducación». 1978: Vietnam firmó un tratado de amistad con la U.R.S.S. e invadió Camboya. 1979: estalló un conflicto armado con China. 1986: Nguyên Van Linh sustituyó a Lê Duan al frente del partido. 1987: Pham Hung sucedió al primer ministro Pham Van Dông. 1988: tras la muerte de Pham Hung, Do Muoi se convirtió en primer ministro. 1989: las tropas vietnamitas se retiraron totalmente de Camboya. 1991: Do Muoi fue nombrado secretario general del partido mientras que Vo Van Kiet se convirtió en jefe de gobierno. A la firma del acuerdo de paz sobre Camboya siguió la normalización de las relaciones con China. 1992: se adoptó una nueva constitución (abril); la Asamblea nacional eligió al general Lê Duc Anh para la jefatura del estado, y a Vo Van Kiet, para la del gobierno. 1995: establecimiento de relaciones con E.U.A. e ingreso en la A.S.E.A.N. 1997: tras las elecciones, Tran Duc Luong fue elegido presidente de la república y Phan Van Khai, primer ministro. El general Lê Kha Phieu fue nombrado secretario general del partido.

**Vietnam** *(guerra de)*, conflicto que enfrentó de 1954 a 1975 a Vietnam del Norte y Vietnam del Sur. Tras un período de guerrillas marcado por la progresiva infiltración de las fuerzas norvietnamitas en el Sur, el conflicto se radicalizó entre Vietnam del Norte, apoyado por la U.R.S.S. y China, y Vietnam del Sur, apoyado desde 1962 de forma masiva por E.U.A. Un acuerdo de alto el fuego en Vietnam y Laos precedió la retirada de las fuerzas norteamericanas (1973). En 1975, mientras los khmers rojos ganaban en Camboya, las tropas de Vietnam del Norte entraban en Saigón (abril), preludiando la unificación de los dos estados vietnamitas (1976).

**VIEYTES** (José Hipólito), patriota argentino (San Antonio de Areco 1762-Buenos Aires 1815), secretario de la junta de gobierno (1810).

**VIGÉE-LEBRUN** (Louise Elisabeth **Vigée, Madame**), pintora francesa (París 1755-*id.* 1842). Realizó delicados retratos (*María Antonieta*, 1779) y autorretratos.

**VIGEVANO,** c. de Italia, en Lombardía (prov. de Pavía); 60 165 hab. Monumentos de los ss. XIV-XVI.

**VIGÍA (El)** → ***Alberto Adriani.***

**VIGIL** (Diego), político centroamericano (en Honduras 1799-† 1845), jefe de estado de Honduras (1829-1832) y de El Salvador (1835-1839).

**VIGNOLA** (Iacopo **Barozzi,** llamado **il**), arquitecto italiano (Vignola, Módena, 1507-Roma 1573). Formado en Bolonia, trabajó sobre todo en Roma, y realizó una obra considerable, de transición entre el renacimiento manierista y el barroco: villa Giulia (Roma), palacio Farnesio de Caprarola, etc., e iglesia del Gesù (Roma, comenzada en 1568), obra prototipo de la Contrarreforma, que fue el modelo más imitado durante dos siglos en el occidente católico. Su *Tratado de los cinco órdenes arquitectónicos*, inspirado en Vitrubio, tuvo gran difusión.

**VIGNOLES** (Charles Blacker), ingeniero británico (Woodbrook, Irlanda, 1793-Hythe, Hampshire, 1875). Introdujo en Gran Bretaña el perfil de carril.

**VIGNY** (Alfred, *conde* **de**), escritor francés (Loches 1797-París 1863), autor de narraciones líricas (*Poemas antiguos y modernos*, 1826), una novela histórica (*Cinq-Mars*, 1826), dramas románticos (*Chatterton*, 1835) y poesía (*El monte de los Olivos*, 1844; *Los destinos*, poemas filosóficos, 1864).

**VIGO** *(ría de)*, ría de España (Pontevedra), en la costa atlántica (Rías Bajas). Frente a la boca, se hallan las islas Cíes. Las dos orillas de la ría están unidas por el puente de Rande.

**VIGO,** c. de España (Pontevedra), cab. de p. j.; 278 050 hab. *(Vigueses.)* Puerto pesquero y de escala en la travesía del Atlántico. Industria conservera, metalurgia, fabricación de automóviles, construcciones mecánicas. Iglesia gótica de Santiago. Colegiata de Santa María, neoclásica (1816). Combate naval en la guerra de Sucesión (1702), en que una armada angloneerlandesa venció a la flota de Indias y se apoderó de su cargamento.

**VIGUERA** *(reino de)*, reino medieval de los ss. X-XI, en torno a la villa de Viguera (La Rioja). Fue incorporado a Navarra en 1054.

**VIIPURI** → ***Víborg.***

**VIJAYANAGAR,** ant. c. de la India, cap. de un gran imperio del mismo nombre (1336-1565), situada en el actual pueblo de Hampi (Karnātaka). El imperio se sublevó en defensa del hinduismo y alcanzó su apogeo a principios del s. XVI. Palacios y templos, ejemplos de la arquitectura del s. XVI con decoración esculpida.

**VIJAYAVADA** o **BEZWADA,** c. de la India (Āndhra Pradesh), junto al Kistnā; 701 351 hab.

**VILA** o **PORT-VILA,** c. y cap. del archipiélago de Vanuatu; 15 000 hab.

**VILA** (Pau), geógrafo y pedagogo español (Sabadell 1881-Barcelona 1980). Fundó la Escuela horaciana (1905-1912), donde renovó los métodos pedagógicos, y fue profesor en Barcelona, Bogotá y Caracas. De su obra destacan: *Resumen de geografía de Cataluña* (9 vols., 1926-1935); *División territorial de Cataluña* (1932; 1937); *Nueva geografía de Colombia* (1939-1945); *Geografía de Venezuela* (1960-1965). [Premio de honor de las letras catalanas 1976.]

**VILA NOVA DA GAIA,** c. de Portugal, junto al Duero; 67 992 hab. Comercio de vinos (oporto).

**VILA VIÇOSA,** ant. en castellano **Villaviciosa,** c. de Portugal (Estremadura); 5 000 hab. Palacio de los duques de Braganza (s. XVI, museo); fortaleza del s. XIII (museo arqueológico); iglesias y conventos. – En las cercanías tuvo lugar la llamada batalla de Villaviciosa*.

**VILADECANS,** mun. de España (Barcelona); 48 183 hab. *(Viladecanenses.)* En el cinturón industrial al SO de Barcelona.

**VILADESTES** o **VILA DESTES** (Macià **de**), cartógrafo mallorquín (o valenciano) de los ss. XIV-XV. Trazó una carta hidrográfica plana (1413), que recoge las costas de Europa, África y parte de Asia, y que podría ser la primera carta plana del mundo.

**VILADOMAT** (Antonio), pintor español (Barcelona 1678-*id.* 1755). Su pintura es la mejor muestra del realismo barroco catalán, austera, aunque no exenta de delicadeza (serie Las estaciones; *El bautizo de san Francisco*).

**VILAFRANCA DEL PENEDÈS** o **VILLAFRANCA DEL PANADÉS,** v. de España (Barcelona), cab. de p. j.; 28 018 hab. *(Vilafranqueses.)* Vinos espumosos (cava). Iglesias góticas. Museo del vino.

Alfred de **Vigny**
(museo Renan, París)

Pancho
**Villa**

**VILAGARCÍA DE AROUSA** → ***Villagarcía de Arosa.***

**VILALBA** → ***Villalba.***

**VILANOVA** (Arnau **de**), médico y visionario catalán (Valencia *c.* 1238-Génova 1311). Famoso como profesor de medicina en Montpellier y médico de reyes y papas, sus estudios árabes y hebreos, y su trato con los franciscanos le llevaron a un misticismo exaltado y heterodoxo (*Tractatus de tempore adventus Antichristi*, 1297; *Exposito super Apocalypsi*, 1305).

**VILANOVA DEL CAMÍ,** mun. de España (Barcelona); 9 317 hab. Fábricas de cemento y géneros de punto.

**VILANOVA I LA GELTRÚ** o **VILLANUEVA Y GELTRÚ,** v. de España (Barcelona), cab. de p. j.; 45 883 hab. *(Vilanoveses.)* A orillas del Mediterráneo. Puerto pesquero. Centro industrial. Castillo de La Geltrú (ss. XII-XV). Museo romántico.

**VILAR** (Manuel), escultor español (Barcelona 1812-México 1860), activo en México. Su obra se caracteriza por un neoclasicismo rígido *(Moctezuma, Malinche, Colón)*.

**VILAR** (Pierre), historiador francés (Frontignan, Hérault, 1906). Su obra desarrolla la teoría de la historia total, capaz de enlazar dialécticamente los diversos niveles de la actividad social (*Historia de España*, 1947; *Cataluña en la España moderna*, 3 vols., 1962). Dirigió una monumental *Historia de Cataluña* (8 vols., 1987-1991).

**VILARIÑO** (Idea), poeta uruguaya (nacida en 1920), de poesía desolada y premonitoria de la muerte (*La suplicante*, 1945; *Poemas de amor*, 1972).

**VILAS** (Guillermo), tenista argentino (Buenos Aires 1952), ganador del Masters (1974), Grand Prix (1974, 1975 y 1977), Roland Garros (1977), Forest Hills (1977) y Australia (1978 y 1979).

**VILA-SECA,** mun. de España (Tarragona); 11 432 hab. Cap. *Vilaseca de Solcina.* Agricultura de secano. Vinos. Turismo.

**VILASSAR DE MAR,** v. de España (Barcelona); 12 110 hab. Floricultura. Industria textil.

**VILCABAMBA** *(cordillera de)*, cordillera de Perú (Cuzco), que forma parte de la cordillera Oriental de los Andes; 6 271 m de alt. en el Salcantay.

**VILCANOTA** → ***Urubamba.***

**VILCÚN,** com. de Chile (Araucanía), en el valle Longitudinal; 20 666 hab. Cebada, trigo, legumbres.

**VILIÚI,** r. de Rusia, afl. del Lena (or. izq.); 2 650 km (cuenca de 454 000 km$^2$).

**VILLA** (Doroteo **Arango,** llamado **Pancho**), revolucionario mexicano (San Juan del Río, Durango, 1878-Parral, Chihuahua, 1923). Bandolero, en 1910 se incorporó al ejército de Madero. Conquistó Chihuahua y Ciudad Juárez (1913) y se proclamó gobernador militar del estado. Unido a Carranza, derrotó a los federales en Paredón, pero poco después se enemistó con Carranza y se unió a los zapatistas en la convención de Aguascalientes (1914). Derrotado en El Bajío por los carrancistas (1915), se retiró al N. Reducida su actividad a la de guerrillero, depuso las armas en 1920. Murió en un atentado.

**VILLA ALEMANA,** com. de Chile (Valparaíso); 70 664 hab. Ciudad dormitorio de Valparaíso. Aeródromo.

**VILLA ALTAGRACIA,** mun. de la República Dominicana (San Cristóbal); 36 217 hab. Ingenio azucarero.

**VILLA BRUZUAL,** mun. de Venezuela (Portuguesa); 29 671 hab. Agricultura. Centro comercial.

**VILLA CANALES,** mun. de Guatemala (Guatemala); 26 533 hab. Agricultura e industrias derivadas.

**VILLA CARLOS PAZ,** c. de Argentina (Córdoba), en el dep. de Punilla; 40 826 hab. Construcción de maquinaria. Turismo.

**VILLA CISNEROS** → ***Dajla.***

**VILLA CLARA** *(provincia de)*, prov. de Cuba; 8 782 km$^2$; 764 743 hab. Cap. *Santa Clara.*

**VILLA CONSTITUCIÓN,** c. y puerto de Argentina (Santa Fe), cap. del dep. de Constitución; 40 742 hab. Centro siderúrgico.

**VILLA CORONA,** mun. de México (Jalisco); 15 422 hab. Centro agrícola.

**VILLA CORZO,** mun. de México (Chiapas); 31 032 hab. Café y cacao. Ganadería. Bosques.

**VILLA DE ALLENDE,** mun. de México (México); 24 094 hab. Agricultura, ganadería y explotación forestal.

**VILLA DE ÁLVAREZ,** mun. de México (Colima); 19 541 hab. Agricultura y ganadería.

**VILLA DE COS,** mun. de México (Zacatecas); 24 489 hab. Avicultura. Minería.

**VILLA DE CURA,** c. de Venezuela (Aragua); 51 096 hab. Centro agrícola, ganadero y comercial.

**VILLA DE GUADALUPE HIDALGO** → ***Guadalupe Hidalgo.***

**VILLA DE HIDALGO,** mun. de México (San Luis Potosí); 17 454 hab. Cereales, legumbres y frutas.

**VILLA DE LEIVA** o **VILLA DE LEYVA,** v. de Colombia (Boyacá); 5 993 hab. Centro turístico. Fue sede del primer congreso de las Provincias Unidas de Nueva Granada (1812), y en ella vivió y murió Nariño. Plaza mayor porticada en parte. Iglesias de San Agustín (s. XVI) y del Carmen (s. XVII). Casas señoriales. Museo de arte religioso.

**VILLA DE REYES,** mun. de México (San Luis Potosí); 27 196 hab. Cereales y legumbres. Ganadería.

**VILLA DEL CARBÓN,** mun. de México (México); 20 357 hab. Ganadería y explotación forestal.

**VILLA DEL ROSARIO,** mun. de Colombia (Norte de Santander); 63 615 hab. Plátanos y caña de azúcar.

**VILLA FLORES,** mun. de México (Chiapas); 51 096 hab. Centro comercial de la región.

**VILLA GESEL,** c. de Argentina (Buenos Aires), en la costa del Atlántico; 15 844 hab. Centro turístico.

**VILLA GUERRERO,** mun. de México (México); 28 953 hab. Economía agropecuaria. Artesanía.

**VILLA MARÍA,** c. de Argentina, cap. del dep. de General San Martín (Córdoba); 64 763 hab. Centro agropecuario e industrial.

**VILLA MERCEDES,** c. de Argentina, cap. del dep. de General Pedernera (San Luis); 77 137 hab. Centro de una región ganadera.

**VILLA RIVA,** mun. de la República Dominicana (Duarte); 33 370 hab. Ganadería. Bosques.

**VILLA TAPIA,** distr. mun. de la República Dominicana (Salcedo); 24 569 hab. Economía agropecuaria.

**VILLA VÁZQUEZ,** mun. de la República Dominicana (Monte Cristi); 11 408 hab. Caña de azúcar.

**VILLA VICTORIA,** mun. de México (México); 47 130 hab. Agricultura y ganadería.

**VILLABLINO,** v. de España (León), cab. de p. j.; 15 628 hab. Minería (hulla). Industria alimentaria.

**VILLACAÑAS,** v. de España (Toledo); 8 711 hab. *(Villacañeros.)* Cereales. Ganadería.

**VILLACARRILLO,** c. de España (Jaén), cab. de p. j.; 10 925 hab. (*Villacarrillenses* o *campiñeses*) Aceites. Iglesia renacentista (s. XVI).

**VILLACH,** c. de Austria (Carintia); 53 000 hab. Iglesia de los ss. XIV-XV.

**VILLACORTA** (Juan Vicente), político salvadoreño del s. XIX (nacido en Zacatecoluca), prócer de la independencia de su país. Fue jefe supremo del poder ejecutivo del estado federado de El Salvador (1825-1826).

**VILLAESPESA** (Francisco), escritor español (Laujar de Andarax 1877-Madrid 1936). Divulgador de la estética modernista, escribió poesía (*El jardín de las quimeras,* 1909) y drama en verso de tema histórico (*Aben-Humeya,* 1913).

**VILLAFRANCA DE LOS BARROS,** c. de España (Badajoz), cab. de p. j.; 12 735 hab. *(Villafranqueses.)* Centro agropecuario e industrias derivadas.

**VILLAFRANCA DEL BIERZO,** v. de España (León); 4 136 hab. (*Bercianos* o *villafranquinos*) Iglesias románicas, góticas y barrocas. Colegiata de Santa María (s. XVI). Parador de turismo.

**VILLAFRANCA DEL PANADÉS** → ***Vilafranca del Penedès.***

**VILLAGARCÍA DE AROSA** o **VILAGARCÍA DE AROUSA,** v. de España (Pontevedra), cab. de p. j.; 31 760 hab. *(Villagarcianos.)* Puerto pesquero y comercial. Industrias.

**VILLAGRÁN,** mun. de México (Guanajuato); 31 221 hab. Economía agropecuaria. Artesanía.

**VILLAGRÁN** (Julián), patriota mexicano (Huichapan 1760-† c. 1814). Capitán del ejército, se sublevó contra los españoles y se proclamó emperador de la Huasteca (1812). Fue fusilado por los realistas.

**VILLAGRÁN GARCÍA** (José), arquitecto mexicano (México 1901-*id.* 1982). Su obra es la más representativa del moderno racionalismo arquitectónico mexicano (empleo del muro cortina). Es emblemática su granja sanitaria de Popotla (1925).

**VILLAGUAY,** dep. de Argentina (Entre Ríos); 44 128 hab. Cereales. Ganadería y apicultura.

**VILLAHERMOSA,** c. de México, cap. del est. de Tabasco; 261 231 hab. Centro industrial y comercial. Museo arqueológico de Tabasco y parque arqueológico de La Venta*. La fundación de la ciudad data de 1596-1598, al haberse abandonado el emplazamiento de la fundada por Cortés en 1519.

**VILLAJOYOSA** o **LA VILLA JOIOSA,** c. de España (Alicante), cab. de p. j.; 23 160 hab. *(Jonenses.)* Regadíos. Pesca. Industria textil. Turismo.

**Villalar** *(batalla de),* victoria decisiva de las tropas reales de I. de Velasco que puso fin a la guerra de las Comunidades (23 abril 1521). Los líderes comuneros, Padilla, Bravo y Maldonado, fueron ejecutados al día siguiente en Villalar (Valladolid).

**VILLALBA,** mun. de Puerto Rico; 23 559 hab. Centrales azucareros. Granja experimental.

**VILLALBA** o **VILALBA,** v. de España (Lugo), cab. de p. j.; 15 643 hab. *(Villalbeses.)* Industrias de la madera.

**VILLALCÁZAR DE SIRGA,** v. de España (Palencia); 209 hab. Iglesia gótica de Santa María (s. XIII).

**VILLA-LOBOS** (Héitor), compositor brasileño (Río de Janeiro 1887-*id.* 1959). Su música sinfónica y de cámara y sus óperas pretenden evocar el alma brasileña (*Coros,* 1920-1929; *Bachianas brasileñas,* 1930-1945).

**VILLALÓN** (Cristóbal **de**), escritor español (Alcalá de Henares c. 1505-Valladolid 1581). Humanista, es autor de diálogos sobre cuestiones ideológicas del momento (*Ingeniosa comparación entre lo antiguo y lo presente,* 1539) y de una *Gramática castellana* (1558). Se le atribuyó el *Viaje* de Turquía.*

**VILLALÓN** (Fernando), *conde* **de Miraflores de los Ángeles,** poeta español (Sevilla 1881-Madrid 1930). Su poesía recrea motivos folklóricos andaluces (*Andalucía la baja,* 1927; *La Toríada,* 1928).

**VILLALONGA** (Llorenç), escritor español en lengua catalana (Palma de Mallorca 1897-*id.* 1980). A su primera gran novela, *Muerte de una dama* (*Mort de dama,* 1931), visión caricaturesca de un mundo familiar agonizante, le siguieron *La novela de Palmira* (*La novel.la de Palmira,* 1952) y *Bearn o la sala de las muñecas* (1961).

**VILLALPANDO,** v. de España (Zamora), cab. de p. j.; 1 838 hab. *(Villalpandinos.)* Conserva restos de las fortificaciones medievales y tres iglesias mudéjares.

**VILLALPANDO** (Cristóbal **de**), pintor mexicano (México, entre 1639 y 1645-*id.* 1714). Trabajó para conventos e iglesias de México y Puebla en un estilo de ampulosidad barroca, pero con influencia manierista (*La Iglesia militante, La Iglesia triunfante,* catedral de México; *La Gloria,* catedral de Puebla).

**VILLALPANDO** (Francisco **de**), arquitecto, escultor y orfebre español († Toledo c. 1561). De gusto italianizante, realizó la reja de la capilla mayor de la catedral de Toledo.

**VILLALTA** (Nicanor), matador de toros español (Cretas, Teruel, 1897-Madrid 1980). Tomó la alternativa en 1922 y se retiró en 1947. Destacó como muletero y estoqueador.

**VILLAMAR,** mun. de México (Michoacán), en la cordillera Neovolcánica; 20 757 hab.

**VILLAMARÍA,** mun. de Colombia (Caldas); 28 426 hab. Café y plátanos. Ganadería.

**VILLAMARTÍN,** v. de España (Cádiz); 12 100 hab. *(Villamartinenses.)* Industria alimentaria.

**VILLAMEDIANA** (Juan **de Tassis y Peralta,** *conde* **de**), escritor español (Lisboa 1582-Madrid 1622). De su obra poética sobresale la parte lírica, de tema preferentemente amoroso. Cultivó, además, los temas religiosos, satíricos y mitológicos. Su estilo conjuga conceptismo y culteranismo *(Fábula de Apolo y Dafne).*

**VILLANDRANDO** (Rodrigo **de**), pintor español (s. XVI-a. 1628). Pintor de cámara de Felipe III, se especializó en el retrato, de gusto manierista.

**VILLANGÓMEZ** (Marià), escritor español en lengua catalana (Ibiza 1913). Prosista de gran lirismo, ha destacado sobre todo como poeta (*Los bienes incompartibles [Els béns incompartibles],* 1954; *Sonetos de Balançat [Sonets de Balançat],* 1956). [Premio de honor de las letras catalanas 1989.]

**VILLANUEVA,** mun. de Colombia (La Guajira); 19 423 hab. Cereales y café. Destilerías.

**VILLANUEVA,** mun. de México (Zacatecas); 35 590 hab. Agricultura y ganadería.

**VILLANUEVA** (Carlos Raúl), arquitecto y urbanista venezolano (Croydon, Gran Bretaña, 1900-Caracas 1975). Participó en la revonación urbanística de Caracas (Ciudad universitaria, torres gemelas del centro Bolívar de El Silencio y estadio olímpico).

**VILLANUEVA** (Juan **de**), arquitecto español (Madrid 1739-*id.* 1811). Fue arquitecto oficial de Carlos III y Carlos IV, y máximo representante español del neoclasicismo (casita de Arriba y casita de Abajo, en El Escorial; museo del Prado, observatorio astronómico, oratorio del Caballero de Gracia, Madrid).

**VILLANUEVA DE AROSA** o **VILANOVA DE AROUSA,** v. de España (Pontevedra); 14 816 hab. *(Villanuevenses.)* Pesca e industrias derivadas. Metalurgia. Maderas.

**VILLANUEVA DE CÓRDOBA,** v. de España (Córdoba); 9 534 hab. *(Churros.)* Yacimientos de plomo.

**VILLANUEVA DE LA SERENA,** c. de España (Badajoz), cab. de p. j.; 22 528 hab. (*Villanovenses* o *villanueveses*) Industria química (superfosfatos) y textil.

**VILLANUEVA DEL ARZOBISPO,** c. de España (Jaén); 8 401 hab. Industria alimentaria y metalúrgica.

**VILLANUEVA Y GELTRÚ** → ***Vilanova i la Geltrú.***

**VILLAR PONTE** (Antonio), escritor y político gallego (Vivero 1881-La Coruña 1936). Fue destacado autor de teatro social y galleguista (*Los evangelios de la risa absoluta [Os Evanxeos da risa absoluta],* 1934). Con su hermano **Ramón** (Vivero 1891-La Coruña 1953) fundó las Irmandades da fala y su órgano de expresión *A nosa terra,* uno de los puntales del nacionalismo gallego, y ambos publicaron *Nacionalismo* (1916) e *Historia sintética de Galicia* (1932). Fue fundador y diputado de la O.R.G.A. y diputado del Partido galleguista (1936).

**VILLARD** (Paul Ulrich), físico francés (Lyon 1860-Bayona 1934), descubridor de las radiaciones gamma de los cuerpos radiactivos (1900).

**VILLARICOS,** localidad de España (Cuevas de Almanzora, Almería). Poblado ibérico con necrópolis de influencia púnica (ss. V-IV a. J.C.). Junto a él se encontraba la colonia, primero púnica y luego griega, de Baria.

**VILLARINO,** partido de Argentina (Buenos Aires);

Cristóbal de **Villalpando:** *La Anunciación.*
(Pinacoteca virreinal, México.)

24 533 hab. Cab. *Médanos.* Minas de sal (Salina Chica). Gasoducto. Oleoducto.

**VILLARREAL** o **VILA-REAL,** c. de España (Castellón), cab. de p. j.; 37 660 hab. *(Villarrulenses.)* Centro agrícola e industrial. Iglesia barroca de San Jaime (s. XVIII). Ermita del s. XVI (museo municipal). Museo Tárrega. Fue fundada por Jaime I (1273).

**VILLARRICA,** c. de Paraguay, cap. del dep. de Guairá; 28 300 hab. Centro agrícola y comercial.

**VILLARRICA,** com. de Chile (Araucanía); 35 956 hab. Pesca. Centro turístico a orillas del *lago Villarrica.* Estación de deportes de nieve (1 800 m de alt.). Central hidroeléctrica.

**VILLARROBLEDO,** c. de España (Albacete), cab. de p. j.; 20 396 hab. (*Villarrobledanos* o *villarrobletanos.*) En La Mancha. Quesos y vinos. Iglesia renacentista de San Blas. Ayuntamiento (1599).

**VILLARROEL** (Gualberto), militar y político boliviano (Cochabamba 1910-La Paz 1946). Elegido presidente de la república tras derrocar a Peñaranda (1944), sus medidas sociales le enfrentaron con la oligarquía. Fue derrocado y ahorcado por los militares.

**VILLARRUBIA DE LOS OJOS,** v. de España (Ciudad Real); 9 064 hab. *(Villarrubieros.)* Industria alimentaria.

**VILLARS** (Claude Louis Hector, *duque* **de**), militar y diplomático francés (Moulins 1653-Turín 1734). En la guerra de Sucesión de España obtuvo las victorias de Friedlingen (1702), que le valió el título de mariscal, de Hochstadt (1703) y de Denain (1712). Plenipotenciario en la firma del tratado de Rastadt, fue ministro de Estado (1723) y defendió la política de acercamiento a España.

**VILLASANTE** (Koldo), teólogo y escritor español en lengua vasca (Guernica 1920-Aránzazu 2000). Presidente de la Academia de la lengua vasca (1970), ha publicado obras religiosas, lingüísticas y de historia literaria.

**VILLAURRUTIA** (Xavier), escritor mexicano (México 1903-*id.* 1950). Integrante del grupo Contemporáneos (1928-1931), tras escribir poesía (*Reflejos,* 1926) y relatos, aparecieron sus «nocturnos», recopilados en *Nostalgia de la muerte* (1938). Su labor de crítico está recogida en *Textos y pretextos* (1940).

**VILLAVA** o **ATARRABIA,** v. de España (Navarra); 7 569 hab. Núcleo industrial próximo a Pamplona.

**VILLAVA Y AIBAR** (Victorián **de**), jurisconsulto español (nacido en Zaragoza-Chuquisaca 1802). Como fiscal de la audiencia de Charcas (desde 1789) favoreció a los indios y luchó por la abolición de las mitas. Se le considera un precursor de las ideas emancipadoras.

**VILLAVERDE** (Cirilo), patriota y escritor cubano (San Diego de Núñez 1812-Nueva York 1894). Como escritor su actividad se concentra en la novela romántica antiesclavista (*Cecilia Valdés,* 1839-1879; *El guajiro,* 1890).

**VILLAVICENCIO,** c. de Colombia, cap. del dep. del Meta; 178 685 hab. Yacimientos de carbón.

**VILLAVICENCIO** (Antonio), patriota ecuatoriano (Quito 1775-Bogotá 1816). Fue gobernador de Tunja (1815) y Honda (1816), y miembro del triunvirato de Bogotá (1815). Fue fusilado por los realistas.

**VILLAVICIOSA,** v. de España (Asturias), cab. de p. j.; 15 093 hab. *(Villaviciosanos.)* Manzanos (elaboración de sidra). Iglesia de Santa María (s. XIII).

**Villaviciosa** *(batalla de),* batalla de la guerra de Sucesión española (1710), en los campos de Villaviciosa de Tajuña (Guadalajara). El triunfo del ejército filipista de Vendôme sobre Stanhope y Starhemberg determinó la ocupación de Aragón por Felipe V.

**Villaviciosa** *(batalla de),* victoria de las tropas angloportuguesas de Schomberg sobre las españolas del marqués de Caracena (17 junio 1665) en Montesclaros (Vila Viçosa, Portugal). La batalla decidió la independencia de Portugal respecto a España.

**VILLAVICIOSA DE ODÓN,** v. de España (Madrid); 13 143 hab. Agroindustria. Campus universitario.

**VILLAZÓN** (Eliodoro), político boliviano (Cochabamba 1849-† 1939), vicepresidente (1899-1906) y presidente (1909-1913) de la república.

**VILLEDA Y MORALES** (Ramón), político hondureño (Ocotepeque 1909-Nueva York 1971). Liberal, fue presidente de la república (1957-1963).

**VILLEGAS** (Antonio **de**), escritor español (¿Medina del Campo? *c.* 1522-† *c.* 1551). Encarna la reacción contra la corriente italianizante en poesía. Su obra más famosa (atribuida) es la novela morisca *Historia del Abencerraje y de la hermosa Jarifa* (1551).

**VILLEGAS** (Esteban Manuel **de**), escritor español (Matute 1589-Nájera 1669). Publicó una colección de poemas anacreónticos (*Eróticas o amatorias,* 1617-1618).

**VILLEGAS CORA** → *Cora.*

**VILLEHARDOUIN,** familia francesa originaria de Champagne. – **Geoffroi** o **Godofredo** (Villehardouin 1148-en Tracia *c.* 1213), mariscal de Champagne y mariscal de Romania tras participar en la cuarta cruzada, escribió una *Crónica* de la conquista de Constantinopla; – Su sobrino, **Godofredo I,** fue príncipe de Acaya* (1209-1229), título que heredaron sus hijos **Godofredo II** (1229-1246) y **Guillermo II** (1246-1278).

**VILLEJUIF,** mun. de Francia (Val-de-Marne), al S de París; 48 671 hab.

**VILLENA,** c. de España (Alicante), cab. de p. j.; 31 141 hab. (*Villenenses* o *vigerrenses.*) Minas de sal. Industrias. Castillo de origen musulmán, iglesia gótica y casas señoriales. En la sierra del Morrón se halló un tesoro de la edad del bronce (1600-1350 a. J.C.). Tomada por Jaime II de Aragón (1304), fue sede de un señorío que se convirtió en marquesado, muy disputado en el s. XV.

**VILLENA** *(marquesado y marqueses de),* título otorgado por Enrique II de Trastámara en 1366 al infante Alfonso de Aragón. Comprendía parte de las act. prov. de Cuenca, Valencia, Alicante, Murcia, Albacete y Almería. El título pasó a la corona en 1427. Cedido a Juan Pacheco (1445), perteneció a los Pacheco hasta el s. XIX.

**VILLENA** (Enrique **de**), escritor español (1384-Madrid 1434). Nieto bastardo de Enrique II de Castilla, nunca fue marqués de Villena, título que se le atribuye a veces. Escribió de forma erudita sobre medicina, poética (*Arte de trovar,* 1433), arte culinario (*Arte cisoria, c.* 1423), magia o astrología.

**VILLENEUVE** (Pierre Charles **de**), marino francés (Valensole 1763-Rennes 1806). Mandó la flota francoespañola que fue derrotada por la británica de Nelson en Trafalgar (1805), donde fue hecho prisionero. Tras ser liberado, se suicidó.

**VILLENEUVE-D'ASCQ,** c. de Francia (Nord); 65 695 hab. Museo de arte moderno.

**VILLENEUVE-LÈS-AVIGNON,** mun. de Francia (Gard), a orillas del Ródano; 10 785 hab. Residencia de verano de los papas en el s. XIV. Ant. cartuja (centro cultural). Museo.

**VILLETA,** mun. de Colombia (Cundinamarca); 19 515 hab. Caña de azúcar y café. Vacunos.

**VILLEURBANNE,** c. de Francia (Rhône), en la aglomeración industrial de Lyon; 119 848 hab. Museo de arte contemporáneo.

**VILLIERS DE L'ISLE-ADAM** (Auguste, *conde* **de**), escritor francés (Saint-Brieuc 1838-París 1889), autor de versos románticos, novelas, dramas *(Axel)* y, sobre todo, relatos (*Cuentos crueles,* 1883; *Historias insólitas,* 1888).

**VILLON** (François **de Montorbier,** llamado **François**), poeta francés (París 1431-† d. 1463). Llevó una vida aventurera, y póstumamente fueron publicados sus poemas (*Les lais,* llamado impropiamente *El pequeño testamento,* 1456; *Testamento,* 1461-1462; *Epitafio* o *La balada de los ahorcados,* 1463). Por la sinceridad de su acento se le considera un precursor de la sensibilidad moderna.

**VILLON** (Gaston **Duchamp,** llamado **Jacques**), pintor y grabador francés (Damville, Eure, 1875-Puteaux 1963). Inicialmente estuvo vinculado al cubismo y en una segunda etapa evolucionó hacia la abstracción de formas.

**VILNIUS** o **VILNA,** en polaco **Wilno,** en lituano **Wilnius,** c. y cap. de Lituania; 582 000 hab. Núcleo monumental antiguo. Arrebatada a Lituania en 1920, formó parte de Polonia hasta 1939.

**VIMIANZO,** v. de España (La Coruña); 8 433 hab. Minas de estaño. Industria maderera.

**VIMINAL** *(monte),* una de las siete colinas de Roma, al NE de la ciudad.

**VINALOPÓ,** comarca de España (Alicante), que comprende la cuenca del *río Vinalopó* (92 km). Agricultura de secano (vid) y regadío. Turismo (Costa Blanca).

**VINAROZ** o **VINARÒS,** c. de España (Castellón), cab. de p. j.; 19 902 hab. *(Vinarocenses.)* Centro agrícola y comercial. Puerto pesquero. Iglesia de la Asunción, con fachada barroca y portada lateral renacentista.

**VINCENNES,** c. de Francia (Val-de-Marne), al E de París; 42 651 hab. Castillo (s. XIV), ant. residencia real, prisión y sede de una manufactura de porcelanas (1738-1756), trasladada posteriormente a Sèvres. El *bosque de Vincennes* (parque zoológico, centro deportivo) pertenece a la ciudad de París.

**VINCENT** (Hyacinthe), médico francés (Burdeos 1862-París 1950). Describió la angina fusoespirilar *(angina de Vincent),* y durante la primera guerra mundial descubrió una vacuna contra la fiebre tifoidea y un suero contra la gangrena gaseosa.

**VINCES,** cantón de Ecuador (Los Ríos); 65 942 hab. Pesca. Elaboración de arroz. Centro comercial.

**VINCI** (Leonardo **da**) → ***Leonardo da Vinci.***

**VINDHYA** *(montes),* macizo de la India central, que se extiende en el Decán y domina al N la fosa del Narbada.

**VÍNNITSA,** c. de Ucrania, al SO de Kíev; 374 000 hab. Centro industrial.

**VINO** *(Tierra del),* comarca de España (Zamora y Valladolid), en el curso medio del Duero. Cultivos de vid, cereales y almendros. Industria vinícola.

**VINOGRÁDOV** (Iván Matvéievich), matemático soviético (Miloliub 1891-Moscú 1983). Es el principal representante de la escuela soviética de la teoría de los números.

**VINSON** *(monte),* punto culminante de la Antártida, en la parte O del continente; 5 140 m.

**VINTTER** *(lago)* → ***General Vintter.***

**VIÑA DEL MAR,** c. de Chile (Valparaíso); 302 765 hab. Unida a Valparaíso, es el principal centro turístico del país (playas). Industria textil, química y alimentaria. Central hidroeléctrica.

**VIÑALES,** mun. de Cuba (Pinar del Río); 24 892 hab. Centro agrícola (frutales y tabaco) y turístico.

**VIÑAS** (David), escritor argentino (Buenos Aires 1929). Sus novelas son de trasfondo político y antiautoritario (*Los dueños de la tierra,* 1958; *Los hombres a caballo,* 1968; *Cuerpo a cuerpo,* 1979).

**VIÑAS** (Francesc), tenor español (Moyá 1863-Barcelona 1933). Debutó en el Liceo de Barcelona en 1888, y desarrolló una carrera internacional.

**VIOLA** (José **Viola,** llamado **Manuel**), pintor español (Zaragoza 1919-San Lorenzo de El Escorial 1987). Miembro fundador del grupo El paso, el claroscuro marca su obra, dentro del informalismo abstracto.

**VIOLA** (Roberto Eduardo), militar argentino (Buenos Aires 1924-† 1994), sucesor de Videla al frente de la junta militar (marzo-dic. 1981). Procesado y condenado en 1985, fue indultado en 1991.

**VIOLLET-LE-DUC** (Eugène Emmanuel), arquitecto y teórico del arte francés (París 1814-Lausana 1879). Intervino en restauraciones de obras medievales, e interpretó los monumentos según un racionalismo científico algunas veces poco de acuerdo con la invención creadora de sus constructores, aunque gracias a él se salvaron numerosos monumentos. Es autor de dos *Diccionarios razonados,* uno de arquitectura (10 vols., 1854-1868) y el otro de mobiliario (6 vols., 1858-1875) de la edad media francesa. En *Conversaciones sobre la arquitectura* (1863-1872) sentó las bases de una nueva escuela racionalista.

**VIOTÁ,** mun. de Colombia (Cundinamarca); 15 414 hab. Caña de azúcar y café. Ganado vacuno.

**VIOTTI** (Giovanni Battista), violinista y compositor piamontés (Fontanetto Po 1755-Londres 1824). Director de la ópera de París, es uno de los creadores, por sus conciertos, de la escuela moderna del violín.

**VIRACOCHA,** principal divinidad del panteón incaico, probablemente de culto muy anterior en el Perú. Creador de todas las cosas, se le representaba en los templos con apariencia humana y tuvo características de héroe civilizador similares a las del mexicano Quetzalcóatl.

**VIRACOCHA,** soberano inca († 1438). Hijo de Yahuar Huacac, su nombre era Hatun Túpac, que cambió al acceder al trono (fines s. XIV). Aliado a lupaca y quechuas, amplió los límites del reino en detrimento de los colla y los chanca. Le sucedió su hijo Pachacuti.

**VIRASORO** (Miguel Ángel), filósofo argentino (Santa Fe 1900-Buenos Aires 1966). Intentó armonizar la filosofía existencialista y la dialéctica de Hegel (*La libertad, la existencia y el ser,* 1942).

**VIRASORO** (Rafael), filósofo argentino (Esperanza, Santa Fe, 1906). Su pensamiento, de raíz ética, ahonda en la axiología de Max Scheler (*Existencialismo y moral,* 1957).

**VIRCHOW** (Rudolf), médico y político alemán (Schivelbein, Pomerania, 1821-Berlín 1902). Creador de la patología celular. Acuñó el término Kulturkampf y apoyó a Bismarck en su lucha contra los católicos.

**Virgen de las rocas** *(La),* cuadro de altar de Leonardo da Vinci (óleo sobre tela), comenzado *c.* 1482-1483 y del que existen dos versiones autógrafas (Louvre y galería nacional de Londres).

**Virgen de Vladímir,** icono del s. XII (galería Tretiakov, Moscú), obra del arte bizantino que fue trasladada desde Constantinopla por un príncipe ruso y ofrecida a la catedral de Vladímir; fue el modelo para diferentes variantes de iconos representando la Virgen y el Niño.

**VÍRGENES** *(cabo),* cabo de Argentina, en la costa atlántica (Santa Cruz), situado al N del estrecho de Magallanes. Es una zona pesquera.

**VÍRGENES** *(islas),* en ingl. **Virgin Islands,** archipiélago de las Pequeñas Antillas, al E de Puerto Rico, dividido entre **Islas Vírgenes británicas** (*Tórtola, Anegada, Virgen Gorda,* etc.); 153 km²; 11 000 hab.; cap. *Road Town,* en Tórtola, e **Islas Vírgenes norteamericanas** (*Santo Tomás, Santa Cruz* y *San Juan*); 352 km²; 112 000 hab.; cap. *Charlotte Amalie,* en Santo Tomás. Fueron descubiertas por Colón en su segundo viaje (4 oct. 1493).

**VIRGILI** (Pedro), cirujano español (Vilallonga del Camp 1699-Barcelona 1776). Introdujo en España los grandes adelantos de la medicina francesa con la creación de los colegios de cirugía de Cádiz (1748) y Barcelona (1760) y la transformación radical de los planes de estudio.

**VIRGILIO,** poeta latino (Andes [act. Pietole], cerca de Mantua, *c.* 80 a. J.C.-Brindisi 19 a. J.C.). De origen provinciano y modesto, miembro del círculo culto de Asinio Pollio, compuso las *Bucólicas** (42-39 a. J.C.). Amigo de Octavio, conoció a Mecenas y a Horacio y se estableció en Roma, donde publicó las *Geórgicas** (39-29 a. J.C.). Después comenzó una gran epopeya nacional, la *Eneida**, que no pudo terminar. Su influencia en las literaturas latina y occidental ha sido inmensa, y su gran fama dio origen a un ciclo de leyendas.

**VIRGINIA,** estado del E de Estados Unidos, en el Atlántico; 6 187 358 hab. Cap. *Richmond.*

**VIRGINIA (La),** mun. de Colombia (Risaralda); 24 558 hab. Pastos (ganado vacuno).

**VIRGINIA BEACH,** c. de Estados Unidos (Virginia), junto a la costa atlántica; 393 069 hab. Estación balnearia.

**VIRGINIA OCCIDENTAL,** estado del centroeste de Estados Unidos, en la vertiente O de los Apalaches; 1 793 477 hab. Cap. *Charleston.* Hulla.

**VIRGO,** constelación zodiacal situada de una y otra parte del ecuador celeste. — Sexto signo del zodíaco que el sol abandona en el equinoccio de otoño.

**VIRIATO,** caudillo lusitano (¿Mons Herminius [sierra de Estrela]?-† 139 a. J.C.). En 147 a. J.C. encabezó la lucha de guerrilla contra los romanos, y se apoderó de la Hispania Ulterior. Derrotado en 145, se replegó a Lusitania, donde le fue reconocido su caudillaje a cambio de abandonar la lucha (140). Tras su asesinato, Roma conquistó Lusitania.

**Viridiana,** película española de Luis Buñuel (1961), interpretada por Silvia Pinal, Fernando Rey y Francisco Rabal. Representación esperpéntica de lo sagrado y lo profano, obtuvo el gran premio en el festival de Cannes.

**Virú** *(cultura),* cultura precolombina de Perú (*valle del Virú,* La Libertad), desarrollada entre 500 a. J.C. y 350 d. J.C. Sobresale la cerámica, pintada según la técnica del negativo. A veces se la denomina *Gallinazo* por el nombre de su yacimiento principal.

**VIRUÉS** (Cristóbal **de**), escritor español (Valencia 1550-† 1609). Escribió poesía lírica, épica (*El Montserrate,* 1587 y 1602) y tragedias de acentuado patetismo.

**VIRUNGA** o **BIRUNGA** *(montes),* macizo volcánico en la frontera de Ruanda, Uganda y la Rep. Dem. del Congo (ex Zaire); 4 507 m en el Karisimbi.

**VIS,** ant. **Lissa,** isla croata del Adriático. Cap. *Vis.* Victoria naval austriaca sobre los italianos (1866).

**VISAKHAPATNAM** o **VISHAKHAPATNAM,** c. y puerto de la India (Andhra Pradesh), junto al golfo de Bengala; 1 051 918 hab. Centro industrial.

**VISAYAS, VISAYAN** o **BISAYAS,** grupo de islas de Filipinas, entre Luzón y Mindanao, que incluye las islas de Cebú y Leyte; 61 077 km²; 9 274 000 hab. aprox.

**VISBY,** c. de Suecia, cap. de la isla y län de Gotland; 21 000 hab. Ciudad histórico-artística. Turismo. Museo vikingo.

**VISCARDO** o **VIZCARDO** (Juan Pablo), independentista hispanoamericano (Pampacolca, Perú, 1748-Londres 1798). Jesuita, vivió en Italia y en Londres, donde solicitó ayuda para los independentistas de Hispanoamérica y publicó el manifiesto *Carta dirigida a los españoles americanos* (1791).

**VISCHER,** familia de fundidores y escultores de Nuremberg de los ss. XV-XVI. **Peter el Viejo** (*c.* 1460-1529) y sus cuatro hijos llevaron a cabo una importante producción de esculturas funerarias, cuyo estilo decorativo evolucionó hacia una progresiva adhesión al italianismo (mausoleo o «relicario» de san Sebaldo [1488-1519], de latón, Nuremberg).

**VISCONTI,** familia italiana, cuya rama más conocida dominó Milán de 1277 a 1447. Sus miembros más conocidos son: **Mateo I** (Invorio 1250-Crescenzago 1322), vicario imperial de Lombardía (1294); — **Juan-Galeazo** (1351-Melegnano 1402), que obtuvo del emperador el título de duque de Milán (1395) y de Lombardía (1397). — **Juan María** (1389-1412), duque de Milán de 1402 a 1412; — **Felipe María** (1392-1447), duque de Milán de 1412 a 1447. A la muerte de este último, la rama ducal se extinguió; en 1450, el poder pasó a Francisco Sforza, que se había casado con una hija natural de Felipe María.

**VISCONTI** (Luchino), director de teatro y cine italiano (Milán 1906-Roma 1976). Supo conjugar la fastuosidad de un arte refinado y lírico y el rigor de la denuncia social: *Obsesión* (1943), *La tierra tiembla* (1950), *Senso* (1954), *Rocco y sus hermanos* (1960), *El gatopardo* (1963), *Muerte en Venecia* (1971).

Luchino **Visconti:** *El gatopardo* (1963) con Alain Delon y Claudia Cardinale

la cultura **virú:** cerámica que representa una escena de parto

**VISEU,** en esp. **Viseo,** c. de Portugal, en Beira, cap. de distr., en la cuenca del Mondego; 16 600 hab. Centro comercial. Destilerías. Aeropuerto. Catedral (s. XII), de bóveda manuelina, con claustro y sacristía del s. XVI, y portada del s. XVII. La antigua *Vacca* (o *Cava*) lusitana, fue conquistada por los musulmanes (714). Zona en continua disputa, fue definitivamente reconquistada por Fernando I (1057 o 1058).

**VISNÚ,** divinidad hinduista que es el principio de conservación del mundo. A veces adopta formas humanas (*avatāra* o encarnaciones).

**Visnú.** Bronce. Arte de los chola, s. XII. (Museo nacional, Madrás.)

**VISO** *(monte),* montaña de los Alpes occidentales, entre Francia e Italia; 3 841 m.

**VISO DEL ALCOR (El),** v. de España (Sevilla); 15 107 hab. *(Visueños.)* Industria alimentaria. Hilados.

**VISO DEL MARQUÉS,** v. de España (Ciudad Real); 3 075 hab. *(Viseños.)* Palacio renacentista del marqués de Santa Cruz (s. XVI), que alberga el archivo de la marina y el museo Bazán.

**Vísperas sicilianas,** levantamiento popular de Sicilia (30 marzo 1282) contra la tiranía de Carlos de Anjou, asesino de los legítimos sucesores al trono, Manfredo y Conradino Hohenstaufen. El levantamiento se produjo el lunes de Pascua, mientras se tocaban vísperas. Los sicilianos ofrecieron la corona a Pedro el Grande de Aragón (apoyado por el emperador bizantino Miguel VIII Paleólogo y casado con la hija de Manfredo), quien venció a los franceses y fue coronado rey de Sicilia en Palermo. — G. Verdi escribió una ópera sobre este acontecimiento (*Las vísperas sicilianas,* 1855).

**VISTA HERMOSA,** mun. de Colombia (Meta); 19 089 hab. Agricultura.

**VISTAHERMOSA,** mun. de México (Michoacán); 15 527 hab. Economía agropecuaria e industrias derivadas.

**VÍSTULA,** en polaco **Wisła,** principal río de Polonia; 1 068 km (cuenca de 194 000 km²). Nace en los Cárpatos, pasa por Cracovia y Varsovia y desemboca en el Báltico, en la bahía de Gdańsk.

**VITACURA,** com. de Chile (Santiago); 78 010 hab. En el Gran Santiago.

**VITAL** *(san)* → **Vidal.**

**VITALE** (Ida), poeta uruguaya (Montevideo 1924). En su poesía se aúnan lucidez e intensa emoción (*La luz de esta memoria,* 1949; *Oidor andante,* 1972; *Jardín de Sílice,* 1981).

**VÍTEBSK,** c. y puerto de Bielorrusia, a orillas del Dvina occidental; 350 000 hab. Centro industrial.

**VITELIO** (Aulo) [15 d. J.C.-Roma 69], emperador romano [69]. Proclamado emperador por las legiones de Germania, venció a Otón en Bedriacum (69). Tras ser derrotado por los partidarios de Vespasiano en Cremona, fue asesinado por el pueblo.

**VITERBO,** c. de Italia (Lacio), cap. de prov., al NO de Roma; 58 353 hab. Barrio medieval y numerosos monumentos, como el ant. palacio de los papas, del s. XIII.

**VITERICO** († 610), rey de los visigodos [603-610]. Dirigió una sublevación arriana en Lusitania (588). Elegido rey (602), depuso y asesinó a Liuva II.

**VITI** (Santiago **Martín,** llamado **el**), matador de toros español (Vitigudino 1938). Tomó la alternativa en Madrid en 1961 y se retiró en 1978. Su toreo destacó por la sobriedad y el dominio.

**VITI LEVU,** la mayor de las islas Fidji; 10 400 km²; 395 000 hab. Aeropuerto.

**VITIER** (Cintio), escritor cubano (La Habana 1921). Su poesía es de tono reflexivo (*Testimonios,* 1969, recopilación; *Poemas de mayo y junio,* 1990). Ha cultivado también la crítica y el ensayo.

**VITIGES** († en Asia 542), rey de los ostrogodos de Italia de 536 a 540, derrotado por los bizantinos.

**VITIM,** r. de Rusia, en Siberia, afl. del Liena (or. der.); 1 837 km (cuenca de 225 000 km²).

**VITIZA** o **WITIZA** († 710), rey de los visigodos [702-710], asociado al trono por su padre Égica (*c.* 698). Fue padre de Akhila.

**VITO** o **GUIDO** *(san),* mártir (¿s. IV?). Su culto era muy popular en la edad media; se le invocaba contra la epilepsia y ciertas enfermedades nerviosas (*baile* o *mal de San Vito*).

**VITORIA** *(Llanada de),* comarca de España (Álava), entre las montañas Vascas, al N, y los montes de Vitoria, al S. Agricultura muy tecnificada. Destacan los núcleos de Vitoria y Salvatierra.

**VITORIA** o **GASTEIZ,** c. de España, cap. del País Vasco y de la prov. de Álava y cab. de p. j.; 209 704 hab. *(Vitorianos.)* Desarrollada en torno al núcleo medieval fundado por Sancho el Sabio de Navarra (1181) sobre la aldea de Gasteiz, emplazada en un cerro, la c. moderna se extiende en barrios industriales hacia el río Zadorra. Industrias diversas. Aeropuerto de Foronda. Catedral vieja, gótica (ss. XIV-XV); iglesias y mansiones góticas y renacentistas. Plaza de España, neoclásica (s. XVIII); palacio de Ajuria-Enea (1920), sede de la presidencia del gobierno autónomo vasco. Museos. En la guerra de la Independencia, victoria del ejército aliado mandado por Wellington sobre las tropas francesas en retirada (21 junio 1813).

**VITÓRIA,** c. y puerto de Brasil, en la *isla Vitória,* cap. del est. de Espíritu Santo; 258 245 hab.

**VITORIA** (Francisco **de**), jurista y teólogo español (Burgos *c.* 1483-Salamanca 1546). Dominico, fue profesor de teología en París, Valladolid y (desde 1526) Salamanca. Propugnó un «derecho de gentes» o internacional, cuya autoridad había de ser reconocida por la comunidad universal de los distintos estados. Su obra teológica y jurídica se recoge en *Relectiones theologicae,* entre ellas *De potestate ecclesiae* (1532) y *De iure belli* (1539) y *De indis* (1539). Es autor también de comentarios a la *Summa theologica* de santo Tomás de Aquino.

**VITRAC** (Roger), escritor francés (Pinsac, Lot, 1899-París 1952), uno de los iniciadores del teatro surrealista (*Los misterios del amor,* 1924).

**VITRUBIO,** ingeniero militar y arquitecto romano del s. I a. J.C., autor del tratado *De architectura,* cuyas copias y traducciones realizadas a partir del s. XV influyeron en la evolución del clasicismo europeo.

**VITRY-SUR-SEINE,** c. de Francia (Val-de-Marne), a orillas del Sena; 82 820 hab. Centro industrial.

**VITTE** o **WITTE** (Serguéi Yúlievich, *conde*), político ruso (Tbilisi 1849-Petrogrado 1915). Ministro de Finanzas (1892-1903), favoreció la industrialización gracias a la afluencia de capital extranjero. Llamado por Nicolás II durante la revolución de 1905, fue destituido cuando se restableció el orden (1906).

**VITTORINI** (Elio), escritor italiano (Siracusa 1908-Milán 1966). Sus novelas constituyen un análisis sociológico y dramático de las clases desheredadas *(Las mujeres de Messina).*

**Vittorio Veneto** *(batalla de)* [24 oct. 1918], victoria decisiva de los italianos de Diaz frente a los austríacos, que condujo a la firma del armisticio de Villa Giusti.

**VIVALDI** (Antonio), llamado **Il Prete rosso,** violinista y compositor italiano (Venecia 1678-Viena 1741). Fue ordenado sacerdote, pero por falta de salud no pudo ejercer su ministerio y fue nombrado profesor de violín del conservatorio del hospital de la Piedad de Venecia. Escribió sus obras para los huérfanos acogidos en dicha institución. Célebre virtuoso, su personalidad queda reflejada en las piezas para violín. También fijó definitivamente la estructura del concierto en tres partes. Escribió óperas y música religiosa, pero su reputación proviene especialmente de la música instrumental (sonatas, conciertos para uno o varios solistas, algunos de ellos agrupados en colecciones [*La fantasía armónica; El fundamento de la armonía y de la invención,* c. 1725, que contiene «Las cuatro estaciones»]).

Antonio **Vivaldi** (museo municipal, Bolonia)

**VIVANCO** (Luis Felipe), escritor español (San Lorenzo de El Escorial 1907-Madrid 1975). Poeta en una línea de lirismo religioso e intimista (*Los caminos,* 1974, antología), cultivó también la crítica literaria.

**VIVANCO** (Manuel Ignacio **de**), militar y político peruano (Valparaíso 1806-*id.* 1873). Jefe de la Legión peruana en el exilio (1837), asumió el poder en 1843, pero fue derrotado por Castilla y Nieto (1844). Sublevado contra el liberalismo, fue vencido en 1857-1858. Ministro de la Guerra, gestionó el *tratado Vivanco-Pareja* (1865), por el que los españoles abandonaban las islas Chincha a cambio de una indemnización.

**VIVARINI,** familia de pintores venecianos. Sus miembros más destacados fueron **Antonio** (Murano *c.* 1420-† d. 1470), su hermano **Bartolomeo** (Murano *c.* 1430-† d. 1491) y **Alvise** (Venecia *c.* 1445-*id. c.* 1505), hijo de Antonio.

**Vivendi Universal,** grupo empresarial francés con participación en diversos sectores (energía, construcción e inmobiliaria, saneamiento, telecomunicaciones y transportes). Creado en 1853 como Compagnie Générale des Eaux, en 1998 adquirió el grupo de comunicación francés Havas y en 2000 la sociedad canadiense Seagram.

**VIVERO** o **VIVEIRO,** c. de España (Lugo), cab. de p. j.; 14 877 hab. *(Vivarienses.)* Centro industrial y pesquero.

**VIVES** (Amadeo), compositor español (Collbató, Barcelona, 1871-Madrid 1932). Colaboró con L. Millet en la fundación del Orfeó català (1891) y consiguió grandes éxitos en el campo de la zarzuela (*Bohemios,* 1903; *Maruxa,* 1913; *Doña Francisquita,* 1923).

**VIVES** (Juan Luis), humanista y filósofo español (Valencia 1492-Brujas 1540). Estudió en París y residió más tarde en Brujas y en Oxford, de cuya universidad fue profesor. Su filosofía es crítica respecto a la escolástica, y de orientación ecléctica. Destacan entre sus obras *De anima et vita* (1538) y *De tradendis disciplinis* (1531), su principal aportación a la pedagogía.

**VIVES Y TUTÓ** (José), prelado español (San Andrés de Llavaneras, Barcelona, 1854-Monte Porgio, junto a Roma, 1913). Preparó el concilio plenario de América latina (1898) y fue asesor de León XIII y Pío X en la reforma canónica y los documentos contra el modernismo.

**VIVÓ** (Jorge A.), geógrafo y antropólogo mexicano de origen cubano (La Habana 1906-México 1979). Cofundador de la Sociedad mexicana de antropología, fue director de *México prehispánico* (1946), *Anuario de geografía* (1961-1979) y *Anales de geografía* (1975-1979), y autor de *Razas y lenguas indígenas de México* (1941), así como de numerosos trabajos sobre recursos naturales.

**VIVÓ** (Ricardo), violonchelista español (Madrid 1919-*id.* 1980). Destacó en la interpretación de música de cámara y fue catedrático del conservatorio de Madrid desde 1962.

**VIX,** mun. de Francia (Côte-d'Or); 95 hab. Yacimiento de la edad del hierro. En una sepultura del s. V a. J.C. se halló en 1953 un tesoro con una crátera de bronce de origen griego.

**VIZCAÍNO** *(desierto),* desierto de México, en la fachada del Pacífico de la península de Baja California. Está accidentado por la *sierra de Vizcaíno* (1 854 m de alt.), y ocupado por lagunas saladas.

**VIZCAÍNO** (Sebastián), marino español († d. 1616). Desde Nueva España, realizó expediciones a California (1596-1597 y 1602) y viajó a Extremo oriente (1604) y a Japón (1611), con R. de Vivero.

**VIZCAYA** *(golfo de)* o **GOLFO DE GASCUÑA,** en fr. **golfe de Gascogne** o **Biscaye,** amplio entrante del océano Atlántico en las costas de España y Francia. En las costas españolas del País Vasco, la profundidad aumenta bruscamente. Caladeros de pesca. Petróleo.

**VIZCAYA** [en vasc. **Bizkaia**] *(provincia de),* prov. del N de España, en el País Vasco; 2 210 km²; 1 156 245 hab. Cap. *Bilbao.* P. j. de *Baracaldo, Bilbao, Durango, Guecho, Guernica y Luno* y *Valmaseda.* Presenta un sector montañoso al S (Gorbea, 1 475 m); en el centro, la depresión del Nervión, y al N la costa, separada de la anterior por un cordón de colinas prelitorales. La agricultura y la pesca han perdido importancia económica ante la industria, concentrada en la ría del Nervión.

**VLAANDEREN** → *Flandes.*

**VLAARDINGEN,** c. y puerto de Países Bajos (Holanda Meridional), junto al Mosa, en el área suburbana O de Rotterdam; 73 719 hab. Centro industrial.

**VLADIKAVKÁS,** de 1954 a 1990 **Ordzhonikidze,** c. de la Federación de Rusia, cap. de la República de Osetia del Norte, en el Cáucaso; 300 000 hab. Centro industrial.

**VLADÍMIR,** c. de Rusia, al NE de Moscú; 350 000

VIZCAYA

hab. Centro industrial. Iglesia del s. XII. Ant. cap. del *principado de Vladímir-Súzdal.*

**VLADIMIRO I el Santo** o **el Grande** (*c.* 956-1015), gran príncipe de Kíev [980-1015]. Recibió el bautismo e impuso el cristianismo de rito bizantino a su pueblo (*c.* 988). – **Vladimiro II Monómaco** (1053-1125), gran príncipe de Kíev [1113-1125]. Escribió una *Instrucción* que es una de las primeras obras de la literatura rusa.

**VLADÍMIR-SÚZDAL** *(principado de),* estado ruso que se desarrolló en el s. XII cuando el príncipe Andréi Bogoliubski [1157-1174] abandonó Kíev para establecerse en Vladímir. Su desarrollo se vio interrumpido en 1238 por la conquista mongol.

**VLADIVOSTOK,** c. y puerto de Rusia, junto al mar de Japón, en la terminal del ferrocarril transiberiano; 648 000 hab. Centro industrial. La ciudad fue fundada en 1860.

**VLAMINCK** (Maurice **de**), pintor francés (París 1876-Rueil-la-Gadelière 1958). Fundamentalmente paisajista, fue uno de los maestros del fauvismo.

**VLÁSOV** (Andréi Andréievich), general soviético (Lomákino, Nizhni Nóvgorod, 1900-Moscú 1946). Tras haber luchado en el Ejército rojo, fue hecho prisionero por los alemanes y aceptó trabajar para ellos (1942); formó un ejército llamado «de la liberación rusa». En 1945, fue capturado por los norteamericanos, quienes lo entregaron a los soviéticos. En 1946 fue ahorcado.

**VLISSINGEN** → ***Flessinga.***

**VLORË** o **VLORA,** en ital. **Valona,** c. y puerto de Albania, junto al canal de Otranto; 55 000 hab.

**VLTAVA,** en alem. **Moldau,** en esp. **Moldava,** r. de la República Checa (Bohemia), afl. del Elba; 434 km. Pasa por Praga. Hidroelectricidad.

**VÔ NGUYÊN GIAP** → ***Giap.***

**VOGELWEIDE** (Walther **von der**), poeta alemán (*c.* 1170-Wurzburgo *c.* 1230). El primer *Minnesänger* (trovador) que utilizó sus poesías (en las que atacó al papado) como arma política.

**VOJVODINA** o **VOIVODINA,** región de Yugoslavia, que constituye una región autónoma de la república de Serbia, al N del Danubio; 21 506 km²; 2 043 000 hab.; cap. *Novi Sad.* Cuenta con una importante minoría húngara.

**VOLCÁNICA** *(cordillera),* sistema montañoso de Costa Rica, que se extiende desde la frontera con Nicaragua, al N, hasta el centro del país. Abarca las cordilleras de Guanacaste y Central; 3 432 m de alt. en el volcán Irazú.

**VOLGA,** r. de Rusia, el más largo de Europa; 3 690 km (cuenca de 1 360 000 km²). Nace en la meseta del Valdái, atraviesa Yaroslav, Nizhni Nóvgorod, Kazán, Samara, Sarátov, Tsaritsin y Astraján y desemboca en el mar Caspio por un amplio delta. Es una importante arteria navegable (más de la mitad del tráfico fluvial ruso) que se comunica con el mar Blanco y el Báltico (canal Volga-Báltico), con el mar de Azov y el mar Negro (canal Volga-Don). En su curso existen importantes instalaciones hidroeléctricas.

**VOLGA** *(República de los alemanes del),* ant. república autónoma de la R.S.F.S. de Rusia (U.R.S.S.) [1924-1945], en el curso inferior del Volga, en la que vivían descendientes de colonos alemanes establecidos por Catalina II.

**VOLGOGRADO** → ***Tsaritsin.***

**VOLINIA,** en polaco **Wołyń,** en ruso **Volín,** región del NO de Ucrania. Fue incorporada a Lituania (s. XIV) y más tarde a Polonia (1569). Rusia la anexionó en 1793-1795. Fue de nuevo dividida entre la U.R.S.S. y Polonia (1921), y en 1939, todo el territorio pasó a formar parte de Ucrania soviética.

**VÖLKLINGEN,** c. de Alemania (Sarre), al NO de Sarrebuck; 43 471 hab. Hulla. Metalurgia.

**Volkswagen,** empresa alemana de fabricación de automóviles, fundada en 1937 en Wolfsburg para la producción en serie de un coche popular. Figura entre las principales productoras europeas.

**VÓLOGDA,** c. de Rusia, al NE de Moscú; 283 000 hab.

**VOLOGESO,** nombre de cinco reyes partos Arsácidas. El más importante fue **Vologeso I,** que reinó de 50/51 a 77 aprox. y cedió la corona de Armenia a su hermano Tirídates.

**VÓLOS,** c. y puerto de Grecia (Tesalia), junto al *golfo de Vólos,* en el mar Egeo; 77 907 hab.

**Volpone** o **El zorro,** comedia de cinco actos y en verso de Ben Jonson (1606).

**VOLTA,** r. de Ghana, formado por la unión del Mouhoun (ant. *Volta Negro*), del Nakambe (ant. *Volta Blanco*) y del Nazinon (ant. *Volta Rojo*), que nacen en Burkina Faso. Desemboca en el golfo de Guinea. En su curso inferior, la presa de Akosombo dio lugar al *lago Volta* (más de 8 000 km²).

**VOLTA (Alto)** → ***Burkina Faso.***

**VOLTA** (Alessandro, *conde*), físico italiano (Como 1745-*id.* 1827), inventor del eudiómetro (1776) y de la pila eléctrica (1800).

**VOLTA REDONDA,** c. de Brasil, al NO de Río de Janeiro; 220 086 hab. Siderurgia.

**VOLTAIRE** (François Marie **Arouet,** llamado), escritor francés (París 1694-*id.* 1778). Exiliado en Gran Bretaña, elogió su sistema político en *Cartas filosóficas sobre Inglaterra* (1734). Admirador de los clásicos del s. XVII, escribió la epopeya *Henriade* (1728) y la tragedia *Zaïre* (1732). Expresó sus ideas liberales, racionalistas y anticlericales a través de poemas (*Poema sobre el desastre de Lisboa,* 1756), cuentos y novelas cortas (*Zadig,* 1747; *Cándido,* 1759), ensayos históricos (*El siglo de Luis XIV,* 1751; *Ensayo sobre las costumbres y el espíritu de las naciones,* 1756) y su *Diccionario filosófico* (1764).

**VOLTERRA,** c. de Italia, en Toscana (prov. de Pisa); 12 885 hab. Puerta del Arco, muralla y necrópolis, ruinas de Velathri (en lat. *Volaterrae*), poderosa ciudad etrusca tomada por los romanos en 81-80 a. J.C. Monumentos medievales. Catedral (ss. XII-XIII y XVI). Museos.

**VOLTERRA** (Daniele **Ricciarelli,** llamado **Daniele da**), pintor y escultor italiano (Volterra 1509-Roma 1566). Trabajó en Roma, donde fue influido por Miguel Ángel y Rafael, dentro de la corriente manierista romana.

**VOLTERRA** (Vito), matemático italiano (Ancona 1860-Roma 1940), uno de los creadores del análisis funcional que aplicó a problemas de biología y de física.

**VOLUBILIS,** yacimiento arqueológico de Marruecos, al N de Mequínez. Importantes ruinas romanas (termas, templo, arco de Caracalla, etc.).

**VOLZHSKI,** c. de Rusia, junto al Volga, frente a Tsaritsin; 269 000 hab.

**vorágine** *(La),* novela de J. E. Rivera (1924), en la que la selva colombiana se convierte en protagonista. Es una de las obras más representativas de la narrativa regionalista.

**VORÁGINE** (Jacobo **de**) → ***Jacobo.***

**VORARLBERG,** estado de Austria, al O del macizo de Arlberg; 2 601 km²; 307 000 hab. cap. *Bregenz.*

**VORÓNEZH,** c. de Rusia, cerca del Don; 887 000 hab. Centro industrial.

**VOROSHÍLOV** (Kliment Efrémovich), mariscal soviético (Vierjni, Ucrania, 1881-Moscú 1969). Defendió Tsaritsin contra los rusos blancos, y fue nombrado comisario del pueblo para la Defensa (1925-1940) y posteriormente, presidente del presidium del soviet supremo de la U.R.S.S. (1953-1960).

Alessandro **Volta** (grabado de A. Tardieu)

**Voltaire** (Quentin de La Tour - palacio de Versalles)

**VOROSHILOVGRAD** → ***Lugansk.***

**VÖRÖSMARTY** (Mihály), poeta húngaro (Kápolnásnyék 1800-Pest 1855), autor de dramas románticos y de poemas épicos (*La huida de Zalán,* 1825).

**VORSTER** (Balthazar Johannes), político sudafricano (Jamestown 1915-El Cabo 1983). Tanto en el cargo de primer ministro [1966-1978] como en el de presidente de la república [1978-1979], practicó una rigurosa política de apartheid.

**VOS** (Cornelis **de**), pintor flamenco (Hulst *c.* 1584-Amberes 1651), famoso como retratista.

**VOS** (Maarten **de**), pintor flamenco (Amberes *c.* 1532-*id.* 1603), manierista ecléctico e italianizante, fue discípulo de F. Floris de Vriendt.

**VOSGES,** dep. de Francia (Lorena); 5 874 km²; 386 258 hab. Cap. *Epinal.*

**VOSGOS,** en fr. **Vosges,** macizo montañoso del NE de Francia, boscoso en gran parte, entre las regiones de Lorena y Alsacia; 1 424 m en el *ballon* de Guebwiller.

**VOSS** (Johann Heinrich), poeta alemán (Sommersdorf, Mecklemburgo, 1751-Heidelberg 1826), autor de la epopeya campesina y burguesa *Luisa* (1795).

**VOSSIUS** (Gerardus Johannis), humanista holandés (Heidelberg 1577-Amsterdam 1649). Publicó obras pedagógicas para el estudio del griego y del latín así como trabajos sobre el estudio de las religiones. – Su hijo **Isaäcus** (Leiden 1618-Windsor 1689) fue bibliotecario de Cristina de Suecia.

**VOSSLER** (Karl), filólogo alemán (Hohenheim, Stuttgart, 1872-Munich 1949), estudioso de las lenguas y literaturas románicas, muy influido por Croce (*Positivismo e idealismo en la ciencia del lenguaje,* 1904).

**Vouillé** *(batalla de),* victoria de Clodoveo I sobre el visigodo Alarico II (que murió en el combate) en Vouillé, cerca de Poitiers (507). Significó el fin del reino visigodo de Tolosa.

**Voyager 1** y **2,** sondas espaciales automáticas norteamericanas, lanzadas en 1977 y destinadas a la exploración de Júpiter (sobrevolado en 1979), Saturno (sobrevolado en 1980 y 1981), y más tarde de Urano y Neptuno (sobrevolados por el Voyager 2 en 1986 y 1989 respectivamente).

**voz a ti debida** *(La),* libro de poemas de Pedro Salinas (1933), de hondo contenido amoroso.

**VRACA,** c. del NO de Bulgaria, al pie de los Balcanes; 73 000 hab.

**VRANGEL** → ***Wrangel.***

**VRANITZKY** (Franz), político austríaco (Viena 1937), canciller de la república de Austria de 1986 a 1997.

**VREDEMAN DE VRIES** (Hans), dibujante, pintor y arquitecto neerlandés (Leeuwarden 1527-† *c.* 1604). Publicó en Amberes tratados de arquitectura y perspectiva así como colecciones con grabados de adornos de estilo manierista italiano y de la escuela de Fontainebleau que tuvieron un gran éxito en el N de Europa.

**VRIES** (Hugo **de**), botánico neerlandés (Haarlem 1848-Lunteren 1935). Descubrió las *mutaciones,* piedra angular de la doctrina de la evolución.

**VRUBEL** (Mijaíl), pintor ruso (Omsk 1856-San Petersburgo 1910), figura importante del simbolismo y del modernismo.

**VUILLARD** (Edouard), pintor francés (Cuiseaux 1868-La Baule 1940). Integrante del grupo de los nabis, representó la tendencia más intimista.

**VULCANO,** dios romano del fuego y de la metalurgia, asimilado al griego *Hefesto.*

**Vulgata,** traducción latina de la Biblia, obra de san Jerónimo. Reconocida como versión oficial de la Iglesia latina, fue aprobada en el concilio de Trento en 1546.

**VUNG TAV,** c. y puerto del S de Vietnam; 123 528 hab.

# W

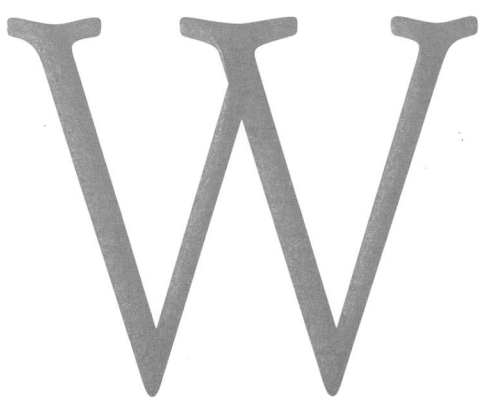

**WAAL,** r. de Países Bajos, brazo meridional del delta del Rin. Pasa por Nimega antes de unirse al Mosa.

**WACE,** poeta anglonormando (Jersey *c.* 1100-† 1175). Autor del *Roman de Brut,* que inicia el ciclo de las aventuras del rey Artús en lengua vulgar, y del *Roman de Rou* o *Gesta de los normandos.*

**WACKENRODER** (Wilhelm Heinrich), poeta alemán (Berlín 1773-*id.* 1798), promotor del romanticismo (*Efusiones sentimentales de un monje enamorado de las artes,* 1797).

**WAD (El-),** ant. **El-Oued,** oasis del Sahara argelino, en el Souf; 72 000 hab.

**WADDENZEE** o **MAR DE LOS WADDEN,** parte del mar del Norte, entre el continente y el archipiélago de Frisia.

**WADIH,** cabecilla de al-Andalus († Córdoba 1011). Oficial de Almanzor, fue gobernador de la frontera superior y de las posesiones del Mogreb.

**Wad-ras** *(batalla de),* victoria de las tropas españolas de O'Donnell sobre los rifeños en el *valle de Wad-ras* (23 marzo 1860). El día 25 se firmó la paz, que ponía fin a la guerra de África: España cedía Tetuán a cambio de una indemnización de guerra.

**Wafd,** partido nacionalista egipcio fundado en 1918, que militó por la independencia de Egipto y la abolición de la monarquía. Prohibido en 1953, fue reconstituido en 1977 y legalizado en 1983.

**W'AFID AL-LAJMĪ** (Abū-l-Mutarrif 'Abd al-Rahmān **ibn**), médico hispanomusulmán (¿Toledo? *c.* 1008-† *c.* 1074), autor de un tratado sobre medicamentos simples y de una guía de la medicina.

**WAGNER** (Otto), arquitecto, urbanista y teórico austríaco (Penzing, cerca de Viena, 1841-Viena 1918). Al principio ecléctico, en los años noventa se convirtió en el líder de la escuela modernista vienesa (iglesia *Am Steinhof,* 1905).

**WAGNER** (Richard), compositor alemán (Leipzig 1813-Venecia 1883). Maestro de capilla de la corte de Dresde, tuvo que refugiarse en Suiza (1849-1861) a causa de sus ideas revolucionarias; contó con la ayuda de F. Liszt (con cuya hija, Cósima, casó) y de Luis II de Baviera para llevar a cabo su obra: *El holandés* errante* (1841), *Tannhäuser* (1845), *Lohengrin* (1850), *El anillo del nibelungo,* llamado *Tetralogía** (1852-1876), *Tristán e Isolda* (1865), *Los maestros cantores de Nuremberg* (1868) y *Parsifal* (1876-1882). Se distanció de la ópera italiana, renunció a las florituras vocales y al virtuosismo e intensificó la participación orquestal. Partidario de un teatro mítico (tomó sus libretos de las leyendas germánicas), incluso místico y simbólico, consiguió una íntima unión entre texto y música, una afortunada armonía entre la voz y los instrumentos y una profunda unidad temática, gracias a la utilización del leitmotiv.

**WAGNER-JAUREGG** (Julius), siquiatra austríaco (Wels, Alta Austria, 1857-Viena 1940), premio Nobel de fisiología y medicina en 1927 por sus investigaciones sobre la malarioterapia: tratamiento de la parálisis general progresiva por inoculación del paludismo.

**Wagram** *(batalla de)* [6 julio 1809], victoria de Napoleón sobre el archiduque Carlos, en Austria, al NE de Viena.

**WAHRĀN** → ***Orán.***

**WAIKIKI,** playa de Honolulu (Hawai).

**WAJDA** (Andrzej), director de cine polaco (Suwalki 1926). Su obra, dominada por el tema nacional, amalgama una gran lucidez crítica y una forma barroca y romántica: *Cenizas y diamantes* (1958), *El bosque de los abedules* (1970), *La tierra de la gran promesa* (1975), *El hombre de mármol* (1976), *Los endemoniados* (1988), *Korczak* (1990).

**WAKAYAMA,** c. y puerto de Japón (Honshū), en el estrecho de Kii; 396 553 hab. Centro industrial.

**WAKE** *(isla de),* atolón del Pacífico, al NO de las islas Marshall. Base aérea entre Hawai y las Filipinas, estuvo ocupada por los japoneses (1941-1945).

**WAKSMAN** (Selman Abraham), microbiólogo norteamericano de origen ruso (Priluki, cerca de Kíev, 1888-Hyannis, Massachusetts, 1973), premio Nobel de fisiología y medicina en 1952 por su descubrimiento, junto con A. Schatz, de la estreptomicina.

**WALBRZYCH,** c. del SO de Polonia, en la Baja Silesia; 141 200 hab. Hulla. Centro industrial.

**WAŁBURGA** o **WALPURGIS** *(santa),* religiosa benedictina inglesa (en Wessex *c.* 710-Heidenheim, Alemania, 779). Fue abadesa del monasterio de Heidenheim y su tumba se convirtió en un centro de peregrinación. Su fiesta se celebra el 1 de mayo y, asociada a reminiscencias paganas, dio lugar a la leyenda popular de la *noche de Walpurgis,* en la que los brujos, hechiceros y demonios se reunían en el Blocksberg.

**WALCOTT** (Derek), poeta y dramaturgo antillano (Castries, Santa Lucía, 1930). La riqueza verbal y de imágenes, la rigurosa realización de sus poemas (*Collected poems 1948-1984,* 1986) y su vasto poema *Omeros* (1991) le confirman como el representante actual del Caribe anglófono. (Premio Nobel de literatura 1992.)

Richard **Wagner**
(Scala, Milán)

**WALDERSEE** (Alfred, *conde* **von**), mariscal alemán (Potsdam 1832-Hannover 1904). En 1900 estuvo al mando de las tropas internacionales enviadas a China durante la guerra de los bóxers.

**WALDHEIM** (Kurt), diplomático y político austríaco (Sankt Andrä-Wördern 1918). Secretario general de la O.N.U. de 1972 a 1981, fue presidente de Austria de 1986 a 1992.

**WALES,** nombre inglés del País de Gales.

**WAŁESA** (Lech), político polaco (Popowo 1943). Principal líder de los movimientos reivindicativos de 1980, que llevaron a la creación del sindicato Solidarność (que presidió de 1981 a 1990), fue detenido en 1981 y liberado en 1982. Fue presidente de la república de 1990 a 1995. (Premio Nobel de la paz 1983.)

**WALEWSKA** (Maria **Łacynska,** *condesa*), noble polaca (1789-París 1817). Esposa del conde Walewski y amante de Napoleón (1806), al que dio un hijo, el conde **Alexandre Joseph Colonna Walewski,** que desempeñó cargos diplomáticos y políticos con Napoleón III.

**WALID IBN 'ABD AL-MALIK IBN MARWĀN** († 715), califa omeya de Damasco [705-715]. Su reinado coincidió con el apogeo del califato. Encargó a Mūsā ibn Nuṣayr, gobernador del Mogreb, una expedición de reconocimiento a la península Ibérica.

**WALKER** (William), aventurero norteamericano (Nashville, Tennessee, 1824-Tegucigalpa 1860). Con el apoyo de los partidarios del expansionismo norteamericano, organizó un ejército mercenario que invadió la Baja California (oct. 1853), pero fue derrotado por los mexicanos (1854). Se proclamó presidente de Nicaragua (1856), donde implantó la esclavitud, pero una coalición de los países centroamericanos le obligó a huir (1857).

**WALL** (Ricardo), militar y político español (Nantes *c.* 1695-Granada 1777). Secretario de Estado y de Guerra (1759), firmó el tercer pacto de Familia (1761).

**Wall street,** calle de Nueva York, al S de Manhattan, centro financiero (bolsa de Nueva York).

**Wall street** *(crac de)* [1929], movimiento de pánico bursátil que supuso el origen de la crisis económica de 1929. El «jueves negro» (24 de octubre de 1929) y los días siguientes, la Bolsa de Nueva York (Wall Street) conoció una caída espectacular del curso de las acciones que llevó a los E.U.A. a una crisis sin precedentes y que también repercutió, en grados diversos, en las economías de los países occidentales.

**Wall street journal** *(The),* diario norteamericano económico y financiero fundado en 1889 en Nueva York por H. Dow y E. D. Jones.

**WALLACE** (Alfred Russell), naturalista británico (Usk, Monmouthshire, 1823-Broadstone, Dorsetshire, 1913), fundador de la geografía zoológica y de la doctrina de la selección natural, que enunció al mismo tiempo que Darwin.

**WALLACE** (*sir* Richard), filántropo británico (Londres 1818-París 1890). Legó a Gran Bretaña su colección de cuadros y objetos de arte (*Wallace collection,* Londres).

**WALLACE** (*sir* William), héroe de la independencia escocesa (cerca de Paisley 1270-Londres 1305). Desde 1297 luchó contra Eduardo I; fue capturado y decapitado.

**WALLASEY,** c. de Gran Bretaña (Inglaterra), en el estuario del Mersey; 90 000 hab.

**WALLENSTEIN** o **WALDSTEIN** (Albrecht Wenzel Eusebius **von**), general de origen checo (Hermanič 1583-Eger [act. Cheb] 1634). En 1618 puso un ejército a disposición del emperador y combatió con éxito durante la guerra de los Treinta años. Los príncipes de la Liga obligaron a Fernando II a relevarle (1630). Llamado de nuevo en 1631, fue vencido en Lützen (1632) y entabló negociaciones secretas con los protestantes. Relevado de su mando por el emperador, fue asesinado.

**Wallenstein,** trilogía dramática de Schiller (1798-1799), constituida por *El campo de Wallenstein, Los Piccolomini* y *La muerte de Wallenstein,* a la que puso música V. d'Indy (1873-1881).

**WALLER** (Thomas, llamado **Fats**), pianista, cantante y compositor de jazz norteamericano de raza negra (Nueva York 1904-Kansas City 1943), gran maestro del piano stride.

**WALLIS** (John), matemático inglés (Ashford 1616-Oxford 1703). Miembro fundador de la Sociedad real, expresó $\pi$ en forma de producto infinito.

**WALLIS Y FUTUNA,** en fr. **Wallis-et-Futuna,** archipiélago de Oceanía, al NE de las Fidji, que constituye un territorio francés de ultramar; 255 km$^2$; 13 705 hab. Cap. *Mata-Utu,* en la isla de Uvéa.

**WALLON** (Henri), sicólogo y neurólogo francés (París 1879-*id.* 1962), autor de trabajos sobre el desarrollo del niño (*La evolución sicológica del niño,* 1941) y de un proyecto de reforma de la enseñanza, en colaboración con Langevin (1944-1947).

**WALPOLE** (Robert), 1.$^{er}$ *conde* **de Orford,** político británico (Houghton 1676-Londres 1745). Jefe del partido whig, primer lord del Tesoro y canciller del Exchequer (1715-1717 y 1721-1742), controló la política del país y sentó las bases del régimen parlamentario británico. – Su hijo **Horace** (Londres 1717-*id.* 1797) fue uno de los iniciadores de la novela gótica (*El castillo de Otranto,* 1764).

**Walpurgis** *(noche de)* → ***Walburga.***

**WALRAS** (Léon), economista francés (Evreux 1834-Clarens, Suiza, 1910). Principal figura de la escuela de Lausana, introdujo el método matemático en economía (*Teoría matemática de la riqueza social,* 1873-1882) y expuso los principios del marginalismo.

**WALSALL,** c. de Gran Bretaña, en los Midlands; 179 000 hab. Metalurgia. Química.

**WALSER** (Martin), escritor alemán (Wasserburg 1927). En sus novelas *(La caída; El cazador)* y su teatro *(Roble y conejos de angora; El juego sucio)* denuncia lo absurdo del mundo contemporáneo.

**WALSER** (Robert), escritor suizo en lengua alemana (Biel 1878-Herisau 1956). Autor de novelas (*El ayudante,* 1908), relatos y obras de teatro.

**WALSH** (María Elena), escritora argentina (Buenos Aires 1930). Difusora del folklore argentino, ha escrito poesía, teatro y literatura infantil (*Baladas con Ángel,* 1951; *Novios de antaño,* 1996).

**WALSH** (Raoul), director de cine norteamericano (Nueva York 1887-Simi Valley, California, 1980), especialista en westerns y películas de guerra y de aventuras: *El ladrón de Bagdad* (1924), *El último refugio* (1941), *Gentleman Jim* (1942), *Objetivo Birmania* (1945), *Al rojo vivo* (1949), etc.

**WALSH** (Rodolfo), escritor argentino (Choele-Choel 1927-desaparecido en 1977). Periodista de temas sociopolíticos, es autor de cuentos policíacos de tendencia realista (*Un kilo de oro,* 1967) y de obras de teatro.

**WALTARI** (Mika), escritor finlandés (Helsinki 1908-*id.* 1979), célebre por sus novelas históricas (*Sinuhé el egipcio,* 1945).

**WALTER** (Bruno Walter **Schlesinger,** llamado **Bruno**), director de orquesta alemán (Berlín 1876-Hollywood 1962), nacionalizado norteamericano. Dio a conocer a Bruckner y G. Mahler.

**WALVIS BAY** o **WALFISH BAY,** territorio de Namibia. 1 124 km$^2$; 22 000 hab. Cap. *Walvis Bay.* Puerto.

**WAMBA** († 688), rey de los visigodos [672-680], sucesor de Recesvinto. Aplastó las revueltas de los vascones, venció al conde Paulo en Nimes (673), rechazó a los musulmanes (675) y ocupó Ceuta. Convocó dos concilios. Fue depuesto por Ervigio.

**WANG MENG** o **WANG MONG,** pintor chino (Wuxing, Zhejiang, *c.* 1308-† 1385). Gran maestro de la dinastía Yuan, sus paisajes destacan por el trazo enérgico y la fuerza e intensidad dramática.

**WANG WEI,** pintor, calígrafo y poeta chino (Taiyuan, Shanxi, 699-† 759). Se le considera el creador de la pintura monocroma a la tinta. Su obra de poeta paisajístico (de la que sólo se conservan copias) dio lugar a la pintura literaria china.

**Wannsee** *(conferencia de)* [20 en. 1942], conferencia que reunió en Wannsee (extrarradio de Berlín) a altos responsables del régimen nazi (entre ellos, Heydrich y Eichmann) para organizar el exterminio de judíos en Europa.

**WANZA** (*yébel* **Al-**) u **OUENZA** *(yébel),* montaña del E de Argelia; 1 289 m. Mineral de hierro.

**WARANGAL,** c. de la India (Ândhra Pradesh); 466 760 hab. Templo de Hanamkonda (s. XII).

**WARBURG** (Otto), fisiólogo alemán (Friburgo de Brisgovia 1883-Berlín 1970). Investigó los enzimas de las oxidaciones celulares. (Premio Nobel de fisiología y medicina 1931.)

**WARD** (Bernardo), economista español de origen irlandés († a. 1779). Secretario de la Junta de comercio y director de la Casa de la moneda, su *Proyecto económico,* editado por Campomanes en 1779, influyó en el pensamiento reformista.

**WARGLA,** ant. **Ouargla,** oasis del Sahara argelino, cap. de vilayato; 77 000 hab.

**WARHOL** (Andy), pintor y director de cine norteamericano de origen eslovaco (Pittsburgh 1929-Nueva York 1987). Como artista plástico, representante del pop art, procedió por multiplicación de una misma imagen con base fotográfica (lata de sopa, retrato de Marilyn Monroe, cliché de la silla eléctrica, etc.), con permutación de colores. Fue uno de los líderes de la contracultura, tanto por sus actitudes como por sus obras.

**WARREN,** c. de Estados Unidos (Michigan), en el área suburbana N de Detroit; 161 000 hab.

**WARREN** (Robert Penn), escritor norteamericano (Guthrie, Kentucky, 1905-Stratton, Vermont, 1989). Sus poemas y sus novelas (*Mundo y tiempo suficientes,* 1950) plantean el problema fundamental de la libertad humana.

**WARRINGTON,** c. de Gran Bretaña, a orillas del Mersey, entre Manchester y Liverpool, fusionada con Runcorn; 205 000 hab. Centro industrial.

**WARSZAWA** → ***Varsovia.***

**WARTA,** r. de Polonia, afl. del Odra; 808 km.

**Wartburg** *(castillo de),* fortaleza de Turingia, cerca de Eisenach, famosa por los concursos de *Minnesänger,* que evoca R. Wagner en el *Tannhäuser.* Residieron allí santa Isabel de Hungría y Lutero (1521).

**WARTBURG** (Walther **von**), lingüista suizo (Riedholz 1888-Basilea 1971). Especialista en lenguas románicas (*Problemas y métodos de la lingüística,* 1946).

**WARWICK** (Richard **Neville,** *conde* **de**) → ***Neville.***

**WARWICKSHIRE,** condado de Gran Bretaña (Inglaterra); 1 981 km$^2$; 477 000 hab. Cap. *Warwick.*

**WASATCH,** cadena montañosa del O de Estados Unidos (Utah); 3 750 m. Deportes de invierno.

**WASH,** golfo formado por el mar del Norte, en la costa E de Gran Bretaña (Inglaterra).

**WASHINGTON,** estado del NO de Estados Unidos, junto al Pacífico; 176 500 km$^2$; 4 866 692 hab. Cap. *Olympia.*

**WASHINGTON,** c. y cap. federal de Estados Unidos, en el distrito federal de Columbia, a orillas del Potomac; 606 900 hab. (3 923 574 hab. en la aglomeración). Ciudad administrativa, edificada de 1800 a 1871, y residencia del presidente de E.U.A. desde 1800 (Casa blanca). Museos de arte.

**Washington** *(acuerdo de)* o **Acuerdo de Oslo** (13 de septiembre de 1993), acuerdo palestino-israelí negociado en secreto en Oslo al margen de las negociaciones multilaterales sobre la paz en Oriente medio iniciadas en 1991 (conferencia de Madrid*), y firmado solemnemente en Washington. Precedido por el reconocimiento mutuo entre Israel y la O.L.P. (9 de septiembre), este acuerdo consiste en una declaración de principios sobre las modalidades interinas de autonomía para los territorios palestinos ocupados, aplicándose durante un período de cinco años, al término del cual debía entrar en vigor el estatuto definitivo, previamente negociado, de estos territorios.

**WASHINGTON** (George), político norteamericano (condado de Westmoreland, Virginia, 1732-Mount Vernon 1799). Rico propietario, representante de Virginia en los congresos de Filadelfia (1774 y 1775), se pronunció en favor de la independencia. Comandante en jefe (1775), ayudado por Francia, derrotó a los británicos y se convirtió en el héroe de la independencia norteamericana (1781). Primer presidente de la Unión (1789), reelegido en 1792, se mostró partidario de un federalismo fuerte.

**Washington post** *(The),* diario norteamericano fundado en 1877, de tradición liberal. Tuvo un papel determinante en el caso Watergate.

**WĀSITĪ** (Yaḥyà ibn Maḥmūd, llamado **al-**), calígrafo y miniaturista árabe, originario de Iraq. Activo a comienzos del s. XIII, es uno de los principales representantes de la escuela de Bagdad.

**WASMOSY** (Juan Carlos), político y empresario paraguayo (Asunción 1938). Miembro del Partido colorado, fue presidente de la república (1993-1998).

**WASSERMANN** (August **von**), médico alemán (Bamberg 1866-Berlín 1925), inventor de una reacción serológica para el diagnóstico de la sífilis.

**WAST** (Gustavo **Martínez Zuviría,** llamado **Hugo**), escritor argentino (Córdoba 1883-Buenos Aires 1962), autor de obras costumbristas e históricas de exótico sabor criollo (*Valle negro,* 1918; *Oro,* 1935).

**WAT TYLER** → ***Tyler.***

**WATERBURY,** c. de Estados Unidos (Connecticut); 108 961 hab. Hidroelectricidad. Metalurgia.

**WATERFORD,** en gaélico **Port Láirge,** c. y puerto del S de Irlanda (Munster); 40 345 hab. Cristalerías.

**Watergate** *(escándalo del),* caso de espionaje político norteamericano que tuvo lugar en el Watergate, sede electoral del partido demócrata (1972). Las investigaciones del *Washington post* llevaron a la inculpación de cinco colaboradores del presidente Nixon y obligó a éste a dimitir (1974).

**WATERLOO,** c. de Canadá (Ontario); 71 181 hab.

**Waterloo** *(batalla de),* victoria decisiva de británicos y prusianos sobre Napoleón (18 junio 1815), en la c. belga de *Waterloo* (Brabante).

**Wallenstein**
(A. Van Dyck - museo nacional bávaro, Munich)

Robert **Walpole**
(según J. B. Van Loo - galería nacional de retratos, Londres)

George **Washington**
(G. Healy - palacio de Versalles)

James **Watt**
(C. F. Van Breda - galería nacional de retratos, Londres)

**WATSON** (James Dewey), biólogo norteamericano (Chicago 1928). Premio Nobel de fisiología y medicina en 1962, junto con Crick y Wilkins, por sus trabajos sobre la estructura del A.D.N.

**WATSON** (John Broadus), sicólogo norteamericano (Greenville, Carolina del Sur, 1878-Nueva York 1958), fundador de la sicología del comportamiento, *conductivismo* o *behaviorismo* (*Conducta,* 1914).

**WATSON-WATT** (*sir* Robert Alexander), físico británico (Brechin, Angus, Escocia, 1892-Inverness 1973). Concibió un sistema de detección y medida de la distancia de un obstáculo por medio de ondas hertzianas, o radar.

**WATT** (James), ingeniero británico (Greenock, Escocia, 1736-Heathfield, cerca de Birmingham, 1819). Aportó múltiples mejoras a la máquina de vapor, como el condensador (1769), la acción alternativa del vapor en las dos caras del pistón (1780), el volante, el regulador de bolas, etc.

**WATTĀSÍES,** dinastía que reinó en Marruecos de 1472 a 1554.

**WATTEAU** (Antoine), pintor francés (Valenciennes 1684-Nogent-sur-Marne 1721). Rompió con el academicismo y, bajo la influencia de Rubens y de la escuela veneciana, desarrolló un arte refinado, con escenas de la comedia italiana y fiestas galantes (*El embarque para la isla de Citera,* 1717).

**WAUGH** (Evelyn), escritor británico (Londres 1903-Combe Florey, cerca de Taunton, Somerset, 1966). Sus novelas son una violenta sátira de la humanidad contemporánea (*Retorno a Brideshead,* 1945).

**WAVELL** (Archibald Percival, 1.^er^ *conde*), mariscal británico (Colchester 1883-Londres 1950). General en jefe de las tropas de Oriente medio (1939), venció a los italianos en Libia (1941) y fue virrey de la India (1943-1947).

**WAYNE** (Marion Michael **Morrison,** llamado **John**), actor norteamericano (Winterset, Iowa, 1907-Los Ángeles 1979). Uno de los actores más populares del western, rodó bajo la dirección de J. Ford (*La diligencia,* 1939; *El hombre tranquilo,* 1952) y de H. Hawks (*Río Rojo,* 1948; *Río Bravo,* 1959).

**WAZĪRISTĀN,** región del NO de Pakistán, en la frontera con Afganistán.

**WEALD,** región húmeda y boscosa del SE de Gran Bretaña, al S de Londres, entre los Downs.

**WEAVER** (Warren), matemático norteamericano (Reedsburg, Wisconsin, 1894-New Milford 1978), autor, junto con Shannon, de la *Teoría matemática de la comunicación* (1949).

**WEBB** (Sidney), *barón* **Passfield,** político y economista británico (Londres 1859-Liphook 1947). Uno de los fundadores de la Fabian society (1884), influyó profundamente en el laborismo. Se casó en 1892 con **Beatrice Potter** (cerca de Gloucester 1858-Liphook 1943), quien colaboró en sus trabajos.

**WEBER** (Carl Maria **von**), compositor y director de orquesta alemán (Eutin 1786-Londres 1826). Autor de *El cazador furtivo* (1821), de *Euryantha* (1823) y de *Oberón* (1826), es uno de los creadores de la ópera nacional alemana. Compuso brillantes piezas para piano *(Invitación al vals)* y para clarinete.

**WEBER** (Max), economista y sociólogo alemán (Erfurt 1864-Munich 1920), promotor de una sociología «comprensiva», que utiliza «tipos ideales» (*Economía y sociedad,* 1922).

**WEBER** (Wilhelm Eduard), físico alemán (Wittenberg 1804-Gotinga 1891). Formuló la ley fundamental de las fuerzas ejercidas por las partículas electrizadas en movimiento (1846).

**WEBERN** (Anton **von**), compositor austríaco (Viena 1883-Mittersill 1945). Uno de los pioneros del dodecafonismo serial (*Bagatelas,* para cuarteto de cuerdas, 1913), se forjó un estilo personal caracterizado por el abandono del desarrollo, el desprecio del virtuosismo y el rigor de la escritura.

**WEBSTER** (John), dramaturgo inglés (Londres *c.* 1580-*id. c.* 1624), autor de tragedias de un realismo rayano con lo atroz (*La duquesa de Amalfi,* 1614).

**WEBSTER** (Noah), lexicógrafo norteamericano (West Hartford, Connecticut, 1758-New Haven 1843), autor de un famoso *Diccionario americano de la lengua inglesa* (1828).

**Wechsler** *(escalas de),* también llamados **WISC** (abrev. de *Wechsler intelligence scale for children*), test de inteligencia para niños que permite valorar el cociente de inteligencia global, verbal y de rendimiento de cada individuo.

**WEDEKIND** (Frank), dramaturgo alemán (Hannover 1864-Munich 1918), representante del expresionismo (*El despertar de la primavera,* 1891; *La danza de la muerte,* 1906).

**WEDGWOOD** (Josiah), ceramista e industrial británico (Burslem, Staffordshire, 1730-*id.* 1795). Inventor de la *loza fina* (*c.* 1760) de gran éxito, fundó, en Burslem, la manufactura Etruria (1760), donde fabricó modelos de estilo neoclásico. Su nombre ha quedado vinculado a una cerámica fina y mate decorada con bajorrelieves a la antigua usanza.

**WEENIX** o **WEENINX** (Jan Baptist), pintor neerlandés (Amsterdam 1621-cerca de Utrecht 1663). Pintó paisajes al estilo italiano, bambochadas y bodegones de caza. – Su hijo **Jan** (Amsterdam *c.* 1640-*id.* 1719) trató motivos parecidos.

**WEGENER** (Alfred), geofísico y meteorólogo alemán (Berlín 1880-en Groenlandia 1930), teórico de la deriva de los continentes.

**WEHNELT** (Arthur), físico alemán (Río de Janeiro 1871-Berlín 1944). Autor de trabajos sobre la emisión termoeléctrica, perfeccionó los tubos electrónicos.

**Wehrmacht** (voz alemana que significa *potencia de defensa*), nombre dado de 1935 a 1945 a las fuerzas armadas alemanas de tierra, mar y aire.

**WEIDMAN** (Charles), bailarín, coreógrafo y pedagogo norteamericano (Lincoln, Nebraska, 1901-Nueva York 1975). Colaborador de D. Humphrey, fue uno de los principales representantes de la danza moderna en E.U.A.

**WEIERSTRASS** (Karl), matemático alemán (Ostenfelde 1815-Berlín 1897). Fue uno de los grandes renovadores del análisis matemático. Queriendo basar este último en la aritmética, elaboró una teoría de los números reales y contribuyó al desarrollo de la teoría de las funciones analíticas.

**WEIFANG** o **WEI-FANG,** c. de China (Shandong), al NO de Qingdao; 428 522 hab.

**WEIL** (Simone), escritora francesa (París 1909-Londres 1943). Su vida y su obra revelan un misticismo cristiano y una ardiente búsqueda de la justicia social (*La torpeza y la gracia,* 1947).

**WEILL** (Kurt), compositor alemán (Dessau 1900-Nueva York 1950), nacionalizado norteamericano, autor de la música de algunas obras de B. Brecht (*La ópera de cuatro cuartos,* 1928).

**WEIMAR,** c. de Alemania (Turingia); 61 583 hab. Centro universitario, turístico e industrial. Monumentos sobre todo del s. XVIII. La ciudad fue, durante el reinado de Carlos Augusto (1775-1828), un núcleo intelectual en torno a Goethe.

**Weimar** *(república de),* régimen político constituido en Alemania de 1919 a 1933. Una vez reprimida la insurrección espartaquista (en. 1919), la Asamblea constituyente que se reunió en Weimar promulgó una constitución democrática que creó una confederación de 17 estados autónomos. El primer presidente de la república fue F. Ebert (1919-1925), que tuvo que hacer frente a una situación financiera y económica catastrófica, y a la oposición de los comunistas y de los nacionalistas. El segundo presidente, el mariscal Hindenburg († 1934), condujo la república hacia un régimen de tipo presidencialista; la crisis mundial, que se inició en 1930, favoreció el éxito del nacionalsocialismo, cuyo líder, Adolf Hitler, accedió al poder en 1933.

**WEINBERG** (Steven), físico norteamericano (Nueva York 1933), autor de una teoría unificada de las interacciones débiles y electromagnéticas. (Premio Nobel de física 1979.)

**WEIPA,** puerto de Australia (Queensland). Extracción, tratamiento y exportación de bauxita.

**WEISMANN** (August), biólogo alemán (Frankfurt del Main 1834-Friburgo de Brisgovia 1914). Estableció la independencia precoz de las células de la estirpe germinal en el embrión.

**WEISS** (Peter), escritor sueco de origen alemán (Nowawes, cerca de Berlín, 1916-Estocolmo 1982), autor de un teatro comprometido en las luchas sociales y políticas contemporáneas (*Marat-Sade,* 1964; *Hölderlin,* 1971).

**WEISSHORN** *(cuerno blanco),* cumbre de los Alpes suizos (Valais); 4 506 m de alt.

**WEISSMULLER** (John, llamado **Johnny**), nadador y actor de cine norteamericano (Winbar, Pennsylvania, 1904-Acapulco 1984). Cinco veces campeón olímpico (1924 y 1928), fue el primero que nadó los 100 m libres en menos de un minuto. Interpretó el papel de Tarzán en numerosas películas.

**WEITLING** (Wilhelm), revolucionario alemán (Magdeburg 1808-Nueva York 1871). Partidario de un comunismo cristiano, se opuso a Marx y participó en la revolución de 1848 (*Evangelio de un pobre pecador,* 1845).

**WEIZMANN** (Chaim [Hayyim]), político israelí (Motil, Bielorrusia, 1874-Rehovot 1952), primer presidente del Estado de Israel (1949-1952).

**WEIZMANN** (Ezer), militar y político israelí (Tel-Aviv 1924). Jefe del estado mayor (1966-1969) y ministro de Defensa, fue presidente de Israel (1993-2000).

**WEIZSÄCKER** (Richard, *barón* **von**), político alemán (Stuttgart 1920). Democristiano, fue presidente de la R.F.A. (1984-1994).

**WELHAVEN** (Johan Sebastian), escritor noruego (Bergen 1807-Cristianía [act. Oslo] 1873). A pesar de ser el poeta del paisaje y del folklore noruegos, se opuso al nacionalismo de Wergeland.

**WELLES** (Orson), director de cine y actor norteamericano (Kenosha, Wisconsin, 1915-Los Ángeles 1985). Debutó en el teatro y posteriormente en la radio antes de revolucionar la realización cinematográfica con *Ciudadano Kane* (1941). Genio múltiple, exuberante y singular, también dirigió *El cuarto mandamiento* (1942), *La dama de Shanghai* (1948), *El proceso* (1962), *Fraude* (1975), etc.

**Washington:** la Casa blanca,
construida por James Hoban (1792-1800; pórtico añadido en 1824)

Orson **Welles,** director e intérprete
de *Ciudadano Kane* (1941)

**WELLESLEY** (Richard **Colley** [o **Cowley**] **Wellesley,** *marqués*), político británico (en el castillo de Dangan, cerca de Trim, Irlanda, 1760-Londres 1842). Fue gobernador general de la India, donde consolidó la soberanía británica (1797-1805), embajador en España y luego ministro de Asuntos Exteriores (1809-1812). Fue lord lugarteniente de Irlanda (1821-1828, 1833-1834) y defendió a los católicos irlandeses.

**WELLINGTON,** c., cap. y puerto de Nueva Zelanda, en la isla del Norte, en el estrecho de Cook; 343 000 hab. Centro industrial.

**WELLINGTON** (Arthur **Wellesley,** *duque* **de,** *vizconde* **de Talavera** y *duque* **de Ciudad Rodrigo**), general británico (Dublín 1769-Walmer Castle, Kent, 1852). Al mando de las tropas inglesas en Portugal y en España, derrotó a las tropas francesas en Vimeiro (21 ag. 1808), pero fue obligado por su superior a firmar el convenio de Sintra. Hecho vizconde de Wellington (luego sería duque) y generalísimo del ejército español, se limitó en los meses siguientes a defender Portugal. En 1812 traspasó la frontera con 50 000 hombres, tomó Ciudad Rodrigo y Badajoz, para dirigirse hacia Madrid, cuyo camino quedó libre tras la victoria de los Arapiles (22 julio). Ocupada la capital (13 ag.), Wellington tuvo la superioridad numérica pero abandonó Madrid por el contraataque francés (oct. 1812). En 1813 inició una acción general y venció a los imperiales en Vitoria (21 junio) y San Marcial (31 ag.) y, tras entrar en Francia, les batió en Toulouse (10 abril 1814). Mantuvo continuos enfrentamientos con la Junta central, se opuso a las cortes de Cádiz y a la constitución, y ayudó a la restauración de Fernando VII. Mandó el ejército aliado que venció a Napoleón en Waterloo (18 junio 1815). Jefe del ejército de ocupación de Francia (1815-1818), apoyó a Luis XVIII. Fue comandante en jefe del ejército británico (1827-1828) y primer ministro (1828-1830).

**WELLS,** c. de Gran Bretaña (Somerset); 8 600 hab. Catedral gótica (fines s. XII-fines s. XIV).

**WELLS** (Herbert George, conocido por **H. G.**), escritor británico (Bromley 1866-Londres 1946), autor de novelas satíricas y de relatos de ciencia ficción (*El hombre invisible,* 1897; *La guerra de los mundos,* 1898; *La mente al borde del abismo,* 1945).

**WELS,** c. de Austria (Alta Austria), junto al Traun; 51 000 hab. Centro comercial. Iglesia del s. XIV y hermosa plaza con mansiones de los ss. XVI-XVIII.

**WELSER,** familia de patricios de Augsburgo que fundaron diversas empresas comerciales, mineras y financieras de alcance internacional en los ss. XIV-XVI. – **Bartholomäus** (1484-1561) ayudó a Carlos Quinto, junto con los Fugger, a ser coronado emperador (1516), fue prestamista de la corona hasta 1543 y recibió la explotación y gobierno de Venezuela (1528). En 1556 el consejo de Indias revocó la concesión, por lo que comenzó el declive de la familia, y la compañía quebró en 1614.

**Welt** *(Die),* diario alemán de tendencia conservadora fundado en 1946 y controlado por el grupo A. Springer desde 1953.

**WELWYN GARDEN CITY,** aglomeración residencial (ciudad jardín creada en 1920) de la región N de Londres (Hertfordshire).

**WEMBLEY,** aglomeración residencial del NO de Londres. Estadio de fútbol.

**WENDERS** (Wim), director de cine alemán (Düsseldorf 1945). Su temática es la de la sociedad, la marginalidad y la vida errante: *Alicia en las ciudades* (1973), *En el curso del tiempo* (1975), *París, Texas* (1984), *Cielo sobre Berlín* (1987), *Hasta el fin del mundo* (1991) y *Tan lejos, tan cerca* (1993).

**WENTWORTH** (Thomas) → ***Strafford*** (conde de).

**WENZHOU** o **WEN-CHEU,** c. y puerto de China (Zhejiang); 401 871 hab.

**WEÖRES** (Sándor), poeta húngaro (Szombathely 1913-Budapest 1989). Virtuosismo formal y aspiraciones metafísicas elevadas caracterizan su obra (*La torre del silencio,* 1957).

**WERFEL** (Franz), escritor austríaco (Praga 1890-Beverly Hills, California, 1945), autor de dramas, novelas expresionistas y biografías noveladas.

**WERGELAND** (Henrik), poeta noruego (Kristiansand 1808-Cristianía [act. Oslo] 1845). Partidario de una cultura específicamente noruega (*La creación, el hombre y el Mesías,* 1830), fue una de las figuras más representativas del romanticismo noruego.

**WERNER** (Abraham Gottlob), geólogo alemán (Wehrau, Sajonia, 1749-Dresde 1817). Fue uno de los creadores de la mineralogía y defensor del neptunismo.

**WERNER** (Zacharias), dramaturgo alemán (Königsberg 1768-Viena 1823), de inspiración mística (*El veinticuatro de febrero,* 1810).

**WERNICKE** (Carl), neurólogo alemán (Tarnowitz 1848-Thüringer Wald 1905), que describió la afasia sensorial.

**WERTHEIMER** (Max), sicólogo alemán (Praga 1880-Nueva York 1943), promotor de la sicología de la Gestalt.

**Werther** *(Los sufrimientos del joven),* novela epistolar de Goethe (1774), que contribuyó a crear la imagen del héroe romántico.

**WERVE** (Claus **de**) → ***Sluter.***

**WESER,** r. de Alemania, formado por la unión del Werra y del Fulda. Pasa por Minden y Bremen, y desemboca en el mar del Norte; 440 km.

**WESLEY,** familia de reformadores y de músicos británicos. – **John,** teólogo (Epworth 1703-Londres 1791), es, junto con su hermano **Charles** (1707-1788), el fundador en Gran Bretaña del metodismo, que propugna un retorno a las fuentes de la Reforma. – **Samuel,** organista y compositor (Bristol 1766-Londres 1837), hijo de Charles, convertido al catolicismo, difundió a J. S. Bach en Gran Bretaña y compuso sinfonías, música de cámara y obras vocales.

**WESSEX,** reino sajón, fundado a fines del s. V. A comienzos del s. IX, sus soberanos llevaron a cabo la unidad anglosajona.

**WEST** (Morris), escritor australiano (Melbourne 1916-Sydney 1999), narrador de pasiones reprimidas y contradicciones internas (*El abogado del diablo,* 1959; *Las sandalias del pescador,* 1964; *Los bufones de Dios,* 1981).

**WEST BROMWICH,** c. de Gran Bretaña (Inglaterra), al NO de Birmingham; 155 000 hab.

**West End,** conjunto de barrios residenciales del O de Londres.

**West Point** *(academia de),* academia militar de Estados Unidos, situada a orillas del Hudson, al N de Nueva York, para la formación de oficiales de los ejércitos de tierra y aire, fundada en 1802.

**WESTERWALD,** región alemana en el macizo esquistoso Renano, al E del Rin; 657 m.

**WESTFALIA,** en alem. **Westfalen,** región histórica de Alemania, que forma parte, desde 1946, del *Land* de *Renania del Norte-Westfalia.* Fue erigida en ducado en 1180. Napoleón I creó el *reino de Westfalia* (1807-1813), que comprendía los territorios del electorado de Hesse, de Hannover y de Brunswick, y lo confió a su hermano Jerónimo.

**Westfalia** *(tratados de)* [1648], tratados que pusieron fin a la guerra de los Treinta años. Fueron firmados en Münster entre España y las Provincias Unidas y entre el Imperio germánico y Francia, y en Osnabrück entre el Imperio y Suecia. Zanjaron los litigios confesionales y territoriales, y contribuyeron al declive del Sacro imperio. España firmó un tratado unilateral con las Provincias Unidas reconociendo la independencia neerlandesa y entregándoles una serie de territorios en los Países Bajos y en las colonias. Francia obtuvo la soberanía sobre Alsacia; Suecia recibió la Pomerania occidental y los estuarios de Weser, Elba y Oder; y Brandeburgo recibió la Pomerania oriental.

**WESTINGHOUSE** (George), inventor e industrial norteamericano (Central Bridge, Nueva York, 1846-*id.* 1914). Inventó el freno de aire comprimido (1872), utilizado en los ferrocarriles de todo el mundo.

**Westminster,** barrio del centro de Londres, en torno a la *abadía de Westminster,* de la que se conserva la iglesia (especialmente de los ss. XIII-XV), que alberga las tumbas de los reyes y de los hombres célebres de Gran Bretaña. – El *palacio de Westminster,* construido a partir de 1840 sobre planos de Charles Barry, en estilo neogótico, es la sede del parlamento.

**WESTON** (Edward), fotógrafo norteamericano (Highland Park, Illinois, 1886-Carmel, California, 1958). Como reacción frente al pictorialismo, fundó con Adams el Grupo f. 64 y orientó sus investigaciones hacia el realismo y la modulación de la luz.

**WESTPHALEN** (Emilio Adolfo), poeta peruano (Lima 1911). Junto a César Moro, es el máximo exponente de la poesía surrealista peruana (*Las ínsulas extrañas,* 1933).

**WEYGAND** (Maxime), general francés (Bruselas 1867-París 1965). Jefe de estado mayor de Foch (1914-1923), durante la guerra polaco-soviética animó la resistencia polaca. Alto comisario de Siria (1923) y más tarde jefe de todas las operaciones, propuso el armisticio. Delegado general del gobierno de Vichy en Argel (1940), Hitler exigió su retirada y fue detenido por la Gestapo e internado en Alemania. Liberado (1945), le fue sobreseída la acusación de colaboracionista.

**WEYLER Y NICOLAU** (Valeriano), *marqués* **de Tenerife** y *duque* **de Rubí,** militar y político español (Palma de Mallorca 1838-Madrid 1930). Fue capitán general de Canarias (1878-1883), de Baleares (1883-1886), de Filipinas (1888-1893) y de Cataluña (1893-1896). En Cuba combatió con gran dureza la insurrección (1896-1897), lo que facilitó la intervención de E.U.A. Posteriormente fue varias veces ministro de la Guerra y capitán general de Cataluña, donde reprimió los sucesos de la Semana trágica.

**WHARTON** (Edith **Newbold Jones,** Mrs.), novelista norteamericana (Nueva York 1862-Saint-Brice, Seine-et-Marne, 1937), cuyas novelas describen las costumbres de la alta sociedad de su país (*La edad de la inocencia,* 1920).

**WHEATSTONE** (*sir* Charles), físico británico (Gloucester 1802-París 1875). Inventó el estereoscopio, un telégrafo eléctrico de cuadrante y un aparato para medir resistencias eléctricas.

**WHEELER** (*sir* Robert Eric Mortimer), arqueólogo británico (Edimburgo 1890-Leatherhead 1976), célebre gracias a su método de excavaciones (conseguir la información estratigráfica general del conjunto del yacimiento, conservándola durante el curso de los trabajos).

**WHIPPLE** (George Hoyt), médico norteamericano (Ashland, New Hampshire, 1878-Rochester 1976), autor de trabajos sobre las anemias y su tratamiento. (Premio Nobel de fisiología y medicina 1934.)

**WHISTLER** (James Abbott **McNeill**), pintor y grabador norteamericano (Lowell, Massachusetts, 1834-Londres 1903). Instalado en Londres tras unos años en París (1855-1859), admirador del arte japonés y de Manet, llevó hasta un refinamiento extremo el estudio de las armonías cromáticas (*La muchacha en blanco,* 1862, galería nacional de Washington; *Nocturno en azul y plata,* 1872, galería Tate).

**WHITE** (Kenneth), escritor británico (Glasgow 1936). Poeta y novelista, busca una nueva forma de vida en el contacto directo con la naturaleza y el examen retrospectivo de la propia conducta *(Los limbos incandescentes).*

**WHITE** (Patrick), escritor australiano (Londres 1912-Sydney 1990), autor de novelas y de dramas sociales y políticos (*El entierro del jamón,* 1947; *Las esferas del Mandala,* 1966; *Netherwood,* 1983). [Premio Nobel de literatura 1973.]

**Whitehall,** avenida de Londres, entre Trafalgar Square y Westminster, sede de los principales ministerios. Fue abierta en el emplazamiento de un antiguo palacio que llevaba ese nombre y uno de cuyos edificios *(Banqueting house)* fue reconstruido por I. Jones.

**WHITEHEAD** (Alfred North), filósofo y matemático británico (Ramsgate 1861-Cambridge, Massachusetts, 1947). Uno de los fundadores de la lógica matemática, es autor junto con B. Russell de los *Principia mathematica* (1910-1913).

**WHITEHEAD** (Robert), ingeniero británico (Bolton-Le-Moors, Lancashire, 1823-Beckett Park, Berkshire, 1905). Especialista en construcciones navales, proyectó el torpedo automóvil (1867), al que perfeccionó dotándolo de un servomotor (1876).

**WHITEHORSE** o **WHITE HORSE,** c. de Canadá, cap. del Territorio de Yukón, cerca de la frontera con Alaska; 16 335 hab.

**WHITMAN** (Walt), poeta norteamericano (West Hills 1819-Camden 1892). Autor de *Hojas* de hierba* (1855-1892), donde exalta, en los términos más directos de la lengua popular, la sensualidad y la libertad. Su lirismo es representativo de la sensibilidad norteamericana.

**WHITNEY** *(monte),* punto culminante de Estados

Unidos (excluida Alaska), en sierra Nevada; 4 418 m.

**WHITNEY** (William Dwight), lingüista norteamericano (Northampton, Massachusetts, 1827-New Haven, Connecticut, 1894). Autor de trabajos sobre el sánscrito y las lenguas amerindias, sus estudios de lingüística general *(Lenguaje y el estudio del lenguaje)* influyeron en F. de Saussure.

**WHITTLE** (*sir* Frank), ingeniero británico (Coventry 1907-Columbia, E.U.A., 1996). Ideó el primer turborreactor, realizado en 1941 por Rolls Royce.

**WHITWORTH** (*sir* Joseph), ingeniero e industrial británico (Stockport, Cheshire, 1803-Montecarlo 1887). Preconizó un sistema uniforme de fileteado de los tornillos (1841) y sustituyó el martillo por la prensa hidráulica para el forjado del acero (1870).

**WHORF** (Benjamin Lee), lingüista norteamericano (Winthrop, Massachusetts, 1897-Wethersfield, Connecticut, 1941). Discípulo de E. Sapir, formuló la hipótesis de que el lenguaje está en relación causal con el sistema de representación de la realidad.

**WHYALLA,** c., puerto y centro minero (hierro) de Australia (Australia Meridional), al NE de la península de Eyre; 33 000 hab. Siderurgia.

**WHYMPER** (Edward), alpinista británico (Londres 1840-Chamonix 1911). Efectuó la primera ascensión al Cervino (1865).

**WICHITA,** c. de Estados Unidos (Kansas); 304 011 hab. Centro comercial e industrial.

**WICKSELL** (Knut), economista sueco (Estocolmo 1851-Stocksund, cerca de Estocolmo, 1926), autor de trabajos sobre el equilibrio monetario, precursores de la obra de Keynes.

**WICLEF** → ***Wyclif.***

**WIECHERT** (Ernst), escritor alemán (Kleinort, Prusia Oriental, 1887-Uerikon, Zurich, 1950), autor de narraciones y relatos marcados por una inquietud romántica (*Los hijos de Jeronim,* 1945-1947).

**WIELAND** (Christoph Martin), escritor alemán (Oberholzheim 1733-Weimar 1813). Fundó *El Mercurio alemán* y ejerció mediante sus poemas *(Oberón),* ensayos y relatos *(Agatón, Los abderitanos)* una profunda influencia en Goethe y en otros escritores alemanes.

**WIELICZKA,** c. de Polonia, al SE de Cracovia; 17 700 hab. Minas de sal explotadas desde la edad media. Museo de la mina.

**WIEN** (Wilhelm), físico alemán (Gaffken 1864-Munich 1928). Formuló la ley relativa al máximo de emisión del cuerpo negro a una temperatura determinada. (Premio Nobel de física 1911.)

**WIENE** (Robert), director de cine alemán de origen checo (en Sajonia 1881-París 1938), autor de *El gabinete del doctor Caligari* (1919), película manifiesto de la corriente expresionista, de *Raskolnikov* (1923) y de *Manos de Orlac* (1925).

**WIENER** (Norbert), científico norteamericano (Columbia, Missouri, 1894-Estocolmo 1964), fundador de la cibernética.

**WIENERWALD,** macizo boscoso de Austria, que domina Viena y la llanura del Danubio.

**WIESBADEN,** c. de Alemania, cap. de Hesse, ant. cap. del ducado de Nassau, junto al Rin, al pie del Taunus; 256 885 hab. Estación termal. Ciudad de congresos, centro administrativo e industrial.

**WIESEL** (Élie), escritor norteamericano en lengua francesa (Sighet, Rumania, 1928). Superviviente de los campos de Auschwitz y de Buchenwald, ha hecho de su obra un monumento conmemorativo del holocausto judío (*El mendigo de Jerusalén,* 1968). [Premio Nobel de la paz 1986.]

**WIFREDO I el Velloso** († 897), conde de Urgel-Cerdaña [¿870?-897], conde y marqués de Barcelona-Gerona [878-897] y de Ausona [885-897]. Fue el iniciador de la dinastía de la casa de Barcelona, que gobernó los condados catalanes hasta 1410. – Su hijo **Wifredo II Borrell** († *c.* 914), fue conde de Barcelona, Gerona y Ausona [897-*c.* 914].

**WIGHT** *(isla de),* isla y condado británico junto a la costa S de Inglaterra; 381 km²; 126 600 hab. C. pral. *Newport.* Navegación deportiva. Turismo.

**WIGMAN** (Mary), bailarina y coreógrafa alemana (Hannover 1886-Berlín 1973). Expresionista, fue una de las primeras en utilizar los instrumentos de percusión.

**WILDE** (Eduardo), escritor y político argentino (Tupiza, Bolivia, 1844-Bruselas 1913). Junto a obras científicas y políticas, escribió una novela autobiográfica (*Aguas abajo,* 1914) y novelas de tono satírico (*Prometeo y Cía.,* 1899).

**WILDE** (Oscar **Fingal O'Flahertie Wills,** llamado **Oscar**), escritor irlandés (Dublín 1854-París 1900). Partidario del *esteticismo,* célebre tanto por su personalidad como por su obra: cuentos *(El crimen de lord Arthur Saville),* teatro (*El abanico de lady Windermere,* 1892; *La importancia de llamarse Ernesto,* 1895), novela (*El retrato de Dorian Gray,* 1891), fue condenado a dos años de prisión por ultraje a la moral y homosexualidad (*Balada de la cárcel de Reading,* 1898).

**WILDER** (Samuel, llamado **Billy**), director norteamericano de origen austríaco (Viena 1906). Heredero de Lubitsch (del que fue guionista) destacó en películas dramáticas (*Perdición,* 1944; *El crepúsculo de los dioses,* 1950) y básicamente en la comedia (*Con faldas y a lo loco,* 1959).

**WILDER** (Thornton Niven), escritor norteamericano (Madison, Wisconsin, 1897-Hamden, Connecticut, 1975), autor de novelas y de obras de teatro (*Nuestra ciudad,* 1938) que analizan la naturaleza y el destino de los valores espirituales.

***Wilhelm Meister,*** novela de Goethe, prototipo de novela de formación, compuesta de dos partes: *Los años de aprendizaje de Wilhelm Meister* (1796) y *Los años de peregrinación de Wilhelm Meister* (1821).

**WILHELMSHAVEN,** c. de Alemania (Baja Sajonia), en el mar del Norte, al NO de Bremen; 90 051 hab. Puerto petrolero. Centro industrial.

**Wilhelmstrasse,** calle de Berlín donde se hallaba el ministerio de Asuntos Exteriores.

**WILIBRORDO** *(san)* [en Northumbria 658-Echternach 739]. Arzobispo de Utrecht, evangelizó Frisia, Flandes y Luxemburgo. Su tumba es un centro de peregrinación.

**WILKES** (Charles), marino norteamericano (Nueva York 1798-Washington 1877), explorador de la Antártida.

**WILKES** (John), político británico (Londres 1725-*id.* 1797). Enfrentado a los tories y a Jorge III, se hizo popular por sus escritos contra el gobierno. Fue lord mayor de la City de Londres (1774).

**WILKINS** (Maurice Hugh Frederick), biofísico británico (Pongaroa, Nueva Zelanda, 1916). Descubrió junto con Crick y Watson la estructura del A.D.N. (Premio Nobel de fisiología y medicina 1962.)

**WILKINS** (*sir* George Hubert), explorador australiano (Mount Bryan, Australia, 1888-Framingham, Massachusetts, 1958). Participó en varias expediciones al Ártico y llevó a cabo dos expediciones aéreas sobre el Antártico (1928 y 1929).

el duque de
**Wellington**
(museo Lázaro Galdiano, Madrid)

Walt
**Whitman**

Oscar
**Wilde**

**WILKINSON** (John), industrial británico (Little Clifton, Cumberland, 1728-Bradley, Staffordshire, 1808). Construyó el primer puente de fundición (1776-1779) y el primer buque de hierro (1787).

**WILLAERT** (Adriaan), compositor flamenco (Brujas o Roulers *c.* 1485-Venecia 1562). Maestro de capilla de San Marcos de Venecia, compuso grandes motetes a coro doble, expresivos madrigales, canciones francesas y *ricercari.*

**WILLEMSTAD,** c. y cap. de las Antillas Neerlandesas, en la costa SO de la isla de Curaçao; 50 000 hab. Refinería de petróleo.

**WILLENDORF,** localidad de Austria (Baja Austria), cerca de Krems. Yacimiento paleolítico en el que se descubrió una estatuilla femenina esculpida en piedra caliza *(venus de Willendorf).*

**WILLIAMS** (Alberto), compositor, pianista y director de orquesta argentino (Buenos Aires 1862-*id.* 1952). Se inspiró en el folklore argentino (a partir de *El rancho abandonado*). De su vastísima producción destacan las piezas inspiradas en la música popular (como las *Milongas*). Fue el fundador del conservatorio de Buenos Aires y maestro e iniciador de la corriente nacionalista de la música argentina.

**WILLIAMS** (Thomas Lanier, llamado **Tennessee**), escritor norteamericano (Columbus 1914-Nueva York 1983), poeta, novelista (*La primavera romana de la señora Stone,* 1950) y autor de obras dramáticas de inspiración pesimista y de un cinismo cruel (*El zoo de cristal,* 1944; *Un tranvía llamado Deseo,* 1947; *La rosa tatuada,* 1950; *La gata sobre el tejado de zinc,* 1955; *Dulce pájaro de juventud,* 1959).

**WILLIMAN** (Claudio), político uruguayo (Montevideo 1863-*id.* 1934). Miembro del Partido colorado, fue presidente de la república (1907-1911). Resolvió litigios fronterizos con Brasil y Argentina.

**WILLOUGHBY** (*sir* Hugh), navegante inglés (¿Risley?-península de Kola 1554). Buscando un paso marítimo al NE de Europa (1553), exploró el océano Ártico.

**WILMINGTON,** c. de Estados Unidos (Delaware); 71 529 hab. Industria química.

**WILSON** *(monte),* cumbre de Estados Unidos (California) que domina Los Ángeles; 1 740 m. Observatorio de astrofísica (254 m de abertura). Este y el del monte Palomar reciben la denominación común de observatorios Hale.

**WILSON** (Angus Frank **Johnstone-Wilson,** llamado **Angus**), escritor británico (Bexhill 1913-Bury Saint Edmunds 1991), autor de obras de teatro, cuentos y novelas de tono satírico *(Cicuta y después; Como por arte de magia).*

**WILSON** (Charles Thomson Rees), físico británico (Glencorse, Escocia, 1869-Carlops, Borders, 1959). En 1912 inventó la cámara de condensación para la detección de las partículas cargadas. (Premio Nobel de física 1927.)

**WILSON** (Colin), escritor británico (Leicester 1931). Integrante de los Angry young men, destacó por sus ensayos y novelas (*Ritual en la oscuridad,* 1960).

**WILSON** (Edmund), escritor norteamericano (Red Bank, Nueva Jersey, 1895-Talcottville, Nueva York, 1972), fiel testigo de la cultura y de los problemas norteamericanos (*Recuerdos del condado de Ecate,* 1946).

**WILSON** (Edward Osborne), biólogo norteamericano (Birmingham, Alabama, 1929). Sus estudios sobre los insectos sociales le llevaron a elaborar una vasta síntesis que une la ecología, la genética y la etología y a fundar la teoría de la sociobiología.

**WILSON** (Henry Maitland, *barón*), mariscal británico (Stowlangtoft Hall 1881-cerca de Aylesbury 1964). Estuvo al mando de las fuerzas británicas en Grecia (1941) y, posteriormente, en Oriente medio. En 1944 sucedió a Eisenhower al frente de las operaciones en el Mediterráneo.

**WILSON** (Robert, llamado **Bob**), director de teatro norteamericano (Waco, Texas, 1941). En su teatro, donde a menudo la palabra es eliminada o despojada de su función habitual y el tiempo distorsionado *(La mirada del sordo; The black rider),* busca una nueva forma de «espectáculo total».

**WILSON** (*sir* Harold), político británico (Huddersfield 1916-Londres 1995). Líder del Partido laborista (1963), fue primer ministro de 1964 a 1970. De nuevo en el poder en 1974, dimitió en 1976.

**WILSON** (*sir* Henry Hugues), mariscal británico

(Edgeworthstown, Irlanda, 1864-Londres 1922). Amigo de Foch y promotor de la cooperación militar franco-británica durante la primera guerra mundial, fue jefe del estado mayor imperial de 1918 a 1922.

**WILSON** (Thomas Woodrow), político norteamericano (Staunton, Virginia, 1856-Washington 1924). Profesor de ciencias políticas en Princeton, líder del partido demócrata, en 1912 fue elegido presidente de E.U.A. Aplicó un programa reformista y antitrust. Reelegido en 1916, hizo entrar a su país en la guerra junto a los aliados (1917). Tras el conflicto, se esforzó por aplicar en Europa un sistema de seguridad colectiva (los *catorce puntos de Wilson*). Fue el creador de la Sociedad de Naciones, pero no consiguió la adhesión de sus conciudadanos. (Premio Nobel de la paz 1919.)

**WILTSHIRE,** condado de Gran Bretaña, en el S de Inglaterra; 3 480 $km^2$; 553 300 hab. Cap. *Trowbridge.*

**Wimbledon,** barrio del SO de Londres. Sede de un campeonato anual internacional de tenis, creado en 1877.

**WINCHESTER,** c. de Gran Bretaña (Inglaterra), cap. de Hampshire en el N de Southampton; 31 000 hab. Catedral románica y gótica. Centro monástico de iluminación de manuscritos en los ss. X-XII.

**WINCKELMANN** (Johann Joachim), historiador del arte y arqueólogo alemán (Stendal, Brandeburgo, 1717-Trieste 1768), uno de los inspiradores del arte neoclásico.

**WINDHOEK,** c. y cap. de Namibia, en el centro del país; 96 000 hab.

**WINDISCHGRAETZ** (Alfred, *príncipe* **zu**), mariscal austríaco (Bruselas 1787-Viena 1862). Reprimió, en 1848, las insurrecciones de Praga y Viena, pero fue derrotado por los húngaros en 1849.

**WINDSOR,** c. de Canadá (Ontario), a orillas del río Detroit, frente a la ciudad norteamericana de Detroit; 191 435 hab. Puerto y centro de la industria automovilística canadiense.

**WINDSOR** o **NEW WINDSOR,** c. de Gran Bretaña (Berkshire) al O de Londres; 30 000 hab. Castillo real construido y reformado del s. XII al XIX. La casa real británica de Hannover-Sajonia-Coburgo-Gotha tomó en 1917 el nombre de *casa de Windsor.*

**Windsor** *(tratados de)* • *Tratado de 1496.* Pacto entre Enrique VII de Inglaterra y la santa Liga (dirigida por Fernando el Católico) de 1495 para la lucha contra Carlos VIII de Francia (1 oct. 1496). También se trató del matrimonio entre Catalina de Aragón, hija de los Reyes Católicos, y Arturo, príncipe de Gales, que se llevó a cabo en 1501.
• *Tratado de 1522.* Acuerdo de alianza entre Enrique VIII de Inglaterra y Carlos Quinto contra Francisco I de Francia (15 junio 1522). La victoria española de Pavía (1525) provocó el temor inglés a la hegemonía de Carlos Quinto, por lo que se rompió la alianza.

**WINDSOR** (*duque* **de**) → ***Eduardo VIII.***

**WINDWARD ISLANDS** → ***Barlovento*** (islas de).

**WINNICOTT** (Donald Woods), pediatra y sicoanalista británico (Plymouth 1896-Londres 1971). Demostró que el desarrollo más precoz del bebé depende en gran medida de los vínculos corporales entre la madre y el hijo, que traducen sus estados afectivos. El niño pasa a continuación al mundo exterior a través de «objetos transicionales» (*Juego y realidad,* 1971).

**WINNIPEG** *(lago),* lago de Canadá (Manitoba), que desagua a través del Nelson, tributario de la bahía de Hudson; 24 500 $km^2$.

**WINNIPEG,** c. de Canadá, cap. de Manitoba, en el extremo E de las Praderas; 610 773 hab. Nudo ferroviario y centro industrial y comercial.

**WINNIPEGOSIS,** lago de Canadá (Manitoba), al O del lago Winnipeg; 5 440 $km^2$.

**WINSTON-SALEM,** c. de Estados Unidos (Carolina del Norte), junto al Piedemont; 143 485 hab. Tabaco.

**WINTERHALTER** (Franz Xaver), pintor alemán (Menzenschwand, Selva Negra, 1805-Frankfurt del Main 1873). Establecido en Francia, llevó a cabo, bajo la protección de la reina María Amelia, y luego de la emperatriz Eugenia, elegantes retratos y escenas de la corte.

**WINTERTHUR,** c. de Suiza (Zurich); 86 959 hab. Centro industrial. Museos.

**Wirsung** *(conducto de),* conducto principal de excreción del páncreas en el duodeno.

**WISCONSIN,** r. de Estados Unidos, afl. del Mississippi (or. izq.); 690 km.

**WISCONSIN,** estado del centro de Estados Unidos, en la región de los Grandes Lagos; 145 438 $km^2$; 4 891 769 hab. Cap. *Madison.*

**WISEMAN** (Nicholas Patrick), prelado católico británico (Sevilla 1802-Londres 1865). Rector del colegio inglés de Roma (1828), contribuyó al éxito del movimiento de Oxford. Fue arzobispo de Westminster y cardenal (1850). Es autor de la novela histórica *Fabiola* (1854).

**WISMAR,** c. y puerto de Alemania (Mecklemburgo-Antepomerania), junto al Báltico; 57 173 hab. Centro industrial. Iglesia gótica de San Nicolás, de ladrillo (ss. XIV-XV). Punto de encuentro de las fuerzas británicas y soviéticas el 3 de mayo de 1945.

**WITIZA** → ***Vitiza.***

**WITKIEWICZ** (Stanisław Ignacy), llamado **Witkacy,** pintor y escritor polaco (Varsovia 1885-Jeziory 1939). Su obra afirma «la inadaptación absoluta del hombre a la función de la existencia» *(La insaciabilidad).*

**WITT** (Jan o Johan **de,** en esp. **Juan de**), estadista neerlandés (Dordrecht 1625-La Haya 1672). Consejero-pensionario de Holanda desde 1653, firmó la paz con Cromwell (1654) e hizo votar el Acta de exclusión contra la casa de Orange (1667). En 1668 se alió con Inglaterra y Suecia contra Francia, pero los orangistas le culparon de la invasión victoriosa de Luis XIV (1672) y dejaron que le asesinase, junto con su hermano **Cornelis** (Dordrecht 1623-La Haya 1672), la población de La Haya.

**WITTE** *(conde)* → ***Vitte*** (conde).

**WITTE** (Emanuel **de**), pintor neerlandés (Alkmaar *c.* 1615-Amsterdam 1691 o 1692), célebre por la calidad lumínica y por la vivacidad de sus interiores de iglesias.

**WITTELSBACH,** familia principesca bávara que reinó de 1180 a 1918 en Baviera.

**WITTEN,** c. de Alemania, en el Ruhr; 104 701 hab. Centro industrial.

**WITTENBERG,** c. de Alemania (Sajonia-Anhalt), a orillas del Elba; 51 754 hab. El 31 de octubre de 1517, Lutero fijó sobre las puertas de la iglesia del castillo sus 95 tesis, origen de la Reforma.

**WITTGENSTEIN** (Ludwig), filósofo austríaco (Viena 1889-Cambridge 1951), nacionalizado británico. Su primera teoría plantea que existe una relación biunívoca entre las palabras y las cosas, y que las proposiciones que encadenan las palabras constituyen «imágenes» de la realidad (*Tractatus logico-philosophicus,* 1921). Esta teoría, llamada atomismo lógico, tuvo cierta influencia en el círculo de Viena, y luego fue abandonada por el propio Wittgenstein en beneficio de una concepción más restringida y concreta, calificada de juego de lenguaje, en la que destaca el aspecto humano del lenguaje, es decir, impreciso, variable según las situaciones (*Investigaciones filosóficas,* escrito en 1936-1949 y publicado en 1953).

**WITWATERSRAND** (abrev. **Rand**), región de la República de Sudáfrica, alrededor de Johannesburgo, que forma parte de la provincia de Gauteng. Minas de oro.

**WITZ** (Konrad), pintor de origen suabo instalado en Basilea en 1431 († Basilea o Ginebra *c.* 1445). Influido por los estilos borgoñón y flamenco, compuso retablos notables por su fuerza plástica y por el interés que muestran por la realidad (*La pesca milagrosa,* museo de arte y de historia, Ginebra).

**WŁOCŁAWEK,** c. de Polonia, cap. de voivodato, a orillas del Vístula, al NO de Varsovia; 122 800 hab.

**WÖHLER** (Friedrich), químico alemán (Eschersheim 1800-Gotinga 1882). Aisló el aluminio y el boro, y realizó la primera síntesis orgánica, la de la urea (1828).

**WOLF** (Christa), escritora alemana (Landsberg 1929) cuyas novelas evocan los problemas políticos y culturales de la Alemania del Este (*Cassandra,* 1983).

**WOLF** (Hugo), compositor austríaco (Windischgrätz [act. Slovenj Gradec] Eslovenia, 1860-Viena 1903), uno de los maestros del lied *(Italienisches Liederbuch; Spanisches Liederbuch).*

**WOLFE** (James), general británico (Westerham 1727-Quebec 1759). Venció a Montcalm ante Quebec (batalla de las llanuras de Abraham), pero fue mortalmente herido durante la batalla.

**WOLFE** (Thomas Clayton), escritor norteamericano (Asheville 1900-Baltimore 1938). Autor de obras teatrales (*El regreso de Buck Gavin,* 1926), intentó describir el conjunto de la vida norteamericana en cuatro novelas líricas, que constituyen una de las más vastas autobiografías de la literatura de E.U.A. (*Ángel, mira para atrás,* 1929; *Tiempo y río,* 1935; *La tela y la roca,* 1939; *No podéis ya regresar,* 1940).

**WOLFE** (Tom), escritor y periodista norteamericano (Richmond 1931). Su obra crítica y novelesca (*Gaseosa de ácido eléctrico,* 1968; *La hoguera de las vanidades,* 1987; *La nueva América,* 1989; *Todo un hombre,* 1998) ofrece un retrato acerbo de la Norteamérica contemporánea.

**WOLFF** o **WOLF** (Christian, *barón* **von**), matemático y filósofo alemán (Breslau 1679-Halle 1754). Discípulo de Leibniz, autor de un sistema totalmente racionalista (*Philosophia prima,* 1729), ejerció una considerable influencia en la Aufklärung y en Kant.

**WÖLFFLIN** (Heinrich), historiador de arte suizo (Winterthur 1864-Zurich 1945). En *Conceptos fundamentales en la historia del arte* (1915) renovó las bases del estudio estilístico de la obra de arte.

**WOLFSBURG,** c. de Alemania (Baja Sajonia), al NE de Brunswick; 126 708 hab. Industria del automóvil.

**WOLIN,** isla polaca que cierra el golfo de Szczecin. Parque nacional.

**WOLLASTON** (William Hyde), físico y químico británico (East Dereham, Norfolk, 1766-Londres 1828). Descubrió el paladio y el rodio, y perfeccionó la pila de Volta.

**WOLLONGONG,** ant. **Greater Wollongong,** c. de Australia (Nueva Gales del Sur), al S de Sydney; 235 300 hab. Centro hullero e industrial. Universidad.

**WOLS** (Wolfgang **Schultze,** llamado), dibujante y pintor alemán (Berlín 1913-París 1951). Instalado en París en 1932, practicó la fotografía y fue uno de los creadores, hacia 1945-1946, del informalismo.

**WOLSELEY** (*sir* Garnet Joseph, *vizconde*), mariscal británico (Golden Bridge, Dublín, 1833-Menton 1913). Se distinguió en numerosas campañas coloniales, sobre todo en el Transvaal (1879) y en Egipto (1884).

**WOLSEY** (Thomas), prelado y político inglés (Ipswich *c.* 1475-Leicester 1530). Arzobispo de York

Thomas Woodrow **Wilson**

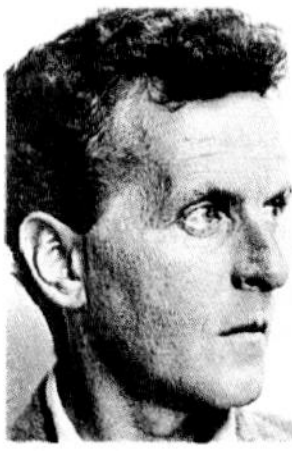
Ludwig **Wittgenstein**

Virginia **Woolf**
(Gold - galería nacional de retratos, Londres)

Richard **Wright**

(1514), cardenal y lord canciller de Enrique VIII (1515), dirigió durante casi quince años la política inglesa.

**WOLVERHAMPTON,** c. de Gran Bretaña, en los Midlands; 239 800 hab. Metalurgia.

**WONSAN,** c. y puerto de Corea del Norte, junto al mar del Japón; 274 000 hab. Centro industrial.

**WOOD** (Robert Williams), físico norteamericano (Concord, Massachusetts, 1868-Amityville, Nueva York, 1955). Estudió las radiaciones ultravioletas (*luz de Wood* o *luz negra*) capaces de provocar fluorescencias.

**WOODSTOCK,** c. de Canadá (Ontario); 30 075 hab.

**Woodstock** *(festival de),* festival de rock que se celebró en Bethel (cerca de Woodstock, estado de Nueva York) del 15 al 17 de agosto de 1969. El «Woodstock music and arts festival», símbolo del eclecticismo del rock, de la música psicodélica y de una juventud pacifista que propugna la libertad de costumbres y la vida en comunidad, agrupó a más de 400 000 personas.

**WOOLF** (Virginia), novelista británica (Londres 1882-Lewes 1941). En sus novelas, prácticamente desprovistas de intriga, intenta hacer sensible la vida cambiante e inasible de la conciencia (*La señora Dalloway,* 1925; *Al faro,* 1927; *Las olas,* 1931).

**WORCESTER,** c. de Estados Unidos (Massachusetts); 169 759 hab. Centro universitario e industrial. Museo de arte.

**WORCESTER,** c. de Gran Bretaña, a orillas del Severn, cap. del condado de Hereford and Worcester; 81 000 hab. Catedral (ss. XIII-XIV). Museos (porcelanas de Worcester). Carlos II fue derrotado allí por Cromwell (1651).

**WORDSWORTH** (William), poeta británico (Cockermouth 1770-Rydal Mount 1850). Autor, junto con su amigo Coleridge, de *Baladas líricas* (1798), verdadero manifiesto del romanticismo. Rechazó la fraseología de los poetas del s. XVIII en beneficio de lo pintoresco de la lengua cotidiana *(La excursión, Peter Bell).*

**WORMS,** c. de Alemania (Renania-Palatinado), a orillas del Rin; 75 326 hab. Catedral románica, con dos ábsides opuestas (ss. XII-XIII). El concordato firmado en Worms en 1122 por Calixto II y el emperador Enrique V puso fin a la querella de las Investiduras. En 1521 la dieta reunida en esta ciudad condenó a Lutero al destierro del Imperio; Carlos Quinto, además, nombró a su hermano, Fernando, su vicario y lugarteniente general, y le entregó Austria y otros territorios; declaró traidores a los comuneros de Castilla.

**WORTHING,** c. de Gran Bretaña (Sussex Occidental), al O de Brighton, junto al canal de la Mancha; 94 100 hab. Estación balnearia.

**WOTAN** → ***Odín.***

**WOUNTA** o **HUAUNTA,** laguna litoral de Nicaragua (Zelaya), en el Caribe; 99 km². En ella desembocan los ríos Cucalaya y Layasica.

**WOUTERS** (Rik), pintor y escultor belga (Malinas 1882-Amsterdam 1916), principal representante del fauvismo en su país.

**WOUWERMAN** (Philips), pintor neerlandés (Haarlem 1619-*id.* 1668), especializado en escenas de género, en las que figuran caballos (cazas, escaramuzas, paradas ante una posada).

**Wozzeck,** ópera de Alban Berg (1925), basada en la obra teatral de G. Büchner, la pieza más original de principios de siglo, que utiliza el *Sprechgesang* (hablado/cantado).

**WRANGEL** o **VRANGEL** *(isla),* isla rusa, en el Ártico, al NO del estrecho de Bering; 7 300 km².

**WRANGEL** (Carl Gustaf), general sueco (Skokloster 1613-Spieker 1676). Participó en la guerra de los Treinta años y en las expediciones del reinado de Carlos X.

**WRANGEL** o **VRANGEL** (Piotr Nikoláievich, *barón* **de**), general ruso (Novo-Alexándrovsk 1878-Bruselas 1928). En 1920 sucedió a Denikin en el mando de los ejércitos blancos de la Rusia del sur; combatió al ejército rojo en Ucrania y en Crimea.

**WRAY** (John) → ***Ray.***

**WREN** (*sir* Christopher), arquitecto y matemático británico (East Knoyle, Wiltshire, 1632-Hampton Court 1723). Tras el incendio de Londres (1666), se le encargó la reconstrucción de numerosas iglesias y la nueva catedral de San Pablo (1675-1710).

**WRIGHT** (Frank Lloyd), arquitecto norteamericano (Richland Center, Wisconsin, 1867-Taliesin West, cerca de Phoenix, Arizona, 1959). De gran fuerza imaginativa tanto en grandes edificios (museo Guggenheim, Nueva York, 1943 y siguientes) como en casas particulares («casas de las Praderas», de comienzos de siglo), maestro de la corriente *orgánica* en la arquitectura moderna, ejerció una gran influencia.

Frank Lloyd **Wright:** el vestíbulo central del edificio Johnson Wax (1936-1939) en Racine (Wisconsin, Estados Unidos)

**WRIGHT** *(hermanos),* precursores de la aviación norteamericanos: **Wilbur** (Millville, Indiana, 1867-Dayton, Ohio, 1912) y **Orville** (Dayton 1871-*id.* 1948). El 17 de diciembre de 1903 Orville realizó, a bordo de un avión de dos hélices, en Kitty Hawk (Carolina del Sur), el primer vuelo propulsado y sostenido de un aparato más pesado que el aire. En setiembre de 1904, Wilbur efectuó el primer viraje en vuelo, y más tarde el primer vuelo en circuito cerrado.

Orville (a la izquierda) y Wilbur **Wright**

**WRIGHT** (Richard), escritor norteamericano (Natchez, Mississippi, 1908-París 1960). De raza negra, trató en sus novelas los problemas sociales y sicológicos de los hombres de color (*Los hijos del tío Tom,* 1938; *Black boy,* 1945).

**WROCŁAW,** en alem. **Breslau,** c. de Polonia, en la Baja Silesia, cap. de voivodato, a orillas del Odra; 643 600 hab. Centro administrativo, cultural e industrial. Catedral y ayuntamiento góticos, y otros monumentos. Museo de Silesia.

**WROŃSKI-HOENE** (Józef), filósofo polaco (Wolsztyn, cerca de Poznań, 1776-Neuilly 1853). Es autor de una filosofía mesiánica a la que une una moral y una concepción matemática del universo (*Filosofía del infinito,* 1814).

**WU ZHEN** o **WU CHEN,** pintor, calígrafo y poeta chino (Jiaxing, Zhejiang, 1280-† 1354) de la época Yuan, inspirado en el taoísmo y célebre por sus representaciones de bambúes.

**WU-CHEU** → ***Wuzhou.***

**WUDI** o **WU-TI,** emperador de China [140-87 a. J.C.], de la dinastía Han. Continuó la expansión en Asia central y protegió las artes y la poesía.

**WUHAN** o **WU-HAN,** c. de China central, cap. de Hubei; 3 200 000 hab. Nudo ferroviario y centro industrial.

**WUHU** o **WU-HOU,** c. y puerto de China (Anhui), a orillas del Yangzi Jiang; 425 000 hab.

**WULFILA** → ***Ulfilas.***

**WUNDT** (Wilhelm), filósofo y sicólogo alemán (Neckarau [act. en Mannheim] 1832-Gorssbothen, cerca de Leipzig, 1920), uno de los fundadores de la sicología experimental (*Fundamentos de sicología fisiológica,* 1873-1874).

**WUPPERTAL,** c. de Alemania (Renania del Norte-Westfalia), en el Ruhr, a orillas del *Wupper;* 378 312 hab. Centro industrial. Universidad.

**WURMSER** (Dagobert Siegmund, *conde* **von**), general austríaco (Estrasburgo 1724-Viena 1797). Derrotado en Castiglione por Napoleón (1796), tuvo que capitular en Mantua (1797).

**WÜRTTEMBERG,** ant. estado del SO de Alemania que se extendía por el borde NE de la Selva Negra y por la parte meridional de la cuenca de Suabia-Franconia, act. integrado en el *Land* de Baden-Württemberg. Württemberg, surgido del ducado de Suabia, fue condado en 1135, ducado en 1495 y luego cayó bajo la soberanía de los Habsburgo (1520-1599). Erigido en reino en 1805, formó parte del Imperio alemán de 1871 a 1918. Convertido en república, fue integrado al III Reich en 1934.

**WURTZ** (Adolphe), químico francés (cerca de Estrasburgo 1817-París 1884). Descubrió las aminas, el glicol y el aldol, estableció la fórmula de la glicerina e ideó un método de síntesis general en química orgánica, empleando el sodio.

**WURZBURGO,** en alem. **Würzburg,** c. de Alemania (Baviera), a orillas del Main; 125 953 hab. Centro comercial, universitario e industrial. Iglesias de los ss. XII-XIV. Magnífica residencia de los príncipes-obispos, construida a partir de 1719 por J. B. Neumann (frescos de Tiepolo). Museo.

**WUTONGQIAO** o **WU T'ONG-K'IAO,** c. de China (Sichuan); 140 000 hab.

**WUXI** o **WU-SI,** c. de China (Jiangsu); 826 833 hab.

**WUZHOU** o **WU-CHEU,** c. de China (Guangxi), a orillas del Xi Jiang; 200 000 hab.

**W.W.F.** (World Wildlife Fund, en esp. Fondo mundial para la naturaleza), organización privada internacional de protección de la naturaleza. Recauda capitales y financia proyectos de salvaguarda de las especies y de protección del medio ambiente.

**WYAT** o **WYATT** (*sir* Thomas), poeta y diplomático inglés (Allington Castle, Kent, *c.* 1503-Sherborne 1542). Introdujo el soneto en la poesía inglesa.

**WYCHERLEY** (William), escritor inglés (Clive 1640-Londres 1716), autor de comedias satíricas inspiradas en Molière *(La mujer del campo; El hombre de bien).*

**WYCLIF, WYCLIFFE** o **WICLEF** (John), teólogo inglés precursor de la Reforma (North Riding of Yorkshire *c.* 1330-Lutterworth, Leicestershire, 1384). Al frente de una corriente antipapal y anticlerical, pasó más tarde a una actitud próxima a la de los valdenses, al considerar que una iglesia pobre era la única fiel al evangelio. Negó la transustanciación en la eucaristía e insistió en la autoridad exclusiva de la Biblia. El concilio de Constanza le condenó, a título póstumo, como hereje (1415).

**WYLER** (William), director de cine norteamericano de origen suizo (Mulhouse 1902-Los Ángeles 1981). Especialista en dramas sicológicos y adaptaciones literarias: *La loba* (1941), *Los mejores años de nuestra vida* (1946), *Ben Hur* (1959), *El coleccionista* (1965), etc.

**WYOMING,** estado del O de Estados Unidos; 253 500 km²; 453 588 hab. Cap. *Cheyenne.*

**WYSPIAŃSKI** (Stanisław), dramaturgo y pintor polaco (Cracovia 1869-*id.* 1907). Ejerció una profunda influencia en el espíritu nacional y la literatura polaca (*La varsoviana,* 1898; *Las bodas,* 1901).

# X

**XÀBIA** → *Jávea.*

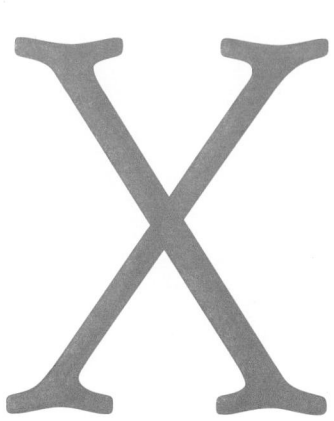

**XANTHI,** c. de Grecia (Tracia); 37 462 hab.

**XÀTIVA** → *Játiva.*

**XAUEN** o **CHECHAOUEN,** c. del N de Marruecos, en el Rif; 23 600 hab. – Dependió de Tetuán desde el s. XIX. Tomada por los españoles (1920), fue evacuada por orden de Primo de Rivera (1924) y de nuevo ocupada en 1926, tras el desembarco de Alhucemas. En 1956 pasó al reino de Marruecos.

**XÉMAL** *(altos de),* relieve montañoso de Guatemala (Huehuetenango), máxima altitud de la cordillera de los Altos Cuchumatanes; 3 800 m de alt.

**XENAKIS** (Iannis), compositor francés de origen griego (Brăila, Rumania, 1922-París 2001). Colaboró con Le Corbusier y estableció contactos entre música y arquitectura. Aplica a sus composiciones, en las que utiliza el ordenador, los conocimientos y las técnicas científicos: *Metástasis* (1954), *Persépolis* (1971), *Akea* (1986), *Waarg* (1988).

**XÈNIUS** → *Ors* (Eugenio d').

**XI JIANG** o **SI-KIANG,** r. de China meridional; 2 000 km. En uno de los brazos de su delta se encuentra Cantón.

**XIA GUI** o **HIA KUEI,** pintor chino originario de Qiantang (Zhejiang), activo *c.* 1190-1225. Elíptico y expresivo, es uno de los principales paisajistas de los Song del Sur.

**XIAMEN** → *Amoy.*

**XI'AN, SI-NGAN** o **SIAN,** c. de China, cap. de Shaanxi; 2 180 000 hab. Centro industrial. Capital de China, durante la dinastía Zhou, y, con el nombre de *Changan,* durante las dinastías Han y Tang, conserva de esta época su configuración urbana. Rico museo. Monumentos antiguos, entre ellos la gran pagoda de las ocas salvajes *(Dayanta),* de época Tang. En las proximidades, numerosas y ricas necrópolis (túmulos imperiales, entre ellos el de Shi Huangdi).

**XIANGTAN** o **SIANG-T'AN,** c. y puerto de China (Hunan), a orillas del Xiang Jiang; 441 968 hab. Centro industrial.

**XIANYANG** o **HIEN-YANG,** c. de China (Shaanxi), al NO de Xi'an; 352 125 hab. Ant. cap. de Shi Huangdi. Yacimiento arqueológico (necrópolis con rico mobiliario funerario). Museo.

**XICO,** mun. de México (Veracruz); 18 169 hab. Fruticultura y explotación forestal.

**XICOTÉNCATL,** mun. de México (Tamaulipas); 24 708 hab. Ingenio azucarero. Fabricación de celulosa.

**XICOTÉNCATL el Joven,** caudillo tlaxcalteca († 1521), hijo de **Xicoténcatl el Viejo** († 1522). Derrotado por Cortés (1519), se opuso a negociar con los españoles, y Cortés lo mandó ahorcar.

**XICOTEPEC,** mun. de México (Puebla); 36 961 hab. Explotación forestal. Turismo.

**XILITLA,** mun. de México (San Luis Potosí); 41 984 hab. Agricultura e industrias derivadas.

**XIMÉNEZ** (Roberto), bailarín mexicano (nacido *c.* 1925). Profesor de danza en la Escuela de bellas artes de México, pasó por la compañía de Pilar López (1947) y formó en 1954 un grupo propio con Manolo Vargas.

**XIMÉNEZ DE SANDOVAL** (Felipe), escritor español (Madrid 1903-*id.* 1978). Abogado y diplomático, cultivó casi todos los géneros literarios: narrativa (*El hombre y el loro,* 1952), farsa teatral, biografía y ensayo histórico.

**XIMENO PLANES** (Rafael), pintor español (Valencia 1716-México 1825). Su obra sigue el neoclasicismo, con probables influencias de A. R. Mengs (capilla del palacio de la Minería, México).

**XINGAN (Gran),** macizo de China, entre el desierto de Gobi y la llanura del NE de China; 2 091 m. – El **Pequeño Xingan** separa esta llanura de la cuenca del Amur.

**XINGU,** r. de Brasil, afl. del Amazonas (or. der.); 1 980 km.

**XINING** o **SI-NING,** c. de China, cap. del Qinghai; 551 766 hab. Centro comercial e industrial.

**XINJIANG** o **SIN-KIANG** *(Región autónoma uigur del),* región del NO de China; 1 646 800 km$^2$; 13 082 000 hab. Cap. *Urumtsi.* Región árida y desértica a excepción de los oasis (en la antigua ruta de la seda). Ganadería ovina. Extracción de petróleo.

**XINXIANG** o **SIN-HIANG,** c. de China (Henan), junto al ferrocarril Pekín-Hankou; 473 762 hab.

**XINZHU** o **HSINCHU,** c. de Taiwan, en el NO de la isla; 290 000 hab.

**XINZO DE LIMIA** → *Ginzo de Limia.*

**XIPE TOTEC,** divinidad del México precolombino, venerada desde tiempos remotos por zapotecas y mixtecas. Los aztecas asimilaron su culto como dios de la primavera, la juventud y la fecundidad.

**XIRAU** (Joaquín), filósofo español (Figueras 1895-México 1946). Fue profesor en Barcelona y, después de exiliarse, en México. Intentó resolver la antinomia entre ser y valor postulando la unidad dinámica del «arco sujeto-objeto» (*Amor y mundo,* 1940). – Su hijo **Ramón** (Barcelona 1924), filósofo y crítico literario, es autor de *Introducción a la historia de la filosofía* (1964), *La naturaleza del hombre* (en colaboración con E. Fromm), *Poesía iberoamericana* (1979) y poemas en lengua catalana (*Ocells,* 1986).

**XIRGU** (Margarita), actriz de teatro española (Molins de Rei 1888-Montevideo 1969). Se reveló en 1906 con *Teresa Raquin* de Zola, y destacó especialmente como intérprete de García Lorca. Se exilió en 1936 y, ya retirada, dirigió la Escuela de arte dramático de Montevideo.

**XIRIVELLA** → *Chirivella.*

**XISHA QUNDAO,** en esp. **Islas Paracelso,** grupo de islotes del mar de China meridional, frente a las costas de Vietnam. Son reivindicadas por China y Vietnam.

**XIUTETELCO,** mun. de México (Puebla); 16 941 hab. Cab. *San Juan Xiutetelco.* Café, ganadería; minería.

**XIXABANGMA, SHISHA PANGMA** o **GOSAINTHAN,** cumbre del Himalaya (Tíbet); 8 046 m.

**XIXONA** → *Jijona.*

**XOCHICALCO,** centro arqueológico precolombino mexicano (Cuernavaca, Morelos) de transición entre el final del período clásico y el período tolteca (ss. VII-X d. J.C.). Es una ciudad fortaleza, con varias pirámides y un juego de pelota.

**XOCHIMILCO,** delegación de México (Distrito Federal), en el S de la aglomeración de la ciudad de México; 217 481 hab. El *lago Xochimilco* es célebre por sus jardines flotantes (chinampas) y sus canales. Turismo. Iglesia del ant. convento franciscano de San Bernardino (s. XVI). A fines del s. XII era capital de un estado independiente, que pasó al dominio chichimeca (1270); fue fortificada por los aztecas. Apoyó la conquista española.

**XOCHIPILLI,** divinidad de la primavera y la vegetación en el México prehispánico, encarnación del Sol matutino. Los aztecas lo transformaron en un dios de la danza y la poesía.

**XOCHITEPEC,** mun. de México (Morelos); 16 413 hab. Caña de azúcar, cereales.

**XOLOTL,** divinidad del México prehispánico de las cosas extraordinarias. En la mitología azteca acompañaba al Sol poniente, y se le representaba como un esqueleto con el disco solar a cuestas o como un perro.

**XOLOTLÁN** → *Managua,* lago de Nicaragua.

**XONACATLÁN,** mun. de México (México); 19 546 hab. Cereales, legumbres y frutas. Ganadería.

**XUANHUA** o **SIUAN-HUA,** c. de China (Hebei), al NO de Pekín; 200 000 hab. Siderurgia.

**XUZHOU** o **SIU-CHEU,** en ingl. **Suchow,** c. de China (Jiangsu); 1 100 000 hab. Centro de una región carbonera.

**XYLANDER,** nombre helenizado de **Wilhelm Holzmann,** humanista alemán (Augsburgo 1532-Heidelberg 1576). Publicó numerosas ediciones de textos antiguos, especialmente de Aristóteles.

# Y

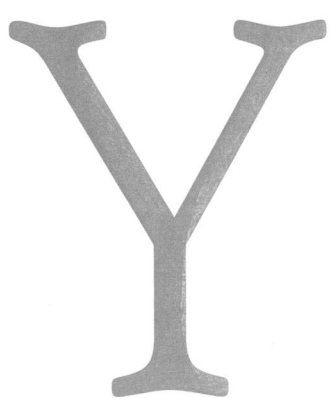

**ŶABIR** (Abū Mūsà Ŷabir al-Ṣūfī, llamado), conocido también como **Geber,** alquimista árabe (nacido en Kūfa, a orillas del Éufrates). Vivió en 800 aprox. Al parecer descubrió el ácido sulfúrico, el ácido nítrico y el agua regia.

**YABLONOVI** o **JABLONOVOI** *(montes),* macizo del S de Siberia (1 680 m).

**ŶABRĀN** (Ŷabrān Jalīl) o **GIBRAN** (Jalīl), escritor y pintor libanés (Bašarri 1883-Nueva York 1931), uno de los principales representantes del renacimiento de la literatura árabe.

**YABUCOA,** mun. del SE de Puerto Rico; 36 483 hab. Caña de azúcar, tabaco, ron e industria textil. Exportación de azúcar por *Puerto Yabucoa.*

**YACOPÍ,** mun. de Colombia (Cundinamarca); 18 718 hab. Ganado vacuno y porcino. Bosques.

**YACUIBA,** c. de Bolivia (Tarija), en la frontera argentina; 14 854 hab. Forma una conurbación con Pocitos. Centro petrolero. Oleoducto.

**YACUMA,** r. de Bolivia (Beni), afl. del Mamoré (or. izq.) aguas abajo de Santa Ana; 321 km.

**YACYRETÁ,** isla de Paraguay (Itapúa y Misiones), en el río Paraná, aguas arriba de San Cosme; 485 km$^2$. – *Complejo hidroeléctrico de Yacyretá-Apipé,* proyecto paraguayo-argentino.

**YAFO** → ***Jaffa.***

**YAGUACHI,** cantón de Ecuador (Guayas); 100 034 hab. Agricultura. Ganado vacuno. Refinerías de azúcar.

**YAGUAJAY,** mun. de Cuba (Sancti Spíritus); 58 146 hab. Manufacturas de tabaco. Centrales azucareros.

**YAGUARÓN,** en port. **Jaguarão,** r. de América del Sur; 217 km. Forma frontera entre Brasil y Uruguay hasta su desembocadura en la laguna Merín.

**YAGUARÓN,** distr. de Paraguay (Paraguarí); 21 287 hab. Centro agrícola.

**YAGUATE,** distr. mun. de la República Dominicana (San Cristóbal); 21 258 hab. Cap. *Villa de Yaguate.* Arroz, café y frutas.

**YAGUL,** centro arqueológico zapoteca y mixteca de México (Oaxaca). Poblado desde el primer milenio, sus principales estructuras son de 800-1000 d. J.C. Templos, palacios y juegos de pelota.

**ŶĀḤIẒ** (Abū 'Utmān 'Amr ibn Baḥr **al-**), escritor y teólogo árabe (Basora *c.* 776-*id.* 868 o 869), uno de los creadores de la prosa literaria árabe.

**YAHUALICA,** mun. de México (Hidalgo); 17 804 hab. Agricultura. Explotación forestal.

**YAHUALICA DE GONZÁLEZ GALLO,** mun. de México (Jalisco); 22 991 hab. Agricultura.

**YAHUAR HUACAC,** séptimo soberano inca, llamado también **Tuti Cusi Hualpa** (segunda mitad del s. XIV), hijo y sucesor de Inca Roca.

**YAHVÉ** *(el que es),* nombre del Dios de Israel, citado en la Biblia (Génesis II, 4) tras el relato de la creación.

**ŶAHWAR (Banū),** familia musulmana que gobernó en Córdoba durante los primeros reinos de taifas (s. XI).

**YAḤYÀ IBN 'ALĪ IBN ḤAMMŪD,** califa beréber de al-Andalus [1021-1023 y 1026]. Destronó a su tío al-Qāsim (1021) y a Muḥammad III (1026), pero abandonó Córdoba a la llegada de las tropas de Almería y Denia.

**YAḤYÀ IBN YAḤYÀ AL-LAYTĪ,** alfaquí cordobés († *c.* 849). Difusor de la ortodoxia mālikí, tuvo gran influencia en la corte de 'Abd al-Raḥmān II.

**YAKARTA, JAKARTA** o **DJAKARTA,** ant. **Batavia,** c. y cap. de Indonesia, en el O de Java; 7 636 000 hab. Es la mayor ciudad del Sureste asiático.

**Yakarta:** un aspecto de la ciudad moderna

**YAKUTIA** → ***Saja.***

**ŶALĀL AL-DĪN RŪMĪ,** poeta persa (Balj, Jurāsān, 1207-Konya 1273), fundador de los derviches danzantes y principal intérprete del sufismo.

**Yale** *(universidad),* universidad norteamericana, fundada en 1701 en New Haven (Connecticut). Debe su nombre a Elihu *Yale,* uno de sus mecenas. Museo.

**YALONG JIANG** o **YA LONG-KIANG,** r. de China central, afl. del Yangzi Jiang (or. izq.); 1 100 km.

**YALTA,** c. de Ucrania, en la costa S de Crimea, a orillas del mar Negro; 77 000 hab. Estación balnearia.

**Yalta** *(conferencia de)* [4-11 febr. 1945], conferencia que reunió a Churchill, Roosevelt y Stalin con el fin de solucionar los problemas planteados por la inminente derrota de Alemania. Admitió el principio de una amputación de Polonia oriental en beneficio de la U.R.S.S., que se comprometió además a atacar Japón. Preveía asimismo la formación de gobiernos democráticos en la Europa liberada.

**YA-LU,** r. de Asia oriental que marca la frontera entre China y Corea del Norte; 790 km.

**YAMAGATA,** c. de Japón (Honshū), al O de Sendai; 249 487 hab. Centro industrial.

**YAMAGUCHI,** c. de Japón (Honshū); 129 461 hab. Centro industrial. Ant. ciudad feudal.

**ŶAMĀL AL-DĪN AL-AFGĀNĪ,** pensador y político musulmán de origen persa (Asadābād 1838-Istanbul 1897), uno de los principales artífices del renacimiento del islam en el s. XIX.

**ŶAMĀL BAJÁ** (Ahmad) o **CEMAL PAŞA** (Ahmet), general y político otomano (Mitilene 1873-Tbilisi 1922). Fue uno de los jefes de los Jóvenes turcos que se hicieron con el poder en 1913 y ligaron el destino del Imperio otomano al de Alemania durante la primera guerra mundial. Murió asesinado.

**YAMAMOTO ISOROKU,** almirante japonés (Nagaoka 1884-en las islas Salomón 1943). Estuvo al mando de las operaciones navales contra los norteamericanos de 1941 a 1943.

**YAMASÁ,** mun. de la República Dominicana (San Cristóbal); 53 184 hab. Cap. *Villa de Yamasá.* Cacao, café, tabaco. Pastos.

**ŶĀMĪ,** escritor persa (Ŷām, Jurāsān, 1414-Harāt 1492), autor de la epopeya cortés de *Yūsuf y Zulayjā,* de gran perfección formal.

**YAMOUSSOUKRO,** c. y cap. de Costa de Marfil (desde 1983), en el centro del país, al NO de Abidjan; 85 000 hab. Universidad. Basílica de Nuestra Señora de la Paz.

**YAMUNĀ, JUMNA** o **JAMNĀ,** r. de la India, que pasa por Delhi y Agra, afluente del Ganges (or. der.); 1 370 km.

**YAN'AN** o **YEN-NGAN,** c. de China, en el N de Shaanxi. Sede del gobierno comunista chino tras la Larga marcha (1935).

**YANAURCU** o **YANA URCU,** pico del N de Ecuador, en la cordillera Occidental de los Andes; 4 538 m de alt.

**YANG SHANGKUN** o **YANG SHANG-KUN,** político chino (Shuangjiang, Sichuan, 1907-Pekín 1998), presidente de la república (1988-1993).

**YANGA,** mun. de México (Veracruz); 16 466 hab. Cereales, legumbres. Explotación forestal.

**YANGQUAN** o **YANG-TS'IUAN,** c. de China (Shanxi), al E de Taiyuan; 362 268 hab. Metalurgia.

**YANGZHOU** o **YANG-CHEU,** llamada también **Yangchow,** c. de China (Jiangsu); 312 892 hab. Museo. Monumentos antiguos de las épocas Tang y

Song. Jardines jalonados de pabellones (ss. XVIII y XIX).

**YANGZI JIANG, YANG TSÊ-KIANG** o **YANG-TSÊ,** también llamado **río Azul,** el río más largo de China; 5 980 km (cuenca de 1 830 000 $km^2$ donde viven más de 200 millones de chinos). Nace en el Tíbet y discurre al principio entre gargantas, se regulariza parcialmente aguas abajo de Yichang y se convierte en la principal vía navegable de China; pasa por Wuhan y Nankín. Desemboca en el mar de la China oriental formando un estuario, al S del cual se ha desarrollado Shanghai. – *Embalse de Yangzi Jiang,* o *de las Tres Gargantas,* el mayor proyecto hidrológico del mundo, iniciado en 1993, en la zona de Yichang; la presa será aprovechada por una central hidroeléctrica con una potencia prevista de 13 000 MW.

**YANINA** → ***Ioanina.***

**ŶANNĀḤ** (Yoná **ibn**), en ár. **Abū-l-Walīd Marwān ibn Ŷannāh,** gramático hebraicoespañol (Córdoba *c.* 990-Zaragoza *c.* 1050). Estableció las leyes de la gramática hebrea, completando la labor de Ḥayyūŷ.

**YANTAI** o **YEN-T'AI,** ant. **Zhifu** o **Chefu,** c. y puerto de China (Shandong); 452 127 hab. Pesca. Centro industrial.

**YÁÑEZ** (Agustín), escritor mexicano (Guadalajara 1904-México 1980). Cultivó el cuento y el ensayo, pero es conocido principalmente como novelista de tipo social y colectivo con un estilo subjetivo y lírico (*Al filo del agua,* 1947; *Las tierras flacas,* 1964). En 1973 fue elegido presidente de la Academia mexicana de la lengua.

**YÁÑEZ DE LA ALMEDINA** (Hernando o Fernando), pintor español (nacido en La Mancha), activo en Valencia y Cuenca durante el primer tercio del s. XVI. Introdujo el gusto renacentista italiano (primero ligado a Leonardo da Vinci y luego a Rafael) en Valencia (*Santa Catalina,* Prado; retablos de la catedral de Cuenca; *Anunciación,* Colegio del Patriarca, Valencia).

**YÁÑEZ PINZÓN** → ***Pinzón.***

**YAO,** c. de Japón (Honshū), en el área suburbana SE de Ōsaka; 277 568 hab.

**YAOUNDÉ,** c. y cap. de Camerún, a 700 m de alt.; 649 000 hab.

**YAPEYÚ,** c. de Argentina (Corrientes), en el dep. de San Martín, junto a la frontera brasileña; 1 187 hab. Cuna de San Martín.

**YA'QŪB YŪSUF** (Abū) → ***Yūsuf I*** (Abū Ya'qūb).

**YAQUE DEL NORTE,** r. de la República Dominicana, en la vertiente atlántica; 308 km.

**YAQUE DEL SUR,** r. de la República Dominicana, en la vertiente del Caribe; 200 km.

**YAQUI,** r. del NO de México, que desemboca en el golfo de California, al S de la *bahía de Guaymas.* 700 km aprox. Afl. principales: Basúchil y Bavispe. Regadíos en el área de Ciudad Obregón.

**Yara** *(grito de),* levantamiento cubano contra el dominio español en 1868. Céspedes se sublevó en La Demajagua (oct.) y marchó sobre *Yara* (Manzanillo), lo que dio lugar a la guerra Grande (1868-1878).

**YARACUY** *(estado),* est. del N de Venezuela; 7 100 $km^2$; 410 114 hab. Cap. *San Felipe.*

**ŶARĀŠ** → ***Gerasa.***

**YARI,** r. de Colombia, afl. del Caquetá (or. der.); 610 km. Atraviesa de NO a SE el dep. del Caquetá.

**ŶARĪD** o **DJERID** (*chott* **al-**), depresión del S de Tunicia, junto al Sahara, ocupada por lagunas más o menos desecadas; 5 000 $km^2$.

**YARĪR,** poeta árabe († *c.* 729), autor de poemas satíricos y de panegíricos de los Omeyas.

**YARITAGUA** → ***Peña.***

**YARKAND, YARKANT** o **SHACHE,** c. de China (Xinjiang); 100 000 hab. Oasis.

**YARMOUTH** → ***Great Yarmouth.***

**YAROSLAVL,** c. de Rusia, a orillas del Volga superior; 626 000 hab. Industrias textiles, mecánicas y químicas. Iglesias de cinco cúpulas del s. XVII.

**YAROSLAV el Sabio** (*c.* 978-Kíev 1054), gran príncipe de Kíev [1019-1054]. Gran edificador y legislador, obtuvo de los bizantinos que Kíev se convirtiese en la sede de un metropolita con jurisdicción sobre toda Rusia.

**YARUMAL,** mun. de Colombia (Antioquia); 33 070 hab. Agricultura y ganado vacuno y porcino.

**YAŞAR KEMAL** (Kemal Sadk **Gökçeli,** llamado), escritor turco (Osmaniya, cerca de Adana, 1923). Sus poemas y novelas constituyen un retrato de los campesinos de Anatolia *(Mémed el delgado; Tierra de hierro, cielo de cobre; La hierba que no muere).*

**YATERAS,** mun. de Cuba (Guantánamo); 23 088 hab. Ingenios azucareros. Ganadería.

**YATSUSHIRO,** c. y puerto de Japón (Kyūshū), en la desembocadura del Kuma; 108 135 hab.

**YAUCO,** mun. del SO de Puerto Rico; 42 058 hab. Industria textil. Central hidroeléctrica.

**YAUTEPEC,** mun. de México (Morelos); 44 026 hab. Industrias alimentarias. Yacimientos mineros. Balneario y restos del palacio azteca de Oaxtepec; turismo.

**YAVARÍ,** en port. **Javarí,** r. de Perú y Brasil; 1 050 km. Desemboca en el Amazonas (or. izq.), en Ramón Castilla, donde se unen las fronteras de Perú, Colombia y Brasil.

**YAVÍ,** dep. de Argentina (Jujuy); 16 614 hab. Cap. *La Quiaca.* Minas de oro, plata, cinc, níquel y cobalto.

**YAXARTES,** en gr. **Iaxartēs,** en la antigüedad, denominación del Syr Daryá.

**YAYAPURA** o **JAYAPURA,** ant. **Hollandia** y **Sukarnapura,** c. de Indonesia, cap. de Irian Jaya (Nueva Guinea occidental); 150 000 hab.

**YAZD,** c. de Irán, al E de Iṣfahān; 230 483 hab. Mausoleo (s. XI). Gran mezquita.

**YAZDGARD,** nombre de tres reyes sasánidas de Persia (ss. V-VII). – **Yazdgard III** (617-cerca de Merv 651) fue el último soberano sasánida (632-651), vencido por la invasión árabe.

**YAZILIKAYA,** yacimiento de Turquía a 3 km de Bogazköy. Santuario rupestre hitita (s. XIII a. J.C.). Relieves esculpidos.

**ŶAZĪRA,** en ár. **al-Ŷazira** *(la isla),* región del Próximo oriente que abarca el N y el centro de la ant. Mesopotamia (Iraq y Siria).

**ŶAZĪRA** o **EL GEZIRA,** región de Sudán, entre el Nilo Blanco y el Nilo Azul. Zona vital del país (algodón).

**YBARRA,** familia de industriales y financieros españoles cuya actividad estuvo ligada a los orígenes de la moderna siderurgia vasca (creación de la sociedad Altos hornos de Vizcaya, en 1902).

**YBYCUÍ,** distr. de Paraguay (Paraguarí); 22 886 hab. Agricultura. Ganadería. Bosques.

**YDÍGORAS FUENTES** (Miguel), político guatemalteco (Guatemala 1895-*id.* 1982). Accedió a la presidencia de la república en 1958, apoyado por un sector del ejército. Reprimió a sus oponentes y fue derrocado por el coronel Peralta Azurdia (1963).

**YEATS** (William Butler), escritor irlandés (Sandymount 1865-Roquebrune-Cap-Martin 1939), cofundador del Abbey Theatre de Dublín, autor de ensayos, de poemas y de dramas (*La condesa Kathleen,* 1892; *Deirdre,* 1907) inspirados en el espíritu nacional. (Premio Nobel de literatura 1923.)

**YEBES,** v. de España (Guadalajara); 233 hab. Observatorio astronómico nacional (1977).

**YECAPIXTLA,** mun. de México (Morelos); 19 923 hab. Convento agustino de San Juan Bautista (s. XVI), rodeado de murallas almenadas y con bella portada principal de estilo plateresco mexicano.

**YECLA,** c. de España (Murcia), cab. de p. j.; 27 487 hab. *(Yeclanos.)* Ganadería. Industrias alimentarias.

**YEDO** → ***Edo.***

**YEGROS** (Fulgencio), político paraguayo († Asunción 1821). Compartió el consulado de Paraguay con Rodríguez de Francia hasta que éste fue nombrado dictador supremo (1813-1814). Fue fusilado tras intentar un golpe de estado.

Agustín **Yáñez**

Boris **Yeltsin** (en 1990)

**YEGUAS** *(punta),* punta de Uruguay, al O de la bahía de Montevideo.

**YĔHIEL** (Ašer **ben**), talmudista judío (en Alemania *c.* 1250-Toledo 1327). Gran rabino de Toledo, donde dio a conocer los métodos y resultados de las escuelas talmudistas francoalemanas, es autor del tratado moral *Libro de conducta* o *Senderos de vida.*

**YEKATERINBURG** o **EKATERINBURG,** de 1924 a 1991 **Sverdlovsk,** c. de Rusia, en la vertiente E de los Urales; 1 300 000 hab. Centro industrial.

**YEKATERINODAR** → ***Krasnodar.***

**YEKATERINOSLAV** o **EKATERINOSLAV,** ant. **Dniepropetrovsk,** c. de Ucrania, en el meandro del Dniéper; 1 189 000 hab. Puerto fluvial y centro industrial.

**YELA GUNTHER** (Rafael), escultor guatemalteco (1888-1942), iniciador de la escultura moderna en Guatemala (monumentos a Isabel la Católica y a Tecún Umán, ciudad de Guatemala; a Benito Juárez, Quezaltenango).

**YELISAVETGRAD** o **ELISAVETGRAD,** de 1939 a 1991 **Kirovograd,** c. de Ucrania; 263 000 hab.

**YELLOWKNIFE,** c. de Canadá, cap. de los Territorios del Noroeste, en la orilla N del Gran Lago del Esclavo; 11 860 hab. En las proximidades, yacimientos auríferos.

**YELLOWSTONE,** r. del NO de Estados Unidos, afl. del Missouri (or. der.); 1 080 km (cuenca de 181 300 $km^2$). Atraviesa el *parque nacional de Yellowstone* (Wyoming), célebre por sus géiseres, declarado bien natural del Patrimonio mundial por la Unesco (1979).

**YELTSIN** o **ELTSIN** (Boris Nikoláievich), político ruso (Sverdlovsk [act. Yekaterinburg] 1931). Abandonó el P.C.U.S. en 1990. Líder de la oposición democrática, en junio de 1991, fue elegido presidente de la república de Rusia por sufragio universal. Después de oponerse al intento de golpe de estado contra Gorbachov (ag.), fue el artífice de la disolución de la U.R.S.S. (dic.) e intentó dar a Rusia un papel preponderante en el seno de la C.E.I. En 1992 logró el tratado con las otras repúblicas del estado que llevó a convertirlo en la Federación de Rusia, y le fue favorable el referéndum-plebiscito sobre la gestión presidencial (1993). Fue reelegido en 1996 y dimitió en 1999.

**YEMEN** *(República del),* en ár. **al-Yaman,** estado del S de Arabia, junto al mar Rojo y el golfo de Adén; 485 000 $km^2$; 10 100 000 hab. *(Yemeníes.)* CAP. *San'ā'.* LENGUA OFICIAL: *árabe.* MONEDAS: *rial* (N) y *dinar* (S).

GEOGRAFÍA

Yemen es en gran parte desértico. La población, islamizada, se concentra en las zonas altas del O (que dominan el mar Rojo), más irrigadas, y en algunos puntos costeros, emplazamientos de las dos grandes ciudades, la capital y el principal puerto, Adén. La emigración ha paliado tradicionalmente la escasez de los recursos (aunque la extracción de petróleo se ha desarrollado a partir de 1985).

HISTORIA

***La antigüedad.*** I milenio a. J.C.: varios reinos se desarrollaron en el S de Arabia, entre ellos los de Saba y Ḥaḍramwat. S. VI d. J.C.: la región fue ocupada por los etíopes y posteriormente por los persas Sasánidas.

***Dentro del mundo musulmán.*** A partir de 628: el Yemen se convirtió en una provincia del imperio musulmán. 893: los imanes zaydíes, que profesaban un chiismo moderado, se adueñaron de la región, donde su dinastía se perpetuaría hasta 1962. 1517-1538: los otomanos se apoderaron de las llanuras costeras y de Adén. 1839: los británicos conquistaron Adén y establecieron su protectorado en el S del Yemen. 1871: los otomanos organizaron el vilayato del Yemen tras la conquista de San'ā'. 1920: fue reconocida la independencia del reino gobernado por los imanes zaydíes. 1959-1963: Adén y la mayoría de sultanatos del protectorado británico de Adén formaron la Federación de Arabia del Sur. 1967: ésta accedió a la independencia.

***Las dos repúblicas.*** La República Árabe del Yemen, o Yemen del Norte. 1962: un golpe de estado instauró la república. 1962-1970: la guerra civil enfrentó a los realistas, ayudados por Arabia Saudí, y los republicanos, armados por Egipto. A partir de

1972: estallaron enfrentamientos esporádicos en la frontera de los dos Yemen. 1974: el coronel Ibrāhīm al-Hamadī llegó al poder y estableció la autoridad del gobierno central en todo el Yemen septentrional. 1977: fue asesinado. 1978: 'Alī Abd Allāh al-Ṣaleh se convirtió en presidente de la república. 1979: se inició un proceso de unificación. – La República Democrática Popular del Yemen, o Yemen del Sur. 1970: 'Alī Rubayyi', en el poder desde 1969, instauró una república democrática y popular con una constitución marxista-leninista. 1978: fue asesinado. 1978-1986: 'Alī Naṣir Muḥammad, primer ministro, acumuló a partir de 1980 la presidencia del partido y la del estado. 1986: Abū Bakr al-'Aṭṭās le derrocó y se hizo con el poder.

***La unificación.*** Tras acuerdos firmados en 1988 y en 1989 entre los dos Yemen, la unificación se proclamó en mayo de 1990. La República de Yemen nombró como presidente a 'Alī al-Saleh y como primer ministro a Abū Bakr al-'Aṭṭās. 1994: enfrentamientos armados entre los dos Yemen y segregación de Yemen del Sur, secesión que fue sofocada por las tropas de Yemen del Norte.

**YENISÉI,** r. de Rusia y Mongolia, que nace en Mongolia, atraviesa Siberia de S a N y desemboca en el océano Ártico (mar de Kara); 3 354 km (cuenca de 2 600 000 km²). Grandes centrales hidroeléctricas.

**YEN-T'AI** → ***Yantai.***

**YEPES** (Narciso), guitarrista español (Lorca 1927-Murcia 1997). Dio numerosos conciertos propugnando una nueva técnica basada en una guitarra a la que añadió cuatro cuerdas de resonancia.

**YERBA BUENA,** dep. de Argentina (Tucumán); 43 616 hab. Integrado en parte en el Gran Tucumán.

**Yerma,** tragedia poética de F. García Lorca, estrenada por M. Xirgu en 1934, sobre el drama de la mujer estéril.

**YERSIN** (Alexandre), bacteriólogo francés, de origen suizo (Aubonne, cantón de Vaud, 1863-Nha Trang, Vietnam, 1943), descubridor del bacilo de la peste (1894), que lleva su nombre.

**YESA** o **ESA,** mun. de España (Navarra); 296 hab. Embalse en el río Aragón, para regadío. Monasterio de San Salvador de Leyre.

**YESTE,** v. de España (Albacete); 4 431 hab. Embalse de la Fuensanta, en el Segura. Ayuntamiento e iglesia gótica de la Asunción, ambos del s. XVI.

**YEVTUSHENKO** o **EVTUSHENKO** (Evgueni Alexándrovich), poeta ruso (Zima, Siberia, 1933), intérprete del deseo de libertad de la juventud posterior al período estalinista (*La tercera nieve,* 1955; *Los herederos de Stalin,* 1962).

**YHÚ,** distr. de Paraguay (Caaguazú); 42 655 hab. Junto al *arroyo Yhú.* Extensos pastos.

**YIBIN, YI-PIN** o **IPIN,** c. de China (Sichuan), a orillas del Yangzi Jiang; 190 000 hab.

**YICHANG, YI-CH'ANG** o **ICHANG,** c. y puerto de China (Hubei), a orillas del Yangzi Jiang; 241 019 hab.

**ŶIDDA,** c. de Arabia Saudí, a orillas del mar Rojo; 1 500 000 hab. Aeropuerto y puerto de las ciudades santas de La Meca y Medina. Sede de las misiones diplomáticas extranjeras.

**Yijing, Yi king** o **I ching** *(libro de las mutaciones),* uno de los cinco clásicos chinos, que constituye esencialmente una cosmología.

**YINCHUAN** o **YIN-CH'UAN,** c. de China, cap. de la región autónoma de Ningxia; 356 652 hab. Centro administrativo e industrial.

**YINGKOU** o **YING-K'EU,** c. y puerto del NE de China (Liaoning); 421 589 hab.

**YINING,** en uigur **Gulja,** c. de China (Xinjiang); 177 193 hab.

**ŶINNAH** → ***Jinnah.***

**yin/yang,** escuela filosófica china (ss. IV-III a. J.C.) que establecía una oposición dialéctica entre dos principios de la realidad: el *yin* (principio femenino, pasividad, sombra, absorción, tierra) y el *yang* (principio masculino, actividad, luz, penetración, cielo).

**YI-PIN** → ***Yibin.***

**YMIR** o **YMER,** gigante de la mitología germánica.

**Yo el Supremo,** novela de A. Roa Bastos (1974), inspirada en la figura del dictador paraguayo José Gaspar Rodríguez de Francia. Por sus páginas –abigarrada mezcla de notas, cartas y diarios– circula un hilo de meditación sobre el tema del poder absoluto.

**YOCASTA,** heroína legendaria griega, esposa de Layo, rey de Tebas, y madre de Edipo. Casó con este último sin saber que era su hijo; al descubrirlo se suicidó.

**YOF,** suburbio de Dakar. Aeropuerto.

**YOGYAKARTA,** ant. **Jogjakarta,** c. de Indonesia (Java); 428 000 hab. Universidad.

**YOJOA** *(lago),* lago de Honduras, en el límite de los departamentos de Cortés, Comayagua y Santa Bárbara; 40 km de long. y 10 km de anchura. Turismo. En la cuenca, restos arqueológicos precolombinos de *Yojoa-Ulúa.*

**YOKKAICHI,** c. y puerto de Japón (Honshū); 274 180 hab. Centro industrial.

**YOKOHAMA,** c. y puerto de Japón (Honshū), en la costa E de la bahía de Tōkyō; 3 220 331 hab. Centro industrial (petroquímica, siderurgia, astilleros, industria del automóvil). Parque Sankei.

**YOKOSUKA,** c. y puerto de Japón (Honshū), junto a la bahía de Tōkyō; 433 358 hab. Centro industrial.

**YOLOMBÓ,** mun. de Colombia (Antioquia); 20 369 hab. Agricultura. Ganado vacuno.

**Yom Kippur,** fiesta judía de penitencia y oración, que se celebra diez días después del año nuevo judío (set.-oct.).

**Yomiuri Shimbun,** diario japonés fundado en 1874. Es el de mayor tirada mundial.

**YONKERS,** c. de Estados Unidos (Nueva York), en la orilla E del Hudson, al N de Nueva York; 195 000 hab.

**YONNE,** r. de Francia, afl. del Sena (or. izq.); 293 km.

**YONNE,** dep. de Francia (Borgoña); 7 427 km²; 323 096 hab. Cap. *Auxerre.*

**YOPAL,** c. de Colombia, cap. del dep. del Casanare; 23 169 hab. Centro comercial de la región.

**YORCK VON WARTENBURG** (Ludwig, *conde*), mariscal de campo prusiano (Potsdam 1759-Klein-Oels [act. Oleśniczka], Polonia, 1830). Al mando en 1812 del cuerpo auxiliar prusiano del Gran ejército de Napoleón contra los rusos, concluyó con ellos la convención de Tauroggen, que neutralizó al ejército prusiano y preparó su cambio de alineación.

**YORITOMO** (1147-1199), miembro del clan Minamoto, primer shōgun [1192-1199] de la historia de Japón.

**YORK,** c. de Canadá (Ontario), en la zona suburbana de Toronto; 140 525 hab.

**YORK,** c. de Gran Bretaña (Yorkshire Septentrional), junto al Ouse; 100 600 hab. Importante catedral gótica de los ss. XIII-XV (vidrieras) y otros monumentos. Mansiones antiguas. Museos. Capital de la Bretaña romana *(Eboracum)* y, más tarde (s. VI), del reino anglo de Nortumbria, obispado, y arzobispado a partir del s. VII, fue un importante establecimiento danés (s. IX). Fue la segunda ciudad del reino durante toda la edad media.

**YORK,** rama de la familia de los Plantagenet, procedente de **Edmond de Langley** (King's Langley 1341-*id.* 1402), hijo de Eduardo III, duque de York en 1385. Disputó el trono a los Lancaster (guerra de las *Dos rosas*), dio tres reyes a Inglaterra (Eduardo IV, Eduardo V y Ricardo III) y fue suplantada por los Tudor en 1485.

**yorkino** o **yorquino** *(Partido),* agrupación política mexicana. Constituido por las logias masónicas formadas en México (set. 1825), defendió un programa liberal y federalista. Triunfó en las elecciones parlamentarias de 1826, y Guerrero, gran maestre de las logias yorkinas, accedió a la presidencia de la república en 1829.

Thomas
**Young**

Marguerite
**Yourcenar**

**YORKSHIRE,** ant. condado del NE de Gran Bretaña, en el mar del Norte, actualmente dividido en *Yorkshire Septentrional* (8 309 km²; 698 700 hab. Cap. *Northallerton*), *Yorkshire Meridional* (1 560 km²; 1 248 500 hab. Cap. *Barnsley*) y *Yorkshire Occidental* (2 039 km²; 1 984 700 hab. Cap. *Wakefield*).

**YORKTOWN,** localidad de Estados Unidos (Virginia), al SE de Richmond; 400 hab. El 19 de octubre de 1781, Washington y Rochambeau hicieron capitular allí al ejército británico de Cornwallis. Esta victoria marcó prácticamente el fin de la guerra de independencia americana.

**YORO** *(departamento de),* dep. del N de Honduras; 7 939 km²; 329 845 hab. Cap. *Yoro* (19 674 hab.).

**Yosemite national park,** parque nacional de Estados Unidos (California), en la vertiente O de sierra Nevada, declarado bien natural del Patrimonio mundial por la Unesco (1984). Cuenta con lugares pintorescos, como *Yosemite valley.*

**YOSHKAR-OLÁ,** c. de la Federación de Rusia, cap. de la República de Mari, al NO de Kazán; 242 000 hab.

**Young** *(plan),* plan firmado en París (7 junio 1929) por los aliados, dirigido por el experto norteamericano Owen D. *Young* (1874-1962), que determinó el importe de las reparaciones alemanas. Sustituía al plan Dawes. La llegada al poder de Hitler (1933) lo dejó sin efecto.

**YOUNG** (Arthur), economista británico (Londres 1741-*id.* 1820). Interesado por las cuestiones agrarias, es autor de *Viaje a Cataluña* (1797) y *Viajes por Francia* (1792), modelo de observación.

**YOUNG** (Brigham), jefe religioso norteamericano (Whittingham, Vermont, 1801-Salt Lake City 1877). Jefe de los mormones a la muerte de Smith, fundó en 1847 la actual ciudad de Salt Lake City.

**YOUNG** (Edward), poeta británico (Upham 1683-Welwyn 1765), autor del poema *Lamentos o pensamientos nocturnos sobre la vida, la muerte y la inmortalidad* (1742-1745), más conocido como *Las noches*,* que inauguró el género sombrío y melancólico que fue seguido por el romanticismo.

**YOUNG** (Lester), saxofonista y clarinetista de jazz norteamericano (Woodville, Mississippi, 1909-Nueva York 1959), de raza negra. Apodado Pres (presidente), fue uno de los mejores intérpretes del saxo tenor de la historia del jazz.

**YOUNG** (Thomas), médico y físico británico (Milverton 1773-Londres 1829). De excepcional cultura, estudió la egiptología, el poder de acomodación del cristalino, y el fenómeno de la interferencia de los rayos luminosos.

**YOUNGSTOWN,** c. de Estados Unidos (Ohio); 95 732 hab. Siderurgia. Metalurgia.

**YOURCENAR** (Marguerite **de Crayencour,** llamada **Marguerite**), escritora de nacionalidades francesa y norteamericana (Bruselas 1903-Mount Desert, Maine, E.U.A., 1987). Autora de poemas, ensayos, obras teatrales y novelas históricas (*Memorias de Adriano,* 1951; *Opus nigrum,* 1968) o autobiográficas (*Recuerdos piadosos,* 1973), en los que los problemas modernos se analizan a través de los mitos antiguos.

**YPACARAÍ,** ant. **Tahaiená,** lago de Paraguay (Cordillera y Central); 22 km de long. y 5 km de anch., y 3 m aprox. de prof. media. Centro turístico.

**YPACARAÍ,** c. de Paraguay, cap. del dep. Central; 12 049 hab. Centro administrativo.

**YPANÉ,** r. de Paraguay, afl. del Paraguay (or. izq.); 275 km. Vía de comunicación y transporte. Es navegable entre Belén y Kararó. Saltos.

**Ypiranga** o **Ipiranga** *(grito de),* decisión tomada por el futuro emperador Pedro I de unirse a los independentistas brasileños (7 set. 1822, a orillas del *río Ypiranga* [o *Ipiranga*]).

**YPRES** → ***Ieper.***

**YPSILANTIS** o **HIPSILANTIS,** familia fanariota, que dio a Moldavia y a Valaquia varios príncipes entre 1774 y 1806. – **Alejandro** (İstanbul 1792-Viena 1828) presidió la hetería (1820-1821) y preparó la revolución contra Turquía en las provincias del Danubio.

**YRIGOYEN** (Bernardo **de**), político y abogado argentino (Buenos Aires 1822-*id.* 1906). Ministro en varias ocasiones entre 1875 y 1885, organizó la Unión cívica nacional (1890) y fue gobernador de la provincia de Buenos Aires (1898-1902).

**YRIGOYEN** (Hipólito), político argentino (Buenos Aires 1852-*id.* 1933). Con su tío, L. Alem y B. de Yrigoyen, fue fundador de la Unión cívica radical, participó en diversas intentonas revolucionarias en la década de 1890. Presidente de la república (1916-1922), democratizó la vida pública y realizó reformas sociales y universitarias. Elegido de nuevo presidente en 1928, fue confinado a la isla de Martín García tras el golpe de estado de Uriburu (1930).

**YRURTIA** (Rogelio), escultor argentino (Buenos Aires 1879-*id.* 1950), autor de monumentos (mausoleo de Rivadavia) con influencia de Rodin.

**YSER**, r. costero que nace en Francia, pasa por Bélgica y desemboca en el mar del Norte; 78 km. – Su valle fue el escenario de una encarnizada batalla durante la primera guerra mundial (1914).

**YUAN**, dinastía mongol que reinó en China de 1279 a 1368.

**YUAN SHIKAI** o **YUAN SHE-K'AI**, político chino (Xiangcheng, Henan, 1859-Pekín 1916). Jefe del ejército y primer ministro (1911), fue presidente de la república (1913-1916) y gobernó como dictador. En 1915-1916 intentó sin éxito proclamarse emperador.

**YUBĀ** → ***Juba***.

**YUBY** o **JUBY** *(cabo)*, promontorio del SO de Marruecos. El destacamento español de *Cabo Yubi* (o *Juby*) dio nombre a un sector del protectorado español cedido a Marruecos en 1958.

**YUCAMANI**, volcán de Perú (Tacna y Puno), en la cordillera Occidental de los Andes; 5 497 m de alt.

**YUCATÁN** *(canal o estrecho de)*, canal marítimo que comunica el mar Caribe con el golfo de México y separa la península de Yucatán de Cuba (230 km).

**YUCATÁN** *(península de)*, península de América Central (México, Guatemala y Belice), entre el golfo de México y el Caribe. Constituye una gran plataforma caliza, y sus únicos recursos hídricos son subterráneos. Vegetación de manglares en la costa, baja y arenosa, y bosques en el S y E. La población se concentra en el NE (estado de Yucatán, México). Yacimientos arqueológicos mayas.

HISTORIA

Centro de la civilización maya, fue conquistada por los españoles en el s. XVI. 1508: expedición de Pinzón y Solís. 1528-1548: F. de Montejo fundó Mérida (1542) e incorporó Yucatán al virreinato de Nueva España. Ss. XVI-XVIII: rebeliones indígenas contra los españoles. 1697: Martín de Ursúa conquistó El Petén. 1823-1824: estado independiente, confederado con México. 1840-1847: intentos independentistas de criollos y blancos. 1847-1855: guerra de castas y división entre el estado federado de Campeche, al O (1857-1858), y el territorio maya al E (estado de Yucatán, con una vida política autónoma hacia el E en Chan Santa Cruz). 1895-1901: sometimiento de los mayas y toma de Chan Santa Cruz por Porfirio Díaz. 1902: creación del territorio federal de Quintana Roo, convertido en 1974 en estado federado.

**YUCATÁN** *(estado de)*, est. del SE de México, en la península homónima; 39 340 km$^2$; 1 362 940 hab. Cap. *Mérida*.

el centro arqueológico maya de Edzná en la península de **Yucatán**

**Yúçuf** o **José** *(Poema de)*, poema aljamiado anónimo de los ss. XIII o XIV, compuesto seguramente por un morisco aragonés. Cuenta la historia de José, inspirándose en fuentes coránicas.

**YUGOSLAVIA**, en serbio **Jugoslavija**, antiguo estado de Europa meridional, compuesto a partir de la segunda guerra mundial de seis repúblicas: Bosnia-Herzegovina, Croacia, Macedonia, Montenegro, Serbia y Eslovenia. CAP. *Belgrado.*

HISTORIA

1918: se creó el reino de los serbios, croatas y eslovenos en beneficio de Pedro I Karagjorgjević. 1919-1920: los tratados de Neuilly-sur-Seine, de Saint-Germain-en-Laye, de Trianón y de Rapallo fijaron sus fronteras. 1921: se adoptó una constitución centralista y parlamentaria. 1929: Alejandro I (1921-1934) estableció un régimen autoritario. El país tomó el nombre de Yugoslavia. 1934: Alejandro I fue asesinado por un extremista croata. Su primo Pablo asumió la regencia en nombre de Pedro II. 1941: Pablo firmó el pacto tripartito y fue derrocado por una revolución en Belgrado. Yugoslavia fue ocupada por Alemania. Se organizaron dos movimientos de resistencia: el de D. Mihailović, de tendencia realista y nacionalista, y el encabezado por el comunista J. Broz Tito. Pedro II se refugió en Londres. 1943: Tito creó el Comité nacional de liberación. 1945-1946: se creó la República Popular Federativa; agrupaba seis repúblicas: Bosnia-Herzegovina, Croacia, Macedonia Montenegro, Serbia y Eslovenia. Tito dirigió el gobierno. 1948-1949: Stalin excluyó a Yugoslavia del mundo socialista y el Kominform. 1950: se instauró la autogestión. 1955: Jruschov reanudó las relaciones con Yugoslavia. 1961: una conferencia de países no alineados se reunió en Belgrado. 1963: se proclamó la República Socialista Federativa de Yugoslavia (R.S.F.Y.). 1971: el desarrollo del nacionalismo ocasionó la destitución de los dirigentes croatas. 1974: una nueva constitución reforzó los derechos de las repúblicas. 1980: tras la muerte de Tito, las funciones presidenciales fueron ejercidas colegialmente. A partir de 1988: se desarrollaron las tensiones interétnicas (en particular en Kosovo) y se deterioró la situación económica, política y social. 1990: Croacia y Eslovenia, en adelante dirigidas por la oposición democrática, se opusieron a Serbia y trataron de volver a definir su estatuto en la federación yugoslava. 1991: proclamaron su independencia (junio). Tras algunos enfrentamientos, el ejército federal se retiró de Eslovenia; sangrientos combates enfrentaron a los croatas con el ejército federal y los serbios de Croacia. Macedonia proclamó su independencia (set.). 1992: la comunidad internacional reconoció la independencia de Croacia y de Eslovenia (en.), y de Bosnia-Herzegovina (abr.), donde estalló una sangrienta guerra. Serbia y Montenegro proclamaron la República Federal de Yugoslavia (abril). 1993: la comunidad internacional reconoció la independencia de Macedonia.

**YUGOSLAVIA** *(República Federal de)*, en serbio **Jugoslavija**, estado de la Europa balcánica formado por Serbia (con sus dependencias, Kosovo y Vojvodina) y Montenegro; 102 200 km$^2$; 10 400 000 hab. *(Yugoslavos.)* CAP. *Belgrado.* LENGUA OFICIAL: *serbio.* MONEDA: *dinar.*

GEOGRAFÍA

Del Danubio al Adriático, Yugoslavia yuxtapone una parte septentrional baja, intensamente cultivada (cereales), y una parte meridional más extensa, perteneciente a los Alpes dináricos, de relieve accidentado, muy forestal y pastoril. La actividad extractiva (lignito, cobre y plomo) está presente de forma local; las industrias de transformación (construcciones mecánicas, química e industria agroalimentaria) están desarrolladas sobre todo en la región de Belgrado. La población es mayoritariamente serbia, pero algunas minorías resultan mayoritarias regionalmente, al N (húngaros en el extremo septentrional de Vojvodina) y sobre todo al S (los albaneses constituyen la mayor parte de la población de Kosovo).

HISTORIA

Serbia y Montenegro proclamaron, en abril de 1992, la República Federal de Yugoslavia, que fue expulsada de la Asamblea general de la O.N.U., debido a su beligerancia. Numerosos serbios residentes en Croacia y en Bosnia-Herzegovina reivindicaron su anexión al nuevo estado, que les apoya. En 1995 Yugoslavia firmó el plan de paz de Dayton para Bosnia-Herzegovina, y en 1996 reconoció a Macedonia. 1997: S. Milosević fue elegido presidente de la república. 1999: la O.T.A.N. bombardeó Serbia. Kosovo obtuvo un régimen de autonomía. 2000: la victoria de Vojislav Kostunica en las elecciones presidenciales obligó a Milosević a entregar el poder.

**YUGURTA** (*c.* 160-Roma 104 a. J.C.), rey de Numidia [118-105 a. J.C.]. Luchó contra Roma y fue vencido por Mario (107 a. J.C.) y entregado a Sila (105). Murió en prisión.

**YUKAWA HIDEKI**, físico japonés (Tōkyō 1907-Kyōto 1981). Para explicar las fuerzas nucleares, formuló la hipótesis del mesón, partícula que fue

LOS PUEBLOS DE **YUGOSLAVIA** (1991)

LA REPÚBLICA FEDERAL DE **YUGOSLAVIA**

descubierta poco después. (Premio Nobel de física 1949.)

**YUKÓN,** r. de América del Norte (Canadá y Alaska), tributario del mar de Bering; 2 554 km. Da su nombre a una división administrativa de Alaska y a un territorio de Canadá.

**YUKÓN,** territorio federado de Canadá; 482 515 km²; 27 797 hab. Cap. *Whitehorse.* Riquezas mineras: oro, plata, plomo, cinc y cobre.

**YULYUL** (Sulaymān ibn Ḥassān **ibn**), médico hispanoárabe (Córdoba 944-*c.* 994), autor de una historia de la medicina difundida en la España musulmana.

**YUMBEL,** com. de Chile (Biobío); 20 632 hab. Agricultura. Ganado vacuno.

**YUMBO,** mun. de Colombia (Valle del Cauca); 50 263 hab. Yacimientos de carbón. Canteras.

**YUMEN** o **YU-MEN,** yacimiento petrolífero de China (Gansu).

**YUN** (Isang), compositor coreano (Tongyong 1917). Ha intentado una síntesis entre la música de Extremo oriente y la música dodecafónica occidental.

**YUNA,** r. de la República Dominicana, que desemboca en el Atlántico, en la bahía de Samaná; 220 km.

**Yungang** o **Yun-kang,** monasterios rupestres budistas de China, cerca de Datong (Shanxi), con cuevas decoradas con esculturas (mediados del s. V-s. VII).

**YUNGAY,** c. de Perú (Ancash); 15 210 hab. Aeropuerto. La ciudad fue gravemente afectada por una avalancha en 1962, y por un sismo en 1970. Centro turístico (deportes de alta montaña).

**Yungay** *(batalla de),* victoria de las tropas chilenas de Manuel Bulnes sobre las de la Confederación Perú-boliviana, al mando de Santa Cruz (en. 1839), en el Callejón de Huaylas, cerca de Yungay (Perú).

**YUNGAY,** com. de Chile; 15 670 hab. Centro agropecuario; explotación forestal.

**YUNGUYO,** mun. de Perú (Puno), a orillas del lago Titicaca; 26 607 hab. Llamas, alpacas y vicuñas.

**YUNNAN** o **YUN-NAN,** prov. de China, cerca de Tonkín; 436 200 km²; 32 554 000 hab. Cap. *Kunming.*

**YUNQUE** *(cerro),* pico de Bolivia (La Paz), en la cordillera de Tres Cruces; 5 600 m de alt.

**YUNQUE (El),** pico de Puerto Rico, en la sierra de Luquillo; 3 404 m de alt.

**YUNUS EMRE,** poeta místico turco (*c.* 1238-*c.* 1320), héroe de numerosas leyendas populares.

**YUPANQUI** (Cápac), soberano inca de la primera mitad del s. XIV, hijo de Mayta Cápac. Extendió sus dominios más allá del Cuzco. Le sucedió Inca Roca.

**YUPANQUI** (Francisco Tito), escultor indígena altoperuano del s. XVI (nacido en Copacabana *c.* 1560). Formado con Diego Ortiz, es autor de la imagen de la Virgen del santuario de Copacabana (Bolivia).

**YUPANQUI** (Héctor Roberto **Chavero,** llamado **Atahualpa**), cantautor argentino (Pergamino 1908-Nimes 1992), destacado representante del canto testimonial de raíz folklórica *(Camino del indio; Los ejes de mi carreta).*

**YURÉCUARO,** mun. de México (Michoacán); 21 547 hab. Industria alimentaria. Centro comercial.

**YURIRIA,** mun. de México (Guanajuato); 65 745 hab. Convento agustino de San Pablo (1548-1566), con iglesia de fachada plateresca y claustro renacentista.

**YURKIÉVICH** (Saúl), escritor argentino (La Plata 1931). Poeta experimental (*Cuerpos,* 1965) y narrador (*Trampantojos,* 1987), ha estudiado las vanguardias poéticas latinoamericanas.

**Yurubí** *(parque nacional de),* parque nacional de Venezuela (Yaracuy), en el valle del Tocuyo; 900 ha.

**YUSCARÁN,** mun. de Honduras, cap. del dep. de El Paraíso, en el valle del Choluteca; 6 076 hab.

**Yuste** *(monasterio de),* monasterio jerónimo español (Cuacos de Yuste, Cáceres). Fundado a principios del s. XV, fue ampliado en el s. XVI en estilo renacentista a raíz de la estancia de Carlos Quinto: palacio, iglesia gótica, claustro gótico y otro plateresco.

**YŪSUF I** (Abū Ya'qūb) [† 1184], califa almohade [1163-1184], hijo y sucesor de 'Abd al-Mu'mīn. Valí de Sevilla desde 1156, en 1162 conquistó Granada al rey Lobo (Ibn Mardanīš), y a la muerte de éste (1172) anexionó al imperio almohade la zona levantina. Dispensó protección a los hombres de letras. — **Yūsuf II** (Abū Yūsuf **Ya'qūb al-Manṣūr,** llamado) [† 1199], califa almohade [1184-1199], hijo y sucesor del anterior. Derrotó a Alfonso VIII de Castilla en Alarcos (1195), y conquistó diversas plazas en Extremadura. Mandó construir la Giralda de Sevilla. — **Yūsuf III al-Mustanṣir Bi-Llāh** († 1227), soberano almohade de Marruecos [1224-1227]. Reinó bajo la tutela de los reyes almohades, y tuvo que hacer frente a la revuelta marīnī.

**YŪSUF I** († 1354), rey de Granada [1332-1354]. Fue derrotado por Alfonso XI en el Salado (1340). — **Yūsuf II** († 1392), rey de Granada [1390-1391], hijo y sucesor de Muḥammad V. — **Yūsuf III** (1376-1417), rey de Granada [1407-1417], sucesor de su hermano Muḥammad VII. — **Yūsuf IV** († 1432), rey nazarí de Granada [1432]. Destronó a Muḥammad IX, quien le sucedió a su muerte. — **Yūsuf V** († 1463), rey nazarí de Granada [1445-1463], sucesor de Muḥammad X el Cojo. Durante su reinado Enrique IV ocupó Gibraltar (1462).

**YŪSUF IBN 'ABD AL-RAḤMĀN AL-FIHRĪ** († 759), último valí de al-Andalus [747-756]. Fue derrotado por los Omeyas de 'Abd al-Raḥmān en Córdoba (756).

**YŪSUF IBN TĀSFĪN** († 1106), soberano almorávid [1061-1106]. Fundó Marrakech (1062), tomó Ceuta (1083) y derrotó a Alfonso VI en Sagrajas (1086). Depuso a los reyes de taifas y conquistó Málaga y Granada (1090), Sevilla (1091), Badajoz (1094) y Valencia (1103).

**YUTY,** distr. de Paraguay (Caazapá); 26 937 hab. Exportación de maderas. Centro comercial.

**YUZHNO-SAJALINSK,** c. de Rusia, en el S de la isla de Sajalín; 157 000 hab.

**YUZOVKA,** de 1924 a 1961 **Stalino** y posteriormente **Donetsk,** c. de Ucrania, en el Donbass; 1 121 000 hab. Metalurgia.

**YVELINES,** dep. de Francia (Île-de-France); 2 284 km²; 1 307 150 hab. Cap. *Versalles.*

**YXART** (José), crítico literario español (Tarragona 1852-*id.* 1895). De su producción destacan las obras misceláneas (*El año pasado,* 1886-1890).

# Z

**ZAANSTAD,** c. de Países Bajos, en la aglomeración de Amsterdam; 130 705 hab.

**ZAB** (*Gran* y *pequeño*), dos r. de Iraq, afl. del Tigris.

**ZAB** *(montes del)* o **MONTES DE LOS ZIBAN,** cadenas montañosas del S de Argelia entre los Ouled Nail y el macizo del Aurés.

**ZABALA** (Bruno Mauricio **de**), militar y administrador español (Durango 1682-en el río Paraná 1736). Capitán general del Río de la Plata (1717-1731), en 1724 levantó un fortín en Montevideo que sería el núcleo de la futura capital. En 1731 fue nombrado capitán general de Chile. Intervino en Paraguay en 1725 y en 1735 contra las revueltas comuneras.

**ZABÁLBURU** (Domingo), administrador español de los ss. XVII-XVIII. Gobernador de Filipinas (1701-1709), fomentó la marina mercante.

**ZABALETA** (Juan **de**), escritor español (Madrid *c.* 1610-† *c.* 1670). Escribió teatro, libros didácticos y, especialmente, cuadros costumbristas (*El día de fiesta por la mañana,* 1654).

**ZABALETA** (Nicanor), arpista español (San Sebastián 1907-San Juan, Puerto Rico, 1993). Dedicó todos sus esfuerzos como concertista y musicógrafo a la revalorización del arpa, recuperando obras de los ss. XVI y XVII y estrenando piezas de autores como Krenek, Milhaud, Bacarisse o Villa-Lobos.

**ZABALETA** (Rafael), pintor español (Quesada, Jaén, 1907-*id.* 1960). Su realismo de orientación expresionista trata temas populares de su tierra con un estilo de ecos cubistas y fauvistas.

**ZABELL** (Teresa), regatista española (Ipswich, Gran Bretaña, 1965), conquistó la medalla de oro en los Juegos olímpicos de 1992 (como patrona de embarcación) y 1996 (en la clase 470) y se proclamó campeona del mundo en 1992 y 1995.

**ZABRZE,** c. de Polonia, en la Alta Silesia; 205 800 hab. Centro minero (carbón) e industrial.

**ZABULÓN** *(tribu de),* tribu israelita de Galilea cuyo antepasado epónimo es *Zabulón,* décimo hijo de Jacob.

**ZACAPA** *(departamento de),* dep. del E de Guatemala; 2 690 km²; 161 701 hab. Cap. *Zacapa* (40 366 hab.).

**ZACAPOAXTLA,** mun. de México (Puebla), en la sierra Madre oriental; 35 456 hab. Economía agropecuaria.

**ZACAPU,** c. de México (Michoacán); 62 620 hab. Industrias alimentaria, de la madera y celulosa.

**ZACARÍAS,** undécimo profeta menor bíblico de fines del s. VI a. J.C.

**ZACARÍAS** *(san),* sacerdote judío (s. I), esposo de santa Isabel y padre de san Juan Bautista.

**ZACARÍAS** *(san)* [† Roma 752], papa de 741 a 752. Con el apoyo de Pipino el Breve, trabajó en la primera reforma de la Iglesia.

**ZACATECAS** *(estado de),* est. del centro de México; 75 040 km²; 1 276 323 hab. Cap. *Zacatecas.*

**ZACATECAS,** c. de México, cap. del est. homónimo; 146 484 hab. Centro minero (oro, plata, plomo, cinc y hierro), con plantas siderúrgicas y de transformación. Fue fundada en el s. XVI. Catedral barroca (1730-1760), convento franciscano de Guadalupe (1721) con numerosas obras de arte colonial; palacios e iglesias del s. XVIII. Victoria decisiva de Pancho Villa sobre las tropas de Huerta (22 junio 1914).

**ZACATECOLUCA,** mun. de El Salvador, cap. del dep. de La Paz; 40 424 hab. Centro comercial.

**ZACATELCO,** mun. de México (Tlaxcala); 27 162 hab. Cab. *Santa Inés Zacatelco.* Textiles. Comercio.

**ZACATENCO,** yacimiento arqueológico que ha dado nombre a una cultura preclásica del Valle de México *(cultura de Zacatenco),* desarrollada entre 1500 y 800 a. J.C. Indicios de agricultura. Ajuar funerario de barro cocido.

**ZACATEPEC,** mun. de México (Morelos); 31 354 hab. Agricultura. Ingenio azucarero.

**ZACATLÁN,** mun. de México (Puebla); 46 928 hab. Feria anual frutícola. Iglesia del s. XVI.

**ZACOALCO DE TORRES,** mun. de México (Jalisco); 23 923 hab. Bosques. Industrias alimentarias.

**ZACUALTIPÁN,** mun. de México (Hidalgo), en la *sierra de Zacualtipán;* 15 795 hab. Industrias agropecuarias. Yacimientos mineros.

**ZACULEU,** centro arqueológico maya de Guatemala (Huehuetenango), *c.* 600. Posee un gran templo central y ajuar funerario de cerámica y joyas.

**ZACUT** (Abraham ibn Samuel), historiador y astrónomo hebraicoespañol (Salamanca *c.* 1450-Damasco *c.* 1522). En la corte portuguesa hasta 1497, es autor del *Libro de las genealogías* (1505), biografías de los sabios judíos, y de unas tablas astronómico-astrológicas, *Compilación magna.*

**ZADAR,** en ital. **Zara,** c. y puerto de Croacia, en Dalmacia, junto al Adriático; 43 000 hab. Iglesia de San Donato, de planta circular (s. IX). Catedral románica (s. XII). Museo arqueológico.

**Zadig o el Destino,** cuento de Voltaire (1747).

**ZAFRA,** c. de España (Badajoz), cab. de p. j.; 14 065 hab. *(Zafreños.)* Centro comercial ganadero (feria anual) e industrial (motores Diesel). Alcázar de los duques de Feria (s. XV, act. parador de turismo); conjunto monumental con edificios renacentistas y barrocos; plazas porticadas.

**ZAGAZIG,** c. de Egipto, en el delta del Nilo; 279 000 hab.

**ZAGORSK** → ***Serguéi Posad.***

**ZAGREB,** en alem. **Agram,** c. y cap. de Croacia, junto al Sava; 1 175 000 hab. Centro administrativo, comercial (feria internacional), cultural e industrial. Catedral gótica y otros monumentos. Museos.

**ZAGROS,** cadena montañosa del SO de Irán que domina la Mesopotamia iraquí y el golfo Pérsico.

**ẒĀHIR SHA** o **ẒĀHER SHA** (Muḥammad) [Kabul 1914], rey de Afganistán [1933-1973]. Fue derrocado por un golpe de estado y tuvo que exiliarse.

**ZAḤLA** o **ZHALÉ,** c. del Líbano, cap. de la provincia de Bekaa; 200 000 hab. Sede de obispados maronita, melkita y griego ortodoxo.

**ZAHRĀWĪ** (Abū-l-Qāsim ibn 'Abbās **al-**), llamado **Abulcasis,** médico hispanomusulmán (Córdoba *c.* 936-*id. c.* 1013). Escribió el *Tesrif,* enciclopedia médica conocida en occidente por las traducciones latinas de G. de Cremona y A. de Vilanova.

**ZAID** (Gabriel), escritor mexicano (Monterrey, Nuevo León, 1934). Su poesía, recopilada en *Cuestionario* (1976), se caracteriza por su poder de ironía y su aire renovador. Es conocido también como ensayista y crítico.

**ZAĪD** *(rabí* **ibn-**), llamado también **Recemundo,** eclesiástico y filósofo mozárabe del s. X. Vivió en la corte de 'Abd al-Raḥmān III en Córdoba, y hacia 954 fue nombrado obispo de Iliberis (Elvira). Se le atribuye un *Calendario.*

**ZAIDA,** princesa musulmana de los ss. XI-XII. Fue amante de Alfonso VI de Castilla.

**ZAIRE** *(río)* → ***Congo*** (río).

**ZAIRE** *(República de)* → ***Congo*** (República Democrática del).

**ZAJÁROV** (Rostislav Vladimírovich), bailarín y coreógrafo soviético (Astraján 1907-Moscú 1984). Autor de ballets muy apreciados *(La fuente de Bajchisarai; El caballero de bronce),* fue considerado en la U.R.S.S. como un innovador.

**ZAKOPANE,** c. de Polonia, en los Altos Tatras; 28 600 hab. Centro turístico. Deportes de invierno.

**ZÁKROS,** yacimiento arqueológico de Creta oriental. Ruinas de una ciudad y de un palacio minoicos del s. XVI a. J.C.

**ZÁKYNTHOS** o **ZANTE,** isla griega, la más meridional de las islas Jónicas; cap. *Zákynthos o Zante* (9 800 hab.). Ciudadela veneciana.

**Zalaca** *(batalla de)* → ***Sagrajas.***

**ZALAMEA** (Jorge), escritor colombiano (Bogotá 1905-*id.* 1969). Su obra narrativa se distingue por la ironía y la sutil parodia (*El sueño de las escalinatas,* 1964). Escribió también teatro y ensayo.

**ZALCE** (Alfredo), pintor y grabador mexicano (Pátzcuaro 1908). Su obra se encuadra dentro de un realismo expresionista de compromiso social.

**ZALDÍVAR** (Rafael), político salvadoreño (San Alejo 1834-París 1903). Presidente de la república (1876-1885), se opuso a la unidad centroamericana y fue depuesto por F. Menéndez.

**ZALDÚA** (Francisco Javier), político colombiano (Bogotá 1811-*id.* 1882). Presidente de la república (1882), murió en el cargo.

**ZALDUMBIDE** (Gonzalo), escritor y diplomático

ecuatoriano (Quito 1885-*id.* 1965). Su única novela, *Égloga trágica* (1956), le consagró como maestro de una prosa rítmica y morosa. Escribió valiosos ensayos (*Significado de España en América,* 1933).

**Zama** *(batalla de)* [202 a. J.C.], batalla, en Numidia, durante la cual Escipión el Africano venció a Aníbal; esta victoria puso fin a la segunda guerra púnica.

**ZAMACOIS** (Eduardo), escritor español (Pinar del Río 1876-Buenos Aires 1971). Como novelista cultivó la narración erótica (*El seductor,* 1902) y el naturalismo (*Los muertos vivos,* 1935).

**ZAMACOIS** (Eduardo), pintor español (Bilbao 1842-Madrid 1874). Participó de un realismo preciosista en la línea de Meissonier y Fortuny.

**Zamacolada,** movimiento popular en Vizcaya (1804), contra la creación por el gobierno de una milicia permanente. Fue sofocado por el ejército.

**ZAMBEZE** o **ZAMBEZI,** r. de África austral que desemboca en el océano Índico tras un curso sembrado de rápidos y cataratas; 2 660 km. Presas (Kariba y Cabora Bassa).

**ZAMBIA,** ant. **Rhodesia del Norte,** estado de África austral; 746 000 km²; 8 400 000 hab. *(Zambianos.)* CAP. *Lusaka.* LENGUA OFICIAL: *inglés.* MONEDA: *kwacha.* El país, de clima tropical templado por la altitud, está formado sobre todo por colinas y mesetas. La mayoría de la población vive de la agricultura, pero la economía del país se basa en las minas (cobre principalmente, cobalto, oro, plata, etc.) del Copperbelt.

HISTORIA

El país, habitado probablemente primero por pigmeos y luego por bantúes, estuvo dividido en jeferías hasta la llegada de los europeos. 1853-1873: la penetración británica comenzó con tres viajes de Livingstone. 1890: la British South Africa company, de Cecil Rhodes, obtuvo del rey de los lozi el monopolio de la economía del país. 1890-1899: a la influencia económica le sucedió la ocupación británica. El conjunto de las regiones sobre las que se extendía tomó en 1895 el nombre de Rhodesia. 1911: esta zona fue dividida en dos regiones, Rhodesia del Norte, actual Zambia, y Rhodesia del Sur, actual Zimbabwe. 1924: un año después de que Rhodesia del Sur accediese a la autonomía, Rhodesia del Norte obtuvo el estatuto de colonia de la corona, dotada de un consejo legislativo. El mismo año, se descubrieron importantes yacimientos de cobre. 1948: se formó un movimiento nacionalista, que tuvo como jefe a Kenneth Kaunda. 1953: no obstante, se instauró una Federación de África Central, que agrupaba a las dos Rhodesias y Nyasalandia. 1963: los progresos de la reivindicación nacionalista llevaron a la disolución de la Federación. 1964: se proclamó la independencia de Rhodesia del Norte con el nombre de Zambia en el marco de la Commonwealth. K. Kaunda se convirtió en jefe del estado. 1972: instauró un régimen de partido único. 1990: la oposición al régimen, cada vez mayor, llevó a K. Kaunda a volver al multipartidismo. 1991: la oposición ganó las elecciones legislativas y presidenciales; Frederick Chiluba fue elegido presidente (reelegido en 1996).

**ZAMBOANGA,** c. y puerto de Filipinas (Mindanao); 344 000 hab. Manufacturas de nácar.

**ZAMBRANO** (María), filósofa y ensayista española (Vélez-Málaga 1907-Madrid 1991). Discípula de Ortega, ejerció la docencia en las universidades de Madrid, Morelia y La Habana. Su pensamiento filosófico, de raíz vitalista, es inseparable de la palabra poética, que refleja en su obra donde se funde filosofía y literatura: *El hombre y lo divino,* 1955; *España, sueño y verdad,* 1965; *El sueño creador,* 1965; *Dos escritos sobre el amor,* 1981. (Premio Miguel de Cervantes 1988.) *[V. ilustración pág. 1780.]*

**ZAMENHOF** (Lejzer Ludwik), lingüista polaco (Białystok 1859-Varsovia 1917), inventor del esperanto.

**ZAMIATÍN** (Yevgueni Ivánovich), escritor ruso (Lebedian, Tambov, 1884-París 1937), uno de los jefes del grupo experimentalista y realista de los Hermanos Serapion.

**ZAMORA** *(Hoya del),* región fisiográfica de Ecuador (Loja). Es una hoya abierta al E, cerrada por serranías y avenada por el *río Zamora* (305 km). Vegetación tropical. Loja es el núcleo urbano principal.

**ZAMORA** *(provincia de),* prov. del O de España, en Castilla y León; 10 559 km²; 211 213 hab. Cap.

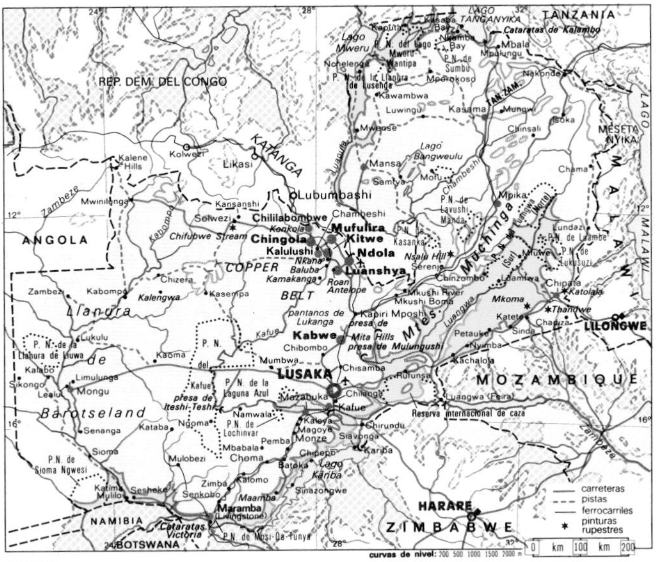


ZAMBIA

*Zamora.* P. j. de *Benavente, Puebla de Sanabria, Toro, Villalpando* y *Zamora.* En la Meseta septentrional, ofrece un relieve con suaves ondulaciones y páramos, salvo en el sector NO (sierra Segundera, peña Trevinca). Avenada por el Duero y su afl. el Esla. Economía agraria (cereales, vid). Producción hidroeléctrica. Minas de estaño.

**ZAMORA,** c. de Ecuador, cap. de la prov. de Zamora-Chinchipe, al NE de la *cordillera de Zamora;* 21 602 hab. Frutos tropicales.

**ZAMORA,** c. de España, cap. de la prov. homónima y cab. de p. j.; 68 202 hab. *(Zamoranos.)* A orillas del Duero, es un centro administrativo y comercial. Industrias alimentaria y textil (mantas). Murallas y castillo medieval; casa del Cid (s. XII); catedral (ss. XII-XIII) y varias iglesias románicas; iglesias y palacios góticos y renacentistas; palacio de Aliste de los duques de Alba, plateresco (parador de turismo); ayuntamiento (1607). Museos. Reconstruida y repoblada por Alfonso III de Asturias (883), sufrió un famoso sitio de siete meses en 1072, en la contienda por la sucesión dinástica castellana.

**ZAMORA** (Antonio **de**), escritor español (Madrid, 1660-*id.* 1728). Poeta cortesano y dramaturgo, refundió en sus *Comedias nuevas* (4 vols., 1722 y 1744) obras de Lope, Calderón y Tirso, y escribió obras propias de tema religioso, histórico y costumbrista.

**ZAMORA DE HIDALGO,** c. de México (Michoacán); 161 916 hab. Centro industrial y comercial. Fundada en 1540 por el virrey Antonio de Mendoza.

**ZAMORA VICENTE** (Alonso), filólogo y escritor español (Madrid 1916). Ha publicado trabajos de dialectología (*Estudios de dialectología hispánica,* 1986), ensayos de crítica literaria y narrativa. (Real academia 1966.) [Premio nacional de narrativa 1980.]

ZAMORA

**ZAMORA-CHINCHIPE** *(provincia de)*, prov. del SE de Ecuador; 23 111 km$^2$; 66 167 hab. Cap. *Zamora.*

**ZAMORANO** (Rodrigo), cosmógrafo español (*c.* 1542-*c.* 1598). Piloto mayor de la Casa de contratación, escribió *Cosmografía* (1581) y *Regimiento de navegación* (1581-1598).

**ZANCADA** (Práxedes), sociólogo y político español (Madrid 1881-*id.* 1937). Diputado reformista, es autor de *El obrero en España* (1902) y *Derecho cooperativo español* (1928).

**ZÁNCARA,** r. de España; 220 km. Nace cerca de los Altos de Cabrejas (Cuenca) y, al confluir con el Gigüela, da origen al Guadiana.

**ZANGWILL** (Israel), escritor británico (Londres 1864-Midhurst 1926), activo propagandista de la causa sionista a través de sus relatos *(El rey de los schnorrers)* y sus obras de teatro.

**Zanjón** *(paz de),* acuerdo entre los insurgentes cubanos y el general español Martínez Campos (10 febr. 1872), firmado en El Zanjón (Camagüey), que puso fin a la guerra Grande (1868-1878).

**ZANTE** → ***Zákynthos.***

**ZANZÍBAR,** isla del océano Índico, cerca de las costas de África; 1 658 km$^2$; 310 000 hab. Cap. *Zanzíbar* (125 000 hab.). Zanzíbar y la isla cercana de Pemba forman la Tanzania insular.

**HISTORIA**

1503: los portugueses se instalaron en la isla. S. XVII: fueron sustituidos por los sultanes de Omán, que dieron a Zanzíbar una gran prosperidad. 1873: se inició la decadencia con la supresión del mercado de esclavos. 1890: las islas de Zanzíbar y de Pemba se convirtieron en protectorado británico. 1963: el sultanato accedió a la independencia. 1964: se proclamó la república y Zanzíbar se unió a Tanganyka en el seno de la República Unida de Tanzania.

**ZAPALA,** dep. de Argentina (Neuquén); 31 303 hab. Yacimientos de gas y petróleo.

**ZAPALERI** *(cerro de),* pico de la cordillera de los Andes, en la frontera con Chile, Argentina y Bolivia, en la Puna; 5 653 m de alt.

**ZAPATA** *(ciénaga de),* ciénaga de Cuba, en el S de Matanzas. La *ciénaga Oriental de Zapata* y la *ciénaga Occidental de Zapata* están separadas por la *llanura de Zapata.* Parque nacional.

**ZAPATA** (Emiliano), revolucionario y jefe agrarista mexicano (Anenecuilco, Morelos, 1883-hacienda de Chinameca, Cuautla, Morelos, 1919). Incorporado a las fuerzas maderistas, líder del movimiento revolucionario del Sur (1911), abandonó las armas ante la firma de los acuerdos de Ciudad Juárez. En noviembre de 1911 organizó un movimiento popular armado exigiendo el reparto de tierras, y elaboró el plan agrarista de Ayala. La represión gubernamental le obligó a dejar Morelos y pasar a Guerrero, pero tras el asesinato de Madero (1913) reorganizó sus fuerzas. Aliado a Villa y Carranza, forzó la caída de Huerta (ag. 1914). La ruptura con Carranza (set.) y, tras el fracaso de la convención de Aguascalientes (oct.), también con Villa (dic.), condujo al aislamiento de Zapata en Morelos. En 1916 emprendió una contraofensiva acompañada de medidas políticas revolucionarias (manifiesto *A los revolucionarios de la República y a los trabajadores de la República,* 1918). Fue asesinado por el carrancista coronel Guajardo, pero el movimiento zapatista se prolongó hasta 1952. Su irredentismo agrario y su lema Tierra y libertad ha inspirado a movimientos campesinos.

**ZAPATA** (Marcos), pintor cuzqueño del s. XVIII. Pintó series de cuadros sobre vidas de santos (*Vida de san Ignacio de Loyola,* para la iglesia de la Compañía en Cuzco).

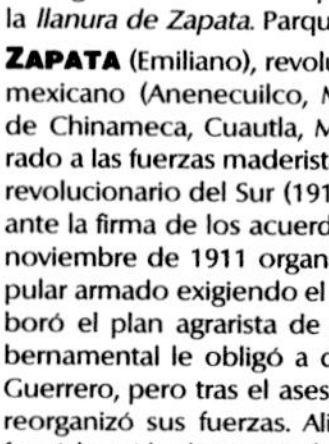

María **Zambrano**

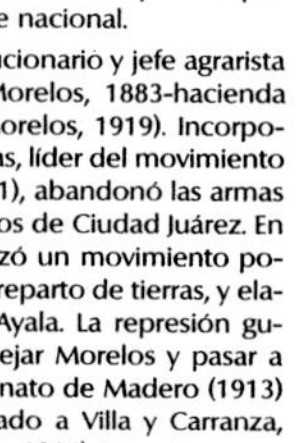

Emiliano **Zapata**

**ZAPATA DE MENDOZA** (Antonio **de**), cardenal e inquisidor español (Madrid 1550-*id.* 1635). Fue virrey de Nápoles (1620-1622), arzobispo de Burgos y de Toledo e inquisidor general (1627-1632).

**ZAPATERA,** isla de Nicaragua (Granada), en el lago Nicaragua; 52 km$^2$. Coronada por el *volcán Zapatera* (740 m de alt.).

**ZAPATOSA** *(laguna de),* laguna de Colombia (Magdalena), formada por el río Cesar cerca de su confluencia con el Magdalena.

**ZÁPOLYA, ZAPOLY** o **SZAPOLYAI,** familia húngara cuyos miembros más importantes fueron **Juan,** rey de Hungría [1526-1540], y **Juan Segismundo,** príncipe de Transilvania [1541-1571].

**ZAPOPAN,** mun. de México (Jalisco); 668 323 hab. Forma parte del área suburbana de Guadalajara.

**ZAPOROZHIE,** c. de Ucrania; 884 000 hab. Puerto fluvial en el Dniéper y centro industrial.

**ZAPOTILTIC,** mun. de México (Jalisco); 25 187 hab. Productos lácteos. Alfarería.

**ZAPOTITLÁN TABLAS,** mun. de México (Guerrero); 20 627 hab. Caña de azúcar. Alfarería; tejidos.

**ZAPOTLANEJO,** mun. de México (Jalisco); 35 588 hab. Industrias agropecuarias.

**ZAQUEO,** personaje del Evangelio de san Lucas, publicano o jefe de los recaudadores de impuestos de Jericó, convertido por Cristo.

**ZARAGOZA** *(taifa de),* entidad política surgida al extinguirse el califato de Córdoba (1031), gobernada desde 1039 por los Banū Hūd. Ocupada por los almorávides (1110), en 1118 fue conquistada por Alfonso I el Batallador.

**ZARAGOZA** *(provincia de),* prov. de España, en Aragón; 17 194 km$^2$; 861 329 hab. Cap. *Zaragoza.* P. j. de *Calatayud, Caspe, Daroca, Ejea de los Caballeros, La Almunia de Doña Godina, Tarazona* y *Zaragoza.* Se extiende por el valle del Ebro, que la cruza de NO a SE, y se adentra al SO en el sistema Ibérico (Moncayo). Agricultura en secano y regadío (vegas del Ebro y del Jalón); producción termoeléctrica (Escatrón) e hidroeléctrica (Mequinenza). La capital es un pujante centro industrial.

**ZARAGOZA,** c. de España, cap. de Aragón, cap. de la prov. homónima y cab. de p. j.; 622 371 hab. *(Zaragozanos.)* Centro administrativo, comercial y cultural (universidad, academia general militar). Industria diversificada. Base aérea. Conserva parte de las murallas de época romana *(Caesaraugusta)* y el palacio musulmán de la Aljafería*, de la época de los reinos de taifas (s. XI). Tomada por Alfonso el Batallador (1118), fue capital del reino de Aragón a partir de 1136. En la guerra de Sucesión, derrota del ejército borbónico ante las tropas del archiduque Carlos (20 ag. 1710). Los sitios de 1808 y 1809 en la guerra de la Independencia la convirtieron en símbolo de la resistencia antifrancesa. Destacan entre sus monumentos la Seo gótico-mudéjar (ss. XIV-XV), la basílica barroca del Pilar*, la Lonja renacentista (1541-1551), la Real Maestranza y un grupo de iglesias mudéjares y de ricos palacios renacentistas. Museos de bellas artes, catedralicio de la Seo (tapices), Pablo Gargallo y Pablo Serrano (escultura) y Camón Aznar (bellas artes).

**Zaragoza** *(Innumerables mártires de),* denominación dada a los dieciocho cesaraugustanos que sufrieron martirio junto a santa Engracia, en una persecución de cristianos anterior a la de Daciano.

**ZARAGOZA,** mun. de México (San Luis Potosí); 18 987 hab. Ganadería. Industrias alimentarias.

**ZARAGÜETA** (Juan), sacerdote y filósofo español (Orio 1883-San Sebastián 1974). Su obra se sitúa bajo el doble influjo de Ortega y Gasset y la fenomenología: *Filosofía y vida* (1950-1954), *Los veinte temas que he cultivado en mis cincuenta años de labor filosófica* (1958).

**ZÁRATE,** c. de Argentina (Buenos Aires); 91 820 hab. Centro industrial y nudo de comunicaciones.

**ZÁRATE** (Agustín **de**), cronista e historiador español (¿Valladolid? 1514 o 1515-† 1560). Secretario del consejo de Castilla, vivió en Perú (1544-1545) y escribió *Historia del descubrimiento y conquista del Perú* (1555).

**ZARATUSTRA** o **ZOROASTRO,** reformador del mazdeísmo y fundador del zoroastrismo (Rages, Irán, 628 a. J.C.-† 551 a. J.C.). Debido a la oposición del clero mazdeísta, soportó pruebas terribles, pero la protección del rey Vistāpa permitió la difusión de su doctrina. Su reforma insistió en la trascendencia divina y predicó una moral de acción fundada en la certeza del triunfo de la justicia.

**ZARAUZ** o **ZARAUTZ,** v. de España (Guipúzcoa); 18 154 hab. Industrias. Centro de veraneo.

**ZARAZA,** mun. de Venezuela (Guárico); 47 250 hab. Centro agropecuario y comercial. Lácteos.

**Zarco** *(El),* novela de I. M. Altamirano (1901, póstuma). Obra realista, entraña una reivindicación de lo nativo y una crítica de los prejuicios raciales.

**ZARDOYA** (Concha), escritora española (Valparaíso, Chile, 1914). Ha escrito ensayos sobre poesía española, poesía (*Pájaros del Nuevo Mundo,* 1945; *Los signos,* 1954; *Los ríos caudales,* 1982) y cuentos.

**ZARIA,** c. de Nigeria, al SO de Kano; 351 800 hab. Ant. cap. de un reino hausa.

**ZARLINO** (Gioseffo), teórico y compositor italiano (Chioggia 1517-Venecia 1590), autor de obras que son la base del sistema tonal moderno.

**ZARQĀ',** c. de Jordania, al NE de 'Ammān; 514 980 hab. Refino de petróleo.

**ZARUMA,** cantón de Ecuador (El Oro); 27 383 hab. Yacimientos de oro, plata y cobre.

**ZARZA** (Vasco **de la**), escultor español († 1524), activo en Castilla desde 1499. Representa la plena aceptación de las formas renacentistas (sepulcro de El Tostado, catedral de Ávila).

**ZARZAL,** mun. de Colombia (Valle del Cauca); 32 325 hab. Maíz y algodón. Ganadería.

**Zarzuela** *(palacio de la),* palacio madrileño edificado en el s. XVII, en el bosque del Real sitio de El Pardo, residencia oficial de la familia real española.

**ZÁTOPEK** (Emil), atleta checo (Kopřivnice 1922-Praga 2000), campeón olímpico en 1948 (10 000 m) y en 1952 (5 000 m, 10 000 m, maratón).

**ZAUTLA,** mun. de México (Puebla); 16 834 hab. Cereales, legumbres. Explotación forestal.

**ZAVALA** (Silvio), historiador mexicano (Mérida 1907). Ha ocupado altos cargos en organizaciones culturales internacionales y de su país, investigador de la presencia española en América, es autor de *La encomienda indiana* (1935) y *Ensayos sobre la colonización española en América* (1944).

**ZAWĪ IBN ZĪRĪ,** cabecilla beréber (s. XI), de la tribu de los ṣanhāŷa. Recibió del califa beréber Sulaymān el feudo de Granada, que convirtió en capital de la dinastía Zīrí.

**ZAYAS** (Alfredo), político y escritor cubano (La Habana 1861-*id.* 1934). Fue vicepresidente (1909-1913) y presidente de la república (1921-1925), y fundador del Partido popular. Es autor de *Lexicografía antillana* (1914) y *Un capítulo de la historia general de Cuba (1867-1868)* (1916), entre otras obras.

**ZAYAS Y SOTOMAYOR** (María **de**), escritora española (Madrid 1590-† 1661). Escribió poesía, una comedia y narraciones (*Novelas ejemplares y amorosas,* 1649), en las que trata el tema erótico de manera original.

**ZAZA,** r. de Cuba (Villa Clara y Sancti Spíritus), que desemboca en el Caribe; 150 km. Al pasar por la ciudad de Sancti Spíritus forma un gran embalse (1 020 Mm$^3$), cuyas aguas sirven para el regadío.

**ZEA** (Francisco Antonio), científico y patriota colombiano (Medellín 1776-Bath, Gran Bretaña, 1822). Participó en las investigaciones de Mutis (1789-1794). Se unió a Bolívar (1816) y presidió el congreso de Angostura (1819).

**ZEA** (Francisco), escritor español (Madrid *c.* 1827-*id.* 1857). Sus *Obras en verso y prosa* (1858) incluyen poesías y obras teatrales *(El diablo alcalde).*

**ZEA** (Leopoldo), ensayista mexicano (México 1912). Profesor de la universidad nacional autónoma de México, entre sus obras figuran: *La esencia de lo americano* (1970), *Dependencia y liberación de la cultura latinoamericana* (1975), *Discurso sobre la imaginación y barbarie* (1988).

**ZEA** [o **CEA**] **BERMÚDEZ** (Francisco), político español (Málaga 1772-† 1850). Secretario de Estado (1824-1825) y embajador (1825-1832), fue jefe del gobierno tras los sucesos de La Granja, y realizó una política de despotismo ilustrado (1832-1834).

**ZEAMI MOTOKIYO,** actor y escritor japonés (1363-1443). Con su padre, **Kanami** (1333-1384), fue actor del nō; escribió más de la mitad de las obras del actual repertorio y manuales de teoría teatral, que se transmitieron de padres a hijos hasta nuestros días *(Kadenshō).*

**ZEDILLO** (Ernesto), político mexicano (México

1951). Economista, colaborador de Salinas de Gortari en la programación económica, como candidato del P.R.I. fue presidente de la república (1994-2000). *[V. ilustración pág. 1782.]*

**ZEEMAN** (Pieter), físico neerlandés (Zonnemaire, Zelanda, 1865-Amsterdam 1943). Descubrió la acción de los campos magnéticos en la emisión de la luz y confirmó experimentalmente las teorías relativistas. (Premio Nobel de física 1902.)

**ZEGRÍES,** dinastía del reino nazarí de Granada de inicios del s. XV. Sus luchas por el poder con los Abencerrajes causaron el deterioro del reino y culminaron en la guerra de Granada (1481-1492).

**ZEIST,** c. de Países Bajos, al E de Utrecht, cerca del delta del Rin; 59 357 hab.

**ZEITLIN** (Israel) → ***Tiempo*** (César).

**ZELANDA,** en neerl. **Zeeland,** prov. del SO de Países Bajos, en la desembocadura del Escalda y del Mosa; 1 785 $km^2$; 355 000 hab. *(Zelandeses);* cap. *Middelburg.*

**ZELAYA** *(departamento de),* dep. del E de Nicaragua; 60 035 $km^2$; 298 900 hab. Cap. *Bluefields.*

**ZELAYA** (José Santos), político nicaragüense (Managua 1853-Nueva York 1919). Líder de la revolución que derrocó a Sacasa, fue presidente de la república (1893-1909). Partidario de la Unión centroamericana, se opuso al intervencionismo británico y de E.U.A.

**ZELENCHÚKSKAIA,** localidad de Rusia, al N del Cáucaso. En las proximidades, a 2 070 m de alt., observatorio astronómico (telescopio de 6 m de diámetro).

**ŻELEŃSKI** (Tadeusz), llamado **Boy,** escritor polaco (Varsovia 1874-Lvov 1941), traductor y autor de obras críticas e históricas.

**ZELL AM SEE,** c. de Austria (Salzburgo), a orillas del *lago de Zell;* 7 500 hab. Turismo.

**ZEMAN** (Karel), director de cine checoslovaco (Ostromer 1910-Gottwaldov 1989), autor de películas de animación que combinan las marionetas, la interpretación de actores y los dibujos animados (*Aventuras fantásticas* [o *La invención diabólica*], 1958; *El barón de Crac,* 1961).

**ZEMPOALA** *(lagunas de),* lagunas de México (México y Morelos), en la sierra de Ajusco, que ocupan antiguos cráteres volcánicos.

**ZEMPOALA,** mun. de México (Hidalgo); 16 049 hab. Cereales, legumbres. Industria alimentaria. Acueducto del s. XVI.

**ZENDEJAS** (Miguel Jerónimo), pintor mexicano (Puebla *c.* 1723-*id.* 1815), de vasta producción religiosa (*Oración en el huerto,* catedral de Puebla).

**ZENEA** (Juan Clemente), poeta cubano (Bayamo 1832-La Habana 1871). Aunque cultivó la poesía patriótica, es el mejor exponente del intimismo romántico en Cuba *(Cantos de la tarde,* 1860; *Diario de un mártir).* Murió fusilado.

**ZENICA,** c. de Bosnia-Herzegovina, en el valle del Bosna; 63 000 hab. Siderurgia.

**ZENO GANDÍA** (Manuel), escritor puertorriqueño (Guayanilla 1855-San Juan 1930), autor de novelas (*Aquella noche,* 1910; *El negocio,* 1922).

**ZENOBIA** († Italia *c.* 274), reina de Palmira [267-272]. Gobernó después de la muerte de su marido, Odenat, y extendió su autoridad desde Asia menor hasta Egipto. El emperador Aureliano la venció tras dos años de campaña (271-272). Zenobia fue capturada e incluida entre los prisioneros que formaron parte del triunfo de Aureliano.

**ZENÓN** (*c.* 426-491), emperador romano de oriente [474-491]. Su *Edicto de unión* con los monofisitas (*Henotikon,* 482) provocó un cisma con Roma que duró hasta Justiniano.

**ZENÓN de Citio,** filósofo griego (Citio, Chipre, *c.* 335-*c.* 264 a. J.C.), fundador del estoicismo.

**ZENÓN de Elea,** filósofo griego (nacido entre 490 y 485-† *c.* 430 a. J.C.). Sus argumentos (paradojas), tales como el de Aquiles y la tortuga, o el de la flecha que no alcanza el blanco, plantean la cuestión de la divisibilidad del espacio y del movimiento, y su estudio ha sido muy fecundo para las investigaciones lógicas, incluso en la actualidad.

**ZEPITA,** mun. de Perú (Puno); 23 327 hab. Iglesia de San Pedro (s. XVIII), de estilo barroco mestizo.

**ZEPPELIN** (Ferdinand, *conde* **von**), oficial e industrial alemán (Constanza 1838-Berlín 1917). Construyó, a partir de 1890, los grandes dirigibles rígidos que llevan su nombre.

**ZÉRAH** (Měnaḥem **ben**), escritor hebraicoespañol (Estella 1310-Toledo 1385), autor de *Provisión para el camino* (1373), síntesis de la ley y doctrina judía.

**ZERAVSHÁN** *(cordillera de),* montañas de Tadzhikistán cuyos torrentes proporcionan agua a los oasis de Samarkand y de Bujará.

**ZERMATT,** mun. de Suiza (Valais), al pie del Cervino; 4 225 hab. Gran centro turístico; deportes de invierno.

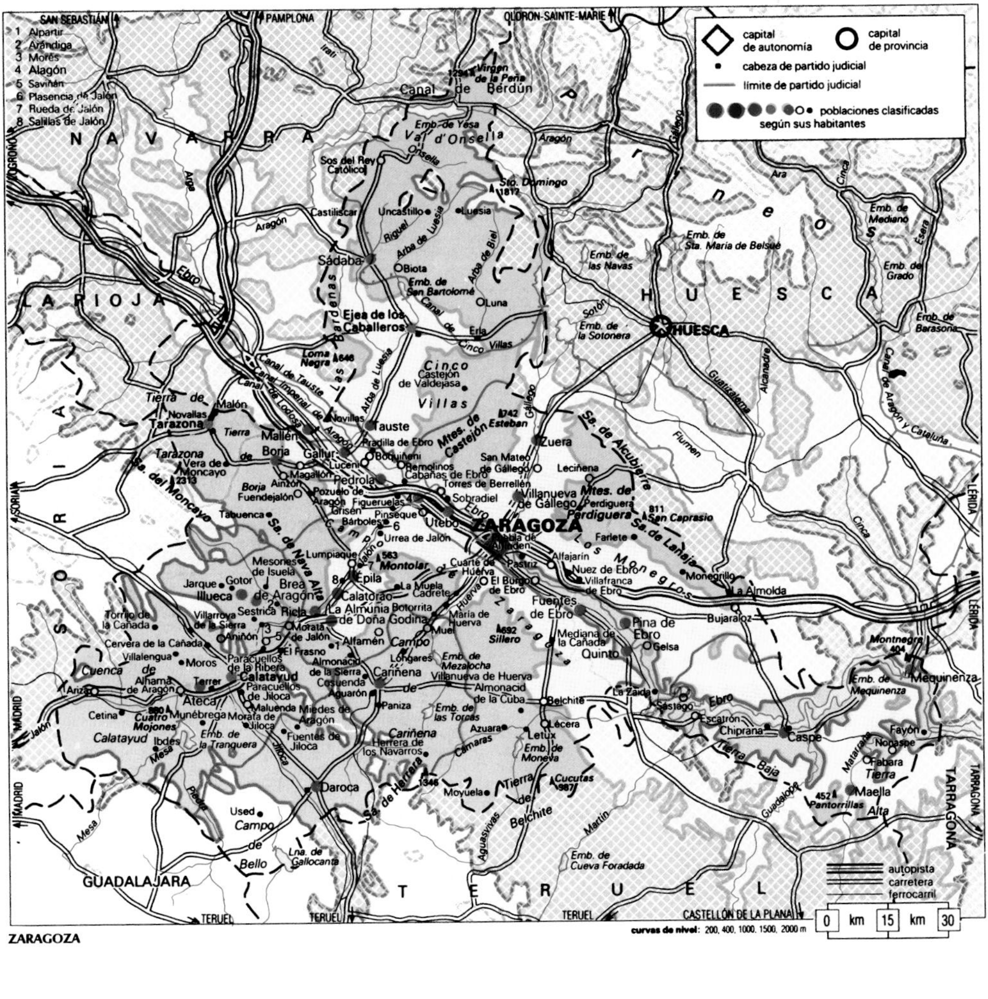


ZARAGOZA

**ZERMELO** (Ernst), matemático y lógico alemán (Berlín 1871-Friburgo de Brisgovia 1953). Discípulo de Cantor, desarrolló la teoría de conjuntos.

**ZERNIKE** (Frederik), físico neerlandés (Amsterdam 1888-Naarden 1966). Ideó el microscopio de contraste de fases. (Premio Nobel de física 1953.)

**ŻEROMSKI** (Stefan), escritor polaco (Strawczyn 1864-Varsovia 1925), autor de dramas y de novelas en que ataca las opresiones políticas y sociales (*Cenizas*, 1904).

**ZERUAL** (Liamine), militar y político argelino (Batna 1941). Formado militarmente en Francia y la Unión Soviética, en 1994 fue nombrado presidente de Argelia y ratificado en las elecciones presidenciales de 1995. Dejó el cargo en 1999.

**ZETKIN** (Clara), revolucionaria alemana (Wiederau 1857-Arjánguelskoie, cerca de Moscú, 1933). Miembro del partido socialdemócrata desde 1878, participó en el movimiento espartaquista, y más tarde se adhirió al partido comunista alemán (1919). Fue diputada del Reichstag de 1920 a 1933.

**ZETLAND** *(islas)* → ***Shetland*** (islas).

**ZEUS,** divinidad suprema del panteón griego. Dios del Cielo y señor de los dioses, hacía reinar en la Tierra el orden y la justicia. Su atributo era el rayo. Sus santuarios más célebres eran los de Dodona, Olimpia y Creta. Los romanos lo asimilaron a *Júpiter.*

**ZEUXIS,** pintor griego de la segunda mitad del s. V a. J.C. Conocido por los autores antiguos, fue, como Polignoto, uno de los innovadores de su época.

**ZHANGHUA** o **CHANG-HUA,** c. de Taiwan; 217 000 hab.

**ZHANJIANG** o **CHAN-KIANG,** c. y puerto de China (Guangdong); 400 997 hab. Centro industrial.

**ZHAO MENGFU** o **CHAO MONG-FU,** pintor chino (Huzhou, Zhejiang, 1254-1322), célebre por su estilo arcaizante y sus realistas representaciones de caballos.

**ZHAO ZIYANG** o **CHAO TSÊ-YANG,** político chino (en Huaxian, Henan, 1919). Jefe de gobierno (1980-1987) y secretario general del partido (1987-1989), fue el principal artífice de la modernización del país (reformas económicas progresivas). Fue destituido tras los sucesos de la plaza Tian'anmen.

**ZHDÁNOV** → ***Mariúpol.***

**ZHDÁNOV** (Andréi Alexándrovich), político soviético (Mariúpol 1896-Moscú 1948). Miembro del politburó (1939), dirigió la política cultural de la era de Stalin.

**ZHEJIANG, CHÔ-KIANG** o **CHEKIANG,** prov. del SE de China; 101 000 km²; 38 885 000 hab. Cap. *Hangzhou.*

**ZHENGZHOU** o **CHENG-CHEU,** c. de China, cap. del Henan; 1 400 000 hab. Centro industrial. Cap. de la dinastía Shang, de la que conserva una necrópolis (mobiliario funerario en el museo).

**ZHITOMIR** o **JITOMIR,** c. de Ucrania, al O de Kíev; 292 000 hab.

**ZHIVKOV** (Todor), político búlgaro (Pravec 1911-Sofía 1998). Primer secretario del partido comunista (desde 1954), presidente del consejo (1962-1971) y jefe del estado (desde 1971), dimitió en 1989. Tras ser condenado a siete años de prisión por malversación de fondos y abuso de poder (1992), fue absuelto por el tribunal supremo en 1996.

**ZHOU ENLAI, CHEU NGEN-LAI** o **CHU EN-LAI,** político chino (Huai'an, Jiangsu, 1898-Pekín 1976). Participó en la fundación del partido comunista chino (1920-1921). Ministro de Asuntos Exteriores (1949-1958) y primer ministro, conservó un papel preponderante en política exterior y preparó el acercamiento entre China y E.U.A. (1972).

Ernesto **Zedillo**

**Zhou Enlai**

**ZHOUKOUDIAN** o **CHEU K'EU-T'IEN,** localidad de China, al SO de Pekín. Yacimiento prehistórico, donde se descubrió el sinantropo (1921).

**ZHU DE** o **CHU-TEH,** político y mariscal chino (Manchang, Sichuan, 1886-Pekín 1976). Compañero de Mao Zedong, estuvo al mando del ejército rojo desde 1931. Colaboró con Chang Kai-shek contra los japoneses (1937-1941) y más tarde luchó por separado contra éstos (1941-1945). Conquistó la China continental (1946-1949), eliminó a los nacionalistas y se convirtió en comandante supremo. Tras el triunfo de la revolución, fue vicepresidente de la república (1954-1959).

**ZHU RONGJI,** político chino (Changsha, Hunan, 1928), primer ministro desde 1998.

**ZHU XI** o **CHU HI,** filósofo chino (You Xi, Fujian, *c.* 1130-1200), fundador de una importante escuela confucianista y autor de una historia de China.

***Zhuangzi*** o ***Chuang-tsê,*** obra fundamental del taoísmo llamado filosófico. Su autor, Zhuangzi, vivió a fines del s. IV a. J.C.

**ZHÚKOV** (Gueorgui Konstantínovich), mariscal soviético (Strélkovka 1896-Moscú 1974). Vencedor en Moscú (1941) y en Leningrado (1943), condujo un grupo de ejércitos de Varsovia a Berlín, donde recibió la capitulación de la Wehrmacht (1945). Su popularidad le valió ser relegado por Stalin. Fue ministro de Defensa (1955-1957).

**ZHUKOVSKI** (Nikolái Yegórovich), físico ruso (Oriéjano 1847-Moscú 1921). Construyó uno de los primeros túneles aerodinámicos (1902).

**ZHUKOVSKI** (Vasili Andréievich), poeta ruso (Mísbenskoie 1783-Baden-Baden 1852). Dio a conocer al público ruso el romanticismo británico y alemán, y fue preceptor del zar Alejandro II.

**ZIBAN** → ***Zab.***

**ZIA UL-HAQ** (Muḥammad), militar y político paquistaní (Jullundur 1924-en accidente de aviación, cerca de Bahāwalpūr, 1988). Jefe del estado mayor del ejército (1976), dirigió el golpe de estado militar de julio de 1977. Fue presidente de la república desde 1978 hasta su muerte.

**ZIBO** o **TSÊ-PO,** c. de China (Shandong), al E de Jinan; 1 200 000 hab. Centro industrial.

**ZIELONA GÓRA,** c. de Polonia (Silesia), junto al Odra; 144 900 hab. Centro industrial.

**ZIGONG** o **TSÊ-KONG,** c. de China (Sichuan); 393 184 hab. Petróleo y gas natural.

**ZIGUINCHOR,** c. y puerto de Senegal, junto al estuario del Casamance; 148 831 hab. Pesca.

**ZIHUATANEJO** → ***José Azueta.***

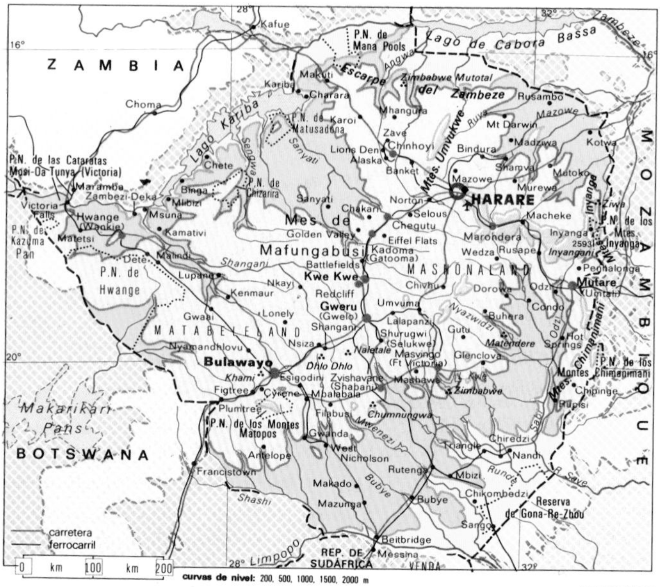


ZIMBABWE

**ŽILINA,** c. del NO de Eslovaquia, en el valle del Váh; 83 853 hab. Monumentos antiguos.

**ZIMAPÁN,** c. de México (Hidalgo); 32 461 hab. Plomo, plata y cinc. Iglesia barroca e interior neoclásico (ss. XVIII-XIX).

**ZIMBABWE,** ant. **Rhodesia del Sur,** estado de África austral; 390 000 km²; 10 000 000 hab. CAP. *Harare.* LENGUA OFICIAL: *inglés.* MONEDA: *dólar de Zimbabwe.*

GEOGRAFÍA

Es una región de mesetas, dominio del bosque claro y de la sabana. Como herencia de la colonización, el país yuxtapone cultivos de subsistencia (maíz) y de exportación (algodón y tabaco), junto a la ganadería. El subsuelo proporciona cromo y amianto. El éxodo de la mayor parte de la minoría blanca desorganizó la economía del país. Éste, enclavado, presa de luchas internas, con un rápido crecimiento demográfico, depende en parte de su poderosa vecina, la República de Sudáfrica.

HISTORIA

S. III-XVI: el actual Zimbabwe, habitado por bosquimanos y luego por bantúes, proporcionó en el s. XV el marco del imperio del Monomotapa (capital Zimbabwe), que obtenía su riqueza de la explotación del oro. S. XVI: los portugueses desplazaron progresivamente a los musulmanes en el comercio de minerales. 1885-1896: Cecil Rhodes, en nombre de Gran Bretaña, ocupó vastas regiones, que adoptaron en 1895 el nombre de Rhodesia y entre las cuales figuraba el actual Zimbabwe. 1911: Rhodesia fue fragmentada; la unificación de las regiones del N formó Rhodesia del Norte (actual Zambia), la de las regiones del S constituyó Rhodesia del Sur (el futuro Zimbabwe). 1923: Rhodesia del Sur se convirtió en colonia de la corona, dotada de autonomía interna. 1940-1953: la segunda guerra mundial provocó una rápida expansión económica y la llegada de numerosos inmigrantes blancos. 1953-1963: una federación unió Nyasalandia y las dos Rhodesias. 1965-1978: el primer ministro Ian Smith, jefe de la minoría blanca, proclamó unilateralmente (1965) la independencia de Rhodesia del Sur, y proclamó (1970) la República de Rhodesia. El nuevo estado definió su política según el modelo de la República de Sudáfrica (apartheid), a pesar de una creciente oposición interior y, a partir de 1972, el surgimiento de una guerrilla apoyada por Mozambique. 1978: Ian Smith firmó un acuerdo con los opositores más moderados. 1979: se constituyó un gobierno multirracial. 1980: unas elecciones reconocidas por la comunidad internacional llevaron al poder a R. Mugabe, jefe del ala radical del movimiento nacionalista. La independencia de Zimbabwe provocó un éxodo de los blancos, que, no obstante, continuaron controlando lo esencial de la riqueza económica del país. 1987: establecimiento de un régimen presidencial. R. Mugabe se convirtió en jefe del estado, reelegido sucesivamente.

**ZIMMERMANN** (Bernd Alois), compositor alemán (Bliesheim, cerca de Colonia, 1918-Königsdorf [act. en Colonia] 1970), autor de la ópera *Los soldados* y de obras de música electrónica (*Réquiem por un joven poeta,* 1969).

**ZIMMERMANN** (Dominikus), arquitecto y estucador alemán (cerca de Wessobrunn, Baviera, 1685-Wies, Baviera, 1766). Su obra maestra es la abadía de Wies (iniciada en 1746), una de las creaciones más refinadas del rococó germánico. – Su hermano mayor **Johann Baptist** (cerca de Wessobrunn 1680-Munich 1758) realizó la decoración completa (frescos, estucos) de varios de los edificios construidos por Dominikus (Steinhausen, Wies, etc.).

**ZINACANTEPEC,** mun. de México (México); 60 232 hab. Cab. *San Miguel Zinacantepec.* Iglesia franciscana (1563), de fachada plateresca.

**ZINAPÉCUARO,** mun. de México (Michoacán); 37 571 hab. Antiguo centro tarasco.

**ZINDER,** c. del S de Níger; 83 000 hab.

**ZINÓVIEV** (Grígori Yevséievich **Radómylski,** llamado), político soviético (Elisavetgrad 1883-† 1936). Colaborador de Lenin desde 1902-1903 y miembro del politburó del partido (1917-1926), dirigió el comité ejecutivo de la internacional comunista (1919-1926). Se unió a Trotski en la oposición a Stalin (1925-1927). Juzgado en los procesos de Moscú (1935-1936), fue ejecutado. Fue rehabilitado en 1988.

**ZINZENDORF** (Nikolaus Ludwig, *conde* **von**), jefe religioso alemán (Dresde 1700-Herrnhut 1760), restaurador de la orden de los Hermanos moravos.

**ZIPAQUIRÁ,** mun. de Colombia (Cundinamarca); 55 370 hab. Explotación de sal gema y carbón. Fertilizantes. Dentro de las minas se ha habilitado una iglesia, llamada «la catedral de sal». Turismo.

**ZIRÁNDARO,** mun. de México (Guerrero); 20 024 hab. Caña de azúcar, frutas tropicales. Ganadería.

**ZĪRĪ (Banū),** familia beréber del grupo sanhāŷa que en el s. X se instaló en la península Ibérica. En 1025-1090 gobernó un feudo en Granada.

**ZĪRĪ IBN 'ATIYYA,** jefe musulmán de la tribu zanāta de los magrawa († 1001). Visir de los territorios mogrebíes vasallos de Córdoba, huyó al Sahara tras una fallida revuelta contra Wāḍih (990-991). Almanzor le restituyó sus poderes.

**ZĪRÍES,** dinastía beréber, una de cuyas familias reinó en el E del África del Norte (de 972 a 1167), y otra en la península Ibérica (Banū Zīrī).

**ZITA DE BORBÓN PARMA** (Villa Pianore 1892-abadía de Zizers, Suiza, 1989), última emperatriz de Austria. Casó en 1911 con Carlos I.

**ZITÁCUARO,** c. de México (Michoacán), en la *sierra de Zitácuaro,* cerca del *río Zitácuaro* (afl. del Cutzamala); 83 649 hab. Industria alimentaria, curtidos, aserraderos. Mercado regional. Artesanía. Turismo. La ciudad se sumó a la insurrección de Hidalgo (1810), y en ella se creó una junta nacional (ag. 1811) hasta la *toma de Zitácuaro* (2 en. 1812).

**ZITARROSA** (Alfredo), cantautor uruguayo (Montevideo 1936-*id.* 1989), autor de canciones de raíz folklórica o testimoniales.

**ŽIŽKA** (Jan), patriota checo (Trocnov *c.* 1360 o 1370-cerca de Přibyslav 1424). Jefe husita, y luego taborita (1420), a pesar de haber quedado ciego prosiguió la lucha contra el emperador Segismundo.

**ZLATOÚST,** c. de Rusia, en los Urales, al O de Cheliábinsk; 208 000 hab. Metalurgia.

**ZLÍN,** de 1948 a 1990 **Gottwaldov,** c. de la Rep. Checa (Moravia); 84 634 hab. Industria del calzado.

**ZÓBEL** (Fernando), pintor y grabador español (Manila 1924-Madrid 1984). Fundó en Cuenca el primer museo de arte abstracto de España (1963). Practicó una abstracción preciosista de tenues grafismos en un espacio delicadamente coloreado.

**Zócalo,** plaza mayor de la ciudad de México. Forma un amplio rectángulo, dos de cuyos lados ocupan la catedral, con la capilla del Sagrario, y el palacio del Gobierno. Frente a la catedral se alzan los edificios gemelos del ayuntamiento y el departamento del Distrito Federal. Fue el centro de la antigua Tenochtitlan.

**ZOGI I** o **ZOGÚ I** (Ahmed **Zogú,** llamado), rey de Albania (Burgajet 1895-Suresnes 1961). Presidente de la república (1925), instituyó la monarquía y se hizo proclamar rey (1928). Se exilió ante la invasión italiana (1939).

**Zóhar,** obra fundamental de la cábala judía, redactada en su mayor parte por Moisés de León entre 1270 y 1300. Su misticismo ejerció una influencia considerable.

**ZOLA** (Emile), escritor francés (París 1840-*id.* 1902). Figura principal del naturalismo, quiso aplicar el rigor científico a los hechos humanos y sociales (*Thérèse Raquin,* 1867; *Los Rougon-Macquart,* 1871-1893; *La taberna,* 1877; *Germinal,* 1885). Atraído por las teorías socialistas, evolucionó hacia una visión mesiánica del futuro humano (*Los cuatro evangelios,* 1899-1903). Escribió también un célebre manifiesto favorable a Dreyfus (*Yo acuso,* 1893) y obras de crítica literaria y artística.

**Zollverein** *(Deutscher)* [Unión aduanera alemana], asociación aduanera que entró en vigor en 1834 propuesta por Prusia. De 1834 a 1867 englobó al conjunto de los estados alemanes. Desempeñó así un papel decisivo en la formación de la unidad alemana.

**ZOMBA,** c. y ant. cap. de Malawi; 53 000 hab.

**ZONGOLICA,** mun. de México (Veracruz); 24 037 hab. Economía agropecuaria.

**ZONGULDAK,** c. y puerto de Turquía, en el mar Negro; 116 725 hab. Centro hullero.

**ZORITA DE LOS CANES,** v. de España (Guadalajara); 84 hab. Restos de la c. visigoda de Recópolis. Castillo musulmán, reconstruido en el s. XIII.

**ZORN** (Anders), pintor y grabador sueco (Mora, Dalecarlia, 1860-*id.* 1920). Destacó por sus retratos al aguafuerte de trazos enérgicos.

**ZORNOTZA** → ***Amorebieta-Echano.***

**ZOROASTRO** → ***Zaratustra.***

**ZOROBABEL,** príncipe judío, gobernador de la provincia de Judea entre 520 y 518 bajo la dominación persa. Ayudó a los exiliados judíos a regresar a su patria y a reconstruir el templo de Jerusalén.

**ZORRILLA** (Concepción, llamada **China**), actriz uruguaya (nacida en 1922). Popular actriz de teatro, cine y televisión, con interpretaciones de comedia y género dramático. Radicada en Argentina desde 1971.

**ZORRILLA** (José), escritor español (Valladolid 1817-Madrid 1893). Autor prolífico, su poesía está dominada por elementos goticistas y fantásticos que abarcan todos los temas: religioso, amoroso, histórico, etc. (*Poesía,* 1837). Escribió numerosas leyendas (*Cantos del trovador,* 1840-1841; destacan *A buen juez, mejor testigo* y *Margarita la Tornera*) y obras teatrales en verso, de las que sobresalen *El zapatero y el rey* (1840) y, especialmente, *Don* Juan Tenorio* (1844), mito romántico por excelencia. Fue coronado poeta nacional en 1889.

**ZORRILLA DE SAN MARTÍN** (Juan), escritor uruguayo (Montevideo 1855-*id.* 1931). Publicó poemas bajo la influencia de los románticos españoles, el drama épico de tema indígena *Tabaré* (1886) y ensayos. Es autor de la pieza oratoria *El mensaje a América.* – Su hijo **José Luis** (Legación del Uruguay en Madrid 1891-† 1975) fue pintor y escultor (*Monumento al gaucho;* monumento al general Roca, Buenos Aires; *San José,* iglesia de la Tombe Isoire, París).

**Zorro** *(El),* personaje novelesco creado en 1919 por el norteamericano Johnston McCulley y popularizado por el cine.

**ZOSER** o **YOSER,** rey de Egipto, fundador de la III dinastía (*c.* 2800 a. J.C.). Hizo construir en Saqqāra la primera pirámide escalonada.

**ZÓSIMO** *(san)* [† Roma 418], papa en 417 y 418. Defendió y luego condenó el pelagianismo.

**ZRENJANIN,** c. de Yugoslavia (Serbia), en Vojvodina, al NE de Novi Sad; 81 000 hab.

**ZSIGMONDY** (Richard), químico austríaco (Viena 1865-Gotinga 1929), premio Nobel de química en 1925 por su invención del ultramicroscopio.

**ZUBIA (La),** v. de España (Granada); 8 741 hab. Olivo, vid, cereales. Harineras y almazaras.

**ZUBIAURRE** (Valentín **de**), pintor español (Madrid 1879-*id.* 1963). Su obra, de temática vasca o castellana, destaca por su detallismo y el melancólico hieratismo de sus personajes (*Tipos de Ondárroa*). – Su hermano **Ramón** (Garay 1882-Madrid 1969), también pintor, formado junto a él, siguió la misma temática, distinguiéndose por su recio dibujo y rico colorido (*Marino vasco*).

**ZUBIRI** (Xavier), filósofo español (San Sebastián 1898-Madrid 1983). Su reflexión se centró primero en las relaciones entre filosofía y ciencia, desde posiciones próximas a Ortega, al historicismo de Dilthey y al pensamiento de Heidegger; posteriormente abordó los nexos entre realidad e intelección. Obras: *Naturaleza, historia, Dios* (1944), *Sobre la esencia* (1962), la trilogía *Inteligencia sentiente, Inteligencia y logos* e *Inteligencia y razón* (1980-1983), *El hombre y Dios* (1984), *Sobre el hombre* (1986).

**ZUCCARO** o **ZUCCARI** (Taddeo), pintor italiano (Sant'Angelo in Vado, Urbino, 1529-Roma 1566). Representante del manierismo tardío, realizó numerosas decoraciones monumentales (frescos) en Roma y en los alrededores. – Su hermano y discípulo **Federico,** pintor y teórico (Sant'Angelo in Vado *c.* 1540-Ancona 1609), evolucionó hacia el eclecticismo académico; trabajó en El Escorial (1586-1588), pero su obra no agradó a Felipe II, que hizo sustituir algunos de sus cuadros por otros de Tibaldi.

**ZUCCHI** (Carlos), arquitecto italiano activo en América del Sur (Milán 1792-*id.* 1856), autor del panteón de los hombres ilustres en Buenos Aires.

**ZUDÁÑEZ** (Jaime **de**), prócer de la independencia americana (nacido en Chuquisaca-Montevideo 1832). Autor de un *Catecismo político* (1812 o 1813), fue vicepresidente del congreso de Tucumán (1817-1819) y diputado al congreso constituyente de Uruguay (1828-1830).

**ZUG,** en fr. **Zoug,** c. de Suiza, cap. del cantón homónimo, a orillas del *lago de Zug;* 21 705 hab. – El *cantón de Zug* tiene 239 km² y 85 546 hab. Entró en la Confederación Helvética en 1352.

**ZUGARRAMURDI,** mun. de España (Navarra); 267 hab. Cuevas naturales, entre ellas la de Alquerdi*, abrigo prehistórico. En el pasado, centro de brujería (auto de fe de 1610, celebrado en Logroño, contra las brujas de Zugarramurdi).

**ZUGAZAGOITIA** (Julián), periodista y político español (Bilbao *c.* 1900-Madrid 1940). Diputado socialista, ministro de Gobernación (1937-1938), escribió biografías y novelas y una *Historia de la guerra de España* (1940). Exiliado en París, fue entregado por los alemanes al gobierno de Franco, y fusilado.

**ZUGSPITZE,** cumbre de los Alpes, en la frontera entre Austria y Alemania, de la que constituye el punto culminante; 2 963 m.

**ZUHR** (Abū Marwān **ibn**), llamado **Avenzoar,** médico hispanomusulmán (Peñaflor 1073-Sevilla 1162), autor de *El Teisir,* sobre el tratamiento y curación de enfermedades orgánicas.

**ZUIDERZEE,** ant. golfo de Países Bajos cerrado por un dique y que constituye act. un lago interior

Emile **Zola**
(E. Manet - museo de Orsay, París)

José **Zorrilla**

Xavier **Zubiri**

*(IJsselmeer* o lago de *IJssel)* en el que se han creado grandes pólders. Fue antiguamente el lago Flevo, que una inundación unió al mar del Norte en el s. XIII.

**ZUINGLIO** (Ulrico), en alem. **Huldrych Zwingli,** reformador suizo (Wildhaus, Sankt Gallen, 1484-Kappel 1531). Hacia 1520 se adhirió a la Reforma y expuso en Zurich su doctrina en 67 tesis. Progresivamente, con el apoyo del consejo de la ciudad, el culto y la constitución de la Iglesia se transformaron. La principal preocupación de Zuinglio fue la de no conservar nada que no encontrara su justificación en la Sagrada Escritura; paralelamente se esforzó por constituir un verdadero estado cristiano, idea seguida por Calvino en Ginebra: Zuinglio, que había acompañado a las tropas protestantes como capellán, murió en la batalla de Kappel, en lucha contra los cantones católicos.

**ZÚJAR,** r. de España, afl. del Guadiana (or. izq.); 214 km. Al atravesar sierra Morena forma el *embalse del Zújar* (723 $Mm^3$).

**ZULETA ÁNGEL** (Eduardo), político colombiano (Barcelona, España, 1899-Miami 1973). Conservador, fue ministro (1948-1949), embajador en E.U.A. y presidente de la O.E.A. (1955-1962).

**ZULIA** *(estado),* est. del NO de Venezuela; 63 100 $km^2$; 2 380 720 hab. Cap. *Maracaibo.*

**ZULOAGA** (Félix María), militar y político mexicano (Álamos, Sonora, 1813-México 1898). Conservador, combatió la revolución de Ayutla (1854) y fue presidente de la república (en.-dic. 1858 y en.-febr. 1859).

**ZULOAGA** (Ignacio), pintor español (Éibar 1870-Madrid 1945). De formación clásica, se decantó hacia un realismo austero y expresivo de contenido dramatismo *(La cofradía del Cristo de la Sangre),* relacionado con las ideas de la generación del 98, a muchos de cuyos miembros retrató. Son notables sus cuadros de toreros y paisajes.

**ZÜLPICH,** localidad de Alemania, al O de Bonn, considerada la ant. *Tolbiac.*

**ZULUETA Y ESCOLANO** (Luis **de**), pedagogo, político y escritor español (Barcelona 1878-Nueva York 1964). Fue ministro de Estado (1931-1933) y diplomático. Colaboró en periódicos y recopiló ensayos relacionados con el proyecto pedagógico de Giner de los Ríos. Es autor de *El rapto de América* (1952), ensayo.

**ZULULANDIA,** región de la República de Sudáfrica convertida en el bantustán de *Kwazulu* en 1972.

**ZUM FELDE** (Alberto), escritor uruguayo (Bahía Blanca, Argentina, 1890-Montevideo 1976). Se inició como poeta y destacó posteriormente en el ensayo sobre literatura (*Índice crítico de la literatura hispanoamericana,* 1955 y 1959).

**ZUMALACÁRREGUI** (Tomás **de**), militar carlista español (Ormáiztegui 1788-Cegama 1835). Comandante general interino de Navarra (nov. 1833) y jefe del ejército carlista (dic.), derrotó en varias ocasiones a las tropas liberales. Tras la victoria sobre Valdés en el desfiladero de Artaza (abril 1835) dominó toda Navarra y las zonas rurales de Vizcaya y Guipúzcoa. Fue herido de muerte en el sitio de Bilbao.

Tomás de **Zumalacárregui** (biblioteca nacional, Madrid)

**ZUMÁRRAGA,** v. de España (Guipúzcoa); 10 899 hab. *(Zumarraganos.)* Cestería, muebles, plásticos. Iglesia parroquial del s. XVI.

**ZUMÁRRAGA** (*fray* Juan **de**), eclesiástico español (Durango 1476-México 1548). Franciscano, fue prelado sin consagrar del obispado de México (1527-1528) y protector de los indios; se enfrentó al presidente de la audiencia N. Beltrán de Guzmán, a quien acusó de tirano. Consagrado obispo en Valladolid (1533), arribó a Nueva España (1534) dispuesto a hacer cumplir la cédula de 1530, que prohibía la esclavitud de los indios, y creó el colegio de Santa Cruz de Tlatelolco. Fue nombrado inquisidor (1535) y arzobispo (1546), introdujo la imprenta para facilitar la evangelización. Escribió *Doctrina breve* (1543-1544) y *Regla cristiana* (1547).

Francisco de **Zurbarán:** *Bodegón* (1633). [Fundación Norton Simon, Los Ángeles, E.U.A.]

**ZUMAYA** o **ZUMAIA,** v. de España (Guipúzcoa); 8 076 hab. *(Zumayanos.)* Centro industrial (astilleros, máquinas-herramienta) y pesquero. Museo Zuloaga.

**ZUMAYA** o **SUMAYA** (Manuel **de**), compositor mexicano (México 1678-Oaxaca 1756). Fue organista de la catedral de México y maestro de capilla (1745) en Oaxaca. De su producción destacan las óperas *El Rodrigo* (1708) y *La Parténope* (1711).

**ZUMPANGO,** mun. de México (México); 51 393 hab. Hortalizas y frutas. Ganadería.

**ZUMPANGO DEL RÍO,** mun. de México (Guerrero); 27 643 hab. Minería e industrias derivadas.

**ZUNIL** *(volcán),* volcán de Guatemala, en la sierra Madre; 3 533 m de alt.

**ZUNZUNEGUI** (Juan Antonio **de**), escritor español (Portugalete 1901-Madrid 1982). Sus novelas, de carácter realista, son por lo común de asunto social vasco (*Ciplichandle,* 1940; *¡Ay... estos hijos!,* 1943; *El premio,* 1962). [Real academia 1957.]

**ZÚÑIGA** *(familia),* familia española, originaria de Navarra o Álava, conocida como **Stúñiga** hasta el s. XV. – **Pedro de Stúñiga** († 1453) fue conde de Ledesma (1430) y de Plasencia (1442). – **Álvaro de Stúñiga** († 1488) fue conde de Plasencia y duque de Arévalo (1469). Emparentaron con los Velasco, los Mendoza y los Guzmán. – **Baltasar de Zúñiga** († 1622) dirigió la política de Felipe IV.

**ZÚÑIGA Y GUZMÁN** (Baltasar **de**), administrador español (1668-Madrid 1727), *marqués* **de Valero** y *duque* **de Arión.** Fue virrey de Nueva España (1716-1722) y presidente del Consejo de Indias.

**ZURBARÁN** (Francisco **de**), pintor español (Fuente de Cantos, Badajoz, 1598-Madrid 1664). Su pintura es una de las cumbres del realismo barroco español, al que insufló una profunda espiritualidad. Un tenebrismo casi abstracto, el realismo textural y un peculiar geometrismo, ligado tanto a rasgos arcaizantes como a una rigurosa austeridad, son las claves de su estilo, particularmente adaptado a la temática religiosa (*Santa Casilda,* Prado; series para la sacristía del monasterio de Guadalupe y para la cartuja de Jerez [1637-1639]; *Apoteosis de santo Tomás de Aquino,* Sevilla; *Bodegón* [1633], fundación Norton Simon, Los Ángeles). El influjo de Zurbarán se extendió a la América española (adonde exportó cuadros) y a Portugal.

**ZURICH,** en alem. **Zürich,** c. de Suiza, cap. del cantón homónimo, a orillas del Limmat, subafl. del Rin, a la salida del *lago de Zurich* (90 $km^2$); 365 043 hab. (más de 800 000 en la aglomeración). Universidad. Es la mayor ciudad de Suiza y el principal centro industrial y financiero. Ciudad imperial libre desde 1218, se adhirió a la Confederación Helvética en 1351. Zuinglio la convirtió en un centro de la Reforma (1523). Catedral románica (ss. XII-XIII) e importantes monumentos y museos. – El *cantón de Zurich* tiene 1 729 $km^2$ y 1 179 044 hab.

**ZURITA** (Alonso **de**), historiador español (¿nacido en Granada 1511?). Oidor de Santo Domingo (1547), Guatemala (1550-1554) y Nueva España (1554), escribió *Breve y sumaria relación de los señores de la Nueva España* (editada en francés en 1840, y en castellano en 1864).

**ZURITA** (Jerónimo), historiador español (Zaragoza 1512-*id.* 1580). Fue cronista de Aragón y autor de los *Anales de la Corona de Aragón* (1562 y 1578-1579). Felipe II (1567) le encargó la recopilación de documentación para el futuro Archivo de Simancas.

**ZWEIBRÜCKEN,** en fr. **Deux-Ponts,** c. de Alemania (Renania-Palatinado); 33 496 hab. Antigua cap. de un ducado que fue cedido a Francia en 1801 y repartido en 1816 entre Baviera y Prusia.

**ZWEIG** (Stefan), escritor austríaco (Viena 1881-Petrópolis, Brasil, 1942), autor de dramas (*La casa junto al mar,* 1911), poesías, novelas (*Impaciencia*

Ulrico **Zuinglio** (biblioteca de Zurich)

Ignacio **Zuloaga:** *Torerillos de Turégano.* (Museo municipal de San Telmo, San Sebastián.)

*del corazón,* 1938), y ensayos históricos y literarios (*Verlaine,* 1905; *La curación por el espíritu,* 1931).

**ZWICKAU,** c. de Alemania (Sajonia), al S de Leipzig; 118 914 hab. Centro industrial. Catedral del s. XV.

**ZWICKY** (Fritz), astrofísico suizo de origen búlgaro (Varna 1898-Pasadena 1974). Estudió las supernovas, predijo la existencia de las estrellas de neutrones (1935), estudió la distribución de las galaxias en el universo y elaboró un catálogo fotográfico de galaxias. Rechazó la teoría de la expansión del universo.

**ZWOLLE,** c. de Países Bajos, cap. de la prov. de Overijssel, en la or. der. de IJsselmeer; 95 572 hab. Centro administrativo, comercial e industrial. Iglesia y ayuntamiento del s. XV.

**ZWORYKIN** (Vladímir), ingeniero norteamericano de origen ruso (Múrom 1889-Princeton 1982). Inventó el *iconoscopio* (1934), el primero de una larga serie de tubos electrónicos utilizados en televisión.

# PRINCIPALES ACADEMIAS EN PAÍSES DE HABLA HISPANA

## • Argentina

**Academia argentina de letras**
*22 miembros de número*
Fundada en 1931. Sede: Buenos Aires.
Asociada de la Real academia española.

**Academia nacional de medicina**
*35 miembros*
Fundada en 1822. Sede: Buenos Aires.
Biblioteca de 50 000 volúmenes.

**Academia nacional de ciencias de Córdoba**
*35 miembros de número*
Fundada en 1869. Sede: Córdoba.
Biblioteca de 50 000 volúmenes.

**Academia nacional de derecho y ciencias sociales**
*29 miembros de número*
Fundada en 1874. Sede: Córdoba.

**Academia nacional de ciencias exactas, físicas y naturales**
*34 miembros*
Fundada en 1874. Sede: Buenos Aires.

**Academia nacional de derecho y ciencias sociales**
*25 miembros*
Fundada en 1874. Sede: Buenos Aires.

**Academia nacional de la historia**
*36 miembros de número*
Fundada en 1893. Sede: Buenos Aires.

**Academia nacional de agronomía y veterinaria**
*35 miembros*
Fundada en 1909. Sede: Buenos Aires.

**Academia nacional de ciencias económicas**
*35 miembros*
Fundada en 1914. Sede: Buenos Aires.

**Academia nacional de ciencias de Buenos Aires**
*35 miembros*
Fundada en 1935. Sede: Buenos Aires.

**Academia nacional de bellas artes**
*30 miembros de número*
Fundada en 1936. Sede: Buenos Aires.

**Academia nacional de ciencias morales y políticas**
*35 miembros*
Fundada en 1938. Sede: Buenos Aires.

**Academia nacional de geografía**
*30 miembros*
Fundada en 1956. Sede: Buenos Aires.

**Academia nacional del tango**
*40 miembros*
Fundada en 1990. Sede: Buenos Aires.

## • Bolivia

**Academia boliviana**
*26 miembros*
Fundada en 1927. Sede: La Paz.
Academia de la lengua, correspondiente de la Real academia española.

**Academia nacional de la historia**
*18 miembros*
Fundada en 1929. Sede: La Paz.

**Academia nacional de ciencias de Bolivia**
*32 miembros*
Fundada en 1960. Sede: La Paz.

## • Chile

**Instituto de Chile**
Fundado en 1964 para promover la cultura en todos sus ámbitos. Sede: Santiago.
Comprende: Academia chilena de la lengua, Academia chilena de la historia, Academia chilena de ciencias, Academia chilena de ciencias sociales, políticas y morales, Academia chilena de medicina, Academia chilena de bellas artes.

**Academia chilena de la lengua**
*36 miembros*
Fundada en 1885. Sede: Santiago.
Correspondiente de la Real academia española.

**Academia chilena de la historia**
*36 miembros*
Fundada en 1933. Sede: Santiago.

**Academia chilena de ciencias**
*36 miembros de número*
Fundada en 1964. Sede: Santiago.

**Academia chilena de ciencias sociales, políticas y morales**
*36 miembros*
Fundada en 1964. Sede: Santiago.

**Academia chilena de medicina**
*72 miembros de número*
Fundada en 1964. Sede: Santiago.

**Academia chilena de bellas artes**
*30 miembros de número*
Fundada en 1964. Sede: Santiago.

**Academia chilena de ciencias naturales**
Fundada en 1926. Sede: Santiago.
No está integrada en el Instituto de Chile.

## • Colombia

**Academia colombiana de la lengua**
*29 miembros de número*
Fundada en 1871. Sede: Santa Fe de Bogotá.
Correspondiente de la Real academia española.
Biblioteca de 40 000 volúmenes.

**Academia nacional de medicina**
*148 miembros*
Fundada en 1890. Sede: Santa Fe de Bogotá.

**Academia colombiana de jurisprudencia**
*50 miembros*
Fundada en 1894. Sede: Santa Fe de Bogotá.

**Academia colombiana de historia**
*40 miembros de número*
Fundada en 1902. Sede: Santa Fe de Bogotá.
Biblioteca de 45 000 volúmenes.

**Academia antioqueña de historia**
*60 miembros*
Fundada en 1903. Sede: Medellín.

**Academia boyacense de historia**
*30 miembros*
Fundada en 1905. Sede: Tunja.
Biblioteca con numerosos manuscritos de los ss. XVI-XIX.

**Academia de la historia de Cartagena de Indias**
*25 miembros de honor*
Fundada en 1912. Sede: Cartagena de Indias.

**Academia colombiana de ciencias exactas, físicas y naturales**
*32 miembros de número*
Fundada en 1933. Sede: Santa Fe de Bogotá.

## • Costa Rica

**Academia costarricense de la lengua**
*18 miembros*
Fundada en 1923. Sede: San José.
Correspondiente de la Real academia española.

**Academia de geografía e historia de Costa Rica**
*31 miembros de número*
Fundada en 1940. Sede: San José.

## • Cuba

**Academia cubana de la lengua**
*10 miembros de número*
Fundada en 1926. Sede: La Habana.
Correspondiente de la Real academia española.

**Academia de ciencias de Cuba**
*15 miembros de número*
Fundada en 1962. Sede: La Habana.
De ella dependen numerosos institutos de investigación y el Archivo nacional.

## • República Dominicana

**Academia dominicana de la lengua**
*14 miembros*
Fundada en 1927. Sede: Santo Domingo.
Correspondiente de la Real academia española.
Biblioteca de 50 000 volumenes.

**Academia dominicana de la historia**
*12 miembros*
Fundada en 1931. Sede: Santo Domingo.

## • Ecuador

**Academia ecuatoriana de la lengua**
*28 miembros*
Fundada en 1874. Sede: Quito.
Correspondiente de la Real academia española.

**Academia ecuatoriana de medicina**
Fundada en 1958. Sede: Quito.

## • El Salvador

**Academia salvadoreña**
*22 miembros*
Fundada en 1876. Sede: San Salvador.
Academia de la lengua, correspondiente de la Real academia española.

**Academia salvadoreña de la historia**
*18 miembros*
Fundada en 1925. Sede: San Salvador.

## • España

**Instituto de España**
Fundado en 1938. Sede: Madrid.
Corporación nacional, a modo de senado de la cultura española, para concertar las actividades culturales académicas.
Comprende: Real academia española, Real academia de bellas artes de san Fernando, Real academia de la historia, Real academia de ciencias exactas, físicas y naturales, Real academia de ciencias morales y políticas, Real academia de farmacia, Real academia de medicina, Real academia de jurisprudencia y legislación.

**Real academia española**
*46 miembros de número*
Fundada en 1713 por Felipe V. Sede: Madrid.
Desde 1778 publica el *Diccionario de la lengua española*, órgano normativo de lexicografía, que recopila las indicaciones de las academias de habla hispana, agrupadas en la Asociación de academias de la lengua española como correspondientes (excepto las de Argentina y Uruguay, que son asociadas).

**Real academia de farmacia**
*40 miembros*
Fundada en 1589, se convirtió en academia en 1932. Sede: Madrid.

**Real academia nacional de medicina**
*50 miembros de número*
Fundada en 1732 con carácter privado, adoptó su nombre actual en 1917. Sede: Madrid.

**Real academia de la historia**
*36 miembros de número*
Fundada en 1738 por Felipe V. Sede: Madrid.
Posee una importante biblioteca de 350 000 volúmenes y 180 000 manuscritos.

**Real academia de bellas artes de san Fernando**
*48 miembros de número*
Fundada en 1744. Sede: Madrid.
Posee un importante museo de pintura y de escultura. Biblioteca de 22 600 volúmenes, que incluyen 127 ediciones raras y 140 manuscritos.

**Real academia de ciencias exactas, físicas y naturales**
*42 miembros de número*
Fundada en 1847. Sede: Madrid.

**Real academia de ciencias morales y políticas**
*36 miembros de número*
Fundada en 1857. Sede: Madrid.
Biblioteca de 53 000 volúmenes.

**Real academia de jurisprudencia y legislación**
*40 miembros de número*
Fundada en 1896. Sede: Madrid.

## *Otras academias que no dependen del Instituto de España*

**• Andalucía**

**Real academia de medicina de Sevilla**
*25 miembros de número*
Fundada en 1697. Sede: Sevilla.

**Real academia sevillana de buenas letras**
*30 miembros de número*
Fundada en 1751. Sede: Sevilla.

**Real academia de ciencias, bellas letras y nobles artes**
*35 miembros de número*
Fundada en 1910. Sede: Córdoba.

**Real academia hispanoamericana**
*29 miembros*
Fundada en 1910. Sede: Cádiz.

**• Aragón**

**Real academia de nobles y bellas artes de san Luis**
*35 miembros de número*
Fundada en 1792. Sede: Zaragoza.

**Academia aragonesa de jurisprudencia y legislación**
*25 miembros de número*
Fundada en 1996. Sede: Zaragoza.

**Academia de ciencias exactas, fisicoquímicas y naturales**
*30 miembros de número*
Fundada en 1916. Sede: Zaragoza.

**• Asturias**

**Real academia de la llingua asturiana**
*15 miembros*
Fundada en 1981. Sede: Oviedo.
Continúa la tradición de la antigua academia asturiana del s. XVIII. Fue creada para la difusión y protección del bable.

**• Cataluña**

**Real academia de buenas letras**
*36 miembros de número*
Fundada en 1752 por Fernando VI. Sede: Barcelona.

**Real academia de ciencias y artes**
*45 miembros de número*
Fundada en 1764, recibió su nombre actual en 1892. Sede: Barcelona.

**Real academia de medicina y cirugía**
*33 miembros de número*
Fundada en 1770. Sede: Barcelona.

**• Comunidad Valenciana**

**Real academia de las nobles y bellas artes de san Carlos**
*28 miembros*
Fundada en 1753. Sede: Valencia.

**• Extremadura**

**Real academia de Extremadura de las artes y las letras**
*25 miembros*
Fundada en 1979. Sede: Trujillo.

**• Galicia**

**Real academia gallega**
*40 miembros*
Fundada en 1905. Sede: La Coruña.
Academia de la lengua gallega. Biblioteca de 20 000 volúmenes.

**• Madrid**

**Academia de ingeniería**
Fundada en 1994. Sede: Madrid.

**Academia de las artes y las ciencias cinematográficas de España**
*610 miembros*
Fundada en 1986. Sede: Madrid.

**• País Vasco**

**Real academia de la lengua vasca (Euskaltzaindia)**
*24 miembros de número*
Fundada en 1919. Sede central: Bilbao.
Academia para la protección y difusión de la lengua vasca.

### • Estados Unidos

**Academia norteamericana de la lengua española**
*36 miembros*
Fundada en 1973. Sede: Nueva York.
Correspondiente de la Real academia española.

### • Filipinas

**Academia filipina**
*20 miembros*
Fundada en 1924. Sede: Manila.
Academia de la lengua, correspondiente de la Real academia española.

### • Guatemala

**Academia guatemalteca de la lengua**
*16 miembros*
Fundada en 1887. Sede: Guatemala.
Correspondiente de la Real academia española.

**Academia de geografía e historia de Guatemala**
*45 miembros*
Fundada en 1923. Sede: Guatemala.
Biblioteca de 30 000 volúmenes.

**Academia de ciencias médicas, físicas y naturales de Guatemala**
*105 miembros*
Fundada en 1945. Sede: Guatemala.

**Academia de la lengua maya quiché**
*20 miembros*
Fundada en 1959. Sede: Quezaltenango.

### • Honduras

**Academia hondureña**
*28 miembros*
Fundada en 1949. Sede: Tegucigalpa.
Academia de la lengua, correspondiente de la Real academia española.

**Academia hondureña de geografía e historia**
*21 miembros*
Fundada en 1968. Sede: Tegucigalpa.

### • México

**Academia mexicana de la lengua**
*31 miembros*
Fundada en 1875. Sede: México.
Correspondiente de la Real academia española.

**Academia nacional de medicina de México**
*340 miembros*
Fundada en 1864. Sede: México.

**Academia nacional de ciencias**
*24 miembros*
Fundada en 1884. Sede: México.
Biblioteca de 420 000 volúmenes.

**Academia mexicana de la historia**
Fundada en 1919. Sede: México.
Correspondiente de la española Real academia de la historia.

**Academia nacional de historia y geografía**
*179 miembros*
Fundada en 1925. Sede: México.

**Colegio nacional**
*37 miembros*
Fundado en 1943. Sede: México.
Creado para la difusión de la cultura mexicana.

### • Nicaragua

**Academia nicaragüense de la lengua**
*13 miembros*
Fundada en 1928. Sede: Managua.
Correspondiente de la Real academia española.

### • Panamá

**Academia panameña de la lengua**
*18 miembros*
Fundada en 1926. Sede: Panamá.
Correspondiente de la Real academia española.

**Academia panameña de la historia**
Fundada en 1921. Sede: Panamá.

### • Paraguay

**Academia paraguaya**
*34 miembros*
Fundada en 1927. Sede: Asunción.
Academia de la lengua, correspondiente de la Real academia española.

**Academia de la lengua y cultura guaraní**
Fundada en 1975. Sede: Asunción.

### • Perú

**Academia peruana de la lengua**
*30 miembros*
Fundada en 1887. Sede: Lima.
Correspondiente de la Real academia española.

**Academia nacional de medicina**
*40 miembros de número*
Fundada en 1884. Sede: Lima.

**Academia nacional de ciencias exactas, físicas y naturales de Lima**
Fundada en 1979. Sede: Lima.

### • Puerto Rico

**Academia puertorriqueña de la lengua española**
*23 miembros*
Fundada en 1955. Sede: San Juan.
Correspondiente de la Real academia española.

**Academia puertorriqueña de la historia**
*40 miembros*
Fundada en 1932. Sede: Santurce.

### • Uruguay

**Academia nacional de letras**
*17 miembros*
Fundada en 1943. Sede: Montevideo.
Academia de la lengua, asociada de la Real academia española.

**Academia nacional de ingeniería**
*40 miembros*
Fundada en 1965. Sede: Montevideo.

**Academia nacional de medicina del Uruguay**
*27 miembros*
Fundada en 1976. Sede: Montevideo.

### • Venezuela

**Academia venezolana de la lengua**
*24 miembros*
Fundada en 1883. Sede: Caracas.
Correspondiente de la Real academia española.
Biblioteca de 25 000 volúmenes.

**Academia nacional de la historia**
Fundada en 1888. Sede: Caracas.
Biblioteca de 40 000 volúmenes.

**Academia nacional de medicina**
*40 miembros de número*
Fundada en 1904. Sede: Caracas.

**Academia de ciencias físicas, matemáticas y naturales**
*30 miembros de número*
Fundada en 1917. Sede: Caracas.

**Academia de ciencias políticas y sociales**
*39 miembros*
Fundada en 1917. Sede: Caracas.

# LISTA DE LOS LAUREADOS CON EL PREMIO NOBEL

## Física

1901 W. C. Roentgen (Alem.)
1902 H. A. Lorentz (P.B.)
P. Zeeman (P.B.)
1903 H. Becquerel (Fran.)
P. Curie (Fran.)
M. Curie (Fran.)
1904 lord Rayleigh
[J. W. Strutt] (G.B.)
1905 P. Lenard (Alem.)
1906 J. J. Thomson (G.B.)
1907 A. A. Michelson (E.U.A.)
1908 G. Lippmann (Fran.)
1909 G. Marconi (Italia)
K. F. Braun (Alem.)
1910 J. D. Van der Waals (P.B.)
1911 W. Wien (Alem.)
1912 G. Dalén (Suecia)
1913 H. Kamerlingh Onnes (P.B.)
1914 M. von Laue (Alem.)
1915 W. H. Bragg (G.B.)
W. L. Bragg (G.B.)
1916 sin atribuir
1917 G. G. Barkla (G.B.)
1918 M. K. E. L. Planck (Alem.)
1919 J. Stark (Alem.)
1920 Ch. E. Guillaume (Suiza)
1921 A. Einstein (Alem.)
1922 N. Bohr (Dinamarca)
1923 R. A. Millikan (E.U.A.)
1924 K. M. G. Siegbahn (Suecia)
1925 J. Franck (Alem.)
G. Hertz (Alem.)
1926 J. Perrin (Fran.)
1927 A. H. Compton (E.U.A.)
Ch. T. R. Wilson (G.B.)
1928 O. W. Richardson (G.B.)
1929 L. de Broglie (Fran.)
1930 Ch. V. Raman (India)
1931 sin atribuir
1932 W. K. Heisenberg (Alem.)
1933 E. Schrödinger (Austria)
P. A. M. Dirac (G.B.)
1934 sin atribuir
1935 J. Chadwick (G.B.)
1936 V. F. Hess (Austria)
C. D. Anderson (E.U.A.)
1937 C. J. Davisson (E.U.A.)
G. P. Thomson (G.B.)
1938 E. Fermi (Italia)
1939 E. O. Lawrence (E.U.A.)
1940 sin atribuir
1941 sin atribuir
1942 sin atribuir
1943 O. Stern (E.U.A.)
1944 I. I. Rabi (E.U.A.)
1945 W. Pauli (Austria-Suiza)
1946 P. W. Bridgman (E.U.A.)
1947 E. V. Appleton (G.B.)
1948 P. M. S. Blackett (G.B.)
1949 Yukawa Hideki (Japón)
1950 C. F. Powell (G.B.)
1951 J. D. Cockcroft (G.B.)
E. T. S. Walton (Irlanda)
1952 F. Bloch (E.U.A.)
E. M. Purcell (E.U.A.)
1953 F. Zernike (P.B.)
1954 M. Born (G.B.)
W. Bothe (R.F.A.)
1955 W. E. Lamb (E.U.A.)
P. Kusch (E.U.A.)
1956 W. B. Shockley (E.U.A.)
J. Bardeen (E.U.A.)
W. H. Brattain (E.U.A.)
1957 Yang Chen Ning (E.U.A.)
Lee Tsung Dao (E.U.A.)
1958 P. A. Cherenkov (U.R.S.S.)
I. M. Frank (U.R.S.S.)
I. Y. Tamm (U.R.S.S.)
1959 E. Segre (E.U.A.)
O. Chamberlain (E.U.A.)
1960 D. A. Glaser (E.U.A.)
1961 R. Hofstadter (E.U.A.)
R. Mössbauer (R.F.A.)
1962 L. D. Landau (U.R.S.S.)
1963 E. P. Wigner (E.U.A.)
M. Goeppert-Mayer (E.U.A.)
H. D. Jensen (R.F.A.)
1964 Ch. H. Townes (E.U.A.)
N. G. Basov (U.R.S.S.)
A. M. Projorov (U.R.S.S.)
1965 R. P. Feynman (E.U.A.)
J. S. Schwinger (E.U.A.)
Tomonaga Shinichirō (Japón)
1966 A. H. F. Kastler (Fran.)
1967 H. A. Bethe (E.U.A.)
1968 L. W. Alvarez (E.U.A.)
1969 M. Gell-Mann (E.U.A.)
1970 H. Alfvén (Suecia)
L. Néel (Fran.)
1971 D. Gabor (G.B.)
1972 J. Bardeen (E.U.A.)
L. N. Cooper (E.U.A.)
J. R. Schrieffer (E.U.A.)
1973 Esaki Leo (Japón)
I. Giaever (E.U.A.)
B. D. Josephson (G.B.)
1974 A. Hewish (G.B.)
M. Ryle (G.B.)
1975 A. Bohr (Dinamarca)
B. Mottelson (Dinamarca)
L. J. Rainwater (E.U.A.)
1976 B. Richter (E.U.A.)
S. Ch. Ch. Ting (E.U.A.)
1977 Ph. W. Anderson (E.U.A.)
N. F. Mott (G.B.)
J. H. Van Vleck (E.U.A.)
1978 P. L. Kapitsa (U.R.S.S.)
A. Penzias (E.U.A.)
R. W. Wilson (E.U.A.)
1979 S. L. Glashow (E.U.A.)
S. Weinberg (E.U.A.)
A. Salam (Pakistán)
1980 J. W. Cronin (E.U.A.)
V. L. Fitch (E.U.A.)
1981 N. Bloembergen (E.U.A.)
A. L. Schawlow (E.U.A.)
K. M. Siegbahn (Suecia)
1982 K. G. Wilson (E.U.A.)
1983 S. Chandrasekhar (E.U.A.)
W. A. Fowler (E.U.A.)
1984 C. Rubbia (Italia)
S. Van der Meer (P.B.)
1985 K. von Klitzing (R.F.A.)
1986 E. Ruska (R.F.A.)
G. Binning (R.F.A.)
H. Rohrer (Suiza)
1987 G. Bednorz (R.F.A.)
K. A. Müller (Suiza)
1988 L. Lenderman (E.U.A.)
M. Schvartz (E.U.A.)
J. Steinberger (E.U.A.)
1989 H. Dehmelt (E.U.A.)
W. Paul (R.F.A.)
N. Ramsey (E.U.A.)
1990 J. I. Friedman (E.U.A.)
H. W. Kendall (E.U.A.)
R. E. Taylor (Canadá)
1991 P.-G. de Gennes (Fran.)
1992 G. Charpak (Fran.)
1993 R. A. Hulse (E.U.A.)
J. H. Taylor (E.U.A.)
1994 C. Shull (E.U.A.)
B. Brockhouse (Canadá)
1995 M. L. Perl (E.U.A.)
F. Reines (E.U.A.)
1996 D. M. Lee (E.U.A.)
D. D. Osheroff (E.U.A.)
R. C. Richardson (E.U.A.)
1997 S. Chu (E.U.A.)
C. Cohen-Tannoudji (Fran.)
W. D. Phillips (E.U.A.)
1998 D. Tsui (China)
H. Störmer (Alem.)
R. Laughlin (E.U.A.)
1999 G. 't Hooft (P.B.)
M. Veltman (P.B.)
2000 Z. Alferov (Rusia)
J. Kilby (E.U.A.)
H. Kroemer (E.U.A.)

## Química

1901 J. H. Van't Hoff (P.B.)
1902 E. H. Fischer (Alem.)
1903 S. A. Arrhenius (Suecia)
1904 W. Ramsay (G.B.)
1905 A. von Baeyer (Alem.)
1906 H. Moissan (Fran.)
1907 E. Buchner (Alem.)
1908 E. Rutherford (G.B.)
1909 W. Ostwald (Alem.)
1910 O. Wallach (Alem.)
1911 M. Curie (Fran.)
1912 V. Grignard (Fran.)
P. Sabatier (Fran.)
1913 A. Werner (Suiza)
1914 Th. W. Richards (E.U.A.)
1915 R. M. Willstätter (Alem.)
1916 sin atribuir
1917 sin atribuir
1918 F. Haber (Alem.)
1919 sin atribuir
1920 W. Nernst (Alem.)
1921 F. Soddy (G.B.)
1922 F. W. Aston (G.B.)
1923 F. Pregl (Austria)
1924 sin atribuir
1925 R. Zsigmondy (Alem.)
1926 T. Svedberg (Suecia)
1927 H. Wieland (Alem.)
1928 A. Windaus (Alem.)
1929 A. Harden (G.B.)
H. von Euler-Chelpin (Alem.)
1930 H. Fischer (Alem.)
1931 C. Bosch (Alem.)
F. Bergius (Alem.)
1932 I. Langmuir (E.U.A.)
1933 sin atribuir
1934 H. C. Urey (E.U.A.)
1935 J. F. Joliot-Curie (Fran.)
I. Joliot-Curie (Fran.)
1936 P. J. W. Debye (P.B.)
1937 W. N. Haworth (G.B.)
P. Karrer (Suiza)
1938 R. Kuhn (Alem.)
1939 A. F. J. Butenandt (Alem.)
L. Ružička (Suiza)
1940 sin atribuir
1941 sin atribuir
1942 sin atribuir
1943 G. Hevesy de Heves (Suecia)
1944 O. Hahn (Alem.)
1945 A. I. Virtanen (Finl.)
1946 J. B. Sumner (E.U.A.)
J. H. Northrop (E.U.A.)
W. M. Stanley (E.U.A.)
1947 R. Robinson (G.B.)
1948 A. W. K. Tiselius (Suecia)
1949 W. F. Giauque (E.U.A.)
1950 O. P. H. Diels (R.F.A.)
K. Alder (R.F.A.)
1951 E. M. McMillan (E.U.A.)
G. T. Seaborg (E.U.A.)
1952 A. J. P. Martin (G.B.)
R. L. M. Synge (G.B.)
1953 H. Staudinger (R.F.A.)
1954 L. C. Pauling (E.U.A.)
1955 V. Du Vigneaud (E.U.A.)
1956 C. N. Hinshelwood (G.B.)
N. N. Semiónov (U.R.S.S.)
1957 A. R. Todd (G.B.)
1958 F. Sanger (G.B.)
1959 J. Heyrovský (Checoslovaquia)
1960 W. F. Libby (E.U.A.)
1961 M. Calvin (E.U.A.)
1962 J. C. Kendrew (G.B.)
M. F. Perutz (G.B.)
1963 G. Natta (Italia)
K. W. Ziegler (R.F.A.)
1964 D. C. Hodgkin (G.B.)
1965 R. B. Woodward (E.U.A.)
1966 R. S. Mulliken (E.U.A.)
1967 M. Eigen (R.F.A.)
R. G. W. Norrish (G.B.)
G. Porter (G.B.)
1968 L. Onsager (E.U.A.)
1969 O. Hassel (Noruega)
D. H. R. Barton (G.B.)
1970 L. F. Leloir (Argentina)
1971 G. Herzberg (Canadá)
1972 C. B. Anfinsen (E.U.A.)
S. Moore (E.U.A.)
W. H. Stein (E.U.A.)
1973 E. O. Fischer (R.F.A.)
G. Wilkinson (G.B.)
1974 P. J. Flory (E.U.A.)
1975 J. W. Cornforth (Australia)
V. Prelog (Suiza)
1976 W. N. Lipscomb (E.U.A.)
1977 I. Prigogine (Bélgica)
1978 P. Mitchell (G.B.)
1979 H. Ch. Brown (E.U.A.)
G. Wittig (R.F.A.)
1980 P. Berg (E.U.A.)
F. Sanger (G.B.)
W. Gilbert (E.U.A.)
1981 Fukui Kenishi (Japón)
R. Hoffmann (E.U.A.)
1982 A. Klug (G.B.)
1983 H. Taube (E.U.A.)
1984 R. B. Merrifield (E.U.A.)
1985 J. Karle (E.U.A.)
H. A. Hauptman (E.U.A.)
1986 D. R. Herschbach (E.U.A.)
Yuan Tseh Lee (E.U.A.)
J. Ch. Polanyi (Canadá)
1987 D. J. Cram (E.U.A.)
Ch. Pedersen (E.U.A.)
J.-M. Lehn (Fran.)
1988 J. Deisenhofer (R.F.A.)
R. Huber (R.F.A.)
H. Michel (R.F.A.)
1989 S. Altman (Canadá)
T. Cech (E.U.A.)
1990 E. J. Corey (E.U.A.)
1991 R. Ernst (Suiza)
1992 R. A. Marcus (E.U.A.)
1993 K. B. Mullis (E.U.A.)
M. Smith (Canadá)
1994 G. A. Olah (E.U.A.)
1995 P. Crutzen (P.B.)
M. J. Molina (E.U.A.)
F. S. Rowland (E.U.A.)
1996 R. F. Curl (E.U.A.)
H. W. Kroto (G.B.)
R. E. Smalley (E.U.A.)
1997 P. D. Boyer (E.U.A.)
J. C. Skou (Dinamarca)
J. E. Walker (G.B.)
1998 W. Kohn (Austria)
J. Pople (G.B.)
1999 A. H. Zewail (Egipto-E.U.A.)
2000 A. Heeger (E.U.A.)
A. McDiarmid (E.U.A.)
H. Shirakawa (Japón)

## Fisiología y medicina

1901 E. A. von Behring (Alem.)
1902 R. Ross (G.B.)
1903 N. R. Finsen (Dinamarca)
1904 I. P. Pávlov (Rusia)
1905 R. Koch (Alem.)
1906 C. Golgi (Italia)
S. Ramón y Cajal (España)

1907 A. Laveran (Fran.)
1908 P. Ehrlich (Alem.)
I. Méchnikov (Rusia)
1909 T. E. Kocher (Suiza)
1910 A. Kossel (Alem.)
1911 A. Gullstrand (Suecia)
1912 A. Carrel (Fran.)
1913 Ch. Richet (Fran.)
1914 R. Bárány (Austria-Hungría)
1915 sin atribuir
1916 sin atribuir
1917 sin atribuir
1918 sin atribuir
1919 J. Bordet (Bélgica)
1920 A. Krogh (Dinamarca)
1921 sin atribuir
1922 A. V. Hill (G.B.)
O. Meyerhof (Alem.)
1923 F. G. Banting (Canadá)
J. J. R. Macleod (G.B.)
1924 W. Einthoven (P.B.)
1925 sin atribuir
1926 J. Fibiger (Dinamarca)
1927 J. Wagner von Jauregg (Austria)
1928 Ch. Nicolle (Fran.)
1929 Ch. Eijkman (P.B.)
F. G. Hopkins (G.B.)
1930 K. Landsteiner (Austria)
1931 O. H. Warburg (Alem.)
1932 Ch. S. Sherrington (G.B.)
E. D. Adrian (G.B.)
1933 T. H. Morgan (E.U.A.)
1934 G. H. Whipple (E.U.A.)
W. P. Murphy (E.U.A.)
G. R. Minot (E.U.A.)
1935 H. Spemann (Alem.)
1936 H. H. Dale (G.B.)
O. Loewi (Alem.)
1937 A. Szent-Györgyi (Hungría)
1938 C. Heymans (Bélgica)
1939 G. Domagk (Alem.)
1940 sin atribuir
1941 sin atribuir
1942 sin atribuir
1943 E. A. Doisy (E.U.A.)
H. Dam (Dinamarca)
1944 J. Erlanger (E.U.A.)
H. S. Gasser (E.U.A.)
1945 A. Fleming (G.B.)
E. B. Chain (G.B.)
H. W. Florey (G.B.)
1946 H. J. Muller (E.U.A.)
1947 C. F. Cori (E.U.A.)
G. T. Cori (E.U.A.)
B. A. Houssay (Argentina)
1948 P. H. Müller (Suiza)
1949 A. C. de Abreu-Freire [Egas Moniz] (Port.)
W. R. Hess (Suiza)
1950 Ph. Sh. Hench (E.U.A.)
E. C. Kendall (E.U.A.)
T. Reichstein (Suiza)
1951 M. Theiler (Sudáfr.)
1952 S. A. Waksman (E.U.A.)
1953 H. A. Krebs (G.B.)
F. A. Lipmann (E.U.A.)
1954 J. F. Enders (E.U.A.)
Th. H. Weller (E.U.A.)
F. C. Robbins (E.U.A.)
1955 A. H. T. Theorell (Suecia)
1956 A. F. Cournand (E.U.A.)
W. Forssmann (R.F.A.)
D. W. Richards (E.U.A.)
1957 D. Bovet (Italia)
1958 G. W. Beadle (E.U.A.)
E. L. Tatum (E.U.A.)
y J. Lederberg (E.U.A.)
1959 S. Ochoa (España)
A. Kornberg (E.U.A.)
1960 F. M. Burnet (Australia)
P. B. Medawar (G.B.)
1961 G. von Békésy (E.U.A.)
1962 M. H. F. Wilkins (G.B.)
F. H. C. Crick (G.B.)
J. D. Watson (E.U.A.)
1963 A. L. Hodgkin (G.B.)
A. F. Huxley (G.B.)
J. C. Eccles (Australia)
1964 K. Bloch (E.U.A.)
F. Lynen (R.F.A.)
1965 F. Jacob (Fran.)
A. Lwoff (Fran.)
y J. Monod (Fran.)
1966 F. P. Rous (E.U.A.)
Ch. B. Huggins (E.U.A.)
1967 G. Wald (E.U.A.)
H. K. Hartline (E.U.A.)
R. Granit (Suecia)
1968 R. W. Holley (E.U.A.)
H. G. Khorana (India)
M. W. Nirenberg (E.U.A.)
1969 M. Delbrück (E.U.A.)
A. D. Hershey (E.U.A.)
S. E. Luria (E.U.A.)
1970 J. Axelrod (E.U.A.)
U. von Euler (Suecia)
B. Katz (G.B.)
1971 E. W. Sutherland (E.U.A.)
1972 G. M. Edelman (E.U.A.)
R. R. Porter (G.B.)
1973 K. von Frisch (Austria)
K. Lorenz (Austria)
N. Tinbergen (P.B.)
1974 A. Claude (Bélgica)
Ch. R. De Duve (Bélgica)
G. E. Palade (E.U.A.)
1975 D. Baltimore (E.U.A.)
R. Dulbecco (E.U.A.)
H. M. Temin (E.U.A.)
1976 B. S. Blumberg (E.U.A.)
D. C. Gajdusek (E.U.A.)
1977 R. Guillemin (E.U.A.)
A. V. Schally (E.U.A.)
R. S. Yalow (E.U.A.)
1978 W. Arber (Suiza)
D. Nathans (E.U.A.)
H. Smith (E.U.A.)
1979 A. M. Cormack (E.U.A.)
G. N. Hounsfield (G.B.)
1980 G. D. Snell (E.U.A.)
J. Dausset (Fran.)
B. Benacerraf (Venezuela)
1981 R. W. Sperry (E.U.A.)
D. H. Hubel (E.U.A.)
T. N. Wiesel (Suecia)
1982 S. K. Bergström (Suecia)
B. I. Samuelsson (Suecia)
J. R. Vane (G.B.)
1983 B. McClintock (E.U.A.)
1984 C. Milstein (Argentina)
G. J. Köhler (R.F.A.)
N. K. Jerne (Din.)
1985 M. S. Brown (E.U.A.)
J. L. Goldstein (E.U.A.)
1986 R. Levi-Montalcini (Italia)
S. N. Cohen (E.U.A.)
1987 Tonegawa Susumu (Japón)
1988 J. W. Black (G.B.)
G. B. Elion (E.U.A.)
G. H. Hitchings (E.U.A.)
1989 M. J. Bishop (E.U.A.)
H. E. Varnus (E.U.A.)
1990 J. E. Murray (E.U.A.)
D. Thomas (E.U.A.)
1991 E. Neher (Alem.)
B. Sakmann (Alem.)
1992 E. Fischer (E.U.A.)
E. Krebs (E.U.A.)
1993 R. I. Roberts (G.B.)
P. A. Sharp (E.U.A.)
1994 M. Rodbell (E.U.A.)
A. G. Gilman (E.U.A.)
1995 E. B. Lewis (E.U.A.)
C. Nuesslein-Volhard (Alem.)
E. F. Wieschaus (E.U.A.)
1996 P. C. Doherty (Australia)
R. M. Zinkernagel (Suiza)
1997 S. B. Prusiner (E.U.A.)
1998 R. Furchgott (E.U.A.)
L. Ignarro (E.U.A.)
F. Murad (E.U.A.)
1999 G. Blobel (E.U.A.)
2000 A. Carlsson (Suecia)
P. Greengard (E.U.A.)
E. Kandel (E.U.A.)

## Literatura

1901 Sully Prudhomme (Fran.)
1902 Th. Mommsen (Alem.)
1903 B. Björnson (Noruega)
1904 F. Mistral (Fran.)
J. Echegaray (España)
1905 H. Sienkiewicz (Polonia)
1906 G. Carducci (Ital.)
1907 R. Kipling (G.B.)
1908 R. Eucken (Alem.)
1909 S. Lagerlöf (Suecia)
1910 P. von Heyse (Alem.)
1911 M. Maeterlinck (Bélgica)
1912 G. Hauptmann (Alem.)
1913 R. Tagore (India)
1914 sin atribuir
1915 R. Rolland (Fran.)
1916 V. von Heidenstam (Suecia)
1917 K. A. Gjellerup (Dinamarca)
H. Pontoppidan (Dinamarca)
1918 sin atribuir
1919 C. Spitteler (Suiza)
1920 K. Hamsun (Noruega)
1921 A. France (Fran.)
1922 J. Benavente (España)
1923 W. B. Yeats (Irlanda)
1924 W. S. Reymont (Polonia)
1925 G. B. Shaw (Irlanda)
1926 G. Deledda (Italia)
1927 H. Bergson (Fran.)
1928 S. Undset (Noruega)
1929 T. Mann (Alem.)
1930 S. Lewis (E.U.A.)
1931 E. A. Karlfeldt (Suecia)
1932 J. Galsworthy (G.B.)
1933 I. A. Bunin (Rusia)
1934 L. Pirandello (Italia)
1935 sin atribuir
1936 E. G. O'Neill (E.U.A.)
1937 R. Martin du Gard (Fran.)
1938 P. S. Buck (E.U.A.)
1939 F. E. Sillanpää (Finlandia)
1940 sin atribuir
1941 sin atribuir
1942 sin atribuir
1943 sin atribuir
1944 J. V. Jensen (Dinamarca)
1945 G. Mistral (Chile)
1946 H. Hesse (Suiza)
1947 A. Gide (Fran.)
1948 T. S. Eliot (G.B.)
1949 W. Faulkner (E.U.A.)
1950 B. Russell (G.B.)
1951 P. Lagerkvist (Suecia)
1952 F. Mauriac (Fran.)
1953 W. L. S. Churchill (G.B.)
1954 E. M. Hemingway (E.U.A.)
1955 H. K. Laxness (Islandia)
1956 J. R. Jiménez (España)
1957 A. Camus (Fran.)
1958 B. L. Pasternak (U.R.S.S.) (declinó el premio)
1959 S. Quasimodo (Italia)
1960 Saint-John Perse (Fran.)
1961 I. Andrić (Yugoslavia)
1962 J. Steinbeck (E.U.A.)
1963 Gh. Seferis (Grecia)
1964 J.-P. Sartre (Fran.) (declinó el premio)
1965 M. A. Shólojov (U.R.S.S.)
1966 Š. Y. Agnón (Israel)
N. Sachs (Suecia)
1967 M. Á. Asturias (Guatemala)
1968 Kawabata Yasunari (Japón)
1969 S. Beckett (Irlanda)
1970 A. I. Solzhenitsin (U.R.S.S.)
1971 P. Neruda (Chile)
1972 H. Böll (R.F.A.)
1973 P. White (Australia)
1974 E. Johnson (Suecia)
H. Martinson (Suecia)
1975 E. Montale (Italia)
1976 S. Bellow (E.U.A.)
1977 V. Aleixandre (España)
1978 I. B. Singer (E.U.A.)
1979 O. Elytis (Grecia)
1980 C. Miłosz (Polonia-E.U.A.)
1981 E. Canetti (Bulgaria-G.B.)
1982 G. García Márquez (Colombia)
1983 W. Golding (G.B.)
1984 J. Seifert (R. Checa)
1985 C. Simon (Fran.)
1986 W. Soyinka (Nigeria)
1987 J. Brodsky (Rusia-E.U.A.)
1988 N. Maḥfūẓ (Egipto)
1989 C. J. Cela (España)
1990 O. Paz (México)
1991 N. Gordimer (Sudáfr.)
1992 D. Walcott (Santa Lucía)
1993 T. Morrison (E.U.A.)
1994 Ōe Kenzaburō (Japón)
1995 S. Heaney (Irlanda)
1996 W. Szymborska (Polonia)
1997 Dario Fo (Italia)
1998 J. Saramago (Port.)
1999 G. Grass (Alem.)
2000 Gao Xingjian (Fran.)

## Paz

1901 H. Dunant (Suiza)
F. Passy (Fran.)
1902 E. Ducommun (Suiza)
A. Gobat (Suiza)
1903 W. R. Cremer (G.B.)
1904 Instituto de derecho internacional de Gante
1905 B. von Stuttner (Austria)
1906 Th. Roosevelt (E.U.A.)
1907 E. T. Moneta (Italia)
J. L. Renault (Fran.)
1908 K. P. Arnoldson (Suecia)
F. Bajer (Dinamarca)
1909 A. M. F. Beernaert (Bélgica)
P. Balluat [barón de Constant de Rebecque d'Estournelles] (Fran.)
1910 Oficina internacional de la paz, en Berna
1911 T. M. C. Asser (P.B.)
A. H. Fried (Austria)
1912 E. Root (E.U.A.)
1913 H. Lafontaine (Bélgica)
1914 sin atribuir
1915 sin atribuir
1916 sin atribuir
1917 Comité internacional de la Cruz Roja, en Ginebra
1918 sin atribuir
1919 T. W. Wilson (E.U.A.)
1920 L. Bourgeois (Fran.)
1921 K. H. Branting (Suecia)
C. L. Lange (Noruega)
1922 F. Nansen (Noruega)
1923 sin atribuir
1924 sin atribuir
1925 J. A. Chamberlain (G.B.)
Ch. G. Dawes (E.U.A.)
1926 A. Briand (Fran.)
G. Stresemann (Alem.)
1927 F. Buisson (Fran.)
L. Quidde (Alem.)
1928 sin atribuir
1929 F. B. Kellogg (E.U.A.)
1930 N. Söderblom (Suecia)
1931 J. Addams (E.U.A.)
N. M. Butler (E.U.A.)
1932 sin atribuir
1933 N. Angell (G.B.)
1934 A. Henderson (G.B.)
1935 C. von Ossietzky (Alem.)
1936 C. Saavedra Lamas (Argentina)
1937 E. Cecil of Chelwood (G.B.)
1938 Oficina internacional Nansen para los refugiados
1939 sin atribuir
1940 sin atribuir
1941 sin atribuir
1942 sin atribuir
1943 sin atribuir
1944 Comité internacional de la Cruz Roja, en Ginebra
1945 C. Hull (E.U.A.)
1946 E. G. Balch (E.U.A.)
J. R. Mott (E.U.A.)
1947 The American Friends Service Committee (E.U.A.)
The Friends Service Council, en Londres
1948 sin atribuir
1949 J. Boyd-Orr (G.B.)
1950 R. J. Bunche (E.U.A.)

1951 L. Jouhaux (Fran.)
1952 A. Schweitzer (Fran.)
1953 G. C. Marshall (E.U.A.)
1954 Alto comisariado de las Naciones unidas para los refugiados, en Ginebra
1955 sin atribuir
1956 sin atribuir
1957 L. B. Pearson (Canadá)
1958 D. G. Pire (Bélgica)
1959 Ph. J. Noel-Baker (G.B.)
1960 A. J. Luthuli (Sudáfr.)
1961 D. Hammarskjöld (Suecia)
1962 L. C. Pauling (E.U.A.)
1963 Comité internacional de la Cruz Roja
Liga de las sociedades de la Cruz Roja
1964 M. L. King (E.U.A.)
1965 Unicef
1966 sin atribuir
1967 sin atribuir
1968 R. Cassin (Fran.)
1969 Organización internacional del trabajo
1970 N. E. Borlaug (E.U.A.)
1971 W. Brandt (R.F.A.)
1972 sin atribuir
1973 H. Kissinger (E.U.A.)
Lê Duc Tho (Vietnam) [declinó el premio]
1974 S. MacBride (Irlanda)
Satō Eisaku (Japón)
1975 A. Sajárov (Rusia)
1976 M. Corrigan (Irlanda)
B. Williams (Irlanda)
1977 Amnistía internacional
1978 M. Begin (Israel)
A. al-Sādāt (Egipto)
1979 Madre Teresa de Calcuta (India)
1980 A. Pérez Esquivel (Argentina)
1981 Alto comisariado de las Naciones unidas para los refugiados, en Ginebra
1982 A. Myrdal (Suecia)
A. García Robles (México)
1983 L. Wałęsa (Polonia)
1984 D. M. Tutu (Sudáfr.)
1985 Asociación internacional de médicos para la prevención de la guerra nuclear
1986 E. Wiesel (E.U.A.)
1987 Ó. Arias (Costa Rica)
1988 Fuerzas de pacificación de la O.N.U.
1989 el dalai-lama Tenzin Gyatso (China)
1990 M. S. Gorbachov (U.R.S.S.)
1991 Aung San Suu Kyi (Birmania)
1992 R. Menchú (Guatemala)
1993 F. W. de Klerk (Sudáfr.)
N. Mandela (Sudáfr.)
1994 I. Rabin (Israel)
Sh. Peres (Israel)
Y. 'Arafāt (Palestina)
1995 J. Rotblat (G.B.) y las Conferencias Pugwash (movimiento antinuclear)
1996 C. F. Ximenes Belo (Timor Oriental)
J. R. Horta (Timor Oriental)
1997 Campaña internacional para la prohibición de las minas antipersona J. Williams (E.U.A.)
1998 J. Hume (G.B.)
D. Trimble (G.B.)
1999 Médicos sin fronteras
2000 Kim Dae Jung (Corea del Sur)

## Ciencias económicas

1969 R. Frisch (Noruega)
J. Tinbergen (P.B.)
1970 P. A. Samuelson (E.U.A.)
1971 S. Kuznets (E.U.A.)
1972 K. J. Arrow (E.U.A.)
J. R. Hicks (G.B.)
1973 W. Leontief (E.U.A.)
1974 F. A. von Hayek (G.B.)
K. G. Myrdal (Suecia)
1975 L. V. Kantoróvich (U.R.S.S.)
T. Ch. Koopmans (E.U.A.)
1976 M. Friedman (E.U.A.)
1977 J. E. Meade (G.B.)
B. Ohlin (Suecia)
1978 H. A. Simon (E.U.A.)
1979 Th. W. Schultz (E.U.A.)
W. A. Lewis (G.B.)
1980 L. R. Klein (E.U.A.)
1981 J. Tobin (E.U.A.)
1982 G. Stigler (E.U.A.)
1983 G. Debreu (E.U.A.)
1984 R. Stone (G.B.)
1985 F. Modigliani (E.U.A.)
1986 J. Buchanan (E.U.A.)
1987 R. M. Solow (E.U.A.)
1988 M. Allais (Fran.)
1989 T. Haavelmo (Noruega)
1990 H. Markowitz (E.U.A.)
M. Miller (E.U.A.)
W. Sharpe (E.U.A.)
1991 R. Coasse (G.B.)
1992 G. S. Becker (E.U.A.)
1993 R. Fogel (E.U.A.)
D. North (E.U.A.)
1994 J. Harsány (E.U.A.)
J. F. Nash (E.U.A.)
R. Selten (Alem.)
1995 R. E. Lucas (E.U.A.)
1996 J. A. Mirrlees (Canadá)
W. Vickrey (Canadá)
1997 R. C. Merton (E.U.A.)
M. S. Scholes (E.U.A.)
1998 A. Sen (India)
1999 R. A. Mundell (E.U.A.)
2000 J. J. Heckman (E.U.A.)
D. L. McFadden (E.U.A.)

# LISTA DE LOS LAUREADOS CON LA MEDALLA FIELDS

1936 L. Ahlfors (Finlandia)
J. Douglas (E.U.A.)
1950 A. Selberg (Noruega)
L. Schwartz (Fran.)
1954 Kodaira Kunihiko (Japón)
J. P. Serre (Fran.)
1958 K. F. Roth (G.B.)
R. Thom (Fran.)
1962 L. Hörmander (Suecia)
J. W. Milnor (E.U.A.)
1966 M. F. Atiyah (G.B.)
P. J. Cohen (E.U.A.)
A. Grothendieck (Fran.)
S. Smale (E.U.A.)
1970 A. Baker (G.B.)
Hironaka Heisuke (Japón)
S. P. Nóvikov (U.R.S.S.)
J. G. Thompson (G.B.)
1974 E. Bombieri (Italia)
D. Mumford (E.U.A.)
1978 P. Deligne (Bélgica)
C. Fefferman (E.U.A.)
D. Quillen (E.U.A.)
G. A. Margulis (U.R.S.S.)
1982 A. Connes (Fran.)
W. P. Thurston (E.U.A.)
Shing Tung Yau (E.U.A.)
1986 G. Faltings (R.F.A.)
M. Freedman (E.U.A.)
S. Donaldson (G.B.)
1990 V. G. Drinfeld (U.R.S.S.)
V. F. R. Jones (Nueva Zelanda)
Shigefumi Mori (Japón)
E. Witten (E.U.A.)
1994 E. I. Zelmánov (Rusia)
J.-Ch. Yoccoz (Fran.)
P.-L. Lions (Fran.)
J. Bourgain (Bélgica)
1998 R. E. Borcherds (G.B.)
W. T. Gowers (G.B.)
M. Kontsevich (Rusia)
C. T. McMullen (E.U.A.)

# CRÉDITOS FOTOGRÁFICOS

Las procedencias fotográficas están clasificadas según el orden alfabético de los nombres de los organismos (agencias fotográficas, museos, empresas, etc.) y/o de los fotógrafos de los documentos que se reproducen. Estos nombres van seguidos del número de página donde se ubica la fotografía correspondiente y, ocasionalmente, de una letra que indica la posición de dicha fotografía en la página; la lectura debe hacerse por columna (iniciándose por la columna de la izquierda); de arriba abajo y de izquierda a derecha; en las fotografías que abarcan más de una columna la referencia corresponde a la primera columna.
En las láminas sólo se indica la página y la letra de posición en ella; el orden de lectura es el mismo que en el caso anterior.

## NOMBRES COMUNES

### Procedencia de las fotografías

Aalborg Vaerft A/S 642a
A.E. 127
Aérospatiale 115c, 352
A.E.S.A. 266c
A.G.E. 104a, 143b, 525f, 604, 694a
Aguilar (S.) 409d
Airship Industries 350b
Aisa 50a, 60, 87c, 134d, 144, 147b, 171a, 179, 289a, 363, 494a, 523d, 681b, 692b, 694c, 751, 817h, 889e, 911b, 1030, 1032c / *Algar* 63, 68, 109a, 147a, 166, 300b, 327, 810c, 867c, 890c, 911f, 1036b / *Álvarez* 852 / *Bevilacqua* 303 / *Cirani* 320 / *Cirani* 320 / *Dulevant* 503 / *Navia* 117c, 118 / *Noé* 356, 733a / *Riera* 861 / *Rivas* 234d / *Scala* 104b, 134a, c / *Vallmitjana* 185
Algar 282
A.N.A. *Jules (J.G.)* 935
A.P. 30, 31f, 71, 88, 89, 94, 132b, 136b, 155, 158, 176, 177b, 181, 191a, b, 193, 212, 213, 234c, 237a, b, 238, 239a, b, c, 244b, 249, 251a, 252b, 257b, c, e, 266b, f, g, 291, 297, 300a, c, 309a, 316, 331, 349a, 355, 410b, 420, 426, 440, 454b, 464, 468a, b, 473, 474, 479, 481, 494e, 502, 515, 523b, f, 525a, b, 533a, 539b, 544, 548d, e, 556a, b, 563, 578b, d, 582a, 583a, c, 584a, 591, 611, 637, 650, 651b, 653, 659, 677d, f, 692a, c, 707b, d, 708, 718, 731b, 749b, d, 755, 771, 788a, b, 808, 817a, c, g, 825, 835, 836a, b, c, d, e, 855e, f, 871c, g, 874, 892, 895a, b, 904, 950, 951b, 985, 986a, b, 1036c, 1037a, b, c, 1049b, 1054b
Archivo Planeta 31e, 109c, 119b, 205b, c, 256, 266a, 386, 450b, 451b, 523g, 662, 698a, b, 843, 855c, 867a, 1036d
Armorial Films 83f
Artéphot *Babey* 545 / *Bauer* 350a / *Held (A.)* 701 / *Held (S.)* 749a, 885 / *Kersting* 494d / *Lavaud* 499 / *Nimatallah* 287, 580 / *Oronoz* 889 / *Percheron* 742 / *Phedon-Salou* 494b, 573f / *Roland* 518a, 537c / *Schneiders* 494g / *Stierlen* 525d / *Varga* 114b
ASEA 354
Atlas-Photo 119a / *Berrini (R.)* 142c / *Boutin* 1050 / *Mathieu* 498
Bariand (Nelly) 47, 343b, 629b, 730, 732, 733, 867b, 893
Berlin (André) 671a
Berry Ronfard (R.)-Block Star 540
Biblioteca de artes decorativas, París 210e
Biblioteca nacional, París 177a, 205a, 367c, 448a, 495a, b, 671b, 946b
Biblioteca nacional, Viena 198
Birgit 676a, b
Boeing Aircraft 129c
Bottin (J.) 573a, 956
Bressy (Y.) 712
Bricaud (P.) 665, 737b
Cameraphoto 923d
Camprubí 955b
Canada-France-Hawaii Telescope 704b
Caterpillar 747b
C.E.D.R.I. *Marmounier* 658, 801d / *Sioen* 362b
Cern 34
C.F.E.M. 500
Chabrier (J.C.) 901d
C.N.R.I. 136a, 366, 403, 848 / *Bories (Pr. J.)* 982a
C.N.R.S. *C.R.P.E.* 123a / *Instituto de astrofísica* 289b, 497 / *Instituto de astrofísica Koutchmy* 265 / *Souchier-Nancy* 942a
Colección Christophe (L.) 83g
Colección Hinz (Hans) 31a
Colección Marinie (A.) 83d, 1046a
Colección Passek (J.L.) 242
Connaissance des arts *Guillemot (R.)* 451a
Construcciones mecánicas de Normandía 642c
Dagli Orti (G.) 417, 428c, 680, 707a
Demailly 86
Descharnes (Robert) 946e
Diaf *Schoenahl* 548a
Diathèque C.N.A.C. Georges-Pompidou, París 946c
Dieuzade (Y.) 252a
Dirección de cables submarinos, París 784a
Documento Bill (Max) 31b
Documentos Anders-L.L. 926
D.R. 83b, e
Edimédia *Guillemot-C.D.A.* 411a
Enclid 362a
ESA 115d
ESO 116a
Explorer *Baumgartner* 589 / *Boutin* 148h / *Cochin* 643, 769b / *Colección Bauer* 122 / *Coureau (J.P.)* 421a, 731a / *Delaborde* 588 / *Delu* 308a / *Duboutin* 248b / *Errath* 164a, 548c / *Forestier* 164b / *Gohier* 397 / *Jalain* 775a / *Klerm (de)* 584 / *Le Toquin* 308b / *Loirat* 705 / *Meury* 81c / *Moineau* 981a / *Nou* 573b / *Pascal* 169, 397 / *Plisson* 215, 840a / *Roux* 357b Seares 161 / *Thomas* 915 / *Villarosa* 938b / *Vogel* 142b
Explorer Archives 360b / *Bauer* 360a / *Charmet* 125a, c / *Colección Bauer* 125d
Fabbri 31d, 494f / *Baguzzi* 809b
Firo-Foto 357a, 523a / *Bellver* 53 / *Kanus* 508
Fleming 26b
Fotogram *Jean Ber* 551 / *Stone* 595 / *Truchet* 441
Fototeca 233, 234b
Fovea *Layma* 968
Francis 462
Frédéric (Louis) 902b
Freund (G.) 133
Froissardey 573e
Galería Bucher 31c
Galería Chauvelin, París 281c
Gamma *Guichard* 1022 / *Leroy* 361b
Gamma sport *Poulet* 833
Giraudon 98, 134b, 152, 195, 435c, 495c, 501, 533b, 545e, 868, 889b, 981b
Godin (André) 435a
Gray (Camilla) 281a
Green Studio Limited 367d
Grouchy (Dr. de) 299
Guillou 578c
Held (S.) 172, 204, 408, 492a, 731c, 747a, 817b, d, e, f
Hétier (Michel) 894
Hugier 523c
Hutchinson Library 1013
Index 25, 117a, 210d, 411c, 681a, 700b, 704a, 840b, 981c / *Image* 684 / *Iranzo* 57, 59a, 209, 689b
I.N.P.L. *Guekert (A.)* 942b
International Harvester 174
Jacana *Varin* 69a
Jonsson (Rolf) 129b
Josse (Hubert) 466
Julliard (Dr.) 741a, b
Jungheirrich France 422
Kersting 889g
Kipa 103b
Kohler (F.) 334 / *Duroy-Jaffre* 722
Kutschera (Chris) 323, 727
La Table lumineuse 677a
Lacz-Lemoine 769c
Lamaison-Nature 859
Larousse 72, 187, 301, 342, 387, 435e, 613, 689c, 724, 789, 855a, 898, 911a, c, e, 946d, 982b, 1051 / *Bricaud* 787, 953, 999d / *Riby* 439
Larousse-doc. Chauvin-Arnoux 728
Lauros *Sirakian* 343a
Lauros-Giraudon 50b, 59b, 62, 81a, 87a, 96b, 103a, 114a, 132a, 148g, 159, 171b, 210a, 244a, 278, 295a, 305a, b, c, 349b, 367a, 409a, 435d, 448c, 472a, b, 492b, 545a, b, c, d, 598, 619a, 633, 689a, 749c, 772, 855b, 871e, 889d, 890a, b, 903, 928a, 999c, 1032a, b, 1035 / *Candelier* 148b, 406 / *Pavlovski* 40, 96a
Leloir (J.P.) 38, 143a, 151, 723, 928b, 999b
Lénars (Ch.) 309b, 548b, 651c, 827, 844, 1053
Levassort (M.) 252c, 524
L'Express 205d
Lido (Serge) 141e, 1006b
L.L. 83a, 109b, 115b, 125b, 145, 257a, d, f, 307, 309c, 382, 410a, 435b, 450a, 488, 518b, 521, 552, 810b, 812, 896, 911d, g, 1049a / *Colección Passek (J.L.)* 210b
Lockheed Corporation 846
Louvre 757
Magnum *Capa* 146a / *Erich Lessing* 407 / *Lessing* 221a, 538, 871b
M.A.N. *Atelier Flad* 991
Marina nacional, Francia 642b
Masson (Colette) 141a, b, c, d, 1006a
Maylin 1054a
Messer-Griesheim 743
M.N.A.M., C.N.A.C. Georges-Pompidou, París 804, 855d / *Hatala* 409e
Morain (André) 409c
Museo de antigüedades nacionales, Estocolmo 395
Museo de arte de Baltimore 281b
Museo de arte de Filadelfia 312b
Museo de arte moderno, Nueva York 809a
Museo de artes decorativas, París 76, 677c
Museo de historia del arte, Viena 871f
Museo del Ermitage, San Petersburgo *D.R.* 421b
Museo del hombre, París 109d, 951a
Museo histórico, Estocolmo 573d
Museo metropolitano, Nueva York 677b
Museo Stedelijk, Amsterdam 281d
Museos reales de bellas artes, Bruselas 148a
NASA 51
National Radioastronomy Observatory 839
Newport News Shipbuilding Corporation 810d
Nippon Kokan 642d
Oficina nacional del film de Canadá 83h
Oronoz 142a, 197, 210c, 221b, c, 234a, 311, 318, 364, 367e, 437, 448d, 525c, e, 537a, b, d, 539a, 543, 582b, 619b, 629a, 638a, 656a, 671c, 694b, 700a, 773, 801b, c, 875, 976, 1036a / *Flash-Press* 26a, 87b
Palais de la Découverte, París 412a, b
Perkin-Elmer 116c
Pierre (José) 312a
Pitch 248c / *Binois* 424 / *Delatre* 248a, 424b / *Gohier* 247 / *Gonnet* 344 / *Petzold* 461 / *Vienne* 69b
Pix *Berenger* 999a / *Mathers* 737a / *Revault* 251b
Prodis 798
Puig 367b, 638b
P.U.K. *Gsell (J.)* 942c
Rampazzi (G.) 923c
Rapho *Bugne* 454a / *Doisneau* 889f / *Everts* 148f, 452, 801a / *Granet* 138 / *Kock* 186 / *Marry* 419 / *Michaud* 66, 109e / *Michaud (R.)* 309d, 902a / *Michel* 691b / *Rebuffat* 851 / *Seynes* 55b / *Weiss* 81a
Real instituto del patrimonio artístico, Bruselas 435f
Relais Photo *Camboulive* 494c
Reunión de museos nacionales, París 267a, 409b, 411b, 495e, 652, 707c, 810a, 820, 923a, 955c, 1047
Richier 267b
Robbins Cy *Atteberg* 983
Rockwell International 129a
Roger-Viollet 33
Rousseau (Marc) 899
Royal Ordnance 688
Saab Aircraft 129d
S.A.M. 295b, 575, 583, 775b, 928c, 1018 / *Badeau* 646 / *Buguin* 769a / *Colorsport* 361a, 986c / *Joch* 807 / *Oshumi* 491b
Sanks Line 642e
Scala 101, 121, 148c, d, 428b, 558, 626, 806, 871a, d, 889a, 923b
Schambach y Pottkampes 435g
Scope *Guillard* 813
S.D.P. *Perret (D.)* 930
S.E.P. 979
Shin Meiwa Industry Co. Ltd. 516
Siemens AG 667
Siemens Pressebild 448b
Sotheby's France 495d
Stierlin 428a
Sygma 115a, 647 / *Vauthey* 489
Tétrel (P.) 675 / *Loirat* 573c, 720
Thomson-CSF 924
Top 955a / *Desjardins* 578a / *Hinous* 677e / *Jalain* 148i
Vandystadt 82, 146c, d, 784b, 901c, 1022 / *Aschendorf* 938a / *Barutel* 760 / *Brice (R.)* 695 / *Cannon* 167 / *Cavataio-All Sport* 946a / *Duffy* 146b, 351 / *Givois* 55a / *Guichaoua* 938c / *Jauffret* 958a, b / *Loubat* 194, 656b / *Martini* 937 / *Moulu* 1008 / *Petit* 943 / *Petit-Wind* 1046b / *Sporting Pictures* 416 / *Vandystadt (G.)* 328, 487, 491a, 587b, 691, 901a, b
Vautier de Nanxe 523e
Vautier-Decool 229, 587a, 651a
Vloo *Abbe* 148e / *Heaton (D. y J.)* 288
Zefa *Damm* 123b

© by Greenwich observatory 116
© by MPIFR *Hutschenreiter* 116d
© by Walt Disney Productions 83c
© 1995 Norma Editorial, S.A. 226h
© C.N.E.S.-Distribution Spot Image 115e, 319
© Demart Pro Arte B.V.-A.D.A.G.P. París 946e
© Editorial Juventud 266d
© Grijalbo-Dargaud, S.A., Editores 266e
© Sucesión de H. Matisse 435b

Artistas representados por A.D.A.G.P., por S.P.A.D.E.M. o por V.E.G.A.P.

© by A.D.A.G.P. París 1995 31a, c, 210b, 281b, 305c, 312a, b, 409a, b, 435a, c, d, f, g, 472b, 495c, 556a, 677c, 855d, 946d, 955b
© by S.P.A.D.E.M. París 1995 83f, 281a, d, 305a, b, 409b, 435e, 450a, 946b
© V.E.G.A.P. 31f, 210d, 409d, 450b, 556b, 698b, 855c

### Derechos reservados

(Artistas no representados por A.D.A.G.P. ni por S.P.A.D.E.M. ni por V.E.G.A.P.)

© 31b, d, e, 83b, d, e, g, h, 205d, 210e, 409e, 472a, 677a, b, e, 698a, 701, 804, 809a, b, 855d, 946c, d, 955b

## NOMBRES PROPIOS

### Procedencia de las fotografías

Ader, Picard, Tajan 1392a
ADN-Zentralbild, Berlín 1383d
A.E.S.A. 1123d, 1268c, 1314e, 1327b, 1336c, 1395a, 1436c, 1452c, 1472b, 1510b, 1651, 1729d
A.F.P. 1176b, 1388b, 1564b
A.G.E. 1272d, 1444b, 1483b, 1509c, 1544
Aisa 1086d, 1104c, 1123a, 1148c, 1193c, 1286a, 1311b, 1339a, 1373b, 1413a, 1452e, 1502, 1528c, 1565b, 1580a, 1597c, 1617b, 1629c, 1642a, d, 1659, 1667b, 1687b, 1705b, 1717a, 1719a, 1724c, d, 1762b, 1784d / *Algar* 1077a, 1170b, 1172, 1211b, 1315c, 1337b, 1353b, 1358a, 1365b, 1379, 1388d, 1449d, 1459a, 1481b, 1508b, 1523a, 1546c, 1565a, 1642b, 1654a, 1681a / *Bevilacqua* 1414a, 1508a / *Cash* 1579a / *Hill* 1396b / *Iberfoto* 1690b / *Lorman* 1125b / *Mariani* 1260e, 1367, 1427c / *Messerschmidt* 1511a / *Navia* 1536b / *Noé* 1096, 1570a
Algar 1129a, 1135b, 1297, 1324c, 1340a, 1353a, 1427b, 1452d, 1479b, 1510f, g, 1532e, 1569a, 1590c, 1599a, 1629d, 1784a
Alpenland 1436b, 1515
A.M. Fotografi A.P.S. 1167b
Angel *Colección G. Sirot* 1505a
Angeli 1149d
A.P. 1097, 1114a, b, 1116a, 1120c, 1125a, 1127b, 1140b, 1146a, 1150a, 1154a, b, e, 1155b, 1156a, b, 1157d, 1164e, 1165a, 1180d, 1183a, 1193b, d, e, 1197c, 1198, 1209b, 1213b, 1214d, 1217b, 1226d, 1227b, 1231a, 1232, 1244a, 1254a, b, 1257a, 1262c, 1264a, 1265a, d, 1268a, b, 1270b, c, d, 1279c, 1286b, 1289a, 1290, 1298b, 1315a, 1316a, b, c, 1319a, 1324b, 1325a, 1327a, c, 1332a, c, e, 1336b, 1341b, c, d, 1342, 1348c, d, 1350a, b, 1351b, d, 1354b, 1363, 1373a, d, 1376a, 1382d, 1385a, c, d, 1386a, c, 1387c, 1396a, 1400a, 1402c, 1403, 1415, 1421, 1429, 1430c, 1431c, 1433d, 1447b, 1455a, d, 1456d, 1464f, 1466a, 1467a, b, 1470b, d, 1471a, 1473b, 1477d, 1479c, d, 1481a, 1492d, 1494c, 1500b, c, d, 1503b, 1506a, 1509a, 1524b, 1530f, 1531a, 1532d, 1536a, 1563, 1565a, 1575a, 1576b, 1579b, 1586b, 1590a, b, d, 1599b, 1608a, 1616a, 1618a, 1632b, 1635d, 1655, 1656, 1661, 1665a, 1667a, 1669b, 1674a, 1675b, 1682a, 1694b, 1695b, 1696, 1711b, 1712a, 1718a, 1719c, 1724a, b, 1725b, 1730c, 1737, 1745a, 1746a, 1748, 1756b, 1776, 1785b / *Galería Denis René, Madrid* 1262b
A.P.N. 1219b, 1336a, 1614, 1732
Archivo Mas 1085a, 1205b, 1298a, 1316d, 1331a, 1358b
Archivo Planeta 1087a, 1088b, 1107a, 1120a, d, 1130a, b, 1134b, 1136c, 1148a, 1186b, 1204b, 1244b, 1253, 1267a, 1274d, 1277a, c, 1317a, b, 1323e, 1348b, 1349a, 1353e, f, 1368a, 1376e, 1386b, 1398a, 1402a, 1412b, 1422b, 1449b, c, 1451a, 1454b, 1456b, 1460b, 1470a, 1471b, 1477c, 1489a, d, 1492b, 1493b, 1494b, e, 1509b, 1532a, b, 1558b, 1561a, 1582c, 1622c, 1627c, 1633a, 1635c, 1636a, b, 1645b, 1690a, 1706, 1741a, 1754b, 1760, 1784b
Archivos generales de la nación mexicana 1759b
Archivos I.N.A.M., México 1780b
Archivos I.R.L. 1200, 1313f
Archivos Tallandier 1483c, 1729b
Arsicaud 1142b
Artéphot 1552 / *Agraci* 1489c / *AKG, Berlín* 1173d, 1285d, 1381b, 1382c, 1383a, 1438a, 1441a, c, 1443e, 1455c, 1501c, 1549b, 1671b / *Artothek* 1201a, 1766 / *Babey* 1281c, f, 1610c / *Bapier* 1433a / *Bridgeman* 1644a / *Cercle d'art* 1271b / *Fabbri* 1530c / *Faillet* 1239b, 1474e / *Held* 1080a, b, 1088e, 1158b / *Held (A.)* 1265c, 1747a / *Lalance* 1263 / *Lavaud* 1585c / *Mandel* 1344 / *Museo del Palacio Taibei* 1224d / *Nimatallah* 1092b, 1167a, 1215a, 1226a, 1243a, 1258d, 1275a, 1286f, 1213a, 1314b, 1331d, 1464g, 1475d, 1505b, 1547b, 1593, 1708b, 1754c, 1763, 1765 / *Ogawa* 1425e / *Oronoz* 1188c, 1229a, 1284, 1314g, 1368b, 1402b, 1413b, 1434b, 1474c, 1483a, 1496d, f, 1628b, 1691, 1714 / *Percheron* 1231b, 1267b, 1534 / *Phedon-Salou* 1261c / *Roland* 1331b, 1568a / *Salou* 1081b, 1660b / *Schneiders* 1351c / *Shogakukan* 1425d, f / *Sneiders* 1376d / *Takase* 1219a / *Tréla* 1279a, 1353d, 1387b, 1428, 1610b / *Varga* 1178b, 1474d, 1618d / *W.P.E.* 1568c / *WPS* 1108, 1260d, 1265b, 1393, 1442d, 1536c, 1600, 1672a, 1693d / *Zucconi* 1494a
Artistas Asociados 1217c
Atlas-Photo *Kanus* 1658b
Bahier (Ch.)-Migeat (Ph.) 1216a
Bassano (Brighton) 1757b
Baugey 1127c
Bavaria Verlag *Eschen (F.)* 1672b
Bernand 1185, 1190, 1220c
Biblioteca Nacional, París 1131a, 1274c, 1338a
Biblioteca Nacional, Viena 1485c, 1630a
Bildarchiv Preussischer Kulturbesitz 1477b, 1580b, 1641c
Bottin (J.) 1183, 1462, 1523b, 1529a, 1731a
Bottin-Ferlet 1169a
Boucaud 1621a
Boutin 1249b, 1288a, 1477a
Boyer 1074a
Bridgeman Art Library 1625
British Council 1326c, 1399e, 1441b, 1769c
Brunel (F.) 1082c, 1159c
B.S.I. 1722
Bulloz 1201c, 1235, 1475b, 1641d, 1723 / *Ciccione* 1314h
Bundespressedienst 1770b
Candelier 1170a
Cané 1456c
Carjat 1148b, 1259d
Casa de Argentina, París 1245b
Castillo de Gripsholm, Suecia 1376b
C.C.I.-C.N.A. Georges Pompidou 1196
C.E.D.R.I. *Adamini* 1583c / *Bevilacqua* 1131b, 1314c, 1640a / *Ledoux* 1282b / *Salmer* 1727 / *Sappa* 1074b, 1259a / *Sioen* 1465, 1471c, 1668a / *Titus* 1514c
Centro cultural 1271a
Centro cultural americano 1585e
Charmet (J.L.) 1693a
Cinédis 1446c
Cinemateca francesa 1450a
City Museum and Art Gallery, Birmingham 1164f
C.N.A.C. Georges-Pompidou, París 1174, 1443a, 1446b, 1522
Colección Berthomé (J.P.) 1182a
Colección Boschot 1157b
Colección Christophe (L.) 1762a
Colección Fildier 1162
Colección Marinie (A.) *D.R.* 1391a, 1528a
Colección Passek (J.L.) *Artistas Asociados* 1315b / *Films Molière* 1670b / *Galba Films* 1439b / *Paramount* 1693c / *Sofar Film* 1339b / *Svenska Filminstitutet* 1156c / *Warner Bros* 1166d, 1240
Colección Viollet 1485d
Contifoto 1122d
Cover 1166b
Cunha (J. da) 1362b
Dagli Orti (G.) 1115b, 1163d, 1167c, 1222, 1245c, 1286c, 1317c, d, 1325b, 1341e, 1399a, 1426b, 1435b, 1438c, 1476b, 1510d, 1525a, 1546b, 1603, 1713a, 1726b, 1756a, 1757a, 1766c
Dazy (René) 1700
Decool *Vautier* 1658a, 1660c
Delius 1596e
Dessert *Galería Durand, París* 1513b
Diaf *Duch ne* 1576a, 1713b / *Pratt-Pries* 1302
Documentación C.C.I. 1771a
Domínguez Ramos 1197a, 1532c, 1750
D.R. 1164a, 1272c, 1282a, 1354c, 1383b, 1694e, 1767b
Dupaquier 1281d, 1572
Edimédia 1313e, 1628a / *Hinous-C.D.A.* 1685a
Embajada de Israel, París 1081a
Embajada de R.F.A., París 1381c
Europa Press 1123c, 1506b
Explorer *Boizot* 1411e / *Boutin* 1167a, 1199a, 1220a, 1617c, 1731b / *Cambazard* 1102 / *Courau* 1519a / *Fiore* 1416 / *Fournie* 1229b / *Gérard* 1469a / *Hervy* 1257 / *Krafft* 1604 / *Lénars* 1773 / *Loirat* 1098b, 1163b, 1361c / *Morath* 1137b / *Nacivet* 1394a / *Negre* 1189a / *Roy (P.)* 1660a / *Thomas* 1705a / *Valentin* 1559a / *Veiller* 1441d, 1551b / *Viard* 1105 / *Wolf* 1568b
Explorer Archives *Charmet* 1216c / *Evans Picture Library* 1671d, 1678a / *Fox* 1464d
Fabbri 1501a, 1503a
Familia Arruga 1123b
Fava (Chantal) 1224e
Fay Godwin's Photo 1460a
Filipacchi *W.E.A.* 1682e
Films du Carrosse-Artistas Asociados 1729c
Fiorepress 1337a
Firo-Foto 1092a, 1201d, 1530e / *All Sport* 1445b / *Bellver* 1204c / *Griera* 1333a / *Loaso* 1527a / *Miserach* 1276
Fleming 1077d, 1184b, 1514a, 1629a, 1702b, 1766d, 1770c
Fotostock 1447a
Fototeca 1086a, 1093b, 1269a, 1351a, 1365a, 1377a, 1397b, 1401b, 1458d, 1480, 1497, 1504, 1542c, 1577, 1641a, 1662a
Freund (G.) 1285a, c, 1346c, 1431a, 1569b, 1745b, 1770d, 1775b
Galería Dahlem, Berlín 1392b
Galería de arte bávaro, Munich 1474a
Galería Denise Renè, París 1251b
Galería Nacional de Retratos, Londres 1138b, 1259c, 1267c, 1286e, 1331f, 1349b, 1381a, 1386f, 1390g, 1420, 1468, 1520c, 1546a, 1766b
Galería Nacional, Oslo *Vaering* 1401a
Gamma 1385b, 1442a, 1678b, 1683a / *Abbas* 1313d / *Achache* 1157b / *Apesteguy* 1486a, 1774b / *Burnett* 1486b / *Campion* 1666a / *Daher* 1510e / *de Decker (L.)* 1682d / *Depardon* 1094b / *Deville (M.)* 1492c / *Evans Picture Library* 1622a / *Farza* 1506d / *Fornaciari* 1442b / *Ginfray* 1151a / *Guenet* 1438b / *Hires* 1157a / *Kaku Kurita* 1390c / *Langray* 1094a / *Leroy* 1399c / *Liaison* 1476a / *Maitre* 1711a / *Maous* 1443g / *Markel/Liaison* 1184a / *Mathieu* 1382b / *Michel Artault* 1470c / *Nabokov (D.)* 1332d / *Perrin* 1335 / *Rey* 1112e / *Rudling* 1585a / *Simon (D.)* 1382a / *Vioujard* 1142a, 1182b
Garanger 1173e
García Pelayo (Álvaro) 1085b, 1088c, 1129b, 1206a, 1649
Giraudon 1082a, 1111a, 1134a, 1158c, 1165c, 1171c, 1176d, 1202f, 1287, 1314d, 1317e, 1318, 1330, 1389, 1486c, d, 1528b, 1538, 1587a, 1596a, 1610d, 1642c, 1663a, 1725c, 1751, 1769a / *Alinari* 1107b, 1211a, 1596d / *Borromeo* 1142c / *Bridgeman* 1122b, 1239a, 1250b, 1258a, 1391b / *C.F.L.* 1496b / *Lorette* 1458a, b
Gohier (F.) 1586a
Grass (Ph.) 1437a
Gribayedoff 1255a
Guiley-Lagache 1149e
Halberstadt 1332b
Hassia 1231e
Hede (M.) 1135a
Held (S.) 1176a, 1180a, 1319c, 1650a / *Oronoz* 1414e
Hétier (Michel) 1129c
Hogarth Press 1443c
Hulton Picture Library *BBC* 1464h, 1599c
Iberfoto 1541
Imapress 1338b, 1390f, 1432d, 1453b, 1479a, 1492f, 1578, 1641e, 1716a / *Bristol* 1217a / *Camera Press* 1606 / *Fischbeck* 1782b / *Gysembergh* 1430a / *Harvey* 1399b / *Karsh* 1282d, 1414c, 1431b, 1439a, 1542d, 1596f, 1719b / *Lacroix* 1523d / *Launois* 1730a / *Mc Cabe* 1431e / *Snowdon* 1394c / *Steffen (Don Carl)* 1443b
Index 1092d, 1121, 1122e, 1164d, 1386e, 1432c, 1449e, 1450c, 1452a, 1489b, 1491a, 1511c, 1530a, 1554, 1567a, 1588b, 1597a, 1617a, 1620a, 1622b, 1627b, 1631, 1632c, 1633b, c, 1635b, 1669a, 1774a, 1785a / *Aymerich (Pilar)* 1567b / *Image* 1545d, 1645c, 1739b / *Iranzo* 1366 / *Mithra* 1582a
Instituto de Arte, Chicago 1676b
Instituto Max-Planck 1282c, 1585d
Interfoto M.T.C. *Lajos* 1444a
IPS 1346a, 1362d, 1769b
IPS-col. P.P.P. 1323b, 1354d, 1395b, 1464c, 1585b, 1601, 1734a, 1770a
Josse (Hubert) 1191, 1209e, 1231d, 1272a, 1414b, 1449g, 1475a, 1496a, e, 1549a, 1671a, 1764b
JPL-NASA 1435a, 1500a, 1512b, 1670a
Keystone 1104b, 1165b, 1259e, 1275c, 1331f, 1338c, 1390d, 1431d, 1456a, 1466b, 1545e, 1551c, 1650b / *Aubert* 1686a / *Boccon-Gibod* 1353c
Kleinhemper 1383c
Kohler (F.) 1436a
Lam 1449a
Larousse 1149a, 1203a, 1224b, 1237, 1260b, 1314f, 1685b, 1695c, 1702a, 1755b, 1775a / *Document «Signal»* 1539 / *Prud'homme* 1233 / *Rekos* 1523c
Lauros-Giraudon 1088f, 1098a, 1112d, 1115a, 1138b, 1149b, 1163e, 1164c, 1173a, b, 1201e, 1202a, b, 1204a, 1209d, 1224a, f, 1243b, 1250a, 1258c, 1260c, 1261a, b, 1272b, 1274a, 1281e, 1286d, 1305, 1323c, 1331c, 1343a, 1352, 1361b, 1362a, 1364, 1380, 1394b, 1397a, 1405f, 1408, 1422a, 1425a, 1430b, 1432a, 1447d, 1453a, 1455b, 1474b, 1485a, b, 1491b, 1494d, 1503c, 1511b, 1524c, 1525b, 1530b, 1542a, b, 1571, 1583b, 1595a, 1596b, 1598b, 1618c, 1621b, 1630b, 1634, 1643b, 1666b, 1686b, 1693b, 1694c, 1699, 1716b, 1730b, 1754d, 1759a, 1762c, 1783
Lauros-Rekos 1632d
Le Monier 1409
Le Parc 1454a
Lehtikuva Oy 1073
Leloir (J.P.) 1122a, 1323a, 1594, 1693e
Lelong-Galería Maeght, París 1708a
Lénars (Ch.) 1218, 1405b, 1411d, 1491c, 1495b, 1524a, 1545a, 1559b, c, 1569c
Levassort (M.) 1104a, 1179b, 1281b
Lido (Serge) 1082b, 1325c, 1464b
L.L. 1091, 1103c, 1150b, 1381d, 1390b, 1449f, 1451b, 1452b, 1510c, 1621c, 1629b, 1746b, 1764a / *Biazi (de)* 1138a
Loirat (L.Y.) 1583a
Lorenzo 1311c
Lorette (Patrick) 1086c
Magnin (P.L.) 1531c
Magnum 1154d, 1678c / *Abbas* 1159b / *Barbey* 1411f / *Berry* 1585f / *Erwitt* 1373c / *Glinn* 1077b / *Haas* 1442c / *Halsman* 1226b / *Lessing* 1099a, 1178a, 1227a, 1314a, 1521, 1535, 1640c / *Manos* 1129d / *McCullin* 1149c / *Morath* 1189b / *Riboud* 1106, 1177b, 1262d, 1390e
Man Ray 1177a
Mancheté 1170c
Manuel 1275b, 1311a, 1597b
Marmounier 1157c, 1319b, 1618b
M.A.S. 1501b
Mascolo-Cinéma 9 1274b
Masson (Colette) 1151c, 1557
Mayer 1111b, 1354a
Maylin (M.L.) 1361a
Meyer 1443d
M.N.A.M. *Hatala* 1158a
M.N.A.M., C.N.A.C. Georges-Pompidou, París 1273
Morain (André) 1088a
Munchow (A.) 1112a
Museo Andersen, Odense 1104e
Museo August-Strindberg, Estocolmo 1694d
Museo Británico, Londres 1127a, 1591a
Museo de arte moderno, Nueva York 1683b
Museo de arte moderno, San Francisco 1595b
Museo de bellas artes, Bilbao 1623
Museo del aire, París 1771b
Museo del Prado, Madrid 1496c
Museo Imperial de la Guerra, Londres 1323d
Museo Kröller-Müller, Otterloo 1526b
Museo metropolitano, Nueva York 1425c
Museo nacional de arte moderno, París 1122c, 1437b
Museo nacional histórico, Chapultepec, México 1419
Museo nacional, Estocolmo 1464e
Museos del Vaticano 1450b
Nadar 1755a
Nationalhistoriske Museum Frederiksborg 1173c
Noé 1388c
Nou (J.L.) 1405a, c, d
Objectif 2000 *Jannel* 1378
Oronoz 1092c, e, f, 1093a, c, 1114c, 1136a, 1140a, 1171b, 1180c, 1201b, 1213a, 1214a, 1221, 1255b, 1277b, 1283, 1313b, 1341a, 1377b, 1386d, 1387a, 1388e, 1412a, 1414d, 1426a, 1432b, 1433b, c, 1458c, 1469b, 1475c, 1490, 1492a, e, 1495a, 1509d, 1512a, 1545b, 1546d, 1575b, 1576c, 1589, 1610a, 1624a, 1632a, 1635a, 1645a, 1681b, 1682b, 1689, 1707, 1711c, 1712b, 1729a, 1733, 1739a, 1754a
Paramount picture corp. *Colección Marinie* 1547a
Parimage *Mitchell (Peter)* 1358d
Pentacle *Armengol* 1103b
Petersen 1248b
Pic 1176c
Pignata-Monti 1215b
Pitch *Peuriot* 1241a
Popperfoto 1530d
Puig 1093d
Pull *Becerril (Juan)* 1154f
Rap 1399d
Rapho 1258b / *Berli* 1347 / *Berlitz* 1531b / *Berretty* 1343b / *Black Star* 1648 / *Brack* 1209a / *Butlet* 1154c / *Charbonnier* 1086b / *Charles* 1390a, 1749 / *Charliat* 1630c / *Doisneau* 1374b / *Everts* 1520b / *Funk* 1179c / *Gerster* 1139, 1514b, 1694a / *Goldman* 1180b, 1427a, 1556 / *Granham* 1188b / *Halary* 1582d / *Halin* 1324a, 1348a / *Heyman* 1384a / *Joly* 1181 / *Koch* 1411b, 1425b, 1687a, 1710 / *Launois* 1506c / *Lawson* 1640d, f / *Le Diascorn* 1169b / *Luider* 1643c / *Martel* 1186a / *Michaud* 1262a, 1411c / *Michaud (R. y S.)* 1405e, 1687c / *Michaud (R.)* 1163a / *Ohanian* 1144 / *Pavlovski* 1669c / *Ross* 1281a, 1668b / *Santos* 1675a / *Serraillier* 1464a, 1767a / *Silberstein* 1445a / *Yamashita* 1333b, 1676a
Real academia de las ciencias, Estocolmo 1159a
Reunión de museos nacionales, París 1104d, 1248a, 1411a, 1425g, 1514d, 1527b, 1609a, 1685c, 1726a, 1747b
Rijksmuseum, Amsterdam 1587b, 1624b
Rivière (C.) 1220b
Roger-Viollet 1326a, 1388a, 1446a / *Harlingue* 1313c / *Lipnitzki* 1146b, 1264c, 1551a
Roger-Viollet (colección Viollet) 1265e
Rudolfo Pulido (G.) 1264b
Salmer 1206b
Scala 1077c, 1088d, 1096b, c, 1103a, 1153, 1155a, 1179a, 1199b, 1203b, 1214b, 1225, 1226c, 1245a, 1248a, 1259b, 1260a, 1270a, 1288b, 1289b, 1327d, 1346b, 1348e, 1361d, e, 1376c, 1384b, 1434a, 1493a, 1510a, 1520a, 1595c, 1596c, 1598a, 1608b, 1609b, 1619, 1620b, 1640b, e, 1643a, 1670c, 1674b, 1686c, 1717b, 1718b
Schaarwächter, Berlín 1374a
Schwitters 1559d
Scope *Bowman* 1472a / *Sierpinski* 1526a
Seattle Art Museum 1224c
Secretariado de la información, Lisboa 1193a
Seix Barral 1116b, 1134c, 1136b, 1214c, 1529b, 1570b, 1613, 1741b, 1780a
Serramon (Ch.) 1241b
Sipa Press 1209c / *Goess* 1272e / *Nunn* 1688 / *Robert* 1340b
Snark International 1361f
S.V.Z. *Giegel* 1784c
Sygma 1197b, 1591b / *Andanson* 1166c, 1682c / *Balder* 1112b / *Goldberg* 1513a / *Hernandez* 1112c / *Pavlovski* 1216b / *Philippot* 1485e / *Vauthey* 1285b / *Wyman* 1231c
Tajan (Hubert) 1519b
Tallandier 1358c, 1459b
Taller de Arquitectura R. Bofill 1166e
Tétrel (P.) 1545c / *Bérenger* 1143 / *Loirat* 1163c
Thote (A.) 1588a
Todd (A.) 1362c
Top 1447c / *Desjardins* 1644b / *Hinous* 1217d / *Jalain* 1137a, 1608c / *Mazin* 1147
Tweedy (E.) 1204
Underwood and Underwood-NY 1558a
Unesco *Vorontzoff* 1171a
Vaering (O.) 1164b
Vautier-Decool 1099b
Vendrell 1087b, 1120e, 1204d, 1627a, 1632e
Verroust 1752
Veyres 1665b
Vloo *Abbe* 1638 / *Heaton (D. y J.)* 1721 / *Messerschmidt* 1757c / *Richoillez* 1116c
Walser (Peter) 1695a
Walt Disney Productions 1267d
Weidener 1443f
Weill (E.B.) 1743b
X 1259b, 1398b, 1525c, 1530g, 1561b, 1616b, 1663b, 1725a / *Colección Marinie* 1471d, 1473a
XX Century Fox 1326b
Zardoya 1279b, 1401c, 1582b, 1641b / *Camera Press* 1120b / *Cover* 1211c / *Magnum* 1205a, 1782a / *Scianna-Magnum* 1400b.



### Derechos reservados

(Artistas no representados por A.D.A.G.P. ni por S.P.A.D.E.M. ni por V.E.G.A.P.)

# ANEXO CARTOGRÁFICO

MÉXICO
ESTADOS DEL ISTMO Y ANTILLAS
VENEZUELA, COLOMBIA Y ECUADOR
PERÚ Y BOLIVIA
CONO SUR

# MÉXICO

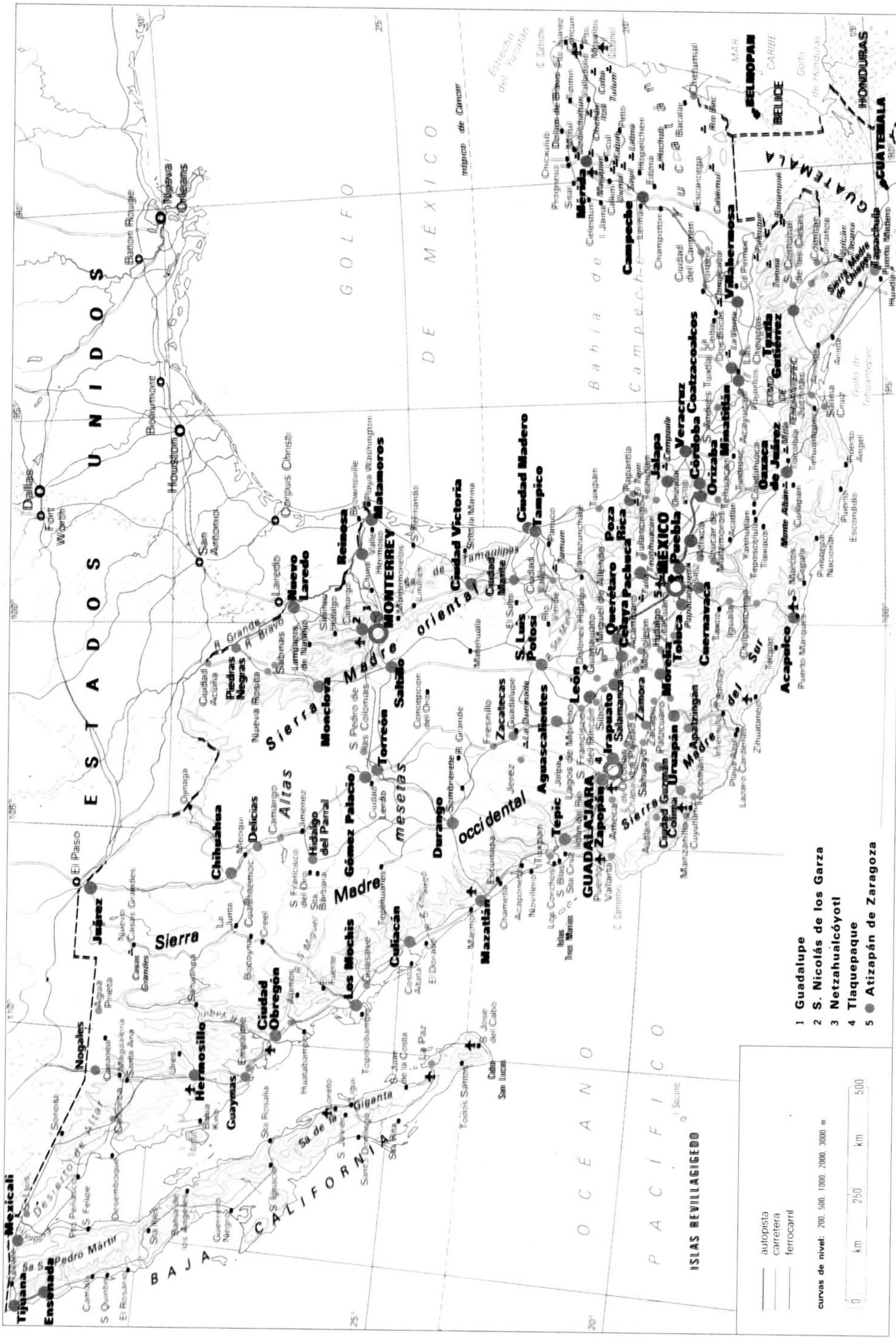

ESTADOS UNIDOS
GOLFO DE MÉXICO
OCÉANO PACÍFICO
BAJA CALIFORNIA
GUATEMALA
BELICE
HONDURAS
Sierra Madre occidental
Sierra Madre oriental
Sierra Madre del Sur
Altas mesetas
Bahía de Campeche
MÉXICO
GUADALAJARA
MONTERREY
Tijuana
Mexicali
Ensenada
Nogales
Hermosillo
Guaymas
Ciudad Obregón
Los Mochis
Culiacán
Mazatlán
La Paz
Juárez
Chihuahua
Delicias
Hidalgo del Parral
Gómez Palacio
Torreón
Durango
Monclova
Saltillo
Nuevo Laredo
Reinosa
Matamoros
Ciudad Victoria
Ciudad Madero
Tampico
Zacatecas
Aguascalientes
León
Irapuato
Celaya
Querétaro
S. Luis Potosí
Tepic
Zapopan
Uruapan
Morelia
Toluca
Puebla
Cuernavaca
Acapulco
Veracruz
Córdoba
Orizaba
Jalapa
Oaxaca
Coatzacoalcos
Minatitlán
Villahermosa
Tuxtla Gutiérrez
Tapachula
Campeche
Mérida
Chetumal
Islas Revillagigedo
1 Guadalupe
2 S. Nicolás de los Garza
3 Netzahualcóyotl
4 Tlaquepaque
5 Atizapán de Zaragoza
autopista
carretera
ferrocarril
curvas de nivel: 200, 500, 1000, 2000, 3000 m
0 km 250 km 500

# GUATEMALA

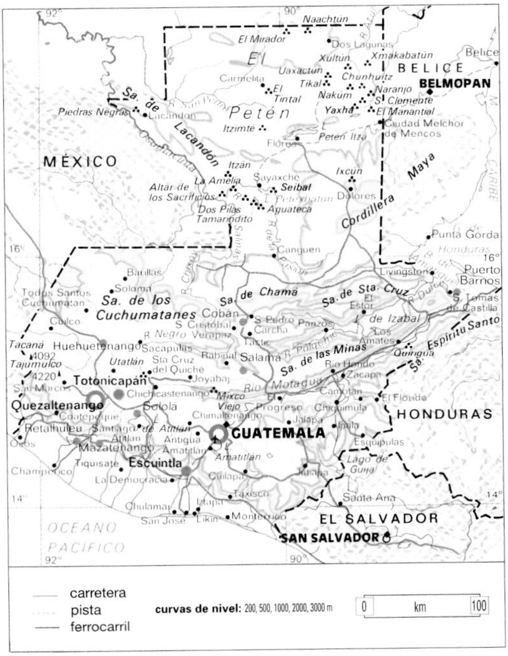


# HONDURAS

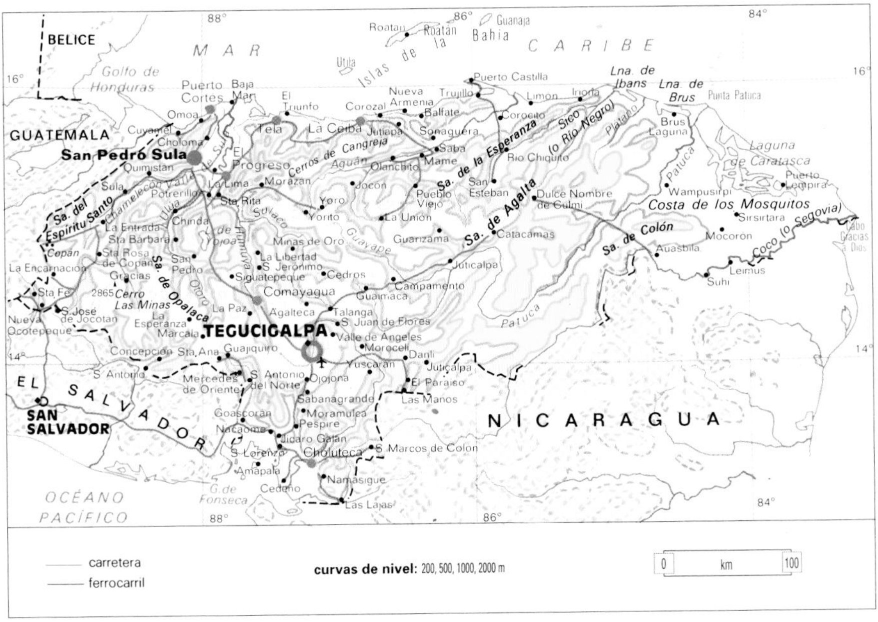

# EL SALVADOR

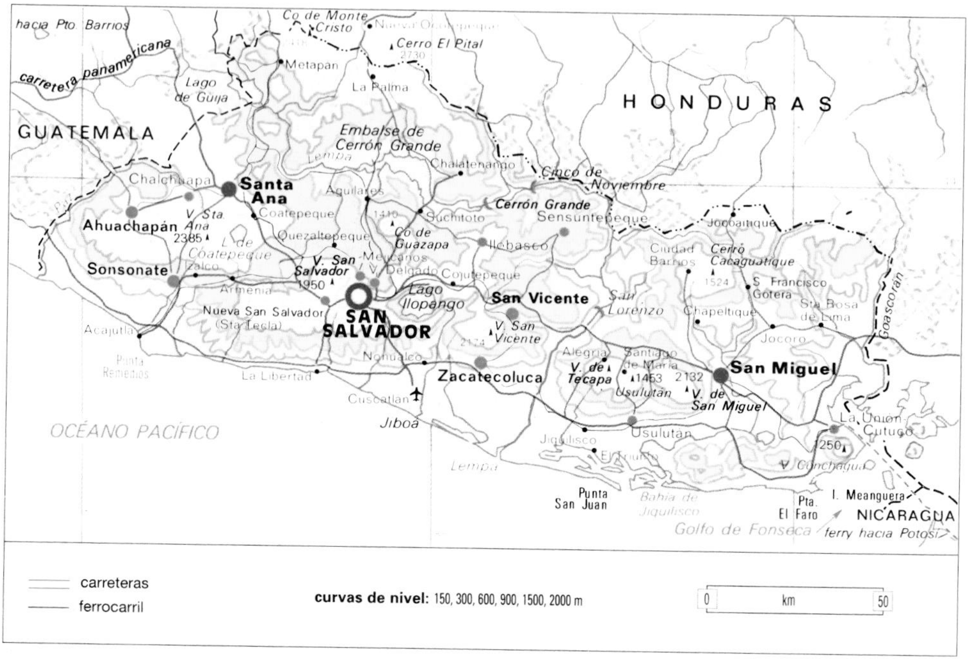


# NICARAGUA

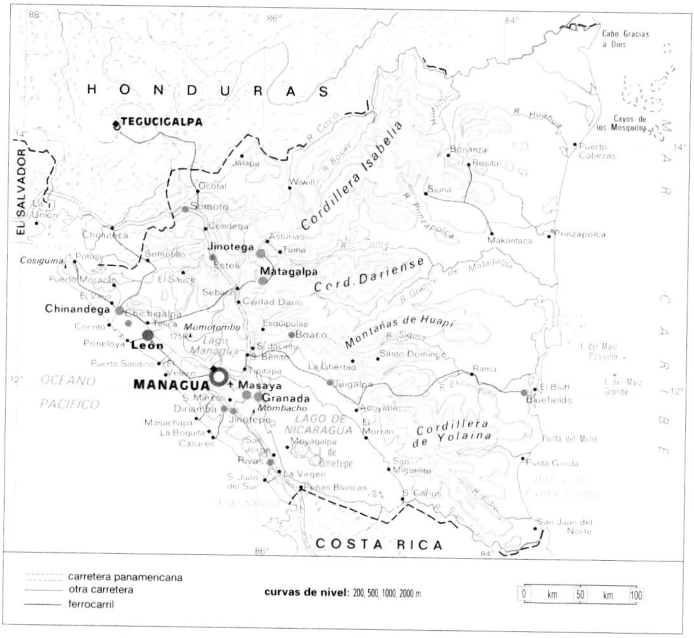

# COSTA RICA

# PANAMÁ

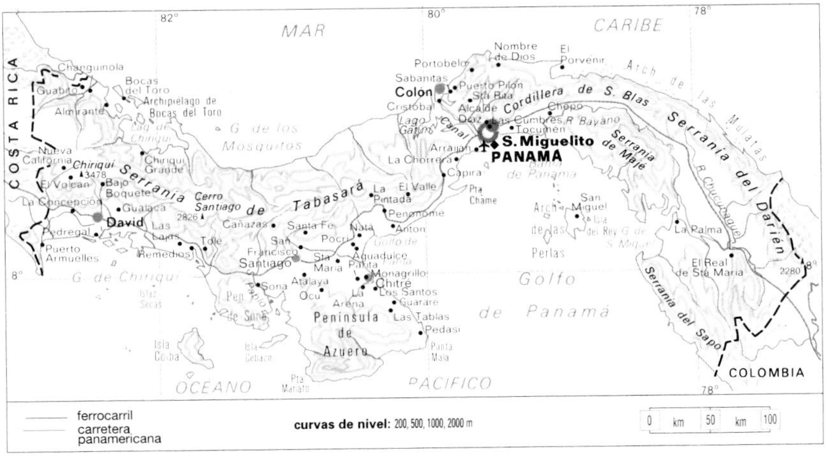

# CUBA

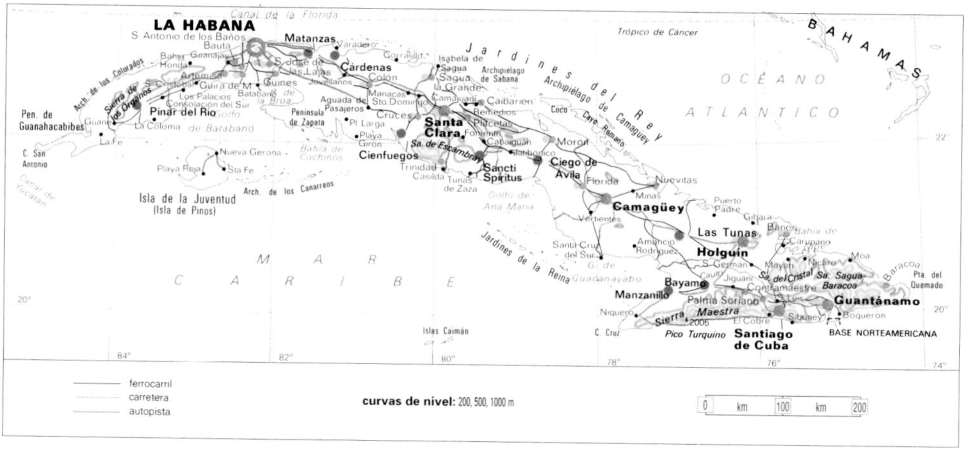


# REPÚBLICA DOMINICANA

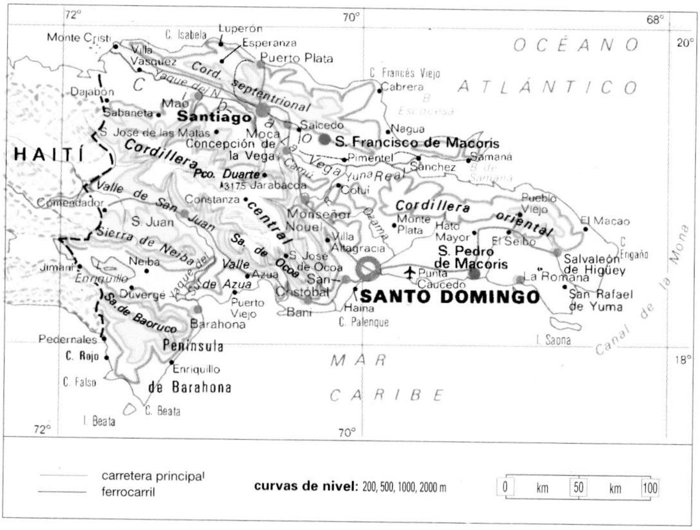


# PUERTO RICO

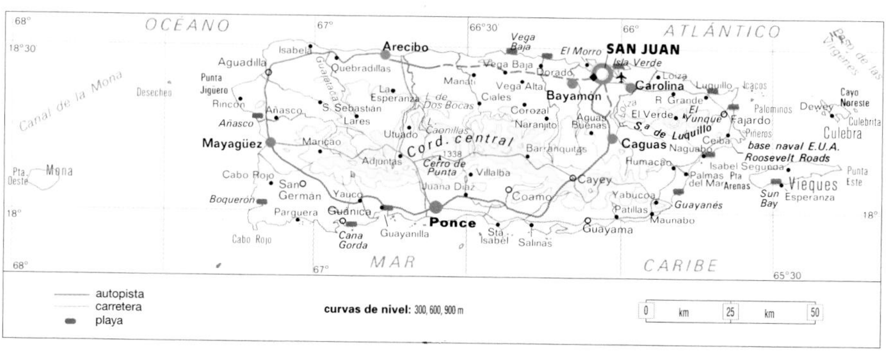

# ANTILLAS

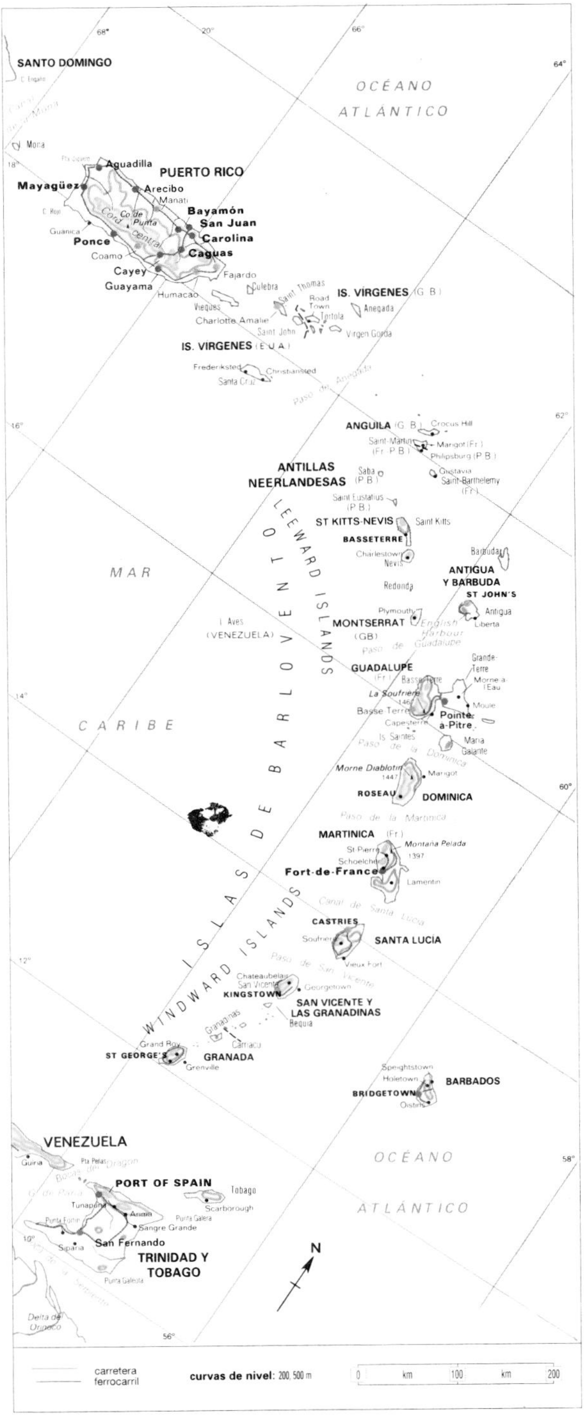
SANTO DOMINGO
OCÉANO ATLÁNTICO
Mona
Aguadilla
PUERTO RICO
Mayagüez
Arecibo
Manatí
Bayamón
San Juan
Carolina
Guánica
Ponce
Coamo
Caguas
Cayey
Guayama
Fajardo
Humacao
Culebra
Vieques
Charlotte Amalie
Saint Thomas
Road Town
Tortola
Saint John
IS. VÍRGENES (G. B.)
Anegada
Virgen Gorda
IS. VIRGENES (E.U.A.)
Frederiksted
Christiansted
Santa Cruz
Paso de Anegada
ANGUILA (G. B.)
Crocus Hill
Saint-Martin (Fr. P.B.)
Marigot (Fr.)
Philipsburg (P.B.)
ANTILLAS NEERLANDESAS
Saba (P.B.)
Gustavia
Saint-Barthelemy (Fr.)
Saint Eustatius (P.B.)
ST KITTS-NEVIS
Saint Kitts
BASSETERRE
Charlestown
Nevis
Barbuda
ANTIGUA Y BARBUDA
ST JOHN'S
Redonda
Plymouth
Antigua
Liberta
MONTSERRAT (GB)
English Harbour
I. Aves (VENEZUELA)
MAR CARIBE
LEEWARD ISLANDS
ISLAS DE BARLOVENTO
Paso de Guadalupe
GUADALUPE (Fr.)
Grande-Terre
Basse-Terre
Morne-a-l'Eau
La Soufrière 1467
Moule
Pointe-a-Pitre
Capesterre
Is. Saintes
Marie Galante
Paso de la Dominica
Morne Diablotin 1447
Marigot
ROSEAU
DOMINICA
Paso de la Martinica
MARTINICA (Fr.)
Montaña Pelada 1397
St-Pierre
Schoelcher
Fort-de-France
Lamentin
Canal de Santa Lucía
CASTRIES
Soufrière
SANTA LUCIA
Vieux Fort
Paso de San Vicente
WINDWARD ISLANDS
Chateaubelair
San Vicente
KINGSTOWN
Georgetown
SAN VICENTE Y LAS GRANADINAS
Bequia
Granadinas
Carriacou
Grand Roy
ST GEORGE'S
GRANADA
Grenville
Speightstown
Holetown
BRIDGETOWN
Oistins
BARBADOS
VENEZUELA
Güiria
Bocas del Dragón
G. de Paria
PORT OF SPAIN
Tobago
Scarborough
Tunapuna
Arima
Punta Galera
Sangre Grande
San Fernando
Siparia
TRINIDAD Y TOBAGO
Delta del Orinoco
OCÉANO ATLÁNTICO
N
carretera
ferrocarril
curvas de nivel: 200, 500 m
0 km 100 km 200

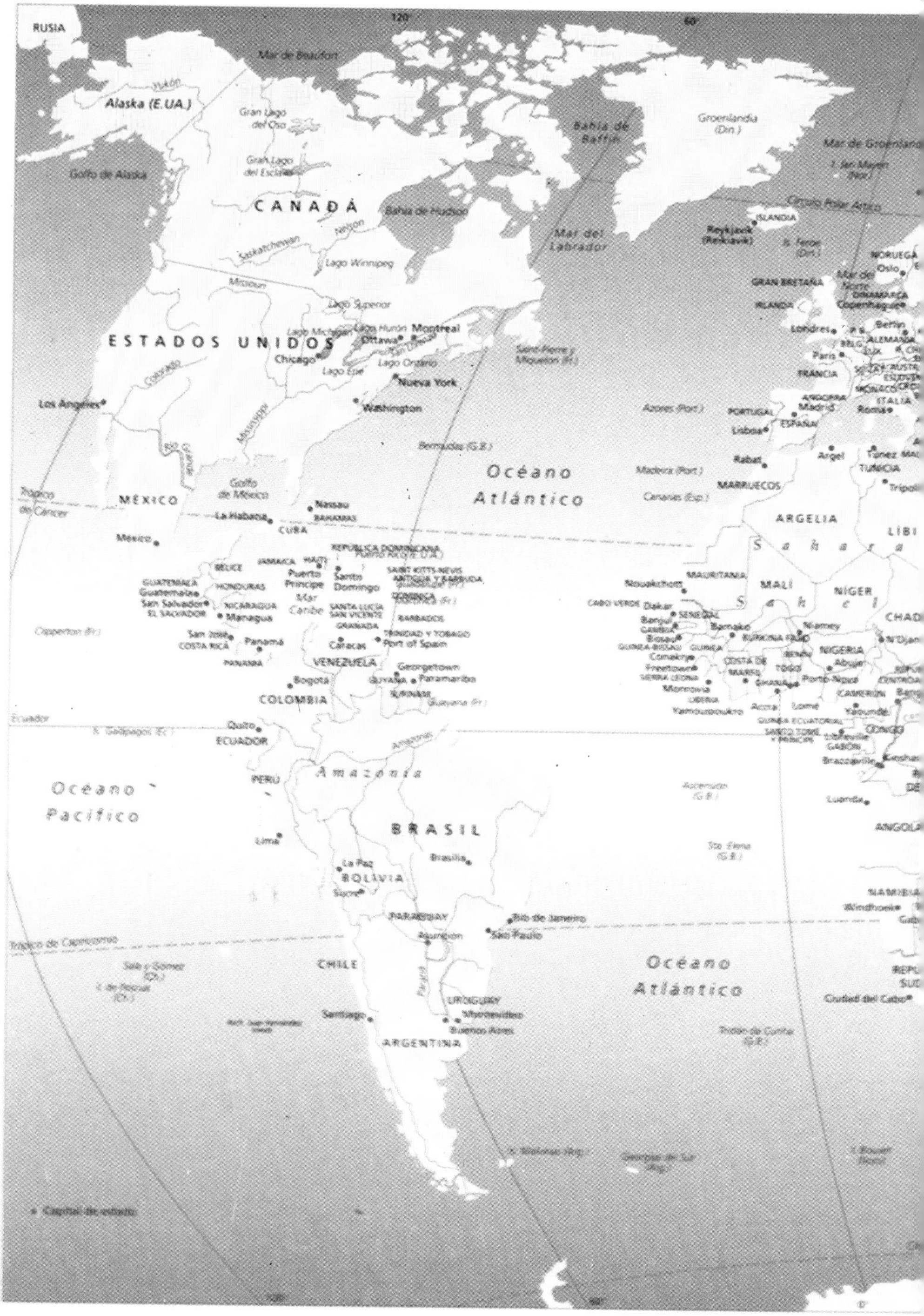
RUSIA
120°
60°
Mar de Beaufort
Yukón
Alaska (E.UA.)
Gran Lago del Oso
Gran Lago del Esclavo
Golfo de Alaska
CANADÁ
Bahía de Hudson
Nelson
Saskatchewan
Lago Winnipeg
Bahía de Baffin
Groenlandia (Din.)
Mar de Groenlandia
I. Jan Mayen (Nor.)
Círculo Polar Ártico
ISLANDIA
Reykjavik (Reikiavik)
Mar del Labrador
Is. Feroe (Din.)
NORUEGA
Oslo
Mar del Norte
DINAMARCA
Copenhague
GRAN BRETAÑA
IRLANDA
Londres
Berlín
ALEMANIA
París
FRANCIA
ANDORRA
Madrid
ESPAÑA
PORTUGAL
Lisboa
ITALIA
Roma
MÓNACO
Missouri
Lago Superior
Lago Michigan
Lago Hurón
Montreal
Ottawa
San Lorenzo
Lago Ontario
Lago Erie
ESTADOS UNIDOS
Chicago
Colorado
Nueva York
Washington
Los Ángeles
Mississippi
Río Grande
Saint-Pierre y Miquelon (Fr.)
Azores (Port.)
Bermudas (G.B.)
Océano Atlántico
Madeira (Port.)
Canarias (Esp.)
Rabat
MARRUECOS
Argel
Túnez
TUNICIA
Trípoli
ARGELIA
LIBIA
Sahara
Golfo de México
MÉXICO
Trópico de Cáncer
México
La Habana
CUBA
Nassau
BAHAMAS
REPÚBLICA DOMINICANA
Puerto Rico (E.U.A.)
BELICE
JAMAICA
HAITÍ
Puerto Príncipe
Santo Domingo
SAINT KITTS-NEVIS
ANTIGUA Y BARBUDA
DOMINICA
GUATEMALA
Guatemala
HONDURAS
San Salvador
EL SALVADOR
NICARAGUA
Managua
Mar Caribe
SANTA LUCÍA
SAN VICENTE
GRANADA
BARBADOS
TRINIDAD Y TOBAGO
Port of Spain
Clipperton (Fr.)
San José
COSTA RICA
Panamá
PANAMÁ
Caracas
VENEZUELA
Georgetown
GUYANA
Paramaribo
SURINAM
Guayana (Fr.)
Bogotá
COLOMBIA
Ecuador
Is. Galápagos (Ec.)
Quito
ECUADOR
Amazonas
Amazonia
PERÚ
Océano Pacífico
BRASIL
Lima
Brasilia
La Paz
BOLIVIA
Sucre
PARAGUAY
Asunción
Río de Janeiro
São Paulo
Trópico de Capricornio
CHILE
Sala y Gómez (Ch.)
I. de Pascua (Ch.)
Paraná
URUGUAY
Montevideo
Buenos Aires
Santiago
ARGENTINA
Océano Atlántico
Tristán da Cunha (G.B.)
Is. Malvinas (Arg.)
Georgias del Sur (Arg.)
I. Bouvet (Nor.)
MAURITANIA
Nouakchott
MALÍ
NÍGER
Sahel
CHAD
CABO VERDE
Dakar
SENEGAL
Banjul
GAMBIA
Bissau
GUINEA-BISSAU
Bamako
BURKINA FASO
Niamey
N'Djamena
Conakry
GUINEA
Freetown
SIERRA LEONA
COSTA DE MARFIL
TOGO
BENÍN
NIGERIA
Abuja
Monrovia
LIBERIA
Yamoussoukro
GHANA
Accra
Lomé
Porto-Novo
CAMERÚN
Yaoundé
GUINEA ECUATORIAL
SANTO TOMÉ Y PRÍNCIPE
Libreville
GABÓN
CONGO
Brazzaville
Kinshasa
Ascensión (G.B.)
Luanda
ANGOLA
Sta. Elena (G.B.)
NAMIBIA
Windhoek
Ciudad del Cabo
0°
• Capital de estado

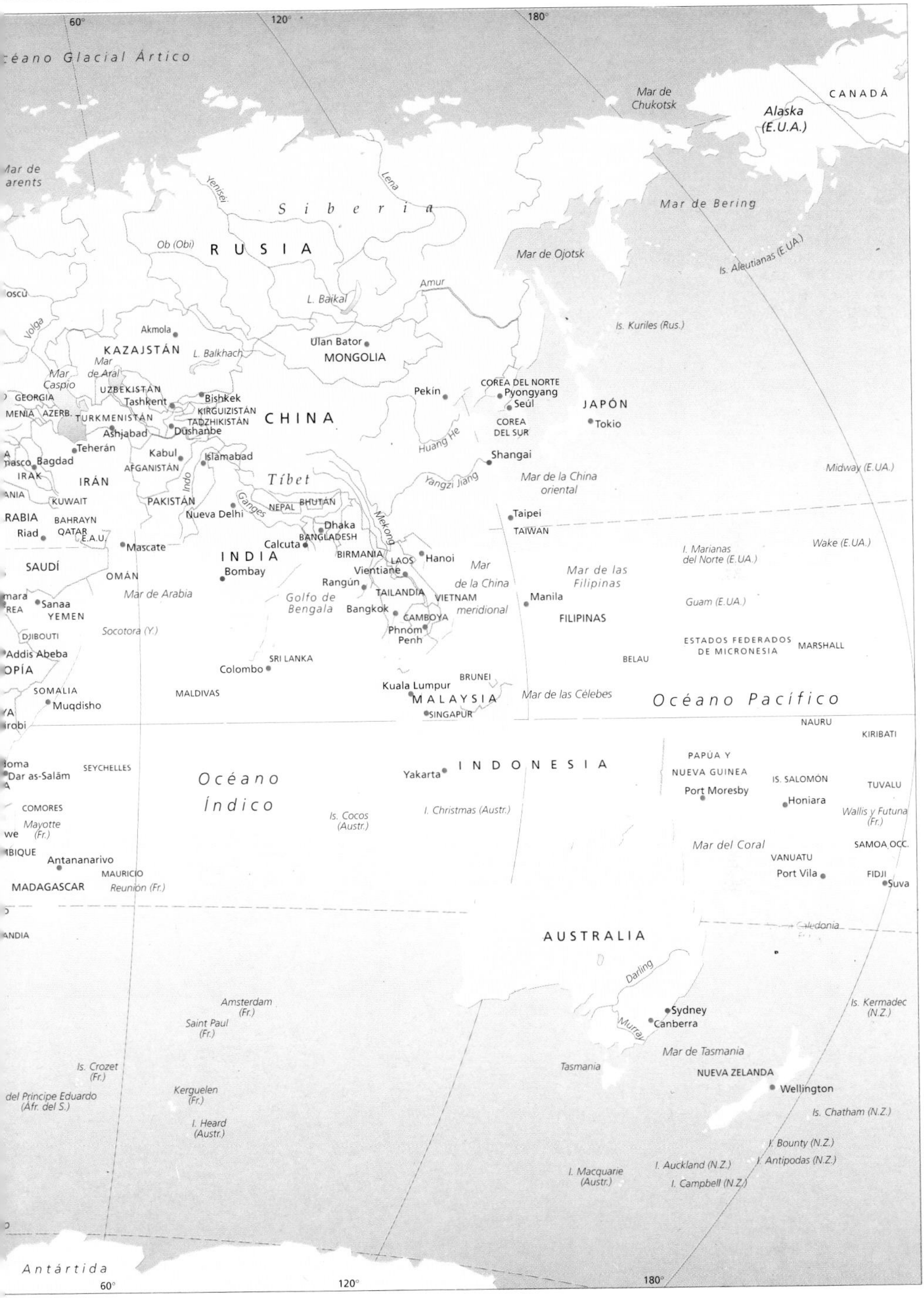
Océano Glacial Ártico
Mar de Barents
Mar de Chukotsk
Alaska (E.U.A.)
CANADÁ
Siberia
Yenisei
Lena
Mar de Bering
RUSIA
Ob (Obi)
Mar de Ojotsk
Is. Aleutianas (E.UA.)
L. Baikal
Amur
Volga
Akmola
Is. Kuriles (Rus.)
KAZAJSTÁN
L. Balkhach
Ulan Bator
MONGOLIA
Mar Caspio
Mar de Aral
UZBEKISTÁN
GEORGIA
Tashkent
Bishkek
KIRGUIZISTÁN
TADZHIKISTÁN
Pekín
COREA DEL NORTE
Pyongyang
Seúl
JAPÓN
Tokio
COREA DEL SUR
AZERB.
TURKMENISTÁN
Ashjabad
Dushanbe
CHINA
Huang He
Teherán
Kabul
Islamabad
Shangai
Bagdad
AFGANISTÁN
IRAK
IRÁN
Tíbet
Yangzi Jiang
Mar de la China oriental
Midway (E.UA.)
KUWAIT
PAKISTÁN
Indo
Ganges
NEPAL
BHUTÁN
Nueva Delhi
Mekong
Taipei
TAIWAN
BAHRAYN
QATAR
Riad
E.A.U.
Dhaka
BANGLADESH
Calcuta
Mascate
INDIA
BIRMANIA
Hanoi
LAOS
Vientiane
Mar de la China meridional
Mar de las Filipinas
I. Marianas del Norte (E.UA.)
Wake (E.UA.)
SAUDÍ
OMÁN
Bombay
Rangún
TAILANDIA
VIETNAM
Manila
Guam (E.UA.)
Mar de Arabia
Golfo de Bengala
Bangkok
CAMBOYA
FILIPINAS
Sanaa
YEMEN
Phnom Penh
Socotora (Y.)
DJIBOUTI
ESTADOS FEDERADOS DE MICRONESIA
MARSHALL
Addis Abeba
SRI LANKA
BELAU
Colombo
BRUNEI
SOMALIA
Kuala Lumpur
MALAYSIA
Mar de las Célebes
Océano Pacífico
Muqdisho
MALDIVAS
SINGAPUR
NAURU
KIRIBATI
PAPÚA Y NUEVA GUINEA
INDONESIA
Yakarta
Dar as-Salām
SEYCHELLES
Océano Índico
IS. SALOMÓN
Port Moresby
TUVALU
Honiara
COMORES
Mayotte (Fr.)
Is. Cocos (Austr.)
I. Christmas (Austr.)
Wallis y Futuna (Fr.)
Mar del Coral
SAMOA OCC.
Antananarivo
VANUATU
Port Vila
FIDJI
Suva
MAURICIO
MADAGASCAR
Reunión (Fr.)
AUSTRALIA
Darling
Amsterdam (Fr.)
Saint Paul (Fr.)
Sydney
Canberra
Murray
Is. Kermadec (N.Z.)
Mar de Tasmania
Tasmania
Is. Crozet (Fr.)
NUEVA ZELANDA
Wellington
Kerguelen (Fr.)
del Príncipe Eduardo (Áfr. del S.)
I. Heard (Austr.)
Is. Chatham (N.Z.)
I. Bounty (N.Z.)
I. Antipodas (N.Z.)
I. Macquarie (Austr.)
I. Auckland (N.Z.)
I. Campbell (N.Z.)
Antártida
60°
120°
180°

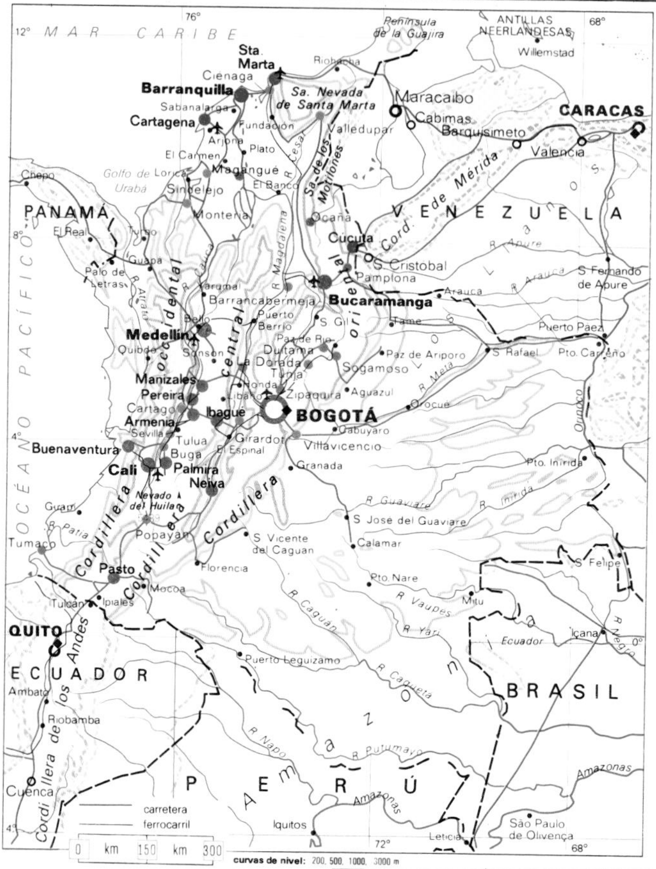


COLOMBIA

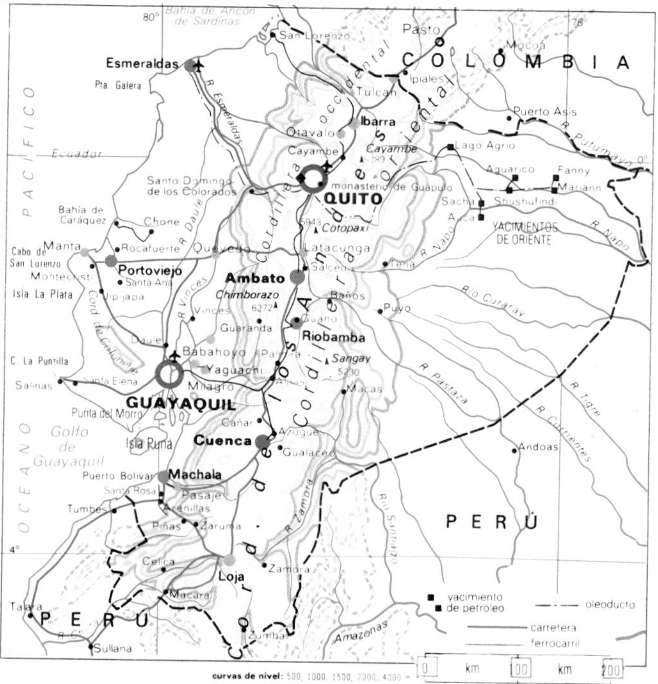


ECUADOR

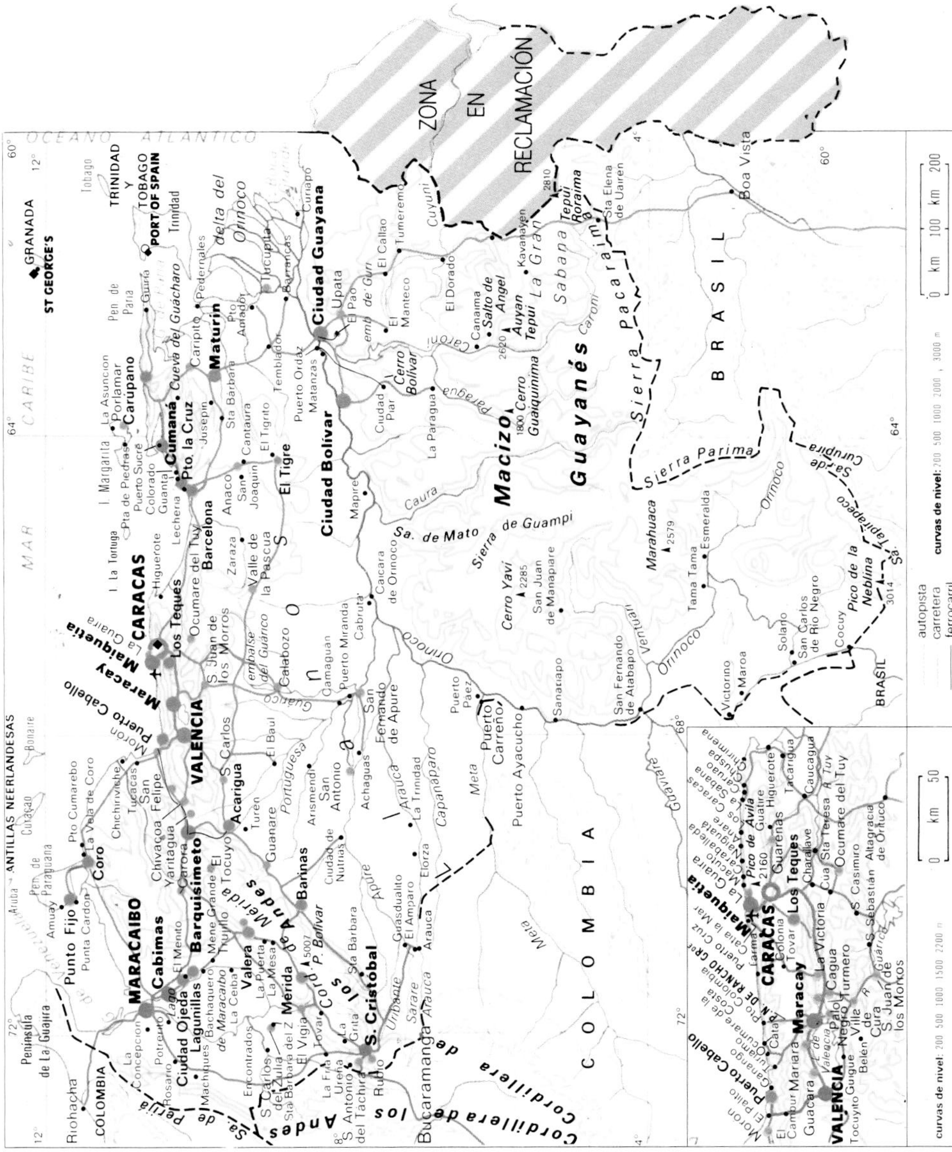
OCEANO ATLANTICO
MAR CARIBE
ZONA EN RECLAMACIÓN
ANTILLAS NEERLANDESAS
Aruba
Curaçao
Bonaire
GRANADA
ST GEORGE'S
TRINIDAD Y TOBAGO
PORT OF SPAIN
Tobago
Trinidad
I. Margarita
I. La Tortuga
Pen. de Paria
Pen. de Paraguaná
Península de La Guajira
CARACAS
Maiquetía
La Guaira
Los Teques
Maracay
VALENCIA
Puerto Cabello
MARACAIBO
Cabimas
Ciudad Ojeda
Lagunillas
Barquisimeto
Coro
Punto Fijo
Valera
Mérida
S. Cristóbal
Barinas
Acarigua
S. Carlos
Calabozo
Barcelona
Pto. la Cruz
Cumaná
Carúpano
Maturín
El Tigre
Ciudad Bolívar
Ciudad Guayana
Upata
Tucupita
San Fernando de Apure
Puerto Carreño
Puerto Ayacucho
San Fernando de Atabapo
Sta Elena de Uairen
Boa Vista
Tepui Roraima
Auyan Tepui
Salto de Angel
Cerro Bolívar
Cerro Guaiquinima
Cerro Yavi
Marahuaca
Pico de la Neblina
Macizo Guayanés
Sierra Pacaraima
Sierra Parima
Sierra de Guampi
Sa. de Mato
La Gran Sabana
delta del Orinoco
Orinoco
Caroní
Caura
Apure
Arauca
Meta
Cordillera de los Andes
Cordillera de Mérida
Sa. de Perijá
COLOMBIA
BRASIL
autopista
carretera
ferrocarril
curvas de nivel: 200 500 1000 2000 3000 m
0 km 100 200
curvas de nivel: 200 500 1000 1500 2200 m
0 km 50
Pico de Ávila
Guarenas
Ocumare del Tuy
La Victoria
Cagua
Turmero

VENEZUELA

PERÚ

BOLIVIA

# PARAGUAY

# URUGUAY

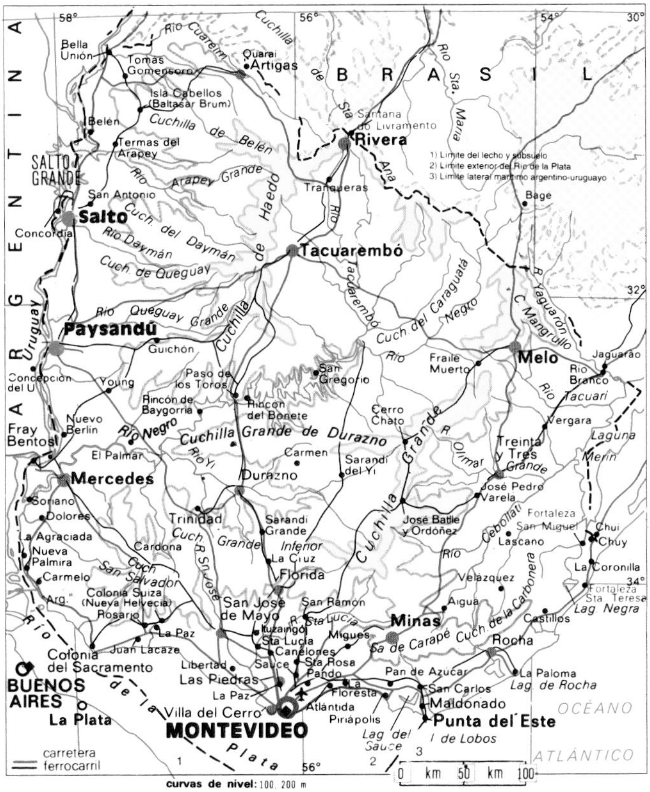

# ARGENTINA

BOLIVIA
SUCRE
Oruro
Potosí
L. Poopó
Salar de Uyuni
Tarija
Corumba
Campo Grande
BRASIL
PARAGUAY
Chaco
Campo Duran
Tartagal
La Quiaca
Emb. Cabra Corral
Bermejo
Pilcomayo
Concepción
ASUNCIÓN
Cataratas del Iguazú
Villarrica
San Salvador de Jujuy
San Pedro de Jujuy
Salta
Puna
Antofagasta
Co. Llullaillaco
6739
Formosa
Pres. Roque Saenz Peña
Presidencia de la Plaza
Encarnación
Posadas
Yacyreta
Resistencia
Corrientes
Santo Tome
San Miguel de Tucumán
Concepción
Emb.
La Banda
Río Hondo
Andalgalá
Co. Ojos del Salado
6864
Co. Bonete Grande
5943
San Fernando del Valle de Catamarca
Santiago del Estero
Salinas Ambargasta
Sa. de Famatina
La Rioja
Chilecito
Salinas Grandes
R. Dulce
R. Salado
Reconquista
Mercedes
Goya
Curuzú Cuatiá
Sta. María
Paso de los Libres
Uruguaiana
Uruguay
Paraná
Laguna Mar Chiquita
S. Justo
La Paz
Monte Caseros
Emb. Salto Grande
Bagé
Concordia
Salto
Co. El Toro
6160
San José de Jáchal
La Serena
Rafaela
S. Francisco
Cruz del Eje
Córdoba
Santa Fe
Paraná
URUGUAY
Villa Dolores
Gran Villa María
Sierras de Córdoba
Nogoyá
Victoria
Concepción del Uruguay
Gualeguaychú
San Juan
Andes
Los
Río Cuarto
Rosario
San Nicolás de los Arroyos
Atucha
Pergamino
Co. Aconcagua
6959
Mendoza
San Luis
Venado Tuerto
Zárate
BUENOS AIRES
MONTEVIDEO
Valparaíso
Tupungato
6800
Mercedes
Rufino
Junín
Martín García (Arg.)
SANTIAGO
Chivilcoy
La Plata
Río de la Plata
San Rafael
Realicó
Trenque Lauquen
Nueve de Julio
S. Miguel del Monte
Bahía Samborombón
R. Atuel
R. Salado
San Carlos de Bolívar
Azul
P. Sur del C. San Antonio
Malargüe
Pampa
Olavarría
Tandil
Pinamar
Santa Rosa
PACÍFICO
Coronel Pringles
Balcarce
Tres Arroyos
Mar del Plata
Miramar
Necochea
Concepción
Río Colorado
Emb. Cerros Colorados
R. Neuquén
Bahía Blanca
Monte Hermoso
Punta Alta
General Roca
Neuquén
Choele Choel
Temuco
Zapala
Villa El Chocón
Emb. Ezequiel Ramos Mexía
R. Negro
OCEANO
Piedra del Águila
V. Lanín
3476
Viedma
ATLANTICO SUR
Valdivia
40°
G. San Matías
Nahuel Huapi
Mte. Tronador
3478
Sierra Grande
Península Valdés
San Carlos de Bariloche
Puerto Montt
Pto. Madryn
Trelew
Chiloé
Esquel
Rawson
CHILE
R. Chubut
Emb. Florentino Ameghino
C. Dos Bahías
Golfo San Jorge
Archipiélago de los Chonos
Sarmiento
Comodoro Rivadavia
Cordillera de los Andes
PATAGONIA
R. Deseado
C. Tres Puntas
Península de Taitao
L. Buenos Aires
Puerto Deseado
R. Chico
L. San Martín
Pto. San Julián
48°
Mte. Fitz Roy
3406
Co. Murallón
2656
L. Viedma
Pto. Santa Cruz
L. Argentino
Bahía Grande
Mar Argentino
Río Gallegos
Río Turbio
Pta. Dungeness
Estrecho de Magallanes
52°
Punta Arenas
ISLA GRANDE DE TIERRA DEL FUEGO
B. San Sebastián
Río Grande
C. San Diego
Ushuaia
I. de los Estados
Canal Beagle
Picton
Lennox
Nueva
C. de Hornos
Pasaje de Drake
ISLAS MALVINAS (Arg.)
Pto. Argentino
Is. Malvinas (Arg.)
Is. Georgias del Sur (Arg.)
Is. Sandwich del Sur (Arg.)
Is. Orcadas del Sur
Península Antártica
ANTÁRTIDA ARGENTINA
0 400 km
1) Límite del lecho y subsuelo
2) Límite exterior del Río de la Plata
3) Límite lateral marítimo Argentino-Uruguayo
carretera
ferrocarril
curvas de nivel: 200, 500, 1000, 3000 m
0 km 150 km 300

# CHILE

PERÚ
Tacna
70°
6060
Oruro
Volcán Guallatiri
Arica
Pisagua
Sillajhuay
5995
Uyuni
Iquique
Pampa del Tamarugal
BOLIVIA
Ollague
Tocopilla
Chuquicamata
Pedro de Valdivia
Calama
Antofagasta
Puna
Desierto de Atacama
Cord. Domeyko
6739
Co. Llullaillaco
Taltal
Punta San Pedro
Chañaral
Potrerillos
Caldera
6864
Copiapó
Co. Ojos del Salado
Vallenar
Co. El Toro
6160
La Rioja
30°
Coquimbo
La Serena
Pta. Lengua de Vaca
Ovalle
Illapel
S. Juan
La Calera
S. Felipe
Co. Aconcagua
Quillota
6959
Mendoza
Viña del Mar
Valparaíso
6800
Tupungato
S. Luis
San Antonio
SANTIAGO
Melipilla
Sewell (El Teniente)
San Fernando
Rancagua
San Rafael
Curicó
Talca
Río Salado
Constitución
Maule
Cauquenes
Linares
Tomé
Parral
Talcahuano
Chillán
ARGENTINA
Concepción
Laja
Lota
Los Angeles
Río Colorado
Curanilahue
Lebu
Emb. Cerros Colorados
Angol
Biobío
Traiguén
Neuquén
Temuco
Villarrica
Emb. Ezequiel Ramos Mexía
Valdivia
40°
Pta. Galera
La Unión
Osorno
Osorno
2661
L. Llanquihue
Puerto Varas
S. Carlos de Bariloche
Puerto Montt
Mte. Tronador
3478
Pargua
Ancud
Chacao
Castro
Chaitén
Chiloé
R. Chubut
Emb. Florentino Ameghino
Palena
Archipiélago de los Chonos
Comodoro Rivadavia
Puerto Aisén
Coihaique
Balmaceda
Penín. de Taitao
L. Buenos Aires
R. Deseado
Chile Chico
Golfo de Penas
Cochrane
L. San Martín
L. O'Higgins
Mte. Fitz Roy
R. Chico
3405
Pto. San Julián
I. Wellington
Co. Murallón
2656
50°
I. Madre de Dios
OCÉANO ATLÁNTICO
Cord. Darwin
Puerto Natales
Río Gallegos
Estrecho de Magallanes
Pta. Dungeness
Manantiales
Cerro Sombrero
Punta Arenas
I. Desolación
Porvenir
Fuerte Bulnes
I. Santa Inés
Isla Grande de Tierra del Fuego
Puerto Williams
Canal Beagle
I. Hoste
Cabo de Hornos
OCÉANO PACÍFICO
Cordillera de los Andes
Patagonia
carretera
ferrocarril
0 km 200
curvas de nivel: 200, 500, 1000, 3000 m

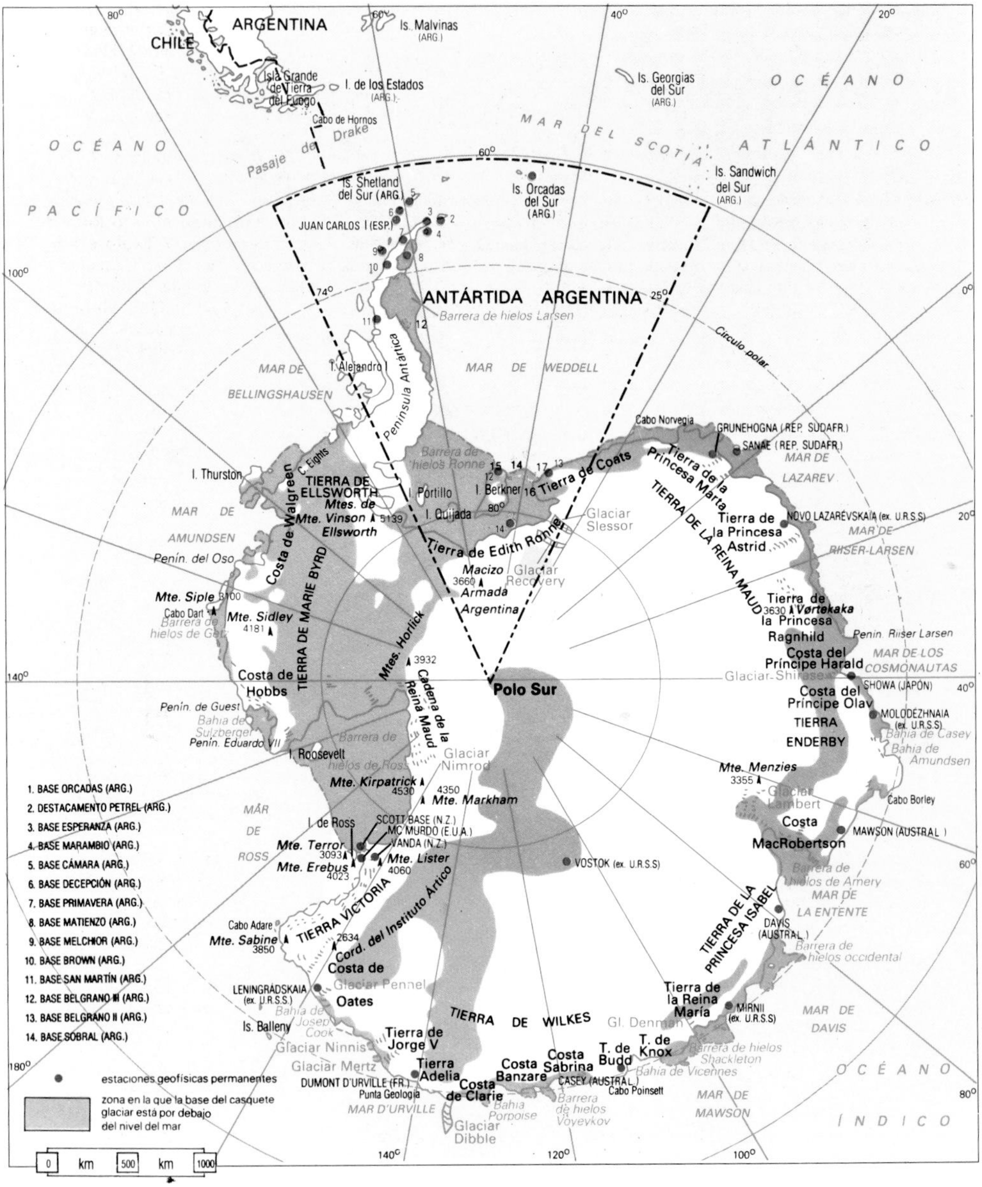


ANTÁRTIDA

[redacted]

## LA MEDIDA DEL TIEMPO / PATRIMONIO MUNDIAL

XXXIII. Dagli Orti; Dagli Orti; AKG, París. XXXIV. H. Lewandowski / RMN; H. Lewandowski / RMN; Dagli Orti; G. Mermet / AKG, París; AKG, París; Archivos Larbor; Archivos Larbor. XXXV. Dagli Orti; J.-L. Charmet / Explorer; Bulloz; Bulloz; AKG, París. XXXVI. Savel / IMA; C. Limouzy / Archivos Larbor / DR; Dagli Orti; Lauros Giraudon. XXXVII. Red de Juderías de España; AKG, París; Dagli Orti; Oronoz / Artephot; Dagli Orti. XXXVIII. Dagli Orti; Dagli Orti; Dagli Orti; H. Lewandowski / RMN; Edimédia; AKG, París; AKG, París; Deutsches Museum Munich; R. Guillemot / Connaissance des Arts / Edimédia; Namur-Lalance / Sipa Icono. XXXIX. Dagli Orti; W. Forman / AKG, París; Institut l'Homme et le Temps, La Chaux-de-Fonds, Suiza; Germanischen National Museum, Nuremberg - Archivos Larbor DR; Maillard / IMA; Observatorio de París; Musée de Brou; Institut l'Homme et le Temps, La Chaux-de-Fonds, Suiza; Observatorio de París. XL. Dagli Orti; Edimédia; Institut l'Homme et le Temps, La Chaux-de-Fonds, Suiza; J. Guillot / Edimédia; Institut l'Homme et le Temps, La Chaux-de-Fonds, Suiza; Institut l'Homme et le Temps, La Chaux-de-Fonds, Suiza; Edimédia / Archivos Loudmer; Science Museum / Science and Society Picture Library; Science Museum / Science and Society Picture Library; R. Meigneux / Sipa Press. XLI. Zefa / Hoa Qui. XLII. G. Boutin / Hoa Qui; G. Buthaud / Cosmos; P. Almasy / Corbis-Sygma; J. Barbadillo / Ediciones San Marcos; A. Gérard / Hoa Qui; T. Perrin / Hoa Qui; Buss Wojtek / Hoa Qui; Y. Arthus-Bertrand / Altitude; S. Grandadam / Hoa Qui; Greth / Bios; Ribieras / Explorer. XLIII. E. Beracassat / Hoa Qui; M. Marenthier / Hoa Qui; Zefa / Hoa Qui; Manfred Gottschalk / Altitude; M. Denis-Huot / Hoa Qui; C. Vaisse / Hoa Qui; Panos Pictures; P. Renault / Hoa Qui; M. Renaudeau / Hoa Qui; B. Perousse / Hoa Qui; Jouan / Rius / Hoa Qui. XLIV. A.G.E. Fotostock; M. Mirecki / Impact Photos; J. Horner / Hoa Qui; A. Wright / Hoa Qui; R. Harding Picture Library / ACI; M. Moisnard / Explorer; E. López-Tapia / Nature & Travel; M. Renaudeau / Hoa Qui; Serena / NF / Hoa Qui; K. Schafer / CD Gallery, S. L. XLV. C. Redondo / Corbis-Sygma; Le Monde / Hoa Qui; Lénars / Corbis-Sygma; B. Perousse / Hoa Qui; D. Noirot / Hoa Qui; Buss Wojtek / Hoa Qui; Rio Helmi / Altitude; P. Almasy / Corbis-Sygma; F. Charel / Hoa Qui; Brian Brake / Rapho. XLVI. J.-L. Amos / Corbis-Sygma; Corbis-Sygma / Austrian Archives; P. Body / Hoa Qui; P. Roy / Explorer; C. Boisvieux / Explorer; Zefa-T.Craddock / Hoa Qui; B. Wassman / Rapho; C. Vaisse / Hoa Qui; F. Jalain / Explorer; Zefa-Sekal / Hoa Qui; F. Rouland / Rapho. XLVII. de Wilde / Hoa Qui; Y. Arthus-Bertrand / Altitude; Gellie / Icone / Hoa Qui; Guido Alberto Rossi / Altitude; Loirat / Explorer; B. Perousse / Hoa Qui; T. Spiegel / Rapho; M. Serailler / Rapho; C. Boisvieux / Hoa Qui; Morand-Grahame / Hoa Qui. XLVIII. F. Charel / Hoa Qui; Buss Wojtek / Hoa Qui; Sipp / Jacana; Vanni Archive / Corbis-Sygma; S. Boiff in Vivier / Explorer; C. Sappa / Hoa Qui; P. Roy / Explorer; L. Fleury / Explorer; Buss Wojtek / Hoa Qui; P. Roy / Hoa Qui; C. Sappa / Rapho.

Dibujos:
Chantal Beaumont, Laurent Blondel, Franck Bouttevin, Emmanuel Mercier, col. Larousse.

## COMUNICACIÓN Y TECNOLOGÍA

Ph © Cipa Press: pág. 1
Ph © Pitois / Jerrican: pág. 1
Ph © TDF: pág. 1
BNF, París - ph © BNF: págs. 2, 3
Ph © Museo de la Imprenta, Lyon: pág. 2
Museo Gutemberg, Maguncia - ph © ARK, París: pág. 2
Museo Guimet, París - ph © RMN: pág. 2
Museo Guimet, París - ph © Archives Larbor: pág. 2
Museo Guimet, París - ph © Arnudet / RMN: pág. 2
Ph © Archives Larbor: págs. 2, 3, 16
Museo Gutemberg, Maguncia - ph © T. Schneiders / Artephot: pág. 3
Ph © Archives Larbor, con permiso de ediciones Fayard: pág. 3
Ph © Archives Larbor, con permiso del ilustrador Christopher Corr y Penguin UK: pág. 3
Col. La Pressothèque / UIJOLF, París: pág. 3
Ph © Archives Larbor, con permiso la Societé Neuchâteloise de Presse: pág. 3
Ph © AKG, París: págs. 4, 8
Ph © Dite / Usis: págs. 4, 8, 10, 11
Ph © Bianchetti / Selva: págs. 4, 5
Ph © R. Candall / Cosmos: pág. 5
Ph © J.-F. Balarot / France Telecom: pág. 5
Ph © Alban Couturier / France Telecom: pág. 5
Ph © Nokia: pág. 5
Ph © SAGEM: pág. 5
Ph © Motorola: pág. 5
Ph © P. Haley / Sipa Image: pág. 5
Ph © Jules / Sipa Press: pág. 6
Ph © Eigeland / Sipa Press: pág. 6
Ph © M. Newman / Sipa Press: pág. 7
Ph © Bautin / Sipa Press: pág. 7
Ph © Rudling / Sipa Press: pág. 7
Ph © P. Faligot-seventh square / Museo de Artes y Oficios - Cnam, París: págs. 8, 9
Ph © Stone: pág. 8
Ph © Bettman / Cortbis - Sigma: pág. 8
Ph © C. Limouzy / Archives Larbor: págs. 9, 15, 16
Ph © Studio Cnam / Museo de Artes y Oficios - Cnam, París: pág. 9
Museo de Radio France, París Ph L. Joubert © Archives Larbor: pág. 9
Ph © C Abramowits / Radio France: págs. 9, 16
Ph © Keystone: págs. 9, 16
Ph © Lecouriex / Jerrican: pág. 9
Ph © Motorola: pág. 9
Ph © Phillips Car Systems: pág. 9
Ph Archives Larbor © DR: pág. 10
Ph © F. Delastre / Museo de Artes y Oficios - Cnam, París: pág. 10
Ph © R. Picard / Radio France: pág. 10
Ph © H. Neleman / Image Bank: pág. 10
Ph © Coll. Viollet: pág. 10
Ph © J.-L. Charmet: pág. 10
Ph © F. Durand / Sipa Press: pág. 10
Ph © J.-M. Chenet / Corbis-Sigma: pág. 11
Ph © Lecourieux / Jerrican: pág. 11
Ph © Gontier / Eurelios: pág. 11
Ph © C. O'Rear / Westlight / Cosmos: pág. 11
Ph © M. Baret / Rapho: pág. 11
Ph © M. Setboun / Rapho: pág. 11
Ph © L. Psihoyos / Matrix / Cosmos: pág. 12
Ph © H. Morgan / SPL / Cosmos: pág. 12
Ph © DR: págs. 13, 15
Ph Todas © DR: pág. 14
Ph © doc. Thomson: pág. 15
Ph © Alcatel: pág. 15
Ph © Ch. Larrieu / RMN: pág. 16
Ph © Archives Larbor: pág 16
Ph © Roger Viollet: pág. 16
Ph © Departamento de Historia de la Ciencia, Universidad de Aarhus, Dinamarca: pág. 16
Ph © Chuzeville / RMN: pág. 16
Ph © G. Voight / International ST / Cosmos: pág. 16
Ph © Image Bank: pág. 16
Ph © RMN: pág. 16
Ph © J.-G. Berizzi / RMN: pág. 16
Ph © J.-C. Wetzel / Museo de Artes y Oficios - Cnam, París: pág. 16
Ph © Lodovic / REA

# BANDERAS

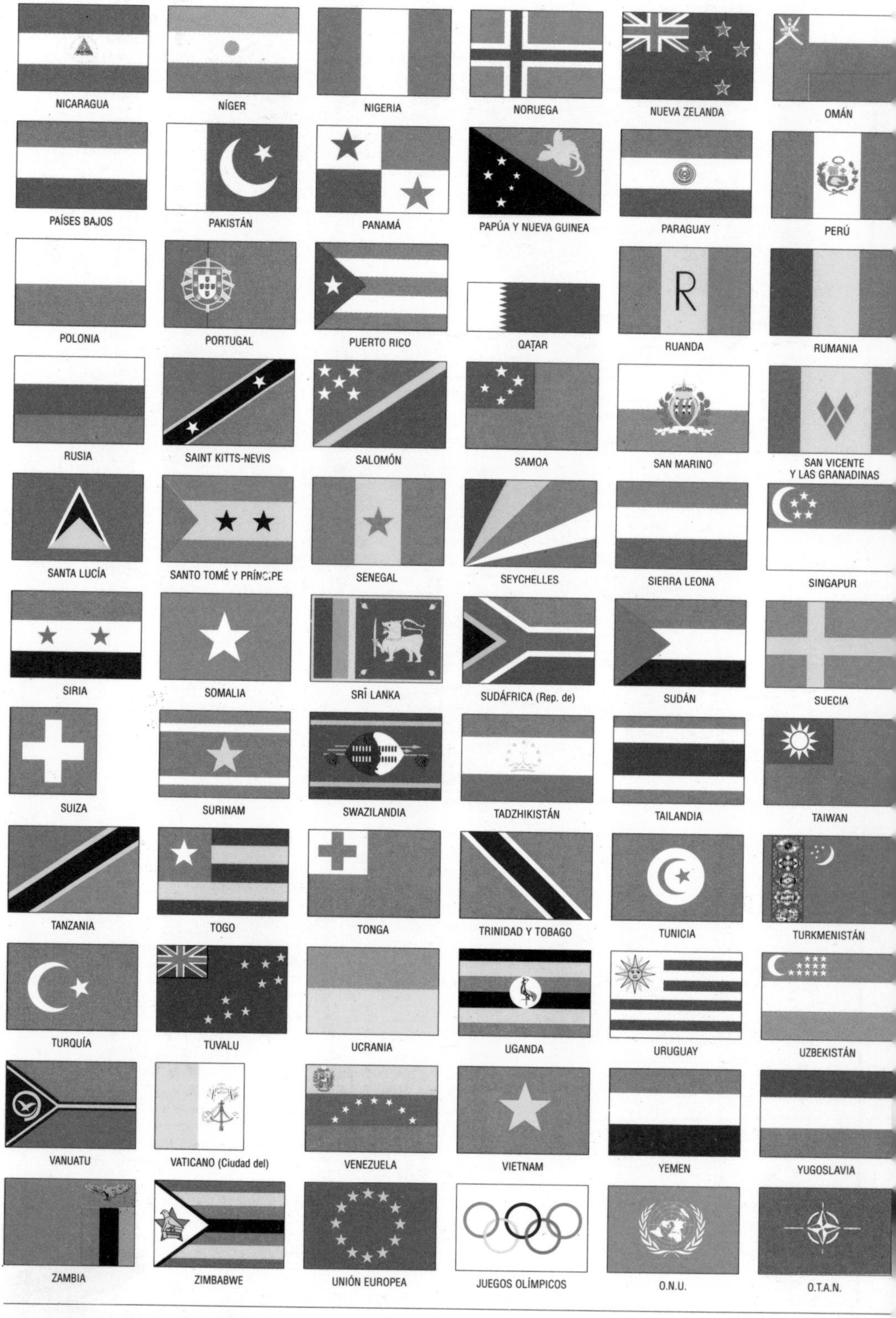
NICARAGUA
NÍGER
NIGERIA
NORUEGA
NUEVA ZELANDA
OMÁN
PAÍSES BAJOS
PAKISTÁN
PANAMÁ
PAPÚA Y NUEVA GUINEA
PARAGUAY
PERÚ
POLONIA
PORTUGAL
PUERTO RICO
QAṬAR
RUANDA
RUMANIA
RUSIA
SAINT KITTS-NEVIS
SALOMÓN
SAMOA
SAN MARINO
SAN VICENTE Y LAS GRANADINAS
SANTA LUCÍA
SANTO TOMÉ Y PRÍNCIPE
SENEGAL
SEYCHELLES
SIERRA LEONA
SINGAPUR
SIRIA
SOMALIA
SRÎ LANKA
SUDÁFRICA (Rep. de)
SUDÁN
SUECIA
SUIZA
SURINAM
SWAZILANDIA
TADZHIKISTÁN
TAILANDIA
TAIWAN
TANZANIA
TOGO
TONGA
TRINIDAD Y TOBAGO
TUNICIA
TURKMENISTÁN
TURQUÍA
TUVALU
UCRANIA
UGANDA
URUGUAY
UZBEKISTÁN
VANUATU
VATICANO (Ciudad del)
VENEZUELA
VIETNAM
YEMEN
YUGOSLAVIA
ZAMBIA
ZIMBABWE
UNIÓN EUROPEA
JUEGOS OLÍMPICOS
O.N.U.
O.T.A.N.